PHAROS

# PHAROS

# AFRIKAANS-ENGELS
# ENGLISH-AFRIKAANS

## Kernwoordeboek
## Concise Dictionary

**Eerste uitgawe • First edition**

## Eerste uitgawe

Eerste druk 2007
© Pharos Woordeboeke
'n afdeling van NB-Uitgewers Beperk,
Heerengracht 40, Kaapstad
www.pharos.co.za

Tipografie en setwerk deur Nazli Jacobs
Omslagontwerp deur Flame Design
Gedruk en gebind in China deur
Colorcraft Beperk, Hongkong

ISBN-10: 1-86890-048-7
ISBN-13: 978-1-86890-048-0

## First edition

First impression 2007
© Pharos Dictionaries
a division of NB Publishers Ltd,
40 Heerengracht, Cape Town
www.pharos.co.za

Typography and typesetting by Nazli Jacobs
Cover design by Flame Design
Printed and bound in China by
Colorcraft Ltd, Hong Kong

ISBN-10: 1-86890-048-7
ISBN-13: 978-1-86890-048-0

# Inhoud • Contents

REDAKSIONELE SPAN • EDITORIAL TEAM      vi

VOORWOORD • FOREWORD      vii

GEBRUIKSRIGLYNE • USAGE GUIDELINES      viii

EDITORIAL ABBREVIATIONS IN THE AFRIKAANS-ENGLISH PART      xvii

REDAKSIONELE AFKORTINGS IN DIE ENGELS-AFRIKAANSE DEEL      xix

**Afrikaans-Engels**

A-Z      1-757

AFKORTINGS      758

**English-Afrikaans**

A-Z      781-1598

ABBREVIATIONS      1599

# Voorwoord • Foreword

Die *Pharos Afrikaans-Engels-Engels-Afrikaanse Kernwoorde-boek* is gegrond op die *Pharos Afrikaans-Engels-Engels-Afrikaanse Woordeboek* (*Pharos Een*) wat in 2005 gepubliseer is. Die *Kernwoordeboek* bou voort op *Pharos Een* se reputasie as omvangryke, leersame, gesaghebbende, by-derwetse en gebruikersvriendelike naslaanbron. In 2006 is *Pharos Een* deur die Afrikaanse Taal- en Kultuurvereniging (met 'n Woordwystoekenning) én die Suid-Afrikaanse Vertalersinstituut (vir Voortreflike Vertaling) bekroon. Hiermee is ook die uitmuntende werk van Madaleine du Plessis, hoofredakteur van *Pharos Een,* geëer. Die *Kernwoordeboek* se redaksionele span betuig hul erkentlikheid teenoor haar.

Die *Kernwoordeboek* is aangepak om in die vraag na 'n woordeboek soos *Pharos Een,* maar een wat kompakter en meer bekostigbaar is, te voorsien. Die resultaat is 'n 30%-inkrimping van die moederteks wat op die algemene inhoud daarvan fokus en gespesialiseerde stof weglaat. Die *Kernwoordeboek* bevat dus minder tegniese terme as *Pharos Een,* maar nie al die woorde wat tot die terreine van byvoorbeeld die chemie, geneeskunde, finansies of die regte behoort, is geskrap nie. Waar vakterme deel geword het van die algemene woordeskat, is hulle behou. Verouderde stof wat volledigheidshalwe in *Pharos Een* opgeneem is, is weggelaat.

Die inhoud van die *Kernwoordeboek* word duidelik en saaklik aangebied en is bygewerk om so hedendaags as moontlik te wees. Meer as duisend nuwe woorde en uitdrukkings is gevoeg by die teks wat vanuit *Pharos Een* geïnkorporeer is. Waar ook al wenslik en moontlik is langer artikels in makliker vindbare eenhede opgebreek. Baie van die vertalings is opgeknap op grond van voorbeelde uit Pharos Woordeboeke se elektroniese korpusse.

Die struktuur en kenmerke van die *Kernwoordeboek* is dieselfde as dié van *Pharos Een.* Trefwoorde en hul afleidings toon lettergreepbreuke en die beklemtoonde sillabe. Naamwoorde, adjektiewe en werkwoorde word telkens verbuig. Etikette bied inligting oor gebruik, grammatika en konteks. Die vertaalaanbod is ryk en gevarieerd. Die meeste van die artikels bevat voorbeeldfrases.

Die *Kernwoordeboek* word aangebied as 'n ekonomiese dog omvattende tweetalige woordeboek met die klem op algemene taalgebruik. Hoewel onteenseglik 'n uittreksel uit die *Pharos Afrikaans-Engels-Engels-Afrikaanse Woordeboek,* het dit tot 'n woordeboek in eie reg gegroei. Die redakteurs van Pharos Woordeboeke vertrou die gebruikers van die *Kernwoordeboek* vind dit 'n nuttige naslaanbron en geniet sy woorde vir nog baie jare.

The *Pharos Afrikaans-English-English-Afrikaans Concise Dictionary* is based on the *Pharos Afrikaans-English-English-Afrikaans Dictionary* (*Pharos One*) published in 2005. The *Concise* builds on the reputation of *Pharos One* as a comprehensive, informative, authoritative, up-to-date and user-friendly reference work. In 2006 *Pharos One* was honoured by both the Afrikaanse Taal- en Kultuurvereniging (with a Woordwys Prize) and the South African Translators' Institute (for Outstanding Translation). These awards also recognise the sterling work of Madaleine du Plessis, chief editor of *Pharos One.* The *Concise* editorial team acknowledges their indebtedness to her.

The *Concise* was conceived to meet the demand for a dictionary like *Pharos One,* but one that is more compact and affordable. The result is a 30% reduction of *Pharos One* that focuses on its general content and deletes material of a specialised nature. Hence the *Concise* carries less technical terms than *Pharos One,* but not all the words from the fields of chemistry, medicine, finance, law and so forth have been culled. Where such words have entered the general vocabulary, they have been retained. Likewise material marked as typically American, British or Australian English have been left out, except if they have become part of everyday South African English.

The content of the *Concise* is presented clearly and succinctly, and every effort has been made to ensure that it is current and up to date. More than a thousand new words and expressions have been added to the text taken over from *Pharos One.* Longer entries have been broken up into more accessible units wherever desirable and possible. Many of the translations have been overhauled on the basis of examples gleaned from Pharos Dictionaries' electronic databases.

The *Concise* shares the structure and the characteristics of *Pharos One.* Headwords and their derivatives indicate syllable breaks and the stressed syllable. The inflection of nouns, adjectives and verbs is frequently expanded. Labels give information on usage, grammar and context. The translation options for each item are rich and varied. Most of the entries contain example phrases.

The *Concise* is presented as an economic yet comprehensive bilingual dictionary, with the focus on general language usage. Though undeniably an extraction from the *Pharos Afrikaans-English-English-Afrikaans Dictionary,* it has grown into a dictionary in its own right. The editors of Pharos Dictionaries trust that the users of the *Concise* will find it a useful reference work and enjoy its words for years to come.

# Gebruiksriglyne • Usage guidelines

## 1 Struktuur van die woordeboekartikels

'n Artikel bevat 'n trefwoord (enigeen van die hoofinskry=
wings in vet gedruk en alfabeties gerangskik) (1); en een of
meer vertalings (2).

1 ──────┐                                                        ┌─ 2
     **gaas** gauze, netting; (embroidery) canvas; lint; lawn;
      network; ...

Sommige artikels bevat inligting oor fleksievorm(e) (3)
en/of woordsoortlike funksie(s) (4).

3 ──────────────────────┐
     **pa·pa·raz·zo** *-razzi, n. (gew. i.d. mv.), (It.)* paparazzo,
      steelfotograaf. └────────────────────── 4

Artikels kan ook een of meer frases (5) bevat wat die
gebruik van die trefwoord illustreer. Die frases volg ná die
vertaalkomponent, in kursief. Elke frase is van een of meer
vertaling(s) (6) voorsien.

                             ┌─ 5
     **kerm** *ge=* moan, grumble, gripe, ... *oor iets ~, (infml.)*
      moan/grouch about s.t.; ...
            └────────────────────── 6

Samestellings met die trefwoord as eerste deel word as
subtrefwoorde (7) in dieselfde artikel as die trefwoord
behandel. Afleidings (8) van die trefwoord word afson=
derlik as trefwoorde opgeneem sodat die alfabetiese
volgorde van die samestellings nie versteur word nie.

                             ┌─ 7
     **wag·(g)on** wa; vragwa; *(spw.)* goederewa, ... **~ bed** wa=
      buik. **~ boiler** *(hist.)* koffer(stoom)ketel *(v. 'n lokomo=*
      *tief).* **~ box** wakis ...
  8 → **wag·(g)on·er** wadrywer, voerman; ...

Waar 'n artikel geen samestellings bevat nie, maar wel
afleidings, word hulle alfabeties in dieselfde artikel opge=
neem.

     **ro·ja·lis** *-liste* royalist. **ro·ja·lis·me** *-me* royalism. **ro·ja·lis·**
     **ties** *-tiese* royalist(ic).

### 1.1 DIE FUNKSIE VAN DIE WEGLAATTEKEN (=)
Wanneer die weglaatteken aan 'n reëleinde staan, beteken
dit bloot die kolom is te smal om die hele woord in te pas.
So 'n woord kry geen koppelteken nie, maar word vas
geskryf. Lees en skryf die afgebreekte woorde hieronder
dus as *homogenous, homogenic, homogenisation* en
*homogeniteit.*

     **ho·mo·geen** *-gene* homogeneous, uniform; *(biol.)* ho=
     mogenous. **ho·mo·ge·ne·ties** *-tiese* homogenetic, ho=
     mogenic, homogenous. **ho·mo·ge·ni·sa·sie** homogeni=
     sation. **ho·mo·ge·ni·seer** *ge=* homogenise. **ho·mo·ge·**
     **ni·teit** homogeneity, homogeneousness.

## 1 Structure of the dictionary articles

An article contains a headword (any of the main entries
printed in bold and arranged alphabetically) (1); and one or
more translations (2).

Some articles contain information on inflected forms (3)
and/or parts of speech (4).

Some articles also contain one or more phrases (5) that
illustrate the use of the headword. The phrase follows after
the translations, in italics. A translation (6) is provided for
each phrase.

Compounds formed with the headword are treated as
subheadwords (7) in the same article as the headword.
Derivatives (8) of the headword are, however, entered
separately as headwords so that the alphabetical order of
the compounds is not disturbed.

Where an article contains derivatives of the headword but no
compounds, they are arranged alphabetically in the same
article.

### 1.1 THE FUNCTION OF THE OMISSION SIGN (=)
The omission sign at the end of a line merely indicates the
column is too narrow for the whole word and that it is writ=
ten as one word and not hyphenated. Therefore, read the
divided words in the example below as *homogenous,
homogenic, homogenisation* and *homogeniteit.*

Dié teken word ook gebruik om aan te dui dat 'n deel van 'n trefwoord of vertaling weggelaat is. In die eerste voorbeeld hieronder beteken *ge=* dus *gehaal*. In die tweede voorbeeld is *langbeen=* en *-langpoot* inkortings van *langbeenspinnekop* en *langpootspinnekop*.

This sign is also used when part of a headword or trans= lation is omitted. Therefore, *ge=* in the first example below means *gehaal*. In the second example *langbeen=* and *langpoot=* are abbreviated forms for *langbeenspinnekop* and *langpootspinnekop*.

**haal²** *ge=, vb.* fetch, go for; get; draw, pull; realise *(price); ...*

**daddy-long-legs** *(entom., infml.)* langpoot; langbeen=, langpoot=, basterspinnekop, hooiwa, janlangpoot.

Die weglaatteken word voorts gebruik by woorddele wat trefwoordstatus het.

Furthermore, the omission sign is used where word ele= ments have headword status.

**aer·o-** *komb.vorm* aëro=, lug=; vlieg=.

1.2 DIE FUNKSIE VAN HAKIES ( )
Hakies word geplaas om dele van 'n trefwoord of ver= taling wat weggelaat kan word.

1.2 THE FUNCTION OF BRACKETS ( )
Brackets are placed around parts of a headword or trans= lation that may be omitted.

**syl·lab·i(·fi)·ca·tion** = syllabication *or* syllabification.

**lig·te·kop** blond(e) = blond *or* blonde.

'n Koppelteken tussen hakies beteken dat die woord twee skryfwyses het: met 'n koppelteken of vas, sonder 'n koppelteken.

A hyphen between brackets indicates that the word can be written in two ways: with a hyphen or as one word, without a hyphen.

**heu·wel(-)af** = heuwel-af *of* heuwelaf.

**oes·ter-en-spekvleis(-)rolletjies** = oester-en-spekvleis-rolletjies *of* oester-en-spekvleisrolletjies.

**non(-)ac·tive** = non-active *or* nonactive.

1.3 DIE FUNKSIE VAN DIE SKUINSSTREEP (/)
'n Skuinsstreep skei sinonieme of verwante en onver= wante alternatiewe in frases of vertalings.

1.3 THE FUNCTION OF THE SLASH (/)
A slash separates synonyms or related and unrelated al= ternatives in phrases or translations.

**a·cous·tic** akoesties, akoestiek=, ... ~ *coupler, (rek.)* akoestiese koppel=/verbindingstuk;

**gaan** *ge=* go; move, ...; *die erfenis/prys/ens.* ~ *aan* ... the inheritance/prize/etc. goes to ...;

1.4 DIE FUNKSIE VAN DIE TILDE (~)
Die tilde (~) vervang die trefwoord by onverboë verlede= tydsvorme van die werkwoord, asook in frases en same= stellings.

1.4 THE FUNCTION OF THE TILDE (~)
The tilde (~) is used as a substitute for the headword in uninflected past-tense forms of the verb, as well as in phrases and compounds.

**be·heer** *het* ~*, vb.* manage, control, conduct, operate, administer *(affairs); ... ~de grondwet/maatskappy/prys* controlled constitution/company/price; ... **~eenheid** *(comp.)* control unit. **~karakter** *(comp.)* control char= acter.

'n Dubbele tilde (~ ~) vervang los geskrewe samestellings in die fraseveld. In die voorbeeld hieronder staan die twee tildes vir *hot feet*.

A double tilde (~ ~) represents unhyphenated two-word compounds in the phrase field. In the example below the two tildes stand for *hot feet*.

**hot** *=tt=, ww.* verhit; ... ~ **favourite** algehele gunsteling.
~ **feet:** *have* ~ ~ van verandering hou.

## 2 Trefwoorde

Alle trefwoorde is in vet druk en streng alfabeties georden.

### 2.1 VOLGORDE VAN INSKRYWINGS

Woorde wat dieselfde spelvorm het, maar in betekenis en herkoms verskil, is apart opgeneem, elk gevolg deur 'n boskrifnommer.

> **do·seer**[1] *(ge)=* lecture, teach ...
> **do·seer**[2] *(ge)=* dose *(an animal);* drench; ...

'n Woord met 'n hoofletter gaan dieselfde woord met 'n kleinletter vooraf – **Yank** word bv. deur **yank** gevolg.

### 2.2 VARIANTE

Alternatiewe spelvorms vir 'n trefwoord is volgens frekwensie opgeneem met, indien nodig, 'n kruisverwysing na die voorkeurvorm – **elegance** is byvoorbeeld gebruikliker as **elegancy**.

> **el·e·gance, el·e·gan·cy** elegansie, sierlikheid, verfyndheid, grasie, swier.

Wisselvorme word nie in alle gevalle gegee nie. Byvoorbeeld, in die Afrikaans-Engelse deel word **-ize**- en **-ization**-variante van Engelse vertalings weggelaat en net die **-ise**- en **-isation**-vorm gegee.

> **druk** *drukke,* n. pressure ...; *(die)* ~ *van* **maats** peer pressure; **onder** ~ *plaas, (av., aeron.)* pressurise; ...
> **be·sef** *n.* idea, notion; realisation; understanding, sense; ...

## 3 Vertalings

Vir elke betekenisonderskeid van 'n trefwoord is daar een of meer vertalings. Absolute of gedeeltelike sinonieme word deur 'n komma geskei, terwyl 'n kommapunt tussen vertalings 'n betekenisverskil aandui. Algemene betekenisse word voor informele, sleng- en tegniese betekenisse aangebied. Gebruikliker betekenisse kom voor minder gebruiklikes.

> **bal·ance** *ww.* balanseer, in ewewig wees/hou; weeg, vergelyk; teen mekaar opweeg; vergoed; skommel, slinger, weifel; afsluit, vereffen *(rekening); (rekening)* sluit, klop; laat klop; ...

## 4 Fleksievorme

Fleksievorme word in kursief direk ná die trefwoord gegee vir sommige naamwoorde, werkwoorde en adjektiewe.

By eenlettergrepige woorde word hulle voluit geskryf en by meerlettergrepige woorde verkort tot die laaste lettergreep of twee, voorafgegaan deur die weglaatteken =.

> **buurt** *buurte, (rare)* **buur·te** *-tes* neighbourhood, vicinity ...

## 2 Headwords

All headwords appear in bold letters and are listed in strict alphabetical order.

### 2.1 ORDER OF ENTRIES

Words spelt similarly but with different meanings and origins are entered separately, each followed by a superscript number.

A word with an initial capital letter precedes the same word written in lower-case letters, e.g. **Yank** precedes **yank**.

### 2.2 VARIANTS

Alternative spellings for a term are included according to usage frequency, if necessary with a cross-reference to the preferred form – **elegance**, for example, is more commonly used than **elegancy**.

Variant spellings are not given in all cases. For example, in the Afrikaans-English part of the dictionary the **-ize** and **-ization** variants of English translations are omitted; only the **-ise** and **-isation** forms are given.

## 3 Translations

For each sense of a headword one or more translations are given. Absolute or partial synonyms are separated by a comma. A semicolon between translations indicates a difference in meaning. The general meaning is placed before informal, slang and technical meanings. More common meanings are given before less common ones.

## 4 Inflected forms

Inflected forms for some nouns, verbs and adjectives are given in italics immediately after the headword.

They are written in full in the case of monosyllabic words but shortened to the last syllable or two in the case of polysyllabic words, preceded by the omission sign =.

As 'n trefwoord een of meer variante met verskillende verbuigingsuitgange het, volg die fleksievorm(e) direk ná die trefwoord en betrokke variant(e).

If a headword has one or more variants with different inflected forms, the inflection(s) follow immediately after the headword and relevant variant(s).

**e·phem·er·a** *-as, -ae*, **e·phem·er·id** *-ids*, **e·phem·er·op·ter·an** *-ans, n., (entom.)* eendagsvlieg; ...

As 'n trefwoord meer as een fleksievorm het, staan die gebruiklikste vorm eerste.

If a headword has more than one inflection, the most frequently used form comes first.

**her·in·ne·ring** *-ringe, -rings* recollection, remembrance, reminiscence, memory; ...

Ter wille van helderheid is sommige fleksievorme volledig uitgeskryf.

Some inflected forms are written in full for the sake of clarity.

**baa** *baas baaed baaing, ww.* blêr, mê maak.

**bad·ly** *worse worst* sleg; erg; hard; ...

**ca·fé-chan·tant** *cafés-chantants, (Fr.)* café-chantant.

Meervoudsvorme word gegee waar die spelling problematies kan wees.

Plural forms are given where the spelling could present a problem.

**gal·ley** *-leys, (druk.)* setplank, setselpan, galei; ...

**ie·ter·ma·go** *-go's*, **ie·ter·ma·gô** *-gôs*, **ie·ter·ma·gog** *-gogge, -gogs* (Cape) pangolin, scaly anteater.

**va·lu·ta** *-tas* currency; value, rate of exchange, ...

As 'n naamwoord 'n reëlmatige en onreëlmatige meervoudsvorm het, word albei vorme gegee, volledig uitgeskryf of tot die laaste lettergreep of twee verkort.

If a noun has a regular as well as an irregular plural form, both forms are given, either in full or shortened to the last syllable or two.

**ab·a·cus** *-cuses, -ci* telraam, abakus; *(bouk.)* abakus.

**mu·si·kus, mu·si·kus** *musikusse, musici* musician (virtuoso), musical expert ...

Naamwoorde wat gewoonlik in die meervoud gebruik word, is afsonderlik met die etiket *(pl.)* opgeneem.

Nouns that are usually employed in the plural are entered as separate headwords and labelled *(mv.)*.

**A·fri·ca·na, A·fri·ka·na** *(pl.)* Africana; ...

**gib·lets** *n. (mv.)* voëlatval, pluimveeafval; ...

By adjektiewe staan trappe van vergelyking wat in Afrikaans reëlmatig met *-er* en *-ste* of *meer* en *meeste* gevorm word direk ná die trefwoord. By eenlettergrepige woorde word hulle voluit geskryf en by meerlettergrepige woorde tot die laaste lettergreep of twee verkort, voorafgegaan deur die weglaatteken *-*. 'n Tilde (~) verteenwoordig die trefwoord. Trappe van vergelyking wat in Engels reëlmatig met *-er* en *-est* gevorm word (bv. *smaller smallest*), is weggelaat.

Regular degrees of comparison that are formed in Afrikaans with the suffixes *-er* and *-ste* or with *meer* and *meeste* follow immediately after an adjectival headword. They are written in full in the case of monosyllabic words but shortened to the last syllable or two, preceded by the omission sign *-*, in the case of polysyllabic words. A tilde (~) represents the headword. Regular degrees of comparison formed in English with *-er* and *-est* (e.g. *smaller smallest*) are not given.

**naak** *naakte naakter naakste*, **na·kend** *-kende -kender -kendste, adj. & adv.* naked, nude, bare; ...

**re·ak·si·o·nêr** *-nêre -nêrder -nêrste* (of *meer ~ die mees -nêre), adj.* reactionary.

Trappe van vergelyking wat onreëlmatig gevorm word, is volledig uitgeskryf.

Irregularly formed comparatives and superlatives are written in full.

**good** *better best, adj. & adv.* goed; bekwaam, geskik; gaaf; eg; soet, gehoorsaam; ...

**glue·y** *gluier gluiest* lymerig, lymagtig; klewerig.

'n Tilde (~) ná 'n adjektiwiese trefwoord of ná die wisselvorm van 'n adjektiwiese trefwoord dui aan dat die attributiewe vorm van die byvoeglike naamwoord onverbuig is.

A tilde (~) after an adjectival headword or variant of an adjectival headword indicates that the attributive form of the adjective carries no flection.

**wak·ker** ~ *=kerder =kerste, adj. & adv.* awake, wakeful, unsleeping, ...

Die manlike of vroulike vorme en verkleinwoorde van trefwoorde word soms as afsonderlike trefwoord(e) opgeneem en, waar nodig, met die etikette *masc.* (manlik), *fem.* (vroulik) en *dim.* (verkleinwoord) toegelig.

Gender forms and diminutives are sometimes entered as separate headwords. Where necessary, the masculine gender is labelled with *(ml.)*, the feminine gender with *(vr.)* and the diminutive with *(vkw.)*.

**blonde,** *(ml.)* **blond** *n.* blondine, blonde meisie, vaalhaar=, witkopmeisie; ...

**blon·de·kop** *(fem.)* blonde; *(masc.)* blond.

**chuck·ie** *(vkw.)* hoender; liefste, skat.

**gaat·jie** *=jies, (dim.)* (little) hole; finger hole, ventage *(of a flute)*, orifice; ...

## 5 Woordsoortkategorieë

Die woordsoortlike funksie van 'n trefwoord word ná die fleksievorm in kursief aangedui. Die standaardkategorieë is: nomen of naamwoord *(n.)*, adjektief of byvoeglike naamwoord *(adj.)*, adverbium of bywoord *(adv.)*, voegwoord *(conj.)*, tussenwerpsel *(interj.)*, voorsetsel *(prep.)*, voornaamwoord *(pron.)* en werkwoord *(vb.)*. Die volledige stel woordsoortafkortings is in die lys redaksionele afkortings opgeneem.

As 'n trefwoord meer as een woordsoortelike funksie het, word eers die naamwoord *(n.)* behandel, dan die adjektief *(adj.)*, bywoord *(adv.)* en/of werkwoord *(vb.)*.

## 5 Part-of-speech categories

The part-of-speech category of a headword follows in italics after the inflected form. The standard categories are: noun *(n.)*, adjective *(adj.)*, adverb *(adv.)*, conjunction *(voegw.)*, interjection *(tw.)*, preposition *(prep.)*, pronoun *(pron.)* and verb *(ww.)*. The full range of part-of-speech abbreviations is included in the list of editorial abbreviations.

If a headword has more than one part-of-speech function, it is first treated as a noun *(n.)*, then as adjective *(adj.)*, adverb *(adv.)* and/or a verb *(ww.)*.

## 6 Lettergreepverdeling en klemaanduiding

Trefwoorde en afleidings met meer as een lettergreep word deur gesentreerde stippels verdeel. 'n Strepie onder die vokaal of diftong dui aan waar die hoofklem val.

## 6 Syllabification and accent

Headwords and derivatives of more than one syllable are divided by centred dots. Primary word stress is indicated by underlining the vowel or diphthong that carries the stress.

**waag·hals** daredevil; stunt man; chancer. **waag·halsig** *=sige* daredevil, reckless, venturesome, audacious, foolhardy, devil-may-care *(infml.)*, intrepid, daring. **waag·hal·sig·heid** daredevil(t)ry, foolhardiness, temerity, recklessness, audacity, intrepidity, derring-do *(infml.)*.

## 7 Grammatikale inligting

Grammatikale inligting by trefwoorde en vertalings word tussen hakies in kursief gegee.

## 7 Grammatical information

Grammatical information on headwords and translations is in brackets and shown in italics.

## 7.1 NAAMWOORDE

Engelse naamwoorde wat lyk asof hulle enkelvoud of meervoud is, maar onderskeidelik saam met meervouds- en enkelvoudswerkwoorde gebruik word, is met *(fungeer as mv.)* of *(fungeer as ekv.)* gemerk. As 'n naamwoordtref= woord as enkelvoud of meervoud kan optree, lui die etiket *(fungeer as ekv. of mv.)*.

**peo·ple** *n. (fungeer as mv.)* mense, persone; ...

**ki·net·ics** *n. (fungeer as ekv.)* kinetika, kinetiek, bewe= gingsleer.

**hi·er·o·glyph·ics** *n. (fungeer as ekv. of mv.)* beeldskrif, hiërogliewe.

## 7.1 NOUNS

English nouns that appear to be singular or plural but respectively take plural and singular verbs are marked *(fungeer as mv.)* or *(fungeer as ekv.)*. If a noun headword may take a singular or plural verb, the label *(fungeer as ekv. of mv.)* is used.

## 7.2 ADJEKTIEWE

Byvoeglike naamwoorde word as *(attr.)* of *(pred.)* geëtiket= teer as hulle onderskeidelik voor of ná die woord wat hulle bepaal, geplaas word.

**jong³** *(attr.)*, **jonk** *(pred.)*, *jonger jongste, adj.* young; ...

## 7.2 ADJECTIVES

Adjectives are labelled *(attr.)* when they are placed before the word they qualify, and *(pred.)* when they come after the word they qualify.

## 7.3 WERKWOORDE

Die verledetyds- *(p.t.)* en verlededeelwoordsvorm *(p.p.)* van sommige werkwoorde word as trefwoorde in onder= skeidelik die eerste en tweede deel van die woordeboek gegee.

**bought** *verl.dw.* gekoop; ...

**is** is, are; *(p.t.)* was, were; ...

**ont·bon·de** *(p.p.)* dissolved; decomposed; disinte= grated; resolved; undone;

## 7.3 VERBS

The past-tense *(verl.t.)* and past-participle form *(verl.dw.)* of some verbs are included as headwords in respectively the first and second part of the dictionary.

Oorganklike en onoorganklike werkwoorde kry onderskei= delik die etikette *(tr.)* en *(intr.)* in die eerste deel van die woor= deboek. In die tweede deel is die bewoording *(oorg.)* en *(onoorg.)*.

**bad** *ge=, vb., (intr.)* bath, have/take a bath; *(tr.)* bath *(a child etc.)*; ...

**re·lax** *ww. (onoorg.)* ontspan; 'n blaaskans(ie) geniet/ neem/vat; ...

Transitive and intransitive verbs are labelled *(tr.)* and *(intr.)* respectively in the first part of the dictionary. In the second part the wording is *(oorg.)* and *(onoorg.)*.

Van sommige Engelse werkwoorde word die verledetyds= vorm *(verl.t.)* en die verlede deelwoord *(verl.dw.)* gegee. By **learn** hieronder kan *learned* of *learnt* as verlededetydsvorm en as verlede deelwoord gebruik word.

**be·gin** *began begun* begin, aanvang; aan die gang sit; ...

**learn** *learned learned; learnt learnt, ww.* leer; verneem, te hore/wete kom; ...

Some of the entries for English verbs may include inflected forms such as the past tense *(p.t.)* and the past participle *(p.p.)*. With **learn** below, *learned* or *learnt* may be used for the past tense and the past participle.

Staan 'n gebruiksetiket voor 'n werkwoord, dui dit aan dat die werkwoord onoorganklik gebruik word. Is die volgorde omgekeer, is die werkwoord oorganklik.

**rog·gel** *ge=, vb.* ...; *(horses)* roar.

**rook** *ge=, vb.* smoke *(a pipe etc.; meat, fish)*; ...

A usage label placed before a verb indicates that the verb is used intransitively. In reverse order the verb is used transitively.

# 8 Etikette

In die Afrikaans-Engelse deel van die woordeboek is die etikette in Engels en in die Engels-Afrikaanse deel in Afrikaans. Die volledige lys afgekorte redaksionele etikette wat in elke deel gebruik word, verskyn net voor die A-tot-Z-komponent (sien bl. xvii en xix).

8.1 Die volgende stilistiese etikette word gebruik om die sosiolinguistiese waarde en gebruiksfeer van woorde te merk:

**Informeel** *(infml.)*
Woorde en uitdrukkings wat as informeel geëtiketteer word, kom meestal in die spreektaal voor, of in geskrewe taal met 'n geselstrant. Dit sal nie in formele dokumente gebruik word nie.

**Formeel** *(fml.)*
Die gebruik van woorde en uitdrukkings wat as formeel geëtiketteer is, is beperk tot kontekste waar verhewe taalgebruik gepas is, soos in vergaderings, amptelike dokumente en regstaal.

**Neerhalend** *(derog.)*
Dié etiket waarsku gebruikers dat 'n term beledigend kan wees.

**Plat** *(coarse)* **en vulgêr** *(vulg.)*
Plat en vulgêre taalgebruik is onbeskaaf en moet liefs vermy word.

**Sleng** *(sl.)*
Dié etiket dui aan dat 'n woord of uitdrukking buite die grense van algemeen aanvaarbare taal val, synde óf baie informeel óf eie aan 'n bepaalde sosiolinguistiese groep.

8.2 Temporele etikette word gebruik om woorde wat nie meer tot die standaardtaal behoort nie, as sodanig te merk. Dit sluit in:

**Argaïes** *(arch.)*
Dit slaan op woorde en uitdrukkings wat nie meer algemeen in gebruik is nie, maar wel in literêre werke of historiese dokumente voorkom.

**Verouderd** *(obs.)*
Dié etiket dui aan dat 'n woord of betekenis in onbruik geraak het. In vaktaal beteken dit dikwels dat die term deur 'n ander verdring is.

8.3 'n Geografiese etiket dui aan dat 'n woord nie standaardtaalstatus het nie, omdat dit slegs in 'n sekere gebied gebruik word. Voorbeelde van sulke etikette is *(Am.)* = American; *(Br.)* = British; *(Du.)* = Dutch.

8.4 Vaktaaletikette word gebruik om woorde binne vaktaalverband te merk. In die Afrikaans-Engelse deel van die woordeboek sluit dit etikette in soos *(agric.)* = agriculture; *(gym.)* = gymnastics; *(psych.)* = psychology; *(telecomm.)* = telecommunications.

Die plasing van 'n etiket dui aan watter woord(e) deur die etiket gemerk word. In die voorbeeld hieronder gee die plasing van die etiket *(infml.)* regs van die vertaling *mate* te kenne dat die vertaling informeel is. Die trefwoord *man* word nie deur dié etiket geraak nie. Hierteenoor merk die

# 8 Labels

The labels in the Afrikaans-English section of the dictionary are in English; those in the English-Afrikaans section in Afrikaans. The complete list of abbreviated editorial labels used in each section can be found just before the A-Z component (see pp. xvii and xix).

8.1 The sociolinguistic value and the domain of words are indicated by the following stylistic labels:

**Informal** *(infml.)*
Words and expressions labelled as informal are characteristic of colloquial language, whether spoken or written. It will not be used in formal documents.

**Formal** *(fml.)*
The use of words and expressions labelled as formal is limited to contexts in which conventional language is appropriate, such as at meetings or in official documents and legal language.

**Derogatory** *(neerh.)*
This label warns users that a term has offensive connotations.

**Coarse** *(plat)* **and vulgar** *(vulg.)*
Coarse and vulgar language is unrefined and should be avoided.

**Slang** *(sl.)*
This label suggests that a word or expression falls outside the boundaries of what is generally regarded as acceptable speech, being either very informal, or unique to a particular sociolinguistic group.

8.2 Temporal labels are assigned to words no longer part of the standard language. These include:

**Archaic** *(arg.)*
It designates words and expressions that are out of date but may still be found in literary works or historical documents.

**Obsolete** *(vero.)*
This label denotes a word or meaning that is no longer in use. In technical terminology it often implies that the term has been superseded.

8.3 A geographical label indicates that a word does not belong to the standard language because it is only used in a certain region. Examples of such labels are *(Am.)* = Amerikaans; *(Br.)* = Brits; *(Holl.)* = Hollands.

8.4 Technical labels indicate words within technical and specialist contexts. In the English-Afrikaans part of the dictionary these include labels such as *(landb.)* = landbou; *(gimn.)* = gimnastiek; *(psig.)* = psigiatrie; *(telekom.)* = telekommunikasie.

The position of the label indicates which word(s) the label describes. In the example below, the position of the label *(infml.)* to the right of the translation *mate* implies that the translation is informal. This label does not apply to the headword *man*. However, the label *(mil.)* marks both the head

etiket *(mil.)* beide die trefwoord *man* en die vertaling *number* as militêre terme, omdat die etiket vóór die vertaling staan.

word *man* and the translation *number* as military terms, as the label precedes the translation.

> **man** *manne, mans* man; mate *(infml.);* male; *(mil.)* num= ber; ...

Waar 'n etiket voor 'n woord in 'n reeks moontlike ver= talings staan, word slegs daardie woord deur die etiket gemerk. In die voorbeelde hieronder dui *(Fr.)* aan dat *viola!* 'n Franse leenwoord in Engels is wat as vertaling vir die trefwoord *siedaar* gebruik kan word, en *(infml.)* dui aan dat *mansmens* as informele vertaling van *male* dien.

Where a label appears before a word in a list of possible translations, only that word is marked by the label. In the examples below *(Fr.)* indicates that *viola!* is a French loan word in English that may serve as translation for the head= word *siedaar*, and *(infml.)* indicates that *mansmens* is an informal translation of *male*.

> **sie·daar** *interj.* (see,) there you are!, *(Fr.)* viola!.

> **male** *n.* man, manspersoon, *(infml.)* mansmens; ...

# 9   Kruisverwysings

# 9   Cross-references

Kruisverwysings het twee funksies: om duplisering van in= ligting te vermy en om aan te dui waar verdere inligting oor 'n woord in die woordeboek te kry is. 'n Kruisver= wysing word aangedui deur 'n pyltjie (→) of 'n gelyk- aan-teken (=), gevolg deur die kruisverwysing. 'n Kruis= verwysing kan uit een of meer as een woord bestaan. By 'n meerwoordige kruisverwysing in die vorm van 'n frase sal die trefwoord waar die inskrywing behandel word, vet gedruk wees. In die voorbeeld wat volg, sal 'n gebrui= ker *peach Melba* by die trefwoord **Melba** gaan soek.

Cross-references have two functions: to avoid duplication of information and to indicate where else in the dictionary additional information about a word can be found. A cross- reference is indicated by an arrow (→) or an equals sign (=), followed by the cross-reference. A cross-reference can con= sist of one or more than one word. In a multi-word cross- reference presented as a phrase, the keyword where the full explanation can be found is printed in bold. In the example below the reader is directed to the headword **Melba** for *peach Melba*.

> **pêche Mel·ba** *(Fr.)* →PEACH MELBA.

Wanneer 'n verboë vorm van 'n trefwoord as verwyswoord binne 'n kruisverwysing voorkom, word die verwysing by die onverboë vorm van die verwyswoord gehanteer. In die voorbeeld hieronder is die frase *jou hakke lig* onder die tref= woord **hak¹** *n.* te vind.

When an inflected form of a headword appears as the key= word in a cross-reference, the cross-reference is entered at the uninflected form of the keyword. In the example below the phrase *jou hakke lig* is to be found under the headword **hak¹** *n.*.

> **hiel** *hiele* heel; bead *(of a tyre);* calx; shoe *(of a lance); die*
> *~ lig* →DIE **HAKKE** LIG; ...

Die lettertipe waarin kruisverwysings verskyn, dui aan waar 'n gebruiker die verwyswoord moet gaan soek. 'n Kruisver= wysing in klein kapitale ná die pyltjie of gelyk-aan-teken verwys die gebruiker na 'n ander artikel in die woordeboek.

The typeface of cross-references indicates where a user has to search for the keyword. A cross-reference in small capitals after the arrow or equals sign refers the user to another article in the dictionary.

'n Kruisverwysing in vet kursiewe letters beteken dat die verwyswoord in dieselfde artikel as die kruisverwysing voorkom. Die frase *go* ***round*** hieronder word dus hoër op in die alfabetiese ordening by die sekondêre trefwoordgroep ***around/round*** gehanteer.

A cross-reference in bold italics means the keyword can be found in the same article as the cross-reference. The phrase *go* ***round*** below is, therefore, dealt with at the secondary headword group ***around/round*** higher up in the alpha= betical arrangement.

> **go** *went gone, ww.* gaan; loop; wandel; ... ~ ***round***
> →***around/round;*** ...

Wanneer 'n trefwoord, afleiding, samestelling of frasevoor= beeld deur 'n pyltjie (of gelyk-aan-teken) en 'n kruisverwy= sing in klein kapitale gevolg word in plaas van 'n vertaling, dui dit aan dat die verlangde vertaling by 'n inskrywing elders in die woordeboek te vind is. In die voorbeeld hieronder beteken die kruisverwysing dat die frase *go on the stage* by die lemma **stage** (en nie **go** nie) vertaal word.

When a headword, derivative, compound or phrase example is followed by an arrow (or equals sign) and a cross-reference in small capital letters instead of a translation, it means that the required translation is given at another headword else= where in the dictionary. In the example below the cross- reference implies that the phrase *go on the stage* is trans= lated at the headword **stage** (and not **go**).

> **go** *went gone, ww.* gaan; loop; wandel; ... ~ *on the* ***stage***
> →STAGE *n.;* ...

'n Kruisverwysing met 'n gelyk-aan-teken impliseer dat die verwyswoord se gebruiksfrekwensie hoër is as dié van die trefwoord. Om dié rede sal **gallig** nie as variant naas **galagtig** in die voorbeeld hieronder opgeneem word nie.

A cross-reference with an equals sign implies that the key= word has greater frequency than the headword. For this reason **gallig** will not be entered as a variant next to **galagtig** in the example below.

> **gal·lig** = GALAGTIG.
> **gal·ag·tig** -*tige* bilious *(lit.); choleric (fig.).*

Wanneer 'n samestelling 'n kruisverwysing het wat na die samestelling self verwys, beteken dit dat die samestelling trefwoordstatus het. In die voorbeeld hieronder beteken die kruisverwysing dat **knockout** as trefwoord opgeneem is. Relevante frases en samestellings word dáár gehanteer.

When a compound cross-refers to the compound itself, it means that the compound has full headword status. In the example below the cross-reference indicates that **knock= out** is entered as a headword. Relevant phrases and com= pounds can be found there.

> **knock** *n.* klop; stamp, stoot, hou, slag; ... **~out** →KNOCK= OUT.
> **knock·out** kopskoot; nekslag; treffer; knoeivendusie, =vandisie; knoeikoper; knoeikopery; *s.o. is a* ~, *(infml.: baie aantreklik)* iem. slaan jou asem skoon weg. ~ **blow** uitklophou; genadeslag, doodhou; ...

## 10 Afkortings

## 10 Abbreviations

Gebruik die redaksionele afkortings op bl.xix saam met die afkortingslys op bl. 758.

Use the editorial abbreviations on p.xvii with the abbrevia= tions list on p. 1599.

Afkortings en akronieme is alfabeties gerangskik.

Abbreviations and acronyms are arranged alphabetically.

As dieselfde afkorting vir meer as een stamverwante woord gebruik kan word, word die woorde alfabeties na die afkorting gelys. Na die skeidingsteken (◆) volg 'n ver= taling vir elke woord waarvoor die afkorting gebruik kan word.

If the same abbreviation is used for more than one cognate word, the words are listed alphabetically after the abbrevia= tion. Following the separator (◆) there is a translation of each word for which the abbreviation can be used.

> **kw.** kwartaal; kwartaalliks(e) ◆ quarter; quarterly **q., quart.**

Sinonieme word deur 'n komma geskei. Stamverwante woorde met verskillende woordsoortlike funksies word deur 'n kommapunt geskei.

Commas separate synonyms. Semicolons separate cognate words with different parts of speech.

> **prep.** preposition; prepositional ◆ preposisie **prep.,** voorsetsel **voors., vs.;** preposisioneel **prep.**

As een of meer afkortings slegs een keer direk na die verta= ling(s) volg, beteken dit dat die afkorting(s) vir al die vertalings geld. In die voorbeeld hieronder kan beide *pathology* en *pathological* met **path.** of **pathol.** afgekort word.

If two or more translations are followed by just one set of abbreviations, it implies that these abbreviations apply to all the translations. In the example below **path.** or **pathol.** can serve as abbreviation for both *pathology* and *pathological*.

> **patol.** patologie; patologies(e) ◆ pathology; patho= logical **path., pathol.**

As die vertalings verskillende afkortings het, volg die afkor= ting direk na elke vertaling. In die voorbeeld word *telegraphy* met **teleg.** afgekort, *telegraphic* met **tel.** of **teleg.,** en *tele= gram* ook met **tel.** of **teleg..**

If the translations have different abbreviations, each trans= lation is followed by its own abbreviation. In the example below **teleg.** is the abbreviation for *telegraphy,* **tel.** or **teleg.** the one for *telegraphic,* while **tel.** or **teleg.** also serves as the abbreviation for *telegram.*

> **telegr.** telegrafie; telegrafies(e); telegram ◆ telegraphy **teleg.,** telegraphic **tel., teleg.,** telegram **tel., teleg.**

As daar geen afkorting na die vertaling(s) volg nie, beteken dit dat daar nie 'n erkende afkorting vir die vertaling(s) be= staan nie.

If no abbreviation is given after the translation(s), it means there is no recognised abbreviation for the translation(s).

> **TLC** tender loving care ◆ liefdevolle aandag

# Editorial abbreviations in the Afrikaans-English part

*Use this list in conjunction with the abbreviations on p. 1599*

## A

*abbr.* abbreviation
*acc.* accusative
*acr.* acronym
*adj.* adjective
*admin.* administrative
*adv.* adverb(ial)
*advt.* advertising
*aeron.* aeronautics
*Afr.* Afrikaans; Africa(n)
*agric.* agriculture
*alg.* algebra
*Am.* America(n)
*anat.* anatomy
*Angl.* Anglicism
*anthr.* anthropology
*Arab.* Arabia(n); Arabic
*arch.* archaic; archaism
*archaeol.* archaeology
*archit.* architecture
*arith.* arithmetic
*art.* article
*astrol.* astrology
*astron.* astronomy
*astronaut.* astronautics
*athl.* athletics
*attr.* attributive
*Austr.* Australia(n)
*AV* Authorised Version (King James Bible)
*av.* aviation

## B

*bacteriol.* bacteriology
*Bib.* Bible; Biblical
*biochem.* biochemistry
*biol.* biological; biology
*bookk.* bookkeeping
*bot.* botany
*Br.* Britain; British
*Braz.* Brazil(ian)
*Buddh.* Buddhism; Buddhist

## C

*Can.* Canada; Canadian
*Cant.* Cantonese
*cap.* capital (letter)
*carp.* carpentry
*cartogr.* cartography; cartographic(al)
*cent.* century
*chem.* chemistry
*Chin.* China; Chinese
*Chr.* Christian (Church); Christianity

*cin.* cinematography
*class.* classic(al)
*C. of E.* Church of England
*collect.* collective (noun)
*comb.* combining form
*comm.* commerce
*comp.* computer (science)
*conj.* conjunction
*constr.* construction
*contr.* contraction
*cook.* cooking
*cosmogr.* cosmography
*cr.* cricket
*cryst.* crystallography

## D

*Dan.* Danish
*dat.* dative
*derog.* derogatory
*det.* determiner
*dial.* dialect(ic)
*dim.* diminutive
*dressm.* dressmaking
*Du.* Dutch

## E

*eccl.* ecclesiastical
*ecol.* ecology
*econ.* economics
*educ.* education
*Eg.* Egypt(ian)
*e.g.* for example
*elec.* electricity; electric(al)
*electron.* electronic(s)
*embryol.* embryology
*Eng.* English; England
*eng.* engineering
*entom.* entomology
*esp.* especially
*ethnol.* ethnology
*euph.* euphemism
*Eur.* Europe(an)
*exch.* exchange
*ex-pres.* ex-president

## F

*fac.* facetious(ly)
*fam.* family
*fem.* female; feminine
*fig.* figure; figurative(ly)
*fin.* finance; financial
*fml.* formal
*Fr.* French; France

## G

*gen.* general(ly)
*geneal.* genealogy
*genet.* genetics
*geog.* geography
*geol.* geology; geological
*geom.* geometry
*geomorphol.* geomorphology
*geoph.* geophysics
*Germ.* German(y); Germanism
*Gr.* Greece; Greek
*gram.* grammar
*gym.* gymnastics

## H

*Hebr.* Hebrew
*her.* heraldry
*Hind.* Hindu(ism)
*hist.* history; historical
*hort.* horticulture
*hum.* humorous(ly)
*Hung.* Hungarian; Hungary

## I

*icht.* ichthyology
*idm.* idiom; idiomatic(ally)
*imit.* imitative
*imp.* imperative
*incorr.* incorrect(ly)
*Ind.* India(n)
*Indon.* Indonesia(n)
*indef.* indefinite
*indef. pron.* indefinite pronoun
*inf.* infinitive
*infml.* informal
*ins.* insurance
*instr.* instrument
*int.* international
*interj.* interjection
*interr. pron.* interrogative pronoun
*intr.* intransitive
*Ir.* Ireland; Irish
*iron.* ironically
*Islam.* Islamic
*Isr.* Israel(i)
*It.* Italy; Italian

## J

*Jap.* Japan(ese)
*joc.* jocular(ly)
*journ.* journalism
*Jud.* Judaism
*jur.* jurisprudence

## L

*lang.* language
*Lat.* Latin
*l.c.* lower case
*libr.* librarianship
*ling.* linguistics
*lit.* literal(ly)
*liter.* literary; literature
*loco.* locomotive
*log.* logic

## M

*m* million
*mach.* machine
*Mal.* Malay
*masc.* masculine
*math.* mathematics
*mech.* mechanics; mechanical
*med.* medical, medicine; medieval
*metall.* metallurgy
*metaphys.* metaphysics
*meteorol.* meteorology
*Mex.* Mexico; Mexican
*microbiol.* microbiology
*mil.* military
*min.* mining; mineralogy
*mot.* motoring
*mus.* music(al)
*myth.* mythology; mythologic(al)

## N

*n.* noun
*NAB* New Afrikaans Bible translation
*N.Afr.* North Africa(n)
*N.Am.* North America(n)
*nat.* national
*naut.* nautical
*nav.* navigation
*N.Eng.* North English
*Neth.* Netherlands
*Ngu.* Nguni
*NIV* New International Version
*non-tech.* nontechnical
*no pl.* no plural
*Norw.* Norwegian
*N.So.* Northern Sotho
*NT* New Testament
*num.* numeral
*NZ* New Zealand

**O**

*OAB* Old Afrikaans Bible translation
*obs.* obsolete
*obst.* obstetrics
*onom.* onomatopoeia
*opp.* opposite
*opt.* optics
*optom.* optometry
*orig.* original(ly)
*orn.* ornithology
*o.s.* oneself
*osteol.* osteology
*OT* Old Testament

**P**

*palaeontol.* palaeontology
*parapsych.* parapsychology
*parl.* parliament(ary)
*pass.* passive (voice)
*pathol.* pathology
*pej.* pejorative
*pers.* person
*pers. pron.* personal pronoun
*pharm.* pharmacy; pharmacology
*philat.* philately
*philol.* philology
*philos.* philosophy
*phon.* phonetics
*phot.* photography
*phys.* physics
*physiol.* physiology

*pl.* plural
*poet.* poetic; poetry
*pol.* political; politics
*pop mus.* popular music
*Port.* Portugal; Portuguese
*poss. pron.* possessive pronoun
*p.p.* past participle
*pred.* predicative
*pref.* prefix
*prehist.* prehistoric
*prep.* preposition
*print.* printing
*pron.* pronoun
*pros.* prosody
*Prot.* Protestant(ism)
*prov.* proverb; provincial
*psych.* psychology
*p.t.* past tense

**R**

*rad.* radio
*RC* Roman Catholic
*refl. pron.* reflexive pronoun
*relig.* religion; religious
*rel. pron.* relative pronoun
*rhet.* rhetoric; rhetorical(ly)
*rly.* railway(s)
*Rom.* Roman; Romans
*Russ.* Russia(n)

**S**

*SA* South Africa(n)
*S.Am.* South America(n)

*sanit.* sanitation
*Sc.* Scotland; Scottish
*sc.* science; scientific
*Scand.* Scandinavia(n)
*sci-fi* science fiction
*sing.* singular
*Skt.* Sanskrit
*sl.* slang
*So.* Sotho
*s.o.* someone
*sociol.* sociology
*Sp.* Spain; Spanish
*sp.* species (singular)
*spp.* species (plural)
*s.t.* something
*stat.* statistics
*subsp.* subspecies
*surg.* surgery
*surv.* surveying
*Sw.* Sweden; Swedish
*Swah.* Swahili
*symb.* symbol

**T**

*tech.* technical
*technol.* technology
*telecomm.* telecommunications
*telegr.* telegraphy
*teleph.* telephone
*text.* textiles
*theatr.* theatre
*theol.* theology; theological

*tr.* transitive
*trad.* traditional(ly)
*transl.* translation
*Tsw.* Tswana
*Turk.* Turkey; Turkish
*TV* television
*typ.* typography

**U**

*univ.* university
*US* United States
*usu.* usually

**V**

*var.* various
*vb.* verb
*Ven.* Venda
*vet.* veterinary (science)
*vit.* vitamin
*vulg.* vulgar

**W**

*W.* West
*woodw.* woodwork

**X**

*Xh.* Xhosa

**Y**

*Yidd.* Yiddish

**Z**

*Zim.* Zimbabwe
*zool.* zoology
*Zu.* Zulu

# Redaksionele afkortings in die
# Engels-Afrikaanse deel

*Gebruik hierdie lys saam met die afkortings op bl. 758*

**A**

*a.d.* aan die
*adj.* adjektief (byvoeglike naamwoord)
*admin.* administrasie; administratief, =tiewe
*adv.* adverbium (bywoord)
*advt.* advertensiewese
*afk.* afkorting
*Afr.* Afrikaans
*akk.* akkusatief
*akr.* akroniem
*alg.* algemeen
*Am.* Amerika; Amerikaans(e)
*anat.* anatomie
*Angl.* Anglikaans(e); Anglisisme
*Anglo-Ind.* Anglo-Indies(e)
*antr.* antropologie
*Arab.* Arabies(e)
*arg.* argaïsme; argaïes(e)
*argeol.* argeologie
*argit.* argitektuur
*astrol.* astrologie
*astron.* astronomie; astronomies(e)
*atl.* atletiek
*attr.* attributief, =tiewe
*Austr.* Australië; Australies(e)
*AV* Authorised Version (King James-vertaling)

**B**

*bakteriol.* bakteriologie
*bankw.* bankwese
*b.d.* by die
*bedryfsekon.* bedryfsekonomie
*beeldh.* beeldhoukuns
*bep.* bepaalde; bepaler
*bes.bep.* besitlike bepaler
*bes.vnw.* besitlike voornaamwoord
*betr.vnw.* betreklike voornaamwoord
*bibl.* biblioteekwese
*binneargit.* binncargitektuur
*biochem.* biochemie
*biol.* biologie
*bl.* bladsy
*Boeddh.* Boeddhisme
*boekh.* boekhou
*boekw.* boekwese
*bosb.* bosbou

*bot.* botanie
*bouk.* boukunde; boukundig(e)
*Br.* Brittanje; Brits(e)
*Bras.* Brasiliaans(e); Brasilië
*Byb.* Bybel; Bybels(e)

**C**

*chem.* chemie
*Chin.* Chinees; Chinees, =nese
*chir.* chirurgie; chirurgies(e)
*Chr.* Christelik(e); Christelike godsdiens

**D**

*D.* Duits(e); Duitsland
*d.* die
*datakomm.* datakommunikasie
*dept.* departement
*dial.* dialek(ties)
*dieetk.* dieetkunde
*dies.* dieselfde
*digk.* digkuns
*dikw.* dikwels
*dim.* diminutief
*dipl.* diplomasie
*dm.* duim
*druk.* drukkuns; drukwerk

**E**

*e.a.* en ander
*eenh.* eenheid
*Eg.* Egipte; Egipties(e)
*ekol.* ekologie
*ekon.* ekonomie
*ekv.* enkelvoud
*elek.* elektrisiteit
*elektron.* elektronika
*embriol.* embriologie
*Eng.* Engels(e); Engeland
*entom.* entomologie (insektekunde)
*etnol.* etnologie (volkekunde)
*euf.* eufemisme; eufemisties(e)
*Eur.* Europa; Europees, =pese

**F**

*farm.* farmakologie
*fig.* figuur; figuurlik(e)
*filat.* filatelie
*filmk.* filmkuns
*filol.* filologie
*filos.* filosofie

*fin.* finansiewese
*fis.* fisika
*fisiol.* fisiologie
*fml.* formeel
*fonet.* fonetiek
*fonol.* fonologie; fonologies(e)
*fot.* fotografie
*Fr.* Frans; Frans(e); Frankryk

**G**

*gebr.* gebruik
*geldeenh.* geldeenheid
*gen.* genitief
*geneal.* genealogie; genealogies(e)
*genet.* genetika
*geofis.* geofisika
*geog.* geografie; geografies(e)
*geol.* geologie; geologies(e)
*geom.* geometrie (meetkunde)
*geomorfol.* geomorfologie; gemorfologies(e)
*Germ.* Germanisme; Germaans(e)
*gesk.* geskiedenis; geskiedkundig(e)
*gew.* gewoonlik
*gh.* gholf
*gimn.* gimnastiek
*Gr.* Grieks(e); Griekeland
*gram.* grammatika
*grondk.* grondkunde

**H**

*han.* handel
*Hebr.* Hebreeus(e)
*her.* heraldiek
*hfst.* hoofstuk
*Hind.* Hindoeïsme
*hist.* histories(e)
*hl.* hoofletter
*Holl.* Holland; Hollands(e)
*hoofs.* hoofsaaklik
*hor.* horologie
*houtw.* houtwerk

**I**

*i.d.* in die
*idm.* idioom; idiomaties(e)
*iem.* iemand
*Ier.* Ierland; Iers(e)
*igt.* igtiologie (viskunde)

*immunol.* immunologie
*imp.* imperatief (gebiedende wys[e])
*imperf.* imperfektum (onvoltooide verlede tyd)
*Ind.* Indië; Indies(e)
*Indon.* Indonesies(e); Indonesië
*infml.* informeel
*inf.* infinitief
*ing.* ingenieurswese
*instr.* instrument
*int.* internasionaal, =nale
*iron.* ironies
*Islam.* Islamities(e)
*Isr.* Israel; Israelities(e); Israels(e)
*It.* Italiaans; Italiaans(e); Italië

**J**

*Jap.* Japannees, =nese; Japans(e)
*Jidd.* Jiddisj
*joern.* joernalistiek
*jr.* junior
*Jud.* Judaïsme
*jur.* juridies

**K**

*Kan.* Kanada; Kanadees, =dese
*Kant.* Kantonnees
*kartogr.* kartografie; kartografies(e)
*kernfis.* kernfisika
*kindert.* kindertaal
*kl.* kleinletter
*klass.* klassiek(e)
*kll.* kleinletters
*komb.vorm* kombinasievorm
*kookk.* kookkuns
*kosmogr.* kosmografie
*kosmol.* kosmologie
*kr.* krieket
*krim.* kriminologie
*krist.* kristallografie
*KZN* KwaZulu-Natal

**L**

*landb.* landbou
*landm.* landmeetkunde
*Lat.* Latyn; Latyns(e)
*Lat.Am.* Latyns-Amerikaans(e)
*leenw.* leenwoord

*lett.* letterlik(e)
*lettk.* letterkunde; letterkun= dig(e)
*ling.* linguistiek; linguisties(e)
*liter.* literêr
*LO* liggaamlike opleiding
*log.* logika
*lugv.* lugvaart
*lw.* lidwoord

# M

*m* miljoen
*Ma.* Maandag
*maateenh.* maateenheid
*Mal.* Maleis(e)
*masj.* masjien; masjienbou
*m.d.* met die
*Me.* Middeleeue; Middel= eeus(e)
*med.* medies(e)
*meg.* meganika
*meg.ing.* meganiese inge= nieurswese
*met.* meteorologie
*metaalw.* metaalwerk
*metafis.* metafisika
*metal.* metallurgie
*Mex.* Mexikaans(e)
*Mid.Oos.* Midde-Oosters(e)
*mil.* militêr(e)
*min.* mineralogie
*mit.* mitologie; mitologies(e)
*ml.* manlik(e)
*mot.* motorwese
*mpy.* maatskappy
*mus.* musiek
*mus.instr.* musiekinstrument
*mv.* meervoud
*MW* maatskaplike werk
*mynb.* mynbou

# N

*n.* nomen (selfstandige naamwoord)
*naaldw.* naalwerk
*NAB* Nuwe Afrikaanse Bybelvertaling
*N.Afr.* Noord-Afrika; Noord-Afrikaans(e)
*N.Am.* Noord-Amerika; Noord-Amerikaans(e)
*nas.* nasionaal, =nale
*nav.* navigasie
*n.d.* na die
*Ndl.* Nederland; Nederlands(e)
*neerh.* neerhalend(e)
*N.Eng.* Noord-Engels(e); Noord-Engeland
*neurol.* neurologie
*Ngu.* Nguni
*nieteg.* nietegnies
*NIV* New International Version

*nom.* nominatief
*NS* Nieu-Seeland; Nieu- Seelands(e)
*N.So.* Noord-Sotho
*NT* Nuwe Testament; Nuwe-Testamentiese(e)
*NW* noordwes
*NW.Afr.* Noordwes-Afrika
*NW.It.* Noordwes-Italië

# O

*OAB* Ou Afrikaanse Bybel= vertaling
*o.d.* op die
*O.Eur.* Oos-Europa; Oos- Europees, =pese
*ON* Oudnoors(e)
*onbep.* onbepaald(e)
*ong.* ongeveer
*onom.* onomatopee
*onoorg.* onoorganklik(e)
*oorg.* oorganklik(e)
*oorspr.* oorspronklik(e)
*opt.* opties(e); optika
*optom.* optometrie
*opv.* opvoedkunde
*org.* organies(e); organisa= sie
*orn.* ornitologie (voël= kunde)
*osteol.* osteologie
*OT* Ou Testament; Ou- Testamenties(e)
*oudhk.* oudheidkunde

# P

*paleont.* paleontologie
*par.* paragraaf
*parapsig.* parapsigologie
*parl.* parlement; parlemen= têr(e)
*part.* partisipium
*patol.* patologie
*pej.* pejoratief
*pers.* persoon
*poët.* poëties
*pol.* politiek(e)
*Port.* Portugal; Portugees, =gese
*pred.* predikatief
*pref.* prefiks (voorvoegsel)
*prehist.* prehistories(e)
*prep.* preposisie (voorsetsel)
*pron.* pronomen (voornaam= woord)
*pros.* prosodie (versleer)
*Prot.* Protestant; Protes= tants(e)
*prov.* provinsie
*psig.* psigiatrie; psigologie

# R

*rad.* radio

*refl.* refleksief, =siewe
*rek.* rekenaarwetenskap
*rekeningk.* rekeningkunde
*relig.* religie, religieus(e)
*ret.* retoriek; retories(e)
*RK* Rooms-Katoliek(e)
*Rom.* Romeins(e)
*ruimtev.* ruimtevaart
*Rus.* Rusland; Russies(e)
*rymsl.* rymslang, =sleng

# S

*SA* Suid-Afrika; Suid- Afrikaans(e)
*S.Am.* Suid-Amerika; Suid- Amerikaans(e)
*sametr.* sametrekking
*seeversek.* seeversekering
*sek.* sekonde
*S.Fr.* Suid-Frankryk
*Shakesp.* Shakespeare; Shakespeariaans(e)
*simb.* simbool
*Sk.* Skotland; Skots(e)
*sk.* skeepvaart
*Skand.* Skandinawië; Skan= dinawies(e)
*skermk.* skermkuns
*skerts.* skertsend
*skilderk.* skilderkuns
*Skt.* Sanskrit
*sl.* slang, sleng
*snaarinstr.* snaarinstrument
*So.* Sotho
*soöl.* soölogie
*sosiol.* sosiologie
*Sp.* Spaans(e)
*sp.* spesie (soort)
*Sp.Am.* Spaans-Ameri= kaans(e)
*spp.* spesies (soorte)
*sprw.* spreekwoord
*spw.* spoorweë
*statist.* statistiek
*strykinstr.* strykinstrument
*suff.* suffiks (agtervoegsel)
*Sw.* Swede; Sweeds(e)
*Swah.* Swahili

# T

*takson.* taksonomie
*tandh.* tandheelkunde
*teat.* teater
*teat.sl.* teaterslang, =sleng
*teenw.dw.* teenwoordige deelwoord
*teenw.t.* teenwoordige tyd
*teg.* tegnies(e)
*tegnol.* tegnologie
*tekenk.* tekenkuns
*tekst.* tekstielkunde; tekstiel= bedryf
*telef.* telefonie

*telegr.* telegrafie
*telekom.* telekommunikasie
*telw.* telwoord
*teol.* teologie; teologies(e)
*timm.* timmerwerk
*tip.* tipografie
*toek.* toekoms
*townshipsl.* townshipslang, =sleng
*Tsw.* Tswana
*tuinb.* tuinbou
*tuss.* tussen
*TV* televisie
*tw.* tussenwerpsel

# U

*uitbr.* uitbreiding
*univ.* universiteit; univer= sitêr(e)

# V

*v.* van
*v.d.* van die
*veearts.* veeartsenykunde
*Ven.* Venda
*verl.dw.* verlede deelwoord
*verlosk.* verloskunde
*verl.t.* verlede tyd
*vero.* verouderd(e)
*versek.* versekeringswese
*verw.* verwysing
*VK* Verenigde Koninkryk
*vkw.* verkleinwoord
*vlgs.* volgens
*vnl.* vernaamlik
*vnw.* voornaamwoord
*voegw.* voegwoord
*volt.dw.* voltooide deelwoord
*vr.* vroulik(e)
*Vrym.* Vrymesselary
*VS* Verenigde State
*vulg.* vulgêr(e)

# W

*W.Afr.* Wes-Afrika; Wes- Afrikaans(e)
*weerk.* weerkunde
*wet.* wetenskap; wetenskap= lik(e)
*w.g.* weinig gebruiklik
*W.Ind.* Wes-Indië; Wes- Indies(e)
*wisk.* wiskunde
*ww.* werkwoord
*wynb.* wynbou

# X

*Xh.* Xhosa

# Z

*Z.* Zoeloe, Zulu
*Zim.* Zimbabwe; Zim= babwies(e)

# Afrikaans • Engels

# Aa

**a¹** *a's, (dim. a'tjie), n., (first letter of the alphabet)* a; *klein* ~ small a.

**a²** *interj.* ah!, oh!, O!; *(~) ja!* ~ certainly!, of course!; *(~) nee!* ~ oh no!, not at all!, of course not!; shame on you!.

**A** *A's* A; *van* ~ *tot Z* from A to Z, from beginning to end; *iets van* ~ *tot Z lees* read s.t. from cover to cover *(a book)*. **A1, A2, A3, ens.** *='s, (paper size)* A1, A2, A3, etc.; *A4-papier* A4 pa= per. **~-kruis** *(mus.)* A sharp. **~-majeur** *(mus.)* A major. **~-mineur** *(mus.)* A minor. **~-mol** *(mus.)* A flat. **~-raam-huis** A-frame house.

**aag** *interj.* oh!, O!; →AG¹; *~, foei tog!* shame!; *~, hoe fraai!* oh, how lovely!; *~, ek gee nie om nie!* oh, I don't care!; *~, hene/jene!* oh dear!, oh my goodness!; *~ wat* ho-hum *(infml.)*.

**aai** *interj.* ah!, oh!, O!; →AI¹.

**aak·lig** *=lige =liger =ligste, adj. & adv.* awful, ghastly, horrible, nasty *(pers.)*; terrible, horrid *(dream)*; bad, foul, nasty, vile *(smell, taste)*; dreadful *(book, music, etc.)*; awful, atrocious, beastly, rotten *(weather)*; horrible, nasty, gruesome, ugly *(sight)*; hideous *(face, noise, etc.)*; grim *(premonition)*; grisly, horrid *(tale)*; *(sl.)* god-awful *(stench etc.)*; ~ *voel* feel awful/terrible/wretched. **aak·lig·heid** awfulness, ghastliness, nasti=ness; terribleness, horridness; foulness, vileness; dreadfulness; beastliness; gruesomeness, ugliness; hideousness; grimness; grisliness.

**aal** *ale, (rare)* eel; →PALING. **~wurm** *=wurms* eelworm, round=worm, nematode.

**aal·bes·sie** *=sies* currant. **~bos** currant bush.

**aal·moes** *=moese* alms, charity, handout; *van ~e leef/lewe* live on charity; *~e uitdeel/gee* dispense/give alms; *~e vra* ask for charity.

**aal·wee** *=wees* aloe; →AALWYN.

**aal·wyn** *=wyne* aloe; *(med.)* aloes; *mak* ~ agave. **~bitter** aloin. **~blaar** aloe leaf.

**aal·wyn·ag·tig** *=tige* aloetic.

**aam·beeld** *=beelde* anvil; *(anat.)* incus; *altyd op dieselfde ~ hamer/slaan* harp on the same string.

**aam·bei** *=beie* pile, haemorrhoid; *bloeiende/droë/jeukende ~e* bleeding/wet/dry/itching piles. **~bossie** *(bot.)* piles bush, Christ=masberry, wild gentian.

**aam·bors·tig** *=tige* short-winded, wheezy, asthmatic. **aam·bors·tig·heid** short-windedness, wheeziness.

**aan** *adj. & adv.* in; on; *weet waar jy (met ...)* ~ *of af is* know where one stands (with ...); *agter iets* ~ *wees* be out for s.t. *(money etc.)*; *R1000* ~ *belasting* R1000 in taxes; ~ *die brand wees* be burning; *met 'n jas* ~ wearing a coat; *jy is ~!, (chil=dren's game)* you're on!; *die lig/televisie is* ~ the light/televi=sion is on. **aan** *prep.* at; against; by, by way of; for; in, in the way of; near, next to; of; on, upon; with; to, up to; ~ *die been gewond* wounded in the leg; ~ *die huil/lag gaan/wees* start/be crying/laughing; *iets eet* eat s.t.; *iem.* ~ *iets herken* recog=nise s.o. by s.t.; ~ *'n deur klop* knock at/on a door; ~ *'n ri=vier lê* lie on a river, be (situated) on a river; ~ *mekaar skryf/skrywe* write to each other; ~ *'n muur* on a wall; *iem.* ~ *die hand neem* take s.o. by the hand; *daar is niks* ~ *nie* there is nothing to it; *'n ring* ~ *jou vinger* a ring on one's fin=ger; *iets* ~ *iem. sê* tell s.o. s.t.; *'n seer* ~ *jou voet* a sore on one's foot; *skoene* ~ *jou voete* shoes on one's feet; *iets* ~ *iem. stuur* send s.t. to s.o.; ~ *iem. se voete sit* sit at s.o.'s feet.

**aan·be·stee** *(rare)* put out to contract; ask/invite tenders for.

**aan·be·tref** concern; *wat dit* ~ as to this/that; when it comes to that; for that matter; speaking of that; *wat my* ~ for my part; as far as I am concerned; speaking for myself.

**aan·be·veel** recommend; advocate; *iem./iets by iem.* ~ recom=mend s.o./s.t. to s.o.; *sterk* ~ *word* be highly/strongly recom=mended; *aan te beveel* recommendable; *iem. vir iets* ~ recom=mend s.o. for s.t. *(a post etc.)*. **aan·be·ve·lens·waar·dig** *=dige* recommendable. **aan·be·ve·ling** *=lings, =linge* recommenda=tion; *'n* ~ *by iem. doen* make a recommendation to s.o.; *iem. 'n* ~ *gee* recommend s.o.; *op* ~ *van ...* at/on the recommen=dation of ... **aan·be·ve·lings·brief** letter of introduction/rec=ommendation.

**aan·be·vo·le** recommended *(book etc.)*; ~ *hotel* recommend=ed/approved hotel.

**aan·bid** worship, adore *(s.o.)*; *(stronger)* hero-worship; *(relig.)* worship, venerate, adore; *bid jou (dit) aan!* I ask you!, did/have you ever?. **aan·bid·der** admirer *(of a pers.)*; worshipper *(of a deity)*. **aan·bid·ding** worship; adoration; *in* ~ *neerkniel* kneel in worship; *met oë vol* ~ *na ... kyk* look at ... adoringly *(or with adoring eyes)*; *in stille* ~ in silent worship/adoration.

**aan·bied** *=ge=* offer, give, bid, proffer, tender; propose; pre=sent, tender; volunteer; *(TV)* front *(a programme)*; →AANBOD; AANGEBODE; *dienste* ~ offer/tender/volunteer services; *iem. 'n geskenk* ~ present a gift to s.o., present s.o. with a gift; *(iem.) jou hulp* ~ offer to help (s.o.); *iem. iets* ~ offer s.o. s.t., offer s.t. to s.o.; make s.o. an offer of s.t.; present s.t. to s.o., present s.o. with s.t.; *50c in die R* ~ offer/tender 50c in the R; *jou* ~ come forward; *iem. kan nie meer* ~ *nie* this is as far as s.o. can go; ~ *om iets te doen* offer/volunteer to do s.t.; vol=unteer for a task; *raad* ~ offer advice; *R500 vir iets* ~ offer R500 for s.t.; *aangebied word, (also)* be on offer. **aan·bie·der** *=ders, (rad., TV)* presenter; *(jur.)* offerer; dispenser. **aan·bie·ding** *=dings, =dinge* offer, overture, tender; *(jur.)* presentation, presentment; *by* ~ *van ...* on presentation of ...; *kantoor van* ~ office of origin.

**aan·bind** *=ge=* bind, fasten, tie (on).

**aan·blaas** *=ge=* blow, fan *(flames, a fire)*; fan, stir (up), (a)rouse, kindle, foment *(hatred, dissatisfaction, rebellion, etc.)*.

**aan·blik** *n.* aspect; glance, look; sight, view; *by die eerste* ~ at first sight/glance.

**aan·bly** *=ge=* stay on; *(teleph.)* hang/hold on, hold the line; *bly aan, asseblief!* hold on, please!; *in 'n betrekking* ~ continue/remain in office; *iets laat* ~ leave s.t. on.

**aan·bod** *=biedings, =biedinge* offer; *(econ.)* supply; *'n* ~ *aan ...* an offer to ...; *'n aanloklike* ~ an attractive proposition; *'n* ~ *aanneem/aanvaar* accept *(or* take up*)* an offer; *iem. 'n* ~ *doen/maak* make s.o. an offer; make s.o. a proposition; *'n nuwe* ~ *doen/maak* rebid; *van 'n* ~ *gebruik maak* take up an offer; *'n* ~ *van die hand wys* decline/refuse *(or* turn down*)* an offer; *die* ~ *is nog van krag (of staan nog)* the offer holds; *'n* ~ *oorweeg* entertain an offer; *'n* ~ *vir ...* an offer for ...; *vraag en* ~ supply and demand. **~kant** *(econ.)* supply side. **~prys** offer price.

**aan·bou** *n.: in* ~ *wees* be under *(or* in [the] process of) con=struction. **aan·bou** *=ge=, vb.* build/add on *(a room etc.)*; *'n garage aan/by 'n huis* ~ build a garage onto *(or* on to) a house;

*'n kamer* ~ add another room. **aan·bou·sel** *=sels* annexe, extension, extra room/wing.

**aan·brand** *-ge-* burn, be/get burnt, stick to the pan/pot/saucepan; *die rys het aangebrand* the rice is burnt. **aan·brand·sel** *=sels* burnt layer (in the bottom of a pan/pot/saucepan).

**aan·breek** *n.: die ~ van 'n nuwe tydvak* the dawn of a new age/era. **aan·breek** *-ge-, vb., (day)* break, dawn; *(night)* fall, close in; *(age)* dawn; *(autumn, winter)* set in; *(spring, summer)* begin; *(time)* come, be at hand; *mag ... spoedig ~!* roll on ...!; *die uur het aangebreek* the hour has come/struck.

**aan·bring** *-ge-* fix, affix, fasten; put in, fit; install *(elec.)*; put up *(a sign etc.)*; make *(a correction)*; bring about, introduce *(changes)*; make, introduce *(improvements)*; bring on *(fever)*; let *(a door into a wall)*; insert *(a comma etc.)*; add; put on, apply; bring in *(capital, customers)*; accuse, inform against *(s.o.)*; *iets aan ...* ~ affix s.t. to ...; *iets op die regte plek* ~ place s.t. correctly; *'n slot op 'n deur* ~ fasten a lock on/to a door.

**aand** *aande* evening; night; *iets het een* (of *op 'n [sekere]*) ~ *gebeur* s.t. happened one evening; *elke* ~ every evening; night after night; *die hele* ~ all evening; all through (*or* throughout) the evening; *die hele* ~ *met ... deurbring* make an evening of it; *in die* ~ in the evening; at night; after dark; *in die* ~ *van jou lewe, (liter.)* in the twilight/evening/autumn of one's life, in one's twilight years; *laat in die* ~ late at night; at a late hour; *so laat in die* ~ at this time of night; *nou die* ~, *'n paar* ~*e* (of *'n* ~ *of wat*) *gelede* the other night; *op die* ~ *van die 21ste* on the evening of the 21st.; *teen die* ~ *(se kant)* toward(s) evening; at the close of day; *die* ~ *tevore* the evening/night before; *'n* ~ *uit* a night out; *'n* ~ *uitgaan* have a night out; *die* ~ *voor die fees/slag/ens.* on the eve of the festival/battle/etc.; *die vorige* ~ the previous evening. ~**baadjie** dinner jacket, tuxedo. ~**blom** (spp. of *Freesia, Gladiolus, Hesperantha, Oenothera*) evening flower/primrose. ~**diens** evening service/ prayers, evensong. ~**drag** evening dress, black tie. ~**ete** supper, evening meal; dinner; *voor/by/ná (die)* ~ before/at/after dinner/supper; *(die)* ~ *geniet/nuttig* have dinner/supper. ~**gods diens** evening prayers. ~**hemp** dress shirt. ~**klas** evening/ night class. ~**klok, ~klokreël(ing)** curfew. ~**koerant** evening (news)paper. ~**krieket** day-night cricket. ~**lug** night air; evening sky. ~**luggie** evening breeze. ~**pak** dress suit, evening suit/dress. ~**rok** evening dress. ~**skemer(ing)** dusk, nightfall, gloaming, twilight. ~**skof** *=skofte* evening shift. ~**ster** evening star, Hesperus. ~**tenue** (military) evening dress. ~**wande ling** evening walk.

**aan·da·dig** *-dige* accessory; *aan iets* ~ *wees* be an accessory to s.t. *(a crime)*; be implicated/involved in s.t.. **aan·da·di·ge** *=ges* accessory, accomplice. **aan·da·dig·heid** complicity, collusion.

**aan·dag** attention, notice, observation; *die* ~ *aflei/aftrek* divert attention (*or* draw attention away) from s.t.; create a diversion; *iem. se* ~ *van iets aflei/aftrek* distract s.o. (*or* distract/divert s.o.'s attention) from s.t., take s.o.'s mind off s.t.; *jou* ~ *by ... bepaal* confine one's attention to ...; keep one's attention on ...; *besondere* ~ *aan iets bestee* be particular about/over s.t.; *met besondere* ~ *aan ...* with special reference to ...; *meer* ~ *aan iets bestee, (also)* take more care over s.t.; ~ *bestee/gee/skenk/wy aan ...* pay/give/devote (*or* turn one's) attention to ..., deal with ...; apply one's mind to ...; *iem. se* ~ *boei* hold s.o.'s attention; *die ene* ~ *wees* be all attention; ~ *geniet/kry/ontvang* enjoy/gain/receive attention; *iets geniet* ~, *(also)* s.t. is being attended to; *met die* ~ *op ... gerig* wees be intent on/upon ...; *met gespanne* ~ with rapt attention; with bated breath; *met* ~ attentively, closely, carefully, intently; *iets onder die* ~ *bring* draw attention to s.t.; *iets onder iem. se* ~ *bring* draw s.o.'s attention to s.t., bring s.t. to s.o.'s attention/knowledge/notice; *onder iem. se* ~ *kom* come to s.o.'s attention/notice; *iets het iem. se* ~ *ontglip, iets het (aan) iem. se* ~ *ontsnap* s.t. has escaped s.o.'s attention; *(aan) die* ~ *ontsnap, (also)* escape observation; *jou onver*

*deelde* ~ *aan ... gee/skenk/wy* give one's undivided attention to ...; *op* ~ *staan, (mil.)* stand at/to attention; *op* ~ *gaan staan, (mil.)* come to attention; *soldate tot* ~ *roep* call soldiers to attention; *jou* ~ *op ... toespits* fix one's attention on/upon ...; focus (one's attention) on/upon ...; keep one's mind on ...; *iem. se* ~ *trek* attract/catch/draw s.o.'s attention, catch s.o.'s eye; *(die)* ~ *probeer trek* seek attention; *al die* ~ *trek* steal the limelight; *die* ~ *wil trek* show off; *die* ~ *op ... vestig* call/draw attention to ...; highlight ... *(problems etc.)*; *iem. se* ~ *op iets vestig* call/direct/draw s.o.'s attention to s.t.; bring s.t. to s.o.'s notice/attention; *vir die* ~ *van ...* for the attention of ...; *(vir)* ~ *mnr. Bekker* attention Mr Bekker; ~ *vir ... vra* draw attention to ...; *iets vra al iem. se* ~ s.t. requires all s.o.'s attention. **aan·dag** *interj., (mil.)* attention!. ~**(s)gebrek(sindroom)** attention deficit disorder *(abbr.:* ADD*)*. ~**soekery, ~trekke ry** attention-seeking. ~**span, aandagsomvang** attention span. ~**streep** dash.

**aan·dag·tig** *-tige, adj.* attentive. **aan·dag·tig** *adv.* attentively, closely, carefully, intently; ~ *luister* listen closely (*or* with rapt attention), be all ears. **aan·dag·tig·heid** attention, attentiveness.

**aan·deel** *-dele* share *(in profits, a business, etc.)*; portion *(of an inheritance)*; *(fin.)* share, interest; quota, share, cut *(infml.)*, allotment; contribution; part; *'n* ~ *aan iets hê, (also)* have a hand in s.t.; *'n daadwerklike* ~ *aan iets hê* take an active part in s.t.; *in aandele belê* invest in (stocks and) shares; *iem. het geen* ~ *daaraan gehad nie* it is none of s.o.'s doing; *'n groot* ~ *aan ... hê* play an important (*or* a leading part) in ...; *'n* ~ *in iets hê* have an interest in s.t. *(a business)*; *aandele in 'n maatskappy besit* hold shares in a company; *met aandele spe kuleer* play the market; *iem. se aandele styg, (fig.)* s.o.'s prospects are improving; *'n uitgifte van aandele* an issue of shares; *aandele uitreik* issue shares; *aandele val/styg* shares (*or* share/ stock prices) are falling/rising. ~**bewys** share certificate. ~**houding** = AANDELEBESIT. ~**houer** share-, stockholder. ~**ser tifikaat** *-kate* share certificate.

**aan·deel·hou·ers:** ~**belang** shareholders' equity. ~**verga dering** shareholders' meeting.

**aan·de·le:** ~**besit** share-, stockholding. ~**beurs** stock exchange. ~**indeks** share index. ~**kapitaal** share capital, capital stock. ~**maatskappy** joint-stock company. ~**makelaar** stock-, sharebroker. ~**mark** stock exchange/market. ~**op sie** share option. ~**portefeulje** share portfolio. ~**register** transfer register. ~**sertifikaat** *-kate* share certificate. ~**-uit gifte** share issue.

**aan·den·king, aan·den·king** *-kings, -kinge* memory, remembrance; memorial, token; memento, souvenir, keepsake; *iets as 'n* ~ *gee* give s.t. as a keepsake/memento/souvenir; *'n* ~ *aan ...* a souvenir/memento of ...; *ter* ~ *aan ...* in memory/remembrance of ...

**aan·dik** *-ge-* exaggerate; *(dit/lekker)* ~ pile it on.

**aand·jie** *-jies* social evening.

**aan·doen** *-ge-* cause, give *(trouble etc.)*; impose, inflict *(hardship etc.)* (up)on; offer *(insult)* to; affect, move, touch *(the heart)*; try *(the nerves)*; *iem. eer* ~ honour s.o.; *die waarheid geweld* ~ stretch the truth; *iem. iets* ~ do s.t. to s.o.; *iem. ongerief* ~ put s.o. out, inconvenience s.o., give s.o. trouble; *(by) 'n plek* ~ stop/call at a place. ~**plek** point/port of call.

**aan·doe·ning** *-nings, -ninge* complaint, ailment; emotion; *van* ~ *bewe* shake/tremble with emotion; *met* ~ *na iets kyk* be moved by the sight of s.t.; *van (pure)* ~ *kon iem. nie meer praat nie* s.o. was choked with emotion.

**aan·doen·lik** *-like* moving, touching, poignant, stirring. **aan doen·lik·heid** poignancy.

**aan·dra** *-ge-* bring (along), carry, fetch; *iets agter iem.* ~ take s.t. to where s.o. is; *(derog.)* wait on s.o.; *by iem. nuus/stories oor iem.* ~ tell tales about s.o. to s.o., tell/split/sneak on s.o. to s.o. *(infml.)*.

**aan·draai** =ge= tighten, fasten; turn/switch on; *(die) briek ~, (fig.)* apply *(or* put on) the brakes, ease off; cut back, apply the financial brakes; *die gas ~* turn on/up the gas.

**aan·draf** =ge= run/trot along; jog along; *agter iem. ~* tag after *(or* tag along behind) s.o..

**aan·drang** insistence, instigation, instance, urging; demand, request; →AANDRING; *die ~ op iets* the call/clamour for s.t.; *op algemene ~* by popular demand/request; *op iem. se ~, op ~ van iem.* at s.o.'s insistence/instigation/instance; *op ~ van die publiek* by public demand/request; *uit eie ~* on one's own initiative, of one's own free will *(or* own accord).

**aan·dren·tel** =ge= saunter/amble along; *agter iem. ~* traipse after s.o..

**aan·dring** =ge=: *daarop ~ dat ...* insist that ...; *daarop ~ dat iem. iets doen* (of *iets gedoen word)* insist on s.o. doing s.t. *(or* s.t. being done), press s.o. to do s.t. *(or* for s.t. to be done); *daarop ~ om iets te doen* insist on doing s.t.; *op iets ~* insist on *(or* press for) s.t.; *by iem. op iets ~* press s.o. for s.t., press/ urge s.o. to do s.t.; →AANDRANG.

**aan·druk** =ge= hurry (up), get a move on *(infml.);* *met iets ~* press ahead/forward/on with s.t.; *iem. teen jou ~* hug s.o.; *jou teen iem. ~* cuddle up against *(or* nestle close to) s.o.; *teen iets ~* press against s.t..

**aan·dryf, aan·dry·we** =ge=, *(mech.)* drive, power *(a vehicle);* drive (on/along) *(animals);* →AANGEDREWE; *deur/met elektrisi= teit aangedryf word* be driven by electricity; *aangedryf kom* come floating along. **aan·dry·wer** *(comp.)* driver. **aan·dry· wing** =wings, =winge, *(mech.)* drive, power.

**aan·dui** =ge= indicate, point out, show; mark *(with an asterisk etc.);* indicate, point to; designate, signify; hint, imply, inti= mate; denote, mean, stand for, betoken; denominate *(in units); tensy anders aangedui* unless otherwise specified; *iem./ iets as ... ~* designate s.o./s.t. as ...; describe s.o./s.t. as ...; *iets dui aan dat ...* s.t. indicates that ...; s.t. is significant of ...; *iets word deur ... aangedui* s.t. is marked with ... *(an asterisk etc.); iets nader ~* specify s.t. (in detail), indicate s.t. more precisely; *soos hier aangedui* as indicated here; along/on these lines. **aan·dui·dend** =dende indicative, symptomatic. **aan· dui·ding** =dings, =dinge indication; designation; hint, intima= tion; sign, clue, evidence; *(med.)* signature; *~s dat ...* evi= dence that ...; *'n ~ gee* give an indication; *geen ~ hê* nie have nothing to go by/(up)on; *'n ~ hê* have something to go by/ (up)on; *iets gee/is 'n ~ van ...* s.t. gives/is an indication of ...; s.t. gives/is a pointer to ...; s.t. is a measure of ... *(s.o.'s deter= mination etc.); ~s van iets, (also)* evidence of s.t.; *'n ~ van hoe/wat/wanneer ...* an indication as to how/what/when ...; a pointer to how/what/when ...; *volgens die ~s is dit ...* indica= tions are that it is ...

**aan·durf** =ge= dare, risk, venture (up)on; *iem. ~* confront s.o.; *iets ~* tackle s.t., venture (up)on s.t., take s.t. on; *iets nie ~ nie* shrink *(or* shy away) from doing s.t..

**aan·een** consecutively, continuously, solidly, at a stretch; together; *dae/ens.* ~ for days/etc. on end; *drie dae ~* for three straight days; *twaalf/24 uur ~* round the clock. **~heg** =ge= link up, fasten/clamp together. **~loop** =ge= be continuous. **~lopend** continuous. **~ryg** =ge= string together; *(needlework)* tack, baste. **~skakel** =ge= link (together), link (up), concate= nate, couple, shackle. **~skakelend** *(also)* copulative. **~ska· keling** chain, string, series; sequence, succession, train, con= catenation. **~sluit** =ge= join/link together, couple; fit well; close up; join, unite, combine. **~sluiting** closing, joining, linking, uniting. **~sweis** =ge= weld together.

**aan(-en)-af-ska·ke·laar** on-off switch.

**aan·gaan** =ge= continue, go on, proceed; carry on, rant and rave, kick up a row; enter into, conclude *(an arrangement etc.);* contract *(a marriage);* incur *(debts);* enter into *(a partnership);* negotiate *(loans);* concern, regard; *(light etc.)* go on; *agter iem. ~* follow s.o.; *by iem. ~* drop/call in on s.o.; *goed ~* do well;

*dit gaan jou nie aan nie* it doesn't concern you, it is none of your business; *so kan dit nie ~ nie* that/this will never do; *wat ... ~* as for/regards/to ...; *wat dit ~* as regards that/this, as for/to that/this; *wat gaan hier aan?* what's going on here?; *wat my ~* as far as I am concerned, as for me, for my part; speaking for myself; *'n weddenskap met iem. ~* make a bet with s.o.; *aan wie dit mag ~* to whom it may concern. **aan· gaan·de** as for/regards/to, regarding, concerning, with re= gard/reference/respect to.

**aan·gaap** =ge= gape/stare/goggle/gawk at.

**aan·ge·bo·de** offered; tendered *(vote);* proffered *(help);* → AANBIED.

**aan·ge·bo·re** inborn *(talent);* innate *(ideas);* inbred *(piety);* congenital *(disease);* natural *(taste);* native *(intelligence);* he= reditary *(trait);* constitutional *(defect);* inherent, inbuilt *(quali= ty); iets doen asof dit ~ is* do s.t. as to the manner born.

**aan·ge·brand** =brande burnt; →AANBRAND; *=e kos* burnt food, *(hum.)* burnt offering.

**aan·ge·daan** =dane moved, touched; *geweldig ~ wees* be over= come by/with emotion; *diep ~ wees oor iets* be deeply moved by s.t.; *~ raak* give way to one's emotions.

**aan·ge·dik** =dikte coloured, exaggerated; →AANDIK.

**aan·ge·dre·we:** *elektries ~* electrically powered/driven. **=aan· ge·dre·we** comb. -powered; →AANDRYF; *kern= ~* nuclear-pow= ered.

**aan·gee** =geë, *n., (sport)* pass. **aan·gee** =ge=, *vb.* give, hand, pass (on); reach (down); indicate, mark *(on a map etc.);* re= cord *(time);* register *(temperature);* allege *(as reason);* declare *(goods);* report *(theft etc.);* give notice of *(a birth);* mention *(points);* state *(particulars);* suggest *(means);* report *(a matter);* notify *(a disease); (athl.)* relay; *(sport)* make a) pass; *die bal na ... ~* pass the ball to ...; *iem. by die polisie ~* report s.o. to the police; *jou ~* give o.s. up; *'n saak ~* lay a charge; *iets vir iem. ~* pass s.t. to s.o.; hand s.o. s.t., hand s.t. to s.o.; pass on s.t. to s.o.. **aan·ge·ër, aan·ge·wer** *(football etc.)* passer.

**aan·ge·heg** =hegde, =hegte attached, enclosed *(document);* → AANHEG.

**aan·ge·hou·de·ne** =nes detainee; →AANHOU.

**aan·ge·klaag·de** =des accused, defendant; →AANKLA.

**aan·ge·klam** =klamde, *(infml.)* tipsy, pickled, merry.

**aan·ge·lê:** *vir iets ~ wees* have a flair/gift *(or* be cut out) for s.t.; *artistiek/musikaal ~ wees* have an artistic *(or* a musical) bent; *prakties/tegnies/wiskundig/ens. ~ wees* be practically/tech= nically/mathematically/etc. minded; →AANLEG.

**aan·ge·leent·heid** =hede affair, occasion, business, concern, matter.

**aan·ge·leer(d)** =leerde acquired; →AANLEER; *=de gedrag* ac= quired behaviour; *=de refleks* conditioned reflex.

**aan·ge·maak** =maakte prepared *(mustard);* diluted; →AAN= MAAK *vb.*.

**aan·ge·naam** =name =namer =naamste, *adj.* agreeable, gra= cious, genial *(pers.);* pleasant *(company);* pleasing *(sight);* grati= fying *(result);* acceptable *(gift);* smooth *(passage);* mild, kindly *(weather);* comfortable *(house);* enjoyable *(experience etc.); aan= gename kennis(making)* pleased/nice to meet you; how do you do?; *dit is vir my ~ om te ...* I have pleasure in/to ..., it's a pleasure to ... **aan·ge·naam·heid** agreeableness, pleasant= ness; pleasure; comfort.

**aan·ge·no·me** adj. accepted, approved, received *(opinion);* assumed, fictitious *(name);* adopted *(child);* current *(system);* →AANNEEM.

**aan·ge·plak** pasted on; *'n ~te glimlag* a feigned/simulated smile.

**aan·ge·sien** considering, seeing (that), inasmuch as, where= as, in view of the fact that, since, taking into account that; *~ dit so is* since that is so.

**aan·ge·sig** =sigte countenance, visage, face; *met twee ~te* two-faced, double-faced, deceitful, hypocritical, insincere; *van ~ tot ~* face to face, personally; *iem. van ~ tot ~ ont= moet* come face to face with s.o., meet s.o. face to face; *in die ~ van* ... in the face of ...; in the teeth of ...

**aan·ge·skre·we, aan·ge·skryf, aan·ge·skry·we** *(fml.)* estimated, known, noted, reputed; →AANSKRYF; *goed/sleg ~ staan* be of good *(or* bad/evil/ill) repute; *by iem. goed/sleg ~ staan/wees* be in s.o.'s good/bad books, be in/out of favour with s.o.; *hoog ~ staan* be held in high regard/repute.

**aan·ge·slaan** *-slane* coated; furred, furry *(tongue);* blurred *(windowpane);* tarnished *(copper);* assessed, rated, valued *(property);* estimated *(merits); (rugby)* knocked-on; →AANSLAAN *vb.; ~ raak* fog/mist over/up.

**aan·ge·spro·ke** addressed; →AANSPREEK **aan·ge·spro·ke·ne** *-nes* person addressed.

**aan·ge·tas** *-taste, -tasde* affected; unsound; upset *(stomach); (comp.)* infected.

**aan·ge·trok·ke** attracted; →AANTREK; *tot iem. ~ voel* feel attracted/drawn to s.o.; take (a liking) to s.o.; feel an affinity for/to s.o.. **aan·ge·trok·ken·heid:** *iem. se ~ tot iets* s.o.'s fascination with s.t..

**aan·ge·troud** *-troude* related by marriage; →AANTROU; *~e familie* relatives by marriage, in-laws.

**aan·ge·we·se** proper, appropriate, right; appointed, speci= fied, indicated, designated, assigned; allotted, allocated; *~ direkteur/ens.* director/etc. designate; *op iem. ~/aangewys wees* be dependent on/upon s.o.; *op iets ~/aangewys wees* have to rely on s.t.; *op jouself ~/aangewys wees* be left to *(or* be thrown on) one's own resources; *op mekaar ~/aangewys wees* be mutually dependent; be thrown upon each other; *die ~ persoon* the best/ideal *(or* most suitable) person; *~ presi= dent* president elect; *~ taak* appointed/designated task; *~ weg* obvious/proper way.

**aan·ge·wys** →AANGEWESE.

**aan·glip** slip on. *~skoen* slip-on (shoe); *(moccasin-like shoe)* loafer.

**aan·gluur** *-ge=* glare/glower/scowl at; leer at; *(derog.)* ogle (at).

**aan·gooi** *-ge=* cast/fling/throw along; slip/throw/whip on *(clothes); iets na* ... *~* pass/throw s.t. to ...

**aan·gord** *-ge=, (arch.)* gird on (a sword); *jou ~, (fig.)* brace/steel/ gird o.s.; *jou vir die stryd ~* gird o.s. for the battle.

**aan·gren·send** *-sende* adjacent, adjoining, bordering, neigh= bouring, contiguous, abutting; *~e hoek* adjacent angle. **aan= gren·sing** contiguity, juxtaposition.

**aan·groei** *-ge=* accrue, augment, grow (on), increase, swell, wax; grow faster; snowball; *(broken bone)* heal (up); *tot* ... *~ grow* to ... *(a thousand etc.);* swell into ... *(a roar etc.).* **aan= groei·ing** accretion, augmentation, growth; increase, incre= ment; waxing *(of the moon).* **aan·groei·sel** *-sels* accretion.

**aan·gryp** *-ge=* catch/grab/lay hold of; grip; snatch at *(an of= fer);* jump at *(a chance);* capture, catch, stir *(the imagination);* seize (on), take; fasten upon *(a pretext); 'n geleentheid ~* seize *(or* jump at *or* grasp) an opportunity; *iets met albei* (of al twee) *hande ~* jump at s.t., accept s.t. eagerly *(an opportunity, offer, etc.).* **aan·gry·pend** *-pende* moving, gripping, touching; poignant, impressive; thrilling.

**aan·haak** *-ge=* couple/hitch/hook/join on *(a trailer to a car etc.).*

**aan·haal** *-ge=* quote *(s.o., text);* quote, give, offer, cite *(an exam= ple);* give, offer *(proof); (jur.)* cite, quote; *iem. oor iets ~* quote s.o. on s.t.; *uit* ... *~* quote from ...; *verkeerd ~* misquote; *aangehaalde werk,* (abbr.: a.w.) work quoted *(abbr.:* op. cit.). **aan·ha·ling** *-lings, -linge* citation, quotation, *(infml.)* quote; passage; extract; *afgesaagde ~* trite quotation, stock phrase, tag; *'n ~ sluit* close a quotation, unquote; *'n ~ uit* ... a quota= tion from ... *(a book etc.).* **aan·ha·lings·te·ken** quotation mark, inverted comma; *tussen ~s* in quotation marks, in inverted commas, in quotes.

**aan·hang** *n.* following, followers, adherents, hangers-on, par= tisans; *algemene ~ vind* find general favour/support; *'n groot ~ hê* have a large following; have a great vogue. **aan·hang** *-ge=, vb.* adhere/cling/stick to, be attached to; follow, favour, hang onto *(or* on to), support; add/attach on; *'n saak ~ es= pouse/support a cause. **aan·han·ger** *-gers* adherent, disciple, devotee, follower, partisan, supporter. **aan·hang·sel** *-sels* addendum, annex(e), addition, appendage, supplement, ac= cessory; appendix; codicil *(of a will);* rider *(to a legal docu= ment); (anat.)* appendage, appendix; *'n ~ van* ... an appen= dix to ... *(a book); 'n ~ by* ... an annex(e) to ... *(a document).*

**aan·han·gig** *-hangige* pending, under consideration, sub judice; *'n hofsaak ~ maak* institute legal proceedings; *iets ~ maak* raise s.t. *(for consideration/discussion).*

**aan·hard·loop** *-ge=: agter iem. ~* chase/run after s.o..

**aan·hê** have on, wear, be dressed in.

**aan·hef** *n.* beginning, commencement; introduction, open= ing remarks; preamble *(to an act);* recital *(of a deed).* **aan·hef** *-ge=, vb.* begin, commence; raise *(a shout);* set up *(a cry);* strike up *(a song).*

**aan·heg** *-ge=* affix, attach, fasten, fix, join; *(infml.)* tack on; *(knitting)* cast on; attach, enclose; *(med.)* attach, insert; → AANGEHEG; *iets by 'n brief ~* enclose s.t. in/with a letter, an= nex s.t. to a letter. **aan·heg·sel** *-sels* addendum, appendix *(to a document);* attachment; enclosure.

**aan·help** *-ge=* help on/along/forward; expedite, hasten *(an ac= tion etc.);* promote, further *(a scheme etc.).*

**aan·hits** *-ge=* incite, egg on, instigate, prompt, put up to, spur (on), stir up, provoke; *iem. ~ om iets te doen, iem. tot iets ~* put s.o. up *(or* incite s.o.) to s.t.; *'n hond teen iem. ~* set a dog on s.o.. **aan·hit·send** *(also)* inflammatory, seditious. **aan·hit= ser** *-sers* inciter, instigator, provoker, firebrand, *(infml.)* stir= rer. **aan·hit·sing** *-sings, -singe* incitement, instigation, provo= cation.

**aan·hoor** *-ge=* hear, listen to; give a hearing (to); entertain, hear *(an application); iem. billik ~* give s.o. a fair hearing; *ek kan dit nie langer ~ nie!* I can't bear it any longer! *(or* to hear any more of it!). **aan·hoor·der** *-ders* hearer, listener; *(in the pl.)* audience.

**aan·hou** *-ge=* continue, follow on, go on, hold (on); keep on, persevere, persist; last, endure; insist; apprehend, arrest, stop, hold *(a thief);* detain *(a suspect);* hold, keep, sustain *(a musical note etc.);* keep, hold onto *(or* on to) *(a friend etc.);* keep on *(a light etc.);* farm, keep *(sheep etc.);* keep up *(a friend= ship etc.); eenstryk ~* keep up a steady pace; *hou aan!, (teleph.)* hold the line!, hang on!; *hou so aan!* keep it up!; *iets hou lank aan,* (a meeting etc.) s.t. is lasting (for) a long time; *met iets ~* go on with s.t.; keep at s.t., persevere with s.t.; persist in/with s.t.; *oor iets ~* keep on about s.t.; *~ (met) praat/ens.* keep on talking/etc.; *so kan dit nie ~ nie* it/things cannot go on like this (any longer), this can't go on; *klein be= gin, ~ win* perseverance will be rewarded, never say die; *aan= gehou word* be detained, be in detention. **aan·hou·dend** *-dende, adj.* constant, continual, continuous; incessant, cease= less, never-ending, nonstop, perpetual; continuing *(differences etc.).* **aan·hou·dend** *adv.* continually, constantly, incessantly, perpetually; be forever *(doing s.t.).* **aan·hou·ding** apprehen= sion, detainment, detention; *in ~ wees* be in detention; *in ~ wees terwyl jou saak uitgestel is* be on/under remand; *lasbrief/ bevel(skrif) tot ~* warrant of arrest. **aan·hou·er** stayer, sticker, persister, trier; *~ wen* dogged does it; never say die!.

**aan·ja(ag)** *-ge=* drive on/along *(an animal);* hurry (up), rush, hustle, urge (on), spur (on) *(a pers.);* supercharge, boost *(an engine);* make a mess of, mess up, bungle, botch; *(infml.)* fool/mess around; *agter iem. ~* chase after s.o.; *hard ~* force the pace; *aangejaag kom* come hurrying/racing/rushing along; *jou nie laat ~ nie* refuse to be rushed; *iem. met werk ~* hurry s.o. on/along with work. **aan·ja·er** *-ers* driver *(of ani= mals); (hunting)* beater; *(mot.)* supercharger, blower, booster.

**aan·kap** =ge=, *(horse)* cut, interfere, overreach, click; *iem. se kop kap aan* s.o. is daft. **~knieë** knock knees; *met ~* knock-kneed.

**aan·kar·ring** *(infml.)* fumble/bumble along, potter along/about, mess about/around; *so karring dit maar aan* so it carries on in the same old vein.

**aan·keer** =ge= round up, gather; herd *(people)* together; *(fig.)* rope in *(infml.)*; drive; shepherd; *(police)* pick up, arrest.

**aan·kla** =ge= accuse, charge, indict, impeach, denounce, prosecute; *iem. van/weens iets* ~ charge s.o. with s.t.; accuse s.o. of s.t. *(in a court);* indict/arraign s.o. for s.t. *(murder etc.); iem. by ...* ~ report s.o. to ..., lodge a complaint with ... against s.o.; *iem. vals* ~ incriminate s.o. on a false charge, frame s.o. *(sl.).* **aan·kla·er** =ers= accuser, denouncer; prosecutor.

**aan·klag** =klagte=, **aan·klag·te** =tes= charge, count; complaint; indictment, arraignment, impeachment; accusation; *'n ~ teen iem. aanhangig* maak bring/lay/lodge a charge against s.o.; *op al die ~te(s)* on all counts; *met 'n ~ deurgaan/volhou* press a charge; *'n ~ inbring* make an accusation; *'n ~ teen iem. inbring* level a charge against/at s.o.; *'n ~ indien* lay a charge; *'n ~ maak* make an accusation; *op 'n ~ van ... teregstaan* face a charge of ...; *op 'n ~ van moord verskyn* be tried for murder; *'n ~ terugtrek* drop a charge; *'n vals(e) ~* a trumped-up charge; *jou op 'n ~ verantwoord* answer a charge. **aan·klag·kan·toor** charge office.

**aan·klank:** *by iem. ~ vind* find favour with s.o..

**aan·kleef**, **aan·kle·we** =ge= adhere/cling/stick to, be attached to; →KLEEF; *die skande kleef/klewe iem. vandag nog aan* the disgrace remains with s.o. even today. **aan·kleef·sel** =sels= what adheres/clings/sticks to. **aan·kle·wing** adhesion, attachment, traction, gripping power.

**aan·klop** =ge= knock (at/on); *by ...* ~ knock at ...; *by iem. om iets* ~ approach/ask s.o. for s.t. *(help etc.).*

**aan·knoop** =ge= button on; fasten (to), tie on (to); start up, enter into, strike up *(a conversation);* open, start, begin *(negotiations);* establish *(relations);* form, start up *(a relationship);* strike up *(an acquaintance); by iets* ~ link up with s.t.; follow on s.t.; *vriendskap(sbande) met iem.* ~ become friendly with s.o.. **aan·kno·ping** entering into; tying on; linking up. **aan·kno·pings·punt** link; starting point *(for a/the conversation);* point of contact.

**aan·kom** =ge= come, arrive; approach, come on/along; come home; *(bus, train, plane)* arrive, get in; come on, improve, pick up; *by ...* ~ arrive at ...; *by iem.* ~ call (in) on s.o., drop/look in on s.o.; *by/op 'n plek* ~ come to a place; reach a place; *daar* ~ get there; *as dit daarop* ~ when it comes to the point; at a push; *dit kom nie daarop aan wat iem. doen/ens. nie,* what s.o. does/etc. is of no significance; *iem. hoor* ~ hear s.o. approaching; *in ...* ~ arrive in ... *(a city); te laat* ~ arrive *(or* get in) late, be overdue; *met iets* ~ come forward with *(a proposal, excuse, etc.); moenie daarmee by my ~ nie!* I'll have none of that!, you needn't try that one on me!, that won't go down with me!; *mooi* ~ come along/on nicely/well; *na iem. toe* ~ advance (up)on/towards s.o.; *op ...* ~ arrive at ...; *waar dit op ~, is ...* the point *(or* what counts/matters *or* what's at issue) is ...; *dit kom nie op geld aan nie* money is no object; *iem./iets sien* ~ see s.o./s.t. coming; *ek het dit sien* ~ I saw it coming, I expected it, I knew (all along) that it would happen; *toe iem. by die kantoor ~, het hy/sy onmiddellik ...* on arriving at the office s.o. immediately ...; *die trein moet om vieruur/ens.* ~ the train is due (to arrive) at four/etc.; *waarop dit* ~ what counts/matters; *wat kom dit daarop aan?* what (does) it matter?. **aan·ko·me·ling** =linge= newcomer, (new) arrival, beginner, novice. **aan·ko·mend** =mende= incoming, approaching, arriving *(train);* incoming *(mail);* next, coming, following.

**aan·koms** arrival, approach, coming (in); *~ by ...* arrival at ...; *by (iem. se)* ~ on (s.o.'s) arrival. **~saal** arrivals hall. **~tyd** time of arrival.

**aan·kon·dig** =ge= announce; give notice of; proclaim, promulgate; gazette; advertise, publish, bill; be a sign of, signify, indicate; herald (in), usher in; *met klokgelui ~* peal *(for celebration);* knell, toll *(for funerals).* **aan·kon·di·ger** =gers= announcer; compère. **aan·kon·di·ging** =gings=, =ginge= announcement, advertisement; notification; billing; (press) notice *(of a book); 'n ~ doen* make an announcement; *~ van die stemming* declaration of the poll.

**aan·koop** =kope=, *n.* purchase, acquisition, buy. **aan·koop** =ge=, *vb.* purchase, acquire, buy, obtain. **~order** purchase order. **~plek**, **~punt** place of purchase. **~prys** purchase price. **~som** purchase amount.

**aan·ko·per** buyer, purchaser; purchasing agent.

**aan·kop·pel** =ge= couple *(carriages);* join. **aan·kop·pe·ling** coupling.

**aan·kruip** =ge= crawl/creep along; crawl/creep nearer; *teen iem.* ~ snuggle (close) up to s.o., cuddle/nestle up to/against s.o..

**aan·kry** =ge= get into *(clothes);* get on *(shoes);* get going *(a fire);* get to light *(a match, pipe);* get to burn *(a lamp);* get going, get to start *(an engine).*

**aan·kui·er** =ge= saunter/stroll/amble along.

**aan·kweek** =ge= get into *(a habit); (fig.)* foster, nurture; *(fig.)* develop, breed, generate, engender; *goeie gewoontes ~* get into *(or* form/acquire) good habits; *slegte gewoontes ~* get/fall into *(or* pick up) bad habits; *slegte maniere ~* become ill-mannered.

**aan·kyk** =ge= look at; eye; *iem. afkeurend/skeef* ~ regard s.o. with displeasure/distrust; give s.o. a dirty look *(infml.); iem. betekenisvol/veelseggend* ~ look at s.o. significantly; *iem. boos/kwaad/nors/suur/woedend* ~ glare/glower/scowl at s.o.; *iem. deurdringend/onsoekend/skerp* ~ give s.o. a searching look; *iem. met groot oë (of grootoog/verbaas)* ~ look at s.o. wide-eyed; *iem. kwaai/streng* ~ give s.o. a severe look; *iem. nie ~ nie* ignore s.o., cut s.o. (cold/dead); *iem. skerp* ~ look hard at s.o.; *iem. skuins* ~ look askance at s.o., eye s.o. with suspicion; *iem. stip* ~ stare at s.o.; *iem. sydelings* ~ glance at s.o.; *iem. verliefderig* ~ cast/make sheep's eyes at s.o. *(infml.); iem. woedend/boos* ~ look daggers at s.o..

**aan·land** =ge= arrive, land; *êrens* ~ arrive somewhere. **aan·lan·dig** =dige= inshore, shoreward, onshore *(wind, gale); ~e aanleg* onshore establishment. **aan·lan·ding** arrival, landing.

**aan·lap** =ge=, *(lit.)* sew on; *(fig.)* tack on.

**aan·las** =ge= add, attach, join, connect; tack on; couple on; weld on *(metal);* subjoin *(a postscript); (fig.)* exaggerate, inflate, blow up *(infml.);iets aan ...* ~ add/attach/join/connect s.t. to ...; weld s.t. (on)to *(or* on to) ...; couple s.t. onto *(or* on to) ...; *(with ropes etc.)* lash s.t.to ...; *iets by ...* ~ add s.t. to ...; tack s.t. onto *(or* on to) ...

**aan·lê** =ge= come alongside; *(ship)* dock, berth, moor; aim, take aim; build, construct *(a road, railway, bridge, etc.);* lay on *(elec., teleph., gas, water);* lay *(a pipe, cable, etc.);* lay out *(a town, garden, park, plantation, streets);* make *(flowerbeds); (golf)* address; *by 'n hawe* ~ call/touch at a port; *by iem.* ~ flirt with *(or* chat up *or* make a pass at) s.o.; *elektrisiteit in 'n huis* ~ electrify a house, wire a house for electricity; *op iem./iets* ~ take aim at s.o./s.t. *(with a firearm); teen ...* ~ lay/place against ... **~paal** bollard, mooring post.

**aan·leer** =ge= learn *(a lang., trade);* acquire *(a skill);* master *(an art);* →AANGELEER(D); *slegte gewoontes* ~ acquire *(or* get/fall into *or* pick up) bad habits. **~kromme** acquisition curve.

**aan·leer·der** learner. **~(s)woordeboek** learner's dictionary.

**aan·leg** =lêe=, =legte= construction, structure; arrangement, design, layout, plan; siting; township; installation, plant; aptitude, bent, disposition, inclination; ability, faculty, flair, gift, knack, talent; *(bot.)* incept; →AANGELÊ; *hof van eerste ~, (jur.)* court of first instance; *'n ~ vir iets hê* have an aptitude *(or* a bent/flair/gift/talent) for s.t.; *'n ~ vir musiek/ens.* a talent for music/etc.; *'n ~ vir tale* a gift for languages, a flair for (learning) languages. **~plan** layout. **~toets** aptitude test.

**aan·lei** -ge- lead. **aan·lei·dend** -dende contributory, contributive; *~e oorsaak* contributory cause. **aan·lei·ding** -dings, -dinge cause, reason, inducement, motive, occasion, provocation; *tot iets ~ gee* lead (up) to s.t.; give occasion to s.t.; give rise to s.t.; spark/touch/trigger s.t. off *(a war etc.); iem. ~ gee om te ...* give s.o. reason to ...; *daar is geen ~ om ... te wees/doen nie* there is no call to be/do ...; *by die geringste ~* on the slightest pretext/pretence; at/on the slightest provocation; for the slightest reason; *sonder die minste ~* without the least/slightest provocation; *na ~ van ...* apropos of ...; arising from ...; in connection with ...; following on ...; with reference (*or* referring) to ...; *sonder enige ~* without rhyme or reason, out of the blue; *die (onmiddellike) ~ tot iets* the (immediate) cause of s.t.; *~ tot ... wees* be the cause of ...; *'n ~ tot 'n opmerking* a peg to hang a remark on.

**aan·leun** -ge-; *teen ... ~* lean/recline against ...

**aan·lig·gend** -gende adjacent, adjoining, contiguous; *~e hoek, (math.)* adjacent/contiguous angle.

**aan·lok** -ge- attract, entice, lure, allure, appeal to, charm, pull *(infml.),* tempt; decoy; draw, invite; solicit, tout; *iem./iets na ... ~* attract s.o./s.t. to ... **aan·lok·king** -kings, -kinge attraction, lure, enticement, temptation, appeal, charm, pull; decoy; draw, invitation; soliciting, touting. **aan·lok(·kings)·mid·del** lure, allurement, bait; decoy. **aan·lok·lik** -like attractive, enticing, tempting, alluring, appealing, charming, inviting. **aan·lok·lik·heid** attraction, attractiveness, lure, appeal, charm, seductiveness.

**aan·loop** *n.* start; *(sport)* approach run, run-up; *(av.)* takeoff run; introduction, opening remarks, preamble; catchment (area) *(of water); (archit.)* cavetto; *'n groot ~ hê* have many visitors; *(a shop etc.)* be well patronised; *'n ~ neem, (sport)* run up, take a run-up; be long in coming to the point; *'n sprong met/sonder ~* a running/standing jump. **aan·loop** -ge-, *vb.* walk along; keep on walking; call, drop/pop in; *agter iem. ~* tag after (*or* tag along behind) s.o.; chase after s.o.; throw o.s. at s.o.; *by iem. ~* call (in) on (*or* call [round] to see *or* drop/look in on) s.o., drop by s.o.'s house; *aangeloop kom* come walking along; *laat ~, (print.)* run on; *reguit ~* keep/walk straight on. **~baan** runway, flight strip, approach. **~sprong:** *'n ~ doen* take a running jump.

**aan·luis·ter** -ge- listen (closely) to.

**aan·lyn** *adj. & adv., (comp.)* online. **~dagboek** blog. **~diens** online service.

**aan·maak** -ge- make, manufacture; mix *(cake, cement, dough, paint, etc.);* prepare; →AANGEMAAK; *dit dik ~, (fig.)* lay it on thick, lay it on with a trowel, pile/pour it on. **aan·maak·sel** mixture, mix; batch.

**aan·maan** -ge- exhort *(fml.),* admonish, urge; warn; press; *(jur.)* send a letter of demand to; *iem. ~ om te betaal* press s.o. for payment; *iem. oor iets ~* admonish/warn s.o. about s.t.. **aan·ma·nend** -nende admonitory; warning. **aan·ma·ning** -nings, -ninge exhortation; reminder; letter of demand; warning; *'n ~ om te betaal* a reminder (to pay); *iem. 'n ~ gee* give s.o. a warning; *laaste ~* final demand notice; *skriftelike ~* letter of demand, dunning letter; *'n vriendelike ~* a gentle reminder. **aan·ma·nings·brief** prompt note. **aan·ma·nin·kie** -kies gentle reminder.

**aan·ma·tig** -ge-: *jou iets ~* claim s.t. (for o.s.); take s.t. upon o.s.; assume s.t.; arrogate s.t. to o.s.; usurp s.t.; *jou te veel ~* get above o.s. **aan·ma·ti·gend, aan·ma·ti·gend** -gende -gender -gendste (of meer ~ die mees -gende) arrogant, presumptuous, assuming, conceited, haughty, overbearing, imperious, high-handed, overweening, swaggering *(arrogance).* **aan·ma·ti·ging** -gings, -ginge arrogance, presumption, presumptuousness, conceit, haughtiness, imperiousness, high-handedness.

**aan·me·kaar** together; constantly, continuously, continually, ceaselessly, incessantly, nonstop; be forever (*or* for ever)

*(doing s.t.);* at all hours (of the day and/or night); in succession, successively, consecutively, in a row, running, on end, at a stretch; *dae ~* for days at a stretch (*or* on end); *vyf/ens. dae ~* for five/etc. days consecutively/running (*or* in a row), on five/etc. consecutive days; *~ kla* complain incessantly; *~ praat* talk nonstop; *~ wees (infml.)* be at loggerheads, be arguing/quarrelling/squabbling/bickering. **~bind** -ge- tie/bind together, join. **~bly** -ge- keep/remain/stick/hold together. **~groei** -ge- grow together. **~hang** -ge- hang together; *van leuens ~* be a tissue of lies. **~heg** -ge- bind/stitch/sew/fasten/fix/tack/join together. **~kleef, ~klewe** -ge- stick together. **~knoop** -ge- knot/tie together. **~koek** -ge- cake, stick together, be matted together. **~koppel** -ge- couple together *(carriages);* link up *(spacecraft).* **~las** -ge- join (together); dovetail, mortise *(wood);* weld *(metal).* **~loop** -ge- form a whole. **~pas** -ge- fit together. **~plak** -ge- glue/paste/stick together. **~ryg** -ge- string *(beads);* baste/tack together *(clothes).* **~sit** -ge- put/piece/fit/fix together; cause a fight. **~skakel** -ge- link/join together, concatenate; shackle. **~skryf, ~skrywe** -ge- write as one word; join *(letters).* **~speld:** *velle papier ~* fasten sheets of paper (together) with a pin. **~spring** -ge- go for one another, start fighting/quarrelling, come to blows. **~spyker** -ge- fix/tack together. **~voeg** -ge- fit/put together; join (together). **~werk** -ge- sew together.

**aan·meld** -ge- announce *(guests);* report *(an accident etc.);* notify *(a fact); iets by iem. ~* report s.t. to s.o.; *jou by ... ~* report to ...; *(jou) vir diens ~* report for duty; *(jou) vir 'n eksamen ~* enter (*or* present o.s.) for an exam(ination). *jou ~* come forward, present o.s.; *(jou) ~, (comp.)* log in/on. **aan·meld·baar** -bare reportable; notifiable *(disease).*

**aan·merk** -ge-, *(fml.)* remark, say, declare; note, make (a) note of, mark; find fault (with), criticise; *ek kan niks daarop ~ nie, ek het niks daarop aan te merk nie* I have no fault to find with it. **aan·mer·king** -kings, -kinge, (dim. -kinkie) remark, comment; criticism, objection; *'n bitsige/bytende/snydende ~* a cutting remark; *alles in ~ geneem/genome* after/when all is said and done, all things considered, taking everything into consideration, all things taken together, *iem. het, alles in ~ geneem/genome, goed gevaar* s.o. did well, considering; *vir iets in ~ kom* be considered for s.t.; be eligible (*or* qualify *or* be in line *or* be in the running) for s.t. *(a post etc.); nie in ~ kom nie, (also)* be out of the running; *iets in ~ neem* take s.t. into account/consideration, take account of (*or* pay regard to) s.t.; allow (*or* make allowance) for s.t.; *iets nie in ~ neem nie* leave s.t. out of account/consideration, disregard/discount/dismiss/overlook s.t.; *'n kwetsende/honende ~* a snide remark; *'n ~ maak* make/pass a remark; *'n ~ op ... maak* remark (up)on ...; *~s op iets maak* find fault with (*or* criticise) s.t.; *op- en ~s* suggestions and comments; *~s uitlok* invite comment/criticism.

**aan·moe·dig** -ge- encourage, buoy up, inspire, support; give *(s.o.)* moral support; cheer on *(runners);* foster, promote; tempt; lead on; *iem. ~ om te ...* encourage s.o. to ... **aan·moe·di·ging** -gings, -ginge encouragement, buoying up, inspiration, support; moral support; cheering; incentive; *'n bietjie ~* a word of encouragement; *ter ~* as an encouragement.

**aan·na·me** -mes acceptance; assumption, presumption; taking on; *(parl.)* passing *(of a bill);* approval, adoption *(of a resolution);* →AANNEMING.

**aan·neem** -ge- assume, presume, suppose, believe, presuppose, take; admit; accept *(a gift, invitation, apology);* take *(money, food, a message);* receive, take *(orders);* accept, take (on) *(a task, job);* accept, take up *(an offer);* pass *(a bill);* approve, adopt *(a resolution);* accept, adopt *(a proposal);* carry, adopt *(a motion);* take on, engage *(a worker);* adopt *(a child);* adopt, form, acquire, get/fall into, pick up *(a habit);* adopt, assume *(a name, an attitude);* put on *(airs and graces);* take on *(a look, form, tone, colour);* embrace *(a faith, relig.);* assume *(propor-*

*tions);* take delivery of *(goods);* confirm *(as member of a church); daar word* **algemeen** *aangeneem dat* ... it is generally be= lieved/accepted that ...; *die* **begroting** ~, *(parl.)* vote the es= timates; *iets (sonder* **bewys***)* ~ take s.t. for granted; ~ **dat**... assume that ...; take it that ...; *daar is aangeneem dat iem./iets* ... *is* s.o./s.t. was assumed to be ...; ***eenparig*** *aangeneem word* be carried unanimously; *'n kind* **laat** ~ put a child up for adoption; **laat** *ons* ~ *dat* ... assuming that ...; **maklik** *aan= geneem word, (a proposal, bill)* have a smooth passage; ***moet*** *ek* ~ *dat* ...? do I (*or* am I to) understand that ...?; *iets* **on= voorwaardelik** *(of sonder* **voorbehoud***)* ~ accept s.t. with= out reserve; *iets* **sommer** ~ accept/take s.t. at face value; *'n voorstel met* ... **stemme** *teen* ... ~ adopt a motion by ... votes to ...; *dit word* **stilswyend** *aangeneem* that is understood; *geen/g'n* **weiering** ~ *nie* not take no for an answer. **~ouers** adoptive parents.

**aan·neem·lik** =*like* acceptable *(offer);* reasonable *(terms, price);* plausible *(theory);* credible *(story);* viable, feasible *(plan, propo= sition);* admissible *(evidence).* **aan·neem·lik·heid** acceptable= ness, acceptability, reasonableness; plausibility, credibility; viability, feasibility; admissibility.

**aan·ne·mer:** *geen* ~ *van die persoon wees nie* be no respecter of persons.

**aan·ne·ming** =*mings,* =*minge* acceptance; adoption; assump= tion, presumption, supposition, belief, presupposition; ad= mission; approval; passage, passing *(of a bill);* taking on; em= bracement; *(relig.)* confirmation; *(racing)* acceptance.

**aan·pak** =*ge=* grip, take/catch/seize hold of, grasp; tackle, come to grips with, grapple with, approach, take on, set about, turn one's hand to; confront, attack; go/set to work on *(s.o.);* build, lay, make *(a fire);* (*kettle, pipes, etc.)* fur (up); adhere/cling/ stick to, cake, encrust; undertake; handle, manage, treat, deal with; *iem. kan* **alles** ~ s.o. can turn his/her hand to anything; *'n saak* **anders** ~ change one's (*or* try another) tack; *iets* **groots** ~ think big; *iem.* **hard/streng** ~ get tough with s.o. *(infml.);* handle/tackle s.o. without gloves; *harde water sal die* **ketel/ens.** *laat* ~ hard water will fur (up) the kettle/etc.; *'n* **kwessie** ~ address an issue; *iets met* **mag/mening** ~ buckle/ knuckle down to (*or* get stuck into) s.t.; *'n* **onderwerp** ~ tackle a subject; *iem.* **oor** *iets* ~ give s.o. a dressing-down/ talking-to for (doing) s.t.; *iets* **reg/verkeerd** ~ set about s.t. (in) the right/wrong way; **ru** ~ handle/treat roughly; *'n saak* ~ take a matter up (*or* in hand); *iets* **saam** *met iem.* ~ go in with s.o. on s.t.; *iem.* **verkeerd** ~ rub s.o. up (*or* stroke s.o.) the wrong way. **aan·pak·sel** =*sels* film, layer, coating *(of dirt etc.);* encrustation, crust, overlay, cake, caking; sediment, deposit; tartar, plaque *(on teeth);* scale, fur *(in a kettle etc.);* fur *(on the tongue);* (*med.)* accretion, concretion.

**aan·pas** =*ge=* fit/try on *(clothes, shoes);* adjust, adapt; custom= ise; *iets volgens iem. se* **behoeftes** ~ tailor s.t. to s.o.'s needs; *iets* **by** ... ~ adjust/adapt s.t. to ...; *(jou)* ~ settle down/in, shake down; conform, step into line; *(jou)* **by** ... ~ adapt (o.s.) to ...; adjust o.s. to ...; conform to ...; *iem. wat (hom/haar)* **maklik** ~ an adaptable/adaptive person, a good mixer; *kin= ders pas (hulle)* **makliker** *aan as volwassenes* children adapt (themselves) more easily (*or* are more adaptable) than adults; *'n gebou* **vir** *gestremdes* ~ adapt a building for the disabled. **~hokkie** fitting cubicle. **~kamer** fitting room.

**aan·pas·baar** =*bare* adaptable, adjustable. **aan·pas·baar· heid** →AANPASSINGSVERMOË.

**aan·pas·sing** =*sings,* =*singe* adaptation, adjustment; accom= modation; conformation; ~ *aan/by* ... adaptation to ...

**aan·pas·sings·:** **~meganisme** *(sociol.)* adaptation mecha= nism. **~probleme** difficulties in adapting. **~vermoë, aan= pasbaarheid** adaptability, adaptive capacity, flexibility, ad= justability, adjustableness; accommodation *(of eyes);* gebrek *aan* ~ inadaptability.

**aan·peil** =*ge=, (av.)* home; *op 'n baken* ~ home (in) on a tar= get.

**aan·pie·kel** =*ge=* drag along, lug; plod/struggle along/on, trudge along, *(<Yidd.)* schlep(p) along.

**aan·plak** =*ge=* stick/glue/paste on; stick/post (up), put up *(a notice etc.);* placard, bill; *aangeplakte deel, (also)* unintegrated part; ~ *verbode* stick no bills. **~biljet** poster, placard, bill.

**aan·plant** =*ge=* plant, grow *(trees);* grow, cultivate *(crops).* **aan= plan·ting** =*tings,* =*tinge* planting, growing; cultivation; planta= tion.

**aan·por** =*ge=* urge/spur on, inspire, prod, goad on; incite, pro= voke, prompt, egg on *(infml.),* stir/whip/work up, rouse; *iem.* ~ *om iets te doen* prod s.o. into doing s.t.; *iem. tot iets* ~ spur s.o. on to s.t.. **aan·por·ring** =*rings,* =*ringe* encouragement, prodding, goading; incitement.

**aan·praat** =*ge=* reprimand, scold, chide, reprove, rebuke, re= proach, admonish; *iem. oor iets* ~ reprimand/admonish s.o. about s.t..

**aan·prys** =*ge=* extol, praise, laud, (re)commend, sing the praises of; tout, push, plug *(infml.); iets as* ... ~ extol s.t. as being ...; *iem./iets by iem.* ~ extol the virtues of s.o./s.t. (*or* recommend s.o./s.t. highly) to s.o.. **aan·pry·sing** =*sings,* =*singe* praise, (re)commendation; touting, plugging.

**aan·raai** =*ge=* advise, recommend, suggest; *iem.* ~ *om te* ... advise s.o. to ...; *iem. dringend* ~ *om te* ... warn s.o. to ...

**aan·raak** =*ge=* touch, handle; *(fig.)* touch, lay a hand/finger on; *(fig.)* touch on/upon *(a subject).* **~skerm** touch(-sensitive) screen. **~toets** touch control *(of a microwave oven etc.).*

**aan·ra·king** =*kings,* =*kinge* touch, contact; *in* ~ *met* ... *bly* keep in touch with ...; *iem. met* ... *in* ~ *bring* bring s.o. into contact (*or* put s.o. in touch) with ...; *met iem. in* ~ *kom* get in touch with s.o.; establish/make contact with s.o.; com= municate with s.o.; *baie met iem. in* ~ *kom* see much of s.o.; *met iem./iets in* ~ *kom, (also)* come into contact with s.o./s.t.; *met iem. in* ~ *wees* have contact (*or* be in contact/touch) with s.o.; communicate (*or* be in communication) with s.o.; *in noue* ~ *met* ... *wees* be in close touch with ...; *'n ligte/sag= te* ~ a light/soft touch.

**aan·ra·kings·:** **~punt** point of contact; →RAAKPUNT. **~vlak** contact surface; →RAAKVLAK.

**aan·rand** =*ge=* assault, attack, assail, set/fall upon; beat up, batter, maul; assault (sexually), rape, violate. **aan·ran·der** =*ders* assaulter, assailant, attacker. **aan·ran·ding** =*dings,* =*dinge* assault, attack; beating, battering, mugging; rape; *'n* ~ *pleeg* commit an assault; *onsedelike* ~, *(jur.)* indecent assault.

**aan·rig** =*ge=* cause, bring about; do; *skade* ~ cause/do dam= age, do harm; *wat het jy nou weer aangerig?* what have you gone and done now? *(infml.).*

**aan·roep** =*ge=* call/shout to *(a passer-by);* challenge *(as a sen= try);* appeal to, call upon, invoke; *die hemel* ~ call to heaven; *die Here* ~ call upon God.

**aan·roer** =*ge=* touch; mention, touch (up)on, broach, raise, bring up *(a subject); iets by iem.* ~ take s.t. up with s.o.; *'n saak terloops* ~ mention a matter in passing; *'n saak weer* ~ re= turn/revert to a matter/question.

**aan·rol** =*ge=* roll along/towards; *aangerol kom, (a lorry etc.)* lumber up; *teen iets* ~ roll against s.t.. **~deodorant** roll-on (deodorant).

**aan·ry** =*ge=* ride/drive up/along/on; keep on riding/driving; ride/drive faster; transport, convey, carry, bring, take *(by car etc.);* cart; **by** ... ~ call/stop/touch at ...; **by** *iem.* ~ drop by; **êrens** ~ stop somewhere; *aangery kom* drive up; *mense laat* ~ move people along/on; have people transported *(to a place); iem./iets van A na B* ~ transport/convey s.o./s.t. from A to B; **reguit** ~ keep/drive/ride straight on.

**aan·sê** =*ge=* order, direct, instruct, command; *iem.* ~ *om iets te doen* order s.o. to do s.t.; *'n beskuldigde* ~ *om voor die hof* *te verskyn* warn an accused to appear in court; *iem. die stryd ~, (fig.)* declare war on s.o..

**aan·sien** *n.* appearance; aspect, light, complexion; prestige, status, standing, eminence, esteem, regard; *iem. se ~ daal/ styg* s.o.'s stock is falling/rising *(fig.); ~ aan … gee/verleen* bring credit to (*or* give/add authority to *or* enhance the status of) …, give … a high profile; *hoë ~ geniet* be held in high esteem, be held in (great) respect, enjoy/have prestige; *sonder ~ van (die) persoon, sonder ~ des persoons* irrespective/regardless (*or* without respect) of persons, without fear or favour; *jou ~ red* save (one's) face; *by iem. in ~ styg* go up (*or* rise) in s.o.'s esteem; *iem. van ~* s.o. of consequence/ distinction/note, s.o. of (high) standing; *'n handelaar van ~* a dealer of repute; *jou ~ verhoog* raise one's reputation; *iets verhoog iem. se ~* s.t. sends s.o.'s stock(s) up *(infml.); die ~ van 'n plek verhoog/verlaag* raise/lower the tone of a place; *'n verlies van ~* a loss of face; *~ verloor* lose credit/standing, fall into discredit, lose face; *~ verwerf* make/gain a reputation (for o.s.), gain credit/credence/status. **aan·sien** *-ge-, vb.* look at; regard, consider, look upon; tolerate, put up with; *iem./iets vir … ~* mistake s.o./s.t. for …; take s.o./s.t. for (*or* to be) …; *iem. vir iem. anders ~* confuse s.o. with s.o. else, (mis)take s.o. for s.o. else; *vir dood aangesien word* be given up for dead; *waarvoor sien jy my aan?* what do you take me for?. **~redder** face-saver. **~soeker** social climber.

**aan·sien·lik** *-like, adj.* considerable, siz(e)able, substantial, large, significant, impressive; pretty, tidy *(sum);* marked, significant, appreciable *(difference);* important, eminent, distinguished; *van ~e grootte* siz(e)able. **aan·sien·lik** *adv.* considerably, substantially, significantly. **aan·sien·lik·heid** distinction, high standing, note, importance; considerableness, significance.

**aan·sig** *-sigte* aspect, elevation, view.

**aan·sit¹** *-ge-* sit at a table; sit down (at a table *or* to a meal *or* to lunch/dinner); *gaste vra om aan te sit* ask guests to take their places (for lunch/dinner); *in dié vertrek kan 20 ~* this room dines 20. **~ete** formal/sit-down meal.

**aan·sit²** *-ge-* put on *(a tie etc.);* put/slip on *(a ring);* fit; attach, fasten, join, connect, fix; sew on *(a button);* switch/turn/put on *(a rad., TV, light, etc.);* start (up) *(a motor);* feign, be affected/pretentious; *gewig ~* gain (*or* put on *or* pick up) weight; *aangesit kom* arrive unexpectedly; *aangesit kom met …* come along with …; *'n toom vir 'n perd ~* bridle a horse. **~knop** starter button. **~motor** starting/starter motor. **~sleutel** ignition key. **~slinger** crank (handle), starting handle.

**aan·sit·ter** *-ters* (self-)starter; starting/starter motor.

**aan·sit·te·rig** affected, pretentious.

**aan·skaf** *-ge-* buy, purchase; acquire, obtain, get, procure, secure; *iets ~* get (o.s.) s.t., buy (o.s.) s.t.. **aan·skaf·fing** *-fings, -finge* buying, purchasing, purchase; acquisition, getting, procurement, procuring, securing.

**aan·skaf·fings:** **~prys** purchase price. **~waarde** purchase value.

**aan·ska·kel** *-ge-* switch/turn/put on *(a rad., light, etc.);* connect.

**aan·skok** *(mot.)* jump-start.

**aan·skou** *n.: ten ~e van iem.* before/under s.o.'s eyes, in/ within sight of s.o.. **aan·skou** *het ~, vb.* see, eye, look at, observe, regard, view; *iem. kan iets nie langer ~ nie* s.o. cannot bear to look at s.t. any longer. **aan·skou·er** *-ers* onlooker.

**aan·skou·ings:** **~les** object lesson. **~materiaal, ~middele** visual aids. **~onderrig, ~onderwys** visual education/instruction, object teaching/lessons, teaching by illustration.

**aan·skou·lik** *-like* worth seeing; clear, vivid, realistic, graphic *(description); iets ~ voorstel* bring s.t. to life; illustrate s.t. (by examples); *~e voorstelling van karakters* realistic/vivid portrayal/depiction of characters. **aan·skou·lik·heid** clearness, vividness, realism, graphicness.

**aan·skryf, aan·skry·we** *-ge-, aangeskrewe* notify; demand payment; summons, sue; keep on writing; *iem. ~, (jur.)* send a letter of demand to s.o.. **aan·skry·wing** *-wings, -winge* letter of demand; summons, writ; *~ as getuie* writ of subpoena.

**aan·skuif, aan·skui·we** *-ge-* shuffle along.

**aan·skyn** appearance, look; face, visage, countenance; *iets 'n nuwe ~ gee* give s.t. a facelift; *iets kry 'n nuwe ~* s.t. gets a facelift.

**aan·slaan** *-slane, n., (rugby)* knock-on. **aan·slaan** *-ge-, vb., (mus.)* strike *(a string, key, etc.);* play *(a note); (rugby)* knock on; nail on; stick/post (up), put up *(a notice etc.);* apply, put on *(brakes);* assess *(tax);* rate *(a share etc.); (horse)* cut, interfere, overreach, click; become blurred; become smoky (black); *(windscreen etc.)* frost over/up; *(pane, mirror, car windows)* steam up; *(kettle, pipe, etc.)* fur (up), get furred; *(metal)* tarnish, get tarnished; (→AANGESLAAN; … *hoog ~* rate … highly, value … highly (*or* very much); … *te hoog ~* set too high a valuation on …; overrate …; … *nie hoog ~ nie* not think much of …; *iem. vir inkomstebelasting ~* assess s.o. for income-tax purposes; *te laag ~* underrate; *teen … ~* strike/knock against …; *'n ander toon ~* adopt a different tone, change one's tune; *iem. 'n ander toon laat ~* make s.o. change his/ her tune, take/bring s.o. down a peg or two; *'n hoë toon ~* be/act high and mighty, give o.s. (*or* put on) airs; *die regte toon ~* strike/hit the right note, touch the right chord; *'n vriendelike/vyandige toon ~* adopt a friendly/hostile attitude; *iets vir R2000 ~* assess s.t. at R2000; … *na waarde ~* rate … **aan·sla·er** *-ers* assessor, assessing officer.

**aan·slag** *-slae* touch *(of a pianist);* click *(of a horse);* attack, assault; impact *(of a bullet);* beating *(of waves);* tarnish *(on metal);* scale, fur *(in a kettle);* fur *(on the tongue);* lampblack; fogging *(on glass);* bloom *(on a lens); (tax)* assessment; *(share etc.)* rating; sediment, deposit; *(rly.)* stop; *(mech.)* check; *(woodw.)* stock; ledge *(of a plane, try square, etc.); onder kwaai aanslae deurloop, hewige/strawwe aanslae verduur, (econ. etc.)* take a pounding; *'n ~ maak* make an assessment; *'n ~ op … maak/ doen* make an assault on …; make an attempt on … *(s.o.'s life);'n ~ op 'n rekord maak/doen* make an attempt on (*or* try to break/improve) a record. **~jaar** year of assessment. **~kantoor** assessing office. **~koers** assessment rate.

**aan·sleep** *-ge-* drag/haul/lug along.

**aan·slib, aan·slik** *-ge-, (soil sc.)* accrete; *(river etc.)* silt (up). **aan·slib·bing** *-bings, -binge, aan·slik·king* *-kings, -kinge* accretion, alluviation; silting. **aan·slib·bings·kus** alluvial coast. **aan·slib·sel, aan·slik·sel** *-sels* alluvium, alluvial deposit; silt.

**aan·slin·ger** *-ge-: aangeslinger kom* come staggering/reeling/lurching along.

**aan·slof** *-ge-* shuffle along.

**aan·sluip** *-ge-* creep/steal/sneak along; approach stealthily.

**aan·sluit** *-ge-* connect (up), join, link; join together, unite; *(teleph.)* connect, put through; follow; enrol, become a member; *(mil.)* join up, sign on; *by 'n klub/koor ~* join a club/ choir; *by die leër/vloot ~* join (*or* enlist in) the army/navy; *iets sluit by … aan* s.t. connects with …; s.t. corresponds with …; s.t. fits in (*or* is in keeping) with …; s.t. links up with … (another road, argument, etc.); *jou by … ~* link/hook up with …; associate o.s. with … (a movement, campaign, etc.); agree/ concur with … *(s.o.);* endorse, give one's approval/support to … (a statement etc.); subscribe to … (views); join in … (a strike etc.); *(jou) by iem. ~* join s.o.; *by mekaar ~* meet up with each other; *(fig.: nations, parties, etc.)* unite, join hands. **~kas** junction box. **~stuk** adapter; union *(of pipes).*

**aan·sluit·baar·heid** *(comp.)* connectivity.

**aan·slui·ting** *-tings, -tinge* connection, joining *(of a club, the army, etc.);* linking; union, conjunction; enrolment, membership; joint, junction; (railway) junction; *(infml.: rad., TV)* link-up, hook-up; *(comp.)* port; *~ by …* affiliation to/with … (a trade union etc.); association with … (a movement etc.); *in ~*

*by* ... in addition to ... *(what s.o. has said);* with reference *(or further)* to ..., apropos of ... *(s.o.'s letter);* after/following *(or subsequent* to) ... *(a report etc.);* ~ *met 'n bus/trein* **kry** catch/ make a connection; *die* ~ *na* ... haal/mis, *(transport)* catch/ miss the connection to ...; ~ *by* ... **vind** relate to *(or* feel an affinity with) ...

**aan·slui·tings⸗:** ~**koste** installation charges. ~**punt** junc⸗ tion; point of connection. ~**vlug** connecting flight.

**aan·smeer** ⸗ge⸗ smear (over); grease; daub on *(paint, make-up);* apply, put on *(ointment).*

**aan·snel** ⸗ge⸗: *aangesnel kom* come hurrying/rushing/racing/ running along. **aan·snel·lend** ⸗lende onrushing; *voor 'n ~e trein spring* jump in front of an onrushing train.

**aan·sny** ⸗ge⸗ cut (into); *(fig.)* broach, raise, touch on *(a sub⸗ ject, topic).*

**aan·soek** ⸗soeke application *(to court, for shares, etc.);* request, solicitation; *'n ~ by* ... an application to ... *(the court etc.);* ~ *doen* apply, make *(or* put in) an application; *om iets ~ doen* apply for s.t. *(a post etc.);* put in for s.t. *(leave etc.);* by iem. om *iets ~ doen* apply to s.o. for s.t. *(a post etc.);* om 'n *hofbevel* ~ *doen* apply *(or* make an application) to the court for re⸗ lief; *'n ~ om* ... an application for ... *(a post etc.).* ~**brief** letter of application. ~**vorm** ⸗vorms application form; *(ins.)* pro⸗ posal form.

**aan·soe·ker** ⸗kers applicant; *(jur.)* petitioner; *'n ~ om 'n be⸗ trekking* an applicant for a job.

**aan·speld** ⸗ge⸗ pin on.

**aan·spoor** ⸗ge⸗ spur on *(a horse);* encourage, stimulate, ani⸗ mate, inspire, urge/spur on; incite, rouse, egg on, prod, stir/ whip/work up, goad on, prompt; cheer on *(runners);* iem. ~ *om te* ... spur s.o. on to ...; encourage s.o. to ...; *iem. tot iets ~* spur s.o. on to s.t.. **aan·spo·ring** ⸗rings, ⸗ringe encouragement, incentive, impetus, prod, spur, fillip, inducement, stimulus; sweetener *(infml.);* *'n ~ om te* ... an incentive to ...; *iets is geen ~ vir iem.* om te ... *nie* s.t. is *(or* acts as) a disincentive to s.o. to ...; *iets is vir iem. 'n ~ om te* ... s.t. gives s.o. an incentive to ...; *op ~ van* ... at the instigation of ... **aan·spo·rings·loon** incentive wage.

**aan·spraak** ⸗sprake claim, demand, right, title; company; *iem. ~ op iets gee* entitle s.o. to s.t.; *('n) ~ op iets hê* have a claim on/to s.t., be entitled to s.t.; *die eerste ~ op* ... *hê* have the first claim to ...; *op iets ~ maak* claim *(or* lay claim to) s.t., stake (out) a claim for/to s.t.; *~ op iem. se tyd maak* take up s.o.'s time; *iets maak geen/g'n ~ op volledigheid nie* s.t. does not pretend to be *(or* makes no pretence to being) ex⸗ haustive. ~**maker** claimant, pretender, aspirant, candidate; *'n ~ op* ... a candidate for ...; *(sport)* a contender for ...; *'n ~ op die troon* a claimant/pretender/heir to the throne.

**aan·spreek** ⸗ge⸗ speak/talk to; address; reprimand, admon⸗ ish, dress down, haul/rake over the coals, harangue; *(jur.)* sue; *(infml.)* dip into, draw on *(savings);* iem. as ... ~ address s.o. as ...; *iem. oor iets ~* take s.t. up with s.o., speak/talk to s.o. about s.t., admonish s.o. for s.t.; *iem. oor sy/haar skuld ~* press s.o. for payment of his/her debt. ~**vorm** ⸗vorme form of address.

**aan·spreek·lik** ⸗like accountable, answerable, liable, respon⸗ sible; *iem. vir iets ~ hou* hold s.o. accountable/liable for s.t.; *teenoor iem. ~ wees vir iets* be accountable to s.o. for s.t.; *jou nie vir* ... ~ *hou nie* accept/take no responsibility for ... **aan· spreek·lik·heid** accountability, answerability, liability, respon⸗ sibility; *beperkte* ~ limited liability.

**aan·staan** ⸗ge⸗ please, like, suit; *iets staan iem. nie aan nie* s.o. does not like it., *(infml.)* s.o. doesn't like the look of s.t..

**aan·staan·de** ⸗des, *n.* husband/wife/bride-to-be, future hus⸗ band/wife. **aan·staan·de** *adj.* next, coming *(week etc.);* forthcoming *(elections);* approaching *(marriage, move, etc.);* prospective *(father/mother/son-in-law);* ~ *bruid/vrou/man* fu⸗ ture wife/husband, bride/husband-to-be.

**aan·staar** ⸗ge⸗ stare/gaze at.

**aan·stal·te(s):** ~ *maak (om iets te doen),* ~ *met iets maak* make a move, get ready to do s.t.; ~ *maak, (also)* get ready to go; *geen ~ maak om te* ... *nie* show no signs of ...

**aan·stap** ⸗ge⸗, *vb.* walk/stride along; keep on walking; *die hor⸗ losie/oorlosie/tyd stap aan* time marches on; *aangestap kom* walk up; *mense laat* ~ move people along/on; *vinnig* ~ stride out. **aan·stap, stap aan** *interj.* keep moving!; hurry (up)!; *(infml.)* (get a) move on!.

**aan·steek** ⸗ge⸗ pin on *(a badge, brooch, etc.);* light *(a fire, candle, pipe, lamp, etc.);* kindle *(wood, fire);* set fire to, set on fire, set alight; *(med.)* infect; *by iem.* ~ catch a disease from s.o.; *mekaar* ~, *(fig.)* be a good/bad influence on one an⸗ other; *iem. met iets* ~ infect s.o. with s.t. *(a disease);* ek wil jou *nie* ~ *nie* I don't want to give you my cold/etc.; *iets vir iem.* ~ pin s.t. on s.o. *(a flower etc.);* light s.t. for s.o. *(a cigarette).* ~**vlam(metjie)** pilot light *(of a gas burner).*

**aan·steek·lik** ⸗like infectious, catching *(disease);* (by contact) contagious; ~*e lag* infectious/contagious laughter. **aan·steek· lik·heid** infectiousness; contagiousness, contagion.

**aan·ste·ker** (cigarette) lighter; igniter.

**aan·ste·king** lighting; kindling; ignition; infection *(of a disease);* (by contact) contagion.

**aan·stel** ⸗ge⸗ employ, take on, engage; appoint; pretend, feign; *jou* ~ give o.s. *(or* put on) airs, show off, be affected/ conceited/pompous; *iem. as voorsitter* ~ appoint s.o. as chair⸗ person; *iem. in 'n amp/pos* ~ appoint s.o. to a post. **aan·stel· le·rig, aan·stel·le·rig** ⸗rige affected, pretentious, genteel; *'n ~e Britse aksent* a larney/la(a)nie/lahnee/larnie British ac⸗ cent; ~*e maniertjies* genteel/affected manners; ~ *praat* speak in an affected manner. **aan·stel·le·rig·heid, aan·stel·le·rig· heid** affectation, staginess, histrionics. **aan·stel·le·ry:** *vol* ~ *wees* give o.s. *(or* put on) airs. **aan·stel·ling** ⸗lings, ⸗linge ap⸗ pointment; commission *(as an officer);* 'n ~ *aanvaar* take up an appointment; *'n ~ doen* make an appointment; *'n ~ kry* get an appointment. **aan·stel·lings·brief** letter of appoint⸗ ment.

**aan·sterk** ⸗ge⸗ get stronger/well/better, recuperate, recover, regain one's strength/health.

**aan·stig** ⸗ge⸗ instigate, provoke, stir up, cause, bring about. **aan·stig·ter** instigator, inciter, firebrand, fomenter. **aan· stig·ting** instigation, incitement.

**aan·stip** ⸗ge⸗ jot down; make a note of, note (down).

**aan·stons** soon, before long, in a (little) while, in a minute/ moment, shortly.

**aan·stook** ⸗ge⸗ stir *(a fire);* fan, foment, sow (the seeds of) *(discord etc.);* stir up *(trouble etc.);* incite, provoke *(violence etc.);* egg *(s.o.)* on *(to do s.t.),* put *(s.o.)* up *(to s.t. or to doing s.t.);* prompt *(s.o. to do s.t.).* **aan·sto·ker** agitator, fomenter, inciter, instigator, troublemaker, firebrand.

**aan·stoot** ⸗stote, *n.* offence; annoyance; ~ *gee* give offence; be obnoxious; *iem.* ~ *gee* offend s.o.; *(infml.)* step/tread on s.o.'s toes; *geen* ~ *bedoel nie!, (also)* no hard feelings!; *aan iets* ~ *neem* take offence at *(or* take exception to *or* take um⸗ brage about/at) s.t.; *nie* ~ *neem nie, (also)* think nothing of it. **aan·stoot** ⸗ge⸗, *vb.* push; hurry (up), rush, *(infml.)* get a move on; hurry on/along; push on *(with a journey).* **aan·stoot·lik** ⸗like offensive, objectionable, deplorable, ob⸗ noxious, repugnant; indecent, distasteful, improper. **aan· stoot·lik·heid** offensiveness, *(infml.)* sleaze.

**aan·storm** ⸗ge⸗ charge, rush, tear; *aangestorm kom* come charging/rushing/tearing along.

**aan·strom·pel** ⸗ge⸗ stagger/stumble/hobble along.

**aan·stroom** ⸗ge⸗, *(water)* flow along; *(people)* stream along.

**aan·stryk** ⸗ge⸗ walk/stride/strut along; go/move on/ahead/for⸗ ward, proceed on one's way; apply *(paint);* *(sewing)* iron on.

**aan·stuur** ⸗ge⸗ forward, send on *(a letter);* pass on; *op* ... ~

shape a course for/to ...; aim at/for ...; *(an aircraft)* home in on *(or* on to *or* onto) ... *(a beacon);* lead up to ...

**aan·sui·ker** =ge=, *(infml.)* saunter along.

**aan·sui·wer** =ge= pay (off), settle, discharge *(fml.),* clear *(a debt etc.); agterstallige betalings* ~ pay arrears; *'n tekort* ~ make good a deficit. **aan·sui·we·ring** payment, settlement; *(jur.)* purging.

**aan·suk·kel** =ge= struggle/plod along/on, trudge/bumble along; muddle along.

**aan·swel** =ge= swell (up); *(water, river)* rise; *(noise)* become louder.

**aan·tal** =talle= number; *'n groot* ~ a great/large number; *'n groot* ~ *mense* a great many people; *'n hele* ~ ... numbers (or quite a number) of ...

**aan·tas** =ge=, *(detrimentally)* affect *(s.o.'s health etc.);* impair, weaken *(s.o.'s hearing etc.);* affect *(a constitution); (comp.)* infect; derogate from *(a legal force); deur* ... *aangetas* affected with/by ...; infected with ...; *deur 'n siekte aangetas wees, (plant)* be diseased; *(pers.)* be stricken with a disease. **aan·tas·baar** =bare= vulnerable. **aan·tas·ting** detrimental effect; impairment; *(comp.)* infection; *'n* ~ *van* ... an invasion of ... *(s.o.'s rights etc.);* ~ *van iem. se goeie naam* defamation.

**aan·teel** *n.* breeding, rearing, raising *(of animals);* increase; offspring, progeny. **aan·teel** =ge=, *vb.* breed, rear, raise *(animals);* increase; reproduce; multiply. ~**goed,** ~**vee** breeding cattle/stock, breeders.

**aan·te·ken** =ge= note/write down, note, make a note of; *(quickly)* jot down; take (down) *(particulars);* mark; record, register, enter; score *(goals etc.);* rack up *(points); lopies teen 'n bouler* ~, *(cr.)* score runs off a bowler; *aangeteken word* go on record.

**aan·te·ke·ning** =nings, =ninge, *(dim.* =ninkie) note; mark; record, entry; comment, annotation; endorsement; ~*s/*~*e by* ... notes to ... *(a report etc.); van iets* ~ *hou* make a note of s.t.; keep a record of s.t.; keep a tally of s.t.; ~*s/*~*e maak* take notes; make notes; *volgens iem. se* ~*s/*~*e* according to s.o.'s records. ~**boek** notebook, jotter.

**aan·tog** *n.* approach, advance; *in* ~ *wees, (enemy)* be advancing; *(storm)* be approaching; *(danger)* be imminent.

**aan·toon** =ge= show, indicate *(temperature etc.);* prove, show, demonstrate; point out *(mistakes).* **aan·to·nend** =nende: ~*e wys(e), (gram.)* indicative mood. **aan·toon·baar** =bare= demonstrable, provable; identifiable, discernible.

**aan·tou** =ge= straggle along; *agter iem./iets* ~ follow in a line *(or* straggle along) behind s.o./s.t..

**aan·tree** =ge=, *(mil.)* line up, muster; form up; fall in.

**aan·tref** =ge= find, meet (with); *(by chance)* come across, run across/into, chance/happen/hit/light (up)on, stumble across/(up)on; *by die Grieke/ens. tref ('n) mens dit nie aan nie* one does not find it among the Greeks/etc.; *iets word êrens aangetref* s.t. is found somewhere.

**aan·trek** =ge= draw, pull; tighten, pull tight *(a rope etc.);* dress, clothe *(s.o.);* get dressed, dress o.s., put on one's clothes; attract *(a magnet etc.);* attract, draw, appeal to, take/catch s.o.'s fancy; *ander klere* ~ change (one's clothes), get changed, put on other clothes; *iets anders* ~ change into s.t. else; *jou iets baie/erg* ~ take s.t. badly; feel strongly about s.t.; *jou deftig/netjies vir* ... ~ dress up for ...; *dun aangetrek wees* be scantily clad; *goed aangetrek wees* be well dressed; *jou iets* ~ take offence at *(or* feel/be offended at/by) s.t.; be upset by s.t.; *jou iets nie* ~ *nie* make light/little of s.t.. ~**hokkie** changing cubicle.

**aan·trek·king** attraction.

**aan·trek·kings·krag** *(phys.)* (force of) attraction, attractive force; *(fig.)* attraction, draw, appeal, pull; *iets het vir iem. geen* ~ *nie* s.t. has/holds no attraction/appeal for s.o.; *iets het 'n* ~ *vir iem.* s.t. has an attraction for s.o.; *iets het min* ~ *vir iem.* s.t. has little appeal for s.o..

**aan·trek·lik** =like =liker =likste attractive, good-looking, charming, appealing, inviting; *baie* ~, *(also, infml.)* dishy; *iem. vind* ... ~ s.o. finds ... attractive; *vir iem.* ~ *wees* be attractive to s.o.. **aan·trek·lik·heid** attractiveness, charm, appeal, attraction, allure.

**aan·trou** =ge= become related by marriage.

**aan·ty·ging** =gings, =ginge accusation, charge, allegation; *'n* ~ *maak* make an allegation; *'n* ~ *oor/teen* ... an allegation about/against ...

**aan·vaar**[1] =ge= sail along; keep on sailing; visit *(a port).*

**aan·vaar**[2] *het* ~ accept *(an offer etc.);* agree to *(arrangements etc.);* assume *(responsibility); (jur.)* adiate, accept *(an inheritance);* come to terms with, resign/reconcile o.s. to, learn to live with *(s.t. unpleasant);* take *(the consequences); die bevel oor* ... ~ take/assume command of ...; *iets gelate* ~ accept s.t. without complaining; *jou lot* ~ resign o.s. to one's fate; *minder* ~ settle for less; *jou pligte* ~ take up one's duties; *iets sommer* ~ accept/take s.t. at face value; *iem. wil nie* ~ *dat* ... *nie* s.o. won't face up to the fact that ...; ~ *word* be accepted. **aan·vaar·baar** =bare =baarder =baarste acceptable. **aan·vaar·baar·heid** acceptability, acceptableness. **aan·vaar·ding** =dings, =dinge acceptance, (taking) possession; acceptance, resignation; assumption, taking on; accession *(to an office).*

**aan·val** =valle, *n.* attack, assault, onslaught, raid, strike; attack, bout *(of an illness); aan die* ~ *wees* be on the attack/offensive; *'n* ~ *op* ... *doen* launch/make an attack on ...; *'n ernstige/ hewige/kwaai* ~ a bad/severe attack, a paroxysm *(of coughing etc.); die* ~ *hernieu/hernu(we)/hervat/vervat* return to the attack; return to the charge; *'n ligte* ~ *van* ... a touch *(or* slight attack) of ... *(an illness); tot die* ~ *oorgaan* go over to the attack, take the offensive; swing into action; *'n* ~ *op* ... an attack on ...; *'n* ~ *van* ... *hê* have an attack of ... *(a disease); 'n* ~ *van griep* a bout of flu; *'n venynige* ~ a blistering/ stinging attack; ~ *is die beste verdediging* attack is the best form/means of defence. **aan·val** =ge=, *vb.* attack, assail, assault, fall/set/pounce (up)on; charge, rush, strike (at); *(fig.)* tilt at; *die agterhoede* ~ fall (up)on the rear; *iem. verwoed* ~ go for s.o. hammer and tongs *(infml.); die voorhoede* ~ make a frontal attack; *aangeval word* be/come under attack. **aan·val·lend** =lende attacking, aggressive, offensive; ~ *optree* take *(or* go on) the offensive; ~*e oorlog* war of aggression. **aan·val·ler** =lers attacker, assailant, assaulter, aggressor.

**aan·val·lig** =lige charming, delightful, lovely, appealing, attractive. **aan·val·lig·heid** charm, appeal.

**aan·vals=:** ~**kreet** war cry. ~**plan** plan of attack. ~**punt** point of attack. ~**taktiek** offensive/attacking tactics. ~**uur** zero hour.

**aan·vang** *n., (fml.)* beginning, start, commencement, inception, onset, *(fig.)* dawn; *by die* ~ at the start; *'n* ~ *maak* make a start, start, begin; *'n* ~ *neem* commence. **aan·vang** =ge=, *vb., (infml.)* do; *wat het jy met* ... *aangevang?* what have you done to ...?; *wat kan ('n) mens met iem.* ~? what can one do about/with s.o.?; *wat moet ek met* ... ~? what am I supposed to do with ...?; *what's the use of* ...?; *wat het iem. nou weer aangevang?* what has s.o. been up to now?; *wat vang jy nou aan?* what do you think you're doing?; *nie weet wat om met jouself aan te vang nie* not know what to do with o.s., be at a loose end. ~**salaris** starting salary.

**aan·vangs=:** ~**kolwer** *(cr.)* opening batsman, opener. ~**koste** start-up costs. ~**moeilikhede** teething troubles. ~**tyd** starting time.

**aan·vank·lik** =like, *adj.* initial, original, primary, early, first, incipient. **aan·vank·lik** *adv.* at first, initially, at/in the beginning, at the outset/start, first, originally, to begin with.

**aan·vat** =ge= take hold of, seize; start, begin, undertake; turn one's hand to.

**aan·veg** =ge=, *(fml.)* challenge, dispute *(a statement etc.).* **aan-**

**veg·baar** =bare= disputable, contestable, debatable, question= able, controversial, open to criticism/question *(a statement etc.); (jur.)* impeachable, impugnable. **aan·veg·baar·heid** dis= putability/contestable nature, disputability, disputableness, con= testableness.

**aan·vlieg** =ge= fly along; keep on flying; *(av.)* approach; *(op)* ... ~ fly at *(or* rush upon) ...; *teen iets* ~ fly against s.t.. **~hoog= te** approach altitude/height.

**aan·vly** =ge=: *jou teen iem.* ~ snuggle (close) up to *(or* cuddle up to/against) s.o..

**aan·voeg** =ge= adjoin, join. **aan·voe·gend:** *~e wys(e), (gram.)* subjunctive (mood), conjunctive. **aan·voe·ging** =gings, =ginge adjunction.

**aan·voel** =ge= feel, sense, get the impression, have a hunch, suspect, pick up; experience. **aan·voe·ling** feeling, suspicion; experience; *'n ~ vir iets hê* be attuned to s.t..

**aan·voer** =ge= bring, convey; argue, hold, maintain, claim, plead; quote, cite, instance; head, lead *(a gang, evidence, etc.);* present *(an argument);* command *(an army);* captain *(a team);* give, offer *(proof etc.);* raise *(an objection);* conduct *(an attack); iets teen iem.* ~ bring s.t. up against s.o.; *iets ter versagting* ~ say s.t. in mitigation. **aan·voer·der** =ders commander, cap= tain, leader. **aan·voe·ring** citing; giving, offering; leadership, command; *onder ~ van* ... under the command of ...; led by ...

**aan·voor** =ge= initiate, begin, start, do the groundwork, lay the foundations of; *'n saak* ~ take the initial steps in a matter. **~werk** ground=, spadework, preparation(s), preliminaries; *die ~ vir iets doen* prepare the ground *(or* do the ground= work) for s.t..

**aan·vra** =ge= ask/apply for, request, seek, put in for, requisi= tion, call for, solicit; *'n lisensie/patent by iem.* ~ apply to s.o. for a licence/patent; *'n egskeiding* ~ file/sue for *(or* seek a) divorce.

**aan·vraag** inquiry, enquiry; request, application, requisition; demand; call; *daar is baie* (of *'n groot/sterk) ~ na iets* s.t. is in great demand; s.t. is at a premium; s.t. is sought after; *om ... ~ doen* make a request for ...; *daar is geen ~ na/om nie* there is no demand for it; there is no market for it; it goes begging; *die ~ na/vir iets* the demand for s.t.; *'n ~ om* ... a request for ...; an application for ... *(a patent etc.); op ~* on application/demand/request; at call; *aan 'n ~ voldoen* meet/ supply a demand. **aan·vra·er** =ers applicant; *(jur.)* requesting party; *'n ~ van* ... an applicant for ...

**aan·vryf, aan·vry·we** =ge= rub on; apply, put on *(ointment); teen* ... ~ rub against ...

**aan·vul** =ge= add to; fill up; complete; supplement; replenish *(stock);* make up *(an amount etc.);* amplify *(a remark etc.);* make up/good *(a shortage etc.);* supply *(an omission);* supplement *(income); mekaar* ~ complement each other *(or* one another); *iets met ... ~* supplement s.t. with ... **aan·vul·lend** =lende com= plementary; supplementary, ancillary, additional, added, sub= sidiary; *~e begroting* supplementary budget; *~ by ... wees* be supplementary to ...; be complementary to ...; *~e kleure* complementary colours. **aan·vul·ling** =lings, =linge addition; completion; supplement; replenishment; amplification; mak= ing up; supply(ing); complement; *ter ~ van* ... supplemen= tary to ...; *'n ~ van* ... a supplement to ...

**aan·vul·lings-:** *~eksamen* supplementary examination, re= examination. *~kursus* refresher course. *~onderwys* sup= plemental instruction.

**aan·vuur** =ge=, *(fig.)* fire, arouse, incite, stir/whip/work up; spur on. **aan·vu·ring** *(fig.)* firing, arousal, incitement, stimu= lation, inflaming; spurring on. **aan·vuur·der** =ders, *(fig.)* fire= brand, fomenter, inciter, instigator; spur.

**aan·waai** =ge= blow along; be blown towards; *by iem. aange= waai kom, (infml.)* drop in on s.o..

**aan·wag·gel** =ge=, *(walk unsteadily)* stagger/totter/wobble/

reel along; *(duck etc.)* waddle along; *(young child)* toddle along.

**aan·wak·ker** =ge= enliven, animate, arouse, rouse, awaken, fire (up); stir up *(animosity);* fan, foment *(discord);* stimulate, foster *(interest);* encourage *(the desire to buy);* give a fillip to *(sales);* promote *(trade); haat* ~ fan hate, brew up hatred. **aan· wak·ke·ring** enlivenment, arousal, awakening; fanning; sti= mulation; encouragement; fillip; promotion.

**aan·was** *n.* growth; increase *(of population);* accrual *(of capi= tal);* accretion *(of a forest);* rise *(of water);* aggradation *(of a coast).* **aan·was** =ge=, *vb.* grow; increase; accrue; rise; mount (up).

**aan·wa·sem:** *'n ruit laat ~* cloud/fog up a window.

**aan·wend** =ge= apply, employ, use, make use of, put to use, utilise; bring/call into play; bring to bear *(energies etc.);* em= ploy *(capital);* appropriate *(funds etc.);* harness *(a natural source of energy); alles* ~ make every effort, put everything into it, leave no stone unturned; *'n poging* ~ make an attempt/ef= fort; *iets vir ... ~* apply s.t. towards ...; *fondse wederregtelik* ~ misappropriate funds. **aan·wend·baar** =bare applicable, employable, usable; appropriable. **aan·wen·ding** =dings, =dinge application, use, utilisation; appropriation; *'n verskeidenheid (van) ~s* a variety of uses.

**aan·wen(d)·sel** =sels habit, custom; mannerism, quirk; *'n lelike ~* a bad habit.

**aan·werk** =ge= sew on *(a button etc.);* continue working.

**aan·we·sig** =sige present; existing; existent; on hand; *by ... ~ wees* be present at *(or* sit in at/on) ... **aan·we·si·ge** =ges per= son present; *die ~s* those present; the spectators; the audi= ence; *die ~s uitgesonder(d)* present company excepted/ex= cluded. **aan·we·sig·heid** presence, attendance; existence.

**aan·wins** gain; asset, benefit; valuable acquisition; valuable addition; *'n (groot) ~ vir die span/ens.* a valuable addition to the team/etc.; *'n ~ vir die biblioteek/ens.* an accession to the library/etc.; *'n waardevolle ~ vir ... wees* be a valuable acqui= sition to ...

**aan·wys** =ge= indicate, point out, show; assign, allot, allocate, earmark; register, read, mark, measure, point to; denote; specify, pinpoint, identify, single out; designate, appoint, nominate, name, select; *iem. as* ... ~ designate/name s.o. as ...; *iem. ~ om iets te doen* choose s.o. to do s.t.; appoint/as= sign s.o. to do s.t.; *iem. vir iets* ~ mark s.o. out for s.t. *(train= ing etc.); iem. vir 'n rol* ~ cast s.o. in a role/part; *iets vir ... ~* appropriate s.t. for ...

**aan·wy·send** =sende indicating, indicative; directory; *~e voornaamwoord, (gram.)* demonstrative (pronoun).

**aan·wy·ser** =sers indicator, pointer, diviner, dowser; *(med.)* detector.

**aan·wy·sing** =sings, =singe indication; allotment, allocation; direction *(for use),* instruction; denotation; designation, ap= pointment; selection *(of a candidate);* mark, sign, clue, hint, pointer, index; *(in the pl., also)* signage; *die ~s volg* follow the directions *(for using medicine etc.).*

**aap** ape monkey; *(tailless)* ape; *(infml., derog.)* monkey, fool, ass; *al dra 'n ~ 'n goue ring, hy is en bly 'n lelike ding* fine feathers don't make fine birds; an ape's an ape; *jy lyk 'n mooi ~* I'd like to see you trying *(or* try that); *die ~ uit die mou laat* let the cat out of the bag, spill the beans, give the game/show away; *soos 'n ~ in 'n porseleinkas* like a bull in a china shop; *jou 'n ~ skrik* get the fright of one's life. **~hok, apehok** monkey house, monkey's cage; ape house, ape's cage. *~mens (palaeontol.)* hominid. *~stert* monkey's tail; whip, lash, sjambok; rascal, imp, brat; *jou klein ~!* you little monkey/rascal!; *onder die ~ deurloop* run the gauntlet. *~streke n. (pl.)* mischief, monkey business/tricks *(infml.). ~stuipe (infml.)* freak-out; *die ~ kry* go through *(or* hit) the roof, go into orbit, fly into a rage/fury; freak (out); go into a (blue) funk.

**aap·ag·tig, aap·ag·tig** =tige like a monkey, monkeyish, monkeylike; apelike; *(zool.)* simian; apish, stupid, foolish.

**aar¹** *are* ear *(of corn); (bot.)* spike; *in die ~ skiet* shoot ears.

**aar²** *are* vein *(in one's body; in marble; underground; etc.);* nerve *(in a leaf);* underground watercourse; lode, seam *(of an ore); (elec.)* core *(of a cable);* humoristiese ~ streak of humour; *in iem. se are* in s.o.'s veins. **~bloed** venous blood. **~inspuiting** intravenous injection. **~pers** tourniquet. **~stelsel** venation, nervation. **~verdikking, ~verharding, ~verkalking** phlebosclerosis, venosclerosis. **~voeding** intravenous feeding; *deur ~* intravenously.

**aar·bei** =beie strawberry; *~e met room* strawberries and cream. **~konfyt** strawberry jam. **~vlek** *(birthmark)* strawberry mark.

**aard¹** *n.* character, disposition, temper, nature; kind, sort, type; temperament; *... van allerlei ~* ... of all kinds/sorts, all kinds/sorts of ...; **driftig** *van ~ wees* be quick/hot/short-tempered, have a quick temper; **goed** *van ~ wees* be good-natured/kind-hearted; *van* **hierdie** *~* of this nature; *dit lê nie in iem. se ~ om te ... nie* it is not in s.o.'s nature to ...; **niks** *van die ~ nie!* nothing of the kind/sort!; *dit lê in die ~ van die* **saak** it is in the nature/order of things; *uit die ~ van die* **saak** naturally, in/from/by the nature of things; (as a matter) of course; *van so 'n ~ dat ...* such that ...; *iets is* **strydig** *met iem. se ~* s.t. is out of character for s.o.; *iets* **van** *die ~* something of the kind; **van** *~* by nature. **aard** *ge-, vb.* take after, resemble; *goed ~, (animals, plants, etc.)* do well, thrive, flourish; *iem. kan nie hier ~ nie* s.o. does not feel at home here; the climate/environment/place does not agree with *(or* suit) s.o.; *na iem. ~* take after s.o.. **aard·jie:** *'n ~ na sy vaartjie* a chip off the old block.

**aard²** *n.* = AARDE. **aard** *ge-, vb., (elec.)* earth, *(Am.)* ground. **~as** axis of the earth, earth's axis. **~baan** orbit of the earth, earth's orbit. **~bewing** *=wings, =winge* earthquake, seism, seismic shock. **~bewoner** earthling, earth dweller. **~bodem** surface of the earth, earth's surface; *van die ~ verdwyn* disappear from/off the face of the earth. **~bol:** *die ~, (planet)* the (terrestrial) globe, the earth. **~draad** earth/ground wire. **~gas** natural gas. **~gebonde** earthbound. **~gees** earth spirit. **~geleier** *(elec.)* earth conductor. **~gordel** *(geog.)* zone. **~kern** earth's core, barysphere. **~kleur** earth (colour). **~kors** earth's crust; *(vaste) ~* lithosphere. **~laag** *(geol.)* layer (of earth), stratum. **~magneties** geomagnetic. **~magnetisme** geomagnetism, terrestrial magnetism. **~mannetjie** gnome, goblin. **~meetkunde** geodesy. **~middelpuntig** geocentric. **~olie** petroleum, rock/natural oil. **~oppervlak** surface of the earth, earth's surface. **~oppervlakte** surface area of the earth. **~ryk** earth, world; *die ~ nutteloos beslaan* be useless/worthless, not be worth one's keep/salt. **~skok** earth/seismic shock. **~skuddend** *=dende, (infml., fig.)* earthshaking, earthshattering, world-shaking *(announcement etc.); van ~e belang* of world-shaking import. **~skudding** earth tremor. **~straling** earth/terrestrial radiation. **~teleskoop** terrestrial telescope. **~trilling** earth tremor. **~verwarming** global warming. **~wetenskappe** earth sciences. **~wolf,** *(infml.)* **maanhaarjakkals** *(Proteles cristatus)* aardwolf.

**aard·ag·tig, aard·ag·tig** =tige earthy.

**aard·be·wings·:** **~gebied** earthquake/seismic zone. **~golf** earthquake/seismic wave. **~haard** epicentre. **~leer** seismology. **~meter** seismometer.

**aar·de** earth, world; ground; soil, earth; *(elec.)* earth, ground *(Am.); die beste op ~* the best in the world; *iem. ter ~ bestel, (fml.)* bury s.o., commit s.o. to the earth, lay s.o. to rest; *op dees(ke)/dese ~!* bless my soul!, (good) heavens!; *op Gods ~* on God's earth; *in/op* **goeie** *~ val* fall on fertile soil; *voel of jy in die ~ kon (in/weg)sink* wish the earth would swallow one up *(or* open under one's feet), wish one could sink through the floor, nearly die of shame; *met die ~ kennis* **maak** come a cropper, fall heavily; *iem. uit die ~ loop* bowl s.o. over; *(o) ~(tjie)!, my/onse ~!* (good) heavens/gracious!,

good grief!, (oh) my goodness!, goodness (gracious) me!, oh dear!, dear me!; *onder die ~ lê/rus* be in one's grave; *op die ~* on earth; *geen rede op ~ nie* no earthly reason; *hier op ~* here on earth, on this earth, here below; *hoe op ~ kon iem. ...?* how could s.o. possibly ...?; *waar op ~?* where on earth?, wherever?; *wat op ~?* what on earth?, whatever?; *wie op ~?* who on earth?, whoever?; *die ~ skeur* run like mad; *in die* **skoot** *van die ~* in the bowels of the earth; *met albei voete/ bene (of vierkant) op die ~ staan, (fig.)* have one's/both feet firmly on the ground, be down to earth; *tot die* **uiterstes** *van die ~* to the utmost confines of the earth; *die uithoeke van die ~* the four corners of the earth; **vaste** *~* solid ground.

**aar·dig** =dige =diger =digste: *'n ~e* **fortuintjie** a small/tidy fortune; *jou ~* **gedra** act (all) funny/weird/queer; be an embarrassment; *'n ~e* **kind** a nice/likeable child; *~* **voel** feel queasy/sick/queer/nauseous; feel awkward/uncomfortable/uneasy. **aar·dig·heid** =hede fun, enjoyment; joke, jest; *die ~ is daarvan* **af** the gilt is off the gingerbread; *dat dit 'n ~ is* like anything *(or* nobody's business); *'n* **hele** *~* a real/regular treat; *dit is* **nie meer** *'n ~ nie* it has lost its attraction *(or* appeal *or* novelty value); *(net)* **vir** *die ~* (just) for fun, (just) for the fun/ hell of it, *(infml.)* for kicks.

**aar·ding** *(elec.)* earthing.

**aard·ryks·kun·de** geography. **~onderwyser** geography teacher.

**aard·ryks·kun·dig** =dige geographic(al). **aard·ryks·kun·dige** =ges geographer.

**aards** *aardse* earthly *(joys, love, paradise);* mortal; earthly *(creature, being);* worldly, mundane *(possessions, pleasures, problems); (of the earth)* terrestrial, sublunar; down-to-earth *(pers.);* coarse, crude, earthy *(joke); ~e* **gesag** temporal power *(of the Pope etc.); ~e slyk* filthy lucre. **~gesind** =gesinde, meer =gesind *die mees =gesinde* worldly-minded. **~gesindheid** worldly-mindedness, worldliness, earthliness. **aards·heid** earthiness.

**aar·sel** *ge-* hesitate, delay, dither, hold/hang back, pause, waver, vacillate; *iets laat iem. ~* s.t. holds s.o. back; *~ om iets te doen* hesitate to do s.t.. **aar·se·lend** =lende hesitant, hesitating, dithering, wavering, vacillating, tentative. **aar·se·ling** =linge hesitation, delay, hesitancy, vacillation; *iets sonder ~ doen* not hesitate to do s.t., have no hesitation in doing s.t., do s.t. without hesitation.

**aar·tap·pel, er·tap·pel** =pels potato; *~ in die skil* (of met skil en al gebak/gekook), *(cook.)* jacket potato; *~s nie twee keer skil nie, (fig.)* not repeat one's words. **~boer** potato grower. **~boerdery** potato growing. **~bredie** potato/Irish stew. **~dis, ~gereg** potato dish. **~drukker, ~fynmaker** potato masher. **~koekie** potato cake. **~land** potato field. **~meel** potato flour. **~moer** seed potato. **~mot** potato tuber moth. **~oes** potato crop/harvest. **~pastei** cottage/shepherd's pie. **~poffertjie** potato fritter. **~skil** potato skin; *(peeled)* potato peel(ing). **~skiller** potato peeler. **~skyfies** *n. (pl.)* (potato) chips, *(Br.)* (potato) crisps. **~slaai** potato salad.

**aarts·be·drie·ër** arrant cheat.

**aarts·bis·dom** archbishopric, archdiocese.

**aarts·bis·kop** =koppe archbishop.

**aarts·boos·wig** archvillain.

**aarts·de·ken** archdeacon.

**aarts·dom** incredibly stupid, brainless, dense, thick, boneheaded.

**aarts·en·gel** archangel.

**aarts·kon·ser·wa·tief** ultraconservative, *(pol.)* dyed-in-the-wool conservative.

**aarts·leu·e·naar** incorrigible/unmitigated liar.

**aarts·lui** bone idle/lazy. **aarts·lui·aard** inveterate idler, regular lazybones.

**aarts·vy·and** archenemy.

**aas¹** *ase, n., (cards, dice)* ace; *dubbele ~, (dice)* ambsace, amesace.

**aas²** *n.* bait; carrion; *(fig.)* bait, lure; *aan die ~ byt* swallow/take (*or* rise to) the bait; *waar die ~ ook al lê, daar sal die aas-voëls bymekaarkom, (NAB, Matt. 24:28)* wherever there is a carcass, there the vultures will gather *(NIV).* **aas** *ge-, vb.: op ... ~* feed/prey on ...; *iets te ase* something to be had; something to eat. *~blom* carrion flower, stapelia. *~dier* scavenger. *~kewer* carrion beetle; scavenger beetle. *~stok (fishing)* bait hook. *~vlieg* carrion fly. *~vretend -tende* necrophagous. *~vreter* scavenger.

**aas·vo·ël** *-voëls, (lit., fig.)* vulture; *(fig.)* glutton; *jou lyf ~ hou* be a sponger; *iem. lyk of die ~s hom/haar beetgehad het* s.o. is tattered and torn, s.o.'s clothes are in tatters; *lyk of die ~s jou kos afgeneem/afgevat het* be down in the mouth. **aas·vo·ël·ag·tig** *-tige, (lit.)* vulturine, vulture-like; *(fig.)* vulturine, vulturous, rapacious, predatory, greedy.

**ab** *abte* abbot. **ab·dis** *-disse* abbess. **ab·dy** *-dye* abbey. **ab·dy·kerk** abbey (church).

**a·ba·kus** *-kusse* abacus.

**a·bat·toir** *-toirs* abattoir, (public) slaughterhouse.

**Ab·ba** *(NT: Aramaic, form of address for God)* Abba; *~, Vader* Abba, Father.

**ab·ba** *ge-* piggyback; *iem. ~* piggyback s.o., give s.o. a piggyback (ride). *~hart* twin/piggyback heart. *~karos -rosse* baby kaross.

**ABC** *(alphabet)* ABC; *(fig.)* ABC, rudiments, fundamentals, first principles; *nie die ~ ken nie* not know the alphabet; be an ignoramus.

**ab·di·keer** *ge-* abdicate. **ab·di·ka·sie** *-sies* abdication.

**ab·do·men** *-mens, -mina* abdomen. **ab·do·mi·naal** *-nale* abdominal.

**ab·duk·sie** *-sies, (esp. jur.)* abduction.

**A·ber·deen** *(geog.)* Aberdeen; *(citizen)* Aberdonian. **A·ber·deens** *adj.* Aberdonian.

**a·bi·o·ge·ne·se** *(biol.)* abiogenesis, spontaneous generation, autogenesis, autogeny.

**a·bis·saal** *-sale, (geol.)* abyssal.

**ab·ja·ter** *-ters* scamp, wretch; good-for-nothing.

**ab·la·tief** *-tiewe, (gram.)* ablative.

**ab·lu·sie** *-sies* ablution, washing. *~blok* ablution block.

**ab·nor·maal** *-male -maler -maalste* abnormal; *abnormale psigologie/sielkunde* abnormal psychology. **ab·nor·ma·li·teit** *-teite* abnormality.

**a·bor·sie** *-sies* abortion; *drukgroep teen ~* anti-abortionists; *teen-/teëstander van ~* anti-abortionist. *~kliniek* abortion clinic. *~pil* abortion pill. *~teenstander, ~teëstander* anti-abortionist.

**a·bor·teer** *ge-* abort; *laat ~, (med.)* abort *(a foetus).* **a·bor·teur** *-teurs* abortionist.

**a·bor·tief** *-tiewe* abortive.

**a·bor·tus** *-tusse* abortion.

**A·bra·ham** *(OT)* Abraham; *in ~ se skoot sit* be/live in clover (*or* the lap of luxury); *iem. het in ~ se skoot grootgeword* s.o. was a pampered child.

**a·bra·ka·da·bra** abracadabra.

**a·bro·geer** *ge-, (esp. jur.)* abrogate, repeal. **a·bro·ga·sie** *-sies* abrogation, repeal.

**ab·rup** *-rupte -rupter -rupste* abrupt. **ab·rupt·heid** abruptness.

**ab·seil** *vb., (Germ.)* abseil.

**ab·sen·sie** *-sies* absence, non(-)attendance. *~lys* list of absentees.

**ab·sen·tia:** *in ~, (Lat., jur.)* in absentia.

**ab·ses** *-sesse* abscess.

**ab·sint** *(plant)* absinth(e), wormwood; *(liqueur)* absinth(e). *~olie* wormwood oil.

**ab·so·lu·sie** *-sies, (RC, jur.)* absolution; *~ verleen, (RC)* grant/give absolution; *~ van die instansie, (jur.)* absolution from the instance.

**ab·so·lu·tis** *-tiste* absolutist. **ab·so·lu·tis·me** absolutism. **ab·so·lu·tis·ties** *-tiese* absolutist.

**ab·so·luut** *-lute -luter -luutste, adj.* absolute; perfect, complete, total; real, pure, utter, sheer; pure *(lyricism, art); absolute heerser* absolute ruler; *absolute hoogte-/laagtepunt* all-time high/low; *absolute minimum* irreducible minimum; *absolute temperatuur* absolute temperature. **ab·so·luut** *adv.* absolutely; *~ fantasties/wonderlik/skitterend/manjifiek/ongelooflik, (infml.)* super-duper; *~ nie* not at all, most certainly not; *~ niks* absolutely nothing, nothing at all, nothing what(so)ever; *dis ~ onmoontlik* it's/that's quite/absolutely impossible; *~ seker* absolutely sure, quite/dead certain. **ab·so·luut·heid** absoluteness.

**ab·sor·beer** *ge-, (lit. & fig.)* absorb; absorb, engage *(attention). ~middel -dele, -dels* absorbent. *~watte* absorbent cotton wool. **ab·sor·be·rend** *-rende* absorbent, absorptive; *~e middel* absorbent.

**ab·sorp·sie** absorption. *~meter (phys.)* absorptiometer. *~vermoë* absorbency, absorbability, absorbing/absorption/absorptive power.

**ab·stra·heer** *ge-* abstract; *uit ... ~* abstract from ... **ab·stra·he·ring** abstraction, abstracting.

**ab·strak** *-strakte -strakter -strakste* (of meer *~ die mees -strakte*) abstract; *~te ekspressionisme* abstract expressionism; *~te selfstandige naamwoord* abstract noun; *~te skildery* abstract (painting), abstraction. **ab·strak·sie** *-sies* abstraction. **ab·strakt·heid** abstractness.

**ab·surd** *-surde -surder -surdste* (of meer *~ die mees -surde*) absurd, preposterous; *~e teater* theatre of the absurd. **ab·sur·di·teit** *-teite* absurdity.

**a·buis:** *per ~* by mistake, in error, owing to (*or* through) an oversight, inadvertently.

**a cap·pel·la** *adj. & adv., (mus.)* a cappella. *~ -koor* a cappella choir.

**A·chil·les, A·gil·les** *(Gr. myth.)* Achilles. *~hiel (also a~), (fig.)* Achilles heel, weak (*or* most vulnerable) point. *~pees (also a~), (anat.)* hamstring *(in animals);* Achilles/heel tendon *(in humans).*

**a·chro·maat** *-mate, n.* achromat; achromatic lens. **a·chro·ma·sie** achromasia, achromia. **a·chro·ma·ties** *-tiese* achromatic. **a·chro·ma·tis·me** achromatism.

**a·cre** *-(cres), (measure)* acre.

**a·da·gio** *-gio's, n., (mus.)* adagio. **a·da·gio** *adv., (mus.: in slow time)* adagio.

**a·dak·si·aal** *-siale, (bot.)* adaxial.

**A·dam** *(first man)* Adam; *iem. nie van ~ se kant (af) ken nie* not know s.o. from Adam.

**A·dams-:** *~geslag (also a~)* mankind; males. *~gewaad, ~pak (also a~): in ~, (infml., said of a man)* in the altogether/raw, without a stitch on, in one's birthday suit; *in ~ swem* skinny-dip. *~kant (also a~): iem. van geen/g'n ~ af ken nie* not know s.o. from Adam.

**a·dams-:** *~appel* Adam's apple. *~vy* Adam's fig.

**ad·den·dum** *-dums, -da* addendum.

**ad·der** *-ders* adder, viper; *(fig.)* snake, serpent, viper; *'n ~ aan/in die/jou bors koester, (fig.)* nourish/nurse/nurture a viper (*or* cherish a serpent) in one's bosom. *~gebroedsel (fig.)* nest of vipers, viper's brood. *~geslag (fig.)* generation of vipers.

**ad·der·ag·tig** *-tige* viperine, viperous, viper-like; *(fig.)* viperish, viperous.

**Ad·dis A·be·ba** *(geog.)* Addis Ababa.

**ad·di·si·o·neel** *-nele* additional, added, further, supplementary.

**Ad·di·son·siek·te** *(also a~)* Addison's disease.

**ad·di·tief** *-tiewe, n. & adj.* additive.

**ad·duk·tor** *-tors,* **ad·duk·tor·spier** *-spiere, (anat.)* adductor (muscle).

**a·del** *n.* nobility, aristocracy, nobles; peerage; *(fig.)* nobility, dignity, loftiness, nobleness *(of mind etc.); van ~ wees* be a peer, be of noble birth/blood, belong to (*or* be a member of) the nobility, be titled; *die hoë(r) ~* the higher nobility/nobles, the aristocracy; *die lae(r) ~* the lesser nobility/nobles, the gentry. **a·del** *ge=, vb.* raise to the nobility/peerage, ennoble; *(fig.)* dignify, exalt; *arbeid ~* hard work ennobles the soul (*or* the human spirit). **~bors** *=borste* midshipman. **~stand** nobility, nobles; peerage; aristocracy; *in/tot die ~ verhef* raise to the nobility/peerage, ennoble. **~trots** aristocratic pride.

**a·de·laar** *=laars* eagle; →AREND; *Amerikaanse ~* bald eagle.

**a·de·laars=** : **~blik** *(fig.)* eagle eye; *met 'n ~* eagle-eyed. **~nes** (eagle's) eyrie. **~neus** aquiline nose. **~oog** *(fig.)* eagle eye. **~varing** *(bot.)* bracken. **~vlug** flight of an eagle.

**a·del·dom** nobility.

**a·del·lik** *=like* noble, aristocratic, blue-blooded, highborn, titled, nobiliary; *(fig.)* noble, lofty; high *(game); ~e bloed* noble blood. **a·del·lik·heid** nobleness; loftiness.

**a·dem** *n.* = ASEM *n..* **a·dem** *ge=, vb., (fig.)* breathe; *die roman ~ ('n gees van) wanhoop* the novel is pervaded by despair. **a·dem·loos** *=lose, (poet., fig.)* breathless.

**a·de·ni·tis** *(pathol.)* adenitis, glandular inflammation.

**a·de·no·ïed** *=noëde, n.* adenoid. **a·de·no·ïed** *=noëde, adj.* adenoid(al).

**a·de·noom** *=nome, (med.)* adenoma.

**ad·he·sie** *=sies* adhesion; *~ aan ..., (fig.)* adhesion to ...

**ad hoc** *(Lat.)* ad hoc. *~ ~-beleid* adhocracy. *~ ~-komitee* ad hoc committee.

**a·di·a·ba·ties** *=tiese, (phys.)* adiabatic.

**ad in·fi·ni·tum** *(Lat.)* ad infinitum.

**ad·jek·tief** *=tiewe* adjective. **ad·jek·ti·wies** *=wiese* adjectival.

**ad·ju·dant** *=dante* adjutant; aide(-de-camp). **~-offisier** *~-offisiere* warrant officer. **~-offisiersrang** warrant rank.

**ad·junk** *=junkte* deputy. **~bestuurder** deputy manager. **~direkteur** deputy director. **~-direkteur-generaal** *~-direk= teurs-g.* deputy director-general. **~(-) mediese direkteur** deputy medical director. **~minister** deputy minister. **~se= kretaris** deputy secretary.

**ad·mi·nis·tra·sie** *=sies* administration; management. **~ge= bou** administrative building. **~koste** administration/adminis= trative/overhead charges/costs/expenses, *(infml.)* overheads. **~personeel** administrative staff/personnel.

**ad·mi·nis·tra·teur** *=teurs* administrator; manager.

**ad·mi·nis·tra·teurs=** : **~kantoor** administrator's office. **~wo= ning** administrator's residence.

**ad·mi·nis·tra·tief** *=tiewe* administrative; *administratiewe reg* administrative law; *administratiewe werk* desk work.

**ad·mi·nis·treer** *ge=* administer; manage.

**ad·mi·raal** *=raals* admiral; *(butterfly)* red admiral. **~skip** ad= miral's ship, flagship.

**ad·mi·raal·skap** admiralship.

**ad·mi·ra·li·teit** *=teite* admiralty; navy office.

**ad·mis·sie** *=sies* admission. **~-eksamen** preparatory theo= logical examination.

**a·do·les·sen·sie** adolescence. **a·do·les·sent** *=sente, n. & adj.* adolescent.

**A·do·nis** *(Gr. myth.)* Adonis; *(also a~, fig.: handsome young man)* Adonis, Greek god.

**a·doons** *=doonse, (joc.)* baboon.

**a·dre·na·lien** *(biochem.)* adrenalin(e); *die ~ laat pomp/vloei, (infml.)* get the adrenalin(e) going/flowing.

**a·dres** *=dresse, (also comp.)* address; *'n waarskuwing aan iem. se ~ rig* address a warning to s.o.; *by 'n ~* at an address; *by die verkeerde ~ wees, (fig.)* bark up the wrong tree; *per ~* care of; *sonder ~* undirected, unaddressed; *sonder vaste ~* of no fixed address/abode. **~boek** directory; *(private)* address book.

**~etiket** address label. **~kaart(jie)** label, tag *(on luggage etc.)*. **~lys** mailing list. **~verandering** change of address.

**a·dres·seer** *ge=* address, direct, label; *(comp.)* address; →GE= ADRESSEERDE; *'n brief aan iem. ~* address a letter to s.o.; *'n brief na/aan 'n plek ~* address a letter to a place. **a·dres= seer·baar** *=bare, (comp.)* addressable.

**A·dri·a·tie·se See** Adriatic (Sea).

**ad·sor·beer** *ge=* adsorb. **ad·sorp·sie** adsorption.

**ad·strin·gens** *=gentia* astringent. **ad·strin·ge·rend** *=rende* astringent; *~e middel* astringent.

**ad va·lo·rem** *(Lat.)* ad valorem.

**ad·vek·sie** *(meteorol.)* advection.

**Ad·vent** Advent. **Ad·ven·tis** *=tiste* Adventist.

**ad·ven·tief** *=tiewe, (biol.)* adventive *(animal, plant);* adventi= tious *(root etc.);* adventitious, accidental, casual.

**ad·ver·bi·um** *=biums, =bia, (gram.)* adverb. **ad·ver·bi·aal** *=bi= ale* adverbial.

**ad·ver·teer** *ge=* advertise; announce; *alom ge~* word be wide= ly advertised. **ad·ver·teer·der** advertiser.

**ad·ver·ten·sie** *=sies* advertisement, *(infml.)* ad(vert); an= nouncement; *geklassifiseerde/klein ~s* smalls, classified adver= tisements/ads. **~afdeling** advertising department. **~agent= skap** advertising agency. **~bedryf, ~wese** advertising (in= dustry). **~blad** advertisement page; advertising leaflet/pam= phlet/brochure/prospectus. **~bord** advertisement board; hoarding, *(Am.)* billboard. **~buro** advertising agency. **~koste** advertising charges/costs/expenses. **~tarief** advertising rate. **~veldtog** advertising campaign. **~werwer** advertisement/ advertising canvasser, advertising representative.

**ad·vies** *=viese* advice, counsel; opinion *(of a doctor, lawyer, etc.); ~ aan ...* advice to ...; *iem. ~ gee* advise s.o., give s.o. advice; *~ inwin/kry* get/take/obtain advice; *die ~ van 'n deskundige inwin* obtain expert advice, get the opinion of experts, get expert opinion; *mediese/regskundige ~ inwin* take medical/legal advice, consult a doctor/lawyer; *kommissie van ~* advisory committee; *op ~ van ...* on the advice of ...; *(iem. se) ~ vra* ask (s.o.) for advice, seek (s.o.'s) advice, ask (an expert) for an opinion. **~geld** fee for advice; lawyer's fee. **~komitee** advisory/consultative committee. **~raad** ad= visory board/council.

**ad·vi·seer** *ge=* advise, counsel; *iem. ~ om te ...* advise s.o. to ...; *iem. oor iets ~* advise s.o. on s.t.. **ad·vi·se·rend** *=rende* ad= visory, consultative, consultatory, consultive; consulting; *~e bank* advising bank; *in 'n ~e hoedanigheid* in an advisory (*or* a consultative) capacity. **ad·vi·seur** *=seurs* adviser, advisor, counsellor, consultant; *~ van iem.* adviser/advisor to s.o..

**ad·vo·kaat** *=kate, (jur.)* advocate, barrister(-at-law), counsel; *(liqueur)* advocaat, eggnog, egg flip; *~ by die Hooggeregs= hof* advocate of the High Court; *'n ~ kry* (of *opdrag gee*) brief counsel; *vir ~ leer* study law; *'n ~ raadpleeg* seek legal counsel; *senior ~* silk; *senior ~ word* take silk; *as ~ toege= laat word* be called to the bar, be admitted as an advocate. **~-generaal** *advokate-g.* advocate-general.

**ad·vo·kaats=** : **~gelde** barrister's fees. **~opdrag** brief. **~toga** barrister's gown.

**ad·vo·ka·te·ka·mers** barristers' chambers.

**ad·vo·ka·tuur** *die ~* the bar (*or* legal profession), advo= cates, barristers.

**a·ë·reer** *ge=* aerate. **a·ë·ra·sie** aeration.

**a·ë·ro·ba·tiek** aerobatics. **a·ë·ro·ba·ties** aerobatic.

**a·ë·ro·bies** *=biese* aerobic; *~e klas* aerobics class; *~e oefeninge* aerobics.

**a·ë·ro·bi·o·se** *(biol.)* aerobiosis.

**a·ë·ro·dien** *(heavier-than-air mach.)* aerodyne.

**a·ë·ro·di·na·mi·ka** aerodynamics. **a·ë·ro·di·na·mies** aero= dynamic.

**a·ë·ro·gra·fie** aerography.

**a·ë·ro·liet** *(geol.)* aerolite, aerolith.

**a·ë·ro·me·ga·ni·ka** aeromechanics.

**a·ë·ro·me·ter** aerometer. **a·ë·ro·me·trie** aerometry.

**a·ë·ro·nout** *-noute* aeronaut. **a·ë·ro·nou·tiek, a·ë·ro·nou·ti·ka** aeronautics. **a·ë·ro·nou·ties** aeronautical.

**a·ë·roob** *-robe, n., (biol.)* aerobe. **a·ë·roob** *-robe, adj., (biol.)* aerobic.

**a·ë·ro·sfeer** aerosphere.

**a·ë·ro·sol** aerosol.

**a·ë·ro·staat** aerostat, lighter-than-air aircraft/dirigible. **a·ë·ro·sta·ties** aerostatic(al). **a·ë·ro·sta·ti·ka** aerostatics.

**af** *adj. & adv.* off; down; downward(s); broken, fractured; completed, finished, done *(work etc.); ~ en aan →af en toe; almal ~, (theatr.)* all exit *(or* leave the stage); *'n ~ arm/been* hê have a broken/fractured arm/leg; have only one arm/leg, have lost an arm *(or* a leg); *daar/hier ~* down there/here; *van jou eetlus ~ wees* have no appetite, be off one's food; *die hand vatsel is ~* the handle has come off; *heeltemal ~* right off; *'n knoop van iem. se hemp is ~* s.o.'s shirt has a button missing; *iem. se koors is ~* s.o.'s temperature is down *(or* has dropped); *laer ~* lower/further down; *die volgende straat links/regs ~* the next street (off) to/on the left/right; *~ nek* broken neck; *die prys is ~* the price is down *(or* has dropped); *my rug is ~* my back is killing me; *teen die berg ~* down the mountain; *~ en toe* (every) now and then/again, occasionally, from time to time, at times, on occasion, sometimes, on and off; *van 15 ~* from (the age of) 15 up; *van Johannesburg ~* from Johannesburg; *van dié/daardie dag ~* from that day on; *(~) van die dak ~!* get off the roof!; *van die drank ~ wees* have given up drink(ing); *'n entjie van die pad ~* just off the road; *'n hele ent van die pad ~* well back from the road; *nie ver/vêr van die pad ~ nie* not far (away) from the road; *van die president ~ tot ...* from the president down to ...; *hulle het drie tafels van ons ~ gesit* they sat three tables away from us; *van die verhoog ~* offstage; *hul verlowing is ~* they have broken off their engagement *(or* have broken it off). **af** *interj.* (get) down!.

**af·arm** with a/the broken/fractured arm; one-armed, armless.

**a·fa·sie** aphasia, loss of speech. **a·fa·sie·ly·er, a·faat** *(med.)* aphasic. **a·fa·ties** aphasic.

**af·ba·ken** *-ge-* mark off/out, stake out, delimit, demarcate *(an area, region); (naut.)* buoy, mark with a buoy *(or* buoys); *(fig.)* define, delimit, restrict, circumscribe *(rights, power, etc.).* **af·ba·ke·ning** *-nings, -ninge* delimitation, demarcation. **af·ba·ke·nings·kom·mis·sie** delimitation commission. **af·ba·ke·nings·raad** demarcation board.

**af·be·del** *-ge-:* iets by/van iem. ~ beg s.t. from *(or* scrounge s.t. off/from) s.o. *(infml.).*

**af·beeld** *-ge-* portray, depict, show, represent, picture, paint, delineate; *... is op ... afgebeeld* there's a picture of ... on ... **af·beel·ding** *-dings, -dinge* picture, illustration, plate; portrayal, depiction, representation, delineation, portrait, image. **af·beeld·sel** *-sels* image, portrait, effigy, likeness.

**af·been** with a/the broken/fractured leg; one-legged; crippled, disabled.

**af·bei·tel** *-ge-* chisel off, carve/chip off with a chisel.

**af·be·taal** pay off, pay in/by instalments; pay (off), discharge, clear *(a debt);* settle *(an account);* pay off *(an employee); iets maandeliks ~* pay for s.t. in/by monthly instalments; *elke maand R2000 op 'n motor/ens. ~* pay off R2000 per month *(or* make monthly payments of R2000) on a motorcar/etc.; *'n ou wrok ~, (fig.)* settle *(or* pay off) a score *(or* an old score *or* old scores). **~stelsel, afbetalingstelsel** instalment plan/system, hire-purchase system, easy/deferred payment system. **af·be·ta·ling** payment; instalment; *iets op ~ koop* buy s.t. on account/terms; buy s.t. on the instalment plan; buy s.t. on hire purchase; *~ op maklike voorwaardes* payment on easy terms. **af·be·ta·lings·voor·waar·des** instalment terms, terms of repayment.

**af·bid** *-ge-* pray for, invoke *(God's blessing);* obtain by prayer.

**af·bind** *-ge-* put a tourniquet on, apply a tourniquet to *(an arm, leg, etc.);* tie *(an umbilical cord);* tie off *(a wart etc.); (surgery)* tie up, ligate, ligature, apply a ligature to *(a bleeding artery etc.).* **~draad** ligature. **af·bin·ding** ligature.

**af·blaas** *-ge-* blow off *(dust etc.);* blow clean *(a book etc.);* release, let off, discharge *(steam, gas, etc.); (balloon etc.)* deflate; *iets laat ~* deflate s.t., let s.t. down *(a balloon, tyre, etc.).* **~klep** blow-off valve. **~kraan** blow(-off) cock.

**af·bly** *-ge-: van iets ~* keep off s.t. *(grass);* keep one's hands off s.t., leave s.t. alone.

**af·boek** *-ge-* book off.

**af·bor·sel** *-ge-* brush off *(dust);* brush (down) *(a garment);* brush *(shoes).*

**af·bou** *-ge-, (biol.)* break down, disassimilate; *(min.)* stope. **af·bou·ing** *(biol.)* breakdown, disassimilation, catabolism; *(min.)* stoping.

**af·braak** pulling down, demolition; rubble, debris.

**af·brand** *-ge-* burn down *(a building);* burn off *(paint etc.);* burn *(grass);* cauterise *(a wart);* be destroyed by fire, be burned/burnt down; *(farm)* be burned/burnt out; *(fuse)* burn away; *(candle)* burn down; *tot op die grond afgebrand wees* be burned/burnt to ashes; *die hare van 'n vark ~* singe a pig. **af·bran·dings, -dinge** burning down/off; cauterisation.

**af·breek** *-ge-* break/snap off *(a branch, twig); (a pencil, thread, etc.)* break, snap; break down *(a door, fence, etc.);* strike *(a tent, camp);* demolish; pull/tear/knock down *(a building);* dismantle, take down *(scaffolding);* disassemble *(a piece of machinery);* tear/strip off *(a roof);* strip (down) *(a mach.);* break up *(a ship);* break off *(a conversation, negotiations, relations, discussions, etc.);* cut, sever *(ties);* discontinue *(a conversation, correspondence, etc.);* stop *(a fight);* break *(a journey);* cut short *(one's studies, a holiday, etc.);* interrupt *(a story etc.);* break off *(in the middle of a sentence);* abort *(a flight);* divide *(a word); (fig.)* run down, belittle, disparage, denigrate, cry down; *(chem.)* break down, decompose; *(chem.)* degrade; →AFGEBROKE; *van ... ~* break away from ...; split off from ...; *iets van iets ~* break s.t. off s.t.; *iets tot op die grond ~* raze s.t. to the ground; *skielik ~* stop dead/short. **af·breek·baar** degradable. **af·bre·kend** unconstructive; *~e kritiek* scathing/destructive criticism. **af·bre·ker** demolisher; destructive person, wrecker; denigrator. **af·bre·king** breaking off/down/etc.; demolition, dismantling; severance; discontinuance; interruption; division; belittlement, disparagement, denigration; decomposition; *~ van woorde* word division. **af·bre·kings·te·ken** dividing sign.

**af·breuk** harm, damage, injury; *~ aan ... doen* do harm/damage *(or* be detrimental/prejudicial) to ...; mar/damage/harm/injure *(or* detract from) ... *(s.o.'s reputation etc.);* diminish *(or* detract/derogate from) ... *(quality, value).*

**af·bring** *-ge-* bring down; lower, reduce; pull down *(marks); jou gewig ~* reduce one's weight; *iem. van iets ~* put s.o. off s.t., put s.t. out of s.o.'s head, persuade s.o. not to do s.t.; *iem. van die onderwerp ~* get s.o. off the subject.

**af·brok·kel** *-ge-* crumble away; decline, deteriorate; *van ... ~* break away from ... **af·brok·ke·ling** *-lings, -linge* crumbling away, erosion; decline, deterioration.

**af·buig** *-ge-* bend down; *(road, river, etc.)* bend *(to the left/right).*

**af·byt** *-ge-* bite off; bite *(one's nails);* clip *(one's words);* pickle *(metals with acid).*

**af·daal** *-ge-* come/go down, descend; *tot ... ~* stoop to ...; *tot iem. ~* come down to s.o.'s level; condescend to s.o.. **af·da·ling** descent; condescension.

**af·dak** *-dakke* lean-to; shed; shelter.

**af·dank** *-ge-, (from employment)* dismiss, discharge, give notice to, *(infml.)* sack, give *(s.o.)* the sack, *(infml.)* fire, make redundant, *(infml.)* give *(s.o.)* his/her marching orders; pay off *(workmen);* lay off *(workers);* cashier *(an army officer);* de= mobilise *(troops); iem. weens ouderdom (of met pensioen)* ~ pension s.o. off, retire/superannuate s.o.. **af·dan·king** =kings, =kinge dismissal, discharge, sacking, the sack, firing, march= ing orders *(infml.),* retirement.

**af·dek** =ge= clear *(a table);* remove *(a cloth etc.);* cope *(a wall); (phot.)* block out; bank *(a fire);* cut *(playing cards).*

**af·de·ling** =lings, =linge dividing (up); dividing off; partition; parcelling out; graduation, calibration; *(mil., bot., physiol.; also of an institution, book, etc.)* section; compartment *(of a drawer etc.);* department *(in a company etc.);* section, division *(of an organisation);* ward *(in a hospital);* branch *(of a union etc.); (mil.)* detachment *(of cadets etc.).*

**af·de·lings·:** ~**bestuurder** *(comm.)* departmental manager. ~**hoof** head of a department/section, departmental/section head, chief of a division; departmental manager *(in a store).* ~**raad** divisional council. ~**winkel** department store.

**af·ding** =ge= bargain, haggle, chaffer; *op die prys* ~ beat down the price.

**af·doen** =ge= settle, dispose of; finish, end; *sonder om aan ... af te doen* without detracting from ...; without prejudice to ...; *dit doen niks daaraan af nie* it makes no difference, it's neither here not there. **af·doen·de** conclusive *(proof);* con= vincing, sound, valid *(reason);* satisfactory *(explanation);* de= cisive *(reply);* adequate *(protection); (jur.)* definitive *(sentence); dit is* ~ that *(or* the matter) is settled, that clinches it/matters; *sonder* ~ *rede* without good cause.

**af·don·der** =ge=, *(coarse)* clatter down; *van 'n dak/ens.* ~ tum= ble off a roof/etc..

**af·dop** =ge= shell *(peas, nuts);* hull *(peas, rice);* pod *(peas);* husk *(grains); die verf/pleister dop af* the paint/plaster is flaking/peel= ing (off).

**af·dra** =ge= carry *(s.t.)* down.

**af·draai** =ge= turn/switch off *(a light etc.);* turn off *(a tap etc.);* screw off *(a lid); (a road etc.)* branch off; unwind *(a thread);* unreel *(a film);* uncoil *(a hose etc.); in 'n pad* ~ turn down a road; *links/regs* ~ turn (off to the) left/right; *(a road)* branch off to the left/right; *die draad van 'n skroef* ~ strip a screw, strip the thread (off a screw). ~**plek** turnoff; lay-by.

**af·draand** =draand(e)s, **af·draan·de** =des, *n.* decline, descent, declivity, (downward) slope, downgrade, incline; *met/teen 'n steil* ~ *afry* drive down a steep slope; *op die* ~ *wees, (fig.)* be going downhill, be declining *(or* on the decline); *(infml.)* be on the skids. **af·draand, af·draan·de** *adv.* downhill; *dit gaan* ~ *met iem., (fig.)* s.o. is going downhill, s.o. is on the skids *(infml.).* **af·draan·de** *adj.* downhill, sloping, inclined; *op die* ~ *pad wees, (fig.)* be on the downhill path, be declining/dete= riorating.

**af·draf** =ge= trot down; trot off.

**af·dreig** =ge= blackmail *(s.o.); geld/ens. van iem.* ~ extort money/ etc. from s.o.. **af·drei·ger** =gers blackmailer. **af·drei·ging** black= mail, extortion.

**af·droog** =ge= dry (up), wipe dry *(dishes);* do the drying-up; dry *(one's hands etc.);* wipe away *(tears);* dry (off), become dry; *jou* ~ dry o.s., wipe o.s. dry, towel o.s. (down), *(vigorously)* rub o.s. down.

**af·droog·:** ~**doek,** ~**lap** tea towel/cloth, dishcloth.

**af·druk** =drukke, *n.* copy, reproduction *(of a painting); (phot.)* print; offprint, *(Am.)* separate, reprint *(of an article);* (finger=, foot=) print; imprint, impress(ion) *(in wax etc.); (dentistry, min.)* cast; mould *(of a key); 'n* ~ *maak* make a print. **af·druk** =ge=, *vb.* push off; push away; press/push down, *(fml.)* depress *(a lever);* shove down; pull down *(a currency etc.); (lit.)* weigh down; *(fig.)* force down *(prices);* leave an imprint/impres= sion/mark; *(phot.)* print; *(phot.)* trigger *(a shutter);* copy, re= produce; reprint; imprint, impress, make an impression of;

cast; mould; *iets in iem. se keel* ~ ram s.t. down s.o.'s throat. ~**papier** *(phot.)* printing paper; transfer paper. ~**raam** *(phot.)* printing frame.

**af·drup(·pel)** =ge= drip off; trickle down; distil. **af·drup·sel** =sels dripping(s); guttering *(of a candle).*

**af·dryf, af·dry·we** =ge= drift/float down *(a river);* drive/chase away/off; liquate, refine *(metals); (med.)* abort *(a foetus); (med.)* expel *(worms);* cupel *(precious metals);* liquate *(alloys);* force down *(prices); met die stroom* ~, *(fig.)* go with the stream; *van koers* ~ drive/carry off course; be driven/carried off course; *'n vrug* ~ carry out *(or* do/perform) an abortion. **af·dryf mid·del** =dels, =dele, **af·dry·wings·mid·del** =dels, =dele aborti= facient; expellant, =lent. **af·dry·wing** =wings, =winge expul= sion; cupellation; liquation; abortion; driftage.

**af·duik:** *op ... ~, (a bird)* dive-bomb ...

**af·dui·wel** =ge=, *(infml.)* tumble down *(the stairs);* tumble off *(a roof etc.).*

**af·dwaal** =ge= stray, wander away/off; get lost, lose one's way; *(speaker)* digress; *(mind)* stray, wander; *van die onderwerp* ~ digress, deviate/wander/digress from the subject, stray (away) from *(or* go off) the point; *van die regte pad* ~, *(fig.)* stray from the path of virtue, stray/wander/err from the straight and narrow, go astray, go wrong; *van die waarheid* ~ diverge from the truth. **af·dwa·ling** =lings, =linge straying, wander= ing; digression; deviation; divergence; lapse; *(astron., opt.)* aberration.

**af·dwing** =ge= enforce *(silence etc.); iem. se* **bewondering/ens.** ~ command s.o.'s admiration etc.; *iets* **op** *iem.* ~ foist/force s.t. (up)on s.o.; *jou wil op iem.* ~ impose one's will (up)on s.o.; *iets van iem.* ~ force/extort/wring s.t. from s.o. *(a confes= sion);* wring s.t. out of s.o. *(a promise);* compel/exact s.t. from s.o. *(obedience);* extort s.t. from s.o. *(money);* force s.t. out of s.o. *(the truth).* **af·dwing·baar, af·dwing·baar**=bare enforce= able, compellable. **af·dwin·ging** enforcement; imposition; extortion; exaction.

**af·eet** *afgeëet* eat off.

**af·end** *afgeënd* end off.

**af·fair** =fairs, *(<Eng.)* affair; *'n* ~ *met iem. aanknoop/hê* have an affair with s.o..

**af·fek** =fekte, *(psych.)* affect. **af·fek·sie** =sies affection. **af·fek= ta·sie** =sies affectation, affectedness. **af·fek·teer** =ge= affect. **af= fek·tief** =tiewe, *(psych.)* affective.

**af·fê·re** =res affair, business, matter; thing, contraption, doo= dah; to-do, commotion, hubbub; do; *'n groot* ~ a big do; *die hele* ~ the whole concern, *(infml.)* the whole caboodle/she= bang; *'n mooi* ~ a nice mess, a pretty kettle of fish, a fine/ pretty how-do-you-do; *'n snaakse* ~ a queer/odd thing; a queer contraption.

**af·fê·ring** =rings = AFFÊRE. **af·fê·rin·kie** *(infml.)* gizmo, gismo.

**af·fiks, af·fiks** =fikse, *(gram.)* affix.

**af·fi·li·eer** =ge= affiliate; *by ... geaffilieer wees* be affiliated with/ to ... **af·fi·li·a·sie** =sies affiliation; *iem. se* ~ *by ...* s.o.'s affilia= tion with ...

**af·fi·ni·teit** =teite affinity. **af·fi·ni·teits·kaart** affinity card.

**af·fo·dil** =dille daffodil, Lent lily, asphodel.

**af·fron·teer** =ge= affront, insult; *geaffronteer wees/voel* be/feel affronted.

**af·gaan** =ge= go down, descend; walk down; *(gun, bomb etc.)* go off; *(paint etc.)* come off; *(prices)* go down, drop, fall; *(fever)* subside; *(moon)* wane; *(flowers)* fade; *(tide)* go out; *(novelty)* wear off; *(health etc.)* decline, deteriorate, fail; lose *(attraction etc.);* be deducted *(for expenses etc.); (theatr.)* exit, go off, make one's exit; *iets laat* ~ set/touch s.t. off, detonate s.t.; **op** *... ~* head/make for ...; depend/rely/count/bank (up)on ...; go (or be guided) by ...; judge by/from ...; *reg* **op** *die saak* ~ go straight to the point; **op** *iem. se woord* ~ take s.o. at his/her word; *van ... ~* leave ... *(the road etc.);* change ... *(the subject);*

*van die regte koers/pad/weg* ~, *(fig.)* stray/wander/err from the straight and narrow, go astray, go wrong; *niks* **waarop** *('n) mens kan* ~ *nie* nothing to go by/(up)on. ~**reël** *(theatr.)* exit line.

**af·gaan·de:** ~ *gety* ebb tide; *~ maan* waning moon.

**Af·ga·ni·stan** →AFG(H)ANISTAN.

**af·ge·bro·ke** broken, disturbed, interrupted, discontinuous; disconnected *(sentences);* disjointed, incoherent *(speech, writing); (tech.)* intermittent; →AFBREEK; ~ *lig* occulting light *(of a lighthouse).*

**af·ge·dank** =*dankte* dismissed, discharged, sacked, fired; → AFDANK.

**af·ge·dank·ste** confounded, dratted, *(infml.)* darn(ed), blessed, bloody, blooming; severe; *'n ~ loesing* a sound thrashing; *'n ~ skelm* a downright cheat.

**af·ge·dwaal** =*dwaalde* stray *(animal);* lapsed *(church member);* →AFDWAAL.

**af·gee** =*ge=* hand/give in *(a visiting card etc.);* leave *(s.t. for s.o.);* part with *(jewels etc.);* give away *(a bride);* give off, emit *(a smell); (colour)* come off; *(material etc.)* stain; *(wet paint etc.)* leave marks; cause, result in, lead to *(strife etc.);* give off *(a day); iets* **aan** *iem.* ~ hand s.t. over to s.o. *(money etc.);* give s.t. up to s.o. *(land);* surrender s.t. to s.o. *(an object of value); 'n kind/ens. (aan die dood)* ~ lose a child/etc.; *'n pakkie/ens.* **by** *iem.* ~ leave a parcel/etc. with s.o.; **op** *iets* ~ come/rub off on s.t..

**af·ge·haal** =*haalde* →AFHAAL; ~ *voel oor iets* be offended/hurt by s.t.; be piqued at s.t..

**af·ge·las** ~, *(fml.)* call off *(a strike etc.);* cancel *(a meeting);* abandon *(a match);* countermand *(an attack); die wedstryd is weens reën* ~ the match was rained off.

**af·ge·le·ë** =*leëner* =*leënste* (of *meer* ~ *die mees* ~) remote, outlying *(region);* remote, out-of-the-way, isolated *(farmhouse etc.);* distant, far-off *(country);* out-of-the-way, secluded, sequestered *(spot);* faraway, unfrequented, lonely *(place); op 'n baie* ~ *plek woon* live at the back of beyond *(or* in the middle of nowhere). **af·ge·le·ën·heid** remoteness, seclusion, isolation.

**af·ge·leef** =*leefde,* =*leefte* decrepit *(pers., animal);* doddering, doddery, infirm, senile *(pers.);* old and weak *(animal);* worn-out *(clothes);* effete, spent, worn out. **af·ge·leefd·heid** decrepitude; infirmity, senility; effeteness.

**af·ge·lei** =*leide* derived; derivative; inferential; →AFLEI; ~*de stroom, (elec.)* shunt current; ~*de verbinding, (chem.)* derived compound.

**af·ge·loop** =*loopte* run-down *(watch);* worn-out *(shoes);* flat *(battery);* →AFLOOP *vb.*.

**af·ge·lo·pe** ended, over, finished; past, last *(week etc.);* past *(session etc.);* →AFLOOP *vb.; pas* ~ recent; *in die* ~ *vyf weke ens.* in/during the past/last five weeks etc., these past/last five weeks etc..

**af·ge·mat** =*matte* worn out, exhausted, dead tired, *(infml.)* fagged (out), jaded, burnt/burned out; →AFMAT. **af·ge·mat·heid** exhaustion, fatigue, weariness.

**af·ge·me·te** *adj. & adv.* measured; formal, dignified, stiff, starchy; →AFMEET; ~ *kilometer* measured kilometre; ~ *praat* speak in measured tones. **af·ge·me·ten·heid** formality, stiffness, starchiness; measuredness.

**af·ge·plat** =*platte* flattened; tabular; compressed; →AFPLAT; ~ *(by die pole)* oblate, flattened at the poles.

**af·ge·rem** =*remde* worn out, run-down, exhausted, dead tired, *(infml.)* fagged (out), jaded, raddled; →AFREM.

**af·ge·rond** =*ronde* rounded (off); well rounded, *(attr.)* well-rounded; complete; →AFROND; *'n* ~*e geheel vorm* form a unified whole, be complete in itself; *'n* ~ *hoek/sin/ens.* a rounded corner/sentence/etc.; *'n* ~*e persoon/ens.* a well-rounded person/etc.; *'n* ~*e som* a round sum/figure.

**af·ge·saag** =*saagde, (lit.), (pred.)* sawn off, *(attr.)* sawn-off *(shotgun etc.);* →AFSAAG; *(fig.)* stale, timeworn, *(infml.)* corny, stock *(joke);* unoriginal *(subject);* ~*de gesegde ens.* cliché, hackneyed/trite/well-worn saying etc.; ~ *raak, (joke etc.)* get stale. **af·ge·saagd·heid** staleness; triteness.

**af·ge·sant** =*sante* envoy, emissary.

**af·ge·sien:** ~ *van* ... besides *(or* apart from *or* except for) ...; irrespective/regardless of ...; ~ *daarvan dat* ... apart from the fact that ...; let alone that ...

**af·ge·sit** =*sitte* amputated *(leg);* →AFSIT.

**af·ge·skeep** =*skeepte* slipshod, slapdash, *(infml.)* sloppy, careless, shoddy *(work);* →AFSKEEP. **af·ge·skeept·heid** carelessness, shoddiness.

**af·ge·skei·de,** *(fml.)* **af·ge·skei·e** separated *(milk);* separate(d); secluded, isolated; dissenting, nonconformist; secessionist; separatist; →AFSKEI; ~ *staat* breakaway state. **af·ge·skei·den·heid** privacy, seclusion, isolation, separation.

**af·ge·skre·we** written off; copied; →AFSKRYF.

**af·ge·sloof** =*sloofde,* =*sloofte* worn out, wearied, fagged (out), jaded; →AFSLOOF.

**af·ge·slo·te** enclosed, fenced/railed/roped off; secluded, isolated, solitary; closed, private; →AFSLUIT; ~ *geheel* separate entity; ~ *woon* live in isolation, lead a secluded life. **af·ge·slo·ten·heid** seclusion, isolation, privacy.

**af·ge·slyt** =*slyte* threadbare, ragged, tattered, *(pred.)* worn (out) *(clothes);* →AFSLYT.

**af·ge·son·der(d)** =*derde* separate(d), isolated, lonely, secluded, sequestered, cloistered, remote; discrete; →AFSONDER; *van* ... ~ *wees* stand apart from ...; ~ *woon* live in isolation, lead an isolated existence *(or* a secluded life). **af·ge·son·derd·heid** isolation, seclusion, remoteness.

**af·ge·spro·ke** agreed (upon), arranged, settled; →AFSPREEK; *(dis)* ~! done!, it's a deal!; *op 'n* ~ *plek* at an agreed place, at a place arranged.

**af·ge·stem:** *op iets* ~ *wees* be attuned to s.t.; →AFSTEM.

**af·ge·stomp** =*stompte* truncate(d); (apathetic and) insensitive *(pers.);* deadened, dulled, blunted *(conscience);* →AFSTOMP. **af·ge·stompt·heid** (apathy and) insensitivity, indifference; dullness, bluntedness.

**af·ge·stor·we** dead, deceased, departed, late; →AFSTERF. **af·ge·stor·we·ne** =*nes* dead/deceased person; *die* ~*s* the dead/deceased/departed.

**af·ge·ta·kel(d)** =*kelde* dismantled *(mach. etc.);* unrigged *(ship);* stripped *(factory);* worn out, decrepit, wasted, senile; faded *(beauty);* decayed *(society etc.); (infml.)* strung out *(from long drug use);* →AFTAKEL; ~ *raak, (fig.)* go/run to seed.

**af·ge·trap** =*trapte* down at heel, worn out *(shoes);* →AFTRAP.

**af·ge·trok·ke** withdrawn, absent-minded, preoccupied, absorbed, absent; distracted, abstracted, lost/wrapped in thought; →AFTREK *vb.; 'n* ~ *voorkoms* a withdrawn look. **af·ge·trok·ken·heid** absent-mindedness, preoccupation, abstraction.

**af·ge·vaar·dig·de** =*des* delegate, representative, *(parl.)* deputy; →AFVAARDIG.

**af·ge·val** =*valde,* =*valle* fallen; →AFVAL *vb.;* ~*de blare* fallen leaves; ~*de vrugte* windfalls; ~*le lede* renegade members.

**af·ge·wa·ter(d)** *(fig.)* watered-down *(agreement etc.);* →AFWATER.

**af·ge·werk** =*werkte* worn (out), spent, effete; finished, trimmed; →AFWERK; *goed/sleg/ens.* ~ *wees, (car, dress, etc.)* be well/badly/ etc. finished; *met die hand* ~ hand-finished.

**Af·g(h)a·ni·stan** *(geog.)* Afghanistan. **Af·g(h)aan** =*g(h)ane,* *(inhabitant)* Afghan(i); *(also a~, breed of dog)* Afghan (hound). **Af·g(h)aans** *n., (lang.)* Pashto, Pushto, Pushtu, Afghan. **Af·g(h)aans** =*g(h)aanse, adj.* Afghan; ~*e (wind)hond* Afghan (hound).

**af·giet** =*ge=* pour/strain off; *(cook.)* strain, drain; *(sculpture)* cast; *(chem.)* decant; *(die water van) die groente* ~ strain (the water

**from)** the vegetables. **af·giet·sel** *-sels* cast(ing); copy; *'n ~ maak* cast.

**af·glip** *-ge-* slip off; slip down; *in iets ~* slip down into s.t.; *~ kafee toe* pop down to the café; *van iets ~* slip off s.t..

**af·gly** *-ge-* slide/slip off; slide/slip down; **(by/met)** *die trap ~* glide down the stairs; *in ... ~* slide (down) into ...; *teen ... ~* slide down ... *(a banister etc.)*; slip down ... *(a muddy embankment etc.)*; *van ... ~* slip off ... *(a table etc.)*; skid off ... *(the road)*.

**af·god** *-gode-* idol; *~e aanbid* worship false gods; *van iem. 'n ~ maak* idolise s.o.; *van iets 'n ~ maak* make a fetish of s.t.; make a god of s.t.. **af·go·de·ry** idolatry. **af·go·dies** *-diese* idolatrous.

**af·gods-:** *~beeld (Bib.)* idol, graven image. *~dienaar* idolater. *~tempel* pagan temple.

**af·gooi** *-ge-* throw down *(from a roof etc.)*; drop *(supplies etc.)*; throw off *(clothing)*; *(fig.)* cast/throw off *(the yoke of bondage etc.)*; throw, unseat, unhorse *(a rider)*; shed, drop *(leaves)*; shed, cast *(skin)*; slip *(a calf)*.

**af·grens** *-ge-* mark off/out, demarcate, delimit.

**af·grond** abyss, chasm, gulf; precipice; *in 'n ~ (af)stort* fall down a precipice, fall into an abyss *(or a chasm)*; *iem. in die ~ stort, (fig.)* push s.o. over the precipice, plunge s.o. into ruin/misery/misfortune, ruin/wreck s.o.; *op die rand van die ~ wees, (fig.)* teeter on the edge of the abyss, be on the brink/verge of disaster/ruin. **af·gron·de·lik** *-like* unfathomable, bottomless; *(fig.)* abysmal *(ignorance etc.)*.

**af·gry·se** horror, dread; abhorrence, repugnance; *met ~ in* horror; *met ~ oor iets vervul wees* be horrified/appalled at/by *(or* horror-stricken/struck at *or* overcome with horror at) s.t.; *'n ~ van iem./iets hê* loathe/detest/abhor s.o./s.t.. **af·grys·lik** *-like -liker -likste* ghastly, dreadful, repugnant, horrible, horrific, horrendous, gruesome, hideous, revolting, repulsive; gory *(details)*.

**af·guns** envy, jealousy; **geel/groen** *van ~ word* turn/go green with envy; *iem. se ~ op ...* s.o.'s envy of ...; *iets uit ~ doen* do s.t. out of envy/jealousy; *deur ~ verteer wees* be consumed/green *(or* eaten up*)* with envy; *iem. met ~ vervul* arouse s.o.'s envy/jealousy.

**af·haak** *-ge-* unhook, unfasten; take/lift off the hook; uncouple, disconnect, detach, unhitch; get married, *(infml.)* get hitched; start, begin; *~ en iem. slaan* up and hit s.o., go for *(or* lash out at *or* let fly at *or* pitch into) s.o.; *~ en vir iem. sê wat jy van hom/haar dink* tear into s.o., tear a strip off *(or* let rip at) s.o..

**af·haal** *-ge-* take off, remove; take down *(off high shelf etc.)*; take off *(a hat)*; call for, collect, pick up *(s.o., goods)*; →AFGEHAAL; *iem. by die stasie/lughawe ~* collect/fetch s.o. from *(or* meet s.o. at) the station/airport; pick s.o. up *(by car)*; *iets van ... ~* reach/take s.t. down from ... *(a shelf etc.)*. *~koste* collection charges.

**af·han·del** *-ge-* conclude, dispatch, despatch, discharge, dispose of, settle, finish (off), get through, finalise, *(infml.)* wrap/sew up; see to, take care of. **af·han·de·ling** dispatch, despatch, settlement, finalisation, disposal *(of a matter)*.

**af·hang** *-ge-* hang (down), droop; depend; *dit hang daarvan af of ...* it all depends whether ...; *iets laat ~* hang s.t. down, dangle s.t.; *van mekaar ~* depend (up)on each other, be interdependent; *van ... ~, (fig.)* depend *(or* be dependent/conditional) (up)on ...; *dit hang van iem. af, (also)* that/it is for s.o. to say.

**af·hank·lik** *-like* dependent; subordinate; *te ~* overdependent; *van ... ~ wees* depend *(or* be dependent) (up)on ...; be contingent (up)on ...; *van 'n dwelm(middel) ~ wees* be addicted to *(or* dependent on/upon) a drug; *iets van ... ~ maak* make s.t. conditional (up)on ...; subordinate s.t. to ...; *van mekaar ~ wees* be dependent (up)on each other, be mutually dependent, be interdependent. **af·hank·li·ke** *-kes* dependant, dependent. **af·hank·lik·heid** dependence; addiction.

**af·hel** *-ge-* slant/slope down(wards), shelve (down), decline, dip (down).

**af·help** *-ge-* help *(s.o.)* down *(the stairs etc.)*; help *(s.o.)* off *(a horse etc.)*.

**af·hok** *-ge-* separate; *(fig.)* isolate; wall off; box off.

**af·hou** *-ge-* keep *(s.o./s.t.)* away *(from s.o./s.t.)*; hold/keep *(an enemy etc.)* at bay; hold down; keep off *(a hat etc.)*; *jou hande van iem./iets ~* keep one's hands off s.o./s.t; *links/regs ~* turn (off to the) left/right; *iem. kon sy/haar oë nie van ... ~ nie* s.o. couldn't keep/take his/her eyes off ..., s.o.'s eyes were glued to ...; *iem. van iets ~* keep s.o. from s.t. *(drinking, working, etc.)*.

**a·fi·ci·o·na·do** *(<Sp.)* aficionado, enthusiast.

**af·ja(ag)** *-ge-* chase *(a pers., animal)* off *(s.t.)*; drive *(cattle etc.)* down *(a hill)*; *langs/teen 'n bult ~, (a car etc.)* speed/tear/race down a hill; *(a pers., dog, etc.)* fly/tear down a hill; *op iem./iets ~* rush at *(or* charge [at]) s.o./s.t.; *'n stuk werk ~* rush a job.

**af·jak** *-jakke, n.* rebuff, snub, brushoff; insult, affront, slight; *iem. 'n ~ gee* snub/rebuff s.o., give s.o. a snub *(or* the brushoff). **af·jak** *-ge-, vb.* rebuff, snub, cold-shoulder; insult, affront, slight.

**af·kal·we(r)** *-ge-* cave in; crumble away. **af·kal·wing** caving in; crumbling away.

**af·kam** *-ge-* comb off; comb out; *(fig.)* run down, disparage, denigrate, belittle, *(infml.)* knock, slate *(a book, play, writer)*.

**af·kap** *-ge-, (with an axe, sword, etc.)* chop/cut off, sever *(an arm etc.)*; chop/lop/strike off *(branches)*; *(with rough heavy blows)* hack off; chop/cut down, fell *(a tree)*; dock *(an animal's tail)*; *(ling.)* apostrophise *(a word)*. **af·kap·pings·te·ken** apostrophe.

**af·keer¹** *n.* dislike, aversion, distaste, loathing, antipathy; disgust, repugnance, revulsion; →AFKERIG, AFKEUR; *by iem. ~ wek* put s.o. off; *met ~* disgustedly; *'n ~ van ... hê* have an aversion to/for ...; have a dislike of/for ...; have a loathing for ...; *(infml.)* have a thing about ...; *'n ~ van iem. hê* feel/have an antipathy against/for/to(wards) s.o.; *'n ~ van ... kry* take a dislike to ...; *iem. se ~ van ..., (also)* s.o.'s distaste for ...; s.o.'s repugnance for/to(wards).

**af·keer²** *-ge-, vb.* avert *(danger)*; fend/ward off, deflect *(a blow)*; *(cause to move in a different direction)* head off *(a flock, mob, etc.)*; divert *(traffic, water)*; turn away *(one's head etc.)*; *jou van ... ~* turn (away) from *(or* turn one's back on) ...; *'n paar skape van die trop ~* separate a few sheep from the flock. *~wal* diversion weir.

**af·ke·rig:** *van ... ~ wees* be averse to *(or* dislike) ...; be disaffected by ... **af·ke·rig·heid** aversion, dislike; disaffection.

**af·keur** *-ge-* disapprove (of), censure, condemn, frown (up)on; reject, turn down *(on med. grounds etc.)*; declare unfit *(for consumption, habitation, etc.)*; disqualify; →AFKEER¹ *n.*; *dit ~ dat iem. iets doen* disapprove of s.o. doing s.t.; *iem. vir diens ~* reject s.o. for service. **af·keu·rend** reproachful, disapproving, reproving; judg(e)mental; *jou ~ oor ... uitlaat* comment adversely (up)on ... **af·keu·rens·waar·dig** *-dige -diger -digste* blameworthy, censurable, objectionable, reprehensible. **af·keu·ring** censure, disapproval; rejection; *mosie van ~* vote of censure; *jou ~ oor iets uitspreek* express one's disapproval of s.t..

**af·klap** *-ge-* knock *(s.t.)* down *(from)*; slam/bang down, shut forcefully *(the bonnet of a car etc.)*; *(a shot)* go off *(with a bang)*.

**af·klim** *-ge-, (mountaineer)* climb down, descend *(from a summit, into a valley)*; get off *(a bicycle etc.)*; *in 'n boot/ens. ~* step down into a boat/etc.; *op iem. ~, (fig.)* come down on *(or* lay into) s.o.; *van 'n bus/trein ~* get off *(or [fml.]* alight from) a train/bus; *van 'n leer ~* climb down a ladder; *van 'n perd ~* get off a horse, dismount. *~plek* alighting point.

**af·klop** *-ge-* knock/tap off; beat *(a carpet)*; dust down; *(infml.)* kick the bucket, croak.

**af·klou·ter** =ge= clamber/climb/scramble down.

**af·knaag** =ge= gnaw off; gnaw (at), pick *(a bone).*

**af·knak** =ge= snap/break (off).

**af·knib·bel** =ge= beat down *(a price); R25 van die prys* ~ get R25 knocked off the price.

**af·knip** =ge= cut/snip off; *(with clippers etc.)* nip off; cut, clip *(hair, fingernails); bo* ~ *en onder wegsny, (fig.)* burn the candle at both ends; *kort* ~ cut short, crop. **af·knip·sel** =sels clipping, cutting, snipping.

**af·knou** =ge= bully, push around, manhandle. **af·knou·er** =ers bully. **af·knou·e·ry** bullying.

**af·knyp** =ge= pinch/nip off; scrimp and save.

**af·koel** =ge= cool (off/down); *(in refrigerator)* chill; *(fig.)* cool, damp(en) (down) *(s.o.'s ardour);* calm *(s.o.'s anger); (s.o.)* cool/calm/simmer down; *(love)* grow cold; *(enthusiasm)* wane; *(weather)* become cooler; *jou* ~ cool o.s.; *iets laat* ~ allow s.t. to cool, let s.t. cool down. ~**(ings)tydperk,** ~**(ings)periode** cooling-off period. ~**rak(kie)** cake rack.

**af·kom** =ge= come down, descend; *(prices)* drop, fall, come down; *met 'n boete daarvan* ~ get off with a fine; *goed/sleg daarvan* ~ come off well/badly; *lewendig daarvan* ~ escape with one's life; *lig(gies) daarvan* ~ get off lightly; *ongedeerd daarvan* ~ escape unhurt; *die slegste daarvan* ~ get/have the worst of it; get the worst of the bargain; *met 'n waarsku= wing daarvan* ~ get *(or* be let) off with a caution; *op* ... ~ come across ...; come (up)on ...; happen (up)on ...; de= scend (up)on ...; bear down (up)on ...; *onverwags met iets op iem.* ~ catch/take s.o. unawares; *skielik met iets op iem.* ~ spring s.t. on s.o.; *toevallig op* ... ~ chance (up)on ...; *die rivier kom af* the river is in flood/spate; *van* ... ~ come down from ... *(a place in the north);* get off ... *(a horse etc.);* be derived from ... *(Latin etc.);* descend *(or* be descended) from ... *(a good family etc.).* **af·ko·me·ling** =linge descendant.

**af·koms** descent, origin(s), birth; origin *(of a lang.);* deriva= tion, origin *(of a word); van* **adellike/hoë** ~ *wees* be of noble birth/ancestry, have pedigree; *van* **Duitse/ens.** ~ *wees* be German/etc. by birth/origin; be of German/etc. descent/ex= traction/stock/origin; *van* **goeie** ~ *wees* come of a good fami= ly/line, be/come of good stock; *van* **koninklike** ~ *wees* be of royal descent; *van* **lae/nederige** ~ *wees* be of low/humble birth, be of humble origin/parentage, have humble origins; ... *van* ~, *(also)* ... by blood. **af·koms·tig:** *uit/van Engeland/ ens.* ~ *wees, (s.o.)* be/come from England/etc., be of English/ etc. descent/extraction/origin; *(product)* come from England/ etc.; *uit/van Londen/ens.* ~ *wees* be/come from London/etc., have been born in London/etc., be London-born/etc., be a native of London/etc., be a native Londoner/etc.; *uit Latyn/ ens.* ~ *wees* be derived from Latin/etc.; *dié ring/ens. is van my ouma/ens.* ~ this ring/etc. used to belong *(or* originally belonged) to my grandmother/etc.; *die idee/plan is van iem.* ~ the idea/plan originates from/with *(or* emanates from) s.o..

**af·kon·dig** =ge= announce; call *(a strike);* proclaim *(peace);* promulgate *(a law).* **af·kon·di·ging** =gings, =ginge announce= ment; proclamation, declaration, promulgation, publication; *'n* ~ *doen* make an announcement. **af·kon·di·ging·stel·sel** public address system.

**af·kook** =ge= boil off; boil *(bones);* boil down *(vegetables);* de= coct *(medicinal plants).* **af·kook·sel** =sels decoction, extract.

**af·koop** =ge= buy off *(a claim);* redeem *(a mortgage, loan);* commute *(one's pension, annuity);* surrender *(an ins. policy).* ~**boete** spot fine; *'n* ~ *betaal* pay an admission of guilt. ~**geld,** ~**prys,** ~**som** compensation, ransom (money), re= demption money, indemnity; hush money *(sl.).* ~**waarde** sur= render value *(of a policy).*

**af·koop·baar** =bare redeemable; commutable.

**af·kop** *adj. & adv.* headless, decapitated.

**af·kort** =ge= shorten; abbreviate *(a word); tot* ... ~ abbreviate

to ... **af·kor·ting** =tings, =tinge shortening; abbreviation; *Tom is 'n* ~ *van Thomas* Tom is short for Thomas; *Kie. is die* ~ *van/vir Kompanjie* Co. is the abbreviation of/for Company.

**af·kou** =ge= chew/gnaw off.

**af·kraak** =ge= slam, slate, tear to pieces *(a play, performance, etc.);* run down *(s.o.).*

**af·krap** =ge= scratch/scrape *(mud, rust, etc.)* off *(s.t.);* scrape/ strip *(paint etc.)* from *(a door etc.);* scribble (down), dash off *(a note, letter).* **af·krap·sel** =sels scrapings.

**af·krum·mel** =ge= crumble (away).

**af·kry** =ge= get *(s.o./s.t.)* down *(from above);* get off *(paint, dirt, a ring, etc.);* get/swallow down *(food, med.);* get off *(a day etc.);* get done/finished *(work);* get *(a few rands)* knocked off *(a price); iem. van iem. anders* ~ get s.o. away from s.o. else; *iem. van iets* ~ put s.o. off s.t., put s.t. out of s.o.'s head, persuade s.o. not to do s.t., dissuade s.o. from (doing) s.t..

**af·kyk** =ge= look down *(on a valley etc.);* copy, crib; spy; *'n ant= woord by iem.* ~ copy/crib an answer from s.o.; *iem. iets* ~ learn s.t. by watching s.o..

**af·laai** =ge= unload, off-load *(luggage, goods, a vehicle);* dis= charge, unload *(a ship);* dump *(sand, rubble); (vehicle)* discharge, unload *(passengers); (comp.)* download; *jou kinders/werk op iem.* ~ unload/dump one's children/work on s.o.; *iets van* ... ~ unload s.t. from ...; discharge s.t. from ... ~**plek** dumping ground, dump, refuse/rubbish dump/tip.

**af·laat**[1] =late, n., (RC)* indulgence.

**af·laat**[2] =ge=, vb.* let down, lower; leave *(a hat etc.)* off.

**af·lan·dig** =dige, (meteorol. etc.)* offshore.

**af·lê** =ge= lay down *(arms);* shed *(cares, worry, fear, etc.);* cover, travel, walk *(a distance);* pay *(a visit);* retrench *(workers); 'n bekentenis/belydenis* ~ make a confession; *'n belofte* ~ make a promise; *'n gewoonte* ~ get out of *(or* give up *or* stop *or* break o.s. of) a habit; *die afstand in vier/ens. minute* ~ clock *(or* cover the distance in) four/etc. minutes; *250/ens. km per dag* ~ cover 250/etc. km a day; *die lewe* ~ die, pass away/on. **af·leg·ging** laying down; shedding; discarding; tak= ing *(of an oath etc.).*

**af·leer** =ge= unlearn; break, get out of *(a habit);* forget *(one's French etc.);* overcome, cure o.s. of *(stammering);* stop, cure o.s. of *(smoking);* ~ *om te* ... get out of the habit of ...; *iem. iets* ~ teach s.o. not to do s.t.; break s.o. of *(a habit);* cure s.o. of *(stammering);* get s.o. to give up *(or* stop) *(smoking).*

**af·lees** =ge= read (off); read *(a speech, meter, etc.);* read out *(a list, an ordinance, etc.);* call out *(names); die temperatuur op 'n termometer* ~ read off the temperature on a thermometer.

**af·lei** =ge= lead/guide *(s.o.)* down *(the stairs);* divert *(a stream, river, traffic);* conduct *(lightning);* deflect *(steam, an air cur= rent);* distract, divert *(s.o.'s attention);* avert *(suspicion);* derive *(a formula);* →AFGELEI; ~ *dat* ... conclude that ...; *iem.* ~ take s.o.'s mind off s.t., amuse/divert/distract s.o.; *iets uit* ... ~ conclude s.t. from ...; infer s.t. from ...; *uit* ... ~ *dat* ... gather from ... that ...; *die woord is uit Latyn/ens.* afgelei the word is derived from Latin/etc.; *te veel uit 'n verslag/ens.* ~ read too much into a report/etc.; *iets van* ... ~ deduce s.t. from ...; derive s.t. from ...; *'n gesprek van die onderwerp* ~ divert a conversation, lead a conversation away from the matter in hand. **af·lei·baar** derivable.

**af·lei·ding** =dings, =dinge diversion; distraction; derivation *(of words from Latin/etc.);* derivative; conduction; deduction; *daar is te veel* ~ there are too many diversions/distractions; *'n* ~ *uit iets maak* draw a conclusion from s.t.; *'n* ~ *van* ... *wees, (ling.)* be a derivative of ...; *iets vir* ~ *doen* do s.t. for di= version.

**af·lek** =ge= lick off; *jou vingers* ~ lick one's fingers.

**af·le·wer** =ge= deliver *(goods); iets by iem.* ~ deliver s.t. to s.o. ~**diens** delivery service.

**af·le·we·ring** =rings, =ringe delivery *(of goods);* part, instal=

ment *(of a book)*; number, issue *(of a magazine, periodical)*; episode *(on rad., TV)*; **by** ~ on delivery; *'n* **ou/vorige/ vroeër(e)** ~ a back number (of a periodical); *in ~s* **verskyn** be published serially (*or* in parts *or* in instalments); *gereed* **wees** *vir* ~ await delivery.

**af·le·we·rings=:** ~**brief** delivery note. ~**diens** delivery ser= vice. ~**wa** delivery van.

**af·lig** =ge= lift *(s.o./s.t.)* down *(from s.t.)*; lift/take off *(a lid etc.)*.

**af·loer** =ge= peep at; spy on; copy; *iem. deur 'n sleutelgat* ~ peep at s.o. through a keyhole; *iem. iets* ~ copy s.t. from s.o.. **af· loer·der** *(derog.)* peeping/Peeping Tom, voyeur; spy, snoop= (er). **af·loer·de·ry** voyeurism; peeping, spying.

**af·loop** -lope, *n.* running off, draining; drain, outlet, gutter; termination, expiry, expiration *(of a contract etc.)*; finish, completion *(of a course)*; result, outcome, issue; end, close; course *(of events)*; slope; *'n* **gelukkige** ~ *hê* have a happy ending; *'n ongeluk met dodelike* ~ a fatal accident; **(skuins)** ~ slope; *ná* ~ **van die vergadering/ens.** after the meeting/etc..

**af·loop** =ge=, *vb.* go/walk down *(the stairs etc.)*; wear out *(shoes)*; wear down *(heels, tyres, etc.)*; cover, walk, do *(a distance, route)*; *(meeting)* (come to an) end, conclude; *(contract etc.)* expire, terminate, lapse, run out; *(battery, alarm clock)* run down; *(land, ground)* slope/shelve (away/down), fall away; *(liquid)* drain/run away/off; *(tears)* flow/run down *(cheeks)*; *(road)* branch off *(in a different direction)*; →AFGELOOP; *jou* **bene** ~ walk one's legs off; **goed/sleg** ~, *(party etc.)* turn out well/ badly; *(operation)* be successful/unsuccessful; *(story)* have a happy/sad ending; *iets* **laat** ~ run s.t. off *(water)*; run s.t. out *(a line, rope)*; **langs** *die rivier* ~ walk along the river; **met** *die straat* ~ walk down the street; **na** ... ~ slope down to ...; **op** *iem.* ~ walk straight to s.o.; **steil** ~ slope down steeply, have a steep slope; *die* **sweet** *loop iem. af* s.o. is dripping with perspi= ration/sweat. ~**gebied** drainage area. ~**plank** draining board. ~**water** waste/effluent water; effluent(s).

**af·los** =ge= take *(s.o.'s)* place, take the place of *(s.o.)*; take over from *(a colleague)*; relieve *(a guard, sentry)*; *(sport)* substitute for, relieve *(a player)*; pay off, repay *(a loan)*; pay (off), settle, discharge *(debts)*; redeem *(a mortgage, loan)*; *afgelos word* go off duty; *mekaar* ~ take (it in) turns *(at doing s.t.)*; *(drivers, colleagues, guards, etc.)* relieve each other *(or* one another). ~**personeel** relief staff. ~**(wedloop)** relay (race).

**af·los·baar** -bare redeemable, repayable.

**af·los·ser** substitute, stand-in.

**af·los·sing** relieving; relief; paying off, repayment; redemp= tion; discharge, amortisation.

**af·los·sings=:** ~**fonds** redemption fund. ~**termyn,** ~**tyd** pe= riod/term of redemption/repayment.

**af·lui** =ge=, *(teleph.)* ring off, hang up.

**af·luis·ter** *n.:* die ~ *van telefoongesprekke* telephone tapping.

**af·luis·ter** =ge=, *vb.* listen in on/to, intercept, monitor, bug *(a conversation)*; *iem.* ~ eavesdrop on s.o.; overhear s.o.; *iem. (se telefoongesprekke)* ~ bug/(wire)tap s.o.'s (tele)phone. ~**appa= raat** listening device.

**af·luis·te·raar** eavesdropper; wiretapper.

**af·luis·te·ry** eavesdropping; *telefoniese* ~ phone-tapping, wiretapping, *(infml.)* bugging.

**af·maai** =ge=, *(fig.)* mow down *(people, soldiers)*; *(disease)* deci= mate *(a population)*.

**af·maak** =ge= husk, shuck *(maize)*; settle *(an affair)*; destroy; *iets as onbelangrik* ~ downplay s.t.; *jou lag-lag daarvan* ~ laugh it off/away; *iets met 'n skouerophaling* ~ shrug s.t. off.

**af·mars** *n.* marching off, departure. **af·mar·sjeer** =ge= march/ move off.

**af·mat** =ge= fatigue, exhaust, *(infml.)* fag (out), wear/tire out, weary, →AFGEMAT. **af·mat·tend, af·mat·tend** -tende tiring, exhausting, fatiguing, wearying, wearisome, trying; gruelling *(fight)*; enervating *(heat, climate)*; debilitating *(illness)*. **af·mat= ting** exhaustion, fatigue, weariness; enervation; debilitation.

**af·meet** =ge= measure off *(material etc.)*; measure out *(sugar etc.)*; measure up *(ground)*; *(fig.)* measure, assess; *(fig.)* mea= sure, weigh *(words)*; →AFGEMETE *adj. & adv..* **af·me·ting** -tings, =tinge dimension, measurement, proportion, size; *ernstige ~s aanneem* reach alarming proportions; *na dieselfde ~s maak* standardise; *van reusagtige ~s* gigantic.

**af·meld:** *(jou)* ~, *(comp.)* log out/off.

**af·merk** =ge= mark off *(a separate area)*; mark out *(a car park etc.)*; tick off *(s.t. on a list)*.

**af·na·me** =mes decline, diminution, decrease, reduction, fall= off, shrinkage, waning, dwindling, lessening; tail-off *(in cus= tomers etc.)*; decay; →AFNEMING; ~ *in geboortes* decrease in the birth rate; *die* ~ *van* ... the decrease in ... *(the number of accidents etc.)*.

**af·neem** =ge= take away *(s.o.'s driving licence etc.)*; take a pic= ture/photograph (of), photograph; *(accidents etc.)* decrease (in number); *(membership)* drop; *(strength)* diminish, fail, de= cline; *(power)* wane; *(pain)* ease, lessen; *(fever)* lessen, go down; *(enthusiasm)* ebb, flag, wane; *(anger)* subside; *(interest)* fade, dwindle, wane; *(tension, traffic)* ease off; *(wind)* subside; *(storm)* abate; *(flood waters)* recede; *(temperature)* fall, drop; *(demand)* fall off, decline; *(standard)* go down; *(stocks)* get low, run out; *(moon)* wane; *(days)* grow/get shorter, draw in; take down *(a picture, washing, etc.)*; **aan** *die* ~ **wees** be on the de= crease; be on the wane; *die* **belangstelling** *het afgeneem* there's been a cooling-off (of interest); *iem. se* **geld** ~ rob s.o. of his/ her money; *iem. se* **kragte** *neem vinnig af* s.o. is sinking fast; **met** ... ~ decrease by ...; ... **van** ... ~ remove *(a cloth)* from *(a table)*; relieve *(s.o.)* of *(a burden)*; take/subtract *(money)* from ...; take/capture *(a town)* from *(the enemy)*; *iets* **van** *iem.* ~ take s.t. from *(or* away from) s.o.; administer s.t. to s.o. *(an oath)*; *iets* **van/by** *iem.* ~ take s.t. (away) from s.o. by force; *iets neem* **van** ... **tot** ... *af* s.t. decreases from ... to ... **af·ne= mend, af·ne·mend** =mende decreasing; diminishing, failing, declining; subsiding; abating; ~*e koors* remittent fever; ~*e maan* waning moon. **af·ne·ming** =mings, =minge removal; de= crease; decline, diminution; administration *(of an oath)*; → AFNAME.

**af·nerf** =ge= grain *(leather)*. **af·ner·wing** graining.

**af·oes** =ge= harvest.

**a·fo·nie** *(med.)* aphonia, aphony, loss of voice.

**af·oor** crop-eared; *'n ~koppie* an earless cup.

**a·fo·ris·me** =mes aphorism. **a·fo·ris·ties** =tiese aphoristic.

**af·paar** =ge= pair off; *met iem.* ~ pair off with s.o.. **af·pa·ring** pairing off.

**af·pak** =ge= unload, unpack.

**af·peil** =ge= fathom *(depth)*; sound *(a harbour etc.)*; gauge *(a distance)*.

**af·pen** =ge= peg out, stake (out) *(a claim)*; mark out *(a piece of land)*.

**af·perk** =ge= peg/stake out; fence in; *(fig.)* define, delimit, cir= cumscribe *(powers, functions)*.

**af·pers** =ge= extort, extract, force, wring; *iem.* ~ blackmail s.o.; *'n bekentenis van iem.* ~ extort/wring a confession from s.o.; *'n belofte van iem.* ~ wring a promise out of s.o.. **af·per= ser** =sers blackmailer, extortioner, extortionist. **af·per·sing** blackmail, extortion.

**af·pie·kel** =ge=, *(infml.)* schlep(p) down *(<Yidd.)*.

**af·piets** =ge= flick/hit (off).

**af·pik** =ge= peck off.

**af·plat** =ge= flatten, even out. **af·plat·ting** flattening; levelling out *(of a graph)*.

**af·pleis·ter** =ge= plaster, finish with plaster.

**af·pluk** =ge= pick (off); pluck *(feathers)*; gather *(flowers)*.

**af·poot** with a/the broken/fractured leg; with a leg missing; one-legged *(bird etc.)*.

**af·pyl** =ge=: *op* ... ~ make straight for ...; make a beeline for ...; dash for *(or* make a dash at/for) ...; *reguit op* ... ~, *(also)* home in on (*or* home onto) ...; *in die straat* ~ shoot down the street.

**af·raai** *=ge=* advise against; *iem.* ~ *om iets te doen* advise s.o. not to do s.t., advise s.o. against (*or* discourage s.o. from) doing s.t.; *iem. iets* ~ advise s.o. against s.t..

**af·raak** *=ge=* stray from; *van koers* ~ go off course; *van die onderwerp* ~ digress (from the subject), stray from the point; *van die pad* ~ lose one's way.

**af·ram·mel** *=ge=* rattle off (*a poem, speech, etc.*); reel off *(names, dates, etc.)*; gabble through *(grace, a sermon); (car, bus, etc.)* rattle down.

**af·rand** *=ge=* edge, neaten the edges; trim *(bacon etc.)*; skirt *(fleece)*.

**af·ran·sel** *=ge=* beat (up), thrash, whack, cane, whip, cudgel, flog; *(defeat)* beat, overpower, trounce, thrash, crush, drub; *behoorlik/deeglik afgeransel word, (sport)* take a pounding; ... *met 5-0* ~, *(sport)* whitewash ... 5-0. **af·ran·se·ling** *=lings, =linge* beating, thrashing, whacking, caning, whipping, flogging; beating, trouncing, drubbing.

**af·re·ën** *=ge=, (paint etc.)* wash off (in the rain).

**af·reis** *n.* departure. **af·reis** *=ge=, vb.* depart, leave, set out *(on a journey); die land* ~ travel (all over) (*or* tour) the country; *na* ... ~ depart for ...

**af·re·ken** *=ge=* settle/pay one's bill/account(s); *met iem.* ~, *(lit.)* settle/square (up) with s.o.; *(fig.)* settle/square accounts (*or* get even/quits) with s.o.. **af·re·ke·ning** settlement, payment *(of accounts)*; statement; *die dag van* ~, *(fig.)* the day of reckoning.

**af·rem** *=ge=* pull down; exhaust, tire/fag (out), sap; →AFGEREM.

**A·fri·ca·na, A·fri·ka·na** *(pl.)* Africana; *stuk* ~ Africana.

**af·rig** *=ge=* train *(a pers., animal)*; break in *(a horse)*; coach *(a swimmer etc.)*; *iem. in/vir iets* ~ coach/drill s.o. in/for s.t.; *iem.* ~ *om te* ... coach s.o. to ... **af·rig·ter** *=ters* trainer; coach, instructor. **af·rig·ting** training; breaking (in); coaching.

**A·fri·ka** *(geog.)* Africa; *geld/bier/ens. vir* ~, *(infml.)* money/beer/ etc. for Africa. **a~-moordby** killer bee. **a~olifant** African elephant. **~staat** African state. **~taal** African language. **~unie** *(abbr.:AU)* African Union *(abbr.:AU)*.

**A·fri·kaan** *=kane, n.* African.

**A·fri·kaans** *n.* Afrikaans. **A·fri·kaans** *=kaanse, adj.* Afrikaans; African; *die ~e taal* the Afrikaans language. **~onderwyser** Afrikaans teacher. **~sprekend** *=kende* Afrikaans-speaking. **~sprekende** *=kendes* Afrikaans-speaking person, Afrikaans speaker. **~talig** *=talige* Afrikaans-medium, Afrikaans(-language) *(newspaper etc.)*.

**A·fri·ka·na** →AFRICANA.

**A·fri·ka·ner** *=ners* Afrikaner. **~volk** Afrikaner people.

**a·fri·ka·ner** *=ners, (Gladiolus* spp.*; Homoglossum* spp.*)* afrikaner; *(Gladiolus* spp.*)* painted lady; *(breed of cattle)* Afrikaner. **~bees** head of Afrikaner cattle. **~bul**, **~kalf**, **~koei**, **~os** Afrikaner bull/calf/cow/ox. **~skaap** Afrikaner (sheep), fat-tailed South African sheep, Cape sheep.

**A·fri·ka·nis** *=niste* Africanist. **A·fri·ka·nis·me** *=mes* Africanism.

**a·fri·ka·ni·seer** *ge=* Africanise. **a·fri·ka·ni·se·ring** Africanisation.

**A·fri·ka·nis·tiek** African studies.

**af·rit** exit, slip road *(for leaving a freeway)*; ramp; *op= en ~te* slip roads.

**A·fro** *n., (hairstyle)* Afro. **A·fro=** *comb.* Afro-. **~-Amerikaans** African-/Afro-American. **~-Amerikaner** African-/Afro-American. **~-Asiaties** Afro-Asian. **~-haarstyl** Afro hairstyle. **~sentries** Afrocentric. **~sentrisme** Afrocentrism.

**af·roep** *=ge=* call *(s.o.)* down *(from the roof etc.)*; call out *(names, numbers, etc.)*.

**af·roes** *=ge=* rust away.

**af·rok·kel** *=ge=* woo away *(a customer etc.)*; *iem. van* ... ~ en=

tice/lure s.o. away from ...; *iem. se kêrel/nooi* ~ pinch/steal s.o.'s boy=/girlfriend; *iets van iem.* ~ do s.o. out of s.t..

**af·rol** *=ge=* roll down; unroll *(a carpet etc.)*; unwind *(string etc.)*; unreel *(a film etc.)*; uncoil *(a cable etc.)*; run out *(a line etc.)*; duplicate, make copies of *(a document etc.)*; unroll/unwind/ uncoil (itself), come unrolled/unwound/uncoiled; *(comp.)* scroll down. **~masjien** duplicator, duplicating machine.

**af·rond** *=ge=* round off *(numbers, corners)*; round down *(a price etc.)*; complement *(a dress etc.)*; polish *(a speech, an article, etc.)*; →AFGEROND; *iets na bo/onder* ~ round s.t. up/down; *iets finaal* ~ give/put the finishing touch(es) to s.t..

**af·ron·ding** rounding off; finishing (off), finalisation; polish; rounding up/down; *laaste* ~ finishing touch(es). **~skool** finishing school.

**af·room** *=ge=* skim, cream *(milk)*; *afgeroomde melk* skim(med) milk. **af·ro·mer** *=mers* separator. **af·ro·ming** skimming.

**af·ruk** *=ge=* tear/rip off; wrench off; *(bomb etc.)* blow off *(s.o.'s hand etc.)*; tear down *(a notice etc.)*; pull/strip off *(wallpaper etc.)*; pull/tear off *(a button)*; break off *(a shoelace etc.)*.

**af·ry** *=ge=, (in a vehicle)* drive down; *(on horseback)* ride down *(a hill)*; cover by driving/riding; *van* ... ~ swerve from ... *(the road etc.)*.

**af·ryg** *=ge=* reel off *(names, dates)*; unstring *(beads)*.

**af·saag** *=ge=* saw off; saw down, shorten; →AFGESAAG.

**af·saal** *=ge=* unsaddle; break a journey.

**af·sak** *=ge=* come/slip down, sag; decline, sink, set; move down *(a hill)*; settle, deposit; drop/float/sail down *(a river)*; slide down *(a pole)*; *iets laat* ~ lower s.t., let s.t. down; *langs 'n tou* ~ lower o.s. (*or* let o.s. down) on a rope. **af·sak·king** *=kings, =kinge* sagging; sedimentation; *(med.)* prolapse. **af·sak·sel** *=sels* sediment, deposit; crud *(sl.)*.

**af·sê** *=ge=* jilt, break (up) with, throw over, *(infml.)* ditch *(a boy= friend, girlfriend)*.

**af·send** *=ge=* send (off), forward, dispatch, despatch, consign; ship. **af·sen·der** *=ders* sender, consigner; shipper; remitter. **af·sen·ding** sending, forwarding, dispatch, despatch, consignment; shipment. **af·sen·dings·kan·toor** forwarding/dispatch= ing/despatching office.

**af·set** *n.* sale(s), turnover, sales volume; *die* ~ *het toegeneem* sales increased; *iets vind* ~ s.t. sells, s.t. is in demand. **af·set** *=ge=, vb.* market, sell, dispose of; deposit *(silt)*; block/close/ cordon off. **~gebied** market, marketing area. **~koste** sales/ distribution costs.

**af·set·sel** *=sels* trimming, facing; layer; deposit, sediment; *'n* ~ *vorm* form a deposit.

**af·set·ting** *=tings, =tinge* amputation; dismissal, removal; deposition, dethronement *(of a monarch)*; sediment, deposition; precipitation; accretion; *(min.)* deposit.

**af·set·tings=: ~gesteente** sedimentary rock. **~vlak** bedding plane, plane of deposition.

**af·sien** *=ge=* see off; →AFGESIEN; *van iets* ~ part with s.t.; give s.t. up; dispense with s.t.; waive s.t. *(a claim)*; ditch s.t. *(a plan, project)*. **af·sien·baar** *=bare* measurable; *in/binne afsienbare tyd* (with)in the foreseeable (*or* in the not too distant) future.

**af·sig·te·lik** *=like* hideous, ghastly, horrible, ugly, unsightly, gruesome.

**af·sit** *=ge=* dash off, start (off); start *(runners)*; run away/off; amputate, cut off *(a limb)*; put down, drop (off) *(a passenger)*; dismiss, remove *(s.o. from office)*; cashier *(an army officer)*; unfrock *(a clergyman)*; dethrone, depose *(a monarch)*; shut off, stop, cut (off) *(a motor)*; put out *(a light)*; →AFGESIT; *deur die dokter van jou werk afgesit word* be boarded *(SA)*; *na* ... ~ head for ...; *iem. van 'n erf/perseel* ~ evict s.o. from premises; *iets van jou* ~ put s.t. out of one's mind; distance o.s. from s.t.. **~pistool** starting gun/pistol.

**af·sit·ter** starter; *op die* ~ *se teken wag* be under starter's orders.

**af·skaal** =ge= scale down, downscale; downsize; de-escalate *(war etc.); (s.o.)* downshift. **af·ska·ling** scaling down, down= scaling; downsizing; de-escalation; downshift(ing).

**af·ska·du** =ge= silhouette; *(fig.)* foreshadow, portend. **af·ska· du·wing** silhouette; *(fig.)* foreshadowing, portent.

**af·skaf** =ge= abolish; do away with; repeal, abrogate *(a law);* cut out *(drink);* part with, scrap; discontinue. **af·skaf·fer** =fers= abolisher; (total) abstainer, teetotaller. **af·skaf·fing** =fings, =finge abolition; repeal, abrogation; abstinence, teetotalism.

**af·ska·kel** =ge= switch/turn off, put out *(a light etc.); (infml.)* relax. **af·ska·ke·ling** switching off.

**af·skeep** =ge= neglect, do carelessly/superficially, do in a slip= shod/slapdash way/fashion/manner, botch, skimp, scamp *(work);* treat shabbily, fob off; stint, scrimp; →AFGESKEEP; *jouself* ~ stint o.s.. ~**werk** slipshod/slapdash work, botching; slipshod/slapdash piece of work, botched job; ~ *doen* do sloppy work, work sloppily. **af·ske·pe·ry** neglect; negligence; botching. **af·ske·ping** neglect, botching, skimping.

**af·skeer** =ge= shave off *(beard, hair);* shear off *(wool).*

**af·skei** =ge= separate; divide off; segregate; discharge *(pus);* secrete *(hormones etc.);* →AFGESKEIDE; *iets uit* ... ~ extract s.t. from ...; *(jou) van* ... ~ break away from *(or* break with) ...; secede from ...; detach o.s. from ...; retire from ...; dissociate o.s. from ...; *van* ... *afgeskei wees* be divided from ...; be apart from ... **af·skei·baar, af·skei·baar** =bare separable. **af·skei·er** =ers separator; secessionist, separatist. **af·skei·sel** =sels secre= tion.

**af·skeid** =skeide farewell, goodbye, parting, leave-taking, send= off; *van* ... ~ *neem* say goodbye *(or* bid farewell) to ..., take (one's) leave of ..., part company with ... ~**soen** farewell/ goodbye/parting kiss; *iem. 'n* ~ *gee* kiss s.o. goodbye.

**af·skeid·baar** = AFSKEIBAAR.

**af·skei·ding** =dings, =dinge separation; secession; breakaway; dissociation; segregation *(of people);* partition; discharge; se= cretion; *voorstander van* ~ secessionist.

**af·skei·dings· : ~muur** partition wall. **~orgaan** secretory/ secretive organ. **~weefsel** secretory tissue.

**af·skeids· : ~besoek** farewell call/visit. **~boodskap** fare= well message, valedictory, valediction. **~brief** farewell/leave- taking/valedictory letter. **~drankie, ~glasie** farewell drink, *(infml.)* one for the road. **~geskenk** farewell/parting gift, goodbye present. **~groet** goodbye, farewell. **~party(tjie)** fare= well party, send-off, going-away party. **~rede** valedictory/fare= well speech, valediction. **~woord** farewell/parting word(s); valediction.

**af·skei·er, af·skei·sel** →AFSKEI.

**af·skep** =ge= skim/take/scoop off; *iets van iets* ~ skim *(the cream)* from *(the milk);* skim *(the fat)* off *(the soup); die room* ~, *(fig.)* cream off the best.

**af·skerf** =ge=, *(crockery)* chip.

**af·skerm** =ge= screen (off); mask *(a window).* **af·sker·ming** screening (off); masking.

**af·skets** =ge= sketch.

**af·skeur** =ge= tear/pull/peel/rip off; tear, get torn; *(state etc.)* secede. **~strokie** tear-off slip.

**af·skiet** =ge= fire, discharge *(a firearm);* fire *(a bullet);* shoot (off), let/loose off *(an arrow);* send up *(a rocket);* shoot down *(an aeroplane);* shoot off *(a limb); op* ... ~ rush at ..., pounce *(or* swoop down) (up)on ...

**af·skil** =ge= peel, pare *(fruit etc.);* skin *(grapes);* blanch *(almonds);* hull *(peas, nuts, rice);* husk *(grains, seeds);* bark, rind, decorti= cate *(a tree);* skive *(leather); (bark)* exfoliate.

**af·skil·fer** =ge= peel (off), flake away/off, scale, exfoliate; *(med.)* desquamate. **af·skil·fe·ring** flaking off, scaling, exfoliation; desquamation.

**af·skop** n. kickoff. **af·skop** =ge=, vb. kick off; kick down *(the stairs).* **~tyd** *(rugby, soccer)* kickoff (time), starting time.

**af·skort** =ge= partition off, box (off). **af·skor·ting** =tings par= tition; cubicle; bulkhead *(of a ship, an aircraft); (min.)* brat= tice; *(biol.)* dissepiment; partitioning.

**af·skraap** =ge= scrape (off); scale *(fish);* excoriate. **af·skraap· sel** scraping(s).

**af·skrif** =skrifte copy, duplicate; transcript; →AFSKRYF; *'n ge= waarmerkte* ~ a certified copy; *'n* ~ *van iets maak* make a copy of s.t..

**af·skrik** n. deterrent; aversion; horror; *tot/as* ~ *dien* act as a deterrent. **af·skrik** =ge=, vb. deter; frighten (off/away), daunt, discourage, dishearten, put off; scare *(birds); nie deur* ... *af= geskrik word nie* be undaunted by ...; *iem. sal hom/haar nie laat afskrik nie* ~ s.o. won't be deterred; *jou nie deur* ... *laat* ~ *nie* be undeterred by ... **~taktiek** scare tactic.

**af·skrik·king** deterrence. **af·skrik·(kings·)mid·del** deterrent; *as* ~ *dien* act as a deterrent.

**af·skrik·wek·kend** =kende deterrent *(measures);* frighten= ing, terrifying, chilling *(experience);* daunting *(task);* prohibi= tive *(price);* forbidding *(rocks, cliffs).*

**af·skroef, af·skroe·we** =ge= screw off, unscrew; screw down.

**af·skroei** =ge= singe (off), burn off.

**af·skrop** =ge= scrub, scour *(a floor);* scrape off *(soil).*

**af·skryf, af·skry·we** =ge= copy, transcribe; crib; cancel, countermand *(an order);* give up as a bad job; write down *(for depreciation);* by/van iem. ~ copy from s.o. *(in school);* iem. ~ write s.o. off *(as a dead loss etc.); skuld* ~ write off (as bad) debt. **af·skry·wing** =wings, =winge copying; transcription; writing-off; *(accounting)* write-down; depreciation.

**af·sku** horror, repugnance, abhorrence, loathing, detestation, execration; abomination; *met* ~ disgustedly; *'n* ~ *van* ... *hê* detest/loathe ...; *iem. se* ~ *van* ... s.o.'s repugnance for/to= (wards) ...; *met* ~ *vervul wees* be filled with horror, be hor= rified/appalled. **af·sku·we·lik** =like =liker =likste horrible, abom= inable, atrocious, loathsome, abhorrent, detestable, revolting, disgusting, awful, terrible, ghastly, grisly, vile, odious, heinous *(crime).* **af·sku·we·lik·heid** abhorrence, loathsomeness, vile= ness; heinousness.

**af·skud** =ge= shake off; shed; brush off *(fig.); iets/iem. van jou* ~ shake s.t./s.o. off.

**af·skuif, af·skui·we** =ge= slide down *(a sash etc.);* slip off *(a ring etc.);* push away; push off; push back; shove down; shake off; *iem./iets na* ... ~ relegate s.o./s.t. to ...; *die skuld op iem. anders* ~ shift the blame onto *(or* on to) s.o. else; *die verant= woordelikheid op iem. anders* ~ shift the responsibility onto *(or* on to) s.o. else, *(infml.)* pass the buck; *iets van* ... ~ slip s.t. off ...; *die verantwoordelikheid van jou* ~ shirk one's respon= sibility. **af·skui·wing** =wings, =winge slide; shifting; landslide; *(geol.)* normal/drop/gravity fault.

**af·skuins** =ge= bevel, chamfer, cant. **af·skuin·sing** bevel(ling); grading.

**af·skuur** =ge= scour *(pots, pans);* scour off *(dirt);* sand/sand= paper (down), rub down, give a rubdown; abrade, graze; erode.

**af·sku·we·lik** →AFSKU.

**af·skyn·sel** =sels reflection; poor image.

**af·slaan** =slane, n., *(tennis)* service, delivery; *(golf)* tee off. **af· slaan** =ge=, vb. beat/dash/knock/strike off; flick off *(ash);* brush off *(a fly etc.);* repel/repulse/fight/beat off *(an attack);* sell by Dutch auction; *(liter.)* decline *(an offer); (liter.)* refuse, reject, turn down *(a request);* reduce *(a price);* close *(an umbrella); (tennis)* serve; *(golf)* tee off; *iets van* ... ~ knock s.t. from/off ...; flick s.t. from/off ...; *iets van die prys* ~ knock s.t. off the price; *water* ~, *(infml.)* urinate; *wie moet* ~?, *(tennis)* whose service is it?. **~kap** folding/collapsible hood/top; *(also af= slaankapmotor)* convertible. **~kraag** turndown collar. **~spel** service game. **~tafel** drop-leaf/folding/collapsible table.

**af·sla·er** =ers auctioneer.

**af·slag**[1] *n.* abatement, reduction; rebate, discount; decrease, fall; *('n) ~ gee/kry* give/get a discount; *~ vir kontant* cash discount; *met ~* at a discount. **~winkel** discount shop/store.

**af·slag**[2] =ge= flay, skin *(an animal)*; flense *(a whale etc.)*; *iem. ~, (infml.)* skin s.o. alive, have s.o.'s guts for garters.

**af·sla·ner** =ners, *(tennis)* server.

**af·sleep** =ge= drag down; pull/tow off *(a sandbank)*.

**af·slin·ger** =ge= hurl/toss/fling/sling off; reel down *(a street)*; meander down *(a hill)*.

**af·sloof, af·slo·we** =ge-: *jou ~* drudge, slave, slog, *(rhet.)* toil, work one's fingers to the bone; →AFGESLOOF; *jou ~ om te ..., (also)* break one's back to ...; *jou vir iem./iets ~* wear o.s. out *(or* kill o.s.) for s.o./s.t..

**af·sluit** =ge= bar; cut off *(steam)*; cut (off) *(a motor etc.)*; shut/seal/turn off *(gas)*; close (off), block *(a road)*; disconnect, cut out, put out of circuit *(current)*; round off; shut out *(a light)*; fence/rail off, hedge in *(a space)*; partition/rope/cordon off; close *(an account)*; wind up *(business)*; balance *(books)*; conclude *(a treaty)*; effect *(ins.)*; close *(a bargain)*; enter into *(a contract)*; *(med.)* occlude; →AFGESLOTE; *jou ~* seclude o.s., retire/withdraw from society; *die verhaal sluit af met ...* the story concludes with ...; *van ... afgesluit wees* be cut off from ... *(society etc.)*. **~dam** coffer(dam), enclosing dam. **~datum** cutoff date. **~klep** throttle (valve); stop/cutoff/cutout/shut-off valve. **~tyd** deadline; *'n ~ haal* meet a deadline *(on a newspaper)*.

**af·slui·ter** throttle, stop valve *(in a boiler)*; shut-off valve; stopcock; turncock; *(elec.)* circuit breaker, cutout.

**af·slui·ting** conclusion, finalisation, wind-up; closing *(of an account)*; balancing *(of books)*; occlusion, blocking *(of a passage)*; cutting off *(of steam)*; barrier, enclosure, partition, fence; *ter ~* in conclusion.

**af·sluk** =ge= swallow (down); *(quickly or greedily)* gulp/bolt (down), down.

**af·slyp** =ge= grind away/down/off, abrade; polish; fine away/down.

**af·slyt** =ge= wear out *(clothes)*; wear away *(steps etc.)*; wear down *(tread on tyres)*; wear off *(glaze etc.)*; wear thin *(a bit etc.)*; wear away, erode *(a cliff face etc.)*; *(fig.)* dull *(wits etc.)*; *(carpet etc.)* wear, get worn; →AFGESLYT. **af·sly·ting** erosion, wear and tear.

**af·smeek** =ge= beseech, implore, invoke, call down.

**af·smeer** =ge= rub off; palm off; *iets aan iem. ~* fob/foist/palm s.t. off on(to) s.o., fob s.o. off with s.t..

**af·smelt** =ge= melt off. **af·smel·ting** melting down *(of a nuclear reactor)*.

**af·smyt** =ge-, *(infml.)* fling/throw/hurl off/down.

**af·snel** =ge= hurry down; *op iets ~* dash for s.t..

**af·sny** =ge= cut/slice off; cut *(flowers)*; cut/clip off *(locks of hair)*; cut, pare *(nails)*; snip off *(a piece of thread)*; lop (off) *(branches)*; dock *(a tail)*; sever *(a rope, limb)*; *(surgically)* amputate *(a limb)*; cut off, disconnect *(water supply etc.)*; cut off, block, bar *(s.o.'s entry)*; intercept *(s.o.)*; break off *(negotiations)*; cut *(a corner)*; cut short *(a career)*; cut off, disinherit; *(poet., liter.)* sunder; *onder ~ om bo aan te las* rob Peter to pay Paul; *vir iem. 'n stukkie brood/vleis ~* slice s.o. a piece of bread/meat, slice a piece of bread/meat for s.o.; *... van iets ~* cut ... from s.t.; *die weg vir onderhandelinge ~* close the door to negotiations. **~datum** cutoff date.

**af·sny·sel, af·sny·stuk** offcut; clipping, cutting; *(in the pl., cook.)* trimmings.

**af·soen** =ge= kiss away *(tears)*; kiss and be friends.

**af·son·der** =ge= separate, set/put apart/aside; detach; block off; section off; quarantine; single out; isolate, segregate *(patients)*; shut away; →AFGESONDER(D); *jou van 'n geselskap ~* separate/detach o.s. from a party; *jou ~* keep to o.s.; *iets vir*

... *~ set/put s.t. aside for ...*; appropriate s.t. for ...; *jou van die **wêreld** ~* seclude o.s. *(or* retire/withdraw) from the world, cloister o.s. (away). **af·son·de·ring** separation; seclusion, isolation; retirement, privacy, solitude; *in ~* in isolation; in purdah. **af·son·de·rings·hos·pi·taal** isolation hospital.

**af·son·der·lik** =like, *adj.* separate, single, private *(entrance)*; individual *(case)*; special *(treatment)*; independent; distinct, discrete; *in 'n ~e klas* in a class by itself. **af·son·der·lik** *adv.* separately, individually, one by one, singly.

**af·speel** =ge= be enacted, take place, happen; *nie die vaagste benul hê van wat daar afgespeel het nie* s.o. not have the slightest notion of what was going on.

**af·speld** =ge= pin off.

**af·sper** =ge= block/close off; fence off; section off; blockade.

**af·spie·ël** =ge= reflect, mirror, be reflected.

**af·spit** =ge= dig away/off; *die rande van 'n grasperk ~* edge a lawn with a spade.

**af·splin·ter** =ge-, *(wood)* splinter off; *(paint)* chip off; *(ore etc.)* spall; split away *(from a group/party)*.

**af·spoel** =ge= rinse, wash; wash away *(land)*; wash down; hose down.

**af·spons** =ge= sponge down. **af·spon·sing** sponge-down, sponging.

**af·spraak** =sprake appointment, engagement; agreement, arrangement; understanding; *'n ~ afstel* cancel an appointment; *'n ~ hê* have an appointment, *(infml.)* have a date; have s.t. on; *(reeds) 'n ander ~ hê* have s.t. else on, be otherwise engaged; *'n ~ met iem. hê* have an appointment with s.o., *(infml.)* have a date with s.o.; *'n ~ hou/nakom* keep an appointment; *'n ~ kry* get an appointment; *'n ~ maak* make an appointment, *(infml.)* make a date; *'n ~ nie nakom nie* break an appointment; *volgens ~* as agreed ([up]on), according to agreement; by arrangement; by appointment. **~dwelm** date-rape drug. **~verkragting** date rape.

**af·spreek** =ge= arrange, agree ([up]on), fix, settle (on); → AFGESPROKE; *dis afgespreek* it's settled; *iets met iem. ~* arrange s.t. with s.o.; *~ om te ...* arrange to ...; *soos afgespreek* as arranged, as agreed ([up]on); *vantevore afgespreek* prearranged.

**af·spring** =ge= jump/leap off; jump/leap down; hop off; hop down; alight; *(button)* burst/fly off; *(sparks)* fly off; *(enamel)* splinter off; *(paint)* flake off; *(varnish)* chip/crack off; *(negotiations)* break down; *op ... ~ pounce (up)on ...*; *van iets ~* jump off s.t.. **~plek** starting point; *(fig.)* springboard, launch(ing) pad.

**af·spuit** =ge= hose down.

**af·staan** =ge= give up, yield (up) *(a possession)*; part with *(a treasure)*; cede *(territory)*; renounce, relinquish, surrender *(a right)*; forgo *(esp. s.t. pleasant)*; sacrifice; part with; yield, relinquish *(an inheritance)*; dispose of; lend, place/put at the disposal of; *iets aan iem. ~* let s.o. have s.t.; yield s.t. to s.o.; *iem. (tydelik) aan ... ~* second s.o. to ...

**af·stam** =ge-: *van ... ~, (s.o.)* descend *(or* spring) from ...; come from ...; come of ...; *(ling.)* derive from ... **af·stam·me·ling** =linge descendant, scion; *(in the pl., also)* progeny, offspring, issue. **af·stam·ming** descent, lineage, ancestry, parentage; derivation *(of a word)*.

**af·stamp** =ge= bump/dash/knock off; *(rugby)* hand off.

**af·stand** =stande distance, range *(of a projectile etc.)*; interval; cession; abdication; relinquishment, renunciation, surrender; detachment, aloofness; waiver, divestment; *'n ~ aflê* cover a distance; *van ... ~ doen* part with ...; relinquish ...; surrender ...; cede ...; divest o.s. of ...; *skriftelik van iets ~ doen* sign s.t. away; *~ doen van die troon* abdicate (the throne), renounce the throne; *'n groot ~* a long way; *iem./iets op 'n ~ hou* keep s.o./s.t. off; hold/keep s.o./s.t. at bay; *iem. op 'n ~ hou, (also)* keep s.o. at arm's length; keep s.o. at a distance; *jou op 'n ~ hou* stand aloof; *'n kort ~* a short distance; *op kort ~* at close range; at close quarters; **op** *'n ~* at/from a distance; *iem.* **op** *'n ~ behandel* be standoffish/distant with s.o.; **op** *'n ~ bly* keep one's distance, remain aloof, hold/keep to o.s.; hold off, keep away; **op** *'n ~ van ... bly* keep away from ...; fight shy of ...; *van 'n ~* from a distance. **~bediening**, **~(s)beheer** remote control. **~(s)beheerder** *(instr.)* remote control. **~skakelaar** remote-control switch. **~(s)onderrig** distance learning/teaching.

**af·stand·doe·ning** abandonment, renunciation, renounce= ment, relinquishment; *(jur.)* waiver.

**af·stap** =ge= step off/down; walk down; get off, alight, dismount; detrain; pace *(a road);* cover *(a distance)* by walking; *op iem. ~* walk up to s.o.; *van ... ~* step off ...; go off *(or depart from) ... (the gold standard);* abandon ... *(a resolution);* change/drop ... *(a subject);* *van die punt ~* proceed to the next item.

**af·steek** =ge= cut *(sods);* mark out *(plots with a spade);* chisel off; bevel; *(infml.)* deliver, make *(a speech); gunstig (of sleg) by ... ~, (s.o.,s.t.)* compare favourably *(or* unfavourably *or* poorly) with ...; *(s.t.)* contrast favourably *(or* unfavourably *or* poorly) with ...; *teen ... ~* stand out against ...

**af·stel** =ge=, *vb.* turn off, disconnect, disengage *(an instr.);* call off, cancel, abandon *(a fixture);* turn down *(a heater etc.).*

**af·stem** =ge= reject, turn/vote down *(a proposal); (parl.)* throw out *(a bill);* tune *(to the same frequency);* →AFGESTEM; *op ... ~* tune in to ...

**af·stem·pel** =ge= stamp *(documents);* cancel *(postage stamps);* postmark.

**af·sterf, af·ster·we** =ge= die, decease; *(animals, plants)* die off; *(bot.)* die back; *(organs)* mortify; *(friendships)* die out; forget, get out of *(or* lose) touch with *(a friend etc.);* →AFGE= STORWE; *jou familie ~* become alienated from one's family. **af·ster·we** *n., (euph., fml., jur.)* demise; *by ~* at death. **af·ster= wing** death, decease; *(bot.)* dieback; mortification, necrosis; gangrene.

**af·stig** =ge= secede, hive off; break away; *die gemeente het af= gestig* the congregation has branched out (on its own); *van ... ~* break away from ... **af·stig·ting** secession, (new) for= mation, devolution.

**af·stof** =ge= dust (off), dust down.

**af·stomp** =ge= blunt; deaden, dull *(feelings);* take the edge off; truncate; →AFGESTOMP.

**af·stoot** =ge= bump/dash/knock/push/thrust down/off; push/ shove off; repel; repulse, rebuff; *iem./iets van ... ~* push s.o./ s.t. off ...; *mense van jou ~* alienate people. **af·stoot·lik** *=like =liker =likste* repellent, repulsive; abhorrent, abominable, re= pugnant. **af·stoot·lik·heid** repulsiveness.

**af·storm** =ge= rush down; *op ... ~* bear down (up)on ...; run at ...; make a rush for *(or* rush at) ...; sweep down on ...; swoop (down) on ...

**af·stort** =ge= tumble down; fling/hurl down; *van iets ~* tum= ble (down) from s.t.; plunge (down) from s.t.; spill (down) from s.t.

**af·straal** =ge= radiate; reflect; shine forth; *op ... ~* shine down on ... **af·stra·ling** radiation; reflection.

**af·stroom** =ge= flow/stream down.

**af·stroop** =ge= strip off; flay, skin, strip *(an animal);* lay waste, denude, pillage, ransack, ravage *(a country);* roll down *(sleeves); iets van ... ~* strip s.t. from/off ... **af·stro·ping** stripping (off); denudation.

**af·stryk** =ge=, *vb.* smooth down; iron off, transfer *(a pattern);* float *(plaster);* level off. **~patroon** transfer/reverse pattern.

**af·stu·deer** =ge= complete one's studies.

**af·stuur** =ge= dispatch, send off, consign *(goods); op ... ~* bear down (up)on ...; head *(or* be heading) for ...

**af·suig** =ge= suck off; *iem. ~, (vulg.: perform oral sex)* suck s.o. off, give s.o. a blow job.

**af·suk·kel** =ge= get down with difficulty; hobble along *(a road).*

**af·swaai** =ge= turn aside; *(econ.)* downshift.

**af·sweer**[1] =ge= abjure, forswear; swear off *(drink);* renounce *(one's faith).*

**af·sweer**[2] =ge= come/fall off by ulceration.

**af·swenk** =ge= turn off; turn away.

**af·swoeg** =ge= slave, toil.

**af·sy·dig** *=dige* withdrawn, aloof, detached; unaffectionate; *jou ~ hou* hold/keep to o.s., keep/remain aloof; *jou ~ hou van ... nie mix with ... (others).*

**af·tak** =ge= branch/fork (off), bifurcate. **af·tak·king** branch, fork, bifurcation.

**af·ta·kel** =ge= unrig *(a ship);* demolish, disassemble, pull/tear/ knock down *(a building);* dismantle, take down *(scaffolding);* strip (down) *(a mach.); (fig.)* run down, discredit, disparage, belittle, pull down, pick/pull to pieces; *(fig.)* fade, decay, dis= integrate; *(fig.)* be on the decline, go downhill; *(med.)* pull down; →AFGETAKEL(D); *iets takel ... geleidelik af* s.t. nibbles (away) at ... *(s.o.'s soul).* **af·ta·ke·ling** unrigging; dismantling; discrediting, denigration; decay, disintegration.

**af·tands** *=tandse* long in the tooth, past one's prime; senile, decrepit.

**af·tap** =ge= draw off; bottle *(wine);* tap *(a cask);* siphon off *(petrol);* tap *(a tree);* milk *(venom);* drain *(a wound);* (wire)tap *(a teleph.);* trickle down; *bloed van iem. ~* take blood from s.o.; *die sweet tap iem. af* s.o. is dripping with sweat. **~pyp** drainpipe.

**af·tap·ping** draining; runoff.

**af·tas** =ge= feel; *(elec., electron., med., phys., radar)* scan. **af·tas= ter** feeler; *(comp., elec., med., rad., etc.)* scanner. **af·tas·ting** feeling; *(elec., med., etc.)* scanning.

**af·te·ken** =ge= copy, draw, sketch *(an object);* delineate, de= pict, paint, portray *(a character);* visa *(a passport);* endorse *(a ticket);* mark off; trace; outline; check out; sign off; *teen ... afgeteken staan/wees* stand out *(or* be outlined/silhouetted) against ...

**af·tel**[1] =ge= lift down; *iets van ... ~* lift s.t. down from ...

**af·tel**[2] =ge= count off/down, count out. **af·tel·ling** countdown.

**af·tik** =ge= tick off *(names from a list);* flick off *(cigarette ash); die klok tik die sekondes af* the clock ticks off the seconds.

**af·tjop** =ge=, *(infml.), (die)* cash in (one's checks/chips); *(suffer)* have a hard/rough time, get it in the neck; *(not pass a test/ex= amination)* plug *(SA sl.).*

**af·tog** retreat; *haastig die ~ blaas* beat/make a hasty/swift re= treat; *die ~ dek* cover the retreat/withdrawal; *in (volle) ~ wees* be in (full) retreat. **~sein** signal for retreat. **~(s)lyn** line of retreat.

**af·trap** =ge= wear down *(heels);* step down, kick off; explode, detonate *(a mine);* →AFGETRAP.

**af·tre·de** *=des,* **af·tre·ding** *=dings* retirement, resignation.

**af·tree** =ge= retire *(from office);* resign *(one's post);* abdicate; pace, measure by pacing, step off; *iem. laat ~* retire s.o.; *op ~ staan* be due for retirement, be due to retire. **~annuïteit** retirement annuity. **~(-)oord** retirement home. **~ouder= dom** retirement age. **~pakket** retirement package. **~plan** re= tirement plan.

**af·trek** *n.* deduction; demand, sale; *~ kry/vind by ...* be in demand with ...; *goeie ~ kry/geniet/vind* sell well, find a ready market, be in great demand, be a good seller; *ná ~ van ...* after deducting *(or* after deduction of) ...; after provision for ... **af·trek** =ge=, *vb.* pull down/off; go/march off; deduct, subtract; extract; divert *(attention);* trace *(a pattern etc.);* fire *(a weapon),* pull the trigger; *iets van ... ~* subtract s.t. from ...; deduct s.t. from ...; take s.t. from ...; *van die pad ~ (en stil= hou)* pull in to the side of the road; *iem. se vel(le) ~, (infml., fig.)* flay s.o.. **~order** stop order. **~papier** tracing paper. **~som**

subtraction sum. ~**spier** abductor (muscle). ~**teken** minus/ negative sign.

**af·trek·baar, af·trek·baar** deductible *(expenses);* subtractive.

**af·trek·sel** *=sels* extract, infusion; essence; *(cook.)* stock. ~**blokkie** *(cook.)* stock cube.

**af·tui·mel** *=ge=* tumble down; *van iets* ~ tumble off s.t.; tumble (down) from s.t..

**af·tyd** time off.

**af·vaar** *=ge=, (ship)* sail, depart, put to sea. **af·vaart** *=vaarte* departure *(of a ship),* sailing.

**af·vaar·dig** *=ge=* delegate, depute, send to represent; →AFGEVAARDIGDE; *iem. na 'n kongres/ens.* ~ appoint s.o. as one's delegate at *(or send s.o. as one's delegate to)* a conference/ etc.; *iem.* ~ *om iets te doen* depute s.o. to do s.t.. **af·vaar·di·ging** *=gings, =ginge* deputation, delegation; *'n* ~ *ontvang* (of *te woord staan)* see a deputation.

**af·val** *n.* refuse, rubbish, waste, garbage; scraps; defection *(from a party); (relig.)* desertion, backsliding; *(cook.)* offal; giblets *(of poultry); radioaktiewe* ~ radioactive waste/fallout. **af·val** *=ge=, vb.* drop, fall off, fall/tumble down; lose weight; *(s.o.)* waste away, decline; →AFGEVAL; *by 'n krans* ~ fall down a precipice; *van ...* ~ desert ... *(a pol. party);* secede from ... *(a church);* fall away from ...; *van 'n leer* ~ fall off a ladder. ~**bestuur** waste management. ~**blik,** ~**houer** waste bin. ~**erts** spalls. ~**goed** scrap. ~**handelaar** scrap dealer. ~**herverwerkingsaanleg** waste reprocessing plant. ~**hoop** scrap/ refuse/rubbish heap. ~**papier** scrap paper. ~**produk** waste/ residual/residuary product. ~**stof** waste (product). ~**yster** scrap iron.

**af·val·lig** *=lige* faithless, disloyal, unfaithful; *(relig.)* lapsed; ~ *word van die geloof/kerk* desert the Church, leave/desert *(or* break with) the faith, renounce one's faith, backslide; ~ *word van 'n party* desert *(or* break with) a party. **af·val·li·ge** *=ges* deserter, defector; backslider.

**af·vat** *=ge=* take away (from); *iets van/by iem.* ~ take s.t. away from s.o..

**af·vee** *=ge=* wipe (off), clean off, wipe away; mop *(one's forehead);* dry *(tears);* polish *(spectacles);* dust *(furniture);* sweep *(a floor); jou aan iem./iets* ~, *(infml.)* not care at all *(or* give a damn) for s.o./s.t..

**af·vlak** *=ge=* level (off), smooth (down); plane.

**af·vlieg** *=ge=* fly down/off; be blown off; run down; *(aeroplane)* take off; *op ...* ~ swoop (down) on ...

**af·vloei** *n.* runoff, drain(age). **af·vloei** *=ge=, vb.* flow down; drain/flow (away), run off; *iets laat* ~ drain s.t. off. ~**water** drainage.

**af·vloei·ing** drainage; depletion; discharge, outflow.

**af·vloei·sel** *=sels* effluent.

**af·voer** *n.* flow(ing)-off; drainage, discharge; outlet; removal, transport; *(elec., comp.)* output. **af·voer** *=ge=, vb.* carry off; lead away, remove; convey, transport *(goods);* drain; discharge; *iem. van 'n onderwerp* ~ divert s.o. from a topic; *gewonde soldate van die front* ~ evacuate wounded soldiers from the front. ~**buis** drain, excretory/efferent duct. ~**gebied** drainage area. ~**kanaal** drainage canal, outlet. ~**pyp** outlet pipe; downpipe; drainpipe; discharge/soil/waste pipe; exhaust (pipe). ~**sloot** drainage ditch. ~**water** effluent (water); storm water.

**af·vra** *=ge=* ask; *ek vra my af of ...* I wonder *(or* ask myself) whether ...

**af·vry** *=ge=* pinch, steal *(s.o.'s boyfriend/girlfriend); (infml.)* entice/lure away *(voters, an employee, etc.).*

**af·vryf, af·vry·we** *=ge=* rub off; rub down, polish, scour; clean off.

**af·vuur** *=ge=* discharge, fire (off), shoot off.

**af·waai** *=ge=, (wind)* blow off *(a roof, hat, etc.); afgewaaide vrug* windfall.

**af·waarts** *=waartse, adj.* down(ward); ~*e drukkrag, (mot. etc.)* downforce; ~*e mobiliteit, (sociol.)* downward mobility. **afwaarts** *adv.* downward(s); ~ *tol/wentel/draai/kronkel* spiral downward(s).

**af·wag** *=ge=* await, wait for; *jou beurt* ~ wait one's turn; ~ *wat gebeur* wait and see; *jou tyd* ~ bide one's time, *(infml.)* sit tight. **af·wag·tend** *=tende* waiting; ~*e beleid* wait-and-see policy; *'n* ~*e houding aanneem* play a waiting game, wait and see. **af·wag·ting** expectation, suspense; *van* ~ *bewe/tril* be aflutter with anticipation; *(die) ene* ~ *wees* be all agog (with expectation); *in* ~ *van ...* awaiting ...; in anticipation/expectation of ...

**af·was** *=ge=* wash/clean off; wash down *(a car, horse, etc.);* swab *(a wound);* wash away *(sins);* wipe out *(a disgrace); iets van ...* ~ wash s.t. off ... **af·was·sing** washing; ablution.

**af·wa·ter** *=ge=* drain *(marsh, vegetables);* flow away; pour off; *(fig.)* dilute, weaken; →AFGEWATER(D), VERWATER *vb..* **af·wate·ring** drainage; drain, outlet.

**af·wa·te·rings:** ~**gebied** drainage/catchment area, basin *(of a river).* ~**kanaal** drainage channel, drain outlet.

**af·weeg** *=ge=* weigh (out).

**af·week** *=ge=* soak off; steam; unglue; come off/unglued.

**af·weer** *n.* warding off; defence. **af·weer** *=ge=, vb.* fight/beat off, repulse, repel *(an attack, attacker);* fend/ward off *(a blow);* prevent *(an accident);* avert, stave off *(danger, disaster);* keep at bay *(dangerous animals etc.);* avert *(suspicion, consequences);* dodge *(awkward questions etc.).* ~**geskut** anti-aircraft/ackack guns. ~**middel** *=dels, =dele* repellent.

**af·weer·baar** *=bare* preventable.

**af·wen** *=ge=* unreel, unwind, wind off, uncoil.

**af·wend** *=ge=* avert, turn aside/away; ward/fend off; distract, divert *(attention);* stave off *(defeat);* avert, prevent *(danger);* ward off *(an illness); jou van ...* ~ turn (away) from ...; *jou oë/ens. van iets* ~ avert one's eyes/etc. from s.t.. **af·wend·baar** *=bare* avertable, =ible. **af·wen·ding** diversion.

**af·wen·tel** *=ge=* shift, transfer; *gesag/mag aan iem.* ~ devolve authority/power to s.o.; *die koste/ens. op die verbruiker/ens.* ~ pass the expenses/etc. on to the consumer/etc.; *die skuld/ verantwoordelikheid op iem. anders* ~ shift the blame/responsibility on to s.o. else. **af·wen·te·ling** devolution *(of power).*

**af·werk** *=ge=* complete, finish (off); finish, give the finishing touch(es) to, round off; work off *(debt);* conclude, get through *(a programme);* cover *(a curriculum);* →AFGEWERK; *iets finaal* ~ give/put the finishing touch(es) to s.t.; *iets glad* ~ smooth s.t. off. **af·wer·king** finish(ing), completion, finalisation; workmanship; *'n gladde* ~ a close finish; *die laaste* ~ the finishing touch(es).

**af·werp** *=ge=* throw off; cast, shed *(skin);* drop *(leaves);* yield *(a profit);* shake off *(a feeling).*

**af·we·sig** *=sige* absent; missing; wanting; preoccupied, absentminded, inattentive; ~*e blik* absent/faraway look, vacant stare; ~ *sonder verlof* absent without leave *(abbr.:* AWOL, awol*); van ...* ~ *wees* be absent from ... **af·we·sig·heid** absence; non(-)attendance; non(-)appearance; preoccupation, inattentiveness, absent-mindedness; *by* ~ *van ...* in the absence of ...; *iem. in sy/haar* ~ *verhoor* try a person in his/her absence *(or* in absentia); *deur jou* ~ *skitter* be conspicuous by one's absence; ~ *sonder verlof, ongemagtigde* ~ absence without leave; *'n* ~ *van ...* a lack of ... *(formality etc.).*

**af·wik·kel** *=ge=* unwind, unroll, uncoil, wind off; roll/run out; wind up, liquidate *(an estate).*

**af·wip** *=ge=* skip down; hop off.

**af·wis·sel** *=ge=* alternate, change, vary; diversify, variegate; *iets* ~ (inter)change s.t.; *mekaar* ~ take s.t. in turns, take turns with s.t.; *met ...* ~ alternate with *(or* diversify by/with) ...; *met iem.* ~ relieve s.o.; *die toneel word afgewissel* the scene is changed. **af·wis·se·lend, af·wis·se·lend** *=lende* alternate, varied, varying; ~*e belasting* alternating load; ~*e koors* inter-

25

mittent/remittent fever; *met ~e sukses* with varying success. **af·wis·se·ling** alternation, interchange, succession *(of seasons)*; change, variety, variation; relief; diversity; *as* ~ for *(or* by way of*)* a change; *dit is **darem** ~* it makes a change; *~ **krui(e)** die lewe* variety is the spice of life; *vir/ter* ~ by way *(or* for the sake*)* of variety.

**af·wit** *-ge-* whitewash, limewash. **af·wit·ting** whitewashing, limewashing.

**af·wurg** *-ge-* gulp down; manage to swallow, swallow with difficulty.

**af·wyk** *-ge-* deflect, deviate, diverge; digress; swerve *(from duty, truth)*; depart *(from a programme)*; differ *(from a sample etc.)*; dissent *(from a doctrine)*; *van **koers** ~, (a ship)* deviate/depart from a course; *iem. van ... laat* ~ deflect s.o. from ...; *van ... ~* swerve from ...; deviate from ...; depart from ... *(a programme, the text of a speech, etc.)*; *van die regte pad* ~ go astray/wrong, stray from the path of virtue, stray/wander from the straight and narrow. **af·wy·kend, af·wy·kend** *-kende* divergent, different; dissentient, dissenting *(views)*; nonconforming, nonconformist; abnormal, anomalous; *~e **gedrag*** deviance, deviancy, deviant behaviour; *~e **grootte*** outsize; *~e **persoon*** deviant; *~ van ...* at variance with ... **af·wy·king** *-kings, -kinge* deviation, deflection, digression, diversion, divergence; defect, abnormality, aberration, anomaly; difference, variance, variation; aberration, deflection *(of rays of light)*; departure *(from the truth, a tradition, etc.)*; *'n **aange**bore liggaamlike ~* a congenital physical defect; *'n **geeste**like ~* a mental aberration/abnormality; *in ~ **van** die reëls* in contravention of *(or* contrary to*)* the rules; *'n ~ **van** ...* a deviation from ...; a departure from ...

**af·wys** *-ge-, afgewese* reject *(an idea, charge)*; turn down *(an applicant, suitor, request)*; decline *(an offer, reward, invitation, proposal)*; disallow *(a claim)*; dismiss *(an action, case, complaint, idea)*; not admit, refuse admittance to, turn away *(a visitor)*; *iets sonder meer ~* turn s.t. down cold. **af·wy·send** *-sende* negative; dismissive; cold, chilly *(look, tone of voice)*; *'n ~e antwoord* a negative reply, a denial/refusal; *met 'n ~e hand·gebaar* with a dismissive wave of one's hand. **af·wy·sing** *-sings, -singe* denial, rejection, refusal; disclaimer *(of responsibility)*; dismissal.

**ag¹** *interj.* ah!, oh!; *twee-, ~ drie-uur* two, I mean three o'clock.

**ag²** *n.* attention, care; *gee ~!* attention!; *op ... ~ **gee/slaan*** pay attention to ...; take heed of ...; take notice of ...; regard *(or* have regard for *)* ... *(s.o.'s advice etc.)*; *alles in ~ **geneem**/**genome*** after/when all is said and done, all things considered, taking everything into consideration; *... in ~ **geneem**/**nemende*** in view of ...; *iem. het, alles in ~ **geneem**/**genome**, goed gevaar* s.o. did well, considering; *iets in ~ **neem*** take s.t. into consideration/account; allow *(or* make allowance*)* for s.t.; be heedful/regardful of s.t.; keep to s.t. *(the rules etc.)*. **ag** *ge-, vb.* deem, think, consider, regard, judge, count, hold; esteem, respect, value; →GEAG; *jou gelukkig ~ om te ...* consider/think o.s. fortunate to ...; *iets nodig ~* consider s.t. necessary; *iets reg ~* regard something as right.

**ag³** →AGT.

**a·gaat** *-gate, (min.)* agate.

**a·ga·pant** *-pante* agapanthus, African lily.

**a·ga·we** *-wes* agave, sisal plant.

**ag·baar** *-bare* honourable, respectable, creditable; venerable; *die agbare Burgemeester, (fml.)* His Worship the Mayor; *agbare heer, (fml.)* Your Worship.

**a·gen·da** *-das* agenda; *(parl.)* order paper; *iets **hoog** op die ~ plaas* prioritise s.t.; *op die ~ **wees*** be on the agenda; be down for discussion; *iets in die ~ **opneem*** put s.t. on the agenda; *'n **verskuilde/geheime/verborge** ~ hê* have a hidden agenda. *~punt* item on the agenda.

**a·gent** *-gente* agent; *geheime ~* secret agent, spy; *~ van die CIA/ens.* CIA/etc. agent. **a·gent·skap** *-skappe* agency; branch; *die ~ vir iets hê* hold the franchise for s.t..

**ag·ge nee** *interj.* oh no!; →AG¹ *interj..*

**ag·glo·me·raat** *-rate* agglomerate. **ag·glo·me·ra·sie** *-sies* agglomeration.

**ag·gre·gaat** *-gate* aggregate.

**ag·gres·sie** *-sies* aggression. **ag·gres·sief** *-siewe* aggressive. **ag·gres·si·wi·teit** aggressiveness. **ag·gres·sor** *-sors* aggressor.

**a·gie** *-gies: (nuuskierige) ~, (infml.: prying/inquisitive pers.)* nosy parker; *nuuskierige ~s hoort in die wolwehok* curiosity killed the cat.

**a·gi·teer** *ge-* agitate; stir up; *om/vir iets ~* agitate for s.t.. **a·gi·ta·sie** *-sies* agitation; excitement, flutter. **a·gi·ta·tor** *-tors* agitator, troublemaker.

**ag·nos·ties** *-tiese* agnostic. **ag·nos·ti·kus, ag·nos·ti·kus** *-ti·kusse, -tici* agnostic. **ag·nos·ti·sis·me** agnosticism.

**a·go·nie** *(poet., liter., often hum.)* agony, suffering; anguish.

**a·go·ra·fo·bie** *(fear of open/public spaces)* agoraphobia.

**a·gra·ri·ër** *-riërs* agrarian. **a·gra·ries** *-riese* agrarian.

**a·gro·no·mie** agronomy, field husbandry. **a·gro·no·mies** *-miese* agronomic(al). **a·gro·noom** *-nome* agronomist.

**ag·saam** *-same* careful, considerate. **ag·saam·heid** carefulness, considerateness.

**ag·ste** →AG(T)STE.

**agt** *agte, agts,* **ag** *agte, ags, (dim. aggie)* eight; *~ duisendstes* eight thousandths; *~ **maal*** eight times; *vandag oor ~ dae* a week today, today *(or* this day*)* week; *~ jaar **ou/oud/oue**, (attr.)* eight-year-old, eight years'; *~ jaar **oud**, (pred.)* of eight years.; *~ **uur*** eight hours; *met ~ **vermenigvuldig*** octuple, multiply by eight.

**ag(t)·:** *~armig* *-mige* octopod. *~blarig* *-rige* octopetalous. *~daags* *-daagse* eight-day, eight days'. *~delig* *-lige* octopartite, eight-part. *~dimensioneel* *-nele* eight-dimensional. *~-en-twintig, ~ en twintig* twenty-eight. *~-en-twintigjarig* *-rige, (pred.)* twenty-eight years old, of twenty-eight years; *(attr.)* twenty-eight years', twenty-eight-year-old. *~-en-twintigjarige* *-ges* twenty-eight-year-old *(pers., thing)*. *~hoek* octagon. *~hoekig* *-kige* eight-sided, octagonal. *~jarig* *-rige, adj. (attr.)* eight-year-old, eight years'; *(pred.)* of eight years. *~jarige* *-ges, n.* eight-year-old *(pers., thing)*. *~kantig* *-tige* octagonal, eight-sided. *~potig* *-tige* eight-legged, octopod. *~puntig* *-tige* eight-pointed. *~silinderenjin* eight-cylinder engine. *~tal* group/set/series of eight, octave, octad, octet(te); team of eight; *(rugby)* pack, forward line, forwards. *~tallig* *-lige* octagonal, octonary. *~tien* eighteen. *~tiende* eighteenth; *~ eeu* eighteenth century. *~tiende-eeus* *-eeuse* eighteenth-century, of the eighteenth century. *~urig* *-urige* eight-hour; *~e werkdag* eight-hour day. *~uur* eight o'clock; *om ~* at eight. *~vlak* octahedron. *~vlakkig* *-kige* octahedral. *~voud* eightfold, octuple. *~voudig* *-dige* eightfold, octuple.

**ag·te·loos** = AGTE(R)LOSIG.

**ag·tens·waar·dig** *-dige* respectable, reputable, honourable, worthy (of esteem).

**ag·ter** *adv.* at the back, in the rear, behind; *iem. is ~ **af*** s.o. went down the back (way); *een ~ **wees*** be one down; *na ~* back, backward(s); *~ **om*** round the back (way); *~ **om** gaan* go round the back (way); *die vyand van ~ **aanval*** take the enemy in the rear; *~ **af*** from behind; from the rear; *van ~ (af) beskou* in hindsight, with (the benefit of) hindsight, in retrospect; *met die wind van ~* before the wind; *ver/vêr ~ wees* be a bad last; *~ **wees**, (watch, clock)* be slow; trail *(in opinion polls etc.)*; *tien punte ~ **wees*** trail by ten points; *~ **wees** met ...* be behind with ... *(work)*; be in arrears *(or* behind[hand]*)* with ... *(payments, rent)*. **ag·ter** *prep.* behind *(a door etc.)*; at the back/rear of *(a house etc.)*; *iets ~ iem. **aan** doen* copy s.o.; *iets ~ iem. **aan** sê* repeat/say s.t. after s.o.; *~ iem./iets **aan** hardloop* run after s.o./s.t.; *~ iem./iets **aan** loop* walk (along) behind s.o./s.t., tag (along) behind *(or* tag after*)* s.o., follow s.o. (about); ~ *iem./iets* **aan** *ry* ride after (*or* follow) s.o./s.t. (*on horseback, by car, etc.*); ~ *iem.* **aan** *wees* be/get after (*or* be in pursuit of) s.o.; be out to get s.o., be after (*or* be out for *or* seek) s.o.'s blood; *die* **deur** ~ *jou toemaak* shut the door behind/after one; *iem.* ~ *jou hê, (fig.)* have s.o.'s backing; *die mense* ~ *iem.* the people behind s.o. (*or* at s.o.'s back); **kort** ~ ... close/right behind (*or* hard upon) ...; in the wake of ...; **kort** ~ *die vyand* in close/hot pursuit of the enemy; ~ *me-kaar* behind each/one another, one behind the other; in single file; (*sequence in time*) in succession, consecutively, running, in a row; *iets* ~ **mekaar** *doen* do s.t. in turn (*or* by turns); *twee* ~ **mekaar** two deep; ~ *'n rekenaar* in front of (*or* at) a computer; *iets* ~ *iem. se* **rug** (*om*) *doen* do s.t. (*or* go) behind s.o.'s back; *daar* **sit/steek/skuil** *iets* ~, *(fig.)* there's s.t. behind it; *daar* **sit/steek/skuil** *meer* ~ (*as wat jy dink*), *(fig.)* there's more to it (than meets the eye); *agterkom wat* ~ *iets* **sit/steek/skuil,** *(fig.)* get to the bottom of s.t.; *iets* ~ ... **stel** place/put s.t. behind ...; ~ *iem./iets* **wees,** *(lit.)* be behind s.o./s.t.; ~ *die* **wiel** at the wheel;'*n komma* ~ *'n* **woord** a comma after a word. **~aan** *adv. & prep.,* (*prep. also* agter aan) behind, at the back, in the rear; ~ *kom* follow behind; follow, come after; be/come last, bring up the rear; ~ *loop* follow, walk behind. **~aansig** back view, rear elevation. **~af** →AGTERAF. **~as** rear/ back axle. **~baan** (*tennis*) back court. **~band** rear/back tyre. **~bank** →AGTERBANK. **~been** hind leg. **~bly** →AGTERBLY. **~boud** hindquarter. **~buurt** *-e* slum (quarter/area), low neighbourhood. **~deel** back/rear (part), hind/after part; buttocks, *(infml.)* backside, *(infml.)* behind; rump, hindquarters (*of an animal*); crupper (*of a horse*); stern (*of a ship*); rear portion (*of a train*). **~dek** stern, poop, quarterdeck. **~deur** →AGTERDEUR. **~doek** (*theatr.*) backdrop, -cloth. **~ent** back/rear (part), hind part; butt (end); buttocks, posterior; *(infml.)* backside, behind, butt, bum. **~erf** backyard. **~grond** →AGTERGROND. **~haal** *het* ~ make up, recover (*losses etc.*); figure/find out, discover (*the facts*). **~hek** back gate, postern (*gate*). **~hou** *-ge-* hold/keep back, keep behind, retain; withhold, stop, defer (*payment*); hold over; conceal, suppress (*facts*); reserve (*one's energy*); detain (*a bill*). **~in** *adv. & prep.,* (*prep. also* agter in) in the back; at the back; ~ *iem. se kop* at the back of s.o.'s mind; ~ *die saal* at the back of the hall; ... ~ *sit* put ... in the back. **~ingang** rear entrance. **~kamer** back room. **~kant** →AGTERKANT. **~klap** *-pe* back/hind/rear flap; tailboard. **~kleinkind** great-grandchild. **~kom** *-ge-* find (out), discover, detect, get wind of, *(infml.)* catch on to; *uit* ... ~ tell by/from ... **~kop** back of the head, occiput; poll (*of an animal*); *iets in jou* ~ *hê* have s.t. at the back of one's mind. **~koring** offal wheat. **~kwart** hindquarter; gammon. **~laai** stock (*of a gun*). **~laaier** breech-loader, breech-loading gun/rifle. **~laat** →AGTERLAAT. **~land** hinterland, interior. **~langs** in the rear, at the back. **~lig, ~lamp** rear light, tail light/lamp; (*naut.*) stern light. **~loop** lag, trail, be in arrears (*by ... points*); be on the losing side. **~loper** (*sport*) back marker. **~lyf** hindquarters, haunches (*of an animal*); abdomen (*of an insect*). **~lyn** →AGTERLYN. **~mas** aftermast. **~mekaar** *adj.* neat (and tidy), in good order, orderly, shipshape (*room, house, etc.*); neat, smart, fine, stylish (*pers.*); well-kept, well-tended (*garden, park*); well-run (*farm, hotel, etc.*); efficient (*businessman etc.*). **~mekaar** *adv.* on end; without a pause/stop, at a stretch; successively, in due order; *alles* ~ *hê* be well organised; *alles* ~ *kry* get organised; *iets* ~ *kry* get s.t. organised; tidy s.t. (up); get s.t. into shape; piece s.t. together (*the facts, a story, etc.*); *sake* ~ *kry* get things organised (*or* in order); *jou sake* ~ *kry,* (*also*) get one's act together; ... ~ *sit* put ... in order; *drie vakansiedae* ~ three days' vacation in succession (*or* in a row), three straight/successive/consecutive days' holiday. **~middag** →AGTERMIDDAG. **~muur** back wall. **~na** →AGTERNA. **~nek** back of the neck, nape; scruff; scrag (*of an animal*). **~oor** →AGTEROOR. **~op** *adv. & prep.,* ~ *op* *prep.* behind, at the back, in the rear; overleaf; ~ *ry* ride on the back (*of a truck etc.*); ride pillion. **~opskop** *-ge-,* (*horse*) kick; frisk, caper, cavort, gambol; (*fig.*) kick up

one's heels; (*fig.*) get out of hand, revolt. **~os** hind ox; (*fig.*) plodder, tail-ender; (*athl.*) back marker; ~ *kom ook in die kraal,* (*fig.*) slow but sure; better late than never. **~pant** back (*of a dress*). **~perd** hind/wheel horse, wheeler, pole horse, poler; (*in the pl., also*) wheel team. **~plaas** backyard. **~poot** hind leg; hind foot; *op jou agterpote wees,* (*infml.*) have one's hackles up, be up in arms, be in a furious temper; *gou op jou agterpote staan/wees,* (*infml.*) be quick-tempered, have a very short temper, be quick to take offence; *op sy agterpote staan,* (*a horse*) rear (up). **~raak** *-ge-: by iem.* ~ drop/fall/lag behind s.o.; *met* ... ~ get/fall behind with ... (*work etc.*); get/fall behind (*or* fall into arrears) with ... (*payments, rent, etc.*). **~rem** rear brake. **~ruim** afterhold. **~ruit** rear window (*of a car*). **~ryer** (*hist.*) mounted attendant, outrider, batman, groom; musket bearer; henchman; (*infml.*) hanger-on. **~saal** pillion. **~sak** hip/back pocket. **~setsel** *-s* postposition. **~skip** →AG-TERSKIP. **~skot** tailboard; back pay; (payment of) balance; deferred/final payment (*on crops*). **~slag** thong (*of a whip*). **~snyhou** (*cr.*) late cut. **~span** wheel team. **~speler** back play. **~speler** back(-liner). **~steek** backstitch. **~stel**[1] *n.* back, tail (end) (*of a wag[g]on*); (*mot.*) rear chassis; (*infml.*) backside, (*infml.*) behind, buttocks, bottom (*of a pers.*); hindquarters (*of an animal*). **~stel**[2] *-ge-, vb.* subordinate, place at a disadvantage; neglect. **~stelling** subordination; neglect. **~stoep** back veranda(h). **~straat** →AGTERSTRAAT. **~stuk** back piece/part; breech (*of a cannon*); haunch; heelpiece; butt end. **~swaar** tail-heavy. **~tand** molar, back tooth. **~toe** to the back/rear; back, backward(s); astern; ~ *beweeg* move back; ~ *gaan* go to the back; *iem.* ~ *stuur* send s.o. to the rear. **~tou** stern fast/line. **~trap** back stairs. **~tuig** wheel harness. **~tuin** back garden. **~uit** →AGTERUIT. **~uitgang** back/rear exit; → AGTERUITGAAN. **~uitsig** rear view. **~veld** →AGTERVELD. **~venster** rear window. **~vin** back fin. **~voegsel** *-s* suffix. **~volg** →AGTERVOLG. **~wêreld** back (of beyond), backveld; buttocks, bottom; (*infml.*) backside, behind, butt, bum. **~werk** backing; stern (*of a ship*); backside, behind; rejects. **~wiel** → AGTERWIEL.

**ag·ter·af** *adj., adv. & prep.,* (*prep. also* agter af) backward (*pers., place, etc.*); back, backward(s), in the rear; out of the way; covertly, on the sly, secretly, surreptitiously, on the quiet; *iets* ~ *hou* keep s.t. back/quiet; ~ *mense* backward/uneducated people; ~ *praat* talk behind people's back. **ag·ter·af·heid** secrecy; lack of breeding.

**ag·ter·baks** *-bakse, adj.* sly, sneaky, shady, scheming (*pers.*); underhand(ed) (*methods etc.*). **ag·ter·baks** *adv.* stealthily, by stealth, behind one's back, on the sly; *jou* ~ *gedra* behave deviously. **ag·ter·baks·heid** slyness, sneakiness; underhandedness.

**ag·ter·bank** back seat; back bench; (*naut.*) stern bench. **ag·ter·bank·er** backbencher.

**ag·ter·bly** *-ge-* remain/stay behind; lag behind; fall behind; remain; stay/keep back; hang back; be left behind; (*orphans etc.*) survive; *iem./iets laat* ~ leave s.o./s.t. behind. **ag·ter·bly·er** *-ers* straggler, laggard; (*educ.*) underachiever; also-ran; (*infml.*) dropout; (*derog.*) runt; (*infml.*) stick-in-the-mud; (*min.*) misfire. **ag·ter·bly·wend** *-wende* remaining; residual; ~*e gade* surviving spouse. **ag·ter·bly·wen·de** *-des* survivor.

**ag·ter·deur** back door; rear door (*of a car*); postern; (*fig.*) back door, loophole, means of escape, way out; *'n* ~ *oophou/-laat,* (*fig.*) leave o.s. a loophole (*or* a way out). **~notering** (*stock exchange*) backdoor listing.

**ag·ter·dog** suspicion, mistrust, distrust; ... *met* ~ *bejeën* be suspicious of ...; mistrust ...; look askance at ...; *geen* **grein-tjie** ~ *nie* not a breath of suspicion; ~ *koester* harbour suspicion(s); ~ *saai* sow suspicion; ~ *wek* (a)rouse suspicion. **ag·ter·dog·tig** *-e* suspicious, mistrustful, distrustful, untrusting; ~ *raak/word* become suspicious; ~ *teen/jeens* ... *wees* be suspicious of ...; *iem. word* ~ s.o.'s suspicions are (a)roused. **ag·ter·dog·tig·heid** suspiciousness.

**ag·ter·een·vol·gend** =gende= consecutive, successive, continuous; *op drie ~ dae* on three successive days; three days running; *die derde ~e dag* for the third straight day; *die derde ~e pot/spel wen* win three straight games. **ag·ter·een·vol·gens** consecutively, successively, in succession.

**ag·ter·ge·ble·we** disadvantaged. **ag·ter·ge·ble·we·ne** =nes= person who has remained/stayed behind; relative of a deceased; survivor; *die ~s* the deprived, the disadvantaged.

**ag·ter·ge·stel(d)** =stelde= deprived, disadvantaged. **ag·ter·ge·stel·de** =des=: *die ~s* those (*or* the people) that have been put back (*or* at a disadvantage).

**ag·ter·grond** background; setting; *(fig.)* backdrop; *op die ~* in the background; *op die ~ bly* keep/remain in the background; *geluide/geraas/lawaai op die ~* background noises; *jou op die ~ hou, (also)* keep a low profile; *op die ~ raak, (s.o.)* be in eclipse; *teen 'n donker ~* against a dark background; *teen die ~ van* ... against the background (*or* in the context) of ...; *teen hierdie ~* against this background, in this context; *die ~ van iets* the background information on s.t.. **~inligting** background information. **~musiek** background/incidental music, backing; piped music (*in a hotel etc.*). **~sanger** backing singer. **~stemme** *(mus.)* backing vocals. **~verligting** *(phot.)* backlighting.

**ag·ter·hoe·de** =des, (mil.)= rearguard; *(rugby)* backline, backs; *(athl.)* back markers; *die ~ vorm* bring up the rear. **~geveg** rearguard action.

**ag·ter·kant** back (part); reverse (side), wrong side (*of fabric*); backside, buttocks; haunch (*of an animal*); tail end; verso (*of a coin*); *aan die ~* at the back; at the rear; *op die ~* overleaf. **ag·ter·kant·s(t)e** *adj. (attr.)* rear, back.

**ag·ter·laat** =ge= leave (behind); pull away from (*other runners etc.*); outdistance (*competitors etc.*); maroon (*a car etc.*); *iem. arm ~* leave s.o. poorly off; *iem. vir dood ~* leave s.o. for dead; *vir dood agtergelaat wees* be left for dead; *'n slegte smaak ~* leave a bad taste; *iem. ver/vêr ~* leave s.o. standing. **ag·ter·la·ting** abandonment, leaving behind, dereliction.

**ag·ter·lik** =like= backward, underdeveloped, behind the times (*region, country*); *(derog.)* backward, (mentally) retarded, mentally handicapped, slow; *(derog.)* (physically) retarded. **ag·ter·lik·heid** backwardness; *(derog.)* mental retardation/deficiency, subnormality.

**ag·te(r)·lo·sig** =sige =siger =sigste= careless, heedless, unheeding, negligent, inattentive, indifferent. **ag·te(r)·lo·sig·heid** carelessness, heedlessness, negligence, inattention; *pure ~* sheer carelessness.

**ag·ter·lyn** *(tennis)* baseline; *(football)* goal line; *(rugby)* touchline; *(defensive players in rugby)* backline, backs. **~beweging** *(rugby)* back(line) movement.

**ag·ter·mid·dag** afternoon; *in die ~* in/during the afternoon. **ag·ter·mid·da·e, ag·ter·mid·dags** *adv.* in the afternoons.

**ag·ter·na** after, behind; afterwards, later, subsequently; *(van) ~ beskou* in hindsight, with (the benefit/wisdom of) hindsight, in retrospect; *~ betaal* pay afterwards (*or* in arrears); *met al die* ... *(op 'n streep)* ~ with all the ... in/on tow. **~ja(ag)** =ge=, *~ ja(ag) agterna ge=* give chase (*to s.o.*). **~kyk** =ge=, *~ kyk agterna ge=* look/gaze after, follow with one's eyes. **~loop** =ge=, *~ loop agterna ge=*: *iem. ~* dance attendance on s.o.. **~praat** =ge=, *~ praat agterna ge=*: *iem. ~* repeat/echo s.o.'s words. **~roep** =ge=, *~ roep agterna ge=* call after. **~sit** =ge=, *~ sit agterna ge=* pursue, give chase (*to*), go/run after.

**ag·ter·oor** back, backward(s); on one's back, supinely; *jou kop ~ buig* (*of laat hang*) tilt back one's head; ... ~ *gooi* throw/toss ... back/backward(s); fling back ... (*one's head*); ~ *hang* hang/slant back/backward(s); ~ *lê* lie back; lie on one's back, lean/recline backward(s); ~ *leun* lean back; tilt back (*in one's chair*); ~ *sit* sit back; ~ *skryf/skrywe* write backhand; ~ *slaan* fall (over) backward(s), fall on one's back; somersault; ~ *val* fall (over) backward(s), fall on one's back. **~buiging** retroflexion, retroflection. **~salto** backflip.

**ag·ter·skip** stern, poop. **ag·ter·skeeps** =skeepse= astern.

**ag·ter·stal·lig** =lige= back, behind, overdue, outstanding, in arrears; *~e bestelling* back order; *~e betaling/loon/salaris* back pay; *~e betalings* arrears; *~e huur* back rent, rent arrears; *~e loon* back wages/pay; *daar is nog R500 ~, R500 is nog ~* there is R500 still outstanding; *iem. se paaiemente is ~* s.o. is in arrears with his/her payments, s.o.'s payments are in arrears; *~ raak met* ... get behind with ...; get in arrears with ... *(payments)*; *~e rekening* overdue account; *~e rente* interest in arrears, arrears of interest; *~e skulde* arrears, outstanding debts; *~ wees met* ... be behind (*or* in arrears) with ... *(payments)*; be behind with ... *(one's work)*; *~e werk* outstanding work.

**ag·ter·stand** arrear(s), arrearage; shortfall, deficit; backward position; lag; backlog; handicap; *'n ~ inhaal, (worker)* catch up on a backlog; *(athlete, competitor)* close the gap; make up a deficit; catch up on arrears; make up leeway, make up for (*or* recover) lost time; *regstelling/uitwissing van ~e* affirmative action.

**ag·ter·stands·:** **~toelaag** =lae, **~toelae** =laes= disability allowance.

**ag·ter·ste** =stes, n.= back/rear (part), hind part; *(infml.)* backside, *(infml.)* behind, buttocks, bottom, posterior (*of a pers.*); hindquarters (*of an animal*). **ag·ter·ste** *adj.* hind, hindmost, backmost, posterior; *(naut.)* sternmost; *~ ent* back end.

**ag·ter·ste·voor** =voorder =voorste, adj.= back to front; upside down; clumsy. **ag·ter·ste·voor** *adv.* back to front, the wrong way round; tail first, hind part (*or* back end *or* hind/wrong side) foremost; upside down, topsy-turvy; *iets ~ doen* do s.t. in reverse; *'n perd ~ ry, (lit.)* ride a horse facing backwards; *(fig.)* put the cart before the horse; *~ te werk gaan* put the cart before the horse.

**ag·ter·ste·we** =we(n)s= stern(post), poop; *(infml.)* backside, behind.

**ag·ter·straat** backstreet, bystreet. **~aborsie** backstreet abortion.

**ag·ter·uit** *adj.* backward(s), back; *(naut.)* aft, abaft; *die pasiënt is baie ~* the patient has taken a turn for the worse (*or* is in very poor health); *'n stap ~* a backward/retrograde step. **ag·ter·uit** *interj.* stand back!. **~beweeg** move back. **~boer** =ge= farm at a loss; do bad business, lose money, go downhill, deteriorate, decline, sink, fail. **~loop** =ge= walk backward(s); (*a vehicle*) run/move backward(s). **~roei** =ge= back water. **~ry** =ge= ride/drive backward(s); back, reverse (*a vehicle*). **~sit** =ge= sit back; set/put back (*a clock*); throw/put/set back (*a patient*); handicap; make worse, cause to deteriorate. **~staan** =ge= stand/hang back, yield; *vir* ... ~ give place to ...; *vir niemand ~ nie* be second to none, be as good as the best. **~stap** =ge= step back; walk backward(s). **~stel** =ge= set/put back (*a clock*). **~vaar** =ge= sail backward(s), gain/make sternway.

**ag·ter·uit·gaan** =ge= go back/backward(s); (*a car*) reverse, back; (*a patient, s.o.'s health*) get worse, deteriorate, decline; (*morals*) degenerate; (*performance*) deteriorate; (*quality*) deteriorate, decline; (*s.o., a country, firm*) go downhill; (*economy*) be on the decline; (*business*) drop/fall off; (*turnover*) go down, fall off; *~ in die lewe* come down in the world. **ag·ter·uit·gaan·de** retrograde. **ag·ter·uit·gang** decline, fall, fall(ing)-off; degeneration, deterioration, retrogression, decadence, decay; backward step; *(econ.)* downturn; *die ~ het begin* the rot has set in.

**ag·ter·veld** *(SA)* backveld, bundu; back country, backblocks; *(Austr.)* outback; *(Am.)* backwoods. **ag·ter·vel·der** =ders= backvelder; *(Am.)* backwoodsman, hillbilly, hick. **ag·ter·velds** =veldse= countrified.

**ag·ter·volg** chase, follow, hunt, pursue, give chase to, go after; *(a thought)* haunt; hound, dog. **ag·ter·vol·ger** pursuer. **ag·ter·vol·ging** pursuit, chase; *die ~ laat vaar* give up (*or* abandon) the chase.

**ag·ter·waarts** =waartse, adj. backward, retrograde; ~e be= weging backward movement; retrograde step; ~e vuur re= verse fire. **ag·ter·waarts** adv. back, backward(s); rear= ward(s); ~ gerig/gekeer(d)/kerend turned back/down; (biol.) re= trorse.

**ag·ter·we·ë:** ~ bly not take place; not be made, be left un= done; not come off, fail to materialise; fail to arrive, not turn up; remain in abeyance; iets ~ hou hold/keep s.t. back, with= hold s.t.; keep s.t. in abeyance; iets ~ laat drop/omit s.t.; leave s.t. in abeyance.

**ag·ter·wiel** rear/back wheel. ~aandrywing rear-wheel drive. ~aangedrewe (attr.) rear-wheel-drive.

**ag·ting** esteem, regard, respect; ~ afdwing command/com= pel respect; ~ aan iem. betoon show deference/respect to s.o.; in iem. se ~ daal sink in s.o.'s esteem/estimation; in die algemene ~ daal lose face/credit/reputation; iets laat iem. in iem. anders se ~ daal s.t. lowers s.o. in s.o. else's esteem; (groot) ~ geniet be held in (great/high) esteem, be (greatly) respect= ed; groot/hoë ~ vir iem. hê have a great regard for s.o., hold s.o. in high regard, think much of s.o.; ~ vir iem. hê respect (or have regard/respect for) s.o., hold s.o. in (high) esteem, think highly of s.o.; met ~ yours faithfully/truly; met alle ~ with great respect; in iem. se ~ styg go up in s.o.'s esteem/es= timation; uit ~ vir ... out of consideration/regard for ...; in (or out of) deference to ...; ~ aan ... verskuldig wees owe respect to ...; daar is weinig ~ vir iem. s.o. is held in low esteem.

**ag(t)·ste** =stes, n. eighth part; (mus.) quaver; sewe ~s, sewe-~s seven eighths. **ag(t)·ste** adj. eighth; ~ eeu eighth century; ten ~ eighthly, in the eighth place. ~man (rugby) eighth man.

**a·gur·kie** =kies gherkin; (wilde)~, (Cucumis africanus) wild cucumber.

**a·ha** interj. aha!. ~-ervaring aha experience. ~-reaksie aha reaction.

**ai¹** interj. ah!, oh!; oh dear!, ~(, ~)! tsk (tsk)!; ~ jai jai (jai jai)! (boy) oh boy!; ~ tog! oh my goodness!; ~ tog die kinders! oh these kids!.

**ai²** ais, n., (zool.) ai, three-toed sloth.

**aide:** ~ de camp aides de camp aid(e)-de-camp. ~-mémoire =moires aide-mémoire.

**ai·grette** =grettes aigret(te); spray, sprig.

**ai·ki·do** (Jap. martial art) aikido.

**ai·kô·na, ai·kô·na, hai·kô·na, hai·kô·na** interj., (infml.) (h)aikona!, no (way)!, never!, certainly not!, not on your life!.

**air** airs air, appearance, look; 'n ~ van ... aanneem assume an air of ... (innocence etc.); 'n ~ van ... hê have an air of ...; vol ~s wees give o.s. (or put on) airs, think o.s. the Queen of Sheba.

**aire·dale(·ter·ri·ër)** (also A~) Airedale (terrier).

**aits, ait·sa** interj. wow!; (wh)oops!; ~, maar jy is mos slim! goodness, but you are clever!.

**a·ja·tol·la** =las ayatollah.

**a·juin** =juine onion stew; (bot.: Urginea maritima) squill.

**AK47(-[aan·vals·]ge·weer)** AK47 ([assault] rifle).

**a·ka·de·mie** =mies academy. ~lid member of the/an acade= my; academician. **a·ka·de·mies** =miese academic; scholastic; nie ~ aangelê nie unacademic; ~e drag academic dress, aca= demicals; ~ (goed) presteer, goed op ~e gebied vaar do well academically; ~e graad university degree; ~ ingestel wees be academically inclined/minded; ~e vryheid academic free= dom; die ~e wêreld/omgewing the academic world, (liter.) academia. **a·ka·de·mi·kus, a·ka·de·mi·kus** =mikusse, =mici academic.

**a·ka·si·a** =as acacia. ~gom gum arabic, (gum) acacia.

**A·ken** Aachen (Germ.), Aix-la-Chapelle (Fr.).

**ak·ka, ak·kies** n., (children's lang.) poo(h). **ak·ka, ak·kies** ge=, vb. poo(h), do a poo(h), do number two.

**ak·ke·dis** =disse lizard, skink. ~leer lizard.

**ak·ke·dis·ag·tig** =tige lacert(il)ian.

**ak·ker¹** =kers field, plot (of land); acre; (also akkertjie) (flower)= bed; (also akkertjie) (vegetable) patch. Gods water oor Gods ~ laat loop let things slide (or take their own course or take care of themselves). ~bou agriculture; agronomy; field hus= bandry; tillage, tilth.

**ak·ker²** =kers, (dim. =kertjie) acorn; (in the pl., as feed) mast. ~boom oak (tree). ~hout oak (wood). ~klawer hop clover (Am.), hop trefoil. **ak·ker·vor·mig** =mige acorn-shaped.

**ak·ker·wa·nie** cuscus (grass), tambookie/tambuki grass.

**ak·kies** →AKKA.

**ak·kla·ma·sie** acclamation; iets by ~ aanneem pass s.t. by acclamation.

**ak·kli·ma·ti·seer** ge= acclimatise, become/get acclimatised. **ak·kli·ma·ti·sa·sie, ak·kli·ma·ti·se·ring** acclimatisation, ac= climation.

**ak·ko·la·de** =des accolade; (mus.) accolade, brace.

**ak·kom·mo·da·sie** =sies accommodation. ~vermoë power of accommodation. ~wissel (comm.) accommodation bill, kite.

**ak·kom·mo·deer** ge= accommodate; (eye) focus.

**ak·koord** =koorde, n. arrangement, settlement, (gentlemen's) agreement; covenant; composition (with creditors); (mus.) chord; 'n ~ aangaan/maak drive/strike a bargain; 'n ~ met iem. aangaan/tref come to an arrangement with s.o.; 'n ~ met iem. bereik come to terms with s.o.; met iem. ~ gaan agree (or see eye to eye) with s.o.; met iets ~ gaan agree/ subscribe to (or fall in with) s.t. (a viewpoint etc.); hulle gaan ~ they agree; they see eye to eye. **ak·koord** interj. agreed!, done!, it's a bargain/deal!. **ak·kor·deer** ge= agree; come to terms; met iem. ~ get along/on with s.o.; kreef/ens. ~ nie met iem. nie lobster/etc. does not agree with s.o..

**ak·kor·de·on** =ons, (mus.) accordion.

**ak·kre·di·teer** ge= accredit; by ... geakkrediteer wees be ac= credited to ... **ak·kre·di·ta·sie, ak·kre·di·te·ring** accredita= tion.

**ak·kul·tu·reer** ge= acculturate. **ak·kul·tu·ra·sie** accultura= tion.

**ak·ku·mu·leer** ge= accumulate. **ak·ku·mu·la·sie** =sies accu= mulation. **ak·ku·mu·la·tor** =tors, =tore accumulator, storage battery, secondary battery.

**ak·ku·raat** =rate =rater =raatste accurate; exact; precise; me= ticulous. **ak·ku·raat·heid** accuracy; exactness; precision; meticulousness.

**ak·ku·sa·tief** =tiewe, n. & adj., (gram.) accusative.

**ak·nee** acne.

**a·koes·tiek** acoustics. ~plafon acoustic ceiling.

**a·koes·ties** =tiese acoustic; (mus.) unplugged (version of a song etc.); ~e ghitaar/kitaar acoustic guitar. **a·koes·ti·kus** =ti= kusse, =tici acoustician.

**a·ko·niet** =niete, (bot.) aconite, wolfsbane, monkshood.

**a·kriel-:** ~suur acrylic acid. ~verf acrylic paint.

**a·kro·baat** =bate acrobat. **a·kro·ba·ties** =tiese acrobatic; ~e toere acrobatics.

**a·kro·fo·bie** (fear of heights) acrophobia.

**a·kro·niem** =nieme acronym.

**a·kro·po·lis** =lisse acropolis, citadel.

**a·kros·ti·gon** =gons acrostic.

**aks** akse eighth (of an inch); bit, small part, just a degree.

**ak·sent** =sente accent, stress; accent (mark); accent, intona= tion; 'n ~ aan iets gee give a slant to s.t.; 'n plat ~ a broad accent; met/sonder 'n ~ praat speak with(out) an accent; 'n sterk ~ a heavy/strong/thick accent. ~teken accent mark. ~verskuiwing shift in emphasis.

**ak·sen·tu·eer** ge= accentuate, stress, emphasise.

**ak·sep** -septe accepted bill; acceptance (of a bill). **~bank** merchant bank, accepting house. **ak·sep·teer** ge-, (chiefly econ.): 'n eis ~ allow/entertain a claim; 'n wissel ~ accept a bill.

**ak·sie** -sies action; lawsuit; movement, campaign; iem. tot ~ **aanspoor** galvanise s.o. into action; **buite** ~ out of action; 'n ~ **teen** iem. hê have a grudge against s.o.; have a bone to pick with s.o.; **in** ~ **kom** swing into action; **in** ~ **wees** be in action; 'n ~ **teen** iem. **instel**, (jur.) bring/institute an action against s.o., institute/start/take (legal) proceedings (or proceed) against s.o.; tot ~ **oorgaan** take (or swing into) action; ~ **en reaksie** interplay, interaction; **regstellende** ~ affirmative action; 'n ~ **teen** ... **voer** agitate/campaign against ... **~fliek**, **~(rol)prent** action film. **~foto** action photo(graph). **~plan** action plan/sheet.

**ak·si·o·ma** -mas, -mata, **ak·si·oom** -ome axiom, postulate. **ak·si·o·ma·ties** -tiese axiomatic.

**ak·son** -sone, (anat., zool.) axon(e).

**ak·syns** -synse excise (duty), inland duty. **~beampte** excise officer. **~pligtig** -tige excisable. **~reg** excise duty; ~ op iets betaal pay excise duty on s.t.. **~vry** non(-)excisable, duty-free.

**ak·te** -tes deed; certificate; diploma; ~ van **afstand** waiver; ~ van **beskuldiging** indictment; ~ van **boedelafstand** deed of assignment; **registrateur** van ~s registrar of deeds. **~be·sorger** conveyancer. **~besorging** conveyancing. **~(s)kan·toor** deeds office/registry. **~tas** briefcase, portfolio, attaché case; dispatch box/case.

**ak·teur** -teurs actor, performer, player; →AKTRISE.

**ak·tief** -tiewe -tiewer -tiefste active, energetic; (med.) nascent.

**ak·ti·nie** -nieë, (zool.) actinia, sea anemone. **ak·ti·nies** -niese actinic.

**ak·ti·ni·um** -(chem., symb.: Ac) actinium.

**ak·ti·no·morf** -morfe, adj., (biol.) actinomorphic, actinomorphous.

**ak·ti·veer** ge- activate. **~middel** -dels, -dele activator.

**ak·ti·ve·ring** activation.

**ak·ti·vis** -viste activist. **ak·ti·vis·me** activism. **ak·ti·vis·ties** -tiese activist(ic).

**ak·ti·wi·teit** -teite activity.

**ak·tri·se** -ses actress; →AKTEUR.

**ak·tu·a·li·teit** -teite topicality, current relevance; →AKTUEEL. **ak·tu·a·li·teits·pro·gram** actuality programme.

**ak·tu·a·ri·eel** -riële actuarial. **ak·tu·a·ris** -risse actuary. **ak·tu·a·ri·us** -usse registrar (of a synod).

**ak·tu·eel** -tuele -tueler -tueelste topical, current; up-to-the-minute; relevant (to our times); aktuele sake current affairs, topical issues.

**a·ku·punk·tuur** acupuncture.

**a·kuut** -kute -kuter -kuutste acute; akute longontsteking/ens. hê be acutely ill with pneumonia/etc.. **~aksent** (gram.) acute accent. **~teken** (phon.) acute.

**a·kuut·heid** acuteness.

**a·kwa·a·ë·ro·bies** -biese: ~e oefeninge aqua(e)robics.

**a·kwa·duk** -dukte aqueduct.

**a·kwa·fo·bie** aquaphobia.

**a·kwa·kul·tuur** aquaculture.

**a·kwa·ma·ryn** -ryne, (min.; a colour) aquamarine.

**a·kwa·rel** -relle watercolour, aquarelle. **a·kwa·rel·lis** -liste aquarellist, watercolourist, watercolour painter.

**a·kwa·ri·um** -riums, -ria aquarium.

**A·kwa·ri·us, A·qua·ri·us** (astron.) Aquarius, the Water Carrier/Bearer.

**A·kwi·la, A·qui·la** (astron.) Aquila, the Eagle.

**al** adj., adv., pron. all, everything; all, every, only; already, yet; completely; (al)though, even if/though; dit alleen ~ that alone; ~ die ander everybody/everyone else; ~ die ander (dinge) everything else; iem. het ~ drie/ens. dae niks geëet nie s.o. hasn't had anything to eat for/in three/etc. days; iem. is ~ dae (lank) dood s.o. has been dead for some days; ~ die kinders/ens. all the children/etc.; dis ~ that's (or that will be) all; and that is (or that's) that; that's all there is to it; dis dan ~ that's it; ons/julle/hulle ~ drie/ens. all three/etc. of us/you/them; met ... en ~ ... and all; het dit ~ gebeur? has it happened yet?; het jy dit ~ gedoen? have you done it (yet)?; ~ het iem. dit (ook) gedoen even if s.o. did it; ... is ~ genoeg just ... is good enough; dis ~ duur/ens. genoeg it's expensive/etc. enough as it is; ~ 'n hele tyd →lank; ~ het iem. die verkiesing gewen ... (even) though s.o. has won the election but ...; iem. is ~ hier s.o. is already here, s.o. has already arrived; ~ hoe groter/kleiner bigger and bigger (or smaller and smaller); ~ (hoe) meer more and more, ever more; ~ (hoe) meer getuienis increasing evidence; ~ (hoe) minder decreasingly; ~ in 1935/ens. as early as 1935/etc.; back in 1935/etc.; ~ is dit ... even if it is ...; hy/sy is ~ 'n man/vrou he/she is grown up; hy/sy is ~ kind wat ons het he/she is our only child; as iem. dit gedoen het, was dit ~ klaar if s.o. had done it, it would have been finished by now; dis ~ laat it is quite late; ~ laggend(e)/ens. (met) die straat af loop walk down the street, laughing/etc.; ~ lank, ~'n hele tyd (for) long, for a long time (now); iem. moes ~ lankal hier gewees het s.o. should have been here a long time ago; met klere en ~ inval fall in, clothes and all; met ~ wat iem. in die hande kon kry with anything s.o. could get hold of; ~ nader en nader closer and closer; ~ net so sleg as ... quite as bad as ...; (nog) nie ~ nie not all yet; not the half of it; dis nie ~ nie, (also) that's not the whole/entire story; dis ~ of ... I seem to ... (hear s.t. etc.); dis ~ vir my of ... I have a feeling that ... (s.o. is avoiding me etc.); iem. het die prent ~ gesien s.o. has already seen the film (or seen the film before); ~ sê ek dit self (even) if/though I say so myself; ~ te oud wees om te ... be too old to ...; toe ~ even then; even at that time, even in those days; ~ twee both; →ALBEI; ~ die tyd all the time; ~ van Maandag/Januarie/ens. af since Monday/January/etc.; ~ voor 1970/ens. even before 1970/etc.; ~ wat ... anything which ...; all that ...; ~ wat iem. kan doen all (or the only thing) s.o. can do; dis ~ wat gebeur het that's all there is to it; maar ~ wat kom, is hy/sy but he/she does/did not turn/show up; dis ~ wat ek (daarvan) weet that is all (or as much as) I know (about it).

**à la** prep., (Fr.) à la; ~ ~ carte à la carte; 'n ~ ~ carte-maaltyd an à la carte dinner.

**a·la·ba·ma, a·li·ba·ma** -mas something big; pug(g)ree, pug(g)aree.

**a·larm** -larms alarm; tumult, uproar; ~ maak give/raise/sound the alarm; 'n vals/blinde ~ a false alarm. **~sein** alarm signal. **~skoot** warning shot; alarm gun. **~toestel** alarm (device).

**A·las·ka** (geog.) Alaska; gebakte ~, (cook.) baked Alaska; ... in ~ Alaskan ... (customs, winter, etc.); inwoner van ~ Alaskan; ... van ~ Alaskan ... (fish, produce, etc.). **a~malemoet** (also A~, breed of dog) Alaskan malamute/malemute.

**Al·ba·ni·ë** (geog.) Albania. **Al·ba·nees** -nese, n. & adj. Albanian.

**al·bas·ter** -ters marble; (game) marbles.

**al·ba·tros** -trosse, (orn.) albatross.

**al·bei** both; hulle is ~ geskik either of them is suitable; in ~ gevalle in either case, in both cases; julle ~ both of you; jy kan nie ~ tegelyk hê nie you cannot have your cake and eat it (or eat your cake and have it) (infml.).

**Al·ber·ta** (geog.) Alberta.

**al·bi·no** -no's albino. **al·bi·no·ties** -tiese albinotic. **al·bi·nis·me** albinism.

**al·bum** -bums, (dim. albumpie) album; (record) album.

**al·bu·men** albumen, egg white; (bot.) albumen, endosperm.

**al·bu·mien** (biochem.) albumin. **al·bu·mi·neus** albuminous.

**al·che·mie** alchemy. **al·che·mis** =miste alchemist. **al·che·mis·ties** =tiese alchemic(al), alchemistic.

**al·dag** adv. always, every day; continually; heeldag en ~ continually, always, constantly, forever.

**Al·de·ba·ran, Al·de·ba·ran** (astron.) Aldebaran.

**al·de·hied** =hiede, (chem.) aldehyde.

**al den·te** adj. (pred.), (It. cook.) al dente.

**al·dus** thus, so, in this fashion/manner/way, as follows.

**A·leks·an·dri·ë, A·lex·an·dri·ë** (geog.) Alexandria. **A·leks·an·dryn, A·lex·an·dryn** =dryne, n. Alexandrine. **A·leks·an·dryns, A·lex·an·dryns** =drynse, adj. Alexandrian.

**a·leks·an·dryn** =dryne, (pros.) alexandrine.

**a·lek·sie** (psych.) alexia, word blindness.

**al·e·wig** =wige, adj. incessant, continual, constant, endless, eternal, perpetual, everlasting, interminable. **al·e·wig** adv. continually, always, constantly, eternally, forever, perpetually, everlastingly, incessantly; at all hours (of the day and/ or night).

**A·lex·an·der:** ~ die Grote, (356-323 B.C.) Alexander the Great. ~argipel, ~eilandgroep (geog.) Alexander Archipelago. a~tegniek Alexander technique.

**A·lex·an·dri·a** (geog., SA) Alexandria.

**A·lex·an·dri·ë, A·lex·an·dryn** →ALEKSANDRIË, ALEKSAN-DRYN.

**al·fa** alpha; die ~ en (die) omega, (fig.) the beginning and the end; the be-all and end-all; van ~ tot omega from beginning to end. ~deeltjie (phys.) alpha particle. ~golf (physiol.) alpha wave. ~numeriek, ~(nu)meries alpha(nu)meric; ~e kode alpha(nu)meric code.

**al·fa·bet** =bette alphabet; (comp.) character set. **al·fa·be·ties** =tiese, adj. alphabetic(al), alphabetically arranged; in ~e volgorde alphabetically, in alphabetical order. **al·fa·be·ties** adv. alphabetically. **al·fa·be·ti·seer** ge- alphabetise, arrange alphabetically. **al·fa·be·ti·se·ring** alphabetisation, alphabetical arrangement.

**alg** alge alga.

**al·gaan·de** gradually, by degrees, as one goes along; →AL adj., adv., pron..

**al·ge·bra** algebra; iets is vir iem. ~ s.t. is (all) Greek to s.o.. **al·ge·bra·ïes** =braïese, adj. algebraic(al). **al·ge·bra·ïes** adv. algebraically.

**al·ge·heel** =hele complete, entire, total, whole; utter (nonsense); wholehearted, unqualified (support); hot (favourite); global (ban); overall (winner).

**al·ge·meen** n.: in/oor die ~ in general, generally (speaking), on the whole, as a (general) rule, by and large, for the most part, mainly, in the main; die samelewing in die ~ (the) society at large. **al·ge·meen** =mene, adj. general (rule, dealer, strike, assembly, meeting, election, anaesthetic, hospital); universal, global; common (experience, property); public (interest); prevalent (disease); broadbrush (approach, method, etc.); across-the-board (wage increase etc.); overall; indefinite, vague, unspecific; ~mene agent universal agent; in (die) ~mene belang in the common/public interest; in everybody's interest; van ~mene belang of general interest; ~mene deskundige generalist; ~mene geskiedenis world history; ~mene hulp general assistant, girl/man Friday; ~mene jaarvergadering annual general meeting; ~mene kennis general knowledge; ~mene koste overhead expenses/charges/costs, overheads; die ~mene mening the general (or generally held) opinion; ~mene praktisyn, (med.) general practitioner; ~mene praktyk, (med.) general practice; in ~mene sin in a general/broad sense, in broad terms; ~mene soektog, (comp.) global search; met ~mene stemme unanimously; ~mene stemreg universal suffrage/franchise; ~mene verkoopbelasting general sales tax; op ~mene versoek by popular/general request. **al·ge·meen** adv. generally, commonly, widely, universally, global-

ly; 'n ~ aanvaarde feit a generally accepted fact; dit is ~ bekend it is common knowledge; 'n ~ bekende persoon, (also) a public figure; dit het ~ byval gevind it met with universal approval; dis ~ gebruiklik om te ... it's commonly/ generally the practice (or it's [the] common practice) to ...; ~ geldig wees, (law, rule) be universally/generally applicable; (law of nature, definition, thesis) be universally/generally valid; ~ menslik common to all people (or to human nature), common human (characteristic etc.); ~ in swang wees be fashionable/popular everywhere, (infml.) be all the vogue; ~ voorkomend common, frequent. **al·ge·meen·heid** commonness, generality, universality; platitude.

**Al·ge·ri·ë** (geog.) Algeria. **Al·ge·ryn** =ryne Algerian. **Al·ge·ryns** =rynse Algerian.

**Al·giers** (geog.) Algiers.

**al·go·rit·me** =mes, (math.) algorithm. **al·go·rit·mies** =miese algorithmic.

**al·heil·mid·del** =dels, =dele panacea.

**al·hoe·wel** conj. (al)though; →HOEWEL.

**a·li·as** =asse, n. alias, assumed name; 'n ~ hê/gebruik have/use an alias. **a·li·as** adv. alias, also called (or known as), otherwise (known as).

**a·li·bi** =bi's alibi; 'n ~ vir ... hê have an alibi for ...

**a·li·kreu·kel, a·li·krui·kel, a·ri·kreu·kel, a·ri·krui·kel** =kels, (shellfish) (peri)winkle.

**al·jan·der** (children's game) oranges and lemons.

**Al·ka·ï·da** (international Islam. fundamentalist organisation) al-Qaeda.

**al·ka·li** =li's, =lië, (chem.) alkali; base. **al·ka·lies** =liese alkaline; basic; ~e gesteente alkaline rock(s). **al·ka·li·ni·teit** alkalinity.

**al·ka·lo·ïed** =loïede, n., (chem.) alkaloid. **al·ka·lo·ïed** =loïede, adj. alkaloidal.

**al·kant, al·kan·te** on all/both sides; alkant selfkant reversible; (dis) alkant selfkant it makes no difference, it's all the same (or six of one and half a dozen of the other); alkant(e) toe in both directions; both ways. **al·kant-self·kant-woord, -sin** palindrome.

**al·ko·hol** =hole alcohol; spirits; absolute/suiwer/onvermengde ~ absolute alcohol. ~toetser alcotester. ~vergiftiging alcoholic poisoning. ~vry =vry(e) non(-)alcoholic, alcohol-free. **al·ko·ho·lies** =liese alcoholic, spirituous; ~e koeldrank alcoholic soft drink.

**al·ko·ho·lis** =liste alcoholic, dipsomaniac; A~te Anoniem Alcoholics Anonymous. **al·ko·ho·lis·me** alcoholism, dipsomania.

**al·koof** =kowe alcove.

**al·la** interj. (good) gracious!, goodness (me)!, gosh!, ooh!, whew!. **al·la·map·stieks, al·la·mas·tig** interj. →ALLEMAGTIG interj.. **al·la·men·sig** = ALLEMENSIG. **al·la·min·tig** = ALLEMINTIG. **al·la·wê·reld** = ALLEWÊRELD.

**Al·lah** Allah.

**al·le** telw. all, every; →AL; ~ reg hê om te ... have every right to ...; iem. ~ sukses toewens wish s.o. every success; te ~ tye at any time, at all times; ~ volke/ens. all nations/etc..

**al·le·daags, al·le·daags** =daagse =daagser die mees =daagse everyday, daily; common (or garden), ordinary, commonplace, plain, conventional, run-of-the-mill, usual, routine, oor ~e dinge praat talk about everyday matters, chat about unimportant things, make small talk; ~e gesegde household word. **al·le·daags·heid** commonness, commonplaceness, mundaneness; platitude, banality.

**al·leen** adj. alone, lonely, lonesome; by oneself/itself, solitary; isolated, unaccompanied, unattended; unpaired; unassisted; unaided; single-handed; iem. was ~ in die kamer s.o. was alone in the room; iem. ~ laat leave s.o. alone. **al·leen** adv. only, merely; solely; die gedagte daaraan ~ the mere/very thought of it; ~ met iem. gesels have a one-to-one chat with s.o., talk to s.o. one-to-one; **hy/sy** *wil iem.* ~ *spreek* he/she wishes to speak to s.o. in private; ~ **hy/sy** (of **hy/sy** ~) *het geweet wat die antwoord is* only he/she (*or* he/she alone) knew the an= swer; **hy/sy** *kan dit* ~ *doen* he/she can do it by himself/her= self (*or* on his/her own); *die materiaal/ens.* ~ *kos* ... the ma= terial/etc. alone costs (*or* just the material/etc. is) ...; ~ **maar** *omdat* ... only because ...; for no other reason than that ...; **nie** ~ ... *nie, maar ook* ... not only ..., but also ...; *iem. wil iets* **vir** *hom/haar* ~ *hê* s.o. wants s.t. for his/her very own; *'n ka= mer vir jou* ~ *hê* have a room to o.s.; ~ **vir** *lede* members only. ~**agent** sole agent. ~**besit** sole possession/ownership. ~**handel** monopoly. ~**handelaar** sole trader. ~**heerser** au= tocrat, despot, dictator. ~**heerskappy** autocracy, despotism, dictatorship, autocratic rule, absolute power. ~**lewend** soli= tary. ~**lopend** unattached; single, unmarried; solitary. ~**lo= per** loner, solitary person, (*infml.*) lone wolf; lone animal, rogue. ~**opsluiting** solitary confinement. ~**reg** monopoly, sole/exclusive right. ~**seggenskap** sole/exclusive authority/ control/right/say-so. ~**spraak** monologue, soliloquy. ~**staan= de** detached, isolated; single, solitary; unattached; individual (*case*). ~**verkoop** sole agency; monopoly. ~**verkoper**, ~**ver= teenwoordiger** sole agent/representative. ~**vlug** solo flight. ~**wedvaart:** ~ (*om die wêreld*) single-handed (round-the-world) race.

**al·leen·heid** loneliness, aloneness, lonesomeness, solitude, solitariness.

**al·leen·lik** only, merely.

**al·le·gaar·tjie** =*tjies* mixed grill; mixture, mix, mishmash, jumble, hotchpotch; potpourri; mixed bag/bunch.

**al·le·go·rie** =*rieë* allegory. **al·le·go·ries** =*riese, adj.* allegoric(al). **al·le·go·ries** *adv.* allegorically.

**al·le·gro** (*mus.*) allegro, brisk.

**al·le·mag·tig** =*tige,* **al·le·men·sig** =*sige, adj., (infml.)* mighty, enormous, huge, immense, massive; remarkable. **al·le·mag= tig, al·le·men·sig** *adv., (infml.)* mightily, hugely, immense= ly; ~ *groot* colossal, huge, enormous, massive, mighty big. **al·le·mag·tig,** (*euph.*) **al·la·map·stieks,** (*euph.*) **al·la= mas·tig,** (*euph.*) **al·le·mag·gies, al·le·men·sig** *interj.* good gracious/grief/heavens/Lord!, goodness me!, gosh!, oh my gosh/goodness!.

**al·le·man:** *Jan A*~ Tom, Dick and/or Harry, the man in the street, Everyman (*often e*~).

**al·le·mans·:** ~**gek:** *alte goed is* ~ do not be generous to the point of foolishness. ~**goed:** ~ *wees/word,* (*songs etc.*) be in the (*or* become) public domain. ~**vriend** everybody's friend; ~ *is niemandsvriend* a friend to all is a friend to none.

**al·le·men·sig** *adj., adv., interj.* →ALLEMAGTIG *adj., adv., in= terj.*.

**al·le·min·tig** =*tige:* '*n* ~*e gedoente,* (*infml.*) a hullabaloo/com= motion, (*infml.*) a big hoo-ha, a great to-do; '*n* ~*e hou* a pun= ishing blow.

**al·len** (*tech.*): ~**skroef** Allen screw. ~**sleutel** Allen key.

**al·le·nig** =*nige,* (*infml.*) alone, lone, lonely; sole.

**al·ler:** *in* ~ *haas/yl* in a great hurry, posthaste, with great haste/ speed.

**al·ler·bes, al·ler·bes:** *jou* ~ *doen om te* ... do one's utmost to ...; bend/lean over backwards to ... **al·ler·bes·te** *n.* the very best (thing), the best of all, (*fig.*) the cream; *op jou* ~ *wees* be at one's very best, be in (tip)top form. **al·ler·bes·te** *adj. & adv.* very best, best of all, best ... of all, best possible/ ever.

**al·ler·eers** first of all, first and foremost, in the first place; initially, to begin with. **al·ler·eer·ste** very first, first of all.

**al·ler·ergs** =*ergste* very worst, worst of all; *in die* ~*te geval* if the worst comes to the worst.

**al·ler·geen** =*gene, n., (med.)* allergen. **al·ler·geen** =*gene, adj.* allergenic.

**al·ler·gie** =*gieë* allergy; '*n* ~ *vir* ... *hê* have an allergy to ... ~**wekker** allergen.

**al·ler·gies** =*giese* allergic; *vir* ... ~ *wees* be allergic to ...

**al·ler·groot·ste** by far the biggest, the biggest by far; *van die* ~ *belang* of paramount (*or* the utmost) importance.

**al·ler han·de** *adj.* all kinds/sorts/manner of, various, diverse, miscellaneous, sundry; ~ *kleure* various colours; ~ *soorte koekies* assorted biscuits/cookies; ~ *mense* people of all sorts (*or* every sort and kind); *jou nie met* ~ *mense ophou nie* not associate with all and sundry.

**al·ler·hei·ligs** =*ligste, adj.* most holy/sacred. **al·ler·hei·lig·ste** *n., (fig.)* holy of holies, inner sanctum, sanctum sanctorum.

**al·ler·hoogs** =*hoogste* highest of all, paramount, supreme; *die A*~*te* the Most High, the Supreme Being, God.

**al·ler·jong·ste** youngest of all; latest of all; up-to-the-minute (*information, technol., etc.*); *die* ~ *nuus* hot news, news hot off the press.

**al·ler·laas** =*laaste* very last; very latest; *op die* ~*te* at the very end; at the last minute/moment; *31 Mei op die* ~*te* 31 May at the very latest.

**al·ler·lei** *n.* all kinds/sorts of things; miscellanea, sundries. **al·ler·lei** *adj.* all sorts/kinds of, of all sorts/kinds, miscel= laneous, sundry; *van* ~ *aard* of various sorts/kinds; ~ *mense* people of all sorts (*or* of every sort and kind).

**al·ler·liefs** =*liefste, adj.* dearest, sweetest, most charming/de= lightful; *my* ~*te* my darling/dearest, my most beloved (one). **al·ler·liefs** *adv.* most charmingly; preferably, by choice; most of all.

**al·ler·mees(·te)** most of all.

**al·ler·mins(·te)** least of all, least ... of all; *van almal die* ~*minste* ... *hê* have the least ... of all; *op die/sy* ~*minste* at the very least; *die* ~*minste wat iem. kon doen* the very least s.o. could have done; *dit het ek* ~*mins* (of *die* ~*minste*) *verwag* I had not expected that in the least, that was the last thing in the world that I had expected; *dit het ek* ~*mins van hom/haar verwag* I would never have expected that from him/her.

**al·ler·no·digs** =*digste* absolutely/most necessary; *die* ~*te* the bare necessities/essentials; *die* ~*te klere/ens.* the absolutely necessary/essential clothes/etc.; *wat ek die* ~*te het, is* ... what I'm most badly in need of is/are ...

**al·ler·nuuts** =*nuutste* newest; latest; *die* ~*te* the very latest, (the) up-to-the-minute (*fashion, style, design, etc.*).

**al·ler·vrees·liks, al·ler·ver·skrik·liks** atrocious, dread= ful, terrible, appalling; *die* ~*te rusie,* (*also, infml.*) the mother of all arguments/rows.

**al·ler·we·ë** everywhere; on all sides, in all respects, univer= sally; widely; *daar word* ~ *erken dat* ... it is universally recog= nised that ...

**al·les** all, everything; all of it, it all, the lot; ~ *in aanmer= king/ag geneem/genome* after all; all in all; after/when all is said and done; *vir almal* ~ *wees* be all things to all men; ~ *be= halwe* ... anything but ...; far from ...; everything except/bar= ring ...; ~ *aan* ... *bestee/uitgee* spend every cent/penny on ...; *bo* ~ above all (things), more than anything else; *bo* ~ ... nothing if not ...; *iem. se* ... (*gaan*) *bo/voor* ~ s.o.'s ... comes first, ... comes first with s.o. (*fam., work, etc.*); *dit* ~ all this; all of it; *dit is* ~ that's the lot; ~ *doen om te* ... do anything (*or* all one can *or* everything in one's power) to ...; ~ *en* ~ all in all; the (whole) works; '*n end maak aan* ~ end it all; *genoeg van* ~ enough of everything; ~ *goed en wel* all very well; ~ *wat iem. in die hande kan kry* anything s.o. can get hold of; *meer as* ~ more than anything; *met dit* ~ still, never= theless, yet; be that as it may, for all that, even so; *dit is nie* ~ *nie* it is not the be-all and end-all; ~ *of niks* all or nothing, no half measures; *dis nog nie* ~ *nie* that's not everything (*or* quite the whole story); ~ *en nog wat* all sorts/kinds of things; miscellanea; (*hum.*) everything but the kitchen sink; *oor* ~ *en nog wat gesels* chat about this, that and the other (*or* about anything under the sun); *ondanks* ~ in spite of everything; against (all) the odds; *dis ~ onsin* that's a lot of nonsense; ~ *ter wille van ... opoffer* give one's all for ...; *dis nie ~ pluis/wel nie* all is not well; *die blaam rus nie ~ op hom/haar nie* he/she is not entirely to blame; *dis ~ sy/haar skuld!* it's all his/her fault!; *nie sommer ~ dra/eet/ens. nie* be finicky about what one wears/eats/etc.; *iem. is tot ~ in staat* s.o. will do anything; *~ in ... steek* spend every cent/penny on ...; ~ *tesame* all in all; *van ~ voorsien wees, (a room etc.)* be well appointed; *dis feitlik ~ verby* it is all over bar/but the shouting *(infml.)*; *(nie) ~ is verlore (nie)* all is (not) lost; *~ is veroorloof* anything goes; *~ vir iem. wees* be all the world to s.o.; *voor ~* first and foremost, above all; *~ wat ...* everything that ...; *wat praat jy ~?* what on earth are you talking about?; *~ van iets weet* know all about s.t.. *~behalwe* not at all, far from it. *~etend* =*tende* omnivorous. *~eter* omnivore. *~om vattend* =*tende* all-embracing, (all-)inclusive, comprehensive, exhaustive; *~e magtiging* blanket authority. *~oorheersend* =*sende* predominant, overriding, all-important. *~oortreffend* =*fende* record-breaking; outclassing, outmatching.

**al·le·sins** in every respect/way, in all respects; ~ *geregverdig* fully justified; *dit mag ~ waar wees* it may indeed be true.

**al·le·wê·reld** *interj.* good gracious/heavens/Lord!, goodness me!, (my) gosh!, well I never!.

**al·li·an·sie** =*sies* alliance; *'n ~ met ... aangaan* conclude/form (*or* enter into) an alliance with ...; *in ~ met ...* in alliance with ...; *'n ~ tussen state* an alliance between states.

**al·li·ga·tor** =*tors* alligator.

**al·li·te·reer** *ge*= alliterate. **al·li·te·ra·sie** =*sies, (pros.)* alliteration. **al·li·te·re·rend** =*rende* alliterative.

**al·looi** =*looie* alloy; quality, standard; *van die beste/suiwerste ~* of the finest quality; *iem. van daardie ~* s.o. of that calibre/nature/sort; *van verdagte ~* suspect, of a suspect nature. *~metaal* alloy metal. *~staal* alloy steel.

**al·lo·pa·tie** *(med.)* allopathy. **al·lo·paat** =*pate* allopath(ist). **al·lo·pa·ties** =*tiese* allopathic.

**al·lo·troop** =*trope, n., (chem.)* allotrope. **al·lo·tro·pie** *(chem.)* allotropy. **al·lo·tro·pies** =*piese, (chem.)* allotropic.

**al·lu·vi·um** =*viums, =via* alluvium. **al·lu·vi·aal** =*viale* alluvial.

**al·mag** omnipotence. **al·mag·tig** =*tige* almighty, all-powerful, omnipotent; *die A~e* the Almighty/Omnipotent. **al·mag·tig·heid** omnipotence.

**al·mal** all, everyone, everybody; *Tom/ens. en ~* Tom/etc. and all of them; *hulle ~* all of them; *(infml.)* the lot of them; *ek hou van hulle ~* I like them all; *hulle is ~ ...* all of them are ...; *hou hulle maar ~* you may keep all of them (*or* the lot); *~ is/was ...* all are/were ..., everybody/everyone is/was ...; *daar is genoeg vir julle ~* there is enough to go round; *ons ~* all of us; *~ saam* all together; *~ sonder uitsondering* one and all, to a man; *dit is ~ teen ~* it is (a case of) dog eat dog; *~ tegelyk* all at the same time; as one; *~ voor die voet* all and sundry.

**al·ma ma·ter** *(often A~ M~)* alma mater.

**al·ma·nak** =*nakke* almanac, calendar.

**al·om, al·om** everywhere, on all sides; *~ gewild wees* be widely popular, be popular all over.

**al·om·be·kend, al·om·be·kend** =*kende,* **al·om be·kend** *alom bekende* widely known; *dit is ~ ~* it is common knowledge. **al·om·be·kend·heid** wide reputation/renown.

**al·om·teen·woor·dig, al·om·teen·woor·dig** =*dige,* **al·om teen·woor·dig** *alom teenwoordige* omnipresent, ubiquitous. **al·om·teen·woor·dig·heid** omnipresence, ubiquity.

**al·om·vat·tend, al·om·vat·tend** =*tende* all-embracing, (all-)inclusive, comprehensive, exhaustive; *~e magtiging* blanket authority.

**al·pak·ka** =*kas, (zool.)* alpaca. *~(wol)* alpaca.

**Al·pe:** *die ~* the Alps. **Al·pyns** =*pynse* Alpine.

**al·pi·nis** =*niste, (mountaineer)* alpinist. **al·pi·nis·me** *(mountaineering)* alpinism.

**al·reeds** already; →REEDS.

**al·ruin** =*ruine, (bot.)* mandrake, mandragora.

**als¹** = ALLES.

**als², al·sem(·kruid)** wormwood, absinth(e).

**al·sien·de** all-seeing; *die A~* the All-seeing.

**al·sy·dig** =*dige* universal, all-round; many-sided; all-purpose *(vehicle etc.)*; *~e kennis* all-round knowledge. **al·sy·dig·heid** universality; many-sidedness.

**alt** *alte* alto; contralto. *~blokfluit* alto/treble recorder. *~hobo* cor anglais, English horn. *~saksofoon* alto sax(ophone). *~sangeres* contralto; alto. *~speler,* *~violis* viola player, *(Am.)* violist. *~stem* contralto (voice). *~viool* viola.

**al·taar, al·taar** =*tare* altar. *~dienaar* acolyte. *~doek,* *~kleed* altar cloth, frontlet, frontal. *~kelk* chalice. *~klokkie (RC)* sacring bell. *~skildery,* *~stuk* reredos, altarpiece; predella.

**al·tans** at least, anyway, anyhow, at any rate.

**al·te** very, extremely; all/only too *(obvious etc.)*; *~ bekommerd* overanxious; *~ eerlik* honest to a fault; *'n ~ gawe ou* a really nice guy; *iets maar ~ goed weet* know s.t. only too well; *dis ~ jammer* it's/that's too bad; *~ seker* most certainly, by all means; *~ veel* overmuch; far too much; undue; unduly; *nie ~ vinnig nie* not of the quickest; *dis maar ~ waar* it's only too true.

**al·te·mit(s)** perhaps, maybe; *dis (nou) nie ~ nie* that's a fact; there is no doubt about it.

**al·ter e·go** =*go's* alter ego.

**al·ter·na·tief** =*tiewe, n.* alternative; *as ~* in the alternative; *'n ~ vir ...* an alternative to/for ... **al·ter·na·tief** =*tiewe, adj.* alternative *(fuel, technol., therapy, etc.)*; *~tiewe geneeskunde* alternative/complementary medicine; *~tiewe kultuur* alternative society; counterculture.

**al·ter·na·tor** =*tors, =tore, (elec.)* alternator.

**al·ter·neer** *ge*= alternate; *alternerende reeks/stroom* alternating series/current.

**al·te·saam, al·te·sa·me** (al)together, in all/total, all told; *vir ~ ...* for a total of ...

**al·ti·me·ter** *(aeron.)* altimeter. **al·ti·me·trie** altimetry.

**al·to·cu·mu·lus** *(meteorol.)* altocumulus.

**al·tru·ïs** =*truïste* altruist. **al·tru·ïs·me** altruism. **al·tru·ïs·ties** =*tiese* altruistic.

**al·tyd** always, at all times, all along; in actual fact, actually; ~ *so bly* go on forever (*or* for ever); *iem. het iets nog ~ gedoen* s.o. has always done s.t.; *iem. woon nog ~ in ...* s.o. is still living in ...; *oral(s) en ~, ~ en oral(s)* whenever and wherever, wherever and whenever; *soos ~* as always; *van ~ af* always; *vir (ewig en) ~* forever, for ever; for evermore, forever more; for keeps; for all time; for good (and all); *vir ~ aanhou* go on forever (*or* for ever); *vir eens en ~* once and for all; *vir eens en ~ verby wees* be over and done with; *~ weer* again and again. *~groen* evergreen.

**al·tyd·deur** continually, throughout, all the time.

**a·luin** =*luine, (chem.)* alum. *~leer* whiteleather, white leather. *~poeier* powdered alum. *~steen* alum stone.

**a·lu·mi·ni·um** *(chem., symb.: Al)* aluminium. *~foelie* aluminium foil. *~verf* aluminium paint.

**a·lu·mi·ni·um·ag·tig** =*tige* aluminous.

**a·lu·mi·ni·um·hou·dend** =*dende* aluminiferous, aluminous.

**a·lum·nus** =*lumni, (masc.)* alumnus, ex-student. **a·lum·na** =*nas, (fem.)* alumna, ex-student.

**al·ve·ool** =*veole, (anat., biol.)* alveolus. **al·ve·o·lêr** =*lêre, n. & adj., (phon. etc.)* alveolar.

**al·ver·mo·ë** omnipotence. **al·ver·mo·ënd** =*moënde* omnipotent; *die A~e* the Omnipotent.

**al·vlees·klier, al·vleis·klier** *(dated)* = PANKREAS.

**al·vo·rens** *(fml.)* before, until, previous/prior to.

**al·we·tend** *=tende* all-knowing, omniscient. **al·we·tend·heid** omniscience.

**al·we·ter** *=ters, (derog.)* know-all, wise guy, smart alec(k).

**al·wiel·aan·dry·wing** *(mot.)* all-wheel drive.

**al·wys** *=wyse* all-wise; *die A~e* the All-wise. **al·wys·heid** supreme wisdom.

**Alz·hei·mer·siek·te** *(also a~, med.)* Alzheimer's (disease).

**a·maas** *(med.)* amaas, alastrim.

**A·ma·bo·ko·bo·ko:** *die ~, (infml.: SA rugby team)* Amabokoboko.

**a·mal·gaam** *=game, (metall. etc.)* amalgam.

**a·mal·ga·meer** *ge=* amalgamate. **a·mal·ga·ma·sie** *=sies* amalgamation.

**a·man·del** *=dels* almond; *(geol.)* amygdale. **~(boom)** almond (tree). **~geursel** almond essence. **~koekie** macaroon. **~steen** *(min.)* amygdaloid. **~suur** mandelic acid. **~vlokkies** *n. (pl.)* flaked almonds.

**a·man·del·ag·tig** *=tige* almond-like, amygdaline.

**a·man·del·vor·mig** *=mige* almond-shaped, amygdaloid; *met ~e oë* almond-eyed.

**a·ma·ndla** *(Xh.: power)* amandla.

**a·ma·nu·en·sis** *=sisse, (Lat., rare)* amanuensis, assistant.

**a·ma·ra** bitter medicine.

**a·ma·rant** *=rante, (bot. or poet.)* amaranth; love-lies(-a)-bleeding; tumbleweed; pigweed. **~hout** blue ebony, purple wood.

**a·ma·ril** emery. **~doek, ~katoen** emery cloth. **~papier** emery paper. **~vyl** emery board.

**a·ma·ril·lis** *=lisse, (bot.)* amaryllis, belladonna/March lily.

**A·ma·so·ne** *(Gr. myth.)* Amazon; *die ~(rivier)* the Amazon (River).

**a·ma·so·ne** *(woman; parrot)* amazon. **~steen, a·ma·so·niet** amazon stone, amazonite.

**a·ma·teur** *=teurs* amateur, non(-)specialist; *rou ~* rank amateur. **~skilder** amateur/Sunday painter. **~toneel** amateur acting/theatre. **~wynmaker** garagiste *(Fr.)*.

**a·ma·teur·ag·tig** *=tige* amateurish, unprofessional, dilettant(e)ish, dilettante.

**a·ma·teu·ris·me** amateurism.

**a·ma·teurs·werk** amateurish/unskilled work.

**am·bag** *=bagte* (handi)craft, trade; occupation; *'n ~ beoefen* carry on (*or* pursue) a trade; ply/practise a craft; *'n ~ kies* take up a trade; *'n ~ leer* learn a trade, learn/master a craft; *'n man van twaalf ~te en dertien ongelukke* (a) jack of all trades (and master of none); *'n timmerman van ~* a carpenter by trade. **~skool** trade school.

**am·bags:** **~kuns** (arts and) crafts. **~leerling** apprentice. **~man** *=manne, =lui, =mense* artisan, craftsman. **~opleiding** vocational/technical training.

**am·bas·sa·de** *=des* embassy.

**am·bas·sa·deur** *=deurs* ambassador; *buitengewone ~* ambassador extraordinary; *gevolmagtigde ~* ambassador plenipotentiary.

**am·bas·sa·deurs :** **~vrou** ambassador's wife. **~woning** embassy.

**am·ber** amber. **~boom** (American) sweet gum, liquidambar. **~geur** odour of amber(gris). **~grys** ambergris. **~hout** satin walnut. **~steen** (yellow) amber. **~vet** *(chem.)* ambrein.

**am·ber·kleu·rig** *=rige* amber(-coloured), fustic.

**am·bi·ance** *(Fr.)* ambience, ambiance.

**am·bi·gu·ï·teit** ambiguity.

**am·bi·sie** *=sies* ambition; *sterk ~* towering/vaulting ambition; *jou ~ verwesen(t)lik* achieve/realise one's ambition; *vol ~ wees* be full of ambition. **am·bi·si·eus** *=euse meer =euse die mees =euse* ambitious, aspiring.

**am·bi·va·lent** *=lente* ambivalent. **am·bi·va·len·sie** ambivalence.

**am·braal** *(infml.)* sickly person, patient.

**am·bro·si·a** *(myth., fig., bot.)* ambrosia. **~kewer** ambrosia beetle.

**am·bu·lans** *=lanse* ambulance. **~diens** ambulance service. **~trein** hospital train.

**am·bu·lant** *=lante* ambulant, ambulatory *(patient etc.)*.

**a·me·be** *=bes* amoeba. **~disenterie, ~buikloop** amoebic dysentery.

**a·me·be·ag·tig** *=tige* amoeba-like, amoeboid, amoebiform.

**a·me·bi·a·se** amoebiasis.

**a·me·bies** *=biese* amoebic.

**a·me·bo·ïed** *=boïede, adj.* amoeboid.

**a·men** *=mens* amen; *~ op iets sê* say amen (*or* give one's blessing) to s.t.; *op alles (ja en) ~ sê* agree to anything.

**a·men·de·ment** *=mente* amendment; *'n ~ aanvaar/voorstel* accept/propose an amendment; *'n ~ op 'n voorstel* an amendment to a motion.

**a·me·nor·ree** *(med.)* amenorrhoea.

**A·me·ri·ca·na, A·me·ri·ka·na** Americana.

**A·me·ri·ka** America. **A·me·ri·kaans** *=kaanse* American; *~e adelaar* American eagle; *eksklusief/tipies ~* all-American; *~e Engels* American English; *~e Indiaan/inboorling* Native American; *~e veghond/vegbulterriër* (American) pit bull (terrier). **A·me·ri·ka·ner** *=ners* American. **a·me·ri·ka·ni·sa·sie, a·me·ri·ka·ni·se·ring** Americanisation. **a·me·ri·ka·ni·seer** *ge=* Americanise. **A·me·ri·ka·nis·me** *=mes* Americanism.

**a·me·ri·ki·um, a·me·ri·si·um** *(chem., symb.: Am.)* americium.

**a·me·tis** *=tisse, =tiste* amethyst. **a·me·tis·ag·tig** *=tige* amethystine. **a·me·tis·kleu·rig** *=rige* amethyst(ine).

**a·meu·ble·ment, meu·bel·ment, meu·ble·ment** *=mente* (set/suite of) furniture.

**am·fe·ta·mien** *=miene, (med.)* amphetamine.

**am·fi·bie** *=bieë, (zool.)* amphibian (animal); *(in the pl., A~)* Amphibia. **am·fi·bies** *=biese, (zool.)* amphibian; *(biol., mil.)* amphibious; *~e ruspe(r)=/kruipbandvoertuig, (mil.)* amtrac(k); *~e tenk* amphibious tank; *~e vliegtuig/voertuig* amphibian.

**am·fi·bool** *=bole, (min.)* amphibole.

**am·fi·brag** *=bragge, (pros.)* amphibrach.

**am·fi·pode** *(zool.)* amphipod. **am·fi·po·dies** amphipod.

**am·fi·te·a·ter** *=ters* amphitheatre; *natuurlike ~* cirque.

**am·foor** *=fore*, **am·fo·ra** *=ras, (ancient Gr./Rom. jar/jug)* amphora.

**a·mi·ce** *(Lat.)* (my) dear friend.

**A·mies** *adj.* Amish; *die ~e Doopsgesindes* the Amish.

**a·mi·no·suur** *(chem.)* amino acid; *essensiële/noodsaaklike ~* essential amino acid.

**am·mo·ni·a** ammonia (water), liquid/aqueous ammonia.

**am·mo·ni·ak** ammonia. **~gas** ammonia. **~gom** (gum) ammoniac. **~sout** sal ammoniac.

**am·mo·niet** *=niete, (palaeontol.)* ammonite.

**am·mo·ni·um** *(chem.)* ammonium. **~chloried** ammonium chloride, sal ammoniac. **~diuranaat** yellowcake. **~hidroksied** ammonium hydroxide, spirits of hartshorn.

**am·mu·ni·sie** ammunition. **~wa** ammunition wag(g)on, caisson.

**am·ne·sie, am·ne·sie** amnesia, loss of memory.

**am·nes·tie** *=ties*, **am·nes·tie** *=tieë* amnesty; *'n ~ afkondig* declare an amnesty; *A~ Internasionaal, (abbr.: AI)* Amnesty International; *~ aan iem. verleen* grant (an) amnesty to s.o.; *ingevolge 'n ~ vrygelaat word* be released under an amnesty.

**am·ni·o·sen·te·se** *(med.)* amniocentesis.

**a·mok** amok, amuck; ~ *maak* run amok/amuck, go berserk, be/go on the rampage, run riot.

**a·mo·reel** =*rele* amoral, non(-)moral. **a·mo·ra·lis·me, a·mo·ra·li·teit** amoralism, amorality.

**a·mo·reus** =*reuse* amorous.

**a·morf** =*morfe,* **a·mor·fies** =*fiese* amorphous, undifferenti= ated. **a·mor·fis·me** amorphism.

**a·mor·ti·sa·sie** =*sies* amortisation, redemption *(of a loan).* ~*fonds* sinking fund.

**a·mor·ti·seer** *ge=* amortise, redeem *(a loan).*

**a·mo·siet** *(min.)* amosite.

**amp** *ampte* position, office, place, post, charge; incumbency, dignity; *'n* ~ *aanvaar* assume (an) *(or* take) office; *'n* ~ *be· klee* hold *(or* serve in an) office; *iem. in 'n* ~ *herstel* rein= state s.o. in an office; *uit hoofde van sy/haar amp* ~ by virtue of his/her office; *'n* ~ *neerlê* retire from office; *iem. van 'n* ~ *onthef* relieve s.o. of an office; *('n) bakker van* ~ *wees* be a baker by trade; *'n* ~ *vervul* perform a function. ~*saak* of= ficial matter. ~*seël* official seal, seal of office. ~*serp* sash of office. ~*sierade* n. *(pl.)* regalia. ~*staf (parl.)* mace.

**am·per** almost, nearly; *ek dink* ~ ... I am inclined to think ...; *dit is* ~ *maar nog nie* it is near the mark; ~ *nie* hardly, barely, scarcely; ~ *nooit* scarcely/hardly ever; *dis* ~ *sesuur* it's go= ing on (for) six o'clock; ~ *sewentien wees* be sixteen going on (for) seventeen; *so* ~ very nearly; *so* ~ ... all but ...; *dit was so* ~*(tjies)* it was a close/near thing; ~ *is (nog) nie stamper nie* a miss is as good as a mile; don't count your chickens (before they are hatched). ~~*amper* very nearly, within an inch/ace of. ~~*dood-ervaring* near-death experience. ~~*kook* scald.

**am·père** =*père(s), (elec.)* ampere. ~*meter* ammeter.

**am·per·sand** *(the character* &*)* ampersand.

**am·pli·fi·seer** *ge=* amplify. **am·pli·fi·ka·sie** amplification.

**am·pli·tu·de** =*des* amplitude. ~*modulasie* amplitude modu= lation.

**amps**= ~*aanvaarding* assumption of *(or* accession to) office. ~*bediening* (tenure of) office, incumbency. ~*besoek* official visit. ~*draer,* ~*bekleder,* ~*bekleër* office bearer/holder, of= ficial, functionary, *(eccl.)* incumbent. ~*duur* term/period/ten= ure of office. ~*eed* oath of office. ~*gebied* jurisdiction. ~*ge· heim* official secret; professional secret. ~*genoot* colleague; counterpart, opposite number. ~*gewaad* official robes, robes of office. ~*halwe* officially, by virtue of one's office, ex offi= cio. ~*ketting* chain of office. ~*misbruik* abuse of office/ power. ~*misdryf,* ~*oortreding (jur.)* misfeasance; *(jur.)* mal= feasance; official misdemeanour. ~*motor* official car. ~*plig* official duty; professional duty. ~*reis* official journey/tour/ trip. ~*teken* badge/symbol/insignia of office. ~*termyn,* ~*tyd* = AMPSDUUR. ~*titel* official title. ~*toelaag,* ~*toelae* official allowance. ~*versuim* dereliction of (official) duty. ~*voor· ganger* predecessor in office. ~*wag (SA), (Nat. Assembly)* ser= jeant at arms; *(Nat. Council of Provinces)* (Usher of the) Black Rod. ~*woning* official residence.

**amp·te·lik** =*like* official; formally; professional; ~*e geheim* of= ficial secret; ~*e ondersoek* public inquiry *(into s.o.'s death etc.);* ~*e taal* official language.

**amp·te·naar** =*nare* functionary, official, officer; *'n (verwaan· de)* ~*tjie* a petty official/bureaucrat. **amp·te·na·re·dom, amp· te·na·ry** officialdom, bureaucracy. **amp·te·na·re·taal** offici= alese.

**am·pul** =*pulle* ampulla; *(med.)* ampoule.

**am·pu·teer** *ge=* amputate. **am·pu·ta·sie** =*sies* amputation.

**a·mu·let** =*lette* amulet, periapt; charm, mascot, talisman.

**a·mu·sant** =*sante* =*santer* =*santste* amusing, entertaining, di= verting; *iets* ~ *vind* be amused at/by s.t., find s.t. amusing.

**a·mu·seer** *ge=* amuse, divert, entertain, *(infml.)* tickle; *deur iets geamuseer word* be amused at/by s.t.; *jou* ~ have fun *(or* a good time), enjoy o.s.; *jou* ~ *deur te ...* amuse o.s. by ...; *jou met iets* ~ have fun *(or* amuse o.s.) with s.t.; keep o.s. amused with s.t..

**a·naal** =*nale* anal.

**A·na·bap·tis·me** Anabaptism. **A·na·bap·tis** =*tiste* Anabap= tist. **An·a·bap·tis·ties** =*tiese* Anabaptist.

**a·na·bo·lie, a·na·bo·lis·me** *(biol.)* anabolism. **a·na·bo·lies** *(biol., med.)* anabolic; ~*e steroïed* anabolic steroid.

**a·na·boom** =*bome, (Acacia albida)* ana tree.

**a·na·chro·nis·me, a·na·kro·nis·me** =*mes* anachronism. **a·na·chro·nis·ties, a·na·kro·nis·ties** =*tiese* anachronistic.

**an·a·ë·roob** =*robe, n., (biol.)* anaerobe, anaerobium. **an·a· ë·roob** =*robe,* **an·a·ë·ro·bies** =*biese, adj.* anaerobic. **an·a·ë· ro·bi·o·se** anaerobiosis.

**a·na·foor** =*fore,* **a·na·fo·ra** =*ras, (gram., rhet.)* anaphora. **a·na·fo·ries** =*riese* anaphoric.

**a·na·gram** =*gramme* anagram.

**a·na·ko·loet** =*loete, (rhet.)* anacoluthon.

**a·na·kon·da** =*das, (zool.)* anaconda.

**a·na·kro·nis·me** →ANACHRONISME.

**an·al·fa·beet** =*bete, n.* illiterate (person), non(-)reader. **an·al·fa·be·ties** =*tiese, adj.* illiterate. **an·al·fa·be·tis·me** illit= eracy.

**a·nal·ge·sie, a·nal·gie** *(med.: inability to feel pain)* analge= sia, analgia. **a·nal·ge·ties** =*tiese* analgesic. **a·nal·ge·ti·kum** =*ti· kums,* =*tika* analgesic.

**a·na·li·se** =*ses* analysis. **a·na·lis** =*liste,* **a·na·li·ti·kus** =*tikusse,* =*tici* analyst. **a·na·li·ties** =*tiese* analytic(al); ~*e sielkunde/psi· gologie* analytic(al) psychology.

**a·na·li·seer** *ge=* analyse. **a·na·li·sa·tor** =*tors,* =*tore* analyser; (electronic) probe.

**a·na·lo·gie** =*gieë* analogy; *'n* ~ *tussen ... en ... aantoon* draw an analogy between ... and ...; *na* ~ *van ...* on the analogy of ...; *by analogy with ...* **a·na·lo·gies** =*giese* analogic(al). **a·na· loog** =*loë, adj.* analogous, similar; ~ *aan/met ...* analogous to/with ...; *analoë orgaan, (biol.)* analogue.

**an·a·mor·fo·se** =*ses, (opt., biol.)* anamorphosis; anamor= phism.

**a·na·pes** =*peste, (pros.)* anapaest. **a·na·pes·ties** =*tiese* ana= paestic.

**a·nar·gie** anarchy. **a·nar·gis** =*giste* anarchist. **a·nar·gis·me** anarchism. **a·nar·gis·ties** =*tiese* anarchist.

**a·na·to·mie** anatomy. **a·na·to·mies** =*miese* anatomical. **a·na· toom** =*tome* anatomist.

**an·dan·te** *(mus.)* andante, moderately slow. **an·dan·ti·no** *(mus.: slightly faster than andante)* andantino.

**an·der** n.: *al die* ~ all the others; *die* ~ other people, others; ~*(e)* others; *die een het die* ~ *verwyt* they blamed each other *(or* one another); *'n* ~ another; *nes (of net soos) al die* ~ like the rest of them; *onder* ~*e* among(st) other things, inter alia, including. **an·der** *adj.* another; other; *die* ~ *dag* (the) next day; the other day, recently; *jy is (ook) 'n* ~ *een!* you're a nice one!; *aan die* ~ *ent van die wêreld* at the back of be= yond; *die* ~ *geslag* the opposite sex; *glad 'n* ~ *ding/saak* quite another matter; a different *(or* whole new) ball game; ~ *jaar/maand/week* next year/month/week; ~ *kant/sy, (fig.)* flip side; *iem. na die* ~ *plek wens/stuur* send s.o. pack= ing; *'n totaal* ~ *persoon* quite another person. ~*dag* (on) another day, another time, later (on). ~*half* =*halwe* one and a half; ~/*anderhalwe jaar* a year and a half, eighteen months; ~/*anderhalwe uur* an hour and a half. ~*land (infml.)* foreign country; *in* ~ abroad; ~ *toe gaan* go abroad. ~*maal* again, once more, a second time. ~*man* s.o. else; a stranger; ~ *se boeke/briewe (of* ~*sboeke/*=*briewe) is duister om te lees* no one can read another's mind; *dis* ~ *se goed (of* ~*sgoed)* that doesn't belong to you. ~*pad* (by) another way/road; in a different direction; ~ *kyk* look away, look the other way.

**an·der·kant** *adv.* on the other/far side, at the far end, be= yond; overleaf; ~ *toe* across, to the other/far side; ~ *toe kyk* look the other way; *net toe iem.* ~ *toe kyk* as soon as s.o.'s back was turned. **an·der·kant** *prep.* across, beyond, on the other/far side of. **an·der·kant·s(t)e** opposite.

**an·ders** =*derse, adj. & adv.* different(ly); else; otherwise, or else; unalike; *(infml.)* funky; usually, normally; →ANDER *adj.*; ~ *as...* as distinct from ...; unlike ...; ~ *as ... wees* differ from ...; be different from ...; be dissimilar to ...; *X,* ~ *as Y, ...* X, unlike Y, ...; *ek dink* ~ *daaroor* I disagree with you there, I hold/take a different view, I have/hold a different opinion; *hoe kan iem. dit* ~ *doen?* how else can s.o. do it?; *wat kon iem.* ~ *doen (as om ...)?* what else could s.o. do (but ...)?; *glad ie= mand* ~ quite another person; *glad iets* ~ a horse of another (or of a different) colour; *iets is glad/heel* ~ s.t. is far/quite different; *iets glad/heeltemal/totaal* ~ something quite dif= ferent; *dit is iets* ~, *(also)* that is something else; *iem. is* ~ s.o. has changed; *dit kan nie* ~ *nie* it can't be helped, there's no alternative (or no other way); *iem. kan nie* ~ *nie* s.o. has no alternative; s.o. can do no other; s.o. cannot help him=/her= self; *iem. kan nie* ~ *as om te ... nie* s.o. has no choice/option but to ...; *'n mens kan nie* ~ *nie as om in te sien dat ...* one cannot fail to see that (or the reason why) ...; *hoe kon dit* ~? how could it be otherwise?; *iem. kon nie* ~ *as lag/ens. nie* s.o. couldn't help laughing/etc.; *A lyk* ~ *as B* A and B are un= alike; *iets* ~ *maak* change s.t.; *die huis is oud, maar* ~ *baie gerieflik/ens.* the house is old, but otherwise (or for the rest) quite comfortable/etc.; *'n* ~*e mens* a different sort of per= son; *iets is niks* ~ *as ... nie* s.t. is nothing else than (or noth= ing [else] but) ...; s.t. is sheer/plain ..., s.t. is ... pure and sim= ple; s.t. is nothing short of ...; *niks* ~ *te doen hê nie, (also)* not be otherwise engaged; *in niks* ~ *belang stel* (of belangstel) *nie* not be interested in anything else; *dis nooit* ~ *nie* of course, undoubtedly, without (a) doubt; that's just/precisely it, that's just the way it is (or things are), that's exactly how it is; *of* ~ otherwise, or else, alternatively; *dit is 'n slag iets* ~ it makes a change; *iem. is ongesteld,* ~ *sou hy/sy gekom het* s.o. is ill, otherwise he/she would have come; *iets* ~ *stel/uitdruk* re= word/rephrase s.t.; *waar* ~? where else?; ~ *word* change.

**an·ders·den·kend** =*kende,* **an·ders·ge·sind** =*sinde, adj.* dissident, dissenting, dissentient, of a different opinion. **an= ders·den·ken·de, an·ders·ge·sin·de** =*des, n.* dissident, dis= senter, dissentient; refus(e)nik.

**an·ders·geit** *(infml.)* crankiness.

**an·ders·heid** otherness, dissimilarity.

**an·der·sins** otherwise, in another way.

**an·ders·lui·dend** =*dende* differently worded.

**an·ders·om** the other way round/about; *iets* ~ *draai* turn s.t. the other way; *dis net (mooi)* ~! quite the contrary!, just the opposite!, the very opposite/reverse is true!; *en/of* ~ and/ or vice versa.

**an·der·soor·tig** =*tige* different (in kind), dissimilar, unlike.

**an·der(s)·ta·lig** =*lige* speaking another (or a different) lan= guage.

**an·der·ste(r)** *adj. & adv., (infml.)* funky; →ANDERS *adj. & adv.*; *'n* ~ *entjie mens* an oddball.

**an·der·syds** on the other hand.

**An·des:** ~*gebergte: die* ~ the Andes. ~*wolf (also a*~*)* An= dean wolf.

**An·dor·ra** *(geog.)* Andorra. **An·dor·rees** *n. & adj.* Andorran.

**An·dre·as** *(NT)* Andrew. ~*kruis* St Andrew's cross.

**an·dro·geen** =*gene, n.* androgen. **an·dro·geen** =*gene, adj., (biochem.)* androgenic; *(bot.)* androgenous.

**an·dro·gien** =*giene, n., (hermaphrodite)* androgyne. **an·dro· gien** =*giene, adj.* androgynous.

**an·dy·vie** =*vies* endive.

**a·nek·do·te** =*tes, (dim. =tetjie)* anecdote. **a·nek·do·ties** =*tiese* anecdotal.

**a·ne·mie** *(med.)* anaemia. **a·ne·mies** =*miese* anaemic.

**a·ne·mo·me·ter** anemometer, wind gauge.

**a·ne·moon** =*mone* anemone, windflower.

**a·nes·te·sie** anaesthesia. **a·nes·te·ties** =*tiese* anaesthetic. **a·nes·te·ti·kum** =*tikums, =tika* anaesthetic. **a·nes·te·ti·kus** =*ti= kusse, =tici* anaesthetist.

**a·neu·ris·me** =*mes, (med.)* aneurysm, aneurism.

**an·gel** =*gels* sting *(of an insect); (bot.)* awn; tang *(of a knife etc.); (fig.)* sting *(of a remark);* barb *(of wit);* agony *(of remorse etc.); die* ~ *uit iets haal, (fig.)* take the sting out of s.t.; *die* ~ *sit in die stert* the sting is in the tail; *sonder* ~ stingless. **an·gel·rig** =*rige* full of awns.

**an·ge·lier** =*liere* carnation.

**an·ge·li·ka** =*kas, (bot., cook.)* angelica.

**An·gel-Sak·ser, An·glo-Sak·ser** =*sers* Anglo-Saxon. **An= gel-Sak·sies, An·glo-Sak·sies** =*siese, n. & adj.* Anglo-Saxon, Old English.

**an·ge·lus** *(RC)* Angelus.

**an·gi·na** *(med.)* angina.

**an·gi·o·gra·fie** *(med.)* angiography.

**an·gi·o·gram** *(med.)* angiogram.

**an·gi·o·spoor** =*spore,* **an·gi·o·spo·ries** =*riese, (bot.)* angio= sporous.

**An·gli·kaan** =*kane* Anglican, *(Am.)* Episcopalian. **An·gli·kaans** =*kaanse* Anglican; ~*e Kerk* Anglican Church, Church of Eng= land, Church of the Province (of South Africa).

**An·glis** =*gliste, (also a*~*)* Anglicist, Anglist.

**an·gli·seer** *ge=* anglicise, anglify. **an·gli·se·ring** anglicising, anglicisation.

**An·gli·sis·me** =*mes, (also a*~*)* Anglicism. **An·gli·sis·ties** =*tiese, (also a*~*)* Anglicist(ic). **An·glis·tiek** *(also a*~*)* English studies.

**An·glo-Boe·re·oor·log** (Anglo-)Boer War, South African War.

**An·glo·fiel** =*fiele* Anglophil(e).

**An·glo·foob** =*fobe* Anglophobe. **An·glo fo·bie** Anglophobia.

**An·glo·maan** =*mane* Anglomaniac. **An·glo·ma·nie** Anglo= mania.

**An·go·la** *(geog.)* Angola. **An·go·lees** =*lese, n. & adj.* Angolese.

**an·go·ra** =*ras, (also A*~*)* angora. ~*bok* Angora goat. ~*haar* mohair. ~*wol* angora (wool).

**angs** *angste* fear, dread, terror; anxiety, anguish; *beef/bewe/ bibber/sidder van* ~ shake/tremble with fear; ~ *beleef/ belewe* suffer fears, be terrified/anxious; *byna doodgaan/ sterf/sterwe van* ~ almost die (or pass out) with fear; *met* ~ *en bewing* in fear and trembling, beset by fears, with ter= ror in one's heart; *in dodelike/doodse* ~ *verkeer* be in mor= tal fear, be mortally afraid, *(infml.)* be scared stiff (or to death); *iem. die doodse* ~ *op die lyf ja(ag)* put the fear of God into s.o.; *rasend van* ~ *wees* be beside o.s. with fear/terror; *met sty= gende* ~ with growing fear(s)/anxiety; *uit* ~ *vir ...* for fear of ...; *in* ~ *oor iem./iets verkeer* be anxious/worried about s.o./ s.t. ~*bevange* petrified (with fear), terrified, terror-, panic- stricken, -struck, panicky, beside o.s. with fear/terror; ~ *raak* get into a panic, get panicky, *(infml.)* freak (out). ~*droom* anxiety dream. ~*geroep* cries of distress. ~*gevoel* feeling of anxiety. ~*sweet* cold sweat.

**ang·stig** =*stige =stiger =stigste* afraid, fearful, terrified, distress= ful; anxious; shuddering. **ang·stig·heid** fearfulness, anxiety.

**angs·val·lig** =*lige* anxious, nervous, apprehensive, timid; scru= pulous, meticulous, painstaking, studious. **angs·val·lig·heid** timidity; scrupulousness.

**angs·vol** =*volle* anxious *(moment);* agonised *(look).*

**angs·wek·kend** =*kende* frightening, terrifying, daunting, scary, alarming, horrifying, petrifying, appalling, unnerving, fearful, hair-raising, hairy, harrowing; scarifying *(sight);* white- knuckled *(moment).* **angs·wek·kend·heid** alarming nature.

**a·nil** *(bot.)* anil, indigo (plant); *(dye)* indigo(tin), indigo blue.

**a·ni·ma** *(psych.)* anima.

**a·ni·ma·lis·me** animalism.

**a·ni·ma·sie** *(cin.)* animation. ~**kunstenaar** animator, animater. ~**(rol)prent** (animated) cartoon.

**a·ni·meer** *ge*= animate, enliven, stimulate; encourage, urge (on); *(cin.)* animate. **a·ni·meer·der** *(cin.)* animator, animater.

**a·ni·mis·me** animism. **a·ni·mis** =*miste* animist. **a·ni·mis·ties** =*tiese* animistic.

**a·ni·mo** gusto, zest, zeal, *(infml.)* go, spirit.

**a·ni·mo·si·teit** =*teite* animosity.

**a·ni·mus** animus.

**a·ni·oon** *anione, (chem.)* anion.

**a·ni·set, a·nys·li·keur** anisette, aniseed liqueur.

**an·ker** =*kers, n.* anchor; stay; brace, cramp, iron, tie *(of a wall)*; *(mech.)* armature, keeper *(of a magnet)*; *(liquid measure)* anker; *(tug of war)* anchor(man/woman/person); ~ **gooi, die ~ laat val** *(of* **uitgooi)** cast/drop anchor; *êrens (of by iem.)* ~ **gooi**, *(fig.)* settle down somewhere *(or with s.o.)*; *die ~ in iem. se lewe, (fig.)* s.o.'s mainstay (in life); *(die)* ~ **lig** raise (the) anchor; ~*s* **uitgooi**, *(infml.)* slam on the brakes; **voor** ~ **lê** be/ lie/ride at anchor, be anchored. **an·ker** *ge*=, *vb.* anchor, drop/ cast anchor; brace, stay. ~**boei** anchor buoy. ~**huurder** anchor tenant *(in a shopping centre)*. ~**ketting** anchor cable/ chain, chain cable; mooring. ~**lig** anchor light, riding lamp/ light. ~**man**, ~**persoon**, ~**vrou** anchor(man/person/woman). ~**plek** anchorage, moorage, mooring; roadstead, road(s). ~**tou** *(naut.)* anchor hawser/rope, mooring rope, rode; drag= rope, dragline, guide rope *(of a balloon/airship)*; guy *(of a rad. mast etc.)*.

**an·na** =*nas, (Ind. coin)* anna; *kwart*~ pice.

**an·na·le** *n. (pl.)* annals; *in die* ~ in the annals. **an·na·lis** =*liste* annalist.

**an·neks** =*nekse, n.* annex(e).

**an·nek·seer** *ge*= annex; take. **an·nek·sa·sie** =*sies* annexation.

**an·no·teer** *ge*= annotate. **an·no·ta·sie** =*sies* annotation; note. **an·no·teer·der, an·no·teur** annotator.

**an·nu·ï·teit** =*teite* annuity.

**an·nu·leer** *ge*= annul, cancel.

**an·nun·si·a·sie** *(chiefly Chr.)* annunciation.

**a·no·de** =*des, (elec.)* anode. **a·no·di·seer** *ge*= anodise.

**a·no·ma·lie** =*lieë* anomaly.

**a·no·mie** *(sociol.)* anomy, anomie.

**a·no·niem** =*nieme* anonymous, nameless; unattributably. **a·no·ni·mi·teit** anonymity, namelessness.

**a·no·rak** =*raks, =rakke* anorak, parka.

**a·no·rek·sie** *(med.)* anorexia. ~**lyer** anorectic, anorexic. **a·no·rek·ties** =*tiese* anorectic, anorexic. **a·no·rex·i·a ner·vo·sa** anorexia nervosa.

**an·or·ga·nies** =*niese* inorganic.

**an·sjo·vis** =*vis(se)* anchovy. ~**smeer** anchovy paste.

**an·ta·go·nis** =*niste* antagonist; *(anat.)* opponent (muscle). **an·ta·go·ni·seer** *ge*= antagonise. **an·ta·go·nis·me** antagonism. **an·ta·go·nis·ties** =*tiese* antagonistic; ~*e spier, (anat.)* oppo= nent (muscle).

**An·ta·res, An·ta·res** *(astron.)* Antares.

**Ant·ark·ti·ka** Antarctica, the Antarctic. **Ant·ark·ties** =*tiese* Antarctic.

**an·te·da·teer** *ge*= antedate.

**an·te·di·lu·vi·aal** =*viale*, **an·te·di·lu·vi·aans** =*viaanse* an= tediluvian.

**an·ten·na** =*nas*, **an·ten·ne** =*nes, (rad.)* antenna, aerial; *(zool.)* antenna. ~**kam** *(entom.)* strigil *(in bees)*.

**an·te·se·deer** *ge*= precede. **an·te·se·dent** =*dente, n. & adj.*

antecedent; *iem. se* ~*e* s.o.'s antecedents/past/history/life/ background.

**an·the·li·on, an·the·li·um** *(astron.)* anthelion.

**an·ti·a·bor·sie** *comb.* anti-abortion, antichoice.

**an·ti·bal·lis·ties** antiballistic *(missile etc.)*.

**an·ti·bi·o·ti·kum** =*tikums, =tika, n.* antibiotic. **an·ti·bi·o·ties** =*tiese, adj.* antibiotic.

**An·ti·chris** =*christe* Antichrist, the Beast. **an·ti·Chris·te·lik** Antichristian.

**an·ti·de·pres·sant** *(med.)* antidepressant.

**an·ti·do·tum** =*dotums, =dota, (med.)* antidote.

**an·tiek** *tieke, n.: 'n stuk* ~ an antique; ~*e* antiques; *die A*~*e* Antiquity. **an·tiek** =*tieke, adj.* antique; ancient; ~*e beska= wing/literatuur* ancient civilisation/literature; ~*e motor, (from before the Twenties)* veteran car; *(from the Twenties)* vin= tage car; *in* ~*e styl* in (a) period style; *die A*~*e Wêreld* the Ancient World, Antiquity. ~**handelaar** antique dealer. ~**ver= samelaar** collector of antiques. ~**winkel** antique shop.

**an·ti·es·ta·blish·ment** anti-establishment.

**an·ti·fe·de·raal** =*rale* antifederal. **an·ti·fe·de·ra·lis** =*liste* an= tifederalist.

**an·ti·foon** =*fone, (mus.)* antiphon.

**an·ti·geen** =*gene, n., (med.)* antigen. **an·ti·geen** =*gene, adj.* antigenic.

**an·ti·guer·ril·la·veg·ter, =stry·der** counterinsurgent.

**an·ti·his·ta·mien** =*miene, (med.)* antihistamine.

**an·ti·in·flam·ma·to·ries** =*riese, (med.)* anti-inflammatory.

**an·ti·kli·maks** anticlimax, bathos; letdown; non(-)event.

**an·ti·kli·naal** =*nale, n., (geol.)* anticline. **an·ti·kli·naal** =*nale, adj.* anticlinal; *antiklinale plooi* anticline.

**an·ti·kwaar** =*kware* antiquary, antique dealer; antiquarian bookseller. **an·ti·kwa·ri·aat** =*riate* antique shop; antiquarian bookshop; *(of more modern books)* second-hand bookshop. **an·ti·kwa·ries** =*riese* antiquarian; second-hand *(books)*.

**an·ti·k(w)i·teit** =*teite* antique; antiquity, ancient relic; *(no pl.)* antiquity, ancient times.

**an·ti·lig·gaam(·pie)** →TEENLIGGAAM(PIE).

**An·til·le** *die (Groot/Klein)* ~, *(geog.)* the (Greater/Lesser) An= tilles. **An·til·li·aan** =*liane, n.* Antillean. **An·til·li·aans** =*liaanse, adj.* Antillean.

**an·ti·lo·ga·rit·me** *(math.)* antilogarithm.

**an·ti·moon** *(chem., symb.: Sb)* antimony. **an·ti·moon·hou·dend** =*dende* antimonial.

**an·ti·na·si·o·naal** =*nale, adj.* antinational.

**an·ti·nu·kle·êr, an·ti·kern**= antinuclear.

**an·ti·ok·si·dant** *(biol., chem.)* antioxidant.

**an·ti·pas·to** *(It. cook.)* antipasto.

**an·ti·pa·tie** =*tieë* antipathy, aversion, (strong) dislike, hostil= ity; *my grootste* ~ my pet aversion; ~ *teen iem./iets* antipathy to(wards)/for s.o./s.t.. **an·ti·pa·tiek** =*tieke* antipathetic(al).

**an·ti·po·de** =*des* antipode; *(bot.)* antipodal; *die A*~*s, (Austr. & NZ)* the Antipodes. **an·ti·po·dies** =*diese, (geog.)* antipodal.

**an·ti·re·tro·vi·raal** *(med.)* antiretroviral *(med., treatment, etc.)*.

**an·ti·re·vo·lu·si·o·nêr, an·ti·re·wo·lu·si·o·nêr** =*nêre, n.* antirevolutionary, antirevolutionist; conservative. **an·ti·re·vo·lu·si·o·nêr, an·ti·re·wo·lu·si·o·nêr** =*nêre, adj.* antirevolutionary.

**an·ti·Se·miet** =*miete* anti-Semite, Jew-baiter. **an·ti·Se·mi·ties, an·ti·se·mi·ties** =*tiese* anti-Semitic. **an·ti·Se·mi·tis·me, an·ti·se·mi·tis·me** anti-Semitism.

**an·ti·sep·ties** =*tiese, adj.* antiseptic. **an·ti·sep·ti·kum** =*tikums, =tika, n.* antiseptic.

**an·ti·si·kloon** *(meteorol.)* anticyclone, high. **an·ti·si·klo·naal** =*nale* anticyclonic.

**an·ti·si·peer** *ge*= anticipate. **an·ti·si·pa·sie** =*sies* anticipation. **an·ti·si·pa·to·ries** =*riese* anticipatory, anticipative.

**an·ti·so·si·aal** -ale antisocial.

**an·ti·stof** (med.) antibody.

**an·ti·ter·ro·ris·me, an·ti·ter·reur** counterterrorism. **an·ti·ter·ro·ris** counterterrorist. **an·ti·ter·ro·ris·ties** counterterrorist.

**an·ti·te·se** -ses antithesis. **an·ti·te·ties** -tiese antithetic(al).

**an·ti·tok·sien** -siene antitoxin. **an·ti·tok·sies** -siese antitoxic, antidotal.

**an·ti·vi·raal** -rale, (med.) antiviral.

**an·to·niem** -nieme, n., (ling.) antonym. **an·to·niem** -nieme, adj. antonymous. **an·to·ni·mie** antonymy.

**an·traks** (med.) malignant pustule; (vet.) anthrax.

**an·tra·siet** anthracite, hard/blind/stone coal.

**an·tro·po·lo·gie** anthropology; fisiese ~ physical anthropology; sosiale ~ social anthropology. **an·tro·po·lo·gies** -giese anthropological. **an·tro·po·loog** -loë anthropologist.

**an·tro·po·me·trie** anthropometry. **an·tro·po·me·tries** -triese anthropometric.

**an·tro·po·morf** -morfe, adj. anthropomorphic. **an·tro·po·mor·fis·me** anthropomorphism.

**an·tro·po·sen·tries** -triese anthropocentric.

**Ant·wer·pen** (geog.) Antwerp. **Ant·wer·pe·naar** -naars inhabitant of Antwerp. **Ant·werps** n. Antwerp dialect. **Ant·werps** -werpse, adj. of Antwerp; of the Antwerp dialect.

**ant·woord** -woorde, n. answer, reply, response; in afwagting van 'n ~ pending a reply; as/in ~ op ... in answer to ...; in reply to ...; in response to ...; 'n eerlike ~ a straight answer; iem. 'n ~ gee give s.o. an answer; daarop het ek geen ~ nie! you have me there!, there you have me!; die gereelde/onveranderlike ~ the stock answer; die ~ is ja the answer is in the affirmative; 'n ~ kry get an answer; die ~ is nee the answer is in the negative; op alles 'n ~ hê, altyd 'n ~ klaar hê, altyd klaar met 'n ~ wees never be at a loss for an answer; have an answer for everything; die ~ op ... the answer to ... (a question etc.); ~ gee op ... answer (or reply to) ...; op/vir 'n ~ wag wait for an answer (or a reply); 'n sagte ~ keer die grimmigheid af (of laat woede bedaar), (OAB/NAB, Prov. 15:1) a soft/gentle answer turneth/turns away wrath (AV/NIV); ten ~ in reply; 'n vernietigende/verpletterende ~ a crushing reply/retort. **ant·woord** ge-, vb. answer, reply, rejoin; retort; respond; astrant ~ talk back; bevestigend ~ answer in the affirmative; met ... ~ counter with ...; my! answer me!; namens iem. ~ answer for s.o.; ontkennend ~ answer in the negative; op ... ~ reply to ... (a letter, question, etc.); respond to ... (a toast etc.); op 'n brief/vraag/versoek ~ reply to a letter/question/request; ~ op die naam (van) ... answer to the name of ...; skerp ~ retort sharply; die telefoon ~ answer the telephone. ~diens answering service. ~(e)boek examination/answer book. ~masjien answering machine. ~stel answer paper (in an exam).

**a·nus** -nusse anus, (coarse) arse.

**a·nys** (spice) aniseed; (plant) anise. ~likeur aniseed liqueur. ~koekie aniseed biscuit. ~olie aniseed oil. ~saad aniseed.

**a·or·ta** -tas, (anat.) aorta. ~breuk aortic aneurysm. ~klep aortic valve.

**A·pa·che** -ches, (Native Am.) Apache.

**a·part** -parte apart, separate; distinctive; ~e behandeling separate treatment; special treatment; elke ~e boontjie/ens. every single bean/etc.; iets ~ hou set s.t. apart.

**a·part·heid** (SA, hist.) apartheid; groot ~ grand apartheid; klein ~ petty apartheid. **a·part·heids·be·leid** (SA, hist.) apartheid policy, policy of apartheid (or racial segregation). **a·part·heid·skole** (hist.) racially segregated schools.

**a·pa·tie** apathy, lifelessness (fig.). **a·pa·ties** -tiese apathetic, lifeless (fig.).

**A·pen·ny·ne** (geog.) Apennines. **A·pen·nyns** -nynse Apennine.

**a·pe·ri·o·diek** -dieke, **a·pe·ri·o·dies** -diese aperiodic. **a·pe·ri·o·di·si·teit** aperiodicity.

**a·pe·ri·tief** -tiewe aperitif, appetiser. ~wyn aperitif wine.

**a·pe·ry** -rye aping, apery, mimicry.

**a·pie** -pies little monkey; →AAP; jou 'n ~ lag laugh one's head off, laugh o.s. sick. **a·pie** interj. cheated!, fooled!.

**a·plomb** aplomb, self-possession, poise.

**ap·nee** (med.) apnoea.

**a·po·ka·lips, a·po·ka·lip·sis** (Bib., often A~) apocalypse. **a·po·ka·lip·ties** -tiese apocalyptic.

**a·po·krief** -kriewe apocryphal; die Apokriewe Boeke the Apocrypha.

**A·pol·lo** (Gr. myth.) Apollo. **A·pol·li·nies** -niese Apollonian.

**a·po·lo·gie** -gieë apology; by iem. ~ aanteken/maak make one's apologies to s.o.. **a·po·lo·geet** -gete apologist. **a·po·lo·ge·tiek** (theol.) apologetics. **a·po·lo·ge·ties** -tiese apologetic; ~ wees oor iets be apologetic about s.t..

**a·po·plek·sie** (med.) apoplexy. **a·po·plek·ties** -tiese apoplectic.

**a·po·sta·sie** apostasy. **a·po·staat** -state apostate.

**a·pos·tel** -tels apostle. **a·pos·tel·skap** apostolate, apostleship. **a·pos·to·lies** -liese apostolic; A~e Geloofsbelydenis Apostles' Creed, Creed of the Apostles; A~e Geloofsending Apostolic Faith Mission.

**a·po·stroof** -strowe apostrophe.

**a·po·te·o·se** -ses apotheosis, deification.

**Ap·pa·la·che** Appalachians, Appalachian Mountains. **Ap·pa·la·chies** -chiese Appalachian.

**ap·pa·raat** -rate apparatus; appliance, device; (fig.) machinery, apparatus (of a pol. party etc.); elektriese/huishoudelike ~ electrical/household appliance. **ap·pa·raat·jie** -jies gadget. **ap·pa·ra·tuur** apparatus, equipment; (comp.) hardware; (fig., pol.) machinery, apparatus.

**ap·pel** -pels apple, ball, pupil (of the eye); die ~ val nie ver/vêr van die boom/stam nie like father, like son; iets vir 'n ~ en 'n ei koop buy s.t. for a song (or next to nothing or peanuts); 'n suur ~ deurbyt, (fig.) take one's medicine, bite the bullet, grin and bear it; 'n vrot ~, (lit. & fig.) a bad/rotten apple; een vrot ~ steek al die ander aan one rotten apple can spoil the whole barrel; die ~s waai, (infml.) fists fly. ~asyn cider vinegar. ~blou, ~skimmel dapple-grey. ~boom apple tree. ~boord apple orchard. ~brandewyn apple brandy, applejack. ~grou, ~grys dapple-grey. ~moes apple purée; (as side dish) apple sauce. ~mot codlin(g) moth. ~sap apple juice. ~skil apple peel. ~strudel apple strudel. ~tert apple pie/tart. ~wyn (apple) cider.

**ap·pèl** -pèlle, (jur. or fig.) appeal; (mil.) roll call; ~ aanteken note an appeal; 'n ~ afwys/verwerp (of van die hand wys) dismiss/reject an appeal; 'n ~ handhaaf uphold an appeal; hof van ~ appeal court, court of appeal; daar is ~ na 'n hoër hof an appeal lies to a higher court; ~ hou call the roll; in ~ on appeal; die reg van ~ the right of appeal; 'n ~ toestaan allow/grant an appeal. ~afdeling appellate division. ~hof appeal court, court of appeal. ~reg right of appeal. ~regter judge of appeal. ~saak appeal (court case).

**ap·pel·koos** -kose apricot. ~boom apricot tree. ~konfyt apricot jam/preserve. ~pit apricot stone. ~smeer apricot leather. ~tert apricot pie/tart.

**ap·pel·leer** ge- appeal; na 'n hoër hof ~ appeal to a higher court; teen ... ~ appeal against ... **ap·pel·lant** -lante appellant.

**ap·pel·lie·fie** -fies (Cape) gooseberry. ~konfyt gooseberry jam.

**ap·pel·tjie** -tjies little apple; 'n ~ vir die dors bewaar, (fig.) keep s.t. for a rainy day; 'n ~ met iem. te skil hê, (infml.) have a bone to pick with s.o..

**ap·pen·diks** -dikse, (anat.) appendix (vermiformis); appendix, attachment *(to a document).* **ap·pen·dek·to·mie, ap·pen·di·sek·to·mie** *(surg.)* appendectomy, appendicectomy. **ap·pen·di·si·tis** appendicitis.

**ap·pliek(·werk), ap·pli·kee** *=kees, (ornamental needlework)* appliqué.

**ap·pli·kant** *=kante* applicant.

**ap·plous** *=plouse* applause, plaudits, cheers; *(vir) iem.* **gees·driftige/luide** ~ **gee** give s.o. a big hand; **goedkoop** ~ **soek** play to the gallery; met **groot** ~ **begroet** word win loud applause; bring the house down; die ~ *in ontvangs neem* take a bow; *'n* **sarsie** ~ a round of applause; *'n* **warm** ~ **kry** get a big hand; met die ~ **weglop** steal the scene.

**ap·po·si·sie** apposition; *in* ~ *by ...* in apposition to ... **ap·po·si·si·o·neel** *=nele* appositional.

**ap·pre·si·eer** *ge=, (usu.fin.)* appreciate; prize, value. **ap·pre·si·a·sie** *=sies* appreciation; ~ *van die geldeenheid* currency appreciation.

**A·pril** April; *een* ~ first of April, April the first; April/All Fool's Day. **~gek** April fool. **~grap** April-fool joke/trick/hoax. **~maand** the month of April. **~vlieg:** *so lastig soos 'n* ~ *wees* be a perpetual nuisance, *(infml.)* be an absolute pest.

**a·pro·pos** *adj. & adv., (Fr.):* ~ *van ...* apropos of *(or* with regard to *or* in respect of*)* ...

**ap·teek** *=teke, (dim. =tekie)* pharmacy, chemist's (shop); dispensary *(in a hospital); by 'n* ~ at a chemist's. **ap·te·ker** *=kers* pharmacist, (dispensing) chemist; dispenser.

**ap·te·kers·: ~paraffien** liquid paraffin. **~wese** pharmacy, dispensing.

**ap·tyt** appetite; *'n goeie* ~ *hê* have a good appetite; *geen* ~ *hê nie* have no appetite; ~ *vir iets hê* have an appetite for s.t.; *iem. se* ~ *vir iets* **(op)wek/prikkel** whet s.o.'s appetite for s.t.. **~demper, ~onderdrukker** appetite suppressant. **~verlies** loss of appetite. **~wekker(tjie)** appetiser, aperitif.

**ap·tyt·lik** *=like* appetising.

**a·ra·besk** *=beske, (ballet, mus., art)* arabesque.

**a·ra·bi·ca** *(also A~)* arabica. **~boon(tjie)** arabica bean. **~koffie** arabica coffee.

**A·ra·bi·ë** *(geog.)* Arabia. **A·ra·bier** *=biere* Arab. **a·ra·bier(·perd)** *(also A~)* Arab (horse). **A·ra·bies** *n., (lang.)* Arabic. **A·ra·bies** *=biese, adj.* Arabian, of Arabia; ~*e Bond* Arab League.

**A·ral·meer:** *die* ~ the Aral Sea.

**A·ra·mees** *n., (lang.)* Aramaic. **A·ra·mees** *=mese, adj.* Aram(a)ean; Aramaic.

**a·ra·roet** *(bot.)* arrowroot.

**ar·bei** *ge=* labour, toil, work; *aan iets* ~ work (away) at s.t.; *aan iem.* ~ work (up)on s.o..

**ar·beid** labour, toil, work; ~ *adel* labour ennobles; *beskutte* ~ sheltered employment; *gedwonge* ~ forced labour.

**Ar·bei·der** *=ders, (pol.)* Labourite, member of the Labour Party.

**ar·bei·der** *=ders* labourer, worker, hand; *(in the pl., also)* shop floor; *die* ~ *is sy loon werd* the labourer is worthy of his hire. **~stand** working/lower class(es).

**ar·bei·ders·: ~bevolking** labouring/working population/classes. **~beweging** labour movement. **~buurt(e)** working-class district. **~klas** working/lower class(es).

**ar·beids·: ~agentskap** employment agency. **~besparend** labour-saving. **~betrekkinge** →ARBEIDSVERHOUDINGE. **~buro** employment bureau/office, *(infml.)* job centre. **A~dag** Labour Day. **~geskil** labour/industrial dispute. **~intensief** labour-intensive. **~kolonie** labour colony. **~koste** labour costs. **~kragte** manpower; labour force, workforce, hands. **~loon** wage, pay, earnings; wages, labour (costs). **~mark** labour market. **~onrus** industrial/labour unrest. **~reg** labour law. **~tempo** rate of work; power *(of a mach.)*. **~terapeut** occupational therapist. **~terapie** occupational therapy. **~verdeling** division of labour. **~verhoudinge, ~betrekkinge** *n.*

*(pl.)* labour/industrial relations. **~vermoë** capacity for work; energy; output. **~voorwaardes** *n. (pl.)* labour/working conditions, conditions of employment. **~werwing** labour recruitment. **~wetgewing** labour/industrial legislation.

**ar·beid·saam** *=same* industrious, hard-working, diligent. **ar·beid·saam·heid** industriousness, diligence, industry.

**ar·bi·ter** *=ters* arbiter, arbitrator; ~ *wees tussen ...* arbitrate between ... **ar·bi·traal** *=trale* arbitral.

**ar·bi·tra·sie** *=sies* arbitration; arbitrage *(of exch.); iets deur* ~ *besleg* settle s.t. by arbitration; *hulle aan* ~ *onderwerp, (parties)* go to arbitration; *iets aan* ~ *onderwerp* submit s.t. to arbitration; *na* ~ *verwys word, (a dispute)* go to arbitration. **~beslissing** arbitration award. **~hof** court of arbitration.

**ar·bi·treer** *ge=* arbitrate; umpire.

**ar·bi·trêr** *=trêre =trêrder =trêrste* arbitrary.

**Ar·chi·me·des** *(Gr. mathematician)* Archimedes. **Ar·chi·me·dies** *=diese, (also a~)* Archimedean; ~*e skroef* Archimedes'/Archimedean screw.

**Ar·den·ne:** *die* ~ the Ardennes. **~offensief** *(WW II)* Ardennes Offensive, Battle of the Bulge.

**ar·duin** ashlar, ashler, freestone.

**a·re·a** *=as* area.

**a·re·na** *=nas* arena; ring; sawdust ring. **~teater** *(building)* arena theatre, theatre-in-the-round. **~toneel** arena theatre, theatre-in-the-round.

**a·rend** *=rende* eagle; *(golf)* eagle. **a·rend·jie** *=jies* eaglet.

**a·rends·: ~blik** eagle eye; *met 'n* ~ eagle-eyed. **~klou** eagle's claw/talon. **~nes** eyrie, eagle's nest. **~neus** aquiline/Roman nose, hooknose. **~oog** eagle eye. **~vlug** eagle's flight.

**a·re·o·la** *=las, (biol., anat.)* areola. **a·re·o·lêr** *=lêre* areolar, areolate.

**a·re·o·me·ter** areometer, hydrometer.

**ar·ga·ïes** *=gaïese* archaic. **ar·ga·ïs·me** *=gaïsmes* archaism. **ar·ga·ïs·ties** *=tiese* archaistic.

**Ar·ge·ï·kum** *n., (geol.)* Archaean. **Ar·ge·ïes** *adj.* Archaean.

**ar·ge·loos, arg·loos** *=lose =loser =loosste* innocent, unsuspecting, unsuspicious, trusting; guileless, harmless, inoffensive. **ar·ge·loos·heid, arg·loos·heid** innocence, naivety, naïvety; guilelessness, harmlessness, inoffensiveness.

**ar·gen·taan** nickel/German silver.

**ar·gen·tiet** *(min.)* argentite, silver glance.

**Ar·gen·ti·ni·ë** *(geog.)* Argentina, the Argentine. **Ar·gen·tyn** *=tyne* Argentine, Argentinian. **Ar·gen·tyns** *=tynse* Argentine, Argentinian.

**ar·ge·o·lo·gie** archaeology. **ar·ge·o·lo·gies** *=giese* archaeological. **ar·ge·o·loog** *=loë* archaeologist.

**ar·ge·ti·pe** *=pes* archetype. **ar·ge·ti·pies** archetypal.

**ar·gief** *=giewe* archive(s), record office/room; *(in the pl.)* public records; →ARGIVAAL, ARGIVEER. **~afskrif** file copy. **~gebou** record office; archives building. **~stuk** *=ke* archival document; *(in the pl.)* archivalia, (public) records; archival records.

**ar·gi·pel** *=pels, =pelle* archipelago.

**ar·gi·tek** *=tekte* architect. **ar·gi·teks·te·ke·ning** architectural drawing. **ar·gi·tek·to·nies** *=niese* architectonic. **ar·gi·tek·tuur** architecture.

**ar·gi·traaf** *=trawe, (archit.)* architrave, epistyle.

**ar·gi·vaal** *=vale,* **ar·gi·va·lies** *=liese* archival. **ar·gi·va·li·a** *n. (pl.)* archivalia, (public) records.

**ar·gi·veer** *ge=* archive. **ar·gi·va·ris** *=risse* archivist, keeper of the archives/records.

**arg·lis, arg·lis·tig·heid** craft(iness), cunning, guile. **arg·lis·tig** *=tige* crafty, cunning, guileful, designing.

**arg·loos** →ARGELOOS.

**ar·gon** *(chem., symb.: Ar)* argon.

**ar·go·nout** *=noute, (zool.)* argonaut, paper nautilus.

**ar·gu·ment** *=mente* argument; plea; *'n* ~ *aanvoer/opper*

put forward (*or* raise) an argument; *'n ~ beantwoord/weer‑*
*lê* meet an argument; *die ~ gaan nie op nie* the argument
doesn't hold water; *die ~ is (goed) gegrond* (of *hou steek)*
the point is well taken; *'n gegronde ~* a solid/sound argu‑
ment; *'n goeie ~ hê* have a strong argument/point; *'n ~ ten*
*gunste van iets* an argument for s.t.; *dit is 'n ~* you have a
point there; *'n ~ stel* make a point; *jou ~ duidelik stel* make
one's point very clear; *'n ~ teen iets* an argument against s.t.;
*'n ~ met iem. uitlok* pick an argument with s.o.; *~e vir en*
*teen* ... arguments for and against ... **ar‑gu‑men‑ta‑sie** ‑*sies*
argumentation. **ar‑gu‑men‑teer** *ge*‑ argue, reason; *ten gunste*
*van* (of *teen) iets ~* argue for/against s.t.; *oor* ... *~* argue
about/over ... **ar‑gu‑ments‑hal‑we** for argument's sake.
**Ar‑gus** *(Gr. myth.)* Argus. **a~oë:** *met ~* Argus‑eyed; *iem. met*
*~ dophou* keep a jealous watch over (*or* a jealous eye on)
s.o..
**arg‑waan** suspicion, mistrust, distrust; *sonder ~* unsuspect‑
ing, unsuspicious; *~ teen iem. hê/koester* have doubts about
(*or* be suspicious of) s.o.; *~ wek* arouse/create suspicion.
**a‑ri‑a** ‑*as, (mus.)* aria, air.
**A‑ri‑ër** ‑*riërs, n.* Aryan. **A‑ries** ‑*riese, adj.* Aryan.
**A‑ri‑ës** *(astron.)* Aries, the Ram.
**a‑ri‑kreu‑kel, a‑ri‑krui‑kel, a‑li‑kreu‑kel, a‑li‑krui‑kel**
‑*kels, (shellfish)* (peri)winkle.
**a‑ris‑to‑kraat** ‑*krate* aristocrat. **a‑ris‑to‑kra‑sie** ‑*sieë* aristoc‑
racy. **a‑ris‑to‑kra‑ties** ‑*tiese* aristocratic; *~e agtergrond* upper‑
class background.
**A‑ris‑to‑te‑les** *(Gr. philosopher)* Aristotle. **A‑ris‑to‑te‑li‑aan**
‑*liane, n.* Aristotelian. **A‑ris‑to‑te‑li‑aans** ‑*aanse,* **A‑ris‑to‑te**‑
**lies** ‑*liese, adj., (also a~)* Aristotelian.
**a‑rit‑mie** arrhythmia. **a‑rit‑mies** ‑*miese* arrhythmic(al).
**ark** *arke* ark; *uit die* (of *Noag se) ~ kom* come out of the ark,
be as old as Adam (*or* the hills); *uit die ~ se dae* from time
immemorial.
**ar‑ka‑de** ‑*des* arcade.
**Ark‑ti‑ka** the Arctic. **Ark‑ties** ‑*tiese* Arctic.
**arm**[1] *arms, (dim. armpie), n., (anat., tech., fig.)* arm; arm, sleeve
*(of a garment);* arm *(of a chair);* branch *(of a river, pipe, cande‑*
*labrum);* beam *(of scales);* bracket *(on a wall);* jib *(of a crane);*
limb *(of a cross);* arm, limb *(of the sea);* crank *(of a mach.); iem.*
*aan jou ~* s.o. on one's arm; *~ in ~* arm in arm, with arms
linked; *'n lang ~ hê, (fig.: have far‑reaching power)* have a long
arm; *die lang ~ van die gereg* the long arm of the law; *die ~*
*lig* drink; *iem. in jou ~s neem* take s.o. in one's arms; *iem.*
*met oop ~s ontvang, (fig.)* welcome s.o. with open arms; *met*
*jou ~s oorkruis/oormekaar sit* sit with one's arms fold‑
ed (*or* with folded arms); *woes met die ~s swaai* flail one's
arms; *~ vol, (pl.: ~s vol)* armful; *jou ~s om iem. vou* wrap
one's arms around s.o.; *jou ~s vou* fold one's arms; *jou in*
*iem. se ~s werp* fling/throw o.s. into s.o.'s arms. **~band** *(jew‑*
*ellery)* bracelet, *(usu. without a clasp)* bangle; *(band of mate‑*
*rial for identification etc.)* armband, armlet, *(esp. with a uni‑*
*form)* brassard; wristband *(of a watch).* **~draaiery** arm‑twist‑
ing. **~druk** arm wrestling. **~geswaai** waving of arms. **~holte**
armpit. **~horlosie, ~oorlosie** wristwatch. **~kandelaar** gi‑
randole, candelabrum, branched candleholder. **~ketting** wrist
chain. **~klem** *(wrestling)* armlock. **~kraan** jib crane. **~lengte**
arm's length; *'n ~ ver/vêr* at arm's length. **~leuning** arm(rest).
**~plaat** armpiece. **A~potiges** →ARMPOTIGES. **~pyp** brachial
bone. **~ring, ~stuk** armlet. **~slagaar** brachial artery. **~slinger**
arm sling. **~stoel** armchair, easy chair. **~swaai** sweep of the
arm.
**arm**[2] *arme armer armste* poor, needy, impoverished, indigent,
penurious, badly off; *(attr.:* arme) poor, pitiable, unfortunate;
low‑grade *(mine, ore);* →ARME, ARMOEDE; *~ aan* ... *wees* be low/
lacking in ... *(vitamins etc.);* be poor in ... *(nutrients);* be short
of ... *(water);* ~*e drommel* miserable wretch, poor beggar;
*uit 'n ~ huis kom, ~ grootword* come from a poor back‑
ground; *iem. se dood/vertrek laat/maak ons ~er* we are the
poorer for s.o.'s death/departure; *~ maar eerlik* poor but
honest; *~ van gees wees* be poor in spirit. **~blanke** *(SA, hist.)*
poor white. **~rig** →ARMERIG. **~sorg** →ARMESORG.
**ar‑ma‑da** ‑*das* armada.
**ar‑ma‑dil** ‑*dille* armadillo.
**Ar‑ma‑ged‑don** *(NT or fig.)* Armageddon.
**arme** ‑*mes* pauper; poor person; →ARM[2]; *die ~s van gees* the
poor in spirit; *~s en rykes* rich and poor. **~sorg, armsorg,**
**~versorging** poor relief.
**Ar‑me‑ni‑ë** *(geog.)* Armenia. **Ar‑meen** ‑*mene,* **Ar‑me‑ni‑ër** ‑*niërs*
Armenian. **Ar‑meens** *n., (lang.)* Armenian. **Ar‑meens** ‑*meense,*
**Ar‑me‑nies** ‑*niese, adj.* Armenian.
**ar‑me‑rig, arm‑rig** ‑*rige* rather poor.
**arm‑las‑tig** ‑*tige* indigent, needy, destitute, poverty‑stricken.
**arm‑las‑ti‑ge** ‑*ges* pauper; *die ~s* the paupers/destitute/needy.
**arm‑las‑tig‑heid** pauperism, indigence.
**ar‑moe‑de** poverty, want, need, penury, indigence, destitu‑
tion, pauperism; *iem. tot ~ bring* reduce s.o. to poverty; *iem.*
*in ~ dompel* plunge s.o. into poverty; *~ aan gedagtes* lack
of ideas; *in ~ leef/lewe, ~ ly* live in poverty/want; *~ leer*
*bene kou* necessity is the mother of invention; *nypende ~*
grinding poverty; *iem. uit ~ ophef* free s.o. from poverty;
*in/tot ~ verval* be reduced to poverty; *volslae ~* abject pov‑
erty.
**ar‑moe‑dig** ‑*dige ‑diger ‑digste* poor, needy, poverty‑stricken,
impoverished *(fam. etc.);* shabby *(house, appearance);* cheap,
shabby *(clothing);* down‑at‑heel *(shoes, pers.);* out‑at‑elbows
*(garment, pers.);* meagre *(meal);* starved *(plant);* barren *(soil); ~*
*geklee(d) wees* be poorly clad (*or* shabbily dressed); *dit ~*
*hê, 'n ~e lewe lei, in ~e omstandighede verkeer/wees* live in
poverty (*or* in impoverished/straitened circumstances), lead
a meagre existence; *'n ~e huisie* a mean little house, a run‑
down cottage; *'n ~e indruk maak, ~ daar uitsien* look poor/
shabby. **ar‑moe‑dig‑heid** poorness, poverty; shabbiness; mea‑
greness; barrenness.
**ar‑moeds‑grens** poverty line; *onder die ~ leef/lewe* live un‑
der the breadline.
**Arm‑po‑ti‑ges** *n. (pl.), (zool.)* Brachiopoda. **arm‑po‑tig** ‑*tige*
brachiopodous.
**arm‑sa‑lig** ‑*lige ‑liger ‑ligste* miserable, wretched, beggarly,
poor; pathetic, pitiful, piteous; paltry *(sum, salary, fee);* meagre
*(meal);* miserable, wretched *(dwelling); 'n ~e R5* a paltry/lousy
R5, five paltry/lousy rands; *'n ~e bestaan voer* lead/live a
miserable life, eke out a bare/miserable existence; *'n ~e figuur*
a poor/sorry figure. **arm‑sa‑lig‑heid** (state of) misery.
**ar‑ni‑ka** *(plant, tincture)* arnica.
**a‑ro‑ma** ‑*mas* aroma, fragrance. **~terapeut** aromatherapist.
**~terapie** aromatherapy.
**a‑ro‑maat** ‑*mate* fragrant substance. **a‑ro‑ma‑ties** ‑*tiese* aro‑
matic.
**a‑rons‑kelk** ‑*kelke* arum lily, calla (lily); *(gevlekte) ~* cuckoo‑
pint, lords‑and‑ladies.
**ar‑peg‑gi‑o** ‑*gio's, (It., mus.)* arpeggio.
**ar‑res** arrest; custody, detention; *geslote ~* close arrest/con‑
finement; *in/onder ~* under arrest, in custody; *iem. in/onder*
*~ hou* detain s.o., keep s.o. in custody/detention. **ar‑res‑ta‑sie**
‑*sies* arrest, apprehension; *~ uitlok* court arrest. **ar‑res‑teer**
*ge*‑ arrest, apprehend, take into custody; *iem. weens* ... *~* ar‑
rest s.o. for ... *(murder etc.); niemand is ge~ nie* no arrest has
been made.
**ar‑ri‑veer** *ge*‑ arrive.
**ar‑ro‑gant** ‑*gante* arrogant; presumptuous; swaggering *(con‑*
*fidence).* **ar‑ro‑gan‑sie** arrogance, presumption.
**ar‑seen** *(chem., symb.:* As) arsenic. **~houdend** ‑*dende* arseni‑
cal. **~piriet** *(min.)* arsenopyrite, mispickel. **~suur** arsenic acid.
**~vergiftiging** arsenic poisoning.

**ar·seer** *(ge)*= shade, hatch *(a drawing etc.); dubbel* ~ cross-hatch. **~lyn** hachure, hatch.

**ar·se·naal** *=nale* arsenal, armoury.

**ar·se·niet** *=niete, (chem.)* arsenite.

**ar·se·nig·suur** arsen(i)ous acid.

**ar·se·ring** *=rings, =ringe* shading, hatching, hachure, hachuring; *dubbele* ~ crosshatching.

**ar·sis** *(class. pros.)* arsis.

**Art:** ~ **Deco** *(also a~ d~)* Art Deco. ~ **Deco-gebou** *(also a~ d~-)* Art-Deco building. ~ **Nouveau** *(also a~ n~)* Art Nouveau. ~ **Nouveau-spieël** *(also a~ n~-)* Art-Nouveau mirror.

**ar·te·fak** *=fakte* artefact.

**ar·te·rie** *=ries* artery. **ar·te·ri·ool** *=riole* arteriole. **ar·te·ri·o·skle·ro·se** arteriosclerosis, hardening of the arteries. **ar·te·ri·o·to·mie** arteriotomy.

**ar·te·sies** *=siese* artesian; *~e put* artesian well.

**ar·ties** *=tieste* artiste *(Fr.)*.

**ar·ti·kel** *=kels, (written)* article; *(gram.)* article; piece, item; *(jur.)* section, article; *(trade)* article, commodity; *die koerant het die* ~ **geplaas**, *die* ~ *het in die koerant* **verskyn** the paper carried the article; *ingevolge/volgens/kragtens die* ~ *(van die wet)* under the section (of the Act); *'n* ~ **oor** ... an article on ...; *'n* ~ **skryf/skrywe** write an article.

**ar·ti·ku·leer** *ge=* articulate. **ar·ti·ku·la·sie** *=sies* articulation.

**ar·til·le·rie** artillery, ordnance, guns. **~kaserne** artillery barracks. **~-offisier** artillery officer. **~park** artillery park, ordnance yard. **~skool** artillery school. **~sterkte** gunpower. **~vuur** artillery fire, shellfire, shelling. **~wetenskap** gunnery. **ar·til·le·ris** *=riste* artilleryman, gunner.

**ar·ti·sjok** *=sjokke* (globe) artichoke; *Spaanse* ~ cardoon.

**ar·tis·tiek** *=tieke =tieker =tiekste* (of *meer* ~ *die mees =e*), **ar·tis·ties** *=tiese =tieser =tiesste* (of *meer* ~ *die mees =e*) artistic, tasteful. **ar·tis·tie·ke·rig** *=rige* arty, *(infml.)* arty-crafty. **ar·tis·tie·ke·rig·heid** artiness.

**ar·tri·tis** *(med.)* arthritis.

**ar·tro·se** *(med.)* arthrosis. **ar·tro·skle·ro·se** arthrosclerosis.

**ar·tros·ko·pie** *(surg.)* arthroscopy.

**arts** *artse, (fml.)* doctor, medical practitioner; physician; *in=wonende* ~ intern.

**Ar·tur** Arthur; *koning* ~ King Arthur. **~legende** Arthurian legend.

**Ar·tu·ri·aans** *=aanse, (also a~)* Arthurian.

**ar·we** *=wes, (bot.)* arolla (pine), (Swiss) stone pine.

**as¹** *n.* ash *(of a cigarette, volcano, etc.)*; cinders *(of a stove); (after destruction or burning)* ashes, ruins; *(mortal remains)* ashes; *die A~, (cr.)* the Ashes; **gloeiende** ~ (glowing) embers, cinders; *daar is* ~ *op jou* **toon** your fly is open; *iets tot* ~ **ver=brand** burn/reduce s.t. to ashes; *tot* ~ **verbrand** *wees* be in (or burnt/reduced to) ashes; *uit die* ~ **verrys**, *(fig.)* rise/emerge from the ashes. **~baan** cinder track. **~bak(kie)** ashtray. **~blik** dustbin, litter/refuse/rubbish bin, *(Am.)* garbage/trash/ash can. **~bliksak** bin bag/liner. **~blom** cineraria. **~blond** ash blond; *~e hare* ash-blond hair. **~bos(sie)** lye bush. **~hoop** ash heap; *(refuse/rubbish)* dump/tip; refuse/rubbish heap; *'n plan op die* ~ **gooi** dump a plan; *op die* ~ *ge=*gooi *word, op die* ~ **beland** be thrown on (or consigned to) the scrap heap; *op die* ~ *sit* be down in the dumps. **~jas** ninny, silly(-billy); rascal, scoundrel; *jou* ~!, *(infml.)* you little devil/monkey!. **~kleur** →ASKLEUR. **~koek** askoek; *(fig.)* simpleton, good-for-nothing; nincompoop; ~ *slaan* dance a reel. **~kruik** funerary urn. **~pan** ashpan. **~patat** baked sweet potato; *(fig.)* ninny, silly(-billy); *(fig.)* rascal, scoundrel. **~soda** kelp. **~steen** breeze brick. **~vaal** ashen, pale, grey, ash-coloured, pallid, wan; *jou* ~ *skrik* go/turn pale with fright; ~ *word* turn ashen. **A·~woensdag** *(RC)* Ash Wednesday.

**as²** *asse, n.* axle *(of a wheel)*; axletree *(of a wag[g]on); (geom., bot., opt., astron.)* axis; *(tech.)* spindle; shaft *(of a propeller);* rod *(of a piston);* arbor *(of a clock);* pin *(of a pulley, block); die aarde draai/wentel om sy* ~ the earth revolves on its axis; *iem. se* ~ *het vasgebrand* s.o. got into a fix; *'n* ~ **smeer** grease an axle. **~afstand** wheelbase, axle base, axial distance. **~bus** axle box, shaft bush. **~hoogte** road clearance, axle height. **~laer** axle bearing. **~las** axle load, load on an/the axle. **~lei=ding** shafting. **~lyn** axial line, axis. **~punt** pole. **~skomme=ling** *(astron.)* nutation. **~smeer** axle grease. **~wenteling** rotation.

**as³** *conj.* as; like; than; but, except; when; if; ~ *dit nie* **anders** *kan nie* if there's no other way; ~ **antwoord** as an answer; *beter* ~ ... better than ...; ~ **bewys** as proof; ~ **burge=meester** as (or in his/her capacity as) mayor; ..., ~ **daar is** ..., if any; **dieselfde** ~ the same as, just like; **groter** ~ *jou broer wees* be taller than one's brother; ~ **jy het** if you have any; ~ *ek jy was* if I were you; ~ *iem. dit kan* **doen** if s.o. can do it; *elke keer* ~ *iem.* ... whenever s.o. ...; ~ **kind** as a child; **meer/minder** ~ more/less than; *meer* ~ *(wat) jy dink* more than you think; *meer* ~ *(wat) iem. kan* **bekostig** more than s.o. can afford; ~ *iem.* **nie** *daar was* (of *gehelp het*) *nie, sou ek* ... if it had (or had it) not been for s.o., I would have ...; ~ *ek dit* **nie** *mis het nie* unless I'm mistaken; ~ *dit* **reën**, *bly iem. tuis* when it rains s.o. stays at home; **selfs** ~ ... even though ...; **selfs** ~ *dit* ... *is* even if it is ...; ~ *jy hom/haar* **sien** if/when you see him/her; ~ **arme sterf/sterwe** die a pauper; ~ *is* **verbrande hout** if wishes were horses, beggars would ride; *laat ons* ~ *(goeie)* **vriende** *uitmekaar gaan* let us part friends; ~ *en* **wanneer** if and when; ~ **wat?** in what capacity?.

**as·ag·tig** *=tige* ashy, ashen, ash-like, cinereous.

**a·sa·le·a** *=as, (bot.)* azalea.

**as·bes** *(min.)* asbestos. **~sement** asbestos cement. **~vesel** asbestos fibre.

**as·bes·to·se** *(med.)* asbestosis.

**a·se·faal** *(zool.)* acephalous *(skeleton)*.

**a·sek·su·eel** *=ele* asexual.

**a·sem** *=sems, n.* breath; wind; *in dieselfde* ~, *(fig.)* in the same breath; *in een* ~, *(fig.)* (all) in one breath; *met ingehoue* ~, *(lit.)* holding one's breath; *(fig.)* with bated breath; *(jou)* ~ *in=/ophou* hold one's breath; *(weer)* ~ **kry** get one's breath back, recover one's breath/wind; *'n lang* ~ *hê* have a good wind; *jy* **mors** *jou* ~ you're wasting (your) breath, save your breath; *iem. se* ~ **slaan** *weg* s.o.'s heart misses a beat; **slegte** ~ bad breath, halitosis; *na jou* ~ **snak** catch one's breath, gasp/pant for breath; *jou* **tweede** ~ *kry* get one's second wind; *jou (laaste)* ~ **uitblaas** draw one's last breath, breathe one's last; ... *laat jou* ~ **wegslaan** ... takes one's breath away.

**a·sem** *ge=, vb.* breathe, draw breath. **~nood** difficulty in breathing, *(med.)* dyspnoea. **~pyp** *(tech.)* breather (pipe/tube). **~skep** *ge=, (lit.)* take/draw a breath; *(fig.)* have/take a breather; *('n) bietjie* ~ have/take a break, *(infml.)* take five; *iem. kan weer* ~ s.o. can breathe again. **~stilstand** respiratory failure. **~stoot** gasp, puff. **~teken** *(mus.)* breathing mark. **~teug, ~tog** breath; *tot die laaste* ~ till death. **~toets** breath test; *'n* ~ *ondergaan/doen/aflê* be breath-tested. **~toetser** breath analyser, breathalyser. **~verfrisser** breath freshener. **~wor=tel** *(bot.)* aerating/breathing root.

**a·sem·haal** *=ge=* breathe; *diep* ~ breathe deeply, take a deep breath; *vlak* ~ breathe shallowly. **a·sem·ha·ling** breathing, respiration; *flou/swaar* ~ shallow/laboured breathing. **a·sem=ha·ling·siekte** respiratory disease. **a·sem(·ha·lings)·me·ter** spirometer.

**a·sem·ha·lings=:** **~blaas** *(zool.)* allantois. **~kanaal** respira=tory tract. **~oefening** breathing exercise. **~opening** *(entom.)* spiracle. **~orgaan** respiratory organ. **~toestel, ~apparaat** breathing apparatus.

**a·sem·loos** *=lose* breathless.

**a·sem·ro·wend** *=wende* breathtaking; ~ *(mooi)* devastating, devastatingly beautiful.

**a·se·taat** =tate, (chem.) acetate. ~**film** acetate film.

**a·se·tiel** (chem.) acetyl.

**a·se·ti·leen** (chem.) acetylene. ~**lamp** acetylene lamp.

**a·se·toon** (chem.) acetone, propanone.

**as·falt** asphalt. ~**baan** (tennis) asphalt court. ~**pad** asphalt road. ~**plaveisel** asphalt paving.

**as·fik·si·a·sie** asphyxiation.

**as·fik·sie** asphyxia.

**a·si·do·ti·mi·dien** (Aids drug) azidothymidine (abbr.: AZT).

**A·si·ë** (geog.) Asia. **A·si·aat** =ate, **A·si·ër** =ers Asian, Asiatic. **A·si·a·ties** =tiese Asian, Asiatic.

**a·siel** =siele asylum; om (politieke) ~ aansoek doen apply for (political) asylum; ~ vra/soek ask for (or seek) asylum; (politieke) ~ aan iem. verleen grant s.o. (political) asylum.

**a·sim·me·trie** asymmetry. **a·sim·me·tries** =triese asymmetric(al), unsymmetrical; ~e digitale intekenaarlyn, (telecomm.) asymmetric digital subscriber line (abbr.: ADSL); ~e oorlogvoering, (mil.) asymmetric(al) warfare.

**a·simp·to·ma·ties** =tiese, (med.) asymptomatic.

**a·si·mut** =muts, (astron.) azimuth.

**a·sin·chroon** =chrone, **a·sin·kroon** =krone, adj. asynchronous.

**a·sin·de·ton** =detons, =deta, (ling.) asyndeton.

**As·ka·ri** (SA, hist.) Askari.

**as·keet** =kete ascetic. **as·ke·se** ascesis, asceticism. **as·ke·ties** =tiese ascetic(al).

**as·kies** (infml.): ~ (tog) 'scuse me; →EKSKUUS.

**as·kleur** ash colour. **as·kleu·rig** =rige ashen, ash-coloured, cinereous.

**as·kor·bien·suur, vi·ta·mien C** ascorbic acid, vitamin C.

**as·ma** asthma. ~**lyer** asthmatic. **as·ma·ties** =tiese asthmatic.

**as·of** as if/though; kompleet/net ~ … just as if …; dit lyk ~ … it looks like (or as if) …; maak ~ jy huil pretend to cry; maak ~ jy tuis is make yourself at home; voel ~ jy iem. kan vermoor feel like murdering s.o..

**as·ook** as well as.

**a·so·si·aal** =siale =sialer =siaalste asocial, unsocial.

**as·paai** (children's game) I spy, hide-and-seek.

**as·pek** =pekte aspect.

**as·per·sie** =sies asparagus. ~**sop** asparagus soup. ~**stingel** asparagus spear.

**a·spe·si·fiek** non(-)specific.

**as·pi·rant** =rante aspirant, candidate, applicant; 'n ~ na … an aspirant to … ~**kandidaat** prospective/aspirant candidate, candidate seeking nomination. ~**lid** candidate for membership, prospective member. ~**onderwyser** prospective teacher, teacher-to-be, teacher in training (or in the making). ~**skrywer** would-be writer.

**as·pi·reer** ge= aspire; (phon.) aspirate (a consonant); ~ na … aspire to …, aim for … **as·pi·ra·sie** =sies, (phon.) aspiration; (med.) aspiration, breathing; hoë ~s hê have great ambitions/ expectations, aim high.

**as·pi·rien** =riene, (med.) aspirin.

**As·poes·ter(·tjie)** (fairy-tale character; also a~: disregarded/ neglected pers./thing) Cinderella.

**as·pris, as·pres** on purpose, purposely, intentionally, deliberately; expressly.

**as·se·blief** please; doen dit ~ (tog)! please do it!; groot ~! please, please!; moet ~ nie!, ~ tog nie! please don't!; nee, ~ nie! no, please don't!; sê/ens. my ~ would you mind telling/ etc. me?; sit ~ please/do sit down; laat my ~ weet kindly let me know.

**as(·se)·gaai** =gaaie assegai, assagai, (light) spear. ~**(boom)**, ~**(hout)** (Curtisia sp.) assegai (wood). ~**gras** assegai grass.

**as·ses·seer** ge=, (educ. etc.) assess, appraise, evaluate, judge,

rate. **as·ses·sor** =sors, =sore assessor; (ins.) loss adjuster; assistant. **as·ses·sor·lid** associate (member).

**as·si·mi·leer** ge= assimilate. **as·si·mi·la·sie** =sies assimilation. **as·si·mi·la·sie·vermoë** assimilative capacity.

**As·si·ri·ë** (hist., geog.) Assyria. **As·si·ri·ër** =riërs, n. Assyrian. **As·si·ries** n., (lang.) Assyrian. **As·si·ries** =riese, adj. Assyrian.

**as·sis·tent** =tente, assistant; ~(-) mediese beampte assistant medical officer; die ~ van … the assistant to … ~**onderwyser** assistant teacher.

**as·so·neer** ge= assonate. **as·so·nan·sie** =sies assonance, vowel rhyme.

**as·so·si·eer** ge= associate; iets met iets ~ associate s.t. with s.t.; jou met … ~ associate o.s. with … **as·so·si·a·sie** =sies association. **as·so·si·a·tief** =tiewe, (also math.) associative.

**as·sous** =souse, (icht.) silverside, whitebait.

**as·stan·dig** =dige axial; →AS[2] n..

**as·sump·sie** assumption; coopt(at)ion, co-opt(at)ion; met mag van ~ with power of assumption; met reg van ~ with the right to coopt/co-opt, with the right of coopt(at)ion/co-opt(at)ion.

**as·su·ran·sie** =sies, (life) assurance; (fire, theft, etc.) insurance; underwriting. ~**maatskappy** insurance company. ~**makelaar** insurance broker. ~**polis** insurance policy. ~**wese** assurance; insurance.

**as·taat** (chem., symb.: At) astatine.

**as·ta·sie** (med.) astasia. **as·ta·ties** =tiese, (phys.) astatic.

**as·te:** so nooit ~ nimmer, so nimmer ~ nooit →NOOIT.

**As·teek** =teke, n. Aztec. **As·teeks** =teekse, adj. Aztec.

**as·ter** =ters aster, chrysanthemum; (infml.: girlfriend) girl, (sl.) chick, squeeze.

**as·te·risk** =riske, (typ.) asterisk, star.

**as·te·ro·ïed** =roïede, n. asteroid, planetoid. **as·te·ro·ï·daal** =dale asteroidal, planetoidal.

**a·stig·ma·tis·me** (med.) astigmatism. **a·stig·ma·ties** =tiese astigmatic.

**a·straal** =strale astral. ~**liggaam** astral body.

**a·strant** =strant(e) =stranter =strantste, adj. & adv. cheeky, impudent, impertinent, insolent, forward, brazen, presumptuous, cocky; ~ antwoord talk back; jou baie ~ hou give s.o. a lot of cheek/jaw/lip; moenie jou ~ hou nie! none of your cheek/ jaw/lip/sauce!; so ~ wees om te … have the cheek/face/impudence to … **a·strant·heid** cheek, impudence, insolence, impertinence, sauciness, effrontery, (infml.) brass, (infml.) gall, (infml.) nerve; dit is niks anders as ~ nie it is sheer impudence; dis vir jou ~! the cheek of it!, what (a) cheek!.

**as·tro·fi·si·ka** astrophysics.

**as·tro·fo·to·gra·fie** astrophotography.

**as·tro·lo·gie** astrology. **as·tro·lo·gies** =giese astrological. **as·tro·loog** =loë astrologer.

**as·tro·no·mie** astronomy. **as·tro·no·mies** =miese astronomic(al); ~e jaar astronomical/solar/tropical year; ~e getal, (infml.) astronomical figure. **as·tro·noom** =nome astronomer.

**a·suur** n. & adj. azure, sky blue. ~**steen** (min.) lapis lazuli; lazulite.

**a·syn** vinegar; met 'n gesig so suur soos ~ sour-faced. ~**smaak** vinegarish taste, taste of vinegar. ~**suur** n., (chem.) acetic acid. ~**suur** adj. acetous; as sour as vinegar. ~**vlieg(ie)** vinegar fly, drosophila.

**a·syn·ag·tig** =tige vinegary, vinegarish, acetous; sour.

**a·tak·sie** (pathol.) ataxia, ataxy.

**a·ta·vis·me** (biol., psych.) atavism. **a·ta·vis·ties** =tiese atavistic.

**a·te·ïs** =teïste atheist. **a·te·ïs·ties** =tiese atheistic(al). **a·te·ïs·me** atheism.

**a·tel·jee** =jees studio; workshop. ~**gehoor** studio audience. ~**woning** studio apartment.

**A·t(h)e·ne** *(geog.)* Athens. **A·t(h)e·ner** *-ners* Athenian. **A·t(h)eens** *-t(h)eense* Athenian.

**a·tie·sjoe** *interj.* atishoo!.

**a·ti·pies** *-piese* atypical.

**at·jar** pickles.

**At·lan·ties** *-tiese* Atlantic; *~e Handves* Atlantic Charter; *~e Oseaan* Atlantic (Ocean).

**At·las** *(Gr. myth.)* Atlas. **~gebergte** Atlas Mountains.

**at·las** *-lasse, (geog., anat., print.)* atlas.

**at·leet** *-lete* athlete. **~voet** *(fungal infection)* athlete's foot.

**at·le·tiek** athletics. **~afrigter** athletics coach. **~baan** (athletics) track.

**at·le·ties** *-tiese -tieser -tiesste* (of *meer ~ die mees -e)* athletic.

**at·mos·feer, at·mos·feer** *-fere* atmosphere, ambience, ambiance; *(infml.)* vibe(s); *in die yl ~* in the thin atmosphere. **at·mos·fe·ries** *-riese* atmospheric(al).

**a·tol** *-tolle* atoll.

**a·to·mies** *-miese* atomic.

**a·to·mi·seer** *ge-* atomise. **a·to·mi·se·ring** atomisation, atomization.

**a·to·naal** *-nale, (mus.)* atonal. **a·to·na·li·teit** atonality.

**a·to·nie** *(med.)* atony. **a·to·nies** *-niese* atonic.

**a·toom** *-tome* atom; *'n ~ splyt* split an atom. **~afval** atomic/nuclear/radioactive waste. **~bom** atom(ic) bomb, A-bomb, *(sl.)* nuke. **~bou** atomic structure. **~eeu** atomic/nuclear age. **~energie** →KERNENERGIE. **~gedrewe** atom-powered. **~getal** atomic/proton number. **~gewig** atomic weight. **~krag** atomic/nuclear power/energy. **~oorlog** atomic/nuclear war. **~teorie** atomic theory. **~wapen** atomic/nuclear weapon.

**a·tri·um** *-triums, -tria, (archit.)* atrium; *(anat.)* auricle.

**a·tro·fie** *(med.)* atrophy. **a·tro·fi·eer** *ge-* atrophy, waste away. **a·tro·fies** *-fiese* atrophic.

**at·ta·ché** *-chés* attaché.

**at·tar** attar; →ROOSOLIE.

**at·ten·sie** *-sies, (usu. pl.)* advances, overtures, approaches *(to/towards s.o.)*.

**at·tent** *-tente -tenter -tentste* attentive; considerate, thoughtful; *iem. op iets ~ maak* draw s.o.'s attention to s.t., bring s.t. to s.o.'s attention.

**at·tes·taat** *-tate* certificate, testimonial; *~ van lidmaatskap* certificate of membership *(of a church)*; *'n ~ lig* transfer membership.

**at·tes·teer** *ge-* attest, certify. **at·tes·ta·sie** *-sies* attestation, certification.

**At·ties** *n., (ancient Gr. dial.)* Attic. **At·ties** *-tiese, adj.* Attic.

**At·ti·la** (406?-453) Attila; *~ die Hunnekoning, ~ die koning van die Hunne* Attila the Hun.

**at·trak·sie** *-sies* attraction; drawcard; *die vernaamste ~ wees* head/top the bill.

**at·tri·bu·tief** *-tiewe* attributive.

**at·tri·buut** *-bute, n.* attribute, characteristic.

**au** *interj.* ow!, ouch!.

**au·ber·gine** →EIERVRUG.

**Auf·klä·rung** *(Germ., philos.)* the Enlightenment *(esp. in Germany)*.

**au·gur, ou·gur** *-gure, -gurs, (Rom. hist.)* augur, auspex; soothsayer.

**Au·gus·tus** *(month)* August; *(emperor)* Augustus; *~ die Sterke* Augustus the Strong. **~maand** the month of August.

**Au·gus·tyn** *-tyne,* **Au·gus·ty·ner** *-ners, (also a~), (follower of St Augustine; monk/nun of an Augustinian order)* Augustinian, Augustine. **Au·gus·tyns** *-tynse, (also a~)* Augustinian, Augustine.

**au·la, ou·la** *-las* auditorium, great hall, aula.

**au pair(-mei·sie)** au pair (girl).

**au·ra** *-ras* aura; *epileptiese ~* epileptic aura.

**Au·ri·ga** *(astron.)* Auriga, the Charioteer.

**Au·ro·ra, Ou·ro·ra** *(Rom. goddess of dawn)* Aurora; *(a~, meteorol., astron.)* aurora.

**Aus·sie** *(infml.: Australian)* Aussie. **~land** *(infml.: Australia)* Oz.

**Au·stra·la·si·ë** *(geog.)* Australasia. **Au·stra·la·si·ër** Australasian. **Au·stra·la·sies** Australasian.

**Au·stra·li·ë** *(geog.)* Australia. **Au·stra·li·ër** *-liërs* Australian. **Au·stra·lies** *-liese* Australian; *~e Reëls(-rugby/voetbal)* Australian Rules (football); *~e skaaphond* kelpie; *~e terriër* Australian terrier.

**a·vant-garde** *n.: die ~* the avant-garde. **a·vant-gar·dis** *-diste* avant-gardist. **a·vant-gar·dis·me** avant-gardism. **a·vant-gar·dis·ties** *-tiese* avant-garde.

**A·ve Ma·ri·a** *-as* Ave Maria, Hail Mary.

**A·ven·tyn** *die ~, die Aventynse Heuwel, (one of the seven hills on which Rome was built)* the Aventine (Hill).

**a·ver·sie** aversion. **~terapie** *(psych.)* aversion therapy.

**a·vi·o·ni·ka** avionics.

**a·voir·du·pois(·stel·sel)** avoirdupois (weight).

**a·vo·ka·do** *-do's: ~(groen)* avocado (green). **~(peer)** *-pere* avocado (pear).

**a·von·tu·rier** *-riers* adventurer.

**a·von·tuur** *-ture* adventure; *'n ~beleef/belewe/hê* have an adventure; *iets is 'n groot ~* s.t. is high adventure. **~park** adventure playground. **~speletjie** *(comp.)* adventure game. **~verhaal** adventure story.

**a·von·tuur·lik** *-like -liker -likste* adventurous; full of adventure, exciting *(story)*. **a·von·tuur·lik·heid** adventurousness.

**a·we·gaar** *-gaars,* **a·we·gaar·boor** *-bore* auger.

**a·we·regs** *-regse* wrong, reverse; *(knitting)* purl; misplaced *(sense of humour etc.)*; unsound, perverse *(judg[e]ment etc.)*; preposterous, absurd *(idea)*; *(sl.)* kinky; *regs en ~ brei* knit and purl; *~e kant* purl/reverse/wrong side.

**a·we·ry** *-rye, (maritime law)* average, damage; *algemene ~* general/gross average; *besondere/eenvoudige/partikuliere ~* particular average. **~assessor** average adjuster. **~reëling** average adjustment.

**A·za·ni·ë** Azania. **A·za·ni·ër** Azanian. **A·za·nies** Azanian.

**A·zer·bei·djan, A·zer·bai·djan** *(geog.)* Azerbaijan. **A·zer·bei·djan·ner, A·zer·bai·djan·ner** *-ners* Azerbaijani. **A·zer·bei·djans, A·zer·bai·djans** *-djanse* Azerbaijani.

# Bb

**b** *b's, (dim. b'tjie), (second letter and first consonant of the alphabet)* b; *klein* ~ small b.

**B** *B's* B. **~-kruis** *(mus.)* B sharp. **~-mol** *(mus.)* B flat.

**ba** *interj.* bah!, pah!, pshaw!.

**baad·jie** *-jies, (dim. -jietjie)* coat, jacket; *'n* ~ *aantrek/uittrek* put on *(or take off)* a jacket; *die geel* ~ *aanhê* be consumed/green *(or eaten up)* with envy; *op jou* ~ *kry* get a hiding; *sonder* ~ in one's shirtsleeves; *moenie iem. op sy* ~ *takseer nie, (fig.)* don't judge a book by its cover; ~ *uittrek, (fig.)* roll up one's sleeves; *ek sou my* ~ *vir ... uittrek, (infml.)* I'd give ... the shirt off my back. **~pak** *(matching jacket and skirt)* suit, ensemble.

**baai¹** *baaie, n.* bay, bight; *die B~, (geog., infml.)* Port Elizabeth. **baai·tjie** *-tjies* cove, creek, inlet, small bay.

**baai²** *ge=* bathe; *in iets* ~ bathe in s.t.; be bathed in s.t. *(tears);* swim in s.t. *(luxury etc.).* **~broek** bathing suit/costume, (swimming) costume, *(infml.)* cossie, cozzie; swim(ming) trunks. **~klere, ~kostuum, ~pak** bathing suit/costume, (swimming) costume. **~mus** bathing cap. **~plek** bathing place.

**baai·er** *=ers* bather. **baai·e·ry** bathing.

**baak·hout** *(Greyia* spp.) bottlebrush.

**baal** *bale, n.* bale *(of wool etc.);* ten reams *(of paper).* **baal** *ge=, vb.* bale, pack in bales. **~draad** baling wire. **~pers** baler, wool press, baling press/machine. **~sak** woolsack, =pack.

**baan** *bane, (dim. baantjie), n.* way, path, course; channel; orbit; trajectory *(of a shell, projectile, etc.);* *(elec.)* circuit; *(rly., athl., etc.)* track; *(traffic)* lane; runner *(of a door etc.);* runway; race; *(anat.)* tract; panel *(of a skirt etc.);* width, breadth *(of cloth);* *(golf, racing)* course; *(tennis)* court; *(bowls, skating)* rink; *(skittles)* alley, ground; floor *(for dancing);* *in 'n* ~ *beweeg* go into orbit; *'n* ~ *breek* beat a path; *geslote* ~ closed circuit; *iets op die lange* ~ *skuif/skuiwe* put s.t. on ice *(or on the back burner); die* ~ *open* open the ball/dance; *'n* ~ *opskop, (infml.)* make a scene; *die aarde se* ~ *om die son* the earth's orbit around/round the sun; *iets is van die* ~ s.t. is off; *... van die* ~ *skuif/skuiwe* call ... off, cancel/abandon ... **baan** *ge=, vb.* clear *(a way, path);* →GEBAAN; *vir jou 'n pad/weg deur ...* ~ make/force one's way through ... *(a crowd); die weg* ~, *(fig.)* blaze a/the trail *(in the field of heart surg. etc.); die weg vir iemand* ~, *(fig.)* pave/prepare/smooth the way for s.o., smooth s.o.'s path; *die weg tot ...* ~ open the door to/for ... **~atleet** track athlete. **~brekend** *=e* pioneering, trailblazing. **~breker** pioneer, frontiersman; pioneer, trailblazer, pathfinder. **~brekerswerk** pioneering work; ~ *doen* do pioneering work, break fresh/new ground, blaze a/the trail. ~ *en veld (athl.)* track and field. **~fietsry** track cycling. **~geld** *(golf)* green fees. **~nommer** track event. **~rekord** track record; *(golf)* course record. **~syfer** *(golf)* par; *beter/minder as die* ~ over/under par; *gelyk aan die* ~ level par.

**baan·tjie** *=tjies* job; *=s vir boeties* jobs for pals *(or the boys); maklike/lekker* ~ soft job; *vet* ~ plum job. **~soeker** job-hunter, =seeker.

**baar¹** *bare, n.* bier *(for a corpse);* stretcher, litter *(for sick/wounded people).* **~draer** stretcher bearer.

**baar²** *bare, n.* ingot, bar *(of gold).* **~goud** gold in bars.

**baar³** *baar baarder baarste, adj.* raw, green, unskilled, unfledged, untutored; untrained, inexperienced; ~ *kêrel* greenhorn, tenderfoot; *nog* ~ *wees* be new to the business. **baar·heid** rawness, inexperience.

**baar⁴** *ge=, (fml.)* bear, give birth to *(a child);* bring forth; engender, cause *(anxiety); die berg het 'n muis ge=* the mountain produced a mouse; *oefening* ~ *kuns* practice makes perfect.

**baard** *baarde* beard *(of a pers., animal, cereal);* tassel(s) *(of cereals);* bit, web *(of a key);* whiskers *(of a cat);* barb *(of barbel, catfish, etc.);* *(rough edge)* burr; *bietjie* ~ *maar klipsteenhard* not as green as one is cabbage-looking; *in jou* ~ *brom* mutter under one's breath; ~ *dra* have/sport a beard; *jou* ~ *laat groei* grow a beard; *iets het al* ~, *(a story, joke, etc.)* s.t. has whiskers; *'n* ~ *kweek* grow a beard. **~aasvoël, lammergier** bearded vulture. **~draer** bearded man. **~koring** bearded wheat. **~man** *-ne* bearded man, beard-wearer; *(icht.)* tassel/white fish, baardman. **~mannetjie** *(orn.)* scaly-feathered finch. **~siekte, ~skurfte, ~uitslag** sycosis, barber's itch/rash. **~stoppels** stubbly beard. **~walvis** baleen/filter/toothless whale.

**baard·jie** *=jies* small beard; *(in the pl., also)* indications of a beard.

**baard·loos** *-lose* beardless, smooth-faced.

**baar·moe·der** womb, uterus. **~kanker** uterine cancer, cancer of the womb, cervical cancer. **~nek** cervix. **~snee, ~sny** hysterotomy. **~uitsnyding, ~verwydering** hysterectomy.

**baas** *base* master, *(infml.)* boss; employer; *(infml.)* taskmaster; manager, head, chief; overseer; owner *(of a pet, house, etc.);* star, champion; *sorg dat jy* ~ *bly* see to it that one has the whip hand, not lose one's authority; *daar is altyd* ~ *bo* ~ there's always a bigger fish; *iem. is* ~ *daar* s.o. is the head/chief there, *(infml.)* s.o. runs the show *(or has all the say)* there; s.o. is in charge/control/command there; *jou eie* ~ *wees, (infml.)* be one's own boss; ~ *van die huis* master of the house; *eers* ~ *(en) dan Klaas* important people come/go first; ~ *oor ...* be in charge of ...; *'n ~skaakspeler/ens. wees* be an expert *(or a dab hand or an ace)* at chess/etc.; *die* ~ *wees* be in charge, be the boss *(infml.); (a wife)* wear the pants/trousers; *iem. wil altyd* ~ *wees* s.o. wants to be top dog *(or rule the roost);* ~ *wees van ...* be master of ... **~am-bagsman** *-ne* leading artisan. **~brein** *-breine, (infml.)* mastermind, *(infml.)* brains; kingpin. **~jaer** ace, champion racer. **~kok** expert cook. **~raak** *=ge=* get the better of *(s.o.);* outfight, overcome, conquer, overpower, defeat; master, cope with *(a subject); iem. kan iets nie* ~ *nie* s.t. is too much for s.o. *(or more than s.o. can manage); iets nie kan* ~ *nie* s.t. cannot cope with s.t.. **~seeman** *=ne* leading seaman. **~skut** crack/expert/dead shot. **~speel** *=ge=* domineer, rule the roost; *oor iem.* ~ order/boss s.o. about/around, lord/queen it over s.o.; ride roughshod over s.o.; *geheel en al oor iem.* ~ trample all over s.o. *(fig.).* **~speler** crack player; bully, tyrant. **~spelerig** bossy, arrogant, domineering, overbearing. **~spelery** hectoring. **~spioen** master spy. **~vlieër** ace flyer, air ace.

**baas·ag·tig** *-tige* domineering.

**baas·skap** dominance, domination, dominion, mastery, power, sway, supremacy; authority, control, command.

**baat** *n.: iets te* ~ *neem* take advantage *(or avail o.s.)* of s.t. *(an opportunity etc.);* make use of s.t.; *by iets* ~ *vind* benefit from/by s.t., derive benefit from s.t.; be the better for s.t.; derive profit from s.t.; *jy sal* ~ *daarby vind, (also)* it will do you good. **baat** *ge=, vb.* avail, profit, benefit, serve; *dit* ~ *nie* *om te ... nie* it's useless to ...; *dit ~ **niks*** it is no (*or* not much) good; it is no use; it is no purpose, it serves no (good/use= ful) purpose; *dit sal **niks** ~ nie* it won't do any good; *dit ~ nie **veel** nie* it is not much use; *wat ~ dit?* what's the good (of it)?, what's the use?; *wat sal dit jou ~?* what will you gain by/from it?. **baat·sug** selfishness, self-interest, egoism; *uit ~* from ulterior motives. **baat·sug·tig** =*tige* selfish, egoistic, self= interested, mercenary.

**ba·ba** =*bas, (dim. babatjie)* baby, infant (in arms); *'n pap ~ a* helpless baby; *iem. vertel waar ~(tjie)s vandaan kom, (infml.)* tell/teach s.o. the facts of life; *~ vang, (infml.)* deliver a baby. **~bed(jie)** (baby's) cot. **~bedruktheid** baby/maternity blues. **~doek** (baby's) nappy. **~dogter(tjie)** baby girl. **~ontploffing** baby boom. **~poeier** baby powder. **~seun(tjie)** baby boy. **~taal** baby talk/language. **~-uitset** layette. **~wagter, ~op= passer** babysitter, baby-minder.

**bab·bel** =*ge=* chatter, babble, jabber, gab, prattle; chat; *(baby)* babble away/on; *aanmekaar/aanhoudend/aaneen/onafgebroke (of een stryk deur) ~* babble away/on; *ya(c)k (infml.).* **~bek, ~kous** chatterbox, chatterer, babbler. **~siek** = BABBELRIG. **~sug** talkativeness; garrulousness, garrulity, *(infml.)* verbal diarrhoea.

**bab·be·laar** =*laars* chatterbox, chatterer, babbler.

**ba(b)·be·las, ba·be·laas, ba·ba·laas** =*lase* hangover, the morning after (the night before), the morning-after feel= ing; *~ hê/voel/wees* have a hangover, be hung over.

**bab·bel·rig** =*rige* talkative, chatty, garrulous.

**bab·bel·ry, bab·be·la·ry** chatter, chit-chat.

**Ba·bel** *(OT)* Babel. **Ba·bels** =*belse: ~e spraakverwarring* con= fusion (*or* veritable Babel) of tongues.

**ba·ber** =*bers, (SA, icht.)* barbel.

**Ba·bi·lon** *(ancient city)* Babylon. **Ba·bi·lo·ni·ë** *(kingdom of ancient Mesopotamia)* Babylonia. **Ba·bi·lo·ni·ër** =*niërs* Baby= lonian. **Ba·bi·lo·nies** *n., (lang.)* Babylonian. **Ba·bi·lo·nies** =*niese, adj.* Babylonian.

**ba·boesj·ka** *(<Russ.: old woman)* babushka.

**bac·ca·lau·re·us** =*reusse, =rei* bachelor (graduate); *B~ Ar= tium, (abbr.:* B.A.) Bachelor of Arts *(abbr.:* BA); *B~ Scientiae, (abbr.:* B.Sc.) Bachelor of Science *(abbr.:* BSc). **~graad** =*grade*, **baccalaureaat** =*ate* baccalaureate, bachelor's degree.

**bac·cha·na·lies** =*liese* bacchanal(ian) *(revelry etc.).*

**Bac·chus** *(Gr. myth.)* Bacchus. **~staf** thyrsus.

**bad** *baddens, (dim. badjie), n.* bath(tub); dip; (mineral) spring; *(chem. etc.)* bath; *iem. 'n ~ gee* bath s.o.; *'n ~ neem* have/take a bath; *Turkse ~* Turkish bath; *water in die ~ tap* (of *laat loop)* run/draw a bath. **bad** =*ge=, vb., (intr.)* bath, have/take a bath; *(tr.)* bath *(a child etc.); gaan ~* take/have (or go and have) a bath. **~handdoek** bath towel. **~kamer** bathroom; *('n slaapkamer) met eie ~* (of *met ~ en suite)* (a bedroom) with bathroom en suite. **~kuur** stay at a health resort, taking the waters. **~mat** bath mat. **~olie** bath oil. **~plaas, ~plek** spa, health resort. **~seep** bath/toilet soap. **~sout** bath salts. **~wa= ter** bath water; *die baba/kind met die ~ uitgooi, (fig.)* throw the baby out/away with the bath water.

**bad·de·ry** bathing, taking baths.

**Ba·fa·na Ba·fa·na** *n. (pl.), (SA nat. soccer team)* Bafana Ba= fana.

**ba·ga·sie** luggage, baggage; kit. **~bak** boot, luggage com= partment. **~kaartjie** luggage ticket. **~kamer, ~kantoor** bag= gage room/office. **~rak** luggage rack; roof rack. **~wa** lug= gage van.

**ba·ga·tel** →BAKATEL.

**Bag·dad** *(geog.)* Bag(h)dad.

**bag·ger** =*ge=* dredge. **~boot** dredge(r). **~masjien** dredge(r), dredging machine.

**Ba·ha·ma-ei·lan·de** Bahama Islands, Bahamas.

**Bah·rein(·ei·lan·de)** Bahrain, Bahrein.

**bai·e** *indef. num.* much; many; numerous; *besonder ~* very much; *'n bietjie ~* rather (*or* a bit) much; *~ dankie* many thanks, thank you very much; *~ dink dit* many people think so; *een uit/van ~* one among many; *~ geliefde troeteldier/ ens.* well-loved pet/etc.; *geweldig ~ ...* no end of ...; *dit lyk ~ so* it does look like it; *~ mense* many (*or* a lot of) people; *~ petrol gebruik* be heavy on petrol; *so ~* so many; *is dit regtig/werklik so ~?* is it as much as all that?; *sommer ~* quite a lot; quite often; *taamlik ~* a good many; *~ vrugte* much fruit. **bai·e** *meer mees(te), adv.* very; extremely; much; far; a great deal; *dit gebeur ~* it happens frequently; it is quite common; *~ meer* much/far more; many/far more; *~ minder* much less; far fewer; *~ moeilik* very difficult; *~ moeiliker* much/far more difficult; *iets ~ nodig* (of *graag wil) hê* want s.t. badly; *iem. ~ sien* see s.o. quite often. **~keer, ~ keer, ~maal, ~ maal** frequently, often, many a time.

**ba·jo·net** =*nette* bayonet; *met gevelde ~* with fixed bayonet; *iem. met die/jou 'n ~ (dood)steek* bayonet s.o. **~sluiting** *(elec.)* bayonet catch/fitting.

**bak¹** *bakke, n.* bowl *(for flowers etc.);* cistern *(for water);* tank *(for liquids, gases);* basin *(for liquids);* dish *(for food);* bucket *(for water etc.);* tub *(of margarine etc.);* bin *(for coal, grain, wool, rubbish, etc.);* carrier *(for luggage);* box; trough *(for food/water for animals);* container *(for cutlery etc.); (theatr.)* pit; body, boot *(of a car);* hood *(of a car/snake).* **bak** *adj. & adv.* hollow; pro= truding; *(sl.)* great, fantastic, cool; *die slang maak (sy kop) ~* the snake spreads its hood; *iem. se bene staan ~* s.o. is bandy= legged; *met jou hande ~ staan* extend (*or* hold/stretch out) begging hands; *iem. se ore staan ~* s.o.'s ears protrude (*or* stand out); *~ trek* pull askew, buckle, warp. **~barometer** cis= tern/cup barometer; mercurial barometer. **~bene** bandy legs; *~ hê* be bandy-legged. **~hand: ~ staan** beg, stand beg= ging; expect charity. **~kop(slang)** cobra. **~krans** open cave, overhang. **~oor** =*ore, n. (usu. in the pl.)* protruding ears; *iem. het ~ore* s.o.'s ears protrude (*or* stand out). **~oorvos, ~oor= jakkals** bat-eared fox. **~pypie** *(bot.)* bluebell. **~staan:** *iem. moet ~* s.o. has to work all out; *iem. moet ~ om te ...* s.o. has his/her work cut out to ... **~werk** body=, coachwork.

**bak²** *vb.* bake *(bread);* grill *(meat, fish, etc.),* broil *(meat);* fry *(eggs, fish);* bake *(clay);* fire *(pottery); ~ en brou (soos jy wil)* do as you please, do things anyhow; *wat ~ en brou jy?* what are you up to (*or* concocting)?; *daar word baie ge~ en gebrou in die saak* there is a lot of wangling/intriguing (*or* underhand dealing) in the matter; *hard ge~ wees, (eggs)* be well done; *kluitjies ~, (lit.)* make dumplings; *(fig.)* tell fibs; *iem. 'n po= ets ~* play s.o. a trick; *in die son ~* sun o.s., bask in the sun. **~bos(sie)** oven bush. **~dag** baking day. **~gereed** *adj.* oven= ready. **~huis** bakery. **~kis, ~trog** baker's trough. **~mengsel** baking mix. **~oond** oven; *(so warm) soos 'n ~, (infml.)* like an oven. **~pan** baking tin; frying pan. **~plaat** baking sheet. **~poeier** baking powder. **~vet** shortening. **~vissie** *(infml., somewhat derog.: talkative, cheeky teenage girl)* teenybopper; bimbette. **~werk** baking.

**ba·ka·tel** =*telle* trifle, bagatelle; *(game, also bagatel)* bagatelle; bar billiards.

**bak·boord** *(naut.)* port; *aan ~* aport; *van ~ na stuurboord* from pillar to post.

**ba·ke·liet** *(resin)* Bakelite *(trademark).*

**ba·ken** =*kens* beacon, landmark; seamark; marker; *die ~s ver= sit* change course/tactics; *die ~s is versit* circumstances have changed. **~lig** beacon light. **~punt** beacon point.

**ba·ker·mat** *(fig.)* cradle, origin, home, birthplace.

**bak(·gat)** *adj. & interj., (sl.: excellent)* cool, sharp.

**bak·ke·baard** sideburns, (side) whiskers, *(infml.)* mutton chops.

**bak·ker** =*kers, (fem. bakster)* baker. **bak·ke·ry, bak·ke·ry** =*rye* bakery.

**bak·kie** =*kies* small bowl/dish, porringer; (light) open truck/

van (*or* utility vehicle), pick-up, *(SA)* bakkie; (fishing) smack, small (fishing) boat; →BAK[1].

**bak·kies** =*kiese, (sl.: face)* mug; *kyk so 'n ~!* what a face!.

**bak·kies-:** ~**blom** *(Disa uniflora)* red disa, pride of Table Mountain. ~**hyser** bucket elevator. ~**pomp** bucket pump, Persian/tub wheel.

**ba·kla·va** *(Turk. cook.)* baklava, baclava.

**ba·klei** =*ge* fight, scuffle, scrap, exchange (*or* engage in) fisticuffs, exchange (*or* come to) blows; be at loggerheads; *iem. (se hande) jeuk om te ~, (infml.)* s.o. is spoiling for a fight; *lus vir ~ wees* be in a fighting mood; *met iem. ~* have a fight with s.o.; scrap with s.o. *(infml.); met iem. oor iets ~* fight with s.o. over s.t.. **ba·klei·er** =*ers* fighter, scrapper; bully. **ba·klei·e·rig** =*rige* quarrelsome, pugnacious, bellicose. **ba·klei·e·ry** =*rye* fight(ing), fisticuffs, scrap, punch-up, dust-up *(infml.)*, fracas, set-to; *algemene ~* free-for-all; *hewige ~* stand-up fight; *in 'n ~ wees* be in a scrap *(infml.)*.

**bak·sel** =*sels* batch *(of rusks etc.)*; baking.

**bak·spel** backgammon.

**bak·steen** (burnt) brick; *harde ~* clinker; *rou ~* →ROUSTEEN. ~**rooi** brick red.

**bak·te·rie** =*rieë, =ries* bacterium. ~**siekte** bacterial disease. ~**telling** bacterial count.

**bak·te·ri·eel** =*riële,* **bak·te·ries** =*riese* bacterial.

**bak·te·ri·o·faag** =*fage* bacteriophage.

**bak·te·ri·o·lo·gie** bacteriology. **bak·te·ri·o·lo·gies** =*giese* bacteriological. ~*e oorlogvoering* bacteriological/germ warfare. **bak·te·ri·o·loog** =*loë* bacteriologist.

**Bak·tries:** ~*e kameel* Bactrian/two-humped camel.

**bal**[1] *balle, n.* ball; *(bowls)* wood; *(cr.)* ball, delivery; *(pl. ballas, balle)* testicle, testis; *die ~ mis slaan, (lit.)* miss (*or* fail to hit) the ball; *die ~ misslaan, (fig.)* be mistaken, be wide of the mark; *die ~ stel, (rugby)* place the ball; *die ~ stuur, (tennis)* place the ball; *~ van die voet* ball of the foot. **bal** =*ge-, vb.* clench; *met ge=de vuiste* with clenched fists. ~**beheer** *(sport)* ball control. ~**byter** *(entom.)* ball-biter (ant), pugnacious ant; small bush tick. ~**doktery, ~peutery** *(cr.)* ball-tampering. ~**en-klou(-)poot** ball-and-claw foot. ~**klep** ball valve. ~**ontsteking** orchitis. ~**punt(pen)** →BOLPUNT(PEN). ~**roos** guelder rose, snowball, viburnum. ~**sak** scrotum. ~**spel** ball game.

**bal**[2] *balle, bals, n.* ball, dance; *gemaskerde ~* masked ball. ~**dans** ballroom dance; *(in the pl., also)* ballroom dancing. ~**saal** ballroom. ~**skoen** pump. ~**tenue** *(mil.)* ball dress.

**Ba·la·kla·wa** *(geog.)* Balaklava, Balaclava. **b~(mus)** balaclava (helmet).

**ba·la·lai·ka** =*kas, (mus. instr.)* balalaika.

**ba·lans** =*lanse* balance; *(elec.)* push-pull; balance, equilibrium; balance (sheet); *natuurlike/ekologiese ~* balance of nature; *die ~ opmaak* balance the books. ~**staat** balance sheet. ~**veer** hairspring, balance spring. ~**vlak** *(av.)* tab.

**ba·lan·seer** =*ge* balance, poise, equilibrate; counterbalance, =*poise; balanserende fout* compensating error. ~**gewig** balance weight. ~**toertjie** balancing act.

**ba·lan·seer·der** =*ders* equilibrist.

**bal·da·dig** =*dige* rowdy, boisterous, rollicking; frisky, playful, sportive. **bal·da·dig·heid** rowdiness, boisterousness; friskiness; exuberance.

**bal·da·kyn** =*kyne* canopy, baldachin(o), baldaquin, tester.

**bal·der·jan** *(bot.)* valerian, allheal.

**ba·lein** =*leine* baleen, whalebone; whalebone bristle; stiffener, stay; bone, busk *(of a corset)*. ~**walvis** whalebone/baleen whale.

**bal·ho·rig** =*rige* obstreperous, intractable, out of control/hand, refractory, stubborn, unmanageable. **bal·ho·rig·heid** obstreperousness, intractability, refractoriness, stubbornness.

**Ba·li** *(geog.)* Bali. **Ba·li·nees** =*nese, n. & adj.* Balinese.

**ba·lie**[1] =*lies* tub. **ba·lie·vor·mig** =*mige* tub-shaped.

**ba·lie**[2] =*lies, (law)* bar; bar (of the House); *aan die ~* at the bar; *iem. tot die ~ toelaat* admit/call s.o. to the bar. ~**raad** bar council.

**bal·jaar** =*ge* caper, cavort, frolic, romp, play (boisterously). **bal·jaar·de·ry** fun, high jinks; horseplay.

**bal·ju** =*ju's, (dim. ='tjie)* sheriff; *(Br.)* bailiff. ~**veiling, ~verkoping** sheriff's sale.

**bal·ju·skap** post of sheriff, sheriffship.

**balk**[1] *balke, n.* beam; *(in the pl.)* timberwork; bail; rafter *(of a roof)*, girder *(of a bridge etc.)*; shore *(to support a wall, ship in dry dock, etc.)*; joist *(of a floor, roof, etc.)*; outrigger *(of a boat)*; instep *(of a shoe etc.)*; *(mus.)* staff, stave; *(ballet)* barre *(<Fr.)*; rectangular prism; *die ~e laat dreun, (infml.)* raise the roof; *die ~ in iem. se eie oog* the beam in s.o.'s own eye; *ruwe ~* balk; ~*e saag, (infml.)* saw wood, snore loudly. ~**draer** corbel. ~**hoogte** roof height. ~**hout** beamwood. ~**huis** block house; log cabin. ~**kap** joist head. ~-**kieslys** *(comp.)* pull-down menu; *'n ~ oopmaak* pull down a menu. ~**laag** joisting. ~**skrif** *(mus.)* staff notation. ~**stapel(ing)** crib(work). ~**werk** beams and rafters.

**balk**[2] =*ge-, vb., (donkey)* bray.

**Bal·kan:** *die ~, (geog.)* the Balkans. **bal·ka·ni·seer** =*ge-* Balkanise.

**bal·kie** =*kies* small beam, scantling; bar *(on a boot; with a medal); (cr.)* bail; →BALK[1].

**bal·kon** =*konne, =kons* balcony; platform *(of a train/tram)*; dress circle *(in a theatr.)*.

**bal·la·de** =*des* ballad. ~**sanger, ~skrywer** ballade(e)r.

**bal·las**[1] *n.* ballast; lumber, encumbrance; *(fig.)* excess baggage; *skip met ~ gelaai* ship in ballast. ~**mandjie** bushel basket, lug.

**bal·las**[2] *n. (pl.), (coarse: testicles)* balls, bollocks.

**bal·le·ri·na** =*nas* ballerina, ballet dancer.

**bal·let** =*lette* ballet; *'n ~ uitvoer/dans* perform a ballet. ~**dans** ballet dance; ballet dancing. ~**danser** ballet dancer. ~**danseres** ballet dancer, ballerina. ~**geselskap** ballet company. ~**liefhebber** balletomane. ~**meester** ballet master. ~**meesteres** ballet mistress. ~**rompie** tutu, ballet skirt. ~**skoen** ballet pump/shoe/slipper. ~**skool** school of ballet.

**bal·le·tjie** =*tjies* little ball, pellet; →BAL[1].

**bal·ling** =*linge* →BANNELING. **bal·ling·skap** exile, banishment; *in ~ gaan* go into exile; *in ~ wees/verkeer/leef/lewe* be/live in exile. **bal·lings·oord** place/country of exile.

**bal·lis·tiek** ballistics. **bal·lis·ties** =*tiese* ballistic.

**bal·lon** =*lonne, (dim. =lonnetjie)* balloon. ~**angioplastiek** *(med.)* balloon angioplasty. ~**kelk** balloon glass. ~**reisiger** balloonist.

**bal·ne·o·lo·gie** balneology. **bal·ne·o·te·ra·pie** balneotherapy, =therapeutics.

**Ba·loe·tsji** =*tsji's* Baluchi, Balochi. **Ba·loe·tsji·stan** *(geog.)* Baluchistan, Balochistan.

**bal·sa·boom** balsa tree, corkwood. **bal·sa·hout** balsa(wood).

**bal·sem** =*sems, n.* balm, balsam, ointment, salve. **bal·sem** =*ge-, vb.* embalm *(a corpse)*; →BALSEMER, BALSEMING. ~**asyn, balsemieke asyn** balsamic vinegar. ~**geur** odour of balm, balsamic odour. ~**hout** xylobalsamum. ~**kopiva, kopiva-balsem** copaiba (balsam), copaiva (balsam). ~**kruid** →BALSIELKRUID.

**bal·sem·ag·tig** =*tige* balsamic, balsamy, balmy.

**bal·se·mer** =*mers* embalmer.

**bal·se·miek** =*mieke* balsamic, balsamy, balmy.

**bal·se·ming** embalming, embalmment.

**bal·se·mi·nie** balsamine, garden balsam.

**Balt** *Balte* Balt. **Bal·ties** =*tiese* Baltic; ~*e greinhout* Scots pine; *die ~e See* the Baltic (Sea).

**ba·lus·ter** *=ters* baluster.

**ba·lus·tra·de** *=des* balustrade, railing; ban(n)ister(s) *(of a staircase)*; parapet *(of a roof)*.

**bam** *n., (sound of a large bell)* dong. **bam** *vb.* dong.

**bam·boes** *=boese* bamboo. ~**beer** (giant) panda. ~**gras** switch cane. ~**riet** giant/bamboo reed. ~**spruit**, ~**loot** bamboo shoot. ~**vis** *(Box salpa)* gold-stripe fish.

**ban** *banne, n., (relig.)* excommunication, ban; interdict; curse; *iets in die ~ doen* ban/prohibit s.t., place/put a ban on s.t.; *in die ~ gedoen, (also)* taboo; *onder die ~ van* ... under the spell of ... **ban** *ge=, vb.* banish *(lit. & fig.)*, exile, expel; ostracise. ~**vloek** ban, anathema.

**ba·naal** *=nale =naler =naalste* banal, corny, commonplace, trite, trivial. **ba·na·li·teit** *=teite* banality, commonplace, platitude.

**band** *bande* band *(round a hat, arm; of a skirt; of iron, elastic)*; ribbon *(for hair)*; string *(of an apron)*; fastening, waist *(of trousers)*; *(rad.)* channel, band; tyre *(of a car etc.)*; hoop *(round a barrel)*; *(anat.)* cord; *(anat.)* ligament; *(surg.)* ligature; truss *(for a rupture)*; sling *(for an arm)*; cushion *(of a billiard table)*; tape *(round a parcel)*; binding, cover *(of a book)*; *(book)* volume; belt; strap; fillet *(round the head, for binding hair)*; brace; bond; tie *(of friendship, blood)*; *(in the pl., also)* bondage, fetters; ~*e met ... aanknoop* establish/form ties with ...; *iem. se ~ bars* s.o. has a blowout; *'n breë ~* a wide band *(round a hat etc.)*; *'n ekstra ~* a spare tyre; *aan ~e gelê wees* be tied up; *harde ~* hard cover/binding *(of a book)*; *~e met ... hê* have affiliations/ties with ...; *iem. aan ~e lê* restrict s.o.; keep s.o. in check; *~e van liefde* bonds of love/affection; *noue ~e met ...* close ties with ...; *'n pap ~* a flat tyre; *'n pap ~ kry* get/have a puncture; *slap/sagte ~* paperback, limp cover/binding *(of a book)*; *~e smee, (fig.)* forge links; *op ~ vaslê/opneem* tape, record; *(die) ~ met ... verbreek* cut/sever ties with ...; *'n ~ om 'n wiel sit* shoe a wheel. ~**blits** ribbon/band lightning. ~**breedte** *(rad.)* bandwidth. ~**breuk** tyre failure. ~**druk** tyre pressure. ~**drukmeter** tyre(-pressure) gauge. ~**kasset** tape cassette. ~**ligter** tyre lever. ~**ontwerp** cover design *(of a book)*. ~**opname** tape recording. ~**opnemer**, ~**masjien** tape recorder. ~**saag** band/ribbon/belt saw. ~**slagaar** mesenteric artery. ~**speler** tape deck. ~**staal** strip steel. ~**versiering** *(archit.)* strap work. ~**versoler** (tyre) retreader. ~**yster** hoop/strip/band iron; hoops.

**ban·da·na** *=nas* bandan(n)a.

**ban·de·fa·briek** tyre factory.

**ban·de·lier** *=liere, =liers* bandolier, bandoleer.

**ban·de·loos** *=lose* unrestrained, unbridled; lawless, riotous; dissolute, licentious. **ban·de·loos·heid** lawlessness, licence; licentiousness.

**ban·diet** *=diete* convict, prisoner. ~**klere** convict's clothes.

**ban·die·te·ar·beid** convict labour.

**band·om** *=oms*, **ban·tom** *=toms* banded pebble, bandom; banded/belted ox/cow.

**band·vor·mig** *=mige* ribbon-shaped.

**bang** *bang(e) banger bangste* afraid, frightened, scared, fearful; faint-hearted, timid; nervous; anxious, uneasy; *~ wees dat* ... be afraid/fearful that ...; *~ gevoel* sinking feeling; *gou ~ word* scare easily; *geen ~ haar op jou kop hê nie* not know (the meaning of) fear; *liewer(s) ~ Jan as dooi(e) Jan* discretion is the better part of valour; better a living dog than a dead lion; *iem. ~ maak* frighten/scare s.o.; *iem. vir iets ~ maak* put s.o. in fear of s.t.; *moenie ~ wees (dat dit sal gebeur) nie* there's no fear of it happening; never fear! *(infml.)*; *~ wees om te* ... be afraid to ...; *so ~ wees dat jy iets kan oorkom* be frightened/scared out of one's senses/wits, be scared stiff *(infml.)*; *iem. ~ praat* put the wind up s.o. *(infml.)*; *vir iem./iets so ~ wees soos die duiwel vir 'n slypsteen* be scared to death of s.o./s.t.; *vir ... ~ wees* be afraid/frightened/scared of ...; *vrek ~ wees/word, (infml.)* be petrified/terrified,

be/get scared half to death; *vir ... ~ word* become/get frightened of ..., take fright at ... ~**gat** *=gatte, (sl.)* coward, chicken. ~**maakpraatjie** scare story. ~**maaktaktiek** scare tactic. ~**maker** intimidator. ~**makery** intimidation, scaring; bluff. ~**pratery** intimidation.

**bang·broek** *(derog., infml.)* chicken, scaredy-cat, mouse, sissy, cissy. **bang·broe·kig** *=kige, =broe·ke·rig =rige* cowardly, faint-hearted, timid, *(infml.)* chicken; sissified, cissified. **bang·broe·kig·heid, =broe·ke·rig·heid** cowardliness, faint-heartedness, timidity.

**ban·ge·rig** *=rige* timid, jittery, cowardly, faint-hearted, (rather) fearful. **ban·ge·rig·heid** timidity, (slight) fearfulness.

**bang·heid** fear, anxiety; timidity; cowardice.

**Ban·gla·desj** *(geog.)* Bangladesh. **Ban·gla·de·sji, Ban·gla·de·sjer** Bangladeshi. **Ban·gla·de·sjies** Bangladeshi.

**ba·ni·aan** *=ane*, **ba·ni·aan·boom** *=bome* banyan (tree), banian (tree).

**ba·nier** *=niere* banner, standard, pennon; *onder die ~ van* ... under the banner of ...; *jou onder iem. se ~ skaar* become a follower/supporter of s.o. ~**kop** banner headline, streamer.

**ban·jo** *=jo's* banjo. ~**speler** banjo player, banjoist.

**bank**[1] *banke, n.* bench; seat; sofa; pew *(in a church)*; desk *(in a school)*; bank, ridge *(of sand, snow)*; dock *(for a prisoner in court)*; *(geog.)* ledge, shelf; *(unploughed strip)* ridge; *deur die ~ (geneem)* on (the/an) average, by and large, generally; right across the board; without exception; *~e ploeg* leave narrow strips unploughed. ~**bed** studio couch. ~**duiker** *(orn.)* bank cormorant. ~**oortreksel** seat cover. ~**skaaf** bench plane. ~**skroef** bench/screw vice. ~**steenbras** river steenbras, tiger fish. ~**vas** (jam-)packed, chock-a-block, chock-full, jammed; *~ staan* throng *(the pavements etc.)*; *~ agter iem. staan* rally round s.o.; *~ stem* vote solidly. ~**vis** line fish. ~**werker** bench fitter; bench worker. ~**ys** shelf ice.

**bank**[2] *banke, n., (fin.)* bank; *'n ~ bankrot laat raak* break a bank; *geld in die ~ hê* have money in the bank; *geld in die ~ sit* bank money. **bank** *ge=, vb.* bank *(money)*. ~**aksep** banker's acceptance. ~**bestuurder** bank manager. ~**dienste** banking services. ~**diskonto** bank discount. ~**houer** *(gambling)* banker. ~**instelling** bank, banking institution. ~**kluis** safe deposit. ~**koers** bank rate. ~**koste** bank charges. ~**noot** banknote; *banknote in omloop bring* issue banknotes. ~**oordrag** bank transfer. ~**oortrekking** bank overdraft. ~**outomaat** autobank. ~**rekening** bank account. ~**roof** bank robbery. ~**sake** banking matters. ~**saldo** bank balance. ~**staat** bank statement. ~**stelsel** banking system. ~**ure** *n. (pl.)* banking/opening hours. ~**wese** banking. ~**wissel** bankers' draft.

**bank·baar** *=bare, (econ.)* bankable *(cheque)*.

**ban·ket** *=kette* banquet; confectionery; almond rock; *(min.)* banket, auriferous conglomerate. ~**bakker** confectioner, pastry cook. ~**bakkery** confectionery, patisserie; confectionery trade. ~**saal** banqueting hall. ~**winkel** confectioner's shop.

**ban·kie** *=kies* small bench; stool.

**ban·kier** *=kiers* banker.

**ban·koel·:** ~**neut** candlenut, candleberry, kemiri (nut). ~**olie** candlenut oil.

**ban·krot** *=krot =krotter =krotste* bankrupt, insolvent; broke *(sl.)*; *~ gaan/raak/speel* become/go insolvent, go bankrupt/under, go broke/bust *(infml.)*; *(a firm)* crash, fail, go under; *iem./iets ~ maak* bankrupt s.o./s.t. ~**speler** bankrupt, insolvent. ~**veiling**, ~**vendusie**, ~**vandisie** bankruptcy auction/sale. ~**verkoping** bankruptcy sale. ~**wurm** bankrupt worm.

**ban·krot·skap** *=skappe* bankruptcy, insolvency, crash *(infml.)*.

**ban·ne·ling, bal·ling** *=linge* exile, deportee, outcast; → BAN, BALLINGSKAP.

**ban·tam** *=tams* bantam. ~**gewig** *(boxing)* bantamweight. ~**haan** bantam cock. ~**hen** bantam hen. ~**hoender** bantam (fowl). ~**skraper** calf dozer.

**Ban·toe·taal** Bantu language.

**ban·tom** →BANDOM.

**ba·o·bab** =babs baobab (tree); →KREMETART(BOOM).

**Bap·tis** =tiste Baptist. **Bap·tis·te·kerk** Baptist Church. **Bap·tis·ties** =tiese Baptist.

**bar¹** bars, n., (unit of pressure) bar; 200 ~ 200 bars.

**bar²** bar(re) barder barste, adj. barren (land); stark (landscape); gruff (manner); inclement, severe (weather). **bar** adv. extremely, awfully, terribly, exceedingly, utterly (boring etc.). **bar·heid** barrenness; inclemency, severity.

**ba·rak** =rakke barracks.

**bar·baar** =bare barbarian, savage; philistine. **bar·baars** =baarse =baarser =baarsste barbarian; barbaric, barbarous, inhumane, brutal, savage; ~ word/maak barbarise. **bar·baars·heid** barbarism; barbarity, barbarousness, brutality, savagery. **bar·ba·re·dom** barbarians. **bar·ba·ris·me** barbarism.

**bar·ba·ra·kruid** (Barbarea vulgaris) wintercress.

**bar·beel** =bele, (icht., Eur.) barbel.

**bar·bie** =bies Barbie (tradename). ~**pop** =poppe Barbie doll.

**bar·bier** =biers, (rare) barber, (men's) hairdresser.

**bar·bi·tu·raat** =rate, (chem.) barbiturate.

**ba·rens·nood** labour; in ~ verkeer/wees be in labour (pains); →BAAR⁴.

**Ba·rentsz·see** Barents Sea.

**ba·ret** =rette beret; cap; (RC) biretta, berretta, barret; toga en ~ cap and gown.

**Ba·ret·ta** =tas, **Ba·ret·ta·pis·tool** =tole, (trade name) Baretta (pistol).

**bar·goens** jargon, argot, cant.

**ba·riet** (min.) barite, barytes, heavy spar.

**ba·ring** =rings, =ringe (child)birth, parturition; →BAAR⁴.

**ba·ri·ton** =tons baritone.

**ba·ri·um** (chem., symb.: Ba) barium. ~**maal** barium meal.

**bark** barke, (naut.) barque.

**bar·kas** =kasse longboat.

**bar·le·wiet** barley wheat.

**barm·har·tig** =tige merciful, clement; charitable, beneficent; compassionate; ~e Samaritaan, (NT; fig.) good Samaritan. **barm·har·tig·heid** mercy, mercifulness, clemency; charitableness, charity; compassion; jou op iem. se ~ beroep cast/throw o.s. (up)on s.o.'s mercy; iets uit ~ doen do s.t. out of charity.

**bar·mits·wa** (Jud.) Bar Mitzvah (sometimes b~ m~).

**barn·steen** amber. ~**suur** (biochem.) succinic acid.

**ba·ro·graaf** =grawe, (meteorol.) barograph.

**ba·ro·gram** =gramme, (meteorol.) barogram.

**ba·rok** =rokke, adj., (archit., art, mus., also B~) baroque (also B~); highly ornate. **b~(styl)** (also B~) baroque (style) (also B~).

**ba·ro·me·ter** =ters barometer. ~**druk** barometric pressure. ~**stand** barometric reading. **ba·ro·me·tries** =triese barometric.

**ba·ron** =ronne baron. **ba·ro·nes** =nesse baroness. **ba·ro·net** =nette baronet.

**ba·ro·skoop** =skope baroscope.

**bar·ra·ge** =ge'e, =ges barrage.

**bar·ri·ka·de** =des barricade.

**bars¹** barste, (dim. barsie) n. burst; crack, crevice, chink, cranny, rift, split; cleft, fissure (in the earth); chip (in a mug etc.); chap (in the skin); shake (in growing timber); (med.) rupture.

**bars** ge=, vb. burst; (wall etc.) crack; (wood) split (open), shake; (skin) chap, get chapped; (earth) crack; (shell) explode, burst; (tyre) blow out; (infml.) have a hard/rough time; iem. se **band** het ge= s.o. blew a tyre (or had a blowout), s.o.'s tyre burst; **gaan/loop** ~!, (infml.) go to blazes!, drop dead!; **hard**-

**loop/hol** dat dit ~ run like mad/hell/blazes; ~tende **hoofpyn** splitting headache; (met 'n **klapgeluid**) ~, (balloon) go pop; iem. **sal** ~, (infml.) s.o. is (in) for it, s.o. will get it in the neck; wil ~ **van** ... swell (or be bursting) with ... (pride etc.); ~ **van** die lag split one's sides. ~**hou** (fig.): 'n ~ **slaan** hit a terrific shot; 'n ~ **speel** play a blinder (or a terrific game); 'n ~ **werk** work one's fingers to the bone. ~**vorming** chipping, cracking, crazing.

**bars²** bars(e) barser barssste, adj. harsh, rough; gruff (voice); blunt, brusque (speech); stern, grim, forbidding (face). **bars** adv. sternly; harshly; crustily; dit gaan maar ~ met iem. s.o. is having a hard/tough time; dit sal ~ gaan om te ... it will be a tough job to ... **bars·heid** harshness, roughness.

**bar·stens:** dit het ~ gegaan it was an uphill battle/job/struggle/task, s.o. had a devil of a job/time; tot ~ (toe) vol wees be full to bursting.

**bas¹** basse, n., (mus.) bass; ~ **sing** sing bass. ~**fluit** bass flute. ~**noot** bass note. ~**sanger** bass (singer). ~**stem** bass (voice). ~**viool** double bass, contrabass, (infml.) bass; (jazz) string bass.

**bas²** baste, n. bark (of a tree); (bot.) bast, phloem; rind (of a plant); (anat., bot.) cortex; skin; body, bulk; (fig.) hide; (infml.) behind, bottom, backside, (Am.) butt; tussen die **boom** en die ~ fair to middling, neither good nor bad, betwixt and between, so-so, indifferent; alles aan jou ~ **hang** spend everything on clothes; **lig** jou ~ get up off your backside; iem. **op** sy ~ **gee** tan/whip s.o.'s hide, give s.o. a (good) hiding/licking; op jou ~ **kry** get a hiding; jou ~ **probeer red** try to save one's skin/hide/bacon; iets aan eie ~ **voel** experience s.t. personally; dit aan jou ~ **voel** dat ... have a gut feeling that ... ~**af:** 'n boom ~ **maak** (de)bark a tree.

**ba·saar** =saars bazaar; fête.

**ba·salt** (geol.) basalt. ~**lawa** basaltic lava.

**ba·salt·ag·tig** =tige, **ba·sal·ties** =tiese basaltic.

**ba·sa·niet** (geol.) basanite.

**ba·seer** (ge)=: iets op ... baseer base s.t. (up)on ...

**ba·se·rig** self-assertive, domineering. **ba·se·rig·heid** self-assertiveness.

**ba·siel·kruid, ba·si·lie·kruid, bal·sem·kruid** (common/sweet) basil.

**ba·sies** =siese, adj. & adv. basic; basically.

**ba·sil** =sille, (bacterium) bacillus. **ba·sil·le·dra·er** (germ) carrier, vector. **ba·sil·lêr** =lêre bacillar(y).

**ba·si·lisk** =liske, (myth.) basilisk, cockatrice.

**ba·sis** =sisse, (geom., chem., mil.) base; basis, grounding; heel (of the hand); mengeldrankie met rum as ~ rum-based cocktail ; na die/jou ~ terugkeer return to base. **B~engels** Basic English. ~**hoek** base angle. ~**koers** (fin.) base rate. ~**kursus** foundation course (in a foreign lang. etc.). ~**lyn** baseline, datum line.

**Bask** Baske, n., (pers.) Basque. **Bas·kies** n., (lang.) Basque. **Bas·kies** =kiese, adj. Basque.

**bas·ket·bal** (American) basketball.

**bas·ku·le** =les bascule (of a bridge); platform weighing machine/scale. ~**brug** bascule (bridge), balance/counterpoise bridge.

**bas·ma·ti** (Hindi): ~**(rys)** basmati (rice).

**Ba·soe·to-:** ~**land** (hist.) Basutoland; →LESOTHO.

**Ba·so·tho** =tho's Basuto; →SOTHO.

**bas·sin** =sins, (dock) basin.

**bas·so:** (It., mus.): ~ **profundo** (singer with a very deep bass voice) basso profundo.

**bas·ta** interj. stop!; en **daarmee** ~! and that's final/flat/that! (or the end of it!); ek gaan dit nie doen nie, en **daarmee** ~! I'm not going to do it, period!; kom ons ~ **daarmee** let's drop it; ~ **nou!** that's enough!; ~ **raas!** stop that noise!.

**Bas·ter** =ters, (member of a Namibian people) Baster.

**bas·ter** ˭ters, n., (derog.) bastard; half-caste, half-breed; mu˭
latto; (animal, plant) cross, hybrid; (animal, plant) mongrel.
**bas·ter** adj. a sort of. **bas·ter** ge-, vb. hybridise; inter˭
breed; … laat ~ hybridise … ~**gesteente** hybrid rock. ~**hond**,
~**brak** mongrel. ~**koedoe** nyala. ~**krag** (genet.) heterosis,
hybrid vigour. ~**mielie(s)** hybrid maize. ~**skaap** crossbred
sheep. ~**soort** hybrid. ~**vorm** hybrid (form). ~**woord** hy˭
brid (word); loan word.

**ba·suin** ˭suine trumpet; trombone; die laaste ~ the last trum˭
pet. ~**blaser** trombonist. ~**geskal** sound/blast of trumpets,
trumpet blast, fanfare.

**ba·tal·jon** ˭jonne, ˭jons battalion.

**ba·te** ˭te(s) asset; benefit, profit; →BAAT n.; ~(s) en laste assets
and liabilities; ten ~ van … on/in behalf of …; for the benefit
of …; in aid/support of … (a good cause etc.). ~**bestuur** asset
management. ~**stroper** (comm., often derog.) asset-stripper.

**ba·tig** ~e saldo credit balance; surplus.

**ba·tik, ba·tik** ˭tiks, n. ba(t)tik. **ba·tik, ba·tik** ge-, vb. ba(t)˭
tik.

**ba·ti·sfeer** ˭sfere bathysphere.

**bat·mits·wa** (Jud.) Bat Mitzvah (sometimes b~ m~).

**ba·tos** bathos.

**Ba·tswa·na** n. (pl.) Batswana.

**bat·te·ry** ˭rye battery; 'n ~ laai charge a battery; 'n pap ~ a
dead/flat battery; die ~ word pap the battery runs down.
~**(aan)gedrewe** battery-powered. ~**boerdery** battery farm˭
ing. ~**hoender** battery hen. ~**laaier** battery charger. ~**suur**
battery acid, electrolyte.

**baud** (comp.) baud. ~**snelheid** baud rate.

**baux·iet, bouk·siet** (min.) bauxite.

**BBP** (abbr.) = 'N BAIE BELANGRIKE PERSOON. ~~**behandeling**
VIP treatment.

**be·aam** het ~ confirm, endorse, echo; corroborate; assent
to, agree (with), concur (with s.o., in s.t.); say ditto/yes/amen
to; iem. se woorde ~ bear s.o. out. **be·a·ming** confirmation,
assent, corroboration.

**be·amp·te** ˭tes official.

**be·angs** ˭angste anxious, uneasy, alarmed, fearful, anguished,
panicky, terror-stricken, terror-struck, harrowed, (infml.)
white-knuckled; ~ wees be in fear, be stricken with terror.
**be·angst·heid** anxiety, uneasiness, alarm. **be·angs·ti·gend**
frightening; alarming.

**be·ant·woord** het ~ answer, reply to (a letter); meet (an ar˭
gument); acknowledge (a greeting); return (love); **aan** … ~ an˭
swer to … (a description etc.); measure up to … (requirements
etc.); nie **aan** die vereistes/ens. ~ nie, (also) fall short of the
requirements/etc.; **aan** die verwagtinge ~ come up to (or re˭
alise) expectations; met stilswye ~ pass over in silence, ig˭
nore. **be·ant·woor·ding** answer(ing), reply(ing); ter ~ van
… in reply to …

**be·ar·bei** het ~ work, cultivate, till (ground); treat (material);
(fig.) woo, use one's influence with, work (up)on (s.o.); ply
with arguments; try to persuade; canvass (constituency etc.);
manipulate; preach the gospel to. **be·ar·bei·ding** canvass˭
ing; ministration, ministering.

**be·a·ring** (anat.) venation, veining; (bot.) nervation.

**Beau·fort:** ~**see** (geog.) Beaufort Sea. ~**skaal** (meteorol.)
Beaufort scale.

**beau·jo·lais** (Fr. wine) beaujolais (sometimes B~).

**be·baard, ge·baard** ˭baarde bearded, hirsute.

**be·blaar(d)** ˭blaarde, (bot.) leafy; blistered.

**be·blerts** het ~, (infml.) mess on (or all over); bespatter; be˭
foul; crap/shit on (or all over); jou ~ crap/shit o.s..

**be·bloed** ˭bloede blood-stained, bloody.

**be·boet** het ~ fine; iem. met R500 ~ fine s.o. R500; ~e lede
members fined; met R500 ~ word be fined R500. **be·boet˭
baar** ˭bare fin(e)able, liable/subject to a fine.

**be·bos** het ~, vb. plant with trees, (af)forest. **be·bos** ˭boste,
adj. forested, (well-)wooded, woody, bushy, timbered; dig ~
wees be thickly wooded. **be·bos·sing** (af)forestation.

**be·bou** het ~, vb. build (up)on; till, cultivate, crop, plant,
farm (land). **be·bou** ˭boude, adj. tilled; built upon, built-up
(area). **be·bou·baar** ˭bare arable, cultivable, tillable; fit/suit˭
able for building. **be·bou·baar·heid** cultivability, arability.
**be·bou·ing** building upon; development; tillage, cultivation,
croppage; onder ~ under crop.

**be·bril(d)** ˭brilde (be)spectacled, wearing glasses.

**be·broei** het ~, vb. sit on, hatch (eggs). **be·broei(d)** ˭broeide,
adj. hard-set, partly hatched (egg).

**bé·cha·mel(·sous)** (Fr. cook.: rich white sauce) béchamel
(sauce).

**bed** beddens bed (to lie on, of a river, of flowers); channel (of a
river); berth (on a ship); by iem. se ~ at s.o.'s bedside; ~ toe
**gaan** go to bed; met iem. ~ toe **gaan** (of in die ~ klim/spring),
(infml.) have sex with s.o., hop into bed with s.o., (sl.) have it
off with s.o.; net voor iem. ~ toe **gaan** last thing at night; goed
in die ~ wees be good in bed; **in** die ~ in bed; between the
sheets; **in** die ~ bly stay in bed; keep to one's bed; iem. moet
**in** die ~ bly s.o. is confined to bed; **in** die ~ wees be in bed;
lie in; be laid up; in die ~ **klim** get into bed; go to bed; met
enige man in die ~ **klim** be an easy lay (coarse); uit die ~ **klim**
get out of bed; ~ en ontbyt bed and breakfast; 'n ~ skoon
**oortrek** change the bed linen; 'n ~ **opmaak** make (up) a
bed; iem. in die ~ **sit**, (lit.) put s.o. to bed; (fig.) be too much
for s.o.; **vroeg/laat** in die ~ **klim** (of ~ toe gaan) have an
early (or a late) night. ~**bad** bed/blanket bath. ~**bank** sofa
bed, studio couch. ~**deken**, ~**sprei** bedspread, coverlet. ~**kas˭
sie** bedside cabinet, night table. ~**lamp** bedside lamp. ~**lêend**
˭lêende bedridden, confined to one's bed. ~**lêendheid** being
confined to one's bed. ~**linne** bed linen. ~**maat**, ~**genoot**
bedfellow. ~**natmaker** bed-wetter. ~**natmakery** bed-wetting,
enuresis (tech.); incontinence. ~**seer** bedsore, pressure sore,
(tech.) decubitus ulcer. ~**sprei** →BEDDEKEN. ~**styl** bedpost.
~**tafel(tjie)** bedside/night table. ~**tyd** bedtime.

**be·daar** het ~, vb. calm down; (storm, excitement) die down,
subside; (wind) abate, drop, blow (itself) out; iem. (laat) ~ calm/
quieten/soothe s.o.; mollify/pacify s.o.; (med.) tranquillise s.o..
**be·daar** interj. steady!, calm down!, compose yourself!, re˭
lax!.

**be·daard** ˭daarde ˭daarder ˭daardste calm, quiet, cool(-head˭
ed), composed, sedate, tranquil, temperate, staid, dispassion˭
ate, sober, collected, unruffled, even-tempered; ~ bly keep
one's temper, keep one's cool (infml.); (ewe) ~ unfazed (infml.).
**be·daard·heid** calmness, coolness, cool-headedness. **be˭
daard(·weg)** dispassionately; collectedly.

**be·dag** op … ~ wees be prepared for …; nie op iets ~ wees nie,
(also) be taken unawares by s.t; op wins ~ te handelaar profit-
seeking merchant. **be·dag·saam** ˭same ˭samer ˭saamste
thoughtful, considerate, mindful (of), careful (of), obliging;
baie ~ van jou! how thoughtful of you!; teenoor iem. ~ wees
have/show consideration for s.o.; 'n ~same gasheer/-vrou an
attentive host(ess). **be·dag·saam·heid** thoughtfulness, con˭
siderateness, obligingness.

**be·dags** by day, during the day.

**be·dank** het ~ thank; resign; as lid van … ~ resign one's mem˭
bership of …; uit … ~ resign from … (a position etc.); resign
one's membership of … (an association etc.); iem. vir iets ~
thank s.o. for s.t.. **be·dan·ke·ry** thanking; resigning. **be·dan˭
king** ˭kings, ˭kinge resignation; expression of thanks, ack˭
nowledg(e)ment; jou ~ indien hand/send in (or tender) one's
resignation.

**be·dan·kings:** ~**brief** letter of resignation. ~**brief(ie)**, ~**kaar˭
tjie** thank-you letter/note/card.

**be·da·ring** calming down; subsidence, lull, calm, quiet, abate˭
ment; … tot ~ bring calm (down) … (s.o.); pacify/soothe … (a
baby); tot ~ kom calm/settle down.

**bed·de·goed** bedding, covers; litter *(for animals)*.

**bed·ding** *-dings* bed *(of a river, of flowers)*; *(geol.)* layer, stratum; seat(ing) *(of valves etc.)*. **~plant** bedding plant. **bed·din·kie** *-kies* bed *(of flowers)*; *saailinge in ~s plant* bed out seedlings.

**be·de** *-des, (fml.)* prayer; entreaty, supplication.

**be·deel** *het ~* endow *(with talents etc.)*. **be·deel(d):** *(bolangs) goed ~* busty *(woman)*; *met ... ~ wees* be blessed/endowed/favoured with ... **be·deel·de** *-des* beneficiary, grantee *(jur.)*.

**be·dees** *-deesde meer ~ die mees ~de* bashful, timid, shy, diffident, coy, shrinking. **be·deesd·heid** bashfulness, timidity, diffidence, shyness.

**be·dek** *het ~, vb.* cover (up); conceal, hide, veil, cloak, mask; shroud; cap; coat; face; overlie, mantle, clothe, blanket; deck; fleece *(with down)*; *iets met ... ~* cover s.t. with ...; *met ... ~ wees* be covered with ...; be spread with ... *(flowers etc.)*; be topped with ... **be·dek** *dekte, adj.* covered, coated, mantled; plated; concealed, disguised, veiled; covert *(threat)*; undercover; *~te beweegredes* ulterior motives; *~te seën* blessing in disguise; *op ~te wyse* covertly. **be·dek·king** *-kings* covering, cover; *(mil.)* covering party; coat(ing); integument; topping; *(astron.)* obscuration, occultation; *onder ~ van ...* under cover of ... *(darkness etc.)*. **be·dek·sa·dig** *-dige, adj., (bot.)* angiospermal, angiospermic, angiospermous. **be·dek·sa·di·ge** *-diges, n.* angiosperm; *(in the pl., B~)* Angiospermae. **be·dek·te·lik** covertly, in an underhand way.

**be·del** *ge-* beg; cadge, bum *(infml.)*; *by iem. ~* beg from s.o.; *(om) iets ~* beg for s.t.. **~brief** begging letter. **~orde** mendicant order. **~staf** beggar's staff; *iem. tot die ~ bring* reduce s.o. to beggary, leave s.o. a pauper.

**be·de·laar** *-laars* beggar; cadger. **be·de·la·ry** begging.

**be·de·ling** endowment; distribution of alms; *'n nuwe ~* a new deal/dispensation; *die nuwe ~* the new order.

**be·den·king** *-kings, -kinge* doubt, qualm, misgiving; objection; consideration; *jou ~s hê* have one's doubts; *~s oor iets hê* have misgivings/doubts/reservations about s.t.; *~s oor iets hê/kry* have/get second thoughts about/on s.t.; *~s op-/per/uitspreek/uit(er)* raise objections; voice misgivings; *~s teen iets opper, (also)* demur at s.t..

**be·denk·lik** *-like -liker -likste* risky, dangerous; serious, precarious; alarming, grave *(situation)*; critical *(condition)*; doubtful *(look)*; suspicious; *in 'n ~e toestand wees* be in a critical condition; be critically ill. **be·denk·lik·heid** seriousness.

**be·denk·sel** *-sels* notion, imagining, figment; contrivance, invention.

**be·derf** *n.* decay, rotting; decomposition; rot *(in wood)*; corruption, depravity; deterioration; spoilage, ruin; *aan ~ onderhewig* perishable. **be·derf** *het ~, vb.* go bad, rot, decay, putrefy; deteriorate; spoil *(child, fun, chance)*; ruin *(prospects, health)*; mar *(an effect)*; corrupt *(morals)*; contaminate; be devil; *iem. tot in die (af)grond ~* spoil s.o. rotten *(esp. a child)*; *jou oë ~* spoil one's eyesight; *iem. se saak ~* spoil s.o.'s chances. **be·derf** *-derfde, -derfte, adj.* rotten; spoilt; →BEDORWE. **be·derf·baar** *-bare -baarder -baarste* perishable; *bederfbare goedere/(voedsel)produkte* perishables. **be·derf·lik** *-like =* BEDERF- BAAR. **be·derf·lik·heid** corruptibility. **be·derf·we·rend** *-rende* preservative; *~e middel* preservative. **be·der·we** *het ~ =* BE- DERF *vb.*.

**be·de·vaart** pilgrimage. **~ganger** pilgrim.

**be·dien** *het ~* serve, attend to *(guests, customers)*; wait (up)on *(table guests)*; minister to; attend to, handle, service, tend, operate, manipulate *(a mach.)*; man *(a gun)*; *aan tafel ~* serve/wait at (the) table; *'n kanon ~* serve/man a gun; *iem. met iets ~* help s.o. to s.t.; *die Nagmaal ~* serve/give (Holy) Communion; *jou van iets ~* help o.s. to s.t.; use *(or make use of or avail o.s. of)* s.t.; *iem. van raad ~* give s.o. advice. **be·die·naar** *-naars* minister; *~ van die Woord* minister of the gospel. **be·die·ner** *-ners* attendant; minder, operator *(of a mach.)*; *(comp.)* server.

**be·dien·de** *-des* servant, domestic *(in a house)*. **~kamer** servant's/maid's room; *(in the pl.)* servant's/maid's quarters.

**be·die·ning** service *(in a shop/café)*; serving *(of customers)*; waiting, serving, operating, operation *(of a mach.)*; ministration(s), ministry; preaching *(the gospel)*; office; *in die (kerklike) ~ gaan/tree* enter/join the ministry; *die ~ neerlê* resign the ministry.

**be·ding** *het ~* stipulate; bargain *(for)*; *tensy anders ~* unless otherwise stipulated. **be·ding·baar** *-bare* negotiable *(principles)*; *die beste ~bare voorwaardes* the best terms obtainable. **be·din·ging** bargaining.

**be·dink** *het ~* think (about), consider *(a matter)*; think out/up, contrive, invent, devise *(a story etc.)*; *jou ~* reconsider; change one's mind, have second thoughts, think better of it; *die saak ~* think the matter over; *sonder om jou 'n oomblik te ~* without a moment's thought, without stopping to think/reflect. **~tyd** time for reflection, time to consider (the matter).

**bed·jie** *-jies* cot.

**Be·doe·ïen** *-doeïene* Bedouin, Beduin. **Be·doe·ïe·ne·stam** Bedouin/Beduin tribe.

**be·doel** *het ~* mean, imply, drive at; intend, contemplate, have in mind, mean; aim at; *as ... ~ wees* be meant/intended as ...; *wat ~ jy daarmee?* what do you mean by that?; *~ jy dit?* are you serious?; *wat iem. eintlik ~* what s.o. actually means; *iets ernstig ~* mean s.t. seriously; *iets is vir gebruik ~* s.t. is meant to be used; *dit goed ~* mean well, intend/mean no harm; *goed ~de* well-meant, well-intentioned *(advice, effort, question, etc.)*; *~ wees om te ...* be meant to ...; be designed to ...; be supposed to ...; *op ... ~ wees* refer to ...; *~ wat jy sê* mean what one says; *ek het dit nie so ~ nie* I didn't mean it like that; *vir ... ~ wees* be intended/meant for ...; be designed for ...; be directed at ... **be·doe·ling** *-lings, -linge* meaning, implication; intention, object, purpose, aim; *met die beste ~s* with the best (of) intentions; *met bose ~, (jur.)* with malice aforethought; *met bose/kwade ~s* with evil/malicious intent; *eerlike ~s hê* have honourable intentions; *die pad na die hel is met goeie ~s geplavei* the road to hell is paved with good intentions; *die ~ van iets snap* catch/get the drift of s.t. *(infml.)*.

**be·dol·we** *(poet., liter.)* buried; *onder die stof ~* covered in/with dust.

**be·dom·pig** *-pige -piger -pigste* stuffy *(room, atmosphere)*; airless, muggy *(weather, air, etc.)*; stale, stifling, close; suffocating, oppressive. **be·dom·pig·heid** stuffiness, airlessness.

**be·don·der** *het ~, (infml.)* cheat (on), bamboozle *(s.o.)*; mess up *(things)*; *iem. se kanse ~* spoil/ruin s.o.'s chances. **be·don·derd** *-derde, (infml.)* moody, crotchety, crabby, cantankerous, gruff; *'n ~e spul* a mess-up; an unreasonable crowd. **be·don·derd·heid** obstreperousness, intractability.

**be·dor·we** *-wener -wenste (of meer ~ die mees ~)* bad, off, contaminated; tainted *(meat)*; putrid *(fish)*; foul *(air)*; spoilt *(fruit, child)*; →BEDERF *adj.*; *~ brokkie* spoilt brat; *tot in die (af)grond ~ wees* be rotten to the core; *~ stemme* spoilt votes.

**be·dot** *adj., (infml.)* cuckoo, screwy, potty, round the bend, nuts.

**be·dra** *het ~* amount to; *'n salaris wat sewe syfers ~* a salary running into seven figures.

**be·draad** *het ~* wire (up); *'n huis vir elektrisiteit ~* wire a house for electricity. **be·dra·ding** wiring.

**be·drag** *-drae* amount, sum; *'n aansienlike ~* a considerable amount; *'n aardige/mooi/taamlike ~(gie)* a tidy sum; *'n ~ byeenbring* raise an amount; *in één ~* in a lump sum; *'n gegewe ~* a stated amount; *'n groot ~* a large amount of money; *ten bedrae van ...* amounting to ..., in the amount/sum of ...; to the tune of ... *(infml.)*; *'n tjek ten ~ van R950/ens.* a cheque for R950/etc..

**be·dreig** *het ~* threaten, intimidate, menace; endanger, put at risk; ~*de soort(e)* endangered species. **be·drei·ging** =*gings,* =*ginge* threat, intimidation, menace, danger, risk; *onder ~ van ...* under threat of ...; *'n ~ vir ... inhou/wees* be a menace/threat to ..., pose a threat to ...

**be·drem·meld** =*melde* distressed; embarrassed; miserable. **be·drem·meld·heid** distress; embarrassment; miserableness.

**be·dre·we** =*wener* =*wenste* skilled, skilful; proficient, practised, competent; adept, accomplished; expert; *in iets ~ wees* be adept/expert at/in s.t.; be skilled in s.t.. **be·dre·wen·heid** skill, proficiency, mastery, adeptness, know-how.

**be·drieg** *het ~* deceive, cheat, mislead, fool, trick, swindle, *(infml.)* con, take in, double-cross, two-time; *skyn ~* appearances are deceptive. **be·drie·ër** =*drieërs* deceiver, cheat, fraudster, defrauder, swindler, con man, confidence man/trickster. **be·drie·ë·ry** =*rye* deceit, fraud, deception, trickery, cheating; →BEDROG. **be·drieg·lik** =*like* deceptive, misleading, deceiving, false; fraudulent, deceitful. **be·drieg·lik·heid** deceptiveness; deceitfulness.

**be·dro·ë** deceived, taken in; →BEDRIEG; *~ daarvan afkom* fall (flat) on one's face *(infml., fig.); iem. het ~ (anderkant) uitgekom* s.o.'s hopes were disappointed/dashed; s.o. drew a blank *(infml.)*.

**be·droef** *het ~, vb.* grieve, sadden; distress; *dit ~ my* it grieves me. **be·droef** =*droefde* =*droefder* =*droefste, adj.* sad, sorrowful, mournful, dismal; *diep ~ wees* be deeply/profoundly distressed; be deeply afflicted; *oor iets ~ wees* grieve over s.t.; feel sorrow at s.t.; be distressed about s.t.; *die =de ouers* the bereaved parents; *iets stem iem. ~* s.t. saddens s.o.. **be·droef** *adv.: ~ lelik* awfully/frightfully ugly; *~ min/weinig* precious little, very little indeed; precious few *(people)*. **be·droefd·heid** grief, sorrow, sadness; distress. **be·droe·wend** =*wende* sad, pitiful, saddening.

**be·drog** deceit, deception, fraud, fraudulence, trickery; *optiese ~* optical illusion; *~ pleeg* commit fraud. ~**spul** fraud, swindle, scam.

**be·druk** *het ~, vb.* print; burden, depress. **be·druk** =*drukte, adj.* printed; depressed, dejected, downcast, downhearted, down, low; *iets maak iem. ~* s.t. depresses s.o.; *~te stof* printed material, print. **be·drukt·heid** depression, dejection, melancholy, the blues/mopes.

**be·dryf** =*drywe, n.* trade; business, concern, establishment, company, firm, enterprise; industry; *(theatr.)* act *(of a play)*; *'n ~ beoefen* practise a trade; *iets buite ~ stel* put s.t. out of commission; *in ~ wees* be in operation *(or* up and running); be in commission; *iets in ~ stel* put s.t. into operation; put s.t. in/into commission; *'n saak in ~* a going concern. **be·dryf** *het ~, vb.* do, practise; *'n misdaad ~* perpetrate a crime; *bedrywende vorm, (gram.)* active voice. ~**seker** reliable, foolproof *(mach.)*. ~**sielkunde** industrial psychology.

**be·dryfs-:** ~**ekonomie** industrial/business economics, business management. ~**kapitaal** working/business/trading/operating capital, capital employed. ~**klaar** in working order. ~**koste** working/running costs/expenses, operating costs; *algemene ~* overhead costs/expenses. ~**leier** (business/industrial) executive, executive officer; works manager. ~**raad** industrial council. ~**rekening** trading account. ~**resultate** trading results. ~**uitgawes** working expenditure. ~**wins** operating/working profit.

**be·dry·we** = BEDRYF *vb.* **be·dry·wig** =*wige* busy, active; bustling. **be·dry·wig·heid** activity; stir; bustle; industry; busyness; *dit gons van die ~* it buzzes/hums with activity; *'n skielike groot ~* a burst of activity.

**be·dug** =*dugte* =*dugter* =*dugste* (of meer ~ die mees =te), (fml.) apprehensive, anxious; afraid, fearful *(of); ~ wees vir ...* be apprehensive for ... *(s.o.'s safety etc.); ~ wees vir ... (changes, the future, etc.)* be apprehensive of ... . **be·dugt·heid** fear, dread, apprehension.

**be·dui·dend** =*dende* significant, considerable; *'n ~e verskil* a marked difference.

**be·dui·de·nis** =*nisse* indication, sign, token, suggestion, hint; *daar is geen ~ van ... nie* there is no sign of ...

**be·dui·e** *het ~* signal, motion, indicate, gesticulate; make clear; mean, signify, imply, indicate; *iem. ~ om te stop* wave s.o. down, signal (to) s.o. to stop; *vir iem. ~ om (weg) te gaan* wave s.o. away/off; *na iets ~* point s.t. out; *iem. die pad na ... ~* direct s.o. *(or* tell s.o. the way) to… **be·dui·e·ry** gesticulation; directing, directions.

**be·dui·mel(d)** =*melde, adj.* dog-eared, well-thumbed *(book etc.)*; thumb-marked *(mirror etc.)*.

**be·dui·wel** *het ~* bedevil; confuse, derange. **be·dui·weld** =*welde* cantankerous, crabby, crusty, grumpy, bad-tempered, ill-tempered, crotchety.

**be·dwang** control, restraint, check; *iets in ~ bring* bring s.t. under control; *iets goed in ~ hê* have s.t. well in hand; *iem. in ~ hou* keep s.o. in check; *iets in ~ hou* keep s.t. under control *(or* in check), keep a tight rein on s.t.; *jou in ~ hou* control/restrain o.s., keep o.s. in check; *in ~ wees, (fire)* be under control; *onder ~ wees* be under restraint.

**be·dwelm** *het ~* intoxicate; drug, dope. **be·dwelm(d)** =*dwelmde* anaesthetised; drugged, *(infml.)* doped, *(infml.)* high, *(infml.)* stoned; *half ~* dazed, groggy. **be·dwel·ming** daze, stupor; intoxication; high *(infml.)*.

**be·dwing** *het ~* control, contain, suppress, restrain, keep in *(one's anger)*; repress, restrain, keep under control, (hold in) check, keep down *(one's feelings etc.)*; control, curb *(one's passion)*; swallow, restrain, choke/hold/keep back *(one's tears)*; quell *(an insurrection)*; bring/get under control *(a fire); jou ~* restrain/control o.s., exercise/show constraint; get/take hold of o.s.. **be·dwing·baar** =*bare* restrainable, containable.

**be·ë·dig** *het ~, vb.* swear in *(s.o. as president etc.)*; put on oath *(a witness)*; take *(s.o.'s)* oath; swear to *(a statement)*. **be·ë·dig** =*digde, adj.* given on oath, sworn; *~de taksateur/waardeerder* sworn appraiser/valuator/valuer; *~de verklaring* affidavit, sworn statement; *~de vertaler* sworn translator. **be·ë·di·ging** swearing in; putting *(a witness)* to the oath.

**beef, be·we** *ge-* tremble *(with anger, cold, excitement, fear)*; shudder *(with cold, horror, fear, repugnance)*; shiver *(with cold)*; shake, quake *(with fear)*; dodder *(because of old age); (voice)* quaver; *(wings)* flutter; vibrate; *(flame)* waver; *(pers., leaf, voice)* quiver; *jou broek ~ van angs, (infml.)* quake in one's boots; *~ by die gedagte* shudder/tremble at the thought; *~ soos 'n riet* shake like a leaf, tremble all over.

**be·ëin·dig** *het ~* end, finish, terminate, conclude, bring to an end; close *(a meeting)*; discontinue *(a subscription etc.); (voortydig) ~* abort *(a mission etc.)*. **be·ëin·di·ging** finishing, termination, conclusion; break-up *(of a friendship/relationship)*.

**beeld** *beelde, n.* image; reflection *(in water)*; effigy; *(moulded figure)* statue; likeness, picture; metaphor, figure of speech; symbol; notion, idea, conception; *fisieke/reële/werklike ~* real image; *gesnede ~* graven image; *na die ~ van God geskape, as ~ van God geskep* created in the image of God; *duidelik in ~ kom* come into focus; *'n ~ van 'n vrou/meisie* a beautiful woman/girl, a real beauty; *jou ~ verbeter* improve one's image; *'n ~ van iem. verbrand* burn s.o. in effigy; *virtuele ~* virtual image; *'n ~ van iets vorm* picture s.t. to o.s., form an idea of *(or* conceptualise) s.t.. **beeld** *ge-, vb.* form, shape; depict, portray. ~**bou** image building. ~**bouer** image consultant. ~**gieter** statue founder. ~**gietery** statue foundry. ~**hou** →BEELDHOU. ~**materiaal** artwork *(in a book); (TV)* visual material, visuals. ~**poetser** *(infml.)* spin doctor. ~**ryk** imaginative, full of imagery, vivid; ornate, flowery *(style)*. ~**rykheid** imaginativeness; ornateness, floweriness. ~**saai,** ~**send** *ge-* televise, telecast. ~**sender** telecaster, television transmitter. ~**sending** telecast. ~**skerpte** definition, resolution, clarity/sharpness (of a/the image/picture). ~**skoon** (devastatingly/ravishingly/stunningly) beautiful, ravishing, stunning, gorgeous. **~skrif** pictographic writing system, picture writing, pictography. **~spraak** figurative/metaphorical language, imagery; metaphor.

**beel·de-:** **~dienaar** idolater. **~diens** image worship, idolatry. **~storm** *(hist., fig.)* iconoclasm. **~stormer** *(hist., fig.)* iconoclast.

**beel·den·de kuns·te** fine arts; plastic arts.

**beeld·hou** *ge=* sculpture, sculpt; carve *(wood)*; chisel *(stone)*. **~kuns** sculpture. **~werk** (piece of) sculpture; carving *(in wood)*.

**beeld·hou·er** sculptor.

**been** *bene* bone; leg *(of a pers./animal/stocking)*; shank; side *(of a triangle)*; *(pl. beendere)* bones; →BEENTJIE; *met die verkeerde ~ uit die bed klim* get out of bed on the wrong side; *jou ~ breek* break one's leg; *iets op die ~ bring* set s.t. up, establish s.t.; raise s.t. *(an army)*; *iem. weer op die ~ bring, (fig.)* get/put s.o. back on his/her feet again; *jou bene dra, (infml.)* leg it; take to one's heels; *op jou eie bene staan* stand on one's own (two) legs/feet; *met een ~ in die graf staan* have one foot in the grave; *ander nie die bene gun wat jy self nie kan kou nie* be a dog in the manger; *harde bene kou* suffer hardship(s), have a hard time (of it); *iem. het al harde bene gekou, (also)* s.o. has been through deep waters; *iem. op die ~ help* help s.o. to his/her feet, give s.o. a hand up; *(fig.)* help/put s.o. (back) on his/her feet (again); *(fig.)* give s.o. a start (in life); *op die ~ kom* get on one's feet; find one's feet/legs; *op jou laaste bene wees/loop* be on one's last legs; *lam in die bene voel/word* feel/go weak at/in the knees; *~/bene in die lug lê* lie flat on one's back; *onvas op jou bene* not steady on one's legs; *op die ~ bly* remain on one's feet; keep going; *op die ~ wees* be on one's feet/legs; be about *(or out/up and about)*; *die hele dag op die ~ wees* (of *op jou bene staan*) be on one's feet/legs all (or the whole) day; *vroeg op die ~ wees* be up/about early; *ou bene maak* make old bones, live to a ripe old age; *ou bene kou* rake up old stories, rip up old sores; *~ voor paaltjie, (cr.)* leg before wicket. **~af** *(lit.)* with a broken leg; *(fig.)* in love; *~ op iem. wees, (infml.)* have a crush on s.o., be crazy about s.o.. **~bederf** caries; necrosis. **~bek** *(joc.)* rooster; *(icht.)* (white) musselcracker. **~breuk** (bone) fracture; fracture of the leg; *gewone ~* (simple) fracture. **~kanker** bone cancer, osteosarcoma, osteocarcinoma. **~meel** bone meal; bone dust. **~murg** bone marrow. **~murgontsteking** osteomyelitis. **~porselein** bone china/porcelain. **~pyp** leg bone, diaphysis. **~siekte** osteopathy. **~skut** *(cr., hockey)* pad; shin pad/guard; *~te aansit, (cr.)* pad up. **~spalk** bone splint. **~stelsel** skeleton. **~vis** osseous/bony fish, teleost(ean). **~vorming** formation of bone, ossification, osteogenesis. **~vreter** bone-eater.

**been·ag·tig** *-tige* bony; osseous; osteoid.

**been·kun·de** osteology. **been·kun·dig** osteological. **been·kun·di·ge** *-ges* osteologist.

**been·loos** *-lose* boneless; legless.

**been·tjie** *-tjies* little leg; small bone, ossicle *(anat.)*; *kort/lang ~* double/treble crochet.

**Beer:** *die Groot/Klein ~, (astron.)* the Great/Little Bear, Ursa Major/Minor.

**beer** *(bere)* bear; *(male pig)* boar; buttress, counterfort, spur *(of a wall)*; *(tech.)* monkey; ram(mer); *(stock exch.)* bear; → BEERTJIE. **~dekking** *(stock exch.)* bear covering. **~greep** *(wrestling)* bear hug. **~jag, be·re·jag** bear hunt. **~mannetjie** male bear, he-bear. **~mark** *(stock exch.)* bear market. **~mus** bearskin cap; muff cap. **~vel** bearskin. **~verkope** *(stock exch.)* bear sales. **~welpie** bear cub. **~wyfie** female bear, she-bear.

**beer·ag·tig** *-tige* ursine.

**beer·tjie** *-tjies* teddy bear; *(klein) ~*, little bear/boar; bear cub.

**bees** *beeste* head of cattle; *(in the pl.)* cattle; *(fig.)* beast, brute, animal; *een ~* one head of cattle; *elf/ens. ~te* eleven/etc.

head of cattle; *jou ~!* you brute!; *'n ~, (also)* a cow, an ox; *'n trop ~te* a herd of cattle. **~biltong** beef biltong. **~boer** cattle farmer; rancher. **~bors** brisket. **~boud** round of beef. **~by·ter** mamba; *(dog)* mastiff. **~filet, ~haas** fillet of beef, fillet steak, tenderloin, silverside. **~helfte** side of beef. **~kamp** cow paddock. **~klou(tjie)** ox's/cow's hoof; cowheel. **~kop** head of an ox *(or a cow/bull)*. **~koper** cattle dealer. **~kraal** cattle kraal. **~leer** ox=, cowhide. **~lek** cattle/salt lick. **~lende** sirloin (of beef). **~lenderol** rolled sirloin of beef. **~mark** cattle market. **~melk** cow's milk. **~mis** cow dung. **~nier** ox kidney. **~pens** ox tripe. **~plaas** cattle farm, ranch. **~poot** cowheel. **~ras** breed of cattle. **~siekte** cattle/bovine disease. **~stal** cowshed. **~stapel** cattle population. **~steler** cattle rustler. **~stert** cow tail; *(cook.)* oxtail. **~stertsop** oxtail soup. **~sult** *(form of brawn)* cowheel. **~teelt** cattle breeding/rearing/raising. **~tering** bovine tuberculosis. **~tong** ox-tongue. **~trop** herd of cattle. **~vel** ox=, cowhide. **~veld** ranchland, cattle pasture. **~vet** suet. **~vleis** beef. **~vleisrol** beef roll. **~voer** cattle fodder. **~wagter** cowherd. **~wêreld** ranching country. **~wors** beef sausage.

**bees·ag·tig** *-tige* beastly, brutal, bestial; brutally, in a beastly way; *jou ~ gedra* behave like a boor/brute/Philistine; *~ groot, (infml.)* colossal; *~ warm, (infml.)* beastly hot.

**bees·te·lik** *-like* beastly.

**beet** *bete, n.* beet(root). **~slaai** beetroot salad. **~suiker** beet sugar. **~wortel** beetroot.

**beet-** *comb.:* **~hê** *-gehad* have hold of; *iets goeds ~* be on to (or onto) a good thing; *daar het jy iets beet* there is s.t. in what you say, you've got s.t. there. **~kry** *-ge=* get/take/seize hold of, seize, grasp, grip. **~pak** *-ge=* lay hold of, seize, grab, grip.

**bef** *beffe, bewwe, (dim.* beffie*)* (pair of) bands; front; bib; *~ en toga* bands and gown.

**be·faam(d)** *-faamde* famous, famed, noted, renowned; *~ wees om/vir/weens ...* be famous/famed/renowned for ... **be·faamd·heid** fame, renown.

**be·foe·ter** *het ~* spoil, bedevil, make a mess of, mess up. **be·foe·ter(d)** *-terde* cantankerous, contrary, crabby, crotchety, grumpy, difficult, crusty, wrong-headed; *jou ~ hou* be cantankerous/contrary/wrong-headed. **be·foe·terd·heid** cantankerousness, contrariness, grumpiness, crustiness, wrong-headedness; *skone ~* pure contrariness.

**be·fok** *-fokte, adj., (coarse)* crazy, insane, demented; amazing, fantastic; *'n ~te dag* a stunning day; *~ in jou kop wees* have a big screw loose. **be·fok** *adv., (coarse)* excellently; *(intensifier)* extremely; *dié kar ry ~* this car goes like hot shit; *dis darem ~ jammer* that's just so fucking sad. **be·fok** *het ~, vb. (usu. as p.p.), (coarse)* mess/fuck up; *dié selfoon is ~* this cell phone is stuffed (up). **be·fok** *comb., (coarse)* -crazy; *Bok-~* Bok-crazy, gaga about the Boks.

**be·gaaf(d)** *-gaafde -gaafder -gaaf(d)ste (meer ~gaaf[d] die mees =gaafde)* gifted, talented. **be·gaafd·heid** talent(s), giftedness, ability.

**be·gaan¹** *het ~, vb.* tread *(a path)*; make *(a mistake)*; commit, perpetrate *(a crime)*; commit, make *(a blunder)*; *iem. laat ~* leave/let s.o. be; *(also)* leave s.o. to him=/herself, let s.o. have his/her way. **be·gaan** *-gane, adj.: begane weë* the beaten track/path. **be·gaan·baar** *-bare* negotiable, passable *(road)*; *nie ~ nie* cannot be used, be impassable. **be·gaan·baar·heid** negotiability, passableness.

**be·gaan²** *adj.: ~ oor ... wees* be concerned about/at/for/over ... **be·gaand·heid** concern; *~ oor ...* concern about/at/for/over ...

**be·geef, be·ge·we** *het ~* forsake, leave in the lurch, fail; *jou halsoorkop in ... ~* plunge into ...; *jou in die huwelik ~* marry, get married; *jou in iets ~* embark (up)on s.t.; lets o.s. in for s.t.; engage in s.t. *(war)*; *iem. se krag het hom/haar ~* s.o.'s strength failed him/her; *jou na ... ~, (poet., liter.)* proceed to ...; wend one's way to ...; *nie weet waarheen jy jou* *moet* ~ *nie, (also)* not know which way to turn; *nie weet* **waar-in** *jy jou* ~ *nie* not know what one is letting o.s. in for.

**be·geer** *het* ~ desire, want, wish for, covet; seek, aspire to; →BEGERIG; *al wat ('n) mens (se hart) kan* ~ all that one could wish for; *iets sterk* ~ be keen on s.t.; be keen on s.t. happening; *iem./iets vurig* ~ lust after/for s.o./s.t.. ~**kope** impulse buying. **be·geer·lik** *=like* desirable; tempting, enticing; *(infml.)* dishy; eager, greedy *(eyes);* covetous. **be·geer·lik·heid** desirability; greed(iness); covetousness; *die begeerlikhede van die vlees* the lusts of the flesh. **be·geer·te** *=tes* desire, wish, craving, appetite, thirst; eagerness; lust; *iem. se* ~ *be-vredig* gratify s.o.'s desire; *'n brandende* ~ *na ...* a fervent desire for ...; *'n* ~ *hê om te ...* have a desire to ...; *'n* ~ *koes-ter* cherish a desire; *'n* ~ *na ...* a desire for ...; a hankering after/for ...; *'n* ~ *na iets hê* have a craving for s.t.; *by iem. die* ~ *opwek om te ...* kindle the desire in s.o. to ...

**be·gees·ter:** *het* ~ inspire. **be·gees·ter(d)** *=terde* spirited, zestful, enthusiastic; inspired. **be·gees·te·ring** inspiration, enthusiasm.

**be·ge·lei** *het* ~ accompany *(s.o. to a place or on the piano);* *(pop mus.)* back *(a singer etc.);* escort *(s.o.);* chaperon(e) *(a girl);* escort, convoy *(a ship);* *iem. na buite* ~ usher s.o. out; ~ *deur die hofdames* attended by the ladies-in-waiting; ~*de toer* conducted/guided tour. **be·ge·lei·dend** *=dende* accompanying, concomitant; ~*e brief* covering letter. **be·ge·lei·ding** *=dings, =dinge, (also mus.)* accompaniment; *(pop mus.)* back-ing; escort; convoy; *onder/met* ~ *van ...* to the accompani-ment of ...; *die* ~ *waarneem* act as accompanist. **be·ge·lei-dings·band** backing tape. **be·ge·lei·dings·groep** backing group. **be·ge·lei·er** *=ers, (fem. =*leidster) attendant, compan-ion; *(mus.)* accompanist.

**be·ge·na·dig** *het* ~, *vb.* pardon, reprieve, grant amnesty; favour. **be·ge·na·dig** *=digde, adj.,* pardoned, reprieved *(pris-oner).* **be·ge·na·di·ging** *=gings, =ginge* pardon, reprieve; ~ *van regeringsweë* executive clemency.

**be·ge·rig** *=rige* desirous, keen, eager *(look);* covetous; greedy; →BEGEER; ~ *na iets kyk* look longingly at s.t.; ~ *na iets wees* be eager for s.t.; be greedy for s.t. *(power etc.);* ~ *wees om iets te doen* be (desperately) eager/keen to do s.t.; be anxious to do s.t. *(help etc.).* **be·ge·rig·heid** eagerness, keenness, covet-ousness, greed(iness); cupidity.

**be·ge·we** →BEGEEF.

**be·gin** *n.* beginning, start, commencement, outset, incep-tion, origin; opening; start-up; ~ *2008/ens. verhuis ons* we are moving early in 2008/etc.; *aan/by/in die* ~ at the be-ginning/start; at the outset; *aan/in die* ~ *van Desember,* ~ *Desember* at/in the beginning of December; *aan/in die* ~ *van die jaar* early in (or in the early part of ) the year; *aan die* ~ *van die oorlog* in the early days of the war; *by die* ~ *van ... at* the first onset of ...; *die* ~ *en die einde/end* the alpha and omega; the be-all and end-all; *van (die)* ~ *tot (die) einde/end* from beginning to end; from A to Z; from first to last; from start to finish; *'n goeie* ~ *maak* be/get off to a good start; get off on the right foot; *heel aan/in die* ~ at the very beginning/start/outset; *van die heel* ~ *af, heel van die* ~ *af* right from the beginning/start/outset; *in die* ~ early on; at first, initially; in the first place; *van 'n klein* ~ from small beginnings; *'n* ~ *maak* make a start, get started, begin; *'n* ~ *met iets maak* get started on s.t.; *'n nuwe* ~ *maak* make a fresh start; turn over a new leaf; *die* ~ *van 'n nuwe tydvak* the dawn of a new age/era; *'n slegte* ~ a bad start; *aan die* ~ *van ... staan* be at the start (or stand on the threshold) of ... *(one's career etc.);* *van die* ~ *(af)* from the beginning/start/outset; *'n verkeerde* ~ a false start. **be·gin** *het* ~, *vb.* begin, start, commence; set up, start, initiate; open *(a school);* (rain) set in; →BEGINNEND, BEGONNE; *aan iets* ~ begin on s.t. *(a task etc.);* *(jou loopbaan) as ...* ~ begin life as ...; *by ...* ~ begin/ start at ...; *by/met iets* ~ begin with s.t.; *daarmee kan 'n mens niks* ~ *nie* that is useless (or no good); *dit* ~ *koud (te)*

*word* it is getting cold; *iets* ~ *doen,* ~ *om iets te doen* begin/ start doing s.t., begin to do s.t.; *goed* ~ make (or be/get off to) a good start; *goed* ~ *is half gewin* well begun is half done; *klein* ~ start in a small way; *om (mee) te* ~ for a start, to begin/start with, *(infml.)* for openers/starters; as a begin-ning; *iets om mee te* ~ s.t. to carry on with; *van meet/ nuuts/voor af* ~ start afresh, start (all) over again, begin/ start anew, *(infml.)* go back to the drawing board; *met me-ning* ~ wade in *(infml.);* ~ *met (iets te doen)* begin by (doing s.t.); *met ...* ~ launch into ...; lead off with ...; *met iets* ~, *(also)* set about s.t.; make a start (or start or get started) on s.t.; start off on s.t. *(a long story etc.);* *iem. met iets laat* ~ start s.o. off on s.t.; *opnuut* ~ start afresh, start (all) over again, begin/start anew; *~ praat* start talking; *~ praktiseer* set up a practice; *dit het reën* it started raining (or to rain); ~ *skiet* open fire; *sleg* ~ make (or be/get off to) a bad start; *stadig* ~ make (or get off to) a slow start; *swak* ~ make a shaky start; *verkeerd* ~ make a false start; get/start off on the wrong foot; *van voor af* ~ start afresh, start (all) over again; *van voor af* ~ *meet/nuuts/voor;* *vroeg* ~ start early, make (or get off to) an early start; *vyande-likhede* ~ open hostilities; *terug wees waar jy* ~ *het, (also)* be back to square one; *weer* ~ begin again, start afresh/anew, start (all) over again. ~**datum,** ~**dag** starting date, date of commencement. ~**fase** initial phase; *(biol.)* prophase. ~**jaar** year of inception. ~**kapitaal** initial/opening/start-up capital. ~**letter** initial (letter). ~**prys** opening/initial price. ~**punt** starting point; boarding point; bench mark; *(biol.)* primor-dium; *by die* ~ *terugkom* come full circle. ~**snelheid** initial velocity; initial speed. ~**stadium** initial stage. ~**tyd** starting time.

**be·gin·nend** *=nende, (also)* inchoate, inceptive, incipient.

**be·gin·ner** *=ners* beginner, novice, fledg(e)ling, neophyte, tiro, tyro, learner, amateur, apprentice, *(infml.)* rookie; *'n volslae* ~ a rank novice.

**be·gin·sel** *=sels* principle; tenet; *'n* ~ *bepaal/vasstel* lay down a principle; *by* ~ *bly/hou,* *'n* ~ *handhaaf/volg,* *aan 'n* ~ *vashou* adhere/keep to a principle; *'n* ~ *huldig* recognise a principle; *in* ~ in principle; *teen 'n* ~ *indruis* violate (or cut across) a principle; *teen iem. se* ~s against s.o.'s principles; *uit* ~ on (or as a matter of) principle. ~**beswaar** objection in principle. ~**verklaring** declaration of principles.

**be·gin·sel·loos** *=lose* unprincipled, unscrupulous. **be·gin-sel·loos·heid** unprincipledness, lack of principles, unscru-pulousness.

**be·gin·sel·vas** (highly) principled, high-principled; scru-pulous, high-minded; *'n ~te mens* s.o. of principle (or firm principles). **be·gin·sel·vast·heid** firmness of principle, con-sistency.

**be·go·gel** *het* ~ bewitch, enchant; delude; hallucinate. **be-go·ge·ling** bewitchment; spell; delusion; glamour; charm.

**be·go·ni·a** *=as, (bot.)* begonia. ~**varing, skeefblaarvaring** elephant('s)-ear fern.

**be·gon·ne** *goed* ~ *is half gewonne* well begun is half done; *vroeg* ~ *is half gewonne* a stitch in time saves nine; →BEGIN *vb.*.

**be·graaf·plaas** *=plase* cemetery, churchyard, graveyard; burial place/ground.

**be·graf·nis** *=nisse* funeral, burial, interment; *by/op 'n* ~ at a funeral. ~**brief** funeral notice. ~**diens** burial/funeral service, obsequies. ~**fees** wake. ~**formulier** office (or order for the burial) of the dead. ~**genootskap** burial society. ~**koste** funeral expenses/costs. ~**ondernemer** undertaker, funeral director, *(Am.)* mortician. ~**onderneming** funeral parlour. ~**rys** *(SA)* yellow rice (with raisins). ~**stoet** funeral proces-sion, cortège, cortege.

**be·gra·we** *het* ~, *vb.* bury, inter; entomb; *(golf)* founder. **be·gra·we** *adj.* buried; subterranean; *onder ... ~ wees, (lit.)* be buried under ...; be smothered in ...; *(fig.)* be immersed in ... *(work etc.).*

**be·grens** *het ~, vb.* border, bound; limit, restrict, confine, circumscribe; *deur ... ~ word* be bordered/bounded by ... **be·grens** *grensde, grenste, adj.* limited, confined; constrained; measurable; finite. **be·grensd·heid** limitedness. **be·gren·ser** *(comp.)* delimiter. **be·gren·sing** limitation; confinement; bounds.

**be·gre·pe** understood; *in ... ~ wees* be contained in ...; be included in ...

**be·grip** *grippe* idea, concept, notion; conception; grasp; comprehension, insight; →BEGRYP; *iets is bo iem. se ~, iets gaan iem. se ~ te bowe* s.t. is beyond s.o.'s comprehension/understanding; *s.t. is above/over s.o.'s head; 'n flou/vae ~ van iets hê* have a faint idea of s.t.; *nie die flouste/geringste/minste/vaagste ~ van iets hê nie* not have the faintest/foggiest/vaguest idea/notion (or the remotest conception) of s.t.; *gebrek aan ~* incomprehension; *dit gee jou enigsins 'n ~ daarvan* it gives one an/some idea of it; *geen ~ van iets hê nie* have no notion of s.t.; *'n goeie ~ van 'n vak hê* have a good grasp/grip of a subject; *stadig/traag van ~ wees* be slow to understand, *(infml.)* be slow on the uptake; *~ vir ... toon* show understanding of ...; *iem. se ~ van/vir iets* s.o.'s understanding of s.t.; *iem. se ~ van goed en kwaad* s.o.'s concept of good and evil; *vlug/vinnig van ~ wees* be quick to understand, *(infml.)* be quick on the uptake; *(also)* have quick/sharp wits; *'n ~ van iets vorm* conceive of s.t.; *wedersydse ~* mutual understanding.

**be·grip·loos** uncomprehending; *begriplose blik* blank look.

**be·grips-:** *~inhoud* (semantic) content. *~toets* comprehension test. *~vermoë* comprehension, apprehension, comprehensive faculty. *~verwarring* confusion of ideas/concepts, mental confusion.

**be·groei** *het ~* overgrow. **be·groei(d)** *groeide* overgrown, grown over.

**be·groet** *het ~* greet, salute; *iem./iets as ~ ~ hail* s.o./s.t. as ...; *met ... ~ word* be greeted with ... **be·groe·ting** *tings, tinge* greeting, salutation, hail, welcome.

**be·groot** *het ~* estimate, rate; budget; *begrote bedrag* budgeted amount; *op ... ~* budget for ... **be·gro·ting** *tings* estimate; *die ~ aanneem, (parl.)* pass/vote the estimates; *'n ~ laat klop* balance a budget; *'n knap ~* a tight budget; *'n ~ opstel, (parl.)* draft a budget.

**be·gro·tings-:** *~debat* budget debate. *~komitee* budgetary committee. *~pos* budget vote. *~rede* budget speech. *~tekort* budget deficit. *~wet* appropriation act.

**be·gryp** *het ~* understand, grasp, comprehend, see, follow; understand, take, gather; *~ dat ...* understand that ...; *iets duidelik/goed ~* get s.t. clear about s.t.; get s.t. clear; *ek ~ I* see/understand; *~ my goed* don't misunderstand me (or get me wrong); *~ jy?* (do you) see?; *~ jy my (of wat ek bedoel)?* do you follow (or are you with) me?; *iem./iets reg ~* get s.o./s.t. right; *dis te ~e dat ...* it is understandable (or it stands to reason) that ...; *iem./iets verkeerd ~* misunderstand s.o./s.t., get s.o./s.t. wrong; *weinig van iets ~* make/understand little of s.t. **be·gry·pend:** *~e blik* sympathetic look. **be·gry·per** *pers: 'n goeie ~ het 'n halwe woord nodig* a word to the wise is enough. **be·gryp·lik** *like* understandable, comprehensible, intelligible, conceivable. **be·gryp·li·ker·wys, be·gryp·li·ker·wy·se** understandably. **be·gryp·lik·heid** comprehensibility, intelligibility.

**be·gun·stig** *het ~* favour; patronise, sponsor; *mees ~de ...* most favoured ...; *iem. met iets ~* favour s.o. with s.t.; *met ... ~ wees* be favoured with ... **be·gun·stig·de** *des* beneficiary; payee *(of a cheque)*; concessionary. **be·gun·sti·ger** *gers* patron; supporter; well-wisher. **be·gun·sti·ging** *ginge* favour; patronage; preference; favouritism, preferential treatment.

**be·gyn** *gyne,* **be·gyn·tjie** *tjies* Beguine. **be·gyn·hof** *howe* Beguinage.

**be·haag** *het ~* please, gratify; →BEHAE; *begerig/gretig wees om te ~* be anxious to please; *as dit God ~* please God, God willing; *probeer om ... te ~* pander to ... *~siek* ingratiating, unctuous. *~sug* unctuousness.

**be·haag·lik** *like, adj.* pleasant; cosy, snug, comfortable; satisfying; soothing *(warmth etc.)*. **be·haag·lik** *adv.* pleasantly; cosily, snugly, comfortably. **be·haag·lik·heid** pleasantness; well-being, (state of) comfort; cosiness, snugness; euphoria.

**be·haal** *het ~* achieve *(fame, success, a record, etc.)*; achieve, gain, score, win, chalk up, *(infml.)* pull off *(a victory)*; win, get, take, land *(a prize)*; attain *(a target etc.)*; get, receive, secure *(a majority)*; accomplish *(a feat)*; fetch *(price)*; gain, get *(an advantage)*; get *(a head start, good marks, etc.)*; get, take, obtain *(a degree)*; score, notch/rack up *(points)*; gain *(third place etc.)*; *(cr.)* hit, make, score *(a century)*; perform *(a hat trick etc.)*; *(rugby)* drop *(a goal)*; *verkope van R3 miljoen ~* rack up sales of R3 million.

**be·haar(d)** *haarde* hairy, hirsute, crinite *(biol.)*; furred; pilose, pilous *(biol.)*.

**be·ha·e** pleasure; →BEHAAG; *in iets ~ skep* (take) delight (or find/take pleasure) in s.t.; crow over s.t. *(s.o.'s misfortune etc.)*; *geen ~ in ... skep nie, (also)* have no relish for ...

**be·hal·we** except, but, save; *almal ~ ...* all save ...; *almal ~ een* all but/except/bar one; *almal het gekom ~ hy/sy* all came except(ing) him/her; *~ as ...* unless ...; *~ wat dit betref* except(ing) for that; *buite en ~* in addition to, besides; *dat hy/sy laat was* except that he/she was late, except for his/her being late; *~ dit moet iem. nog ... betaal* in addition s.o. has to pay ...; *en ~ dit, jy het nooit ...* and besides, you never ...; *niemand ~ hy/sy nie* no one but him/her.

**be·han·del** *het ~* treat, attend, take care of *(a patient etc.)*; deal with, treat, discuss, discourse (up)on, enter into *(a subject etc.)*; manage *(affairs)*; attend to, nurse *(an injury etc.)*; dress, put a dressing on *(a wound)*; *iem. ... ~* treat s.o. ..., behave ... to(wards) s.o. *(well or badly)*, be ... on/to(wards)/with s.o. *(nice or nasty)*, deal ... with s.o. *(properly or poorly)*; handle s.o. ... *(roughly etc.)*; *iets laat ~* have s.t. attended to *(a wound etc.)*; *is dit hoe jy 'n vriend ~?, (iron.)* that's a nice way to treat a friend!; *iem./iets met ... ~* treat s.o./s.t. with ...; *iem. sleg ~* ill-treat/maltreat/mishandle s.o.; behave badly to(wards) s.o.; *iem. vir ... ~* treat s.o. for ... **be·han·de·lend:** *~e geneesheer* physician attending, medical attendant. **be·han·de·ling** treatment *(of a pers./subject)*; dealing with, handling; approach; *(jur.)* hearing *(of a case)*; discussion; *billike/regverdige ~* fair/square deal; *harde/streng(e) ~* severe treatment; *onder ~ van dr. A wees* be treated by Dr A; *~ teen rumatiek/ens. kry/ontvang* get/undergo treatment for rheumatism/etc..

**be·hang** *het ~* hang/decorate with; drape with; paper *(a room)*; *iets met ... ~* hang s.t. with ...; drape s.t. with ...; festoon s.t. with ...; *met juwele ~* bejewelled. **be·hang·sel** *sels* hanging(s); wall hanging, tapestry; wallpaper, paperhangings.

**be·har·tig** *het ~* look after, promote, serve, further *(s.o.'s interests)*; take care of, care for; manage, handle *(affairs, business)*; *iem. kan die werk nie ~ nie* s.o. cannot cope with the work, the work is too much for s.o.; *'n saak ~* attend to (or deal with) a matter.

**be·ha·vio·ris·me** *(psych.)* behaviourism. **be·ha·vio·ris** behaviourist. **be·ha·vio·ris·ties** behaviourist(ic).

**be·heer** *n.* management, administration, control, direction; *buite ~ wees* be out of control; *buite ~ raak* run out of control; *die ~ oor ... hê/voer* be in charge of ...; control ...; *onder ~ van ...* under the control of ...; under the management of ...; *die ~ oor iets oorneem* take control/charge of s.t.; *strenger ~ uitoefen* exercise stricter control, tighten up control; *~ oor iets aan iem. toevertrou* put s.o. in charge of s.t.; *~ oor iets/iem. uitoefen* exercise control over s.t./s.o.; *die ~ oor iets verkry/verloor* get/lose control of s.t.. **be·heer**

het ~, *vb.* manage, control, conduct, operate, administer *(affairs)*. ~**eenheid** *(comp.)* control unit. ~**karakter** *(comp.)* control character. ~**liggaam** governing body. ~**maatskappy** holding company. ~**raad** board of control, control board; regulatory board. ~**toets**, ~**knoppie** *(comp.)* control key.

**be·heer·baar** *-bare* manageable, controllable.

**be·heer·der** *-ders* manager, director, controller; curator *(of an estate)*.

**be·heers** het ~, *vb.* control, restrain *(o.s., one's passions, etc.)*; master; govern, rule *(people)*; be master of *(a situation)*; dominate *(a situation, scene)*; command *(a terrain)*; contain *(one's anger)*; keep in hand; jou ~ collect/control o.s.; discipline o.s.; take a grip on *(or* get/take hold of*)* o.s.; 'n taal goed ~ have a good command of a language; 'n vak goed ~ have a good grasp/grip of a subject. **be·heers** *-heerste, adj.* controlled, collected, cool, composed; disciplined *(behaviour etc.)*; restrained *(response etc.)*; dominated. **be·heer·sing** control; command; mastery, grasp; domination; rule. **be·heerst·heid** self-control, command, control, mastery, self-possession, restraint.

**be·heks** het ~, *vb.* bewitch. **be·heks** *-hekste, -heksde, adj.* bewitched; jinxed; hag-ridden; crazy, possessed.

**be·hels** het ~ include, embrace, comprise; contain; involve.

**be·hen·dig** *-dige* dext(e)rous, skilful, adroit, handy; deft, nimble; clever, smart; ~ met iets wees be deft with s.t.; be adroit at/in s.t.. **be·hen·dig·heid** dexterity, skill, handiness.

**be·hep:** met iets ~ wees be obsessed by/with s.t.; have a bee in one's bonnet about s.t. *(infml.)*. **be·hept·heid:** iem. se ~ met iem./iets s.o.'s obsession with s.o./s.t..

**be·he·rend** *-rende* managing, controlling; governing.

**be·hoed** het ~ guard, protect, keep, watch over, save, preserve; God ~e die Koning/Koningin God save the King/ Queen; mag die Here jou seën en ~ may the Lord bless you and keep you; iem. van/vir iets ~ preserve s.o. from s.t. *(danger etc.)*. **be·hoe·der** *-ders* protector, defender, preserver, safekeeper. **be·hoed·saam** *-same* cautious, careful, wary, heedful. **be·hoed·saam·heid** cautiousness, caution, discretion.

**be·hoef·te** *-tes* need, want; demand *(for)*; *(in the pl.)* necessities, requirements; die ~ aan iets the demand for s.t.; the need for s.t.; 'n ~ aan iets hê need s.t., be in *(or* have*)* need of s.t.; have a craving for s.t.; daar is geen ~ aan nie, *(also)* there is no necessity for it; in 'n ~ voorsien meet/answer/fill a need; satisfy a want; in iem. se ~s voorsien provide for s.o.('s needs); cater for s.o.. **be·hoef·tig** *-tige* needy, in need, poor, impoverished, destitute; distressed. **be·hoef·tig·heid** neediness, indigence, penury. **be·hoe·we:** ten ~ van ... on behalf of ...; for the benefit of ...

**be·hoor·lik** *-like, adj.* proper, appropriate, fit(ting), becoming, due; decent, respectable, presentable. **be·hoor·lik** *adv.* properly, duly; decently, respectably; thoroughly, completely; jou ~ gedra behave properly; ~ geklee(d) properly dressed. **be·hoor·lik·heid** propriety, suitability.

**be·hoort** het ~ belong *(to)*; ought; iets ~ aan iem. s.t. belongs to *(or* is owned by*)* s.o.; aan wie ~ dit? whose is it?, to whom does it belong?; iem. ~ (dit) te weet you should *(or* ought to*)* know (this/that); iem. ~ dit nie te weet nie s.o. is not supposed to know it.

**be·ho·re:** na ~ properly, as it should (be); fittingly, suitably.

**be·hou** het ~ keep, retain *(quality etc.)*; maintain *(good name)*; save; preserve, conserve. **be·houd** retaining, retention; maintenance; preservation, conservation; met ~ van ... with retention of ...; met ~ van salaris on full pay/salary; iets is iem. se ~ s.t. is s.o.'s salvation; iets was iem. se ~, *(also)* s.t. saved s.o.; tot ~ van ... for the preservation of ...; ~ van die sterkste survival of the fittest. **be·hou·dend** *-dende* conservative.

**be·hou·dens** except/but for, excepting, barring; apart from; contingent (up)on; save for; subject to *(the approval of)*; without prejudice to.

**be·hou·e** safe, unhurt, unharmed, unscathed; ~ bly survive; be preserved; die geur/ens. ~ laat bly, *(cook.)* seal in the flavour/etc..

**be·hou·er** *-ers* preserver, preservationist.

**be·huis** het ~, *vb.* provide accommodation/shelter *(or* a home*)*, house. **be·huis** *-huisde, -huiste, adj.* goed/swak ~ wees be well/poorly housed. **be·hui·sing** dwelling; accommodation; housing.

**be·hui·sings-:** ~**kompleks** housing estate. ~**toestande** *n. (pl.)* housing conditions.

**be·hulp:** met ~ van iets with the help/aid *(or* by means of*)* s.t.. **be·hulp·saam** *-same* helpful, obliging, cooperative; instrumental; iem. ~ wees be of assistance/help to s.o.; iem. met iets ~ wees help s.o. with s.t.. **be·hulp·saam·heid** helpfulness; cooperativeness.

**bei·aard** *-aards* chimes, carillon. **bei·aar·dier** *-diers* bellmaster, carillonneur, carillon player; →KLOKKESPELER.

**bei·de** both; ~ broers/ens. both (the) brothers/etc.; een van ~ one or the other; either; geen van ~ neither (of the two).

**Bei·er** *-ere, n.* Bavarian. **Bei·e·re** *(geog.)* Bavaria. **Bei·ers** *n., (dial.)* Bavarian. **Bei·ers** *-erse, adj.* Bavarian; die ~e Woud the Bavarian Forest.

**bei·er** *ge-*, *(bells)* toll, chime, peal, ring.

**Bei·jing** *(geog.)* Beijing.

**be·in·druk** het ~ impress (favourably); deur ... ~ wees be impressed by/at/with ...; dit ~ my nie, *(also, infml.)* big deal!.

**be·in·vloed** het ~ influence, affect; iets ~ ... ongunstig s.t. affects ... adversely, s.t. has a bad effect (up)on ...; 'n getuie onregmatig ~ tamper with a witness. **be·in·vloed·baar** *-bare* influenceable, persuadable.

**Bei·roet** *(geog.)* Beirut.

**bei·tel** *-tels, (dim. -teltjie), n.* chisel; cutter. **bei·tel** *ge-, vb.* chisel, grave. **~vormig** *-mige* chisel-shaped.

**bei·te·laar** *-laars* chiseller.

**beits** *beitse, n.* stain *(for wood)*; mordant *(for leather etc.)*. **beits** *ge-, vb.* stain *(wood)*; mordant *(textiles etc.)*. ~**middel** *-dels, -dele*, ~**stof** *-stowwe* staining agent.

**be·jaard** *-jaarde, adj.* elderly, advanced in years, aged. **be·jaar·de** *-des, n.* aged person, senior citizen. **be·jaard·heid** elderliness, advanced/old age.

**be·jam·mer** het ~ pity, commiserate with *(s.o.)*; bewail, bemoan; deplore. **be·jam·me·rens·waar·dig** *-dige* pitiable, piteous. **be·jam·me·ring** commiseration.

**be·je·ën** het ~: iem./iets met ... ~ regard s.o./s.t. with ... *(disapproval etc.)*.

**be·joeks** *-joekste, (infml.)* kinky, crotchety.

**bek** *bekke* mouth *(of an animal, bag, cave, etc.)*; beak, bill *(of a bird)*; snout *(of an animal)*; *(sl., derog.: mouth)* trap, gob; muzzle *(of a firearm)*; jaws *(of a vice)*; bit *(of pincers)*; nozzle *(of a syringe)*; collar *(of a shaft)*; portal *(of a tunnel)*; spout; opening; backchat, cheek; **baie** ~ hê, *(infml.)* talk a lot; meer ~ as **binnegoed** hê, *(infml.)* be all talk; 'n **dik** ~ hê sulk; nie op die/jou ~ **geval** wees nie, *(infml.)* be lippy; **glad** met die ~ wees, 'n **gladde** ~ hê, *(infml.)* have the gift of the gab; 'n **groot** ~ hê, *(infml.)* have a big mouth, be a loudmouth; **hou** jou ~!, *(infml.)* shut up!, shut your trap!; **net** ~ wees, *(infml.)* be all talk; so moet 'n ~ **praat!**, *(infml.)* that's the way to talk!, well spoken!; you can say that again!; jou ~ **rek**, *(infml.)* shoot one's mouth off; iem. in die ~ **ruk**, *(infml.)* pull s.o. up (short); tell s.o. where to get off; met die/jou ~ vol **tande** staan/sit be speechless, be at a loss for s.t. to say; have nothing to say for o.s.. ~**af** down (in the mouth/dumps), down(-hearted), downcast, mortified; glum, despondent, dejected; dog-tired, worn out; ~ lyk look sorry for o.s.. ~**drywer** *(infml.)* backseat driver. ~**-en-klou(-seer)** *(vet.)* foot-and-mouth (disease). ~**praatjies** *(infml.)* boasting, bragging, big/empty/mere talk; dit is (net) ~ it is all talk.

**be·kamp** *het* ~ fight (against), combat; control *(pests)*.

**be·keer** *het* ~ convert; proselytise *(to another party/opinion)*; *jou* ~ be converted; mend one's ways, reform; *iem. tot ... ~* convert s.o. to ... *(Chr. etc.).* **be·keer·de** *-des* convert; proselyte. **be·keer·ling** *-linge* convert; proselyte.

**be·ken** *het* ~ acknowledge, admit, confess, own (up); *alles* ~ make a clean breast (of s.t.); *skuld* ~ admit/confess one's guilt; plead guilty; *iets teenoor iem.* ~ confess s.t. to s.o..

**be·kend** *-kende -kender -kendste* known; well known, noted; familiar; *iets is aan iem.* ~ s.t. is known to s.o.; s.t. is within s.o.'s knowledge; *dit is algemeen* ~ it is common/general/ public knowledge *(or* a well-known fact); *algemeen* ~ *raak/ word* become public knowledge; *algemeen* ~ *wees* be widely known; have a wide reputation; *dis = dat iem. .... het/is* s.o. is known to have/be ...; *die enigste* ~*e* ... the only known ...; *the only ... on record; goed* ~, *sleg geëerd* familiarity breeds contempt; *die grootste/ens. wat = is* the biggest/etc. on record; *iem./iets kom (iem.)* ~ *voor* s.o./s.t. looks/seems familiar (to s.o.); *iets* ~ *maak* (of *bekendmaak*) announce s.t., make s.t. known; *alles/dinge/dit/ens. algemeen* ~ *maak* (of *bekendmaak*) go public; *met iem.* ~ *wees* know s.o., be acquainted with s.o.; *met iets* ~ *wees* know s.t., be acquainted with s.t.; be cognisant of s.t.; be privy to s.t.; ~ *wees/staan om/vanweë/vir/weens* ... be known (*or* have a name *or* be distinguished/noted) for ...; *-e persoonlikheid* public figure; ~ *raak/word* become known; *iets raak* ~, *(also)* s.t. gets around; *as ...* ~ *staan* (of *bekendstaan*) be known as ...; have a reputation for ...; *iem. aan iem. anders* ~ *stel* (of *bekendstel*) introduce s.o. to s.o. else; *iets* ~ *stel* (of *bekendstel*) introduce s.t.; publicise s.t.; launch s.t. *(a book etc.)*; *iets weer* ~ *stel* (of *bekendstel*) relaunch s.t. *(a product etc.)*; *wyd en syd* ~ *wees* be widely known. **be·kend·ma·king** *-kings, -kinge* announcement; notice; notification; publication; declaration. **be·kend·stel·ling** *-lings, -linge* introduction; publication, (press) release; launch(ing) *(of a new book)*; roll-out *(of a new service etc.)*. **be·ken·de** *-des* acquaintance; well-known person; celebrity. **be·kend·heid** *-hede* reputation; acquaintanceship *(with)*; prominence; familiarity; ~ *aan ... gee* put ... on the map; ~ *verwerf* acquire/gain prominence.

**be·kend·stel·lings-:** *~aanbod* introductory offer. *~brief* letter of introduction.

**be·ken·te·nis** *-nisse* confession, avowal, admission; *'n* ~ *aflê/doen* make a confession.

**be·ker** *-kers* jug, pitcher, ewer; mug; beaker; goblet; *(sport)* cup; *(bot.)* scyphus; *'n* ~ *melk/ens.* a jug of milk/etc.; *iem. se* ~ *is vol, (fig.)* s.o.'s grief is unbearable; *die* ~ *wen* take the cup. *~eindstryd (Br. soccer)* Cup Final. *~finalis (Br. soccer)* Cup Finalist. *~sel (biol.)* goblet cell. *~wedstryd* cup match/tie.

**be·ke·ring** *-rings, -ringe* conversion; *iem. tot* ~ *bring* convert s.o.; *tot* ~ *kom* be converted; *die* ~ *van ... tot ...* the conversion from ... to ... **be·ke·rings·werk** proselytisation; mission work.

**be·ker·vor·mig** *-mige* cup-shaped; calyciform.

**be·kis** *het* ~, *(in building operations)* shutter. **be·kis·ting** shuttering; boxing, casing, formwork, forms; timbering.

**bek·ken** *-kens* basin; catchment basin/area; *(anat.)* pelvis. *~been* pelvic bone. *~holte* pelvic cavity.

**bek·kig** *-kige* cheeky, impudent, forward/ready (in speech), pert, saucy; mouthy, lippy.

**be·kla** *het* ~ bemoan *(one's lot)*; bewail, lament. **be·kla·ens·waar·dig** *-dige* pitiable; lamentable, deplorable.

**be·klad** *het* ~ blot, stain; blacken, sully, tarnish; slander, defame, malign, besmirch; sling/fling/throw mud at; bedaub; bespatter, smudge; *iem.* ~ blacken s.o.'s name, put a slur on s.o.'s character, blemish/smear/tarnish s.o.'s reputation/image. **be·klad·ding** *-dings, -dinge* defamation, slandering, smear campaign, mudslinging, muckraking.

**be·kle·der** *-ders,* **be·kle·ër** *-kleërs* upholsterer; trimmer; fabric worker; holder, occupant, incumbent *(of office)*.

**be·kle·ding** *-dings, -dinge* cover(ing); coating; upholstering; upholstery; cladding; lining; *(archit.)* facing; facing *(of a robe)*; *(min.)* lagging *(of a boiler)*; casing, sheeting, sheath(ing). *~stof* upholstery fabric.

**be·klee** *het* ~ clothe; coat; line; face, revet *(a wall etc.)*; panel *(a wall)*; upholster, cover *(furniture)*; trim; case, encase; endue; drape *(with a cloth)*; lag *(a boiler)*; sheathe *(with metal)*; fill, occupy, hold *(a post)*; (in)vest *(with power)*; *'n amp/pos/ plek* ~ fill a position/post/place; *iem. met ...* ~ invest s.o. with ... *(powers etc.)*; clothe s.o. with ... *(powers etc.)*; *iem. (met 'n toga)* ~ robe s.o..

**be·kleed·sel** *-sels* cover(ing); coating; upholstery; trimming.

**be·klem** *het* ~, *vb.* oppress, weigh down, lie heavy on; cramp. **be·klem(d)** *-klemde, adj.* oppressed; heavy *(heart)*. **be·klem·mend** oppressive, heavy; depressing *(thought)*; sinking *(feeling)*. **be·klem·ming** oppression, heaviness; strangulation, incarceration *(of a hernia)*; impaction *(of a tooth)*; angina *(in the chest)*.

**be·klem·toon** stress, emphasise, accentuate, accent, place/ put the accent on, lay stress/emphasis on, underline, highlight; *ek wil* ~ *dat ...* I want to stress that ...; *~de lettergreep* stressed syllable; *iets sterk* ~ underline s.t. heavily *(fig.)*; *iets ten sterkste* ~ lay/put the utmost stress on s.t. **be·klem·to·ning** accentuation, stressing, emphasis.

**be·klim** *het* ~ climb *(a mountain)*; mount, ascend *(a throne)*; mount *(a pulpit)*; scale *(a wall)*; cover, serve *(a mare)*.

**be·klink** *het* ~ settle, clinch, finalise, swing, tie up *(a deal etc.)*.

**be·klop** *het* ~ tap/knock on; sound; *(med.)* percuss.

**be·klou** *het* ~ paw.

**be·klou·ter** *het* ~ climb, scale, clamber up.

**be·knel** *het* ~ pinch, oppress, constrict.

**be·knoei** *het* ~ mess up, spoil; wangle, rig, cook (up) *(the books)*; fix *(a competition)*.

**be·knop** *-knopte -knopter -knopste, adj.* concise, compact *(dictionary)*; condensed *(report)*; abridged; succinct, brief, terse, compact; clipped; poky *(room)*; confined, cramped *(space)*; *(mus.)* short *(score)*. **be·knop** *adv.* concisely, summarily, tersely. **be·knopt·heid** conciseness; briefness, brevity; succinctness, terseness, compactness; pokiness.

**be·kom** *het* ~ get, obtain; *dit sal iem. suur* ~ s.o. will regret it. **be·kom·baar** *-bare* obtainable; attainable, reachable, accessible, *(infml.)* get-at-able.

**be·kom·mer** *het* ~ worry; *iem.* ~ *hom/haar daaroor dat ...* it is a worry to s.o. that ...; *jou daaroor* ~ *dat iets kan gebeur* be worried that s.t. could happen; ~ *jou nie daaroor nie!* don't worry about it!; don't let it trouble you!; *jou dood/ siek oor ...* ~ be worried sick about ...; *jou nog die minste oor ...* ~ ... is the least of one's worries; *jou oor niks (ter wêreld)* ~ *nie* not have a care in the world; *jou oor ...* ~ worry about/ over ...; care about ...; concern o.s. with ... **be·kom·merd** *-merde* worried, uneasy, anxious, concerned, troubled, distressed; solicitous; *baie* ~ *wees* be very/much worried; *moenie* ~ *wees nie!* don't worry (yourself)!, not to worry!; *moenie daaroor* ~ *wees nie* don't worry about it, don't let it concern you; *oor iets* ~ *wees* be anxious/worried about s.t.; be concerned about/over s.t.; fear for s.t. *(s.o.'s safety etc.)*; *oor iem.* ~ *voel, (also)* feel concern for s.o.. **be·kom·merd·heid** uneasiness, anxiety, solicitude; concern(edness); ~ *oor ...*, *(also)* preoccupation with ... **be·kom·mer·nis** *-nisse* anxiety, trouble, concern, worry; *~se hê* have worries; *iem. se* ~ *oor iets* s.o.'s concern about/over s.t.; ~ *uitspreek* voice concern; *vol* ~ *wees* be filled with anxiety.

**be·koms:** *jou* ~ *eet, (infml.)* eat more than one's fill.

**be·kon·kel** *het* ~ scheme, plot, wangle, manoeuvre.

**be·koor** *het* ~ charm, fascinate, enchant, bewitch, beguile, captivate; appeal (strongly) to; tempt. **be·koor·der** =ders charmer; enchanter, *(fem.)* enchantress; tempter, *(fem.)* temp= tress. **be·koor·lik** =like charming, enchanting, fascinating, captivating, attractive, appealing, winsome; beguiling, spell= binding. **be·koor·lik·heid** charm, appeal, fascination. **be· ko·ring** =ringe charm, fascination, enchantment; glamour, beguilement; *onder die* ~ *van ... kom/wees* fall/be under the spell of ...; ~ *aan* ... *verleen* lend enchantment to ...

**be·kors** *het* ~, *vb.* encrust, incrust. **be·kors** =korste, *adj.* en= crusted, incrusted.

**be·kos·tig** *het* ~ afford; defray, finance, pay the expenses of; *iem. kan dit beswaarlik/kwalik* ~ s.o. can ill afford it; *iem. kan (dit)* ~ *om te ...* s.o. can afford to ...; *iem. kan (dit) nie* = *dat iets gebeur nie* s.o. cannot afford s.t. happening. **be·kos· ti·ging** defrayal, defrayment, payment.

**be·krag·tig** *het* ~ ratify, confirm *(an agreement, treaty, etc.)*; uphold *(a decision, verdict, etc.)*; *iets met 'n handtekening* ~ countersign s.t.; validate s.t.. **be·krag·ti·ging** ratification, confirmation; validation; *behoudens* ~ *deur iem.* subject to s.o.'s confirmation; *aan* ~ *onderworpe wees* be subject to rati= fication.

**be·krans** *het* ~, *vb.* wreathe, adorn with garlands. **be·krans** =kranste, =kransde, *adj.* garlanded, wreathed. **be·kran·sing** garlanding.

**be·krap** *het* ~ scratch/scribble/scrawl on/over.

**be·krom·pe** =pener =penste narrow(-minded), small(-mind= ed), bigoted, parochial, insular. **be·krom·pen·heid** narrow(- minded)ness, bigotry, parochialism; stuffiness.

**be·kroon** *het* ~ crown; award a prize; *die boek is (met 'n prys)* ~ the book received an award; ~*de roman/ens.* prize(-win= ning) novel/etc.; ~*de skrywer* award-winning writer; *iem. se pogings is met sukses* ~ s.o.'s efforts were crowned with suc= cess. **be·kro·ning** =nings, =ninge crowning; award. **be·kroon= de** =des, *n.* prizewinner, laureate.

**be·kruip** *het* ~ creep/steal up on, surprise; stalk *(game)*; take at a disadvantage. **be·krui·per** =pers stalker; sneaker.

**be·kwaam** =kwame =kwamer =kwaamste, *adj.* able, compe= tent, capable, proficient, efficient, qualified, fit; *(somewhat dated)* mature, edible, ripe *(fruit, vegetables)*; *met bekwame spoed, (usu. hum.)* expeditiously, as soon as possible, with (all) due speed. **be·kwaam** *het* ~, *vb.* qualify; *jou as aktuaris/ ens.* ~ qualify as an actuary/etc.; *jou vir* ... ~ study/train for ... *(a profession)*. **be·kwaam·heid** =hede ability, competence, capability, capacity; proficiency, skill; fitness; *(in the pl., also)* accomplishments, attainments, skills. **be·kwaam·heids·toets** proficiency test.

**be·kyk** *het* ~, *(lit. & fig.)* look at, view; inspect, scrutinise, survey, examine, eye; *iem. van bo tot onder* (of *van kop tot tone* of *op en af)* ~ look/eye s.o. up and down, measure s.o. with one's eyes, look s.o. through and through; *hoe jy dit ook al* ~ any way you look at it; *'n saak van alle kante* ~ thrash out a matter; *iets van naby* ~ have a good look at s.t.; *iets van nader(by)* ~ take a closer look at s.t., look at s.t. more closely; *iets noukeurig* ~ look closely at s.t.; *iets nou= lettend* ~ take a hard look at s.t.; *iets/iem. vlugtig* ~ run one's eyes along/down/over s.t./s.o.; give s.t./s.o. the once- over *(infml.)*.

**bel**[1] *belle, n.* bubble; caruncle, gill *(of fowls)*; wattle *(of a tur= key)*; eardrop; ~*le blaas* blow bubbles; ~ *(van 'n waterpas)* bubble (of a spirit level). **bel** ge=, *vb.* ring (up), (tele)phone, call, give a ring. ~**boei** bell buoy. ~**kraan** wattled crane.

**bel**[2] *bels, n., (phys. unit)* bel; *twee* ~ two bels; *baie/etlike* ~*s* many/several bels.

**be·laai** *het* ~ load; burden; weight *(a policy etc.)*; *met ...* ~ *wees* be laden/loaded with ...; *(table etc.)* be spread with ... *(delicacies etc.)*; *swaar* ~ *wees, (vehicle, pers., tree)* be heavily laden; *swaar met ...* ~ *wees, (also)* be weigh(t)ed down with ...; *die swaar* ~*de* ... the heavily laden ...

**be·lag·lik** =like ridiculous, ludicrous, farcical; preposterous; *iem.* ~ *laat lyk* make s.o. look silly/stupid/ridiculous; *iem.* ~ *maak* make a fool of s.o.; hold s.o. up *(or* subject s.o.) to ridicule; *jou* ~ *maak* make a fool of o.s., make o.s. look silly, make o.s. (look) ridiculous. **be·lag·lik·heid** ridiculousness, ludicrousness.

**be·land** *het* ~ land *(in a ditch, an asylum, etc.)*; end up; *êrens* ~ end up somewhere; land up somewhere *(infml.)*; *in iets* ~ land in s.t.; get/run into s.t. *(trouble etc.)*; *iem. in die moeilik= heid laat* ~ get s.o. in(to) trouble; *onder diewe* ~ fall among thieves; *waar het jy* ~? where have you got to?.

**be·lang** =lange, *n.* interest, concern; importance, significance, consequence, import; *van aktuele* ~ *wees* be of current/ topical interest; *van die allergrootste/allerhoogste/uiter= ste* ~ of paramount importance; of vital importance, vitally important; *baie* ~*e hê* have many interests; *iem. se* ~*e be= hartig* promote *(or* look after) s.o.'s interests; *bestaande/ gevestigde* ~*e* vested interests; *die* ~*e van ... bevorder* fur= ther/promote the interests of ...; *daadwerklike* ~ active in= terest; *in iem. se eie* ~ in s.o.'s own interest, for s.o.'s own good; *eie* ~*e dien* have an axe to grind; *van geen* ~ *nie* un= important, of no importance/consequence; *iets is vir iem. van geen* ~ *nie, (also)* s.t. is of no concern to s.o.; *niemand het* ~ *gestel nie* there were no takers; *van groot* ~ very im= portant, of great importance/consequence; *dit is van groot* ~ *vir ..., (also)* it has great significance for ..., it is of great significance to ...; *van die grootste/hoogste* ~ *wees* be high= ly important, be of primary importance; *vir ... van die grootste/hoogste* ~ *wees, (also)* be vital to ...; *by ...* ~ *hê* have an interest in ...; *'n vested interest in ...; be concerned with ...; daarby* ~ *hê om te ...* be concerned with ...; ~*e in iets hê* have interests in s.t.; *in (die)* ~ *van ...* in the interest(s) of ...; *in iem. se* ~ in s.o.'s (best) interest(s); *dit is in iem. se* ~, *(also)* it serves s.o.'s interests; *van min/weinig* ~ *wees* be of little account/consequence/importance, be unimportant; *iets is van minder* ~ s.t. is unimportant *(or* of minor impor= tance); *van ondergeskikte* ~ *wees* be a matter of detail; *van oorwegende* ~ of paramount importance; *in iets* ~ *stel* be interested *(or* take an interest) in s.t.; *iem. stel baie in iets* ~ s.t. interests s.o. greatly; *in baie dinge* ~ *stel* have many in= terests; *iem. in iets* ~ *stel* interest s.o. in s.t.; *iem. van* ~ s.o. of weight/consequence; *iets van* ~ s.t. of interest/note; *iets is vir iem. van* ~ s.t. is important to s.o.; s.t. is of concern to s.o.; *... is van wesenlike* ~ ... is of the essence.

**be·lan·ge·:** ~*botsing* conflict of interest. ~**groep** interest group. ~**sfeer** sphere of interest.

**be·lan·ge·loos** =lose disinterested; unselfish. **be·lan·ge= loos·heid** disinterestedness; unselfishness.

**be·lang·heb·bend** =bende, *adj.* interested; ~*e partye* par= ties concerned, interested parties; ~*e voorwerp* indirect ob= ject. **be·lang·heb·ben·de** =des, *n.* interested party, person concerned; *alle* ~ all interested parties, all concerned; ~*s en partye wat geraak word, (abbr.:* BPG's*)* interested and affect= ed parties *(abbr.:* IAPs).

**be·lang·rik** =rike =riker =rikste important, significant; out= standing, notable, momentous; material, substantial, weighty; *iets* ~ *ag* regard s.t. as important; *minder* ~ *wees* be less important; be secondary; *nie so* ~ *nie* not all that important; *iets is vir ... uiters* ~ s.t. is extremely important to ...; s.t. is crucial for/to ... **be·lang·rik·heid** importance, prominence; *in volgorde van* ~ in order of precedence; *iets in volgorde van* ~ *aanpak/afhandel/plaas/vereffen/ens.* prioritise s.t..

**be·lang·stel·lend** =lende, *adj.* interested; sympathetic. **be· lang·stel·len·de** =des, *n.* interested person; *(in the pl., also)* those interested.

**be·lang·stel·ling** interest; interestedness; concern; sym= pathy; *'n daadwerklike/lewendige* ~ *in/vir iets hê* have/ take an active or a lively interest in s.t.; *die* ~ *gaande hou* keep (the) interest alive; *'n gebrek aan* ~ a lack of interest;

indifference; **geen** ~ *vir iets hê nie* be indifferent to s.t.; *met groot* ~ with great interest; with deep concern; ~ *in/vir iets* an interest in s.t.; *'n lewendige/sterk* ~ a keen interest; *met* ~ with interest, interestedly; *in die middelpunt van die* ~ in the spotlight *(fig.); iem. se* ~ *vir iets (op)wek/prikkel* whet s.o.'s interest in s.t.; whet s.o.'s appetite for s.t.; ~ *toon* show interest; (sit up and) take notice; *iem. se* ~ *verflou* s.o.'s in= terest flags; ~ *verloor* lose interest; *iem.* ~ *verneem dat ...* be interested to know that ...; *dankie vir jou/u* ~ thank you for inquiring/calling/writing; ~ *wek* (of *gaande maak*) arouse/excite interest.

**be·lang·wek·kend** *-kende* interesting, of interest.

**be·las** *het* ~, *vb.* load *(a mach.);* burden; rate *(home-owners etc.);* tax *(farmers etc.);* assess *(s.o., property);* impose a tax on; (en)cumber; *iem. met ...* ~ load s.o. with ... *(work etc.);* bur= den s.o. with ... *(one's problems etc.);* charge s.o. with ... *(an investigation);* entrust s.t. to s.o., entrust s.o. with ... *(a [cabi= net] portfolio).* **be·las** *-laste, adj.* loaded; burdened; rated; taxed; laden; *erflik* ~ *wees* be a victim of heredity; ~*te gemiddeld(e)* weighted average; *met iets* ~ *wees* be bur= dened/loaded/saddled with s.t.; be responsible for s.t.; be in charge of s.t.; *iem. is met iets* ~, *(also)* s.t. is s.o.'s responsibil= ity; *swaar* ~ *wees, (property)* be heavily mortgaged; be heav= ily taxed. **be·las·baar** *-bare* taxable; rat(e)able *(value);* duti= able *(imports);* assessable. **be·las·baar·heid** taxability; load capacity.

**be·las·ter** *het* ~ slander, defame, malign; libel. **be·las·te·ring** slandering, defamation; libel; *'n* ~ *van ...* a libel on ...

**be·las·ting** *-tings* taxation; tax; duty; *(local)* rate; load(ing), stress, strain; weighting; *R10 000 aan* ~ *betaal* pay R10 000 in taxes; *'n* ~ *hef* raise a tax; impose/levy a tax; ~ *op goedere hef* levy taxes on goods; *die staat hef direkte en indirekte* ~*s* the state levies direct and indirect taxes; *ná (aftrek van)* ~ after tax(es); *onregstreekse/indirekte* ~ indirect tax; ~ *aan mense oplê* levy taxes on people; *regstreekse/direkte* ~ direct tax; ~ *op toegevoegde waarde, (abbr.:* BTW*)* value= added tax *(abbr.:* VAT*); inkomste/wins/ens. voor* ~ pre-tax income/profit/etc.. **~aanslag** tax assessment. **~aansporing** tax incentive. **~aftrekbaar** tax-deductible. **~betaler** tax= payer; ratepayer. **~betalersvereniging** ratepayers' associa= tion. **~druk** tax burden, burden/incidence of taxation. **~gaar= der** tax collector, *(infml.)* taxman; receiver of revenue. **~in= komste** tax revenue. **~invordering** tax collection. **~jaar** year of assessment, fiscal/financial/tax year. **~konsultant** tax consultant. **~ontduiker** tax evader/dodger. **~ontduiking** tax evasion/dodging. **~opgawe** tax return. **~pligtig** *-tige* rat(e)= able; taxable. **~pligtige** *-ges* taxpayer; ratepayer. **~seël** reve= nue/fiscal stamp. **~skuiling** tax shelter. **~tarief** scale of taxa= tion. **~toegewing, ~vergunning** tax concession, *(infml.)* tax break. **~toevlugsoord, ~paradys** tax haven. **~vermyding, ~ontwyking** tax avoidance *(by lawful methods).* **~vry** tax-free, tax-exempt; duty-free, uncustomed; **~***e winkel* duty-free shop.

**be·lê** *het* ~ invest, place *(money);* call, convene, arrange *(a meeting);* →BELEGBAAR, BELEGGER, BELEGGING; *geld* ~ invest money, make an investment; *in ...* ~ invest in ...; *vas* ~ *wees, (money)* be tied up.

**be·le·dig** *het* ~ offend, give offence to, insult, affront, hurt (the feelings of); *dodelik* ~ *wees* be mortally offended; ~ *wees/voel deur ...* be/feel affronted by ... **be·le·di·gend** *=gende* offensive, insulting, abusive. **be·le·di·ging** *=gings, =ginge* of= fence, insult, affront; *'n griewende* ~ a stinging insult; ~*s op iem. laat reën* heap abuse (up)on s.o.; *'n* ~ *na iem. sling= er* fling/hurl an insult at s.o.; *iem. moet* ~*s (maar) sluk* s.o. has to swallow insults; *iem.* ~*s toeskree(u)* shout abuse at s.o.; *'n* ~ *verdra* take an insult; ~*s verduur* suffer indigni= ties; *'n* ~ *vir ...* an insult to ...; *iets is 'n* ~ *vir iem.* s.t. is a slap in the face for s.o.; ~*s met iem. wissel* trade insults with s.o..

**be·le·ë** mature(d) *(fruit, wine, cheese, etc.);* cured *(meat, fish,*

*etc.);* ripe *(wine, cheese);* seasoned *(wood).* **be·le·ën·heid** ma= turity, matureness.

**be·leef, be·le·we** *het* ~ experience; witness; go through *(three editions, the war, etc.); iets nooit* ~ *nie, (also)* never live to see s.t.; *iem. het nog nooit so wat* ~ *nie* s.o. has never seen anything like it; *slegte tye* ~ fall upon evil days *(or* hard times); *jou honderdste verjaardag* ~ live to be a hundred; *die boek het vier drukke* ~ the book ran into four editions.

**be·leef(d)** *=leefde, adj.* polite, courteous, civil, well-mannered, obliging; *dit is nie juis* ~ *om te ... nie* it is not/scarcely polite to ...; ~ *wees teenoor iem.* be polite to s.o. **be·leef(d)** *adv.* politely, courteously, civilly; *u word* ~ *versoek* you are kindly requested. **be·leefd·heid** *=hede* politeness, courtesy, courte= ousness; civility; *die* ~ *beantwoord* return the compliment; *iem. met min/weinig* ~ *behandel* treat s.o. with scant cour= tesy; *met onveranderlike/volgehoue* ~ with unfailing cour= tesy; *iem. is die* ~ *self* s.o. is courtesy itself.

**be·leefd·heids=:** ~**besoek** courtesy visit, duty/courtesy call. ~**frase** complimentary phrase. ~**(ont)halwe** out of polite= ness, as a (matter of) courtesy. ~**vorm** *=vorme* formality, conventionality; polite/complimentary form; honorific.

**be·le·ër** *het* ~ besiege, lay siege to; beleaguer. **be·le·ë·raar** *=raars* besieger; beleaguerer.

**be·leg** *leërings, =leëringe, n.* siege; *'n* ~ *opbreek/ophef* raise a siege; *die* ~ *slaan voor 'n stad* lay siege to a town; *in staat van* ~ in a state of siege; *die staat van* ~ *afkondig* declare/ proclaim a state of siege.

**be·leg·baar** *=bare* investable, investible.

**be·leg·ger** *=gers* investor *(of money);* convener, convenor *(of a meeting).*

**be·leg·ging** *=gings, =ginge* investment *(of money);* convening, convocation *(of a meeting); 'n* ~ *in ...* an investment in ...; *'n* ~ *maak/doen* make an investment; ~*s aan 'n land onttrek* disinvest from a country; *veilige* ~ safe/sound/blue-chip investment.

**be·leg·gings=:** ~**bank** investment bank. ~**inkomste** invest= ment income.

**be·leg·sel** *=sels* covering; facing; trim(ming).

**be·leid** *=leide* policy; policies; *'n* ~ *bepaal* lay down a policy; *kragtens/volgens 'n* ~ under a policy; *'n* ~ *oor* (of *met be= trekking tot* of *ten opsigte van) iets* a policy on s.t.; *'n* ~ *toe= pas* implement a policy; *'n* ~ *volg* pursue a policy.

**be·leids=:** ~**rigting** (trend of) policy. ~**verklaring** statement of policy.

**be·leid·vor·mend** *=mende, adj.* policy-making.

**be·leid·vor·ming** *n.* policy making.

**be·lek** *het* ~ lick; beslaver, beslobber.

**be·lem·mer** *het* ~ impede, retard *(progress);* (en)cumber, hamper, handicap; obstruct *(the way/view);* bedevil; inter= fere with; interrupt; *die groei van ...* ~ stunt/dwarf the growth of ... **be·lem·me·rend** *=rende* hampering, obstructive; in= hibitive, inhibitory. **be·lem·me·ring** *=rings, =ringe* hindrance; impediment *(in one's speech);* obstruction; interference; han= dicap.

**be·le·se** well read *(pred.),* well-read *(attr.),* widely read; *'n* ~ *mens,* a well-read (*or* widely read) person, s.o. of wide read= ing. **be·le·sen·heid** (wide) reading, extent of one's reading; *iem. se (groot)* ~ s.o.'s wide reading.

**be·let** *het* ~ bar, prevent, stop; forbid, prohibit, ban; debar; *iem.* ~ *om iets te doen* forbid s.o. to do s.t.; prohibit s.o. from doing s.t.; stop s.o. from doing s.t..

**be·let·sel** *=sels* impediment, obstacle, bar; *'n wetlike* ~ a le= gal obstacle. ~**teken** *(sequence of three dots [...])* ellipsis.

**be·let·ting** *=tings, =tinge* ban, prohibition.

**be·le·we** *het* ~ →BELEEF. **be·le·we·nis** *=nisse* experience; ad= venture; perception. **be·le·wing** *=wings, =winge* experience, experiencing.

**Belg** *Belge* Belgian. **Bel·gi·ë** *(geog.)* Belgium. **Bel·gies** *=giese* Belgian.

**Bel·gra·do** *(geog.)* Belgrade.

**bel·ha·mel** *(fig.)* ringleader.

**be·lieg** *het* ~ lie to *(s.o.)*.

**be·lig** *het* ~, *vb.* light; *(phot.)* expose; throw light on, elucidate, illuminate. **be·lig** *=ligte, adj.* exposed, elucidated, illuminated; *van agter* ~ backlit. **be·lig·ting** lighting; *(phot.)* exposure; illumination, irradiation.

**be·lig·gaam** *het* ~ embody, personify; incarnate; *in ... ~ wees* be embodied in ... **be·lig·ga·ming** embodiment, personification.

**Be·lize** *(geog.)* Belize; *(die stad)* ~ Belize City.

**bel·la·don·na** *(bot.)* belladonna, deadly nightshade. **~lelie** belladonna/Easter/March lily, South African amaryllis.

**be·loe·ga** *=gas* beluga, white whale.

**be·loer** *het* ~ watch, spy (up)on, peep at.

**be·lof·te** *=tes* promise, solemn word; *(jur.)* affirmation *(to speak the truth)*; committal; →BELOOF *vb.*; *'n* ~ *aflê/doen/maak* make a promise; *'n* ~ *breek/verbreek* break a promise, go back on/upon one's word; *'n* ~ *aan iem. doen/maak* promise s.o. s.t., make a promise to s.o., give s.o. an undertaking; *'n* ~ *gestand doen* (of *hou/nakom*) keep (or stand by or fulfil) a promise; keep faith; *holle/leë* ~s empty/idle promises; *iem. aan sy/haar* ~ *hou* hold/keep s.o. to his/her promise; *('n) groot* ~ *inhou* show great promise; *'n onvervulde* ~ an unredeemed promise; ~ *maak skuld* a promise is a promise; *'n vaste* ~ a firm promise; *aan 'n* ~ *voldoen* fulfil a promise.

**be·lo·ning** *=nings, =ninge* reward, recompense; remuneration; →BELOON; *as/ter* ~ *vir* ... as a (or in) reward for ...; *om 'n* ~ for a consideration; *'n* ~ *vir iets uitloof* offer a reward for s.t.; *'n vorstelike* ~ a princely reward. **be·lo·nin·kie** *=kies* small reward, pittance.

**be·loof, be·lo·we** *het* ~, *vb.* promise, undertake; bid fair; →BELOFTE; *iets aan iem.* (of *iem. iets*) ~ promise s.t. to s.o., promise s.o. s.t.; ~ *dat* ... promise that ...; *dit* ~ *goed/veel* (of *sleg/weinig*) *vir* ... it augurs/bodes well (or ill) for ...; *iem. laat* ~ *om te* ... make s.o. promise to ...; *iem. plegtig laat* ~ *om iets geheim te hou* swear s.o. to secrecy; *dit* ~ *om ... te word* it should (or promises to) be ...; ~ *om iets te doen* promise/undertake to do s.t.; *plegtig* ~ *dat* ... give one's solemn word that ...; *plegtig* ~, *(also)* give/pledge one's word; ~ *prom*ise faithfully; *veel* ~ be very promising, show (or be full of) promise; shape (up) well. **be·loof** *=loofde, adj.* promised; ~*de land* land of promise, promised land.

**be·loon** *het* ~ reward; remunerate; recompense; →BELONING; *iem. met ... vir* ... ~ reward s.o. with ... for ...; *iem. ryklik/ruimskoots* ~ reward s.o. abundantly; *iem. vir iets* ~, *(also)* repay s.o. for s.t..

**be·loop** *n.* way, course; *dit is nou maar die (ou wêreld se)* ~ that/such is the way of the world, *(infml.)* that's the way the cookie crumbles. **be·loop** *het* ~, *vb.* amount to *(millions etc.)*; *bloedbelope* (of *met bloed belope*) *oë* bloodshot eyes; *'n salaris wat sewe syfers* ~ a salary running into seven figures.

**be·lo·we** →BELOOF *vb.*. **be·lo·wend** *=wende, meer =wend, die mees =wende* promising; ~ *lyk* show promise.

**bel pa·e·se(-kaas)** *(<It.)* bel paese (cheese) *(often B~ P~)*.

**bel·roos** *(med.)* erysipelas, St Anthony's fire, the rose.

**be·lug** *het* ~, *vb.* ventilate; aerate. **be·lug** *=lugte, adj.* ventilated; aerated. **be·lug·ting** ventilation; aeration.

**be·luis·ter** *het* ~ listen to; *(med.)* auscultate. **be·luis·te·ring** listening to; *(med.)* auscultation.

**be·lus** *=luste* eager, desirous; *op iets* ~ *wees* be eager after/for s.t.. **be·lust·heid** craving; ~ *op* ... desire for ...

**be·ly** *het* ~ profess *(tenets of a relig.)*; confess *(guilt, sins)*. **be·ly·dend:** ~*e Christen* practising Christian; ~*e lidmaat* communicant.

**be·ly·de·nis** *=nisse* confession; credo; creed; declaration of purpose; *jou* ~ *aflê* be confirmed (as a member of the church); ~ *van jou sonde doen* confess one's sins. **~poësie** confessional poetry. **~skrif** *=skrifte* confession of faith, formal creed/confession; *(in the pl., also)* articles of faith.

**be·ly·er** *=ers* confessor.

**be·lyn** *het* ~ rule *(paper)*; outline; *skerp* ~*de gelaatstrekke* clear-cut features. **be·ly·ning** outlining; outline. **be·ly·ningstroe·pe** street-lining troops.

**be·maak** *het* ~ bequeath, leave, make over, will, settle on, endow; *iets aan iem.* ~ bequeath s.t. to s.o., bequeath/leave s.o. s.t.; will s.t. to s.o.; settle s.t. (up)on s.o.. **be·ma·ker** bequeather. **be·ma·king** *=kings, =kinge* bequest; bequeathment, endowment, settlement.

**be·mag·tig** *het* ~ empower; make o.s. master of. **be·mag·ti·ging** empowerment; taking possession of.

**be·man** *het* ~ man, staff *(a factory etc.)*; crew *(a ship)*; garrison *(a fortress)*. **be·man·de** manned *(spacecraft etc.)*. **be·manning** *=nings* crew, company, hands, complement *(of a ship)*; garrison *(of a fortress)*; manning; crewing; garrisoning; *agt van die* ~ eight crew (members). **be·man·nings·lid** crew member.

**be·mark** *het* ~ market. **be·mark·baar** *=bare* marketable; saleable. **be·mark·baar·heid** marketability. **be·mar·ker** marketer. **be·mar·king** marketing.

**be·mees·ter** *het* ~ master; gain, get hold of.

**be·merk** *het* ~ notice, observe, perceive, spot. **be·merk·baar** *=bare* noticeable, perceptible.

**be·mes** *het* ~ manure, fertilise, dress; fructify. **be·mes·ting** manuring, fertilisation.

**be·mid·del** *het* ~ mediate, intercede; *tussen ...* ~ mediate between ... **be·mid·de·laar** *=laars* mediator, intercessor, intermediary, go-between, conciliator, honest broker. **bemid·deld** *=delde* affluent, moneyed, monied, well off, well-to-do, comfortable; ~*de man/vrou* man/woman of means. **be·mid·de·lend** *=lende* conciliatory, mediative, mediatory; intercessory; ~ *optree* mediate, act as mediator. **be·midde·ling** mediation; intercession; *jou* ~ *aanbied* offer one's good offices; *deur* ~ *van* ... by/through the agency of ...; through the instrumentality of ...; *deur (die vriendelike)* ~ *van* ... through the good offices of ...

**be·mid·de·lings·: ~komitee** good offices (or mediating) committee. **~voorstel** mediatory proposal, proposed compromise.

**be·min** *het* ~ love. **be·min(d)** *=minde* (well-)loved, beloved, well-liked, popular; *jou by iem.* ~ *maak* endear o.s. to s.o.; *iets maak iem. by iem. anders* ~ s.t. endears s.o. to s.o. else. **be·min·de** *=des* love, darling, sweetheart, beloved, lover. **be·min·lik** *=like* lov(e)able, amiable, lik(e)able, endearing. **be·min·lik·heid** lov(e)ableness, amiability; winning ways.

**be·mis** *het* ~ dung; befoul; muck up. **be·mis·ting** befouling.

**be·mod·der** *het* ~ bemire, besmirch. **be·mod·der(d)** *=derde* muddy, muddied, mud-stained.

**be·moe·dig** *het* ~ encourage, cheer (up), hearten, inspirit; reassure, comfort. **be·moe·di·gend** *=gende* encouraging, cheering, heartening, reassuring, comforting; ~*e tekens* hopeful signs. **be·moe·di·ging** encouragement, cheer, reassurance, comfort.

**be·moei** *het* ~: *jou met* ... ~ concern o.s. with ...; interfere in/with ...; meddle in ...; tamper with ... *(witnesses)*; *jou nie met iets* ~ *nie, (also)* keep out of s.t.; *moenie jou met ...* ~ *nie* stay away from ...; *jou met jou eie sake!* mind your own business!; ~*siek* *=sieke* interfering, meddling, meddlesome, officious.

**be·moei·al** *=alle* busybody, meddler, nos(e)y parker.

**be·moei·e·nis** *=nisse*, **be·moei·ing** *=ings, =inge* interference, meddling; intervention; interposition; concern, involvement; exertion, effort, endeavour, pains, trouble.

**be·moei·lik** *het* ~ complicate; impede, hinder, hamper, en= cumber, handicap; obstruct, put obstacles in the way of; embarrass. **be·moei·li·king** hampering; obstruction.

**be·moei·sug** meddlesomeness, officiousness.

**be·mors** *het* ~, *vb.* dirty, soil; besmear, smudge, begrime; beslaver, beslobber; mess. **be·mors** *=morste, =morsde, adj.* dirtied; littered *(road).*

**be·na·deel** *het* ~ harm, damage, impair, injure; do an injus= tice to, wrong *(s.o.);* be injurious to; infringe (up)on; preju= dice, be prejudicial to *(s.o.'s rights, interests); sonder om ... te* ~ without detriment to ... **be·na·deel(d)** *=deelde* disadvan= taged; *~de persoon* aggrieved party. **be·na·de·ling** harm, damage, impairment, detriment, injury; infringement; preju= dice.

**be·na·der** *het* ~ approach; *(math.)* approximate; estimate; *~de waarde* approximate value, approximation. **be·na·de· rend** *=rende* approximative. **be·na·de·ring** *=rings, =ringe* ap= proach; approximation; *by* ~ *100* approximately *(or* an es= timated) 100; *by* ~ *100 is dood* 100 are estimated to have died; *'n nuwe* ~ *tot* ... a new concept in ... *(banking etc.); iem. se* ~ *van* ... s.o.'s approach to ...

**be·na·druk** emphasise, stress, lay stress on, underline, place/ put the accent on; *iets sterk* ~ lay great stress on s.t., under= line s.t. heavily *(fig.).*

**be·na·ming** *=mings, =minge* name, designation, appellation; term; denomination; *verkeerde* ~ misnomer.

**be·nard** *=narde* critical *(situation);* hard *(times);* trying, tough, desperate, distressful; straitened *(circumstances).* **be·nard= heid** distress; hardness *(of times).*

**be·nat** *het* ~ wet. **be·nat·ting** wetting; irrigation.

**ben·de** *=des* gang, band, pack, mob, horde; *'n* ~ *diewe* a band of thieves. **~leier** gang leader. **~lid** gangster, mobster. **~oor· log** gang war. **~wese** gangsterism.

**be·ne·de** *adv.* down, below; downstairs; →ONDER *adv.; hier* ~ here below; *na* ~ *gaan* go down; go to the bottom. **be·ne·de** *prep.* under(neath), below, beneath; *iem.* ~ *jou ag* despise *(or* look down on/upon) s.o.; ~ *(alle) kritiek* be= neath criticism/contempt; *dit is* ~ *my* that is beneath me; ~ *peil* below standard; ~ *die waarde* below the value. **B~- Egipte, Laag-Egipte** Lower Egypt. **~loop** lower course/ reaches *(of a river).* **~ruim** lower hold.

**be·ne·dik·sie** *=sies* benediction.

**be·ne·dik·tien** *(liqueur)* benedictine.

**be·ne·dik·tus·ei·ers** *(cook.)* eggs Benedict.

**Be·ne·dik·tyn** *=tyne,* **Be·ne·dik·ty·ner** *=ners* Benedic= tine. **Be·ne·dik·ty·ne(r)·kloos·ter** Benedictine monastery.

**Be·ne·lux** *(Belgium, Neth., Luxembourg)* Benelux.

**be·ne·pe** small-, narrow-minded, petty, mean-spirited, *(in= fml.)* stuffy. **be·ne·pen·heid** small-, narrow-mindedness, pettiness.

**be·ne·rig** *=rige* bony, skinny, scraggy, scrawny.

**be·neuk** *het* ~, *vb., (coarse)* spoil, bedevil. **be·neuk** *=neukte, adj., (coarse)* = BEFOETER(D).

**be·ne·wel** *het* ~ fog; *(fig.)* befog, obscure, cloud; bemuse; (be)fuddle *(with drink);* haze, dim; muddle; *die verstand* ~ cloud the mind, warp judg(e)ment. **be·ne·wel(d)** *=welde* hazy, misty, foggy, befogged, fuzzy; woozy, fuddled, mud= dled; dop(e)y, clouded *(intellect).* **be·ne·we·ling** (be)fogging, clouding, obscuration; scumbling *(of paint).*

**be·ne·wens** besides, over and above; together with, in ad= dition to.

**Ben·ga·le** *(geog.)* Bengal; *Golf van* ~ Bay of Bengal. **Ben· gaals, Ben·ga·li** *n., (lang.)* Bengali. **Ben·gaals** *=gaalse, adj.* Bengal; Bengalese, Bengali; *~e tier* Bengal tiger; *~e vuur* Ben= gal light/fire. **Ben·ga·lees** *=lese* Bengalese, Bengali.

**be·no·dig** *=digde* needed, wanted, required, requisite, nec= essary; *hulp word* ~ help is needed; *klerk* ~ clerk wanted.

**be·no·dig(d)·heid** *=hede* requisite; requirement; *(in the pl., also)* needs, wants, supplies, requirements, necessaries.

**be·noem** *het* ~ nominate; appoint; name, give a name to; *iem. in 'n amp* ~ appoint s.o. to a post; *iem. in 'n raad* ~ nominate s.o. to a council; *iem. tot 'n amp/pos* ~ appoint s.o. to a post; *iem. tot* ~ ~, *(also)* name s.o. as ...; *iem. (as kandi= daat) vir* ... ~ nominate s.o. (as a candidate) for ... **be· noem·baar** *=bare* eligible, qualified. **be·noem·baar·heid** eli= gibility. **be·noem(d)** *=noemde, adj.* nominated; appointed; *~de getal* concrete number. **be·noem·de** *=des, n.* nominee, appointee. **be·noe·mer** *=mers* namer; nominator; appointer. **be·noe·ming** *=mings, =minge* nomination; appointment; nam= ing; designation; creation; *'n* ~ *doen* make a nomination; make an appointment; *iem. se* ~ *in 'n amp/pos* s.o.'s appoint= ment to a post; ~ *tot offisier* commissioning; *iem. se* ~ *vir 'n setel* s.o.'s nomination for a seat. **be·noe·mings·ver·ga·de·ring** nomination meeting; *(Am. pol.)* primary (meeting).

**be·noud** *=noude* oppressive, suffocating, stifling, stuffy, close *(room, atmosphere, etc.);* sultry, muggy *(air);* tight-chested; anxious, afraid, frightened; distressful, terrifying *(dream); 'n ~e oomblik* an anxious moment; *die pasiënt is* ~ the pa= tient's breathing is laboured, the patient breathes with dif= ficulty; ~ *voel* feel faint; *die wêreld vir iem.* ~ *maak, (infml.)* make it/things warm for s.o.. **be·noud·heid** anxiety, fear, trouble; oppression, tightness of the chest, constriction; sul= triness; stuffiness; anguish. **be·nou·end** *=ende* oppressive; eerie. **be·nou·e·nis** *=nisse* anxiety, distress.

**be·nou·de·bors** asthma.

**ben·seen** benzene. **ben·sien** benzin(e).

**ben·so·ë·:** ~**balsem** friar's/friars' balsam. ~**suur** benzoic acid.

**ben·so·ïen** benzoin.

**be·nul** notion; *geen* (of *nie die flouste/vaagste*) ~ *van iets hê nie* not have the faintest/slightest/vaguest idea/notion of s.t., not know the first thing about s.t., have no idea of s.t.; not have a clue about s.t., *(infml.)* be clueless about s.t.; *ek het nie die vaagste* ~ *nie* search me!.

**be·nut** *het* ~ use, make use of, utilise, put to use, exploit, avail o.s. of, turn to account, harness; *iets nie ten volle* ~ *nie* underuse/underutilise s.t.. **be·nut·ting** use, utilisation.

**be·ny** *het* ~ envy, be envious of; begrudge; *almal* ~ *hulle* they are the envy of all. **be·ny·baar** *=bare,* **be·ny·dens·waar·dig** *=dige* enviable. **be·ny·dens·waar·dig·heid** enviability.

**be·oe·fen** *het* ~ practise *(a trade, profession, art);* follow *(a trade, profession);* pursue *(a career);* do, go in for *(sport);* exer= cise *(patience); die boerderybedryf* ~ farm, carry on farming operations; *'n vak* ~ ply a trade; study a subject. **be·oe· fe·naar** *=naars* practitioner *(of an art).* **be·oe·fe·ning** pursuit, practice.

**be·oog** *het* ~ aim at, have in mind/view, intend; contem= plate, mean, plan, envisage, design, purpose; *die ~de doel* the intended purpose; ~ *om te* ... aim to ...

**be·oor·deel** *het* ~ judge, adjudicate; review *(book);* rate, value, evaluate. **be·oor·de·laar** *=laars* judge *(at a show);* ad= judicator *(of a competition);* critic *(of art, mus., etc.);* reviewer *(of a book);* ~ *wees in 'n kompetisie* adjudicate in a competi= tion. **be·oor·de·ling** *=lings, =linge* judging, adjudication; judg(e)= ment; criticism, review; rating, evaluation; *iem. se* ~ *van iets* s.o.'s estimate of s.t..

**be·paal** *het* ~ fix *(a date, price, etc.);* appoint *(the time, place);* determine *(a date, what is to be done, etc.);* ordain, order, di= rect; stipulate; decide; ascertain *(value);* define; state; lay down *(by law);* provide, decree, enact; *(gram.)* qualify, modi= fy; *(min.)* locate; gauge; establish; *jou by* ... ~ confine o.s. to ... *(the subject etc.);* concentrate on ... *(one's work); iem. kan hom/haar by niks* ~ *nie* s.o. cannot settle to anything; *die dag* ~ name the day, fix the date; *iets word tot groot hoogte deur* ... ~ s.t. is largely determined by ...; *jou tot* ... ~ confine/re=

strict/limit o.s. to ...; *iets is* **vir** ... ~ s.t. is scheduled to take place at ...; *die* **wet** ~ *dat* ... the law says (*or* lays down) that ... **be·paal·baar** -*bare* determinable, definable. **be·paal(d)** -*paalde, adj.* fixed (*date, price*); specified (*details*); appointed (*time*); stated (*times*); stipulated; definite (*reply, aim, number*); specific, explicit; decided, distinct; determinate (*solution, equation*); well-defined (*role etc.*); *op die* ~*de dag* on the appointed day; *'n* ~*de streek* a particular area. **be·paald** *adv.* positively, decidedly, undoubtedly, definitely, doubtless; *meer* ~ specifically. **be·paald** *interj.* definitely!, (*infml.*)sure!. **be·paald·heid** definiteness, positiveness. **be·pa·lend** -*lende* defining, determining; qualifying, modifying; ~*e lidwoord,* (*gram.*) definite article. **be·pa·ler** (*gram.*) modifier, qualifier; determiner. **be·pa·ling** -*lings, -linge* fixing; determining, determination; (*gram.*) modifier; definition; stipulation, term, clause (*of an agreement*); (*jur.*) provision, regulation; (*date*) fixture; computation, evaluation; direction (*in a will*); *op die fyner* ~*s let* read the fine/small print; *kragtens/volgens die* ~*s van* ... under the provisions of ...; ~*s en voorwaardes* terms and conditions.

**be·pant·ser** *het* ~ armour. **be·pant·se·ring** armour(ing), armour plate/plating.

**be·peins** *het* ~, *vb.* ponder over, muse/meditate on, pore over. **be·peins** -*peinde, -peinste, adj.* pondered. **be·pein·sing** -*sings, -singe* pondering, meditation, musing, speculation.

**be·perk** *het* ~, *vb.* limit, confine, restrict; reduce, cut down, trim back (*expenses, losses, etc.*); keep within limits/bounds; localise; stint; curtail; qualify; *jou* ~ keep within bounds; *jou tot* ... ~ confine o.s. to ...; *iem./iets tot* ... ~ limit s.o./s.t. to ...; restrict s.o./s.t. to ... **be·perk** -*perkte -perkter -perkste, adj.* limited; circumscribed; confined (*space*); restricted (*area, choice, motion, movement, etc.*); parochial (*view*); scant (*means*); ~*te aanspreeklikheid* limited liability; ~*te* **bevoorregting** qualified privilege; ~*te* **oplaag** limited edition (*of a book etc.*); *iem. se* **tyd** *is (baie)* ~ s.o. is (hard-)pressed for time. **be·per·kend** -*kende* limiting, restrictive, restricting; ~*e praktyke* restrictive practices. **be·per·king** -*kings, -kinge* limiting, restricting; restriction, limitation; qualification; cutting down, reduction; (*in the pl., also*) trammels, shackles; *jou (eie)* ~*s* **ken** know one's (own) limitations; *die* ~*s op iets* the constraints on s.t.; the restrictions on s.t.; ~*s aan iem.* **oplê** place restrictions (up)on s.o.; *'n* ~ *op iets* **plaas/stel** put/set a limit on/to s.t.; *sonder* ~ without restriction. **be·perkt·heid** limitation, restriction; limitedness, restrictedness; parochialism.

**be·plak** *het* ~ paper (*a wall*); paste over; *iets met* ... ~ daub s.t. with ...; plaster s.t. with ...

**be·plan** *het* ~ plan. **be·plan·ner** -*ners* planner. **be·plan·ning** planning. **be·plan·nings·ka·len·der** year planner.

**be·plant** *het* ~ plant; ... *met bome* ~ plant ... with trees. **be·plan·ting** planting (*with*).

**be·pleis·ter** *het* ~ plaster (over).

**be·pleit** *het* ~ plead (*for*); champion, maintain; advocate; call for; (*jur.*) advocate, speak in favour of, argue (*a case*); *iem. se saak by* ... ~ plead for s.o. with ... **be·plei·ter** -*ters* pleader, champion, advocate. **be·plei·ting** pleading, championing, advocacy.

**be·praat** *het* ~ talk over, discuss; persuade, talk into; talk at.

**be·proef** *het* ~, *vb.* attempt, try; essay, experiment (with); (put to the) test; afflict; *jou geluk* ~ try one's luck; *iem.* ~ put s.o. to the test. **be·proef** -*proefde, -proefte, adj.* (well-)tried, trusted, trusty, staunch (*friend, supporter*); efficacious, approved (*remedy*); well-proved, -proven; *swaar* ~ *wees/word* be deeply afflicted; be severely/sorely tried. **be·proe·wing** -*wings, -winge* trial; affliction; testing; tribulation; ordeal; cross; *'n* ~ *deurmaak/deurstaan* go through an ordeal; *iets is vir iem. 'n* ~ s.t. is an ordeal for s.o.; *'n swaar* ~ a sore trial.

**be·raad** conference; deliberation; *ná ryp(e)* ~ after serious

thought. **be·raad·slaag** *het* ~ deliberate; confer, take counsel; (*met mekaar*) ~ confer together; *met iem. (oor iets)* ~ confer with s.o. (on/about s.t.); deliberate with s.o. (about/on/over s.t.). **be·raad·sla·ging** -*gings, -ginge* deliberation, consultation.

**be·raam** *het* ~ devise (*a plan etc.*); contrive, design, plan; calculate, estimate, project (*costs*). **be·ra·ming** -*mings, -minge* devising, contriving, planning; calculation, estimate; *na* ~ ... it is estimated that ...

**be·ra·der** -*ders, (psych. etc.)* counsellor.

**be·ra·ding** counselling; intervention; mediation.

**be·rank** -*rankte* covered (*by a climbing plant*).

**Ber·ber** -*bers* Berber. **Ber·bers** *n., (lang.)* Berber. **Ber·bers** -*berse, adj.* Berber.

**ber·ceu·se** -*ses, (Fr.)* berceuse, lullaby, cradlesong.

**ber·de:** *iets te* ~ *bring* bring s.t. up; put s.t. forward; broach s.t..

**Be·re:** ~-*eiland* Bear Island. ~*meer: Groot* ~ Great Bear Lake.

**bê·re** *ge*- put/set aside, store, put/lay away; stow; save (up). ~*boekie* (pull-out) supplement. ~*koop,* ~*kopie* lay-by. ~*plek, berg·plek* storage; storehouse, storeroom, depository; boxroom; shed; receptacle.

**be·red·der** *het* ~ put in order, arrange; administer (*an estate*); wind up. **be·red·de·raar** -*raars* arranger; administrator (*of an estate*); fixer. **be·red·de·ring** arranging, arrangement; administration (*of an estate*).

**be·re·de** mounted (*troops, duty*); on horseback; ~ *soldaat* cavalryman, trooper.

**be·re·de·neer** *het* ~ argue, reason out; discuss, debate; ~*de betoog* reasoned exposition; *logies* ~(*d*) *wees* be closely argued/reasoned. **be·re·de·ne·ring** (*jur.*) argument; discussion.

**be·reg** *het* ~, *vb.* try (*a case*); adjudicate; set to rights; (*RC*) administer the last rites. **be·reg** -*regte, adj.* decided, tried, adjudicated. **be·reg·ting** -*tings, -tinge, (jur.)* trial; adjudication, adjudg(e)ment; (*RC*) administration of the last sacraments.

**be·rei** *het* ~ prepare, get ready (*food*); curry, dress, cure (*leather*); ~*de karringmelk* cultured buttermilk; ~*de spek* cured bacon; *die weg* ~ clear the way. **be·rei·ding** -*dings, -dinge* preparation; dressing, currying; get-up.

**be·reid** prepared, willing, happy, (*infml.*) game; ready, (all) set; ~ *wees om te* ... be willing/prepared to ...; *tot iets* ~ *wees* be agreeable to s.t.. **be·reid·heid** readiness. **be·reid·wil·lig** -*lige* willing, ready.

**be·reik** *n. (no pl.)* reach, range, grasp; compass; radius; (*ling.*) scope; *binne* ~ *wees* be within reach; be within striking distance; *binne iem. se* ~ *wees, (also)* be within s.o.'s grasp; *buite* ~ *wees* be out of reach; be out of range; *buite iem. se* ~ *wees, (also)* be beyond s.o.'s grasp; *buite* ~ *van* ... *bly* steer clear of ... **be·reik** *het* ~, *vb.* reach; attain (*a ripe age*); gain, secure, achieve (*one's objective*); reach, make (*a place*); *niks* ~ *nie* get nowhere, get no results; *niks daarmee* ~ *nie* gain nothing by it; *wat* ~ *jy daarmee?* what do you gain by that?. **be·reik·baar** -*bare* attainable, accessible, reachable, within (easy) reach, (*infml.*) get-at-able; achievable; feasible.

**be·reis** *het* ~, *vb.* travel, travel over/through, traverse; tour. **be·reis** -*reisde, adj.* (much/well-)travelled (*pers.*); much-frequented (*area etc.*).

**be·re·ken** *het* ~ calculate, compute (*an amount*); figure, cipher; cast up (*an account*); rate; evaluate; charge (*interest*); find (*by calculation*); ~ *dat* ... calculate that ... **be·re·ken·baar** -*bare* calculable; predictable; computable. **be·re·ken(d)** -*kende* calculated, computed; deliberate, calculated. **be·re·ke·nend** -*nende* calculating, selfish. **be·re·ke·ning** -*nings, -ninge* calculation, computation; *by die* ~ *van die bedrag* in calculating the amount; *'n* ~ *van iets maak* calculate (*or* make a calculation of) s.t.; *volgens iem. se* ~ by (*or* according to) s.o.'s calculation.

**be·re·se** (much/well-)travelled *(pers.)*. **be·re·sen·heid** experience of travel.

**berg**[1] *berge, n.* mountain, mount; *(also, fig.)* Everest; *~ af* → BERGAF; *oor ~ en dal, oor ~e en dale* up hill and down dale; *iem.* **goue** *~e beloof/belowe* promise s.o. the earth/moon; *so* **hoog** *soos ~e* mountain-high; *as die ~ nie na Mohammed wil kom nie, moet Mohammed na die ~ (gaan)* if the mountain will not come to Mahomet, Mahomet must go to the mountain; *'n ~ van 'n* **molshoop** *maak, (fig.)* make a mountain (*or* mountains) out of a molehill (*or* molehills), get things (all) out of proportion; *die ~ het 'n* **muis** *gebaar* the mountain brought forth a mouse; *~* **op** →BERGOP; *die ~* **Sinai** Mount Sinai; *~e* **versit** move mountains; *'n ~* **wasgoed** a huge pile of washing. *~af* downhill, down the mountain; on the downgrade; *dit gaan ~ met iem.* s.o. is in a bad way. **~bewoner** mountain dweller, highlander. **~brand** mountain fire. **~(e)hoog** mountain-high, mountainous. **~fiets** mountain bike. **~fietsry** mountain biking. **~fietsryer** mountain biker. **~haan** bateleur. **~hang, ~helling** mountainside, mountain slope. **~hut** mountain hut, chalet. **~ketting** mountain chain/range. **~klim** *bergge* go mountaineering (*or* mountain climbing), mountaineer, climb mountains. **~klimmer** mountaineer, mountain climber. **~klim(mery)** mountaineering, mountain climbing. **~kloof** gorge, ravine. **~kruin** mountain peak/top, summit. **~kwagga** →BERGSEBRA. **~land** highlands; mountainous country/region. **~leeu** mountain lion *(Am.)*, puma, cougar. **~op** uphill; *~ en bergaf* up hill and down dale. **~pad** mountain/hill road. **~pas** (mountain) pass. **~piek** (mountain) peak. **B~rede:** *die ~, (NT)* the Sermon on the Mount. **~reeks** mountain chain/range. **~rug** (mountain) ridge. **~sebra, ~kwagga:** *Kaapse ~* Cape mountain zebra. **B~skot** Highlander. **~spits** (mountain) peak. **~sport** mountaineering. **~streek** mountain(ous) region. **~stroom** (mountain) torrent. **~top** summit, mountain top; peak, pinnacle. **~vesting** mountain fortress. **~vorming** orogenesis. **~wand** mountain face. **~wêreld** mountain(ous) country/region. **~wind** mountain/berg wind.

**berg**[2] *ge-, vb.* salvage, salve *(cargo)*; store. **~loon** storage charge(s); salvage money/fee. **~plek** →BÊREPLEK. **~ruimte** storage space.

**berg·ag·tig** *-tige* mountainous, hilly.

**ber·ga·mot** *-motte, (pear, orange)* bergamot. **~olie** bergamot oil. **~(peer)** bergamot (pear).

**berg·baar** *-bare* salvable.

**ber·gie** *-gies* small mountain; *(SA infml.: vagrant)* bergie.

**ber·ging** storage; salvage. **~skip** salvage ship/vessel.

**ber·gings-:** **~diens** salvage undertaking. **~geheue** *(comp.)* backing store. **~kapasiteit, ~vermoë** storage capacity *(of a silo, warehouse, etc.)*. **~werk** salvage (operations).

**be·ri-be·ri, ber·rie-ber·rie** *(pathol.)* beriberi.

**be·rig** *-rigte, n.* message, communication, word, tidings; report, news, dispatch, despatch; notice; *die ~* **bevestig** confirm the news; *daar het ~ gekom dat ...* word came that ...; *~ van iets* **kry/ontvang** receive news (*or* have word) of s.t.; *laaste/jongste ~te* latest news; *luidens/volgens 'n ~* according to a report; *~* **omtrent/van** *...* news of ...; *'n ~* **oor** *...* a report on ...; *~* **aan iem. stuur** send word to s.o.; *'n interessante ~* **uitmaak** make good copy; *volgens ~ het X ...* X is reported to have ... **be·rig** *het ~, vb.* report; send word, inform; notify; apprise *(of)*, acquaint *(with)*; *daar word ~ dat ...* it is reported that ...; *van betroubare* **kant** *word ~ dat ...* it is reliably reported that ...; *na ~ word* reportedly, according to reports (*or* a report); *van* **oral(s)** *word ~ dat ...* it is widely reported that ...; *uitvoerig oor iets ~* give a lot of coverage to s.t.. **be·rig·ge·wer** *-wers* reporter; correspondent; informant. **be·rig·ge·wing** reporting, (news) coverage; report(s); *die ~ oor 'n gebeurtenis* the coverage of an event.

**be·ril·li·um** *(chem., symb.:* Be*)* beryllium.

**Be·ring** *(geog.):* **~see** Bering Sea. **~straat** Bering Strait.

**be·ris·pe** *het ~* reprimand, rebuke, reprove, chide, take to task; *iem. oor iets ~* rebuke/reprove s.o. for s.t.; admonish s.o. for s.t.; censure s.o. for s.t.; lecture s.o. about s.t.; remonstrate with s.o. about s.t.. **be·ris·ping** *-pings, -pinge* reprimand, reproof, rebuke, admonition, reproach, *(infml.)* dressing-down, *(infml.)* dusting down, *(infml.)* talking-to.

**berk** *berke,* **ber·ke·boom** *-bome* birch (tree).

**Ber·lyn** Berlin. **Ber·ly·ner** *-ners* Berliner. **Ber·lyns** *-lynse* (of) Berlin; *~e silwer* nickel/German silver.

**Ber·mu·da** Bermuda. **b~(broek)** Bermudas, Bermuda shorts. **~driehoek** Bermuda Triangle. **~eilande** Bermudas.

**be·roem** *het ~: jou op iets ~* pride o.s. on s.t.; boast about s.t.. **be·roemd** *-roemde -roemder -roemdste (meer ~ die mees ~e)* famous, famed, celebrated, distinguished, illustrious; *om/vir/weens ... ~ wees* be celebrated/famous for ...; *~e persoon, (also)* celebrity. **be·roemd·heid** fame, renown, celebrity, eminence; *(famous person)* celebrity, star, VIP.

**be·roep** *-roepe, n.* occupation, calling, pursuit, walk of life; trade; *(med., jur.)* profession; vocation; invitation, call *(to a minister of relig.)*; *'n ~* **aanneem** accede to a call; *vir 'n ~* **bedank** decline a call; *'n ~* **beoefen** follow/practise/pursue a profession; *'n ~* **doen** (make an) appeal to s.o.; call (up)on s.o.; *op iem. 'n ~ om iets* **doen** appeal to s.o. for s.t.; *in 'n ~* **gaan** take up a profession; *'n ~* **kies** choose a career; take up a profession; *sonder ~* of no occupation; *('n) ... van ~ wees* be a ... by occupation/profession/trade. **be·roep** *het ~, vb.* call *(a minister)*; *~ word* receive a call; *jou op ... ~* appeal to ...; invoke ...; refer to (*or* quote/cite) ... **~siekte** vocational/occupational disease. **~spel** professional game; professionalism. **~speler** professional (player), *(infml.)* pro; *~ word* become a (*or* turn) professional. **~sport** professional sport; professionalism.

**be·roeps-:** **~atleet** professional athlete. **~diplomaat** career diplomat. **~gedrag** professional conduct. **~geheim** professional/trade secret. **~gerig** *-rigte* vocationally directed. **~gholfspeler** professional golfer, golf professional, *(infml.)* golf pro. **~gids** career guide. **~halwe** professionally, by virtue of one's profession. **~keuse** choice of profession. **~leiding** vocational guidance. **~mens** *-mense, -lui* professional person. **~onderrig, ~onderwys** vocational education. **~opleiding** vocational training. **~risiko** occupational hazard. **~voorligting** vocational guidance. **~vrou** career woman. **~wedder** bookmaker, *(infml.)* bookie.

**be·roerd** *-roerde -roerder -roerdste (meer ~ die mees ~e)* miserable, wretched, horrid, awful, terrible, rotten, abysmal; nasty. **be·roerd·heid** wretchedness.

**be·roe·ring** *-rings, -ringe* disturbance; commotion; stir, flutter; turmoil, unrest, unquiet; trouble; agitation; convulsion, turbulence; *(in the pl., also)* troubles, (civil) disturbance; *iets in ~* **bring** set s.t. astir; *heftige ~* cataclysm; *in ~ wees* be in (a) turmoil; be in a ferment; be in a tumult; *in ~ oor ... wees* be abuzz with ...; *'n ~* **veroorsaak** cause a stir; cause turmoil.

**be·roer·te** *-tes* stroke, apoplectic fit/seizure; apoplexy; ictus.

**be·ro·king** →BEROOK.

**be·rok·ken** *het ~* cause *(harm, sorrow, etc.)*; *iem. baie moeite ~* give s.o. a lot of trouble.

**be·roof** *het ~, vb.* rob; hold up; deprive *(of rights)*; bereave *(of hope)*; *iem. van iets ~* rob s.o. of s.t. *(a car, dignity, victory, etc.)*; deprive s.o. of s.t. *(freedom etc.)*; *van alle hoop ~ wees/word* be bereft of (*or* lose) all hope; *iem. van sy/haar lewe ~* take s.o.'s life, rob s.o. of his/her life. **be·roof** *-roofde, -roofte, adj.* robbed; *van jou sinne ~ wees* be bereft of one's senses.

**be·rook** *het ~, vb.* blacken with smoke; smoke, cure; fumigate; fume. **be·rook** *-rookte, adj.* fumed *(oak)*; smoked *(glass)*; flue-cured *(tobacco)*. **be·ro·king** smoking *(of food)*; fumigation.

**be·rou** *n.* repentance, remorse; contrition; regret; *geen* ~ *hê nie* have no remorse; ~ *oor iets hê* feel *(or* be full of*)* remorse for s.t.; regret s.t.; repent s.t. *(one's sins)*; ~ *kom altyd te laat* repentance always comes too late; *sonder* ~ unrepentant, unremorseful, impenitent; ~ *oor iets toon* show/express remorse for s.t.; *trane van* ~ tears of remorse/repentance/regret, penitential tears. **be·rou** *het* ~, *vb.* repent, regret; *gou getrou, lank* ~ marry in haste, repent at leisure; *dit sal iem.* ~ s.o. will (live to) regret it; *dit sal iem.* ~ s.o. will rue the day, s.o. will (live to) rue it; *dit sal jou (of jy sal dit)* ~*!* you'll be sorry!, you'll (live to) regret this!. ~*vol* -*volle* remorseful, repentant, penitent, regretful, contrite.

**be·ro·we** = BEROOF *vb.*. **be·ro·wing** -*wings*, -*winge* robbing, robbery, hold-up.

**ber·rie-ber·rie** →BERI-BERI.

**ber·serk** berserk; ~ *raak* go berserk. **ber·ser·ker** -*kers* berserk(er).

**be·rug** -*rugte* -*rugter* -*rugste (meer* ~ *die mees* ~*te)* notorious, disreputable, infamous, ill-famed, of ill fame/repute; ~ *wees om/oor/vir/weens* ... be notorious/infamous for ... **be·rugt·heid** notoriety, disrepute, ill fame, infamy, evil fame.

**be·ruik** *het* ~ smell at.

**be·rus** *het* ~: *iets* ~ *by iem.* s.t. is at *(or* is/lies in/within*)* s.o.'s discretion, s.t. lies/rests with *(or* is up to*)* s.o.; *dit* ~ *by iem. om te* ... it is for s.o. to ...; *die besluit* ~ *by iem., dit* ~ *by iem. om te besluit* the decision rests with s.o., it is for s.o. to decide/say; *die mag* ~ *by* ... the power is vested in ...; *dit* ~ *by* ... *om op te tree* it is for ... to act; *laat dit daarby* ~ let the matter rest there; *ons sal daarin moet* ~ we shall have to live with it; *in* ... ~ be resigned/reconciled *(or* resign/reconcile o.s.*)* to ..., learn to live with ...; abide by ...; put up with ...; come to terms with ...; *op iets* ~ be based/founded on s.t.; be built on s.t.; be predicated (up)on s.t.; rest (up)on s.t.; *op 'n misverstand* ~ be due to a misunderstanding. **be·rus·ting** resignation, acquiescence; *tot* ~ *kom,* ~ *vind* resign o.s. to s.t., accept s.t. with resignation.

**be·rym** *het* ~ rhyme; put into verse, versify; ~*de Psalm* metrical Psalm. **be·ry·ming** -*mings*, -*minge* rhymed version; versification.

**bes** *n.* best; *jou* ~ *doen* do/try one's best; exert o.s.; *jou uiterste* ~ *doen* do one's utmost, do/try one's level/very best. **bes** *adv.* very well; ~ *geklede/~geklede vrou/ens.* best-dressed woman/etc.; ~ *moontlik, ~moontlik* quite possibly, very likely, arguably.

**be·saai** *het* ~ sow; strew. **be·saai(d)** -*saaide* sown; strewn; *met* ... ~ *wees* be covered with ...; be littered with ... *(rubbish etc.)*; be strewn with ... *(litter etc.)*; *met sterre* ~ star-studded *(attr.)*; bejewelled/studded with stars *(pred.)*.

**be·saan** *(naut.)* miz(z)en; spanker. ~*seil* miz(z)en(sail). **be·saans·mas** miz(z)enmast.

**be·sa·dig** -*digde* -*digder* -*digste* cool(-headed), calm; sober(-minded), level-headed, moderate, dispassionate. **be·sa·digd·heid** cool-headedness, calmness; moderation; sober-mindedness.

**be·se·ël** *het* ~ seal, put the seal on; clinch; *iem. se lot is* ~ s.o.'s fate is sealed. **be·se·ë·ling** sealing.

**be·seer** *het* ~ injure, hurt, scathe; *jou* ~ hurt o.s., get hurt; *erg/swaar* ~ wees be badly hurt, be badly/seriously/severely injured; *lig* ~ *wees* be slightly injured; ~ *word* get hurt, be/get injured, suffer/sustain an injury *(or* injuries*)*. **be·seer·de** -*des* casualty; *die* ~*s* the/those injured.

**be·sef** *n.* idea, notion; realisation; understanding, sense; *iem. tot die* ~ *bring dat* ... make s.o. realise that ...; *in die* ~ *dat* ... realising that ...; *tot die* ~ *kom dat* ... realise *(or* come to realise*)* that ...; *nie die minste/flouste* ~ *nie* not the faintest notion; *onder die* ~ *van* ... realising that ... **be·sef** *het* ~, *vb.*

realise, see, grasp; ~ *dat* ... realise that ...; *iem. moet* ~ *dat* ... s.o. has to appreciate that ...; *iets ten volle* ~ be clear in one's mind about s.t.; ~ *jy wat jy sê?* do you know what you are saying?.

**be·sem** -*sems* broom; *nuwe* ~*s vee skoon* a new broom sweeps clean. ~*goed (bot.)* restio. ~*stok* broomstick, broom handle; *onder die* ~ *staan* be henpecked.

**be·sen·ding** -*dings* consignment.

**be·se·ring** -*rings*, -*ringe* injury; *'n ernstige* ~ a serious/severe injury; *'n* ~ *opdoen* suffer/sustain an injury. **be·se·rings·tyd** injury time; *(fig.)* borrowed time.

**be·set** *het* ~, *vb.* occupy *(a strategic position, seat)*; fill *(a seat)*; set *(with gems)*; garrison *(a fort)*; staff; *iets met* ... ~ staff s.t. with ...; set s.t. with ... *(gems)*; trim s.t. with ... *(lace)*; *'n vakature* ~ fill a vacancy. **be·set** -*sette*, *adj.* engaged *(seat, phone)*; booked *(room)*; occupied *(town, strategic position, time, seat)*; set; *is die stoel* ~? is the chair taken?; *vol* ~ full house, house full. ~*toon (teleph.)* engaged tone.

**be·se·te** -*tener* -*tenste* possessed; mad, crazy; demoniac(al). **be·se·te·ne** -*nes* one possessed; *soos 'n* ~ like a madman *(or* a mad person*)*, like one possessed, like the devil.

**be·set·ting** -*tings*, -*tinge* occupation *(of an area)*; garrison; strength *(of an orchestra)*; cast *(of a play)*. **be·set·tings·leër** army of occupation.

**be·sie** -*sies*, *(entom.)* cicada; small ox/cow/calf/etc.; →BEES.

**be·siel** *het* ~ inspire, animate, infuse *(with life/spirit)*; *iem. met iets* ~ imbue s.o. with s.t., instil s.t. in(to) s.o.; *iem.* ~ *om iets te doen* inspire s.o. to do s.t.; *wat het jou* ~? what possessed you?. **be·siel(d)** -*sielde* inspired, animated, impassioned, passionate, spirited; *met* ... ~ *wees* be imbued with ... **be·sie·lend** -*lende* inspiring, stirring *(speech etc.)*; uplifting *(effect etc.)*; ~*e leiding* inspired leadership; *dit was* ~ *om* ... *te hoor* it was an inspiration to hear ... **be·sie·ling** inspiration, animation; ~ *uit* ... *put* draw inspiration from ...

**be·sien** *het* ~, *(rather fml.)* look at, view; *dit staan (nog) te* ~ it remains to be seen.

**be·siens-:** ~*waardig* -*dige* worth seeing, remarkable. ~*waardigheid* sight (worth seeing); *die* ~*hede bekyk/besigtig* see the sights; be (out) sightseeing.

**be·sig** -*sige* -*siger* -*sigste*, *adj.* busy; bustling; occupied, engaged; *aan/met iets* ~ *wees* be busy at/with s.t.; *baie/druk* ~ *wees* be very busy; be tied up; have one's hands full; *'n jaar/ens. met iets* ~ *bly* take a year/etc. over s.t.; ~*e by(tjie)*, *(infml., sometimes derog.)* eager beaver; *iem. baie/druk* ~ *hou (of besighou)* keep s.o. very busy; tie s.o. up *(fig.)*; *jou* ~ *hou (of besighou) deur te* ... amuse o.s. by ...; *jou met iets* ~ *hou (of besighou)* busy/occupy o.s. *(or* keep o.s. busy*)* with s.t.; *die kinders* ~ *hou (of besighou)* entertain the children; *lank met iets* ~ *wees* take long over s.t.; *met iets* ~ *wees* be (in the act/middle/process of) doing s.t., be at work on *(or* occupied in/with *or* engaged in*)* s.t.; go about s.t.; *terwyl jy (daarmee)* ~ *is* while you are about/at it; *verskriklik* ~ *wees* be terribly busy, *(infml.)* be rushed off one's feet; *waarmee is jy* ~? what are you doing?. **be·sig** *ge-*, *vb.*, *(fml.)* employ, make use of, use *(words, flowery lang., etc.)*.

**be·sig·heid** -*hede* business, pursuit, occupation; *ek het van dag groot* ~ *in die stad* I have important business *(or* matters to attend to) in town today.

**be·sig·heids-:** ~*kaart(jie)* business card. ~*klas (av.)* business/club class.

**be·sig·tig** *het* ~ view, look at, inspect, survey; *'n huis* ~ look over *(or* see round*)* a house. **be·sig·ti·ging** inspection, view(ing); *op* ~ *gaan* go sightseeing; *ter* ~ on view.

**be·sim·peld** -*pelde* silly, foolish, daft, ridiculous, inane, stupid.

**be·sin** *het* ~ reflect, think; ~ *eer jy begin* look before you leap; *oor/omtrent iets* ~ reflect (up)on s.t.; *jou* ~ think better of it, change one's mind, have second thoughts. **be·sin·ning** reflection; introspection, consciousness, senses; *tot ~ kom* come to one's senses; see reason.

**be·sing** *het* ~ sing the praises of; sing about; celebrate.

**be·sink** *het* ~ settle (down), subside, precipitate, form a se= diment, deposit; sink in; *laat* ~ let settle. **be·sin·king** settling (down), precipitation, sedimentation.

**be·sink·sel** *-sels* sediment, deposit, residue, dregs, precipi= tate, detritus.

**be·sit** *n.* possession; *(valuable)* asset; holding; *iets in* ~ *hê, in* ~ *van iets wees* possess (*or* be in possession of) s.t.; *in Suid-Afrikaanse* ~ *wees* be South African-owned; *iets in* ~ *neem, van iets* ~ *neem* take possession of s.t.; *in privaat/private* ~ in private ownership/hands; *iets is iem. se* ~ s.t. is owned by s.o.; *iem. in* ~ *van iets stel* give s.o. possession of s.t.. **be·sit** *het* ~, *vb.* possess, have, own; hold *(a degree)*. ~**reg** right of possession, tenure.

**be·sit·lik** *-like* possessive. **be·sit·lik·heid** possessiveness.

**be·sit·na·me, be·sit·ne·ming** occupation, taking pos= session.

**be·sit·ne·mer** occupant, occupier.

**be·sit·ter** *-ters* possessor, owner, proprietor; occupant; *salig is die ~s, (prov.)* possession is nine points of the law; *die ~s en die besitloses/niebesitters* the haves and the have-nots.

**be·sit·ting** *-tings, -tinge* possession; property; *(in the pl., also)* effects; *koloniale ~s* colonial possessions, colonies.

**be·skaaf** *het* ~ civilise, humanise, refine. **be·skaaf(d)** *-skaaf= de -skaafder -skaaf(d)ste (meer ~ die mees -de)* civilised *(na= tion)*; refined *(manners, lang.)*; genteel; cultured, educated. **be·skaafd·heid** civilisation; good manners/breeding, refine= ment.

**be·skaam** *het* ~, *vb.* (put to) shame, mortify; disappoint *(hope)*. **be·skaam(d)** *-skaamde, adj.* ashamed; shamefaced; bashful; *iem.* ~ *maak* put s.o. to shame. **be·skaamd·heid** shame, shamefacedness, bashfulness. **be·ska·ming** shaming, mortification.

**be·ska·dig** *het* ~, *vb.* damage; injure; mar, impair. **be·ska= dig** *-digde, adj.* damaged; scathed; injured; *~de goedere* dam= aged goods. **be·ska·di·ging** damage; injury; impairment.

**be·ska·wing** *-wings, -winge* civilisation; refinement; culture; *iem. van* ~ cultured person. **be·ska·wings·peil** standard of civilisation.

**be·skei·den·heid** modesty; diffidence; *in alle* ~ in all mod= esty; *iem. is die ~ self* s.o. is modesty itself, modesty is s.o.'s middle name; *uit vals(e)* ~ out of false modesty.

**be·skei·e** *beskeidener beskeidenste (meer ~ die mees ~)* mod= est, unassuming, unobtrusive; diffident, unassertive, unde= manding; *na/volgens my* ~ *mening* in my humble opinion; *my* ~ *deel* my allotted portion; my modest portion.

**be·skerm** *het* ~ protect; shelter, screen, shield, guard, cover; keep, safeguard, secure; preserve; patronise *(art)*; *~de beroep* sheltered occupation; *~de mededeling* privileged commu= nication; *~de spesie* protected species; *iem./iets teen ...* ~ protect s.o./s.t. from ...; screen/shield s.o./s.t. from ... ~**en= gel** guardian angel. ~**heer** →BESKERMHEER. ~**heilige** patron saint.

**be·sker·mend** *-mende* protecting *(friendship)*; protective *(duties)*; tutelary; *in ~e bewaring/hegtenis* in protective custody; *~e laag* protective coating; *~e maatreëls* protec= tive measures/devices; *~e verpakking* protective packaging.

**be·sker·mer** protector, defender, guardian; patron *(of the arts)*.

**be·skerm·heer** patron; protector. **be·skerm·heer·skap** pa= tronage.

**be·sker·ming** protection; shelter; screen; patronage; con= servation; safeguarding; *~ teen ... bied* be a defence against ...; *iem. onder jou* ~ *neem* take s.o. under your wing; *onder* ~ *van ...* under the auspices of ...; under the patronage of ...;

under the protection of ...; *onder ... se* ~ *staan* be sponsored by ...; ~ *teen ...* protection against ... *(rain, cold, etc.)*; *ter* ~ *van ...* for the protection of ...

**be·sker·mings-: ~beleid** protective policy; protectionist policy. **~geld** protection money.

**be·skerm·ling** *-linge* protégé, *(fem.)* protégée.

**be·skiet** *het* ~ fire at, shell, bombard. **be·skie·ting** firing at, bombardment, shelling.

**be·skik** *het* ~ dispose, determine; ordain, order; *dit was an= ders* ~ it was otherwise ordered; *die mens wik, God* ~ man proposes, God disposes; *oor iets* ~ have s.t.; have s.t. at one's disposal; *die bestuur* ~ *oor die fondse* the funds are vested in the committee; *oor lewe en dood* ~ have the power of life and death. **be·skik·baar** *-bare* available, at one's disposal; disposable, to hand; *iets* ~ *hê* have s.t. available; *iets aan iem.* ~ *stel* make s.t. available to s.o., place s.t. at s.o.'s disposal; *geld vir iets* ~ *stel* appropriate money for s.t.; *vir iem.* ~ *wees* be available to s.o.. **be·skik·baar·heid** availability. **be·skik= baar·stel·ling** appropriation, provision; release. **be·skik·ker** *-kers: ~ oor eie lot* master of one's fate. **be·skik·king** *-kings, -kinge* disposal; decree, dispensation *(of Providence)*; *... tot jou* ~ *hê* have ... available *(or* at one's disposal*)*; *tot nader(e)* ~ until further orders; *iets tot iem. se* ~ *stel* make s.t. avail= able to s.o., place s.t. at s.o.'s disposal; *ter* ~ *wees* be avail= able; be on call/standby; be in attendance; *iets is/staan tot iem. se* ~ s.t. is available to s.o. *(or* is at s.o.'s disposal*)*.

**be·skil·der** *het* ~ paint (over); *~de stof* hand-painted fabric. **be·skil·de·ring** painting (over).

**be·skim·mel(d)** *-melde* mouldy, musty, mildewed, milde= wy; bashful, timid, sheepish; gawky.

**be·skimp** *het* ~ mock, scoff at, disparage, jeer (at). **be·skim= ping** *-pings, -pinge* scoffing, mockery.

**be·skin·der** *het* ~ slander, backbite, vilify, malign, speak evil of, defame.

**be·skoei** *het* ~ timber *(a mine shaft)*. **be·skoei·ing, be·skoei= sel** timbering, shoeing.

**be·skon·ke** *adj.* drunk, intoxicated, inebriate(d), under the influence.

**be·sko·re** allotted; *dit is iem.* ~ *om ...* it is s.o.'s lot/destiny/ fate to ...; *dit was nie vir iem.* ~ *om te ... nie* it was not given to s.o. *(or* s.o. was not granted the opportunity) to ...

**be·skot** *-skotte* panelling, wainscot(ing); boarding; partition.

**be·skou** *het* ~ look at, view, regard; consider, contemplate; examine, inspect, survey; *van agterna* ~ with hindsight, looking back, in retrospect; *iem./iets as ...* ~ regard/see (*or* look [up]on) s.o./s.t. as ...; class s.o./s.t. as ...; *as ...* ~ *word* be considered ...; be reputed (to be) ... *(the best etc.)*; be seen as ...; rank as ...; *as gelese* ~ take(n) as read; *iets van alle kante* ~ turn s.t. over in one's mind; *iem. van kop tot tone* ~ look s.o. up and down (*or* through and through); *iets nader(by)* ~ look at s.t. more closely, take a closer look at s.t.; *noukeu= rig* ~ in the strict sense; *iets noukeurig* ~ look closely at s.t.; *sake nugter* ~ get/keep things in perspective; *iets ob= jektief* ~ look at s.t. objectively; take a detached view of s.t.; *oppervlakkig* ~ on the surface; *op sigself* ~ in (*or* taken by) itself. **be·skou·ing** *-ings, -inge* viewing; consideration, contemplation; examination, inspection; view, opinion *(of a matter)*; approach; review, critique *(of a book, picture, etc.)*; *iets buite* ~ *laat* leave s.t. out of consideration/account; rule s.t. out; set s.t. aside; *by nader(e)* ~ on closer examination, looked at more closely; *~s omtrent/oor iets hê* have views (up)on s.t.; *die jaar onder* ~ the year under review; *'n* ~ *oor iets skryf/skrywe* write a review of s.t..

**be·skroomd** *beskroomde beskroomder beskroomdste (meer ~ die mees ~e)* shy, diffident, bashful, timid, timorous. **be= skroomd·heid** shyness, diffidence, bashfulness, timidity.

**be·skryf, be·skry·we** *het* ~ describe, portray, depict; put in (*or* commit to) writing; give an account of; write on; *iem.*

*se toestand word as* **ernstig** ~ s.o.'s condition is described as serious; ... *met* **geur** *en* **kleur** ~ give a vivid description of ...; *iets* **haarfyn** ~ describe s.t. in detail; *iets* **presieser** ~ be more specific; *'n* **sirkel** ~, *(geom.)* draw a circle. **be·skry·wend** =*wende* descriptive. **be·skry·wing** =*wings*, =*winge* description, account; depiction, portrayal; *'n* **aanskoulike** ~ *van* ... *gee* give a vivid description of ...; **alle** ~ *te bowe gaan* beggar/ defy description; *'n* ~ *van iem./iets gee* give a description of s.o./s.t.; *'n* **uitvoerige** ~ *gee, (also)* give a detailed account *(of s.t.)*. **be·skry·wings·punt** point for discussion, (draft) reso= lution; *'n* ~ *aanneem* pass a resolution; *van 'n* ~ *afstap* aban= don a resolution; *'n* ~ *indien* move (*or* put down) a resolu= tion.

**be·skuit** =*skuite* rusk(s); biscuit; *droë* ~ rusk(s); *'n (stuk)* ~ a rusk. **be·skui·tjie** =*tjies* small rusk; biscuit.

**be·skul·dig** *het* ~ accuse *(of)*; charge *(with)*; blame, lay the blame/fault on; *daarvan* ~ *word dat* ..., *van* ... ~ *staan* be accused (*or* face a charge) of ..., be charged with ...; *iem. van iets* ~ accuse s.o. of s.t.; charge s.o. with s.t.; indict s.o. for s.t. *(sedition etc.)*. **be·skul·dig·de** =*des* accused. **be·skul·dig= de·bank** dock; *in die* ~ in the dock. **be·skul·di·gende** =*gende* accusing, accusatory; ~ *na iem. kyk, iem.* ~ *aankyk* give s.o. an accusing look; ~ *met die vinger na iem. wys* point an ac= cusing finger at s.o.. **be·skul·di·ger** =*gers* accuser. **be·skul= di·ging** =*gings*, =*ginge* accusation, charge; *(in the pl., also)* fin= ger pointing; *akte van* ~ indictment; *'n* ~ *van diefstal/ens. teen iem. inbring* bring/lay/make an accusation of theft/etc. against s.o.; *'n* **vals(e)** ~ a false accusation; **wedersydse** ~*s* (mutual) recriminations.

**be·skut** *het* ~ protect, shelter; screen; guard; shield; ~*te ar= beid* sheltered employment; ~*te huisvesting* sheltered hous= ing; *iem./iets teen iets* ~ protect/shelter s.o. from s.t.. **be= skut·ting** protection, shelter; security; **onder** ~ *van* ... under cover of ... *(darkness etc.);* **onder** *die* ~ *van* ... in the shelter of ...; ~ **teen** ... protection against ... *(rain, cold, etc.);* ~ **teen** ... *gee* give shelter from ...

**be·slaan** *het* ~, *vb.* occupy, fill, take up *(space);* cover, extend over *(an area);* comprise, run to *(many pages);* shoe *(a horse);* mount *(with metal);'n perd laat* ~ have a horse shod. **be= slaan** =*slaande,* =*slane, adj.* shod *(horse);* **met silwer** ~ silver= mounted.

**be·slag** *(ornamental metal parts)* mounting, mount; final de= cision; metalwork *(on a door);* sheeting; fittings, furniture *(of a door etc.);* clamps *(on a chest);* clasps *(of a book);* batter *(for a cake);* attachment, seizure *(on goods);* embargo *(on a ship); aan iets* ~ *gee* settle s.t.; *iets het sy* ~ *gekry* s.t. has been settled; *iets* **in** ~ *neem* take up (*or* occupy) s.t. *(space, time, etc.);* absorb s.t. *(s.o.'s attention);* confiscate/seize s.t.; *ten volle* **in** ~ *neem* monopolise *(s.o.'s time/attention);* **op** *iets* ~ *lê* con= fiscate/seize s.t.; take possession of s.t.. **be·slag·leg·ging** at= tachment, seizure; confiscation; *die* ~ *op iets* the confisca= tion of s.t..

**be·sleg** *het* ~ settle, decide *(a dispute);* settle, patch up *(a quarrel); 'n* ~*te geskil* a settled dispute.

**be·slis** *het* ~, *vb.* decide; settle; adjudicate; determine; *'n eis* ~ decide a claim; *ten gunste van* ... ~ decide in favour of ..., decide for ...; **teen** *(of ten nadele van) iem.* ~ decide against s.o.; **teen** *iets* ~ rule against s.t.. **be·slis** =*sliste* =*slister* =*slisste (meer* ~ *die mees* =*sliste), adj.* decided, resolute, firm *(action);* definite, unquestionable, positive, decisive, distinct *(improve= ment).* **be·slis** *adv.* decidedly, positively, certainly, definitely, surely, for sure; *jy* **moet** ~ ...*!* be sure to ...*!;* ~ **optree** act firmly; take a strong line; *iem./iets* **sal** ~ ... it's (*or* it is) a racing certainty (that) s.o./s.t. ...; *iem.* **sal** *iets* ~ *doen* s.o. is certain/sure/guaranteed to do s.t.; ~ **teenoor** *iem. optree* be firm with s.o.. **be·slis·send** =*sende* decisive *(battle);* conclu= sive; deciding, determining; final; casting *(vote);* critical, crucial *(moment);* make-or-break *(significance etc.);* ~*e* **bot= sing/stryd** decisive struggle/clash, showdown; ~*e* **hou** win=

ning blow/hit; ~*e* **wedstryd,** *(also)* decider; ~*e* **woord** opera= tive word. **be·slis·sing** =*sings,* =*singe* decision; ruling; verdict; award; *'n* ~ **gee** give a decision; give a ruling; *tot 'n* ~ **kom/ geraak** arrive at (*or* come to *or* reach) a decision; reach fi= nality; *voor 'n* ~ **staan** be faced with a decision; *wanneer die* ~ *moet* **val,** *(also)* when the chips are down *(infml.).*

**be·slist·heid** resolution, resoluteness, determination, firm= ness, decision, decisiveness, positiveness.

**be·slom·me·ring** =*rings,* =*ringe,* **be·slom·mer·nis** =*nisse* trouble, worry, care, bother, botheration, *(infml.)* schlep(p) *(<Yidd.); die aardse beslommerings* this mortal coil.

**be·slo·te** private, intimate *(circle of friends);* ~ *korporasie, (abbr.:* BK) close(d) corporation *(abbr.:* CC); *in* ~ *kring* pri= vately, confidentially; at a private gathering; ~ *ruimte* closed space; ~ *testament* closed/sealed will.

**be·sluip** *het* ~ steal/creep up on; stalk *(game).*

**be·sluit** =*sluite,* n. resolution *(of a meeting);* decision, resolve; conclusion, close; *'n* ~ **neem,** *tot 'n* ~ **kom/geraak** arrive at (*or* come to *or* reach) a decision; make up one's mind; *'n* ~ *oor iets* a decision about/on s.t.; **ten** ~*e* in conclusion; *'n* **vaste/definitiewe** ~ a firm decision. **be·sluit** *het* ~, *vb.* decide, resolve; pass a resolution; infer, conclude; end, wind up, conclude *(by saying);* ~ *dat* ... decide that ...; resolve that ...; *ten* **gunste** *van iets* ~ decide in favour of s.t.; *iets het iem.* **laat** ~, *(also)* s.t. decided s.o.; ~ *om iets* **nie** *te doen nie* decide against doing s.t.; ~ *om te bly/ens.* decide to stay/etc., decide on staying/etc.; *oor iets* ~ decide about s.t.; decide on s.t.; *op/tot iets* ~ decide on s.t.; settle on s.t.; *soos* ~ as planned.

**be·slui·te·loos** =*lose* undecided, wavering, vacillating, irres= olute, dithering. **be·slui·te·loos·heid** indecision, wavering, vacillation, irresolution.

**be·sluit·ne·ming** decision making.

**be·sluit·ne·mings=** =*bevoegdheid,* ~*vermoë* decision-making ability.

**be·smeer** *het* ~ (be)smear, plaster *(fig.);* dirty, mess up, be= smirch, soil, foul, begrime, (be)daub; *iets met* ... ~ plaster/ smear/daub s.t. with ... **be·smeer(d)** =*smeerde* (be)smeared, begrimed, grimy, greasy.

**be·smet** *het* ~, *vb.* infect *(the air, body, mind);* pollute *(water); (lit. & fig.)* contaminate, taint; *(comp.)* infect; defile, soil, sully. **be·smet** =*smette, adj.* infected; polluted; contaminated; *(med.)* septic; infested *(with insects); (comp.)* infected; ~*te melk* tainted/contaminated milk; *met* ... ~ *wees* be infected with ...; be tainted with ...; *met maaiers* ~ flyblown. **be·smet·lik** =*like* infectious, contagious; pestilential; zymotic; ~ *deur aanraking* contagious, contaminative, catching; ~*e larwes* infective larvae; ~*e* **misgeboorte** contagious abortion, bru= cellosis; ~*e* **siekte** infectious disease, zymosis. **be·smet·lik= heid** infectiousness, infectivity, contagiousness; ~ *deur aan= raking* contagiousness. **be·smet·ter** contaminant. **be·smet= ting** infection; contamination; pollution, taint; *(med.)* sepsis; *(comp.)* infection; ~ *deur aanraking* contagion.

**be·snaar** *het* ~ string. **be·snaar(d)** =*snaarde* stringed; *fyn* ~ highly strung. **be·sna·ring** stringing.

**be·sne·de** cut; circumcised; →BESNY. **be·sne·de·ne** =*nes* circumcised person.

**be·snoei** *het* ~ cut (back/down); shorten; cut, lower, reduce, slash *(prices);* curb, curtail, cut down (on), reduce *(expenses);* retrench; axe; whittle away/down; *iets erg* ~ cut s.t. to the bone *(expenditure etc.).* **be·snoei·ing** =*ings,* =*inge* pruning; cut, reduction, cutback, curtailment; retrenchment; cutting *(of prices).* **be·snoei·ings·veld·tog** economy drive.

**be·sny** *het* ~ circumcise; →BESNEDE. **be·sny·de·nis, be·sny= ding** circumcision. **be·sny·de·nis·skool** *(SA)* initiation school.

**be·so·ar** =*ars* bezoar *(in the stomach of a ruminant).* ~**steen** bezoar (stone).

**be·soe·del** *het* ~ pollute, contaminate, foul, taint, tarnish *(fig.);* pollute, defile; *iem. se denke/gedagtes* ~ pollute s.o.'s mind;

*iem. se denke/gedagtes oor iem./iets* ~ poison s.o.'s mind against s.o./s.t.. **be·soe·del(d)** *delde* polluted, contaminated; *~de lug* polluted air. **be·soe·de·ling** pollution, contamination, fouling; defilement.

**be·soek** *soeke, n.* visit; *(of short duration)* call; *'n ~ aan* ... a visit to ... *(s.o., a place); 'n ~ by iem. aflê* (of *aan iem. bring*) pay s.o. a call/visit, call (*or* pay a call) on s.o.; *~ hê/kry* have visitors (*or* a visitor); *daar kom ~* visitors are coming; *~ van iem. ontvang* be visited by (*or* receive a visit from) s.o.; *by iem. op ~ wees* be on a visit to s.o.; *~ verwag* be expecting visitors; *'n vlugtige ~* a flying visit. **be·soek** *het ~, vb.* visit, pay a visit to, call on, (go to) see; go to, attend *(church, school)*; afflict; *'n plek dikwels ~, (also)* haunt a place; *iem. gaan ~* go to see/visit s.o.; *iem. onverwags ~* pay s.o. a surprise visit; *'n pasiënt ~* see a patient. *~tyd, ~ure* visiting hours.

**be·soe·kend:** *-e spreker* guest speaker.

**be·soe·ker** *-kers* visitor, caller; frequenter; *(in the pl., also)* company; *~s by/van die tentoonstelling* visitors to the show; *~s hê/kry* have visitors; *'n ~ in die stad* (of *op die dorp*) a visitor to the city/town; *daar kom ~s* visitors are coming; *~s verwag* be expecting visitors.

**be·soe·kers·:** *~boek* visitors' book. *~buro* visitors' bureau.

**be·sol·dig** *het ~, vb.* pay (s.o. his/her salary); *deur iem. ~ word* be in s.o.'s pay. **be·sol·dig** *-digde, adj.* paid, salaried; stipendiary; *~de amp* office of profit; *in ~de diens* gainfully employed; *~de personeel* salaried staff; *~de verlof* paid leave. **be·sol·di·ging** pay, salary, remuneration; wage(s); stipend *(of a clergyman); onvoldoende ~* underpayment.

**be·son·der** *n.: in die ~* in particular, particularly, (e)specially; *meer in die ~* more particularly. **be·son·der** *-dere, adj.* particular, special; specific; individual; →BESONDERS; *'n ~e belangstelling in/vir iets hê* have a special interest in s.t.; *'n ~e geleentheid* a special occasion; *'n ~e kenmerke* outstanding/salient features; *~e kennis* specialised knowledge; *~e moeite doen* take special care. **be·son·der** *adv.* particularly, (e)specially; exceedingly, exceptionally, uncommonly, eminently; supremely *(elegant etc.); ~ versigtig wees* take special care. **be·son·der·heid** detail particularity; detail, particular; peculiarity; speciality; *iets tot in die fynste ~hede beskryf/beskrywe* describe s.t. in great detail, give an elaborate (*or, infml.* a blow-by-blow) account/description of s.t.; *(tot) in ~hede* in (great) detail, at length; *meer in ~hede* in greater detail; *nader(e)/verder(e)/vêrder(e) ~hede* full details; further particulars; *in ~hede tree* go into detail; enter/go into particulars; *iets in ~hede vermeld* specify s.t.; *volledige ~hede verstrek/verskaf/(aan)gee/vermeld* give full particulars. **be·son·ders** *-derse* distinctive, special, particular; exceptional, unusual; →BESONDER *adj.; iets ~* something special; quite something, something else *(infml.); iets heel ~* something extra special; *niks ~ nie* nothing special (*or* out of the ordinary *or* to speak of); not up to much.

**be·so·pe** *-pener -penste (meer ~ die mees ~)* drunk(en); *~ raak* get sloshed/plastered *(infml.).* **be·so·pe·ne** *-nes* drunk. **be·so·pen·heid** drunkenness.

**be·sorg¹** *het ~, vb.* deliver; give, cause *(trouble etc.);* get, procure, find; provide, furnish *(with); dit het iem. die oorwinning ~* that brought s.o. victory; *iem. tuis ~* see/take s.o. home.

**be·sorg²** *-sorgde, adj.* concerned, caring; worried, anxious, apprehensive, uneasy, troubled; *oor iets ~ wees* be concerned about/for (*or* worried/anxious about) s.t.. **be·sorgd·heid** concern, disquiet; worry, anxiety, apprehension, uneasiness, misgiving; *met groot ~* with deep concern; *iem. se ~ oor iets* s.o.'s concern about/over s.t.; s.o.'s preoccupation with s.t.; *~ uitspreek* voice concern.

**be·spaar** *het ~, vb.* save; economise; spare; *koste/tyd ~* save expenses/time; *op die prys ~* make a saving on the price; *aan*

*rente ~* save in interest charges. **be·spa·ring** *-rings, -ringe* saving; economy; *'n ~ bewerkstellig* effect a saving. **be·spa·rings·veld·tog** economy drive; *'n ~ onderneem* have an economy drive.

**be·spat** *het ~* splash, spatter, bespatter, splatter, sprinkle.

**be·speel** *het ~, (mus.)* play (on).

**be·speur** *het ~* detect, notice, perceive, spot, observe, sense, discern. **be·speur·baar** *-bare* detectable, noticeable, observable. **be·speu·ring** discovery, detection; espial.

**be·spied** *het ~* spy on, watch; scan *(an area etc.).* **be·spie·der** *-ders* watcher; scout.

**be·spie·gel** *het ~* speculate, reflect, contemplate, philosophise; *oor ... ~* speculate about/(up)on ... *(the nature of the universe etc.).* **be·spie·ge·lend** *-lende* speculative, reflective, contemplative. **be·spie·ge·ling** *-lings, -linge* speculation, contemplation.

**be·spik·kel** *het ~* speckle, dapple, spot. **be·spik·kel(d)** *-kelde -kelder -kelste* speckled, dappled; *met ... ~ wees* be flecked with ...

**be·spoe·dig** *het ~* expedite, accelerate, speed up, hasten, precipitate. **be·spoe·di·ging** expedition, acceleration, speeding up, hastening, precipitation.

**be·spot** *het ~* mock, deride, ridicule, make fun of, poke fun at, taunt, jeer/scoff (at); *iem. oor iets ~* taunt s.o. with s.t.. **be·spot·lik** *-like* ridiculous, ludicrous, absurd, preposterous, farcical; *jou ~ maak* make a fool (*or* an exhibition) of o.s.; lay o.s. open to ridicule; *iem. ~ maak* make a fool of s.o.; bring s.o. into derision; hold s.o. up (*or* subject s.o.) to ridicule. **be·spot·ting** *-tings, -tinge* ridicule, mockery, derision; *'n ~ van ... (justice etc.); onderwerp van ~* laughing stock.

**be·spreek** *het ~* discuss, talk about/over; discourse on; book, reserve *(seats);* review *(a book, film);* comment on; *(al) ~ wees* be spoken for; *baie ~ word* be much/widely discussed; *blokvas ~ wees* be booked solidly; *iets met iem. ~* discuss s.t. with s.o.; raise s.t. (*or* take s.t. up) with s.o.; talk s.t. over with s.o.; *~te plek* reserved seat; *vir ... ~* book for ... *(a play etc.); iem. vir iets ~* book s.o. for s.t.; *iets vir ... ~* reserve s.t. for ...; *iets te vol ~* overbook s.t. *(a flight, hotel, etc.); vol (of ten volle) ~ wees* be fully booked, be booked out/up, be sold out; *vol ~* full house, house full *(on a notice).*

**be·spre·king** *-kings, -kinge* discussion; conversation; review *(of a book/film);* booking *(of seats); iets buite ~ laat* leave s.t. out of consideration; *'n ~ doen* make a booking; *onder ~ kom* come under consideration; *onder ~ wees* be under discussion/debate; *die saak onder ~* the matter in question; *vatbaar wees vir ~* be open to debate.

**be·spre·kings·:** *~groep* discussion group. *~kantoor, ~lokaal* booking office.

**be·spring** *het ~* jump at/(up)on, pounce/spring (up)on; assail; cover *(a mare);* tup *(a ewe).*

**be·sprin·kel** *het ~* sprinkle, spray, dabble; damp(en), moisten; dredge *(with pepper etc.);* asperge *(with holy water); iets met ... ~* sprinkle ... on s.t., sprinkle s.t. with ... **be·sprin·ke·ling** sprinkling, spraying; dredging; aspersion; sprinkler/overhead irrigation.

**be·sproei** *het ~* spray, sprinkle; irrigate *(lands);* water *(a lawn etc.).* **be·sproei·ing** irrigation; watering.

**be·sproei·ings·:** *~aanleg, ~plan* irrigation scheme. *~gebied* irrigation area.

**be·sproet** *-sproete* freckled.

**be·spuit** *het ~* spray (on); squirt (on); *iets met ... ~* spray ... on s.t., spray s.t. with ... **be·spui·ting** spraying; jetting.

**bes·se·mer·:** *~peer (metall.)* Bessemer converter. *~staal* Bessemer steel.

**bes·sie** *-sies* berry.

**be·staan** *n.* being, existence; livelihood, subsistence; *'n dub-*

*bele* ~ *voer* lead a double life; *'n goeie* ~ a comfortable living; *'n karige* ~ a meagre subsistence; *'n* ~ *maak* make/earn a living; *op 'n manier* (of *met moeite*) *'n* ~ *maak* eke out an existence (*or* a livelihood/living); *'n* ~ *uit ... maak* make/earn/gain a living from (*or* make a living out of) ...; gain/make a livelihood from ...; *'n menswaardige* ~ a decent living; *stryd om die* ~ struggle for existence; *die vyftigjarige* ~ *vier* mark the fiftieth anniversary; *vir 'n* ~ for a living; *'n* ~ *voer* lead an existence; *op* (*die*) *een of ander manier 'n* ~ *voer* live by one's wits. **be·staan** *het* ~, *vb.* exist; be extant; subsist, make a living, live; *iets* ~ *al lank* (of *lankal*) s.t. is of long standing; *iets bly* ~ s.t. endures; *daar* ~ *nie so iets* (of *so 'n ding*) *nie*, *so iets* ~ *nie* there is no such thing/animal; *iets* ~ *uit ...* s.t. consists (*or* is composed *or* is made [up]) of ...; s.t. comprises ...; *die preek* ~ *uit drie dele*, (*also*) the sermon falls into three parts; *van iets* ~ exist/live (up)on s.t. ~**se·kerheid** social security. ~**stryd** struggle for life, fight for existence.

**be·staan·baar** *-bare* possible; real; reasonable (*price*); ~*bare loon* living wage; ~ *met ...* compatible/consistent with ...; congruent with ... **be·staan·baar·heid** possibility; compatibility.

**be·staan·de** existing, existent; extant; *gelyktydig* (of *langs/naas mekaar*) ~ coexistent; *die* ~ *toestand* the status quo; ~ *wette* established laws.

**be·staans-:** ~**beveiliging** social security. ~**boerdery** subsistence farming. ~**duur** life, existence. ~**ekonomie** subsistence economy. ~**grens** subsistence level, breadline, poverty line. ~**middel** *-dele*, *-dels* means of livelihood/support; *sonder* ~*e*/~*s* without (*or* with no visible) means of support. ~**minimum** subsistence minimum. ~**moontlikheid**, ~**rede** reason/justification for existence. ~**reg** right of existence.

**be·stand** *adj.* resistant; *teen ...* ~ *wees* be resistant to ...; stand up to ...; be immune to ...; *teen diewe* ~ burglarproof; *teen droogte* ~ drought-resisting/resistant; *teen vuur* ~ fireproof. ▪**be·stand** *comb.* -resistant; *roes*~ corrosion-resistant; *water*~ water-resistant. **be·stand·deel** component, constituent (part), element; ingredient. **be·stand·heid** resistance; consistency (*of texture*).

**bes·te** *-tes*, *n.* best, finest; pick, cream (*fig.*); champion; *die* ~ *daarvan afkom* get the best of the bargain; *al* (of *alles van*) *die* ~*!* good luck!; all the best!; with best wishes; *dit sal die* ~ *wees* that will be best; *die* ~ *wat iem. kan doen, is om te ...* s.o.'s best bet is to ... (*infml.*); *die eerste die* ~ at random; *die* ~ *gebruik maak van ...* make the most of ...; *jou* ~ *gee* do o.s. justice; *so goed soos die* ~ with the best; *op jou* ~ *lyk/wees* look (*or* be at) one's best; *op sy* ~ at best/most; at the best of times; *dit toon iem. op sy/haar* ~ it brings out the best in (*or* gets the best out of) s.o.; *iem. se ou* ~, (*infml.*) s.o.'s better half; *iets ten* ~ *gebruik* make the best (possible) use of s.t.; *iem. die* ~ *toewens* wish s.o. well; *van die* ~ of the first water; *verreweg die* ~ (by) far the best; *die* ~ *lê nog voor* the best is yet to come. **bes·te** *adj. & adv.* best; first-class, excellent, choice; premier; →BES; GOED *adj.; die* ~ *van ons almal* the best off/situated of all of us; *B*~ *Albert*, (*in letter writing*) Dear Albert; *ek werk die* ~ *wanneer ...* I work best when ...; *die* ~ *moontlike ...* the best possible ...; *die* ~ *vaar* have the best of it; come out on top; *na my* ~ *vermoë* to the best of my ability/power; *na my* ~ *wete* to the best of my knowledge/belief.

**be·stee** *het* ~ spend, expend; *iets aan ...* ~ expend s.t. (*energy etc.*) on ...; devote s.t. (*attention, time, etc.*) to ...; bestow s.t. (*time, care, etc.*) on ...; *'n uur aan iets* ~, (*also*) put in an hour on s.t.; *... word aan iets* ~, (*also*) ... (a lot of money, effort, etc.) goes into s.t.; *geld aan iets* ~ spend money on s.t.; *tyd goed/nuttig* ~ spend time profitably. **be·ste·ding** spending; (*amount spent*) expenditure; disposal of (*income etc.*); ~ *van hulpbronne* exploitation of resources.

**be·steel** *het* ~ steal from; rob.

**be·stek** *-stekke* space; scope, range, area, compass, purview; province, domain; (*builder's*) specifications; (*navigation*) reckoning; *binne die* ~ *van 'n week* within the space of a week; *binne die* ~ *van ... val/wees* fall/be within the scope/compass/purview of ...; *buite die* ~ *van ... val/wees* fall/be beyond/outside the scope (*or* be beyond the compass *or* fall/be outside the purview) of ...; *in 'n klein* ~ in a narrow compass; *'n* ~ *opmaak* draw up specifications (*or* a bill of quantities); *die* ~ *opmaak*, (*naut.*) determine a/the ship's position; *volgens* ~ according to specifications/plan. ~**opmeter**, ~**opnemer** quantity surveyor. ~**opmeting**, ~**opname** survey; quantity surveying.

**be·stel** *n.* system, order, scheme, dispensation, setup; *Gods* ~ divine Providence; *die heersende* ~ the established/existing order; *maatskaplike* ~ social order/system, (system of) society; *staatkundige* ~ polity; *die* ~ *van die wêreld* the scheme of things. **be·stel** *het* ~, *vb.* order, place an order for; call (*a taxi etc.*); summon, send for (*s.o.*); deliver (*letters etc.*); *'n dagvaarding aan iem.* ~ serve a summons on s.o., serve s.o. with a summons; *iets by 'n winkel* ~ order s.t. from a shop; *ter aarde* ~ bury, inter; *iets uit ...* ~ order s.t. from ... (*a country etc.*); *iets van ...* ~ order s.t. from ... (*a city etc.*); ~ *wees*, (*book etc.*) be on order. ~**afdeling** order(s) department. ~**boek** order book. ~**brief** order; order sheet. ~**diens** ordering service. ~**klerk** order clerk. ~**vorm** order form.

**be·stel·baar** *-bare* deliverable; *dit is* ~ *by ...* it may be ordered from ...

**be·stel·ling** *-lings* order; delivery; ~ *van 'n dagvaarding* service of a summons/writ; *'n* ~ *gee/plaas* place an order; *na* ~ to order; *iets na/volgens* ~ *maak/vervaardig* customise s.t.; *'n* ~ *neem* take an order; *op* ~ *gemaak/vervaardig* custom-made, made to order; *op* ~ *wees* be on order; *'n* ~ *vir iets plaas* place (*or* put in) an order for s.t., put s.t. on order; *'n uitvoer* execute an order; *'n vaste* ~ a standing order; *volgens* ~ as per order; ~*s werf* solicit orders. **be·stel·lin·kie** *-kies* small order.

**be·stem** *het* ~ destine, design, intend, mean, designate, earmark, set aside/apart, appropriate; fix (*a day*); mark out; *iets vir ...* ~ earmark/appropriate s.t. for ...; *iem. vir ...* ~ mark s.o. out for ... **be·stem(d)** *-stemde* fated, destined; appropriate; set apart; intended (*for the ministry etc.*); *die* ~*de dag* the appointed day; (*te*) ~*de(r) tyd* (at the) appointed time; *vir ...* ~ *wees* be intended/earmarked/destined for ...; *iem. is vir ...* ~ s.o. is marked out (*or* slated) for ... (*promotion etc.*); *iets is vir gebruik* ~ s.t. is meant to be used; *iets is vir iem.* ~ s.t. is meant for s.o. (*a parcel etc.*). **be·stem·ming** *-mings*, *-minge* destination; destiny, fate, lot.

**be·stem·pel** *het* ~ stamp; tool; *iem./iets as 'n ...* ~ describe (*or* refer to) s.o./s.t. as a ...; *iem. as ...* ~, (*also*) label s.o. as ... **be·stem·pe·ling** stamping; naming, calling.

**be·sten·dig** *het* ~, *vb.* perpetuate, make permanent; consolidate, stabilise, continue (*s.o. in office*). **be·sten·dig** *-dige*, *adj.* lasting, enduring (*peace*); durable; permanent; stable, steady; constant, continual; steadfast (*pers.*); consistent; settled (*weather*); firm, stable (*prices*); (*chem.*) stable. **be·sten·dig·heid** stability, steadiness, firmness; permanence; steadfastness, constancy; consistency; continuity; durability. **be·sten·di·ging** perpetuation; consolidation; stabilisation.

**bes·ti·aal** *-tiale* bestial. **bes·ti·a·li·teit** bestiality.

**be·stier** *het* ~, *vb.* guide; superintend. **be·stie·ring** *-rings*, *-ringe* dispensation (*of God*); act of Providence; guidance; fate; *dit was 'n* ~ *dat ...* it was providential that ...

**be·stook** *het* ~, (*lit. & fig.*) bombard, pepper, pelt; assail; batter, harry, harass; *iem. met ...* ~ bombard/pepper s.o. with ... (*stones, questions, etc.*); *met ... ~ word*, (*also*) be under a barrage of ... **be·sto·king** bombardment; battering.

**be·storm** *het* ~ storm, rush (at), come at, charge, make a dash for; bombard, ply (*with questions*); *die bank is* ~ there was a run on the bank. **be·stor·mer** =mers stormer, assailant. **be·stor·ming** =mings, =minge storming, rush, charge, dash.

**be·stor·we** bereaved; ~ boedel deceased estate.

**be·straal** het ~ shine upon; irradiate; X-ray. **be·stra·ling** =lings, =linge irradiation; radiotherapy, radiation therapy/treatment; insolation.

**be·straat** het ~ pave. **be·stra·ting** paving.

**be·straf** het ~, vb. punish; reprimand, rebuke, scold, admonish, take to task; iem. met ... ~, (poet., liter.) visit s.o. with ... (retribution etc.). **be·straf** =strafte, =strafde, adj. punished; admonished, reprimanded. **be·straf·fing** =fings, =finge punishment; punishing; reprimand, rebuke, scolding, admonition, reproach, censure.

**be·stre·de** opposed (constituency etc.); →BESTRY.

**be·strooi** het ~ sprinkle (with); cover, spread (with); powder, dust (with); iets met ... ~ sprinkle ... on s.t., sprinkle s.t. with ...; met ... ~ wees, (also) be strewn/littered with ...

**be·stry** het ~ fight, battle (against), combat; oppose (a motion); dispute (a statement); meet, defray (expenses); fight (disease); control (pests); →BESTREDE. **be·stry·der** =ders opponent. **be·stry·ding** fighting, combating; defrayal, defraying (of expenses); control (of pests). **be·stry·dings·maat·reël** control measure.

**be·stryk** het ~ spread, cover (with); coat (with); stroke, pass one's hand over; (artillery) cover, command, have within range; sweep, enfilade; (fig.) cover, extend over.

**be·stu·deer** het ~ study (a subject); scrutinise; investigate. **be·stu·de·ring** study; scrutiny.

**be·stuif, be·stui·we** het ~, vb. cover with dust; pollinate; dust (with powder). **be·stuif** =stuifde =stuifte, adj. dusty; pollinated. **be·stui·wer** =wers pollinator. **be·stui·wing** =wings, =winge, (bot.) pollination; (med.) insufflation.

**be·stu·rend** managing; ~e direkteur managing director, (Am.) president.

**be·stuur** =sture, n. management, control, direction; rule, government, administration; executive (committee); board of management; in die ~ van 'n vereniging dien/sit be/serve/sit on the (executive) committee of a society. **bestuur** het ~, vb. drive (a vehicle); pilot, fly (an aeroplane); navigate (a vessel); operate, handle, work; guide; direct; manage (an institution etc.); run (a business); control, rule, govern (a country). ~stelsel administrative system. ~styl management style.

**be·stuur·baar** =bare manageable; guidable; controllable; navigable (ship); manoeuvrable; dirigible (balloon).

**be·stuur·der** =ders manager (of a business etc.); director; administrator; executive; driver, man at the wheel (of a vehicle); chauffeur; motorman (of a train); pilot (of an aeroplane). **be·stuur·de·res** =resse manageress.

**be·stuurs·:** ~geld management fee. ~hoof chief executive. ~komitee management committee. ~les driving lesson. ~lid committee member; member of the board. ~liggaam governing body. ~lisensie, bestuurderslisensie driving/driver's licence; →RYBEWYS. ~raad managing/governing board, board of management. ~reg administrative law. ~tamheid executive burnout. ~toets driving test; 'n ~ aflê take a driving test; (nie) (in) 'n ~ slaag (nie) pass/fail a driving test. ~uitkoop management buyout (abbr.: MBO). ~vaardighede n. (pl.) management skills. ~vergadering committee/board meeting. ~vorm =vorme form of government. ~wese (art of) management.

**be·styg** het ~ mount (a horse); ascend, climb (a mountain). **be·styg·baar** =bare scalable, climbable.

**be·sui·de** prep. (to the) south of.

**be·sui·nig** het ~ economise, save, cut (down) expenses, make cutbacks; (government) retrench; reduce; op iets ~ economise on s.t.; save on s.t.; skimp on s.t.; cut, reduce (a budget).

**be·sui·ni·gings·:** ~maatreël measure of economy. ~veld-tog economy drive; 'n ~ onderneem have an economy drive.

**be·swaar** =sware, n. objection; difficulty; drawback; grievance; 'n ~ by iem. an objection on s.o.'s part; iem. het geen ~ nie s.o. has no objection (or doesn't mind); 'n ~ teen ... hê object (or have an objection) to ...; ~ maak object, raise objections; by ... ~ maak protest to ...; teen iets ~ maak object to s.t.; protest against s.t.; take exception to s.t.; besware opper raise objections; sonder ~ verbygaan go/pass unchallenged. **be·swaar** het ~, vb. load; oppress; clog; burden, weigh on (s.o.'s conscience); weight (stat.); encumber; mortgage, bond (a property). ~maker objector, protester. ~skrif objection; petition of protest.

**be·swaar(d)** =swaarde weighted, loaded; burdened; met 'n ~de gemoed heavy-hearted, oppressed; (jou) ~ voel feel aggrieved; have scruples. **be·swaar·de** =des objector, protester. **be·swaard·heid** sense of grievance.

**be·swaar·lik** =like, adj. difficult, hard; burdensome, onerous. **be·swaar·lik** adv. scarcely, hardly, with difficulty; iem. kan iets ~ bekostig s.o. can ill afford s.t.; iets ~ kan doen do s.t. with difficulty, be hard-pressed to do s.t.; ('n) mens kan ~ glo/dink dat ... it is difficult/hard to believe that ...

**be·swad·der** het ~ defame, slander, taint, defile, sully, besmirch, malign, vilify, drag through the mud; →BEKLAD. **be·swad·de·ring** defamation, vilification, mudslinging.

**be·swa·rend** =rende burdensome, onerous; damaging, incriminating, incriminatory; aggravating (circumstances).

**be·swa·ring** =rings, =ringe loading, weighting; encumbrance; mortgaging; charge (on an estate).

**be·sweer** het ~ swear/attest (to) (one's innocence etc.); exorcise (a spirit); lay (a ghost); conjure/call up (a ghost); charm (a snake); allay (fear etc.); avert (a crisis). **be·sweer·der** =ders, (also) exorcist. **be·swe·ring** =rings, =ringe swearing; exorcism; conjuration; allaying; incantation, charm.

**be·sweet** =swete, adj. (attr.) perspiring, sweating; (pred.) in a sweat, sweaty.

**bes·wil:** vir iem. se eie ~ for s.o.'s own good, in s.o.'s best interest(s); vir die ~ van ... for the good of ...

**be·swyk** het ~ die, succumb (to disease etc.); yield (to temptation); break down, collapse; (floor) give way; fail, sink; aan 'n siekte ~ succumb to a disease; onder 'n las ~ collapse (or give way) under a load; van ... ~ collapse from ...; voor ... ~ succumb/yield to ... (temptation etc.).

**be·swy·ming** =mings, =minge swoon, faint(ing fit); trance; blackout; coma; in 'n ~ raak fall/go into a trance.

**be·sy·fer** het ~ figure out, calculate, evaluate. **be·sy·fe·ring** =rings, =ringe calculation, reckoning, computation.

**be·ta** beta. ~golf beta wave (of the brain). ~karoteen (biochem.) betacarotene. ~straal (phys.) beta ray. ~toets (comp.) beta test.

**be·taal** het ~ pay (s.o., fees, etc.); pay for (services); settle (an account); settle with (s.o.); disburse; defray (expenses); iem. duur laat ~ drive a hard bargain; goed ~ pay well; in dollars/ens. ~ pay in dollars/etc.; in goedere ~ pay in kind; iem. laat ~ make s.o. pay, charge s.o.; met jou lewe ~ pay with one's life; min/sleg ~ pay poorly; te min ~ word be underpaid; dit sal nie ~ nie that won't do; iets ~ sleg s.t. does not pay; sleg ~ word be underpaid; sleg ~, (also) be slow in paying; stiptelik ~ pay promptly; iem. te veel laat ~ overcharge s.o.; ~de verlof paid leave; vir iets ~ pay for s.t.; iets is ten volle ~ s.t. is fully paid; vooruit ~ pay in advance; ~ word be/get paid. ~dag payday; payment date, date of payment; due date. ~datum due date; payment date, date of payment. ~kaart charge card. ~kanaal (TV) pay channel. ~kantoor pay(ing) office. ~lys payroll; pay list. ~middel =dele currency, money; sterk/swak ~ hard/soft currency. ~order payment order. ~punt checkout, cash point. ~rol payroll. ~slag payoff; as dit by die ~ kom when s.o. has to fork out. ~staat payroll (sheet), pay sheet/bill; pay list. ~**(tele)foon** pay phone. ~**televisie** pay/subscription television. ~**termyn**, ~**tyd** time for/of payment. ~**vermoë** solvency, ability to pay. ~**wyse** method of payment.

**be·taal·baar** -*bare* payable; due; **maandeliks** ~ terms monthly; **stiptelik** *binne 30 dae* ~ terms strictly 30 days; **vooruit** ~ payable in advance; *iets* **word** ~, *(payment)* s.t. becomes/falls due.

**be·taam** *het* ~ become, suit, befit, be fitting/proper/appropriate for; *dit* ~ *iem. om te* ..., *(fml.)* it behoves s.o. to ... **be·taam·lik** -*like* decent, proper, appropriate, fit(ting), befitting, becoming, seemly. **be·taam·lik·heid** decency, propriety, decorum, seemliness.

**be·ta·lend** -*lende* paying, profitable, cost-effective; rewarding.

**be·ta·ler** -*lers* payer.

**be·ta·ling** -*lings*, -*linge* pay, payment, settlement; disbursement; defrayal; →BETAAL; *as* ~ *vir* ... in payment for ... *(services);* '*n* ~ *doen/maak* make a payment; **goeie** ~ good pay; *met* **halwe/volle** ~ on half/full pay; *teen* ~ *van* ... on payment of ...; *ter* ~ *van* ... in payment of ... *(goods, an account, debt).*

**be·ta·lings-:** ~**balans** balance of payments. ~**termyn** term of payment; payment interval. ~**wyse** method of payment.

**be·tas** *het* ~ feel, handle, finger; *(sexually)* paw, feel up, *(infml.)* grope; *(med.)* palpate.

**be·te·ël** *het* ~ tile, cover/pave with tiles.

**be·te·ken** *het* ~ mean, signify, denote, imply, connote, import; represent, stand for; involve, entail; convey *(meaning);* portend, spell *(ruin to the farmers etc.);* '*n dagvaarding* **aan** *iem.* ~, *(jur.)* serve a summons on s.o.; *dit* ~ *niks* it means nothing; it amounts to nothing; it is of no importance; it is useless/worthless; *iem.* ~ *regtig niks (nie)* s.o. is a dead loss *(infml.);* *dit* ~ *nie veel nie* it doesn't amount to very much; there is not much in it; *iem.* ~ *nie veel nie* s.o. is not up to (*or* does not count for) much, s.o. is not much of a player/etc.; s.o. is no great shakes *(infml.);* **wat** ~ *dit?* what does it mean?; **wat** ~ *dit (alles)?* what is the meaning of this?; what is it all about?. **be·te·ke·ning** -*nings*, -*ninge* service *(of a summons).*

**be·te·ke·nis** -*nisse* meaning, sense, connotation; significance, importance, consequence; moment; substance; *iets* **bevat/dra/het** '*n* ~ s.t. bears/carries a meaning; '*n* **breër/ruimer** ~ a wider meaning; *dit het* **geen** ~ *nie* it does not mean a thing; *iets is van* **geen** ~ *nie* s.t. is of no account/consequence; *iets is van* **groot** ~ s.t. is significant, s.t. bears importance; ~ *aan iets* **heg** read significance into s.t.; attach importance to s.t.; *iets is van* **min** ~ s.t. is of little account/consequence; *die* ~ *van iets* **snap** catch/get the meaning of s.t., *(infml.)* catch/get the drift of s.t.; '*n man/vrou* **van** ~ a man/woman of consequence/distinction/importance; *iets* **van** ~ s.t. of interest; **wetlike** ~ intendment. ~**inhoud** significance. ~**leer** semantics. ~**veld** range of meaning. ~**verenging**, ~**vernouing** narrowing of meaning. ~**verruiming** extension/expansion of meaning. ~**verskil** difference in meaning, semantic difference. ~**vol** -*volle, adj.* significant, full of meaning, meaningful; important; expressive; *iets is* **uiters** ~ s.t. is pregnant with meaning. ~**vol** *adv.* significantly, meaningly.

**Be·tel·geu·se** *(astron.)* Betelgeuse, Betelgeux.

**be·ter** *adj. & adv.* better, superior; ~ *af* (of **daaraan toe**) *wees* be better off; *al hoe* ~ better and better; ~ *as* ... *wees* be better than ...; **baie/veel** ~ far/much better; ~ **bekend** *as* ... better known as ...; better known than ...; *des te* ~ all (*or* so much) the better; *dis* ~ that's more like it *(infml.); iets* ~ **doen** improve (up)on s.t.; '*n hele* **ent** ~ a (long) sight better *(infml.); dit* ~ **hê** be better off; *iets* ~*s lewer* do better; '*n ietsie/rapsie* ~ a shade better; *dit kan (nog)* ~ there is room for improvement; ~ *laat as nooit* better late than never; *iets* ~

**maak** improve/better s.t., make s.t. better; *dit* **maak** *die saak nie* ~ *nie* that does not improve matters; *dis (of dit is)* **maar** ~ *so* it's (*or* it is) just as well; **stukke** ~, *(infml.)* far/much/heaps better; **stukke** ~ *as* ... *wees, (infml.)* be a (long) sight better than ...; be streets ahead of ...; ~ **voel** be more comfortable; ~ **word** get better; get well, recover/recuperate from an illness.

**be·ter·skap** improvement (in health), change for the better; convalescence; recovery; *alle/goeie/spoedige* ~*!* get well soon!.

**be·ter·we·te:** *teen jou* ~ against one's better judg(e)ment; *teen* ~ *hoop* hope against hope.

**be·ter·we·ter** wiseacre, wise guy, know-(it-)all. **be·ter·we·te·rig** -*rige* pedantic; argumentative; smart-alecky *(infml.),* too clever by half *(infml.),* clever-clever *(infml.),* wise in one's own conceit. **be·ter·we·te·rig·heid** pedantry; argumentativeness.

**be·teu·el** *het* ~ bridle, restrain, (keep in) check, curb; repress, keep down, control.

**be·teu·terd** -*terde* crestfallen, miserable, dejected; embarrassed; sheepish.

**Beth·le·hem** *(geog.)* Bethlehem *(in the Free State);* →BETLEHEM.

**be·tig** *het* ~ reprimand, reprove, rebuke, admonish, take to task; charge, accuse; *iem. oor iets* ~ reprimand/reprove s.o. for s.t.. **be·tig·ting** -*tings*, -*tinge* telling-off, dusting down; charge, accusation.

**be·ti·tel** *het* ~ call, style, title, entitle; address. **be·ti·te·ling** -*lings*, -*linge* title, entitling, style.

**be·tjoi·ings**, **be·tjoin(g)s** *(infml.)* crazy, daft, cuckoo, potty; cantankerous, obnoxious.

**Bet·le·hem** *(geog.)* Bethlehem *(near Jerusalem);* →BETHLEHEM.

**be·to·ger** -*gers* demonstrator.

**be·to·ging** -*gings*, -*ginge* demonstration; '*n* ~ *hou* hold/stage a demonstration.

**be·ton** concrete. ~**bou** concrete construction. ~**klip** concrete stone, builder's gravel, ballast. ~**menger** concrete mixer. ~**vloer** concrete floor. ~**werk** concrete work.

**be·toog** -*toë, n.* argument, argumentation; *(jur.)* address, argument, contention, submission; exposition; *my* ~ *is dat* ... my contention/point/submission is that ...; '*n lang* ~ *hou* expound at length; expatiate; *volgens my* ~ ~ in my submission. **be·toog** *het* ~, *vb.* demonstrate, march; argue, maintain, hold (forth); *(jur.)* submit; contend; →BETOGER, BETOGING; *iem.* ~ *dat* ... s.o.'s contention is that ...; *gewelddadig teen* ... ~ riot against ...; *teen* ... ~ demonstrate against ... ~**krag** argumentative power.

**be·toon** *het* ~ show, display, manifest; *hulde aan* ... ~ pay tribute to ...

**be·toor** *het* ~ put a spell on, bewitch, *(Am.)* hex; →BETOWER.

**be·tot·teld** *(infml.)* cranky; potty, nutty; pea-brained.

**be·to·wer** *het* ~ bewitch *(fig.),* enchant, fascinate, captivate, charm, enthral. **be·to·wer(d)** -*werde* spellbound. **be·to·werend** -*rende* magical, enchanting, fascinating, charming, beguiling; glamorous; spellbinding. **be·to·we·ring** charm, spell, enchantment, fascination; glamour; *die* ~ *verbreek* break the spell.

**be·traan(d)** -*traande* tear-stained *(face);* tear-filled *(eyes);* wet with tears, tearful.

**be·trag** *het* ~ gaze at, examine, observe, scrutinise, take stock of; ponder over, meditate, consider. **be·trag·ting** reflection, meditation.

**be·trap** *het* ~ tread/trample (up)on; catch, surprise; detect; *iem. op 'n fout/misstap* ~ catch s.o. out *(fig.); iem. op iets* ~ catch s.o. at s.t..

**be·tree** *het* ~ tread (up)on, set foot on *(African soil etc.);*

enter *(a building)*; mount *(a platform)*. **be·tre·ding** *(jur.)* tres= pass(ing).

**be·tref** *het* ~ concern, relate to; touch; *wat dit* ~ as to this/ that; for that matter, as far as that is concerned; on that score; speaking of that; *wat my* ~ for all I care; for my part; as far as I am concerned; speaking for myself; *wat ...* ~ *as for ...*; as to ...; in the matter of ...; regarding ...; with respect to ...; on the subject of ... **be·tref·fen·de** concerning, re= garding, as regards, in/with regard to.

**be·trek** *het* ~ take possession of, move into *(a house)*; *(sky)* become overcast; *(face)* cloud over; stalk *(game)*; approach stealthily; lie in wait for, waylay; *iem. by/in iets* ~ involve s.o. in s.t.; let s.o. in on s.t.; implicate s.o. in s.t.. ~**hou** treacher= ous blow, blow without warning.

**be·trek·king** *-kings, -kinge* post, position, situation, job; of= fice; berth, place, billet; relation(ship); concern; relative; *~e met ... aanknoop* establish relations with ... *(a state etc.)*; *'n ~ aanvaar* assume a post; *'n ~ beklee* fill/hold a post; serve in an office; *buitelandse ~e* foreign relations; *vriendskap= like ~ met iem. hê* have friendly relations with s.o.; *met ~ tot ...* in connection with ..., in/with regard (*or* with respect) to ..., relating/relative (*or* in relation) to ...; with reference (*or* referring) to ...; *op ...* ~ *hê* refer (*or* have reference) to ...; have a bearing on ...; concern ...; relate to ...; be relevant to ...; have respect to ...; pertain (*or* be pertinent) to ...; *'n vakante* ~ a vacancy, an opening, a vacant post; *die ~e ver= breek/afbreek* break off (*or* sever) relations.

**be·trek·lik** *-like, adj.* comparative; relative *(pron., error, val= ue)*; *~e bysin* relative clause; *alle dinge is* ~ all things are rela= tive. **be·trek·lik** *adv.* comparatively; fairly.

**be·treur** *het* ~ regret, rue, mourn for/over; lament; *dit is te ~ (dat ...)* it is a great pity (*or* regrettable *or* a matter of regret) (that ...); *jou lot* ~ bemoan one's fate. **be·treur·ens·waar·dig** *-dige* regrettable, sad, unfortunate; lamentable.

**be·trok·ke** overcast, cloudy, dull *(sky)*; clouded *(face)*; con= cerned; relevant; committed, involved; →BETREK; *by/in iets* ~ *wees* be involved in s.t.; be connected with s.t.; be impli= cated in s.t. *(a crime etc.)*; be mixed up in s.t.; *glad nie daar= by* ~ *wil wees nie* not want to have anything to do with it; *die ~ feite* the relative/relevant facts; *die ~ outoriteite* the proper authorities; *die ~ persoon/ding* the person/thing concerned. **be·trok·ke·ne** *-nes* person involved (*or* referred to); *die ~s* those concerned/involved, the people in question. **be·trok= ken·heid** involvement; commitment, committedness.

**be·trou·baar** *-bare* reliable, dependable, trustworthy, staunch *(pers.)*; reliable, sound, dependable *(information)*; authen= tic *(report etc.)*; fail-safe *(system etc.)*; *uit ~bare bron* reliably, from a reliable source; *beproefde en ~bare metode(s)* tried and trusted method(s). **be·trou·baar·heid** reliability, depend= ability, trustworthiness, soundness.

**be·tuig** *het* ~ assert, maintain, protest *(one's innocence)*; ex= press *(one's regret, surprise, sympathy, etc.)*; profess, declare, affirm *(one's friendship etc.)*; certify, testify, bear witness to; *dank* ~ render/express thanks. **be·tui·ging** *-gings, -ginge* ex= pression; profession, declaration; testimony.

**be·twis** *het* ~ dispute, challenge, deny, contest, impugn *(a statement etc.)*; *niemand kan dit* ~ *nie dat ...* I say without fear of contradiction that ...; *'n ~te punt* a disputed point; *'n setel* ~ fight a seat; *'n ~te setel* a contested seat. **be= twis·baar** *-bare* disputable, debatable, moot *(point)*; contest= able, questionable, open to dispute. **be·twis·baar·heid** dis= putability.

**be·twy·fel** *het* ~ doubt, query, (call in) question; *ek* ~ *nie dat ... nie* I don't doubt that ...; *ek* ~ *dit* I doubt it; *niemand kan* **dit** ~ *nie dat ...* I say without fear of contradiction that ...; *dit* ~ *of ...* doubt whether ...; question whether ...; *dit is te* ~ *of ...* it is doubtful that ... **be·twy·fel·baar** *-bare* ques= tionable, contentious.

**be·tyds** in/on time, in good time; *net* ~ just in time, in the nick of time.

**beu·el** *-els* bugle; buckle; trigger guard *(of a rifle)*; shackle *(of a padlock)*; guard *(of a sword)*; bow, clip; fork *(of a pulley)*; gimbals *(of a compass)*; loop, brace, stirrup; *'n ~ blaas* blow a bugle; *jou eie ~ blaas, (fig.)* blow one's own trumpet; *dit kan nie deur die ~ nie* it cannot pass muster. ~**blaser** bugler. ~**sinjaal** bugle call.

**beuk**[1] *beuke, n.* beech. **beu·ke·boom** beech (tree). **beu·ke= hout** beech(wood). **beu·ke·neut** beechnut.

**beuk**[2] *beuke, n.* nave; aisle.

**beul** *beule, beuls* hangman, executioner; tyrant, bully, brute, beast. **beuls·kneg** hangman's assistant.

**beur** *ge-, vb.* strain; heave, lift, pull, tug, lug, drag; push; struggle, labour; *hard aan iets* ~ strain at s.t.; *met kragtige hale vooruit* ~ power ahead *(infml.)*; *vorentoe* ~ surge for= ward; forge ahead; ~ *so wat jy kan* strain every nerve, pull with all one's strength.

**beurs** *beurse* purse, pouch; bursary, scholarship, grant; stock exchange; *oor die* ~ *beskik* hold the purse strings; ~ *toe gaan, (econ.)* go public; *'n* ~ *kry/ontvang/verwerf* gain/ obtain a scholarship; *op die (effekte)~* on the stock exchange; *jou* ~ *spek* feather one's nest; *met 'n* ~ *studeer* study on a bursary/grant; *'n stywe/vol* ~ *hê* be flush (with money). ~**berig** stock-exchange report; stocklist. ~**fondse** stock- exchange securities. ~**houer** holder of a scholarship; bur= sar. ~**notering** stock-exchange quotation(s); stocklist. ~**spe= kulant** stock-exchange speculator, speculator on the stock market. ~**spekulasie** stock-exchange speculation, specula= tion on the stock market. ~**vloer** *(stock exch.)* trading floor.

**beur·sie** *-sies* purse, pouch.

**beurt** *beurte* turn, bout; *(cr., baseball)* innings; spell; *(cards)* hand, deal; *aan die* ~ *wees* be next, be one's turn; be on; *die ~ aanvang/begin, (cr.)* open the innings/batting; *iem. 'n ~ gee* give s.o. a turn; *'n* ~ *hê/kry om te ...* get/have a turn to ...; take a spell at ... *(the wheel of the car etc.)*; *~e maak* take (it in) turns; *ná/vóór jou* ~ out of (one's) turn; *(al) om die* ~ by turns, in turn; in rotation; *iets om die* ~ *doen* take turns doing (*or* to do) s.t.; *dit is iem. se* ~ *om te ...* it is s.o.'s turn to ...; *nou is dit ... se* ~, *(also)* over to ...; *iets val iem. te* ~ s.t. comes to s.o.; s.t. comes the way of s.o.; *so iets het iem. nog nooit te* ~ *geval nie* s.o. has never experienced anything like it, such a thing has never happened to s.o.; *uit jou* ~ *praat* speak/talk out of (one's) turn; *'n* ~ *waarneem* take a turn; *wie se* ~ *is dit?, (also)* who's next?. ~**blyskema** time-sharing scheme. ~**nederlaag** *(cr.)* innings defeat. ~**oorwinning** *(cr.)* innings victory.

**beur·te·lings** in turn, by turns, alternately.

**beu·sel·ag·tig** *-tige* trivial, petty, trifling, piffling. **beu·sel= ag·tig·heid** *-hede* triviality, trifle; trivialness, pettiness.

**be·vaar** *het* ~ navigate, sail *(the seas)*. **be·vaar·baar** *-bare* navigable, sailable.

**be·val·lig** *-lige* charming, delightful, lovely, sweet, elegant, graceful.

**be·val·ling** *-lings, -linge* delivery, childbirth, confinement; *met die/'n* ~ *sterf/sterwe* die in childbirth.

**be·val·lings-:** ~**kamer** labour ward/room. ~**koste** confine= ment fees. ~**tyd** confinement, lying-in period.

**be·van·ge** overcome *(with/by)*; foundered *(horse)*; lean *(crop)*; *die perd het hom* ~ *gevreet* the horse got grainsick; ~ *met ...* possessed with ...; *'n perd* ~ *ry* override a horse; *van skrik* ~ seized with panic; *deur die warmte* ~ overcome by the heat. **be·van·gen·heid** embarrassment; constraint.

**be·va·re:** ~ *matroos* able(-bodied) seaman.

**be·vark** *het* ~, *(infml., coarse)* foul up *(a place)*; do the dirty on *(s.o.)*.

**be·vat** *het* ~ contain, hold; include; comprehend, under= stand, grasp. **be·vat·lik** *=like* intelligible, comprehensible, clear; intelligent. **be·vat·lik·heid** intelligibility; intelligence, mental grasp. **be·vat·tings·ver·mo·ë** comprehension, com= prehensive faculty, intellectual/mental grasp.

**be·veel** *het* ~ command, order, tell, charge; *iem.* ~ *om iets te doen* command/order s.o. to do s.t.; *iem.* ~ *om in die hof te verskyn* warn s.o. to appear in (*or* before the) court; *doen/ maak soos jy* ~ *word* do as one is told/bid.

**be·veer** *het* ~, *(usu. as p.p.)* feather.

**be·veg** *het* ~ fight/battle (against), oppose, combat. **be·veg= ting** opposition (*to),* fighting (*against).*

**be·vei·lig** *het* ~ safeguard, guard, protect *(interests, rights);* shelter; secure; *~ende bepaling* safeguarding clause; *teen ...* ~ *wees* be safe from ...; be secure against/from ...; *iets teen ...* ~ secure s.t. against/from ... **be·vei·li·ging** safeguarding, pro= tection; security.

**be·vei·li·gings-:** *~maatreël* security measure. *~toestel* safe= ty device.

**be·vel** *=vele* command, order; writ; *(iem.) 'n* ~ *gee* give (s.o.) an order; *die* ~ *gee om iets te doen* give the command/order/ word to do s.t.; *'n* ~ *gehoorsaam* obey a command; *'n* ~ *is 'n* ~ orders are orders; *'n* ~ *nakom* observe a command; *onder* ~ *staan* be under orders; *onder* ~ *van ...* under the command of ...; *die* ~ *oor ... voer* be in command of ...; *op* ~ on command; *op iem. se* ~ at s.o.'s command/order; at s.o.'s bidding; *op* ~ *van ...* by order of ...; at the command/ order of ...; *tot arrestasie* warrant of arrest; *'n uitdruklike* ~ an express command/order; *'n* ~ *uitreik/uitvaardig* is= sue/make an order; *'n* ~ *uitvoer* execute a command (*or* an order); *bevele volg* take orders. *~hebber =bers* commander. *~skrif* warrant, writ. *~voerder =ders* officer commanding. *~voerend =rende* commanding; *~e offisier* officer in com= mand, commanding officer, officer in charge; *~e generaal* general officer commanding.

**be·ve·lend** *=lende* commanding, imperative, mandatory.

**be·vels-:** *~pos* command post. *~reeks,* *~weg* chain of com= mand.

**be·ves·tig** *het* ~ fix, attach, fasten, tie, secure; confirm, af= firm, substantiate; approve; bear out; vouch for; corrobo= rate *(a statement);* uphold *(a decision);* verify *(a report);* strengthen, consolidate *(a position);* induct, instal(l) *(a cler= gyman);* solemnise *(a marriage);* perform *(a marriage, cere= mony); iem. in 'n amp* ~ instal(l) s.o. in (an) office; ~ *dat ...* confirm that ...; *... met 'n eed* ~ affirm ... with an oath; *die uitsondering* ~ *die reël* the exception proves the rule; *die uitslag het dit* ~ the result has proved it. **be·ves·ti·gend** *=gende* affirmative, affirming, confirming, corroborative; *'n ~e antwoord* an affirmative answer/reply, an answer (*or* a reply) in the affirmative. **be·ves·ti·ging** fixing, fastening; confirmation, affirmation, substantiation; consolidation; in= duction, installation *(of a clergyman);* ~ *in 'n amp* installation in (an) office; *behoudens* ~ *deur iem.* subject to s.o.'s confir= mation; ~ *van iets* confirmation of/for s.t..

**be·vind** *n.: na* ~ *van sake* according to circumstances. **be· vind** *het* ~, *vb.* find; be; *jou êrens* ~ be somewhere; *jou in gevaar/ens.* ~ be in danger/etc.; *die hof* ~ *dat ...* the court finds that ...; *geweeg en te lig* ~, *(NAB: Dan. 5:27)* weighed on the scales and found wanting *(NIV);* *nie weet waar iem. hom/haar* ~ *nie* not know s.o.'s whereabouts (*or* where s.o. is); ~ *dat iets waar is* find s.t. to be true. **be·vin·ding** *=dings, =dinge* finding, verdict, ruling; conclusion.

**be·vlag** *het* ~, *(usu. as p.p.)* flag, dress (with flags); *~de/~te skip* dressed ship.

**be·vlek** *het* ~ stain, soil, spot; defile, blemish, smear, tarnish, sully *(s.o.'s reputation etc.); met bloed* ~ bloodstained. **be·vlek= king** staining, soiling; defilement, tarnishing.

**be·vlieg** *het* ~ attack, charge (at), storm, come at, fly at; grip.

**be·vlie·ging** *=gings, =ginge* whim, impulse; fit; *'n* ~ *kry om te ...* feel/get/have a sudden urge to ...; *in 'n* ~ *van woede/ens.* in a fit of anger/etc..

**be·vloer** *het* ~ floor; flag; pave. **be·vloe·ring** flooring; flag= ging; paving.

**be·voeg** *=voegde =voegder =voegste* competent, qualified; au= thorised; ~ *wees om te ...* be qualified to ...; be authorised to ...; ~ *wees vir ...* be qualified for ... *(a task, post).* **be·voeg·de** *=des* authorised/qualified person. **be·voegd·heid** *=hede* com= petence, ability, capability; faculty; qualification; powers; ~ *om besluite te (kan) neem* decision-making ability; *binne iem. se* ~ *wees* be/lie in/within s.o.'s discretion; *buite iem. se* ~ *wees/val* be beyond s.o.'s power(s); *jou* ~ *te buite gaan* be stretching one's powers; *aan iem. die* ~ *gee/verleen om iets te doen* authorise/empower/enable s.o. to do s.t.; *die nodige* ~ *vir ... hê* have the necessary qualifications for ...; *bevoegd= hede uitoefen* exercise powers; *wetgewende* ~ legislative power/competence.

**be·voel** *het* ~ feel, finger, handle. **be·voe·ling** feeling, touch= ing, fingering.

**be·vog** *het* ~ moisten, dampen; moisturise.

**be·vog·tig** *het* ~, *vb.* moisten, dampen; moisturise. **be· vog·tig** *=tigde, =tigte, adj.* moist, wet, damp. **be·vog·ti·ger** *=gers* moistener; moisturiser *(for the skin etc.);* humidifier *(for air).* **be·vog·ti·ging** moistening, moisturising, damp(en)ing.

**be·volk** *het* ~ people, populate; *dig* ~ densely/heavily/thick= ly populated; *dig =te streek* populous region; *te dig* ~ over= populated; *'n land met ...* ~ people a country with ...; *yl* ~ sparsely populated.

**be·vol·king** *=kings* population. *~syfer* population figure.

**be·vol·kings-:** *~afname* population decrease. *~digtheid* population density, density of population. *~groei,* *~aan= was* population growth/increase, growth/increase in popu= lation. *~groep* population group. *~ontploffing* population explosion. *~register* register of the population, population register.

**be·voog** *het* ~ act as guardian to. **be·voog·de** *=des* ward. **be·voog·ding** tutelage.

**be·voor·deel** *het* ~ benefit, advantage, favour, give prefer= ence to, give preferential treatment to. **be·voor·deel·de** *des* beneficiary. **be·voor·de·ling** benefiting, favouring.

**be·voor·oor·deel(d)** *=deelde* prejudiced, bias(s)ed, partial; *ten gunste van ...* ~ *wees* be prejudiced in favour of ...; *teen ...* ~ *wees* be prejudiced/bias(s)ed (*or* have a bias/prejudice) against ... **be·voor·oor·deeld·heid** prejudice, bias, partiality.

**be·voor·reg** *het* ~ privilege, favour; *dubbel* ~ *wees* get/have the best of both worlds; *~te eis* preferent claim; ~ *wees om ... te hê* have the benefit of ...

**be·vor·der** *het* ~ promote *(a worker);* move up *(s.o. in rank);* further, promote, serve, aid, support, advance *(interests, a cause, etc.);* boost, stimulate *(sales, trade, appetite, etc.);* en= courage, foster *(learning, reading, etc.);* lead to, be conducive to *(prosperity etc.);* be beneficial to *(job creation etc.); iem. tot ...* ~ promote s.o. to ...; *iem. vinnig* ~ fast-track s.o. *(fig.).* **be·vor·de·ring** *=rings, =ringe* promotion, preferment; further= ance; forwarding, advancement, betterment; *ter* ~ *van die wetenskap* for the advancement of science; *iem. se* ~ *tot ...* s.o.'s promotion to ... **be·vor·der·lik** beneficial, advantageous, favourable, good; conducive; ~ *vir ... wees* be beneficial (*or* of benefit) to ..., be good for ... *(one's health etc.);* be condu= cive to (*or* promote) ... *(good relations etc.);* aid ... *(s.o.'s recov= ery etc.).* **be·vor·der·lik·heid** conduciveness.

**be·vraag·te·ken** *het* ~ question, query; throw doubt (up)on.

**be·vrag** *het* ~ load; *~te skip/ens.* loaded/laden ship/etc.; chartered ship/etc.. **be·vrag·ter** *=ters* charterer, freighter. **be·vrag·ting** loading; chartering, freighting.

**be·vre·dig** *het* ~ satisfy *(curiosity);* gratify *(desire, feeling, im= pulse);* indulge *(passions);* meet *(demand).* **be·vre·di·gend**

*-gende* satisfactory; fulfilling *(job etc.)*; satisfying *(result etc.).* **be·vre·di·ging** satisfaction; fulfilment; *tot iem. se ~, tot ~ van iem.* to s.o.'s satisfaction, to the satisfaction of s.o..

**be·vreem·dend** *-dende* puzzling, surprising.

**be·vrees** *-vreesde* afraid, scared, fearful; *~ wees dat ...* fear (*or* be afraid/apprehensive/fearful) that ...; *ek is ~ ek kan nie ... bywoon nie* I am afraid (*or* regretfully/unfortunately) I cannot attend ...; *vir iem. se lewe ~ wees* fear for s.o.'s life; *~ wees vir ...* feel apprehension for ... *(s.o.'s safety etc.);* fear ..., be afraid/apprehensive/fearful of ... **be·vreesd·heid** fear, apprehension.

**be·vriend** *-vriende* friendly; *dik ~ wees, (infml.)* be great friends (*or [infml.]* big buddies/pals); *hulle het ~ geraak* they became/made friends; *goed ~ wees* be good/close friends; *met iem. ~ wees* be a friend of (*or* be on friendly terms with) s.o..

**be·vries** *het ~* freeze, deep-freeze; *(fin.)* freeze *(credits etc.);* *~de/~te groente/ens.* frozen vegetables/etc.; *weer ~* refreeze; *~ wees* be iced over/up; be frozen (up/over); be frosted (up/over). **be·vro·re** frozen *(vegetables etc.; account etc.);* frosted; frostbitten.

**be·vrug** *het ~, vb., (bot.)* fertilise; impregnate, make pregnant; inseminate. **be·vrug** *-vrugte, adj.* fertilised; impregnated, pregnant. **be·vrug·ting** fertilisation; impregnation; conception; insemination; *kunsmatige ~* artificial insemination.

**be·vry** *het ~* free, set free; rescue; deliver *(from);* rid *(of);* emancipate, release, liberate; absolve; *jou uit ... ~* extricate o.s. from ...; *iem. uit iets ~* rescue/extricate s.o. from s.t.; *iem. van iets ~* free s.o. from s.t.; relieve s.o. of s.t. *(a burden).* **be·vry·dend** *-dende* liberating. **be·vry·(d)er** *-(d)ers* rescuer; deliverer; emancipator, liberator. **be·vry·ding** liberation; release; rescue; emancipation; deliverance; *(fig.)* relief, riddance. **be·vry·dings·be·we·ging** liberation movement.

**be·vuil** *het ~* dirty, soil, foul, pollute; defile; *jou eie nes ~* foul one's own nest. **be·vui·ling** pollution.

**be·waak** *het ~* guard, watch (over), keep watch over; safeguard; *sterk ~ word* be heavily guarded; *iem./iets streng ~* guard s.o./s.t. closely.

**be·waar** *het ~* keep, preserve, save (up), retain; conserve *(resources etc.);* keep *(a secret, the commandments, one's balance, etc.);* maintain *(one's self-possession etc.);* preserve/protect/save (from); store, lay/put away; *(comp.)* save; keep alive *(memory); die hemel ~ my!* heaven forbid!; *~ jou (siel) as jy ...!, (infml.)* watch out if you ...!; *iets soos 'n kleinood ~* treasure s.t.; *iets teen bederf ~* preserve s.t. from spoiling; *~ my van my vriende!, (joc.)* save me from my friends!; *iets veilig ~* keep s.t. safe (*or* in safety); *die vrede ~* keep the peace. **~kamer** cloakroom; boxroom. **~plek, ~plaas** depository, repository; storehouse, storage place. **~skool, ~plek, ~sentrum** crèche; nursery school, daycare centre.

**be·waar·der** *-ders* guardian, keeper; caretaker; warden; conservator; custodian; warder, prison guard.

**be·waar·heid** *het ~* verify, confirm; justify; *iets word ~* s.t. comes true, s.t. materialises.

**be·wa·ker** *-kers* guard, guardian, custodian, keeper, caretaker.

**be·wa·king** guard(ing), watch, custody; *onder ~ wees* be under guard; *onder ~ van ... wees, (also)* be in the charge of ...; be under escort of ...

**be·wan·del** *het ~* walk on, tread *(a path);* walk in *(the path of righteousness).*

**be·wa·pen** arm; equip. **be·wa·pe·ning** armament, arms, weaponry; equipment.

**be·wa·re·a** conservation area.

**be·wa·rend** protective, protecting.

**be·wa·rens·waar·dig** *-dige* worth preserving.

**be·wa·ring** storage, storing; safekeeping; trust; custody; detention; preservation, keeping; conservation; *(stock exch.)* warehousing *(of shares); iets in ~ hê* hold s.t. in ~ wees, *(s.o.)* be in custody; *(s.t.)* be in trust; *iets in ~ neem* take s.t. into custody; *uit ~ ontsnap* escape from custody; *plek van ~* place of safety; *... aan iem. se ~ toevertrou* commit ... to s.o.'s care; *in veilige ~* in safe custody; in safekeeping.

**be·wa·rings-:** **~gebied** conservation area. **~gesinde** *-des* conservationist. **~oord** place of safety. **~roete** heritage trail.

**be·wa·sem:** *iets raak/word ~* s.t. mists/steams up.

**be·we** *ge-* →BEEF.

**be·weeg** *het ~* move, stir, shift, budge; motivate, bring, get, persuade, prevail (up)on; induce, impel, actuate; agitate; animate; →BEWEGEND; BEWEGING; *aan die ~ wees* be on the move; *aan die ~ bly* keep moving; move along/on; *na ... ~* move to(wards) ...; gravitate to(wards) ...; *die aarde ~ om sy as* the earth revolves around its axis; *iem. ~ om iets te doen* get s.o. to do s.t.. **~krag** propulsion, motive/locomotive/moving power, motor force. **~rede** motive, ground, inducement; *'n bedekte ~ hê* have an ulterior motive. **~ruimte** elbow room *(fig.);* legroom; room to manoeuvre.

**be·weeg·baar** *-bare* movable; displaceable. **be·weeg·baar·heid** movability.

**be·weeg·lik** *-like* mobile *(pers., mind, troops);* motile; animated; impressionable, sensitive, susceptible; variable; active, lively; *(biol.)* versatile. **be·weeg·lik·heid** mobility.

**be·ween** *het ~* mourn/weep/lament for/over *(s.o.);* mourn, lament, bemoan, bewail *(s.t.).*

**be·weer** *het ~* allege, claim, maintain, hold, say, assert, contend; *(jur.)* submit; →BEWERING; *~ dat ...* allege/claim/submit that ...; *~ dat jy ... is* claim/purport to be ...; *~ dat jy iets gedoen het* claim to have done s.t.; *daar is ~ dat ...* it was said that ...; *daar word ~ dat ...* it is said/held that ...; *daar is/word ~ dat iem. ... doodgemaak het* s.o. was/is alleged to have killed ...; *die ~de misdaad* the alleged crime; *na ~ word* allegedly, it is alleged that; reportedly.

**be·we·gend** *-gende* moving; travelling; kinetic; →BEWEEG.

**be·we·ging** *-gings, -ginge* movement; motion, locomotion; stir(ring); excitement, commotion; campaign *(fig.);* (physical) exercise; manoeuvre; *(in the pl., also)* evolutions; *agterwaartse ~* backward motion; *uit eie ~* of one's own accord/volition (*or* free will), voluntarily; on one's own initiative; *in ~* in motion; animated, in animation; *iets in ~ bring* put/set s.t. in motion; *in ~ kom* start moving, begin to move; get under way; come to life; make a move; *iets in ~ kry* get s.t. going; *in ~ wees* be moving (*or* in motion); *nie iem. se ~s ken nie* not know s.o.'s comings and goings; *'n ~ maak* make a movement, stir. **~studie** time and motion study, time/motion study.

**be·we·ging·loos** *-lose* motionless; unmoving; inert; torpid; immobile, unmoving. **be·we·ging·loos·heid** motionlessness; inertia; torpidity.

**be·we·gings-:** **~energie** *(phys.)* kinetic energy. **~krag** impetus. **~leer** kinetics; dynamics; kinematics. **~orgaan** locomotive/locomotory organ. **~rigting** direction of motion. **~vryheid** *(fig.)* room to move/manoeuvre. **~wet** law of motion.

**be·we·gin·kie** *-kies* small movement.

**be·wei** *het ~* graze, pasture. **be·wei·ding** grazing; *reg van ~* grazing right(s).

**be·wend** *-wende* trembling, shaking, quivering, quaking, shuddering; tremulous; →BEEF.

**be·wer** *-wers* beaver. **~hoed** beaver (hat). **~pels** beaver fur, nutria.

**be·we·ra·sie** shivering/trembling fit, the shakes/trembles/shivers; *iem. die ~ gee* give s.o. the shakes/shivers; *die ~ hê* be trembling all over, have the shakes/shivers.

**be·we·rig** =rige, (because of cold etc.) shivery; shaking, trem= bling (hand etc.); quaking, quivering, shaking, shaky, trem= bling (voice); shaky, wobbly (handwriting); doddering, dod= dery (old man etc.). **be·we·rig·heid** shakiness, trembling; tremulousness (of a limb etc.).

**be·we·ring** =rings, =ringe assertion, contention, claim, alle= gation; (jur.) averment; →BEWEER; my ~ is dat ... it is my contention that ...; 'n ~ maak make an allegation/assertion; na ~ allegedly; reportedly; na ~ het iem. ... doodgemaak s.o. is alleged to have killed ...; iem. is na ~ ... s.o. is purported to be ...; na ~ het X dit gedoen X is reported/said to have done it; die ~ is ongegrond the statement is unfounded; 'n ongestaafde ~ an unsupported assertion; 'n ~ oor ... an allegation about ...; 'n oordrewe/verregaande ~ a sweep= ing statement; 'n ~ teen ... an allegation against ...; die ~ is van alle waarheid ontbloot the statement is unfounded.

**be·werk** het ~, vb. till, cultivate (land); dress, treat; machine, tool; work, exploit (a mine); fashion, dress (stone etc.); model, shape; work (clay, butter); knead; hammer (s.t. into shape); maltreat, maul; manufacture; adapt (a novel, play); arrange (music); remodel, rewrite (a book); bring about, man= age, accomplish, effect, work (a change); manipulate, man= age, influence (s.o.); canvass (voters); hoe het jy dit ~? how did you manage/wangle/contrive that?; iets ru ~ rough s.t. out; dit so ~ dat iem. ... manoeuvre s.o. into ... **be·werk** =werkte, adj. worked, wrought; dressed; shaped; adapted; ar= ranged; ~te grond cultivated land, tilth. **be·werk·baar** =bare workable; adaptable; arable, cultivable, tillable; maklik ~ wees be easily worked. **be·werk·baar·heid** manipulability; workableness; adaptability. **be·wer·ker** =kers adapter; editor; shaper; arranger. **be·wer·king** =kings, =kinge working, ex= ploitation; cultivation, tilling, tillage; manipulation; opera= tion; dressing; tooling; process; adaptation; revision; ver= sion; arrangement; workmanship; accomplishment; wiskun= dige ~ mathematical computation.

**be·werk·stel·lig** bring about, cause, accomplish, effect, effectuate; procure (s.o.'s release etc.); engineer (a meeting etc.). **be·werk·stel·li·ging** bringing about, accomplishing.

**be·wer·tjie** =tjies mobile (sculpture).

**be·we·se** proved, proven; demonstrated; →BEWYS vb..

**be·wie·rook** het ~ (in)cense, fume; adulate. **be·wie·ro·king** incensing; adulation, flattery.

**be·wil·lig** het ~ grant, consent/assent to, acquiesce in; geld vir ... ~ appropriate/vote money for ...; 'n bedrag vir ... ~ make an appropriation for ... **be·wil·li·ging** consent; voting (of money).

**be·wim·pel** het ~ wangle; gloss/smooth over; conceal, dis= guise. **be·wim·pe·ling** glossing over; concealment, disguise.

**be·wind** government, rule, authority, management; govern= ment, administration, regime; power; office; iem. aan die ~ bring put s.o. in power; put s.o. into office; weer aan die ~ gebring word be returned to power; aan die ~ kom come to (or get into) power; come into (or take) office; weer aan die ~ kom return to power; aan die ~ wees be in power; hold (or be in) office; die ~ aanvaar assume/take office; gedurende/ tydens die ~ van ... in/during the reign of ... (Queen Victoria etc.); gedurende/tydens iem. se ~ during s.o.'s term/period of office; onder iem. se ~ under s.o.'s rule; during s.o.'s term/ period of office; die ~ oorneem take/seize power; take (over the reins of) office. **be·wind·heb·ber** =bers ruler, governor, administrator.

**be·winds-:** ~aanvaarding taking of office. ~verandering change of government.

**be·wing** =wings, =winge tremor, trembling, quaking, shiver= ing; trepidation; convulsion.

**be·wo·ë** moved, touched, affected. **be·wo·ën·heid** emotion, agitation; compassion.

**be·wolk** het ~, vb. cloud over/up, become clouded/cloudy/ overcast; (over)cloud. **be·wolk** =wolkte, adj. cloudy, over= cast. **be·wolkt·heid** cloudiness.

**be·won·der** het ~ admire; iets in iem. ~ admire s.t. in s.o.; iem. om iets ~ admire s.o. for s.t.. **be·won·de·raar** =raars ad= mirer, fan, enthusiast. **be·won·de·rend** admiring(ly). **be·won= de·rens·waar·dig** =dige admirable.

**be·won·de·raars:** ~klub fan club. ~tydskrif fanzine.

**be·won·de·ring** admiration; groot ~ vir iem. hê have a great admiration for s.o.; uit ~ vir ... in admiration of ...; iets vervul iem. met ~ s.t. fills s.o. with admiration; vol ~ admir= ingly; vol ~ vir ... wees be filled with admiration for ...; die voorwerp van ~ by iem. wees be the admiration of s.o..

**be·woon** het ~ inhabit (a house, town, region); occupy (a house); dwell/live in. **be·wo·ner** =ners inhabitant, resident (of a country, city); occupant, occupier, resident (of a house); dweller. **be·wo·ning** occupation; (in)habitation. **be·woon= baar** =bare (in)habitable; liv(e)able. **be·woon·baar·heid** habitability. **be·woon(d)** =woonde populated; occupied; dig ~ populous.

**be·woord** het ~ word, phrase, put into words; 'n skerp ~e brief a strongly worded letter. **be·woor·ding** =dings, =dinge wording, phrasing, phraseology, expression, terms; in alge= mene/vae ~ in general terms; die presiese ~ the exact word= ing; vleiende ~ flattering terms.

**be·wus** =wuste, meer ~ die mees ~wuste, adj. conscious, aware, cognisant, sensible (of); ~ wees dat ... know (or be aware) that ...; deeglik van iets ~ wees be well aware of s.t.; maat= skaplik/sosiaal ~ socially aware; politiek ~ politically aware; van iets ~ wees be aware/cognisant/conscious of s.t.; be alive/ awake to s.t.; van iets ~ word become aware of s.t.; wake up to s.t.. **be·wus** adv. consciously, wittingly, knowingly. =be= wus comb. -conscious; figuur~ wees be weight-conscious; self~ self-conscious. **be·wus·te·loos** =lose unconscious, sense= less, insensible; half ~ semiconscious; iem. ~ maak put s.o. out; ~ raak/word lose consciousness, become unconscious, pass out, faint; iem. ~ slaan knock s.o. out, beat/knock s.o. senseless; totaal ~ wees be in a dead faint. **be·wus·te·loos·heid** unconsciousness, coma. **be·wust·heid** consciousness, aware= ness; iem. se ~ van/dat ... s.o.'s consciousness of/that ... **be= wus·wor·ding** awakening; ~ van ... realisation of ..., awaken= ing to ...

**be·wus·syn** consciousness, cognition, mind, (full) knowl= edge; jou ~ herwin recover/regain consciousness, come round/ to; jou ~ verloor lose consciousness, become unconscious, black out, faint; by jou volle ~ wees be fully conscious. ~stroom stream of consciousness.

**be·wus·syns-:** ~verruimend consciousness-raising, mind-expanding. ~verruiming consciousness raising.

**be·wys** =wyse, n. proof, evidence; verification, substantia= tion; testimony; sign (of rain etc.); token (of affection etc.); mark (of esteem etc.); certificate; receipt; voucher; promis= sory note; met ~e aantoon demonstrate; ~e aanvoer ad= duce evidence; afdoende/sprekende/onweerlegbare/on= omstootlike ~ conclusive/positive proof; incontestable/in= disputable/irrefutable evidence; as ~ (van ...) as proof/evi= dence (of ...); ~ van betaling proof of payment; as/tot ~ dien serve as proof; 'n duidelike ~ clear evidence; as ~ van erkentlikheid as a token of gratitude; hoegenaamd geen (of geen sweempie) ~ nie not a scrap/shred of (or not the slight= est) evidence; genoegsame ~ satisfactory proof; ~ lewer produce/supply/furnish evidence/proof; ~ van lidmaat= skap certificate of membership, membership card; nie die minste ~ van ... nie not a suspicion of ...; 'n ~ van moed a sign of courage; ~ van ontvangs receipt; oortuigende ~ cogent evidence; die oorwig van die ~e the weight of evi= dence; skriftelike ~ documentary evidence, written proof; 'n bewering met ~e staaf substantiate a claim; ~ van iets wees be evidence/proof of s.t., be (a) testimony to s.t.; dit is vol=

*doende* ~ that suffices to prove it. **be·wys** *het* ~, *vb.* prove, demonstrate *(the truth of);* verify, substantiate *(a statement etc.);* establish; vindicate *(a right);* do *(s.o. a favour);* render *(a service);* show *(favour, mercy, etc.);* →BEWESE; ~ *dat* ... prove that ...; ~ *dat iem. 'n ... is* prove s.o. a ...; *dit* ~ *dat* ... it proves that ...; it/that goes to show that ...; *dit sal nog* ~ *moet word* that is as may be. ~**grond** argument; evidence. ~**krag** conclusiveness, cogency; *(jur.)* evidential/probative value. ~**las** *(seldom in the pl.)* onus (of proof); *die* ~ *rus op* ... the onus of proof lies/rests with ... ~**leer** law of evidence. ~**materiaal** (documentary) evidence. ~**middel** *-dele, -dels* proof; *(in the pl.)* evidence. ~**plaas** reference, quotation. ~**reg** law of evidence. ~**stuk** documentary evidence, document; exhibit *(in court);* voucher. ~**voering** argumentation.

**be·wys·baar** *-bare* demonstrable, provable, capable of proof. **be·wys·baar·heid** demonstrability, provableness.

**be·y·wer** *het* ~: *jou vir 'n saak* ~ campaign/work for a cause. **be·y·we·ring** striving, exertion, effort, endeavour.

**bib·ber** *ge-* shiver, shake, tremble, quake; ~ *van* ... shake/tremble/quake with ... *(fear);* shiver with ... *(cold).* ~**koud** *-koue* bitterly/extremely cold; ~*koue oggend* shivery morning.

**bib·be·ra·sie** *(infml.)* the shivers.

**bi·bli·o·bus** book van, mobile library, bookmobile.

**bi·bli·o·fiel** *-fiele, n.* bibliophil(e), book lover. **bi·bli·o·fiel** *-fiele, adj.* bibliophilic; ~*e uitgawe* edition de luxe. **bi·bli·o·fi·lie** bibliophilism.

**bi·bli·o·gra·fie** *-fieë* bibliography. **bi·bli·o·graaf** *-grawe* bibliographer. **bi·bli·o·gra·fies** *-fiese* bibliographic(al).

**bi·bli·o·ma·nie** bibliomania. **bi·bli·o·maan** *-mane* bibliomaniac.

**bi·bli·o·teek** *-teke* library. ~**kunde** library science. ~**ure** *n. (pl.)* library/opening hours. ~**wese** librarianship. ~**weten·skap** library science. **bi·bli·o·te·ka·ris** *-risse* librarian.

**Bi·blis** *-bliste* Biblical scholar, Scripturalist. **Bi·blis·tiek** Biblical scholarship.

**bid** *ge-* pray, say one's prayers; beseech, entreat, implore, beg, pray, supplicate; ~ *jou aan!* I ask you!, what next?; *om reën* ~ pray for rain; *die Ons(e) Vader* ~ say the Lord's Prayer; *aan tafel (of voor ete)* ~ say grace, ask a blessing; *tot God* ~ pray to God; *vir iem.* ~ pray for s.o.. ~**dag** day of prayer. ~**diens** prayer service. ~**kussing** hassock. ~**mat** prayer rug/mat. ~**snoer** rosary. ~**uur** prayer meeting. ~**vertrek** oratory. ~**wiel** prayer wheel.

**bid·der** *-ders* prayer, supplicant.

**bie** *ge-* bid *(at an auction);* *hoër* ~ raise the bid, rebid; *hoër/meer as iem.* ~ outbid s.o.; *op iets* ~ (make a) bid for s.t. *(at an auction);* *R1000* ~ bid R1000; *teen iem.* ~ bid against s.o.. **bie·ër** *-ërs* bidder. **bie·ë·ry** bidding.

**bied** *ge-* offer *(help);* give, render *(aid);* offer, put up *(resistance);* provide, open up *(an opportunity);* afford *(a possibility);* *iem. die hand* ~ hold out one's hand *(or* extend a [helping] hand) to s.o..

**bief** beef. ~**burger** beefburger, hamburger, burger. ~**stuk** beefsteak, (piece of) steak; *gemaalde* ~ Hamburger steak. ~**stuk-en-niertjie-pastei** steak and kidney pie.

**bieg** *biegte, n.* confession; shriving; ~ *afneem* hear confessions; *na die* ~ *gaan* go to confession. **bieg** *ge-, vb.* confess; *aan iem.* ~ confess to s.o.; *gaan* ~ go to confession. ~**geheim** secret of the confessional. ~**roman** confessional novel. ~**stoel** confessional (stall/box). ~**vader** (father) confessor.

**bieg·te·ling** *-linge* confessor, confessant; penitent.

**bie·lie** *-lies, (infml.)* stalwart, stout fellow; corker, big one; splendid example; *'n* ~ *van 'n* ... a ginormous *(or* a great big *or* a whopper of a *or* a jumbo[-sized]) ...

**Bi·ën·na·le, Bi·en·na·le** *-les* Biennale.

**biep** *n. & vb.* beep. **bie·per** beeper.

**bier** *biere* beer; *donker* ~ stout; *drie* ~*e* three beers *(or* glasses of beer); *drie verskillende* ~*e* three different beers *(or* kinds/types of beer); *'n groot (glas)* ~ a long beer, a large (glass of) beer; *'n klein* ~*tjie* a small (glass of) beer; a drop of beer. ~**beker** stein. ~**blik** beer can. ~**boep, ~pens** *(infml.)* beer belly; potbelly. ~**bottel** beer bottle. ~**brouer** (beer) brewer. ~**brouery** brewery. ~**drinker** beer drinker. ~**drinkery** beer drinking. ~**gis** barm, brewer's yeast. ~**glas** beer glass. ~**matjie** coaster. ~**pens** →BIERBOEP. ~**pomp** beerpull. ~**tuin** beer garden. ~**vat** beer barrel/cask.

**bies, bies·melk** beestings, biestings, colostrum.

**bie·sie** *-sies* (bul)rush, reed; whip. ~**pol** tussock/tuft of reeds/rushes.

**bie·sie(s)-: ~goed** rushes. ~**mandjie** rush basket, frail. ~**mat** rush mat.

**bies·look** chive(s).

**biet·jie** *-jies, n. & indef. det.* little (bit); few; *alle* ~*s help* every little helps; *bietjies-bietjies* bit by bit, a little at a time, little by little; in dribs and drabs; *iem. 'n* ~ *gee* give s.o. some; *maar* ~ *geld hê* have little money; *'n* ~ *geld hê* have some money; *'n* ~ *Xhosa ken* have a smattering of *(or* know a little) Xhosa; *'n klein* ~ a little bit; a wee bit; *ver/vêr kom met 'n klein* ~ make a little go a long way; *'n* ~ *a little;* a bit; a bit/drop/spot of *(milk etc.);* *net 'n* ~ just a little *(water etc.);* *nie* ~ *nie* not a little; not half *(infml.);* *nog 'n* ~ some more; *'n* ~ *soos* ... something/somewhat like ...; *'n* ~ *tandpyn* a slight toothache; *die* ~ *wat iem. het* what little s.o. has; *die* ~ *wat iem. weet* what little s.o. knows; *'n* ~ *water* drink some water. **biet·jie** *adv.* rather, somewhat, slightly; ~ *baie* rather a lot, quite a good deal; *kom ('n)* ~ *hier!* come here a moment!; *'n* ~ ... *wees* be a bit ... *(scared etc.);* *nie* ~ ... *wees nie* be more than somewhat ... *(surprised etc.);* *'n* ~ *rus* rest for a bit; ~*(s) te slim wees* be too clever by half; *'n* ~ *teleurgestel(d) wees* be kind of disappointed *(infml.);* *vir iem. 'n* ~ *veel wees* be a bit much for s.o.; ~ *vinniger* slightly *(or* a little) faster; *wag 'n* ~*!* wait a bit/little!, just a minute!, one *(or* just a) moment!; *wag net so 'n* ~, *(fig.)* let me see.

**bie·tou** *(Chrysanthemoides monilifera)* bitou, bush-tick berry.

**bi·fo·kaal** *-kale* bifocal; *'n bifokale bril* bifocal spectacles, bifocals.

**bi·fur·ka·sie** *-sies* bifurcation.

**bi·ga·mie** bigamy. **bi·ga·mies** *-miese* bigamous. **bi·ga·mis** *-miste* bigamist.

**big·gel** *ge-* trickle; *trane* ~ *langs/oor iem. se wange* tears trickle down s.o.'s cheeks.

**big·no·ni·a** bignonia, trumpet flower.

**bik** *ge-* chip; *(archaeol.)* peck. ~**beitel** chipping chisel; scaling tool.

**bi·kar·bo·naat** bicarbonate.

**bi·ki·ni** *-ni's* bikini. ~**broekie** bikini briefs. ~**lyn** bikini line.

**bi·kon·kaaf** *-kawe* concavo-concave, biconcave.

**bi·kon·veks** *-vekse* convexo-convex, biconvex.

**bi·kwa·draat** *-drate, n., (math.)* biquadratic, quartic. **bi·kwa·dra·ties** *-tiese, adj.* biquadratic, quartic; ~*e vergelyking* biquadratic/quartic equation.

**bi·la·bi·aal** *-ale, n. & adj.* bilabial.

**bi·la·te·raal** *-rale* bilateral.

**bil·har·zi·a** *(parasite)* bilharzia. **bil·har·zi·a·se, bil·har·zi·o·se, bil·har·zi·a** *(disease)* bilharzia(sis), bilharziosis.

**bi·li·ne·êr, bi·li·ni·êr** *-êre* bilinear.

**bil·jart** billiards; ~ *speel* play billiards. ~**bal** billiard/cue ball; ivory. ~**bok** cue rest, jigger. ~**kryt** cue chalk. ~**spel** game of billiards. ~**speler** billiard player, cueist. ~**stok** billiard cue. ~**tafel** billiard table.

**bil·jet** *-jette* poster; handbill; ticket; ~*te aanplak* stick bills. ~**plakker** billposter, -sticker.

**bil·joen** *-joene,* (one million million or $10^{12}$) trillion; →MILJARD. **bil·joe·nêr** trillionaire. **bil·joen·ste** trillionth.

**bil·lik** =like, adj. reasonable (demand); inexpensive, moderate (price); fair (trade); just, unbiased, equitable, fair-minded; dit is nie eintlik/juis ~ nie it is hardly fair; nie **heeltemal** ~ wees nie be less than fair; dis nie **meer** as ~ nie dat ... it is only fair that ...; om ~ te wees in (all) fairness; ~ teenoor iem. wees be fair to s.o., do s.o. justice, do justice to s.o.; om ~ teenoor ... te wees in fairness/justice to ... **bil·lik** adv. reasonably; moderately (priced); fairly; justly. **bil·li·ker·wys, bil·li·ker·wy·se** to be fair, in fairness; ~ moet ek erken dat hy/sy ... in (all) fairness (or to do him/her justice) I must admit that he/she ...; alles doen wat 'n mens ~ kan verwag do anything in reason. **bil·lik·heid** reasonableness, moderation, fair dealing; fairness, justice; equity; cheapness; uit ~ teenoor ... in fairness/justice to ... **bil·lik·heids·hal·we:** ~ moet gesê word ... it is only fair to say ...; →BILLIKERWYS.

**bil·tong** =tonge biltong, jerked meat; ~ maak make biltong, jerk meat.

**bi·me·tal·liek** =lieke, (econ.) bimetallic (standard).

**bind** ge= tie, fasten; tie up; bind; cement; hold; trammel; bind (a book); thicken (soup); →GEBONDE; ... aan ... ~ tie ... to ...; iem. se **hande** ~ tie s.o.'s hands; 'n boek **in** leer ~ bind a book in leather; **jou** ~ commit o.s., tie o.s. down; kontraktueel ge= wees be contractually bound, be bound by contract; ... aan **mekaar** ~ tie/knot/lash/rope ... together; die voor= **waardes** ~ iem. s.o. is tied down to the conditions. ~**balk** tie beam, binder. ~**gare,** ~**garing** packthread, binder (yarn), twine, string. ~**krag** binding force; setting strength. ~**mid= del** =dels, =dele agglutinant; lute, cementing material, cement; binder; styptic (against bleeding); matrix; binding agent; bonding agent/material; vehicle (for liquids); thickener (for soup). ~**spier** ligament. ~**stof** binding material. ~**vesel** bind= ing fibre, binder. ~**vlies** conjunctiva (of the eye). ~**vliesont= steking** conjunctivitis, pinkeye. ~**weefsel** connective/con= necting tissue. ~**werk** binding (work).

**bin·dend** =dende binding; stringent; ~e reël hard and fast rule; ~ vir ... binding on ...

**bin·der** =ders binder; tier. **bin·de·ry** =rye bindery; binding (work).

**bin·ding** =dings, =dinge connection, bond; (chem.) linkage, bond; fixation; weave, pattern. **bin·dings·waar·de** (chem.) valency.

**bi·nêr** =nêre binary; ~e syfer binary digit.

**bin·go** n. & interj. bingo.

**bin·ne** prep. within; inside. **bin·ne** adv. in, inside, within; iets van ~ en van **buite** ken know s.t. inside (and) out; skoon van ~ en (van) **buite** clean within and without; **daar** ~ in there; **(kom)** ~! come in!; **na** ~ gaan go in(side)/indoors; ~ **om** round the inside; al wat iem. **te** ~ skiet, is ... all s.o. can think of is ...; **van** ~ from the inside, from within; from inside; ~ **wees** be in; be within. ~**baan** (athl.) inside lane; inside track (of a racecourse); (infml.: position of advan= tage) inside track. ~**band** (inner) tube (of tyre). ~**bas** bast, bass, phloem. ~**been** inside leg (of a trouser leg). ~**boordmo= tor** inboard motor. ~**boud** inside of the thigh; topside (of beef). ~**boudstuk** silverside. ~**bring** binnege= bring/take in; bring into port (a ship, aircraft). ~**deur** n. inner door. ~**dring** binnege= penetrate into; invade, irrupt, force one's way into; 'n hoof(raam)rekenaar/ens. ~ hack into a mainframe/etc.. ~**gaan** binnege= go in; go into; enter. ~**geveg(te)** infighting. ~**glip** slip in; slip back (into a country). ~**goed** entrails, in= testines, insides, innards, viscera; umbles (of game); works (of watch). ~**groep** (sociol.) in-group. ~**haal** binnege= bring/ fetch in; gather (crops); haul in; net. ~**handel** internal/home/ domestic/inland trade; (stock exch.) insider dealing/trading. ~**hawe** inner harbour; inland port. ~**hoek** interior/internal angle; quoin. ~**hof** courtyard, inner court(yard), quadrangle, patio. ~**hou** binnege= keep in(doors); keep down (food). ~**huis** →BINNEHUIS. ~**-in** (right) inside, within. ~**-inrigting** fixtures

and fittings. ~**kamer** inner room. ~**kant** n., adv. & prep. inside; aan die ~ on the inside. ~**kom** binnege= come in, en= ter; (ship, aircraft) come into port; hoe het ... binnegekom? how did ... get in?; kom gerus binne! do come in!; iem. laat ~ let s.o. in; show s.o. in. ~**koms** entry, entrance, coming in; iem. se ~ in ... s.o.'s entry into ... (a room etc.). ~**kort** soon, shortly, before long, in a little while, presently; in the near future; at an early date. ~**kring** inner circle; (sociol.) in= group, (infml.) in-crowd. ~**kruip** binnege= creep in. ~**kry** bin= nege= get in; get down (food); (ship) make water. ~**laat** bin= nege= let in, admit. ~**land** →BINNELAND. ~**lei** binnege= show/ usher/lead in(to), escort into. ~**loop** binnege= go/walk in(to); (train) draw in(to). ~**lyn** inner boundary; interior line. ~**mis= daad,** ~**diefstal,** ~**bedrog** inside job. ~**muur** →BINNEMUUR. ~**net** (comp.) intranet. ~**nooi** binnege= invite in(side). ~**ont= werp,** ~**argitektuur** interior design. ~**ontwerper** interior designer. ~**oor** internal/inner ear. ~**pasiënt** inpatient. ~**plaas** yard, quadrangle. ~**plein** inner court; quadrangle; concourse. ~**portaal** lobby. ~**praat** binnege=, (aeron.) talk down. ~**roep** binnege= call in. ~**ry** binnege= ride in(to); drive in(to). ~**sak** inside/inner pocket. ~**see** inland sea. ~**seil** binnege= sail into; (infml.) sashay into (a room). ~**sleep** binnege= drag in(to); tow (a ship) into (a harbour). ~**sluip** binnege= enter stealthily, creep/steal in. ~**smokkel** binnege= smuggle in(to). ~**sool** in= ner/inside sole, insole; gaiter (of a tyre). ~**soom** inner seam. ~**stad** town centre, centre of the town; city centre, centre of the city; inner city; 'n winkel/ens. in die ~ a shop/etc. in the town centre (or in the centre of town), a downtown shop/ etc.. ~**stap** binnege= walk/step into, step in. ~**stedelike** (attr.) inner-city. ~**stoom** binnege= steam in. ~**storm** binnege= rush/ burst in(to). ~**stroom** binnege= stream/flow/rush in(to); flock in(to). ~**telefoon** house telephone, intercom. ~**toe** inward(s); ~ gaan go inside. ~**toe-aangee,** ~**aangee** (rugby) inside pass. ~**tree** binnege= enter, step in. ~**vaar** binnege= sail in; steam in. ~**vaart** inland navigation. ~**val** binnege= invade; (infml.) pop/ drop in (to visit). ~**veer** inner spring. ~**veld** (cr.) infield. ~**versierder** interior decorator. ~**vet** intestinal fat; lard; op jou ~ teer, (fig.) draw on one's capital. ~**vlug** binnege= take shelter inside. ~**voering** interlining, interfacing (of clothes); blind/box/ground casing, subcasing (of a window); intro= duction. ~**vra** binnege= ask in(side). ~**waai** binnege= blow/ breeze in. ~**wal** escarp, scarp. ~**wand** inner wall (of a tube); (anat.) intima. ~**werk** indoor work; inside/interior work; works (of a watch); mechanism. ~**wydte** inside width.

**bin·ne·aars** adj. & adv. intravenous; iem. ~ voed, (med.) drip-feed s.o..

**bin·ne·boords** =boordse inboard.

**bin·ne·huids** =huidse intradermal.

**bin·ne·huis** n. interior (of a house). **bin·ne·huis** =huise, adj. →BINNENSHUIS adj.. ~**argitek** interior designer. ~**ver= sierder** = BINNEVERSIERDER.

**bin·ne·land:** die ~ the interior; in die ~ in the interior; in die ~ van Afrika in the interior of Africa; ~ toe, na die ~ up country; inland. **bin·ne·lan·der** =ders inlander. **bin·ne·lands** =landse, adj. inland, upcountry; interior; internal, domestic; home; onshore; ~e handel internal/domestic/home trade; ~e mark domestic/home market; ~e sake home affairs; Minister van B~e Sake, (SA) Minister of Home Affairs; (UK) Home Secretary; (USA) Secretary of the Interior; Minister of the Interior; ~e vlug domestic flight. **bin·ne·lands, bin= nens·lands** adv. internally, in the country, at home, locally; onshore.

**bin·ne·monds** →BINNENSMONDS.

**bin·ne·muur** inner wall; interior/inside wall. **bin·ne·muurs, bin·ne·muurs** =muurse, adj. intramural; internal, interior. **bin·ne·muurs, bin·ne·muurs** adv. intramurally.

**bin·nens-:** ~**huis, binnehuis** =huise, adj. indoor; ~e ontwerp/ argitektuur interior design; ~e ontwerper interior design= ner; ~e versierder interior decorator; ~e versiering inte=

rior decoration. **~huis** *adv.* indoors, inside, within doors. **~lands** →BINNELANDS *adv..* **~monds, binnemonds** *adj. & adv.* intraoral; *~ praat* mumble; *'n ~e vloek* a smothered curse.

**bin·ne(n)·ste** *n.* inside, interior; core, heart; innermost; *in iem. se ~* inside s.o., in s.o.'s heart; *diep in iem. se ~* deep (down) inside (*or* in s.o.'s heart), in s.o.'s heart of hearts (*or* secret heart). **bin·ne(n)·ste** *adj.* in(ner)most, inner. **~bui te** inside out, (the) wrong way round.

**bin·ne·waarts** *-waartse, adj.* inward; introrse; medial. **bin ne·waarts** *adv.* inward(s).

**bi·no·ku·lêr** *-lêre* binocular.

**bi·no·mi·aal** *-ale*, **bi·no·mies** *-miese* binomial. **bi·no·mi naal** *-nale* binominal.

**bint** *binte* tie beam, joist.

**bi·nu·kle·êr** *(biol.)* binuclear, binucleate(d).

**bi·o·af·breek·baar** biodegradable.

**bi·o·che·mie** biochemistry.

**bi·o·di·na·mi·ka** biodynamics.

**bi·o·di·ver·si·teit, bi·o·ver·skei·den·heid** biodiversity.

**bi·o·e·lek·tri·si·teit** bioelectricity.

**bi·o·e·tiek** bioethics. **bi·o·e·ties** bioethical. **bi·o·e·ti·kus** bioethicist.

**bi·o·film, bi·o·fliek** *(infml.)* biopic.

**bi·o·fi·si·ka** biophysics.

**bi·o·gas** biogas.

**bi·o·gra·fie** *-fieë* biography; *'n ~ van iem.* a biography of s.o.. **bi·o·graaf** *-grawe* biographer. **bi·o·gra·fies** *-fiese* biographic(al); *~e film/(rol)prent* biographical film, *(infml.)* biopic; *~e skets* prosopography.

**bi·o·lo·gie** biology. **bi·o·lo·gies** *-giese* biological; *~e klok* biological/body clock; *~e ma/ouer/pa* biological/birth mother/parent/father; *~e oorlogvoering* biological warfare; *~e wetenskap* biological science. **bi·o·loog** *-loë* biologist.

**bi·o·mag·ne·tis·me** animal magnetism, biomagnetism.

**bi·o·mas·sa** *(biol.)* biomass.

**bi·o·me·ga·ni·ka** biomechanics.

**bi·o·me·trie, bi·o·me·tri·ka** biometry, biometrics.

**bi·o·nies** *-niese* bionic; *~e mens, (sci-fi)* cyborg.

**bi·o·oom** *-ome, (ecol.)* biome.

**bi·o·op·sie** *-sies, (med.)* biopsy.

**bi·o·rit·me** biorhythm. **bi·o·rit·mies** biorhythmic.

**bi·o·sfeer** biosphere.

**bi·o·skoop** *-skope* cinema, *(SA)* bioscope, *(Am.)* movie house; *~ toe gaan* go to the cinema, *(infml.)* go to the movies/pictures. **~ganger, ~besoeker** cinemagoer, filmgoer, picturegoer; *(in the pl., also)* the cinema-going public. **~kompleks** cinema complex, cineplex, multiplex (cinema).

**bi·o·teg·no·lo·gie** biotechnology, human engineering.

**bi·o·ti·ka** biotics.

**bi·po·lêr** bipolar.

**bis¹** twice, again, encore; bis. **~nommer** encore.

**bis²** *bisse, (math., comp.: binary digit)* bit. **~beeld, ~kaart** *(comp.)* bitmap.

**bi·sam·rot** muskrat, musquash.

**Bi·san·ti·um** *(geog., hist.)* Byzantium. **Bi·san·tyn** *-tyne, n.* Byzantine. **Bi·san·tyns** *-tynse, adj.* Byzantine.

**bi·sar** *-(sarre)* meer *~ die mees ~re* bizarre, strange, queer, weird, *(sl.)* freaky.

**bis·cuit** *(ceramics)* biscuit, bisque.

**bis·dom** *-domme* bishopric, diocese, episcopal, see. **bis dom·lik** *-like* diocesan.

**bi·sek·su·eel** *-ele, n., (pers.)* bisexual. **bi·sek·su·eel** *-ele, adj., (psych., biol.)* bisexual. **bi·sek·su·a·li·teit** *(psych., biol.)* bisexuality.

**bi·seps** *-sepse* biceps.

**bisk, (Fr.) bisque** *(cook.: rich shellfish soup)* bisque, bisk; *(ceramics)* →BISCUIT.

**Bis·ka·je** *(geog.)* Biscay, Vizcaya; *Golf van ~* Bay of Biscay.

**bis·kop** *-koppe* bishop, diocesan, pontiff; *'n ~ oorplaas/verplaas* translate a bishop; *swart~, blou~, (icht.)* black musselcracker; *wit~, (icht.)* white musselcracker. **~setel** bishop's/episcopal see; episcopal chair. **~stad** cathedral city. **~staf** pastoral (staff), bishop's staff, (bishop's) crosier/crozier, crook. **~stoel** episcopal chair.

**bis·kop·lik** *-like* episcopal.

**bis·kops-:** **~amp** episcopate, bishopric. **~mus** mitre. **~voor skoot** gremial.

**Bis·marck·ar·gi·pel** *(geog.)* Bismarck Archipelago.

**bis·mut** *(chem., symb.* Bi*)* bismuth.

**bi·son** *-sons, (zool.)* bison.

**bis·seux·tjie** *-tjies, (bot.)* zinnia.

**bit·sig** *-sige -siger -sigste* snappish, snappy, short, sharp(-tongued); cutting, acid, scathing, caustic, biting, snide *(remark etc.)*; terse, curt, stinging, tart *(reply etc.)*. **bit·sig·heid** snappiness, sharpness; pungency, acidity; tartness, curtness.

**bit·ter** *n.* bitters. **bit·ter** *-ter(e) -terder -terste, adj.* bitter *(taste, cold, tone, etc.)*; deep *(distress)*; bitter, heavy *(irony)*; *tot die ~ einde* to the bitter end. **bit·ter** *adv.* bitterly; *dit is ~ jam mer* it is a great pity; *~ koud* bitterly cold; *~ min* very little indeed, precious little, next to nothing; *iets ~ nodig hê* need s.t. very badly; *~ sleg* terribly/shockingly bad. **~bek** *n.* bellyacher, grouch, grump, sourpuss, malcontent. **~bek** *adj.* malcontent, cantankerous, disgruntled, curmudgeonly, churlish. **~bessie(bos)** bitter berry (bush). **~bos(sie)** *(Chironia baccifera)* wild gentian, Christmasberry *(Chrysocoma tenuifolia)* bitter bush. **~kers, ~kruid** garden cress. **~os** *(Citrullus lanatus)* bitter melon, wild coloquint. **~soet** *n., (bot.)* bittersweet, woody nightshade. **~soet** *adj.* bittersweet. **~sout** Epsom salts, bitter salt, magnesium sulphate. **~wortel** *(Xysmalobium undulatum; Arctopus echinatus)* bitterwort, felwort. **~wyn** bitters.

**bit·ter·ag·tig** *-tige* acerbic.

**bit·ter·ein·der** *-ders* diehard, *(SA)* bitter-ender.

**bit·ter·heid** bitterness; acerbity.

**bit·ter·lik** bitterly; *~ huil* cry one's eyes/heart out.

**bi·tu·men** bitumen. **bi·tu·mi·neer** *ge-* bituminise. **bi·tu·mi ne·ring** bituminisation. **bi·tu·mi·neus** *-neuse* bituminous.

**bi·vak** *-vakke* bivouac. **~mus** Balaclava cap.

**bi·va·lent** *-lente* bivalent.

**blaad·jie** *-jies* leaflet; petal *(of a flower)*; small sheet *(of paper)*; small newspaper/magazine; tract; lamella, lamina; *'n nuwe ~ omslaan* turn over a new leaf.

**blaai** *ge-: (vinnig) deur iets ~* flick/flip/riffle/thumb through s.t. *(a book etc.)*; *in 'n boek ~* leaf/page through a book. **~bord** flip chart. **~lees** *ge-* skim *(a book)*.

**blaai·er** *(comp.)* browser.

**blaam** blame, reproach, censure; slur, blot, stain; *iem. van onthef* absolve s.o. from blame; *geen ~ rus op (of tref)* iem. nie s.o. is not to blame; *iem. van alle ~ suiwer* exonerate s.o. (from all blame); *die ~ op iem. werp* blame (*or* lay/put the blame on) s.o.; *('n) ~ op iem. werp* put/cast a slur on s.o.; be a reflection/slur on s.o..

**blaar¹** blare leaf *(of a tree)*; *(in the pl., also)* husks *(of maize)*; *(in the pl., also sl.: money)* dough, bread, lolly, moolah; *deur die blare, (infml.)* muzzy, muddled, muddle-headed, spaced (out), spac(e)y, confused; *die boom gooi sy blare af, die blare val van die boom af, die boom verloor sy blare* the tree sheds its leaves; *blare hê* be in leaf; *blare kry* come into leaf, put forth (*or* shoot) leaves; *ou ~ met 'n jong bok, (infml.)* baby snatcher. **~basis** leaf base. **~beet** spinach beet, (Swiss) chard, leaf/seakale beet. **~deeg** flaky pastry. **~groente** greens, leafy vegetables; *jong* ~ spring greens. **~grond** mulch, leaf mould. **~kors** *(cook.)* flaky pastry. **~patroon** leaf pattern; *(archit.)* foil. **~pens** manyplies, omasum, psalterium, manifold. **~punt** leaf tip. **~ryk** leafy. **~siekte, loofsiekte** foliage disease. **~skroei** leaf blight. **~slaai** (leaf) lettuce, green salad. **~springer** *(entom.)* jassid, leaf-hopper. **~stand** *(bot.)* phyllotaxis, phyllotaxy, disposition/arrangement of leaves, leaf arrangement. **~steel, ~stingel** leaf stalk, petiole; stipe *(of a fern)*. **~tabak** leaf tobacco. **~versiering** foliation, leaflike ornament. **~vlek** leaf spot; tomato canker; *konsentriese* ~ alternaria blight. **~vorm** →BLAARVORM.

**blaar²** *blare* blister.

**blaar·ag·tig** *-tige* leaflike.

**blaar·e·tend, blaar·vre·tend** *-tende* phyllophagous.

**blaar·hou·dend** *-dende* evergreen.

**blaar·loos** *-lose, (bot.)* leafless.

**blaar·tjie¹** *-tjies* leaflet, blade.

**blaar·tjie²** *-tjies* small blister.

**blaar·trek·kend** *-kende* blistering, raising blisters, vesicant.

**blaar·vorm** leaf form. **blaar·vor·mig** *-mige* leaf-shaped. **blaar·vor·ming** leafing, foliation.

**blaas¹** *blase, n., (anat.)* bladder; *(inflatable part of s.t.)* bladder, bag, pouch; *(ball of air/gas)* bubble; *jou nie met 'n ~ ertjies op loop laat jaag nie* not be easily frightened, you can't be bluffed. **~aandoening** bladder complaint/affection. **~kruid** *(bot.)* bladderwort. **~ontsteking** inflammation of the bladder, cystitis. **~steen** stone in the bladder, vesical/urinary calculus, urolith.

**blaas²** *ge-, vb.* blow *(a whistle, wind instr., etc.);* take a breather, rest; *(cat)* spit; puff, huff; *(pers., goose, snake)* hiss; *(football etc.)* referee; toot(le); *tot die* **aanval** ~ sound the attack; *die* **aftog** ~ sound the retreat; **alarm** ~ sound the alarm; **kringetjies** ~ blow rings of smoke; *in die* **lug** ~ blow up; *op iets* ~ blow s.t. *(a trumpet);* sound s.t. *(a horn);* *'n* **perd** *~ give* a horse a breather; *~ en* **raas** huff and puff; *'n* **sinjaal** ~ sound a signal; *~ en* **snuif** huff and puff. **~balk** bellows; *(fig., infml.: boastful pers.)* windbag, blowhard, braggart. **~gat** blowhole. **~instrument** wind instrument. **~kans(ie)** breathing space, breather, respite; *iem. 'n* ~ **gee/gun** give s.o. a breather *(or* breathing space); *'n* ~ **geniet/neem/vat** take a break/breather, take five. **~lamp** blow lamp. **~orkes** brass band. **~pyp** blowpipe; blast pipe *(of a boiler);* blowtorch. **~pyp(ie)** peashooter. **~vlam** blow flame.

**blaas·op** *-pe,* **blaas·op·pie** *-pies* puffer(fish), globefish, *(SA)* toby; rain frog.

**blad** *blaaie* leaf *(of a book, plant);* page *(of a newspaper);* sheet *(of paper);* (news)paper; foil; shoulder blade; shoulder *(of meat);* slab; top *(of a table);* leaf *(of a table);* vane, blade *(of an oar, a propeller, spring, etc.);* surface *(of a road);* tarmac *(at an airport); (cr.)* wicket; *(musiek) van die* ~ *speel* play (music) at sight, sight-read; *geen* ~ *voor die mond neem nie* call a spade a spade. **~been** shoulder blade, scapula. **~geel** *(biochem.)* lutein. **~goud** gold leaf, leaf gold, gold foil; beaten gold. **~groen** chlorophyll. **~ham** shoulder ham. **~koper** copper foil, sheet copper. **~lees** *n.* sight reading. **~lees** *ge-, vb.* sight-read. **~luis** plant louse, greenfly, aphid. **~metaal** foil, leaf metal. **~musiek** sheet music. **~roller** leaf roller. **~sak** knapsack; game bag. **~silwer** leaf silver, silver foil. **~skud, ~steek** *bladge-, (infml.)* shake hands. **~stil:** *dit was* ~ not a leaf stirred, there was not a breath of air. **~sy** →BLADSY. **~vernuwing** resurfacing *(of a road).* **~vuller** filler. **~wisselend** deciduous. **~wisseling** shedding of leaves. **~wyser** table of contents; index; bookmark(er). **~yster** sheet iron.

**blad·ag·tig** *-tige* leaflike.

**blad·hou·dend** *-dende* evergreen, indeciduous.

**blad·jie** *-jies* small shoulder *(of meat).*

**blad·sy** page. **~oorgang** *(comp.)* page break. **~proef** page proof.

**blaf** *blawwe, n.* barking; bark. **blaf** *ge-, vb.* bark; bay; cough; *(pers.)* bark/blare (out), snap; *blaffende honde* **byt** *nie* barking dogs seldom bite; *iem.* ~ *harder as wat hy/sy* **byt** s.o.'s bark is worse than his/her bite; ~ *met die* **honde** *en huil met die wolwe* run with the hare and hunt with the hounds; *moenie* **te hard** ~ *nie* don't start crowing too soon, don't count your chickens before they're hatched; *vir iem.* ~ bark at s.o.; *vir die* **maan** ~ bay/bark at the moon. **blaf·fer** *-fers* barker, yapper. **blaf·fe·rig** *-rige* inclined to bark; yappy.

**bla·kend** *-kende* burning, glowing, ardent; *in ~e gesondheid/ welstand verkeer* be glowing/bouncing/bursting/radiant with health, be in the pink (of health).

**bla·ker** *-kers, n.* (flat) candlestick, sconce. **bla·ker** *ge-, vb., (fig.)* burn, singe, scorch, parch, bake; hit, strike.

**bla·meer** *(ge)-* blame, lay/put/pin/place the blame on *(s.o.);* →BLAAM.

**blanc-mange** *(cook.)* blancmange.

**blank** *blanke blanker blankste, adj., (somewhat dated)* white; *(possibly derog.)* fair, white *(skin); (poet., liter.)* pure; *~e verse* blank verse. **blan·ke** *-kes, n., (dated, possibly derog.)* white (person); *die ~s* the whites. **blank·heid** fairness, whiteness; *(poet., liter.)* purity.

**blan·ko** blank; *iets* ~ *laat* leave s.t. blank; ~ *tjek* blank cheque.

**blan·sjeer** *(ge)-, (cook.)* blanch.

**blaps** *blapse* blunder, error, faux pas, gaffe, slip-up, *(infml.)* boo-boo; *'n* ~ *maak/begaan* commit/make a faux pas *(or a* blunder/gaffe).

**blas** ~ *blasser blasste* dark, swarthy; sallow *(complexion).* **blas·heid** swarthiness; sallowness.

**bla·sé** blasé.

**bla·ser** *-sers* blower; wind instrumentalist; *(sport)* referee; → BLAAS² *vb.; die ~s, (mus.)* the wind section *(or* winds).

**bla·sie** *-sies* little bladder; small blister; bubble, vesicle; → BLAAS¹ *n.; vol ~s* blistery.

**bla·tant** *adj. & adv., (<Eng.)* blatant(ly), flagrant(ly), shameless(ly).

**blat·jang** chutney.

**bled·die, bler·rie** *(coarse sl.)* bloody, bleeding, blooming, flaming, damn, frigging.

**bleek** ~ *bleker bleekste, adj.* pale, colourless, white, wan, ashen, pallid; pale, washed out *(colour); so* ~ *soos 'n* **laken** (of die **dood**) as pale/white as a sheet, as pale as death, deathly pale; ~ *van (die)* **skrik** pale with fright; ~ *van* **woede** pale with anger/rage, ashen with anger; ~ **word** go/grow/turn pale; blanch *(from shock, fear, etc.).* **bleek** *adv.* palely. **~geel** pale yellow. **~siekte** *(pathol.)* chlorosis, greensickness, anaemia. **~siel** →BLEEKSIEL.

**bleek·heid** paleness, colourlessness, pallor, pastiness.

**bleek·siel** *(infml.)* nerd, geek; *(ook* bleeksielmeisie*)* plain Jane. **bleek·sie·lig, bleek·sie·le·rig** *(infml.)* nerdish, nerdy.

**bleek·sug·tig** *-tige* anaemic, chlorotic.

**bleik** *n.* bleaching. **bleik** *ge-, vb.* bleach, whiten. **~aarde** fuller's earth. **~middel** *-dele, -dels* bleach, bleaching agent, whitener, decolorant. **~veld** bleach(ing) ground/field/green.

**ble·ke·rig** *-rige* wan; palish, slightly pale.

**blêr** *blêre, n.* bleat. **blêr** *ge-, vb., (sheep)* bleat; *(child etc.)* cry, howl; *(rad.)* blare (out). **~boks** *(infml.)* beatbox, ghetto blaster/box. **~kas** *(infml.)* jukebox.

**blerts** *blertse, n.* blob, splash, spatter. **blerts** *ge-, vb.* (be)spatter, splash.

**bles** *blesse, n.* bald patch/spot; *'n* ~ *hê* be bald(ing), go bald. **bles** *adj.* bald(-headed); balding; ~ *wees* be bald(ing), go bald. **~bok** blesbok. **~hoender** red-knobbed coot. **~kop** baldhead, *(infml.)* baldy.

**bliep** *n.* bleep. **bliep** *vb.* bleep; *iem.* ~ bleep s.o.. **blie·per** bleep(er); *iem. oor sy/haar* ~ *roep* bleep s.o..

**blik¹** *blikke, n.* tin plate, tinned sheet iron; *(receptacle)* tin, (tin) can, canister; *in ~* tinned, canned; *jou ~!* you blighter!, you son of a gun!. **~aspaai** *(variation on hide-and-seek)* I spy. **~beker** tin mug. **~brein** *(infml.)* electronic brain, (electronic) computer. **~emmer** tin pail/bucket. **~kantien** tin can; *dis die laaste sien van die ~* that's the last we/you will see/hear of it/him/her; you can kiss that goodbye. **~ners** saddle-sore; *jou ~ ry* get saddle-sore. **B~oor** *(nickname for)* Free Stater. **~skottel** *n.* tin dish; *(infml., also* blikslaer*)* blighter, rascal, scoundrel, wretch. **~skottel(s)** *interj.* dammit!, dash it (all)!, darn (it [all])!. **~snyer** tin-, can-opener. **~soldaatjie** tin soldier.

**blik²** *blikke, n.* look, glance; gaze; insight; *'n betekenisvolle/ veelseggende ~* a meaning/significant look; *'n deurdringende/ondersoekende/skerp ~* a searching look; *met een ~* with one look; *by die eerste ~* at first glance; *'n kil/koue/ strak(ke) ~* an icy (*or* a stony) stare; *'n ~ van iem. opvang* meet s.o.'s eye; *'n starende ~* an unwinking stare; *'n ~ in die toekoms werp* look into the future; *jou ~ verbreed/verruim* broaden/expand one's horizons; *'n vlugtige ~ op ... kry* catch/get a glimpse of ...; *'n ~ op ... werp* glance (*or* dart a glance) at ...; *'n wesenlose ~* a vacant stare.

**blik³** *vb.: sonder om te ~ of te bloos* unashamedly, without a blush (*or* batting an eye[lid]).

**blik·ke·rig** *-rige* tinny.

**blik·kie** *-kies* (small) tin; →BLIK¹; *dit gaan jou ~s!* good luck to you!.

**blik·kies-:** **~dorp** shantytown. **~kos** tinned food. **~melk** condensed/tinned milk. **~vleis** tinned/corned/canned meat; bully (beef).

**blik·sem** *n., (infml.)* (bolt of) lightning; *(coarse)* bugger, sod, son of a bitch, sonofabitch, scoundrel; *na die ~ gaan, (coarse)* go to hell/blazes; *soos die ~, (infml.)* quick as lightning, like blazes. **blik·sem** *ge-, vb., (infml.), (lightning)* flash, lighten; *(s.o.'s eyes)* flash *(with rage etc.)*; *(coarse)* bash (up), clobber, do *(s.o.)* over, let *(s.o.)* have it. **blik·sem** *interj., (coarse)* dammit!, damn/blast/bugger (it)!, bloody hell!, shit!. **~straal**, **~slag** bolt of lightning, thunderbolt.

**blik·sems** *adv., (coarse)* damned, bloody. **blik·sems** *interj., (coarse)* dammit!, damn/blast/bugger (it)!, bloody hell!, shit!. **blik·sem·se** *adj.(attr.), (coarse)* damned, infernal, bloody.

**blind** *blinde blinder blindste, adj.* blind, sightless; unseeing; unreasoning, indiscriminate; *~e bult* blind rise; *~e deur* sham door; *~e gang* dead end, blind alley; *~ gebore* born blind; *~e gehoorsaamheid* blind/passive/unquestioning obedience; *~e hoek* blind corner; dead angle; *~e hoofpyn* migraine; *~e kant* safe edge *(of a tool)*; *~e kol, (fig., mot., av.)* blind spot; *~e las/voeg* lapped/housed joint; *iem. ~ maak* blind s.o.; *~e muur* blank/dead wall; *~e raaiskoot* wild guess; *siende ~ wees, niemand is so ~ as hy wat nie wil sien nie* wear blinkers, be blinkered; there's none so blind as those who will not see; *~e skag* blind shaft; *~e skoot* snap shot; *jou op/teen iets ~ staar* concentrate too much on s.t.; become obsessed with s.t.; overestimate the importance/influence of s.t.; *jou op een ding ~ staar* be blind to possible alternatives; have a one-track mind; *~e steeg* blind alley; cul-de-sac; *~e toeval* pure chance; *~ wees aan ...* be blind with ... *(rage etc.)*; *~e venster* dummy/dead window; *'n ~e vertroue in iem. hê* trust s.o. implicitly, have blind/implicit faith in s.o.; *vir iets ~ wees, (fig.)* be blind to s.t.; *~ word* go blind; *~ word van woede* become blind with fury. **blind** *adv.* blindly; *~ tik* touch-type, do touch-typing; *~ vlieg, (av.)* fly blind, fly by instruments. **~doek** *n.* blindfold. **~doek** *ge-, vb., (lit. & fig.)* blindfold; hoodwink, deceive. **~tik** touch-typing. **~vlieg** blind/instrument flying. **~weg** blindly; *iem. ~ vertrou* trust s.o. implicitly.

**blin·de** *-des* blind person; *(bridge)* dummy; *die ~s* the blind; *in die land van die ~s is eenoog koning* in the country of the

blind the one-eyed man is king; *'n ~ kan dit met 'n stok voel, (infml.)* it stands/sticks out a mile.

**blin·de-:** **~derm** appendix. **~dermontsteking** appendicitis. **~mol** common mole. **~mol(letjie)** *(a game)* blind man's buff. **~sorg** care of the blind. **~steek** *(needlework)* blind stitch. **~vlek** blind spot *(in the eye)*. **~vlieg** horsefly, gadfly.

**blin·de·lings** blindly; headlong, indiscriminately; *(trust)* implicitly.

**blind·heid** blindness, sightlessness; *met ~ geslaan wees, (fig.)* be (struck) blind; *volslae ~* total blindness.

**blin·ding** *-dings* (window) blind.

**bli·ni(s)** *(pl.), (Russ. cook.: pancakes)* blini(s).

**blink** *blink blinker blinkste, adj. & adv.* shiny, shining, gleaming, bright, glossy, lustrous; sleek *(hair, skin, fur, animal)*; radiant *(face)*; *~ gedagte* brainwave *(infml.)*, clever idea; *hou die ~ kant bo* look on the bright side, keep smiling; keep a stiff upper lip; don't be disheartened; *iets laat ~, iets ~ maak* polish/shine s.t., give a shine to s.t., put a shine on s.t.; *van ... ~ glisten/shine with ...*; *weer ~ vertoon, (company, sports pers., etc.)* bounce back; *~ vryf* polish up, burnish. **blink** *ge-, vb.* shine, gleam, glitter, glisten, glint; *dis nie alles goud wat ~ nie* all that glitters, is not gold; *van die trane ~ be dewed with tears*; *van vreugde ~, (s.o.'s face)* be radiant with joy. **~blaar(boom)** redwood; round-leaf kiaat. **~blaar-wag-'n-bietjie** buffalo thorn. **~goed** glitter, tinsel, *(sl.)* bling (bling); decorations. **~leer** patent leather. **~vet** plump, in prime condition.

**blin·kend** *-kende* glossy.

**blin·ker** *-kers* spangle, sequin; cat's-eye.

**blin·ke·rig** *-rige* shiny.

**blink·heid** shininess, brilliance, glossiness.

**blits** *blitse, n.* lightning; lightning flash, flash of lightning; flash; *soos ~, (infml.)* (as) quick as a flash, (as) quick as lightning; *soos 'n vetgesmeerde ~, (infml.)* like greased (*or* a streak of) lightning, at a rate of knots. **blits** *ge-, vb.* lighten; *(eyes)* flash; *kyk hoe ~ dit* look at the lightning; *dit het vreeslik ge~* the lightning was terrible. **~aanval** blitz, lightning attack. **~bouler** *(cr.)* fast/pace bowler, paceman. **~oorlog** *-oorloë* blitzkrieg. **~patrollie** flying squad. **~sukses** overnight success. **~toer** whistle-stop tour, *(infml.)* Cook's tour. **~trein** bullet train. **~verkoper** best seller, *(infml.)* blockbuster. **~vinnig** *adj.* high-speed, very fast, lightning *(speed)*. **~vinnig** *adv.* in/like a flash, (as) quick as a flash (*or* as lightning/thought), like lightning, like greased (*or* a streak of) lightning.

**blit·sig** *adj. & adv.* swift, *(infml.)* nippy, quick as lightning.

**bloed** blood; *blou/adellike ~ hê* have blue blood; *iets laat iem. se ~ bruis* s.t. sends the blood rushing through s.o.'s veins; *na ~ dors* have a thirst for blood; *iem. wil tot die laaste druppel ~ hê* s.o. wants his/her pound of flesh; *goed en ~* life and property; *dit is/sit in die ~* it runs in the blood; *jy kan nie ~ uit 'n klip tap nie* you cannot get blood from (*or* out of) a stone; *van koninklike ~ wees* be of royal blood; *iem. se ~ kook* s.o.'s blood boils; *waar ~ nie kan loop nie, kruip dit* blood is thicker than water; *~ laat loop/uitkom* draw blood; *nuwe ~* fresh/new blood; *~ ruik, (fig.)* taste blood; *dit sit in iem. se ~* s.o. has it in him/her; *~ skenk* donate/give blood; *~ sweet* sweat blood; *~ vergiet* shed blood; *jou eie vlees en ~* one's own flesh and blood. **~aar** vein. **~arm** anaemic. **~armoede** anaemia, anemia. **~bad** *-baaie* blood bath, massacre, slaughter, carnage; *'n ~ onder die inwoners aanrig* massacre the inhabitants. **~bank** blood bank. **~bevlek** bloodstained. **~blaar** blood blister. **~broer** blood brother. **~dors** →BLOEDDORS. **~druk** blood pressure; *hoë ~* hypertension, high blood pressure; *lae ~* hypotension, low blood pressure. **~druppel** drop of blood. **~geld** blood money. **~geswel** haematocele, haematoma. **~groep** blood group/ type. **~hond** bloodhound; *(fig.)* brute, monster, butcher. **~jong** *(attr.)*, **~jonk** *(pred.)* very young; *'n bloedjong meisie* a mere *(or* a slip of a*)* girl. **~kanker** *(med., infml.)* leukaemia. **~kleur‑ stof** haemoglobin. **~klont** blood clot, thrombus. **~kol** blood‑ stain. **~kunde** →BLOEDKUNDE. **~laat** →BLOEDLAAT. **~lemoen** blood orange. **~liggaampie** blood cell, corpuscle, haemo‑ cyte; *rooi/wit* ~ red/white corpuscle. **~luis** woolly aphid/ aphis. **~lyn** *(animal husbandry)* strain, (blood)line. **~meel** *(animal feed, fertiliser)* blood meal. **~min** precious/very little; very few. **~neus:** *iem.* ~ *slaan* give s.o. a bloody nose. **~offer** blood sacrifice. **~oortapping** blood transfusion; *iem. 'n* ~ *gee* give s.o. a transfusion. **~plaatjie** *(physiol.)* (blood) plate‑ let, thrombocyte. **~plas** pool of blood. **~plasma** (blood) plasma. **~pruim** blood plum. **~reën** blood rain. **~rooi** *adj.* blood‑red, scarlet; ~ *word* turn scarlet. **~ryk** *(pathol.)* en‑ gorged (with blood), filled with blood. **~serum** blood se‑ rum. **~skande** incest. **~skender** incestuous person. **~sken‑ ker** blood donor. **~skenking** blood donation, donation of blood. **~skenkingsdiens** blood transfusion service. **~skuld** blood guilt. **~smeer** blood film/smear. **~spatsel** speck/spot of blood. **~spoor** trail of blood. **~spuwing** spitting *(or* cough‑ ing up*)* of blood. **~steen** *(min.)* bloodstone, heliotrope. **~stel‑ pend** styptic, haemostatic. **~stollend** *‑lende, (fig.)* bloodcur‑ dling; *(lit.)* blood‑coagulating. **~storting** haemorrhage; blood‑ shed. **~stroom** bloodstream. **~suier** *(lit.)* leech; *(fig.)* leech, bloodsucker, parasite. **~suiker** *(med.)* blood sugar, glucose. **~sweet** bloody sweat; ... *kos* ~, *(fig.)* ... is tough going *(or* a hard grind*)*. **~toets** blood test. **~toevoer** blood supply, sup‑ ply of blood. **~vat** blood vessel. **~vatstelsel** circulatory sys‑ tem, (blood) vascular system. **~vergieting** bloodshed. **~ver‑ gift(ig)ing** blood poisoning, septicaemia, toxaemia. **~ver‑ lies** loss of blood. **~verwant** *n.* blood relation/relative; *(in the pl.)* relatives, kindred, kin; *naaste* ~e next of kin, close relatives. **~verwant** *adj.* cognate. **~verwantskap** relation‑ ship by blood, (blood) relationship, kinship. **~vete** blood feud, vendetta. **~vint** *‑vinte, (med.)* boil, furuncle. **~vlek** bloodstain. **~warmte** blood temperature/heat. **~wors** blood/ black pudding, blood sausage. **~wraak** blood revenge. **~wurm** bloodworm.

**bloed·be·lo·pe** bloodshot.

**bloed·dors** bloodlust, bloodthirstiness, thirst for blood. **bloed‑ dors·tig** bloodthirsty. **bloed·dors·tig·heid** bloodthirstiness.

**bloe·de·rig** *‑rige* bloody; bloodstained, smeared with blood, gory, sanguineous; *(infml.)* gory *(film, story, etc.)*. **bloe·de· rig·heid** bloodiness.

**bloe·dig** *‑dige, adj.* bloody, sanguinary; gory *(battle, opera‑ tion)*; scorching, blazing *(sun)*; scorching, sweltering, blis‑ tering, searing *(heat)*; *'n* ~e *oorlog* a bloody war. **bloe·dig** *adv.:* ~ *kwaad word, jou* ~ *vererg* fly into a fury, *(infml.)* see red; ~ *warm* blisteringly hot, scorching; *'n* ~ *warm dag* a scorching/sweltering (hot) day, *(infml.)* a scorcher/sizzler.

**bloe·ding** *‑dings, ‑dinge* bleeding, haemorrhage; ~ *op die brein* cerebral haemorrhage.

**bloed·jie** *‑jies, (infml.)* poor mite, little thing; *'n bietjie* ~s a little blood.

**bloed·kun·de** haematology. **bloed·kun·di·ge** haematologist.

**bloed·laat** *‑ge‑* bleed. **bloed·la·ting** *‑tings, ‑tinge* bleeding, bloodletting, cupping.

**bloed·loos** *‑lose* bloodless; anaemic. **bloed·loos·heid** blood‑ lessness; anaemia.

**bloeds·om·loop** (blood) circulation; *groot/klein* ~ systemic/ pulmonary circulation. **~stelsel** circulatory system.

**bloei**[1] *n.* bloom, blossom; *(fig.)* flowering, blossoming *(of the arts)*; *(fig.)* flourishing, burgeoning *(of comm.)*; heyday; *in* ~ *staan* be in flower; *in volle* ~ in full bloom/blossom; *tot* ~ *kom* thrive, flourish. **bloei** *ge‑, vb.* blossom, bloom, flower; *(fig.)* flourish, prosper, thrive; *laat* ~ bring into blossom. **~‑ as,** **~spil** *(bot.)* r(h)achis, inflorescence axis. **~knop** bud. **~skede** spathe. **~stingel** scape. **~tyd** flowering time/sea‑ son, time of flowering/blossoming, florescence; *(fig.)* golden age, heyday, prime, palmy days. **~wyse** inflorescence.

**bloei**[2] *ge‑* bleed; *erg* ~ bleed freely/profusely; *my hart* ~ *vir* ... my heart bleeds for ...; *iem. se neus* ~ s.o.'s nose is bleeding. **~siekte, bloeiersiekte** haemophilia.

**bloei·end**[1] *‑ende* blooming, blossoming, flowering; *(fig.)* pros‑ perous, flourishing, thriving.

**bloei·end**[2] *‑ende* bleeding.

**bloei·er**[1] *‑ers* flowerer.

**bloei·er**[2] *‑ers* bleeder, haemophiliac.

**bloei·sel** *‑sels* blossom, bloom, bud.

**bloe·kom** *‑koms* blue gum. **~boom** blue gum tree. **~olie** eucalyptus oil.

**bloe·mis** *‑miste* florist. **bloe·mis·te·win·kel** florist's (shop), flower shop.

**bloem·le·sing** anthology.

**bloem·ryk** *‑ryke* flowery, ornate *(style)*; florid, flamboyant; ~e *styl/taal/woorde, (also)* purple prose. **bloem·ryk·heid** flow‑ eriness, ornateness; purple prose.

**bloes** *bloese,* **bloe·se** *‑ses* blouse.

**bloe·send** *‑sende* rosy, ruddy, flushed *(complexion)*; bloom‑ ing; florid; →BLOSEND.

**blog** *(Internet diary)* blog. **blog·ger, blog·skry·wer** blogger.

**blok**[1] *ge‑, vb.* cram, swot, grind (at); *vir 'n eksamen* ~, *(infml.)* cram/swot for an examination. **~tyd** revision time.

**blok**[2] *blokke, n., (bulky piece)* block, chunk; log *(of wood)*; bloc *(in pol. etc.)*; block *(in print.; of a pulley)*; body, stock *(of a plane)*; ingot; rectangular solid; cuboid; slab; *(hist.)* stocks *(for offenders)*; *vir iem. 'n* ~ *aan die* ***been*** *wees* be a millstone *(or* an albatross*)* (a)round s.o.'s neck; *in die* ~ *stocks*; *'n* ~ ***marmer*** a block of marble; *'n* ~ *van 'n kêrel* a huge fellow; *'n* ~ ***woonstelle*** a block of flats. **blok** *ge‑, vb.* block, stop, impede. **~beitel** block chisel. **~bom** *(mil., infml.)* block‑ buster. **~diagram** block diagram. **~druk** block printing. **~fluit** recorder. **~hak** squat/Cuban heel. **~hamer** mallet. **~huis** blockhouse. **~letter** block letter/capital. **~man** *‑manne* blockman. **~raaisel** →BLOK(KIES)RAAISEL. **~silwer** block sil‑ ver. **~skaaf** smoothing plane. **~skoen** clog, wooden‑soled shoe; sabot; patten. **~skrapping** *(comp.)* block delete. **~skrif** block letters/capitals; block writing; *in* ~ in block letters; *(on a form)* please print. **~stem** block vote; card vote. **~wiel** web wheel.

**blok·ka·de** *‑des, (med.)* blockade, blockage; *(mil., fin.)* block‑ ade; *deur die* ~ *breek* run the blockade; *'n* ~ *ophef* lift/raise a blockade. **~breker** *(a ship or pers.)* blockade‑runner. **~skip** blockader.

**blok·keer** *(ge)‑* blockade; jam (up) *(a mechanism)*; *(fin.)* block. **blok·keer·der** *‑ders* blockader. **blok·ke·ring** blockading.

**blok·kie** *‑kies* square; small block/cube; *(in the pl., cook.)* dice. **~suiker** loaf/cube sugar.

**blok(·kies)·raai·sel** crossword (puzzle); *'n* ~ *invul* do a crossword (puzzle). **~liefhebber, ~verslaafde** cruciverbal‑ ist. **~opsteller** cruciverbalist.

**blom** *blomme, n., (lit. & fig.)* flower; blossom; whorl *(in wood)*; *'n bos(sie)* ~me a bunch of flowers; *in die* ~ *wees* be in flow‑ er; ~*me* ***pluk*** pick/gather flowers; *die* ~ *van* ... the flower of ... *(the nation etc.)*; ~ *van swa(w)el* flowers of sulphur; *vars* ~*me* fresh flowers. **blom** *ge‑, vb.* flower; *(fruit tree)* bloom, blossom. **~aar** spike. **~akker** flowerbed. **~as** floral axis. **~bak** flower bowl; flower/window box. **~bedding** flowerbed. **~blaar** petal; floral leaf. **~bodem** *(bot.)* receptacle, torus, thalamus. **~bol** (flowering) bulb. **~boom** flowering tree. **~bos** flower bush. **~ertjie** sweet pea. **~hofie** flower head, capitulum. **~kelk** calyx. **~knop** (flower) bud. **~kool** cauliflower. **~krans** wreath of flowers. **~kroon** corolla. **~kweker, blommekweker** nurs‑ eryman, floriculturist. **~kwekery, blommekwekery** nursery; flower growing, floriculture. **~kweper** flowering quince. **~luis** greenfly. **~naam** name of a flower. **~patroon** floral pattern; diaper pattern; *gordyne met 'n* ~ floral curtains.

**~plant** flowering plant, anthophyte; phanerogam. **~pot** flowerpot; vase. **~rand, blommerand** floral border. **~ruiker** bouquet, bunch of flowers; nosegay. **~ryk** =ryke, adj. flowery, full of flowers, blossomy; (fig.) →BLOEMRYK. **~saad** flower seed. **~skilder, blommeskilder** flower painter. **~soort** species of flower. **~staander, blommestaander** flower stand, jardinière. **~steel, ~stingel** flower stalk/stem. **~struik** flowering shrub. **~swa(w)el, swa(w)elblom** flowers of sulphur. **~tak(kie)** spray; (in the pl., also) fruitwood. **~tros** raceme. **~tuin** flower garden. **~tyd, blommetyd** flowering season. **~vaas** (flower) vase. **~winkel, blommewinkel** florist's (shop), flower shop.

**blom·dra·end** =ende flower-bearing, floriferous.

**blom·me=:** **~fees** floral fête. **~geur** fragrance/scent of flowers. **~handel** flower trade. **~handelaar** florist. **~kind** =kin= ders, (hist.: hippy) flower child. **~kuns** art of flower arranging/arrangement. **~mandjie** flower basket. **~mark** flower market. **~meisie** flower girl. **~prag** wealth of flowers; floral beauty. **~rangskikking** flower arranging/arrangement. **~ryk** n. floral kingdom. **~tentoonstelling** flower show. **~verkoper** (fem.: ~verkoopster) flower seller. **~weelde** wealth of flowers.

**blom·me·tjie** =tjies little flower; floret; (bot.) floscule.

**blom·vor·mig** =mige flower-shaped.

**blond** blonde blonder blondste, (fem.) blonde; (masc.) blond; light, fair(-haired), white-haired; **~e kop** fair head. **blon·de· kop** (fem.) blonde; (masc.) blond. **blond·heid** fairness, blond(e)ness; blond(e) colour. **blon·di·ne** =nes blonde, fair-haired girl.

**bloos** ge= blush, colour, flush; change colour, go red; →BLO= SEND; iem. laat ~ make s.o. blush; tot agter jou ore (toe) ~ turn scarlet; ~ van skaamte blush with shame, become red-faced.

**bloot** blote, adj. bare, naked, nude, uncovered; very, mere (thought); die blote feit the mere fact; blote feite, (jur.) bare facts; blote fiksie pure/mere fiction; onder die blote hemel in the open (air), under the open sky; 'n blote meerderheid a simple majority; met die blote oog with the naked eye; blote propaganda mere propaganda; blote teen=/teëspoed plain bad luck; dit was blote toeval it was purely coincidental (or by pure/mere chance). **bloot** adv. merely, purely (and simply); ~ uit nuuskierigheid purely out of curiosity. **~weg** merely, only, without more ado.

**bloot·lê** blootge= (lay) bare, expose, uncover; (fig.) disclose, reveal, uncover; jou planne ~ reveal one's plans; jou siel ~ bare one's soul. **bloot·leg·ging** baring, exposure, uncovering; disclosure, revealing; (jur.) discovery (of documents). **bloot·leg= gings·bevel** (jur.) discovery order, order of discovery.

**bloots** adv. bareback(ed), unsaddled; iem. ~ ry, (fig., infml.) go for s.o., give s.o. a dressing-down; 'n perd ~ ry ride a horse bareback(ed).

**bloot·stel** blootge= expose, subject; aan ... blootgestel wees be exposed to ... (danger etc.); be subject to ... (storms etc.); iem./ iets aan ... ~ subject s.o./s.t. to ... (criticism etc.); jou aan ... ~ expose o.s. to ... (danger etc.); lay o.s. open to ...; render o.s. liable to ...; jou ~ compromise o.s. **bloot·stel·ling** exposure; ~ aan ... exposure to ...

**blos** blosse blush (of shame); glow, flush (of cheeks); bloom (of health).

**blo·send** =sende blushing, rosy, flushed; →BLOESEND.

**blos·ser** (a cosmetic) blusher.

**blou** bloue, n. (shade of) blue. **blou** ~ blouer blouste, adj. blue; cyanotic; ~ baba blue baby; ~ bloed blue blood; die ~ dam the sea; geen ~e duit werd nie not worth a fig (or a brass farthing); iem. het geen ~e duit nie so much ~ geen ~e duit nie hasn't got a bean; ~ van die koue blue with cold; ~ Maandag blue Monday; iem. die ~ pas gee send s.o. packing; tot jy ~ word, (infml.) till you are blue in the face. **~aap, ~apie** vervet (monkey). **~apiestuipe:** iem. die ~ gee give s.o. the creeps. **~asbes** crocidolite, blue

asbestos. **B~baard** (fairy-tale character) Bluebeard. **~baard** (wife-murderer) Bluebeard. **~bessie** blueberry. **~blasie** blue bottle. **~blommetjie** felicia, blue marguerite; purple sage. **~bok** blue antelope. **~bosluis** blue tick. **~bottel** (dated) (bottle of) castor oil. **~draad** galvanised wire. **~druk** blueprint. **~duiker** blue duiker. **~gras** (Andropogon & Poa spp.) blue grass. **~groen** blue-green, bluish green; ~ beril, (min.) aquamarine. **~haai** blue shark. **~kaas** blue cheese. **~klip** dolerite; hornstone. **~kopkoggelmander, boomkoggelmander** (Acanthocercus atricollis) blue-headed/tree agama. **~korhaan** (orn.) blue korhaan. **~kous** (derog.: scholarly/intellectual woman) bluestocking. **~kraanvoël** blue crane. **~oog** blue-eyed person; iem. ~ slaan give s.o. a black eye, black s.o.'s eye. **~oogkind** blue-eyed child. **~reën** (bot.) wistaria. **~reier** grey heron. **~saadgras** (Tricholaena monachne) blue-seed grass. **~seep** blue (mottled) soap. **~skilder** adj. blue-speckled. **~skimmel** blue roan, grey, trout-coloured horse; (citrus disease) blue mould. **~spaat** (min.) blue spar, lazulite. **~steen** bluestone, blue vitriol, copper sulphate. **~sysie** (orn.): gewone ~ blue waxbill. **B~trein** (SA luxury passenger train) Blue Train. **~trein** (SA sl.: methylated spirits) blue train. **~valk** black-shouldered kite. **~vinhaai** blue pointer (shark), mako shark. **~vin(-)tuna** bluefin (tuna), tunny. **~visvanger** (orn.) half-collared kingfisher. **~vlieg** blowfly. **~walvis** blue whale. **~wildebees** blue wildebeest. **~winde** (bot.) morning glory. **~wit** blue-white; ~ diamant blue-white (diamond).

**blou·e** =es blue one; die/'n ~ the/a blue one; die ~s the blue ones.

**blou·e·rig** =rige bluey, bluish.

**blou·e·tjie** =tjies little blue one.

**blou·heid** blueness; (pathol.) cyanosis.

**blou·sel** (washing) blue, blu(e)ing; iets in die ~ steek blue s.t.. **~blou** brilliantly blue.

**blou·te** blueness, blue; uit die ~ out of the blue.

**blou·tjie** =tjies: 'n ~ loop be rejected (or turned down); meet with (or suffer) a repulse.

**blues** (mus.): (die) ~ the blues. **~sanger** blues singer.

**bluf** n. bluff. **bluf** ge=, vb. bluff. **~spel** bluff; bluffing tactics.

**bluf·fer** =fers bluffer. **bluf·fe·ry** bluffing.

**blus** n.: iem. se ~ is uit, (infml.) s.o. has no kick left (in him/ her); iem. se ~ is nog (lank) nie uit nie, (infml.) there's life in the old dog yet. **blus** ge=, vb. put out, extinguish, douse (a fire); slake (lime). **~emmer** fire bucket. **~kalk** slaked lime.

**blus·ser** =sers extinguisher.

**bly¹** blye blyer blyste, adj. glad, happy, pleased, delighted; joyful, joyous; gay, merry, cheerful; ek sal baie ~ wees as ... I shall be very much obliged if ...; die ~e boodskap glad tidings; (often B~ B~) the Gospel; 'n ~e dag a happy day; iem. kan ~ wees dat ... s.o. can be thankful that ...; te kenne, ek is ~ om jou te ontmoet nice to meet you; iem. ~ maak make s.o. happy; ~ wees om te hoor/verneem dat ... be rejoiced/relieved to hear that ...; oor iets ~ wees be glad/pleased about s.t.; ~ wees vir iem. be glad/happy for s.o., be glad for s.o.'s sake. **~spel** →BLYSPEL.

**bly²** ge= remain, stay; live, dwell; keep (on), continue; ~ aan, (teleph.) hold the line; binne ~ stay in; (food etc.) stay down; buite ~ stay out; by iem. ~ stay with s.o.; adhere to s.o. (a leader); by iets ~ stand by s.t. (a policy etc.); abide by (or adhere to or hold by/to or keep to or [infml.] stick to) s.t. (principles etc.); bymekaar ~ stay (or [infml.] stick) together; ~ daar!, ~ waar jy is! keep your distance!; iem. ~ daarby dat ... s.o. maintains that ...; dit sal nie daarby ~ nie it will not stop there; en daarby het dit ge= and that was the end of it, and there the matter rested; daarsonder ~ go without; dit ~ 'n feit dat ... the fact remains that ...; gesond ~ keep in good health; goed ~, (perishables) keep; aan die hardloop ~ keep (on) running; ~ hoop keep hoping; live in hopes; iets laat ~ soos dit is leave s.t. (or let s.t. remain) as it is; laat *maar* ~*!*, **laat** ~ *maar!* never mind!; let's drop the whole idea; **laat** ... **maar** ~*!* never mind about ...!; **langer** ~ stay on; *te* **lank** ~ outstay one's welcome; ~ **lewe** live (on); **mooi** ~*!*, *(a farewell)* take care of yourself!; **na** *aan* ... ~ stay/stick close to ...; **onbeantwoord** ~ go unanswered; **onder** ~ stay down; *dit* ~ **onder** *ons* don't let it go any further; **seuns** ~ *maar seuns* boys will be boys; ~ **sit** stay/remain seated *(or sitting down)*; *dit kan nie so* ~ *nie* things can't go on like this; **son**=**der** *iets* ~ do/go without s.t.; **sonder** *kos* ~ go hungry; ~ **stil!** (be) quiet!; ~ **van** *my lyf af!* don't touch me!; hands off!; **vir** *aandete/middagete* ~ stay for/to dinner/lunch; **voor** ... ~ stay ahead of ...; *net* **voor** ... ~ keep one step ahead of ...; **waar** ~ *hy/sy (so lank)?* what is keeping him/her (so long)?; ~ **waar** *jy is* stay put; **waar** ~ *die koffie?* what has happened to the coffee?; ~ **werk** *af/*keep on working. ~**beurt(e)** timeshare. ~**beurtontwikkeling** timeshare development. ~**plek** accom=modation; abode, dwelling (place), *(infml.)* pad.

**blyd·skap** joy, gladness, happiness; *huppel van* ~ jump for joy; *verruk van* ~ *wees* be transported with joy.

**bly·heid** gladness, joy(ousness), happiness.

**blyk** *blyke, n.* mark, token, sign; evidence, proof; *as* ~ *van* ... as a sign of ...; ~ *(e) van iets gee* give evidence of s.t.; show signs of s.t. *(fear etc.)*. **blyk** *ge=, vb.* appear, prove, turn out, emerge, be shown/proved/found; transpire, become clear; *dit* ~ *dat* ... it appears that ...; it turns out that ...; *dit het 'n mis*=*lukking ge*~ it proved (to be) a failure; **laat** ~ *dat* ... let on that ... *(infml.); jy moet niks daarvan laat* ~ *nie* keep it to your=self; keep a straight face; *dit* **moet** *nog* ~ it remains to be seen; *dit sal nog moet* ~, *(also)* that is as may be; *uit die do*=*kumente/ens.* ~ *dat* ... from the documents/etc. it is apparent that ... **blyk·baar** *=bare, adj.* apparent; evident. **blyk·baar** *adv.* apparently; evidently; *iem. het 'n* ~ *gevlug* s.o. appears/seems to have fled.

**bly·moe·dig** cheerful, merry, gay, joyful, jovial. **bly·moe**=**dig·heid** cheerfulness, gladness, joyfulness.

**bly·spel** *=spele* comedy. ~**aktrise,** ~**speelster** comedienne. ~**skrywer** comedy writer, writer of comedies.

**bly·wend** *=wende meer =wend die mees =wende* lasting *(peace);* enduring, permanent; everlasting *(fame etc.);* standing *(offer);* fast *(colour);* long-lasting *(friendship);* →BLY².

**bo** *prep.* above *(par, freezing point; the tumult);* over *(five etc.);* ~ *alles* above all, more than anything; ~ *en behalwe* over and above, in addition to; besides, aside from, beyond; ~ *en* **behalwe** *dit* on top of that; *reg* ~ ... right above ...; ~ *die* **seevlak/seespieël** above sea level; *mense/persone* ~ **sestig** over-sixties. **bo** *adv.* upstairs; at the top; up; on high; ~ **bly** stay on top; ~ **dryf** float on the surface; ~ *in* in/at the top; ~ *in die lug* overhead; *iets* ~ *kry* get s.t. up; ~ *langs* along the top; *die* **Bokke/ens.** ~*!* up (with) the Boks/etc.!; *na* ~ up= (ward[s]); higher up; on high; upwardly; *na* ~ *gaan* go up= stairs; *na* ~ *kom* come to the top; rise to the top; ~ *om* (a)round the top; *van* ~ *tot onder* from top to toe/bottom; from head to foot; *van onder na* ~ from the bottom up= ward(s); ~ *op die berg* right up on the mountain; **soos** ~ as above; ~ *uit* out at the top; *'n mens kon sy/haar stem* ~ *uit hoor* his/her voice could be heard above everything; ~ *uit* **kom** reach the top; rise to the top, win through/out, *(infml.)* make/hit the big time; *van* ~ *(af)* from above; from the top; from upstairs; from on high; *van* ~ *(gesien)* on the surface; *opdrag van* ~ *af* superordinate command/instruction. ~**aan** on top; at the head *(of the table);* at the top *(of the page);* ~ *staan* be at the top, lead; come first, hold/occupy the first place, head the list; ~ *die program staan* top the bill. ~**aansig** top view. ~**aards** otherworldly, supernatural, celestial, super=mundane, superterrestrial. ~**arm** upper arm. ~**armspier** bi=ceps. ~**baas** *n.* champion, master; ace, top-notcher; ~ *wees* be second to none, surpass everybody, excel, be top dog, boss the show, rule the roost. ~**baas**= *det.* top-class, *(infml.)* ace. ~**been** thigh. ~**belasting** surcharge. ~**bou** superstruc=

ture; upper works; *(naut.)* top hamper. ~**deel** upper/top part; floatage *(of a ship).* ~**dek** upper deck. ~**deur** upper door, (upper) half-door. ~**dorp** upper town; upper village. ~**draai** *(tennis etc.)* topspin. **B**~**-Egipte** *(geog.)* Upper Egypt. ~**-en-onder-deur** stable door, *(Am.)* Dutch door. ~**-ent** top (end), upper end; head *(of a table).* ~**genoemd** *=noemde,* ~**gemeld,** ~**vermeld** *=melde* above(mentioned). ~**grond** → BOGROND. ~**hand:** *die* ~ *kry* gain the upper hand. ~**kaak** upper jaw; *(anat.)* maxilla. **B**~**-Kaap:** *die* ~ the Malay Quar=ter *(of Cape Town).* ~**kant** →BOKANT. ~**kas** *(print.)* upper case, capitals. ~**kerf:** ~ *trek* strain under the load, struggle uphill, have a hard time. ~**kom** *boge=* come up; emerge, (come to the) surface; rise to the top, get on top; *weer* ~ resurface. ~**kors** upper crust. ~**koste** overheads, overhead charges/costs/expenses. ~**laag** top/surface/upper layer; top/finishing coat *(of paint etc.); (geol.)* superstratum, overburden; top=ping; upper/top course *(of a wall);* topsoil; top dressing; *die* ~ *van die samelewing* the upper crust *(or* élite). ~**laaier,** ~**laai**=**(was)masjien** top loader. ~**laken** top sheet. ~**langs** *=langse, adj.* superficial. ~**langs** *adv.* superficially; *iets* ~ *skoonmaak* give s.t. a catlick *(infml.).* ~**leer** uppers, upper leather; up=per, top *(of a shoe);* vamp *(of a shoe).* ~**lip** *(zool.)* upper lip; labrum. ~**loop** upper course/reaches *(of a river).* ~**lyf** upper part of the body, torso; *'n kort* ~ *hê* be short-waisted; *met naakte/kaal* ~ topless *(infml.).* ~**menslik** superhuman. ~**na**=**tuurlik** supernatural, supranatural, preternatural, superphys=ical; unearthly, otherworldly. ~**normaal** *=male* supernormal; oversize(d); *=male grootte* oversize. ~**-oor** right/clean over, over the top; overhand, overarm; ~ *gaan, (lit.)* go over the top; *iets* ~ *tik* overtype s.t.. ~**-op** at the top, on (the) top; on the surface; ~ *iem./iets* on top of s.o./s.t.. ~**perk** *(fin.)* cap. ~**punt** top/upper end. ~**sak** upper/breast pocket. ~**sin(ne)lik** super=sensual, transcendental, superphysical. ~**skrif** *(print.)* super=script; surtitle *(of an opera); 'n opera van* ~*te voorsien* surtitle an opera. ~**staande** abovementioned; *die* ~ the above. ~**steek** *n.* top stitch; *iets met bosteke afwerk* topstitch s.t.. ~**stel** up=per part; upper set; upper denture. ~**stuk** upper part/piece, top part. ~**sy** top side; upper/dorsal side *(of an animal).* ~**toon** overtone; dominant; *die* ~ *voer* dominate; set the pace, play first fiddle. ~**verdieping** upper storey, top floor. ~**vermeld** →BOGENOEMD. ~**vlak** top side, upper surface. ~**wind** upper(-level) wind, wind aloft.

**bo·a** *=as, (a long fluffy scarf)* boa. ~**konstriktor** *=tors* boa con=strictor.

**bob·be·jaan** *=jane* baboon; *(infml.)* ass, ninny, clod, twit; *die* ~ *agter die* **bult** *gaan haal, (fig.)* meet trouble halfway; *moenie die* ~ *agter die bult gaan haal nie, (fig.)* don't cross your bridg=es before you come/get to them; *jou* ~*!, (infml.)* you ass!; *elke* ~ *op sy (eie)* **krans,** *(fig.)* each one to his proper sphere; birds of a feather flock together; *jy's 'n mooi* ~*!, (infml., iron.)* you're a fine one!. ~**bek,** ~**sleutel** Stillson (wrench) *(trade*=*mark).* ~**klou** monkey wrench; *(bot.: Leucospermum cordifo*=*lium)* nodding pincushion. ~**mannetjie** male baboon. ~**spin**=**nekop** baboon spider. ~**stuipe** *(infml.)* freak-out; *iem. die* ~ *gee, (infml.)* freak s.o. out; *die (blou)* ~ *kry, (infml.)* have/throw a fit, freak (out); fly into a fury; →AAPSTUIPE. ~**wyfie** female baboon.

**bob·be·jaan·ag·tig** *=tige* baboon-like.

**bob·be·jaan·tjie** *=tjies* little baboon; baby; *(bot.)* babiana.

**bob·bel** *=bels, n.* bubble, blister; bulge; blob; cockle. **bob·bel** *ge=, vb.* bubble, blister; bulge. **bob·bel·ag·tig** *=tige* knobbly.

**bo·bo·tie** *(SA, cook.)* bobotie.

**bod, bot** *botte* bid, offer; *aan* ~ *kom* come under consider=ation; *'n* ~ *doen/maak* make a bid; *'n hoër/nuwe* ~ *doen/maak* rebid; *iem. 'n* ~ *gee* make s.o. an offer *(at an auction); 'n* ~ *van R1000 op iets* a bid of R1000 for s.t..

**bod·der** *ge=, (<Eng., infml.)* bother, trouble, pester.

**bo·de** *=des* messenger; servant; *per* ~ by messenger; by hand *(on a letter).*

**bo·dem** *-dems* bottom; ground, soil; territory, soil; base; tail *(of a bullet);* substratum; invert *(of a pipe, channel); (naut.)* bottom, ship, vessel; bottom *(of the heart);* →BOOM² *n.; iets tot die ~ (toe) drink* drain s.t. to the dregs; *van eie ~* home-grown; *... die ~ inslaan, (lit.)* knock the bottom out of ...; *(fig.)* knock ... on the head *(a scheme etc.);* frustrate *... (plans);* dash *... (expectations); op die ~ van die see* on the bottom of the sea; *tot op die ~ kom* get down to fundamentals; *op vas te ~* on a firm/safe foundation; on terra firma; *vaste ~ onder die voete kry* touch ground. **~gesteldheid** condition/nature of the soil, soil conditions. **~hoogte** ground level. **~kunde** soil science, pedology. **~laag** basal bed. **~opname** soil survey. **~profiel** soil profile. **~rykdom** riches of the soil; mineral wealth. **~vas** *-vaste* rooted in the soil; *~te bevolking* settled population. **~vis** demersal fish. **~vlak** bottom; ground surface.

**bo·dem·loos** *-lose* bottomless, fathomless.

**boe** *interj.* boo!; *iem. kan nie ~ of ba sê nie* s.o. can't say boo to a goose; *iem. het nie ~ of ba gesê nie* s.o. did not say a word. **boe** *ge-, vb.* boo, hoot.

**Boe·da·pest** *(geog.)* Budapest.

**Boed·dha** Buddha. **Boed·dhis** *-dhiste* Buddhist. **Boeddhis·me** Buddhism. **Boed·dhis·ties** *-tiese* Buddhist(ic).

**boe·del** *-dels* estate; property; *'n ~ beredder* administer an estate; *~ oorgee* surrender one's estate, become bankrupt; *(infml.)* puke, spew, feed the fishes; *(infml.)* die. **~afstand** assignment *(of an estate); ~ doen* assign an estate. **~beheerder** trustee. **~belasting** estate duty. **~beredderaar** administrator of an estate. **~beskrywing** inventory (of an estate). **~oorgawe** surrender(ing) of estate.

**boef** *boewe* hooligan, thug, scoundrel, villain, rascal; criminal; →BOEWE. **boef·ag·tig** *-tige* villainous; criminal. **boe·fie** *-fies* little villain, (street) urchin, ragamuffin.

**boeg** *boeë* prow, bow(s) *(of a ship);* shoulder joint, shoulders, chest *(of a horse); (anat.)* acromion; *dit oor 'n ander ~ gooi* change one's tack, try a different approach; shift one's ground. **~anker** bower (anchor), best bower. **~beeld** figurehead. **~golf** bow wave. **~hout** hawse. **~lyn** bowline, bower cable. **~water** backwater.

**boeg·lam** dead beat/tired, exhausted, worn out; *jou ~ skrik* nearly *(or* just about) jump out of one's skin, (almost/nearly) die of fright, get/have the fright of one's life.

**boe·goe** buchu. **~brandewyn** buchu brandy. **~~essens** buchu essence.

**boei¹** *boeie, n.* buoy.

**boei²** *boeie, n.* handcuff, manacle; shackle; fetter *(for feet);* grip; *iem. in ~e slaan* put s.o. in irons; *~e verbreek* break bonds; *in ~e wees* be in fetters. **boei** *ge-, vb.* handcuff, shackle, fetter, put in irons; manacle, pinion, enchain; captivate, fascinate; *die aandag ~* hold one's attention, be gripping; *iem. word deur iets ge~* s.o. is fascinated by s.t.; s.o. is engrossed in s.t.. **boei·e·ko·ning** escapologist. **boei·end** *-ende* absorbing, riveting, fascinating, spellbinding, gripping, enthralling *(story etc.);* irresistible, compelling *(speaker).*

**boek** *boeke, n.* book; quire *(of paper);* →BOEKE; *die ~e beknoei/ manipuleer* cook the books *(infml.); die ~e byhou* keep accounts; *'n ~ deur/van ...* a book by ...; *anderman se ~e is duister (om te lees)* other people's motives are difficult to fathom; *vir iem. 'n geslote ~ wees* be a closed/sealed book to s.o.; *in iem. se goeie ~e wees* be in s.o.'s good books; *iem. soos 'n ~ lees* read s.o. like a book; *'n ~ oor ...* a book on ...; *'n ~ publiseer/ uitgee* publish a book; *'n ~ raadpleeg/naslaan* consult a book; *in iem. se slegte ~e wees* be in s.o.'s bad/black books; *dit spreek boekdele 'n ~* it goes without saying; *iets te ~ stel* commit s.t. to paper; place/put s.t. on record; *die ~ is uit* the book is out; *'n landing/ens. so uit die ~ (uit) doen/uitvoer* make a copybook landing/etc.; *'n ~ verbied* ban a book; *die ~ het*

**verskyn** the book is out. **boek** *ge-, vb.* enter, book; score; *(fin.)* post; *iets teen ... ~* debit ... for s.t.. **~band** binding (of a/the book). **~beoordelaar** reviewer, critic. **~beoordeling, ~beskouing, ~bespreking** (book) review, critique. **~binder** bookbinder. **~bindery** bookbinding; (book)bindery, bookbinder's. **~deel** *-dele* volume; *dit spreek ~dele vir ...* it speaks volumes *(or* it says much) for ... **~druk** letterpress (printing). **~geleerdheid** book knowledge/learning, knowledge gained from books. **~handel** *-dels* book trade, bookselling (business); bookshop. **~handelaar** *-laars* bookseller. **~jaar** financial year; *by/met die afsluiting van die ~* at the year end. **~kas, boekekas** bookcase. **~kennis, boekekennis** book knowlegde/learning. **~klub** book club. **~long** *(zool.)* book lung. **~maker** *(racing)* bookmaker, *(infml.)* bookie. **~omslag** book cover/jacket. **~oortreksel** book covering. **~rak** bookshelf, bookcase. **~sak, boek(e)tas** school bag, satchel. **~skuld** *-skulde* book debt; *~e, (also)* ordinary debts. **~staander** bookstand. **~stal(letjie)** bookstall. **~stut** book end. **~verkoper** bookseller. **~versorging** book design. **~voorraad** →BOEKEVOORRAAD. **~vorm:** *in ~* in book form. **~waarde** book value. **~week** book week. **~werk** bookwork; volume, work. **~winkel** bookshop. **~wins** paper profit. **~woord** bookish/literary word. **~wurm** bookworm.

**boek·ag·tig** →BOEKERIG.

**boe·ka·nier** *-niers, (dated)* buccaneer, freebooter, filibuster.

**Boe·ka·rest** *(geog.)* Bucharest.

**boe·ke-:** **~gek** bibliomaniac. **~kamer** library. **~kas, ~kennis** →BOEKKAS, BOEKKENNIS. **~keurder** publisher's reader; book selector. **~liefhebber** book lover, bibliophil(e). **~lys** list of books. **~reeks** series of books. **~skou** book fair. **~vat** *n.* family prayers/worship, evening prayers. **~vat** *boekege-, vb.* hold family prayers. **~vattyd** time for family prayers. **~versamelaar** book collector, bibliophil(e). **~versameling** book collection. **~voorraad, boekvoorraad** book stock. **~vriend** book lover, bibliophil(e).

**boe·ken·hout** South African (*or* Cape) beech.

**boe·ke·rig** *-rige* bookish.

**boe·ke·ry, boe·ke·ry** *-rye* (private) library; book collection, collection of books.

**boe·ket** *-kette* bouquet, bunch of flowers; posy, nosegay; bouquet *(of wine).*

**boek·hou** *n.* bookkeeping. **boek·hou** *boekge-, vb.* do/keep the books, keep (the) accounts; record, make/keep a record of, note (down), keep an account of. **~boek** account book; bookkeeping manual.

**boek·hou·ding** bookkeeping; accounting.

**boek·hou·er** bookkeeper.

**boe·kie** *-kies* booklet, little book, small volume; →BOEK; *by iem. in 'n goeie/slegte ~ staan/wees* be in s.o.'s good (*or* bad/ black) books; *iem. se ~ is vol* s.o. has more than he/she can answer for.

**boek·staaf** *ge-* chronicle, (put on) record, commit to paper.

**boel¹** a lot/load (of), lots/heaps/loads/oodles (of); *die hele ~, (infml.)* the (whole) lot; the whole box and dice, the whole shebang, the whole (bang) shoot; lock, stock and barrel; *'n hele ~ minder/meer as ...* a sight less/more than ...; *'n ~ leuens* a pack of lies; *'n ~ stories* a load of rubbish; *die ~ in die war stuur* make a mess of things, mess up the whole business.

**boel²** *boele* (big) dog. **~hond** →BOERBOEL; BULHOND. **~terriër** →BULTERRIËR.

**boel·jon** bouillon, broth.

**boem** *interj.* boom!, bang!, whang!, zonk!.

**boe·mel** *ge-* loaf about. **~trein** slow train. **~vrou** (shopping) bag lady.

**boe·me·laar** *-laars* tramp, vagabond, hobo, vagrant.

**boe·me·rang** *-rangs, n.* boomerang; *(fig.)* boomerang,

backfire. **boe·me·rang** *ge=, vb., (fig.)* boomerang, backfire; *teen iem. ~, (fig.)* boomerang/backfire on s.o..

**boen·der** *ge=* bundle, hustle, drive, shoo, hurry, chase; *'n kind bed toe* ~ pack a child off to bed; *iem. in/uit iets ~* bundle s.o. into (*or* out of) s.t.; *'n kind skool toe ~* bundle a child off to school; *uit 'n toernooi/ens. ge~ word* crash out of a tournament/etc..

**boen·doe** *(SA)* bundu. **~band** *=bande* off-road tyre. **~bre·ker** *(vehicle)* bundu basher. **~makietie** *(infml.)* bundu bash. **~trapper** *(pers.)* bundu basher.

**boep** *boepe,* **boe·pens** *=pense,* **boe·pie** *=pies,* **boep·maag** *=mae, n.* potbelly, paunch, corporation, bulging stomach; *(pers.)* potbelly; *met 'n ~* potbellied, paunchy. **boe·pens** *adj.* potbellied, paunchy; in the family way.

**Boer** *Boere, (chiefly hist.)* Boer, Afrikaner. **~perd, Boereperd** Boer horse. **~seun** young Afrikaner.

**boer** *boere, n.* farmer; husbandman; *(cards)* knave, jack; → BOERE=. **boer** *ge=, vb.* farm; *iem. ~ daar, (also)* s.o. frequents/ haunts that place; *gaan ~, ('n) ~ word* go into farming; *in ... ~, (infml.)* hang out in ... (*a bar etc.*); *'n trop leeus ~ hier* this is the haunt of a pride of lions; *met aartappels/ens. ~* grow potatoes/etc.; *met beeste/ens. ~* run a cattle/etc. farm; *hulle ~ lekker saam* they pull well together; *iem. het in die tronk/hospitaal ge~* s.o. has been in and out of jail/hospital; *vorentoe ~* get ahead, prosper. **~beskuit, boerebeskuit** rusk(s). **~boel** *(SA: a crossbred mastiff)* boerbull. **~bok** (boer) goat. **~kêrel** farm lad, young farmer; yokel. **~neef** country cousin. **~pampoen** Boer (*or* flat white) pumpkin. **~plek** haunt; usual feeding place; den (*of thieves*); favourite spot. **~pot** jackpot. **~seun** farmer's son; farm lad. **~skaap** cross= bred sheep. **~taal, boeretaal** country speech. **~tabak, boere= tabak** Boer tobacco.

**boer·de·ry** *=rye* farming, agriculture, husbandry; farm. **~be= lange** agricultural interests.

**Boe·re=:** **~kommando** *(hist.)* Boer commando. **~oorlog** *(Germ.: 1524-5)* Peasants' War; *(SA: 1899-1902)* Boer War. **~republiek** *(hist.)* Boer republic.

**boe·re=:** **~bedrieër** swindler, confidence trickster. **~bedrog** humbug, swindling; charlatanism, charlatanry. **~dorp** coun= try village. **~gemeenskap** farming community. **~kos** coun= try fare, (traditional) country cooking. **~meisie, ~nooi** coun= try/farm girl. **~mense** country people. **~musiek** boeremu= siek, Afrikaans folk music. **~orkes** boeremusiek band. **~plaas** farm. **~raat** home/farm/traditional remedy. **~tannie** farm= er's wife, countrywoman. **~troos** *(infml.)* coffee. **~vereni= ging** farmers' association. **~wors** *(SA)* boerewors.

**Boer·ge·sind** *=sinde, (chiefly hist.)* pro-Boer.

**Boer·gon·di·ë** *(geog.)* Burgundy. **Boer·gon·di·ër** *=diërs, n.* Burgundian. **Boer·gon·dies** *=diese, adj.* Burgundian.

**boer·gon·je(·wyn)** burgundy (*also B~*).

**boer·noes** *=noese, (a hooded cloak)* burnous(e).

**boers** *boerse* rustic, countrified; boorish, crude, coarse, un= couth, vulgar. **boers·heid** rusticity; boorishness, crudity, crudeness, coarseness, vulgarity.

**boer·tig** *=tige* comical, farcical, humorous, droll.

**boe·sem** *=sems, (fml.)* bosom; breast. **~vriend** *(fem. =vriendin)* bosom friend; *(stronger)* soul mate.

**Boes·man** *=mans, (sometimes derog.)* Bushman; →SAN. **~land:** *(die) ~* Bushmanland. **b~(s)gif** *(bot.: Euphorbia spp.)* Bush= man's poison (bush).

**boet¹** *ge=* pay, suffer; *iem. (vir iets) laat ~* make s.o. pay (*or* bring s.o. to account *or* pay s.o. back) (for s.t.); *met jou lewe ~* pay with one's life; *hiervoor/daarvoor sal jy ~!* you'll pay for this/that!; *vir iets ~* pay (the penalty) (*or* suffer) for s.t.; *(relig.)* atone for s.t.; *swaar vir iets ~* pay dearly for s.t.. **~ge= sant, ~prediker, ~profeet** preacher of penitence/repentance. **~psalm** *(esp. Ps. 51)* penitential psalm. **~vaardig** penitent,

repentant; contrite; remorseful. **~vaardigheid** penitence, repentance; contrition; remorse.

**boet²** *n.* brother, old chap.

**boe·ta** *=tas* brother; *pas op, ~!* watch it, mate!; hey, you!.

**boe·te** *=tes* fine, penalty; *(relig.)* penance; *'n ~ betaal* pay a fine; *vir iets ~ doen* do penance for s.t.; *(aan) iem. 'n ~ oplê* fine (*or* impose a fine on) s.o.; *'n ~ oploop* incur a fine; *~ op die plek* spot fine. **~bessie** *(infml.)* meter maid. **~bos(sie)** burweed. **~doening** penance, atonement.

**boe·te·ling** *=linge* penitent.

**boe·tend** *=tende* expiatory.

**boe·tie** *=ties* little brother; pal, crony; *die arm ~ van ... wees* be the poor relation of ...; *baantjies vir ~s* jobs for pals. **boe= tie-boe·tie:** *~ speel/wees met iem.* be/get (quite/very) pally (*or* be/become buddy-buddy) with s.o..

**boe·tiek** *=tieks, =tieke* boutique.

**boet·seer** *(ge)=* model, mould, fashion. **boet·seer·der** *=ders* modeller.

**boe·we=:** **~bende** pack of rogues/criminals. **~streek** dirty/ nasty trick, mean dead; villainy. **~wêreld** underworld, gang= land, low life.

**boe·we·ry** hooliganism, thuggery.

**bof** *bowwe* den, home (*in catch games*); *(golf)* tee; *(baseball)* base. **~bal** baseball. **~balwedstryd** baseball match. **~hou** *(golf)* tee shot.

**bog¹** *n., (poet., arch.)* bend, curve (*in the road etc.*).

**bog²** *n.* nonsense, rubbish, drivel, twaddle, trash, rot, hog= wash, garbage, bull; fool, nincompoop, ass, twit, twerp; *(ag) ~!* (oh,) nonsense/rubbish!; *jou ~!* you fool (*or* silly ass)!; *so 'n klein ~!, (also)* the little upstart!; *kom ~!* oh, rubbish!; cut it out!, that's enough!; *~ met jou!* none of that!; that'll be the day!, no way!; rubbish!, (stuff and) nonsense!; *die ou ~* the old fool/ass/blighter; *~ praat* talk nonsense/rubbish/trash, talk through (the back of) one's neck; *pure ~* absolute/com= plete/perfect/pure/sheer/total/utter nonsense; *watter ~!* what nonsense/rubbish!. **bog=** *comb.* worthless, useless, good-for= nothing, trashy, rotten. **~kind** mere child; *nog maar 'n ~ wees* be a mere youngster. **~praatjies** rubbish, nonsense, twaddle, balderdash. **~snuiter** *(infml.)* youngster, whipper= snapper, greenhorn. **~spul** *(infml.)* nonsense, load of rub= bish/hogwash.

**bog·gel** *=gels* hump, hunch; *jou 'n ~(tjie) lag* split one's sides, roar with laughter; *jou 'n ~(tjie) skrik* nearly (*or* just about) jump out of one's skin, (almost/nearly) die of fright, get/have the fright of one's life. **~rug** humpback, hunchback. **~rug= walvis** humpback whale.

**bog·gel·ag·tig** *=tige,* **bog·gel·rig** *=rige* humpbacked.

**bog·gel·tjie** *=tjies* little hump.

**bog·gher** →BOKKER.

**bo·gie** *=gies* small bow/arch/bend/etc..

**bô·gom** *=goms* bark (*of a baboon*).

**bo·grond** topsoil, surface soil. **bo·gronds** *=grondse* above= ground; overhead (*wire*); surface, elevated (*rly.*); *(biol.)* epi= geal, epigean, epigeous; *~e kabel* overhead cable; *~e wa= ter* surface water.

**bog·te·ry** *=rye* nonsense; nuisance; *laat staan jou ~* stop your nonsense; *geen ~ verdra nie* stand no (*or* not stand any) nonsense.

**bo·haai** fuss, commotion, to-do, stir, uproar, hoo-ha; theat= rics, histrionics; *'n (groot) ~ oor iem./iets maak* make a (big) fuss (*or* a [lot of] noise) about s.o./s.t.; *'n groot ~ oor niks* a big fuss about nothing (*or* very little), a storm in a teacup.

**Bo·he·me** *(geog.)* Bohemia. **Bo·heems** *n., (lang.)* Bohemian. **Bo·heems** *=heemse, adj., (socially unconventional)* Bohemian, bohemian; *(relating to Bohemia, its people or their lang.)* Bohe= mian. **Bo·he·mer** *=mers, (socially unconventional pers.)* Bohe= mian, bohemian; *(native of Bohemia)* Bohemian.

**boi·kot** =kotte, n. boycott. **boi·kot** ge=, vb. boycott. **boi·kot·ter** =ters boycotter.

**Bok:** die ~ke, (infml.: SA rugby team) the Boks, Amaboko= boko.

**bok**[1] bokke, n., (infml.) blunder, faux pas, slip-up; 'n yslike ~ skiet, (fig.) make an awful/terrible blunder.

**bok**[2] bokke, n. goat; (wild) buck; dick(e)y (of a car); box (of a carriage); buck (of a wagon); (vaulting) horse; horse, trestle; stillage; support; (billiards) rest; jack, gin (for lifting); (infml.: attractive girl) babe; ou ~ met 'n groen/jong blaar, (infml.: man with a much younger woman) baby/cradle snatcher; (die) skape en (die) ~ke (van mekaar) skei separate the sheep from the goats. B~baaivygie (bot.: Dorotheanthus bellidiformis) Bok= baai vygie. ~**baard(jie)** goatee. ~**boer** goat breeder. ~~**bok= staan-styf** (game) high/hey/hay cockalorum. ~**haar** mohair, Angora wool. ~**hael** buckshot. ~**horinkie** (bot.) stapelia. ~**jol** (infml.) shindig. ~**kapater** gelded goat. ~**knie** =knieë goat's knee; 'n broek wat ~ë maak/het trousers that are baggy (a)round the knees. ~**lam** kid. ~**melk** goat's milk. ~**melk= kaas** goat's cheese. ~**ooi** she-goat, nanny (goat). ~**ram** he= goat, billy (goat). ~**seil** buck sail, tarpaulin. ~**skyn** (text.) buckskin. ~**spring** ge= frolic, caper, prance, cavort, gambol, jump about; (horse) buck; (infml.) be evasive, beat about the bush, wiggle out of s.t.; jy sal ~ you're in for it; ~ van blyd= skap jump for joy. ~**springery** frolics, capers, gambols, an= tics; prancing; bucking; (infml.) evasiveness. ~**stert** goat's tail; (of hair) ponytail. ~**suring** sheep sorrel. ~**tor** capricorn/ stag beetle. ~**veld** goat pasture; ~ toe gaan, (infml.: die) kick the bucket, turn up one's toes, cash in (one's checks/chips). ~**vleis** goat('s) meat. ~**wa** buck wag(g)on. ~**wagter** goat= herd; old maid/bachelor. ~**wiet** buckwheat.

**bo·kaal** =kale goblet, drinking cup.

**bok·ag·tig** =tige goatish, of/like a goat.

**bo·kant** n. top, upper/top side; obverse, overside; aan die ~ on (the) top. **bo·kant** adv. on top, above. **bo·kant** prep. above, over (the door); ~ (of bo) iem. staan be s.o.'s superior; be superior to s.o.. **bo·kant·s(t)e** upper.

**bok·ker, kers, bog·gher** =ghers, n., (coarse) bugger, sod, bas= tard, son of a bitch, sonofabitch; jou ~! you bugger!. **bok= ker, bog·gher** vb. & interj., (coarse) ~ (dit)! bugger (it)!; ~ jou! bugger you!, get stuffed!. **bok·ker·ol, bog·gher·ol** (coarse) bugger/sod all; ~ vir ... omgee not care/give a damn (about ...). **bok·ker·op, bog·gher·op** (coarse) cockup, balls-up, screw= up, fuck-up.

**bok·ke·sprong** caper, gambol; ~e maak cut capers; (infml.) try to wriggle out of ... (a compromised position etc.).

**Bok·ke·veld:** die Koue/Warm ~ the Cold/Warm Bokkeveld.

**bok·kie** =kies kid, little goat/buck; small trestle; (infml.: at= tractive girl) babe, chick, hottie.

**bok·kom** =koms, **bok·kem** =kems, (dried, salted mullet/har= der) Cape/fish biltong; bloater; 'n droë ou ~, (fig.: a bore) a dry old stick.

**bok·ma·kie·rie** =ries, (orn.) bokmakierie.

**boks**[1] bokse box. ~**wyn** boxed wine; (joc.: cheap wine) plonk.

**boks**[2] n. boxing. **boks** ge=, vb. box. ~**afrigter** boxing coach. ~**geveg** boxing match/contest, (prize)fight; 'n ~ weggooi (of opsetlik verloor), (infml.) throw a fight. ~**handskoen** boxing glove. ~**kampioen** boxing champion. ~**kryt** boxing ring. ~**kuns** (art of) boxing, prizefighting. ~**toernooi** boxing tour= nament.

**bok·sem·dais, bok·sen·dais:** die hele ~, (infml.) the whole caboodle.

**bok·ser** =sers boxer, (prize)fighter; (dog) boxer.

**bol** bolle, n. globe, sphere, ball, orb; crown (of a hat); (bot., elec.) bulb; ~ gare/garing ball of thread/yarn; in die ~ gepik, (infml.) off one's rocker, soft in the head, cuckoo, not all there, nutty, nuts; ~le uithaal lift bulbs. **bol** bol(le) boller bolste, adj.

bulging, rounded; convex (lens); jou wange ~ maak puff out one's cheeks; ~ staan bulge; (sail, dress, etc.) billow (out). **bol** ge=, vb. bulge, swell; die skape ~ the sheep huddle. ~**drie= hoek** spherical triangle. ~**gewas** bulbous plant. ~**hol** adj. convexo-concave. ~**kweker** bulb grower. ~**plant** bulbous plant. ~**punt(pen), balpunt(pen)** ballpoint (pen). ~**rond** con= vex; globular, globate(d); spherical. ~**seil** (naut.) spinnaker. ~**struktuur** ball structure. ~**vlak** spherical/convex surface. ~**vorm** →BOLVORM. ~**wurm** bollworm.

**bol·ag·tig** =tige, (bot.) bulbous.

**Bo·land** Boland. **Bo·lan·der** =ders inhabitant of the Boland. **Bo·lands** =landse of/from the Boland.

**bol·der** =ders bollard.

**bo·le·ro** =ro's (dance, garment) bolero.

**bo·lig·gend** =gende top; overhead; overlying; superincum= bent.

**Bo·li·vi·ë** (geog.) Bolivia. **Bo·li·vi·ër** =viërs Bolivian. **Bo·li·vies** =viese Bolivian.

**bol·la** =las bun, knot, chignon, coil; jou ~ losmaak, (infml.) let one's hair down, let o.s. go, let it all hang out.

**bol·(le·)ma·kie·sie** head over heels; ~ slaan do/turn a som= ersault (or somersaults), somersault, turn head over heels; (fig.) about-turn, do an about-turn, make a U-turn; ~ vlieg loop the loop.

**bol·le·tjie** =tjies globule, spherule; bun, (bread) roll.

**Bol·sje·wiek** =wieke, (hist., pol.) Bolshevik. **Bol·sje·wis** =wis= te Bolshevist. **Bol·sje·wis·me** Bolshevism. **Bol·sje·wis·ties** =tiese Bolshevist(ic).

**bol·ster** =sters husk, shell; bolster (pillow).

**bol·vorm** spherical shape. **bol·vor·mig** =mige, spherical; globular, globate(d); bulb-shaped, bulbous.

**bol·werk** n. bulwark, rampart; (fig.) bulwark, bastion, strong= hold. **bol·werk** ge=, vb. bring/pull off, manage.

**bom** bomme bomb, shell; as die ~ bars, (fig.) when the balloon goes up; die ~ het gebars, (fig.) the fat is in the fire; 'n ~ los, (fig.) drop a bombshell; 'n ~ onskadelik maak defuse (or dispose of) a bomb; 'n ~ plant/plaas/versteek plant a bomb. ~**aanslag**, ~**aanval** bombing attack/raid; bombing. ~**dop** bomb casing, shell case. ~**dreigement** bomb scare/threat. ~**gooier**, ~**planter** (pers.) bomber. ~**opruimafdeling** bomb disposal squad. ~**opruiming** bomb disposal. ~**rak** bomb rack/ carrier. ~**skerf** bomb splinter. ~**skok** shell shock. ~**skuiling** bomb shelter, air-raid shelter. ~**vas**, ~**vry** bomb=, shell= proof. ~**werper** (mil. aircraft) bomber.

**Bom·baai** (geog., dated) →MOEMBAAI.

**bom·bar·deer** ge= bomb(ard), shell; bombard, pepper (with questions). ~**kewer** bombardier beetle. **bom·bar·de·ment** =mente bombardment, bombing, shelling, blitz; onder 'n ~ deurloop, (security forces etc.) take a pounding. **bom·bar·dier** =diers bombardier.

**bom·ba·rie** fuss, noise, to-do.

**bom·bas, bom·bas·me** bombast, pomposity, pompous= ness, grandiloquence. **bom·bas·ties** =tiese bombastic, pom= pous, grandiloquent.

**bom·ba·syn** (text.) bombazine, bombasine, fustian.

**bom·me·tjie** =tjies small bomb.

**bo·na fi·de** in good faith, bona fide; 'n ~ ~-boer a bona fide farmer. **bo·na fi·des** bona fides, sincerity.

**bon·bon** =bons, (Fr.) bonbon.

**bon·chré·tien·peer** bon chrétien (pear).

**bond** bonde league, union, association; (con)federation, con= federacy. ~**genoot** ally, confederate; iem. tot jou ~ maak make an ally of s.o.; 'n ~ van iem. word ally o.s. with s.o.. ~**genootskap** alliance; 'n ~ met ... aangaan conclude/form (or enter into) an alliance with ..., ally o.s. with ...; in ~ met ... in alliance (or allied) with ...; 'n ~ tussen state an alliance between states. ~**seël** sacrament. ~**staat** federal state, fed= eration.

**bon·del** *-dels, n.* bundle *(of washing);* sheaf *(of papers);* batch; bunch; pack; *(comp.)* batch; *in 'n ~ loop* bunch together; *~s van iets maak* tie s.t. up in bundles; *op 'n ~ in … klim* bundle into …; *voor die ~ bly* stay ahead of the pack. **bon·del** *ge-, vb.* huddle, bunch (together); *(comp.)* batch. **bon·del·tjie** *-tjies* small bundle/sheaf/bunch/etc.; *~s van iets maak* tie s.t. up in (small) bundles.

**bon·dig** *-dige* concise, brief, succinct; *(kort en) ~* punchy. **bon·dig·heid** concision, conciseness, succinctness.

**bonds·volk** covenanted/chosen people.

**bon·go** *-go's, (Afr. antelope)* bongo; *(mus.)* bongo (drum).

**bon·ho·mie** *(<Fr.)* bonhomie.

**bonk** *bonke, n.* lump; chunk. **bon·kig** *-kige* burly, stout, stocky, sturdy, chunky, heavily built, thickset; chunky *(wool); ~e kop* square head. **bon·kig·heid** burliness, stoutness, sturdiness.

**Bonn** *(geog.)* Bonn. **Bonn·se** *adj. (attr.)* Bonn.

**bons** *bonse, n.* thump, bump, thud. **bons** *ge-, vb.* bump, bang; *(heart)* throb, palpitate, thump, pound; *(ball)* hop; *van … ~* throb with … *(joy etc.).*

**bon·sai** *(Jap.)* bonsai.

**Bons·ma·ra** *-ras,* **Bons·ma·ra·bees** *-beeste, (ook b~)* Bonsmara.

**bont**[1] *bonte, n.* fur; furs; furriery. **~handelaar** furrier. **~jas** fur coat. **~kraag** fur collar.

**bont**[2] *bont(e) bonter bontste, adj. & adv.* multicoloured, varicoloured; variegated *(plant, wool, etc.);* dapple(d) *(horse);* pied, piebald *(horse);* spotted *(cow etc.);* skewbald *(animal);* particoloured *(cattle etc.);* colourful, varied; *(pej.)* motley *(crowd etc.);* gay *(colours, clothes, etc.); (pej.)* gaudy *(colours, clothes, etc.);* veined *(marble);* mottled *(yarn, soap); ~ hond* spotted dog; *~ katoen* cotton print; *~ lelie* spotted lily; *rond en ~* right and left, all over the place, scattered; here, there and everywhere; *~(e) versameling/verskeidenheid* miscellanea, ragbag. **~aalwyn** partridge/variegated aloe. **~bosluis** variegated/bont tick. **~kiewiet(jie)** blacksmith lapwing. **~loop** jaywalk. **~loper** jaywalker. **~praat** *bontge-* talk disconnectedly *(or* at random), ramble; contradict o.s. **~rokkie** *(orn.)* batis. **~sebra, ~kwagga** plains/Burchell's zebra. **~skietery** wild/haphazard shooting. **~spring, ~trap** *bontge-* jump about; hedge, prevaricate, equivocate, grope for excuses, contradict o.s.. **~springery, ~trappery** hedging, prevarication, equivocation, self-contradiction. **~spul** hotchpotch, mishmash, ragbag. **~staan** *bontge-* have one's work cut out; *lelik ~* be run/rushed off one's feet. **~visvanger** *(orn.)* pied kingfisher.

**bon·te·bok** bontebok.

**bo·nus** *-nusse* bonus; bounty. **~obligasie** bonus bond.

**bood·skap** *n.* message; errand; *die blye ~, (often B~ B~)* the Gospel; *'n blye ~* good news/tidings; *iem. 'n ~ gee* give s.o. a message; *'n ~ laat* leave word *(or* a message); *'n ~ neem* take a message; *'n ~ stuur* send word *(or* a message). **bood·skap·per** *-pers* messenger; harbinger; dispatch rider.

**boog** *boë, n.* bow *(and arrows); (archit.)* arch; archway; curve, bend; *(geom.)* arc; *(mus.)* bind; *'n ~ maak, (a river etc.)* make a sweep; *met pyl en ~* with bow and arrow(s); *'n ~ span* draw/bend a bow; *in 'n ~ trek* arc; *~ van die voet* instep, arch *(of the foot); 'n ~ oor iets vorm* arch over s.t.. **~afstand, ~maat** *(math.)* circular/radian measure. **~brug** arched bridge. **~gang** arcade; cloister; *(anat.)* semicircular canal. **~gewelf** arched vault. **~lig** arc light. **~lyn** bowline, curvature. **~passer** *(geom.)* bow compass. **~saag** bowsaw. **~skiet(ery)** archery. **~skoot** bowshot, flight, range *(of an arrow).* **~skutter** archer, bowman; *die B~, (astrol.)* the Archer, Sagittarius; *die ~s, (mil.)* the archery. **~snaar** bowstring. **~sprong** *(dressage)* curvet. **~sweiser** arc welder. **~sweising, ~sweiswerk** arc welding. **~venster** bow/arched window. **boog·vor·mig** *-mige* arched, arcuate, curviform.

**boom**[1] *bome, n.* tree; jib *(of a crane); (naut.)* boom; barrier;

boom; *(SA sl.: cannabis)* dagga, majat; *vanweë die bome die bos nie sien nie* not see the wood for the trees; *'n hoë ~* a tall tree; *… in 'n ~ ja(ag)/vaskeer* chase … up a tree; *jong ~* sapling; *die kat uit die ~ kyk* play a waiting game; *(in) 'n ~ klim* climb a tree; *'n klompie bome* a clump of trees; *'n ou ~ (word nie maklik) verplant nie* you can't teach an old dog new tricks; *die ~ sit vol vrugte* the tree is laden with fruit. **boom** *ge-, vb.* punt *(in a boat).* **~aalwyn** tree aloe. **~bas** tree bark. **~bewoner** arboreal animal. **~diagram** tree (diagram), dendrogram. **~dier** tree-dweller. **~dokter** tree surgeon. **~gom** resin. **~kenner** arborist. **~klip** dendrite. **~koggelmander** →BLOUKOPKOGGELMANDER. **~kruin** treetop. **~kunde** arboriculture; dendrology. **~kweker** tree nurseryman/cultivator, arboriculturist. **~kwekery** tree nursery, arboretum; arboriculture; silviculture. **~meter** dendrometer. **~mos** tree moss. **~nimf** *(Gr. myth.)* (hama)dryad, tree nymph. **~padda** tree frog. **B~plantdag** Arbor Day. **~ryk** *-ryke* abounding in trees, woody, wooded; leafy *(suburb);* well-timbered. **~rykheid** woodiness. **~ryp** tree-ripe *(fruit).* **~skuit** dugout. **~slang** boomslang, tree snake. **~snoeier** pruner. **~soort** species of tree. **~stam** tree trunk, bole. **~stomp** tree stump, scrag. **~struik** shrubby tree. **~struktuur** *(comp., ling.)* tree structure. **~tak** branch of a tree, tree branch. **~tamatie** tree tomato. **~top** treetop. **~tuin** arboretum. **~varing** tree fern.

**boom**[2] *bome, n.* bottom *(of a receptacle);* →BODEM. **boomskraap** *adj.* finished, empty; broke. **boom·skraap(·sel)** *n.* scrapings.

**boom·ag·tig** *-tige* treelike, arboreous, arborescent.

**boom·lie·wend** *-wende* arboreal.

**boom·pie** *-pies* small tree; sapling.

**boom·vor·mig** *-mige* tree-shaped, arborescent, dendroid(al).

**boon** bone bean; →BOONTJIE.

**boon·op** besides, additionally, in addition; also; moreover, furthermore, as well, too; what is more, (and) more than that; to boot, on top of that, into the bargain; →BO-OP.

**boon·ste** *n.* top, upper part. **boon·ste** *adj.* top, topmost, upper; *~ grens* upper limit; *~ kerf* top notch; *~ laag* top layer, superstratum; *~ laai* top drawer; *uit die ~ rakke, van die ~ rak, (fig.)* from *(or* out of the) top drawer.

**boon·tjie** *-tjies* bean; →BOON; *~ kry sy loontjie* get/receive one's just deserts *(or* what one deserves), serve one right; *heilige ~* goody-goody, goody two-shoes. **~akker, boonakker** bean field. **~bredie** bean stew. **~peul** bean pod. **~snyer** bean slicer. **~sop, bonesop** bean soup. **~spruit** bean sprout. **~stingel** beanstalk. **~stoel** beanstalk.

**boon·toe** upward(s); upwardly; *… ~ dra* carry … up; *~ gaan* go up; *meer ~* higher up; *~ roep* swear, curse; call to heaven; *iem. vinnig ~ trek, (fig.)* fast-track s.o..

**boor**[1] *bore, n.* drill; bit; jumper; gimlet; borer; piercer; corer; *~ en omslag* brace and bit. **boor** *ge-, vb.* drill, bore *(holes);* bore *(cylinders); 'n tonnel ~* drive a tunnel; *na/vir olie/water/gas ~* drill for oil/water/gas. **~beitel** jumper. **~eiland** drilling rig/platform, (offshore) oil rig, oil-drilling platform. **~gat** borehole; drill hole; blast hole; *'n ~ maak/slaan/sink* sink a borehole. **~gruis** bore grit. **~insek** borer. **~kewer** woodborer, auger beetle. **~kroon** crown *(of a drill).* **~lading** borehole charge. **~masjien** drilling machine. **~monster** core sample. **~omslag** wimble/drill brace. **~punt** bit. **~slik, ~slyk** sludge. **~staaf** jumper. **~staal** drill steel. **~stang** drill pole/rod. **~toring** derrick, (oil/drilling) rig. **~werk** drilling. **~wortel** *(bot.)* sucker, haustorium. **~wurm** borer. **~wydte** bore. **~yster** boring tool; bore bit.

**boor**[2], **bo·ri·um** *n., (chem., symb.: B)* boron. **~etaan** *(chem.)* boroethane. **~poeier** boracic powder. **~seep** boracic soap. **~suur** boracic/orthoboric acid.

**boord**[1] *boorde* orchard.

**boord**[2] *boorde* border, edge, brim; *(naut.)* board; *aan ~* on board (ship); *aan ~ gaan* go on board; embark; *iets aan ~*

neem ship s.t.; *aan* ~ *van die/'n skip* on board (*or* aboard) the/a ship; *gieriewe aan* ~ *van die skip* onboard amenities; *van* ~ *gaan* go ashore. ~**rekenaar** onboard computer *(in a vehicle)*. ~**werktuigkundige** flight mechanic.

**boor·de(ns)·vol** full to overflowing (*or* to the brim), brim= ful, flush.

**boor·der** =*ders* driller; *(entom.)* borer. **boor·de·ry** drilling (work). →BOOR[1].

**boord·jie** =*jies* collar; *agterstevoor* ~ clerical collar, *(infml.)* dog collar; *hoë* ~ stand-up/stick-up collar, choker. ~**knoop** collar stud; shirt stud.

**boor·ling** =*linge* native *(of a place)*.

**boor·sel** =*sels* boring(s); sludge; frass *(of insects)*.

**boort, bort** *(inferior grade of diamond)* bo(a)rt, bortz.

**boor·tjie** =*tjies* gimlet.

**boos** *bose boser boosste* angry, enraged, furious, irate, incensed; cross; evil, wicked, iniquitous, nasty; vicious; *bose gees* evil spirit, demon; *bose kringloop* vicious circle; *iem.* ~ *maak* anger/enrage/infuriate/incense s.o., make s.o.'s blood boil; ~ *wees oor iets* be angry about/at s.t., be enraged/infuriated/ incensed by s.t.; *bose spiraal* vicious spiral *(of killing etc.)*; *bose sweer* malignant ulcer; ~ *word* get angry/cross, lose one's temper. ~**doener** evildoer. ~**wig** =*wigte* thug; criminal, villain.

**boos·aar·dig** evil-minded, wicked, malicious, malevolent; vicious. **boos·aar·dig·heid** spite, maliciousness, malice, ma= levolence, malignity; viciousness.

**boos·heid** anger, wrath; viciousness; evil, wickedness, in= iquity.

**boot** *bote* boat, bark; ship; →BOOTS=; *die* ~ *mis* miss the boat *(lit.)*; *per* (of *met 'n*) ~ by boat; *per* ~ (of *met bote*) *vervoer* boatlift; *'n* ~ *te water laat* launch a boat. ~**bewoners** *n. (pl.)* boat people. ~**haak** boathook, gaff. ~**hals** boat neck. ~**huis** boathouse. ~**lengte** boat's length. ~**lied** boat song, bar= carol(l)e. ~**oefening** boat drill. ~**reis** (sea) voyage; boat trip/ excursion, cruise. ~**tog** boat trip/excursion, cruise. ~**ver= voer** boatage. ~**vrag** boatload. ~**wedvaart** boat race. ~**werf** boatyard.

**Bo·ö·tes** *(astron.)* Boötes, the Herdsman.

**boot·jie** =*tjies* little boat; skiff; smack; *in dieselfde* ~ *sit/vaar/ wees, (fig.)* be in the same boat.

**boots=:** ~**dek** boat deck. ~**maat** boatswain's mate. ~**man** =*manne, bootslui* boatswain, bo's'n, bosun; petty officer; *eerste* ~ chief petty officer.

**boot·vor·mig** =*mige (anat.)* boat-shaped, navicular.

**bo·raat** =*rate, (chem.)* borate.

**bo·raks** borax, tincal.

**bo·ra·siet** *(min.)* boracite.

**bord** *borde* plate *(to eat from)*; board *(for notices; building mate= rial)*; nameplate; blackboard *(used in schools)*; trencher *(of wood)*; *'n* ~ *(vol) pasta/ens.* a plateful of pasta/etc.; *die* ~*e was* wash up, wash the dishes. ~**hout** hardboard. ~**matjie** place/ table/dinner mat. ~**skilder** signwriter. ~**spel** board game. ~**uitveër**, ~**wisser** blackboard duster/eraser.

**Bor·deaux** *(geog.)* Bordeaux. **b=(wyn)** Bordeaux (wine), claret.

**bor·deel** =*dele* brothel, *(infml.)* whorehouse, *(<It.)* bordello. ~**houer** brothel keeper.

**bor·de·laise·sous** *(Fr. cook.)* Bordelaise (sauce).

**bor·der** *(<Eng.)* ~**kollie** (dog breed) border collie. ~**terriër** *(dog breed)* border terrier.

**bord·jie** =*jies* small/side plate; nameplate; *die* ~*s verhang, (fig.)* turn the tables (on s.o.); *die* ~*s is verhang, (fig.)* the boot is on the other foot.

**bor·duur** *ge=, (lit. & fig.)* embroider. ~**draad**, ~**gare**, ~**garing** embroidery thread. ~**gaas** embroidery canvas. ~**lap** sam= pler (of embroidery). ~**naald** embroidery needle. ~**raam** embroidery frame, tambour. ~**steek** embroidery stitch. ~**sy** embroidery silk. ~**werk** embroidery. ~**wol** embroidery wool.

**bo·re·aal** =*reale* boreal.

**borg** *borge, n.* surety, guarantee; security; guarantor; *(jur.)* surety, bail; sponsor, backer; *as* ~ *vir ...* in security for ...; *vir 'n gevangene* ~ *staan* stand/go (or put up) bail for a pris= oner, bail a prisoner out; *vir iets* ~ *staan, (fig.)* vouch for s.t. *(s.o.'s reliability etc.)*; *vir iem./iets* ~ *staan/teken* stand surety for s.o./s.t.; ~ *toestaan/weier* grant (*or* deny/refuse) bail; *iem. op* ~ *vrylaat* let s.o. out (*or* release/remand s.o.) on bail, grant s.o. bail. **borg** *ge=, vb.* guarantee; sponsor, back. ~**ak= te** recognizance, bail bond, security/surety bond, bond of suretyship. ~**geld** bail; ~ *verbeur* forfeit/jump/skip bail; ~ *verbeurd verklaar* estreat bail, declare bail forfeit. ~**moer** se= curing/stop nut. ~**ring** lock(ing) ring; *(eng.)* circlip, retain= ing ring. ~**steller** surety. ~**stelling** bail; suretyship; security, surety. ~**tog** surety, bail; suretyship; *iem. onder* ~ *plaas* hold s.o. to bail; ~ *toestaan/weier* grant/refuse bail; *iem. se* ~ *ver= beurd* verklaar estreat s.o.'s bail; *onder* ~ *verdwyn* jump/ skip bail; ~ *verkry* make/raise bail; *iem. op* ~ *vrylaat* let s.o. out (*or* release/remand s.o.) on bail, grant s.o. bail.

**borg·skap** sponsorship.

**bo·ring** boring; bore, inside diameter; calibre; →BOOR[1] *n..*

**bo·ri·um** →BOOR[2] *n..*

**Bor·ne·o** *(geog.)* Borneo. **Bor·ne·oot** =*neote* Bornean. **Bor·ne= o·ties** =*tiese* Bornean.

**bor·niet** *(min.)* bornite, peacock ore.

**bor·rel** =*rels, n.* bubble. **bor·rel** *ge=, vb.* bubble; fizz. ~**bad** Jacuzzi *(trademark)*. ~**fontein** bubbling spring. ~**gom** bub= ble gum. ~**siekte** decompression sickness, caisson disease. ~**verpakking** blister/bubble pack(aging).

**bor·re·lend** =*lende* bubbly, effervescent, fizzy, sparkling.

**bor·re·ling** =*lings, =linge* bubbling, gurgling, gushing.

**bor·rie** turmeric, curcuma, Indian saffron. ~**geel** bright/vivid yellow. ~**hout** lemonwood. ~**patat** yellow sweet potato. ~**rys** yellow rice, rice with turmeric.

**bors** *borste, (mammary gland; part of the body or of a dress)* breast; chest; bosom *(of a pers./dress)*; bust *(of a woman)*; counter *(of a horse)*; *(anat., zool.)* front *(of a shirt)*; *(infml.: false shirt front)* dick(e)y; *(meat)* brisket; *(fig.)* bosom; *iem. aan/teen jou* ~ *druk* embrace s.o., clasp/clutch/hold s.o. to one's bosom; *iem. se* ~ *fluit* s.o. is wheezing; *'n kind die* ~ *gee* breast-feed/nurse/suckle a child; *iem. voor die* ~ *gryp* grab s.o. by the lapels; *pyn op die* ~ pain in the chest; *iets stuit iem. teen die* ~ s.t. disgusts/irks/offends s.o.; *iem. se* ~ *is/het toegetrek* s.o. has congestion of the lungs; *jou* ~ *uit= stoot* puff/stick/throw out one's chest; *(fig.)* walk tall; *uit volle* ~ *sing* sing lustily (*or* at the top of one's voice); *kop voor/op die* ~ crestfallen, dejected(ly). ~**baba** breast-fed baby. ~**beeld** (portrait) bust. ~**been** breastbone, sternum. ~**harnas** *(hist., mil.)* cuirass, cors(e)let, hauberk. ~**hemp** dress shirt. ~**holte** chest/thoracic cavity. ~**hoogte:** *op* ~ breast-high. ~**inplan= ting** breast implant. ~**kanker** breast cancer. ~**kas** =*kasse, =kaste* chest; *(med.)* thorax. ~**klier** pectoral/mammary/tho= racic gland. ~**klierontsteking** mastitis. ~**kwaal** chest com= plaint/trouble. ~**lap** bib, feeder *(of a child)*; breastplate *(of a priest)*. ~**lyer** consumptive, pulmonary patient. ~**maat** *(men)* chest measurement; *(women)* bust measure(ment); *(horse)* girth. ~**middel** =*dels, =dele* pectoral (remedy), chest remedy. ~**plaat** breastplate; breastpiece *(of a harness)*; plastron *(of a tortoise, turtle)*; sternum *(of an insect)*. ~**plooi** apron *(of sheep)*. ~**ruiker** corsage. ~**slag** breaststroke. ~**speld** brooch. ~**spier** pectoral (muscle), *(infml.)* pec. ~**stuk** breast; breastplate; thorax *(of an insect)*; brisket *(of meat)*. ~**suiker** sugar stick; barley sugar. ~**verwydering** mammectomy, mastectomy. ~**vin** pectoral fin. ~**vleis** breast meat; brisket *(of beef, mut= ton)*. ~**vlies** pleura. ~**vliesontsteking** pleurisy, pleuritis. ~**voed** *vb.* breast-feed, nurse, suckle. ~**voeding** breast-feeding;

mother's/breast milk; ~ *kry* be breast-fed, nurse, suckle.
**bors·we·ring** parapet, balustrade; breastwork, battlements.
**bor·sel** =*sels, n.* brush; *(stiff hair)* bristle; *sagte* ~ soft brush, body brush. **bor·sel** *ge=, vb.* brush; *iets agtertoe/agteroor* ~ brush s.t. back. ~**draad** wire bristle. ~**gras** bent (grass). ~**haar** bristle, chaeta *(of annelids)*; seta *(in invertebrates, some plants); (zool.)* style(t). ~**kop** cropped head; crew cut. ~**stert** bristly tail. ~**wurm** bristle worm, polychaete; *(Arenicola* spp.*)* lug(worm).
**bor·sel·ag·tig** =*tige* bristly, bristling; *(biol.)* setaceous, setose.
**bor·sel·rig** =*rige* bristly, bushy *(hair etc.); (biol.)* setaceous, setose; ~*e wenkbroue* beetle brows, bushy eyebrows.
**borsjt** *(Russ. beetroot soup)* borsch(t).
**borst·rok, bors·rok** corset.
**bort**[1] nettle rash, (miliary) urticaria.
**bort**[2] →BOORT.
**bor·zoi** =*zois, (dog breed)* borzoi, Russian wolfhound.
**bos**[1] *bosse* bunch *(of carrots, flowers, keys)*; bundle, sheaf; → BOSSIE[1]; *'n* ~ *baard* a luxurious beard; *'n* ~ *blomme* a bunch of flowers; a bouquet; *'n dik* ~ *(spierwit/ens.) hare* a shock of (white/etc.) hair.
**bos**[2] *bosse* wood, forest; bush, shrub; →BOSSIE[2]; *vanweë die bome nie die* ~ *(kan) sien nie* not (be able to) see the wood for the trees; *'n digte* ~ a thick forest; *in die* ~*se, (also)* in the bush; *iem. om die* ~ *lei* lead s.o. up the garden path, take s.o. in *(or* for a ride*)*, mislead/deceive/trick s.o.; *jy kan ... agter elke* ~*(sie) uitskop ...* are a dime a dozen *(or* ten/two a penny*)*; *jy sal iem. nie agter elke* ~*(sie) uitskop nie* s.o. is one in a thousand *(or* in a class by him-/herself*)*; *'n* ~ *vorm, (plant)* bush out. ~**aanplanting** afforestation. ~**anemoon** wood anemone. ~**baadjie** lumberjacket. ~**bedryf** forestry. ~**beheer, ~bestuur** forest management. ~**beraad** lekgotla *(So., Tsw.)*. ~**bessie** *(Vaccinium* spp.*)* bil=, blue=, cran=, huckle=, whortle= berry. ~**bewaarder** forest conservator. ~**bewaring** forest conservation. ~**bewaringsgebied** forest conservancy. ~**bewoner** forest dweller. ~**bok** bushbuck; ~**bou** →BOSBOU. ~**brand** forest/bush fire. ~**breker** *(SA, Austr., mot.)* bullbar. ~**duiwel** *(zool.)* mandrill. ~**eland** bongo. ~**god** *(myth.)* faun, sylvan deity. ~**hemp** bush shirt. ~**krapper** *(orn.)* terrestrial brownbul. ~**kultuur, ~kunde** silviculture. ~**laksman** *(orn.)* bush shrike. ~**landskap** woodland scenery. ~**lelie** *(Clivia* spp.*)* bush lily. ~**loerie** *(orn.)* narina trogon. ~**loper** bush= ranger. ~**luis** →BOSLUIS. ~**musikant** *(orn.)* dark-backed weaver. ~**nagaap** thick-tailed bushbaby. ~**nimf** *(myth.)* wood nymph, dryad. ~**opsigter** forester. ~**patrys** crested francolin. ~**plant** hylophyte. ~**plantasie** (forest) plantation. ~**reservaat** forest reserve. ~**reus** giant of the forest. ~**ryk** wooded, woody, timbered. ~**rykheid** woodiness. ~**saag** forest saw. ~**sanger** *(orn.)* eremomela. ~**suring** wood sorrel. ~**telegraaf** *(fig.)* grapevine, bush telegraph; *iets per* ~ *hoor* hear s.t. on/ through the grapevine. ~**uil** African wood owl. ~**vark** bush pig. ~**veld** bush country, bushveld; bushland; *die B*~ the Bushveld. ~**wagter** forester, forest warden/ranger. ~**wêreld** bush country, wood=, bushland. ~**werker** lumberjack, wood= cutter, forest worker. ~**wese** (department of) forestry, forest service. ~**wilg(er)** bush willow.
**bos·ag·tig, bos·ag·tig** =*tige* bushy, wooded, woody, shrub= by.
**bos·bou** forestry, silviculture. ~**kunde** silviculture, forestry.
**bos·bou·er** forester, silviculturist.
**bo·se:** *die* ~ evil; *die B*~ the Evil One; *uit die* ~ evil, harmful.
**bos·ka·sie, bos·ga·sie** =*sies* thicket, brushwood, under= growth, shrubbery; shock *(of hair)*, woolly head, unkempt hair.
**bos·luis** (bush) tick. ~**koors** tick fever. ~**voël, veereier** *(Bubulcus ibis)* cattle egret.

**Bos·ni·ë** *(geog.)* Bosnia. ~**-Herzegowina** *(geog.)* Bosnia-Her= zegovina, Bosnia-Hercegovina, Bosnia and Herzegovina/ Hercegovina.
**Bos·ni·ër** =*niërs* Bosnian.
**Bos·nies** =*niese* Bosnian.
**bos·seer** *(ge)*= mould in wax; boast, shape (roughly).
**bos·se·leer** *ge=* emboss. ~**werk** embossing; repoussé (work).
**bos·sie**[1] =*sies* bunch *(of flowers etc.)*; cluster; fascicle; →BOS[1]; ~ *hare* tuft of hair.
**bos·sie**[2] =*sies* bush, shrub; weed; →BOS[2]; *geld soos* ~*s hê* be rolling in it/money/wealth, be loaded, have money to burn; *geld soos* ~*s maak* rake it in, rake in the cash, make a packet. ~**dokter** *(infml.)* herbalist. ~**kop** woolly/frizzy head, shock/ mop of hair; shockhead; (bushy-maned) pony; untidy nag. ~**(s)tee** bush/Cape tea. ~**(s)veld** scrub (vegetation).
**bos·sie·ag·tig** =*tige* herbaceous; frutescent, fruticose.
**bos·sies** *(infml.)* cuckoo, mental, not all there, nuts, bananas, off one's rocker/trolley.
**bos·ton·:** ~**brood** Boston (brown) bread. ~**greep** *(wrestling)* Boston crab. ~**terriër** Boston terrier.
**bot**[1] *adj. & adv.* dull(-witted/brained), dim/slow-witted, slow on/in the uptake, stupid, obtuse; gruff, crusty, sullen, surly, curt, blunt, ill-humoured; ~ *toe* tightly closed; ~*(te) weiering* blunt/flat/point-blank refusal. ~**af** *adj.* blunt, curt. ~**af** *adv.* bluntly, curtly. ~**stil** stock-still, motionless; ~ *gaan staan* come to a dead/full stop. ~**weg** bluntly, flatly, curtly; ~ *weier* refuse flatly/point-blank.
**bot**[2] *botte, n., (icht.)* flounder, fluke.
**bot**[3] *botte, n.* →BOD.
**bot**[4] *botte, n.* foliation; →BOTSEL. **bot** *ge=, vb.* bud, burgeon, put forth buds, sprout, shoot; *aan die* ~ *wees* be in bud. ~**tyd** blossom time.
**bo·tal·lig** =*lige* supernumerary.
**bo·ta·nie** botany. **bo·ta·nies** =*niese* botanic(al); ~*e naam* botanical name; ~*e tuin* botanic(al) garden(s). **bo·ta·ni·kus** =*nikusse, =nici,* **bo·ta·nis** =*niste* botanist.
**bo·ta·ni·seer** *ge=* botanise, herborise.
**bot·heid** dul(l)ness, obtuseness.
**bots** *ge=* collide; clash, disagree; *kop aan/teen kop* ~, *reg van voor* ~, *(cars etc.)* collide head on; *met ...* ~, *(fig.)* clash with ... *(s.o.)*; fall/run foul of ... *(the law); met mekaar* ~, *(fig.)* clash, come into conflict; *teen iets* ~ crash/bump/run/smash into *(or* collide with*)* s.t.; *teen mekaar* ~ collide. ~**bestand** crash= worthy. **bots·vlug·ti·ge** =*ges* hit-and-run driver.
**bot·sel** =*sels* bud. ~**vorming** budding.
**bot·sing** =*sings, =singe* collision, smash, crash; impact; shock; clash, conflict, fracas; *op 'n* ~ *afstuur* be on a collision course; *in 'n* ~ *(betrokke) wees* be (involved) in a collision/smash; *met ... in* ~ *kom* clash with ...; fall/run foul of ... *(the law); met ... in* ~ *wees* clash with ...; be at variance with ...; *'n kop aan/ teen kop* ~, *'n* ~ *reg van voor* a head-on collision *(between cars/ etc.); iem. se motor is in 'n* ~ *verwoes* s.o.'s car was wrecked in a collision/smash; s.o. smashed up his/her car.
**bot·sin·kie** =*kies* brush, slight collision.
**Bo·tswa·na** *(geog.)* Botswana.
**bot·tel** =*tels, n.* bottle; flask; jar *(for preserved fruit); nie meer* ~ *drink nie, (baby)* be off the bottle; *iem. het te diep in die* ~ *gekyk, (infml.)* s.o. has had a drop too much; *van die* ~ *ge= speen wees, (infml.)* be off the bottle, stay off the bottle/drink/ booze; *na die* ~ *gryp* hit *(or* take to*)* the bottle; *... is genoeg om enigeen na die* ~ *te laat gryp ...* is enough to drive anyone to drink; *van die* ~ *hou, in die* ~ *kyk, lief vir die* ~ *wees, (infml.)* bend/lift one's elbow, be fond of the bottle; *20/ens.* ~*(s) melk/ens.* **op 'n** (of *per)* dag 20/etc. bottles of milk/etc. a day; *'n baba/ens. met 'n* ~ *voed* bottle-feed a baby/etc.; *'n* ~ *wyn/ens.* a bottle of wine/etc.. **bot·tel** *ge=, vb.* bottle, put in bottles. ~**baba** bottle(-fed) baby. ~**bier** bottled beer.

**~blondine** *(infml., usu. derog.)* bottle/peroxide blonde. **~bor=sel** bottlebrush. **~groen** bottle green. **~nek** *(lit. & fig.)* bottle=neck. **~oopmaker** bottle opener. **~stuk** broken bottle. **~voed** bottle-feed. **~voeding** bottle-feeding; *~ kry, (baby)* be bottle-fed, be on the bottle; *nie meer ~ kry nie, (baby)* be off the bottle.

**bot·te·laar** *-laars* bottler. **bot·te·la·ry** *-rye* bottling plant; bot=tling room/department; butler's pantry.

**bot·te·leer** *ge=* = BOTTEL *vb.*.

**bot·te·lier** *-liers* butler, steward, cellarman, cellarer.

**bot·ter** *n.* butter; *~ en brood, brood en ~* bread and butter; buttered bread; *~ op iem. se brood, (fig.)* grist to s.o.'s mill; *iem. se brood is dik ~ gesmeer, (infml.)* s.o. is in clover; *(egte) ~* dairy butter; *~ aan die galg gesmeer* wasted *(or* waste of*)* effort, wasted/lost labour; *~ op iets smeer* butter s.t.; *dit lyk of ~ nie in iem. se mond sal smelt nie* s.o. looks as if butter wouldn't melt in his/her mouth; *die ~ sal uitbraai, (fig.)* mur=der will out; *(met jou neus/stert) in die ~ val, (infml.)* have a stroke of luck, strike it lucky, be very fortunate; *strike it rich,* come into money *(or* into an inheritance*)*, marry money; *~ vir vet, (infml.)* tit for tat; *~ by die vis* hard/spot cash, cash down; *(cash)* on the nail. **bot·ter** *ge=, vb.* butter. **~bakkie** butter dish. **~balletjie** butterball. **~blom** buttercup; sparaxis; gazania; Cape dandelion/marigold; yellow satinflower. **~boon(tjie)** butter bean. **~broodjie** →SKON. **~hand** *-hande: ~e hê* have butterfingers. **~karamel** butterscotch. **~koek** butter cake. **~koekie** butter biscuit. **~kop** dunce, blockhead; hin=ny. **~mes** butter knife. **~papier** butter paper, greaseproof paper, sandwich paper. **~pot(jie)** butter dish. **~skorsie** but=ternut (squash). **~slaai** butter(head)/Boston lettuce. **~spaan** butter scoop/pat, Scotch hand. **~versiersel** butter icing. **~vis** butterfish. **~vorm** butter mould/printer.

**bot·ter·ag·tig** *-tige* buttery, butyric.

**bot·ter·kleu·rig** *-rige* butter-coloured.

**bo·tu·lis·me** botulism, food poisoning.

**bot·vier** *~ge=* run riot; know no bounds; *iets laat ~* unleash s.t. *(forces of hate etc.);* vent, give vent to s.t. *(feelings etc.);* give (full/free) rein to s.t. *(one's imagination etc.);* pursue s.t. *(one's lusts etc.).*

**bou** *n.* build *(of s.o.'s body);* make; building, construction, erection; structure; conformation; fabric; framework *(of a novel etc.).* **bou** *ge=, vb.* build, construct, erect, put up *(a build=ing);* raise *(an edifice);'n boog ~* spring an arch; *mooi ge~ wees, (woman)* have a good/lovely figure; *(man)* be well built; *(infml., man or woman)* have a great body; *op ... ~* build/rely on ... **~bedryf** building trade/industry, construction industry. **~be=perking** building restriction. **~bestek** builder's estimate/specification(s). **~genootskap** building society. **~gruis** build=ing gravel/grit; concrete stone. **~-ingenieur** structural/con=struction engineer. **~-inspekteur** building inspector. **~klip** building stone. **~kontrak** building contract. **~koste** build=ing expenses/costs. **~kunde** (science of) building. **~lening** building loan. **~maatskappy** building/construction compa=ny. **~materiaal** building material(s). **~plan** building plan. **~regulasie** building regulation. **~rekenaar** quantity survey=or. **~rekene, ~rekeningkunde** quantity surveying. **~staal** structural/construction(al) steel. **~steen** *-stene* building block; building brick; *(in the pl., fig.)* materials. **~stof** *-stowwe* build=ing material; *(in the pl., fig.)* materials. **~styl** style of building/architecture. **~tekenaar** structural draughtsman. **~terrein** building site. **~verordening** building regulation/bylaw/bye-law. **~vorm** *-vorme* conformation *(infml.).* **~werk** building, edifice, structure; construction (work); building operations. **~wer=ker** building worker. **~wese** building industry.

**boud** *boude, n.* buttock; leg *(of mutton);* round *(of beef);* haunch *(of a pers., game);* breech; *(in the pl., also)* hindquarters; *~e skud, (sl.: dance)* shake it *(or* your booty*).* **~naat** perineum. **~naatspier** perineal muscle. **~spier** gluteal muscle.

**bou·er** *-ers* builder; constructor. **bou·e·ry** building (opera=tions); building trade.

**bou·gain·vil·le·a** *-as, (bot.)* bougainvill(a)ea.

**boul** *ge=, (cr.)* bowl. **~beurt** over; *leë ~* maiden (over). **~ont=leding** bowling analysis. **~werk** bowling.

**bou·ler** *-lers, (cr.)* bowler.

**bou·le·vard** *-vards* boulevard.

**bour·geois** *adj., (Fr., often derog.)* bourgeois, middle-class. **bour·geoi·sie** *n., (Fr.)* bourgeoisie, middle class.

**bou·sel** *-sels* structure.

**bout** *boute, (dim. boutjie), n.* bolt; pintle; (soldering) iron; pin. **bout** *ge=, vb.* bolt.

**bou·val** ruin(s). **bou·val·lig** *-lige* dilapidated, crumbling, tum=bledown, ramshackle, derelict *(house etc.);* rickety *(shed etc.);* *~ word* fall into ruin(s)/decay. **bou·val·lig·heid** dilapidation, disrepair, dereliction.

**bo·we:** *alles te ~ gaan* be nothing like it; *iets te ~ gaan* ex=ceed s.t.; surpass s.t.; *iets te ~ kom* get over s.t. *(a difficulty etc.);* overcome/surmount s.t. *(obstacles);* live s.t. down *(a scandal etc.);* *dit gaan ('n) mens se verstand te ~ dat ...* it boggles the mind that ... **bo·we(n)·al, bo·we(n)·al** above all.

**bra**[1] *bra's, n., (abbr. of* brassière*)* bra; *sonder 'n ~* braless. **~ver=brander** *(fig.: feminist)* bra burner.

**bra**[2] *adv.* somewhat, rather; really, quite; *ek kan nie ~ anders nie* I don't really have a choice; *iem. het nie ~ geweet wat gebeur het nie* s.o. hardly knew what had happened; *~ laat wees* be rather late; *~ lus hê om ...* have a good mind to ...; *nie ~ lus hê nie* not quite feel like it, not be in the mood; *nie ~ ... nie* not really ...; *~ teleurstellend* something of a disap=pointment.

**bra**[3] *(SA township sl.: brother): (my/ou) ~* (my) bra.

**braaf** *brawe brawer braafste, (<Eng.)* brave, courageous; → DAPPER[2] *adj.; (<Du., rare)* good, honest, respectable, decent; *'n brawe Hendrik, (infml.)* a goody(-goody); a plaster saint; *'n brawe Maria* a plaster saint. **braaf·heid** *(<Du., rare)* vir=tue, honesty, integrity; →DAPPERHEID.

**braai** *n., (SA)* braai(vleis); *'n ~ hou* have a braai. **braai** *ge=, vb.* roast *(in a pot);* fry *(in a pan);* grill *(on a grid);* broil *(on a fire);* sizzle; *bring en ~, (SA)* bring and braai; *iem. sal ~, (infml.)* s.o. will be for the high jump; *iets aan/op 'n spit ~* spit-roast s.t.; *vleis* (of, infml. *'n vleisie) ~, (SA)* braai, have a braai. **~boud** roast leg of mutton/venison, roast. **~hoen=der(tjie)** roast(ing) chicken, broiler. **~pan** frying pan. **~plek** braai. **~rooster** gridiron. **~stuk** roast. **~vet** dripping, cook=ing/frying fat. **~vis** fried fish. **~vleis** →BRAAIVLEIS.

**braai·er** *-ers, (pers.)* roaster, fryer, frier; *(appliance)* braai.

**braai·vleis** braai(vleis) *(<Afr.),* roast/grilled meat, grill, bar=becued meat; *('n) ~ hou* have a braai. **~(aand), ~(byeen=koms), ~(geselligheid)** *(SA)* braai(vleis), barbecue.

**braak**[1] *n.* fallow (land). **braak** *adj. & adv.* fallow; *~ lê* lie fallow. **braak** *ge=, vb.* break up, fallow *(land);* break (new) ground; brake *(flax).* **~land** fallow (land); cultivated fallow; land ploughed for the first time.

**braak**[2] *ge=, vb.* vomit, be sick, *(infml.)* throw up, *(sl.)* puke; regurgitate; *(fig.)* emit, send out, belch. **~middel** *-dels, -dele* emetic, vomitive, vomitory. **~teenmiddel** anti-emetic.

**braak·sel** vomit.

**braak·wek·kend** *-kende* emetic, vomitive, vomitory.

**braam**[1] *brame,* **braam·bos** *-bosse, (Rubus fruticosus)* black=berry, bramble. **braam·bes(·sie)** blackberry.

**braam**[2] *brame* wire edge *(of a knife);* burr *(of a chisel).* **~steen** buhrstone, bur(r)stone.

**brab·bel** *ge=* chatter, jabber, babble, prattle. **~taal** gibberish, jargon.

**brab·be·laar** *-laars* chatterer, babbler.

**bra·gi·ke·faal, bra·gi·se·faal** *n.* brachycephal, shorthead, broadhead, roundhead. **bra·gi·ke·faal, bra·gi·se·faal**

*adj.* brachycephalic, brachycephalous, short-headed, broad-headed, round-headed.

**bra·gi·o·po·de** =des, *(zool.)* brachiopod, lamp shell.

**bra·gi·o·sou·rus** =russe brachiosaurus.

**Brah·ma** Brahma. **Brah·maan** =mane, *n., (a member of the highest Hindu caste)* Brahman, Brahmin. **Brah·maans** =maanse, *adj.* Brahman.

**bra(h)·maan** =mane, *n., (cattle breed)* Brahman.

**braille(·skrif)** braille.

**brak**[1] *brakke, (dim. brakkie), n.* dog, mongrel, cur; *(sl.)* mutt, pooch; *iem. soos 'n ~ volg* trail s.o. like a dog, dog s.o.'s heels. **~hond** mongrel (dog). **~sak(kie), brakkiesak(kie)** doggy/doggie bag.

**brak**[2] *n.* brackish spot; (natural) salt lick. **brak** *adj.* brackish, saline, salt, briny; alkaline *(soil);* **~ kol** brackish patch; *(fig.)* bad patch; **~ water** brackish water. **brak·ke·rig** =rige rather brackish.

**bra·king** vomiting, emesis; →BRAAK[2] *vb.*.

**brand** *brande, n.* fire, blaze; conflagration; burnt (patch of) veld; blight, cockle, ergot, smut, brand *(in cereals);* cauterisation *(of a wound); iets aan die ~ hou* keep s.t. alight; *aan die ~ raak/slaan* catch alight/fire; *iets aan die ~ steek* set fire to s.t., set s.t. alight (or on fire); *(infml.)* torch s.t.; ignite s.t.; (en)kindle s.t.; *aan die ~ wees, (a house etc.)* be on fire; *(a pipe etc.)* be lit; *(fig.)* be playing/working very well; *'n ~ blus* put out a fire; *~ stig* raise/start a fire; commit arson; *'n ~ veroorsaak* start a fire. **brand** *ge=, vb.* burn, be on fire, flame, blaze; smart; roast *(one's fingers); (cook.)* burn, char, scorch; scar, scald *(with hot water);* cauterise *(a wound);* brand *(with a hot iron); flou ~, (lamp etc.)* burn low; *gaar ge= wees, (infml., sun bather)* be burnt to a frazzle; *die geld ~ in iem. se hand* money burns a hole in s.o.'s pocket; *korter ~, (candle etc.)* burn down; *~ om iets te doen* be burning/bursting/itching to do s.t.; *die son ~* the sun is scorching; *swart ~* char; *dit ~ op iem. se tong* s.o. is itching/burning to tell it; *peper ~ op die tong* pepper stings one's tongue; *~ van* ... be burning with (or dying of) ... *(curiosity);* be burning with ... *(desire);* be burning/bursting/fuming with ... *(impatience); ~ van verlange om iem. te sien* yearn (or be dying) to see s.o.. **~alarm** fire alarm. **~arm** destitute, poverty-stricken, penniless, (as) poor as a church mouse. **~bestryder** firefighter; *(min.)* proto man. **~bestryding** firefighting. **~(blus)dril** fire drill. **~blusser** firefighter; fire extinguisher. **~boudjies** *(med., infml.)* nappy rash. **~deur** emergency exit; fire(proof) door. **~gang** fire passage. **~gevaar** fire danger/hazard/risk. **~glas** burning glass. **~hout** firewood. **~kas** =kaste safe, strongbox; *'n ~ oopbreek* crack a safe. **~kasbreker** safe-blower. **~kluis** safe deposit, strongroom, (bank) vault. **~kraan** fire cock, (fire) hydrant. **~leer** fire escape, fire/scaling ladder. **~maer** skinny, scraggy, rawboned, (as) thin as a rake/lath. **~merk** *n.* brand *(on an animal); (fig.)* stigma. **~merk** *ge=, vb.* brand *(cattle); (fig.)* brand, stigmatise; *iem. as ... ~* stigmatise s.o. as ... *(a coward etc.).* **~netel, ~nekel** stinging nettle. **~offer** burnt offering. **~paal** stake. **~pad** firebreak, fireguard, fire belt/line/path. **~plek** burn, scald. **~punt** focus, focal point; seat, focus, centre *(of activity); in die ~ van iets staan, die ~ van iets wees* be at the cutting edge of s.t.. **~puntafstand** focal length/distance, depth of focus. **~rissie** chil(l)i. **~sein** fire signal. **~sel** =selle, *(zool.)* sting(ing) cell, nematocyst. **~siek** scabby, infected with scab. **~skade** fire damage. **~skerm** fire screen, fireguard; fire(proof) curtain. **~skilder** *n.* enameller; glass stainer. **~skilder** *ge=, vb.* enamel; stain *(glass); ge~de glas* stained glass. **~skilderwerk** enamelling; enamelled work; glass staining. **~slaan, ~slanery** firefighting. **~slaner** firefighter, (fire) beater; *(fig.)* troubleshooter. **~slang** fire hose. **~smaak** burnt/scorched flavour/taste. **~spiritus** methylated spirits. **~stapel** stake; funeral pile/pyre; *op die ~ sterf/sterwe* die/perish at (or go to) the stake; *iem. tot die ~ veroordeel, (chiefly hist.)* condemn s.o. to the stake. **~stig-**

**ter** arsonist, incendiary, fire raiser, *(infml.)* firebug. **~stigting** arson, incendiarism, fire raising. **~stoot** *n., (lit. & fig.)* push-start. **~stoot** *vb., (mot.)* push-start, jump-start; *iem. se motor ~ give s.o. a push/jump-start.* **~strook** firebreak, fireguard, fire belt/line. **~traag** flame-resistant. **~trap** fire escape. **~uitgang** fire escape/exit. **~vas** fire-resistant. **~vry** fireproof, flameproof *(wire, cable).* **~wag** *(forestry)* fire guard/sentry/watch; *(mil.)* watch, guard, picket, sentry, sentinel; *'n ~ opstel, (mil.)* mount (or set up) a picket; *~ staan, (mil.)* do sentry duty, be on (or keep/stand) guard, stand sentry/sentinel. **~weer** →BRANDWEER. **~wond** burn; scald. **~yster** brand, branding/searing iron.

**brand·baar** =bare combustible, (in)flammable. **brand·baarheid** combustibility, (in)flammability.

**bran·dend** =dende burning *(torch, question);* lighted *(candle, lamp, cigarette);* intense, ardent *(love, longing, eyes, fever);* fervent *(desire, heat);* flaming *(temper);* fiery *(speaker, temper; wind);* caustic *(soda, reply);* scalding *(water, tears);* raging *(thirst); die vlam ~(e) hou* keep the flame alight.

**bran·der** =ders pressing/reprimanding letter, letter of demand; breaker, (large) wave; *'n ~ kry* get/receive a sharp/stern reminder; *~s ry* surf. **~plank** surfboard; *~ ry* surf. **~ry** surfing. **~ryer** surfer.

**bran·de·rig** =rige burning *(skin);* smarting; irritant; burnt *(taste).*

**bran·de·wyn** brandy; *skoon ~* neat brandy; *jou ~ skoon (of net so) drink* drink one's brandy neat. **~ketel** brandy still. **~stokery** distillery. **~vat** brandy cask/barrel.

**bran·ding** breakers, surf; *(sensation)* burning; *(fig.)* focal/burning point *(of an issue);* friction, contention.

**brand·sel** =sels scorch; ash(es); roast *(of coffee).*

**brand·stof** fuel; *baie ~ gebruik, (vehicle)* be heavy on fuel; *~ inneem* fill/tank up, refuel. **~besparing** fuel saving. **~inhoud** fuel capacity. **~meter** fuel gauge. **~pomp** fuel pump. **~tenk** fuel tank. **~toevoer** fuel supply. **~verbruik** fuel consumption. **~voorraad** fuel supply.

**brand·weer** =were fire brigade. **~hoof** chief fire officer, fire chief. **~man** =manne fireman. **~oefening** fire drill/practice. **~stasie** fire station. **~wa** fire engine.

**brand·we·rend** =rende fire-resisting.

**bras** *ge=, vb.* revel, carouse. **bras·ser** =sers carouser, debauchee. **bras·se·ry** revelry, carousing; debauch; debauchery.

**bra·sem** =sems, *(icht.)* (European) bream, brim.

**Bra·si·li·ë** *(geog.)* Brazil. **Bra·si·li·aan** =ane Brazilian. **Bra·si·li·aans** =aanse Brazilian; *~e neut* Brazil nut; Para nut.

**bras·sière** =sières brassière, bra.

**bra·va·de** bravado; boasting; defiance; bluff.

**bra·vo** *interj.* bravo!, hear hear!.

**bra·vour** bravura. **~stuk** *(mus.)* bravura piece.

**bre·de:** *in den ~* in detail, at (great) length.

**bre·die** =dies ragout, stew, *(SA)* bredie; *~ van iem. maak, (infml.)* make mincemeat of s.o..

**bre·ë·:** **~band** *(telecomm.)* broadband. **~koparend** martial eagle. **~randhoed** broad-brimmed/wide-brimmed hat; *(woman's)* picture hat.

**breed** *breë breër breedste, adj. & adv.* broad *(chest);* wide *(margin, road);* **breë bandwydte,** *(telecomm.)* broad bandwidth; →BREËBAND; **breë bestuur** general committee; *oor 'n breë front* on a wide/broad front; *~ gebou* broad in the beam, square-built; sturdy; stocky; beamy *(ship);* *'n breë glimlag* a broad smile; *dit nie ~ hê nie* find it hard to make (both) ends meet, struggle to get by; *breë kennis* wide knowledge; *in breë kring bekend* widely known; **breë plan** master plan; *die rieme ~ sny* live extravagantly; *vyftig/ens.* **sentimeter/ens. ~ wees** be fifty/etc. centimetres/etc. across/wide (or in breadth); *breë spoor* broad gauge; *~ van stuk* broad-shouldered, square-built; *in breë trekke* in broad outline; *'n beleid* *in breë **trekke** formuleer* lay down a broad policy; *iets ~ uit=meet* exaggerate s.t.. **breed·ge·rand** *-rande* broad-brimmed. **breed·ge·skou·er(d)** *-erde* broad-shouldered. **breed·heid** breadth; broadness, wideness, width.

**breed·spra·kig** *-kige* long-winded, verbose, wordy. **breed·spra·kig·heid** long-windedness, verbosity, wordiness.

**breed·te** *-tes* breadth, width; deepness *(of a border, edge); (geog.)* latitude; *in die ~* broadwise, widthwise, widthways; *vyftig/ens. sentimeter/ens. in die ~ wees* be fifty/etc. centimetres/etc. across/wide *(or* in breadth); *op die ~ ... grade ... minute* at a latitude of ... degrees ... minutes. **~graad** degree of latitude. **~sirkel** parallel of latitude.

**breed·voe·rig** *-rige, adj.* full, detailed *(account);* exhaustive *(tests etc.).* **breed·voe·rig** *adv.* at length, fully, in detail. **breed·voe·rig·heid** fullness of detail; exhaustiveness.

**breek** *ge-* break *(crockery, a leg, s.o.'s heart; a fall; a spell; a promise; a record);* smash, shatter, rupture; crush *(a stone, the enemy);* quarry *(stone);* refract *(a light);* fracture *(a bone); (a chain, wire)* snap, part; *(a rope)* part; *(eyes)* become glassy, glaze; *(a dam)* burst; *jou arm ~* break one's arm, sustain a broken arm; *deur iets ~* break through s.t.; *jou kop oor iets ~* puzzle over s.t., trouble/bother one's head about s.t.; *met iem. ~* break (it off) with s.o.; *volkome met iem. ~* make a complete break with s.o.; *iets middeldeur ~* break s.t. in two; *nood ~ wet* necessity knows/has no law; *oor iets ~, (waves)* break over s.t. *(rocks etc.); sy stem ~* his voice is breaking; *in stukkies ~* fragment; *uit die tronk/ens. (uit) ~* break out of gaol/jail/etc.; *'n verlowing (af)~* break (off) an engagement; *die ys ~, (lit. & fig.)* break the ice. **~bal** *-balle, (cr.)* break. **~mielies** hominy, split maize. **~punt** *(lit.)* breaking point; *(tennis)* break point; *(die) ~ bereik* reach breaking point, be at the end of one's tether. **~skade** breakage(s). **~spul** *(infml.)* smash-up; mess(-up); *dit sal 'n ~ afgee* it will cause a complete breakdown; *die ~ herstel* pick up the pieces. **~ware** crockery. **~water** breakwater. **~yster** crowbar, prise; ripping bar; jemmy *(of a burglar);* pinch bar.

**breek·baar** *-bare* breakable, crushable; fragile; brittle. **breek·baar·heid** fragility.

**brei**[1] *ge-* knit. **~goed** knitting; knitted garments/goods/etc.. **~masjien** knitting machine, knitter. **~naald** knitting needle. **~patroon** knitting pattern. **~pen** knitting needle. **~steek** knitting stitch. **~stof** knitted cloth/fabric. **~ware** knitwear, knitted goods. **~werk** knitting. **~wol** knitting yarn/wool.

**brei**[2] *ge-* prepare *(skin);* curry; dress, work, tan *(skin);* knead, temper *(dough, clay, putty);* coach, train (up) *(athletes etc.);* toughen, harden, make robust, put through the mill; *'n bek ~* mouth *(a horse).* **~paal** bray pole.

**brei·del** *ge-, vb., (fig.)* bridle, curb. **brei·del·loos** *-lose* unbridled.

**brei·er**[1] *-ers* knitter.

**brei·er**[2] *-ers* coach, trainer, tutor.

**brein** *breine, breins, (anat.)* brain, encephalon; brain, intellect. **~bloeding** (intra)cerebral bleeding/haemorrhage. **~dood** *n.* brain/cerebral death. **~dood** *adj.* braindead. **~drein, ~erosie** *(infml.)* brain drain. **~floute** blackout. **~gewas** brain tumour. **~helfte** cerebral hemisphere. **~skade** brain damage; *met ~ brain-damaged.* **~spoel** brainwash. **~spoeling** brainwashing. **~stam** brain stem. **~vlies** cerebral membrane. **~vliesontsteking** meningitis.

**brein·loos** *-lose* brainless.

**bre·ka·sie** *-sies* breakage(s).

**bre·ker** *-kers, (lit.)* breaker; crusher; destroyer; *(infml.)* tough (guy). **bre·ke·ry** *-rye* breaking; smash(-up); crushing; crushing station.

**brek·fis** *(<Eng., infml.)* breakfast; *net/sommer 'n ~ wees* be child's play.

**bre·king** *-kings, -kinge* breaking; fracturing; refraction; deflection *(of rays).*

**bre·mer·blou** Bremen blue, water blue.

**Bren·ge·weer** Bren gun.

**bres** *bresse* breach; gap; *'n ~ in iets slaan* breach *(or* make a breach in)* s.t.; *in die ~ tree, (fig.)* step into *(or* fill) the breach; *vir iem./iets in die ~ tree, (fig.)* stand up for *(or* give one's backing to)* s.o./s.t..

**breuk** *breuke* break; breach; rupture; crack; *(med.)* hernia, rupture; fracture *(of a bone); (geol.)* fracture, fault; *(math.)* fraction; *eenvoudige ~* simple fraction; *egte ~, (math.)* proper fraction; *gewone ~, (math.)* vulgar fraction; *(med.)* closed/simple fracture; *onegte ~, (math.)* improper fraction; *oop ~* compound fracture; *saam-/samegestelde ~, (math.)* complex fraction; *'n ~ verklein, (math.)* reduce a fraction (to its lowest terms). **~band** truss. **~deel** fraction *(of a second etc.).*

**Brie** *(geog.)* Brie; *(B~ or b~, cheese)* Brie.

**brief** *briewe* letter; epistle; missive; *(in the pl., also)* correspondence; *op 'n ~ antwoord, 'n ~ beantwoord* answer a letter; *'n ope ~* an open letter; *'n ~ opneem* take down a letter; *per ~* by letter; *'n ~ skryf/skrywe* write a letter; *per ~ stem* vote by ballot. **~bom** letter bomb. **~hoof** letterhead. **~kaart (jie)** notelet; letter card. **~papier** writing paper; notepaper, letter paper. **~skrywer** letter writer; correspondent; *geen groot ~ wees nie* be a poor writer. **~skrywery** letter writing, correspondence. **~styl** epistolary style. **~vorm:** *in ~* in the form of a letter. **~wisseling** correspondence; *in ~ tree, 'n ~ aanknoop* enter into (a) correspondence; *'n ~ voer* carry on *(or* conduct)* a correspondence.

**brie·fie** *-fies* note; *vir iem. 'n ~ skryf/skrywe* drop s.o. a line/note.

**briek** *brieke, n.* brake; *(die) ~ aandraai, (lit.)* put on *(or* apply)* the brakes; *(fig.)* slow down, take it/things easy; exercise restraint/caution, be more careful. **briek** *ge-, vb.* brake; apply the brake(s). **~dans** *n., (infml.)* break dance; break dancing; *die ~ doen, (infml.)* break-dance. **~dans** *vb., (infml.)* break-dance. **~danser** *(infml.)* break dancer.

**brie·kwa** brindled animal; piebald goat/etc..

**bries** *briese, n.* breeze; *'n fris/stewige/stywe ~* a fresh/stiff breeze; *'n sagte ~* a light breeze; *(soos) 'n vars ~ie wees, (fig.)* be (like) a breath of fresh air.

**brie·send** *-sende:* ~ *(kwaad)* furious, incensed; livid, raging, fuming, boiling/seething with rage, flaming/fighting/hopping mad; *~e leeu* roaring lion; *iem. ~ maak* infuriate/enrage s.o., make s.o.'s blood boil, *(infml.)* make s.o. mad, *(infml.)* drive s.o. up the wall.

**brie·we-:** **~besteller** *(somewhat dated)* postman, *-woman,* letter/mail carrier. **~bus** letter box, postbox. **~kolom, ~rubriek** *(journ.)* letters page, correspondence column. **~mandjie** letter basket. **~rak** letter rack. **~sak** mailbag, letter bag. **~skaal** letter balance/scale. **~tas** attaché/letter case.

**bri·ga·de** *-des* brigade.

**bri·ga·dier** *-diers* brigadier. **~-generaal** *-generaals* brigadier general.

**bri·ja·ni** *(Ind. cook.: spicy rice dish)* breyani, biryani, biriani.

**brik** *brikke, (naut.)* brig.

**bri·ket** *-kette* briquet(te). **bri·ket·te·ring** briquetting.

**bril** *brille, n.* (pair of) glasses/spectacles; goggles; toilet seat; *('n) ~ dra* wear glasses/spectacles; *iets deur 'n gekleurde/rooskleurige ~ sien/bekyk, deur 'n gekleurde/rooskleurige ~ na iets kyk* look at *(or* see/view)* s.t. through rose-coloured spectacles; *'n ~* (a pair of) glasses/spectacles; *'n ~ ophê* wear glasses/spectacles; *'n ~ opsit* put on glasses/spectacles. **bril** *ge-, vb.* wear glasses/spectacles. **~huisie** glasses/spectacle case. **~maker** (dispensing) optician, optometrist. **~pikkewyn** African/jackass penguin. **~raam** spectacle/glasses frame. **~slang** spectacled/Indian cobra.

**bril·jant** *-jante, n.* brilliant, gem diamond. **bril·jant** *-jante, adj.* brilliant, outstanding; *~e strategie* masterstroke; *~ in jou werk wees* be brilliant/superb *(or* an expert)* at one's job. **bril·jant·heid** brilliance.

**bril·le·tjies:** *(ou)* ~, *(infml., derog.: pers. wearing spectacles)* four-eyes.

**bring** *ge=* bring *(toward a place/pers.)*; take, convey, carry; take; see *(s.o. to a place)*; *'n besoek aan iem.* ~ pay a visit to s.o., call on s.o.; *vir iem.* **blomme/ens.** ~ bring/take s.o. flowers/ etc.; *iem.* **daartoe** ~ *om te ...* get/induce/persuade s.o. to ...; *jou(self) daartoe* ~ *om te ...* bring o.s. to ...; *wat het iem. daar= toe ge= om dit te doen?* what(ever) made s.o. do it?; ~ *dit hier!* bring it here!; *iem./iets na ...* ~ take s.o./s.t. to ...; *iets oor jou= self* ~ bring s.t. (up)on o.s.; *iem.* **oor** *'n moeilikheid heen* ~ tide s.o. over a difficulty; *die getal* **op** *...* ~ bring the number (up) to ...; *iem.* **op** *iets* ~ put s.o. onto s.t.; *die telling* **op** *...* ~ take the score to ...; *iets in* **orde** ~ put s.t. in order; *iem. aan die* **praat** ~ set s.o. talking; *iem.* **tot** *...* ~ reduce s.o. to ... *(pov= erty, despair, etc.); dit tot ...* ~ rise to the position of ... *(chair= man etc.); dit ver/vêr* ~ go far (in life), rise *(or* get on) in the world; *iets onder* **woorde** ~ put s.t. into words.

**bri·o·lo·gie** bryology. **bri·o·lo·gies** *=giese* bryological. **bri·o= loog** *=loë* bryologist.

**bri·sant** *=sante, n.* high explosive. **bri·sant** *=sante, adj.* high= explosive; *~e springstof* high explosive. ~**bom** high-explosive bomb. ~**stof** high explosive.

**Brit** *Britte* Briton, *(infml.)* Brit; *die ~te* the British.

**Brits** *Britse* British; *~e Standaardengels* Received Standard English. ~**-Columbië** *(geog.)* British Columbia. ~**e Eilande** British Isles. **Brits·ge·sind** *=sinde* pro-British.

**Brit·tan·je** Britain.

**broc·co·li** broccoli.

**bro·de** *(sing.):* om den ~ for a living, for the money, to keep the wolf from the door; *om den* ~ *skryf/skrywe* write potboilers *(infml.).*

**broe·der** *=ders, (lit. & fig.)* brother; →BROER; *geliefde ~s en sus= ters* dear brethren/brothers and sisters; *'n* ~ *in die verdruk= king* a fellow sufferer. ~**band** bond of brotherly love, frater= nal bond. ~**bond** fraternal society. ~**kring** fraternal circle. ~**kus** fraternal kiss. ~**liefde** brotherly love. ~**moord** fratri= cide. ~**moordenaar** fratricide. ~**twis** fraternal quarrel.

**broe·der·lik** *=like* brotherly, fraternal. **broe·der·lik·heid** broth= erliness.

**broe·der·skap** *=skappe* brotherhood, fraternity; sodality; *(society)* fraternity; ~ *met ... sluit* fraternise with ...

**broei** *ge=* hatch; brood, sit *(on eggs)*; incubate; ruminate *(on a thing)*; get hot/heated; *(tobacco)* ferment; *aan die* ~ *wees, (a storm)* be brewing up; *daar's iets aan die ~, daar* ~ *iets* s.t. is brewing; there is s.t. brewing/afoot *(or* in the air/wind) ; *'n hen laat* ~ set a hen; *daar* ~ *'n onweer* a storm is gathering. ~**bak** hotframe; bed. ~**eier** hatching egg. ~**hen** broody (hen), sitter, sitting/setting hen. ~**hitte** sultriness. ~**hok** breed= ing hutch. ~**huis** hatchery; green=, hothouse; conservatory, glasshouse. ~**kas** →BROEIKAS. ~**masjien** incubator, hatcher, hatching machine. ~**nes** *(fig.)* breeding ground *(for)*, hotbed *(of).* ~**periode** incubation period. ~**plek** breeding place/ ground; hatchery, nidus. ~**-sel** *=selle* brood cell. ~**tyd** brood= ing time; nesting season; spawning season; incubation pe= riod. ~**voël** breeding bird. ~**warm** sultry.

**broei·end** *=ende =ender =endste* close, sultry, muggy, stifling, sweltering; sweltry; humid. **broei·end·heid** closeness, sultri= ness, mugginess; humidity.

**broei·er** *=ers* hatcher.

**broei·e·ry** *=rye* hatchery; *(fig.)* brooding, *(infml.)* navel con= templating/gazing.

**broei·kas** *=kaste* hotframe; =bed; green=, hothouse; conser= vatory, glasshouse; incubator, hatching chamber *(of chicks)*; brood chamber *(of bees).* ~**effek** green=/hothouse effect. ~**kind** incubator baby. ~**kwekery** glass culture. ~**plant** green=/hot= house plant.

**broeis** ~ *broeiser broeisste* broody *(hen)*; ~ *wees oor ...*, *(fig.)* be overprotective of/towards *(or* very possessive of) ... *(an only child etc.).* **broeis·heid** broodiness.

**broei·sel** *=sels* set(ting), sitting, clutch *(of eggs);* brood, hatch *(of chickens)*; get *(of piglets, kittens, pups).*

**broek** *broeke* (pair of) trousers, pants; breeches; shorts; pan= taloons; drawers; bloomers; knickers; ~ *en* **baadjie** coat and trousers, suit (of clothes); *iem. se* ~ *laat* **beef/bewe,** *(infml.)* scare/frighten the pants off s.o.; *('n)* ~ **dra** wear trousers/ pants; *die* ~ **dra,** *(fig., infml., said of a woman)* wear the trou= sers/pants; **kort/lang** ~ short/long trousers/pants; **lig** *in die* ~ **wees,** *(infml.)* be slightly built; not be up to much; *te* **lig** *in die* ~ *vir 'n taak wees* not be equal to a task; ~ **losmaak** re= lieve o.s.; *'n* ~ *met wye* **pype** wide trousers; *dit* **sit** *nie in iem. se* ~ *nie* s.o. doesn't have *(or* hasn't got) it in him/her, s.o. isn't up to it; *dit aan jou* ~ *(se naat) voel dat ...* have a gut feeling *(or* a sneaking suspicion) that ...; *'n* **wye** ~ wide trou= sers. ~**band** waistband. ~**omslag** turn-up. ~**pak** trouser/ slack/pants suit, pantsuit. ~**plooi** trouser crease. ~**rok** divid= ed skirt, culottes. ~**sak** trouser pocket. ~**skeur:** *dit gaan* ~ it is hard/rough/tough going; *dit sal* ~ **gaan** it will be a tough/ hard/tricky job; *dit het* ~ **gegaan** it was a near thing/go *(or* a close/narrow shave); ~ *deur 'n eksamen kom* pass an exami= nation by the skin of one's teeth; *dit gaan* ~ **met** *iem.* s.o. is hard pressed. ~**wol** breech/britch wool, breeches, cow tail.

**broe·kie** *=kies* shorts; panty. ~**kant** *(SA, archit.)* broekielace. ~**kouse** *n. (pl.)* pantyhose, pantihose, tights.

**broeks·pyp** *=pype* trouser leg; *iem. se ~e* **beef/bewe** s.o. is quaking in his/her boots/shoes *(or* shaking/trembling/quak= ing with fear).

**broer** *broers* brother; *ou* ~ brother, old fellow/chap, man; *~s en susters* siblings. **broer·skap** *(lit.)* brotherhood; brotherli= ness. **broers·kind** nephew/niece (on brother's side). **broer= tjie** *=tjies* little brother; *iem. het 'n* ~ *dood aan iets* s.o. detests/ hates s.t.; s.t. is s.o.'s pet hate/aversion.

**brok** *brokke* piece, chunk, lump, fragment; dollop. ~**erts** cob= ble ore. ~**klip** spall.

**bro·kaat** brocade.

**brok·kel** *ge=* crumble. ~**rots** brash.

**brok·kel·rig** crumbly; brashy; friable. **brok·kel·rig·heid** crumbliness; brashiness; friability.

**brok·kie** *=kies* (little) bit, scrap, morsel, crumb; snippet; *'n bedorwe* ~ a spoilt brat; *elke* ~ every scrap; ~ *nuus* item of news; *stukkies en ~s* odds and ends.

**broks·ge·wys(e)** in pieces, piece by piece, bit by bit, piece= meal.

**brom** *ge=, (insect)* hum, drone; *(animal)* growl; *(pers.)* mutter, grumble, grouse; *oor iets* ~ mutter/grouse about s.t., grum= ble about/at/over s.t. ~**bas** *(mus.)* bombardon. ~**fiets** buzz bike, moped. ~**ponie** (motor) scooter. ~**pot,** ~**beer** grouch, grump, grumbler, growler. ~**voël** southern ground hornbill.

**bro·maat** *=mate, (chem.)* bromate. **bro·meer** *ge=* brominate, bromate.

**bro·mied** *=miede, (chem., phot.)* bromide.

**bro·mi·um** →BROOM.

**brom·mer** *=mers, (insect)* bluebottle, blowfly, meat fly; *(pers.)* grouch, grump, grumbler.

**brom·me·rig** *=rige* grumbling, grumpy, irritable, crusty; fret= ful, complaining, querulous, disgruntled; cantankerous.

**bron** *bronne* (head)spring; well; fountain(head); supply; source; origin; →BRONNE=; *aan die* ~ at the source; *uit die allerbeste* ~ (straight) from the horse's mouth *(infml.);* ~ *van* **bestaan** means of living; *uit* **betroubare/goeie** ~ from a reliable source, on good authority; *uit* **betroubare/goeie** ~ *verneem dat ...* have it on good authority *(or* be reliably informed) that ...; *uit* **gesaghebbende** ~ *verneem* learn authoritatively; *die* ~ *van die* **kwaad** the cause/source of the evil; *die* ~ *van alle* **kwaad** the mother of all evil; *'n onaanvegbare* ~ an unimpeachable source; *uit die ~ne* put draw on the sources. ~**aar** source, spring, fountainhead; origin. ~**gras** *(Bromus mollis)* goosegrass, cleavers; watercress. ~**kode** *(comp.)* source code. ~**kors**, ~**slaai** watercress. ~**taal** source language. ~**wa**=ter spring water. ~**wel** spring.

**bron·gi·aal** =*giale* bronchial; ~*ale buise, (anat.)* bronchial tubes, bronchia.

**bron·gie·ë** *n. (pl.), (anat.)* bronchi, bronchia, bronchial tubes; →BRONGUS.

**bron·gi·ool** =*giole* bronchiole, bronchiolus.

**bron·gi·tis** bronchitis.

**bron·go·skoop** =*skope* bronchoscope.

**bron·gus** *(anat.)* bronchus; →BRONGIEË. ~**verruimer, bron**=**godilator** *(med.)* bronchodilator.

**bron·ne·:** ~**lys** (list of) references/sources. ~**materiaal** source material, sources. ~**studie** original research. ~**werk** source book.

**brons**[1] *n.* bronze; brass. **brons** *adj.* bronze(-coloured). **brons** *ge=, vb.* bronze; tan. ~**beeld, ~figuur** bronze (figure). ~**ge**=**denkplaat** memorial brass. ~**gieter** brass founder. ~**kleur** →BRONSKLEUR. ~**medalje, ~penning** bronze medal. ~**plaat** brass (plaque). ~**siekte** Addison's disease, adrenal insuffi=ciency. **B~tyd(perk):** *die ~, (archaeol.)* the Bronze Age.

**brons**[2] *n.* heat *(in female mammals)*; rut(tishness) *(in male mammals)*. **brons** *adj.* →BRONSTIG. ~**tyd** mating season; heat, season, oestrus, oestrum, oestrous/oestral period *(in female mammals)*; rut, rutting season *(in male mammals)*.

**bron·sing** bronzing; tan.

**brons·kleur** bronze. **brons·kleu·rig** =*rige* bronze(-coloured).

**brons·tig** =*tige, (female mammal)* on/in heat, in season, oes=trous, oestral; *(male mammal)* ruttish, in rut; →BRONS[2] *n.*. **brons·tig·heid** heat, oestrum; rut(tishness).

**brood** *brode* bread; loaf; ~ *en botter* bread and butter; *daag*=*likse* ~ daily bread; *die een se dood* is *die ander se* ~ one's gain is another man's loss; *droë* =*eet, (fig.)* be/live on the breadline, live from hand to mouth; *jou* ~ *aan albei kante gebotter* wil hê, *(fig., infml.)* want jam on it; *'n* ~ a loaf of bread; *twee brode* two loaves; *jou* ~ *(deur/met ...)* **verdien** earn one's bread (by ...), earn/make a living (by/from [*or* out of] ...); *'n eerlike stukkie* ~ **verdien** earn an honest penny, make an honest living; *iem. verdien skaars sy/haar* ~ s.o. can barely make a living; s.o. is scarcely worth his/her salt. ~**blik** bread bin. ~**blokkie** bread cube. ~**boom** *(Encephalartos* spp.*)* cycad; *(Artocarpus* spp.*)* breadfruit (tree); baobab (tree). ~**bord** bread plate; breadboard, trencher. ~**bordjie** side plate. ~**graan** cereal, bread/food grain. ~**heuning** beebread, am=brosia. ~**koring** bread/food grain; flour wheat. ~**korsie** bread crust. ~**krummel** breadcrumb; *(in the pl., also)* bread=ing. ~**lyn** breadline, poverty datum line. ~**mandjie** bread=basket. ~**meel** bread flour. ~**mes** bread knife. ~**nodig** essen=tial, absolutely/highly necessary, much-needed; badly/sore=ly needed. ~**pan** bread tin/pan. ~**pap** bread and milk; pana=da; *(med.)* bread poultice. ~**plank** breadboard. ~**poeding** bread pudding. ~**rolletjie** bread roll; *sagte* ~ bap. ~**rooster** toaster. ~**skimmel** mucor. ~**skrywer** hack (writer), pot=boiler. ~**skrywery** potboiling, hackwork. ~**smeer** sandwich spread. ~**snymasjien** bread slicer. ~**sorghum** grain sorghum. ~**staander(tjie)** toast rack. ~**suiker** loaf sugar. ~**trommel** bread bin. ~**vrug** breadfruit. ~**wa** baker's/bakery van, bread truck. ~**winner** breadwinner. ~**winning** livelihood, means of living; ... *is iem. se* ~, *(infml.)* ... is s.o.'s bread and butter. ~**wortel** cassava, manioc(a), yam.

**brood·ag·tig** =*tige* panary.

**brood·jie** =*jies* small loaf; (breakfast) roll; *mooi* ~*s bak* eat humble pie; *mooi* ~*s met iem. bak* butter s.o. up, soft-soap/ sweet-talk (*or* play up to) s.o.; *mooi* ~*s oor* ... *bak* gloss over ...

**brood(s)·ge·brek** want of bread; starvation; ~ *ly* starve.

**broom** *(chem., symb.* Br.*)* bromine. ~**kali** bromide of potas=sium. ~**natrium** bromide of soda. ~**silwer** bromide of silver. ~**sout** bromic salt. ~**suur** bromic acid.

**broos** *brose broser broosste, adj.* fragile; frail, delicate; *(fig.)* brittle; *iets is nie vir iem. met 'n brose gestel nie, (fig.)* s.t. is strong meat. **broos·heid** fragility, frailty, delicacy.

**bros** ~ *brosser brosste, (lit.)* brittle; crumbly; crisp; friable; short *(texture)*; ~ *brood* crisp bread; *iets* ~ *maak* crispen s.t.; ~ *word* crispen. ~**brood** shortbread; crispbread. ~**koek** shortcake. ~**koekie** shortbread biscuit. ~**kors(deeg), ~deeg** shortcrust (pastry), short pastry. ~**lekker(s)** brittle.

**bros·heid** brittleness; crumbliness; crispness; friability; *(cook.)* shortness.

**bro·sjeer** *(ge)=* stitch; *ge~de boek* paper-covered book.

**bro·sju·re** =*res* brochure, pamphlet, booklet. ~**skrywer** pam=phleteer.

**brou** *ge=* brew *(beer)*; bungle, botch; concoct; brew *(mischief)*. ~**gars** malting/brewing/brewer's barley. ~**ketel** brewer's cop=per. ~**kuip** brewing tub. ~**spul** mess(-up). ~**vat** keeve. ~**werk** botched/sloppy work, bungling; botch.

**brou·er** =*ers* brewer; bungler, botcher. **brou·ers·graan** brew=er's grains. **brou·e·ry, brou·e·ry** =*rye* brewery; brewing.

**brou·sel** =*sels* brew(ing); brewing batch; concoction.

**bru·cel·lo·se, bru·sel·lo·se** brucellosis, undulant/Malta fever; *(vet.)* contagious abortion.

**brug**[1] *brûe* bridge *(on land; on a ship); (gym.)* parallel bars; gangway *(leading to a ship)*; balcony *(on a rly. coach); 'n* ~ *oor 'n rivier* a bridge across a river; *terug op die* ~ *lyk, (infml.)* look like the back end of a bus; *die brûe agter jou verbrand, (fig.)* burn one's bridges. ~**balans** platform scale, bascule, (platform) weighing machine; weighbridge. ~**boog** arch of a bridge. ~**bou** bridge-building, bridging. ~**bouer** bridge builder. ~**(bou)-ingenieur** bridge engineer. ~**boukunde** bridge engineering. ~**dek** bridge deck, floor of a bridge. ~**hoof** bridgehead. ~**kabel** jumper (cable). ~**kop** abutment, head of a bridge. ~**(oor)spanning** bridge span. ~**reling** bridge rail. ~**slagaar** pontine artery. ~**spring** *n.* bungee/bungy jumping. ~**springer** bungee/bungy jumper. ~**sprong** bun=gee/bungy jump. ~**steier, ~stellasie** gantry. ~**voetpad** cat=walk.

**brug**[2] *(card game)* bridge. ~**speler** bridge player. ~**wedstryd** bridge drive.

**Brug·ge** *(geog.)* Bruges. **Brug·ge·ling** =*linge* inhabitant of Bru=ges. **Brug·se** (of) Bruges.

**bruid** *bruide* bride; ~ *en bruidegom* bride and (bride)groom. ~**skat** dowry, bride's/marriage portion; *sonder* ~ dowerless, portionless. ~**sluier** bridal veil. ~**stoet** bridal procession.

**brui·de·gom** =*gomme, =goms* (bride)groom.

**bruids·:** ~**bed** bridal/nuptial bed. ~**blom** *(Serruria florida)* blushing bride, pride of Franschhoek. ~**goed, ~uitset** trous=seau. ~**kamer** bridal chamber. ~**kis** hope chest. ~**koek** wed=ding/bride('s) cake. ~**meisie** bridesmaid; *eerste* ~ maid of honour. ~**nag** wedding/bridal night. ~**paar** bridal pair/cou=ple. ~**prys** bride price, *(<Ngu.)* lobola. ~**rok, ~tabberd** wed=ding dress, bridal gown. ~**tee** →KOMBUISTEE. ~**uitrusting** bride's outfit. ~**uitset** →BRUIDSGOED. ~**vader** father of the bride; *as* ~ *optree* give the bride away. ~**wa** bridal carriage.

**bruik·baar** =*bare* serviceable *(pers., instr.)*; useful; fit, suit=able; practicable; usable; workable. **bruik·baar·heid** service=ability; serviceableness, utility, usefulness; fitness, suitabil=ity.

**bruik·huur** *vb.* lease *(machinery, equipment)*.

**bruik·leen** loan; lend-lease, lease-lend; *iets in* ~ *hê* have s.t. on loan.

**brui·lof** =*lofte* wedding (feast), bridal, nuptials; *by/op 'n* ~ at a wedding; *goue* ~ golden wedding; ~ *hou* celebrate a wed=ding.

**brui·lofs·:** ~**dag** wedding day. ~**fees** wedding feast/celebra=tion/party, marriage feast. ~**gas** wedding guest. ~**maal** wed=ding breakfast/reception. ~**mars** wedding march. ~**nag** wed=ding/bridal night. ~**plegtigheid** marriage ceremony.

**bruin** *bruine, n.* (shade of) brown; *(liter.: bear)* bruin. **bruin** ~ *bruiner bruinste, adj.* brown; tan; ~ **brand** tan; ~ **gebrand** *wees* be tanned; ~ **man/vrou/mens** coloured man/woman/person; ~ **(riet)suiker** demerara (sugar); ~ **rys** brown rice. **bruin** *ge=, vb.* brown. ~**aartappels** browned potatoes. ~**a= rend** Wahlberg's eagle. ~**beer** *(Ursus arctos)* brown bear. ~**brood** brown bread. ~**gebrand** tanned. ~**geel, geel**~ brownish yellow, tawny. ~**grys** taupe. ~**kole, ~kool** brown coal, lignite, wood coal. ~**malgas** *(orn.)* brown booby. ~**roes** *(bot.)* brown rust. ~**rot** brown/grey/house/wharf rat. ~**skim= mel** chestnut roan (horse). ~**skurf(siekte)** cork(y) scab *(in potatoes)*. ~**sous** brown sauce, espagnole. ~**spaat** *(min.)* brown spar. ~**sprinkaan** brown locust. ~**steen** brownstone. ~**sterretjie** *(orn.)* noddy. ~**suiker** brown sugar. ~**vrot(siekte)** *(disease of apples etc.)* brown rot. ~**vy** brown fig.

**brui·ne** *-nes:* die/'n ~ the/a brown one; *die* ~s the brown ones.

**brui·neer** *(ge)* (make) brown; get/become brown; burnish. **brui·neer·sel** browning; burnish.

**brui·ne·rig** *-rige* brownish.

**brui·ne·tjie** *-tjies* little brown one.

**bruin·haar=** *det.,* **bruin·ha·rig** *-rige, adj.* brown-haired, brunette.

**bruin·oog** *n.* (person with) brown eyes, brunette. **bruin·oog=** *det.,* **bruin·o·gig** *-gige* brown-eyed.

**bruin·sel** browning.

**bruin·tjies** *n. (pl.), (cook.)* brownies.

**bruis** *n.* froth, foam; fizz. **bruis** *ge=, vb.* effervesce, fizz, bubble; sparkle; *(waves)* surge, seethe; *iem. se bloed laat* ~ send the blood rushing through s.o.'s veins; *saggies* ~ fizzle. ~**drank** effervescent/fizzy drink. ~**meel** self-raising flour. ~**tablet** effervescent tablet. ~**wyn** sparkling/effervescent wine.

**brui·send** *-sende* foaming, frothing *(river etc.);* roaring *(surf, waterfall);* seething *(water).*

**brul** *brulle, n.* roar; bellow *(of cattle).* **brul** *ge=, vb.* roar; bawl; yell; retch, heave; bellow; ~ *van die lag* roar/shriek/hoot/ howl with laughter; ~ *van (die) pyn* roar with pain. ~**aap** howling monkey, howler (monkey). ~**padda** bullfrog. ~**sand** roaring sand.

**bru·net** *-nette, n.* brunette.

**Brus·sel** *(capital of Belgium)* Brussels. **Brus·se·laar** *-laars, -lare* Bruxellois. **Brus·sels** *-selse* of Brussels; ~*e aarde* fuller's earth; ~*e kant* Brussels lace; ~*e lof* chicory, French/Belgian endive, witloof; ~*e spruitjies* Brussels sprouts. **brus· sels·lof** *(bot.)* chicory.

**bru·taal** *-tale, adj.* brutal, savage, cruel; harsh; severe; rude, impudent, insolent, bold, forward; brazen. **bru·taal** *adv.* brutally, cruelly; harshly; rudely; ~ *eerlik met iem. oor iets wees* be brutally frank with s.o. about s.t..

**bru·ta·li·seer** *ge=* bully.

**bru·ta·li·teit** impudence, effrontery, audacity; insolence.

**bru·to** gross *(income, profit, receipts, weight);* ~ *binnelandse produk, (abbr.: BBP)* gross domestic product *(abbr.: GDP);* ~ *maat* overall measure; ~ *nasionale produk, (abbr.: BNP)* gross national product *(abbr.: GNP).*

**bruusk** *bruuske bruusker bruuskste* brusque, blunt; abrupt; off-hand. **bruusk·heid** brusqueness, bluntness; offhandedness.

**bruut** *brute, n.* brute. **bruut** *brute bruter bruutste, adj.* brutish, brutal, brute *(force); (sl.)* butch *(man, woman).* **bruut·heid** brutality, brutishness.

**bry**[1] *n.* burr *(in speech).* **bry** *ge=, vb.* burr, speak with a burr. ~**-r** *-'e* uvular r.

**bry**[2] *n.* pulp, mush; paste; slurry. ~**vulling** grouting.

**BTW:** *iets van* ~ *vrystel* zero-rate s.t.. ~**-vry** zero-rated.

**bud·jie** *-jies* budgie, budgerigar, lovebird, grass parakeet.

**buf·fel** *-fels* buffalo; *(fig.)* bear, boor, churl; *Afrikaanse* ~ Af=

rican buffalo; *Amerikaanse* ~ bison. ~**bul** buffalo bull. ~**kalf** buffalo calf. ~**koei** buffalo cow. ~**leer** buff (leather); buffalo leather.

**buf·fel·ag·tig, buf·fel·ag·tig** *=tige* rude, churlish, boorish, bearish.

**buf·fel(s)=:** ~**gras** buffalo grass. ~**horing** *(Burchellia buba= lina)* wild pomegranate.

**buf·fer** *=fers* buffer; bumper; ~ *teen buffer ry* drive nose to tail. ~**(geheue)** *(comp.)* clipboard. ~**mengsel, ~oplossing** *(chem.)* buffer (solution). ~**plakker, ~strokie** bumper sticker. ~**staat** buffer state. ~**strook** buffer strip. ~**-teen-buffer-verkeer** nose-to-tail traffic.

**buf·fet** *=fette* buffet, sideboard; (refreshment) bar. ~**ete** buffet meal.

**bui** *buie* shower *(of rain etc.);* gust; *(good, bad)* mood, humour, temper; fit *(of coughing);* paroxysm *(of giggling);* in *'n goeie* ~ *wees* be in a good mood/humour/temper; be in good spirits; *die reën val in* ~*e* the rain falls in showers; *los* ~*e* scattered showers. **bui·e·rig** *=rige* showery, squally *(weather);* moody, crotchety, crabby, temperamental; fickle, capricious, full of whims. **bui·e·rig·heid** showeriness; moodiness, crabbiness; fickleness. **bui·tjie** *=tjies* light shower.

**bui·del** *=dels* bag, pouch; *(zool.)* marsupium; baby carrier. ~**beer** koala (bear). ~**dier** marsupial. ~**sakkie** moonbag. **bui·del·vor·mig** *=mige* sacciform.

**buig** *buie, n.* bend; *'n* ~ *in die pad* a bend in the road. **buig** *ge=, vb.* bend *(a branch);* bow, incline *(one's head);* arch *(one's back);* crook, flex *(one's arm etc.); (river etc.)* curve; *(pers.)* stoop *(plastic etc.)* bend; diffract *(rays);* ~ *of bars* by hook or (by) crook, by fair means or foul, *(infml.)* come hell or high water; *iem. wil iets doen,* ~ *of bars, (infml.)* s.o. is hellbent on doing s.t.; *jou knie* ~ bend one's knee; genuflect *(in a holy place);* *oor iem./iets* ~ lean over s.o./s.t.; ~ *en strek* bend and stretch; *vir iem.* ~ bow to s.o.; *voor* ... ~, *(fig.)* bow/submit to ... ~**krag** force of flexure; bending power; deflective/deflecting force. ~**punt** point of inflection. ~**spanning** bending stress. ~**spier** flexor (muscle). ~**yster** plying iron.

**buig·baar** *=bare* bendable, non(-)rigid.

**bui·ging** *=gings* bending; bend; curvature *(of the earth);* bow; obeisance; curtsy; *(theatr.)* curtain call; inflection; *(physiol.)* flexion; *(geol.)* flexure; modulation *(of a voice);'n diep* ~ a low bow; *'n* ~ *maak* bow, make a bow; take a bow *(or curtain call);* *vir iem. 'n* ~ *maak* bow *(or make a bow)* to s.o..

**bui·gings=:** ~**hoek** angle of curvature. ~**uitgang** *(gram.)* inflection, (in)flectional ending.

**buig·saam** *=same* flexible, pliable, pliant; supple; compliant; yielding *(pers.);* whippy *(shoot etc.);* ductile *(gold etc.).* **buig= saam·heid** pliability, pliancy; flexibility; ductility; suppleness; compliancy.

**buik** *buike, n.* stomach, belly, abdomen, underbody; paunch, *(infml.)* corporation; *(anat.)* venter; bilge *(of a barrel);* bunt *(of a sail).* ~**asemhaling** abdominal breathing. ~**danseres** belly/exotic dancer. ~**gord, ~riem** cingle, cinch, girdle, girth *(of a horse);* bellyband. ~**holte** *(zool.)* abdominal cavity, coeliac. ~**landing** belly landing/flop, crash-landing *(of an air= craft);* *'n* ~ *doen* crash-land, make a crash-landing. ~**loop** *(vet.)* diarrhoea, scour(s). ~**senu(wee)** abdominal nerve. ~**spier** abdominal muscle. ~**spraak** ventriloquism. ~**spreek** *ge=* ventriloquise. ~**spreekpop** ventriloquist's dummy. ~**spre= ker** ventriloquist. ~**streek** abdominal region/zone. ~**swan= gerskap** abdominal pregnancy. ~**vin** ventral fin; pelvic fin. ~**vol** *(fig., infml.)* fed up (to the back teeth); ~ *vir iem. wees* be really/very fed up with s.o.. ~**wand** abdominal/ventral wall.

**buik·po·tig** *=tige, adj., (zool.)* gastropod(ous).

**buik·vlies** peritoneum. ~**ontsteking** peritonitis.

**buil** *buile, (med.)* boil; swelling, bolter. **bui·le·pes** bubonic plague, malignant bubo.

**buis** *buise* tube, pipe; tubing; *(anat.)* duct; fuse *(of projectiles etc.)*; fistula *(of insects)*; *(rad.)* valve. ~**bom** pipe bomb. ~**lig** fluorescent/neon light. ~**swangerskap** tubal pregnancy.

**buis·ag·tig** =*tige* tubular.

**bui·sie** =*sies* tube; duct; tubule; vial.

**buis·loos** =*lose* tubeless; *(med.)* ductless, endocrine.

**buis·vor·mig** =*mige* tubular, tube-shaped, tubulate, tubi= form.

**buit** *n.* booty, spoils, haul, loot, prize, plunder; take. **buit** *ge*-, *vb.* seize, capture, take, loot, pillage, plunder. ~**maak** =*ge*= capture, take, seize, loot, carry off *(valuables)*. ~**maker** loot= er, marauder, plunderer, pillager.

**bui·te** *adv.* out(side); out of doors, in the open; ~ *aan/op* ... on the outside of ...; ~ *bly* stay outside; keep out; *na* ~ *gaan* go out(side); *jou te* ~ *gaan* go too far, not know when to stop; overstep the mark; overindulge, eat/drink too much; be out of line; *jou aan drank/ens. te* ~ *gaan* drink/etc. to ex= cess; *jou van blydskap te* ~ *gaan* go wild with delight; *iem./ iets* ~ *hou* keep s.o./s.t. out; *iets na* ~ *bring/neem* put/take s.t. out; *van* ~ from without; on the outside; *van* ~ *(af)* from the outside; *van* ~ *(gesien)* seen/viewed from the outside; *iets van* ~ *ken/leer* know/learn s.t. by heart. **bui·te** *prep.* out of; outside *(a place)*; ~ *bereik* out of reach; ~ *bereik van* ... clear of ...; *hou/laat my* ~ *die saak (of daarbuite)* leave me out of it; ~ *jouself* raak lose one's cool, go off the deep end, freak out, *(sl.)* go ape; ~ *jouself* wees be in a frenzy; ~ *jou= self (van blydskap/ens.)* wees be beside o.s. (with joy/etc.); *iets* ~ *iem. om* doen go *(or do s.t.)* behind s.o.'s back; *drie/ens. meter* ~ *die rekord* three/etc. metres short of the record; *heel= temal* ~ *die saak* **staan** have nothing to do with the matter. ~**aansig** outside elevation. ~**afdeling** outpatients' depart= ment, policlinic. ~**baan** outside lane *(of a road)*; *(sport)* out= side track. ~**band** tyre. ~**belang** outside interest. ~**blad** cover *(of a book)*. ~**boordmotor** outboard motor. ~**deur** outer/ outside door; front/entrance door. ~**distrik** outlying/coun= try district. ~**egtelik** illegitimate, born out of wedlock *(child)*; extramarital *(relationship)*. ~**gebou** outbuilding, outhouse. ~**grens** perimeter; *(in the pl., also)* external borders. ~**hoek** outside/outer corner; *(math.)* exterior angle; coign *(of a wall)*. ~**hof** outer court. ~**kamer** outside/outer room. ~**kans(ie)** windfall, piece of luck; outside chance, fluke. ~**kant** *n.* out= side, exterior, surface, periphery; *aan die* ~ on the outside. ~**kant** *adv.* (on the) outside; in the open. ~**kant** *prep.* out= side; beyond. ~**klub** country club. ~**kurrikulêr** =*lêre* extra= curricular. ~**laag** outer layer, cortex. ~**land** →BUITELAND. ~**lewe** outdoor life; country life. ~**liggaamlik** =*like:* ~*e er= varing* out-of-body experience. ~**lug** open air; country air; *in die* ~ in the open (air), out of doors. ~**lyn** outer bound= ary; exterior line; *(rugby, soccer)* touch(line); perimeter; *die* ~ *haal, (rugby)* find touch. ~**maat** outside measurement; out= size. ~**magtig** *adj. & adv.* ultra vires *(Lat.)*. ~**muur** →BUITE= MUUR. ~**om** round the outside. ~**pasiënt** outpatient. ~**perd** *(racing)* outsider, dark horse; outside horse. ~**pos** outpost; outstation; *(mil.)* advanced/outlying post. ~**rand** outer edge; periphery, perimeter; outskirts; *aan die* ~ on the perimeter. ~**seisoen** low/off season. ~**seisoentyd** off-peak season, off-season period; *in die* ~ during the off-peak season. ~**sintuiglik** extrasensory. ~**skop** *n.* touch/line kick. ~**sluit** =*ge*= exclude, shut out/off; lock out. ~**stedelik** peri-urban. ~**toe** →BUITENTOE. ~**toilet** outside toilet/lavatory, pit lava= tory, *(SA, infml.)* long drop. ~**totalisator**, *(infml.)* ~**toto** off-course totalisator, *(infml.)* off-course tote. ~**trap** outside staircase. ~**veld** outer pasturage; *(cr.)* outfield; *in die* ~, *(golf)* out of bounds. ~**veldwerker** *(cr.)* outfielder. ~**verbruik** off consumption; *lisensie vir* ~ off(-sales) licence. ~**verf** outdoor paint. ~**verkope** off-sales. ~**wand** outer wall *(of a tube)*. ~**wê= reld** outside world, public (at large). ~**werk** outdoor/out= side work; *(mil.)* outwork, barbican. ~**werker** outside work= er; field worker. ~**werp** =*ge*= cast out. ~**wyk** =*wyke* outlying/

remote part *(of a district)*; suburb *(of a town)*; *in die* ~*e van die dorp/stad* on the outskirts of the town.

**bui·te·aards** =*aardse* extraterrestrial, ultramundane; ~*e wese* extraterrestrial *(abbr.:* ET*)*.

**bui·tel** *ge*=, *(poet., liter.)* tumble, fall head over heels; gambol.

**bui·te·land** foreign country/countries; *in die* ~ abroad; *na die* ~ *gaan* go abroad; *uit die* ~ from abroad. **bui·te·lan·der** =*ders* foreigner, alien. **bui·te·lands** =*landse, adj.* foreign; ~*e beleid* foreign policy; ~*e betaalmiddele/-middels/valuta* foreign currency; ~*e korrespondent, (journ.)* foreign cor= respondent; *'n* ~*e reis* a trip abroad; ~*e sake/aangeleent= hede* foreign affairs. **bui·te·lands, bui·tens·lands** *adv.* abroad, outside the country.

**bui·te·muur** outside/outer/exterior wall; bailey *(of a castle)*. **bui·te·muurs** =*muurse, adj.* extramural. **bui·te·muurs** *adv.* extramurally.

**bui·ten** except, besides; bar(ring), except(ing), not count= ing, apart from, save (for), with the exception of; other than; beyond; *almal* ~ *een* all but one; *dit het met almal* ~ *hom/ haar gebeur* it happened to everybody except(ing) him/her; ~ *my!* count me out!; *alles* ~ *oorlog* everything short of war; →BEHALWE. ~**gewoon** *adj.* extraordinary, exceptional; un= usual, uncommon, singular; special *(meeting)*; extra; signal *(services)*; unseasonable *(weather)*; *iets* ~*s* s.t. special, s.t. out of the ordinary; ~ *wees vir dié tyd van die jaar, (heatwave etc.)* be unseasonal. ~**gewoon** *adv.* exceedingly, immensely, huge= ly, inordinately, exceptionally, uncommonly. ~**gewoonheid** unusualness. ~**toe, buitetoe** outside, outwards; ~ *gaan* go out.

**bui·ten·dien** besides, moreover, in addition, what is more, furthermore, on top of that, over and above that.

**bui·tens·huis, bui·tens·huis** =*huise, adj.* outdoor; out= side; *'n* ~*e swembad* an outdoor swimming pool; ~*e werk* work away from home. **bui·tens·huis, bui·tens·huis** *adv.* out of doors; ~ *slaap* sleep out; ~ *werk* work away from home.

**bui·tens·lands** →BUITELANDS *adv.*.

**bui·ten·spo·rig** =*rige* excessive, exorbitant, immoderate; prohibitive, fancy *(price)*; extravagant *(life)*; preposterous; outrageous *(conduct)*; undue *(haste)*. **bui·ten·spo·rig·heid** ex= cessiveness; extravagance.

**bui·ten·ste** *n.* outside, exterior (surface). **bui·ten·ste** *adj.* outside, outer *(darkness)*; exterior, outermost, external.

**bui·tens·tyds, bui·ten·tyds** =*tydse, adj.* off-season, out-of-season; unseasonal, unseasonable *(weather etc.)*; after-hours. **bui·tens·tyds, bui·ten·tyds** *adv.* out of season; unseasonably; after hours.

**bui·ter** =*ters* looter, plunderer, pillager, marauder. **bui·te·ry** looting, pillaging, plunder(ing).

**bui·te·stan·der** =*ders* outsider, outside person.

**bui·te·waarts** =*waartse, adj.* outward; extrorse. **bui·te· waarts** *adv.* outward(s).

**buk** *ge*= bend down, stoop, bow; crouch; duck; give/make a back; budge, submit; *onder* ... *ge*= *gaan* labour/suffer under ...; be loaded down with ...; suffer from ...; be bowed/weighed down with ... *(care)*; be burdened with ...; *iem. gaan onder iets ge~, (also)* s.t. weighs (up)on s.o.; *vir* ... ~ bow before *(or submit to)* ...; *vooroor* ~ bend down.

**buks** *bukse* short rifle, carbine. ~**spyker** stub nail.

**buks·boom** box (tree).

**buk·sie** =*sies* little chap, bantam; *(SA: 340 ml beer)* dumpy (bottle); *(SA: small wine bottle)* dinky.

**bul**[1] *bulle, (papal)* bull; diploma *(of a univ.)*.

**bul**[2] *bulle, (zool.)* bull; *(infml.)* whopper, colossus, giant; *(stock exch.)* bull; *die B~, (astrol.)* the Bull, Taurus; *soos 'n* ~ *in 'n glashuis/glaskas, (infml.)* like a bull in a china shop; *die* ~ *by die horings pak, (fig.)* take the bull by the horns, grasp the nettle; *(sommer)* **pure** ~ *wees* be tough; have what it takes, be made of the right stuff; *wanneer* ~ *teen* ~ *te staan kom, gee dit 'n woeste stryd af* (of *spat die vonke*) when Greek meets Greek then is/comes the tug of war. **~byter** *(dog breed)* (bull) mastiff. **~geveg** bullfight. **~hond, boel(hond)** bulldog. **~kalf** bull calf. **~mark** *(stock exch.)* bull market. **~perd** *(fig., infml.)* stunner, first-rater. **~stryd** hard-fought match, *(sl.)* rip-snorter of a match. **~terriër, boelterriër** bull terrier. **~vegter** bullfighter.

**bul·bêr** *-bêre, (anat.)* bulbar.

**bul·der** *ge-* roar, rage, bellow, storm; thunder, bluster; boom *(of a gun)*; *teen iem.* ~ bellow/roar at s.o.. **~lag** horse laugh, guffaw. **~stem** stentorian voice.

**bul·de·rend** *-rende* blustering; roaring, raging, bellowing; booming; ~ *lag* laugh uproariously; *-e wind* blustery wind.

**Bul·ga·ry·e, Boel·ga·ry·e** *(geog.)* Bulgaria. **Bul·gaar, Boel-gaar** *-gare, n.* Bulgarian. **Bul·gaars, Boel·gaars** *n., (lang.)* Bulgarian. **Bul·gaars, Boel·gaars** *-gaarse, adj.* Bulgarian.

**bu·li·mie** *(med., psych.)* bulimia (nervosa).

**bulk** *-bulke, n.* bellow, roar. **bulk** *ge-, vb., (cattle)* bellow, low; *(cow)* moo; *(pers.)* roar, bellow; *(pers.)* belch.

**bul·le·bak** *-bakke* bully; bear, curmudgeon.

**bul·le·tin** *-tins* bulletin. **~bord** *(comp.)* bulletin board. **~bord stelsel** *(comp.)* bulletin board system.

**bul·le·tjie** *-tjies* young bull; sturdy little boy.

**buls** *adj., (cow)* on heat.

**bult** *bulte, n.* lump, bulge, hump, knob, swelling, protuber-ance, hunch; bump *(caused by a blow)*; *(hard lump of tissue)* knot; node *(on a rheumatic joint)*; knoll, hill(ock), hummock, mound, rise; *net agter die ~, (fig.)* (just) (a)round the cor-ner; *oor die ~ wees, (fig.)* have turned the corner, be over the worst; *(teen) die ~ op/uit* up the hill; *'n steil ~* a steep hill; *teen 'n ~* on a rise; *vol -e* bumpy; knotted; dented *(metal)*. **bult** *ge-, vb.* bulge; *jou spiere ~, (fig.)* flex one's muscles. **~rug** hogback, hog's back, (hill) ridge.

**bul·tend** *-tende* bulging *(suitcase etc.)*.

**bul·te·rig** *-rige* bumpy, lumpy, uneven, knobb(l)y; hilly.

**bult·jie** *-jies* hillock, hummock, knoll; small hump.

**bun·del** *-dels, n.* collection, volume *(of poems)*; *(biol.)* bundle, fascicle. **bun·del** *ge-, vb.* collect, publish in book form. **bun-dels·ge·wys, bun·dels·ge·wy·se** fascicled, fascicular, fasci-culate(d); clustered. **bun·del·tjie** *-tjies* small/slim volume; *(biol.)* fascicle. **bun·del·vor·mig** *-mige* fascicled, fascicular, fasciculate(d).

**bun·ker** *-kers, n.* bunker. **bun·ker** *ge-, vb.* bunker.

**bun·sen·bran·der** Bunsen burner.

**bu·re** *n. (pl.)* neighbours; →BUUR-; *byhou by die* ~ keep up with the Joneses.

**bu·ret** *-rette* burette.

**burg¹** *burge, (also burgvark)* barrow, castrated boar, gelded/gelt pig.

**burg²** *burge* castle, stronghold; keep, citadel. **~graaf** vis-count. **~gravin** viscountess.

**bur·ge·mees·ter** *(fem. -meesteres)* mayor. **bur·ge·mees·ter-lik** *-like* mayoral. **bur·ge·mees·ter·skap** mayoralty, mayor-ship.

**bur·ge·mees·ters-:** **~amp** mayoralty. **~ketting** mayoral chain. **~vrou** mayoress.

**bur·ger** *-gers* citizen, national; civilian; bourgeois; *(hist.)* commoner, *(in ancient Rome)* plebeian; *(hist.)* burgher; *(hist.)* freeman; *die gewone* ~ the average citizen; *Jan B~, (infml.)* John Citizen, Joe Public. **~(band)radio** citizens' band *(or CB)* radio. **~drag, ~klere, ~kleding** civilian clothes, mufti, *(infml.)* civ(v)ies; *(police)* plain clothes. **~lugvaart** civil aviation. **~mag** citizen force, militia. **~oorlog** civil/domestic war. **~reg** *-reg-te* citizenship; freedom of a city; *(in the pl.)* civil/civic rights; *jou* ~ *verbeur* forfeit one's civil/civic rights; ~ *verkry* obtain

one's civil/civic rights; *(a word)* be adopted/recognised, be-come accepted/established; ~ *aan ... verleen* enfranchise *(or grant civil/civic rights to)* ...; admit ... to the freedom of the city; adopt ... *(a word)*. **~sentrum** civic centre. **~sin** civic sense, public spirit, sense of public responsibility; *met* ~ civic-minded. **~stand** middle class, commonalty, bourgeoi-sie. **~twis** civil strife. **~vereniging, ~organisasie** civic(s) (association/organisation). **~wag** civic guard.

**bur·ger·lik** *-like* civil *(rights etc.)*; civilian; civic; middle-class, bourgeois; plebeian; *~e beskerming* civil defence/protection; *die ~e gesag/owerheid* the civil power/authori-ty; *~e huwelik* civil marriage; *~e inhegtenisneming/ar-restasie* citizen's arrest; *~e (persoon)* civilian; *~e vereni-ging/organisasie* civic(s) (association/organisation). **bur-ger·lik·heid** middle-class manners.

**bur·ger·skap** citizenship.

**bur·ge·ry** citizenry; commonalty.

**bur·lesk** *-leske, adj.* burlesque. **bur·les·ke** *-kes, n.* burlesque.

**bu·ro** *-ro's, (dim. -ro'tjie)* office; bureau. **bu·ro·kraat** *-krate* bureaucrat. **bu·ro·kra·sie** *-sieë* bureaucracy, officialdom. **bu-ro·kra·ties** *-tiese* bureaucratic.

**bus¹** *busse, n.* box *(for letters etc.)*; (money) box; drum; tin, bin, container, canister.

**bus²** *busse, n.* bush, bushing, casing, sleeve; socket, box; *'n ~ insit, van 'n ~ voorsien, (mech.)* bush; *dit sluit soos 'n ~* it fits exactly; it all fits in perfectly; it is all perfectly logical. **bus** *ge-, vb.* bush.

**bus³** *busse, n.* bus; *(for long distances)* coach; *kinders per ~ aan-ry skool toe* bus children to school; ~ *ry, met die* (of *per*) ~ *gaan/ry* go by bus; take a bus; *'n ~ haal* catch a bus; *'n ~ neem* take a bus; *per ~ vervoer* bus *(vb.)*; *-se vol* by the bus-load, in busloads *(infml.)*. **~bestuurder** bus driver. **~diens** bus service. **~geld** bus fare. **~halte** bus stop. **~hokkie, ~skuiling** bus shelter. **~kaartjie** bus ticket. **~roete** bus route. **~toer** coach tour.

**bus·kruit** gunpowder; *iem. het nie die ~ uitgevind nie* s.o. is no great shakes.

**buur-:** **~dorp** neighbouring town. **~kind** neighbour's child. **~land** neighbouring country. **~man** *-manne, -mans* neigh-bour; *alte goed is ~s gek* the willing horse gets no rest. **~mense** neighbours. **~praatjie** gossip, neighbourly talk. **~staat** neigh-bouring state. **~vrou** *-e(ns)* lady next door, neighbour (woman); neighbour('s wife).

**buur·skap** neighbourliness; *goeie* ~ good-neighbourliness.

**buurt** *buurte,* neighbourhood, vicinity, precinct; part, quar-ter; *in die ~ van ...* somewhere near ... **~wag** neighbourhood watch.

**buus·te** *buuste* bust. **~houer, ~lyfie** *(somewhat dated)* bras-siere.

**by¹** *bye, (dim. bytjie)* bee; →BYE-; *iem. van die ~tjies en die blom-metjies vertel, (infml.)* tell/teach s.o. the facts of life. **~angel** bee sting.

**by²** *adj.* conscious, awake; *(infml.)* up to date *(with one's work etc.)*; *(infml.)* up to speed, switched-on; *goed* ~ *wees, (infml.)* be well on top *(of s.t.)*; be well up *(in s.t.)*; *nie heeltemal* ~ *wees nie, (infml.)* not be completely all there; not be quite up to speed; *iem. is nog nie* ~ *nie* s.o. has not come round/to yet.

**by** *adv.* present, there; in addition; *nie* ~ *wees nie* not be present/there; *vlak* ~ close by, nearby, near by; *waar iem.* ~ *is/was* in s.o.'s presence. **by** *prep.* by, with, near, at; in; (up)on; from; ~ *aankoms* on arrival; ~ *die geringste aanleiding* on the slightest provocation, for the slightest reason; ~ *... aan-soek doen* apply to ...; ~ *die trap/ens. af* down the stairs/etc.; *kontant* ~ *aflewering* cash on delivery; *iets* ~ *... bestel* order s.t. from ...; ~ *'n mening bly* adhere to an opinion; ~ *die dag betaal word* be paid per day *(or on a daily basis)*; ~ *die dag beter word* improve day by day; ~ *die Departement van On-derwys werk* work in the Education Department; ~ *jouself*

**dink** say to o.s.; ~ *iem. se **dood*** at s.o.'s death; ~ *die **dosyn** koop* buy by the dozen; *hulle het* ~ ***duisende** gekom* they came in their thousands; ~ ***geboorte*** at birth; *niks is* ~ *God onmoontlik nie* nothing is impossible with God; ~ *die **grasie** Gods* by the grace of God; ~ *die **Grieke/ens.*** among(st) the Greeks/etc.; *iem.* ~ *die **hand** neem/vat* take s.o. by the hand; ... ~ *jou **hê*** have ... with one *(s.o. etc.);* have ... on one *(money etc.);* ~ *die **honderd*** close on/upon a hundred; ~ *(die)* **hon**= **derde/duisende** in their hundreds/thousands; ~ */in 'n **hotel** eet* have meals at/in a hotel; ~ *die **huis*** at home; ~ *iem. se **huis*** at s.o.'s house; *daar was geen aarseling* ~ *iem. nie* there was no hesitation on s.o.'s part; ~ *iem. **bly**/woon* stay/live with s.o.; ~ ***kerslig*** by candlelight; *'n siekte* ~ *kinders* a disease in children; *kort* ~ *die **sewentig**/ens.* on the verge of seventy/etc.; ~ *'n **krans** afval* fall down a precipice; ~ *die **Lugmag** wees* be in the Air Force; ~ *die groot **maat*** wholesale; in large quantities; ~ *die klein **maat*** retail; in small quantities; *vyf* ~ *tien **meter*** five by ten metres; *iem.* ~ *sy/haar **naam** noem* call s.o. by his/her name; ~ ***navraag*** (up)on enquiry; ~ ***ontvangs*** on receipt; ~ *die **redaksie** wees* be on the editorial staff; ~ *iem. **slaap*** sleep with s.o.; *tot* ~ *die rivier* as far as the river; *tot* ~ *die **dak*** right up to the roof; ~ *die **verkiesing*** at the election(s); ~ *... **verkry(g)baar*** obtainable from ...; ~ *iem. se **vertrek*** on s.o.'s departure; *kinders* ~ *'n tweede **vrou*** children by a second wife; ~ *die **vuur*** by/beside the fire; ~ *al die ander **werk*** in addition to all the other work; ~ *die **wet*** according to law; *wie was* ~ *X?* who was with X?, who was X with?; ~ ***wyse** van protes* in (or by way of) protest.

**by·baan·tjie** *-tjies* extra/outside job, sideline.

**by·be·doe·ling** *-lings, -linge* ulterior motive; *'n* ~ *hê* have an ulterior motive/object; *~s hê, (also)* have an axe to grind.

**by·be·ho·re** *n. (pl.)* accessories; appendages; furnishings.

**By·bel** *-bels* Bible; *met die* ~ *in jou mond loop* always be quoting Scripture; *op die* ~ *sweer* swear on the Bible. **~boek** Bible; book of the Bible. **~genootskap** Bible Society. **~kunde** biblical science. **~lande** biblical lands, lands of the Bible. **~lesing** Bible/Scripture reading. **~storie, ~verhaal** Bible story. **~studie** Bible study. **~taal** biblical language. **~teks** passage in the Bible, scriptural passage, text from Scripture (or the Bible). **~vas** versed in Scripture. **~vertaling** Bible translation.

**By·bels** *-belse* biblical *(also B~),* scriptural; in accordance with the Bible; *~e geskiedenis* biblical history.

**by·be·taal** pay extra *(or* in addition). **by·be·ta·ling** excess payment.

**by·be·te·ke·nis** *-nisse* connotation, secondary meaning; *(ling.)* connotative meaning; *iets het 'n* ~ *van ...* s.t. connotes ...

**by·blad** *-blaaie* supplement *(of a newspaper etc.).*

**by·bly** *-ge-* keep pace; keep up; stand/stay the pace; stick/stay in one's memory; *by ...* ~ keep up with ...; *... sal my altyd* ~ I'll always remember (or never forget) ...; *'n melodie wat jou* (of *['n] mens)* ~ a melody that one can't get out of one's head, a haunting melody.

**by·breek** *(cr.):* **~bal, bybreker** leg break. **~bouler** leg-break bowler.

**by·bring** *-ge-* bring forward, cite, quote *(examples);* bring to/round *(s.o.);* teach, inculcate, instil *(ideas); iem. iets* ~ make s.o. realise (or get s.o. to understand) s.t.; *iem. kan iets nie* ~ *nie* s.o. cannot afford s.t..

**by·dam** *-ge-* go for, tackle, attack, sail into, rush at; accost, stop *(s.o. in the street); iem. met 'n stok* ~ lay into s.o. with a stick; *iem. met die vuis* ~ go for (or tear into) s.o. with one's fists.

**by·der·hand** handy, available, at/on/to hand, close (by), within reach, convenient, ready; on the spot; at/within call; *iets* ~ *hê* have s.t. handy (or at hand); *iets* ~ *hou* keep s.t. ready.

**by·der·wets** *-wetse* fashionable, in fashion, chic, modish, up to date, *(infml.)* trendy, *(infml.)* in.

**by·dra** *-ge-* contribute; club/chip in; subscribe; *tot iets* ~ contribute to(wards) s.t.; subscribe to s.t. *(a fund etc.);* help to bring s.t. about; be instrumental in s.t.; *dit alles dra daartoe by dat ...* it all adds up to ...; *baie daartoe* ~ *om te ...* do much to ...; go far to (or go a long way to[wards] or contribute greatly to) ... **by·dra·e** *-es, (dim. -etjie)* contribution, subscription; *'n* ~ *tot ... lewer* make a contribution to ...; *met ~s van die publiek* by public subscription. **by·dra·er** *-ers* contributor, subscriber, donor.

**by·e·:** **~boer** beekeeper, beemaster, apiarist. **~boerdery** beekeeping, apiculture. **~gif** bee's poison. **~koningin** queen bee. **~korf** (bee)hive. **~nes, bynes** bees' nest; *(fig.)* hornet's nest; *jou kop in 'n* ~ *steek, (infml.)* stir up a hornet's nest. **~steek, bysteek** bee sting. **~swerm** swarm of bees. **~teelt** beekeeping, bee culture, apiculture. **~vanger, byvanger** *(orn.: Dicrurus spp.)* drongo. **~vreter, byvreter** *(orn.: Merops spp.)* bee-eater. **~was** beeswax.

**by·een** together. **~bring** *-ge-* gather, collect; raise *(money).* **~kom** *-ge-* come/get together, meet, convene, congregate, collect, gather (together). **~koms** *-te* assembly, gathering, meeting; meet; function; *reg van* ~ right of assembly. **~roep** *-ge-* call together, convene, convoke, summon. **~roeping** convocation, summoning.

**by·fi·guur** *-gure* secondary/subordinate/minor figure/character.

**by·gaan·de** accompanying *(letter, article, photo);* attached, enclosed.

**by·ge·bou** *-boue* annex(e); outbuilding.

**by·ge·dag·te** *-tes* implication; side reflection; ulterior thought; mental reservation.

**by·gee** *-ge-* add, give in addition.

**by·ge·loof** *-lowe* superstition. **by·ge·lo·wig** superstitious. **by·ge·lo·wig·heid** superstitiousness.

**by·ge·naamd** nicknamed.

**by·ge·reg** *-regte* side dish/order; *slaai as* ~ side salad.

**by·ge·volg** consequently, therefore.

**by·gooi** *-ge-* add *(by throwing/pouring).*

**by·haal** *-ge-* bring in; *moenie hom/haar ook* ~ *nie* don't drag him/her in too.

**by·hou** *-ge-* keep up, keep pace *(with);* cope; stay the course, keep/stand/stay the pace; keep up *(one's Greek etc.); die boeke* ~ keep accounts; *by ...* ~ keep level/pace/up with ..., last ... out; ~ *by die bure* keep up with the Joneses; *iem. kan nie* ~ *nie, (also)* s.o. cannot cope; ~ *met jou werk* keep up to date.

**by·kans** nearly, almost.

**by·klank** *-klanke* secondary sound; *(in the pl., cin., rad., TV)* sound effects, background noises.

**by·kom** *-ge-* get at, reach; be included/added, be reckoned in; come to/round, revive; catch up, come up with; *hoog* ~ reach high; *wat moet nog ~?* what else is there (to be added)?; *die regering/ens.* ~ get/hit at the government/etc.; *wag tot X* ~ wait until X comes (or is here or turns up). **by·ko·mend, by·ko·mend** *-mende* attendant *(circumstances);* additional *(costs);* supplementary; contingent; *~e faktor* contributory factor; *~e onkoste* extra expenses, extras; *~e siekte* complication. **by·kom·stig** *-stige* subsidiary, accidental, minor, accessory, incidental, secondary; extrinsic; subordinate; *~e gevolg* side effect; *~e uitgawe(s)* incidental expenses. **by·kom·stig·heid** *-hede* minor detail, non(-)essential; *(in the pl., also)* accompaniments, accessories, externals; *'n baadjie/ens. van bykomstighede voorsien* accessorise a jacket/etc..

**by·kos** *-kosse* garnish, side dish.

**by·kos·te** *-tes* extra/incidental expenses.

**by·kry** *-ge-* receive/get/obtain in addition; revive *(s.o.).*

**byl** *byle* axe, (light) hatchet, chopper. **~pik** mattock. **~steel** axe handle/helve.

**by·laag** *-lae*, **by·la·e** *-es* appendix, annexe *(to a document)*; schedule; *'n ~ by/tot ...* a supplement to ...

**by·lê** *-ge-* make up, settle *(a dispute)*; accommodate *(differences)*. **by·leg·ging** settlement *(of a dispute)*.

**by·loop** *-ge-* rush at, attack.

**by·lo·pie** *(cr.)* bye.

**byl·tjie** *-tjies* chopper, little axe, hatchet; *die ~ daarby neerlê, (infml.)* call it a day.

**by·lyn** *-lyne, (teleph.)* extension (line).

**by·maan** *-mane, (astron.)* mock/second moon.

**by·me·kaar** together; *~ bly* remain/stick together; *dig ~* close together; cheek by jowl; *~ lê/sit* lie/sit together; *~ slaap* sleep together/double; *~ staan* stand near (to) each other. **~bring** *-ge-* bring together; collect; raise *(money)*. **~gooi** *-ge-* throw together, mix. **~hou** *-ge-* keep together; *jou kop/sinne ~* keep one's head. **~ja(ag)** *-ge-* drive together. **~kom** *-ge-* come/gather together; meet, assemble, congregate, gather. **~komplek** meeting place/point, gathering place, rendezvous. **~kry** *-ge-* get/gather together; raise *(money)*. **~maak** *-ge-* gather (together), collect *(things, people)*; round up *(cattle)*; save *(money)*. **~sit** *-ge-* put together. **~skraap** *-ge-* scrape together; *moed ~* muster (up) courage. **~staan** *-ge-* stand together; unite forces. **~tel** *-ge-* add (up), count/tot up. **~trek** *-ge-* contract, concentrate *(troops)*; add (up). **~voeg** *-ge-* join, unite. **~voeging** combination, joining.

**by·meng** *-ge-* mix with; *iets met ... ~* lace s.t. with ... **by·meng·sel** infusion; admixture, additive.

**by·mid·del** *-dels, -dele* additive; *sonder kunsmatige ~s* free from artificial additives.

**by·na** almost, nearly, about, all but; close on; *dis (of dit is) ~ maar nog nie* it's *(or* it is) near the mark; *~ niks* hardly anything, next to nothing; *~ sesuur/ens. wees* be going on (for) six/etc. o'clock.

**by·naam** *-name* nickname.

**by·oog·merk** *-merke* ulterior motive; *~e hê* have an axe to grind.

**by·pas·send** *-sende* matching; *met ~e das/ens.* with tie/etc. to match *(or* matching tie/etc.).

**by·pla·neet** *-nete* satellite.

**by·re·ken** *-ge-* reckon in, add (on), include.

**by·saai·er** *-ers* sharecropper.

**by·saak** *-sake* side issue; matter of minor importance; minor detail; *as ~* on the side; *('n) ~ wees* be immaterial/irrelevant/unimportant; be a mere detail; *geld is ('n) ~* money is no object.

**by·sê** *-ge-* add; *bygesê as ...* providing/provided (that) *(or* as long as) ...; not forgetting (that) ...

**by·sien·de** *adj.* short-sighted, near-sighted, myopic. **by·siend·heid** short-sightedness, near-sightedness, myopia.

**by·sin** *-sinne, (gram.)* subordinate clause.

**by·sit¹** *-ge-* sit by/near; *iem. het bygesit toe ek teken* s.o. was present *(or* in attendance) when I signed.

**by·sit²** *-ge-* add, contribute; *diere ~* join stock; *krag aan ... ~* reinforce *(or* add force to) ... *(an argument)*.

**by·skild·klier** *(anat.)* parathyroid gland.

**by·skrif** *-skrifte* caption; motto, inscription; *(cin.)* subtitle.

**by·skryf, by·skry·we** *-ge-* enter, include, add; *(bookk.)* write up, bring/keep up to date.

**by·sleep** *-ge-* drag in.

**by·smaak** *-smake* tang, flavour; taint; *(fig.)* implication, overtone.

**by·son** *(astron.)* mock sun.

**by·spe·ler** *-lers* supporting player/actor. **by·speel·ster** *-sters, (fem.)* supporting player/actress.

**by·spring** *-ge-* jump/go to s.o.'s aid, come to the rescue; lend a hand; help out.

**by·staan** *-ge-* stand near/by; *iem. ~* assist *(or* render assistance to *or* aid/support/sustain) s.o., back s.o. up, stand by s.o.; buddy s.o. *(an AIDS victim)*; *iem. sal nie ~ en toelaat dat iets gebeur nie* s.o. will not stand by and allow s.t. to happen. **by·stand** help, aid, assistance; support, backup; *~ nodig hê* require support; *op ~ wees, (<Eng., a doctor etc.)* be on call; *~ verleen* give/render assistance, help. **by·stan·der** bystander.

**by·stands-:** **~fonds** relief fund. **~groep** support group.

**bys·ter:** *die spoor ~ raak* lose one's way; *die spoor ~ wees* have lost one's way *(or* the trail), be off the track/scent; be at sea *(or* at a loss).

**byt** byte, *(dim. bytjie)*, *n.* bite, nip, snap; *(angling)* nibble, bite, strike. **byt** *-ge-, vb., (dog)* bite, nip; *(fish)* nibble, bite, rise, strike; *aan iets ~* bite on s.t.; *in iets ~* bite into s.t.; *na ... ~* snap at ...; *niemand wou ~ nie, (infml.)* there were no takers. **~middel** *-dels* mordant, corrosive, caustic. **~plek** bite (mark). **~soda** caustic soda.

**by·tel** *-ge-* add (on), include; count/reckon in.

**by·tend** *-tende* biting, sharp, snappy; biting, caustic, corrosive; biting, bitter *(cold)*; biting, scathing *(criticism, sarcasm)*; biting, caustic, cutting, snide *(remark)*; pungent *(taste)*; *~e suur* corrosive acid.

**by·toon** by-tone, secondary tone/accent.

**by·vak** *-vakke* ancillary/minor/subsidiary subject.

**by·val¹** *n.* approval, support; applause; *met groot ~ begroet word* be greeted with applause; *~ vind* meet with approval, find favour; *algemeen ~ vind* meet with general/universal approval.

**by·val²** *-ge-, vb.: iets val iem. by* s.o. remembers s.t.; s.t. occurs to s.o.; *dit val my nou by hoe/waarom ...* it has just occurred to me how/why ...; *dit wil my nou nie ~ nie* I can't think of it *(or* it won't come to me) at this moment *(or* just/right now).

**by·ver·dien** supplement one's income, earn s.t. on the side. **by·ver·diens·te** extra earnings, sideline; *'n ~ hê* earn s.t. on the side, supplement one's income.

**by·voeg** *-ge-* add (on); enclose *(in a letter)*; *(add in writing)* append; *iets by/tot ... ~* add s.t. to ...; *ek mag ~ dat ...* I may mention that ...; *meer stof/ens. ~* supplement the material/etc.. **by·voe·ging** *-gings, -ginge* addition, adding. **by·voeg·lik** *-like* adjectival; *~e naamwoord* adjective. **by·voeg·sel** *-sels* supplement; appendix; *'n ~ by/tot ...* a supplement to ...

**by·voor·beeld** for example, for instance, say.

**by·voor·deel** *-dele* fringe benefit, perquisite, *(infml.)* perk; spin-off; *'n ~ by ...* a spin-off from ...

**by·vrou** *-vroue, (chiefly Bib.)* concubine.

**by·werk** *n.* extra/additional work; by-work; trimming; accessories. **by·werk** *-ge-, vb.* bring up to date, update; write up, post, enter; catch up on; make up arrears; touch up; patch; trim, retouch; file.

**by·woon** *-ge-* attend *(a class, service)*; be present at *(an event)*; *goed/swak bygewoon word* be well/poorly attended. **by·wo·ner** *-ners, (SA)* subfarmer, *(Afr.)* bywoner; *(chiefly Am.; share-cropper. **by·wo·ning** attendance; gate; turnout; *iem. se ~ van die skool/ens.* s.o.'s attendance at school/etc.. **by·wo·nings·re·gis·ter** attendance register/list.

**by·woord** *-woorde* adverb. **by·woor·de·lik** *-like* adverbial.

**by·wyf** *-wywe* concubine; mistress; kept woman.

# Cc

**c** *-'s (dim. c'tjie), (third letter of the alphabet)* c; *klein* ~ small c.

**C** *-'s* C; *(Rom. numeral 100)* C. **~-kruis** *(mus.)* C sharp. **~-mol** *(mus.)* C flat. **~-sleutel** *(mus.)* C clef.

**Ca·ber·net** *(Fr., red wine, grape variety, also c~)* Cabernet *(also* c~*).* ~ **Sauvignon** *(also* c~ s~*)* Cabernet Sauvignon *(also* c~ s~*).*

**cache(·ge·heu·e)** *(comp.)* cache (memory).

**cac·to·blas·tis** *(entom.)* cactoblastis.

**ca·den·za** *-zas, (It., mus.)* cadenza.

**Cae·sar** Caesar; *van* ~ Caesarean, Caesarian. **~-slaai** *(Mex. cook.)* Caesar salad.

**ca·fé-chan·tant** *cafés-chantants, (Fr.)* café-chantant.

**cairn·gorm** *-gorms, (min.)* cairngorm, smoky quartz.

**cais·son** *-sons, (Fr.)* caisson. **~-siekte** caisson disease, decom= pression sickness.

**Ca·jun** *det.* Cajun. **~-kookkuns** Cajun cuisine.

**ca·la·ma·ri** *(It. cook.)* calamari. **~-ringe** calamari rings.

**ca·la·ma·ta-o·lyf** *-olywe* calamata olive.

**Ca·le·do·ni·ë** *(Rom. name for Sc.)* Caledonia. **Ca·le·do·ni·ër** *-niërs* Caledonian. **Ca·le·do·nies** *-niese* Caledonian.

**ca·le·do·niet** *(min.)* caledonite.

**Cal·vi·nis·me** Calvinism. **Cal·vi·nis** *-niste* Calvinist. **Cal·vi· nis·ties** *-tiese* Calvinist, Calvinistic(al).

**ca·mem·bert(·kaas)** *(also c~)* Camembert (cheese).

**ca·me·ra** *(Lat.): in* ~ in camera, in private. ~ **obscura** *(phot.)* camera obscura.

**cam·pa·ni·le** *-les, (It.)* campanile, (detached) bell tower.

**cam·pê·che·hout** logwood, campeachy wood; bloodwood.

**can·can** *-cans, (Fr., dance)* cancan.

**Can·cer** *(astron.)* Cancer, the Crab.

**can·cri·niet** *(min.)* cancrinite.

**Ca·nis** *(astron.):* ~ **Major/Minor,** *(Lat.)* Canis Major/Minor, Great/Little Dog.

**can·nel·lo·ni** *(It. cook.)* cannel(l)oni.

**can·yon** *-yons* canyon.

**ca·pi·ta** →PER.

**ca·po:** *da* ~, *(It., mus.)* da capo.

**cap·puc·ci·no** *(It., coffee with steamed milk)* cappuccino.

**Ca·pri** *(geog.)* Capri; *die eiland* ~ the island/isle of Capri.

**ca·ram·bo·la** *(Port.)* carambola, star fruit. **~(boom)** caram= bola (tree).

**car·nal·liet** *(min.)* carnallite.

**Car·ra·ra** *(geog.)* Carrara. **~marmer** *(also c~)* Carrara mar= ble.

**carte blanche** *(Fr.)* carte blanche; *(aan) iem.* ~ ~ *gee* give s.o. carte blanche (*or* a free hand).

**Car·te·si·aans** *-aanse,* **Car·te·sies** *-siese, (relating to the teachings/methods of Descartes, also c~)* Cartesian; *~e koördi= nate, (math.)* Cartesian coordinates.

**ca·si·no, ka·si·no** *-no's* casino.

**cas·sa·ta** *(It. ice cream)* cassata.

**Cass·pir** *(SA, mil.)* Casspir.

**ca·taw·ba** →KATÓBA.

**cause cé·lè·bre** *causes célèbres, (Fr.)* cause célèbre, cele= brated case.

**cau·se·rie** *-rieë* causerie, informal article/talk. **cau·seur** *-seurs* talker, conversationalist.

**cau·tè·re** *-res, (Fr., med.)* cautery.

**ca·va·ti·na** *-nas, (mus.)* cavatina.

**Ca·yen·ne** *(geog.)* Cayenne. **c~peper** cayenne (pepper), red pepper.

**CD** *(Eng., abbr.)* CD, compact disc. **~-ROM** *(comp.)* CD-ROM *(abbr.:* compact disc read-only memory). **~-speler** CD play= er, compact disc player.

**cé·dil·le** *-les,* **ce·dil·la** *-las, (<Sp., the character under the* c *in façade)* cedilla.

**ce·la·don, se·la·don** *(ceramics)* celadon.

**ce·les·ta** *-tas, (mus. instr.)* celesta, celeste.

**ce·les·ti·na** *-nas, (mus. instr.)* celestina.

**Ce·les·tyn** *-tyne,* **Ce·les·ty·ner** *-ners, (monk)* Celestine.

**cel·si·aan** *(min.)* celsian.

**Cel·si·us** Celsius; *15° (of vyftien grade)* ~, *(abbr.:* 15°C of 15 °C) 15° (*or fifteen degrees*) Celsius *(abbr.:* 15°C or 15 °C). **~skaal** Celsius scale. **~termometer** centigrade thermometer.

**cen·ta·vo** *-vo's, (monetary unit)* centavo.

**cen·ti·me** *-mes,* **cen·tiem** *-tieme, (monetary unit)* centime.

**Cen·tum·taal** *(also c~),* **Ken·tum·taal** *(also k~), -tale* cen= tum language.

**cen·tum·vir** *-virs, -viri, (Lat., Rom. hist.)* centumvir. **cen·tum· vi·raat** *-rate* centumvirate.

**Cer·be·rus** →KERBEROS.

**ce·re·bel·lum** →SEREBELLUM.

**ce·re·brum** →SEREBRUM.

**ce·ri·se** *(colour)* cerise.

**ce·ri·um** →SERIUM.

**ce·si·um** →SESIUM.

**Cey·lon** *(geog., hist.)* Ceylon; →SRI LANKA. **Cey·lon·nees** *-nese, n.* Ceylonese. **Cey·lons** *-lonse, adj.* Ceylonese.

**cey·lo·niet** *(min.)* ceylonite, ceylanite.

**chab·lis** *(Fr., dry white wine)* Chablis *(sometimes* c~*).*

**cha-cha(-cha)** *n., (Sp., ballroom dance)* cha-cha(-cha). **cha-cha(-cha)** *vb.* cha-cha(-cha).

**cha·con·ne** *-nes, (mus.)* chaconne.

**cha·ka·la·ka** *(SA cook.)* chakalaka.

**chak·ra, sjak·ra** *(Ind. philos.)* chakra.

**chal·ce·doon, kal·se·doon** *-done, (min.)* chalcedony.

**cha·let** *-lets* chalet.

**chal·ko·gra·fie** *(an art of engraving)* chalcography.

**chal·ko·pi·riet** *(min.)* chalcopyrite, copper pyrites.

**chal·ko·siet** *(min.)* chalcocite, copper glance.

**cham·bray** *(text.)* chambray.

**cham·sin** *(wind)* k(h)amsin, kamseen.

**Cha·noe·ka** *(<Hebr., a Jewish festival)* Chanukah, Hanuk= kah, Feast of Dedication/Lights.

**chan·son** *-sons, (Fr.)* chanson, song.

**chan·ta·ge** *(Fr.)* blackmail, chantage.

**chan·til·ly·room** Chantilly cream.

**cha·os** chaos; disorder; havoc; *in ('n)* ~ in chaos. **~teorie** chaos theory. **cha·o·ties** =*tiese* chaotic; disorganised *(life)*.

**cha·pe·ro·ne** =*nes, n., (Fr.)* chaperon(e). **cha·pe·ron·neer** *ge=, vb.* chaperon(e).

**cha·ra·de** =*des, (Fr.)* charade.

**Char·don·nay** *(Fr., white wine, grape variety, also* c~*)* Chardonnay *(also* c~*).*

**char·gé d'af·fair·es** *chargés d'affaires, (Fr.)* chargé d'affaires.

**Cha·rib·dis** *(Gr. myth.)* Charybdis.

**cha·ris·ma** *(<Gr.)* charisma. **cha·ris·ma·ties** =*tiese* charismatic; *~e kerk, (Chr.)* charismatic church.

**char·la·tan** =*tans* charlatan, quack, trickster. **char·la·ta·ne·rie** charlatanism, charlatanry, quackery, trickery.

**charles·ton** *(dance of the 1920s)* charleston.

**char·meur** =*meurs, (Fr.)* charmer, Prince Charming.

**cha·rol·(l)ais·bees·te** *(also* C~*)* Charol(l)ais cattle.

**char·ter** =*ters, n.* charter. **char·ter** *ge=, vb.* charter, hire.

**char·treu·se** *(also* C~*, Fr., liqueur, colour)* chartreuse.

**cha·teau·bri·and** *(Fr. cook.)* Chateaubriand.

**chauf·feur** =*feurs, n.* chauffeur, driver *(of a car).* **chauf·feur** *ge=, vb.* chauffeur, drive. **~motordiens** chauffeur-driven car service.

**chau·vi·nis** =*niste, (also* C~*)* chauvinist; *manlike* ~ male chauvinist. **chau·vi·nis·me** *(also* C~*)* chauvinism. **chau·vi·nis·ties** =*tiese, (also* C~*)* chauvinist(ic); *manlike ~e vark, (infml., derog.)* male chauvinist pig *(abbr.:* MCP*)*.

**ched·dar(·kaas)** *(also* C~*)* Cheddar (cheese).

**chef** *chefs* →SJEF.

**chei·li·tis** *(med.: inflammation of the lip)* cheilitis.

**che·mie, che·mie** chemistry. **che·mies** =*miese, adj.* chemical; *~e ingenieur* chemical engineer; *~e ingenieurswese* chemical engineering; *~e oorlogvoering* chemical warfare; *~e wapen* chemical weapon. **che·mies** *adv.* chemically.

**che·mi·ka·lie** =*lieë, n.* chemical.

**che·mi·kus, che·mi·kus** =*mikusse,* =*mici* (general and analytical) chemist.

**che·mo·te·ra·pie** chemotherapy. **che·mo·te·ra·peu·ties** =*tiese* chemotherapeutic(al).

**che·mo·tro·pie** chemotropism.

**che·mur·gie** *(chem.)* chemurgy. **che·mur·gies** =*giese* chemurgic(al).

**che·nil·le** =*les, (text.)* chenille.

**Che·nin Blanc** *(Fr., white wine, grape variety, also* c~ b~*)* Chenin Blanc *(also* c~ b~*).*

**chert** *(geol.)* chert, hornstone.

**che·vron** *(Fr.),* **sje·vron** =*vrons, (her.)* chevron; *(mil.)* stripe. **~steek** chevron stitch.

**chi** =*chi's, (Gr. letter)* chi. **~kwadraattoets** *(stat.)* chi-square test.

**chi·an·ti** *(It., a red wine)* chianti *(sometimes* C~*).*

**chi·a·ros·cu·ro** *(It., art)* chiaroscuro, light and dark.

**chi·as·me** =*mes,* **chi·as·mus** =*musse, (gram.)* chiasmus; *(biol.)* chiasma.

**chi·as·to·liet** *(min.)* chiastolite, macle, crucite.

**chic** *(Fr.)* →SJIEK.

**chi·ca·ne** =*nes, (Fr.)* chicanery, trickery.

**chif·fon** *(Fr.),* **sjif·fon** *(text.)* chiffon. **~koek** chiffon cake.

**chig·non** =*nons, (Fr., hairdressing)* chignon, bun.

**chi·hua·hua** =*huas, (breed of dog, also* C~*)* chihuahua; *gladdehaar-~* smooth-coat chihuahua; *langhaar-~* long-coat chihuahua.

**Chi·leen** =*lene, n.* Chilean. **Chi·leens** =*leense, adj.* Chilean.

**Chi·li** *(geog.)* Chile. **c~salpeter** *(chem.)* Chile saltpetre/nitre, sodium nitrate.

**chi·li·as·me** *(theol.)* chiliasm, millenarianism. **chi·li·as** =*aste* chiliast, millenarian, millennialist. **chi·li·as·ties** =*tiese* chiliastic, millenarian.

**chi·me·ra** =*ras, (Gr. myth.)* chim(a)era. **chi·me·ries** =*riese* chimerical.

**Chi·na, Sji·na** China; →CHINEES; *die Republiek* ~*, Nasionalistiese* = the Republic of China, Nationalist China; *(die Volksrepubliek)* ~*, (infml.) Kommunistiese/Rooi* ~ = the People's Republic of China, *(infml.)* Communist/Red China. **~sindroom** *(usu. joc.)* China syndrome.

**chin·chil·la, tjin·tjil·la** =*las, (rodent, fur)* chinchilla.

**Chi·nees, Sji·nees** =*nese, n.* Chinese; *(lang.)* Chinese. **Chi·nees, Sji·nees** =*nese, adj.* Chinese; *~nese buurt/wyk* Chinese quarter, Chinatown; *~nese dambord* Chinese chequers; *~nese houtolie* tung oil, Chinese wood oil; *~nese keeshond* chow(-chow); *~nese muur, (lit. & fig.)* Chinese wall; *~nese See* China Sea; *~nese tee* China tea. **~-Japanse** *=panse: ~e oorlog* Sino-Japanese war.

**chi·ro·man·sie** chiromancy, palmistry.

**chi·ro·po·die** chiropody, podiatry, pedicure. **chi·ro·po·dis** =*diste* chiropodist, podiatrist, pedicure.

**chi·ro·prak·tyk** chiropractic. **chi·ro·prak·ties** chiropractic. **chi·ro·prak·ti·syn** =*syns* chiropractor.

**chi·rurg, sji·rurg** =*rurge* surgeon. **chi·rur·gie, sji·rur·gie** surgery. **chi·rur·gies, sji·rur·gies** =*giese* surgical; *~e knoop* surgeon's knot.

**chi·tien** *(biochem.)* chitin. **chi·tien·ag·tig** =*tige,* **chi·tien** chitinous.

**chi·toon** =*tone, (zool.)* chiton, coat-of-mail shell.

**chloor** *(chem., symb.:* Cl*)* chlorine. **~behandeling** chlorination. **~etiel** ethyl chloride. **~fluoorkoolstof** chlorofluorocarbon *(abbr.:* CFC*)*. **~kalk** chlorinated lime, chloride of lime, bleaching powder. **~suur** chloric acid. **~waterstof** hydrochloric acid.

**chlo·raal** *(chem.)* chloral. **~hidraat** chloral hydrate.

**chlo·raat** =*rate, (chem.)* chlorate.

**chlo·reer** *(ge=)* chlorinate. **chlo·re·ring** chlorination.

**chlo·ried** =*riede, (chem.)* chloride.

**chlo·riet** =*riete, (min.)* chlorite.

**chlo·ro·fil** *(bot.)* chlorophyll.

**chlo·ro·form** *(chem.)* chloroform, trichloromethane.

**chlo·ro·se** *(pathol.)* chlorosis, greensickness; *(bot.)* chlorosis.

**cho·aan** =*ane, (anat.)* choana.

**cho·ker** *(infml., sport: player unnerved by big matches)* choker.

**cho·le·kal·si·fe·rol, ko·le·kal·si·fe·rol** *(biochem.)* cholecalciferol, vitamin D$_3$.

**cho·le·ra, ko·le·ra** *(med.)* cholera; *ligte* ~ cholerine.

**cho·le·ries, ko·le·ries** =*riese* choleric.

**cho·les·te·rol, ko·les·te·rol** *(med.)* cholesterol. **~vlak** cholesterol level; *'n hoë/lae* ~ a high/low level of cholesterol. **~vry** cholesterol-free.

**chon·driet** *(a stony meteorite)* chondrite.

**cho·re·o·gra·fie** choreography. **cho·re·o·graaf** =*grawe* choreographer. **cho·re·o·gra·feer** *ge=* choreograph. **cho·re·o·gra·fies** =*fiese* choreographic.

**cho·ri·zo** =*zos,* **cho·ri·zo·wors** =*worse, (Sp., Mex.)* chorizo (sausage).

**cho·ro·gra·fie** *(geog.)* chorography. **cho·ro·graaf** =*grawe* chorographer.

**choux·deeg** *(cook.)* choux pastry.

**chow·der** =*ders, (cook.)* chowder.

**chow mein** *(Chin. cook.)* chow mein.

**chris·ma** *(RC etc.)* chris(o)m, consecrated/holy oil.

**chri·so·be·ril** *(min.)* chrysoberyl.

**chri·so·fil** *(bot.)* chrysophyll.

**chri·so·liet** =*liete, (min.)* chrysolite, olivine, peridot.

**Chris·te·lik** -like, (also c~) Christian; ~e jaartelling/tydperk Christian/Common Era. ~-nasionaal, c~nasionaal Christian national.

**Chris·te·lik·heid** (also c~) Christianity.

**Chris·ten** -tene, (also c~) Christian. **Chris·ten·dom** (also c~) Christendom; Christianity. **Chris·ten·skap** (also c~) Christianness, Christliness.

**chris·tof·fel·kruid** baneberry, herb Christopher, cohosh.

**Chris·to·lo·gie** (theol., also c~) Christology. **Chris·to·lo·gies** -giese, (also c~) Christological. **Chris·to·loog** -loë, (also c~) Christologist.

**Chris·to·pho·rus** (saint) Christopher.

**Chris·to·sen·tries** -triese, (also c~) Christocentric.

**Chris·tus** -tusse Christ; ná ~ after Christ, anno Domini, AD; in 1838/ens. ná ~, (also) in the year of our Lord 1838/etc.; voor ~ before Christ, BC. ~beeld figure of Christ, crucifix.

**chro·ma·ties** -tiese chromatic.

**chro·ma·to·gra·fie** (chem.) chromatography.

**chro·mo** -mo's chromo(lithograph).

**chro·mo·li·to·gra·fie** -fieë chromolithography; chromolithograph.

**chro·mo·soom** -some, (biol.) chromosome. **chro·mo·so·maal** -male chromosomal.

**chro·nies, kro·nies** -niese chronic; ~e siekte chronic/confirmed disease. **chro·nie·se·uit·put·ting·sin·droom, chro·nie·se·moeg·heid·sin·droom** (med.) chronic fatigue syndrome, (infml., derog.) yuppie disease/flu.

**chro·no·lo·gie, kro·no·lo·gie** chronology. **chro·no·lo·gies, kro·no·lo·gies** -giese chronological.

**chroom** chrome; (chem., symb.: Cr) chromium. ~erts chrome ore. ~geel chrome (yellow). ~leer chrome leather. ~staal chrome steel.

**chroom·hou·dend** -dende chromiferous.

**chyl** (physiol.) chyle. ~vat lacteal vessel.

**chym** (physiol.) chyme.

**ci·a·bat·ta** -battas, -batte, (It. bread) ciabatta.

**Ci·prus, Si·prus** (geog.) Cyprus. **Ci·pers, Si·pers** -perse, adj.: ~e kat tabby (cat). **Ci·pries, Si·pries** -priese, adj. Cyprian, Cypriot(e). **Ci·pri·oot, Si·pri·oot** -priote, n. Cyprian, Cypriot(e).

**cir·ca** (Lat.) circa.

**cir·ro·cu·mu·lus** (meteorol.) cirrocumulus.

**cir·ro·stra·tus** (meteorol.) cirrostratus.

**cir·rus(·wolk)** cirrus (cloud).

**Ci·sal·pyns** -pynse, (geog.) cisalpine.

**Cis·kei:** (die) ~, (geog.) (the) Ciskei. **Cis·keis** -keise Ciskeian.

**ci·vic** -vics, n., (<Eng., SA, infml.) civic (organisation).

**civ·vy** civvies, n., (<Eng., sl.: civilian) civvy; (in the pl., also: civilian clothes) civvies, mufti. **civ·vies(-)dag** civvies/mufti day (esp. at schools).

**clan** clans clan.

**cle·men·tine** (citrus fruit) clementine.

**Cle·o·pa·tra, Cle·o·pa·tra** →KLEOPATRA.

**cli·ché** -chés cliché, hackneyed phrase; (print.) (printing) block, cut, cliché; vol ~s cliché(')d. ~maker process engraver, block maker.

**cli·ché·ag·tig, cli·ché·e·rig** cliché(')d.

**co·che·nil·le, ko·sje·niel** (entom.) cochineal.

**cock·ney** -neys cockney (often C~).

**cog·nac** →KONJAK.

**col·la·ge** -ge'e, -ges, (Fr.) collage.

**col·lo·qui·um** -quiums, -quia, **kol·lo·kwi·um** -ums, (<Lat.) colloquium; ~ doctum oral theological examination.

**Co·lom·bi·a** (S.Am. country) Colombia. **Co·lom·bi·aan** -biane, n. Colombian. **Co·lom·bi·aans** -aanse, adj. Colombian.

**co·los·se·um, co·li·se·um, ko·los·se·um, ko·li·se·um** coliseum, colosseum; die C~/K~ the Colosseum (in Rome).

**Co·lum·bi·a** (N.Am. river, city) Columbia.

**Co·lum·bi·ë** Brits-~, (Can. province) British Columbia.

**com·mu·ni·qué** -qués, (Fr.) communiqué, news bulletin.

**Co·mo·re, Co·mo·ro·ei·lan·de** die ~ the Comoros (or Comoro Islands). **Co·mo·raan** n. Comorian. **Co·mo·raans** adj. Comorian.

**com·père** -pères, (Fr.) compère, master of ceremonies.

**com·pos men·tis** (Lat.) compos mentis, sane, mentally sound.

**com·rade** (SA pol.) comrade. **Com·rades·ma·ra·t(h)on** (SA) Comrades' Marathon.

**con·cer·to** -certo's, -certi, (It., mus.) concerto; →KONSERT.

**con·ci·erge** -ge'e, -ges, (Fr.) concierge, porter, doorman, doorkeeper.

**con·fet·ti, kon·fet·ti** confetti. ~parade ticker-tape parade/welcome.

**Con·fu·ci·us, Kon·fu·si·us, Koeng·foe·tse** (Chin. philosopher) Confucius. **Con·fu·ci·aan** (also c~), **Kon·fu·si·aan** (also k~), -siane, n. Confucian. **Con·fu·ci·aans** (also c~), **Kon·fu·si·aans** (also k~), -aanse, adj. Confucian.

**con·nois·seur** -seurs, (Fr.) connoisseur.

**con·som·mé** -més, (Fr.) consommé, clear soup.

**con·ti·nu·o** (It., mus.) continuo.

**con·tra** contra, against, versus; →KONTRA.

**cor·don bleu-** det., (Fr.) cordon bleu. ~ ~-kookkuns cordon bleu cuisine.

**cor·gi** (breed of dog, also C~) (Welsh) corgi.

**Corn·wall** (geog.) Cornwall. **Cor·nies** n., (lang.) Cornish. **Cor·nies** -niese, adj. Cornish; ~e pasteitjie Cornish pasty. **Cor·ni·ër** Cornishman.

**Co·ro·na:** ~ Australis, (astron.) Corona Australis, the Southern Crown; ~ Borealis, (astron.) Corona Borealis, the Northern Crown.

**corps** n. (sing. & pl.), (Fr.) corps, body; ~ diplomatique corps diplomatique, diplomatic corps; esprit de ~ esprit de corps, team spirit.

**cor·pus** -pora, **kor·pus** -pusse corpus; corpus delicti, (jur.) corpus delicti.

**cor·sage** -sages, (Fr.) corsage, bodice; corsage, spray of flowers.

**Cor·tes** (Sp.) Cortes, Spanish parliament.

**Cor·ti·or·gaan** (anat.) organ of Corti.

**Cos·ta** (Sp.): ~ Brava (geog.) Costa Brava. ~ del Sol (geog.) Costa del Sol. ~ Rica (geog.) Costa Rica. ~ Ricaan -cane, n. Costa Rican. ~ Ricaans -caanse, adj. Costa Rican.

**cou·lomb** -lomb(s), (phys.) coulomb. ~meter coulo(mb)meter, voltameter.

**coun·try:** ~(musiek), ~- en westernmusiek country (music), country-and-western music.

**coup** coups, (Fr.) coup; stroke, move. ~ d'état coups d'état, (violent/illegal seizure of government) coup d'état.

**cou·pé** -pés, (Fr.) →KOEPEE.

**cour·ti·sa·ne** -nes, (Fr.) courtesan, courtezan.

**cou·ture** (Fr.) couture; haute ~ haute couture. **cou·tu·rier** -riers couturier.

**cow·boy** -boys cowboy; (infml.) hothead, daredevil; ~s en crooks/Indiane speel play cowboys and crooks/Indians. ~dans line dancing. ~fliek, ~prent western (often W~), cowboy film, (infml.) horse opera. ~hoed cowboy hat.

**cram·pon** -pons, (Fr., mountaineering etc.) crampon.

**cray·on** -ons, (Fr.) crayon, chalk.

**crèche** chrèche'e, chrèches, (Fr.) crèche, day(care) centre.

**cre·do** *=do's, (Lat.)* credo, creed, belief.

**crème** *crèmes, n., (Fr.)* crème; ~ *de la* ~ crème de la crème, cream of society. **crème** *adj.* cream(-coloured); ~ *geribde papier* creamlaid paper.

**crêpe, kreip** crepe, crêpe, crape. ~-**de-chine** crepe/crêpe de Chine. ~**rubber** crepe/crêpe rubber. ~**verband** crepe/crêpe/crape bandage.

**cres·cen·do** *=do's, (It.)* crescendo.

**Creutz·feldt-Ja·kob·siek·te** *(pathol.)* Creutzfeldt-Jakob disease.

**cri·men:** ~ injuria, ~ iniuria *(SA, jur.: wilful injury to s.o.'s dignity)* crimen injuria/iniuria.

**crimp·lene, krim·pe·lien** *(text.)* crimplene.

**crois·sant** *=sants, =sante, (Fr. cook.)* croissant.

**crou·pier** *(Fr.),* **kroe·pier** *=piers* croupier.

**croute** *croutes, (Fr. cook.)* croute.

**crou·ton** *(Fr.),* **kro·ton** *=tons, (cook.)* crouton.

**cru** *(Fr., winemaking)* cru; →GRAND CRU.

**cru·di·tés** *n. (pl.), (Fr. cook.)* crudités.

**cum** *(Lat.):* ~ *laude* cum laude, with distinction.

**cu·mu·lus** *-muli, (Lat., meteorol.)* cumulus (cloud).

**cu·ra·tor** *-tores, (Lat.):* ~ *ad litem, (jur.)* curator ad litem; ~ *bonis, (jur.)* curator bonis.

**cu·rie** *=rie(s), (phys.)* curie.

**cu·ri·um** *(chem., symb.:* Cm*)* curium.

**cur·ri·cu·lum vi·tae** *(Lat., abbr.:* CV*)* curriculum vitae *(abbr.:* CV*)*.

**Cur·rie·be·ker** *(SA rugby)* Currie Cup. ~**kompetisie** Currie Cup competition. ~**wedstryd** Currie Cup match.

**cy·ma** *-mas, (archit.)* cyma; *(bot.)* cyme.

**Cy·ril·lies** *=liese* Cyrillic; ~*e skrif* Cyrillic writing.

# Dd

**d, D** *d's, D's, (fourth letter of the alphabet)* d, D; Roman nu=
meral 500; *klein d* small d. **d'tjie** = *'tjies* little d.

**daad** *dade* act, action, deed; move; achievement, exploit, feat,
performance; *'n goeie* ~ a good deed; *'n man/vrou van die*
~ a man/woman of action; *ná die* ~, *(jur.)* →*voor/ná*; *tot die*
~ *oorgaan* go into action; take action; *op die* ~ immedi=
ately, at once, instantly, right/straight away, right now, this
instant/minute; *voor/ná die* ~, *(jur.)* before/after the fact;
*die* ~ *by die woord voeg* put one's words into action, suit the
action to the word; *dade tel meer as woorde* actions speak
louder than words. ~**krag** decisiveness, resolve; energy, force=
fulness, vigour, drive, push, verve, dash. ~**kragtig** decisive,
thrustful; energetic, vigorous. ~**werklik** actual, real; active.

**daag** *ge-, vb.* challenge; impeach; *(jur.)* summon(s), cite; *iem.*
*voor die hof* ~ take s.o. to court.

**daag·liks** =*likse, adj.* daily, everyday; day-to-day; *(astron.)*
diurnal; *in die* ~*e lewe* in (one's) private life, in everyday life.
**daag·liks** *adv.* daily, every/each day; on a day-to-day basis.

**daai** *(infml.):* *hoe's* ~ *(vir jou)?* how's that?, how do you like
that?; →DAARDIE.

**daal** *n.: aan die* ~ *wees* be on the decrease. **daal** *ge-, vb.* de=
scend, go/come down; *(sun)* sink, set; dip, drop, fall, go/come
down; decline, slope; sag; slump; →DALEND, DALING; *aan=*
*dele* ~ shares (*or* share/stock prices) are falling (*or* looking
down); *in die graf* ~ sink into the grave; *iets laat* ~ pull/send
s.t. down *(prices, the temperature, etc.)*; lower s.t. (*one's* voice);
*met ...* ~ decrease by ...; *skerp/sterk* ~, *(prices etc.)* (take a)
tumble, plummet, plunge; *tot ...* ~ drop to ...; go as low as
...; fall away to ...; *tot ... (af)*~ descend to ...; *tot onder ...* ~
fall below ...; *van ... tot ...* ~ decrease from ... to ... ~**gang**
*(min.)* winze. ~**hoek** angle of descent. ~**mark** *(stock exch.)* bear
market. ~**snelheid** speed/rate of descent; landing speed; sink
rate, sinking speed *(of a parachute etc.)*. ~**spekulant** *(stock*
*exch.)* bear. ~**stroom** down(ward) current. ~**wind** fall/gravi=
ty/katabatic wind.

**daal·der** =*ders,* **da·ler** =*lers, (hist.)* one and six, one shilling
and sixpence *(in SA)*; thaler *(in Germ. and Austria)*; *dis (['n)*
*bietjie) dik vir 'n* ~ that's a bit thick; that's a tall order.

**daar** *adv.* there; *amper/byna* ~ *wees* be nearly there; ~ *an=*
*derkant/oorkant* over there; *as ... nie* ~ *was* nie if it wasn't
(*or* hadn't been) for ...; but/except for ...; ~ *êrens/iewers/*
*rond* somewhere there, thereabout(s), in/round these/those
parts; *dit* ~ *gelaat/gelate* leaving this/that aside, not to men=
tion (*or* apart from) that; ~ *gelaat/gelate dat ...* let alone
(*or* [quite] apart from the fact) that ...; *so goed as* ~ *wees* be
nearly there; ~*'s hy!, (infml.)* there you are!; ~ *is ...!* there ...
is!; *die trein/ens.* **is** ~ the train/etc. is in; *is jy* ~*?* is that you?,
are you there?; *Kersfees/ens.* **is** *al weer* ~ Christmas/etc. is
here again; *nou juis* ~ there of all places; ~ *kom iem.* here
s.o. comes; there s.o. is; *iets* ~ *laat* allow s.t. to (*or* let s.t.)
pass; leave s.t. (*or* let s.t. go) at that; ~ *naby* near there,
thereabout(s); *net* ~ just/right there; there and then, then
and there; *en dit nogal* ~ there of all places; ~ *om* round
that way; →DAAROM[1] *adv. pron.; tot* ~ as far as that, up to
there; *iem. se tyd is nog nie* ~ *nie* s.o.'s time has not come (*or*
is not) yet; *van* ~ *(af)* from there; ~ *wees* be present; be
forthcoming; ~ *word beweer/gemeen/geglo/gesê dat ...* it is

held/said that ...; ~ *word beweer/gemeen/geglo/gesê dat iem. ...*
s.o. is alleged to have ... *(stolen s.t. etc.)*. **daar** *conj., (fml., dated)*
(seeing) as, seeing that, because, since; whereas. ~**aan** *adv.*
*pron., (also* daar aan*)* on (to) it, attached to it, by/to that; *(in*
*the pl.)* on (to) them; *beter* ~ *toe wees* be better off; *sleg* ~ *toe*
*wees* be in a bad way; *wat het jy* ~*?* (of) what good/use is it/
that?, what is the point/use (of [doing] it/that)?. ~**agter** *adv.*
*pron., (also* daar agter*)* behind it/that/them/there, at the back
of it/that; (there) at the back; *iem. is* ~ s.o. is after it; *daar*
*sit iets agter* thereby hangs a tale; *wat sit* ~*?* what is at the
bottom of it?; *wie sit* ~*?* who is behind it?. ~**benewens** *adv.*
*pron., (also* daar benewens*)* besides, additionally, in addition
(to that); at the same time. ~**binne** *adv. pron., (also* ~ binne*)*
in(side) it/that, within that; in there. ~**bo** *adv. pron., (also* daar
bo*)* above/over it, on top of it; up there; over and above (*or*
on top of) that; *van vyftig en* ~ from fifty and above. ~**buite**
*adv. pron., (also* daar buite*)* outside (it/that); out of it; out
there. ~**by** *adv. pron., (also* daar by*)* near it; with it/that/these/
those; besides, furthermore, moreover, what is more, in ad=
dition (to this/that); *dit* **bly** ~ the matter rests there; thereby; *dit sal*
*nie* ~ **bly** *nie* it won't stop there; *iem.* **bly** *nog* ~ *dat ...* s.o. still
maintains that ...; *ek kom* ~ I am coming to that; *iets* ~ *laat*
leave s.t. (*or* let s.t. go) at that; *met ...* ~ complete with ...
~**deur** *adv. pron., (also* daar deur*)* through (it/that), *(in the*
*pl.)* through these/those; through there; thereby; by that.
~**heen** *adv., (also* daar heen*)* there, to that place, that way;
gone, deceased, departed, no more. ~**in** *adv. pron., (also* daar
in*)* in there; in it/those; in(side) it/that; ~ *stem ons ooreen* we
agree on that point; *iem. het hom/haar* ~ *vergis* s.o. was mis=
taken there. ~**langs** *adv. pron., (also* daar langs*)* along/by/
past it; along there; thereabout(s), somewhere there; that
way round. ~**mee** *adv. pron., (also* daar mee*)* with it/that/
those; *iets* ~ *doen* do s.t. with it; ~ *het ons aan die einde gekom*
with that we have reached the end. ~**na** *adv. pron., (also* daar
na*)* after that, subsequently, afterwards, next, then, from then
on; accordingly; according to it/that; *dadelik/onmiddellik*
~ right after (that); *die dag* ~ the next (*or* [on] the follow=
ing) day, the day after (that); ~ *handel/optree* act accord=
ingly; *in die weke* ~ in the succeeding weeks; *iem. se middele*
*is nie* ~ *nie* s.o. lacks the means; *en nog jare* ~ and for years
to come; *kort* ~ shortly/soon after (that), soon afterwards;
*net* ~ directly after that; *as die weer* ~ *is* weather permit=
ting. ~**naas** *adv. pron., (also* daar naas*)* next to (*or* beside *or*
by the side of *or* adjoining) it/that; besides, furthermore, in
addition. ~**om**[1] *adv. pron., (also* daar om*)* (a)round it; *dit*
*gaan nie* ~ *nie* that is not the point. ~**om**[2] *conj.* so, therefore,
consequently, thus, as a result, hence, for this/that reason,
accordingly, that's why; *(en)* ~ *het iem. ...* (and) so s.o. ...
~**omtrent** *adv. pron., (also* daar omtrent*)* about that, as to (*or*
concerning) that. ~**onder** *adv. pron., (also* daar onder*)* un=
der(neath)/beneath/below it/that/those; among them, in=
cluding, *(fml., jur.)* thereunder; down there; down under; ~
*is ... it includes ...* ~**oor** *adv. pron., (also* daar oor*)* across/
over it/that; over that way; about/concerning that, on that
point; for that reason, because of that; *dit gaan nie* ~ *nie* that
is not the point. ~**op** *adv. pron., (also* daar op*)* (up)on (*or* on
top of) that/those; after that; *dit kom nie* ~ *aan nie* it does
not matter; *die dag* ~ the next (*or* [on] the following) day,

the day after (that). ~**sonder** *adv. pron., (also* daar sonder*)* without it/that; ~ *bly/klaarkom* do/go without. ~**stel** *daarge*= create, establish. ~**stelling** creation, establishment. ~**teen** *adv. pron., (also* daar teen*)* against it/that. ~**teenoor** *adv. pron., (also* daar teenoor*)* opposite/facing *(or* in front of*)* it/ that/those; on the other hand, (but) then again, over against that. ~**toe** *adv. pron., (also* daar toe*)* for that/these/those; for that *(purpose),* to that end; *dit het ~ gekom* it has come to that. ~**tussen** *adv. pron., (also* daar tussen*)* among/between them, in between. ~**uit** *adv. pron., (also* daar uit*)* out of it/ that/those; out that way; from that, *(fml.)* thence; from there; *iem. moet* ~ s.o.'s got to get out; ~ *volg dat …* from this (it) follows that … ~**van** *adv. pron., (also* daar van*)* of it/that, *(fml.)* thereof; from it/that/there; *iem. het my … gesê* s.o. told me about/of it; *iem. wil* ~ *hê* s.o. wants some (of it); *dit kom* ~*!* now you've done it!; *niks* ~ *nie!* nothing of the sort!; *probeer/proe* ~*!* try some!; *wat* ~*?* what of/about it?; so what?. ~**vandaan** *adv. pron., (also* daar vandaan*)* away (from it); *(away)* from there; therefore, hence; since then, (ever) since, from then (on); ~ *vertrek* leave there. ~**volgens** *adv. pron., (also* daar volgens*)* according to it/that. ~**voor** *adv. pron., (also* daar voor*)* before *(or* in front of*)* it/that/those; before (that), previous to that; for that *(purpose);* for it/that/ those; in favour (of that); out/there in front; *iem. is* ~ s.o. is for *(or* in favour of*)* it; *die jare* ~ the years before (then); *iem. kan nie* ~ *nie* s.o. cannot help it; it is not s.o.'s fault; ~ *stem* vote in favour.

**daar·die** that; those; ~ *bome* those trees, the trees (over) there; ~ *een* that one.

**daar·en·te·ë, daar·en·teen** on the other hand, on the contrary, by contrast.

**daar·na·toe** *adv. pron., (also* daar natoe*)* there, that way, in that direction; *dit is tot* ~ leave it at that; and that's *(or* that is*)* that.

**daar·op·vol·gend** =*gende* following, subsequent, ensuing, next; *die* ~*e dag* the next *(or* [on] the following) day, the day after (that); *in die* ~*e weke* in the succeeding weeks.

**daar·so** (over) there, at that place/spot.

**da·ciet** *(geol.)* dacite.

**Da·da, Da·da·ïs·me** *(artistic movement, also* d~*)* Dada, Dadaism. **Da·da·ïs** =*daïste, (also* d~*)* Dadaist. **Da·da·ïs·ties** =*tiese, (also* d~*)* Dadaist(ic).

**da·del** =*dels* date; *daar kom* ~*s van!, (infml.)* that'll be the day!; nothing of the kind (will happen). ~**boom,** ~**palm** date palm. ~**poeding** date pudding. ~**pruim** persimmon, date plum.

**da·de·lik** =*like, adj.* immediate, direct, prompt, instant. **da-de·lik** *adv.* immediately, at once, instantly, right/straight away, without delay, forthwith, this instant, directly; ~ *skiet* shoot at sight.

**da·der** =*ders* doer, author; wrongdoer, perpetrator, offender, culprit; *(jur.)* actual perpetrator, principal offender.

**da·do** =*do's, (archit.)* dado.

**da·e·raad¹** =*rade, (poet., liter.)* dawn, daybreak, *(poet.)* aurora.

**da·e·raad², da·ge·raad** =*raads,* =*rade, (icht.)* dageraad.

**dag¹** *dae* day; daytime; daylight; *iets aan die* ~ *bring* bring s.t. to light, reveal s.t.; *iets aan die* ~ *lê* show/display/manifest s.t.; *die* ~ *sal aanbreek dat …* the day will come when …; *dae aaneen* for days (on end); *'n* ~ *af/vry* (of *'n af/vry[e]* ~*)* hê have a day off, have an off day; *dit is al* ~ *dat iem. kan …* it is the only day s.o. can …; *'n* ~ *bepaal* set a day; *die* ~ *be-paal/vasstel* name the day; *op beter dae hoop* hope for better days; *iem. het beter dae geken* s.o. has seen better days; *iets binne/in 'n* ~ *doen* do s.t. in a day; *die* ~ *breek* the day breaks; *by die* ~ by the day, day by day; per day; on a daily basis; *by die* ~ *beter/erger* better/worse every day *(or* day by day); *in daardie dae* in those days; *die* ~ *daarna/daarop* the day after (that), the next day; ~ *en datum* the exact day; ~ *en datum noem* fix the date; *een van die (mooi) dae* one of

these (fine) days, some day soon, before long; sometime or other; *van die eerste* ~ *(af)* from the first day, from day one; *hierdie einste* ~ this very day; *elke* ~ every day; *dit kan nou elke* ~ *gebeur* it can happen any day now; *die ganse* ~ the whole day; *'n gedenkwaardige* ~ a day to remember, a memorable day; *gedurende die* ~ →*in/gedurende; iem. is in geen dae gesien nie* s.o. hasn't been seen for days; *'n paar dae* (of *'n* ~ *of wat) gelede* the other day; *geniet die* ~*!* have a nice day!; *iem. se dae is getel* s.o.'s days are numbered; *in die goeie ou dae* in the good old days; *die hele* ~ *(deur)* all day (long), throughout the day, the whole day long; *die hele liewe* ~ the whole/livelong day; *hierdie* ~ this day; *hoe meer dae, hoe meer dinge* it is just one thing after another; *tot op die huidige* ~ to this day; *in iem. se dae* in s.o.'s day/time; *in/gedurende die* ~ during the day; *iem. lyk nie 'n* ~ *jonger as vyftig/ens. nie* s.o. looks fifty/etc. if he/she looks a day; *iets kom aan die* ~ s.t. comes to light, s.t. surfaces/appears; *daar sal 'n* ~ *kom dat …* there will come a day when …; *iem. se* ~ *sal kom* s.o. will get his/her chance/opportunity; *dit sal 'n kwade* ~ *wees wanneer …* it will be an evil day when …; *laat in die* ~ at a late hour; *'n lang(e) werksessie/ens.* a daylong workshop/etc.; *dae lang(e) stormweer/ens.* stormy weather etc. lasting for days; *dae (lank) siek/weg/ens.* wees be gone/ sick/etc. for days (on end); *later die* ~ later in the day; *lek-ker* ~*!* have a nice day!; *tot in lengte van dae* for many years to come; *(nooit) in my* ~ *des lewens nie* never in (all) my life; *man/vrou van die* ~ man/woman of the hour/moment; *met die* ~ *… word* get … every day *(or* by the day*) (better etc.);* grow … every day *(or* by the day*) (worse etc.);* become/get … every day *(or* by the day*) (riper etc.); in die middel van die* ~ in the middle of the day, at midday; *ná 'n* ~ after a day; ~ *na* ~ →*vir/na;* ~ *en nag* day and night, night and day, at all hours (of the day and/or night); by day and (by) night; ~ *en nag (ononderbroke)* round the clock; *hulle verskil soos* ~ *en nag* they are poles apart, there is a world of difference be-tween them; *nou die* ~ the other day; *die nuus van die* ~ current news; *iets sal oor tien dae gebeur* s.t. will happen in ten days(' time); *oor 'n* ~ *of wat* in a day or two; *oor 'n paar dae* in a few days; *Maandag oor ag(t) dae* Monday week; *vandag oor ag(t) dae* today *(or* this day) week; *vandag oor veertien dae* today *(or* this day) fortnight; *op die* ~ to the day; *op 'n goeie* ~ one fine day; *op 'n (sekere)* ~ one day; *op sy/haar* ~*/dae* in his/her day/prime; *op sy/haar* ~*/dae kon/was hy/sy …* in his/her day/time he/she could/was …; *in die ou dae* in (the) days of old, in the olden days; *'n* ~ *ou/oud/oue …, (attr.)* a day-old …; *'n drie dae ou/oud/oue, (attr.) …* a three-day-old …; *die oues van dae* the aged; *party dae* (on) some days, sometimes; *soveel per* ~ so much a/per day; *die dae rek* the days are lengthening; *sake van die* ~ current affairs; *'n slegte* ~ *hê* have an off day; *die* ~ *tevore* the day before, the previous day; *dit het 'n paar dae tevore gebeur* it happened a few days earlier; *van daardie/dié* ~ *af* since that day, from that day onward(s); *van* ~ *tot* ~ from day to day; *iem. se dae is verby* s.o. has seen his/her best days; s.o. has had his/her day; *'n* ~ *waarop alles verkeerd loop* one of those days; ~ *vir/na* ~ day after day, day by day; *die volgende* ~ the day after, the next day; *voor die* ~ *kom* show up, make one's appearance; *(s.t.)* come to light; *(s.t.)* crop up; →VO-RENDAG; *met iets voor die* ~ *kom, iets voor die* ~ *bring* bring s.t. out *(or* to light), produce *(or* come out with) s.t.; bring s.t. forward; *(infml.)* trot s.t. out *(an argument, excuse, etc.);* advance *(a theory); die vorige* ~ the day before, the previous day; *'n* ~ *vry* (of *'n vry[e]* ~*)* hê →*af/vry; jy kan kom wat-ter* ~ *jy wil* you can come any day; *dit word* ~ day is break-ing, dawn is coming. **dag** *interj.* hello!, good day (to you)!; (good)bye!, see you!, so long!. ~**beplanner** Filofax *(trade-mark); (elektroniese)* personal organiser. ~**bestuur** man-agement committee, executive. ~**blad** daily (paper). ~**boek** diary, journal; *(bookk.)* memorandum book, daybook; log; *'n* ~ *hou* keep a diary. ~**boekskrywer** diarist. ~**breek** day=

break, dawn, sunrise; *met* ~ at daybreak (*or* break of day), at first light. **~breekaanval** dawn raid. **~diens** day duty. **~dro= mer** daydreamer. **~dromery** daydreaming. **~droom** *n.* day= dream, pipe/waking dream. **~droom** *vb.* daydream, have a waking dream. **~~en-nag-ewening** *=nings, =ninge* equinox. **~~en-nag-versorging** round-the-clock care. **~geld** daily allowance; call money. **~hospitaal** day hospital. **~in:** ~ *en daguit* day in, day out. **~leerder, ~leerling, ~skolier** day learner/pupil/scholar. **~lelie** day lily. **~lening** loan on call, call loan. **~lig** daylight; *by* ~ by daylight; *met* ~ at dawn; *iets in die* ~ *stel* shed/throw light on/upon s.t.; *in die volle* ~ in broad/full daylight. **~ligbesparing** daylight saving. **~loner** day/daily(-paid) labourer/worker. **~loon** day's pay, daily wage. **~lumier** (*poet.*) dawn, daybreak, aurora. **~mars** day's march. **~moeder** day mother, child minder. **~myn, ~bou= myn** opencast/opencut mine. **~mynbou, ~bou** opencast/ opencut mining. **~pak** lounge/business suit. **~passasier, ~reisiger** commuter. **~register** log(book), journal. **~reis** day's journey; journey by day. **~retoer(kaartjie)** day return (ticket). **~sê** *dagge=*, ~ **sê** *dag ge=*, *vb.* greet; see off; say goodbye. **~sê** *interj.* hello!, good day (to you)!, greetings!. **~sirkel** diurnal circle. **~skof** day shift; day's journey; ~ *werk* be on day shift. **~skolier** →DAGLEERDER. **~soom** (*geol.*) out= crop, natural exposure; *bedekte* ~ suboutcrop. **~sorg** day= care. **~sorgsentrum** daycare centre. **~stempel** date stamp. **~ster** morning star, daystar. **~student** day student. **~stuk= kie** daily reading. **~suster** day nurse. **~taak** day's work; daily task; *jou* ~ *verrig* do one's daily stint. **~teken** *ge=, vb.* date; *iets* ~ *uit/van ...* s.t. dates from (*or* dates/goes back to) ... **~tekening** date. **~teks** text for the day. **~toeris** excur= sionist, (*infml.*) day-tripper. **~trein** day(light) train. **~uit= stappie** day trip. **~verpleegster** day nurse. **~vlug** day flight. **~werk** day work/job; daily work/job; day's work/job. **~wer= ker** day labourer.

**dag²** *vb.* (*p.t.*) →DINK.

**da·ge·raad** →DAERAAD².

**dag·ga** marijuana, marihuana, cannabis, hashish, hasheesh, (*chiefly SA*) dagga, (*infml.*) pot; ~ *rook* smoke marijuana/ cannabis/dagga. **~pyp** marijuana/cannabis/dagga pipe. **~ro= ker** marijuana/cannabis/dagga smoker, (*sl.*) pothead. **~siga= ret** joint, (*SA*) zol, reefer, spliff.

**da·gha** (*masonry*) clay, mortar, (*SA*) dagha.

**dag·vaar** *ge=, vb.* summons, sue, cite, subpoena, serve a sub= poena/process on; *iem. as getuie* ~ subpoena s.o. as a wit= ness; *iem. laat* ~ take out a summons against s.o.; bring/in= stitute an action against s.o.; *iem. vir ...* ~ sue s.o. for ... (*damages etc.*); summons s.o. for ... (*debt etc.*); *iem. weens ...* ~ sue s.o. for ... (*libel etc.*). **dag·vaar·ding** *=dings, =dinge* sum= mons, subpoena, writ (of summons), citation; *'n* ~ *aan iem. bestel/beteken* serve a summons/writ on s.o.; ~ *as getuie* sub= poena.

**dag·wood(·toe·brood·jie)** Dagwood (sandwich).

**dah·li·a** *=as,* (*bot.*) dahlia. **~bol** dahlia bulb.

**dai·qui·ri** (*a cocktail*) daiquiri.

**dak** *dakke* roof; rooftop, housetop; canopy, (*fig.*) roof, cover, umbrella; (*min.*) hanging (wall); (*geol.*) hanging/overlying layer, upper bed; *op iem. se* ~ *afklim* dress s.o. down, give s.o. an earful; *'n* ~ *bo/oor jou kop hê* have a roof over one's head; *'n liedjie/nommer/ens. wat die* ~ *laat lig* a show stopper; *die* ~ *natmaak,* (*infml.*) wet the roof, have a house-warm= ing (party); *onder* ~ under cover/shelter; *... onder* ~ *bring* accommodate/house/shelter ...; →ONDERDAK; *'n* ~ *op iets sit* roof s.t. in/over; *'n* ~ *opsit* raise a roof; *'n plat* ~ a flat roof; *iets van die* ~*ke verkondig* shout/proclaim s.t. from the roof= tops/housetops. **~balk** rafter, roof beam. **~bedekking** roof= ing, roofage. **~geut** eaves/roof gutter, eaves trough, water shoot. **~helling** pitch of a roof. **~hoogte** roof height. **~ka= mer** attic, garret; loft. **~kap** roof truss, principal. **~lat** roof=

(ing) lath/batten. **~leer** cat ladder. **~lei** roof(ing) slate. **~lig** skylight (*in a roof/ceiling*); roof light (*on an ambulance etc.*); (*rly.*) deck light. **~lys** eaves. **~nok** roof ridge. **~oorhang** eaves. **~pan** (roof[ing]) tile, pantile. **~prys** ceiling price, upper price limit. **~pyp** gutter pipe. **~rak, ~rooster** roof carrier/rack. **~rand** eaves; edge of a/the roof. **~spar** rafter, spar. **~spyker** roofing nail. **~strooi** thatch. **~terras** rooftop terrace. **~tuin** roof garden. **~venster** attic/dormer/garret window; squint window; skylight, roof light; (*rly.*) deck light. **~voering** roof lining (*of a vehicle*). **~woning** penthouse.

**dak·loos** *=lose, adj.* homeless, roofless, (*pred.*) without a roof over one's head; *duisende/ens. mense is* ~ *gelaat* thousands/ etc. of people were made/rendered homeless (*or* lost their homes); *die oorstroming/watervloed het die dorpsbewoners* ~ *gelaat* the villagers were flooded out. **dak·lo·se** *=ses, n.* home= less person; (*in the pl., also*) street people.

**dak·tiel** *=tiele,* **dak·ti·lus** *=lusse,* (*pros.*) dactyl. **dak·ti·lies** *=liese* dactylic.

**dal¹** *dale* valley, (*esp. in N.Eng.*) dale, (*poet. or in place names*) vale; (*narrow*) glen; (*small; poet., liter.*) dell. **~bewoner** dales= man. **~lelie** lily of the valley.

**dal²** →DHAL.

**da·lend** *=lende* descending; sinking, setting, westering (sun); sloping (ground); falling (barometer); ~*e aksent* grave (accent).

**da·ler** →DAALDER.

**da·ling** *=lings, =linge* descent, drop, fall; decline; dropping, falling, sinking; slope, incline, descent, dip, drop, gradient; decrease, decline, lessening, falling-off, dwindling; down= turn, downswing, slump; (*med., geol.*) depression; →DAAL; *'n* ~ *beleef/belewe* go through a dip; *'n* ~ *in geboortes* a de= crease in the birth rate; *op* ~ *verkoop* sell short, bear; *'n skerp/skielike* ~ a sharp drop/fall (*of prices etc.*); *die* ~ *van ...* the decrease in ...; the drop in ... (*prices etc.*).

**dalk** perhaps, maybe, possibly; ~ *doen iem. dit* s.o. might do it; *is u* ~ *mnr./mev. Muller/ens.?* are you by any chance Mr/ Mrs Muller/etc.?; *ken jy hom/haar* ~? do you happen to know him/her?; *dit sal* ~ *nooit bekend word nie* it may never be known; ~ *weet iem.* s.o. might know.

**Dal·ma·si·ë** (*geog.*) Dalmatia. **Dal·ma·si·ër** *=siërs* Dalmatian; (*also d~*) Dalmatian (dog). **Dal·ma·ties** *=tiese* Dalmatian; ~*e hond* Dalmatian (dog).

**dam** *damme, n.* dam, reservoir; (large) pond; dam, barrage, weir; *die blou* ~, (*infml.*) the sea; *'n* ~ *teen ... opwerp* check (*or* arrest the course of) ... **dam** *ge=, vb.* dam (up); crowd to= gether. **~wal** dam wall, embankment/wall of a/the dam. **~water** water from a storage dam; (*infml.: weak/watery cof= fee/tea*) dishwater, wish-wash.

**Da·ma·ra** *=ras,* (*member of a people, lang.*) Damara. **~(bees)** (*also d~*) head of Damara cattle; (*in the pl.*) Damara cattle. **~land** Damaraland.

**da·mas** (*text.*) damask. **~blom** rocket. **~linne** damask linen. **~sy** damask silk.

**Da·mas·kus** (*geog.*) Damascus. **d~rooi** damask.

**dam·bord** draughtboard, chequerboard. **~skyf, ~steen, ~stuk** draughtsman, draughts piece. **~spel** draughts, cheq= uers. **~speler** draught(s) player.

**da·me** *=mes* lady; (*title*) dame; (*chess*) queen; *die D~s,* (*wom= en's public lavatory*) the Ladies (*or* ladies' room); ~*s en here!* ladies and gentlemen!; *middeljarige* ~ matron; ~ *van die nag,* (*infml.: prostitute*) lady of pleasure (*or* the night), work= ing girl. **~skoen** lady's shoe; (*in the pl.*) ladies' shoes.

**da·mes:** **~broekie** panties, knickers. **~drag** ladies'/women's wear. **~fiets** ladies'/lady's bicycle/bike. **~handskoen** lady's glove. **~hoed** lady's hat. **~hoedemaker, ~hoedemaakster** milliner. **~kleremaker** dressmaker; ladies' tailor. **~koor** la= dies' choir. **~koshuis** ladies' residence. **~kous** lady's stock= ing. **~kroeg** ladies' bar, cocktail lounge. **~portret** portrait of a lady. **~toilet, ~kleedkamer** ladies'/women's toilet/room.

**da·mes·ag·tig** =*tige* womanish.

**da·me·tjie** =*tjies* little lady; young lady; *ou* ~ little old lady.

**dam·me·tjie** =*tjies* pool, pond, small dam.

**Da·mo·kles** (*class. legend*) Damocles. ~**swaard** (*also* d~) sword of Damocles.

**damp** *dampe, n.* steam, vapour; fume; smoke. **damp** *ge=, vb.* steam, emit steam/vapour; fume; smoke. ~**druk** vapour pres= sure. ~**kring** atmosphere; vital sphere. ~**meter** vaporimeter. ~**spoor,** ~**streep** contrail; vapour trail. ~**vorming** vaporisa= tion.

**damp·ag·tig** =*tige* vaporous, vapoury.

**dam·pie** =*pies* puff, smoke; *'n* ~ *maak/slaan,* (*infml.*) have a smoke.

**dan** *adv.* then; so; instead; in that case; by that time; *iem. sal* ~ *al weg wees* s.o. will be gone by that time; *of ... al* ~ *nie* whether ... or not, whether or not ...; ~ *eers,* (*referring to the future*) only then; *en* ~ besides, further(more); *en* ~? so what?; *en jy* ~? how/what about you?; ~ *het iem. dit gedoen!* so s.o. did it!; *hoe* ~? how so?; ~ *is ... terug?* so ... is back?; *wat moes ek* ~ *gedoen het?* what should I have done instead?; ~ *nie?* not so?; *en* ~ *nog* and what is more; *selfs* ~ *nog* (but) even so; ~ *ook* accordingly, consequently, therefore; duly; *selfs* ~ even so; *slegs* ~ *(toe)* only then; *tot* ~ *(toe)* till/until then; *tot* ~ *toe, (also)* up to that stage; *van* ~ *af* henceforth; ~ *weer* at other times; *dis nou koud,* ~ *is hy/sy in die moeilikheid* if s.o. does s.t. again, he/she will be in trouble. **dan** *conj.* than; *iem. is beter as senter* ~ *as vleuel* s.o. is a better centre than winger, s.o. is better as a centre than as a winger.

**da·nig** =*nige, adj.* tremendous; effusive; familiar, overfriendly; *jou alte* ~ *hou* give o.s. (*or* put on) airs; ~ *met iem. wees* be mat(e)y with s.o.; be fond of s.o.; *'n* ~*e ... wees* be quite a ... (*writer etc.*); *nie 'n* ~*e ... wees nie* not be much of a ... (*writer etc.*). **da·nig** *adv.* much, very, rather; really, greatly; ~ *baie van iets hou* like s.t. very much; *nie* ~ *goed nie* none too good; *nie (so)* ~ *koud/ens. nie* not really cold/etc.; *iem. is* ~ *lui* s.o. is a lazybones. **da·nig·heid** familiarity, intimacy; grand/posh affair, (*infml.*) splash, to-do; *dit is 'n* ~ *tussen hulle twee* they are sweet on each other.

**dank** *n.* acknowledg(e)ment, thanks, (*infml.*) thank you; *jou* ~ *aan ... betuig* express one's thanks to ...; *duisend maal* ~ thanks a million; *hartlike* ~ hearty/warm thanks; *iem. se in= nigste* ~ s.o.'s heartfelt thanks; *nie* ~ *vir iets kry nie* get no/ small thanks for s.t.; *met* ~ with thanks; *met* ~ *vir ...* thank= ing you for ...; *iets met* ~ *aanneem* accept s.t. gratefully; *iets met* ~ *ontvang* receive s.t. with thanks; *'n mosie van* ~ a vote of thanks; *iem. se* ~ *oorbring* convey s.o.'s thanks/grat= itude; *die Here sy* ~ praise be to the Lord; *jou* ~ *teenoor ... uitspreek* express one's thanks to ...; *aan iem.* ~ *verskuldig wees* owe s.o. a debt of gratitude, be beholden to s.o.; *'n woord(jie) van* ~ a word of thanks, (*infml.*) a thank you; *by wyse van* ~ by way of thanks. **dank** *ge=, vb.* offer/express (one's) thanks, say thanks to ...; give/offer/tender thanks; say grace, give (*or* say a prayer of) thanks (*before a meal*); ~ *jou die duiwel!* thank you for nothing. ~**betuiging** (expression/word of) thanks/gratitude, (*infml.*) thank you; acknowledg(e)ment, note/letter/message of thanks. ~**brief** letter of thanks. ~**dag** day of thanksgiving. ~**diens** thanks= giving service. ~**gebed** prayer of thanks(giving); grace (*at a meal*). ~**lied** song/hymn of thanks(giving). ~**offer** thanks/ votive offering. ~**sy** thanks to. ~**woord** word/expression of thanks/gratitude, (*infml.*) thank you; speech of thanks.

**dank·baar** =*bare* grateful, thankful; appreciative (*audience*); rewarding (*role etc.*); responsive (*pupil*); *in dankbare aarde val* be well received; ~ *wees dat ...* be grateful/thankful that ...; *oprég* ~ *wees* be truly grateful/thankful; ~ *vir iets wees* be grateful/thankful for s.t.; *iem.* ~ *wees vir iets* be grateful to s.o. for s.t.. **dank·baar** *interj.* thank you!. **dank·baar·heid**

gratitude, thankfulness; *baie rede/stof tot* ~ *hê* have much to be thankful/grateful for; *uit* ~ *vir ...* in gratitude for ...

**dan·ke:** *iets aan jouself te* ~ *hê* have o.s. to thank/blame for s.t., bring s.t. on o.s.; *iets aan iem. te* ~ *hê* have s.o. to thank (*or* be indebted to s.o.) for s.t., owe s.t. to s.o.; *iets is aan ... te* ~*, (in a favourable sense)* s.t. is due to ...; *nie te* ~*!* don't mention it!, it's nothing!, no trouble at all!, you're welcome!.

**dan·kie** thank you, thanks; *baie* ~ thank you very much, many thanks; much obliged; *baie, baie* ~*, duisend* ~*s* thank you ever so much, thanks a million; ~ *dat jy dit gedoen het* thanks for doing it; *nee,* ~ no, thanks (*or* thank you); ~ *sê* say thanks (*or* thank you); *vir iem. baie, baie* ~ *sê vir iets* thank s.o. profusely for s.t.; ~ *tog!* what a relief!; good rid= dance!; ~ *vir ...* thanks (*or* thank you) for ... ~**sêbrief(ie)** thank-you/bread-and-butter letter/note. ~**sêkaartjie** thank= you card. ~**(vader)bly** (vastly) relieved; *('n) mens kan* ~ *wees dat hy/sy weg is* good riddance to him/her.

**dank·seg·ging** =*gings,* =*ginge* expression of thanks/grati= tude; thanksgiving, giving/saying thanks; (saying) grace (*at a meal*).

**dans** *danse, n.* dance. **dans** *ge=, vb.* dance; *mag ek met jou* ~? may I have a dance?, would you care to dance?; *'n* ~*ende meisie/ens.* a dancing girl/etc.; *op die musiek van ...* ~ dance to the music of ... ~**gat,** ~**put** mosh pit (*at a heavy-metal or punk concert*). ~**maat** dancing partner; dance rhythm. ~**musiek** dance music. ~**orkes** dance band. ~**paar** dancing couple. ~**party(tjie)** dance, ball, dancing party. ~**pas(sie)** dance step. ~**ritme** dancing rhythm. ~**saal** dance hall, ball= room. ~**skool** dancing school, school of dancing. ~**vloer** dance/dancing floor.

**dan·ser** =*sers,* (*fem.*) **dan·se·res** =*resse* dancer.

**dan·se·ry** dancing.

**dan·sie** =*sies* little dance; turn (on a/the dance floor); *'n* ~ *doen* take a turn.

**dap·per**[1] *n.: met* ~ *en stapper gaan* ride (*or* go on) Shanks's/ shanks's pony/mare.

**dap·per**[2] =*per(e)* =*perder* =*perste, adj.* brave, courageous, bold, gallant, valiant, intrepid, manful, plucky, stout(hearted), stalwart; *jou* ~ *hou* keep up (*or* put on *or* show/present) a brave/bold front, bear up bravely; *hou jou* ~*!* never say die!, keep your courage up!, bear up bravely!; ~ *veg* put up a brave/gallant fight. **dap·per·heid** bravery, courage, gallant= ry, valour; ~ *aan die dag lê* show/display valour.

**da·rem** after all, all the same, really, surely, though, for all that; *iem. kon dit* ~ *gedoen het* s.o. might have done it; *dit is* ~ *koud/ens.* it is really cold/etc.; *iem. is* ~ *maar doen* do s.t. after all; *party mense* ~*!* gosh, some people!.

**Dar·jee·ling** (*geog.*) Darjeeling. ~**(tee)** (*also* d~) Darjeeling (tea).

**dar·tel** *ge=, vb.* frisk, frolic, cavort, romp, caper, gambol; *deur die lewe* ~ breeze/waltz through life. **dar·te·lend** =*lende* frisky, romping, gamboling; ~*e vlinder* fluttering/flitting/ darting butterfly.

**Dar·wi·nis·me** (*also* d~) Darwinism.

**das**[1] *dasse* tie; *'n* ~ *aansit/omsit* put on a tie; *'n* ~ *afhaal* take off a tie; *'n* ~ *knoop* knot a tie; tie a tie. ~**speld** tiepin.

**das**[2] *dasse* (European) badger; →DASSIE[2]. ~**haar** badger hair. ~**hond** dachshund; *Franse* ~ basset (hound).

**das·sie**[1] =*sies* small tie.

**das·sie**[2] =*sies, (SA)* rock dassie, hyrax. ~**pis** hyraceum. ~**vanger** (*infml.*) = WITKRUISAREND.

**das·sie**[3] =*sies, (icht.)* blacktail, dassie.

**dat** *pron.* that. **dat** *conj.* that; so (*or* in order) that; *dis daar= om* ~ *iem. ...* that's why s.o. ...; *jou haas* ~ *jy nie te laat kom nie* hurry so as not to be late; *elke keer* ~ *iem. iets doen* every time (that) s.o. does s.t.; *lieg* ~ *jy bars* be a damned liar; *nie* ~ *... nie, maar ...* not that ..., but ...; ~ *iem. dit sê, is ...* for s.o.

to say so, is ...; *sê ~ jy kom/ens.* say (that) you are coming/ etc..

**da·ta** *n. (pl.)* data, facts, information. ~**bank** *(comp.)* data/ memory bank. ~**basis** database. ~**beveiliging** data protec= tion. ~**blad**, ~**vel** data sheet. ~**bus**, ~**snelweg** databus, data highway. ~**gedrewe** *adj. (attr.), (comp.)* bottom-up *(process= ing).* ~**lêer** data file. ~**manipulasie** data massage. ~**ontgin= ning** data mining. ~**oordrag** data transfer. ~**stel** data set. ~**stoor** data warehouse. ~**toevoer** data entry. ~**vaslegging** data entry/capture/capturing. ~**verkeer** data traffic. ~**ver= sending** data transmission. ~**verwerker** data processor. ~**verwerking** data processing. ~**vloei** data flow. ~**woorde= boek** *(comp.)* data dictionary.

**da·teer** *(ge)-, vb.* date; *iets later ~* date s.t. forward; *iets ~ uit/ van ...* s.t. dates from *(or* back to) ...; *iets vroeër ~* backdate s.t.. **da·te·ring** date, dating; vintage.

**da·tief** *-tiewe, n. & adj., (gram.)* dative.

**da·to** *n., (Lat.)* date; *de/onder ~ ...* dated ..., under date of ..., bearing the date ...; *drie maande ná ~* three months after date, at three months' date.

**da·tum** *-tums* date, day; *van dieselfde ~* of even date; *ná ~* after date; *met 'n onlangse ~* of recent date; *'n saamval van ~s* a clash of dates; *sonder ~* undated, dateless; *vanaf ~* from date; *wat is vandag se ~?* what is the date today?, what date is it today?; *die ~ tot ... verander* change the date to ... ~**grens**, ~**lyn:** *(Internasionale) D~, (geog.)* (International) Date Line. ~**reël** *(journ.)* dateline. ~**stempel** date stamp.

**dau·phin** *-phins, (Fr., hist.)* dauphin. **dau·phine** *-phines, (Fr., hist.)* dauphine, dauphiness.

**Da·vis·be·ker** *(tennis)* Davis Cup. ~**wedstryd** Davis Cup match.

**da·we·rend** *-rende, adj. & adv.* booming, roaring, thunder= ous; *~e sukses* resounding success; *dit is ~ toegejuig* it brought the house down; *met ~e toejuiging* with thunder= ous/rousing applause/cheers; with a storm of applause.

**Da·wid** *(OT)* David; *weet waar ~ die wortels gegrawe het, (in= fml.)* not be easily fooled, know a thing or two. ~**ster** Star of David, hexagram.

**de** *art., (in exclamations to express annoyance/etc.)* the; *wat ~ joos/duiwel/ens.!* what the devil/etc.!.

**dè** here (you are); *~, vat!* here, take this!.

**de·ba·kel** *-kels* debacle, failure, fiasco, disaster; downfall, ruin.

**de·bat** *-batte* debate, discussion; *aan 'n ~ deelneem* partici= pate *(or* take part) in a debate; *die ~ gaan oor ...* the debate is about/on ...; *in die hitte van die ~* in the cut and thrust of the debate; *die ~ sluit* close the debate; *tot 'n ~ toetree* en= ter a debate; *met iem. oor iets in 'n ~ tree* enter into debate with s.o. on/about s.t.; *'n ~ voer* conduct a debate.

**de·bats·:** ~**punt** debating point. ~**vereniging** debating so= ciety.

**de·bat·teer** *ge-* debate, discuss; *met iem. oor iets ~* debate s.t. with s.o.. **de·bat·teer·der, de·bat·voer·der** *-ders* debater.

**de·biet** *-biete* debit; sale(s), market; *~ en krediet* debit and credit. ~**kaart** debit card. ~**kant**, ~**sy** debit/debtor side. ~**no= ta** debit note/advice/slip. ~**pos** debit entry; debit amount. ~**rente** debit interest. ~**saldo** debit balance.

**de·bi·teer** *ge-* debit, pass to the debit of one's account, charge (with); *'n rekening met ... ~* charge ... to an account. **de·bi·teer·baar** *-bare* debitable; *~ teen ...* chargeable to ... **de·bi·teur** *-teurs, -teure* debtor.

**debs, deps** *ge-, (infml.)* pinch, swipe, nick, snatch, grab, steal.

**de·bu·teer** *ge-* make one's debut/bow *(or* first appearance). **de·bu·tant** *-tante, (masc.)* debutant. **de·bu·tan·te** *-tes, (fem.)* debutante. **de·bu·tan·te·bal** debutantes' ball, coming-out ball.

**de·buut** *-bute* debut, first appearance; *jou ~ maak* make one's debut/bow *(or* first appearance). ~**bundel** first volume.

**de·col·le·ta·ge** *-ges, n.* décolletage, low neckline. **dé·col·le= té, ge·de·kol·le·teer(d)** *adj.* décolleté, low-necked *(a dress, top).*

**dé·cou·page** *(Fr.):* ~**(-artikel)** decoupage. ~**(-werk)** decou= page.

**de·cre·scen·do** *(It., mus.)* decrescendo.

**de·duk·sie** *-sies* deduction, inference, conclusion. **de·duk= tief** *-tiewe* deductive; *~iewe meetkunde* demonstrative geom= etry.

**deeg** dough; *~ in iem. se hande wees* be putty in s.o.'s hands; *~ knie* knead dough; *die ~ rys* the dough rises. ~**kwas(sie)** pastry brush. ~**plank** pastry board. ~**roller** rolling pin. ~**wie= letjie** pastry cutter.

**deeg·ag·tig** *-tige* doughy. **deeg·ag·tig·heid** doughiness.

**deeg·lik** *-like, adj.* sound *(argument);* thorough *(knowledge);* solid *(reasoning);* sterling *(qualities);* serious; out-and-out; workmanlike; *~e geleerde* profound/sound/thorough scholar. **deeg·lik** *adv.* soundly; thoroughly; solidly; seriously; *~ van iets bewus wees* be acutely aware of s.t.; *alles ~ doen* be thor= ough in everything, do nothing by halves; *ek meen dit wel ~* I do mean it, I mean it seriously, I am quite serious. **deeg= lik·heid** soundness, solidity, thoroughness.

**deel** *dele, n.* part, portion; division, section; share; volume *(of a book);* movement *(of a symphony etc.);* stint; quota; lot, fate; *aan iets ~ hê* have a part in s.t.; be a party to s.t.; *dis maar alles ~ daarvan* it's all in a/the day's work; it comes with the territory; *jou ~ doen* pull one's weight; do one's bit; *ek het my ~ daarvan gehad* I have had my share of it; *in gelyke dele* in equal portions; in equal shares; *'n geringe ~ van ...* a fraction/small part of ...; *vir 'n groot ~* to a great/large extent, largely, in large measure; *die grootste/oorgrote ~ van ...* the best/better/greater part of ...; *~ in iets hê* have a share in s.t.; *in drie/ens. dele, (a publication)* in three/etc. vol= umes; *jou ~ kry* get one's share/cut; *los dele* odd volumes *(from a series of books); twee/ens. dele ... op drie/ens. dele ...* two/etc. parts of ... to three/etc. parts of ...; *iem. se reg= matige ~* s.o.'s fair share; *iets is iem. se ~* s.t. falls to the lot of s.o.; *ten dele* partly, in part(s); *iets val iem. ten ~* s.t. falls to s.o.('s share/lot); *in twee gelyke dele* in halves; *'n hoeveel= heid as ~ van 'n ander uitdruk* express a quantity in terms of another; *~ van iets uitmaak* be/form (a) part of s.t.; *'n onafskeidelike ~ van iets uitmaak* be part and parcel of s.t.; *'n ~ van ...* part of ...; *vir 'n ~ in* part(s); *vir 'n groot ~* to a large extent; *vir die grootste ~* for the greater part. **deel** *ge-, vb.* divide; participate, share; split; deal *(cards); iem. se be= skouinge/lot ~* share s.o.'s views/fate; *6/ens. deur 3/ens. ~* divide 6/etc. by 3/etc.; *gelykop ~* share and share alike; *iets met iem. gelykop ~, (also)* go halves with s.o.; *5/ens. in 25/ens. ~* divide 5/etc. into 25/etc.; *in iets ~* share/participate in s.t. *(the profits, an undertaking, s.o.'s happiness, etc.); iem. in iets laat ~* give s.o. a share in s.t.; *iets met iem. ~* share in s.t. *(costs etc.); 'n kamer/ens. met iem. ~* share a room/etc. with s.o.; *hulle ~ dit onder mekaar, (two persons)* they share it between them; *(three or more persons)* they share it among them; *die verskil ~* split the difference. ~**genoot** (co)partner, par= ticipator, sharer; *~ in/aan iets wees* share/participate in s.t.; *'n ~ in skade/lyding* a fellow sufferer; *iem. ~ van iets maak* confide s.t. to s.o. *(a secret).* ~**genootskap** (co)partnership; participation; *iets in ~ met 'n ander firma doen* do s.t. in as= sociation with another firm. ~**lyn** bisector *(of an angle);* shared line. ~**saaier**, ~**boer** sharecropper. ~**som** division sum. ~**staat** federal state. ~**tal** *(math.)* dividend. ~**teken** diaere= sis; division sign. ~**titel** sectional title; *'n eiendom ingevolge ~ (of op ['n] ~grondslag of ingevolge die ~plan/-stelsel) verkoop* sell a property under sectional title. ~**versameling** *(math., comp.)* subset. ~**ware**, ~**programmatuur** *(comp.)* shareware. ~**woord** participle.

**deel·baar** =*bare* divisible; *deelbare getal* composite number. **deel·baar·heid** divisibility.

**deel·heb·ber** =*bers* participant, sharer.

**deel·neem** *deelge=: aan iets* ~ take part in s.t. *(a campaign, contest, etc.);* participate in s.t. *(a strike etc.);* join in s.t. *(a conversation etc.);* be a party to s.t. *(negotiations, a plot, etc.);* partake of s.t. *([Holy] Communion etc.);* be engaged in s.t. *(a project etc.);* enter s.t. *(a war);* contest s.t. *(an election);* sit for s.t. *(an examination);* '*n perd laat* ~ run a horse. **deel·na·me** participation; turnout; *iem. se* ~ *aan iets* s.o.'s participation in s.t. *(a competition, crime, etc.); heelwat* ~ *aan 'n wedstryd* a considerable number of entries for a competition. **deelne·mend** =*mende* sympathetic, sympathising, compassionate; condolatory; participating, participatory; ~*e demokrasie* participatory democracy; ~*e maatskappy* participating company/house. **deel·ne·mer** =*mers* participant, participator, partner, entrant; sharer; sympathiser; competitor, contestant; *(horse racing)* runner; '*n* ~ *aan ... wees* be a party to ... *(a contract etc.);* be an entrant in ... *(a competition); alle* ~*s* the field; *onseker(e)* ~ doubtful starter. **deel·ne·ming** =*mings,* =*minge* participation; sympathy, compassion, commiseration; condolence; *iem. se* ~ *aan* ... s.o.'s participation in ... *(sport etc.); jou innige* ~ *(aan/teenoor iem.) betuig met die dood van sy/haar/hul vader/ens.* convey/express/offer one's sincere condolences (to s.o.) on the death of his/her/their father/etc.; ~ *betuig met iem. se verlies* express condolences in s.o.'s bereavement; ~ *teenoor iem. betuig/betoon, (also)* sympathise with s.o.; ~ *in* ... participation in ... *(the profits, an undertaking, etc.);* ~ *met iem. in 'n verlies* sympathy with s.o. in a bereavement; '*n mosie van* ~ a vote of sympathy; a motion of condolence; ~ *toon* show sympathy.

**deels** partly, partially, in part; ~ *geskikte persoon* semifit person; ~ *onafhanklik* semi-autonomous *(a country etc.).* **deels·ge·wys, deels·ge·wy·se** bit by bit, piecemeal.

**deel·tjie** =*tjies* particle, small part, fraction; small volume *(of a book); jou* ~ *doen, (infml.)* do one's bit. ~**werkwoord** phrasal verb.

**deel·tyds** =*tydse* part-time; ~*e werker* part-timer.

**dee·moed** humility, meekness, submissiveness. **dee·moe·dig** =*dige* humble, meek, submissive.

**Deen** *Dene, (inhabitant)* Dane. **Deens** *n., (lang.)* Danish. **Deens** *Deense, adj.* Danish; ~*e (fyn)gebak/(tert)deeg* Danish pastry; ~*e hond* Great Dane.

**deer·lik** =*like, (liter.)* sad, piteous, pitiable, pitiful; ~ *gewond* badly wounded; ~ *mis* miss sadly/sorely; ~ *teleurgestel(d)* grievously disappointed; *jou* ~ *vergis* be greatly mistaken, make a grievous mistake.

**deer·nis** *(liter.)* compassion, pity, commiseration; ~ *met* ... *hê* have compassion for/on *(or* have/take pity on *or* pity) ... **deer·nis·vol** =*volle* compassionate, warm, caring. **deer·niswaar·dig** =*dige,* **deer·nis·wek·kend** =*kende* pitiable, pitiful.

**dees·da·e** *adv.* nowadays, these days; at this *(or* the present) time; ~ *se kinders* children of today.

**de fac·to** *(Lat.)* de facto.

**dé·fai·tis** =*tiste* defeatist. **dé·fai·tis·me** defeatism. **dé·fai·tis·ties** =*tiese meer* ~ *die mees* =*e* defeatist.

**de·fek** =*fekte, n.* defect, deficiency, fault; trouble, breakdown, failure; '*n* ~ *aan die motor/masjien* engine trouble; *inherente* ~ flaw. **de·fek** =*fekte, adj.* defective, faulty; out of order *(machinery);* broken-down *(car);* punctured *(tyre);* flawed; ~ *raak* break down.

**de·fen·sief** =*siewe* defensive; ~ *ingestel wees* be on the defensive; ~ *optree* be/act/stand on the defensive.

**de·fi·leer** *ge=* file off; march/file past. ~**mars** march past. ~**vlug** fly-past.

**de·fi·ni·eer** *ge=* define; *nie te* ~ *nie* indefinable. **de·fi·ni·eerbaar** =*bare* definable.

**de·fi·ni·sie** =*sies* definition; '*n* ~ *van iets gee* give a definition of s.t.; *op grond van die* ~ by definition.

**de·fi·ni·tief** =*tiewe, adj.* definite *(result);* final *(settlement);* definitive; permanent *(appointment);* decisive *(victory).* **de·fini·tief** *adv.* definitely.

**de·fla·sie** *(econ.)* deflation; ~ *van die betaalmiddel bewerk* deflate the currency. **de·fla·si·o·nêr** =*nêre,* **de·fla·si·o·nis·ties** =*tiese, (econ.)* deflationary.

**de·flek·sie** deflection. ~**hoek** angle of deflection.

**de·flek·teer** *ge=* deflect.

**de·frag·men·teer** *ge=, (comp.)* defragment. **de·frag·menta·sie** defragmentation.

**def·tig** =*tige* smart, fashionable *(dress);* elegant *(style);* stately *(building);* dignified *(lang.);* aristocratic *(quarters);* distinguished *(air);* grand *(society);* exclusive *(school);* genteel, classy; dressy, stylish; in style; select; high-class; ceremonious; formal *(occasion); jou* ~ *hou* give o.s. airs; ~ *informeel* smart casual; ~*e kringe* fashionable/distinguished circles; ~*e pak (klere)* smart suit; ~*e pak (slae)* sound hiding/thrashing; ~ *wees* stand on one's dignity. **def·tig·heid** (air of) distinction; dignity, gentility, classiness; smartness, fashionableness.

**de·gen** =*gens* fencing sword, épée; ~*s met* ... *kruis* cross swords with ...

**de·ge·ne·reer** *ge=* degenerate, deteriorate. **de·ge·ne·ra·sie** degeneracy, degeneration, deterioration. **de·ge·ne·ra·tief** =*tiewe* degenerative.

**de·gra·deer** *ge=* degrade; demote; *(mil.)* reduce to the ranks. **de·gra·da·sie** degradation; demotion; *(mil.)* reduction to the ranks. **de·gra·deer·baar** degradable. **de·gra·deer·baar·heid** degradability. **de·gra·de·ring** demotion.

**de·hi·dreer** *ge=* dehydrate. **de·hi·dra·sie** dehydration.

**dein** *ge=* heave, roll, surge, swell, billow. **dei·ning** =*nings* (back)wash, surge, (ground)swell.

**deins** *ge=* shrink (back), recoil, retreat.

**dé·jà-vu** *(Fr.):* ~(-gevoel), ~(-ervaring) déjà vu (experience).

**de ju·re** *(Lat.)* de jure, by right.

**dek** *dekke, n.* deck *(of a ship); aan* (of *op [die]*) ~ on deck; *aan* ~ *gaan* go up on deck. **dek** *ge=, vb.* cover, clothe; cloak; face; coat; secure, meet *(a debt);* damp *(a fire);* tile, slate, thatch *(a roof);* cover, serve *(a cow, mare);* tup *(a ewe);* make good *(a loss);* screen, shield *(s.o.);* defray, settle, meet *(expenses); die aftog* ~ cover the retreat; *jou* ~ cover o.s.; secure o.s. *(against loss);* shield o.s. *(behind others); (mil.)* take cover; *koste* ~ cover/defray costs/expenses; '*n plek* ~ lay/set a place; *(die) tafel* ~ lay/set the table; ... *teen verlies* ~ cover/secure ... against loss; '*n tekort* ~ recoup a deficit; '*n ruim(e) veld* ~ cover a wide field; ~**blaar** perianth leaf, tepal. ~**blad** *(geol.)* nappe; overthrust mass; deck/cover/coping slab; flyleaf *(of a book).* ~**brief** cover letter/note. ~**gras** thatch(ing) grass. ~**hings** stud stallion. ~**laag** upper layer; coping, capping; *(geol.)* capping; *(geol.)* overlying/superincumbent bed/stratum, hanging layer, upper bed; seal coat *(on a road);* surface coat *(of paint); (hort.)* mulch. ~**mantel** cloak, veil; disguise; mask; pretext, excuse, front, cover(-up), cover story, smokescreen, blind; *as* ~ *vir iets dien* front *(or* be a front) for s.t.; *onder die* ~ *van* ... under the cloak/veil of ... *(secrecy etc.);* under cover of ... *(the night);* under the guise of ... *(friendship).* ~**plante** ground cover. ~**punt** *(cr.)* cover point. ~**punthou** *(cr.)* cover drive. ~**riet** thatching reed(s), restio. ~**seil** tarpaulin. ~**skild** *(entom.)* wing case/cover/shell. ~**stoel** deck/canvas chair. ~**strooi** thatching (straw). ~**stuk** cover; cap(ping) piece, coping (stone). ~**tennis** deck tennis. ~**veer** feather spring; contour feather, wing/tail covert. ~**veld** *(cr.)* covers. ~**verf** body colour, finish.

**de·kaan** =*kane* dean *(of a univ. faculty).* **de·kaan·skap** deanship.

**de·ka·de** -des decade.

**de·ka·dent** -dente -denter -dentste (of meer ~ die mees -e) decadent. **de·ka·den·sie** decadence.

**de·ka·goon** -gone decagon.

**de·ka·li·ter** decalitre.

**De·ka·loog** (Bib.): die ~ the Decalogue.

**de·ka·me·ter** decametre.

**de·kat·lon** -lons, (athl.) decathlon.

**de·ken**[1] -kens bedspread, counterpane, coverlet; (travelling) rug; blanket; gestikte ~ quilt.

**de·ken**[2] -kens dean (of a church); doyen (of diplomats).

**dek·king** cover(age); shelter, protection; guard; cap (rock); (share market) margin; onder ~ under cover; ~ soek seek cover; take cover; ter ~ van koste to cover expenses.

**de·kla·meer** ge- declaim, recite. **de·kla·ma·sie** -sies declamation, recitation.

**de·klas·si·fi·ka·sie** declassification (of information).

**de·kli·neer** ge- decline. **de·kli·na·sie** -sies declination (of a star); variation (of a compass).

**de·ko·deer** ge- decode. **de·ko·deer·der** decoder.

**de·ko·lo·ni·sa·sie, de·ko·lo·ni·se·ring** decolonisation.

**de·kom·pres·sie** decompression. ~kamer decompression chamber.

**de·kon·stru·eer** deconstruct. **de·kon·stru·eer·baar** deconstructible. **de·kon·stru·eer·der** deconstructionist.

**de·kon·teks·tu·a·li·seer** decontextualise. **de·kon·teks·tu·a·li·sa·sie, de·kon·teks·tu·a·li·se·ring** decontextualisation.

**de·kor** -kors décor, (stage) set(ting)/scenery. ~skilder scene painter, scenic artist. ~stuk property, (infml.) prop. ~wis·seling (theatr.) sceneshifting.

**de·ko·ra·sie** -sies decoration; distinction, order, cross, star, ribbon. ~skilder decorator, ornamental painter; scene painter, scenic artist.

**de·ko·ra·teur** -teurs decorator.

**de·ko·ra·tief** -tiewe decorative, ornamental, scenic.

**de·ko·reer** ge- decorate; confer an order/distinction on.

**de·ko·rum** decorum, the proprieties.

**de·kreet** -krete decree, edict, enactment; by ~ regeer govern by decree; 'n ~ uitvaardig issue/promulgate a decree. **de·kre·teer** ge- decree, enact, ordain.

**de·kri·mi·na·li·seer** decriminalise (prostitution, drug possession, etc.). **de·kri·mi·na·li·se·ring, de·kri·mi·na·li·sa·sie** decriminalisation.

**dek·sel** -sels cover; lid, flap; top, cap; (biol.) lid, operculum. **dek·sel·tjie** -tjies small lid, stopple; (bot., zool.) operculum.

**dek·sels** adv., (infml.) jolly, damn(ed), darn(ed), blooming, flipping; ~ goed jolly good; ~ warm beastly hot. **dek·sels** interj. dash it (all)!, darn (it [all])!, blast (it)!, drat!, rats!. **dek·sel·se** adj. (attr.) blessed, damn(ed), darn(ed), blooming, flaming, flipping.

**dek·strien** (biochem.) dextrin(e), British gum.

**dek·stro·se** (biochem.) dextrose, grape sugar.

**de·le·geer** ge- delegate. **de·le·ga·sie** -sies delegation. **de·le·ge·ring** delegation.

**de·ler** -lers, (esp. math.) divider; divisor, denominator; sharer; scaler; →DEEL vb.; grootste gemene ~ greatest/highest common factor/divisor.

**delf, del·we** ge- dig; mine; quarry; delve; na iets ~ dig for s.t. (diamonds etc.). **delf·stof** mineral.

**Delft** (geog.) Delft. **Delfts** Delftse (of) Delft; ~e porselein delft(ware), Delft porcelain.

**delg** ge- discharge, clear, pay off, wipe out, extinguish (a debt); amortise (capital debt); redeem (a loan). **del·ging** -gings, -ginge discharge, payment, extinction (of a debt); amortisation (of capital debt); redemption (of a loan).

**del·gings-:** ~fonds annuity/sinking/redemption/amortisa= tion fund. ~tyd term (of loan).

**de·li** -li's, (abbr., infml.) deli; →DELIKATESSEWINKEL.

**de·lik** -likte, (jur.) delict, delinquency, offence, tort. **de·lik·te·reg** law of delict(s)/torts.

**de·li·kaat** -kate -kater -kaatste delicate (affair); delicious (savoury); tender; dainty.

**de·li·ka·tes·se** -ses delicacy, dainty, titbit; (in the pl.) delicatessen. ~winkel delicatessen (shop/store), deli.

**de·li·mi·teer** ge- delimit. **de·li·mi·ta·sie** -sies delimitation.

**de·ling** -lings, -linge division; partition; (biol.) fission; →DEEL vb..

**de·li·ri·um** (med.) delirium.

**del·ta** -tas delta. ~eiland delta island. ~spier deltoid (muscle). ~straal (phys.) delta ray. ~vlerk delta wing. ~vliegtuig delta aircraft. ~vorming deltafication.

**del·ta·ïes** -taïese deltaic.

**del·ta·vor·mig** -mige deltoid.

**del·to·ïed** -toïede, (geom.) deltoid. ~(spier), (Lat.) deltoideus = DELTASPIER.

**del·we** ge- →DELF. **del·wer** -wers digger. **del·wers·dorp** diggers' village. **del·we·ry, del·we·ry** -rye, n. diggings; (no pl.) digging.

**dêm** adj. (attr.), (infml.) damn(ed), effing. **dêm** interj. damn/darn/dash (it)!, dammit!.

**de·mag·ne·ti·seer** ge-, (phys.) demagnetise. **de·mag·ne·ti·sa·sie** demagnetisation.

**de·ma·go·gie** demagogy, rabble-rousing. **de·ma·go·gies** -giese demagogic, rabble-rousing. **de·ma·goog** -magoë demagogue, rabble-rouser.

**de·mar·ka·sie** -sies demarcation. ~lyn demarcation line.

**de·mar·keer** ge- demarcate.

**de·men·sie, de·men·tia** (psych.) dementia.

**de·me·ra·ra·sui·ker** demerara (sugar).

**de·mi** (print.) demy (paper).

**de·mi·li·ta·ri·seer** ge- demilitarise. **de·mi·li·ta·ri·se·ring, de·mi·li·ta·ri·sa·sie** demilitarisation.

**de·mis·ti·fi·seer** demystify. **de·mis·ti·fi·ka·sie** demystification.

**dem·mit, dêm·mit** interj. damn/darn/dash it!, dammit!.

**de·mo·bi·li·seer** ge- demobilise. **de·mo·bi·li·sa·sie** demobilisation.

**de·mo·graaf** -grawe demographer. **de·mo·gra·fie** demography, vital statistics. **de·mo·gra·fies** -fiese demographic(al).

**de·mo·kraat** -krate democrat. **de·mo·kra·sie** -sieë democracy. **de·mo·kra·ties** -tiese democratic; D~e Party Democratic Party. **de·mo·kra·ti·seer** ge- democratise. **de·mo·kra·ti·se·ring** democratisation.

**de·mon, de·moon** -mone demon, devil. **de·mo·nies** -niese demoniac(al), devilish, fiendish. **de·mo·nis·me** demonism.

**de·mo·ne·ti·seer** ge- demonetise. **de·mo·ne·ti·sa·sie** demonetisation.

**de·mon·strant** -strante demonstrator, protester, protestor.

**de·mon·stra·sie** -sies demonstration; display. ~vlug demonstration/exhibition flight.

**de·mon·stra·teur** -teurs demonstrator (of a product etc.).

**de·mon·stra·tief** -tiewe meer -tief die mees -tiewe demonstrative.

**de·mon·streer** ge- demonstrate, display (a product etc.); demonstrate, protest. **de·mon·streer·der** -ders demonstrator (of a product etc.); demonstrator, protester, protestor.

**de·mon·teer** ge- dismount (a gun); dismantle (a mach. etc.); take to pieces; devitalise.

**de·moon** →DEMON.

**de·mo·ra·li·seer** ge- demoralise. **de·mo·ra·li·se·ring, de·**

**mo·ra·li·sa·sie** demoralisation. **de·mo·ra·li·se·rend** =rende demoralising.

**de·mo·sie** =sies demotion; →DEMOVEER.

**de·mo·sko·pie** (study of elections) psephology.

**de·mo·ties** =tiese, adj. demotic (script etc.).

**de·mo·veer** ge= demote; →DEMOSIE.

**demp** ge= quell, stamp out, put down, suppress, crush (a rebellion); cast a chill over, damp (down); dim, soften, subdue (a light); hush, muffle, subdue (a voice); mute (a note); absorb (a sound); repress (feelings); retard; (mech.) cushion; met ge=te stem in a subdued/hushed/muffled voice, in an undertone. ~**middel** =dels, (pharm.) suppressant. ~**skakelaar** dim(mer) switch, dimmer. ~**styl**, ~**toon** understatement.

**dem·per** =pers queller, quencher, suppressor; damper, damping apparatus, silencer; (mus.) mute, sordine; attenuator, moderator; (pharm.) suppressant; 'n ~ op ... plaas/sit put a damper (or throw cold water) on ...

**dem·ping** dimming; suppression, stamping out; extinction, silencing, subduing; muffling, muting, deadening.

**de·mu·tu·a·li·seer** ge=, (fin.) demutualise. **de·mu·tu·a·li·se·ring** demutualisation.

**den**[1] denne, **den·ne·boom** =bome, n. pine/fir (tree); →DENNE=.

**den**[2] art. (arch.) →DIE; in ~ brede at length/large; om ~ brode for one's bread and butter.

**de·na·si·o·na·li·seer** ge=denationalise. **de·na·si·o·na·li·se·ring**, **de·na·si·o·na·li·sa·sie** denationalisation.

**de·na·tu·ra·li·seer** ge= denaturalise.

**de·na·tu·reer** ge= denature, denaturise (wine). **de·na·tu·ra·sie** denaturation.

**den·driet** =driete, (min., chem.) dendrite; (physiol., also dendron) dendrite, dendron. **den·dri·ties** =tiese dendritic.

**den·dro·liet** =liete dendrolite.

**den·dro·lo·gie** dendrology.

**De·ne·mar·ke** (geog.) Denmark; →DEEN, DEENS.

**dengue(·koors)** (med.) dengue (fever), solar fever.

**Den Haag** The Hague.

**de·nim** (text.) denim. ~**(broek)** (a pair of) denims/jeans.

**denk**: ~(-)**eksperiment** thought experiment. ~**fout** error of reasoning, fallacy. ~**krag** power of thought, brainpower. ~**oefening** mental exercise. ~**proses** thought process. ~**rigting** school of thought. ~**vermoë, dinkvermoë** intellectual/reasoning capacity; rationality, thinking faculty, faculty of thought; brainpower, intellect. ~**wyse** thought, way of thinking; opinion; school of thought; habit of thought, mental attitude, mentality.

**denk·baar** =bare conceivable, imaginable, thinkable; groots/ruims/hoogs ~bare vergoeding greatest/highest remuneration conceivable.

**denk·beeld** idea, concept(ion), notion; view; 'n vae/flou ~ van iets hê have a faint idea of s.t.; 'n ~ van iets vorm conceive of s.t.. ~**vorming** ideation.

**denk·beel·dig** =dige imaginary, imagined, illusory, fictional, fictitious; hypothetical (case); notional; ~e wins paper profit. **denk·beel·dig·heid** fictitiousness.

**den·ke** thought, thinking; padlangse ~ straight thinking; verwarde ~ woolly thinking; vryheid van ~ freedom of thought. **den·kend** =kende thinking; ~e wese sentient being. **den·ker** =kers thinker.

**den·ne·:** ~**bol** fir/pine cone. ~**boom** pine tree; fir tree. ~**bos** pine forest/wood, pinery. ~**geur** pin(e)y fragrance. ~**gom**, ~**hars** fir resin, gal(l)ipot. ~**hout** pine/fir (wood), deal. ~**naald** pine/fir needle. ~**pit(jie)** pine/fir nut/seed, (pine) kernel. ~**woud** pine forest.

**den·ning·vleis** (Mal. cook.: spiced lamb casserole) denningvleis.

**de·no·mi·na·sie** =sies denomination.

**de·no·teer** ge=, (stock exch.) delist.

**den·si·me·ter** densimeter, aerometer.

**den·si·teit** density.

**den·taal** =tale, n., (phon.) dental. **den·taal** =tale, adj. dental; (zool.) dentary.

**den·tien** dentine.

**den·ti·sie** (physiol.) dentition, teething.

**de·nu·deer** ge= denude. **de·nu·da·sie** denudation.

**de·ok·si·deer** ge=, (chem.) deoxidise.

**de·ok·si·ge·neer** ge= deoxygenate, deoxygenise.

**de·ok·si·ri·bo·nu·kle·ïen·suur** (abbr.: DNS) deoxyribonucleic acid (abbr.: DNA).

**de·on·ties** (log.) deontic.

**de·on·to·lo·gie** (philos.) deontology.

**dep** ge= dab (at), swab (a wound etc.); →DEPPER.

**de·par·te·ment** =mente department. **de·par·te·men·ta·li·seer** departmentalise. **de·par·te·men·ta·li·se·ring** departmentalisation, departmentation. **de·par·te·men·teel** =tele departmental. **de·par·te·ments·hoof** head of a department.

**dé·pê·che** =ches, (Fr.) dispatch, message, memo(randum); telegram.

**de·pi·la·sie** (removal of body hair) depilation.

**de·po·la·ri·seer** ge= depolarise. **de·po·la·ri·sa·sie** depolarisation.

**de·po·li·ti·seer** ge= depoliticise.

**de·po·neer** ge= put down, place; deposit (money); file, lodge (documents); box (a document); →DEPOSITO. **de·po·nent** =nente, (jur.) deponent; depositor. **de·po·sant** =sante depositor. **de·po·si·ta·ris** =risse depositary, depositee.

**de·por·ta·sie** =sies deportation; (jur.) transportation. ~**bevel** deportation order.

**de·por·teer** ge= deport; (jur.) transport; iem. uit 'n land ~ deport s.o. from a country.

**de·po·si·to** =to's deposit; 'n ~ (vir iets) betaal pay (or put down) a deposit (on s.t.); geld in ~ hê hold money on deposit; geld in ~ plaas make a deposit, place money on deposit. ~**bewys** receipt of deposit. ~**rekening** deposit account.

**de·pot** =pots, (<Fr.) depot.

**dep·per** =pers dab(ber), (small) swab; →DEP.

**de·pre·si·eer** ge= depreciate. **de·pre·si·a·sie** depreciation; ~ van die geldeenheid currency depreciation.

**de·pres·sant** =sante, (med.) depressant.

**de·pres·sie** =sies depression, dejection, melancholy, (infml.) the blues/dumps; (meteorol.) depression, low; in ~ verval become depressed, fall into a depression, (infml.) get the blues, get down in the dumps. **de·pres·sief** =siewe =siewer =siefste (of meer ~ die mees =siewe) depressive; ~siewe middel depressant; ~ voel feel depressed.

**de·pri·meer** ge= depress. **de·pri·me·rend** =rende depressing, depressive.

**de·pro·gram·meer** ge= deprogramme (a member of a relig. cult etc.).

**de·pro·kla·meer** ge= deproclaim.

**deps** →DEBS.

**de·pu·taat** =tate delegate, deputy (of a church etc.). ~**skap** office of delegate.

**de·pu·teer** ge= depute, delegate. **de·pu·ta·sie** =sies deputation, delegation.

**der** art. of (the); duisende ~ duisende thousands upon thousands; →DERDUISENDE; tot in ~ ewigheid to all eternity, till the end of time; nooit in ~ ewigheid never in a year of Sundays; jare ~ jare gelede years and years ago; in ~ waarheid →INDERWAARHEID.

**der·de** =des third; third (part); (pers.) third party; (jur.) stranger;

~ *eeufees* tercentenary; ~ *mag, (SA pol.)* third force; *'n sy=
fer tot die ~ mag verhef, (math.)* raise a number to the third
power, cube; ~ *party* third party; ~ *persoon, (gram., liter.)*
third person; ~ *rat, (mot.)* third gear; ~ *rus, (baseball)* third
base; *die ~ stand* the third estate; *ten* ~ thirdly, in the third
place; *iets in ~s verdeel* trisect s.t.; ~ *wees* be (*or* come in)
third, gain third place; *die D~ Wêreld* the Third World.
~**beste** third best. ~**klas** third-class, third-rate, (very) infe=
rior. **D~laan, D~ Laan** Third Avenue. ~**lesingsdebat** *(parl.)*
third-reading debate *(of a bill).* ~**magsvergelyking** *(math.)*
cubic equation. ~**magswortel** *(math.)* cube root. ~**man** *(cr.)*
third man. ~**partyversekering** third-party insurance. **D~=
straat, D~ Straat** Third Street. **D~wêreldland** Third World
country.

**der·de·graads** =*graadse:* ~*e brandwond* third-degree burn.

**der·de·hands** =*handse* third-hand, at third hand.

**der·dens** thirdly; →TEN DERDE.

**der·de·rangs** =*rangse* third-rate.

**der·dui·sen·de** thousands and/upon thousands.

**der·dui·wel** *(infml.)* tough customer, devil; *(infml.)* he-man;
*'n sterk* ~, *(also, infml.)* a powerhouse. **der·dui·wels** *adv.* ex=
tremely, exceedingly, darn(ed). **der·dui·wels** *interj.* darn (it)!.

**de·re·gu·leer** deregulate. **de·re·gu·le·ring, de·re·gu·la·sie**
deregulation.

**der·ge·lik** =*like* such(like), like, similar; *en* ~*e (meer)* and the
like, and things like that; *iets* ~*s* something like it/that.

**der·hal·we, der·hal·we** consequently, so, therefore, hence,
that being so, on this/that account, for this/that reason.

**de·ri·vaat** =*vate* derivative; ~*vate van* ... derivatives of ...;
products derived from ... **de·ri·va·sie** =*sies* derivation. **de·
ri·va·tief** =*tiewe* derivative.

**der·ja·re** for many years.

**derm** *derms* intestine, gut; *(in the pl., also)* bowels, entrails.
~**afsluiting** ileus. ~**been** *(anat.)* iliac bone. ~**beweging**
peristaltic movement, peristalsis. ~**breuk** intestinal rupture.
~**kanaal** alimentary/intestinal/enteric canal, enteron, gut.
~**ontsteking** enteritis. ~**spoeling** colonic irrigation. ~**uit=
spoeling** enema. ~**vernouing** intestinal obstruction/con=
striction, enterostenosis. ~**verstopping** intestinal obstruc=
tion/stasis. ~**vet** caul fat.

**der·maal, der·ma·ties** →DERMIS.

**der·ma·te** in such a manner, so much (so); ~ *dat* ... to such
a degree (*or* an extent) that ...

**der·ma·ti·tis** *(med.)* dermatitis.

**der·ma·to·lo·gie** *(med.)* dermatology. **der·ma·to·lo·gies**
=*giese* dermatological. **der·ma·to·loog** =*loë* dermatologist,
skin specialist.

**der·ma·to·se** *(med.)* dermatosis.

**der·mis** *(anat.)* dermis. **der·maal** =*male,* **der·ma·ties** =*tiese*
dermal, derm(at)ic.

**derm·pie** =*pies* little gut.

**de·ro·geer** ge= derogate. **de·ro·ga·sie** derogation.

**der·tien** =*tiene,* =*tiens* thirteen. ~**vrees** triskaidekaphobia.

**der·tien·de** =*des, n.* thirteenth. **der·tien·de** *adj.* thirteenth;
~ *tjek, (SA)* thirteenth cheque, bonus. ~~**eeus** →AG(T)
TIENDE-EEUS.

**der·tig** =*tigs* thirty; *in die* ~ *wees* be in one's thirties; *vlak/diep
in die* ~ in one's early/late thirties; *'n ... van in die* ~ a thir=
tysomething ... *(businessman etc.); dit het in die jare* ~ *gebeur*
it happened in the thirties; →DERTIGERJARE; *omtrent/ongeveer*
~ *(jaar [oud])* thirtyish. **der·ti·ger** =*gers* person of thirty,
thirty-year-old; person of the thirties; *(with cap.: Afr. liter.)*
Dertiger. **der·ti·ger·ja·re, der·tigs** thirties; *in jou* ~ *wees* be
in one's thirties, be thirtysomething; *dit het in die* ~ *gebeur* it
happened in the thirties. **der·tig·ja·rig** =*rige, adj..* →AG(T)JARIG
*adj..* **der·tig·ja·ri·ge** =*ges, n..* →AG(T)JARIGE *n..* **der·tig·ste**
thirtieth. **der·tig·voud** =*voude* thirty times; multiple of thirty.
**der·tig·vou·dig** =*dige* thirtyfold.

**der·waarts** thither; →HERWAARTS.

**der·wisj** =*wisje* dervish.

**des** *pron. & adv.* of the; ~ *te beter/erger* all (*or* so much) the
better/worse; ~ *te meer omdat* ... all the more (*or* the more
so) because ...; ~ *te meer rede* all the more reason.

**de·se** this; ~ *en gene* one and another; ~ *of gene* this or that;
*ná* ~ after this, *(fml.)* hereafter.

**De·sem·ber** December. ~**maand** the month of December.

**de·sen·tra·li·seer** ge= decentralise. **de·sen·tra·li·sa·sie** de=
centralisation.

**de·ser** *(dated)* of this; *10 (of die 10de)* ~ the 10th instant; ~
*dae* recently; nowadays.

**de·si·bel** =*bels* decibel.

**de·si·de·ra·tum** =*ratums,* =*rata* desideratum.

**de·si·gram** decigram(me).

**de·si·li·ter** decilitre.

**de·si·maal** =*male, n.* decimal; decimal place; *iets tot twee/ens.*
~*male bereken* calculate s.t. to two/etc. decimal places. **de·
si·maal** =*male, adj.* decimal; ~*male breuk* decimal (fraction);
~*male stelsel* decimal system. ~**komma,** ~**teken** decimal
comma/sign.

**de·si·ma·li·seer** ge= decimalise. **de·si·ma·li·sa·sie, de·si·
ma·li·se·ring** decimalisation.

**de·si·me·ter** =*ters* decimetre.

**des·kun·dig** =*dige, adj.* expert, adept; ~*e kennis* specialised
knowledge. **des·kun·di·ge** =*ges, n.* expert, adept; *'n* ~ *oor iets
wees* be expert at/in/on s.t.. **des·kun·dig·heid** expert knowl=
edge, expertise, adeptness.

**des·nie·teen·staan·de, des·nie·teen·staan·de** even
so, for all that, all the same, nevertheless, notwithstanding,
nonetheless, in spite of that.

**des·noods, des·noods** if need be, in case of need, in an
emergency.

**des·on·danks, des·on·danks** for all that, nevertheless,
at the same time, notwithstanding, in spite of that.

**des·pe·raat** =*rate* desperate, despairing.

**des·pe·ra·do** =*do's, (Sp.)* desperado, outlaw.

**des·poot** =*pote* despot. **des·po·ties** =*tiese* despotic, tyran=
nic(al).

**des·sert** =*serte* dessert, *(on a menu)* sweet(s). ~**lepel** dessert=
spoon; *'n* ~ *(vol) asyn/ens.* a dessertspoonful of vinegar/etc..
~**wyn** dessert wine.

**des·sit** *interj.* dash/darn it!. **des·sit·se** *adj. (attr.), (infml.)*
darn(ed).

**de·sta·bi·li·seer** ge= destabilise *(a government etc.).* **de·sta·
bi·li·sa·sie** destabilisation.

**de·struk·tief** =*tiewe* destructive.

**des·tyds** at that time, in those days, then; *die* ~*e sekretaris*
the then secretary, the secretary at the time.

**de·tail** =*tails* detail, specifics. ~**tekening** detail drawing.

**de·tail·leer** ge= detail, give details.

**de·ten·sie** detention. ~**kaserne** detention barracks.

**dé·ten·te** *(Fr., int. pol.)* détente; relaxation (of tension).

**de·ter·mi·neer** ge=, *(sc.)* define, determine, classify, identi=
fy. **de·ter·mi·nant** =*nante, (math. etc.)* determinant. **de·ter·
mi·na·sie** =*sies* determination, identification.

**de·tok·si·fi·ka·sie** detoxification, *(infml.)* detox. ~**kliniek,**
~**sentrum,** ~~**eenheid** detoxification centre, *(infml.)* detox
(tank).

**de·tok·si·fi·seer** ge= detoxify, *(infml.)* detox.

**de·to·neer** ge= detonate, explode, blow up. **de·to·na·sie**
=*sies* detonation.

**de·tri·tus** *(geol.)* detritus.

**deug** *deugde, n.* virtue, goodness; excellence, merit. **deug**
ge=, *vb.* be good *(for),* serve a purpose; *nie* ~ *nie* be unsuit=

able; not answer the purpose; *(people)* be no good, be good for nothing, be a bad lot; *nie as ... ~ nie* be useless as ...; *dit ~ nie* that won't do; *dit sal nie ~ nie* it won't work; *iem. ~ vir niks (nie)* s.o. is good for nothing; *vir iets ~ do (or* be fit/ good) for s.t.. **deug·de·lik** =like sound, reliable; valid *(argument);* solid *(reason);* conclusive *(proof);* durable *(material);* honest to goodness. **deug·de·lik·heid** soundness, reliability; validity *(of a claim);* durability. **deug·niet** =niete rascal, scoundrel, rogue, good-for-nothing, no-good. **deug·saam** =same honest, virtuous, clean-living. **deug·saam·heid** honesty, integrity, probity.

**deun·tjie** =tjies tune, melody, air, song, ditty; *dieselfde ou ~* the (same) old story; *die ~ goed ken* know s.t. by heart; know the ropes; *'n ander ~ sing* change one's *(or* sing a different) tune; *'n ~ op die klavier speel* play a tune on the piano; *heeltemal van ~ verander, (fig.)* (do an) about-turn; *'n vervelende ~* the tune the old cow died of.

**deur¹** deure, *n.* door; *agter die ~ staan, (fig.)* judge others by o.s.; *by die ~* at the door; *daar is die ~!* get out!; *die ~ in iem. se gesig toemaak* close/shut the door on s.o.; *die ~ in iem. se gesig toeklap* bang/slam the door in s.o.'s face; *agter/met geslote ~e* behind closed doors, in camera; *met die ~ in die huis val* get/go right/straight to the point, not beat about the bush; *in die ~ staan* stand in the door(way); *alle ~e staan vir iem. oop* all doors are open to s.o.; *die ~ vir ... oopmaak* open the door to ... *(s.o.; s.t. bad); 'n ~ stukkend skop* kick a door down/in; *'n ~ toeklap* slam a door; *iem. by die ~ uitsit* show s.o. the door, turn s.o. out; *by die ~ uitstap* walk out of the door; *voor jou eie ~ vee* keep one's own house in order, sweep before one's own door, mind one's own business; *(reg) voor jou ~, (fig.)* on one's doorstep; *voor die ~ staan, (fig.)* be in store, be (close/near) at hand, be almost (up)on one, be threatening; *iets staan vir iem. voor die ~, (also)* s.t. stares s.o. in the face *(hunger etc.); iem. die ~ wys, (lit. & fig.)* show s.o. the door. **~grendel** door bolt. **~klink** door latch, snick. **~klopper** doorknocker. **~knip** door latch. **~knop** doorknob, doorhandle. **~kosyn** doorframe, doorcase, door casing. **~mat** doormat. **~opening** doorway. **~raam** doorframe, doorcase. **~skarnier** butt (hinge), door hinge. **~stop** doorstop. **~wag(ter)** doorkeeper, doorman, usher; porter, janitor.

**deur²** *adv.* through, throughout; *agter ~* through the back way; *bo ~* through (at) the top; *~ en ~* through and through, out and out; thoroughly; all over, to one's fingertips, to the quick; *~ en ~ ... wees* be ... to the core *(or* to a fault) *(honest etc.);* be perfectly ... *(honest etc.);* be ... to the bone/marrow *(cold);* be ... to the core *(rotten etc.); ~ en ~ 'n ... wees* be an absolute *(or* a thorough[going]) ... *(fool etc.);* be an out-and-out/unmitigated ... *(rogue);* be a ... to the core, be every inch a ... *(lady etc.);* be first and last a ... *(sailor etc.);* be a consummate ... *(actor);* be an out-and-out ..., be a ... through and through *(socialist etc.); ~ en ~ nat wees* be wet through *(or* drenched to the skin); *iem. ~ en ~ ken* know s.o. inside out; *iets ~ en ~ ken* know s.t. backwards *(or* inside out); know s.t. like the back of one's hand *(a place); iem. ~ en ~ vertrou* trust s.o. implicitly; *die hele ... ~* throughout the ..., all ... long, the whole ... through *(day);* throughout the ..., all the ... round, the whole ... long *(year); die hele land ~* throughout the country; *iem. is ~* s.o. is through *(or* has passed) *(an examination etc.); die wet is ~* the bill has been passed. **deur** *prep.* through; by; on account of; *~ jou was ek laat* through your doing I was late; *~ die hele land* all over the country; *~ die rivier* across/through the river; *iem. kon ~ die stof die pad nie sien nie* s.o. could not see the road for dust; *~ iets te doen* by doing s.t.. **~pas** pass-out (ticket).

**deur·bak** deurge= bake through/thoroughly; deep-roast; *goed deurgebakte brood* well-baked bread; *goed deurgebakte vleis* well-done meat, deep-roasted meat.

**deur·bars** deurge= break/burst through, make a breakthrough.

**deur·blaai** deurge= turn over the leaves of, glance at, page/ leaf through, skim, scan *(a book etc.); 'n boek (vinnig) ~* skip through a book. **deur·blaai·er** *(comp.)* browser.

**deur·boor¹** deurge= bore/drill through.

**deur·boor²** het= pierce, stab, spear, spit, run through, impale, transfix; gore *(with horns);* perforate; riddle *(with bullets);* tunnel *(a mountain); 'n ~de klip* a bored stone; *iem. met iets ~* run s.o. through with s.t. *(a bayonet etc.).* **deur·bo·ring** transfixion, piercing; perforation; tunnelling.

**deur·braak** =brake breaking through; breach; breakthrough; burst *(of a dike);* (min.) holing through; *(topography)* cutoff; gap; →DEURBREEK¹; *'n ~ maak* make a breakthrough.

**deur·breek¹** deurge= break/burst through; breach, force a gap; break in two; (min.) hole through.

**deur·breek²** het= penetrate, break/burst/pass through.

**deur·bring** deurge= bring through; waste, run/go through, dissipate, squander; spend, pass *(the time); die nag in die hospitaal/ens. ~* spend the night in hospital/etc.; *jou tyd met niks ~ (nie)* idle away one's time. **deur·brin·ger** =bringers, (rare) spendthrift, squanderer, prodigal, waster.

**deur·byt** deurge= bite through; see through, persevere, stick/ tough it out.

**deur·dag** =dagte meer ~ die mees =te (well) thought-out, well considered/planned; →DEURDINK; *swak ~te wetgewing/ens.* badly/ill/poorly thought-out legislation/etc.; *'n wel/goed/fyn ~te plan/ens.* a carefully/well thought-out plan/etc..

**deur·dat** through, on account of; *die fout het ontstaan ~ iem. weg was* the error was due to s.o.'s absence; *iem. het omgekom ~ sy/haar motor omgeslaan het* s.o. was killed when his/her car overturned.

**deur·dink** het= think out; →DEURDAG; *die implikasies van iets ~* explore the implications of s.t..

**deur·drenk** het= soak, drench, saturate, impregnate, permeate; *(lit. & fig.)* steep; *(fig.)* imbue; *~te grond* waterlogged soil; *iets met ... ~* impregnate s.t. with ...; saturate s.t. with ...; *met ... ~ wees* be saturated with ...; *'n met bloed deurdrenkte ...* a blood-soaked ... *(dress etc.); van ... ~ wees* be soaked in/with ... *(water etc.);* be imbued with ... *(revolutionary ideas etc.);* be steeped in ... *(tradition etc.).*

**deur·dring¹** deurge= penetrate, pierce; ooze through; soak in; *tot (in) ... ~* reach ..., advance *(or* get [through] *or* make it) to ... *(the next round of a competition etc.); (troops etc.)* penetrate to ... *(Baghdad etc.); (a bullet etc.)* penetrate into ... *(s.o.'s heart etc.); iets dring tot iem. deur* s.t. dawns (up)on s.o.; *iets dring nie tot iem. deur nie, (also)* s.t. does not register with s.o.; *iets tot iem. laat ~* bring s.t. home *(or* get s.t. across) to s.o., make s.o. aware of s.t., get s.t. into s.o.'s head. **deur·drin·ging** penetration; infiltration. **deur·drin·gings·ver·mo·ë** penetrating/penetrative power.

**deur·dring²** het= permeate, pervade, fill, impress; *iem. met ... ~* imbue s.o. with ...; *van ... ~ wees, (liter.)* be permeated by ... *(the perfume of jasmine);* be imbued with ... *(enthusiasm etc.).* **deur·drin·ging** permeation, pervasion.

**deur·dring·baar** =bare penetrable; permeable; pervious *(to heat etc.).*

**deur·drin·gend** =gende =gender =gendste (of meer ~ die mees =gende) piercing, penetrating, searching *(look);* probing *(eyes);* penetrative, incisive; strident, shrill, sharp *(cry);* permeating *(light);* pervading *(spirit);* soaking *(rain);* invasive *(noises); 'n ~e stem* a voice like a foghorn.

**deur·druk** deurge= press/push/squeeze through; press on, persevere, persist; *~ dag(breek) toe, ~ tot dagbreek* make a night of it, keep it up all night; *iets met geweld ~* steamroller s.t. through. **deur·druk·ker** persister, *(fig.)* bulldog; trouper.

**deur·dryf, deur·dry·we** deurge= force/push through; steamroller; enforce, impose; persist. **deur·dry·wer** doer, mover, *(infml.)* go-getter, *(infml.)* live wire.

**deur·een·stren·gel, deur·een·vleg** *deureenge=* interlace, intertwine, interweave, interwind.

**deur·en·tyd** all the time, all along, throughout, continually, constantly.

**deur·faks** *deurge=* fax.

**deur·gaan** *deurge=* go/pass on; go through; proceed; follow through; *die* **koop** *gaan deur* the sale is on; *die* **koop** *gaan nie deur nie* the sale is off; **met** *iets* ~ go through with s.t. *(a plan etc.)*; keep at s.t.; continue/proceed *(or* carry on) with s.t.; *iets* **noukeurig** ~ comb through s.t. *(files etc.)*; **onder** ... ~ pass under ... *(a bridge etc.)*; go by ... *(the name of ...)*; **tussen** ... **en** ... ~ go between ... and ...; pass between ... and ...; **vir** ... ~ pass as/for ...; be considered ...; be reputed (to be) ... *(rich etc.)*; pose *(or* give o.s. out) as ...; *die* **wetsontwerp** *gaan deur* the bill is being passed. **deur·gaan·de** uninterrupted; through *(train etc.)*; ~ *passasier* transit passenger; ~ *tarief* flat rate. **deur·gaans** throughout, uniformly, from start to finish, all the time; commonly, usually, generally (speaking).

**deur·gang** thoroughfare; passage(way), opening; pass; *(min.)* gangway; *(anat.)* meatus; *(comp.)* port; *geen* ~, ~ *verbode* no thoroughfare; *nou* ~ bottleneck.

**deur·gangs·:** ~**kamp** transit camp. ~**reg** right of way/passage/entry. ~**visum** transit visa.

**deur·gee** *deurge=* pass (on), relay; *iets aan* ... ~ pass s.t. on to ...

**deur·grond** *het* ~ fathom, understand; get to the bottom of *(a mystery etc.)*; see through *(s.o.'s plans)*.

**deur·haal** *deurge=* cross/scratch/strike out, erase, cancel, delete *(words)*; pull *(a patient)* through; cure *(an animal)*; fetch through, bring across.

**deur·hak** *deurge=: die knoop* ~, *(fig.)* cut the knot, solve the difficulty.

**deur·help** *deurge=* get *(s.o.)* out of a scrape.

**deur·ja(ag)** *deurge=* hurry/rush/rattle on; hurry/rush through; fast-track *(a project etc.)*.

**deur·kap** *deurge=* chop/cut (through), cleave, split.

**deur·knaag** *deurge=* gnaw through.

**deur·knee** *=knede, (poet., liter.):* in *iets* ~ *wees* be steeped *(or* well read) in s.t. *(a field)*; have a thorough grasp *(or, infml.* know all the ins and outs) of s.t..

**deur·kom** *deurge=* get/come through; pass *(an examination)*; tide over *(a difficult time)*; pull through *(an illness)*; survive, escape; *(teeth)* erupt; **genoeg** *om deur te kom* enough to see one through; **met** *iets* ~ get by with s.t.; **net-net** ~ scrape/squeak through *(an examination)*; squeeze through *(a narrow opening)*; *die baba se* **tande** *begin* ~ the baby is cutting (his/her/its) teeth.

**deur·krap** *deurge=* cross out, scratch out/through, delete.

**deur·kruip** *deurge=* creep/crawl through; worm one's way through; wear out by creeping/crawling.

**deur·kruis** *het* ~ cross; intersect; cut across; traverse; range, scour *(the woods)*.

**deur·kry** *deurge=* get *(a pupil)* through; pull *(a patient)* through; carry *(a bill)*.

**deur·kyk** *deurge=, vb.* look/glance through; go through *(accounts)*; run (one's eye) over, leaf through *(a book)*; sum up *(a pers.)*; *iem./iets goed* ~ weigh s.o./s.t. up, pick over/through s.t.; *iets gou/vlugtig* ~ glance over/through s.t., give s.t. a quick look-through.

**deur·laat** *deurge=* let through, let *(or* allow to) pass; transmit *(light)*; *geen geluid* ~ *nie* be soundproof; *geen water* ~ *nie* be waterproof/watertight, be impervious to water. **deur·laat·baar** *=bare* porous, permeable. **deur·la·ting** transmission; permeation.

**deur·lê** *deurge=: jou* ~ become bedsore, contract bedsores.

**deur·leef, deur·le·we** *het* ~ live/go/pass through, experience; survive; *'n deurleefde verhaal* a story based on experience.

**deur·lees** *deurge=* read through, peruse; go on reading, read on.

**deur·loods** *deurge=* pilot (through), guide; *(parl.)* put through *(legislation etc.)*.

**deur·loop¹** *-lope, n.* lane, alley(way), passage(way); gangway; arcade. **deur·loop** *deurge=, vb.* go/move/run/walk on; keep on walking; walk through; wear out with walking; chafe *(feet)* by walking; receive a reprimand/etc.; *(fig.)* take punishment; **kwaai** ~, *(infml., sport)* take a punishing; **onder** *iets* ~ pass under s.t.; **onder** *die voorslag* ~ get a trouncing; ~ **oor** *iets* take the fla(c)k for s.t..

**deur·loop²** *het* ~ pass through, traverse; cover *(a distance)*; *'n proeftyd* ~ serve one's probation. **deur·lo·pend** *=pende* continuous, uninterrupted; running; nonstop; ~*e evaluasie/beoordeling* continuous assessment; ~*e finansiering/finansiering* pay-as-you-go financing; ~*e proses/ens.* ongoing process/etc..

**deur·lug·tig** *=tige* illustrious, glorious, august. **deur·lug·tig·heid** illustriousness.

**deur·maak** *deurge=* experience, suffer, go/pass through.

**deur·me·kaar** *=kaar =kaarder =kaarste* confused, mixed-up, jumbled, untidy, littered, disordered, disorderly, disorganised, muddled; dishevelled, rumpled, tousled *(hair)*; confused, dazed, groggy, mixed-up, muddled; *die kamer is* ~ the room is in a mess *(or* in a state of disorder); *met iem.* ~ *wees, (infml.)* be involved with s.o.. ~**bos** stamperwood, Cape lilac; shepherd's tree. ~**krap** mix/mess up. ~**maak** confuse, muddle *(s.o.)*; muss up *(s.o.'s hair)*. ~**raak** get mixed up; get into a muddle; *met* ... ~ fall/run foul of ... *(the law etc.)*; become involved with ... *(s.o. on a personal level)*. ~**spul** (utter) confusion, jumble, chaos, mix-up.

**deur·nat** *adj.* wet through, soaked, sodden, soaking (wet). **deur·nat** *het* ~, *vb.* soak.

**deur·pad** *=paaie* through road, throughway; freeway.

**deur·praat** *deurge=* go on talking, chat on; discuss thoroughly.

**deur·reën** *deurge=* keep on raining; let the rain through; rain through.

**deur·reis¹** *n.* passage; through journey; *op die* ~ *na* ... on the way *(or* en route) to ... **deur·reis** *deurge=, vb.* travel/pass through, traverse.

**deur·reis²** *het* ~, *vb.* travel all over; *die wêreld* ~ be a globetrotter.

**deur·rit** ride through, passage.

**deur·roer** *deurge=* mix/stir (well).

**deur·roes** *deurge=* rust through, corrode.

**deur·ry** *deurge=* ride/drive on; ride/drive through; wear out by riding; *jou* ~ get saddle-sore; *onder iets* ~ pass under s.t..

**deur·ryg** *deurge=* thread (through); quilt.

**deur·saag** *deurge=* saw through; saw on.

**deur·sak** *deurge=* sag; sink (through); *by/in die knieë* ~ give at the knees. **deur·sak·king** sag; sinking.

**deur·seil** *deurge=* sail through; sail on.

**deur·sein** *deurge=* transmit *(a message, signal)*.

**deur·set·tings·ver·mo·ë** drive, push, energy; perseverance, persistency; *die* ~ *hê om iets te doen* have the drive to do s.t..

**deur·sien¹** *deurge=* see through *(a glass panel etc.)*.

**deur·sien²** *het* ~ see through, penetrate *(a disguise etc.)*; read, sum up, fathom *(s.o.)*.

**deur·sig·tig** *=tige* clear *(glass)*; transparent *(glass, pretext)*; obvious *(excuse)*; thin *(disguise)*; lucid *(exposition)*. **deur·sig·tig·heid** transparency; lucidity; obviousness.

**deur·sit¹** *deurge=* sit through/out *(a meeting etc.)*; *jou* ~ sit o.s. sore; get saddle-sore; *'n broek* ~ wear a trouser seat through.

**deur·sit²** *deurge=* carry/put/see through, go through with; persevere (in), persist.

**deur·skaaf, deur·ska·we** *deurge=* plane through; chafe.

**deur·ska·kel** *deurge=*, *(teleph.)* put through; *iem. na ...* ~ put s.o. through to ...

**deur·ske·mer** *deurge=* filter/glimmer/shine through; *laat* ~ *dat ...* hint/imply/intimate *(or* drop a hint) that ...; *vir iem. laat* ~ *dat ...* give s.o. to understand that ...

**deur·skeur** *deurge=* tear (to pieces).

**deur·skiet** *het* ~ interleave, interpage, interfoliate *(a book);* intersperse. **deur·sko·te ek·sem·plaar** interleaved copy.

**deur·skryf, deur·skry·we** *deurge=* write on.

**deur·skuif, deur·skui·we** *deurge=* push through; slip through.

**deur·skuur** *deurge=* rub through; scour through; chafe.

**deur·skyn** *deurge=* shine/show through. **deur·sky·nend** *=nen=de* translucent, clear, sheer, diaphanous; *~e bloes(e)* see-through blouse; *~e papier* transparent paper. **deur·sky·nend·heid** translucency, diaphanousness.

**deur·slaan** *deurge=* knock in two; smash *(a pane);* drive *(a nail etc.)* through; punch; *(colours)* dawn; *(plants)* change colour; *(s.o.'s voice)* break; *in Afrikaans* ~ change/switch over into Afrikaans; *in 'n galop* ~ break into a gallop; *die muur slaan deur* the wall is sweating/damp. **deur·slaan·de:** *~ bewys* proof positive, conclusive proof.

**deur·slaap** *deurge=* sleep on.

**deur·slag** *=slae* punch, piercer; carbon copy; boggy ground, mire; decisive factor; *die* ~ *gee* be decisive, tip/turn the balance/scales; settle the matter; *die* ~ *(kan) gee* hold the balance of power; *iets het by iem. die* ~ *gegee* s.t. decided s.o.. *~papier* carbon paper.

**deur·slag·ge·wend** *=wende meer* ~ *die mees =wende* decisive, determinant, determining; crucial, *(attr.)* make-or-break; *~e beginsel* overriding principle; *van ~e belang wees* be critically/crucially important; *~e faktor* deciding factor; *~e setel* key seat; ~ *vir ... wees* be crucial/vital for/to ...

**deur·slag·tig** *=tige* waterlogged. **deur·slag·tig·heid** waterlogging, waterloggedness.

**deur·sleep** *deurge=* drag/pull through.

**deur·sluip** *deurge=* sneak/steal through.

**deur·slyt** *deurge=* wear through.

**deur·smok·kel** *deurge=* smuggle through.

**deur·snee** *=sneë*, **deur·snit** *=snitte* (cross) section; profile; diameter; average; *in* ~ in diameter; on (the/an) average, in the main; *vyftig/ens. sentimeter in* ~ *wees*, *(also)* be fifty/etc. centimetres across; *'n* ~ *van ...* a section of/through ... *~mens* average person, man in the street. **deur·snee·prys** average price.

**deur·snuf·fel** *deurge=* hunt through, rummage in; comb through *(shops etc.).*

**deur·sny** *deurge=* cut (through), cut in two, bisect; slice, cleave.

**deur·soek¹** *deurge=* examine, explore, search *(a house);* rummage, ransack *(a room);* go through *(pockets);* scour *(a district);* beat, comb *(the woods);* pick through *(ruins etc.);* *'n plek* ~ *na iets* search a place for s.t..

**deur·soek²** *het* ~, *(fig.)* examine, search, probe, prove; *God* ~ *elke hart* God proves all hearts.

**deur·spar·tel** *deurge=* struggle through.

**deur·spek** *het* ~, *(fig.)* intersperse; *'n toespraak met ...* ~ punctuate a speech with ...; *met ...* ~ *wees* be full of ... *(bad lang. etc.);* be punctuated by/with *(or* interspersed with) ... *(quotations etc.).*

**deur·spoel** *deurge=* flush; rinse; flow through. **deur·spoe·ling** flush(ing).

**deur·staan¹** *deurge=* stand through(out); remain standing.

**deur·staan²** *het* ~ bear, endure, stand; pull through *(an illness);* weather *(a storm);* *alle gevare* ~ survive all perils; *die proef* ~ stand the test.

**deur·stap** *deurge=* walk/move on; walk through; traverse.

**deur·steek¹** *deurge=* persevere, push on/through, carry on *(till morning etc.);* cut/cross through *(an open field etc.);* pass/push/thread through *(an opening);* stick out, be visible, show *(through a hole in a garment etc.);* lance *(an abscess);* prick *(a blister).*

**deur·steek²** *het* ~ stab, run through *(with a dagger etc.);* pierce, puncture, perforate; spike.

**deur·stoot** *deurge=*, *vb.* push/thrust through; follow through; push on; *(fig.)* steamroller.

**deur·straal¹** *deurge=* shine through; *laat* ~ *dat ...* hint/imply/intimate *(or* drop a hint) that ...; *vir iem. laat* ~ *dat ...* give s.o. to understand that ...

**deur·straal²** *het* ~, *(poet., liter.)* light up, irradiate.

**deur·straat** through street, thoroughfare.

**deur·streep** *deurge=* delete.

**deur·stroom¹** *deurge=* flow/run/stream through *(a channel, a pipe, etc.).*

**deur·stroom²** *het* ~, *(a river etc.)* flow/run/stream through, traverse *(a region);* *(fig.)* infuse, imbue, fill.

**deur·stuur** *deurge=* send through, transmit; forward, send/pass on; relay; redirect.

**deur·suk·kel** *deurge=* struggle/muddle through/along; scratch through/along.

**deur·suur** *het* ~ leaven *(dough);* *(fig., an idea)* permeate.

**deur·swaai** *deurge=* follow through.

**deur·sweet** *deurge=* sweat through; *'n deurswete hoed* a sweaty hat.

**deur·swem** *deurge=* swim (across/through); *'n swembad* ~ swim the length/width of a pool; *'n rivier* ~ swim (across) a river.

**deur·swoeg** *deurge=* toil through; toil on.

**deur·sy·fer, deur·sy·pel** *deurge=* filter/ooze/seep through; permeate; percolate; trickle through. *~effek* trickle-down effect.

**deur·sy·fe·ring, deur·sy·pe·ling** percolation, seepage.

**deur·syg** *deurge=* filter, strain; *melk in 'n kan* ~ strain milk into a can.

**deur·tas·tend** *=tende* forceful, vigorous, resolute; decisive *(action);* drastic *(measure);* sweeping *(reform);* *'n ~e ondersoek* a probe *(or* thorough investigation), an in-depth *(or* a penetrating/probing) inquiry. **deur·tas·tend·heid** energy, resolution, thoroughness.

**deur·tin·tel** *het* ~ thrill.

**deur·tog** crossing; transit; passage, thoroughfare, way (through), throughway.

**deur·trap** *deurge=*, *vb.* tread through; pedal on. **deur·trap** *=trapte, adj.* crafty, sly, foxy; consummate, unmitigated *(rogue).* **deur·trapt·heid** craft(iness), cunning, slyness.

**deur·trein** nonstop train; express (train).

**deur·trek¹** *n.* passage. **deur·trek** *deurge=*, *vb.* pull through; carry forward, push on; go/march through, cross, traverse; extend, produce *(a line).*

**deur·trek²** *het* ~, *vb.* imbue, pervade, soak; *(fig.)* leaven; permeate, suffuse; impregnate, saturate; *van iets* ~ *wees* be impregnated with s.t.; be permeated with s.t.; be soaked in/with s.t.; be riddled with s.t. *(corruption, disease, etc.);* *van ... deurtrokke wees*, *(chiefly fig.)* be imbued/permeated/saturated with *(or* steeped in) ... *~papier* tracing paper.

**deur·trek·ker** pull-through *(of a gun);* loincloth; G-string; string bikini.

**deur·vaar** *deurge=* pass/sail through; sail on; *onder iets* ~ pass under s.t.. **deur·vaart** passage *(by water).*

**deur·val** *deurge=* fall through.

**deur·veg** *deurge=* fight through; fight on.

**deur·ver·keer** through traffic.

**deur·vleg**[1] *deurge=* plait/twine through; *tussen die ... ~* thread/ thrust/twist one's way through the ...

**deur·vleg**[2] *het ~* interlace, intertwine, interweave. **deur=vleg·te** interlaced, intertwined, interwoven.

**deur·vloei** *deurge=* flow through.

**deur·vlug** nonstop flight.

**deur·voel** *deurge=* feel through *(s.o.'s pockets etc.).*

**deur·voer** *n.* transit; *in ~* in transit. **deur·voer** *deurge=, vb.* put/carry through *(a plan);* apply rigorously *(a regulation etc.);* convey *(goods)* in transit; *... te ver/vêr ~* push ... too far. *~goed(ere)* goods in transit. *~hawe* transit port. *~koste* transit charges; transit cost; transit dues. *~regte* transit du= ties/dues.

**deur·voe·ring** execution *(of a plan).*

**deur·vreet** *deurge=* eat through, corrode.

**deur·vryf, deur·vry·we** *deurge=* rub through; rub *(one's fingers)* sore, chafe.

**deur·waai** *deurge=* keep on blowing; blow through.

**deur·waak** *deurge=* watch through *(the night).*

**deur·wan·del** *deurge=* walk through; walk on.

**deur·was** *=waste, =wasde* streaky *(bacon);* marbled.

**deur·weef** *het ~* interweave; *=de stof* interwoven fabric. **deur= we·wing** interweaving.

**deur·week** *het ~, vb.* soak, moisten, steep, drench, saturate. **deur·week** *=weekte, adj.* soaked, soppy, sodden, soggy, saturated, sopping (wet); waterlogged; *met ... ~ wees* be soaked in/with ...; be sodden with ...; *iets moet ~ word* s.t. needs a good soak. **deur·we·king** soaking, drenching, satu= ration.

**deur·weg** passage, throughway.

**deur·werk** *deurge=* work on, go on working; work/knead through *(dough, clay, etc.); jou hande ~* work one's hands bare *(or* to the bone); *iets laat ~* allow s.t. to take effect.

**deur·win·ter(d)** *=terde meer ~ die mees =terde* seasoned, ex= perienced, veteran; dyed-in-the-wool, hardened.

**deur·wors·tel** *deurge=* struggle through; wrestle with; strug= gle on; plough/wade through *(a book).*

**de·va·lu·eer** *ge=* devaluate. **de·va·lu·a·sie** devaluation.

**de·vies** *=viese* motto; logo; *(in the pl.)* (foreign) exchange/ currency.

**de·vo·lu·sie, de·wo·lu·sie** devolution; *~ van mag/gesag* devolution of power.

**dhal, dal** *(Ind. cook., also* d[h]alboontjie*)* dhal, dal.

**dha·ni·a** *(Ind. cook.: fresh coriander leaves)* dhania.

**dhar·ma** *(Hind.: the essential principle of the cosmos)* dharma.

**di·a·be·tes** diabetes. **di·a·beet** *=bete,* **di·a·be·ti·kus** *=tikusse, =tici, n.* diabetic. **di·a·be·ties** *=tiese, adj.* diabetic.

**di·a·bo·lies** *=liese =lieser =liesste (of meer ~ die mees =liese)* diabolic(al).

**di·a·chro·nies** *=niese,* **di·a·kro·nies** *=niese,* **di·a·chroon** *=chrone,* **di·a·kroon** *=krone, (gram.)* diachronic, diachronous.

**di·a·deem** *=deme* diadem.

**di·a·faan** *=fane* diaphanous.

**di·a·frag·ma** *=mas, (anat., zool.)* diaphragm, midriff. *~breuk* hiatus hernia.

**di·ag·no·se** *=ses* diagnosis; *'n ~ maak* make a diagnosis; *ver= keerde ~* misdiagnosis. **di·ag·no·seer** *ge=* diagnose; *'n siekte as ... ~* diagnose an illness as ...; *verkeerd ~* misdiagnose. **di·ag·nos·tiek** diagnostics. **di·ag·nos·ties** *=tiese* diagnostic.

**di·a·go·naal** *=nale, n.* diagonal. **di·a·go·naal** *=nale, adj.* diagonal. **di·a·go·naal** *adv.* diagonally.

**di·a·gram** *=gramme* diagram; *'n ~ teken* draw a diagram. **di·a·gram·ma·ties** *=tiese* diagrammatic.

**di·a·ken** *=kens, (Chr.)* deacon; *(also, in the pl.)* deaconry. **di·a·ken·skap, di·a·kens·amp** deaconry, deaconship, dia= conate.

**di·a·kens·:** *~bank* deacons' pew.

**di·a·ko·naat** *=nate* diaconate, deaconship.

**di·a·ko·nes** *=nesse* deaconess.

**di·a·ko·nie** *=nieë* deaconry; charity board *(of a church).*

**di·a·kri·ties** *=tiese* diacritic(al); *~e teken* diacritic(al) mark, diacritic.

**di·a·kro·nies, di·a·kroon** →DIACHRONIES, DIACHROON.

**di·a·lek** *=lekte* dialect. *~woord* dialect word.

**di·a·lek·tiek** dialectics. **di·a·lek·ties** *=tiese, (pertaining to di= alects)* dialectal; *(pertaining to dialectics)* dialectic(al).

**di·a·lek·to·lo·gie** dialectology. **di·a·lek·to·loog** *=loë* dialec= tologist.

**di·a·li·se** *(chem.)* dialysis. **di·a·li·seer** *ge=* dialyse, osmose.

**di·a·li·ties** *=tiese, (math.)* dialytic.

**di·a·loog** *=loë* dialogue. **di·a·lo·gies** *=giese* dialogic.

**di·a·mant** *=mante* diamond; *'n ongeslypte ~* an uncut dia= mond; *'n ruwe ~, (lit. & fig.)* a rough diamond; *~e slyp* cut diamonds. *~bruilof* diamond wedding. *~delwer* diamond digger. *~glans* adamantine lustre. *~grond* diamond-bear= ing/diamondiferous ground. *~gruis* bort, boart, boort. *~han= del* diamond trade; *onwettige ~* illicit diamond buying. *~han= delaar* diamond dealer/merchant. *~jubileum* diamond ju= bilee. *~poeier* diamond dust/powder. *~setter* diamond set= ter. *~slyper* diamond cutter; diamond polisher. *~slypery* diamond-cutting factory/mill. *~visser* marine diamond seeker.

**di·a·mant·ag·tig** *=tige* adamantine.

**di·a·man·té** *(Fr.)* diamanté.

**di·a·me·ter, di·a·me·ter** *=ters* diameter. **di·a·me·traal** *=trale* diametric(al); diametral *(plane); ~ teenoor ... lê (of geleë wees), (geog.)* be antipodal to ...

**di·a·ne·tiek** Dianetics.

**di·a·pa·son** *=sons, (mus.)* diapason.

**di·ar·ree** *(med.)* diarrhoea; *(vet.)* scour(s).

**di·a·spoor** *(min.)* diaspore.

**di·a·spo·ra** diaspora.

**di·a·sta·se** diastase. **di·a·sta·ties** *=tiese* diastatic.

**di·a·sto·le** *=les,* **di·a·stool** *=stole, (physiol.)* diastole. **di·a= sto·lies** *=liese* diastolic.

**di·a·stro·fies** *=fiese, (geol.)* diastrophic.

**di·a·ter·mie** *(med.)* diathermy.

**di·a·to·mies** *=miese,* **di·a·toom** *=tome, (chem., geol.)* di= atomic.

**di·a·to·miet** *(geol.)* diatomite, diatomaceous/infusorial earth.

**di·a·to·niek** *(mus.)* diatonicism. **di·a·to·nies** *=niese* diatonic.

**di·chro·ïs·me** *(cryst.)* dichroism. **di·chro·ïes** *=chroïese* di= chro(it)ic.

**di·chro·maat** *(chem.)* dichromate.

**di·chro·ma·sie** dichromatism. **di·chro·ma·ties** *=tiese* di= chromatic.

**dic·tum** dictums, dicta, **dik·tum** diktums, dikta dictum.

**di·dak·tiek** didactics; didacticism. **di·dak·ties** *=tiese* didac= tic. **di·dak·ti·kus** *=tikusse, =tici* didactician.

**did·je·ri·doe** *(Austr. mus. instr.)* didgeridoo, didjeridu.

**die** *art.* the; *by ~ dosyn/kilogram/ens.* by the dozen/kilogram (me)/etc.; *~ etiek* ethics; *~ grote/kleintjie* the big/small one; *~ hoofkwartier* headquarters; *~ letterkunde* litera= ture; *~ eerste prys verwerf/wen* win first prize; *in ~ winter/ lente/ens.* in winter/spring/etc.. **dié** *pron. (demon.)* this, these; that, those; *dis ~ dat ...* that is why ...; *dis hy ~* this is the one; *dis hy/sy ~* this is the man/woman; *dis (of dit is) 'n interessante boek ~* this is an interesting book; *~ een* this one; ~ *en* ~ such and such; ~ *Susan* that Susan; *aan* ~ *kant* on this side; ~ *ma van ons!* what a mother we have!; ~ *maand* (in) this month; *op* ~ *manier* thus, thereby, like that, (in) this way; *met* ~ with that, at that moment, in that instant; *met* ~ *dat iem./dit ...* the instant/moment s.o./it ...; ~ *moet jy weet* that I can tell you; *iem. is* ~ *skopper van die span* s.o. is the best kick(er) in the team; ~ *van julle wat ...* those of you who ...; ~ *wat ...* those (or the ones who) ...

**die·de·rik** =rike, =riks, **die·de·ri·kie** =kies, *(orn.)* diederik cuckoo.

**di·eet** *diëte, n.* diet; regimen; *op* ~ *gaan* go on a diet; *op* ~ *wees, 'n* ~ *volg* diet, follow (or be on) a diet; *iem. 'n* ~ *laat volg, vir iem. 'n* ~ *voorskryf* put s.o. on a diet.

**di·eet·kun·de** dietetics. **di·eet·kun·dig** =dige dietetic; ~*e versorging* nutritional care. **di·eet·kun·di·ge** =ges dietician, dietitian.

**dief** *diewe* thief; pilferer; →DIEWE=; *keer die* ~*!* stop thief!; *soos 'n* ~ *in die nag* like a thief in the night, secretly; *'n spul diewe, (infml.)* a pack of thieves. ~**alarm** burglar alarm. **dief-weer·toe·stel** antitheft device. **dief·we·rend** =rende burglar-proof. **dief·we·ring** burglar bars, burglar-proofing, burglar screen.

**dief·ag·tig** =tige thievish, thieving, larcenous.

**dief·stal** =stalle theft; larceny; *letterkundige* ~ plagiarism, literary piracy; ~ *pleeg* commit (a) theft; *iem. van/weens* ~ *van ... aankla* accuse s.o. of the theft of ...

**die·ge·ne, die·ge·ne** *(fml.)* those; ~ *wat ...* those (or the ones) who ...

**dié·kant** this way. **dié·kant·s(t)e** →DUSKANTS(T)E.

**di·ë·lek·tries, di·e·lek·tries** =triese, *(elec.)* dielectric(al).

**dien¹** *ge*= serve; wait on, attend to, minister to; *iem. van ad-vies/raad* ~ advise s.o.; *as ...* ~ act as ... *(chairman etc.);* serve as ...; function as ...; *iets kan as ...* ~ s.t. can do duty for ...; *ook as ...* ~ double as ...; *in 'n bestuur/komitee* ~ sit on a committee; *onder iem.* ~ serve under s.o.; serve with s.o. *(a general); daar* ~ *op gelet te word, (fml.)* it should be noted; *die saak* ~ *op die 4de* the case will come up on (or is set down for) the 4th; *iem. trou* ~ serve s.o. faithfully/loyally/truly; *dit* ~ *vermeld te word, (fml.)* this should be mentioned. ~**bord** service/cover/place plate. ~**luik** serving/serv-ice/servery hatch. ~**skottel** serving dish/platter. ~**tafeltjie** dumb waiter. ~**tang** serving tongs. ~**waentjie** dinner wag(g)on, trolley.

**dien²** *pron., (arch.):* met ~ *verstande dat ...* provided that ...

**die·naar** =naars, =nare, *(dated, fig.)* servant. **die·na·res** =resse, *(dated)* (female) servant; *(fig.)* handmaid(en).

**dien·der** =ders, *(regional)* constable, policeman, cop.

**die·nend** =nende serving, ministering, ministrant; ~*e erf, (jur.)* servient land; ~*e sekretaris* serving secretary.

**dien·lik** =like serviceable, useful; hard-wearing; fit, suitable. **dien·lik·heid** serviceability, serviceableness, usefulness, utility.

**dien·oor·een·kom·stig, dien·oor·een·kom·stig** accordingly.

**diens** *dienste, n.* service; duty; function; (religious) meeting/service; office; employ(ment); ministration; ~ *aan die land/staat* service to the nation/state; *aan/op* ~ *wees* be on duty; *jou* ~*te aanbied* offer/tender/volunteer one's services; ~ *aanvaar* assume duty; *iem. se* ~ *beëindig* sign s.o. off; *iem. 'n* ~ *bewys* do/render s.o. a service, be of service to s.o.; do s.o. a favour (or good turn); *iets buite* ~ *stel* pay/pension s.t. off *(a ship etc.); buite* ~ *wees, (s.t.)* be out of commission; *(s.o.)* be off duty; *buitengewone* ~ *bewys* render signal service(s); *by iem. in* ~ *wees* =*in iem. se diens wees;* ~ *doen/hê* be on duty; *as* ~ *doen* serve (or be used or do duty) as ...; *geen* ~ *hê nie* be off duty; *tot hoër* ~ *(op)geroep word, (fig.: die)* be called to higher service; *'n* ~ *hou* hold a service; *'n* ~ *hou/lei/waarneem* conduct/take (or officiate at) a service; *in aktiewe* ~ on active service; *in* ~ *bly* stay on; *iem. in* ~ *hou*

keep s.o. on; *iem. in* ~ *neem* employ s.o., take s.o. on (or into one's service); *iem. weer in* ~ *neem* re-employ s.o.; *iets in* ~ *stel* put s.t. into use; put s.t. in(to) commission; *in* ~ *tree* take up an appointment, commence work; take office; *by ... in* ~ *tree* take service (or take up office with) ..., join ...; *in* ~ *van/by ...* employed by/with ...; *in die* ~ *van ..., (also)* in the pay of ...; *in* ~ *wees* be in commission; *in iem. se* (of *by iem. in)* ~ *wees* be in s.o.'s employ; *'n* ~ *lei* →*hou/lei/waarneem; iets lewer goeie* ~ *aan iem.* s.t. serves s.o. well; *ná die* ~ after church; *na die* ~ *gaan* go to (a religious) service; ~ *neem* take service, join up; *'n voertuig vir 'n* ~ *(garage toe) neem, (<Eng.)* take a vehicle in for a service; *op* ~ *wees* →*aan/op; iem. se* ~ *opsê* →*iem. uit die diens ontslaan; toegewyde* ~ loyal/unstinting service; *iets is tot iem. se* ~ s.t. is at s.o.'s service; *tot u* ~*!* (I'm) at your service/command!; don't mention it!, you're welcome!; *tot die heilige* ~ *toegelaat word* be ordained, take (holy) orders; *iets uit die* ~ *neem* take s.t. off; *iem. uit die* ~ *ontslaan, iem. se* ~ *opsê* dismiss s.o. (from his/her job), discharge s.o. from service, lay s.o. off; *uit (die)* ~ *tree* retire; *van* ~ *(af) gaan/kom* go/come off duty; *van* ~ *(af)* (of *vry van* ~) *wees* be off (duty); *iem. van* ~ *wees* do s.o. a service, be of service to s.o.; *iem. se* ~*te verkry* enlist s.o.'s services; sign s.o. on; sign s.o. up; *die* ~ *verlaat* quit the service; *vir gelewerde* ~*te* for services rendered; *voor die* ~ before church; *'n* ~ *waarneem* →*hou/lei/waarneem.*

**diens** *vb., (<Eng.)* service; →VERSIEN; *'n masjien/voertuig laat* ~ have a machine/vehicle serviced. ~**aanvaarding** entry into service, assumption of duty/work. ~**bataljon:** *spe-siale* ~ special service battalion. ~**bedryf** service industry. ~**beurt** turn/tour of duty; spell of duty, stint; *'n* ~ *hê* do a turn of duty. ~**bevel** official order. ~**billikheid:** *Wet op D~, (SA)* Employment Equity Act. ~**buro** service bureau. ~**bus(sie)** courtesy bus. ~**geheim** official secret. ~**geld** service charge. ~**geweer** service rifle. ~**hond** working dog. ~**in-gang** service entrance. ~**jaar** =jare year of service; *op grond van* ~*jare* by virtue of seniority; *lang* ~*jare* long service. ~**kneg** *(esp. Bib.)* (man)servant. ~**kontrak** contract of serv-ice. ~**lewering** (rendering of) service. ~**maagd** *(esp. Bib.)* (maid)servant, handmaid(en). ~**meisie** (house)maid. ~**ne-ming** *(esp. mil.)* acceptance of service; enlistment. ~**onder-breking** break in service. ~**oortreding** transgression of (of-ficial) rules. ~**opsegging** notice (of termination of service). ~**order** official order. ~**pad** service road. ~**personeel** do-mestic staff/servants. ~**plig** →DIENSPLIG. ~**reëling** timetable, (time) schedule. ~**reglement,** ~**regulasies** service regula-tions. ~**rewolwer** service revolver. ~**rooster** duty list/roster; timetable, (time) schedule. ~**sektor** *(econ., also* diensverle-ningsektor*)* service sector. ~**stasie** service station; service area. ~**termyn** period of service, term/tenure of office. ~**tyd** time/term/period of service; term/period/tenure of office; hours of attendance. ~**ure** *n. (pl.)* hours of attendance, of-fice hours. ~**verbreking** breach of service contract. ~**verla-ting** desertion (of service), breach of service. ~**verrigting,** ~**vervulling** discharge of duties, service. ~**verskaffer** serv-ice provider. ~**vlug** regular/scheduled flight. ~**voordele** *n. (pl.)* service benefits. ~**voorwaarde** condition of service. ~**waarnemer** officiant. ~**weieraar** conscientious objector (to military service). ~**weiering** conscientious objection (to military service); wilful disobedience; insubordination. ~**ywer** official zeal; professional zeal.

**diens·baar** =bare subservient; menial; instrumental; ~ *maak* subjugate *(a nation).* **diens·baar·heid** bondage, servitude, thraldom, subservience.

**diens·doen·de** acting; officiating; on duty.

**diens·plig** compulsory (military) service, conscription, na-tional service. **diens·plig·tig** =tige liable to/for service. **diens-plig·ti·ge** =ges national serviceman, conscript, draftee.

**dien·stig** =stige serviceable, effective, useful; expedient; avail-able; *dit* ~ *ag/dink/vind om te ...* see/think fit to ... **dien-stig·heid** serviceableness, usefulness, expediency.

**diens·vaar·dig** = DIENSWILLIG. **diens·vaar·dig·heid** help= fulness; obligingness, readiness to serve.

**diens·wil·lig** *-lige* helpful; dutiful; ready to serve, obliging; *u ~e (dienaar), (fml., dated)* yours faithfully, your obedient servant. **diens·wil·lig·heid** = DIENSVAARDIGHEID.

**diep** *diep(e) dieper diepste, adj.* deep, profound; intense *(dis= gust);* close *(secret);* low *(bow, obeisance);* intensive *(research);* ~ *asemhaling* deep breathing; ~ *ekstra dekpunt, (cr.)* deep extra cover; *'n ~(e) geheim/raaisel* a deep secret/mystery; ~ *in die vyftig wees* be well on in one's fifties; *in die ~ste ... wees* be in the depths of ... *(despair etc.); tot ~ in die ...* far into the ... *(night etc.); iem. se ~(e) minagting vir ...* s.o.'s deep/intense contempt for ...; ~ *myn* deep-level mine; ~ *sloot* deep furrow; *'n ... met 'n ~, lae stem* a deep-throated ... *(DJ etc.); iets in ~ vet braai* deep-fry s.t.. **diep** *adv.* deep= ly, profoundly; ~ *bedorwe* utterly corrupt; ~ *in die bottel kyk* drink hard, be a hard drinker; ~ *op iets ingaan* consider a matter in detail, go thoroughly into s.t.; ~ *in die skuld wees* be deep in debt. **~bakpastei** *(cook.)* deep-dish pie. **~bak= voertuig** high-sided vehicle. **~bedroef** *=droefde:* met 'n *~de stem* in a deeply affected voice. **~bevrore** deep-frozen. **~blou** deep blue. **~bord** soup plate. **~bou** underground engineer= ing. **~braai** deep-fry. **~by** *(cr.)* long-on. **~denkend** *=kende* deep-thinking, penetrating, profound. **~druk** intaglio *(print=* ing). **~gaande** *meer ~ die mees ~* profound, searching, prob= ing *(inquiry);* thorough *(investigation);* deep-rooted *(differ= ences);* radical *(change);* in-depth *(reporting);* intimate *(knowl= edge);* deep-drawing *(ship).* **~gang** draught, sea gauge *(of a ship);* depth *(fig.),* profundity; *met geringe ~* shallow-draught *(vessel); (fig.)* superficial; *met groot ~* heavy-draught *(vessel); (fig.)* profound. **~gangslyn** load line. **~gebraai** *=braaide: ~de aartappels* deep-fried potatoes. **~gevoel(d)** *=voelde* heartfelt. **~gewortel** *=telde* deep-rooted, *=seated.* **~kloof** canyon. **~lood** *=lode* sounding lead, plummet, plumb (bob). **~rooi** deep red, scarlet, cardinal (red). **~see** →DIEPSEE. **~sloot** gulch, gully, donga. **~veld** *(cr.)* deep/long field. **~vries** → DIEPVRIES. **~weg** *(cr.)* long-off.

**diep·lig·gend** *=gende dieper liggend(e), dieperliggend(e)* deep= set, sunken *(eyes);* deep-seated *(feelings, rock).*

**diep·see** *n.* deep sea, inner space. **diep·see** *det.* deep-sea, abyssal, bathyal. **~duiker** deep-sea diver. **~peiling** deep-sea sounding/fathoming. **~slenk** oceanic deep.

**diep·sin·nig** *=nige* profound, discerning *(thinker etc.);* thought= ful, pensive *(look);* profound, deep, abstruse, thought-pro= voking *(argument etc.).* **diep·sin·nig·heid** abstruseness, depth, deepness, profundity.

**diep·te** *=tes* depth, deepness; deep; profundity; depth(s); abyss; *die ~* the depths *(or deep sea); (onder) in die ~* deep down; *verdediging in die ~, (mil.)* defence in depth; *op 'n ~ van 100 meter* at a depth of 100 metres; *peilbare ~* sound= ings. **~bom** depth bomb/charge. **~film** three-dimensional film. **~gesteente** deap-seated rock. **~hoek** angle of depres= sion. **~lading** depth charge. **~lyn** depth contour, isobath. **~maat** depth gauge. **~meter** bathometer, sea gauge. **~peil= apparaat** echo/depth sounder. **~peiling** sounding. **~psigo= logie**, **~sielkunde** depth psychology, psychoanalysis. **~stu= die** in-depth study. **~terapie** *(med.)* deep therapy.

**diep·vries** *diepge=, vb.* deep-freeze. **~(kas)** deep freeze(r); *iets in die ~ sit* put s.t. in the deep freeze(r), deep-freeze s.t.. **~kos**, **~voedsel** deep-frozen foods.

**dier¹** *diere, n.* animal, beast, creature; brute; *geslagte ~* car= cass; *iem. tot 'n ~ maak* dehumanize s.o.; *mens en ~* man and beast; *my ~!* my pet/dear!. **~soort** animal species; spe= cies of animal.

**dier²** *pron., (arch.)* →DIÉ *pron.; in ~ voege* accordingly, in this/ that way/manner; to that effect.

**die·ra·sie** *=sies* beast, creature, monster; ogre.

**dier·baar** *=bare* beloved, lov(e)able, (very) dear, darling; *ons ~bares* our loved ones *(or nearest and dearest); vir iem. ~ wees* be very dear to s.o.. **dier·baar·heid** dearness.

**die·re·** : **~arts** veterinary surgeon. **~beskerming** protection of animals. **D~beskermingsvereniging** *(abbr.:* DBV*)* Soci= ety for the Prevention of Cruelty to Animals *(abbr.:* SPCA*).* **~epos** beast epic. **~fabel** animal fable. **~fossiel** zoolith. **~hawe** kennels. **~kenner** zoologist. **~kos** pet food. **~lief= hebber** animal lover. **~mishandeling** cruelty to animals. **~opstopper** taxidermist. **~regte** *n. (pl.)* animal rights; ani= mal lib(eration); *(kamp)vegter vir ~* animal liberationist, animal rights activist/campaigner/supporter. **~riem** zodiac. **~ryk** animal kingdom. **~skilder** animal painter. **~sorg** care of animals; *Vereniging vir D~* Animal Welfare Society. **~sty= sel, dierstysel** glycogen, dierstysel. **~tuin** zoo, zoological garden(s). **~tuindirekteur**, **~tuineienaar**, **~tuinopsigter** zookeeper. **~ver= haal, dierverhaal** animal story. **~versameling** menagerie. **~versorging** care of animals, animal care/management. **~vriend** animal lover. **~wêreld** animal world, fauna. **~win= kel** pet shop.

**di·ë·re·se, di·e·re·se** *=ses* diaeresis.

**dier·kun·de** zoology. **dier·kun·dig** *=dige* zoological. **dier· kun·di·ge** *=ges* zoologist.

**dier·lik** *=like, adj.* animal; bestial, brutal, brutish, beastly; carnal; ~ *e olies/vette* animal oils/fats. **dier·li·ke** *n.: die ~ in iem.* the animal in s.o.. **dier·lik·heid** animality, animal na= ture; bestiality, brutality.

**dier·tjie** *=tjies* animalcule; small animal/creature; *elke ~ (het) sy plesiertjie* each to his own.

**dies** *pron., (arch.): en ~ meer, en wat ~ meer sy* and so forth; *(infml.)* and all that jazz.

**die·sel** diesel. **~elektries** *=triese* diesel-electric. **~enjin**, **~ma= sjien**, **~motor** diesel engine/motor. **~olie** diesel oil, distillate fuel.

**die·self·de** the same; identical; ~ *as ... wees* be identical with ...; ~ *doen, (also)* follow suit; *min of meer ~* (pretty) much the same; *op ~ neerkom* amount/come to the same thing; *net ~* just the same; *dis nie ~ nie* it's not the same thing; *presies ~* exactly *(or* one and) the same, the very same; *presies ~ as ... wees, (also, fig.)* be a carbon copy of ...; ~ *vergoeding/loon/salaris (vir dieselfde werk* of *vir mans en vroue[ns])* equal pay (for equal work).

**die·sul·ke(s)** such(like).

**di·ë·te·tiek, di·e·te·tiek** dietetics, dietics; →DIEET. **di·ë= te·ties, di·e·te·ties** *=tiese* dietetic(al).

**die·we·** : **~bende** gang/pack of thieves. **~streek** thievish trick. **~taal** thieves' Latin/cant/slang, argot.

**die·we·ry** *=rye* thieving, theft, thievery, pilfering, pilferage, *(jur.)* larceny.

**dif·fe·ren·si·aal** *=ale, n., (math.)* differential. **~rekening** *=ninge, =nings* (differential) calculus, method of fluxions. **~vergelyking** differential equation.

**dif·fe·ren·si·a·sie** differentiation.

**dif·fe·ren·si·eel** *=siële* differential; *~siële tarief* differential rate.

**dif·fe·ren·si·eer** *ge=* differentiate, distinguish. **dif·fe·ren·si= ë·ring** differentiation.

**dif·frak·sie** *(phys.)* diffraction.

**dif·fun·deer** *ge=* diffuse. **dif·fun·de·rend** *=rende* diffusible. **dif·fun·de·ring** diffusion.

**dif·fu·sie** diffusion. **~vermoë** diffusibility.

**dif·fuus** *=fuse =fuser =fuusste* (of *meer ~ die mees =fuse)* diffuse; *diffuse lig* diffused light.

**dif·te·rie** *(med., vet.)* diphtheria, diphtheritis. **dif·te·ries** *=riese* diphtheric, diphtheritic.

**dif·tong, dif·tong** *=tonge, (phon.)* diphthong.

**dig¹** *ge=, vb.* write poetry/verse, make/compose verse, versify; →DIGTER. **~bundel** volume of poetry. **~kunde** poetics. **~kuns**

(art of) poetry, poetic art. ~**maat** metre, poetic measure; *in* ~ in verse. ~**reël** line of verse. ~**vorm** -*vorme* poetic form, kind of poetry; *in* ~ in verse. ~**werk** poem, poetical work.

**dig²** -*digte digter digste, adj.* closed, shut; tight; dense *(forest);* thick *(fog);* compact *(mass);* close *(texture);* non(-)porous, impermeable, impervious, imperviable; *(infml., derog.)* thick, dense, stupid, fatheaded, halfwitted, pinheaded, nerdish, nurdish, nerdy, nurdy; *sang in* ~*te* **harmonie** close-harmony singing; *trio/ens. wat in* ~*te* **harmonie** *sing* close-harmony trio/etc.; *iets* ~ *hou, (also* dighou*)* keep quiet about s.t., keep s.t. back (*or* to o.s.), *(infml.)* keep the lid on s.t.; *hou dit dig!* keep it under your hat!, don't breathe a word about it!; *iets vir iem.* ~ *hou, (also* dighou*)* withhold s.t. (*or* keep s.t. secret from) s.o., keep s.o. in the dark about s.t.; ~ *maak, (also* digmaak*)* seal; joint; close (up), stop *(a hole);* screw up *(a coffin);* button/fasten/pin up; tighten; *iets met stopklei* ~ *maak, (also* digmaak*)* puddle s.t.; *so* ~ *soos 'n pot* (as) close as wax, (as) tight as a clam. **dig** *adv.* closely; densely; near; ~ *bebos, (also* digbebos*)* densely/thickly wooded; ~ *bevolk, (also* digbevolk*)* populous, densely/heavily/thickly populated; thickly peopled; ~ *opmekaar* closely packed. **dig** *ge-, vb.* stop (up), fill up; seal; joint, caulk. ~**by** *digterby digsteby* close by/to, close/hard upon, near, at close quarters; →NABY *adv.*. ~**stop** *digge-* plug/stop up.

**di·gi·taal** -*tale, adj. & adv.* digital(ly); ~*tale horlosie/oorlosie/ klok* digital watch/clock; ~*tale kamera* digital camera; ~*tale opname* digital recording.

**di·gi·ta·lis** *(bot., med.)* digitalis. ~**behandeling,** ~**toediening** digitalisation.

**di·gi·ta·li·seer** *(med.)* digitalise; *(comp.)* digitise. **di·gi·ta·li· seer·der** *(comp.)* digitiser. **di·gi·ta·li·se·ring, di·gi·ta·li·sa·sie** *(med.)* digitalisation; *(comp.)* digitisation.

**di·glos·sie** *(ling.)* diglossia.

**di·go·to·mie** dichotomy.

**di·gres·sie** -*sies* digression.

**dig·ter** -*ters* poet. **dig·te·res** -*resse* poetess. **dig·ter·lik** -*like* poetic(al); ~*e vryheid* poetic licence. **dig·ter·lik·heid** poetic quality.

**digt·heid** closeness, compactness; thickness, denseness, density; consistency.

**dig·ting** closing/stopping up; seal(ing).

**dig·tings·:** ~**middel** -*dels* sealing agent, sealant. ~**ring** sealing ring, washer.

**dik** *n.: deur* ~ *en dun* through thick and thin (*or* fair and foul). **dik** *dik dikker dikste, adj. & adv.* thick *(layer etc.);* thickset, burly, bulky, stout, chunky; fat, obese, plump, corpulent, chubby; swollen *(eyes);* flabby *(cheeks);* thick *(paint etc.);* thick, dense *(fog etc.);* heavy *(coat etc.);* sated, satiated; pregnant; capped *(elbow);* close, firm, intimate *(friendship); (infml.)* fed up, annoyed, (sick and) tired; ~ *daarin sit* have money to burn; ~ *ent* butt (end); ~ *gehuil* wees be blubbery; *hulle is baie* ~ *met mekaar* they are very thick (*or* as thick as thieves); ~ *room* double cream; ~ *sop* potage, thick soup; ~ *stem* gruff/hoarse voice; ~ *van die lag wees* be choked with laughter; ~ *van die slaap wees, (eyes)* be heavy with sleep; ~ *wees vir iem., (infml.)* be sick of s.o., be fed up (to the back teeth *or* to the gills) with s.o; ~ *word* put on weight, lose one's figure, get/grow fat; *(milk, paint)* curdle; coagulate, clot; congeal. ~**bek** →DIKBEK. ~**derm** colon. ~**derm ontsteking** colitis. ~**kop** →DIKKOP. ~**lip** *adj., (lit.)* thicklipped; *(fig.)* sulky; ~ *wees* sulk. ~**lywig,** ~**lywig** -*wige* corpulent. ~**maag** *(pers.)* potbelly. ~**melk** →DIKMELK. ~**pens** *n., (infml.)* potbelly. ~**pens** *adj.* potbellied, paunchy. ~**sool skoene** thick-soled shoes. ~**vloeibaar, vloeiend** viscous.

**dik·bek** *n.* curmudgeon; *(icht.)* thicklip. **dik·bek** *adj. & adv., (fig., also* dikmond*)* sulky; ~ *wees* sulk, pout. ~**kanarie** brimstone canary, *(obs.)* bully canary. ~**wewer** *(orn.)* thick-billed weaver.

**dik·bui·kig, dik·bui·kig** -*kige* big-bellied, potbellied, paunchy.

**dik·dik** -*dikke, (zool.)* dik-dik.

**dik·heid** fatness, plumpness; stoutness; thickness.

**dik·ke** -*kes* thick one.

**dik·ke·den·sie** -*sies, (infml.)* fix, dilemma, predicament, pickle, tight spot.

**dik·ke·rig** -*rige* plumpish, rather thick/stout/fat/etc..

**dik·kop** *n., (infml., derog.)* blockhead, num(b)skull, thicko; pigheaded fellow; curmudgeon; hobnail; hangover; *(orn.)* thick-knee, *(obs.)* dikkop; *(icht.)* goby; *(vet.)* bighead, tribulosis. **dik·kop** *adj.:* ~ *voel* have a thick head (*or* a hangover). **dik·kop·pig, dik·kop·pig** -*pige* thick-headed/skulled, stupid; pig-headed, obstinate.

**dik·melk** curds and whey, clabber(ed) milk, clabber, *(Ngu.)* maas, amasi. ~**kaas** cottage (*or* skim milk) cheese, quark. ~**water** whey.

**dik·nek·kig, dik·nek·kig** -*kige* thick-necked; cheeky, aggressive.

**dik·neu·sig, dik·neu·sig** -*sige* thick-nosed, bottlenosed.

**di·ko·tiel** -*tiele, n., (bot.)* dicotyledon. **di·ko·tiel** -*tiele, adj.* dicotyledonous.

**dik·sie** diction. **dik·taat** -*tate* dictation. **dik·ta·foon** -*fone* dictaphone, dictating machine.

**dik·ta·tor** -*tors* dictator. **dik·ta·to·ri·aal** -*riale* dictatorial. **dik·ta·tor·skap** -*skappe*, **dik·ta·tuur** -*ture* dictatorship.

**dik·te** -*tes* thickness; fatness; swollenness; width *(of a layer);* gauge *(of wire etc.);* consistency *(of a mixture);* grist *(of a rope);* stand *(of a crop).*

**dik·tee** -*tees* dictation.

**dik·teer** *(ge-)* dictate; *aan iem.* ~ dictate to s.o.. ~**masjien** dictating machine, dictaphone.

**dik·vel·lig, dik·vel·lig** -*lige, (fig.)* thick-skinned, insensitive, unfeeling, hard-boiled, unsnubbable; *(zool.)* thick-skinned, pachydermatous. **dik·vel·lig·heid** insensitiveness.

**dik·wels** *meer* ~ *die mees* -*welse* frequently, often, many a time; … ~ *besoek* frequent …; ~ *getroud* much married; *heel* ~ quite often.

**di·la·ta·sie** -*sies, (chiefly med. & physiol.)* dilatation.

**dil·do** -*do's* dildo(e).

**di·lem·ma** -*mas* dilemma, quandary; *in 'n* ~ *wees, voor 'n* ~ *staan, jou in 'n* ~ *bevind* be in a dilemma/quandary, face/ have a dilemma.

**di·let·tant** -*tante* dilettante, amateur; dabbler. **di·let·tan· tis·me** dilettantism, amateurism.

**dil·le** *(bot.)* dill. ~**piekels** *n. (pl.)* dill pickles.

**di·lu·vi·um** *(geol.)* diluvium. **di·lu·vi·aal** -*viale* diluvial.

**di·men·sie** -*sies* dimension. **di·men·si·o·neel** -*nele* dimensional.

**di·mi·nu·en·do** -*do's, (It., mus.)* diminuendo, decrescendo.

**di·mi·nu·tief** -*tiewe, n. & adj.* diminutive. ~**vorm** *(gram.)* diminutive form.

**di·na·miek** dynamics, dynamism, vitality, vibrancy; *(mus.)* dynamics. **di·na·mies** -*miese* -*mieser* -*miesste (of meer* ~ *die mees* -*miese)* dynamic, forceful, energetic; *meer* ~ *maak* dynamise; *'n uiters* ~*e mens, (infml.)* a dynamo/go-getter/powerhouse.

**di·na·miet** dynamite; *met* ~ *skiet* blast. ~**kers** stick of dynamite, dynamite stick. ~**lading** blast, dynamite charge. ~**lont** dynamite fuse. ~**skieter** *(min.)* dynamiter, blaster, shot-firer.

**di·na·mi·ka** dynamics. **di·na·mis·me** dynamism.

**di·na·mo, di·na·mo** -*mo's, (elec.)* dynamo, generator. ~**elektries,** ~**elektries** dynamoelectric(al).

**di·nar** -*nars, (monetary unit)* dinar.

**di·nas** -*naste* dynast. **di·nas·tie** -*tieë* dynasty, (ruling) house. **di·nas·ties** -*tiese* dynastic(al).

**di·nee** =nees dinner; dinner party. **~baadjie** dinner jacket. **~dansparty** dinner dance.

**ding**[1] *dinge, n.* thing, object; affair, matter; *allerhande/ allerlei* ~*e* all sorts of things; one thing and another; *dit is glad 'n* (of *'n totaal) ander* ~ that is quite another story; that is a horse of another (*or* a different) colour; *ander* ~*e as* ... things other than ...; *(die) arme* ~ (the) poor soul/thing; *daar's vir jou 'n* ~ that's really something, there's something for you; that's a pretty kettle of fish; *dis elke dag se* ~ it happens every day, it's a daily occurrence; *en dergelike* ~*e* and all that; *dis die* ~*!, (infml.)* that's (just) it!; that's the idea!; *die* ~ *doen, (infml.)* do the trick; *dis een* ~ *wat nie twee is nie, (infml.)* that's a dead cert; *om maar een* ~ *te noem* ... for one thing ...; *een* ~ *waarvan iem. niks hou nie, is* ... if there is anything s.o. dislikes, it is ...; *alle goeie* ~*e bestaan uit drie* third time lucky; *dis 'n goeie* ~ *dat* ... it's a good thing/ job that ...; *groot* ~*e doen* do great things; *gunstige* ~*e van* ... *sê* speak well of ...; *dis net die* ~*, (infml.)* that'll do nicely; *moenie die* ~ *oordryf/oordrywe nie* that's too much of a good thing; *'n (groot)* ~ *regkry* pull off a coup; *die* ~ *is so* it's like this, it is this way; *sulke* ~*e* things like that, such things; ... *en sulke* ~*e* ... and everything; *jou* ~*e verbeel* see things; *vol* ~*e wees* be up to all kinds of tricks, *(infml.)* play the fool, clown around. **din·ges** =gese, *(infml.)* dingus, doo= dah, thingamabob, thingumabob, thingamajig, thinguma= jig, whatsit, whatchamacallit; so-and-so, *(masc.)* whatshis= name, *(fem.)* whatshername. **din·ge·sie** =sies,*(infml.)* doodah, thingy, widget, gadget; trifle. **din·ge·tjie** =tjies, *(also* goedjies*)* little thing, trifle; little child.

**ding**[2] *ge-, vb.* compete; bargain, haggle; *na* ... ~ compete for ...; strive after/for ...; contend for ...; →MEEDING.

**din·go** =go's, *(zool.)* dingo.

**dink** *ge~* think, contemplate, reflect, ponder; think, intend, plan, propose; think, believe, imagine, expect, suppose; think, reckon, consider, believe, be of the opinion; think, recall, remember, recollect; *aan* ... ~ think (*or* be thinking) about/of ..., contemplate ...; give a thought to ...; remember ..., bear/keep ... in mind; have ... in mind; *iem.* ~ *aan iets, (also)* s.t. occurs to s.o.; *altyd aan ander* ~ be thoughtful of others; *iem. kan aan niks anders as* ... ~ *nie, iem. dink net aan* ... s.o. can't keep his/her mind off ...; *aan iets bly* ~ have s.t. on the brain; *net aan een ding* ~ have a one-track mind; *glad nie aan iets* ~ *nie* not give s.t. a thought; *dit laat (['n] mens) aan* ... ~ it is reminiscent of ...; it is suggestive of ...; it re= minds one (*or* makes one think) of ...; *iets laat jou aan iets anders* ~ s.t. reminds one of s.t. else; *nou* ~ *ek aan iets that* reminds me; *sonder om aan* ... *te* ~, *(also)* mindless of ...; *al waaraan iem.* ~, *is* ... s.o.'s one thought is ...; *anders (daar= oor)* ~ be of another opinion, have a different view, think otherwise; ~ *('n) bietjie!,* ~ *nou net!* just/only imagine/ think!; *by jouself* ~ think to o.s., reflect; *daaraan* ~ *om iets te doen* think (*or* toy with the idea) of doing s.t., have it in mind to do s.t.; *ek* ~ *het (eens/eers) daaraan nie!* I wouldn't think/dream of it!, it's out of the question!; *('n) mens moet daaraan* ~ *dat* ... one should remember (*or* bear in mind) that ...; *noudat ek daaraan* ~ ... come to think of it ...; *iem. sou nooit/nie daaraan* ~ *om te* ... *nie* s.o. would never/not dream of ...; *hoe vriendelik van jou om daaraan te* ~*!* how thoughtful of you!; *iem. wil nie daaraan* ~ *nie* s.o. dreads to think of it; *ek sal daaroor* ~ I'll (*or* I will) see; ~ *dat* ... think that ...; imagine that ...; *diep* ~ think hard; *diep oor iets* ~ ponder s.t., reflect on s.t., turn s.t. over in one's mind, mull s.t. over (*or* over s.t.); *hulle/ons* ~ *eenders/eners* they/we think alike; ~ *ek* if you ask me ...; *dit het ek ge~, net soos ek ge~ het, dit kon ek* ~ I thought so; *goed* ~ consider (well); *iem. kan nie* ~ *nie* s.o.'s mind is a blank; *dit laat ('n) mens* ~ that sets one thinking; *iets laat ('n) mens* ~ s.t. is food for thought; *laat ek eers* ~ let me see; *logies* ~ think straight; *moenie* ~ ... *nie* don't get ideas ...; *oor iets* ~ think about s.t.,

ponder s.t.; *sê wat jy* ~ speak one's mind; *selfstandig* ~ think for o.s.; *sonder om te* ~ without thinking, unthink= ingly, on the spur of the moment; *sonder om twee keer te* ~ without a moment's thought; *ek sou* ~ ... I should think ...; *(infml.)* I guess ...; *ek sou so* ~*!* I should (jolly well) think so!; you're telling me!; *jou suf* ~ rack one's brains, think o.s. sil= ly; *baie van* ... ~ think highly/much (*or* a lot) of ...; think the world of s.o.; *dit kon ek nie van* ... *ge~ het nie* I could not have believed it of ...; *min van* ... ~ think little/poorly (*or* have a bad/low opinion) of ...; *min van iets* ~, *(also)* count s.t. of little value; take a dim/poor view of s.t.; *waaroor sit jy (so) en* ~? a penny for your thoughts; *wat* ~ *jy daarvan?* what do you think of it?; how do you like it?; how does it strike you?; *wat* ~ *jy van my?* what do you take me for?; *elkeen kan* ~ *wat hy/sy wil* thought is free; *weet hoe iem.* ~ know s.o.'s mind; *nie weet wat om van* ... *te* ~ *nie* not know what to think about (*or* make of) ... **~skrum** brainstorm, brainstorming (session); *'n* ~ *hou* have a brainstorm. **~werk** brainwork, mental effort/work.

**di·no·sou·rus** =russe, **di·no·sou·ri·ër** =riërs dinosaur.

**Dins·dag** =dae Tuesday; *(in the pl.)* (on) Tuesdays. **~aand/ môre/ens.** Tuesday evening/morning/etc..

**di·o·de** =des, *(electron.)* diode.

**di·ok·sied** =siede, *(chem.)* dioxide.

**di·ok·sien** *(chem.)* dioxin.

**Di·o·nu·sos, Di·o·nu·sus** *(Gr. myth.)* Dionysus, Dionysos. **Di·o·ni·sies** =siese Dionysian, Dionysias.

**di·o·ra·ma** =mas diorama. **di·o·ra·mies** =miese dioramic.

**di·o·sees** =sese, *(relig.)* diocese. **di·o·se·saan** =sane, *n. & adj.* diocesan.

**dip** *dippe, n.,* (*also* dipstof*)* dip, dipping fluid; *(also* dipbak, dipgat*)* dipping tank; *(act)* dipping. **dip** *ge~, vb.* dip. **~hok, ~kraal** dipping pen.

**di·plo·ma** =mas diploma, certificate; *'n* ~ *in* ... a diploma in ...

**di·plo·maat** =mate diplomat.

**di·plo·ma·sie** diplomacy, diplomatic service, statecraft; di= plomacy, tact. **di·plo·ma·tiek** =tieke, *adj.* diplomatic; ~*e diens* diplomatic service; *die* ~*e korps* the diplomatic corps (*or* corps diplomatique); ~*e immuniteit* diplomatic immunity. **di·plo·ma·ties** =tiese diplomatic, tactful, discreet; *'n* ~*e ant= woord* a diplomatic answer.

**dip·so·ma·nie** dipsomania. **dip·so·maan** =mane dipsoma= niac.

**di·rek** =rekte =rekter =rekste, *adj.* direct *(object, speech);* prompt; straight; immediate *(cause);* outright; face-to-face *(confron= tation);* ~*te aanhaling* direct quotation; ~*te afstammeling* direct descendant; ~*te aksie* direct action; ~*te antwoord* direct answer; ~*te belasting* direct tax; ~*te bemarking* di= rect marketing/selling; ~*te benadering* direct approach; ~*te koppeling, (electron.)* direct coupling; ~*te koste* flat cost; ~*te lyn* hot line; ~*te opname* live recording; ~*te roete* direct route; ~*te skakeling* direct dialling; ~*te toegang, (comp.)* direct/random access; ~*te uitsending* live broadcast; ~*te verbinding/aansluiting* direct link; ~*te vraag* direct ques= tion; ~*te weiering* flat refusal. **di·rek** *adv.* directly; at once, right away, immediately; at first hand; ~ *van Parys/ens.* straight from Paris/etc..

**di·rek·sie** =sies management, board (of directors); govern= ing/managing board; directorate; *in 'n* ~ *dien/sit* be on a board. **~kamer** boardroom. **~vergadering** board meeting.

**di·rek·teur** =teure, =teurs director; manager. **~-generaal** =s= generaal, =e-generaal director-general.

**di·rek·teur·skap** =skappe directorship.

**di·rekt·heid** directness; forthrightness; immediacy.

**di·rek·tief** =tiewe directive.

**di·rek·to·raat** =rate directorate; directorship.

**di·ri·geer** *ge=* direct; conduct *(an orchestra); (fig.)* channel. ~**stok**, ~**staf** (conductor's) baton.

**di·ri·gent** *=gente* conductor; choirmaster.

**dirk·dir·kie** *=kies, (orn., infml.)* = GEVLEKTE **KLOPKLOPPIE**.

**dirn·dl·rok** dirndl (dress).

**dis¹** *disse, (cook.)* dish, course. ~**genoot** table companion.

**dis²** *(contr. of dit is)* it's, that's; ~ *vir jou ...!* of all the ...!; ~ *vir jou 'n man/ens.!* what a man/etc.!; ~ *waarom* that's why; ~ *wat dit is* that's what.

**di·sa** *=sas, (bot.)* disa.

**di·sen·te·rie** *(med.)* dysentery. **di·sen·te·ries** *=riese* dysenteric.

**dis·har·mo·nie** disharmony, discord(ance), disagreement. **dis·har·mo·ni·eer** *ge=* disharmonise. **dis·har·mo·nies** *=niese* unharmonious, discordant.

**dis·ho·no·reer** *ge=* dishonour *(a cheque)*.

**dis·il·lu·sie** disillusion(ment), disenchantment. **dis·il·lu·si·o·neer** *ge=* disillusion.

**dis·in·fek·sie** disinfection. ~**middel** disinfectant.

**dis·in·fek·teer** *ge=* disinfect.

**dis·in·for·ma·sie** disinformation.

**dis·in·te·greer** *ge=* disintegrate. **dis·in·te·gra·sie** disintegration.

**dis·in·ves·teer** *ge=* disinvest. **dis·in·ves·te·ring** disinvestment.

**dis·junk** *=junkte* disjunct. **dis·junk·sie** *=sies* disjunction. **dis·junk·tief** *=tiewe* disjunctive.

**dis·kant** *=kante, (mus.)* descant, treble; treble voice.

**dis·ko** *=ko's* disco. ~**dans** disco dancing. ~**musiek** disco music.

**dis·koers** *=koerse,* address, lecture; presentation; *(infml.)* discourse, conversation; *'n ~ voer* carry on a conversation.

**dis·kon·teer** *ge=, (econ.)* discount, negotiate *(a bill); diskonterende bank* discounting bank. **dis·kon·teer·baar** *=bare* discountable, negotiable *(bill)*.

**dis·kon·ti·nu** *=nue* discontinuous. **dis·kon·ti·nu·ï·teit** discontinuity.

**dis·kon·to** *=to's* discount. ~**bedryf** discount business. ~**boek** discount ledger. ~**firma**, ~-**onderneming**, ~**saak** discount house. ~**krediet** discount credit. ~**makelaar** discount broker.

**dis·ko·teek** *=teke* disco(theque).

**dis·kre·diet, dis·kre·diet** discredit; *iem./iets in ~ bring* bring s.o./s.t. into discredit/disrepute, discredit *(or bring discredit on/upon/to)* s.o./s.t.; *in ~ wees* be discredited *(or in discredit), (infml.)* be under a cloud. **dis·kre·di·teer** *ge=* discredit, bring into discredit.

**dis·kreet** *=krete =kreter =kreetste* (of meer ~ die mees *=krete)* discreet, tactful, considerate, careful; unobtrusive, modest; secret; separate, discrete. **dis·kre·sie** discretion, considerateness; modesty; secrecy; *(die) ene ~ wees* be the soul of discretion. **dis·kre·si·o·nêr** *=nêre* discretionary.

**dis·kre·pan·sie** *=sies* discrepancy.

**dis·kri·mi·neer** *ge=* discriminate; *op grond van ras* (of *op rassegrondslag/rassegronde) ~* discriminate racially; *teen iem. ~* discriminate against s.o.; *tussen ... en ... ~* discriminate between ... and ... **dis·kri·mi·na·sie** *=sies* discrimination; *~ teen gestremdes* discrimination against the disabled. **dis·kri·mi·ne·rend** *=rende* discriminating; discriminatory.

**dis·kus** *=kusse, (athl.)* discus. ~**gooi** throwing the discus; discus throw. ~**gooier** discus thrower.

**dis·kus·sie** *=sies* discussion, debate.

**dis·kwa·li·fi·seer** *ge=* disqualify. **dis·kwa·li·fi·ka·sie** *=sies* disqualification.

**dis·lek·sie** dyslexia. ~**lyer** dyslectic, dyslexic.

**dis·lek·ties** *=tiese* dyslexic, dyslectic.

**dis·lo·jaal** *=jale =jaler =jaalste* (of meer ~ die mees *=jale)* disloyal. **dis·lo·ja·li·teit** disloyalty.

**dis·nis** *(infml.)* finished, done for; *iem. ~ loop* beat s.o. by a distance, outdistance s.o.; *jou teen 'n muur ~ loop* run into a wall; *iem. ~ slaan* knock s.o. cold; *iem. ~ speel* beat s.o. thoroughly; outdo s.o. completely.

**dis·or·ga·ni·seer** *ge=* disorganise. **dis·or·ga·ni·sa·sie** disorganisation.

**dis·o·ri·ën·teer** *ge=* disorientate. **dis·o·ri·ën·ta·sie** disorientation.

**dis·pa·raat** *=rate meer ~ die mees =rate* disparate. **dis·pa·ri·teit** disparity, incongruity.

**dis·pen·sa·sie** *=sies* dispensation.

**dis·pep·sie** dyspepsia; *lyer aan ~* dyspeptic. **dis·pep·ties** *=tiese* dyspeptic.

**dis·po·si·sie** *=sies* disposition, disposal.

**dis·puut** *=pute* dispute, controversy, debate.

**dis·sek·teer** *ge=* dissect. **dis·sek·sie** *=sies* dissection.

**dis·sel** *sels, n.* adze. ~**boom** beam, (draught) pole, shaft.

**dis·se·mi·neer** *ge=* disseminate. **dis·se·mi·na·sie** dissemination.

**dis·ser·ta·sie** *=sies* (doctoral) dissertation/thesis.

**dis·si·dent** *=dente, n.* dissident. **dis·si·dent** *=dente, adj.* dissident.

**dis·si·mi·la·sie** dissimilation.

**dis·si·mu·leer** *ge=* dissimulate. **dis·si·mu·la·sie** dissimulation.

**dis·si·pel** *=pels* disciple, follower, adherent. **dis·si·pel·skap** discipleship.

**dis·si·pli·ne** discipline; discipline, field of study/research; *gebrek aan ~* indiscipline; lack of discipline; *die ~ handhaaf* maintain discipline; *strenge ~* strict discipline. **dis·si·pli·neer** *ge=* discipline. **dis·si·pli·nêr** *=nêre* disciplinary; *=e oortreding* disciplinary offence.

**dis·so·nan·sie** *=sies* dissonance; disharmony, discord. **dis·so·nant** *=nante, n.* dissonant, jarring/discordant note; dissonance; *(mus.)* discord. **dis·so·nant** *=nante, adj.* dissonant, discordant. **dis·so·neer** *ge=* be out of harmony (with), jar.

**dis·so·si·eer** *ge=* dissociate. **dis·so·si·a·sie** dissociation.

**dis·tan·si·eer** *ge=; jou van iets ~* distance/dissociate o.s. from s.t.. **dis·tan·si·ë·ring** dissociation *(from)*.

**dis·tel** *tels,* **dis·sel** *=sels* thistle; *gevlekte ~* milk thistle. ~**doring** South African thistle.

**dis·til·laat** *=late* distillate. **dis·til·la·sie** distillation.

**dis·til·leer** *ge=* distil, still; *(fig.)* deduce, gather, infer. ~**ketel** still.

**dis·til·leer·der** *=ders* distiller. **dis·til·leer·de·ry** *=rye* distillery.

**dis·tri·bu·sie** *=sies* distribution. ~**diens** distribution service. ~**kanaal** distribution outlet. ~**koste** distribution cost/expense. ~**punt** distribution point/outlet. ~**skakels** distribution chain.

**dis·trik** *=trikte* district; magisterial division, magistracy. **D~ Ses** *(SA)* District Six.

**dis·triks**: ~**bestuur** district management/committee. ~**bestuurder** district manager. ~**geneesheer** district surgeon. ~**hof** district court.

**dit** it; this; that; they; these; ~ *alles* all that; ~ *en dat* this and that; *die een doen ~ en die ander dat* one does this and another that; ~ *gaan goed/sleg* things are going well/badly; ~ *het ek gedink* I thought so (or as much); *daar het jy ~!* there you have it!; ~ *is* ~ so much for that; ~ *is iem. se boeke/ens.* these are s.o.'s books/etc.; ~ *lyk sleg* things are looking bad; *iem. het ~ oor ...* s.o. is talking about ...; *die krale het geval, tel ~ op* the beads have fallen, pick them up; ~ *reën* it is raining; *soos ~ nou staan* as things are now; ~ *is wat iem. my* *vertel het* s.o. told me as much; *~ is die boek wat ek wil hê jy moet lees* this is the book I want you to read. **dit·jies:** *~ en datjies* odds and ends, bits and pieces; trifles, knick-knacks; *oor ~ en datjies gesels/praat* talk about this and that (*or* this, that and the other), pass the time of day. **dit·sem, dit·sit** *interj.* that's it!; that's the stuff!.

**dit·to** ditto, idem, the same.

**di·u·re·se** *(med.)* diuresis. **di·u·re·ties** *·tiese* diuretic.

**di·va** *·vas* diva.

**di·van** *·vans* divan, couch.

**di·ver·geer** *ge·* diverge. **di·ver·gen·sie** *·sies* divergence. **di·ver·gent** *·gente*, **di·ver·ge·rend** *·rende* divergent, diverging.

**di·vers** *·verse* miscellaneous, various, sundry, diverse; *~e artikels* various/sundry articles. **di·ver·se** *n. (pl.)* sundries, miscellanea, miscellany; incidental expenses. **di·ver·si·teit** diversity.

**di·ver·si·fi·(s)eer** *ge·* diversify. **di·ver·si·fi·ka·sie** diversification.

**di·vi·dend** *·dende* dividend; *'n ~ betaal/uitkeer* pay/distribute a dividend; *'n ~ oorslaan/passeer* pass a dividend; *'n ~ verklaar* declare a dividend.

**di·vi·sie** *·sies*, *(usu. mil.)* division. **~kommandant** divisional commander.

**Di·wa·li** *(Hindu relig. festival)* Diwali, Divali.

**Dja·kar·ta** *(geog.)* Jakarta, Djakarta.

**dja·ti:** *~boom* teak. *~hout* teak.

**dji·had,** *·hads, (Arab.)* jihad, jehad; *Islamitiese D~* Islamic Jihad/Jehad.

**djin·seng, gin·seng(·wor·tel)** *(bot.)* ginseng.

**DNS:** *~-profilering* DNA profiling/fingerprinting.

**do** *(mus.)* do(h).

**dob·bel** *ge·* gamble; *aan die ~ raak* take to gambling; *met jou lewe ~ dice* with death. **~beker** dicebox. **~huis, ~nes, ~plek** gambling/gaming house/den. **~masjien, ~outomaat** gambling/gaming machine. **~spel** gamble, gambling; dicing, game of dice. **~steen** *·stene* die *(pl.* dice*)*; cube; *dobbelsteene gooi* roll/throw the dice. **~tafel** gaming table.

**dob·be·laar** *·laars* gambler, gamester; dicer, dice player; chancer; *'n verstokte ~* a confirmed gambler. **dob·be·la·ry, dob·bel·ry** gambling, gaming; dicing.

**dob·ber** *·bers, n.* float; buoy. **dob·ber** *ge·, vb.* bob (up and down), dance; drift or float (about); fluctuate; *op die water ~ bob* (up and down) in/on the water; *tussen hoop en vrees ~* hover between hope and fear. **dob·ber·tjie** *·tjies* float *(on a fishing line).*

**Do·ber·mann-pin·scher** *·schers,* **Do·ber·mann** *·manns, (also d~)* Doberman(n) (pinscher).

**dod·der** *(bot.)* dodder, cuscuta.

**do·de** *·de(s)* dead (man/woman/person), (the) deceased; *die lewende en die ~* the living/quick and the dead; *uit die ~ opstaan* rise from the dead. **~dans** dance of death, danse macabre. **~kamp** death/extermination camp. **~lys** death roll. **~mars** dead/funeral march. **~masker** death mask. **~mis** requiem mass. **~ryk** realm of the dead, underworld, *(Gr. myth.)* Hades. **~sel** condemned/death cell; *in die ~le* on death row. **~stad** necropolis; city of the dead. **~tal** death count/roll/toll, mortality, number of deaths/dead/casualties/fatalities, *(infml.)* body count. **~verering** worship/veneration of the dead, ancestor worship.

**do·de·ka·ë·der, do·de·ka·e·der** *·ders, (geom., cryst., etc.)* dodecahedron. **do·de·ka·ë·dries, do·de·ka·e·dries** *·driese* dodecahedral.

**do·de·ka·goon** *·gone* dodecagon. **do·de·ka·go·naal** *·nale* dodecagonal, twelve-sided.

**do·de·lik** *·like ·liker ·likste, adj. & adv.* mortal *(blow etc.)*; fatal *(accident)*; deadly *(poison)*; lethal *(dose)*; mortally; *~ effektief* devastatingly effective; *~e erns* deadly earnest; *~e*

*hou* death-dealing blow; *~ siek* critically ill; *'n ~e siekte* a deadly/fatal/killer disease; *~ verveeld* bored stiff; *~ vir ... wees* be fatal to ... **do·de·lik·heid** deadliness.

**do·der** *·ders* killer, slayer.

**do·do** *·do's, (orn.: extinct flightless bird)* dodo.

**doe:** *~ so voort!* keep up the good work!.

**doe·a·ne** *·nes* customs; custom(s) house/office; *~ en aksyns* customs and excise; *vrygawe uit ~* customs release. **~be·ampte** customs officer. **~gelde** customs dues. **~pakhuis** customs/bonded warehouse, bond store. **~reg** customs/tariff duty; *vry van ~te* duty-free; duty-paid. **~tarief** customs tariff. **~verklaring** customs declaration. **~vry** customs-free.

**doe·bleer** *(ge)·, (card games)* double; understudy; dub *(an old recording etc.)*. **doe·bleer·der** *·ders,* **doe·bleur** *·bleurs* doubler; understudy. **doe·ble·ring** dubbing.

**doe·del·sak** bagpipe(s).

**doe·doe¹** *(golf)* dormy.

**doe·doe²** *ge·, vb., (children's lang.)* (go to) sleep.

**doef** *interj.* thud!, thump!, whump!.

**doe·jong** *·jongs, (zool.)* dugong, sea cow.

**doek** *·doeke* cloth, fabric; throw *(over a chair etc.)*; canvas *(of a painter)*; painting; screen; (head)scarf; (baby's) nappy; *vir 'n baba 'n droë/skoon ~ aansit* change a baby's nappy; *van die ~e af wees,* (a baby) be potty-trained; *van die ~e afhaal* potty-train *(a baby)*; *die wye ~, (infml.: the cinema)* the big screen. **~poeding** duff. **~speld** nappy pin. **~verband** triangular bandage. **~voet** *n.* hare; *(also* doekvoetjie*)* riverine rabbit; →OEWERKONYN. **~voet** *adv.* noiselessly.

**doe·kie** *·kies, n.* cloth; rag; *nie/geen ~s omdraai nie, (fig.)* not beat about the bush, be plain with s.o., call a spade a spade.

**doel** *doele, n.* target, goal, mark, aim; *(sport)* goal; *(pl.:* doeleindes*)* purpose, object, intention, intent, goal, objective, end, aim, design; *'n ~ aanteken* score a goal; *aan 'n/die ~ beantwoord* answer/serve a/the purpose; *aan die ~ beantwoord, (also)* fit the bill; *'n ~ bereik* achieve/attain/reach a goal, achieve an aim, accomplish/achieve/fulfil a purpose, accomplish/achieve an end; *(nie) geskik vir die ~ wees (nie)* (not) serve the purpose; *'n ~ gooi, (basketball)* shoot a basket; *iets ten ~ hê* have s.t. in view; have s.t. as object; *geen ander ~ hê nie as ...* have no other purpose than ...; serve no object but ...; *'n bepaalde/vaste ~ hê* have a set purpose; *die ~ heilig die middele* the end justifies the means; *met dié/daardie ~* for this/that purpose; to that end, with that end in view; *met die ~ om te ...* with a view to ...; *met die ~ om iets te doen* for the purpose of doing s.t.; *met (net) een ~ voor oë* with a single purpose; with singleness of purpose; *met geen ander ~ nie as ...* for no other purpose than ...; *'n middel tot 'n ~ wees* be a means to an end; *die ~ mis* miss the mark; *'n ~ najaag/·streef/·strewe* have an object/end in view, pursue an object; *iem. se ~ is om te ...* s.o.'s aim is to ...; *die ~ uit die oog verloor* swerve from one's purpose; *iets is 'n ~ op sigself* s.t. is an end in itself; *'n ~ skop* kick a goal; *jou iets ten ~ stel* set o.s. a goal; set one's heart/mind on s.t.; *jou (dit) ten ~ stel om te ...* make it one's aim/object/purpose to ...; *'n ~ teen jou eie span* an own goal; *die ~ tref* find/hit the mark; *die ~ van ...* the purpose of ...; *die ~ verdedig* keep goal; *jou ~ verydel* defeat one's (own) object; *vir die* (of *iem. se*) *~* for the/s.o.'s purpose(s); *iem. se vooropgesette ~* s.o.'s deliberate purpose; *met watter ~?* to what end?. **doel** *ge·, vb., (rugby)* convert (a try); goal. **~einde** *·des* purpose, end; *algemene ~s* general purposes. **~gebied** *(rugby)* touch-in-goal. **~gebou** *·boude* purpose-built *(car etc.)*. **~hok** *(soccer)* goal. **~lyn** goal/try line; *oor die ~ gaan, (rugby)* cross the line. **~paal** goalpost; *die ~pale verskuif/verskuiwe, (fig., infml.)* move/shift the goalposts. **~sirkel** *(hockey)* striking circle. **~skop** *(rugby)* goal kick, conversion. **~skopper** *(rugby)* goal kicker; *(soccer)* goal shooter. **~stelling** *·lings, ·linge* aim, objective; statement of purpose/aims/objective; object in view (*or* aimed at); ~ *van 'n wet* preamble of an act. **~streep** = DOELLYN. **~taal** *(transl.)* target language; *(comp.)* object language. **~tempo** *(soccer)* strike rate. **~wagter** goal-keeper, *(infml.)* goalie. **~wit** =*witte* goal, object(ive), aim, purpose, target; *groter/hoër* ~ superordinate goal.

**doel·be·wus** =*wuste, adj.* purposeful, intentional, deliberate, determined, resolute, with a definite/fixed object; unswerv-ing; *'n* ~*te oortreding, (sport)* a professional foul. **doel·be·wus** *adv.* deliberately, intentionally, purposely, wilfully, wittingly, resolutely. **doel·be·wust·heid** deliberateness, de-termination, resoluteness, single-mindedness, purposeful-ness, singleness of purpose.

**doel·ge·rig** =*rigte* single-minded, resolute, dogged, un-swerving, unwavering, purposeful. **doel·ge·rigt·heid** single-mindedness, singleness of purpose, resoluteness, purpose-fulness, sense of purpose.

**doel·loos**[1] =*lose, (sport)* goalless; ~ *gelykop eindig, (a match)* end in a goalless draw; *'n* ~*lose gelykopuitslag* a goalless draw.

**doel·loos**[2] =*lose* aimless, purposeless, useless, pointless.

**doel·ma·tig** =*tige* suitable, appropriate, fitting, fit (for the purpose); practical, functional, efficient, effective. **doel·ma·tig·heid** suitability, appropriateness; efficiency, effec-tiveness.

**doel·tref·fend** =*fende* efficient; effective, efficacious, effec-tual. **doel·tref·fend** *adv.* to the purpose. **doel·tref·fend·heid** efficiency; effectiveness, efficacy.

**doem** *n.* doom. **doem** ge=, *vb.* doom, condemn; *(tot onder-gang)* ge= *wees* be fated. **~profeet** prophet of doom, gloom-and-doomster.

**doe·ma** =*mas, (Russ. parl.)* duma, douma.

**doen** *n.: iets aan die* ~ *wees* be busy (*or* in the act/process of) doing s.t., be in the middle of (doing) s.t.; *iem. se* ~ *en late* s.o.'s doings/movements, s.o.'s comings and goings; *die* ~ *en late van 'n maatskappy* the dealings of a company. **doen** ge=, *vb.* do; make *(a choice, discovery, promise, statement, etc.);* take *(a step);* perform *(a duty);* →GEDAAN; *iets aan iem.* ~ do s.t. to s.o.; *iets aan 'n saak* ~ do s.t. about a matter; *al wat iem. nog moet* ~, *is om te ...* nothing remains for s.o. but to ...; *iets amper/byna* ~ come close/near to doing s.t.; *iets an-ders te* ~ *hê* have s.t. else to do; be otherwise engaged; *iets begin* ~ get down to doing s.t.; *niemand kan dit beter* ~ *nie* no one can improve (up)on it; *iem. beweeg/oorhaal om iets te* ~ get s.o. to do s.t.; ~ *dit dadelik!* don't delay!; *iets deeg-lik* ~ do a good job, make a good job of s.t.; *iem. dwing om iets te* ~ make s.o. do s.t.; *iets gaan* ~ go and do s.t.; *iem. gaan dit* ~ s.o. is going to do it; ~ *dit gerus!* feel free to do it!; *goed* ~ do good; *iets goed* ~ do s.t. well; *iets* ~ *iem. goed* s.t. does s.o. good; *iets nie graag/maklik* ~ *nie* not like do-ing s.t.; be reluctant to do s.t., be wary of doing s.t.; *iem. iets help* ~ help s.o. to do s.t.; *iem. kan iets glad nie* ~ *nie* s.o. is useless at s.t.; *dit kan* ge= *word* it can be done; *sal X dit kan* ~? is X up to it?; *iets kom* ~ come to do s.t.; *iets* ge= *kry* get s.t. done; get some work done, put in some work; *iets laat* ~ have s.t. done; *iem. iets laat* ~ get s.o. to (*or* make s.o.) do s.t.; *iets nie maklik* ~ *nie* →*graag/maklik*; *nie méér kan* ~ *nie* be as far as one can go; *dit* ~ *('n) mens nie* it's (just) not done; *iem. moet iets* ~ s.o. has to do s.t.; *iem. moet dit maar (liewer[s])* ~ s.o. had best/better do it; *iets moet* ge= *word* s.t. has to be done; *wat moet ek* ~? what am I to do?; *iets nie* ~ *nie* not do s.t.; fail to do s.t.; *dit sal ek nie* ~ *nie!* I won't do that!; I refuse to do that!; you won't catch me doing that!; *jy* ~ *dit nie!* don't you do it/that!; *wat kan iem. nog* ~? what more can s.o. do?; *so iets sal iem. nooit* ~ *nie* it is unlike s.o. to do such a thing (*or* something like that); *iem. oorhaal om iets te* ~ →*beweeg/oorhaal*; *iets probeer* ~ try to do s.t.; *iets reg* ~ do/get s.t. right; *saam met iem. iets* ~ do s.t. (together)

with s.o.; *iets te* ~ *hê* have s.t. to do; have s.t. on; *baie te* ~ *hê* have much to do, be very busy; *met iem. te* ~ *hê* have deal-ings with s.o.; have s.o. to contend with; *met iets te* ~ *hê* be involved in s.t.; have a share in s.t.; be up against s.t.; *dit het met ... te* ~ it has to do with ...; *wat het dit met ... te* ~? what has it got to do with ...?; *wat het jy daarmee te* ~? what is that to you?; *met iem. te* ~ *kry* find o.s. up against s.o.; tangle with s.o.; *met iets te* ~ *kry* be faced with (*or* come up against) s.t.; *wat staan my te* ~? what am I to do?; *iem. kan nie veel daaraan* ~ *nie* there is little (*or* not much) (that) s.o. can do about it; *iets vir ...* ~ do s.t. for ...; *wat* ~ *iem.?* what is s.o. doing?; what does s.o. do?, what is s.o.'s profession/trade/business?; *met iem.* ~ *wat jy wil* have s.o. in one's pocket; *daar* ~ *ek dit weer!* I've done it again!; *iem. wys met wie hy/sy te* ~ *het* show s.o. what one is made of; *iem. wil iets* ~ s.o. wants/means to do s.t.; *as jy dit wil* ~ if you want/care to do it; ~ *wat jy wil!* don't mind me/us!; *iem. kan* ~ *(net) wat hy/sy wil* s.o. can do as he/she likes; s.o. has it (all) his/her own way; *dit wil* ge= *wees/word* it takes some (*or* a lot of) doing; it's a hard act to follow; it's quite a feat; that's a tall order; *iets ter wille van ...* ~ do s.t. for ...

**doen·baar** =*bare* = DOENLIK.

**doen·de** *(arch.): al* ~ *leer ('n) mens* practice makes perfect.

**doe·ner** =*ners* doer.

**doe·nig** busy, active; *met ...* ~ *wees* be concerned with ...; be engaged in ... **doe·nig·heid** activity, doings, ploy.

**doen·lik** =*like* feasible, practicable, possible.

**doe·pa** *n.* dope, magic potion, philtre, charm. **doe·pa** ge=, *vb.* bewitch, put a spell on; administer a philtre; drug, dope, doctor; nobble *(a horse);* pep up.

**doer** over there; →DAAR *adv.;* ~ *in 1960 al* way back in 1960; *daar* ~ right over there, far away.

**doe·ri·an** =*rians, (bot.)* durian.

**doe·rie** *(<Hindi):* ~*mat,* ~*tapyt* d(h)urrie (rug).

**dof** *dowwe dowwer dofste,* dull, flat *(colour);* faint, indistinct *(sound, mark);* dim *(light);* lacklustre, dim *(eyes);* dead *(sur-face);* mat, matt(e) *(glass);* blurred; *(infml., derog.)* stupid, dim, slow on the uptake; →DOWWERIG; *dowwe dolla, (infml., derog.)* bimbo; *dowwe glans* dull lustre; ~ *maak* deaden; frost; tarnish, obscure; *'n dowwe slag* a thud/whump; *dowwe steenkool* dull coal; *dowwe tint* undertone; *in die kop voel* feel thickheaded/dazed; ~ *word* tarnish; grow dim; grow faint. **~geel, dowwe geel** buff. **~lig** half-light. **~skakelaar** dim switch. **~weg** dimly *(visible).* **~wit, dowwe wit** dull white.

**dof·fel** *(infml., derog.)* blockhead, fathead, dimwit.

**dof·heid** dul(l)ness, flatness; faintness, indistinctness; dim-ness; tarnish; wooziness.

**dog**[1], **dag** *vb. (p.t.): ek* ~ *...* I thought (*or* was under the im-pression) ...; *ek* ~ *so* I thought as much; →DINK.

**dog**[2] *conj., (fml.)* but, yet, still, however.

**dog·ma** =*mas,* =*mata* dogma, doctrine. **dog·ma·tiek** dogmat-ics. **dog·ma·ties** =*tiese* dogmatic. **dog·ma·ti·kus** =*tikusse,* =*tici* dogmatist; dogmatiser. **dog·ma·ti·seer** ge= dogmatise. **dog·ma·to·lo·gie** dogmatology.

**dog·ter** =*ters* daughter; (young) girl. **~kerk** daughter church. **~maatskappy** subsidiary (company).

**dog·ter·tjie** =*tjies* baby girl; small daughter; little girl.

**doi·lie** =*lies* doily, doyl(e)y.

**do·jo** =*jo's, (Jap., martial arts)* dojo.

**dok**[1] *dokke, n.* dock; *(theatr.)* scene dock/bay; *in die* ~ *bring* dock; *uit die* ~ *bring* undock. **dok** ge=, *vb., (a ship)* dock. **~geld** dockage, dock dues, pierage. **~meester** docks super-intendent. **~werker** dockworker, dock hand/labourer/worker, stevedore, wharfman.

**dok**[2] *n., (infml., abbr. of* dokter*)* doc.

**dok·so·lo·gie** =*gieë, (relig.)* doxology.

**dok·ter** =ters, n. (medical) doctor, physician; medical prac= titioner; ~ **toe** (of na 'n ~) gaan, (fml.) 'n ~ raadpleeg/spreek consult/see a doctor; vir ~ leer study medicine; 'n ~ ontbied call (in) a doctor. **dok·ter** ge=, vb. doctor; medicate; treat, nurse; revise, edit (writing); adulterate; tamper with, mas= sage (data, stat., etc.); spike (a drink); dope, nobble, doc= tor (a racehorse).

**dok·ters·:** ~**behandeling** medical treatment; onder ~ wees be under doctor's orders. ~**besoek** doctor's visit. ~**brief** sick note. ~**gelde** medical fees/charges. ~**praktyk** medical prac= tice. ~**rekening** doctor's bill.

**dok·tor** =tors, =tore doctor (of liter./chem./etc.). **dok·to·raal** =rale, n. doctoral examination. **dok·to·raal** =rale, adj. doc= toral. **dok·to·raat** =rate, **dok·tors·graad** =grade doctorate, doctor's degree; ~ in wiskunde/ens. a doctorate (or doc= tor's degree) in mathematics/etc.. **dok·to·ran·dus** =randusse, =randi candidate for a doctor's degree.

**dok·tri·ne** =nes doctrine, dogma, tenet. **dok·tri·naal** =nale doctrinal. **dok·tri·nêr** =nêre doctrinaire, opinionated; rigid, hard and fast; doctrinal.

**do·ku·dra·ma** docudrama.

**do·ku·ment** =mente document, record; 'n ~ opstel draw up a document; verhandelbare ~ negotiable instrument. **do·ku·men·ta·sie** documentation; vir ~ for record purposes. **do·ku·men·teer** ge= document; give documentary proof. **do·ku·men·te·klerk** documents clerk, clerk of the papers. **do·ku·men·têr** =têre, n. documentary. **do·ku·men·têr** =têre, adj. documentary; ~e drama docudrama.

**dol¹** ge=, vb. →DOLWE. ~**land** deeply trenched field. ~**ploeg** =ploeë subsoiler, subsoil plough. ~**voor** trenched furrow.

**dol²** dol(le) doller dolste, adj. crazy, crazed, mad, deranged; distraught; mad, rabid (dog); hectic, frantic, frenetic, wild; crazy, mad, keen, infatuated; whirling (compass etc.); →DOL= HEID, DOLLERIG; 'n ~le **klug** a knockabout farce; ~ **oor/op** iem. wees, (infml.) be crazy/mad about (or hung up on) s.o.; ~ **oor/op** iets wees, (infml.) be crazy/mad about (or hooked on) s.t.; ~ **wees van** ... be delirious/mad with ... (joy etc.); be wild with ... (excitement etc.); be mad with ... (rage etc.). **dol** adv. madly, wildly, crazily, frantically; dit gaan ~ hier, (also) it's (or it is) a (real or a bit of a) madhouse here; dit gaan ~ met iem. s.o. is in a whirl. ~**gelukkig** deliriously happy. ~**graag** very (or ever so) much; iem. wil iets ~ hê s.o. wants s.t. badly; iem. wil ~ ... s.o. is dying to ...; iem. sou ~ wil kom s.o. would love to come. ~**leeg** =leë completely empty.

**dol³** dolle, n., (naut.) rowlock, thole (pin). ~**boord** gunwale, gunnel.

**do·lend** =lende wandering; →DOOL, DWAAL vb.; ~e ridder knight errant/adventurer; ~e ridderskap knight errantry.

**do·le·riet** (min.) dolerite.

**dolf** ge= →DOLWE.

**dol·fi·na·ri·um** =riums, =ria dolphinarium.

**dol·fyn** =fyne dolphin. ~**park** dolphinarium.

**dol·heid** folly; frenzy; fury; madness.

**dolk** dolke dagger, stiletto; dirk (formerly worn by Sc. High= landers). ~**steek** stab (with a dagger). ~**teken** obelus; met 'n ~ merk obelise. ~**varing** Christmas fern.

**dol·la** =las, (infml.) chick, girl.

**dol·lar** =lars dollar. ~**sent** American cent. ~**teken** ($) dollar mark/sign.

**dol·le·rig** =rige rather mad.

**dol·ma** =mas, =mades, (orig. Turk. cook.: stuffed vine leaf etc.) dolma.

**dol·man** =mans, (Turk. robe or woman's cloak) dolman. ~**mou** dolman sleeve.

**dol·men** =mens, (archaeol.) dolmen.

**do·lo·miet** (min.) dolomite, magnesian limestone. **do·lo·mi·ties** =tiese dolomitic.

**dol·os** =osse knuckle(bone), dib, astragalus, talus; dolos, ar= mour/harbour block; ~(se) gooi throw the bones. ~**gooier** witch doctor, wizard, bone thrower; soothsayer, diviner. ~**gooiery** bone-throwing; soothsaying. ~**las** knuckle joint. ~**skarnier** two-way joint.

**dol·we, dolf, dol** ge= dig up/deeply; trench (ground for vines); turn (over) (soil).

**dom¹** domme, n. cathedral; dome. ~**heer** canon, prebendary. ~**kapittel** (dean and) chapter. ~**kerk** cathedral (church). ~**toring** cathedral tower.

**dom²** dom dommer domste, adj. stupid, dense, dumb, dim, dim-/slow-witted, halfwitted, slow (on the uptake), obtuse; mindless; silly, asinine; numb, dead (fingers); 'n ~ **blondine** a dumb blonde; 'n ~ **ding** doen/aanvang do a stupid thing, make a false move, take a false step; jou ~ **hou** play dumb/ ignorant, pretend/feign ignorance, pretend not to know; iem. ~ **hou** keep s.o. ignorant (or in ignorance); ~ wees van (die) **koue**, (one's fingers, hands) be numb with cold; lank nie so ~ **nie** not half as stupid. **dom** adv. stupidly; dully; ~ handel, (also) make an ass of o.s.. ~**astrant** impudent(ly), insolent(ly). ~**astrantheid** impudence, insolence; effron= tery, temerity. ~**kop**, ~**oor** clot, clod, block=, fat=, dunder=, thickhead, dim=, halfwit, num(b)skull, twit. ~**onnosel** in= ane. ~**slim** smart-alecky.

**dom·ba** (bot.: an Ind. tree) poon, dilo.

**dom·ba·dans** →LUISLANGDANS.

**do·mein** =meine domain; (jur.) demesne.

**dom·heid, dom·mig·heid** stupidity, foolishness, dense= ness, dullness, dumbness, thick(headed)ness; 'n ~ begaan make an ass of o.s.; (geen) geduld met ~ hê (nie) (not) suffer fools gladly; die toppunt van ~ wees be the height of stupid= ity.

**do·mi·ci·li·um** →DOMISILIE.

**do·mi·nee** =nees clergyman, minister, parson; ~ Murray the Reverend Mr Murray; ~ John Murray the Reverend John Murray. **do·mi·nee·ag·tig** =tige parsonic; preachy.

**do·mi·neer** ge= dominate; domineer, lord it over; predomi= nate. **do·mi·nan·sie** dominance. **do·mi·nant** =nante domi= nant. **do·mi·na·sie** domination. **do·mi·ne·rend** =rende domi= nating, domineering; predominating, dominant.

**Do·mi·ni·kaan** =kane, **Do·mi·ni·ka·ner** =ners, (also d~) Dominican, Black Friar; Dominican (of San Domingo). **Do·mi·ni·kaans** =kaanse, (also d~) Dominican; ~e Republiek Dominican Republic, San Domingo.

**do·mi·ni·um** =ums, (hist.) dominion.

**do·mi·no** =no's domino. ~~**effek**, ~~**uitwerking** domino/knock- on effect. ~(**spel**) (game of) dominoes. ~(**steen[tjie]**) dom= ino.

**do·mi·si·lie** =lieë, =lies, (fml.) domicile. **do·mi·si·li·eer** ge= do= micile, settle.

**dom·krag** n. jack(screw), lifting/screw jack, rack-and-pin= ion jack. **dom·krag** ge=, vb. jack up.

**dom·mel** ge= doze, drowse, be half asleep.

**dom·me·rik** =rike = DOMKOP.

**dom·mig·heid** →DOMHEID.

**domp** ge= dip, lower, depress; 'n lig ~ dim a light. ~**lig** (mot.) passing beam, dip light. ~**skakelaar** dip(per) switch.

**dom·pas** (SA, hist., infml.) dompas.

**dom·pel** ge= dip, duck, dunk, immerse; plunge (s.o. in dark= ness); (basketball) slam-dunk; iets in ... ~ plunge s.t. into ...; in ... ge~ wees be plunged in ... (mourning etc.). ~**doop** baptism by immersion. ~**koffiepot** plunger coffee maker/pot.

**dom·pe·laar** =laars, (mech.) plunger; (elec.) immersion ele= ment/heater, immerser.

**dom·pe·ling** =lings, =linge immersion, dipping.

**dom·per** =pers damper; extinguisher.

**don** dons, (Sp. nobleman, head of a Mafia family) don; (title equivalent to Mr) Don.

**do·na·sie** =sies donation, gift.

**do·na·teur** =teurs,=teure donor; contributor; supporter.

**Do·nau** (river) Danube.

**don·der** =ders, n. thunder; (coarse, derog.: obnoxious/despicable man) bastard, bugger, son of a bitch, sonofabitch, prick; (die) **arme/gelukkige ~**, (coarse) (the) poor/lucky bugger/devil; **~ en bliksem**, (fig.) fire and brimstone; **~ en blitse** thunder and lightning; die **~ dreun/rommel** the thunder rumbles; iem. op sy/haar **~ gee**, (coarse) give s.o. hell; asof deur die **~ getref** (as if) thunderstruck; (dik) die/de **~ in wees**, (coarse) be in a rage; op jou **~ kry**, (coarse) get hell; na die **~ gaan**, (coarse) go to pot; geen **~ omgee nie**, (coarse) not care/give a damn; dit kan iem. geen (of nie 'n) **~ skeel nie**, (coarse) s.o. doesn't care/give a damn; wat die/de **~ doen jy?**, (coarse) what the hell are you doing?. **don·der** ge=, vb. thunder; (cannon) boom, crash; fulminate, rave, storm, thunder (against s.o.); (coarse) beat up, clobber, wallop, thrash. **~bui** thundershower. **~god** thunder god, thunderer; die **~** Thor. **~slag** =slae, **~knal** =knalle thunderclap, burst/peal of thunder; (fig.) bombshell; (mil.) thunderflash. **~storm** thunderstorm. **~weer** thundery weather; thunderstorm; 'n dreuning/gerommel van die **~** a roll of thunder. **~wolk, ~kop** thundercloud, (meteorol.) cumulonimbus.

**Don·der·dag** =dae Thursday; (in the pl.) (on) Thursdays. **~aand, ~(na)middag, ens.** Thursday evening/afternoon/etc..

**don·de·rend** =rende thundering, thunderous; fulminating, fulminatory; **~e stem** booming voice.

**don·ders** =derse, adj. & adv., (coarse) damn(ed), darn(ed), blasted, bloody, bleeding, goddam(n), goddamned, frigging.

**don·ga** =gas donga, gully, (Am.) gulch.

**Don Ju·an** (liter.) Don Juan; (fig.) Don Juan, Casanova, ladies' man, (infml.) lady-killer.

**don·ker** n. dark(ness), gloom, (fml.) obscurity; deur die **~** oorval word be overtaken/surprised by darkness (or by the dark); in die **~** in the dark; under cover of darkness/night; **ná/voor ~** after/before dark; in die **~ tas** grope in the dark. **don·ker** =ker(e) =kerder =kerste, adj. & adv. dark, black (night etc.); dull (weather); heavy (clouds); dark-skinned (pers.); dark-haired (pers.); dusky, swarthy (complexion); low(-pitched) (voice); glowering (look); grave (situation); dark, dim, gloomy, sombre, dismal, murky, grim, obscure; **~ gebrande** koffie dark-roast coffee; iets **~ insien** take a dim view of s.t.; dit/sake lyk (maar) **~** the outlook is gloomy/dark, things are looking black/dark; iets **~ maak** darken s.t.; so **~ soos die** nag (as) dark as night/pitch; **sterk ~ wees** be quite dark; alles het **~ voor** iem. se oë geword everything went/turned/became black before s.o.'s eyes; dit word **~** it is getting/growing dark. **~blou** (also donker blou) dark blue. **~bril** (also donker bril): 'n **~** dark glasses/spectacles, sunglasses. **~kamer** (phot.) darkroom. **~kop** dark-haired person; (woman, girl) brunette. **~maan** dark of the moon; by **~** on a moonless night; dis **~** it's a moonless night, there is no moon. **~swart** (also donker swart) ebony. **~werk** work done in the dark; **~ is** konkelwerk bunglers work in the dark; schemers plot in the dark.

**don·ker·ag·tig** =tige, **don·ke·rig** =rige darkish.

**don·ker·heid** darkness, blackness, gloominess, murkiness, obscurity.

**don·ker·kleu·rig** =rige dark in colour, dark-coloured; swarthy, dark-complexioned, dark-skinned.

**don·ker·te** dark(ness), gloom, murk, obscurity.

**don·ker·vel·lig** =lige dark-skinned.

**don·kie** =kies donkey, ass; dunce. **~hings** jackass. **~jare** n. (pl., (<Eng., infml.): al/reeds **~** (lank) for ages/yonks (or donkey's years), since Adam was a boy; **~ gelede** ages/yonks ago. **~kar** donkey cart. **~merrie** she-ass, jenny (ass). **~re(i)sies, ~wedren** donkey derby. **~vul(letjie)** young ass. **~werk** donkey work, hackwork.

**Don Qui·chot** (also fig.: a dreamer) Don Quixote.

**dons**[1] donse, n. down, fluff; floss; fuzz; nap, bloom (on fruit). **~gans** eider (duck). **~hael** birdshot, dust/fine shot. **~hare** down, fluff, fluffy hair/beard; (bot.) pappus; pile (of a carpet); underfur, undercoat (of an animal). **~kombers** down quilt, eiderdown. **~veer** (orn.) plumule; (in the pl., also) floss (of an ostrich).

**dons**[2] ge=, vb., (infml.) fling; hit; →OPDONS.

**dons·ag·tig** =tige, **dons·e·rig** =rige downy, fluffy, fuzzy; (bot.) floccose, tomentose, tomentous; (bot., zool.) pubescent; **~e stof** fleeced fabric. **dons·e·rig·heid** downiness, fluffiness, fuzziness; (bot.) tomentum; (bot., zool.) pubescence.

**don·sie** =sies (bit of) fluff.

**dood** dode, n. death; decease, demise; dissolution; hoe iem. **aan** sy/haar **~ gekom** het how s.o. died; iem. aan die **~ afgee** (of deur die **~ verloor**) be bereaved; so **bang** soos die **~ vir** ... wees be mortally afraid of ...; die een se **~ is** die ander se **brood** one man's gain is another man's loss, one man's death is another man's breath; **by** die **~ van** ... at/on the death of ...; vlak **by** die **~ wees** be at death's door; die **~** death; **duisend** dode sterf/sterwe, (infml.) die a thousand deaths, be mortified; in die **~** in death; uit die **kake** van die **~ ontsnap** escape from the jaws of death; iem. uit die **kake/kloue** van die **~** (of van 'n **gewisse ~**) red snatch s.o. from the jaws/maw of death, save s.o. from certain death; jy is 'n **kind** des **~s!** you're a dead man/woman!; don't you dare!; iem. die **~ op** die **lyf** ja(ag) frighten s.o. to death; **ná** die **~** after death; **ná** die **~ gebore/gepubliseer**, (child, works) posthumous; 'n nare **~ sterf/sterwe** come to a bad end; dis ook **nie** die **~ nie** it's not the end of the world; **om** die **~ nie** on no account, not on any account, by no means; not for the world (or the love of money or the life of me); **om** die **~ nie!** no way!, over my dead body!, not on your life!; iem. kan iets **om** die **~ nie doen** nie s.o. can't do s.t. to save his/her life; iem. het by die **~ omgedraai** s.o. nearly died (or was at death's door); s.o. narrowly escaped death; aan die **~ ontkom**, die **~ vryspring** escape death; die **~ moet** 'n **oorsaak** hê, (fig.) there is an excuse for everything; iem. uit die **~ opwek** raise s.o. from the dead; so **seker** soos die **~** as sure as fate; die **~ soek** seek one's death, court death; na jou **~ spring** jump to one's death; iem. **ter ~ veroordeel** condemn/sentence s.o. to death; **tot** iem. se **~** to s.o.'s dying day; **tot** die **~** (toe), **tot (in) die ~** unto (or to the) death; (ge)trou **tot** die **~** true till/until death; die **~ trotseer/uitdaag/(uit)tart** dice/flirt with death; **uit** die **~ opstaan/verrys** rise from the dead/grave; **~ en verderf(enis)** death and destruction; die **~ van** ... **veroorsaak** be the death of ...; die **~ vind** meet one's end; iem. die **~ voor** oë hou as hy/sy iets doen threaten s.o. with dire consequences if he/she were to do s.t.; met die **~ voor** oë in the face of death. **dood** dooie, adj. & adv., dead (pers., lang.); deceased; defunct; dull (colour); slow (affair); (in games) out of action; iem. is **aan** kanker/ens. **~** s.o. (has) died of cancer/etc.; **~ en begrawe**, (fig.) dead and buried/gone; (as) dead as a dodo; dooie **bloed** clotted/coagulated/congealed blood; bruised blood; die dooie **blomkoppe** (van ...) afpluk/afsny deadhead ... (the daisies etc.); 'n dooie **boel** a slow affair; 'n dooie **dier** a kill/carcass; **feitlik ~** as good as dead; dooie **gewig** →DOOIEGEWIG; dit is maar **goed** dat iem. **~** is s.o. is well dead; die dooie **hout** uitkap/uitsny, van die dooie **hout** ontslae raak, (fig.) cut out (or get rid of) the deadwood; iem. **is ~** s.o. is dead; s.o. has died; s.o. died; dooie **kapitaal** unproductive capital; 'n dooie **kêrel**, (infml.) a stick-in-the-mud; 'n dooie **kol**, (rad.) a blind spot; in die **kol** dead on target; 'n dooie **kolfblad**, (cr.) a docile wicket; iem. **~ kry** find s.o. dead; →DOODKRY; iem. is nog **lank** nie **~** nie there's life in the old dog yet; **~ lê** lie dead; →DOODLÊ; **~ of lewend(ig)** dead or alive; dooie **lug** stale air; liewer **~ as uit** die **mode** wees be fashion-mad (or a slave to fashion); onderhandelings het 'n dooie **punt** (of **dooiepunt**) bereik (of op 'n dooie **punt**

[of *dooiepunt*] *beland/uitgeloop)* negotiations have reached (or are at) a deadlock/stalemate (or an impasse); *die Dooie See* the Dead Sea (in the Middle East); *dooie* **skuld** nonrecoverable debt; unproductive debt; ~ *aan die* **slaap** *wees* be sound(ly) asleep; *so* ~ *soos 'n mossie/klip* (as) dead as a doornail (or as a/the dodo); *iem. is op* **sterwe** *na* ~, *(also)* s.o. is moribund (or all but dead); s.o. is a real slowcoach; s.o. is a proper stick-in-the-mud; *honderd/ens. is* **vermoedelik** ~ a hundred/etc. are feared dead; *geen/g'n* (of *nie 'n*) *dooie* **woord** *sê nie* not say/speak a single word. **dood** *ge-, vb.* kill; slay; → DOODMAAK. ~**alleen** all/quite alone. ~**arm** penniless, indigent, destitute, poverty-stricken. ~**bang, doodsbang** scared to death, mortally/deathly afraid, frightened out of one's wits, terrified, petrified; ~ *vir ... wees* be in mortal fear of ... ~**bedaard**, ~**kalm** perfectly/quite calm, unfazed. ~**bekommer**, ~**kwel:** *jou* ~ *oor ...* be worried (or worry o.s.) sick (or to death) about ..., be frantically worried about ... ~**benoud** = DOODBANG. ~**blaas** *doodge-* blow out, extinguish (a candle etc.). ~**bloei** *doodge-* bleed to death; (fig.) die down, fizzle out. ~**boek:** *iets in/op die* ~ *skryf/skrywe* consign s.t. to oblivion. ~**brand** *doodge-* burn to death; cauterise. ~**byt** *doodge-* bite to death. ~**doener** (infml.) crushing retort; silly-clever argument; conversation stopper. ~**dollies** *adj.* (usu. pred.), (infml.) hunky-dory, A-OK, A-okay. ~**drink** *doodge-: jou* ~ drink o.s. to death. ~**druk** *doodge-* press/squeeze to death; silence, squash, hush; smother (a yawn); stub out (a cigarette); snuff out (a candle); spike (a rumour); (rugby) touch down. ~**eenvoudig** *adj. & adv.* quite/devastatingly simple, simplicity itself; (as) easy as ABC/anything/pie/winking (or falling off a log); quite simply; *die werk is* ~ the work is plain sailing; *om die* ~*e rede dat ...* for the simple reason that ...; *iets is* ~ ... s.t. is ..., pure and simple (fraud etc.). ~**eerlik** honest to the core (or to a fault). ~**eet** *doodge-: jou* ~ overeat, eat too much, eat one's head off, make a glutton of o.s.. ~**ernstig** *adj. & adv.* deadly serious, grave, solemn, unsmiling; in deadly earnest. ~**gaan** *doodge-* die, perish; (a mach.) switch off, stall; peter out; (a flame etc.) go/blow out; *iem. gaan dood* (of *kan/wil* ~) *oor ...* s.o. is infatuated with ... (s.o.); s.o. is mad about ... (soccer etc.); ~ *van ...* die of ... (shame etc.). ~**geboorte** stillbirth. ~**geboortesyfer** natimortality. ~**gebore** (lit. & fig.) stillborn; *'n* ~ *baba/kind* a stillbirth (or stillborn baby/infant). ~**gereën:** *'n* ~*de wedstryd/ens.* a washed-out match/etc.. ~**gerus** perfectly calm (or at ease), unperturbed, (infml.) unfazed; quite unconcerned. ~**gewoon** everyday, quite common, common or garden, ordinary, usual, humdrum; unglamorous; *dis* ~ ... it's/that's (just) plain (or quite simply or nothing but) ... (bad taste etc.); *iets* ~*s* something quite ordinary/common/normal, a run-of-the-mill thing. ~**goed** *-goeie* good to a fault, very kind; (as) mild as milk, harmless. ~**gooi** *doodge-* kill (by throwing); stone (to death); squash, knock out, finish. ~**gooier** stunner; dumpling. ~**honger** starving, very hungry. ~**hou** deathblow, mortal blow; knockout (blow), staggering blow; stunner, smash(er), scorcher, settler, clincher; *'n* ~ *kry, (also)* get it in the neck; *iem. 'n* ~ *toedien* deal s.o. a staggering blow. ~**huil** *doodge-: jou* ~ cry/weep one's heart out, weep oceans of tears. ~**jammer** a great pity/shame, a thousand pities, a downright/crying shame. ~**kook** *doodge-* overboil; overcook. ~**krap** *doodge-* delete. ~**kry** *doodge-* kill, succeed in killing; *'n brand* ~ extinguish a blaze. ~**kwyn** *doodge-* pine away. ~**lag** *doodge-* laugh down; laugh out of court; *jou* ~ *die* (or kill o.s.) laughing, laugh one's head off, be in stitches (or tickled to death), split one's sides. ~**lê** *doodge-* overlie (a baby). ~**loop** →DOODLOOP. ~**luiters** blandly innocent; unconcerned(ly), casual(ly), indifferent(ly), cool(ly), calm(ly); *jou* ~ *hou* bluff it out, not turn a hair. ~**lyn** (rugby) dead-ball line. ~**maak** *doodge-* kill, take (s.o.'s) life, slay, put to death, liquidate, dispatch, eliminate, finish (off); quench, extinguish; douse (a fire); *'n hond* ~ destroy a dog; *iem. laat* ~ have s.o. killed; *... op die* **plek** ~ kill ... outright; *'n dier* **pynloos** ~ put an animal to sleep;

*wat nie* ~ *nie, maak* **vet** what doesn't kill you makes you stronger. ~**mak** quite tame; as quiet as a lamb. ~**maklik** very/quite/dead/perfectly easy; (infml.) a piece of cake, kid's stuff, a pushover, (as) easy as ABC/anything/pie/winking (or falling off a log). ~**martel** *doodge-* torture to death, martyr. ~**moeg** *-moeë* dead beat/tired, tired/worn out, dog-tired, ready to drop, exhausted; (infml.) knackered, clapped/fagged out, pooped/whacked (out). ~**natuurlik** quite/perfectly natural. ~**nugter** cold sober. ~**ongelukkig** utterly/thoroughly miserable/wretched. ~**onskuldig** quite innocent(ly), as innocent as a lamb, in all innocence. ~**praat** *doodge-* talk down; talk to death; evade, hush up; (pol.) talk out, filibuster; pour cold water on; outargue, outtalk. ~**reën** *doodge-* be killed by rain; wash out, be washed out (by rain). ~**reg** just/exactly right; (as) right as rain. ~**register** death register. ~**rustig** very calm/composed, unperturbed, unruffled, (infml.) unfazed. ~**ry** *doodge-, (a vehicle or its driver)* run over and kill; ride to death (a horse). ~**ryp** *doodge-* be killed/nipped by frost. ~**sake** *n. (pl.): dis* ~ *dié* this is a matter of life and death. ~**seker** absolutely/completely/dead/quite certain, absolutely sure; ~ *maak, (also)* double-check. ~**sertifikaat** death certificate. ~**siek** critically/dangerously ill, sick to/unto death; mortally/fatally/terminally ill, moribund, at the point of death. ~**skaam** *adj.* extremely shy. ~**skaam** *adv.* very shyly. ~**skaam** *doodge-, vb.: jou* ~ *die* of embarrassment/shame, be extremely/terribly embarrassed. ~**skadu(wee)** shadow of death; *die dal/vallei van* ~ the valley of the shadow of death. ~**skiet** *doodge-* shoot (dead), shoot and/to kill, shoot to death, kill by shooting; *jouself* ~ shoot o.s.; *iem. opsetlik* ~ shoot to kill s.o.. ~**skok** *doodge-* electrocute. ~**skoot** (lit.) mortal shot; (fig., a reply etc.) mortal blow, clincher, corker. ~**skop** *doodge-* kick to death. ~**skree(u)** *doodge-* shout down (a speaker); drown out (a speech). ~**skrik** *n.* mortal fright; *iem. die* ~ *op die lyf ja(ag)* scare s.o. half to death, frighten/scare s.o. out of his/her wits/senses, scare the (living) daylights out of (or put the fear of God/death into) s.o.. ~**skrik** *doodge-, vb.: jou* ~ *get the fright of one's life; ... laat iem. hom/haar* ~ ... frightens s.o. to death. ~**slaan** *doodge-* beat/batter/club to death; kill, slay; swat (a fly); squelch, squash (by a retort); extinguish (a flame); *slaan my dood!*, (infml.) strike me dead/pink!, well, I'm (or I'll be) jiggered!; *al slaan jy my my dood, kan ek dit nie regkry nie*, (infml.) I cannot do it for the life of me. ~**slag** deathblow; homicide, manslaughter; (infml.) gore. ~**slagner** killer. ~**smoor** *doodge-* stifle, smother; suppress. ~**snik** last gasp; *'n doel in die* ~*ke van die wedstryd* a last-minute goal/try. ~**sonde** mortal/deadly/cardinal sin. ~**spuit** *doodge-* anaesthetise, apply an (or a local) anaesthetic (to). ~**stadig** dead slow, (as) slow as slow/death; snaillike. ~**steek** *n.* deathblow, finishing stroke, (Fr.) coup de grâce; *iets die* ~ *gee/toedien* finish s.t. off, give s.t. the deathblow; *iets is iem. se* ~ s.t. is s.o.'s pet aversion; *die* ~ *vir iets wees* be the deathblow to s.t.. ~**steek** *doodge-, vb.* stab/knife to death. ~**stem** *doodge-* outvote; vote down, reject (in a ballot). ~**stil** dead quiet, deathly quiet/still, so quiet/silent one can/could hear a pin drop; (as) quiet as a mouse; stock-still, motionless, without moving a muscle, like a statue; dead silent, (as) silent as the grave/tomb. ~**straf** death penalty, capital punishment. ~**stryd** death struggle/throes, agony/throes of death; *die* ~ the last throes; *'n swaar* ~ *hê* die hard. ~**swak** extremely weak, as weak as a kitten. ~**sweet** (cold) sweat of death. ~**swyg** *doodge-* ignore, take no notice of. ~**swygkomplot** conspiracy of silence. ~**tevrede** quite/perfectly content. ~**toevallig** by pure chance, quite accidentally. ~**trap** *doodge-* trample to death; stamp out (a fire). ~**trek** *doodge-* delete, scratch out, (fml.) expunge. ~**treur** *doodge-: jou* ~ grieve o.s. to death. ~**val** *doodge-* drop (or fall [down]) dead; *ek kan* ~ *as ...* strike me dead if ...; *iem. het hom/haar (honderd/ens. meter ver/vêr) doodgeval* s.o. fell (a hundred/etc. metres) to his/her death; *mag ek* ~ *(as dit nie waar is nie)* cross my heart (and hope to die), if that isn't so I'll eat my hat. ~**vat** =te, n., (rugby) (firm) tackle. ~**vat** doodge= vb., (rugby) tackle; tackle/ hold firmly. ~**vee** doodge= wipe out, obliterate; erase. ~**veilig** perfectly safe; gilt-edged (investment). ~**verf** doodge= paint out, obliterate. ~**verskrik** =skrikte terror-stricken/struck. ~**verveel:** jou ~ be bored stiff. ~**vervelig** deadly/extremely boring/dull/dreary, dead boring, (as) dry as dust, mind-numbing. ~**vonnis** →DOODSVONNIS. ~**vries** doodge= freeze (or be frozen) to death. ~**werk** doodge=: jou ~ work o.s. to death (or into the grave/ground). ~**wurg** doodge= strangle, choke to death.

**dood·loop** doodge= come to an end; (a street) end in a cul-de-sac; fizzle/peter out; jou ~ walk o.s. off one's legs. ~**baantjie** dead-end job. ~**pad**, ~**paadjie** blind alley; (fig.) bleak prospect. ~**straat** dead end, dead-end street, cul-de-sac, blind alley; (fig.) impasse.

**doods** doodse deathly, deathlike; drab, (deadly) dull, dreary; desolate; =e gevoel numbness; 'n =e stilte het geheers there was a deathly hush (or a deafening silence).

**doods·:** ~**angs** agony, (unholy) terror, mortal fear; (also, in the pl.) pangs of death; in ~ verkeer/wees be terrified, be in mortal fear, be mortally afraid, (infml.) be scared stiff (or to death). ~**bed** deathbed. ~**beendere** human bones, skeleton(s); skedel en ~ skull and crossbones. ~**berig**, ~**aankondiging** death/funeral notice; obituary (notice). ~**bleek** deathly pale, (as) pale as death, (as) white as a sheet, ashen(-faced). ~**engel** angel of death. ~**gevaar** mortal danger, deadly danger/peril, danger of death; in ~ verkeer be in mortal danger (or deadly danger/peril). ~**kis** coffin. ~**kleed** shroud, winding sheet; pall. ~**kleur** deathly pallor, pallor/hue of death. ~**klok** death knell/bell; die ~ lui the bell tolls; die ~ oor/van/vir ... lui ring/sound/toll the knell of ... ~**kop** skull, death's head. ~**nood** agony/throes of death, death throes; deathly danger. ~**ondersoek:** (geregtelike) ~ inquest, postmortem (examination); mediese ~ postmortem (examination). ~**oorsaak** cause of death. ~**roggel** death rattle. ~**tyding** news of s.o.'s death. ~**vallei** valley of death. ~**veragting** contempt of death; (utter) fearlessness. ~**verlange** death wish. ~**vonnis** death/capital sentence. ~**vrees** fear of death, thanatophobia. ~**vyand** deadly/mortal enemy, archenemy.

**doods·heid** deathliness; deadness; dreariness, dullness, drabness; desolateness; stagnation.

**doof**[1] dowe dower doofste, adj. deaf; →DOWE, DOWERIG; ~ en **blind** vir ... wees close one's mind to ...; niemand is so ~ as wie nie wil **hoor** nie none is so deaf as he who will not hear; **horende** ~ wees be wilfully deaf; jou ~ **hou** pretend not to hear, sham deafness; jou vir ... ~ **hou** turn a deaf ear to ...; so ~ soos 'n **kwartel** (as) deaf as a (door)post, stone deaf; **musikaal** ~ tone-deaf. **doof·heid** deafness.

**doof**[2] ge=, vb. extinguish, put out, douse, quench, damp down (a fire); extinguish, switch/turn off, turn out, dim (a light); deaden (a sound). ~**pot** extinguisher; iets in die ~ stop cover/ hush s.t. up, sweep s.t. under the carpet, stifle/smother s.t.; throw s.t. on (or consign/relegate s.t. to) the scrap heap (a plan etc.).

**doof·stom** (possibly derog.) deaf-mute, profoundly deaf. **doof·stom·heid** deaf-mutism, deaf-muteness. **doof·stom·me** n. deaf mute.

**dooi** ge= thaw. ~**weer** thaw(ing weather).

**dooi·e** =es (a/the) dead/deceased (person); fatal casualty; daar was **baie** ~s there were many fatalities; **die** ~ s the dead; die ~s **klik** nie, wat die ~ **weet**, word met hom begrawe dead men tell no tales; (die) ~s **opwek** raise the dead.

**dooi·e·:** ~**gewig** dead weight. ~**lam** stillborn lamb. ~**mansdeur**, **dooimansdeur:** voor ~ kom, aan ~ klop find nobody at home; get no hearing. ~**rus** at dead rest, with a supporting rest; ~ neem/vat/skiet fire with one's rifle rested; op iets ~ neem/vat rest one's rifle on s.t. to fire.

**dooi·er** =ers, **door** dore yolk (of an egg).

**dooi·e·rig** =rige lifeless, listless, apathetic, sluggish, lethargic, lacklustre. **dooi·e·rig·heid** listlessness, lethargy.

**dooi·lik** =like lifeless, listless, apathetic.

**dool** ge= roam, rove, wander (about). ~**hof** =howe labyrinth, maze. ~**weg** wrong way/path; op die ~ raak go astray.

**doop** n. baptism, christening. **doop** ge=, vb. baptise, christen; name (a ship); sop (bread in milk); dip, dunk (a rusk in coffee); initiate (a student); →DOPELING, DOPER; iets in ... ~ dip s.t. in/into ... ~**bediening** christening, baptism. ~**belofte**, ~**gelofte** baptismal vow. ~**boek** baptismal/parish register. ~**diens** baptismal service. ~**formulier**, **doopsformulier** order of baptism, christening ritual. ~**getuie** godparent, sponsor. ~**lid(maat)** baptised member. ~**naam** baptismal name, first/given/Christian name, forename. ~**ouers** parents of a/ the child receiving baptism. ~**plegtigheid** christening, baptismal ceremony. ~**rok(kie)** christening robe. ~**seel** =s, ~**sertifikaat** =kate baptismal certificate, certificate of baptism. **D**=**sondag** christening Sunday. ~**sous** dip. ~**vont** baptismal font. ~**water** baptismal water.

**Doops·ge·sind** =sinde, adj., (also d~) Anabaptist. **Doopsge·sin·de** =des, n., (also d~) Anabaptist.

**doos** dose box, case; container; (vulg.: female genitals) cunt, twat; (coarse: foolish/despicable pers.) sod, tit, twat; uit die oude/ ou(e) ~ wees, (s.o.) be old-fashioned; (s.t.) be out of fashion, be outmoded/unfashionable/antiquated, be old hat. ~**barometer** aneroid barometer. ~**vrug** capsular fruit, capsule. ~**wyn** box wine.

**dop** doppe, n. shell (of an egg); husk (of seeds, grapes); hull (of rice); pod (of peas); capsule; case (of a cartridge); sheath; scale; skin (of grapes); carapace (of a tortoise); cap, top (of a pen); drink, tot, (SA, infml.) dop; (infml.: head) noggin, pate, skull; ~ en **dam** brandy and water; **in** die ~ in the shell, in embryo; in the making; 'n digter/ens. **in** die ~ a budding poet/etc.; 'n eier **in** die ~ a shell egg, an egg in the shell; in jou ~ **kruip** go/retire into one's shell, shrink into o.s.; uit jou ~ **kruip** come out of one's shell; 'n leë ~ an empty shell; **skaars** uit die ~ hardly out of the shell; 'n ~ **steek/maak**, (infml.) have a tot/snifter/snort; 'n **stywe** ~, (infml.) a stiff drink/tot. **dop** ge=, vb. shell (peas, beans); hull, dehusk; pop (out of); (infml.) tipple, booze; (SA, infml.) fail, plug (an examination). ~**brandewyn** dop brandy. ~**emmer** milking pail. ~**-ertjie** =jies green pea. ~**hoed(jie)** bowler (hat), hard/pot hat. ~**hou** dopge= watch, observe, keep one's eyes (or an eye) on; iem. fyn ~ observe s.o. narrowly; watch s.o. like a hawk; sake fyn ~ keep one's ear(s) (close) to the ground; iem./iets fyn/goed ~ keep (a) careful/close watch on s.o./s.t.; hou die koerante dop! watch the newspapers!; die pad strak ~ keep one's eyes glued to the road; iem. word dopgehou s.o. is being watched; s.o. is under surveillance. ~**luis** scale (insect); sagte ~ soft scale. ~**maat** tot measure. ~**sleutel** box spanner. ~**steek** dopge= tipple. ~**stelsel** tot system. ~**vrug** achene.

**do·pe·ling** =linge child/person to be baptised (or receiving baptism).

**do·per** =pers baptiser; (Prot.) Baptist; Johannes die D~, (NT) John the Baptist. **do·pe·ry** christening; naming; initiation (among students).

**dop·pe·ling** =linge failure (in an examination).

**Dop·per** =pers, (SA, infml.: member of the Reformed Church) Dopper. ~**kerk** Dopper/Reformed Church.

**dop·pie** =pies small shell/husk/hull/pod; lid, cap (of a tube, bottle, etc.); percussion/blasting cap, detonator; small tot (of liquor); (icht.) young silverfish; gaan blaas ~s!, (infml.) go (and) jump in the lake!; iem. se ~ het geklap, (infml.) s.o. has had it (or his/her chips), s.o.'s bubble has burst; the game is up; iem. se ~ gaan klap, (infml.) s.o. is (in) for it; iem. se ~ laat klap, (infml.) blow the whistle on s.o.; 'n ~ steek/maak, (infml.) have a tot/quickie; ~s verdien, (infml.) get paid peanuts; *'n ~ (vol)* a capful; *'n ~ wegslaan, (infml.)* wet one's whistle.

**dor** *dor(re) dorder dorste, adj.* dry *(wood)*; barren, sterile *(land)*; arid *(desert)*; dull, humdrum, prosaic; withered, dried up *(plants etc.)*. **~(re)bank** hardpan.

**do·ra·de** *=des, (icht.)* dolphinfish.

**dor·heid** dryness, aridity, barrenness.

**do·ring** *=rings* thorn, prickle, spine; tang *(of a knife)*; nib *(of a tool)*; shank; barb; cock; *(infml.: reliable, helpful pers.)* brick; *(infml.: skilful pers.)* expert, master, pundit, wizard, whiz(z), boffin, fundi; *jy's 'n (ou) ~!, (infml.)* you're tops!; *'n ~ in die oog wees, (an ugly building etc.)* be an eyesore; *in 'n ~ trap* step on a thorn; *'n ~ van 'n ... a* devil of a ... *(chap etc.)*; *vir iem. 'n ~ in die vlees wees* be a thorn in s.o.'s flesh/side; *vol ~s* thorny, spiny; *'n pad vol ~s, (fig.)* 'n path/way strewn with thorns, an obstacle course. **~blaar(turksvy), ~blad(turksvy)** prickly pear. **~boom** thorn (tree). **~bos** thorn bush. **~draad** barbed wire; *(infml.: bad liquor)* rotgut, firewater, jungle juice. **~draadversperring** barbed-wire entanglement. **~haai** spiny dogfish. **~hout** acacia/mimosa (wood). **~kraal** thorn-bush enclosure. **~kroon** crown of thorns; *(bot.)* Christ's thorn. **D~rosie** *(fairy tale)* Sleeping Beauty. **~struik** thorn bush, briar, brier. **~tak** thorn-tree branch. **~veld** thorn scrub.

**do·ring·ag·tig** *=tige* thorny.

**do·ring·loos** *=lose* spineless, thornless.

**do·ring·rig** *=rige* thorny, prickly, spiny. **do·ring·rig·heid** prick=liness.

**dorp** *dorpe* village; townlet, small town; *buite(kant) die ~* out of town; *die hele ~ het die mond daarvan vol* it is the talk of the town; *~ se kant toe* toward(s) town; *op/in die ~ woon* live in town; *in die ~ rond* about town; *~ toe gaan* go to town; *tien/ens. kilometer uit die ~* ten/etc. kilometres from town.

**dor·pe·ling** *=linge*, **dor·pe·naar** *=naars, =nare* villager; town dweller, *(infml.)* townie, townee.

**dor·pie** *=pies* village, small town; *klein ~* hamlet, small settle=ment.

**dorps** *dorpse* village-like; rural, rustic.

**dorps-: ~aanleg** town planning; township. **~bewoner** vil=lager, townsman. **~gebied** township; municipal/urban area. **~huis** house in a village; farmer's town house. **~japie** *(derog.)* townie, townee. **~kind** town-bred child. **~klerk** village/town clerk. **~meent, ~grond, ~veld** village green, (town) com=mon, town lands, *(jur.)* commonage. **~raad** village council. **~wyk** (village) ward.

**dors¹** *n.* thirst; *~ hê* be thirsty, have a thirst; feel dry; *~ kry* become/get thirsty; *jou ~ les* quench/satisfy/slake one's thirst; *'n onlesbare ~* an unquenchable thirst; *sterf/sterwe/ver=gaan/versmag van (die) ~* be dying of (or be parched with) thirst, be dying for a drink. **dors** *dors dorser dorsste, adj.* thirsty; dry; *iem. is ~* s.o. is thirsty (or has a thirst); s.o. feels dry; *dit maak ('n) mens ~* it makes one thirsty, it's (or it is) thirsty work. **dors** *ge=, vb.* be thirsty; *na iets ~, (poet., liter.)* thirst for/after s.t., have a thirst for s.t.. **~land** *(waterless re=gion)* thirstland.

**dors²** *ge=, vb., (agric.)* thresh, thrash; flail. **~masjien** thresh=ing machine, thresher. **~tyd** threshing time. **~vleël, ~stok** flail. **~vloer** threshing floor.

**dor·saal** *=sale, (biol.)* dorsal, tergal.

**dor·ser** *=sers, (agric.)* thresher.

**dors·les·send** *=sende*, **dors·stil·lend** *=lende* thirst-quench=ing *(drink)*.

**dors·tig** *=tige* thirsty; dry, arid *(region)*; *(fig.)* thirsting, long=ing, yearning *(soul, heart, etc.)*. **dors·tig·heid** thirst(iness); dryness; *(fig.)* thirst(ing), longing.

**dor·tel·ap·pel(·tjie)** apple of Sodom.

**do·seer¹** *(ge=)* lecture, teach; *doserende personeel* academic/teaching staff. **do·sent** *=sente* (academic) teacher; tutor, in=structor. **do·se·ring** teaching, lecturing.

**do·seer²** *(ge=)* dose *(an animal)*; drench; *... met iets ~* dose ... with s.t.. **do·se·ring** dosing; drenching *(of animals)*.

**do·sie** *=sies* small box; casket.

**do·sis** *=sisse* dose, dosage; quantity; *te groot ~* overdose; *te klein ~* underdose; *daarvoor is 'n hele ~ kennis nodig* that requires a great deal of knowledge.

**dos·sier** *=siere, =siers* docket, file, dossier.

**do·syn** *=syne* dozen; *by die ~* by the dozen; *by (die) ~e, (fig., infml.: in great numbers)* by the dozen; *~e eiers/ens.* dozens of eggs/etc.; *twee/ens. ~ eiers/ens.* two/etc. dozen eggs/etc.; *'n volle ~* a round dozen.

**dot·com-** *det., (infml., Internet)*: **~-bloeityd(perk)** dotcom boom. **~-onderneming** dotcom business.

**dou** *n.* dew; (short) drizzle; *nat van die ~ wees* be wet/heavy with dew. **dou** *ge=, vb.: dit ~* dew is falling; *dit het oornag swaar ge=* there was a heavy dewfall last night; *(water)nat ge= wees* be wet/heavy with dew. **~blom** sundew. **~druppel** dewdrop. **~fris** (as) fresh as a daisy. **~meter** drosometer. **~voordag** before daybreak, at the crack of (or at earliest) dawn. **~wurm** ringworm.

**do·we** *=wes* deaf person; *die ~s* the deaf; *dit het jy aan geen ~ gesê nie* your words haven't fallen on deaf ears; *Instituut vir D~s* Institute for the Deaf.

**do·we·rig** *=rige* slightly deaf. **do·we·rig·heid** slight deafness.

**Dow Jones: ~ ~-indeks, ~ ~-gemiddeld(e)** *(Am. stock exch.)* Dow Jones index/average.

**Down·sin·droom** *(med.)* Down's syndrome.

**dow·we** *adj. (attr.)* →DOF. **dow·we·rig** *=rige* rather dull/faint/dim.

**do·yen** *=yens, (masc., Fr.)* doyen; dean, oldest. **do·yen·ne** *=nes, (fem., Fr.)* doyenne.

**dra** *ge=* carry, convey; bear *(fruit, an inscription, a name, re=sponsibility, etc.)*; wear *(clothes, a ring, a beard, etc.)*; hold *(a rank, title)*; *(eyes)* discharge; *(wounds)* run, suppurate; *(ani=mals)* be with young; *(a gun)* have a range; support *(a popu=lation)*; sustain; suffer *(a fate)*; *sy ~ die broek* she wears the trousers; *gaar ge~ wees, (a piece of clothing)* be worn to a thread; *iets geduldig ~* bear s.t. patiently *(poor health etc.)*; *goed ~, (shoes, a garment, etc.)* wear well; *jou jare goed ~* carry one's years well, wear well; *pilare ~ die koepel* pillars support/carry the dome; *iets sal lank ~* s.t. will stand a lot of wear *(shoes, a garment, etc.)*; *'n stem wat ~* a soaring voice, a voice that carries; *~ende waarde* contributory value; *wa=ter na die see ~, uile na Athene ~* carry coals to Newcastle. **~koste, draagkoste** *(esp. agric.)* overhead expenses. **~krag, draagkrag** bearing power; carrying capacity *(of a pasture, ship)*; working load *(of a vehicle)*; range *(of a gun)*; carrying power, range *(of s.o.'s voice)*; lift *(of an aircraft)*. **~radio** por=table radio. **~rak, draagrak** *(esp. mot.)* carrier (rack). **~rok** day dress. **~sak** carry/carrier/tote bag. **~stoel** →DRAAGSTOEL. **~tyd, draagtyd** gestation period. **~vermoë, draagvermoë** bearing strength/power/capacity; carrying/load capacity. **~vlak** →DRAAGVLAK.

**draad** *drade, n.* thread, yarn; thread *(of material, a story)*; clue; fibre, filament; *(anat.)* filum; ply *(of wool)*; grain *(of fab=ric, wood)*; string *(of a pod)*; wire, strand *(of wire)*; *(teleph.)* line; *(med.)* stitch; wire, fence; →DRAADJIE; *'n ~ gare/garing* a thread (of cotton); *geen ~ hê om aan te trek nie* not have a thing/stitch to wear; *geen ~ (klere) aanhê nie* not have a stitch on, not be wearing a stitch, be without a stitch of clothing; *kort van ~ wees, (infml.)* have a short/quick tem=per, be short-tempered, have a short fuse; *die ~ kwytraak* lose the thread *(of a discourse)*; *'n ~ loop deur iets* a thread runs through s.t.; *met die ~* with the grain; *die ~ opneem* resume (or pick/take up) the thread *(of a discourse)*; *die drade saamvat* gather/pick up the threads; *op die ~ sit, (fig.)* sit on the fence; *('n) ~ span* put up a wire; *oor 'n ~ spring* jump/take a fence; *teen die ~ (in)* against the grain; *jou ~ trek,* *(vulg.: masturbate)* wank, jerk off; *drade trek* pull wires, plot, scheme. **draad** *ge=, vb.* wire; fence; string *(beans).* ~**borsel** wire brush, wire bristle brush. ~**dikte** wire gauge, denier. ~**heg** *ge=, vb., (bookbinding)* wire-stitch, staple. ~**heining** wire fence. ~**kabel** wire rope. ~**knipper** *(pers.)* wire cutter; *(instr.)* wire cutter(s), wire-cutting pliers, secateur. ~**kruis** *(opt.)* cross hairs. ~**loper** tightrope walker, funambulist. ~**mandjie** wire basket; frying basket. ~**nommer** wire gauge. ~**omheining** wire enclosure. ~**paal** fencing pole, standard. ~**sitter** *(pol.)* fence-sitter. ~**sittery** fence-sitting. ~**skêr** wire cutter(s). ~**skerm** wire screen; *met* ~ wire-meshed. ~**sny** → DRAADSNY. ~**snyer** screw cutter, screw-cutting tool/vice; wire cutter; wire-cutting pliers; →DRAADKNIPPER. ~**spanner** fencer, fence erector; turnbuckle; wire stretcher. ~**spyker** wire/sinker nail. ~**stroper** wire stripper. ~**tang** *(cutting/ wire)* pliers, wire cutter(s). ~**tou** stranded wire, wire rope. ~**trek** *draadge=, (tech.)* wire-draw; *(fig.)* pull wires; *(vulg.: masturbate)* wank, jerk/whack off. ~**trekker** wire drawer; *(lit.)* wire worker; *(lit.)* wire stretcher, fence strainer; *(fig.)* wirepuller, intriguer, plotter, schemer. ~**trekkery** *(tech.)* wire stretching; *(tech.)* fencing; *(fig.)* wirepulling, intrigue, plotting, scheming. ~**versperring** protective wire, (barbed-)= wire entanglement. ~**werk** wire work; wiring; wire grate; filigree (work); *vol* ~ *wees, baie* ~ *hê* be quirky, be full of quirks *(or* fads and fancies). ~**wurm** thread=, wire=, round= worm, nematode.

**draad·jie** *-jies* filament; thin thread; *aan 'n (dun)* ~ *hang* hang by a hair *(or* a [silken/single] thread), hang/be/tremble in the balance; be on a razor's edge.

**draad·loos** *-lose, n., (dated)* wireless, radio. **draad·loos** *-lose, adj.* wireless.

**draad·sny** *draadge=, vb.* cut a screw. ~**moer** die nut. ~**skroef** tapping screw. ~**stel** stock and dies. ~**tap** screw tap.

**draad·vor·mig** *-mige* threadlike, filamentary, filamentous; *(biol.)* filiform.

**draag·:** ~**as** carrying shaft. ~**baar** →DRAAGBAAR *n..* ~**balk** bearer, supporting beam; girder; *(min.)* bearer. ~**band** (arm) sling, *(med.)* suspensory (bandage); (gun) sling. ~**frekwen· sie** carrier frequency. ~**hout, drahout** crossbar, neckbar *(of a harness).* ~**klamp** bracket. ~**koste** →DRAKOSTE. ~**plank** car= rier. ~**punt** fulcrum. ~**rak** →DRARAK. ~**stoel, drastoel** se= dan chair; palanquin, palankeen; gestatorial chair *(of the Pope).* ~**suil** supporting column. ~**tyd** →DRATYD. ~**verband** sling, suspensory (bandage). ~**vermoë** →DRAVERMOË. ~**vlak, dravlak** supporting/bearing surface; plane *(of an aeroplane);* hydrofoil; aerofoil; abutment. ~**wydte** range *(of a gun);* im= port *(of words);* scope *(of a proposal etc.)*

**draag·baar** *-bare, n.* stretcher; bier *(for a coffin, corpse);* bar= row; *iem. op 'n* ~ *wegdra/afdra* stretcher s.o. away/off. **draag· baar** *-bare, adj., (also* drabaar) portable *(computer etc.);* ~**bare** *orrel* hand organ; ~**bare (tele)foon** mobile (tele)phone; ~**bare** *stereostel* portable/personal stereo.

**draag·lik** *-like* bearable, tolerable, endurable, sufferable, supportable, liv(e)able with.

**draai** *draaie, n.* turn; *(rope)* twist, coil; bend *(of a river);* curve, turning *(of a road);* corner; kink; *(anat.)* axis; whirl, gyration; winding; →DRAAITJIE. *'n* ~ *aan iets gee, (lit.)* give s.t. a twist; *(fig.)* twist the meaning of s.t.; *'n* ~ *by iem.* **gooi/maak,** *(infml.)* look in on s.o.; *'n* ~ *in ...* **gooi/maak,** *(infml.)* pay a short visit to ... *(Knysna etc.); 'n* ~ *in die pad* a turn in/of the road; *'n* ~ *in die rivier* a bend/turn of the river; *'n Kaapse* ~, *(in= fml.)* a wide turn; a detour; *'n kort* ~ a sharp curve/turn; *'n* ~ *te* **kort** *maak/neem/vat* cut a corner, make/take too short a turn; *die pad maak 'n* **kort** ~ the road curves sharply; *nie jou* ~*(e)* **kry** *nie* not find time to do s.t., not make it, not get round to (doing) s.t.; *'n* ~ **loop,** *(infml., euph.)* go to the bath= room, go for a widdle, take a leak; *'n (groot)* ~ *om iem.* **loop** give s.o. a wide berth; *altyd met* ~*e* (of *'n* ~) **loop,** *(fig.)* never get/go right/straight to the point; *'n* ~ **maak,** *(a road etc.)*

make a curve; *sy onderste* ~ **maak,** *(a recession etc.)* bottom out; *'n* ~ *by iem.* **maak** →**gooi/maak;** *met* ~**e** circuitous; *om die* ~ *wees, (lit.)* be round the corner; *om 'n* ~ *gaan* take a corner/turn; *skerp* ~**e** zigs and zags; *'n* ~ *van die* **slinger** a turn of the handle; *'n* ~ **vat** take a corner/turning, make/ take a turn; *vol* ~**e** sinuous; *vol* ~*e en kinkels wees, (a road, storyline, etc.)* be full of twists and turns. **draai** *ge=, vb.* turn; bend, curve, angle; twirl, spin (round); twine; rotate, re= volve *(round a point);* circumvolute; gyrate, whirl *(in a circle); (a road)* wind; *(the wind)* shift, veer, twist; linger, tarry, loiter, dawdle, delay; roll *(cigarettes etc.);* wind, crank; change sides; swivel; play *(records); (tennis)* spin, twist; grind *(an organ);* lay *(a rope); 'n bal laat* ~ put spin/turn on a ball; ~ *binnekort, (a film)* showing soon/shortly; *buitekant toe* ~ turn out; *jy kan jou nie* **daarin** ~ *nie* there is no *(or* not enough) room to swing a cat; *jou* **gesig** *na ...* ~ *face ...; alles* ~ **hierom** this is the crux of the matter; *jou* ~ turn, move round; *jou uit iets* ~ wriggle out of s.t.; *jou nie* **kan** ~ *nie* be very busy; *kort om* ~ turn on one's heel; *lank met iets* ~ take one's time about/over s.t.; *links/regs* ~, *(s.o.)* bear to the left/right; *(a road etc.)* curve to the left/right; **moenie** ~ *nie!* don't be long!; ~ **nou** now showing *(in a cinema); om iets* ~ pivot on s.t.; hinge (up)on s.t.; centre in/(up)on s.t.; *die aarde* ~ *om sy as* the earth revolves on its axis; *die aarde* ~ *om die son* the earth revolves about/(a)round the sun; *die wiel* ~ *om die as* the wheel works on the axle; *alles* ~ *om hierdie* **feit** every= thing hinges/turns (up)on this fact, this is the crux of the whole matter; *al om iem.* ~ stay close to s.o. all the time; *alles* ~ *om my* I am *(or* my head is) reeling; everything de= pends on me; *iem. se (hele) lewe* ~ *om ...* s.o.'s life revolves around ..., ... is the focal point of s.o.'s life; *iets* **om** ... ~ twist s.t. (a)round ...; *regs* ~ →*links/regs; iem.* ~ **skielik** *(links/regs) weg* s.o. takes a sudden turn (to the left/right); *iets* **so** ~ *dat...* twist things in such a way that ...; *jou* **teen** *iem.* ~ turn against s.o.; *jou* **uit** *iets (los)*~ twist/wriggle out of s.t. *(s.o.'s grasp etc.);* shuffle/wiggle/wriggle out of s.t. *(a responsi= bility, obligations, etc.); die* **wind** ~ *oos/ens.* the wind is shift= ing to the east/etc.; *na die* **wind** ~ broach to. ~**as** pivotal axis. ~**baken** rotating beacon. ~**bal** spin (ball). ~**(bal)bouler** spin bowler, spinner. ~**bank** lathe. ~**beitel** turning chisel, chaser. ~**beweging** rotary movement, rotational motion, wheeling. ~**blok** swivel block. ~**boek** (film) script, screen= play, scenario. ~**boekskrywer** script=, screenwriter, scenar= ist. ~**boom** turnstile, =pike. ~**boor** auger; rotary drill. ~**bou· ler** →DRAAI(BAL)BOULER. ~**boul(werk)** spin bowling. ~**brug** swing/swivel/pivot/turn bridge. ~**deur** revolving/rotating/ swing door. ~**duik** tailspin, tail dive. ~**gewrig** wheel and axle joint. ~**haak** swivel hook. ~**hals** *(orn.)* red-throated wry= neck. ~**hek** turnstile. ~**hoek** angle of rotation. ~**jakkals** *(in= fml.)* →BAKOORVOS. ~**kewer** whirligig beetle. ~**kolk** eddy, whirlpool, swirl, vortex, maelstrom. ~**kous** *(infml.)* dawdler, lingerer, loiterer, slowcoach. ~**kraan** rotary crane. ~**orrel** barrel organ. ~**plek** turning; turning space; turning bay. ~**pot· lood** (self-)propelling pencil. ~**punt** centre of rotation/gy= ration; fulcrum. ~**rigting** direction of rotation. ~**rooster** ro= tary grill. ~**saag** circular saw. ~**skyf** rotating disc; *(rly.)* turn= table, =plate, turning platform; potter's wheel. ~**spieël** swing/ cheval glass. ~**spil** pivot, capstan. ~**spit** rotisserie, revolving spit. ~**staander** lazy Susan. ~**stel** bogie. ~**stoel** revolving/ swivel chair. ~**storm** tornado, twister, cyclone. ~**suiker** bar= ley sugar. ~**tafel** turntable. ~**tol** spinning top, pegtop, whirl= igig. ~**trap** spiral/winding staircase. ~**verhoog** revolving stage. ~**vlerk** rotor *(of a helicopter).* ~**werk** turning, turnery; turner's ware/work; lathe work. ~**wissel** *(rly.)* (turning) points.

**draai·baar** *-bare* revolvable, rotatable, loose, turning, re= volving, swinging.

**draai·er** *-ers* turner; axis; loiterer, dawdler; twister; *passer/ monteur en* ~ fitter and turner.

**draai·e·rig** *-rige* lingering, loitering; hesitating; dizzy, giddy; dilatory.

**draai·e·ry** -*rye* delay, loitering, tarrying.

**draai·ing** -*ings*, -*inge* turning, spin; rotation, revolution; torsion, twist, gyration; convolution.

**draai·ings:** ~**as** axis of rotation/revolution. ~**hoek** angle of torsion.

**draai·tjie** -*tjies* small turn; twist; trick; →DRAAI *n.; 'n ~ loop* take a short walk; *(infml., euph.)* go to the ladies/gents.

**draak** *drake* dragon; →DRAKE-; *iem. is 'n regte (ou)* ~ s.o. is a vixen/battleaxe; *met iem./iets die ~ steek* make fun of (or poke fun at) s.o./s.t.; *(infml.)* send s.o./s.t. up. ~**boot** *(large Chin. rowing boat)* dragon boat. **draak·ste·ke·ry** fun, fooling (around/about), mischief, shenanigans; *(infml.)* spoof, send-up.

**draal** *ge*- dawdle, delay, dally, linger, loiter, tarry; lag; →DRALEND.

**dra·baar** -*bare, adj.* wearable *(clothes)*; →DRAAGBAAR *adj..*

**dra·bok** *(bot.)* darnel, tares.

**dra·de·rig** -*rige* stringy, thready; ropy *(bread)*; *(min.)* fibrous, nemaline; filamentous.

**dra·er** -*ers* bearer, carrier, porter; runner *(of scaffolding)*; bolster *(of a girder)*; *(anat.)* atlas; host *(plant)*; vector, carrier *(of a disease)*; holder; vehicle; suspensor. ~**plant** host plant.

**draf** *n.* jog; jogging; trot *(of a horse)*; →DRAFFIE; *in 'n ~ oorgaan* break into a trot; *op 'n ~* at a trot; at the double; *iets op 'n ~ doen* do s.t. at a run; *'n stywe ~* a smart trot; *'n vinnige ~* a quick trot. **draf** *ge*-, *vb.* jog; trot; *('n entjie) gaan ~* go for a jog; *heen en weer ~* bustle about; *vir iem. heen en weer ~* fetch and carry for s.o.. ~**stap** *n.* jog trot. ~**stap** *ge*-, *vb.* go at a slow trot.

**draf·fie** -*fies* jog trot; →DRAF *n..*

**drag** *dragte* costume, dress, wear, apparel, garb, fashion; burden, charge, load; range *(of a gun)*; pregnancy, gestation; farrow, litter; crop; fleece; heel *(of an animal)*; discharge, matter, pus *(of a wound)*; 'n ~ *hout* a load/bundle of wood; *'n ~ slae* a thrashing/spanking/beating/hiding; *'n boom in volle ~* a tree in full bearing. **drag·gie** -*gies* light/small load; *'n ~ vuurmaakhout* a small bundle of firewood.

**drag·ma** -*(mas)*, **drag·me** -*(mes)*, *(monetary unit)* drachma.

**dra·gon** tarragon. ~**asyn** tarragon vinegar.

**drag·tig** -*tige* in/with young, big-bellied, *(tech.)* gravid; *'n ~e koei* a cow in calf; *'n ~e merrie* a mare in foal; *'n ~e ooi* a ewe in lamb; *'n ~e sog* a sow in pig; *'n ~e teef* a bitch in pup.

**dra·ke:** ~**bloed** dragon's blood; *(bot.)* bloodwort. ~**kop** dragon's head; gargoyle.

**dra·kens·ber·ger** *(also D~, breed of cattle)* Drakensberger (cattle).

**dra·kie** -*kies* litte dragon; *(icht.)* dragonet.

**dra·ko·nies** -*niese meer ~ die mees* -*niese* draconian, draconic.

**dra·ko·niet** *(min.)* draconite.

**dra·lend** -*lende* hesitating, loitering, tarrying; →DRAAL.

**dra·ma** -*mas* play, drama, dramatic work; *(fig.)* drama. ~**skool** drama school. ~**skrywer** dramatist, playwright. ~**student** drama student.

**dra·ma·tiek** drama(tics), dramatic art; tragic nature. **dra·ma·ties** -*tiese meer ~ die mees* -*tiese* dramatic.

**dra·ma·ti·seer** *ge*- dramatise, adapt for the stage/theatre; act out; dramatise, make a drama of. **dra·ma·ti·se·ring** dramatisation.

**dra·ma·tis per·so·nae** *n. (pl.), (Lat., fml.)* dramatis personae *(of a play, novel, narrative).*

**dra·ma·turg** -*turge* dramatist, playwright. **dra·ma·tur·gie** dramaturgy, playwriting.

**drang** *drange* (inner) urge, instinct, impulse, tendency; craving, longing, hankering; pressure, force, stress; insistence,

urgency; *'n ~ na ... hê* have a craving for ... *(pleasure etc.)*; have an urge to ...; *onder die ~ van ...* under stress (or by force) of ... *(circumstances etc.); 'n onweerstaanbare ~* an irresistible urge.

**drank** *dranke* drink, beverage; liquor, spirits; draught, mixture, potion; drench; *onder die invloed van ~ wees* be under the influence of liquor, be the worse for liquor; *onder die invloed van ~ bestuur* drive under the influence (of liquor); *die ~ los* (of *laat staan/vaar*) stop (or give up) drinking, keep off alcohol; *sterk ~* alcoholic/strong drink, spirits, liquor; *nie sterk ~ gebruik nie* abstain from alcohol/drinking; *iem. kan baie ~ verdra* s.o. can hold his/her liquor; *aan ~ verslaaf wees* be addicted to drink, be an alcoholic, drink to excess. ~**buffet** (cocktail) bar. ~**gebruik** drinking; *matige ~* drinking in moderation; *oormatige ~* excessive drinking. ~**handel** liquor trade. ~**handelaar** liquor dealer, bottle store owner. ~**kabinet** drinks/cocktail cabinet. ~**kelner** wine steward. ~**lisensie** liquor licence. ~**misbruik** alcohol abuse, abuse of liquor, excessive drinking. ~**probleem** *(euph.)* drinking problem. ~**smokkelaar** liquor-runner, bootlegger. ~**smokkel(a)ry** liquor-running, bootlegging. ~**verbod** prohibition; *voorstander van die/'n ~* prohibitionist. ~**verbruik** consumption of liquor. ~**wet** liquor law, licensing act. ~**winkel** bottle store. ~**winkellisensie** liquor/off-sales licence.

**dran·kie** -*kies* drink; *(infml.)* dram, spot, liquid refreshment; medicine, potion; ~s *(vir ander) bestel* stand drinks; *iem. betaal vir die ~s* the drinks are on s.o.; *'n ~ drink* have a drink; *'n laaste ~* one for the road; *'n ~ maak* have/take a drink; ~s *skink* serve drinks; *vir iem. 'n ~ skink* pour a drink for s.o..

**drank·lus** intemperance. **drank·lus·tig** -*tige* intemperate, bibulous.

**drank·sug** dipsomania, alcoholism, alcoholic addiction, addiction to drink. **drank·sug·ti·ge** -*ges* dipsomaniac, alcoholic, tippler, inebriate.

**dra·peer** *(ge)*- drape, swathe. **dra·pe·ring** draping, drapery.

**dras·ties** -*tiese meer ~ die mees* -*tiese* drastic; ~*e maatrëels* drastic/radical/sweeping measures; *pryse ~ verlaag* slash prices.

**draw·we** = DRAF *vb..* **draw·wer** -*wers* jogger; trotter, hackney, hack. **draw·wer·tjie** -*tjies, (orn.)* courser.

**dreef:** *iets op ~ bring* set s.t. going; *goed op ~ wees, (fig.)* be firing on all four cylinders; *iets is goed op ~* s.t. is shaping well; *iem. op ~ help* give s.o. a start (in life), help s.o. along/forward, set s.o. going; *op ~ kom* hit (or get into) one's stride, get going; get one's hand in; find one's feet/legs; get off the ground *(fig.)*; get under way; *met iets op ~ kom, (also)* get into the swing of s.t.; *op ~ wees* be in (good/great) form; *(a plan)* be on track; be on stream; *nie op ~ wees nie* be off (or out of) form, *(infml.)* be out of sync(h).

**dreg** *dregge, n.* dredge, drag, grapnel, grappling iron/hook. **dreg** *ge*-, *vb.* dredge; drag, trail. ~**anker** grapnel. ~**haak** drag hook, grapple. ~**net** dragnet, trawl (net).

**dreig** *ge*- threaten, menace; intend; impend; *iem. met ... ~* threaten s.o. with ...; ~ *om iets te doen* threaten to do s.t.; *(infml.)* intend to do s.t. *(visit s.o. etc.)*; ~ *om te val* be in imminent danger of falling; *die muur ~ om te val* the wall is on the point of falling (down); *iem. met 'n wapen ~* hold s.o. up. ~**brief** menacing/threatening letter.

**drei·ge·ment** -*mente* threat, menace; *'n bedekte ~* a veiled threat; *iem. daag om sy/haar ~ uit te voer* call s.o.'s bluff; *'n holle ~* an empty threat; *'n ~ uitvoer* carry out a threat.

**drei·gend** -*gende* -*gender* -*gendste* threatening, menacing *(attitude, tone, voice, etc.)*; impending, imminent *(war etc.)*; imminent, pressing *(danger)*; ominous, ugly *(silence)*; smouldering *(rebellion)*; threatening, dark, murky, greasy *(weather)*; ominous, angry *(clouds)*; threatened *(abortion)*; scowling, glowering *(face etc.); (fml.)* minatory *(finger-wagging); (fig.)*

frowning *(cliff etc.); 'n ~e houding aanneem, (also)* show one's teeth; *~ word, (weather, a situation, etc.)* turn ugly.

**drei·ging** *-gings, -ginge* menace, threat, danger; imminence.

**drei·neer** *(ge)-* drain; ditch. **~buis** drainage tube. **~pomp** sump pump.

**drei·ne·ring** drainage.

**drek** dung, excrement, faeces, droppings; dirt, filth, muck; *(infml.)* gunge. **~steen** *(palaeontol.)* coprolite. **~stowwe** excreta, excrements.

**drel** *drelle, (infml.)* good-for-nothing, worm; drip, wet, weed, wimp; stick-in-the-mud, fog(e)y, fuddy-duddy, square. **drel·le·rig** *-rige* good-for-nothing; wimpy.

**drem·pel** *-pels, (fig., fml. or dated)* threshold; →DRUMPEL. **~prys** threshold price.

**drenk** *ge-* drench, soak, impregnate; steep *(in liquid)*; imbrue *(with blood)*.

**dren·ke·ling** *-linge* drowning person; drowned person.

**dren·tel** *ge-* stroll, saunter, amble. **~gang** stroll, saunter. **~kous** *(infml.)* lingerer, loiterer, dawdler.

**dren·te·laar** *-laars* lingerer, loiterer, dawdler; stroller, saunterer.

**dres·seer** *(ge)-* teach, train *(animals)*. **dres·seer·der** *-ders* trainer *(of animals)*. **dres·suur** training *(of animals)*; dressage *(of horses)*.

**dreun** *dreune, n.* boom(ing), rumble, rumbling, roar; din; drone; singsong, monotone *(voice)*. **dreun** *ge-, vb.* boom, rumble, roar, roll; drone *(in reading)*; growl, bellow; *oor ... ~* thunder across ...; *die weer ~* it is thundering. **~stem** droning/monotonous voice; *'n ~* a voice like a foghorn.

**dreu·ning** *-nings, -ninge* boom(ing), rumble, rumbling, roar(ing), roll(ing), pounding *(of waves etc.); jou ~ teë-/teenkom* find/meet one's match; meet one's Waterloo; get a nasty/rude shock.

**dri·a·de** *-des, (Gr. myth.)* dryad.

**drib·bel** *ge-, (football)* dribble; trip, toddle. **drib·be·laar** *(sport)* dribbler.

**drie** *drieë, dries, n.* three; *(rugby)* try; *'n ~ aanteken/druk, (rugby)* score a try; *hulle/ons al ~* all three of them/us; *'n ~ (ver)doel, (rugby)* convert a try; *'n groep van ~* a triad; *'n ~ verhoed, (rugby)* save a try. **drie** *adj.* three; *'n ~ jaar ou(e)/oud perd/ens.* a three-year-old *(horse/etc.); ~ keer/maal* three times, thrice; triply; *~ kilogram/kilometer/ens.* three kilograms/kilometres/etc.; *verdeling in ~ (gelyke dele)* trisection. **~baansnelweg** three-lane motorway. **~basies, ~basies** *-siese, (chem.)* tribasic. **~been** →DRIEBEEN. **~deel** *ge-, vb.* →DRIEDEEL. **~dimensioneel** *-nele* three-dimensional, three-D, 3-D; *~nele film/(rol)prent, (also, infml.)* deepie; *~nele kunswerk* assemblage; *~nele meetkunde* solid geometry; *~nele prenteboek* pop-up book; *~ wees* be in three-D/3-D. **~draadwol** three-ply wool. **~drukker** *(rugby)* try-scorer; *voorste ~* top try-scorer. **~dubbel** threefold, treble, triple, thrice over, (in) triplicate. **~duisend, ~duisend** three thousand. **D~eenheid** *(Chr.)* (Holy) Trinity. **~eeufees** tercentenary (celebration). **~enig** triune. **~-en-twintig, ~ en twintig** twenty-three. **~-en-twintigjarig** *-rige* twenty-three-year-old. **~gangratkas** three-speed gearbox. **~hoek** →DRIEHOEK. **~honderd** →DRIEHONDERD. **~jaarliks, ~jaarliks** *-likse* triennial. **~kaart** tierce, sequence of three cards. **~kaartspel** three-card trick. **~kamerparlement** three-chamber parliament. **~kamerwoonstel, ~vertrekwoonstel** three-roomed flat. **~kamp** triathlon. **~klank** *(ling.)* trigraph, triphthong; *(mus.)* triad. **~kleur** →DRIEKLEUR. **D~koningedag, -fees** Epiphany, Twelfth Day. **~kuns** *(cr.)* hat trick; *(baseball)* treble play. **~kwart** *adj. & adv.* three quarters; *~ oop/vol* three quarters open/full. **~kwartbed** three-quarter bed. **~kwartier** three quarters of an hour. **~laaghout** three-ply (wood). **~laagkoek** three-layered cake. **~laagtroukoek** three-tiered wedding cake. **~loop** three-barrelled rifle. **~maandeliks,**

**~maandeliks** *-likse, adj.* quarterly, three-monthly, trimonthly; **~ tydskrif** quarterly. **~maandeliks, ~maandeliks** *adv.* every three months. **~poot** →DRIEPOOT. **~rigtinggesprek** three-way conversation. **~rigtingkruising** three-way intersection. **~slagmaat** *(mus.)* triple time. **~spel** *(golf)* three-ball (match), threesome. **~sprong** three-forked road, three-way crossing/stop; hop, skip and jump; *(athl.)* triple jump. **~sterhotel** three-star hotel. **~stuk** three-piece. **~tal** (group of) three, trio, threesome; trey, triad; trine. **~term** trinomial. **~tonvragmotor** *-tors* three-ton truck. **~-uur** three o'clock. **~vlak** →DRIEVLAK. **~voet** →DRIEVOET. **~weekliks, ~weekliks** triweekly, once every three weeks. **~wiel** *-wiele,* **~wielfiets** *-fietse* tricycle, three-wheeler.

**drie·as·sig, drie·as·sig** *-sige* triaxial.

**drie·been** *n.* tripod; trivet. **drie·been** *det.* three-legged *(cat etc.).* **~wedloop, driebeentjie** three-legged race. **drie·be·nig, drie·be·nig** *-nige* three-legged; *~e simbool* triskelion, triskele.

**drie·daags** *-daagse, adj. (attr.)* three-day, three day's.

**drie·deel** *ge-, vb.* trisect, divide into three (parts). **drie·de·lig, drie·de·lig** *-lige* three-piece; three-part, in three parts; three-volume, in three volumes; tripartite *(alliance etc.); (tech.)* triform *(leaves etc.); (chiefly biol.)* trifid; *(biochem.)* triplex. **drie·de·ling** trichotomy; division in three; trisection; tripartition.

**drie·dek·ker** *-kers* three-decker; *(av., hist.)* triplane; *(also* driedekkertoebroodjie*)* three-decker (sandwich).

**drie-drie** in threes, three by three; *(bot.)* ternate.

**drie·ër·lei** of three kinds.

**drie·hoek** triangle, trigon; set square; *die D~, (astron.)* the Triangle. **drie·hoe·kig, drie·hoe·kig** *-kige* three-cornered; triangular; trigonal, trilateral; *(anat.)* deltoid; *(bot.)* trigonous. **drie·hoeks·me·ting** trigonometry; trigonometrical survey.

**drie·hon·derd** *(also* drie honderd*)* three hundred. **~duisend** three hundred thousand. **drie·hon·derd·ja·rig** *-rige* three-hundred-year-old; tercentenary, tercentennial. **drie·hon·derd·ste** *-stes, (also* drie honderdste*)* three-hundredth.

**drie·hoof·dig, drie·hoof·dig** *-dige* three-headed.

**drie·ja·rig, drie·ja·rig** *-rige* of three years, three-year-old.

**drie·kan·tig, drie·kan·tig** *-tige* three-sided, triangular, trilateral.

**drie·kleur** tricolour. **~proses** *(phot.)* three-colour process; *(print., phot.)* trichromatic/trichromic process.

**drie·kleu·rig, drie·kleu·rig** *-rige* three-coloured, tricolour(ed); *(phot.)* trichromatic, trichromic. **drie·kleu·rig·heid** trichroism *(of crystals);* trichromatism.

**drie·kop·pig** *-pige* three-headed.

**drie·le·dig, drie·le·dig** *-dige* threefold, tripartite, tern, ternate, of three parts; three-draw *(telescope); (math.)* trinomial; *(bot.)* tricuspid; trichotomic, trichotomous; *~e aanval, (fig.)* three-pronged attack; *~e vorm, (mus.)* ternary form. **drie·le·dig·heid** tripleness, triplicity; trichotomy.

**drie·let·ter** triliteral. **drie·let·ter·gre·pig, drie·let·ter·gre·pig** *-pige* trisyllabic; *~e woord* trisyllable.

**drie·ling** *-linge* triplets; triplet; *hulle is 'n ~* they are triplets; *hy/sy is een van 'n ~* he/she is a triplet.

**drie·lob·big, drie·lob·big** *-bige* three-lobed, trilobate.

**drie·na·mig, drie·na·mig** *-mige* trinomial.

**drie·po·lig, drie·po·lig** *-lige* triple pole.

**drie·poot** tripod *(for a camera etc.);* →DRIEVOET. **~pot** three-legged pot. **drie·po·tig, drie·po·tig** *-tige* three-legged *(table, chair).*

**drie·pun·tig, drie·pun·tig** *-tige* three-pointed; tricuspid; trifid.

**drie·re·ë·lig, drie·re·ë·lig** *-lige* of three lines, three-line; *~e vers* triplet.

**drie·stem·mig, drie·stem·mig** *-mige, (mus.)* for three voices, three-part *(song); ~e stuk* trio (for voices).

**drie·sy·dig, drie·sy·dig** -dige three-sided, trilateral, triangular; ~e verdrag tripartite treaty.

**drie·ta·lig, drie·ta·lig** -lige trilingual, triglot. **drie·talig·heid** trilingualism.

**drie·tjie** -tjies small three; die ~s speel the three little ones are playing.

**drie·vlak** trihedron. **drie·vlak·kig, drie·vlak·kig** -kige trihedral; three-tier(ed).

**drie·voet** tripod (for a camera etc.); →DRIEPOOT. **drie·voe·tig, drie·voe·tig** -tige three-footed, three-legged, tripodal; ~e vers= reël trimeter.

**drie·voud** treble; triple; in ~ in triplicate. **drie·vou·dig, drie·vou·dig** -dige threefold, triple, treble, trinal; triplicate; tripartite (pact etc.); (chem.) trimeric; (biochem.) triplex; (astrol.) trine; in ~e afskrif in triplicate; ~e verbond triple alliance.

**drie·waar·dig** -dige, (chem.) trivalent, tervalent, trihydric (alcohol etc.).

**drif**[1] drifte passion; anger, heat, hot temper, haste, fury, fervency, vehemence; drift (of wind etc.); jou ~ beteuel keep one's temper; nie jou ~ beteuel nie lose one's temper/self-control; in ~ in a fit of anger, heatedly, in hot blood; iets in 'n opwelling van ~ doen act (or do s.t.) on (an) impulse; 'n slaaf van jou ~ te wees be a slave to one's passions. ~bui temper, fit of anger. ~stroom drift.

**drif**[2] driwwe ford, drift; deur die ~ wees, (lit.) be through the ford; (fig.) be over one's troubles.

**drif·tig** -tige angry, hasty, hot-tempered, choleric, irascible, in a passion, passionate, fiery, heated, vehement; mettlesome (horse); 'n ~e antwoord a heated reply; 'n ~e geaardheid an explosive temper; ~ raak/word lose one's temper, get angry/heated; met 'n ~e stem in a fervent tone of voice; iem. was ~, (also) s.o.'s blood was up. **drif·tig·heid** hot/quick temper, irascibility, (infml.) short fuse.

**dril**[1] n., (mil.) drill; discipline. **dril** ge-, vb. drill (recruits); exercise; train, coach (pupils); (rare) bore, drill. ~boor bow/fiddle drill. ~meester drillmaster, drill sergeant; physical instructor, trainer; martinet. ~terrein drill ground.

**dril**[2] ge-, vb. quiver, shake, quake. ~vis electric ray/skate; jellyfish.

**dril·le·rig** -rige jelly-like, wobbly.

**dril·sel** -sels jelly-like mass.

**dring** ge- crowd, hustle, jostle, push, throng; press, urge; deur die ... ~ thread/thrust/twist one's way through the ...; die koue ~ (dwars)deur iem. se klere the cold strikes through s.o.'s clothes; die tyd ~ time presses; jou na vore ~ push o.s. forward; vorentoe ~ surge forward.

**drin·gend** -gende -gender -gendste pressing (problem); crying (need); urgent (request); immediate, imperious, imperative, importunate; 'n ~e behoefte a crying/clamant need; 'n ~e mosie/voorstel a motion of exigency; 'n ~e saak a matter of urgency; uiters ~ wees be of the utmost urgency. **drin·gend·heid** urgency; importunity; exigency.

**drink** n. drink; aan die ~ gaan/raak take to drink(ing), (infml.) hit (or take to) the bottle; (infml.) go on a binge/bender (or drinking bout). **drink** ge-, vb. drink; tipple, carouse, imbibe, be given to drink(ing); (te veel) begin ~ take to drink(ing), (infml.) hit (or take to) the bottle; (infml.) go on a binge/bender (or drinking bout); moenie ~ en bestuur/ry nie, moe= nie bestuur as jy ge= het nie don't drink and drive; daarop moet ons ~ we must have a drink on this; met iem. 'n glas(ie) ~ have a glass with s.o.; hoe ~ jy dit? how do you like it? (a drink); iets ~ have a drink; sal jy iets ~? will you have s.t. to drink?; ~ klaar!, ~ dit uit! drink up!; 'n kind laat ~ suckle a child; diere laat ~ water animals; ~ leeg jul(le) glase!, (infml.) bottoms up!; nie meer ~ nie abstain from alcohol/drinking, be a non(-)drinker, be off the bottle, (infml.) be on the (wa= ter) wag(g)on, (infml.) stay off the bottle/drink/booze; op ... ~ drink to ... (s.t., s.o.['s health]); toast s.o.; iets saam met

iem. ~ have a drink with s.o.; soos 'n vis ~, (infml.) drink like a fish; stewig ~ drink deep; iem. onder die tafel ~ drink s.o. under the table; iets te ~(e) s.t. to drink; kan ek iets te ~(e) kry? may I have a drink?; nie te ~(e) nie, (med.) not to be taken; uit 'n koppie/ens. ~ drink from a cup/etc.; te veel ~ drink to excess, (infml.) be on the bottle; jou vol ~ drink one's fill; wat sal jy ~? what will you have to drink?, what's yours?; weer (begin) ~, (also, infml.) be off the wag(g)on. ~bak water(ing) trough; water bowl; drinking fountain. ~be= ker beaker, cup, goblet, tankard, mug. ~fontein drinking/ water fountain. ~gat water(ing) hole. ~gewoonte drinking habit; van die ~ ontslae raak dry out. ~goed drinks, drink= ables, potables. ~maat, drinkebroer drinking partner/com= panion/mate. ~party bottle party, spree. ~plek water(ing) hole (for game); bar, pub, canteen, taproom. ~sessie: straw= we ~ booze-up. ~sjokolade drinking chocolate. ~water drinking water. ~watervoorsiening (domestic) water sup= ply.

**drink·baar** -bare drinkable, potable. **drink·baar·heid** drink= ableness, potability.

**drin·ke·broer** →DRINKMAAT.

**drin·ker** -kers drinker; 'n kwaai/strawwe/swaar ~ a hard/ heavy drinker, (infml.) a dipso. **drin·ke·ry** drinking, tippling; die ~ laat staan leave off drinking.

**dro·ë : ~bek:** ~ terugkeer (of huis toe gaan of daarvan afkom), (infml.) go (or be sent) away with a flea in one's ear. ~land dry farming land. ~maat dry measure. ~perske dried peach. ~voer dry/dried forage/feed. ~vrugte dried fruit(s). ~vrug testafie fruit bar. ~wors dried sausage. ~wyn dry wine. ~ys (solidified carbon dioxide) dry ice.

**droef** droewe droewer droefste, adj., (poet., liter.) sad, melan= choly, downcast, downhearted, dejected, low, disconsolate; →DROEWIG; 'n droewe vooruitsig a bleak outlook/prospect. **droef·gees·tig** sad, melancholy, downcast, dejected, gloomy, glum, mournful, downhearted. **droef·heid** sadness, sorrow, grief; met ~ with sorrow; 'n ~ op note wees, (fac.) be a misery; be a sad sack. **droef·nis** sadness, sorrow, grief, affliction.

**dro·ër** droërs dryer, drying machine, tumble dryer; drying agent; curer, salter.

**dro·ë·rig** -rige rather dry.

**Droes** Droese, (member of a sect) Druse, Druze. **Droe·se** Drusean, -sian, Druzean, -zian.

**droes** (vet.) glanders, farcy, strangles.

**droe·sem** dregs, lees, sediment, deposit; iets tot die ~ ledig, (esp. fig.) drink s.t. to the lees.

**droe·wig** -wige sad, piteous, pitiful, mournful, doleful, sor= rowful, dismal, gloomy, cheerless, joyless, sombre, forlorn, woeful; 'n ~e figuur slaan cut a sorry figure; iets maak iem. ~ s.t. saddens s.o.; 'n ~e vooruitsig a bleak outlook/prospect. **droe·wig·heid** sadness, dolefulness, gloominess, forlornness.

**drog· : ~beeld** illusion, phantom, false image. ~rede fallacy, sophism, specious argument. ~redenering sophistry; casu= istry.

**dro·gies** drily, dryly, with dry humour.

**dro·ging** drying; desiccation (of food); curing (of tobacco); seasoning (of wood); exsiccation (of silt, soil, etc.).

**drol** drolle, (dim. drolletjie), (coarse) dropping, turd; (derog.: contemptible pers.) shit(head), prick, jerk, wanker.

**drom**[1] ge-, vb. crowd (together).

**drom**[2] dromme, n., (container) drum; →KONKA; (mus.) drum; →TROM; 'n ~ petrol/ens. a drum of petrol/etc..

**dro·me·da·ris** -risse, (Arab. camel) dromedary.

**dro·mer** -mers dreamer; fantasizer, idealist, visionary. **dro· me·rig** -rige dreamy, moony; dreamlike; visionary; faraway (look). **dro·me·ry** -rye daydream(ing); reverie.

**drom·mel** -mels beggar, wretch; (die) arme ~! (the) poor beggar/devil/soul/thing!; wat/waar/wie d(i)e ~ ...? what/where/

who the deuce/devil/dickens ...?; *wat d(i)e ~ ...?* what the blazes/heck ...?; why in/the hell ...?.

**dronk** *dronk dronker dronkste, adj.* drunk, *(attr.)* drunken, intoxicated, inebriated, tipsy, under the influence; *~ bestuur/ry* drunken driving; *~ en driftig* fighting drunk; *~ in die kop* light in the head, light-headed, giddy; *iem. ~ maak* get/make s.o. drunk, ply s.o. with liquor/drink, soak/fuddle/intoxicate s.o.; *'n ~ mens* a drunk; *~ en oproerig* drunk and disorderly; *(van iets) ~ raak/word* get drunk (on s.t.). **dronk** *adv.* drunkenly. **~bestuur** *n.* drunk(en)-driving, drink-driving; *aan ~ skuldig bevind word* be convicted of a drunk(en)-driving/drink-driving offence; *'n veldtog teen ~* a drunk(en)-driving/drink-driving campaign. **~bestuursoortreding** drunk(en)-driving/drink-driving offence.; **~lap** *(infml.)* drunk(ard), drinker, boozer. **~nes** booze party, drinking bout, *(sl.)* piss-up; drunken orgy; *~ hou* (have a) binge. **~siekte** *(esp. vet.)* staggers, megrims; gid. **~slaan** *dronkge=* astonish, astound, stagger, perplex, dumbfound, baffle, confound, flummox, stun; puzzle, mystify; *~geslaan lyk* look puzzled; *ek was skoon ~geslaan* you could have knocked me down/over with a feather; *dit slaan my dronk, (also)* that beats me. **~verdriet** alcoholic blues, maudlin drunkenness.

**dronk·aard** *=aards* drunk(ard), drinker, inebriate.

**dron·ken·skap** drunkenness, intoxication.

**dron·ke·rig** *=rige* tipsy; dizzy, giddy, *(infml.)* woozy; groggy, dop(e)y.

**dronk·heid** drunkenness; giddiness, *(infml.)* wooziness.

**dron·kie** *=kies, (infml.)* drunk, boozer.

**dronk·mans:** **~praatjies** drunken talk. **~rusie** drunken brawl. **~waansin** delirium tremens, the horrors.

**droog** *droë droër droogste, adj.* dry, arid, parched, waterless; dry, dried oud, sapless, juiceless; dry, dreary, boring, dull, uninteresting; dry, witty, wry; matter-of-fact, straightforward, sober; dry *(wine etc.);* *'n droë battery* a dry(-cell) battery; *droë beskuit* rusk; *~ bly* keep dry; *droë boontjies/ertjies* dried beans/peas; *hoog en ~* high and dry, under cover, out of harm's way; *iem./iets ~ hou* keep s.o./s.t. dry; *'n droë kêrel/vent* a colourless fellow; *droë klapper* desiccated coconut; *met droë oë* with dry eyes, dry-eyed; *wat vinnig ~ word* quick-setting *(glue etc.);* *droë wit wyn* (of *witwyn)* dry white wine; *~ word* dry out; *iets laat ~ word* dry s.t. out. **droog** *ge=, vb.* dry, make dry; wipe (dry); become dry; desiccate; evaporate; cure *(tobacco);* season *(wood).* **~bevries** freeze-dry. **~bevrore** freeze-dried. **~blaas** *n. & vb.* blow-dry. **~dok** dry/graving dock. **~druphemp** drip-dry shirt. **~gesout** dry-salted. **~gewig** dry weight. **~kamer** drying room. **~kook** *droogge=* boil dry, boil *(all the water)* away. **~loop** *droogge=* dry up; run dry. **~masjien** drying machine; hydroextractor; *(phot.)* print drier. **~middel** *=dels, =dele* desiccant, siccative; drier, drying agent. **~oond** (drying) kiln; (drying) oven; oast. **~raam** drying frame; clothes rack, clotheshorse. **~rak** drying rack; drainer, dish rack; clothes rack, clotheshorse; airer. **~skoonmaak** *droogskoonge=* dry-clean. **~skoonmaker** dry-cleaner. **~skoonmakery** dry-cleaning; dry-cleaner. **~toestel** drying apparatus, desiccator, drier.

**droog·heid** dryness, aridity; dul(l)ness.

**droog·lê** *droogge=* drain; reclaim *(from the sea).* **droog·leg·ging** draining, drainage; reclamation.

**droog·maak** *droogge=* dry; drain; blot *(ink);* cure *(tobacco);* season *(wood);* swab *(a wound);* desiccate *(coconut etc.);* *(infml.)* make a mess of, muck/cock up, bungle, botch; loaf (about), waste time, goof off. **droog·ma·ker** botcher, bungler; loafer. **droog·ma·ke·ry** bungling; loafing.

**droog·te** *=tes* drought; *(fig.)* dearth, lack, paucity, barrenness, meagerness; *die ~ is gebreek* the drought has been broken; *deur ~ geteister word* be drought-stricken. **~bestand** *=stande* drought-resistant. **~gebied** drought-stricken area. **~geteis-**

**ter(d)** *=terde* drought-stricken. **~noodleniging** drought distress relief.

**droog·voets** dry-shod.

**droog·weg** drily, dryly.

**droom** *drome, n.* dream; *(fig.: s.t. of superlative quality)* dream, fantasy, bliss; heaven; *drome is bedrog* dreams are empty/froth; *'n ~ word bewaarheid* a dream comes true; *drome build castles in the air;* *'n ~ hê* have a dream; *iem. uit die ~ help* open s.o.'s eyes, disillusion/disenchant s.o.; *'n nare ~* a bad dream; *'n ~ van ... wees* be a vision of ...; *in drome versonke wees* be lost in dreams, be daydreaming. **droom** *ge=, vb.* dream; *nooit daarvan ~ om iets te doen nie* never dream of doing s.t.; *daarvan ~ om ... te wees* dream of being ...; *jy ~* you are dreaming; you are mistaken; *iem. kon nie ~ dat ... nie* s.o. couldn't (*or* could not) dream that ...; *~ lekker!* pleasant/sweet dreams!; *van ...* ~ dream (*or* have a dream) about ...; *wie sou dit ooit kon ~?* who could have dreamt such a thing?. **~beeld** vision, phantom, fantasy, illusion, pipe dream. **~gesig** vision. **~huis** *(infml.)* dream house, house of one's dreams. **~land** dreamland; fool's paradise. **~myl** *(athl.)* sub-four-minute mile. **~prins** *(fig.)* knight in shining armour; *jou ~* Prince Charming. **~uitlêer, ~uitlegster, ~verklaarder** interpreter of dreams. **~uitlegging, ~verklaring** interpretation of dreams. **~verlore, ~versonke** dreamy, lost in dreams, sunk in a reverie. **~wêreld** dream world; *in 'n ~ leef/lewe* be (living) on another planet *(fig.).*

**droom·ag·tig** *=tige* dreamlike, surreal(ly).

**droom·loos** *=lose* dreamless.

**drop** liquorice. **~lekkers** *n. (pl.)* liquorice allsorts.

**dros** *ge=* abscond, run away, desert, *(mil.)* go AWOL. **dros·se·ry, dros·te·ry** absconding, desertion. **dros·ter** *=ters* absconder, runaway, deserter.

**dros·dy** *=dye, (SA, hist.)* drostdy, landdrost's offices; drostdy, landdrost's residence, residency.

**dru·ï·de** *=des* druid. **dru·ï·dies** *=diese* druidic(al). **dru·ï·dis·me** druidism.

**druif** *druiwe* grape; *suur druiwe, (lit. & fig.)* sour grapes; *druiwe trap* tread grapes; *'n tros druiwe* a bunch of grapes. **~luis** phylloxera, vine fretter/louse. **~soort** variety of grape.

**druip** *ge= (a candle)* gutter, run; *(SA, infml.)* plug *(in an examination);* *van ...* ~ ooze with ... *(sympathy etc.);* *(in) 'n eksamen ~* fail (in) an examination. **~grot** stalactite cave. **~kelder** stalactite cave. **~nat** dripping (wet), soaked, drenched (to the skin). **~oog** *(med.)* dacryoma. **~steen** dripstone; *(deposits)* sinter; *hangende ~* stalactite; *staande ~* stalagmite. **~stert** *(fig.)* embarrassed; *~ wegdraai* slink off (with one's tail between one's legs). **~vet** cooking fat, dripping.

**drui·pe·ling** *=linge* failed candidate, failure *(in an examination).*

**drui·per** *(med.)* gonorrhoea, *(infml.)* clap.

**druis** *ge=* roar. **drui·sing** roaring, rushing sound.

**drui·we:** **~asyn** grape/wine vinegar. **~blaar** vine leaf. **~boer** grape farmer. **~dop** grape skin. **~konfyt** grape jam. **~korrel** grape. **~oes** *=oeste* grape harvest, vintage. **~pitolie** grapeseed oil. **~plukker** grape gatherer, vintager. **~sap** grape juice. **~steggie** vine cutting. **~stok** grapevine. **~suiker** grape sugar. **~tros** bunch of grapes.

**druk** *drukke, n.* pressure *(atmospheric, of the hand);* squeeze *(of the hand);* burden, incidence *(of taxation);* print(ing); type *(of letter);* edition, impression *(of a book);* oppression; tension, strain, stress; *'n boek/ens. vir die ~ besorg* see a book/etc. through the press; *fyn ~* fine/small print; *groot/klein ~* large/small print/type; *hoë/lae ~, (atmospheric)* high/low pressure; *in ~ wees* be in print; *in ~ verskyn* appear in print, be published; *met die ~ van 'n knoppie* at the push of a button; *(die) ~ van maats* peer pressure; *onder ~ plaas, (av., aeron.)* pressurise s.t.; *iem. onder ~ plaas* pressurise (*or* put pressure on/upon) s.o; *onder die ~ van ...* under the stress of ... *(circumstances etc.);* *onder ~ verkeer/wees* be pressurised (*or* under pressure); be under a strain; *nie onder ~ verkeer/wees nie, (also)* be unpressurised; **onder hoë ~ werk** work at high pressure; *aan ~ onderhewig wees* be under pressure; *~ en spanning* stress and strain; *uit ~ wees,* (<*Eng.*) be out of print; *~ op ... uitoefen* bring pressure to bear (*or* put pressure) on/upon ...; apply pressure to ...; *sou die ~ in die kajuit verlaag* should the cabin become depressurised; *die ~ verlig* decompress; *die boek het vier ~ke beleef/belewe/gesien* the book ran into four editions; *volgehoue druk* sustained pressure. **druk** *druk(ke) drukker drukste,* adj. & adv. busy, lively; crowded; heavy *(day); dit ~ hê* be very busy, have one's hands full; *jou ~ maak oor iets* worry (*or* get all worked up) about s.t.; *'n ~ straat* a busy street; *~ verkeer* heavy traffic; *~ verkope* heavy selling; *dit verskriklik ~ hê* be run/rushed off one's feet. **druk** *ge-,* vb. press, squeeze; force; jostle, hustle; weigh heavily (on/upon), weigh down; prod; touch down *(a ball);* push *(in a scrum);* print *(a book); (comp.)* print out; *iem. in jou arms ~* clasp s.o. in one's arms; embrace/hug s.o.; *die bal ~, (rugby)* touch down, ground the ball; *'n pad deur ... ~* elbow one's way through ...; *'n drie ~, (rugby)* score a try; *drie keer gaan ~, (rugby)* run in three tries; *iem. se hand ~* squeeze s.o.'s hand; *iem. geld in die hand ~* slip money into s.o.'s hand; *iets laat ~* have s.t. printed; *iets oor ... ~* superimpose s.t. on/upon ...; *op iets ~* press on s.t.; *op 'n knoppie ~* press/push a button; *'n (lekker) stywe ~* a bear hug; *iets ~ swaar op iem.* s.t. bears hard/heavily on/upon s.o.; *swaar op iets ~* weigh s.t. down; weigh on/upon s.o.; *teen ... ~* press/push against ...; *iem. teen 'n muur ~* pin/press s.o. against a wall; *iem. teen jou ~* give s.o. a hug. **~bars** pressure burst. **~boor** pressure drill. **~bottel** squeeze/squeezy bottle. **~doenery** fussing, commotion, to-do. **~fout** misprint, printer's/typographical error. **~gang** crush. **~ink** printer's/printing ink. **~kajuit** *(av., aeron.)* pressurised/pressurised cabin. **~kamer** pressure chamber. **~knoop** press stud/button, snap fastener, popper. **~knopbeheer** push-button control. **~knop(pie)** push/press(ure) button; thumb button; bell push. **~koker, ~kastrol, ~pot** pressure cooker. **~krag** compressive force. **~kuns** (art of) printing, typography. **~letter** type; block/printed letter. **~lug** compressed air. **~lugboor** air/pneumatic drill. **~meter** pressure gauge; manometer, vacuum gauge. **~papier** printing paper. **~pers** (printing) press. **~pomp** pressure pump. **~potlood** clutch pencil. **~proef** (printer's) proof, proof (sheet), pull. **~punt** pressure point. **~puntterapie** shiatsu, acupressure. **~reël** *ge-, (av., aeron.)* pressurise. **~reëling** *(av., aeron.)* pressurisation; *sonder ~, (an* aircraft cabin etc.*)* unpressurised; *iets van ~ voorsien* pressurise the s.t.. **~skrif** print hand; *in ~ skryf* write in block letters. **~smering** forced/force-feed/pressure-feed lubrication, pressure lubrication/oiling. **~spanning** compressive/compressional stress. **~spyker(tjie), duimspyker(tjie)** drawing pin. **~sterkte** crushing/compression strength. **~stuk** *(comp.)* hard copy, printout; *'n ~ van iets maak* print s.t. out, make a printout of s.t.. **~telefoon** push-button (tele)phone, touch-tone phone. **~telegraaf** telex. **~tyd:** *met ~* at the time of going to press. **~vas** incompressible; pressurised; *iets ~ maak* pressurise s.t.; *~te pyp* pressure tubing. **~vastheid** compressive strength, incompressibility. **~veld** pressure field. **~vorm** (printing) form(e). **~werk** printing; printed matter; printed papers; *iets as ~ versend* send s.t. as printed matter (*or* at printed paper rate).

**druk·kend** *-kende -kender -kendste* crushing, burdensome, onerous; oppressive *(heat);* close, muggy, sultry *(weather);* heavy *(silence, air).*

**druk·ker** *-kers* presser; compressor; pusher; squeezer; printer; typographer; *die verhaal is by die ~* the story is in the press; *na die ~ gaan* go to press. **druk·kers·dui·wel** printer's devil. **druk·ke·ry, druk·ke·ry** *-rye* printer('s), printing house/works; *klein/privaat/private ~* private press.

**druk·kie** *-kies* little squeeze; *iem./iets 'n ~ gee* give s.o. a hug/squeeze; give s.t. a squeeze.

**druk·king** *-kings, -kinge* pressure, weight; compression, thrust.

**druk·te** bustle, commotion, activity, flurry, to-do, fuss, stir, excitement; rush *(of business); ~ maak* throw one's weight about/around; *~ maak oor iets* kick up a fuss about s.t., make a fuss about/over s.t.. **~spanning** stress; *onder geweldige ~ verkeer, aan geweldige ~ ly, geweldige ~ ervaar/ondervind* be stressed out.

**drum·pel** *-pels* threshold, doorstep; *iem. se ~ deurtrap/platloop* visit s.o. too often, frequent s.o.'s house; *jou voet nie oor iem. se ~ sit nie* never darken s.o.'s door; *op die ~ van ..., (fig.)* on the threshold of ...

**drup** *druppe,* n. dripping; *(med.)* drip; *(archit.)* eaves. **drup** *ge-,* vb. drip; trickle; *dit begin (te) ~* rain is beginning to fall; *~pende kraan* dripping tap. **~bak** drip tray. **~buisie** dropper. **~lys** drip mould/edge. **~plaat** *(cook.)* drip tray. **~toestel** *(med.)* drip; *aan 'n ~ gekoppel wees* be on a drip. **~vry** non(-)drip *(paint).*

**drup·pel** *-pels,* n. drop, bead *(of blood, sweat);* blob, globule; *(net) 'n ~ aan/in die emmer* (only) a drop in the bucket/ocean; *dit is die ~ wat die emmer laat oorloop* this is the last straw; *die laaste ~ laat die emmer oorloop* it's the last straw that breaks the camel's back; *op 'n ~ water na iem. lyk* look exactly like (*or* be a second edition of) s.o.; *soos twee ~s water na/op mekaar lyk* be as like as two peas (in a pod); *'n ~ water/ens.* a drop of water/etc.. **drup·pe·laar** *-laars* dropper. **drup·pels·ge·wys, drup·pels·ge·wy·se** drop by drop, by drops; in dribs and drabs; →DRUPSGEWYS. **drup·pel·tjie** *-tjies* droplet, globule.

**drup·per** *-pers* dropper.

**drups·ge·wys, drups·ge·wy·se:** *iets word ~ bekend* s.t. filters out; *~ inkom/binnekom* filter in.

**dryf, dry·we** *ge-* float; drift *(ashore);* drive *(cattle);* propel *(a vehicle);* drive, impel, urge *(a pers. on);* hurry, hustle, rush *(a pers.);* carry on, conduct, run *(a business);* actuate, operate *(a mach.);* prompt *(a pers.); deur die begeerte/verlange na ... ge-* actuated by the desire to ...; *bo ~* float on the surface; *iem. daartoe ~ om iets te doen* goad s.o. into doing s.t.; *daartoe ge~ word om iets te doen* be driven to do s.t.; *deur elektrisiteit ge~* electrically driven/operated; *handel ~* trade, carry on business; *iem. in 'n hoekie ~* corner s.o., drive s.o. into a corner; *in iets ~* float in s.t.; swim in s.t. *(butter etc.); deur stoom ge~/gedrewe* steam-driven, steam-propelled; *iem. tot ... ~* reduce s.o. to ... *(despair etc.); iem. tot die uiterste ~* drive s.o. to extremes; *iets te ver/vêr ~* go too far *(fig.),* carry/push s.t. too far; *dit te ver/vêr ~, (also)* overplay one's hand.

**dryf·:** **~as** driving/drive/transmission/propeller shaft; cardan shaft. **~baken** floating beacon. **~band** drive/driving/endless belt; *(mot.)* fan belt. **~brug** floating bridge. **~dok** floating dock. **~goed** flotsam, floatage. **~hou** *(golf, cr.)* drive. **~hout** driftwood, flotsam. **~jag** drive. **~krag** driving force; impellent, propellent; propulsion; momentum; thrust; motive power; go, push, energy, drive; *(infml.)* get-up-and-go; *(fig.)* powerhouse; *die ~ agter iets* the impetus behind s.t.. **~middel** *-dele, -dels* propellent. **~net** drift net; hang net. **~sand** quicksand. **~tenk** flotation tank. **~veer** moving spring, mainspring; incentive, motive, spring *(of actions); met geldsug as ~* actuated by greed. **~vermoë** buoyancy. **~werk** repoussé (work), embossed/chased work, embossment; drive (gear), driving gear. **~wiel** driving wheel, flywheel.

**dry·wend** *-wende* buoyant; afloat; waterborne; suspended *(particle);* drifting *(mine);* floating *(ice, dock);* swimming *(water plant); iets ~ hou* buoy s.t. up, float s.t.; *~e eiland, (geog., cook.)* floating island; *~e ys* field ice.

**dry·wer** *-wers* driver *(of a vehicle or animals);* teamster *(of a team of animals); (golf)* driver; go-getter; fanatic, zealot. **dry·we·ry** driving; fanaticism, zealotry.

**dry·wing** actuation; energy; power.

**du·aal** =ale dual. **du·a·lis·me** dualism. **du·a·lis·ties** =tiese dualistic. **du·a·li·teit** duality, twoness.

**Du·bai, Doe·bai** (geog.) Dubai. **Du·bai·er, Doe·bai·er** =ers inhabitant of Dubai. **Du·bais, Doe·bais** =baise, adj. Dubai.

**dub·bel** =bele, adj. double; dual; duplex; duplicate; twin; two=fold; ~e **album** double album; ~e **beglasing** double glaz=ing; ~e **besturing** dual control; ~e **betaling** kry/ontvang get (paid) double time (for work on Sundays etc.); 'n ~e **betrek=king** beklee hold a dual post; ~e **bodem** false bottom; ~e **boekhouding** (bookkeeping by) double entry; ~e **glas**/**vensterdeur** French doors; ~e **honderdtal**, (cr.) double cen=tury; ~e **huwelik/troue** double wedding; ~e **kantlyne**, (tennis) tramlines (infml.); ~e **kastrol** double boiler, bain=marie; ~e **ken** double chin; ~e **kontrole** double check; ~e **lewe/bestaan** double life; Jekyll-and-Hyde existence; ~e **ontkenning**, (gram.) double negative; ~e **passtuk** double adaptor/adapter; ~e **program/vertoning** double bill/feature; ~e **samestelling** decompound, decomposite; ~e **spasiëring** double spacing; iets in/met ~e **spasiëring** tik double-space s.t.; ~e **spiraal**, (biochem.) double helix; ~e **spoor** double track, double-track line. **dub·bel** adv.: ~ **bespreek** double-book (a room etc.); ~ en **dwars** amply, fully; over and again; (infml.) in spades; iem. verdien iets ~ en **dwars** s.o. richly (or more than) deserves s.t.; ~ **gedistilleer(d)** double-distilled (water, brandy, etc.); iets ~ **kontroleer** double-check s.t., cross-check s.t.; ~ of **niks** double or quits; ~ **sien** see (things) double; ~ **so** groot as ... wees be double the size of (or twice as big/large as) ...; ~ **soveel** double the amount; iets ~ **vat/vou** double s.t. up; dit is ~ **so** ver/vêr as tussen ... en ... it is double the distance between ... and ... ~**agent**, ~**spioen** dou=ble agent, (infml.) mole. ~**baan(pad)**, ~**pad** dual/double road=(way)/carriageway. ~**baliewasmasjien** twin tub. ~**bed** dou=ble bed. ~**bol** biconvex, convexo-convex. ~**bolheid** bicon=vexity. ~**dekker** double-decker. ~**doelras** (animal husband=ry) dual-purpose breed. ~**door** =dore double-yolked egg. ~**(e)longontsteking** double pneumonia. ~**fout** (tennis) double fault. ~**ganger** double, (infml.) lookalike, (Germ.) doppel=gänger; Marilyn Monroe se ~ wees be a Marilyn Monroe lookalike. ~**geslagtelik** =like bisexual. ~**handig** =dige ambi=dextrous. ~**handigheid** ambidexterity, ambidextrousness. ~**handrughou** (tennis) two-handed backhand. ~**heliks** (bio=chem.) double helix. ~**hol** biconcave, concavo-concave. ~**hol=heid** biconcavity. ~**kaartjie** double ticket. ~**kajuitbakkie** twin cab, (SA) twin-cab bakkie. ~**kamer** double room. ~**kant=kleefband** double-sided (adhesive) tape. ~**loop(geweer)** double-barrelled gun. ~**negatief** (gram.) double negative. ~**nokas(-)enjin** twin-cam engine. ~**parkering** double-park=ing. ~**passtuk** double adaptor/adapter. ~**punt** colon. ~**rug=handhou** (tennis) two-handed backhand. ~**rym** double/rich rhyme. ~**skofstelsel** (SA, educ.) platoon system (in over=crowded schools). ~**spel** twosome; (in tennis, badminton, etc. also dubbels) doubles (game). ~**spelling** alternative/variant spelling. ~**spelspeler, dubbelsspeler, ~spelspeelster, dub=belsspeelster** (tennis, badminton, etc.) doubles player. ~**spoor** double track, double-track line. ~**ster** double star; fisiese ~ binary (star). ~**stuur** (aeron., mot.) dual control. ~**sweep** double whip. ~**syfer** det. double-figure (gain, rise, etc.). ~**sy=fers** n. (pl.) double figures; die inflasiekoers het ~ bereik the inflation rate is into (or inflation has reached) double fig=ures. ~**verdiepinghuis** double-storey(ed) house. ~**verdieping=woonstel** duplex (flat). ~**voorploeg** gang plough, double-furrow plough. ~**vorm** =vorme dual form; (gram.) doublet. ~**werkend** =kende double-acting.

**dub·beld** =belde = DUBBEL.

**dub·bel·har·tig** =tige two/double-faced, double-dealing, hyp=ocritical; 'n ~e mens a double-dealer (or two-faced person). **dub·bel·har·tig·heid** double-dealing, duplicity.

**dub·bel·kan·tig** =tige reversible.

**dub·bel·siend·heid** diplopia, double vision.

**dub·bel·sin·nig** =nige ambiguous, equivocal. **dub·bel·sin=nig·heid** ambiguity, equivocality, equivocalness, double mean=ing; ambiguous remark.

**dub·bel·slag=**: ~**grendel** double door bolt. ~**steek** (crochet=ing) double treble.

**dub·bel·slag·tig** =tige bisexual, gynandrous, hermaphro=dite; ambiguous; →TWEESLAGTIGHEID.

**dub·bel·sy·dig** double-sided.

**dub·bel·ta·lig** =lige fully bilingual.

**dub·bel·tjie**[1] =tjies, (hist.) penny.

**dub·bel·tjie**[2] =tjies, (bot.) = DUWWELTJIE.

**dub·bel·ton·gig** =tongige, (fig.) double/two-tongued. **dub=bel·ton·gig·heid** double talk.

**du·bi·eus** =euse doubtful, dubious; questionable (practices).

**du·el** =elle duel; →TWEEGEVEG. **du·el·leer** ge=, vb. (fight a) duel. **du·el·lis** =liste duellist.

**du·et** =ette duet. ~**sanger, ~sangeres** duettist. ~**speler** du=ettist.

**duf·fel** (text.) duffel, duffle.

**dui** ge=: alles ~ daarop dat ... there is every indication that ...; niks ~ daarop nie there is no evidence of it; op iets ~ indi=cate/suggest/evidence (or be indicative of or point to) s.t.; be symptomatic of s.t..

**dui·de·lik** =like, adj. clear, plain; overt; evident; distinct (pro=nunciation); broad (hint); obvious, patent (reason); express, explicit (instruction); legible (handwriting); marked (tenden=cy); (attr.) telltale (marks, signs, etc.); (vir iem.) **alte** ~ wees dat ... be abundantly clear (to s.o.) that ...; (baie) ~ in no un=certain terms; dit is ~ **dat** ... it is clear that ...; is dit ~? is that clear?, have I made myself clear?; ~e **grense** well-defined boundaries; dit is so ~ **soos** die dag (of daglig) it is as clear as day(light), it is glaringly obvious; iets is **vir** iem. ~ s.t. is clear/obvious to s.o.; iets word **vir** iem. ~, (also) s.t. dawns on/upon s.o.. **dui·de·lik** adv. clearly, plainly; evidently, obviously; distinctly; flagrantly; signally; ~ **afgebakende** gebiede well-defined areas; ~ **gedefinieerde** doelwitte well-defined goals; iets ~ **maak** explain s.t., bring s.t. out, clear s.t. up; ~ **om=skrewe** reëls well-defined rules; dit baie ~ **stel** dat ... make it abundantly clear that ... **dui·de·lik** interj., (sl.: excellent) cool!, sharp!. **dui·de·lik·heid** clearness, distinctness. **dui·de=lik·heids·hal·we** for the sake of clarity, for clarity's sake.

**dui·e** n.: in ~ **stort/val** break down, collapse; go to pieces; fall to the ground; (lit.) fold up; come/fall apart at the seams; (fig.) go to ruin; fall through, come to nothing, miscarry; iets het **in** ~ gestort/geval the bottom has dropped/fallen out of s.t. (the market etc.); (fig.) s.t. is/lies in ruins; iets **in** ~ laat stort/val, (also) knock the bottom out of s.t.; iets stort/val om iem. **in** ~ s.t. falls about s.o.'s ears.

**duif** duiwe dove, pigeon; (fig.: peace seeker) dove; →DUIWE=. ~**eier** pigeon's egg. ~**grys** dove grey. ~**kruid** scabious.

**dui·fie** =fies small dove/pigeon; sweetheart.

**duik**[1] duike, n. hollow, dip, dent, depression, cavity, indenta=tion; deur 'n ~ gaan go through a dip; 'n ~ in iets maak, (lit.) make a dent in s.t.; daar is 'n ~ in die pad the road takes a dip. **duik** ge=, vb. dent, indent. ~**breuk** depressed fracture. ~**hamer** raising hammer. ~**klopper** panel beater. ~**pit**, ~**(pit)mielie** dent maize/mealie/corn.

**duik**[2] duike, n. dive, plunge, header; (low) tackle. **duik** ge=, vb. dive, dip, duck; bob; (take a) plunge; tackle (low); (a boat) pitch; (aeron.) nose dive; submerge; →DUIKER; na iets duik dive (or make a dive) for s.t.; in iets ~ dive into s.t. (water etc.). ~**aangee** dive pass. ~**bol** (submersible observation cham=ber) bathysphere. ~**bombardeer** (mil.) dive-bomb. ~**boot** → DUIKBOOT. ~**bril** diving goggles. ~**(dood)vat**, ~**laagvat** (rug=by) flying tackle. ~**eend** diving duck. ~**helm** diving helmet.

~**klok** diving bell. ~**long** aqualung, scuba. ~**pak** wet/diving suit. ~**plank** diving board, springboard. ~**roer** hydrovane, immersion rudder. ~**sloot** culvert. ~**vlug** nose dive. ~**weg** subway, underpass.

**duik·boot** submarine. ~**jagter** antisubmarine vessel, submarine chaser. ~**vaarder** submariner. **duik·boot·we·rend** =*rende* antisubmarine.

**dui·ker** =*kers* diver; dipper; plunger; diving bird; *(orn.)* cormorant; *(antelope)* duiker; culvert. ~**eend** diving duck. ~**gans** merganser, sawbill. ~**hoender** guillemot. ~**ooi**, ~**ram** *(zool.)* female/male duiker.

**duim** thumb; *(measure)* inch; *(sit en)* ~*e* **draai**, met jou ~*e (sit en)* **speel** twiddle/twirl one's thumbs; **hou** ~ *vas!* touch *(or* knock on) wood!; *iem.* **onder** *die/jou* ~ *hê/hou, (fig.)* have/keep s.o. under one's thumb, keep s.o. down; **onder** *iem. se* ~ **wees** be under s.o.'s thumb; *iets uit die/jou* ~ **suig** draw (up)on one's imagination; make/think/trump s.t. up, fabricate/invent s.t. *(a charge, accusation, story, etc.);* ~ **vashou** cross one's fingers (and touch wood), keep one's fingers crossed; *vir iem.* ~ **vashou** hold thumbs *(or* keep one's fingers crossed) for s.o., wish s.o. luck; ~ **vir** ~ inch by inch; ~ **vir** ~ **vorentoe** *skuif/skuiwe* inch ahead/forward. ~**afdruk** thumbprint. ~**breed (te)** *(fig.) geen* (of *nie 'n)* ~ *(af)wyk nie* not budge/give/yield/move an inch; *geen* (of *nie 'n)* ~ *van ... (af)wyk nie* not depart/swerve an inch from ... ~**gooi** *duimge=,* ~**ry** *ge=, duimge=, vb.* hitchhike, hitch a ride, thumb lifts. ~**gooier**, ~**ryer** hitchhiker. ~**gooiery**, ~**ryery** hitchhiking. ~**greep** thumb index. ~**handskoen** mitten. ~**klavier** *(Shona mus. instr.)* mbira. ~**ry** →DUIMGOOI. ~**skroef** *(instr. of torture)* thumbscrew. ~**spyker(tjie)** →DRUKSPYKER(TJIE). ~**steenkool** nut coal, nuts. ~**suiery** thumb-sucking; *(fig.)* fabrication, (pure) fantasy.

**dui·me·ling, dui·me·lot** thumb *(in finger rhymes).*

**duim·pie** =*pies* little thumb; little fellow; *iets op jou* ~ **ken** have s.t. at one's fingertips, know s.t. backward(s) *(or* inside out *or* to a T); *(Klein)* D~, *(folk-tale character)* Tom Thumb.

**duin** *duine* (sand) dune, sandhill. ~**gras** beach grass, bent (grass), lyme grass. ~**grond** dune soil. ~**mol, duinemol** dune molerat. ~**sand** dune sand.

**duin·ag·tig** =*tige* dune-like; covered with dunes.

**dui·ne·:** ~**besie** *(mot.)* beach/dune buggy. ~**bessie** *(Mundia spinosa)* tortoise berry. ~**mol** →DUINMOL. ~**veld** duneland. ~**woestyn** erg.

**dui·sel** *ge=* get/become/grow dizzy/giddy, reel, spin; ... *laat jou kop* (of *die/jou verstand)* ~ the mind boggles/reels at ...; *wat jou* (of *['n] mens se) kop laat* ~, *(pred.)* mind-boggling. **dui·se·lig** =*lige* dizzy, giddy; groggy, reeling, punch-drunk; vertiginous; *iem.* ~ **maak** make s.o. dizzy; *ek voel* ~ my head swims, my brain reels; I feel dizzy; ~ **word** get/become/grow dizzy/giddy. **dui·se·lig·heid** dizziness, giddiness; vertigo.

**dui·se·ling** =*linge* dizziness, giddiness; vertigo. **dui·se·ling· wek·kend** =*kende* dizzying, staggering, *(infml.)* mind-boggling; *'n* ~*e* **hoogte** a dizzy height.

**dui·send** =*sende* thousand; **by** *die* ~ *mense* close to a thousand people; ... **by** *die* ~ *verkoop* sell ... by the thousand; **by** *(die)* ~*e* by the thousand; in (their) thousands; *hulle het* **by** *(die)* ~*e gekom* they came in (their) thousands; ~ **dankies** thank you very, very *(or* ever so) much, a thousand *(or* heaps of) thanks; ~*e* **der** ~*e ...* thousands and/upon thousands of ...; *dit was 'n* **geleentheid/spanpoging/vertoning/ens.** ~ it was a glorious occasion *(or* a tremendous team effort *or* an amazing/brilliant show) etc.; ~ **jaar** a millennium, a thousand years; ~*e* **kilometers/ens.** thousands of kilometres/etc.; ~ **maal** thousandfold, a thousand times; ~ **man,** *(mil.)* a thousand men; ~ **mans,** *(gen.)* a thousand men; *'n* **man/vrou** *(uit)* ~, **een** *uit* ~ a man/woman in a thousand/million, a top-class man/woman; ~ **mense** a thousand people; ~*e* **mense** thousands of people; **oor** *die* ~ over *(or* more

than) a thousand; *dis* ~ **teen** *een* it is a thousand to one chance. ~**-en-een** *(also* duisend en *een)* a thousand and one; ~ **besonderhede** multifarious details; *die* D~ *Nag* the Thousand and One Nights, the Arabian Nights(' Entertainments). ~**poot** millipede. ~**tal** a thousand; *'n* ~ *mense* some thousand people.

**dui·send·de·lig** =*lige* millesimal.

**dui·sen·der·lei** of a thousand kinds.

**dui·send·ja·rig** =*rige* millennial, of a thousand years; ~*e* **gedenkfees/herdenking** millenary.

**dui·send·kop·pig** =*pige* thousand-headed.

**dui·send·ste** =*stes* thousandth; millesimal; *twee* ~*s, (also* tweeduisendstes) two thousandths.

**dui·send·voud** *n.* multiple of a thousand. **dui·send·voud, dui·send·vou·dig** *adv.* a thousandfold. **dui·send·vou· dig** =*dige, adj.* thousandfold.

**duis·ter** *n. (no pl.)* dark(ness); *iem. in die* ~ **hou/laat** keep s.o. in the dark; keep s.o. guessing; *nog* **net** *so in die* ~ be none the wiser; *in die* ~ **rondtas,** *(fig.)* grope (about/around) in the dark; *'n* **sprong** *in die* ~ a leap in the dark; *in die* ~ **wees/verkeer** *oor iets* be in the dark about s.t.. **duis·ter** =*ter(e)* =*terder* =*terste, adj.* dark *(night, future);* obscure *(style);* murky; sombre, grim, gloomy *(prospects);* mysterious, cryptic; mystic; opaque; sinister; puzzling, ungraspable; *iets is vir iem.* ~ s.t. is inexplicable to s.o., s.o. fails to understand s.t., s.t. beats s.o.; *'n geheim/raaisel wat al (hoe)* ~*der raak/word* a deepening mystery. **duis·ter·heid** darkness; obscurity; murkiness; mystery; opacity. **duis·ter·nis** =*nisse* dark(ness); gloom, murk; *in diep(e)/digte* ~ in thick darkness; *in* ~ **gedompel** *wees/word* be plunged in/into darkness; *in* ~ **gehul** *wees* be wrapped in darkness; *'n* ~ *(van) ...* a large number of ... *(mistakes etc.);* scores of ... *(errors etc.);* a host of ... *(reasons etc.);* crowds of ... *(people);* a multitude of ... *(sins etc.);* **volslae** ~ utter darkness.

**duit:** *geen/g'n* (of *nie 'n) (blou[e]/dooie)* ~ *besit nie* not have a penny to one's name, be penniless; *iem. gee* **nie** *'n* **blou(e)/ dooie** ~ *om nie, dit kan iem. geen/g'n* (of *nie 'n) (blou[e]/ dooie)* ~ *skeel nie* s.o. doesn't care two bits; *dit maak geen/g'n* (of *nie 'n) (blou[e]/dooie)* ~ *verskil nie* it does not matter a brass farthing, it is quite immaterial; *geen/g'n* (of *nie 'n)* ~ (of *blou(e)/dooie* ~) *werd nie* not worth a bean/rush/straw *(or* [red] cent *or* brass farthing/button).

**Duits** *n., (lang.)* German. **Duits** *Duitse, adj.* German; ~*e* **herdershond** German shepherd (dog); ~*e* **mark,** *(hist., abbr.:* DM) Deutschmark, Deutsche Mark; ~*e* **masels,** *(med.)* German measles, rubella. ~**land** Germany. ~**onderwyser** German teacher, teacher of German.

**Duit·ser** =*sers* German.

**Duits·ge·sind** =*sinde, adj.* pro-German, Germanophil(e). **Duits·ge·sin·de** =*des, n.* pro-German, Germanophil(e). **Duits· ge·sind·heid** pro-Germanism.

**Duits·spre·kend** =*kende* German-speaking.

**Duits·ta·lig** =*lige:* ~*e* **blad** German paper.

**dui·we·:** ~**boer** pigeon breeder; pigeon fancier. ~**hok**, ~**huis** dovecote(e), pigeon house/loft, pigeonry. ~**melk** pigeon's milk. ~**pos** pigeon post. ~**sport** pigeon flying. →DUIF.

**dui·wel** =*wels, n.* devil, Satan; demon, fiend; *(as)of die* ~ **ag· ter** *jou (aan) is* like a bat out of hell; *so* **bang** *soos die* ~ *vir 'n slypsteen* as scared as the devil of holy water; *deur die* ~ **be· sete** *wees* be possessed by the devil; *die* ~ the Devil, Satan, the Evil One; **gaan/loop/vlieg** *na die* ~*!, (infml.)* go to blazes/hell!, damn you!; **gee** *die* ~ *wat hom toekom* give the devil his due; the devil is not as black as he is painted; *iem. is 'n* **ge· lukkige** ~, *(infml.)* s.o. has the devil's own luck; *die* ~ **het** *in iem.* **gevaar,** *(infml.)* the devil is in s.o., s.o. is like one possessed; *die* ~ **haal** *jou!, (infml.)* to hell with you!, go to hell!, damn you!; **hoe** *de/die* ~ *weet jy dit?* how the devil do you know that?; *die* ~ **in** *wees, (infml.)* be in a devil of a temper, be fed up to the gills (*or* to the [back] teeth); *iem. die ~ in maak* incense s.o., get s.o.'s back/hackles up; *die ~ in raak/ word* get mad, become very angry, fly into a rage; *loop na die ~! →gaan/loop/vlieg;* dan is die ~ los then the fat will be in the fire, then there will be hell to pay; *toe was die ~ los* all hell broke loose; *nou is die ~ los* this is it; *na die ~ daar= mee* (of *met jou/ens.)!*, (*infml.*) to hell with it/you/etc.!; *met die ~ omgaan* sup with the devil; *geen/g'n* (of *nie 'n) ~ omgee nie*, (*infml.*) not care two bits (*or* a damn/bean/fig/hoot/rap/ scrap); *praat van die ~(*, *dan trap jy op sy stert)*, (*infml.*) talk of the devil; *die ~ sal jou ry!* there will be the devil to pay!; *soos die ~*, (*infml.*) like hell; *na die ~ vlieg →gaan/loop/ vlieg; wat/waar/wie de/die ~ ...?* what/where/who the devil/ deuce/dickens ...?; *die ~ alleen weet (dit)* I'll be damned if I know. **dui·wel** ge=, *vb.*, (*infml.*) tumble, fall headlong. **~aan= bidder** →DUIWELSAANBIDDER. **~besweerder** exorcist. **~be= swering** exorcism. **~brood** →DUIWELSBROOD. **~-in-die-bos** *duiwels-in-die-bos*, (*bot.*) cosmos; devil-in-a-bush, love-in-a- mist, fennel flower. **D~ster** (*astron.*) Algol. **~streek** dirty trick. **~uitdrywer** = DUIWELBESWEERDER. **~vereerder** diabo= list; →SATANIS. **~verering** diabolism, demonolatry. **~vis** devilfish, devil ray, sea devil.

**dui·wel·ag·tig** *-tige* devilish, diabolical, fiendish. **dui·wel= ag·tig·heid** devilishness, fiendishness.

**dui·we·la·ry** *-rye* devil(t)ry.

**dui·wels** *-welse, adj.* devilish, diabolical, hellish, demoniac(al), fiendish. **dui·wels** *adv.* devilishly; a hell of a lot (of); fright= fully, awfully, dreadfully. **dui·wels** *interj.* damn it!, dammit!. **dui·wels·heid** devilishness.

**dui·wels=** **~aanbidder, duiwelaanbidder** devil worshipper, Satanist. **~aanbidding, duiwelaanbidding** diabolism, devil worship, Satanism. **~advokaat** devil's advocate. **~brood, duiwelbrood** (*bot.*) toadstool, poisonous mushroom, death cup/cap; puffball. **~drek** (*bot.*) asafoetida, devil's dirt/dung. **~kind** child of Satan (*or* the devil). **~klou** (*bot.*) devil's claw, grapple plant/thorn; (*tech.*) devil's claw; stone tongs; (*rope= work*) wall knot. **~kuns(te)** black art/magic, sorcery, witch= craft, devil(t)ry. **~kunstenaar** sorcerer, wizard. **~werk** dev= ilish work, a devil/hell of a job; devil's work, work(s) of the devil.

**dui·wel·tjie** *-tjies* imp, little devil; gremlin.

**duk·tiel** *-tiele*, (*metall.*) ductile. **duk·ti·li·teit** ductility.

**duld** ge= bear, stand, tolerate, endure; put up with; allow (to exist); permit; be tolerant of; *iets nie kan ~ nie* have no time for s.t., be impatient of s.t.; *êrens slegs ge~ word* be some= where (only) on sufferance. **duld·baar** *-bare* bearable, toler= able, endurable, supportable, liv(e)able with.

**dul·sies** (*old remedy*) dulcis; →WITDULSIES.

**dul·si·mer** *-mers*, (*mus. instr.*) dulcimer.

**dum-dum** *-dums*, **dum-dum-koe·ël** *-ëls* dumdum (bullet), soft-nosed bullet.

**dump** ge=, (*econ.*) dump. **dum·per** *-pers* dumper. **dum·ping** dumping.

**dun** *dun dunner dunste, adj. & adv.* thin, slender; fine; rare (*atmosphere*); scanty (*hair*), sparse; tenuous; thin, washy (*soup*); runny (*cream*); lightweight (*fabric*); flimsy; flimsily (*dressed*); *~ bevolk*, (*also* dunbevolk) sparsely/thinly populated; *~ner maak* thin out (*a crowd, buildings, plants, etc.*); thin down (*paint etc.*); attenuate; *sulke mense is ~ gesaai (en het sleg opgekom)* such people are very rare; *~ sop* consommé; *~ stem* thin/reedy voice; *~ voel* be hungry; *~ner word* thin down; *op ~ ys* on thin ice. **~derm** small intestine, ileum. **~drukpapier** India/Bible paper. **~lies** thin flank (*of beef*). **~loop** *dunge=, vb.* taper.

**dun·heid** thinness; tenuity, rarity (*of air*); sparseness.

**dun·hui·dig** *-dige* thin-skinned.

**dunk** idea, opinion; *'n hoë ~ van ... hê* think highly/much/ well (*or* the world) of ..., have a high opinion of ...; *'n hoër*

~ *van iem. hê* think better of s.o.; *'n hoë ~ van jouself hê* think much of o.s.; *'n lae/swak ~ van ... hê, nie 'n hoë ~ van ... hê nie* have a bad/low opinion (*or* think little/poorly) of ...

**dun·lip·pig, dun·lip·pig** *=pige* thin-lipped.

**dun·ne** *n.: die/'n ~* the/a thin one; *die ~s* the thin ones.

**dun·ne·tjies** thinly, lightly; *iem. se kennis is maar ~* s.o.'s knowledge is rather scant/shaky.

**dun·vel·lig, dun·vel·lig** *=lige* thin-skinned (*lit. & fig.*), over= sensitive.

**du·o** *duo's, (mus.)* duo, duet.

**du·o·de·num** *=nums, (anat.)* duodenum. **du·o·de·naal** *=nale* duodenal.

**du·o·de·si·maal** *=male* duodecimal (*counting, fraction, etc.*).

**du·pla** (*betting*) quinella, dupla.

**du·pleks** duplex. **~(woonstel)** duplex (flat).

**du·pli·kaat** *=kate* duplicate. **du·pli·ka·sie** *=sies* duplication; overlapping. **du·pli·seer** ge= duplicate; (*jur.*) rejoin. **du·pli·se= ring** *=rings, =ringe* duplicating.

**du·ra ma·ter** (*Lat., anat.*) dura mater.

**durf** *n.* pluck, courage, grit, boldness, mettle, gameness, nerve, guts, daring, enterprise; *iem. van ~ (en daad)* s.o. of mettle; *die ~ hê om te ...* have the nerve to ... **durf** ge=, *vb.* dare; risk; venture; *hoe ~ jy ...?* how dare you ...?; *iem. ~ dit nie doen nie,* (*also*) s.o. may not do it; *~ sê* venture to say.

**dus** so, then, therefore, thus, consequently; *ek dink ~ dat ...* so I think that ...; *iem. moet ~ ...* so s.o. will have to ...; *so is dit ~* so it is then. **dus·da·nig** *=nige, (fml.)* such; *'n ~e bewe= ging/ens.* such a movement/etc.. **dus·ver, dus·vêr** *tot ~ so/ thus far, until/till (or up to) now, hitherto; *tot ~ gaan dit goed* so far so good.

**dus·kant, deus·kant** *n.* this side; this way; *aan die ~ (on) this side; *~ toe* this way. **dus·kant, deus·kant** *adv.* on this side; (*hier*) *~* over here. **dus·kant, deus·kant** *prep.* on this side of; *drie/ens. meter ~ die rekord* three/etc. metres short of the record; *~ die veertig/ens.* on the right side of forty/etc.. **dus·kant-s(t)e, deus·kant-s(t)e** *adj.* on this side, hither, near.

**dut** ge= doze, (take a) nap, snooze; (*'n bietjie*) *~* have/take a nap/snooze, have forty winks, have a lie-down; *sit en ~*, (*lit.*) be dozing; (*fig.*) be woolgathering. **dut·jie** *=tjies* doze, (cat)= nap, snooze; *'n ~ maak/vang* have/take a nap/snooze, have forty winks, have a lie-down.

**duur¹** *n.* duration; currency (*of a contract*); lifetime (*of a parl.*); life (*of a mine*); (*phys.*) period; permanence; continuance; length; time span; *~ van beweging* period of motion; *iets is kort van* (of *van korte) ~* s.t. is short-lived (*or* of short dura= tion); *op die (lange) ~* in the long run, in the end, ultimately. **duur** ge=, *vb.* last, continue, endure; *dit kan nie altyd ~ nie* this/it cannot go on forever (*or* for ever); *dit het lank ge= noeg ge~* it has gone on long enough; *sal dit nog lank ~?* will it be/take long?; *so lank ... ~* for the duration of ...; *dit ~ lank* it takes a long time. **~vlug** endurance flight; duration flight.

**duur²** *duur/dure duurder duurste, adj. & adv.* expensive, cost= ly, dear, pric(e)y, high-priced; *'n dure eed sweer* swear a solemn oath; *~ gekoopte/verworwe* hard-won, dearly bought (*freedom etc.*); *iets is ~* s.t. is expensive(ly priced); *'n dure les* a costly lesson; *~ lewe* live expensively; *'n/jou dure plig* a/ one's bounden duty; *dit het iem. ~ te staan gekom* it cost s.o. dearly; *dit sal iem. ~ te staan kom* s.o. will regret it; *ten ~ste* at (very) great expense; *ten ~ste betaal* pay through the nose. **~koop:** *goedkoop is ~* a bad bargain is dear at a farth= ing.

**duur·heid** expensiveness, costliness, dearness, priciness.

**duur·saam** *=same, adj.* durable, lasting; long-lasting (*prod= uct etc*); stable; (*attr.*) hard-wearing, (*pred.*) that wears well (*material*); *~same (verbruik[er]s)goedere* (consumer) durables, durable goods. **duur·saam** *adv.* lastingly, durably. **duur·saam·heid** durability, endurance, permanence, fixity, serviceability, serviceableness; life, keeping quality; sustainability.

**du·vet** duvet.

**duw·wel·tjie** *-tjies, (bot.: Tribulus terristris)* devil's thorn.

**dux** *duces, (Lat.)* dux, head boy. *~prys* dux prize.

**dwaal** *n.: in 'n ~* at sea, confused, absent-minded, in a haze, *(infml.)* spaced (out), spac(e)y. **dwaal** *ge-, vb.* roam, rove, wander; stray, straggle; err, be in error; be delusional; *(jur.)* misdirect o.s.; →DWALEND; *dis menslik om te ~* to err is human; *jou oë oor ... laat ~* scan ... *(a crowd etc.); ver/vêr ~, (thoughts)* range far; *aan die ~ wees* be confused *(or* at sea). *~begrip* error, erroneous idea, fallacy, false/mistaken notion, misconception. *~gees* wandering spirit, revenant; wanderer. *~leer -lere* false doctrine, heresy. *~skoot* random shot. *~spoor* wrong track/path/way; *iem. op 'n ~ bring* lead s.o. astray, mislead s.o.; put/throw s.o. off the scent/track; *op 'n ~ raak* go astray; *op 'n ~ wees* be on the wrong track. *~ster (poet., liter.)* wandering star. *~storie* urban legend/myth.

**dwaas** *dwase, n.* fool; *soos 'n ~ lyk/voel* look/feel a fool, *(infml.)* look/feel a proper charlie; *iem. kan 'n ~ nie veel nie* s.o. does not suffer fools gladly; *'n opperste ~* an egregious/utter fool; *'n ~ storm in waar 'n wyse huiwer* fools rush in where angels fear to tread. **dwaas** *dwase, dwase dwaser dwaasste, adj.* absurd; foolish, silly, stupid, *(infml.)* daft; inept; preposterous; senseless; *'n dwase ding doen/aanvang* make a false move, *(fig.)* take a false step; *iem. was ~ genoeg (of was so ~) om dit te doen* like a fool s.o. did it; *dit is ~ van iem. om nie te ... nie* s.o. is a fool not to ...; *iem. was ~ om dit te doen* s.o. was an idiot to do it; *'n dwase onderneming* a wild-goose chase; *so ~ wees om te ...* be fool enough to ... **dwaas, dwaas·lik** *adv.* foolishly; stupidly. **dwaas·heid** foolishness, folly, stupidity; madness; nonsense; *die grootste/opperste (of toppunt van) ~* the crowning/supreme folly; the height of folly/stupidity.

**dwa·lend** *-lende* errant; wandering; truant; →DWAAL *vb.*.

**dwa·ling** *-linge, -lings* error, mistake; delusion, fallacy, misconception, false/wrong/erroneous notion; *iem. is/verkeer in 'n ~* s.o. is/labours under a misconception.

**dwang** compulsion, coercion, constraint; *deur ~* by force, under constraint; *iets onder ~ doen* do s.t. under pressure/duress. *~arbeid* hard labour. *~arbeider* convict, hard labour prisoner. *~bevel* warrant, writ. *~buis* strai(gh)tjacket; *in 'n ~ (gedruk) wees, (fig.)* be corseted. *~gedagte* obsession. *~handeling* compulsion. *~landing* forced landing/descent. *~maatreël* coercive measure. *~middel -dels, -dele* means of coercion; coercive measure. *~neurose (psych.)* (obsessive-)compulsive/obsessional neurosis. *~verskuiwing (SA hist.)* forced removal. *~voeding* forced feeding. *~wet* coercive law.

**dwar·rel** *-rels, n.* whirlwind. **dwar·rel** *ge-, vb., (leaves etc.)* whirl/twirl/swirl/flutter (about/around); *(fog etc.)* eddy; → WARREL. *~wind* whirlwind, twister; →WARRELWIND.

**dwar·re·ling** whirl, twirl, swirl, flutter; eddy; vortex.

**dwars** *dwars dwarser dwarsste, adj. & adv.* cross, transverse, diagonal; across; contrary, crabby, crusty, perverse, pigheaded, wrong-headed, *(infml.)* stroppy; surly, rude *(answer)*. *~aangee n., (soccer etc.)* cross pass. *~baanromp* tiered skirt. *~balk* transverse beam, crossbeam; joist; cross member. *~balkie (cr.)* bail. *~deur* right/straight through/across; throughout. *~fluit* cross/transverse/German flute. *~formaat* landscape/oblong (format). *~gang* cross passage, traverse; *(min.)* crosscut. *~hou (cr.)* cross-bat shot; *(tennis)* cross-court shot. *~hout* crossbeam, crossarm, crossbar, traverse; *(mech.)* transom, bolster. *~lat (athl.)* crossbar; *(archit.)* transom. *~lêer (rly.)* sleeper; *(archit.)* transverse girder. *~lyn* crossline; diagonal; traverse; *(math.)* transversal. *~oor* right/straight across/athwart. *~paal* crossbar. *~pad* crossroad; *by die ~, (lit.)* at the crossroads. *~skop (rugby)* cross kick. *~sny -snye* cross-

cut. *~straat* cross/side street. *~streep* crossline; diagonal. *~stroom, ~stroming* cross-current. *~wal* traverse; transverse bank/embankment/wall; weir. *~weg adv.* transversely; abruptly, curtly; *~ antwoord* give a surly answer, be short with *(s.o.)*. *~wind* crosswind, side wind.

**dwars·boom** *ge-, vb.* cross, obstruct, thwart, block, oppose. **dwars·bo·ming** obstruction; *~ van die gereg* defeating the ends of justice.

**dwars·draads** *-draadse, adj.* cross-grained. **dwars·draads** *adv.* across the grain. **dwars·dra·dig, dwars·dra·dig -dige** cross-fibred; cross-grained.

**dwars·heid** pig-headedness, contrariness, wrong-headedness.

**dwars·te:** *in die ~* across, athwart; *iets op die ~ sny* cut s.t. on the square.

**dwars·trek** *dwarsge-, vb.* be headstrong/etc.. **dwars·trek·ker -kers**, **dwars·kop -koppe** hardhead, mule; grouch, grouser, grump, curmudgeon. **dwars·trek·ke·rig -rige, dwars·kop·pig, dwars·kop·pig -pige** headstrong, pig-headed, muleheaded, stubborn, obstinate, *(infml.)* stroppy. **dwars·trek·ke·rig·heid** stubbornness, pig-headedness, obstinacy, *(infml.)* stroppiness.

**dweep** *ge-* gush, enthuse; be fanatical, be a fanatic; *met ... ~* be fanatical/mad/crazy about ...; go into ecstasies/raptures/rhapsodies about/over ..., *(infml.)* rave about ...; hero-worship/idolise ... *(s.o.)*. *~siek -sieke* fanatic(al); effusive, gushing, gushy; ecstatic; besotted, infatuated, smitten. *~sug* fanaticism, religiosity, zealotry.

**dweil** *dweile, n.* floor cloth; mop; swab. **dweil** *ge-, vb.* mop, scrub, wash *(floors)*; swab *(decks)*. *~stok* mop stick, swab(ber).

**dwelm** *dwelms* drug, narcotic, dope; *afhanklikheidsvormende/verslawende/harde/sterk ~* habit-forming/hard/strong drug; *~s gebruik* take/use (or be on) drugs, dope; *nie meer ~s gebruik nie* be/stay off drugs; *sagte ~ (marijuana etc.)* soft drug; *(met) ~s smous, in/met ~s handel (dryf/drywe)* peddle/push/sell (or deal/traffic in) drugs. *~baas, ~baron, ~koning* druglord. *~dof, ~dronk (infml.)* high, smashed, stoned, on a trip. *~dwaal, ~waas: in 'n ~ wees, (infml.)* be smashed (or on a trip or strung out or spaced/zonked [out] or bombed out of one's mind/skull). *~gebruik* drug taking. *~gebruiker* drug taker/user, *(infml.)* doper. *~handel* drug traffic(king)/trade. *~hel(levaart), ~nagmerrie (infml.)* bad trip, freak-out, bummer. *~klopjag* drug bust; *'n ~ uitvoer* make a drug bust. *~koerier, ~draer* drug runner/courier/mule. *~mengsel, ~drankie, ~konkoksie: 'n (kragtige) ~* a (powerful) cocktail of drugs. *~misbruik* drug abuse/misuse. *~naald* hypodermic (needle/syringe). *~net (werk)* drug ring. *~roes* high. *~slaaf, ~verslaafde* drug addict/fiend, *(infml.)* junkie, junky, druggie, dopehead. *~smous* drug/dope dealer/peddler/pusher/trafficker. *~stof* drug, dope, narcotic. *~verknog, ~verslaaf* addicted to drugs. *~verslawing* drug addiction/dependence, dependence on drugs.

**dwe·pend** *-pende* fanatic(al); →DWEEPSIEK.

**dwe·per** *-pers* fanatic, zealot; enthusiast, gusher; devotee. **dwe·pe·rig -rige** →DWEEPSIEK. **dwe·pe·ry** fanaticism, zealotry; extravagant enthusiasm.

**dwerg** *dwerge* dwarf; pygmy, pigmy; midget; stunted animal/tree. *~groei* dwarfism, nanism, stunted/dwarf growth. *~kees (dog breed)* Pomeranian (dog), (toy) pom. *~palm* dwarf palm, palmetto. *~poedel* miniature poodle. *~ras (zool.)* miniature breed. *~sampioen* button mushroom. *~tennis, tenniset* tennisette. *~vorming* dwarfism.

**dwerg·ag·tig** *-tige* dwarfish; pygmean; stunted. **dwerg·ag·tig·heid** dwarfishness; nanism.

**dwer·gie** *-gies* gnome.

**dwing** *ge-* force, compel, constrain, coerce; necessitate; *iem. laat hom/haar nie ~ nie* s.o. won't be driven; *jou(self) ~ om te*

..., *(also)* steel o.s. to ...; *iem. ~ **om** iets te doen* force s.o. to do (*or* make s.o. do) s.t.; *iem. **tot** ... ~* reduce s.o. to ... *(subjection etc.);* force s.o. into ... *(submission etc.);* force s.o. to ... *(confess etc.);* bring s.o. to ... *(battle).* **dwing·baar** *=bare* compellable, coercible. **dwin·gend** *=gende* compelling, compulsive, coer= cive.

**dwin·ge·land** *-lande, (liter.)* tyrant, despot. **dwin·ge·lan·dy** tyranny, despotism.

**dy**[1] *ge=, vb.* expand, swell (out); →GEDY, UITDY.

**dy**[2] *dye, n.* thigh, ham. **~been** thighbone, femur. **~breuk** femoral/crural hernia. **~lengtestewels** thigh-length boots. **~slagaar** femoral artery. **~spier** thigh muscle; hamstring (muscle) *(of a pers.).* **~stuk** silverside *(of beef).*

**dyk** *dyke* dyke, dike, bank, embankment, levee. **~breuk** dyke/ dike burst, bursting (*or* giving way) of a/the dyke/dike.

**dyn·se·rig** *=rige,* **dyn·sig** *=sige* hazy, misty. **dyn·se·rig·heid, dyn·sig·heid** haze, haziness, mistiness.

**dzig·ge·tai** *=tais, (zool.: wild ass)* dziggetai.

# Ee

**e, E** *e's, E's, (5th letter of the alphabet)* e, E; *klein e* small e. **E-kruis** *(mus.)* E sharp. **E-mol** *(mus.)* E flat. **e'tjie** *e'tjies* little e.

**eau-de-co·logne** *(Fr.)* eau de Cologne.

**eb** *n.* ebb (tide), low tide; *dit is ~* the tide is out, it is low tide; *die ~ en vloed* the ebb and flow. **eb** *geëb, vb.* ebb, flow back; *(fig.)* wane, fade, weaken, decline; *die water is aan die ~* the tide is on the ebb *(or going out)*. **~gety** ebb tide.

**eb·be·hout** ebony.

**E·bo·la·koors** *(pathol.)* Ebola fever.

**e·bo·niet** ebonite, vulcanite, vulcanised rubber.

**e·che·lon, e·sje·lon** *-lons, (Fr.)* echelon; *in ~, (mil.)* in echelon.

**é·clair** *=clairs, (cook.)* éclair.

**e·cru** *(Fr., colour)* ecru.

**E·cu·a·dor** *(geog.)* Ecuador. **E·cu·a·do·ri·aan** *-riane, n.* Ecuadorian. **E·cu·a·do·ri·aans** *-aanse, adj.* Ecuadorian.

**E·dam** *(Dutch cheese, also e~)* Edam (cheese).

**e·deem** *=deme, (med.)* oedema.

**e·del** *edel(e) edeler edelste* noble; high/pure-minded, honourable; high-toned, fine; generous; *(metall.)* precious; *(die) ~(e) barbaar, (romanticism)* (the) noble savage; *met ~e beginsels* high-principled; *Sy/Haar E~e* the Honourable; His/Her Honour; *U E~e* Your Honour/Worship; *~ wyn* noble wine. **~agbare** *(also E~, form of address)* your honour/worship; *Sy/Haar E~* His/Her Honour. **~gebore** of noble birth, highborn. **~gesteente** gem(stone), precious stone. **~hert** red deer. **~man** *edelmanne, edelliede, edellui* nobleman, noble. **~metaal** noble/precious metal; bullion. **~moedig** generous, magnanimous, high-minded, noble(-minded). **~moedigheid** generosity, magnanimity, high/noble-mindedness. **~smeekuns** art metalwork. **~smid** *=smede* art metalworker. **~steen** precious stone, gem(stone); jewel. **~steenkunde** gem(m)ology. **~valk** lanner falcon. **~vrot** botrytis, noble rot (of grapes). **~vrou** *=vroue* noblewoman, noble lady. **~weiss** *(bot.)* edelweiss, lion's foot.

**e·de·le** *-les, n.* noble person; *(in the pl., also)* the nobility/nobles.

**e·del·heid** nobleness, nobility.

**E·den** *(OT)* Eden, Paradise; *die tuin van ~* the Garden of Eden.

**e·dik** *=dikte* edict, decree; *die E~ van Nantes, (hist.)* the Edict of Nantes. **e·dik·taal** *=tale, (jur.)* edictal; *by ~tale daagvaarding/sitasie* by edictal citation.

**E·din·burg** *(geog.)* Edinburgh *(in Sc.)*; *~se fees* Edinburgh festival.

**ê·e** *geêe, vb.* harrow; →EG² *vb.*.

**eed** *ede* oath, vow; *'n ~ aflê/doen/sweer* swear/take an oath; *'n ~ van iem. afneem* administer an oath to s.o.; *iem. die ~ afneem* swear s.o. in *(a witness etc.)*; *iets onder ~ bevestig* confirm s.t. under *(or, Br. on)* oath, swear to s.t.; *'n ~ op iets doen* take one's oath on s.t., swear to s.t.; *'n dure ~* a solemn oath; *'n ~ gestand doen* (of *hou*) keep an oath; *onder ~ verklaar/bevestig* declare/state/affirm under *(or, Br. on)* oath, swear, depose; *iem. is 'n ~ opgelê* s.o. was put under oath; *onder ~ staan* be on/under oath; *iem. onder ~ stel, iem. 'n ~ laat sweer* put s.o. under oath; *~ van trou/getrouheid* oath of allegiance; *'n ~ (ver)breek* break

an oath. **~aflegger** oath maker/taker, swearer. **~aflegging** taking an/the oath, oath taking. **~afnemer** swearer(-in). **~afneming** administering (of) an/the oath; swearing (in); swearing (of an/the oath). **~breker** perjurer, oath breaker. **~breuk** perjury, breach of oath, oath breaking; *~ pleeg* commit perjury, break/violate one's oath.

**eek·ho·ring** *=rings* squirrel. **~aap** squirrel monkey.

**eek·ho·ring·ag·tig** squirrellike, squirrelly.

**eek·ho·rin·kie** *=kies* squirrel.

**eelt** *eelte* callus, callosity. **~knobbel, ~knop, ~plek** callus, callosity.

**eelt·ag·tig, eelt·ag·tig** *=tige*, **eel·te·rig** *=rige* callous(ed). **eelt·ag·tig·heid, eelt·ag·tig·heid, eel·te·rig·heid** callosity.

**een** *ene, eens; enetjie, eentjie n., pron. & adj.* one; unit(y); ace (card); someone; single; figure 1; a certain; *dit het ~ aand/oggend gebeur* it happened one evening/morning; *die ander ~* the other (one); *hulle groet/ens. die ~ die ander* they greet/etc. one another (or each other); *deur (die) ~ en ander* with one thing and another; *(die) ~ ná die ander* one after another; *(die) ~ of ander ...* some ... or other; *(some)one or other ...; van die ~ na die ander* from one to the other; *vinnig die ~ na die ander* in quick procession; *die ~ ongeluk op die ander* a series of accidents; *die ~ en ander weet, (infml.)* know s.t., know a thing or two; *~ uit/van baie* one among many; *sy/haar (~) been is gebreek/af* one of his/her legs is broken; *behalwe ~* bar/except one; *daardie ~/ene* that one; *~ dag* one (or a single) day; *'n ~ dag ou(e)/oud koerant/ens.* a day-old newspaper/etc.; *'n (~) dag/maand/jaar lang(e) kursus/ens.* a day/month/year-long course; *dié/hierdie ~/ene* this one; *dit is ~ en dieselfde (ding)* it is one and the same (thing); *dit was ~ ding op die ander* it was one thing after another; *met ~ doel voor oë* single-mindedly; *geloof in ~ god* monotheism; *~ en 'n half* one and a half; *man en vrou is ~* husband and wife are one; *~ keer/maal/slag* once (only); *die laaste ~* the last one; *die laaste ~ het griep (gekry), (also, infml.)* everyone (or every single one or each and every one) is (or has come) down with flu; *daar is maar ~ soos hy/sy* we'll never see his/her like again; *meer as ~, (also)* several, quite a few; *jy is (ook) 'n mooi ~/ene!, (infml., iron.)* you're a nice one!; *die ~ bal/ens. ná die ander* ball/etc. after ball/etc.; *op ~ na* all but one; *almal op ~ na* all bar/except/excepting one; *die grootste/ens. op ~ na* the second biggest/etc.; *net ~/enetjie* just one; *iem. is nie ~/ene om te ... nie* it is not like s.o. to ...; *van ~ plek na die ander* from place to place; *so ~* such a one, one like that; *'n trui/ens. uit ~ stuk* a one-piece jersey/etc.; →EENSTUK, STUK; *~ tee/ens.* one tea/etc., tea/etc. for one; *~, twee, drie!* one, two, three!; *~ uur* one hour; *~ van hulle/julle/ons* one of them/you/us; *~ van twee/beide* one or the other; *~ te veel* one too many; *~ te veel inhê, (infml.: inebriated)* have had one too many; *~ vir* one by one; *man for man; iem. ~ voor wees* be one up on s.o.; *die ~ wat ...* the one who ...; *watter ~?* which one?; *~ word* become one; become united. **~beentjie:** *~ speel* play hopscotch; *~ spring* hop on one leg. **~dimensioneel, ~dimensioneel** one-dimensional, unidimensional. **~duisend, ~ duisend** one thousand. **~~een** singly, one by one; individually; *~ agter mekaar* in single file; *hulle het ~ gekom* they came by themselves (or singly); *~ en twee-twee kom* come in/by ones and twos. **~ge**

sin(s)woning single-family dwelling. ~honderd, ~ honderd one hundred. ~horing *(myth.)* unicorn. ~kamerwoonstel, ~vertrekwoonstel one-room(ed) flat, studio flat. ~ouerge= sin one-parent/single-parent family. ~partystaat one-party state. ~partystelsel one-party system. ~persoonstuk *(theatr.)* one-hander. ~slag once (upon a time). ~spoor(trein) mono= rail. ~stopdiens, ~stopwinkel, ens. one-stop service/shop/ etc.. ~stuk *n.* one-piece (garment); all-in-one. ~-twee-drie *adv.* in a jiffy/trice, in (half) a tick. ~uur one o'clock. ~ver= diepinghuis single-storeyed house. ~vrouvertoning one-woman show. ~wielfiets one-wheeled cycle, monocycle.

**een·ak·ter** one-act play, one-acter.

**een·ar·mig, een·ar·mig** =mige one-armed.

**een·bla·rig, een·bla·rig** =rige, **een·bla·dig, een·bla=** **dig** =dige one-leaved, unifoliate.

**eend** *eende* duck; *die belofte/woorde is goed, maar die ~ lê die eier* promises are like piecrust; it is not promises but deeds that count; *jong ~* duckling; *soos ~e agter mekaar loop* walk in single file. ~bekdier (duck-billed) platypus, duckbill. ~man= netjie drake. ~stert duck's tail; *(infml.: hairstyle or wild youth of the fifties)* ducktail. ~voël (wild) duck; *(infml., hum.)* fool.

**een·daags** =daagse one-day; ephemeral.

**een·dag** once (upon a time), one day; some day; sooner or later; *dit het ~ gebeur* it happened once upon a time; *~ is ~!* just you wait!; *dit sal nog ~ waar word* it will come true some day. ~diens same-day service. ~mooi, ~skoon *(bot.)* morning glory, convolvulus.

**een·dags·vlieg** =vlieë, *(entom.)* mayfly, green drake; *(infml.)* flash in the pan.

**eend·ag·tig** =tige duck-like.

**een·de=:** ~dam duck pond. ~-eier duck's egg. ~hok duck coop. ~jag duck shooting/hunting. ~kuiken duckling. ~weer *(infml.)* rainy weather, fine day for ducks.

**een·dek·ker** =kers, *(aeron.)* monoplane; *(mot.)* single-decker, single-deck(er) bus; *(naut.)* single-deck vessel.

**een·de·lig, een·de·lig** =lige one-volume *(work).*

**een·ders** =derse, **e·ners** =nerse, *adj. & adv.* alike; similar; the same, identical, indistinguishable; unvaried, unvarying, uniform, undiversified; *hulle is almal ~* they are all the same *(or* of a kind); *... lyk vir iem. almal ~* all of ... look the same to s.o.; *altyd ~* always the same; *baie ~* wees be much the same *(or* very similar); *mense ~ behandel* treat people alike; *hulle lyk baie ~* they are very similar in appearance; *op 'n haar (na) ~ lyk* be as like as two peas (in a pod); *omtrent ~* (pretty) much the same; much of a muchness; *dit is vir iem. ~* it is all one to s.o. **een·ders·den·kend** =kende of one mind, like-minded, at one. **een·ders·heid, e·ners·heid** similarity; sameness; uniformity; alikeness.

**eend·jie** =jies duckling; *(in the pl., bot.)* (pods of) cancer bush; *'n lelike ~* an ugly duckling.

**een·dra·dig, een·dra·dig** =dige unifilar.

**een·drag** concord, harmony, union, unity; *~ maak mag* union/ unity is strength.

**een·drag·tig**[1] =tige, **een·drag·tig·lik** =like, *adj. & adv.* harmonious; united, unanimous; unanimously, in concord/ unison, hand in hand, as one man.

**een·drag·tig**[2] *(bot.)* uniparous.

**een·fa·sig** =sige monophase, single-phase.

**een·han·dig, een·han·dig** =dige one-handed.

**een·he·de·trust** unit trust; →EENHEID.

**een·heid** =hede unity, oneness; unanimity, solidarity; unit; standard; *arbeidskoste per ~* unit labour cost; *in eenhede van ... in* multiples of ...; *koste per ~* unit cost; *kostebereke= ning per ~* unit costing; *prys per ~* unit price. ~staat uni= tary state. ~strewe striving/urge toward(s) unity.

**een·heids=:** ~faktor =tore, *(math.)* unity factor. ~front united front. ~kode unicode. ~koste cost per unit, unit cost. ~leer

*(philos., theol.)* monism. ~prys price per unit, unit price. ~waar= de unit value, value per unit; *(print.)* unit value.

**een·hoe·wig, een·hoe·wig** =wige one-hoofed.

**een·ja·rig, een·ja·rig** =rige one-year-old, of one year; one-year *(contract etc.); ~e dier* yearling; *~e plant* annual (plant).

**een·kant** *adv.* aside, on/to one side; apart; *~ (toe) of ander= kant toe* one way or the other; *jou ~ hou* keep (o.s.) to o.s.; keep/show a low profile; stand aloof, be standoffish; *~ staan* stand apart; *~ toe staan* stand/move aside; *iets ~ toe stoot/ skuif/skuiwe* move s.t. aside; *~ toe trek* pull over *(with a car).*

**een·kleu·rig, een·kleu·rig** =rige monochrome, monochro= mic, unicoloured, plain(-coloured), self-coloured.

**een·let·ter·gre·pig, een·let·ter·gre·pig** =pige mono= syllabic; *~e woord* monosyllable.

**een·ling** =linge individual; solitary; singleton; →ENKELING.

**een·lo·pend** =pende single, unmarried; unattached.

**een·lo·per** =pers loner, recluse, *(infml.)* lone wolf. ~olifant rogue elephant.

**een·maal** some/one day *(in the future);* once (upon a time); *~ en klaar* for all time; *nou ~ nie van ... hou nie* just not like ...; *dit moet nou ~ gebeur* it is unavoidable; *so is ... nou (maar) ~* that's ... for you; *dit is nou (maar) ~ so* there *(or* that's how) it is, there's no getting away from it, it's a fact of life; *dit is (nou) ~ die* that/this is really too ...; *dit is (nou) ~ te erg, (also)* that's going too far. ~bloeiend *(bot.)* monocarpic.

**een·ma·lig, een·ma·lig** =lige unique, non(-)recurrent, one-time; unrepeatable *(offer); ~e betaling* one-off payment; *iets ~s* a one-off *(infml.).*

**een·man=:** ~orkes one-man band. ~saak, ~(s)onderneming, eenpersoonsonderneming one-man business, *(infml.)* one-man band. ~(s)opvoering, eenpersoonsopvoering one-man show. ~span one-man team. ~(s)tentoonstelling, eenper= soonstentoonstelling one-man exhibition.

**een·mans=:** ~kommissie one-man commission. ~woon= stel, eenpersoonswoonstel bachelor flat.

**een·mo·to·rig, een·mo·to·rig** =rige single-engined.

**een·oog** *n.* one-eyed person. **een·oog** *comb.* one-eyed. **een= o·gig, een·o·gig** =gige, *adj.* one/single-eyed; *(sc.)* monocular. **een·o·gi·ge** =ges, *n.* one-eyed person.

**een·pa·rig** =rige, *adj. & adv.* unanimous; unanimously, with one accord/consent, by common consent, with one voice; to a man; without a dissentient vote; *hulle is ~ van mening/ oordeel dat ...* there is general agreement that ... **een·pa·rig= heid** unanimity, general agreement; uniformity.

**een·per·soons=:** ~kamer →ENKELKAMER. ~kamers bache= lor(s') quarters. ~onderneming →EENMANSAAK. ~opvoering →EENMAN(S)OPVOERING. ~tentoonstelling →EENMAN(S)TEN= TOONSTELLING. ~vliegtuig single-seater (aeroplane). ~woon= stel →EENMANSWOONSTEL.

**een·rig·ting=:** ~gesprek one-way conversation. ~proses one-way process. ~spieël one-way mirror. ~(straat) one-way (street). ~verkeer one-way traffic.

**eens** *adj.* unanimous, of the same opinion; *hulle is dit daar= oor ~* they agree about it, it is common cause between them; *almal is dit ~ dat ...* it is common cause that ...; *hulle is dit (met mekaar) ~* they are agreed *(or* in agreement), they are of one *(or* the same) mind, they see eye to eye; *dit met iem. ~ wees* agree *(or* be in agreement *or* see eye to eye) with s.o., share s.o.'s sentiments on s.t.; *dit nie ~ wees met iem. nie* disagree with *(or* differ from) s.o.; *dit oor iets ~ wees/word* agree on/upon s.t.; *dit roerend ~ wees* be in perfect agree= ment; *dit volkome ~ wees* be in full accord; *dit (met iem.) ~ word* come to terms (with s.o.), reach an agreement (with s.o.). **eens** *adv.* once (upon a time); once *(in the future);* one day; just; even; *~ (en) vir altyd* once (and) for all; *nie 'n ... nie* not even *(or* so much as) a ...; →EERS; *iem. het nie ~*

*gebel/ens. nie* s.o. did not even (*or* so much as) phone/etc., s.o. never so much as phoned/etc.; →EERS; *iem. kan* **nie** ~ ... *nie* s.o. cannot even ...; →EERS; ~ *op 'n goeie dag* one fine day. **eens·ge·sind** *-sinde* at one, in harmony, of one mind, unanimous; *volkome* ~ *wees* be in perfect union. **eens·ge·sind·heid** harmony, unanimity, unison. **eens·klaps** all at once, all of a sudden, suddenly, unexpectedly. **eens·lui·dend** *-dende* verbally identical; of the same tenor.

**een·saam** *-same, adj.* lonely, solitary (*pers.*); solitary, retired (*life*); isolated, secluded (*house etc.*); lonely, solitary, secluded, isolated, remote (*place, spot*); deserted, desolate (*beach*); lonely, unfrequented (*road*); ~ *deur die lewe gaan* lead/live a lonely life; *~same opsluiting* solitary confinement. **een·saam·heid** loneliness, seclusion, solitariness, solitude. **een·sa·me** *-mes, n.: klub vir ~s* lonely hearts club.

**een·sel·lig, een·sel·lig** *-lige* unicellular.

**een·sel·wig** *-wige* monotonous; unvarying. **een·sel·wig·heid** monotony, uniformity.

**een·sil·la·big** *-bige* monosyllabic, one-syllable(d), of one syllable.

**een·slag·tig** *-tige* unisexual.

**een·sna·rig, een·sna·rig** *-rige, (mus.)* one-stringed.

**een·soor·tig, een·soor·tig** *-tige* homogeneous; monotypical. **een·soor·tig·heid** homogeneity.

**een·stem·mig, een·stem·mig**[1] *-mige, adj. & adv.* for one voice; *'n ~e lied* a unison song (*or* song for one voice); ~ *sing* sing in unison.

**een·stem·mig**[2] *-mige, adj.* unanimous. **een·stem·mig·heid** agreement, unanimity, common accord/concert, (general) consensus; ~ *oor iets bereik* reach unanimity about s.t..

**een·stryk** *adv.* continuously, without stopping, without a stop/break.

**een·sty·lig, een·sty·lig** *-lige* monostylous; *(bot.)* monogynous.

**een·sy·dig, een·sy·dig**[1] *-dige, (jur.)* unilateral; unilateral, unifacial (*surface*). **een·sy·dig·heid, een·sy·dig·heid**[1] unilateralism.

**een·sy·dig**[2] *-dige* one-sided, bias(s)ed, partial, slanted; unilateral; *~e onafhanklikheidsverklaring* unilateral declaration of independence; *~e wedloop/wedstryd/ens.* one-horse race. **een·sy·dig·heid**[2] one-sidedness, partiality, bias.

**een·ta·lig** *-lige, adj.* unilingual, monoglot, monolingual. **een·ta·li·ge** *-ges, n.* monoglot. **een·ta·lig·heid** unilingualism.

**een·tjie** (only) one; →ENETJIE; *op jou* ~ all alone, all by o.s..

**een·to·nig**[1] *-nige, (zool.)* monodactyl(ous).

**een·to·nig**[2] *-nige, (mus.)* monotonic.

**een·to·nig**[3] *-nige* monotonous, tedious, dull; humdrum; drab; flat, featureless, unrelieved; singsong (*voice*). **een·to·nig·heid** monotony, tediousness.

**een·voe·tig, een·voe·tig** *-tige* one-legged, uniped.

**een·vor·mig** *-mige* uniform; ~ *met ... wees* be uniform with ... **een·vor·mig·heid** uniformity.

**een·voud** simplicity; straightforwardness; *in alle* ~ in all simplicity. **een·vou·dig** *adj. & adv.* simple (*style*); plain (*food, dress, lang.*); homely (*fare*); credulous, naive (*pers.*); artless, primitive, elementary; mere; merely; plainly, simply, just; unfussy; *iem. doen dit* ~ *nie* s.o. just won't do it; *dis* ~ *onmoontlik* it's just/simply impossible; *om die ~e rede* for the simple reason; *dit is só* ~ it is as simple as that; *~e vergelyking, (math.)* equation of the first degree, simple equation; ~ *... wees* be little/nothing short of ... (*an injustice etc.*); be sheer ... (*madness etc.*). **een·vou·dig·heid** simplicity; homeliness; plainness; naivety; credulity; *in jou* ~ *iets glo* be credulous enough to swallow s.t.; *in* ~ *van die hart* in singleness of heart. **een·vou·dig·heids·hal·we, een·vouds·hal·we** for (the sake of) simplicity.

**een·wor·ding** union, unification.

---

**eer** *n. (no pl.)* honour, credit, repute; reputation; merit; glory; kudos; *iem.* ~ *aandoen* do s.o. justice, do justice to s.o.; do s.o. proud; *iem. die* ~ *aandoen om te* ... do s.o. the honour of ...; *iets* ~ *aandoen* live up to s.t. (*a reputation etc.*); be a credit to s.t. (*one's family etc.*); *iem. se* (of *iem. in sy/haar*) ~ *aantas/krenk* impugn s.o.'s honour, injure s.o.'s good name; wound s.o.'s self-respect; *(aan) iem.* ~ *betoon/bewys* pay homage/reverence to s.o.; do honour to s.o.; *iem. 'n* ~ *bewys* confer an honour on s.o.; *die laaste* ~ *aan iem.* (of *iem. die laaste* ~) *bewys* pay one's last respects to s.o.; *iets doen iem.* ~ *aan* s.t. is a credit to s.o.; *iem. (die)* ~ *gee vir iets* give s.o. credit for s.t.; *jou* ~ *handhaaf* keep one's dignity intact; *die* ~ *hê om te* ... be privileged to (*or* have the honour of) ...; ~ *... inoes* gain credit by ...; *die* ~ *vir iets inoes* take (the) credit for s.t.; *iem. se* (of *iem. in sy/haar*) ~ *krenk* →*aantas/krenk*; *jou met* ~ *van jou taak kwyt* do o.s. justice, acquit o.s. honourably/creditably (*or* with honour/credit), render a good account of o.s.; *met volle militêre* ~ *begrawe word* be buried with full military honours; *dit sal vir my 'n* ~ *wees om te* ... I shall be honoured to ...; *iets strek iem. tot* ~ s.t. does s.o. credit, s.t. is/redounds to s.o.'s credit; *tot iem. se* ~ in s.o.'s honour; *die* ~ *waardig wees* be equal to the honour; *op my woord van* ~ on my word of honour; *iem. se woord is sy/haar* ~ s.o.'s word is his/her bond. **eer** *geëer, vb.* honour, revere; venerate; pay homage to; *iem. vir iets* ~ give s.o. credit for s.t.. **~betoon, ~betuiging, ~bewys** (mark of) honour, homage, tribute. **~gevoel** sense of honour; *as jy enige* ~ *het, (also)* if you have any pride left. **~gevoelig** *-lige* with a sense of honour; proud, touchy. **~gevoeligheid** sense of honour; pride, touchiness. **~gierig** *-rige* ambitious. **~gierigheid** ambition. **~herstel** rehabilitation. **~soeker** pothunter.

**eer·baar** *-bare* honest; modest, chaste, virtuous; clean-living; *~bare akkoord/verstandhouding* gentleman's/gentlemen's agreement; *~bare gedrag, (also)* professional conduct. **eer·baar·heid** honesty, integrity; modesty, chastity, virtue.

**eer·bied** respect, regard, reverence, veneration; deference; ~ *aan ... betoon* show respect to ...; ~ *vir ... koester* respect ...; hold ... in reverence; *met (alle verskuldigde)* ~ with all (due) respect; *met (alle)* ~ with (great) respect; *uit* ~ *vir* ... out of respect for ...; out of deference for (*or* in deference to) ... **~waardig** *-dige* respectable, venerable, time-honoured. **~waardigheid** respectability, venerability.

**eer·bie·dig** *-dige, adj. & adv.* respectful, reverent(ial); devout; *op 'n ~e afstand bly* keep at a respectful distance; keep one's distance; *in ~e stilte* with hushed respect; ~ *versoek* respectfully request, *(jur.)* humbly pray. **eer·bie·dig** *geëerbiedig, vb.* respect; *iem. se wense* ~ defer to s.o.'s wishes. **eer·bie·dig·heid** respect; deference; devotion, devoutness.

**eer·bied·loos** *-lose* disrespectful.

**eer·bieds·hal·we** out of regard/respect.

**eer·der** earlier, first; more probably; rather, sooner; *al* ~ *before now;* ~ *hy/sy as ek!* good luck to him/her!; *baie/veel* ~ much rather; *ek sou baie/veel* ~ ..., *(also)* I would much prefer to ...; ~ *glo dat* ... be inclined to believe that ...; *hoe* ~ *hoe beter* the sooner the better; *iem. is 'n* ~ ... s.o. is more of a ...; ~ *kom* come earlier; ~ *meer as minder* rather more than less; ~ *te sag wees* err on the side of leniency; *iem. sou* ~ *sterf/sterwe as om te* ... s.o. would die first before (*or* would rather die than) ...; *dit sal* ~ *waar wees* that is more probably the truth.

**eer·gis·ter** the day before yesterday. **~aand** the evening before last. **~middag** the afternoon before last. **~nag** the night before last. **~oggend, ~môre, ~more** the morning before last.

**eer·lik** *-like, adj. & adv.* honest, sincere, upright (*pers., character, nature, etc.*); open (*face*); honourable (*intentions, motives*); straight (*answer*); honest, frank, candid (*opinion etc.*); fair, clean (*fight*); fair, square (*deal*); fair (*chance, treatment*); honestly, above board; clean(ly), open-faced; fairly and squarely; fair-minded; *~e bedoelings* honesty of purpose; *iem.* ~

**behandel** treat s.o. fairly/squarely, give s.o. a square deal; ~ **bly** keep straight *(fig.)*; *om* **heeltemal** ~ *te wees,* ... quite frank= ly/honestly, ...; *iem.* *'n* ~*e* **kans** *gee* give s.o. a fair chance, let s.o. have fair play; *laat ons* ~ *wees* let's face it; *op* ~*e of oneer= like* **manier** by hook or by crook; *met iem.* ~ *wees* be honest with s.o.; *(infml.)* level with s.o.; ~ *speel* play the game, play fair/straight. **~waar** *adv.* honestly; *ek het* '*n* ... to tell the (hon= est) truth, I ...

**eer·lik·heid** honesty, fairness, fair dealing; probity, recti= tude, integrity; candour, frankness, plain dealing; *in alle* ~ in all honesty. **eer·lik·heids·hal·we:** ~ *moet ek sê* ... in fair= ness I should say ...

**eer·loos** *=lose* dishonourable, infamous. **eer·loos·heid** infa= my, dishonourableness.

**eers** (at) first; formerly, once; only; even; before; *aanstaan= de* maand/ens. ~ not before next month/etc.; *as iem.* ~ ... once s.o ... *(gets going etc.);* **beter** *as* ~ better than before/for= merly; *dan sal iem.* *éérs verlore wees* then s.o. will be all the more at a loss; ... *het* ~ *(om)* *sesuur tuis* (of by *die huis) gekom* ... did not come/get home until six (o'clock); ~ *in die laaste tyd* only recently; not for years; *iem.* *moet* ~ *iets doen* s.o. has to do s.t. first; *A is* **mooi**, *maar B is éérs mooi* A is pretty but B is even prettier; *nie* ~ *'n* ... *nie* not even *(or so much as)* a ...; →EENS *adv.; iem. het* **nie** ~ *gebel/ens. nie* s.o. did not even *(or so much as)* phone/etc.; →EENS *adv.; iem. kan* **nie** ~ ... *nie* s.o. cannot even ...; →EENS *adv.;* **vir** ~ *(of* **vereers)** *nie* not just yet; **vir** ~ *(of* **vereers)** to begin/start with, *(infml.)* for a start; first of all, in the first place, firstly; for the mo= ment/present, for now, for the time being; **vir** ~ *(of* **vereers)** *het iem. te min ervaring* for one thing s.o. has too little expe= rience; *dit is* **vir** ~ *(of* **vereers)** *genoeg* it is enough to go on with. **~geboortereg** birthright, right of primogeniture. **~genoemde** first-mentioned, first-named; former *(of two);* ~ *is* ... the former is ...; ~ *party, (jur.)* party of the first part. **~komende** following; next; ~ *Saterdag* next Saturday, Sat= urday next, this coming Saturday.

**eers·daags** shortly, soon, before long, one of these days.

**eers·ge·bo·re** *adj.* firstborn. **eers·ge·bo·re·ne** *=nes, n.* first= born.

**eers·hal·we** for honour's sake; ~ *verplig wees om te* ... be honour-bound to ...

**eers·te** *n., adj. & adv.* first; chief, leading; first class; fore= most, premier; primary *(products, truths);* initial *(expenses);* pristine; primordial; top *(in a class); die* ~ *van alles* the first thing; *die* ~ *die* **beste** just anybody/anyone; the first comer; *die* ~ *die* **beste** *geleentheid* the first opportunity (that presents itself); *(die)* ~ *daar wees* be the first to come; come first; *bin= ne die* ~ *dag of wat* in the next few days; *my* **gesin/werk/ens.** ~ my family/work/etc. comes first; ... *het* ~ **geslaan** ... started the fight; ~ **geslag,** *(geneal., mot., comp., etc.)* first generation; ~ **glip,** *(cr.)* first slip; ~ **graad** first/prime grade; *die* **heel** ~ ... the very first ...; *iets* *môre/more* **heel** ~ (of **heel** ~ *in die* oggend) *doen* do s.t. first thing in the morning; ~ **hoofartikel** lead editorial, leader; *dis die* ~ *wat ek daarvan* **hoor** that is news to me *(infml.);* **vir** *die* ~ **keer/maal** for the first time; ~ **kom,** ~ **maal,** *(idm.)* first come, first served; *E~* **Laan/ Straat,** *(also* Eerstelaan/Eerstestraat) First Avenue/Street; ~ **lesing,** *(parl.)* first reading *(of a bill);* ~ **liefde** first love; ~ **luitenant,** *(naval rank)* first lieutenant; *in die* ~ *paar* **maan= de** in the coming months; ~ **(moeders)melk** foremilk; ~ **minister** prime minister, premier; ~ **naamval,** *(gram.)* nomi= native case; ~ **offisier,** *(naut.)* chief officer; **onder** *die* ~ ... *wees* be in the first/top flight of ...; *in die* ~ **oorlogsdae** in the early days of the war; ~ **oortreder,** *(jur.)* first offender; ~ **oortreding,** *(jur.)* first offence; ~ **optrede** debut; ~ **opvoe= ring** premiere; ~ **persoon,** *(gram.)* first person; ~ **persoon** enkelvoud/meervoud, *(gram.)* first person singular/plural; *in die* ~ **plek** in the first place/instance, firstly, primarily; *die* ~ **prys** wen win (the) first prize; ~ **rat,** *(mot.)* first/low gear; ~

**rus,** *(baseball)* first base; ~ *(in die klas)* **staan** come first (in the class), be (at the) top of the class; ~ **steen** foundation stone; ~ **stem,** *(mus.)* treble, soprano; soprano part; *E~* **Straat →Laan/Straat;** ~ **stuurman,** *(naut.)* first/chief mate; ~ **taal** first language; **ten** ~ firstly, first of all, in the first place; ~ **uitgawe** first edition; ~ **uitgawes** initial expenses/ outlay; ~ **vaart** maiden voyage *(of a ship);* ~ **vereiste** pre= requisite; ~ **viool,** *(mus.)* first violin; ~ **vlug** inaugural flight; *die* ~ **wees** *wat iets doen* be the first to do s.t.; *die* ~ **wees** *wat gaan* be the first to go; *die* ~ **wees** *wat gesterf het* be the first to have died; *(die)* ~ **wees** come first; come in first, gain/take first place *(in a race etc.);* be in the lead; *die E~* **Wêreld,** *(econ.)* the First World; *die E~* **Wêreldoorlog,** *(1914-18)* the Great War *(or* First World War), World War I. **~aanvalsver= moë** *(mil.)* first-strike capability. **~aanvalswapen** *(mil.)* first-strike weapon. **~dagkoevert** first-day cover. **~graadaar= tappel** first-grade potato. **~hulp** first aid. **~hulpkissie** first-aid kit. **~jaarstudent** *=dente,* **~jaar(tjie)** *=jaar(tjie)s* first-year student, freshman, *=woman, (infml.)* fresher. **~klas** *adj.* first-, top-class, first-rate, prime, excellent, superior, tiptop; *(in= fml.)* great. **~klas** *adv.* excellently, splendidly, superbly; *dit gaan* ~ I'm (feeling) fine. **~klaskaartjie** first-class ticket. **~ministerskantoor** prime minister's office. **~ministerskap** prime ministership, premiership, prime ministry. **E~wêreld= land** First World country.

**eer·ste·graads** *=graadse* first-grade; ~*e* **brandwond** first-degree burn.

**eer·ste·hands** *=handse* first-hand, inside *(information).*

**eer·ste·ling** *=linge* firstborn (child); firstling *(of an animal);* first fruit(s) *(of a season; of s.o.'s genius);* first work *(of an artist).*

**eer·stens** first(ly), in the first place.

**eer·ste·per·soons** first-person *(narrative, narrator, per= spective, etc.).* **~roman** novel written in the first person.

**eer·ste·rangs** *=rangse* first-rate, -class, top-class, top(-rank= ing), superlative, tiptop; ~*e* **werk** first-rate work, work of a high order.

**eer·sug** ambition; *iem. se sterk* ~ s.o.'s towering/vaulting am= bition. **eer·sug·tig** *=tige* ambitious.

**eer·tyds** *adv.* formerly, in former times, in the past, of old, at one time. **eer·tyd·se** *adj.* former, past, one-time, ancient, erstwhile; ~ *glorie* pristine glory.

**eer·vol** *=volle =voller =volste* honourable; creditable; ~*le* **loop= baan** distinguished career; ~*le* **ontslag** honourable discharge; ~*le* **vermelding** honourable mention; highly commended; ~*le* **vermelding** *kry, (mil.)* be mentioned in dispatches; be recommended; be highly commended.

**eer·waar·de** reverend; *E~* **Moeder** mother superior; *(RC)* Reverend Mother; *Eric* **Smith** the Reverend Eric Smith; ~ **Smith** the Reverend Mr Smith; *U E~* Your Reverence.

**eet** *geëet, vb.* eat; have one's food/meal/etc.; dine, lunch; → ETE, ETENS=; *aan/van iets* ~ eat of s.t.; *by iem.* ~ lunch/dine *(or* have lunch/supper) with s.o.; *jou* **dik** ~, *(infml.)* stuff o.s.; *iem. het* **gaan** ~ s.o. is out for/to lunch/dinner; **goed** ~ well eat; **gou(-gou)/haastig** *iets* ~ snatch a meal, have a quick bite, *(infml.)* grab a bite; *iets* **hê** *om te* ~ have s.t. to eat; *iets* ~ have s.t. to eat; dine off/on s.t.; **Indiese/ens.** *kos* ~ eat Indian/etc.; *iem.* **kom** *by ons* ~ s.o. is coming to lunch/din= ner; *(julle/jy kan)* **kom** ~! dinner/lunch is ready/served!; *iets te ete* **kry** get s.t. to eat, get a meal; *iem. iets* **laat** ~ feed s.o. s.t.; **langtand** *(of met lang tande)* ~ eat without appetite, peck/pick at one's food; **lekker** ~ enjoy a meal; eat well; *van* **lekker** ~ *hou* enjoy/like good food; **matig** ~ eat sparingly; **niks** *om te* ~ *nie* not a bite to eat; **sleg** ~ be off one's food/ feed; **smaaklik** ~ eat heartily; **smaaklik** ~!, *smaaklike ete!* enjoy your meal!, *(<Fr.)* bon appétit!; *'n* **stukkie** ~ have s.t. to eat, *(infml.)* have a bite; *te* **veel** ~ overeat; *uit/van 'n* **bord** ~ eat off a plate; *van iem. se* **tafel** ~ eat off s.o.'s table; *iets* **vir** *ontbyt/ens.* ~ have s.t. for breakfast/etc.; *jou* **vol** ~ eat one's

fill; *iets te ete* ***vra*** ask for s.t. to eat; ***wat*** *~ ons vanaand/van=*
*middag?* what's for dinner/lunch?; ***wat*** *is daar te ete?* what is
there to eat?. **~appel** eating/table apple. **~dingetjie** *=tjies,*
*(infml.)* snack, bite (to eat). **~druif** table grape. **~gerei** cut=
lery, dinner things, dinnerware. **~goed** *n. (pl.)* eatables; food=
stuffs; *(infml.)* chow, grub; snacks. **~hoekie** dinette, break=
fast nook. **~kamer** →EETKAMER. **~lepel** tablespoon; *'n ~ sui=*
*ker* a tablespoonful of sugar; *twee/ens. ~s (vol)* two/etc. table=
spoonfuls. **~lus** →EETLUS. **~plek** restaurant, eating house/
place, *(infml.)* eatery. **~saal** dining hall/room; *(mil.)* mess
room/hall; refectory *(in a relig./educational institution).* **~sa=**
**lon** *(rly.)* dining car, diner. **~servies** dinner set/service, din=
nerware. **~staking** hunger strike. **~stokkie** chopstick. **~ta=**
**fel, etenstafel** dining table. **~versteuring, ~steurnis, ~af=**
**wyking** eating disorder. **~vertrek** dining room. **~vis** table/
food fish. **~vurk** table/dinner fork. **~wa** *(rly.)* dining car,
diner.

**eet·baar** *=bare* eatable, edible. **eet·baar·heid** eatableness,
edibility.

**eet·ka·mer** dining room; refectory *(in a relig./educational*
*institution).* **~stel** dining room suite. **~stoel** dining chair.
**~tafel** dining (room) table.

**eet·lus** appetite; ***gebrek*** *aan ~* lack of appetite; *(chiefly vet.*
*med.)* inappetence; ***geen*** *~ hê nie* have no appetite, be off
one's food; *'n gesonde ~ hê* have a sound appetite; *~ hê*
have an appetite; *~* ***kry*** work up an appetite; ***onversadig=***
***bare*** *~* phagomania; *~* ***opwek*** tickle the palate; *dit* ***prikkel***
*die ~* it tempts the appetite; *'n stewige ~* a sharp appetite.
**~dempend** *=pende* anorexiant. **~demper** anorexiant, appe=
tite suppressant/suppressor/suppresser. **~wekkend** *=kende*
appetising.

**eeu** *eeue* century; age; ***deur*** *die ~e (heen)* over the centuries;
*down the ages; ek het iem. ~e laas* ***gesien*** I haven't seen s.o.
for ages; s.o. has become quite a stranger; *die* ***goue*** *~* the
golden age; *'n ~e lang(e)* ***stryd*** centuries of strife; *~e* ***lank***
for centuries; *(infml.)* for ages (and ages); *die* ***negentiende/***
***ens.*** *~* the nineteenth/etc. century; *iets is ~e oud, (pred.)* s.t.
is centuries old; *'n ~e ou(e) ..., (attr.)* a centuries-old *...*
*(building etc.),* an age-old *(or* a time-honoured) *... (custom*
*etc.).* **~fees** centenary, centennial. **~wisseling:** *by die ~* at
the turn of the century.

**e·fe·drien** *(chem., pharm.)* ephedrin(e).

**e·fe·meer** *=mere, adj.* ephemeral; transitory; fleeting.

**e·fen·di** *=di's, (title, chiefly Turk.)* effendi.

**E·fe·si·ër** *=siërs, n.* Ephesian; *(Sendbrief aan die) ~s, (NT)*
(Epistle to the) Ephesians.

**ef·fe** *=fener =fenste, adj.* plain, unpatterned *(material);* even,
level, flat, smooth, unbroken; *~* ***binding*** simple/plain weave;
*~* ***kleure*** plain colours; *in ~* ***swart/ens.*** in plain black/etc.;
*~* ***wit*** stark white. **ef·fe** *adv.* slightly, rather, a trifle; →EF=
FENS *adv.; ~ aan die klein kant* smallish, rather small; *net ~*
just a little; *~ teleurgestel(d)/ens.* a little disappointed/etc..
**~kant** plain side *(of material etc.).* **~kleur** →EFFEKLEUR.

**ef·fek** *=fekte* effect, result; *(billiards etc.)* screw, side; motif; *(in*
*the pl., fin.)* stocks, bonds, securities; →EFFEKTE=; *~te en* ***aan=***
***dele,*** *(fin.)* stocks and shares; *op ~* ***bereken*** *wees* be calcu=
lated for effect; *te* ***dien*** *~te, (fml.)* to that effect; ***geen*** *~ hê nie*
have no effect, be ineffectual; ***ten*** *~te dat ..., (fml.)* to the
effect that *...* **~bejag** aiming at *(or* straining after) effect;
sensationalism; theatrics.

**ef·fe·kleur** solid colour. **ef·fe·kleu·rig** *=rige* plain(-coloured),
unicoloured, self-coloured.

**ef·fek·te·:** **~analis, ~ontleder** stock analyst. **~beurs** stock
exchange, *(Fr.)* bourse. **~handel** stockbroking, stockbroker's
business. **~handelaar** stock dealer. **~huur** backwardation.
**~makelaar** stockbroker, stock and share broker. **~mark** stock
market. **~portefeulje** security holding. **~trust** unit trust.

**ef·fek·tief** *=tiewe* effective, real; operative; *=tiewe meerder=*

*heid* working majority; *~tiewe spanning* virtual voltage; *~tie=*
*we vermoë, (mech.)* effective output. **ef·fek·ti·wi·teit** effec=
tiveness.

**ef·fens** *=fense, adj.* slight. **ef·fens, ef·fen·tjies,** *adv.* just,
a little, slightly, a bit; somewhat; mildly; →EFFE *adv.; ~* ***belag=***
***lik*** faintly ridiculous; *~* ***beter*** a shade better; *~* ***glimlag***
smile fleetingly, give a slight smile; *~* ***meer*** as ... just over
*(or* slightly more than) ...; *~* ***oor*** *ag(t)/ens.* a little past *(or* just
after) eight/etc.; *~* ***te*** ... a bit/little/tad too ... *(expensive, hot,*
*etc.).*

**ef·fe·rent** *=rente, (physiol.)* efferent *(nerve fibre).*

**ef·fie** *(infml.)* condom, rubber.

**ef·flu·ent** *n.* effluent.

**ef·fu·sie** *=sies* effusion.

**eg¹** *n. (no pl.), (fml.)* marriage, matrimony, wedlock; →EGTE=
LIK; *buite die ~ gebore wees* be born out of wedlock; *in die ~*
*tree, jou in die ~ begeef/begewe* get married, enter into matri=
mony; *twee mense in die ~ verbind* join two people in mar=
riage. **~breker** adulterer. **~breuk** adultery; *~ pleeg* commit
adultery. **~genoot** *=note* husband. **~genote** *=tes* wife. **~paar**
married couple, wedded pair. **~skeiding** *=dings* divorce; *(in=*
*fml.)* break-up, split-up; *'n ~ aanvra* sue for divorce; *'n ~*
*verkry* get a divorce, be divorced. **~skeidingsaak** divorce
suit. **~skeidingsbevel** divorce order.

**eg²** *êe, n.* harrow; scarifier. **eg** *geëg, vb.* harrow; *geëgde land*
harrowed field.

**eg³** *egte egter egste, adj.* true, real, genuine; authentic; solid;
true to type; true-born; very, veritable; unadulterated; un=
feigned; perfect *(snob);* regular *(scamp);* sterling, hallmarked
*(metal);* sincere; *~te breuk, (math.)* proper fraction; *iets* ***klink***
*~* s.t. has the ring of truth (about/to it); *~te* ***sy*** real silk; *~*
***wees,*** *(also, infml.)* be for real. **eg** *adv.* truly, really, genuinely.
**egt·heid** authenticity, genuineness; legality; legitimacy; true=
ness.

**e·ga·lig** *=lige =liger =ligste,* **e·gaal** *=gale =galer =gaalste* even,
level, smooth; homogeneous; consistent; constant; equable,
uniform, simple. **e·ga·lig·heid** evenness; homogeneity; con=
sistency; uniformity; equanimity, evenmindedness.

**e·ga·lis** *=liste* egalitarian. **e·ga·lis·me, e·ga·li·ta·ris·me** egali=
tarianism. **e·ga·lis·ties** *=tiese* egalitarian.

**e·ga·li·sa·sie** equalisation; levelling. **~fonds** *(econ.)* (ex=
change) equalisation fund.

**E·ge·ïes** *=iese: die ~e See* the Aegean Sea.

**eg·go** *=go's, n., (lit. & fig.)* echo; *(mus.)* echo, reverberation,
*(infml.)* reverb; *(TV)* echo. **eg·go** *geëggo, vb.* echo; *(mus., TV)*
echo. **~beeld** blip *(on a radar screen).* **~kardiografie** *(med.)*
echocardiography. **~loding** echo sounding. **~peiler, ~soe=**
**ker** echo sounder. **~peiling** echo sounding.

**eg·go·la·lie** *(psych.)* echolalia.

**E·gip·te** *(geog.)* Egypt. **~land** *(Bib.)* the land of Egypt.

**E·gip·te·naar** *=naars, =nare, n.* Egyptian.

**E·gip·ties** *=tiese, adj.* Egyptian; *~e duisternis, (idm., <Ex. 10:21)*
Egyptian darkness.

**E·gip·to·lo·gie** Egyptology. **E·gip·to·loog** *=loë* Egyptolo=
gist.

**e·go** *=go's* ego, self; *jou alter ~* one's alter ego *(or* double).
**e·go·ïs** *=goïste* egoist, self-seeker; egotist. **e·go·ïs·me** *(also*
*philos.)* egoism, self-seeking, self-centredness. **e·go·ïs·ties**
*=tiese* egoistic(al), self-seeking, self-centred. **e·go·sen·tries**
*=triese* egocentric, self-centred; *~e mens* egotist. **e·go·sen·**
**tri·si·teit** egocentricity, self-centredness. **e·go·tis** *=tiste* ego=
tist. **e·go·tis·me** egotism, selfishness. **e·go·tis·ties** *=tiese* ego=
tistic(al), selfish.

**eg·te·lik** *=like* conjugal, connubial, matrimonial; marital; *die*
*~e staat* the married/wedded state; (the holy estate of) matri=
mony, wedlock; →HUWELIKSTAAT.

**eg·ter** however; *dit is ~ te laat* however, it is too late.

**e·han·del** *(econ., short for* elektroniese handel, *also* E~*)* e-commerce.

**ei:** *vir 'n appel en 'n ~* for a mere song.

**Eid** *n., (Arab.):* **~ Mub̲arak** *(greeting: happy/blessed festival)* Eid Mubarak. **~(-oel-A̲dha)** *(Muslim festival of sacrifice)* Eid (ul-Adha). **~(-oel-Fi̲tr)** *(Muslim festival after Ramad[h]an)* Eid (ul-Fitr).

**ei·der·:** **~dons** eiderdown. **~eend** eider (duck).

**ei·e** *n.* own; *jou ~* **alleen, geheel en al** *jou ~* one's very own; **niks hê wat jy jou ~ kan noem nie** have nothing of one's own, not have a penny to one's name; *op jou ~* by o.s., on one's own; alone; *uit jou ~* on one's own, of one's own accord *(or* free will), *(infml.)* off one's own bat. **ei·e** *adj.* own; private; innate, natural *(gift)*; peculiar; familiar, intimate; *dit is ~* **aan** ... it is peculiar to ...; it inheres *(or* is inherent) in ...; *iem. is jou ~* **bloed** ... is your blood relation; *~* **broer/suster** full brother/sister; *vir ~* **gebruik** for one's private use; *... jou ~* **maak** acquire/contract *(or* fall into) ... *(a habit);* master ... *(a lang.);* ~ **wees met** *iem.* be on familiar/intimate terms with s.o., be friendly with s.o.; *~* **neef/niggie** first cousin; *~ met iem.* **voel** be at one's ease with s.o.; *elkeen het sy/haar ~* **weg gegaan** they went their respective/separate/several ways. **~be·lang** self-interest, self-concern; *uit ~* **handel,** *~* **soek** act in one's own interest, seek personal gain. **~dunk** self-conceit, self-importance, arrogance; *iets verhoog iem. se* ~ s.t. boosts/feeds s.o.'s ego. **~·ekkerig** *(infml.)* self-centred. **~gemaak** home-made. **~geregtig** *-tige* self-righteous; high-handed; self-willed, high and mighty. **~gewig** tare, dead weight/load. **~goed** traditional *(or* own cultural) possessions; *(ling.)* native lexicon. **~hulp** self-help. **~liefde** self-love, love of self, selfishness, self-seeking, egoism. **~magtig** arbitrary, high-handed, masterful, self-constituted; *~ optree* act arbitrarily, take matters into one's own hands. **~naam** *(gram.)* proper noun/name. **~waan** conceit(edness), self-conceit. **~waarde** intrinsic value; *gevoel van ~* self-esteem, self-respect.

**ei·e·han·dig** autographic, (written) in one's own hand; with one's own hand; *~ geskrewe brief* autograph letter.

**ei·en** *geëien, vb.* identify; place, recognise; *iem. of iets as ... ~* recognise s.o./s.t. as ... **ei·e·ning** recognition; identification.

**ei·e·naar** *-naars, -nare* owner *(of an object)*; proprietor *(of a business)*; *(jur.)* freeholder; *iets verander/verwissel van ~* s.t. changes hands. **~·bouer** owner-builder.

**ei·en·aar·dig** *-dige* peculiar, singular; individual; odd, strange; *'n ~e bekoring* a charm of its own; *dit het iets ~s* there is s.t. curious about it; *~e skepsel, (infml.)* oddball, odd bod/fish. **ei·en·aar·dig·heid** idiosyncrasy, peculiarity, characteristic, oddity, quirk, singularity.

**ei·e·naars·:** **~aandeel,** **~reg** *(min.)* royalty. **~belang** proprietary interest.

**ei·e·na·r̲es** *-resse, (fem.)* owner; proprietress.

**ei·en·dom** *-domme* property; belongings, estate, possession(s), holding, ownership; *(jur.)* freehold; *iets tot jou ~* **maak,** *(also fig.)* acquire/obtain s.t., make s.t. one's own; *vaste/onroerende ~* fixed/immov(e)able property; *die ~* **verkry van** ... acquire the ownership of ...; *die ~* **word van** ... become the property of ...

**ei·en·dom·lik** *-like* peculiar *(to)*; *~e artikel* proprietary article. **ei·en·dom·lik·heid** distinctiveness.

**ei·en·doms·:** **~agent** (real) estate agent. **~belasting** assessment/property rate. **~maatskappy** proprietary/private company; property/real estate company. **~mark** property market. **~ontwikkelaar** property developer. **~reg** proprietary right, (right of) ownership; tenure; *(jur.)* freehold right *(of land)*; copyright *(of a book)*.

**ei·en·skap** *-skappe* quality *(of s.o.)*; property *(of s.t.)*; attribute *(of God)*; characteristic, feature, trait; *(biol.)* character; *kenmerkende ~* peculiarity; *iets het sekere ~pe* s.t. has certain qualities.

**ei·er** *-ers* egg; *(biol.)* ovum; *(usu. in the pl., coarse: testicles)* balls, nuts, goolies; *~s* **afdop** shell eggs; *iem. aan die ~s* **beethê,** *(coarse: in a tight spot)* have s.o. by the balls; *'n* **broeisel** *~s* a clutch of eggs; *'n* **halwe** *~ is beter as 'n leë dop, beter/liewer(s)/eerder 'n* **halwe** *~ as 'n leë dop* half a loaf is better than no bread; *die ~* **wil slimmer/wyser wees as die hen,** *(infml.)* think one can teach one's grandmother to suck eggs; *moenie al jou ~s onder een* **hen** *sit nie* don't put all your eggs in one basket; *~s* **klits/klop** beat/whisk eggs; *'n ~* **lê** lay an egg *(lit.)*; *op ~s* **loop,** *(fig.)* tread on eggs, walk gingerly, tread carefully; *'n* **vrot** *~* a bad egg *(lit.)*. **~boor** *(entom.)* ovipositor. **~brandewyn** advocaat. **~dans** egg dance. **~dooier, ~door** egg yolk. **~dop** eggshell. **~drank** egg flip, eggnog. **~geel** egg yolk; *ses/ens. ~gele* the yolks of six/etc. eggs. **~·in-die-lepel-wedloop** egg-and-spoon race. **~kelkie** egg cup. **~kiem** *(biol.)* ovule. **~klitser** eggbeater, egg whisk. **~koker(tjie), sandloper(tjie)** egg timer/glass. **~laai** egg tray. **~lêend** *-ende, (zool.)* oviparous, egg-laying. **~leier, ~gang** *(anat.)* oviduct; Fallopian tube. **~lewendbarend** *-rende, (zool.)* ovoviviparous. **~lys** *(archit.)* egg and dart/tongue/anchor, egg moulding. **~mussie** egg cosy. **~plaser** *-sers, (entom.)* ovipositor. **~poeier** egg powder, powdered egg. **~pons** eggnog, egg flip. **~rond** egg-shaped, oval, ovate. **~sak(kie)** egg sac/pouch, ovisac. **~sel, eisel** *-selle* ovum, egg cell; ovicell. **~skeier** egg separator. **~skuim** egg white froth. **~spaan** egg slice. **~stok** *(anat.)* ovary. **~tand** egg tooth *(of an embryo bird/reptile)*. **~vla** *(cook.)* egg custard. **~vrug** aubergine, *(SA, Ind.)* brinjal, *(chiefly Am.)* eggplant. **~wit** *-witte* white of (an) egg, egg white; albumen, glair; *twee/ens. ~te* two/etc. egg whites, two/etc. whites of egg(s), whites of two/etc. eggs; →EIWIT.

**ei·ers foe jo(e)ng** *(Chin. cook.)* egg foo yo(o)ng, egg foo/fu yung.

**ei·er·tjie** *-tjies* little egg; *altyd 'n ~ bylê, (infml.)* chip in continually.

**ei·er·vor·mig** *-mige* egg-shaped, oval, ovate, ovoid, oviform.

**ei·e·sin·nig** *-nige* headstrong, self-willed, wilful, wayward, contrary.

**ei·e·soor·tig** *-tige* distinctive; autogenous; *~e ontwikkeling* differential/separate development. **ei·e·soor·tig·heid** distinctiveness, peculiarity, character of its own.

**ei·e·tyds, ei·e·tyds** *-tydse* contemporary, of the time in question; *~ gemeubileer* with period furniture.

**ei·e·wil·lig** *-lige* wilful; obstinate, stubborn, pig-headed.

**ei·e·wys, ei·e·wys** *-wyse* opinionated, obstinate, contrary, perverse, pig-headed, self-willed, wilful. **ei·e·wys·heid, ei·e·wys·heid** conceit(edness), self-conceit; obstinacy; contrariness; self-will(edness).

**Eif·fel·to·ring** Eiffel Tower *(in Paris, Fr.)*.

**ei·ke·:** **~boom** *-bome,* **eik** *eike* oak (tree). **~hout** oak (wood). **~laan** oak avenue, avenue of oaks.

**ei·kel** *-kels* acorn; *(anat.)* glans (penis). **ei·kel·vor·mig** *-mige* acorn-shaped.

**ei·land** *-lande* island, isle; clearing *(in a forest)*; *die ~ Man* the Isle of Man; *op 'n ~* on an island; *die ~ St. Helena* the island of St Helena. **~bewoner** islander. **~groep** group of islands, archipelago. **~see** archipelago.

**ei·lan·der** *-ders* islander.

**ei·land·jie** *-jies* isle(t); *~s van Langerhans, (anat.)* islands/islets of Langerhans.

**ei·na** *adj. & adv., (infml., joc.):* *dit is 'n ~* **affère** it is a sorry affair; *'n baie ~* **baaipakkie/ens.** a very scanty/skimpy little bathing suit; *dit het maar ~* **gegaan** it was a sorry/difficult business; *jy sal ~* **kry!,** *(child's lang.)* you'll get hurt!. **ei·na** *interj.* ow!, ouch!. **~beentjie** *(infml.)* funny bone.

**eind:** *~(e)/end goed, alles goed* all's well that ends well. **~be·drag** grand total, final sum/amount. **~beslissing, ~besluit** final decision. **~bestemming** *-mings, -minge* ultimate destination; ultimate destiny. **~deelnemer** finalist. **~diploma, ~ser·**

tifikaat leaving/final certificate. **~doel** ultimate object/aim/goal/objective. **~eksamen** final/leaving examination, finals, qualifying examination. **~fase, ~stadium** terminal phase/stage *(of a disease).* **~fluitjie** final whistle. **~gebruiker** *(comm., comp.)* end user. **~klank** final sound. **~lettergreep** final/last/ultimate syllable. **~lyn** *(sport)* end line *(of a playing field or court).* **~medeklinker** final consonant. **~nota** endnote *(at the end of an article/chapter/book).* **~oogmerk** final purpose, ultimate aim/object. **~oorsaak** final cause. **~oorwinning** final victory. **~oplossing** final solution; *'n ~ vind* reach finality. **~paal** goal, limit; winning post. **~produk** *(math.)* final product; end/ultimate product *(of a process);* finished product. **~punt** end, final point; terminal (point); (final) destination; terminus; extremity. **~redaksie** final text *(of a document);* editorial board. **~redakteur** editor in chief. **~reëling** final settlement. **~resultaat** upshot, final result/outcome, grand result; sum total. **~rond(t)e** *(sport)* final(s); last/final round; *tot die ~/eindstryd deurdring* reach (*or* go through to) the final(s). **~rym, endrym** end/true/final rhyme. **~snelheid** final/terminal velocity. **~spel** final game; *(chess)* endgame, ending; →EIND(WED)STRYD. **~stadium** final stage. **~stasie** terminus, terminal. **~steek** final stitch. **~streep** finishing line. **~stryd** final/ultimate struggle; final *(match, contest);* cup final; *(infml.)* showdown. **~stryder** finalist. **~syfer, endsyfer** *(accountancy)* final figure; final average; last figure. **~telling** final score. **~titel** *(print.)* colophon. **~toestand** final state. **~totaal** grand/sum total. **~tyd:** *die ~* the latter/last days, the end of time. **~uitslag** final outcome/result; upshot, ultimate outcome. **~verbruiker** *(comm.)* end consumer. **~(wed)stryd** final (match/contest), decider, deciding game.

**ein·de** *-des,* **end** end, termination; close, conclusion; finish, stop; ending; *(infml.)* wind-up; →ENT[1] *n.; aan die ~* at the end/close; at last; *aan die ~ van ...* at the end of ...; at the conclusion of ...; *aan alles kom 'n ~* all things come to an end, there is an end to everything; *iets tot 'n ~ bring* bring s.t. to a close, terminate s.t., wind s.t. up, bring s.t. to a conclusion; *aan die ~ van die dag, (lit.)* at the end of the day; *te dien einde, (fml.)* with that (end) in view; for that/this purpose; *daar is/kom geen ~ aan nie* there is no end to it, it is interminable; *daar is geen ~ aan iem. nie, iem. het geen ~ nie, iem. is sonder ~* there is no end to s.o.'s ..., s.o. is indefatigable (*or* never gives up); *daar is geen ~ aan iem. se ... nie* there is no end to s.o.'s ...; *iets het ten einde geloop* s.t. is at an end; *nooit die ~ daarvan hoor nie* never hear the last of it; *dit is die ~* it is all over; it is all up; *~ Januarie/ens.* at the end of (*or* late in) January/etc.; *~ se kant toe gaan/staan, (infml.)* draw to an end, near the end; *aan jou einde kom* meet one's death/end; *sleg aan jou einde kom* come to a bad end; *daar moet 'n ~ aan kom* it must stop, there must be an end to it; *op/tot 'n ~ kom* end, come to an end, cease, terminate; *aan die ~ van jou kragte wees* be at the end of one's tether; *('n) end kry* end, come to an end; stop, come to a stop; *kry nou end (daarmee)!* stop it!, *(infml.)* knock it off!; *einde ten* (of *ten einde*) *laaste* at (long) last, at length; *ten einde loop* come to an end; draw to a close (*or* an end); run its course; *'n ~ aan iets maak* put an end (*or* a stop) to s.t., call a halt to s.t.; cut s.t. short, terminate s.t., bring s.t. to a close/conclusion/stop; put paid to s.t.; get done with s.t.; lay s.t. to rest *(a rumour etc.); 'n ~ maak aan alles* end it all; *dis my (dooie) ~!, (infml.)* that beats me!; would you believe it!; I can't stand it!, *(infml.)* that's (*or* this is) the pits!; *naby die ~* near the end; *iem. se einde nader* s.o.'s time/end is drawing near; *dis nie die ~ nie* that is not the whole story; *dit is nog nie die ~ nie, nog is het einde niet* the end is not yet; *iets is op 'n end* s.t. is at an end (*or* has ended); *op die end* at last; *op die ou end* in the end, ultimately, at long last; right at the end; after all, *(fig.)* at the end of the day; *op die ou end iets doen* end up by doing s.t.; *op die ou end iets word* end up as s.t.; *op die ou end met ... sit* end up with ...; *nie die ~ van iets sien nie* not see the (*or* see no) end to s.t.; *sonder ~ wees* be

without end, be endless; *teen die ~ van die jaar/ens.* toward(s) the end of the year/etc.; by the end of the year/etc.; *ten einde te ...* in order (*or* with a view) to ...; *tot die ~ toe* till the end, to the last, all the way; *die ~ van ... the last of ... (the money etc.);* the result/outcome of ... (the matter etc.); *dis die ~ van die saak, (also, infml.)* that's that; *'n minuut voor die ~* a minute before time. **ein·de·lik** at last/length, in the end, finally, ultimately; eventually; *~ (en) ten laaste* at (long) last, at length. **ein·de·loos** *=lose* endless, interminable, never-ending, unending, everlasting *(complaints, fights, etc.);* unbounded; infinite; *~lose ellende* untold misery. **ein·de·loos·heid** endlessness; infinity.

**ein·dig** *=dige, adj.* finite. **ein·dig** *geëindig, vb.* end, finish, stop, close, come to an end (*or* a close/conclusion), conclude, expire, cease, terminate; *eerste ~ come first; iets ~ in ...* s.t. ends/terminates in ...; *die jaar geëindig 31 Maart, (past)* the year ending March 31; *die jaar ~ende 31 Maart, (future)* the year ending March 31; *met ... ~* finish off/up with ...; wind up with ...; *end in ...; iets met ... ~* top s.t. off with ...; wind s.t. up with ...; *op/met ... ~* end/terminate in ...; *(a word)* end in ... **ein·dig·heid** finiteness.

**ein·ste** same, selfsame, identical; *die ~, (infml.)* the very same; *die ~ hy/sy!, (infml.)* the very man/woman!; *op die ~ oomblik* at the same/very moment; *die ~ plek* the very place; the very same place.

**eint·lik** *=like, adj.* actual, proper, real; *die ~e betekenis* the proper/real meaning/sense. **eint·lik** *adv.* actually, properly, really, in reality; in fact, as a matter of fact; *wat iem. ~ bedoel* exactly what s.o. means; *iem. kan dit ~ nie* (of *nie ~)* doen nie s.o. can't actually/really (*or* can hardly) do it; *wat doen iem. (nou) ~?* what does s.o. actually do?; *wat wil jy (nou) ~ van my hê?* what exactly do you want from me? (*or* want me to do?); *nie ~ nie* not really/exactly; not quite.

**eis** *eise, n.* claim; demand; call; requirement, requisite; petition *(for a divorce); van 'n ~ afsien* abandon a claim; waive a claim; *'n ~ afwys* (of *van die hand wys)* turn down a claim; *'n ~ bewys* prove a claim; *'n ~ teen 'n boedel* a charge against an estate; *'n ~ handhaaf/toestaan* allow a claim; *'n ~ indien* put in a claim; *'n ~ teen ... instel* sue (*or* bring/enter a claim against) ...; *'n ~ om skadevergoeding* a claim for damages; *'n ~ stel* make a demand; *minder/groter ~e stel* lower/raise one's sights; *iets stel groot/hoë ~e aan ... s.t.* makes heavy calls/demands on/upon ... *(s.o., s.o.'s time, etc.); die ~e van ...* the demands of ... *(an examination etc.); 'n ~ van R5000/ens.* a claim for/of R5000/etc.; *aan die ~e voldoen* meet/satisfy (*or* conform to *or* come up to *or* comply with) requirements; *volgens iem. se ~e* by s.o.'s standards. **eis** *geëis, vb.* claim *(damages);* demand *(restitution);* require *(attention);* sue; exact; *die vraagstuk ~ dringend die aandag* the problem demands attention; *iets van iem. ~* claim s.t. from s.o.; *iets ~ baie van iem.* s.t. is a strain on s.o.. **~brief** letter of demand, statement of claim. **~vorm** *=vorms* claim form.

**eis·baar** *=bare* demandable, claimable.

**ei·se·af·de·ling** claims department.

**ei·ser** *=sers* claimant, claimer, plaintiff; suer; demander.

**ei·stedd·fod** *=fods* eisteddfod.

**ei·wit** *=witte* egg white, white of an egg, albumen. **ei·wit·hou·dend** *=dende* albuminous.

**e·ja·ku·leer** geëjakuleer, vb., *(physiol.)* ejaculate. **e·ja·ku·la·sie** *=sies, (physiol.)* ejaculation.

**ek** I; *arme ~!* poor me!; *die ~* the ego/self; *dis ~* it's me; *die eie ~* the self; self-love; *as ~ jy was* if I were you; *~ en jy, jy en ~* you and I; *Pa/ens. en ~* Father/etc. and I; *~ self, (also* ekself*)* I myself; *iem. se tweede ~* s.o.'s second self; *u en ~* you and I.

**ek·ke** *(infml., emphatic)* I. **ek·ke·rig** *=rige* egotistic, self-centred. **ek·ke·rig·heid** egotism, self-centredness.

**e·klamp·sie** *(med.)* eclampsia. **e·klamp·ties** eclamptic.

**e·klek·ties** =tiese, adj., (also E~, Gr. philos.) eclectic. **e·klek·ti·kus** =tikusse, =tici, n., (also E~, Gr. philos.) eclectic. **e·klek·ti·sis·me** (also E~, Gr. philos.) eclecticism.

**e·klips** =klipse eclipse. **e·klip·ties** =tiese ecliptic.

**e·ko·kli·maat** ecoclimate.

**e·ko·lo·gie** ecology. **e·ko·lo·gies** =giese ecological; ~e letsel ecological footprint; ~e ramp/katastrofe ecocatastrophe, ecodisaster; groot ~e gemeenskap biome. **e·ko·loog** =loë ecologist.

**e·ko·no·me·trie** econometrics. **e·ko·no·me·tries** =triese econometric(al). **e·ko·no·me·tri·kus, e·ko·no·me·tri·kus** =tri·kusse, =trici econometrician.

**e·ko·no·mie** =mieë economy; economics. **~woordeboek** economic dictionary.

**e·ko·no·mies** =miese meer ~ die mees =miese, adj. economic(al); ~e aanwyser economic indicator; van ~e belang economically important; ~e geskiedenis economic history; ~e grootte economy size; 'n bottel sjampoe van ~e grootte an economy-size bottle of shampoo; ~e klas economy class; ~e snelheid service speed; ~e vlugteling economic refugee. **e·ko·no·mies** adv. economically; ~ aktief wees be economically active.

**e·ko·noom** =nome economist.

**e·ko·ramp, e·ko·ka·ta·stro·fe** ecocatastrophe, ecodisaster.

**e·ko·toe·ris** ecotourist. **e·ko·toe·ris·me, e·ko·toe·ris·me** ecotourism.

**e·ko·vrien·de·lik** (infml.) ecofriendly.

**eks** n., (infml.: former wife/husband/etc.) ex. **eks** = comb. ex-, former. **~koning** ex-king, former king. **~man** ex-husband. **~minister** ex-minister, former minister. **~prinsipaal** ex-principal, former principal. **~vrou** ex-wife.

**ek·sak** =sakte =sakter =sakste exact (sciences); precise, strict; ~te wetenskap exact/hard science. **ek·sakt·heid** exactness, exactitude, preciseness, precision; strictness.

**ek·sa·men** =mens examination; 'n ~ aflê/doen/skryf/skrywe take (or sit for) an examination; 'n ~ afneem conduct an examination; vir 'n ~ blok, (infml.) cram for an examination; (in) 'n ~ deurkom/slaag pass an examination; vir 'n ~ leer/studeer/voorberei/werk study/prepare/work/read for an examination; 'n moeilike/swaar ~ a stiff examination; 'n mondelinge ~ an oral examination; (in) 'n ~ sak/druip (of, infml. dop) fail (in) an examination; iem. (in) 'n ~ laat sak (of, infml. laat dop) fail s.o. in an examination; 'n skriftelike ~ a written examination; ('n) ~ skryf/skrywe write an examination. **~geld** examination fee. **~rooster** examination timetable. **~skrif** examination book/paper, answer book; ~te nasien mark examination papers. **~uitslag** examination result(s). **~vak** subject of examination, examination subject. **~vraestel** examination/question paper. **~vrees** fear of examinations (or an examination).

**ek·sa·mi·neer** geëksa= examine; iem. in iets ~ examine s.o. in s.t.. **ek·sa·mi·na·tor** =tore, =tors examiner.

**ek·seem** eczema.

**ek·se·geet** =gete exegete, exegetist.

**ek·se·ge·se** exegesis. **ek·se·ge·ties** =tiese exegetic.

**ek·se·ku·sie** =sies, (jur.) execution; verkoop in ~ judicial sale.

**ek·se·ku·teur** =teure, =teurs, (jur.) executor; ~ testamentêr executor testamentary; ~ van/in 'n boedel executor of/in an estate. **ek·se·ku·teurs·ka·mer** board of executors. **ek·se·ku·teur·skap** =skappe executorship. **ek·se·ku·to·ri·aal** =riale in execution, executorial.

**ek·se·ku·tief** =tiewe, adj. executive.

**ek·sel·len·sie** =sies, (also E~) excellency; Sy/Haar E~ His/Her Excellency; U E~ Your Excellency.

**ek·sem·plaar** =plare, (gen.) sample; (biol.) specimen; copy (of a book/periodical). **ek·sem·pla·ries** exemplary, characteristic, illustrative, representative, typical.

**ek·sen·triek** =trieke, n., (strange pers.) eccentric, (infml.) crank. **ek·sen·triek** =trieke =trieker =triekste, adj. eccentric, odd, offbeat, far out; ~e entjie mens, (infml.) oddball, odd bod/fish; ~e persoon eccentric (person), freak, oddity, (infml.) weirdo.

**ek·sen·tries** =triese, adj., (math., mech.) eccentric. **ek·sen·tries** adv., (math., mech.) eccentrically. **ek·sen·tri·si·teit** =teite eccentricity; oddity.

**ek·sep·si·o·neel** =nele exceptional.

**ek·serp** =serpte, n. excerpt, extract, abstract. **ek·ser·peer** geëkser=, vb. excerpt, make an abstract/excerpt/extract of.

**ek·ses** =sesse excess. **ek·ses·sief** =siewe excessive.

**eks·hi·bi·si·o·nis·me** exhibitionism. **eks·hi·bi·si·o·nis** =niste exhibitionist. **eks·hi·bi·si·o·nis·ties** =tiese exhibitionistic.

**ek·sie·per·fek·sie, ek·sie·per·fek·sie** adj. & adv., (infml.) perfect, particular, smart; meticulous, punctilious, fastidious.

**ek·sis·ten·si·a·lis·me** (philos., also E~) existensialism. **ek·sis·ten·si·a·lis** =liste, (also E~) existentialist. **ek·sis·ten·si·a·lis·ties** =tiese, (also E~) existentialist.

**ek·sis·ten·si·eel** =siële existential.

**eks·klu·sief** =siewe =siewer =siefste, adj. & adv. exclusive(ly). **eks·klu·si·wi·teit** exclusiveness.

**eks·kom·mu·ni·keer** geëks= excommunicate. **eks·kom·mu·ni·ka·sie** =sies excommunication.

**eks·kreet** =krete, =kreta excretion, excretory substance. **eks·kre·ment** =mente excrement, faeces, droppings. **eks·kre·sie** =sies, (process) excretion.

**eks·kur·sie** =sies excursion, outing. **~kaartjie** excursion ticket. **~trein** excursion train.

**eks·ku·sie** =sies, (infml.) feeble excuse.

**eks·kuus** =kuse, n. excuse, pretext; apology; pardon, indulgence; allerhande ~kuse hê make a thousand and one excuses; 'n flou(e)/niksseggende ~ a flimsy/lame/poor/sorry/thin excuse; groot ~ vra, (infml.) apologise humbly; ~ vra offer/make an apology, apologise. **eks·kuus** interj.: groot ~!, (infml.) I'm very sorry!; ~ (tog)! (I beg your) pardon!, excuse/pardon me!, (I'm) sorry!, (my) apologies!.

**ek·so·geen** =gene, adj. exogenic, exogenous; ~gene geldvoorraad exogenous money supply.

**ek·so·sfeer** (outermost layer of the earth's atmosphere) exosphere.

**ek·so·ske·let** exoskeleton.

**ek·so·ter·mies** =miese, (chem.) exothermic.

**ek·so·ties** =tiese exotic. **ek·so·ti·ka** n. (pl.) exotica. **ek·so·tis·me** exoticism.

**ek·span·sief** =siewe =siewer =siefste expansive.

**ek·span·sie·po·li·tiek** policy of expansion, expansionism.

**ek·span·si·o·nis** =niste expansionist. **ek·span·si·o·nis·ties** =tiese expansionist.

**eks·pa·tri·eer** geëks= expatriate. **eks·pa·tri·a·sie** =sies expatriation.

**eks·pe·di·sie** =sies expedition; 'n ~ onderneem go on (or undertake) an expedition. **~mag** expeditionary force.

**eks·pe·ri·ment** =mente, n. experiment; 'n ~ doen/maak make an experiment; 'n ~ uitvoer conduct (or carry out) an experiment; by wyse van ~ as an experiment. **eks·pe·ri·men·teel** =tele experimental. **eks·pe·ri·men·teer** geëks=, vb. experiment; met iets ~ experiment with s.t.; op ... ~ experiment on/upon ...

**eks·pert** =perte expert.

**eks·pi·reer** (physiol.) breathe out, exhale, expire. **eks·pi·ra·sie** (physiol.) expiration. **eks·pi·ra·to·ries** (physiol., phon.) expiratory.

**eks·pli·ka·tief** =tiewe, (tech.) explicative, explanatory, expository.

**eks·pli·siet** =siete, adj. explicit. **eks·pli·siet** adv. explicitly.

**eks·ploi·ta·sie** exploitation, development, utilisation, capitalisation; exploitation, abuse, manipulation, misuse. **~koste** working/operating/development costs/expenses.

**eks·ploi·teer** *geëksploiteer, vb.* exploit, work, operate *(a mine etc.)*; develop *(an enterprise etc.)*; make profitable, profit by/from, turn to account; utilise; exploit, abuse, manipulate, misuse.

**eks·plo·sief** *=siewe, adj., (lit. & fig.)* explosive.

**eks·po** *=po's, (infml.)* expo(sition), exhibition, show.

**eks·po·nen·si·aal** *=siale, n. & adj., (math.)* exponential.

**eks·po·nen·si·eel** *=siële, adj.* exponential *(growth etc.)*.

**eks·po·nent** *=nente, (math.)* exponent, index; promoter, advocate, backer *(of an idea etc.)*.

**eks·port, eks·port** export(ation); export trade. **~artikel** article of export.

**eks·po·si·sie** *=sies* exposition *(in a drama, novel, etc.)*.

**eks·pres·sief** *=siewe =siewer =siefste* expressive. **eks·pres·si·wi·teit** expressiveness.

**eks·pres·si·o·nis·me** *(also E~)* expressionism. **eks·pres·si·o·nis** *=niste, (also E~)* expressionist. **eks·pres·si·o·nis·ties** *=tiese, (also E~)* expressionist(ic).

**eks·pro·pri·eer** *geëks=* expropriate. **eks·pro·pri·a·sie** *=sies* expropriation.

**eks·pur·geer** *geëks=* expurgate, bowdlerise. **eks·pur·ga·sie** *=sies* expurgation.

**ek·sta·se** *=ses* ecstasy, rapture; *iem. in ~ bring* move s.o. to ecstasy, throw s.o. into ecstacy/ecstasies; *oor ... in ~ raak* go into ecstacy/ecstasies/raptures over ...; *in ~ wees* be delirious with joy; be in raptures; be filled with rapture; *oor ... in ~ wees* be ecstatic about *(or be in ecstacy/ecstasies over)* ... **ek·sta·ties** *=tiese* ecstatic, in ecstasy/ecstasies.

**eks·ten·sief** *=siewe =siewer =siefste* extensive.

**eks·ten·sor** *=sors, (anat.)* extensor (muscle).

**ek·ster** *=sters, (orn.)* magpie.

**eks·te·ri·eur** *n. & adj.* exterior.

**ek·stern** *=sterne* external; non(-)resident; *~e bewysstukke uit 'n onafhanklike bron* external evidence from an independent source; *~e eksaminator* external examiner.

**eks·ter·ri·to·ri·aal, ek·stra·ter·ri·to·ri·aal** *=riale* ex(tra)territorial. **eks·ter·ri·to·ri·a·li·teit, ek·stra·ter·ri·to·ri·a·li·teit** ex(tra)territoriality.

**ek·stra** *=stras, n.* extra; spare. **ek·stra** *adj.* extra, additional, spare; excess; special; *~ belasting* surtax; *~ betaling* surcharge; *~ blad* special edition, extra (edition); *~ dekpunt, (cr.)* extra cover; *~ grootte/maat* outsize; king size; *~ koste* extra/additional charges; *~ nommer* special number; extra (edition); *~ trein* special train; *~ tyd, (sport)* extra time; *~ vrag* excess fare; *~ werk* overwork, extra work. **ek·stra** *adv.* specially, especially; *~ fyn* superfine; *~ groot* outsize; *~ suiwer* extra virgin *(olive oil)*. **ek·stra** *comb.* extra=. **ek·stra·tjie** *=tjies* little extra.

**eks·tra·heer** *geëks=* extract; *iets uit ... ~* extract s.t. from ...

**ek·strak** *=strakte* extract *(of beef)*; essence. **~blokkie** *(cook.)* stock cube.

**ek·strak·sie** *=sies* extraction. **~kas** *(min.)* zinc box. **~stof** *(chem.)* extractive.

**eks·tra·po·leer** *geëks=* extrapolate; *uit ... ~* extrapolate from ...

**ek·stra·u·te·rien, ek·stra·ü·te·rien** *=riene* extrauterine *(pregnancy)*.

**eks·tra·va·gan·za, ex·tra·va·gan·za** extravaganza.

**eks·streem** *=streme* extreme. **ek·stre·mis** *=miste* extremist. **ek·stre·mis·me** extremism. **ek·stre·mis·ties** *=tiese* extremist, ultra. **ek·stre·mi·teit** *=teite* extremity.

**eks·trin·siek** *=sieke* extrinsic; *~e getuienis* parol evidence.

**eks·tro·vert** *=verte, n. & adj., (psych.)* extrovert. **eks·tro·ver·sie** extroversion.

**eks·tru·sie** *=sies, (geol.)* extrusion. **~gesteente** extrusive rock.

**eks·tru·sief** *=siewe* extrusive; *~siewe gesteente* extrusive rock.

**ek·su·daat** *=date, (med., bot., entom.)* exudate.

**ek·to·morf** *n., (physiol.)* ectomorph. **ek·to·morf, ek·to·mor·fies** *adj.* ectomorphic.

**ek·to·pies** *=piese, (biol., med.)* ectopic; *~e swangerskap* ectopic pregnancy.

**ek·to·plas·ma** *(biol.)* ectoplasm.

**e·ku·me·nies** *=niese, (Chr.)* ecumenic(al); *~e beweging* ecumenical movement. **e·ku·me·nis** *=niste, (Chr.)* ecumenist. **e·ku·me·ni·si·teit** *(Chr.)* ecumenicity.

**e·kwa·tor** *=tors* equator. **e·kwa·to·ri·aal** *=riale* equatorial.

**e·kwi·li·breer** *geëkwi=* equilibrate. **e·kwi·li·bri·um** equilibrium *(of a system)*.

**e·kwi·noks** *=nokse* equinox. **e·kwi·nok·si·aal** *=siale* equinoctial.

**e·kwi·va·lent** *=lente, n.* equivalent; *die ~ van ... wees* be the equivalent of ... **e·kwi·va·lent** *=lente, adj.* equivalent; *iets is ~ aan ... s.t.* is equivalent to ...

**el** *elle, (hist. unit of length)* ell; yard.

**é·lan** élan, brio, dash, flair, panache, verve, zest.

**e·land** *=lande, (SA: Taurotragus oryx)* eland; *(SA mil.: armoured vehicle, chiefly E~)* Eland; *Europese ~, (Alces alces)* elk; →ELK[1] *n..* **~hond** elkhound.

**e·lands=: ~boontjie** elephant's root, elandsbean. **~doring** stud/devil's/stub thorn, ruredzo. **~vy** sour fig.

**e·las·mo·sou·rus** elasmosaur.

**e·las·tien** *(chem.)* elastin, elasticin.

**e·las·ties** *=tiese =tieser die mees =tiese* elastic, resilient, springy; stretchy, elasticated *(material)*. **e·las·ti·si·teit** elasticity, resiliency, springiness.

**e·la·te·riet** *(min.)* elaterite.

**el·ber·ta·per·ske** *(also E~)* Elberta peach.

**el·ders** elsewhere; *êrens ~* somewhere else; *nêrens ~ nie* nowhere else; *oral(s) ~* anywhere/everywhere else.

**el·do·ra·do** *=do's, (fig.: place of abundance and great opportunity)* El Dorado, eldorado.

**e·le·fan·ti·a·se** *(med.)* elephantiasis.

**e·le·gant** *=gante =ganter =gantste, adj.* elegant, stylish, chic, *(infml.)* classy, ritzy. **e·le·gant** *adv.* genteelly. **e·le·gan·sie** elegance, chic, *(infml.)* classiness.

**e·le·gie** *=gieë* elegy, elegiac poem. **e·le·gies** *=giese* elegiac.

**e·lek·to·raat** electorate, voting public, voters.

**E·lek·tra** *(Gr. myth.)* Electra. **~kompleks** *(psych.)* Electra complex.

**e·lek·tries** *=triese, adj.* electric; electromechanical; *~e borsel/toestel/ens.* electromechanical brush/device/etc.; *~e eenheid* unit of electricity; *~e energie* electrical energy; *~e heining* electric fence; *~e kitaar/ghitaar* electric guitar; *~e kombers* electric blanket; *~e lading/ontlading* electric charge/discharge; *~e motor* electromotor; *~e orrel, (mus.)* electric organ; *~e skeermes* electric razor/shaver; *~e skok* electric shock; *~e stroom* electric current. **e·lek·tries** *adv.* electrically; *die atmosfeer is ~ gelaai* the atmosphere is electrifying. **e·lek·trie·se·skok·te·ra·pie** *(med.)* electroconvulsive/electroshock *(or electric shock)* therapy.

**e·lek·tri·fi·seer** *geëlek=, vb.* electrify; *geëlektrifiseerde heining* electric fence. **e·lek·tri·fi·se·ring, e·lek·tri·fi·ka·sie** electrification.

**e·lek·tri·si·ën** *=siëns* electrician.

**e·lek·tri·si·teit** electricity; *~ aanlê* lay on electricity; *die ~ afsluit* cut off the electricity; *~ opwek* generate electricity.

**e·lek·tri·si·teits=: ~meter** electricity meter. **~rekening** electricity account/bill. **~toevoer, ~voorsiening** electric(ity) supply.

**e·lek·tro·a·na·li·se** *(chem.)* electrolytic analysis.

**e·lek·tro·bi·o·lo·gie** electrobiology.

**e·lek·tro·che·mie** electrochemistry. **e·lek·tro·che·mies** *=miese* electrochemical.

**e·lek·tro·chi·rur·gie, =sji·rur·gie** electrosurgery.

**e·lek·tro·de** *=des* electrode.

**e·lek·tro·di·na·mi·ka** *(phys.)* electrodynamics.

**e·lek·tro·ën·ke·fa·lo·graaf, -en·ke·fa·lo·graaf, =ën·se·fa·lo·graaf, -en·se·fa·lo·graaf** *(psych.)* electroencephalograph.

**e·lek·tro·ën·ke·fa·lo·gram, -en·ke·fa·lo·gram, =ën·se·fa·lo·gram, -en·se·fa·lo·gram** electroencephalogram.

**e·lek·tro·foor** *=fore, (phys.)* electrophorus.

**e·lek·tro·graaf** *(phys., print.)* electrograph. **e·lek·tro·gra·fie** electrography.

**e·lek·tro·kar·di·o·graaf** *(med.)* electrocardiograph. **e·lek·tro·kar·di·o·gra·fie** electrocardiography.

**e·lek·tro·kar·di·o·gram** electrocardiogram.

**e·lek·tro·kon·vul·sief** *=siewe: ~siewe terapie, (med.)* electroconvulsive/electroshock *(or electric shock)* therapy.

**e·lek·tro·ku·sie** *=sies* electrocution.

**e·lek·tro·liet** *=liete, (chem., phys.)* electrolyte.

**e·lek·tro·li·se** *(chem., med.)* electrolysis. **e·lek·tro·li·ties** *=tiese* electrolytic.

**e·lek·tro·li·seer** *geëlek=, vb., (chem., med.)* electrolyse.

**e·lek·tro·mag·neet** *(phys.)* electromagnet. **e·lek·tro·mag·ne·ties** *=tiese* electromagnetic. **e·lek·tro·mag·ne·tis·me** electromagnetism.

**e·lek·tro·me·ga·nies** *=niese* electromechanical. **e·lek·tro·me·ga·ni·ka** electromechanics.

**e·lek·tro·me·tal·lur·gie** electrometallurgy, galvanoplastics.

**e·lek·tro·me·ter** *(phys.)* electrometer.

**e·lek·tro·mo·tor** electromotor, electric motor. **e·lek·tro·mo·to·ries** *=riese* electromotive, electromotor *(force)*.

**e·lek·tron** *=trone, (phys.)* electron; *vry/ongebonde ~* free electron. **~volt** electronvolt.

**e·lek·tro·ne** *=buis (phys.)* electron tube, thermionic valve. **~bundel** electron beam. **~kanon** electron gun. **~leer** electronics. **~mikroskoop** electron microscope.

**e·lek·tro·ne·ga·tief** *=tiewe, (chem.)* electronegative.

**e·lek·tro·nies** *=niese* electronic; *~e bankdienste* electronic banking services; *~e banksake/bankwese* electronic banking; *~e fondsoorplasing by verkoop(s)punt* electronic funds transfer at point of sale *(acr.:* EFTPOS, Eftpos*); ~e oorlogvoering, (mil.)* electronic warfare; *~e orrel, (mus.)* electric organ; *~e pos* electronic mail; →E-POS; *~e publikasie* electronic publishing; *~e teks* electronic text; *~e verkoop(s)punt* electronic point of sale *(acr.:* EPOS*).*

**e·lek·tro·ni·ka** electronics. **e·lek·tro·ni·kus** *=nikusse, =nici* electronician.

**e·lek·tro·pla·teer** *geëlek=, vb.* electroplate. **e·lek·tro·pla·te·ring** electroplating.

**e·lek·tro·po·si·tief** *=tiewe, (chem.)* electropositive.

**e·lek·tro·skok** *(med.)* electroshock, electric shock. **~terapie** *(med.)* electroconvulsive/electroshock *(or electric shock)* therapy.

**e·lek·tro·skoop** *=skope* electroscope.

**e·lek·tro·sta·ties** *=tiese* electrostatic; *~e generator, (elec.)* Van de Graaff generator. **e·lek·tro·sta·ti·ka** electrostatics.

**e·lek·tro·teg·niek** electrotechnics, *=technology.* **e·lek·tro·teg·nies** *=niese* electrotechnical; *~e ingenieur* electrical engineer. **e·lek·tro·teg·ni·kus** *=nikusse, =nici* electrotechnician. **e·lek·tro·teg·no·lo·gie** electrotechnology.

**e·lek·tro·te·ra·pie** electrotherapeutics, electrotherapy, electropathy.

**e·lek·tro·ter·mies** *=miese* electrothermal, *=thermic.*

**e·lek·tro·ti·pie, e·lek·tro·ti·pe·ring** *(print.)* electrotypy, electrotyping.

**e·le·ment** *=mente* element; *in jou ~ wees, (infml.)* be in one's element, be perfectly at home; *die ~ trotseer, (infml.)* brave the elements; *uit jou ~ wees, (infml.)* be like a fish out of water; *nie in jou ~ voel nie, (infml.)* feel out of it.

**e·le·men·taal** *=tale, adj., (of or relating to earth, air, water and fire)* elemental. **e·le·men·ta·lis·me** elementalism.

**e·le·men·têr** *=tère* elementary; *~e deeltjie, (phys.)* elementary particle; *~e kennis* working knowledge.

**e·le·va·sie** *=sies* elevation. **~hoek** angle of elevation.

**elf¹** *elwe, n.* elf, fairy. **elf·ag·tig** *=tige* elfish, elfin, elvish.

**elf²** *elwe, n., (icht.: Pomatomus saltatrix)* elf(t), *(infml.)* shad.

**elf³** *elwe, elfs, num. (substantive)* eleven. **elf** *num. (adjectival)* eleven; *~ uur, (duration)* eleven hours; →ELFUUR. **~hoek** hendecagon. **~tal** (number of) eleven; (team/side of) eleven. **~uur** eleven o'clock. **~uurtee** eleven o'clock tea, mid-morning snack, morning tea break, *(infml.)* elevenses.

**elf·de** *=des, n., (fraction)* eleventh. **elf·de** *adj.* eleventh; *ter ~r ure* →UUR.

**elf·vlak** hendecahedron. **elf·vlak·kig, elf·vlak·kig** *=kige* hendecahedral.

**elf·vou·dig** *=dige* elevenfold.

**e·li·deer** *geëli=, (phon.)* elide; →ELISIE.

**e·lik·ser** *=sers* elixir.

**e·lim·hei·de** *(bot.: Erica regia, also* E~*)* Elim/royal heath.

**e·li·mi·neer** *geëli=* eliminate. **e·li·mi·na·sie** *=sies* elimination; *deur 'n proses van ~* by a process of elimination.

**e·li·sie** *=sies, (phon.)* elision.

**E·li·si·um** *(Gr. myth.)* Elysium. **E·li·sies** *=siese, (also* e~*)* Elysian.

**e·lite** elite, *(Fr.)* élite, smart set, society (people), *(Fr.)* crème de la crème; *die ~* the cream of society. **~woonbuurt** *=buurte* elite/exclusive/up-market suburb.

**e·li·tis** *=tiste* elitist. **e·li·tis·me** elitism. **e·li·tis·ties** *=tiese: ~e kultuur* upper-class culture.

**E·li·za·be·thaans** *=thaanse, adj., (also* e~*)* Elizabethan.

**elk¹** *elke, n., (Alces alces)* elk, *(Am.)* moose.

**elk²** *elke, pron.* each, every, any; →ELKEEN, IEDER; *~e ander een* anyone else; *drie/ens. ~* three/etc. each; *three all; hulle/ons het ~* ... each of them/us has ...; *na ~e woord luister* listen to every word. **~een** each, everyone, everybody; anybody; anyone; *hulle/ons het ~* ... each of them/us has ...; *~ kan nie ... nie* it's not everyone/everybody who can ...; *~ sonder uitsondering* every single one; *dit is vir ~ vry* it is free/open to everyone.

**el·le:** **~lank** *=lang(e)* long-winded, long-drawn(-out), overlong, incredibly long; *~lang(e) stories vertel* spin/tell stories by the yard. **~pyp** *(anat.)* ulnar bone, ulna.

**el·len·de** *=des* distress, misery, wretchedness, woe; *diepe ~* abject/deep misery; *in die diepste ~* in utter misery; *dis 'n ~* it's a bad business; *eindelose/naamlose ~* untold misery; *in ~ gedompel wees* be steeped in misery; *tot oormaat van ~* to crown/top (*or* on top of) it all, on top of that, to make things worse; *in ~ verkeer* be in need; *~ veroorsaak* cause misery. **el·len·de·ling** *=linge* villain; wretch, miscreant. **el·len·dig** *=dige, adj.* miserable, wretched, distressful; rotten, bad *(business);* beastly *(weather);* beggarly, forlorn, piteous; *~e toestand* wretched condition, sorry plight. **el·len·dig** *adv.* miserably, wretchedly; *~ siek lê* be seriously ill; *uiters ~ utterly miserable; *~ voel* be/feel miserable, *(infml.)* feel rotten. **el·len·dig·heid** misery, wretchedness; *dis 'n ~* it's a bad business.

**el·lips** *=lipse, (geom.)* ellipse; *(gram.)* ellipsis. **~gewelf** *=welwe, (archit.)* elliptic(al) vault.

**el·lip·so·graaf** =grawe, (geom.) ellipsograph.

**el·lip·so·ïed** =soïede, n. & adj. ellipsoid. **el·lip·so·ï·daal** =dale ellipsoid(al).

**el·lip·ties** =tiese elliptic(al); oval.

**elm·boog** =boë elbow; elbow fitting; bend, elbow (in a river); die ~ vry hê have elbow room. **~beentjie** funny/crazy bone. **~putjie** (golf) dogleg hole. **~noedels** rigatoni (It.). **~skut** (sport) elbow pad; (text.) elbow patch. **~swaai** elbow bend; die pad maak 'n ~ there is a bend in the road. **~verband** elbow bandage. **~verbinding** elbow connection.

**Elms·vuur, El·mus·vuur:** (Sint) ~ Saint Elmo's fire.

**El Ni·ño** (Sp., meteorol.) El Niño.

**e·lo·ku·sie** elocution. **e·lo·ku·si·o·nis** =niste elocutionist.

**e·lon·ga·sie** =sies, (astron.) elongation, phase.

**els¹** else awl, pricker.

**els²** else, (bot.: Alnus spp.) alder. **~boom** alder (tree). **~hout** alder wood.

**el·sie** =sies, (orn.) avocet; stilt.

**e·lu·vi·um** =viums, =via, (geomorphol.) eluvium. **e·lu·vi·aal** =viale eluvial.

**el·we·:** **~kind** changeling. **~koning** (Germ. myth.) erlking. **~ring** fairy ring. →ELF¹.

**el·wer** =wers, (icht.) elver, young eel.

**em** emme, ems, (the letter m) em; (print.) em. **~lyn** (print.) em dash.

**e·mal·je** =jes, (infml.) **e·nem·mel** n. enamel. **~beker** enamel mug. **~kastrol** enamel(led) saucepan. **~teël** enamelled tile. **~verf** enamel paint. **~ware** enamelware. **~werk** enamelling.

**e·mal·jeer** geëmal=, (infml.) **e·nem·mel** geënem=, vb. enamel; geëmaljeerde kastrol enamelled saucepan. **e·mal·jeer·der** =ders enameller.

**e·man·si·peer** geëman= emancipate. **e·man·si·pa·sie** =sies emancipation; liberation.

**em·bar·go** =go's embargo.

**em·bar·ras·seer** geëm= embarrass.

**em·bleem** =bleme emblem. **em·ble·ma** =mas, =mata emblema. **em·ble·ma·ties** =tiese emblematic(al).

**em·bo·lus** =bolusse, =boli, (med.) embolus. **em·bo·lie** (med.: obstruction of an artery) embolism.

**em·bri·o** =brio's embryo. **em·bri·o·naal** =nale, **em·bri·o·nies** =niese embryonic.

**em·bri·o·lo·gie** embryology. **em·bri·o·lo·gies** =giese embryologic(al). **em·bri·o·loog** =loë embryologist.

**e·me·ri·taat** =tate superannuation, retirement (of a professor or minister of relig.); ~ aanvaar retire; ~ aanvra apply for superannuation.

**e·me·ri·teer** geëme= pension (a professor, minister of relig.).

**e·me·ri·tus, e·me·ri·tus** =ritusse, =riti, n. retired professor; retired minister of religion. **e·me·ri·tus** adj. retired, emeritus. **~predikant** pastor emeritus.

**e·me·ti·kum** =kums, (med.) emetic.

**em·fi·seem** =seme, (pathol.) emphysema. **~lyer** emphysema sufferer.

**e·mi·gra·sie** =sies emigration. **~beleid** =leide emigration policy.

**é·mi·gré** =grés, (Fr.) émigré.

**e·mi·greer** geëmi= emigrate; uit 'n land (na 'n ander land) ~ emigrate from a country (to another country). **e·mi·grant** =grante emigrant.

**e·mi·nen·sie** eminence, excellence, merit; U/Sy E~, (RC) Your/His Eminence.

**e·mi·nent** =nente =nenter =nentste eminent, outstanding.

**e·mir** =mirs emir. **e·mi·raat** =rate emirate.

**e·mis·sie** =sies, (econ.) issue. **~bank** bank of issue.

**em·lyn** →EM.

**em·men·tal** (Swiss cheese, also E~) Emment(h)al(er) (cheese).

**em·mer¹** =mers bucket, pail; (no pl., dry measure: ½ bushel, ± 11,3 kg) pailful; dit reën of jy water met ~s gooi, (infml.) it is raining cats and dogs; die ~ skop, (infml.: die) kick the bucket, cash in (one's checks/chips), snuff it; 'n ~ (vol) ... a pailful/scoopful of ...; 'n ~ water/ens. a bucket/pail of water/etc..

**em·mer²:** **~(koring)** (bot.: Triticum dicoccum) emmer.

**e·moe** =moes, (orn.) emu.

**e·mo·sie** =sies emotion; jou ~s beheers keep the lid on one's temper (infml.). **~belaai** =laaide stirring, touching, moving, poignant (moment, scene, etc.). **e·mo·sie·loos** =lose emotionless, stony-faced.

**e·mo·si·o·neel** =nele, adj. emotional; emotive; affective; ~nele afpersing/afdreiging emotional blackmail; baie ~ wees be charged with emotion; ~ oor iets raak get emotional over s.t.; ~nele toestand emotional state; ~nele verwaarlosing emotional deprivation. **e·mo·si·o·neel** adv. emotionally; ~ onstabiel emotionally unstable; ~ reageer react emotionally. **e·mo·si·o·na·li·teit** emotionalism.

**e·mo·tief** =tiewe emotive.

**em·pa·tie** empathy.

**em·pire:** die E~ the (British) Empire. **~styl** (1804-14) Empire style (of furniture etc.).

**em·pi·rie** empiricism, empirical method. **em·pi·ries** =riese empiric(al); ~e formule, (chem.) empirical formula. **em·pi·ri·kus** =rikusse, =rici, **em·pi·ris** =riste empiricist. **em·pi·ris·me** (philos., also E~) empiricism.

**em·po·ri·um** =riums, =ria, (large retail store) emporium.

**e·mu·leer** geëmu= emulate. **e·mu·la·sie** emulation.

**e·mul·geer, e·mul·si·fi·seer** geëmul=, (chem.) emulsify; emulgerend emulgent. **e·mul·ge·ring, e·mul·si·fi·se·ring** emulsification.

**e·mul·sie** =sies emulsion. **~verf** emulsion paint.

**en¹** enne, ens, n., (the letter n) en; (print.) en. **~lyn** (print.) en dash.

**en²** conj. and; ~ dergelike and so forth/on; én ... én ... both ... and ...; iets lê/loop/sit/staan ~ doen, (hendiadys) do s.t. lying down, lie (somewhere) doing s.t.; do s.t. while walking, walk along doing s.t.; do s.t. sitting down, sit (somewhere) doing s.t.; do s.t. standing up, stand (somewhere) doing s.t.; ~ so meer and so forth/on. **~~teken** (the sign &) ampersand.

**en³** prep. on; volgende/ander week ~Vrydag/ens. on Friday/etc. next week; verlede week ~ Dinsdag/ens. on Tuesday/etc. last week.

**en⁴** prep., (Fr.) in; ~ bloc in a lump; as a whole; all together, all at the same time; ~ garde, interj., (fencing) en garde!; ~ gros wholesale; ~ masse in bulk; in mass; ~ passant in passing, by the way.

**en·core** =cores, n., (Fr., mus.) encore, repetition, repeat performance. **en·core** interj. encore!, again!, once more!.

**end** n. →EINDE. **end** geënd, vb. →EINDIG vb.. **~rym** →EINDRYM. **~syfer** →EINDSYFER. **~toets** (comp.) End key. **~uit** to the end; ~ baklei/veg fight to a finish; ~ hou go/stay the distance, stay the course/pace, persevere (to the end); iets ~ vertel tell s.t. from beginning to end (or from A to Z).

**en·de·ka·goon** =gone hendecagon; →ELFHOEK. **en·de·ka·go·naal** =nale hendecagonal.

**en·del·derm** (anat., zool.) rectum.

**en·de·mie** =mies endemic (disease). **en·de·mies** =miese endemic; ~ wees in 'n gebied be endemic in/to an area.

**en·do·derm** (zool., embryol.) endoderm. **en·do·der·maal** =male endodermal, =dermic.

**en·do·geen** =gene, adj., (biol.) endogenous; (geol.) endogenic. **en·do·ge·ne·ties** =tiese endogenetic.

**en·do·kar·di·um** *(anat.)* endocardium.

**en·do·karp** *n.*, *(bot.)* endocarp. **en·do·karp** *=karpe*, **en= do·kar·pies** *=piese, adj.* endocarpal, endocarpic.

**en·do·krien** *=kriene, (physiol.)* endocrine, ductless. **en·do= kri·no·lo·gie** endocrinology. **en·do·kri·no·loog** *=loë* endocri= nologist.

**en·do·me·tri·um** *=triums, =tria, (anat.)* endometrium. **en= do·me·tri·o·se** *(med.)* endometriosis.

**en·do·morf** *=morfe, n., (geol., physiol.)* endomorph. **en·do= morf** *=morfe,* **en·do·mor·fies** *=fiese, adj.* endomorphic.

**en·dor·fien** *(biochem.)* endorphin.

**en·do·sperm** *(bot.)* endosperm.

**en·dos·seer** *geën=* endorse. **en·dos·se·ment** *=mente* en= dorsement.

**e·ne** *adj. & pron.:* ~ *mnr. A* a/one *(or a certain)* Mr A; *(die)* ~ ... *wees, (clothes etc.)* be covered with ... *(blood etc.)*, be all ... *(muddy etc.); (a pitch etc.)* be soaked with *(or full of or a stretch of)* ... *(water); (s.o.'s face)* be wreathed in ... *(smiles); (s.o.)* be the soul of ... *(discretion etc.)*. **e·ne·tjie** *(infml.)* a little one; singleton; →EENTJIE; *gou* ~ *maak, (infml.)* have a quick= ie; ~ *neem, (infml.)* have a drop.

**e·ne·ma** *=mas, (med.)* enema.

**e·nem·mel** *n., (infml.)* →EMALJE. **e·nem·mel** *vb.* →EMAL= JEER.

**e·ner·ge·tiek, e·ner·ge·ti·ka** energetics. **e·ner·ge·ties** *=tiese, (phys.)* energetic, pertaining to energy.

**e·ner·gie** *(phys.)* energy; *(non-tech.)* energy, drive, go, push; spirit, vigour, verve, vim, mettle, *(infml.)* get-up-and-go; *iem. is vol* ~ s.o. is very energetic *(or a live wire)*, s.o. is full of push/drive *(or grit and go); 'n rustelose bondel* ~ *wees* over= flow/crackle with *(or have a lot of)* nervous energy. **~be= sparing** energy saving/conservation. **~bron** source of ener= gy. **~krisis** energy crisis. **~ryk** *adj.* high in energy *(pred.)*, high-energy *(attr.)*. **~tekort** energy gap. **~verbruik** energy/ power consumption, consumption of energy/power. **~ver= lies** loss of energy. **~voorrade** *n. (pl.)* energy supplies. **~voor= siening** *n. (no pl.)* energy supply. **~wekker** energiser.

**e·ner·gie·ge·wend** *=wende* energy-giving.

**e·ner·giek** *=gieke =gieker =giekste* energetic, active, pushful; strenuous; bustling; sappy; thrustful; *(infml.)* zappy, zippy *(pers.); 'n ~e mens, (also)* a live wire.

**e·ners** →EENDERS. **~denkend** →EENDERSDENKEND.

**e·ner·syds** on the one hand.

**en·fant ter·ri·ble** *enfants terribles, (Fr.)* enfant terrible.

**en·fi·la·de** *=des, (mil.)* enfilade.

**en·fi·leer** *geën=, vb., (mil.)* enfilade. **~vuur** *(mil.)* enfilade (fire).

**eng** *eng(e) enger engste, adj. & adv.* narrow; tight; narrow- minded; confined *(space); (attr.)* small-town *(attitudes etc.)*; →ENGTE; *in die =(e) sin* in the strict sense; *in ~er(e) sin* in a narrower *(or more specific)* sense; ~ *verbonde* closely con= nected; *~(e)* **vertolking** narrow interpretation. **eng·har·tig, eng·gees·tig** *=tige* narrow-minded, petty. **eng·har·tig·heid, eng·gees·tig·heid** narrow-mindedness, pettiness. **eng·heid** narrowness; tightness; narrow-mindedness; constriction; pa= rochialism.

**en·gel** *=gele, (theol. or infml.)* angel; *(my)* ~, *(endearment)* angel face; *die* ~ *met die pen, (who records one's actions)* the record= ing angel. **~figuur** *=gure* angel(ic) figure. **~gesiggie** angelic/ sweet little face. **~hare** strands of tinsel *(on a Christmas tree)*. **~kruid** *(bot.: Angelica* spp.) angelica, archangel, holy ghost's root. **~ruitertjies** *(cook.)* angels-on-horseback. **~vis** angel= fish.

**en·gel·ag·tig** *=tige* angelic, cherubic, seraphic. **en·gel·ag= tig·heid** angelic nature.

**En·ge·land** England.

**en·ge·le=: ~aanbidding** angelolatry. **~bak** *(theatr.)* (upper) gallery, *(infml.)* the gods. **~koor** angelic choir, choir of an=

gels. **~sang** hymn of angels. **~skaar** *(poet.)* host of angels, angelic host. **~stem** angel's voice.

**En·gels** *n., (lang.)* English; *in/op* ~ in English; *suiwer* ~ pure *(or* the King's/Queen's) English; *iets in* ~ *vertaal* translate s.t. into English. **En·gels** *=gelse, adj.* English; *~e* **Engels**, *(infml., as spoken in Eng.)* English English; *~e* **koring** duck wheat; *~e* **ontbyt** English breakfast; *die ~e* **Oorlog** →ANGLO- BOEREOORLOG; *~e* **setter**, *(breed of dog)* English setter; *~e* **sout** Epsom salts, magnesium sulphate; *~e* **vrou** English= woman. **~-Afrikaanse woordeboek** English-Afrikaans dic= tionary. **~-Frans** *adj.* Anglo-French. **~-Indies** Anglo-Indian. **~man** *=manne, Engelse* Englishman; Briton; *die Engelse* the English. **~mediumskool** English-medium school. **~onder= wyser, Engelse onderwyser** English teacher/master.

**En·gels·ge·sind** *=sinde, adj.* Anglophil(e), pro-English. **En= gels·ge·sin·de** *=des, n.* Anglophil(e). **En·gels·ge·sind·heid** pro-Englishness, Anglophilia.

**En·gels·heid** *=hede* Anglicism; English word/expression; *(no pl.)* Englishness.

**en·gels·man** *=manne, (icht.)* Englishman.

**En·gels·spre·kend** *=kende, adj.* English-speaking, Anglo= phone; *~e Kanadees* English Canadian. **En·gels·spre·ken·de** *=des, n.* English-speaking person, English speaker, Anglo= phone; *die ~s* the English-speaking, English speakers.

**En·gels·ta·lig** *=lige, adj.* English-language *(newspaper etc.)*; English-medium *(school etc.)*. **En·gels·ta·li·ge** *=ges, n.* English- speaking person, English speaker, Anglophone.

**eng·te** *=tes* narrowness; tight corner/place/spot; difficulty; hot spot; defile, gorge, ravine; *(also* see-engte) strait (of the sea); *(also* landengte) isthmus. **~vrees** claustrophobia.

**e·nig** *enige* any; only; unique; ~ *en alleen* simply and solely; *~e dae/maande/jare gelede* some *(or* a number of) days/ months/years ago; *~e kommentaar laat ek aan jou oor* com= ment, if any, I leave to you. **~een** *(also* enige een) anyone, any= body. **~iemand** *(also* enige iemand) anyone. **~iets** *(also* enige iets) anything; ~ *regkry, (also, infml.)* get away with murder.

**e·ni·ger·ma·te** *adv., (liter.)* to a *(or* to/in some) degree, to some extent, in a/some measure, somewhat, sort/kind of; → ENIGSINS.

**e·nig·ge·bo·re** *adj., (poet., liter.)* only-begotten. **e·nig·ge= bo·re·ne** *=nes, n.: die E~, (Christ)* the Only-begotten one.

**e·nig·heid** loneliness, solitude; *in my* ~ by myself; *ek het (so) in my* ~ *gedink dat ...* I thought to myself that ...

**e·nig·ma** *=mas* enigma, puzzle. **e·nig·ma·ties** *=tiese* enig= matic, puzzling.

**e·nig·sins** *adv.* somewhat, rather, slightly, a bit/little, to some *(or* a certain) extent/degree/measure; at all, in any way; *ook maar* ~ *afwyk/ens.* deviate/etc. only in the slightest; ~ *teleur= stellend wees* be something of a disappointment.

**e·nig·ste** only, sole; one and only; →ENIG; *die* ~ *wat daar is* the only one in existence; *die* ~ *wees wat ...* be the only one to ...

**en·jam·be·ment** *=mente, (pros.)* enjambment.

**en·jin** *=jins* engine. **~blok** engine block. **~olie** engine oil.

**en·ke·fa·li·tis** →ENSEFALITIS.

**en·ke·fa·lo·gra·fie** →ENSEFALOGRAFIE.

**en·ke·fa·lon** →ENSEFALON.

**en·kel¹** *=kele, adj.* single; individual; *~e* **Europese mark**, *(econ.)* single European market; *een ~e* **geval** one solitary case/in= stance; *g'n/geen ~e ... nie* not a single ...; *~e* **mense** one or two people; *in/binne ~e* **sekondes** within *(or* in a few *or* in a matter of) seconds; *~e* **ure** a few hours; *'n ~e* **woordjie** just one word. **en·kel** *adv.* only, merely, simply; just, barely; ~ *en alleen* simply and solely; ~ *om hierdie rede* for this reason alone. **~baanpad** single-lane road. **~bed** single bed. **~be= draguitkering** lump-sum benefit. **~breed(te)** single width. **~doelgeheue** *(comp.)* dedicated memory. **~geslagskool**

single-sex school. **~kaartjie** single/one-way ticket. **~kamer** single room. **~kruising** *(biol.)* single cross. **~kwartier(e)** single quarters. **~lensrefleks(kamera)** single-lens reflex (camera). **~loop(geweer)** single-barrelled gun. **~mark** *(econ.)* single market; *Europese* ~ single European market. **~mediumskool** single-medium school. **~ouer** single parent. **~ouergesin** one-parent/single-parent family. **~reis** single journey. **~(slaap)kamer** single(-bedded) room. **~spel** *spelle, enkels, (tennis)* singles (play); singles (game). **~speler** *(tennis)* singles player. **~spelkampioen** *(tennis)* singles champion. **~spoor** single track. **~verdiepinghuis** single-storeyed house. **~woonstel** bachelor/studio flat.

**en·kel²** *kels, n.* ankle; *tot aan die* ~s ankle-deep, up to the ankles; *jou* ~ *verstuit/verswik* twist one's ankle. **~been** anklebone, talus. **~diep** ankle-deep, up to the ankles. **~gewrig** ankle joint. **~sokkie** ankle(-length) sock, baby sock. **~stewel** ankle boot. **~verband** anklet.

**en·kel·ba·rend** *rende, (zool.)* uniparous.

**en·ke·le** *les, n., (chiefly in the pl.)* a few (people), one or two.

**en·ke·ling** *linge* individual.

**en·kel·ta·lig** *lige, adj.* monolingual. **en·kel·ta·li·ge** *ges, n.* monolingual. **en·kel·ta·lig·heid** monolingualism.

**en·kel·voud** *voude, n.* singular (number). **en·kel·vou·dig** *dige, adj., (gram.)* singular; simple *(fraction etc.)*; single, onefold; uncompounded; *~e aansluiting, (teleph.)* exclusive line; *~e oog* ocellus, simple eye; *~e rente/verhouding/wortel* simple interest/proportion/root; *~e sin* simple sentence. **en·kel·vou·dig·heid** singleness; simplicity; singularity. **en·kel·vouds·vorm** *vorme, vorms* singular form.

**en·kla·ve** *ves,* **en·kla·we** *wes* enclave.

**en·ko·deer** *geën* encode; →KODEER. **en·ko·de·ring** encoding.

**en·lyn** *(print.)* →EN¹ *n..*

**e·no·lo·gie** *(study of wines)* oenology. **e·no·lo·gies** *giese* oenological. **e·no·loog** *loë* oenologist.

**e·norm** *norme, normer, normste* enormous, huge, immense, *(infml.)* ginormous, *(attr.)* jumbo(-sized); *'n ~e werklas* a punishing workload. **e·nor·mi·teit** *teite* enormity, outrage, iniquity.

**en·sce·neer** *geën* stage, stage-manage, put on *(a play)*. **en·sce·ne·ring** *rings, ringe* staging.

**en·se·fa·li·tis, en·ke·fa·li·tis** *(med.)* encephalitis, cerebritis.

**en·se·fa·lo·gra·fie, en·ke·fa·lo·gra·fie** encephalography. **en·se·fa·lo·graaf, en·ke·fa·lo·graaf** *grawe* encephalograph. **en·se·fa·lo·gram, en·ke·fa·lo·gram** *gramme* encephalogram.

**en·se·fa·lon, en·ke·fa·lon** *(anat.: the brain)* encephalon.

**en·sem·ble** *bles, (Fr.)* ensemble. **~spel** *(mus.)* ensemble playing.

**en·siem** *sieme, (biochem.)* enzyme.

**en·si·klo·pe·die** *dieë* encyclop(a)edia. **en·si·klo·pe·dies** *diese* encyclop(a)edic; *met 'n ~e kennis* polymathic.

**en·si·leer** *geën* ensilage, silo.

**en·so·voort(s)** and so forth/on, et cetera, etcetera.

**ent¹** *ente, n., (in concrete senses)* end, extremity; piece; length; distance, way; *'n ~ teen ... af/op* partway down/up ...; *van die een ~ tot die ander* from end to end; *die hele* ~ all the way; *'n hele* ~ a long way; *'n hele* ~ *beter/ens. as ..., (infml.)* a (long) sight better/etc. than ...; *'n hele* ~ *bo die ander uitsteek* tower head and shoulders above the others; *'n hele* ~ *hiervandaan* quite a distance from here; *(al) 'n hele* ~ *in ... wees* be far on in ... *(a book etc.)*; be well on in ... *(the year etc.)*; *'n hele* ~ *in die sestig/ens. wees, (infml.)* be well over sixty/etc.; *aan die kortste* ~ *trek/wees* get the worst of the bargain; get/have the worst of it; come off second best; get the bad end of the stick; *'n lang/stywe/ver/vêr* ~ a long way/distance;

*'n* ~ part of the way; *'n* ~ *pad* a stretch of road; *iets by die regte* ~ *hê* be right about s.t.; *die stomp* ~ the butt; *iem. het dit by die verkeerde* ~ *beet, (infml.)* s.o. has (got) hold of the wrong end of the stick.

**ent²** *ente, n.* graft; scion; vaccination mark/scar; *die* ~ *groei* the vaccination takes; the graft takes. **ent** *geënt, vb.* graft, engraft; inoculate; vaccinate; *een variëteit van 'n plant op 'n ander* ~ graft one variety of a plant on another; *iem. teen 'n siekte* ~ inoculate/vaccinate s.o. against a disease. **~merk** vaccination mark/scar. **~mes** grafting knife. **~plek** vaccination mark; graft union. **~stof** vaccine; inoculant. **~was** grafting wax, mummy.

**en·ter¹** *ters, n.* grafter; inoculator; vaccinator.

**en·ter²** *geënter, vb., (mil., hist.)* board *(a ship)*. **~byl** boarding axe. **~haak** grapnel, grappling iron/hook.

**en·te·raar** *raars, (mil., hist.)* boarder *(of a ship)*.

**en·te·ri·tis** *(med.)* entiritis.

**en·te·ro·lo·gie** *(med.)* enterology.

**en·te·ry** *rye,* **en·ting** *tings, tinge* grafting, engraftment; inoculation; vaccination.

**en·ti·teit** *teite* entity.

**en·tjie** *tjies* end, stub, stump; piece, length; bit; little way, short distance; *'n* ~ *beter as ... wees, (infml.)* be a cut above ...; *'n* ~ *kers* a bit of candle; *'n (klein)* ~ a little way; *die* ~ *van 'n sigaret* a cigarette end/butt; *'n* ~ *tou* a length/piece of string.

**en·toe·si·as** *aste* enthusiast, fan. **en·toe·si·as·me** enthusiasm, verve. **en·toe·si·as·ties** *tiese* enthusiastic; zestful; *(baie)* ~ *raak/word oor iem./iets* enthuse *(or wax lyrical)* about/over s.o./s.t.; *oordrewe* ~, *(infml.)* overenthusiastic, overeager, overkeen, overzealous, *(infml.)* gung-ho.

**en·to·mo·gra·fie** entomography.

**en·to·mo·liet** entomolite.

**en·to·mo·lo·gie** entomology. **en·to·mo·lo·gies** *giese* entomological. **en·to·mo·loog** *loë* entomologist.

**en·tree** *trees, (cook.)* entrée, starter; entrance, entry; *jou* ~ *maak* enter; make one's debut.

**en·tre·pre·neur** *neurs, (Fr.)* entrepreneur.

**en·tre·pre·neurs·:** **~kultuur** enterprise/entrepreneurial culture. **~vernuf** entrepreneurial expertise/know-how.

**en·tro·pie** *(phys.)* entropy. **en·tro·pies** *piese* entropic.

**e·nu·me·reer** *geënu* enumerate.

**e·on** *eon(s)* aeon.

**e·pi·de·mie** *mies* epidemic. **e·pi·de·mies** *miese* epidemic; *~e bewerasie* epidemic tremor.

**e·pi·de·mi·o·lo·gie** epidemiology. **e·pi·de·mi·o·lo·gies** *giese* epidemiological. **e·pi·de·mi·o·loog** *loë* epidemiologist.

**e·pi·der·mis** *(anat.)* epidermis. **e·pi·der·mies** *miese,* **e·pi·der·maal** *male* epidermic, epidermal.

**e·pi·du·raal** *n., (med.)* epidural. **e·pi·du·raal** *rale, adj.* epidural *(anaesthesia)*.

**e·piek** *n.* epic/heroic poetry. **e·pies** *piese, adj.* epic; *~e gedig* epic/narrative poem; *~e poësie* epic/heroic poetry. **e·pi·kus** *pikusse, pici* epic poet.

**e·pi·fi·se** *ses, (anat.)* epiphysis, pineal gland/body.

**e·pi·glot·tis** *tisse, (anat.)* epiglottis. **e·pi·glot·ties** *tiese* epiglottic.

**e·pi·graaf** *grawe* epigraph, inscription.

**e·pi·gram** *gramme* epigram. **e·pi·gram·ma·ties** *tiese* epigrammatic.

**e·pi·ku·ries** *riese* epicurean *(tastes)*. **e·pi·ku·ris** *riste* epicure, epicurean. **e·pi·ku·ris·me** epicurism.

**e·pi·lep·sie** epilepsy; *ligte* ~ petit mal; *swaar* ~ grand mal. **e·pi·lep·ties** *tiese* epileptic. **e·pi·lep·ti·kus** *tikusse, tici* epileptic.

**e·pi·loog** *loë* epilogue.

**e·pi·sen·trum** =sentrums, =sentra, (geol.) epicentre.

**e·pi·si·klies** =kliese epicyclic.

**e·pi·si·klus** =klusse, (astron.) epicycle.

**e·pi·skoop** =skope episcope.

**e·pis·ko·paal** =pale episcopal. **E·pis·ko·paals** =paalse: ~e Kerk, (Anglican Church in Sc. and the US) Episcopal/Episcopalian Church. **e·pis·ko·paat** =pate bishopric, episcopate; episcopacy.

**e·pi·so·de** =des episode. **e·pi·so·dies** =diese episodic.

**e·pis·te·mo·lo·gie** (philos.) epistemology. **e·pis·te·mies** =miese epistemic. **e·pis·te·mo·lo·gies** =giese epistemological. **e·pis·te·mo·loog** =loë epistemologist.

**e·pi·taaf** =tawe epitaph.

**e·pi·teel** (anat., biol.) epithelium. **~laag** epithelial layer. **~sel** epithelial cell. **~weefsel** epithelial tissue.

**e·pi·te·ton, e·pi·te·ton** =tetons, =teta epithet.

**e·pog** =pogge epoch. **e·pog·ma·kend** =kende epoch-making.

**e·pok·si·hars** epoxy (resin).

**e·po·niem** =nieme eponym, eponymous hero. **e·po·ni·mies** =miese eponymous, eponymic.

**e·pos** =posse epic (poem).

**e-pos, E-pos** =posse, n., (short for elektroniese pos) e-mail, E-mail, email. **e-pos, E-pos** ge-e-pos, ge-E-pos, vb., e-mail, E-mail, email. **~adres** =adresse e-mail/E-mail/email address. **~boodskap** =skappe e-mail/E-mail/email message.

**e·pou·let** =lette, (esp. mil.) epaulette.

**e·ra** =ras era; die einde/end van 'n ~ the end of an era.

**er·barm·lik** =like lamentable, miserable, pitiable, piteous, pitiful; wretched. **er·barm·lik·heid** pitiableness, pitifulness, miserableness; wretchedness.

**erd** n. earthenware; clay. **~vark** aardvark. **~varkgat** aardvark hole. **~varkmannetjie**, (fem.) **~varkwyfie** male/female aardvark. **~wurm** earthworm.

**er·de·:** **~goed** earthenware. **~pot** clay/earthenware pot. **~pyp** clay/earthenware pipe. **~skottel** earthenware dish. **~werk** earthenware, pottery; stoneware; ceramics.

**e·re** honour; ~ sy God glory to God; ... in ~ hou honour/venerate ...; keep up ... (a tradition); cherish ... (s.o.'s memory); iem. iets ter ~ nagee say s.t. to s.o.'s credit, (infml.) hand it to s.o.; dit moet ek ... ter ~ nagee, (also) I'll say that (much) for ...; ter ~ van ... in honour of ... (s.o.); to mark ... (an event). **~amp** honorary post. **~baantjie** honorary job. **~blyk** mark of honour. **~boog** triumphal arch. **~burger** honorary citizen; freeman (of a city). **~burgerskap** honorary citizenship; freedom (of a city); iem. die ~ verleen award/grant s.o. the freedom of the city, confer the freedom of the city on s.o.. **~doktor** honorary doctor. **~doktoraat, ~doktorskap** honorary doctor's degree (or doctorate). **~gas** guest of honour. **~graad** honorary degree. **~ketting** chain of honour. **~kode** code of honour. **~konsul** honorary consul. **~krans** garland of honour. **~kruis** cross of honour/merit. **~lid** =lede honorary member. **~lidmaatskap** honorary membership, freedom (of a society). **~lys** roll of honour. **~naam** name of honour. **~penning** medal of honour. **~plek** place of honour; die ~ aan ... gee give pride of place to ...; die ~ inneem have/hold/take pride of place. **~prys** (first) prize; (bot.) speedwell, veronica, bird's-eye. **~rond(t)e** lap of honour. **~saak** matter of honour. **~saluut** ceremonial salute. **~sekretaris**, (fem.) **~sekretaresse** honorary secretary. **~setel** seat of honour. **~skuld** debt of honour. **~suil** commemorative column. **~teken** decoration, mark/badge of honour; 'n ~ aan iem. toeken confer an honour on s.o.. **~titel** title of honour, honorary title, honorific. **~voorsitter** honorary chairman/president. **~voorsitterskap** honorary chairmanship/presidency. **~wag** guard of honour. **~woord** word of honour; op jou ~ gestel wees be on one's honour; op my ~ on my word (of honour), on/upon my honour.

**e·rek·sie** =sies, (physiol.) erection.

**ê·rens** somewhere; ~ anders somewhere else; daar/hier ~ somewhere there/here; just about there/here; ~ in 'n hoek in some odd corner; ~ kom, (lit.) get somewhere; ~ tussen oggend en aand sometime between morning and evening.

**erf**[1] erwe, n. erf, stand, lot, plot (of ground); huis en ~ premises; baas wees op jou eie ~ one's house is one's castle. **~belasting** property rate/tax, (municipal) rates. **~-en-diens(-)stelsel** site and service system.

**erf**[2] geërf, vb. inherit, come into (property); succeed to (a title); iets ~ come into an inheritance. **~deel** heritage, (hereditary) portion; jou ~ kry come into one's own. **~faktor** gene. **~geld** money inherited; ~ is swerfgeld, erfgoed is swerfgoed easy/lightly come, easy/lightly go. **~goed** estate, inheritance; patrimony. **~opvolger** inheritor, hereditary successor. **~opvolging** hereditary succession; ~ by versterf intestate succession. **~porsie** (share of an/the/one's) inheritance. **~reg** law of succession, hereditary law; right of succession; hereditary right, heirdom. **~skuld** hereditary debt; hereditary sin. **~sonde** (Chr.): die ~ original sin. **~stuk** heirloom.

**erf·baar** =bare (in)heritable.

**er·fe·nis** =nisse inheritance, legacy; heritage; ~ van haat legacy of hate. **E~dag** (SA, Sept. 24) Heritage Day.

**erf·ge·naam** =name, (fem.) **erf·ge·na·me** =names heir, (fem.) heiress, inheritor, (fem.) inheritress; enigste en universele ~, (jur.) sole heir; die ~ van 'n fortuin wees be the heir/heiress to a fortune; 'n ~ instel appoint an heir/heiress; regmatige ~, (jur.) heir apparent; vermoedelike ~, (jur.) heir presumptive; ~ by versterf, (jur.) heir apparent; wettige ~, (jur.) heir-at-law. **erf·ge·naam·skap** heirdom, heirship.

**erf·la·ter** =ters testator, (fem.) testatrix, devisor, legator.

**erf·la·ting** =tings, =tinge bequest, legacy; testation.

**erf·lik** =like, adj. & adv. hereditary; heritable, transmissible; ~e eienskappe inherited characteristics, hereditary characteristics/properties/qualities; ~e siekte hereditary disease. **erf·lik·heid** heredity, inheritance; hereditariness; ~ van verworwe eienskappe inheritance of acquired characteristics. **erf·lik·heids·leer** genetics; theory/doctrine of heredity.

**erf·pag** hereditary tenure, tenure by long lease; rent charge; ... in ~ hê have ... in quitrent tenure. **erf·pag·ter** (jur.) long leaseholder, tenant on long lease.

**erg**[1] n. interest; iem. het geen/nie ~ in/aan ... nie s.o. is not interested in (or does not care for) ...; sonder ~ thoughtlessly, unthinkingly, unintentionally; unsuspectingly; without malice. **erg** adj. bad; ill; severe; dis ('n) bietjie ~, (infml.) that's pretty (or a bit) steep; that's pretty (or a bit) stiff; ~ genoeg wees be bad enough; nie heeltemal so ~ nie not all that bad, not as bad as all that; ~ wees oor ... be very fond of ..., like ... very much; not let anyone touch ... (one's CDs etc.); so ~ dat ... so much (so) that ...; dis (darem) te ~, (infml.) that's/it's too bad; that's/it's a bit much; iets is nie te ~ nie, (infml.) s.t. is liv(e)able with; nou word dit te ~, (infml.) that/this is the limit; iets is vir iem. te ~ s.t. is too much for s.o.; wat te ~ is, is te ~ it is getting beyond a joke. **erg** adv. very; badly; severely (damaged etc.); highly (controversial etc.); grossly (exaggerated etc.); sorely (tempted etc.); crashingly (boring etc.); ~ lastig wees, (infml.) be quite a bother; ~ ly suffer severely; iets ~ nodig hê need s.t. badly; te ~ aangaan, dit te ~ maak go too far; exaggerate; ~ verhoogde cholesterolvlakke/ens. dangerously increased cholesterol levels etc.. **erg, er·ger** vb. annoy, irritate, irk, vex, anger; disgust, shock, offend, give offence to, displease; jou oor iets ~ be annoyed/irritated about/at/by s.t., be vexed by s.t.; take offence at s.t.; jou vir iem. ~ become/get annoyed/exasperated with s.o., s.o. irritates one.

**erg**[2] erge, ergs, n., (phys.: unit of work/energy) erg.

**er·ger**[1] vb. →ERG[1] vb..

**er·ger**[2] adj. & adv. worse; des te ~ so much the worse; more's the pity; ~ *klink as wat dit is* be blown (up) out of (all) pro= portion; *dit kon* ~ *gewees het* it could have been worse; *van* *kwaad tot* ~ from bad to worse; *iets* ~ *maak* make s.t. worse; *dit maak dit des te* ~ that makes it all the worse; *dit* *word nog* ~ there is worse to come; *die pasiënt is vandag* ~ the patient is worse (*or* more poorly) today; ~ *wordende re=* *sessie* deepening recession; *veel* ~ *word* take a grave turn, take a turn for the worse; ~ *word* get/grow worse.

**er·ger·lik** =like= irritating, annoying, exasperating, infuriat= ing, maddening, vexing, provoking; disgusting, offensive; outrageous, shocking, scandalous; *iem. is* ~ *oor iets* s.o. is exasperated at/by s.t.; ~ *voel* feel annoyed/sore. **er·ger·lik·** **heid** annoyance, exasperation, vexation; offensiveness; out= rageousness.

**er·ger·nis** annoyance, irritation, exasperation, vexation, dis= pleasure, chagrin; offence, nuisance; ~ *gee* cause annoy= ance, give trouble; *iets kos iem. heelwat* ~ s.t. causes s.o. a lot of trouble; *jou* ~ *teenoor ...* lug vent one's spleen on ...; *iem.* *se* ~ *oor iets* s.o.'s annoyance at/over s.t.; *'n openbare* ~, (*jur.*) a public nuisance; *iem. tot* ~ *wees* be an annoyance to s.o.; *tot iem. se* ~ to s.o.'s annoyance/disgust.

**er·go** (*Lat.*) ergo, therefore.

**er·go·no·mie** ergonomics, biotechnology, human engineer= ing. **er·go·no·mies** =miese= ergonomic. **er·go·noom** =nome= er= gonomist.

**erg·ste** worst; *die* ~ *agter jou hê, deur/oor die* ~ *(heen) wees,* *die* ~ *gehad het,* (*also, infml.*) have turned the corner; *die* ~ *is dat ...* the worst of it is that ...; *in die* ~ *geval* if the worst comes to the worst; in the worst-case scenario; *in die* ~ *graad* in the extreme; *maar die* ~ *moes nog kom* but worse followed (*or* was to come); *die* ~ *lê nog voor* the worst is yet to come; *op sy* ~ at (the) worst; *iem. op sy/haar* ~ *sien* see s.o. at his/ her worst; *die* ~ *van ... verduur* bear the brunt of ...; *iem.* *op/vir die* ~ *voorberei* prepare s.o. for the worst; *die* ~ *vrees* fear the worst; *wat die* ~ *is/was,* (*also, infml.*) to crown it all.

**E·rie·meer** (*geog.*) Lake Erie.

**e·ri·ka** (*bot.*) erica, true heath.

**e·ri·triet** (*min.*) erythrite, cobalt bloom.

**e·ri·tro·siet** =siete= (*physiol.*) erythrocyte, red (blood) cell, red corpuscle.

**er·ken** *het* ~ acknowledge, recognise (*an authority*); avow (*one's principles*); admit (*facts*); confess (*guilt*); *daar word al=* *gemeen* ~ *dat ...* it is generally conceded that ...; *alles* ~ own up; make a clean breast of s.t.; *iem./iets as ...* ~ recog= nise s.o./s.t. as ... (*the legitimate government etc.*); ~ *dat ...* admit that ...; ~ *dat jy iets gedoen het,* (*also*) admit to doing s.t.; (*self*) ~ *dat jy ...,* (*also*) by/on one's own admission one ...; *dit* ~ *ek* I grant you that; *geredelik* ~ *dat ...* not mind admitting that ...; *nie graag iets wil* ~ *nie* be reluctant to admit s.t.; *ek moet* ~ *dat ...* I must admit that ...; *... nie* ~ *nie* disown ... (*a child*); repudiate ... (*debts*); *ronduit* ~ own up; *soos iem. self* ~ on s.o.'s own confession. **er·ken·de** acknowl= edged, approved; admitted (*allegation*); certified; accredited; ~ *diens* deemed service; ~ *gebruik* standing rule. **er·ken·ning** =nings, =ninge= acknowledg(e)ment; recognition; admission; (*cin.*) credit (line/title); ~ *geniet* receive recognition; *met* ~ *aan ...* with acknowledg(e)ments to ...; (by) courtesy of ...; *met* ~ *van ...* acknowledging ...; ~ *vir ... ontvang* get credit for ...; *ter* ~ *van ...* in acknowledg(e)ment/recognition of ...; ~ *verkry* gain/receive recognition; *aan ...* ~ *verleen* accord recognition to ... **er·ken·te·nis** =nisse= acknowledg(e)ment; confession; profession. **er·kent·lik** =like= grateful, thankful, appreciative; *teenoor iem.* ~ *wees vir iets* be grateful to s.o. for s.t.. **er·kent·lik·heid** gratitude; gratefulness, thankfulness; *'n* *blyk van* ~ a mark of gratitude; *uit* ~ *vir ...* in recognition of ...; *iem. is* ~ *aan ... verskuldig* s.o.'s acknowledg(e)ments are due to ...

**er·ker** =kers, (*archit.*) bay (window), oriel (window); *ronde* ~ bow window.

**erns** earnestness; seriousness, gravity; zeal; *in alle* ~ in ear= nest, in all seriousness; *iets in alle* ~ *bedoel* be (quite) serious about s.t.; *is dit jou* ~? are you serious?; *in dodelike* ~ in deadly earnest; in dead seriousness; *in* ~ seriously; jesting/ jokes/joking aside; *iets is iem. se* ~ s.o. is serious (*or* in ear= nest) about s.t.; s.o. has his/her heart in s.t.; ~ *maak met iets* take/treat s.t. seriously, set about s.t. in earnest; ~ *maak* (*met iets*), (*also, infml.*) mean business; *met* ~ earnestly; *son=* *der* ~ playfully, light-heartedly; jestingly, tongue in cheek.

**ern·stig** =stige, adj & adv.= earnest (*endeavour*); solemn (*man=* *ner*); grievous; serious (*accident, illness, crime, music*); grave (*condition*); severe (*illness*); straight-faced; *dit nie te* ~ *beskou/* *opneem nie* not take it/that/things too seriously; ~ *bly,* (*also*) keep a straight face; *'n* ~*e gesig* a grave/set/stern face; *'n* ~*e* *gesig opsit* put on a solemn face; *... hou* ~*e gevolge in ...* has serious/grave repercussions, ... is pregnant with conse= quences; *hoogs/uiters* ~ deadly serious; *iets in 'n* ~*e lig* *sien/beskou* take a serious view of s.t.; *dit* ~ *meen,* (*also, infml.*) mean business; *dit nie* ~ *meen nie* not really mean it; *nie* ~ *nie* not serious; *dinge te* ~ *opneem/opvat* get things (all) out of proportion; ~ *praat* have a serious talk (*or* frank discus= sion); *... is 'n* ~*e saak ...* is no laughing matter; ~ *word* become/get serious. **ern·stig·heid** earnestness, gravity, seri= ousness.

**e·ro·deer** *geëro=* erode; (*geol.*) degrade. **e·ro·de·rend** =rende= erosive.

**e·ro·geen** =gene= erogenous, erogenic.

**e·ro·sie** erosion. **~berg** relic mountain. **~dal** canyon.

**e·ro·ties** =tiese, adj.= erotic; (*infml.*) steamy; ~*e kuns/literatuur* erotica. **e·ro·ties** *adv.* erotically, (*infml.*) sexily. **e·ro·tiek** erot(ic)ism. **e·ro·tis·me** eroti(ci)sm.

**e·ro·ti·ka** *n. (pl.)* erotica. **e·ro·ti·kus** =tikusse, =tici= eroticist.

**e·ro·to·ma·nie** erotomania, sex mania. **e·ro·to·maan** =mane= erotomaniac, sex maniac.

**er·ra·ties** =tiese, (*geol., med.*) erratic.

**er·ra·tum** =rata= erratum, misprint, printing error.

**ert** *erte* pea; →ERTJIE.

**er·tap·pel** →AARTAPPEL.

**er·tjie** =tjies= (garden) pea; ~*s* (*uit*)*dop* shell peas. **~blaser** pea= shooter. **~blom** pea flower. **~groen** pea green, (*attr.*) pea= green. **~kole** pea coal, peas. **~land** pea patch. **~meel** pea flour. **~peul** pea pod/shell. **~sop** pea soup. **~steen** (*geol.*) pisolite. **er·tjie·vor·mig** =mige, (*bot., zool.*) pisiform.

**erts** *ertse* ore. **~aar** lode, mineral vein. **~afsetting, ~bed,** **~laag** ore deposit/bed. **~breker** ore crusher. **~draer** ore car= rier/bearer. **~gehalte** ore content; *'n myn met lae* ~ a low-grade mine. **~ryk** =ryke, adj.= rich in ore, (*attr.*) ore-rich.

**erts·hou·dend** =dende= ore bearing.

**e·ru·diet** =diete, (*liter.*) erudite. **e·ru·di·sie** erudition.

**e·rup·sie** =sies, (*chiefly geol., med.*) eruption. **e·rup·tief** =tiewe= eruptive; ~*tiewe gang,* (*geol.*) dyke, dike; ~*tiewe gesteente,* (*geol.*) eruptive/igneous rock.

**er·vaar** *het* ~, *vb.* experience. **er·va·re** =rener =renste= (of meer ~ die mees ~), *adj.* experienced, adept, skilled, accomplished, practised, trained, (well) versed; expert; experienced, sea= soned; *in iets* ~ *wees* be experienced/skilled (*or* well versed) in s.t.. **er·va·re·ne** =nes, n. experienced person. **er·va·ren·heid** experience, expertise, skill. **er·va·ring** =rings, =ringe, n. expe= rience; *baie/groot* ~ *van iets hê* have wide experience of s.t.; *iets deur bittere* ~ *leer* learn s.t. the hard way; *deur/uit* ~ *leer* learn by/from experience; *op* ~ *gegrond* empiric(al) (*knowledge etc.*); ~ *opdoen* acquire/gain experience; *uit* ~ by/from experience. **er·va·rings·veld, er·va·rings·wê·reld** field of experience.

**es**[1] *esse, (bot.: Fraxinus spp.*) ash (tree); →ESSE=.

**es**[2] *esse, (the letter S)* ess; sharp turn; ~*se gooi* take sharp turns.

**es·do·ring** =rings, (*Acer* spp.) maple. **~(boom)** maple (tree). **~stroop** maple syrup.

**E·se·gi·ël** *(OT)* Ezekiel.

**e·sel** *-sels, (liter.)* ass, donkey; *(painting)* easel. **~hings** jackass. **~kar(retjie)** donkey cart. **~merrie** she-ass, jenny (ass). **~skil= dery** easel painting. **~vul** baby donkey. **~wa** donkey wag= (g)on.

**e·sel·ag·tig, e·sel·ag·tig** *-tige* asinine; stupid. **e·sel·ag= tig·heid** asinine behaviour; stupidity.

**e·sels:** **~brug(gie)** memory aid, mnemonic. **~werk** drudg= ery, donkey work, groundwork.

**e·sel·tjie** *-tjies* little donkey.

**es·ka·der** *-ders, (navy, air force)* squadron.

**es·ka·dron** *-drons, -dronne* squadron *(of a cavalry regiment).*

**es·ka·leer** *geës-, (costs, prices, war, etc.)* escalate; have a snow= ball effect; ... *laat* ~ escalate ... *(prices etc.).* **es·ka·la·sie** es= calation.

**es·ka·pa·de** *-des* escapade.

**es·karp** *-karpe, (geol.)* escarpment, scarp; *(mil.)* escarp.

**es·ka·to·lo·gie** *(theol.)* eschatology. **es·ka·to·lo·gies** *-giese* eschatological. **es·ka·to·loog** *-loë* eschatologist.

**Es·ki·mo** *-mo's, (potentially offensive)* Eskimo; →Inuïet.

**es·kort** *-korte,* n. escort (party).

**es·ku·do** *-do's, (obs. Port. monetary unit)* escudo.

**e·so·te·ries** *-riese* esoteric.

**esp** *espe,* **es·pe·boom** *-bome, (Populus spp.)* aspen (tree). **es·pe·hout** aspen wood.

**es·par·to(·gras)** esparto (grass), Spanish grass.

**Es·pe·ran·to** *(international artificial lang.)* Esperanto. **Es·pe= ran·tis** *-tiste* Esperantist.

**es·pla·na·de** *-des* esplanade.

**es·pres·so** *-so's, (It.)* espresso. **~kafee** espresso bar/café/ house. **~koffie** espresso (coffee).

**Es·ra** *(OT)* Ezra.

**es·saai, es·sai** n., *(min., chem.)* assay. **es·sai·eer** *geës-,* vb. assay. **es·sai·ë·ring** *-rings, -ringe* assay. **es·sai·eur** *-eurs* as= sayer.

**es·say** *-says* essay; *'n ~ oor ...* an essay about/on ... *(poet. etc.).* **es·say·is** *-iste* essayist. **es·say·is·ties** *-tiese* essayistic.

**es·se:** **~hout(boom)** *(Ekebergia spp.)* Cape ash, essenwood. **~kruid** *(bot.)* dittany.

**es·sens** *-sense* essence, extract. **es·sen·sie** essence, quintes= sence; *(fig.)* bottom line; *(fig.)* core. **es·sen·si·eel** *-siële -siëler -sieelste* essential, vital.

**es·so·niet** *(min.)* (h)essonite, cinnamon stone.

**es·ta·blish·ment** *(<Eng.)* establishment; *die ~* the Estab= lishment.

**es·teet** *-tete* aesthete. **es·te·tiek, es·te·ti·ka** aesthetics. **es= te·ties** *-tiese* aesthetic(al). **es·te·ti·kus** *-tikusse, -tici* aestheti= cian.

**Es·ter** *(OT)* Esther.

**es·ter** *-ters, (chem.)* ester, ethereal salt.

**es·te·sie** *(med.: ability to experience sensation)* aesthesia.

**Est·land** *(geog.)* Est(h)onia.

**es·top·pel** *(jur.)* estoppel.

**es·tro·geen** *-gene,* n., *(biochem.)* oestrogen. **es·tro·geen** *-gene, adj.* oestrogenic.

**es·trum, es·trus** *(zool., physiol.)* oestrus.

**es·tu·a·ri·um** *-riums, -ria* estuary. **es·tu·a·ries** *-riese* estua= rine.

**e·taan** *(chem.)* ethane.

**e·ta·nol** *(chem.)* ethanol.

**e·te** *etes* food, fare; meal; dinner; *van jou ~ af wees* have no appetite; *~ en drinke* meat and drink; *gemeenskaplike ~* mess; *die ~ is gereed* (of *op [die] tafel)* dinner/supper/lunch is served; *die ~ (klaar)maak* cook/prepare a meal; *ná/voor (die) ~* after/before dinner/lunch; *iem. vir ~ nooi* ask/invite

s.o. to dinner/lunch/supper; *onder die ~* during the meal; *smaaklike ~!* enjoy your meal!.

**e·tens:** **~klok(kie), eteklok(kie)** dinner bell. **~pouse** lunch break/hour; dinner interval. **~tyd** meal time; dinner time; lunchtime; breakfast time; *met ~* at lunchtime (*or* dinner time). **~uur** *(usu.)* lunch hour; *in die ~* in the lunch hour, at lunchtime.

**e·ter**[1] *-ters,* n. eater, feeder; *'n goeie ~ wees* be a good eater, have a good appetite, enjoy eating; *'n slegte ~ wees* be a poor eater. **e·te·ry** eating, feeding.

**e·ter**[2] *-ters,* n., *(no pl.), (chem.)* (diethyl) ether; *(with pl.), (or= ganic compound)* ether; *(phys., hist.)* (a)ether; *(infml., rad.)* airwaves; *(poet., liter.: upper regions of the atmosphere)* (a)ether, empyrean. **e·te·ries** *-riese* ethereal, airy, fairy, intangible, rarefied; *(poet., liter.)* celestial, empyreal, heavenly, unworld= ly; *(chem.)* ethereal; *~e olies, (chem.)* ethereal/essential/vola= tile oils.

**E·t(h)i·o·pi·ë** *(geog.)* Ethiopia. **E·t(h)i·o·pi·ër** *-piërs* Ethiopi= an. **E·t(h)i·o·pies** *-piese* Ethiopian.

**e·tiel** *(chem.)* ethyl. **~alkohol** ethyl alcohol; grain alcohol. **~eter** sulphuric ether.

**e·tiek, e·ti·ka** ethics, moral philosophy; ethic. **e·ti·kus** *-ti= kusse, -tici* ethicist.

**e·ties** *-tiese* ethical; *~e belegging* ethical investment.

**e·ti·ket** *-kette* label, ticket, docket, tag; sticker; etiquette; *nuwe ~ te op iets aanbring/plak* relabel s.t.; *teen die ~ wees* be contrary to etiquette, be a breach of good manners. **e·ti= ket·jie** *-tjies* label, ticket. **e·ti·ket·loos** *-lose* unlabelled. **e·ti= ket·teer** *geëti-,* vb. label, ticket, tag, attach a label to; *iem. as ... ~* label s.o. as ...

**e·ti·leen, e·teen** *(chem.)* ethylene, ethene. **~alkohol** ethy= lene alcohol.

**e·ti·mo·lo·gie** *-gieë* etymology. **e·ti·mo·lo·gies** *-giese* ety= mological. **e·ti·mo·loog** *-loë* etymologist.

**e·ti·mon** *-mons, (ling.)* etymon.

**e·ti·o·leer** *geëti-,* vb. *(chiefly as p.p.), (bot.)* etiolate. **e·ti·o·le= ring** etiolation.

**e·ti·o·lo·gie** *(philos.)* aetiology. **e·ti·o·lo·gies** *-giese* aetiologi= cal. **e·ti·o·loog** *-loë* aetiologist.

**et·li·ke** several, some, a number of; many; *~ kilometers* sev= eral kilometres; *~ rande te min* several rands short.

**et·maal** *-male* twenty-four hours, natural day.

**et·nies** *-niese* ethnic(al); *~e geweld* ethnic violence; *~e klere/voorkoms* ethnic clothes/look; *~e musiek* ethnic music; *~e suiwering, (euph.)* ethnic cleansing; *~e uitwis= sing* ethnocide. **et·ni·si·teit** ethnicity, ethnic character.

**et·no·gra·fie** ethnography. **et·no·graaf** *-grawe* ethnogra= pher. **et·no·gra·fies** *-fiese* ethnographic(al).

**et·no·lo·gie** ethnology. **et·no·lo·gies** *-giese* ethnologic(al). **et·no·loog** *-loë* ethnologist.

**et·no·mu·si·ko·lo·gie** ethnomusicology. **et·no·mu·si·ko= loog** *-loë* ethnomusicologist.

**et·no·sen·tries** *-triese* ethnocentric(ally). **et·no·sen·tris·me** ethnocentricity, ethnocentrism.

**e·tok·si·groep** *(chem.)* ethoxy group.

**e·to·lo·gie** *(biol.)* ethology. **e·to·lo·gies** *-giese, adj.* ethologi= cal. **e·to·lo·gies** adv. ethological(ly). **e·to·loog** *-loë* etholo= gist.

**e·tos** ethos.

**ets** *etse,* n. etching. **ets** *geëts,* vb. etch. **~kuns** (art of) etching. **~middel** *-dels, -dele* caustic, *(med.)* escharotic. **~naald** etch= ing needle; *(med.)* dry point. **~plaat** etched plate. **~suur** mordant. **~werk** etching.

**et·ser** *-sers* etcher.

**et·sing** etching.

**et·ter** n. discharge, (purulent) matter, pus; gleet. **et·ter** *ge= ëtter,* vb. fester, suppurate; discharge. **et·te·rig** *-rige* puru=

lent, festering, suppurating, mattery. **et·te·rig·heid** puru=
lence, suppuration. **et·te·ring** suppuration, ulceration, matu=
ration, pyosis.

**e·tu·de** =*des, (mus.)* étude.

**eu·bi·o·tiek, eu·bi·o·ti·ka** eubiotics.

**Eu·cha·ris·tie** *(RC)* Eucharist. **Eu·cha·ris·ties** =*tiese* Eu=
charistic(al).

**eu·di·o·me·ter** *(chem.)* eudiometer.

**eu·fe·mis·me** =*mes* euphemism. **eu·fe·mis·ties** =*tiese* eu=
phemistic.

**eu·fo·nie** euphony. **eu·fo·nies** =*niese* euphonic. **eu·fo·ni·on,**
**eu·fo·ni·um** *(mus. instr.)* euphonium.

**eu·for·bi·a,** *(Lat.)* **eu·phor·bi·a** =*bias, (bot.)* euphorbia.

**eu·fo·rie** euphoria. **eu·fo·ries** =*riese* euphoric.

**eu·ge·ne·tiek, eu·ge·ne·ti·ka** eugenics. **eu·ge·ne·ties**
=*tiese* eugenic. **eu·ge·ne·ti·kus** =*tikusse* =*tici* eugenist.

**eu·ka·lip·tus** =*tusse* eucalypt(us). **~olie** eucalyptus (oil).

**eu·nug** =*nugs* eunuch, castrate.

**Eu·ra·si·ë** *(geog.)* Eurasia. **Eu·ra·si·ër** =*siërs, n.* Eurasian. **Eu·**
**ra·sies** =*siese, adj.* Eurasian.

**eu·rit·mie** eurhythmy. **eu·rit·miek** eurhythmics. **eu·rit·mies**
=*miese* eurhythmic.

**Eu·ro** *comb.* Euro-. **~-Kommunisme** Eurocommunism.
**~mark** *(also* e~*)* Euromarket, Euromart. **~tonnel** Channel
Tunnel, *(infml.)* Chunnel, Eurotunnel.

**eu·ro** *(currency unit)* euro.

**Eu·ro·kraat** *(infml., chiefly derog., also* e~*)* Eurocrat. **Eu·ro·**
**kra·sie** *(also* e~*)* Eurocracy.

**Eu·ro·pa** *(geog.)* Europe. **Eu·ro·pe·aan** →EUROPEËR. **Eu·ro·**
**pe·a·nis** Europeanist. **eu·ro·pe·a·ni·seer** Europeanise. **Eu·**
**ro·pe·a·nis·me** *(also* e~*)* Europeanism. **Eu·ro·pe·ër** =*peërs,*
**Eu·ro·pe·aan** =*peane* European, native of Europe, dweller in
Europe. **Eu·ro·pees** =*pese* European; *~pese Parlement* Euro=
pean Parliament; *~pese Unie (abbr.:* EU*)* European Union
*(abbr.:* EU*).*

**eu·ro·pi·um** *(chem.; symb.:* Eu*)* europium.

**Eu·ro·sen·tries** *(also* e~*)* Eurocentric. **Eu·ro·sen·tris·me**
*(also* e~*)* Eurocentricity, Eurocentrism.

**Eu·sta·chi·us:** *buis van ~, (anat.)* Eustachian tube.

**eu·ta·na·sie** euthanasia, mercy killing.

**eu·wel** =*wels* evil; ill. **~daad** crime, evil deed, misdeed, out=
rage, wrongdoing.

**E·va** Eve; woman; →EVAS=.

**e·va·ku·eer** *geëva=* evacuate. **e·va·ku·a·sie** =*sies* evacuation.

**e·va·lu·eer** *geëva=* evaluate. **e·va·lu·a·sie** =*sies* evaluation.

**e·van·ge·lie** =*lies* gospel; *iets vir ~ aanneem* take/accept s.t.
as/for gospel (truth); *dis nie alles ~ nie* it is not all gospel
truth; *iem. tot die ~ bekeer* evangelise s.o.; *dis vir iem. ~ s.o.*
believes every word of it; *dis die ~ in die kerk* it is abso=
lutely true, it is gospel truth; *die vier E~s* the four Gospels.
**~arbeid** evangelisation. **~bediening, ~diens** ministry (of the
gospel). **~boek** gospel (book). **~boodskap** gospel message,
message of the gospel. **~leer** doctrine of the gospel. **~pre**
**diker** evangelist, preacher of the gospel. **~prediking** evan=
gelism, preaching of the gospel. **~verspreiding** propagation
of the gospel. **~waarheid** gospel truth. **~woord** the gospel.

**E·van·ge·lies** =*liese, (tradition within the Anglican Church)*
Evangelic(al), Low Church. **E·van·ge·lies·ge·sind** =*sinde,*
*adj.* Evangelic(al). **E·van·ge·lies·ge·sin·de** =*des, n.* Evangel=
ical. **E·van·ge·lies·ge·sind·heid** Evangelicalism.

**e·van·ge·lies** =*liese* evangelic(al).

**e·van·ge·lis** =*liste* evangelist; *(E~)* Evangelist, writer of a
Gospel. **e·van·ge·lis·tiek** evangelistics. **e·van·ge·lis·ties** =*tiese*
evangelistic.

**e·van·ge·li·sa·sie** evangelisation, evangelism. **~aksie** evan=
gelisation campaign/drive/effort.

**e·van·ge·li·seer** *geëvan=* evangelise. **e·van·ge·li·se·ring** evan=
gelising.

**E·vas** *(also* e~*):* **~geslag** daughters of Eve. **~gewaad, ~kos**
**tuum** *(infml.): sy is in ~* she is in her birthday suit *(or* stark
naked *or* without a stitch of clothing); *sy swem in ~* she
skinny-dips.

**e·ven·tu·eel** =*ele, adj. & adv.* possible, potential; contingent;
by chance; *as iem. ~ sou besluit* in case *(or* if by chance) s.o.
should decide; *as dit ~ die geval sou wees* if such should turn
out to be the case. **e·ven·tu·a·li·teit** =*teite* contingency, even=
tuality.

**Ev·er·est:** *(die berg) ~* (Mount) Everest.

**Ev·er·glades:** *die ~, (marsh in southern Florida)* the Ever=
glades.

**e·vo·ka·tief** =*tiewe* evocative.

**e·vo·lu·eer, e·wo·lu·eer** *geëvo=, geëwo=* evolve.

**e·vo·lu·sie, e·wo·lu·sie** evolution; *(biol.)* ontogenesis. **~leer**
theory of evolution, evolutionism.

**e·vo·lu·si·o·nis·me, e·wo·lu·si·o·nis·me** evolutionism.
**e·vo·lu·si·o·nis, e·wo·lu·si·o·nis** =*niste* evolutionist. **e·vo·lu·**
**si·o·nis·ties, e·wo·lu·si·o·nis·ties** =*tiese* evolutionist(ic).

**e·we** *adj.* even; *dis om 't* (of om 't/die) *~* it's six of one and half
a dozen of the other; *'n ~ getal* an even number; *dis vir my*
*om 't* (of om 't/die) *~* it makes no difference (to me), it is im=
material *(or* all the same) to me; *~ en/of onewe* odd and/or
even. **e·we** *adv.* as, even, just, equally; quite; *~ breed as*
*lank* as broad/wide as it is long; *die twee produkte werk ~*
*goed* the two products are equally effective; *hulle is ~ groot*
they are the same size *(or* of a size); *~ groot stukke* equal-
size(d) pieces, equally sized pieces; *... en ... betaal ~ min*
both ... and ... pay the reduced fee; *~ ongeërg wees oor ...* be
quite unconcerned about ...; *A en B is ~ oud* A and B are
(of) the same age, A is B's age; *~ parmantig* as cocky as
could be; *~ tevrede* quite satisfied; *~ veel van albei hou* like
the one as much as the other; *A en B het ~ veel punte behaal*
the scores are tied; *~ ver/vêr* equidistant, equally *(or* just as)
far. **~beeld** counterpart, image, likeness; similitude; *(infml.)*
lookalike; *iem. is die ~ van ..., iem. is ... se ~* s.o. is the (very)
image of ..., *(infml.)* s.o. is the spitting image *(or* a carbon
copy) of ...; *die ~ van Marilyn Monroe, (also)* a Marilyn
Monroe lookalike. **~-eens** →EWENEENS. **~goed** *adv.* just as
well; *A is ~ skuldig as B* A is (just) as guilty as B; *iem. kon ~*
*...* it would have made no difference if s.o ... **~knie** com=
peer, peer, equal; opposite number; *iem. se ~ wees, (also)* be
s.o.'s match. **~maat** →EWEMAAT. **~min** *adv.* just as little, no
more; *iem. is ~ ... as ...* s.o. is no more ... than ...; *A kon dit*
*nie doen nie en B ~* A could not do it, neither/nor *(or* no
more) could B.

**e·we·han·dig** =*dige* ambidextrous.

**e·we·kan·sig** =*sige: ... ~ maak, (stat.)* randomise ...; *~e toets*
random test, spot check. **e·we·kan·sig·heids·toets** *(stat.)*
randomisation test.

**e·we·maat** symmetry. **e·we·ma·tig** =*tige* proportional; sym=
metrical; *~e verhoudings* symmetrical proportions.

**e·we·naar** =*naars, n., (geog.)* equator; *(mot.)* differential; tongue
*(of a balance)*; swingle beam *(of a wag[g]on)*. **e·we·naar,**
**e·we·naar** *geëwenaar, vb.* equal, match, be a match for,
come up to (the level of); *dit sal moeilik wees om dié prestasie*
*te ~* it's a hard act to follow.

**e·wen·eens, e·we·eens** *adv.* as well, likewise, similarly;
besides, in addition; *met my gaan dit goed; met my kinders ~*
I am well; my children likewise.

**e·we(n)·wel, e·we(n)·wel** *adv.* however, nevertheless, still,
yet, but; anyway.

**e·we·re·dig** =*dige, adj.* proportional, proportionate; com=
mensurate, =commensurable; symmetrical; homologous, ho=
mological, homologic, pro rata; *~ aan ...* proportional/pro=
portionate to ...; *~e bydrae* pro rata contribution; *... ~ maak*

proportion ...; homologise ... **e·we·re·di·ge** =ges, n., (math.) proportional. **e·we·re·dig·heid** proportion(ality); symme= try; homology; in ~ **met** ... proportionately to ...; **na** ~ in proportion; in **omgekeerde** ~, (math.) in inverse ratio, in= versely proportional; **saam=/samegestelde** ~, (math.) com= pound proportion; na ~ **van** ... in proportion to ... **e·we·re· dig·heids·kon·stan·te** (math.) constant of proportionality.

**e·we·seer** adv. (just) as much; alike; equally; ~ as ... as much as ..., no less than ...; dit is ~ waar it is equally true.

**e·we·wig** balance, poise; equipoise; jou ~ **behou** keep one's balance; die ~ **herstel** redress the balance; jou ~ **herwin** recover/regain one's balance; sake in ~ **hou** keep things on an even keel; **in** ~ wees be in equilibrium, be poised (or well balanced); **natuurlike/ekologiese** ~ balance of nature; **uit** (die) ~ wees be off balance; ... **uit** (die) ~ bring throw ... out of balance, unbalance ...; jou ~ **verloor** lose one's balance, overbalance; die ~ **versteur/verstoor** disturb/upset the bal= ance/equilibrium; (die/'n) ~ **vind** strike a balance.

**e·we·wigs=: ~leer** statics; ~ van gasse aerostatics. **~punt** centre of gravity/equilibrium, point of balance. **~toestand** equilibrium position, (state of) equilibrium, steady state. **~toestandteorie** steady-state theory.

**e·we·wig·tig** =tige (well) balanced, evenly balanced; level- headed. **e·we·wig·tig·heid** balance, level-headedness.

**e·we·wy·dig** =dige parallel; ~ aan/met ... parallel to/with ... **e·we·wy·dig·heid** parallelism.

**e·wig** =wige, adj. & adv. eternal (life); perpetual (snow); pe=

rennial (youth); everlasting (God, life, etc.); incessant; ever= more; ~ en **altyd** always; invariably; vir ~ en **altyd** for ever and ever (or a day); iem. sal jou ~ **dankbaar** bly have s.o.'s eternal thanks/gratitude; dit **duur** ~ it takes an age; die ~e lewe eternal/everlasting life, life eternal/everlasting; die E~e **Stad**, (Rome) the Eternal City; **vir** ~ for ever, forever, for evermore, for all time, in perpetuity; **vir** ~ aan die ... wees (of besig wees om te ...), (also) be forever doing ...; ... bly hier **vir** ~, (infml.) ... is staying an unconscionable time. **~deur** con= tinually, perpetually, eternally, incessantly. **e·wig·du·rend** =rende sempiternal; incessant (rain); everlasting (nuisance etc.); perpetual (nagging); ~e beweging perpetual motion. **e·wig·heid** eternity; (infml.) forever; 'n ~ **aanhou/(voort)= duur**, (derog.) go on forever (or for ever); iets duur 'n ~, (infml.) s.t. takes ages/forever; 'n ~ **gelede**, (also, infml.) yonks ago; **in** ~ in perpetuity; die ~ **ingaan** die, pass away, depart this life, meet one's Maker, go to one's last home; iem. die ~ **instuur** send s.o. to eternity; 'n ~ for ever and a day; (nooit) in der ~ **nie** never, not ever; tot in (alle/der) ~ for ever and ever; to all eternity; van ~ **tot** ~ from everlasting to everlast= ing, world without end.

**e·wo·lu·eer, e·wo·lu·sie, e·wo·lu·si·o·nis·me** →EVO= LUEER, EVOLUSIE, EVOLUSIONISME.

**ex** prep., (Lat.) from. ~ **gratia-uitbetaling** ex gratia payment. ~ **libris** =bris(se) ex libris, bookplate. ~ **officio-lid** ex officio member.

**ex·cel·si·or** n. & adv., (Lat.) excelsior.

**ex·tra·va·gan·za** →EKSTRAVAGANZA

# Ff

**f** *f's*, **F** *F's*, *(6th letter of the alphabet)* f, F. **F-kruis** *(mus.)* F sharp. **F-mol** *(mus.)* F flat. **f-woord:** *die* ~, *(euph. for* fok*)* the f-word *(sometimes* F~*)*.

**fa** *(mus.)* fa(h).

**faal** *ge-* fail, be unsuccessful; miss; err *(in judg[e]ment)*; default *(in payment)*; *(an argument)* not hold good; *hierdie middel* ~ *nooit (nie)* this remedy never fails, this is a sure/unfailing remedy; *nimmer falend* never-failing, unfailing, unerring.

**faam** fame, reputation, repute; *iem. se* ~ *het hom/haar vooruitgegaan* s.o.'s reputation preceded him/her; *iem. van naam en* ~ a famous person.

**fa·bel** *-bels* fable; fabrication, fiction. **~boek** book of fables.

**fa·bel·ag·tig** *-tige* fabulous, fabled, mythical; fabulous, fantastic, marvellous, incredible, amazing, terrific; ~ *ryk wees*, *(also, infml.)* be loaded, be mega/stinking rich.

**fa·briek** *-brieke* factory, works, mill, plant. **~skip** factory ship. **~stad** manufacturing/mill town.

**fa·briek·ma·tig** *adj. & adv.* factory-made, machine-made, manufactured; by machinery, mechanically.

**fa·brieks-: ~aanleg** (industrial) plant. **~afval** industrial/mill waste. **~baas** factory owner; factory manager. **~besetting** *(labour protest)* sit-in, work-in. **~geheim** trade secret. **~goed** manufactured articles/goods. **~merk** trade mark. **~prys** cost/(ex-)factory/manufacturer's price. **~rook** factory smoke. **~verteenwoordiger** manufacturer's representative. **~vloer** shop floor. **~voorman** works foreman. **~ware** factory(-made)/manufactured goods. **~werker** factory/blue-collar worker, factory hand, millhand. **~winkel** factory shop.

**fa·bri·kaat** *-kate* manufacture, make, brand; product, article; fabric; *'n Switserse* ~ a Swiss product *(or* Swiss-made article); made in Switzerland; *motors van elke* ~ all makes of cars.

**fa·bri·kant** *-kante* manufacturer, maker, producer, industrialist; factory/mill owner.

**fa·bri·ka·sie** *-sies* manufacture, manufacturing; *(fig.)* fabrication.

**fa·bri·seer** *ge-* manufacture, produce; cook/make up, concoct, fabricate, invent *(a story etc.)*.

**fae·ces** *(Lat.)* faeces.

**fa·got** *-gotte, (mus. instr.)* bassoon. **fa·got·tis** *-tiste* bassoonist.

**Fah·ren·heit** Fahrenheit; *80°* (of *tagtig grade)* ~, *(abbr.: 80 °F)* 80° *(or* eighty degrees) Fahrenheit. **~(temperatuur)skaal** Fahrenheit scale.

**fair·isle** *(knitting)* Fair Isle. **~-trui** Fair Isle sweater.

**fa·ji·tas** *n. (pl.), (Mex. cook.)* Fajitas.

**fa·kir, fa·kir** *-kirs, (Muslim ascetic)* fakir.

**fak·kel** *-kels* torch; flare; *(fig.)* torch, flame. **~bom** flare bomb. **~dans** torch dance. **~draer** torchbearer. **~lig** torchlight. **~loop** torch run. **~(op)tog** torchlight procession.

**fak·kel·tjie** *-tjies* small torch; taper.

**faks** *fakse,* **te·le·faks** *-fakse, n.* fax, telefax; *iem. per* ~ *antwoord* (tele)fax s.o. back; *iets per* ~ *aan iem. stuur* send s.t. by (tele)fax *(or* [tele]fax s.t.) to s.o.. **faks, te·le·faks** *ge-, vb.* fax, telefax; *iets aan/vir iem.* ~ (tele)fax s.t. *(or* send s.t. by [tele]fax) to s.o.. **~boodskap** (tele)fax message. **~masjien** (tele)fax machine. **~nommer** (tele)fax number.

**faks·baar** *-bare* faxable.

**fak·sie** *-sies* faction, camp.

**fak·si·mi·lee** *-lees, n.* facsimile. **fak·si·mi·leer** *ge-, vb.* facsimile, make a facsimile *(or* an exact copy) of.

**fak·tor** *-tore* factor; *erflike* ~ hereditary factor; *kleinste gemene* ~, *(math.)* smallest common factor/divisor; *... in* ~*e ontbind/splits*, *(math.)* factorise ...; *vernaamste* ~ prime factor. **fak·to·ri·sa·sie** factorisation. **fak·to·ri·seer** *ge-* factorise.

**fak·to·tum** *-tums* factotum, handyman, utility man, *(infml.)* dogsbody.

**fak·tu·reer** *ge-* invoice. **fak·tu·re·ring** invoicing.

**fak·tuur** *-ture* invoice. **~boek** invoice book. **~klerk** invoice clerk.

**fa·kul·ta·tief** *-tiewe* optional, facultative.

**fa·kul·teit** *-teite* faculty; board; ~ *(van) geneeskunde/opvoedkunde/regsgeleerdheid/ens.*, *(educ.)* faculty of medicine/education/law/etc.; ~ *(van) ingenieurswese* engineering faculty; ~ *(van [die]) lettere* (of *[van] lettere en wysbegeerte)* faculty of arts. **fa·kul·teits·ver·ga·de·ring** *-rings, -ringe* faculty meeting.

**fa·lanks** *-lankse* phalanx.

**Falk·land·ei·lan·de** Falkland Islands.

**Fal·lo·pi·us·buis** *(anat.)* Fallopian tube, oviduct.

**fal·lus** *fallusse, falli* phallus. **fal·lies** *-liese* phallic. **fal·lis·me** phallism.

**fal·set** *-sette, (mus.)* falsetto. **~stem** falsetto (voice).

**fal·si·teit** *-teite, (jur.)* falsity, fraud; *(also, Lat.* falsitas) falsitas, fraud and forgery.

**fa·mi·li·aal** *-liale, adj.* familial, family.

**fa·mi·lie** *-lies* family; family, relations, relatives, kindred, kin; *(infml.)* people, folks; *aangetroude* ~ relatives by marriage, *(infml.)* in-laws; *A en B is* ~ *van Adam (se kant) af, (infml.)* A and B are very distantly related; *arm* ~ poor relations; *die* ~ *Petersen/ens.* the Petersen/etc. family, the Petersens/etc.; *A en B is (nie)* ~ A and B are (not) related; *van goeie* ~ *wees* be of good family/stock; *iem. se na* ~ s.o.'s close/near relatives; *hulle is na* ~ they are closely related; *iem. se naaste* ~ s.o.'s immediate family; *dit sit in die* ~ it runs in the family; ~ *van ... wees* be related to ...; *is hy/sy* ~ *van ...?* is he/she any relation of ...?; *ver/vêr (langs)* ~ *wees* be distantly/remotely related. **~aangeleentheid** family affair/matter. **~album** family album. **~band** family tie. **~besoek** family visit, visit to/by relatives. **~betrekking** *-kinge* relation, relative; relationship; *(in the pl.)* relations, relatives, kindred, kin. **F~bybel** family Bible. **~byeenkoms** family gathering/reunion. **~-eiendom** family property. **~fees** family feast/gathering/reunion. **~geheim** family secret; *'n pynlike* ~ a skeleton in the cupboard. **~gek** *adj.* overfond *(or* excessively fond) of one's relatives. **~gelykenis** family resemblance/likeness. **~groep** family group, clan. **~kring** family/domestic circle. **~kunde** genealogy. **~kwaal** hereditary disease/illness/malady; *dit is 'n* ~ it runs in the family. **~lewe** family/domestic life. **~lid** member of a/the family; relative, relation. **~naam** family surname, family/last name. **~omstandighede** domestic/family circumstances. **~plaas** family/inherited farm. **~sake** family matters/affairs. **~trek** family likeness/resemblance; family trait; *dit is 'n* ~ it runs in the family. **~twis, ~vete** family feud, private war. **~vas** *adj.* strongly attached to one's family, full of family feeling. **~wapen** family (coat of) arms.

**fa·mi·li·êr** *=ére =êrder =êrste, adj. & adv.* familiar, close, intimate, free (and easy); (over)familiar, forward, presumptuous, *(infml.)* (too) chummy; familiar, well known; *~ met iem. omgaan* be familiar (*or* on familiar/intimate terms) with s.o.; *'n ~e siekte* a disease that runs in the family. **fa·mi·li·a·ri·seer** *ge=* familiarise. **fa·mi·li·a·ri·teit** *=teite* familiarity, closeness, intimacy; (over)familiarity, forwardness, presumptuousness; *jou ~e veroorloof* take liberties.

**fa·mi·lie·skap** kinship, (family) relationship.

**Fa·na·ga·lo, Fa·na·ga·lô, Fa·na·ka·lo, Fa·na·ka·lô** *(SA: lingua franca used on the mines)* Fanagalo, Fanakalo.

**fa·na·tiek** *=tieke,* **fa·na·ties** *=tiese* fanatic(al). **fa·na·ti·kus** *=tikusse, =tici* fanatic, *(esp. pol., relig.)* zealot. **fa·na·tis·me** fanaticism, *(esp. pol., relig.)* zealotry.

**fan·dan·go** *=go's, (Sp. dance)* fandango.

**fan·fa·re** *=res* fanfare, flourish *(of trumpets).*

**fan·ta·seer** *ge=* fantasise, have (*or* indulge in) fantasies, dream, imagine, invent, build castles in the air; *(mus.)* improvise, extemporise. **fan·tas** *=taste* dreamer, stargazer, visionary; storyteller, romancer.

**fan·ta·si·a** *=sias, (mus.)* fantasia.

**fan·ta·sie** *=sieë* fantasy, imagination, imaginative powers, fancy; *(mus.)* fantasia, fantasy; *selfs met die grootste ~ kan ('n) mens nie ... nie* by no stretch of the imagination can one ... **~artikels,** **~goed(ere),** **~ware** fancy goods, novelties. **~kostuum** fancy costume/dress. **~naam** fancy/fantasy name.

**fan·ta·sie·loos** *=lose* unimaginative.

**fan·tas·ma** *=mas* phantasm. **fan·tas·ma·go·rie** *=rieë* phantasmagoria, *=gory.* **fan·tas·ma·go·ries** *=riese* phantasmagoric.

**fan·tas·ties** *=tiese* fantastic, unreal(istic), fanciful, visionary; fantastic, unbelievable, incredible; fantastic, marvellous, wonderful, free, tremendous, terrific, great; wild *(story).* **fan·tas·te·ry** *=rye* fantasticality, fantasticalness, fancifulness, make-believe.

**fan·toom** *=tome, (poet., liter.)* phantom. **~ledemaat** *(med.)* phantom limb. **~pyn** *(med.)* phantom pain *(felt by an amputee in the area of a missing limb).*

**fa·ra·day** *=day(s), (chem.: unit of elec. charge)* faraday.

**fa·ra·o** *=rao's* pharaoh; *tussen F~ en die Rooi See* between the devil and the deep blue sea; *F~ se plae* the plagues of Egypt. **fa·ra·o·nies** *=niese* pharaonic.

**fa·rinks** *=rinkse, (anat., zool.)* pharynx. **fa·rin·gi·tis** *(med.: inflammation of the pharynx)* pharyngitis.

**Fa·ri·se·ër** *=seërs, (member of an ancient Jewish sect)* Pharisee.

**fa·ri·se·ër** *=seërs* hypocrite, Pharisee *(often p~),* plaster saint. **fa·ri·se·ërs·ge·sig** hypocritical/pharisaic face. **fa·ri·sees** *=sese* hypocritical, insincere, Pharisaic(al) *(often p~),* self-righteous.

**far·ma·ko·lo·gie** pharmacology. **far·ma·ko·lo·gies** *=giese* pharmacological. **far·ma·ko·loog** *=loë* pharmacologist.

**far·ma·ko·pee** *=pees, =peë* pharmacopoeia.

**far·ma·seu·ties** *=tiese* pharmaceutical.

**far·ma·sie** pharmacy, dispensing *(of drugs).*

**fa·sa·de** *=des* facade, face, front *(of a building).*

**fas·cis** *=ciste, (also F~)* fascist. **fas·cis·me** *(also F~)* fascism. **fas·cis·ties** *=tiese, (also F~)* fascist(ic).

**fa·se** *=ses* phase; stage *(of an illness).*

**fa·seer** *(ge)* phase. **fa·se·ring** phasing.

**fa·set** *=sette* facet, side. **fa·set·teer** *ge=* facet.

**fa·si·aal** *=siale, (anat.)* facial; *fasiale senuwee* facial nerve.

**fa·si·li·teer** *ge=* facilitate, expedite, further. **fa·si·li·teer·der** *=ders* facilitator.

**fa·si·li·teit** *=teite* facility.

**fas·si·neer** *ge=* fascinate, spellbind. **fas·si·na·sie** *=sies* fasci-

nation. **fas·si·ne·rend** *=rende* fascinating; compelling, gripping, spellbinding.

**fa·taal** *=tale =taler =taalste* fatal; *fatale fout* fatal/capital error; *fatale vrou* femme fatale *(<Fr.).* **fa·ta·lis** *=liste* fatalist. **fa·ta·lis·me** fatalism. **fa·ta·lis·ties** *=tiese* fatalistic. **fa·ta·li·teit** *=teite* fatality.

**fa·ta mor·ga·na** *(It.)* Fata Morgana, mirage.

**fat·soen** *=soene, n.* shape, form; cut, style *(of clothes);* design; decorum, etiquette, proper behaviour, propriety, good form/ manners, respectability, decency; *uit ~ wees, (lit.)* be out of shape. **fat·soe·neer** *ge=* fashion, shape, form, mould; block *(a hat).* **fat·soen·lik** *=like, adj.* decent, respectable, well brought up, presentable, genteel, clean-living *(pers.);* proper *(behaviour).* **fat·soen·lik** *adv.* decently, properly, respectably. **fat·soen·lik·heid** decency, propriety, respectability; modesty, good manners/breeding. **fat·soen·lik·heids·hal·we, fat·soens·hal·we** for decency's sake, for the sake of decency, in all decency.

**fa·tum** *fata, (Lat.)* fate, destiny, *(Islam.)* kismet.

**fat·wa** *=was, (Arab.: decree issued by a Muslim leader)* fatwa(h); *'n ~ uitreik/uitvaardig* issue a fatwa(h); *'n ~ oor iem. uitspreek/uitroep* declare/proclaim a fatwa(h) against (*or* impose a fatwa[h] on) s.o..

**fau·na** *=nas, (Lat.)* fauna.

**Faus·ties** *=tiese, (also f~)* Faustian.

**faux pas** *faux pas('s), (Fr.)* faux pas, indiscretion, (social) blunder.

**Fe·bru·a·rie** February. **~maand** the month of February.

**fe·de·raal** *=rale* federal; *federale eenheid* federal/constituent state; *Federale Regering* Federal Government *(of Austr. etc.);* *(Amerikaanse) Federale Speurdiens* Federal Bureau of Investigation *(abbr.: FBI).* **fe·de·ra·lis** *=liste, (also F~)* federalist. **fe·de·ra·lis·me** *(also F~)* federalism. **fe·de·ra·lis·ties** *=tiese, (also F~)* federalist(ic).

**fe·de·ra·sie** *=sies* federation.

**fee** *feë* fairy, elf; pixie, pixy; *bose ~* wicked fairy; *goeie ~* fairy godmother, good fairy. **fee·ag·tig** *=tige* fairylike, elfin. **fee·tjie** *=tjies* (little) fairy, sprite, elfin; *(infml., derog.: homosexual)* fairy.

**fe·ë·** *~land, ~ryk* fairyland. **~tuin** fairy garden.

**feeks** *feekse, (derog.: ill-tempered woman)* dragon, bitch. **feek·sig** *=sige* bitchy.

**fees** *feeste, n.* feast, festival, festivity, fête; *(infml.)* treat; *by/op 'n ~* at a festival. **fees** *ge=, vb.* feast, celebrate. **~bundel** festschrift. **~dag** *dae* festal/festive day; holy day *(of a church);* *~dae en vakansiedae* high days and holidays. **~geleentheid** gala occasion. **~gewaad** festive attire. **~jaar** festival year. **~maal** banquet, feast. **~nommer** anniversary/special/festival edition/issue/number. **~program** programme of festivities. **~rede** speech of the day, inaugural speech, festival oration. **~stemming** festive mood/spirit; festive atmosphere; *in ('n) ~ wees* be in (a) festive mood. **~tyd** festive season. **~verrigtinge, ~verrigtings** festivities. **~vier** *feesge=, vb.* celebrate, revel, make merry. **~vierder** reveller, merrymaker; celebrator. **~viering** celebration(s), festivities; revelry, merrymaking. **~vreugde** festivity, rejoicing, gaiety, merriment, merrymaking, revelry, fun (and games).

**fees·te·lik** *=like, adj.* festive, celebratory, convivial; festival; *in ('n) ~e stemming wees* be in (a) festive mood; feel exhilarated. **fees·te·lik** *adv.: iem. ~ onthaal* entertain s.o. lavishly, wine and dine (*or* fête) s.o.. **fees·te·lik·heid** *=hede* festivity, merriment, merrymaking, revelry, jollity, conviviality; festivity, celebration, festive occasion.

**feil·baar** *=bare* fallible, liable to error. **feil·baar·heid** fallibility, liability to error.

**feil·loos** *=lose* faultless, unerring. **feil·loos·heid** faultlessness.

**feit** *feite* fact; →FEITELIK *adj. & adv.;* *'n beslissende/deur* *slaggewende* ~ a vital fact; *die blote* ~ the mere fact; *dit bly 'n* ~ *dat* ... the fact remains that ...; *by die* ~*e bly, jou aan die* ~*e hou* stick to the facts; ~*e erken* recognise facts; *om die* ~*e te gee* for the record; *die (ware)* ~*e gee* put/set the record straight; *gelet op die* ~ *dat* ..., *(fml.)* bearing in mind the fact that ...; *in* ~*e* in fact, actually, in reality; ~ *is dat* ... the fact remains that ...; *'n* ~ *soos 'n koei* a brute fact; *'n kwessie van* ~*e* a matter of fact; *die naakte* ~*e* the brutal/hard/naked/ stark facts; ~*e onder die oë sien* face facts, look facts in the face; *'n onomstootlike/onweerlegbare* ~ an incontrovertible/irrefutable/undeniable fact, a fact of life; *met die oog op die* ~*e* in the face of the facts; *die* ~*e spreek vanself* (of *sê alles*) the facts speak for themselves; *iets strook met die* ~ s.t. fits the facts; *'n vasstaande* ~ an established fact; *'n* ~ *vasstel/ konstateer* establish a fact; *dit verander nie die* ~ *dat* ... *nie* this/that does not detract from the fact that ...; *'n voldonge* ~ a fait accompli, an accomplished fact; *iem. voor 'n voldonge* ~ *stel/plaas* confront/present s.o. with a fait accompli (*or* an accomplished fact).

**fei·te :** ~**boeke,** ~**literatuur** non(-)fiction (books). ~**dwa ling** *(jur.)* error of fact. ~**film** documentary (film). ~**fout** error of fact. ~**kennis** factual knowledge, knowledge of facts. ~**kom missie** fact-finding commission, review body/panel. ~**ma teriaal** body of facts, factual material. ~**ondersoek** fact-finding. ~**sending** fact-finding commission; fact-finding mission/trip. ~**staat** fact sheet. ~**vraag** question of fact. ~**werk** non(-)fiction book.

**fei·te·lik** *-like, adj.* actual, real; virtual; factual. **fei·te·lik** *adv.* factually; →FEITLIK; *die ontleding is* ~ *korrek* the analysis is factually correct. **fei·te·lik·heid** *-hede* factuality, factualness; actuality, reality.

**feit·lik** *adv.* practically, almost, virtually, in effect, just about, so to say, to all intents and purposes, for all practical purposes, in all but name.

**fe·ka·lie·ë** faeces.

**fel** *fel(le) feller felste, adj. & adv.* glaring, harsh *(light);* bright, brilliant, garish, gaudy, loud, vivid, lurid, flashy *(colour);* shocking *(pink);* scorching, searing, blazing *(heat);* biting, bitter, extreme, intense, severe *(cold);* great, severe, sharp *(pain);* biting, harsh, scathing, searing *(criticism);* fierce, bitter, grim *(struggle);* bitter, hard-fought *(contest);* bitter, close, fierce, intense, keen, stiff *(competition);* bitter, heated, ferocious, violent *(argument);* ~ *teen iets gekant wees* be dead (set) against s.t.; ~ *skyn, (the sun)* glare, blaze (down), beat down; ~ *teen ... te velde trek* launch/make a blistering/scathing attack on ... **fel·heid** harshness; brightness; garishness; loudness; intensity, severity; sharpness; harshness; fierceness, bitterness; grimness; ferocity, violence.

**fe·la·fel** *(Middle Eastern cook.)* falafel, felafel.

**fe·li·si·teer** *ge-, (fml.):* *iem. met ... ~* congratulate/felicitate s.o. on ... **fe·li·si·ta·sie** *-sies* congratulation.

**fel·la·sie** *(oral stimulation of the penis)* fellatio, fellation.

**fel·lo·geen** *(bot.)* phellogen.

**fel·loek** *-loeke, (naut.)* felucca.

**fel·siet** *(min.)* felsite.

**fe·mel** *ge-* talk hypocritically/sanctimoniously. **fe·me·laar** *-laars* hypocrite, Pharisee *(often p~).* **fe·me·la·ry** hypocrisy, sanctimoniousness.

**fe·mi·nis** *-niste* feminist. **fe·mi·nis·me** feminism. **fe·mi·nis· ties** *-tiese* feminist.

**femme fa·tale** *femmes fatales, (Fr.)* femme fatale.

**fe·ne·griek** *(bot.)* fenugreek.

**feng sjoei** *(Chin. philos.)* feng shui.

**Fe·ni·ci·ë, Fe·ni·si·ë** *(geog., hist.)* Phoenicia. **Fe·ni·ci·ër** *-ciërs,* **Fe·ni·si·ër** *-siërs* Phoenician. **Fe·ni·cies** *-ciese,* **Fe·ni·sies** *n., (lang.)* Phoenician. **Fe·ni·cies** *-ciese,* **Fe·ni·sies** *-siese, adj.* Phoenician. **fe·ni·cies·rooi, fe·ni·sies·rooi** puniceous.

**fe·niel·a·la·nien** *(biochem.)* phenyl alanine.

**fe·niks** *-nikse, (class. myth.)* phoenix.

**fe·no·bar·bi·tal** *(med.)* phenobarbital, phenobarbitone.

**fe·nol** *(chem.)* phenol, carbolic acid. **fe·nolf·ta·le·ïen** phenolphthalein. **fe·no·lies** *-liese* phenolic.

**fe·no·lo·gie** *(meteorol., biol.)* phenology.

**fe·no·meen** *-mene* phenomenon. **fe·no·me·naal** *-nale* phenomenal, extraordinary.

**fe·no·me·no·lo·gie** *(philos., also* F~*)* phenomenology. **feno·me·no·lo·gies** *-giese, (philos., also* F~*)* phenomenological. **fe·no·me·no·loog** *-loë, (also* F~*)* phenomenologist.

**fe·no·ti·pe** *(biol.)* phenotype. **fe·no·ti·pies** phenotypic(al).

**fe·o·daal** *-dale, (jur., hist.)* feudal, feudatory. **fe·o·da·lis·me** feudalism. **fe·o·da·li·teit** feudality.

**ferm** *ferm(e) fermer fermste, adj. & adv.* firm(ly), steady, steadily, solid(ly), strong(ly), vigorous(ly); *'n* ~*(e) handdruk* a firm handshake; ~*(e) optrede* firm action; ~ *optree* act firmly. **ferm** firmness, solidness, strength, vigour.

**fer·ment** *-mente* fermenting agent, enzyme. **fer·men·ta·sie** fermentation. **fer·men·teer** *ge-* ferment.

**fer·mi·um** *(chem., symb.:* Fm*)* fermium.

**fer·moor** *-more,* **fer·moor·bei·tel** *-tels* firmer chisel.

**fe·ro·moon** *(biochem.)* pheromone.

**fer·ri** *comb., (chem.)* ferri-, ferric. ~**oksied** ferric oxide. ~**ver binding** ferric compound.

**fer·ro** *comb., (chem.)* ferro-, ferrous. ~**chroom** ferrochrome. ~**magneties** ferromagnetic. ~**mangaan** ferromanganese. ~**tipie** *-pieë* ferrotype. ~**verbinding** ferrous compound.

**fer·weel** *(text.)* velveteen; *(koord)*~ corduroy. ~**broek** corduroy trousers, corduroys.

**fer·weel·ag·tig** *-tige* corduroy-like.

**fes** *fesse* fez, tarboosh.

**fes·ti·wi·teit** *-teite* festivity.

**fe·taal** →FETUS.

**fe·ta(·kaas)** fe(t)ta (cheese).

**fe·tisj** *-tisje* fetish. **fe·ti·sjis** *-sjiste* fetishist. **fe·ti·sjis·me** fetishism. **fe·ti·sjis·ties** *-tiese* fetishistic.

**fet·tuc·ci·ne** *(It. cook.: type of pasta)* fettuc(c)ine, fettucini.

**fe·tus** *-tusse* f(o)etus. **fe·taal** *-tale* f(o)etal.

**fi·as·ko** *-ko's* fiasco, collapse; *(infml.)* flop, washout; *'n* ~ *ly* experience a fiasco; *op 'n* ~ *uitloop* turn out a fiasco, end in disaster, fall flat.

**fi·at** *fiats, n., (Lat.)* fiat, approval, authorisation; order. **fi·at** *interj.* all right!, go ahead!.

**fi·breus** *-breuse* fibrous.

**fi·brien** *(biochem., physiol.)* fibrin. **fi·bri·no·geen** fibrinogen.

**fi·bril** *-brille, (biol.)* fibril(la). **fi·bril·lêr** *-lêre* fibrillar(y), fibrillate(d), fibrillose.

**fi·bril·leer** *ge-, (physiol.)* fibrillate. **fi·bril·la·sie** fibrillation.

**fi·bro·ïen** *(biochem.)* fibroin.

**fi·broom** *-brome, (med.)* fibroma.

**fi·bro·se** *(med.)* fibrosis. **fi·bro·si·tis** fibrositis; myalgia. **fi·bro· ties** *-tiese* fibrotic.

**fiche** *fiches, fiche'e, (Fr.)* fiche.

**fi·dei·com·mis·sa·ri·us, fi·dei·kom·mis·sa·ris** *(jur.)* fideicommissary.

**Fi·dji(-ei·lan·de)** Fiji (Islands). **Fi·dji·aan** *-djiane, n.* Fijian. **Fi·dji·aans** *n., (lang.)* Fijian. **Fi·dji·aans** *-aanse, adj.* Fijian.

**fie·la·fooi** *-fooie, (from a nursery rhyme)* ring finger.

**fie·mies** finickiness; whims; fancies; affectation; *vol* ~ *wees* be finicky/fussy (*or* very finical *or* hard to please). **fie·mies rig** *-rige* finicky, finical, fussy, particular.

**fier** *fier(e) fierder fierste* proud, majestic, dignified, gallant. **fier·heid** pride.

**fie·ta** *-tas, (infml.)* lout, roughneck, boor, yokel, sleazebag.

**fie·ter·ja·sies** *n. (pl.), (infml.)* flourishes, frills, superfluous ornaments, *(infml.)* bells and whistles; gadgets; fads, whims; *vol ~ wees* be demanding (*or* hard to please).

**fiets** *fietse* (bi)cycle. **~baan** cycle track; cycle lane. **~band** bicycle tyre. **~pad** cycle path. **~pomp** bicycle pump. **~ry** *n.* cycling. **~ry** *fietsge=, vb.* cycle. **~rybaan** cycle track. **~ryer** *=ryers* cyclist. **~staander** kickstand. **~toer, ~tog** cycling trip/tour. **~(wed)ren** cycle/cycling race. **~winkel** (bi)cycle shop.

**fi·gu·rant** *=rante, (theatr.)* super, extra, walk(er)-on; *(derog.)* figurehead, puppet, pawn, stooge; *(mus.)* dummy, mute pipe *(of an organ).*

**fi·gu·reer** *ge=* figure, appear; pose (as). **fi·gu·ra·sie** *=sies* figuration. **fi·gu·ra·tief** *=tiewe* figurative; representational *(art).*

**fi·guur** *=gure* figure; shape; *(liter.)* character; image; *(math.)* diagram; *jou ~ dophou* watch (*or* worry about) one's figure, be weight-conscious; *'n droewige/treurige ~ slaan* cut a sorry figure. **~bewus** figure-conscious. **~bewuste** weight watcher. **~fries** sculptured frieze. **~glas** figured glass. **~patroon** stencil. **~saag** fret saw; scroll/coping saw; *masjinale ~* jig=saw. **~saagwerk** fretwork.

**fi·guur·lik** *=like* figurative, metaphorical; *~e uitdrukking* figure of speech; *iets ~ uitdruk* speak figuratively/metaphorically. **fi·guur·lik·heid** figurativeness.

**fi·guur·tjie** *=tjies* (pretty) figure.

**fiks** *fiks(e) fikser fiksste* fit, healthy, robust; active, stalwart, vigorous, energetic; *~ bly* keep fit (*or* in shape).

**fik·sa·sie** *=sies* fixation.

**fik·seer** *(ge)=* fix *(a photo);* stare at *(s.o.); (psych.)* fixate; fix with one's eyes. **~bad** *(phot.)* fixing bath. **~middel** *=dels, =dele* fixative, fixator. **fik·se·ring** fixation, fixing.

**fiks·heid** fitness; push, spirit. **fiks·heids·oe·fe·ning** keep-fit exercise.

**fik·sie** *=sies* fabrication, fiction, untruth; *(liter.)* fiction; *wet=like ~* legal fiction. **~skrywer** fiction writer.

**fik·tief** *=tiewe* fictitious, fictional, imaginary.

**fi·la·gram, fi·li·gram** wire mark, watermark *(in a bank=note).*

**fi·lak·te·rie** *=rieë, (chiefly Jud.)* phylactery.

**fi·la·ment** *=mente* filament. **fi·la·ment·ag·tig** *=tige* filamen=tous.

**fi·lan·troop** *=trope* philanthropist, humanitarian, do-gooder. **fi·lan·tro·pie** philanthropy. **fi·lan·tro·pies** *=piese* philanthropic, humanitarian.

**fi·la·te·lie** philately, stamp collecting. **fi·la·te·lies** *=liese* philatelic. **fi·la·te·lis** *=liste* philatelist, stamp collector. **fi·la·te·lis·ties** *=tiese* philatelic.

**Fi·le·mon** *(NT)* Philemon.

**fi·let** *=lette, (cook.)* fillet; undercut. **~kant** filet (lace).

**fi·le·ties** *=tiese, (biol.)* phyletic, phylogenetic.

**fil·har·mo·nies** *=niese* philharmonic.

**fi·li·aal** *=liale, n.* subsidiary; *volle ~* wholly-owned subsidiary. **fi·li·aal** *=liale, adj.* filial. **~kantoor** branch office. **~maat=skappy** subsidiary (company). **~winkel** chain store.

**fi·li·graan** *(art metalwork)* filigree. **~werk** filigree work.

**Fi·lip·pen·se** *(NT)* Philippians. **Fi·lip·pen·ser** *=sers* Philip=pian.

**Fi·lip·py·ne** *die ~, (geog.)* the Philippines. **Fi·lip·py·ner** *=ners* Filipino. **Fi·lip·pyns** *n., (lang.)* Filipino. **Fi·lip·pyns** *=pynse, adj.* Philippine; *~e Eilande* Philippine Islands.

**Fi·li·styn** *=styne, n., (hist.)* Philistine. **fi·li·styn** *=styne, n., (derog.: uncultivated pers.)* philistine, lowbrow, boor. **Fi·li·styns** *=stynse, adj., (hist.)* Philistine. **fi·li·styns** *=stynse, adj., (derog.)* philis=tine, lowbrow, boorish.

**fil·lo** *(<Gr., cook.)* filo, phyllo. **~deeg** filo/phyllo pastry.

**fil·lo·ki·noon, vi·ta·mien K₁** phylloquinone, vitamin K₁.

**fil·lok·se·ra** *(plant louse)* phylloxera, vine fretter.

**fil·lo·tak·sis** *(bot.)* phyllotaxis, phyllotaxy. **fil·lo·tak·ties** *=tiese* phyllotactic.

**film** *films, n.* film; *stuk ~* footage. **film** *ge=, vb.* film. **~akteur** screen/film actor. **~drama** screenplay, photoplay. **~fees** filmfest, film festival. **~foendi(e), ~fundi, ~kenner** film buff. **~maker, ~vervaardiger** film maker, movie-maker. **~noir** *(Fr., a style of film)* film noir. **~redigeerder** film editor. **~regisseur** film director. **~regte** film rights. **~stel** film/movie set. **~ster** film/movie star. **~teks** film script. **~uittreksel** film clip. **~vertoning** film show. **~weergawe, ~bewerking** film version.

**fil·mies** *=miese* filmic, cinematic.

**fil·mo·gra·fie** filmography.

**fi·lo·den·dron** *=drone, (bot.)* philodendron.

**fi·lo·ge·ne·se** *(biol.)* phylogenesis, phylogeny. **fi·lo·ge·ne·ties** *=tiese* phyllogen(et)ic.

**fi·lo·lo·gie** philology. **fi·lo·lo·gies** *=giese* philological. **fi·lo·loog** *=loë* philologist.

**fi·lo·so·fie** *=fieë* philosophy. **fi·lo·so·feer** *ge=* philosophise. **fi·lo·so·fies** *=fiese* philosophic(al). **fi·lo·soof** *=sowe* philoso=pher.

**fil·ter** *=ters* filter; percolator; filter bed; *(phot.)* screen. **fil·ter·loos** *=lose* unfiltered *(cigarette).*

**fil·traat** *=trate* filtrate.

**fil·tra·sie** *=sies* filtration, percolation.

**fil·treer** *(ge)=* filter, filtrate, percolate, strain. **~kan** percola=tor. **~laag** filter bed. **~papier** filter paper.

**fil·treer·der** *=ders* filter, filtering apparatus.

**fil·tre·ring** filtering, filtration.

**fi·lum** *=lums, (Lat., zool.)* phylum.

**Fin** *Finne* Finn; →FINS *n. & adj..* **~land** Finland.

**fin** *finne* bladder worm; *(in the pl., vet.)* measles.

**fi·naal** *=nale, adj.* final; complete, full, total; ultimate; *finale uitverkoping* closing-down sale. **fi·na·le** *=les, n., (game, exami=nation)* final. **fi·na·le·jaar·stu·dent** final-year student. **fi·na·lis** *=liste* finalist. **fi·na·li·seer** *ge=* finalise. **fi·na·li·se·ring** fi=nalisation. **fi·na·li·teit** finality.

**fi·nan·sie·:** *=wese* finance. **~wet** finance act.

**fi·nan·si·eel** *=siële, adj. & adv.* financial(ly), *(fml.)* pecuni=ary; *~siële aansporing* financial incentive; *~siële afdeling* financial department; *~siële beleid* financial policy; *~siële beplanning* financial planning; *~siële berigte* financial news; *~siële besparings/besparinge* financial economies; *~siële bestuur/beheer/administrasie* financial adminis=tration; *~siële buurt* financial district; *~siële dekking* finan=cial cover(age); *~ gesond wees* be financially sound; *~siële hulp/steun/bystand* financial aid/support/assistance/back=ing; *~siële instelling* financial house; *~siële kommissie/komitee, (parl.)* committee of ways and means; finance com=mittee; *~siële mark* financial market; *~siële middele* finan=cial means; *~siële moeilikhede* financial straits; *~siële nood* financial distress; *~ onafhanklik* financially independent, of independent means; *~siële opbrengs/opbrings* finan=cial yield; *~siële opgawes* financial returns; *~siële rubriek, (journ.)* financial column; *~siële staat/verslag* financial statement; *~ steun →hulp/steun/bystand*.

**fi·nan·sier** *=siers, n., (comm.)* financier, backer. **fi·nan·sier, fi·nan·si·eer** *ge=, vb.* finance, fund, back. **fi·nan·sie·ring, fi·nan·si·ë·ring** financing, funding; finance.

**fi·nan·sie·rings, fi·nan·si·ë·rings·:** **~kapitaal** finance capital. **~koste** finance charge. **~maatskappy, ~onderne=ming** finance company/house.

**fi·nan·sies** finance; finances.

**fi·neer** *(ge)=* refine *(gold);* veneer *(wood).* **~hout** veneer wood, plywood. **~werk, finering** veneering.

**fi·neer·sel** *=sels* veneer; veneering.

**fines herbes** *n. (pl.), (Fr. cook.)* fines herbes.

**fi·nesse** *=nesses* small detail, nicety, subtlety; finesse *(at cards)*.

**Fins** *n., (lang.)* Finnish. **Fins** *Finse, adj.* Finnish.

**fir·ma** *=mas* firm, company, business, concern, enterprise, house. **~blad** house journal/organ. **~naam** company/business/trade name, name of a/the business/firm.

**fir·ma·ment** *(poet., liter.)* firmament, sky, skies, heaven(s), welkin.

**fi·sant** *=sante, (orn.), (SA: Pternistis spp.)* spurfowl, *(obs.)* francolin; *(Asia)* pheasant. **~(e)jag** pheasant shooting.

**fi·siek** *=sieke, adj. & adv., (relating to the body)* physical(ly), bodily; *→FISIES; ~e geweld* physical violence.

**fi·sies** *=siese, (relating to phys.)* physical; *(relating to the body)* physical, bodily; *~e omgewing* physical environment; *dit is ~ onmoontlik* it is physically impossible. **~-chemies** *=miese* physicochemical.

**fi·si·ka** physics.

**fi·si·ko·che·mie** physical chemistry.

**fi·si·kus, fi·si·kus** *=sikusse, =sici* physicist.

**fi·si·o** *=sio's, (infml.)* physio/*→FISIOTERAPIE, FISIOTERAPEUT.*

**fi·si·o·lo·gie** physiology. **fi·si·o·lo·gies** *=giese* physiological.

**fi·si·o·no·mie** physiognomy. **fi·si·o·no·mies** *=miese* physiognomical.

**fi·si·o·te·ra·pie** physiotherapy. **fi·si·o·te·ra·peut** *=peute* physiotherapist. **fi·si·o·te·ra·peu·ties** *=tiese* physiotherapeutic(al).

**fis·kaal** *=kale, =kaals, n.* (water) bailiff. **fis·kaal** *=kale, adj.* fiscal. **~laksman** *(orn.)* common fiscal, *(obs.)* fiscal shrike.

**fis·kus** *=kusse* revenue (department), treasury, exchequer.

**fi·tiel** *(chem.)* phytyl.

**fi·to** *comb.* phyto-. **~chemie** phytochemistry. **~genese** phytogenesis, phytogeny. **~geografie** phytogeography. **~pato logie** phytopathology. **~plankton** phytoplankton. **~toksien** phytotoxin.

**fjord** *fjorde, fjords* fjord, fiord. **fjor·de·kus** fjord/fiord shoreline.

**flaai·taal** *(SA township argot)* flaaitaal, flytaal.

**flad·der** *ge=* flap, flutter, flit(ter), hover; *om iets/iem. ~* flutter about s.t./s.o.; hover about/around s.t./s.o.. **flad·de·ring** *=rings, =ringe* flapping, fluttering, hovering; *(electron.)* flutter.

**fla·gel** *=gelle, (biol.)* flagellum. **fla·gel·lant** *=lante* flagellant.

**fla·grant** *=grante* flagrant, blatant, glaring, outrageous, shameless, gross.

**flair** flair, ability, gift, knack, piz(z)azz, pzazz.

**flam·bé** *ge=, (cook.)* flambé.

**flam·bo·jant** *=jante, n., (bot.)* flamboyant, royal poinciana, peacock flower. **flam·bo·jant** *=jante, adj.* flamboyant.

**fla·men·co** *=co's*, **fla·men·ko** *=ko's, (Sp. mus./dance)* flamenco.

**fla·min·go·plant** flamingo lily.

**fla·mink** *=minke* flamingo.

**fla·nel** flannel. **~broek** flannel trousers, flannels. **fla·ne·let** flannelette.

**flank** *flanke* flank, side; haunch *(of a road); (rugby)* flanker, flank (forward); *... in die ~ aanval* attack/take ... in the flank; *op die ~* on the flank. **~voorspeler** *(rugby)* flank (forward), flanker, wing forward.

**flan·keer** *(ge=)* flirt; gallivant. **flan·keer·de·ry** flirting; gallivanting.

**flap** *flappe, n., (bot.)* iris, flag; *(orn., Euplectes spp.)* widowbird. **flap** *ge=, vb.* flap, make a flapping noise. **~hoed** slouch (hat), floppy hat. **~ore** lop ears. **~teks** *(publishing)* blurb.

**flap·pend** *=pende* flapping *(wings etc.)*.

**flap·per** *ge=* flap. **flap·per·tjie** *=tjies, (cook.)* flapjack, crumpet, drop scone.

**flaps** *(onom.)* flop, flap, slap.

**flar·de(s)** *n. (pl.)* tatters; rags; pieces, shreds; *aan ~* in rib-

---

bons; in shreds; in tatters; *iets aan ~ skeur* tear s.t. to pieces/shreds, shred s.t..

**fla·ter** *=ters* blunder, (stupid) mistake, gaffe, faux pas, slip(-up); *(infml.)* boob, boo-boo, goof, howler; *'n ~ begaan/maak* blunder, make a blunder/gaffe, commit/make a faux pas, slip up; *(infml.)* put one's foot in it, drop a brick/clanger. **~vry** flopproof.

**fla·tu·len·sie** flatulence; *→WINDERIGHEID.* **fla·tu·lent** *=lente* flatulent.

**fleg·ma** *(med.)* phlegm; *(fig.)* apathy, indifference, stolidity; imperturbability, coolness. **fleg·ma·ties** *=tiese, adj.* phlegmatic; stolid.

**fleim** *→FLUIM.*

**flek·sie** *=sies, (gram.)* flection, flexion. **flek·sie·loos** *=lose* uninflected.

**flek·suur** *=sure, (geol.)* flexure.

**flek·teer** *(ge)=, (gram.)* inflect.

**flen·nie** *→FLANEL, FLANELET.* **~bord** flannelboard, flannelgraph.

**flens** *flense, n.* flange. **flens** *ge=, vb.* flange.

**flen·ter** *=ters, n.* rag; small piece, splinter; *→FLENTERS adj. & adv.; aan ~s* in rags/shreds/tatters/ribbons; *iets aan ~s moker* smash s.t. to splinters/smithereens; *iets aan ~s skeur* tear s.t. to shreds/strips; *geen/g'n* (of *nie 'n*) *~ vir ... omgee nie, (infml.)* not care two bits (*or* a chip) about ..., not care/give a hoot/rap about ...; *'n ~(tjie) papier/ens.* a scrap of paper/etc.. **flen·ter** *ge=, vb.* gad/idle about; *→RONDFLENTER.*

**flen·te·rig** *=rige* tattered, ragged.

**flen·ters** *adj. & adv.* in rags/shreds/tatters; in pieces/splinters/smithereens; *iem. se emosies/ens. is ~* s.o.'s emotions/etc. are shot; *iets (fyn en) ~ gooi/slaan* smash s.t. (to smithereens).

**flen·ter·tjie** *=tjies* fragment, small piece.

**fler·rie** *=ries, n.* flirt, coquette, tease, vamp, playgirl; hussy, tart, bimbo. **fler·rie** *ge=, vb.* flirt. **fler·rie·ag·tig** *=tige* wanton.

**fles** *flesse* bottle; *(wide-mouthed)* jar; *(of earthenware)* crock; flask; vessel; (gas) canister.

**fles·sie** *=sies* small bottle, flask; vial, phial; (medicine) bottle; cruet *(for vinegar)*.

**flets** *flets(e) fletser fletsste, (poet., liter.)* faded, pale; dim *(eyes)*; wilted *(flowers)*. **flets·heid** fadedness, paleness.

**fleur** bloom, flower, heyday, prime; *in die ~ van ...* in the bloom of ... *(s.o.'s life)*; in the (first) flush of ... *(s.o.'s life); in iem. se ~* in s.o.'s prime; *nie meer in/op jou ~ wees nie* be past one's prime; be past one's best. **~ de lis** *fleur de lise, fleurs de lis, (Fr.)* fleur-de-lis. **fleu·rig** *=rige* blooming; fresh, bright, lively, colourful. **fleu·rig·heid** bloom, prime; liveliness, gaiety.

**fliek** *flieks, flieke, n., (infml.)* movie, flick, pic; cinema, movie house. **fliek** *ge=, vb., (infml.)* be at the cinema/movies, watch a movie (*or* movies); *gaan ~, (infml.)* go and/to see a film, go to the cinema/movies. **~foendi(e), ~fundi, ~kenner** film buff. **~ganger** cinemagoer; *(in the pl.)* the cinema-going public. **~kompleks** cinema complex, cineplex. **~publiek:** *die ~* the cinema-going public. **~vlooi, ~liefhebber** movie/film fan.

**flik·flooi** *ge=* cajole, coax, fawn, flatter, wheedle, play up to, soft-soap; *by iem. ~* butter s.o. up *(infml.)*; fawn (up)on s.o.. **flik·flooi·er** *=ers* cajoler, flatterer, backscratcher, bootlicker. **flik·flooi·e·rig** *=rige* cajoling, fawning, wheedling, smarmy, smooth. **flik·flooi·e·ry** coaxing, flattering, backscratching, cajolery, *(infml.)* sweet talk.

**flik·ker** *=kers, n. (chiefly in the pl.)* glitter, sparkle; wavering, flutter, flicker; *~s maak* cut capers; *by iem. ~s gooi/maak/uithaal, (infml.)* chat s.o. up, *(SA, infml.)* chaff s.o., come on (strongly) to s.o. *(a potential lover etc.)*. **flik·ker** *ge=, vb.* glitter, sparkle, coruscate; *(a candle)* waver, flutter, flicker; flash; glance, glimmer; *(a star)* wink, twinkle; scintillate. **~aftaster, ~skandeerder** *(med.)* scintiscanner. **~boog** flashing arc *(of* *a volcano*). **~lig** *(mot.)* indicator; flashing light *(of a light=house)*; flickering light *(of a candle)*; twinkling light *(of a star)*.

**flik·ke·ring** *=rings, =ringe* gleam, glint, glittering, sparkle; flick=ering *(of a candle)*; twinkling *(of a star)*; scintillation; flare, flash.

**flink** *flink flinker flinkste adj. & adv.* upstanding, fine *(boy)*; buxom, comely *(woman)*; smart *(bearing)*; robust, stalwart, vigorous, brisk, spirited, energetic; considerable, substantial *(sum)*; goodly *(number)*; sound *(thrashing)*; energetically, vig=orously, soundly, thoroughly; briskly, pluckily; firmly; *nog ~ wees* still be hale and hearty *(or going strong)*; *~ op aandag kom* jump/spring to attention. **flink·heid** spirit, vigour; brisk=ness; thoroughness, efficiency.

**flint** flint. **~glas** flint glass.

**flip·pen** *(sl.)* flipping, frigging, effing, blessed, darn, blasted, bloody.

**flirt** *flirts, n.* flirt, coquette, tease, vamp, playgirl, playboy, phi=landerer. **flirt** *ge=,* **flir·teer** *(ge)=, vb.* flirt, tease, lead on, chat up, philander; *met iem. ~* flirt with s.o., chat s.o. up. **flir·ta·sie** *=sies* flirtation, flirting. **flir·te·ry** flirting.

**flits** *flitse, n.* flash, glint, streak; *(phot.)* flash(light); torch; *(rad., TV)* clip; flash, split second. **flits** *ge=, vb.* flash, blink; *hartseer/haat/ens. ~ oor iem. se gesig* grief/hate/etc. crosses s.o.'s face. **~berig** flash message, news flash, spot news. **~kaart** flash card. **~lamp** *(phot.)* flash (bulb). **~lig** flashing light, flash=light; torch. **~punt** flash(ing) point. **~toestel** *(phot.)* flash gun.

**flod·der** *n.* mud, mire, slush, sludge, slurry. **flod·der** *ge=, vb.* flounder/splash in/through; flap, flutter; flush *(with ce=ment etc.)*. **~broek** baggy trousers, baggies, (Oxford) bags. **~kous** *(infml.: untidy woman)* frump, scruff.

**flod·de·rig** *=rige* baggy, floppy, sagging.

**flo·ëem** *(bot.)* phloem, bast (tissue).

**flok·ku·leer** *ge=* flocculate.

**floks** *flokse,* **flok·sie** *=sies, (bot.)* phlox.

**flon·ker** *ge=, (poet., liter.)* sparkle, twinkle, scintillate; glint, glitter. **~ster** twinkling star; *(fig.)* luminary.

**flon·ke·ring** *=rings, =ringe, (poet., liter.)* sparkle, sparkling, twinkle, twinkle, scintillation; glint, glitter.

**flop** *flops, floppe, (infml., <Eng.)* flop, failure, fiasco, washout; *'n groot ~, (also, sl.)* a bummer.

**flop·pie** *=pies, (comp.)* floppy (disk).

**flo·ra** *=ras* flora, vegetation.

**flo·reer** *(ge)~* flourish, prosper, thrive; boom; *op iets ~* thrive on s.t.. **flo·re·rend** *=rende* flourishing, prospering, prosperous, thriving.

**Flo·ren·tyn** *=tyne, n., (citizen of Florence)* Florentine. **Flo·ren·tyns** *=tynse, adj., (of Florence)* Florentine.

**flo·ret** *=rette* (fencing) foil. **~band, ~lint** ferret. **~sy** floret/floss silk.

**flos·sie** *(derog.: a woman considered as a sex object)* bird, chick, (bit of) skirt, pussy.

**flot·teer** *(ge)=, (min.)* float. **flot·ta·sie** *=sies,* **flot·te·ring** *=rings, =ringe* flo(a)tation.

**flot·tiel·je** *(mil., naut.)* flotilla.

**flou** *flou flouer flouste, adj.* flat, insipid, tasteless; feeble, mild, pointless, poor, silly *(joke)*; apathetic; weak, lacklustre *(per=formance)*; half-hearted *(attempt)*; pale *(imitation)*; dim *(light)*; languid *(interest)*; dead beat, dog-tired, overfatigued; blown, broken-winded, overridden, overdriven *(horse)*; dull *(market)*; vague *(recollection)*; vapid *(conversation etc.)*; spent *(bullet)*; flimsy, thin, flabby *(excuse)*; forlorn *(hope)*; sickly *(smile)*; shal=low *(breathing)*; weak *(coffee)*; dilute, weak, washy *(solution)*; cool *(scent)*; *iem. is ~, (also)* s.o. has fainted; *... down (a buck)*; override *... (a horse)*; *~ val/word* faint, fall in a faint, *(infml.)* pass out; *~ wees van ...* be faint with *... (hunger)*; be prostrated by *... (the heat)*; *~ word, (also)* grow

faint; *~er word, (hope etc.)* fail, diminish. **flou** *adv.* dimly, faintly, weakly, feebly. **~vallery** fainting.

**flou·har·tig** *=tige* faint-hearted, half-hearted; weak-kneed.

**flou·heid** insipidity; silliness; weakness; dimness; faintness; vapidity; tiredness.

**flous** *ge=* cheat, deceive, trick, fool, take in, hoodwink.

**flou·te** *=tes* fainting fit, faint, swoon, *(med.)* syncope; insensi=bility; *'n ~ kry, in 'n ~ val* faint, fall in a faint.

**flou·tjies** poor, feeble; *dit was maar ~* it was poor *(or a poor show)*; *... het iem. ~ gesê* ... s.o. said limply.

**flü·gel·horn** *(Germ., mus. instr.)* flugelhorn.

**flu·ïed** *=iede, adj., (chiefly fig.)* fluid. **flu·ï·di·teit** fluidity.

**fluim, fleim** *(med.)* phlegm, mucus, slime; sputum.

**fluis·ter** *ge=* whisper; *daar word ge= dat ...* it is whispered that ...; *iets hoorbaar ~* say s.t. in a stage whisper; *iets in iem. se oor ~* whisper s.t. in s.o.'s ear; *vir iem. iets ~* whisper s.t. to s.o.. **~gesprek** hushed conversation. **~stem** whisper, under=tone; *met 'n ~ praat* whisper, talk in a whisper; talk in an un=dertone. **~toon** whisper, undertone; *op 'n ~* in hushed whis=pers.

**fluis·te·rend** *=rende* in a whisper, under one's breath, in hushed whispers, in an undertone; whispering.

**fluis·te·ring** *=rings, =ringe* whisper(ing).

**fluit** *fluite, n.* flute; siren; whistle; whistle blast; wheeze; *'n ~ gee* whistle, give a whistle. **fluit** *ge=, vb.* whistle; fife, tweedle; play on the flute; *(bullets)* whiz(z), zip; *(wind)* pipe; *(infml.: urinate)* piddle, wee, widdle, have a widdle; *iem. se bors/keel ~* s.o. is wheezing; *vir iem. ~* whistle at/to s.o.; *'n voëltjie hoor ~ van ...* get wind of ... **~blaser** flute player, flautist; *(mil.)* piper, fifer; →FLUITSPELER. **~-fluit** easily; *dit ~ doen, (infml.)* take it in one's stride; *~ wen, (infml.)* win at a trot *(or hands down)*, be an easy first. **~geluid** whistling sound/noise. **~glas** flute. **~spel** flute playing. **~speler** flute player, flautist. **~toon** whistling tone.

**flui·ter** *=ters* whistler; *(bird)* warbler. **flui·te·ry** whistling.

**flui·tis** *=tiste, (mus.)* flautist.

**fluit·jie** *=jies* whistle; *(naut.)* pipe; *(op) 'n ~ blaas* blow (on) a whistle.

**fluks** *fluks(e) flukser fluksste, adj. & adv.* spry, smart, snappy, energetic; hard-working, willing *(horse etc.)*; rapid, quick, prompt; immediately, quickly, with alacrity; *dis ~ (van jou)!* good/nice work!; *~ help* help very well/willingly; *nog ~ wees* still be going strong. **fluks·heid** energy; willingness.

**fluk·tu·eer** *ge=* fluctuate; *'n sterk fluktuerende mark/ens.* a vola=tile market/etc.. **fluk·tu·a·sie** *=sies* fluctuation.

**flu·oor** *(chem., symb.: F)* fluorine. **~lamp** fluorescent lamp. **~lig** fluorescent light. **flu·o·reer** *ge=* fluorinate.

**flu·o·res·seer** *ge=* fluoresce.

**flu·o·res·sen·sie** fluorescence. **~lamp** fluorescent lamp.

**flu·o·ried** *=riede, (chem.)* fluoride. **flu·o·ri·deer** *ge=* fluoridate.

**flu·o·riet** *(min.)* fluorite, fluorspar. **flu·o·ri·neer** *ge=* fluori=nate.

**flus(·sies)** just now, a moment ago; directly, presently, in a moment.

**flu·vi·aal** *=ale, (geol.)* fluvial, fluviatile.

**flu·vi·o·me·ter** fluviometer.

**flu·weel** velvet. **~koord** chenille. **~sagtheid** silkiness *(of s.o.'s voice etc.)*.

**flu·weel·ag·tig** *=tige,* **flu·we·lig** *=lige* velvety, velvet-like; mel=low *(taste)*; velutinous *(leaves etc.)*.

**fnuik** *ge=* foil, frustrate, thwart, scotch *(s.o.'s plans)*; cripple *(s.o.'s power)*; put down *(s.o.'s pride)*; clip *(s.o.'s wings)*.

**fo·bie** *=bies,* **fo·bie** *=bieë* phobia.

**fo·cac·ci·a** *(It. bread)* focaccia.

**Foe·dji** *(Jap. city)* Fuji; *(die berg) ~* (Mount) Fuji.

**foe·draal** *=drale* slipcase, casing, cover, holster, sheath.

**foef, foe·fie**[1] *n., (infml., children's lang.: excrement)* poo(h). **foef, foe·fie** *adj.* pooey, yucky. **foef, foe·fie** *vb.* poo(h), do/make a poo(h). **foef, foe·fie** *interj.* poo(h)!, pooey!, yuck(y)!.

**foe·fie**[2] =fies, *n.* gimmick; dodge, trick; excuse, pretext; *(teg=niese)* ~s, *(also, infml.)* bells and whistles. **foe·fie·loos** =lose, *(pred.)* without frills, *(attr.)* no-frills. **foe·fie·rig** =rige, *(infml.)* gimmicky.

**foei** *interj.* shame on you!, (for) shame!, *(SA, infml.)* sis!; ~/ *fooi tog(gie)!* shame!, what a pity!; poor thing!.

**foe·lie** *n., (cook.: spice)* mace; (tin)foil. **foe·lie** ge=, *vb.* silver; cover with (tin)foil; *(metall.)* foliate.

**foen·di** =di's, **foen·die** =dies, **fun·di** =di's, *(SA, infml.: expert)* fundi, whiz(z), wiz; *'n rekenaar~* a computer fundi/whiz(z)/ wiz.

**foe·sel(·o·lie)** fusel (oil).

**foe·ter** ge=, *(infml.)* bother, trouble; beat, thrash, wallop, bash; *met iem.* ~ mess/stuff around with s.t.; *met iem.* = provoke s.o.; interfere with s.o.; mess around with s.o. *(esp. s.o.'s partner).*

**fok**[1] *fokke, n., (naut.)* foresail. **~mas** foremast. **~seil** foresail.

**fok**[2] *n., (vulg. sl.):* nie *'n* ~ *omgee (vir …)* nie not care/give a fuck (about …). **fok** *vb., (vulg. sl.):* ~ *dit!* fuck this/that!; ~ *jou!* fuck/screw you!, up yours!, get stuffed!. **fok** *interj., (vulg. sl.)* fuck!, shit!. **fok·ken** *adj. & adv., (vulg. sl.)* fucking. **fok·ker** *(vulg. sl.)* fucker. **fok·kit** *interj., (vulg. sl.)* fuck it!, shit!. **fok·kof** *interj., (vulg. sl.)* fuck/piss off!. **fok·kol** *n., (vulg. sl.):* ~ *omgee* not care/give a fuck; ~ *verdien/weet/ens.* earn/know/etc. fuck all. **fok·op** *n., (vulg. sl.)* fuck-up.

**fo·kaal** =kale, *adj.* focal.

**foks·ter·ri·ër** fox terrier.

**fo·kus** =kusse, *n.* focus, focal point; *in/uit* ~ *wees* be in (or out of) focus. **fo·kus, fo·kus·seer** ge=, *vb.* focus *(a camera, microscope, etc.); (eyes, rays, waves, etc.)* focus; focus, concen= trate *(one's thoughts etc.); op iets* ~, *(phot.)* focus on s.t.. **fo·kus· diep·te** focal depth. **fo·kus·se·ring** focus(s)ing; focalisation.

**fo·lien·suur** *(biochem.)* folic acid.

**fo·li·o** =lio's *n.* folio. **~formaat**, **~grootte** folio size. **~papier** fools= cap (paper). **~uitgawe** folio edition. **~vel** foolscap sheet.

**folk** *(mus.)* folk. **~lied(jie)** folk song. **~musiek** folk music. **~rock** folk rock. **~sanger(es)** folk singer.

**folk·lore** folklore. **folk·lo·ris** =riste folklorist. **folk·lo·ris·ties** =tiese folkloristic.

**fol·li·kel** =kels follicle. **fol·li·ku·lêr** =lêre follicular.

**fol·ter** ge= torment, torture; *die senuwees* ~ grate on the nerves. **~bank** rack. **~kamer** torture chamber. **~paal** stake, whip= ping post; *aan die* ~ at the stake. **~(werk)tuig** instrument of torture.

**fol·te·raar** =raars tormentor; torturer.

**fol·te·rend** =rende agonising, excruciating, racking.

**fol·te·ring** torment, torture.

**fon·da·ment** =mente foundation; base, basis; *(building)* bed; *iets* ~ *gee* ballast s.t. *(a road, rly. track, etc.); 'n* ~ *lê* lay a foun= dation; *'n vaste/hegte* ~ a firm/secure foundation. **~klip** bed/ foundation stone. **~plaat** base plate *(of a mast etc.);* soleplate *(of a mach. etc.).* **~steen** foundation brick; foundation stone.

**fon·dant** =dante, =dants, *(cook.)* fondant.

**fon·da·sie** foundation; →FUNDEER.

**fonds** *fondse* fund; *(in the pl.)* money, finances, funds; stocks; *die ~e styf* strengthen the funds; *iets styf die ~e* s.t. swells the funds. **~insameling** fund-raising. **~lys**, **~katalogus** (pub= lisher's) catalogue *(or trade list);* backlist.

**fon·due** =dues, *(cook.)* fondue.

**fo·neem** =neme, *(phon.)* phoneme. **fo·ne·mies** =miese phone= mic(ally).

**fo·ne·tiek** phonetics. **fo·ne·ties** =tiese phonetic. **fo·ne·ti·kus** =tikusse, =tici phonetician.

**fo·no·lo·gie** phonology. **fo·no·lo·gies** =giese phonological. **fo·no·loog** =loë phonologist.

**fo·no·me·ter** *(phys.)* phonometer.

**fo·no·skoop** =skope, *(phys.)* phonoscope.

**font** *fonte, (typ.)* font.

**fon·ta·nel** =nelle, *(anat.)* fontanelle.

**fon·tein** =teine fountain, spring. **fon·tein·tjie** =tjies small foun= tain/spring; *moenie sê:* ~, *ek sal nooit weer uit/van jou drink nie, (idm.)* do not burn your boats/bridges (behind you).

**fooi** *fooie* tip, gratuity; (professional) fee. **fooi·tjie** =tjies tip; *iem. 'n* ~ *gee* tip s.o., give s.o. a tip.

**fooi:** ~ *tog(gie)!* →FOEI *interj..*

**foon**[1] *fone, (phon.)* phone. **fo·nies** =niese phonic.

**foon**[2] *fone, (infml.)* phone; *'n* ~ *lui* a (tele)phone rings; *die* ~ *lui!* the (tele)phone is ringing!. **~gids**, **~boek** phone book. **~kaart** phonecard. **~snol** call girl.

**fop** ge= fool, trick, deceive, hoodwink, dupe, mislead, take for a ride, bamboozle, outsmart, outwit, outfox; *iem. is* ge~ s.o. has been had; *iem. is* **maklik** *om te* ~ s.o. is gullible; *('n) mens laat jou nie* **twee maal** ~ *nie* once bitten, twice shy; *iem.* **uit** *iets* ~ do s.o. out of s.t.. **~dosser** drag artist/queen; cross= dresser. **~dossery** cross-dressing. **~myn** *(mil.)* booby trap. **~pil** *(med.)* placebo. **~speen** (baby's) dummy; *(fig., infml.)* se= curity blanket. **~val** booby trap; *'n* ~ *op 'n plek stel* booby- trap a place.

**fop·pe·ry** =rye fooling, trickery, deception, deceit; trick, hoax.

**fo·rel** =relle trout. **~skimmel** trout-coloured horse.

**fo·rel·le·kwe·ke·ry** trout farm/hatchery.

**fo·ren·sies** =siese forensic; ~*e geneeskunde* forensic medicine.

**for·ma:** *in optima* ~, *(Lat.)* in proper form; *pro* ~, *(Lat.)* for form's sake.

**for·maat** =mate, *n.* format, size; shape; *(comp.)* format; *iem. van* ~ s.o. of high calibre; s.o. of stature. **for·ma·teer** ge=, *vb.* format. **for·ma·te·ring** formatting.

**for·mal·de·hied** *(chem.)* formaldehyde, methanal.

**for·ma·li·seer** ge= formalise.

**for·ma·lis·me** formalism. **for·ma·lis** =liste formalist. **for·ma· lis·ties** =tiese formalistic.

**for·ma·li·teit** =teite formality, (matter of) form; *(in the pl.)* formalities, red tape.

**for·ma·sie** =sies formation; *(gram.)* formative. **~vlug** forma= tion flight.

**for·meel** =mele, *adj.* formal; ~*mele* **drag** formal (evening) dress, black tie; ~*mele* **ete** black-tie dinner; ~*mele* **hoflik= heid** politesse; ~*mele* **nederlaag** technical defeat; ~*mele* **reg** adjective law; ~*mele* **sektor**, *(econ.)* formal sector.

**for·meer** *(ge)* create, form, mould, shape. **for·me·ring** =rings, =ringe moulding, forming, shaping.

**for·mu·le** =les formula. **for·mu·leer** ge= formulate, state, word, enunciate. **for·mu·le·ring** formulation, statement, wording.

**for·mu·lier** =liere form; *(eccl.)* formulary; service. **~boek** for= mulary, service book.

**fors** *fors(e) forser forsste, adj.* bold *(handwriting);* loud *(voice);* massive *(figure);* strong, powerful, robust, burly, stalwart *(fellow);* vigorous *(lang.);* sturdy, virile, forceful *(personality).* **fors** *adv.* boldly, massively, strongly, powerfully, robustly; ~ *gebou(d)* strongly/powerfully built. **for·seer** *(ge)* force *(a door);* strain *(one's voice);* coerce *(a pers.);* **dinge** ~ force the issue; *iem. se* **hand** ~ force s.o.'s hand; *'n* **huwelik** ~ rush a marriage through; *die* **saak** ~ force the issue/pace. **fors·heid** strength, robustness, burliness; vigour; sturdiness, virility.

**fort** *forte* fort, fortress.

**for·ti·fi·seer** ge= fortify. **for·ti·fi·ka·sie** =sies fortification. **for·ti·fi·se·ring** fortification *(of wine).*

**for·tis·si·mo** *adj. & adv., (It., mus.)* fortissimo, very loud.

**for·tuin** =tuine fortune; wealth, luck; pile *(of money); iem. se* ~

*is **gemaak*** s.o. is made for life; *(amper)* '*n ~ **kos**, (infml.)* cost
the earth, cost a (small) fortune; '*n ~ **maak*** amass/make a
fortune; *(infml.)* strike it rich, strike oil; *jou ~ **soek*** seek one's
fortune; *iem. se ~ het **verander*** s.o.'s luck has turned; *iets is
(amper)* '*n ~ **werd**, (infml.)* s.t. is worth a (small) fortune.
~**soeker** fortune hunter/seeker, adventurer, *(infml., derog.:
s.o. who marries for money)* gold-digger.
**for·tuin·tjie** =tjies small fortune.
**fo·rum** =rums forum.
**fos·faat** =fate, (chem.)* phosphate. ~**kunsmis** phosphatic fer=
tiliser. **fos·fa·ti·seer, fos·fa·teer** ge= phosphatise.
**fos·foon·suur** *(chem.)* phosphonic acid.
**fos·for** *(chem., symb.:*P) phosphorus; *iets met ~ verbind* phos=
phorate s.t.. ~**glimmend** =mende phosphorescent. ~**lig** phos=
phorescence. ~**suur** phosphoric acid.
**fos·for·ag·tig** =tige phosphorous.
**fos·fo·res·seer** ge=, *(chem.)* phosphoresce. **fos·fo·res·sen=
sie** phosphorescence. **fos·fo·res·se·rend** =rende phospho=
rescent.
**fos·for·hou·dend** =dende phosphorous.
**fos·fo·ries** =riese phosphorescent; phosphoric.
**fos·siel** =siele, n. fossil; *(also, in the pl.)* fossilised remains; *(ou)
~, (infml., joc.)* (old) fossil/fog(e)y/fuddy-duddy/square, di=
nosaur, Neanderthal *(sometimes* n~). ~**afdruk** fossil imprint/
impression. ~**brandstof** fossil fuel. ~**voetspoor** ichnite, ich=
nolite.
**fos·siel·hou·dend** =dende fossiliferous.
**fos·si·leer** ge= fossilise. **fos·si·le·ring** fossilisation.
**fo·to** =to's photo(graph); '*n ~ neem* take a photo(graph); *op
'n ~* on a photo(graph). ~**album** photo(graph) album. ~**ar=
tikel** photo article/feature; article illustrated by photos.
~**ateljee** photographic studio. ~**chemie** photochemistry.
~**chemies** photochemical. ~-**elektries, ~ëlektries** =triese
photoelectric; ~e buis phototube; ~e sel, (electron., also foto=
sel, elektriese oog) photoelectric cell, photocell, *(infml.)* elec=
tric/magic eye *(in a lift door etc.)*. ~-**elektron, ~ëlektron**
*(phys.)* photoelectron. ~**film** photographic film. ~**fobie** pho=
tophobia. ~**fobies** =biese, **fotofoob** =fobe, adj. photophobic,
photophobe. ~**foon** =fone, n. photophone. ~**geleentheid**
photo opportunity. ~**gravure** photogravure. ~**gravure(druk)**
process engraving. ~**joernalis** photojournalist. ~**joernalis=
tiek** photojournalism. ~**kopie** photocopy, photographic copy,
photostat. ~**kopieer** ge= photocopy. ~**kopieerder, ~kopieer=
masjien, ~staatmasjien** photocopier. ~**litograaf** photoli=
thographer. ~**litografie** photolithography. ~**litografies** =fiese
photolithographic. ~**montage** photomontage. ~-**ontwik=
keling** photographic development. ~-**opname** camera shot,
photographic exposure. ~**realisme** *(art)* photorealism.
~**sessie** photo session. ~**sfeer** *(astron.)* photosphere. ~**sin=
tese** *(bot.)* photosynthesis. ~**sinteties** =tiese photosynthetic.
~**sintetiseer** ge= photosynthesise. ~**telegrafie** phototelegra=
phy, picture telegraphy. ~**verhaal** =hale, ~**roman** =mans pho=
tonovel.
**fo·to·fiel** =fiele, (bot.)* photophilous.
**fo·to·geen** =gene, n., (zool.: light-producing organ)* photogen.
**fo·to·geen** =gene, **fo·to·ge·nies** =niese, adj., (look good in
photographs)* photogenic; *(biol.)* photogenic, light-producing/
emitting.
**fo·to·graaf** =grawe photographer, cameraman. **fo·to·gra·feer**
ge= photograph, take a photo. **fo·to·gra·fie** photography.
**fo·to·gra·fies** =fiese photographic; ~e geheue photographic
memory.
**fo·to·gram** =gramme, (photographic picture made without a
camera)* photogram.
**fo·to·gram·me·trie** *(chiefly cartogr.)* photogrammetry, pho=
tographic survey(ing).
**fo·to·me·trie** *(phys.)* photometry. **fo·to·me·ter** photometer.
**fo·to·me·tries** =triese photometric(al).

**fo·ton** =tone, (phys.)* photon.
**fo·to·staat** =state, n. photostat; '*n ~ maak* make a photostat.
**fo·to·sta·teer** vb. photostat. **fo·to·sta·ties** =tiese photostatic.
**fo·to·ti·pie** =pieë, (print.)* phototype; *(no pl.)* phototypy.
**fo·to·tjie** =to'tjies snap, little photo.
**fo·to·tro·pie** *(biol.)* phototropism, phototropy, heliotropism.
**fo·to·troop** =trope phototropic, heliotropic.
**fout** foute, n. error, mistake, slip; defect, fault, flaw, demerit;
*(comp.)* bug *(in a program etc.)*; '*n ~ **begaan/maak*** commit
an error; make a mistake, go wrong, slip up; *geen (enkele) ~
**begaan/maak*** nie not put a foot wrong; *daar's ~* there's
s.t. wrong; '*n dom ~* a stupid mistake, a blunder/gaffe; *ek
**erken** my ~* I stand corrected; *daar is **groot** ~ met ...* s.t. is
seriously/gravely/fundamentally wrong with ...; '*n **growwe**
~* a gross error; *daar het '*n ~ **ingesluip*** an error crept in; '*n
**lelike** ~* a bad mistake; *jy sal geen|g'n ~ **maak** as jy ... nie*
you can't go wrong if you ..., you could do worse than ...;
'*n **menigte** ~e bedek* cover a multitude of sins; '*n **menslike**
~* a human error; *daar is ~ **met** iem.* s.t. is wrong with s.o.;
*dit was '*n ~ **om** te ...* it was a mistake to ...; '*n ~ **ontdek*** spot
a mistake; *iem. **op** sy|haar ~e **wys*** point out s.o.'s faults/
weaknesses; '*n **opvallende/skreeuende** ~* a glaring mis=
take; '*n ~ **raaksien*** spot a mistake; *dit is iem. **se** ~* the fault
lies with s.o.; *die ~ **skuil** by iets* the fault lies with s.t.; *nie=
mand is **sonder** ~e nie* nobody (or no one) is perfect; *die ~e
**toesmeer**, (infml.)* paper/paste over the cracks; '*n metode
wat ~e **uitsluit*** a foolproof method; '*n ~ **verbeter*** correct
an error; *vol ~e* full of errors/mistakes; *wat is die ~?* what is
the matter?; what is the trouble?; ~e en **weglatings** uitge=
sonder(d), behoudens ~e en **weglatings** errors and omissions
excepted. **fout** adj. (pred.) faulty; *wat's (of wat is) ~ met ...?*
what's (or what is) wrong with ...?. ~**bal** *(cr.)* no-ball. ~**bood=
skap** *(comp.)* error message. ~**vind** foutge= find fault, carp,
*(infml.)* nit-pick. ~**vinder, ~soeker** faultfinder, carper; *(infml.)*
nit-picker. ~**vry** flawless *(gem)*; without defect.
**fou·teer** *(ge)* err, go wrong, make a mistake.
**fou·tief** =tiewe defective, erroneous, faulty, wrong, mistaken;
~*tiewe inskrywing* misentry.
**fout·jie** =jies slight mistake.
**fout·loos, fou·te·loos** =lose =loser =loosste faultless, flaw=
less.
**foy·er** =ers foyer.
**fraai** fraai fraaier fraaiste beautiful, pretty, fine, handsome,
fair. **fraai·heid** beauty, prettiness, elegance, handsomeness.
**frag·ment** =mente, n. fragment, piece. **frag·men·ta·ries** =riese
fragmentary, scrappy. **frag·men·teer** vb. fragment. **frag·men=
te·ring** fragmentation.
**frai·ing** =ings edging, fringe; trimming, tag; *(bot., zool.)* tassel,
fimbria; fringing; *met ~s* fimbriate(d), fringed; *iets met ~s
omsoom* fringe s.t.. ~**poot** *(orn.)* phalarope.
**frai·ing·ag·tig** =tige fimbriate(d), fringed.
**frak·sie** =sies fraction. **frak·si·o·neel** =nele fractional.
**frak·si·o·neer** ge= fractionate. **frak·si·o·ne·ring** fractiona=
tion.
**frak·tuur** =ture, (med.)* fracture.
**fram·boos** =bose raspberry. ~**drank** raspberry cordial. ~**kon=
fyt** raspberry jam. ~**rooi** n. raspberry. ~**rooi, framboosklеu=
rig** adj. raspberry.
**Fran·cis·kus, Fran·sis·kus:** sint ~ van Assisi Saint Fran=
cis of Assisi. **Fran·cis·kaan, Fran·sis·kaan** =kane, **Fran·cis=
ka·ner, Fran·sis·ka·ner** =ners, n., (also f~)* Franciscan, Grey
Friar. **Fran·cis·kaans, Fran·sis·kaans** =kaanse, adj., (also f~)*
Franciscan.
**fran·gi·pa·ni** =ni's, (bot.)* frangipani, temple flower.
**frank** frank, (former Fr. monetary unit)* franc.
**fran·keer** (ge)* stamp, frank, prepay *(a letter)*; ge=de koevert
stamped envelope. ~**koste, frankeringskoste** postage *(of a*

*letter);* carriage *(of a parcel).* **~masjien** franking machine. **fran·ke·ring** postage.

**Frank·furt** *n., (geog.)* Frankfurt *(in Germ.).* **Frank·fur·ter** *(inhabitant)* Frankfurter; *(sausage,* f~*)* frankfurter. **Frank·furts** *adj.* Frankfurt.

**fran·ki·um, fran·si·um** *(chem., symb.:* Fr*)* francium.

**fran·ko** franco, post-free, post-paid, postage paid; carriage free.

**Fran·ko·fiel** *n.* Francophil(e).

**Frank·ryk** *(geog.)* France.

**Frans** *n., (lang.)* French; *die* ~*e, (pl.)* the French. **Frans** *Franse, adj.* French; ~*e* **brood** French bread/loaf; ~*e* **dashond** basset (hound); ~*e* **horing,** *(mus.)* French horn; ~*e* **knopie,** *(embroidery)* French knot; ~*e* **mosterd** French mustard; ~*e* **roosterbrood** French toast; ~*e* **slaaisous** French (salad) dressing, vinaigrette (sauce); ~*e* **titel,** *(typ.)* fly title, half-title. ~**-Guiana** *(geog.)* French Guiana. ~**-Kanada** French Canada. ~**-Kanadees** *-dese, n.* French Canadian. ~**-Kanadees** *-dese, adj.* French-Canadian. ~**man** *-manne, Franse* Frenchman.

**frans·:** ~**druiwe** *(also* F~*)* French grapes. ~**madam** *-damme, -dams, (icht.)* fransmadam. ~**wit** *(paint)* silver white.

**Frans·ge·sind** *-sinde, adj.* pro-French, Francophil(e). **Frans ge·sin·de** *-des, n.* Francophil(e). **Frans·ge·sind·heid** Francophilia, Gallomania.

**Fran·sis·kus** →FRANCISKUS.

**Frans·spre·kend** *-kende,* **Frans·ta·lig** *-lige, adj.* French(-speaking), French-language; French-medium, Francophone.

**fra·se** *-ses* phrase. **fra·seer** *(ge)-* phrase. **fra·se·o·lo·gie** phraseology. **fra·se·ring** *-rings, -ringe* phrasing.

**fra·ter** *-ters* (Christian) brother. **fra·ter·ni·seer** *ge-* fraternise.

**frats** *fratse* quirk, whim, caprice; prank, trick, antic; *(in the pl., also)* buffoonery, clownery; freak. ~**ongeluk** freak accident. ~**vertoning** freak show. ~**storm** freak storm. ~**weer** freak weather.

**frees** *frese, n.* fraise; cutter *(of a lathe).* **frees** *ge-, vb.* fraise; mill. ~**bank,** ~**masjien** milling machine; shaper. ~**werker** millwright.

**free·si·a** *-as, (bot.)* freesia.

**fre·gat** *-gatte* frigate. ~**voël** *(Fregata* spp.*)* frigatebird.

**fre·kwen·sie** *-sies* frequency; incidence. ~**band** frequency band. ~**diagram** *(stat.)* frequency diagram. ~**kolomdiagram** histogram. ~**kromme** *(stat.)* frequency curve. ~**modulasie** frequency modulation. ~**verdeling** *(stat.)* frequency distribution.

**fre·kwent** *-kwente, adj.* frequent. **fre·kwen·ta·tief** *-tiewe, n. & adj.* frequentative, iterative.

**fre·ne·ties** *-tiese* frantic, frenetic; ~*e pogings aanwend* try frantically.

**fres·ko** *-ko's* fresco.

**fret** *frette, (zool.: Mustela furo)* ferret; *(orn.: Spermestes* spp.*)* mannikin; *(tech.)* gimlet; *met* ~*te jag* ferret. ~**boor** gimlet. ~**saag** fret saw.

**Freu·di·aan** *-ane, n., (also* f~*)* Freudian. **Freu·di·aans** *-aanse, adj., (also* f~*)* Freudian; ~*e glips* Freudian slip. **Freu·di·a·nis·me, Freu·dis·me** *(also* f~*)* Freudianism.

**fri·can·deau** *-deaus, (Fr. cook.)* fricandeau.

**Fries** *Friese, n., (inhabitant or lang.)* Fri(e)sian; *(cattle breed, also* f~*)* Friesian. **Fries** *Friese, adj.* Fri(e)sian; ~*e ruiter, (defensive mil. structure)* cheval-de-frise. ~**(bees)** *(also* f~*)* Friesian. ~**beeste,** ~**bul,** ~**koei** *(also* f~*)* Friesian cattle/bull/cow. ~**land** Friesland.

**fries** *friese* frieze, border. ~**lys** frieze moulding. ~**rand** frieze *(on wallpaper).*

**fri·gied** *-giede* frigid, cold, undersexed. **fri·gi·di·teit** frigidity, frigidness, *(med.)* anaphrodisia.

**fri·kas·see** *-sees, n., (cook.)* fricassee. **fri·kas·seer** *ge-, vb.* fricassee.

**fri·ka·tief** *-tiewe, n. & adj., (phon.)* fricative.

**frik·ka·del** *-delle, (cook.)* meatball, rissole, patty, *(SA)* fricadel, *(Afr.)* frikkadel. ~**broodjie** hamburger, (beef)burger.

**frik·ka·del·le·tjie** *-tjies* small meatball/rissole.

**frik·(ke·)boor·tjie** *-tjies, (tech.)* gimlet, wimble.

**frik·sie** friction.

**fris** *fris frisser frisste, adj. & adv.* fresh *(breeze);* cool *(morning);* bracing *(air);* refreshing *(drink);* fit, hale, hearty; muscular, brawny, burly, strapping, sturdy, robust; ~ *gebou* powerfully/strongly/well built, well set up, brawny, burly, strapping, hefty, beefy, broad-shouldered; ~ *en gesond wees* be alive and well, be hale and hearty, be in good shape, be safe and sound. **fris·heid** coolness; freshness; crispness; strength; robustness.

**frit** *n.* glass metal, frit. **frit** *ge-, vb.* frit. **frit·ting** fritting.

**froe·tang** *-tangs, (bot.: Romulea* spp.*)* frutang.

**frok·kie** vest.

**from·mel** *ge-* crumple, rumple; crease, crinkle; fumble. ~**oor** cauliflower ear.

**from·me·ling** crumpling.

**frons** *fronse, n.* frown; scowl, dirty look. **frons** *ge-, vb.* frown, knit/pucker one's brows; scowl; *vir iem.* ~ frown/scowl at s.o.; *met ge~te wenkbroue* frowning, with knitted brows; scowling. **fron·send** *-sende* frowning *(face, looks);* scowling, beetle-browed.

**front** *fronte, n.* front; facade, *(Fr.)* façade, frontage; forefront; facing; *aan die* ~, *(mil.)* at the front; *aan/oor 'n breë* ~ on a wide front; *'n aaneengeslote/verenigde* ~ a united front; *agter die* ~, *(chiefly mil.)* behind the lines; *die* ~ *intrek, (mil.)* fall back. **front** *ge-, vb* front; *die huis* ~ *noord/ens.* the house faces/fronts north/etc.. ~**aansig** front view; front elevation. ~**aanval** frontal attack. ~**breedte** frontage. ~**gebied** front area; frontal area. ~**linie** front line, line of the front. ~**linie state** frontline states. ~**lyn** front line. ~**organisasie** front organisation. ~**skuiling** dugout. ~**troepe** frontline/fighting troops. ~**verandering** change of front, volte-face. ~**vuur** frontal fire.

**fron·taal** *-tale* frontal.

**fron·tel·jak(·druif** *(also* F~*)* Frontignac/Frontignan grape.

**fron·ton** *-tons, (archit.)* pediment, overdoor.

**frot** *(game)* (last) touch, tag; ~ *speel* play touch. ~**speletjie** tagging game.

**fruk·to·se** *(chem.)* fructose, fruit sugar, laevulose.

**frum·mel** *ge-, (dressm.)* gauge. ~**plooi(tjie)** gauge. ~**poeding** *(cook.)* crumble. ~**werk** gauging; smocking.

**frum·mels, from·mels** *n. (pl.), (cook.)* dough cuttings; noodles; home-made vermicelli.

**frus·treer** *(ge)-* frustrate. **frus·tra·sie** *-sies* frustration. **frus·tre·rend** *-rende* frustrating, trying, irritating, exasperating, maddening.

**ftaal·suur** *(chem.)* phthalic acid. **fta·laat** *(chem.)* phthalate.

**fuch·si·a** *-as, (bot.)* fuchsia.

**fuch·sien** *(dye)* fuchsin(e), rosanilin(e), magenta.

**fudge** *(cook.)* fudge.

**fu·ga** *-gas, (mus.)* fugue. ~**komponis** fuguist.

**fuif** *ge-* party, carouse, feast, revel, make merry, spree; *aan die* ~ *wees, (infml.)* be on the spree; *fuiwende studente* partying/carousing students. ~**(party)** (drinking/drunken) party, revel(ry), carouse, carousal, binge, shindig, celebration, jollification, *(sl.)* booze-up.

**fuik** *fuike* hoop/tunnel net, bownet, fish trap; bird trap; buck; (hen)coop, wire cage. ~**blom** trap flower.

**fui·wer** *-wers* reveller, feaster, carouser, boozer, merrymaker, →FUIF. **fui·we·ry** revelry, feasting, carousing, merrymaking.

**fu·ko·se** *(chem.)* fucose.

**ful·gu·riet** *-riete, (geol.)* fulgurite.

**ful·krum** *=krums, (bot.)* fulcrum.

**ful·mi·naat** *=nate, (chem.)* fulminate.

**ful·mi·neer** *ge=* fulminate, thunder against; declaim/inveigh against. **ful·mi·na·sie** *=sies* fulmination. **ful·mi·ne·rend** *=rende, (also med.)* fulminatory.

**ful·veen** *(chem.)* fulvene.

**fu·ma·ro·le** *=les, (geol.)* fumarole, fumerole.

**fu·mi·geer** *ge=* fumigate. **fu·mi·ga·sie** *=sies* fumigation.

**fun·da·men·ta·lis** *=liste, n.* fundamentalist. **fun·da·men·ta·lis·me** fundamentalism. **fun·da·men·ta·lis·ties** *=tiese, adj.* fundamentalist.

**fun·da·men·teel** *=tele* fundamental, basic, prime, underlying, quintessential; primary *(colour)*; ~tele voorwaarde, *(also, fig.)* bottom line.

**fun·deer** *(ge)* ground; *'n lening* ~ fund a loan. **fun·de·ring** *=rings, =ringe* foundation, grounding; funding *(of a debt)*. **fun·de·ring·stel·sel** funding system.

**fun·de·rings·:** *~lening* funding loan. *~ooreenkoms* funding agreement.

**fun·di** →FOENDI.

**fun·geer** *(ge)* act; *as ...* ~ act/function/officiate/serve as ... **fun·ge·rend** *=rende, adj. & adv.* acting, deputy; functional, functioning.

**fun·gus** *fungusse, fungi* fungus. **fun·go·ïed** *=goïede* fungoid.

**fu·ni·ku·lêr** *=lêre, n. & adj.* funicular.

**funk·sie** *=sies, n.* function; *in sy/haar* ~ *as/van ...* in his/her capacity as/of ...; *'n* ~ *uitoefen/waarneem* perform a function. *~toets (comp.)* function key.

**funk·si·o·na·lis·me** functionalism.

**funk·si·o·na·ris** *=risse* functionary.

**funk·si·o·neel** *=nele, adj. & adv.* functional; functionary; ~ *ongeletterd* functionally illiterate.

**funk·si·o·neer** *ge=, vb.* function.

**Fu·rie** *=rieë, =ries, (class. myth.)* Fury; *die ~rieë/~ries* the Furies. **fu·rie** fury.

**fur·long** *=longs, (horse-racing distance)* furlong.

**fu·ro·re** *(It.)* furore; ~ *maak* cause/make a furore, *(infml.)* make/score a hit.

**fu·run·kel** *=kels, (pathol.)* furuncle, boil.

**fu·sie** *=sies* fusion, amalgamation, merger.

**fu·siet** *(chem.)* fusite.

**fu·sil·leer** *ge=* shoot, execute by firing squad. **fu·sil·la·de** *=des* fusillade.

**fu·sil·li** *(It. cook., also skroefnoedels)* fusilli.

**fus·tein** *(text.)* fustian.

**fus·tiek(·hout)** fustic (wood).

**fut** go, spirit, drive, push, (vim and) vigour, dash, *(infml.)* getup-and-go, zip; guts, pluck, grit, mettle; *iem. se* ~ *is uit* s.o. has no kick/go/pep left (in him/her); *iem. se* ~ *is nog (lank) nie uit nie, (infml.)* s.o. still has a lot of kick in him/her, there's life in the old dog yet; *vol* ~ *wees* be full of push and go, have plenty *(or a lot of)* of spirit/go.

**fu·tiel** *=tiele* futile. **fu·ti·li·teit** *=teite* futility.

**fut·loos** *=lose* washed out, drained, lacklustre, listless, lethargic, spiritless, gormless, without drive/go; flat, droopy, flabby, flaccid; lifeless, bland, desiccated. **fut·loos·heid** listlessness; lifelessness.

**fu·ton** *=tons, (Jap. cotton mattress)* futon.

**fut·sel** *ge=* fiddle, tinker, tamper; trifle, potter. **fut·se·laar** trifler, potterer, tinkerer, idler. **fut·se·la·ry, fut·sel·ry** fiddling, tampering; trifling, idling.

**fu·tu·ris** *=riste* futurist. **fu·tu·ris·me** futurism. **fu·tu·ris·ties** *=tiese* futurist(ic).

**fu·tu·ro·lo·gie** futurology. **fu·tu·ro·lo·gies** *=giese* futurological.

**fu·tu·rum** *=turums, =tura, (gram.)* future.

**fyn** *fyn fyner fynste, adj. & adv.* fine *(sand, gold, fabric, lace, lady, nose, wool)*; delicate *(flower, taste)*; choice, exquisite *(food, drink, work of art)*; dainty *(food, hand)*; delicate, tender *(skin)*; fine, small *(print)*; delicate *(handwriting)*; smooth *(jam)*; refined *(people)*; high-class *(restaurant, shop)*; fashionable *(neighbourhood)*; ground *(cinnamon, ginger, pepper)*; mashed *(potatoes)*; close *(analysis, texture)*; nice, subtle, fine *(distinctions)*; fiddly *(job etc.)*; diminutive; sensitive; finely, delicately; ~ *van begrip* shrewd, perspicacious; ~ *van draad* close-grained; *(infml.)* sensitive, touchy; ~ *druk* fine print; ~ **erts, *(min.)*** fines; ~ *en flenters* in smithereens; *'n* ~ *gehoor hê* have a fine ear; ~ *houtjies* kindling; ~ *instrumente* instruments of precision; ~ *oplet* attend/observe/watch carefully; *die* ~ *puntjies* the finer points; *'n* ~ *reuk hê* have a keen smell; ~ *sout* table/refined salt; ~ *met ... spot* mock ... subtly; ~ **steenkool** fines; *met 'n* ~ **stemmetjie** in a small/tiny/thin voice; ~ *trap/loop* go/tred warily, be careful; *'n* ~ *uitgedinkte plan* a deep-laid plan; *uitgevat wees* be smartly/exquisitely dressed; *van die* ~*ste ... ...* of the finest quality *(or the first water)*. *~bakker* confectioner. **~besnaar(d)** highly/finely strung. **~besnede:** ~ *(gelaats)trekke* clear-cut *(or finely chiselled)* features. **~blaarvaring** *(Adiantum* spp.*)* maidenhair fern. **~bos** scrub, shrubbery; *(bot.)* fynbos. **~chemikalie** fine chemical. **~druk** *fynge=* squash; mash. **~gebak** confectionery, patisserie. **~gebalanseer** *=seerde, (also* fyn gebalanseer*)* finely balanced. **~gebou(d)** *=boude, (also* fyn gebou[d]*)* slightly built. **~gekartel(d)** *=telde, (biol., tech.)* crenulate(d). **~gekerf** *=de, (also* fyn gekerf*)* finely cut; *=de tabak* navy cut tobacco. **~gemaak** *=maakte* ground, pounded, pestled; mashed, squashed; →FYNMAAK; *=te aartappels* mashed potatoes. **~geplooi(d)** *=plooide* puckered, plicate(d). **~gesaag** *=saagde* serrulate(d); →FYNSAAG *vb.*. **~gestoof** *=stoofde: ~de haas* jugged hare. **~gestreep** *=streepte, (ook* fyn gestreep*)* finely lined; pencilled. **~getand** *=tande* denticulate(d). **~gevoelig** *=lige* delicate; sensitive, thin-skinned, touchy. **~gevoeligheid** delicacy; sensitiveness, sensibility, touchiness. **~gewig** fine weight; troy (weight). **~goud:** *stawe* ~ fine gold bars. **~kam** *n.* fine-/small-tooth(ed) comb; nit comb. **~kam** *ge=, vb.* comb out; search closely, go through with a fine-tooth(ed) comb, (fine-)comb; scour. **~kap** *fynge=* chop up (small), hew/hack up. **~klerasie** lingerie. **~konfyt** (smooth) jam. **~korrelrig** *=rige* fine-, close-grained. **~kos** delicacy, delicatessen. **~kou** *fynge=* masticate. **~maak** *fynge=* crush, grind; mash, squash; pulverise, break up/down; pound, pestle. **~maal** *fynge=* mince; grind (up/down), granulate, mill; *(tech.)* masticate; *fyngemaalde vrugte* mincemeat. **~maker** blender. **~meel** flour, farina. **~ons** fine ounce; *60 miljoen* ~ *goud* 60 million fine ounces of gold. **~polering** buffing. **~proewer** →FYNPROEWER. **~saag** *n.* fret saw. **~saag** *fynge=, vb.* do fretwork. **~saagwerk** fretwork, fret cutting. **~skeur** *fynge=* shred, tear to shreds. **~skut** marksman, sniper. **~skuur** *fynge=* buff. **~skuurder, ~skuurskyf** buff. **~slaan** *fynge=* pound, knock to pieces. **~slyp** *fynge=* lap. **~slyper** precision grinder; lapper; *(disc)* lap. **~slypmasjien** lapping machine. **~sny** *fynge=* cut up fine(ly), chop up. **~staal** sheer steel. **~stamp** *fynge=* pound, mash, pulverise, pestle, bray. **~stelling** fine adjustment. **~stopwerk** invisible mending. **~tuin** kitchen/herb garden; flower garden. **~vryf, ~vrywe** *fynge=* pulverise; powder, levigate, pound, rub down; *(tech.)* triturate. **~vuur** precision fire. **~werker** precision engineer. **~wol** fine wool.

**fyn·ge·ma·nierd** *=nierde, (also* fyn gemanierd*)* urbane, civil. **fyn·ge·ma·nierd·heid** urbanity.

**fyn·heid** fineness; nicety; delicacy; daintiness, subtlety. **fy·nig·he·de** finer points. **fy·nig·heid** *=hede* finesse, nicety, trick.

**fyn·proe·wer** connoisseur; epicure, gourmet; *(infml.)* foodie, foody. **fyn·proe·wers·dis** gourmet dish.

**fyn·sin·nig** *=nige* subtle. **fyn·sin·nig·heid** subtlety.

**fyn·tjies** cleverly, smartly; ~ *met iem. spot* tease/mock/rib s.o. subtly.

**fyt** *fyte, (med.)* whitlow.

# Gg

**g** *g's*, **G** *G's*, *(7th letter of the alphabet)* g, G. **G6-houwitser** *(SA, mil.)* G6 howitzer. **G7** *(int. pol., abbr.:* Group of Seven*)* G7. **G7-lande** G7 countries. **G-kol** *(anat.)* G spot. **G-kruis** *(mus.)* G sharp. **G-mol** *(mus.)* G flat. **g'tjie** *tjies* little g.

**ga** *interj.*, *(infml.)* yec(c)h!, yu(c)k!, ugh!, *(SA, infml.)* sis!.

**gaaf** *gawe gawer gaafste* fine, good, nice; likable, friendly; excellent, sound; *dis ~ **dat*** ... it is nice that ...; *dis ~!* that's fine!; *'n gawe **kêrel*** a nice guy, a fine fellow; *'n gawe **meisie*** a nice/pleasant girl, an amiable girl; *gawe **nuus*** welcome news; *dis ~ om te ...* it is nice of s.o. to ...; *wees so ~ om te ...!* please ...!, be an angel and ...! *(infml.)*; *sal jy so ~ wees om te ...?* will you please ...?; *dit was ~ **om** jou te ontmoet* it's been nice meeting you; *gawe **ouens** kom tweede/laaste (of is nie wenners nie)* nice guys finish last; *~ wees teenoor iem.* be nice to s.o.. **gaaf·heid** amiability.

**gaan** *ge* go; move, walk; move on; *(geog.)* trend; →GAANDE, GANERY; ***aan** die huil/lag/ens.* start *(or* burst out) crying/laughing/etc.; *die prys/ens. ~ **aan** ...* the prize/etc. goes to ...; *dit ~ **(as)of** ...* it sounds as if ...; *dit ~ **beter** met iem.* s.o. is (feeling) better; *dalk ~ dit 'n volgende keer **beter*** better luck next time!; *... ~ **bo alles**, (the safety of one's children etc.) ...* comes before everything else; *daar ~ hulle!* they're away/off!; *daaroor/daarom ~ dit (nie)* that is (not) the question/point; *daaroor/daarom ~ dit juis* that's the whole point; ***deur** iets ~* go through s.t.; pass through s.t.; *dit ~ ...* it is going to ... *(rain etc.)*; *iets ~ **doen*** go and do s.t.; go to do s.t.; *iem. ~ dit **doen*** s.o. is going to do it; *jy/julle ~ dit **doen!**, (also)* you must do it!, you'll have to do it!; *dit ~ **goed*** it goes well, things are going well; *dit ~ **goed** met iem.* s.o. is doing nicely/well; *dit ~ **goed** (met my)* I'm fine; *dit ~ **heeltemal goed** (met my)* I am very well; *dit ~ jou **goed!*** all the best!; good luck (to you)!; *~ dit **goed?*** I hope you are well; *as alles **goed** ~* if all goes well; *waar ~ dit **heen?*** what is the world coming to?; *dit **kan** ~, (infml.)* it might pass in a crowd; *kom ons ~!* let's go!; *iem. liewer sien ~ as **kom*** rather see s.o.'s back than his/her face; *iem. ~ tot 'n val **kom*** s.o. is heading for a fall; *ons ~ nog reën/ens. **kry*** we are in for more rain/etc.; *jou **laat** ~* let o.s. go; *iem. **laat** ~* let s.o. go; dismiss s.o.; *laat my ~!* let me go!; *laat dit ~ soos dit **wil*** I don't care what happens; *iem. **moet** ~* s.o. has to go; s.o. is to go; *ek **moet** nou ~* I have to go now; *dit ~ (vir) **my** ek hoor iets* I seem to hear s.t.; *dit ~ (vir) **my** hier kom iemand* I think I hear someone coming; *na Durban/ens. **toe** ~* go to Durban/etc.; *oor iets ~ **nadink*** give s.t. some thought, reflect on s.t., apply one's mind to s.t.; *ek/ons ~ **nou*** I'm/we're going/leaving (now), I'm/we're off; *dit ~ **om** ... ...* is at stake; *dit ~ **by/vir** iem. **om** ...* s.o.'s concern is with ...; *dit ~ **om** oorlewing* the name of the game is survival; *dit ~ **oor** ...* it is about ...; it deals with ...; *die verslag ~ **oor** ...* the report covers ...; *jou vingers/ens. **oor** iets laat ~* run one's fingers/etc. over s.t.; ***op** iets ~* go by/(up)on s.t. *(one's feelings etc.)*; depend (up)on s.t.; ***opsy** ~* go/stand aside; ***regs** af ~* turn right; *dit **sal** ~* it/that will do; *iem. **sal** ~* s.o. will go; s.o. is to go; *dit ~ **sleg*** things are going badly; *so ~ dit* so it goes; *so ~ dit maar* that/such is the way of the world, that's how things go; *dit ~ **soos** 'n ...* it sounds like a ...; *iem. moet nog **ver/vêr** ~* s.o. has a long way to go; *so **ver/vêr** ~* go that far; *so **ver/vêr** ~ om te ...* go to the length of ...; *dis so **ver/vêr** as ek sal ~* this is

where I draw the line; *te **ver/vêr** ~* go too far; *dit ~ te **ver/vêr**, (also)* that/this is the limit, it is/goes beyond a joke; *verder/vêrder as ... ~* go beyond ...; *na 'n vertoning/lesing/diens/ens. ~* attend a show/lecture/service/etc.; *vir ... ~ go for ... (weeks/months/etc.);* go *(or* be sold) for ..., fetch ... *(R1000 etc.); iets ~ by iem.* **voor** alles s.t. is s.o.'s top priority; *~ (jy)* **voor!** after you!; *alles ~ **voorspoedig*** everything is going well; *waar iem. ook al ~* wherever s.o. goes; *die saak **waarom/waaroor** dit ~* the point in question; the matter/point in dispute; *dit is juis **waarom/waaroor** dit ~* that is just the point; ***waaroor** ~ dit (nou eintlik)?* what's it (all) about?; *~ **was** jou hande!* go and wash your hands!; *dit ~ jou **wel!*** good luck!; *die **wysie** ~ so* the tune goes like this. **~sitslag** *slae, (infml.):* met die ~ het iem. ... when s.o. sat down ... **~slaaptyd** *tye, (infml.)* bedtime, sleeping time.

**gaan·de** going; *die gemoedere is ~* feelings are running high; *die belangstelling ~ **hou*** keep interest alive; *iets ~ **hou*** keep s.t. going; *... ~ **maak*** let loose ...; stir up ... *(curiosity etc.);* provoke ... *(s.o.'s anger etc.);* rouse ... *(s.o.'s sympathy);* stir ... *(s.o.'s pity); iem. so ~ **maak** dat hy/sy iets doen* provoke s.o. to s.t. *(or* into doing s.t.); *~ **wees** oor iem.* be keen on s.o., *(infml.)* have the hots for s.o.; *~ **wees** oor iets* be excited about s.t.; *die **publiek** ~ **maak*** cause public excitement; *wat is ~?* what's going on?, *(infml.)*what's cooking/up?. **gaan·de·weg** by degrees, gradually, little by little.

**gaap** *gape, n.* yawn, yawning; *'n ~ **onderdruk*** smother/stifle a yawn. **gaap** *ge*, *vb.* yawn; gape *(with astonishment); iem. lang gape laat ~, (infml.)* bore the pants off s.o.. **~skulp** *(Mya* spp.) clam, gaper (shell). **~wurm** gapeworm.

**gaar** *~ gaarder gaarste, adj.* (well) cooked, done; *(infml.)* perished; *(infml.: inebriated)* legless, paralytic, wasted; *iets ~ **bak*** bake s.t. until done; *die broek/ens. is ~, (infml.)* the trousers/etc. are worn threadbare; *iets ~ **dra**, (infml.)* wear s.t. till it falls to pieces; ***goed** ~ **wees**, (steak)* be well done; *hoe ~ moet dit vir jou wees?, (of meat)* how do you like it?; *iets ~ **kook*** cook s.t.; *iets te ~ **kook*** overboil s.t.; *te ~ **wees*** be overdone. **~maak** *n.* cooking, preparation. **~maak** *gaarge*, *vb.* cook, prepare *(food);* **~maakmetode** method of cooking/preparing *(food)*.

**gaar·heid** state of being done; temper, refined state *(of steel)*.

**gaas** gauze, netting; (embroidery) canvas; lint; lawn; network; *fyn ~* gossamer. **~doek** gauze; cheesecloth. **~draad** wire gauze.

**gaas·ag·tig** *tige* gauzy.

**gaas·vler·kig** *kige* lacewinged.

**gaat** *vb., (obs., joc.)* go; →GAAN; *daar ~ hy!, (infml.: a toast)* bottoms up!, down the hatch!; *daar ~ hy/jy!, (also, infml.)* here goes!.

**gaat·jie** *jies, (dim.)* (little) hole; finger hole, ventage *(of a flute),* orifice; pore; pit; perforation; *(biol.)* foramen; puncture; variole; *(also, in the pl.)* drills *(for vegetables);* →GAT[1]; *~s in iets steek* perforate s.t.; *~s in jou ore laat maak/steek/skiet* have one's ears pierced. **~bloes(e)** peekaboo blouse. **~frokkie** string vest.

**gaat·jie(s):** **~drukker** punch plier(s).

**gaat·jies:** **~borduurwerk** eyelet embroidery. **~dier** foraminifer. **~lepel** perforated/draining spoon.

**gaats** *interj.* →GATS.

**ga·bar·dien** *(text.)* gabardine, gaberdine.

**gab·ba** *=bas, (infml.: friend)* pal, chum, mate, *(sl.)* china.

**gab·bro** *=bro's, (geol.)* gabbro. **gab·bro·ï·daal** *=dale* gabbroidal.

**Ga·boen** *(geog.)* Gabon. **g~adder** Gaboon viper.

**Ga·boe·nees** *=nese, n. & adj.* Gabonese.

**Ga·bri·ël** *(Bib.)* Gabriel.

**ga·de** *=des* consort, spouse; husband, wife; marriage partner.

**ga·de·slaan** *gadege=* observe, regard, watch.

**ga·do·li·ni·um** *(chem., symb.:* Gd*)* gadolinium. **ga·do·li·niet** *(min.)* gadolinite.

**Gae·lies** *n., (lang.)* Gaelic. **Gae·lies** *=liese, adj.* Gaelic.

**gaf·fel** *=fels, n.* prong; pitchfork, fork; gaff *(of a ship).* **gaf·fel** *ge=, vb.* pitchfork, toss *(hay);* gore *(with horns).* **~bok** prong=horn (antelope). **gaf·fel·vor·mig** *=mige* forked, pronged, bifurcate(d), furcate.

**gaf·(fel·)top·seil** gaff topsail.

**gag·ga** *adj., (infml.)* yucky, yukky.

**Gai·a** *(Gr. myth.: goddess of the earth)* Gaea, Gaia, Ge.

**gal**[1] bile, gall *(lit., fig.);* wormwood *(fig.);* ~ *braak/afgaan teen* ... vent one's spleen against/on ...; *jou pen in ~ doop, (idm.)* dip one's pen in gall; *met iem. se ~ werk, (infml.)* give s.o. what for *(infml.).* **~bitter** as bitter as gall, extremely bitter. **~blaas** gall bladder. **~blaasontsteking** cholecystitis. **~brakery** outpour of virulence/distaste. **~bult** *(pathol.)* heat bump, papule, papula, wheal; *(in the pl., also)* nettle rash, hives, (papular) urticaria. **~koors** biliary fever. **~lamsiekte, lamsiek(te)** *(vet.)* gallamsiekte, botulism, bovine parabotulism. **~steen** gallstone, bile stone, biliary calculus.

**gal**[2] *galle, (bot.)* gall. **~appel, ~neut** oak apple/gall, gall nut, nutgall. **~eik** gall oak. **~vlieg** gallfly.

**ga·la** *=las* festival, gala; *in ~, (fml. dress code)* in full gala/dress, in state. **~-aand** gala night. **~-aanders** *n. (pl.), (infml.)* gliterati. **~bal** gala/dress/state ball. **~dag** *(sport)* gala/field day. **~konsert** command performance. **~-opvoering, ~-uitvoering, ~vertoning** gala performance. **~-uniform** dress uniform.

**gal·ag·tig** *=tige* bilious *(lit.);* choleric *(fig.).* **gal·ag·tig·heid** biliousness *(lit.);* choler, bile, spleen *(fig.).*

**ga·lak·sie, ga·lak·ti·ka** *(astron.)* galaxy.

**ga·lak·to·se** *(biochem.)* galactose, milk sugar.

**ga·lant** *=lante* courteous, polite, gallant. **ga·lan·te·rie** *=rieë* courtesy, gallantry, politeness.

**ga·lan·tien** *(cook.)* galantine.

**ga·lei** *=leie, (naut.)* galley, long ship. **~proef** *(print.)* galley (proof), pull.

**ga·le·niet** *(min.)* galena, galenite.

**ga·le·ry** *=rye* gallery; balcony *(in a theatr.);* loft; *(min.)* drift way, drive, heading.

**galg** *galge* gallows, gallows tree, gibbet; *aan die ~ sterf* die on the gallows; *die ~ vryspring* save one's neck. **~berou** *nabe=rou is* remorse is ever too late. **~dood** *die ~ sterf* die on the gallows/gibbet. **~hout** gallows tree. **~paal** gallows tree. **~tou** halter, hangman's noose, gallows rope, hempen rope.

**galg·ge·:** **~humor** gallows humour, grim/morbid/sardonic/black humour. **~tronie** *(infml.)* gallows face, hangdog face.

**Ga·li·leo** *(It. astronomer, full name* Galileo Galilei, *1564-1642)* Galileo.

**gal·joen** *=joene, (icht.)* galjoen; *(naut.)* galleon.

**gal·laat** *=late, (chem.)* gallate.

**gal·le·rig** bilious. **gal·le·rig·heid** biliousness.

**Gal·li·ë** *(geog., hist.)* Gaul. **Gal·li·ër** *=liërs* Gaul. **Gal·lies** *=liese* Gallic, Gaulic, Gaulish. **Gal·li·sis·me** *=mes, (Fr. idm., also* g~*)* Gallicism.

**Gal·lo·fiel** *=fiele, n. & adj.* Gallophil(e), Francophil(e).

**Gal·lo·fo·bie** Gallophobia, Francophobia.

**Gal·lo·ma·nie** Gallomania.

**galm** *galme, galms, n.* boom(ing), peal, reverberation, (boom=ing) sound; bawling sound *(of a voice).* **galm** *ge=, vb., (voice)* bawl; *(bell)* peal, boom, (re-)echo, (re)sound, clang. **gal·mend** clangorous.

**ga·lon** *=lons, =lonne* braid, braiding, galloon. **~werk** braiding, galloon; *(embroidery)* braidwork.

**ga·lop** *n.* gallop *(of a horse);* *(dance)* galop; *op 'n kort ~ ry* ride at a canter; *op 'n ~ at a gallop;* *'n perd op 'n ~ trek* put a horse into a gallop. **ga·lop, ga·lop·peer** *ge=, vb., (a horse)* gallop. **~draf** canter.

**ga·lop·pie** *=pies* little gallop; *op 'n kort ~ ry* canter.

**gal·ste·rig** *=rige* rancid, rank, strong. **gal·ste·rig·heid** rancidity, rankness; unctuousness.

**gal·va·nies** *=niese, (elec.)* galvanic; *~e battery* galvanic/voltaic battery; *~e neerslag* electrolytic deposit; *~e oortrek=king* electroplating; *~e yster* galvanised iron, tin. **gal·va·ni·sa·sie** galvanisation. **gal·va·ni·seer** *ge=* galvanise; *ge=de yster* galvanised iron, tin. **gal·va·ni·se·ring** galvanisation. **gal·va·nis·me** galvanism, voltaic electricity, voltaism.

**gal·va·no** *=no's, (print.)* galvano, electrotype.

**gal·va·no·** *comb.* **~meter** galvanometer. **~plaat** *(print.)* elec=trotype (plate) **~plastiek** galvanoplastic art, galvanoplastics, galvanoplasty, electrometallurgy; electrodeposition, electro=typy. **~skoop** *=skope* galvanoscope, current-indicator. **~ti=pie** *(print.)* galvanotypy, electrotypy.

**Ga·ma·li·ël** *(NT)* Gamaliel; *aan die voete van ~ sit, (idm.)* study under a recognised authority.

**ga·man·der** *(bot.: Teucrium* spp.*)* germander.

**gam·biet** *=biete, (chess)* gambit.

**ga·meet** *=mete, (genet.)* gamete. **~draer** *(bot.)* gametophore. **~oordrag:** *intrafallopiese ~, (med.)* gamete intrafallopian transfer *(abbr.:* GIFT*).*

**ga·me·to·fiet** *=fiete, (bot.)* gametophyte.

**gam·ma** *=mas, (letter)* gamma; gamut, scale. **~strale** *(phys.)* gamma rays.

**ga·ne·ry** *n.* going (away); →GAAN.

**gang** *gange, n.* passage, corridor; passageway, aisle; gangway; drive, heading, level, stope, tunnel, flue; *(geol.)* dyke; *(anat.)* canal, duct; gait *(of a pers.),* pace *(of a horse);* amble *(of a horse);* rate of movement, speed, velocity; run(ning); *(mot.)* gear, speed; course; trend; march; race *(for livestock);* head=way; *aan die ~ wees, (s.o.)* be busy *(or on the go);* *(s.t.)* be on; *(s.t.)* be in progress; *(s.t.)* be under way; *(production etc.)* be on stream; *iets is al aan die ~, (a meeting, lecture, show, etc.)* s.t. has already begun; *iem. aan sy/haar ~ ken* know s.o. by his/her gait/walk; *aan die ~ bly* keep going; *jou eie ~ gaan* live one's own life; go one's own (sweet) way; *nog fluks aan die ~ wees* be still going strong; *jou ~ gaan* go one's way; *iem. sy/haar (eie) ~ laat gaan* let s.o. have his/her way; give s.o. his/her head; leave s.o. to his/her own devices; *eenvoudig jou ~ gaan* just go ahead; *iets sy ~ laat gaan* let s.t. take its course; *'n perd sy ~ laat gaan* give a horse the reins; *gaan jou ~!* do as you please!, please yourself!, be my guest! *(infml.);* all right!; go ahead!; *in die gewone ~ van sake* in the ordi=nary course (of events); *iets aan die ~ hê* have s.t. on; *iem. aan die ~ help* give s.o. a start (in life); *iem. aan die ~ hou* keep s.o. going; keep s.o. on the move; *iets aan die ~ hou* keep s.t. going; keep up s.t. *(a correspondence etc.);* *die saak aan die ~ hou* keep the ball rolling; *iets is* (of *daar is iets*) *aan die ~* something is going on; something is brewing/up, there is something in the wind; *aan die ~ kom* get going, get started, get going, get moving; get under way; get busy, *(infml.)* get crack=ing; get off the ground *(infml.);* *stadig aan die ~ kom* be slow off the mark; *iets om mee aan die ~ te kom* s.t. to carry on with; *iets aan die ~ kry* get s.t. to start *(a car etc.);* get s.t.

going; get s.t. moving; *(infml.)* get s.t. off the ground (*or* up and running) *(a project etc.); dit is al* **lank** *aan die* ~ it has been going on for a long time; *die* **natuurlike** ~ *van sake* the natural order of things; *die* **rustige** ~ *van iem. se lewe* the even tenor of s.o.'s life; *iets aan die* ~ *sit* start s.t. up *(an engine etc.);* get/set s.t. going; set s.t. in motion; bring s.t. into action; initiate s.t., set the ball rolling; spark s.t. off *(a war, a rush, etc.);* trigger s.t. off; set s.t. off; *daar sit g'n* ~ *in nie* there is no fluency/go in it; *iets aan die* ~ **skop** kick-start s.t. *(a motorcycle etc.); iets aan die* ~ **stoot** push-start/jump-start s.t. *(a car); terwyl jy aan die* ~ *is* while you are at it *(infml.); in* **volle** ~ *wees* be in full swing; *iets is in volle* ~, *(also, season etc.)* s.t. is at its height; *wat is aan die* ~? what's going on?, *(infml.)* what's cooking/up?; *weer aan die* ~ *wees* be at it again. ~**deur** passage door. ~**lamp** hall lamp. ~**loper** passage runner/carpet; hall carpet; *(horse)* ambler, pacer. ~**maak** *gangge=* pace. ~**maker** *(med.)* pacemaker; *(athl.)* pacesetter; cheerleader. ~**mat** hall mat.

**gang·baar** *=bare* current *(words);* in common use; passable, *(infml.)* goodish; *~bare munt* currency; *dit is nie meer* ~ *nie* this is out of date; *~bare sin van die woord* accepted sense of the word. **gang·baar·heid** currency, passableness.

**Gan·ges** *(Ind., Bangladeshi river)* Ganges.

**gan·ge·tjie** *=tjies* narrow passage; alley; *(cr.)* gully.

**gan·gli·on** *=gliëe, =glia, (neurology)* ganglion.

**gan·green** *(pathol.)* gangrene. **gan·gre·neus** *=neuse* gangrenous.

**gan·ja** *(cannabis)* ganja.

**gan·na** *=nas, (bot.)* ganna, lye bush. ~-**as** ganna ash, ash of the lye bush. ~**bos** lye bush.

**gans**[1] *ganse, n.* goose; *~e aanja(ag), (also, idm.: walk with a drunken gait)* drive turkeys to market; *die* ~ *slag wat die* **goue** *eiers lê, (idm.)* kill the goose that lays the golden eggs; *jong* ~ gosling; *'n* **troppie** *~e* a gaggle of geese. ~**blom** marigold; marguerite, ox-eye daisy. ~**eier** goose egg. ~**hok** goose pen. ~**kuiken** gosling. ~**lewer** *(cook.)* goose liver, foie gras *(Fr.),* ~**lewerpastei, =patee, =smeer** goose liver pie, pâté de foie gras. ~**mannetjie** gander. ~**mis** goose droppings; *(bot.)* gansmis, bird-dropping(s) plant. ~**nek** gooseneck; grease trap. ~**pen, =veer** goose quill, goose feather. ~**voet** goosefoot; goosefoot, pigweed. ~**wagter** gooseherd. ~**wyfie** (female) goose.

**gans**[2] *ganse, adj.* all, entire, whole; *die ~(k)e dag* the whole day, the livelong day; *die ~e* **wêreld** all the world, the world at large, everyone. **gans** *adv.* entirely, wholly, altogether; ~ *en* **al** absolutely; ~ *en al nie* not at all, not by any means, by no means; ~ **anders** totally different; ~ *te* ... altogether too ...

**gans·ag·tig** *=tige* goosey.

**gan·sie** *=sies, (dim.)* goosey, gosling; *(in the pl., bot.)* (pods of) cancer bush; wild cotton, milkweed.

**ga·pend** *=pende* yawning, gaping; *'n ~e afgrond/ens.* a yawning abyss/chasm/etc.; *'n ~e wond* a gaping wound.

**ga·per** *=pers* gaper, yawner. ~**mossel** clam.

**ga·pe·rig** *=rige* yawny; sleepy.

**ga·pe·ry** yawning.

**ga·ping** *=pings* gap; hiatus, lacuna; discontinuity; *'n ~ aanvul* fill up a blank/gap, supply a missing link; *deur 'n/die ~ glip/skiet* take a/the gap *(infml.); 'n* ~ **oorbrug** bridge/close a gap. **ga·pings·jaar** gap year.

**gaps** *ge=, (infml.)* snatch, swipe, pinch, pilfer; *'n kleim* ~ jump a claim.

**ga·rage** *=rages* garage. ~**verkoping** garage sale.

**ga·ra·giste(-wyn·ma·ker)** *(<Fr.)* garagiste.

**ga·ram ma·sa·la** *(Ind. cook.)* garam masala.

**ga·ran·sie** *(somewhat rare)* guarantee, warranty. ~**bewys** (certificate of) warranty. ~**fonds** guarantee fund.

**gar·de** *=des* guard; *die ou* ~ the old guard, the veterans; the old school; *'n ... van die ou* ~ an old-style ... *(communist etc.).* ~-**offisier** guardsman.

**gar·de·ni·a** *=nias, (bot.)* gardenia.

**ga·re** *=res,* **ga·ring** *=rings* thread, cotton (thread); yarn; *'n bol* ~ a ball of thread; *'n rolletjie/tolletjie* ~ a reel of cotton. ~**draad** thread of cotton. ~**spoeletjie** thread bobbin. ~**tolletjie** cotton reel.

**ga·ring:** ~**biltong** chine biltong; stringy biltong; *(in the pl., infml.)* scrawny arms. ~**boom** agave, century plant, sisal plant; *(weaving)* loom tree. ~**klip** asbestos. ~**vleis** stringy meat.

**gar·naal** *=nale* shrimp; *groot* ~ prawn. ~**kelkie** *(cook.)* prawn cocktail; shrimp cocktail. ~**koekie, ~skyfie** *(Eastern cook.)* prawn cracker; →KROEPOEK.

**gar·neer** *(ge)=* trim *(a garment);* garnish *(a dish);* decorate; *met ... ge~ wees, (a dish)* be garnished with ... **gar·neer·sel** *=sels* trimming; garnish *(of a dish);* decoration. **gar·ne·ring** trimming, *(cook.)* garnishing; decoration.

**gar·ni·soen** *=soene* garrison. ~**diens** garrison duty. ~**(s)lewe** garrison life.

**gars** barley. ~**bier** barleycorn beer. ~**gerf** sheaf of barley. ~**korrel** barley corn. ~**meel** barley flour. ~**suiker** barley sugar.

**gas**[1] *gaste, n.* guest, visitor; *iem. as* ~ *vir aandete/ens.* **hê** have s.o. (in) for/to dinner/etc.; *~te* **hê** have company/guests; *'n ongenooide* ~ an uninvited guest; *ongenooide ~te hoort agter deure en kaste* come uncalled and find no chair; *~te ontvang* receive guests. ~**arbeider** guest worker. ~**dier** inquiline; host (animal) *(for a parasite).* ~**dirigent** guest conductor. ~**heer** host; *(biol.)* feeder; *as* ~ *vir iem. optree, iem. se* ~ *wees* play host to s.o., be s.o.'s host, do s.o. the honours. ~**heer(plant)** host (plant) *(for a parasite).* ~**hoogleraar** visiting professor. ~**kunstenaar** guest artist. ~**optrede** guest appearance; guest performance. ~**spreker** guest speaker. ~**vrou** *=vroue(ns)* hostess. ~**vry** hospitable. ~**vryheid** hospitality; *iem.* ~ *aanbied* offer hospitality to s.o.; ~ *aan iem. bewys/verleen* extend hospitality to s.o.; *van iem. se* ~ *misbruik maak* wear out one's welcome with s.o..

**gas**[2] *gasse, n.* gas; *deur* ~ *aangetas* gassed; *deur* ~ *verstik* gassed. **gas** *ge=, vb.,* gas. ~**aanlêer** gas fitter. ~**aanleg** gas fitting. ~**aansteker** gas lighter. ~**aanval** gas attack. ~**blasie** vesicle, gas bubble. ~**bom** gas bomb. ~**bottel** gas canister. ~**braaier** gas braai, gas barbecue. ~**brander** gas burner. ~**damp** gas fume, gaseous vapour. ~**dig** gastight, =proof. ~**dood** death by gassing. ~**druk** gaseous tension, vapour pressure. ~**fabriek** gas works, gas plant. ~**fles** gas canister. ~**houer** gasholder, gasometer. ~**kamer** gas chamber, gas oven; fumigation chamber. ~**kousie** gas mantle. ~**kraan** gas tap, gas cock. ~**lamp** gas lamp. ~**leiding** gas main, gas line. ~**lek** gas leak. ~**lig** gaslight. ~**lug** smell of gas. ~**masker** gas mask, gas helmet, respirator. ~**mengsel** mixture of gases. ~**meter** gas meter. ~**motor** gas engine, gas motor. ~**ontploffing** gas explosion. ~**oond** gas oven. ~**oorlog** gas warfare. ~**pyp** gas pipe. ~**raffinadery** gas refinery. ~**silinder** gas cylinder. ~**stoof** gas stove, gas cooker, gas range. ~**toebehore** *n. (pl.)* gas fittings; *vaste* ~ gas fixtures. ~**toestand** gaseous state. ~**toevoer** gas supply. ~**vergiftiging** gas poisoning, gassing. ~**verligting** gas lighting. ~**verstikking** gassing, asphyxiation by gas. ~**verwarmer** gas heater. ~**verwarming** gas-fired heating. ~**vlam** gas jet.

**Ga·sa, Ga·za** *(Palestine)* Gaza. ~**strook** Gaza Strip.

**gas·ag·tig** *=tige* gaseous.

**ga·sel** *=selle* gazelle. **ga·sel·le-o·ë** gazelle eyes; *met ~, (fig.)* gazelle-eyed.

**ga·set** *=sette* gazette.

**ga·sie** *=sies* pay; wage(s), salary.

**gas·te·:** ~**boek** guest book, visitors' book, hotel register. ~**handdoek** guest towel. ~**huis** guesthouse. ~**lys** guest list.

**gas·tries** =triese, (physiol.) gastric.

**gas·tri·tis** (pathol.) gastritis.

**gas·tro·ën·te·ri·tis, gas·tro-en·te·ri·tis** gastroenteritis.

**gas·tro·ën·te·ro·lo·gie, gas·tro-en·te·ro·lo·gie** gas= troenterology. **gas·tro·ën·te·ro·loog, gas·tro-en·te·ro·loog** gastroenterologist.

**gas·tro·lo·gie** gastrology.

**gas·tro·no·mie** gastronomy. **gas·tro·no·mies** =miese gas= tronomic(al). **gas·tro·noom** =nome gastronome(r), gourmet.

**gas·vor·mig** =mige gaseous, gasiform; aeriform.

**gat**[1] gate, n. hole, pit; pool; breach, gap, opening; rent; ori= fice; burrow; (infml.) (wretched) hole (of a place); 'n ~ boor bore a hole; sink a borehole; 'n ~ in die dag slaap, (infml.) sleep through part of the day; 'n ~ grawe dig a hole; dig a pit; 'n ~ vir jouself grawe sign one's (own) death warrant; iets in ~ inslaan stave s.t. in; ... in 'n ~ ja(ag) run ... to earth (a wild animal); iem. 'n ~ in die kop praat, (infml.) talk s.o. into doing s.t. (foolish); in 'n ~ kruip, (a wild animal) go to earth/ground; 'n groot ~ in ... maak, (fig., infml.) be a drain on ... (s.o.'s savings etc.); iem./iets vol gate skiet riddle s.o./s.t. with bullets; 'n ~ (toe)stop stop a hole; fill in/up a hole; 'n ~ toegooi fill in/up a hole; vol gate wees be full of holes (lit.); 'n ~ water a pool of water.

**gat**[2] gatte, n., (usu. coarse) arse, ass, (SA) guava; bum, bottom, backside; dit was by die ~ af it was a near thing, it was touch and go; jou ~ aan ... afsmeer/afvee ignore ... completely (s.o.); disregard ... completely (a warning etc.); ~ afvee not care at all; make no effort whatsoever; met jou ~ in die bot= ter val strike it lucky; iem. se broek se ~ the seat of s.o.'s pants; iem. se ~ het geknyp s.o. was very anxious/afraid, (SA, infml.) s.o. was nipping him-/herself; jou ~(, man)! bugger you!, up yours!, get stuffed!; ~ oor kop slaan somersault, turn a somersault; 'n lat vir jou eie ~ pluk/sny dig a pit for o.s.; iem. se ~ lek beg s.o.; toady to s.o., (infml.) suck up to s.o.; 'n ~ van jouself maak make a bloody fool (or an ass) of o.s.; ~ omgooi turn right round, change one's mind com= pletely; rat, go over to the other side; become totally unco= operative; roer jou ~! get a move on!, (infml.) move your arse/ass!; jou ~ nie kan roer nie be stuck; have nowhere to turn to; be extremely busy; jou ~ sien fall flat on one's face (fig., infml.); iem. onder sy ~ skop give s.o. a dressing-down (or a [swift] kick in the pants) (infml.); kick s.o. out (infml.). **gat** adj. & adv.: iem. se naam is ~, iem. maak sy/haar naam ~, (coarse) s.o.'s name is mud. ~**kant** back; die wêreld het sy ~ vir iem. gewys the world turned its back on s.o., s.o. was down and out. ~**kruiper**, ~**lekker** toady, arse licker. ~**krui= pery** ~**lekkery** toadyism. ~**plek**: dis 'n ~ dié this place sucks. ~**slag** bummer. ~**vol** pissed off; iem. is ~ vir ... s.o. has had a bellyful of ..., s.o. is fed up (to the gills or back teeth) with ...

**gâ·teau** =teaux, (Fr. cook.) gâteau, gateau.

**ga·te·rig** =rige holey, gappy, full of holes.

**gat·ga(a)i** =ga(a)ie, (regional, orn.) pied starling.

**gat·jie** =jies, (dim.) →GAT[2].

**gats, gaats, gits** interj., (infml.) wow!, gosh!; o ~! oops!; o dear!, o my goodness!; (boy) oh boy!; yikes!; damn it!.

**gat·so·me·ter** =ters, (speed trapping) Gatso meter.

**Gau·teng** n., (SA geog., So.: place of gold) Gauteng; die pro= vinsie ~ the province of Gauteng. ~**provinsie** Gauteng Prov= ince.

**Gau·ten·ger** Gautenger, citizen/inhabitant of Gauteng.

**Gau·tengs** =tengse, adj. Gauteng, of Gauteng.

**ga·we**[1] =wes gift, present, donation; dower; aptitude, talent, faculty; 'n besondere ~ vir ... hê have a genius for ...; van gunste en ~(s) leef live on charity; profetiese ~ second sight.

**ga·we**[2] adj. →GAAF. **ga·we·rig** =rige rather good/fine/nice.

**ga·wie** =wies, (infml., derog.) oaf, boor, lout, dork, (SA sl.) moe= goe.

**gay** gays, n. gay, homosexual, (derog.) queer. **gay** gay, adj. gay, homosexual, (infml.) pink, (infml., derog.) queer, bent; ~ regte gay rights. ~**regte(beweging)** gay lib(eration). ~**trei= teraar** gay basher. ~**treitering** gay-bashing, queer-bashing.

**Ga·za** (geog.) →GASA.

**gaz·pa·cho** =chos, (chilled Sp. soup) gazpacho.

**ge·aar(d)** =aarde veined, nervate, venate, veiny (hands, skin); grained; streaked, streaky (marble), striated. **ge·aard·heid** veininess (bot.) nervature; streakiness.

**ge·aard**[1] =aarde disposed, natured, tempered; goed~ good- natured; sleg~ ill-natured. **ge·aard·heid** disposition, nature, character, temper, temperament; 'n liewe ~ hê have a sweet nature; iets op die ~ van ... s.t. in the nature of ...; blymoedig/ ens. van ~ wees be of a cheerful/etc. disposition; driftig van ~ wees be of a hasty temper.

**ge·aard**[2] =aarde, (elec.) earthed, grounded. **ge·aard·heid** earth= ing, grounding.

**ge·a·dres·seer** =seerde, adj.: ~de koevert (self-)addressed envelope. **ge·a·dres·seer·de** =des, n. addressee; consignee (of goods).

**ge·af·fek·teer(d)** =teerde affected, mannered. **ge·af·fek= teerd·heid** affectation.

**ge·ag** =agte esteemed, respected; G~te Heer/Dame (Dear) Sir/Madam; my ~te kollega, (often iron.) my learned friend.

**ge·a·gi·teer(d)** =teerde agitated, flustered, flurried.

**ge·ak·kre·di·teer** =teerde, adj. accredited (course, profession= al, institution, etc.). **ge·ak·kre·di·teer·de** =des, n. an accred= ited delegate/etc., a delegate/etc. with accreditation.

**ge·al·li·eer(d)** =eerde allied; die Geallieerdes, (esp. during the World Wars) the Allies, the Allied Powers.

**ge·a·mu·seer(d)** =seerde amused.

**ge·a·ni·meer(d)** =meerde, (also cin.) animated, (infml.) hyper.

**ge·an·ker(d)** =kerde anchored; at anchor.

**ge·ar·res·teer·de** =des arrestee, arrested person, prisoner.

**ge·ar·ti·ku·leer(d)** =leerde articulated.

**ge·as·pi·reer(d)** =reerde, (phon.) aspirated.

**ge·baan** =baande beaten; ~de weg/pad beaten track.

**ge·baar** =bare, n. gesture; gesticulation; 'n holle ~ an empty gesture; gebare maak gesticulate; 'n ~ maak make a ges= ture (lit., fig.); 'n mooi ~ a fine gesture; ... deur gebare voor= stel/weergee mime ...

**ge·bab·bel** chatter, babble, gossip(ing), jabber, prattle, tittle- tattle, chitchat, (infml.) yackety-yak.

**ge·bak** n. cake(s); pastry, confectionery; baking; baked products. **ge·bak** =bakte, adj. baked, fried (eggs); roasted (meat).

**ge·bal** =balde clenched; met ~de vuiste with clenched fists.

**ge·ba·lan·seer(d)** =seerde balanced, poised.

**ge·ba·re**: ~**spel** gesticulation, gestures; pantomime, dumb show, mime. ~**taal** sign language.

**ge·bars** =barste burst (pipes); cracked (wall); exploded (bomb); split (wood); chapped (hands, lips).

**ge·bed** gebede prayer; grace (before a meal); (in the pl., also) devotions; 'n ~ doen say a prayer; in ~ wees be in/at pray= er(s); in iem. se ~e in s.o.'s prayers; jou ~ opsê say one's prayers; hulle verenig (hulle) in ~ they unite in prayer; iem. se gebede is verhoor s.o.'s prayers have been answered; ... in (die) ~ voorgaan lead ... in prayer. ~**snoer** rosary.

**ge·be·de·boek** prayer book.

**ge·beds·**: ~**lewe** prayer life. ~**mantel** (Jud.) prayer shawl, tallith (<Hebr.). ~**riem** phylactery. ~**roeper** muezzin.

**ge·been·te** =tes, (body) frame; skeleton; bones.

**ge·bei·tel(d)** =telde chiselled, tooled; met gebeitelde gelaats= trekke sharp-featured.

**ge·beits** =beitste stained (wood).

**ge·belg(d)** =belgde angry, incensed, offended, piqued, huff=

ish, huffy; ~ *wees oor iets* be incensed at/by s.t.; be offended at s.t.. **ge·belgd·heid** anger, pique, resentment.

**ge·berg·te** -*tes* mountain chain/range/system, mountains.

**ge·beur** *het* ~ chance, come about, come to pass, happen, occur; *dit kan net* ~ it is just possible; *dit* ~ *maar* such things will happen; *iets* ~ *met iem.* s.t. happens to s.o.; *dit moet* ~ it has to be done; *wat iem. sê,* ~ what s.o. says, goes (*or* is done); *wat tevore* ~ *het* what has gone before; *iets het tussen hulle* ~ something passed between them; *waar die dinge* ~ where the action is *(infml.); wat ook al* ~ come what may, whatever happens (*or* may happen); *wat* ~ *het, het* ~ it is no use crying over spilt milk. **ge·beu·re** *n. (pl.)* (train/chain of) events.

**ge·beur·lik** -*like* contingent, possible. **ge·beur·lik·heid** -*hede* contingency, eventuality, possibility; *versekering teen ~hede* contingency insurance.

**ge·beur·lik·heids·:** ~**fonds** contingency/emergency fund. ~**kans** contingent probability. ~**opdrag** watching brief. ~**polis** contingency policy. ~**tabel** *(stat.)* contingency table. ~**toelaag** *toelae,* ~**toelae** *toelaes* contingency allowance. ~**veranderlike** *(stat.)* contingent variable.

**ge·beur·te·nis** -*nisse* event, happening, occurrence; *iets doen na aanleiding van* (of *ter ere van) 'n* ~ do s.t. to mark an event; *die blye* ~ the happy event; *'n* ~ *gedenk/vier* mark an event; *'n hele* ~ quite an event; *'n reeks (van) ~se* a chain/train of events; *die (ver)loop van ~se* the course/trend of events. **ge·beur·te·nis·vol** eventful.

**ge·bied**[1] -*biede, n.* dominion, territory *(of a state);* precinct; zone, sector; jurisdiction *(of a legal authority);* area; locality; location; range; department, domain, field, province, sphere *(of study/interest/etc.);* scope, compass; walk; *iets is/val binne/ buite iem. se* ~ s.t. is in (*or* out of) s.o.'s line; *op jou eie* ~ *wees* be on one's own ground; *'n groot/ruim* ~ *dek* cover a wide field; *dit is iem. se* ~ that is s.o.'s speciality/province; *~e van die lewe* walks of life; *op Switserse/ens.* ~ in/on Swiss/etc. territory, on Swiss/etc. soil; *op die* ~ *van* ... in the realm of ... *(art),* in the sphere of ... *(the intellect),* in the field of ... *(sc.),* in the domain of ... *(letters); dit behoort nie tot sy/haar* ~ *nie* that is not (within) his/her province, that is beyond (*or* out of) his/her sphere, that is out of his/her line; *oor 'n uitgestrekte* ~ over a wide area. ~**skeiding** territorial separation. ~**skending** violation of territory.

**ge·bied**[2] *het* ~, *vb.* command, direct, order; bid; *jou nie laat (hiet en)* ~ *nie* not take orders. **ge·bie·dend** -*dende* commanding *(tone),* compelling *(look),* imperative, urgent *(necessity);* imperious; magistral, peremptory, mandatory; ~*e wys(e), (gram.)* imperative (mood); ~ *noodsaaklik* essential, imperative, urgently necessary. **ge·bie·den·der·wys, ge·bieden·der·wy·se** *adv.* authoritatively; imperiously. **ge·bie·dendheid** imperativeness.

**ge·bieds·:** ~**afstand** cession of territory. ~**deel** territory. ~**deling** (territorial) partition, partition (of territory). ~**gebonde** territorially oriented, territorial. ~**kode** *(telecomm.)* area code. ~**owerheid** territorial authority. ~**uitbreiding** territorial expansion, extension of territory. ~**voordeel** territorial advantage. ~**waters** territorial waters.

**ge·bit** -*bitte* (set of) teeth, denture; dentition; bit *(of a bridle).* ~**plaat** dental plate.

**ge·blaf** bark(ing), yapping, baying.

**ge·blan·sjeer(d)** -*sjeerde, (cook.)* blanched.

**ge·bleik** -*bleikte* bleached.

**ge·blik** -*blikte, (infml., often derog.)* canned *(music, laughter, applause);* piped *(music).*

**ge·blom(d)** -*blomde* flowered *(dress);* floral, figured *(fabric);* sprigged *(muslin); (archit.)* floriate; whorled.

**ge·blus** -*bluste* put out, extinguished.

**ge·bod** *gebiedinge, gebiedings* command, injunction, order; behest, bidding, decree; *(pl.: gebooie)* commandment; *(usu. in*

*the pl.: gebooie)* banns; *'n* ~ *oortree* transgress a commandment; *die Tien Gebooie, (Ex. 20:2-17)* the Ten Commandments, the Decalogue.

**ge·boe** *n.* booing.

**ge·bo·ë** *(strong p.p. of* buig*)* arched *(nose),* bent *(stick),* bowed *(figure);* round-shouldered *(pers.);* curved *(line, surface);* crooked; *met* ~ *hoof* with bowed head(s).

**ge·boei(d)** -*boeide* handcuffed, manacled; engrossed, deeply interested, fascinated. **ge·boeid·heid** captivation, fascination, engrossment.

**ge·bon·de** *(strong p.p. of* bind*)* bound, obliged, obligated, committed *(to); (chem.)* combined; *(elec.)* disguised, dissimulated; latent *(heat); aan iets* ~ *wees* be committed to s.t. *(a policy etc.);* ~ *boek* bound/hardcover book; *iem. is* ~, *(fig.)* s.o. is tied up, s.o.'s hands are tied; ~ *wees om iets te doen* be in duty bound to do s.t.; be obliged (*or* under an obligation) to do s.t.; ~ *wees teenoor* ... be under an engagement to ... **ge·bon·den·heid** restraint, lack of freedom/spare time/etc.; commitment; latency; bondage; *iem. se* ~ *aan* ... s.o.'s commitment to ...

**ge·bons** throbbing; thumping; bouncing; banging; battering.

**ge·booi·e** →GEBOD.

**ge·boor·te** -*tes* birth; natality, parentage, extraction, nascency; *(archit.)* spring(ing) *(of an arch etc.); (fig.)* dawn; *by* ~ at birth; *burger deur* ~ natural-born citizen; *by 'n kind se* ~ *help,* (a doctor, midwife) bring a child into the world; *van hoë* ~ of high birth, highborn; *van ná die* ~ *(af)* postnatal; *~s en sterfgevalle* births and deaths; *iem. is Brits van* ~ s.o. is British-born; s.o. is British by birth; →GEBORE; *van sy/haar* ~ *af* from birth. ~**beperking** birth control, contraception. ~**berig** birth notice. ~**dag** birthday, day of birth. ~**datum** date of birth. ~**dorp** native village/town, home town. ~**golf,** ~**ontploffing** baby boom. ~**grond** native soil/heath, home(land). ~**jaar** year of birth. **G~kerk** Church of the Nativity. ~**land** native land, homeland. ~**plek** place of birth, birthplace, home town. ~**pyn** birth pang/pain. ~**reg** birthright. ~**register** birth register, register of births. ~**registrasie** registration of birth(s). ~**sertifikaat,** ~**bewys** birth certificate. ~**stad** native city, town/city of one's birth. ~**statistiek(e)** birth returns, statistics of births. ~**steen** birthstone. ~**syfer** birth rate, natality. ~**-uur** hour of birth. ~**vlek** birthmark.

**ge·bor·duur(d)** -*duurde* embroidered; brocaded.

**ge·bo·re** born; *blind/ens.* ~ *wees* be congenitally blind/etc.; ~ *en getoë* born and bred; *in Roodepoort/ens.* ~ *wees* be a native of Roodepoort/etc.; *mev. Engelbrecht,* ~ *Brown* Mrs Engelbrecht, born/née Brown; *iem. is 'n* ~ *Brit* s.o. is British-born; *'n* ~ *Zimbabwiër/ens. wees* be a native of Zimbabwe/etc.; *'n* ~ *Londenaar/ens. wees* be a native of London/etc.; *'n* ~ *onderwyser* a born teacher; ~ *om te heers/ens.* born to rule/etc., a born ruler/etc.; *wanneer is jy ~?* when were you born?; *weer* ~, *(relig.)* born again; ~ *word* be born, come into the world.

**ge·borg** -*borgde* sponsored; *~de pretloop/uitstalling/ens.* sponsored walk/exhibition/etc..

**ge·bor·ge** *(srong p.p. of* berg[2] *vb.)* secure, safe; provided for. **ge·bor·gen·heid** security, safety.

**ge·bors(t)·rok** *(lit. & fig.)* corseted.

**ge·bos·se·leer(d)** -*leerde* embossed *(paper etc.).*

**ge·bou** -*boue, n.* building, house; construction, edifice, structure; *'n hoë* ~ a tall building; *'n* ~ *oprig/optrek* put up (*or* raise) a building. **ge·bou** -*boude, adj.* built; *iem. is fris* ~ s.o. is well built (*or* set up); *'n goed* ~*de kêrel* a well-built (*or* well set-up) fellow; *grof/groot* ~ big-framed; *mooi* ~ shapely; *sterk* ~ strong-bodied. **ge·bou·e·kom·pleks** group of buildings.

**ge·braai** -*braaide* broiled; grilled; roasted; parched; *~de brood* fried bread, French toast; *~de ribbetjie* grilled rib.

**ge·brab·bel** jargon, gibberish, sputter.

**ge·brand** -brande burnt; ~e gips plaster of Paris; ~e glas stained glass; ~e koffie roasted coffee. ~skilder(d) -derde stained (glass); enamelled.

**ge·breek** -breekte broken (lit.), smashed; ~te koring cracked wheat; ~te mielies crushed maize/mealies; gekookte ~te mielies samp; ~te vag broken fleece.

**ge·brei**[1] -breide knitted.

**ge·brei**[2] -breide inured, toughened, hardened, accustomed; seasoned.

**ge·brek** -breke lack, want, shortage (of water), famine; dearth, paucity, insufficiency; deficiency (of air); poverty, indigence, destitution; defect, failing, fault, drawback, blemish, flaw, shortcoming, demerit, imperfection; disability, handicap; 'n ~ aan ... a lack of ... (space etc.); a shortage of ...; a dearth of ...; a deficiency of ...; ~ aan middele impecuniosity; iem. se ~ aan ..., (also) s.o.'s poverty of ...; 'n aangebore ~ a conge- nital defect; blind wees vir ... se ~e be blind to ...'s faults; in ~e bly om ... fail to ...; be backward/slow to ...; 'n ~ te bowe kom overcome a handicap; by/uit/weens ~ aan ... for/from want of ..., for a lack of ...; failing ...; by ~ aan ..., (also) in the absence of ... (s.t.); in default of ...; geen ~ aan ... nie no lack of ...; geen ~ aan iets hê nie not want for s.t.; 'n ~ aan ... hê experience a shortage of ...; be pressed for ... (money etc.); be lacking in ... (courage etc.); in ~e wees be in default; 'n ~ in iem. se spraak/ens. an impediment in s.o.'s speech/ etc.; 'n jammerlike ~ a sad lack; ~ ly be in need, live in want; sonder ~e flawless, sound; in ~e waarvan ... failing which ... ~lydend penurious, indigent, destitute. ~lyer have- not. ~siekte deficiency disease.

**ge·brek·kig** -kige defective; impaired (sight etc.); faulty (con- struction); insufficient (packing); poor (argument); broken, imperfect (Eng. etc.); unsound; flawed; ill-conceived, defi- cient, flimsy; jou ~ uitdruk express o.s. badly/imperfectly; ~ Afrikaans praat speak Afrikaans haltingly/imperfectly/bro- kenly; ~e bestuur mismanagement, ill management. **ge·brek· kig·heid** defectiveness, faultiness; insufficiency; flawedness; deficiency.

**ge·brek·lik** -like crippled, deformed, disabled. **ge·brek·lik· heid** deformity.

**ge·breks·ver·skyn·sel** deficiency symptom.

**ge·broed·sel** (poet., liter., joc.) brood; die vuile ~ the devil's spawn.

**ge·broei** (fig.) brooding, (infml.) navel contemplating/gaz- ing.

**ge·bro·ke** (strong p.p. of breek) broken (down) (fig.); ruined; brokenhearted; rent; humbled, crushed; dispersed, routed; shattered in health/spirit/position; ~ boog, (archit., med.) interrupted arch; ~ dak, (archit.) curb roof; ~ Engels bro- ken English; ~ getal, (math.) fractional number; 'n ~ hart a broken/stricken heart; ~ lyn broken line; op 'n ~ manier brokenly; ~ deur smart brokenhearted; ~ wees van verdriet be prostrate with grief, be prostrated by/with grief; ~ ver- lowing broken-off engagement; ~ vorm fractional form. **ge·bro·ken·heid** brokenness, heartbreak.

**ge·brom** buzz(ing) murmur; grumbling (of a pers.); hum= (ming); muttering, thrum; drone.

**ge·brons** -bronsde bronzed; tanned (fig.).

**ge·brou** mess; botching; brew, concoction; gibberish.

**ge·bruik** -bruike, n. use (of one's limbs, med., etc.); custom, habit, practice, usage; habitude, convention; observance; application, function; consumption (of foodstuffs etc.); iem. maak die beste/volste ~ van iets s.o. makes the most of s.t.; s.o. turns s.t. to account; vir iem. se eie/privaat/private ~ for s.o.'s private use; 'n erkende ~ a standing rule; dit het ~ geword om ... the custom arose to ...; goeie ~ van iets maak make effective/good use of s.t.; put s.t. to (a) good use; in ~ wees be in use/commission; (fml.: regulation etc.) obtain, be

in force, hold, stand; dit is algemeen in ~ it is in common use; elke dag in ~ wees be in daily use; nie in ~ wees nie not be in use; be out of commission/service; nie vir inwendige ~ nie, (pharm.) not to be taken; in ~ kom become operative; van iets ~ maak make use of s.t.; take advantage of s.t. (an opportunity etc.); resort to s.t.; avail o.s. of s.t. (an opportu- nity); take up s.t. (an offer); van iem. ~ maak use s.o.; draw on s.o.; die matige ~ van drank drinking in moderation; vir menslike ~ for human consumption; iets in ~ neem bring/ put s.t. into use; put s.t. in(to) commission; put s.t. into serv- ice; iets geleidelik in ~ neem phase in s.t.; iets uit die ~ neem withdraw s.t. from service; iets geleidelik uit die ~ neem phase out s.t.; dit is ~ om ... it is customary to ...; 'n ou ~ a long custom; vir iem. se eie/privaat/private; vir toekomstige ~ for future reference; slegs vir uitwendige ~, (pharm.) for external use only; die ~ van iets verloor lose the use of s.t. (an arm etc.); vir die ~ van ... for the use of ...; volgens ~ according to custom. **ge·bruik** het ~, vb. use, employ (an instr.), make use of; utilise; take (food, med., etc.); partake of, take (a meal), eat (one's dinner); con- sume (coal, oil, etc.); wat ~ iem. as ...? what does s.o. do for ...?; iets kan as ... ~ word s.t. can do duty for ...; die pil/ens. begin ~ go on the pill/etc.; iets ten beste ~ make the best possible use of s.t.; iets word elke dag ~ s.t. is in daily use; nooit drank/ens. ~ nie never touch drink/etc.; iem. kan iets ~ s.o. can use s.t.; s.t. is of use to s.o.; s.o. can do with s.t. (some money etc.); iem. kan iets nie ~ nie s.t. is (of) no use to s.o.; s.o. has no use for s.t.; iets spaarsaam ~ use s.t. spar- ingly; deur sy/haar verbeelding te ~ by the exercise of his/ her imagination; die geld word vir ~ ... the money goes to ...; ~ voor ..., (on food packaging) best before ...; ~ weer ~ reuti- lise. ~klaar adj. ready-to-eat; ready-to-wear. ~sfeer sphere of use, domain. ~-voor-datum use-by date.

**ge·brui·ker** -kers user; consumer.

**ge·brui·kers-:** ~identifikasie (comp.) user identification. ~koppelvlak (comp.) user interface. ~vriendelik, gebruiks= vriendelik -like user-friendly; consumer-friendly.

**ge·bruik·lik** -like customary, accustomed; usual, familiar, wanted, stock, conventional, ordinary, in (common) use, commonly used; dit is ~ om ... it is customary to ...; weinig ~ not in (common) use, rare. **ge·bruik·lik·heid** usage; use, usualness.

**ge·bruik·ma·king** use, using, utilisation, exploitation; by ~ van ... when using ...; iets doen sonder ~ van ... do s.t. with= out recourse to ...

**ge·bruiks-:** ~aanwysing -sings, -singe directions/instruc= tions for use. ~artikel consumer item/article, item/article of (everyday) use. ~datum use-by date. ~duur period of use, (length of) life. ~gereed -gereed, -gerede, adj., (pred.) ready to use, (attr.) ready-to-use (products); iets is ~, (also) s.t. can be used straight off the shelf. ~goed(ere) consumer goods/du= rables/commodities. ~reg right of use/enjoyment. ~veld field of application. ~voorwerp (household) article/item; implement; appliance; utensil. ~vriendelik →GEBRUIKERS= VRIENDELIK. ~waarde utility (value), practical value; use value (of money). ~wissel bill at usance. ~wyse method of use.

**ge·bruik·te** used (cup etc.); second-hand (car, clothes, etc.).

**ge·bruin(d)** -bruinde, (cook.) browned.

**ge·bruis** effervescence, fizz(ing), bubbling; seething, surg= ing (of waves).

**ge·buig** -buigde bent (lit.), crooked; →BUIG; binnewaarts ~ infracted.

**ge·buk** -bukte, **ge·buk·kend** -kende crouching, stooping, bent; onder gebuk gaan →BUK.

**ge·bul·der** boom(ing), roar(ing), rumble, rumbling, bel= lowing; pounding (of pop music etc.).

**ge·bult** -bulte hunchbacked, humpbacked; dented; bulged.

**ge·bun·del(d)** *-delde* collected *(poems etc. in a volume); (bot.)* clustered, fascicle(d), fasciculate(d); →BUNDEL *vb.*.

**ge·daan** *-dane, (strong p.p. of* doen*)* done; exhausted, dead (beat/tired), tired/worn out, finished, spent; *(infml.)* knackered, pooped, worn to a frazzle, whacked (out); through, done with; used up; *daarmee is dit* ~ so much for that; *iem. is* ~ s.o. is finished *(or* done for *or* played out), it's all over with s.o.; *iets is* ~ s.t. is used up *(water etc.)*; be out of s.t. *(sugar etc.)*; s.t. is done; *alles* ~ *kry* get everything done; get one's will every way; *iem.* ~ *maak* wear out s.o.; ... ~ *ry* drive ... to a standstill *(a vehicle)*; run out ... *(a tyre)*; override ... *(a horse)*; ~ *voel* feel fagged/useless *(or* washed out); *jou* ~ *werk, (infml.)* work o.s. to a standstill; *dit wil* ~ *wees* it takes some doing.

**ge·daan·te** *-tes* aspect, figure, form, shape; spectre, vision, apparition, phantom; *in die* ~ *van* ... in the form/shape of ...; in the guise of ... *(a swan etc.)*; *van* ~ *verander* be transformed, change one's shape *(or* outward appearance); *jou in jou ware* ~ *toon* show one's (true) colour(s), come out in one's true colour(s). ~**leer** *(biol.)* morphology. ~**verande= ring,** ~**(ver)wisseling** *-lings, -linge* metamorphosis, change of form, transformation, *(hum.)* transmogrification.

**ge·dag** *(strong p.p. of* dink*), (obs., infml.)* thought.

**ge·dag·te** *-tes* thought; thinking; concept, idea, notion; memory; reflection; sentiment, opinion; mind; *al iem. se* ~*s, elke* ~ *van iem.* s.o.'s every thought; *iem. op* **allerlei** ~*s bring* put ideas into s.o.'s head; *iem. tot* **ander** ~*s bring* make s.o. change his/her mind; *tot* **ander** ~*s kom* change one's mind; *'n* **beter** ~ *hê* have a better idea; *die* **blote** ~ *(daaraan)* the mere/very thought of it; *die* **blote** ~*!* the very idea!; perish the thought!; *iem. op 'n* ~ *bring* put s.t. into s.o.'s head; *wat* **bring** *iem. op daardie* ~? what gives s.o. that idea?; *by die* ~ *aan iets* at the thought of s.t.; *jou* ~*s* **bymekaar** *kry* collect one's thoughts; *nie jou* ~*s* **bymekaar** *hê nie* be absent-minded, be woolgathering; *die* ~ *is dat* ... it is believed that ...; *iem. se* ~*s* **dwaal** s.o.'s mind wanders; *iets gaan deur jou* ~ s.t. comes to *(or* crosses one's) mind; *jou* ~ *oor iets laat* **gaan** think about s.t., consider s.t.; *jou* ~*s laat* **gaan,** *(also)* put on one's thinking cap *(infml.)*; *iem. se* ~*s* **gaan** *terug tot* ... s.o.'s mind goes back to ...; *iets moet in* ~ **gehou** *word* s.t. must be borne in mind; *ons/hul* ~*s het* **gekruis** great minds think alike; *iets in* ~ *hê* have s.t. in mind; *iets in* ~ *hou* bear/keep s.t. in mind; keep s.t. in view; *jou* ~*s vir jouself* **hou** keep one's (own) counsel; *in* ~ in thought, in the spirit; →INGE= DAGTE; *in jou* ~*s by iem. wees* be with s.o. in (the) spirit; *op 'n* ~ *kom* hit (up)on an idea; *kort van* ~ *wees* have a short memory; *(infml.)* have a head/memory/mind like a sieve; *die* ~ *kry dat* ... get the idea that ...; *met die* ~ *om* ... with the idea of ...; *net die* ~ *daaraan* just the thought of it, the very thought of it; *nuwe* ~*s* fresh ideas; *die* ~ *is om* ... it is intended to ...; ~*s oor* ... ideas on ...; *dit sou nooit in iem. se* ~ *op= kom om dit te doen nie* s.o. wouldn't think of doing it; *reeds by die* ~ *daaraan* at the mere thought of it; *iets uit jou* ~*s sit* dismiss s.t. from one's mind; *'n* ~ **skiet** *iem. te binne* (of **tref** *iem.*) an idea strikes s.o.; *iem. se* ~ *staan stil* s.o.'s mind is a blank *(or* has gone blank); *op twee* ~*s hink* be in two minds; *'n* ~ *uitwerk* develop an idea; *van* ~ *wees dat* ... hold *(or* be of) the opinion that ...; *iem. is van* ~ *om* ... s.o. thinks of ... *(doing s.t.)*, s.o. means to ... *(do s.t.)*; *van* ~ *verander* think better of it; change one's mind; *in* ~*s* **verdiep/versonke** *wees* be deep in thought/contemplation, be absorbed/lost/ plunged/wrapped in thought; *waar is jou* ~*s?* what are you thinking of?; ~*s* **wissel** exchange views. ~**gang** order of thought; line/trend/train/school of thought. ~**inhoud** thought content. ~**leser** thought/mind-reader, telepath. ~**prikkelend** *-lende* stimulating. ~**rigting** school of thought, (school of) opinion. ~**ryk** *-ryke* thoughtful; ~*e boek* seminal book. ~**sprong** leap of thought, thought transference. ~**stroom** current/flow of thought(s), flow of ideas. ~**vlug** flight of thought/fancy/

ideas. ~**wêreld** realm/sphere/world of thought. ~**wisseling** exchange/interchange of ideas/thoughts/views, discussion, meeting of minds.

**ge·dag·te·loos** *-lose* absent-minded, thoughtless, unthinking, unreflecting.

**ge·dag·te·nis** *-nisse* memory, remembrance; keepsake, memento, token, souvenir; memorial; *iets is 'n* ~ *aan iem.* s.t. is a memento of s.o.; *in liefdevolle* ~ *aan* ... in kind memory of ...; *ter* ~ *aan/van* ... in commemoration of ...; in memory of ...; sacred to the memory of ...

**ge·dag·tig** mindful; *aan* ... ~ *wees* be mindful of ...; *nie aan* ... ~ *wees nie* be unmindful of ...

**ge·da·wer** booming, shaking, (re)sounding, reverberation; pounding *(of artillery etc.)*; →DAWEREND.

**ge·de·ë** *-deëner -deënste, (geol., min., chem.)* native, free, pure *(element, min.)*; *(fml., fig.)* pure, genuine, unblemished, wholesome, honest.

**ge·deel** *-deelde* divided, partite, shared; →DEEL *vb.*. **ge·deel= te** *-tes* part, portion, section, instalment; share; ~ *(uit 'n* **boek***)* passage (from a book); *die grootste* ~ *van die land* most parts of the country; *vir die* **grootste/oorgrote** ~ for the greater/most part, mostly; ~ *(van 'n* **klankopname***)* cut; *'n* ~ *van* ... part of ...; *'n* ~ *van die tonnel/ens. agter jou hê* be partway through the tunnel/etc.. **ge·deel·te·lik** *-like, adj.* partial. **ge·deel·te·lik** *adv.* partly, partially, in part; *iets* ~ *binnedring* penetrate partway into s.t.; *iets dek* ... ~, *iets val* ~ *met* ... *saam* s.t. overlaps with ...

**ge·de·ge·ne·reer(d)** *-reerde* degenerate; →DEGENEREER.

**ge·de·gra·deer(d)** *-deerde* degraded; reduced in rank; → DEGRADEER.

**ge·dek** *-dekte* covered; established *(credit)*; secured, guarded; thatched; covered, pregnant *(animal)*; →DEK *vb.*.

**ge·de·le·geer·de** *-des* delegate; →DELEGEER.

**ge·demp** *-dempte* sedate, reserved; dull, muffled *(sound)*; damped *(oscillation)*; →DEMP; *'n* ~*te* **gil/geluid** a choked cry/ sound; ~*te* **lig** subdued light; dimmed light; ~ *praat/gesels* speak/talk in hushed tones/voices; ~*te* **stem** subdued/hushed/ muffled voice; ~*te* **styl** understatement; ~*te* **toon** under= tone; *op ('n)* ~*te* **toon** (of *met ['n]* ~*te* **stem**) *praat/gesels* speak/talk in hushed tones/voices. **ge·dempt·heid** under= statement; underacting; sedateness, reserve.

**ge·denk** *het* ~ bear in mind, remember; commemorate; *'n gebeurtenis* ~ mark an event; *'n verjaardag* ~ observe an an= niversary. ~**boek** album, memorial/commemorative volume. ~**dag** anniversary, day of remembrance, commemoration day, remembrance day, memorial day. ~**diens** memorial service. ~**jaar** memorial year, jubilee year. ~**lesing** memo= rial lecture. ~**penning** commemorative medal/medallion. ~**saal** memorial hall. ~**skrif** memoir; *(in the pl.)* memoirs. ~**steen** memorial stone/tablet/plaque, sepulchral stone. ~**stuk** memorial; souvenir. ~**teken** memorial, monument; *'n* ~ *ter ere van* ... a monument to ...; *'n* ~ *oprig* erect a monument; *'n* ~ *vir* ... a memorial to ...; a monument to ... ~**tuin** garden of remembrance. ~**uitgawe** commemorative issue. ~**waar= dig** *-dige* memorable, never-to-be-forgotten; ~*e dag* red-let= ter day. ~**waardigheid** *-hede* memorability, memorableness; monument; *(in the pl.)* memorabilia; *historiese* ~ historic monument.

**ge·de·por·teer·de** *-des* deported person, deportee; →DE= PORTEER.

**ge·de·pu·teer·de** *-des* delegate, deputy; →DEPUTEER.

**ge·derm·te** *-tes* viscera, entrails.

**ge·de·tail·leer(d)** *-leerde* detailed, in detail; →DETAILLEER; *'n* ~*leerde beskrywing van iets gee* give a detailed *(or, infml.* blow-by-blow) account/description of s.t..

**ge·de·ter·mi·neer(d)** *-neerde* determined, identified, clas= sified; *(pred.:* gedetermineerd*)* determined, resolute, firm; → DETERMINEER.

**ge·diend:** *nie met iets ~ wees nie* not be satisfied (*or* prepared to put up*) with s.t.; *iem. was nie daarmee ~ nie, (also)* s.o. would have none of that.

**ge·diens·tig** *=tige* attentive, obliging; polite; subservient.

**ge·dier·te** *=tes* animal(s), beast(s), creature(s); vermin, insect(s); monster; →DIERASIE.

**ge·dig** *=digte, n.* poem; *(in the pl.)* verse, poetry, poems.

**ge·ding** *=dinge, (chiefly jur.)* action, case, lawsuit; quarrel; proceedings; *'n ~ aanhangig maak, (jur.)* bring a suit; *met iem. in ~ tree* join/take issue with s.o.. **~koste** costs of suit. **~voerder** litigant.

**ge·di·plo·meer(d)** *=meerde, adj.* certified, qualified; diploma'd, diplomaed; certificated *(teacher)*. **ge·di·plo·meer·de** *=des, n.* diplomate.

**ge·dis·kon·teer·de kon·tant·vloei** *(fin., abbr.:* gkv*)* discounted cash flow *(abbr.:* dcf*)*; →DISKONTEER.

**ge·dis·si·pli·neer(d)** *=neerde* disciplined; →DISSIPLINEER.

**ge·dis·tin·geer(d)** *=geerde* refined *(features)*, striking *(appearance)*, smart-looking *(clothes)*, distinguished *(air)*.

**ge·doef-doef** *(infml.)* pounding *(of pop music etc.)*.

**ge·doem** *=doemde* doomed, (ill-)fated; →DOEM *vb.; tot ... ~ wees* be doomed to ... *(failure etc.)*, be predestined to ... *(fail etc.)*.

**ge·doen·te** *=tes* bustle, concern, doings, fuss, hubbub, goings-on, to-do; do, affair; happening; *die hele ~* the whole concern *(or, infml.* shebang); *dis 'n nare ~* it's a bad business; *'n vervelende ~* a beastly nuisance; *wat 'n ~!* what a business! *(infml.); dit was 'n ~ van die ander wêreld, dit was 'n yslike ~* it was a great to-do.

**ge·doe·pa** *(infml.)* stoned, wasted; *lekker ~* bombed out of one's mind/skull.

**ge·dog** *(strong p.p. of* dink*), (somewhat obs.)* thought.

**ge·domp** *=dompte: ~te lig* dipped light, passing beam; → DOMP.

**ge·don·der** thunder(ing); fulmination; *(joc.)* oration, declamation, harangue.

**ge·doog** *het ~, (fml.)* allow, permit, suffer, tolerate.

**ge·dop** *=dopte* decorticated; shelled; hulled; *(SA infml.)* failed *(in examination)*; →DOP *vb.*.

**ge·do·rie·waar** *interj., (somewhat obs.)* (my) goodness!, golly!, gosh!, upon my word!.

**ge·dra** act/behave/bear/conduct/comport o.s.; *jou goed ~* behave well, be on one's best behaviour; render a good account of o.s.; *jou ... ~* conduct o.s. ... *(well, poorly); ~ jou!* behave (yourself)!; *jou sleg ~* behave badly, misbehave, act up, misconduct o.s.; render a poor account of o.s.; *jou ... teenoor iem. ~* behave ... towards s.o. *(well, poorly); jou verspot ~* make a spectacle of o.s..

**ge·draai** *n.* delay, lingering, tarrying; turning, twisting; dilly-dallying. **ge·draai(d)** *=draaide, adj.* contorted, convolute(d), twisted, tortuous; tortile, whorled; →DRAAI *vb.*.

**ge·draal** delay, lingering, loitering, tarrying.

**ge·dra·e** lofty, sustained; *(mus.)* legato.

**ge·drag** behaviour, conduct, demeanour; bearing, deportment; air, carriage; manners; *van goeie ~ wees* be of good behaviour/conduct, be well-behaved; *bewys van goeie ~* testimonial, certificate of conduct; *onbesproke ~* impeccable behaviour; *slegte ~* bad behaviour/conduct; *jou ~ teenoor iem* one's behaviour/conduct to(wards) s.o.; *voorbeeldige ~* exemplary behaviour/conduct. **~sielkunde** behaviour psychology.

**ge·drags-: ~afwyking** deviate conduct, deviation. **~kode** code of conduct. **~leer** behavio(u)rism. **~lyn** line/code of action/conduct, course (of action); policy; *'n ~ volg* follow/pursue/take a course (of action). **~patroon** behaviour(al) pattern. **~reël** rule of conduct/etiquette. **~wetenskap** behavio(u)ral science.

**ge·drang** crowd, crush, squash, throng; *in 'n ~ beland* be caught in a crush; *in die ~ kom, (s.o.)* be implicated in s.t.; *(s.t.)* be prejudiced.

**ge·dres·seer(d)** *=seerde* trained, performing *(animal)*; → DRESSEER.

**ge·dreun** din, drone, droning, shaking, growl, boom; pounding *(of waves etc.)*.

**ge·dre·we** *(strong p.p. of* dryf*)* driven; raised *(work)*; chased, embossed, beaten, wrought *(metal)*.

**ge·drog** *=drogte* monstrosity, freak (of nature). **ge·drog·te·lik** *=like* misshapen, monstrous.

**ge·dron·ge** *(strong p.p. of* dring*)* compact, terse *(style)*; *~ voel om ...* feel prompted/obliged/compelled to ...

**ge·droog** *=droogde* dried; dehydrated *(vegetables)*; seasoned *(wood)*; →DROOG *vb.; =de vleis* biltong; jerky, jerked beef.

**ge·druis** *=druise* noise, roar, rumbling, rush; whirr(ing); pounding *(of waves etc.)*.

**ge·druk** *n.* squeeze, squeezing. **ge·druk** *=drukte, adj.* printed *(fabric)*; →DRUK *vb.*.

**ge·dug** *=dugte =dugter =dugste* doughty, formidable, redoubtable; enormous, tremendous; daunting *(a task etc.)*; *~te pak slae* sound/severe thrashing, trouncing; *'n ~te teen-/teëstander* a formidable opponent. **ge·dugt·heid** formidability, formidableness; doughtiness.

**ge·duld** forbearance, patience; *~ beoefen/gebruik* exercise patience; *~ hê met domheid* suffer fools gladly; *dit sal 'n engel se ~ op die proef stel* it is enough to try the patience of a saint; *~ (met ...) hê* have patience (*or* be patient) (with ...); *geen/nie ~ met ... hê nie* be impatient with ...; *Job se ~ hê* have the patience of Job; *iem. se ~ is op ('n end)* s.o. is (*or* has run) out of (*or* has come to the end of his/her) patience; *~ verloor* lose (one's) patience, become impatient. **ge·dul·dig** *=dige* patient; forbearing; *~ wees met iem.* be patient with s.o., bear with s.o.; *so ~ soos Job wees* have the patience of Job. **ge·dul·dig·heid** forbearance, patience.

**ge·du·ren·de** during; in the course of; *~ die naweek* over the weekend; *~ al dié jare* through(out) those years.

**ge·durf** *=durfde* daring, reckless; risqué. **ge·durfd·heid** bravado.

**ge·du·rig** *=rige, adj.* constant, continual, incessant, perpetual; continued *(fraction etc.)*. **ge·du·rig(·deur)** *adv.* constantly, continually, incessantly, unceasingly, perpetually; at all hours (of the day and/or night); be forever *(doing s.t.); ~ iets sê* keep saying s.t..

**ge·dwee** *=dweë =dweër/=dweëner =dweeste/=dweënste* (of *meer ~ die mees =dweë)* meek, tame, pliable, submissive, tractable; sheeplike, passive; *so ~ soos 'n lam* as meek as a lamb; *~ wees, (also)* eat out of s.o.'s hand. **ge·dwee(n)·heid** meekness, pliability, submissiveness.

**ge·dwon·ge** *(strong p.p. of* dwing*)* compulsory *(sale)*, constrained *(manners)*, enforced *(holiday)*, forced *(labour)*, strained *(laugh)*, laboured *(gaiety)*, forcible *(feeding)*, emergency *(landing)*, unnatural *(demeanour)*, forced *(loan)*; *~ huwelik* forced/shotgun marriage. **ge·dwon·gen·heid** constraint, forcedness.

**ge·dy** *het ~* flourish, prosper, thrive, do well; *(plants)* succeed.

**gee** *ge=* give, present with; afford, produce, yield; bestow, confer, grant; give out *(heat)*; cause *(trouble)*; impart *(colour)*; bear *(interest)*; set *(an example); jou aan ... ~* throw o.s. into ... *(one's work etc.); iets aan/vir iem. ~* give s.t. to s.o.; let s.o. have s.t.; *iem. iets ~ (om te eet)* help s.o. to s.t.; *mag God ~ dat ...* would to God that ...; *wie het, vir hom sal nog meer ge~ word, (NAB: Matt. 13:12 etc.)* whoever has will be given more *(NIV); ~ en neem* give and take.

**ge·ëelt** *geëelte* calloused.

**ge·ëer(d)** *geëerde* honoured, respected; →EER *vb.*.

**ge·ëet** *geëte* eaten, devoured; →EET.

**geel** *gele, n.* (shade of) yellow; yolk *(of an egg); die/'n gele* the/a yellow one; *die geles* the yellow ones; *die ~/gele van ses eiers* the yolks of six eggs. **geel** *~ geler geelste, adj.* yellow; *~ kaart, (soccer, rugby)* yellow card; *die lig wys ~* the (traffic) light is showing amber; *die ~ metaal, (infml.: gold)* the yellow metal; *'n ~ perd* a dun horse; *die ~ pers, (journ.: tabloid press)* the yellow press; *die G~ Rivier, (Chin.)* the Yellow River, Hwang Ho, Huang He; *die G~ See, (between Korea & NE Chin.)* the Yellow Sea; *~ streep, (road sign)* yellow line; *~ trui, (cycling)* yellow jersey; *~ word* turn yellow. **~bek** *(icht.)* geelbek, Cape salmon. **~bekeend** yellow-billed duck. **G~bladsye** *n. (pl.), (trademark: classified teleph. directory)* Yellow Pages. **~bleek** *adj.* sallow. **~blommetjie** Cape saffron. **~bos** geelbos; yellow bush, kraalbos. **~bruin** tan, tawny, ochre, cinnamon. **~dikkop** *(sheep disease)* tribulosis. **~gom** gamboge. **~griep** *(infml.)* Asian flu. **~groen** *n.* pea green, pistachio (green). **~groen** *adj., (pred.)* pea green, *(attr.)* pea-green, pistachio(-green). **~grond** *(min.)* yellow ground, kimberlite. **~haak(doring)** three-thorned acacia. **~hout** yellowwood. **~koors** yellow fever, yellow Jack; aegyptianellosis *(in fowls).* **~koper** brass, yellow copper. **~koperbeslag** brass furnishing. **~koperplaat** brass sheet. **~mielie** yellow maize/mealie. **~perske** yellow (clingstone) peach. **~rooi** saffron. **~rys** yellow rice, rice with turmeric. **~siekte** cattle jaundice. **~slang** →KAAPSE KOBRA. **~stert** *(icht.)* yellowtail; *groot ~* greater yellowtail; *reuse~* giant yellowtail, albacore, yellowtail amberjack. **~suiker** yellow sugar. **~tulp** homeria. **~vin (tuna)** *(Thunnus albacares)* yellowfin (tuna). **~vis** yellowfish; *Clanwilliam~* Clanwilliam yellowfish; *Natalse ~* scaly. **~vlek** *(plant disease)* yellow spot. **~wortel** carrot; Indian safflower.

**geel·heid** yellowness.

**geel·sug** *(med.)* jaundice, icterus. **~lyer** icteric. **geel·sug·tig** *tige* jaundiced, icteric.

**ge·ë·man·si·peer(d)** *peerde* emancipated; →EMANSIPEER.

**geen**[1] *adj. & pron., (also g'n)* no, not a, not any; not one, none; *dit is ~ Engels/ens. nie* that is not English/etc.; *glad ~ ... nie* no ... at all; *~ appels/ens. hê nie* not have any apples/etc.; *~ ..., hoe groot ook (al)* no amount of ...; *~ ... hoegenaamd nie, hoegenaamd ~ ... nie* no ... of any description; *nog ~ 16/ens. jaar wees nie* be no more than 16/etc. (years old); *vir ~ mens* (of *vir niemand) stuit nie* not be afraid of anyone; *min/weinig of ~* hardly any; few if any; *~ minuut later nie* not a minute later; *~ oomblik aarsel nie* not hesitate for a moment; *~ vriend van iem. wees nie* be no friend of s.o., not be one of s.o.'s friends. **~een** no one, not one, nobody, none; *hulle is ~ ... nie* not one of them is ..., none of them is/are ...; *~ van hulle ken nie* not know any of them, know none (*or* not one) of them; *~ van die twee ken nie* not know either (of them). **~~eisbonus** no-claim bonus.

**geen**[2] *gene, n., (biol.)* gene. **~terapie** gene therapy.

**geen·sins** by no means, not at all, not in any way, *(infml.)* not by a long shot.

**ge·ënt** *geënte* grafted; inoculated, vaccinated; →ENT[2] *vb..*

**ge·ërf** *geërfde* inherited; patrimonial; →ERF[2] *vb..*

**gees** *geeste* spirit; mind; wit; genius; ghost, spectre, apparition, wraith; morale; mettle; *die armes van ~* the poor in spirit; *iem. se ~ blus* kill s.o.'s enthusiasm; *'n bose ~* an evil spirit; an evil genius; *'n bose ~ beswer/uitdryf/uitdrywe* exorcise an evil spirit; *breedheid/ruimheid van ~* breadth of vision, wide vision; *in dieselfde ~* in the same spirit; in the same sense; in the same vein; *die ~ gee, (infml.)* draw one's last breath, breathe one's last, give up the ghost; *iets gee die ~, (infml.: an engine etc.)* s.t. conks out; *'n gesonde ~ in 'n gesonde liggaam* a sound mind in a sound body; *daar heers 'n gevaarlike ~* there is a dangerous spirit abroad; *groot ~* leading figure *(of a cause/movement); iem. is geen groot ~ nie* s.o. is no shining light; *hoe groter ~ hoe groter bees, (idm.)* great and good are not the same; *die Heilige G~, (Chr. re-*

*lig.)* the Holy Spirit; *in die ~* in (the) spirit; *in die ~ by iem. wees* be with s.o. in (the) spirit; *die jeugdiges van ~* the young at heart; *jonk van ~ wees* be young at heart; *iets in die regte/verkeerde ~ opneem/opvat* take s.t. in the right/wrong spirit; *'n ~ oproep* raise a ghost; *as die ~ iem. pak* when the spirit moves s.o.; *dit roep iets voor die ~* it brings back s.t. (to memory), it brings/calls s.t. to mind; *iem. kan hom/haar dit nog helder/lewendig voor die ~ roep, dit staan iem. nog duidelik/helder voor die ~* s.o. has a vivid recollection of it, it stands out in s.o.'s memory; *in 'n ~ van samewerking* in a co(-)operative spirit, in a spirit of co(-)operation; *die ~ in 'n skool* the tone of a school; *soos 'n ~ lyk, (thin, pale, wasted)* look like a ghost; *die ~ bo die stof* mind over matter; *die ~ van die taal* the genius of the language; *die teenwoordigheid van ~ hê om ...* have the presence of mind to ...; *die ~ van die tyd* the spirit of the times; *'n positiewe/negatiewe/ens. ~ uitstraal* emit/spread (*or* give off) good/bad/etc. vibes; *die ~ vaar in iem.* (of *word van iem. vaardig)* the spirit moves s.o., the mood is on s.o.; *~ vang, (infml.)* get into the party spirit, catch the vibes; *'n verdorwe ~* a warped mind; *dit verruim die ~* it broadens the mind; *die ~ is gewillig, maar die vlees is swak, (NAB: Matt. 26:41)* the spirit is willing, but the body is weak *(NIV); iem. se vlugheid van ~* s.o.'s quick-wittedness; *vol ~* spirited; *in ~ en in waarheid* in spirit and truth. **~genoot** like-minded person, kindred spirit. **~krag** energy, spirit, strength of mind. **~ryk** *ryke* ardent, ingenious, witty. **~rykheid** wittiness, wit. **~verheffend** *fende* edifying, elevating, noble, sublime. **~verwant** *wante, n.* kindred soul, congenial spirit; adherent, follower. **~verwant** *wante, adj.* congenial, like-minded. **~verwantskap** congeniality of spirit/mind, mental affinity.

**gees·drif** *(no pl.)* ardour, enthusiasm, zeal, verve; *van ~ vir ... oorloop* go overboard about/for ... *(infml.); iem. se ~ vir iets* s.o.'s enthusiasm about/for s.t.; *vol ~* full of enthusiasm; full of verve. **gees·drif·tig** *tige* ardent, enthusiastic, zealous; rousing *(reception); iets maak iem. ~* s.t. fills s.o. with enthusiasm; *oor iets ~ wees* be enthusiastic about/over s.t., enthuse about/over s.t.; *oor iets ~ raak/word* become/get enthusiastic about/over s.t.; *~ oor jou onderwerp raak, (also)* warm to one's subject.

**gees·te·:** **~besweerder** exorcist; necromancer. **~beswering** necromancy, conjuring up of the spirits; psychomancy. **~klopper** spirit rapper. **~leer** demonology; spiritualism, spiritism. **~ryk** spirit world. **~~uur** ghostly hour, witching hour.

**gees·te·dom** host of spirits.

**gees·te·lik** *like, adj.* immaterial, spiritual *(being);* intellectual, mental *(faculties);* ecclesiastical *(matters);* religious *(orders),* sacred *(songs);* devotional *(books);* clerical *(robes); ~e afwyking* mental aberration; *~e amp* office in the church, spiritual/ecclesiastical office; *~e ewewig* balance of the mind; *~e gestremdheid* mental handicap; *~e lewe* spiritual life, life of the spirit; *~e mishandeling/teistering* mental cruelty; *~e siekte* psychiatric illness; *die ~e stand* the cloth; *~e welsyn* spiritual welfare. **gees·te·lik** *adv.* spiritually; mentally, intellectually; *iem. ~ opbou* edify s.o.; *~ versteurd wees* be mentally deranged. **gees·te·li·ke** *kes, n., (Prot.)* clergyman, minister, cleric, parson; *(RC)* priest; *(rhet.)* man of the cloth. **gees·te·lik·heid** spirituality; immaterial existence.

**gees·te·loos** *lose* dull, insipid, senseless, spiritless; pointless, vapid, inane; mindless. **gees·te·loos·heid** dul(l)ness, insipidity, vapidity.

**gees·tes·:** **~arbeid** brainwork, mental work. **~beeld** mental image. **~beskawing** mental culture/refinement. **~gawe** mental faculty/gift, intellectual gift/power. **~gebrek** mental defect. **~gesondheid** sanity, mental health, mental hygiene. **~gesteldheid** mental state, state of mind, mentality. **~goed(ere)** spiritual assets/possessions. **~higiëne** mental hygiene. **~houding** mental attitude. **~kind** brainchild; spiritual heir.

**~kwelling** mental torture. **~lewe** cultural life, culture, life of the spirit. **~lyding** mental suffering. **~ongesteldheid** mental disturbance/derangement/disorder. **~ontwikkeling** intellectual development. **~oog** the mind's eye, the mental eye; *voor iem. se* ~ in s.o.'s mind's eye. **~rigting** attitude of mind; spiritual tendency/trend. **~toestand** mental condition, state of mind. **~vermoë** *=moëns* (mental) power; *(in the pl.)* (mental) faculties; *in die volle/ongesteurde/ongestoorde besit van jou* ~ of sound mind, in possession of all your faculties. **~verrukking** ecstasy, exaltation, rapture; trance. **~voedsel** food for thought (*or* the mind), mental nourishment. **~wêreld** spiritual world. **~wetenskappe** humanities.

**gees·(tes·)krag** mental power, intellectual power/energy.

**gees·tig** *=tige* witty, smart; saucy, forward; pointed; *~e gesegde* witticism. **gees·tig·heid** wit, wittiness; joke, quip, witticism.

**ge·ëts** *geëtste* etched; →ETS *vb.*.

**ge·flad·der** flutter(ing), flitting; →FLADDER; *'n (kwaai/taamlike)* ~ *in die hoenderhok, (fig., infml.)* panic stations.

**ge·flik·flooi** coaxing, fawning, wheedling; →FLIKFLOOI.

**ge·flirt** flirtation, flirting; →FLIRT *vb.*.

**ge·flits** *n.* flashing. **ge·flits** *=flitste, adj.* flashed; →FLITS *vb.*.

**ge·fluis·ter** whisper(ing); →FLUISTER.

**ge·fluit** whistling; warbling *(of birds)*; catcalls *(at a public meeting etc.)*; wheezing *(of the chest)*; →FLUIT *vb.*.

**ge·foe·ter** botheration; nonsense; →FOETER.

**ge·fok** *adj., (coarse: ruined, exhausted, etc.)* fucked; →FOK *vb.*.

**ge·for·seer(d)** *=seerde* strained, forced, contrived, unnatural; →FORSEER; *~seerde mars* forced march. **ge·for·seerd·heid** forcedness, constraint.

**ge·fos·si·leer(d)** *=leerde* fossilised, fossil; →FOSSILEER.

**ge·frag·men·teer** *=teerde* fragmented; →FRAGMENTEER.

**ge·frak·si·o·neer(d)** *=neerde* fractionated; →FRAKSIONEER; *~neerde distillasie* fractional distillation.

**ge·fran·keer(d)** *=keerde* →FRANKEER.

**ge·fuif** carousing, feasting, revel(ling); *(sl.)* booze-up; → FUIF.

**ge·fun·deer(d)** *=deerde* funded *(debt)*; well-grounded, valid, solid *(argument)*; →FUNDEER.

**ge·ge·we** *=wens, n.* datum, information; premise, premiss; evidence, material, data; given. **ge·ge·we** *adj. (p.p. of gee)* given; ~ *bedrag* stated amount; *eers* ~, *bly* ~ (of *eers* ~, *dan genome, is erger dan 'n dief gestole)* a present is a present, a gift always remains a gift; *in die* ~ *geval* in the present instance; *op 'n* ~ *oomblik* at a given/particular moment. **ge·ge·we** *conj., prep., (fml.)* given; ~ (of *in die lig daarvan) dat* ... given that ...; ~ (of *in die lig van) die omstandighede* ... given the circumstances ...

**ge·gig·gel** giggling, sniggering, tittering, snicker; →GIGGEL.

**ge·gis** *=giste* fermented; →GIS[1] *vb.*.

**ge·glans** *=glansde* glazed; calendered *(paper)*; →GLANS *vb.*; *~de lint* glacé ribbon.

**ge·gla·seer(d)** *=seerde* glacé, glazed, crystallised *(fruit)*; → GLASEER.

**ge·gla·suur(d)** *=suurde* glazed *(tile)*; →GLASUUR *vb.*.

**ge·goed** *=goede* comfortable, propertied, moneyed, affluent, wealthy *(classes)*, in easy circumstances, well-off, well-to-do. **ge·goed·heid** affluence, easy circumstances, wealth.

**ge·go·ël** *n.* juggling, sleight of hand; →GOËL; ~ *met syfers, (usu. pej.)* numbers game.

**ge·golf** *=golfde* wavy, sinuous *(lines)*; corrugated *(iron, paper)*; undulate(d), undulating, waving, wavy; *(artificially) waved (hair)*; ribbed *(tube)*; →GOLF *vb.*; *~de plaat* corrugated sheet. **ge·golfd·heid** waviness.

**ge·gons** buzz(ing), droning, drone, hum *(of insects)*, humming *(of wires)*, whirr *(of wheels/wings)*; →GONS.

**ge·go·te** *(strong p.p. of giet)* cast *(iron, steel)*, pressed *(glass)*; molten *(image)*; ~ *letters* movable type.

**ge·gra·deer(d)** *=deerde* graded; →GRADEER.

**ge·gra·du·eer(d)** *=deerde, adj.* graduate(d); →GRADUEER. **ge·gra·du·eer·de** *=des, n.* graduate.

**ge·gra·ti·neer(d)** *=neerde, (cook.)* au gratin *(Fr.)*; →GRATINEER; *~neerde aartappels/ertappels* potatoes au gratin.

**ge·gra·veer(d)** *=veerde* engraved, chased; →GRAVEER.

**ge·gren·del** *=delde* bolted, barred; interlocked; →GRENDEL *vb.*.

**ge·grens** *(infml.)* crying, howling, snivelling; →GRENS[2] *vb.*.

**ge·grief** *=griefde* resentful, aggrieved; →GRIEF *vb.*; *erg* ~ *voel oor iets* resent s.t. bitterly/strongly. **ge·grief·heid** resentment, resentfulness, sense of grievance, aggrievedness.

**ge·groef** *=groefde* furrowed, lined *(face)*; fluted *(pillar)*; → GROEF *vb.*; *'n ~de gesig* a lined face.

**ge·groet** *interj.* hail!, greetings!.

**ge·grond** *=gronde* well-founded, well-grounded, just(ifiable), valid *(argument)*; →GROND *vb.*; *~e argument* solid argument; *~ hoop* legitimate hope; *op* ... ~ *wees* be founded *(or, fml.* predicated) on/upon ...; *~e redes* sound/valid reasons; strong motives; proper cause; *~e twyfel* reasonable doubt; *~e vrees* just fear. **ge·grond·heid** justice, justness, soundness, validity.

**ge·gruis** *=gruisde* →GRUIS *vb.*.

**ge·haat** *=hate* hated, hateful, odious; →HAAT *vb.*; *jou ~ maak* make o.s. hated; *die mees gehate* ... the best/most hated ...

**ge·had** *(p.p. of hê)* had; *ek het die boek toe nog nie gelees ~ nie* I had not (yet) read the book at that time.

**ge·hal·te** quality, standard; calibre *(fig.)*; grade; alloy *(of metals)*; proof *(of alcohol/ore)*; content; *van die beste/suiwerste* ~ *wees* be of the best/finest quality; *nie van dieselfde* ~ *as* ... *wees nie* not be in the same class *(or, infml.* league) as ...; *die* ~ *van 'n gesprek laat daal* lower the tone of a conversation; *die gewenste/vereiste* ~ *bereik, van die gewenste/vereiste* ~ *wees* be/come up to standard, be up to the mark; *van goeie/ hoë* ~ *wees* be of good/high quality; *innerlike* ~ intrinsic value; *olie/ens. van lae* ~ low-grade oil/etc.; *van lae/slegte/ swak* ~ *wees* be of low/poor quality; *sedelike* ~ moral worth; *grappe van twyfelagtige* ~ jokes in questionable taste; *iem. van sy/haar* ~ s.o. of his/her calibre; *artikels van voortreflike* ~ articles of quality. **~beheer** quality control. **~tyd** quality time. **~versekering** quality assurance.

**ge·hap** *=hapte* bitten; chipped; →HAP *vb.*.

**ge·hard** *=harde* tempered *(steel)*, chilled *(iron)*; hardened, hardy, tough, rugged; seasoned, fit *(soldier)*; *iem.* ~ *maak* toughen up s.o.; *'n ~e misdadiger* a hard-core criminal; *teen iets* ~ *wees* be steeled against s.t. *(adversity etc.)*; be inured to s.t. *(pain etc.)*; *teen die klimaat* ~ *wees* be acclimatised. **ge·hard·heid** temper; hardiness, inurement.

**ge·har·nas** *=naste* armoured, in armour, mailed, mailclad; →HARNAS *vb.*.

**ge·har·war** confusion; bickering(s), squabble(s), wrangling.

**ge·ha·wend** *=wende* battered, dilapidated, *(infml.)* beat-up; tattered, in rags/shreds.

**ge·heel** *=hele, n.* whole; entirety; total(ity); aggregate; ensemble; *die groot* ~ the sum total, the totality; *in die* ~ as a whole; altogether; in the main; all round; *in sy* ~ as a whole; in its entirety/totality; in full/total; *iets in sy* ~ *beskou* take a global view of s.t.; *oor die* ~ *(geneem)* in general, on the whole, in the aggregate, by and large. **ge·heel** *=hele, adj., (rare)* complete, entire, total, whole, undivided, integral. **ge·heel** *adv.* all, completely, entirely, quite, wholly; ~ *en al* totally, wholly, altogether; ~ *anders* quite different. **~beeld** complete view, total image. **~indruk** overall impression. **~onthouding** total abstinence, teetotalism. **~onthouer** total abstainer, teetotaller.

**ge·heel·heid** whole, totality, entirety.

**geheen-en-weer** toing and froing.

**ge·heg** -hegte meer ~ die mees -hegte attached, affixed; →HEG² vb.; aan ... ~ wees be attached/devoted to (or fond of or affectionate towards) ...; besonder/innig ~ wees aan ... be deeply attached to ...; aan ... ~ raak become attached to ... **ge·hegt·heid** attachment, devotion, fondness; ~ aan ... devotion to ...

**ge·heim** -heime, n. secret; mystery; 'n ~ bewaar keep a secret; in 'n ~ deel be in on s.t. (infml.); 'n diepe ~ a dark secret; die ~ raak al hoe duisterder/tergender the mystery deepens; dit is geen ~ nie it is no secret, there is no secrecy about it; in die ~ in secret, secretly; in secrecy; in private; under cover; iem. in 'n ~ inwy initiate/let s.o. into a secret; geen ~ van iets maak nie make no secret of s.t.; dit is 'n ope/open bare ~ it is no (or an open) secret; 'n ~ openbaar divulge a secret; 'n ~ opklaar clear up a mystery; die ~ uitblaker/ uitlap/verklap give away (or let out) the secret; give the game/show away (infml.); die ~ het uitgelek the secret is out; 'n ~ vir iem. vertel confide a secret to s.o.. **ge·heim** -heime, adj. & adv. secret (agent, admirer, door, meeting, police, proceedings, society, treaty, etc.); occult (sc.); clandestine (marriage); hidden (designs, reserve, etc.); undivulged; underground (movement); covert (mil. action/operation); iets bly diep ~ s.t. remains a dead secret; s.t. remains a deep mystery; dit word nie ~ gehou nie it is no secret, there is no secrecy about it; dit is hoogs/streng/uiters ~ it is top secret; iets ~ hou keep s.t. (a) secret; iets vir iem. ~ hou keep s.t. secret (or conceal s.t.) from s.o.; ~e invloed secret/backdoor influence; ~e middel arcanum, nostrum, secret remedy; ~e posbus dead letter box/drop; G~e Raad Privy Council (of the Br. sovereign); ~e sitting secret/private session; ~e skuilplek safe house (for undercover agents, terrorists, etc.); ~e stemming secret ballot/voting, voting by ballot; iets as streng ~ beskou treat s.t. in the strictest confidence; iem. laat sweer om iets ~ te hou swear s.o. to secrecy. ~diens (also geheime diens) secret service. ~skrif cipher, cryptogram, secret characters/ code; cryptography; in ~ in cipher/cypher/code; 'n dokument in ~ a cryptograph. ~taal secret/code language.

**ge·hei·me·nis** -nisse mystery; die ~se van die natuur the secrets of nature. **ge·hei·me·nis·vol** -volle mysterious.

**ge·heim·hou·ding** secrecy; suppression, stealth, concealment, cover-up; secretiveness; onder belofte van ~ under pledge of secrecy; onder die diepste ~ in the deepest/greatest/strictest secrecy; 'n eed van ~ aflê be sworn to secrecy; in ~ gehul wees be shrouded in secrecy; agter 'n sluier van ~ under a blanket of secrecy.

**ge·heim·sin·nig** -nige, adj. dark, deep, mysterious; secretive, close, cryptic, mystic, oracular; ~ omtrent iets wees be secretive about s.t.. **ge·heim·sin·nig** adv. darkly, mysteriously. **ge·heim·sin·nig·heid** darkness, mystery, mysteriousness; secretiveness; in ('n waas van) ~ gehul wees be shrouded/veiled/wrapped in mystery; 'n waas van ~ omhul ... there is an aura of mystery around ..., an aura of mystery surrounds ...

**ge·he·kel** -kelde crocheted; →HEKEL² vb.; ~de werk crochet work.

**ge·heu·e** -heues memory, remembrance; iem. se ~ bedrieg hom/haar (of speel hom/haar parte) s.o.'s memory deceives him/her; as my ~ my nie bedrieg nie if my memory serves, if I remember correctly/right(ly); iets bly in iem. se ~ (geprent) s.t. sticks in s.o.'s memory; in iem. se ~ ~ gegrif/(in) geprent wees/staan be engraved/etched in/on (or printed/ stamped on) s.o.'s memory; 'n goeie ~ a good/long/retentive memory; jou ~ inspan tax one's memory; 'n kort ~ hê have a short memory; 'n onbetroubare ~ a treacherous memory; onfeilbare ~ total recall; iem. se ~ speel hom/haar parte →iem. se geheue bedrieg hom/haar; iets in jou ~ prent print s.t. on one's memory; make a mental note of s.t.; 'n slegte/swak ~ an unretentive memory; iem. se ~ laat hom/

haar in die steek s.o.'s memory lets him/her down (or fails him/her); 'n sterk/taai ~ a retentive/tenacious memory; iets is nog vars in iem. se ~ s.t. is still fresh in s.o.'s memory; jou ~ verfris/verskerp refresh one's memory; 'n goeie ~ vir ... hê have a good memory for ... (names etc.); visuele ~ visual/eye memory; iem. se ~ is skoon weg s.o.'s mind is a blank (or has gone blank). ~brug, ~hulp memory aid, mnemonic, mnemotechnical device. ~kaart (comp.) memory card. ~kuns mnemonics. ~leer, ~oefening, ~skoling memory training, mnemonics. ~rympie mnemonic. ~vak rote subject. ~verlies amnesia, loss of memory.

**ge·hoef** -hoefde hoofed, hooved, ungulate; →HOEF¹ n.; ~de dier ungulate.

**ge·hok** grounded (aircraft, crew, naughty child); →HOK vb..

**ge·hol·pe** (strong p.p. of help) helped; served; ~ raak be helped; have a need filled; is u/jy al ~? have you been attended to?.

**ge·hoor** -hore audience; hearing; binne ~ within earshot; buite ~ out of earshot; ~ gee give ear, lend an ear; aan iets ~ gee listen to s.t. (advice etc.); comply with s.t., accede to s.t. (a request etc.); respond to s.t. (an appeal etc.); geen ~ aan iets gee nie, (also) turn a deaf ear to s.t.; goed van ~ quick of hearing; 'n goeie ~ a good ear; a large audience; a sympathetic audience; (het jy [my]) ~?, (admonition) do you hear?; 'n klein/skraal ~ a thin audience/house; geen ~ kry nie obtain no hearing; fail to get an answer; 'n goeie ~ kry find an appreciative (or a sympathetic) audience; onder die ~ in the audience; onder iem. se ~ wees be among s.o.'s audience/ hearers; op (die) ~ (af) speel, (mus.) play by ear; deur die ~ teruggeroep word take a curtain call; 'n ~ toespreek address an audience; ~ verleen aan ... give an audience (or a hearing) to ...; by iem. ~ vind gain s.o.'s ear; iets vind geen ~ nie s.t. falls on deaf ears. ~aandoening ear complaint. ~afstand hearing distance; binne/op ~ within hearing/earshot. ~afwyking hearing defect. ~apparaat hearing aid. ~beentjie ear ossicle, tympanic bone. ~buis acoustic duct, auditory canal; (teleph.) receiver. ~drumpel auditory threshold. ~frekwensie audio frequency. ~gang auditory canal. ~gestrem(d) hearing-impaired. ~leer audiology, acoustics. ~meter audiometer, sonometer. ~meting audiometry. ~orgaan auditory organ. ~saal auditorium; lecture room; audience chamber. ~senu(wee) auditory/acoustic nerve. ~sin sense of hearing. ~sintuig organ of hearing. ~skerpte auditory acuity/acuteness, quickness of ear/hearing. ~stuk (teleph.) receiver. ~toestel hearing aid. ~toets ear test. ~verlies loss of hearing. ~vermoë audition.

**ge·hoor·ge·wing** compliance.

**ge·hoor·saam** -same, adj. dutiful, obedient; submissive; law-abiding; tractable; biddable; iem./iets ~ wees be obedient to s.o./s.t. (the law etc.). **ge·hoor·saam** adv. dutifully, obediently, submissively. **ge·hoor·saam** het ~, vb. obey, be obedient; submit to; take orders from; toe the line; (a horse) answer to (the bridle); iem. blind (of deur dik en dun) ~ obey s.o. implicitly. **ge·hoor·saam·heid** dutifulness, obedience; submissiveness; ~ aan ... betoon be obedient to ...; blinde/ willose ~ abject/implicit/unquestioning obedience; ~ van iem. eis demand/exact obedience from s.o.; in ~ aan ... in obedience to ...; met slaafse ~ with doglike devotion; ~ aan ... sweer swear obedience to ...; ~ aan ... verskuldig wees owe obedience to ...

**ge·hou·e** (p.p. of hou¹ vb.) held; op die jongs ~ vergadering at the last meeting.

**ge·hug** -hugte hamlet, settlement. **ge·hug·gie** -gies small hamlet; shack, shanty, hovel, hut.

**ge·hui·gel** n. dissembling, hypocrisy. **ge·hui·gel** -gelde, adj. feigned, pretended, sham; →HUIGEL.

**ge·huil** crying (of a child), howling, yelping (of dogs, wolves); ululation, wail(ing), weeping.

**ge·hurk** -hurkte →HURK.

**ge·hyg** (also) heavy breathing.

**gei·ger·(mul·ler·)tel·ler** *(radioactivity meter)* Geiger(-Mül=
ler) counter.

**geil** ~ *geiler geilste* rank *(plant);* fertile, rich *(soil);* lush *(vegeta=
tion);* lustful, lascivious, *(infml.)* randy, horny, raunchy; ~
*groei* thrive; ~ *plantegroei* gross vegetation. **geil·te** rankness,
lushness.

**ge·ïl·lus·treer(d)** =*treerde* →ILLUSTREER.

**ge·im·pro·vi·seer(d)** =*seerde* improvised; impromptu;
*(theatr.)* unscripted *(performance);* →IMPROVISEER.

**ge·in·kor·po·reer(d)** =*reerde* incorporated; collegiate; →IN=
KORPOREER.

**ge·in·spi·reer(d)** =*reerde* inspired, inspirational; →INSPIREER.

**ge·in·te·greer(d)** integrated; →INTEGREER; ~*greerde kring,*
*(elec.)* integrated circuit. **ge·in·te·greer·de·diens·te- di·gi·**
**ta·le net·werk** *(telecomm.)* integrated services digital network
*(abbr.:* ISDN*).*

**ge·in·te·res·seer(d)** =*seerde* interested; concerned, involved;
→INTERESSEER.

**ge·in·ter·neer·de** =*des, n.* internee; →INTERNEER.

**ge·ir·ri·teer(d)** =*teerde* irritated; →IRRITEER. **ge·ir·ri·teerd·**
**heid** irritation, irritability.

**gei·ser** =*sers, (geol.)* geyser; geyser, hot-water cylinder.

**gei·sja** =*sjas, (Jap.)* geisha (girl).

**ge·i·so·leer(d)** =*leerde* isolated; insulated; insular; →ISOLEER.

**geit** *geite, (infml., usu. in the pl.)* freak, fancy, whim; fussiness,
fastidiousness.

**geit·jie** =*jies* gecko; *(infml.: ill-tempered woman)* shrew, vixen.

**ge·jaag** *n.* hurry(ing), hurry-scurry, hustle; *die* ~ *na sukses*
life in the fast lane *(fig.).* **ge·jaag(d)** =*jaagde* =*jaagder*
=*jaagdste* (of *meer* ~ *die mees* =*jaagde), adj.* agitated, flurried,
flustered, hurried, nervous, restless, helter-skelter, fidgety,
→JAAG; *'n jaagde voorkoms* a hunted look; *die gejaagde lewe,*
*(also)* life in the fast lane. **ge·jaagd·heid** agitation, flurry,
fluster, flutter, hurry-scurry, nervousness, restlessness, hur=
riedness, hastiness.

**ge·jak·ker** gallivanting, *(infml.)* jorling; →JAKKER.

**ge·jam·mer** *(poet., liter.)* lamentation(s), wailing(s), moan=
ing, ululation.

**ge·jeuk, ge·juk** itch(ing); psoriasis; →JEUK *vb.*.

**ge·jo·deer(d)** =*deerde* iodised; →JODEER.

**ge·jol** merrymaking, gallivanting, revelry, *(infml.)* jorling; →
JOL² *vb.*.

**ge·jou** booing, hooting, catcalling, catcalls; barracking, hiss=
ing; →JOU² *vb.*.

**ge·jy** *n., (infml.): ek kan sy/haar ~ en (ge)jou nie verdra nie* I
can't stand his/her familiarity/forwardness *(or* lack of re=
spect).

**gek** *gekke, n.* fool; lunatic, madman, mad woman; *iem. vir 'n*
~ *aansien* take s.o. for a fool; *iem. vir die* ~ **hou** make a fool
of s.o., play games with s.o.; make fun of *(or* poke fun at)
s.o.; have s.o. on *(infml.); iem. laat hom/haar nie vir die* ~ **hou**
*nie* s.o. is not to be trifled with; *soos 'n* ~ **lyk** look a fool; *die*
~ *skeer* play the fool; *jy skeer (seker) die* ~*!* you're kidding!
*(infml.); met iem. die* ~ *skeer* make fun of s.o., poke fun at
s.o.; pull s.o.'s leg; *jy skeer die* ~ *met my!* you're pulling my
leg! *(infml.); soos 'n* ~ foolishly. **gek** *gekke gekker gekste, adj.*
*& adv.* crazy, mad, demented, insane; mad, idiotic, foolish,
silly, daft, stupid; crackbrained, preposterous; nonsensical;
queer, funny, odd; frantic; *jou* ~ **hou** sham madness; *iem. is*
*nie so* ~ *as (wat) hy/sy lyk nie* s.o. is not such a fool as he/she
looks, there is method in s.o.'s madness; *iem.* ~ **maak** drive/
send s.o. mad, drive s.o. crazy; drive s.o. to distraction; drive
s.o. round the bend *(infml.);* ~ *wees na* ... be very fond of *(or*
keen on) ..., *(infml.)* be crazy/mad about ...; *dis nog die* ~*ste*
that beats everything *(infml.);* ~ *wees om iets te doen* be a
fool to do s.t.; ~ *wees oor* ..., *(infml.)* be crazy about ...; *op die*
~*ste plekke* in the most unlikely places; *jou* ~ *soek na* ...

look o.s. silly for ... *(infml.); 'n* ~*(ke)* **uitdrukking** a funny
expression; *'n* ~*(ke)* **voorstelling** a silly performance; a silly
way of putting/representing s.t.; ~ **word** go mad, *(infml.)* go
nuts; *om van* ~ **word** maddening; *iem. wil* ~ **word** s.o. has
just about had enough, s.o. is on the verge of cracking *(or*
losing it). **gek·heid** folly, foolishness, joking, tomfoolery,
fun; madness; daftness. **gek·ker·ny, gek·ker·ny** =*nye* jest,
joke, joking, tomfoolery, nonsense. **gek·kig·heid** folly, fool=
ishness. **gek·lik** foolish, silly, queer, zany, crazy, potty,
dotty, cracked, crackbrained, barmy.

**ge·ka·foe·fel** *(infml.)* nooky, nookie, romp, rumpy-pumpy;
→KAFOEFEL.

**ge·kalk** =*kalkte* whitewashed; →KALK *vb.*.

**ge·kam(d)** =*kamde* combed; crested; *(sc.)* ctenoid; *(biol.)* pec=
tinate; dragged *(stonework);* →KAM *vb.*.

**ge·kant: heeltemal/sterk/vierkant teen** ... ~ **wees** be dead
set against ...; **heftig/sterk teen iets** ~ **wees** be vehemently/
strongly opposed to s.t.; **teen** ... ~ **wees** be opposed to ...; be
set against ...; **teen iem.** ~ **wees,** *(also)* be antagonistic to(wards)
*(or* hostile to) s.o..

**ge·kap** =*kapte* chopped; chipped; dressed *(stone);* →KAP² *vb.*.

**ge·kar·ring** churning; →KARRING *vb.; hou op met die* ~ stop
nagging.

**ge·kar·tel(d)** =*telde* jagged; waved, wavy *(hair);* milled *(coin);*
ruffled *(petal);* sinuate *(leaf);* crinkled *(paper),* crimped; →
KARTEL² *vb.*.

**ge·kas·treer(d)** =*treerde, adj.* neutered, emasculate(d); →
KASTREER. **ge·kas·treer·de** =*des, n.* neuter.

**ge·keer(d): in jouself** ~ introvert; →KEER *vb.*.

**ge·kek·kel** cackle, cackling; *(infml.)* chitchat, tittle-tattle,
gabble; →KEKKEL; *(gedurige)* ~, *(infml.)* ya(c)k, yackety-yak.

**ge·kelk** =*kelkte* chaliced, cup-shaped, calyciform; →KELK.

**ge·ke·per(d)** =*perde* twilled; chevronlike; →KEPER *vb.; ~perde*
*stof* twill (fabric).

**ge·kerf** =*kerfde* cut, sliced, carved, shredded, chopped; *(bot.)*
crenate; →KERF *vb.*.

**ge·kerk** =*kerkte, (infml.)* →KERK *vb.*.

**ge·kerm** groaning, moaning, *(infml.)* whing(e)ing; lamenta=
tion, wailing; →KERM.

**ge·keur(d)** =*keurde, adj.* selected; seeded *(player);* →KEUR *vb.*.
**ge·keur·de** =*des, n.* seed(ed player).

**ge·kib·bel** bickering, squabbling; →KIBBEL.

**gek·ke·:** G~*dag (1 April)* All Fools' Day. ~**getal** fool's num=
ber, (number) eleven. ~**paradys** fool's paradise; *in 'n* ~ *leef/*
*lewe* live in a fool's paradise. ~**praatjies** (stuff and) non=
sense. ~**streek** prank, tomfoolery, frolic; madness, folly.

**gek·ko** =*ko's, (zool.)* gecko.

**ge·klap** clapping *(of hands),* applause; cracking *(of a whip);*
→KLAP *vb.*.

**ge·klas·si·fi·seer** =*seerde* classified, sorted; →KLASSIFISEER;
~*de advertensie* classified ad(vertisement); *(in the pl., also)*
smalls, small ads, classifieds.

**ge·klee(d)** =*klede* dressed, clad, gowned, garmented; dressy;
→KLEE *vb.; goed* ~ *wees* be well dressed; be well turned out;
*altyd* **goed** ~ *wees/gaan* (always) dress well; *'n goed geklede*
*man/vrou* a well-dressed man/woman; *'n goed geklede mei=*
*sie/ens.* a well-turned-out girl/etc.; *in* ... ~ *wees* be clothed in
...; *netjies* ~ *wees* be neatly dressed; *ten volle* ~ *wees* be fully
dressed.

**ge·klets** jaw, rot, rubbish, twaddle, (idle) chatter, babble,
gabble, *(infml.)* yackety-yak; gossiping; →KLETS *vb.*.

**ge·kleur(d)** =*kleurde, adj.* coloured; *(bot.)* marbled; tinted
*(glasses);* stained *(glass);* →KLEUR *vb.; gekleurde speler, (sport)*
coloured player, player of colour. **ge·kleur·de** =*des, n.* col=
oured person, person of colour.

**gek·lik** *adj. & adv.* foolish(ly).

**ge·klin·gel** jingle(-jangle), jingling, tinkle, tinkling; →KLIN= GEL *vb.*.

**ge·klink¹** *n.* clink(ing), clank; clanking; →KLINK¹ *vb.*.

**ge·klink²** *-klinkte, adj.* clinched *(nail);* →KLINK³ *vb.*.

**ge·klop** *n.* knocking; beating, throbbing *(of the heart);* hammering; clip-clop, clop-clop(ping), tapping. **ge·klop** *-klopte, adj.* beaten; →KLOP *vb.;* ~*te room* whipped cream.

**ge·kners** gnashing *(of teeth),* crunch; →KNERS.

**ge·knoei** botching, botch(-up), bungling, messing; jobbery, plotting, scheming, fiddling, *(Am.)* graft; →KNOEI.

**ge·knoes** *-knoeste,* **ge·knoets** *-knoetste* knotted, knotty, gnarled.

**ge·knoop** *-knoopte* knotted, knotty; *(sc.)* nodated, nodous; →KNOOP *vb.*.

**ge·knor** grumbling; grunt(ing) *(of a pig);* snarl(ing), growl= (ing) *(of a dog);* scolding; →KNOR *vb.*.

**ge·koek** *-koekte* matted; cotted, cotty; lumpy; caked; knot= ted; →KOEK *vb.*.

**ge·kol** *-kolde* spotted; →KOL *vb.*.

**ge·kom·bi·neer(d)** *-neerde* combined; composite; →KOM= BINEER.

**ge·kom·pli·seer(d)** *-seerde -seerder -seerdste* complicated, complex; →KOMPLISEER. **ge·kom·pli·seerd·heid** complexity.

**ge·kom·pro·mit·teer(d)** *-teerde* compromised; →KOMPRO= MITTEER.

**ge·kon·den·seer(d)** *-seerde* condensed *(milk);* →KONDEN= SEER.

**ge·kon·di·si·o·neer(d)** *-neerde* conditioned, Pavlovian *(re= action etc.);* →KONDISIONEER.

**ge·kon·fyt** *-fyte* seasoned; ~ *wees in iets, (infml.)* be skilled in *(or* adept at) s.t.; be well-versed in s.t.; be an old hand at s.t.; be steeped in s.t. *(a subject etc.);* ~ *wees, (also)* know the ropes.

**ge·kon·kel** plotting, scheming, wheeler-dealing, wheeling and dealing; →KONKEL.

**ge·kon·sen·treer(d)** *-treerde* concentrated; →KONSENTREER.

**ge·kon·so·li·deer(d)** *-deerde* consolidated, funded *(debt);* →KONSOLIDEER.

**ge·kop·pel(d)** *-pelde* coupled *(axle, points);* clustered *(pillars);* online *(computers);* →KOPPEL *vb.; aan 'n masjien gekoppel wees* be wired up to a machine.

**ge·ko·ring** *-ringde meer* ~ *die mees* *-ringde, (infml.)* tipsy, drunk; *lekker/behoorlik/goed* ~ legless, paralytic, motherless.

**ge·kor·rel(d)** *-relde* granular; →KORREL *vb.*.

**ge·kor·ri·geer(d)** *-geerde* corrected; →KORRIGEER.

**ge·kor·rup·teer** *-teerde, (also comp.)* corrupt(ed); →KORRUP= TEER.

**ge·ko·se** *(strong p.p of* kies⁴ *vb.*.) elected; chosen; elective *(office);* ~ *komitee, (parl.)* select committee.

**ge·kraal(d)** *-kraalde* beaded; →KRAAL¹ *n.*.

**ge·krab·bel** scribble, scribbling, scrawl; →KRABBEL *vb.*.

**ge·krap** scratching, scribble, scrawl; cacography; probing *(into s.o.'s private affairs).*

**ge·kras** *n.* scratching; scrunching; croak(ing); screeching; cawing *(of ravens etc.);* stridulation. **ge·kras** *-kraste, adj.* scraped; →KRAS¹ *vb.*.

**ge·krenk** *-krenkte* hurt, sore, offended *(feelings),* piqued, re= sentful, aggrieved; mortified; →KRENK. **ge·krenkt·heid** pique, resentment.

**ge·kreu·kel(d)** *-kelde* creased, crumpled, rumpled, puck= ered; *(biol.)* corrugate(d); →KREUKEL.

**ge·krin·kel(d)** *-kelde* crinkled; crenate; →KRINKEL *vb.; ~kel= de stof* crêpe; *~kelde sy* crêpe de Chine.

**ge·kri·oel** swarming, teeming; ~ *van mense* bustle, stir.

**ge·kroes** *-kroesde -kroesder -kroesste* curly, crisped, crispy, frizzy *(hair);* *(bot.)* crispate.

**ge·krom** *-kromde* curved; bent; cambered; →KROM *vb.*.

**ge·kron·kel(d)** *-kelde* twisted, contorted, tortuous, convo= luted, meandering; →KRONKEL *vb.*.

**ge·krui(d), ge·krui·e** *-kruide* seasoned, spiced; savoury *(dish);* mulled *(wine);* spicy *(stories);* salty, pungent *(lang.);* → KRUI(E)¹; *sterk* ~ *wees* be highly flavoured; be highly seasoned; be spicy; *(cook.)* be devilled.

**ge·kruis** *-kruiste* crossed; crosswise; crossbred *(animals);* *(bot.)* decussate; →KRUIS *vb.; met ~te* **bene** sit sit cross-legged *(on a chair);* ~*te* **(doods)beendere** crossbones; ~*te* **lyne** hê, *(tele= comm.)* have crossed lines; *'n ~te* **ras** a crossbreed; *'n ~te* **tjek** a crossed cheque.

**ge·krui·sig** *-sigde* crucified; →KRUISIG.

**ge·krul(d)** *-krulde* curled, curly, wavy, crisped, tressy, friz= zled *(hair);* *(bot.)* crispate; volute(d); →KRUL *vb.*.

**gek·skeer** *gegek-, gekge-* banter, jest, kid, clown (it), joke; fool/monkey around, *(infml.)* play silly buggers; *met iem.* ~ make fun of s.o., poke fun at s.o.; pull s.o.'s leg, chaff s.o. *(infml.);* trifle with s.o.; *nie met jou laat* ~ *nie* not stand any joking/nonsense. **gek·skeer·der** joker, chaffer; hoaxer, leg= puller, banterer. **gek·skeer·de·ry** fooling, jesting, joking, high jinks, hijinks, buffoonery, clowning, skylarking, ragging, leg= pulling, hoax(ing).

**ge·kuif** *-kuifde* crested *(waves);* tufted *(birds);* *(bot.)* comose; →KUIF.

**ge·kuis** *-kuiste* chaste, pure, chastened; →KUIS *vb.; ~te taal* purified language.

**ge·kul·ti·veer(d)** *-veerde* upper-class *(voice etc.);* →KULTI= VEER.

**ge·kun·steld** *-stelde* affected, artificial, laboured, mannered; *(infml.)* art(s)y-fart(s)y; studied, unnatural, forced; sophis= ticated; *~de styl* artificial/laboured style. **ge·kun·steld·heid** artificiality, mannerism *(of style),* sophistication.

**ge·kurk** *-kurkte* (cork-)tipped; →KURK *vb.*.

**ge·kwa·li·fi·seer(d)** *-seerde* qualified; →KWALIFISEER.

**ge·kwas** *-kwaste* tufted; knotty *(wood);* →KWAS.

**ge·kwel** *-kwelde* possessed, plagued, worried, disturbed, har= rowed; →KWEL. **ge·kweld·heid** worry, vexation.

**ge·kwets** *-kwetste* offended, wounded, sore *(fig.);* →KWETS. **ge·kwetst·heid** pique, offence, resentment, umbrage.

**ge·kwet·ter** twitter(ing), chirping, chirruping; →KWETTER; *(gedurige)* ~, *(infml.)* yackety-yak.

**ge·kyf** bickering, quarrelling, squabbling, wrangling, brawl= ing; →KYF *vb.*.

**ge·laag** *-laagde* bedded, stratified; ranged *(masonry);* band= ed *(structure);* coursed *(stonework);* →LAAG *vb.*. **ge·laagd·heid** *(geomorphol.)* bedding, stratification.

**ge·laai** *-laaide* loaded; charged *(battery);* live *(wire);* weighted *(figure, vote);* →LAAI³ *vb.; emosioneel* ~ *wees, (a situation etc.)* be charged with emotion.

**ge·laat** *-late* countenance, face, mien, visage. ~**spier** facial muscle.

**ge·laats·:** ~**kleur** complexion. ~**trek** (facial) feature, linea= ment; *met fyn/growwe ~ke* fine/heavy-featured.

**ge·la·de** *(strong p.p. of* laai³ *vb.*.) charged, packed *(with mean= ing etc.);* tense; charged, heavy, electrifying *(atmosphere).* **ge·la·den·heid** meaningfulness, tenseness.

**ge·lag¹** *n.* laughing, laughter; →LAG *vb.*.

**ge·lag²** *-lae, n.: die* ~ *betaal* pay the piper; take the rap *(in= fml.); vir die* ~ *betaal* foot the bill *(infml.).*

**ge·la·mi·neer(d)** *-neerde* laminated; →LAMINEER.

**ge·lang:** *na* ~ *iem. dit nodig kry* as and when s.o. needs it; *(al) na* ~ *van …* in proportion to …; according to …, as … may demand/permit/require *(circumstances); na* ~ *van behoef= te* as (and when) required; *na* ~ *van die hoeveelheid* depend= ing (up)on the quantity.

**ge·lap** *-lapte* patched; →LAP *vb.*.

**ge·las¹** *-laste, adj.* joined; →LAS¹ *vb.*.

**ge·las²** *het ~, vb.* charge, command, direct, instruct, order; *ek is ~ om ...* I am instructed to ... **ge·las·tig·de** *-des* deputy, delegate, proxy, mandatory.

**ge·la·te** *-tener -tenste (of meer ~ die mees ~), adj.* resigned, unprotesting, acquiescent, uncomplaining, philosophical. **ge·la·te** *adv.* resignedly, philosophically. **ge·la·ten·heid** acquiescence, resignation, composure, equanimity; lassitude; *met ~* resignedly, philosophically, with equanimity.

**ge·la·tien, je·la·tien** gelatine, gelatin. *~papier,* **bladgela·tien,** *-jelatien (cook.)* leaf/sheet gelatin(e).

**ge·la·tien·ag·tig, je·la·tien·ag·tig** *-tige* gelatinous.

**geld¹** *gelde, n.* money; currency; *(in the pl., also)* moneys; receipts; *(professional)* fees; dues; *baie* plenty of money; *~ in iets belê* invest money in s.t.; *oor die ~ beskik* have the money; hold the purse strings; *beskikbare ~, (fin.)* money in cash; *dit is met g'n/geen ~ te betaal nie* it is priceless; it is worth its weight in gold; *~ soos bossies, (infml.)* bags/loads/oodles/pots/stacks/wads of money; *~ soos bossies verdien, (also, infml.)* rake it in, coin it; *~ by jou hê* have money about/on one; *'n gebrek aan ~ hê* have a lack/shortage of funds, be pressed for money; *in ~ of goedere* in cash or kind; *~ van jouself hê* have private means; *iem. het nie ~ vir ... nie* s.o. has no money for ...; s.o. cannot spare the money for ...; *hope* (of *sakke vol*) *~, (infml.)* bags/loads/oodles/pots/stacks/wads of money; *~ in/insamel/bymekaarkry* raise funds/money; *('n) mens moenie al jou ~ op een kaart sit nie* one should not put all one's eggs in one basket; *waar moet die ~ vandaan kom?* where is the money to come from?; *iets kos baie ~, (also)* s.t. makes a hole in one's pocket; *~ is die wortel van alle kwaad, (idm.)* money is the root of all evil; *'n kwessie van ~* a question of money (*or* rands and cents); *~ maak* make money; *~ uit iets maak* make money out of s.t.; *vinnig ~ maak, (also)* make a fast buck *(infml.); mense met ~* moneyed people; *met ~ mors* waste money; *met ~ mors* spend money like water *(infml.); ~ munt/slaan* coin money *(lit.); ~ in omloop* money in circulation; *iem. se ~ pla hom/haar, (infml.)* s.o.'s money is burning a hole in his/her pocket; *dis ~ present* it's easy money, *(infml.)* it's money for jam; *met ~ kry ('n) mens alles reg* money talks; *~ laat rol, (infml.)* spend money like water; *die ~ groei nie op my rug nie, (infml.)* I'm not made of money; *~ as ruilmiddel, (fin.)* money as medium of exchange; *iets het iem. 'n klomp ~ uit die sak gejaag* s.t. cost s.o. a lot/pile of money (*or* a bomb); *~ is skaars* money is tight; *iem. se ~ is skraps* s.o. is pinched for money; *sonder ~* penniless, broke; *~ spaar* save money; *daar steek ~ in* there's money in it; *~ in iets steek* put money into s.t.; *stik in die ~, (infml.)* be stinking rich; *~ wat stom is, maak reg wat krom is* money works wonders; *suinig met die ~ werk* tighten the purse strings; *in die ~ swem, (infml.)* roll/wallow in the money; *trots op jou ~* wees be purse-proud; *'n man/vrou met ~ trou* marry money; *om ~ trou* marry for money; *alles in ~ uitdruk* measure everything in terms of money (*or* rands and cents); *vals begin ~ uitgee* go on a spending spree; *vals ~* bad money, base coin; *daar is ~ mee te verdien* there's money in it; *~ uit iets verdien* make money out of s.t.; *~ verkwis/verspil* waste money, *(infml.)* blow money; throw money about/around; *vir ~ doen 'n mens baie* money is a great temptation (*or* no small consideration); *iem. van ~ voorsien* keep s.o. in money; *vriendelikheid kos g'n/geen ~ nie* politeness costs nothing (and goes a long way); *vrot wees van die ~, (infml.)* be stinking rich; *waardering in ~, (fin.)* monetary appraisal; *~ in die water gooi, (infml.)* waste money; *~ op 'n perd wed* have/put money on a horse; *~ weggooi, (infml.)* pour money down the drain; *iets is die ~ werd* s.t. is good value; *vir geen ~ ter wêreld nie* not for (all) the world (*or* all the money in the world), not at any price; *~ regeer die wêreld* money talks, money rules the world; *met ~ en goeie woorde kom jy oral(s)* (of *kry jy alles gedaan*) money and courtesy will open all gates; *nie vir ~ of mooi woorde*

*nie, (infml.)* not for love or money. *~baas* financier, capitalist, financial magnate, plutocrat, tycoon, capitalist, captain of finance. *~belange* moneyed/monied interests. *~besit* money assets. *~beurs* purse. *~beursie* purse; *(bot.: Albuca* spp.) soldier-in-the-box. *~bus* money box. *~duiwel* demon of money, Mammon. *~eenheid* monetary unit. *~ekonomie* money economy. *~gebrek* lack of funds, want/lack of money, impecuniosity, financial stringency; *~ hê* be hard up, be short of (*or* pressed for) funds/money. *~gierig* *-rige* avaricious, covetous, (money-)grabbing, (money-)grubbing, mercenary. *~gierigheid* avarice, covetousness. *~god: die ~* Mammon. *~handel* money trade, banking. *~inflasie* monetary inflation. *~insamelaar* collector, fundraiser. *~kas* cash box, money box; strongbox, coffer, safe. *~kissie* cash box. *~koers* rate of exchange; interest rate. *~koffer* coffer, money box. *~koors* greed of gold, lust for money, covetousness. *~kwessie* question of money (*or* rands and cents). *~laai* cash drawer, till. *~lener* lender; borrower. *~loon* monetary wage. *~mag* money power. *~makelaar* money broker/dealer. *~maker* moneymaker, money-spinner. *~man* capitalist, captain of finance, financier. *~mark* money market. *~middele* finances, funds, means, (pecuniary/monetary) resources. *~nood* lack of funds, shortage/scarcity/stringency/want of money, financial stringency/difficulty/straits; *~ hê, in ~ verkeer/wees* be pressed for (*or* short of) funds/money, be hard up, be in financial straits. *~omloop* circulation of money, monetary circulation. *~outomaat* autobank, cash dispenser/point. *~prys* money prize. *~sak* moneybag. *~sake* financial affairs; money matters. *~skaarste* scarcity of money, financial/monetary stringency, monetary pressure. *~skenking* monetary grant, donation. *~skieter* *-ters* moneylender, backer. *~som* sum of money. *~sorge* financial worries, money troubles. *~sport* professional sport. *~stelsel* currency, system of coinage, monetary system. *~storting* deposit of money. *~stuk* coin, piece (of money). *~sug* greed (of gold), thirst for money. *~trommel* cash box. *~trots* purse pride. *~uitlener* lender. *~verduisteraar* embezzler. *~verduistering* embezzlement, malversation. *~verering* Mammonism, plutolatry. *~verkwisting, ~verspilling* waste of money. *~verleentheid* pecuniary difficulties/embarrassment, money pinch; *in ~ verkeer* be hard pressed/pushed, be hard up (for money). *~verlies* loss of money. *~verruiming* monetary expansion. *~voorraad* supply/stock of money, money supply. *~vraat (infml., derog.)* fat cat. *~wa* cash van, security van. *~waarde* value in money, money value, monetary value. *~wassery* money laundering. *~wêreld* world of finance. *~wese* finance, monetary matters. *~wissel* money order. *~wolf* money-grabber/grubber.

**geld²** *ge-, vb.* apply, be in force, be valid, hold (good), obtain, count; apply to, concern; *dit ~ vir albei kante* it cuts both ways; *dit ~ (vir/van) ons almal* it goes for (*or* applies to) all of us; that may be said (*or* is true) of all of us; *wat ~ vir die een, ~ vir die ander* what is sauce for the goose is sauce for the gander; *iem./iets ~ as ...* s.o./s.t. rates as ...; *dit ~ iem. se eer/lewe/ens.* s.o.'s honour/life/etc. is at stake; *jou laat ~* assert o.s.; make one's presence felt; *iets laat ~* bring s.t. to bear, make s.t. felt (*one's influence etc.*); bring s.t. into play; assert s.t., enforce s.t. (*one's rights etc.*); *dit ~ vir niks (nie)* it counts for nothing; *dit ~ sonder uitsondering* it holds good (*or* obtains) universally; *dit ~ vir ...* it holds true for ...; *it goes for ...; it applies to ...; dit ~ vir die waarheid* it is held to be the truth. **gel·dend** *-dende* current, ruling (*prices*); accepted, prevailing, received (*opinion*); significant (*figures*). **gel·dig** *-dige* valid (*ticket, reason, etc.*), binding (*in law*), legal, operative; in force; applicable; *~ bly, (a principle etc.)* remain valid; hold good, stand up; *drie maande ens. ~* valid for three months etc.; *iets ~ maak* make s.t. valid; *nie meer ~ nie, (also)* out of date; *iets ~ verklaar* validate s.t.; allow s.t. to stand (*a debt*); *~ wees, (a rule, law, principle, etc.)* stand, hold good/water; *~ word, (a regulation)* take effect. **gel·dig-**

**heid** validity, force; *die reël het sy ~ verloor* the rule has be= come inoperative. **gel·dig·ma·king, gel·dig·ver·kla·ring** vali= dation. **gel·dings·drang** assertiveness.

**gel·de·lik** *=like* monetary *(reward)*, pecuniary *(difficulties)*, fi= nancial *(support, transactions, worries, etc.)*; *alles van die ~e kant beskou* measure everything in terms of rands and cents.

**geld·jies** *(dim.)*, *(infml.)* pence, pittance.

**ge·le·de** *adv.* ago, past; *baie lank ~* long long ago; *dae/ens. ~* days/etc. ago; *jare ~* years ago/back; *tot kort ~* until re= cently/lately; *korter ~* more recently; *lank ~* long ago, ages ago *(infml.)*, way back *(infml.)*; *hoe lank ~ was dit?* how long ago was that?; *lank, lank ~* many moons ago; *'n kort tyd= (jie) ~* a short time/while ago/back.

**ge·le·ding** *=dinge, =dings* articulation; *(bot., zool.)* joint, hinge; indentation *(of a coast)*.

**ge·le·ë** *~ =leëner =leënste (of meer ~ die mees ~)* convenient, opportune, suitable; *(no degrees of comparison)* lying, situate(d), set; positioned; *aan/langs 'n rivier ~ wees* lie *(or* be situated) on a river; *iets kom ~* s.t. comes in handy; *op 'n heuwel ~ wees* be situated/perched (up)on a hill; *iets is (nie) vir iem. ~* (nie), *(a time etc.)* s.t. suits *(or* does not suit) s.o., s.t. is (not) convenient to s.o..

**ge·leed** *=lede* jointed; articulated; *(bot., zool.)* articulate; in= dented *(coast)*; *gelede arm* hinged arm; *gelede voertuig* articu= lated vehicle. **ge·leed·heid** articulation. **ge·leed·po·tig** *=tige, adj.* arthropod(al), arthropodous; *~e diere* arthropods. **ge= leed·po·ti·ge** *=ges, n.* arthropod.

**ge·leen** *=leende* borrowed, on loan; →LEEN *vb.*.

**ge·leent·heid** *=hede* occasion; opportunity, opening; chance; facility; function; *as/indien die ~ hom (sou) aanbied/voor= doen, (fml.)* when an opportunity presents itself, when the occasion arises; *'n/die ~ aangryp* jump/leap at a/the chance, grasp/seize/take an/the opportu= nity, take advantage *(or* avail o.s.) of an/the opportunity; *'n ~ afwag, (also)* bide/wait one's time; *'n amptelike ~* a for= mal/official function; *iem. ~ bied/gee om te ...* afford/give s.o. an opportunity to ..., enable s.o. to ...; *by ~* (up)on oc= casion; occasionally; *by/ter ~ van ...* (up)on the occasion of ...; *die ~ maak die dief, (idm.)* opportunity makes the thief, an open door may tempt a saint; *by die eerste ~* at the first opportunity; *by elke ~* on every occasion; *van die ~ gebruik maak* take (advantage of) the opportunity, avail o.s. of the opportunity; *iem. 'n ~ gee, (also)* give s.o. a lift; *gelyke ~hede hê* have equal opportunities; *'n ~ (deur jou vingers) laat glip, 'n ~ laat verbygaan* lose/miss a chance, miss an opportu= nity, let a chance/opportunity slip by; *'n gulde ~* an excel= lent opportunity, a golden opportunity; *~ hê/kry om ...* get/ have an/the opportunity to ...; *('n) mens moet die ~ neem/vat as jy dit kry* time and tide wait for no-one, there is no time like the present; *'n ~ kry, (also)* get a lift; *'n ~ misloop/ver= speel/versuim* lose/miss a chance; *('n/die) ~ om iets te doen* an opportunity to do *(or* of doing) s.t.; *iem. in die ~ stel om ...* afford/give s.o. an opportunity to ..., put s.o. in the way of ...; *terwyl die ~ daar is, (also)* while the going is good; *'n unieke ~* the chance of a lifetime; *vir die ~* for the occasion; *'n ~ vir vrae* an opportunity to put questions; *die ~ wink (vir iem.)* opportunity knocks (for s.o.). **~spreker** guest speaker. **~stuk** pièce d'occasion, occasional piece; piece for a special occasion.

**ge·leent·heids·:** **~drinker** social drinker. **~gedig** occasio= nal/topical poem. **~kalender** events calendar. **~maatskap= py** events company. **~mis** *(relig.)* special mass, occasional mass. **~organiseerder** events organizer. **~verlof** occasional leave.

**ge·leerd** *=leerde =leerder =leerdste, adj.* learned, erudite, schol= arly; highbrow, bookish; *(also: geleer)* trained *(animal)*; *goed ~e persoon* person of education, cultured person; *hoe ~er, hoe verkeerder* a mere scholar a mere ass, the more learned the less wise; *iets is te ~ vir iem.* s.t. is Greek to s.o. *(or* be=

yond s.o. *or* beyond s.o.'s comprehension); *my ~e vriend, (jur., also joc./iron.)* my learned friend; *die ~e wêreld, (rhet.)* the scientific world, the world of science. **ge·leer·de** *=des, n.* scholar, academic; scientist. **ge·leerd·heid** erudition, learn= ing; scholarship; *grondige ~* erudition. **ge·leerd·heids·ver= toon** display of erudition.

**ge·lei** *het ~, vb.* lead, conduct, accompany, shepherd; escort, attend; convoy *(ships)*; conduct *(elec., heat)*; transmit *(sound)*; *iem. na buite ~* usher s.o. out. **~brief** way bill; permit; safe conduct. **~buis** conduit (pipe). **~draad, geleidingsdraad** *(elec.)* conducting wire. **~skip** convoy ship, escort vessel, con= sort, guard ship. **~vermoë** →GELEIDINGSVERMOË.

**ge·lei·baar** *=bare* conductible. **ge·lei·baar·heid** conductibil= ity.

**ge·lei(d)** *=leide adj.* led, guided; → LEI² *vb.*; *geleide ekonomie* planned economy; *geleide geldstelsel* managed currency; *ge= leide projektiel* guided missile. **ge·lei·de** *n.* attendance, care, escort (party), guard, protection; convoy; *onder militêre ~* under military escort; *onder ~ van ... wees* be escorted by ...; be under convoy of ... *(the navy)*.

**ge·lei·de·lik** *=like =liker =likste, adj.* gradual; phased; pro= gressive. **ge·lei·de·lik** *adv.* gradually; by degrees, little by little; in (easy) stages; progressively. **ge·lei·de·lik·heid** grad= ualness.

**ge·lei·ding** *=dings, =dinge* conducting, leading; conduction *(of heat)*; convection; wiring, conducting wire; conduit pipes; *(plumbing, elec., etc.)* main.

**ge·lei·dings·:** **~draad** →GELEIDRAAD. **~koëffisiënt, ~ko·ef= fisiënt** coefficient of conduction. **~net** (electrical) wiring. **~vermoë, geleivermoë** conductivity, conductance, perme= ance.

**ge·lei·er** *=ers* conductor, attendant, guide, leader; duct; *goeie ~, (phys.)* good conductor; *slegte/swak ~* bad conductor.

**ge·lek¹** *n.* leaking, drip; →LEK¹ *vb.*.

**ge·lek²** *n.* licking; toadyism; →LEK² *vb.*.

**ge·le·rig** *=rige* yellowish.

**ge·le·se** *adj.* read; →LEES² *vb.*; *'n algemeen ~ ...* a widely read ... *(book etc.)*; *iets as ~/gelees beskou* take s.t. as read.

**ge·let·terd** *=terde, adj.* literate, learned; cultured; literary; *'n ~e man/vrou* a literary person; a well-educated man/wom= an. **ge·let·ter·de** *=des, n.* scholar, literary/learned/scholarly/ erudite person. **ge·let·terd·heid** literacy; culture. **ge·let·terd= heids·on·der·rig** literacy training/instruction/teaching.

**ge·lid** *geledere* rank, file; *jou in die geledere van ... bevind* find o.s. in the ranks of ...; *in die ~ bly* keep rank(s); *mense in ~ bring/stel* line up people; *in enkel ~* in single file; *geslote geledere, (also)* a closed shop; *in geslote geledere* in close or= der; *altyd in die ~ wil wees* always want to be part of the company *(or* in there with everybody else); *in ~ marsjeer* file; *jou in die ~ skaar* fall into line; *die geledere sluit* close up, close (the) ranks; *in ~ gaan staan* line up; *uit (die) ~ tree, (a soldier)* fall out; quit the ranks; *(soldiers)* break rank(s); *uit die geledere voortkom* rise from the ranks; *iem. in hul geledere verwelkom* welcome s.o. (in)to their ranks; *in die voorste geledere van die beweging* in the forefront of the movement.

**ge·lief(d)** *=liefde =liefder =liefste (of meer ~ die mees liefde), adj.* beloved, dear, favourite, fancied, popular; *jou by iem. ~ maak* endear o.s. to s.o.. **ge·lief·de** *=des, n.* beloved, sweetheart, *(term of endearment)* dearest; *(in the pl., also: family members etc.)* loved ones. **ge·lief·koos** *=koosde* favourite, best-loved; *~de skrywer* favourite writer. **ge·lie·we** *(fml.)* please; *~ my te berig* kindly inform me; *~ te antwoord* an answer will oblige.

**ge·lieg** lying, mendacity.

**ge·lig·niet** gelignite, gelatine dynamite.

**ge·li·ni·eer(d)** *=eerde* ruled, lined *(paper)*; lineate(d); →LINI= EER.

**ge·li·sen·si·eer** *=eerde* licensed; →LISENSIEER.

**ge·lit** *=litte, (bot.)* jointed, articulate(d); →LIT.

**ge·lit·te·ken(d)** -kende scarred (face); →LITTEKEN vb..

**gel·ling** ~, -lings, **gal·lon** ~, -lonne, (Br./Am. unit of volume) gallon; 'n ~ water/ens. a gallon of water/etc.; twee ~ melk op 'n (of per) dag two gallons of milk a day.

**ge·lob** -lobde lobate, lobed; →LOB.

**ge·loei** blaring, clamouring, clanging, pealing, screaming (of an alarm, a siren, etc.); →LOEI.

**ge·lo·fie** -fies, (dim.), (infml.) popular belief, superstition.

**ge·lof·te** -tes vow, covenant, solemn promise.; 'n ~ aflê/doen om iets te doen make/take a vow to do s.t.; die ~ aflê take one's vows (as a member of a relig. order). **G~dag** (SA hist.: 16 Dec.) Day of the Covenant. **G~kerk** Church of the Vow/Covenant (in Pietermaritzburg).

**ge·lol** botheration; nagging; →LOL.

**ge·lood** -lode leaded; →LOOD vb.; gelode petrol leaded petrol.

**ge·loof** -lowe, n. belief, faith; creed, religion; persuasion; credit, credence, trust; ~ aan ... belief in ... (the supernatural etc.); 'n ~ aanhang follow a religion; 'n ~ aanneem embrace a faith; die ~ kan berge versit faith will (re)move mountains; 'n blinde ~ in ... hê/stel have/put implicit faith in ...; iets op goeie ~ aanneem accept/take s.t. on trust (or in good faith); 'n groot ~ in ... hê be a great believer in ...; ~ in ... hê have faith in ...; ~ aan iets heg give credence to s.t.; ~, hoop en liefde, (NAB: 1 Cor. 13:13) faith, hope and love (NIV), faith, hope, charity (AV); ~ in ... belief in ... (God, a cause, etc.); kinderlike ~ childlike faith; onwankelbare/onwrikbare ~ unshakeable belief; 'n vaste ~ a firm/strong belief. ~saak matter of faith.

**ge·loof·baar** -bare believable, credible, conceivable. **ge·loof·baar·heid** credibility.

**ge·loofs·:** ~artikel article of faith. ~belydenis confession (of faith), creed. ~beswaar religious scruple. ~brief -briewe letter of credence; voucher; (in the pl.) credentials, letters of credence/accreditation; jou ~briewe aanbied present one's credentials (or letters of credence). ~daad act of faith. ~formulier creed. ~geneser faith healer. ~genesing faith healing, divine healing. ~krisis crisis of faith. ~leer doctrine (of faith), religious doctrine; dogmatics. ~lewe inner life, religious life. ~oortuiging religious conviction. ~reël rule of faith, canon. ~versaker apostate, renegade. ~versaking apostasy. ~vertroue trust in God. ~vervolging religious persecution. ~vrede religious peace. ~vryheid religious liberty/freedom. ~ywer religious zeal.

**ge·loofs·hal·we** adv. for the sake of one's religion.

**ge·loof·waar·dig** -dige, adj. credible, reliable, worthy of credence; trustworthy; uit ~e bron from a reliable/well-informed source, on good authority. **ge·loof·waar·dig·heid** credibility, credibleness, reliability, trustworthiness; credit (of a witness); veracity (of facts etc.).

**ge·looi** -looide tanned; →LOOI vb..

**ge·lou·er(d)** -erde, adj. laurelled. **ge·lou·er·de** -des, n. laureate; prizewinner.

**ge·lo·wig** -wige, adj. believing, faithful, pious. **ge·lo·wi·ge** -ges, n. believer; (in the pl.) the faithful. **ge·lo·wig·heid** faithfulness; piety.

**ge·lug** -lugte aired (lit. & fig.), ventilated; voiced; →LUG vb.. ~droog, luggedroog -droogde air-dried, air-cured.

**ge·lui** pealing, ringing, tolling; knell; →LUI² vb.; 'n (ou) derde ~, (infml., a pers.) a slowcoach.

**ge·luid** -luide sound, noise; voice; 'n ~ gee, (s.t.) make a sound; nie 'n ~ laat hoor nie not utter a sound; ~ voortplant transmit sound. ~demper silencer, muffler, muffling device. ~sein sound signal. ~versterker microphone.

**ge·luid·loos** -lose soundless; silent; noiseless. **ge·luid·loos·heid** soundlessness, stillness; silence.

**ge·luids·:** ~bron sound source. ~leer acoustics, (theory of) sound, phonics. ~tegniek acoustics, acoustical technique. ~trilling sound vibration.

**ge·luk** -lukke, n. bliss, happiness, joy; fortune, (piece of) luck; success; windfall; die ~ begunstig iem., die ~ lag iem. toe fortune smiles (up)on s.o.; jou ~ beproef try one's luck; blote ~ wees be the luck of the draw; om ~ te bring for luck; dis sy/haar ~ s.o. can consider him-/herself lucky; dit is een ~ that is one good thing; geen ~ hê nie be down on one's luck; op goeie ~ (af) by guess; at random; op goeie ~ afgaan trust to luck; iets op goeie ~ (af) doen do s.t. in hopes of succeeding; take a chance on s.t.; ~ hê be lucky, be in luck; die ~ hê om ... have the luck (or good fortune) to ..., be lucky enough to ...; soos die ~ dit wou hê as luck would have it; ~, (hoor)! congratulations!, well done!; 'n ~ kry get lucky, strike it lucky; get a windfall; die ~ loop iem. agterna fortune favours s.o.; (veels) ~ met ...! congratulations on ...! (your victory, the birth of your baby, etc.); ~ met jou/die verjaar(s)dag!, (also) happy birthday!, many happy returns!; 'n ~ good fortune/luck; a good thing; dit is 'n ~ dat ... it's fortunate (or a good job) that ...; it's a mercy that ...; 'n ~ by 'n ongeluk a blessing in disguise; daar is altyd 'n ~ by 'n ongeluk every cloud has a silver lining, it's an ill wind that blows nobody any good; (op jou) ~! here's to you!; per ~ by good luck, by a stroke of luck; by a fluke (infml.); happily; iem. kan van ~ praat/spreek s.o. can consider him-/herself lucky, s.o. can thank his/her (lucky) stars; dis pure ~ it is sheer luck; dit was iem. se ~ it was s.o.'s good fortune; sonder ~ without luck; die ~ is teen iem. s.o. is out of luck, s.o.'s luck is out; jou ~ uittart push one's luck (too far) (infml.); veels ~! congratulations!; die ~ het iem. verlaat s.o.'s luck has run out; wat 'n ~! what (a piece) of luck!; dit was meer ~ as wysheid it was more by accident than by design (or by hit than by wit or luck than skill). **ge·luk** het ~, vb., (liter.) succeed, come off; turn out well; as dit iem. ~ if s.o. succeeds (or has any luck); niks ~ iem. nie s.o. has no luck; dit ~ iem. om iets te doen s.o. succeeds in doing s.t., s.o. manages to do s.t.. ~bringer charm, mascot, amulet, talisman. ~salig -lige blessed, blissful, beatific; ~ glimlag smile blissfully. ~saligheid bliss, blessedness, beatitude. ~skoot lucky shot; fluke; windfall; stroke of luck; 'n ~ kry have a piece of (good) luck, have a stroke of luck, have a good break. ~slag (piece of) good luck, stroke of good fortune, godsend, windfall; fluke, scoop; 'n ~ kry have a piece of (good) luck, have a stroke of luck, have a good break; get lucky, strike it lucky; make a lucky strike. ~spel game of chance/hazard. ~steentjie amulet. ~ster lucky star.

**ge·luk·kie:** 'n ~ tref have a piece of (good) luck, have a stroke of luck, have a good break.

**ge·luk·kig** -kige, adj. happy, content(ed), pleased, delighted, blissful; fortunate, lucky, providential; prosperous, successful; jou ~ ag om ... account/consider o.s. lucky to ...; as iem. ~ is, kan/sal hy/sy ... with luck he/she ...; 'n ~e dag vir ... a lucky day for ...; ~ genoeg wees om ... have the good fortune to ...; en maar ~ ook! and a good thing too!; ~e nuwe jaar! happy new year!; 'n ~e paartjie happy couple/pair; ~e toeval lucky chance, a fluke; serendipity; iem. tref dit ~ s.o. is in luck, s.o.'s luck is in; ~e trekking lucky draw. **ge·luk·kig** adv. happily, luckily, fortunately; ~ bewoord/geformuleer happily worded; lank en ~ (saam) leef/lewe live happily ever after. **ge·luk·ki·ge** -ges, n. lucky person; vir die ~ loop alles reg nothing succeeds like success.

**ge·luks·:** ~armband charm bracelet. ~beentjie wishbone. ~godin goddess of fortune, Fortune. ~kind fortune's favourite, lucky fellow/etc.; 'n ~ wees be born with a silver spoon in one's mouth. ~pakkie lucky dip/packet. ~trekking lucky draw. ~voël lucky fellow/etc..

**ge·luk·wens** gelukge- congratulate, wish good luck (or happiness/joy); felicitate, compliment; jouself ~ pat o.s. on the back (fig.); iem. met iets ~ congratulate s.o. (up)on s.t.; compliment s.o. on s.t.. **ge·luk·wen·sing** -singe, -sings congratulation; felicitation; boodskap van ~ congratulatory message.

**ge·lyk** *n.* right; like; *iem.* ~ *gee* admit that s.o. is right; *die hof gee iem.* ~ the court finds for s.o.; ~ *hê, (s.o.)* be in the right, be right; *dit* ~ *hê oor iets* be right about s.t.; *u/jy het* ~, *(also)* I stand corrected; ~ *en ongelyk* odd and even; *iem. in die* ~ *stel* prove s.o. right; *volkome* ~ *hê* be perfectly/quite right.

**ge·lyk** *-lyke, adj.* alike, equal, even, identical, same, similar; *(infml.)* fifty-fifty, flush, level, smooth; quits; square; close *(voting);* **aan iets** ~ **wees** equal (*or* be equivalent to) s.t.; be commensurate with s.t.; be of a piece with s.t.; *iets is* ~ *aan iets anders* s.t. is equal to s.t. else; *X is* ~ *aan 100* X equals 100; *op* ~*e afstand* equidistant; *as alles* (of *alle faktore*) ~ *is* all things being equal; *iets is* ~ *aan die beste* s.t. compares with the best; ~*e geleenthede* equal opportunities; ~ *en ge· lykvormig, (math.)* congruent; *iets met die grond* ~ *maak* raze s.t. (to the ground), level s.t. to/with the ground; → GELYKMAAK; *op 'n* ~*e grondslag/speelveld meeding* com· pete on a level playing field *(fig.); 'n* ~*e kans hê om iets te doen* have/stand a fifty-fifty chance of doing s.t.; ~ *links/ regs, (print.)* flush left/right; *in* ~ *mate* equally; ~ *met ... wees* be flush with ... *(the wall etc.); van* ~*e omvang* coexten· sive; ~ *oppervlak* flat surface; *die speelveld* ~ *maak, 'n* ~*e speelveld skep/daarstel* level the (*or* create a level) playing field *(fig.);* ~ *vlakte* level plain; *op* ~*e voet met ... wees* be on an equal footing with ...; ~ *onder* ~*e voorwaardes* on equal terms; *hulle was* ~ it was a dead heat (between them).

**ge·lyk** *adv.* equally, similarly, alike; at the same time, simul· taneously; *almal* ~ all at once; *almal* ~ *behandel* treat all alike; *iets* ~ *hou* keep/hold s.t. steady, steady s.t.; ~ *speel* break even; ~ *word* even out; flatten out. ~**op** →GELYKOP. ~**rig** *gelykge-, (elec.)* rectify. ~**rigter** rectifier *(of an elec. cur· rent),* battery charger, permutator. ~**sang** *(mus.)* plainsong, Gregorian chant. ~**skakel** synchronise; coordinate; equa· lise; standardise. ~**skakeling** synchronisation; coordination; equalisation; standardisation. ~**spanning** *(elec.)* direct volt· age/pressure. ~**spel** draw, tie, drawn match/game. ~**staan** →GELYKSTAAN. ~**stel** →GELYKSTEL. ~**stoot** *gelykge-* bulldoze, raze. ~**stroom** *(elec.)* direct (electric) current, continuous current. ~**teken, gelykheidsteken** *(math.)* sign of equality, equals sign. ~**vloeiend** *-vloeiende* regular *(vb.),* smooth-flow· ing *(verse).* ~**vlug** level flight. ~**vol:** *'n* ~ *lepel* a level spoon· ful.

**ge·lyk·be·reg·tig** *-tigde* of equal rank/status; with equal rights/title. **ge·lyk·be·reg·ti·ging** equality of rights; isonomy.

**ge·ly·ke** *-kes, n.* equal; (com)peer; fellow; *iem. se* ~ *bestaan nie, iem. het geen* ~ *nie, iem. is sonder* ~ s.o. has no equal/ match, s.o. is without equal/peer; *iem./iets het geen* ~ *nie, (also)* s.o./s.t. stands alone; *iets het geen* ~ *nie, iets is sonder* ~, *(also)* s.t. has no (*or* is without) parallel; *jou* ~*s* one's equals/peers; *iem. se* ~ *sal jy nie weer kry nie* we'll never see s.o.'s like again; *iem. se* ~ *wees* be the equal of s.o.; be a match for (*or* match up to) s.o.. **ge·ly·ke·ge·leent·heid·werk· ge·wer** equal opportunities employer.

**ge·ly·ke·nis** *-nisse* likeness, resemblance, semblance, shape, similarity; *(Bib.)* parable; fable.

**ge·lyk·fa·sig** *-sige* in phase.

**ge·lyk·ge·stel(d)** *-stelde* equalised, assimilated; →GELYK· STEL; ~*stelde remme* equilised brakes.

**ge·lyk·heid** equality; similarity; sameness, likeness, identi· ty, parity; flatness; evenness, smoothness *(of a surface);* equivalence *(of an equation).*

**ge·lyk·hoe·kig, ge·lyk·hoe·kig** *-kige* equiangular, iso· gonal, isogonic.

**ge·lyk·klin·kend** *-kende* of the same sound, homophonous.

**ge·lyk·lo·pend** *-pende* concurrent; *die vonnisse is* ~ the sen· tences run concurrently.

**ge·lyk·lui·dend, ge·lyk·lui·dend** *-dende* consonant, unisonous; of the same tenor, identically worded, conform, verbally identical; concordant.

**ge·lyk·maak** *gelykge-* equalise, even, equate; level, raze (to

the ground), smooth; dub *(in plastering); dinge* ~ make the odds even; *iets* ~ *met iets anders* make s.t. flush with s.t. else. **ge·lyk·ma·king** equalisation, equating; levelling, razing; dub· bing out *(in plastering).*

**ge·lyk·ma·tig** *-tige* equable *(temperature);* uniform *(motion);* even, unruffled *(temper);* continuous *(recurrence);* steady; flat *(colour);* commensurate; level *(tone).*

**ge·lyk·moe·dig** *-dige* equanimous, even-tempered, equa· ble, contented, placid. **ge·lyk·moe·dig·heid** equanimity, even· ness of temper, contentedness.

**ge·lyk·na·mig** *-mige* of the same name; like *(poles);* ho· monymous, homonymic *(words).*

**ge·lyk·op** equally; evenly; *(tennis)* deuce; game all, set all, at evens; all square; *dit is baie* ~ it is a close (*or* an even) race; *dit was byna* ~ there was little in it *(infml.);* ~ *eindig, (a match etc.)* end in a draw; *hulle loop* ~ they are neck and neck; *die telling* ~ *maak* even up the score; ~ *speel* draw a game; *met ...* ~ *speel* draw/tie with ...; *'n* ~ *spel* a draw, a tie; *'n* ~ *stryd* an even contest; *'n* ~ *telling/uitslag van nul-nul* (of nul elk), *'n doellose/puntelose* ~ *uitslag, (soccer)* a no-score draw; ~ *uitkom* break even; *'n* ~ *uitslag* a drawn score; *die uitslag was* ~ the result was a draw/tie. ~**weddenskap** even money.

**ge·lyk·slag·tig** *-tige* homogeneous; homogenous; of com· mon gender, congeneric. **ge·lyk·slag·tig·heid** homogeneity, homogeneousness.

**ge·lyk·soor·tig** *-tige, (sc.)* analogous, similar, of the same kind, conspecific; homogeneous; *(math.: powers)* with the same base; *(biol.)* homologous, congeneric, congenerous. **ge· lyk·soor·tig·heid** similarity, analogy; *(math.)* homogeneity.

**ge·lyk·staan** *gelykge-* be equal, be on a level; correspond; *met die beste* ~ hold one's own with the best; *met iem.* ~ be equal to s.o.; *met ...* ~, *(also)* rank with ...; *met iets* ~, *(also)* be on a par with s.t.; *amount* (*or* add up *or* be tantamount) to s.t. *(blackmail etc.).* **ge·lyk·staan·de** equal, equivalent; cor· responding; ~ *met ...* equivalent to ...; ~ *met ... wees, (also)* amount (*or* add up *or* be tantamount) to ... *(blackmail etc.).*

**ge·lyk·stel** *gelykge-* equate; even; coordinate; *iem./iets met iem./iets anders* ~ bracket/rank s.o./s.t. else; *iets met iets anders* ~, *(also)* equate s.t. with s.t. else; put s.t. on a par with s.t. else; *X met Y* ~ compare X to Y. **ge·lyk·stel·ling** equalisation, levelling, identification; equality; coordination; ~ *met ...* assimilation to ..., bracketing with ...

**ge·lyk·sy·dig** *-dige* equilateral *(triangle);* symmetrical *(fold).* **ge·lyk·sy·dig·heid** equilateralness; symmetry.

**ge·lyk·tal·lig** *-lige* of the same number.

**ge·lyk·te** *-tes* level (ground), plain, flat; *op die* ~ on the flat.

**ge·lyk·ty·dig** *-dige, adj.* simultaneous; contemporaneous; iso· chronic, synchronous, concurrent; ~ *met ...* simultaneous(ly) with ... **ge·lyk·ty·dig** *adv.* at one (and the same) time, at a time, all at once, simultaneously, concurrently; contem· poraneously; ~ *aankom* arrive at the same time; ~ *bestaan* coexist. **ge·lyk·ty·dig·heid** simultaneousness, simultaneity; contemporaneity; isochronism, synchronism, synchrony.

**ge·lyk·vlak·kig** *-kige* flush.

**ge·lyk·vor·mig** *-mige* of the same form, similar *(figures);* uniform *(density);* isomorphous, homomorphic; *(zool.)* ho· mogeneous; *(math.)* congruent; ~ *wees aan ...* be similar to ... **ge·lyk·vor·mig·heid** conformity, similarity; uniformity; isomorphism; homomorphy, homomorphism; homogenei· ty; *(math.)* similitude.

**ge·lyk·waar·dig** *-dige* equivalent; of equal (*or* the same) value; coequal; ~ *wees aan ...* be equal in value to ... **ge· lyk·waar·dig·heid** equivalence.

**ge·lys** *-lyste* framed; moulded; listed; →LYS *vb.*.

**ge·maak** *-maakte, adj.* made, (machine-)produced; affect· ed, forced, studied *(smile etc.);* mincing *(speech etc.);* sham *(humility etc.);* false, feigned; unnatural, unspontaneous; →

MAAK *vb.;* ~*te* **laggie** strained laugh; ~*te* **maniertjies** put-on airs; *met* ~*te* **onverskilligheid** with an assumption of indif= ference; *so* ~ *en so (ge)laat* **staan** uncultivated, uncouth, graceless, boorish, loutish. **ge·maak** *adv.* affectedly; ~ *kwaai* with mock severity; ~ *praat* speak mincingly, mince one's speech. **ge·maakt·heid** affectation, preciosity.

**ge·maal** *gemale, n.* scrimmage, milling (about), maul; *(no pl.)* grinding; mêlée, rough-and-tumble; bother, worry. **ge= maal** =*maalde, adj.* ground *(coffee);* minced, ground *(meat).* →MAAL³ *vb..*

**ge·mag·tig** authorised, empowered; →MAGTIG *vb.; deur ...* ~ *wees* be authorised by ...; ~ *wees om ...* be authorised to ... **ge·mag·tig·de** =*des* assignee, deputy, proxy, s.o. with power of attorney, authorised person.

**ge·mak** comfort, convenience, ease, facility; fluency; readi= ness; leisure; *dit op jou* ~ *doen* take it easy; *iets op jou* ~ *doen* do s.t. at one's leisure; do s.t. in comfort; *op jou dooie* ~ la= zily; perfectly at ease; with the greatest of ease; *met die* **grootste** ~ with the greatest of ease; *nie op jou* ~ **lyk** *nie* seem uneasy; *iets met* ~ *doen* do s.t. with ease *(or easily/ef= fortlessly); op jou* ~ *wees/voel* be at (one's) ease, feel at ease; be/feel at home; be/feel comfortable/relaxed; *nie* **op** *jou* ~ *wees nie* be uneasy, be ill at ease; be uncomfortable; *op jou* ~ **reis** travel by easy stages; *iem. op sy/haar* ~ *sit/stel* (of *laat* **voel***)* put/set s.o. at ease; make s.o. comfortable; **sonder** ~ comfortless; *vir die* ~ *van ...* for the convenience of ...; **volkome** *op jou* ~ *wees* be perfectly relaxed; *met* ~ **wen** win hands down, have a walkover; win in a canter *(a race).* ~**hui= sie, gemakshuisie** convenience, closet, WC, privy, loo, toi= let. ~**sone** comfort zone. ~**stoel** easy chair; fireside chair; *verstelbare* ~ recliner.

**ge·mak·lik** =*like, adj.* easy *(life);* facile; commodious *(house);* comfortable *(bed);* light *(work);* convenient *(arrangement);* easy-going, unstuffy, lazy, self-indulgent. **ge·mak·lik** *adv.* easily, comfortably; *iem.* ~ *laat lê/sit* make s.o. comfortable; *dit* ~ *neem* go easy; ~ *voel* be/feel comfortable. **ge·mak·lik= heid** comfortableness; commodiousness; ease, easiness.

**ge·maks·hal·we** for the sake of convenience/ease, for con= venience(') sake.

**ge·mak·sug** love of ease, self-indulgence. **ge·mak·sug·tig** =*tige* easy-going, ease-loving, easeful; lazy, self-indulgent.

**ge·ma·nierd** =*nierde* well-mannered, well-behaved, polite, courteous; *goed/sleg* ~ *wees* be well/badly behaved. **ge·ma= nierd·heid** good manners, mannerliness, politeness, courte= ousness, decency.

**ge·mar·gi·na·li·seer(d)** =*seerde* marginalised; →MARGINA= LISEER.

**ge·ma·ri·neer(d)** =*neerde* marinaded; →MARINEER.

**ge·mar·mer(d)** =*merde* marbled *(paper, stone);* mottled *(soap),* grained *(cloth),* marble-edged *(book);* →MARMER *vb..*

**ge·mar·tel(d)** =*telde* tormented, tortured.

**ge·mas·ker(d)** =*kerde, adj.* masked; →MASKER *vb.; ~kerde bal* masked ball. **ge·mas·ker·de** =*des, n.* masquerader.

**ge·ma·tig** =*tigde* =*tigder* =*tigste* (of *meer* ~ *die mees* =*tigde),* *adj.* moderate *(pers.),* middle-of-the-road *(policy);* measured *(terms);* temperate *(zone),* sober, sane, mild. **ge·ma·tig·de** =*des, n.* moderate, *(infml.)* middle-of-the-roader; *(pol.)* centrist. **ge= ma·tigd·heid** moderation; temperateness, mildness, rea= sonableness.

**ge·meen** =*mene* =*mener* =*meenste* common, joint; base; foul, ignoble, beastly, dirty, low, mean, nasty; vile; villainous; *hulle het* **baie** *(met mekaar)* ~ they have much in common (with each other); *iem.* ~ **behandel** treat s.o. meanly/shab= bily; *gemene* **boedel** joint estate; *dis* ~*!* that's nasty!; *iets* ~ **hê** have s.t. in common; *niks met iem.* ~ **hê** *nie* have nothing in common with s.o.; *... en ... het iets (met mekaar)* ~, *(also)* s.t. is common to ... and ... ; *gemene* **muur** party wall; *gemene* **praktyk** skulduggery. ~**goed** common property; ~ *wees,*

*(also)* be in the public domain. ~**regtelik** =*like* common-law, pertaining to (the) common law; ~*e aanspreeklikheid* public liability; ~*e huwelik* common-law marriage.

**ge·meen·heid** meanness, nastiness; villainy; baseness, foul= ness; turpitude, abjection.

**ge·meen·plaas** =*plase, n.* commonplace, platitude, cliché. **ge·meen·pla·sig** =*sige* trite, hackneyed, commonplace, plati= tudinous.

**ge·meen·saam** =*same* familiar, intimate; colloquial; ~ *met iem. omgaan* be familiar with s.o.; ~*same uitdrukking* fami= liar/everyday expression/phrase, colloquialism. **ge·meen= saam·heid** familiarity, intimacy.

**ge·meen·skap** =*skappe* community; intercourse; connec= tion, communication; commonalty; society; body politic; fellowship; *(biol.)* colony; *iets behoort aan die* ~ s.t. is public property; *'n* ~ *van boere* a rural community; *in* ~ *van goed/ goedere, (a marriage)* in community of property; ~ *met iem.* **hê**, *(fml.)* have (sexual) intercourse *(or sexual relations)* with s.o.; *die* ~ *van die Heilige Gees, (Chr. theol.)* the fellow= ship of the Holy Spirit/Ghost; *die* ~ *van die heiliges, (Chr. theol.)* the communion of saints. ~**sentrum** =*trums,* =*tra* com= munity/civic centre. ~**sin** sociality; →GEMEENSKAPSGEES.

**ge·meen·skap·lik** =*like* common *(friend, enemy, boundary, etc.);* joint *(action);* collective, communal *(property);* corpo= rate *(prayer);* community *(singing);* conjoint; ~*e* **bedinging** collective bargaining; ~*e* **belang** community of interest; ~*e* **boedel** joint estate; ~*e* **grond** commonage; ~*e* **kieserslys** common roll. **ge·meen·skap·lik·heid** community *(of inter= ests);* collectivity, communality.

**ge·meen·skaps·:** ~**argitek** community architect. ~**belas= ting** community tax. ~**bou,** ~**ontwikkeling** communal/com= munity development. ~**diens** *(jur.)* community service. ~**gees** communal sense, public spirit. ~**gevoel** community spirit, public spirit. ~**kas** community chest. ~**leer** sociology. ~**leier** community leader. ~**plaas** collective (farm). ~**polisiebeamp= te** community policeman *(or* police officer), rent-a-cop. ~**polisiëring** community policing. ~**raad** communal/com= munity council. ~**werker** community worker.

**ge·meen·slag·tig** =*tige* of common gender, epicene.

**ge·meen·te** =*tes* congregation; parish. ~**basaar,** ~**kermis** church bazaar/fête. ~**grond** church land(s). ~**lewe** parish life. ~**lid** church member, member of the congregation, pa= rishioner. ~**saal** church/parish hall.

**ge·meen·te·lik** =*like* congregational.

**ge·meet** *gemete* measured; gauged; →MEET *vb.; gemete kilo= meter* measured kilometre; *gemete tyd* metered period.

**ge·me·ga·ni·seer(d)** =*seerde* mechanised *(agric., min., troops, etc.);* →MEGANISEER.

**ge·meld** =*melde* mentioned, said; →MELD.

**ge·me·ne·bes** =*beste* commonwealth.

**ge·meng(d)** =*mengde* mixed, miscellaneous; sundry *(goods);* composite; motley; ~*de beeldspraak* mixed metaphor; ~*de boerdery* mixed farming; ~*de dubbelspel, (tennis)* mixed doubles; ~*de ekonomie* mixed economy; ~*de geselskap* mixed/miscellaneous company/crowd, all sorts of people; ~*de getal, (math.)* mixed/fractional number; *met* ~*de ge= voelens* with mixed/mingled feelings; ~*de media* mixed media; ~*de weefstof* mixture fabric.

**ge·meu·bi·leer(d), ge·meu·be·leer(d)** =*leerde* furnished *(flat);* →MEUBILEER.

**ge·mid·deld, ge·mid·del·de** =*deldes, n.* average, mean; *bo die* ~ above average, better than average; above par; *lopende* ~ running average; *die* ~ **neem** take an average, strike a mean; *onder die* ~ below average; below par; *rekenkun= dige* ~ arithmetic mean; *wet van die gemiddelde* law of aver= ages. **ge·mid·deld** =*delde, adj.* average, mean; medial; nor= mal; medium; run-of-the-mill; *van* ~*e* **lengte** of medium height/length; ~*e* **leser** general reader; ~*e* **lewensduur** life expectancy; ~*e* **waarde** average value. **ge·mid·deld** *adv.* on an/the average; one with another; *ons kry* ~ *250 mm reën* our average rainfall is 250 mm; *dit kom uit op* ~ ... it averages out at ...

**Ge·mi·ni** *(astrol.)* Gemini, the (Heavenly) Twins.

**ge·mis** lack, want; *by* ~ *aan/van* ... for want (*or* in the absence) of ...; *die* ~ *van iem. baie voel* miss s.o. very much.

**gem·mer** ginger; *(bot.)* zingiber; *iets met* ~ *krui(e)* ginger s.t.. ~**bier** ginger beer. ~**brood** gingerbread. ~**broodmannetjie** gingerbread man. ~**koekie** ginger nut/snap/biscuit. ~**limonade** ginger ale. ~**wortel** root ginger.

**gem·mer·ag·tig** *=tige* gingery.

**gem·mo·lo·gie** gemmology.

**ge·moed** *=moedere* mind, heart; *die* ~*ere tot bedaring bring* (of **kalmeer**) pour oil (up)on troubled waters; *met 'n beswaarde/swaar* ~ with a heavy heart; *iets druk swaar op iem. se* ~ s.t. presses on s.o.'s mind; *iets maak die* **gaande** s.t. arouses (*or* stirs up) feelings; *die* ~*ere opnuut* **gaande** *maak* add oil to the fire, pour oil on the flames; *die* ~*ere loop* **hoog** feelings run high; *die* ~*ere* **kalmeer** →**bedaring**; *in jou* ~ **oortuig wees** conscientiously believe; *die* ~*ere* **opsweep** (of *laat* **opvlam**) stir/whip up emotions/feelings; fan the flames of passion; *iem. se* ~ *het* **volgeskiet** s.o. was deeply moved (*or* overcome by/with emotion). ~**stemming** frame of mind, humour, mood. ~**stryd** internal struggle.

**ge·moe·de·lik** *=like* genial, good-natured, jovial. **ge·moe·de·lik·heid** good nature, joviality, bonhomie.

**ge·moeds·:** ~**aandoening** emotion, excitement, feeling. ~**lewe** inner life, emotional life, (the) emotions. ~**rus** inward peace, peace/tranquillity of mind, emotional security; ~ *hê* have peace of mind. ~**toestand** mental condition, state of mind, temper.

**ge·moeid** at stake, concerned, involved; *... is daarmee* ~, *(a large sum of money etc.)* ... is involved, *(s.o.'s life etc.)* ... is at stake; *in iets* ~ *wees/raak* be/become/get involved in s.t..

**ge·mom·pel** murmuring, muttering; mumbling; grumbling; →MOMPEL.

**ge·mors** *n.* mess, mess-up, foul-up, hash *(fig.)*, botch(-up) *(infml.)*; filth, muck, gunge; *(comp.)* garbage; *'n groot/lekker* ~, *(infml.)* a nice/pretty mess; ; ~ *in,* ~ *uit, (comp., infml.)* garbage in, garbage out; *'n* ~ *(daarvan)* **maak**, *(also, infml.)* blow it; *'n (groot/mooi)* ~ *van iets maak, (infml.)* make a shambles/botch(-up) of s.t.; play the deuce/devil/dickens with s.t.. **ge·mors** *=morste, adj.* spilt; →MORS. ~**kos** *(infml.)* junk food. ~**pos** *(comp. etc.)* junk mail, spam.

**ge·mo·to·ri·seer(d)** *=seerde* motorised; →MOTORISEER.

**gems** *gemse, (zool.)* chamois.

**gems·bok** gemsbok. ~**bul** gemsbok bull. ~**kalf** gemsbok calf. ~**koei** gemsbok cow.

**ge·munt** *=munte* coined; →MUNT *vb.*; ~*e geld* specie; mintage.

**ge·mur·mu·reer** grumbling; →MURMUREER.

**ge·my·mer** meditation, musing, reverie, *(fig., infml.)* navel contemplating/gazing; →MYMER.

**ge·naak·baar** *=bare* approachable *(a pers.)*; accessible, easy of access *(a mountain etc.)*. **ge·naak·baar·heid** approachability; accessibility.

**ge·naamd** called, named, by name; →NAAM.

**ge·na·de** mercy; pardon; clemency; *(theol.)* grace; *van die* ~ *van ... afhang* lie at the mercy of ...; *dis al* ~ it's the only way; *daar is geen ander* ~ *nie* it's the only way, needs must when the devil drives; *iem.* ~ *betoon* be merciful to s.o., show mercy/clemency to s.o.; pardon s.o.; *geen* ~ *betoon/ontvang nie* give/receive no quarter; *deur Gods* ~ by the grace of God; *goeie* ~*(tjie)!, grote* ~*!, (infml.)* good(ness) gracious (me)!, my goodness!, good grief!; *iets op* ~ *doen* chance one's arm; *om* ~ *pleit/smeek* beg/plead for mercy; *sonder* ~ *wees* be without mercy, be merciless; *uit* ~ as an

act of grace; *geen* ~ *in iem. se oë vind nie* find no favour in s.o.'s eyes; *(om)* ~ *vra* pray for mercy. ~**bewys,** ~**blyk** act of grace. ~**brood** *(idm.)* bread of charity; ~ *eet* live on charity. ~**daad** act of mercy. ~**dood** euthanasia, mercy killing. ~**gawe** *(theol.)* (gift of) grace. ~**skoot** coup de grâce. ~**slag** finishing stroke, deathblow, knockout blow, coup de grâce, finisher; quietus; *iem./iets die* ~ *gee/toedien, (chiefly fig.)* finish off s.o./s.t., deliver a deathblow to s.o./s.t.. ~**troon** *(theol.)* mercy seat, throne of grace, propitiatory. ~**verbond** *(theol.)* covenant of grace.

**ge·na·de·loos** *=lose* merciless, ruthless, pitiless, relentless, inexorable; *(attr.)* cut-throat, dog-eat-dog.

**ge·na·dig** *=dige* gracious, merciful, clement; lenient; *iem.* ~ *behandel* let s.o. off lightly, treat s.o. leniently/mercifully; ~ *wees* show mercy; *wees ons* ~*!* have mercy on us!. **ge·na·dig·heid** *interj.* good gracious!, good heavens!. **ge·na·dig·lik** graciously.

**ge·nant** *=nante* namesake; name-child.

**ge·ne** demonstrative pron., *(somewhat obs.)* that, yonder; *dese en* ~ one and another.

**ge·ne·:** ~**bank** gene bank. ~**poel** gene pool.

**ge·ne·a·lo·gie** *=gieë* genealogy. **ge·ne·a·lo·gies** *=giese* genealogic(al). **ge·ne·a·loog** *=loë* genealogist.

**ge·ne·ë** *meer* ~ *die mees* ~ disposed, inclined; *tot iets* ~ *wees,* ~ *wees om iets te doen* be disposed/willing to do s.t..

**ge·neent·heid** disposition, inclination, affection, regard, fondness, attachment, liking, love; ~ *vir/teenoor/tot iem. hê/voel* have affection for s.o., feel affection towards s.o..

**ge·nees** *het/is* ~, *vb.* cure, heal, restore; recover, get well again, regain one's health, be restored (to health), be mending; *(a wound)* close, (heal over/up); →GENESEND, GENESER, GENESING; *iem. van iets* ~ cure s.o. of s.t.; *van iets* ~ *wees* be cured of s.t.. **ge·nees** *=neesde, adj.* cured, healed. ~**heer** doctor, physician, medical practitioner; *'n* ~ *raadpleeg* consult a doctor, take medical advice. ~**krag** curative/healing power. ~**kragtig** *=tige* curative, healing, officinal; sanative, medicinal; medicated; vulnerary; ~*e bron* medicinal spring; ~*e plant* vulnerary plant. ~**kunde** medical science, medicine, physic; *geregtelike* ~ forensic medicine, medical jurisprudence. ~**kundig** *=dige, adj.* medical; medicinal; *onder* ~*e behandeling* under medical treatment. ~**kundige** *=ges, n.* medical practitioner; →GENEESHEER. ~**middel** *=dels, =dele* medicine, remedy, drug, cure, medicament, curative. ~**wyse** cure, remedial treatment, mode/method of (medical) treatment, therapy.

**ge·nees·al** *=alle* panacea, cure-all.

**ge·nees·baar** *=bare,* **ge·nees·lik** *=like* curable, remediable, medicable.

**ge·neig** *=neigde* disposed, inclined, prone, -minded; ~ *wees om te dink* be bound to think; *iets maak iem.* ~ *om iets te doen* s.t. disposes s.o. to do s.t.; *tot misdaad* ~ *de mense* criminally inclined people; ~ *wees om iets te doen* be inclined (*or* have an inclination) to do s.t.; be disposed to do s.t.; tend to do s.t.; be predisposed to do s.t.; ~ *tot ongelukke* accident-prone; *'n sentimenteel/sosialisties/ens.* ~*de siening/ens.* a sentimentally/socialist/etc. inclined view/etc.; *tot* ... ~ *wees* be disposed to ...; be given to ...; incline to ...; be prone to ...; ~ *voel tot* ... have a good mind to ... **ge·neigd·heid** inclination, disposition, proneness, propensity, tendency; *'n* ~ *tot* ... *hê* have an inclination to ...; *'n* ~ *tot* ... a tendency to ...

**ge·ner:** *van nul en* ~ *waarde* null and void.

**ge·ne·raal** *=raals, n.* general. ~**majoor** *=majoors* major general.

**ge·ne·raal·skap, ge·ne·raals·rang** generalship, rank of general.

**ge·ne·ra·lis** *=liste* generalist.

**ge·ne·ra·sie** *=sies* generation. ~**gaping,** ~**kloof** generation gap.

**ge·ne·ra·tief** =tiewe generative (cell, gram.); sexual (reproduc= tion).

**ge·ne·ra·tor** =tore, =tors generator; producer. ~**gas** producer gas.

**ge·ne·reer** ge= generate; bring forth, make, produce; (rad.) oscillate. **ge·ne·re·ring** generation; (rad.) oscillation.

**ge·nerf** =nerfde, (bot.) nerved, nervate, veined, venate (leaf). →NERF n..

**ge·ne·ries** =riese, adj. & adv., (biol. etc.) generic(ally); ~**e** produk generic product, no-name product.

**ge·ner·lei:** op ~ wyse in no way, by no means, not by any means.

**ge·ne·send** =sende healing; curing; curative; therapeutic; medicinal, medicative, curative; sanative; →GENEES vb..

**ge·ne·ser** =sers healer.

**ge·ne·sing** =sings, =singe cure, healing, recovery, restoration; closing, closure (of a wound); (bot.) occlusion. **ge·ne·sings· pro·ses** healing process.

**Ge·ne·sis** (OT) Genesis. **ge·ne·sis** genesis, origin.

**ge·ne·tiek, ge·ne·ti·ka** genetics. **ge·ne·ti·kus** =tikusse, =tici geneticist.

**ge·ne·ties** =tiese, adj. genetic, genetical; ~e ingryping/mani= pulasie genetic engineering; die neem van ~e vingerafdrukke DNA/genetic fingerprinting/profiling. **ge·ne·ties** adv. ge= netically; ~ gemanipuleer(d)/geprogrammeer(d) genetically en= gineered/programmed.

**ge·neul** nagging, whing(e)ing, whinge; →NEUL.

**Ge·nè·ve** Geneva. **Ge·nè·ver** n., (citizen) Genevan, Gene= vese.

**ge·ni·aal** =niale brilliant, gifted; ~niale set stroke of genius. **ge·ni·a·li·teit** brilliance, giftedness, genius.

**ge·nie** =nieë genius; (man/woman of) genius; master spirit; (no pl.) military engineering. ~**korps** corps of (military) en= gineers. ~**soldaat** (army) engineer, sapper. ~**troepe** (mil.) sappers, engineers.

**ge·niep·sig** =sige, adj. & adv. bullying, hurting, nasty, vi= cious, spiteful, malicious, false, underhand; ~e streek under= hand trick; ~ speel play rough(ly); ~ wees bully; do things on the sly. **ge·niep·sig·heid** bullying; falseness; spite(fulness), nastiness, malice, maliciousness.

**ge·niet** het ~ enjoy (life etc.); relish, delight in; savour; par= take of (food); iets baie ~ get plenty of enjoyment from s.t.; dit besonder ~ have a good time, have the time of one's life; dit ~ enjoy o.s.; iem. ~ dit s.o. loves it; ~ dit! enjoy yourself/ yourselves!; dit gate uit ~, (infml.) enjoy o.s. immensely/tre= mendously (or to the max); iets gate uit ~, (infml.) enjoy s.t. immensely/tremendously; almal het dit gate uit ~, (infml.) a good time was had by all; iets geweldig ~ enjoy o.s. no end; soveel moontlik van ... ~ make the most of ...; dit ~ om iets te doen enjoy doing s.t.. **ge·niet·baar** =bare enjoyable. **ge·nie·ter** =ters one who enjoys (him=/herself); user; 'n ~ van wyn a lover of wine. **ge·nie·ting** =tings, =tinge enjoyment; pleasure; relish; die ~s/~e van die lewe the sweets of life.

**ge·ni·ta·lie·ë** n. (pl.) genitals.

**ge·ni·tief** =tiewe, n. & adj., (gram.) genitive. ~**vorm** =vorme genitive form.

**ge·ni·us** geniusse genius; djin(n), jinn.

**Gen·ne·sa·ret:** Meer van ~/Tiberias, See van Galilea, (NT) Lake of Gennesaret/Tiberias, Sea of Galilee.

**ge·noe·ë** =noeëns, (rather fml.) delight, joy, pleasure; liking; satisfaction; iets met ~ doen be glad/happy to do s.t.; iem. die ~ doen om ... do s.o. the pleasure of ...; iets gee/verskaf iem. ~ s.t. affords/gives s.o. pleasure; ek sal met die grootste ~ ... I shall be delighted to ...; die ~ hê om ... (uit) te nooi have/take pleasure in inviting ...; met ~ with pleasure; met ~ neem ek aan it is with pleasure that I accept (an invitation etc.); met iets ~ neem be content with s.t.; settle for s.t.; put up with

s.t.; ~ **neem** met minder settle for less; dit is vir my 'n ~ om ... I have pleasure in/to ..., it's a pleasure to ...

**ge·noeg** enough, sufficient; sufficiently; sufficiency; ~ vir almal enough for all, enough to go round; ~ daarvan so much for that; and that is that, and that's that; ek het ~ daarvan I have had it (infml.); dis ~ that will do, that'll do; dis nou ~! that's enough!; ~ drink/eet drink/eat one's fill; iem. het ~ gehad s.o. has had enough; ~ gesê! say no more!, enough (or, sl. nuff) said!; ~ hê have enough; heeltemal (of meer as) ~ quite (or more than) enough, enough and to spare; iem. het nou net mooi ~ gehad, (infml.) s.o. has just about had enough (or reached the end of his/her tether); nie ~ nie not enough, insufficient; ~ om ... enough to ...; iem. het swaar ~ gely s.o. has suffered enough; ~ vir ... enough for ...; iets sal vir iem. ~ wees vir die dag/ens. s.t. will see s.o. through the day/etc.; dit is vir eers (of voorlopig) ~ it is enough to go on with. **ge·noeg·doe·ning** satisfaction; reparation; indemnification; ~ gee give satisfaction. **ge·noeg· lik** =like agreeable, comfortable, enjoyable, pleasant, pleas= ureable, delectable. **ge·noeg·lik·heid** agreeableness, pleas= antness, pleasureableness. **ge·noeg·saam** =same sufficient; satisfactory. **ge·noeg·saam·heid** sufficiency, competence, competency.

**ge·noem(d)** =noemde called, named; →NOEM; (die) genoemde persoon the said person, the abovementioned; the person concerned (or referred to or in question).

**ge·no·me** (strong p.p. of neem) taken; streng ~ strictly speak= ing.

**ge·no·mi·neer·de** =des nominee; →NOMINEER.

**ge·nom·mer(d)** =merde numbered; →NOMMER vb..

**ge·nood·saak:** ~ wees om ... be compelled/forced/obliged (or under the necessity) to ...

**ge·nooi(d)** =nooide, adj. invited; →NOOI¹; genooide gaste in= vited guests; genooide kunstenaar/spreker guest artist/speak= er. **ge·nooi·de** =des, n. invited person, guest, invitee.

**ge·noom, ge·nom** =nome, n., (biol.) genom(e).

**ge·noop** obliged; →NOOP; ~ wees om iets te doen be reduced to doing s.t..

**ge·noot** =note associate, companion, partner; fellow (of a learned society). **ge·noot·skap** =skappe association, company, (learned) society, institution, college; fellowship. **ge·noot· skap·lik** =like associate(d), of a society/club.

**ge·not** =nietings, =nietinge delight, joy, pleasure; enjoyment; relish; fruition; gratification; treat; (jur.) usufruct; ~ kry uit ... get a kick out of ... (infml.); dit is 'n ~ om ... it is a delight/ joy/treat to ...; lag uit/van pure ~ laugh for sheer delight/joy; tot ~ van ... to the delight of ...; iets verskaf iem. ~ s.t. af= fords/gives s.o. pleasure; iets is vir iem. 'n ~, (reading etc.) s.t. is a pleasure to s.o.; 'n ware ~ a real/regular treat. ~**siek** =sieke pleasure-loving, hedonistic. ~**soekend** =kende pleasure- seeking/loving; epicurean. ~**soeker** =kers pleasure-seeker; epicure.

**ge·no·teer** =teerde listed (shares); →NOTEER.

**ge·nots·:** ~**beginsel** pleasure principle. ~**leer** hedonism. **ge·not·sug** love of pleasure, epicurism. **ge·not·sug·tig** =tige, adj. pleasure-loving, hedonistic. **ge·not·sug·ti·ge** =ges, n. he= donist.

**ge·not·vol** =volle, **ge·not·ryk** =ryke delightful, enjoyable, delectable, pleasurable.

**gen·re** =res genre; kind, sort, style (in art). ~**skilder** genre painter, painter of genre pieces. ~**stuk** genre piece, painting of incident.

**Gent** (Belgian city) Ghent. **Gen·te·naar** =naars, =nare native of Ghent. **Gents** Gentse of Ghent.

**gen·ti·aan** =tiane, n., (bot.) gentian. ~**blou** gentian blue. ~**violet, kristalviolet** gentian/crystal violet.

**gen·tle·man** =men gentleman.

**ge·nu·an·seerd** =*seerde* nuanced, shaded; →NUANSEER.

**ge·nug·tig(·heid)** *interj.* gracious!, goodness!; *my/goeie/liewe ~!, (infml.)* good/oh Lord!; well I never!; upon my word!.

**ge·nus** *genusse, genera, (biol.)* genus.

**ge·o·che·mie** geochemistry. **ge·o·che·mies** =*miese* geochemical.

**ge·o·de** =*des, (geomorphol.)* geode.

**ge·o·de·sie** *(geog.)* geodesy, geodetics. **ge·o·deet** =*dete* geodesist, geodete. **ge·o·de·ties** =*tiese, (geom. etc.)* geodesic, geodetic *(survey)*.

**ge·o·fen(d)** =*fende* drilled, practised, fit, trained; expert; → OEFEN. **ge·o·fend·heid** fitness, efficiency.

**ge·o·fa·gie** *(zool. etc.)* geophagy, geophagia, geophagism. **ge·o·faag** =*fae* geophagist.

**ge·o·fiet** =*fiete, (bot.)* geophyte.

**ge·o·fi·si·ka** geophysics. **ge·o·fi·sies** =*siese* geophysical. **ge·o·fi·si·kus, ge·o·fi·si·kus** geophysicist.

**ge·o·gra·fie** geography. **ge·o·graaf** =*grawe* geographer. **ge·o·gra·fies** =*fiese* geographic(al); *~e woordeboek* gazetteer; *~e noorde* true north.

**ge·o·ïed** *geoïede, n., (geog.)* geoid. **ge·o·ï·daal** =*dale, adj.* geoidal.

**ge·ok·si·deer(d)** =*deerde, (chem.)* oxidised; →OKSIDEER.

**ge·ok·trooi·eer(d)** =*eerde* chartered *(body);* →OKTROOIEER.

**ge·o·lie** =*liede* oiled, lubricated; *(infml.)* tipsy; →OLIE *vb.*.

**ge·o·lo·gie** geology. **ge·o·lo·gies** =*giese* geologic(al). **ge·o·loog** =*loë* geologist.

**ge·o·me·trie** geometry. **ge·o·me·tries** =*triese* geometric(al).

**ge·o·mor·fo·lo·gie** geomorphology. **ge·o·mor·fo·lo·gies** =*giese* geomorphological.

**ge·oor·loof** =*loofde* admissible, allowed, lawful, legitimate, proper, permissible; *alles ~* no holds barred; *~de middele* lawful means.

**ge·o·po·li·tiek** *n.* geopolitics. **ge·o·po·li·tiek** =*tieke, adj.* geopolitical. **ge·o·po·li·ties** =*tiese* geopolitical.

**ge·or·den(d)** =*dende* organised, (well-)ordered; *(eccl.)* ordained; →ORDEN; *goed ~* well organised *(system etc.).*

**ge·or·ga·ni·seer(d)** =*seerde* organised; →ORGANISEER; *'n goed ~seerde byeenkoms* a well-organised meeting; *~seerde handel* organised trade; *~seerde misdaad* organised crime.

**geor·gette** *(text.)* georgette.

**Ge·or·gi·aans** =*aanse* Georgian *(era, style, etc.).*

**Ge·or·gi·ë** Georgia *(in Russ.).* **Ge·or·gi·ër** =*giërs, n.* Georgian. **Ge·or·gies** *n., (lang.)* Georgian. **Ge·or·gies** =*giese, adj.* Georgian.

**ge·o·sen·tries** =*triese* geocentric.

**ge·o·sta·ti·ka** *(geoph.)* geostatics. **ge·o·sta·ties** =*tiese* geostatic.

**ge·o·ter·mies** =*miese, (geoph.)* geothermic(al), geothermal; *~e energie* geothermal/geothermic energy. **ge·o·ter·mo·me·ter, ge·o·ter·mo·me·ter** geothermometer.

**ge·o·tro·pie** *(bot.)* geotropism, geotropy. **ge·o·troop** =*trope, n.* geotropic. **ge·o·tro·pies** =*piese, adj.* geotropic.

**ge·ou·to·ma·ti·seer** =*seerde* automated; →OUTOMATISEER.

**ge·o·we·ten·skap(·pe)** geoscience.

**ge·paar(d)** =*paarde* coupled, paired, in pairs, by twos, two and two; *(biol.)* binate, conjugate(d); *~ met ...* accompanied with ...; combined with ...; coupled with ...; allied with ... **ge·paard·gaan: met iets ~** be accompanied by s.t.; go with s.t.; *iets gaan met ... gepaard, (also)* s.t. goes hand in hand with ... *(fig.);* s.t. is incidental to ...; s.t. is coupled/fraught with ... *(problems); ~de met ...* accompanying ..., concomitant with ...; *die ~de ongerief van ...* the inconvenience occasioned by ...

**ge·pant·ser(d)** =*serde* armoured *(train),* armour-clad/plated, ironclad *(ship);* →PANTSER *vb.*.

**ge·pars** =*parste* pressed *(grapes, clothes);* →PARS.

**ge·pas** =*paste meer ~ die mees* =*paste* apposite, apt, becoming, exact, fit(ting), due, proper, seemly, suitable, appropriate, pertinent; *dit ~ ag/dink/vind om iets te doen* see/think fit to do s.t.; *~te gesegde* happy phrase; *vir ... ~ wees* be appropriate for/to ... **ge·past·heid** suitability, appropriateness, aptness, propriety, appositeness.

**ge·pas·teu·ri·seer(d)** =*seerde* pasteurised; →PASTEURISEER.

**ge·pa·ten·teer(d)** =*teerde* patent(ed) *(articles);* →PATENTEER.

**ge·peins** brooding, meditation, musing, reflection, reverie; pensiveness; navel contemplating/gazing *(fig., infml.);* →PEINS; *in diep(e) ~* in deep thought; *in ~ verdiep/versonke wees* be absorbed/lost/plunged/wrapped in thought, be lost in (a) reverie.

**ge·pen·si·oe·neer(d)** =*neerde, adj.* pensioned; →PENSIOENEER. **ge·pen·si·oe·neer·de** =*des, n.* pensioner.

**ge·pers** =*perste* pressed *(flowers, bales),* compressed *(fibres etc.);* →PERS¹ *vb.*.

**ge·peu·pel** mob, rabble, riffraff, hoi polloi.

**ge·pik** *n.* picking; pecking. **ge·pik** =*pikte, adj.* pecked; cracked *(egg);* →PIK¹ *vb.; in die bol/dop/kop ~, (infml.)* crazy, daft, loony.

**ge·pla** *n.* bother(ing), nagging, teasing. **ge·pla** =*plaagde, adj.* troubled, tormented, vexed; →PLA; *~ met ...* troubled with ..., suffering from ...

**ge·ploe·ter** drudging, struggle, toil(ing), plodding; →PLOETER.

**ge·plooi(d)** =*plooide* folded, pleated; puckered; →PLOOI *vb.; geplooide romp* pleated skirt.

**ge·pluim(d)** =*pluimde* feathered, plumed; →PLUIM.

**ge·pluk** =*plukte* picked *(flowers, fruit);* plucked *(wool);* →PLUK *vb.*.

**ge·poets** =*poetste* polished *(shoes);* →POETS² *vb.*.

**ge·po·la·ri·seer(d)** =*seerde* polarised; →POLARISEER.

**ge·po·leer(d)** =*leerde,* **ge·po·li·toer(d)** =*toerde* polished *(floor);* →POLEER, POLITOER *vb.*.

**ge·po·sjeer(d)** =*sjeerde* →POSJEER.

**ge·pre·me·di·teer(d)** =*teerde* premeditated; →PREMEDITEER; *~teerde kwaad* malice aforethought, malice prepense.

**ge·pri·vi·le·gi·eer(d)** =*gieerde,* **ge·pri·vi·le·geer(d)** =*geerde* privileged *(information etc.).*

**ge·proes** snorting *(of a horse),* spitting *(of a carburettor);* → PROES *vb.*.

**ge·pro·gram·meer(d)** =*meerde, adj.* programmed; →PROGRAMMEER; *~meerde kursus* programmed course; *~meerde leer-/onderrigmetode* programmed learning.

**ge·pro·por·si·o·neer(d)** =*neerde* proportioned, in proportion.

**ge·prys¹** =*prysde* priced; →PRYS¹ *vb.*.

**ge·prys²** =*prysde* praised; →PRYS² *vb.*.

**ge·punt** =*punte* pointed; peaked, piked; sharpened; →PUNT *vb.; ~e haarlyn* widow's peak.

**ge·raai** guesswork, *(infml.)* thumbsuck; →RAAI *vb.*.

**ge·raak** =*raakte adj.* huffed, offended, vexed; affected; → RAAK *vb.; ~ wees* bridle, take offence; *nie ~ nie* unaffected. **ge·raakt·heid** irritability, resentment; pique.

**ge·raam** =*raamde* framed; cased; estimated; →RAAM *vb.*.

**ge·raam·te** =*tes* skeleton; frame(work); shell, fabric *(of a building);* fuselage *(of an aircraft); na 'n ~ lyk van al die bekommernis* be worn to a shadow with care; *'n wandelende ~ wees* be a skeleton. **~plant** *(bot.)* monstera; delicious monster.

**ge·raas** =*rase* din, hubbub, noise, roar, uproar, racket; → RAAS *vb.; ~ en geskel* ranting and raving; *'n groot ~ maak* make a great noise; *'n groot ~ oor niks* much ado about nothing; a storm in a teacup. **~maker** windbag, gasbag, sensationalist, noisemaker. **~vlak** noise level.

**ge·rad·braak** *=braakte* mutilated; →RADBRAAK; *~te taal* broken language.

**ge·ra·de** advisable, expedient; *dit ~ ag/vind om iets te doen* find/think it advisable/expedient to do s.t.; *dit is vir iem. ~ om ... s.o.* would be well-advised to ...

**ge·raf·fi·neer(d)** *=neerde* refined *(sugar, oil, etc.)*; sophisticated *(performance)*; →RAFFINEER. **ge·raf·fi·neerd·heid** refinement, sophistication.

**ge·ram·mel** clanking, jingling, rattling, rattle; →RAMMEL *vb.*.

**ge·rand** *=rande* bordered, edged; marginate.

**ge·ra·ni·um** *=niums, (bot.)* geranium.

**ge·ras·per** *=perde* grated *(cheese etc.)*; →RASPER *vb.*.

**ger·be·ra** *=ras,* **Bar·ber·ton·se ma·de·lie·fie** *=fies, (bot.)* gerbera, Barberton daisy.

**ge·red** *=redde, adj.* saved, rescued; →RED.

**ge·re·de·ka·wel** arguing, hairsplitting, nitpicking; →REDEKAWEL.

**ge·re·de·lik** *=like meer ~ die mees =like, adj. & adv.* prompt, ready; promptly, readily; freely; *iets ~ erken* not mind admitting s.t..

**ge·re·de·twis** disputation, argumentation, verbal sparring; →REDETWIS *vb.*.

**ge·reed** *adj.* ready; (all) set, prepared; done, finished; at the ready; *iets ~ hê* have s.t. ready/handy *(or at hand)*; *altyd ... ~ hê* never be at a loss for ... *(an answer etc.)*; *heeltemal ~ wees* be quite ready; *iets ~ hou* hold s.t. in readiness; *~ wees om ...* be ready to ...; *iets ~ sit* put s.t. out *(clothes)*; set s.t. out *(work etc.)*; *~ staan, jou ~ hou* be (at the) ready; stand by; stand to; *soldate ~ laat staan* stand soldiers to; *vir ... ~ wees* be ready for ...; be prepared for ...; stand by for ...

**ge·reed·heid** readiness; preparedness; *iets in ~ bring* make/get s.t. ready, prepare s.t.; put s.t. in place *(a plan, an installation, etc.)*; *iets in ~ hou* hold/keep s.t. ready *(or in readiness)*; *in ~ kom* get ready/set; *in ~ wees* be prepared/ready, be in a state of preparedness, be in (a state of) readiness; be in a state of alert; be on standby.

**ge·reed·heids·:** *~diens* standby service. *~grondslag* state of alert/readiness/preparedness. *~passasiers* standby passengers.

**ge·reed·maak** *iets ~* make/get s.t. ready; *(cook.)* dress s.t. *(poultry)*; *jou ~ vir ...* get ready/set for ...; gear up for ... *(trouble etc.)*; gather o.s. (together) for ... *(a jump etc.)*. **ge·reed·ma·king** preparation.

**ge·reed·skap** implement(s), instrument(s), tool(s); utensil(s); kit, gear, tackle; *'n stuk ~* a tool; *'n stel ~* a tool set, a set of tools. *~maker* toolmaker. *~sak* toolbag, kitbag. *~skuur (tjie)* tool shed. *~stel* kit.

**ge·reed·skap(s)·:** *~kamer* toolroom. *~kas* tool chest. *~kis* toolbox. *~koffer* kit box. *~rak* tool rack. *~tas* tool case.

**ge·re·ël** *=reëlde* arranged; →REËL *vb.*; *'n goed ~de vergadering* a well-organised meeting.

**ge·reeld** *=reelde =reelder =reeldste, adj.* fixed, settled, orderly, regular; steady *(pace)*; *~e antwoord* stock answer; *~e besoeker* regular *(at a restaurant etc.)*; *~e diens* scheduled service; *so ~ soos 'n klok* like clockwork, as regular as clockwork. **ge·reeld** *adv.* regularly; invariably, habitually. **ge·reeld·heid** regularity, settledness, orderliness.

**ge·re·for·meer(d)** *=meerde, adj.* reformed; →REFORMEER; *G~de Kerk in Suid-Afrika* Reformed Church in South Africa; *Nederduitse G~de Kerk, (abbr.:* NGK*)* Dutch Reformed Church *(abbr.:* DRC*)*. **Ge·re·for·meer·de** *=des, n.* member of the Reformed Church.

**ge·reg¹** *=regte, n.* course, dish; *'n ~ berei/gaarmaak* prepare a dish.

**ge·reg²** *n.* justice; court (of justice), tribunal; *die lang arm van die ~* the long arm of the law; *'n bespotting van die ~* a travesty of justice; *met die ~ bots* come into conflict with

the law, fall/run foul of the law; *iem. voor die ~ bring* bring s.o. to justice; *die (loop van die) ~ dwarsboom* defeat the ends *(or* interfere with the course) of justice; *jou aan die ~ oorgee* give o.s. up to justice; *voor die ~ verskyn* appear in court. *~saal* courtroom; judg(e)ment hall.

**ge·re·gis·treer(d)** *=treerde* registered *(nurse, owner, trademark, etc.)*; →REGISTREER.

**ge·regs·:** *~bode* bailiff, messenger of the court. *~dienaar* police officer, policeman; official of the court; law officer; bailiff. *~hof* court of law/justice, law court, tribunal (of justice). *~koste* (law) costs, legal charges/expenses, bill of costs.

**ge·reg·te·lik** *=like* judicial *(execution)*, judiciary; legal *(steps)*; *~e bestuur* judicial management; *~e hoofstad* judicial capital; *~e lykskouing* inquest; *~e moord* judicial murder; *~e stappe doen* sue, institute (legal) proceedings; *~e veiling* sale in execution, judicial sale.

**ge·reg·tig** *=tigde* entitled, qualified; justified, warranted; *jou (daartoe) ~ ag om ...* hold o.s. entitled to *(or* justified in) ...; *iem. op iets ~ maak* entitle s.o. to s.t.; *~ wees om te kla/ens.* be justified in complaining/etc.; *op iets ~ wees* be entitled to s.t.; be eligible for s.t. *(a pension etc.)*. **ge·reg·tigd·heid** entitlement, justness.

**ge·reg·tig·heid** justice; fairness; *(relig.)* righteousness; *op ~ gegrond wees* be founded in justice; *iem. ~ ontsê* deny s.o. justice; *poëtiese ~* poetic justice; *summiere ~* rough justice.

**ge·re·gu·leer(d)** *=leerde* regulated *(economy, market, price, etc.)*; controlled *(temperature)*; →REGULEER.

**ge·reg·ver·dig** *=digde* justified; justifiable, warranted; → REGVERDIG *vb.; dit is heeltemal/volkome ~* it is fully justified.

**ge·rei** gear, implements, tackle, utensils, gadgetry; kit.

**ge·rek** *=rekte* lengthy, long-drawn(-out) *(negotiations etc.)*, drawn-out, long-winded *(speech)*, protracted *(hearing)*, *(med.)* protracted *(crisis)*, tedious *(lecture)*; →REK *vb.*.

**ge·re·ken(d)** *=kende* respected, esteemed; →REKEN; *~de mense* influential people.

**ge·re·ser·veer(d)** *=veerde* reserved *(seat)*, private; *(pred. usu. gereserveerd)* reserved, reticent, uncommunicative, undemonstrative *(pers.)*; guarded *(attitude)*; →RESERVEER; *'n ~de houding aanneem* take up a guarded attitude, hold/keep aloof, hold back. **ge·re·ser·veerd·heid** aloofness, reserve.

**gerf** *gerwe* sheaf, bundle; *iets in gerwe bind* bundle s.t.; *'n ~ blomme* a sheaf of flowers.

**ge·ri·a·trie** *(med.)* geriatrics. **ge·ri·a·tries** *=triese* geriatric; *~e pasiënt* geriatric (patient).

**ge·rib** *=ribde* ribbed, corrugated; channelled *(plate)*; corded *(material)*; →RIB.

**ge·rief** *=riewe, n.* accommodation, comfort, convenience; gadget; facility; commodity; toilet; *(in the pl.)* amenities, comforts, facilities. **ge·rief·lik** *=like, adj.* comfortable *(chair)*, convenient *(time)*, expedient. **ge·rief·lik** *adv.* conveniently; comfortably; *iem. het dit ~* s.o. lives in comfort. **ge·rief·lik·heid** accommodation, convenience, comfort. **ge·rief·lik·heids·hal·we, ge·riefs·hal·we** for the sake of convenience, for convenience, for convenience(') sake, conveniently.

**ge·riefs·:** *~kos,* *~voedsel* convenience food.

**ge·rif·fel(d)** *=felde* corrugated, ribbed, ridged, crinkled, fluted; crimped; →RIFFEL *vb.*.

**ge·rig** *=rigte, adj.* aimed, directed; directional; →RIG; *op ... ~ wees* be aimed at *(or* geared for *or* tailored to) ... *(a particular market etc.)*. **ge·rigt·heid** alignment.

**ge·rim·pel(d)** *=pelde* furrowed, lined, wrinkled *(face)*, puckered *(brow)*, shrivelled *(pear)*; →RIMPEL *vb.; ~ wees van ouderdom* be wrinkled with age.

**ge·ring** *=ringe =ringer =ringste* slight, small; scanty, poor, trifling; mean; negligible; low *(price, number)*; insignificant, inconsiderable; *~e aanvraag* weak demand; *'n ~e dunk van*

... a poor opinion of ...; ~e *herstelwerk* light repairs; *'n ~e meerderheid* a narrow majority; *oneindig* ~ infinitesimal; ~e *opkoms* small attendance; ~e *skade* minor damage; *g'n* ~e *verligting* no small relief; ~e *wins* marginal gain; small profit. ~**skat**, ~**ag** *geringge-* have a low opinion of; think very little of; set little store by; have scant regard for; hold cheap. ~**skatting**, ~**agting** disdain, disregard, disparagement, slight; *met* ~ *van ... praat* speak disparagingly/slightingly of ...; *iem. se* ~ *van* ... s.o.'s disregard for ...

**ge·ring·heid** smallness, littleness, insignificance.

**ge·rin·kink** *(infml.)* merrymaking, jollification, romping; → RINKINK.

**Ger·maan** *-mane* Teuton; *(in the pl.)* Germanic tribes. **Germaans** *n., (lang.)* Germanic. **Ger·maans** *-maanse, adj.* Germanic, Teutonic. **Ger·ma·ni·ë** *(geog., hist.)* Germania. **Ger·ma·nis** *-niste, (also g~)* Germanic scholar, Germanist. **ger·ma·ni·seer** *ge-* Germanise, Teutonise. **Ger·ma·nis·me** *-mes, (also g~)* Teutonicism, Teutonism, Germanism. **Ger·ma·nis·tiek** *(also g~)* Germanic studies. **Ger·ma·nis·ties** *-tiese, (also g~)* Germanistic.

**ge·roep** *n.* calling, cries, shouting, shouts, clamour, outcry. **ge·roep** *-roepe, adj.* called; destined; *kom of jy* ~ *is* come exactly at the right moment, come in the nick of time, come at the psychological moment; *jou ~e voel om* ... feel called upon (*or* a call) to ... **ge·roe·pe·ne** *-nes, n.* man/woman of destiny; one called by the Lord, s.o. with a vocation. **ge·roe·pen·heid** (sense of) vocation.

**ge·roes** *-roeste* rusted, rusty, corroded; →ROES[2] *vb.*.

**ge·roe·ti·neer(d)** *-neerde* unvarying, regular, usual, predictable, everyday; *(rare)* experienced, practised, skilled, expert; *'n ~de mens* 'n routinist. **ge·roe·ti·neerd·heid** routine, pattern, regularity, constancy, orderliness, monotony; routinism; *(rare)* skill, skilfulness, practice, expertness, expertise.

**ge·rof·fel** roll, rub-a-dub *(of a drum)*; →ROFFEL[1] *vb.*.

**ge·rog·gel** rattling *(in the throat)*, death rattle, ruckle; gurgling *(of a pipe)*; →ROGGEL *vb.*.

**ge·rond** *-ronde* rounded, curved; curvy *(s.o.'s figure etc.)*; cambered; →ROND *adj.*; ~e *hoek* rounded angle.

**ge·ronk** drone, roar *(of a mach.)*; purr(ing) *(of an engine)*; → RONK.

**ge·ron·to·kra·sie** gerontocracy. **ge·ron·to·kra·ties** *-tiese* gerontocratic.

**ge·ron·to·lo·gie** gerontology. **ge·ron·to·lo·gies** *-giese* gerontological. **ge·ron·to·loog** *-loë* gerontologist.

**ge·ron·to·te·ra·pie** gerontotherapy.

**ge·roof** *-roofde* stolen; →ROOF[2] *vb.*.

**ge·rook** *-rookte* smoked; cured; *(infml.)* spaced (out), doped, high, *(SA sl.)* goofed *(on dagga etc.)*; →ROOK *vb.*; ~te *ham* cured/smoked ham; ~ *raak, (infml.)* get high on dagga.

**ge·roos·ter(d)** *-terde* baked *(peanuts)*; toasted *(bread)*; broiled, grilled *(meat)*; →ROOSTER *vb.*; ~de *toebroodjie* toasted sandwich.

**ge·rub** *-rubs*, **ge·ru·byn** *-byne* cherub.

**ge·rug** *-rugte* report, rumour; *daar gaan 'n* ~ *(rond), daar loop 'n ~, 'n ~ is in omloop* *(of doen die ronde)* there is a rumour (abroad), a rumour is going around/round; *daar gaan ~te (rond) dat* ... it is rumoured that ...; *daar gaan ~te rond, daar is ~te in omloop, ~te lê rond* *(of doen die ronde)*, *(also)* rumours are afloat; *iem. het die/'n ~ gehoor dat* ... s.o. has it on/from hearsay that ...; *'n los* ~ an idle rumour; *'n ~ die nek inslaan* quash/scotch/spike a rumour; *'n vals* ~ a canard; *'n ~ versprei* spread a rumour; *volgens ~te* (of *die ~) het/is ..., die ~ wil dat* ... rumour has it that ..., it is rumoured that ..., according to rumour ..., reportedly ...; *'n ~ weerspreek* deny a rumour. **ge·rug·ma·kend** *-kende* sensational.

**ge·rug·steun** assisted, supported; →RUGSTEUN *vb.*.

**ge·rui·me** considerable, ample, long *(time)*; *iets is al* ~ *tyd aan die gang* s.t. has been going on for quite some time (*or* a considerable time).

**ge·ruis** noise; rustle, rustling *(of trees)*; rushing, w(h)oosh *(of water)*; swish *(of a dress)*; tingling *(in the ears)*; susurration; → RUIS. **ge·ruis·loos** *-lose* noiseless, silent. **ge·ruis·loos·heid** noiselessness; quietness *(of an engine etc.)*.

**ge·ruit** *n.* check (material), checkered fabric, gingham; → RUIT *n.*; *Skotse* ~ tartan, plaid. **ge·ruit** *-ruite, adj.* check(ed), checkered, chequered; tessellate(d); ~e *papier* graph/squared/coordinate paper; ~e *wolstof* plaid.

**ge·rus** *-ruste -ruster -russte* (of *meer* ~ *die mees -ruste), adj.* calm, easy, peaceful, quiet; unconcerned, *(infml.)* unfazed; ~te *gewete* clear (*or* an easy) conscience; *iem. kan* ~ *wees dat* ... s.o. can rest assured that ...; *nie* ~ *lyk* nie seem uneasy; ~te *nag!* sleep well!; *wees* ~! rest assured! *nie heeltemal* ~ *wees* nie not be altogether easy (in one's mind). **ge·rus** *adv.* safely, really, without doubt, undoubtedly; *doen dit* ~! do it by all means!; please do!, *(infml.)* be my guest!; *ewe* ~ quite unconcernedly; *jy kan* ~ *glo dat dit gebeur het* this undoubtedly happened, you may safely assume this happened; *ja, (doen dit)* ~! do!; *iem. kan* ~ *maar iets doen* s.o. may as well do s.t.; it is worth s.o.'s while doing s.t.; *iem.* ~ *maak* put s.o. at ease, reassure s.o.; put/throw s.o. off (his/her) guard.

**ge·rus·stel** *gerusge-* reassure, comfort, soothe; *iem.* ~ set a person's mind at ease. **ge·rus·stel·lend** *-lende* reassuring *(news)*; soothing *(sound)*; *dit is* ~ *om te weet dat* ... it is reassuring (*or* a comfort) to know that ... **ge·rus·stel·ling** *-lings, -linge* assurance, comfort, consolation, relief.

**ge·rust·heid** calm, confidence, comfort, easiness, peace (of mind), security; *met* ~ confidently, quietly, safely.

**ge·rys** *-rysde* risen *(bread, cake)*, leavened; →RYS[2] *vb.*; ~de *deeg* sponge; cured/risen dough.

**ge·saag** *n.* sawing; *(infml., joc.)* snoring. **ge·saag** *-saagde, adj.* sawn; *(bot.)* serrate(d); →SAAG *vb.*.

**ge·saai·de** *-des, n.* growing/standing crop, sowing growth; →SAAI[2] *vb.*.

**ge·sag** authority, power, sway, dominion; authority, prestige, weight; expertise; *(pers.)* authority, expert; *iets op* ~ *aanneem/aanvaar* accept s.t. on faith/trust; *iem. met* ~ *beklee* empower/authorise s.o.; *jou op 'n hoër* ~ *beroep* appeal to a higher authority (*or* higher quarters); ~ *dra/hê* be in authority; *iets op eie* ~ *doen* do s.t. on one's own authority; *jou* ~ *laat geld, (also, fig.)* crack the whip; *op goeie* ~ on good authority; ~ *verneem* learn authoritatively; *op* ~ *handel* act on authority, act under instructions; ~ *hê, (s.o.'s opinion etc.)* carry weight; *met* ~ *praat/ens.* speak/etc. authoritatively; *die* ~ *hê om iets te doen* have authority to do s.t.; *op* ~ *van* ... by (*or* on the) authority of ...; *(mense) van* ~ (people) of consequence/weight; ~ *voer* be in command, exercise authority. ~**draer** (person in) authority. ~**voerder** *-ders* (naval) commander, captain, master *(of a ship)*.

**ge·sag·heb·bend** *-bende, adj.* authoritative; *uit* ~e *bron* from a reliable source, authoritatively; *van* ~e *kant verneem* learn on good authority; *in* ~e *kringe* in influential/leading circles; ~e *verklaring* authoritative statement; ~e *werk* standard work. **ge·sag·heb·ben·de** *-des, n.* authority, expert, pundit, *(infml.)* fundi; *'n* ~ *aanhaal om 'n bewering/stelling te staaf* quote an authority for a statement; *'n* ~ *op die gebied van* ... an authority on ... **ge·sag·heb·bend·heid** expertise, authority, command.

**ge·sag·heb·ber** *-bers* person in authority, director, manager, commander.

**ge·sags·:** ~**funksie** line function. ~**orde** established order. ~**posisie** position of authority. ~**weë:** *van* ~ officially, by authority.

**ge·sak** *-sakte, adj.* ploughed, plucked, unsuccessful *(candi-*

date at examination); sagged, pendulous (abdomen). →SAK² vb..

**ge·sa·la·ri·eer(d)** *-rieerde, adj.* salaried; stipendiary.

**ge·salf·de** *-des* anointed one; →SALF *vb..*

**ge·sa·ment·lik** *-like, adj.* complete (works), aggregate, total (amount), joint (owners), united (forces), concerted (action); collective; corporate; shared; conjoint; *~e kapitaal* joint stock; *~e sang* community singing; *~e testament* mutual will; *~e toesig* joint custody; *~e verantwoordelikheid* shared responsibility. **ge·sa·ment·lik** *adv.* collectively, communally, in a body, jointly, together, unitedly; conjoint= ly; *~ optree* act in concert.

**ge·sang** *-sange* singing; anthem, hymn; chant; melody; war= bling (of birds); *die ~ insit,* (infml.) lead the singing; strike up the hymn/etc.. *~(e)boek, ~(e)bundel* hymn book, hymnal.

**ge·sa·nik** (infml.) nagging, moaning, griping, grouching, whing(e)ing; →SANIK.

**ge·sant** *-sante* envoy; legate; ambassador; *buitengewone ~ en gevolmagtigde minister* envoy extraordinary and minister plenipotentiary; *hemelse ~* messenger from Heaven; *pous= like ~* papal legate/nuncio; *~e en trawante,* (joc.) aiders and abettors. **ge·sant·skap** *-skappe* legation; mission, chancel= lery.

**ge·se·ën(d)** *-seënde* blessed, fortunate; →SEËN² *vb.; ~de Eid!/Paasfees!/ens.* blessed/happy Eid!/Easter!/etc.; *in die ~de ouderdom van ...,* (rhet.) at the good/ripe old age of ...; *met iets ~ wees* be blessed with s.t..

**ge·seg·de** *-des, n.* saying, saw, adage; expression, phrase; (gram.) predicate; *holle ~* cant phrase; *soos die ~ lui* as the saying goes; *die ou ~ dat ...* the old saw that ...

**ge·seg·men·teer(d)** *-teerde* segmented; annulate; →SEG= MENTEER; *~de wurm* annelid.

**ge·sel¹** *-sels, n.* lash, scourge, whip; (biol.) flagellum. **ge·sel** *ge=, vb.* flagellate, flog, lash, scourge, whip. *~paal* whipping post. *~roede* lash, scourge, rod.

**ge·sel²** *-selle* companion, fellow, mate; →GESELLIN.

**ge·se·laar** *-laars* flagellant.

**ge·se·ling** *-linge* flagellation, flogging; scourging.

**ge·sel·lig** *-lige* companionable, gregarious, convivial, socia= ble; cosy, snug (corner); lived-in (cottage etc.); conversational, folksy; neighbourly; chatty (talk); social (intercourse); homely (affair); *'n ~e kêrel/meisie wees* be good company; *~e verkeer* general conversation, social intercourse. **ge·sel·lig·heid** con= viviality, sociability; cosiness, snugness (of a room); social (meeting); function; *vir die ~* for company.

**ge·sel·lin** *-linne* (female) companion; (euph.) escort. *~klub* (euph.) escort agency.

**ge·sels** *-selse, n.* talk, conversation, chat; *aan die ~ raak* get talking; *met iem. aan die ~ wees* be in conversation with s.o..

**ge·sels** *vb.* chat, converse, talk; *'n bietjie ~* have a chat/ talk; *met iem. ~* chat/talk to/with s.o.; *oor/van iets ~* chat/ talk about s.t.; *oor sport* (of die politiek) *ens. ~,* (also) talk sport/politics/etc.. *~brief* chatty letter. *~program* (rad., TV) talk/chat show. *~radio* talk radio; walkie-talkie. *~rubriek* gossip column. *~taal* conversational speech, colloquial lan= guage. *~taalterm* colloquialism.

**ge·sel·se·rig** *-rige* chatty; talkative.

**ge·sel·se·ry** chatting, conversation, talk(ing), chitchat.

**ge·sel·sie** *-sies,* (dim.) chat, short talk; *~s maak* exchange pleasantries.

**ge·sel·skap** *-skappe* company; party; companionship; cir= cle; (theatr.) cast; troupe (of performers); *iem. is aangename ~* s.o. is pleasant company; *hulle is op mekaar se ~ aangewese* they are thrown together; *in beskaafde ~* in polite society; *in goeie ~ wees* be in good company; *iem. is goeie ~* s.o. is good company, s.o. is fun; *~ hê* have company; *iem. ~ hou* keep s.o. company; *in ~* in company; *in die ~ van ...* in the

company of ...; *lid van 'n ~ wees* be (one) of a party; *in slegte* (of die verkeerde) *~ beland* get into bad company, (infml.) get in with the wrong crowd; *~ vermy* hold o.s. aloof, keep (o.s.) to o.s.. *~stuk* (painting etc.) conversation piece.

**ge·sen·treer(d)** *adj. & adv.,* (psych.) centred; →SENTREER.

**ge·ser·ti·fi·seer(d)** *-seerde* certified; →SERTIFISEER.

**ge·set** *-sette* stout, plump, portly, corpulent; stocky, thickset; definite, fixed, regular, set (times); →SET *vb.; op ~te/vaste tye* at set times, at regular/stated intervals. **ge·set·heid** stout= ness, corpulence; fatness; stockiness.

**ge·se·te** (strong p.p. of sit vb.), (fml.) seated.

**ge·sien** *-siene, adj.: 'n ~e persoon* an esteemed (or a respect= ed) person. **ge·sien** *conj.: ~ dat ...* considering that ...; *~ die ...* in view of the ... (support for s.t. etc.).

**ge·sif** *-sifte* sifted (lit. & fig.); screened, sieved (lit.); →SIF *vb..*

**ge·sig** *-sigte* face, countenance; view, sight; apparition, vi= sion; scene; (no pl.) (eye)sight, seeing; *jou ~ afvee* wipe one's face; *met die ~ na bo,* (a book etc.) face up(wards); *buite iem. se ~* beyond s.o.'s vision; *op die eerste ~* at first glance/sight; *met 'n ernstige ~* with a solemn face; *in die ~ kom* come in view; heave in sight; *... in die ~ kry* catch sight of ...; clap/lay eyes on ...; *iem. reg in die ~ kyk* look s.o. full/ squarely in the eye/face; *'n lang/suur ~ trek* make/pull a long face, make a wry face/mouth; *iets staan op iem. se ~ te lees,* (guilt etc.) s.t. is written all over s.o.'s face; *jou ~ laat ontrimpel* have a face-lift, have one's face lifted; *op die ~,* (a book etc.) face down(wards); *'n ~ op ...* a view of ... (a place); *iem. se ~ het opgehelder/verhelder* s.o.'s face bright= ened (or lit up); *jou ~ op 'n plooi trek* screw up one's face; *jou ~ op 'n ernstige plooi trek* put on a serious face; *'n prag= tige/trotse ~* a proud sight; *vir iem. iets in sy/haar ~ sê* tell s.o. s.t. to his/her face; *'n seldsame ~* a rare sight; *aan iem. se ~ sien dat ...* see by s.o.'s face that ...; *~te sien* have/see visions; *'n skerp ~* have keen/sharp sight; *iets staar iem. in die ~,* s.t. stares s.o. in the face (famine, poverty, etc.); *met 'n strak ~* with a set face; *'n suur ~ trek →lang/suur; ~te trek* pull faces, grimace, make grimaces; *vir iem. ~te trek* pull faces at s.o.; *'n treurige ~* a sorry sight; *'n trotse ~ → pragtige/trotse; uit die ~* out of sight; (infml.) uit die ~, (also) be lost to sight/view; *(plat) op jou ~ val* fall face down, fall (flat) on one's face (lit.); *iem. in die ~ vat* give s.o. a slap in the face (fig.); *uit die ~ verdwyn* pass out of sight, pass from view; *... uit die ~ verloor* lose sight of ...; *jou ~ verloor* lose one's sight, lose the use of one's eyes; *jou ~ vertrek* screw up one's face; *iem. se ~ vertrek van die pyn* s.o. grimaces with pain; *'n ~ wees* be a sight for sore eyes (infml.). *~hand= doek* face towel. *~room* face cream. *~skerm, ~skut* face guard. *~skerpte* acuteness/acuity of vision, visual acuity. *~verf* face paint. *~wond* facial injury.

**ge·sig·gie** *-gies,* (dim.) little face; (bot.: hybrid Viola) pansy; (V. tricolor) wild pansy.

**ge·sigs=** *~afstand* eyeshot, visual range. *~einder* horizon, skyline; sealine; *buite iem. se ~* beyond s.o.'s vision; *op die ~* on the horizon. *~hoek* optic/visual angle; angle of view; point of view, view=, standpoint. *~lyn* visual line, line of sight/vision, sightline. *~punt* aspect, point of view, stand=, viewpoint; visual point; *iets uit 'n ander ~ beskou* view s.t. from a different angle; *uit dié/daardie ~* from that angle. *~pyn* (med.) neuralgia. *~uitdrukking* facial expression. *~veld* field of vision, visual field; field of view.

**ge·sin** *-sinne* family, household; *uit 'n gebroke ~* from a brok= en home; *'n ~ grootmaak* raise a family. *~sorg* family wel= fare/work.

**ge·sin·chro·ni·seer(d), ge·sin·kro·ni·seer(d)** *-seerde* synchronised; →SINCHRONISEER, SINKRONISEER; *~de ratkas* synchromesh gearbox/transmission; *~de swem* synchronised swimming, synchro (swimming).

**ge·sind** -sinde disposed, inclined, minded; →GOEDGESIND, KWAADGESIND. **ge·sind·heid** -hede attitude, disposition, in= clination, view; iem. se ~ jeens/teenoor ... s.o.'s attitude to= wards ...; wat is iem. se politieke ~? what are s.o.'s politics?; 'n veranderde ~ a change of heart.

**ge·sins·:** ~band family tie. ~beperking, ~beplanning fam= ily planning. **G~dag** (SA: 26 Dec.) Family Day. ~hoof head of the family, householder, family head. ~kamer living room. ~kwartier(e) married quarters. ~lede members of the fam= ily. ~lewe family life. ~toelae family allowance. ~waardes n. (pl.) family values. ~woning family residence/dwelling.

**ge·skaak** -skaakte abducted; →SKAAK[2] vb..

**ge·ska·keer(d)** -keerde chequered, variegated, pied; →SKA= KEER; ryk ~ multifaceted. **ge·ska·keerd·heid** variegation.

**ge·skal** flourish; blare (of trumpets), clangour, fanfare.

**ge·ska·pe** (strong p.p. of skep[2] vb.), (chiefly Bib.) created.

**ge·skar·rel** scrabbling; scraping (along); rummaging; → SKARREL; 'n groot ~, (infml.) panic stations.

**ge·skeer** -skeerde shaven (man), shorn (sheep). →SKEER[1] vb..

**ge·skei** -skeide, -skeie, adj. separated; divorced; disjunct; → SKEI[2] vb.; geregtelik ~ judicially separated; ~(d)e infinitief, (gram.) split infinitive; ~(d)e man divorcé; ~(d)e vrou divor= cée; ~(d)e paartjie separated couple.

**ge·skel** abuse, abusiveness, invective, abusive language, vi= tuperation; →SKEL[2] vb..

**ge·skend** -skende disfigured, scarred; mutilated; maimed; →SKEND.

**ge·skenk** -skenke, n. gift, present; offering, donation; 'n ~ vir ... van ... a present for ... from ... **ge·skenk** -skenkte adj. given, granted; donated; →SKENK. ~belasting gift tax. ~be= wys gift voucher. ~eksemplaar -plare gift/giveaway copy (of a book etc.). ~pak(kie), ~doos gift box/pack. ~papier gift wrap(ping); iets in/met ~ toedraai giftwrap s.t..

**ge·skep[1]** -skepte scooped; →SKEP[1] vb..

**ge·skep[2]** -skepte created; →SKEP[2] vb..

**ge·skied** het ~, (fml.) come to pass, happen, occur, befall, take place; kennisgewing ~ hierby/hiermee notice is hereby given; reg aan iem. laat ~ do justice to s.o., treat s.o. fairly; reg moet ~ justice must prevail; laat U wil ~, (relig.) Thy will be done. ~skrywer historian, historiographer. ~skrywing historiography, historical writing.

**ge·skie·de·nis** -nisse history; story, tale; algemene ~ world history; dit behoort tot die ~ that is history now; iem./iets sal in die ~ as ... bekend staan s.o./s.t. will go down in history as ...; dis die hele ~ that's all there is to it; die ~ herhaal hom history repeats itself; in die ~ in history; dis 'n lang ~ it's a long story; 'n lastige ~ an awkward affair; ~ maak make history; 'n mooi ~, (iron.) a pretty kettle of fish; Ou/Nuwe G~ Ancient/Modern History; daar is 'n ~ aan verbonde thereby hangs a tale; 'n gebeurtenis in die ~ vermeld a sto= ried event. ~boek history book. ~les history lesson. ~on= derwyser history teacher.

**ge·skied·kun·de** historical science, history. **ge·skied·kun= dig** -dige historical. **ge·skied·kun·di·ge** -ges historian, stu= dent of history.

**ge·skif** -skifte sifted (fig.); sorted (out); curdled (milk); per= ished (material).; →SKIF[2] vb..

**ge·skik** -skikte -skikter -skikste suitable, suited, appropriate, fit, proper; acceptable; eligible; serviceable; opportune, convenient, expedient; apt (retort); qualified; able, capable, efficient, effective; arranged, settled; dit ~ ag think it prop= er; dis ~ vir die doel it serves the purpose; ~te kandidaat eligible candidate; iets vir ... ~ maak adapt s.t. to ...; nie ~ wees om ... nie be in no condition to ...; ~te persoon fit person; ~te tyd proper/suitable time; uitermate ~ wees vir ... be perfect for ...; vir ... ~ wees be suitable for ...; be suited to ...; be fit for ...; be appropriate for/to ...; be adapted to ...; dit is ~ vir ..., (also) it lends itself to ...

**ge·skikt·heid** suitability, fitness; competency; propriety, opportuneness; ability, capability; serviceability, serviceable= ness. ~sertifikaat competency certificate.

**ge·skil** -skille difference, dispute, quarrel; controversy; 'n ~ besleg/bylê/skik (of uit die weg ruim) settle a dispute/ quarrel; ~le besleg/bylê/skik (of uit die weg ruim), (also) resolve/settle differences; ... is in ~, (jur.) ... is at/in issue (or in doubt); 'n ~ met ... hê have a dispute with ...; ~le laat vaar sink differences. ~beslegting conflict resolution. ~punt matter/point/question at issue; moot point; 'n ~ van iets maak make an issue of s.t..

**ge·skim·mel(d)** -melde mouldy; dappled; →SKIMMEL adj., vb..

**geskimp** insinuation, gibe, gibing; →SKIMP vb..

**ge·skin·der** slander, scandal; gossiping, tittle-tattle; →SKIN= DER.

**ge·skof·fel** n. weeding; (country) dancing. **ge·skof·fel** -felde, adj. weeded; cultivated; →SKOFFEL vb..

**ge·skok** -skokte shocked; shaken (to the core), outraged; → SKOK vb.; hewig ~ wees be shaken to the core; iem. was nog nooit so ~ nie s.o. got the shock of his/her life. **ge·skokt·heid** sense/state of shock.

**ge·skon·de** (strong p.p. of skend), (liter.) violated; desecrated; sullied (honour); defaced (document); betrayed (confidence); given away (secret). **ge·skon·den·heid** defacement, mutila= tion, desecration, disfigurement.

**ge·skool(d)** -skoolde practised, schooled, trained; →SKOOL[2] vb.; geskoolde arbeid skilled labour; in ... ~ wees be skilled in ... **ge·skoold·heid** skill.

**ge·skraap** n. scraping (on a violin etc.); hawking, throat-clearing; money-grubbing. **ge·skraap** -skraapte, adj. scraped; →SKRAAP vb..

**ge·skreeu** (also geskree) crying; cries, shouting, shouts, out= cry, hue and cry, shrieking; squeal(ing); stridulation (of in= sects); vociferation; →SKREEU vb.; baie ~ oor iets maak make a great (deal of) fuss about s.t..

**ge·skre·we** (strong p.p. of skryf) written; 'n goed ~ stuk a well-written piece; ~ kopie transcript.

**ge·skrif** -skrifte document, writing; heilige ~ scripture.

**ge·skryf** scribbling; writing; →SKRYF; 'n hele ~ oor ..., (also, infml.) a polemic (or war of words) about ... **ge·skry·we·ry** scribbling; war of words, polemic (writing).

**ge·skub** -skubde scaled, scaly; (zool.) squamous, squamate, squamose; (bot.) fornicate; imbricate(d); →SKUB.

**ge·skui·fel** shuffling, scraping (of feet); →SKUIFEL.

**ge·skut[1]** -skutte, adj. impounded (cattle); →SKUT[3] vb..

**ge·skut[2]** n. artillery, cannon, guns, ordnance. ~brons gun= metal. ~gietery gun foundry. ~loop gun barrel, tube of a gun. ~metaal gunmetal. ~trein artillery train. ~vuur gun= fire.

**ge·slaag(d)** -slaagde meer/beter -slaagde die mees/bes -slaagde, adj. successful; passed (in an examination); →SLAAG. **ge= slaag·de** -des, n. successful candidate, s.o. who has passed (an examination). **ge·slaagd·heid** successfulness, success.

**ge·slaan** -slaande, -slane beaten; →SLAAN; geslane geld coined money; 'n ~de kind a beaten child.

**ge·slag[1]** -slagte, adj. slaughtered, butchered; →SLAG[2] vb..

**ge·slag[2]** -slagte, n. family, race, lineage; gender, sex; genera= tion; (biol.) genus; die opkomende ~ the rising generation; van ~ tot ~ from generation to generation. ~boom →GESLAGS= BOOM. ~sel generative/sexual cell, gamete. ~register →GE= SLAGSREGISTER. ~siekte venereal disease, (infml.) social dis= ease. ~siektekunde venereology.

**ge·slag·kun·de** genealogy. **ge·slag·kun·dig** -dige, adj. ge= nealogical. **ge·slag·kun·di·ge** -ges, n. genealogist.

**ge·slag·loos** asexual, sexless; (gram.) genderless, neuter; 'n dier ~ maak neuter an animal.

**ge·slags·:** ~**afwyking** sexual perversion. ~**bepaler** sexer. ~**boom, geslagboom** family tree, pedigree, genealogical table. ~**chromosoom** sex chromosome. ~**daad** *(fml.)* coitus, sexual act. ~**deel** *-dele* genital/sexual part/organ; *(in the pl.), (also)* genitals, genitalia, private parts. ~**drang** sex drive, sexual urge. ~**drif** sex urge, sexual passion/desire/instinct. ~**gaping** gender gap. ~**gemeenskap** *(fml.)* sexual intercourse/relations; ~ *met iem. hê* have (sexual) intercourse/relations with s.o.. ~**kenmerk** sex mark, sexual characteristic; generic character. ~**kwessies** *n. (pl.)* gender issues. ~**lewe:** *die* ~ sex, sexuality, sexual life. ~**lyn** line of descent. ~**naam** *(biol.)* generic name, genus name. ~**omgang** = GESLAGSGE= MEENSKAP. ~**opening** genital/sexual orifice/opening. ~**op= voeding** sex education. ~**orgaan** genital/generative/sexual organ; *manlike* ~ male organ *(euph.).* ~**prikkel** *-kels,* ~**prik= kelmiddel** *-dels* aphrodisiac. ~**register, geslagregister** pedigree, family tree, genealogical table/register. ~**ryp** *-rype* pubescent, sexually mature. ~**rypheid** puberty, pubescence. ~**tipe** genotype. ~**verandering** sex change, change of sex. ~**verhouding** sexual relation. ~**verkeer** sexual intercourse. ~**verwantskap** genetic affinity. ~**voorligting** sex education.

**ge·slag·te·lik** *-like* sexual; genital; *-e voortplanting* sexual generation/propagation/reproduction, gamogenesis; *~e plant* gametophyte. **ge·slag·te·lik·heid** sexuality, sex.

**ge·sle·pe** ~ *-pener -penste (of meer* ~ *die mees* ~*), (strong p.p. of* slyp*),* (*chiefly fig.*) cunning, astute, crafty, foxy, shrewd, sly, wily, scheming; *'n* ~ *kêrel* a sly dog, a dodgy bloke. **ge·sle= pen·heid** cunning, slyness, astuteness, wiliness.

**ge·sle·te** ~ *meer* ~ *die mees* ~*, (strong p.p. of* slyt*)* threadbare, frayed *(clothes),* worn *(tyre);* spent *(life etc.).*

**ge·slin·ger** *n.* dangling, swinging *(of a rope);* oscillation *(of a pendulum);* rolling *(of a ship);* staggering *(of a drunken man),* wobble. **ge·slin·ger(d)** *-gerde, adj.* hurled; convoluted; → SLINGER *vb.*.

**ge·sloer** delay, dawdling, procrastination; →SLOER.

**ge·slo·te** ~ *meer* ~ *die mees* ~*, (strong p.p. of* sluit*), (chiefly fig.)* closed, locked, shut; reticent, uncommunicative, reserved, tight-lipped, secretive; concluded *(treaty);* ~ *gebruikers= groep, (comp.)* closed user group; ~ *gemoed* closed mind; ~ *soos die graf* as silent as the grave; ~ *koevert* closed/sealed envelope; ~ *seisoen* closed season; ~ *sitting/sessie* closed session; ... ~ *verklaar* declare ... closed/terminated. **ge·slo= ten·heid** closeness, reticence, uncommunicativeness, secre= tiveness, reserve(dness).

**ge·slui·er(d)** *-erde* veiled; *(phot.)* fogged, foggy; *(biol.)* velate; →SLUIER.

**ge·slyp** *-slypte* sharpened, whetted; →SLYP; ~*te glas* cut/ ground glass; *~te diamant* polished diamond.

**ge·smee** *-smede* wrought; forged; minted, coined *(word);* → SMEE; *gesmede yster* forged iron; →SMEE(D)YSTER.

**ge·smoor** *-smoorde* suppressed; throttled *(petrol feed);* stran= gled *(voice);* braised *(steak);* stifled *(laugh);* →SMOOR *vb.; 'n ~de gil/geluid* a choked cry/sound.

**ge·snaar(d)** *-snaarde* stringed *(mus. instr.);* strung; →SNAAR *vb.*.

**ge·sna·wel(d)** *-welde* beaked, billed; →SNAWEL.

**ge·sne·de** *(strong p.p. of* sny *vb.)* graven *(image);* carved *(wood);* cut *(gem);* engraved *(stone).*

**ge·sneu·wel·de** *-des* person killed in action; →SNEUWEL; *die* ~*s* the fallen, the dead.

**ge·sny** *-snyde* cut *(cake),* sliced *(ham);* castrated, gelded; tai= lored; →SNY *vb.; 'n* ~*de brood* a sliced bread/loaf; *'n goed* ~*de pak klere* a well-tailored/well-cut suit; *(in skywe)* ~ sliced.

**ge·so·fis·ti·keer(d)** *-keerde* sophisticated.

**ge·sog** *-sogte* *-sogter -sogste, (strong p.p. of* soek *vb.)* in de= mand/vogue, much sought after; affected, forced, laboured, studied, contrived; far-fetched. **ge·sogt·heid** (great) demand;

studiedness; affectation, mannerism; preciousness; far= fetchedness.

**ge·sond** *-sonde* healthy, fit, hale, well *(pers.);* sound *(sleep);* wholesome *(food);* sane *(views);* salubrious *(climate);* hearty *(appetite);* good *(stomach);* blooming *(health);* bracing; balmy *(air);* salutary; *nie (al)te/baie ~wees nie* not be all that well (or in the best of health), be in indifferent health; *blakend* ~ *wees* be a picture of health, be in robust/ruddy/rude health; ~ *bly* keep well/fit *(or* in good health); *jou liggaam* ~ *hou* keep one's body healthy; ~ *na liggaam en siel* sound in body and mind; *iem.* ~ *maak* restore s.o. to health, cure/ heal s.o.; *nie 'n* ~*e man/vrou wees nie* not be a well man/ woman; *iem. is so* ~ *as ooit* s.o. is as well as ever; *is iem.* ~ *of siek?* is s.o. well or ill?; *daar* ~ *uitsien* look fit; *iem.* ~ *ver= klaar* give s.o. a clean bill of health; *so* ~ *soos 'n vis in die water* as fit as a fiddle; ~ *voel* feel fine/fit; ~ *wees* be in good health, be well; ~ *en wel* safe and sound; ~ *word* get well, recover from illness, recuperate from an illness; *(a wound etc.)* heal (up).

**ge·sond·heid** health; *(op) iem. se* ~ *drink* drink (to) s.o.'s health; *hoe gaan dit met jou* ~*?* how are you keeping?; *goeie* ~ *geniet* enjoy (or be in) good health; *iets ondermyn iem. se* ~ s.t. saps s.o.'s health; *(op jou)* ~*!* cheers!, here's health!, here's to you!; ~ *in die rondheid(, mooi meisies in die blom= tyd)!, (infml. toast)* here's to all of you!, to us!, cheers!, bot= toms up!; *iets is sleg vir ('n) mens se* ~ s.t. is bad for one's health; *sukkel met jou* ~ be in indifferent health; *swak* ~ delicate/frail health; *in swak* ~ *verkeer* be in poor health; *iets tas iem. se* ~ *aan* s.t. is impairing s.o.'s health; *vir die* ~ for the benefit/sake of one's health. ~**sertifikaat** health certifi= cate, certificate of health. ~**sorg** health care. ~**spa** health spa.

**ge·sond·heids·:** ~**beampte** health officer. ~**diens** (public) health service. ~**fanatikus** health freak. ~**gevaar** health haz= ard. ~**halwe** for the sake of one's health. ~**kos,** ~**voedsel** health food. ~**leer** hygiene, hygienics; health education. ~**maatreël** sanitary/health measure. ~**oord** health resort. ~**redes** *n. (pl.)* health reasons, considerations/reasons of health; *om* ~ *aftree, (also)* retire because of a health problem. ~**risiko** *-ko's* health risk, health hazard. ~**toestand** (state of) health. ~**wese** sanitation. ~**wet** health act; sanitary law. ~**winkel** health-food shop.

**ge·son·ke** *(strong p.p. of* sink² *vb.)* sunken, depraved; fallen, degraded.

**ge·sor·teer(d)** *-teerde* assorted, graded *(eggs etc.);* →SORTEER.

**ge·so·teer** *-teerde, (cook.)* sauté, sautéed; →SOTEER.

**ge·sout** *-soute* salt *(butter, beef);* salted; seasoned; cured *(fish, ham);* *(med.)* immunised; experienced, hardened; →SOUT *vb.*.

**ge·span** *-spande* hobbled *(horse),* strapped *(cow),* put up *(fence);* →SPAN *vb.; (te) slap* ~ understrung.

**ge·span·ne** ~ *meer* ~ *die mees* ~ tense, edgy, on edge/tenter= hooks, strained, *(infml.)* strung up, twitchy, uptight; tense, stretched; bent *(bow);* taut, tight *(rope);* intent, →SPAN *vb.; 'n* ~ *atmosfeer* a hushed atmosphere; ~ *raak* get wrought up, tense up, become tense; ~ *spiere* tonic muscles; *in* ~ *ver= wagting* in keen expectation; with eager anticipation, ex= pectantly. **ge·span·nen·heid** tenseness; tension; tightness; tautness; keenness; intentness.

**ge·spa·si·eer(d)** *-eerde* spaced; →SPASIEER.

**ges·pe** *-pes, n.* clasp, buckle. **ges·pe** *ge-, vb.* buckle, clasp; strap (on). **ges·pe·tjie** *-tjies* small buckle.

**ge·speen** *-speende* weaned; →SPEEN *vb.; ~de dier* weanling; *~de lam/kalf/varkie* weaner.

**ge·spe·si·a·li·seer(d)** *-seerde* specialised; →SPESIALISEER.

**ge·spe·si·fi·seer(d)** *-seerde* specified; →SPESIFISEER.

**ge·spier(d)** *-spierde -spierder -spierdste* brawny, muscular, powerful; hefty, virile, beefy, vigorous *(lang.);* →SPIER. **ge· spierd·heid** muscularity; vigour, virility.

**ge·spik·kel(d)** *-kelde* speckled, spotted, dappled; punctate; *(archit.)* picked out; →SPIKKEL *vb.*.

**ge·spits** -*spitste* pointed; →SPITS[1] *vb.; met ~te ore* with eager ears *(humans);* with ears erect *(animals);* with ears pricked up.

**ge·sple·te** *(strong p.p. of* splyt*)* cloven *(hoof),* cleft *(palate, lip, leaf);* split, bifid, parted, partite; forked, furcate(d); ~ **(haar)punt,** *(usu. in the pl.)* split end; ~ **hare** split hair; ~ **persoonlikheid** schizoid personality, schizophrenic; *met 'n ~ tong* fork-tongued. **ge·sple·ten·heid** cleavage, division, dividedness; schizophrenia.

**ge·splits** -*splitste* bifurcate(d), split; →SPLITS.

**ge·spook** haunting; fighting, scuffle, mêlée; →SPOOK *vb..*

**ge·spoor(d)** -*spoorde* spurred; aligned, in alignment; →GE·STEWEL(D).

**ge·sprek** -*sprekke* conversation, discourse, talk; colloquy; *'n ~ aanknoop* strike up a conversation, get talking; *'n ~ met iem.* aanknoop, *(also)* enter into a conversation with s.o.; *'n ~ afbreek* break off *(or* drop*)* a conversation; *iem. in 'n ~ betrek* draw s.o. into conversation; *die ~ op ... bring* turn the conversation to ...; *in ~ met ...* in conversation with ...; *'n oop ~* an open discussion; *die ~ wil nie vlot nie* the conversation drags; *'n ~ voer* carry on a conversation; *'n ~ met iem.* voer have a conversation *(or* have/hold a discussion*)* with s.o.; *'n (ander)* **wending** *aan die ~ gee* change the subject. ~**taal** conversational speech; colloquial language. ~**toon** conversational tone. ~**voerder** conversation(al)ist. ~**voering** conversation, dialogue. ~**vorm:** *in ~* in the form of a conversation.

**ge·spreks·:** ~**genoot** interlocutor. ~**onderwerp,** ~**tema** conversation piece. ~**punt** talking point.

**ge·spro·ke** *(strong p.p. of* spreek*)* spoken; ~ *taal* spoken language; →SPREEKTAAL.

**ge·spuis** rabble, riffraff, scum, vermin.

**ge·sta·dig** -*dige* constant, continual, regular, gradual, settled, steady, slow *(death);* ongoing *(development).* **ge·sta·dig·heid** constancy, steadiness, gradualness.

**ge·stal·te** -*tes* build, figure, shape, (outward) form; configuration, size, stature; *(sc.)* phase; *klein van ~ wees* be short in stature; ~ *kry* come to life. **ge·stal·te·nis** -*nisse, (poet.)* build, figure, shape. **ge·stalt·siel·kun·de** gestalt psychology.

**ge·stamp** *n.* pounding, stamping, trampling; thumping; pitching *(of a ship).* **ge·stamp** -*stampte, adj.* crushed; pounded; →STAMP *vb.; in die ~ en gestoot* in the hustle and bustle.

**ge·stand:** *iets ~ doen* live up to s.t., stand by s.t. *(a promise etc.);* make good s.t. *(a guarantee etc.); iets nie ~ doen nie* go back on s.t. *(a promise etc.).*

**Ge·sta·po:** *die ~, (hist.: Nazi secret police)* the Gestapo.

**ge·sta·sie** *(biol.)* gestation.

**ge·sta·si·o·neer(d)** -*neerde* stationed; →STASIONEER.

**ge·steeld** -*steelde, (chiefly bot.)* stalked, pedunculate, caulescent; →STEEL[1] *n..*

**ge·steen·te** -*tes* rock (formation). ~**kunde,** ~**leer** petrology.

**ge·ste·kel(d)** -*kelde* spiny, thorny, spinous, spiniferous; spiculate; →STEKEL.

**ge·stel**[1] -*stelle, n.* (bodily) constitution, system; *deur iem. se hele ~ versprei* pass into *(or* spread throughout*)* s.o.'s system.

**ge·stel**[2] -*stelde, adj.: die ~de dag* the appointed day; *goed ~* well-worded; *die magte oor ons ~* the powers that be; *sleg ~* ill-phrased; *op die ~de tyd* at the appointed time; *die ~de voorwaardes* the conditions stipulated *(or* set out *or* laid down);* →STEL *vb..* **ge·stel** *conj.: ~ dat ...* granted that ...; ~ *dat iem. dit gedoen het* assuming that s.o. did it; ~ *dit was ...* suppose it was ...

**ge·steld:** *op jou ... ~ wees* be jealous of one's ... *(honour etc.);* stand (up)on one's ... *(dignity etc.); baie/erg op iets ~ wees* value s.t. highly *(or* very much*),* set/put great store by/on s.t.; be a stickler for s.t. *(punctuality etc.); op jou huis ~ wees, (also)* be house-proud; *dit is sleg ~ met iem.* s.o. is in a bad way. **ge·steld·heid** condition, nature, character, state, habit, complexion.

**ge·stem(d)** -*stemde* disposed; *(mus.)* tuned *(an instr.);* → STEM *vb.; vrolik/treurig/ens. ~ wees* be in a happy/sad/etc. mood; ... *(on)gunstig ~ wees* be well-/ill-disposed towards ... **ge·stemd·heid** mood, set.

**ge·ste·ri·li·seer(d)** -*seerde* sterilised; →STERILISEER.

**ge·stern·te** -*tes* constellation, star(s); *onder 'n gelukkige ~ gebore wees* be born under a lucky star.

**ge·stert** -*sterte* tailed, caudate; →STERT.

**ge·steur(d)** -*steurde* offended, piqued; disturbed; steamed (up); →STEUR[2] *vb.; ~ wees oor iets* be offended at s.t.. **ge·steurd·heid** pique.

**ge·ste·wel(d)** -*welde* booted; →STEWEL; ~ *en gespoor(d), (infml., joc.)* booted and spurred, all dressed up.

**ge·stig** -*stigte, n., (rare)* institution, establishment; *(dated)* asylum, home. **ge·stig** -*stigte, adj.* established; founded; started; edified; →STIG.

**ge·sti·leer(d)** -*leerde* stylised; styled; →STILEER; *goed ~* in a good style.

**ge·stip·pel(d)** -*pelde* spotted; flecked, dappled; pitted; → STIPPEL *vb..*

**ge·stoel·te** -*tes* seat, pew; *die agterste ~s* the peanut gallery *(infml.); die ~ van die magtiges* the seats of the mighty; *in die voorste ~ wees* be in the front seats; be among the distinguished.

**ge·stof·feer(d)** -*feerde* upholstered; →STOFFEER.

**ge·stol(d)** -*stolde* coagulated, congealed, curdled, clotted; → STOL.

**ge·stoof** -*stoofde* stewed; →STOOF *vb.; ~de vleis* stewed meat, stew.

**ge·stoot** pushing; →STOOT *vb.; 'n ~ en gestamp* pushing and shoving.

**ge·stor·we** *(strong p.p. of* sterf*)* deceased. **ge·stor·we·ne** -*nes, n.* deceased.

**ge·strand** -*strande* shipwrecked; stranded; →STRAND *vb..*

**ge·streep** -*streepte* striped, banded; streaked, streaky, veined; →STREEP *vb.; ~te spier* striated/voluntary muscle; *bruin ~* brindled; *fyn ~* finely lined; pencilled. **ge·streept·heid** streakiness; banding; striation.

**ge·strek** -*strekte* stretched; →STREK; ~*te draf* full trot; ~*te hoek* angle of continuation, straight/flat angle; ~*te voet* linear foot; *wyd ~* wide-stretching, extensive.

**ge·strem(d)** -*stremde* disabled, handicapped, impeded, *(euph.)* challenged; →STREM. **ge·stremd·heid** disability, handicap, impairment; constraint; *serebrale ~* cerebral palsy.

**ge·stres** -*stresde,* -*streste* stressed-out *(manager etc.);* →STRES *vb..*

**ge·stroom·lyn** -*lynde* streamlined, clean-lined; →STROOMLYN *vb..*

**ge·struk·tu·reer(d)** -*reerde* structured, organized; →STRUKTUREER.

**ge·stry** quarrelling, wrangling, sparring match; →STRY *vb..*

**ge·sub·si·di·eer(d)** -*dieerde* subsidised; sponsored; →SUBSIDIEER.

**ge·sui·ker** -*kerde* sugared; →SUIKER vb.; ~*de grondbone* sugared peanuts.

**ge·suip** drinking, *(infml.)* boozing, booze-up; →SUIP *vb..*

**ge·suis** buzz(ing); singing *(in one's ears);* w(h)oosh *(of the wind, a vehicle, etc.);* murmur *(of the heart);* tinnitus; →SUIS.

**ge·sui·wer(d)** -*werde* purified; refined; fine, pure; →SUIWER *vb..*

**ge·suk·kel** ailing; botching, bungling; plodding; botheration; pottering; trouble; struggle; →SUKKEL *vb..*

**ge·swa·(w)el(d)** -*(w)elde, (lit.)* sulphured; *(infml.: drunk)* tight, pickled, plastered, sozzled, bombed; →SWAEL[2] *vb..*

**ge·swel** -*swelle, n.* growth, swelling, bump; tumo(u)r. **ge·swel(d)** -*swelde, adj.* swollen; expanded; congested; →SWEL.

**ge·swoeg** drudging, drudgery, grind, toil(ing), slog(ging); →SWOEG.

**ge·swol·le** *(strong p.p. of* swel*)* swollen *(river);* bombastic, inflated, stilted, turgid *(style).* **ge·swol·len·heid** swollenness; bombast, turgidity, pomposity.

**ge·swo·re** *(strong p.p. of* sweer[2] *vb.)* sworn.

**ge·sy·ferd** =ferde, adj. numerate. **ge·sy·fer·de** =des, n. numerate person. **ge·sy·ferd·heid** numeracy.

**ge·tak** =takte branched; forked *(lightning);* →TAK *vb.*.

**ge·tal** =talle number; count; tally; *iets* **by** *die* ~ *verkoop* sell s.t. by number; ~ *en gehalte* quantity and quality; *gelyke* ~*le* equal numbers; *gelyknamige* ~*le* numbers of the same denomination; *in groot* ~*le* in large numbers; in strength; in force; *iets kom in groot* ~*le voor, (springbok etc.)* s.t. abounds; *in* ~ in number; *net 'n* ~ a mere figure; *onewe* ~ odd number; *'n onnoemlike* ~ an untold number; *... in* ~ *oortref* preponderate over ...; *'n ronde* ~ a round number; *volle* ~ complement. ~**stelsel** numeration. ~**sterk** numerically strong. ~**sterkte** numerical strength; establishment *(of an army).* ~**waarde** numerical value.

**ge·tal·le·:** ~**faktor** numerical factor. ~**koëffisiënt, ~ko·ef·fisiënt** numerical coefficient. ~**leer** theory of numbers; *(geheime)* ~ numerology. ~**reeks** series of numbers.

**ge·talm** dawdling, lingering, loitering; procrastination, delay, dilatoriness.

**ge·tals·oor·wig** numerical superiority.

**ge·tand** =tande edged, jagged, toothed; cogged *(wheel);* sawedged *(blade etc.);* indented *(coastline);* serrate(d); →TAND; ~*e kettingrat* sprocket (wheel). **ge·tand·heid** toothing; cogging; dentation; serration.

**ge·te·ël(d)** =teëlde tiled; →TEËL *vb.; geteëlde vloer/ens.* tiled floor/etc..

**ge·te·ken(d)** =kende drawn; signed; marked; →TEKEN *vb.; fraai/mooi* ~ beautifully marked *(an animal);* beautifully veined *(marble).*

**ge·teks·tu·reer(d)** =reerde textured *(fabric, surface, yarn, etc.);* texturised *(fabric etc.).*

**ge·tel** =telde counted; →TEL *vb.; ~de oproepe* metered calls.

**ge·tier** clamour, noise, bluster; →TIER[3] *vb.*.

**ge·tik** *n.* ticking; tick *(of a clock);* typing; rapping, tapping *(with one's finger);* clicking *(of a keyboard etc.).* **ge·tik** =tikte, adj. typewritten; →TIK *vb.; ('n bietjie) (van lotjie)* ~, *(infml.)* (a bit) dotty/batty/crazy/daft/potty *(or* off one's trolley). **ge·tik·te** =tes, n. eccentric, crackpot.

**ge·tint** =tinte tinted; →TINT *vb.; ~e voorruit* shaded windscreen.

**ge·ti·tel(d)** =telde titled *(pers.);* entitled *(book),* headed *(chapter).;* →TITEL *vb.*.

**ge·tjank** crying, blubbering, snivelling *(of a child etc.);* howling, yelping, whining *(of a dog);* →TJANK.

**ge·tob** fretting, worrying, agonizing, brooding, *(infml.)* navel contemplating/gazing; →TOB.

**ge·to·ë:** *gebore en* ~, *(rhet.)* born and bred.

**ge·toet, ge·toe·ter** hoot(ing), toot(ing), beep(ing); →TOET[2] *vb.,* TOETER *vb.*.

**ge·toi-toi** toyi-toying; →TOI-TOI *vb.*.

**ge·trap** =trapte trodden *(path etc.);* stepped; staggered; phased; threshed *(wheat etc.);* →TRAP *vb.*.

**ge·tref** =trefte, adj. hit; *(usu. pred.)* affected, touched; →TREF *vb.; diep deur iets* ~ *wees* be deeply affected by s.t.; *swaar* ~ *wees* be deeply afflicted; be hard hit.

**ge·trek** *(infml.: drunk)* pickled, bombed, stewed, wasted; *lekker/behoorlik/goed* ~, *(infml.: very drunk)* paralytic, plastered, sloshed, motherless.

**ge·trok·ke** *(strong p.p. of* trek *vb.)* drawn; *die* ~ *deel van 'n dryfband* the driven/loose/slack side of a belt; ~ *glas* drawn glass; ~ *loop* rifled barrel; ~ *metaal* drawn metal; ~ *pyp* solid-drawn tube; *met* ~ *swaard* with drawn sword.

**ge·troos** =trooste, adj. comforted; consoled; →TROOS *vb.; iets ewe* ~ *aanvaar* accept s.t. meekly *(or* without demur/dissent). **ge·troos** *het* ~, *vb.: jou baie moeite* ~ grudge/spare no pains; *jou ontberinge* ~ put up with privations.

**ge·trou** =troue =trouer =trouste, adj. faithful, devoted, loyal, reliable, true, trusty; close, faithful *(translation);* true, exact *(copy); aan ...* ~ *bly/wees* remain/be faithful to ...; remain/be devoted to ...; remain/be loyal to ...; remain/be true to ...; ~ *aan jouself* true to oneself, self-consistent. **ge·trou** *adv.* faithfully, truly; religiously. **ge·trou·e** =troues, n. faithful follower, supporter; stalwart *(of a party).* **ge·trou·heid** faithfulness, fidelity, loyalty, reliability, trustworthiness.

**ge·troud** =troude, adj. married, wedded; *hulle* **is** *in Durban/ens.* ~ they were married in Durban/etc.; ~*e lewe* married life; *met ...* ~ *wees* be married to ...; *(fig.)* be inseparable from ...; ~ *raak* get married, *(infml.)* get hooked. **ge·trou·de** =des, n. married person.

**ge·tui·e** =tuies, n. witness; deponent; attestor; ~*s bring* produce witnesses; *deur* ~*(s) gestaaf* (duly) attested *(signature); adv. X het die* ~*s ondervra* Mr X led the evidence; *iem. as* ~ *oproep* call s.o. as a witness; ~ *van iets wees* be a witness to s.t. *(an accident etc.).* ~**bank** witness box, witness stand; *in die* ~ *gaan* take the stand. ~**verklaring** deposition, (statement of) evidence, testimony (of a witness).

**ge·tui·e·nis** =nisse evidence; deposition; testimony; ~ *aanbied* tender evidence; ~ *aanhoor* hear evidence; ~ *aanvoer dat ...* lead evidence that ...; ~ *aanvoer/bring* adduce/produce evidence; ~ *aflê van ...* bear testimony/witness to ..., testify/attest to ...; ~ *aflê/gee/lewer* give evidence, testify; bear witness; *teen iem.* ~ *aflê/gee/lewer* testify against s.o.; *iem. se* ~ *afneem* take down s.o.'s evidence; *beswarende* ~ damaging evidence; ~ *dat ...* evidence that ...; *direkte/regstreekse* ~, *(jur.)* direct evidence; *iets as* ~ *toelaat* admit s.t. in evidence; *vals(e)* ~ *aflê* commit perjury.

**ge·tuig** *het* ~ attest, depose, testify, say/state/submit in evidence, bear witness, give evidence, bear testimony; certify, vouch; ~ *dat ...* testify *(or* say/state in evidence) that ...; *teen iem.* ~ give evidence *(or* testify) against s.o.; *van iets* ~ attest to s.t.; testify *(or* bear testimony/witness) to s.t.; bear evidence of s.t.; be a tribute to s.t.; *vir iem.* ~ give evidence for s.o.; *dit* ~ *vir ...* it speaks well for ... ~**skrif** certificate; testimonial, (character) reference; attestation; *iem. 'n goeie* ~ *gee* give s.o. a good reference/testimonial.

**ge·tuit** tingle, tingling; ringing, singing *(in the ears);* puckered; →TUIT *vb.*.

**ge·ty** =tye tide; *(in the pl., RC)* hours, divine office *(sometimes* D~ O~*); die afgaande* ~ the outgoing tide; *dooie* ~ neap (tide); *die* ~ *gaan/loop af, die* ~ *verloop* the tide is going out; *die* ~ *het gekeer, (fig.)* the tide has turned; *die* ~ *keer/verander, (lit.)* the tide turns; *die kentering/wisseling van die* ~ the turn of the tide; *die* ~ *kom op* the tide is coming in; *met die* ~ *meegaan/saamgaan, (fig.)* go with the flow, drift with the stream; *die opkomende* ~ the incoming tide; *die* ~ *verloop gaan/loop.* ~**golf** tidal wave. ~**hawe** tidal harbour. ~**hoogte** high tide level; *gemiddelde* ~ mean tide level. ~**lyn** cotidal line. ~**poel** tidal pool. ~**rivier** tidal river. ~**stroming** tidal flow, tidal stream, tideway. ~**tafel** tide table. ~**verskil** tidal range. ~**water** tide water.

**ge·ty·loos** =lose tideless.

**geul** geule gully, narrow channel.

**ge·ü·ni·form(d)** =formde uniformed, fitted with uniforms *(scholars, soldiers, etc.);* →UNIFORM *vb.*.

**geur** geure, n. fragrance, perfume, scent, smell, aroma; flavour; *iets met* ~ *en kleur vertel* tell s.t. with a wealth of detail; *'n skerp* ~ a sharp flavour; *die* ~ *van 'n wyn* the bouquet of a wine. **geur** ge=, vb. flavour *(a cake, dish, etc.); iets met ...* ~

flavour s.t. with ... **~middel** -*dels* flavouring. **~vrug** flavour fruit.

**geu·rig** -*rige* fragant, sweet(-scented), sweet-smelling, aro= matic; flavoursome *(food);* spicy. **geu·rig·heid** fragrance, perfume, spiciness, savour.

**geur·loos** -*lose* flavourless, savourless; unscented *(a flower).*

**geur·sel** -*sels* flavouring, essence.

**geur·tjie** -*tjies* flavour; tang, whiff; *daar is 'n ~ aan, (infml.)* there's something fishy about it; *'n ~ hê van* ... smack of ...

**geut** *geute* gutter; duct; channel; run; chute. **~bak** hopper. **~put** cesspool. **~pyp** drainpipe, gutter pipe, downpipe.

**ge·vaar** -*vare* danger, peril, risk; hazard, jeopardy; *die ~ is afgewend* the danger was averted; *jou in ~ begewe* imperil o.s.; *uit die ~ bly* keep out of danger; keep out of harm's way; *iem./iets in ~ bring/stel* (of *aan ~ blootstel*) put s.o./ s.t. in jeopardy/danger (*or* at risk), imperil/endanger s.o./ s.t., expose s.o./s.t. to risk; *buite ~ wees* be out of danger; be out of harm's way; *die dreigende/naderende ~ van* ... the imminent danger of ...; *daar is geen ~ (dat dit sal gebeur) nie* there's no danger/fear of it happening; *met groot ~* at one's peril; *iets loop groot ~ om te* ...,*daar is/bestaan 'n wesen(t)like ~ dat* ... there is a very real danger of/that ...; *dit hou ~ in* there is an element of danger in it; *in ~ verkeer/wees* be in danger; be in jeopardy; be at risk; *~ vir* ... *inhou* pose a threat to ...; *in ~ kom* get into danger; *met ~ leef/lewe* live dangerously; *~ loop om* ... be/stand in danger of ...; run the risk of ...; *op ~ (af) van* ... at the risk of ...; *~ wees* be fraught with danger; *dis 'n ~ vir die publiek* it is a public danger; *~ soek/uitlok* court danger; *teken van ~* sign of danger, danger sign(al); *die ~ trotseer* tempt fate/Provi= dence; *daar is ~ aan verbonde* it involves danger; *die ~ is verby* the coast is clear; *'n ~ vir* ... a danger/hazard/men= ace/threat to ...; *~ voor* danger ahead. **~ligte** *n. (pl.), (mot.)* hazard (warning) lights. **~punt** hot/tight spot; danger point. **~sein** danger signal. **~streek** danger zone. **~teken** danger sign/signal.

**ge·vaar·lik** -*like* dangerous, hazardous, perilous, risky; un= safe, precarious; grave; *baie/hoogs ~* very dangerous; *dit is ~ om* ... it is dangerous to ...; *'n ~e rots* a treacherous rock; *uiters ~* extremely dangerous; *iets is ~ vir* ... s.t. is danger= ous to ... **ge·vaar·lik·heid** danger(ousness); hazard, peril; gravity.

**ge·vaar·loos** -*lose* safe, without risk.

**ge·vaar·te** -*tes* colossus, monster, mammoth; *yslike ~* co= lossal affair.

**ge·val**[1] -*valle, n.* case; event, instance, matter; *in albei ~le* in both cases; in either case/event; *in alle/elk/ieder ~* in any case/event; at any rate; *in alle ~le* in all cases; *in die aller= ergste ~* if the worst comes to the worst; *'n analoë/derge= like/pertinente/toepaslike ~* a case in point; *dit is die ~* that is the case; *in dié ~* in the present case; in the present instance; *in dié/daardie ~* in that case; *iets in elk ~ doen* do s.t. anyhow; *iem. sal dit in elk ~ moet doen* s.o. will have to do it anyhow; *in elke/iedere ~* in each/every case; *in die ergste ~* at (the) worst; *in geen ~* in no case, by no means, on no account, not on any account, under no circumstances; *in die gunstigste ~* at best; *in hierdie ~* in this instance; *in ~ van* ... in case of ...; in the event of ...; *in die meeste ~le* in most cases; for the most part; *'n moeilike ~* a hard case *(infml.);* *in nege uit (die) tien ~le* nine times out of ten, in nine out of ten cases; *in die uiterste ~* in the last extremity; in case of dire need; *'n ~ van polio/ens.* a case of polio/etc.; *vir die ~ dat* ... in case ...; *vir ~ (dat)* ... on the off chance that ...

**ge·val**[2] *het ~, vb., (fml.)* please, suit; *dit ~ my nie* I am not happy with it, I don't like it; *hoe ~* ... *jou?* how do you like ...?, what do you think of ...? *(s.t.);* *jou iets laat ~* put up with s.t..

**ge·val·le** *adj.* fallen. **ge·val·le·ne** -*nes, n.* fallen one; war cas= ualty.

**ge·val·le·:** **~boek** casebook. **~studie** casework, case studies.

**ge·van·ge** *adj.* captive; imprisoned; *iem. ~ hou* hold s.o. captive; keep s.o. prisoner; *iem. ~ neem* take s.o. captive; take s.o. into custody; make/take s.o. prisoner; *~ sit* be in prison; *iem. ~ sit* put s.o. in prison, imprison/jail/confine/in= carcerate s.o.; *iem. ~ weglei/wegvoer* lead s.o. captive. **ge·van·ge·hou·ding** detention; imprisonment, incarcera= tion. **ge·van·ge·ne** -*nes, n.* captive, prisoner; *die ~ voor die hof* the prisoner at the bar. **ge·van·ge·ne·mer** captor. **ge= van·ge·ne·ming** arrest, capture, apprehension, imprison= ment. **ge·van·gen·skap, ge·van·ge·skap** captivity, confine= ment, imprisonment, custody, bondage, incarceration; *in ~* in captivity.

**ge·van·ge·nis** -*nisse* prison, jail, gaol; *in die ~* in prison/jail. **~straf** prison/jail sentence; imprisonment; *kry* get a pris= on sentence; *iem. tot lewenslange ~ veroordeel* sentence s.o. for life; *~ uitdien* serve a prison sentence; *iem. tot ~ veroor= deel/vonnis* condemn/sentence s.o. to imprisonment. **~ter= myn** prison term, term of imprisonment; *'n ~ uitdien* serve a term of imprisonment. **~wese** prison system, prison ad= ministration.

**ge·vat** -*vatte meer ~ die mees* -*vatte* clever, shrewd, smart, quick-witted, sharp-witted, ready-witted; *'n ~te antwoord* a clever/ready/apt/witty/pointed retort, a smart answer, a repar= tee; *baie ~ wees* have a ready wit; *op ~te wyse* wittily. **ge= vat·heid** quickness at repartee, ready wit, shrewdness, smart= ness, aptness.

**ge·vee** -*veede* swept; →VEE[2] *vb.*.

**ge·veer(d)**[1] -*veerde* feathered; pinnate *(leaf);* plumose; →VEER[1] *vb.*.

**ge·veer(d)**[2] -*veerde* sprung *(car etc.);* spring-loaded *(valve);* →VEER[2] *vb.*.

**ge·veg** -*vegte* action, battle, combat, engagement, fray, fight; *'n ~ afbreek/staak* break off an engagement (*or* combat); *algemene ~* battle royal, mêlée; *buite ~* out of action; *aan ~te deelneem* see action; *'n hewige ~* a stiff fight; *vir die ~ oorgehaal wees* be ready for combat; *iem. buite ~ stel* put s.o. out of action; *in die ~ tree* go into action/combat; *die ~ tussen* ... the battle/combat/fight between ...; *'n ~ voer* fight an action; *'n ~ weggooi, (boxing, infml.)* throw a fight. **~sa= telliet** killer satellite. **~sone, ~strook** combat zone. **~strook** zone of action.

**ge·vegs·:** **~afstand** striking distance. **~eenheid** fighting unit. **~formasie** battle order, order of battle. **~front** battle/ fighting front. **~gebied** operational area. **~handeling** action, military operation. **~linie** fighting/front line, line of fight= ing. **~onderskeiding** battle honours. **~poste** *(mil.)* action stations. **~terrein** battlefield; battle zone. **~troepe** fighting men, operational troops. **~veld** operating area. **~vlug** sortie *(of the air force).*

**ge·veins** *n.* dissimulation, hypocrisy. **ge·veins** -*veinsde, adj.* false, hypocritical, dissembling, Janus-faced; feigned, pretended; simulated, assumed *(indifference);* →VEINS; *met ~de onverskilligheid* with an assumption of indifference. **ge·veins·de** -*des, n.* hypocrite, dissembler. **ge·veinsd·heid** hypocrisy, dissimulation.

**ge·verg** -*vergde* →VERG.

**ge·ves·tig** -*tigde* fixed, established; settled; housed; →VES= TIG; *~de beskouing/mening* firm/fixed opinion, crystal= lised view; *in* ... *~ wees* live (*or* be domiciled) in ...; inhere (*or* be inherent) in ...; *op* ... *wees* live (*or* be domiciled) at ...; centre in/(up)on ...; rest (up)on ...; *die ~de orde* the Es= tablishment; *~de orde van sake* constituted order of things; *~ raak, (s.o.)* settle in; *(s.t.)* become established; *'n ~de saak/firma* a long-/old-established business/firm; a going concern; *~de skuld* funded debt; *stip op* ... *~ wees* be riveted on ...; *iem. se oë was strak op* ... *~* s.o.'s eyes were glued to ...

**ge·vierd** -*vierde* fêted, made much of, popular; famous, famed, celebrated; →VIER[1] *vb.; 'n ~de persoon* a celebrity.

**ge·vlam(d)** *=vlamde* flamed, flamboyant; figured; grained *(wood);* watered *(silk);* →VLAM *vb.*.

**ge·vleg** *=vlegte* woven *(basket);* braided *(hair);* plaited; laced; →VLEG *vb.;* ~*te brood* twist loaf.

**ge·vlek** *=vlekte* speckled, spotted; stained; shopsoiled; paint= ed; variegated; flecked, blotched, splotched; dappled; *(bot.)* maculate(d), maculose; mottled *(stone etc.);* →VLEK[1] *vb.;* ~*te hiëna, (Crocuta crocuta)* spotted hyena.

**ge·vleu·el(d)** *=vleuelde* winged; *(zool.)* alate(d); *(bot., zool.)* pennate; →VLEUEL; ~*de insek, (zool.)* pterygote; *die ~de perd, (myth.)* the winged horse, Pegasus; ~*de stewels* winged sandals; *'n ~de woord, (rhet.)* a winged word.

**ge·vloek** blaspheming, cursing, swearing; →VLOEK *vb.;* ~ *en geskel* ranting and raving.

**ge·voel** *=voelens, n.* feeling, sensation, sense; emotion, senti= ment; feeling, opinion, sentiment, belief, view; *(in the pl., also)* stirrings *(of doubt, excitement, etc.);* pathos; perception; sentience; (sense of) touch; *'n bang ~ hê* have a sinking feeling; *die ~ens tot bedaring bring* (of *kalmeer)* pour oil (up)on troubled waters; *so 'n ~ hê dat ...* have a feeling that ...; *iets druis teen iem. se ~ in* s.t. goes against the grain with s.o.; *die ~ens gaande maak* →OPSWEEP; *gemengde ~ens oor iets hê* have mixed feelings about s.t.; *(nie) 'n goeie ~ oor iem./iets hê (nie)* have good/bad vibes about s.o./s.t. *(infml.);* *as iem. nog 'n greintjie ~ gehad het* if s.o. had a spark of feel= ing left; *dit is 'n heerlike ~* it feels great *(infml.);* *die ~ens loop hoog* feelings run high; *iem. se ~ens, (also)* s.o.'s senti= ments *(about a matter);* *ek ken daardie ~* I know what it feels like; *iem. se ~ens kwets* hurt/offend s.o.'s feelings/sensibili= ties; *jou deur jou ~ laat lei* be swayed by sentiment; *jou ~ens lug* express one's feelings; speak out; unbosom/unburden o.s.; *met ~* with emotion; *met 'n ~ van ...* with a feeling of ... *(relief etc.);* *'n nare/onaangename ~* a nasty feeling; *die ~ onderskryf/=skrywe* share the feeling; *'n onrustige ~* an uneasy feeling; *iem. se ~ens ontsien* spare s.o.'s feelings; *iets op ~ af doen* do s.t. by touch; *die ~ens opsweep* (of *gaande maak)* stir/whip up emotions; *met ~ praat* speak feelingly *(or with emotion);* *op iem. se ~ speel* play on s.o.'s affections, appeal to a person's feelings; *die ~(ens) toets* put/throw out feelers *(or a feeler);* *'n ~ van ...* a sense/feeling of ... *(disap= pointment etc.);* a sensation of ... *(heat etc.);* *vir my ~* to my mind *(or way of thinking).* ~**senu(wee)** sensitive/sensory/ sensorial nerve.

**ge·voe·lig** *=lige* sensitive; tender *(skin);* impressionable; sus= ceptible; sensitised; ~*e hou/slag* setback; ~*e instrument* delicate instrument; ~*e les* sharp lesson; *iem./iets ~ maak vir ...* sensitise s.o./s.t. to ...; ~*e ne(d)erlaag* heavy/severe defeat; *'n ~e onderwerp* a tender subject, a sensitive spot; *'n ~e plek, (lit.)* a tender spot, a sore place; *vir ... ~ wees* be sensitive to ...; be alive to ...; be vulnerable to ... *(criticism etc.);* be accessible/susceptible to ... *(praise etc.).* **ge·voe·lig= heid** sensitivity, tenderness; sensibility; *(biol.)* susceptibility, passibility, aesthesia. **ge·voe·lig·ma·king** sensitisation.

**ge·voel·loos** *=lose* apathetic, callous, emotionless, stony= faced, impassive; heartless, unfeeling, inhumane; insensible *(to shame etc.);* numb *(limb), (psych.)* insensate; *... ~ maak* anaesthetize ... *(a body part);* stupefy, daze, numb *(s.o.'s senses).* **ge·voel·loos·heid** apathy, callousness, unfeeling= ness; insensibility, numbness, anaesthesia, stupor.

**ge·voels=:** ~**afstomping** blunting of emotion. ~**indruk** sense impression. ~**inhoud** affect, emotional content. ~**lewe** in= ner/emotional life. ~**mens** emotional person, man/woman of feeling, sentimentalist. ~**orgaan** sensory organ. ~**teken** *(mus.)* expression mark. ~**uitbarsting** (emotional) outburst. ~**uiting** expression of feeling. ~**waarde** emotional value/ content.

**ge·voel·vol** *=volle* full of/with feeling, tender, soulful; feel= ingly; *(mus., infml.)* funky.

**ge·voer** *=voerde* lined *(coat etc.);* →VOER[3] *vb.*.

**ge·volg** *=volge* consequence, effect, result, outcome; follow= ing, retinue, suite, train; *(math.)* corollary; *die ~e aanvaar/ dra* bear/face/suffer/take the consequences; *as ~ van ...* as a result of ...; as a sequel to ...; in consequence of ...; conse= quent (up)on ...; due to ...; *met goeie ~* with success, suc= cessfully; to good/some purpose; to good/great effect; *iets het ... tot ~* s.t. results in ...; s.t. brings on ...; *met/sonder in= agneming van die ~e* regardful/regardless of the conse= quences; *met min/weinig ~* to little purpose; *die ~e oor= dink/oorweeg* weigh the consequences; *sonder ~* unsuc= cessfully; to no purpose; *... is die ~ van onkunde/ens. ...* is due to ignorance/etc.; *die ~(e) vir ...* the effect(s) on ...

**ge·volg·lik** *=like, adj.* resultant, consequential, resulting. **ge· volg·lik** *adv.* accordingly, consequently, therefore; hence, in consequence.

**ge·volg·trek·king** *=kings, =kinge* conclusion, deduction, in= ference; implication; corollary; *tot 'n ~ kom* arrive at *(or come to or reach)* a conclusion; *tot die ~ kom dat ...* come to the conclusion *(or conclude)* that ...; *'n ~ uit iets maak* draw a conclusion *(or draw/make an inference)* from s.t.; ~*s maak, (also)* put two and two together *(infml.);* *'n noodwen= dige/onvermydelike ~* an inescapable conclusion; *'n voor= barige ~ maak* jump to a conclusion.

**ge·vol·mag·tig** *=tigde, adj.* empowered; plenipotentiary; ~*de minister* minister plenipotentiary. **ge·vol·mag·tig·de** *=des, n.* proxy, person holding power of attorney; assignee; plenipotentiary; procurator, mandatory.

**ge·von·de** *(strong p.p. of* vind*)* found; ~ *skat* treasure trove.

**ge·von·kel** twinkling *(of stars);* glittering, flashing, sparkling *(of diamonds),* sparkle; →VONKEL *vb.*.

**ge·von·nis·te** *=tes* condemned prisoner; →VONNIS *vb.*.

**ge·vor·der(d)** *=derde* advanced; late *(hour);* →VORDER; *ver/ vêr ~ wees* be well advanced; *die vers(te)/vêrs(te) ~e* the most advanced. **ge·vor·derd·heid** advanced state/stage.

**ge·vorm(d)** *=vormde* formed, shaped, moulded; →VORM *vb.;* ~*de glas* moulded glass; *mooi ~* shapely.

**ge·vou** *=voude* crossed *(arms);* folded *(dress);* puckered *(lay= ers etc.);* *(bot.)* plicate, duplicate; →VOU *vb.*.

**ge·vra, ge·vraag** *=vraagde* asked for, required, in demand/ request *(goods);* wanted *(pers.);* →VRA; *die gevraagde* the thing asked for; *gevraagde prys* asking price.

**ge·vrees** *=vreesde* dreaded; →VREES *vb.*.

**ge·vreet** *gevrete, n., (infml., derog.: face)* mug, clock, dial, kis= ser; *(no pl.)* gobbling, guzzling. **ge·vreet** *=vrete, adj.* eaten; →VREET.

**ge·vrek** *=vrekte* dead *(animal);* *(infml., fig.)* dull, passive, un= imaginative, apathetic, wimpish; →VREK *vb.*.

**ge·vry** lovemaking; →VRY[1] *vb.;* *iem. se ~ na ..., (also, infml.)* s.o.'s angling/fishing for ..., s.o.'s hinting at ... *(a gift, a favour, etc.).*

**ge·vul(d)** *=vulde* full *(glass etc.);* stuffed *(egg, apple, fish, etc.);* filled *(tooth);* heavy, long *(purse); (bot.)* double; →VUL[2] *vb.*.

**ge·vurk** *=vurkte* forked; furcate, bifurcate, bifid, pronged; *(biol.)* dichotomous; →VURK *vb.;* ~*te blits* chain/forked light= ning.

**ge·waad** *=wade* attire, dress, garb, habit, garment(s), rai= ment; *(eccl.)* vestment, vesture.

**ge·waag(d)** *=waagde =waagder =waagste* (of *meer ~ die mees =waagde), adj.* hazardous, dangerous, risky, *(infml.)* dodgy; venturesome, chancy, unsafe; desperate; spicy, saucy, risqué *(story etc.);* daring *(clothes);* plunging *(neckline);* sweeping *(statement);* bold *(guess);* →WAAG *vb.* **ge·waagd·heid** riski= ness, dangerousness; indecency, outrageousness.

**ge·waan(d)** *=waande* pretended, supposed; ~*de geluk* fool's paradise.

**ge·waar** *het ~* notice, become aware of; detect, perceive; discern.

**ge·waar·borg** =borgde guaranteed; certified; ~de loon guar= anteed wage; ~de prys guaranteed price; ~de tjek certified cheque; vir 'n jaar/ens. ~ wees be guaranteed for a year/etc..

**ge·waar·merk** =merkte →WAARMERK vb..

**ge·waar·word** gewaarge= become aware of, experience, no= tice, perceive, sense, find out. **ge·waar·wor·ding** =dinge, =dings experience, feeling, perception, sensation, sense impression.

**ge·wag** (fml.): van iets ~ maak mention s.t., make mention of s.t..

**ge·wals** =walste rolled (metal); →WALS² vb..

**ge·wa·pen(d)** =pende armed (soldier); trussed (beam); assisted (eye); ~de beton ferroconcrete, reinforced/armoured con= crete; ~de helikopter gunship; met ... ~ armed with ...; ~de reaksie armed response; ~de stryd armed struggle; swaar ~ wees be heavily armed; tot die tande (toe) ~ wees be armed to the teeth; ~de vrede truce, armed peace.

**ge·was** =wasse, n. growth, vegetation; crop, harvest; plant; neoplasm, tumour; kwaadaardige ~ sarcoma. ~bespuiting, ~bestuiwing (agric.) crop dusting. ~vorming (med.) onco= genesis.

**ge·wat·teer(d)** =teerde quilted, padded; wadded; →WAT= TEER.

**ge·web** =webde webbed; →WEB.

**ge·weef** =weefde woven; →WEEF; ~de goedere/stowwe woven fabrics, textiles.

**ge·wee·klaag** (poet., liter.) lamentation(s), wailing(s); → WEEKLAAG.

**ge·weer** =weers, =were rifle; firearm, gun; 'n ~ afvuur dis= charge a gun; 'n ~ gryp reach for a gun; na die ~ gryp, (also) take up arms; 'n ~ teen iem. se kop hou, (fig.) hold a pistol to s.o.'s head; 'n ~ oorhaal cock a gun; ~ presenteer present arms; presenteer ~! present arms!; 'n ~ op iem. rig point a gun at s.o.. ~band sling. ~kluis gun/firearm safe. ~kolf butt. ~loop rifle/gun barrel. ~maker gunsmith, gun= maker. ~skoot rifle shot, gunshot. ~smokkelaar gunrun= ner. ~smokkelary gunrunning. ~vuur rifle fire, firing, gun= fire, fusillade.

**ge·wees** (p.p. of is) been; →GEWESE; is/het/was ~ has been, was, had been.

**ge·wei** =weie antlers, (head of) horns (of an adult deer).

**ge·wei·fel** vacillation; →WEIFEL.

**ge·wel** =wels, (archit.) gable; facade, front; (comp., print.) header. G~berge Twelve Apostles. ~dak gable/saddle/ridge roof. ~-dakrand verge. ~driehoek pediment. ~huis gabled house. ~lys cornice, gable/verge mould(ing). ~naam mast= head. ~spits, ~top gable end. ~trap corbie-step(s), crow step(s). ~veld (archit.) tympan(um). ~venster gable window.

**ge·weld** force, violence; duress, physical force; iem. ~ aan= doen do violence to s.o.; iets ~ aandoen violate s.t. (the truth etc.); strain/stretch s.t. (the meaning of a text); iets met alle ~ wil doen want to do s.t. by all means; iem. met ~ bedreig threaten s.o. with violence; deur brute ~ by sheer force; ~ gebruik use force/violence, resort to force; met ~ kom come with a rush; met ~ by (main) force, forcibly; vio= lently; ~ pleeg do/commit violence; exert physical force; deur ~ sterf/sterwe die violently (or by violence). ~pleger person of violence, violent person. ~pleging (jur.) violence, public violence. ~politiek policy of violence.

**ge·weld·daad** act of violence, outrage. **ge·weld·da·dig** =dige, adj. violent; forcible; 'n ~e dood a violent death; 'n ~e dood sterf/sterwe die by violence. **ge·weld·da·dig** adv. vio= lently, by violence. **ge·weld·da·dig·heid** =dighede violence; savageness; (in the pl.) acts of violence.

**ge·wel·de·naar** =naars oppressor, tyrant; man of violence, caveman, thunderer.

**ge·wel·dig** =dige, adj. enormous, immense, terrific, prodi= gious, (infml.) mega; powerful, mighty; vehement, violent,

fierce; stupefying. **ge·wel·dig** adv. awfully, dreadfully; ex= tremely, greatly, immensely, terribly, tremendously, enor= mously; mightily; ~ baie a terrific lot; ~ koud dreadfully cold; ~ in jou skik wees be as pleased/proud as Punch. **ge· wel·dig·heid** force, vehemence, violence; tremendousness, enormity.

**ge·weld·loos** =lose non-violent. **ge·weld·loos·heid** non= violence.

**ge·welf** =welwe, n. arch, arched roof, dome, canopy, vault; (anat.) fornix; ~ van die hemel, (poet.) the canopy of heaven, the firmament. **ge·welf** =welfde, adj. arched, domed, vault= ed; convex; cambered; ~de gang/poort archway. ~boog vault= ed arch. ~kelder crypt. ~kruis (archit.) groin. ~rib vault rib. ~suil vaulting shaft/pillar. ~venster lunette.

**ge·wens** =wenste desired, wished for; advisable, desirable; → WENS vb.. **ge·wenst·heid** desirability; advisedness.

**ge·wer** gewers, **ge·ër** geërs donor, giver; dealer (at cards); → GEE.

**ge·wer·skaf** bustle, to-do, fuss; →WERSKAF.

**ge·wer·wel(d)** =welde vertebrate; →WERWEL n.; 'n ~de dier a vertebrate.

**ge·we·se** former, late, ex-; →GEWEES; ~ vrou ex-wife.

**ge·wes·te** =tes, **ge·wes** =weste region, territory, province; in hierdie/daardie ~ in/round these/those parts. **ge·wes·te·lik** =like regional, dialectal, provincial (differences of lang.).

**ge·we·te** =tens, =tes conscience; iets druk/rus swaar op iem. se ~ s.t. lies heavy on s.o.; 'n geruste/rein/skoon ~ a clean/ clear/good conscience, an easy conscience; iem. se ~ kla hom/haar aan (of kwel/pla hom/haar) s.o.'s conscience pricks/ smites/stings him/her, s.o. has a guilty conscience; jou (eie) ~ ondersoek search one's conscience, do some (or a little) soul-searching; baie/heelwat op jou hê have much to an= swer for; dit op jou ~ hê have it on one's conscience; 'n ruim ~ an elastic conscience; 'n skuldige/slegte ~ a guilty/ bad conscience; jou ~ sus salve/soothe one's conscience. ~saak →GEWETE(N)SAAK.

**ge·we·te(n)·loos** =lose unprincipled, unscrupulous, con= scienceless, ruthless, callous. **ge·we·te(n)·loos·heid** unscru= pulousness, consciencelessness.

**ge·we·tens** : ~angs pangs/qualms of conscience. ~artikel, ~bepaling, ~klousule conscience clause. ~beswaar con= scientious objection/scruple, qualm. ~beswaarde consci= entious objector. ~kwelling =linge, =lings compunction, search= ing of the heart; met ~e/~s conscience-smitten, -stricken. ~kwessie matter of conscience. ~ondersoek soul-search= ing. ~vraag matter/question of conscience. ~vryheid free= dom/liberty of conscience. ~wroeging qualm(s)/pricks/ stings/pangs/twinges of conscience, contrition, remorse; deur ~ gekwel wees be conscience-smitten/-stricken; ~ hê have a twinge of conscience.

**ge·we·te(n)·saak** matter of conscience; van iets 'n ~ maak make s.t. a matter of conscience.

**ge·wet·tig** =tigde legitimised, legalised; justified, justifiable; →WETTIG vb..

**ge·wig** =wigte, n. weight; weightiness, importance, moment; consequence; gravity; load; heaviness; ~ aansit/optel gain (or pick up or put on) weight, lose one's figure; jou ~ af= bring reduce weight; jou ~ dophou be weight-conscious, worry about one's figure; iets dra baie ~ by iem. s.t. carries (great/much) weight with s.o.; ~ hê, (s.o.'s opinion etc.) carry weight; ~ aan iets heg attach importance/weight (or give/ lend weight) to s.t.; iem. heg baie ~ aan iets, (also) s.t. carries (great/much) weight with s.o.; jou ~ by ... ingooi/inwerp throw in one's weight (or make common cause) with ..., offer ... unstinting support; jou ~ teen ... ingooi/inwerp throw one's weight against ...; onder die ~ van ... under the weight of (or weighed down by) ...; onder/oor die ~ wees be underweight/overweight; ~ optel →aansit/optel; 'n ~ op=

**tel** lift a weight; ~*te optel* lift weights; *politieke* ~ political clout; *'n saak van* ~ a matter of weight/importance/moment; *(mense) van* ~ (people) of consequence/importance/weight; *iets by die* ~ *verkoop* sell s.t. by weight; ~ *verloor* lose weight; *jou* ~ *verminder* reduce weight; *volgens* ~ by weight. ~**nota** weight note. ~**oefening(e)** weight training. ~**optel** weightlifting. ~**opteller** weightlifter. ~**stoot** *n., (athl.)* shot-put(ting), putting the shot. ~**stoot** *gewigge=, vb., (athl.)* put the shot. ~**stoter,** ~**stootatleet** shot-putter.

**ge·wig·loos** *-lose* weightless. **ge·wig·loos·heid** weightlessness.

**ge·wigs·:** ~**analise,** ~**ontleding** gravimetric(al) analysis. ~**bewuste** weight watcher. ~**eenheid** unit of weight. ~**grens** weight limit. ~**toename** gain in weight, weight gain. ~**verlies** loss of weight, weight loss.

**ge·wig·tig** *-tige* important, momentous, weighty, worldshaking; fateful *(decision);* grave; impressive, substantial; solemn; significant; ponderous; portentous. **ge·wig·tig·heid** weightiness, portentousness, impressiveness, solemnity, momentousness, importance.

**ge·wild** *-wilde* popular, *(infml.)* in; in demand/favour/request, much sought after, well-liked; *(rare)* willed, calculated; far-fetched; *baie* ~ *wees* be very popular, be the in thing; ~ *wees by iem.* be popular with s.o.; make a hit with s.o. *(infml.); iem./iets* ~ *maak* popularise s.o./s.t.. **ge·wild·heid** popularity; ~ *inboet* lose popularity; ~ *soek* seek popularity.

**ge·wil·lig** *-lige* ready, willing, amenable; docile, tractable; *heeltemal* ~ *wees* be quite willing; ~ *wees om iets te doen* be willing to do s.t.; ~*e slagoffer, (infml., fig.)* easy game/mark/meat. **ge·wil·lig·heid** readiness, willingness, amenability; docility, tractability, gameness; *iem. se* ~ *om iets te doen* s.o.'s readiness/willingness to do s.t..

**ge·win** advantage, gain, profit; *vir eie* ~ for personal benefit/gain/profit. ~**soeker** money-grubber. **ge·win·sug·tig** *-tige* covetous, avaricious.

**ge·wis** *-wisse, adj.* certain, sure; unfailing; *'n* ~*se dood* certain death; *iem. van 'n* ~*se dood red* snatch s.o. from the jaws of death. **ge·wis** *adv.* certainly, surely, for sure, undoubtedly, assuredly. **ge·wis·heid** certainty, certitude, sureness.

**ge·woel** bustle, turmoil, stir; crowd, throng; →WOEL.

**ge·wond** *-wonde, adj.* wounded, disabled; →WOND *vb.*. **ge·won·de** *-des, n.* wounded person, casualty.

**ge·won·ne** *(strong p.p. of* wen[3]*)* won; *dit* (of *die stryd)* ~ *gee* accept/admit/concede defeat; *(infml.)* chuck in the sponge; *jou* ~ *gee* give s.o. best; *jou aan ... ~ gee* knuckle under to ... *(infml.); jou nie maklik* ~ *gee nie* put up a good fight.

**ge·woon** *-wone -woner -woonste, adj.* common, normal, ordinary, regular, usual, customary, familiar, commonplace, conventional; plain *(cook., food);* vulgar *(fraction);* simple *(fracture, majority, etc.);* average *(citizen);* general *(public etc.); iets* ~*s* s.t. ordinary; *... is iets* ~*s, (an occurrence etc.)* ... is nothing out of the ordinary; *die gewone mense/lede/soldate* the rank and file; *gewone pas* quick step/time. **ge·woon** *adv.* simply, straightforwardly; →GEWOONWEG. **ge·woon·heid** commonness, usualness, ordinariness. **ge·woonlik** commonly, usually, generally, mostly, ordinarily, in the ordinary course, normally, habitually, customarily; as a rule; *soos* ~ as always; as usual; *iem. was* ~ *... s.o.* used to be ... **ge·woon·weg** downright, perfectly *(wonderful etc.),* plainly, simply; normally; in the normal course; ~ *'n leuenaar wees* be an arrant *(or a downright)* liar; *(sommer)* ~ *Mnr./Mev./ens.* (just) plain Mr/Mrs/etc.; *dit is* ~ *onkunde* it is plain/sheer *(or purely and simply)* ignorance, it is ignorance pure and simple; ~ *... wees* be nothing but *(or little/nothing short of)* ... *(nonsense etc.).*

**ge·woond** accustomed, used; *aan iets* ~ *wees* be used to s.t.; be accustomed to s.t.; be conditioned to s.t.; *nie aan iets* ~ *wees nie* be unused to s.t.; be unaccustomed to s.t.; *iem. aan*

*iets* ~ *maak* habituate s.o. to s.t.; *(daaraan)* ~ *wees om iets te doen* be accustomed to do s.t.; be in the habit of doing s.t.; *aan iets* ~ *raak* get used to s.t.; get/grow accustomed to s.t., accustom o.s. to s.t.; become conditioned to s.t.; get the feel of s.t.; ~ *raak, (also)* get one's eye/hand in; *daaraan* ~ *raak om iets te doen, (also)* get in the way of doing s.t.; *iem. was* ~ *om ... s.o.* would ...; *soos iem.* ~ *was* as was s.o.'s habit/wont. **ge·woond·heid** accustomedness.

**ge·woon·te** *-tes* habit, practice; custom, usage, mode, use; convention; *'n* ~ *aankweek/aanleer* drop/fall into a habit; acquire/form *(or* pick up*)* a habit; *'n* ~ *afleer* break o.s. *(or* grow out*)* of a habit, *(infml.)*kick a habit; *die* ~ *afleer om ..., (also)* get out of the habit to ...; *die* ~, *(also, infml.)* the done thing; *die* ~ *hê (of in die* ~ *wees) om iets te doen* have a habit *(or* be in the habit*)* of doing s.t.; *die* ~ *hê om ..., (also)* have a way of ...; *dit is 'n* ~ *van iem.* it is a habit with s.o.; *'n* ~ *daarvan maak om iets te doen* get into the habit *(or* make a habit/practice*)* of doing s.t.; *iets deur/uit die mag van die* ~ *doen* do s.t. by/from force of habit; *na/volgens* ~ according to custom; *dit is die* ~ *om ...* it is usual to ...; *die oorhand oor 'n* ~ *kry* master a habit; *uit pure* ~ by/from force of habit; *in 'n* ~ *raak/verval* drop/fall into a habit; *slegte* ~*s aankweek/aanleer* take to bad habits; *uit* ~ out of habit, by/from (force of) habit; *'n vaste* ~ a regular habit; (an) established practice; *vaste* ~*s hê* be set in one's ways, have set ways; *in 'n* ~ *verval* →*raak/verval; in die* ~ *verval om iets te doen* get in the way of doing s.t.; *volgens (iem. se)* ~, *(also)* according to *(or* as is*)* s.o.'s wont; →*na/volgens; iets word 'n* ~ s.t. becomes *(or* grows into*)* a habit. ~**drinker,** ~**dronkaard** inebriate, habitual drunkard, compulsive drinker. ~**mens** creature of habit, s.o. set in his/her ways. ~**misdadiger** habitual criminal. ~**vas** *adj.* hidebound. **ge·woon·te·vor·mend** *-mende* habit-forming.

**ge·wor·tel(d)** *-telde* rooted; ingrained; →WORTEL *vb.; iets is diep* ~ s.t. is deep-seated. **ge·wor·teld·heid** (deep-)rootedness.

**ge·wrig** *-wrigte* articulation, joint; *(bot.)* pulvinus. **ge·wrig·loos** *-lose, (anat.)* jointless, unjointed, anarthrous.

**ge·wrigs·:** ~**beentjie** articular bone. ~**breuk** fracture of joint. ~**ontsteking** arthritis; *misvormende* ~, *rumatoïde artritis* rheumatoid arthritis. ~**rumatiek** rheumatism in the joints, articular rheumatism, rheumatoid arthritis. ~**verstywing** arthrosclerosis, ankylosis. ~**vorming** articulation.

**ge·wron·ge** *(strong p.p. of* wring*)* distorted; contrived, studied, forced, unnatural; crabbed, strained; tortuous *(style).* **ge·wron·gen·heid** distortion, distortedness, crabbedness.

**ge·wurg** *-wurgde* strangled, throttled, choked; *(archit.)* crimped; →WURG.

**ge·würz·tra·mi·ner** *(a white grape/wine, also* G~*)* Gewürztraminer.

**ge·wyd** *-wyde meer -wyde die mees -wyde* consecrated *(earth),* devotional *(liter.),* sacred *(hist.),* sanctified; →WY; ~*e feesdag/vakansiedag* religious holiday. **ge·wyd·heid** devotion, devotional atmosphere/nature/etc., sanctity.

**ge·wys·de** *-des, n., (jur.)* decided case; judg(e)ment entered.

**ge·yk** *-ykte* assized, legally stamped *(measures etc.);* stock *(phrase);* stereotyped *(expression);* →YK *vb.*. **ge·ykt·heid** stereotypy *(of an expression etc.).*

**ge·zoem** buzzing.

**Gha·na** *(geog.)* Ghana. **Gha·nees** *-nese, n.* Ghanaian, Ghanian. **Gha·nees** *-nese, adj.* Ghanaian, Ghanian, Ghanese.

**ghan·tang** *-tangs, (<Khoi/Mal., infml., dated)* lover, suitor; girlfriend, sweetheart.

**ghet·to** *-to's* ghetto. ~**vorming** ghettoisation.

**ghet·to·i·seer** *ge-* ghettoise. **ghet·to·i·se·ring** ghettoisation.

**ghi** *(<Hindi, Ind. cook.)* ghee.

**ghi·taar** *-taars, -tare* →KITAAR.

**ghnar·ra·bos, ghar·ra·bos** *(Khoi, bot.)* kuni-bush.

**ghoe·lasj** *(Hungarian cook.)* goulash.

**ghoem** *ghoeme, ghoems* **ghoe·ma** ₌mas, *(infml., rare)* whop=per, big one; *'n ~ van 'n pampoen* a humungous pumpkin.

**ghoem·pie** ₌pies, *(infml., rare)* short-stemmed pipe; stub *(of a cigar/cigarette); (small man)* titch.

**ghoen** *ghoene, ghoens* taw, shooting marble, alley; shooter; hopscotch stone.

**ghoe·ra, go·ra** ₌ras, *(Khoi: bow-like mus. instr.)* gorah.

**ghoe·roe** ₌roes, *(chiefly infml.)* guru, expert, buff, master, wizard, whiz(z).

**gholf** golf; *gaan ~ speel* go *(or be out)* golfing. ~**baan** golf course/links. ~**bal** *(sport, typing)* golf ball. ~**joggie** caddie, caddy. ~**karretjie** caddie/caddy car(t), golf buggy/cart. ~**klub** golf club. ~**landgoed** golf estate. ~**maat** ₌maats golfing part=ner; *(in the pl., also)* golfing friends. ~**sak** golf bag. ~**speler** golf player, golfer. ~**stok** golf club. ~**toernooi** golf tourna=ment; *oop/ope ~* pro-am (golf tournament). ~**weduwee** *(joc.)* golf widow.

**ghom·bos** *(bot.)* gumbush, pepperbush.

**ghom·ma** ₌mas, *(Cape Mal. drum)* ghomma, goema. ~**lied=jie** *(Cape Mal. song)* ghomma=, goemaliedjie.

**ghong** *ghonge, ghongs* gong.

**ghries** *n.* grease *(for lubrication);* →SMEER *n..* **ghries** ge₌, *vb.* grease, lubricate; →SMEER *vb..* ~**nippel** grease nipple, greaser.

**ghwa·no, gua·no** guano. ~**-eiland** guano island.

**ghwar** *ghwarre, (infml., derog.: uncouth pers.)* boor, lout, oaf.

**ghwar·ra** *interj.* bam!, biff!, plonk!, thud!.

**ghwel** *ghwelle, (infml.)* gob.

**gib·bon** ₌bons, *(zool.)* gibbon.

**Gi·bral·tar** *(geog.)* Gibraltar.

**Gi·de·on** *(member of the Gideons)* Gideon; *die ~s, (a Chr. or=ganisation)* the Gideons.

**Gi·de·ons** : ~**bende** *(idm., also g~)* small but valiant band. ~**bybel** Gideon Bible.

**gids** *gidse* guide; pilot *(fig.);* mentor; conductor; manual, hand=book; directory; *~ tot 'n onderwerp* guide to a subject. ~**hond** guide dog, seeing eye (dog). ~**plan** pilot scheme/plan.

**gier** *giere, n.* caprice, vagary, fancy; craze, fad, bug, rage; *(in the pl., also)* fancifulness; *die/'n ~ kry om iets te doen* get a sudden fancy to do s.t., get the bug to do s.t.; *die nuutste ~* the latest craze.

**gie·rig** ₌rige greedy, avaricious, grabby, close-fisted, miserly, niggardly, stingy, mean, parsimonious. **gie·rig·aard** ₌aards miser, cheapskate *(infml.)*, niggard, penny-pincher *(infml.)*, Scrooge, skinflint. **gie·rig·heid** avarice, miserliness, churl=ishness, meanness, niggardliness, parsimony, stinginess, covetousness; *~ is die wortel van alle kwaad* (the love of) money is the root of all evil.

**gier·lan·de,** *(Fr.)* **guir·lan·de** garland, festoon, wreath.

**giers** millet; →MANNA. ~**gras** millet grass.

**giet** ge₌ pour *(liquids);* cast *(iron);* found *(guns);* mould *(can=dles); iets in 'n ander vorm ~* remould s.t.; *dit ~ (behoorlik), dit ~ soos dit reën, dit reën dat dit ~* it's pouring down, it's pouring (with rain), it's bucketing, the rain is bucketing (down), the rain is pelting down, it is pelting with rain, *(in=fml.)* it is raining cats and dogs; *iets oor ... ~* pour s.t. over ... ~**gaatjie** sprue. ~**lepel** casting ladle. ~**masjien** casting ma=chine. ~**model** casting model, casting pattern. ~**sand** foun=dry sand. ~**vorm** ₌vorms (casting) mould, ingot mould, for=mer, moulding frame; matrix. ~**ware** cast wares, foundry goods. ~**werk** casting, cast (work). ~**yster** cast iron; *raam van ~* cast-iron frame.

**gie·ter** ₌ters watering can/pot; caster, founder, moulder, foundryman.

**gie·te·ry** ₌rye foundry.

**giet·sel** ₌sels casting; die-casting; founding; pour.

**gif** *giwwe, n.* poison; venom *(of an animal); (pathol.)* toxin; toxicant; *~ drink* take poison; *jou pen in ~ doop, (fig.)* dip one's pen in gall. ~**appel** *(Solanum sodomaeum)* apple of So=dom; *(Citrullus colocynthis)* colocynth, bitter apple. ~**beker** *(often fig.)* poison cup, poisoned cup. ~**blaar, magou** gif=blaar. ~**bol** *(bot.)* fan-leaved boophane, red posy, (Bushman) poison bulb; *(infml.)* shrew, vixen. ~**brief** *(malicious [anony=mous] letter)* poison-pen letter. ~**drank** poisoned draught. ~**gas** poison gas. ~**klier** *(zool.)* venom gland, poison gland. ~**moord** murder by poisoning. ~**pil** *(fin.)* poison pill; *(infml.)* shrew, vixen; *s.o.* filled with malice, a vindictive/spiteful per=son. ~**plant** poisonous plant. ~**pyl** poison(ed) arrow; *(in=fml.: a cigarette)* cancer stick. ~**sakkie** *(zool.)* poison sac. ~**slang** poisonous snake. ~**stof** toxin(e), toxic substance, toxicant. ~**tand** *(zool.)* poison fang, venom fang.

**gif·kun·de** toxicology. **gif·kun·dig** ₌dige, *adj.* toxicologic(al). **gif·kun·di·ge** ₌ges, *n.* toxicologist.

**gif·tig** ₌tige poisonous, venomous; toxic; virulent; malignant; deadly *(jab, kicking boot, etc.); (joc.)* pretty lethal *(drink etc.); ~e afval* toxic waste; *~ vir ...* poisonous to ... **gif·tig·heid** poisonousness, toxicity; venomousness, virulence.

**gif·vry** ₌vrye non(-)poisonous.

**gif·we·rend** ₌rende antidotal, antitoxic.

**gi·ga·greep** ₌grepe, *(comp.)* gigabyte.

**gi·ga·hertz** gigahertz.

**gi·gan·tis·me** *(med.)* giantism.

**gig·gel** ge₌ giggle, snigger, titter. **gig·ge·lend** ₌lende giggling, twittery. **gig·gel·ry** giggling, sniggering, tittering.

**gi·go·lo** ₌lo's gigolo, toyboy.

**gil** *gille, n.* scream, shriek, yell, shrill, squeal; *'n deurdringende ~* a sharp cry. **gil** ge₌, *vb.* scream, shriek, yell, shrill, squeal; *om hulp/ens. ~* scream for help/etc.; *~ van die lag* scream/yell with laughter.

**gim** *(infml., short for* gimnasium *or* gimnastiek*)* gym.

**gim·ka·na** ₌nas gymkhana.

**gim·nas** ₌naste gymnast.

**gim·na·si·um** ₌siums, ₌sia gymnasium.

**gim·nas·tiek** gymnastics; *ligte ~* calisthenics; *ritmiese ~* eurhythmics. ~**afrigter** gymnastics coach. ~**bal** medicine ball. ~**kostuum** gymnastic costume. ~**oefening** gymnastic exercise. ~**onderwyser** gymnastics instructor, physical in=structor. ~**saal** gymnasium (room), drill hall. ~**skoene** gym shoes. ~**uitvoering** gymnastic display.

**gim·nas·ties** ₌tiese gymnastic, calisthenic.

**gi·ne·ko·lo·gie** gynaecology. **gi·ne·ko·lo·gies** ₌giese gynae=cologic(al). **gi·ne·ko·loog** ₌koloë gynaecologist.

**gink·go** ₌go's, *(bot.)* ginkgo. ~**boom** ginkgo (tree), maiden=hair tree.

**gin·ne·gaap** ge₌ giggle, snigger, titter.

**gips** gypsum; *in ~ wees* be in plaster *(or* a plaster cast*).* ~**aar=de** gypsum. ~**afdruk,** ~**afgietsel** plaster cast. ~**beeld** plas=ter figure/image. ~**meel** plaster powder, powdered gypsum. ~**model** plaster cast. ~**pleister** gauged plaster. ~**verband** plaster (of Paris) cast/bandage/dressing/jacket/setting. ~**vorm** ₌vorms plaster mould.

**Girl Guide** *Girl Guides* Girl Guide.

**gi·ro·** : ~**kompas** gyrocompass. ~**kopter** gyrocopter. ~**vlieg=tuig** gyroplane, ₌copter, autogyro, ₌giro.

**gi·ro·skoop** ₌skope gyroscope.

**gis¹** *giste, n.* ferment, yeast. **gis** ge₌, *vb.* ferment, rise, work; *(fig.)* seethe; *iets laat ~* ferment s.t.; *aan die ~* fermenting, in a ferment. ~**balie** fermenting vat/tank. ~**kuip** fermenting vat. ~**middel** ₌dels ferment, leavening agent. ~**plant(jie)** yeast plant. ~**proses** →GISTINGSPROSES. ~**sel** ₌selle yeast cell. ~**stof** ferment; yeast. ~**swam** yeast fungus.

**gis²** ge₌, *vb.* conjecture, guess; surmise; speculate; *oor iets ~* speculate about/(up)on s.t., guess *(or* make a guess*)* at/about s.t.; *('n) mens kan ~ hoe dit afgeloop het* one can guess how it transpired. **gis·sing** *-sings, -singe* conjecture, guess, supposition, surmise; estimate; *(in the pl.), (also)* speculation; *dit berus op ~s/~e* it is based on conjecture; *dit is blote ~* it is mere conjecture *(or, infml.* thumbsuck*); na/volgens ~* at a rough estimate, at a guess; *'n ~ waag* make a guess, speculate.

**gis·hou·dend** *-dende* yeasty.

**gis·tend** *-tende* fermenting, yeasty.

**gis·ter** yesterday; *iets onthou soos die dag van ~* remember s.t. as if it happened yesterday; *~ eers* not until yesterday; *as jy my ~ gehuur het, het jy my vandag gehad, (infml.)* you can't order me about/around; *~ nog* as late as yesterday; *nog (pas) ~* only yesterday; *iem. is nie van ~ nie, (infml.)* s.o. was not born yesterday. **~aand, ~aand** yesterday evening, last night. **~middag, ~middag** yesterday afternoon. **~nag, ~nag** last night. **~oggend, ~oggend** yesterday morning.

**gis·te·rig** *-rige* fermentative.

**gis·ting** fermentation; working; yeastiness; ferment, excitement. **gis·tings·pro·ses, gis·pro·ses** process of fermentation.

**git** *gitte, (min.), (no pl.)* jet; *(with pl.)* jet jewel. **~swart** jet-black, raven *(hair)*.

**glad** *gladde gladder gladste, adj.* smooth *(surface)*, sleek *(hair)*, plain *(ring)*; slippery *(floor)*; slick, clever, cunning, cute; polished *(speaker)*; bald *(head)*; flush *(surface)*; flat *(brushwork)*; barbless *(wire)*; expeditious; frictionless; fluent *(in speech)*; so *~ soos 'n paling* as slippery as an eel; *dit gaan so ~ soos seep* it goes on (oiled) wheels; it is plain sailing; it goes swimmingly; *~de spier* smooth/unstriped/unstriated/involuntary muscle; *~ van tong* voluble, well-spoken, fluent, eloquent; glib, fast-talking, smooth-tongued; *iets word ~, (also, hair etc.)* s.t. straightens out. **glad** *adv.* smoothly, swimmingly, without any hiccups/hiccoughs; sweetly; evenly; glibly; altogether; quite; *~ en al* altogether, entirely, quite; *~ geskeer* close-shaven, beardless; *iets loop ~, (an engine etc.)* s.t. runs smoothly; *~de praatjies* smooth talk; *iets ~ sny* trim s.t.; *die babatjie swem ~ al* the baby is actually swimming already *(or* surprisingly, the baby can already swim); *~ te ...* altogether too ...; *iets loop ~ van stapel* s.t. goes off smoothly/well, s.t. passes off without a hitch; *iem. het ~ vergeet om ...* s.o. clean/completely forgot to ...; *~de ys* black ice. **~ge·stryk** *-strykte, adj., (also* glad gestryk*)* smoothed-out, ironed-out *(creases, difficulties)*. **~maak** →GLADMAAK. **~stryk** *(also* glad stryk*)* smooth; straighten; slick (down) *(hair)*; iron out *(creases)*; smooth out, iron out *(differences, problems)*. **~weg** flatly, bluntly; smoothly; *~ weier* refuse bluntly.

**glad·de·:** **~bek** *(infml.)* fast talker. **~jan** *(infml., usu. derog.)* smoothie, smoothy, city slicker. **~lyfskaap** plain-bodied sheep. **~mond** smooth talker.

**glad·de·rig** slippery.

**glad·heid, glad·dig·heid** smoothness, evenness; slipperiness; glibness, slickness, suavity; fluency *(in speech)*.

**gla·di·a·tor** *-tore, -tors* gladiator. **gla·di·a·to·ries** *-riese* gladiatorial.

**gla·di·o·lus** *-diolusse, -dioli, (bot.)* gladiolus, sword lily.

**glad·maak** *(also* glad maak*)* smooth (down), smoothen *(a surface)*; *iem. se pad ~, (fig.)* smooth(en) *(or* remove the obstacles from)* s.o.'s path, make s.o.'s path easier. **glad·ma·ker** planer, surfacer. **glad·ma·king** smoothing.

**glans** *glanse, n.* gloss; lustre, glitter, shine, sheen; glaze; polish; burnish; brightness, sparkle, finish, irradiance, brilliance, brilliancy, glory, splendour; glamour; *(infml.)* glitz, glitziness, *(Am. sl.)* bling; *iets van sy ~ beroof* take the shine off *(or* out of)* s.t.; take the gloss off s.t.; *iets verloor sy ~* s.t. loses its gloss/lustre/shine. **glans** *ge-, vb.* gleam, glisten, shine; gloss, glaze, furbish *(metals)*, polish, burnish. **~druk** calendering, glossy print. **~foto** glossy print. **~gare, ~garing** glazed yarn,

lustre yarn. **~katoen** glazed cotton. **~kool** glance coal, blind coal, anthracite; bright coal. **~leer** patent leather, glacé leather. **~lint** glacé ribbon. **~masjien** calender. **~mense** *n. (pl.), (infml.)* beautiful people, glitterati. **~papier** glazed paper, calendered paper. **~periode** heyday *(of a person's life)*; golden age *(of a country)*. **~program** feature programme. **~punt** highlight, crowning event, shining glory, high spot; feature; peak, height. **~sis** glazed chintz. **~spreeu** *(Lamprotornis* spp.*)* glossy starling. **~stof** lustre cloth, glacé. **~sy** lustrine; lustring. **~tydskrif** glossy magazine. **~verf** gloss paint. **~vrug** glazed fruit. **~wol** lustre wool, glossy wool.

**glan·send** *-sende* gleaming, glossy *(hair, photograph, etc.)*, shining, lustrous, irradiant, luminous.

**glan·se·rig** *-rige* glossy, shining.

**glans·loos** *-lose* lustreless, lacklustre *(eyes etc.)*.

**glans·ryk** *-ryke* brilliant, glorious, radiant, resplendent, glittering, *(infml.)* glitzy. **glans·ryk·heid** brilliance, brilliancy, resplendence, splendour, grandness; flamboyance.

**glas** *glase* glass; tumbler; *agter ~* under glass; *'n prent agter ~ sit* glaze a picture; *~e klink* clink/touch glasses; *'n lang ~* a tall glass; *onder ~* under glass; *die ~ sak/styg* the barometer is falling/rising; *iets met ~ toemaak, ~ voor iets sit* glass/glaze in s.t.; *'n ~ uitdrink* drain/empty a glass; *venster met ~ glazed* window; *'n ~ (vol) melk/ens.* a glassful of milk/etc.; *'n ~ water/ens.* a glass/tumbler of water/etc.; *twee ~e water/ens.* two glasses of water/etc.; *by 'n ~ wyn* over a glass of wine. **~afval** cullet. **~bak** glass bowl. **~beker** glass beaker. **~bereiding** glass-making. **~beton** ferroglass. **~blaser** glass-blower. **~blaserspyp** blowpipe. **~blasery** glass-blowing. **~blasery** *-rye* glass-works, -factory, glass-blowing works. **~dak** glass roof. **~deur** glass door; *dubbele ~* French window/casement. **~doek** glass-cloth. **~-elektrisiteit** vitreous/positive electricity. **~-emalje** vitreous enamel. **~fabriek** glassworks. **~glans** vitreous lustre. **~goed** glassware, glasswork, glass. **~helder** as clear as glass/crystal, crystal clear *(lit. & fig.)*; *(vir iem.) ~ wees dat ...* be abundantly clear (to s.o.) that ... **~huis** *-huise* glass house; glasshouse, conservatory, winter garden; *mense wat in ~e woon, moenie met klippe gooi nie* people/those who live in glass houses should not throw stones. **~-in-lood** leaded glass. **~kas** *-kaste* glass case; showcase, display cabinet; china cabinet; *(fig.)* goldfish bowl; *iem. in 'n ~ sit* put s.o. in a show window; *soos om in 'n ~ te sit/woon, (have no privacy)* like being/living in a goldfish bowl; *'n ~ van publisiteit* a goldfish bowl of publicity. **~kraal, ~kraletjie** glass bead. **~maker** glazier; *is/was jou pa 'n ~?, (infml.)* you're blocking/obstructing my view. **~ogie** *(orn.: Zosterops* spp.*)* white-eye. **~oog** *-oë, (artificial)* glass eye; *(often in the pl.)* glassy/glazed eye. **~opaal** hyalite. **~papier** glass paper; transparent paper. **~pêrel** glass bead. **~plaat** sheet of glass. **~porselein** vitreous china. **~pypie** glass tube. **~sand** glass sand. **~skerf** glass splinter. **~skilder** painter on glass. **~skildery** glass painting. **~skoentjie** glass slipper. **~slyper** glass grinder, glass beveller. **~snyer** glass cutter. **~spys, ~mengsel** frit, glass metal. **~steen** *(min.)* hyalite; *(constr.)* glass brick. **~stoepbord** glazed veranda(h). **~stukkie, ~skerfie** cullet. **~toonbank** display counter. **~vesel, veselglas** glass fibre. **~vog, ~liggaam** *(anat.)* vitreous humour/body *(of the eye)*. **~ware, ~werk** glassware, glasswork. **~werker** glass-worker; glazier. **~wol** glass wool.

**glas·ag·tig** *-tige* glassy, glass-like, hyaline, hyaloid, vitreous; *~e vog, (anat.)* vitreous humour. **glas·ag·tig·heid, glas·ag·tig·heid** vitreosity, glassiness.

**gla·seer** *(ge)-* glaze. **gla·seer·sel** *-sels* glaze; glacé; frost, glacé icing.

**gla·se·nier** *-niers* glazier.

**gla·se·rig** *-rige* glassy; glazed *(eyes)*.

**Glas·gow** *(geog.)* Glasgow. **Glas·go·wer** *-wers, n.* Glaswegian. **Glas·gows** *-gowse, adj.* Glaswegian.

**gla·si·aal** =siale, (geomorphol.) glacial. **gla·si·o·lo·gie** glaciology.

**gla·sie** =sies, (dim.) little glass, tot; iem. op 'n ~ trakteer stand s.o. a drink; by 'n ~ wyn over a glass of wine.

**gla·sig** =sige glassy, vitreous, hyaline; ~ word, (s.o.'s eyes etc.) glaze over.

**glas·nost** (Russ., pol.) glasnost, openness.

**gla·su·ring** glazing.

**gla·suur** glasure, n. glaze, glazing (of pottery); enamel (of teeth); (cook.) glaze, glacé icing. **gla·suur** ge=, het ~, vb. glaze. ~**glans** glaze. ~**steen** glazed/veneered brick. ~**verf** enamel paint. ~**vrug** glacé fruit.

**gla·suur·der** =ders glazer.

**gla·suur·sel** =sels glaze.

**gles** glesse flaw (in a gem). **gles·loos** =lose flawless (diamond).

**glet·ser** =sers glacier. ~**kunde** glaciology. ~**meer** glacier lake, glacial lake. ~**puin** moraine debris. ~**skeur, ~spleet** crevasse. ~**vorming, ~werking** glaciation. ~**ys** glacier ice, glacial ice.

**gleuf** gleuwe, n. groove; slit, slot; chase (in a wall). **gleuf** ge=, vb. groove, flute; chase, chamfer. ~**gat** slotted hole. ~**hout** coulisse. ~**lepel** slotted spoon. ~**masjien** slot machine; vendor. ~**moer** slotted nut. ~**ring** bezel.

**glib·be·rig** =rige slippery, slithery, slimy; (infml.) dodgy (bloke). **glib·be·rig·heid** slipperiness, slitheriness, sliminess.

**glim** ge= glimmer, gleam, shine, shimmer, glow faintly. ~**lig** highlight. ~**pen** highlighter. ~**strook** reflector tape, luminous strip. ~**teken** luminous sign. ~**verf** luminous paint, fluorescent paint. ~**verligting** fluorescent lighting. ~**wurm** (entom.) glow-worm, firefly. ~**wyserplaat** luminous dial.

**glim·lag** lagge, lagte, n. smile; 'n aangeplakte ~ a feigned smile; 'n breë ~ a broad/wide smile; met 'n effense ~ with the hint of a smile; iem. se gesig is (die) ene ~ s.o.'s face is wreathed in smiles; 'n flou ~ a sickly smile; 'n gedwonge ~ a forced smile; 'n onnosele/wesenlose ~ a vacuous smile; 'n stralende ~ a dazzling smile; 'n suur ~ a wintry smile; 'n vriendelike ~ a warm smile; met 'n wrange ~ with a wry smile. **glim·lag** ge=, vb. smile, give a smile; breed ~, van oor tot oor ~ smile broadly, beam, grin/smile from ear to ear, be all smiles, be smiling all over one's face; effens/effe(ntjies) ~ smile faintly; gedwonge/onwillig ~ force a smile, smile thinly; oor iets ~ smile at s.t.; iem. het stadig begin ~ a smile crept over s.o.'s face; vir iem. ~ smile at s.o., give s.o. a smile. **glim·lag·gie** =gies, (dim.) half-smile; selfvoldane ~ smirk.

**glim·mend** =mende glimmering, gleaming, luminous, lustrous, shining, shimmering.

**glim·mer** ge= shimmer, glimmer.

**glim·ming** phosphorescence.

**glimp** glimpe glimpse; gleam (of hope), glimmer (of understanding); 'n ~ van ... sien catch/get a glimpse of ...

**glin·ster** ge= glint, glitter, sparkle, twinkle, shimmer; van ... ~ glisten with ... **glin·ste·rend** =rende glittering, glittery, sparkling, gleaming (eyes, diamonds, etc.); glistening (sea etc.). **glin·ste·ring** =ringe glitter, sparkle, glint, shimmer, sheen.

**glip** glippe, n. slip; slippage; (in the pl., cr.) slips; in die ~pe, (cr.) in the slips. **glip** ge=, vb. slide, slip; skid, slither; deur iets ~ slip through s.t.; weer in die bed ~ slip back into bed; iets laat ~ let s.t. slip, miss s.t., throw away s.t. (a chance etc.); uit iets ~ slip out of s.t.. ~**steek** slip stitch. ~**veldwerker** (cr.) slip fielder. ~**vry** =vrye slip-resistant.

**glip·pe·rig** =rige slippery. **glip·pe·rig·heid** slipperiness.

**glips** glipse slip (of the tongue/pen), lapse, mistake, small error; 'n ~ maak/begaan slip up (infml.).

**gli·se·rol,** (non-tech.) **gli·se·rien** glycerol, (non-tech.) glycerin(e).

**glo** ge=, vb. believe, trust; think; hold (true); reckon; aan ... ~ believe in (the existence of) ... (ghosts etc.); alles ~ swallow anything (infml.); ek ~ amper nie I hardly/scarcely think (so); iem. ~ dat ... s.o. believes (or it is s.o.'s belief) that ...; ~ dat iem. iets sou doen believe s.t. of s.o.; baie mense ~ dit it is widely believed; te goed om te ~ too good to be true; in ... ~ believe in ... (God, a cause, s.o.'s honesty, etc.); dit kan jy ~! you bet! (infml.); jy kan my ~ dat ... take it from me that ...; dit kan jy my ~ I/I'll warrant (you); iem. laat ~ dat ... lead s.o. to believe that ...; ('n) mens ~ moeilik dat ... it is hard to believe that ...; moenie ~ nie!, (infml.) not a bit of it!, no/never fear!, nothing of the kind/sort!; ~ my! take it from me!; ek ~ nie I think not; I don't think so; ... nie ~ nie disbelieve ...; niks daarvan ~ nie not believe a word of it; ~ wat iem. sê take s.o.'s word for s.t.; iets sommer ~ accept/take s.t. at face value; be taken in by s.t.; iem. g'n stuk ~ nie, (infml.) not believe s.o. one (little) bit; vas ~ dat ... firmly believe that ...; be confident that ...; jy verwag tog nie dat ek jou moet ~ nie, (also, infml.) pull the other one(, it's got bells on); daarvan ~ wat jy wil believe it for what it's worth; ~ dit as jy wil believe it or not; wil jy ~!, (infml.) would you believe it?; you don't say (so)!. **glo** adv. allegedly, presumably, seemingly; iem. doen ~ iets s.o. is supposed to do s.t.; iem. het ~ ... I understand s.o. has ..., s.o. is reported to have ...; iem. het ~ gesê (dat) ... s.o. is/was quoted as saying (that) ...; iem. is ~ ... s.o. is said/supposed to be ...; I believe s.o. is ...; dit is ~ ... I understand that it is ...; iem. kan ~ iets doen s.o. is supposedly able to do s.t..

**glo·baal** =bale, adj. general; global; 'n ~bale berekening a rough estimate; 'n ~bale indruk a general impression; ~bale veranderlike, (comp.) global variable. **glo·baal** adv. broadly, roughly, in the gross; globally; iets ~ beskou take a global view of s.t.; ~ geneem taking it roughly, broadly speaking. **glo·ba·li·sa·sie, glo·ba·li·se·ring** globalisation. **glo·ba·li·seer** ge= globalise.

**glo·bien** (biochem.) globin.

**glo·bu·leus** =leuse, adj. globular, globulose.

**glo·bu·lien** (biochem., physiol.) globulin. **glo·bu·lo·se** n. globulose.

**gloc·ken·spiel** (Germ., mus.: percussion instr.) glockenspiel.

**gloed** gloede blaze, glow, heat; ardour, fervour, fervency, fire, warmth; flush; in ~ aglow; 'n ~ in die gesig a flush in the face; warm ~e hot flushes.

**gloei** ge= glow, be red-hot; be aglow; ~ van ... be afire/aflame with ... (desire, enthusiasm, etc.); glow with ... (joy etc.); burn with ... (indignation). ~**draad** filament. ~**hitte** intense heat; red/white heat, incandescence. ~**katodebuis** thermionic valve. ~**kousie** incandescent mantle. ~**lamp(ie)** (electric/light) bulb, electric lamp, globe; glow/incandescent lamp. ~**lig** incandescent light. ~**oond** annealing furnace, calciner.

**gloei·end** gloeiende, adj. glowing; red-hot (iron); live (coals); incandescent (lamp); ardent, fervent, fervid (love); burning; ~e geesdrif consuming passion; ~ van ... wees be ablaze with ... (anger, excitement, etc.); be afire/aflame with ... (desire, enthusiasm, etc.); be aglow with ... (joy etc.). **gloei·end** adv.: ~ warm broiling hot; red-hot (metals); broiling (day).

**glooi·ing** glooiings, glooiinge slope, bank, declivity, gradient, glacis. **glooi·ings·puin** (geomorphol.) talus, scree.

**glo·ri·a** (eccl. mus.) gloria.

**glo·rie** fame, glory; lustre; iets in sy volle ~, (also iron./joc.) s.t. in all its glory.

**glo·rie·ryk** =ryke brilliant (victory), glorious (epoch), famous (events).

**glo·rie·vol** =volle glorious.

**glos** glosse gloss, comment, marginal note; explanation. **glos·sa·ri·um** =riums, =ria glossary. **glos·seer** (ge)= gloss (a text).

**glos·si·tis** (med.) glossitis.

**glos·so·la·lie** (relig.: gift of tongues) glossolalia.

**glot·tis** (anat.) glottis. **glot·taal** =tale glottal.

**glou·ko·niet** (min.) glauconite, green earth.

**glou·koom** *(pathol.)* glaucoma.

**glüh·wein** *(Germ., mulled wine)* gluhwein, glühwein.

**glu·ko·se** *(chem.)* glucose, *(infml.)* grape sugar.

**glu·ta·maat** =mate, *(chem.)* glutamate. **glu·ta·mien·suur** glu= tamic acid.

**glu·ten** *(protein in wheat)* gluten. ~**vry** =vry(e) gluten-free.

**glu·ti·neus** =neuse glutinous.

**gluur** ge= stare; leer; →AANGLUUR.

**gly** n.: *aan die ~ gaan/raak* go into a skid; *'n ~ vang in iets, (sl.)* become completely disenchanted with s.t., find s.t. totally off-putting *(infml.)*. **gly** ge=, vb. slide; glide; slip; slither, skid; *oor iets heen ~* glide/slide/skim over s.t.; *... oor iets laat ~* run ... over s.t. *(one's fingers etc.); op iets ~* slip on s.t.. ~**baan** slide, sliding track; flume/sliding chute; skidpan; *op 'n ~ beland, (infml.)* hit the skids; *die pond/dol= lar/ens. op 'n ~ laat beland* send the pound/dollar/etc. plum= meting; *jou op 'n ~ bevind, (infml.)* be on the skids; *iem./iets op 'n ~ plaas, (infml.)* put the skids under s.o./s.t.; *op 'n ~ wees, (prices etc.)* plummet. ~**bal** *(cr.)* flipper. ~**draad** wire/ foofy slide. ~**gang**, ~**geut** chute. ~**geut** super tube. ~**ge= wrig** arthrodial joint, arthrodia. ~**hou** glide. ~**jakkals** *(in= fml.)* bilker. ~**merk** skid mark. ~**plank** chute, slide, sliding board. ~**skaal** sliding scale. ~**vas** =vaste non-slip. ~**vlak** slip/sliding surface; *(geol.)* gliding plane; hydrofoil. ~**vry** =vrye non-skid; ~(e) *trap* safety tread.

**gly·den·de rym** *(pros.)* triple/treble rhyme.

**gly·er** =ers glider; *(phon.)* fricative, continuant, spirant, glide. **gly·e·rig** =rige slippery.

**gmf** interj. (h)umph!.

**g'n** adj. & pron. →GEEN¹ adj. & pron. **g'n** adv., *(infml.)* not, never; *iem. sal dit ~ doen nie* s.o. will never do it; *iem. het dit ~ gesê nie* s.o. never said it; *~ stuk nie* not one (little) bit.

**gneis** gneise, *(geol.)* gneiss. ~**graniet** gneiss granite.

**gnoc·chi** n. (pl.), *(It. cook.: semolina/potato dumplings)* gnoc= chi.

**gno·me** =mes gnome, maxim, motto, aphorism. **gno·mies** =miese gnomic.

**gno·mon** =mons, *(geom. etc.)* gnomon. **gno·mo·nies** =niese gnomonic.

**gno·sis** *(philos., theol.)* gnosis.

**Gnos·tiek, Gnos·ti·sis·me** n., *(philos., theol., also g~)* Gnosticism. **Gnos·tiek** =tieke, **Gnos·ties** =tiese, adj., *(also g~)* Gnostic(al). **Gnos·ti·kus** =tikusse, =tici, *(also g~)* Gnos= tic.

**gô** *(infml.)* kick, pep, spunk, go, oomph; *iem. se ~ is uit, (in= fml.)* s.o. has no kick left (in him/her), s.o. is played out; *iem. se ~ is nog (lank) nie uit nie, (infml.)* s.o. still has a lot of kick in him/her, there's life in the old dog yet.

**God** God; *as dit ~ behaag* please God; *~ (of [die] gode) sy dank* thank God; →GODDANK; *~ gee* grant God; *so help my ~ (Almagtig), so waarlik help my* ~ so help me God; *~s ryk* the kingdom of God, God's realm; *~s seën* the blessing of God, God's blessing; *~ weet dit!* God knows!; *~ weet hoe* goodness knows how; *as dit ~s wil is* God willing, please God.

**god** gode god; *die ~e* the gods/celestials; *die ~e was ons guns= tig* the gods smiled on us, fortune favoured us; *in die hand/ skoot van die ~e* in the lap of the gods; *mindere ~e* lesser lights. ~**dank** thank God/goodness/heaven. ~**gegewe** God-given. ~**geleerd** =leerde, adj. theological. ~**geleerde** =des, n. theologian. ~**geleerdheid** theology, divinity. ~**lasterend** =rende blasphemous. ~**loënaar** =naars atheist, unbeliever. ~**loëning** atheism, unbelief. ~**salig** =lige, adj. godly, pious. ~**salige** =ges, n. pious person. ~**saligheid** godliness, piety. ~**spraak** =sprake oracle, prophecy. ~**vergete, ~verlate** meer ~ *die mees ~* God-forgotten/forsaken, abandoned *(place, wretch)*.

**god·de·lik** =like divine, godlike, sublime; *die ~e dag* the live= long (or whole blessed) day. **god·de·lik·heid** divineness, di= vinity, deity.

**god·de·loos** =lose, adj. godless, impious, sinful, ungodly, unholy, wicked, profane, unrighteous; *(infml.: goddeloos)* impish, lively, naughty; mischievous; ~*lose kinders* lively/ naughty children; *'n ~lose lawaai* a dreadful noise. **god= de·loos** adv. naughtily; *iem. kan ~ lieg* s.o. lies shamelessly. **god·de·loos·heid** godlessness, impiety, ungodliness, wick= edness, unrighteousness; *(infml.: goddeloosheid)* naughti= ness. **god·de·loos·lik** *(infml.)* wickedly, impiously; mischie= vously. **god·de·lo·se** =ses, n.: *die ~(s)* the wicked.

**go·de** ~**drank** nectar. ~**hemel** pantheon. ~**leer** mythology. ~**spys** ambrosia. ~**stryd** theomachy. ~**verering** idol wor= ship. ~**wêreld** world of the gods, pantheon.

**go·de·dom** the gods, pantheon.

**god·heid** divinity, godhead, deity.

**go·din** =dinne goddess, female divinity.

**god·jie** =jies, (dim.) little god, tinpot deity.

**God·loos** =lose, *(also g~)* godless, without God (or a god).

**gods·** ~**akker** cemetery, church=, graveyard. ~**begrip** idea of God. ~**diens** →GODSDIENS. ~**gawe** godsend, gift from God. ~**gesant** divine messenger; apostle. ~**huis** place of worship; church; temple; chapel; tabernacle. ~**idee** idea of God. ~**jammerlik** =like miserable, pitiable, wretched. ~**las= teraar** blasphemer. ~**lastering** blasphemy, profanity. ~**las= terlik** =like blasphemous. ~**leer** theodicy. **G~man** =manne man of God, godly man; prophet; apostle. ~**naam**: *in ~!* in God's name!, for Heaven's/goodness' sake!. ~**onmoontlik** =like quite/utterly impossible, out of the question. **G~open= baring**: *die ~* the revelation of God. ~**regering** theocracy. ~**verering** divine worship, worship of God. ~**vertroue** trust in God. ~**vrede** truce of God; political truce. ~**vrug** devo= tion, piety, godliness. **G~weë**: *van ~* from God; on God's behalf. ~**wil**: *om ~* for God's sake, for the love of God, for mercy's sake.

**gods·diens** =dienste religion, faith; divine worship; *~ hou* have prayers, hold a service. ~**geskiedenis** history of reli= gion. ~**haat** hatred of religion. ~**oefening** divine/religious service, devotions; *'n ~ lei* take a service. ~**oorlog** religious war, war of religion. ~**opvoeding** religious education. ~**vry= heid** religious freedom/liberty, freedom of faith/worship. ~**wetenskap** religious studies, science of religion. ~**ywer** zeal for religion.

**gods·diens·loos** =lose religionless; irreligious, unreligious.

**gods·diens·tig** =tige devout, pious, religious. **gods·diens= tig·heid** devotion, piety, religiousness; religiosity.

**god·vre·send** =sende God-fearing, devout, godly, pious. **god·vre·send·heid** devotion, godliness, piety.

**goed¹** goed(ere), goeters, n. assets, goods *(as sing.)*, commodi= ty, commodities, merchandise; property; estate; matter, ma= terial, stuff, things; luggage; wares; →GOEDERE=; *aan/vir (gelewerde) ~ere* to goods (supplied); *aan/vir gelewerde ~ere, (also)* to account rendered; *(al) iem. se aardse ~(ere)* (all) s.o.'s wordly goods; *in ~ betaal* pay in kind; *jou ~ deur= bring* waste one's substance; *goeie ~* good stuff *(infml.); on= roerende ~ere* immovable property; *roerende ~ere* mov= ables.

**goed²** n. good; →GOEIE n.; *dit is alles ten ~e* it is all for the best; *iets ~s beethê* be onto a good thing *(infml.); iets ~s beetkry* get hold of something good; *~ doen* do good; *aan ander ~ doen* do good to others; *iets doen iem. baie ~* s.t. does s.o. a power/world of good; *dit sal iem. ~ doen* it will do s.o. good; *iets ~s* something good; a good thing; good stuff *(infml.); ~ en kwaad* good and evil; *ten ~e of ten kwade* for good or evil; *niks ~s van ... te sê hê nie* have no time for ... *(fig.); dit hou veel/niks ~s vir ... in (nie)* it bodes/augurs well/ ill for ...; *'n verandering ten ~e* a change for the better; *dit* *werk (mee) ten ~e* it is (all) to the good. **goed** *goeie beter beste, adj. & adv.* good, fine, excellent(ly); well; good-natured(ly), kind(ly); correct(ly), right, proper(ly), sound(ly); *~ 40% van die bevolking* fully 40% of the population; *~ aangepas* well-adjusted *(pers.); ~ af wees* be well away; have it good; *dit ~ ag/dink om ...* see/think fit to ...; *baie ~* very good; very well; *~ bedeel(d)* well endowed; *die gebaar was ~ bedoel(d)* the gesture was well meant/intended; *'n goeie belonng* a substantial reward; *~ beoordeel* well judged; *~ beredeneer(d)* well argued; *iem. word ~ daarvoor betaal* s.o. is well paid; *dit is ewe ~ of beter* it is, if anything, better; *iets bly ~, (the weather etc.)* s.t. holds up; *iets sal ~ bly, (milk, meat, etc.)* s.t. will keep; *~ bygewoon* well attended; *~ dan!* very good/well!; *nie danig ~ nie* not so good; *dit was ~ dat iem. gekom het* s.o. did well to come; *dis ook maar ~ dat ...* it's just as well *(or* a good job) that ...; *deksels ~, (infml.)* jolly good *(infml.)*; darned well *(infml.); dit ~ dink om ... →ag/dink; dis ~ (so)* that's right; *iem. doen iets baie/besonder ~* s.o. does s.t. very well; *iets nie te/danig ~ doen nie* not do s.t. over well; *A en B is ewe ~* A is as good as B; *iem. kan ewe ~ ...* s.o. may as well ...; *'n ~ gedokumenteerde feit* a well-documented fact; *~ geformuleer* well constructed *(argument etc.); ~ gekonstrueer* well constructed *(story, plot); ~ drie jaar gelede* fully three years ago; *goeie genade/genugtig/hemel!* (o) my goodness!, goodness gracious!, good heavens!, gosh!; *~ genoeg* good enough; *dit is nie ~ genoeg nie, (also)* that will not *(or* won't) do; *te ~ om te glo* too good to be true; *nie half so ~ as/soos ... nie* not nearly as good as ...; *dit ~ hê, daar ~ in sit, (infml.)* be well fixed, be on easy street *(sometimes* E~ S~); *heel ~* very well; *iem. het dit ~* s.o. is well off; *~ honderd/duisend* easily *(or* rather more than *or* well above) a hundred/thousand, a hundred/thousand odd; *iets hou ~, (perishables)* s.t. keeps; *(shoes etc.)* s.t. wears well; *~ wees in tale* be good at languages; *~ wees in/met iets* be a good hand at s.t.; *dit is ~* that is a good thing; *lank nie ~ nie* far from good; *lank nie so ~ wees nie* be nothing like as good; *~ lewe* live well, make a comfortable living; *dit is maar ~!* and a good thing too!; *dit is (ook) maar ~* that is just as well; *dit is maar ~ om ...* it is just as well to ...; *vir niks ~ nie* good for nothing; *nogal ~* rather good; *nogal/taamlik ~* not (half/so) bad; *(nou) ~!* very well/good!; *nou ~!* fair enough!; well then!; *nou maar ~!* all right!; *dis nie ~ om ... nie* it doesn't do to ...; *~ ontwikkelde spiere/stelsel/ens.* well-developed muscles/system/etc.; *~ saamgestel* well constructed *(programme etc.); 'n ... sal ook ~ wees* a ... will also do; *daar ~ in sit →hê; ~ slaap* sleep soundly/well; *minder ~ slaap* sleep indifferently; *~ (so)!* all right!; *~ so!* that serves him/her right!; *dit is maar ~ so* it is all for the best; *so ~ as ...* nearly/virtually/almost/practically *(or* as good as *or* all but) ..., ... in all but name, *(infml.)* pretty well ... *(finished, sold, signed, etc.); dit is so ~ as ..., (also)* it is no better than ... *(theft etc.); A is (net) so ~ as B* A is as good as B; *iem. is so ~ as kan kom* s.o. is as good as gold; *so ~ as niemand nie* next to nobody; *so ~ as wie ook al* as good as the next person; *so ~ (as) iem. kan* to the best of s.o.'s ability; as best s.o. can/may; *iem. kan net so ~ as/soos ... sing/ens.* s.o. can sing/etc. (just) as well as ...; *wees so ~ en/om ...* be so good/kind as *(or* good enough) to ...; *sal jy so ~ wees om ...?* can/could/may I trouble you to ...?; *taamlik ~* fairly good/well; *nie te ~ nie* not so good; *~ daaraan toe wees* be well off; *goeie trou* good faith, bona fides; *'n goeie uur* a full hour; *iets ~ verstaan* understand s.t. well, be clear in one's mind about s.t.; *vir ~* for good (and all), forever, for ever; *vir iem. ~ wees* be good/kind to s.o.; *vir iets ~ wees* be beneficial to s.t.; *iets is ~ vir iem.* s.t. is good for s.o.; *~ voel* be doing) fine; *baie ~ voel* feel great *(infml.); nie ~ voel nie* not be feeling well; *voel jy ~?* are you (feeling) all right?; *dis ~ om te weet (dat) ...* it's nice to know (that) ...; *dis alles ~ en wel* that's all very fine/well; that is well and good; *iem. moet maar weer ~ word* s.o. will have to make it up again; *wys hoe ~ jy is, (also, in-*

*fml.)* strut one's stuff. **~gelowig, ~gelowig** *-wige* credulous, trusting, trustful; naive, uncritical. **~gelowigheid, ~gelowigheid** credulity, trustfulness; naivety. **~houvermoë** keeping quality, preservability. **~keur** →GOEDKEUR. **~koop** → GOEDKOOP *adj. & adv..* **~maak** *goedge-* make good, make up for, undo, offset *(a loss)*, repair *(a mistake)*, redeem *(an error)*, make restitution for *(a wrong); (jur.)* purge; put right *(a wrong)*, make amends for *(past misdeeds)*, retrieve *(one's shortcomings);* expiate; counterbalance; compensate. **~praat** *goedge-* explain away, gloss over, (try to) defend, try to justify, whitewash. **~staan** *goedge-* guarantee, vouch (for). **~vind** *goedge-* think fit/proper; approve of; agree to, put up with, submit to.

**goed·aar·dig** *-dige* kind(ly), good-natured; good-tempered; benign, benignant; well-conditioned; kind-hearted; stingless *(bee); ~e gewas* benign tumour/growth; →GOEDHARTIG. **goed·aar·dig·heid** good nature, kindness, benignity, benignancy.

**goed·dink** *goedge-* think fit; *iem. het (dit) goedgedink om te ...* s.o. thought it proper to ... **goed·dun·ke** *n.* pleasure; discretion; satisfaction; *geheel na iem. se eie ~* at s.o.'s sole discretion; *na (eie) ~ handel* use one's (own) discretion; *na iem. se ~* at s.o.'s discretion; pending s.o.'s pleasure; *na ~ van ...* at the discretion of ...; at the will of ...

**goe·der:** *te/in ~ trou* →TROU[1] *n..*

**goe·de·re:** *~aanleg (rly.)* goods layout. **~hyser** service/goods lift. **~kantoor** goods office. **~trein** goods train, *(Am.)* freight train. **~verkeer, ~vervoer** freight/goods traffic. **~vrag** goods freight. **~wa** goods van/truck.

**goe·der·tie·ren·heid** *(Bib.)* loving kindness, mercy, clemency, bounty.

**goed·ge·aard** *-aarde* good-natured, -hearted.

**goed·ge·hu·meurd** *-meurde* good-humoured/-tempered.

**goed·ge·ma·nierd** *(also* goed gemanierd*)* well-behaved, well-mannered. **goed·ge·ma·nierd·heid** breeding, good manners.

**goed·ge·sind** *-sinde, adj.* favourable, kind, kindly disposed, well-disposed, sympathetic; *~ wees teenoor ...* be well-disposed towards ... **goed·ge·sin·de** *-des, n.* well-wisher, sympathiser. **goed·ge·sind·heid** goodwill, kindness, sympathy.

**goed·guns·tig** *-tige, adj.* kind, obliging, well-disposed, benignant. **goed·guns·tig** *adv.:* *~ afgestaan deur ...* (made available) by courtesy of ...; *~ instem* agree generously. **goed·guns·tig·heid** kindness, goodwill. **goed·guns·tig·lik** kindly, graciously; *~ geleen deur ...* lent by courtesy of ...

**goed·har·tig** *-tige* kind-hearted, good-natured, -hearted, -tempered, kind(ly), caring, benign, benignant. **goed·har·tig·heid** kind-heartedness, good nature.

**goed·heid** goodness; excellence, kindness; *grote ~!* goodness me!/gracious!.

**goe·dig** *-dige* →GOEDHARTIG. **goe·dig·heid,** *(infml.)* **goei·ig·heid** good nature, good-, kind-heartedness, kindliness.

**Goe·dja·rat** *(Ind. state)* Gujarat. **Goe·dja·ra·ti** *-ti's, (member of a people)* Gujarati; *(no pl.), (lang.)* Gujarati. **Goe·dja·ra·ti·spre·ken·de, Goe·dja·ra·ti·spre·ker** Gujarati speaker.

**goed·jies** *(dim.)* little things; (k)nick-(k)nacks, trifles.

**goed·keur** *goedge-* approve (of), endorse, confirm, acclaim; sanction, ratify; consent to, agree to; adopt *(minutes);* deem fit, think proper, hold with; *iets word algemeen ~gekeur* s.t. is generally approved; *(dit) ~ dat iets gedoen word* approve of s.t. being done; *iets deur iem. laat ~, (also, infml.)* get s.o. to OK/O.K./okay s.t., OK/O.K./okay s.t. with s.o.; *iem./iets ~ vir ...* pass s.o./s.t. for ... **goed·keu·rend** *-rende, adj.* approving. **goed·keu·rend** *adv.* approvingly; *~ knik* nod one's approval. **goed·keu·ring** approval, approbation; adoption *(of minutes);* sanction, clearance, endorsement; acclaim; assent; selection; *jou ~ aan ... gee/heg* give one's approval to ..., approve of ...; give one's sanction to ...; *iem. se ~ kry* get s.o.'s approval; *iem. se ~ vir iets **kry,** (also)* clear *(or, infml.)* OK/O.K./okay) s.t. with s.o.; *met die ~ van ...* with the ap= proval of ...; *aan iem. se ~ **onderworpe** wees* be subject to s.o.'s approval; *iets ter/vir ~ **voorlê*** submit s.t. for approval; *iem. se ~ vir iets **vra*** seek s.o.'s approval for s.t.; *iem. se ~ **wegdra*** have/win (*or* meet with) s.o.'s approval, have s.o.'s blessing.

**goed·koop** *~ =koper =koopste, adj.* cheap; tawdry; inexpen= sive; low-priced; *~ is **duurkoop*** a bad bargain is dear at a farthing, cheap things are dear in the long run; *iets kom ~ uit* s.t. comes cheap; *iets ~ **kry*** get s.t. cheap; *jou ~ **maak,** (fig., derog.)* prostitute o.s.; *'n ~ **vervaardigde** prent* a low-budget film. **goed·koop** *adv.* cheaply; inexpensively, on the cheap.

**goed·skiks** *adv.* willingly, with a good grace; readily.

**goeds·moeds** *adv.* cheerfully; unprovokedly; *iets ~ igno= reer/veron(t)agsaam* blithely ignore s.t..

**goed·wil·lig** *-lige, adj.* willing; obliging, gracious, well-mean= ing. **goed·wil·lig** *adv.* willingly; obligingly. **goed·wil·lig= heid** willingness; goodwill, good feeling.

**goei·e** *-goeies, n.: die ~s* the good ones; *die ~ uit iem. **haal*** bring out the good in s.o.; *'n ~* a good one; *die ~ en die **slegte*** the good and the bad; *~ **weet,** (infml.)* goodness/dear knows *(infml.)*, Heaven (only) knows.

**goei·e-: ~dag** *interj.* good day!; *vir iem. ~ sê* bid s.o. (a) good day, pass the time of day. **~middag** *interj.* good afternoon!. **~môre/more, ~môre/more** *interj.* good morning!. **~naand** *interj.* good evening!. **~nag** *interj.* good night!.

**goei·ig·heid** →GOEDIGHEID.

**goei·ste:** *o my ~!, (infml.)* goodness (gracious) me!, my good-ness!; *~ weet, (infml.)* goodness/dear knows, Heaven (only) knows.

**go·ël** *ge=* practise magic, conjure, do tricks; *met iets ~* juggle with s.t. *(figures etc.)*. **~bal** *(cr.)* googly. **~kuns** conjuring, magic. **~toer** conjuring trick, sleight of hand. **~woord** magic word.

**go·ë·laar** *-laars* conjurer, magician, illusionist.

**goe·lag** *-lags, (<Russ. acr., hist.: labour camp for pol. dissidents etc.)* gulag *(also* G~*)*.

**go·ë·le·ry** conjuring, sleight of hand, legerdemain.

**goe·te·rig** *=rige, (infml.)* fairly good, goodish; →GOED² *adj. & adv..*

**goe·ters** *n. (mv.), (infml.)* things; →GOED¹ *n..* **goe·ter·tjies** *(dim.)* little things; odds and ends; →GOEDJIES.

**Goe·the·aans** *=aanse* Goethian, Goethean.

**goe·wer·ment** *=mente, (obs. or joc.)* government.

**goe·wer·nan·te** *=tes* governess.

**goe·wer·neur** *=neurs* governor. **~-generaal** *=neurs-generaal* governor general.

**goe·wer·neurs-: ~huis** (governor's) residency, government house. **~rang, ~titel** rank/title of governor.

**goe·wer·neur·skap** governorship.

**Gog:** *die ~ en (die) Magog, (Bib.: Rev. 20:8)* Gog and Magog.

**gog·ga** *=gas, (infml.)* insect, bug; *(infml., comp.)* bug *(in a pro-gram etc.)*; bogey *(in the pl., also)* creepy-crawlies, vermin; *~ maak vir **baba** bang, (infml.)* s.o. is a frightful sight; here comes the bog(e)yman; *iem. is deur die ~ **gebyt,** die ~ het iem. **gebyt,** (infml.:* be enthusiastic about a hobby etc.*)* s.o.'s been bitten by (*or* s.o.'s got) the bug; *van die ~s **vervuil** wees* be infested with vermin; *vol ~s, (comp.)* bug-ridden *(soft-ware etc.)*. **~-maak-vir-baba-bang** bogeyman; ugly.

**gog·ga·tjie** *=tjies, (dim.), (infml., also goggabie)* little bug/in-sect; *my ou ~, (term of endearment)* my little creature.

**goi** *gojim, (Yidd.: gentile)* goy.

**goi·ing** sacking, hessian, burlap, gunny, jute fibre. **~sak** gun-ny bag; hessian/burlap/jute bag.

**gol·den** *(Eng.):* **G~ Delicious(-appel)** Golden Delicious. **~ retriever** *(breed of dog)* golden retriever.

**golf** *golwe, n.* wave, breaker; bay; gulf; wave *(in the hair)*; cor-rugation; undulation; *deur die golwe heen en weer **geslinger** word* be tossed by the waves; *die golwe **klots*** the waves beat; *die G~ van **Mexiko/Meksiko*** the Gulf of Mexico; *'n ~ van ...* a wave of ... *(indignation etc.)*; a rash of ... *(criticism)*. **golf** *ge=, vb.* undulate, wave; billow; surge. **~band** waveband. **~beweging** wave(like) motion, undulatory motion, undu-lation. **~breker** breakwater, mole. **~duur** *(phys.)* period of wave. **~funksie** *(phys.)* wave function. **~getal** *(phys.)* wave number. **~krag** wave power. **~kruin** crest/ridge of a wave, wave crest. **~lengte** wavelength; *hulle is (nie) op dieselfde ~ (nie), (fig., infml.)* they are (not) on the same wavelength *(in-fml.)*; *(nie) op dieselfde ~ as iem. wees (nie), (fig., infml.)* be in (*or* out of) sync(h) with s.o.. **~lyn** waving/wavy line; wave line. **G~oorlog** *(1980-88)* Gulf War *(between Iran and Iraq)*; *(1991, 2003)* Gulf War *(between Iraq and a US-led coalition)*. **~ry** big-wave surfing/riding. **~ryer** big-wave surfer/rider. **~slag** dash/wash of the waves; *met kort ~* choppy. **G~state** Gulf States. **G~stroom** *(geog.)* Gulf Stream. **~teorie** *(phys.)* wave theory, undulatory theory *(of light)*. **~yster** corrugated iron.

**golf·ag·tig, golf·ag·tig** wavelike.

**gol·fie** *=fies, (dim.)* wavelet.

**golfs·ge·wys, golfs·ge·wy·se** in waves, wavelike.

**golf·vorm** *(phys.)* waveform. **golf·vor·mig** *=mige* undulatory, undulating.

**Go·li·at** *(Bib., also fig.)* Goliath; *'n (reus) ~* a giant. **g~kewer** *(entom.)* Goliath/goliath beetle.

**gol·wend** *=wende* waving *(grass)*, wavy *(hair)*, flowing *(stream)*, billowy *(ocean)*, rolling *(plain)*, undulating *(landscape)*, surg-ing *(crowd)*; undulatory, undulose; *(bot.)* undate, gyrose.

**gol·wing** *=wings, =winge* undulation, waving, waviness, wave, swell; surge; *(min.)* roll; corrugation.

**gom** *n.* gum; glue; size, sizing. **gom** *ge=, vb.* gum, glue, close/fasten with gum. **~boom** gumtree; *Australiese ~* eucalypt(us). **~hars** gum resin. **~lekker** gum drop. **~pot** glue pot, paste pot. **~pou** kori bustard. **~snuiwer** glue-sniffer. **~snuiwery, ~snuiwing** glue-sniffing. **~stiffie** glue stick. **~tor** *(infml., derog.)* lout, bumpkin, oaf, roughneck, boor, clod(hopper), yokel, sleazebag, sleazeball.

**gom·ag·tig** *=tige* gummy; resinous, gummose.

**gom·las·tiek** (gum) elastic, (India) rubber, caoutchouc.

**gom·me·rig** *=rige* gummy.

**Go·mor·ra** *(Bib.: also fig.)* Gomorrah.

**go·na·de** *=des, (zool.)* gonad.

**gon·del** *=dels* gondola; *(aeron.)* nacelle. **~lied** gondolier's song, barcarole, barcarolle. **~vaart** gondola trip.

**gon·de·lier** *=liers* gondolier.

**gon·na** *interj.* gee (whiz)!, wow!; *o ~!* oh dear!, oh my good-ness! **gon·na·been·tjie** →GOTTABEENTJIE.

**go·nor·ree** *(pathol.)* gonorrhoea.

**gons** *ge=* buzz, drone, hum; whir; *aan die ~* abuzz; *dat dit (so) ~, (infml.)* like anything/blazes; with a vengeance; *dit laat ~, (infml.)* make things hum; *~ oor ...* be abuzz with ... *(news etc.)*; *iem. se ore* s.o.'s ears are singing/ringing; *~ van ... (die), (infml.)* hum with ...; be abuzz with ... *(speedboats etc.)*; *werk dat dit (so) ~, (infml.)* work like fury. **~tol** hum-ming top. **~woord** *(infml.)* buzz word.

**gon·send** *=sende* buzzing; whirring; abuzz.

**gon·ser** *=sers* buzzer.

**gooi** *gooie, n.* throw, cast, fling; shy, chuck. **gooi** *ge=, vb.* cast, fling, pitch, throw; shy *(at a target)*; pelt; chuck; toss; hurl; heave (at); *'n **bal** ~* throw a ball; *iets **in** ... ~* pour s.t. into ...; put s.t. in ... *(milk in coffee etc.)*; shove s.t. in ... *(a drawer etc.)*; pop s.t. into ... *(an envelope etc.)*; tip s.t. into ...; *iets aan **land***

~ cast up s.t.; *iem.* **met** *iets* ~ throw/fling s.t. at s.o. *(stones etc.)*, pelt s.o. with s.t. *(rotten eggs etc.); iem./iets* **mis/raak** ~ miss/hit s.o./s.t. *(with s.t. thrown); jy* **moet** ~ it is your throw; *iets* **na** *iem.* ~ fling s.t. at s.o.; heave s.t. at s.o.; hurl s.t. at s.o.; *na iets* ~ have/take a shy at s.t.; *iets* **oor** ... ~ throw s.t. over ...; pour s.t. over ...; cover ... with s.t.; *iets* **opsy** ~ cast/throw/ toss aside s.t.; *die* **perd** *het iem.* **ge~** the horse spilt s.o.; *iets* **plat** ~ throw down s.t.; *iem.* **uit** *die saal* ~, *(lit.)* throw s.o. out of the saddle; *(lit. & fig.)* unseat s.o.. **gooi·er** *gooiers* thrower, chucker; *(baseball)* pitcher. **gooi·e·ry** throwing, chucking; pitching.

**goor** ~ *goorder goorste* dingy, dirty, grotty; nasty, rancid; squalid; *die klere is ~ gedra* the clothes have been worn thread‑ bare (*or* to shreds); ~ *grap* lewd/bawdy/smutty/dirty joke. ~**maag** *(infml.)* upset stomach.

**goor·de·rig** *-rige* rather dirty/squalid/etc..

**goor·heid** dirt(iness); rancidness, rancidity; squalor, squa‑ lidity, squalidness.

**Goot** *Gote, (hist.)* Goth; *(member of a subculture,* g~, *also* goth*)* goth; →GOTIES *adj.*.

**gops** *gopse, n. (usu. in the pl.), (infml.)* slum; *in die ~e* in the bundu. **gop·se·rig** *-rige* slummy.

**gor** *ge-, (s.o.'s stomach)* rumble.

**go·ra** *-ra's,* **go·rê** *-rês,* **gor·ra** *-ras, (Khoi)* seep, waterhole.

**gord** *gorde, n.* belt *(for a horse)*, girdle; girth. **gord** *ge-, vb.* gird; lace.

**gor·del** *-dels* belt; circle, girdle, ring *(of forts); (geol.)* zone; cycle *(in flowers); die ~ intrek* (of *stywer trek)* pull in (*or* tight‑ en) one's belt; *jou ~ vasmaak* buckle up *(in a car).* ~**roos** *(pathol.)* shingles, herpes zoster.

**Gor·di·aans** *-aanse, (also* g~*): die ~e knoop deurhak/deurkap, (Gr. legend)* cut the Gordian knot.

**gor·dyn** *-dyne* curtain; blind; veil *(fig.); iets met 'n ~* **afskerm** curtain off s.t.; *die ~* **gaan** *op/oop* the curtain rises; *~e* **hang** hang (*or* put up) curtains; *'n ~ voor iets* **hang** curtain off s.t.; *die ~e* **ooptrek** draw/pull the curtains; *die ~* **optrek** raise (*or* ring up) the curtain; *die ~* **sak** the curtain drops/ falls (*or* comes down); *die ~ laat* **sak** drop/lower (*or* ring down) the curtain; *die ~e* **toetrek** draw/pull the curtains; *die ~ oor iets laat* **val** draw a curtain over s.t.. ~**goed** curtaining. ~**haak** curtain hook. ~**ring** curtain ring. ~**spoor** curtain rail/track. ~**stof** curtaining. ~**stok,** ~**staaf** curtain rod, trin‑ gle.

**gor·dyn·tjie** *-tjies, (dim.)* little curtain; fringe *(of hair),* fri‑ sette.

**go·rê** →GORA.

**Gor·go** *-gone, (Gr. myth.)* Gorgon.

**gor·gon·zo·la(·kaas)** *(also* G~*)* Gorgonzola (cheese).

**go·ril·la** *-las* gorilla. **go·ril·la·agtig, go·ril·la·agtig** gorilla‑ like, gorillian, gorilline, gorilloid.

**Gor·ki** *(writer)* Gorki, Gorky; *(geog., hist.)* Gorki, Gorky; → NIZJNI NOWGOROD.

**gor·let** *-lette, (hist.)* ewer, (toilet) jug, goglet. ~**kom** hand ba‑ sin, washbasin.

**gor·ra** →GORA.

**gor·rel** *-rels, n., (infml.)* throat, gullet; windpipe, throttle; (piece of) hose; *iem. se ~ toedruk* throttle s.o.. **gor·rel** *ge-, vb.* gurgle; gargle; fence in *(a road).* ~**middel** *-dels* gargle. ~**pyp** windpipe, trachea; *(elec.)* flexible conduit.

**gort** groats, (hulled) barley/oats; *die ~ is gaar, (infml.)* the fat is in the fire; *toe was die ~ gaar, (also, infml.)* there was hell to pay *(infml.).* ~**sop** barley soup. ~**water** barley water, tisane, skilly.

**gos·pel** *(mus.)* gospel. ~**lied(jie)** gospel song. ~**musiek** gos‑ pel music. ~**sanger** gospel singer.

**Go·tiek** *(also* g~*)* Gothic style. **Go·ties** *n., (lang.)* Gothic. **Go·ties** *-tiese, adj.* Gothic; *~e boustyl* Gothic style of archi‑ tecture; *g~e musiek, (also* gothmusiek*)* goth (music); *~e ro‑ man* Gothic novel.

**got·ta** *interj., (euph. for God)* goodness!, golly!, gosh!. ~**been‑ tjie, gon·na·been·tjie** *(infml.)* funny bone. **got·ta·tjie** *interj.: o ~!* oh my goodness!.

**gou** *adj. & adv.* quick, rapid, swift; quickly, readily, swiftly; soon; *(maar)* **alte** ~ all too soon; *so ~ soos* **blits,** *(infml.)* in less than no time, in (next to) no time, in no time at all; *iets nie ~* **doen** *nie* be slow to do s.t.; *iem. wys hoe om iets ~ te doen* show s.o. a quick way to do s.t.; *~ na ...* **gaan,** *~ ... toe gaan* nip round to ...; *dit het ~* **gegaan** that was quick (work); *vasstel* **hoe** *~ jy iets kan doen* time o.s.; *jy kan dit ~* **klaar** *hê* it will not take you long; *kom* ~! come quickly!; don't be long!; come soon!; *iem.* **kom** *~ terug* s.o. will be back soon (*or* not be long); *nie* ~ **kwaad/ens.** *word nie* be slow to an‑ ger/etc.; ~ **maak** be quick; hurry (up); press ahead/on; get a move on *(infml.);* **maak** ~! hurry up!, be quick about it!, get a move on! *(infml.),* jump to it! *(infml.),* look alive/lively/ sharp/smart! *(infml.),* make it snappy! *(infml.);* **maak** ~ *(klaar)!* don't be long!; ~ **maak** *met iets* be quick about s.t.; hurry up s.t.; *so ~ (as)* **moontlik** as soon as possible; *so ~ soos* **nou,** *(infml.)* in a jiffy (*or* two ticks); *iets so ~ soos* **nou** *doen,* (in‑ *fml.)* do s.t. at the drop of a hat; *so ~ as ...* as soon as ...; *te* ~ too soon; *dis te ~ om te praat* it's early days (yet); *veels te* ~ all too soon; *nie ~* **vergewe** *nie* be slow to forgive; *iets nie* ~ **weer** *doen nie* not do s.t. again in a hurry; *iem. kom ~* **weer** s.o. will come again soon. ~**gaar** *adj.* quick‑cooking. ~**-gou** *adv.* quickly, in a jiffy/moment; in double‑quick time; at short notice; pronto.

**gou·ache** *gouache'e* gouache.

**goud** *(chem., symb.:* Au*)* gold; →GOUE; **afgifte** *aan* ~ gold out‑ lay; **aflossing** *in* ~ gold redemption; *iem./iets is met* ~ **be‑ kroon** s.o./s.t. was awarded a gold medal; *dis nie alles ~ wat* **blink** *nie* all that glitters is not gold; *dink jy is van ~ ge‑ maak* be utterly conceited; **gemunte** ~ specie; **gemunte** *en ongemunte* ~ gold coin and bullion; *jou gewig in ~ werd wees* be worth one's weight in gold; *iets is (sy gewig in) ~ werd* s.t. is worth its weight in gold; *pas* **gewonne** ~ gold newly mined; *so* **goed** *soos* ~ as good as gold; **ongemunte** ~ bul‑ lion; *waar die* **strate** *van* ~ *gemaak* (of *met ~ geplavei) is, (fig.)* where the streets are paved with gold; *in* ~ **swem** roll in money; *in* ~ **uitgedrukte** *skulde* gold debts; **vereffening** *in* ~ gold settlements; **vry(e)** ~ free gold. ~**bedding** *(min.)* de‑ posit of gold. ~**besit** gold assets; *goud‑ en valutabesit* gold and foreign exchange holdings. ~**blad** gold leaf, gold foil, leaf gold. ~**blond** *-blonde* golden‑haired; *~e hare* golden hair. ~**borduursel** gold embroidery; orphrey, orfray. ~**bro‑ kaat** gold brocade, kincob. ~**delwer** gold‑digger. ~**duiwel** demon of money, Mammon. ~**erts** gold ore. ~**galon** gold lace, gold braid, orris, bullion (fringe); *met* ~ gold‑braided. ~**geel** golden (yellow), gold‑coloured, aureate. ~**gehalte,** ~**inhoud** percentage of gold, gold content, gold grade; fine‑ ness *(of coins),* carats. ~**geld** gold coin(s), gold. ~**gerand** *-rande* gilt‑edged; *~e waardepapiere* gilt‑edged securities. ~**klont** gold nugget. ~**koord** gold braid, gold lace. ~**laag** auriferous formation. ~**land** gold‑producing country; *(in‑ fml.)* El Dorado, land of gold. ~**legering** gold alloy. ~**mark** *-markte* gold market; *(fig.)* bonanza. ~**myn** gold mine; *(fig.)* bonanza. ~**myn‑ werker** gold miner. ~**mynwese** gold mining. ~**papier** gilt paper. ~**produsent** gold producer. ~**prys** price of gold. ~**rand** gilt edge. ~**reserwe** gold reserve. ~**rif** *(min.)* gold reef. ~**rooi** golden red. ~**sertifikaat** gold certificate. ~**skatte** gold hoards. ~**smedery** goldsmith's art; goldsmith's (prem‑ ises). ~**smid** goldsmith. ~**smidskuns** goldsmith's art. ~**snee** gilt edge (of *a book).* ~**soeker** gold seeker/prospector. ~**staaf** bar of gold, gold bar, gold brick. **G~stad:** *die ~, (infml.:* Jo‑ *hannesburg)* Egoli *(Zu.),* the City of Gold, the Golden City. **G~stadter** *(infml.)* Joburger. ~**stof** gold dust. ~**stormloop** gold rush. ~**stuk** piece of gold. ~**uitvoer** gold export/efflux.

~**veld** =velde gold field; op die ~e on the gold fields. ~**verlak** =lakte gold-lacquered. ~**vis(sie)** (Carassius auratus) goldfish. ~**visbak** goldfish bowl. ~**vonds** gold strike. ~**voorraad** gold stock/supply. ~**vulsel** gold filling/stopping. ~**werk** gold-work, goldsmith's work; gold ware/plate. ~**winning** gold-mining, gold production.

**Gou·da** (geog.) Gouda; (also g~) Gouda (cheese).

**goud·ha·rig** =rige golden-haired.

**goud·kleu·rig** =rige gold-coloured, golden.

**gou·e** gold (coin); golden (hair, wedding, opportunity, rule, etc.); →GULDE adj.; ~ **driehoek,** (opium-producing area of SE Asia) golden triangle; ~ **handdruk,** (infml.: payment made to a retiree or s.o. made redundant) golden handshake; ~ **hande hê,** (fig.) have the Midas touch; ~ **horlosie/oorlosie** gold watch; **(krediet)kaart** gold card; ~ **medalje** gold medal; ~ **munt** gold piece; ~ **oue,** (infml.) golden oldie. ~**raambril** gold-rimmed glasses. ~**reën** (bot.) laburnum, golden chain. ~**stroop** (also goue stroop) golden syrup.

**gou·ig·heid** quickness; dexterity; dis elkeen se ~ first come first served; iets in die ~ doen do s.t. hurriedly; jou brood met ~ verdien live by one's wits.

**Gou·rits** (W Cape river) Gouritz, Gourits.

**gous·blom** marigold; Namakwalandse ~ Namaqua(land) daisy.

**graad** grade degree; grade; rank; stage; (academic) degree; die ~ **B.A./ens.** the B.A./etc. degree; 'n ~ **behaal/kry/ver= werf** graduate, get/take a degree; 'n ~ in tale/ens. **behaal/ kry/verwerf** graduate in languages/etc.; grade van **bloed= verwantskap** degrees of consanguinity; **bo** (of **meer as)** dertig grade wees, (the temperature) be in the thirties; 10/ens. grade **C** 10/etc. degrees C; iets in grade **deel,** (phys.) gradu= ate/calibrate s.t. (a container etc.); **diep** in die dertig (grade) wees, (the temperature) be in the high thirties; ~ **een/ens.,** (school level) grade one/etc.; 'n neef/niggie in die **eerste** ~ a cousin once removed; 'n siekte in 'n **erge** ~ hê have a bad attack of a disease; ... in die **ergste** ~ wees be ... in the ex= treme; in die **hoogste** ~ to the last/nth degree; vir 'n ~ **stu= deer** study/read for a degree; 'n ~ aan iem. **toeken** confer a degree (up)on s.o.; 'n ~ aan iem. **verleen** cap s.o.. ~**bees** =beeste grade; (in the pl.) grade cattle, grades. ~**bul** grade bull. ~**een** =eens grade one pupil/learner. ~**koei** grade cow. ~**kur= sus** degree course. ~**meter** graduator, protractor. ~**net** grati= cule. ~**verlening** capping. ~**verskil** difference in degrees.

**graaf**[1] grawe, n., (Eng.) earl; (Continental) count; →GRAVIN. **graaf·skap** countship, earldom; county, shire (in Eng.); ~ **Londen** county of London, London county.

**graaf**[2] grawe, n. spade; shovel; →GRAWE; die eerste ~ in die grond steek turn the first sod; 'n ~ vol a spadeful. ~**masjien** (mechanical) excavator, ditcher. ~**steel** spade handle. ~**stok** digging stick, dibber. ~**werk** digging, excavation(s), spade= work. ~**yster** pitcher, digging tool.

**graag** liewer liefs(te)/graagste, adv. gladly, readily, willingly; eagerly; 'n uitnodiging ~ **aanvaar** be delighted to accept an invitation; iets ~ **doen** be glad/happy/pleased to do s.t.; love to do s.t., love doing s.t.; ek doen dit ~! with pleasure!; **hoe** ~ ek dit ook (al) sou wil/wou doen (as) much as I would like to do it; iem. **wou nie** ~ ... nie s.o. did not like to ...; ek **sou** ~ (wil/wou) ... I'd love to ...; I wouldn't mind ...; iem. **swem/ ens.** ~ s.o. loves swimming/etc., s.o. likes to swim/etc.. **graag** interj. with pleasure!, yes, please!. **graag·te** eagerness, zest, alacrity; met ~! with pleasure!.

**graal** grale grail; die Heilige G~ the Holy Grail. **G~legende** legend of the Holy Grail. **G~ridder** Knight of the Holy Grail. **G~roman** romance of the Holy Grail.

**graan** corn, grain; cereal. ~**aar** ear of grain. ~**beurs** corn exchange. ~**boer** grain farmer. ~**bou,** ~**boerdery** grain grow= ing/cultivation, farming of crops. ~**distrik** grain-growing district. ~**gewas** cereal. ~**handel** corn trade, grain trade. ~**handelaar** grain dealer. ~**koper** grain merchant. ~**korrel**

grain of corn. ~**kos** grain, cereal food. ~**lym** gluten. ~**maat** dry measure. ~**mark** grain market. ~**oes** grain harvest. ~**pak= huis** grain warehouse, granary. ~**roes** rust/blight in grain. ~**skuur** granary. ~**solder** cornloft. ~**soort** cereal. ~**suier** silo; (grain) elevator. ~**uitvoer** grain export. ~**vlokkie** =kies, n. (usu. pl.) cornflake, wheat flake.

**graan·e·tend** =tende grain-eating; granivorous.

**graat** grate fishbone; →GRATERIG. ~**balk** (carp.) hip beam.

**graat·ag·tig, graat·ag·tig** =tige like a fishbone (or fish= bones), bony; bony, full of bones; (infml.) skinny, scrawny, emaciated, bony.

**graat·jie** =jies, (dim.) small fishbone; (infml.) thin child.

**graat·jie(·meer·kat)** graatjies, =meerkatte, =meerkaaie, **ghar= tjie** =tjies suricate.

**grab·bel·sak** (rare) lucky bag.

**gra·da·sie** =sies gradation.

**gra·de·:** ~**boog** graduated arc; protractor. ~**dag** gradua= tion/degree day. ~**plegtigheid** graduation ceremony.

**gra·deer** (ge)= grade, gradate, graduate. ~**masjien** grader, grading machine, sizer; graduator (of salt).

**gra·deer·der** =ders grader.

**gra·de·ring** =rings, =ringe grading; gradation; scaling.

**gra·di·ënt** =diënte gradient. ~**meter** gradient meter.

**gra·du·an·dus** =duandusse, =duandi graduand.

**gra·du·eel** =duele, adj., (difference) in degree.

**gra·du·eer** ge= graduate, take a degree; ge~de beker gradu= ated beaker. **gra·du·e·ring** =rings, =ringe, **gra·du·a·sie** =sies graduation.

**graf** grafte(s) grave; sepulchre, tomb; pit; **anderkant** die ~ beyond the grave; met die een **been/voet** in die ~ staan, (in= fml.) have one foot in the grave; ... sal my nog in die ~ **bring!** ... will be the death of me!; **by** die ~ at the graveside; jou eie ~ grawe, (infml.) dig one's own grave, sign one's (own) death warrant, bring about one's own downfall; iem. het die **geheim** met hom/haar na/in die ~ geneem the secret died with s.o.; die ~ maak almal **gelyk** six feet of earth makes all men equal; 'n ~ in die **golwe** vind find a watery grave; daar loop iemand oor my ~, (infml.: said at a sudden, inexplicable shiver= ing) someone is walking over my grave; in die ~ **neerdaal** sink into the grave; dit sal iem. in sy/haar ~ laat **omdraai,** (infml.) it will make s.o. turn in his/her grave; uit die ~ op= **staan** rise from the dead; op die **rand** van die ~ wees be at death's door; op die **rand** van die ~ staan, (infml.) have one foot in the grave; iem. na/in die ~ **volg** follow s.o. into the grave. ~**blom** (bot.) candytuft. ~**doek** cerement, cerecloth. ~**grawer** gravedigger. ~**heuwel** grave-mound; (archaeol.) burial mound. ~**kelder, ~kuil** pit, grave, sepulchral vault, crypt, tomb. ~**lug** sepulchral smell. ~**naald** sepulchral obe= lisk. ~**rede** funeral oration. ~**roof** grave robbery, grave-rob= bing. ~**rower, ~dief** grave robber. ~**serk** =serke (flat) grave= stone. ~**skender** grave/tomb desecrator. ~**skending, ~sken= nis** grave/tomb desecration. ~**skrif** epitaph. ~**steen** grave= stone, tombstone, headstone. ~**steenmaker** monumental mason. ~**stem** sepulchral voice. ~**suil** memorial/sepulchral column.

**graf·fi·ti** n. (pl., sing.: graffito) graffiti.

**gra·fiek** =fieke graph; (no pl., also grafika) graphic art(s); graphic work(s); 'n ~ **trek** draw a graph. ~**papier** squared/ graph paper. **gra·fies** =fiese graphic, graphical (method); =e karakter (comp.) graphics character; =e roman graphic novel.

**gra·fiet** blacklead, graphite. **gra·fi·ties** =tiese graphitic.

**gra·fi·ka** graphics. ~**kaart** (comp.) graphics card.

**graf·leg·ging** interment, burial; sepulture; entombment.

**gra·fo·lo·gie** (study of handwriting) graphology. **gra·fo·lo= gies** =giese graphologic(al). **gra·fo·loog** =loë graphologist.

**gra·fo·ti·pie** (engraving process) graphotype.

**graf·waarts** adv. to the grave.

**grag** *gragte* canal, ditch, fosse; moat *([a]round a castle)*. **grag‌te‌huis** canalside house, house on a canal.

**Gra·ham·stad** Grahamstown. **Gra·ham·stad·ter** *-ters* Grahamstown man/woman; *(hist.)* Grahamstown wag(g)on.

**gram** *gramme* gram(me). **~atoom(gewig)** gram(me) atom, gram(me)-atomic weight. **~kalorie** gram(me) calorie, small calorie. **~meter** gram metre. **~molekule** gram(me) molecule, gram(me)-molecular weight, molar weight.

**gra·ma·doe·las, gram·ma·doe·las** outback, backveld, rough country, bundu, badlands; *uit die ~ kom* come/hail from the backveld; *in die ~, (infml.)* in the sticks/bundu, (out) in the wilds.

**gram·ma·ties** *-tiese* grammatical.

**gram·ma·ti·ka** *-kas* grammar. **~(boek)** grammar (book). **~reël** *-reëls* grammar rule, rule of grammar.

**gram·ma·ti·kaal** *-kale* grammatical; *~kale aanvaarbaar‌heid* grammaticality. **gram·ma·ti·ka·li·teit** grammaticality. **gram·ma·ti·kus** *-tikusse, -tici* grammarian.

**gram·mo·foon** *-fone, (obs.)* gramophone, phonograph. **~mu‌siek** gramophone music, canned music. **~naald** gramo‌phone needle. **~plaat** gramophone record, disc.

**gra·naat** *-nate, (bot.)* pomegranate; *(mil.)* grenade; *(min., cryst.)* garnet, Cape ruby. **~boom** pomegranate tree. **~dop** shell case. **~heining** pomegranate hedge. **~kartets** shrapnel (shell). **~rooi** garnet. **~skerf** shell fragment. **~steen** garnet. **~vuur** shellfire. **~werper** grenade launcher.

**grand** *(Fr.)* grand. **~ cru** *grands crus, (oenology)* grand cru. **~ mal** *(med.: severe epilepsy)* grand mal. **G~ Prix** *Grands Prix, Grand Prix's, (motor racing)* Grand Prix.

**grande dame** *grandes dames, (Fr.)* grand dame *(of fashion etc.)*.

**gra·niet** granite. **~blok** block/slab of granite. **~rots, ~steen** granitic rock.

**gra·niet·ag·tig** *-tige* granite-like, granitoid(al).

**gra·ni·ties** *-tiese* granitic.

**Gran·ny Smith(-ap·pel)** Granny Smith (apple).

**gra·nu·leer** *ge-* granulate. **gra·nu·le·ring, gra·nu·la·sie** gra‌nulation.

**gra·nu·lêr** *-lêre,* **gra·nu·leus** *-leuse* granular.

**grap** *grappe, n.* jest, joke, quip, *(infml.)* rib-tickler; prank, lark; pleasantry; *(in the pl.), (also)* fun; *iets as 'n ~ beskou* treat s.t. as a joke; *'n flou/soutlose ~* a feeble joke; *dit is geen* (of *nie 'n*) *~ nie* it is no joke (*or* laughing matter); *het jy die ~ oor ... gehoor?* have you heard the one about ...? *(infml.); 'n ~ en 'n half* a good joke; *(iron.)* an awkward situ‌ation; *in 'n ~* by way of a joke; *dit was vir jou 'n ~* that was some joke *(infml.); 'n ~ van iets maak* joke about s.t.; *'n maak/vertel* crack/make a joke; *probeer jy 'n ~ maak?* are you trying to be funny?; *dit is nie meer 'n ~ nie* the joke has gone sour; *dis 'n mooi ~!, (iron.: a difficult situation)* this is a fine/pretty mess!; *dit was omtrent 'n ~* that was some joke *(infml.); 'n ou/staande ~* a standing/stock joke; *'n plat/skurwe/vuil ~* a coarse/dirty/smutty joke; *nie die ~ snap nie* not see the joke, *(infml.)* not catch it; *die ~ gaan teen iem.* the joke is on s.o.; *(net) vir die ~* for fun, just for the fun of it, just for a laugh *(infml.); iets vir die ~ doen, (also)* do s.t. in fun/jest (*or* as/in a joke *or* by way of a joke *or* for a lark); *by wyse van 'n ~* by way of a joke. **~jas** joker; clown. **~maker** funny man. **~makery** joking, jesting, fun, buffoonery.

**grap·pa** *(It., a brandy)* grappa.

**grap·pen·der·wys, grap·pen·der·wy·se** *adv.* jocular‌ly, jokingly, for fun, jestingly.

**grap·pie** *-pies, (dim.)* pleasantry, little joke; fun; *oor iets ~s maak* jest about s.t.; *sonder ~s, (infml.)* no kidding; *alle ~s op 'n stokkie, (infml.)* jesting/jokes/joking apart/aside, and now to be serious.

**grap·pig** *-pige* amusing, comic, droll, funny, joky; humor‌ous, jocular; *~e kêrel* funny fellow; *iets nie ~ vind nie* not see the joke. **grap·pig·heid** comicalness, drollery, funniness, hu‌mour, pleasantry, jocularity.

**gras** *grasse* grass; *dig met ~ begroei(d) wees* be well grassed; *bly van die ~ af!* keep off the grass!; *geen ~ daaroor (of onder jou voete) laat groei nie* not let the grass grow under one's feet, lose no time about s.t., pay immediate attention to s.t., be a fast worker; *daar sal ~ oor groei* time will heal it; *so groen soos ~* as green as grass; *die verste/vêrste ~ is die groenste* the grass is always greener on the other side; *hoë/lang ~* tall grass; *moenie op die ~ loop nie!* keep off the gras!; *iem. van die ~ af maak, (infml.)* put s.o. out of the way, bump off s.o. *(infml.)*. **~angelier** wild pink. **~baan** grass court, tennis lawn; *(cr.)* turf wicket. **~bedekking** grass cover. **~botter** grass butter, fresh butter. **~brand** grass fire, veld fire. **~dak** thatched roof. **~draer** harvester termite. **~eter** grazer. **~groen** grass-green, verdant. **~halm** *-halms* blade of grass, grass stalk; *(in the pl.), (also)* leaves of grass. **~huisie** *(entom.)* bag‌worm; caddis worm, caseworm. **~klawer** grass clover. **~‌klawer-mengsel, ~‌klawermengsel** *(grazing)* grass-clover mixture. **~klokkie, ~blom** harebell, hairbell, wand flower. **~land** grass land, pasture, meadow. **~linne** holland; grass cloth, grass linen. **~mat** grass mat; grass cover; grass, turf. **~oppervlak** grassy surface. **~parkiet** *(orn.)* budgerigar, grass parakeet, lovebird. **~perk** lawn, grass plot; *'n ~ sny* mow a lawn. **~pol** clump/tussock/tuft of grass, hassock. **~rand, ~rant**[1] grass border/verge; grassed slope/shoulder. **~rant**[2] grassy ridge. **~romp(ie)** grass skirt. **~saad, ~saat** grass seed. **~slang** grass snake. **~snyer** lawn mower, grass cutter. **~sooi** *-sooie* sod; *(golf)* divot; *(in the pl.), (also)* grassy turf. **~soort** *-soorte* species of grass; *(in the pl., also)* grasses. **~sprinkaan** grasshopper. **~stoel** cane chair. **~veld** grass‌land, prairie; grassveld, sward; *oop ~* parkland. **~veldkli‌maat** subhumid climate. **~veldwol** grassveld wool. **~vlakte** steppe, prairie, grassy plain, savannah, pampa. **~voël** Cape grassbird. **~weduwee** *(fem.)*, **~wewenaar** *(masc.), (infml.)* grass widow *(fem.)*, grass widower *(masc.)*.

**gras·ag·tig** *-tige* grassy, grass-like.

**gras·e·tend** *-tende* grass-feeding; grazing; *~e diere, (also)* grazing animals.

**gra·sie** favour, grace, pardon, reprieve; gracefulness; *'n aan‌beveling vir ~* a recommendation to mercy; *by die ~ Gods* by divine right; *by iem. in die ~ wees* be in favour with s.o., be in s.o.'s good books/graces; *weer in die ~ kom by iem.* be reinstated in s.o.'s favour; *iets met ~ doen* do s.t. gracefully; *uit die ~ raak* lose favour, be under a cloud; *iem. ~ verleen* grant s.o. a reprieve; *'n versoek om ~* a petition for mercy. **gra·si·eus** *-sieuse* elegant, graceful.

**gras·kun·de** agrostology. **gras·kun·dig** *-dige, adj.* agrosto‌logic(al). **gras·kun·di·ge** *-ges, n.* agrostologist.

**gras·ryk** grassy, verdant. **gras·ryk·heid** grassiness.

**gras·sie** *-sies, (dim.)* blade of grass.

**gra·te·rig** *-rige* bony *(fish)*.

**gra·ti·fi·ka·sie** *-sies* gratuity.

**gra·ti·neer** *ge-, (cook.)* gratinate; *ge~(d)* au gratin.

**gra·tis** *adj. & adv.* free, gratis, gratuitous; *~ eksemplaar* free copy *(of a book etc.); iets ~ kry* get s.t. (for) free; *~ monster* free sample.

**gra·veer** *(ge-)* engrave; chase, carve, inscribe; incise. **~kuns** (art of) engraving, engraver's art. **~naald, ~stif** engraver's needle, graver, graving tool, burin, style. **~werk** engraving.

**gra·veer·der** *-ders* engraver.

**gra·ve·ring** *-rings, -ringe* engraving, chasing.

**gra·veur** *-veurs* engraver; die-sinker.

**gra·vi·me·ter** *-ters* gravity meter, gravimeter. **gra·vi·me·tries** *-triese* gravimetric(al).

**gra·vin** *-vinne, (fem.)* countess.

**gra·vis(·ak·sent)** *(orthography)* grave accent, accent grave.

**gra·vi·ta·sie** gravitation, gravity.

**gra·vi·teer** *ge-* gravitate.

**gra·vu·re** engraving, copperplate, print. **~letter** *(print.)* inscribed letter.

**gra·we** *ge-* dig *(a hole, a trench, etc.)*, sink *(a well)*, cut *(a ditch, a trench, etc.)*; *(rabbits)* burrow; delve, mine; *begin* ~ start digging; break ground; *iem.* ~ *in* ... s.o. digs in ...; s.o. delves into ...; *na iets* ~ dig for s.t.; *onder* ... ~ delve among ... **gra·wer** *-wers* digger; grubber, burrower, burrowing animal. **gra·we·ry** digging, burrowing.

**gra·weel** calculus, gravel, stone *(in the bladder)*, urolith.

**Green·wich-tyd** Greenwich (mean) time.

**greep** *grepe* clutch, grasp, grip, (hand)hold; coup; hilt; handle; pull *(of a door)*; stock *(of a pistol, rifle, etc.)*; cleat; *(comp.)* byte; *'n* ~ *uit die lewe* a slice of life; *iem. in jou* ~ *hê* have a stranglehold on s.o.; *grepe uit* ... snatches from ... *(history, s.o.'s life)*; *in die* ~ *van* ... wees be in the clutches of ... **~bord** fingerboard *(of a violin etc.)*.

**Gre·go·ri·aans** *-aanse, (also g~)* Gregorian; *~e cantus/(kerk)sang, (RC)* Gregorian chant, (Gregorian) plainsong; *~e kalender* Gregorian calender.

**grein** *greine* grain; *grof van* ~ coarse-grained. **~hout** deal, softwood, white/pitch pine; red fir; *Amerikaanse* ~ Oregon pine; *getapte* ~ clear pine. **~houtplank** deal board.

**grei·neer** *-ge-* granulate; grain. **grei·ne·ring** granulation; graining.

**grein·tjie** *-tjies, (dim.)* atom, grain, scrap, shred, particle; *geen (of nie 'n)* ~ ... *nie* not a shred of ... *(evidence)*, not an atom of ... *(truth)*, not a grain of ... *(common sense)*; *'n* ~ ... a spark of ... *(feeling)*.

**Gre·kis** *-kiste,* **Gre·sis** *-siste, (also g~)* Greek scholar. **Gre·kis·me, Gre·sis·me** *-mes, (also g~)* Gr(a)ecism, Hellenism.

**gre·na·del·la** *-las* passion fruit, granadilla, grenadilla. **~blom** passionflower.

**gre·na·dien**[1] *(a cordial)* grenadine.

**gre·na·dien**[2] *(text.)* grenadine.

**gre·na·dier** *-diers, (mil.)* grenadier.

**gren·del** *-dels, n.* (slip) bolt, bar; breech bolt *(of a gun)*; *op* ~ bolted; *'n* ~ *toeskuif/-skuiwe* shoot a bolt. **gren·del** *ge-, vb.* bolt; interlock. **~hefboom** latch(ing) lever. **~klep** interlock valve. **~slot** bolt lock. **~sluiting** bolt action.

**grens**[1] *grense, n.* boundary, frontier, border; bound, limit; *(in the pl., also)* confines; *aan die* ~ on/near the border/frontier; *(cr.)* in the outfield; *~e afbreek* break down barriers; *alles het sy ~e* there are limits *(or is a limit)* to everything; *binne sekere ~e* within certain limits; *binne die ~e van* ... within the confines of ...; *buite die* ~ beyond the pale; *buite die ~e van* ... beyond the sweep of ... *(human understanding etc.)*; *dit gaan alle ~e te buite* that exceeds all bounds; *buite(kant)/oor die ~e* beyond the boundaries; *by die* ~ on the borderline/verge; *daar is geen ~(e) nie* there are no limits, *(infml.)* the sky's the limit; *geen ~e ken nie* know no bounds; *êrens moet die* ~ *getrek word* one must draw the line somewhere; *die* ~ *met Botswana* the border with Botswana; *oor die* ~ *wees, (golf)* be out of bounds; *oor die* ~ *trek* cross the frontier/border; *die* ~ *oorskry* overstep the mark; *op die* ~ on the borderline/verge; astride the border; *'n* ~ *stel* draw a line *(fig.)*; *~e aan iets stel* set bounds to s.t.; *tot aan die* ~ up to the border; *die* ~ *tussen Suid-Afrika en Lesotho* South Africa's border with Lesotho; *die uiterste ~e* the utmost limits. **grens** *ge-, vb.: aan* ... ~ border (up)on ...; be adjacent to ...; abut on ...; be contiguous to ...; *dit* ~ *aan ..., (also)* it verges (up)on ... *(blasphemy etc.)*. **~afbakening, ~bepaling** delimitation/settlement of boundaries, demarcation. **~bewoner** borderer, frontiersman. **~boer** frontiersman, frontier farmer. **~bydrae** marginal contribution. **~draad** boundary fence. **~gebied** border(land), border area, confines. **~ge-**

**skil** border/boundary/frontier dispute. **~geval** borderline/marginal case. **~hoek** critical angle. ~**hou** *(cr.)* boundary (hit), four. **~loon** marginal wage. **~lyn** boundary/frontier/border line, line of demarcation; frontier; touchline. **~nywerheid, ~bedryf** border industry. **~oorlog** *(hist.)* frontier war. **~oortreding** border violation. **~opbrengs** marginal balance/return. **~paal** boundary post/mark. **~plaas** frontier farm; boundary farm. **~pos** frontier post. **~produsent** marginal producer. **~regter** *(football, rugby)* linesman, flagman, touch judge. **~setel** marginal seat. **~situasie** borderline situation. **~snelheid** limiting velocity. **~troepe** frontier troops. **~veld** *(cr.)* deep/long field, outfield. **~veldwerker** *(cr.)* sweeper. **~verdediging** frontier defence. **~verdrag** boundary treaty. **~vesting** frontier fortress. **~vlak** surface. **~voordeel** marginal benefit. **~voorval** border incident. **~waarde** limit, limit(ing) value; marginal value. **~wag(ter)** frontier/border guard.

**grens**[2] *ge-, vb., (infml.)* cry, howl, bawl, blubber. **gren·send** *-sende* snivelling.

**grens·loos, gren·se·loos** *-lose* boundless, illimitable, infinite, limitless, unlimited; unconfined; *~lose ambisie* consuming ambition; *~lose ellende* infinite misery.

**gre·pie** *-pies, (dim.)* selection, extract; →GREEP; *~s uit iem. se lewe* episodes from s.o.'s life.

**Gre·sis** *(also g~)* →GREKIS.

**gre·tig** *-tige* keen, anxious, desirous, eager; avid, greedy; *~e koper* ready buyer; ~ *na nuus wees* be anxious for news; *nie baie* ~ *wees nie* not be very keen (on it); ~ *wees om iets te doen* be eager to do s.t.; be anxious to do s.t. *(help etc.)*. **gre·tig·heid** keenness, anxiety, eagerness, alacrity; avidity, greediness, zest. **gre·tig(·lik)** greedily, eagerly, avidly.

**grief** *griewe, n.* grievance, *(jur.)* gravamen; offence, wrong; *'n* ~ *lug* air/ventilate a grievance; *'n* ~ *teen iem. hê/koester* harbour/nurse a grievance *(or* have/hold something) against s.o.. **grief** *ge-, vb.* grieve, hurt; *dit* ~ *my dat ..., (also)* it peeves me that ...; *iem. diep* ~ cut s.o. to the heart.

**Griek** *Grieke* Greek. **Grie·ke·land** Greece.

**Grieks** *n., (lang.)* Greek. **Grieks** *Griekse, adj.* Greek; Grecian; Hellenic; *~e god, (fig.: attractive young man)* Greek god; *~e kitaar, (mus.)* cithara, kithara; *~e kruis* Greek cross; *~e neus* Grecian nose. **~-Cipries** *adj.* Greek Cypriot. **~-Cipriot** *n.* Greek Cypriot. **~-Ortodoks** Greek Orthodox. **~-Romeins** Graeco-Roman.

**Grieks·ge·sind** philhellenic.

**Grie·kwa** *-kwas* Griqua. **~-Afrikaans** Griqua Afrikaans.

**grie·kwa·iet** *(min.)* griquaite.

**Grie·kwa·land** Griqualand. **~-Oos** East Griqualand. **~-Wes** West Griqualand.

**grie·kwa·lan·diet** *(min.)* griqualandite.

**griep** flu, influenza. **~epidemie** flu/influenza epidemic. **grie·pe·rig** *-rige* affected by flu, *(infml.)* fluey.

**grie·sel** *ge-, vb.* shiver, shudder. **~kamer** chamber of horrors. **~prent, ~stuk** thriller. **~verhaal** tale of horror(s); thriller; (penny) blood, penny dreadful/horrible.

**grie·se·lig** *-lige,* **grie·sel·rig** *-rige* creepy, curdling, grisly, gruesome, eerie, weird, uncanny. **grie·se·lig·heid, grie·sel·rig·heid** gruesomeness; weirdness, eeriness.

**Griet:** *grote/goeie ~!, (infml.)* good grief!; *o ~!, (infml.)* oh my goodness!, oh dear! *(infml.)*.

**grie·we·kom·mis·sie** grievances commission/committee.

**grif** *ge-* engrave, incise; impress; *dit staan in my geheue ge~* it remains stamped/engraved on my memory, it has impressed itself on my mind.

**grif·fel** *-fels,* **grif·fie** *-fies* slate pencil. **~been** splint bone *(of a horse)*.

**grif·fier** *-fiers, (jur.)* registrar *(of the court)*.

**grif·fi·oen** *=fioene, (myth. creature)* griffin, griffon, gryphon.

**grif·fon** *-fons, (a breed of dog)* griffon.

**gril** *grille, n.* caprice, freak, fancy, fad, vagary, whim; shiver, shudder; *(in the pl., also)* fancifulness; *elke ~ van iem.* s.o.'s every whim; *'n ~ van die noodlot* a quirk of fate; *aan iem. se ~le toegee* humour s.o.'s whims; *'n tydelike ~* a passing whim/fancy; *vol ~le wees* be capricious. **gril** *ge-, vb.* shiver, shudder; *~ as jy aan ... dink, ~ by die gedagte aan ...* shudder to think *(or* at the thought) of ...; *iem. laat ~* give s.o. the creeps/horrors/shudders; *grate/jangle/jar* (up)on s.o.'s nerves; set s.o.'s teeth on edge; *dit is om van te ~* it gives one the creeps/horrors/shudders. **~prent** *(film)* thriller. **~verhaal** *(book)* thriller; hair-raiser.

**gril·le·rig** *=rige* creepy, gruesome, grisly, weird, eerie, uncanny. **gril·le·rig·heid** creepiness, eeriness.

**gril·lig** *=lige* capricious, crotchety; fanciful, whimsical; bizarre, freakish, grotesque; offbeat, kinky; fickle; fitful *(weather).*

**gri·mas** *=masse* grimace; *~se maak* pull faces.

**gri·meer** *(ge-): jou ~* make o.s. up, apply make-up/cosmetics, paint one's face. **gri·meer·der** *-ders, (theatr., cin.)* make-up artist. **gri·meer·mid·del** *-dels, -dele* cosmetic, make-up item/product. **gri·meer·sel** *(theatr., cin.)* make-up, greasepaint. **gri·me·ring** make-up.

**grim(·lag)** *-lagge, -lagte, n.* grin, wry smile, sneer. **grim(·lag)** *ge-, vb.* grin, sneer, smirk, smile wryly.

**grim·mig** *-mige* angry, enraged, furious, grim, scowling. **grim·mig·heid** anger, fury, wrath.

**grin·nik** *ge-* chuckle, grin, sneer, snigger, chortle; *daar's niks om oor te ~ nie!, (infml.)* wipe that grin off your face!.

**grint** (uncemented) grit, gravel. **~spat** *n.* roughcast(ing). **~spat** *ge-, vb.* roughcast, sp(l)atterdash, sparge. **~spat (pleister)** roughcast (plaster), sp(l)atterdash. **~steen** grit stone, (cemented) grit. **~strooi** pebble/rock dash. **~strooier** gritter.

**grin·te·rig** *-rige* gritty. **grin·te·rig·heid** grittiness.

**grip** *grippe,* **grip·pie** *-pies* slit trench, small furrow, grip, drill.

**groef** *groewe, n.* groove; rut, riffle; guideway; slot *(of a gun);* flute *(in a column);* furrow, wrinkle; stria(tion); *(geol.)* channel; *(anat.)* sulcus; *in 'n ~ raak* get into a rut; *in 'n ~ wees* be in a rut; *uit die ~ kom* get out of the rut. **groef** *ge-, vb.* groove; flute; chamfer, channel; spline; chase; score; striate. **~beitel** grooving chisel. **~katrol** grooved pulley. **~lys** quirk moulding, quirk(ed) bead. **~maker** slotter. **~masjien** key seater, paring machine; channel(l)er; slitting machine. **~myn** opencast/open-cut/strip mine. **~rat** splined gear. **~saag** grooving saw. **~skaaf** fluting/grooving/tonguing plane. **~versiering** fluting. **~vyl** riffler. **~wiel** spur wheel.

**groe·fie** *-fies, (dim.)* wrinkle; stria(tion); bezel.

**groei** *n.* growth; increase; extension; evolution; rising *(of a river);* germination; *aan die ~ wees* be growing; be on the increase. **groei** *ge-, vb.* grow; increase, develop, wax; extend, evolve; put on flesh/weight; rise; swell; sprout; *~ en afneem* wax and wane; *~ en bloei* prosper, thrive; *dit ~ stadig/vinnig* it is a slow/fast grower; *~ tot ...* grow/expand into ...; *iem. verby ~* outgrow s.o.; *vinnig ~, (also, a child)* shoot up; *weer ~* regrow, grow again; *wild ~* grow in the wild; run riot. **~fonds** growth/mutual fund, unit trust. **~hand:** *'n ~ hê* have green fingers *(or* a green thumb). **~hormoon** growth hormone. **~koers** growth rate, rate of growth. **~krag** vital force, vitality, vigour; vegetative faculty. **~kromme** *(stat.)* growth curve. **~laag** *(bot.)* cambium, annual/growth/tree ring. **~pakkie** babygrow. **~plek** *(biol.)* habitat, station. **~proses** process of growth/accretion. **~punt** vegetative cone, growing point, point of growth; *(econ.)* growth point. **~pyne** growing pains. **~ring** annual/growth/tree ring. **~·sel** *-selle* vegetative cell. **~snelheid, ~tempo** growth rate. **~syfer** growth quotient. **~vorm** habitus. **~wyse** habit (of growth).

**groei·end** *=ende* growing, increasing *(interest etc.);* deepening *(concern, love);* vegetative; *(biol.)* active; *~e maan* crescent moon.

**groei·sel** *=sels* growth; *(med.)* vegetation.

**groen** *groene, n.* (shade of) green; greenery, verdure; *(in the pl.)* greens *(in painting).* **groen** *~ groener groenste, adj.* green; fresh; verdant; virescent; verdurous; immature, unripe; raw, inexperienced; crude; *~ druiwe* green/unripe grapes; → GROENDRUIWE; *die ~ en goud, (SA, sport)* the green and gold; *~ groente* greens, green vegetables; *~ hout* green timber; *by iem. die ~ lig vir iets kry, (infml.)* get s.o. to okay/OK/O.K. s.t., okay/OK/O.K. s.t. with s.o.; *G~ Party, (pol.)* Green Party; *~ pruime* green/unripe plums; →GROENPRUIM; *~ slaai* green salad; *~ tee* green tea; *~ word* turn green. **~aapsiekte** green monkey disease, Marburg disease. **~aarde** *(min.)* green earth, celadonite, glauconite, Verona earth/green. **~amandel** *n.* pistachio (nut); pistachio (green). **~amandel** *adj.* pistachio(-green). **~bemesting** green manuring. **~blou, blougroen** greenish blue, teal (blue). **~blywend** *-wende* evergreen, indeciduous. **~bone, ~boontjies** green beans. **~brommer** green blowfly. **~dakkies** *(infml., derog.)* nuthouse, funny farm. **~dopluis** green scale. **~druiwe** *(variety)* green grapes. **~·erte, ~·ertjies** green peas. **~geel** greenish yellow. **~goed** greens, greenery. **~granaat** *(min.)* (massive) grossular garnet, Transvaal jade, South African jade. **~hout** greenheart. **~houtbreuk** *(med.)* greenstick fracture. **~kos** greens. **~kwarts** *(min.)* prase, green quartz. **~luis** *(species)* green bug. **~mamba** *(Dendroaspis angusticeps)* green mamba. **~ment** spearmint. **~mielie** green mealie. **~pampoentjie** Hubbard squash. **~pruim** greengage. **~sand** *(min.)* greensand, glauconite sand. **~seep** soft soap. **~skrif** *(pol.)* green paper. **~slaai** lettuce. **~spaan** verdigris. **~staar** *(pathol.)* glaucoma. **~steen** *(infml.)* greenstone. **~vink** *(Eur.: Carduelis chloris)* greenfinch. **~vitrioel** green vitriol, copperas, iron sulphate. **~vlieg** *(Eur. blister beetle: Lytta vesicatoria)* Spanish fly. **~voer** fresh fodder, greenstuff(s), green feed. **~voergewas** green-fodder crop. **~vy** green fig. **~vyekonfyt** green fig preserve(s).

**groe·ne** *=nes* green one; greener; freshman, fresher; beginner, tenderfoot, novice; *(pol., often G~)* green, *(infml., often derog.)* greenie; →GROENTJIE; *die/'n ~* the/a green one; *die ~s* the green ones; *(pol., G~)* the Greens. **groe·ne·tjie** *-tjies, (dim.)* little green one.

**groe·ne·rig** *-rige* greenish, greeny, viridescent.

**groen·heid** greenness, verdancy, viridity, virescence.

**groe·nig·heid** *(infml.)* greenness, green grass, green stuffs; greenery, verdure, verdancy.

**Groen·land** Greenland. **Groen·lan·der** *=ders* Greenlander. **Groen·lands** *-landse* Greenland.

**groen·te** *-tes* vegetable(s), *(infml.)* veg *(sing. & pl.), (infml.)* veggie(s). **~atjar** pickled vegetables. **~boer** vegetable grower, market gardener. **~boerdery** market gardening, vegetable growing. **~·eter** *(infml.)* vegetarian. **~gereg** vegetable dish. **~handelaar** greengrocer. **~koekie, ~burger** veggie burger, vegeburger. **~kweker** vegetable grower. **~kwekery** vegetable farm. **~laai** crisper *(in a refrigerator).* **~mark** vegetable market. **~skottel** vegetable dish. **~sop** vegetable soup, julienne. **~stalletjie** vegetable/farm stall. **~tuin** vegetable/kitchen garden. **~winkel** greengrocer's (shop), greengrocery.

**groen·tjie** *-tjies, (infml.)* greenhorn, virgin; *(infml.: first-year student)* freshman, fresher; *'n ~ in die sakewêreld/ens. wees* be new to business/etc..

**groep** *groepe, n.* group, crew, line-up; set; assemblage; cluster, clump *(of trees);* →GROEPS-; *'n ~ mense* a group of people; *'n ~ geldeenhede* a basket of currencies. **~bespreking** group discussion; block booking. **~praktyk** *(med.)* group practice. **~stem** block vote. **~terapie** group therapy. **~toer** package tour. **~verkragting** gang rape, *(coarse)* gangbang. **~vorming** grouping, group formation. **~werk** group work.

**groe·peer** *(ge)=* group, classify, (as)sort; *mense/dinge saam ~* bracket (together) people/things. **groe·pe·ring** *=rings, =ringe* grouping, classification, line-up.

**groe·pie** *(dim.)* small group, batch (of people).

**groeps=:** ~belange, groepbelange sectional interests. ~bestuurder, groepbestuurder group manager. ~dinamika, groepdinamika *(psych.)* group dynamics. ~gees communal spirit. ~gewys(e) *adv.* in batches/groups. ~klas, groepklas tutorial. ~leier, groepleier group leader. ~lid, groeplid group member, member of a group. ~portret, groepportret group photo. ~taal, groeptaal jargon, argot, cant. ~versekering, groepversekering group insurance.

**groet** *groete, n.* greeting, salute, salutation; *as ~* in salute, by way of greeting; *'n ~ beantwoord* return a greeting. **groet** *ge=, vb.* greet, salute, hail; shake hands; say goodbye, take one's leave; take leave of; *iem. by die lughawe/stasie gaan ~* see s.o. off at the airport/station; *terug ~* answer/return a greeting. **groe·te** regards, greetings, compliments; *(sê) ~ aan/vir ...!* give ... my respects, mention me to ...!; *met beste/vriendelike ~* with kind regards; *hartlike ~* warm greetings; *~ oorbring* convey greetings; *~ stuur, ~ laat weet* send greetings, send one's love; *~ tuis!* kind regards to your family!. **groe·tend** salutatory, complimentary; with kind regards. **groe·te·ry** leave-taking, handshaking, shaking hands, farewells. **groet·nis** *(infml.)* greetings, regards.

**grof** *growwe growwer grofste, adj.* coarse *(gravel);* uneven *(a surface);* rude *(remark);* crude *(manners);* gross *(carelessness);* big *(lie);* bad *(blunder);* gruff, harsh *(voice);* crass *(ignorance);* glaring *(error);* rough *(rind);* verrucose; vulgar; →GROWWEBROOD, GROWWERIG, GROWWIGHEID; *~ van draad* coarse-grained; *growwe handdoek* rough/Turkish towel; *growwe meel* wholemeal. **grof** *adv.* coarsely, rudely, roughly, grossly, harshly; *~ lieg* lie shamelessly; *iets ~ maal* grind s.t. coarsely, bruise s.t., kibble s.t.. **~geskut** heavy ordnance/guns/artillery. **~gewig** avoirdupois (weight). **~linne** crash. **~smedery** blacksmithing. **~smid** *=smede* blacksmith, ironsmith. **~spat** *grofge=* roughcast, sp(l)atterdash. **~vyl** rough file.

**grof·heid** coarseness, roughness; unevenness *(of a surface);* rudeness; gruffness, harshness; crudeness, crudity; grossness.

**grof·weg** *adv.* roughly, approximately.

**grok** *grokke,* **grok·kie** *=kies* grog, toddy.

**grom** *ge=* growl, grumble, snarl; grunt. **~pot** *(infml.)* growler, grumbler.

**grond** *gronde, n., (no pl.)* ground, earth; soil; land; bottom; *(with pl.)* foundation; reason, cause; *(in the pl., also)* elements, fundamentals, rudiments *(of sc. etc.);* *~e aanvoer* show cause; *=e vir ... aanvoer* make out a case for ...; *iets tot op die ~ afbreek* level s.t. with *(or* raze s.t. to) the ground; *die ~ bebou/bewerk* cultivate/till the soil; *bo die ~* above ground; *... ~ toe bring* bring ... to the ground; *op ~ daarvan dat ...* on the ground(s) that ...; *tot die ~ van 'n saak deurdring* get/go to the root of a matter; *diep onder die ~* in the bowels of the earth; *iets ~ toe dwing* force down s.t.; *(hard) ~ eet/vreet, (infml.: fall)* kiss/lick the dust, come a cropper; *te(n) ~e gaan* go to rack and ruin; go under; go to the devil/dogs *(infml.); iets laat iem. te(n) ~e gaan* s.t. is *(or* leads to) s.o.'s undoing; *daar is geen ~ vir ... nie, (the complaint etc.)* ... has no substance; there is no reason for ... *(complacency etc.); daar is goeie ~(e) om aan te neem dat ...* there are good grounds for believing that ...; *in die ~, (lit.)* in the ground; *(fig.)* at bottom, at heart; basically, fundamentally; *laag by die ~* low down; *op losse ~e* on insubstantial grounds; *met ~* with good reason/grounds; *onbeboude ~* vacant land; *onder die ~* underground; *iem. onder die ~ stop, (joc.)* bury s.o.; *op ~ van ...* on the basis of ...; on the evidence of ...; by reason of ...; by right of ...; on the strength of ...; by virtue of ...; on account of ...; *op dié ~* for that reason, on that account; *iem. in die ~ laat ploeg* send s.o.

sprawling; *die ~ raak* touch ground; *~ raak/voel* touch bottom; *ryk/vrugbare ~* rich soil; *iem. kon deur die ~ sink* s.o. did not know what to do with him-/herself, s.o. was mortified, s.o. would rather have died a thousand deaths; *iem. teen die ~ slaan* lay s.o. low; strike down s.o.; *iets sleep op die ~* s.t. sweeps the ground; *iets sonder ~ doen* do s.t. without cause; *... is sonder ~, (the report etc.)* ... has no *(or* is without) foundation, *(the rumour)* ... is groundless/baseless; *(jur.: the case)* ... is without merit; *sterk ~e hê* have a strong case; *iem. tot in die ~ bederf* spoil s.o. utterly *(esp. a child); iets uit die ~ ruk/trek* uproot s.t.; *op die ~ val* fall to the ground; *iets weer van die ~ af opbou* start s.t. again right at/from the bottom *(or* the very beginning), start s.t. completely afresh; *aan die ~ (vas)genael* wees be/stand rooted to the spot; *vaste ~* solid ground; *vaste ~ onder die voete kry* touch bottom; *op vaste ~ wees, vaste ~ onder die voete hê* be on firm ground; *~ vir ...* ground(s) for ...; room for ...; *~ onder jou voete hê* have a case; *geen ~ onder jou voete hê nie, (fig.)* be on shaky ground; have no leg *(or* not have a leg) to stand on, have no case; *(hard) ~ vreet →eet/vreet; daar is 'n ~ van waarheid in* there is a substratum of truth in it, it is essentially true. **grond** *ge=, vb.* base, found, ground; prime *(paint); iets op ... ~* base s.t. (up)on ...; found s.t. (up)on ....; ground s.t. on.... **~baan** *(tennis)* clay court. **~baron** land baron. **~bedekking** ground cover; basal cover. **~bedryf** basic/key industry. **~beginsel** basic/first/fundamental/underlying principle, ground rule; *(in the pl., also)* fundamentals, elements, rudiments, nuts and bolts; →GRONDREËL; *tot die ~s terugkeer* get/go back to basics. **~begrip** basic/fundamental idea. **~beheer, ~leiding** *(av.)* ground control. **~belasting** land tax. **~besit** landed property; land tenure; landownership; *vry ~* freehold. **~besitter** →GRONDEIENAAR. **~bestanddeel** fundamental part/ingredient/element. **~betekenis** original meaning, primary sense. **~bewaring** soil conservation. **~bodem** soil surface. **~boontjie** *=tjies, =bone* peanut. **~boontjiebotter, ~boonbotter** peanut butter. **~dam** earth dam, dam with earth wall. **~deining** ground swell. **~diens** ground duty, duties; *(av.)* ground facilities. **~eekhoring:** *waaierstert~, (SA)* ground squirrel. **~eienaar, ~besitter** landed proprietor, landowner, man of property; *(hist.)* yeoman. **~eienskap** axiom; fundamental property. **~erosie** soil erosion. **~etery** geophagia, geophagy. **~fase** *(SA educ.)* foundation phase. **~fout** basic/capital fault/error, fundamental mistake. **~gebied** territory. **~gedagte** basic/underlying idea, leading thought. **~geitjie:** *groot ~* giant ground gecko. **~gelaagdheid** soil profile. **~gesteldheid** nature of the soil. **~getal** basic number, base, radix. **~herverdeling** land reform/redistribution. **~herwinning** land reclamation. **~hoogte** ground level; clearance. **~hou** *(sport)* ground stroke/shot, carpet drive. **~idee** motif, basic idea. **~kaart** base map, key map; soil map; soil plan. **~kleur** ground colour, priming colour; primary colour; key colour; basic dye. **~kombers** mulch; top dressing; *'n grasperk 'n ~ gee* top-dress a lawn. **~kunde** soil science, paedology. **~laag** first layer, ground layer; bed; first/ground/bottom coat, ground, priming *(of paint); (biol.)* matrix. **~lug-projektiel** →GROND-(TOT-)LUG-PROJEKTIEL. **~lyn** base, basis, baseline. **~magnaat** land baron. **~oorsaak** first/basic cause; underlying/original/root cause. **~oppervlak** soil surface. **~pad** earth road, dirt road. **~patroon** basic/foundation pattern. **~personeel** *(av.)* ground crew/staff. **~plan** ground plan, horizontal projection; layout. **~rede:** *die ~ vir iets* the rationale behind/for/of s.t.. **~reël** maxim; basic principle; fundamental rule; →GRONDBEGINSEL. **~reg** *=regte* basic right; *(in the pl., also)* land rights. **~snelheid** ground speed. **~soort** kind of ground/soil. **~spekulant** land-jobber. **~stelling** *=lings, =linge, (math.)* fundamental axiom; maxim, fundamental proposition. **~stof** element; raw material; *(anat.)* matrix. **~storting** landslide, earthfall, avalanche. **~syfer** basic figure. **~taal** original language. **~tarief** basic rate. **~te** kening principal plan, ground plan, ichnography. ~**teks** original text. ~**tipe** archetype; type of soil. ~**toon** keynote, fundamental tone, dominant note, tonic. ~**-tot-grond-pro-jektiel** surface-to-surface missile. ~**-(tot-)lug-projektiel** surface-to-air missile. ~**verf** *n.* ground colour, first coat, priming (coat), primer. ~**verf** *ge-, vb.* prime, ground, give a priming coat. ~**verskil** basic/fundamental difference. ~**verskuiwing** *(also fig.)* landslide. ~**verspoeling** water erosion. ~**vlak** ground level, base; *op* ~ at grass-roots level; *ondersteuning op* ~ grass-roots support. ~**vlakdemokrasie** grass-roots democracy. ~**vogtigheid** soil humidity. ~**voorwaarde** primary condition. ~**vorm** fundamental/original form, archetype, primitive form. ~**vrugbaarheid** soil fertility. ~**waarheid** fundamental truth. ~**wal** earth dam. ~**water** ground water, phreatic water, underground/subsurface/subsoil/subterranean water. ~**werk** groundwork; *(in the pl., rly.)* earthworks. ~**woord** original word, radical, etymon, root word, primitive word, original root. ~**ys** ground ice, anchor ice, stone ice.

**grond·ag·tig** *-tige* earthy.

**gron·de·ling** *-linge, (Eur. icht.)* gudgeon.

**gron·de·loos** *-lose* bottomless, unfathomable; abysmal *(ignorance).* **gron·de·loos·heid** unfathomableness; bottomless depth.

**gron·de·rig** *-rige* earthy *(taste),* muddy.

**gron·dig** *-dige, adj.* thorough, profound; radical *(cure);* searching *(examination);* exhaustive, probing *(inquiry);* deep; well-founded; cogent. **gron·dig** *adv.* thoroughly, profoundly, radically, searchingly, exhaustively; *'n saak* ~ *ondersoek* probe/sift a matter to the very bottom. **gron·dig·heid** thoroughness, profoundness.

**gron·ding** grounding, basing.

**grond·leg·ger** *-gers,* **grond·lê·er** *-lêers* founder; architect *(fig.).* **grond·leg·ging** foundation, founding; ~ *van die wêreld* creation of the world.

**grond·lig·gend** *-gende* basic, fundamental.

**grond·loos** *-lose, adj.* landless. **grond·lo·se** *-ses, n.: die* ~*s* the landless, landless people, landless masses.

**grond·slag** basis, foundation; grounding, groundwork; underlying principle; *aan iets ten* ~ *lê* form the basis of s.t., be basic/fundamental to s.t.; be/lie at the root of s.t.; *wat lê daaraan ten* ~? what is the root of it?; what is the underlying idea/principle of it?; *'n hegte/vaste* ~ a firm/secure foundation *(of a relationship etc.); die* ~ *van/vir iets lê* lay the foundation of s.t.; *die* ~ *vorm van* ... be the basis of ...

**grond·tal** *(math.)* base, basis, radix.

**grond·trek** *-trekke* characteristic feature, chief trait; *(in the pl., also)* basics.

**grond·vat** *grondge-* arrive, alight, touch down, touch ground; *iem. kon skaars* ~, *(infml.)* s.o. was run/rushed off his/her feet, s.o. hit the ground running.

**grond·ves** *ge-* found, base, lay the foundation of. **grond·ves·ter** *-ters* founder. **grond·ves·ting** foundation, founding.

**grond·wet** constitution *(of a state etc.); (rare)* fundamental/basic law. **grond·wet·ge·wend** *-wende* constituent; ~*e vergadering* constituent assembly. **grond·wet·ge·wer** constitutioner. **grond·wet·lik** *-like* constitutional, concerning the constitution; ~*e ontwikkeling* constitutional development. **grond·wet·tig·heid** constitutionality.

**grond·wets·:** ~**hersiening** constitutional reform, revision of the constitution. ~**wysiging** amendment of the constitution.

**groot** *n.: iets in die* ~ *doen* do s.t. on a large scale; ~ *en klein* big and small; everyone. **groot** *grote groter grootste, adj.* large, big; vast, huge, immense; tall; great; grand; major; world-shaking *(a moment etc.);* grown-up; ~ *aansien geniet* have a high profile; ~ *aap, (zool.)* great ape; *'n alte* ~ ... too much of a ... *(risk etc.); as/wanneer jy (eendag)* ~ *is, (said to* 

a child) when you grow up *(or* are grown up); ~ *bord* dinner plate; ~ *broer/suster* big brother/sister; ~ *finale* grand finale; ~ *geld* big money; *die (~) gemeenskap* the general public; *'n* ~ *gesin* a large/numerous family; *heeltemal/taamlik* ~ *wees* be quite big, be quite a size; ~ *hitte* intense heat; *hoe 'n* ~ *hond was dit?* how big a dog was it?; *die* ~ *Hollywoodsterre/ens.* the greats of Hollywood/etc.; *die G~ Hond, (astron.)* Canis Major; *die* ~ *K, (infml.: cancer)* the Big C; ~ *kinders* big children; grown-up children; *in* ~ *maat* in bulk; in large quantities; →GROOTMAAT-; *'n* ~ *man* a tall man; a big man; a great man; →GROOTMAN; ~ *meneer* →GROOTMENEER; *'n ... wat 15/ens. vierkante meter* ~ *is* a ... measuring 15/etc. square metres; *'n* ~ *nommer dra* wear outsize clothing *(or* an outsize shoe/etc.); ~ *oop* wide-open *(mouth etc.);* ~ *planeet, (astron.)* superior planet; *die G~ Profete, (OT)* the Major Prophets; ~ *ruk-en-rol-treffers* rock'n'roll greats; ~ *saal* auditorium, aula, great/large hall; *iets is so* ~ *soos 'n* ... s.t. is the size of a ...; *so* ~ *soos iem. wees* be as big as s.o., be s.o.'s size; ~ *suster* →*broer/suster; taamlik* ~ *wees* → *heeltemal/taamlik; twee maal so* ~ *as ... wees* be twice as big as *(or* the size of) ...; *een van die* ~*ste boksers van alle tye* one of boxing's all-time greats; ~ *verwagtinge/verwagtings koester* have high hopes *(or* great expectations); ~ *word* become big/large; →GROOTWORD. **groot** *groter groots, adv.: jou* ~ *hou* keep a stiff upper lip; play the man; play the big girl; ~ *lewe* live in luxury; *te* ~ *lewe* live beyond one's means; ~ *skryf* write a large hand; write in big letters; capitalise, write with a capital. ~**baas** *-base, (infml.)* tycoon; bigwig, Big Chief/Daddy, top dog; *(in the pl., also)* honours *(at cards).* ~**bedryf** large-scale industry. ~**bek** *(infml.)* braggart, swaggerer, windbag; ~ *wees* be loudmouthed. ~**boek** →GROOTBOEK. ~**botterblom** marsh marigold. G~**-Brittanje** Great Britain. ~**derm** colon, large intestine. ~**doop** adult baptism. ~**grondbesitter** big landowner, large landed proprietor, land baron. ~**handel** →GROOTHANDEL. ~**harsings** cerebrum. ~**hertog** grand duke. ~**hertogin** grand duchess. ~**kanon** *(fig., infml.)* bigwig, big gun/shot/noise, big-leaguer. G~**-Karoo** *(SA, geog.)* Great Karoo. ~**kop** *(infml.)* bigwig, big gun/shot/noise, big-leaguer, VIP, high-up; *(mech.)* big end. ~**lawaai** *(infml.)* noisy person, windbag, gasbag. ~**maak** →GROOTMAAK. ~**man** *(infml., said of a child)* big fellow; *jou (lyf)* ~ *hou* act the big/strong man, swagger. ~**mas** mainmast. ~**meneer** *(infml.)* big shot/noise, hotshot; *soos 'n* ~ like a lord; ~ *speel* throw one's weight about/around. ~**mens** adult, grown-up; *gedra jou soos 'n* ~*!* act/be your age!; *eers* ~*e, dan langore, (infml., joc.)* age before beauty. ~**oog** *adj.* wide-eyed, open-eyed. ~**oog** *adv.* wide-eyed, open-eyed, pop-eyed, round-eyed; ~ *na iem. kyk, iem.* ~ *aankyk* look wide-eyed at s.o., look at s.o. with wide-open eyes. ~**ouer** grandparent. ~**ouma** great-grandmother. ~**oupa** great-grandfather. ~**pad** *-paaie* highway, highroad, main/major/trunk road; *(fig.)* highroad *(to success etc.).* ~**paviljoen,** ~**pawiljoen** grandstand. ~**prater** braggart, swaggerer, windbag; *'n* ~ *wees, (also)* be full of hot hot air. ~**rietreier** *(also* roerdomp) bittern. G~**rivier** *(infml.)* Orange River. ~**seël** great seal *(also* G~ S~). ~**seil** mainsail. ~**skrif** large hand, text hand. ~**stad** metropolis, metropole. ~**stadsgebied** metropolitan area. ~**swartooievaar** *(Ciconia nigra)* black stork. ~**toon** big toe. ~**totaal** grand total. ~**vader** grandfather, grandsire. ~**vee** *(cattle, horses, mules and donkeys)* large stock. ~**verbruik** bulk/large-scale consumption. ~**vis** →GROOTVIS. ~**vorstedom** grand duchy. ~**wild** → GROOTWILD. ~**woord** *-woorde, (euph.)* blasphemy; ~*e gebruik* use blasphemous language, swear. ~**word** *grootge-* grow up; *word groot!* grow up!; *met iets* ~ grow up on s.t.; *iem. het voor my grootgeword* I saw s.o. grow up.

**groot·boek** ledger. ~**gelde** ledger fees. ~**rekeninge** *n. (pl.)* accounts.

**groot·doe·ne·rig,** **groot·doe·ne·rig** *-rige* swaggering, swanky, snobbish, ostentatious, *(infml.)* toplofty; ~ *wees* show off, swank, swagger. **groot·doe·ne·ry** swagger, show-

(ing)-off, snobbery, ostentation; heroics; razzle-dazzle, razz=
matazz.

**groot·han·del** wholesale trade; *in die ~ koop* buy whole=
sale; *net in die ~ verkoop* sell only to the trade. **groot·han=
de·laar** wholesale merchant/dealer/trader, wholesaler. **groot·
han·del(s)·prys** wholesale price, trade price.

**groot·har·tig** →GROOTMOEDIG.

**groot·heid** =hede greatness, largeness, magnitude; gran=
deur; *(math.)* quantity; *'n onbekende ~, (math.)* an unknown
quantity; *~ van siel* magnanimity. **groot·heids·waan(·sin)**
megalomania, delusions of grandeur; *aan ~ ly* be a megalo=
maniac.

**groot·jie** =jies great-grandfather; great-grandmother; *(in the
pl.)* great-grandparents; *gaan/loop na jou ~!, (sl.)* go to blazes!
*(or the devil!)*; *dit kan jy jou ~ gaan wysmaak!, (infml.)* tell
that to the (horse) marines!.

**groot·liks** greatly, largely, to a large/great extent, to a high
degree; *~ staatmaak op ...* rely heavily (up)on ...

**groot·maak** *grootge=* bring up, rear, raise *(a family)*, nurture;
*goed grootgemaak* well brought up. **~kind** *(infml.)* foster child.

**groot·maat·: ~aankope** bulk buying. **~houer** bulk con=
tainer. **~voorrade** bulk supplies.

**groot·moe·dig** =dige, **groot·har·tig** =tige magnanimous,
generous, big-hearted, charitable, high-minded, kind, no=
ble(-minded); *dit is ~ van iem. om iets te doen* it is big of s.o.
to do s.t.. **groot·moe·dig·heid, groot·har·tig·heid** magna=
nimity, generosity, high-mindedness, kindness.

**groot·praat** *n.* bluster, bravado, swagger, boastfulness, big
talk; *~ is niemand se maat (nie)* great boast, small roast; all
talk and no do; *sonder ~* in all modesty. **groot·praat**
*grootge=, vb.* brag, boast; talk big. **groot·pra·ter** boaster, brag=
gart, gasbag, windbag; *~ is broekskyter, (coarse)* braggarts are
cowards. **groot·pra·te·rig** =rige loudmouthed, boastful, brag=
ging, swaggering. **groot·pra·te·ry** blustering, boasting, brag=
ging, bravado, swagger, boastfulness, big talk; *dis net ~* it is
all talk *(infml.)*.

**groots** *grootse grootser grootste, adj.* grand, majestic, grandi=
ose, noble, sublime; great; magnificent, stately; ambitious
*(plan)*; *iets ~* a big/great thing; *iets ~ verwag* expect s.t. great;
*~ wees op ...* be proud of ... **groots** *adv.: die ~ moontlike ...*
the greatest possible ... **groots·heid** magnificence, splen=
dour, grandeur, grandness; majesty.

**groot·skaals** =skaalse large-scale, extensive.

**groot·skeeps** =skeepse, *adj.* grand, princely, grandiose; in a
grand style; wholesale *(fig.)*. **groot·skeeps** *adv.* grandi=
ose; in a grand style. **groot·skeeps·heid** grandiosity.

**groot·spra·kig, groot·spra·kig** =kige, **groot·spra·ke·
rig** =rige bombastic, grandiloquent.

**groot·ste** greatest; largest, biggest; *die ~ van almal* the big=
gest of all; the biggest ever; *die ~ tot dusver/dusvêr* the
biggest ever; *van die ~ tot die kleinste* everyone; *die ~ van
die twee* the bigger/larger of the two.

**groot·steeds** =steedse grand, of a large town/city.

**groot·te** =tes bigness, extent, greatness, magnitude, size, tall=
ness; fatness; stature; dimensions; deepness *(of s.o.'s relief,
interest, etc.)*; *van die eerste ~, (a star)* of the first magnitude;
*... na/volgens ~ rangskik/sorteer* arrange ... in order of size,
size ...; *tot die ~ van ...* to the extent of ...; *ware ~* full/ac=
tual size; *die ~s van die ... wissel* the ... vary in size.

**groot·vis** (big) game fish. **~hengelary** game fishing. **~jag**
big-game fishing.

**groot·wild** big game. **~jag** big-game hunting/shooting.
**~jagter** big-game hunter.

**gros** gross; mass; generality; main body; *by die ~* in large
quantities; *die (groot) ~ (van die mense)* the man in the street;
*die grootste ~* the great majority; *'n ~ penne/ens., (144)* a
gross of pens/etc.. **~lys** list of prospective candidates/etc..

**grot** *grotte* cave, cavern, grotto. **~bewoner** cave dweller;

caveman; *(infml., joc.)* Neanderthal *(sometimes* n~*)*. **~mens**
caveman. **~skildery** cave painting.

**gro·te** =tes big one, large one; famous person, celebrity, great;
*die/'n ~* the/a big/large one; *die ~s* the great (ones); the big/
large ones. **gro·te·tjie** =tjies, *(dim.)* little big one.

**gro·ten·deels** chiefly, mostly, largely, for the greater/most
part, in large part.

**gro·ter** bigger, larger; *al hoe ~* bigger and bigger; larger and
larger; *~ as ... wees* be bigger than ...; be larger than ...; *'n ~
hulp wees* be more of a help; *twee keer/maal ~ wees* be twice
as large/big again; *iets ~ maak* enlarge s.t.; expand s.t.; let
s.t. out *(clothing)*; *iets ~ of kleiner maak* resize s.t.; *~ word*
grow bigger; *~ wordende ...* ever widening ... *(gap)*; ever
growing ... *(problem)*; ever increasing ... *(debt)*; deepening ...
*(crisis)*.

**gro·te·rig** =rige fair-sized, good-sized, siz(e)able, fairly large/
big; *~e getal* goodish number.

**gro·tesk** =teske, *n., (painting, sculpture, print.)* grotesque. **gro·
tesk** =teske, *adj.* grotesque.

**gro·tig·heid** ado; greatness; *moenie so 'n ~ maak nie* don't
make such a fuss.

**grou** *(chiefly poet.)* grey, gray, grizzly; drab, monotonous.
**~staar** cataract; leucoma.

**grou·ag·tig, grou·ag·tig, grou·e·rig** =rige, *(chiefly poet.)*
greyish, somewhat grey.

**grou·heid** *(chiefly poet.)* greyness; drabness.

**grow·we·brood** whole-wheat bread.

**grow·we·rig** =rige rather coarse/rough, roughish *(a surface
etc.)*.

**grow·wig·heid** coarseness, roughness; roughage, (dietary)
fibre.

**gru** *ge=* shudder; *ek ~ daarvan* it horrifies me; *~ vir ...* abhor
...; fear ...; *~ by 'n gedagte* shudder at a thought. **~film** hor=
ror film. **~moord** gruesome/horror murder.

**gruis** *n.* gravel; grit; chippings; crushed maize; brash. **gruis**
*ge=, vb.* gravel *(a road surface)*; *ge=de pad* gravelled road.
**~baan** gravel court; gravel track. **~blad** gravel surface.
**~gat, ~groef** gravel pit, gravel quarry. **~hoop** gravel dump.
**~kole** pea coal, peas, slack coal, small coal. **~pad** gravelled
path/road, gravel road.

**grui·se·rig** =rige gravelly.

**gru·saam** =same gruesome, grisly, horrible; gory *(details)*;
terrifying *(assault, violence, etc.)*. **gru·saam·heid** gruesome=
ness, horribleness.

**gru·wel** =wels abomination, atrocity, crime, horror; *die kind
is 'n klein ~, (infml., joc.)* that child is a little rascal; *die ~s van
(die) oorlog* the horrors of war, the dogs of war; *vir iem. 'n ~
wees* be an abomination to s.o., be held in abomination by
s.o.. **~daad** =dade atrocity, crime, outrage, gruesome deed;
*~dade pleeg, aan ~dade skuldig wees* commit *(or* be guilty of*)*
atrocities/excesses. **~film, ~fliek, ~(rol)prent** horror film,
*(infml.)* nasty. **~kamer** chamber of horrors. **~stuk** atrocity,
gruesome deed; *(theatr., cin.)* thriller; naughty prank *(of chil=
dren)*.

**gru·we·lik** =like, *adj.* abominable, atrocious, heinous, horri=
ble; shocking; nefarious; *(infml.)* very naughty, mischievous
*(child)*. **gru·we·lik** *adv.* abominably, atrociously, heinous=
ly, horribly; shockingly. **gru·we·lik·heid** atrocity, heinous=
ness, horror; nefariousness; naughtiness.

**Gru·yère-kaas** Gruyère (cheese).

**gryns** *grynse, n.* grimace, grin, sneer. **gryns** *ge=, vb.* make a
grimace, grin, sneer; *ewig ~* grin like a Cheshire cat. **~lag**
=lagte, *n.* sardonic smile, sneer; smirk.

**gryp** *ge=* catch, grab, grasp, grip, clutch, seize, lay hold of,
snatch; arrest, take/catch hold of, apprehend; *iem. aan die
nek/ens. ~* seize s.o. by the neck/etc.; *na iets ~* clutch at s.t.;
dive *(or* make a dive*)* for s.t.; grab *(or* make a grab*)* at s.t.;

grasp at s.t.; jump at s.t.; reach for s.t. *(a gun etc.);* snatch *(or* make a snatch) at s.t.; *skielik iets ~* pounce (up)on s.t.. **~dief** bagsnatcher; pickpocket. **~haak** grab, drag hook, grapple, sling dog; crampon, grapnel. **~inbraak** smash-and-grab raid. **~kraan** grab crane. **~orgaan** grasping/prehensile organ. **~rower** smash-and-grab thief. **~stert** prehensile tail. **~voël** *(myth.)* griffin, griffon, gryphon.

**gry·per** *-pers* grabber, gripper; grab; holder, taker; grasper.
**gry·pe·rig** *-rige, (fig.)* grabby.
**gryp·sug** avarice, greed. **gryp·sug·tig** *-tige* avaricious, grasping.

**grys** *gryse gryser grysste, adj.* grey, gray; grey-headed, white-haired; grizzled, grizzly; *~ ekonomie* shadow economy; *~ gebied, (fig.)* grey area; *die ~e oudheid/verlede* remote antiquity, the dim past; *~e verveling* utter boredom; *~ wees voor jou tyd, (lit.)* be prematurely grey; *(fig.: a child)* be precocious/forward; *~ word* go grey; *~er maar wyser wees* be sadder but wiser. **~appel** Mobola plum; sand apple. **~beer** grizzly (bear). **~blou** air-force blue. **~bok** grysbok. **~bruin** taupe. **~eekhoring** grey squirrel. **~groen** grey-green, sea-green. **~kop** *(infml.)* grey head. **~kopalbatros, ~kopmalmok** grey-headed albatross. **~muishond:** *groot ~* large grey mongoose; *klein ~* small/Cape grey mongoose. **~stof** *(anat.)* grey/gray matter.

**grys·aard** *-aards* grey-haired man, old man; greybeard, grey head.
**grys·ag·tig** *-tige* greyish, grizzly, grizzled.
**gry·se·rig** *-rige* greyish, rather grey. **gry·se·rig·heid** greyishness; pallidness; gloominess, sombreness.
**grys·heid** greyness; old age; *die ~ van die verlede* remote antiquity.
**Gua·te·ma·la** *(geog.)* Guatemala. **Gua·te·ma·laan** *-lane, n.* Guatemalan. **Gua·te·ma·laans** *-laanse, adj.* Guatemalan.
**guer·ril·la** *-las* guerrilla. **~oorlog** guerrilla warfare. **~stryd** guerrilla war/struggle, partisan conflict/struggle. **~stryder** guerrilla (fighter), irregular.
**guil·lo·ti·ne** *-nes* guillotine. **guil·lo·ti·neer** *ge-* guillotine.
**Gui·nee** *(geog.)* Guinea. **~-Bissau** Guinea-Bissau.
**Gui·ne·ër** *-neërs* Guinean.
**Gui·nees** *-nese* Guinean.
**gui·pu·re(-kant)** guipure (lace).
**gui·tig** *-tige* roguish, mischievous, teasing. **gui·tig·heid** roguishness, devilment.
**gul** *gulle guller gulste, adj.* cordial *(reception),* frank, genial *(manner),* open-hearted, lavish, jovial, ungrudging, liberal, generous. **gul** *adv.* cordially, generously, ungrudgingly; *iem. ~ onthaal* wine and dine s.o.. **gul·har·tig·heid, gul·heid** cordiality, frankness, geniality, generosity, lavishness, open-heartedness, ungrudgingness. **gul·weg** frankly, genially, openly.
**gul·de** *-de(n)s, n., (hist. monetary unit)* guilder, Dutch florin. **gul·de** *adj.* golden; *~/goue getal* golden number; *~ sne(d)e* golden section, medial section.
**gulp** *gulpe, n.* fly *(of trousers).* **~broek** fly front trousers. **~(s)knoop** fly button.
**guls·aard** *-aards* glutton, *(infml.)* guzzler.
**gul·sig** *-sige, adj.* gluttonous, greedy, wolfish, voracious, ravening. **gul·sig** *adv.* greedily; *~ eet/vreet* bolt food, guzzle. **gul·sig·aard** *-aards* glutton, *(infml.)* guzzler. **gul·sig·heid** gluttony, greediness, voracity.

**gun** *ge-* allow, grant; *ek ~ jou dit* you are welcome to it; *iem. iets nie ~ nie* (be)grudge s.o. s.t.; *ander niks ~ nie* be a dog in the manger; *iem. g'n oomblik rus ~ nie* not allow s.o. a moment's rest.
**guns** *gunste* favour; custom, goodwill, kindness, patronage, support; *iem. se ~ behou* keep/stay on the right side of s.o.; *iem. 'n ~ bewys* do/show s.o. a favour; do s.o. a good turn; *van ~te en gawes leef/lewe* live on charity; *iem. se ~ geniet* be in favour with s.o.; *die ~ van vroue/ens. geniet* be in with the ladies/etc. *(infml.); daar kan baie ten ~ van ... gesê word* there is much to be said for ...; *in die ~ herstel wees* be restored to favour; *hoog in die ~ staan* be in high favour; *in iem. se ~ staan/wees, by iem. in die ~ staan/wees* be in favour with s.o., be in s.o.'s good books/graces; *in iem. se ~ probeer kom* ingratiate o.s. (or curry favour) with s.o.; *ten ~ van ... praat* speak in support of ...; *~ soek* seek popularity; *ten ~te van ... wees* be in favour of ..., favour ...; be for ...; be in sympathy with ... *(a plan etc.); ten ~te van iem.* in s.o.'s favour; *heeltemal ten ~te van iets wees* be all for s.t.; *~te (en gawes) uitdeel* distribute favours; *iets ~ verloop ten ~te van iem.* s.t. goes in s.o.'s favour; *iem. se ~ verloor* fall out of favour with s.o., lose s.o.'s favour; *iem. se ~ verwerf/wen* win s.o.'s favour; *die wat ten ~te van die voorstel is* those in favour of the motion; *iem. (om) 'n ~ vra* ask a favour of s.o.. **~betoon** favour(ing), favouritism; mark(s) of favour. **~bewys** favour, mark of favour.
**guns·te·ling** *-linge* favourite, pet, blue-eyed boy; *die groot/sterk/oorweldigende/onbetwiste ~* the hot (or odds-on) favourite *(infml.); ou ~* golden oldie *(infml.).* **guns·te·ling** *det.* favourite, best-loved, most-favoured.
**guns·tig** *-tige* advantageous, auspicious, favourable, propitious; fortunate; to the good; opportune; *~ geleë wees* be conveniently/handily situated; *iem. ~ gesind wees* be well-disposed towards s.o.; *iets ~ gesind wees* look with favour (up)on s.t.; *iets ~ oorweeg* consider s.t. favourably; *~ste posisie/omstandighede/prys/ens.* optimum (or most favourable) position/circumstances/price/etc.; *~e terrein/posisie* vantage-ground; *~e vooruitsig(te)* bright prospects. **guns·tig·heid** favourableness, propitiousness.
**gun·ter** *adv.* yonder, over there.
**gup·pie** *-pies, (icht.)* guppy.
**gus** dry *(ewe, cow),* not in milk; barren. **~koei** dry cow, cow not in milk; barren cow. **~ooi, ~skaap** dry ewe, ewe not in lamb; barren/sterile ewe.
**gus·tang** leather-punch.
**guts** *gutse, n.* gouge. **guts** *ge-, vb.* gouge. **~beitel** firmer gouge.
**gut·tu·raal** *-rale, n. & adj.* guttural; throaty.
**guur** *gure guurder guurste* bleak, inclement, intemperate, raw, rough *(weather, wind, etc.).* **guur·heid** bleakness, inclemency, rawness, roughness.
**Gu·ya·na** *(geog.)* Guyana. **Gu·ya·nees** *-nese, n.* Guyanese, Guyanan. **Gu·ya·nees** *-nese, adj.* Guyanese, Guyanan.
**gyp** *ge-, (naut.)* gybe; *na bakboord/stuurboord ~* gybe to port/starboard.
**gy·se·laar** *-laars, -lare* hostage; *iem. as ('n) ~ aanhou* hold/keep s.o. (as) (a) hostage; *iem. ontvoer en as ~ aanhou* take s.o. hostage.

**Hh**

---

**h** *h's,* **H** *H's, (eighth letter of the alphabet)* h, H; aitch; *(cap., drug sl.: heroin)* H, China white; *jou h's weglaat* drop one's h's. **H-bom** H-bomb. **h'tjie** little h.

**ha** *interj.* ah!; ha!, oh!.

**haag·do·ring** hawthorn, maybush. **~bessie** haw.

**Haags** *n.* Hague dialect. **Haags** *Haagse, adj.* (of the) Hague.

**haai[1]** *interj., (infml.)* hey!; gosh!, wow!, boy!, oi!, yo!, hello!, hallo!, hullo!.

**haai[2]** *haaie, n.* shark; *(infml., derog.: rapacious pers.)* money-grubber, miser, niggard; *na die ~e gaan, (infml.)* go to the bottom; go to the dogs; … *vir die ~e gooi* throw … to the dogs; *kos vir die ~e* food for fishes; *vol ~e wees* be infested with sharks. **~bek(sleutel)** shark-jaw spanner, alligator spanner/wrench. **~net** shark net. **~tande** shark's teeth; protruding teeth.

**haai·vlak·te** bleak/bare plain; *op die kaal ~ gelaat* left without any shelter.

**haak** *hake, n., (also in golf)* hook, catch, hasp, clasp; T-square; bracket; peg; crampon; crook, stake; claw; fastener; *in die ~!* all right!; *in die ~ wees, (matters, arrangements, etc.)* be square; be in (good) order; be all right; *dis alles in die ~* it's quite all right; *is dit in die ~ wat jou betref?* is it/that OK with you? *(infml.); sake in die ~ kry* get things square; *uit die ~* out of square. *van die ~ (af) wees, (a teleph.)* be off the hook. **haak** *ge-, vb.* hook; catch; delay; *(rugby)* heel; *(golf, cricket)* hook; *iem. met geld ~* assist s.o. with money; *met iem. ~ be at loggerheads/odds with s.o.; die onderhandelinge/ens. ~ the negotiations/etc. are not proceeding smoothly (or are being impeded or are experiencing/facing stumbling blocks).* **~do·ring** hook-thorn. **~-en-steek(-bos)** umbrella thorn. **~gras** *(grass)* melic(k). **~hou** *(cr., golf)* hook; *(boxing)* hook, sidewinder. **~kierie** crook (stick), hooked stick. **~mes** hooked knife. **~neus** (person with a) hawk/hooked nose. **~plek** difficulty, hitch, snag, obstruction; *daar sit die ~* there's the hitch/rub; *daar is 'n (klein) ~kie, (infml.)* there's been a slight hiccup/hiccough; *sonder ~ke* without any hiccups/hiccoughs. **~sleutel** hook/ratchet spanner; claw spanner/wrench; picklock. **~speld** safety pin. **~stok** crook (stick), sheep hook. **~tand** corner tooth. **~yster** dog iron.

**haaks** *haakse* square(d), right-angled; true; quarrelling; *~e kolf* straight bat; *iets ~ maak* line s.t. up; true/square s.t. up; *met iem. ~ wees* be at loggerheads/odds with s.o.; *nie ~ wees nie* be out of (the) true; *haaks op …* square on …; *~ sny* cut square. **haaks·heid** squareness; discord.

**haak·vor·mig** *-mige* hooked, hook-shaped.

**haal[1]** *hale, n.* pull; dash, stroke *(of pen etc.);* draw, puff *(on a pipe);* lash; *die hale het op iem. se rug gelê* the marks of the lashes could be seen on s.o.'s back; *met lang hale* with long strides.

**haal[2]** *ge-, vb.* fetch, go for; get; draw, pull; realise *(price);* reach; recover; catch; *~ en betaal* cash and carry; *dit ~ make it (infml.);* get there *(infml.); iem./iets gaan ~ (go to) fetch s.o./s.t., go for s.o./s.t.; honderd/ens. ~ live to be a hundred/etc.; die huis ~* reach home; *iets/iem. kom ~ (come to) fetch s.t./s.o., call/come for s.t./s.o.; iets/iem. laat ~* send for s.t./s.o.; *dit net-net ~* scrape home; *iem. sal dit nie ~ nie, (also)* s.o. won't make it; *iem. sal môre/more nie ~ nie* s.o. will not last/

live until/till tomorrow; *die paal ~* make the grade; *iets uit … ~* abstract s.t. from …; distil(l) s.t. from … *(lit.);* glean s.t. from …; recover s.t. from … *(gold from ore, a body from a river, etc.); iem. uit die skool ~* remove s.o. from school; *iets uitmekaar ~* take s.t. to pieces; *iem. van die trein/vliegtuig ~* meet s.o. at the station/airport; *waar gaan ~ jy dit vandaan?* how did you get that into your head?. **haal·baar** feasible; *as dit ~ is* if it's *(or* it is) feasible, if it can feasibly be done.

**haan** *hane* cock, rooster; cock(ing piece), dog, hammer *(of a gun); die ~ van 'n geweer afhaal* uncock a gun; **gesnyde ~** capon; **groot ~,** *(infml., fig.)* big bug; a big shot *(infml.);* **jong ~** cockerel; *daar sal g'n ~ na kraai nie, geen ~ sal daarna kraai nie* no one will bother about it; no one will be the wiser. *elke ~ is koning op sy eie mishoop* every cock crows on his own dunghill, a man's home is his castle, a man is master in their own home; *die ~ van 'n geweer oorhaal* cock a gun. **~geweer** shotgun with cock/dog/hammer *(or* cocking piece).

**haan·tjie** *-tjies* young cock, cockerel; quarrelsome fellow, spitfire; *~ die voorste wees, (infml.)* be cock of the walk. **haan·tjie·ag·tig** *-tige* perky, cocky.

**haar[1]** *hare, n.* hair *(collect.); iem. het geen bang ~ op sy/haar kop nie, daar is geen bang ~ op iem. se kop nie, (infml.)* s.o. is afraid of nothing, s.o. does not know (the meaning of) fear, s.o. is a stranger to fear; *'n bos hare hê* have a head of hair; *deurmekaar hare* tousled hair; *dit het g'n ~ geskeel nie* it was within an ace; it was a hair's-breadth escape; *iets gee iem. grys hare* s.t. is turning s.o.'s hair grey, s.t. is a great worry to s.o.; *iem. aan die hare hê, (infml.)* have s.o. by the short hairs; *iets groei/staan (of kom op) soos hare op 'n hond (se rug), (plants)* s.t. is growing *(or* coming up) in profusion; *geen ~ op iem. se hoof krenk nie* not harm a hair on s.o.'s head; *hulle is gedurig in mekaar se hare, hulle sit mekaar gedurig in die hare, (infml.)* they are for ever *(or* always) at loggerheads; *hare indraai* put hair in curlers; *iem./iets by die hare insleep/bysleep, (infml.)* drag in s.o./s.t. for no reason; *'n jakkals verander van hare, maar nie van snare/streke nie* a leopard can't change his spots; *hare kloof/klowe* split hairs, quibble, nit-pick; *hare knip/skeer/sny* cut hair; *jou hare laat knip/skeer/sny* have a haircut; *iem. kon sy/haar hare uit sy/haar kop trek (van spyt), (infml.)* s.o. could kick him-/herself; *jou hare laat ligstreep* have one's hair highlighted; *jou hare losmaak* let one's hair down *(lit.); iem. het geen (of daar is geen) lui ~ op iem. se kop nie, (infml.)* s.o. is a glutton for work; *op 'n ~* exactly; to a hair('s breadth), to an inch; to a T *(infml.); op 'n ~ na …* nearly … *(lose, drown, crash, etc.); dit was (so) op 'n ~ na of hy het teen 'n ander motor gebots* he missed another car by a hair's breadth; *op 'n ~ soos/na iem. lyk* look exactly like *(or* be a second edition of) s.o.; *iem. se hare laat rys (of orent/regop laat staan)* make s.o.'s hair stand on end; *alles op hare en snare sit* leave no stone unturned; turn everything topsy-turvy; *iem. se hare streel* stroke s.o.'s hair; *hare op jou/die tande hê, (infml.)* have a lot of grit; *iem. se hare is aan die uitval (of word yl/min)* s.o.'s hair is thinning; *mekaar in die hare vlieg, (infml.)* be at each other's *(or* one another's) throats, go for one another; *die hare laat waai, (infml.)* make the feathers/fur fly; *ek is nog g'n ~ wyser nie* I am none the wiser. **~af:** *die perd is ~* the horse's hair is coming out, the horse is losing its hair. **~bal** hairball.

**~band, hareband** hairband; Alice band. **~bars(ie)** hairline crack, chink. **~borsel, hareborsel** hairbrush. **~bos** shock/tuft of hair. **~breed(te)** hair's breadth. **~breuk** *(med.)* hairline fracture. **~buis(ie)** capillary tube. **~buiswerking** capillarity. **~dos, haredos** (head of) hair; wealth of hair. **~droër** hair-dryer, -drier, blow dryer/drier. **~fyn** as fine as a hair; in detail; to a nicety, minutely; *iets ~ beskryf/beskrywe* give a blow-by-blow account/description of s.t.; *~ vertel* tell in detail. **~gol-wer** *=wers* hairwaver. **~golwing** hairwaving. **~grens** hairline. **~groei** growth of hair. **~huid** scalp. **~jel** hair gel. **~kam, hare-kam** comb. **~kapper** →HAARKAPPER. **~kleed** coat *(of an ani-mal)*. **~klein** minute. **~kleuring** hair dye. **~kleursel, ~kleur-stof** hair dye. **~klower** hairsplitter, nit-picker, quibbler. **~klo-wery** *=rye* hairsplitting, quibble, quibbling, nit-picking; fin-ickiness *(about lang.)*. **~knip** hair clip. **~knipper** hair clip-per(s). **~knip(pie)** hair slide/clip. **~koord** hair cord. **~krul** curl (of hair), tress. **~kruller** hair curler/roller. **~lint** hair rib-bon. **~lok** lock of hair; tress, curl. **~lyn** hairline, thin line. **~middel** *=dels* hair restorer. **~mos** *(bot.)* hair(-cap) moss. **~naald** hairpin. **~naalddraai** hairpin bend. **~net** hairnet. **~olie** hair oil. **~oorplanting** hair transplant. **~opknapper** hair conditioner. **~opnaaisel** pin tuck. **~pluis** *(bot.)* pappus. **~poeier** hair powder. **~sakkie** (hair) follicle. **~sel** *=selle* hair cell. **~sneller** hair trigger. **~snit** haircut, hairstyle. **~sny** haircut. **~snyer** barber, hairdresser, haircutter. **~speld** hair-pin. **~spoel** *=spoele,* **~spoelmiddel** *=dels* hair rinse; *blou ~* blue rinse. **~sproei** *=sproeie* hairspray. **~stilering** hair styling. **~stileringsborsel** styling brush. **~stilis** hairstylist. **~stof** hair-cloth. **~strik** hair bow. **~string** hair. **~stuk** hairpiece; wiglet. **~styl** hairstyle, hairdo. **~tang(etjie)** (pair of) tweezers. **~tint** hair tint. **~tooi(sel)** headdress, coiffure. **~vat** capillary (ves-sel). **~verlies** *(med.)* alopecia. **~versorging** hair care. **~ver-wyderingsmiddel** *=dels* hair remover, depilatory. **~vlegsel** braid, plait (of hair); pigtail. **~wasmiddel** shampoo, hair wash. **~wild** fur game. **~wortel** hair root, root of a/the hair; capillary root, fibre. **~wurm** *(vet.)* wireworm; threadworm; trichina *(in humans)*. **~wurm(siekte)** wireworm/threadworm disease.

**haar²** *adj. & adv., (dated)* right; off. **~kant** right side, off side. **~agter** right-hind, right back. **~om** to the right, to the off (side); clockwise. **~os** off ox. **~voor** right-fore, right front.

**haar³** *pers. pron.* her; *ek het ~ gesien* I saw her; *sy was ~* she is washing herself, she is having a wash. **~self** *(acc. & dat.)* herself; *sy het ~ geskiet* she shot herself.

**haar⁴** *hare, poss. pron.* her; *dit is ~ boek* it is her book; *die boek is hare* the book is hers; *sy wil hare hê* she wants hers.

**haar·ag·tig, haar·ag·tig** *=tige* hairlike, hairy.

**haard** hearth; *huis en ~* home and hearth, hearth and home. **~rand** fender. **~skerm** fire screen. **~steen** hearthstone.

**haar·dra·end** *=draende* piliferous.

**haar·kap·per,** *(fem.)* **haar·kap·ster** hairdresser, hairstyl-ist *(for men and women)*; barber *(for men)*. **haar·kap·pe·ry** hair-dressing.

**haar·kap·sa·lon** hairdressing saloon.

**haar·kap·sel** hairstyle, hairdo.

**haar·kun·de** trichology. **haar·kun·dig** *=dige* trichological. **haar·kun·di·ge** *=ges* trichologist.

**haar·loos** *=lose* hairless; bald; stringless *(bean)*. **haar·loos·heid** hairlessness, baldness; *(med.)* alopecia.

**haar·vor·mig** *=mige* capillary, piliform.

**haas¹** *hase, n.* hare; *so bang soos 'n ~* as timid as a hare; *so bang soos 'n ~ vir 'n hond* mortally afraid, scared as the devil of holy water; *hase met 'n kanon skiet, (infml.)* break a but-terfly on the wheels; *'n ~ opjaag* raise a hare, start a contro-versy. **~bek** *adj.* with front teeth *(or a front tooth)* missing, gap-toothed; *'n ~ kind, die kind is ~* a child with front teeth missing; *'n ~ saag* snicked saw. **~kos** *(also joc.: salads, greens)* rabbit food. **~lip** harelip, cleft lip. **~pootjie** *(lit.)* hare's foot; *(bot.)* hare's-foot. **~tande** *n. (pl.)* buckteeth.

**haas²** *n.* haste, hurry, speed; dispatch; *buitensporige ~* un-due haste; *daar is ~ by* the matter is urgent, there is no time to be lost; *daar is geen ~ (nie)* there is no hurry; *in die groot-ste ~* against the clock; *hoekom/waarom so 'n ~?, waar-heen is die/jou ~?* what's the/your hurry/rush?; *in* ~, in haste, in a hurry; *in alle/groot ~* in great/hot haste, with great haste/speed, posthaste; *iets in ~ doen* do s.t. in a hurry; *~ maak* hurry, hustle, bustle, make haste; *~ maak met iets* hurry up s.t.; *sonder ~* unhurried(ly); *hoe meer ~, hoe minder spoed* (the) more haste, (the) less speed; *in 'n vlieënde haas wees* be in a steaming/tearing hurry. **haas** *ge=, vb.* hurry, hustle, hasten, make haste, rush; *jou ~* hurry, make haste; hustle, press on; *~ jou!* hurry up!, be quick!; *~ jou nie* don't hurry, take your time; *~ jou langsaam* make haste slowly; *jou na ... ~* hurry to ...; *jou nie (met iets) ~ nie* take one's time (about/over s.t.).

**haas³** *adv.* almost, nearly; shortly, soon, before long; *ek moet ~ gaan* I shall have to go soon; *~ onmoontlik* practically im-possible.

**haas·ag·ti·ge** *=ges, n., (zool.)* lagomorph.

**haas·tig** *=tige, adj.* hasty, hurried, in a hurry; speedy; expe-ditious; cursory; impatient; overriding; *iets ~ doen* do s.t. in a hurry; *~e geaardheid* explosive temper; *~ getrou, lank berou* marry in haste, repent at leisure; *hoekom/waarom so ~?* what's the/your hurry/rush?; *~e kollekte* whip-round; *moenie so ~ wees nie!* don't be in such a hurry!; *iem. is nie ~ nie* s.o. is in no hurry; *nie so ~ nie!* hold on!, hold your horses! *(infml.); iem. is ~ om iets te doen* s.o. cannot wait to do s.t.; *~e spoed is selde goed* more haste, less speed. **haas-tig** *adv.* in haste, in a hurry, hurriedly, hastily. **haas·tig·heid** hastiness, hurry; *van ~ kom lastigheid* (the) more haste, (the) less speed.

**haat** *n.* hatred, hate, rancour; *~ jeens ... koester* bear malice towards ...; *iem. se ~ jeens/teen(oor) ...* s.o.'s hatred/hate for/of/towards ...; *'n wrewelige ~* a bitter/consuming hatred. **haat** *ge=, vb.* hate, detest; *iem. soos die pes* (of gif) *~* hate s.o. like poison/sin *(or the plague)*. **~spraak** hate speech.

**haat·dra·end** *=draende* (re)vengeful, resentful, vindictive; rancorous, malicious; *iem. is nie ~ nie* s.o. bears no malice. **haat·dra·end·heid** malice, rancour, (re)vengefulness, vin-dictiveness.

**haat·lik** *=like* detestable, hateful, abhorrent, odious; obnox-ious, nasty, malicious, spiteful; invidious *(task); 'n ~e vent* a nasty, *(infml.)* a nasty piece/bit of work. **haat·lik·heid** hate-fulness, odiousness; malice, spite.

**ha·bi·tat** *=tats* habitat.

**ha·byt** *=byte, (eccl.)* habit.

**Ha·des** *(Gr. myth.)* Hades.

**ha·di·da** *=das, (orn.)* hadedah (ibis).

**hadj** *(Arab.)* hadj, hajj. **had·jie** *=jies* hadji.

**ha·el** *n.* hail; hail shower; (small) shot. **ha·el** *ge=, vb.* hail; *dit ~* it is hailing; hail is falling; *... op iem./iets laat ~* rain/shower ... on s.o./s.t. *(blows, stones, etc.)*. **~boor** shot-drill. **~bui** shower of hail; *'n ~ van koeëls* a shower of bullets. **~geweer** shotgun. **~korrel** hailstone; pellet of shot, shot lead. **~patroon** shot cartridge. **~skade** hail damage. **~steen** hailstone. **~storm** hailstorm. **~streek** hail belt. **~versekering** insurance against hail, hail insurance. **~vorming** hail formation. **~wit** snow-white.

**Ha·ge·naar** *=naars, =nare* native/inhabitant of The Hague.

**ha·gi·o·graaf** *=grawe* hagiographer, =graphist. **ha·gi·o·gra·fie** hagiography. **ha·gi·o·gra·fies** *=fiese* hagiographic(al).

**hag·lik** *=like* critical, desperate, perilous, precarious, parlous, risky; tricky *(situation); ~e bestaan* hand-to-mouth existence; *~e ewewig* delicate balance; *'n ~e situasie, (also, fig.)* a rat trap. **hag·lik·heid** critical state, precariousness.

**ha-ha(-ha)** *interj.* ha ha (ha)!.

**hai·koe** =koes, (poet.) haiku.

**Ha·ï·ti, Hai·ti** (geog.) Haiti. **Ha·ï·ti·aan, Hai·ti·aan** =tiane, n. Haitian. **Ha·ï·ti·aans, Hai·ti·aans** =tiaanse, adj. Haitian.

**hak** hakke, n. heel; hock (of an animal); bullet (of a horse); op iem. se ~ke **bly** follow on s.o.'s heels; keep after s.o.; met hoë ~ke high-heeled; nie by iem. se ~ke kom nie, (infml.) not be in the same league as (or hold a candle to) s.o.; jou ~ke **klap** click one's heels; **kort** op iem. se ~ke wees be hard/hot on s.o.'s heels; be hard/hot on s.o.'s trail; breathe down s.o.'s neck (infml.); die ~ke lig, (infml.) take to one's heels; op iem. se ~ke wees be at/on/upon s.o.'s heels; be on s.o.'s tail; op die vyand se ~ke in close/hot pursuit of the enemy; van die ~ op die **tak** spring, (infml.) ramble, jump from one subject to another; iem. op die ~ke **volg** tread on s.o.'s heels; trail s.o.. **~gewrig** tarsal joint, hock (of a horse). **~sening** Achilles tendon; hamstring (of horse). **~skeen** heel; iem. se hakskene word al rooi s.o. is beginning to take an interest in girls/boys; die hakskene lig show a clean pair of heels.

**ha·ke·a** =keas, (bot.) hakea.

**ha·ke·kruis** swastika, hooked cross, gammadion.

**ha·ker** =kers, (rugby) hooker. **ha·ke·rig** =rige hooky; irregular, uneven; inclined to hitch/stick; interrupted; ~ wees be at loggerheads.

**ha·kie** =kies bracket; (little) hook; loop; ~s en **ogies** hooks and eyes; **ronde** ~s parentheses; **tussen** ~s, (lit.) in brackets/ parenthesis/parentheses; (fig.) in parenthesis, by the by/way; parenthetically; iets **tussen** ~s plaas/sit bracket s.t. (off); **vierkante** ~ square bracket. **ha·kies·do·ring** (Acacia detinens) hook-thorn. **ha·kies·draad** barbed wire; →DORINGDRAAD.

**hak·ke·jag** hot pursuit.

**hak·kel** ge= stammer; stutter; boggle, flounder, stumble (in one's speech); erg ~ have a bad stutter. **hak·ke·laar** =kelare, =kelaars stammerer, stutterer. **hak·ke·lend** adj. stammering, stuttering. **hak·ke·lend** adv. stammeringly, stutteringly. **hak·kel·rig** =rige stammering, stuttering; faltering. **hak·kel·ry** stammering, stuttering.

**hal** halle hall; foyer; concourse (in a large building).

**ha·laal** n., det. & adv., (Arab.) hal(l)al.

**half** halwe half; semi-, demi-; halwe **aandeel** half share; moiety (in an estate); 'n halwe **appel** half an apple; 'n halwe **brood** half a loaf of bread; iets (maar) ~ **doen** do s.t. by halves; ~ **dood** wees be half-dead, be all but dead; ~ **en/om** ~ half and half, half of each, in equal proportions; ~ **en** ~ nearly, more or less, not quite; partially; rather, kind/sort of (infml.); een/ens. **en** 'n ~/halwe dag/ens. one/etc. and a half days/etc.; →ANDERHALF; 'n dag/ens. **en** 'n ~ a day/etc. and a half; 'n leuen **en** 'n ~, (infml.) a whopper, a big lie; 'n wedstryd **en** 'n ~, (infml.) a ripsnorter of a match; iem. 'n halwe ... **gee** give s.o. half a ... ; nie ~ so **goed** as ... nie not nearly as good as ...; 'n halwe **koppie** half a cup(ful); →HALFKOPPIE; 'n halwe **kring** a semicircle; ~ **kwaad** rather angry, annoyed; 'n halwe **liter** half a litre; →HALFLITER; halwe **maatreëls** half measures; halwe **nommer** half-size (in clothing); ~ **sin** hê om te ... have half a mind to ...; halwe **sirkel** semicircle, half-circle; →HALFSIRKEL; daar **slaan** dit ~ the half-hour is striking; iets **so** ~ (en ~) verwag kind/sort of expect s.t., be half expecting s.t. (infml.); ek het nou ~ **spyt** daaroor I am rather sorry about it now; halwe **toon**, (mus.) semitone, halftone; ~ **verhonger(d)** half-starved; 'n halwe **waarheid** a half-truth; halwe **werk** doen do one's work by halves, scamp/botch one's work; 'n goeie verstaner/begryper/begrip het 'n halwe **woord** nodig a word to the wise is enough; a nod is as good as a wink (to a blind man/horse). **~aap** (zool.: lemur, loris, tarsier) prosimian. **~ag(t)** half past seven. **~amptelik** semiofficial. **~bewus** semiconscious. **~blindheid** purblindness, hemianop(s)ia. **~bloed** =bloede, n., (derog.) half-breed, half-blood, half-caste. **~bloed** adj., (derog.) half-bred, half-caste. **~bottel(tjie)** half-jack, half-bottle, split. **~broer** half-brother. **~by** (cr.) mid-on. **~dag** half-day. **~deurdringbaar** =bare dialytic, semipermeable. **~deurlatend** =tende semipermeable. **~deursigtig** =tige semitransparent; opalescent. **~donker** half dark; penumbral. **~donkerte** semidarkness, dusk(iness), twilight. **~dood:** ~ van die honger wees, (infml.) be half-starved; ~ voel/lyk, (infml.) feel/look like death warmed up. **~dosyn** half-dozen; 'n ~ half a dozen. **~dronk** half drunk. **~droog** medium dry, (Fr.) demi-sec (wine etc.). **~duim** half-inch, half an inch. **~edelsteen** semiprecious stone. **~eeu** (also halwe eeu) half-century, half a century. **~eeufees** (golden) jubilee. **~eindrond(t)e, ~eind(wed)stryd,** (infml.) **~eind** semifinal, (infml.) semi. **~formeel** semiformal. **~gaar** half done/cooked; underdone; medium (meat); (infml.) dotty, funny (in the head); iets ~ kook parboil/underdo s.t.; tussen rou en ~ medium rare (meat). **~gebak** (lit., fig.) half-baked; (lit.) slack-baked. **~gebied** (sport) half. **~geleerd** =leerde half-educated. **~geleier** (elec.) semiconductor. **~geskoold** =skoolde semiskilled. **~god** demigod, hero. **~godin** demigoddess. **~greep** (comp.) nibble, nybble. **~jaar** half-year, six months. **~jaarliks, ~jaarliks** =likse, adj. & adv. half-yearly, every six months, semiannual(ly). **~kaal** →HALFNAAK. **~klaar** half-done, half-finished. **~klinker** semivowel. **~koord** =koorde, albakoor =kore, (icht.) albacore, yellowtail. **~koppie** 'n ~ half a cup. **~kouse** knee(-length) stockings, knee socks. **~lang** half-length, medium-length. **~leeg** half-empty. **~liter** 'n ~ half a litre. →HALFMAAN. **~marat(h)on** half-marathon. **~mas** half-mast; →HALFSTOK. **~mens** humanoid, semi-human. **~metaal** metalloid, semimetal. **~militêr** =têre paramilitary. **~miljoen:** 'n ~ half a million. **~myl** half-mile, half a mile. **~naak, ~kaal** half-naked. **~nege** half past eight. **~oop** half-open. **~outomaties** semiautomatic. **~pad** halfway, midway; ~ **aangetrek** wees be half-dressed; iets ~ **aanhê** have s.t. partway on; (al/reeds) **oor** ~ wees be past the halfway stage; (ver/vêr) **oor** ~ wees be (well) over the halfway mark; ~ **tussen** twee plekke midway between two places. **~padmerk** halfway point. **~permanent** semipermanent. **~professioneel** =sionele semiprofessional; ~nele musikant/sportmens/ens. semiprofessional. **~prys** half-price; half-fare. **~rond** =ronde, n. hemisphere; Noordelike/Suidelike/Oostelike/Westelike H~ Northern/Southern/Eastern/Western Hemisphere. **~rond** =ronde, n. & adj. half-round, hemispheric(al); semicircular. **~rym** assonance; half-rhyme. **~ryp** underripe. **~sak** half-bag, half a bag. **~sent** halfcent. **~ses** half past five; om ~ at half past five. **~sirkel** semicircle, half-circle. **~soet** semisweet. **~sool** n. half-sole. **~sool** ge=, vb. half-sole (shoes). **~stedelik** semiurban. **~stok** half-mast (flag); die vlag hang ~ the flag is flying at half-mast. **~styf** semirigid. **~suster** half-sister. **~toe, ~geslote** half-closed. **~uur** half an hour, half-hour; 'n ~ se loop (of 'n ~ te voet) van ... af wees be a half-hour (or half an hour's) walk from ...; 'n ~ half an hour; die klok/horlosie/oorlosie slaan op die ~ the clock chimes at the half-hour; 'n pouse van 'n ~ a half-hour (or half an hour's) interval. **~vaal:** ~ van die honger, (infml.) half-starved. **~vloeibaar** semifluid. **~vokaal** semivowel. **~vol** half-full, half-filled. **~volwasse** adj., (zool.) subadult. **~volwassene** n., (zool.) subadult. **~vrystaande** semidetached; ~ rivier adolescent river. **~was, ~was** =(se) half-grown, adolescent; ~ rivier adolescent river. **~weekliks, ~wekliks** =likse semiweekly; ~e blad biweekly paper/magazine. **~weg** halfway, midway; (cr.) mid-off. **~wegstasie** halfway house.

**half·har·tig** =tige half-hearted, unfocus(s)ed.

**hal·fie** =fies half a glass; half a bottle; half a one.

**half·maan, hal·we·maan** half-moon, crescent; semicircle, half-circle. **half·maan·de·liks, half·maan·de·liks** semimonthly, half-monthly.

**half·maan·:** **~bles** receding hairline. **~klep** semilunar valve. **~venster** lunette. **~vorm** meniscus.

**half·vleu·e·lig** =lige, **half·vler·kig** =kige, (entom.) hemipteran, hemipterous.

**ha·liet** (min.) halite, rock salt.

**ha·li·to·se** halitosis, foul breath.
**hal·le·kerk** hall church.
**hal·le·lu·ja** -*jas* hallelujah.
**Hal·ley:** ~ *se komeet* Halley's Comet.
**hal·lo, hal·lo** *interj.* hello!, hallo!, hullo!, *(infml.)* hiya!.
**hal·lu·si·na·sie** -*sies* hallucination. ~**reis** *(infml.)* trip; *op 'n* ~ *gaan* go on a trip.
**hal·lu·si·neer** *ge-* hallucinate.
**hal·lu·si·no·geen** -*gene, n.* hallucinogen. **hal·lu·si·no·geen** -*gene,* **hal·lu·si·no·ge·nies** -*niese,* **hal·lu·si·o·nêr** -*nêre, adj.* hallucinogenic, *(infml.)* mind-blowing, *(infml.)* mind-bending.
**halm** *halme, halms* blade, stalk; *(bot.)* ha(u)lm, culm.
**ha·lo** -*lo's* halo.
**ha·lo·fiet** -*fiete, (bot.)* halophyte.
**ha·lo·geen** -*gene, (chem.)* halogen. **ha·lo·ge·neer** *ge-* halogenate.
**ha·lo·ïed** -*loïede, (chem.)* haloid.
**hals** *halse, (fml.)* neck *(of a garment etc.)*; throat; tack *(of a ship)*; cervix; *(min.)* journal; *rok met 'n lae* ~ low-cut dress; *iem. om die* ~ *val* fall (up)on s.o.'s neck, throw one's arms round s.o.'s neck; *jou iets op die* ~ *haal* bring s.t. on o.s., let o.s. in for s.t.; come in for s.t.; incur s.t.. ~**band** necklace; collar, neckband; collet; torque. ~**bandplaatjie** dog tag. ~**ketting** necklace; collar, neck chain. ~**lyn** neckline; tack line *(of sail)*. ~**misdaad** capital crime; *dis 'n* ~ it carries the penalty of death; *teregstaan weens 'n* ~ be on trial for (one's) life.
**hals·oor·kop** *adv.* head over heels, headlong, hurry-scurry, breakneck, pell-mell, helter-skelter, precipitately.
**hals·snoer** *n.* necklace, choker; gorget; *(SA, fig.)* necklace. **hals·snoer** *ge-, vb., (SA, fig.)* necklace. ~**dood:** *die/'n* ~ necklacing. ~**moord** necklace killing/murder; necklacing.
**hals·star·rig** -*rige* headstrong, obstinate, stubborn, pig-headed, obdurate, *(infml.)* bloody-minded; hardline *(stance)*; ~ *wees, 'n* ~*e houding aanneem* take a hard line. **hals·star·rig·heid** obstinacy, stubbornness, pigheadedness, obduracy.
**halt** halt, stop. **hal·te** -*tes* halt; stopping place, stop; *volgende* ~ next stop.
**hal·ter** -*ters, n.* halter; head collar *(for dogs)*; dumbbell; *iem. (die)* ~ *afhaal, (fig.)* cast/cut/turn s.o. adrift; pension s.o. off, *(infml.)* put/send/turn s.o. out to grass, *(infml.)* put s.o. out to graze/pasture. **hal·ter** *ge-, vb.* halter. ~**nek,** ~**hals** *comb.* halterneck *(top etc.)*.
**hal·veer** *(ge)-* bisect, halve, divide into halves. **hal·veer·der** -*ders* bisector. **hal·ve·ring** halving, bisection.
**hal·wa** *(a Middle Eastern sweet)* halva(h), halavah.
**hal·we** -*wes* half; →HALF; *twee* ~*s maak 'n hele* two halves make a whole. ~**maan** →HALFMAAN.
**ham** ham.
**ha·ma·dri·a·de** -*des, (class. myth.)* hamadryad.
**Ha·mas** *(Arab., an Islam. fundamentalist movement)* Hamas.
**ham·ba** *interj., (Zu.)* go!.
**ham·bur·ger** *(<Eng.)* hamburger, beefburger, burger. ~**frikkadel** hamburger (patty).
**ha·mel** -*mels* wether.
**Ha·meln** *(geog.)* Hameln, Hamelin; *die fluitspeler van* ~ the pied piper of Hamelin.
**ha·mer** -*mers, n.* hammer; hammer, striker *(of a clock)*; mal-let *(of wood)*; *(anat.)* malleus; gavel; striker *(of a gun)*; *tussen* ~ *en aambeeld* between the devil and the deep blue sea, in a bad scrape; *iets kom onder die* ~ s.t. comes/goes under the hammer, s.t. is up for auction; ~ *en sekel, (emblem of int. communism)* hammer and sickle. **ha·mer** *ge-, vb.* hammer; *iem.* ~ give s.o. a hard time; *(altyd/voortdurend)* **op** *iets* ~ (constantly) insist on s.t.; *op 'n deur* ~ hammer at a door; *iets plat* ~ flatten out s.t. ~**beentjie** malleus *(of ear)*. ~**boor** jackhammer, hammer drill. ~**gooi** *(athl.)* hammer throw,

throwing the hammer. ~**gooier** *(athl.)* hammer thrower. ~**kop** *(tech.)* hammerhead; *(orn.)* hamerkop. ~**kophaai** ham-merhead (shark). ~**slag** *n.* hammerstroke, -blow; hammer/iron/mill scale, anvil dross; *met* ~ precisely, punctually. ~**slag** *adv.* exactly on the stroke (of the clock). ~**steel** han-dle of a hammer.
**ha·mer·baar** -*bare* malleable.
**ha·mer·vor·mig** -*mige* hammer-shaped.
**Ha·miet** -*miete* Hamite. **Ha·mi·ties** -*tiese* Hamitic.
**ham·ster** -*sters* hamster.
**hand** *hande* hand; ~ *aan* ~, *(lit.)* hand in hand; *aan die* ~ *van ...* on the basis of (*or* in the light of *or* with reference to) ...; *iem.* **aan/by** *die* ~ *neem/vat* take s.o. by the hand; help s.o.; *iem. se* ~*e is afgekap, (infml.)* s.o.'s hands are tied; *iets agter die/jou* ~ *hê* have/keep s.t. up one's sleeve; *agter jou* ~ *lag* laugh up/in one's sleeve; *in ander* ~*e oorgaan* change hands; *iem. se* ~ *in die as slaan (by 'n meisie ens.), (infml.)* cut s.o. out; dish s.o.'s chances; oust s.o.; *jou* ~*e bak hou/maak, met jou* ~*e bak staan* cup one's hands; stretch out begging hands; *iem. se* ~ *beef/bewe* s.o.'s hand shakes; *die/jou* ~ *in (jou) eie boesem steek* search one's (own) heart; *iets aan die* ~ *doen/gee* suggest/propose s.t., make/offer (*or* put forward) a sug-gestion, put s.t. forward, come up with s.t. *(the solution to a problem etc.)*; *iets by iem. aan die* ~ *doen/gee* suggest s.t. to s.o.; *doen wat jou* ~ *vind om te doen* do whatever one can; *iem. op die* ~*e dra* make much of s.o.; *iets met die een* ~ *doen, (infml.)* do s.t. easily, do s.t. without exerting o.s.; *iets gaan* ~ *aan* ~ *met ..., (fig.)* s.t. goes hand in hand with ...; *mekaar die* ~ *gee* shake hands; join hands; *iem. die* ~ *gee* (of *met die* ~ *groet)* shake hands with s.o., shake s.o. by the hand, shake s.o.'s hand; *iets is met die* ~ *gemaak* s.t. is handmade (*or* made by hand); →HANDGEMAAK; *in goeie* ~*e wees* be in good hands; *(met die)* ~*(e) in die hare sit* be at a loss, scratch one's head, be stumped, be at one's wit's/wits' end; *met die/jou* ~ *op die/jou hart beloof/belowe dat ...* faithfully/sincerely promise that ...; *die/'n* ~ *in iets hê* have a hand in s.t., *(infml.)* have a finger in the pie; *iem. in die holte van jou* ~ *hê* hold s.o. in the hol-low of one's hand; *die* ~ *bo/oor iem. se hoof hou* shield/pro-tect s.o.; *iets is in Britse/ens.* ~*e* s.t. is in British/etc. hands, s.t. is British-owned/etc.; ~ *in* ~, *(lit.)* hand in hand; *iets werk ... in die* ~ →*iets werk ... in die hand*; *met (jou) kaal* ~*e* with one's bare hands; *(met) jou* ~*e klap* clap one's hands; *vir iem./iets* ~*e klap* clap/applaud s.o./s.t.; *lekker vir iem.* ~ *klap, (ook)* give s.o. a big hand; *stadig begin* ~*e klap, (an audience)* start a slow handclap; *stadig vir iem.* ~*e klap* give s.o. a slow handclap; *iem./iets in die* ~*e kry* get hold of s.t./s.t.; get one's hands on s.o./s.t.; lay hands on/upon s.o./s.t.; get at s.o./s.t.; *iets in die* ~*e kry, (also)* come by s.t.; *met 'n kwistige/milde* ~ with a lavish hand, lavishly *(distribute gifts etc.)*; *agter jou* ~ *lag* →*agter jou hand lag*; *jou* ~ *op iets lê* lay (one's) hands (up)on s.t.; *dit lê voor die* ~, *dit is voor die* ~ *liggend* it is obvious/(self-)evident; it stands to reason; it is not far to seek; it is (glaringly) obvious; *iem. na jou* ~ *leer* train s.o. to one's ways; *jou* ~ *aan jou* (of *die* ~ *aan)* *eie lewe slaan* take one's own life, die by one's own hand, commit suicide; *jou* ~ *lig* lift/raise one's hand.; ~*e in die lug!* hands up!, *(infml.)* stick 'em up!; *hulle loop/sit/staan* ~ *om die lyf* they are walk-ing/sitting/standing with their arms round each other; *die mag in die* ~ *hê* be in power/control; *die mag in die* ~*e kry* come into power; *met die* ~ manually; *(on a letter etc.)* by hand; *(met)* ~*/hart en mond beloof/belowe dat ...* give one's solemn word (*or* promise faithfully) that ...; *van die* ~ *na die mond val die pap op die grond* there's many a slip 'twixt the cup and the lip; ~ *uit die mou* (of *die/jou* ~*e uit die moue) steek* roll up one's sleeves; put/set one's shoulder to the wheel; *iets is na iem. se* ~ s.t. is just the way s.o. wants it; s.t. is handi-ly placed/positioned/etc. for s.o.; *iem. aan/by die* ~ *neem* → **aan/by;** *iets in eie* ~*e neem* take s.t. into one's own hands, tackle s.t. o.s.; *iem. onder* ~*e neem* talk to (*or* go/set to work

on) s.o.; *iets onder ~e* **neem** tackle s.t.; *iets ter ~* **neem** take s.t. up; put s.t. in hand; *met iem. ~ om die* **nek** *sit/wees, (infml.)* be hand in glove (*or* in league/cahoots) with s.o.; be a close/fast/firm friend of s.o.; *iem. kan nie sy/haar ~ voor sy/ haar oë sien nie* s.o. cannot see his/her hand before his/her face *(because of the darkness);* **onder** *~e* in hand; *onder die ~* on the sly; *jou ~e in* **onskuld** *omtrent iets was* wash one's hands of s.t.; *'n* **oop/ope** *~ hê* have an open hand; *~* **oor** *~* hand over hand; *iets neem ~* **oor** *~ toe* s.t. is increasing hand over fist/hand (*or* by leaps and bounds); *met die ~e* **oormekaar** *(of in die* **skoot***) sit* sit with folded hands, be idle; *iets is op ~e* s.t. is imminent (*or* [close/near] at hand *or* round/ around the corner *or* on the horizon); *jou ~ teen iem* **oplig/ optel** lift/raise one's hand against s.o.; *jou ~* **opsteek** put up (*or* raise) one's hand; *jou ~e* **opsteek** throw one's hands up; *jou ~* **optel***, (lit.)* lift/raise one's hand; *die/jou ~ op* **papier** *sit* put/set pen to paper; *'n ~ met 'n* **plant** *hê* have green fingers; *die ~ aan die* **ploeg** *slaan, (fig.)* set/put one's hand to the plough, set/get to work; *'n ~ in die* **pot/spel** *hê* have a finger in the pie; *iets uit iem. se ~e* **ruk** wrest s.t. (*or* wrench/ snatch s.t. [away]) from s.o.; *jou ~e* **saamslaan***, (fig.)* be taken aback with surprise; *jou ~e* **saamvou** clasp one's hands; *jou ~ in jou* **sak** *steek, (lit., fig.)* put one's hand in one's pocket; *die ~ in die* **sak** *steek, (also)* loosen the purse strings; *iets van die ~* **sit** sell s.t.; *met die ~e in die* **skoot** *sit →***oormekaar***; die ~e* **slap** *laat hang* remain inactive; *'n ~ in die* **spel** *hê →***pot/spel***; op jou ~e* **staan** do a handstand; *iem. se ~e* **sterk** give (moral) support to s.o.; strengthen s.o.'s hand(s); *iem. iets in die ~* **stop** slip s.t. into s.o.'s hand, slip s.o. s.t.; *cross/grease/oil s.o.'s palm; (met) die/jou ~ oor iem.* **stryk** pass one's hand over s.t.; *swaar op die ~ wees* be heavy on the hand, be ponderous/tedious; *~ (of met die ~e) in die* **sy** *staan, (lit.)* stand with arms akimbo; *(fig.)* stand idly, stand doing nothing; *'n ~* **tabak/ens.** a hand of tobacco/etc.; *iets (met) ~ en* **tand** *beveg* fight s.t. tooth and nail; *van die ~ in die* **tand** *leef/lewe* live from hand to mouth; *met die (vry[e]) ~* **teken** draw freehand (*or* out of hand); *iets ter ~ hê* have s.t. in hand; *iets kom* **ter** *~* s.t. comes to hand; *iets* **ter** *~ neem →iets ter hand neem; iem. het 'n* **toe** *~* s.o. is close-fisted/stingy; *van ~* **tot** *~* hand to hand; *~e* **tuis***! (hou jou) ~e* **tuis***!* take your hands off me/it!, don't touch me/it!; *jou ~* **uitsteek** put one's hand out; *jou ~ na iets* **uitsteek** reach for s.t.; *jou ~* **uitsteek** *om iets te vat* reach out for s.t.; *geen ~* **uitsteek** *om te ... nie* not lift/raise/stir a finger to ...; *jou ~ na iem.* **uitsteek/uitstrek** hold one's hand out to s.o.; *in iem. se ~e* **val** fall into s.o.'s hands; *in die vyand se ~e* **val***, (a city etc.)* fall to the enemy; *in verkeerde ~e* **val** fall/get into the wrong hands; *iem. se ~* **vashou***, (fig.)* assist/help s.o.; *~e* **vashou/ vat** hold hands; *iem. aan/by die ~* **vat** *→***aan/by***; iem. se ~e staan vir niks* **verkeerd** *nie* s.o. can turn his/her hand to anything, s.o. is a jack of all trades; *iets uit die ~* **verkoop** sell s.t. privately (*or* by private treaty/contract); *die/jou ~e* **vol** *hê* have one's hands full, have a lively time; have work cut out (for one); *jou ~e* **vol** *hê om te ..., (also, infml.)* have a job to ...; *jou ~e* **vol** *hê daarmee, (also, infml.)* find s.t. a tough job; *'n ~* **vol** *... a* handful of ...; *iem. is 'n ~* **vol***, (infml.)* s.o. is a handful (*or* is troublesome); *'n ~* **vol** *vlieë hê* have trouble for nothing; *'n vrou om haar ~* **vra** ask a woman's hand (in marriage), propose to a woman; *iem. die vrye ~* **gee** give/allow s.o. a free hand; *'n* **vrye** *~ (of die ~e* **vry***) hê* have a free hand, have one's hands free; *die een ~ was die ander* you scratch my back and I'll scratch yours; *iets* **werk** *... in die ~* s.t. promotes (*or* makes for) ...; *werk onder ~e* work in progress/hand; *die* **werk** *van iem. se ~e* what s.o. has done; *iets van die ~* **wys** refuse s.t. *(a request etc.);* turn s.t. down, decline s.t. *(an offer etc.);* dismiss s.t. *(an appeal etc.); iets sonder meer van die ~* **wys** turn s.t. down cold. **~afdruk** palm print, handprint. **~bagasie** hand-luggage, -baggage. **~bal** ball of the hand; *(game)* handball. **~boei** handcuff, manacle, wristlet. **~boek** manual, hand-, text-, coursebook. **~boor** hand

drill. **~breed(te)** hand's breadth, hand. **~byl** hatchet, chopper, cleaver, hand axe. **~doek** towel; *die ~ ingooi, (boxing)* throw in the towel; →TOU OPGOOI. **~doekstof** towelling, terry (cloth). **~druk** handshake, =clasp, =grasp, =grip; pressure of the hand; *(print.)* handprint; *iets met 'n ~* **beklink** shake hands on s.t. *(infml.);* '*n* **ferm(e)/stewige/stywe** *~ a* firm handshake; *iem. 'n ~* **gee** give s.o. a handshake; *iem. 'n stywe ~* **gee***, (also)* wring s.o.'s hand. **~galop** hand gallop, canter. **~gebaar** gesture, motion/wave of the hand. **~gee** *handge-* shake hands. **~geld** *(jur.)* earnest (money), han(d)sel; bounty. **~gemaak** =*maakte* handmade *(paper etc.).* **~gemeen:** *~ raak* come to blows, exchange blows; come/get to close quarters; *met iem. ~ raak* come to (*or* exchange) blows with s.o., come/get to grips with s.o.; close with s.o.. **~gereedskap** hand tools. **~geskrewe** handwritten. **~geweer** handgun. **~gewig** dumbbell. **~granaat** (hand) grenade. **~greep** grasp; (hand)grip *(object)*, handhold; manipulation; dodge, trick; handle, manual. **~kar** handcart, barrow. **~karwats** riding whip. **~kloofsaag** jack saw, ripsaw. **~koevoet** moil, tommy (bar). **~koffer** handbag, portmanteau, suitcase; travelling bag, grip, valise. **~kontroles** *(mot.)* hand controls. **~kus** hand kiss; *'n ~* **gee** kiss hands, kiss the hand. **~leiding** guide, handbook, manual; *~ vir brandbestryding/ ens.* manual of firefighting/etc.; *'n ~ by die studie van ... a* guide to ... *(Russ. liter. etc.); 'n ~ oor ... a* guide to ... *(bee-keeping etc.).* **~leser** handreader, palmist, chiromancer. **~lesery** handreading, palmistry, chiromancy. **~leuning** handrest, =rail. **~lyn** *(fishing)* handline; *(palmistry)* line in the hand. **~masjien** hand-operated machine. **~masjiengeweer** submachine gun, tommy gun. **~mikrofoon** hand-held microphone. **~moer** finger/thumb nut. **~omkeer:** *in 'n ~ in a* twinkling, in the twinkling of an eye; *soos ~* in an instant, in a trice. **~oplegging** laying on (*or* imposition) of hands. **~opsteking** show of hands. **~palm** palm of the hand. **~palmvormig** =*mige* palmate. **~perd** led horse; *(fig., derog.)* lackey. **~pik** hand axe, boucher. **~pomp** hand pump. **~pomp** glove/ hand puppet. **~radio, ~sender** walkie-talkie. **~reiking** assistance. **~rekenaar** *(comp.)* palmtop. **~reling** handrail. **~rem** handbrake, parking/emergency brake. **~rug** back of the hand. **~rughou** *(tennis)* backhand (stroke), backhander. **~rugspeler** backhander, backhand player. **~saag** handsaw. **~sak** handbag. **~sambok** riding whip, horsewhip, (small) sjambok. **~sein** hand signal. **~sentrale** manual exchange. **~skaaf** jack plane. **~skêr** snips. **~skoen** →HANDSKOEN. **~skrif** →HANDSKRIF. **~skroef** hand screw; hand-filing vice. **~sortering** handsorting, -picking. **~spieël** hand-mirror, handglass. **~stand** handstand. **~steun** handrest. **~stuk** *(teleph.)* handset. **~stuur** manual steering. **~tas** handbag, grip, valise; *(also* manshandtas*)* attaché case. **~tassie** handbag; vanity bag. **~tekening** signature, autograph, sign manual. **~tertjie** tartlet, turnover. **~tou** handline. **~uit** *(also* hand uit*)* undisciplined; unmanageable, uncontrollable; *~ ruk (of* hand uitruk*)* get out of hand/control, become unmanageable, run amok/riot; *(infml., prices)* go through the roof. **~vaardig** =*dige* handy, deft, skilful, skilled, dexterous. **~vaardigheid** handiness, deftness, skill, (manual) dexterity. **~vatsel** =*sels* handle, haft, stock, grip, toat *(of a joiner's plane);* crutch *(of a spade); (mech.)* hand attachment; *(biol.)* manubrium. **~versneller** throttle *(of a car).* **~vol:** →'N HAND VOL ... →**(vuur)wapen** hand-gun. **~vyl** hand file. **~wasbak** hand basin. **~werk** →HANDWERK. **~woordeboek** concise dictionary. **~wortel** carpus. **~wortelbeen** carpal (bone), wrist bone. **~wyser** finger=, guide=, signpost; wiggler, manual traffic indicator.

**han·de·:** **~arbeid** manual/hand labour; handwork, handicraft. **~arbeider** blue-collar worker. **~geklap, handgeklap, handeklap** handclap, applause. **~room** hand cream. **~vat** coupling of hands. **~versorger** manicurist, manicure. **~versorging** manicuring, manicure. **~-viervoet** on all fours; *~ (of op ~e en voete) loop* go on all fours. **~vloeiroom** hand lotion. **~wasseep** toilet soap. **~werk** handiwork; handwork, hand/manual labour; workmanship, craftsmanship. **~wringend** wringing one's hands *(as in grief).*

**han·del** *n.* commerce, business, trade, traffic; conduct in life, manner of living; bearing; →HANDELS=; *behoeftes van die ~* trade requirements; *bevorderlik wees vir die ~* be good for trade; *'n bloeiende ~ in ...* a roaring trade in ...; *die ~* commercial trade; *~ dryf/drywe* carry on (*or* run) a business, carry on a trade, trade; *in/met iets ~ dryf/drywe* deal/trade in s.t. *(goods);* traffic in s.t. *(drugs etc.);* met iem. *~ dryf/drywe* trade with s.o.; *in die ~* commercially, in commerce; *nie in die ~ nie* not on the market; sold out; *(a book)* printed for private circulation only; *iets in die ~ bring* place/ put s.t. on the market; bring s.t. out; *in die ~ wees* be in/on the market; *die ~ in/met ...* the trade in ...; the traffic in ... *(drugs etc.);* 'n *lewendige ~ in ...* a brisk trade in ...; *inkomste uit die ~* trade income; *vir die ~* commercially, on a commercial scale; *in die ~ en wandel* in the conduct of life.

**han·del** ge-, *vb.* deal, carry on business, trade; act; deal; *daarna/dienooreenkomstig ~* act accordingly; *in/met iets ~* deal/trade in s.t. *(goods);* traffic in s.t. *(drugs etc.);* met iem. *~* trade with s.o.; *dit ~ oor ...* it is about ..., it deals with ...; *vir eie rekening ~* trade on one's own account; *volgens besluit ~* act on a decision; *waaroor ~ dit?* what is it about?. **~dryf, ~drywe** *n.* trading, merchandising; *~ verbode* trading prohibited. **~drywend** *=wende* commercial, mercantile, trading; *~ as ...* trading as ... **~saak** business (concern), commercial enterprise, undertaking, matter, affair. **~sekretaris** commercial secretary; secretary of commerce. **~sender** commercial transmitter; commercial/TV/radio service. **~sending** trade mission. **~sentrum** trade centre, emporium. **~skeepvaart** merchant shipping. **~skip** trading ship, merchantman. **~skommelinge** trade fluctuations. **~skool** commercial school/college, school of commerce; *hoër ~skool* commercial high school. **~skou** trade fair. **~slapte** trade depression/recession. **~staat** trading country. **~stad** trading centre, commercial town/city. **~stand** trade circles, merchant/commercial class. **~stasie** trading post. **~statistieke** trade returns/statistics. **~surplus** trade surplus. **~syfers** *n. (pl.)* trade figures.

**han·de·laar** *=laars* dealer, merchant, trader; trafficker; *algemene ~* general dealer.

**han·del·baar** *=bare* docile, manageable, tractable, conformable, governable. **han·del·baar·heid** docility, manageability, manageableness, tractability.

**han·de·ling** *=linge* action, act; operation; *H~e (van die Apostels), (Bib. book)* Acts (of the Apostles); *eenheid van ~, (drama)* unity of action; *tot ~ oorgaan* go into action; take action; *positiewe ~* overt act; *vol ~ wees, (a play etc.)* be full of action. **han·de·lings·be·voeg** *(jur.)* capable of contracting, being of legal capacity, having contractual capacity, *(Lat.)* sui juris. **han·de·lings·be·voegd·heid** contractual/legal capacity/competence, capacity to contract; *beperkte ~* limited legal capacity. **han·de·lings·on·be·voeg** *(jur.)* incapable of contracting. **han·de·lings·on·be·voegd·heid** legal/ contractual incapacity, incapacity to contract.

**han·dels** commercial. **~agent** commercial agent. **~artikel** article of commerce, commodity. **~attaché** commercial attaché. **~balans** balance of trade, trade balance; *tekort op die ~* trade gap, balance of trade deficit. **~bank** commercial bank. **~bankbedryf, ~bankwese** commercial banking. **~bedryf** commercial establishment. **~belang** commercial interest. **~belemmering** →HANDELSVERSPERRING. **~beperking** trade restriction, restraint of trade. **~berig** market/trade/commercial report; business/commercial news *(in a newspaper).* **~betrekkinge** commercial/trade/business relations/connections; *met ... ~ aanknoop* establish commercial connections with ... **~beurs** trade fair. **~blad** commercial journal/paper, trade journal. **~drukker** commercial printer. **~drukkery** commer=

cial printing works. **~drukwerk** commercial printing. **~ekonomie** commercial economy. **~fakulteit** faculty of commerce. **~firma** trading/commercial firm. **~gebied:** *op ~ in* the domain of trade, in business. **~geheim** trade secret. **~gemeenskap** commercial world. **~hawe** commercial/mercantile/shipping port. **~huis** commercial/trading house/establishment, merchant house. **~instituut** commercial institute. **~kamer** chamber of commerce. **~korting, ~afslag** trade discount/allowance, commercial discount, trade-channel/ trade-status discount. **~krediet** trade credit. **~kringe** commercial circles. **~kuns** commercial art. **~kunstenaar** commercial artist. **~land** trading country. **~lisensie** trade/trading licence. **~lugvaart** commercial aviation. **~maatskappy** trading company, trade corporation. **~man** *=manne, handelsmense, handelslui* merchant, trader; *(in the pl.)* tradesfolk, =men, =people. **~merk** trademark, brand (name); *eie ~* own brand/label; *sonder ~* unbranded. **~merkbewustheid** brand awareness. **~merktrou** brand loyalty. **~monopolie** monopoly of trade. **~naam** trade/trading/proprietary name; trade/ brand name. **~onderneming** commercial enterprise/undertaking, trading concern. **~onderwys** commercial education, commercial training. **~ooreenkoms** commercial/trade/trading agreement. **~oorlog** trade war. **~oorsig** commercial review, trade review. **~oorskot** trade surplus. **~opgawe** trade returns. **~opleiding** commercial education, training. **~politiek** commercial policy. **~premie** commercial bounty. **~prys** commercial price. **~reg** commercial law, mercantile law. **~reisiger** (commercial) traveller, travelling salesman. **~rekene, ~rekenkunde** commercial/business/mercantile arithmetic. **~rekening** trade account. **~roete, ~weg** trade route. **~taal** commercial language; commercialese. **~tekort** trade deficit. **~transaksie** business transaction. **~ure** *n. (pl.)* trading hours. **~vaartuig** trading vessel. **~vennoot** trading partner. **~vennootskap** copartnership. **~verbod** commercial/ trade prohibition. **~verdrag** commercial convention/treaty, trade agreement. **~verkeer** commercial intercourse/traffic, commerce. **~versperring, ~belemmering** trade barrier. **~vlag** merchant flag. **~vliegtuig** commercial plane. **~vloot** mercantile marine, merchant fleet/marine, merchant navy. **~vooruitsigte** commercial/trade outlook, prospects. **~voorwaardes** trade conditions. **~vryheid** freedom of trade; *tot inkorting van ~* in restraint of trade. **~waarde** market value. **~ware** merchandise, commodities, commercial products. **~wêreld** commercial community, world of commerce. **~wetenskap** commercial science. **~wetgewing** commercial legislation. **~wins** trade profit. **~woordeboek** commercial dictionary. **~wyse, handelwyse** proceeding, procedure, way of acting, method, behaviour, line/course of action; *'n ~ volg* follow/pursue/take a course of action.

**hand·haaf** ge= maintain *(order),* uphold *(the law),* vindicate *(a right),* live up to, make good *(one's reputation);* stand by *(an opinion);* sustain *(an objection);* preserve; observe; *'n appèl ~, (jur.)* allow/grant an appeal; *jouself ~ (teen ...)* hold one's own (against ...); *iem. ~ as lid/ens.* retain s.o. as a member/etc.. **hand·ha·wer** *=wers* maintainer, upholder, vindicator. **hand·ha·wing** maintenance, preservation; vindication, enforcement.

**han·dig** *=dige* clever, astute, skilful, adroit, deft, dexterous, expert, nimble; handy, convenient; *~ gedaan* neatly done; *~ wees in/met ...* be deft/handy with ...; *be an old hand at ...* **han·dig·heid** adroitness, cleverness, handiness, dexterity, deftness, (manual) skill.

**hand·jie** *=jies* little hand; *('n) ~/hand bysit* give/lend s.o. a hand, help out, extend/give/lend a helping hand; *~s vashou* hold hands; *'n ~ vol mense* (just) a handful of people. **handjies·klap** *(children's game)* pat-a-cake.

**hand·lan·ger** *=gers* handyman, helper; dogsbody *(infml.);* utility man, odd-jobber, factotum; devil; henchman, creature, tool, minion; stooge, abettor *(in crime).*

**hand·skoen** glove; gauntlet; *iets met sagte ~tjies* **aanpak** handle s.t. with kid gloves; *die ~* **opneem** take/pick up the gauntlet; *die ~ vir ... opneem* take up the cudgels for ...; *iem. kan nie sonder ~e aangepak word nie* s.o. is not easy to handle; *iem. die ~* **toewerp** throw down the gauntlet; *met die ~ trou* marry by proxy. **~maker** glover.

**hand·skrif** handwriting, script; manuscript. **hand·skrif·kun·de** graphology. **hand·skrif·kun·dig** =*dige, adj.* graphological. **hand·skrif·kun·di·ge, hand·skrif·des·kun·di·ge** =*ges, n.* graphologist.

**hand·ves** =*veste* charter; covenant.

**hand·vor·mig** =*mige* hand-shaped, palmate.

**hand·werk** craft, handicraft, handwork; needlework; hand-made article. **hand·wer·ker** manual labourer/worker, blue-collar worker. **hand·wer·kie** piece of fancywork/needlework. **hand·werk·sak(·kie)** sewing bag. **hand·werk·ster** workwoman; seamstress.

**ha·ne·:** **~balk** collar beam, roof tie, top beam, purlin. **~ge·veg** cockfight(ing). **~kam** cock's comb, cockscomb; *(bot.)* cockscomb, amaranth; *(bot.)* love-lies(-a)-bleeding. **~kraai** cockcrow(ing). **~poot** *(lit.)* cock's foot/claw; *(grapes)* hanepoot *(also H~)*; cockspur thorn; pigweed. **~pootdruif,** *(also H~)* hanepoot grape. **~spoor** cock's spur, cockspur; *(bot.)* cockspur (hawthorn). **~tree(tjie)** short distance, stone's throw; *'n ~ (van/na ...)* a stone's throw *(or a short distance)* (from/to ...).

**ha·ne·rig** =*rige* cocky, cocksure, brash, arrogant; lecherous, lewd, *(infml.)* horny. **ha·ne·rig·heid** cockiness; lecherousness.

**hang** *hange, n.* slope *(of a mountain);* incline. **hang** *ge=, vb.* hang, be suspended; sag, droop; suspend; be hanged; put up *(curtains); aan ... ~* be suspended from ...; *iets aan ... ~* hang s.t. on/from ...; *aan die galg ~* swing from the gallows; *alles aan jou lyf ~* spend all one's money on clothes; *hulle ~ aan mekaar* they hang together *(or* are bound up in each other); *die prent ~ aan/teen die muur* the picture hangs on the wall; *'n deur ~* hang a door; *in die lug ~* hover; *jou kop/ore laat ~* hang one's head/ears, be down in the mouth; *die blomme laat hul koppe ~* the flowers are drooping (their heads); *aan iem. se lippe ~* hang (up)on s.o.'s lips/words; *(los) ~* dangle; *'n veroordeelde ~* hang a convict; *iets ~ oor ...* s.t. overhangs ...; *(fig.)* s.t. hangs over ...; *tussen ~ en wurg, (infml.)* between the devil and the deep blue sea. **~band** sling; steadying strap; *iets in ~e sit* sling s.t. **~brug** suspension bridge. **~heup** dropped hip *(human),* dropped quarter *(animal).* **~kas** wardrobe. **~klip** overhanging rock. **~klok** wall clock. **~lamp** hanging lamp. **~letter** drop letter. **~lip** *n.* protruding lip. **~lip** *adj.* sulky; *iem. is vanmôre al weer ~* s.o. is sulking/sulky again this morning. **~lys** picture rail. **~mandjie** hanging basket. **~mat** hammock; *'n ~ ophang* swing a hammock. **~ore** lop-ears, drooping ears. **~punt** point of suspension. **~rekstok** trapeze. **~skouer** dropped shoulder; dropped quarter *(of an animal).* **~skouermou** dropped-shoulder sleeve. **~skouers** sloping/drooping shoulders. **~slot** padlock. **~spoor** suspension railway, (suspended) monorail; aerial railway. **~stok** trapeze. **~styl** queen post, king post; truss post. **~sweef** →HANGSWEEF. **~tas** sling bag. **~veer** underslung spring. **~verband** sling; suspensory (bandage), suspensor. **~vloer** suspended floor. **~wange** *n. (pl.)* baggy/saggy cheeks.

**han·gend** =*gende, adj.* hanging, suspended, pendent, pendant; pensile; pendulous; pending; *lêer/mandjie met ~e korrespondensie* pending file/tray; *~e rekening* suspense account; *die saak is ~e* the case is pending *(or* sub judice). **han·gen·de** *prep.* pending; *~ die beslissing* pending the decision.

**han·ger** =*gers* hanger; pendant; eardrop; *(also* klerehanger*)* clothes hanger, coat hanger. **han·ge·rig** =*rige* listless, languid, limp. **han·ger·tjie** =*tjies* pendant; charm *(on a bangle etc.).*

**hang·sweef** hang-glide. **~tuig** *(also* hangtuig*)* hang-glider. **hang·swe·wer** hang-glider. **hang·swe·we·ry** hang-gliding.

**Han·no·ver** *(geog., Germ.)* Hanover. **Han·no·ve·raan** =*rane, n.* Hanoverian. **Han·no·ve·raans** =*raanse, adj.* Hanoverian.

**ha·nou, ho(·nou)** *interj.* whoa! *(to draught animals).*

**Ha·no·ver** *(geog., SA)* Hanover.

**hans** hand-fed, orphan *(lamb),* tame; *~ grootmaak* hand-raise, feed out of *(or* by) hand. **~dier** pet (animal). **~kakie** *(hist., derog.)* renegade. **~lam** =*mers* pet lamb, bottle-fed lamb, hand-fed lamb.

**Han·sard** *(parl.)* Hansard.

**Han·sie:** *~ en Grietjie, (children's story)* Hänsel and Gretel. **h~-my-kneg** handyman, man of all work; *(infml.)* dogsbody; *~ speel* fetch and carry; order people about.

**hans·wors, hans·wors** =*worse,* =*worste* buffoon, clown, harlequin, pierrot. **hans·wors·(t)e·ry, hans·wors·(t)e·ry** =*rye* buffoonery, clowning, high jinks, hijinks; slapstick.

**han·teer** *(ge=)* handle, manipulate, operate, work; wield; cope with. **~koste** handling charge(s). **~werk** handling.

**han·teer·baar** =*bare* manageable, easy to handle *(objects); van ~bare grootte* of manageable size. **han·teer·baar·heid** manageability, (ease of) handling, ease of operation, manoeuvrability.

**han·teer·der** =*ders* handler, manipulator.

**han·te·ring** handling, manipulation, operation, working, management.

**hap** *happe, n.* bite; bit, morsel, mouthful, piece; gulp; nick, chip *(in crockery); in een ~* at a gulp *(or* one bite/swallow); *'n ~ uit/van die koek kry, (infml.)* get a piece/slice of the action; *'n ~ in iets maak, (infml.)* eat into s.t., make a hole in s.t.; *'n groot ~ uit iets wees, (infml.)* be a big slice out of s.t. *(s.o.'s salary etc.).* **hap** *ge=, vb.* bite, snap; snatch; *na ... ~* snap at ... **hap·pe·rig** =*rige* jagged, hackly; snappish *(dog); (also* happig*)* eager, keen *(for/on).* **hap·pe·rig·heid** jaggedness; snappishness; eagerness. **hap·pie** =*pies, (dim.)* (dainty) bit, titbit, (appetising) morsel, small bite/mouthful; *'n ~ eet* have a snack.

**ha·per** *ge=* give trouble; stick, get stuck; *(an engine)* not function properly, miss, missfire; falter, stammer *(in speech); iets ~ aan ... ...* lacks s.t., there is s.t. wrong with ...; *dit ~ altyd aan geld, (ook)* funds are always short; *sonder om te ~* without a hitch; *waar ~ dit?* where is the hitch?. **ha·pe·ring** =*rings,* =*ringe* hitch, impediment; hesitation *(in s.o.'s speech);* break *(in s.o.'s voice).*

**ha·ra·ki·ri** *(<Jap., also fig.)* hara-kiri, hari-kari, seppuku.

**Ha·ra·re** *(geog.)* Harare.

**hard** *harde harder hardste, adj.* hard; harsh, severe *(treatment etc.);* grim, stern *(reality, truth, etc.);* heavy *(blow);* loud *(voice);* glaring *(colour);* hard-fought *(battle);* unkindly, uncharitable; *al ~e baard hê* have reached adulthood; *~e dwelm(middel)* hard drug; *~ van die geld wees* have plenty of money; *~e glas* tempered glass; *~e hoed* hard hat *(of a constr. worker); dit is ~!* that's tough *(luck)!; iets is ~ vir iem.* s.t. is rough on s.o.; *so ~ soos 'n klip* as hard as stone/steel/flint; *'n ~e kop hê, (infml.)* have a stubborn disposition; *~e liefde, (infml.)* tough love; *... ~ maak* temper ... *(metal);* indurate ...; *~e porno(grafie)* hard porn, hard-core pornography; *~e puin* hard core *(of a road etc.); ~e versiersel* royal icing; *~e vet* suet; tallow; *~e waarheid* home truth; *~e water* hard water; *~e wol* harsh wool; *~e woorde* harsh/hard/stern words; *~ word* firm, solidify, congeal, set. **hard** *adv.: dit gaan ~* it is hard going *(fig.); ~ leer* study strenuously; *dit reën ~* it is raining heavily; *~ val* come a cropper; fall heavily; *~ aan iets werk, (also)* grind away at s.t.. **hard** *ge=, vb.* harden, steel *(one's nerves),* toughen; inure; temper *(steel).* **~gekook** =*kookte, (also* hard gekook*)* hard-boiled *(egg).* **~op** aloud, out loud; *~ dink* think aloud; *~ lees* read aloud/out; *sê dit ~* say it out loud. **~loop** →HARDLOOP. **~sol**

deer *hardge* hard solder, braze. **~soldeersel** hard solder, spelter (solder). **~werkend** hard-working, diligent. **~wording** solidification.

**hard·bek·kig** *-kige* hard-mouthed, hard in the mouth (horse); stubborn; (fig.) obstinate.

**har·de·**: **~band(boek)** hardback (book), hardcover (book); *in hardeband* in hardback/hardcover. **~bank** rock bottom. **~bolhoed(jie)**, **~bolkeil(tjie)** bowler (hat), hard/pot hat. **~bord** hardboard. **~hout** hardwood; (fig., joc.) hard liquor. **~koejawel** *n.*, (infml.) tough customer, (fig.) hard nut. **~koejawel** *adj. & adv.*, (infml.) tough, cocky, impudent, arrogant. **~kool (boom)** (bot.: Combretum imberbe) leadwood. **~kop** *n.*, (infml.) mule, stubborn person. **~kop** *adj.*, (infml.) stubborn; *'n ~ persoon* a stubborn person. **~kwas** *-kwasse, n.*, (infml.) conceited/obstinate person. **~kwas** *adj.*, (infml.) conceited, obstinate. **~peer**, (infml.) rooibessie (bot.: Olinia spp.) olinia, hard pear. **~skyf** (comp.) hard disk. **~skyfaandrywer** (comp.) hard disk drive. **~veld** hardeveld. **~ware** hardware.

**har·der**[1] *-ders, n., (icht.)* (grey) mullet; harder.

**har·der**[2] *adj. & adv.* harder, louder; faster; ~ (praat)! speak up!. **har·de·rig** *-rige* rather hard/loud/fast/etc.; hardish.

**hard·ge·bak** (also hard gebak) well done, hard-boiled (an egg); (fig.) obstinate; callous (pers.). **hard·ge·bakt·heid** conceit, obstinacy, arrogance.

**hard·han·dig** *-dige* harsh, rough, rude; iem. ~ hanteer rough-handle (s.o.); ~ optree get tough. **hard·han·dig·heid** roughness, rough handling.

**hard·heid** hardness, loudness; sternness, harshness, toughness, stiffness, severeness; severity; temper (of metals).

**hard·ho·rend** *-rende*, **hard·ho·rig** *-rige* dull/hard of hearing. **hard·ho·rend·heid, hard·ho·rig·heid** dul(l)ness/hardness of hearing.

**har·ding** hardening, tempering; inurement.

**hard·kop·pig** *-pige* stubborn, mulish, pigheaded, obstinate, headstrong. **hard·kop·pig·heid** obstinacy, stubbornness.

**hard·loop** *n.: iem. is aan die* ~ s.o. is running; aan die ~ gaan start running. **hard·loop** *ge-, vb.* hurry, make haste, race, sprint; *agter iem. aan* ~ run after s.o.; *om ... te haal* run for ... (the bus etc.); *so al wat jy kan* run as fast as one can; *die marat(h)on in drie/ens. uur* ~ complete the marathon in three/etc. hours, clock three/etc. hours for the marathon; *die myl* ~ run the mile; *teen ...* ~ race against ...; *vinnig* ~ run hard/fast; *in 'n wedloop* ~ run a race. **~skoen** running shoe. **hard·lo·per** runner, racer; sprinter (short distance). **hard·lo·pe·ry** running, racing.

**hard·ly·wig** *-wige* constipated. **hard·ly·wig·heid** constipation.

**hard·nek·kig** *-kige* obstinate, headstrong, intractable, mulish, (infml.) bloody-minded (pers.); dogged (resolution); stubborn (fight); persistent (cough). **hard·nek·kig·heid** obstinacy; doggedness; stubbornness; persistency.

**hard·vog·tig** *-tige* callous, hardhearted, heartless, unfeeling, pitiless; stern, ruthless, dog-eat-dog (attitude etc.). **hard·vog·tig·heid** callousness, hardheartedness, heartlessness; ruthlessness, savageness.

**ha·re**[1] *n.* →HAAR[1] *n.*.

**ha·re**[2] *poss. pron.* →HAAR[4] *poss. pron.*.

**Ha·re Krisj·na** (Skt.) Hare Krishna. **~beweging** Hare Krishna movement.

**ha·rem** *-rems* harem. **~broek** harem pants.

**ha·rig, ha·re·rig** hairy, shaggy; hirsute. **ha·rig·heid, ha·re·rig·heid** hairiness, shagginess.

**ha·ring** *-rings, (icht.)* herring. **~graat** herringbone. **~vangs** herring-fishery; herring harvest.

**hark** *harke, n.* rake. **hark** *ge-, vb.* rake.

**har·le·kyn** *-kyne* harlequin, buffoon. **har·le·kyns·pak** motley (suit). **~streke** buffoonery; slapstick (comedy).

**har·mans·drup, haar·lem·mer·o·lie, haar·le·men·sis** Dutch drops; iem. is 'n regte harmansdrup s.o. is a slowcoach.

**har·mo·nie** *-nieë* harmony, accord, concord; unison; *in* ~ in unison; *in* ~ *met ... wees* be in harmony with ...; be in tune with ...

**har·mo·ni·eer** *ge-* harmonise, agree, go (well) together; *met ...* ~ harmonise with ...; tone in with ...; be in tune with ...; *nie met ...* ~ *nie* be out of tune with ... **har·mo·ni·ë·ring** harmonising, matching. **har·mo·nies** *-niese* harmonious; concordant. **har·mo·ni·eus** *-nieuse* harmonious; sweet-sounding; *'n ~e stem* a pleasing voice. **har·mo·ni·ka** *-kas, (mus. instr.)* harmonica, mouth organ; accordion, concertina. **har·mo·nis** *-niste* harmonist. **har·mo·ni·seer** *ge-, (mus.)* harmonise. **har·mo·ni·se·ring** harmonisation. **har·mo·ni·um** *-niums* harmonium, reed organ.

**har·nas** *-nasse, n.* armour; cuirass; iem. *die* ~ *in* (of *in die* ~) *ja(ag)* antagonise s.o., (infml.) get/put s.o.'s back up, rub s.o. up the wrong way. **har·nas** *ge-, vb.* (put on) armour; harness (wires).

**harp** *harpe, (mus. instr.)* harp; gong (of a clock); (joining) shackle. **~bout** shackle bolt. **~speelster, harpiste** harper, harpist. **~spel** harp-playing. **~speler, harpenis, harpis** harp player, harper, harpist.

**har·poen** *-poene, n.* harpoon. **har·poen, har·poe·neer** *ge-, vb.* harpoon. **har·poe·nier** *-niers* harpooner.

**har·puis** *n.* resin; →HARS; ~ *ruik*, (boxing) be floored. **har·puis** *ge-, vb.* resin. **~bos** (Euryops spp.) resin bush, harpuisbos.

**har·puis·ag·tig** *-tige* resinous, resinaceous.

**har·py** (myth.; fig.: cruel woman) harpy.

**hars** *harse* rosin, resin; →HARPUIS. **hars·ag·tig** *-tige* resinous, resinaceous.

**har·sing**: **~brug** (anat.) pons Varolii. **~-en-rugmurg(-)ontsteking** (med.) encephalomyelitis. **~- en rugmurgvliese** meninges. **~-en-rugmurgvlies(-)ontsteking** (med.) (cerebrospinal) meningitis. **~helfte** cerebral hemisphere. **~holte, ~kas, ~pan** brain cavity, braincase, cranium, cranial cavity, cerebral cavity. **~kamer** ventricle (of the brain). **~koors** brain fever, phrenitis. **~ontsteking** inflammation of the brain, encephalitis. **~skors** cerebral cortex. **~skudding** (cerebral) concussion. **~stam** brainstem. **~vlies** cerebral membrane, meninx; *harde* ~ dura mater; *sagte* ~ pia mater, leptomeninges. **~vliesontsteking** (cerebral) meningitis.

**har·sing·loos** *-lose* brainless.

**har·sings** brain, encephalon; intellect, brains; iem. *se* ~ *inslaan* dash s.o.'s brains out.

**har·slag** *-slagte, -slae* pluck (of a slaughtered animal).

**hars·pan** (infml.) skull, brainpan, -box, -case, noggin, pate; iem. *se* ~ *inslaan* crack s.o.'s skull/head.

**hart** *harte* heart; mind; pith; core, centre; body (of a screw); (phys.) core (of a reactor); *iets in jou* ~ *bewaar* hoard (or store up) s.t. in one's heart; *jou* ~ *blootlê* bare one's heart; iem. *se* ~ *breek* break s.o.'s heart; *iets op die* ~ *dra* have s.t. at heart; iem. *op jou* ~ *dra* honour s.o., have deep/strong feelings for s.o.; iem. *iets op die* ~ *druk* impress s.t. on s.o., urge s.t. (up)on s.o.; *jou* ~ *gaan na iem. uit* one's heart goes out to s.o.; *van ganser* ~*e* with all one's heart/soul, whole-heartedly, from one's heart; *jou* ~ *aan ... gee/skenk/verpand* give one's heart to ...; iem. *het g'n* ~ *nie* s.o. has no heart, s.o. is heartless; *iets doen* iem. *se* ~ *goed* s.t. does s.o.'s heart good, s.t. gladdens/warms s.o.'s heart; *'n goeie/warm* ~ *hê* have a kind heart; *'n* ~ *van goud hê* have a heart of gold; *hard van* ~ *wees* be hardhearted; *iets op die* ~ *hê* have s.t. on one's mind; *have s.t. on one's chest* (infml.); *'n* ~ *vir ...* *hê* have compassion for ... (the poor etc.); *nie die* ~ *hê om iets te doen nie* not have the courage to do s.t.; not be able to face doing s.t.; *met my hele* ~ with all my heart/soul; *as jy die* ~ *daar* *voor het* if your heart is in it; *in jou* ~ at heart/bottom, in one's heart; *jonk van* ~ *wees* be young at heart; *jou* ~ *sit in jou keel, jou* ~ *in jou keel voel klop* have one's heart in one's mouth; *'n* ~ *van klip hê* have a heart of flint; *iem. se* ~ *klop warm vir* ... s.o.'s heart beats warmly for ...; *jou* ~ *begin warm klop vir iem.* one's heart warms to s.o.; *iets kom uit iem. se* ~ s.t. comes straight from s.o.'s heart; *dit nie oor jou* ~ *kry om te* ... *nie* not find it in one's heart (*or* have the heart *or* be able to bring o.s.) to ...; *dit is 'n las/pak van iem. se* ~ *af* it is a load/weight off s.o.'s mind; *iets lê iem. na aan die* ~ s.t. is close/near to s.o.'s heart; *jou* ~ *lug/uitpraat/uitstort* express/relieve/vent one's feelings, unbosom/unburden o.s., open/bare (*or* pour out) one's heart, *(infml.)* get s.t. off one's chest; *waar die* ~ *van vol is, loop die mond van oor, (orig. Bib.)* from the ful(l)ness of the heart (*or* what the heart thinks) the mouth speaks; *nie van jou* ~ *'n moordkuil maak nie* speak one's mind freely, get s.t. off one's chest, not bottle up one's feelings; *(so reg) na iem. se* ~ after s.o.'s own heart; *iem. se* ~ *sit op die regte plek* s.o.'s heart is in the right place; *sê wat in jou* ~ *is* speak one's mind; speak as one's heart dictates; *(met)* ~ *en siel* heart and soul, whole-heartedly, with a will; *iets (met)* ~ *en siel aanpak, (met)* ~ *en siel vir iets werk* devote o.s. heart and soul to s.t., throw o.s. into s.t. *(a cause etc.); jou (met)* ~ *en siel op iets toelê* put one's heart into s.t.; *(met)* ~ *en siel vir iets wees* be whole-heartedly in favour of s.t.; *die* ~ *op iets sit* put/set one's heart (*or* have one's heart set) on s.t.; *iem. se* ~ *het in sy/haar skoene gesak/gesink* s.o.'s heart sank into his/her boots; *iem. in jou* ~ *sluit* take s.o. to one's heart; *elke* ~ *het sy smart* every heart has its own ache; *iem. se* ~ *het byna gaan staan* s.o.'s heart missed/skipped a beat; *iem. se* ~ *het byna oor iets gaan staan* s.t. (nearly) gave s.o. heart failure; *iets gee iem. 'n steek in die* ~ s.t. tears s.o.'s heart out; *iem. se* ~ *steel/verower* steal/win s.o.'s heart; *'n* ~ *van steen hê* have a heart of stone; *met 'n* ~ *van steen* stony-hearted, hard as flint; *met 'n swaar* ~ with a heavy heart; *'n teer* ~ *hê* have a soft/tender heart; *iets ter* ~ *e neem* take s.t. to heart; *jou* ~ *op jou tong dra/hê, jou* ~ *lê op jou tong* wear one's heart on one's sleeve; *iets tref iem. (diep) in die* ~ s.t. moves/touches s.o.'s heart; *jou* ~ *aan/teen(oor) iem. uitstort, (also)* bare one's soul to s.o.; *van* ~ *e* heartily (*congratulate s.o. etc.); jou* ~ *vashou* shudder, tremble (*at the thought of what could happen); iem. se* ~ *is verdeeld* s.o.'s feelings are divided; *met 'n verligte* ~ with a feeling of relief; *iem. se* ~ *vinniger laat klop (of bol[le]makiesie laat slaan)* set s.o.'s pulse racing; *iem. se* ~ *was so vol dat hy/sy nie kon praat nie* s.o. could not speak (*or* words failed s.o.) because of the ful(l)ness of his/her heart; *iem. se* ~ *is nog vry* s.o. is still fancy-free; *vuil* ~, *vuil mond* dirty/foul language comes from a foul heart; *'n warm* ~ *steek die ander aan* love is infectious. **~aanval** heart attack/failure; cardiac seizure. **~brekend** =*kende* heartbreaking, -rending. **~grondig** =*dige, adj.* cordial, heartfelt, whole-hearted. **~grondig** *adv.* cordially, whole-heartedly, from the heart. **~grondigheid** cordiality, whole-heartedness. **~kamer** chamber/ventricle of the heart. **~klep** heart/cardiac valve; suction valve (*of a pump*). **~klop** heartbeat, -throb. **~kloppings** palpitation (of the heart). **~kwaal, ~aandoening** heart complaint/condition/disease/trouble, affection of the heart, cardiac affection, cardiopathy; *aan 'n* ~ *ly* have a heart condition, have heart trouble. **~lam** darling, dearest, dear heart. **~land** heartland. **~lief(ie)** = HARTLAM. **~long-masjien** heart-lung machine. **~lyer** cardiac; *'n* ~ *wees* have a heart condition, have heart trouble. **~mossel** cockle. **~omleiding** (*surg.*) coronary bypass. **~oorplanting** heart/cardiac transplant; *dubbele* ~ double heart transplant, piggyback heart transplant. **~pasiënt** cardiac (patient), heart patient. **~pyn** heartache. **~roerend** =*rende* heart-stirring, pathetic; (deeply) moving, soulful. **~seer** *n.* grief, sorrow; sadness, heartache; *van* ~ *vergaan* eat out one's heart; *van* ~ *sterwe* die of a broken heart. **~seer** =*der* =*ste, adj.* sad, heart=sore, grieved, sick at heart; *oor iets* ~ *wees* sorrow at/over/for

s.t.. **~seerhoekie** agony column *(in a newspaper etc.)*. **~senu(wee)** cardiac nerve. **~siekte** heart disease, cardiopa= thy. **~slag** =*slae* heartbeat, pulsation of the heart. **~snare** heartstrings; *iem. se* ~ *aanraak/roer* tug at s.o.'s heartstrings, *(infml.)* warm the cockles of s.o.'s heart. **~spesialis** heart specialist, cardiologist. **~spier** heart muscle, cardiac muscle, myocardium. **~stilstand** cardiac arrest. **~vergroting** dila(ta)= tion of the heart, cardiac dila(ta)tion, athlete's heart. **~ver= lamming** paralysis of the heart, heart seizure. **~versaking** heart failure, cardiac failure. **~verskeurend** =*rende* harrow= ing, heartbreaking, heart-rending, poignant. **~versterkend** =*kende* bracing, tonic, cordial, heart-warming. **~versterking** =*kinge*, **~versterkinkie** =*kies* tonic, pick-me-up, stimulant. **~vertraging** bradycardia. **~vlies** *(anat.)* endocardium. **~voorkamer** atrium (cordis), auricle.

**hart·bees, har·te·bees** hart(e)beest. **~huis(ie)** wattle and daub hut.

**har·te·** : **~breker** lady-killer. **~dief** darling, love, pet. **~lus** heart's desire; *na* ~ to one's heart's content. **~wens** heart's desire, fondest wish; *alles het na* ~ *gegaan* everything went off as desired (*or* splendidly), everything panned out well.

**har·te·loos** =*lose* heartless. **har·te·loos·heid** heartlessness.

**har·tens** *(cards)* hearts. **~aas, harteaas** ace of hearts. **~boer, harteboer** knave/jack of hearts. **~heer, harteheer** king of hearts. **~tien, hartetien** ten of hearts. **~vrou, hartevrou** queen of hearts.

**hart·jie** =*jies, (lit.)* little heart; dear (heart), darling; centre *(of a flower); in die* ~ *van* ... in the heart of ...; *iem. het 'n klein* ~, *iem. se* ~ *is maar klein* s.o. is easily moved to tears; *in die* ~ *van sake wees* be in the thick of it/things; *in die* ~ *van die somer* in the height of summer, in midsummer; *in die* ~ *van die winter* in the dead/depth of winter, in midwinter.

**hart·lik** =*like, adj.* hearty, warm, cordial, genial, jovial, sin= cere; warm-hearted, open-hearted; heartfelt; *oordrewe* ~ ef= fusive. **hart·lik** *adv.* heartily, cordially, sincerely; ~ *dank* thank you very much. **hart·lik·heid** cordiality, heartiness, warm-heartedness, geniality, goodwill, joviality.

**harts·** : **~geheim** heart's secret. **~verlange** yearning.

**harts·tog** =*togte* passion, fire, vehemence; ~*te wek* rouse passions. **harts·togs·mis·daad** crime of passion. **harts·tog·te·lik** =*like* passionate, impassioned; hot-blooded, warm-blooded; ardent, fervent, fervid, vehement, keen; sanguine, spirited; ~ *van* ... *hou* be passionately fond of (*or* have a passion for) ... **harts·tog·te·lik·heid** passion(ateness).

**hart·vor·mig** =*mige* heart-shaped, cordate, cordiform, car= dioid.

**har·war** confusion, mix-up, mess, welter, muddle, imbro= glio; bickering, squabble; *in 'n* ~ *wees* be at sixes and sevens, be in a state of confusion.

**ha·sel·neut** hazelnut, filbert.

**ha·se·pad** : *die* ~ *kies, (infml.)* take to one's heels, turn tail.

**ha·sie** =*sies* young hare, leveret; *(child's word)* bunny (rabbit). **~oor** *(children's game)* leapfrog.

**ha·sjisj** hashish, hasheesh, Indian hemp.

**has·pel** =*pels, n.* reel, winder, windlass; skein holder. **has·pel** *ge=, vb.* reel, wind; bungle; bicker, wrangle. **has·pe·laar** =*laars* winder, spindle, swift *(text.)*.

**ha·ter** =*ters* hater; →HAAT.

**ha·tig** =*tige* vengeful, malicious, hateful, spiteful; ~ *wees op iem.* be spiteful towards s.o.; *hulle is* ~ *op mekaar, (also)* they are at daggers drawn. **ha·tig·heid** spite, malice, hatred, venge= fulness.

**Hau·sa** =*sa(s), (member of a population group; lang.)* Hausa.

**haute** *adj., (Fr.):* ~ *couture, (high fashion)* haute couture; ~ *cuisine, (high-class cooking)* haute cuisine.

**haut·re·lief** *(Fr.)* →HOOGRELIËF.

**Ha·va·na** *(geog.)* Havana. **ha·va·na** =*nas*, **ha·va·na·si·gaar** =*gare, (also* H~*)* Havana (cigar).

**Ha·wai·ër** ⸗waiërs, n. Hawaiian.

**Ha·wai(·i)** (geog.) Hawaii. **~-eilande** Hawaiian Islands.

**Ha·wais** n., (lang.) Hawaiian. **Ha·wais** ⸗waise, adj. Hawai⸗ ian; ~e ghitaar/kitaar/hemp Hawaiian guitar/shirt.

**ha·we¹** n. goods, property, chattels, stock; iem. se ~ en goed s.o.'s goods and chattels; lewende ~ livestock.

**ha·we²** ⸗wens, ⸗wes, n. harbour, port; dock; haven; 'n ~ aan⸗ doen, by 'n ~ aangaan call/touch at a port; ~ van aan⸗ koms port of arrival; die/'n ~ bereik make port; ~ van be⸗ stemming port of destination; die/'n ~ binnevaar/⸗loop put into port, sail into harbour; in die ~ in harbour/port; 'n veilige ~, (lit.) a safe port; (fig.) a haven of safety; sanctuary; ~ van verskeping/vertrek port of departure. **~geld** dock dues, dock charges, dock duties, harbour dues, dockage, wharfage, pierage. **~hoof** mole, jetty, pier. **~-inkomste** har⸗ bour revenue. **~mond** harbour entrance. **~muur** sea wall, breakwater. **~regte** port dues. **~stad** port, seaport (town).

**ha·we·loos** ⸗lose homeless, destitute, down and out. **ha·we· loos·heid** homelessness.

**ha·we(n)·tjie** small harbour, port.

**ha·wer** oats. **~beskuit** oatmeal rusk. **~gerf** oat sheaf. **~kor⸗ rel** oat grain. **~land** oat field. **~meel** oatmeal. **~mout** rolled oats. **~saad** seed oats.

**hè** interj. eh?, what?; isn't it?.

**hê** het gehad, (arch.) had have, possess; weet wat jy aan iem. het know where one is/stands with s.o., have s.o.'s measure; niks aan iem. ~ nie not enjoy s.o.'s company; iem. het niks aan iets nie s.t. is (of) no use (or useless) to s.o.; al/alles wat jy het all that one has; beter kon ('n) mens dit nie wil ~ nie one could not wish it better; daar het jy dit (nou)!, (infml.) what did I tell you?, I told you so!, that shows you!; there you are!; that's done it!; wat het jy daaraan? of what use is it to you?, what is the use/good of it?; iedereen het dit daaroor it is the talk of the moment; nou(dat) ons dit tog daaroor het as we are on the subject; dit het jy daarvan! that will teach you!; het jy geld/ens.? do you have (or have you) any money/ etc.?; dit goed ~ be well off; nie weet hoe jy dit het nie not know what to make of it; not know whether one is coming or going; hoe het ek dit met jou? I cannot make you out; what is wrong with you?; iem. het iets s.o. has (got) s.t.; iem. het die kans gehad s.o. had the chance/opportunity; iem. kon dit gehad het s.o. could have had it; ~ is ⸗ en kry is die kuns, (idm.) possession is nine points of the law; die een wil ~ sonder om die ander te laat want to have one's cake and eat it (infml.); het ek dit maar gedoen if only I had done it; iem. moet iets ~ s.o. has to have s.t.; iem. het dit oor iets s.o. is talking about s.t.; iets teen iem. ~ have/hold s.t. against s.o.; have a spite against s.o.; iem. het nie geld vir ... nie s.o. cannot spare the money for ...; ek sou vir g'n geld wil ~ dat dit gebeur nie I would not have this happen for the world; het jy 'n oomblik vir my? can you spare me a moment?; wat wil jy ~? what do you want?; what is your price?; wat wil iem. nog ~? what more does s.o. want?; wat wil hulle van my ~? what do they want with me?; wil ~ iem. moet (of dat iem.) iets doen want s.o. to do s.t.; mean s.o. to do s.t.; ek wil geld ~ I want money; wil jy 'n ... ~? would you like (or care for) a ...?; iem. wil iets nie ~ nie s.o. doesn't want s.t.; s.o. won't have s.t.; ek wil dit ~!, (infml.) right on!; ek wil dit nie ~ nie I won't have it; I don't want it; so wil ek dit ~!, (infml.) that's the stuff!; ek wil nie jou ... ~ nie I don't want your ... (property etc.).

**heb·be·lik·heid** (bad) habit, peculiarity, trick, mannerism, propensity; die ~ hê om te ... have a habit/peculiarity/way of ... (doing s.t.).

**He·bre·ër** ⸗breërs Hebrew; (in the pl.: Epistle) Hebrews. **He·breeus** n., (lang.) Hebrew. **He·breeus** ⸗breeuse, adj. He⸗ brew.

**He·bri·de:** die ~, (geog.) Hebrides; die Binne-~ the Inner Hebrides; die Buite-~ the Outer Hebrides. **He·bri·dies** ⸗diese Hebridean.

**heb·sug** greed, covetousness, avarice, rapacity. **heb·sug·tig** ⸗tige greedy, covetous, avaricious, rapacious, grasping.

**he·de** n. this day, the present; die ~ the present; tot op ~ to date, to this day, up to the present; (die) ~ en (die) verlede past and present. **he·de** adv., (fml., rare) today, at present.

**he·den·daags** ⸗daagse, adj. modern, present(-day), cur⸗ rent; ~e kuns contemporary art; ~e geskiedenis contempo⸗ rary/present(-day)/current history.

**he·do·nis** ⸗niste, (also H~) hedonist. **he·do·nis·me** (also H~) hedonism. **he·do·nis·ties** ⸗tiese, (also H~) hedonistic.

**heel¹** ge⸗ cure, heal; salve; (biol.) repair; (bot.) occlude. **~krag** curative/healing power. **~kragtig** ⸗tige curative, healing. **~kun⸗ dig** ⸗dige surgical.

**heel²** hele, adj. entire, whole; integral; intact; complete; 'n hele aantal quite a number; 'n hele aantal jare a good many years; die hele Afrika/ens. the whole of Africa/etc.; 'n hele boel a whole lot; die hele dag (deur) all day (long), the whole day; throughout the day; 'n hele ent ver a good distance off; oor die hele Europa throughout Europe; die vaas is nog ~ the vase is intact; ~ konfyt →HEELKONFYT; ~ korrel whole grain; die hele land the country as a whole; die hele, liewe dag the livelong day; 'n hele ... all of ...; as much as ... (a ton etc.); as many as ... (a hundred etc.); oor die hele land right around the country; 'n hele paar quite a few; 'n hele stuk a large piece; 'n ~ stuk an unbroken piece; die hele tyd → HEELTYD; 'n hele tyd quite a time; nog 'n hele tyd for some time to come; 'n hele 40% van die ... fully 40% of the ...; die hele wêreld the whole world, all the world; die hele wêreld deur throughout (or all over) the world. **heel** adv. quite, very; ~ agter right at the back; ~ bo right on top, right at the (very) top; ~ boonste topmost; ~ eerste very first, first of all; doen dit môre ~ eerste do it first thing in the morning; die ~ eerste the very first; ~ laaste in die aand last thing at night; ~ links/regs on the extreme left/right; ~ moontlik quite possibly; ~ onder right at the bottom, right down; ~ veel a great many (objects), very much, a great deal (of money etc.), quite a lot; ~ voor right in front; ~ waarskynlik most probably. **~aand** all through the evening. **~agter** ⸗ters, n., (sport) fullback. **~al** universe, cosmos, creation. **~dag** →HEEL⸗ DAG. **~getal, ~tal** (math.) integer, integral/whole number. **~jaar** throughout (or all through) the year, all the year (round), the whole year. **~konfyt, ~vrug(te)konfyt** preserve, whole-fruit jam. **~maak** heelge⸗ repair, mend. **~maand** the whole month. **~maker** mender. **~middag** all (through the) after⸗ noon, the whole afternoon. **~môre, ~more, ~oggend** through⸗ out (or all through) the morning. **~nag** all night, through⸗ out (or all through) the night, nightlong. **~pad** all the way. **~party** quite a number of, several, many. **~tyd** →HEELTYD. **~vyekonfyt** fig preserve. **~wat** adj. a considerable number (of), quite a lot (of), a good many; iets kos ~ moeite s.t. takes a great deal of trouble; ~ mense quite a lot (or a considerable number) of people; ~ tyd plenty of time; quite a time. **~wat** adv. considerably, appreciably, (very) much; ~ meer much (or a good deal) more; ~ mooier as ... far prettier than ...; ~ onder well below. **~week** throughout (or all through) the week.

**heel·dag** all day, the whole day, throughout (or all through) the day, the livelong day; frequently; continually, always, all the time; ~ en aldag all the time; unceasingly; die ~ deur all day, the livelong day. **heel·daags** ⸗daagse, **heel·dags** ⸗dagse daily, frequent; unceasing; daylong.

**heel·har·tig** ⸗tige fully, totally, completely, absolutely (agree etc.).

**heel·heid** wholeness.

**heel·huids** with a whole skin; without injury, unscratched, without a scratch; ~ daarvan afkom get off (or escape) un⸗ scathed/scot-free.

**heel·te·mal** completely, absolutely, altogether, entirely, fully, totally, utterly, quite; *(infml.)* clean; ~ *alleen* all alone *(or on one's/its own)*, all by o.s./itself; *nie* ~ *billik nie* less than fair; ~ *nie* not at all, not a bit; *nie* ~ ... *nie* not altogether ...; *nog nie* ~ *tien (jaar) nie* not quite ten (years) yet; ~ *opnuut begin* begin/start all over again, make a fresh start; *nie* ~ *so sleg nie* not as bad as all that; ~ *stilhou* come to a full/dead stop; ~ *verkeerd* quite/altogether wrong; ~ *van iets verskil, (also, infml.)* be a far cry from s.t.; ~ *'n vreemdeling vir iem. wees* be an utter *(or* a perfect) stranger to s.o..

**heel·tyd** *(also* die hele tyd) all the time, throughout, right through, continuously; at all hours (of the day and/or night). **heel·tyds** ≈*tydse* full-time, whole time; ~*e werker* full-time employee/worker, full-timer.

**heem·kun·de** local lore.

**heems·wor·tel** *(bot.)* marsh mallow.

**heen** away; *deur alles* ~ in spite of everything; *dit is daar≈ mee* ~ it is a thing of the past; *êrens* ~ gone somewhere; *iem. is* ~ s.o. is gone/dead; *oor iets* ~ *kom, (fig.)* get over s.t.; *ses maande* ~ *wees, (infml.: be six months pregnant)* be six months gone; *nêrens* ~ *nie* gone nowhere; ~ *en terug* there and back; *ver/vêr* ~ far gone; *waar gaan dit* ~? what is the world coming to?; *waar gaan jy* ~? where are you going *(or* off to)?; *waar moet dit* ~? what are we coming to?, where is this to end?; *waar moet iem.* ~? where is s.o. to go?; ~ *en weer* back and forth, backward(s) and forward(s), hither and thither; from pillar to post; from side to side; to and fro; ~ *en weer beweeg* move back and forth, oscillate; ~ *en weer loop* move about/around; ~ *en weer ry/vaar/ens.* shuttle; ~ *en weer swaai* weave. **~-en-terug(-)reis** round trip. **~gaan** *n.* death, passing (away), demise; departure. **~gaan** *heenge≈, vb.* pass away, die; depart. **~gly:** *oor iets* ~ skim over s.t.. **~reis** *n.* outward voyage, forward journey. **~vlug** *(aeron.)* outward flight. **~wys** *heenge≈: na* ... ~ point to ...; ~ *op* ... be indicative of ... **~wysing** reference, pointer.

**heen-en-weer(-):** **~diens** shuttle service. **~geloop, ~lope≈ ry** coming and going. **~gepraat, ~pratery** palaver. **~steek** zigzag stitch. **~stuurdery** sending from pillar to post. **~tyd** *(rly.)* turnround. **~verbinding** two-way communication.

**heen-en-weer·tjie** ≈*tjies* moment; (very) short visit; *(net)* vir 'n ~ *(die naweek) Durban/ens.* toe *gaan/ry/vlieg* pop down to Durban/etc. (for the weekend).

**heen·ko·me** refuge; livelihood; escape; *geen* ~ *hê nie* have nowhere to go; *'n* ~ *vind* find a means of livelihood; make/earn/get a living; find refuge.

**Heer** = HERE.

**heer** *here* gentleman; lord; master; esquire; mister; *(cards)* king; *dames en here* ladies and gentlemen; *die* ~ A. *en* B. Mr A. and Mr B.; *(firm)* Messrs A. and B.; *die jonge* ~ A., *(fml., obs.)* Master A.; ~ *en meester* lord and master; *die Here Sewentien, (hist.)* the Lords Seventeen.

**heer·lik** ≈*like, adj. & adv.* delicious, *(infml.)* scrumptious *(food);* glorious, lovely, blissful *(day, weather, etc.);* delightful, lovely, wonderful *(time etc.);* scintillating *(humour);* ~ *rustig wees* be blissfully peaceful; *dit sou* ~ *wees* that would be great. **heer·lik·heid** glory, magnificence, splendour; deliciousness.

**heers** *ge≈* bear/hold sway, reign, rule, govern; prevail, be prevalent; *daar* ~ *'n gevaarlike gees* there is a dangerous *(or* an ugly) spirit abroad; *oor* ... ~ reign over ...; rule over ...; hold sway over ...; *daar* ~ *'n hoopvolle stemming* a hopeful feeling prevails; *daar* ~ *vrede* there is peace, peace prevails. **heer·send** ≈*sende* prevailing, prevalent; dominating, dominant; ruling; *die* ~*e bestel* the Establishment; ~*e eienskap* dominant character; *die* ~*e mening* the prevailing opinion; ~*e mode* prevailing fashion; *die* ~*e prys* current/ruling price; ~*e siekte* prevalent disease; *die* ~*e toestande* the conditions obtaining at present; *die* ~*e winde* the prevailing/prevalent winds. **heer·ser** ≈*sers* ruler, dynast, monarch, overlord. **heer·se·res** ≈*resse, (fem.)* ruler. **heer·sers·blik** imperious glance.

**heer·sers·klas** governing class. **heer·skap·py** ≈*pye* domin≈ ion, mastery, power, rule, sovereignty; supremacy, predomi≈ nance; domination; *onder die* ~ *van* ... under the rule/sway of ...; ~ *oor mense* domination of/over people; *die* ~ *oor* ... *voer* hold sway over ..., rule over ... **heers·sug** ambition, lust/thirst for power, imperiousness. **heers·sug·tig** ≈*tige* im≈ perious, despotic, overbearing, domineering, *(infml.)* empire-building. **heers·sug·tig·heid** imperiousness, domineering nature; *(infml.)* empire-building.

**hees** ~ *heser heeste, adj.* hoarse, husky; raucous; raspy; ~ *wees* be hoarse, *(infml.)* have a frog in the throat. **hees** *adv.* hoarsely, huskily. **hees·heid** hoarseness, huskiness.

**heet¹** *hete heter heetste, adj., (chiefly poet., liter.)* hot; burning; bitter *(tears).* **heet·hoof** hothead, hotspur, hot-headed per≈ son, spitfire, zealot. **heet·hoof·dig** ≈*dige* hot-headed, ultra. **heet·hoof·dig·heid** hot-headedness, zealotry.

**heet²** *ge≈* be called/named; order, tell; *hoe* ~ *jy?* what is your name?; *na iem.* ~ be named after/for s.o.; have s.o.'s name, be s.o.'s namesake.

**hef¹** *ge≈, vb.* lift, raise, heave; impose, levy *(taxes).* **~boom** → HEFBOOM. **~brug** vertical lift bridge, lifting bridge. **~krag** purchase, prise; *(aeron.)* lift. **~skroef** power screw; helicop≈ ter screw. **~vermoë** lifting power, lift; leverage.

**hef²** *hewwe, n.* handle, haft; hilt *(of a sword);* stock *(of a tool); die* ~ *in hande* (of *in die hand) hê* be at the helm; have the whip hand; be in the driver's seat; *die* ~ *in die hande kry* take over.

**hef·boom** lever. **~finansiering, ~finansiëring** *(fin.)* leverage. **~krag, ~werking** leverage. **~skarnier** knee/toggle joint. **~uit≈ koop** *(comm.)* leveraged buyout.

**hef·fing** ≈*fings, ≈finge* imposition, levy; impost; levying *(of taxes);* arsis *(in verse); 'n* ~ *op* ... a levy on ...

**hef·tig** ≈*tige* heated, fierce, furious, stormy, vehement, violent. **hef·tig·heid** heat, fierceness, vehemence, violence.

**heg¹** *hegge, n.* hedge; hedgerow; fence; *oor* ~ *en steg* cross-country.

**heg²** *hegte hegter hegste, adj. & adv.* firm, solid, strong; close; tight-knit *(community etc.); op* ~*te fondament* on a firm foun≈ dation; ~*te vriendskap* fast/firm friendship; ~*ter wordende vriendskap* deepening friendship. **heg** *ge≈, vb.* affix, attach, fasten, stitch (up); heal; join; *iets aan* ... ~ append s.t. to ...; attach s.t. to ...; affix s.t. to ...; *baie aan iem. ge≈ wees* be much attached to s.o.; *geloof* ~ *aan* ... give credence to ...; *jou handtekening aan* ... ~ append one's signature to ...; *die sny/wond het nog nie ge~ nie* the opening/slit/wound has not closed yet; *baie waarde aan iets* ~ attach much impor≈ tance/value to s.t.; be a great believer in s.t.. **~draad** band string; suture; staple; stitching wire. **~middel** ≈*dels* adhesive; fixative. **~pleister** sticking/adhesive plaster, Band-Aid *(trade≈ mark),* Elastoplast *(trademark).* **~rank** tendril, cirrus. **~spy≈ ker** tack (nail). **~stuk** attachment, adjunct; fastening, fixing, fixture. **~wortel** *(bot.)* crampon.

**He·ge·li·aan** ≈*liane, (philos.: follower of Hegel)* Hegelian. **He·ge·li·aans** ≈*liaanse* Hegelian.

**he·ge·mo·nie** hegemony.

**heg·sel** ≈*sels* fastener; tack.

**heg·te·nis** arrest, durance; *iem. in* ~ *hou* remand s.o. in custody; *iem. in* ~ *neem* arrest s.o., take s.o. into custody, place/put s.o. under arrest, apprehend s.o.; make an arrest; *niemand in* ~ *neem nie* make no arrest; *in* ~ *wees* be under arrest, be in custody.

**hegt·heid** firmness, solidity, strength.

**heg·ting** ≈*tings, ≈tinge* suturing, stitch, stitching.

**hei¹, hêi** *interj., (infml.)* hey!; hi!, hallo!.

**hei²** *heie, n., (rare)* pile-driver. **hei** *ge≈, vb., (rare)* ram, pile, drive *(piles).* **~hamer** pile hammer. **~paal** pile. **~werk** piling, pile-driving.

**hei·de** =*des, (bot.)* heath; *(geog.)* moor, heath; *Skotse* ~ heather. **~blom(metjie), ~klokkie** heath bell, heather. **~kleur** heather. **~veld** heath, moor(land), fell.

**hei·den** =*dene, =dens, (dated, derog. or joc.)* heathen, pagan; *(Bib.)* gentile; *(liewe)* ~*!, o* ~*!* (good) heavens!. **hei·den·dom** *(dated)* heathendom, heathenry, heathenism, paganism. **hei·dens** =*dense, (dated)* heathenish, pagan; *(Bib.)* gentile; *'n* ~*e lawaai, (infml.)* an infernal noise.

**heil** good, welfare; bliss; (spiritual) salvation; →HEILS=; *alle* ~*!* good luck!; *geen* ~ *in iets sien nie* see no good/merit in s.t.; *H~ die Leser!* to whom it may concern; ~ *en seën!* all good wishes!, every good wish!; *jou eie* ~ *uitwerk* work out one's own salvation. **~bede** =*des* good wishes, Godspeed. **~dronk** toast; *'n* ~ *drink* drink a toast; *'n* ~ *op ... instel* propose/give a toast to ...; *'n* ~ *op iem. instel, (also)* propose s.o.'s health. **~staat** ideal state, Utopia; state of grace. **~wens** benediction, congratulation; *met* ~*e* with best wishes.

**Hei·land** Saviour.

**heil·bot** =*botte, (icht.)* halibut. **~traan** halibut liver oil.

**Hei·lig** =*lige, adj.* Holy, Sacred; Saint; *die* ~*e Augustinus* Saint Augustine; *die* ~*e Nagmaal, (Chr.)* Holy Communion; *die* ~*e Doop* Holy Baptism; *die* ~*e Gees, (Chr.)* the Holy Ghost/Spirit; *die* ~*e Graf, (NT)* the Holy Sepulchre; *die* ~*e Hart* the Sacred Heart; *die* ~*e Kollege* the Sacred College; *die* ~*e Land* the Holy Land; *die* ~*e Maagd* the Holy Virgin; *die* ~*e Romeinse Ryk, (hist.)* the Holy Roman Empire; *die* ~*e Skrif* Holy Writ/Scripture, the Holy Bible; *die* ~*e Stad* the Holy City; *die* ~*e Stoel, (RC)* the Holy See; *die* ~*e Vader, (RC)* the Holy Father.

**hei·lig** =*lige, adj. & adv.* holy, saintly *(pers.)*; sainted; sacred *(duty, ground, number, principles, rights, writings, etc.)*; sacrosanct *(institution, treaty, etc.)*; sacral; consecrated; solemn(ly); *iets* ~ *ag* hold s.t. sacred; ~*e bees* sacred cow; ~*e boontjie, (infml.: sanctimonious pers.)* goody-goody, Holy Joe, plaster saint; *'n* ~*e huisie, (fig.)* a sacred cow; *niks is vir iem.* ~ *nie* nothing is sacred to s.o.; ... ~ *maak* sanctify ...; ~*e oorlog* jihad, jehad *(Arab.)*, holy war; ~*e oortuiging* sincere/profound conviction; *(baie)* ~ *op iets wees* take great care of s.t.; be very careful/fond of s.t.; *(infml.)* be precious about s.t.; ... ~ *verklaar* canonize/hallow ...; *jou iets* ~ *voorneem* record a mental vow; *'n* ~*e vrees vir iets hê* be petrified of s.t.; ~*e vrou* woman saint; *dit is die* ~*e waarheid* it is gospel truth. **hei·lig** ge=, *vb.* hallow, sanctify; keep holy *(the Sabbath); laat U naam ge~ word, (OAB/NAB), (Mt. 6:9 etc.)* hallowed be Thy/your name *(AV/NIV); die doel* ~ *die middele* the end justifies the means. **~been** *(anat.)* sacrum, sacral bone. **~verklaring** canonisation.

**hei·lig·dom** =*domme* sanctuary, (holy) shrine; sanctum; *iem. se* ~, *(often infml.)* s.o.'s sanctum.

**hei·li·ge** =*ges* saint; *H~s van die Laaste Dae, (Mormons)* Latter-day Saints. **~beeld** image of a saint; *(Gr. Church)* icon. **~dag** holy day, saint's day. **~diens, ~verering** worship of the saints, hagiolatry. **~krans** aureole, halo, gloriole. **~lewe** life of a saint.

**hei·lig·heid** holiness, sacredness, sanctity; sainthood, saintliness; *Sy/Haar H~* His/Her Holiness.

**hei·li·ging** hallowing, sanctification.

**hei·lig·ma·kend** =*kende* sanctifying.

**hei·lig·ma·king** sanctification.

**hei·ligs·ken·nis** desecration, profanation, sacrilege. **hei·ligs·ken·nend** =*nende* sacrilegious. **hei·ligs·ken·ner** =*ners* sacrilegist.

**heil·loos** =*lose* disastrous, fatal; impious, wicked; ~*lose weg* iniquitous road; road to ruin.

**heils=:** **~boodskap** message of salvation. **~geskiedenis** history of salvation. **~leer** doctrine of salvation. **H~leër** Salvation Army.

**heil·saam** =*same* beneficial, beneficent, salutary, wholesome,

healthful, health-giving, salubrious; *iets is* ~ *vir iem.* s.t. is good for s.o.. **heil·saam·heid** beneficial/salutary influence/ effect, salutariness, salubrity, wholesomeness.

**Heim·lich(-)ma·neu·ver** *(med.)* Heimlich manoeuvre.

**heim·lik** =*like, adj.* clandestine, private, secret; stealthy; covert; surreptitious; underhand *(ways)*; ~*e verset* underground resistance; ~*e voorbehoud* mental reservation. **heim·lik** *adv.* stealthily, by stealth, clandestinely, secretly. **heim·lik·heid** secrecy, stealth(iness).

**heim·wee** homesickness; nostalgia; ~ *hê na ...* be homesick for ...; *vol* ~ homesick, nostalgic.

**hein·de:** *van* ~ *en ver/vêr/verre* from far and near/wide.

**hei·ning** =*nings* enclosure, fence; hedge; *oor 'n* ~ *spring* jump/ take a fence. **~paal** fencing pole/post, paling. **~plant** hedge plant. **~skêr** garden/hedge shears.

**hei·nin·kie** =*kies* small/low hedge.

**heit(s)** *interj.* hait!, heit! *(used to horses)*; I say!.

**hek** *hekke* gate; level crossing gate, boom; screen *(in church)*; stern *(of a boat)*. **~geld** gate money. **~opening** gateway. **~paal** gatepost. **~sluiter** last corner, rear man. **~treiler** stern trawler. **~wagter** gatekeeper. **~wiel** *(naut.)* stern wheel.

**he·ka·tom·be** =*bes, (hist.)* hecatomb.

**he·kel¹** *n.* dislike; aversion; *'n* ~ *aan iem./iets hê* have an aversion to/for s.o./s.t., dislike s.o./s.t.; *'n* ~ *aan ... kry* take a dislike to ... **he·kel** ge=, *vb.* heckle; censure, criticise, slate, satirise. **~dig** =*digte*, **~vers** =*verse* satire, satiric poem. **~digter** satirist. **~skrif** lampoon, satire.

**he·kel²** ge=, *vb.* crochet. **~gare, ~garing** crochet cotton. **~naald, ~pen** crochet hook/needle. **~puntjies** picot edging. **~steek** crochet stitch. **~werk** crochet work, crocheting.

**he·ke·laar** =*laars* heckler; critic; satirist, quipster.

**he·ke·ling** heckling; satirising, scarification; *'n* ~ *van ...* a skit on ...

**hek·kie** =*kies* small gate; hurdle; *oor 'n* ~ *spring, (lit.)* clear/ take a hurdle.

**hek·kies·loop** =*lope, n.* hurdle race, hurdles. **hek·kies·loop** *hekkiesge=, vb.* hurdle. **hek·kies·loper** hurdler.

**heks¹** *hekse, n.* witch; *(fig.)* hellcat, vixen, dragon; hag; → HEKSE=. **heks·ag·tig** =*tige* witchlike, haggish; vixenish.

**heks²** *(abbr. of heksadesimale [getallestelsel])* hex. **~kode** hex code.

**hek·sa·de·si·maal** =*male* hexadecimal.

**hek·sa·ë·der, hek·sa·e·der** =*ders* hexahedron, cube. **hek·sa·ë·dries, hek·sa·e·dries** =*driese* hexahedral, cubic.

**hek·sa·goon** =*gone* hexagon. **hek·sa·go·naal** =*nale* hexagonal, six-sided.

**hek·sa·me·ter** =*ters* hexameter, heroic verse.

**Hek·sa·teug** *(first six books of the Bib.)* Hexateuch.

**hek·se=:** **~besem** witches' broom/besom. **~dans** witches' dance. **~jag** *(fig.)* witch-hunt. **~ketel** witches' cauldron. **~sabbat** witches' sabbath. **~toer** tough job. **~werk** sorcery, witchcraft; tough job.

**hek·se·ry** =*rye* sorcery, witchcraft; *daar moet* ~ *by wees* there must be some hocus-pocus about/in it.

**hek·taar** =*tare* hectare.

**hek·to·graaf** =*grawe, (obs.)* hectograph, manifolder. **hek·to·gra·feer** ge=, *(obs.)* hectograph.

**hek·to·gram** =*gramme* hectogram(me).

**hek·to·li·ter** hectolitre.

**hek·to·meter** hectometre.

**hel¹** *helle, n.* hell; inferno; ~ *op aarde* hell on earth, a living death/hell; *ter* ~*le daal* descend into the grave; *iem.* ~ *laat deurmaak* →*gee; die H~, (SA, geog.)* the Hell; *na die* ~ *gaan, (lit.)* go to hell; *gaan na die* ~*! go to hell/blazes!; iem. op sy/haar* ~ *gee, iem.* ~ *laat deurmaak, (infml.)* give s.o. hell (or a rough ride), make s.o.'s life hell (or a misery); *die/*

*de ~ in raak, (infml.)* hit the ceiling, hit (*or* go through) the roof, do one's nut; *die/die ~ in wees, (infml.)* be fuming/furious/livid (*or* very angry *or* boiling mad); *op jou ~ kry, (infml.)* go through hell, have a rough ride, *(Am., infml.)* be under the gun; *iem. se lewe is 'n ~, iem. maak 'n ~ deur* s.o.'s life is hell; s.o. is going through hell; *my ~!, (infml.)* flipping hell!; *nie 'n ~ (vir iem./iets) omgee nie, (infml.)* not care/give a damn/hang/hoot (*or* two hoots) (about s.o./s.t.); *te ~ met jou!, (infml.)* to hell with you!. **~hond** *(Gr. myth.)* hellhound, Cerberus; *'n happie vir die ~* a sop to Cerberus. **~steen** lunar caustic, silver nitrate.

**hel²** *=ge=, vb.* dip, incline, shelve, slant, slope; *~ met 'n hoek* incline at an angle; →HELLEND, HELLING.

**he·laas** alas, unfortunately.

**held** *helde* hero; *hoe het die ~e geval!, (NAB, 2 Sam. 1:19 etc.)* how the mighty have fallen! *(NIV); klein ~* little hero; *die ~ van die dag wees* be the toast of the town/day. **held·haf·tig** *=tige* brave, heroic, valorous. **held·haf·tig·heid** bravery, heroism. **hel·din** *=dinne, (fem.)* heroine.

**hel·de-:** **~akker** heroes' acre. **~bloed** heroic blood. **~daad** heroic deed/act/feat, heroes'/hero's act, act of heroism. **~dig** *=digte* heroic poem, epic. **~digter** epic poet. **~dood** heroic death, hero's death. **~figuur** heroic figure. **~gees** heroic spirit. **~geslag** heroic race, race of heroes. **~moed** heroism. **~ontvangs** hero's welcome. **~rol¹** heroic part. **~rol²** roll of heroes. **~saal** hall of fame. **~sage** (hero) saga. **~sang** epic song/poem. **~skaar** *(poet., liter.)* band of heroes. **~stryd** heroic struggle. **~tenoor** leading tenor, heroic tenor. **~verering** heroworship.

**hel·de·dom** heroism.

**hel·der** *~ =derder =derste, adj.* clear (*sky, glass, voice*); distinct, plain; vivid *(light)*; bright, live *(colour)*; limpid *(water)*; lucid *(moment, style)*; *dit is ~ dag* it is broad day; *~ druk* clear type; *~ soos glas, (fig.)* as clear as day(light), crystal clear; *die ~ kant van die lewe* the sunny side of life; *'n ~ kop* hê be clear-headed, have one's head well screwed on; *~ oomblik* lucid moment; *~ sap* clarified juice; *'n ~ sonskyndag* a brilliantly sunny day; *~ sop* clear soup, consommé; *~ stem* clear voice; *~ uiteensetting* lucid exposition; *~ van blik* clear-sighted. **hel·der** *adv.* clearly, distinctly, brightly, brilliantly; *~ oordag* in broad daylight; *~ wakker* wide awake. **~blou** *(also* helder blou*)* bright/live/vivid blue. **~rooi** *(also* helder rooi*)* scarlet, bright red.

**hel·der·den·kend** *=kende* clear-headed, unclouded, clearthinking.

**hel·der·heid** brightness, clearness, clarity, lucidity; vividness; *~ oor iets hê* be clear in one's mind about s.t.; *~ van gedagte* clarity of thought; *~ van 'n beeld* acuity/acuteness of an image.

**hel·der·kleu·rig** *=rige* brightly/brilliantly coloured.

**hel·der·klin·kend** *=kende* clear, ringing.

**hel·der·sien·de** *=des, n.* clairvoyant. **hel·der·sien·de** *adj.* clear-sighted, clear-eyed; clairvoyant, second-sighted; *~ wees* be gifted with second sight. **hel·der·siend·heid** clear-sightedness; clairvoyance, second sight.

**he·ler** *=lers* healer.

**helf·te** *=tes* half; *die beste ~* the better half; *die ~ a half; iem. die ~ van ... gee* give s.o. half of ...; *die ~ so groot as ... wees* be half as big as ...; *die grootste ~* the best/greater/better half; *die ~ meer* half as much again; *die ~ minder* less by half; *'n ~* a half; *om die ~* half and half; by halves; *iets om die ~ verdeel* go halves (*or, infml.* fifty-fifty) with s.o. on s.t.; *oor die ~* more than halfway (through); *op die ~* halfway (through); *iets in die ~ sny* cut s.t. in half (*or* into halves *or* in two); *die ~ van ...* half of ...; *die ~ van die ..., (also)* half the ...; *iets met die ~ verminder* reduce s.t. by half; *vir/teen die ~ van die prys* at half the price (*or* half-price).

**he·li·ha·we** helidrome, =port.

**he·li·kop·ter** *=ters* helicopter, *(infml.)* chopper; *per ~ na ... vlieg* helicopter to ... **~dekskip** helicopter carrier.

**he·liks** *=likse* helix.

**he·ling** healing; union.

**he·li·o·graaf** *=grawe* heliograph. **he·li·o·gra·feer** *ge=* heliograph. **he·li·o·gra·fie** heliography. **he·li·o·gra·fies** *=fiese* heliographic(al). **he·li·o·gra·fis** *=fiste* heliographer.

**he·li·o·gram** *=gramme* heliogram.

**he·li·o·me·ter** *(astron.)* heliometer.

**he·li·o·skoop** *=skope, (astron.)* helioscope.

**he·li·o·staat** *=state, (astron.)* heliostat.

**he·li·o·te·ra·pie** heliotherapy.

**he·li·o·troop** *=trope, (bot.)* heliotrope, turnsole; heliotrope, bloodstone. **he·li·o·tro·pie** heliotropism. **he·li·o·tro·pies** *=piese* heliotropic.

**he·li·um** *(chem., symb.:* He*)* helium.

**hel·le-:** **~vaart** descent into hell. **~veeg** *=veë* shrew, virago, vixen, hellcat, battleaxe.

**hel·lend** *=lende* inclined, sloping, dipping, raking, slanting; aslant; *~e vlak* inclined plane, incline; *op 'n ~e vlak wees* be on the downward slope/path.

**hel·ling** *=lings, =linge* decline, dip, slope; grade; fall, incline; inclination; gradient *(of a road)*; pitch *(of a roof)*; *(marine)* slipway; *~ gee* grade, slope; *op ~* on grade; *die ~ is 1 op 7* the gradient is 1 in 7; *'n steil ~* a steep rise; *van ~ af* off grade. **~bepaling, ~gewing** grade levelling, grading. **~hoogte** lift, grade level.

**hel·lings-:** **~hoek** angle of inclination/dip/slope, gradient. **~lyn** line of dip/slope. **~meter, hellingmeter** (in)clinometer, gradometer. **~vlak** plane of dip/slope, dip plane.

**helm¹** *helms* helmet; headpiece *(of a diver)*; dome *(of an engine)*; *met die ~ gebore wees* have (*or* be gifted with) second sight, be born with a caul. **~draad** filament. **~hoed** sun helmet, pith helmet. **~knop** knob on a helmet; *(bot.)* anther. **~knoppie** anther. **~laksman** *(orn.: Prionops spp.)* helmet shrike. **~visier** visor.

**helm²** *helms,* **helm·gras** wild rye, lyme grass, beach grass.

**hel·met** *=mets, =mette* helmet.

**hel·mint** *=minte, (zool., pathol.)* helminth. **hel·min·to·lo·gie** helminthology. **hel·min·to·lo·gies** *=giese* helminthological. **hel·min·to·loog** *=toloë* helminthologist.

**helm·vor·mig** *=mige* helmet-shaped.

**he·lo·fiet** *=fiete, (bot.)* helophyte, marsh plant.

**help** *ge=* aid, assist, help, succour; avail, be of avail/use; attend to, serve; oblige; support; *as hy/sy nie ge~ het nie* but/except for him/her, if it had not been (*or* weren't) for him/her; *iets ~ baie om te ...* s.t. goes far (*or* does much) to ...; s.t. goes a long way to/towards ...; *begerig/gretig wees om te ~* be anxious to help; *alle bietjies ~, (idm.)* every (little) bit helps; *dat dit ~, (infml.)* like anything/blazes; with a vengeance; *iets ~ iem. deur ...* s.t. carries s.o. through ...; iem. *gaan/kom ~* go/come to s.o.'s aid; *so ~ my God* so help me God; *'n helpende hand na ... uitsteek/uitstrek* extend a helping hand to ...; iem. *in/uit sy/haar jas ~* help s.o. on/off with his/her coat; *is u (al) ge~?* are you being served?, have you been attended to?; *kan ek (u/jou) ~?* can I be of assistance?; do you need any help?; *is daar iets waarmee ek kan ~?* can I be of any help?; iem. *kan dit nie ~ nie* s.o. cannot help it; *~ waar jy kan* make o.s. useful; *hy/sy kon dit nie ~ nie* it was not his/her fault; iem. *met iets ~* help/assist s.o. with s.t.; accommodate s.o. with s.t.; iem. *na die ander wêreld ~* send s.o. to kingdom come; *dié verskoning/uitvlug sal jou nie ~ nie* that excuse will not serve you; *dit ~ nie om te praat/ens. nie* it is no use talking/etc.; *dit ~ nie, dit ~ niks (nie)* it is no use, it won't do any good, it's no good; *dit ~ nie veel nie* it is not much use; *iets ~ niks* s.t. is to no purpose; s.t. serves no (good/useful) purpose; iem. *~ om iets te doen* assist s.o. in doing (or to do) s.t.; *dit ~ nie om te ... nie* it's useless to ...; *wat ~ dit om te probeer/ens.?* what is the use of trying/etc.?; *iem. oor 'n moeilikheid heen ~ tide* s.o. over a difficulty; *iets ~ teen hoofpyn/ens.* s.t. is good for a headache/etc.; *al ~ dit nie, dit troos darem* it may not be of any use but it is a comfort; *iem. uit ... ~ help* s.o. out of ...; *wat ~ dit?* of what use is it?, what is the good of it?, what is the use?; *wat ~ dit om ...?* what is the sense in/of ...?. **~mekaar** mutual aid. **~me‑kaargees** team spirit, cooperative spirit, spirit of cooperation. **~‑my‑krap** *(pathol., infml.)* the (seven‑year) itch, scabies, prickly heat.

**hel·per** *=pers* assistant, helper, aide, mate, supporter. **~sel** *(physiol.: a lymphocyte)* helper cell.

**hels** *helse* devilish, hellish, infernal; satanical, fiendish, diabolic; *~e gemors, (infml.)* a helluva (*or* hell of a) mess; *'n ~e lawaai, (infml.)* a devil of a noise, an infernal noise, pandemonium; *iem. 'n ~e pak slae gee, (infml.)* beat the hell/crap (*or* living daylights) out of s.o.; *die ~e vuur* the fires of hell, hellfire.

**hel·waarts** toward(s) hell.

**he·ma·tien** *(biochem.)* haematin.

**he·ma·tiet** *(min.)* haematite, iron glance.

**he·ma·to·lo·gie** haematology. **he·ma·to·loog** *=loë* haematologist. **he·ma·toom** *=tome, (med.)* haematoma.

**hem·de·goed, hem·de·stof** *(text.)* shirting; →HEMP.

**he·mel** *=mels, =mele* heaven; firmament, sky; canopy *(of a throne);* *aan die ~* in the sky; in the firmament; in the heavens; *~ en aarde beweeg (om te ...), (fig.)* move heaven and earth (to ...); leave no stone unturned (to ...); try everything (to ...), go all out (for *or* to do ...); *iets is ~ op aarde* s.t. is like heaven on earth; *tussen ~ en aarde* between heaven and earth, in midair; *die ~ behoed/bewaar ons* Heaven/God forbid, Heaven help us; *die ~ behoed(e)!* Heaven forbid!, horror of horrors!; *die ~ bewaar jou as jy ...!, (infml.)* watch out if you ...!; *dank die ~!, die ~ sy dank!* thank goodness/heaven!; glory be!; *iem. kan die ~ dank* s.o. can thank his/her (lucky) stars; *goeie/liewe/o ~!, ~ (ons)!, (infml.)* (good) heavens!, good/oh Lord!; heavens above/alive!; good(ness) gracious!, my goodness!, gracious me!, oh dear!; *in die ~* in heaven; on high; *in die ~ kom* go to heaven; *die Koninkryk van die H~e* the Kingdom of Heaven; *na die ~ reik* reach to the skies; *in die sewende ~ wees, (infml.)* be in the seventh heaven (*or* over the moon *or* on cloud nine); *dit skrei ten ~* it cries (aloud) *(or, infml.* stinks) to (high) heaven, it is enough to make the angels weep; *die sluise van die ~ het oopgegaan* there was a heavy downpour (of rain); *ten ~ vaar* ascend to heaven; *... tot die ~ (toe) prys* exalt/laud/praise ... to the skies; *uit die ~ val, (infml.)* appear unexpectedly, drop from the clear (blue) sky; *van/uit die ~* from on high; *die ~ weet, (infml.)* goodness/dear knows; Heaven/Lord (only) knows. **~bed** four‑poster, canopy bed. **~besem** *(infml.)* tall person, longshanks. **~beskrywing** uranography. **~bestormer** *(revolutionary, orig. class. myth.)* heaven stormer, Titan. **~bewoner** celestial, inhabitant of heaven. **~bode** messenger from Heaven, heavenly messenger. **~bol** celestial globe/sphere. **~boog, ~trans** arch/canopy/vault of heaven, firmament, welkin. **~ewenaar** celestial equator, equinoctial. **~hoog** *=hoë* sky‑high; *... ~ prys* exalt/laud/praise ... to the skies. **~kaart** astronomical map/chart, map of the stars, celestial map/chart. **~koor** heavenly choir. **~liggaam** *(astron.)* celestial/heavenly body. **~poort** gate of heaven, pearly gate. **~ruim** sky, (celestial) space, the heavens; *lewe in die ~* extraterrestrial life. **H~ryk** Kingdom of Heaven. **~skare** heavenly host. **H~stad:** *die ~* the Celestial City. **~streek** (climatic) zone; climate; point of the compass. **~teken** sign of the zodiac. **~tergend** *=gende* crying to heaven. **H~vaart(s)dag, H~vaart** *(Chr.)* Ascension Day. **H~vaartseiland** Ascension Island. **H~vader** Heavenly Father. **~vreugde** heavenly joy(s).

**he·me·ling** *=linge* celestial, dweller in (*or* denizen of) heaven.

**he·mels** *=melse* heavenly, celestial; heavenly, divine, sublime; *die H~e Ryk* the Celestial Empire; *~e en aardse liefde* sacred and profane love. **~blou** azure, sky/powder blue, cerulean. **~breed** *=breë* wide *(difference);* *hulle verskil ~* they are poles/worlds apart, they differ widely, there is all the world of difference between them; *dit maak 'n ~breë verskil* that makes all the difference. **~naam:** *in ~* for Heaven's/God's sake, for goodness' sake; *in ~!* for pity's/Pete's sake! *(infml.),* for the love of Mike! *(infml.);* *hoe in ~?, (infml.)* how on earth?.

**he·mel·tjie** *interj.* good heavens!/gracious!, dear me!; *liewe ~!, (infml.)* good(ness) gracious!, my goodness!, gracious me!.

**he·mel·waarts** *=waartse* heavenward(s); skyward(s).

**he·mi·e·der, he·mi·ë·der** *=ders, (cryst.)* hemihedron.

**he·mi·ple·gie** *(med.)* hemiplegia. **he·mi·ple·gies** *=giese, (med.)* hemiplegic.

**he·mi·sfeer** hemisphere. **he·mi·sfe·ries** *=riese* hemispheric(al).

**he·mo·fi·lie** *(med.)* haemophilia. **~lyer** *(med.)* haemophiliac, bleeder.

**he·mo·glo·bien** *(biochem.)* haemoglobin.

**he·mo·staat** *=state* haemostat.

**hemp** *hemde* shirt; *geen ~ aan jou lyf hê nie* not have a shirt to one's back; *die ~ is nader as die rok* close/near is my shirt, but closer/nearer is my skin, charity begins at home; *iem. die ~ van die lyf vra* turn s.o. inside out with questions. **~bloes(e)** shirt‑blouse. **~boordjie, hempsboordjie** shirt collar. **~kraag** shirt collar. **~sak** shirt pocket. **~slip** shirt‑tail.

**hemp·loos** *=lose* shirtless.

**hemps‑: ~knoop** shirt button. **~knopie** shirt stud; small shirt button. **~mou** *=moue* shirtsleeve; *in ~e* coatless, in one's shirtsleeves.

**hen** *henne* hen; *soos 'n broeis ~ wees, (infml.)* fuss about; *rondloop/ronddwaal/wees soos 'n ~ wat nes soek (of 'n eier wil lê)* wander about aimlessly (without achieving much). **~‑en‑kuikens** *(bot.; ook* hen‑met‑kuikens*)* spider plant, hen and chickens.

**hen·di·kep** *=keps, n., (infml., <Eng.)* handicap. **hen·di·kep** *ge‑, vb., (infml.)* handicap.

**hends·op, hens·op** *ge‑, vb., (<Eng.)* surrender; quit; hold up, challenge; *vir iem. ~* acknowledge s.o. as one's superior; *iem. ~* hold s.o. up; *vir iets ~, (infml.)* give s.t. up, admit that one can't do s.t.. **hends·op, hens·op** *interj.* hands up!. **hends·op·per, hens·op·per** *=pers, (<Eng.)* hands‑upper; quitter.

**heng** *interj.* hang!, boy!, crumbs!, shucks!, wow!, gee (whiz)!; *o ~!* (boy) oh boy!; oh, heck!.

**hen·gel** *ge‑* angle, fish; *gaan ~* go fishing; *na iets ~* angle/fish for s.t. *(compliments etc.).* **~gerei, ~gereedskap** fishing tackle. **~klub** angling club. **~kuns, ~sport** angling. **~stok** fishing/angling rod. **~vis** angling fish. **~wedstryd** angling competition.

**hen·ge·laar** *=laars* angler. **hen·ge·la·ry** fishing, angling.

**hen·na** henna.

**hen·nep** hemp, cannabis. **~draad** hempen thread. **~gare, ~garing** hemp(en) yarn. **~olie** hempseed oil. **~saad** hempseed.

**hen·ne·tjie** *=tjies* pullet; *'n ~ (kekkelbek)* a tell‑tale; *die ~ wat die eerste gekekkel het, het die eiertjie gelê, (infml.)* the first one to mention it is the guilty one.

**hen·ry** *=ry's, (electromagnetic unit)* henry.

**he·pa·ties** *=tiese* hepatic.

**hep·ta·ë·der, hep·ta·e·der** *=ders* heptahedron. **hep·ta·ë·dries, hep·ta·e·dries** *=driese* heptahedral.

**hep·ta·goon** *=gone* heptagon. **hep·ta·go·naal** *=nale* heptagonal.

**Hep·ta·teug** *(Bib.)* Heptateuch.

**her** *herre, (infml.: supplementary examination)* re-exam, resit exam.

**He·ra** *(Gr. myth.)* Hera, Here, *(Rom.)* Juno.

**her·aan·pas** *heraange=* readjust. **her·aan·pas·sing** readjustment.

**her·a·dres·seer** *ge=,* **her·a·dres·seer** *het ~* readdress, redirect.

**He·ra·kles** →Hercules.

**He·ra·klit·us, He·ra·kleit·os** *(Gr. philos.)* Heraclitus.

**her·al·diek** heraldry, heraldic art. **her·al·dies** *=diese* heraldic. **her·al·di·kus** *=dikusse, =dici* armorist, heraldist, heraldic scholar.

**her·ba·ri·um** *=riums, =ria* herbarium, herbal.

**her·be·kend·stel** *herbekendge=* relaunch *(a product, book, etc.).* **her·be·kend·stel·ling** relaunch *(of a product, book, etc.).*

**her·be·lê** *het ~* reinvest. **her·be·leg·ging** reinvestment.

**her·be·nut** *het ~* recycle, reuse, reutilise.

**her·be·re·ken** *het ~* recalculate.

**her·berg** *=berge,* n. inn; lodging, hospice; hostel; accommodation. **her·berg** *ge=, vb.* accommodate, house, lodge, put up; shelter; harbour *(a fugitive).* **her·ber·gier** *=giers* host, innkeeper; publican, tavern keeper; landlord.

**her·berg·saam** *=same* hospitable. **her·berg·saam·heid** hospitableness, hospitality.

**her·be·ves·tig** *het ~* reaffirm; reconfirm.

**her·be·volk** *het ~* repopulate, restock; *met ... ~* repopulate with ... *(game, fish, etc.).*

**her·be·wa·pen, her·wa·pen** *het ~* rearm. **her·be·wa·pe·ning, her·wa·pe·ning** rearmament.

**her·bi·voor** *=vore, n.* herbivore. **her·bi·voor** *=vore, adj.* herbivorous.

**her·bo·re** *adj.* born again, reborn, regenerate.

**her·bou, her·bou·ing** *n.* rebuilding, reconstruction, re-erection, remoulding, reconditioning. **her·bou** *het ~, vb.* build again, rebuild, re-erect; remould.

**her·braai** *het ~* refry; *~de bone, (Mex. cook.)* refried beans.

**Her·cu·les** *(Rom.),* **Her·ku·les, He·ra·kles** *(Gr.), (myth.)* Hercules, Heracles; *(also* h~, *fig.)* Samson. **~arbeid, ~taak** labour of Hercules; Herculean task.

**her·cu·lies, her·ku·lies** *=liese* Herculean; herculean.

**herd** *herde* fireplace, hearth; grate. **~kole** cobbles. **~skerm** fire screen, fender.

**her·de·fi·ni·eer** *ge=,* **her·de·fi·ni·eer** *het ~* redefine.

**her·denk** *het ~* commemorate; celebrate. **her·den·king** *=kings, =kinge* commemoration, remembrance; anniversary; *ter ~ van ...* in commemoration of (or to commemorate) ... *(an event).*

**her·den·kings=:** **~dag** remembrance day, day of remembrance, memorial day, commemoration (day). **~diens** memorial service. **~fees** anniversary (celebration). **~jaar** jubilee.

**her·der** *=ders* (shep)herd, herdsman; *(fig.)* clergyman, parson; *(o) ~!, goeie ~!* good gracious!, good heavens!. **~sang** pastoral poem/song. **~staf** *=stawwe* sheep hook, shepherd's crook; (bishop's) crozier/crosier, pastoral staff.

**her·der·lik** *=like* pastoral.

**her·der·loos** *=lose* without a shepherd; without a pastor.

**her·ders=:** **~(ge)dig** *=digte* bucolic, eclogue, pastoral (poem). **~fluit** shawm, shepherd's pipe. **~haak** shepherd's crook. **~hond** shepherd's dog, sheepdog; *(Duitse)* ~ Alsatian, German shepherd (dog). **~lied** pastoral (song). **~pastei** cottage/shepherd's pie.

**her·doop** *n.* rebaptism. **her·doop** *het ~, vb.* rebaptise, rechristen, rename.

**her·druk** *n.* reprint, new edition. **her·druk** *het ~, vb.* reprint.

**He·re:** *die dag van die ~, (the Sabbath)* the Lord's Day; *die ~* the Lord; *God die ~, die ~ God* the Lord God; *met die hulp van die ~* God willing; *ons liewe ~* our Lord; *~ ons!* good Lord!; *so die ~ wil* please God; God willing.

**he·re·:** **~boon(tjie)** Lima bean; civet bean. **~huis** mansion, gentleman's house/residence; manor house. **~reg(te)** transfer duty/dues.

**he·re·di·teit** heredity. **he·re·di·têr** *=têre* hereditary.

**her·ek·sa·men** *=mens* supplementary examination; re-examination, resit (examination). →Her. **her·ek·sa·mi·neer** *ge=,* **her·ek·sa·mi·neer** *het ~* re-examine.

**her·e·nig** *het ~* reunite *(friends etc.);* reunify *(a country etc.).* **her·e·ni·ging** reunion *(of friends etc.);* reunification *(of a country etc.).*

**He·re·ro, He·re·ro** *=ro's, (anthr.)* Herero.

**He·re·tjie, he·re·tjie:** *o ~!, ag ~ tog!* oh my goodness!.

**her·e·va·lu·eer** *ge=,* **her·e·va·lu·eer** *het ~* re-evaluate.

**her·for·ma·teer** *ge=,* **her·for·ma·teer** *het ~, (comp.)* reformat.

**her·for·mu·leer** *ge=,* **her·for·mu·leer** *het ~* reword, redraft, rephrase, reformulate.

**herfs** *herfste* autumn; *in die ~* in autumn. **~aand** autumn evening. **~blom** autumn(al) flower. **~draad** air thread, gossamer. **~landskap** autumn(al) landscape. **~nagewening, ~ekwinoks** autumn(al) equinox. **~reën** autumn rain. **~son** autumn(al) sun. **~ty, ~tyd** autumn time, autumn(al) season.

**her·ge·bruik** *n.* reuse; reutilisation; recycling. **her(·ge)·bruik** *het ~, vb.* reuse; reutilise; recycle.

**her·groe·peer** *ge=,* **her·groe·peer** *het ~* regroup; realign. **her·groe·pe·ring** regroupment, regrouping.

**her·haal** *het ~* recapitulate, repeat, restate, reiterate, say over again; chorus; *jou ~* repeat o.s.; *iem. iets laat ~* make s.o. repeat s.t.; *moet asseblief nie ~ wat ek sê nie* don't quote me (on this/that). **~bestelling** repeat order. **~wedstryd** replay.

**her·haal·baar** *=bare* repeatable.

**her·haal·de** *adj. (attr.)* repeated; successive; *(math.)* iterated; *~ deling* multiple/continued division; *(biol.)* fission. **her·haal·de·lik** repeatedly, again and again, time and again, over and over (again), frequently; more than once.

**her·ha·lend** *=lende* reiterative *(work etc.);* steeds ~ repetitive, repetitious.

**her·ha·ling** *=lings, =linge* repetition, reiteration, recapitulation, echo; recurrence; recrudescence, replication; *met ~ van ...* in repetition of ...; *'n presiese ~ van ... wees, (also, fig.)* be a carbon carbon of ...; *in ~ verval* repeat o.s..

**her·ha·lings=:** **~kursus** refresher course. **~teken** *(mus.)* repeat (mark/sign).

**her·(in·)be·sit·ne·ming, her·(in·)be·sit·name** repossession, recovery/resumption of possession.

**her·in·deel** *heringe=* reclassify; redistribute; rearrange. **her·in·de·ling** rearrangement; redistribution; reclassification.

**her·in·diens·ne·ming, her·in·diens·na·me** re-employment.

**her·in·ner** *het ~, vb:* *aan iets ~ word* be reminded of s.t.; *dit ~ aan iets* it brings back s.t. (to memory); it brings/calls to mind s.t.; it is reminiscent of s.t.; *iets ~ iem. aan ...* s.t. puts s.o. in mind of ...; *iem. aan iets ~* remind s.o. of s.t.; jog/prod s.o.'s memory; recall s.o. to s.t. *(his/her duty etc.); mag ek jou daaraan ~ dat ...?* allow me to remind you that ...; *iem. daaraan ~ om iets te doen* remind s.o. (or give s.o. a reminder) to do s.t.; *as ek my goed ~* if I remember right(ly), if my memory serves (me well); *jou ~* recall, recollect, remember; *jou iets ~* think of s.t.; *(vir) sover iem. hom/haar ~* to the best of s.o.'s recollection; *waaraan ~ dit jou?* what does it remind you of?. **her·in·ne·ring** *=ringe, =rings* recollection, remembrance, reminiscence, memory; reminder; keepsake, memento, souvenir; *die ~ aan ...* the memory of ...

*(s.o./s.t.); ~e aan* ... souvenirs of ... *(student days etc.); iem. se ~e aan* ... s.o.'s recollections of ... *(people etc.); dit bring die ... in ~* it brings/calls to mind the ...; *'n flou ~* a vague recollection; *'n ~ van so iets hê* have a (faint) recollection of it; *in die ~ kom* spring to mind; *ter ~ aan* ... in memory of *(or, Lat. in memoriam)* ...; in remembrance of ...; *iem. se ~s uit/van* ... s.o.'s recollections of ... *(the war etc.); ~s uit/van* ... reminiscences of ... *(the lang. struggle etc.); die ~ aan* ... *het vervaag* the memory of ... has faded; *in die ~ (voort)leef/ =lewe* live in the memory; *dit wek 'n ~* it rings a bell *(infml.).* **her·in·ne·rings·ver·mo·ë** memory, power of recollection/ retention, powers of recall.

**her·in·stel** *heringe=* reinstitute; restore; retune *(a rad. etc.).*

**her·ka·pi·ta·li·seer** *ge=,* **her·ka·pi·ta·li·seer** *het ~* recapitalise. **her·ka·pi·ta·li·sa·sie, her·ka·pi·ta·li·se·ring** recapitalisation.

**her·ken** *het ~* recognise; identify *(a dead body);* know; *iem./ iets aan* ... *~* know s.o./s.t. by ... **her·ken·baar** *=bare* recognisable; identifiable, distinguishable; *aan* ... *~ wees* be distinguishable by ... **her·ken·ning** recognition; identification.

**her·ken·nings=** : *~bewys* identity document. *~parade* identification parade. *~teken* mark/sign/signal of recognition; identification mark. *~woord* password; watchword.

**her·kies** *het ~* re-elect, return to office; reselect; *~ as/tot burgemeester* re-elected mayor. **her·kies·baar** *=bare* eligible for re-election, re-eligible; *jou ~ stel* offer o.s. for *(or make o.s. available for)* re-election. **her·kies·baar·heid** re-eligibility. **her·kie·sing, her·ver·kie·sing** *=sings, =singe* re-election; reselection; *~ in die raad* re-election to the council.

**her·koms** derivation, descent, extraction, origin, source; provenance; *land van ~* country of origin. **her·kom·stig:** *iem. is ~ uit* ... s.o. is from ...; *dinge ~ uit Engeland/ens.* things originating from England/etc..

**her·kop·pel** *het =,* **her·kon·nek·teer** *ge=,* **her·kon·nek· teer** *het ~* reconnect.

**her·kou** *ge=,* **her·kou** *het ~* ruminate, chew the cud; repeat, rehash *(a story); (aan) iets ~, (fig., infml.)* kick s.t. about/ around *(a thought etc.); (fig.)* chew on s.t. *(s.o.'s words etc.); iets (in die gedagte) ~* mull over a thing. **her·kou·er, her·kou·er** *=kouers* ruminant. **her·kou·e·ry, her·kou·e·ry** rumination; *(fig.)* pondering; *(fig.)* chewing the cud; wearisome repetition. **her·kou·sel, her·kou·sel** *=sels,* **her·kou·tjie, her·kou·tjie** *=tjies* cud (of an animal); hairball.

**her·kry** *het ~* recover, regain, get back, retrieve; recuperate *(one's health).* **her·kry(g)·baar** *=bare* recoverable; retrievable. **her·kry·ging** recovery; retrieval; recuperation *(of health).*

**Her·ku·les** →HERCULES. **her·ku·lies** →HERCULIES.

**her·laai** *het ~* reload; recharge; *(die/'n bedryfstelsel) ~, (comp.)* reboot. **her·laai·baar** *=bare* rechargeable. **her·laai·er** recharger.

**her·leef, her·le·we** *het ~, vb.* live again, return to life, revive; recrudesce; liven up, become lively; stage a comeback; *iets weer laat ~* reawaken s.t. *(nationalism etc.).* **her·leef·de** *adj.* renewed *(interest etc.);* revived *(club, song, party, etc.);* resurgent *(nationalism etc.).*

**her·lees** *het ~* read again, reread. **her·le·sing** rereading, second reading; *by ~* at a second reading.

**her·lei** *het ~, (math.)* reduce *(an equation);* convert *(money);* translate *(into Greenwich time);* deduce *(from fundamental principles);* simplify; *(math.)* transform; *iets tot* ... *~* reduce s.t. to ... **her·lei·baar** *=bare* reducible, deducible. **her·lei·ding** reduction; deduction; derivation *(of an equation);* conversion *(of money).* **her·lei·dings·for·mu·le** deduction formula.

**her·le·we** →HERLEEF *vb.* **her·le·wing** *=wings, =winge* rebirth, reawakening, regeneration, renascence; *(also relig.)* revival; quickening, reanimation.

**her·ma·fro·diet** *=diete* hermaphrodite. **her·ma·fro·di·ties** *=tiese* hermaphroditic; *(bot.)* monoecious.

**her·me·lyn** *=lyne, (zool.)* ermine, stoat; *(fur)* ermine, miniver.

**her·me·neu·tiek** hermeneutics.

**her·meng, her·ver·meng** *het ~* remix; *~de weergawe* remix *(of a recording).*

**her·me·ties** *=tiese adj.* hermetic, airtight. **her·me·ties** *adv.* hermetically.

**her·miet** *=miete* hermit, eremite.

**her·mi·ta·ge** *=ges* hermitage. **her·mi·ta·ge, her·mi·tyk** *(also* H~*)* hermitage (grape).

**her·neem** *het ~* take again; recover; resume *(one's seat);* reassume *(the same expression);* recapture, retake *(a fortification).*

**her·nieu, her·nu, her·nu·we** *het ~* renew *(a subscription etc.);* resume *(an old friendship).* **her·nieu·baar, her·nu·baar** *=bare* renewable. **her·nieu·de, her·nu·de** *adj. (attr.)* renewed *(allegations etc.);* resumed; *~ aanval* recurrence *(of an illness); ~ druk ervaar* come under renewed pressure.

**her·noem** *het ~* rename; retitle; *iets tot* ... *~* rename s.t. ..., change the name of s.t. *(or s.t.'s name)* to ...

**her·nom·mer** *het ~* renumber.

**her·nu(·we)** →HERNIEU. **her·nu·wer** *=wers* renewer. **her·nu· wing** *=wings, =winge* renewal, renovation; *(econ.)* roll-over *(of a loan etc.);* resumption.

**He·ro·des** *(NT)* Herod.

**He·ro·do·tus** *(Gr. historian)* Herodotus.

**he·ro·ïek** *n.* heroism; *die ~e/heroïese* heroism, the heroic. **he·ro·ïek** *=roïeke, adj.* →HEROÏES.

**he·ro·ïen** heroin. *~dwaal: in 'n ~ wees* be strung out on heroin.

**he·ro·ïes** *=roïese,* **he·ro·ïek** *=roïeke, adj.* heroic. **he·ro·ïs·me** heroism.

**her·on·der·han·del** *het ~: ~ (oor)* ... renegotiate ... **her·on· der·han·del·baar** *=bare* renegotiable. **her·on·der·han·de·ling** *=lings, =linge* renegotiation.

**her·on·der·soek** *n.* reinvestigation; re-examination. **her· on·der·soek** *het ~, vb.* reinvestigate, re-examine.

**her·ont·dek** *het ~* rediscover.

**her·ont·moe·ting** second meeting; *(sport)* rematch.

**her·ont·plooi** *het ~* redeploy *(troops etc.).*

**her·oor·weeg** *het ~* reconsider, rethink. **her·oor·we·ging** reconsideration, rethinking; *in ~ neem* take into reconsideration.

**her·op·bou** *n.* reconstruction. **her·op·bou** *heropge=, vb.* reconstruct, re-erect. **H~-en-ontwikkelingsprogram** *(SA pol., abbr.:* HOP, Hop*)* Reconstruction and Development Programme *(abbr.:* RDP*).*

**her·o·pen** *het ~* reopen.

**her·op·neem** *heropge=* readmit; re-record, dub *(a sound recording);* refilm, reshoot. **her·op·na·me** readmittance; retake, re-recording.

**her·op·stel(·ling)** re-erection; *(rly.)* remarshalling.

**her·op·voed** *heropge=* re-educate.

**her·o·wer** *het ~* recapture, reconquer, recover, retake. **her· o·we·raar** *=raars* reconqueror. **her·o·we·ring** *=rings, =ringe* reconquest, recovery, recapture.

**her·pe·to·lo·gie** *(zool.)* herpetology. **her·pe·to·loog** *=toloë* herpetologist.

**her·plaas** *het ~* replace; repeat, reinsert *(an advertisement).* **her·pla·sing** replacement; reinsertion.

**her·pla·teer** *ge=,* **her·pla·teer** *het ~* replate.

**her·pro·gram·meer** *ge=,* **her·pro·gram·meer** *het ~* reprogram(me). **her·pro·gram·meer·baar** *=bare* reprogrammable.

**her·rang·skik** *ge=* rearrange. **her·rang·skik·king** rearrangement.

**her·re·se** *(strong p.p. of* herrys*)* risen, re-risen; revived, redi=vivus.

**her·rie** *(infml.)* hubbub, hullaba(l)loo, din, noise, racket, up=roar, to-do; confusion, disorder; row; fuss; *'n ~ afgee, (infml.)* cause ructions; *iem. op sy/haar ~ gee, (infml., sport journ. etc.)* give s.o. hell; beat s.o. soundly; *dit was 'n hele ~, (infml.)* it was a great to-do; *op jou ~ kry, (infml., sport journ. etc.)* get a thrashing; be/get soundly beaten; *'n ~ oor iets maak/op= skop, (infml.)* kick up a fuss/row/rumpus/stink about s.t., make a fuss/row/rumpus (*or* raise a stink) about/over s.t.; *'n ~ maak/opskop, (also, infml.)* kick up (*or* raise) a lot of dust, make a scene; *daar sal 'n ~ wees, (infml.)* there will be ructions; *'n ~ veroorsaak, (infml.)* cause a rumpus.

**her·roep** *het ~* revoke, recall *(a decree, an order, words, etc.),* repeal *(laws),* retract *(a promise),* recant *(a statement),* coun=termand *(an order),* reverse *(a decision),* abrogate, withdraw *(a regulation),* annul *(a judgement),* rescind *(a resolution);* re=tract, *(infml.)* eat *(one's words).* **her·roep·baar** *=bare,* **her·roep= lik** *=like* repealable, revocable, reversible. **her·roe·ping** revo=cation, recall, recantation, repeal, abrogation, annulment, rescission, retraction; cancellation.

**her·rys** *het ~* rise again, rise (from the dead); reappear; stage a comeback. **her·ry·se·nis** *=nisse* resurrection; renas=cence. **her·ry·sing** *=sings, =singe* rise; resurrection; renas=cence.

**her·saam·stel** *hersaamge=* restructure; *(comp.)* reconfigure. **her·sa·me·stel·ling** restructuring; *(comp.)* reconfiguration.

**her·sen·skim** chimera, figment of the imagination, phan=tasm, pipe dream, illusion.

**her·set** *het ~* reset.

**her·sien** *het ~, vb.* revise *(a book),* review *(a decree),* overhaul *(a system),* reconsider *(one's views),* re-examine; reappraise, reassess. **her·sien** *=siene, adj.* revised. **her·sie·ner** reviser, revisor. **her·sie·ning** revision, review, reconsideration, over=hauling; re-examination, reappraisal; update *(of a product etc.); in ~* under review; *iets in ~ neem* reconsider s.t.; *in ~ geneem word, (also)* be/come under (*or* up for) review. **her= sie·nings·hof** court of revision.

**her·si·kleer** *ge=,* **her·si·kleer** *het ~* recycle *(glass, paper, etc.).* **her·si·kleer·baar, her·si·kleer·baar** *=bare* recyclable *(glass, paper, etc.).*

**her·sir·ku·leer** *ge=,* **her·sir·ku·leer** *het ~* recycle *(money etc.);* recirculate *(air etc.).* **her·sir·ku·leer·baar, her·sir·ku= leer·baar** *=bare* recyclable *(money etc.).* **her·sir·ku·le·ring, her·sir·ku·le·ring** recycling; recirculation.

**her·skat** *het ~* revalue. **her·skat·ting** revaluation.

**her·ske·du·leer** *ge=,* **her·ske·du·leer** *het ~* reschedule.

**her·skep** *het ~* re-create, regenerate, transform. **her·skep= ping** re-creation, regeneration, transformation, metamor=phosis.

**her·skool** *het ~* retrain. **her·sko·ling** retraining.

**her·skryf** *het ~* rewrite. **her·skre·we** *(strong p.p.)* rewritten.

**her·spoor** *het ~, (mot.)* realign; *(rly.)* rerail. **her·spo·ring** re=alignment; rerailment.

**her·stel** *n.* restoration *(of law),* reinstatement *(in a post),* re=dress *(of grievances),* reparation *(of damage),* union *(of bone);* rehabilitation; reparation; recovery; convalescence; come=back; rally; *aan die ~ wees* be recovering, be on the road to recovery; *iem. 'n spoedige ~ toewens* wish s.o. a speedy re=covery; *~ (van onreg) verlang* seek redress. **her·stel** *het ~, vb.* repair, fix *(a broken appliance etc.);* mend *(clothes);* do up, repair *(a house);* redress *(grievances);* restore *(the monarchy);* remedy *(an omission);* correct, rectify *(a mistake);* retrieve *(a loss); (comp.)* restore; make good *(damage);* re-establish, rein=state, bring back; recover, recuperate, convalesce; get over an illness, get well; *(a monetary unit etc.)* bounce back; *die aandele het ~* the shares rallied; *interdik tot ~* restitutory interdict; *'n onreg ~* undo/right a wrong; *van iets ~* recover

from s.t., get over s.t. *(an illness, a shock);* bounce back from s.t. *(a setback etc.); volkome ~* recover completely, make a complete recovery; *iets word ~* s.t. is under repair; *iets moet ~ word* s.t. is in need of repair. **~gewas** *(agric.)* ley, restor=ative crop. **~kamer** *(med.)* recovery room. **~koste** cost of repairs. **~plek, ~(werk)plaas** repair (work)shop. **~proses** process of restoration. **~teken** *(mus.)* natural. **~tyd** conva=lescence. **~vermoë** recuperative power(s), power of recov=ery. **~werk** repair work, repairs, mending. **~werker** service=man.

**her·stel·baar** *=bare* reparable, repairable, mendable; cur=able; restorable; retrievable.

**her·stel·lend** *=lende, adj.* convalescent. **her·stel·len·de** *=des, n.* convalescent; *dieet vir ~s* convalescent diet.

**her·stel·ler** *=lers* repairer, mender, serviceman, repairman.

**her·stel·ling** correction, rectification; recovery, repair, mend=ing; re-establishment, reinstatement; convalescence. **her·stel= lings·oord** sanatorium, convalescent home.

**her·stem** *het ~* revote; *(mus., also* herinstem*)* retune. **her= stem·ming** second ballot, revote; runoff vote.

**her·stig** *het ~* reconstitute. **her·stig·te** reconstituted. **her= stig·ting** reconstitution.

**her·struk·tu·reer** *ge=,* **her·struk·tu·reer** *het ~* recon=struct, reconstrue.

**hert** *herte* deer, hart, stag; *jong ~* fawn. **~hond** staghound, deerhound. **~ooi** doe.

**her·te·** *:* **~jag** deerstalking, stag hunting. **~kamp** deer park. **~leer** →HERTSLEER.

**her·tel** *het ~* re-count, count again. **her·tel·ling** re-count.

**her·toe·laat** *hertoege=* readmit. **her·toe·la·ting** readmittance; readmission.

**her·to·ë·lik** *=like* ducal; →HERTOG.

**her·toe·rus** *hertoege=* re-equip.

**her·toets** *het ~* retest.

**her·toe·wys** *hertoege=* reallocate *(money etc.).* **her·toe·wy= sing** reallocation.

**her·tog** *hertoë* duke. **her·tog·dom** *=domme* duchy, dukedom. **her·to·gin** *=ginne, (fem.)* duchess.

**her·trou** *het ~* remarry, marry again. **her·trou·e** remar=riage.

**herts·** *:* **~horing** stag(s)horn; hartshorn *(as remedy).* **~leer, herteleer** buckskin.

**hertz** *(phys., unit of frequency, abbr.:* Hz*)* hertz.

**hert·zog·gie** *(cook.)* jam tartlet.

**her·uit·ga·we** reissue.

**her·uit·reik** *heruitge=* reissue *(a book etc.);* re-release *(a film etc.).* **her·uit·rei·king** reissue *(of a book etc.);* re-release *(of a film etc.); (econ.)* roll-over *(of shares etc.).*

**her·uit·saai, her·uit·send** *heruitge=* rebroadcast, retrans=mit. **her·uit·sen·ding** rebroadcast, retransmission.

**her·uit·voer** *n.* re-exportation. **her·uit·voer** *heruitge=, vb.* re-export.

**her·vat** *het ~* resume, restart, recommence, begin again; re=convene *(of meeting).* **her·vat·ting** resumption, renewal.

**her·ver·bind** *het ~* recommit *(o.s. to s.t.);* rebandage *(a wound etc.);* reconnect; retie. **her·ver·bin·ding** recommit=ment, recommittal; reconnection; *(genet., phys.)* recombina=tion.

**her·ver·deel** *het ~* redivide. **her·ver·de·ling** redistribution; *die ~ van grond* land redistribution.

**her·ver·hoor** *n.* rehearing; retrial. **her·ver·hoor** *het ~, vb.* rehear; retry.

**her·ver·huur** *het ~* relet.

**her·ver·kies** = HERKIES.

**her·ver·koop** *n.* resale. **her·ver·koop** *het ~, vb.* resell.

**her·ver·pak** *het ~* repackage. **her·ver·pak·king** repackaging.

**her·ver·se·ker** *het* ~ reinsure. **her·ver·se·ke·ring** reinsurance; underwriting.

**her·ver·sky·ning** reappearance, re-emergence, comeback.

**her·ver·tolk** *het* ~ reinterpret. **her·ver·tol·king** reinterpretation.

**her·ver·werk** *het* ~ reprocess. **her·ver·wer·kings·aan·leg** reprocessing plant.

**her·ves·tig** *het* ~ resettle; rehouse; relocate; resite. **her·ves·ti·ging** resettlement; rehousing; relocation; resiting.

**her·vorm** *het* ~ amend, reform, remodel, reshape, reorder; *die H~de Kerk* the Reformed Church; *(SA)* the Hervormde Kerk. **her·vorm·baar** *-bare* reformable. **Her·vorm·de** *-des* member of the Reformed Church (*or, SA* Hervormde Kerk). **her·vor·mer** *-mers* reformer, reformist; *(also* H~, *church hist.)* Reformer; member of the Reformed Church (*or* Hervormde Kerk). **her·vor·ming** *-mings, -minge* reform, reformation; (political) change; *die H~, (church hist.)* the Reformation. **Her·vor·mings·dag** Reformation Day. **her·vor·mings·ge·sind** *-sinde, adj.* reformist(ic), reform-minded. **her·vor·mings·ge·sin·de** *-des, n.* reformationist, reformist; *H~* Reformationist.

**her·vry·stel** *hervryge-, (mus.)* relaunch (*an album*). **her·vry·stel·ling** *(mus.)* relaunch (*of an album*).

**her·vul** *het* ~ refill; repoint (*brickwork joints*). **her·vul·ling** refill(ing).

**her·waar·deer** *ge-,* **her·waar·deer** *het* ~ revalue, reassess, reappraise. **her·waar·de·ring, her·waar·de·ring** revaluation, reassessment, reappraisal.

**her·waarts** hither; ~ *en derwaarts* hither and thither.

**her·win** *het* ~ recapture, reclaim, recover, regain; retrieve (*one's fortune*); reclaim (*land*); salvage; recycle (*glass, paper, etc.*); *iets van* ... ~ reclaim s.t. from ... **her·win·baar** *-bare* reclaimable (*land, paper, etc.*); recyclable (*glass, paper, etc.*). **her·win·ner** *-ners* reclaimer. **her·win·ning** recapture, recovery; reclamation; redemption; recycling. **her·win·nings·aan·leg** recycling plant.

**her·won·ne** (*strong p.p. of* herwin) recaptured, regained, recovered, reclaimed; recycled (*paper*).

**he·se·rig** *-rige* slightly hoarse, husky; →HEES. **he·se·rig·heid** huskiness, slight hoarseness.

**het** →HÊ.

**he·te** →HETE(TJIE) *interj.*.

**he·te·rar·gie** heterarchy, foreign rule.

**he·ter daad** (*also* heterdaad*): iem. op* ~ ~ *betrap* catch/surprise/take s.o. in the act (of doing s.t.), catch s.o. red-handed.

**he·te·ro** *-ro's, (infml., abbr. of* heteroseksueel*)* hetero.

**he·te·ro·chroom** *-chrome* heterochromous (*flowers etc.*).

**he·te·ro·doks** *-dokse, (esp. relig.)* heterodox. **he·te·ro·dok·sie** heterodoxy.

**he·te·ro·fiet** *-fiete, (bot.)* heterophyte.

**he·te·ro·gaam** *-game* heterogamous. **he·te·ro·ga·mie** *het* erogamy.

**he·te·ro·geen** *-gene, (biol., med.)* heterogeneous, diverse. **he·te·ro·ge·ne·se** *(biol.)* heterogenesis, heterogeny. **he·te·ro·ge·ne·ties** *-tiese* heterogenetic, heterogenic. **he·te·ro·ge·ni·teit** heterogeneity, heterogeneousness.

**he·te·ro·morf** *-morfe, (biol.)* heteromorphic, heteromorphous. **he·te·ro·mor·fie** heteromorphism, heteromorphy.

**he·te·ro·niem** *-nieme, n., (ling.)* heteronym. **he·te·ro·niem** *-nieme, adj., (ling.)* heteronymous.

**he·te·ro·noom** *-nome, (jur. etc.)* heteronomous. **he·te·ro·no·mie** heteronomy.

**he·te·ro·pa·ties** *-tiese, (psych. etc.)* heteropathic. **he·te·ro·pa·tie** heteropathy.

**he·te·ro·se** *(biol.)* heterosis.

**he·te·ro·sek·su·eel** *-suele* heterosexual. **he·te·ro·sek·su·a·li·teit** heterosexuality.

**he·te·ro·si·goot** *-sigote, n., (genet.)* heterozygote. **he·te·ro·si·goot** *-sigote, adj., (genet.)* heterozygous.

**he·te·ro·troof** *-trowe, (biol.)* heterotrophic.

**he·te(·tjie), he·ne(·tjie), je·ne(·tjie), jin·ne(·tjie), je·te(·tjie), jit·te(·tjie)** *interj.* (oh) my!, good gracious/heavens!, gosh!; *(infml.)* wow!, boy!, gee (whiz)!; *o/my ~!, (infml.)* oh (my) goodness!; oh goodness me!.

**het·sy** either; whether; ~ *warm of koud* either hot or cold; ~ *die een,* ~ *die ander* (of ~ *die een of die ander*) whether one or the other.

**heu·ge·nis, heug·nis** memory, remembrance.

**heug·lik** *-like* memorable (*event*), joyful (*news*), auspicious (*occasion*), glad (*tidings*), pleasant; ~*e dag* happy day. **heug·lik·heid** joyfulness, pleasantness; memorability, memorableness.

**heul** *ge-: met iem.* ~ collude with s.o., be in collusion/league with s.o.; collaborate with s.o. (*the enemy etc.*). **heu·le·ry** collusion.

**heu·ning** honey; nectar (*of plants*); *iem.* ~ *om die mond smeer* butter s.o. up, soft-soap s.o., say smooth things to s.o.; use sugared words. **~beer** honey bear. **~bier** mead, honey beer. **~blom** nectar flower; candytuft. **~blond** honey blonde. **~bruin** honey-brown. **~buis** nectary (*of an insect*), honey tube. **~by** honeybee, worker bee. **~dou** honeydew, blight. **~geel** honey-yellow. **~gras** soft/sweet grass, velvet-grass. **~kelk** nectary. **~kleur** →HEUNINGKLEUR. **~koek** →HEUNINGKOEK. **~kwas** *(infml.): die* ~ *gebruik* coax, flatter, sweet-talk; lay it on thick (*or* with a trowel); *die* ~ *gebruik om iets uit iem. te kry* charm s.t. from (*or* out of) s.o.. **~nes** bees' nest. **~pot** honey jar, honeypot. **~soet** honey-sweet; mellifluent, honeyed. **~suiker** invert sugar. **~tee** (*Cyclopia* spp.*)* (honey)bush tea, honey tea. **~voël(tjie)** (*Prodotiscus* spp.*)* honeybird. **~wyn** mulse; honey wine, hydromel. **~wyser** (*orn.: Indicator* spp.*)* honeyguide.

**heu·ning·ag·tig** *-tige* honeyed.

**heu·ning·dra·end** *-draende,* **heu·ning·ge·wend** *-wende* melliferous.

**heu·ning·kleur** honey colour. **heu·ning·kleu·rig** honey-coloured.

**heu·ning·koek** honeycomb; honey cake. **~bou** honeycomb structure.

**heu·ning·koek·ag·tig** *-tige* alveolar, alveolate, favose.

**heup** *heupe* hip (*of a pers.*); haunch (*of an animal*); *(anat.)* coxa. **~bad** hip bath, sitz bath. **~been** hipbone. **~beenstuk** (*beef*) aitchbone; saddle of mutton. **~breuk** fracture of the hip. **~broek** hipster(s); *(infml.)* low-rider(s). **~doek** loincloth. **~fles** hip flask. **~gewrig** hip joint, coxa. **~gewrigsontsteking** coxitis. **~jig** hip gout, sciatica. **~lyn** hip line. **~potjie** *(anat.)* hip cavity/socket. **~pyn** pain in the hip, sciatic pain, coxalgia. **~sak** hip/back pocket. **~swaai** swing of the hips; (*wrestling*) cross-buttock. **~vervanging** hip replacement. **~vuur** firing from the hip.

**heu·ris·tiek** *n.* heuristic (method), heuretic. **heu·ris·ties** *-tiese, adj.* heuristic.

**heu·wel** *-wels* hill, eminence; (*archaeol.*) tell; (*teen*) *die* ~ *op/uit* up the hill. **~(-)af** downhill. **~hang** hillside. **~ren** (*mot.*) hill climb. **~rug** ridge of a hill. **~top** hilltop.

**heu·wel·ag·tig, heu·wel·ag·tig** *-tige* hilly.

**heu·wel·tjie** *-tjies* hillock, knoll, mound, hummock, rising.

**he·wel** *-wels, n.* siphon, syphon. **he·wel** *ge-, vb.* siphon, syphon, draw off/out by means of a siphon/syphon.

**he·wig** *-wige* violent (*storm*); heavy (*rain*); tempestuous (*wind*); raging (*fire*); intense (*heat*); severe (*drought*); acute, sharp, searing (*pain*); virulent (*fever*); fierce (*fight*); flaming (*row, argument*); vehement (*protest*); slashing (*attack*); blazing (*wrath*); towering (*rage*); ~*e aanval, (med.)* all-out attack, paroxysm; ~ *betwis* hotly contested; ~*e geveg* sharp/hard-fought battle;

stiff fight; *in die ~ste van die* **geveg** in the thick of the fight; *jou ~* **ontstel**, *~* **ontsteld** *raak, (also, infml.)* freak (out); *~e* **pyn** throes, acute/intense pain; *iets word* **so** *~ dat ...* s.t. reaches such a pitch that ...; *~er* **word** intensify. **he·wig·heid** fierceness, savageness; vehemence, intensity, violence; severity; virulence; *(psych.)* intension.

**hi·aat** *hiate* break, gap, hiatus.

**hi·a·lien** *n., (physiol.)* hyalin. **hi·a·lien** *=liene, adj., (biol.)* hyaline, glassy.

**hi·a·liet** *(min.)* hyalite.

**hi·a·sint** *=sinte, (bot., min.)* hyacinth, jacinth.

**hi·ber·neer** *ge=* hibernate. **hi·ber·na·sie** hibernation.

**hi·bis·kus** *=kusse, (bot.)* hibiscus.

**hi·bried** *=briede, n., (bot., zool.)* hybrid. **hi·bri·dies** *=diese, adj.* hybrid. **hi·bri·di·seer** *ge=* hybridise.

**hi·dra** *=dras, (zool.)* hydra.

**hi·draat** *=drate, (chem.)* hydrate. **~water** water of hydration.

**hi·dra·sie** hydration.

**hi·dra·teer** *ge=* hydrate. **hi·dra·te·ring** hydration.

**hi·dreer, hi·dro·ge·neer** *ge=* hydrogenate. **hi·dre·ring, hi·dro·ge·ne·ring** hydrogenation.

**hi·dried** *=driede, (chem..)* hydride.

**hi·dro** *=dro's, (infml.: a health resort)* hydro.

**hi·dro·chlo·ried** *(chem.)* hydrochloride.

**hi·dro-e·lek·tries, hi·dro·ë·lek·tries** *=triese* hydroelectric.

**hi·dro·fo·bie** hydrophobia. **hi·dro·foob** *=fobe, n.* hydrophobe. **hi·dro·foob** *=fobe,* **hi·dro·fo·bies** *=fobiese, adj.* hydrophobic.

**hi·dro·graaf** *=grawe* hydrographer; hydrograph. **hi·dro·gra·fie** hydrography.

**hi·drok·sied** *(chem.)* hydroxide.

**hi·dro·lise** *(chem.)* hydrolysis. **hi·dro·li·seer** *ge=* hydrolyse.

**hi·dro·lo·gie** hydrology. **hi·dro·lo·gies** *=giese* hydrologic(al).

**hi·dro·me·ter** hydrometer. **hi·dro·me·trie** hydrometry.

**hi·dro·po·ni·ka** *(plant cultivation in a soilless nutrient solution)* hydroponics, aquiculture.

**hi·dro·sfeer** hydrosphere.

**hi·dro·skoop** *=skope* hydroscope.

**hi·dro·te·ra·pie** hydrotherapy, water cure.

**hi·dro·troop** *=trope, (bot.)* hydrotropic. **hi·dro·tro·pie** *(bot.)* hydrotropism.

**hi·drou·lies** *=liese* hydraulic; *~e aandrywing* fluid drive; *~e suier* water ram. **hi·drou·li·ka** hydraulics.

**hie, hie(, hie)** *interj.* hee, hee(, hee)!.

**hiel** *hiele* heel; bead *(of a tyre); onder die ~ van ...* under the heel of ... *(a tyrant etc.).*

**hi·ë·na** *=nas, (zool.)* hy(a)ena; *gevlekte ~* spotted hy(a)ena.

**hiep** *interj.: ~, hiep hoera!* hip, hip hurrah/hooray/hurray!.

**hier** *adv.* here, close by; *van ~ af* hence, from here; *~* **agter** (here) at the back; *~* **binne** here inside; *in here; ~* **bo** up here; above; *lees ~* **bo** read above; *~* **buite** outside here; *~ in die* **buurt/omtrek** about here; *~* **by die venster/ens.** here at the window/etc.; *~ en* **daar** here and there, in places, at intervals, sporadically; sparsely; in spots; *van ~ tot daar* from here to there; *gaan ~* **deur** go through here; *~ is* **dit** here it is; here we are; *~* **duskant/deuskant** over here; *~ êrens (rond)* around here somewhere; *sit die boek ~* **in** put the book in(side) here; *~* **is** *...* here is ...; *die vakansie* **is** *~ the* holidays are at hand; *~* **kom** *...* here ... comes/is; *~* **langs** past here, along here, (along) this way; hereabout(s); *here ~* **langs!** come/step this way!; *~* **naby** near here; *net ~* just/right here; *iem. sal* **nou-nou** *~ wees* s.o. will be along shortly; *~* **om** round this way; *~* **omstreeks** *tienuur/ens.* (round) about ten/etc. o'clock; *dit was* **omtrent** *~* it was about here; *~* **onder** down here/below, here below/underneath; at the

foot (of the page); *sien ~* **onder** see below; *~ is* **ons** here we are; *~* **oorkant/teenoor** over the way, right opposite; *~* **op** up this way; *~ op dié* **plek** right here; *~ is die* **plek** here we are; *~* **rond** about here; in this vicinity; in/round these parts; hereabout(s); *~* **rond** *wees, (infml.)* be around; **Smith/ens.** *~* Smith/etc. speaking; **sommer** *~* round the corner; *~* **te** *lande* in this country, locally; *~* **teen** *eenuur/ens. (se kant)* somewhere near one/etc. o'clock; *dis (altyd) ~* **te** *kort en daar te lank, (infml.)* it is difficult (*or* very hard *or* almost impossible) to please s.o.; *~* **ter** *plaatse* locally; *tot ~* to here; *~* **uit** out this way; *iem.* **van** *~* a local person; *van ~ (af)* from here; *~* **voor** here in front. **~aan** *pron.* at/by/on/to this. **~agter** *pron.* behind this. **~binne** *pron.* in(side)/within this. **~bo** *pron.* above this. **~buite** *pron.* outside this. **~by** *pron.* hereby; herewith; by this; annexed, attached, enclosed *(in a letter); ~ word kennis gegee* notice is given hereby; *~ kom nog* in addition to this, moreover. **~deur** *pron.* by (*or* in consequence of *or* owing to *or* through) this. **~heen** *adv.* here, this way, to this place. **~in** *pron.* in this, herein. **~jy** *=jys, n.* lout; menial, dogsbody; boor; *nie sommer 'n ~ wees nie, (infml.)* not just be anybody. **~langs** *pron.* along/by/past it. **~mee** *pron.* with this, herewith; hereby; *~ word kennis gegee* notice is given hereby. **~na** *pron.* to this; after this, hereinafter; according to this; *ons sal ~ terugkeer* we'll return to this. **~naas** *pron., ~ naas adv.* next to this, alongside; next door. **~namaals** hereafter, afterworld; *die ~* the hereafter, kingdom come; the next/other world, the world to come; *die (lewe) ~* the future life; the life hereafter. **~natoe** this way; here, hither, in this direction; *dis nie ~ en ook nie daarnatoe nie* it is neither here nor there, it is not to the point; *kom ~* come over; *kom ~!* come here!, step this way!. **~om** *pron.* hence, because of this, for this reason; about this; *~ en daarom* for several reasons; *dit gaan nie ~ nie* this is not the point/question. **~omheen** *pron., ~ omheen adv.* round this. **~omtrent** *pron.* about this, with regard to this. **~onder** *pron.* under this/these, hereunder; among these. **~oor** *pron.* about this, over this, for this reason, because of this; on this; *~ en daaroor gesels/praat* talk of (*or* chat about) this and that; *nie ~ of daaroor nie* not for this or that reason. **~op** *pron.* on this; upon/after this, hereupon; *dit kom ~ neer* the long and the short of it is. **~opvolgend** *=gende* following on this. **~so** here, at this place, (over) here; to this place; *kom ~!* come here!. **~sonder** without this. **~teenoor** (as) against this; *~ staan dat ...* on the other hand, as opposed to this ... **~toe** for this purpose, to this end; *tot ~* thus far; hitherto; up to here; *tot ~ en nie verder/vêrder nie, (also)* this is where I draw the line. **~tussen** *pron.* among/between these, in between. **~uit** *pron.* from this, hence, out of this. **~van** of this, hereof, about this; *~ en daarvan* of this and that (*or* of this, that and the other); *~ en daarvan gesels/praat* talk of this and that (*or* about this, that and the other thing). **~vandaan** from here, hence; henceforth. **~volgens** according to this. **~voor** in front of this; for this, in return for this; before this, previously, in former times.

**hi·ë·rarg** *=rarge* hierarch. **hi·ë·rar·gie** *=gieë* hierarchy. **hi·ë·rar·gies** *=giese* hierarchic(al), top-down; *die ~e weg* official (church) channels.

**hier·die** this, these; *~ berg is die hoogste* this is the highest mountain; *~ boek is interessant/ens.* this is an interesting/etc. book; *dit is die* **boom** *~* this is the tree; *~ een* this one.

**hi·ë·ro·glief** *=gliewe* hieroglyph. **hi·ë·ro·gli·fies** *=fiese* hieroglyphic.

**hiert(s)** *interj.* wow!, goodness!, gosh!, gee (whiz)!.

**hiet** *ge=: iem. ~ en gebied, (infml.)* order/boss s.o. about/around, order s.o. right and left; push/shove s.o. around; lord it over s.o.; *jou nie laat ~ en gebied nie* not take orders.

**hi·gi·ë·ne** hygiene; health education. **hi·gi·ë·nies** *=niese* hygienic, sanitary. **hi·gi·ë·nis** *=niste* hygienist.

**hi·gro·gram** *=gramme* hygrogram.

**hi·gro·lo·gie** *(meteorol.)* hygrology.

**hi·gro·me·ter** hygrometer. **hi·gro·me·trie** hygrometry. **hi· gro·me·tries** =triese hygrometric.

**hik** *hikke, n.* hiccup, hiccough; *die ~ hê* have the hiccups/ hiccoughs. **hik** ge=, *vb.* hiccup, hiccough; *nie ~ of kik nie, (s.o.)* not make/utter a sound; *sonder om te ~ of te kik* without a murmur; without a word; *val dat jy so ~* come a cropper. **hik·ke·rig** =rige hiccup(p)ing, hiccoughing.

**hi·la·ri·teit** hilarity, merriment, hilariousness.

**Hi·ma·la·ja:** *die ~, (geog.)* the Himalayas; *van die ~* Himala= yan.

**hi·men** =mens, *(anat.)* hymen, maidenhead.

**him·ne** =nes hymn.

**hin·der** ge= hamper, hinder, inconvenience, impede, ob= struct; trouble; interfere with, bother, irk, handicap, block, clog; molest; disturb, annoy, worry; be in the way; *iem. in sy/haar werk ~* hinder s.o. in his/her work; *~ ek?* am I in the way?; *is daar iets wat jou ~?* is there anything wrong?. **~laag** ambush; *uit 'n ~ aanval* attack out of (*or* from an) ambush; *in 'n ~ lê* be/lie in ambush; *'n ~ vir iem. lê/opstel* lay an ambush for s.o.; *iem. in 'n ~ lei/lok* ambush/waylay s.o..

**hin·der·lik** =like annoying, infuriating, inconvenient, trou= blesome; disturbing, irksome, vexatious, vexing; obtrusive; offensive *(trade)*.

**hin·der·nis** =nisse hindrance, impediment, obstacle, ob= struction, barrier; disincentive; *(golf)* hazard; *'n ~ oorkom* overcome/surmount an obstacle; *'n ~ op die pad van vooruit= gang* an impediment to progress. **~baan** obstacle course. **~(wedloop)** *(athl.)* obstacle race, steeplechase. **~wedren** steeplechase *(for horses)*.

**Hin·di** *(lang.)* Hindi.

**Hin·doe** =does, n. Hindu. **Hin·doe·ïs·me** *(also* h~*)* Hinduism. **Hin·does** =doese, *adj.* Hindu. **Hin·doe·stan** Hindustan. **Hin·doe·sta·ni** *(lang.)* Hindustani. **Hin·doe·stans** =stanse Hindustani.

**hings** hingste stallion; *jong ~* colt. **~vul** colt, foal.

**hing·sel** =sels bail, handle; hinge; loop *(of a whip)*; drop han= dle.

**hing·se·rig** =rige, **hing·stig** =stige, *(of mares)* on heat.

**hink** ge= hobble, limp, go lame; *oor iets ~ en pink* not be able to make up one's mind about s.t.; *op twee gedagtes ~* be in two minds, waver, vacillate; *~ en pink* vacillate.

**hink·ke·pink** ge= hobble, limp. **hin·ken·de·pin·ken·de** hob= bling along.

**hi·per** *pref.* hyper-; ultra-; leading-edge. **H~afrikaans** =kaanse ultra-Afrikaans. **~aktief** =tiewe hyperactive. **~asiditeit** hy= peracidity. **~beleef(d)** =leefde overpolite. **~beskaaf(d)** =skaaf= de overcivilised. **~esteties** =tiese hyper(a)esthetic. **~korrek** =rekte, *(philol.)* hypercorrect; overparticular; ultracorrect. **~korrektheid** *(philol.)* hypercorrection; hypercorrectness. **~krities** =tiese hypercritical. **~mark** hypermarket. **~modern** =derne ultramodern, state-of-the-art *(attr.)*. **~skakel** *(comp.)* hyperlink. **~tegnologie** hi/high tech, leading-edge technol= ogy. **~tegnologies** =giese hi-tech, high-tech. **~teks** *(comp.)* hypertext. **~ventilasie** *(med.)* hyperventilation. **~ventileer** *(med.)* hyperventilate.

**hi·per·bool** =bole hyperbole; *(geom.)* hyperbola. **hi·per·bo·lies** =liese hyperbolic.

**hi·per·ten·sie, hi·per·ten·sie** *(med.)* hypertension, high blood pressure. **hi·per·ten·sief** =siewe hypertensive.

**hi·per·to·nies** =niese hypertonic *(solution)*.

**hip·no·se** hypnosis, trance, somnolism. **hip·no·ties** =tiese hypnotic, mesmeric. **hip·no·te·ra·peut** hypnotherapist. **hip· no·ti·seer** ge= hypnotise, mesmerise. **hip·no·ti·seur** =seurs hypnotist, mesmerist. **hip·no·tis·me** hypnotism, mesmerism.

**hi·po·al·ler·geen** =gene hypoallergenic *(cosmetics etc.)*.

**hi·po·chon·der** =ders, **hi·po·chon·dris** =driste, *(psych.)*

hypochondriac, valetudinarian. **hi·po·chon·drie** hypochon= dria. **hi·po·chon·dries** =driese hypochondriac(al).

**hi·po·der·mis** *(anat.)* hypoderm(is). **hi·po·der·mies** =miese hypodermic *(needle etc.)*.

**hi·po·fi·se** =ses, *(anat.)* pituitary gland.

**hi·po·kon·ders** →IPEKONDERS *n.*.

**hi·po·kri·ties** =tiese hypocritical.

**hi·po·ta·la·mus** *(anat.)* hypothalamus.

**hi·po·teek** =teke, *(jur.)* hypothec; mortgage; *op eerste ~/ver= band* on first mortgage; *met ~ beswaar* mortgage. **~akte** deed of hypothecation. **~bank** mortgage bank. **~gewer** hy= pothecator. **~houer, ~nemer** mortgagee.

**hi·po·te·kêr** =kêre, *(jur.)* hypothecary; mortgage; *~e obli= gasie* mortgage debenture; *~e skuld* hypothecary debt; mortgage debt; *~e skuldenaar* hypothecary debtor; mort= gage debtor; *~ verbind* wees ten behoewe van ... be mort= gaged on behalf of ...

**hi·po·ten·sie** *(med.)* hypotension, low blood pressure. **hi· po·ten·sief** =siewe hypotensive.

**hi·po·te·nu·sa** =sas, *(geom.)* hypotenuse.

**hi·po·ter·mie** *(pathol.)* hypothermia, hypothermy, cryo= therapy.

**hi·po·te·se** =ses hypothesis. **hi·po·te·ties** =tiese hypothetic(al).

**hip·pie** =pies hippy, hippie. **~geslag, ~generasie** hippy/hip= pie/love generation.

**hip·po·droom** =drome, *(Gr. hist.)* hippodrome.

**Hip·po·kra·tes** Hippocrates. **Hip·po·kra·ties** =tiese, *(also* h~*)* Hippocratic; *~e eed, eed van Hippokrates, (med.)* Hippocratic oath.

**hip·so·me·ter** hypsometer.

**Hi·ro·sji·ma** *(geog.)* Hiroshima.

**hi·sop** *(bot.)* hyssop.

**his·ta·mien** =miene, *(biochem.)* histamine.

**his·te·rek·to·mie** =mieë, *(med.)* hysterectomy.

**his·te·rie** hysteria, hysterics. **his·te·ries** =riese hysteric(al); *iem. ~ maak, (also, infml.)* freak s.o. out; *~ raak/word* be= come/get hysteric(al), go into hysterics, *(infml.)* freak (out).

**his·to·lo·gie** *(anat.)* histology. **his·to·lo·gies** =giese histo= logic(al). **his·to·loog** =toloë histologist.

**his·to·ries** =riese historical; historic; *~e drag* period/histori= cal costume; *~e gebou* historic building; *~ gesien* viewed historically; *in 'n ~e styl* in (a) period style; *~e waarheid* historicity. **his·to·ri·kus** =rikusse, =rici historian, historiogra= pher. **his·to·ri·o·graaf** =grawe historiographer. **his·to·ri·o· gra·fie** historiography. **his·to·ri·o·gra·fies** =fiese historio= graphic(al). **his·to·ri·si·teit** historicity. **his·to·ris·me** histo= rism.

**hit·sig** =sige hot, scalding; fiery, heated, burning, fervent, fierce; ruttish, on/in heat *(animal)*; hot(-blooded), lewd, *(in= fml.)* randy, *(sl.)* horny *(pers.)*. **hit·sig·heid** heat; fieriness, fervour, fierceness; rut; hot-bloodedness, lewdness, *(infml.)* randiness.

**hit·te** heat; *in die ~ van die debat* in the cut and thrust of the debate; *ondraaglike ~* unbearable heat; *op ~ wees, (<Eng., an animal)* be on heat; *skroeiende ~* blistering heat; parch= ing heat; *in die ~ van die stryd* in the heat of battle, in the brunt of (the) battle; *vergaan van die ~, (s.o.)* swelter; *iets wek baie ~ op, (lit.)* s.t. generates a lot of heat. **~bestand, ~vas** heat resisting/resistant, heatproof. **~geleide** heat-seek= ing *(missile)*. **~golf** heat wave, hot wave. **~graad** tempera= ture *(of an oven)*. **~meter** heat meter/gauge, pyrometer. **~sensitief** =tiewe heat-sensitive *(material, paper, cells, etc.)*; heat-seeking *(camera etc.)*. **~~uitputting** heat exhaustion. **~~ uitslag** heat rash, prickly heat. **~werend** =rende heatproof, heat-resisting, heat resistant. **~wyser** heat indicator.

**hit·te·te:** *dit was so ~, (infml.)* it was a close/narrow shave (*or* a close call/thing *or* a near thing/go *or* as near as dammit or touch-and-go); *dit was so ~ of iem. het geskreeu* s.o. all but shouted; *dit was so ~ of iem. was te laat* s.o. only just made it, s.o. came in the nick of time.

**hit·tig** *=tige* hot; →HITSIG; *~e dag* blazing/scorching day; scorcher. **hit·tig·heid** heat.

**Hiz·bol·lah** *(Arab.: Party of God; a militant Shiite Muslim organisation)* Hezbollah, Hizbollah, Hizbullah.

**hlo·ni·pa** *(Ngu.: traditional avoidance of certain words)* hlonipa.

**h'm** *interj.* h'm, hum.

**hmf** *interj.* humph!.

**h'n-'n, h'm-'m** *interj., (infml.)* no; not really; I don't think so.

**hob·bel** *=bels, n.* bump, knob, tuffet. **hob·bel** *ge=, vb.* rock, toss, jolt; seesaw; hobble; ride *(a rocking horse).* **~perd** rocking horse, hobblehorse. **~rasper** riffler. **~skaaf** circular plane, compass plane.

**hob·bel·ag·tig, hob·bel·ag·tig** *=tige* bumpy, rough, rugged, uneven, choppy. **hob·bel·ag·tig·heid** bumpiness, roughness, ruggedness, unevenness.

**hob·bel·rig** *=rige* bumpy.

**ho·bo** *=bo's, (mus. instr.)* oboe. **ho·bo·ïs** *=boïste,* **~speler** *=lers* oboe player, oboist.

**hoe** *n., adj. & adv.* how; what; of how, as to how; *hoe?* how?, in what way?; *al ~ groter/kleiner* bigger and bigger, smaller and smaller; *al (~) meer* more and more; *~'s daai?, (infml.)* how's that?; *~ dan ook* somehow or other; *~ dwaas dit ook al mag lyk* silly as it may seem; *~ eerder ons begin ~ eerder kom ons klaar* the earlier we start the sooner we shall finish; *~ gaan dit (met jou)?* how are you?; *ek het gesien ~ ... val* I saw ... fall; *~ geval ... jou?, ~ vind jy ...?* how do you like ...?; *~ gouer ~ beter* the sooner the better; *nie weet ~ jy dit het* nie not know where one is; *~ is jou naam?* what is your name?; *~ kom dit dat ...?* how is it that ...?; *~ laat is dit?* what is the time?, what time is it?; *~ langer ~ beter* the longer the better, better and better; *~ lank?* how long?, till when?; *dit is al ~ lank* so this has been going on for a long time; *dit was nie ~ lank nie of ...* quite soon ..., after a short while ...; *~ meer ~ beter* the more the better; *~ meer 'n mens het, ~ meer wil jy hê* the more one has, the more one wants; *~ mooi is dit nie!* beautiful, isn't it!; *dis nie ~ nie, (infml.)* there's no doubt about it; *of ~?* (it is) is it not?; (or) isn't it?, isn't that so?; *~ ook al* in any way (whatever), one way or the other, by hook or by crook; *~ dit ook (al) sy* be that as it may; however (that may be); *~ oud iem. ook al is, hy/sy is nie swak nie* old as s.o. is, he/she is not weak; *~ sal dit wees as ons ...* suppose we ...; *~ sê jy?* (I beg your) pardon; what did you say?; *~ sien hy/sy daar uit?* what does he/she look like?; *al is iem. ~ slim* be s.o. ever so smart; *~ so?* in what way?; how do you mean?; *~ ver/vêr* how far; *die ~(s) en die waarom(s)* the why(s) and wherefore(s); *net weet ~ om iets te doen* have s.t. down to a fine art.

**ho·ë** →HOOG. **~definisie-televisie** high definition television. **~frekwensie** high-frequency *(marketing campaign, rad. waves, route, word, etc.).* **~hakskoen** high-heeled shoe. **~klasbruilof, ~klastroue** society wedding. **~koppe** *n. (pl.), (infml.)* top brass. **~lui** (high) society, prominent/important people, upper crust, élite, VIP's, people of quality; *die ~* the upper crust. **~nektrui, ~halstrui** turtleneck/poloneck sweater. **~prestasie** high-performance *(car etc.).* **~priester** high priest, pontiff. **~reënvalstreek** high-rainfall area. **~resolusie** high-resolution *(image, screen, etc.).* **~risiko** high-risk *(group, patient).* **~risiko-effek** *(fin.)* high-risk bond/stock, junk bond. **~rugstoel** high-backed chair. **~skeidingspektroskopie** high-resolution spectroscopy. **~veiligheids-, ~sekerheids-, ~sekuriteits-** high-security *(area etc.).* **~spoed** high-speed *(camera etc.).* **~veld** high-lying land/region; *die H~, (SA)* the Highveld. **~vlaksamesprekings** high-level talks. **~vlaktaal** *(comp.)*

high-level language. **~vlaktegnologie** hi/high tech. **~werkverrigtings** high-performance *(car etc.).*

**hoed** *hoede(ns)* hat; bonnet; *(bot.)* pileus; *~e af vir ...* hats off to ...; *jou ~ afhaal* take one's hat off, remove one's hat; *jou ~ vir iem. afhaal, (lit., fig.)* raise/tip *(or take off)* one's hat to s.o.; *~ dra* wear a hat; *jy kan jou ~ (ook nog) agterna gooi* you can give your hat into the bargain, you may shake hands with yourself; *met die ~ in die hand* hat in hand; *met die ~ in die hand na iem. gaan* go to s.o. cap in hand; *hoë ~* top/silk hat; *met die ~ in/oor die oë* in shame; *'n ~ ophê* wear a hat; *'n ~ opsit* put on a hat; *jou ~ opslaan* cock one's hat; *met die ~ (of die ~ laat) rondgaan* pass/send the hat round, have a whip-round *(infml.).* **~bol** crown of a hat. **~rand, ~rant** hat brim. **~speld, hoedespeld** hatpin.

**hoe·da·nig** *=nige* how, what, what kind/sort of. **hoe·da·nigheid** quality; capacity; character; *in jou ~ as/van ...* in one's capacity as ... *(mayor etc.); in watter ~?* in what capacity?.

**hoe·dat** how, in what way.

**hoe·de** care, guard, protection; guardianship; *iem. onder jou ~ neem* take s.o. under one's wing/protection; *op jou ~ wees* be alert/awake, tread warily; keep one's eye on the ball; *nie op jou ~ wees nie* have one's guard down, be unwatchful, be off one's guard; *iem. teen/vir ... op sy/haar ~ stel* alert s.o. to ..., put s.o. on his/her guard against ...; *teen/vir ... op jou ~ wees* beware of ..., watch out for ... **hoe·der** *=ders* guardian, keeper.

**hoe·de-:** **~doos** hat-, bandbox. **~maker, (fem.) ~maakster** hatter, hatmaker, milliner. **~makery** millinery; hat factory. **~rak, ~staander** hatrack, hatstand, hat tree. **~winkel** hat shop, hatter's (shop); milliner's (shop).

**hoed·jie** *=jies* little hat; bonnet.

**hoef¹** *hoewe, n.* hoof, *(zool.) =* unguis; *(sc.)* ungula; *gesplete/ gesplitste ~* cloven hoof. **~bal** bulb *(of a horse's heel).* **~beslag** shoeing *(of a horse).* **~dier** *(zool.)* ungulate. **~kanker** canker. **~mes** parer, paring knife, drawing knife. **~slag** hoofbeat, thud of hoofs. **~smid** *=smede* farrier, horseshoer. **~spoor** hoof print. **~yster** →HOEFYSTER.

**hoef²** *vb.* need; *dit ~ nie* there is no necessity for it; there is no need of that; it need not be; *dit ~ nie!, (also)* not necessarily!; *iem. ~ iets nie te doen nie* s.o. need not (or is not expected to) do s.t., it is not necessary for s.o. to do s.t.; *iem. ~ dit nie te weet nie* s.o. need not know it.

**hoef·ys·ter** *(also perdeskoen)* horseshoe; *'n ~ verloor, (a horse)* cast/throw a shoe. **hoef·ys·ter·vor·mig** *=mige* horseshoe-shaped.

**hoe·ge·naamd, hoe·ge·naamd:** **~ nie** not at all, not in the least, by no means, not by any means (or in any way what[so]ever); nothing of the sort; far from it; not for a/one moment; not at any price; not by a long shot; **~ niks** absolutely nothing, nothing what(so)ever (or at all); *waarom het jy dit ~ gedoen?* why did you do it in the first place?; *was ... ~ daar?* was ... there at all?.

**hoe-hoe** *n.* hoot(ing), tu-whit, tu-whoo *(of an owl).* **hoe-(h)oe** *interj.* cooee!, yoo-hoo!.

**hoek** *hoeke* corner; angle; hook, fish-hook; narrow glen; *'n vis aan die ~ hê* have a fish on the hook; *by die tweede ~* at the second turning; *iéwers in 'n ~* up a tree; *êrens in 'n ~* in some odd corner; *iem. in 'n ~ dryf[ja(ag)]* drive s.o. into (or pen s.o. in) a corner; *in 'n ~ (gedryf[geja[ag]]) wees* be cornered; have one's back to the wall; *die ~ van inval/uitval* the angle of incidence/reflection; *die saal is van ~ tot kant vol* the hall is packed (out) (or full to overflowing); *van ~ tot kant, (also)* all over; thoroughly; inside out; *met 'n ~ van ...* at an angle of ...; *om die ~* round the corner; *om elke ~ (en draai)* at every turn; *om 'n ~ gaan/kom* turn a corner; *om die ~ kyk/ loer* peep out; *op die ~ van die straat* at the corner of the street, at the street corner; *'n skerp/stomp ~, (math.)* an acute/obtuse angle; *uit 'n ~* from an angle; *uit alle ~e* from all angles; from every corner; *die wind waai* **uit** *alle ~e* the wind blows from all quarters; *iets* **uit** *die regte/verkeerde ~ beskou* look at s.t. in the right/wrong perspective. **~beslag** cornerpiece. **~erf** corner stand, plot. **~hou, ~slag** *(hockey)* corner. **~huis** corner house. **~klamp** angle cleat. **~lyn** diagonal. **~skoot** *(phot.)* angle shot. **~skop** *(soccer)* corner (kick). **~staal** steel angle. **~steen** cornerstone, foundation stone; quoin; headstone; keystone; *(fig.)* pivot, kingpin, linchpin, lynchpin; *'n ~ lê* lay a cornerstone (*or* foundation stone). **~steenlegging** stone-laying. **~steun** *(tech.)* angle support; (*also* hoekystersteun, hoekprofielsteun) angle/corner bracket. **~stuk** cornerpiece; angle piece. **~tand** eyetooth, fang, canine tooth; laniary (tooth); double helical tooth (*of a wheel*). **~verbinding** gusset. **~vlag** corner flag. **~vlak** spandrel. **~voeg** corner joint. **~winkel** corner shop. **~yster** angle iron, angular iron/bar.

**hoe·ka** as it is, already, in any case; from the beginning, all along, long since; long ago; →TOEKA; *van ~ (se tyd) af* of old, from time immemorial; *iem. is ~ altyd laat* as it is, s.o. is always late.

**hoe·ke·rig** *-rige* hackly, jagged; prickly, crusty *(character)*; → HOEKIG.

**hoe·kie** *-kies* (little) corner; nook; *(infml.)* lair; *~ vir eensames, (journ.)* lonely hearts column; *advertensie in 'n ~ vir eensames* lonely hearts ad; *in elke ~ en gaatjie* in every nook and cranny; *uit alle ~s en gaatjies* from every nook and corner; *iem. om 'n ~ speel* deceive s.o.; *iets om die ~ doen, (infml.)* do s.t. on the sly.

**hoe·kig** *-kige* angled, angular; jagged *(rocks)*; crusty, prickly *(character)*; craggy *(face)*. **hoe·kig·heid** angularity; jaggedness; prickliness.

**hoe·kom** *-koms, n.: die ~s en die waaroms* the whys and wherefores. **hoe·kom** *pron.* why, for what reason; wherefore; *(Am.)* how come; *~ vra jy?* what makes you ask?; *net hy/sy sal weet ~* for reasons (*or* some reason) best known to him/herself.

**hoeks** *hoekse* diagonal. **hoeks·ge·wys, hoeks·ge·wy·se** cornerwise, diagonally.

**hoek·vor·mig** *-mige* angulated.

**hoe·la: ~(-hoela)** *-las*, **~(-hoela)dans** *-danse, n., (Hawaiian dance)* hula(-hula); *die ~(-~) dans* hula(-hula). **~(-hoela)** *ge, vb.* hula(-hula). **~hoepel** hula hoop.

**hoe·moes** *(cook.)* hummus, hoummos, houm(o)us.

**hoen·der** *-ders* fowl, chicken; *so* **dronk** *soos 'n ~* as drunk as a fiddler/lord; *na die ~s* **gaan**, *(infml.)* go to the dogs, go to pot; **gaan/loop** *na die ~s!, (infml.)* go jump in the lake!; *die ~s* **in** *wees, (infml.)* be in a rage; *vir iem. die ~s* **in** *wees, (infml.)* be furious with s.o.; *iem. die ~s* **in** *maak, (infml.)* get s.o.'s back up, rub s.o. up the wrong way, get s.o.'s goat; *iets* **maak** *iem. die ~s in, (infml.)* s.t. gets s.o.'s goat; *soos 'n natgereënde ~* **lyk**, *(infml.)* look miserable; *Maljan* **onder** *die ~s* one man in a company of ladies; *'n ~* **pluk** pluck a chicken/ fowl; *die ~s in* **raak/word**, *(infml.)* lose one's rag, get narked; *saam met die ~s gaan* **slaap**, *(infml.)* go to bed early; *as die ~s* **tande** *kry, (idm.)* never/not in a million years, when hell freezes (over), on a cold day in hell. **~afval** giblets. **~been(tjie)** chicken bone. **~boerdery** poultry/chicken farming. **~bosluis** tampan. **~boud(jie)** drumstick, chicken leg. **~burger** *(cook.)* chickenburger. **~cholera, ~kolera** chicken cholera, fowl cholera, fowl typhoid. **~dief** poultry/chicken thief. **~eier** hen's egg. **~haan** cock, rooster. **~hen** hen. **~hok** hencoop, house, chicken coop, chicken house, fowl run; fowl house, hennery. **~kop** *(infml.)* boozy, tipsy. **~kos** poultry feed, chicken feed. **~kuiken** chick. **~luis** chicken louse, chicken tick. **~maag** gizzard. **~nes** hen's nest. **~pastei** chicken pie. **~pes** fowl plague/pest, bird pest. **~roomsop** cream of chicken. **~spoor** fowl's footmark; *(bot.: Dactyloctenium* spp.*)* crowfoot; *(hist.)* broad arrow *(on jail clothes)*; *~ dra, (infml., obs.)*

do penal servitude, wear stripes. **~stuitjie** *(cook.)* parson's/ pope's nose. **~swak** as weak as a kitten. **~tande:** *so skaars soos* ~ unobtainable, few and far between, non(-)existent. **~teelt** poultry/chicken farming. **~vel** *(lit.)* fowl's skin. **~vel, ~vleis** *(fig.)* goose bumps/pimples/flesh/skin, crispation, horripilation; *iets gee iem. ~, iets laat iem. ~ kry/word* s.t. makes s.o.'s flesh creep, s.t. gives s.o. the creeps; *iem. het ~* s.o.'s flesh creeps, s.o. has the shivers, s.o. has goose bumps/pimples/flesh/skin; *~ kry/word* get the shivers, get (*or* come out in) goose bumps/pimples/flesh/skin. **~vleis** *(lit.)* chicken, fowl.

**hoe·pel** *-pels, n.* hoop; bail. **hoe·pel** *ge, vb.* play with hoops, trundle a hoop; hoop *(a cask)*. **~been** *-bene* bandy-legged person; bandy leg, bow leg; bow-legged; *met ~bene* bandy-legged; bow-legged (*mostly pred.*). **~rok** *(hist.)* crinoline, farthingale, hoop petticoat.

**hoep-hoep** *-hoepe, (orn.)* (African) hoopoe.

**hoep·la** *interj.* hoopla!.

**hoer** *hoere, n., (derog.)* whore, harlot, slut, tart. **hoer** *ge, vb.* whore; womanise; →HOEREER; *~ en rumoer* kick up (*or* make) a rumpus. **~(e)jaer** whoremaster, whore monger. **~huis** brothel. **~kind** *(dated, derog.)* bastard, illegitimate child.

**ho·ër** *adj. & adv.* higher; higher up; superordinate *(goal etc.)*; *van ~* **hand** upon higher authority; *dit kon nie ~ of* **laer** *nie, iem. moes ...* s.o. insisted that he/she ..., s.o. simply had to ...; *dit kon nie ~ of* **laer** *nie, (also)* there was no way out of it; *~* **onderwys** higher education; *iem. wil ~* **op** s.o. is ambitious, s.o. has aspirations; *~* **skakel** change/shift up *(a gear)*; *~ (staande)* superior; *'n mens moet nie ~ wil* **vlieg** *as wat jou vlerke lank is* nie cut your coat according to your cloth; *5% ~* **wees** be up by 5%. **H~hand:** *daar is 'n ~ by* it is the will of God; *van ~* from God. **~handelskool, ~ handelskool** commercial high school. **~hof, ~ hof** superior court; higher court; court above. **~huis** *(parl.)* upper house, second chamber, senate; *die Britse H~* the House of Lords. **~meisieskool, ~ meisieskool** girls' high school. **~seunskool, ~ seunskool** boys' high school. **~skool, ~ skool** high school. **~skoolleerling** high school pupil. **~skoolonderwyser** high school teacher.

**hoe·ra** *-ra's*, **hoe·rê** *-rês, interj.* hurrah!, yippee!, whee!, goody!; *drie hoera's/hoerês* three cheers; *~ roep/skreeu* shout/ cry hurrah, cheer.

**hoer·ag·tig** *-tige* bawdy, whorish; unchaste.

**hoe·reer** *(ge), (liter., joc.)* fornicate, whore; *(of a man)* womanise; *(also Bib.)* commit adultery. **hoe·reer·der** *-ders* adulterer, whore monger; womaniser; fornicator.

**hoe·re·ry** *-rye, (derog.)* whoredom, harlotry; fornication; adultery.

**hoe·ri, hou·ri** *-ri's, (Islam: a nymph in Paradise)* houri; *(infml.)* voluptuous woman.

**ho·ë·rig, ho·ge·rig** *-rige* raised, fairly high; tallish *(tree etc.)*.

**hoes** *hoes(t)e, n.* cough; *'n* **droë** *~* a dry cough; *'n* **los** *~* a loose/wet cough; *'n* **skor** *~* a hacking cough; *'n* **vaste** *~* a tight cough. **hoes** *ge, vb.* cough; *~ en proes* cough and splutter; *aan die ~ gaan, aan't (of aan 't) ~(te) gaan* start coughing; *lelik/sleg ~* have a bad cough. **~aanval, ~bui** fit/ spell/spasm of coughing; *'n ~ hê* have a fit/spasm of coughing. **~lekker** cough lozenge. **~middel** *-dels* cough remedy/ mixture, expectorant. **~pil** cough tablet. **~stillend** *-lende* cough relieving, pectoral, soothing; *~e middel* pectoral. **~stroop** cough syrup.

**hoe·seer, hoe·seer** how much, however much, much as, much though.

**hoe·se·naam** *(infml.)* whatshisname *(masc.)*, whatshername *(fem.)*; thingamabob, thingumabob, thingamajig, thingumajig, thingamy, thingummy, doodah.

**hoe·se·rig, hoes·te·rig** *-rige* coughing, inclined to cough.

**hoe·se·ry, hoes·te·ry** spell of coughing.

**hoe·sit** *interj.*, *(sl.: how are you?)* howzit?, hoezit?.

**hoes·tend** *=tende* coughing; *al ~e en proestende* coughing and sneezing all the time; *iets (al) ~e sê* cough out s.t..

**hoe·veel** how much; how many; *hoeveel?* what's the price?; *say when!; ~ iem. ook al van ... gehou* het much as s.o. liked *...; ~ is 2 en 3?* what do 2 and 3 make?; *~ is dit?* how much?, what do I owe you?; *die ~ste is dit (vandag)?* what is the date (today)?, what day of the month is it?; *die ~ste keer is dit?* how many times does this make?; *~ keer/maal al* umpteen *(or* any number of *or* ever so many) times; *~ ook* however much; however many; *die ~ste was jy?* what was your number/position?, where did you come?; *nie (meer) weet ~ ... nie* lose count of ... **hoe·veel·heid** *=hede* amount, quantity; measure, quantum; *die ~ bepaal* quantify; *in gelyke hoeveelhede* in equal proportions/parts; *'n groot ~ ... a* lot of ...; a great many (*or* a great deal of) ...; *in groot hoeveelhede* in large quantities. **hoe·veel·ste** *→HOEVEEL.*

**hoe·ver(·re), hoe·vêr:** *in ~, (fig.)* (as to) how far, to what extent.

**hoe·we** *=wes, (jur.)* holding, lot, plot; *(also* kleinhoewe*)* (small) holding, plot; small farm.

**hoe·wel** (al)though, while; *→ALHOEWEL.*

**hof** *howe* court; garden; *die ~ bevind dat ...* the court finds that ...; *iem. voor die ~ bring/daag* take s.o. to court; *iem. voor die ~ bring, (also)* bring s.o. to (*or* up for) trial; *~ toe gaan* go to law; *na 'n hoër ~ appelleer, jou op 'n hoër ~ beroep, by 'n hoër ~ in beroep gaan* appeal to a higher court; *in die ~* in court; *~ vir klein eise* small claims court; *voor die ~ kom* appear in (*or* before the) court; come to (*or* up for) trial; *'n meisie die ~ maak* court/woo a girl; *die ~ sit* the court sits (*or* is in session); *in die ~ verskyn* appear in court, appear before the court; *voor die ~* before the court, in court; *iem. voor die ~ sleep* drag s.o. into court. **~beampte** court official, functionary. **~bevel** order of court, court order. **~gebou** courthouse. **~knaap, ~knapie** page(boy). **~koste** legal costs. **~makery** courtship, courting, wooing. **~nar** court jester, court fool. **~saak** lawsuit, court case; *berugte ~* cause célèbre; *'n ~ teen iem. maak* bring/institute an action against s.o.. **~saal** courtroom. **~skoen** court shoe. **~verslag** law report. **~verslaggewer** court reporter.

**ho·fie** *=fies* small head; caption, head(ing); *(bot.)* head.

**hof·lik** *=like, adj.* courteous, obliging, polite, gallant; civil, urbane; *~e maniere* civil manners, civility, urbanity. **hof·lik** *adv.* courteously, obligingly, politely, gallantly; civilly, urbanely. **hof·lik·heid** courtesy, courteousness, politeness, civility, urbanity; *iem. met min/weinig ~ behandel* treat s.o. with scant courtesy; *met volgehoue/onveranderlike ~* with unfailing courtesy. **hof·lik·heids·hal·we** out of (*or* as a matter of) courtesy.

**hô hô (hô)** *interj.* ho ho (ho)!.

**hoi·pol·loi** *(often derog.)* riffraff, hoi polloi, the many, the vulgar.

**hok** *hokke, n.* cage, hutch; kennel *(for dogs)*; pen *(for sheep)*; sty *(for pigs)*; run, house, coop *(for poultry)*; coal hole; shed; den, doghole; stall *(in a stable)*; *(infml.: prison)* can, clink, cooler, jug, slammer; *(rly.)* dock; *(bot.)* loculus; *diere op ~ hou/sit* keep/put animals in a pen/coop; *op ~ staan* be stallfed; *terug ~ toe, (infml.)* back to school; *in 'n ~ woon* live in a hovel/den/doghole. **hok** *ge=, vb.* gate, ground; *... bymekaar ~* herd/huddle ... together; *ge~ wees* be gated/grounded, be placed within bounds. **~slaan** *hokge=, (fig.)* snub, crack down on, put a stop to; put s.o. in his/her place, take s.o. down a peg or two. **~straf** gating, grounding; *iem. ~ gee* gate/ground s.o.. **~stut** *(rly.)* sleeper crib. **~tyd** *(infml.)* time-out (*or* time out) *(for a naughty child etc.)*. **~vas** homekeeping, stay-at-home.

**ho·kaai, hoe·kaai, hook·haai** *interj.* whoa!, halt there! *(to draught animals)*.

**hok·kie**[1] *=kies* small cage/kennel/pen/etc.; hutch; *(fig.)* pigeonhole; cubby(hole); booth; cubicle, cell; cuddy; *(bot.)* locule, loculus.

**hok·kie**[2] *(sport)* hockey.

**hok·kig** *=kige, (bot.)* locular; *(also* hokkerig*)* poky.

**hok·sa·dig** *=dige, (bot.)* locular, loculate.

**ho·kus-po·kus** hocus-pocus; mumbo-jumbo; hanky-panky.

**hol**[1] *holle, n., (coarse)* arse, anus; *(derog.)* arsehole; *→HOOL.* **hol** *hol(le)* holler *holste, adj. & adv.* hollow *(tooth, voice)*; empty *(stomach)*; sunken *(eyes)*; gaunt *(face)*; cavernous; *~(le) frases* hollow phrases, idle/empty talk, hot air; *~ lens* concave lens; *iets ~ maak* hollow s.t.; *~ muur* hollow/cavity wall; *~ pad* sunken road; *~le retoriek* windy rhetoric; *~ steen* hollow/cavity brick; *~ voeg* concave joint; *~(le) woorde/gebaar/dreigement* empty words/gesture/threat. **~beitel** hollow chisel; gouge. **~bol** concavo-convex. **~boor** tubular drill, hollow drill. **~klinkend** *=kende* hollow, hollow-sounding. **~krans** open cave. **~moer** cap nut, screw cap. **~naai** *(vulg.: penetrate anally)* bugger, ream (out). **~naald** *(med.)* can(n)ula. **~oog** hollow-eyed, haggard. **~passer** spherical compasses, inside cal(l)ipers. **~rond** concave. **~rondheid** concavity. **~rug** *adj.* sway-back(ed), hollow-backed; *iets is ~ (gery), (infml.)* s.t. is cliché(')d (*or* worked to death); *~ (ge= ryde) woorde* hackneyed/trite/overworked/overstrained words/phrases; *'n perd ~ ry* get a horse saddlebacked; *'n teorie ~ ry* ride a theory to death, hack a theory. **~skaaf** hollow plane. **~spaat** *(min.)* chiastolite, crucite, macle.

**hol**[2] *n.: op ~ gaan, (animals)* stampede; *(a horse before a cart)* bolt; *iem. se kop op ~ maak* turn (*or* put fancies/ideas/notions into) s.o.'s head; *iem. se kop het heeltemal op ~ geraak* s.o. completely lost his/her head (*or* the plot); *iem. op ~ ja(ag)* drive s.o. distracted; *iem. se senuwees is op ~* s.o.'s nerves are ragged/shattered (*or* on end); *op ~ wees, (s.o.)* be distraught/distracted; *(s.o.'s mind)* be full of fancies; *(s.o.'s imagination)* run riot. **hol** *ge=, vb.* career, run, rush, scamper, bolt, stampede.

**hol·der·ste·bol·der** head over heels/ears, helter-skelter, pell-mell, topsy-turvy, slap-bang.

**hol·heid** hollowness, concavity; emptiness; vacuity.

**ho·lis** *=liste* holist. **ho·lis·me** *(also* H~*)* holism. **ho·lis·ties** *=tiese, (also* H~*)* holistic.

**Hol·land** *(geog.)* Holland. **Hol·lan·der** *=ders* Hollander, Dutchman. **Hol·lands** *n., (lang.)* Dutch. **Hol·lands** *=landse, adj.* Dutch; *die Kaap is weer ~* everything is all right again; *~e vrou* Dutchwoman.

**hol·lan·daise(·sous)** *(Fr. cook.)* hollandaise (sauce).

**hol·ler** *=lers* runner; *(kaal)~* streaker.

**hol·mi·um** *(chem., symb.: Ho)* holmium.

**ho·lo·graaf** *=grawe* holograph. **ho·lo·gra·fies** *=fiese* holographic.

**ho·lo·gram, ho·lo·gram** hologram.

**Ho·lo·seen** *(geol.)* Holocene.

**hol·ster** *=sters* holster, pistol case.

**hol·te** *=tes* cavity; hollow *(of the hand)*; socket *(of the eye)*; crook *(of the arm)*; pit *(of the stomach)*; *(min.)* pocket; *(anat.)* crypt, antrum, sinus *(of a bone)*; lumen *(of a blood vessel)*; space; void; depression; ventricle; *in die ~ van jou hand, (lit., fig.)* in the hollow of one's hand; *kelkvormige ~* calix. **hol·te-dier** *(zool.)* coelenterate.

**hom**[1] *homme, n., (soft roe of fish)* milt. **~vis, hom·mer** milter.

**hom**[2] *pron.* him; it; *→HY; dit is nou van ~* that is just his way; *hy was ~* he is washing himself (*or* having a wash); *ek het ~ self gesien* I saw him myself; *vra ~ self* ask him yourself. **~self** himself; *(acc. & dat.)* itself; *hy het ~ geskiet* he has shot himself.

**ho·me·o·pa·tie, ho·mo·pa·tie** hom(o)eopathy. **ho·me·o·paat, ho·mo·paat** *=pate* hom(o)eopath(ist). **ho·meo·pa·ties, ho·mo·pa·ties** *=tiese* hom(o)eopathic.

**Ho·me·ros, Ho·me·rus** *(Gr. poet)* Homer. **Ho·me·ries** *=riese, (also h~)* Homeric.

**ho·mi·le·tiek** *(theol.)* homiletics. **ho·mi·le·ties** *=tiese* homiletic.

**ho·mi·nied** *=niede, n., (zool.)* hominid. **ho·mi·nied** *=niede, adj.* hominid.

**ho·mi·no·ïed** *=noïede, (sci-fi)* humanoid.

**hom·mel** *=mels,* **hom·mel·by** *=bye* bumblebee, humblebee; drone.

**Ho·mo** *(Lat.: man)* Homo. **~ sapiens** *(modern man)* Homo sapiens.

**ho·mo** *=mo's, (infml., chiefly derog., abbr. of* homoseksueel*)* homo.

**ho·mo·ë·ro·ties, ho·mo·e·ro·ties** *=tiese* homoerotic.

**ho·mo·fo·bie** homophobia. **ho·mo·fo·bies** *=biese* homophobic. **ho·mo·foob** *=fobe* homophobe.

**ho·mo·fo·nie** *(ling., mus.)* homophony. **ho·mo·foon** *=fone, n.* homophone. **ho·mo·foon** *=fone, adj.* homophonous *(words etc.)*; homophonic *(chords etc.)*.

**ho·mo·gaam** *=game, (bot.)* homogamous. **ho·mo·ga·mie** homogamy.

**ho·mo·geen** *=gene* homogeneous, uniform; *(biol.)* homogenous. **ho·mo·ge·ne·ties** *=tiese* homogenetic, homogenic, homogenous. **ho·mo·ge·ni·seer** *ge=* homogenise. **ho·mo·ge·ni·teit** homogeneity, homogeneousness.

**ho·mo·graaf** *=grawe* homograph.

**ho·mo·loog** *=loë, n.* homologue. **ho·mo·loog** *=loë, adj.* homologous. **ho·mo·lo·gi·seer** *ge=* homologise.

**ho·mo·niem** *=nieme, n., (ling., biol.)* homonym. **ho·mo·niem** *=nieme, adj.* homonymic, homonymous. **ho·mo·ni·mie, ho·mo·ni·mi·teit** homonymy.

**ho·mo·paat** →HOMEOPAAT.

**ho·mo·sek·su·eel** *=suele, n.* homosexual. **ho·mo·sek·su·eel** *=suele, adj.* homosexual, gay. **ho·mo·sek·su·a·li·teit** homosexuality, homosexualism.

**ho·mo·sen·tries** *=triese, (genet.)* homocentric.

**ho·mo·si·goot** *=gote, (genet.)* homozygote. **ho·mo·si·go·ties** *=tiese* homozygous.

**homp** *hompe* chunk, hunk, lump, wodge; *'n ~ brood* a chunk of bread.

**Hom·pie Ke·dom·pie, Oom·pie Doom·pie, Oom·pie Ke·doom·pie** Humpty Dumpty.

**hond** *honde* dog, hound; *(fig.)* cur; *iem. soos 'n ~ behandel, (infml.)* treat s.o. like a dog; *kyk of die ~ dit sal eet* try it on the dog; *iem. kry se ~ se gedagte, (infml.)* s.o. smells a rat, s.o.'s suspicions are aroused/roused; *'n gemene ~* a mean cur; *dit maak geen ~ haaraf nie, (infml.)* it cuts no ice; *iem. maak geen ~ haaraf nie, (infml.)* s.o. gets nowhere *(or makes no headway)*; *nie ~ haaraf met iem./iets maak nie* not get to first base with s.o./s.t.; *jong ~, klein ~jie* pup(py); *lyk of die ~e jou kos afgeneem/afgevat het, (infml.)* look down in the mouth *(or crestfallen)*; *lae ~, (fig.)* skunk, cur; *'n ~ op iem. loslaat* set a dog (up)on s.o.; *('n) haastige ~ verbrand sy mond/bek, (infml.)* (the) more haste (the) less speed; *oor die ~ (se rug/stert) wees, (infml.)* turn the corner; break the back of the work; *sa sê vir 'n ~* set a dog on; *moenie slapende ~e wakker maak nie* let sleeping dogs lie, leave well alone!; *so moeg soos 'n ~* dog-tired; *so siek soos 'n ~* (as) sick as a dog; *met 'n ~ gaan stap* walk a dog; *'n trop ~e* a pack of dogs; a pack of hounds *(in hunting)*; *'n ~ wegroep* call off a dog. **~lelik** *=like* (as) ugly as sin. **~mak** as tame as a dog; *iem. is ~, (also)* s.o. is beaten. **H~ster** *(astron.)* Dog Star, Sirius, Sothis.

**hond·ag·tig** *=tige* canine; doggish, doglike. **Hond·ag·ti·ges** Canidae.

**hon·de·:** **~belasting** dog tax. **~beskuit** dog biscuit. **~bloed** dog's blood; *(joc.)* liquorice. **~byt** dog bite. **~draffie** easy

trot, dogtrot. **~geblaf** dog's bark, barking of dogs. **~gesig** dogface. **~geveg** dogfight. **~halsband** dog collar. **~herberg, ~hawe** kennels; *'n hond na 'n ~ bring* (of in '*n ~ hou)* kennel a dog. **~hok** (dog) kennel, doghouse. **~hotel** boarding kennel. **~kamp** dog enclosure. **~kar** dogcart. **~kenner** dog fancier. **~ketting** dog chain. **~kop** dog head; doglike head. **~kos** dog food. **~lewe** dog's life, wretched life; *'n ~ hê/lei* lead a dog's life. **~liefhebber** dog lover. **~mandjie** dog basket. **~meester** dog handler/master. **~(naam)plaatjie** dog tag. **~ras** breed of dogs. **~re(i)sies** dog race(s). **~renbaan** dog track. **~skou** dog show. **~slee** dog sled(ge). **~teelt, ~teling** dog breeding. **~teler** dog breeder/fancier. **~telery** (breeding) kennels. **~vanger** dog-catcher. **~vrees** kynophobia. **~vriend** dog lover/fancier, *(infml.)* doggy person. **~wedren** dog/whippet race. **~weer** atrocious/beastly/filthy/foul weather.

**hon·derd** *=derde* hundred; *by ~e* by the hundred(s); *by die ~ close* (up)on a hundred; *by die ~e* by the hundred; *hulle het by (die) ~e gekom* they came in (their) hundreds; *'n kans van ~ teen een* a hundred to one chance; *goed/ruim ~* well over a hundred; *dit was nie ~ jaar nie of ...* it did not take long before ...; *~ maal* a hundred times; *~ man* a hundred men; *'n man/vrou ~ wees* be one in a hundred; *meer as ~* over a hundred; *~e mense/kilometers/rande* hundreds of people/kilometres/rands; *oor die ~* over a hundred; *oor die (of meer as) ~ mense* more than a hundred people; *~ persent daarvoor* one hundred percent in favour. **~duisend** *=sende, (also* honderd duisend*)* a hundred thousand; *~e* hundreds of thousands; *dit loop in die ~e* it runs into six figures. **~duisendste** *(also* honderd duisendste*)* hundred thousandth. **~duisendstes** *(also* honderd duisendstes*)* hundred thousandths. **~-en-een** *(also* honderd en een*)* a hundred and one. **~-en-tien** *(also* honderd en tien*)* a hundred and ten. **~-en-tiende** *(also* honderd en tiende*)* hundred and tenth. **~man** *=manne, (mil.)* centurion; *(jur.)* centumvir. **~poot** centipede. **~tal** a hundred; *(cr.)* century; *'n ~ aanteken/behaal, (cr.)* hit/make/score *(or* knock up*)* a century.

**hon·derd·gra·dig** *=dige* centigrade.

**hon·derd·ja·rig** *=rige, adj.* a hundred years old; centennial, centenary; *~e fees* centenary. **hon·derd·ja·ri·ge** *=ges, n.* centenarian.

**hon·derd·o·gig** *=gige* with a hundred eyes, argus-eyed.

**hon·derd·ste** *=stes* hundredth.

**hon·derd·voud** centuple. **hon·derd·vou·dig** *=dige* hundredfold, centuple.

**hond·jie** *=jies* small dog; doggie; pup, puppy (dog); *dis nie om die ~ nie, maar om die halsbandjie* pretend to be interested in ..., but really be after ...; have ulterior motives; *(jong/klein) ~* pup(py). **~swem** *n.* doggy/doggie paddle.

**honds** *hondse* doggish, canine; currish, churlish; bitchy; cynical. **~dol** rabid, hydrophobic. **~dolheid** *(pathol.)* rabies, hydrophobia. **~haai** *(Mustelus* spp.*)* smooth hound/dogfish. **~roos** dogrose, briar rose, dog briar; eglantine.

**honds·heid** currishness; brutality.

**Hon·du·ras** *(geog.)* Honduras. **Hon·du·rees** *=rese, n. & adj.* Honduran.

**ho·nend** *=nende* scornful, derisive, sneering, jeering, taunting, insulting; →HOON; *~e lag* sneer.

**Hon·ga·ry·e** *(geog.)* Hungary. **Hon·gaar** *=gare, n.* Hungarian. **Hon·gaars** *n., (lang.)* Hungarian. **Hon·gaars** *=gaarse, adj.* Hungarian.

**hon·ger** *n.* hunger; *van ~ doodgaan/sterf/sterwe, (lit.)* die of famine/hunger, starve (to death); *doodgaan* (of *dood wees* of *vergaan*) *van die ~, (fig.)* be famished/starving; *flou wees van die ~* be faint with hunger; *~ hê* be hungry; *knaende/nypende ~* pangs of hunger, gnawing hunger; *~ kry* get hungry; *~ ly* go hungry; starve; *iem. van ~ laat omkom* starve s.o. to death; *iem. se maag rammel van die ~* s.o.

is half starved; *iem. se ~ stil* appease s.o.'s hunger; *jou ~ stil* satisfy one's hunger; *vaal van die ~ wees*, *(infml.)* be faint with hunger, be very hungry. **hon·ger** *adj.* hungry; *rasend ~ wees* have a roaring appetite; *so ~ soos 'n wolf* as hungry as a wolf/hawk/hunter; *~ wees/word* be/get hungry. **hon·ger** *ge-*, *vb.* hunger; *na ... ~* hunger after/for ... *(friendship etc.)*. **~dood** death from hunger/starvation; *die/'n ~ sterf/sterwe* suffer death from hunger, die of famine/starvation. **~loon** pittance, starvation wage; *vir 'n ~ werk* work for a (mere) pittance. **~lyer** starveling. **~mars** hunger march. **~oproer** hunger riot. **~pyn** hunger pang. **~staker** hunger striker. **~staking** hunger strike; *'n ~ begin* go on (a) hunger strike.

**hon·gerig** *-rige* peckish, rather hungry. **hon·ge·rig·heid** hungriness, slight hunger.

**hon·ger·snood** famine, starvation.

**hon·ger·te** *(infml.)* hunger.

**Hong·kong** *(geog.)* Hong Kong.

**hon·neurs** honours; *~ behaal* obtain honours. **~eksamen** honours examination. **~graad** honours degree.

**ho·no·ra·ri·um** *=rariums, =raria* fee, honorarium, emolument. **ho·no·reer** *ge=* honour, cash *(bill, cheque)*; *nie ~ nie* dishonour *(a cheque)*.

**ho(·nou)** →HANOU *interj.*.

**hoof** *hoofde*, *n.* head; headmaster, *=mistress*, principal *(of a school, college, etc.)*; rector *(of a univ.)*; master, warden *(of a college)*; *(mil.)* chief; chief(tain); leader; *(print.)* heading; *(print.)* caption; headland; →KOP *n.*; *aan die ~ van ...* at the head of ...; *met ... aan die ~* headed by ...; *aan die ~ van die tafel sit* head the table; *aan die ~ van ... staan/wees* head/front *(or* head up *or* be at the head of *or* be in charge of*)* ...; *be in command of ...*; *... die ~ bied* bear up *(or* make head*)* against ...; cope with ... *(misfortune etc.)*; face ... *(danger etc.)*; confront ... *(one's attackers etc.)*; *jou ~ oor ... breek* beat/cudgel/puzzle/rack one's brains *(or* trouble one's head*)* about ...; *jou ~ buig* bow one's head; *iets kom op iem. se ~ neer* s.o. bears/suffers/takes the consequences of s.t.; *jou ~ neerlê* lay down one's head, die; *onder die ~ ...* under the heading of ...; *jou ~ ontbloot* uncover one's head; *iets oor die ~ sien* overlook s.t.; *iem. oor die ~ sien* leave s.o. out, pass s.o. by/over, overlook s.o.; *per ~* per person; a head; →PER KOP; *uit ~de van ...* by virtue of ... *(one's office etc.)*; by reason of ...; on account of ...; owing to ...; *uit die ~ aanhaal* quote from memory; *~ van die generale staf* chief of the general staff.

**hoof=**: chief, leading, main, principal, head, master, senior, cardinal, capital; *hoof(-) mediese beampte* chief medical officer. **~aansluiting** main connection. **~afdeling** main/principal division/section. **~agent** chief agent, general agent. **~agentskap** general agency. **~aksent** main stress/accent. **~amptenaar** head official; head of a department; chief executive. **~artikel** leading article, leader, editorial; *tweede/derde ~* subleader. **~artikelskrywer** editorialist. **~as** main/principal axis/shaft; primary shaft; *(math.)* major axis; *(biol.)* primary axis. **~beampte** head official. **~bedekking** head covering, headgear, headwear. **~bediende** butler; chief steward; head waiter. **~beginsel** cardinal/chief/fundamental/main principle. **~begrip** fundamental notion. **~begroting** main estimates. **~berig** lead story; *die koerant se ~ gaan oor ...*, *die koerant wy sy ~ aan ...* the paper leads with a report on ... **~bestanddeel** chief ingredient, main constituent, staple. **~bestuur** head committee, national executive. **~bestuurder** chief director, director-in-chief; director-general; general manager. **~beswaar** chief objection; main difficulty/drawback. **~bewaarder** head warder. **~bibliotekaris** chief librarian. **~bord** *(comp.)* motherboard. **~buis** *(elec.)* main. **~danseres** prima ballerina. **~deel** main/principal part; body. **~dek** main deck. **~deur** main door/entrance. **~doel** main object, principal aim. **~faktor** main factor. **~feit** main fact. **~figuur** central/leading/principal figure, protagonist. **~film**

main film, feature film. **~gebou** main building. **~gedagte** leading/ruling/main/principal idea. **~geleiding** *(elec. etc.)* main. **~gereg** main course/dish. **~geskil** principal difference. **~getal** cardinal *(number)*. **~getuie** chief witness. **~getuienis** evidence in chief; main evidence. **~industrie** basic/key/pivotal/principal industry. **~ingang** main entrance. **~ingenieur** chief engineer. **~inhoud** chief contents, substance; gist, purport; burden; summary. **~inspekteur** chief inspector. **~kabel** *(elec.)* main (cable). **~kantoor** head/main office; headquarters; *by/in die ~* at the head office. **~karakter** main character *(in a novel etc.)*. **~kelner** head waiter, chief steward. **~kenmerk** main/principal feature. **~kitaar(speler), ~ghitaar(speler)** lead guitar(ist). **~klem** principal/primary/main stress/accent. **~klerk, eerste klerk** chief/head/principal clerk. **~kleur** principal colour; *die sewe ~e* the seven primary colours. **~kok** chef, master cook. **~komitee** executive, head committee. **~kommissaris** chief commissioner. **~kraan** main cock/tap, main. **~kragleiding** power main. **~kwartier** headquarters; centre of operations; *in/aan die ~* at headquarters; *groot ~* general headquarters. **~landdros** chief magistrate. **~leiding** supreme direction/management; main conductor/circuit/lead, main. **~leier** chief leader, leader-in-chief, supreme leader. **~letter** *=ters* capital (letter), upper-case letter; *(in the pl.)* capital letters, upper case; *iets met 'n ~ skryf* capitalize s.t.; *iets in ~s druk, iets met ~s skryf* upper-case s.t.; *kuns met 'n ~-K* art with a capital A. **~lig** headlight. **~liga** *(sport)* big league. **~lyn** *-lyne* principal line; *(rly.)* main line; *(teleph.)* trunk line; *~e van 'n vak* outline *(or* broad lines*)* of a subject. **~lynoproep, ~lyngesprek** trunk call. **~maal(tyd)** dinner, principal meal. **~magistraat** chief magistrate. **~man** *-manne* captain, chief, leader, headman. **~meisie, ~dogter** head girl. **~motief** leading/principal motive. **~nommer** main/major item *(on a programme)*. **~offisier** field officer. **~onderwerp** main/chief/principal subject. **~onderwyser(es)** head teacher. **~oogmerk** chief object, principal aim. **~oorsaak** main/principal/root cause, mainspring. **~opsigter** head overseer, chief inspector *(of labourers)*; warden. **~pad** highway, high/main/major road. **~persoon** principal person; principal character *(in a story, play)*; hero, leader, protagonist, kingpin. **~poskantoor** general post office. **~prent** *=prente* main film, feature film/picture; *twee ~e (op een program)* double feature. **~prys** main prize. **~punt** chief/main *(or* most essential*)* point/feature, salient feature. **~pyn** →HOOFPYN. **~pyp** main (pipe), trunk main. **~raad** head committee, national executive. **~raam** *(comp.)* mainframe. **~redaksie** senior editorial staff. **~redakteur** (chief) editor, editor in chief, general editor. **~redakteurskap** chief editorship. **~rede** main address; main reason. **~reël** cardinal/general/principal rule; headline. **~regter** chief justice. **~rekene** mental arithmetic. **~rekenmeester** chief accountant. **~rif** main reef; midrib. **~rol** *=rolle*, *(theatr.)* leading/principal/star part/role/rôle, lead; *... in 'n/die ~ hê* feature ...; *die film het ... in een van* (of *... en ... in*) *die ~le* the film stars ... *(or* co-stars ... and ...*)*; *die ~ speel/vertolk*, *(theatr.)* play the lead *(or* leading part/role/rôle*)*, be the leading lady/man; *(fig.)* take the lead, play the leading part/role/rôle; *die ~le speel/vertolk* be co-stars. **~rolspeelster** leading lady, female lead, star. **~rolspeler** *-lers* leading man, male lead, star, featured/principal player; protagonist; *een van die ~s* a co-star. **~sanger(es)** lead singer *(of a rock group etc.)*. **~sangeres** prima donna *(in an opera)*. **~sekretaris** chief/principal secretary, national secretary, general secretary. **~seun** head boy; head prefect. **~sin** principal/main sentence, main clause. **~skakelaar** main switch, service switch. **~skedel** cranium, skull. **~skottel** principal dish; staple dish/fare. **~skuldige** chief culprit/offender. **~slaapkamer** main/master bedroom. **~slagaar** main artery, aorta. **~som** sum total; capital (sum), principal; substance *(of a doctrine etc.)*. **~sonde** *=des* capital sin/vice, deadly sin; *die sewe ~s* the seven deadly sins. **~(spoor)lyn** main line. **~spoor**=

weg main line. **~spreker** principal/main speaker. **~stad** capital (city); metropolis, seat of government. **~stedelik** metropolitan. **~steen** headstone. **~stelling** principal position; principal proposition; fundamental principle; tenet *(of a doctrine); (math.)* axiom. **~straat** main street, principal street, high street. **~stroom** main stream/current. **~stuk** chapter; *'n ~ afsluit* close a chapter. **~tafel** main/principal table; high table. **~telwoord** cardinal (numeral). **~tema** main theme, master theme; leitmotif/-tiv. **~tooisel** headdress, =gear, head ornament. **~trek** =trekke main/salient feature, principal characteristic/trait; *(in the pl., also)* essentials, main points; *in ~ke* in (broad) outline. **~uitgang** main exit. **~vak** =vakke major (subject); *met ... as ~(ke)* majoring in ... **~vennoot** senior partner. **~verdienste** chief merit/virtue; principal income. **~vereiste** chief requisite. **~verkeersweg** arterial road, trunk road, main line of traffic. **~verpleegster** head nurse, charge nurse; sister in charge; ward sister. **~vlieënier** master/chief pilot. **~vyand** chief enemy, enemy number one. **~weg** =weë main road/route, high road, highway. **~werk** principal/chief work, major work, magnum opus; chief business; mental work, headwork. **~wortel** main root, taproot, primary root.

**hoof·bre·kens, hoof·bre·kings** brain-racking; *dit gee my ~* it perplexes/puzzles me, *(infml.)* it gives me a headache; *(also)* it causes problems.

**hoof·de·lik** =like per head, per capita; *~ aanspreeklik* severally liable; *~e stemming* poll, ballot, voting by call; *(parl.)* division; *vra om 'n ~e stemming, (parl.)* call for a division; *sonder ~e stemming* by a voice vote, on voices; *~e toelae* capitation/capital grant.

**hoof·pyn** headache; sore head; *'n barstende ~* a splitting headache; *iem. ~ besorg* cause s.o. a headache, *(infml.)* give s.o. a pain in the neck; *~ hê* have a headache; *'n bietjie ~ hê* have a slight headache; *~ kry* get/develop a headache; *'n kwaai ~* a violent headache. **hoof·py·ne·rig** =rige headachy.

**hoof·saak** =sake main point/thing; *(in the pl.)* essentials; *(in the pl., infml.)* bottom line, nuts and bolts; heart, gist; *in ~* by and large, in the main, for the most part; in substance; principally; *in ~ juis* substantially (*or* by and large) correct; *in ~ saamstem* agree in substance. **hoof·saak·lik** =like, adj. chief, main, principal. **hoof·saak·lik** adv. chiefly, mainly, in the main, principally, essentially, more than anything else, mostly, for the most part.

**hoof·skap** =skappe principalship, principal's post; chieftaincy, chieftainship, headship; chiefdom.

**hoog** hoë hoër hoogste, adj. & adv. high *(mountain);* lofty *(ideals);* tall *(building, grass, tree, etc.);* high-pitched *(voice);* high-rise *(building);* distinguished *(visitor);* exalted; elevated; eminent, honourable, illustrious; highly, loftily; exaltedly; eminently, honourably, illustriously; *~ aan wees, (infml.)* be tipsy/stoned; *die son was ~ aan die hemel* the sun was high in the sky; *van hoë afkoms* of high descent, of exalted birth, highborn; *jou nie te ~ ag om te ... nie* not be above ...; *al hoe hoër* higher and higher; taller and taller; *hoë amptenaar* high/senior official; *~ bejaard* advanced in years, aged, of a ripe age; *op hoë bevel* by order; by royal command; *met hoë bloeddruk* hypertensive; *met 'n hoë blos* with heightened colour; *op 'n hoë breedte* at a high latitude; *die hoë C bereik, (mus.)* reach high/top C; *die hoë, (a tree, building, etc.)* the tall one; *~ en droog sit* be quite unconcerned; be unaffected; *ewe ~ wees, (buildings, trees, etc.)* be the same height; *hoë fees* high festival; *hoë frekwensie* high frequency; *hoë glans* brilliant lustre; *... ~ hou* uphold ... *(authority);* maintain ... *(tradition);* live up to ... *(a reputation);* keep up ... *(prestige); hoë kleur* high colour; *'n hoë kleur kry* get flushed, blush; *~ leef/lewe* live it up *(infml.);* live extravagantly; *'n hoë leeftyd/ouderdom bereik* attain a great age; *~ in die lug* high up in the air; *dis ~ middag* it is high noon; *~ mik, (fig.)* plan on a grand scale; be ambitious; *~ in die mode* very fashionable, in the height of fashion; *~ nodig* urgently needed, most necessary; impera=

tive; essential, indispensable; *die hoogste offer, (fig.)* the supreme sacrifice; *hoë offisier* high-ranking officer; *hoë offisiere, (also, infml.)* top brass; *~ oor/van iets opgee* enthuse about/over s.t.; *hoë politiek* high politics; *te ~ vir iem. praat* talk over s.o.'s head; *... ten hoogste prys/waardeer* praise/ appreciate ... very highly; *~ste rat/versnelling* top gear; *~ sing* sing high; *hoë skop, (rugby)* up-and-under; *~ speel* play/gamble high, play deep, play for high stakes; *~ staan* stand high, occupy an important position; be of irreproachable character; *die aandele staan ~* the shares are at a high figure; *iets is vir iem. te ~, (fig.)* s.t. is above/beyond (*or* passes) s.o.'s comprehension; *te ~ wees vir iem. om by te kom, (lit.)* be above s.o.'s reach; *hoë terrein, (mil.)* high ground; *tot 15 000 meter ~ vlieg* fly as high as 15 000 metres; *vier/ens. verdiepings ~* of four/etc. storeys; on the fourth/etc. floor; *die hoë woord moet uit* the bare truth must be told; the final/ last word must be said. **hoog** hoë, n., (meteorol.) high.

**hoog-** comb.: **~ag** hoogge= esteem (highly), respect, honour, hold in high esteem, regard highly. **~agting** esteem, regard, respect; *met (die meeste) ~* yours (very) truly. **~altaar** high altar. **~besoldig(d)** =digde highly paid. **~blond** very fair. **~bou** overground building; skyscraper, high-rise building. **~dag** adv. (quite) late in the morning. **~druk** embossed printing, embossing; high pressure; letterpress. **~drukgebied, hoë drukgebied** *(meteorol.)* anticyclone, high, high-pressure area. **~drukstelsel** high-pressure system. **~duits** High German. **~edelagbare** right honourable; *Sy/Haar H~* the Right Honourable. **H~eerwaarde** *(bishop)* Right Reverend. **~gaande** running high, heavy *(sea).* **~geag** =geagte highly/much esteemed/respected; *H~te Heer/Dame* Dear Sir/Madam. **~gebergte** high mountains, upper region of mountains. **~gebore** high-born, well-born, exalted. **~geëer(d)** =geëerde highly honoured/respected. **~geel** bright yellow. **~gekwalifiseer(d)** =seerde highly qualified. **~geleë** elevated, high-lying *(ground),* high-level. **~geleerd** =leerde highly educated, erudite. **~geplaas** =plaaste, adj. highly placed, in high authority, high-ranking, of high rank; distinguished; *~te persone* very important/notable people; those in high places; *mees ~te* top-level, highest ranking. **~geplaaste** =tes, n. dignitary. **~geregshof** =howe, (SA) high court. **~geregshofregter** (SA) high court judge. **~geskat** =skatte highly esteemed. **~geskool(d)** =skoolde highly skilled. **~gespan** =spanne highly strung; *iem. se verwagtinge was ~* s.o.'s hopes ran high. **~heilig** =lige most sacred, sacrosanct. **H~hollands** High Dutch. **~hou** hoogge= uphold, keep up, maintain. **~konjunktuur** *(econ.)* boom (conditions/period), (wave of) prosperity. **~land** →HOOGLAND. **~leraar, =leraar** professor. **~leraarsamp, =leraarsamp, =leraarskap** professorship, chair (at a university). **H~lied van Salomo** *(OT book)* Song of Songs/Solomon. **~mis** *(Chr. relig.)* high mass. **~mode** high fashion; *iets is ~, (also)* s.t. is the in thing. **~moed** →HOOGMOED. **~oond** blast furnace. **~oondslak(ke)** blast furnace slag. **~reliëf** high relief, haut-relief, alto-relievo. **~seisoen** high season; *buite die ~* during the off-peak season. **~skat** hoogge= esteem/value highly, think much of. **~skatting** esteem, regard, respect. **~somer** high summer. **~spanning** high tension; high voltage. **~spanningsdraad, =kabel** high-tension wire/cable. **~spraak** →HOOGSPRAAK. **~spring** n. high jump(ing). **~spring** hoogge=, vb. jump high; do the high jump. **~springer** high jumper. **~staande** distinguished, eminent, of high standing; high-principled, high-minded, outstanding; high-grade. **~tegnologie, hoë tegnologie** hi/high tech, leading-edge technology. **~tegnologies** =giese hi/high-tech. **~ty:** *iets vier ~* s.t. reigns supreme; s.t. is rampant; s.t. runs riot. **~vat** =vatte, n., (rugby) high tackle. **~vat** hoogge=, vb. tackle high. **~verraad** high treason. **~vlakte** plateau, tableland, upland plain. **~vlieër** high-flier, high-flyer, *(infml.)* hotshot. **~vol** heaped, rounded *(spoonful),* in heaping measure. **~water** high water, high tide; *dit is ~* it is high tide/water, the tide is in. **~waterlyn** floodmark, high-water mark, tide-mark. **~waterpeil** high-water level.

**hoog·dra·wend** *-wende* bombastic, high-sounding, grandiloquent, high-flown, pompous; stilted *(lang.)*. **hoog·dra·wend·heid** bombast, grandiloquence, pompousness, pomposity; stiltedness.

**hoog·har·tig** *-tige* haughty, high and mighty, offhand, proud, superior, distant, supercilious, arrogant. **hoog·har·tig·heid** haughtiness, pride, superiority, arrogance.

**hoog·heid** *-hede* highness; height; grandeur; eminence; virtue, dignity, nobleness; *Sy/Haar H~* His/Her Highness; *Hul(le) H~hede* Their Highnesses; *die ~ van die Here* the majesty of the Lord. **hoog·heids·waan** →HOOGMOEDSWAAN.

**hoog·land** highland(s), upland, plateau; *die (Skotse) H~* the (Scottish) Highlands. **Hoog·lan·der** *-ders* Highlander. **Hoog·lands** *-landse* Highland.

**hoog·lig·gend** *-gende, (also* hoog liggend*), (meteorol.)* high-lying; *~e terrein, (mil.)* high ground.

**hoog·moed** haughtiness, pride; *jou ~ (maar) tot later bêre* put one's pride in one's pocket *(infml.)*; pocket one's pride *(infml.); ~ kom tot 'n (of voor die) val* pride will have *(or comes before)* a fall. **hoog·moe·dig** *-dige* haughty, proud. **hoog·moeds·waan, hoog·heids·waan** megalomania, delusions of grandeur.

**hoogs** highly, extremely, supremely; highest; *~ begaaf(d)* highly gifted; *~ besoldigde* highest-paid; *~ bevredigend* highly satisfactory; *~ ernstig* deadly serious; *~ geheim* top secret, highly classified; *~ omstrede* highly controversial; *~ onwaarskynlik* highly improbable/unlikely; *~ moontlike **prys*** maximum price.

**hoog·spraak** stilted/pompous speech, bombast. **hoog·spra·kig** *-kige* bombastic; pedantic.

**hoog·ste** highest, sovereign *(power)*, supreme *(joy)*, maximum, top *(prices)*, utmost *(exertion)*; topmost; paramount; *van die ~ **belang*** of the utmost importance/moment/weight, of the first importance; *met die ~ **lof*** with greatest distinction, *(Lat.)* summa cum laude; *op die/sy ~* at (the) most, at the outside; at the utmost; *op sy ~, (also)* at its height; *~ **punt*** summit, zenith; *~ rat/versnelling/gang* top gear; *~ **snelheid*** top speed; *ten ~* extremely, very greatly/highly. **hoog·stens** at best, at (the) most, at the outside, at the utmost, up to, not exceeding, not more than.

**hoog·te** *-tes, (also fig.)* height, elevation, altitude; level; pitch *(of voice)*; depth; highness *(of prices)*; eminence, rise, hill; *iem. uit die ~ **aankyk**, (uit die ~) op iem. **neerkyk/neersien*** look down (up)on s.o., despise s.o., look down one's nose at s.o.; *'n **blinde** ~* a blind rise; *~ **bo** seespieël (of die seevlak)* altitude above sea level; *op 'n **duiselingwekkende** ~* at a dizzy height; *geringe ~* low altitude; *in die ~ gaan* advance, go up, rise, soar; *die aandele in die ~ laat gaan* send up the price of shares; *die ~ **inskiet**, in die ~ **skiet*** shoot up; soar (aloft); *(prices etc.)* sky-rocket, go sky-high, escalate; *op 'n ~ van 2 000 meter* at an altitude of 2 000 metres; *op dieselfde ~* at the same height; *die venster was op dieselfde ~ as/met die vloer* the window was flush with the floor; *op (die) ~ (van/met sake) bly* be well informed, keep/stay abreast, keep up with things, keep one's finger on the pulse; *goed op (die) ~ bly, (also)* keep one's ear(s) (close) to the ground; *iem. op (die) ~ bring* bring s.o. up to date, *(infml.)* put s.o. in the picture; *iem. op (die) ~ hou* keep s.o. posted/informed; *op (die) ~ van/met iets kom, jou op (die) ~ van/met iets stel* get abreast of (or acquaint o.s. with) s.t.; inform o.s. about/on s.t.; *weer op (die) ~ van/met iets kom, jou/iem. weer op (die) ~ van/met iets bring/stel* catch up on (or reacquaint o.s./s.o. with) s.t.; *op (die) ~ (van/met sake) wees* be well informed; *goed op (die) ~ wees van/met iets, (also)* be knowledgeable about s.t.; be well up in s.t.; know what one is talking about; *sleg op (die) ~ wees van/met iets* be badly/ill informed about s.t.; *tot (op) sekere ~* to a certain *(or some)* degree/extent, in some measure, up to a point; *uit die ~ wees* be high and mighty; *iets uit die ~ doen*

be superior in manner; be offish/superior/uppish *(or very high and mighty)*; *iem. uit die ~ behandel* patronise s.o.; treat s.o. condescendingly/frostily/distantly/haughtily; *van goeie ~* of a good height. **~bepaling** altimetry. **~beperking** height restriction. **~graad** elevation. **~grens** *(aeron. etc.)* ceiling. **~hoek** angle of elevation. **~lyn** contour line *(on a map)*; perpendicular, altitude *(in a triangle)*. **~lynkaart** contour map. **~maat** measure of elevation. **~merk** bench mark. **~meter** altimeter, hypsometer, height recorder; sextant. **~meting** altimetry, hypsometry. **~punt** *-punte* height, high(est) point, peak, apex, pinnacle, climax, culmination, zenith; highlight; heyday; *(fig.)* high-water mark; crisis *(of a disease)*; crowning glory; *'n ~ **bereik*** come to *(or reach)* a climax; hit/reach a high; reach a peak; culminate; *~e (in 'n verhaal ens.)* highlights (of a story etc.); *'n **nuwe** ~* a new high; *op sy ~* at its height; at a/its maximum; *op die ~ van ...* at the peak of ...; in the heyday of ...; *op die ~ van ... wees, (fig.)* be/ride on the crest of a/the wave; *toe die ... op sy ~ was* at the height of the ... *(battle etc.); tot 'n ~ **styg*** rise to a peak; work up to a climax; *iets tot 'n ~ **voer*** bring s.t. to a climax. **~roer** *(aeron.)* diving rudder; elevator, horizontal rudder. **~siekte, berg·siekte** altitude/mountain sickness. **~vrees** fear of heights, acrophobia.

**hoog·waar·dig** *-dige* eminent, venerable, distinguished; *H~e Heer/Dame* Most Reverend Sir/Madam. **hoog·waar·dig·heid** eminence. **hoog·waar·dig·heids·be·kle·ër, -be·kle·der** dignitary.

**hooi** hay; *te veel ~ op jou vurk hê, (infml.)* have too many irons in the fire *(or balls in the air)*, have too much on one's plate; *te veel ~ op jou vurk laai/neem, (infml.)* bite off more than one can chew. **~gaffel** hayfork, pitchfork, prong. **~gewas** hay crop. **~hoop** haycock. **~koors** hay fever, pollinosis. **~mied** haystack, hayrick; *'n naald in 'n ~ soek* look for a needle in a haystack. **~skuur** haybarn. **~solder** hayloft.

**hooi·er** *hooiers* haymaker.

**hool** *hole, (also* hol*)* hole; den, lair, burrow; *(infml., fig.)* rat-hole.

**hoon** *n.* scorn, scoffing, derision; mockery. **hoon** *ge-, vb.* deride, scorn, taunt, flout, jeer, sneer/scoff at, mock; →HONEND. **~(ge)lag** scornful/jeering laughter, sneering laugh; taunts, jeers, sneers. **~lag** *ge-* laugh jeeringly/derisively.

**hoop**[1] *hope, n.* heap, pile; dump; crowd; hoard; *(meteorol.)* cumulus; troop; tump; mound; lot *(of potatoes etc.)*; *by hope, (infml.)* in heaps; *by die ~ / by die score, (infml.)* heaps/pots *(or a pile/pot/mint)* of money; *'n ~ **geld** kos, (infml.)* cost an arm and a leg; *hope **mense*** crowds/hordes of people; *'n ~ ...* a heap/pile of ...; *op 'n ~* in a heap; all together; *alles op een ~* all together; *dinge op 'n ~ **gooi*** throw things in a heap; *iets op 'n ~ **pak*** make a pile of s.t.; put s.t. on a pile. **hoop** *ge-, vb.* heap.

**hoop**[2] *n.* hope; *al ~ wat iem. het* s.o.'s (one and) only hope; *'n **flikkering/glimp/straaltjie** van ~* a flash/flicker/gleam/glimmering of hope; *~ **gee*** give hope; *in die ~ dat ...* in the hope *(or hoping)* that ...; *die ~ **koester** (of ~ hê) dat ...* cherish/entertain a hope that ...; live in hope(s) that ...; *op ~ **leef/lewe*** live in hope; *is daar nog (enige) ~?* is there any hope?; *daar is ~ op reën* there is (a) hope of rain; *die ~ **opgee*** abandon *(or give up)* hope; *jou ~ **stel/vestig** op ...* pin/place/build/fasten one's hopes on ...; *die ~ laat **vaar*** give up hope, abandon hope; *die ~ laat **vaar** om iets te doen, (also)* lose hope of doing s.t.; *vol ~ **wees*** be full of hope; *vol ~ **wees** dat ...* be hopeful that ...; *iets **wek** die ~ dat ...* s.t. raises the hope that ... **hoop** *ge-, vb.* hope; *~ **dat** jy iets sal kan doen* hope to do s.t.; *~ **dat** iets gebeur het* trust that s.t. has happened; *in·nig/vurig ~* hope fervently; *laat ons ~* here's hoping; *ek ~ (van) **nie** I* hope not; *op iets ~* hope for s.t.; *dit is **te** hope dat ...* it is to be hoped that ...; *ek ~ (van) **wel** I* hope so. **hoop·vol** *-volle* hopeful, sanguine; confident; promising. **hoop·vol·heid** hopefulness, sanguineness, sanguinity; confidence; promise.

**hoor** *n.* hearing; →GEHOOR; *'n lawaai maak dat ~ en sien vergaan* make a noise fit to wake the dead, *(infml.)* make an infernal/unholy noise. **hoor** *ge=, vb.* hear; learn; understand; *volgens alles wat ('n) mens ~* by/from all accounts; *... wou nie daarvan ~ nie* ... would have none (*or* not hear) of it, ... turned a deaf ear to it; ... did not want to know about it; *~ dat* ... hear that ...; *dit ~ ('n) mens dikwels* one hears that often; *~ hier* I say!, listen!; do you mind?; *~ ('n) bietjie hier* just listen to this; *hou nou op, (ge)~!* stop that, do you hear?; *~ jy?, ge~?* do you hear?; *... laat ~* sound ... *(a fanfare etc.)*; *laat van jou ~* let me hear from you; *van jou laat ~* let s.o. know how/where one is; make one's voice heard; *nie van jou laat ~ nie, (also, infml.)* lie low; *weens die lawaai kan iem. nie ~ nie* s.o. cannot hear for the noise; *moeilik ~* be hard of hearing; *iets nie mooi ~ nie* not quite catch s.t., not hear s.t. clearly; *iem. wil nie ~ nie* s.o. doesn't want to listen/obey; *ek wil niks van jou ~ nie!* be quiet!, not a word!; *ek het nog nooit ge~ dat ... nie* I have yet to learn that ...; *iem. het iets te hore gekom* s.t. has come to s.o.'s ears, s.o. got wind of s.t.; *dit het ek al tevore ge~* that sounds familiar; *van ... ~* hear about/ of ... *(s.o., s.t.)*; have word from (*or* news of) ... *(s.o.)*; *iem. het (al) van ... gehoor* s.o. knows of ...; *iem. wil nie van iets ~ nie* s.o. won't hear of s.t., s.o. does not want to know about s.t.; *('n) mens het nooit weer van ... ge~ nie* ... wasn't heard of again; *jou verbeel jy ~ iets* hear things; *wie nie wil ~ nie, moet voel* s.o. who doesn't want to listen/obey, must be punished. **hoor** *interj.:* ~!, ~! hear!, hear!. **~afstand** earshot; *buite ~* out of earshot; *binne ~* within earshot; within hearing. **~beeld** *(rad.)* feature programme. **~buis** ear trumpet; *(teleph.)* receiver. **~spel** *=spele* radio play/drama. **~toestel** hearing aid/apparatus.

**hoor·baar** *=bare* audible; *bo iets ~ wees* be audible above s.t.; *jou ~ maak* make o.s. heard. **hoor·baar·heid** audibility.

**hoor·der** *=ders* hearer, listener, auditor.

**Hoorn:** *Kaap ~, (geog.)* Cape Horn, the Horn.

**hoor·sê** hearsay; *ek het dit van ~* I have it on/from/by hearsay. **~getuienis** *(jur.)* hearsay evidence.

**hoort** *ge=,* **be·hoort** *het ~* belong, pertain; *iets ~ by ...* s.t. goes along with ...; s.t. belongs under/in ...; s.t. pertains to ...; *bymekaar ~* belong together; *dit ~ daarby, (also, infml.)* it is all in the game, it is (all) part of the game; *... hoort nie hier (tuis) nie* this is no place for ...; *dit ~ nie hierby nie* it does not belong to this, it is out of place here; *iets/iem. hoort in ...* s.t./s.o. belongs in ... *(a place)*; *dit lyk of iets/iem. nie daar hoort nie* s.t./s.o. looks out of place; *so hoort dit* that's (*or* that is) as it should be; *dit hoort nie heeltemal so nie* it is not quite proper; *dit is nie heeltemal soos dit hoort nie* that is not quite the thing *(infml.)*; *iets behoort tot ...* s.t. falls under ...; *tot/aan 'n groep behoort* belong to (*or* be a member of) a group; *ons behoort dit te weet* we are supposed to know it.

**hop**[1] *n.* hop(s); *~ pluk* pick hops. **~bier** hop(s) beer. **~land** hop field. **~rank** hop bine/bind. **~sak** *(text.)* hopsack(ing).

**hop**[2] *ge=, vb.* hop, jump, bounce.

**ho·pe** *(inf.):* *dit is te ~ dat ...* →HOOP[2] *vb..* **ho·pe·lik** hopefully; *~ sal dit ...* it is to be hoped that it will ...; *~ nie* I hope not; I trust not. **ho·pe·loos** *=lose, adj.* desperate, hopeless. **ho·pe·loos** *adv.* hopelessly.

**ho·pie** *=pies* small heap; lot *(of potatoes etc.)*.

**hop·liet** *=liete, (mil., hist.)* hoplite.

**Ho·rak:** *wat sê ~?* is there any news?; is there any truth in it?; do you want me to believe that?.

**hor·de** *=des* horde; *'n ~ ...* a horde of ...

**ho·re** *(inf.):* *iem. het iets te ~ gekom* →HOOR *vb.:*

**ho·ring** *=rings* horn; *(mus.)* bugle; *(mus.)* French horn; shell; mandrel, mandril *(of an anvil)*; *(biol.)* cornu, cornua; cusp *(of the moon)*; cradle *(of a jack)*; *die H~ van Afrika, (geog.)* the Horn of Africa; *'n ~ hê, (vulg. sl.: have an erection)* have a hard-on; *'n plek op ~s neem, (infml.)* turn a place upside down;

*die stad/dorp op ~s neem, (also, infml.)* paint the town (red). **~bal** heel *(of a horse's hoof)*. **~bekvoël** *(orn.)* hornbill. **~blaser** hornblower; bugler, trumpeter, horner. **~blende, hoornblende** *(min.)* hornblende. **~droog** bone-dry, tinder-dry, (as) dry as a chip; *(fig.)* (as) dry as dust. **~laag** horny layer *(of epidermis)*. **~oud** *adj. (pred. or attr.),* **~ou(e)** *(attr.)* as old as Adam/time (*or* the hills), very old. **~(raam)bril** horn-rim(med) glasses/spectacles, horn-rims. **~steen** *(geol.)* hornstone, hornfels. **~stof** keratin. **~vis** *(icht.)* filefish, triggerfish. **~vlies** → KORNEA. **~vliesontsteking** *(med.)* keratitis. **~vliesvlek** *(med.)* nebula *(of the eye)*. **~weefsel** keratin. **~werk** hornwork.

**ho·ring·ag·tig** *=tige* horny, horn-like, corneous *(fml.)*, keratose.

**ho·ring·loos** *=lose* hornless.

**ho·ring·vor·mig** *=mige* horn-shaped, cornute(d); *~e uitwas, (anat.)* cornu.

**ho·rin·kie** *=kies* little horn, corniculum; antenna; (ice-cream) cone.

**ho·ri·son** *=sonne* horizon, skyline; sealine; *aan/onder die ~* on/below the horizon; *jou ~ verbreed/verruim, (fig.)* broaden/ expand one's horizons. **~doek** *(theatr.)* sky cloth.

**ho·ri·son·taal** *=tale* horizontal, flat, level.

**hor·lo·sie, oor·lo·sie** *=sies* watch; clock; timepiece; *die ~ is (vyf minute) agter* the watch/clock is (five minutes) slow; *'n ~ agteruit stel* put a watch/clock back; *'n ~ loop goed* a watch goes well (*or* is a good timekeeper); *'n ~ loop nie* a watch/clock does not go; *'n ~ loop voor/agter* a watch/clock gains/loses; *op die ~ kyk* look at the time; read the clock; *op jou ~ kyk* look at one's watch; *vyf oor twaalf op my ~* five past twelve by my watch; *'n ~ opwen* wind (up) a watch/ clock; *die ~ slaan* the clock strikes; *tien/ens. slae van die ~* ten/etc. strokes of the clock; *die ~ het gaan staan* the watch has stopped; *die ~ stap aan* time is getting on; *'n ~ stel* set a watch/clock; *'n ~ is (vyf minute) voor* a watch/clock is (five minutes) fast; *'n ~ vorentoe sit* put a watch/clock forward/ on. **~band(jie)** watchstrap; fob (chain). **~bedryf** watchmaking. **~glas** watch glass. **~ketting** watch chain; fob (chain). **~maker** watchmaker, clockmaker, horologist, horologer. **~veer** watch spring. **~wyser** watch hand.

**hor·mo·naal** *=nale* hormonal.

**hor·moon** *=mone* hormone. **~versteuring** hormone/hormonal imbalance. **~vervangingsterapie** *(med.)* hormone replacement therapy.

**ho·ro·skoop** *=skope* horoscope; *iem. se ~ trek, (astrol.)* cast s.o.'s horoscope, cast/calculate s.o.'s nativity.

**hor·rel·:** **~poot** crooked hoof; club foot, *(tech.)* talipes. **~voet** club foot, *(tech.)* talipes, bumble-foot.

**hor·ri·baal** *=bale, (infml.)* horrible, horrid, beastly, ghastly, yucky, yukky.

**hor·ries** *n. (pl.):* *die ~* the horrors, *(Lat.)* delirium tremens *(abbr.:* DTs*); (infml.)* a fit/freak-out; *iets gee iem. die ~, (infml.)* s.t. drives/sends s.o. up the wall; s.o. has a fit (*or* freaks [out]) about s.t.; *die ~ hê/kry* have/get the horrors, have/get (an attack of) the DTs; *(infml.)* have a fit, freak (out).

**hors d'oeuvre** *hors d'oeuvres, (Fr.)* hors d'oeuvre.

**hor·te:** *met ~ en stote werk* work by/in fits and starts, work fitfully. **hor·tend** *=tende* joggly, jerky, gritty, abrupt; jerkingly, joltingly, shakily; *jou asem ~ intrek* take a shuddering breath; *~ praat* speak in a halting voice. **hor·te·rig** *=rige* stuttering *(start etc.)*; halting *(verse)*.

**hor·tjie** *=tjies* louvre, slat; *'n huis se ~s toemaak* shutter a house.

**hor·tjies·:** **~blinding** *=dings* louvre blind, jalousie. **~deur** louvre door. **~ruit** louvre.

**hor·to·loog** *=loë* horticulturist.

**ho·san·na** *=nas, interj.* hosanna!.

**Ho·se·a** *(OT)* Hosea.

**hos·pies** =piese, **hos·pi·ti·um** =pitiums, =pitia hospice.

**hos·pi·ta** =tas, (fem.), (Du.) landlady.

**hos·pi·taal, hos·pi·taal** =tale hospital; infirmary; iem. ~ toe **bring** take s.o. to hospital; ~ toe **gaan** go to hospital; **in** die ~ **wees** be in hospital; 'n pasiënt uit die ~ **ontslaan** discharge a patient from hospital; iem. in 'n/die ~ **opneem** admit s.o. to hospital, hospitalise s.o.; **~apteek** dispensary. **~bestuur** hospital administration. **~gelde** hospital fees. **~geriewe** n. (pl.) hospital facilities.

**hos·pi·ta·li·seer** ge= hospitalise. **hos·pi·ta·li·sa·sie** hospitalisation.

**hos·pi·ta·li·teit** hospitality.

**hos·pi·ti·um** →HOSPIES.

**hos·tel** =tels, =telle hostel (for migrant workers).

**hos·tie** =ties, (RC) host, eucharist, consecrated wafer; die Heilige H~ the Sacred Host.

**hot** (dated) left, near (side); ~ en haar, (infml.) left and right (or left, right and centre); all over the place/shop; iem. ~ en haar stuur send s.o. from pillar to post. **~agter** left hind; iem. ~ gee, iem. ~ laat kry, (infml.) make it lively for s.o.; give s.o. hell (or a rough ride/time); dit ~ hê/kry, (infml.) have a bad/difficult time, have a rough ride/time; iem. sal dit ~ kry, (also, infml.) s.o. will know all about it. **~hou** (golf) hook. **~klou** left hand; left foot; left-hander, (Am.) southpaw. **~voor** left-fore, left front.

**ho·tel** =telle, =tels hotel; 'n ~ hou keep a hotel; by/in 'n ~ loseer stay at a hotel. **~baas** =base, **~eienaar** =naars, =nare, **hotelier** =liers hotel proprietor, hotelier, hotelkeeper. **~bedryf** hotel industry. **~pryse** hotel tariffs. **~wese** hotel industry/business/trade.

**hô·tel de ville** hôtels de ville, (Fr.) hôtel de ville, town hall.

**ho·tel·le·tjie** =tjies small hotel.

**Hot·not** =nots, (derog.: a coloured pers.; also h~) Hotnot.

**hot·nots·got, hot·ten·tots·got** =gotte, (entom.) (praying) mantis; →MANTIS.

**Hot·ten·tot** =totte, (obs., anthr., derog.) Hottentot; →KHOI-KHOI. **Hot·ten·tots·Hol·land(-)ber·ge** (geog.) Hottentots Holland Mountains.

**hot·ten·tot** (icht.) hottentot.

**hou¹** ge=, vb. hold, keep, retain; hold, contain; support; store; fulfil(l); deliver, make (a speech); give (a lecture etc.); keep (an appointment); celebrate (Christmas); hold (a picnic); observe (the Sabbath); last, endure; iem. aan 'n kontrak/ens. ~ hold s.o. to a contract/etc.; by iets ~ keep to s.t. (principles etc.); stick by/to s.t. (an argument); adhere to s.t. (an agreement); abide by s.t. (a decision etc.); stand by s.t. (what one has said); jou **by** jou werk ~ stick to one's work; iem. ~ **daarby** dat ... s.o. maintains that ...; ~ jou **daaruit!** keep out of it!; iem. ~ **daarvan** om te ... s.o. likes to ...; iem. ~ baie **daarvan**, (also) s.o. loves it; iem. ~ nie **daarvan** nie s.o. doesn't like it; of jy nou **daarvan** ~ of nie like it or not (infml.); ~ (jy) **dit!** (you) keep it!; jou **doof/ens.** ~ pretend to be deaf/etc., feign deafness/etc.; **hoe** ~ jy van ...? what do you think of ...? (s.o., s.t.); 'n **hotel/winkel** ~ keep/run a hotel/shop; ~ **jou** ... vir jou self! none of your ...!; dit ~ **lank** it lasts long; it goes a long way; die **lym** wil nie ~ nie the glue won't stick; die meeste/minste van iem. ~ like s.o. best/least; iem. ~ nou eenmaal **nie** van ... nie s.o. just doesn't like ...; (net) **niks** van iem./iets ~ nie not like s.o./s.t. one (little) bit; hulle ~ **niks** van mekaar nie, (also) there is no love lost between them; **om** te ~ for keeps; iets sal ~, (milk etc.) s.t. will keep; laat ons dit **so** ~ let us keep it that way; iem. ~ **van** ... s.o. likes (or is fond of) ...; baie **van** iets ~, (also) be partial to s.t. (infml.); iem. ~ **van** iets, (also) s.o. has a liking for s.t.; s.t. appeals to s.o.; iem. ~ **van** swem/ens., (also) s.o. likes to swim/etc.; **van** iem. ~ be fond of s.o.; care for s.o.; baie **van** iem. ~ like s.o. a lot (infml.); **van** ... begin ~ get/grow to like ...; take a liking to ...; meer **van** ... ~ have a preference for ...; in die stilligheid nogal **van** iem. ~

have a sneaking regard for s.o.; iets **vir** ... ~ keep/reserve s.t. for ...; dit (of die dinge/goed) **waarvan** iem. ~ en nie = nie s.o.'s likes and dislikes; **waarvoor** ~ jy my? what do you take me for?; ~ **wat** jy het (en kry wat jy kan) possession is nine points of the law; jou **woord** ~ keep one's promise/word, be as good as one's word. **~~jou-bek(-)wet** (infml.) silencing ordinance, gag law. **~man** =mans, (derog.) gigolo. **~plek** haunt(s), habitat, stamping ground, hang-out; (fig.) roost. **~vas** (hand) hold, (tight)hold, support; mainstay; purchase, grasp, grip; g'n ~ hê nie have nothing to go by/on; 'n ~ op iem. hê have a hold on/over s.o.; 'n ~ op iets kry get a grip on s.t.; jou ~ op ... verloor lose hold of ... **~~vir-hou-ooreenkoms** (ins.) knock-for-knock agreement. **~vrou** (derog.) common-law wife, concubine, paramour.

**hou²** houe, n. blow, hit, punch; stroke; cut, slash; lash; crack, wallop, thump, clout; →HOUE=; in een ~ at one blow/stroke; iem. 'n ~ **gee** deal s.o. a blow; iem./iets 'n ~ **gee** give s.o./s.t. a whack; iem. 'n ~ in die **gesig** gee, (fig., infml.) kick s.o. (or give s.o. a kick) in the teeth; 'n ~ **kry** receive a blow; take a knock; 'n ~ **kwaai** ~ a swing(e)ing blow; a nasty knock; 'n ~ op die **oog** a sock in the eye (infml.); (gou) 'n ~ **plant** get a blow in, land a blow; ses/ens. ~e **kry** get six/etc. strokes, (infml.) get six/etc. of the best; 'n ~ **slaan** deliver a blow; swing/throw a punch, take a swing; 'n (harde) ~ **slaan**, (also) pack a (hard) punch (infml.); 'n ~ na iem. **slaan**, (also) take a swing at s.o.; iem. 'n gevoelige/geweldige/hewige/swaar/verpletterende ~ **toedien** deal s.o. a staggering blow; ~ **vir** ~ blow by blow. **hou** ge=, vb., (fml., rare) hew, hack, cut; strike, lash.

**hou·baar** =bare not perishable; (also houdbaar) tenable, defensible; (also houdbaar) bearable, tolerable. **hou·baar·heid** storage/shelf life, keeping quality (of foodstuffs etc.); (also houdbaarheid) tenableness, tenability.

**houd·baar** →HOUBAAR.

**hou·ding** =dinge, =dings bearing, carriage; attitude, deportment; position, posture; poise; pose; conduct, demeanour; bearing, stance; 'n ~ **aanneem** adopt (or take up) an attitude; strike an attitude; assume/strike (or take up) a pose; 'n **afwagtende** ~ aanneem wait and see, await developments, play a waiting game; jou ~ **bepaal** define one's attitude; 'n **besliste** ~ aanneem make/take a firm stand; 'n **dreigende** ~ aanneem adopt (or take up) a menacing attitude, (infml.) show one's teeth; iem. se ~ **jeens/teenoor** (of met betrekking tot) ... s.o.'s attitude to(wards) ...; s.o.'s approach to ...; die ~ van haar **kop** the poise of her head; 'n **ongeërgde** ~ a carefree attitude; 'n **onverskrokke** ~ aanneem put on a bold front; die ~ **van** 'n ... hê bear o.s. like a ...; 'n **verdedigende** ~ aanneem be on the defensive; stand at bay; **vol** ~s wees put on airs.

**hou·e·:** **~reeks, ~serie** (tennis) rally. **~spel** (golf) medal/stroke play. **~speler** (cr. etc.) stroke player.

**hou·er** houers holder; bearer (of a letter); licensee (of a shop); container, vessel, carrier, dispenser; leë ~s empty returns. **~skip** container ship. **~trein** freightliner. **~verskeping, ~vervoer** containerisation.

**hout** wood; timber; piece of wood; (mus.) wood; (golf) wood; uit harder ~ gesny wees, (fig.) be made of sterner stuff; 'n ~ hê, (vulg. sl.: have an erection) have a hard-on; ongekapte ~ wood in the log; 'n ~ **saag** cut wood; 'n **stomp** ~ a log of wood; 'n (stuk) ~ a piece of wood; wys uit watter ~ jy gesny is show what stuff one's made of. **~afval** wood waste, chips of wood. **~appel** crab (apple). **~as¹** wood ash. **~as²** wooden axle. **~asyn** wood vinegar/acid. **~bedryf** woodworking industry; timber trade/industry. **~been** wooden leg, (infml.) peg (leg). **~beitel** firmer chisel. **~bekleding** boxing; panelling; lagging. **~beskutting** timbering. **~blaasinstrument** =mente woodwind instrument; (in the pl.) woodwinds. **~blaser** =sers woodwind player; (in the pl.) woodwinds (in an orchestra). **~blok** log (of wood), billet, block of wood. **~boor**

wimble. **~boordermot** carpenter moth. **~bos** natural forest. **~by**, **~kapperby** carpenter bee. **~draaibank** wood lathe. **~draaibeitel** turning/turner's chisel. **~draaier** turner (in wood), wood turner. **~draaiwerk** wood turning. **~duif** *(orn., Eurasia)* wood pigeon, ringdove. **~emmer** wooden bucket. **~-en-sink(-)gebou** wood-and-iron building. **~gerus** *-ruste* at ease, unconcerned, unperturbed, unsuspecting, *(infml.)* unfazed; *~ oor iets wees* be quite unconcerned about s.t.. **~graveerkuns** wood engraving. **~graveur** wood engraver. **~gravure** wood engraving. **~hamer** (wooden) mallet, gavel, maul, beetle. **~handel** timber trade. **~handelaar** timber merchant. **~huis** wooden/timber house. **~inlegwerk** marquetry. **~kapper** woodcutter; lumberman; timberman, wood(s)man; *(orn.)* woodpecker. **~kapperby** →HOUTBY. **~kappersbyl** felling/broad axe. **~kappery** woodcutting, felling, logging, lumbering. **~kewer** deathwatch (beetle). **~kis** wooden chest; wood box. **~kop** *(fig., derog.)* dunce, blockhead. **~krulle** turnings, wood shavings. **~lepel** wooden spoon. **~lym** joiner's glue. **~oog:** *iem. met 'n ~ uitkyk, (infml.)* psych(e) s.o. (out). **~paal** wooden/timber pole. **~pen** spile, treenail. **~perd** wooden horse. **~pop** wooden doll; puppet, marionette; *iem. sit daar soos 'n ~* s.o. just sits there doing nothing. **~raam** timber frame. **~raamhuis** timber-frame(d) house. **~raamwerk** timber framing. **~rook** wood smoke. **~ryk** well-wooded. **~saag** wood saw. **~saagmeul(e)** sawmill. **~saagsel** sawdust. **~saer** (wood) sawyer. **~saery** sawmill; *(joc.)* snoring. **~skroef** woodscrew. **~snee** *-sneë* woodcut. **~snip** *(orn., Eurasia)* woodcock. **~sny** *houtge-* carve *(wood)*. **~snyer** woodcarver; wood engraver, woodcutter. **~snykuns**, **~snywerk** woodcarving. **~spaander** wood chip. **~splinter** wood splinter. **~stapel** wood stack, woodpile. **~steen** silicified/petrified wood; nog, wooden brick. **~stok** wood; *(golf)* driver. **~suiker** *(chem.)* xylose, wood sugar. **~swam** wood fungus, dry rot. **~verduursaming** wood preservation. **~verrotting** timber rot. **~verrottingswam** wood-rotting fungus. **~vesel** wood fibre. **~vlam** wood grain. **~vlamafwerking: *tafel met 'n kunsmatige ~*** fake wood-grain table. **~vlot** timber raft. **~vrot** wood/dry rot. **~vry** *-vry(e)* woodfree *(paper etc.)*. **~vuur** wood/log fire. **~ware** woodware, wooden ware. **~werf** timberyard. **~werk** woodwork; timberwork. **~werker** woodworker; timberman, woodcutter. **~werkgereedskap** woodworking tools. **~wol** wood wool/fibre. **~wurm** woodworm, wood fretter, woodborer.

**hout·ag·tig** *-tige* woody, wood-like, ligneous, xyloid.

**hou·te·rig** *-rige* wooden; sticky; clumsy, stiff; stockish. **hou·te·rig·heid** woodenness; stickiness; clumsiness, stiffness.

**hout·jie¹** *-jies* piece of wood; *op eie ~* on one's own; on one's own responsibility; on one's own account; *iets op eie ~ doen* do s.t. off one's own bat *(infml.)*.

**hou·tjie²** *-tjies* tap, slap, light blow, small hit; →HOU² *n.*.

**hout·skool** charcoal; *tot ~ verbrand, (food etc.)* burn to a frazzle/chip. **~grys** charcoal (grey). **~tekening** charcoal drawing.

**ho·vaar·dig** *-dige* haughty, arrogant, proud(-hearted); self-righteous. **ho·vaar·dig·heid** arrogance, haughtiness, pride.

**ho·we·ling** *-linge* courtier.

**hu·baar** *-bare* marriageable; nubile *(woman)*. **hu·baar·heid** marriageableness; nubility.

**hub·bard·pam·poen** *(also H~)* Hubbard squash.

**Hu·ge·noot** *-note* Huguenot.

**huid** *huide* skin; hide *(of animals)*; pelt, fell *(with hair)*; coat *(of a horse etc.)*; integument; →VEL *n.*. **~aandoening** skin affection. **~boord**, **~gang** *(naut.)* strake. **~klier** cutaneous gland. **~mondjie** stoma. **~opening** dermal pore. **~skelet** *(zool.)* exoskeleton. **~skilfers** *(med.)* seborrh(o)ea. **~smeer**, **~vet** *(physiol.)* sebum. **~smeerklier** sebaceous gland. **~tering** *(pathol.)* lupus. **~verharding** callosity, scleroderma.

**hui·di·ge** *n. (no pl.): vir die ~* for the present. **hui·di·ge** *adj.*

modern, present, present-day, of the present day; current; existing; *~ aandeelhouers* existing shareholders; *in die ~ distrik X* in what is now the district of X; *~ markwaarde* current market value.

**hui·gel** *ge-* feign, pretend, dissemble, dissimulate, sham, simulate, play the hypocrite. **hui·ge·laar** *-laars* hypocrite, dissembler, pharisee; *'n ~ wees, (also)* lead a double life. **hui·gel·ag·tig**, **hui·gel·ag·tig** *-tige* hypocritical, dissembling, Janus-faced, double/two-faced, pharisaic(al), sanctimonious, *(infml.)* weaselly. **hui·ge·la·ry** hypocrisy, dissimulation, pharisaism, sanctimoniousness.

**huil** *n.* crying; *(bot.)* bleeding, weeping; *iem. is aan die ~, iem. is aan't (of aan 't) ~e* s.o. is crying (or in tears); *aan die ~ gaan, aan't (of aan 't) ~e gaan* start (or burst out) crying, burst into tears; *aan die ~ wees, aan't (of aan 't) ~e wees* be crying, be in tears. **huil** *ge-, vb.* cry, *(poet., liter.)* weep, *(infml.)* blub; *(humans)* wail; *(dogs etc.)* howl, whine; *(vines)* bleed; *bitter(lik)/verskriklik/vreeslik ~* cry/weep bitterly (or one's eyes/heart out); *dit help nie om te ~ nie, ~ help nie* it's no use crying; *ek kon sommer ~* I felt like crying; I was on the verge of tears; *iem. laat ~* reduce s.o. to tears; *om/oor iets ~* cry for s.t.; *oor iets ~, (also)* cry about s.t.; *snot en trane ~* blubber, sob violently; *lang trane (of trane met tuite) ~, (infml.)* cry/weep bitterly, cry/weep one's eyes/heart out; *iem. ~ van ...* s.o. cries/weeps for ... *(joy etc.)*; s.o. cries with ... *(pain etc.)*. **~boerboon** *(Schotia brachypetala)* weeping boer-bean. **~boom**, **~bos(boom)** *(Peltophorum africanum)* African/weeping wattle. **~bui** crying fit. **~-huil:** *~ praat* blubber; *iets ~ vertel* blubber s.t. out. **~stem** whining voice, whimper.

**hui·le·rig** *-rige* tearful, weepy, snivelling, whimpering, whining, puling. **hui·le·rig·heid** weepiness.

**hui·le·ry** weeping, crying, sobbing; whining; howling.

**huis** *huise, n.* house, dwelling, home; household, family; firm; institution; *(tech.)* body *(of a valve, cock, etc.)*; eye *(of an axe)*; case *(of a watch)*; housing, casing *(of an instr., a mach., etc.)*; *by iem. aan ~* at s.o.'s house; *by iem. aan ~ kom* visit at s.o.'s house; *in die ~ bly* stay indoors; *iem./iets ~ toe bring/neem* bring/take s.o./s.t. home; *by die ~* at home; *by die ~ kom* get/arrive home; *by iem. se ~* at s.o.'s house; *in jou eie ~* under one's own roof; *~ en erf* premises; *~ toe gaan* go home; *van 'n goeie ~* of a good family/stock; *~ en haard* hearth/house and home; *die ~ van die Here, (the church)* the house of God (or the Lord); *daar is met iem. geen/nie ~ te hou nie, (infml.)* s.o. is impossible; *'n ~ huur* rent a house; *in die ~ in* the house; *in die ~ rond* about/around the house; *in die ~ ingaan* go indoors; *~ toe kom* come home; *by die ~ kom* get home; *by iem. aan ~ kom* be on visiting terms with s.o.; *(na)by die ~* near home; *iem. ~ toe neem/vergesel* see s.o. home; *om/rondom die ~* about/around the house; *'n ~ onbewoonbaar verklaar* condemn a house; *'n ~ ontruim* vacate a house; *~ oppas* housesit; *~ opsit* set up house; *saam met iem. in/op ... ~ opsit* settle with s.o. in ...; *~ toe ry* drive home; *iem. ~ toe ry* drive s.o. home; *iem. uit 'n ~ sit* evict s.o. from a house; *~ skoonmaak* clean house; *~ toe skryf/skry-we* write home; *'n ~ soek* be house-hunting; *iem. ~ toe stuur* send/order s.o. home; *~ toe gaan* go home; *iem. is ~ toe* s.o. has gone home; *~ toe vlieg, (birds)* home; *op pad ~ toe* homeward bound; *van ~ tot ~, (begging, hawking)* from door to door; *(greetings)* from home to home; *iets van die ~ hoor* hear s.t. from home; *iem. is van ~ uit ...* s.o. is ... by birth/origin *(Tsw.-speaking etc.)*; *s.o. is a natural ... (artist etc.)*; *van die ~ af (weg) wees, van ~ wees* be away from home; *ver/vêr van die ~ (af)* a long way from home; far afield; *weg van die ~ wees* be out; *iem. wil ~ toe (gaan)* s.o. wants to go home. **~adres** home/private address, residential address. **~agent** house agent. **~altaar** family/domestic altar; family devotions. **~apteek** (family/domestic) medicine chest. **~arres** house arrest; house detention, confinement to one's home.

**~baas** landlord, man of the house. **~bedryf** home industry. **~besit** home ownership. **~besoek** pastoral visit; parish visiting; house call/visit; *(fml.)* domiciliary visit; visitation; *(pol.)* canvassing; *by iem.* ~ *doen* pay a pastoral call on s.o.; canvass s.o. at home. **~bewoner** occupant of a house, householder. **~blad** house journal/organ. **~bou** house-building. **~braak** housebreaking, burglary. **~(deur)soeking** =*kinge* (house) search; *magtiging tot* ~ search warrant. **~dier** domestic(ated) animal. **~dokter** family doctor. **~eenheid** housing unit. **~eienaar** homeowner. **~gebonde** housebound. **~gebruik** domestic use, home consumption. **~genoot** =*note* housemate, inmate; *(in the pl., also)* housemates, household, family. **~gesin** family, household. **~gode** household gods, gods of the hearth, teraphim. **~godsdiens** family devotions/prayers/worship. **~hen, ~hoender** *(infml.)* home bird, homebody, stay-at-home, homekeeping body. **~hond** house dog, watchdog. **~hou** →HUISHOU. **~hulp, ~werker** domestic (worker/help), homeworker, home help. **~huur** house rent. **~huurder** =*ders* tenant. **~kamer** living room, lounge. **~kat** domestic cat; tabby (cat). **~kewer** house borer. **~kneg** butler. **~lêer** stay-at-home; idler. **~lening** home loan. **~mense** household. **~merk** own brand/label. **~moeder** matron, housemother, housemistress *(of an institution)*. **~nommer** house number. **~oppas** housesitting. **~oppasser, ~wagter** housesitter. **~opsigter** caretaker. **~orrel** harmonium. **~raad** furniture; household effects, household equipment/goods/utensils, movables; *(jur.)* chattels. **~reëls** *n. (pl.)* house rules, rules of the house, household regulations; house style *(in a publishing/print. company)*. **~skoonmaak** housecleaning, spring cleaning. **~sleutel** house key, latchkey. **~soeker** househunter. **~spinnekop** house spider. **~swam** dry rot. **~swa(w)el(tjie)** *(orn.)* house martin. **~taal** home language. **~toegaan-tyd** *(infml.)* knock-off time. **~vader** housefather, housemaster *(of a hostel)*. **~vas** housebound; homekeeping, stay-at-home. **~ves** ge= accommodate, house, lodge, put up, take in, board *(tr.)*. **~vesting** accommodation, lodging; housing; *(mil.)* quarters; living conditions. **~vestingstoelaag, -toelae** housing benefit. **~vlieg** housefly, domestic fly. **~vlyt** homecraft; home industry/industries. **~vriend** family friend; *'n ~ van iem. wees* be on visiting terms with s.o.. **~vrou** housewife. **~werk** homework *(for school)*; housework, domestic work/duties/chores; household chores/duties/work; *die (daaglikse)* ~ *doen* do one's chores. **~werker** →HUISHULP. **~winkel** *(SA)* spaza (shop). **~wyn** *(affordable table wine)* house wine.

**huis·hou** *n.* housekeeping, housewifery, domestic/home management. **huis·hou** *huisge=, vb.* keep house, run a house; *('n) mens kan met iem. nie* ~ *nie, (infml.)* s.o. is impossible. **huis·hou·de·lik** =*like* household *(expenses)*; domestic *(affairs)*; economical, thrifty; ~*e personeel* domestic staff; ~*e reëls/reglement* rules for conducting the business of ...; ~*e sake* internal/domestic affairs; ~*e toestel* household appliance; ~*e vergadering* business meeting. **huis·hou·de·lik·heid** domesticity. **huis·hou·ding** =*dings* household; housekeeping; domestic establishment; ménage; economy *(of a state)*; *'n (eie)* ~ *begin/opsit* set up house *(or for o.s. or on one's own)*. **huis·houd·kun·de** home economics, domestic science, home management; household arts. **huis·houd·kun·dig** =*dige, adj.* of homecraft; of home economics. **huis·houd·kun·di·ge** =*ges, n.* home economist, domestic science teacher/expert; home economics officer. **huis·houd·ster** =*sters* housekeeper.

**hui·sie** =*sies* small house, cottage; hut; box, case *(of spectacles)*; sheath *(of a hunting knife)*; shell *(of a snail)*; segment, clove; eye *(of an axe etc.)*; quarter, section *(of an orange)*; binnacle *(of a compass)*; housing *(of a mach.)*; *'n heilige* ~, *(fig., infml.)* a sacred cow.

**huis·lik** =*like* domestic, household; homelike, homely, hom(e)y; lived-in; home-loving; domesticated; *dit was baie* ~ it was very homely; ~*e geluk* domestic happiness/bliss; ~*e geriewe* home comforts; ~*e kring* domestic/home circle; ~*e lewe* home life; ~*e man* domesticated/family man; ~*e omstandighede* domestic circumstances; home environment; ~*e pligte* household duties; ~*e twis* domestic quarrel. **huis·lik·heid** domesticity, hominess; homeliness.

**huis·waarts** homeward(s).

**hui·wer** ge= shudder, tremble *(with fear)*; shiver *(with cold)*; hesitate, waver, teeter, shrink from, shy at; ~ *om iets te doen* hesitate to do s.t.; shrink from doing s.t.; *ek* ~ *reeds by die gedagte* I shudder at the very thought *(or to think ...)*; *ek het lank ge=* I hesitated a long time; *nie* ~ *om te ... nie, (also)* go as far as to ... **hui·we·rend** =*rende, (also)* tremulous. **hui·we·rig** =*rige* half-hearted; halting; reluctant; hesitating; shuddering, trembling; ~ *wees om iets te doen* hesitate to do s.t.. **hui·we·rig·heid** hesitation; reluctance. **hui·we·ring** =*rings, =ringe* doubt; hesitation; shudder; crispation; horror; trembling; tremor; wince.

**hul**[1] ge=, *vb.* envelop, wrap up; shroud, veil, wrap, swathe; *iem./iets in ...* ~ envelop s.o./s.t. in ...; *in ... ge=* *wees, (also)* be wrapped in ... *(darkness etc.)*; be shrouded in ... *(mystery)*, be veiled in ... *(secrecy)*.

**hul**[2] *pron.* →HULLE.

**hul·de** homage, tribute; ~ *aan iem. betoon/bewys/bring* pay homage *(or [a] tribute)* to s.o., do/make/pay obeisance to s.o.. **~betoon** mark of esteem/homage. **~blyk** tribute, (mark of) homage.

**hul·dig** ge= do/pay/render homage to, honour, pay honour to; accept, act on, recognise *(a principle)*; *'n mening/opvatting* ~ take a view, hold an opinion; *die mening* ~ *dat ...* be of the opinion that ... **hul·di·ging** =*gings, =ginge* acknowledg(e)ment, recognition *(of a principle)*; homage, honour *(to a pers.)*. **hul·di·gings·woord** eulogy, commendation.

**hul·le** *pers. pron., (also hul)* they; them *(acc.)*; ~ *almal* all of them; ~ *drie* the three of them; *een van* ~ one of them, one of their number; *oom Ben-*~ Uncle Ben and (his) family; *Jakes-*~ Jakes and (his) friends/company; *sê ...* people/they say ..., it is said ...; *ek hoor* ~ *sê dat ..., (also)* I hear it rumoured that ...; ~ *self* they themselves; *dit is* ~ *s'n* it is theirs, it belongs to them; ~ *het tesame R100* they have R100 between them; *van* ~ of theirs; ~ *was* they are washing themselves. **hul·le** *poss. pron., (also hul)* their; ~ *gesin is groot* theirs is a large family; *dit is* ~ *moeilikheid* that is their funeral/picnic. **~self** themselves *(acc., dat.)*.

**hulp** aid, assistance, help, support; relief; rescue; helper, aide; assistant, mate; *by iem. om* ~ *aanklop* seek s.o.'s aid; *van iem. se* ~ *afhanklik wees* depend on s.o. for assistance; *iem. alle moontlike* ~ *verleen* give s.o. what help is possible; *met die* ~ *van bo* with God's help; *'n groot* ~ *vir iem. wees* be a great help to s.o.; *met die* ~ *van die Here* God willing; with God's help; *iem. se* ~ *inroep* enlist s.o.'s help; *iem. te* ~ *kom/snel* come/go to s.o.'s aid; come to s.o.'s assistance; come to s.o.'s rescue; rally round *(or to the support of)* s.o.; *met die* ~ *van iem., met iem. se* ~ with the aid of s.o., with s.o.'s aid; ~ *nodig hê* need help; require support; *om* ~ *roep* cry/shout *(or call [out])* for help; ~ *soek* seek aid/help; *iets sonder* ~ *doen* do s.t. unaided *(or single-handed)*; *iem. tot/van* ~ *wees* be of assistance to s.o.; be of help to s.o.; ~ *van iem. verlang* seek s.o.'s aid; ~ *verleen* lend aid; give/render assistance; *by iem.* ~ *vra* ask s.o. for help, seek s.o.'s aid. **~as** auxiliary shaft. **~battery** auxiliary battery. **~betoon** assistance; succour. **~bron** resource. **~diens(te)** auxiliary service(s). **~geroep** cry for help. **~groep** support group. **~kantoor** *(comp.)* helpdesk. **~lyn** *(geom.)* auxiliary line; subsidiary railway; leger/ledger line; helpline. **~middel** =*dele, =dels* aid, help, tool; *(in the pl.)* resources, means. **~motor** donkey engine; auxiliary motor. **~onderwyser(es)** assistant (teacher). **~predikant** assistant minister; *(RC, Angl.)* curate. **~sekretaris, ~sekretaresse** assistant secretary. **~skip** relief ship. **~toelaag, ~toelae** grant-in-aid. **~toerusting** auxiliary equipment. **~troepe** auxiliary troops, auxiliaries. **~vereniging** benefit society.

**~verlening** aid. **~verleningsmoegheid** aid fatigue. **~ver**=
**pleegster,** *(masc.)* **~verpleër** assistant nurse, nursing assis=
tant/auxiliary. **~werkwoord** auxiliary (verb).

**hulp·be·hoe·wend, hulp·be·hoe·wend** =*wende* desti=
tute, indigent, needy; infirm *(through age)*; helpless, invalid
*(physically)*; requiring help. **hulp·be·hoe·wend·heid, hulp**=
**be·hoe·wend·heid** destitution, indigence, neediness; infir=
mity; helplessness.

**hul·pe·loos** =*lose* helpless. **hul·pe·loos·heid** helplessness.

**hulp·vaar·dig** =*dige* helpful, ready/willing to help, coopera=
tive, obliging. **hulp·vaar·dig·heid** helpfulness, readiness/will=
ingness to help, cooperativeness; *iets uit ~ doen* do s.t. in a
spirit of helpfulness.

**huls** *hulse* sleeve; *(mech.)* casing, housing; shell, covering,
cowling; sheath; *(bot.)* case, cod, pod, shell, husk, tunic;
(cartridge) case; cover, envelope *(for bottles etc.)*; thimble.
**~klep** sleeve valve.

**hul·sel** =*sels* cover(ing), envelope, wrap(ping), wrapper,
housing, casing, sheath.

**hu·maan** =*mane* humane. **hu·ma·nis** =*niste* humanist; *(hist.,
often* H*~)* Humanist. **hu·ma·ni·seer** *ge*= humanise. **hu·ma**
**nis·me** humanism; *(hist., often* H*~)* Humanism. **hu·ma·nis**
**ties** =*tiese* humanistic; *(hist., often* H*~)* Humanistic. **hu·ma**
**ni·teit** humanity, humaneness. **hu·ma·ni·têr** =*têre* humani=
tarian; caring *(government etc.)*.

**hu·meur** =*meure* temper, mood; *jou ~ beteuel* control/curb/
keep one's temper; *uit jou ~ raak* lose one's temper; *in 'n
slegte ~* in a bad temper; *uit jou ~ wees* be in a temper; be
out of sorts; *jou ~ verloor* lose one's temper, fly/get into a
temper. **hu·meu·rig** =*rige* ill-tempered, crotchety; moody,
sulky. **hu·meu·rig·heid** ill-temperedness; moodiness.

**hu·mied** =*miede, (climatology)* humid. **hu·mi·di·teit** humidity.

**hu·mor** humour; *'n sin vir ~ hê* have a sense of humour; *iem.
is sonder ~* s.o. is humourless. **~sin** sense of humour; *~ hê*
have a sense of humour.

**hu·mo·resk** =*reske* humorous sketch; *(mus.)* humoresque.

**hu·mo·ris** =*riste* humorist. **hu·mo·ris·ties** =*tiese* humorous.

**hu·mor·loos** =*lose* humourless.

**hu·mus** humus, vegetable mould. **~ryk** humic. **~steenkool**
humic coal. **~suur** humic acid, mould acid.

**Hun** *Hunne, (hist., member of a nomadic Asiatic people)* Hun.
**Huns** *Hunse* Hunnish.

**hun·ker** *ge*= yearn; *na iets ~* hanker after/for s.t.; crave for
s.t., have a craving for s.t.; hunger after/for s.t.; yearn after/
for s.t., long/ache for s.t.. **hun·ke·rend** =*rende* craving, han=
kering, longing, wistful, hungry. **hun·ke·ring** =*ringe* craving,
hankering, hunger, longing, yearning, wistfulness; *'n ~ na
iets* a hankering after/for s.t..

**hup·pel** *ge*= frisk, hop, skip; trip, gambol; bound; *~ van ...*
jump for ... *(joy etc.)*.

**hups** *hupse* lively, quick; healthy; strapping; *iem. is nog (heel)
~ vir sy/haar ouderdom* s.o. carries his/her years (very) well,
there's life in the old dog yet. **hups·heid** liveliness.

**hup·stoot(·jie)** *(fig.)* boost, kick-start, jump-start; *iem. 'n ~
gee* give s.o. a boost *(or a leg up)*; *iets 'n ~ gee* give s.t. a
boost/kick-start/jump-start *(the economy, s.o.'s career, etc.)*.

**hurk** *ge*= squat, crouch; cower; *ge*= squatting; *ge*= *sit* squat, sit
on one's haunches. **hur·ke** *n. (pl.)* haunches; *op jou ~ sit* sit
on one's haunches, squat; *op jou ~ gaan sit* squat (down).

**hu·sa·re·mus** busby, bearskin.

**hus·se** *n. (pl.): dis ~ (met lang ore), (infml.: said to an inquisi=
tive pers.)* curiosity killed the cat.

**hut** *hutte* hut, hovel; cottage; shack, shelter. **~huis** bungalow.

**huts·pot** *(cook.)* (Irish) stew; *(fig.)* hodgepodge, jumble,
mishmash, mixed bag.

**huur** *hure, n.* hire, rent(al); lease; tenancy; *die ~ is in ... om*
the lease expires in ...; *~ opgee, (a labourer, tenant, etc.)* give

notice; *iem. se ~ opsê* give s.o. notice (to quit); give s.o. no=
tice (of removal); *iem. se ~ opsê* give s.o. notice *(a tenant
etc.)*; *te ~* to let *(a shop etc.)*; for hire; *te ~ of te koop* for sale
or to let. **huur** *ge*=, *vb.* hire, rent *(a house)*; engage *(a crew,
nurse, etc.)*; charter *(a ship)*; lease *(on contract)*; *as jy my gister
ge~ het, het jy my vandag gehad, (infml.)* you can't order me
about/around; *iets by/van iem. ~* rent s.t. from s.o. *(a flat
etc.)*; lease s.t. from s.o.; *gehuurde motor* rented/hired car;
*gehuurde polisieman* rent-a-cop. **~arbeider** labour tenant.
**~beheer** rent control; *eiendom/ens. wat onder ~ val* rent-con=
trolled property/etc.. **~beheerde** *adj. (attr.)* rent-controlled
*(property etc.)*. **~besit** leasehold. **~boer** tenant farmer. **~boi**=
**kot** rent boycott. **~geld** rent, rental; *hersiening van die ~* rent
review. **~huis** rented house. **~huisvesting, ~verblyf, ~ka**=
**mers** rented accommodation. **~invordering** rent-collecting.
**~kamer** =*mers* room to let *(or for hire)*; rented/hired room;
*(in the pl., also)* lodgings. **~kantoor** registry (office). **~kon**=
**trak** lease, agreement of tenancy. **~koop** hire-purchase; *op
~* on hire-purchase; *iets op ~ aanskaf* buy s.t. on hire-pur=
chase (terms). **~moordenaar** hit man, hired assassin, con=
tract killer. **~motor** =*tors* hire car, drive-yourself car; taxicab.
**~opbrengs, ~opbrings** rental, rent roll. **~opsegging** notice
to quit; notice of removal. **~prys** rental, rent. **~raad** rent
board. **~soldaat** mercenary, *(liter.)* soldier of fortune, dog of
war. **~som** rent(al). **~termyn** term of lease, tenancy. **~troe**=
**pe** mercenary force, mercenaries. **~vliegtuig** charter plane,
air taxi. **~vlug** charter flight. **~voorwaardes** terms of lease.
**~vry** rent-free. **~waardes** rental value.

**huur·der** =*ders* hirer; lessee, tenant; *(teleph.)* subscriber.

**huur·ling** =*linge, (often derog.)* mercenary; hireling.

**hu·we·lik** =*like, n.* marriage; matrimony; wedlock; *'n ~ aan=
gaan/sluit* contract a marriage; *'n paar in die ~ bevestig*
marry a couple; *'n ~ bevestig/voltrek* perform a marriage
ceremony; *buite die ~ gebore wees* be born out of wedlock;
*iem. ten ~ gee* give s.o. in marriage *(a daughter)*; *~ in ge=
meenskap van goed(ere)* marriage in community of prop=
erty; *'n goeie ~ doen* marry well; *~e word in die hemel ge=
sluit* marriages/matches are made in heaven; *'n ~ inseën*
solemnise a marriage; *'n ~ voor die landdros* a civil mar=
riage; *'n ~ ontbind* dissolve a marriage; *'n ryk ~ doen* mar=
ry money *(or a fortune)*; *'n ~ sluit* contract a marriage; *in
die ~ tree* marry, get married; enter into matrimony *(or a
marriage)*; *kinders uit die ~* children of the marriage; *twee
mense in die ~ verbind* join two people in marriage; *'n ~ =
verbrokkel* a marriage has broken down *(or, infml.* is on the
rocks)*; *'n ~ volvoer* consummate a marriage; *die voorge=
nome ~* the contemplated marriage; *'n ~ waarneem* offi=
ciate at a marriage/wedding. **~sertifikaat** marriage certifi=
cate. **~staat** married/wedded state, (the holy estate of) mat=
rimony, wedlock; *(jur.)* marital status.

**hu·we·liks·** **~aankondiging** notification of marriage, wed=
ding notice. **~aansoek** offer of marriage, proposal *(of mar=
riage)*. **~afkondiging** banns. **~akte** marriage certificate. **~band**
marriage bond/knot/tie, matrimonial/nuptial tie. **~beampte,
~bevestiger** marriage officer. **~bed** marriage/nuptial bed.
**~belofte** =*tes* promise of marriage; *(in the pl.)* marriage
vows; *jou ~s aflê* take one's marriage vows; *jou ~s verbreek*
break one's marriage vows. **~beraad, ~berading** marriage
counselling. **~berader** marriage (guidance) counsellor. **~be**=
**vestiging** marriage ceremony. **~buro** =*ro's* marriage bureau.
**~fees** wedding feast/celebration; nuptials. **~formulier** mar=
riage service; marriage formulary. **~gebooie** banns. **~ge**=
**lofte** marriage vow. **~geluk** conjugal/connubial/wedded bliss/
happiness/felicity. **~gemeenskap** consummation of mar=
riage; marriage bed; community of property. **~geskenk** wed=
ding gift/present. **~inseëning** marriage blessing/benedic=
tion, solemnisation of a marriage. **~kontrak** marriage arti=
cles/contract/settlement, antenuptial contract. **~lewe** mar=
ried/wedded life. **~liefde** conjugal/married/wedded love.

**~lisensie** marriage licence. **~maat** marriage partner, spouse. **~makelaar** marriage broker, matchmaker, *(infml.)* go-between. **~mark** marriage market. **~plegtigheid** marriage ceremony. **~reg** *=regte* law of marriage; *~te* conjugal rights, marital rights. **~register** marriage register. **~reis** wedding trip, honeymoon (trip). **~trou** conjugal fidelity. **~voltrekking** solemnisation of marriage. **~voorligting** marriage guidance. **~voorwaarde(s)** marriage contract/articles; antenuptial contract; *op ~ getroud* married by antenuptial contract.

**hy** he; it; *daar's ~!* there he is!; there you are! *(when handing s.t. to s.o.); dis net ~!, (infml.)* that's the idea!; that's the stuff/ticket!; *~ het dit self gedoen* he did it himself; *daar's fout met my selfoon – ~ haak soms vas* my cellphone is faulty – it freezes at times; *'n ~ en 'n sy* a he and a she.

**hyg** *ge=* gasp *(for breath)*, pant; wheeze, heave; *na asem ~* gasp for breath; pant; *~ en blaas* puff and blow. **~roman** *(infml.)* bodice ripper.

**hy·gend** *=gende* gasping, panting; yearning; *~ hert!* heavens!, good gracious!.

**hy·ger, hyg·swyn** *(sl.)* heavy breather *(on the teleph)*.

**hy·ging** gasp(ing), pant(ing), heavy breathing; *~ na ...* panting after ...

**hys** *ge=* hoist *(the sails);* pull up, raise, haul; lift *(a weight);* run up, hoist, fly *(a flag);* heave; wind. **~baan** skipway. **~bak** lift, elevator; *(min.)* skip; *(min.)* cage. **~bakmusiek** *(infml., usu. joc.)* muzak. **~bakkies** *(infml.: cosmetic surg.)* nip and tuck. **~blok** pulley block, gin block. **~kabel** hoisting cable, elevator cable, winding rope. **~kraan** crane. **~masjien** crane, hauling/hoisting machine, winding machine. **~tang** crampon. **~toestel** crane, elevator, hoisting apparatus/engine, hoist, tackle, winding gear, winch. **~tou** hoisting/lifting rope, hauling line/rope, winding rope, tackle.

**hy·ser** *=sers* lift, elevator; hoister; hoist; *met die ~ opgaan/afgaan* take the lift. **~bediener** lift attendant, liftman. **~skag** lift shaft/well.

# Ii

**i, I** =*'s, (ninth letter of the alphabet)* i, I; *die puntjies op die i's sit, (infml.)* dot the/one's i's and cross the/one's t's. **i'tjie** little i.

**I·be·ri·ë** *(geog., hist.)* Iberia. **I·be·ri·ër** =*riërs, n., (inhabitant)* Iberian. **I·be·ries** =*riese, adj., (lang.)* Iberian.

**i·bis** *ibisse, (orn.)* ibis.

**i·bu·pro·fen** *(med.)* ibuprofen.

**i·de·aal** *ideale, n.* ideal; *hoë ~ale hê/koester* have high ideals; *'n ~ verwesen(t)lik* realise/attain an ideal. **i·de·aal** *ideale idealer ideaalste, adj.* ideal; *ideale gas, (chem.)* ideal/perfect gas; ideal guest. **i·de·aal** *adv.: ~ gesien* ideally.

**i·de·a·lis** =*liste, (philos., also I~)* idealist. **i·de·a·li·seer** *geï= idealise.* **i·de·a·li·se·ring** idealisation. **i·de·a·lis·me** idealism, high-mindedness; *(philos., also I~)* idealism. **i·de·a·lis·ties** =*tiese* idealistic, high-minded; *(philos., also I~)* idealistic; *alte ~* starry-eyed.

**i·dee** *idees, ideë* idea, notion, concept; opinion; inkling; *die blote ~!* the very idea!; *iem. op allerlei ~s bring* put ideas into s.o.'s head; *wat bring jou op daardie ~?* what gives you that idea?; *'n flou/vae ~ van iets hê* have a faint idea of s.t.; *nie die flouste/geringste/minste/vaagste ~ van iets hê nie* not have the faintest/foggiest/slightest/vaguest idea/notion of s.t., have no idea of s.t., not have a clue *(or, infml.* be clue= less) about s.t.; *geen ~ van iets hê nie* have no notion of s.t.; *iem. het geen ~ gehad dat ... nie* s.o. could not dream that ...; *'n ~ laat inslaan* sell an idea; *dis 'n ~, (infml.)* that's an idea; *op 'n ~ kom* hit (up)on *(or* be struck by) an idea; *'n man/vrou met ~s* a man/woman of ideas; *met die ~ dat ...* think= ing *(or* under the impression) that ...; *met die ~ om te ...* with the idea of ...; *iem. het sulke snaakse/vreemde ~s* s.o. has such strange notions; *wat 'n ~!* the idea! *(infml.),* what an idea!. **~vorming** ideation.

**i·de·ë:** **~beraad** brainstorming session. **~leer** ideology, theory of ideas.

**i·de·ëel** *ideële* ideal, imaginary, imagined.

**idée fixe** *idées fixes, (Fr.)* idée fixe, obsession, fixed idea.

**i·dem** *(Lat.)* idem, ditto, the same.

**i·den·ties** =*tiese,* **i·den·tiek** =*tieke* identical; *~ aan/met ... wees* be identical with ...; *'n ~e tweeling* identical/uniovular twins.

**i·den·ti·fi·ka·sie** =*sies* identification; *(comp.)* identifier. **~be= wys** identification papers.

**i·den·ti·fi·seer** *geï=* identify; *jou ~* identify o.s.; *... verkeerd ~* misidentify ...

**i·den·ti·kit** *(trademark)* identikit. **~foto** identikit photograph.

**i·den·ti·teit** =*teite* identity; *'n bewys van iem. se ~* a proof of s.o.'s identity; *kan jy jou (of kan u u) ~ bewys?* do you have *(or* have you got) any ID?; *vir jou 'n nuwe ~ skep, (also)* re= invent o.s..

**i·den·ti·teits·:** **~bewys** evidence/proof of identity; identity papers; identity card. **~dokument** identity document; *'n met 'n strepies=/staafkode* bard-coded identity document. **~kaart** identity card; *het jy/u 'n ~?* do you have *(or* have you got) any ID?. **~krisis** *(psych.)* identity crisis.

**i·de·o·lo·gie** =*gieë* ideology. **i·de·o·lo·gies** =*giese* ideological. **i·de·o·loog** =*loë* ideologist, ideologue.

**i·dil·le** =*les, (pros. etc.)* idyl(l). **i·dil·lies** =*liese* idyllic.

**i·di·o·lek** =*lekte, n., (ling.)* idiolect.

**i·di·oom** *idiome* idiom. **i·di·o·ma·ties** =*tiese* idiomatic.

**i·di·oot** *idiote, n.* idiot; *(infml., derog.)* fool, cretin, dimwit, halfwit, nitwit, twit, lamebrain; *moenie 'n ~ wees nie!* don't be idiotic!. **i·di·o·ties** =*tiese* idiotic.

**i·di·o·sin·kra·sie** =*sieë* idiosyncrasy. **i·di·o·sin·kra·ties** =*tiese* idiosyncratic.

**i·dool** *idole* idol. **i·do·la·trie** idolatry. **i·do·laat** =*late, adj.* idol= atrous. **i·do·laat** *adv.* idolatrously.

**ie·der** =*dere* each, every; *in ~/elk/alle geval* in any case; *in ~e geval* in each/every case; *'n ~ en 'n elk* each and every one, every single one; one and all. **~een** anyone; everybody, ev= ery man, everyman; →ELKEEN; *~ weet dit* that is common knowledge; *~ kan wen* it's anybody's game/race.

**ie·mand** anybody, anyone; someone, somebody; a person, one; *~ anders* s.o. else; anyone else; *nog ~* someone else; anybody/anyone else; *so ~* such a one, s.o. like that, some= one of that description; *daar is nie so ~ nie* there is no such person.

**iep** *iepe,* **iep·boom, ie·pe·boom** =*bome, (bot.)* elm (tree).

**Ier·land** *(geog.)* Ireland; *(Gaelic)* Eire; *(arch., poet, liter.)* Erin; *die Republiek van ~* the Republic of Ireland. **Ier** *Iere* Irish= man; *die ~e* the Irish. **Iers** *n., (lang.)* Irish. **Iers** *Ierse, adj.* Irish; *~e koffie* Irish coffee; *~e Republikeinse Leër, (abbr.:* IRL) Irish Republican Army *(abbr.:* IRA); *~e See, (geog.)* Irish Sea; *~e setter, (breed of dog)* Irish/red setter; *~e terriër, (breed of dog)* Irish terrier; *~e whiskey* Irish whiskey; *~e wolfhond* Irish wolfhound.

**ie·se·grim** =*grimme,* =*grims* bear, grumbler, surly fellow. **ie= se·grim·mig** =*mige* bearish, surly, grumpy, querulous, can= tankerous. **ie·se·grim·mig·heid** querulousness.

**ie·ter·ma·go** =*go's,* **ie·ter·ma·gô** =*gôs,* **ie·ter·ma·gog** =*gogge,* =*gogs* (Cape) pangolin, scaly anteater.

**iets** *pron.* something; anything; thing; *~ anders* s.t. else; an= other thing; anything else; *dis ~ anders, (also)* it's not the same thing; *dit is glad ~ anders, (also)* that is another thing altogether; *daar sit jy ~ beet →sit/steek; ~ bereik, (fig.)* get somewhere; *iem. besit nogal ~* s.o. is fairly well off *(or* well= to-do); *beter ~ as niks (nie)* better aught than naught; *~ beters* s.t. better; *~ beters te doen hê* have better things to do; *nogal ~ van iem. dink* think something of s.o.; *~ in ver= band met ... doen* do something about ...; *iem. het ~ met ... te doen* s.o. has something to do with ...; *dit was dom/ens. om so ~ te doen* it/that was a foolish/etc. thing to do; *~ goeds beethê* be onto a good thing *(infml.); ~ van iem. hê* bear a distant likeness to s.o.; have a touch of s.o.; *het jy hoege= naamd ~?* do you have anything at all?; *~ in/oor die vyftig/ ens.* fifty/etc. odd; *~ van ... maak* make something of ...; *en nog ~* and another thing; *soos nog ~, (infml.)* like anything; *of ~* or something/anything; *~ oor die vyftig/ens. →in/oor; daar sit/steek ~ in wat jy sê,* daar het jy ~ beet, nou sê jy ~ there is something in/to *(or* truth in) what you say, you have *(or* you've got) something *(or* a point) there; *so ~* such a thing, s.t. like that; something of the sort; anything of the sort; *of so ~* or the like, or something like that; *hoe kan ('n) mens so ~ doen/sê?* what a thing to do/say!; *het jy al so ~ gehoor/gesien?* have you ever heard/seen the like?; *~ soos 'n* *wonderwerk* s.t. of/like a miracle; *weet jy ~ daarvan?* do you know anything about it?. **iets** *adv.* a little, rather, somewhat, slightly; →IETWAT; *~ beter* slightly better; *~ meer as duisend* just more than a thousand. **iet·sie** *(no pl.):* *'n ~* a bit/shade/ trifle/whit/touch; *'n ~ beter/meer* a shade better/more. **iet·wat** slightly, somewhat, a tad *(disappointing etc.).*

**ie·wers** somewhere.

**ig·loe** *=loes,* **ig·lo** *=lo's* igloo.

**ig·no·reer** *geïg=* take no notice of, ignore; cut, ignore *(s.o.);* brush aside *(arguments),* set at naught, overlook.

**ig·ti·o·lo·gie** ichthyology. **ig·ti·o·lo·gies** *=giese* ichthyolog= ic(al). **ig·ti·o·loog** *=loë* ichthyologist.

**ig·ti·o·se** *(med.)* ichthyosis, fishskin disease.

**ig·ti·o·sou·ri·ër** *=riërs,* **ig·ti·o·sou·rus** *=russe, (palaeon= tol.)* ichthyosaur(us).

**i·gua·na** *=nas* iguana; →LIKKEWAAN.

**IJs·sel:** *die ~, (river)* the IJssel/Yssel. **IJ·zer:** *die ~, (river)* the Yser.

**I·ka·bod** *(OT)* Ichabod; *dis (of dit is) ~ met/vir ..., ('n) mens kan maar ~ oor/op ... skryf/skrywe, (also i~)* one can forget about ..., *(infml.)* ... has had it *(or* is done for).

**I·key** *Ikeys, (infml.: student of the Univ. of Cape Town)* Ikey.

**i·kon** *ikone, ikons,* **i·koon** *ikone, (also comp.)* icon, ikon. **i·ko·nies** *=niese* iconic.

**i·ko·no·gra·fie** iconography. **i·ko·no·gra·fies** *=fiese* icono= graphic(al).

**i·ko·no·klas** *=klaste, (hist., also derog., fig.)* iconoclast.

**ik·te·rus,** *(Lat.)* **ic·te·rus** *(pathol.)* icterus, jaundice.

**i·lang-i·lang** *(bot.)* ylang-ylang, ilang-ilang.

**il·ches·ter(·kaas)** *(also* I~) Ilchester (cheese).

**i·leum** *ileums, ilea, (anat.)* →KRONKELDERM.

**I·li·a·de, I·li·as:** *die ~, (Gr. epic)* the Iliad.

**i·li·um** *iliums, ilia, (anat.)* →DERMBEEN.

**Il·li·nois** *(geog.)* Illinois.

**il·lu·mi·neer** *geïl=* illuminate, miniate. **il·lu·mi·na·sie** *=sies* il= lumination.

**il·lu·sie** *=sies* illusion; *die ~ koester dat ...* cherish the illusion that ...; *iem. die/'n ~ ontneem* disillusion s.o., dispel s.o.'s illu= sions; *geen ~s oor ... hê nie, jou geen ~s oor ...* maak nie have no illusions about ... **il·lu·si·o·nêr** *=nêre meer =nêre die mees =nêre* illusionary. **il·lu·si·o·nis** *=niste* illusionist. **il·lus·ter** *=tere, (liter.)* illustrious.

**il·lus·tra·sie** *=sies* illustration; *by wyse van ~* by way of il= lustration. **~materiaal** illustration material, artwork *(in a book etc.).* **~pakket** *(comp.)* clip art.

**il·lus·tra·tief** *=tiewe* illustrative.

**il·lus·treer** *geïl=* illustrate, typify. **il·lus·treer·der** *=deers,* **il= lus·tra·tor** *=tors* illustrator.

**i·ma·go** *=go's, (entom., psych.)* imago.

**i·mam** *imams, (Islam)* imam.

**im·be·siel** *=siele, n.* imbecile, feeble-minded person. **im= be·siel** *=siele, adj.* imbecile, feeble-minded.

**im·bi·zo** *=zo's, (Zu.: public gathering)* imbizo.

**im·bon·gi** *=gi's, (Ngu.: praise singer)* imbongi.

**im·bui·a, em·bui·a** *(Port.)* imbuia, imbuya, embuia.

**i·mi·ta·sie** *=sies* imitation. **~leer** imitation leather, leather= ette.

**im·ma·nent** *=nente* immanent. **im·ma·nen·sie** immanence.

**im·mer** *adv.* ever, always, forever, for ever. **~groen** ever= green; *~ treffer* golden oldie *(infml.).* **~meer** evermore.

**im·mers** but, yet; indeed; (as) you know; →MOS³ *adv.; jy weet ~* you know, don't you?; as you know.

**im·mi·greer** *geïm=* immigrate; *na 'n land ~ (uit 'n ander land)* immigrate to a country (from another country). **im·mi·grant**

*=grante* immigrant. **im·mi·gra·sie** immigration. **im·mi·gre= rend** *=rende, adj.* immigrant.

**im·mo·biel** *=biele* immobile. **im·mo·bi·li·seer** *geïm=* immo= bilise. **im·mo·bi·li·seer·der** immobiliser. **im·mo·bi·li·teit** im= mobility.

**im·mo·reel** *=rele* immoral. **im·mo·ra·li·teit** immorality.

**im·mor·tel·le** *=les, (Fr., bot.)* immortelle, everlasting.

**im·mu·ni·seer** *geïm=* immunise; *iem. teen iets ~* immunise s.o. against s.t. *(a disease).* **im·mu·ni·se·ring, im·mu·ni·sa·sie** immunisation.

**im·mu·ni·teit** *=teite* immunity; *~ teen/vir ...* immunity to ... *(a disease).*

**im·muun** immune; *teen/vir ... ~ wees* be immune to ... *(a disease); iem. ~ maak teen/vir ...* immunise s.o. *(or* make/ren= der s.o. immune) against/from/to ... **~gebrek** immunodefi= ciency. **~gebrekkig** immunodeficient. **~onderdrukkend** immunosuppressive. **~onderdrukker** immunosuppressant. **~onderdrukking** immunosuppression.

**im·pa·la** *=las, (Zu.)* →ROOIBOK.

**im·pas·se** *=ses, (Fr.)* impasse, fix, deadlock; blind alley.

**im·pa·ti·ëns** *(bot.)* impatiens.

**im·pe·ra·tief** *=tiewe, n., (gram.)* imperative (mood). **im·pe= ra·tief** *=tiewe, adj.* imperative, urgent.

**im·per·fek** *=fekte, n.* imperfect; →IMPERFEKTUM. **im·per·fek** *=fekte, adj.* imperfect. **im·per·fek·sie** *=sies* imperfection. **im= per·fek·tum** *=fektums, =fekta, (gram.)* imperfect (tense).

**im·pe·ri·aal** *=riale, n., (hist. Russ. gold coin; paper format)* im= perial. **~papier** imperial (paper).

**im·pe·ri·a·lis** *=liste, (also* I~) imperialist. **im·pe·ri·a·lis·me** *(also* I~) imperialism. **im·pe·ri·a·lis·ties** *=tiese, (also* I~) im= perialist(ic).

**im·pi** *=pi's,* **im·pie** *=pies, (Zu.: regiment)* impi; armed gang.

**im·pim·pi** *=pis, (Xh.: informer)* impimpi.

**im·ple·men·teer** *geïm=* implement, complete, fulfil, put into effect. **im·ple·men·te·ring** implementation, completion.

**im·pli·seer** *geïm=* implicate; imply; *iets word deur ... geïmpli= seer* s.t. is implicit in ... **im·pli·ka·sie** *=sies* implication; *by ~* by implication.

**im·pli·siet** *=siete, adj.* implicit. **im·pli·siet** *adv.* implicitly, by implication.

**im·po·neer** *geïm=* impress; *deur ... geïmponeer wees* be im= pressed at/by/with ...; *dit het my nie eintlik geïmponeer nie* it did not make much of an impression on me, it did not par= ticularly impress me. **im·po·ne·rend** *=rende* imposing, im= pressive, commanding.

**im·po·sant** *=sante* imposing, impressive.

**im·po·tent** *=tente* impotent. **im·po·ten·sie** *(physiol., med.)* impotence.

**im·preg·neer** *geïm=* impregnate, steep (in); *iets met ... ~* im= pregnate s.t. with ... **im·preg·na·sie** *(also geol.)* impregna= tion.

**im·pre·sa·ri·o** *=rio's* impresario.

**im·pres·si·o·nis** *=niste, (art, also* I~) impressionist. **im= pres·si·o·nis·me** *(art, also* I~) impressionism. **im·pres·si·o= nis·ties** *=tiese, (art, also* I~) impressionist(ic).

**im·promp·tu** *=tu's, n.* impromptu, improvisation. **im·promp= tu** *adj. & adv.* impromptu. **~(-)nommer** impromptu item.

**im·pro·vi·seer** *geïm=* improvise, extemporise, speak ex= tempore, ad lib; *(mus.)* vamp. **im·pro·vi·sa·sie** *=sies* improvi= sation; *(chiefly mus.)* impromptu, extemporisation. **im·pro= vi·sa·tor** *=tore, =tors,* **im·pro·vi·seer·der** *=ders* improvisator, extemporiser; *(mus.)* vamper.

**im·puls** *=pulse* impulse; momentum; *(elec., also* impulsie) pulse.

**im·pul·sie** impulsion.

**im·pul·sief** *=siewe* impulsive, spur-of-the-moment *(attr.).* **im·pul·si·wi·teit** impulsiveness.

**in**[1] *adj., (infml.)* in, hip, happening, trendy, with it. **in** *prep. & adv.* in; at; into; within; during; *100 aansoeke is al* ~ 100 applications have been received; *die bosse* ~ into the bush; ~ *Engels sê ('n) mens* ... in English one says ...; *iets* ~ *Engels vertaal* translate s.t. into English; *daar gaan 10 liter* ~ it holds 10 litres; ~ *geen weke nie* not for weeks; ~ *die hoop dat* ... hoping (or in the hope) that ...; *daar is duisend gram* ~ *'n kilogram* there are a thousand grams to a kilogram; ~ *Johannesburg* in Johannesburg; *twee maal* ~ *die maand* twice a month, twice monthly; *iem.* ~ *maande nie sien nie* not see s.o. for months; *met suiker* ~ with sugar in it; *iem. was* ~/*binne 'n paar minute dood* s.o. died within a few minutes; *iem. kom* ~/*oor 'n paar minute* s.o. is coming with(in) a few minutes; ~ *die nag* at (or in the) night; ~ *die noorde* up north; ~ *plaas/stede van* ... instead of ...; *iem.* ~ *die raad kies* elect s.o. to the council; ~ *die suide* down south; ~ *die swem 'n kramp kry* get a cramp while swimming; *nie* ~ *of uit kan nie* be stuck; *liefde kan verander* ~ *haat* love can turn to hatred; *die droom het* ~ *'n nagmerrie verander* the dream changed (in)to a nightmare; *iem.* ~ *die stad verwelkom* welcome s.o. to the city; ~ *die vyftig* fifty odd; ~ *die vyftig wees* be in one's fifties; ~ *die water val* fall into the water.

**in**[2] *gein, vb.* collect (*contributions, debts*). **in·baar** *=bare* collect=able; leviable; good (*debts*).

**in·ag·ne·ming** observance; *met* ~ *van* ... allowing (or with due allowance) for ... *(tax);* with due observance of ... (*the laws); met* ~ *van die omstandighede* having regard to the circumstances.

**in·a·sem,** *(liter.)* **in·a·dem** *inge=* breathe, draw in, inhale; *(phon.)* inspire. **in·a·se·ming,** *(liter.)* **in·a·de·ming** breathing, inhalation; inspiration, intake of breath. **in·a·se·mings·toe·stel** inhaler, inspirator.

**in·bars** *inge=* burst/barge in.

**in·bed** *inge=* bed; bed in; embed; *in iets ingebed wees, (values etc.)* be embedded in s.t..

**in·be·dryf·stel·ling** putting into commission, starting.

**in·be·gre·pe** included, including; implicit; *alles* ~ all found; *by/in iets* ~ *wees* be included in s.t.; ... *is daarby* ~ it in=cludes ...; *koste* ~ inclusive of charges; *wyn* ~ including wine. **in·be·grip:** *met* ~ *van* ... including ...; ... not excepted/excepting; inclusive of ...

**in·be·slag·ne·ming, in·be·slag·na·me** attachment, sei=zure, seizing, distraint; embargo (*of a ship*); taking up *(s.o.'s time)*.

**in·be·taal** *het* ~ pay in.

**in·beur** *inge=* push in, force in(to).

**in·bind** *inge=* bind (*a book*); take in, shorten (*a sail*); braid.

**in·blaas** *inge=* blow into; prompt; suggest *(s.t. to s.o.);* inspire *(s.o. with ...);* insufflate; *iets nuwe lewe* ~, *(fig.)* breathe new life (or infuse a new spirit) into s.t., give s.t. a new lease of life. **in·bla·sing** *=sings, =singe* blast *(of air);* insufflation.

**in·bly** *inge=* remain at home; stay indoors; keep to one's room; stay in (*school); iets laat* ~ leave in s.t..

**in·boek** *inge=* book, enter; indenture, apprentice; indent; en=rol.

**in·boe·sem** *inge=* fill with, infuse, instil(l), inspire (*love*) into, strike (*fear*) into, strike with (*dismay); iets by iem.* ~ inspire s.t. in s.o., inspire s.o. with s.t. (*confidence*); instil(l) s.t. in(to) s.o.; strike s.t. into s.o. *(fear).* **in·boe·se·ming** inspiration; in=stillation.

**in·boet** *inge=* lose; *jou lewe* ~ lose/forfeit (*or* pay with) one's life.

**in·bon·del** *inge=* stuff/cram into.

**in·boor·ling** *=linge* native; aboriginal, aborigine, indigene, autochthon; *(in the pl., also)* indigenous people; *(Australiese)* ~ (Australian) Aboriginal. **in·boor·ling·skap** nativedom.

**in·bors** character, disposition, nature; *van goeie* ~ of good character; *van slegte* ~ evil-minded.

**in·bou** *inge=* build in; *(archit.)* tail in(to).

**in·braak** *=brake* burglary, housebreaking, break(ing) in; *(jur.)* breaking and entering; *(min.)* cut; irruption; *'n* ~ *by/in* ... a burglary at ... **~alarm** burglar alarm. **~vry** *=vrye* burglar=proof.

**in·breek** *inge=* break in; break into, burgle (*a house*), commit burglary; break and enter (*a house etc.); (min.)* cut; *by iets* ~ break into s.t. (*a house etc.); by 'n hoof(raam)rekenaar* ~ hack into a mainframe. **in·bre·ker** *=kers* burglar, housebreaker.

**in·breuk** infraction, infringement, transgression, violation (*of the law*); inroad, encroachment; *op* ... ~ *maak* encroach (up)on ... *(s.o.'s rights etc.);* infringe ([up]on) ...; make in=roads (up)on ... *(s.o.'s time);* interfere in/with ...; trespass (up)on ... *(s.o.'s property/privacy);* derogate from ...; poach on ... *(s.o.'s territory);* cut across ... *(s.o.'s rights); 'n* ~ *op* ... an infraction of ...; an infringement (up)on ... *(s.o.'s rights etc.);* an invasion of ... *(s.o.'s rights/privacy/etc.).*

**in·bring** *inge=* bring in; put forward (*a defence*); yield (*money*); usher in, introduce; *iem. kon niks teen die aanklag* ~ *nie* s.o. had nothing to say to the charge; *die basaar het heelwat in=gebring* the bazaar brought in (or produced/netted) a con=siderable amount; *dit bring iem. niks in nie* there is nothing in it for s.o.; *besware* ~ *teen* ... bring objections against ..., object to ...; *iets teen iem.* ~ bring up something against s.o.; *niks teen iem. kan* ~ *nie* have nothing on s.o. *(infml.); niks teen iets in te bring* (of *kan* ~) *nie* have no quarrel with/against s.t..

**in·buig** *inge=* bend/curve inward(s), crook; incurvate; in=arch. **in·bui·ging** incurvation, incurvature.

**in·bur·ger** *inge=* become naturalised; (*customs*) become cur=rent (or generally adopted); domesticate; integrate; *jou* ~ adapt o.s. to (*one's surroundings*); *sommige Anglisismes is inge=burger* some Anglicisms are accepted; *ingeburger raak* be=come established; (*a practice etc.*) come to stay; settle in. **in·bur·ge·ring** adoption, acceptation; naturalisation, deniza=tion; domestication; settling in, initiation.

**in·cog·ni·to, in·cog·ni·to** incognito.

**in·da·ba** *=bas* indaba; consultation; ~ *hou* hold an indaba; *dit is jou* ~, *(infml.)* that is your own indaba, that is for you to decide on (or sort out).

**in·damp** *inge=* evaporate down; concentrate; (*chem.*) inspis=sate. **in·dam·ping** evaporation; concentration.

**in·deel** *inge=* class(ify), (sub)divide, group; allot; graduate, grade; incorporate in/with; muster; zone. **in·de·ling** *=lings, =linge* classification, division, arrangement, grouping; plan; grad(u)ation; incorporation; ~ *by 'n afdeling* posting to a section.

**in·deks** *=dekse* index, table of contents; (*math.*) index; indi=cation; *iets van 'n* ~ *voorsien* index s.t. (*a book*). **~gekoppel(d)** index-linked. **~kaart(jie)** index card.

**in·dek·seer** *gein=* index. **in·dek·se·ring** indexing.

**in·dem·ni·seer** *gein=* indemnify. **in·dem·ni·fi·ka·sie, in·dem·ni·sa·sie** indemnification.

**in·dem·ni·teit** *=teite* indemnity.

**In·de·pen·den·te Kerk** Congregational Church.

**in·der·daad** (*also* in der daad) indeed, in (point of) fact, as a matter of fact, really, in reality, actually, to be sure, un=doubtably.

**in·der·haas** (*also* in der haas) in haste, in a hurry, hurriedly.

**in·der·tyd** (*also* in der tyd) at some/one time; formerly; in the past.

**in·der·waar·heid** (*also* in der waarheid) in truth, truly.

**in·de·ter·mi·nis** *=niste,* (*philos., also* I~) indeterminist. **in·de·ter·mi·nis·me** (*also* I~) indeterminism. **in·de·ter·mi·nis·ties** *=tiese* indeterminist(ic).

**In·di·aan** *=diane, n., (also* Amerikaanse Indiaan*)* American Indian, Native American. **In·di·aans** *=diaanse, adj.* American Indian, Native American.

**In·di·ë** *(geog.)* India. **In·di·ër** =diërs= Indian. **In·dies** =diese= In=dian; ~e *spreeu* (common) myna(h).

**in·dien**[1] *conj.* if, in case; ~ *wel* if so.

**in·dien**[2] inge=, *vb.* bring in; introduce *(a bill)*; lodge *(a com=plaint)*; hand in, submit, tender *(one's resignation)*; propose, table *(an amendment)*; put forward, move *(a proposal)*; lay *(information)*; prefer (a charge) *(against)*; present *(the budget, the estimates)*; put in *(a claim)*; present *(a petition)*; file *(docu=ments in court)*; lodge *(an appeal)*; *iets by iem.* ~ hand in s.t. to s.o.; present s.t. to s.o. *(a petition etc.)*; lodge s.t. with s.o.; *iets weer* ~ resubmit s.t.. **in·die·ner** =ners= mover; proposer, proponent, promoter; introducer. **in·die·ning** bringing in; introduction; presentation; presentment; handing in; *(jur.)* lodg(e)ment; submission.

**in·diens·:** =~neming, ~name= employment, placement; hir=ing. ~opleiding in-service/on-the-job training. ~plasing job placement/posting; employment, placement. ~stelling put=ting into service/commission. ~treding commencement of duties, entering office; entry into service *(or into/upon of=fice)*.

**in·dif·fe·ren·sie** *(sc.)* indifference. ~punt neutral point.

**in·dif·fe·rent** =rente, *(chem.)* inactive, inert; neutral *(equilib=rium)*.

**in·di·ges·tie** indigestion. **in·di·ges·tief** =tiewe= indigestive.

**in·di·go** *(bot., pigment)* indigo, anil. ~(blou) indigo (blue). ~(plant) indigo (plant).

**in·di·go·kleu·rig** =rige= violet blue.

**in·dik** inge= evaporate, concentrate; *(chem.)* inspissate.

**in·di·ka·sie** =sies= indication.

**in·di·ka·teur** =teurs, *(mech.)* indicator.

**in·di·ka·tief** =tiewe, *(gram.)* indicative (mood).

**in·di·ka·tor** =tore, =tors, *(chem.)* indicator, tracer.

**in·dink** inge=: *iem. kan hom/haar nie daarin* ~ *nie* it is incon=ceivable to s.o., s.o. cannot grasp it; *iem. kon hom/haar nie* ~ *dat ... nie* s.o. could not dream that ...; *jou in iem. se situasie* ~ appreciate s.o.'s position.

**in·di·rek** =rekte, *adj.* indirect; ~te **belasting** indirect tax=(ation); ~te **gevolg** by-effect; ~te **koste** overhead charges; ~te **oorsaak** remote cause; ~te **rede**, *(gram.)* indirect/re=ported speech, *(rhet.)* oblique oration/speech; ~te **skade**, *(mil., euph.)* collateral damage; ~te/belanghebbende **voorwerp**, *(gram.)* indirect object. **in·di·rek** *adv.* indirectly, allusively; oblique=ly; *iets* ~ *te wete kom* hear s.t. by a side wind. **in·di·rekt·heid** indirectness.

**in·dis·kreet** =krete= indiscreet. **in·dis·kre·sie** =sies= indiscre=tion.

**in·di·um** *(chem., symb.: In)* indium.

**in·di·vi·du, in·di·wi·du** =due, =du's= individual. **in·di·vi·du·a·lis** =liste= individualist. **in·di·vi·du·a·li·se·ring** individualisa=tion. **in·di·vi·du·a·li·seer** geïn= individualise. **in·di·vi·du·a·lis·me** individualism. **in·di·vi·du·a·lis·ties** =tiese= individualistic. **in·di·vi·du·a·li·teit** individuality, personhood. **in·di·vi·du·eel** =duele, *adj. & adv.* individually; ~ele *onderrig* one-to-one tui=tion.

**In·do** *comb., (geog., ethnol., ling.)* Indo=. ~~China, ~~Sjina In=dochina, Indo-China. ~~Chinees, ~~Sjinees =nese, adj. In=dochinese, Indo-Chinese. ~~Europeër =peërs, n. Indo-Euro=pean. ~~Europees n., (lang.) Indo-European. ~~Europees =pese, adj. Indo-European.

**in·doe·na** =nas, *(Ngu.: chief)* induna.

**in·dok·tri·neer** geïn= indoctrinate. **in·dok·tri·na·sie** indoc=trination.

**in·do·lent** =lente =lenter =lentste= indolent. **in·do·len·sie** indo=lence.

**In·do·lo·gie** Indology. **In·do·lo·gies** =giese= Indological. **In·do·loog** =loë= Indologist.

**in·dom·pel** inge= dip/plunge/steep in, immerse. **in·dom·pe=ling** immersion, dip(ping); ducking; plunge; *doop deur* ~ baptism by immersion.

**In·do·ne·si·ë** *(geog.)* Indonesia. **In·do·ne·si·ër** =siërs, n. In=donesian. **In·do·ne·sies** n., (lang.) Indonesian. **In·do·ne·sies** =siese, adj. Indonesian.

**in·doof** inge= fade in; *iets* ~, *(rad., TV, cin.)* fade s.t. in. **in·do=wing** *(rad., TV, cin.)* fade-in.

**in·doop** inge= dip in(to); sop, steep, dunk. **in·do·ping** =pings, =pinge= dipping in(to); immersion; intinction.

**in·dra** inge= carry in(to).

**in·draai** inge= turn in/into *(a road)*; screw in *(a nut)*; swathe; wrap up *(a parcel)*; **hare** ~ put hair in curlers, set hair; *iets in ...* ~ screw into ...; *in ... in ...* ~ turn into ... *(a road)*; *voor iem.* ~ cut in in front of s.o.. ~pad concealed road. ~tone *(orthopaedics)* pigeon toes.

**in·dren·tel** inge= saunter in.

**in·dril** inge=: *iem. iets* ~ drive/drill s.t. into s.o., drum s.t. into s.o.('s head).

**in·dring** inge= break/come/penetrate into, enter *(by force)*; soak in; intrude; infiltrate; muscle in; cut in; encroach; inter=lope; *jou by iem.* ~ ingratiate o.s. with s.o.; force o.s. (up)on s.o.; *by 'n partytjie* ~ gatecrash a party; *met geweld* ~ force an entrance; *in iets* ~ penetrate into s.t.; soak into s.t. *(water into the soil etc.)*; make inroads into s.t. *(a country, a market)*; muscle in on s.t. *(infml.)*; *jou in ...* ~ worm o.s. *(or one's way)* into ... *(s.o.'s favour, confidence)*; *jou* ~ insinuate o.s.. **in·drin=gend** =gende penetrating, probing; *'n* ~e *ontleding* an incisive *(or a penetrating)* analysis; ~e *vrae* probing questions. **in·drin·ger** =gers intruder; interloper; infiltrator; *(infml.)* gate=crasher. **in·drin·ge·rig, in·drin·ge·rig** =rige intrusive, obtru=sive, importunate; insinuating; officious. **in·drin·ge·ry** in=trusion; *(infml.)* gatecrashing. **in·drin·ging** intrusion, inva=sion; *(lit., fig.)* penetration; encroachment; deep insight.

**in·drink** inge= absorb, drink in, imbibe; *iets* ~, *(fig.)* drink deep of s.t.. **in·drin·king** imbibition.

**in·druis** inge=: *teen iets* ~ clash/conflict with s.t.; be in con=travention of s.t.; fly in the face of s.t.; jar with s.t.; offend against s.t.; run counter to s.t.; *iets druis in teen iem. se be=ginsels* s.t. runs counter to s.o.'s principles, s.o. is opposed to s.t. on principle; *iets druis in teen iem. se gevoel* s.t. hurts s.o.'s feelings.

**in·druk** =drukke, n. impression; imprint; *iem. onder die* ~ *bring dat ...* lead s.o. to believe that ...; give s.o. to under=stand that ...; *my* ~ *was dat jy gesê het ...* I understood you to say ...; *'n diep(e)* ~ *op iem. maak* make a deep impression on s.o.; *dit het g'n/geen* ~ *gemaak nie* it fell flat; *'n goeie* ~ *maak* look good, make a good impression; *'n goeie/gun=stige* ~ *op iem. maak* make a good/favourable impression on s.o., impress s.o. favourably; *die* ~ *kry dat ...* gain/get the impression that ...; *'n* ~ *(van iets) kry/opdoen* form/gain an impression (of s.t.); *'n* ~ *laat* leave an impression; *('n) maak* create/make an impression; *iem./iets maak* ~ s.o./s.t. impresses, s.o./s.t. is impressive; *op iem.* ~ *maak* impress s.o.; make an impression on s.o.; *op iem.* ~ *maak met iets* impress s.o. with s.t.; *onder die* ~ *kom dat ...* gain/get the impression that ...; *onder die* ~ *verkeer/wees dat ...* be under the impression that ...; *'n slegte* ~ *maak* look bad, make a bad impression; *sterk onder die* ~ *van ... wees* be deeply/greatly/profoundly impressed by ...; *'n* ~ *van/omtrent iets* an impression of s.t.; *vatbaar wees vir* ~ke be impression=able; *'n* ~ *wek* create/give an impression; *die* ~ *wek dat ...* convey the impression that ... **in·druk** inge=, *vb.* press/push/stave in; intrude; squeeze in; barge in; edge in; crush in; dent, squash; press forward, force one's way in(to); im=press, imprint; *voor iem. (in 'n tou)* ~ push in in front of s.o.; *(by die tou)* ~ queue-jump, jump the queue. **in·druk·wek·kend** =kende imposing, impressive, grand *(building)*; striking, tell=ing *(speech)*; commanding *(personality)*.

**in·dryf, in·dry·we** *inge=* drive/force in(to); wedge in(to); float in(to); drift *(with an iron).*

**in·duik¹** *inge=* dive/plunge in(to), take a dip. **in·dui·king** diving in.

**in·duik²** *inge=* dent, indent, depress. **in·dui·king** dent, depression.

**in·dui·wel** *inge=, (infml.)* barge/tumble into; *(lit. & fig.)* plunge in; *(fig.)* act recklessly.

**in·duk·sie** *(obst., elec., log., phys.)* induction. **~klos** *(elec.)* induction coil. **~spoel** spark coil. **~stroom** induced/induction current. **~vermoë** inductivity.

**in·duk·tief** *=tiewe, adj. & adv.* inductive(ly).

**in·duk·tor** *=tore, =tors, (elec., phys.)* inductor.

**in·du·seer** *geïn=, (elec.)* induce.

**in·dus·tri·a·li·seer** *geïn=* industrialise. **in·dus·tri·a·li·sa·sie** industrialisation. **in·dus·tri·a·lis·me** industrialism.

**in·dus·trie** *=trieë* industry. **in·dus·tri·eel** *=triële, adj.* industrial; *~ële navorsing* industrial research.

**in·dut** *inge=* doze off, drop off *(to sleep).*

**in·dyk** *inge=* dike, embank.

**in·een·:** **~gedoke, ingedoke** humped/hunched up. **~ge·dronge** close together; thickset; condensed, compressed, cramped. **~groei** *ineenge=, (also ineen groei)* grow together. **~krimp** *ineenge=, (also ineen krimp)* shrink; squirm, wince, cower, cringe; double up, writhe *(with pain); ~ van (die)* ... double up with ..., squirm with ... *(pain); ineengekrimp wees, (also)* be hunched/humped up. **~krimping** contraction, shrinking; doubling up, writhing *(with pain).* **~loop** *ineenge=, (also* ineen loop*), (lines)* meet; *(colours)* melt/merge/pass/run into each other. **~sak, ~sink** *ineenge=, (also* ineen sak/sink*)* collapse, cave in, subside, crumple up, slump. **~sakking, ~sin·king** *=kings* collapse, subsidence, cave-in, slump(ing). **~sluit** *ineenge=, (also* ineen sluit*)* interlock, fit/dovetail into each other. **~sluiting** interlocking, fitting together, dovetailing into one another. **~smelt** *ineenge=, (also* ineen smelt*)* blend, fuse, melt/merge/run together. **~smelting** melting/merging into each other, blending, fusion. **~stort** *ineenge=, (also* ineen stort*)* collapse, crumble/topple down, fall to the ground, go to pieces, cave in, break up, crack up; *(comp.)* crash; *(liggaamlik/geestelik)* ~ collapse (physically/mentally). **~storting** breakup, breakdown, collapse; slump; caving in, cave-in; crash, collapse, meltdown *(of the stock market etc.); (comp.)* crash. **~strengel** *ineenge=, (also* ineen strengel*)* interlace, intertwine, convolute, involute; *ineengestrengel[d] raak* get twisted up. **~vleg** *ineenge=, (also* ineen vleg*)* interlace, intertwine, interwind, interweave. **~vlegting** interlacing, intertwining. **~vloei** *ineenge=, (also* ineen vloei*)* flow into one another; merge, mingle, coalesce. **~vloeiing** blending, merging, uniting; flowing/running together; confluence, junction *(of streams);* blend, fusion, union.

**in·eens** at once, immediately, suddenly; outright; overnight; *alles* ~ at/with one (fell) swoop.

**in·ent** *ingeënt* inoculate; vaccinate; *iem. teen 'n siekte* ~ inoculate/vaccinate s.o. against a disease. **in·en·ting** inoculation; vaccination.

**i·ner·sie** *(phys.)* inertia. **in·ert** *inerte* inert; *~e/onaktiewe element* inert element.

**in·fame** *adj. (attr.)* damnable; infamous, shameful, outrageous; *~ leuen* damnable/blatant/downright lie.

**in·fan·te·ris** *=riste, (mil.)* infantryman, foot soldier. **in·fan·te·rie** *(mil.)* infantry, foot soldiers.

**in·fan·tiel** *=tiele, (also derog.)* infantile. **in·fan·ti·lis·me** *(psych.)* infantilism.

**in·fark** *=farkte, (med.)* infarct. **in·fark·sie** infarction.

**in·fek·sie** *=sies* infection. **~haard** *(med.)* nidus. **~siekte** contagious/infectious/infective disease. **in·fek·teer** *geïn=* infect.

**in·fe·ri·eur** *=rieure* inferior; low-class *(methods etc.);* low-grade *(meat etc.);* poor *(quality).* **in·fe·ri·o·ri·teit** inferiority. **in·fe·ri·o·ri·teits·kom·pleks** *(psych.)* inferiority complex.

**in·fer·no** *=no's, (It.)* inferno, hell.

**in·fes·ta·sie** *(med.)* infestation.

**in·fil·treer** *geïn=* infiltrate; *in ... ~* infiltrate into ...; *iem. in ... laat* ~ infiltrate s.o. into ... **in·fil·tra·sie** *=sies* infiltration. **in·fil·treer·der** *=ders* infiltrator. **in·fil·tre·ring** infiltration.

**in·fi·ni·te·si·maal** *=male, (math.)* infinitesimal.

**in·fi·ni·tief** *=tiewe, n. & adj., (gram.)* infinitive. **~vorm** *(gram.)* infinitive form.

**in·flam·ma·sie** *=sies, (med.)* inflammation.

**in·fla·sie** *(econ.)* inflation; *~ veroorsaak* cause inflation, be inflationary; *voorstander van* ~ inflationist. **~belasting** fiscal drag. **in·fla·si·o·nêr** *=nêre,* **in·fla·si·o·nis·ties** *=tiese* inflationary, inflationist. **in·fla·si·o·nis·me** inflationism.

**in·flek·sie** *=sies, (gram.)* inflection.

**in·flo·res·sen·sie** *(bot.)* inflorescence.

**in·flu·en·sa** influenza, *(infml.)* flu.

**in·flui·ster** *inge=* prompt, suggest, whisper *(in s.o.'s ear).* **in·flui·ste·ring** *=ringe* prompting, suggestion, whisper(ing).

**in·foe·ter** *inge=, (infml.)* plunge in; drive in; batter in; barge in; knock in *(a lesson).*

**in·for·ma·li·teit** informality; casualness, unceremoniousness.

**in·for·mant** *=mante* informant, source, *(SA, infml.)* pimp, *(Ngu.)* impimpi.

**in·for·ma·sie** information; *~ inwin* make inquiries. **~buro, ~kantoor** inquiry office/agency, information bureau; intelligence office. **~tegnologie** *(comp., abbr.: IT)* information technology. **in·for·ma·tief** *=tiewe* informative, informatory.

**in·for·meel** *=mele* informal, casual, unstuffy; unstructured; *~mele nedersetting* informal settlement; *~mele sektor, (econ.)* informal sector.

**in·frak·sie** *(med.)* infraction.

**in·fra·rooi** infrared.

**in·fra·struk·tuur** infrastructure.

**in·fu·sie** *(also med.)* infusion.

**in·gaan** *inge=* enter, go/step/walk in(to), step inside; move into; become effective, take effect; *deeglik op iets* ~ go into s.t. thoroughly; *in ... ~* go into ...; *die lewe* ~ enter upon life; *dit gaan net-net/nét in* it is a close fit; *op iets* ~ go into s.t.; look into s.t.; consider s.t. *(a request etc.);* enter (up)on s.t.; *stilletjies* ~ steal in; *teen iets* ~ go against *(or* run counter to) s.t.; *lynreg teen ... ~* fly in the face of ...; *tussen ... ~* mingle with ... **in·gaan·de** ingoing, incoming; *dadelik* ~ with immediate effect; *~ op ...* as from ... *(a date).*

**in·gang** *=gange* entrance, entry; doorway; port; throat; threshold; inlet; portal; way in; mouth *(of a cave); met* ~ *van ...* as from ... *(a date);* beginning ... *(a date);* commencing on ...; with effect from ...; *~ tot ..., (fig.)* gateway to ...; *die ~ van 'n gebou* the entrance to/of a building; *iets vind* ~ s.t. finds/gains acceptance, *(infml.)* s.t. catches on; s.t. goes down well; s.t. becomes popular.

**in·gangs·:** **~deur** entrance door. **~poort** gateway, entrance gate. **~wond** entrance wound.

**in·gat** *adj., (coarse)* shitty, crappy, lousy; *~ lewe* shitty life; *iets is ~, (also)* s.t. sucks.

**i·ngci·bi** *(Xh.: trad. surgeon)* ingcibi.

**in·ge·beeld** *=beelde* fancied, imaginary; imagined *(a complaint).*

**in·ge·bonde** *(strong p.p. of* inbind*)* bound, hard-covered *(book).*

**in·ge·bore** inborn, inbred, innate, native, inherent; inbuilt *(fear etc.).*

**in·ge·bou** *=boude* built-in, inbuilt *(system etc.);* →INBOU; *~de kas* built-in cupboard, wall cupboard; *~de (a)meublement/ meubelment* fitments; *~de vermoë* innate faculty.

**in·ge·bruik·ne·ming, in·ge·bruik·na·me** adoption, introduction, commissioning, putting into commission/service; opening, inauguration.

**in·ge·bur·ger·de** ingrained; adapted; naturalised; current *(customs etc.);* generally adopted; →INBURGER.

**in·ge·dag·te, in·ge·dag·te** absent(-minded), absent(ly), abstracted(ly), lost in thought, preoccupied; *diep ~ wees* be deep/lost in thought; *iem. is ~, (also)* s.o.'s mind wanders. **in·ge·dag·tig·heid** absent-mindedness, abstractedness.

**in·ge·damp·te melk** evaporated milk.

**in·ge·druk** *-drukte* dented, depressed; collapsed; →INDRUK; *~te (been)breuk* impacted fracture; *~te seël* impressed stamp.

**in·gee** *inge-* administer, give *(medicine to)*, dose; give out, be spent; prompt *(an idea)*, suggest *(a plan)*, dictate *(measures)*, inspire *(thoughts);* hand in *(a paper, parcel, etc.); iets by iem. ~* hand in s.t. to s.o.; *iem. medisyne ~* dose s.o..

**in·ge·hok** *-hokte* boxed in; →INHOK; *~ voel, (fig.)* feel penned in *(or* caged in/up).

**in·ge·hou·e** bottled up; pent up *(rage);* bated *(breath);* restrained *(passion);* subdued *(humour);* controlled; unthreatening *(power etc.);* indrawn; →INHOU.

**in·ge·keerd** *-keerde* introvert; →INKEER *vb..* **in·ge·keerd·heid** introversion, self-isolation.

**in·ge·ker·ker** *-kerde* imprisoned; enclosed; incarcerated; → INKERKER; *soos 'n gevangene in jou kamer ~ bly* stay penned up in one's room like a prisoner.

**in·ge·ko·me** *(strong p.p. of* inkom*): ~ briewe* incoming mail; *~ stukke* documents received.

**in·ge·leg·de, in·ge·lê·de** inlaid *(work);* tessellated *(floor);* mosaic *(pavement);* bottled, canned, preserved *(fruit);* pickled *(fish);* →INLÊ; *~ houtwerk, (hout)inlegwerk* marquetry; *~ uie* pickled onions, pickles; *~ werk* inlay.

**in·ge·lig** *-ligte, adj.* knowledgeable, (well-)informed; →INLIG; *goed ~te kringe* well-informed quarters; *sleg ~* ill-informed, badly informed. **in·ge·lig·te** *-tes, n.* well-informed person, insider.

**in·ge·maak** *-maakte* bottled, tinned, canned, potted, preserved; →INMAAK.

**in·ge·nieur** *-nieurs* engineer; *elektrotegniese/elektriese ~* electrical engineer; *siviele ~* civil engineer. *~skool* school of engineering.

**in·ge·nieurs-:** *~fakulteit* faculty of engineering, engineering faculty. *~geologie* engineering geology. *~wese* engineering (science). *~wetenskap* engineering science.

**in·ge·no·me** *(strong p.p. of* inneem*)* pleased, satisfied, delighted, *(infml.)* chuffed; *(baie/hoogs) ~ met iets wees* be (absolutely) delighted *(or* [very/extremely] pleased) with s.t.; *met jouself lyk/voel/wees* look/feel/be pleased *(or, infml.* chuffed) with o.s.. **in·ge·no·men·heid** pleasure, satisfaction; *~ met jouself* self-complacency, self-satisfaction.

**in·ge·ryg** *-rygde* gathered; strung (together); →INRYG; *hulle sit ~* they sit close together *(or* curled up).

**in·ge·se·te·ne** *-nes* inhabitant, resident.

**in·ge·skre·we** *adj. (chiefly attr., strong p.p. of* inskryf*)* enrolled; registered; listed; inscribed *(circle); ~ lid* registered/card-carrying member; *~ prokureursklerk* articled clerk; *~ rekruut* enlisted recruit. **in·ge·skre·we·ne** *-nes, n.* enrolled/registered/listed person.

**in·ge·sla·ne:** *die ~ weg* the road taken, the course followed; *~ setsel, (print.)* imposed type; →INSLAAN.

**in·ge·slote** *(strong p.p. of* insluit*)* enclosed; included; *by ... ~ wees* be included with ...; *~ hoek* contained/included angle; *koste ~* charges/costs included/inclusive, including charges/costs; *die ~ stukke* the accompanying/attached papers, the enclosures/inclosures; *~ vind u ...* enclosed please find ...

**in·ge·sluit** *-sluite* enclosed; closed in; surrounded; trapped; →INSLUIT.

**in·ge·son·ke** *(strong p.p. of* insink*)* hollow *(cheeks),* sunken *(eyes).*

**in·ge·span·ne** strenuous; intent; intense; tense; concentrated; →INSPAN.

**in·ge·spuit** *-spuite* infused; injected; →INSPUIT; *~e dwelm* mainline drug.

**in·ge·steld·heid** *-hede* attitude, mindset, disposition, ethos; *praktiese ~* practical-mindedness.

**in·ges·tie** ingestion.

**in·ge·teel(d)** *-teelde* inborn; inbred; →INTEEL.

**in·ge·to·ë** modest, retired, reserved, sedate, undemonstrative, inhibited. **in·ge·to·ën·heid** modesty, reserve, inhibitedness.

**in·ge·val**[1]**, in·ge·val** *conj.* in case; if; in the event of.

**in·ge·val**[2] *-valle -valde, adj.* hollow *(cheeks);* sunken *(eyes);* haggard, pinched *(face);* emaciated; fallen in, collapsed; → INVAL *vb..*

**in·ge·vol·ge** in accordance/compliance with, in pursuance of, pursuant *(or* in obedience/response) to); under, in terms of; due to; *~ opdrag van ...* acting under instructions from ...; *~ die verdrag* under the treaty; *~ waarvan ...* in terms of which ...

**in·ge·wand-:** *~siekte* bowel complaint, intestinal disease. *~slagaar* c(o)eliac artery.

**in·ge·wan·de** intestines, bowels; *(infml.)* guts, innards, insides; *(fml.)* viscera; entrails *(of an animal); die ~ van die aarde* the interior of the earth; *die ~ van iets uithaal* gut/draw s.t..

**in·ge·wands-:** *~koors* enteric (fever). *~ontsteking (med.)* enteritis. *~wurm* helminth, intestinal worm.

**in·ge·wik·keld** *-kelde -kelder -keldste* complicated, complex, intricate, involved, elaborate; tortuous, fiddly; challenging; *die intrige word ~* the plot thickens; *~e sinsbou* involved construction/sentences; *'n ~e stelsel* an elaborate system. **in·ge·wik·keld·heid** involvedness, complexity, intricacy; tortuousness.

**in·ge·wing** *-wings -winge* inspiration, suggestion; intuition; *(infml.)* brainwave; *iets op 'n ~ doen* do s.t. *(or* act) on an impulse; do s.t. on a hunch; *handel na/op/volgens/ die ~ van die oomblik* act on the spur of the moment; *'n ~ kry* hit (up)on an idea; have a bright idea; *die ~ van ...* the dictates of ... *(one's heart etc.);* *'n ~ volg* act *(or* do s.t.) on an impulse.

**in·ge·wor·tel(d)** *-telde* deep-rooted *(prejudices);* ingrained *(sentiments);* deep-seated *(habits);* inveterate *(hatred);* ingrown; →INWORTEL; *iets is diep ~* s.t. is deeply seated; *iets is diep by iem. ~* s.t. is deeply ingrained in s.o..

**in·ge·wy** *-wyde, adj.* adept, initiated; knowledgeable; →INWY; *in die geheim ~ wees* know the secret, be in the secret *(or* in the know), be privy to the secret. **in·ge·wy·de** *-des, n.* insider, initiate.

**in·giet** *inge-* pour in(to); infuse; *'n mens moet iem. iets met 'n tregter ~* one has to drum s.t. into s.o..

**in·glip** *inge-* slip in.

**in·gly** *inge-* glide/slide/slip in(to); *in iets ~* slide into s.t. *(the water etc.).*

**in·gooi** *n., (rugby, soccer)* throw-in; *(rugby)* put-in. **in·gooi** *inge- vb.* cast/throw in(to); pour in; put in *(sugar); (infml.)* bung in *(a tape etc.);* smash *(windows); alles ~* go all out.

**in·gord** *inge-* constrict, tighten the belt.

**in·graaf, in·gra·we** *inge-* dig in; *(rabbits etc.)* burrow, go to ground; *jou ~, (lit. & fig.)* dig o.s. in, entrench o.s..

**in·gra·veer** *inge-* engrave, incise, inscribe; *ingegraveerde woord/ens.* graven/incised word/etc..

**in·gra·wing** digging in, entrenchment.

**in·greep** *-grepe* intervention; *(pej.)* interference; *chirurgiese/ sjirurgiese/snykundige ~* surgical intervention. **in·greeps·vry** *(med.)* noninvasive *(technique etc.).*

**in·grif** *inge=, (also fig.)* engrave, imprint *(on the memory); iets is in iem. se geheue ingegrif* s.t. is etched in *(or* engraved in/on *or* imprinted on) s.o.'s memory; *ingegrifte woorde* unforget= table words.

**in·groei** *inge=, (biol.)* grow in(to), ingrow; intrude. ~**(toon)= nael** ingrowing (toe)nail.

**in·groei·sel** *-sels* ingrowth.

**in·gryp** *inge=* interfere, intervene, step in, take action; *in iem. se gesag* ~ encroach (up)on s.o.'s authority; *in iets* ~ intervene in s.t.; take a hand in s.t.; crack down on s.t. *(in= fml.); nie* ~ *nie* hold/stay one's hand. **in·gry·pend** *-pende* drastic, far-reaching, radical, sweeping *(measures etc.);* radi= cal, fundamental *(change etc.); (med.)* invasive/radical *(surg.).* **in·gry·ping** *=pings, =pinge* interference; intervention, crack= down.

**in·haak** *inge=* hook in; hitch in(to); link arms; *by iem.* ~ link arms with s.o.; *ingehaak loop* walk arm in arm, walk with linked arms; *steke* ~ loop stitches *(on a sewing mach.).*

**in·haal** *inge=* bring/fetch in; get/gather in; haul in *(a gang= way);* draw in upon; receive in state; catch up (with), come up *(or* draw level) with, overhaul, overtake; make up for *(a lesson);* recover *(lost time); (a train etc.)* pick up time; *slaap* ~ catch up on one's sleep; *tyd* ~ make up time; *agterstallige werk* ~ catch up on arrears, overtake *(or* work off) arrears. ~**rem** overrun brake.

**in·ha·lig** *-lige* covetous, grasping, greedy, acquisitive, (mon= ey-)grubbing; penny-pinching, mean, niggardly, stingy; mercenary. **in·ha·lig·heid** greed, graspingness; miserliness, meanness, stinginess, churlishness.

**in·ham** *=hamme* cove; creek; inlet.

**in·ha·mer** *inge=* hammer in; *iets by iem.* ~ drill s.t. into s.o.; drum/hammer s.t. into s.o.('s ears/head); *dit by iem. probeer* ~ *dat* ... try to hammer it home to s.o. that ...

**in·hard·loop** *inge=* run into; overtake *(by running),* catch up (with); *gou êrens* (of *by iem.),* ~, *(infml.)* pop into a place *(a shop etc.),* pay s.o. a quick visit.

**in·hê** contain, hold; be laden with; *iets* ~, *(also, infml.)* be tipsy.

**in·heems** *=heemse* endemic *(diseases),* homebred, homeborn, home-grown; home *(produce);* indigenous *(church, plant);* native *(people);* domestic; *iets is* ~ *in ...* s.t. is indigenous to ... *(a region);* s.t. is native to ...

**in·heg·te·nis·ne·ming, in·heg·te·nis·na·me** arrest, ap= prehension, commitment.

**in·he·rent** *=rente* inherent *(in);* intrinsic; *(fig.)* built-in; *dit is* ~ *in (iem./iets)* it is inherent in (s.o./s.t.); *~e regte* inherent rights.

**in·hi·beer** *geïn=* inhibit. **in·hi·bi·sie** *=sies* inhibition.

**in·hok** *inge=* pen *(an animal);* pen up/in, box/hem in *(s.o.).*

**in·hol** *inge=* rush/tear in(to); run in, overtake by running.

**in·hou** *inge=* contain, hold; check, control, curb, bridle, hold back, pull/rein up, repress, restrain *(one's anger etc.);* retain, keep down *(food);* cancel, stop *(payment),* deduct, dock *(money);* withdraw *(s.t. from sale);* keep in *(learners);* keep back *(pay);* draw rein, pull up *(a horse);* fight back *(tears); wat kan hierdie* **bepaling** ~? what may be the effect of this pro= vision?; what does this provision imply?; *dit hou niks* **goeds** *vir ... in* nie it augurs/bodes ill for ...; *jou* ~ contain/control o.s., keep/stay calm; hold o.s. in; *hou jou in!* keep calm!; *wat sal die* **toekoms** ~? what does the future hold?. **in·hou·ding** checking; retention; deduction, stoppage *(of payment).*

**in·houd** *=houde* content(s); capacity; purport, tenor *(of a let= ter);* substance, subject matter; *kort* ~ abstract, résumé, précis, precis, summary, synopsis; *meer* ~ *aan iets gee* flesh out s.t. *(an argument etc.); iets is* **sonder** ~ s.t. lacks sub= stance; *volgens* ~ by volume.

**in·houds·:** ~**bepaling** determination of the content; cub=

age, cubature; *(psych.)* connotation. ~**maat** cubic measure, (measure of) capacity, solid measure. ~**meting** cubage, cu= bature. ~**opgawe** index, register, table of contents. ~**ver= moë** capacity, content.

**in·hul·dig** *inge=* inaugurate, instal(l), induct, invest; enthrone *(a bishop).* **in·hul·di·ging** inauguration, installation, investi= ture, induction; enthronement *(of a bishop).*

**i·ni·si·a·li·seer** *(comp.)* initialise.

**i·ni·si·a·sie** *=sies* initiation. ~**skool** *(SA)* initiation school.

**i·ni·si·a·tief** *=tiewe* initiative; *iets op eie* ~ *doen* do s.t. on one's own initiative *(or, infml.* off one's own bat); *die* ~ *neem* take the initiative; make the first move; *op* ~ *van ...* on the initia= tive of ...; at the instance of ...

**i·ni·si·eer** *geïni=* initiate. **i·ni·si·eer·der** *=ders* initiator. **i·ni· si·ë·ring** initiation.

**in·ja(ag)** *inge=* drive in(to); rush in(to); overtake; *(infml.)* cause to take *(med.).*

**ink** *n.* ink; *iets met* ~ *aanbring* ink in s.t.; *(met)* ~ *gooi* sling/ splash/squirt/throw ink; *onuitwisbare* ~ indelible ink; *per= manente* ~ permanent ink; *met* ~ *skryf/skrywe* write in ink. **ink** *geïnk, vb.* ink. ~**kussing** inking pad. ~**patroon,** ~**houer(tjie)** ink cartridge. ~**pot(jie)** inkpot, inkwell. ~**straal= drukker** ink-jet (printer). ~**swart** inky, ink-black. ~**uitveër** ink eraser. ~**vis** *(cephalopod)* cuttlefish, inkfish. ~**vlek** ink stain.

**In·ka** *=kas* Inca.

**ink·ag·tig** *=tige* inky.

**in·kalf, in·kal·we(r)** *inge=* cave/calve in; *(a river etc.)* under= mine *(an embankment).* **in·kal·wing** *=wings, =winge* caving in, cave-in.

**in·kamp** *inge=* enclose, fence (in/about/around), hedge in.

**in·kan·ker** *inge=* become deeply rooted, eat in(to), fester; corrode. **in·kan·ke·ring** festering.

**in·kan·ta·sie** *=sies* incantation.

**in·kap·sel** *inge=, (biol.)* encyst; encapsulate, incapsulate; en= capsule. **in·kap·se·ling** encystation, encystment; (en)cap= sulation.

**in·kar·neer** *geïn=* incarnate. **in·kar·na·sie** *=sies* incarnation.

**In·ka·tha** *(Zu. cultural movement)* Inkatha. ~~**Vryheidsparty** *(pol., abbr.:* IVP) Inkatha Freedom Party *(abbr.:* IFP).

**in·ka·trol** *inge=* reel in.

**in·keep** *inge=* indent, nick, notch, score; dap, jag; recess; *(min.)* goggle; joggle. **in·ke·ping** *=pings, =pinge* indentation, nick, notch, notching; dapping; grooving; recess(ing); bit= ting *(of a key).*

**in·keer** *n.* introspection, searching(s) of heart, reflection; repentance; *iem. tot* ~ *bring* bring s.o. to his/her senses; *tot* ~ *kom* see the light; have/undergo a change of heart; repent, reform. **in·keer** *inge=, vb.* turn in(to); *tot jouself* ~ retire into o.s.; become introspective.

**in·ken·nig** *=nige* shy, timid, bashful.

**in·kerf, in·ker·we** *inge=* score, carve in; incise; *(cook.)* crimp *(meat, fish);* indent, nick; engrave. **in·ker·wing** inci= sion; indentation.

**in·ker·ker** *inge=* incarcerate, imprison.

**in·klaar** *inge=* clear *(goods).* **in·kla·ring** clearing, clearance.

**in·klank** dub (in) *(background effects etc.).* **in·klan·king** dub= bing.

**in·klee** *inge=* clothe in words, couch, express, phrase, word, put into words; present, represent.

**in·klem** *inge=* clench, clasp, infix.

**in·kleur** *inge=* colour (in); *jou gesig* ~, *(infml., joc.: put make- up on)* put one's face on. ~**boek** colouring book.

**in·klim** *inge=* climb in(to); board, enter *(a train);* go to bed, turn in; *(infml.)* scold, come down (up)on, slate, rebuke, haul over the coals, go for, have a go at, pile/lash into, take to task, bawl/chew out, jump down ...'s throat *(s.o.)*; take the bull by the horns; *(infml.)* knuckle down (to it); *iem. behoorlik/terdeë ~, (infml.)* give s.o. (a lick with) the rough edge/side of one's tongue, scold s.o. severely; *klim maar in!* pile in!; *in 'n motor klim* climb into a car. **~spel** hard/rough play.

**in·kli·na·sie** =sies, *(astron., geol., math.)* inclination; dip *(of a needle)*. **~hoek** angle of dip/inclination. **~kompas** inclination compass, dip(ping) compass, dip circle, inclinometer. **~naald** dipping needle.

**in·klok** inge= clock in.

**in·klou·ter** inge= clamber/climb in(to).

**in·kluis** including, included. **in·klu·sief** =siewe inclusive.

**in·knie** inge= knead in(to).

**in·ko·he·rent** =rente incoherent.

**in·kom** inge= come in, enter; *kom (gerus) in!* (do) come in!; *keer dat iets ~* shut s.t. out; *iem. laat ~* let s.o. in; *net-net ~* squeeze in; *onder iets ~* get under s.t.. **in·ko·me·ling** =linge newcomer, new arrival. **in·ko·mend** =mende incoming; inbound, inward bound.

**in·kom·pe·tent** =tente incompetent. **in·kom·pe·ten·sie** incompetence, incompetency.

**in·kom·ste** earnings, income, revenue; *belasbare ~* taxable earnings, assessable earnings/income; *besteebare ~* disposable income; *binne jou ~ leef/lewe* keep/live within one's income; *bo jou ~ leef/lewe* live beyond one's means; *bron van ~* source of income; *~ en uitgawe(s)* income and expenditure. **~belasting** income tax. **~belastingopgawe** income tax return. **~-en-uitgawe(-)rekening** income/revenue and expenditure account. **~groep** income group.

**in·kon·gru·ent** =gruente incongruous, incongruent. **in·kon·gru·en·sie** incongruence, incongruousness.

**in·kon·se·kwent** =kwente inconsistent, illogical. **in·kon·se·kwen·sie** inconsistency.

**in·kon·trak·teer** inge= contract in.

**in·koop** inkope, *n.* purchase; *(comm.)* buy-in; *inkope/inkopies doen* do shopping; shop; *inkope/inkopies gaan doen* go shopping. **in·koop** inge=, *vb.* buy, purchase; shop; (go to) market; buy in; *jou ~* buy o.s. into *(a firm)*. **in·ko·per** =pers buyer, purchasing agent, purchaser.

**in·ko·ör·di·na·sie, in·ko·or·di·na·sie** *(med.)* incoordination.

**in·ko·pie** =pies (small) purchase; →INKOOP *n.; ~s doen* do shopping. **~lys** shopping list. **~sentrum** shopping centre. **~slaaf** *(infml.)* shopaholic.

**in·kop·pel** inge=, *(mot.)* throw in gear, engage.

**in·kor·po·reer** geïn= incorporate. **in·kor·po·ra·sie** incorporation.

**in·kor·rek** =rekte incorrect; improper. **in·kor·rekt·heid** incorrectness, faultiness, erroneousness; impropriety.

**in·kort** inge= shorten *(a dress, speech)*; curtail *(a report)*; abridge *(a book)*; cut short *(a stay, holiday)*; derogate from, diminish *(rights)*; whittle away, pare down; *iem. se werkure ~* put s.o. on short-time working. **in·kor·ting** shortening, curtailment; abridgement; reduction; derogation *(of rights)*; *sonder ~ (van regte)* without prejudice; *tot ~ van ...* in restraint of ...; *~ van handelsvryheid* restraint of trade.

**in·kre·men·teel** =tele incremental *(rise etc.)*. **in·kre·men·ta·lis·me** *(sociol. etc.)* incrementalism.

**in·kri·mi·neer** geïn= (in)criminate. **in·kri·mi·ne·rend** =rende incriminatory, inculpative, inculpatory.

**in·krimp** inge= contract, shrink, dwindle *(in numbers)*; abridge; curtail/reduce/retrench *(expenses)*; scale down; *(fig.)* cut back, prune; diminish; narrow in. **in·krim·ping** contraction, shrinking, shrinkage; dwindling *(of authority etc.)*; curtailment, retrenchment; diminution.

**in·kruip** inge= creep in(to), crawl in(to); crawl between the

sheets, turn in, go to bed; snuggle down; worm one's way in; *by iem. ~, (infml.)* toady/truckle to (*or* fawn [up]on) s.o.; *by iem. probeer ~* try to get buddy-buddy with s.o.; *(gaan) ~, (also, infml.)* hit the sack/hay; *net voor iem. gaan ~* last thing at night. **in·krui·per** =pers toady, bootlicker; fawner; squatter; intruder.

**in·kry** inge= get in; get down *(one's food)*; swallow; *iem. kan niks ~ nie* s.o. cannot take anything; *iem. kon geen woord ~ nie* s.o. couldn't get a word in (edgeways).

**in·ku·ba·sie** incubation. **~tyd** incubation period.

**in·ku·bus** =busse incubus.

**in·kuil** inge= silage, ensile, store in a silo.

**in·kus** =kusse, *(anat.)* incus.

**in·kwar·tier** inge=, *(mil.)* billet; quarter *(soldiers upon inhabitants)*; canton.

**in·kwi·si·sie** inquisition. **in·kwi·si·teur** =teurs, *(RC, hist., often I~)* inquisitor. **in·kwi·si·to·ri·aal** =riale inquisitorial.

**in·kyk** inge= look in(to), peep in(to); *by iem. ~, (infml.)* drop/look in on s.o.; *in iets ~* look into s.t..

**in·laai** inge= load, put/take on board, take in, ship; embark, embus, entrain *(troops)*; gobble, shovel *(food)*.

**in·laat** =late, *n.* intake; inlet. **in·laat** inge=, *vb.* admit, let in; mortise; recess, countersink; sink, bed, house; *jou met iem. ~* associate/consort with s.o.; *iem. in ... ~* let s.o. into ... **~klep** inlet/intake/induction valve. **~kraan** inlet (cock). **~pyp** inlet/induction/intake pipe, intake. **~sluis** inlet sluice; canal regulator.

**in·lan·der** =ders inlander.

**in·lands** =landse inland *(traffic)*; domestic; internal; local, home.

**in·las** =lasse, *n., (news)* stop press; *(photo)* inset. **in·las** inge=, *vb.* insert, interpolate; infix, inset; dovetail, let in, mortise; *(ling.)* epenthesise; parenthesise *(words)*. **~teken** caret, insert sign.

**in·las·sing** insertion, interpolation; inset; parenthesis *(of words)*; mortise; *(ling.)* epenthesis.

**in·la·ting** =tings, =tinge admission; interference *(with)*; dovetailing; bedding, sinking; recess(ing).

**in·lê** inge= lay/put in; can, preserve, bottle, tin, pot, pickle; cure; marinade; inlay *(with gold)*; encrust *(with diamonds)*; embed; *(rare)* deposit *(money)*; *(rare)* stake *(money at games)*; *iets in die water ~* immerse/steep s.t. in water; *~ met iets, (infml.)* wield ..., lay/wade in (*or* go to work) with ... *(one's fists, a pruning scissors, etc.)*; *met iets ingelê wees* be inlaid with s.t.. **~fles, ~bottel** preserving jar/bottle, canning jar/bottle, canned-fruit jar/bottle.

**in·leef, in·lewe** inge= adapt o.s. (to), get accustomed (to); *jou in iets ~* immerse o.s. in s.t. *(a play etc.)*.

**in·lê·er** =lêers canner, curer; *(hort.)* layer.

**in·lees** inge=, *(comp.)* read in *(text etc.)*. **in·le·sing** read-in.

**in·leg** =gings, =ginge insert. **~geld** *(rare)* sweepstakes; deposit *(in a bank)*. **~hout** veneer(ing). **~werk** inlay/inlaid work, inlaying, marquet(e)ry, marquetrie; mosaic; veneer.

**in·leg·sel** =sels inlay, inset, insert, insertion.

**in·lei** inge= introduce; initiate; usher in; open *(a debate)*; preface *(by a few remarks)*. **in·lei·dend** =dende introductory, preliminary, opening, prefatorial, prefatory; *~e opmerkings/paragraaf* introductory remarks/paragraph. **in·lei·ding** =dings, =dinge introduction; preliminary; *ter ~* by way of introduction; *die ~ tot ...* the introduction to ... **in·lei·er** =leiers initiator, introducer; opener *(of a debate)*; usher.

**in·le·we** →INLEEF.

**in·le·wer** inge= give/hand in, send in; present *(a petition)*; file, lodge *(documents)* with; deliver up, surrender *(one's arms)*; put in; *iets by iem. ~* hand in s.t. to s.o.; lodge s.t. with s.o.. **in·le·we·raar** presenter; deliverer *(of a message)*; surrenderer. **in·le·we·ring** delivery, handing in; surrender *(shares)*; *(jur.)* lodgement.

**in·lig** *inge=* inform, tell, enlighten; brief; *iem. oor iets* ~ inform s.o. about/on s.t.; enlighten s.o. about/on s.t.; brief s.o. (*or give s.o. a briefing*) about/on s.t.; *goed oor iets ingelig wees* be well-informed about s.t.; *sleg oor iets ingelig wees* be badly informed about s.t.; *iem. verkeerd oor iets* ~ misinform s.o. about/on s.t.. **in·lig·tend** *=tende* informative.

**in·lig·ting** information, enlightenment; *(mil., pol.)* intelligence; *'n ryke bron van* ~ a mine of information; *eerstehandse* ~ *hê* have inside information; ~ *gee* give information; *nader(e)/verder(e)/vêrder(e)* ~ *verlang* require further particulars; ~ *omtrent/oor* ... information about/on ...; *the background information on* ...; *ter* ~ *van* ... for the information of ...; for the guidance of ...; *verkeerde* ~ misinformation; ~ *verstrek* provide information; ~ *oor iets aan iem. verstrek, iem. van* ~ *oor iets voorsien* provide s.o. with information about/on s.t.; ~ *vra* ask for information, make inquiries/enquiries. **~kunde** *(comp.)* information science. **~snelweg, ~supersnelweg** *(comp.)* information superhighway.

**in·lig·tings :** **~beampte** information officer. **~berging, ~bewaring** information storage. **~herwinning** *(comp.)* information retrieval. **~netwerk** information network, infonet. **~ontploffing** information explosion. **~ontsluiting** information retrieval. **~tegnologie** *(comp., abbr.:* IT*)* information technology. **~teorie** information theory. **~vermaak** information entertainment, infotainment. **~verwerker** *(comp.)* information processor/cruncher.

**in·loer** *inge=* peep/pry in(to); *by iem.* ~, *(infml.)* drop/look in on s.o.; *in ... loer* peep into ...

**in·lok** *inge=* entice into.

**in·loop** *=lope, n.* intake, inlet; catchment (area); running in *(of a mach.).* **in·loop** *inge=, vb.* enter *(a shop etc.);* run/pour in; wade; call, drop in *(on s.o.);* catch up with, overtake; cheat, diddle, take in; *by iem.* ~, *(infml.)* drop in on s.o.; *iem.* ~ deceive s.o., take s.o. in; *jy's ingeloop!, (also)* you've been done!; *iets laat* ~ run s.t. in *(an engine etc.);* *iets in ... laat* ~ let s.t. run into ... *(water into a bucket etc.);* *iem. met* ... ~, *(infml.)* do s.o. out of ... *(thousands of rands etc.).*

**in·lui** *inge=* inaugurate, ring in; usher in *(a new period),* herald.

**in·luis·ter** *inge=* listen in; monitor. **in·luis·te·raar** listener(-in).

**in·lyf** *inge=* incorporate; mediatise; induct (as a member); enrol(l); embody; annex; *iets by* ... ~ incorporate s.t. with ...; *ingelyf word, (also)* be absorbed. **in·ly·wing** annexation; incorporation; absorption; induction (as a member).

**in·maak** *inge=* bottle, can, pickle, preserve, tin; pot; pack; → INLÊ. **~fabriek** cannery, canning/preserving factory. **~fles, ~bottel** preserving jar/bottle, canning jar/bottle, canned-fruit jar/bottle.

**in·ma·ker** canner, tinner, packer. **in·ma·ke·ry** canning, bottling; packing; preserving works.

**in·mand·jie** in-tray.

**in·me·kaar** close, together; into each other; crumpled up, smashed; bent double, stooping; **~draai** *inmekaarge=, (also* inmekaar draai*)* twist together/up, intertwine. **~frommel** *inmekaarge=, (also* inmekaar frommel*)* crumple up. **~gedraai** *(also* inmekaar gedraai*)* twisted *(a rope etc.).* **~gestrengel(d)** *(also* inmekaar gestrengel[d]*):* ~ *raak* get twisted up. **~pas** *inmekaarge=, (also* inmekaar pas*)* nest into one another, be nested one inside another. **~sit** *inmekaarge=, (also* inmekaar sit*)* assemble, build up, fit (up) together; mount *(machinery); dis hoe die saak* ~/*inmekaarsteek* that's how it all fits together; *duidelik word hoe dinge* ~/*inmekaarsteek* click into place. **~skuif, ~skuiwe** *inmekaarge=, (also* inmekaar skuif/skuiwe*)* slide/shove into one another, telescope. **~slaan** *inmekaarge=, (also* inmekaar slaan*)* strike/knock together; *die/jou hande (van verbasing)* ~ throw up one's hands with

wonder. **~val** *inmekaarge=, (also* inmekaar val*)* collapse. **~vloei** *inmekaarge=, (also* inmekaar vloei*)* flow into one another, merge, converge; coalesce; mingle.

**in me·mo·ri·am** *(Lat.)* in memoriam.

**in·meng** *inge=: (jou)* ~ butt in; interfere, meddle; *(jou) in* ... ~ interfere in/with ...; meddle in ... **in·men·ging** interference, meddling; intrusion; ~ *in* ... intrusion/intervention in ...; interference with ...

**in·mes·sel** *inge=* brick/build/wall up, immure; fit in a wall; *ingemesselde bad* fixed bath.

**in·mid·dels, in·mid·dels** meanwhile, meantime, in the meantime.

**in·na·me** *=mes,* **in·ne·ming** *=mings, =minge* intake; capture, taking.

**in·neem** *inge=* take/bring in; take in *(a dress);* take *(med.);* load *(cargo);* capture, take *(a fortress);* collect *(tickets);* furl *(sails);* charm, fascinate; *om in te neem* for internal use; *plek/ruimte* ~ occupy *(or* take up*)* room; *water* ~ (take in) water.

**in·ne·mend** *=mende* attractive, appealing, captivating, charming, endearing, disarming, engaging, likeable, pleasant, pleasing, winsome, gracious, personable. **in·ne·mend·heid** charm, winning ways.

**in·ner·lik** *=like* inner *(life);* internal *(forces);* intrinsic *(merit);* inward *(eye);* ~*e krag* inner strength, moral fibre; ~*e monoloog* interior monologue.

**in·nig** *=nige, adj.* sincere; close *(cooperation);* earnest *(wish);* fond *(love);* fervent *(hope, prayer);* heartfelt *(joy);* hearty *(congratulations);* profound *(conviction);* deep *(sympathy);* warm *(thanks).* **in·nig** *adv.* profoundly; in one's heart; *iem.* ~ *liefhê* love s.o. dearly. **in·nig·heid** closeness, earnestness, fervour, heartiness. **in·nig·ste** inmost, innermost.

**in·nooi** *inge=* invite/ask in(side).

**in·no·va·sie** *=sies* innovation.

**in·oes** *inge=* gather/get in; harvest; reap *(glory).*

**in·o·ku·leer** *geïn=* inoculate. **in·o·ku·la·sie** *=sies* inoculation.

**in·ont·vangs·ne·ming** acceptance, receipt, taking delivery.

**in·pak** *inge=* pack *(a trunk);* pack in *(clothes etc.);* do/pack/wrap up, parcel (up); pack up; put away, gorge *(food);* bale *(goods);* basket; *(comp.)* zip *(files).*

**in·palm** *inge=* appropriate; bag; hog; pocket *(infml.);* pot *(infml.);* pouch *(infml.);* usurp; *(al) die aandag* ~ steal the show; *die mag* ~ usurp power; *die winste* ~ pocket/sweep/collar the winnings. **in·pal·ming** appropriation.

**in·pas** *inge=* fit in, insert, dovetail; *iets pas by* ... *in* s.t. ties in with ...; s.t. chimes in with ...; s.t. dovetails with ...; *iets in* ... ~ fit s.t. into ... **in·pas·sing** fitting in.

**in·perk** *inge=* enclose, fence in; curtail, limit, restrict, confine, constrict, inhibit; ban. **in·per·king** enclosure; curtailment, limitation, restriction; banning; containment *(of radioactive material).*

**in·plak** *inge=* paste in. **~album** paste-in album.

**in·plant** *inge=* plant; insert; infix; implant *(feathers);* engraft; *(fig.)* implant, inculcate. **in·plan·ting** planting; implantation; insertion *(of a muscle);* inculcation; infixation, infixion.

**in·ploeg** *inge=* plough in; plough back.

**in·plof·fing** implosion *(of a structure);* *(comm.)* implosion, meltdown.

**in·plons** *inge=* plunge in(to).

**in·pomp** *inge=* pump in; cram/drum in; cram; indoctrinate; *(med.)* insufflate.

**in·praat** *inge=: iem. iets* ~ talk s.o. into s.t..

**in·prent** *inge=* imprint/implant *(s.t. upon s.o.);* inculcate *(a teaching);* stamp, (en)grave *(on the memory);* instil(l) *(ideas into),* drum/drill *(s.t. into the head);* ingrain, engrain; print; infix; brand; transfuse in(to); *iets by iem.* ~ inculcate s.t. in s.o.; *dit by iem. probeer ~ dat* ... try to hammer it home to s.o. that ...; *in iem. se geheue ingeprent wees* be etched in (*or* engraved in/on *or* imprinted on) s.o.'s memory. **in·pren·ting** inculcation; installation, instilment; implantation; infixation, infixion.

**in·prop** *inge=* cram into; bolt (down) *(food)*, stuff *(food)* into; squeeze in; squash into; plug in; *iets in* ... *~* cram s.t. into ...; jam s.t. into ...; stuff s.t. into ... *~***program** *(comp.)* plug-in.

**in·re·ken** *inge=: iets by* ... *~* add s.t. to ...; include s.t. in ...

**in·rig** *inge=* arrange *(a room)*; manage, organise, order; in-stal(l); fit/fix/rig s.t. up, furnish; appoint; dispose; shape; *goed ingerig wees* be well organised; be well-appointed *(a home etc.)*; *jou ~* settle in; *iets na* ... *~* adapt/shape s.t. to ... *(s.o.'s needs etc.)*; *na* **omstandighede** *ingerig wees* be suited to circumstances; *vir* ... *ingerig wees* be equipped for ... *(paraplegics etc.)*; be geared for ... *(export etc.)*. **in·rig·ting** *=tings, =tinge* arrangement; organisation; furnishing, furniture, appointments, apparatus; establishment, institution, home, retreat; facility; mechanism; installation; gear, (industrial) plant; disposition.

**in·rit** entrance; drive(way).

**in·roep** *inge=* call in; call *(the doctor)*; call on, summon; enlist, invoke *(aid)*; *iem. se hulp ~* seek s.o.'s aid, call in s.o.'s aid/assistance, summon s.o. to one's aid. **in·roe·ping** invocation.

**in·rol** *inge=* roll in(to), tuck in; reef *(sails)*; *(golf)* sink the putt.

**in·ruil** *inge=* trade in, exchange; *iets vir* ... *~* trade in s.t. for ... *~***waarde** trade-in (value).

**in·rui·ling** trading in, trade-in, bartering, exchange.

**in·ruim** *inge=: plek ~* make room; *tyd ~ vir* ... find/make time for ..., arrange/allow (time) for ... **in·rui·ming** making room.

**in·ry** *=rye, n.* drive-in (theatre/cinema). **in·ry** *inge=, vb.* drive/ride in(to); break in *(a horse)*; bring in *(by truck/etc.)*; run in *(a vehicle)*; *by 'n parkeerterrein ~* pull into a parking lot; *by die stasie ~, (a train)* pull into the station. *~***hek** entrance gate; lodge gate. *~***kafee** drive-in café. *~***teater, ~bioskoop, ~fliek** drive-in theatre/cinema. *~***tyd** *(mot.)* running-in period.

**in·ryg** *inge=* lace in; gather *(a frill)*; string *(beads)*; thread *(a needle)*; constrict; *vloeke ~* utter a string of curses. **in·ry·ging** lacing; gathering; threading.

**in·sa·e** inspection, perusal, examination; access; sight; *iem. ~ in iets gee* allow s.o. to read/inspect s.t.; *iem. het ~ in iets gehad* s.o. had an opportunity to read/inspect s.t.; *iets lê ter ~* s.t. is open for/to inspection; *iets ter ~ stuur* send s.t. on appro(val) (*or* for perusal).

**in·sak** *inge=* cave in, collapse, give (way); *(a house etc.)* sag; sink into *(the mud)*; slump; subside. **in·sak·king** collapse; slump; subsidence, sag, caving in, cave-in; *'n ~ in* ... a downturn in ... *(the economy etc.)*.

**in·sa·ke** with regard to, regarding, *(Lat.)* re.

**in·sa·mel** *inge=* collect, gather (in); net; store; harvest, reap; *die oes ~* gather/reap the harvest. **in·sa·me·laar** *=laars* gatherer; collector. **in·sa·me·ling** *=lings, =linge* gathering; collection; reaping *(of a harvest)*. **in·sa·me·lings·fonds** appeal fund.

**in·se·ën** *inge=* bless, consecrate; ordain *(a clergyman)*; solemnise *(a marriage)*. **in·se·ë·ning** *=nings, =ninge* benediction, blessing, consecration; induction, ordainment, ordination.

**in·seep** *inge=* soap *(washing)*; lather *(for shaving)*.

**in·sek** *=sekte* insect. **in·sek·kie** little insect. **in·sek·ta·rium** *=tariums, =taria* insectary, insectarium.

**in·sek(·te)·:** *~***beheer** insect control. *~***byt** insect bite. *~***do·dend** *=e* insect-killing; insecticidal; *~e middel* insecticide. *~***doder, ~gif** insecticide. *~***kenner** entomologist. *~***kunde** entomology, insectology. *~***middel** *=dels* insecticide; insect repellent/repellant. *~***plaag** insect pest. *~***vreter, ~(-)eter** insect eater, insectivore.

**in·sek·ti·voor** *=vore, n., (zool.)* insectivore. **in·sek·ti·voor** *=vore, adj.* insectivore, insectivorous.

**in·se·mi·neer** *geïn=* inseminate. **in·se·mi·na·sie** *=sies* insemination.

**in·sen·der** *=ders* correspondent, contributor; entrant. **in·sen·ding** *=dings, =dinge* contribution; entry.

**in·set** *=sette* start; stake(s); inset *(in a figure, map, etc.)*; *(poker)* ante; *(econ.)* input; *(auction)* upset price; *die hele ~* the pool; *'n ~ lewer* contribute, make a contribution, provide input, participate. *~***geld** stake; sweepstake; pool. *~***prys, insitprys** starting/reservation price; asked price; upset price.

**in·set·sel** *=sels* insertion, insert, inset; gusset.

**ins·ge·lyks** likewise, similarly, ditto.

**in·si·den·sie** *=sies* incidence. *~***hoek** angle of incidence.

**in·si·dent** *=dente* incident. **in·si·dent·jie** *=jies* minor incident.

**in·sien** *n.: myns/onses/syns ~s* in my/our/his opinion/view, to my/our/his way of thinking; *myns ~s, (also)* to my mind. **in·sien** *inge=, vb.* see into; appreciate, perceive, realise, recognise, see, understand; *iets nou anders ~* see s.t. differently now; *ek sien in dat jy gelyk/reg het* I see you are right; *('n) mens kan nie anders nie as ~ dat* ... one cannot fail to see that ...; *iets ~* see the point; *iem. kan dit nie ~ nie* s.o. cannot see that; s.o. does not admit that argument; *iem. kan nie ~ waarom* ... *nie* s.o. cannot see (*or* can see no reason) why ...

**in·sig** *=sigte* insight, perception, understanding; opinion; view; perceptiveness, perceptivity; vision; *'n diep(e) ~ in iets hê* have a deep insight into s.t.; *iem. se ~ in iets* s.o.'s understanding of s.t.; *tot die ~ kom dat* ... realise (*or* come to the realisation) that ...; *'n ~ in iets kry* gain an insight into (*or* an understanding of) s.t.; *na/volgens my ~* in my opinion/view, to my mind; *'n skerp ~ hê* have a keen/acute insight; *sonder ~ wees* lack insight. **in·sig·ge·wend** *=wende =wender =wendste* illuminating; illuminative; informative, enlightening, instructive.

**in·sink** *inge=* cave/fall in, give way; sink down (in); sag; *(a currency)* slump; subside; *(a patient)* relapse, have a relapse; *(morality etc.)* decline; *iets by iem. laat ~* bring s.t. home to s.o.. **in·sin·king** *=kings, =kinge* subsidence *(of the ground)*, sagging; recession; slump, depression; decline *(of morality)*; setback, relapse *(of a patient)*; breakdown, collapse.

**in·si·nu·eer** *geïn=* insinuate. **in·si·nu·a·sie** *=sies* insinuation; innuendo.

**in·sit** *inge=* put in, insert *(a CD etc.)*; set in; *(at a sale)* start; *(at games)* stake, gage; strike up, intone *(a song)*; *(a season)* begin, set in; fit (in); install; *(poker)* ante; *(mil.)* engage *(troops)*; set *(plants)*; join *(rams to ewes)*. *~***prys** →INSETPRYS.

**in·sit·ten·de** *=des* passenger, occupant *(of a vehicle)*.

**in·sjal·la(h)** *interj., (Arab.: God willing)* inshalla(h)!.

**in·ska·kel** *inge=* connect (up); switch on/in; engage; mesh; insert; include, introduce, bring in; align; *iets skakel by* ... *in* s.t. meshes/integrates with ... *(plans etc.)*; *by* ... *ingeskakel wees* be geared to ...; *goed by* ... *~* be compatible with ...; *op* ... *~* tune in to ... *(a rad. station)*. **in·ska·ke·ling** insertion, intercalation; switching on; inclusion, introduction, bringing in; *~ by* integration with.

**in·skan·deer** *inge=, (comp.)* scan in *(a document etc.)*.

**in·skeep** *inge=* embark; put on board, ship; take in *(supplies)*. **in·ske·ping** embarkation, shipping; *gewig by ~* shipped weight. **in·ske·pings·ha·we** port of embarkation.

**in·skep** *inge=* ladle in; dish up *(food)*; *iets vir iem. ~* serve s.o. with s.t. *(food etc.)*.

**in·skerp** *inge=* impress, enjoin; *dit by iem. probeer ~ dat* ... try to hammer it home to s.o. that ...; *iets is by iem. ingeskerp, (morals etc.)* s.t. has been inculcated in s.o.; s.t. was hammered home to s.o.; s.t. was instilled in(to) s.o.. **in·sker·ping** inculcation.

**in·skeur** *inge=* rend, slit, tear; rupture; lacerate.

**in·skiet** *inge=* shoot in(to); *(fig.)* streak in; throw/thrust in(to); try out, adjust the sights of *(a gun); die hoogte* ~ soar aloft, rise steeply.

**in·skik·lik** *=like* accommodating, complaisant, compliant, complying, easy-going, obliging, conformable, pliant. **in= skik·lik·heid** complaisance, compliancy, obligingness, pliancy.

**in·skink** *inge=* pour (in).

**in·skop** *=skoppe, n.* kickoff. **in·skop** *inge=, vb.* kick in; kick off.

**in·skrip·sie** *=sies* inscription.

**in·skryf, in·skry·we** *inge=* enlist, enrol; enter; register; write in, inscribe; subscribe *(to a paper);* send in a tender, tender (for); indenture; *(jou) as student* ~, *jou as student laat* ~ register as a student; *iem. as* ... ~ put s.o.'s name down as ... *(a member/candidate); by* ... *as leerklerk ingeskryf wees* be articled to ...; *iets in* ... ~ write s.t. into ...; *iem. (se naam)* ~ put s.o. (*or* s.o.'s name) on the roll(s); *op iets* ~ subscribe/ apply for s.t. *(shares etc.);* tender for s.t.; subscribe to s.t. *(a magazine etc.); (jou) vir iets* ~, *jou vir iets laat* ~ enrol for s.t. *(a course etc.);* enter for s.t.. **in·skry·wer** enroller; entrant; applicant *(for shares);* subscriber *(to a loan);* tenderer. **in= skry·wing** *=wings, =winge* enrolment, registration; listing; entry; tender; subscription *(to a loan);* application *(for shares);* indenture.

**in·skry·wings=: ~geld** entrance fee; registration fee. **~koers, ~geld** subscription rate, rate of subscription. **~vorm, in= skryfvorm** entry form; application form; tender form.

**in·skuif, in·skui·we** *inge=* push/sandwich/shove/squeeze in; telescope; slip on *(a ring).*

**in·slaan** *inge=* drive in *(a nail);* knock in; batter/smash in *(a window);* turn into/down *(a road);* take *(a direction);* catch on, go down, make a hit, take (on), go over (well); make an impact; *(advice etc.)* sink in; *(a remark etc.)* go home; *iets slaan by iem. in* s.t. appeals to (*or* goes down with) s.o.; *iets heeltemal* ~ hammer s.t. home *(a nail); iets laat* ~ drive/ hammer s.t. home *(an argument etc.);* put s.t. across/over; *die toespraak/ens. het nie ingeslaan nie* the speech/etc. fell flat *(infml.); die regte/verkeerde weg* ~, *(lit.)* take the right/wrong road; *(fig.)* set about s.t. the right/wrong way.

**in·slaap** *inge=, (servants)* sleep in (on premises). **~huishulp** live-in maid.

**in·slag** *(fig.)* element, tendency, flavour; *(fig.)* infusion; impact; woof, weft; turning; *'n sterk* ~ *van* ... a strong element of ...; ~ *vind* find/gain acceptance. **~draad, ~garing** weft yarn.

**in·sleep** *inge=* drag in(to); tow in; involve; inculpate; *iem. by/in iets* ~ involve/embroil s.o. in s.t.; *by/in 'n oorlog inge= sleep word* be pulled into a war. **~diens** recovery service. **~voertuig, ~wa** breakdown truck/van, recovery vehicle.

**in·slui·mer** *inge=* doze/drop off, drop/fall asleep, nod. **in= slui·me·ring** dozing off.

**in·sluip** *inge=* creep in, slip/sneak/steal in(to); enter surreptitiously; *(errors)* creep in, crop up.

**in·sluit** *inge=* enclose *(a letter);* lock in; shut in, surround; immure; ensphere, embody, take in; comprise, embrace, include, take in; *(math.)* contain; encircle; *(geol.)* embed; hem about/in; trap, occlude *(air, gas);* →INGESLOTE; *iets by 'n brief* ~ enclose s.t. in/with a letter. **in·slui·ting** locking in; enclosure; inclusion; encirclement, hemming in.

**in·sluk** *inge=* swallow; down; engulf; *woord* ~ clip one's words; mumble; *iem. sy/haar woorde laat* ~ make s.o. eat/swallow his/her words.

**in·smeer** *inge=* grease, oil, smear; rub in, salve; *iets met* ... ~ smear s.t. with ...

**in·smok·kel** *inge=* smuggle/sneak in. **in·smok·ke·ling** smuggling in.

**in·smyt** *inge=* fling/throw in.

**in·sneeu** *inge=* snow in; *ingesneeu wees* be snowed in/up.

**in·sny** *inge=* cut in(to), engrave, incise; hole; slash, clip, slit; undercut. **in·sny·ding** *=dings, =dinge* cut, incision, incisure; holding; undercutting; indentation *(of a coastline).*

**in·so·la·sie** *(tech., geol., meteorol.)* insolation.

**in·sol·vent** *=vente* insolvent, bankrupt; *=e boedel* insolvent estate; ~ *raak* become/go insolvent, go bankrupt. **in·sol= ven·sie** *=sies* insolvency, bankruptcy.

**in·sor·teer** *inge=* collate.

**in·sout** *inge=* salt; pickle; corn, cure. **in·sou·ting** salting; curing.

**in·span** *inge=* harness *(horses);* yoke *(oxen);* inspan *(horses and oxen);* arrange *(words in a sentence);* employ; set *(s.o.)* to do s.t.; *jou* ~ exert o.s., put o.s. out, make an effort; extend o.s.; *al jou kragte* ~ make every effort, muster (*or* put forth) all one's strength, go all/full out; put/set one's shoulder to the wheel; *'n perd voor 'n kar (in)* ~ put a horse to a cart; *jou te veel* ~ overexert o.s., overdo it. **in·span·nend** *=nende* strenuous, trying *(work).* **in·span·ning** *=ninge* effort, exertion, strain; toil; stress; pains; *deur iem. se eie* ~ by s.o.'s own efforts; *dit kos* ~ *om te* ... it is an effort to ...; *met* ~ strenuously; *met* ~ *van alle kragte* with the utmost exertion; *iets sonder* ~ *doen* do s.t. effortlessly; *dit vereis die grootste* ~ it requires the greatest effort.

**in·speel** *inge=: die bal* ~, *(golf)* sink a putt; *jou* ~ play o.s. in; *vuur* ~, *(mil.)* adjust fire.

**in·spek·sie** *=sies* inspection; check(up). **~deksel** inspection cover. **~dop** inspection/cleaning cup. **~gat** manhole, inspection hole. **~gebied, ~kring, ~afdeling** inspectorate, inspectoral area/circuit. **~luik** inspection hatch. **~reis** round/ tour of inspection.

**in·spek·teer** *geïn=* inspect, check (up).

**in·spek·teur** *=teurs* inspector *(of schools/educ.);* superintendent *(of labour);* supervisor. **~-generaal** *=teurs-generaal* inspector general.

**in·spek·teur·skap** inspectorship, inspectorate.

**in·spek·to·raat** *=rate* inspectorate.

**in·spin** *inge=* (form a) cocoon, wrap in/up.

**in·spi·reer** *geïn=* inspire, vitalise, vivify. **in·spi·ra·sie** *=sies* inspiration; *('n)* ~ *kry* have/get (an) inspiration. **in·spi·re·rend** *=rende* inspiring.

**in·spit** *inge=* dig in.

**in·spraak** dictate(s) *(of the heart);* suggestion; say, participation in deliberations; ~ *in iets hê* participate in the deliberations about s.t..

**in·spring** *inge=* jump/leap in(to); weigh in; bend in(ward); indent *(of lines); vir iem.* ~ help s.o. out; substitute (*or* stand in *or* deputise) for s.o..

**in·spuit** *inge=* inject, give an injection; infuse; syringe; *iets in* ... ~ inject s.t. into ... **~pomp** *(mot.)* injector (pump); doper. **~(ing)stof, inspuitsel** injection.

**in·spui·ting** *=tings, =tinge* injection, shot; *(fig.)* infusion *(of talent etc.); finansiële* ~ financial injection; *'n* ~ *gee/kry* give/ get an injection.

**in·staan** *inge=: ek sal daarvoor* ~ you can/may take my word for it; *vir iem.* ~ deputise for s.o.; answer for s.o.; *vir iets* ~ vouch for s.t. *(the truth of a statement etc.);* accept responsibility for *(an act); vir die koste* ~ foot the bill.

**in·stal·leer** *geïn=* fix up, instal(l) *(a plant);* furnish *(flats/houses);* institute. **in·stal·la·sie** *=sies* installation *(of a plant);* system; plant. **in·stal·le·ring** installing; investment; initiation; installation; instalment *(of an appliance).*

**in·stamp** *inge=* beat/ram in; hammer into; impact; cram in, pound home/into.

**in·stand·hou·ding** conservation *(of forests);* maintenance *(of roads);* upkeep *(of a house);* preservation; servicing. **~span** maintenance crew/gang.

**in·stan·sie** =sies instance, body, authority, party, organisa=
tion; *die betrokke/bevoegde* ~*(s)* the proper authorities; *in
die eerste* ~ primarily; in the first instance; *hof van eerste* ~,
*(jur.)* court of the first instance; *in die laaste* ~ ultimately; in
the last resort; in the last instance.

**in·stap** *inge=* step in(to); walk in, step inside; board, get in;
*by iem. ingestap kom* walk in on s.o.; *(in)* '*n trein* ~ board a
train. ~**kas** walk-in cupboard.

**in·steek** *inge=* put/stick in, insert; *(dressm.)* tuck in; '*n draad
in* '*n naald steek*, '*n draad* (of *die garing*) ~ thread a needle.
~**skoen** slip-on (shoe), loafer. ~**slot** mortise lock.

**in·stel** *n.* adjustment, setting. **in·stel** *inge=*, *vb.* establish *(a
rule, price, etc.)*; set up *(a precedent)*; institute *(inquiries, pro=
ceedings)*; focus *(a camera)*; adjust *(instruments)*; conduct *(an
investigation)*; tune in *(a rad.)*; initiate *(a member)*; introduce
*(change)*; propose *(a toast)*; impose *(a prohibition)*; instigate;
instate; *iets fyn/presies/suiwer* ~ fine-tune s.t. *(a mach.
etc.)*; *ondersoek* ~ conduct an inquiry; *op* ... ~ tune in to ...;
*(mech.)* beam on ...; *op iets ingestel wees* be attuned/geared to
s.t. *(s.o.'s needs etc.)*; *stappe* ~ initiate proceedings.

**in·stel·ling** *-lings, -linge* establishment, institution; adjust=
ment; attitude, mindset; installation; induction *(of an office=
bearer)*; initiation *(of a member)*; ~*s/~e van* '*n land, (pol.)* in=
stitutions of a country; '*n vaste* ~ *word, (a usage etc.)* come to
stay.

**in·stem** *inge=* agree; tune in; vote in; consent; *iets fyn/nou=
keurig* ~ fine-tune s.t. *(a rad.)*; *met iets* ~ agree (or be
agreeable) to s.t.; acquiesce in s.t.; ~ *met* ... agree/concur
(or chime/fall in) with ..., approve of ..., join in ...; ~ *op* ...
tune in to ...; ~*mende volwassene* consenting adult. **in·stem·
ming** accord, agreement, approval, assent, consent, con=
currence; compliance; tuning in; *met algemene* ~ by com=
mon assent/consent; *jou* ~ *met iets betuig* give one's assent
to s.t.; *met die* ~ *van* ... with the concurrence of ...; *iem. se
stilswyende* ~ s.o.'s tacit consent; *met wedersydse* ~ by
(mutual) consent.

**in·stink** *-stinkte* instinct. **in·stink·tief** *-tiewe, adj. & adv.*
instinctive(ly), intuitive(ly); inbuilt *(dislike)*; '*n ~tiewe reaksie*
an instinctive (or, infml. a gut) reaction.

**in·sti·tuut** *-tute* institute; institution. **in·sti·tu·eer** *geïn=* insti=
tute. **in·sti·tu·sie** *-sies* institution. **in·sti·tu·si·o·na·li·seer** *geïn=*
institutionalise. **in·sti·tu·si·o·neel** *-nele* institutional; corpo=
rate.

**in·stoot** *inge=* force/knock/push/thrust in(to), smash/stave
in.

**in·stop** *inge=* cram in; stuff in; pop in, *(infml.)* bung in *(a tape
etc.)*; tuck up *(s.o. in bed)*; wrap up *(s.o.)*; *mense in* ... ~ bundle
people into ...

**in·storm** *inge=* rush/tear in(to), burst in(to); *by iem.* ~ burst
in (up)on s.o..

**in·stort** *inge=* fall/tumble down, fall in, collapse, break down;
cave in; pour/rush into; *iets laat* ~ bring s.t. down. **in·stor·
ting** collapse; downfall, debacle; *(nervous)* breakdown; break=
up *(of a coalition)*; caving in, cave-in.

**in·stroom** *inge=* crowd/flock/flow/pour/stream in(to); *(letters,
messages, etc.)* flood in; *(money etc.)* roll in. **in·stro·ming** in=
flow, influx, intake; incursion, invasion. **in·stro·mings·be·
heer** influx control.

**in·struk·sie** *-sies* instruction, direction, order; brief(ing);
*vir iem. se* ~ for s.o.'s guidance.

**in·struk·teur** *-teurs* instructor, trainer; *(mil.)* drill sergeant.

**in·struk·tief** *-tiewe* instructive.

**in·stru·ment** *-mente* instrument, implement, tool; gadget;
*iem. was maar net* '*n* ~ s.o. was a mere tool; *met* ~*e vlieg* fly
blind. ~**maker, instrumentemaker** instrument-maker. ~**pa=
neel** dashboard.

**in·stru·men·taal** *-tale, (mus.)* instrumental. **in·stru·men=**

**ta·lis** *(mus.: pl. -liste)* instrumentalist; *(gram.: pl. -lisse)* instru=
mental. **in·stru·men·ta·sie** *(mus.)* instrumentation; orches=
tration, instrumentation. **in·stru·men·teer** *geïn-, (mus.)* score;
orchestrate.

**in·stru·men·te·:** ~**bord** dashboard, instrument panel/board.
~**winkel** instrument shop.

**in·stu·deer** *inge=* practise *(hymns etc.)*; study *(a part)*; re=
hearse *(a play)*.

**in·stulp** *inge=* invaginate. **in·stul·ping** invagination.

**in·stuur** *inge=* send in; ... *die oseaan* (of *wye wêreld*) ~ turn ...
adrift.

**in·sub·or·di·na·sie** insubordination.

**in·suig** *inge=* suck in, absorb. **in·sui·ging** indraught, absorp=
tion; resorption. **in·sui·gings·krag, in·suig·krag** absorptiv=
ity, absorptiveness, absorptive power, power of absorption.

**in·su·lêr** *-lêre* insular.

**in·su·lien** *(biochem.)* insulin.

**in·suur** *inge=* leaven; prepare yeast; sour; season *(mortar)*;
prime *(lime)*. **in·su·ring** souring.

**in·swaai** *inge=* swing in(to); cut into *(traffic)*; *voor iem.* ~ cut
in in front of s.o.. ~**bal, inswaaier** *(cr.)* inswinger; *(golf)* hook.

**in·swenk** *inge=* swerve in; *(cr.)* swing in; *voor iem.* ~ cut in in
front of s.o..

**in·sy·pel, in·sy·fer** *inge=* seep/filter in, infiltrate; *in iets* ~,
*(water etc.)* seep into s.t.. **in·sy·pe·laar** infiltrator. **in·sy·pe·
ling, in·sy·fe·ring** infiltration, (influent) seepage.

**in·tak** *-takte* intact, entire, unimpaired. **in·takt·heid** intact=
ness.

**in·tand** *inge=* notch, nick, indent. **in·tan·ding** indent(ation).

**in·tap** *inge=* let *(liquid)* into; bottle.

**in·teel** *inge=* inbreed, breed in. **in·teelt** inbreeding, consan=
guineous breeding.

**in·teen·deel** on the contrary; *ek het iem. nie aangemoedig
nie,* ~, *ek het* ... far from encouraging s.o., I ...

**in·te·graal** *-grale, n., (math.)* integral. **in·te·graal** *-grale,*
**in·te·gre·rend** *-rende, adj.* integral; integrant; ~*e deel van*
... part and parcel of ...; ~*e onderdeel* component part, inte=
gral part. **in·te·graal·re·ke·ning** *(math.)* integral calculus.

**in·te·gra·sie** integration.

**in·te·greer** *geïn-* integrate. **in·te·gre·rend** →INTEGRAAL
*adj.*.

**in·te·gri·teit** integrity; '*n man/vrou met* ~ a man/woman of
integrity.

**in·te·ken** *inge=* subscribe; sketch in; mark *(in a map)*; plot *(in
a graph)*; book in; *op iets* ~ subscribe (or take out a subscrip=
tion) to s.t. *(a magazine etc.)*. ~**geld** subscription. ~**lys** sub=
scription list. ~**prys** subscription price.

**in·te·ke·naar** *-naars, -nare* subscriber; ~ *op* ... subscriber to
... *(a magazine etc.)*.

**in·tel·lek** *-lekte* intellect, mind. **in·tel·lek·tu·a·lis** *-liste, (also
I~)* intellectualist. **in·tel·lek·tu·eel** *-tuele, n. & adj.* intellec=
tual; ~ *begaaf(d) wees* be academically gifted; ~*ele eiendom*
intellectual property. **in·tel·lek·tu·e·le·ei·en·doms·reg·te**
intellectual property rights.

**in·tel·li·gen·sie** intelligence, understanding. ~**diens** intel=
ligence service. ~**kwosiënt** *(abbr.: IK)* intelligence quotient
*(abbr.: IQ)*. ~**toets** intelligence test, mental test.

**in·tel·li·gent** *-gente -genter, -gentste* intelligent; bright *(child)*.
**in·tel·li·gent·si·a:** *die* ~ the intellectuals, the intelligentsia.

**in·tens** *-tense -tenser, -tensste* intense; fervent, fervid *(desire)*;
consuming *(interest)*. **in·ten·sief** *-siewe, adj.* intensive, in=
tense. **in·ten·sief** *adv.* intensively, intensely. **in·ten·sie·we·
sorg(·een·heid), (infml.)* **in·ten·sief** intensive care. **in·ten·si·
teit** intensity. **in·ten·si·veer** *geïn=* intensify.

**in·ter·ak·sie** interaction.

**in·ter·ak·tief** *-tiewe, (chem., psych., comp.)* interactive.

**in·ter·de·par·te·men·teel** -tele interdepartmental.

**in·ter·dik** -dikte interdict. **in·ter·dik·sie** interdiction.

**in·ter·dis·si·pli·nêr** -nêre interdisciplinary.

**in·te·res·sant** -sante interesting, absorbing, of interest; *iets* ~s s.t. of interest. **in·te·res·sant·heid** interest; interesting/ striking feature. **in·te·res·sant·heids·hal·we** as a matter/point of interest.

**in·te·res·seer** geïn- interest; *iets* ~ *iem. baie* s.t. interests s.o. greatly; *in iets geïnteresseer(d) wees* be interested in s.t.; *jou vir* ... ~ interest o.s. in ...

**in·ter·fe·ren·sie** -sies, (phys.) interference.

**in·ter·ga·lak·ties** -tiese, (astron.) intergalactic.

**in·ter·gods·diens·tig** -tige interfaith (gathering etc.).

**in·te·ri·eur** -rieurs, (also art) interior; *die* ~ *van 'n gebou* the interior of a building.

**in·te·rim** (Lat.) interim; *ad* ~ ad interim, pro tem.

**in·ter·jek·sie** -sies, (gram.) interjection.

**in·ter·kol·lege** intercollege (game). ~**wedstryd** intercollege game/match.

**in·ter·kol·le·gi·aal** -giale intercollegiate.

**in·ter·kom** -komme, -koms intercom. ~**stelsel** intercom system.

**in·ter·kon·ti·nen·taal** -tale intercontinental; ~*tale ballistiese missiel*, (mil.) intercontinental ballistic missile.

**in·ter·kos·taal** -tale, (anat.) intercostal.

**in·ter·kul·tu·reel** -rele intercultural, cross-cultural.

**in·ter·lu·di·um** -diums, -dia, (mus.) interlude.

**in·ter·me·di·êr** -diêre intermediate.

**in·ter·mez·zo** -zo's, (mus.) intermezzo, interlude.

**in·ter·mo·le·ku·lêr** -lêre, (chem.) intermolecular.

**in·tern** -terne -terns, n., (med.) intern(e). **in·tern** -terne, adj. internal; intramural; ~*e geneeskunde* internal medicine; ~*e sake* domestic affairs; ~*e tydskrif* in-house magazine. **in·tern·skap** (med.) internship.

**in·ter·na·li·seer** (psych., sociol.) internalise.

**in·ter·na·si·o·naal** -nale international; ~*nale datumlyn/-grens* international date line; *I~ Monetêre Fonds*, (abbr.: IMF) International Monetary Fund. **in·ter·na·si·o·na·li·seer** geïn- internationalise. **in·ter·na·si·o·na·lis·me** internationalism.

**in·ter·neer** geïn- intern. **in·ter·ne·ring** -rings, -ringe internment. **in·ter·ne·rings·kamp** internment camp.

**In·ter·net** (comp., also i~) Internet; *die* ~ *verken, op die* ~ *rondsnuffel/rondrits* surf the Net. ~**bedrieër** phisher. ~**be drog** phishing; ~ *pleeg* phish.

**in·ter·nis** -niste internist; specialist physician.

**in·ter·par·le·men·têr** -têre interparliamentary.

**in·ter·per·soon·lik** -like interpersonal.

**in·ter·pla·ne·têr** -têre interplanetary.

**In·ter·pol** (abbr.: Internasionale Kriminele Polisiekommissie) Interpol (abbr.: International Criminal Police Commission).

**in·ter·po·leer** geïn- interpolate. **in·ter·po·la·sie** -sies interpolation. **in·ter·po·la·tor** -tors interpolator.

**in·ter·pre·teer** geïn- interpret. **in·ter·pre·ta·sie** -sies interpretation, reading, version.

**in·ter·pro·vin·si·aal** -siale interprovincial.

**in·ter·ro·ga·sie** -sies interrogation. **in·ter·ro·ga·tief** -tiewe, n., (gram.) interrogative. **in·ter·ro·ga·tief** -tiewe, adj. interrogative.

**in·ter·sek·sie** -sies intersection.

**in·ter·sel·lu·lêr** -lêre, (biol.) intercellular.

**in·ter·ste·de·lik** -like intercity, interurban.

**in·ter·stel·lêr** -lêre, (astron.) interstellar.

**in·ter·u·ni·ver·si·teits·wed·stryd** intervarsity (match); →INTERVARSITY.

**in·ter·u·ni·ver·si·têr** -têre interuniversity.

**in·ter·val** -valle interval.

**in·ter·var·si·ty** -sities, (Eng., infml.) intervarsity.

**in·te·staat** -state, n., adj. & adv. intestate.

**in·tes·ti·naal** -nale intestinal.

**in·teu·el** inge- curb, restrain.

**in·tiem** -tieme -tiemer -tiemste intimate; cosy, snug, homelike; ~*e geselsie* fireside chat; ~*e geskiedenis* inside story; ~*e gesprek* heart-to-heart (chat/conversation/discussion/talk); ~*e liefkosings* heavy petting; ~ *met iem. omgaan/wees* be intimate with s.o.; ~*e vriend* close/intimate friend, familiar (friend). **in·ti·mi·teit** -teite intimacy.

**in·ti·fa·da** (Arab.: uprising) intifada.

**in·tik** inge- type in; (comp.) key (in), punch in (a code etc.); *iets weer* ~, (comp.) rekey s.t..

**in·ti·mi·deer** geïn- intimidate, browbeat, (infml.) psych(e) (out). **in·ti·mi·da·sie** intimidation. **in·ti·mi·deer·der** -ders intimidator.

**in·tog** entrance, entry; *iem. se* ~ *in* ... s.o.'s entry into ... (a city etc.).

**in·to·le·ran·sie** intolerance.

**in·to·neer** geïn-, (phon., mus.) intone, intonate. **in·to·na·sie** -sies, (phon., mus.) intonation; (mus.) cadence, cadency.

**in·toom** inge- curb, pull up, rein in (a horse); (fig.) bridle, curb, check, restrain, put a check upon (one's passions etc.).

**in·tra·net** (comp.) intranet.

**in·tran·si·tief, in·tran·si·tief** -tiewe, n. & adj., (gram.) intransitive.

**in·trap** n.: (sommer) met die ~(slag), (infml.) from the outset, (right) from the start. **in·trap** inge-, vb. trample/tread down; step/walk in.

**in·tra·sel·lu·lêr** -lêre intracellular.

**in·tra·ve·neus** -neuse, (anat.) intravenous.

**in·tre·de** -des entrance (upon office); induction; entry (into an organisation); advent (of spring).

**in·tree** inge- enter; set in; intervene, step in, move in; arise. ~**geld** admission (fee); membership fee; entry fee. ~**rede** inaugural speech/address. ~**toespraak** (parl.) maiden speech.

**in·trek** n. indraught; *jou* ~ *neem* move in; take up one's quarters; *jou* ~ *êrens neem* take up residence (or one's abode) somewhere. **in·trek** inge-, vb. draw/pull/haul in; call in (money); move in; abrogate; embroil in/with; retract; immigrate; march into (town); move into (a house); inhale (smoke); (liquids) soak in, dry up; withdraw (a motion); repeal (a law); revoke (an edict); cancel (s.o.'s leave, an order, etc.); set aside (an order); rescind, reverse (a decision); countermand (an order); unsay (words); retract (a statement); go back on (a promise); suspend (s.o.'s licence); *iem. by/in iets* ~ involve/embroil s.o. in s.t.; *in 'n huis* ~ move into a house; *by iem.* ~ move in with s.o.; *die land* ~ trek into the country; (plooitjies) ~ gather (pleats), make gathers, ruffle. ~**koord** drawstring. ~**plooitjie** gathered pleat, gather. ~**werk** ruffling; (millinery) drawn work.

**in·trek·baar** -bare retractile (claw); retractable (undercarriage); rescindable, repealable, revocable; cancellable, withdrawable.

**in·trek·ker** -kers newcomer, new arrival, new settler, immigrant.

**in·trek·king** cancellation, repeal, rescission, retraction, revocation, abrogation, withdrawal; ~ *van rybewys* suspension of driver's licence. **in·trek·kings·be·pa·ling** cancellation phrase.

**in·tri·gant** -gante, n. plotter, schemer, machinator, intriguer. **in·tri·gant** -gante, adj. intriguing, scheming, plotting.

**in·tri·ge** -ges intrigue, machination, scheming; plot, story-line (of a novel etc.). ~**stuk** comedy of intrigue, cloak-and-dagger play.

**in·tri·geer** geïn-, (rare) intrigue, plot, scheme; ... ~ *iem.* s.o. finds ... intriguing, ... piques s.o.'s interest.

258

**in·trin·siek** =sieke intrinsic; *iets na sy ~e waarde beoordeel* judge s.t. on merit (*or* its own merits).

**in·tro·duk·sie** =sies, (fml.) introduction; letter of introduc= tion, introductory letter.

**in·tro·ï·tus** =tusse, (relig.) introit.

**in·tro·spek·sie** introspection. **in·tro·spek·tief** =tiewe intro= spective.

**in·trou** inge= marry into; intermarry.

**in·tro·vert** =verte, n., (psych.) introvert. **in·tro·vert** =verte, adj. introvert(ed). **in·tro·ver·sie** (psych., zool., anat.) intro= version.

**in·tui·mel** inge= tumble in(to); collapse, cave in.

**in·tu·ï·sie** =sies intuition; *by ~* by intuition, intuitively. **in·tu· ï·tief** =tiewe, adj. & adv. intuitive(ly); (infml., attr.) gut (feel= ing); *~tiewe insig* third eye (fig.).

**in·tus·sen** meanwhile, meantime, in the meantime.

**in·tyds** (comp.) real-time (clock etc.).

**I·nu·ïet, In·nu·ïet** =nuïete In(n)uit; →ESKIMO. **I·nu·ï·ties, In·nu·ï·ties** =tiese, adj. In(n)uit.

**in·vaar** inge= sail in(to) (port); sweep in(to); *die duiwel het in iem.gevaar,* (infml.) s.o. flew into a rage, s.o. had a fit. **in·vaart** entrance.

**in·val** =valle, n. incursion, inroad, irruption, invasion, raid, foray; brainwave, idea, notion, thought; fancy; incidence (of ray/light); *'n ~ doen* make a raid; make an incursion; *'n ~ in ...* an invasion of ... (a country); a raid on ...; an incursion into ... **in·val** inge=, vb. drop/fall in(to); collapse, give way, tumble down; (night, winter) close in, come on, set in; invade (a country), raid (a club); put into (port); join in (singing); chip/ cut/chime in, interrupt; cross, come into (one's mind); occur to (s.o.); start (work); become hollow/emaciated; (mus.) join in, come in; *by iem. ~,* (infml.) drop in on s.o.; *(in) 'n land ~* invade a country; *~lende lig* incident light; *die orkes val in* the orchestra strikes up. **in·val·lend** =lende invading. **in·val·ler** =lers invader; stand-in. **in·vals·hoek** (phys., math.) angle of incidence; approach.

**in·va·li·de** =des, n. invalid. **in·va·li·de** adj. broken-down, disabled, incapacitated, invalid. **in·va·li·di·teit** disablement, disability; invalidity.

**in·vat** inge= take in; carry in.

**in·vee** inge=: *iets onder die tapyt ~,* (infml.) sweep s.t. under the carpet.

**in·ven·ta·ris** =risse inventory; schedule; *(die) ~ opmaak* take stock; *'n ~ van ...opmaak/opstel* make an inventory of ... **~op· ruiming, ~uitverkoop** stocktaking sale.

**in·ven·ta·ri·seer** geïn= make/take (or draw up) an inven= tory, take stock; catalogue. **in·ven·ta·ri·sa·sie** =sies stocktak= ing; cataloguing.

**in·vers** =verse, (math.) inverse. **in·ver·sie** =sies inversion.

**in·ver·ta·se** (biochem.) invertase.

**in·ver·te·braat** =brate, n., (zool.) invertebrate.

**in·ver·teer** geïn= invert.

**in·ves·teer** geïn= invest (in capital goods). **in·ves·te·ring** (capital) investment. **in·ves·ti·tuur** =ture investiture, inaugu= ration, induction.

**in·ves·te·rings·: ~aansporing** investment incentive. **~in· komste** investment income.

**in·vet** inge= grease, oil.

**in vi·tro** (biol., Lat.) in glass) in vitro. **~-bevrugting** in vitro fertilisation.

**in·vleg** inge= plait/twine/twist/weave in; put in, introduce (re= marks).

**in·vlieg** inge= fly in(to); (fig.) scold, rebuke, reprimand, go for, lash/sail into, (infml.) bawl out, fly at, jump down ...'s throat (s.o.); *die lug ~* fly into the air.

**in·vloed** =vloede influence; interest, effect, pull; *~ by iem. hê*

have influence with s.o.; *iets gee iem. ~* s.t. gives s.o. lever= age; *~ hê* have influence; carry weight (s.o.'s opinion etc.); *onder die ~ van ... staan/wees* be under the influence of ...; *onder die ~ (van drank) wees* be under the influence (of liq= uor); be the worse for drink; *~ op ... hê* have influence (up)on/over ...; *'n ~ op iets hê/uitoefen,* (also) affect s.t.; have a bearing on s.t., bear (up)on s.t.; *politieke ~,* (also) politi= cal clout; *sonder ~* without any influence; *'n persoon van ~* an influential person, a person of consequence/weight, a person of influence; (infml.) a bigwig (or big bug). **~ryk** =ryke influential, weighty, high-powered (pers.); *~e persoon,* (also) luminary, leading light. **~sfeer** sphere of influence.

**in·vloei** inge= flow in(to). **in·vloei·end** =ende influent. **in· vloei·ing** inflow, influx, inrush.

**in·voeg** inge= put in, infix, insert, inset; intromit; interpolate; mortise; (comp.) paste; *iets in ... ~* insert s.t. in(to) ... **in·voe·ging** =gings, =ginge insertion, interpolation. **in·voeg·sel** =sels inset, insertion, infix.

**in·voel** inge=: *jou ~ in ...* empathise (or share a feeling) with ... **in·voe·ling** empathy.

**in·voer** n. import; importation; (mech., comp.) input; *~ en uitvoer* imports and exports. **in·voer** inge=, vb. import (goods); introduce (changes); set up (a custom); present (characters in a play); (comp.) import (data etc.); *iets geleidelik ~* phase s.t. in; *iets in 'n land ~ (uit 'n ander land)* import s.t. to a country (from another country). **~agent** import agent. **~artikel** =kels article of import; (in the pl.) imports. **~beheer** import con= trol, import licensing. **~goed(ere), ~ware** imports, import articles, import goods; *vraag na ~* import demand. **~han· del** import trade. **~lisensie** import licence. **~permit, ~ver· gunning** import permit. **~reg** import duty, import dues; *~ op iets betaal* pay import duty on s.t.. **~verbod** embargo (on importation), import prohibition.

**in·voer·baar** =bare importable.

**in·voer·der** =ders importer (of goods); introducer (of changes etc.).

**in·voe·ring** importation; introduction.

**in·vo·ka·sie** invocation.

**in·vor·der** inge= collect (taxes); demand (payment); recover (debts). **in·vor·de·raar** =raars collector. **in·vor·der·baar** =bare collectable, leviable, recoverable (debts). **in·vor·de·ring** =rings, =ringe collection, levy; recovery (of debts).

**in·vor·de·rings·: ~bank** collecting bank. **~gelde** collec= tion/collecting fees. **~koste** cost of recovery, collecting charges.

**in·vou** inge= fold in; enclose.

**in·vra** inge= interrogate, probe; *iem. ~* cross-question/inter= rogate/pump s.o..

**in·vreet** inge= bite/eat into; corrode, pit; *in iets ~* eat into s.t.; gnaw away at s.t.. **in·vre·ting** =tings, =tinge corrosion; pitting; pinholing.

**in·vryf, in·vry·we** inge= rub in.

**in·vul** inge= fill in, complete (a form), make out. **in·vul·ling** filling in, completion (of a form).

**in·waai** inge= blow in, be blown in; *iem. het kom ~,* (infml.) s.o. blew in.

**in·waarts** =waartse, adj. inward; *~e belegging,* (econ.) inward investment. **in·waarts** adv. inward(s).

**in·wag** inge= await, wait for; *'n antwoord ~* await a reply; *in· skrywings/tenders ~* invite tenders.

**in·weef** inge= weave in(to), interweave; (dressm.) graft; *iets in 'n toespraak/verhaal ~* weave s.t. into a story/speech.

**in·weeg** inge= weigh in.

**in·week** inge= soak/steep in.

**in·wen·dig** =dige, adj. inner, interior, internal, inward; (biol.) endogenous; *nie vir ~e gebruik nie* not to be taken, for ex= ternal use only; *~e klok* biological/body clock; *die ~e mens* *versterk* fortify/recruit/refresh the inner being; *~e **parasiet*** endoparasite, internal parasite; *'n ~e **stem*** an inner voice. **in·wen·dig** *adv.* inwardly, internally. **in·wen·di·ge** inside; inwardness.

**in·werk** *inge-* work in; *(dressm.)* set in; *jou* ~ learn (*or* get to know) the ropes; insinuate o.s.; master the details of s.t.; *iets werk op ... in* s.t. affects/influences ...; *nadelig op iets* ~ affect s.t. adversely. **in·wer·king** action, influence, reaction; *~ op ...*, *(also)* impact upon ...

**in·wer·king:** *~***stelling** putting into operation. *~***treding** coming into force/operation, taking effect, commencement *(of a law).*

**in·werp** *inge-* throw in(to); interpose; interrupt; object; *alles* ~ go all out.

**in·wik·kel** *inge-* cover/wrap up, enfold, envelop, swathe, enshroud.

**in·wil·lig** *inge-* accede/agree to, comply with, concede *(demands)*, consent to, grant, satisfy, vouchsafe; *in/tot iets* ~ agree/accede to s.t.. **in·wil·li·ging** assent, compliance, consent; grant(ing); *~ van 'n versoek* consent to a request.

**in·win** *inge-* collect, gather *(information).* **in·win·ning** collection, gathering *(of information).*

**in·wip** *inge-* jump into *(bed, a room, etc.)*; drop in *(on s.o.)*, pop into *(a shop etc.).*

**in·wis·sel** *inge-* cash (in) *(a cheque)*; change *(currency)*; exchange *(for s.t. else)*; convert. **in·wis·sel·baar** *-bare* convertible; exchangeable. **in·wis·sel·baar·heid** convertibility. **in·wis·se·ling** cashing; exchange; conversion.

**in·woel** *inge-: jou êrens* ~ worm one's way in.

**in·woon** *inge-* live/reside in; lodge; *by iem.* ~ live/lodge/room/stay with s.o.. **in·wo·nend** *-nende* resident; immanent; *~e arts/geneesheer* intern(e), houseman. **in·wo·ner** *-ners* inhabitant *(of a country)*; resident *(of a city)*; occupant *(of a house)*; lodger *(in a room)*; dweller, inmate, citizen. **in·wo·ner·tal** population, number of inhabitants. **in·wo·ning** lodging.

**in·wor·tel** *inge-* become deeply rooted, strike/take root.

**in·wurg** *inge-* gulp down.

**in·wurm** *inge-* insinuate *(o.s.)*, fawn *(upon)*; *jou* ~ worm o.s. in, insinuate o.s..

**in·wy** *inge-* inaugurate *(a new building)*, take into use; consecrate *(a church)*; *'n nuwe huis* ~ give/have a house-warming (party); *iem. in iets* ~ initiate s.o. into s.t.; let s.o. into s.t. *(a secret etc.).* **in·wy·ding** *-dings, -dinge* dedication, consecration; inauguration; ordination; initiation.

**in·wy·dings:** *~***fees** inaugural festival. *~***rede** inaugural address/speech. *~***vaart** maiden voyage *(of a ship).*

**in·yan·ga** *(Zu.: healer)* inyanga.

**in·zoem** *(phot.)* zoom in *(on s.o./s.t.).*

**i·o·nies** *-niese* ionic.

**i·o·ni·seer** *geïo-* ionise. **i·o·ni·sa·sie, i·o·ni·se·ring** ionisation.

**i·oon** *ione, (chem.)* ion. *~***straal** ionic radius; ionic beam.

**i·o·ta** *-tas, (Gr. letter)* iota; *(fig.)* →JOTA.

**i·pe·kon·ders,** *(rare)* **hi·po·kon·ders** *n.* hypochondria; *~ hê, vol ~ wees* have imaginary ailments/complaints. **i·pe·kon·der·se,** *(rare)* **hi·po·kon·der·se** *adj.* hypochondriac(al).

**i·Pod** *iPods, (trade name: portable, digital audio player)* iPod.

**ip·so fac·to** *adv., (Lat., fml.)* ipso facto, thereby; by that very fact/act.

**I·rak, I·rek** *(geog.)* Iraq. **I·ra·ki·ër** *-kiërs,* **I·rak·kees** *-kese, n.* Iraqi. **I·rak·kees** *-kese,* **I·raks** *-rakse, adj.* Iraqi.

**I·ran** *(geog.)* Iran, *(hist.)* Persia. **I·ra·ni·ër** *-niërs,* **I·ran·nees** *-nese, n.* Iranian. **I·rans** *-ranse,* **I·ran·nees** *-nese, adj.* Iranian.

**i·ri·di·um** *(chem., symb.: Ir)* iridium.

**i·ri·do·lo·gie** *(med.)* iridology. **i·ri·do·loog** *-loë* iridologist.

**i·ris** *irisse* iris *(of the eye)*; *(bot.)* flag, iris.

**I·ro·kees** *-kese, n., (member of a native Am. people; lang.)* Iroquois. **I·ro·kees** *-kese, adj.* Iroquoian; Iroquois.

**i·ro·nie** irony. **i·ro·nies** *-niese* ironic(al), wry, tongue-in-cheek. **i·ro·ni·kus** *-nikusse, -nici,* **i·ro·nis** *-niste* ironist. **i·ro·ni·seer** *geïro-* ironise.

**ir·ra·di·eer** *geïr-* irradiate. **ir·ra·di·a·sie** irradiation.

**ir·ra·si·o·naal** *-nale, (math.)* irrational *(number).*

**ir·ra·si·o·neel** *-nele* irrational. **ir·ra·si·o·na·lis·me** irrationalism. **ir·ra·si·o·na·li·teit** irrationality.

**ir·re·ëel** *-reële* unreal, fictitious.

**ir·re·le·vant** *-vante* irrelevant. **ir·re·le·van·sie** irrelevance, irrelevancy.

**ir·ri·teer** *geïr-* irritate, annoy, exasperate, vex, *(infml.)* bug; *iem. ~, (also)* get into s.o.'s hair. **ir·ri·ta·sie** *-sies* irritation. **ir·ri·te·rend** *-rende* irritating, annoying, infuriating, maddening, provoking, vexing, vexatious, grating; irritant.

**is** is, are; *(with p.p.)* was, were; *as daar* ~ if any; *dit* ~ ... it is ...; *dikwels* ~ *dit* ... frequently it is ...; *dit* ~ *mnr.* ... meet Mr ...; *iem. ~ dood* s.o. died; *iem.* ~ *in 1983 gebore* s.o. was born in 1983; *dit* ~ *gedoen* it was done; it has been done; *dit* ~ *in Kaapstad gedruk* it was printed in Cape Town; *iem.* ~ *al lank hier* s.o. has been here for a long time; *iem.* ~ *huis toe* s.o. went (*or* has gone) home; *is! ek* ~ *laat, nie waar nie?* I am late, aren't I?; *dit* ~ *vir my snaaks* it seems funny to me; *soos dit* ~ as is; *dit* ~ *net soos iem. is* that is s.o. all over; *net soos hy/sy/dit* ~ warts and all; *iem.* ~ *tuis* s.o. is at home; *waar* ~ *jy?* where are you?; where have you got to?. **is** *interj.* it is (so)!; ~ *nie!* it isn't (so)!.

**i·sa·go·giek** *(theol.)* isagogics. **i·sa·go·gies** *-giese* isagogic.

**I·se·bel** *(OT)* Jezebel. **i~dosie** vanity case/box; compact; flapjack. **i~tas(sie)** vanity bag.

**i·si·cam·tho** *(Ngu.)* = FLAAITAAL.

**i·si·ca·tha·mi·ya** *(Zu., mus.: a cappella singing)* isicathamiya.

**is·ke·mie** *(med.)* isch(a)emia. **is·ke·mies** *-miese* isch(a)emic.

**is·ki·as** *(med.)* sciatica, hip gout.

**Is·lam** Islam. **is·la·mi·seer** *geïs-* Islamise. **is·la·mi·se·ring** Islamisation. **Is·lams** *-lamse* Islamic.

**is·me** *-mes, (infml., often derog.)* ism.

**is·mus** *-musse, (geog.)* isthmus. **is·mies** *-miese* isthmian.

**i·so·baar** *-bare, (meteorol.)* isobar. **i·so·ba·ries** *-riese,* **i·so·ba·ro·me·tries** *-triese* isobaric.

**i·so·baat** *-bate, (cartogr.)* isobath.

**i·so·chro·ma·ties** *-tiese,* **i·so·chroom** *-chrome* isochromatic.

**i·so·chroon** *-chrone,* **i·so·kroon** *-krone, n.* isochrone. **i·so·chroon** *-chrone,* **i·so·kroon** *-krone, adj.* isochronous, isochronal, isochrone. **i·so·chro·nis·me, i·so·kro·nis·me** isochronism.

**i·so·di·na·mies** *-miese, (phys., geog.)* isodynamic.

**i·so·foon** *-fone, (ling.)* isophone.

**i·so·ge·o·ter·mies** *-miese, (geog.)* isogeothermal, isogeothermic.

**i·so·glos** *-glosse, (ling.)* isogloss.

**i·so·goon** *-gone, (geog., geom.)* isogon. **i·so·go·naal** *-nale,* **i·so·go·nies** *-niese, (geog., geom.)* isogonic, isogonal.

**i·so·gram** *-gramme, (meteorol.)* isogram.

**i·so·hi·eet** *-hiëte, (meteorol.)* isohyet.

**i·so·hips** *-hipse, (cartogr.)* isohypse.

**i·so·klien** *-kliene, (geog.)* isoclinic line; *(geom.)* isocline; *(geol.)* isoclinal fold. **i·so·kli·naal** *-nale,* **i·so·kli·nies** *-niese* isoclinal, isoclinic.

**i·so·la·sie** isolation; insulation. *~***band, isoleerband** insulating/insulation/friction tape. *~***fout** defect in insulation. *~***materiaal, isoleermateriaal** insulating material, insulation. *~***vermoë** insulating power.

**i·so·la·si·o·nis** *-niste, n.* isolationist. **i·so·la·si·o·nis·me** iso=lationism. **i·so·la·si·o·nis·ties** *-tiese, adj.* isolationist.

**i·so·la·tor** *-tore, -tors* insulator, non(-)conductor, insulating material.

**i·so·leer** *geïso=* isolate; insulate; quarantine; →ISOLASIE. **~fles** vacuum/dewar flask. **~kamer** padded cell/room. **~steen** insulating brick. **~vermoë** insulating ability.

**i·so·le·rend** *-rende* insulating; dielectric(al).

**i·so·le·ring** isolation; insulation.

**i·so·meer** *-mere, n., (chem.,phys.)* isomer. **i·so·me·ries** *-riese, adj.* isomeric, *(biol.)* isomerous.

**i·so·me·trie** *(math.)* isometry. **i·so·me·tries** *-triese* isomet=ric; *(cryst.)* cubic, isometric(al); *~e oefeninge* isometrics.

**i·so·morf** *-morfe, n.* isomorph. **i·so·morf** *-morfe,* **i·so·mor·fies** *-fiese, adj.* isomorphic, isomorphous. **i·so·mor·fie** isomorphism.

**i·so·po·de** *-des, (zool.)* isopod.

**i·so·term** *-terme, (phys.)* isotherm, isothermal line; *(meteor=ol.)* isotherm(al). **i·so·ter·mies** *-miese* isothermal.

**i·so·toon** *-tone, n., (phys.)* isotone. **i·so·to·nies** *-niese, adj., (physiol., biochem.)* isotonic.

**i·so·toop** *-tope, n., (chem.)* isotope. **~getal** *(phys.)* isotopic number.

**i·so·tro·pie** *(phys.)* isotropy. **i·so·troop** *-trope,* **i·so·tro·pies** *-piese, adj.* isotropic, isotropous.

**Is·ra·el** *(geog.)* Israel. **Is·rae·li** *-li's* Israeli. **Is·rae·lies** *-liese, adj.* Israeli. **Is·rae·liet** *-liete, (Bib.)* Israelite. **Is·rae·li·ties** *-tiese* Israelite.

**Is·tan·bul, Is·tan·boel** *(geog.)* Istanbul.

**I·ta·li·ë** *(geog.)* Italy. **I·ta·li·aans** *n., (lang.)* Italian. **I·ta·li·aans** *-aanse, adj.* Italian; *~e sonnet* Italian/Petrarchan sonnet. **I·ta·li·a·ner** *-ners* Italian.

**I·ta·lies** *n., (lang. group)* Italic. **I·ta·lies** *-liese, adj.* Italic.

**i·tem** *items* item. **i·tem·pie** *-pies* little item.

**i·te·ra·sie** *-sies* iteration, repetition. **i·te·ra·tief** *-tiewe, n. & adj., (gram.)* iterative, frequentative.

**i·voor** ivory. I~kus: *die I~kus, (geog.)* the Ivory Coast. **~swart** ivory black, boneblack. **~toring** *(fig.)* ivory tower; *in 'n ~* in an ivory tower. **~werk** ivory work. **~wit** ivory white.

**i·voor·ag·tig** *-tige* ivory-like.

**i·voor·kleur** ivory. **i·voor·kleu·rig** *-rige* ivory(-coloured), eburnean.

**I·vo·ri·aan** *-riane,* **I·voor·kus·ser** *-sers, n.* Ivorian. **I·vo·ri·aans** *-aanse, adj.* Ivorian, of the Ivory Coast.

**ix·i·a** *ixias, (bot.)* ixia.

# Jj

**j, J** ='s, *(tenth letter of the alphabet)* j, J. **J-kromme** *(stat.)* J curve. **j'tjie** little j.

**ja** *interj.* yes!, *(infml.)* yup!; I do!; *(in voting)* yea!, ay(e)!; ~ **goed** yes!, *(infml.)* will do!; *dit kan,* ~ that's quite possible; *'n vraag met* ~ *beantwoord* answer a question in the affirmative; ~ **nè?** indeed, so I hear/believe; ~ *en/of nee* yes and/or no; *nou* ~ well then; *maar nou* ~ oh, well; anyway; never mind; ~ *sê* say yes; *die meerderheid sê* ~, *(in voting)* the ayes have it; *so* ~*!* that's it!; that's that!; ~ *wat!* yes!, all right!. **ja** *ja's, n., (in voting)* ay(e). ~**broer** *(infml.)* yes-man, conformist. ~**nee** indeed!, (for) sure!; ~, *so gaan dit maar* oh, well, such is life. ~**stem** affirmative vote; *ja- en nee-stemme* yeas and nays. ~**woord** consent; promise of marriage; *iem. die* ~ *gee* accept s.o.'s hand (in marriage); *van 'n vrou die* ~ *kry* win a woman's hand; *die* ~ *vra* propose, *(infml.)* pop the question.

**jaag** *ge=, (also ja)* chase, pursue; drive; hurry; race, speed, rush, tear; career, streak, sweep *(through);* ~ *om betyds klaar te kom/kry* work against time; *deur iets* ~ gallop through s.t.; *die brand* ~ *deur die bome* the fire sweeps through the trees; *iem./iets flou* ~ chase s.o./s.t. to a standstill; *iem. 'n koeël deur die kop* ~ put a bullet through s.o.'s head; *met iem. na* ... ~ rush s.o. to ... *(hospital etc.); na* ... ~ rush to ...; *daar is niks wat jou* ~ *nie* there is no rush *(or* reason to hurry); *teen* ... ~ race against ...; *iem. uit die* ... ~ chase/order s.o. out of the ...; *'n wet deur die parlement* ~ rush a bill through parlia= ment. ~**duiwel** speed(st)er, hell driver, *(infml.)* cowboy. ~**pad** speedway. ~**siekte** *(vet.)* broken wind *(in horses);* droning= sickness *(in sheep).* ~**spinnekop** →JAGSPINNEKOP. ~**strik** speed trap. ~**tog** chase.

**jaar** *jare* year; *aanstaande/volgende* ~ next year; *die afge= lope* ~ the last/past year; *gedurende al daardie/dié jare* through= out those years; *iem. se beste jare is verby* s.o. is past his/her prime; *binne 'n* ~ in a year('s time); *binne 'n* ~ *ná iem. se dood* within a year of s.o.'s death; *'n* ~ *daarna/later* after a year; *die* ~ *daarop* the next year; *jare der jare gelede* years and years ago; *deur die jare (heen)* over the years; *deur die jare heen* down the years; *deur (al) die jare heen* (all) through the years; *dié* ~ this year; *jou jare goed dra* carry/wear one's years *(or* bear one's age) well; *drie* ~ three years; *drie* ~ *(oud) wees* be three years old, be three years of age; *elke* ~ every year; year after/by year; *iem. het ... in geen jare gesien nie* s.o. hasn't seen ... for ages/years *(s.o. else);* it is years since s.o. saw ... *(s.o. else/s.t.); 'n paar* ~ *gelede* some years ago/back, a few years ago; *tot 'n paar* ~ *gelede* until a few years ago; *jare gelede* years ago/back; *nie 'n goeie* ~ *nie* an off year *(for farmers etc.); die hele* ~ *(deur)* all (the) year (round); through= out the year, the whole year (round); *honderd* ~ *(oud) word* →*word; dit was nie honderd* ~ *nie of ...*, *(infml.)* quite soon ...; *een maal in die* ~ once a year; *dit het in die jare negentig (of die negentigerjare) gebeur* it happened in die nineties; *in jou veertigste* ~ *wees* be in one's fortieth year; *in iem. se jong jare* in s.o.'s young days; *iets laat iem. jare jonger lyk* s.t. takes years off s.o.; *jonk vir jou jare wees/lyk* be young for one's years; carry/wear one's years well; *op die kop (of presies) 'n* ~ a year to the (very) day; *iem. het ... jare laas gesien* it is years since s.o. saw ... *(s.o. else); iem. het jare laas ... gesien* it is years since s.o. saw ... *(s.t.); die laaste* ~ the last year *(of a period); (in) die laaste jare* the past couple of years, in recent years;

*'n* ~ *lang(e)* ... a year-long ...; *'n jare lange* ... a ... of many years; *tien lange jare wag* wait through ten long years; *vyf* ~ *of langer,* vyf *of meer jare* five or more years; *jare lank* for years (and years), for many long years; for years on end; *in die loop van die jare* in the course of the years; *die lopende* ~ the current year; *een maal in die (of per)* ~ once a year; *met die jare* in (the course of) time; in the course of the years; as the years go by; *met die jare verbeter* improve with age; ~ *na/op* ~ year after/by year; *nog baie jare* for many years to come; *nog baie jare!* many happy returns of the day!; *(al) om die twee* ~ every other year; *al om die ander* ~ every other/second/alternate year; *in die* ~ *van onse Here* in the year of grace *(or* our Lord); *oor 'n* ~ in a year('s time); *van= dag oor 'n* ~ a year from today; a year hence; *oor twintig* ~ twenty years on; *eers oor jare* not for years *(in the future); op sy/haar jare* at his/her time of life; *'n* ~ *oue* ... a year-old ...; *'n tien* ~ *ou(e)* ... a ten-year-old ...; *'n jare oue* ... a years-old ...; *jare ouer word* put on years; *party jare* some years; ... *per* ~ ... a/per year, ... per annum; *presies 'n* →*kop; 'n ronde* ~ a full/whole year; *baie jare agter die rug hê* have many years behind one; *'n stil* ~ an off year *(for business etc.); die* ~ *tevore* the previous year; *in die* ~ *toet*, *(infml.)* many years ago; *uit/van die* ~ *toet*, *(infml.)* very old; *van* ~ *tot* ~ from year's end to year's end; *uit die* ~ ... dating from ...; *atleet/ens. van die* ~ athlete/etc. of the year; *iem. is van jou jare* s.o. is your age; *verlede* ~ last year; *met die verloop van die jare* over the years; *vir 'n* ~ ... *toe gaan* go to ... for a year; *jou jare voel* feel one's age; *die volgende/vorige* ~ the next/ previous year; *honderd* ~ *(oud) word* live to be a hundred.

**jaar=:** ~**balans** annual balance sheet. ~**berig** (short) annual report. ~**blad** annual (publication). ~**boek** =*boeke* yearbook; *(in die pl.)* annals. ~**dividend** annual dividend. ~**einde** year end; *teen die* ~ by the year end. ~**eindsyfers** year-end fig= ures. ~**gang** (annual) volume *(of a periodical).* ~**geld** annual allowance/salary; annuity. ~**gety** =*tye* season; *die vier* ~*e* the four seasons. ~**gewas** annual crop. ~**in:** ~ *en jaaruit* year in, year out. ~**inkomste** annual income. ~**merk,** ~**stempel** date mark. ~**omset** annual turnover/sales, annual volume of busi= ness. ~**plant** annual (plant). ~**ring** annual/growth ring, tree/ timber ring. ~**saldo** annual balance. ~**staat** annual return(s)/ statement; *finansiële* ~ annual financial statement. ~**syfer** annual record/return/figure. ~**tal** date; *sonder* ~ undated *(pub= lication).* ~**toelaag** annual allowance. ~**tot-jaar-groei** year-on-year growth. ~**verdienste** annual earnings. ~**vergade= ring** annual (general) meeting. ~**verslag** annual report.

**jaar·liks** =*likse, adj. & adv.* annual(ly), yearly, every year; ~*e kongres* annual congress; ~*e opbrengs* annual return/yield; ~*e opgawe* annual return; ~*e rente* annual interest.

**jaar·ling** =*linge* yearling.

**jaart**[1] *jaarts, (infml., <Eng.)* (back)yard.

**jaart**[2] *jaarts, (obs. linear measure)* yard.

**Jack Rus·sell(-ter·ri·ër)** Jack Russell (terrier).

**ja·cuz·zi** =*zi's, (trademark, also* J~*)* Jacuzzi.

**ja·de** jade. **ja·de·ïet** *(min.)* jadeite.

**ja·er** *jaers* racer; speed(st)er; hunter. **ja·e·ry** speeding.

**ja·fel** =*fels,* **ja·vel** =*vels, (infml.)* lout, oaf, roughneck, boor.

**Jaf·fa** *(geog.)* Jaffa. ~**(lemoen)** *(also* j~*)* Jaffa (orange).

**jag**[1] *n.* hunt(ing); shooting; chase; pursuit; *by die* ~ *in* hunt= ing; *op* ~ *gaan* go out hunting; ~ *maak op ... hunt for ...; (fig.) gun for …, pursue …, chase after …;* ~ *maak op effek* strain after/for effect; *op* ~ *na ... wees* be on the hunt for …; be in pursuit of *... (fame etc.).* **jag** *ge-, vb.* hunt, shoot, gun, chase; *gaan* ~ go out hunting. ~**bomwerper** *(mil., av.)* fighter-bomber. ~**buit** spoils of the chase. ~**geselskap** hunting/ shooting party. ~**geweer** sporting rifle/gun. ~**grond** hunt= ing ground. ~**hond** hunting dog, gun dog; pointer; hound. ~**horing** hunting horn. ~**huis(ie)** shooting box/lodge. ~**klub** hunting club. ~**lisensie** hunting/game licence. ~**luiperd** chee= tah. ~**meester** huntsman, master of hounds. ~**mes** hunting knife. ~**ongeluk** hunting accident. ~**seisoen** hunting sea= son; *die* ~ *op iem. oop verklaar, (fig.)* declare open season on s.o.. ~**spinnekop, jaagspinnekop** hunting spider, solpugid, solifuge. ~**tog** hunting expedition, hunt. ~**tyd** shooting sea= son; open season. ~**veld** hunting field/ground, chase, hunt. ~**verhaal** hunting story. ~**vliëenier** fighter pilot. ~**vliegtuig** fighter aircraft/plane.

**jag**[2] *jagte, n.* yacht.

**jags** *jagse jagser jagsste, (coarse)* horny, randy; *(an animal)* on heat, in season, ruttish. **jags·heid** *(coarse)* randiness, lust, (sex= ual) desire; heat *(in fem. mammals);* rut *(in deer etc.);* must *(in elephants, camels).*

**jag·ter** *-ters* hunter, huntsman; *(mil. av.)* fighter (aircraft/plane).

**jag·u·ar** *jaguars, (zool.)* jaguar.

**Jah·we(h)** *(OT)* Yahweh, Yahveh, Jahweh, Jahveh.

**jak** *jakke, jaks, (zool.)* yak.

**ja·ka·ran·da** *-das, (bot.)* jacaranda (tree).

**jak·kals** *-kalse, (zool.)* jackal; *(fig.)* dodger; *'n* ~ *verander van hare, maar nie van snare/streke nie, (idm.)* a leopard cannot change its spots; *hoe kaler* ~, *hoe groter stert, (idm.)* great boast, small roast; ~ *prys sy eie stert, (idm.)* s.o. blows his/her own trumpet; *'n regte* (ou) ~, *(fig., infml.)* a wily fox, a cunning/sly dog; ~*e trou, (idm.: rain with sunshine)* there's a monkey's wedding; *dis die klein* ~*ies wat die wingerd verniel, (idm.)* the devil is in the detail. ~**bessie(boom)** *(Diospyros mespiliformis)* jackal berry (tree). ~**bos** *(Dimorphotheca ecklonis)* Cape mar= guerite. ~**dig** *-digte* jackalproof. ~**dou(tjie)** slight drizzle. ~**draad** jackalproof fencing. ~**draai** *-draaie* sharp turn; *(fig.)* (clever) evasion, excuse, pretext; ~*e gooi/loop/maak, (infml.)* try to dodge/evade the issue. ~**draf** *(dance)* foxtrot. ~**druif** fox grape. ~**hond** foxhound, jackal-hunting dog. ~**jag** fox= hunt. ~**reën(tjie)** rain with sunshine, sun shower. ~**streek** *-streke, (fig.)* artifice; piece of roguery; *(in the pl.)* cunning, shrewdness, slyness. ~**voël** *(Buteo spp.)* buzzard.

**jak·kals·ag·tig** *-tige* foxy, vulpine.

**jak·ker** *ge-* career/dart/fly along; romp; gallivant, frolic.

**Ja·kob** *(OT)* Jacob; *die ware* ~*/j~, (infml.)* the real McCoy, the genuine thing; just what the doctor ordered. **j~regop** *-regoppe, -regops, (bot.)* zinnia. **ja·kobs·leer** *(bot.)* Jacob's lad= der; bucket elevator.

**Ja·ko·bus** *(NT apostle; king)* James.

**ja·ko·pe·wer** *-wers, (SA, icht.)* jacopever. ~**oë** protruding eyes.

**ja·lap, ja·lop** *(bot.)* jalap.

**ja·loers** *-loerse -loerser -loersste* jealous, envious; *iem.* ~ *dop= hou* keep a jealous eye on *(or* watch over) s.o.; *iem.* ~ *maak* make s.o. jealous; *op iem.* ~ *wees* be jealous/envious of s.o..

**ja·loe·sie**[1] *n.* jealousy, envy; *groen van* ~ *wees* be green with jealousy/envy; ~ *(op)wek* arouse jealousy/envy.

**ja·loe·sie**[2] *-sieë, n.* jalousie, slatted/Venetian blind.

**Jal·ta** *(geog.)* Yalta.

**jam** *jams,* **jams·wor·tel** *-tels, (bot.)* yam.

**Ja·mai·ka** *(geog.)* Jamaica. **Ja·mai·kaan** *-kane, n.* Jamaican. **Ja·mai·kaans** *-kaanse, adj.* Jamaican. **j~gemmer** *(also* J~) Jamaica ginger. **j~peper** *(also* J~) allspice, pimento, Jamaica pepper.

**jam·ba·lai·a** *(Creole cook.)* jambalaya.

**jam·be** *-bes, (pros.)* iamb(us). **jam·bies** *-biese* iambic.

**jam·boes** *-boese, (bot.)* jambos(a); *(Mal. tree; its fruit)* rose apple.

**jam·mer** *-merder -merste, adj. & adv.* sorry; *dis alte* ~ that's/ it's too bad *(infml.); dis alte* ~*!* what a pity!; *dit is baie/bitter* ~ it is a great pity, it is a shame; *des te* ~*der* more's the pity; *dis* ~*!* bad luck!; *dit is* ~ it is a pity; it is a matter of regret; it is tough *(infml.);* it is hard lines *(infml.);* ~ *genoeg* more's the pity; *iem.* ~ *kry, vir iem.* ~ *voel/wees* feel pity for s.o.; be/feel sorry for s.o.; *meer* ~ *as kwaad* more in sorrow than in anger; *en dis juis so* ~ more's the pity; *dit is alte* ~ *van iem.* it is too bad about s.o.. **jam·mer** *ge-, vb., (poet., liter.)* lament, wail. **jam·mer** *interj.* sorry!; pardon (me)!, (I beg your) pardon!; excuse me!. ~**klag** lamentation, wail. ~**lappie** fin= ger cloth, damp napkin. ~**verhaal,** ~**storie** sob story.

**jam·mer·har·tig** *-tige* compassionate, pitying.

**jam·mer·lik** *-like, adj. & adv.* miserable, pitiable, pitiful, piteous, woeful, wretched, lamentable; *'n* ~*e figuur slaan* be an object of pity; ~ *misluk* be a dismal failure, fail dismally.

**jam·mer·te** pity, sympathy, compassion; *dis 'n* ~*!* what a pity!; it is hard lines *(infml.); dit is regtig 'n* ~ it is a great pity, *(infml.)* it is rotten/rough/tough luck; *uit* ~ out of *(or* in) pity.

**Jan:** ~ *Alleman,* ~ *en alleman* (every) Tom, Dick and Harry, the man in the street, Everyman *(often e~);* ~ *Burger/Pu= bliek, (infml.)* Joe Public, John Citizen, the man in the street; ~ *Pampoen* Simple Simon, fool, nonentity, weakling, dunce, dud; ~ *Pierewiet, (folk dance)* Jan Pierewiet; ~ *Publiek →* Burger/Publiek; ~ *Rap* (of *janrap*) *en sy maat* (every) Tom, Dick and Harry; riffraff; ~ *Taks, (infml.)* the taxman; *met* ~ *Tuisbly se karretjie ry* stay at home.

**jan·:** ~**blom** *-blomme, -bloms* rain frog. ~**bruin** *-bruine, -bruins, (icht.)* janbruin, John Brown. ~**dooi** →JANSALIE. ~**dorie** *-ries, (icht.)* John Dory. ~**fiskaal** *-kale, -kaals, (orn., infml.)* butcher= bird, Jack(ie) Hanger, Jackie/Johnny Hangman; →FISKAAL= LAKSMAN. ~**frederik** *-rike, -riks, (orn.): gewone* ~ Cape robin(-chat). ~**groentjie** *-tjies, (orn.)* malachite sunbird. ~**in-die-sak** *(cook.)* steamed pudding. ~**rap** no-good, good-for-noth= ing. ~**salie,** ~**dooi** *(infml.)* deadhead, slowcoach; drip, wimp, stick-in-the-mud, wet blanket, wuss. ~**salieagtig** *-tige* spirit= less, spunkless. ~**van-alles** Jack of all trades, handyman.

**Jang** *(Chin. philos.)* Yang.

**Jang·tse(·ri·vier), Jangt·se Jiang** Yangtze (River), Yang= tze Jiang.

**jan·ne·tjie, jan·tjie** *(infml.)* jealous; *iem.* ~ *maak, (infml.)* make s.o. jealous; ~ *wees op iem., (infml.)* be jealous of s.o..

**Ja·nu·a·rie** January. ~**maand** the month of January.

**Ja·nus** *(Rom. myth.)* Janus. ~**gesig** *(also* j~) Janus face; *'n* ~ *hê* be Janus-faced/double-faced, play a double game.

**Ja·pan** *(geog.)* Japan. **Ja·pan·nees** *-nese,* **Ja·pan·ner** *-ners, n., (inhabitant)* Japanese. **Ja·pan·nees, Ja·pans** *n. (no. pl.), (lang.)* Japanese. **Ja·pan·nees** *-nese,* **Ja·pans** *-panse, adj.* Japanese; ~*e papier* Japanese paper; ~*e sy* Japanese silk.

**ja·pie** *-pies, (infml., derog.)* bumpkin, nitwit, dolt, *(SA township sl.)* moegoe, mugu. **ja·pie·ag·tig** *-tige* uncouth, backward.

**ja·pon** *-ponne* gown, robe *(for men/women).*

**ja·po·ni·ka** *-kas, (bot.)* japonica, camellia; Japanese quince.

**jap·snoet** *-snoete, (infml.)* whippersnapper, imp; impertinent boy/girl.

**jap·trap:** *in 'n* ~, *(infml.)* in a jiffy/tick, in two ticks.

**jar·gon** *-gons, (ling.)* jargon; *opvoedkundige/pedagogiese* ~, *(usu. derog.)* educationspeak, educationese.

**jar·moel·ka** *(<Yidd.: cap)* yarmulke, yarmulka.

**jar·ra(·hout)** *(<geol.)* jarrah (wood).

**jas** *jasse* coat, greatcoat, overcoat, topcoat; *ligte* ~ dust coat. ~**kraag** coat collar. ~**materiaal,** ~**stof** coating. ~**rak(kie)** coat rack. ~**sak** coat pocket.

**jas·myn** =myne, (bot.) jasmine, jessamine.

**Ja·son** (Gr. myth.) Jason.

**jas·pis** =pisse, (min.) jasper; swart ~ Lydian stone, lydite, touch=
stone.

**Ja·va** (geog.) Java. **Ja·vaan** =vane, n. Javanese. **Ja·vaans** n.,
(lang.) Javanese. **Ja·vaans** =vaanse, adj. Javanese.

**ja·wel** interj. indeed, yes.

**jazz** (mus.) jazz. **~-era** jazz age (often J~ A~). **~orkes** jazz band.

**Jeanne d'Arc** (Fr., hist.) Joan of Arc, Jeanne d'Arc.

**jeans** (a pair of) jeans; (blou) ~ blue jeans.

**jeens** prep. to, toward(s), by; with; **bedrog** ~ ... fraud (up)on
...; iem. se **houding** ~ ... s.o.'s attitude to(wards) ...; altyd reg
~ **iem.** handel always do right by s.o., treat s.o. fairly; **open=
hartig** ~ iem. wees be frank with s.o..

**jeep** jeeps, (<Eng., J~ as trademark) jeep.

**jee·ra** (Ind. cook.) jeera, cum(m)in.

**Je·ho·va** (OT) Jehovah. **Je·ho·vas·ge·tui·e** (relig.) Jehovah's
Witness.

**je·ju·num** =junums, =juna, (anat.) jejunum.

**jel** jels, n. gel. **jel** ge=, vb. gel, jell.

**jel·lie** =lies jelly. **~baba** (a sweet) jelly baby. **~vis** jellyfish.
**~vorm** jelly mould.

**jel·lie·ag·tig** =tige jellylike, gelatinous.

**Je·men:** (Republiek van) ~ (Republic of) Yemen. **Je·me·niet**
=niete, n. Yemeni, Yemenite. **Je·me·ni·ties** =tiese, **Je·meens**
=meense, adj. Yemeni, Yemenite.

**jen** jen(s), (monetary unit of Jap.) yen.

**je·ne·wer** gin; ~ met kinawater gin and tonic. **~bessie** juni=
per berry. **~boom, ~struik** juniper tree. **~moed** (infml.) Dutch
courage, pot valour. **~neus** (infml.) grog blossom. **~stokery**
gin distillery.

**Je·re·mi·a** (OT) Jeremiah; (fig.) Jeremiah, prophet of doom.
**je·re·mi·a·de** =des jeremiad, lamentation; (infml.) hard-luck
story. **je·re·mi·eer** ge= lament (over), wail, whine.

**Je·ri·go** (geog.) Jericho. **j~roos** (Anastatica hierochuntica) rose
of Jericho.

**Je·ro·be·am** (OT) Jeroboam; (j~, large wine bottle) jeroboam,
double-magnum.

**je·ro·pi·ko(·wyn), je·ro·pi·go(·wyn)** (SA) jerepigo.

**Jer·sey** (geog.) Jersey. **j~beeste** Jersey cattle. **j~stof** Jersey
cloth.

**Je·ru·sa·lem** (geog.) Jerusalem; 'n vreemdeling in ~ wees, (idm.:
not be in the know) be a stranger in Jerusalem; by ~ begin be=
gin at home.

**Je·sa·ja** (OT) Isaiah. **Je·sa·jaans** =jaanse Isaian(ic).

**Je·sji·wa** =was, (Jewish relig. school) yeshiva.

**Je·su·ïet** =suïete, (RC, also j~) Jesuit. **Je·su·ï·te·kloos·ter**
(also j~) Jesuit convent. **Je·su·ï·te·or·de** (also j~) Society of
Jesus, Order of Jesuits. **Je·su·ï·ties** =tiese, (also j~) Jesuitical.

**Je·sus** Jesus.

**je·ti** =ti's yeti, Abominable Snowman.

**jeug** youth; die ~ youth, the young; in iem. se ~ in s.o.'s youth;
in s.o.'s early days/life; in iem. se prille ~ at a tender age. **~be=
weging** youth movement. **~blad** juvenile/youth magazine.
**J~dag** (SA: 16 June) Youth Day. **~droom** youthful dream.
**~herberg** youth hostel. **~hof** juvenile court. **~jare** youth,
early years; in iem. se ~ in s.o.'s early years. **~koor** youth/ju=
venile choir. **~kultuur** youth culture. **~lektuur** juvenilia; ju=
venile literature/reading. **~misdaad, ~misdryf** juvenile of=
fence. **~misdadiger, ~oortreder** juvenile delinquent, juve=
nile/young offender. **~misdadigheid** juvenile delinquency.
**~sentrum** youth centre. **~vet** baby/puppy fat.

**jeug·dig** =dige, adj. young; youthful; juvenile; adolescent; op
~e leeftyd at an early (or a tender) age. **jeug·di·ge** =ges, n.
youth, juvenile, teenager; (jur.) young person. **jeug·dig·heid**
youthfulness, juvenility, youth.

**jeuk, juk** n. itch(ing). **jeuk, juk** ge=, vb. itch; tingle; ~ om
iets te doen, (infml.) be burning/bursting/itching to do s.t.;
iem. se hande/vingers/voete ~ om te ..., (infml.) s.o. has an itch
to ...; s.o.'s fingers itch (or are itching) to ...; iem. se hande ~
om te baklei, (also) s.o. is spoiling for a fight. **~bult** itching
papule. **~poeier** itching powder. **~siekte** scabies, the itch.

**jeu·ke·rig, juk·ke·rig** =rige itching, itchy; prickly; (infml.)
randy. **jeu·ke·rig·heid, juk·ke·rig·heid** itchiness; prickliness;
(infml.) randiness.

**Jid·disj** n., (lang.) Yiddish. **Jid·disj** =disje, adj. Yiddish. **Jid·
di·sjis·me** (also j~) Yiddishism.

**jig** (med.) arthritis, gout. **~aanval** attack of gout. **~lyer** gout
sufferer, gouty patient, sufferer from gout. **~pyn** gouty pain,
twitch of gout.

**jig·ag·tig** gouty, arthritic.

**jil** ge= jest, joke, play pranks, tease; met iem. ~ jest with s.o..

**jin·go** =go's, (dated) jingo, (infml.) flag-waver. **jin·go·ïs·me** jin=
goism. **jin·go·ïs·ties** =tiese jingoistic.

**jip·pie** interj. yippee!, hurrah!, hooray!, hurray!, whee!, goody!.

**jis** (infml.) backside, behind, bum, (SA) guava; 'n skop onder
jou ~ kry get a kick up one's backside.

**jis·la(a)ik** interj., (infml.) gee (whiz), wow, golly, yikes.

**jis·sem, jis·sie** interj., (euph. for Jesus) jeez(e).

**Job** (OT) Job; ~ se geduld en Salomo se wysheid Job's patience
and Solomon's wisdom; so geduldig soos ~ as patient as Job;
'n ware ~ wees have the patience of Job.

**Jobs-, jobs-: ~bode** Job's messenger, bringer of bad news.
**~geduld** Job's patience, the patience of Job. **j~kraaltjies,
j~krale, j~trane** n. (pl.), (bot.) Job's tears. **~troos** cold com=
fort. **~trooster** Job's comforter, poor comforter. **~tyding** Job's
news, ill tiding.

**Jo·de-: ~buurt** Jewish quarter. **~dom** Judaism; Jewry, Jews.
**~haat** anti-Semitism. **~hater** anti-Semite, Jew-baiter. **~kerk**
synagogue. **~skool** Jewish school. **~vervolger** Jew-baiter.
**~vervolging** persecution of the Jews, Jew-baiting; pogrom.
**~vrou** Jewess, Jewish woman.

**jo·deer** (ge)= iodise. **jo·de·ring** iodisation.

**jo·del** ge= yodel.

**Jo·din** =dinne Jewess.

**jo·di·um, jood** (chem., symb.: I) iodine. **~tinktuur** tincture of
iodine.

**joe** interj., (infml.) yikes!, wow!, boy!.

**Joe·go·Sla·wi·ë** (geog., hist.) Yugoslavia. **Joe·go·Slaaf**
-Slawe, **Joe·go·Sla·wi·ër** =wiërs Yugoslav. **Joe·go·Sla·wies**
=wiese Yugoslav(ian).

**joe·hoe** interj. yoo-hoo!, halloo!.

**joe·jit·soe, ju·jit·su** (Jap. martial art) j(i)ujitsu, j(i)ujutsu.

**joep-joep** =joeps, (sweet) jujube.

**joer·naal** =nale journal; (bookk.) daybook, journal; (naut.)
logbook. **joer·na·lis** =liste journalist, pressman, presswoman,
newspaperman, newspaperwoman. **joer·na·lis·tiek** n. jour=
nalism. **joer·na·lis·tiek** =tieke, adj. journalistic.

**joert** joerte, (Asian nomadic tent) yurt.

**jo·ga** yoga.

**jog·gel** =gels, n. joggle (joint). **jog·gel** ge=, vb. joggle.

**jog·gie** =gies, (golf) caddie, caddy.

**jo·gi** =gi's yogi.

**jo·gurt** yog(h)urt. **~kultuur, ~plantjie** yog(h)urt culture.

**jo·han·nes·brood(·boom)** (Ceratonia siliqua) locust bean.

**Jo·han·nes·burg** (geog.) Johannesburg, (infml.) Joburg, Jo=
eys, Jozi. **Jo·han·nes·bur·ger** Johannesburger, (infml.) Jo=
burger.

**jo·jo·ba** (bot.) jojoba. **~(-olie)** jojoba (oil).

**jok** ge= fib, tell fibs/stories, prevaricate; moenie ~ nie! don't tell
stories!. **jok·ker** =kers fibber, storyteller. **jok·ke·ry** fibbing,
storytelling.

**jok·kie** =*kies* jockey. ~**klub** jockey club.

**Jo·ko·ha·ma** *(geog.)* Yokohama.

**jol**[1] *jolle, n.* jolly (boat). ~**boot** jolly (boat), yawl.

**jol**[2] *ge=, vb., (infml.)* party, *(SA)* jol(l), jorl, make merry, revel; spree; have fun.

**jo·lig** =*lige* jolly, merry, *(attr.)* fun. **jo·lig·heid, jo·lyt** jollity, jol=lification, fun (and games), merrymaking, mirth, revelry, high jinks, hijinks;.

**jol·ler** *(infml.)* gallivanter, joller; party animal. **jol·le·ry** mer=rymaking, revelry.

**jol·lie** *(<Eng., infml.)* jolly. **jol·li·fi·ka·sie** =*sies* jollification, revelry.

**jo·lyt** →JOLIGHEID; ~ *maak* make merry.

**Jom Kip·poer, Jom Kip·poer, Groot Ver·soen·dag** *(Jud.)* Yom Kippur, Day of Atonement.

**Jo·na** *(OT)* Jonah; *(fig., also* j~, Jonas *or* jonas: *bringer of bad luck)* Jonah. **jo·nas·klip** *(min.)* dolomite.

**Jo·na·tan** *(OT)* Jonathan; *soos Dawid en* ~ *wees, (idm.: be close friends)* be like David and Jonathan.

**jong**[1] *interj., (infml.):* **haai,** ~, ... hey, man, ... *(it's good to see you etc.);* really now, ... *(that's not nice etc.);* **ja,** ~*ie!* I told you so!; **kom,** ~! come on, man!, let's go already!; **nee,** ~! no, you don't!; not at all; ~, *dit was lekker!* man *(or* I tell you), that was fun!

**jong**[2] *jonger jongste, adj. (attr.)* →JONK[1] *adj. (pred.)* ~ *aartap=pel(tjie)s* new potatoes; ~ *dingetjie, (infml.)* young thing; ~ *duif* squab; *die* ~ *geslag* the younger generation; ~ *groente* spring vegetables; ~ *hoender* spring chicken, pullet; *in iem. se* ~ *jare/dae* in s.o.'s young days; ~ *kêrel* young fellow; *die* ~ *klomp* the youth/youngsters; ~ *lam* spring lamb; *die* ~ *mense* the young people; ~ *os* steer, bullock, tolly; un=trained ox; ~*ste uitgawe* current issue; *in die* ~*ste verlede* very recently; ~ *voël* fledg(e)ling. ~**getroude** =*des* newly married (person); *die* ~*s* the young couple, the newlyweds. ~**kêrel** bachelor. ~**man** *(also* jong man*)* young man, youth. ~**meisie** *(also* jong meisie*)* young girl, *(joc.)* lass. ~**mens** =*mense, (also* jong mens*)* young person, youngster; youth, juvenile; *die* ~*e* (the) youth. ~**os** =*osse:* ~*se inspan/leer, (infml.: vomit)* shoot the cat. ~**span** children, young folk(s), young people, youth, juveniles, the younger set. ~**vissie** fingerling.

**jon·ge** =*ges* young person/animal/plant; *die* ~*s* the young ones; *die/'n* ~ the/a young one; *'n* ~ *en 'n oue* a young one and an old one; *ons* ~*s* we young people. ~**heer** *(fml.)* young gentleman; Master *(in address).*

**jon·ge·ling** =*linge* lad, young man, youth, youngster.

**jon·ge·rig** =*rige* youngish.

**jon·ge·tjie** =*tjies* (young) boy; *(a pers., animal, plant, etc.)* (little) young one.

**jong·leer** *n., (rare)* juggling. **jong·leer** *(ge-, vb., (rare)* jug=gle; *(hist.)* tour as minstrel. **jong·leur** =*leurs, (Fr.)* juggler; *(hist.)* jongleur, minstrel.

**jongs:** *van* ~ *af* from a child *(or* childhood *or* an early age). ~**lede** *(obs.):Woensdag/ens.* ~ last Wednesday/etc..

**jong·ste** youngest; latest; up-to-date; *die* ~ *gier/gril/mode wees, (also, fig.)* be the flavour of the month/week/year.

**jo·ni** *(Skt., Hind.: vulva as symb. of divine procreative energy)* yoni.

**jonk**[1] *adj. (pred.) & adv.* young; →JONG[2] *adj. (attr); nie meer so* ~ *wees nie* be no (spring) chicken *(infml.);* ~ *trou* marry young; *nog maar* ~ *wees* be quite young, be only a young-ster. ~**man** =*mans* bachelor; lover. ~**manskas** *(a wardrobe with drawers)* jonkmanskas.

**jonk**[2] *jonke, n. (naut.)* junk.

**jon·ker** =*kers, (dated)* (young) nobleman, squire; *hoe kaler* ~, *hoe groter pronker* the poorer the man, the greater his boast.

**jonk·heid** youth; *die jeug en die* ~ *is nietigheid* (of kom tot niks), (OAB/NAB), (Eccl. 11:10)* childhood and youth are van=ity *(AV)*, youth and vigour are meaningless *(NIV)*.

**Jood** *Jode* Jew. **Jood·jie** =*jies, (infml.)* little Jew; Jew boy. **Joods** *Joodse* Jewish; Judaic; ~*e Raad, (hist.)* Sanhedrin, Sanhe=drim. **Joods·heid** Jewishness.

**jood** →JODIUM.

**jool** *jole, (students')* rag. ~**koningin** rag queen. ~**optog** rag procession.

**joos, josie** *(infml., euph.: the devil)* Old Harry/Nick/Scratch; *iem. d(i)e* ~ *in maak* infuriate s.o., *(sl.)* hack/piss s.o. off; *d(i)e* ~ *in wees (oor iets)* be on the warpath, be up in arms, (about s.t.); *d(i)e* ~ *in raak/word, (infml.)* go wild, get into a rage, get hot under the collar; *die* ~ *alleen weet, dit weet* ~ *(alleen), (infml.)* deuce alone knows, goodness knows, search me.

**jop** *joppe, (<Eng., infml.)* job. **jop·pie** =*pies* little/odd job.

**jop·pel** =*pels,* **job·bel** =*bels* chop *(of waves).* ~**see** choppy sea.

**jop·pel·rig, job·bel·rig** =*rige* choppy *(water).*

**Jor·daan:** *die* ~*(rivier)* the (River) Jordan. **Jor·da·ni·ë** *(geog.)* Jordan. **Jor·da·ni·ër** =*niërs, n.* Jordanian. **Jor·da·nies** =*niese, adj.* Jordanian.

**Jo·roe·ba** =*bas, n., (tribe)* Yoruba; *(lang., no pl.)* Yoruba.

**Jo·sa·fat** *(OT)* Jehoshaphat.

**Jo·sef** *(OT)* Joseph. **Jo·sefs·kleed, Jo·sefs·rok** coat of many colours.

**jo·sef** =*sefs, (icht.)* elephant fish, elephant-snout fish.

**jo·sie** →JOOS.

**Jo·su·a** *(OT)* Joshua. **j~boom** *(Yucca brevifolia)* Joshua tree.

**jo·ta** *(fig.)* iota; jot; *(Gr. letter)* →IOTA; *geen* ~ ... *nie* not a jot of ...; *geen* ~ *of tittel nie* not one jot or tittle.

**jou**[1] *pers. pron.* you *(acc. & dat.);* *dit behoort alles aan* ~ it's all yours; *jy kan* ~ *vergis* you may be mistaken; ~ *rakker/ens.!* you rascal/etc.!; *ruk* ~ *reg!* pull yourself together!; *dit is vir* ~ *stiptheid/ens., hoor!* that is punctuality/etc. indeed *(or* to be sure); *dit was vir* ~ *'n ..., (infml., celebration etc.)* that was a ... to remember *(or* and a half); *gaan was* ~! go and wash yourself. **jou** *poss. pron.* your; *dit is* ~ *boek/ens., die boek/ens. is* jou(n)e it is your book, the book is yours; *van* ~ of yours; *ek is nie* ~ *vriend nie* I am no friend of yours. **jou** *ge=, vb.* address familiarly; →JY EN JOU. ~**self** yourself *(acc. & dat.);* oneself. ~**waarlikwaar:** *iem. het* ~ *gekom* s.o. actually came.

**jou**[2] *ge=, vb.* boo, hoot; →UITJOU. **jou·e·ry** booing.

**jou·e, jou·ne** yours; →JOU[1] *poss. pron.; myne is beter as* ~ mine is better than yours; *dit is* ~ it is yours.

**joule** *joules, (phys., unit of energy)* joule; *tien* ~, *baie* ~*s* ten joules, many joules.

**jo·vi·aal** =*viale* =*vialer* =*viaalste* genial, jolly, jovial. **jo·vi·a·li·teit** joviality, geniality, *(Fr.)* bonhomie.

**ju·bel** *ge=* exult, jubilate, shout for joy; ~ *van blydskap* shout for joy. ~**jaar** jubilee (year); *(RC)* holy year. ~**kreet** cheer, shout of joy. ~**lied,** ~**sang** song of rejoicing, pae(a)n.

**ju·be·lend** =*lende* jubilant, exulting.

**ju·be·ling** =*linge* jubilation, exultation.

**ju·bi·le·um** =*leums,* =*lea* jubilee.

**Ju·da** *(OT)* Judah. **Ju·da·ïes** =*daïese* Judaic(al). **Ju·da·ïs·me** *(also* j~*)* Judaism.

**Ju·das** *(NT)* Judas, Jude; *(fig.)* betrayer, traitor, double-crosser. ~ **Iskariot** *(NT)* Judas Iscariot. ~**kus** *(also* j~*)* Judas kiss, traitor's kiss. ~**lag** *(also* j~*)* Judas smile, treacherous smile. ~**loon** *(also* j~*)* traitor's reward. ~**streek** *(also* j~*)* Ju=das trick, treachery.

**Ju·das·ag·tig** =*tige* Judas-like.

**Ju·de·a** *(geog., hist.)* Jud(a)ea. **Ju·de·ër** =*deërs, n.* Jud(a)ean. **Ju·dees** =*dese, adj.* Jud(a)ean.

**ju·do** *(sport)* judo. **ju·do·ka** =*kas, (competitor)* judoka.

**juf·fer** =*fers, (dated)* miss, (young) lady; spinster. **juf·fer·tjie** =*tjies,* **juf·fie** =*fies, (infml., dated, quite derog.)* missie, lassie.

**juf·frou** *=froue(ns)*, *(with cap.: fml. form of address for an un=married woman)* Miss; *(infml.)* (lady) teacher. **juf·frou·tjie** *=tjies, (infml.)* missy, little miss.

**juig** *ge=* exult, rejoice, cheer, jubilate; →TOEJUIG; ~ *van blyd=skap* shout for joy; *oor iets* ~ exult at/in s.t.; *(infml.)* be very happy *(or ecstatic)* about s.t.. ~**kreet,** ~**toon** shout of re=joicing/joy.

**jui·gend** *=gende* jubilant, joyful.

**juis** *juiste juister juisste, adj.* correct *(answer);* exact *(value);* accurate *(instr.);* just *(proportion);* right *(time);* precise *(rea=sons);* true; *die ~te manier* the proper way. **juis** *adv.* exactly, precisely; particularly; *nie* ~ *beleef(d) nie* hardly *(or not exactly)* polite, less than polite; ~ *daarom* for that very rea=son; *iem. het dit* ~ *gister gehoor* s.o. heard it only yester=day; *nie* ~ *... nie* not exactly ...; ~ *om iem. se vermoëns/ens.* exactly because of s.o.'s abilities/etc.; *waarom moet* ~ *hy/sy dit doen?* why should he/she of all people do it?. **juis·te·ment, juis·te·ment** *(joc.)* certainly, exactly, precisely, quite so. **juist=heid** correctness, exactitude, exactness, accuracy, precision, preciseness.

**ju·jit·su** →JOEJITSOE.

**ju·ju·be** *=bes, (berry)* jujube.

**juk¹** *jukke* yoke; beam *(of a balance);* crossbar, crossbeam; *(bot.)* pair of leaflets; *die* ~ *afgooi* throw/shake off the yoke; *iem. onder die* ~ *bring* bring s.o. under the yoke, subjugate s.o.; *onder die* ~ *van ... buig* submit to the yoke of ...; *die* ~ *dra* bear the yoke; *in die* ~ in the yoke; *een* ~ *osse* pair of oxen. ~**been** *(anat.)* cheekbone, zygomatic bone, zygoma. ~**(been)boog** *(anat.)* zygomatic arch.

**juk²**, **juk·ke·rig** →JEUK *vb.*, JEUKERIG.

**juk·skei** *=skeie* yoke pin, yoke skey; *(game)* jukskei; ~ *breek, (fig., infml.)* rock the boat; *die orige* ~ *wees, (fig., infml.)* be the odd man out, be the fifth wheel to the coach. ~**breker** mav=erick, troublemaker.

**juk·sta·po·si·sie** juxtaposition.

**jul** →JULLE.

**Ju·li·aans** *=aanse:* ~*e kalender/tydrekening* Julian calendar.

**Ju·lie** July. ~**maand** the month of July.

**ju·li·en·ne** *(cook., soup)* julienne.

**jul·le** *pers. pron. (pl.), (also* jul*)* you; you people; ~ *almal* all of you, you all; *een van* ~ one of you; ~ *kan gaan* you may go; ~ *self* you yourselves; →JULLESELF; *ons s'n is groter as* ~ *s'n* ours is bigger than yours; ~ *twee* the two of you; *van* ~ of

yours. **jul·le** *poss. pron., (also* jul*)* your; *dit is* ~ *boeke, die boeke is* ~ *s'n* these books belong to you *(or* are yours*)*, these are your books. ~**self** yourselves *(acc. & dat.)*.

**jum·bo·ei·ers** jumbo(-sized) eggs.

**Ju·nie** June. ~**maand** the month of June.

**ju·ni·or** *=niors, n.* junior. **ju·ni·or** *adj.* junior.

**Ju·no** *(Rom. myth., astron.)* Juno. **Ju·no·nies** *=niese* Junoesque.

**jun·ta** *=tas, (<Sp.)* junta.

**Ju·pi·ter** *(Rom. myth., astron.)* Jupiter, Jove.

**Ju·ra** *(geog.)* Jura. ~**(tydperk):** *die* ~, *(geol.)* the Jurassic.

**Ju·ras·sies** *=siese, (geol.)* Jurassic.

**ju·ri·dies** *=diese* juridical; judicial; juristic; forensic; ~*e ver=eniging* law society *(of students)*.

**ju·rie** *=ries* jury; *in die* ~ *dien,* lid *van die* ~ *wees* serve on the jury; *die* ~ *opdrag gee* charge the jury. ~**lid** juryman, jury=woman, juror, member of the jury. ~**lys** jury panel.

**ju·ris** *=riste* barrister, jurist, lawyer. **ju·ris·dik·sie** jurisdiction; *binne/onder die* ~ *van ... wees* be/come/fall under/within the jurisdiction of ...; *buite die* ~ *van ...* outside the jurisdiction of ...; ~ *vestig* found jurisdiction. **ju·ris·pru·den·sie** juris=prudence.

**jurk** *jurke* gym dress; smock; gown.

**jus·teer** *(ge)=,* **jus·ti·fi·seer** *ge=* adjust; focus; *(print.)* justify.

**jus·ti·sie** (administration of) justice, judicature; *'n saak aan die* ~ *oorhandig* hand a matter over to the law; *minister van* ~ Minister of Justice.

**Jut** *Jutte,* **Jut·lan·der** *=ders* Jute. **Jut·land** *(geog.)* Jutland. **Jut·lands** *=landse,* **Juts** *=Jutse* Jutland(ish), Jutish.

**Ju·ve·na·lis** *(Rom. satirist)* Juvenal.

**ju·weel** *=wele* jewel, gem; *(fig.)* treasure; *(in the pl. also)* jewel=lery.

**ju·we·le:** ~**dief, juweeldief** jewel thief. ~**kis(sie), juweel=kis(sie)** jewel box/case, trinket box.

**ju·we·lier** *=liers* jeweller.

**ju·we·liers:** ~**pleet** German gold, Dutch gold/metal/leaf. ~**ware** jewellery. ~**werk** jewellery. ~**winkel** jeweller's (shop).

**jy** *pers. pron.* you; *as ek* ~ *was* if I were you, (if I were) in your place; *ek en* ~ *(of* ~ *en ek)* you and I; *het* ~ *seergekry?* have you hurt yourself?; ~ *self* you yourself. ~ **en jou** *gejy en (ge)jou, vb.* address familiarly; address disrespectfully. ~~**weet-wat** *(infml.)* you-know-what. ~~**weet-wie** *(infml.)* you-know-who.

# Kk

**k** *k's,* **K** *K's, (11th letter of the alphabet)* k, K. **k'tjie** *k'tjies* small k.

**ka** *ka's, (ancient Eg., relig.)* ka, soul.

**Ka·ä·ba** *(<Arab.)* Kaaba, Caaba.

**kaag** *kage, kae, (naut.)* ketch. **ka·gie** *-gies* small ketch.

**kaai** *kaaie* quay, wharf. **~geld** wharfage, quayage, quay dues. **~meester** wharfmaster, wharfinger. **~muur** quay wall, wharf= side; embankment. **~ring** mooring ring.

**kaai·man** *-manne, -mans, (zool.)* cayman, alligator.

**kaak** *kake, n.* jaw; mandible *(of an insect); iem. aan die ~ stel* denounce/expose s.o.; *iem. as 'n ... aan die ~ stel* denounce/expose s.o. as *(or* show s.o. up as/for) a *... (crook etc.); mega= niese kake* jaws of life. **kaak** *ge=, vb.* gill, gut *(a fish).* **~spier** jaw muscle.

**kaal** *~ kaler kaalste* bald *(head);* callow, unfledged *(bird);* cropped, hairless; napless, shabby, threadbare; bare *(feet, ground, etc.);* leafless; bleak; bare, naked, nude *(pers.);* smooth; *(bot.)* gla= brous; barren *(lands); ~ daarvan afkom, (fig.)* be fleeced, come back shorn; *~ draad* bare/naked wire; **~hol/nael** streak; *~ loop* go naked; *iets ~ maak* strip/bare/denude s.t. *(land etc.); iem. ~ maak/uitskud/uittrek, (infml.)* clean s.o. out, take s.o. to the cleaners; *~ swem/baai* skinny-dip; *iem. het ~ uit= gestap, (infml.)* s.o. lost everything; *~ uittrek, (lit., fig.)* strip; *met die ~ vuis* with bare fists. **~baaier** skinny-dipper. **~baai= ery, ~swemmery** skinny-dipping. **~bas** *n., (infml.)* naked per= son. **~bas** *adv., (infml.)* stark naked, in the raw. **~been** *adj. & adv.* bare-legged. **~gars** barley wheat. **~gat** *(coarse)* stark naked. **~geskeer** *-skeerde, (also* kaal geskeer*)* (clean-)shaven *(face etc.); 'n man met 'n ~de kop* a shaven-headed man. **~hand** *adv.* with one's bare hands. **~hollery** →KAALNAELERY. **~kop** *n.* baldhead, *-pate.* **~kop** *adj. & adv.* baldheaded; hat= less; *iem. ~ die waarheid sê/vertel* tell s.o. some home truths; *die waarheid ~ aanbied* make no bones about it, not mince matters; *half ~ wees* be balding. **~naeler, ~holler** *-lers* streaker. **~naelery, ~hollery** streaking. **~perske, nektarien** nectar= ine. **~rug** bareback(ed). **~slak** slug. **~swemmery** →KAAL= BAAIERY. **~voet** *adj. & adv.* barefoot(ed), shoeless. **~vuis** bareknuckle(d), *-fisted; iem. ~ bydam, (fig.)* go for s.o. ham= mer and tongs.

**kaal·heid** bareness; nakedness; baldness; depilation; shab= biness, threadbareness; barrenness.

**kaal·hoof·dig** *-dige* bald(headed). **kaal·hoof·dig·heid** bald= headedness, baldness.

**kaal·te** *-tes* bare expanse; bareness, bleakness.

**kaap¹** *kape, n.* cape, headland, promontory; →KAAP.

**kaap²** *ge=* capture, seajack *(a ship);* practise piracy, privateer; hijack *(a vehicle, an aircraft, etc.).* **~vaarder** *-ders* privateer. **~vaart** privateering, piracy.

**Kaap:** *aan die ~* at the Cape; *die ~* the Cape (of Good Hope); Cape Town; the Cape Peninsula; *(hist.)* the Cape Province; *by die ~ gaan draai (of omgaan), (infml.)* take a roundabout way; take a long time to get to the point; *~ die Goeie Hoop* Cape of Good Hope; *iets by die ~ gaan haal, (infml.)* take a long time to fetch s.t.; *die ~ is weer Hollands, (infml.)* every= thing in the garden is lovely again; *in die ~* in Cape Town; *(hist.)* in the Cape (Province); *gaan slaap in die ~!, (infml.)* go jump in the lake!; *~ toe* to the Cape; to Cape Town. **~punt** Cape Point. **~stad** Cape Town; *inwoner van ~* Cape=

tonian; *~ en omgewing, groter ~* Greater Cape Town. **~-Ver= diese Eilande** Cape Verde Islands.

**Kaaps** *Kaapse* (of the) Cape; Capetonian; *~e bobbejaan* chacma baboon; *die ~e dokter, (infml.)* the Cape doctor, the southeaster; *~e kabeljou* Cape cod; *~e kanferfoelie* Cape honeysuckle; *~e kobra,* geelslang, koperkapel Cape cobra; *~e kweper* Cape laurel; *(~e) Maleier* (Cape) Malay; *~e nooi= entjie, (icht.)* blue butterfish; *~e riet* restio; *~e skaapleer/ -vel* capeskin; *~e Vlakte* Cape Flats; *~e Wolkies, (astron.)* Magellanic Clouds. **~-Hollands** *n. & adj., (hist.)* Cape Dutch. **~-Maleis** *-leise, adj., (esp. cook.)* Cape Malay.

**kaard** *kaarde,* **kaar·de** *-des, n.* card *(for wool).* **kaard** *ge=, vb.* card, tease (out) *(wool).* **~masjien** carding machine. **~wol** carding/clothing wool.

**kaar·der** *-ders* carder. **kaar·de·ry** carding.

**kaart** *kaarte, n.* card; map; chart; ticket; *~e afdek/afhaal/ afneem* cut cards; *goeie ~e hê* hold a good hand; *'n ~ lees* read a map; *'n ~ in die mou hê, (fig.)* have a card up one's sleeve; *'n ~ natrek* trace a map; *(met) oop ~e speel, (fig.)* put/ lay (all) one's cards on the table, be above board; *nie op die ~ nie* not on the map; *'n pak/stel ~e* a pack/deck of cards; *jou ~e laat sien* show one's hand; *die ~e skommel/skud* make/shuffle the cards; *slegte ~te hê* have a weak hand; *sonder ~* uncharted; *'n ~ speel* play a card; *~ en transport (van 'n eiendom) hê/kry* have/get title (to a property); *iets hang af van hoe die ~e val* s.t. depends on the turn of a card. **~in= deks** card index. **~katalogus** card catalogue. **~leser** *(comp.)* card reader. **~maker** card maker; map-maker, cartographer. **~man** *-manne,* **~mannetjie** *-tjies* jumping jack; cricket *(of a fellow);* lively fellow; card, funny chap. **~ponsmasjien** card punch. **~projeksie** map projection. **~speel** *kaartge=* play (at) cards. **~spel** game of cards, card-playing; *(also* kaart= speletjie*)* card game. **~speler** card player. **~tekenaar** map= maker, cartographer. **~(tele)foon** cardphone.

**kaar·te·:** **~houer,** **~dosie** card case. **~huis** house of cards; *soos 'n ~ inmekaar-/ineenstort/-tuimel* (of inmekaar/ineen stort/ tuimel of in duie stort) collapse *(or* tumble down) like a house of cards. **~versameling** c(h)artulary *(of a monastery).*

**kaart·jie** *-jies* card *(visiting etc.);* ticket; coupon; docket; *~s, asseblief!* tickets, please!; *'n ~ aanbring/heg aan (of plak op) ...* tag/ticket ...; *~s knip* punch tickets. **~agent** ticket agent. **~houer** ticket holder. **~saal** booking hall.

**kaart·jies·:** **~beampte** booking clerk. **~inspekteur, ~onder= soeker** ticket inspector/examiner. **~kantoor** ticket/booking office. **~knipper** ticket punch; conductor, (ticket) collector. **~loket** ticket window. **~opnemer** ticket collector.

**kaas** *kase* cheese; *dink jy is ~, (infml.)* think one is the cat's whiskers/pyjamas *(or* the Queen of Sheba), think a lot *(or* be full) of o.s.; *jong ~* green cheese. **~bereiding** cheese mak= ing. **~beskuitjie** cheese biscuit/cracker. **~boor** cheese trier/ scoop. **~bord** cheeseboard; cheese plate. **~burger** cheese= burger. **~doek** cheesecloth, butter muslin. **~-en-wyn(-)par= ty(tjie), ~-en-wyn(-)onthaal** cheese and wine party. **~fa= briek** cheese factory. **~gereg** cheese dish. **~handel** cheese trade. **~handelaar** cheesemonger, cheese dealer. **~happie** cheese nip. **~kleursel** cheese colouring, annatto. **~koek** cheese= cake. **~kop** *(derog.)* blockhead, fool. **~krul** cheese twist/whirl.

~**maker** cheese maker. ~**makery** cheese making; cheese dairy/factory. ~**mes** cheese cutter/knife. ~**poffertjie** cheese puff. ~**ryping** cheese curing. ~**skaaf** cheese slicer. ~**sous** cheese sauce, mornay (sauce), sauce mornay; *eiers met* ~ eggs mornay. ~**stof** *(biochem.)* casein. ~**stremsel** rennet. ~**strooi**=**tjie** *(cook.)* cheese straw. ~**vat**, ~**bad** cheese vat, chessel. ~**vorm** cheese mould/hoop.

**kaas·ag·tig** =*tige* cheesy, cheese-like, caseous. **kaas·ag·tig·** **heid** cheesiness.

**kaat·jie:** ~ *van die baan wees*, *(infml.)* be cock of the walk.

**kaats** *ge-*, *(hist., sport)* play fives. ~**spel** *(old Frisian ball game)* fives.

**ka·baai** =*baaie* loose gown; kabaya; *(hum.)* get-up, outfit, threads; →NAGKABAAI.

**ka·baal** =*bale* racket, din, noise, clamour, hubbub, row, rum=pus, hullaballoo; *'n (helse)* ~ *maak/opskop*, *(infml.)* make a racket, make (or kick up) a din/row/rumpus, raise Cain, raise (or kick up) hell; hit the ceiling, hit/raise (or go through) the roof.

**ka·ba·ret** =*rette* cabaret, floor show. ~**liedjie** cabaret song.

**Kab·ba·la, Kab·ba·la** *(Hebr., also* k~*)* cab(b)ala. **Kab·ba·lis** =*liste*, *(also* k~*)* cab(b)alist. **Kab·ba·lis·ties** =*tiese, (also* k~*)* cab(b)alistic.

**kab·bel** =*bels*, *n.* ripple, rippling. **kab·bel** *ge-*, *vb.* babble, lap, purl, ripple, murmur. **kab·be·ling** =*lings*, =*linge* babbling, lapping, purling, rippling, ripple.

**ka·bel** =*bels*, *n.* cable; hawser; *(in the pl., also)* cabling; *daar is 'n kink(el) in die* ~ there is s.t. wrong *(or* a hitch somewhere *or* a screw loose); *'n* ~ *lê* lay a cable. **ka·bel** *ge-*, *vb.* cable. ~**aanleg** cabling. ~**garing**, ~**gare** cabled yarn. ~**hanger** cable suspender. ~**huls** cable sleeve. ~**karretjie**, ~**kajuit** cable car. ~**koppeling** cable coupling. ~**las** cable joint. ~**net** elec=tric mains. ~**skip** cable-laying ship, cable ship. ~**spoor** ca=bleway, cable railway, funicular (railway), aerial/rope rail=way. ~**steek** cable stitch. ~**televisie** cable television/TV. ~**tol** cable reel. ~**tou** cable (rope). ~**versiering** cabling. ~**ver**= **voer** cable haulage.

**ka·bel·jou** =*joue, =jous, (icht.)*, *(SA, fam. Sciaenidae)* kob; *(Eur.)* cod(fish); *Kaapse* ~ Cape cod. ~**kelder** Davy Jones's locker. ~**kuit** cod roe.

**ka·bi·net** =*nette* cabinet, case *(of a clock etc.)*; *(pol.)* cabinet, ministry; closet, small room; *'n* ~ *hersaamstel/skommel, (pol.)* reshuffle a cabinet; *'n* ~ *saamstel, (pol.)* form a cabinet/min= istry. ~**maker** cabinetmaker, joiner. ~**skommeling** cabinet reshuffle.

**ka·bi·nets·:** ~**besluit** cabinet decision. ~**geheim** cabinet se= cret. ~**krisis** cabinet crisis. ~**minister** cabinet minister. ~**raad** cabinet council. ~**vergadering** cabinet meeting.

**ka·boe·:** ~**koring** unbroken boiled corn/sorghum. ~**mielies** unbroken boiled mealies/maize.

**ka·boe·del, ka·boel** *(infml.)* caboodle.

**ka·bou·ter** gnome, goblin, hobgoblin, imp, pixie, pixy; *stoute/ ondeunde* ~ puck. ~**haai** goblin shark. ~**mus** pixie/pixy cap.

**ka·bri·o·let** =*lette, (mot.: sporty two-seater)* cabriolet.

**ka·da·wer** =*wers* cadaver, corpse; subject *(for dissection)*. **ka**= **da·wer·ag·tig** =*tige* cadaverous.

**Kad·disj** *(Jud.: liturgical prayer)* Kaddish.

**ka·dens** =*dense*, **ka·dans** =*danse, (mus.)* cadence.

**ka·der** =*ders, (also mil.)* cadre; frame(work), scheme, skele= ton; *in die* ~ *van ...* in the context of ...; *in die* ~ *van ... pas* fit in with the whole scheme of ...; *nie in die* ~ *pas nie* not fit in with the rest, be irrelevant. ~**kaart** skeleton map. ~**lyn** *(print.)* shaded rule. ~**personeel** skeleton staff. ~**verhaal**, ~**vertel**= **ling** frame story/tale.

**ka·det** =*dette* cadet. ~**afdeling** cadet detachment. ~**kamp** cadet camp. ~**korps** cadet corps. ~**offisier** officer of cadets, cadet officer. ~**orkes** cadet(s') band. ~**stof** cadet cloth.

**ka·det·skap** =*skappe* cadetcy, cadetship.

**kad·mi·um** *(chem., symb.:* Cd*)* cadmium.

**ka·driel** =*driele* quadrille, square dance.

**ka·duks** *(infml.)* off colour/form, out of sorts, poorly, under the weather, washed out, unwell, indisposed, in poor health; decayed, dilapidated, decrepit; *jou* ~ *(aan iets) eet* eat one's head off, stuff o.s..

**kaf** *n.* chaff; nonsense, rubbish, drivel, trash, rot, garbage, hogwash, claptrap; *die* ~ *van die* **koring** *skei, (fig.)* separate the wheat from the chaff; *moenie* ~ **praat** *nie!, (also)* talk sense!; *('n spul)* ~ *praat/verkoop, (infml.)* talk nonsense/rot/ trash *(or* [a load of] rubbish/garbage); *pure* ~ absolute/com= plete/outright/perfect/pure/sheer/total/utter nonsense. **kaf** *adj.* worn, in rags, perished. ~**draf**, ~**loop** *kafge-, (infml.)* beat, trounce, overwhelm, thrash, drub, massacre, thump; finish, polish off, dispose of *(food)*; *jou teen=/teëstander maklik* ~ *mop/* wipe the floor with *(or* make mincemeat of *or* run rings [a]round) one's opponent; *iem. met 5-0* ~, *(sport)* whitewash s.o. 5-0. ~**hok** chaff barn. ~**kos** *(infml.)* junk food. ~**matras** straw mattress. ~**praatjies** balderdash, nonsense, tosh, drivel, rot, claptrap, trash, rubbish.

**kaf·ag·tig** =*tige* chaffy.

**ka·fee** =*fees* café; coffee house; tearoom. ~~**eienaar**, ~**baas** café owner/proprietor. ~~**restaurant**, ~~**restourant** =*rante*, =*rants* café-restaurant.

**ka·fee·tjie** =*tjies* small café.

**ka·fe·ïen** caffein(e); *(esp. in tea)* theine. ~**vry** decaffeinated; ~*e koffie* decaffeinated coffee, *(infml.)* decaf.

**ka·fe·te·ri·a** =*rias* cafeteria.

**Kaf·fer** =*fers, (hist., derog.)* Kaffir. **k**~**boom** *(obs.)* = KORAAL= BOOM. **k**~**koring** *(obs.)* = SORGHUM. ~**oorlog** *(hist., derog.)* = GRENSOORLOG. **k**~**pruim** *(obs.)* = WILDEPRUIM. **k**~**waatlemoen** *(obs.)* = MAKATAAN.

**kaf·fie** =*fies* husk.

**kaf·fi·je** →KEFFIE.

**Kaf·ka·äg·tig, Kaf·ka·ag·tig** =*tige* Kafkaesque.

**ka·foe·fel** *ge-, (infml.)* make love, canoodle, have a roll in the hay, make whoopee, romp. **ka·foe·fel·ry** *(infml.)* nooky, nookie, romp, rumpy-pumpy.

**kaf·tan** =*tans* caftan, kaftan.

**ka·gek·sie** *(med.)* cachexia, cachexy. **ka·gek·ties** =*tiese* cachectic(al).

**kag·gel** =*gels* fireplace; chimneypiece; *voor die* ~ at/by the fireside. ~**pyp** stovepipe; stovepipe hat. ~**rak** mantel(piece/ shelf), chimneypiece; overmantel. ~**rooster** grate. ~**skerm** fire screen. ~**vuur** coal/wood fire.

**kai·a** *kaias, (<Ngu.)* kaya, shack.

**kai·ing** *kaiings, (usu. in the pl.)* greaves, cracklings. ~**klip** pud= dingstone.

**Kain** *(OT)* Cain. **Kains·merk**, =**te·ken** *(also* k~*)* brand/mark of Cain.

**Ka·ï·ro** *(geog.)* Cairo. **Ka·ï·reen** =*rene*, *n.* Cairene. **Ka·ï·reens** =*reense*, **Ka·ï·roos** =*rose, adj.* Cairene.

**ka·jak** =*jakke, =jaks* kayak.

**ka·ja·poet(·o·lie)** cajuput/cajeput (oil).

**ka·juit** =*juite* berth, cabin; wardroom; car *(of a cableway etc.)*. ~**bed** bunk bed. ~**bemanning** *(av.)* cabin crew, flight at= tendants. ~**druk** cabin pressure; *sou die vliegtuig* ~ *verloor* should the cabin become depressurised. ~**motorboot** cabin cruiser. ~**raad** council (of war); ~ *hou* deliberate, sit in coun= cil. ~**venster** porthole.

**kak** *n., (coarse), (lit.)* shit, crap; *(fig.: rubbish, nonsense)* crap, balls, horseshit; *(~)* **aanja(ag)** mess/screw around/up, botch it, bungle, make/cause a mess; *in die* ~ *wees, (be in trouble)* be in the shit/dwang; ~ *praat/verkoop* talk crap/bull/shit; *die* ~ *gaan* **spat**, *(trouble is coming)* the shit will hit the fan; *vol* ~ *wees, jou* **vol** ~ *hou, (be troublesome)* be full of shit. **kak**

*adj., (coarse: appalling, useless, etc.)* crap(py), shit(ty), (god)=
awful. **kak** *ge=, vb., (coarse)* shit, have a shit; ~ *of betaal (is
die wet van Transvaal)* pay up and shut up; **gaan** ~ go and
have a shit; **gaan** ~(, *man)!* go to hell!, piss off!; *wens in die
een hand en* ~ *in die ander* if wishes were horses, beggars
might/would ride; **klippe** ~, *(suffer)* shit bricks (*or* a brick);
*op iem. se kop* ~ blast/slate s.o., tear into s.o., chew s.o. out,
haul s.o. over the coals. ~**spul** *(coarse):* *dit sal 'n* ~ *afgee* the
shit will hit the fan. ~**straat** *(coarse):* *in* ~ *beland* land o.s. in
the shit; *in* ~ *sit/wees* be in the shit.

**ka·ka·o** cocoa. ~**boon** cocoa bean. ~**botter** cocoa butter.

**ka·ke·been** jaw(bone), jowl.

**ka·ke·laar** =*laars, (orn.)* wood-hoopoe.

**ka·kel·bont** flamboyant, flashy, gaudy, glaring, loud.

**ka·ke·toe(·a)** =*toe(a)s, (orn.)* cockatoo.

**ka·kie** =*kies, (colour or text.)* khaki; *(K~, hist., Br. soldier)* Tom=
my. ~**bos(sie)** khaki bush; khaki weed; African marigold.
~**broek** khaki trousers/pants; *kort* ~ khaki shorts. ~**groen**
khaki-green. ~**hemp** khaki shirt. ~**kweek** khaki weed.

**ka·kie·kleu·rig** =*rige* khaki(-coloured).

**kak·ker·lak, kak·ker·lak** =*lakke* cockroach.

**ka·ko·fo·nie** =*nieë* cacophony.

**ka·ko·gra·fie** =*fieë* cacography.

**kak·tus** =*tusse, (bot.)* cactus.

**ka·la·bar·boon** =*bone* Calabar bean.

**Ka·la·ha·ri(·woes·tyn)** Kalahari (Desert).

**ka·lan·der**[1] =*ders, n.* (corn/grain) weevil, snout beetle.

**ka·lan·der**[2] =*ders, n., (mach.)* calender. **ka·lan·der** *ge=, vb.*
calender.

**ka·lan·der**[3] =*ders, n.* smooth-barked/common yellowwood.

**ka·lant** =*lante* (sly) fox, rogue, scamp; *'n gevaarlike* ~ a
nasty (*or* an ugly) customer, a nasty bit/piece of work; *'n ou*
~ *lank in die land* a shrewd operator; *'n ou/uitgeslape* ~ an
old hand/pro; *'n ruwe* ~ a tough customer; *'n taai* ~ a hard
case.

**Ka·lasj·ni·kof** *(Russ. automatic rifle)* Kalashnikov.

**kal·bas** =*basse* calabash, gourd. ~**boom** cream of tartar tree;
sausage/cucumber tree. ~**melk** calabash milk. ~**patat** ma=
raca. ~**peer** calabash pear. ~**plant** cucurbit. ~**pyp** calabash
pipe. **kal·bas·sie** =*sies* small calabash; *(in the pl., med.)* orchi=
tis.

**ka·lei·do·skoop** =*skope* kaleidoscope. **ka·lei·do·sko·pies**
=*piese* kaleidoscopic.

**ka·len·der** =*ders* calendar. ~**hervorming** calendar reform.
~**jaar** calendar/civil year. ~**maand** calendar month.

**ka·le·rig** =*rige* rather/somewhat bald/bare/barren.

**kalf** *kalwers, n.* calf; →KALWER=; *die gemeste* ~ *slag* kill the
fatted calf; *die goue* ~ *aanbid* worship the golden calf; *kalwers
van een jaar wees, (infml.)* be of the same age; *met anderman
(of 'n ander [man]) se* ~ *ploeg, (fig.)* plough with another
man's heifer; *die* ~ *is in die put, (fig.)* immediate action is need=
ed; *die* ~ *is verdrink/versuip, (fig.)* the die is cast; *'n werp*
drop a calf. **kalf** *ge=, vb., (zool.)* calve.

**kal·fa·ter** *ge=* caulk, repair, patch up; stave.

**kal·fie** *kalfies, kalwertjies* young calf; *oor koeitjies en ~s praat*
talk about the weather, indulge in small talk.

**kalfs·:** ~**boud** joint/leg of veal. ~**filet** fillet of veal. ~**kop, kal=
werkop** calf's head; *(infml.)* blockhead, fathead, dimwit. ~**ko=
telet** veal cutlet. ~**leer** calf(skin), calf's leather; *in* ~ *gebind*
bound in calf, calfbound. ~**lewer** calf's liver. ~**oog** calf's eye.
~**tjop** veal chop. ~**vel, kalwervel** calfskin, kip. ~**vleis** veal.

**ka·li** *(chem.)* potassium hydroxide; potash *(as fertiliser)*; po=
tassium *(in compounds)*. ~**bemesting** potash fertilising. ~**sout**
*(chem.)* potassium/potash salt, muriate of potash.

**ka·li·ber** =*bers* calibre; bore, gauge *(of a gun)*; *'n geweer van
klein* ~ a small-bore rifle; *'n kanon van groot* ~ a heavy-
calibre gun; *iem. van sy/haar* ~ s.o. of his/her calibre; *man/
vrou van* ~ a man/woman of stature. ~**maat** calibre/hole/in=
ternal/bore gauge.

**ka·li·breer** *ge=* calibrate. **ka·li·bre·ring** =*rings, =ringe* calibra=
tion.

**Ka·li·for·ni·ë** *(geog.)* California. **Ka·li·for·ni·ër** =*niërs, n.* Cali=
fornian. **Ka·li·for·nies** =*niese, adj.* Californian.

**ka·li·ko** =*ko's, (text.)* calico; *growwe* ~ dungaree.

**ka·lip·so** =*so's* calypso.

**ka·li·um** *(chem., symb.:* K) potassium. ~**karbonaat** potassi=
um carbonate, potash. ~**nitraat** potassium nitrate, saltpetre.
~**permanganaat** permanganate of potash, potassium per=
manganate, Condy's crystals.

**kalk** *n.* lime; *gebluste* ~ slaked/hydrated lime; *ongebluste/ge=
brande* ~ (burnt/caustic/dehydrated/unslaked) lime, quick=
lime; *iets tot* ~ *maak* calcify s.t.. **kalk** *ge=, vb.* limewash, white=
wash, distemper *(a house, wall)*; lime *(soil)*. ~**aanpaksel** lime
deposit. ~**aarde** calcareous earth. ~**bank** limestone reef.
~**brander** lime burner, calciner. ~**brandery** lime burning,
calcining; limekiln. ~**eier** waterglass egg. ~**gesteente** lime=
stone rock. ~**grond** calcareous/limy soil. ~**hidraat** hydrate
of lime. ~**laag** limestone layer, layer of limestone. ~**lig** lime=
light; *... in die* ~ *plaas/stel, die* ~ *op ... laat val* put ... in the
limelight, give ... a high profile; *in die* ~ *staan/wees* be/bask
in the limelight, have a high profile, have much public visibil=
ity. ~**melk** milk of lime. ~**oond** limekiln. ~**salpeter** nitrate
of lime. ~**spaat** calcspar, calcite. ~**steen, ~klip** limestone.
~**swa(w)el** lime sulphur. ~**water** lime water; limewash,
whitewash.

**kalk·ag·tig** =*tige*, **kal·ke·rig** =*rige* calcareous, limelike, limy.

**kalk·keer** *(ge)=* calk, trace. ~**linne** tracing cloth. ~**papier** trac=
ing/transfer paper.

**kalk·hou·dend** =*dende* calciferous, calcareous.

**kal·koen** =*koene* turkey; *iem. is nie onder 'n* ~ *uitgebroei nie* s.o.
wasn't born yesterday, s.o. is no(body's) fool, there are no
flies on s.o.; *so rooi soos 'n* ~ *word* blush to the roots of one's
hair. ~**belle(tjies)** turkey wattles; *(bot.)* turkey flower, cancer
bush. ~**eier** turkey's egg; *'n gesig soos 'n* ~ a freckled face.
~**kuiken** poult. ~**mannetjie** turkey cock, gobbler. ~**wyfie**
turkey hen, hen turkey.

**kal·koen·tjie** =*tjies* turkey poult/chicken; *(orn.: Macronyx
spp.)* longclaw.

**Kal·kut·ta** →KOLKATA.

**kal·li·gra·fie** calligraphy. **kal·li·graaf** =*grawe* calligrapher.
**kal·li·gra·feer** *ge=* calligraph. **kal·li·gra·fies** =*fiese* calligraphic.

**kal·li·ste·nie** callisthenics. **kal·li·ste·nies** =*niese* callisthenic.

**kal·lus** =*lusse* callus.

**kalm** *kalm(e) kalmer kalmste, adj.* calm, cool, composed, col=
lected; relaxed, *(infml.)* laid-back; placid, *(infml.)* unfazed;
steady; calm, peaceful, quiet; calm, still, tranquil; ~ *en be=
daard wees* be cool, calm and collected; ~ *bly* keep/remain/
stay calm/cool, keep one's cool/temper; *bly* ~! relax!, don't get
excited!; *op 'n* ~ *manier* in a leisurely fashion; ~ *nou!* steady
(now/on)!, take it easy!; *'n* ~ *seereis* a smooth passage; ~
*word* calm down; sober down. **kalm** *adv.* calmly, coolly,
composedly, collectedly; placidly; steadily; peacefully, quietly;
*iets* ~ *opneem* take s.t. easy/philosophically. ~**weg** calmly,
coolly; quietly.

**kal·meer** *(ge)=* calm down, compose o.s., recover/regain
one's calm/composure; allay, appease, calm (down), pacify,
quiet, soothe, tranquillise. ~**middel** =*dels* sedative, tranquil=
liser, calmative. ~**pil** calmative/sedative/tranquillising pill.

**kal·me·rend** =*rende* calming, soothing, sedative, tranquillis=
ing; ~*e drank/middel* sedative, tranquilliser, calmative.

**kal·me·ring** calming; *(med.)* sedation.

**kal·moe·gra·o·lie** chaulmoogra/chaulmugra oil.

**kal·moes** *(bot.)* calamus, myrtle flag, sweet flag/sedge. ~**wor=
tel** orris (root).

**kalm·pies** calmly, quietly, steadily, coolly.

**kalm·te** calm(ness), composure, self-control, self-possession, cool-headedness, coolness, *(infml.)* cool; calm(ness), peacefulness, quietness; stillness, tranquillity; *jou ~ bewaar* keep/ stay calm, *(infml.)* keep one's cool; *jou ~ herwin/herkry* regain/ recover one's composure.

**ka·lo·rie** =*rieë* calorie, calory, unit of heat. **ka·lo·ries** =*riese* calorific; thermal. **ka·lo·ri·me·ter** =*ters* calorimeter. **ka·lo·ri·me·trie** calorimetry. **ka·lo·ri·me·tries** =*triese* caloric; thermal; *~e waarde* caloric value.

**ka·lot** =*lotte*, **ka·lot·jie** =*jies*, *(RC)* calotte, skullcap; beret; small woman's hat; smoking cap; *Joodse ~* yarmulka.

**kal·siet** *(min.)* calcite, calcspar.

**kal·si·um** *(chem., symb.: Ca)* calcium. **kal·sium·hou·dend** =*dende* calcic.

**kal·we, kal·wer** ge=, *(an embankment etc.)* cave in, collapse.

**kal·wer** vitular, vituline. **~hok, ~kraal** calves' kraal/pen; *iem. opdons/opdreun tot by oom Daantjie in die kalwerhok* beat s.o. to a frazzle, beat/knock the (living) daylights out of s.o.. **~lief-de** calf/puppy love.

**kam** *kamme, n.* comb; crest, ridge *(of a hill)*; cam, cog, tooth *(of a wheel)*; bridge *(of a violin)*; comb, caruncle *(of a cock)*; *mense/dinge oor een/dieselfde ~ skeer* treat everyone/everything alike; group/lump people/things together. **kam** ge=, *vb.* comb. **~been** dorsal vertebrae *(of a horse)*; sternum *(of a bird)*. **~mos-sel** pecten, scallop; cockle, clam. **~rat** cog(wheel), cogged/ canting/rag/toothed wheel. **~stof** worsted. **~stofbroek** worsted trousers, (grey) flannels. **~wol** combing wool.

**ka·mar·band, kam·mer·band, kum·mer·band** =*bande* cummerbund.

**ka·mas** =*maste* legging, gaiter. **ka·mas·sie** =*sies* small legging/ gaiter; *(bot.)* kamassi (tree).

**kam·bi·um** *(bot.)* cambium.

**Kam·bod·ja** *(geog.)* Cambodia. **Kam·bod·jaan** =*jane, n.* Cambodian. **Kam·bod·jaans** =*jaanse, adj.* Cambodian.

**kam·brai** *(text.)* chambray.

**Kam·bri·ë** *(<Rom. name for Wales)* Cambria. **Kam·bri·ër** *n.* Cambrian. **Kam·bries** =*briese, adj., (also geol.)* Cambrian. **Kam·bri·um** *n., (geol.)* Cambrian.

**kam·bro** =*bro's, (bot.)* kambro.

**kam·dra·end** =*ende, (bot.)* crested.

**ka·mee** =*meë, =mees* cameo.

**ka·meel** =*mele* camel. **~bul** camel bull. **~doring(boom)** camel thorn (tree). **~drywer** camel driver, cameleer. **~haar** camel('s) hair; camel yarn. **~koei** camel cow. **~perd** giraffe. **~perdbul** bull giraffe. **~perdkoei** cow giraffe.

**ka·me·li·a** =*lias, (bot.)* camellia, japonica.

**ka·mer** =*mers* room, chamber; *(anat.)* ventricle *(of the heart)*; *in die/jou ~ bly* keep *(or* be confined) to one's room; *'n ~ met iem. deel* share a room *(or* room) with s.o.; *geen ~s beskikbaar hê nie, (a hotel etc.)* have no vacancies; *~s te huur* rooms to let; *'n ~ aan (die) kant maak* do/tidy a room; *K~ van Koophandel/Mynwese/Nywerheid/Skeepvaart* Chamber of Commerce/Mines/Industries/Shipping; *die ~ is netjies (of aan [die] kant)* the room is neat/tidy; *~ met ontbyt* bed and breakfast; *~s verhuur* take in lodgers, let rooms. **~be-diende** chambermaid; valet. **~heer** *(chiefly hist.)* chamberlain, gentleman/lord-in-waiting; gentleman usher. **~hof** motion/chamber court; *'n regter op ~* a judge in chambers. **~huur** room rent, rent of a room. **~huurder** lodger, roomer. **~ja-pon, ~jas** dressing gown. **~konsert** chamber concert. **~lid** *(esp. in the Neth. and Belgium)* member of parliament. **~maat** roommate. **~meisie** chambermaid. **~musiek** chamber music. **~orkes** chamber orchestra. **~plant** indoor plant. **~pot** chamber pot. **~skeiding** (room) divider. **~stel** bedroom suite. **~temperatuur** room temperature. **~venster** (bed)room window.

**ka·me·ra** =*ras* camera; *die ~ op iets instel* bring s.t. into focus, focus on s.t.; *voor die ~* on camera. **~man** =*manne* cameraman. **~opnemer** camcorder. **~sak, ~tas** camera case. **~sku** camera-shy. **~span** camera/film crew/team.

**ka·me·raad** =*rade* comrade, companion; *(infml.)* mate, chum, pal, buddy. **ka·me·raad·skap·lik** =*like* comradely, companionable; *~ met ...omgaan* fraternise with ... **ka·me·raad·skap(-lik·heid)**, **ka·me·ra·de·rie** comradeship, camaraderie, companionship, (good) fellowship. **ka·me·raad·skaps·gees** esprit de corps.

**ka·mer·doek** *n., (text.)* cambric. **ka·mer·doeks** =*doekse, adj.* cambric.

**ka·mer·ling** =*linge* chamberlain; *(Bib.)* eunuch.

**Ka·me·roen** *(geog.)* Cameroon, the Cameroons.

**ka·mer·tjie** =*tjies* little room, closet; cabinet, cubicle; cuddy; pigeonhole.

**kam·hout** camwood.

**ka·mi·ka·ze** *(Jap.)* kamikaze. **~(vlieënier)** *(WW II)* kamikaze (pilot), suicide pilot. **~(vliegtuig)** *(WW II)* kamikaze (plane/ aircraft).

**ka·mil·le** *(bot.)* c(h)amomile. **~-olie** c(h)amomile oil. **~tee** camomile tea.

**ka·mi·sool** =*sole* camisole.

**kam·ma** ostensibly, quasi, as if, as it were; *iem. is ~ ryk/ens.* s.o. is supposed to be rich/etc.; *iem. het ~ gewerk* s.o. made a pretence of being at work. **~land** never-never land, fairyland, land of make-believe.

**kam·me·ry** combing mill.

**kam·me·tjie** =*tjies* small comb; *(bot.)* freesia.

**ka·moe·flage** =*flages* camouflage.

**ka·moe·fleer** ge= camouflage, disguise. **~baadjie** combat jacket. **~drag, ~uniform** camouflage uniform. **~net** camouflage net.

**ka·moe·fle·ring** camouflage.

**kamp**[1] *kampe, n.* camp, encampment; *(troops)* cantonment; croft; corral, (large) enclosure; field, garth; jamboree; (large) paddock/run; *in die ~* in camp; *in/by die ~* at camp; *(die) ~ opbreek* break/strike camp; *~ opslaan* pitch camp, encamp; quarter; *uit die ~ breek* break camp. **kamp** ge=, *vb.* →KAMPEER. **~emmertjie** billy(can). **~plek, ~terrein** campsite. **~vuur** campfire, watch fire.

**kamp**[2] ge=, *vb., (arch.)* fight, combat, struggle; *met iets te ~e hê* struggle/wrestle *(or* be confronted/faced) with s.t., be up against s.t. *(a problem etc.)*; have s.t. to contend with *(criticism etc.)*; have s.t. on one's hands *(a crisis etc.)*; have s.t. to cope with *(setbacks etc.)*; *met iets te ~e kry* come up against s.t.. **~vegter** fighter, supporter, protagonist, wrestler; champion, advocate; *~ vir vroueregte* champion of *(or* campaigner for)* women's rights, liberationist, *(infml., often derog.)* (women's) libber; *'n ~ vir vryheid* a champion *(or* an advocate)* of liberty.

**kamp**[3] *n., (gay sl.)* camp. **kamp** *adj., (gay sl.)* camp, camped up, poncy, limp-wristed.

**kam·pan·je** =*jes* campaign; *'n ~ meemaak* see service, serve in a campaign.

**kam·peer** (ge)=, **kamp** ge= camp (out), encamp, be under canvas, bivouac. **~plek, ~terrein** camp(ing) site; caravan park.

**kam·peer·der** =*ders* camper.

**kam·pe·ring** encampment.

**kam·pie** =*pies* small camp, run, paddock.

**kam·pi·oen** =*pioene* champion; *iem. tot ~ uitroep* declare s.o. champion. **kam·pi·oen·skap** =*skappe* championship; *die ~ beslis* decide the championship; *om 'n ~ meeding* take part in a championship. **kam·pi·oen·skaps·by·een·koms** championships, championship meeting; *aan 'n ~ deelneem* take part in a championships.

**kam·pong** =pongs, (<Mal.) kampong; compound.

**kam·stig** =stige, **kam·tig** =tige, adj. so-called; →KASTIG adj. & adv.. **kam·tag, kam·tig** adv. = KAMMA.

**kam·vor·mig** =mige comb-shaped.

**kan**[1] kanne, n. can, jar, jug, mug, tankard, pitcher, pot; alles is in ~ne en kruike it is all arranged/settled; iets in ~ne en kruike hê have s.t. (all) sewn/buttoned up (or arranged/ clinched/sealed/settled or, infml. in the bag/can). **kan·ne·tjie** =tjies cannikin, small can/jar/jug/mug/tankard; (masc. only) nipper, kid(die), tiny tot; (in the pl., bot.) wax twiner, red wax creeper.

**kan**[2] kon, vb. be able, can, may; iem. ~ nie anders as ... nie s.o. cannot but ...; ek sal bly wees as jy ~ kom/ens. I will be glad if you will/could come/etc.; iem. ~ beter s.o. can do better; dit ~ it can be done; dit ~ nie it/that is impossible (or can= not be or can't be done); it/that won't do; dit ~ (so) wees it is possible, it may be (so); dit ~ interessant wees it might be interesting; iem. ~ iets doen s.o. can (or is able to) do s.t.; s.o. knows how to do s.t.; s.o. is free to do s.t.; dit ~ gebeur it is quite possible; jy ~ gerus ... you are welcome to ...; dit kon jy my gesê het you might have told me; jy kon my darem gevra het you might have asked me; wat kon gewees het what might have been; iem. ~ goed swem/ens. s.o. is good at swimming/etc.; so goed (as [wat]) iem. ~ as best s.o. can, to the best of s.o.'s ability; so gou as ~ as soon as possible; so gou as ~ kom at the very first opportunity; hoe kon jy dit doen? how on earth could you do it?; so ~ dit nie langer nie this can't go on, it/things can't/cannot go on like this (any longer); iem. ~ nie meer nie s.o. can't/cannot carry on; s.o. is at the end of his/her tether; ~ jy nou meer! can you be= lieve it!; iets ~ nie s.t. is impossible (or can't be done); om te ~ ... in order to ...; so ver/vêr ek ~ as far as in me lies; iem. kon ...vermoor s.o. felt like killing ...; iem. kon ...nie vind nie s.o. couldn't (or could not) find ...; so (al) wat iem. ~ for all s.o. is worth; dit ~ (so) wees it may be (so); wys wat jy ~ show one's mettle.

**Ka·naak** =nake, (South Sea islander) Kanaka.

**ka·naal** =nale, (artificial) canal; (natural) channel; passage; watercourse; (min.) artery; (anat.) vessel, duct, meatus; 'n ~ aanlê/grawe cut/dig a canal; langs diplomatieke kanale through/by diplomatic channels; die (Engelse) K~, (geog.) the (English) Channel; die Engelse en die Ierse K~, (geog.) the narrow seas; langs die gewone kanale through the usual channels. ~sluis canal lock. K~tonnel Channel Tunnel, Euro= tunnel, (infml.) Chunnel. K~veer(boot) cross-Channel ferry.

**Ka·na·än** (geog., Bib.) Canaan; die Land ~ the Promised Land. **Ka·na·ä·niet** =niete Canaanite. **Ka·na·ä·ni·ties** =tiese Canaan= itish, Canaanitic.

**Ka·na·da** (geog.) Canada. **k~balsem** Canada balsam.

**Ka·na·dees** =dese, n. Canadian. **Ka·na·dees** =dese, adj. Canadian; ~dese Engels, (lang.) English Canadian; ~dese Frans, (lang.) French Canadian; ~dese Skild, (geog.) Canadian/Lau= rentian Plateau/Shield.

**ka·na·li·seer** ge= channel, canalise. **ka·na·li·sa·sie, ka·na·li· se·ring** canalisation.

**ka·na·pee** =pees, (chiefly hist.) chesterfield, sofa, couch; (cook.) canapé.

**ka·na·rie** =ries, (orn.) canary. ~geel n. & adj. canary (yellow). ~gras canary grass, Persian wintergrass, manna grass. ~klimop canary creeper. ~saad canary seed; millet. ~voël canary (bird).

**Ka·na·ries** =riese Canary; die ~e Eilande the Canary Islands, the Canaries.

**ka·nas·ta** (card game) canasta.

**ka·nas·ter** =ters, (tobacco) canaster; rush basket.

**kan·de·la** =las, (phys., symb.: cd) candela.

**kan·de·laar** =laars, =lare sconce, candlestick; agapanthus. ~kroonspar monkey puzzle (tree), Chile pine.

**kan·de·la·ber** =bers candelabrum; chandelier.

**kan·di·daat** =date candidate (for an examination, election, etc.), examinee; nominee (of a party for an election); appli= cant (for a post); postulant; 'n ~ stel put up a candidate; 'n ~ uitstem reject a candidate; ('n) ~ in 'n verkiesing wees be a candidate at/in an election, be up for election; ('n) ~ vir ... wees be a candidate for ...; run/stand for ... (an office); stand for ... (parl., a seat, etc.). ~prokureur =reurs articled clerk. ~stelling nomination.

**kan·di·daat·skap** =skappe candidateship, candidature, can= didacy.

**kan·di·da·tuur** =ture candidature, candidateship, candida= cy; nomination.

**kan·dy(·sui·ker)** sugar candy, candy (sugar).

**ka·neel** cinnamon; (also kaneelbruin) cinnamon (brown), cinnamon(-coloured); fyn ~ ground cinnamon. ~stokkie cinnamon stick. ~suiker cinnamon sugar.

**ka·neel·kleur** cinnamon. **ka·neel·kleu·rig** =rige cinnamon (brown), cinnamon(-coloured).

**kan·fer, kam·fer** camphor. ~bal(letjie) camphor ball. ~blaar birch leaf pelargonium. ~boom camphor tree. ~bos(sie) (Diosma vulgaris) wild buchu. ~hout camphorwood. ~(hout) bos(sie) (Tarchonanthus camphoratus) camphor bush/shrub. ~olie camphor(ated) oil.

**kan·fer·ag·tig, kam·fer·ag·tig** =tige camphor(ace)ous.

**kan·ga·roe, kan·ga·roe** =roes kangaroo.

**kan·ker** =kers, n. cancer, carcinoma; (fig.) canker, blight, pest, festering sore. **kan·ker** ge=, vb. canker, fester; grouse; nag; iets ~ aan iem. s.o. frets about s.t., s.t. nags (at) s.o.. ~bos (sie) cancer bush. ~geswel cancerous growth/tumour, car= cinoma. ~lyer, ~pasiënt cancer patient/victim, sufferer from cancer.

**kan·ker·ag·tig** =tige cancerous, cancroid, carcinomatous.

**kan·ker·ver·wek·kend** =kende carcinogenic.

**kan·na** =nas, (bot.) canna.

**kan·ne·leer** ge= flute, groove, channel, chamfer.

**kan·ne·tjie** →KAN[1] n..

**kan·ni·baal** =bale cannibal, maneater. **kan·ni·baals** =baalse cannibalistic. **kan·ni·ba·li·seer** ge= cannibalise (a vehicle etc.). **kan·ni·ba·lis·me** cannibalism.

**kan·nie** ~ is dood nothing is impossible; never say die. ~dood =doods, (Commiphora spp.) corkwood; (Tillandsia spp.) air plant; (Aloe variegata) partridge(-breast) aloe, variegated aloe; (fig.) diehard, stayer, persister, (infml.) bulldog; 'n ~ wees, (also) have a never-say-die attitude, have the tenacity of a bulldog.

**ka·no** =no's canoe; in 'n ~ vaar canoe. ~roeier, ~vaarder ca= noeist. ~vaart canoe trip; canoe race.

**ka·non**[1] =nonne (big) gun, cannon; (in the pl., also) ordnance; 'n groot ~, (infml.) a bigwig, a big shot/gun/noise/cheese; in jou ~ (in) wees, (infml.) have had it, be a goner; 'n ~ op ... rig train a gun on/upon. ~gebulder roar/boom/booming of the guns. ~grys gunmetal (grey). ~koeël cannonball. ~loop gun barrel. ~skoot cannon shot, gunshot; binne 'n ~ within shell= ing distance. ~skoot(s)afstand gunshot (range), cannon= shot (range); binne ~ within gunshot; buite ~ out of gunshot, beyond gunshot range. ~voer cannon fodder. ~vuur can= nonade, gunfire.

**ka·non**[2] =nons, (approved list) canon; (mus.) canon, round. **ka·no·niek** =nieke canonic(al); die ~e (Bybel)boeke the canon. **ka·no·ni·sa·sie, ka·no·ni·se·ring** canonisation. **ka·no·ni·seer** ge= canonise.

**ka·non·neer** ge= bombard, cannonade, shell. **ka·non·na·de** =des bombardment, cannonade, shelling.

**ka·non·ne·tjie** =tjies small cannon.

**ka·non·nier** =niers gunner, cannoneer.

**kans** kanse chance, opportunity, prospect; risk; hazard; open=

ing; turn; *die/'n/jou ~ **aangryp/waarneem*** seize/grab the/a/one's chance, seize/grab/take the/an/one's opportunity; *jou ~ **afwag*** await one's chance; bide/wait one's time, play a waiting game, *(infml.)* sit tight; *iem. se ~e **bederf*** spoil *(or, infml.* dish) s.o.'s chances; *jou ~e (ten volle) **benut*** make the most of one's opportunities/chances, *(infml.)* run with the ball; *eenderse ~e* level pegging, even chance; *van 'n ~ **gebruik maak*** accept a chance; *goed van jou ~e **gebruik maak*** play one's cards right/well; *iem. 'n ~ **gee*** give s.o. a chance; give s.o. a turn; *(infml.)* give s.o. a break; *iem. 'n billike/regverdige ~ **gee*** give s.o. a fair chance *(or, infml.* an even break); *geen ~ hê nie* not get a look-in; *(a horse)* be a rank outsider; *hoegenaamd geen ~ hê nie* have no earthly chance *(infml.)*; *die ~e is/staan **gelyk*** the chances are equal, the odds are even; *hul ~e is/staan **gelyk*** it is a toss-up between them; *die ~e is **gering*** the prospects are dim; *'n **geringe** ~* a slender/slim/long/remote chance; an off chance; *'n heel/uiters **geringe** ~ hê,* (also) have an outside chance; *bestaan/is daar ook maar die **geringste/minste** ~?* is there any chance whatever?; *nie die **geringste/minste** ~ hê nie* not have the ghost of a chance, *(infml.)* have a fat chance; *die ~ **laat glip,*** (also, fig.) miss the boat/bus; *'n ~ **laat glip/verbygaan*** lose/miss a chance; *iem. het/staan 'n **goeie** ~* (of *iem. se ~e is/staan **goed***) *om te ...* s.o. stands a good chance *(or* the odds are in s.o.'s favour) of *...,* s.o. is (the) odds-on favourite for/to *...*; *gulde ~* golden opportunity, snip; *'n ~ **hê*** have a chance; stand *(or* be in with) a chance; *daar **is** 'n groot ~ dat ...* there is a great chance *(or* the chances/odds are *or* it is long odds) that *...*; *'n ~ **kry*** get *(or* be given) a chance; get a turn; *'n billike/regverdige ~ **kry*** get *(or* be given) a fair chance, *(infml.)* get an even break, get a fair crack of the whip; *'n ~ **misloop*** lose/miss a chance; *die ~e **op** ...* the chances of *...*; *'n ~ **op** iets hê* be in line for s.t.; *'n ~ **op** sukses* a chance/prospect of success; *vir iets ~ **sien*** feel equal/up to s.t.; be game for s.t.; *~ **sien** om te ...* see one's way (clear/open) to *...*; *sien jy ~ daarvoor?, sien jy daarvoor ~?* do you feel up to it?; are you game for it?; *so **lank** daar ~ is* while the going is good; *hoe **staan** iem. se ~e?* what are s.o.'s chances?; *'n **unieke/enige** ~, 'n ~ wat jy nooit weer **kry** nie* the chance of a lifetime; *die ~ is **verlore*** the chance is gone; *'n ~ **verspeel/versuim*** (of *laat **verbygaan** of [deur jou vingers] laat **glip**)* lose/miss a chance, let a chance/opportunity slip by, *(infml.)* miss the boat/bus; *'n ~ **waag*** take a chance/risk, chance/risk it, chance one's arm, try one's luck; *nog 'n ~ hê om te **wen*** still be in the game; *geen ~ hê om te **wen** nie* play a losing game. **~spel** game of chance/hazard; gamble.

**kan·sel** -*sels* pulpit; mimbar, minbar *(in a mosque);* **die ~ beklim/bestyg** go into *(or* mount) the pulpit; *'n meisie na die ~ **lei*** lead a girl to the altar; *voor die ~ **verskyn*** appear before the altar. **~kleed** pulpit cloth. **~rede** sermon, homily, pulpit oration. **~styl, ~taal** pulpit style/language, language of the pulpit.

**kan·se·la·ry** *-rye* chancery, chancellery. **~styl, ~taal** officialese.

**kan·se·lier** *-liers* chancellor; counsellor *(in an embassy).* **kan·se·lier·skap** *-skappe* chancellorship.

**kan·sel·leer** *ge-* cancel. **kan·sel·la·sie** *-sies,* **kan·sel·le·ring** *-rings* cancellation.

**kant¹** *kante, n.* side; border, brink, edge, margin; purlieu; verge; direction, way; rim *(of a cask);* flank; bank; *aan die ~* on the side; *aan (die) ~ **wees*** be orderly/shipshape *(or* in good order); *iets aan (die) ~ **hou*** keep s.t. neat/tidy *(a room etc.);* keep s.t. in order; *iets aan (die) ~ **maak*** clean s.t. up, tidy s.t. (up), do s.t. *(a room etc.);* put s.t. in order; *aan albei ~e van ...* on both sides of *...*; on either side of *...*; *aan daardie/hierdie ~* on that/this side; over there/here; *aan elke ~* on every side; *aan die groot ~* biggish, fairly big/large, on the big/large side; *aan die hoë/klein ~* rather high/small, on the high/small side; *aan die kort ~* shortish, fairly

short, on the short side; *aan die teenoorgestelde ~* on the opposite side; at the other extreme; *aan die veilige ~ **bly*** remain on the safe side; play (it) safe; *aan die verkeerde ~* on the wrong side; *aan die verkeerde ~ van veertig/ens.* on the shady side of forty/etc.; *aan die ~ van ... loop/ry* skirt *... (a mountain etc.);* *aan Britse/ens. ~* on the British/etc. side; *aan ...se ~ **wees*** be on *...*'s side *(or* on the side of *...);* *aan dieselfde ~ **staan/wees*** be in the same camp; *aan die ~ van die pad* by the wayside; *aan alle ~e* on all hands, on every hand; right, left and centre; *na alle ~e* in all directions, in every direction; left, right and centre; *van alle ~e* from all quarters/angles/sides; on all hands; *alle ~e van 'n saak* the rights and wrongs of a matter; *die **ander** ~* the other side; *(fig.)* the obverse; *aan die ander ~* on the other side; *(fig.)* on the other hand; *(fig.)* then again; *aan die **ander** ~ van ...* across *(or* on the other side of) *...* *(the river etc.);* beyond the *... (grave);* *die **blink** ~ bo hou,* *(infml.)* look on the bright side; keep smiling; *dié ~ **bo*** this side up; *met die regte ~ **bo*** right side up; *jou ~ **bring*** pull one's weight, do one's bit *(or* fair share), *(infml.)* deliver the goods; *daardie ~ **toe*** that way; *daardie ~ **uit*** out that way; *dié/hierdie ~ **toe*** this way; *die **donker** ~,* *(lit. & fig.)* the dark side; *die **donker/lelike** ~ van die lewe* the seamy side of life; *aan die **een** ~,* *(fig.)* on the one hand; *aan die **een** of die ander ~* on either side; *enige ~ kan wen* the result can go either way; *dit het sy **goeie** ~* it has its good side *(or* s.t. in its favour); *iem. van geen/g'n ~ af ken nie* not know s.o. from Adam; *~ **kies*** take/choose sides; *iem. se ~ **kies*** side with s.o., take s.o.'s side; take s.o.'s part, take the part of s.o.; *teen iem. ~ **kies*** side against s.o.; *vir iem. ~ **kies*** side with s.o., take s.o.'s side; *~ en klaar **wees*** be all set; be cut and dried; be signed, sealed and delivered; *langs die ~* along the edge/border/side; *die **ligte** ~* the light side; *die **ligte** ~ van die lewe* the sunny side of life; *na daardie ~* in that direction; *na die ~ **swem*** swim to the side *(or* toward[s] the edge); swim ashore; *die saak moet nou na 'n ~ **toe** kom* the matter must now be settled *(or* brought to a head); *op sy ~ **lê,*** *(a ship)* be on her beam-ends; *iets op die ~ **aanteken*** make a marginal note; *iets op sy ~ **sit*** put s.t. on its side; *op die ~ van ...* on the edge of *...*; *aan die **ou** ~ raak,* *(na die) **ou** ~ **toe** staan* be ag(e)ing *(or* getting on in years); *aan die **ou** ~ **wees*** be long in the tooth; *die **regte/verkeerde** ~* the right/wrong side; *daardie ~ van die saak* that aspect of the matter; *...se ~ **toe** gaan* make for *... (a place);* *dit gaan/staan (na) sesuur/ens. se ~ (toe)* it is getting/going on for six/etc. o'clock; *(teen) sesuur se ~* toward(s) six o'clock; *sestig **se** ~ **toe** staan* be getting on for *(or* going on) sixty; *van die ~ **sien** kry* get a side view; *iem. se **sterk/swak** ~* s.o.'s strong/weak point; *iem. se **swak** ~ ken* know s.o.'s soft spot; *elke saak het twee ~e* there are two sides to every question; *van 'n ~ af* thoroughly, systematically; from all angles/sides; *van een ~* from one side, one-sided; *'n beswaar van ... se ~ af* an objection on *...*'s part *(or* on the part of *...);* *geen hulp van daardie ~ nie* no help from that quarter; *van gesaghebbende ~* on good authority; *van gesaghebbende ~ **verneem*** learn authoritatively; *iem. van ~ **maak*** kill/dispatch/eliminate/liquidate s.o., do away with s.o.; *jouself van ~ **maak*** destroy o.s.; *iets van ~ **maak*** kill s.t., put s.t. down *(an animal);* *die motor het ons van die ~ af **getref*** the car hit us side-on; *~ en wal **lê,** (a dam etc.)* be full to overflowing; *die rivier lê ~ en wal* the river is in flood/spate *(or* is [running] level with its banks); *~ nóg wal **raak*** be irrelevant, be neither here nor there, be (quite) beside the point, make no sense; be wide of the mark; *watter ~ **toe** sal ons gaan?* which way shall we go?; *(van) watter ~ ~ waai die wind?,* *(also fig.)* from which quarter is the wind blowing?; *nie weet na watter ~ **toe** nie* be at a loss. **~beitel** cant chisel. **~hou** sidestroke. **~hout** squared timber. **~leuning** side rail(ing). **~lyn** marginal line/rule; sideline; touchline; margin; *die bal **by** die ~ **uitskop** (of oor die ~ skop),* *(rugby, soccer)* kick the ball into touch; *iem. **by** die ~ **uitdwing,*** *(rugby)* force s.o. into touch; *iem. **na/op** die ~ (uit)skuif,* *(fig.)*

marginalise s.o.; **na/op** die ~ *(uit)geskuif wees* be marginal=
ised; '*n ~ **trek** rule a margin. **~man** =manne flank(er), wing
forward. **~reg** ge= square *(timber)*. **~reling** cantrail, side rail=
(ing). **~ruimte** margin. **~saag, ~snyer** edger. **~skaaf** badger
plane. **~streep** = KANTLYN. **~tekening** =ninge, =nings gloss,
marginal note/reference; side note; signature in *(or endorse=*
ment on) the margin; rubric *(in act)*; ~e marginalia. **~voor=
speler** = KANTMAN.

**kant²** lace. **~hout** lacewood. **~knoopwerk** knotted work,
knotwork, macramé (lace). **~kraag** tucker. **~maker, ~wer=
ker** =kers, *(fem.)* **~maakster, ~werkster** =sters lacemaker,
=worker. **~werk** lace(work). **~winkel** lace shop.

**kant·ag·tig** =tige lacy.

**kan·ta·ri·de** =des dried Spanish fly, cantharides. **kan·ta·ri=
dien** cantharidine.

**kan·ta·te** =tes cantata.

**kan·teel** =tele, n. battlement(s), merlon; met ~tele machico=
lated. **kan·teel** ge=, vb. battlement, embattle, crenellate.

**kan·tel** ge= turn over, overturn, topple (over), capsize, tilt,
keel over, tip; '*n vaartuig laat ~* careen a vessel. **~balk** can=
tilever. **~demper** anti-roll/-sway bar. **~haak** cant hook. **~hoek**
tilt angle. **~wa** =waens side-tip truck/lorry, side tipper. **~wiel**
dolly wheel.

**kan·te·laar** =laars side tipper, tipping gear, tipper.

**Kan·tel·berg** *(geog.)* Canterbury.

**kan·te·ling** =lings, =linge tilting; tilt, cant.

**kan·tien** =tiene, =tiens water tin, tin can, billy(can); (drink=
ing) bar, (wet) canteen, public house, pub, tavern. **~baas,
~houer** publican, tavern keeper. **~man** barman, =keep(er),
=tender.

**kan·tig** =tige angular, sharp-edged, edgy. **kan·tig·heid** angu=
larity.

**kan·to** =to's canto.

**kan·ton** =tons, *(geog.: a subdivision)* canton. **kan·ton·naal**
=nale cantonal. **kan·ton·neer** ge= canton. **kan·ton·ne·ment**
=mente cantonment.

**kan·toor** =tore office, bureau, chambers; **by** die ~ van ... at
the offices of ...; ~ **toe gaan/kom** go/come to the office; **op**
~ at the office; nie op ~ wees nie be out; **op** ~ wees be at the
office. **~benodig(d)hede** office requisites/supplies. **~bestuur=
der** office manager. **~gebonde** desk-bound. **~gebou** office
building/block. **~gebruik** office use. **~klerk** (office) clerk.
**~meubels** office furniture. **~misdaad** white-collar crime.
**~personeel** clerical staff. **~ruimte** office accommodation.
**~stoel** desk/office chair. **~toerusting** office appliances/equip=
ment/supplies. **~tyd, ~ure** office/business hours; office time;
in ~ during office hours; ná ~ after (office) hours. **~werk**
office/clerical/desk work; office/clerical/desk job, nine-to-five
(job). **~werker** office/white-collar worker, nine-to-fiver.

**kan·tor** =tors, *(Jewish)* cantor; precentor; tweede ~ succentor.

**ka·nun·nik** =nike, *(eccl.)* canon.

**ka·o·lien** kaolin, china/porcelain clay. **ka·o·li·niet** kaolinite.
**ka·o·li·ni·seer** ge= kaolinise.

**kap¹** kappe, n. hood, top, roof *(of a car)*; bonnet *(of an engine)*;
cowl, hood *(of a monk)*; cowl(ing) *(of a chimney etc.)*; wimple
*(of a nun)*; shade *(of a lamp)*; tester *(of a bed)*; tent *(of a
wag[g]on)*; truss, principal *(of a roof)*; top *(of a boot)*; cut *(of a
file)*; *(archit.)* cap, cope, coping; cab *(of a lorry, loco, etc.)*;
cowling *(of an aeroplane)*; canopy; cap (rock); pelmet; lamp=
shade; lamp sonder ~ unshaded lamp; akademiese ~ aca=
demic hood; met '*n ~ op* hooded. **kap** ge=, vb. hood, cover
with a hood; trim, dress, style *(hair)*. **~been** rafter, princi=
pal. **~dak** pitched roof. **~galery** *(theatr.)* fly gallery. **~hand=
skoen** gauntlet. **~kar** hooded/tilt/Cape cart. **~lamp** roof/
dome lamp. **~lys** roof mould(ing). **~mantel** hooded cloak,
almuce, amice. **~mou** cap sleeve. **~stewel** top/high/knee/
Wellington boot, jackboot, wellington. **~styl** roof truss, cruck.
**~stylhuis** roof house.

**kap²** kappe, n. chop, chip, cut; slash; agter die ~ van die byl
kom find out the ins and outs of s.t., figure out how it all fits
together; '*n paar ~pe maak, (infml.)* knock back a few. **kap**
ge=, vb. hack, cut; chip; cut down, fell *(trees)*; chop, hew *(wood)*;
cut *(meat)*; *(infml.: criticise severely)* blast, knock, pan, slam,
slate, tear into *(s.o.)*; *(tennis)* chop *(a ball)*; *(golf)* chip; *(a horse,
lion, etc.)* paw, hit out; iets stukkend ~ chop s.t. up; hew s.t. to
pieces. **~beitel** hewing chisel. **~blok** chopping block, hack=
log. **~byl** woodcutter's axe. **~byltjie** chip axe. **~hou** *(tennis)*
chop (stroke); *(golf)* chip (shot); '*n ~ uitvoer* cut. **~mes** chop=
per, chopping knife, cleaver, billhook; bush knife, machete,
matchet, panga. **~ploeg** rotary plough. **~snoei** ge= lop. **~tol**
pegtop. **~wapen** slasher. **~yster** =ters grub(bing) hoe/hook.

**ka·pa·bel** =bele able (to), capable (of); iem. is ~ en ..., *(infml.)*
s.o. might well ..., I wouldn't put it past s.o. to ...

**ka·pa·si·teit** =teite capacity, ability. **ka·pa·si·tor** =tors capaci=
tor.

**ka·pa·ter** =ters, n. castrated goat. **ka·pa·ter** ge=, vb. emas=
culate, castrate, geld *(a goat)*.

**ka·pel¹** =pelle chapel, oratory; galilee; *(mus.)* band. **~meester**
bandmaster.

**ka·pel²** =pelle cobra. **~slang** hooded snake.

**ka·pe·laan** =laans, =lane, *(mil.)* chaplain; *(RC)* curate. **ka·pe=
laan·skap** chaplaincy.

**Ka·pe·naar** =naars, =nare Cape man/woman, Capetonian;
inhabitant of the Western Cape.

**ka·per** =pers hijacker; skyjacker; seajacker; *(chiefly hist.)* pri=
vateer, pirate, buccaneer; freebooter, filibuster, raider. **~skip**
=skepe privateer, raider, pirate (ship).

**ka·per·jol** =jolle caper; capriole; *(in the pl., also)* antics; ~le
maak frolic, cavort, caper, cut capers, gambol; perform an=
tics.

**ka·pe·ry** hijacking; privateering, piracy.

**ka·pil·lêr** =lêre capillary. **ka·pil·la·ri·teit** capillarity, capillary
action.

**ka·ping** =pings, =pinge hijack(ing); skyjack(ing); seajack(ing),
capture (of a/the ship).

**ka·pi·taal** =tale, n., *(fin.)* capital, principal; fund; stock; capi=
tal (letter); **aangewende/gebruikte** ~ capital employed; ~
**uitreik** issue capital; **volgestorte** ~ paid-up capital; ... van
~ **voorsien** finance ... **ka·pi·taal** =tale, adj., *(fin.)* capital.
**~aanwas** capital appreciation. **~afvloei** capital drain. **~ba=
lans** balance of capital. **~belegging** capital investment.
**~fonds** capital fund. **~heffing** capital levy, levy on capital.
**~krag** financial strength/capacity. **~kragte** capital resources.
**~mark** capital market. **~nood** stringency of capital. **~oor=
drag** capital transfer. **~skaarste** tightness of the capital mar=
ket. **~skuld** capital debt. **~tekort** shortage of capital. **~uit=
gawe** capital expenditure. **~uitgifte** capital issue. **~vermeer=
dering** increase of capital. **~vermindering** decrease of capi=
tal. **~wins** capital gain.

**ka·pi·ta·lis** =liste, (also K~) capitalist, moneyed/monied man.
**ka·pi·ta·lis·me** (also K~) capitalism. **ka·pi·ta·lis·ties** =tiese,
(also K~) capitalist(ic).

**ka·pi·ta·li·seer** ge= capitalise; realise; capitalise, write with
a capital, write in capitals. **ka·pi·ta·li·sa·sie** capitalisation.
**ka·pi·ta·li·se·ring** =rings, =ringe capitalisation; realisation.

**ka·pi·teel** =tele capital, head *(of a column)*. **~kroon** chapiter.

**ka·pit·tel** =tels, n., *(eccl.)* chapter; vers en ~ chapter and verse.
**ka·pit·tel** ge=, vb.: iem. oor iets ~, *(infml.)* rebuke s.o. for s.t.,
lecture s.o. about s.t.. **~kerk** minster. **~saal** chapter room.

**ka·pi·tu·leer** ge= capitulate. **ka·pi·tu·la·sie** =sies capitulation.

**ka·plaks** =plakse, n., *(onom.)* splash, splat, splosh, plop. **ka=
plaks** adv. & interj., *(onom.)* splash, splat, splosh, plop;
slap-bang. **ka·plaks** ge=, vb., *(onom.)* splash, splat, splosh,
plop.

**ka·poen** =poene, n. capon. **ka·poen** ge=, vb. caponise.

**ka·pok** *n.* snow; kapok, silk/seed cotton; wadding. **ka·pok** *ge-*, *vb.* snow. ~**aartappels** mashed potatoes. ~**gewig** *(boxing)* bantamweight. ~**haan(tjie)** bantam cock; *(fig.)* cock sparrow, spitfire, cocky person. ~**hennetjie** bantam hen. ~**hoender** bantam fowl. ~**kussing** kapok cushion/pillow. ~**voël(tjie)** *(Anthoscopus* spp.*)* penduline tit. ~**wolkies** mackerel clouds.
**ka·pok·kie** *-kies* bantam fowl.

**ka·po·si·sar·koom** *(med., also* K~*)* Kaposi's sarcoma.

**ka·pot** *-potte -potter -potste* exhausted, (dead) tired, dog-tired, worn out; in rags/tatters; out of order, defective, faulty, crocked; *iets* ~ *dra* wear s.t. to a frazzle; *iets* **maak** *iem.* ~ s.t. wears s.o. out/down; ~ **raak** break down, *(infml.)* crock up; *iem. se senuwees was* ~ s.o.'s nerves were shattered; *jou* ~ **werk** work o.s. to a standstill.

**kap·per**[1] *-pers* chopper, billhook; feller, cutter, slasher; hewer; picker; hairdresser, barber. **kap·pe·ry** chopping; hewing.
**kap·per**[2] *-pers, (spice)* caper. ~**boom** caper bush.
**kap·pers, kap·per·tjies, kap·per·tjie·saad, kap·per·tjie·sa·de** capuchin/English capers, caper.
**kap·per·tjie** *-tjies, (bot.)* nasturtium; nasturtium seed, caper. ~**duif** jacobin.
**kap·pie** *-pies* (sun-)bonnet; *(orthography)* circumflex; capsule, cap. ~**gars** barley wheat.
**ka·prien** caprin. ~**suur** capric acid.
**kap·sel**[1] *-sels* coiffure, hairdo, hairstyle; headdress.
**kap·sel**[2] *-sels, (biol.)* capsule; *(biol.)* theca; *(ceramics)* saggar, sagger.
**kap·sie:** *teen iets* ~ *maak* object/demur *(or* raise/make objections *or* take exception) to s.t..
**kap·stok** hatrack, -stand, hall stand, hat tree, row of pegs; coat rack; *iets as 'n* ~ *gebruik (om iets aan te hang), (fig.)* use s.t. as a peg (on which to hang s.t.).
**kap·su·le** *-les, (med.)* capsule; *iets van 'n* ~ *voorsien* capsule s.t.. **kap·su·lêr** *-lêre* capsular, capsulate(d).
**kap·tein** *-teins* captain; (tribal) chief, chieftain; skipper; ~ *wees* captain; skipper. **kap·tein·skap** *-skappe* captaincy; chiefship, chiefdom; chieftainship, chieftaincy. **kap·teins·rang** rank of captain, captaincy.
**Ka·pu·syn** *-syne,* **Ka·pu·sy·ner** *-ners, (also* k~*)* Capuchin (monk).
**ka·pu·sy·ner:** ~**ertjie** marrowfat pea. ~**aap** capuchin (monkey).
**kar** *karre* (motor)car; cart; →MOTOR *n.*; ~ *en perde* horse and cart; *die* ~ *voor die perde span, (fig.)* put the cart before the horse. ~**perd** carthorse, coach/carriage horse. ~**vrag** cart load, cartful. ~**wedren** chariot race. ~**wiel** cartwheel.
**ka·raat** *-rate* carat; *18/ens.* ~ *18/etc.* carats.
**ka·ra·bi·nier** *-niers* carbineer, carabineer.
**ka·ra·byn** *-byne* carbine. ~**haak** *(rock climbing)* karabiner, snap hook/link/ring.
**ka·ra·koel** *-koele, (also* K~*)* karakul/caracul (sheep). ~**pels** karakul/caracul fur/pelt, astrakhan. ~**vel** karakul/caracul skin, astrakhan. ~**wol** karakul/caracul fur/wool, astrakhan.
**ka·rak·ter** *-ters* character, individuality, nature; stamp; mark, sign; *iem. se* ~ *aantas* cast reflections on/upon s.o.; reflect *(or* be a reflection) on/upon s.o.; *met 'n onbevlekte* ~ without a stain on one's character; *in ooreenstemming met iem. se* ~ true to character; *strydig met iem. se* ~ *wees* be out of character for s.o.. ~**beskrywing** characterisation. ~**eien·skap** quality of character; characteristic. ~**moord** character assassination. ~**ontleding** analysis of character. ~**ontwik·keling** development of character. ~**skets** character sketch, vignette. ~**spasie** *(comp.)* character space. ~**speler** character actor. ~**string** *(comp.)* character string. ~**studie** character study. ~**tekening,** ~**uitbeelding** characterisation, character delineation/depiction/drawing/portrayal. ~**trek** characteristic, trait, streak, strain. ~**vas** *-vaste* of strong character.

~**vastheid** strength of character. ~**vol** *-volle* full of character, characteristic. ~**vorming** character building/training.
**ka·rak·te·ri·seer** *ge-* characterise; be characteristic of. **ka·rak·te·ri·se·rend** *-rende* determinative. **ka·rak·te·ri·se·ring** *-rings, -ringe* characterisation, delineation, description.
**ka·rak·te·ris·tiek** *-tieke, n.* character sketch/description/depiction; characteristic. **ka·rak·te·ris·tiek** *-tieke, adj.* characteristic, typical, distinguishing; ~ *van ... wees* be characteristic of ...; *nie* ~ *van ... wees nie* be uncharacteristic of ...
**ka·rak·ter·loos** *-lose* characterless, nondescript; unprincipled, depraved. **ka·rak·ter·loos·heid** characterlessness, lack of character; depravity, unprincipledness.
**ka·ram·bool** *-bole, (billiards)* carambole, cannon. **ka·ram·bo·leer** *ge-* cannon.
**ka·ra·mel** *-melle, -mels* caramel; burnt sugar. ~**poeding** caramel pudding. ~**smaak** caramel taste/flavour; *met 'n* ~ caramel-flavoured. ~**versiersel** caramel frosting. ~**vla** cream caramel, caramel cream/custard.
**ka·ra·mel·kleu·rig** *-rige* caramel-coloured.
**ka·ra·mel·li·seer** *ge-* caramelise.
**ka·ra·o·ke** *(Jap., mus.)* karaoke.
**ka·ra·paks** *-pakse, (zool.)* carapace.
**ka·ra·te** karate. ~**hou,** ~**kap(hou)** karate chop.
**ka·ra·te·ka** *-kas* karateka.
**ka·ra·vaan** *-vane* caravan *(of camels etc.); (<Eng.)* caravan; → WOONWA; *'n* ~ *kamele* a train of camels; *'n* ~ *pakdiere* a pack train. ~**park** caravan park. ~**weg** caravan route.
**kar·ba** *-ba's* carboy, demijohn, wicker bottle; blackjack.
**kar·bied** *(chem.)* carbide.
**kar·bol** carbolic (acid), phenol. ~**olie** carbolic oil. ~**seep** carbolic soap.
**kar·bo·lies** *-liese* carbolic.
**kar·bo·li·neum** carbolineum.
**kar·bo·li·seer** *ge-* carbolise.
**kar·bo·naat** *-nate* carbonate. **kar·bo·niet** carbonite.
**kar·bo·neer** *ge-* carbonate; carbonise; carburise. **kar·bo·neer·pro·ses** carbonisation. **kar·bo·ne·ring, kar·bo·na·sie** carbonation.
**kar·bo·ni·seer** *ge-* carbonise, char.
**kar·bon·kel** *-kels* carbuncle, garnet; carbuncle, anthrax. ~**neus** drinker's nose, copper/red/ruby nose.
**kar·bu·reer** *ge-* carburet, carburate. **kar·bu·re·ring** carburetting, carburation.
**kar·dan·:** ~**as** cardan shaft. ~**koppeling** cardan joint.
**kar·de·mom** cardamom. ~**saad** cardamom (seed).
**kar·di·naal** *-naals, -nale, n.* cardinal, red hat; *tot* ~ *verhef word* be appointed/made a cardinal, be raised to the purple. **kar·di·naal** *-nale, adj.* cardinal, chief, vital; *van kardinale belang wees* be critically/crucially important. ~**(mantel)** cardinal (cloak). ~**(voël)** cardinal.
**kar·di·naals·:** ~**hoed** *-hoede(ns), (RC)* cardinal's/red/scarlet hat. ~**mus** *(bot.)* spindle tree.
**kar·di·naal·skap** cardinalate, cardinalship; the scarlet.
**kar·di·o·graaf** *-grawe, (instr.)* cardiograph. **kar·di·o·gra·fie** cardiography.
**kar·di·o·gram** *-gramme* cardiogram.
**kar·di·o·lo·gie** cardiology. **kar·di·o·loog** *-loë* cardiologist.
**kar·di·o·vas·ku·lêr** *-lêre* cardiovascular.
**kar·does** *-doese* paper bag. ~**broek** knickerbockers; plus fours.
**ka·ree·:** ~**(boom)** ka(r)ree (tree). ~**hout** ka(r)ree wood.
**ka·ret**[1] *-rette* tailboard; luggage carrier.
**ka·ret**[2] *-rette, (print.)* caret, insert sign.
**ka·ret**[3] *-rette* tortoiseshell. ~**skilpad** caret, hawksbill/loggerhead (turtle).

**Ka·rib** *=ribe, (member of a people)* Carib; *(lang., also* Karibies*)* Carib. **Ka·ri·bies** *=biese* Caribbean; *~e Eilande* Caribbees, Caribbean Islands; *~e See* Caribbean (Sea), the Spanish Main.

**ka·ri·boe** *=boes, (zool.)* caribou, reindeer.

**ka·rie, kar·rie** *(<Khoi)* mead, honey beer; pease beer. **~moer** honey-beer yeast/settling(s).

**ka·ri·ës** *(med.)* caries.

**ka·rig** *=rige =riger =rigste* scant(y), meagre, skimpy, slender *(means);* frugal *(meal); iem. ~ behandel* stint s.o.; *~ geklee(d)* scantily clad; *~ gemeubileer(d)/gemeubeleer(d)* scantily furnished; *~e loon* (mere) pittance; *'n ~e oes* a stingy crop; *~ voorsien wees* be meagrely/scantily provided; *~ met woorde* sparing of one's words. **ka·rig·heid** scantiness, meagreness, frugality, puniness, slenderness; sparseness, scarcity.

**ka·ri·ka·tu·ris** *=riste* caricaturist, cartoonist. **ka·ri·ka·tu·ri·seer** *ge=* caricature, take off.

**ka·ri·ka·tuur** *=ture* caricature, takeoff; *'n ~ maak van …* caricature *(or* take off) *… ~tekenaar* caricaturist, cartoonist. **~tekening** caricature, cartoon.

**ka·ri·ka·tuur·ag·tig** *=tige* caricaturish, ridiculous, exaggerated.

**ka·ril·jon** *=jons* carillon, chimes.

**kar·kas** *=kasse* carcass, carcase; skeleton.

**kar·kat·jie** *=jies* sty(e), hordeolum; chalazion.

**kar·koer** *=koere, (bot.)* gourd, bitter melon, wild coloquint.

**kar·lien·blom** poinsettia.

**kar·ma** *(Hind., Buddh., also fig.)* karma.

**kar·me·dik** *=dikke, =diks* blessed thistle.

**kar·mo·syn** crimson. **~bos** pokeweed. **~rooi** crimson.

**kar·myn** carmine. **~rooi** carmine, crimson.

**kar·nal·lie** *=lies* knave, rascal, rogue, scamp; wag, hoaxer; *so 'n ~!* the rascal, the son of a gun!.

**kar·na·val, kar·na·val** *=valle, =vals* carnival, Mardi Gras.

**kar·ni·voor** *=vore, n.* carnivore. **kar·ni·voor** *=vore, adj.* carnivorous.

**kar·nuf·fel** *(ge=)* bully, push around, knock about/around, rough up, *(infml.)* work over, manhandle; maul; *iem. ~, (infml.)* clown/fool about/around *(or* engage in horseplay) with s.o., roughhouse s.o..

**Ka·roo** *(SA, geog.)* Karoo. **k~bos(sie)** Karoo bush. **k~doring** Karoo thorn, mimosa. **~veld** Karoo veld.

**ka·ros** *=rosse* kaross, skin rug/cloak.

**kar·pa·le ton·nel·sin·droom** *(med.)* carpal tunnel syndrome.

**kar·per** *=pers,* **karp** *karpe, (icht.)* carp.

**kar·re·tjie** *=tjies* little car; little cart, trap, dogcart, pony trap.

**kar·ring** *=rings, n.* (milk) churn. **kar·ring** *ge=, vb.* churn; *aan iem. ~* pester/bother/worry s.o.; *aan iets ~* fiddle with s.t.. **~melk** buttermilk. **~pols, ~staf, ~stok** churn dasher, churnstaff.

**kar·si·no·geen** *=gene* carcinogenic.

**kar·si·noom** *=nome* carcinoma, cancer.

**kar·teer** *(ge=)* chart, map; plot. **kar·te·ring** *=rings, =ringe* mapping; plotting.

**kar·tel**[1] *=telle, n.* cartel, trust, consortium, syndicate. **~vorming** cartelisation.

**kar·tel**[2] *=tels, n.* notch; wave, curl *(in hair);* crimp *(in wool).* **kar·tel** *ge=, vb.* notch; wave *(hair);* mill *(coins);* deckle *(a book edge).* **~derm** colon. **~lyn** wavy line. **~moer** milled nut. **~rand** milling, milled edge; deckle edge, knurled edge. **~skêr** pinking shears.

**kar·te·lig** *=lige,* **kar·tel·rig** *=rige* notched; wavy *(hair);* milled *(coins).*

**kar·tel·leer** *ge=* cartelise. **kar·tel·le·ring** cartelisation.

**kar·tets** *=tetse* round of grapeshot, canister/case shot, shrapnel. **~koeël** grapeshot cartridge/bomb. **~lading** case shot. **~vuur** grapeshot fire.

**kar·to·graaf** *=grawe* cartographer, map-maker. **kar·to·grafie** cartography, map-making, mapping. **kar·to·gra·fies** *=fiese* cartographic.

**kar·ton** *=tonne, =tons* cardboard, pasteboard; carton; box; cartoon *(in art); 'n ~ appels/sigarette/ens.* a carton of apples/cigarettes/etc.; *melk/ens. in ~ne(tjies)* milk/etc. in cartons. **~band** (cartoon) binding; *in ~* bound in boards. **~doos, ~houer** carton. **~fabriek** cardboard/pasteboard factory. **~werk** cardboard work/modelling.

**kar·to·teek** *=teke* card index, filing cabinet.

**kar·veel, ka·ra·veel** *=vele, (naut., hist.)* car(a)vel.

**kar·wats** *=watse, n.* riding whip, quirt, hunting crop; horsewhip; *… met die/'n ~ slaan* horsewhip …; *… onder die ~ kry/steek* horsewhip/thrash …

**kar·wei** *ge=, vb.* do/ride transport (work); convey, cart, haul *(goods); kinders skool toe en terug (of heen en weer skool toe) ~* ferry children to and from *(or* back and forth to) school. **kar·wei·er** *=weiers* (common) carrier, carter, conveyer, transport rider, cartage contractor, haulier.

**kar·wy** *(bot.)* caraway. **~(saad)** caraway (seed).

**kas**[1] *kasse, n.* socket *(of an eye, a tooth);* cash; finance(s); exchequer; cash/pay desk; *by die ~ betaal* pay at the cash desk; *geld/kontant in ~* cash in hand; *die land se ~, die landskas* the exchequer; *die ~ opmaak* cash up, write up the cash/accounts, make up the cash (account); *die ~ styf/stywe* strengthen the funds; *iets styf/stywe die ~, (also)* s.t. swells the funds; *iets vir die ~* s.t. for the kitty. **kas** *ge=, vb.* deposit *(money).* **~boek** cash-book. **~geld** cash in hand, till money. **~register** cash register, (check) till. **~rekening** cash account. **~saldo** cash balance. **~tekort** deficit, deficiency. **~voorraad** cash in hand.

**kas**[2] *kaste, n.* case, box; chest *(of drawers);* wardrobe; cabinet; cupboard; bookcase; body *(of a violin);* case *(of a piano);* casing, closet; hutch; *uit die ~ klim, (infml.: reveal one's homosexuality)* come out (of the closet). **~kar** soapbox cart. **~plant** hothouse/greenhouse plant. **~rak** cupboard shelf.

**Ka·sak·stan** *(geog.)* Kazakhstan. **Ka·sak** *=sak(k)e, (inhabitant)* Kazakh. **Ka·saks** *(lang.)* Kazakh. **Ka·saks** *=sakse, adj.* Kazakh.

**ka·sarm** *=sarms* rambling house, ramshackle building; *die hele ~* the ragtag/tagrag and bobtail.

**ka·sa·ter·wa·ter** *(weak/watery coffee/tea)* dishwater, wishwash; *na ~ smaak* taste of dishwater.

**kas·ba** *=bas, (<Arab.: citadel)* kasbah, casbah.

**ka·se·ïen** casein.

**ka·se·rig** *=rige* cheesy.

**ka·ser·ne** *=nes* barracks.

**ka·sie** *=sies* small cheese.

**ka·sjet** *=sjette, (obs.)* cachet, impress, mark, stamp.

**kasj·mier, kas·mier, kas·se·mier** *(text.)* cashmere.

**Kasj·mir** *(geog.)* Kashmir. **Kasj·mi·ri** *(lang.)* Kashmiri. **Kasj·mi·ri** *=ri's, n.* Kashmiri(an). **Kasj·mirs** *=mirse, adj.* Kashmiri(an).

**ka·sjoe, ka·sjoe** *=sjoes* cashew (tree). **~neut** cashew (nut).

**kas·ka·de** *=des* cascade.

**kas·ka·ra** *(laxative)* cascara.

**kas·ke·na·de** *=des, (usu. in the pl.)* pranks, antics, tricks, to-do, shenanigans.

**Kas·pie·se See:** *die ~ ~* the Caspian (Sea).

**kas·sa·we** cassava, manioc.

**kas·seer** *ge=, (chiefly mil.)* discharge *(an officer).*

**kas·set** *=sette* cassette; slipcase. **~dek** tape deck.

**kas·sie**[1] *=sies* little box; *die ~, (infml.: TV)* the box/telly, the small screen.

**kas·sie²** cassia; (Chinese) cinnamon. **~olie** cassia oil; (Chinese) cinnamon oil.

**kas·sier** *=siers* cashier; teller *(in a bank)*; checker *(in a super=market)*.

**kas·tai·ing** *=ings* chestnut; *die ~s vir iem. (of iem. se ~s) uit die vuur krap/haal, (fig.)* pull s.o.'s chestnuts out of the fire, pull the chestnuts out of the fire for s.o., save s.o.'s bacon. **~boom** chestnut tree. **~bruin** chestnut, nutbrown, auburn, bay.

**kas·tai·ing·kleur** chestnut (colour), auburn, bay. **kas·tai·ing·kleu·rig** *=rige* chestnut(-coloured), auburn.

**kas·tan·jet** *=jette* castanet.

**kas·te** *=tes* caste *(in Hindu society)*; *iem. uit sy/haar ~ stoot* outcaste s.o.. **~stelsel** caste system.

**kas·teel** *=tele* castle; citadel; chateau; *(chess)* rook. **~heer** lord of the castle. **~muur** bailey. **~poort** castle gate. **~toring** keep, donjon.

**kas·teel·ag·tig** *=tige* castle-like, castellated.

**kas·te·loos** *=lose, adj.* outcaste. **kas·te·lo·se** *=ses, n.* outcaste.

**kas·ter·o·lie** castor oil. **~boom** castor-oil plant/tree, castor bean, palma Christi, palmcrist.

**kas·tig** *=tige, adj.* ostensible, so-called; bogus, fake, feigned, false, mock, phoney, pseudo, sham, quasi-. **kas·tig** *adv.* quasi, as if, as it were; *~ slaap* feign sleep.

**kas·toor** beaver fur, castor. **~hoed** beaver (hat), castor.

**kas·traat** *=trate* castrate, eunuch.

**kas·treer** *(ge)=* castrate, caponise *(cocks)*, neuter, geld *(males and females)*; emasculate *(males)*, spay *(females)*. **kas·tra·sie** *=sies,* **kas·tre·ring** castration.

**kas·trol** *=trolle* saucepan, stew pot/pan.

**kas·ty** *ge=* castigate, chastise, punish; chasten; mortify; scourge; *wie sy **kind** liefhet, ~ hom* spare the rod and spoil the child; *jou **liggaam** ~, (Chr.)* chastise/mortify one's flesh; *ge= **word** take punishment; (erg) ge= **word**, (sport, infml.)* take a punishing. **kas·ty·(d)er** *=(d)ers* chastiser, castigator. **kas·ty·ding** *=dings, =dinge* chastisement, castigation; punishment; chastening, chastenment; mortification; scourge.

**ka·su·a·ris** *=risse, (orn.)* cassowary.

**ka·su·eel** *=suele =sueler =sueelste (of meer ~ die mees =suele)* casual, accidental.

**kat** *katte* cat, puss; *die ~ die **bel** aanbind, (fig.)* bell the cat; *die ~ uit die **boom** kyk, (fig.)* see which way the cat jumps, see (or find out) how (or which way) the wind blows (or how the land lies), play a waiting game, sit tight, *(infml.)* suss things out; *die ~ in die **donker** knyp* be sneaky, do (naughty) things on the sly, sin in secret; indulge in hanky-panky; *daar is meer as een manier om 'n ~ **dood** te maak, (fig.)* there is more than one way to skin a cat; *die **Gestewelde** K~* Puss in Boots; *snags is alle ~te **grou**, (idm.)* all cats are grey in the dark; *geen (of nie 'n) ~(tjie) om sonder **handskoene** aan te pak nie, (infml.)* a difficult person to handle; *soos ~ en **hond** leef/ lewe* live like cat and dog, lead a cat-and-dog life; *soos iets wat die ~ **ingedra** het* like s.t. the cat brought in; *nie 'n ~ se **kans** hê nie, (infml.)* not have a snowball's chance (in hell) (or a hope in hell), have a fat chance; *as die ~ **weg** is, is die **muis** baas* when the cat's away (the mice will play); *met iem. ~ en **muis** speel* play cat and mouse with s.o.; *so **nat** soos 'n ~* drenched to the skin; *soveel van iets weet as 'n ~ van **saffraan*** know as much about s.t. as the man in the moon; *([vir] jou) 'n ~ in die **sak** koop, (fig.)* buy a pig in a poke; *'n ~ van 'n **vroumens** wees* be a she-cat. **~anker** *(naut.)* kedge (anchor). **~beer** (red) panda, cat bear. **~derm** catgut, tacking thread, whipcord. **~deur(tjie)** cat flap. **~doring** cat thorn; wild asparagus; cat brier; (common) hook-thorn. **~haai** *(esp. Poroderma spp.)* catshark. **~nael** cat's claw; alligator clip, belt fastener/lacing; wild asparagus; cat thorn. **~oog** cat's eye;

*(min.)* cat's-eye; sunstone; green asbestos; *(road reflector, also katogie)* cat's-eye; *(bot.)* periwinkle. **~pak** catsuit. **~pootjie** cat's paw; *~ maak* bring one's fingers together. **~rug** camber. **~sand** cat litter. **~spoegie** short/spitting distance, stone's throw; *'n ~ van ... af* within a spitting distance of ..., (only) a stone's throw from ... **~stert** cat's tail; *(bot.)* cat's-tail; *(species of)* wild asparagus; prince's feather; catkin. **~vis** catfish. **~voet** noiselessly; *~ loop, (lit. & fig.)* tread lightly/ softly; *~ vir iem. wees* be wary of s.o.. **~wilg, ~wilger** basket osier, pussy/basket willow. **~wyfie** she-cat, queen.

**ka·ta** *(Jap. martial arts)* kata.

**ka·ta·ba·ties** *=tiese, (meteorol.)* katabatic.

**ka·ta·bo·lis·me** catabolism. **ka·ta·bo·lies** *=liese* catabolic.

**kat·ag·tig** *=tige* catlike, cattish, catty, feline.

**ka·ta·kom·be** *=bes* catacomb.

**ka·ta·lep·sie, ka·ta·lep·sie** catalepsy, trance. **ka·ta·lep·ties** *=tiese* cataleptic.

**ka·ta·li·sa·tor** *=tors* catalyst, catalyser, catalytic agent/converter.

**ka·ta·li·se** *=ses* catalysis. **ka·ta·li·ties** *=tiese* catalytic.

**ka·ta·li·seer** *ge=* catalyse. **~middel** *=dels, =dele* catalyst, catalytic agent. **ka·ta·li·se·ring** catalysis.

**ka·ta·lo·gi·seer** *ge=* catalogue. **ka·ta·lo·gi·seer·der** *=ders* cataloguer. **ka·ta·lo·gi·se·ring** cataloguing.

**ka·ta·lo·gus** *=logusse, =logi* catalogue. **~prys** list price.

**Ka·ta·lo·ni·ë** *(geog.)* Catalonia. **Ka·ta·lo·ni·ër** *=niërs, n.* Catalan. **Ka·ta·lo·nies** *=niese, adj.* Catalan.

**ka·ta·ma·ran** *=rans, (naut.)* catamaran.

**ka·ta·na** *(Jap. sword)* katana.

**ka·ta·pult** *=pulte* catapult.

**Ka·tar** *(geog.)* Qatar, Katar. **Ka·ta·rees** *=rese, n.* Qatari, Katari. **Ka·ta·rees** *=rese, adj.* Qatari, Katari.

**ka·tar** *=tare* catarrh. **ka·tar·raal** *=rale* catarrhal.

**ka·ta·rak** *=rakte* cataract, waterfall; pearl eye, cataract *(in the eye)*.

**ka·tar·sis** catharsis.

**ka·ta·stro·fe** *=fes* catastrophe, disaster, calamity. **ka·ta·stro·faal** *=fale,* **ka·ta·stro·fies** *=fiese* catastrophic, disastrous, calamitous, devastating.

**ka·ta·to·nie** *(psych.)* catatonia. **ka·ta·to·nies** *=niese* catatonic.

**ka·te·der** *=ders* cathedra; (professorial) chair; lectern.

**ka·te·draal** *=drale* cathedral (church).

**ka·te·geet** *=gete* catechist. **ka·te·ge·se** catechesis, catechising, instruction in the catechism. **ka·te·ge·ties** *=tiese* catechetic(al). **ka·te·gis·mus** *=musse* catechism.

**ka·te·go·rie** *=rieë* category. **ka·te·go·ri·aal** *=riale* categorial. **ka·te·go·ries** *=riese* categorical. **ka·te·go·ri·seer** *ge=* categorise.

**ka·tel** *=tels* bedstead. **~kaperjolle** *(infml.)* escapades/frolics/ romps in bed, rolls in the hay, rumpy-pumpy. **~knaap, ~knapie** *(infml.)* toy boy.

**ka·ter** *=ters* tom(cat); *(infml.)* hangover, morning-after feeling.

**ka·tern** *=terns, (bookbinding)* quire; *(notepaper)* quarter of a quire.

**ka·te·ter** *=ters* catheter, bougie. **ka·te·te·ri·seer** *ge=* catheterise.

**ka·ti·oon** *=tione, (phys.)* cation.

**kat·jie** *=jies* kitten, catling, pussy; catkin; →KAT.

**kat·jie·pie·ring** *=rings, (bot.)* gardenia.

**kat·ki·seer** *ge=* catechise; *(infml.)* lecture, rebuke. **kat·ki·sant** *=sante* confirmand. **kat·ki·sa·sie** catechism; →KATEGESE. **kat·ki·sa·sie·klas** catechism class.

**kat·lag·ter** *=ters, (orn.: Turdoides spp.)* babbler.

**ka·tô·ba, ca·taw·ba** *(variety of grape)* catawba.

**ka·to·de** *=des* cathode. **~straal** cathode ray.

**ka·toen** cotton; calico. ~**afval** cotton waste. ~**bedryf** cotton industry. ~**boer** cotton grower. ~**boerdery** cotton-growing. ~**draad** cotton thread. ~**druk** calico printing. ~**flanel** cot‑ ton flannel, flannelette, swansdown. ~**gare, ~garing** cotton thread/yarn, lisle thread, twist. ~**olie** cottonseed oil. ~**plant** cotton plant. ~**pluisery** cotton ginning; cotton ginnery. ~**plukker** cotton picker. ~**spinnery** cotton mill. ~**stof** cot‑ ton (fabric/material), calico. ~**wewery** cotton mill.

**ka·toen·ag·tig** ‑tige cottony.

**ka·toe·tie** (infml.): die hele ~ the whole (kit and) caboodle, the whole shebang/lot.

**Ka·to·liek** =lieke, n. & adj. (Roman) Catholic. **ka·to·liek** =lieke, adj. catholic, universal, all-embracing. **Ka·to·li·seer** ge‑ catholicise. **Ka·to·li·sis·me** (also k~) (Roman) Catholi‑ cism, Catholicity. **ka·to·li·si·teit** catholicity, comprehensive‑ ness, universality.

**ka·ton·kel** =kels, (icht.) katonkel, barracuda, skipjack, Span‑ ish/king mackerel; (blue) bonito.

**ka·tools** =toolse, (infml.) silly, ridiculous; lustful, randy, horny, amorous; ruttish (animal).

**ka·trol** =trolle, n. pulley, block, gin, jigger; (anat.) trochlea; iets met 'n ~ ophys pulley s.t.. **ka·trol** ge‑, vb. pulley. ~**blok** pulley/tackle block. ~**bok** sheers, shear‑, sheerlegs. ~**naaf** pulley boss. ~**skyf** sheave. ~**stel** block and tackle. ~**stelsel** pulley system; gin. ~**wiel** pulley (wheel), sheave, truckle.

**ka·trol·le·tjie** =tjies troll.

**kats** katse, n. cat(-o'-nine-tails). **kats** ge‑, vb. cat, thrash with a/the cat. ~**hou** stroke with a/the cat; iem. ~e gee cat s.o..

**kat·sie-kats** (infml.) kitty, pussy.

**kat·swink** dazed, unconscious, in a swoon; in a dead faint; woozy; iem. ~ slaan stun s.o., knock s.o. out.

**kat·te·:** ~**bak** (car) boot. ~**bakverkoping** car-boot sale. ~**geslag, katgeslag** cat family; lid van die ~ felid, feline. ~**gespin** cat's purr(ing). ~**getjank** catcall(s). ~**konsert, ~mu‑ siek, katmusiek** caterwauling. ~**kop** (anat.) anencephalus; (mech.) regulator valve, throttle lever. ~**kruid** catmint, cat‑ nip, cat's-wort, cat's heal-all. ~**kwaad** mischief, naughti‑ ness, skylarking; ~ aanvang/doen, met ~ besig wees make mis‑ chief, be up to mischief (or no good). ~**maai** ge‑ gallivant, rollick, carry on, go on the/a spree. ~**vrees** ailurophobia. ~**vriend** cat lover.

**kat·te·rig** =rige catty, cattish; quarrelsome, bitchy, spiteful. **kat·te·rig·heid** cattiness, cattishness, spitefulness, quarrel‑ someness, bitchiness.

**Kau·ka·si·ë** (geog.) Caucasia. **Kau·ka·si·ër** =siërs, n. Cauca‑ sian. **Kau·ka·sies** =siese, adj. Caucasian.

**kau·ri** =ri's, (<Maori) cowry/cowrie (shell). ~**gom** kauri gum/ copal/resin.

**ka·va·lier** =liers, (chiefly hist.) cavalier, horseman; (rare) squire of dames, gallant.

**ka·val·ka·de** =des cavalcade.

**ka·val·le·rie** (mil.) cavalry, horse. ~**aanval** cavalry charge/ attack. ~**kaptein** cavalry captain.

**ka·val·le·ris** =riste cavalryman, cavalry soldier, trooper, horse soldier.

**ka·vi·aar** caviar(e).

**ka·wa** (shrub; narcotic beverage) kava.

**ka·zo** =zo's, (mus. instr.) kazoo.

**ke·bab** =babs, (cook.) kebab.

**keel** kele, n. throat, gullet; pharynx; gorge, crop; (anat., bot.) fauces; barrel (of a carburettor); iets in iem. se ~ afdruk, (in‑ fml.) force/ram/shove/stuff/thrust s.t. down s.o.'s throat; iem. (se) ~ afsny cut/slit s.o.'s throat; →KEELAF; mekaar ~ afsny, (fig.) cut each other's throats; →KEELAF; jou eie ~ afsny, (fig.) cut one's own throat, sign one's (own) death warrant, dig one's own grave; alles deur die ~ laat gaan pour/send every‑ thing down the throat; eat and drink o.s. out of hearth and

home; 'n droë ~ hê have a parched throat; be/feel thirsty; iem. se ~ fluit s.o. is wheezing; iem. aan/by die ~ gryp take s.o. by the throat; mekaar aan/by die ~ gryp be at each oth‑ er's (or one another's) throats; (die/jou) ~ natmaak have a drink, (infml.) wet one's whistle; 'n ~ opsit start crying/ screaming/yelling; 'n vreeslike ~ opsit cry/scream/shout/yell blue murder, protest vociferously; howl like a banshee; (jou) ~ skoonmaak clear one's throat, hawk, hem; →KEELSKOON‑ MAAK; die woorde bly in iem. se ~ steek the words stick in s.o.'s throat; iem. se ~ toedruk choke/strangle/throttle s.o.; iets laat iem. se ~ toetrek s.t. frightens s.o.; iem. se kos beland/ gaan in die verkeerde ~ s.o.'s food goes down the wrong way/throat. ~**aandoening** =nings, =ninge throat trouble. ~**aar** jugular vein. ~**af:** iem. ~ sny cut/slit s.o.'s throat; mekaar ~ sny, (fig.) cut each other's throats. ~**arts, ~dokter** throat (and nose) specialist. ~**gat** gullet; alles deur jou ~ ja(ag), (in‑ fml.) pour everything down one's throat; iets beland/gaan/ kom in die verkeerde ~, (food etc.) s.t. goes down the wrong way/throat. ~**geswel** tumour/abscess in the throat; throstling (in cattle). ~**holte** pharynx, fauces; van die ~ pharyngeal. ~**kanker** cancer of the throat. ~**klank** guttural (sound); 'n woord met 'n ~ uitspreek gutturalise a word. ~**knobbel, ~knop** Adam's apple. ~**ontsteking** inflammation of the throat, pharyngitis, quinsy, angina. ~**seer** sore throat. ~**skoon‑ maak** keelskoongemaak clear one's throat, hawk, hem. ~**stuk** jowl (of pork). ~**vel** dewlap; jowl. ~**vol:** ~ vir iem. wees, (in‑ fml.) be fed up (to the back teeth or gills) with s.o., be cheesed off with s.o., have had more than enough of s.o.. ~**wol** dewlap wool.

**ke·ël** keëls, n. cone; (bot.) strobile; →KEGEL n.; iets met ~s af‑ sluit cone off s.t. (a motorway); 'n ~s dra (a tree) cone. ~**as** axis of a cone. ~**draer** cone-bearing plant, conifer. ~**rat** conical (gear) wheel, bevel(-gear) wheel, bevel gear.

**ke·ël·dra·end** =ende cone-bearing, coniferous; ~e plant conifer.

**ke·ël·vor·mig** =mige conic(al), cone-shaped, coniform; pin‑ eal; turbinal, turbinate; iets ~ maak cone s.t..

**keep** kepe, n. notch, nick, score, cut, gash, groove, snick, vee indentation; tally; jag; v (of a gunsight); →KEPERIG, KEPIE. **keep** ge‑, vb. notch, nick, cut, scotch, groove, gash, snick, indent.

**keer** kere, n. turn, change; time; al twee ~, twee ~ al twice already; albei (of al twee) kere both times; baie kere many times; dié/hierdie ~ this time; meer as een ~ more than once; (tog) een ~ for once; nie een enkele ~ nie never once; hierdie een ~ (for) this once; nog een ~ once more, one more time; (vir) die eerste ~ for the first time; vir die eerste, die tweede, die laaste ~ going, going, gone; die eerste/ens. ~ the first/etc. time; elke ~ dat iem. ... every time s.o. ...; elke/iedere ~ every time; 'n enkele ~ once (in a while); enkele kere a few times; daar is geen ~ aan iem./iets nie there is no stopping s.o./s.t.; tien/ens. ~ groter ten/etc. times larger; hierdie ~ tog (for) this once; nege uit die tien ~ nine times out of ten; nog 'n ~ once more, once/yet again; (all) over again; nog 'n ~ soveel as much again/more; iets ge‑ beur nog 'n ~ s.t. happens again (or for the second time); ook 'n ~ for once; op 'n ~ once, one day; ~ op ~ again and again, time and (time) again, time after time; over and over (again), repeatedly; many (and many) a time; twee/ens. op 'n ~ two/etc. at a time; 'n paar ~ once or twice, a few times; R2 per ~ R2 a time; een/twee ~ per (of in die/'n) jaar/ maand/week once/twice a year/month/week; drie/ens. ~ so groot as ... three/etc. times as big/large as ...; twee ~ so groot as ... twice as big/large as ..., double/twice the size of ...; dit is twee ~ so ver/vêr as tussen ... en ... it is twice as far as (or double the distance) between ... and ...; tallose kere times without (or out of) number; twee ~ twice; iets gebeur 'n tweede ~ s.t. happens for the second time; een uit (die) dui‑ send/ens. ~ once in a thousand/etc. times; vir die eerste/ens. ~

for the first/etc. time. **keer** *ge-, vb.* turn; prevent, stop, block; defend; field; check, contain, hold off, stem; resist, dam; op= pose; ward off; parry; deter; ~ *dat iets gebeur, (s.t. bad/unfa= vourable)* prevent s.t. from happening; ~ *dat hy/sy gaan/ens.* prevent him/her going/etc.; *in jouself* ~ retire/shrink into o.s.; *dis moeilik om iem. te* ~ s.o. takes a lot of stopping; *niks kan iem.* ~ *nie* there's no holding/stopping s.o.; *per kerende* **pos** by return (of post); *die* **skape** ~ turn (back) the sheep; *dit is nie* **te** ~ *nie* it cannot be stopped/prevented; *jou* **tot God** ~ turn to God; ~ **voor!** stop it/him!; *die* **vyand** ~ check the enemy. ~**balk** check baulk. ~**blok** stop/scotch block. ~**dag,** ~**datum** return day/date. ~**dam** barrage, weir, mole. ~**dig** *(pros.)* rondeau. ~**klem** retaining clip. ~**klep** check/stop valve. ~**kring** *(geog.)* tropic. ~**muur** revetment (wall), retaining/ breast wall; talus wall; weir; barrier. ~**plaat** baffle/check/de= flecting plate. ~**plank** splashboard. ~**punt** turning point, watershed, turn (of the tide), new turn, crisis; cusp, apsis *(of a planet); 'n* ~ *bereik, (a war etc.)* reach a turning point; *op die* ~ at the crossroads. ~**reling** checkrail, meeting rail. ~**skot** *-skotte* deflector. ~**slag** parry. ~**staaf** check-, guardrail, guide rail. ~**sy** reverse *(of a medal);* reverse/flip side; verso; wrong side *(of material);* other side; back; *alles het sy* ~ there is a reverse to every medal (*or* another side to every picture); *die* ~ *van die penning, (fig.)* the other side of the picture. ~**tyd** deadline, set term/time; limited period. ~**wal** weir, barrage; breakwater *(on diggings).* ~**werk** defence; (ground) fielding; ~ *doen, (cr. etc.)* field.

**keer·baar** *-bare* stoppable.

**keer·der** *-ders* herder; defender; *(mech.)* retainer, check.

**keer·tjie** *-tjies* time; →KEER *n.; 'n enkele* ~ once in a blue moon.

**kees** *kese, (infml.)* baboon; *dis klaar met* ~, *(infml.)* s.o. has had his/her chips, s.o. is finished (*or* a goner *or* done for), that's the end of him/her.

**kees·hond** keeshond, spitz (dog), Dutch barge dog; *Chi= nese/Sjinese* ~ chow(-chow).

**kef** *ge-* yap, yelp, bark; squabble, wrangle. **kef·fe·rig** *-rige* yap= py. **kef·fer(·tjie)** *-(tjie)s, (also* kefferhondjie*)* yapper, yappy little dog.

**ke·fa·lo·po·de, se·fa·lo·po·de** *-des, (zool.)* cephalopod.

**kef·fi·je, kaf·fi·je** *(<Arab.: headscarf)* keffiyeh, kaffiyeh.

**keg·an·ker** kedge.

**ke·gel** *-gels, n.* tenpin; *(trad.)* ninepin, skittle (pin); →KEËL. **ke·gel** *ge-, vb.* play tenpins; *(trad.)* play ninepins/skittles. ~**baan** tenpin alley; *(trad.)* ninepin/skittle alley. ~**bal** tenpin ball; *(trad.)* ninepin/skittle ball; *(also* kegelspel*)* tenpin bowl= ing; *(trad.)* (game of) ninepins/skittles/bowls. ~**klub** bowl= ing club. ~**spel** →KEGELBAL.

**kei** *keie* cobble(stone); *iets met* ~*e uitlê* cobble s.t.. ~**steen** cobblestone, round stone.

**kei·ap·pel** *(Dovyalis caffra)* Kei apple.

**keil** *keile, n.* wedge; key; quoin; top hat, topper, tall hat, chim= neypot (hat), silk hat; tile; shim. **keil** *ge-, vb.* fling, pitch, shy; wedge, drive in a wedge; quoin; shim. ~**werk** wedging; keying.

**kei·ser** *-sers* emperor; Caesar; padishah; *die* **Duitse** ~ the Kaiser; *dink jy is die* ~ *se* **hond,** *(infml.)* think one is just it; **Russiese** ~ tsar, czar; *betaal ... die* ~ *wat die* ~ **toekom,** *gee ... aan die* ~ *wat aan die* ~ *behoort, (OAB/NAB), (Matt.: 22:21 etc.)* render ... unto Caesar the things which are Caesar's, give to Caesar what is Caesar's *(AV/NIV).* ~**snee** *-sneë* Cae= sarean/Caesarian section/operation/birth, caesarotomy. ~**stad** imperial city. ~**tyd** imperial age, age of the emperors.

**kei·se·rin** *-rinne* empress.

**kei·ser·lik** *-like, adj.* imperial; imperialist; ~*e garde* imperial guard; ~*e leër* imperial army. **kei·ser·li·ke** *-kes, n.* imperial.

**kei·sers·:** ~**gesind** *-sinde, adj.* imperialist. ~**gesinde** *-des, n.*

imperialist. ~**kroon** imperial crown; *(bot.)* fritillary, crown imperial; *(bot.)* red crassula; *(bot.)* yucca; *(bot.)* agapanthus.

**kei·ser·skap** *-skappe* emperorship.

**ke·ker·er·tjie** chickpea, dwarf pea.

**kek·kel** *ge-* cackle; clack; chatter, jabber, gabble, jaw, rattle, talk/chat garrulously; tattle, yap. ~**bek,** ~**kous** chatterbox, gossip, tattler, gabbler. ~**praatjies** chitchat, gossip.

**kek·ke·laar** *-laars* cackler, chatterer, babbler. **kek·ke·la·ry, kek·kel·ry** cackle, chitchat, tittle-tattle, gossip. **kek·ke·lend** *-lende* cackling; prattling.

**kel·der** *-ders, n.* cellar; vault; crypt; *iets in 'n* ~ *bêre/berg/sit* cellar s.t., lay/store s.t. up (in a cellar). **kel·der** *ge-, vb.* sink *(a ship).* ~**meester** cellarer, cellar master. ~**reuk** fusty/musty smell. ~**ruimte** cellarage. ~**verdieping** basement; *tweede* ~ subbasement. ~**woning** basement (house/flat).

**kel·de·ring** *-rings, -ringe* slump; sinking; →KELDER *vb.*.

**ke·lim** *-lims* kelim. ~**tapyt** kelim rug.

**kelk** *kelke* cup, chalice; calyx *(of a flower);* hull *(of a strawberry, raspberry, etc.);* *(Datura* spp.*)* moonflower; sheath. ~**blaar,** ~**blad** sepal. ~**blaaragtig** *-tige* sepaline, sepaloid. ~**blom** ca= lyx. ~**buis** calyx tube.

**kel·kie** *-kies* (wine)glass; (egg) cup.

**kel·kie·wyn** *-wyne, -wyns, (orn.)* Namaqua sandgrouse; *(bot.)* wine cup.

**kelk·vor·mig** *-mige* cup-shaped, cup-like; *(bot.)* chaliced, calyx-like, calycate, calycinal, calycine.

**kel·ner** *-ners* waiter, steward.

**kel·ne·rin** *-rinne* waitress; stewardess. ~**werk,** ~**diens** wait= ressing.

**kelp** kelp. ~**meeu** kelp gull.

**kel·pie** *-pies, (breed of dog, also* K~*)* kelpie.

**Kelt** *Kelte* Celt, Kelt; *Skotse/Ierse* ~ Gael. **Kel·ties** *-tiese* Celtic, Keltic.

**Kel·ti·be·ri·ër** *-riërs, n.* Celtiberian. **Kel·ti·be·ries** *-riese, adj.* Celtiberian.

**kemp·bees·te** *(also* K~*)* Kemp cattle.

**kemp·haan** ruff, *(fem.)* reeve.

**ken**[1] *kenne, n., (anat.)* chin; *tot aan die* ~ up to the chin, chin deep; *vierkantige* ~ square jaw. ~**baard** imperial, chin beard, goatee. ~**band,** ~**riem** chin stay/strap. ~**ketting** curb (chain) *(of a horse).* ~**rus,** ~**stut** chin rest/support.

**ken**[2] *ge-, vb.* know, understand, be acquainted with, recog= nise; know of; *iem./iets* **aan** *...* ~ know s.o./s.t. by ...; *iem. op 'n* **afstand** ~, *(infml.)* have a nodding acquaintance with s.o.; **armoede** ~ know what poverty is; *bly om u te* ~, *bly te* ~*ne* pleased to meet you; *iets van* **buite** ~ know s.t. by heart; *iem.* **byna** *nie* ~ *nie* scarcely know s.o.; *iets* **deur en deur** ~ have s.t. at one's fingertips, know s.t. backwards (*or* inside out); *'n plek* **deur en deur** ~ know a place like the back/ palm of one's hand; *iets te* ~*ne* **gee** suggest/imply/intimate s.t.; *te* ~*ne* **gee** *dat ...* suggest/imply/intimate that ...; *geen* **Grieks** ~ *nie* have no Greek; *genoeg van iets* ~ *om oor die weg te kom* have a working knowledge of s.t. *(a lang. etc.);* *iem.* **goed** ~ know s.o. well; *iets* **goed** ~ be familiar with s.t.; be proficient in s.t. *(a lang. etc.); iets nog nie* **goed** ~ *nie* be new to s.t. *(a job etc.); iem.* **hoegenaamd** *nie (of van geen kant af)* ~ *nie* not know s.o. from Adam; *iem.* **in iets** ~ consult s.o. about s.t *(beforehand); iets uit jou/die* **kop** *(uit)* ~ know s.t. by heart; *jou* **laat** ~ *as ...* prove/show o.s. as ...; *iem. al* **lank** ~ have known s.o. for a long time; *iem.* **leer** ~ come/get to know s.o.; ~ *julle/u* **mekaar?** have you met?; *('n) mens* **moet** *iem. (leer)* ~ s.o. needs knowing; *jy sal jou ry* **moet** ~ you will have to do some fast driving; you will need all your driving skills; you will have to drive very carefully; *iem. van* **naby** ~ know s.o. intimately; *iets* **nie** ~ *nie* not know (*or* be unac= quainted with) s.t.; ~ *jy my* **nog?** do you remember me?; *jou* **onderwerp** ~ know what one is talking about; *perde/ens.*

~ know about horses/etc.; *iem. van* **sien** ~ know s.o. by sight; *iem. net van* **sien** ~ not know s.o. to speak to; *iem.* **sleg** ~ not know s.o. well at all; *dan* ~ *jy my maar sleg* it shows how little you know me; *so* ~ *ek* ... *nie* I've never known ... to be like this; **sonder** *om iem. daarin te* ~ without reference to s.o.; *soos ek hom/haar* ~, *sal hy/sy* ... if I know him/her, he'll/she'll ...; *iets* **soos** *die palm van jou hand* ~ know s.t. backwards (*or* inside out *or* like the back/palm of one's hand); *iem.* ~ *geen* **vrees** *nie* s.o. is a stranger to fear; *iem. nie* **wil** ~ *nie* give s.o. the cold shoulder, cut s.o. (dead); *iem. nie meer* **wil** ~ *nie* disown s.o.. ~**merk** →KEN‐MERK. ~**skets** →KENSKETS. ~**teken** *n.* distinctive/distinguishing mark, characteristic; token, badge; colours; symptom. ~**teken** *ge‐, vb.* characterise. ~**teorie** theory of knowledge, espistemology. ~**vermoë** (faculty of) cognition, cognitive power/faculty, perceptive faculty. ~**wysie** signature tune; theme song/tune.

**ken·baar** ‐*bare* knowable, distinguishable, recognisable; *iets* ~ *maak* make s.t. known. **ken·baar·heid** recognisability.

**ken·do** *(Jap. art of fencing)* kendo.

**Ke·ni·a** *(geog.)* Kenya. **Ke·ni·aan** ‐*niane, n.* Kenyan. **Ke·ni·aans** ‐*niaanse, adj.* Kenyan.

**ken·loos** ‐*lose* chinless.

**ken·merk** ‐*merke, n.* distinguishing mark; characteristic, feature; *(biol.)* character; hallmark, earmark *(fig.); sonder bepaalde* ~*e* indistinctive; *(beslissende)* ~ criterion; *die besondere* ~*e* the salient features. **ken·merk** *ge‐* mark, characterise, typify; distinguish; *iets word deur* ... *ge‐* s.t. is characterised/marked by ... **ken·mer·kend** ‐*kende* characteristic, distinctive, distinguishing; outstanding, salient; symptomatic; typical; ~*e identiteit* well‐defined identity; ~ *vir/van* ... *wees* be characteristic/typical/distinctive of ...; be specific to ...; *iets is* ~ *vir/van iem.* s.t. is in character for s.o.. **ken·mer·kend·heid** distinctiveness.

**ken·ne·bak,** *(dated)* **kin·ne·bak** jaw(bone), mandible.

**ken·ne·lik** ‐*like, adj. & adv.* recognizable, recognizably; visible, visibly, apparent(ly), obvious(ly), appreciable, appreciably; undoubtably; signally; *iem. het* ~ *nie daarin geslaag om* ... *nie* s.o. signally failed to ...

**ken·ner** ‐*ners* expert, authority, connoisseur, master, pundit; *(infml.)* buff, fundi; judge; *'n* ~ *van* ... *wees* be an authority on ... *(international relations etc.)*; be a connoisseur of ... *(wine etc.)*; be a good judge of ... *(horses etc.)*; be a student of ... *(pol., the Scriptures, etc.)*; *'n* ~ *van Latyn* a Latinist *(or* Latin scholar). **ken·ners·blik,** ‐**oog** the eye of a connoisseur, a trained eye.

**ken·ne·tjie**¹ *(game)* (tip)cat.

**ken·ne·tjie**² ‐*tjies* little chin.

**ken·nis** knowledge; acquaintanceship; consciousness; science; cognisance, knowing, cognition; information; *(pl. kennisse)* acquaintance; *aangename* ~! how do you do?, pleased to meet you!; *algemene* ~ general knowledge; *'n basiese/elementêre/praktiese* ~ *van* ... *besit/hê* have a working knowledge of ... *(a lang. etc.);* ~ *besit* have/possess knowledge; *'n* **breë** ~ *van iets* a wide knowledge of s.t.; *diepgaande/intieme* ~ intimate knowledge; *van iets* ~ *dra* know about s.t., be aware/cognisant *(or* have knowledge/cognisance) of s.t.; *eerstehandse* ~ firsthand knowledge; *inside information; van iem. se* ~ *gebruik maak* pick/tap s.o.'s brains; ~ *gee* resign, hand/send in *(or* tender) one's resignation, give (one's) notice; *iem.* ~ *gee, iem. in* ~ *stel* give s.o. notice; serve notice (up)on s.o.; →KENNISGEWING; ~ *gee van iets* announce s.t., give notice of s.t.; table s.t., give notice of s.t. *(a motion); iem. van iets* ~ *gee (of in* ~ *stel)* inform/notify/apprise s.o. of s.t., let s.o. know s.t.; give s.o. notice of s.t.; advise s.o. of s.t.; serve notice (up)on s.o.; *ons het al* ~ *ge‐maak* we have met; ~ *van iets* **hê** know about s.t., have knowledge of s.t.; ~ *van perde/ens.* **hê** know about horses/etc.; *'n goeie* ~ *van 'n vak* **hê** be well‐grounded *(or* have a good grounding) in a subject; *hiermee word* ~ *gegee dat* ... notice is hereby given that ...; *iem. in* ~ *stel* →*iem. kennis* **gee**; *iem. van iets in* ~ *stel* →*iem. van iets kennis* **gee**; *intieme* ~ →*diepgaande/intieme;* *met jou* ~ *te* **koop** *loop* air one's knowledge; ~ **kry** receive *(or* be given) notice (of dismissal); be notified/informed; *met iem.* ~ **maak** *(of* **kennismaak***)* meet *(or* become/get acquainted with) s.o., make s.o.'s acquaintance; *nader met iem.* ~ **maak** *(of* **kennismaak***)* become/get better acquainted *(or* improve one's acquaintance) with s.o.; *toevallig met iem.* ~ **maak** *(of* **kennismaak***)* pick up an acquaintance with s.o.; *met iets* ~ **maak** *(of* **ken‐nismaak***)* learn *(or* come across *or* get to know) s.t.; *vlugtig met 'n onderwerp* ~ **maak** *(of* **kennismaak***)* dip into a subject; ~ **neem** take notice; →KENNISNEMING; *van iets* ~ **neem** take note/cognisance of *(or* become acquainted with) s.t.; ~ **opdoen** acquire knowledge; pick up knowledge; *jou* ~ **op‐knap** refresh *(or* brush up) one's knowledge; *iem. se* ~ *van iets is maar* **oppervlakkig/dunnetjies** s.o.'s knowledge of s.t. is rather shaky/sketchy; **oppervlakkige** ~ casual acquaintance; sketchy knowledge; *die strewe na* ~ the pursuit of knowledge. ~**leer** epistemology; theory of knowledge. ~**stelsel** *(comp.)* expert system. ~**werker** knowledge worker.

**ken·nis·ge·wing** ‐*wings,* ‐*winge* notice, information, intimation, notification, announcement; ~ *geskied hiermee dat* ... notice is hereby given that ...; *op kort* ~ at short notice; *tot nader(e)* ~ till/until further notice. ~**bord** notice board.

**ken·nis·maak:** *met iem.* ~ →MET IEM. **KENNIS** MAAK. **ken·nis·ma·king** ‐*kings,* ‐*kinge* (making) acquaintance, meeting; *by nader(e)* ~ (up)on closer acquaintance; *ter* ~ by way of introduction.

**ken·nis·ne·ming** ‐*mings,* ‐*minge* (taking) cognisance; inspection, examination; *ter* ~ for information; *geregtelike* ~ judicial notice.

**ke·no·sis** *(theol.)* kenosis. ~**leer** doctrine of kenosis.

**ken·skets** *ge‐* mark, characterise, be characteristic of, typify; delineate, illustrate. **ken·sket·send, ken·sket·send** ‐*sende* characteristic; ~ *vir/van* ... *wees* be characteristic/typical of ...; be illustrative of ...

**ken·te·ring** ‐*rings,* ‐*ringe* change, turning point, upturn, turn; watershed *(fig.); daar het 'n* ~ *gekom, (fig.)* the tide has turned *(or* is turning).

**ken·tour** →SENTOUR.

**kep** *keppe,* **keps** *kepse, (infml.)* cap; →PET.

**ke·per** ‐*pers, n.* twill; chevron; *(in the pl., also)* twilled goods; *op die* ~ *beskou* on close(r) inspection/examination/analysis; all things considered; after/when all is said and done; *iets op die* ~ *beskou* examine/scrutinise *(or* look at) s.t. closely. **ke·per** *ge‐, vb.* twill. ~**stof** twilled cloth/fabric, twill, jean.

**ke·pe·rig** ‐*rige* hackly, jagged; →KEEP *n..*

**ke·pie** ‐*pies, (dim.)* chip, notch, snick; →KEEP *n..*

**ke·ra·miek** ceramics, ceramic/potter's/fictile art; ceramic ware, ceramics, pottery articles. **ke·ra·mies** ‐*miese* ceramic. **ke·ra·mis** ‐*miste* ceramist.

**ke·ra·tien** *(biochem.)* keratin.

**ke·ra·toom** ‐*tome, (pathol.)* keratome.

**Ker·be·ros, Cer·be·rus** *(Gr. myth.)* Cerberus.

**ke·re:** *te* ~ *gaan* →TEKERE GAAN.

**kê·rel** ‐*rels* chap, fellow, bloke, guy; *(somewhat dated)* boyfriend; *(die)* **arme/stomme** ~! the poor fellow/beggar/devil!; *'n gawe* ~ a decent fellow, a nice guy, a good sport; *'n gevaarlike* ~ an ugly customer; *ou* ~, *(form of address)* old boy/chap/man; *'n* **snaakse** ~ a queer fish *(infml.); iem. se* **vaste** ~ s.o.'s steady date; *iem. se* **vaste** ~ *wees* go steady with s.o.. **kê·rel·tjie** ‐*tjies, (dim.)* chappie, little fellow/chap.

**kerf** *kerwe, n.,* nick, notch *(on a salary scale),* jag, snick, slit, incision; gear; *boonste* ~ top notch. **kerf** *ge‐, vb.* carve, notch, score, incise; hack, slash; shred; cut *(tobacco);* slice; chop *(straw etc.);* scarify; *iets skuins* ~ skive s.t.. **~beitel** carving chisel. **~blok** cutting/carving block. **~masjien** chaff cutter/slicer/chopper. **~mes** skiver, cutting/notching knife. **~plank** cutting board. **~stok** tally (stick), nickstick; *baie/heelwat op jou* ~ *hê, (fig.)* have a bad record; have much (*or* a lot) to answer for; *... op jou* ~ *hê* have ... under one's belt *(achievements, experiences).* **~tabak** shag, cut plug. **~werk** carving; chip carving.

**ke·ring** *=rings, =ringe* check; dam; turn(ing), version.

**ker·jak·ker** *ge=, (infml.)* romp, career, run (about).

**kerk** *kerke, n.* church; chapel; tabernacle; service; congregation; ~ *toe gaan* attend (*or* go to) church; *in die* ~ in/at church; *die koeël is deur die* ~, *(fig.)* the die is cast; *lidmaat van 'n* ~ *word* join a church; *ná* ~ after church; ~ *en staat* church and state; *die* ~ *is uit* church is over; *uit die* ~ *gaan* leave the church; *uit die* ~ *kom* come out of the church; come from church; *voor* ~ before church; *voor die* ~ in front of the church. **kerk** *ge=, vb.* church; solemnise a marriage in church. **~amp** church office. **~ban** excommunication. **~bank** pew, stall. **~bestuur** church government. **~blad** church magazine. **~dag** church day. **~diens** *=dienste* (church/religious) service, public worship; service of the church. **~ganger** *=gers,* **~besoeker** *=kers* churchgoer, worshipper; chapelgoer. **~gebou** church (building); chapel. **~genootskap** denomination. **~gesag** ecclesiastical authority. **~gesang** church singing; (church) hymn; anthem. **~gesind, kerksgesind** churchy, churchgoing; devout, pious. **~geskiedenis** church/ecclesiastical history. **~hervormer** (church) reformer. **~hervorming** reformation. **~historikus** church historian. **~hof** churchyard, cemetery, graveyard. **~kantoor** church offices. **~klere** Sunday best/clothes. **~klok** church bell. **~koor** church choir. **~leer** church doctrine. **~leier** leading churchman, ecclesiastical leader, leader of the church. **~lied** (church) hymn; anthem. **~muis** church mouse; *so arm soos 'n* ~ as poor as a church mouse. **~musiek** church/sacred music. **~orde** church ordinance. **~orrel** church organ. **~plein** church square; *aan K~* (fronting) on Church Square; *op K~* (situated directly) on Church Square. **~raad** church council, consistory, (select) vestry. **~raadslid** vestryman, member of the consistory. **~raadsvergadering** consistorial meeting. **~reël** canon. **~reg** *(also kerklike reg)* canon/ecclesiastical/church law. **~register** parish/church register. **~regtelik** *=like* canonistic(al), canonical, according to church/canon/ecclesiastical law. **~saal** church hall. **~skeuring** (church) schism. **~terrein** close. **~toring** church tower; steeple; *top van 'n* ~ spire. **~vader** father of the church; church father, patriarch; **~vaderlik** *=like* patristic. **~vas** attached to the church. **~verband** (religious) denomination. **~vergadering** church meeting; synod; convocation. **~voog** churchwarden; prelate. **~wyding** consecration of a church.

**ker·ker** *=kers, n.* dungeon, prison. **ker·ker** *ge=, vb.* imprison, incarcerate.

**ker·kie** *=kies, (dim.)* chapel.

**ker·kis·me** churchism, churchiness, churchianity, ecclesiasticism. **ker·kis·ties** *=tiese* churchy, churchified.

**kerk·lik** *=like* ecclesiastical; canonical; *~e bediening* benefice; *~e gebruik* ordinance; *~e gesag* power of the keys, ecclesiastical authority; *~e jaar* church/Christian year; *~e onderwys* parochial/denominational education; *~e party* clerical/church party; *~e plegtigheid* church ceremony.

**kerk·loos** *=lose* churchless, without a church. **kerk·loos·heid** being without a church.

**kerk·los** indifferent to the church. **kerk·los·heid** indifference to the church.

**kerm** *ge=* moan, grumble, gripe, groan, grouch, whine, whinge, bellyache; wail, lament; *oor iets* ~, *(infml.)* moan/grouch about s.t.; ~ *van (die) pyn* moan/groan with pain. **~kous** moaner, grumbler, whinger, whinge (bag), bellyacher.

**ker·mes** *=messe, (entom.; colouring matter)* kermes.

**ker·mes·se** *=ses, (cycling)* kermesse, round-the-houses race.

**ker·mis** *=misse* fair, carnival; fête; funfair. **~bed** shakedown. **~stalletjie** (fair) booth. **~pret** fun at the fair. **~terrein** fairground. **~wiel** big/Ferris wheel.

**kern** *kerne, kerns* kernel *(of a nut);* core *(of fruit);* heart *(of a tree);* pith *(of wood); (bot.)* medulla; *(elec.)* core *(of a cable); (geol., min., comp., woodw.)* core; *(phys.)* nucleus; *(fig.)* core, gist, marrow, pitch, essence, quintessence, crux, root, heart *(of a matter); tot die* ~ *van ... deurdring* reach (*or* go to) the heart of ..., go (*or* get [down]) to the (very) root of ..., get to the bottom of ... *(a problem, a matter); die* ~ the sum and substance, the point; *die harde* ~ the hard core; *in sy* ~ at the root; *met 'n* ~ nucleate; *die* ~ *miskyk* miss the point; *om 'n* ~ *saamtrek* nucleate; *aan die* ~ *van 'n problem raak* go to the heart/root of a problem; *die* ~ *van die saak* the crux of the matter, *(infml.)* the bottom line, the name of the game; *'n* ~ *van waarheid* a grain/germ of truth; *iets is die* ~ *van ..., (also)* s.t. is central to ... **~aandrywing** nuclear power. **~aangedrewe** nuclear-powered. **~afskrikmiddel** nuclear deterrent. **~afval** atomic/nuclear waste. **~bom** nuclear bomb/device, *(infml.)* nuke. **~boor** core drill. **~brandstof** nuclear fuel. **~deling** nuclear division. **~energie** nuclear energy. **~fisika** nuclear physics. **~fisikus** *=sikusse, =sici* nuclear physicist. **~fout** basic error. **~fusie** nuclear fusion. **~gedagte** basic/central idea. **~gesin** *(sociol.)* nuclear family. **~gesond** *=sonde* healthy to the core, fit and healthy; (basically) sound. **~krag** nuclear power/energy. **~(krag)duikboot** nuclear(-powered) submarine. **~(krag)sentrale** nuclear power plant/station, atomic power station. **~lading** nuclear charge. **~liggaampie** *(physiol.)* nucleolus, nucleole. **~magnetiese resonansie** *(abbr.:* KMR*)* nuclear magnetic resonance *(abbr.:* NMR*).* **~monster** core sample. **~moondheid** nuclear power. **~navorsing** nuclear research. **~ontwapening** nuclear disarmament. **~oorlog** nuclear war. **~oorlogvoering** nuclear warfare. **~personeel** skeleton staff. **~plasma** *(physiol.)* nucleoplasm. **~proteïen** nucleoprotein. **~reaksie** nuclear reaction. **~reaktor** nuclear reactor. **~sperverdrag** nuclear non(-)proliferation treaty. **~spinresonansie-tomografie** *(med.)* magnetic resonance imaging. **~splitsing, ~splyting** nuclear fission. **~spreuk** apophthegm. **~studie** nucleonics. **~toestel** nuclear device. **~toetsverbod** (nuclear) test ban. **~transformator** core transformer. **~tyd** core time *(in a flexitime system).* **~vak** essential/compulsory subject. **~verbod** nuclear freeze. **~versneller** nuclear accelerator. **~vraag** nub, central question. **~(v)rot** heart rot *(in fruit etc.).* **~vrug** pome; kernel fruit. **~vry** nuclear-free, non(-)nuclear; denuclearised. **~waarheid** fundamental truth. **~wapen** *=pens* nuclear weapon, *(infml.)* nuke; *(in the pl.)* nuclear arms. **~wetenskap** nucleonics, nuclear science. **~woordeboek** concise dictionary.

**kern·ag·tig** *=tige =tiger =tigste* (of *meer* ~ *die mees =tige)* pithy, concise, terse, crisp. **kern·ag·tig·heid** pithiness, conciseness, terseness.

**kern·loos** *=lose* enucleate.

**ke·ro·seen** kerosene, coal oil.

**ker·rie** *n.* curry; *met* ~ curried; ~ *en rys* curry and rice. **kerrie** *ge=, vb.* curry. **~brood** *(SA Ind. cook.)* bunny chow. **~~eiers** curried eggs. **~hoender** chicken curry, curried chicken. **~kos** curry (dish), curried food. **~kruie** curry. **~(poeier)** curry (powder). **~sop** mulligatawny (soup). **~vetkoek** *(SA cook.)* curry/curried bunny. **~vis** curried fish. **~vleis** (meat) curry, curried (*or* curry of) meat; ~ *en/met rys* curry and rice.

**kers** *kerse* candle; taper; *die* ~ *aan twee kante brand* burn the candle at both ends; *'n* ~ *doodmaak/doodblaas* blow/put out a candle; *'n* ~ *opsteek* light a candle; *by iem.* ~ *opsteek oor iets* seek information from s.o. on s.t.; *iem. kan nie vir/by ...* ~ *vashou nie* s.o. can't/cannot (*or* is not fit to) hold a candle to ..., s.o. can't/cannot (*or* does not) compare with ..., s.o. is not in the same class as ...; *in die ~ vlieg, (idm.)* burn one's wings, come to grief; *om die ~ vlieg tot jy daarin val, (idm.)* go to the well once too often. **~bessie** candle= berry, candlenut. **~bessieboom** candlenut tree. **~boom** long-tail(ed) cassia, sjambok pod. **~bos(sie)** candle bush, Bushman's candle. **~(e)fabriek** candle factory. **~hout** can= dlewood, wild gardenia. **~krag** candlepower. **~lig** candle= light; *by ~* by candlelight. **~maker** (tallow) chandler. **~ma= kery** tallow chandlery. **~pit** candlewick. **~regop** →KIERTS= REGOP. **~snuiter** (pair of) snuffers. **~sterkte** candlepower. **~stompie** candle end. **~vet** candle grease, tallow. **~vlam (metjie)** candle flame. **~vorm** =vorms candle mould. **~was** candle wax.

**Kers**= : **~aand** Christmas Eve. **~boodskap** Christmas mes= sage. **~boom** Christmas tree. **~dag** Christmas (Day); *Tweede ~* Boxing Day. **~eiland** *(geog.)* Christmas Island. **~fees** Christmas; *geseënde/gelukkige ~!* merry Christmas!, a merry Christmas to you!; *met ~* at Christmas (time); *~ vier/ hou* celebrate Christmas; *dag voor ~* Christmas Eve. **~(fees)= vader** Father Christmas. **~fonds** Christmas fund. **~ge= skenk** Christmas present/box. **~groete** *n. (pl.)* Christmas/ Season's greetings. **~kaart(jie)** Christmas card. **~klapper** Christmas cracker. **~koek** Christmas cake. **~lied** Christ= mas carol. **~maal(tyd)** Christmas dinner. **~môre, ~more** Christmas morning. **~nag** Christmas Eve; Christmas night. **~party(tjie)** Christmas party. **~pasteitjie** mince pie. **~poe= ding** Christmas/plum pudding. **~sang** carol singing. **~san= ger** carol singer. **~seël** Christmas stamp. **~spel** Nativity play. **~tyd** =tye, **~gety** =getye Christmas season/time, Christ= mastide, Yuletide; *in die ~* at Christmas time. **~uitgawe** Christmas edition/number. **~vakansie** Christmas holiday(s). **~wens** =wense Christmas wish; *Kers- en Nuwejaarswense* compliments of the season.

**ker·sie**[1] =sies little candle.

**ker·sie**[2] =sies cherry; *die ~ op die koek, (fig.)* the cherry on top, the icing on the cake. **~boom** cherry tree. **~boord** cherry orchard. **~brandewyn, ~likeur** Kirsch(wasser), cherry bran= dy. **~hout** cherry wood. **~pit** cherry stone. **~plukker** cherry picker. **~rooi** cerise. **~tamatie** cherry tomato.

**ker·sie·kleur** *n.* cherry (red), cerise. **ker·sie·kleu·rig** =rige, *adj.* cherry (red), *(attr.)* cherry-red, cerise.

**kers·ten** ge= christianise. **kers·te·ning** christianisation.

**ker·wel** =wels, *(bot.)* chervil; *giftige ~* hemlock; *Kaapse ~* blackjacks, beggar('s)-ticks; *Spaanse ~* myrrh.

**ker·wer** =wers carver; tobacco cutter; →KERF *vb.*.

**kês** boiled sour milk; curd(s).

**ke·tel** =tels kettle; cauldron; boiler; still; *jou ~(tjie) by 'n ander se vuur sit* take advantage of s.o.; *die pot verwyt die ~ dat hy swart is* the pot calls the kettle black; *staande ~* vertical boil= er. **~aanpaksel, ~aanslag** (boiler) scale, boiler deposit, fur, incrustation. **~kamer** boiler room. **~maker** boilermaker. **~makery** boiler shop. **~pak** boiler suit. **~ruim** boiler room. **~steen** fur, (boiler) scale, incrustation, boiler deposit; *~ van iets afklop/verwyder* scale s.t.. **~trom** *(mus.)* kettledrum, tim= bal, timpano. **~tuit** kettle spout.

**ke·tel·tjie** =tjies billy(can).

**ke·tel·vor·mig** =mige basin-shaped.

**ket·jap** (<*Chin.*) ketchup, catchup, catsup.

**ke·toon** =tone, *(chem.)* ketone.

**kets** ge= misfire; backfire; *(a gun)* snap; misfire, *(an engine)* miss; *(billiards)* miscue. **~gat** *(min.)* misfire, misfired hole. **~skoot** misfire; flash in the pan, miscue. **~stoot** miscue.

**ket·sing** misfiring; missing *(of an engine)*.

**ket·ter** =ters, *n.* heretic; *vloek soos 'n ~* swear like a trooper. **~jag** witch-hunt. **~jagter** =ters, witch-hunter. **~vervolging** persecution of heretics.

**ket·ters** =terse, *adj.* heretical.

**ket·te·ry, ket·te·ry** =rye heresy.

**ket·tie** =ties, *(infml.)* catty, catapult; →REKKER.

**ket·ting** =tings, *n.* chain; cable *(of an anchor)*; *(weaving)* warp; chain, series, sequence; *(in the pl., also)* chains, bonds, fet= ters *(of slavery)*; *iem. aan die ~ lê* chain up s.o., put s.o. on a chain; *iem. in ~s slaan* put s.o. in chains; *die losmaak* undo the chain, unchain; *die/jou ~s verbreek, (fig.)* break (*or* shake off) one's chains; *'n ~ vorm* form a (human) chain. **ket·ting** ge=, *vb.* chain (up), fetter; *iem./iets aan ... ~* chain s.o./s.t. to ...; *aan ... ge~ wees* be chained to ... **~aan= drywing** chain drive. **~botsing** pile-up. **~breuk** *(math.)* con= tinued fraction. **~brief** chain letter. **~brug** suspension/chain bridge. **~draad, ~garing, ~gare** warp (end/thread/yarn). **~(ge)dig** chain-rhyming poem. **~lyn** catenary. **~oorbren= ging** chain drive. **~rat** chain wheel, sprocket (wheel), bracket wheel, chain sprocket; chain gear. **~reaksie** chain reaction, knock-on effect. **~reël** chain rule, conjointed/compound rule of three. **~roker** chain smoker; *'n ~ wees* chain-smoke. **~rokery** chain-smoking. **~rook** *vb.* chain-smoke. **~rooster** chain grate. **~rym** chain rhyme. **~saag** chain saw. **~steek** chain riveting; *(needlework)* chain/lock stitch; *(bookbinding)* kettle stitch; *los ~, (embroidery)* lazy daisy stitch. **~sy** thrown silk; organzine. **~wiel** gearwheel. **~winkel** chain store.

**ket·ting·loos** =lose chainless.

**ket·ting·vor·mig** =mige chain-like, concatenate(d).

**ket·tin·kie** =kies chain(let), small chain.

**keu** keue, keus (billiard) cue.

**Keu·len** *(geog.)* Cologne. **Keu·le·naar** =naars, =nare inhabi= tant of Cologne. **Keuls** *n.* Cologne dialect. **Keuls** *Keulse, adj.* (of) Cologne; *~e dialek* Cologne dialect; *~e water* eau de Cologne. **keuls·geel** Cologne yellow.

**keur** keure, *n.* choice, selection; pick, elite, best, cream; hall= mark; platemark *(on silver etc.)*; *~ van gedigte* choice/selec= tion of poems, anthology; *... te kies/kus en te ~ ...* in plenty, a choice/variety of ...; *'n ~ uit ...* a selection from ... *(s.o.'s po= etry etc.)*. **keur** ge=, *vb.* examine, judge, try, test, inspect, screen, censor, scrutinise; taste, sample *(wine, cigars, etc.)*; *(sport)* seed; *ge~de speler* seeded player. **~aandele** blue-chip shares. **~boom** *(Virgilia oroboides)* keurboom. **~botter** choice butter. **~graad** choice quality/grade. **~komitee, keurings= komitee** selection committee; *(art)* judging/hanging com= mittee; *(tennis)* screening/seeding committee. **~korps** elite/ élite corps, picked body/unit (of men), crack regiment. **~lys** selection/selected list; seeded list, (list of) seedings. **~merk** hallmark, stamp. **~raad** selection board. **~spel** *(mus.)* selec= tion(s). **~steen** touchstone. **~troepe** picked/elite/élite forc= es/troops. **~vors** *(Germ. hist.)* electoral prince, elector. **~vors= tedom** electorate.

**keur·der** =ders inspector *(of food)*; taster *(of drinks)*; selector, chooser; censor *(of films etc.)*; (manuscript) reader; exam= iner; judge.

**keu·rig** =rige exquisite, trim, prim, dainty, neat; select, fine, choice; *~ afgewerk* of excellent workmanship; *jou ~ van iets kwyt* make a clean job of s.t.; *~ daar uitsien* look very trim and neat. **keu·rig·heid** exquisiteness, trimness, daintiness, neatness, fineness, choiceness, nicety.

**keu·ring** =rings, =ringe, *(med.)* examination; inspection *(of foodstuffs)*; *(sport)* seeding; scrutiny; test; selection; screen= ing; testing; tasting. **keu·rings·diens** food-inspection de= partment.

**keurs·lyf** *(fig.)* strai(gh)tjacket; *... in 'n ~ (in)dwing, (fig.)* strai(gh)tjacket/shackle/fetter ..., put ... under constraint; *die ~ van ..., (fig.)* the strai(gh)tjacket/shackles/fetters of ... *(imperialism, tradition, rules and regulations, etc.)*.

**keur·tjie** =tjies, *(bot.: Podalyria calyptrata)* wild sweet pea, sweet pea bush.

**keu·se** =ses choice, selection; option; *'n ~ doen/maak* make a choice, choose; have/take one's choice; *'n ~ van een* Hob=

son's choice; *iem. se eerste* ~ s.o.'s first choice; *die eerste* ~ *hê* have first choice/pick; *iets uit eie* ~ *doen* do s.t. by/of one's own choice; *geen/g'n* ~ *hê nie* have no choice; have no alternative; *daar is vir iem. geen/g'n* ~ *nie as om te ...* s.o. has no alternative/option but to ...; *vir iem. geen/g'n* ~ *laat as om te ... nie* leave s.o. no alternative but to ...; *daar bly geen/g'n ander* ~ *oor nie* there is no alternative/choice/option; *die* ~ *het op ... geval* the choice fell on ...; *'n* ~ *hê* have a choice; *die* ~ *hê om (dit of dat te doen)* have the alternative of (doing this or that); *na (eie)* ~ at will; *'n ruim* ~ a wide choice (*or* a large assortment) (*of colours etc.*); a fine selection (*of materials etc.*); *sonder* ~ *van ('n) boete* without the option of a fine; *die* ~ *lê tussen A en B* the choice is/lies between A and B; *'n* ~ *uit* ... a choice from ...; a selection from ...; *uit vrye* ~ by choice, of one's own free will; *'n* ~ *uitoefen* exercise a choice; *iets van jou* ~ s.t. of one's choice; *voor die* ~ *staan om te ...* be faced with the choice to ...; *iem. voor die* ~ *stel* give s.o. the choice, force s.o. to choose (*between ... and ...*); *jou* ~ *voorbehou* keep/leave one's options open. **~lys** (*comp.*) menu. **~spyskaart** à la carte (menu). **~vak** optional subject.

**ke·wer** ₌*wers* beetle.

**kgot·la** ₌*las, (N.So.)* kgotla; assembly; place of assembly.

**kha·li·fa** ₌*fas, (Islam)* khalifa (festival).

**khan** *khans* khan. **kha·naat** ₌*nate* khanate.

**Khar·toem** Khartoum, Khartum.

**Khmer** (*inhabitant; lang.*) Khmer. ~ **Rouge** (*defunct Cambodian communist party*) Khmer Rouge.

**Khoi** *n., (lang.)* Khoi. **Khoi** *adj.* Khoi. **Khoi-Khoi** ₌*Khoin, (member of a people)* Khoikhoi.

**Khoi-San** (*anthr.*) Khoisan. **~tale, ~taalgroep** Khoisan languages (*or* language group).

**ki·aat(·hout)** kiaat, Cape teak.

**kib·bel** *ge*₌ bicker, squabble, wrangle, hassle, quarrel, have a tiff; *oor iets* ~ quibble about/over s.t.; *met iem. oor iets* ~ haggle about/over s.t. with s.o.; squabble with s.o. about/over s.t.. **kib·be·laar** ₌*laars* bickerer, squabbler, wrangler. **kib·bel·ag·tig** ₌*tige* quarrelsome. **kib·be·la·ry, kib·bel·ry** bickering(s), altercation, squabble, squabbling, wrangle, wrangling, hassle, tiff.

**kib·boets, kib·boets** ₌*boetse* kibbutz, communal farm.

**kid·leer** kid(skin).

**Ki·ëf** Kiev.

**kief** (*sl.*) cool, hip, funky; *nie* ~ *nie, (also)* uncool.

**kiek** *ge*₌ snap, take a snap(shot), shoot. **kie·kie** ₌*kies* snap (shot), (*infml.*) pic; *'n* ~ *neem* snap, take a snap.

**kiel** *kiele, n.* keel, bottom (*of a ship*); valley (*of a roof*); *die* ~ *lê* lay down a keel; *'n los* ~ a false keel. **kiel** *ge*₌, *vb.* keel, careen, heave down. **~bak** keelbox. **~blok** keelblock. **~dak** valley roof. **~gang** garboard. **~geut** valley gutter. **~haal** *ge*₌ keelhaul. **~houer(pik)** pick(axe). **~water** track, wake, wash; dead water.

**kie·lie** *ge*₌ tickle; *dit* ~ *onder iem. se voet* s.o.'s foot tickles. **~bak** ₌*bakke* armpit; ~ (*of met die* ~*ke*) *in die wind staan* stand with arms akimbo. **~beentjie** funny bone. **~·kielie** tickle-tickle.

**kie·lie·rig** ₌*rige* ticklish. **kie·lie·rig·heid** ticklishness.

**kiem** *kieme, n.* germ, (*infml.*) bug; embryo; bacterium; seed; origin; *in die* ~ in embryo; *'n* ~ *kry* catch (*or* pick up) a bug; *die* ~ *van die kwaad* the seeds of vice; *iets in die* ~ *smoor* nip s.t. in the bud; stifle s.t. at birth. **kiem** *ge*₌, *vb.* germinate; sprout, shoot. **~blaar** cotyledon, seed/seminal leaf. **~blaas** (*embryol.*) blastocyst. **~blad** germinal layer. **~do·der** ₌*ders* germicide, antiseptic. **~draer** germ/disease carrier. **~krag** germinative power; vitality, viability. **~kragtig** ₌*tige* germinative; viable. **~lob** cotyledon, seed leaf. **~meel** germ meal. **~oorlog(voering)** germ war(fare). **~plantjie** seedling;

(*bot.*) embryo. **~·sel** ₌*selle* germ cell, ovule, ovulum. **~vorming** germination. **~vry** ₌*vry(e)* germfree, sterile, aseptic; *iets* ~ *maak* degerm/sterilise s.t.. **~vryheid** sterility. **~wit** endosperm.

**kiem·do·dend** ₌*dende* germicidal, bactericidal.

**kiem·we·rend** ₌*rende* antiseptic; ~*e middel* antiseptic.

**kiep¹** *kiepe, n., (infml.)* fowl. **kiep-kiep** *interj., (to fowls)* chick chick!, cheep cheep!; *hier* ~ *en daar* ~ precipitately, in a rush/hurry.

**kiep²** *ge*₌, *vb., (sl.: sleep)* kip, doss.

**kie·per·sol** ₌*solle, ₌sols, (also* kiepersolboom*)* cabbage/umbrella tree.

**kie·pie** ₌*pies, (children's lang.)* chicken; (*infml.*) fool, dimwit. **~mielies** (*infml.*) chicken maize; popcorn.

**kie·rang, kie·ran·kies** *n.* cheat(ing), tricking (*at games*), humbug; *dis* ~ it's not (*or* it isn't) fair (play), that's cheating; (*iem. se*) ~ *sal (uit)braai* s.o.'s chickens will come home to roost. **kie·rang** *adj. & adv.* not fair, unfair; ~ *speel* cheat, play false. **kie·rang** *ge*₌, *vb.* cheat, dupe, trick, take in; *moenie* ~ *nie!* play the game!.

**kie·rie** ₌*ries* (walking) stick; (knob)kierie/kerrie, knobstick, club, cudgel. **~bene, ~beentjies** (*infml.*) spindly/spidery legs. **~hout** redcurrant (tree).

**kierts·reg·op, kers·reg·op, pen·reg·op** bolt upright, straight-backed, ramrod straight.

**kies¹** *kieste, n.* cheek pouch; molar. **~tand** molar (tooth), back/cheek tooth, grinder.

**kies²** *kiese kieser kiesste, adj., (dated)* considerate, delicate; nice, tender, dainty.

**kies³** *ge*₌, *vb.* choose, select; opt for; pick, fix (up)on, single out; elect; vote; →VERKIES; *eerder X as Y* ~ choose X in preference to Y; *op grond van ... ge*₌ *word* be selected on ... (*merit etc.*); *jy moet een van twee* ~, (*also, infml.*) you cannot have your cake and eat it; *ge*~ *word om/weens* ... be selected for ... (*certain qualities*); *die reg hê om te* ~, (*also*) have an option; *tussen ... en ...* ~ choose between ... and ...; decide between ... and ...; *dit moeilik vind om tussen ... en ... te* ~, (*also*) be torn between ... and ...; *baie om uit te* ~ a wide choice. **~afdeling, ~distrik** constituency, electoral division. **~beampte** electoral officer. **~kollege** electoral college. **~kwota** electoral quota. **~lys** list of candidates; (*comp.*) menu. **~reg** franchise, right of voting; *die* ~ *hê* have the/a vote. **~skakelaar** selector switch.

**kie·sa, kie·za** *ge*₌, (<*Zu.*) drizzle.

**kies·baar** ₌*bare* eligible. **kies·baar·heid** eligibility.

**kie·sel** ₌*sels* pebble; silicon; (*chem. symb.: Si*) silicium. **~aarde** silica. **~afwerking** pebble finish. **~jel** (*chem.*) silica gel. **~kalk** silicate of lime. **~sinter** siliceous sinter. **~steen** cobblestone, pebble; silica rock. **~suur** silicic acid. **~suursout** silicate.

**kie·sel·ag·tig** ₌*tige* siliceous; gravelly.

**kie·ser** ₌*sers* voter, constituent, elector; *die* ~*s* the electorate; *die* ~*s laat beslis* go to the country; ~*s omhaal* swing votes.

**kie·sers·:** **~korps** electorate. **~lys** voters' roll, electoral list/register. **~tal, kiesertal** number of voters/electors.

**kies·keu·rig** ₌*rige* choosy, selective, fastidious, finicky, particular, fussy, pernickety; faddish; ~ *wees met iets* (*of wat iets betref*) be particular about s.t. (*food etc.*); ~ *wees op iets* (*of wat iets betref*) be fastidious about s.t. (*one's appearance etc.*); *te* ~ *wees* be overparticular/squeamish. **kies·keu·rig·heid** selectiveness, selectivity, fastidiousness, finickiness, particularity.

**kiets** (*infml.*) quits, even, square; *ons is* ~ we are quits/even/square; *kom ons sê ons is* ~ let's call it quits; ~ *wees met iem.* be quits with s.o.; be (all) square with s.o..

**kiet·sie** ₌*sies, (infml.)* kitty, pussy. **~kats** kitty-cat.

**kieu** *kieue*, **kief** *kiewe* gill, branchia. **~boog** gill/branchial arch. **~deksel** gill cover/flap, operculum. **~net** gill net.

**kieu·po·tig** ꞊tige, *adj.* branchiopod(an), branchiopodous. **kieu·po·ti·ge** ꞊ges, *n.* branchiopod(an).

**kie·wiet** ꞊wiete, *(orn.: Vanellus* spp.*)* lapwing, *(obs.)* plover. ~**eier** plover's egg. **kie·wie·tjie** ꞊tjies, *(infml.)* = KIEWIET.

**kie·za** →KIESA.

**kik** *kikke, n.* sound; *geen/g'n* ~ *nie!* mum's the word!; *geen* (of *nie 'n*) ~ *gee nie* not utter a sound; *ek wil geen* ~ *van jou hoor nie!* I don't want to hear a peep out of you!; *net* ~ *sê* just say the word; *sonder 'n* ~ without uttering a sound. **kik** *ge-, vb.* make a sound; *nie* ~ *of mik nie* not open one's mouth; *nie oor iets* ~ *nie* not breathe a word about s.t.; *sonder om te* ~ *(of te mik)* without uttering a sound.

**Ki·koe·joe** ꞊joes, *(anthr.)* Kikuyu. **k~gras** Kikuyu grass.

**ki·koi** ꞊kois, *(Swah., text.)* kikoi.

**kil** ~ *killer kilste, adj.* chilly, cold; shivery; *(fig.)* chill(y), frosty, cool, cold, icy, frigid, unwelcoming; bleak; emotionless, unfeeling; *'n* ~ *blik* an icy stare. **kil** *ge-, vb.* chill. **kil·heid** chill; *(fig.)* frostiness, iciness, frigidity, wintriness, winteriness, winterliness.

**Ki·li·man·dja·ro** *(geog.)* Kilimanjaro.

**ki·lo** ꞊lo's, *(infml.: kilogram[me], kilometre, etc.)* kilo.

**ki·lo·gram** ꞊gram(me), *(abbr.: kg)* kilogram(me); *honderde/ duisende* ~*me* hundreds/thousands of kilogram(me)s; *ongeveer* (of *'n stuk of*) *10/ens.* ~ about 10/etc. kilogram(me)s; *twee/ens.* ~ *...* two/etc. kilogram(me)s of ... *(sugar etc.)*.

**ki·lo·greep** ꞊grepe, *(comp.)* kilobyte.

**ki·lo·hertz** *(abbr.: kHz)* kilohertz.

**ki·lo·joule** ꞊joule(s), *(abbr.: kJ)* kilojoule. ~**waarde** kilojoule count.

**ki·lo·li·ter** ꞊ter(s), *(abbr.: kl)* kilolitre.

**ki·lo·me·ter** ꞊ter(s), *(abbr.: km)* kilometre; *die motor het al 20 000* ~ *afgelê* the car has 20 000 kilometres on the clock; *honderde/duisende* ~*s* hundreds/thousands of kilometres; *in* ~*s* in kilometres; *vyftig/ens.* ~ *van ... (af)* fifty/etc. kilometres out of ...; *vyftig/ens.* ~ *ver/vêr* fifty/etc. kilometres off; *vyftig/ens.* ~ *verder/vêrder* fifty/etc. kilometres on. ~**teller** cyclometer.

**ki·lo·ton** ꞊ton(ne), *(abbr.: kt)* kiloton.

**ki·lo·watt** ꞊watt(s), *(abbr.: kW)* kilowatt. ~**-uur** ꞊ure, *(abbr.: kWh)* kilowatt-hour.

**kil·te** ꞊tes chill.

**kim**[1] *kimme, (poet., liter.)* skyline, horizon; rim, chime *(of a barrel)*; bilge *(of a ship)*; *aan die* ~ *verskyn* appear above the horizon. ~**diepte, ~duiking** dip/depression of the horizon. ~**lyn** skyline.

**kim**[2] mould(iness), mildew; must; scum; fur *(on wine)*.

**kim·ber·liet** *(min.)* kimberlite, blue ground.

**ki·mo·no** ꞊no's kimono.

**ki·na** quinine. ~**(bas)** cinchona/Peruvian/china bark. ~**water** tonic water. ~**wyn** quinine wine.

**kind** *kinders* child; kid(dy); baby, infant; youngster; *(in the pl., also)* children, offspring; *as* ~ *was iem. ...* as a child s.o. was ...; *as* ~ *en as man* man and boy; *'n bedorwe* ~ a spoilt child; ~*ers bly (maar)* ~*ers* children will be children; *'n* ~ *by sy eerste/ens. vrou* a child by his first/etc. wife; *elke* ~ *weet dit* any child knows that; *iem. se enigste* ~ s.o.'s only child; *'n* ~ *vir die galg grootmaak, (fig.)* rear a child in vice; ~*ers moet gesien, maar nie gehoor word nie* children should be seen and not heard; *(soos) 'n groot* ~ *wees, (infml.)* be a babe in the woods; ~*ers grootmaak* raise/rear children; ~*ers hê* have a family; *soos 'n* ~ *in die huis wees* be treated like one of the family; *die* ~ *is 'n dogtertjie/seuntjie* the baby is a girl/boy; *geen/g'n/nie* ~ *of kraai hê nie, (nóg)* ~ *nóg kraai hê, sonder* ~ *of kraai wees* have no relations, have neither chick nor child (or kith nor kin); *'n* ~ *kry* have a baby; ~*ers kry* bear children; *jou ma/pa se* ~ *wees* take after one's mother/father; ~*ers, maar dis koud!* (my) goodness, but is it cold!; *die* ~ *by* *sy naam noem, (fig.)* call a spade a spade; *'n onhebbelike/ ongeseglike* ~ an unmanageable/unruly child; *so onskuldig soos 'n pasgebore* (of *pas gebore*) ~ as innocent as a babe; ~*ers oppas* baby-sit; *'n pure/skone* ~ *wees* be a mere (or only a) child; *bobbejaan/ens. se* ~, *(infml., dated, often introducing a truism)* a/the baboon/etc., baboons etc.; *'n* ~ *op die skoot* a babe/baby in arms; *so (die)* ~, *so (die) man* the child is father to the man (or like father, like son); *iem. is sommer* (of *nog maar*) *'n* ~ s.o. is a mere (or only a) child; *'n* ~ *van jou tyd wees* be a product of the times; *nie vandag se* ~ *wees nie* be no (spring) chicken, be getting on in years; know a thing or two, know how many beans make five, be no fool/ greenhorn, be nobody's fool; *'n* ~ *verwag* expect a baby; *vrou en* ~*ers* wife and family. ~**lief** dear, dearie, darling, child. ~**wees** childhood, being a child.

**kin·der·:** ~**arbeid** child labour. ~**arts** paediatrician. ~**bed(jie)** cot, child's bed, crib. ~**beskerming** child (life) protection. ~**bestand, ~veilig** childproof, child-resistant. ~**bewaarplaas, ꞊plek** crèche, day nursery; nursery school. ~**boek** children's book; nursery book. **K~bybel** children's Bible. ~**dae** childhood (days). ~**dief** child stealer, (child) kidnapper; →KINDERROWER. ~**diens** *(relig.)* children's service. ~**doop** infant baptism. ~**ensiklopedie** children's encyclop(a)edia. ~**geboorte** childbirth. ~**geneeskunde** paediatrics. ~**hart** heart of a child. ~**hof** children's/juvenile court. ~**hospitaal** children's hospital. ~**huis, ꞊tehuis** children's home. ~**jare** (years of) childhood, infancy; *van iem. se vroegste* ~ *af* from s.o.'s earliest years. ~**kamer** nursery, playroom. ~**kenner** paedologist. ~**klere** children's clothes; *(in shops)* children's wear. ~**koor** juvenile/children's choir. ~**korting** *(income tax)* child allowance, deduction/rebate for children. ~**kos** children's food, spoon meat; *dit is g'n* ~ *nie, (fig.)* that is not milk for babes. ~**kuns** child art. ~**kwaal** →KINDERSIEKTE. ~**lektuur** children's books, juvenile literature/reading. ~**lewe** child life; childhood. ~**liefde** parental love; filial love/affection. **K~lyn** Childline. ~**mishandelaar** child abuser. ~**mishandeling** child abuse, cruelty to (or maltreatment of) children, baby/child battering, *(infml.)* baby-bashing. ~**molesteerder** *(sexually)* child molester/abuser. ~**molestering** child molestation. ~**moord** child murder, infanticide; *die K~ van Betlehem, (Matt. 2:16)* the Massacre of the Innocents. ~**naam** child's name; childish name. ~**oppasser** child minder; baby-sitter. ~**oppasster** *(fem.)* nanny, nurse(maid); baby-sitter. ~**partytjie** children's party. ~**portret** child('s) portrait, portrait of/as a child. ~**praatjies** childish prattle, baby talk; childish/silly talk. ~**rympie** nursery rhyme. ~**roof** child stealing, (child) kidnapping. ~**rower** child stealer, kidnapper. ~**siekte, ~kwaal** children's/infantile complaint/ailment, disease of children. ~**sielkunde** child psychology. ~**siekteleer** paediatrics. ~**skoen** ꞊skoene child's shoe; *jou* ~*e ontgroei/uittrek* grow up, no longer be a child; *die onderneming staan nog in sy* ~*e* the enterprise is still in its infancy. ~**slot** child lock. ~**sorg** baby care; child welfare. ~**speelgoed** (children's) toys. ~**spel(etjie)** ꞊speletjies children's game; *(in the pl., fig.)* child's play, kid's stuff; *dis* ~ it's child's play (or kid's stuff), there's nothing to it; *iets is* ~ *nie* ~ *nie* s.t. is no child's play; *dis vir iem.* ~, *(also)* s.o. can do it with his/her eyes shut. ~**sprokie** nursery tale. ~**stem** child's/childish voice. ~**sterfte** child mortality; infant mortality. ~**stoel(tjie)** baby/high/nursery chair; child('s)/kiddie seat. ~**taal** child's/children's language, infant speech. ~**tuin** kindergarten, nursery school. ~**tyd** childhood. ~**verhaal** children's/nursery tale/story. ~**vers(ie)** nursery rhyme. ~**versorger** child minder. ~**verstand** child's brain/mind/intelligence, infant(ile) intelligence. ~**verwaarlosing** child neglect. ~**vriend** friend/lover of children. ~**waentjie** pram, pushchair, baby buggy. ~**wêreld** child world/ land. ~**woord** nursery term.

**kin·der·ag·tig** ꞊tige childish, babyish, infantile; petty, foolish, silly, puerile. **kin·der·ag·tig·heid** childishness, infantilism; foolishness, silliness, puerility.

**kin·der·lik** *-like* childlike, infantile, filial; innocent; naive; *~e geloof* childlike faith; *~e liefde* filial love; *wees ~ en nie kinder-agtig nie* be childlike, not childish. **kin·der·lik·heid** childlike nature, naivety, artlessness, simplicity.

**kin·der·loos** *-lose* childless. **kin·der·loos·heid** childlessness.

**kind·jie** *-jies, kindertjies, (dim.)* baby, infant; *(infml.)* tot, kid(dy); dear, darling; *iem. vertel waar kindertjies vandaan kom, (infml.)* tell s.o. about the birds and the bees.

**kinds** *kindse* doting, senile; *'n ~e oumens (of ou mens), (derog.)* a geriatric; *~ wees* be in one's dotage (*or* second childhood), be senile, be a dotard; *~ word* be lapsing into dotage (*or* second childhood), go senile. **~been:** *van ~ af* from/since childhood. **~dae, ~dag:** *van ~ af* from/since childhood; → KINDERDAE.

**kinds·heid** dotage, second childhood, senility; anility, puerilism, childishness; childhood, infancy, babyhood.

**kind·skap** filiation.

**ki·ne·ma·ties** *-tiese, (mech.)* kinematic. **ki·ne·ma·ti·ka** *(mech.)* kinematics.

**ki·ne·ma·to·gra·fie** cinematography. **ki·ne·ma·to·gra·fies** *-fiese* cinematographic.

**ki·ne·se** *(biol.)* kinesis.

**ki·ne·si·o·lo·gie** *(mech. of muscles)* kinesiology.

**ki·ne·ties** *-tiese* kinetic. **ki·ne·ti·ka** kinetics.

**kin·kel** *-kels* kink, hitch, knot, twist; *vol ~s en draaie wees* be full of twists and turns; *daar is 'n ~ in die kabel* there is something wrong (*or* a hitch/snag somewhere); *iets 'n ~ gee, (also fig.)* kink s.t., give s.t. a twist. **~dans** twist.

**kin·kel·rig** *-rige* kinky.

**kink·hoes** whooping cough, pertussis.

**ki·no·gom** kino gum.

**ki·no·lien** *(chem.)* quinoline.

**Kin·sha·sa** *(geog.)* Kinshasa.

**kin·ta, kin·tie** *(infml. form of address, rather dated)* (dear) child; → KIND.

**ki·osk** *kioske* kiosk; newsstand; stall.

**kip·per** *-pers* kipper.

**kir**¹ *ge-, vb.* coo.

**kir**² *n., (an alcoholic drink)* kir.

**Kir·gi·stan** *(geog.)* Kyrgyzstan, Kirghizstan. **Kir·gi·si·ër** *-siërs, n.* Kyrgyz, Kirghiz. **Kir·gi·sies** *n., (lang.)* Kyrgyz, Kirghiz. **Kir·gi·sies** *-siese, adj.* Kyrgyz, Kirghiz.

**kis**¹ *kiste, n.* box, case, trunk; bin; chest *(of tea)*; coffin *(for a corpse)*; coffer *(for valuables)*; hutch *(for ore)*; *(antique furniture)* kis(t). **kis** *ge-, vb.* (place in a) coffin. **~bank** monk's bench. **~dam** coffer(dam). **~duiweltjie** jack-in-the-box. **~klere** *(joc.)* best clothes, Sunday best; *in jou ~* in one's Sunday best (*or* best bib and tucker). **~pak** *(joc.)* Sunday suit; *in jou ~* togged up.

**kis**² *adv., (infml.): iem. ~ duik* crash tackle s.o.; *iem. ~ loop* run s.o. off his/her feet; *iem. ~ slaan* knock s.o. out (*or* into a pulp); *iem. ~ speel* gain a runaway victory over s.o.. **~hou** *(tennis, golf)* ace; *'n ~ slaan, (tennis)* serve an ace.

**kis·met** *(<Arab.)* kismet, destiny, fate.

**kis·sie** *-sies* small box; box *(of cigars etc.)*; casket, pyx.

**kis·(te·)ma·ker** box/case/trunk maker; coffin maker.

**kit** *kitte, n., (geol.)* bonding material, bond; lute, cement, bonding agent. **kit** *ge-, vb.* lute, bond, cement. **~lym** lute. **~middel** *-dels, -dele* lute, cement, bonding agent, bond.

**ki·taar, ghi·taar** *-tare, -taars* guitar. **~speler**, *(fem.)* **~speelster** guitarist.

**kit·ke** *(SA Jewish cook.)* kitke.

**kits** trice; *in 'n ~* in (next to) no time, in less than no time, in no time at all, in a jiffy/flash/twinkling, like a flash; *iets in 'n ~ klaarmaak, (also)* polish s.t. off *(work etc.)*. **~bank** auto-bank. **~besoek** *(infml.)* quickie visit; rapid/Cook's tour.

**~boete** on-the-spot fine. **~dieet** crash diet. **~egskeiding** *(infml.)* quickie divorce. **~grasperk** instant/roll-on lawn. **~kamera** instant camera. **~klaar** instant(aneous), instant(ly prepared); *'n ~ oplossing/ens.* an off-the-shelf solution/etc.. **~koffie** instant coffee. **~kos** fast food. **~kosrestaurant, ~kosrestourant** fast-food restaurant. **~(lende)skyf** minute steak. **~lening** *(infml.)* quickie loan. **~lyn** hot line. **~oplossing** speedy solution, *(infml.)* quick fix. **~rykwordskema** get-rich-quick scheme. **~sukses** overnight success. **~wassery** laundrette, laundromat. **~wenner** *(bridge)* quick trick.

**kitsch** kitsch. **kit·sche·rig** *-rige* kitschy, chintzy, camp.

**kit·se·ry** *(cook.)* kedgeree.

**kit·te·laar** *-laars, (anat.)* clitoris.

**ki·wi** *-wi's, (orn.)* kiwi; *(K~, infml.: New Zealander)* Kiwi. **~vrug** kiwi fruit.

**kla** *ge-* complain, grouse, grumble, gripe, moan; *(poet., liter.)* lament, wail; *by iem. ~* complain to s.o.; *(ek) kan nie ~ nie* (I) can't complain, no complaints; *iem. mag nie ~ nie* mustn't grumble; *niks te ~ nie* no complaints; *oor iets ~* complain about/of s.t.; *oor/van hoofpyn/ens. ~* complain of a headache/etc.; *by iem. oor iets gaan ~* go to s.o. with one's complaints about s.t., take one's complaints about s.t. to s.o.. **~kous** grumbler, grouser. **~siek, klaagsiek** *-sieke* querulous.

**klaag·lied** *-liedere* (song of) lamentation, dirge, threnody; *(infml.)* hard-luck story.

**klaag·lik** *-like* doleful, dolorous, plaintive; *~ misluk* be a dismal failure, fail dismally/abysmally.

**klaag·ster** *-sters* female complainant; → KLAER.

**klaar**¹ *klare, adj., (chiefly poet., liter.)* clear, limpid; evident; pure; → KLAARHEID, KLARIGHEID; *klare onsin* sheer/downright nonsense, pure rubbish.

**klaar**² *adj. & adv.* finished, done, over (and done with); *(infml.)* sewed/tied/wrapped up, in the can; ready; exhausted, dead (tired/beat), ready to drop, worn out, worn to a frazzle; *(infml.)* clapped out, dog-tired, knackered, wasted, pooped; *~ wees daarmee* be/have done with it; *dis ~, en daarmee ~* and that's that; *dis (nou) maar ~* there's no doubt (*or* no two ways) about it; that's a fact; that's for sure; *iem. is 'n ..., dis (nou) maar ~* s.o. is a ... all right; *gou ~ wees om iets te doen* be quick to do s.t.; *iets ~ hê* have done with s.t.; be finished/through with s.t. *(work etc.)*; have s.t. ready; *heeltemal ~ wees* be quite ready/finished; *iets ~ hou* keep s.t. ready/handy (*or* at hand), hold s.t. in readiness; *iem. is ~* s.o. has finished; *(infml.)* s.o. has had it; *die suiker/ens. is ~* we are out of sugar/etc.; *dit is ~ eenuur* it is past one (o'clock); *~ lees* finish reading; *~ maak* → KLAARMAAK; *~ wees met iem.* be through (*or* be/have finished/done) with s.o.; *~ wees met iets* be/have done/finished (*or* be through) with s.t. *(a job etc.)*; *~ wees met die saak* the matter is off one's hands; *dis ~ met iem.* s.o. is finished/through (*or* a goner *or* done for), s.o. has had it, it is all over with s.o., *(infml.)* s.o. has had his/her chips; *gou ~ met 'n antwoord* prompt at an answer, ready/quick at repartee; *daarmee is dit (nog) nie ~ nie* that is not the whole story; *~ wees om te ...* be ready to ... *(leave etc.)*; be ready for ... *(work etc.)*; *sien kom ~* → KLAARKOM; *~ staan vir iem.* be ready for s.o.; *~ wees vir ...* be ready for ...; *~ vir die geveg* in fighting trim. **~gaar** ready-cooked, ready-to-eat. **~kom** *klaarge-* get ready; get/be done; finish up/off; manage; *alleen ~* manage by o.s., fend for o.s.; go it alone; *daarsonder ~* do/go without; *goed met iem. ~* get along/on well with s.o., *(infml.)* click (*or* hit it off) with s.o.; *hulle kom nie goed klaar nie* they don't get along/on (*or* hit it off [with each other]); *met iets ~* make do (*or* get by) with s.t.; manage (*or* scrape along/by) on s.t.; *sien kom klaar* cope/manage somehow; *iem. moet maar sien kom klaar* s.o. is left to (*or* thrown on) his/her own resources; *jy moet maar sien kom klaar, (also)* it's all yours; *sonder iets ~* do/go (*or* get along/on *or* make do) without s.t.; dispense with s.t.; deny o.s. s.t.; *iem. kan nie* **sonder** ... ~ *nie* s.o. cannot spare ...; *die* **werk** *moet* ~ the work must be done/finished; *die* **werk** *kom nie* ~ *nie* the work is not getting done. **~kry** *klaarge=* get ready, get/have done, finish; *kry klaar!* get it done!; finish it off!; stop it!. **~maak** *klaarge=* finish (off), complete; get ready, prepare; dress; cook; make up; *iem. het hom/haar nie* **daar= voor** *klaargemaak nie* s.o. did not bargain for/on that; *iets* **gou(-gou)** *(of in 'n* **kits**) ~ polish/toss s.t. off; **kos** ~ prepare food; **met** ... ~ get done with ...; *nie* ~ *met skool/universiteit nie* drop out of school/university; ... *maak* **my** *(nog)* **klaar!**, *(infml.)* ... will be the end of me!; *(jou)* ~ **om** *te spring* get ready *(or* gather o.s.) to jump, gather o.s. for the jump; *(jou)* ~ *(om te werk/baklei)* roll/turn up one's sleeves; *(jou)* ~ **vir** *iets* prepare o.s. for s.t. *(a trip etc.);* **werk** ~ get through work. **~praat** *adj., (infml.)* done, finished; done for, finished with; *dit is* ~ it is all over, the game is up; *dis* ~ *met iem.* it is all over/up with s.o., s.o. is finished/through *(or* done for *or* a goner), s.o. has had it *(or* cooked his/her goose). **~speel** *klaarge=, (infml.):* met iem. ~ polish s.o. off, settle/dish s.o., settle s.o.'s hash; *met iets* ~ cope with s.t.; wrap s.t. up; *(gou) met iets* ~ polish s.t. off. **~staan** *klaarge=* be ready; ~ *(om jou te verdedig)* stand at bay; *altyd vir iem.* ~ be at s.o.'s beck and call. **~verpakking** pre-packaging.

**klaar·blyk·lik** *=like,* adj. (self-)evident, obvious, clear, manifest, patent, plain, palpable, overt. **klaar·blyk·lik** adv. evidently, obviously, clearly, manifestly, patently, plainly, undoubtedly, signally; *dit is* ~ *'n fout* it is obviously an error; ~ *is iem.* ... obviously/evidently *(or* it is obvious that) s.o. is ... **klaar·blyk·lik·heid** obviousness, patency.

**klaar·heid** clearness, clarity, limpidity; perspicuity; *iets tot* ~ *bring* clear s.t. up, throw/shed light on s.t.; *oor iets tot* ~ *kom* get clear about *(or* to the bottom of) s.t..

**klaas·neus** *(zool.)* elephant shrew.

**Klaas Va·kie** (Wee) Willie Winkie, the sandman; *die land van* ~ ~ the land of Nod.

**klad** *kladde, n.* blemish, blot, stain, blotch, smudge; *(fig.)* stigma, slur, blot; rough draft/copy/sketch; *'n* ~ *op jou (goeie) naam* a stain/slur on one's character/name/reputation, a blot on one's record; *sonder 'n* ~ *op jou naam* without a spot on one's reputation. **klad** *ge=, vb.* blot, stain; smudge; daub. **~aantekeninge** rough notes. **~blok** blotter; scratch pad. **~papier** blotting paper. **~skildery** daub. **~werk** rough copy; daub. **~(werk)boek** scribbling book, scribbler.

**kla·end** *=ende* plaintive; querulous, grumbling, complaining; ailing; *op 'n* ~*e toon* in a minor key.

**kla·er** *=ers, (jur.)* complainant; complainer. **kla·e·rig** *=rige* querulous, complaining, peevish.

**klag** *klagte,* **klag·te** *=tes* complaint; lamentation; accusation, charge; →AANKLAG; *'n* ~ *teen iem. indien/inbring/lê* bring/file/lay/lodge/make a complaint against s.o.. **klag·brief** letter of complaint. **klag·skrif** plaint; petition, memorial. **klag·staat** charge sheet. **klag·te·boek** complaint(s) book. **klag·te·kan·toor** charge office; complaints bureau.

**klak·ke·loos** *=lose, adj. & adv.* groundless; offhand, without more ado, without rhyme or reason, without any motive; *iets* ~ *oorneem* adopt/copy s.t. indiscriminately.

**klam** ~ *klammer klamste* damp, clammy, dank, moist; humid; ~ *hitte* moist heat; *iets* ~ *maak* damp(en) s.t.. **klam·heid** damp(ness), clamminess, dankness; moistness; humidity. **klam·me·rig** *=rige* rather clammy/damp/moist; rather humid. **klam·me·rig·heid** slight dampness/moistness. **klam·mig·heid** dampness, clamminess, moistness; moisture.

**klamp** *klampe, n.* clamp, cramp (iron); brace; cleat, dog, bracket; hasp; fish(plate). **klamp** *ge=, vb.* chock; fish, clamp, cramp, cleat. **~bout** clamp bolt. **~skroef** clamping screw. **~spyker** cleat nail; clasp(-headed) nail.

**klan·des·tien** *=tiene* clandestine, secret, undercover, underground.

**klan·di·sie** customers, clientele; patronage; ~ *kry* get customers/business.

**klank** *klanke, n.* sound; sonance; tone; *onder die* ~*e van* ... to the strains of ... *(an anthem etc.);* stemhebbende ~ sonant. **klank** *ge=, vb.* sound, articulate; vocalise; phonate. **~ateljee** sound studio. **~baan** soundtrack. **~baanredigering** dubbing. **~band** recording tape. **~bord** soundboard, sounding board, resonator *(of a mus. instr.); (fig.)* sounding board. **~dem·per** silencer; sordine, damper; mute. **~dig** sound-, noiseproof. **~digting** soundproofing. **~effek** sound effect. **~=en·lig(-)vertoning** sound and light show, *(Fr.)* son et lumière. **~geleier** *(mus.)* soundpost *(of a stringed instr.).* **~(ge)troue** →KLANKTROU=. **~getrouheid** high fidelity. **~golf** *golwe* sound/acoustic wave. **~greep** sound bite. **~grens** sound/sonic barrier. **~ingenieur** sound engineer. **~kaart** *(comp.)* sound card. **~kas** soundbox; resonator, resonance box. **~kleur** timbre. **~knoppie** mute button *(of a TV etc.).* **~leer** phonetics. **~meting** sound ranging. **~metode** phonic method, phonics. **~nabootsend** *=sende* onomatopoeic, onomatopoetic; ~*e woord* onomatopoeia. **~nabootsing** echoism; onomatopoeia, sound imitation. **~opening** soundhole. **~opname** sound recording. **~opnemer** sound recorder. **~presisie** high fidelity. **~(rol)prent** sound/talking film, talkie. **~ryk** *=ryke* melodious, full-sounding, rich *(voice).* **~rykheid** sonority, richness. **~simboliek** symbolism of sounds. **~skyf** compact disc. **~stelsel** sound system; phonetic system *(of a lang.).* **~teg·nikus** sound technician. **~teken** phonetic symbol. **~toets** soundcheck. **~trou** *det.,* **~(ge)troue** *adj. (attr.)* high-fidelity. **~verandering** sound/phonetic change. **~versterker** (sound) amplifier. **~versterking** sound amplification. **~volume** volume of sound. **~voortbrengend** *=gende* soniferous. **~voortbrenging** sound production.

**klan·kie:** *'n* ~ *in jou stem hê* have an edge to one's voice; *die vleis het 'n* ~ the meat is high.

**klank·loos** *=lose* toneless; silent.

**klant** *klante* customer, patron, client *(of a business); (in the pl.)* clientele; ~*e werf* canvass customers, drum up business. **~gerig** *=rigte* customer-orientated *(approach etc.).*

**klante·:** **~behoud** customer retention. **~diens** customer service. **~sorg** customer care. **~tevredenheid, klanttevre·denheid** customer satisfaction. **~vriendelik, klantvriende·lik** *=like* customer-friendly.

**klap** *klappe, n.* slap, smack, clip, clout; lash, stroke, crack *(of a whip);* flap *(of a table, tent, book, etc.);* peak *(of a cap);* clap; setback; *iem. 'n* ~ *gee* slap/smack s.o., give s.o. a slap/smack; deal s.o. a blow; *'n* ~ *in/deur die* **gesig** a slap in the face, a smack in the eye/face; *iets is vir iem. 'n* ~ *in die* **gesig** s.t. is a slap in the face for *(or* an insult to) s.o.; **harde** ~ slam; *'n* ~ *kry, (lit.)* get a smack; *(fig.)* take a knock; *'n* **taai** ~ a sharp/stinging slap/blow, a good/hard smack. **klap** *ge=, vb.* slap, hit, smack, cuff, clip; strike, knock; click *(with the tongue); (a cork)* pop, go pop; patter; *(a sail)* slat; *dat dit (so)* ~, *(infml.)* flat out; *werk* **dat** *dit (so)* ~ work with a vengeance *(or* like fury *or* against time); *die* **deur** ~ the door slams; slam the door; **hakke** ~ click heels; *iets* **hoor** ~ hear s.t. go pop; *met die/jou* **lippe** ~ smack one's lips; *met die/jou* **vingers** ~ snap one's fingers; *die* **voël** ~ *met sy vlerke* the bird flaps/beats its wings; *met die* **sweep** ~ crack the whip; *die* **skoot** ~ the shot rings out; *iem. se* **tande** ~ s.o.'s teeth are chattering. **~bank** folding/hinged seat. **~bed** convertible/folding/pull-down/wall bed. **~bord, klapper** *(cin.)* clapperboard. **~dek·sel** hinged lid, flip top. **~deur** flap door; swing door. **~hoed** crush/opera hat, gibus; deerstalker (hat). **~klank** click; stop, explosive. **~mus** cap with (ear) flaps, Balaclava cap. **~roos** (corn) poppy, Flanders poppy. **~sitplek** hinged seat. **~soen** smacking kiss, smacker, smackeroo. **~stok** *(golf)* cleek. **~sy** dropside *(of a truck etc.).* **~tafel** drop-leaf/flip-top/Pembroke table; folding/gateleg(ged) table. **~venster** hinged window.

**klap·per¹** *=pers, n.* (fire)cracker, squib; cap *(for a toy gun);*

*(phon.)* occlusive, plosive, stopped consonant; *(cin.)* clapper; *(percussion instr.)* clapper. ~**tand** =ge=: *iem.* ~ *van die koue* s.o.'s teeth are chattering with cold.

**klap·per²** =pers, *n.* coconut; *dubbele* ~ double coconut, coco de mer; *gedroogde* ~ copra, dried/desiccated coconut. ~**dop** coconut shell; *(infml.)* nob, noggin, noodle, nut; *kan jy dit nie in jou* ~ *kry nie?* can't you get it into your fat head?. ~**haar** coir, coco fibre/matting. ~**haarmat** coir/coconut mat. ~**haarmatras** coir mattress. ~**koek** coconut cake. ~**koekie** coconut biscuit. ~**melk** coconut milk. ~**ys** coconut ice.

**klap·per·tjie** =tjies, *(orn.)* clapper lark.

**klap·pie** =pies small flap; light smack, slight tap.

**kla·ret** *(a red wine)* claret.

**kla·rig·heid** clearness; clarity; →KLAAR¹ *adj.;* ~ *oor iets hê* be clear in one's mind about s.t.; ~ *oor iets (ver)kry* get clarity on s.t..

**kla·ri·net** =nette, *(mus. instr.)* clarinet. ~**speler** =lers, **klarinet·tis** =tiste clarinettist, clarinet player.

**kla·ring** clearing, clarification, purification; *(customs)* clear= ing, clearance.

**kla·rings·:** ~**bewys** clearance certificate. ~**kaart** clearance card. ~**koste** clearance fee. ~**middel** =dels, =dele clearing/ clarifying agent.

**Kla·ris** =riste, *(nun)* (Poor) Clare.

**kla·roen** =roene, *(a trumpet)* clarion.

**klas** *klasse, n.* class; form; grade; category; brand; *(biol.)* class; kind, sort; type; →KLASSE=; *in 'n afsonderlike* ~ in a class by itself; *'n* ~ *bywoon* attend a class; *daardie* ~ *mense* people of that type; *eerste* ~ first class; *(in die) eerste/tweede* ~ *reis* travel first/second class; *in die eerste/tweede* ~ *slaag* take a (or pass [in the]) first/second class; *in die* ~ in class; ~ *loop* attend classes; *twee* ~*se val saam* two classes clash; *sonder* ~*se* classless; *van* ~*se wegbly* bunk/cut classes *(in= fml.).* **klas** =ge=, *vb.* = KLASSEER, KLASSIFISEER. ~**-aksie** *(jur.)* class action. ~**boek** class book. ~**geld** tuition fee. ~**kamer** class=, schoolroom. ~**maat** classmate. ~**onderwyser** class teacher.

**klas·se·:** ~**bewus, klasbewus, klastrots** *adj.* class-conscious. ~**bewussyn, klasbewussyn, ~bewustheid, klasbewust· heid, ~trots, klastrots** *n.* class consciousness. ~**diskrimi· nasie** classism. ~**diskrimineerder** classist. ~**diskriminerend** =rende classist. ~**indeling** classification, class grouping. ~**re· gering** class rule/government. ~**stelsel** class system. ~**stryd** class war(fare)/struggle. ~**vooroordeel** class prejudice.

**klas·seer** *(ge=)* sort, class(ify); grade. **klas·seer·der** =ders classer; grader. **klas·se·ring** classing, classification; grad= ing.

**klas·siek** =sieke, *adj.* classic(al); ~*e Latyn* classical Latin; *professor in die* ~*e tale* professor of classics; ~*e werk* classic. **klas·sie·ke** *n.: die* ~ the classics/humanities.

**klas·si·fi·seer** ge= classify, sort; class, grade; staple; size. **klas·si·fi·ka·sie** =sies classification, classing, ordination. **klas· si·fi·seer·der** =ders classifier. **klas·si·fi·se·ring** =rings, =ringe classifying, classification, classing.

**klas·si·kus, klas·si·kus** =sikusse, =sici classicist, classical scholar.

**klas·sis** =sisse, *(relig.)* classis, presbytery.

**klas·si·sis·me** *(also* K~*)* classicism. **klas·si·sis·ties** =tiese, *(also* K~*)* classicistic..

**klas·sis·me** *(prejudice on grounds of social class)* classism. **klas·sis** =siste, *n.* classist. **klas·sis·ties** =tiese, *adj.* classist.

**klas·ties** =tiese, *(geol.)* clastic, fragmental.

**kla·ter** ge= rattle; splash. ~**goud** tinsel, leaf brass, brass foil, Dutch gold/leaf/metal; *(fig.)* gloss, tinsel, trumpery; *iets met* ~ *versier* tinsel s.t..

**kla·ve·sim·bel** =bels, *(mus. instr.)* harpsichord, *(Fr.)* clavecin, *(It.)* clavicembalo. **kla·ve·si·nis** =niste harpsichordist, clave· cinist.

**kla·vi·a·tuur** =ture, *(mus.)* claviature, keyboard.

**kla·vi·chord** =chorde, *(mus. instr.)* clavichord.

**kla·vier** =viere piano(forte); ~ *speel, (also* klavierspeel*)* play the piano; *voor/aan die* ~ at the piano. ~**begeleiding** piano accompaniment. ~**les** piano lesson. ~**speler** pianist, piano player. ~**stemmer** piano tuner. ~**stoel(tjie)** piano stool. ~**uitvoering** piano recital.

**kla·vi·kel** =kels, *(anat.)* clavicle, clavicula.

**kla·wer¹** =wers key *(of a mus. instr.).* ~**slot** lever lock. ~**bord** keyboard. ~**bordspeler** keyboard player, keyboardist. ~**in· strument** keyboard instrument.

**kla·wer²** =wers clover, shamrock, trefoil; lucerne *(infml.);* medick; *(in the pl., also)* clubs *(in card games).* ~**aas** ace of clubs. ~**blaar** cloverleaf, trefoil/shamrock (leaf); trio. ~**(blaar) patroon** trefoil (pattern); *met 'n* ~ trefoiled. ~**boer** knave/ Jack of clubs. ~**gras** screw bur(r), bur(r) clover. ~**heer** king of clubs. ~**jas** *(card game)* klaberjas(s). ~**kweek** daisy lawn. ~**saad** cloverseed. ~**ses** six of clubs. ~**suring** wood sorrel. ~**vier** four of clubs; four-leaved clover. ~**vrou** queen of clubs.

**kla·wer·vor·mig** =mige trefoiled.

**kle·ding** clothing, clothes, costume, attire, (wearing) apparel, wear, garb. ~**stof** =stowwe cloth, fabric, dress/clothing mate= rial; *(in the pl.)* drapery; *'n rol* ~ a bolt of cloth. ~**stofhandel** drapery. ~**stofhandelaar** draper, cloth merchant. ~**stuk** garment, article of dress/clothing.

**klee** ge=, *vb.* dress, clothe, deck, enrobe; *kinders voed en* ~ feed and clothe children.

**kleed** *klede, n.* dress, garb, garment, robe, cloth; gown; hab= it; vestment; shroud; carpet; table cover; throw *(over a chair etc.);* coating; *(biol.)* coat; →KLERE; *die geestelike* ~ clerical garb, the cloth. ~**kamer** dressing room; robing room; change room; cubicle; cloakroom; powder room. ~**repetisie** (full-) dress rehearsal.

**kleed·jie** =jies (small) tablecloth; table centre; saddlecloth; rug; mat.

**kleef** ge=, *(also* klewe*)* cleave, cling, stick, adhere; *aan iets* ~ adhere to s.t. *(lit.);* stick to s.t.; cleave to s.t. *(a tradition etc.).* ~**band, ~lint** adhesive/sticking/gummed tape. ~**broek** tights, skintight *(or* [very] tight) pants/trousers. ~**gom** Prestik *(tradename).* ~**krag** adhesive/adhesion force, adhesive pow= er. ~**middel** =dels adhesive, agglutinant; paste. ~**myn** limpet mine. ~**pak** body suit. ~**papier** gummed paper. ~**plastiek** clingfilm, clingwrap. ~**pleister** adhesive/sticking plaster. ~**strook** sticker. ~**verband** adhesive bandage. ~**vry** =vrye non(-)stick. ~**wol** clammy wool.

**kleer·tjies** *n. (dim., pl.)* baby/children's clothes; little gar= ments; →KLERE.

**klei** *(building material)* clay, mud; ~ *aanmaak/brei* puddle, pug; ~ *in iem. se hande wees* be putty in s.o.'s hands. ~**ani· masie** claymation. ~**deeg** play dough. ~**duif** clay pigeon. ~**gat, ~groef** clay pit. ~**grond** clayey/loamy soil/ground. ~**huisie** mud hut. ~**laag** clay bed/layer. ~**lat** clay-stick *(in a trad. boys' game).* ~**latgooi** *kleilatge=* clay-stick. ~**lem** till. ~**masker** mud pack/mask. ~**meul(e)** clay/pug/mortar mill. ~**muur** clay/mud wall. ~**os** *(trad. toy made by children)* clay ox. ~**pad** clayey road. ~**pot** clay pot. ~**teël** quarry tile. ~**trap** *kleige=, (fig.)* flounder, be at a loss. ~**trappery** floun· dering. ~**vloer** mud/clay/earth(en) floor. ~**werk** clay mod· elling.

**klei·e·rig** =rige clayey, clayish; doughy, soggy, sodden *(bread).* **klei·e·rig·heid** clayeyness, clayishness.

**klei·hou·dend** =dende clayey.

**kleim** *kleims, (min.)* claim; *'n* ~ *afpen, (lit. & fig.)* stake (out) a claim. ~**baken** claim beacon.

**Klein** Minor, Lesser; *die* ~ ***Antille,*** *(geog.)* the Lesser Antilles; *die* ~ ***Beer,*** *(astron.)* the Little Bear, Ursa Minor; ~ ***Duim***

*pie, (fairytale character)* Tom Thumb; *die ~ Profete, (OT)* the Minor/Lesser Prophets. **~-Asië** *(geog.)* Asia Minor. **~-Karoo** *(SA, geog.)* Little Karoo.

**klein** *n.: ~ en groot* big and small; everyone; *wie die ~e nie eer nie, is die grote nie werd nie* (of *wees spaarsaam in die ~e*) he who will not keep a penny shall never have many, take care of the pence (and the pounds will take care of themselves); *in die ~(e)* in miniature; on a small scale; *wêreld in die ~(e)* the world on a small scale (*or* in a nutshell), microcosm; *van ~s af* from childhood/infancy, from an early age. **klein** *~ kleiner kleinste, adj.* little, small; slight, petty, trifling; *al hoe ~er* smaller and smaller; *~er as ... wees* be smaller than ...; *baie ~* minute, miniature, tiny, wee, diminutive, minuscule; *~ begin, aanhou(er) win* perseverance will be rewarded; *~ begin, groot gewin* big/tall/great/large oaks from little acorns grow; *'n ~ bietjie* a little/tiny bit, trace; *darem maar 'n ~ sommetjie* a small enough sum; *te ~ dosis* underdose; *'n ~ eter* a small/poor eater; *~er gedigte* minor poems; *~ handdoek* hand towel; *iets ~s* something small; *~ kaliber* small bore; *~ kind(jie)* small child; baby; infant; *~ letter* small letter; *iem. ~ maak* reduce s.t.; *iem. ~ maak* bring s.o. to his/her knees, humiliate s.o.; *iets by die ~ maat verkoop* sell s.t. (at/by) retail; *'n ~ meerderheid* a narrow majority; *niks ~s in iem. nie* nothing small/petty about s.o.; *'n ~ operasie* a minor operation; *~ planeet* minor planet; *jou ~ rakker/skelm!* you little/young rascal!; *~ saal* minor hall; *op ~ skaal* in a small way, on a small scale; *op ~ skietafstand* at close range; *~ skrif* small handwriting; *'n woord ~ skryf/skrywe* write a word in the lower case; *~ ton* short ton; *~ treetjies* short steps; *~ uitgawe(s)* small expense(s); petty expenses; *~ vaartuie, (naut.)* small craft; *~ van persoon, maar groot van patroon* small in stature, but great-hearted; *~ vleuel(klavier)* baby grand (piano); *~ voel* feel small; *'n ~ winsie* a small profit, a quick return; *~er word* shrink, dwindle, grow smaller, decrease in size; *die voorraad word ~* the stock is getting low; *(hard)loop dat jy so ~ word* run away very fast. **~apartheid** *(hist.)* petty apartheid. **~boer** small farmer; smallholder. **~boet(ie)** little brother, *(infml.)* kid brother. **~burgerlik** *-like* petty bourgeois; small-town *(attitudes etc.)*. **~dag** childhood. **~ding** little one, child, kiddie. **~dobbertjie** *(orn.)* dabchick, little grebe. **~dogter** grand-daughter. **~dorps** *-dorpse* small-town, provincial, parochial, suburban *(attitudes etc.)*. **~geld** (small) change; petty cash; *iem. ~ gee* give s.o. change; *iem. te min ~ gee* give s.o. short change, short-change s.o.; *hou maar die ~!* keep the change!; *van iem. ~ maak, (infml.)* make mincemeat of s.o.; *~ wees in vergelyking met ..., (infml.)* be peanuts compared to ... **~gelowig, ~gelowig** *-wige* of little faith, lacking in faith. **~gelowigheid, ~gelowigheid** lack of faith. **~geweervuur** small-arms fire. **~gewere** small arms. **~goed** small/young ones, kids, youngsters, *(infml.)* small fry. **~handel** →KLEINHANDEL. **~harsings** cerebellum. **~huisie** (outside) toilet/lavatory. **~kas** petty cash. **~kind** grandchild. **~-klein** *(infml.)* tiny, teeny-weeny. **~koppie:** *~ trek, (fig.)* shrink back; back up, get cold feet, *(infml.)* chicken out. **~kopspyker** brad. **~kry** *kleinge=* master, understand; *hy/sy kan iem. nie ~ nie* he/she cannot make s.o. out; *iets ~* master/understand (*or* make out) s.t.. **~kuns** art/literature of smaller scope. **~letter** small/ lower case. **~maak** *kleinge=* give change for *(money)*; cash (*a cheque*); *'n vyftigrandnoot/ens. vir iem. ~* give s.o. change for a fifty-rand/etc. note. **~moedig** *-dige* faint-hearted, despondent. **~moedigheid** faint-heartedness, despondency. **~neef, ~niggie** second cousin. **~pens(ie)** reticulum. **~rat** pinion. **~seun** grandson. **~span** little/young ones, kids, youngsters, *(infml.)* small fry. **~sus(sie)** little sister, *(infml.)* kid sister. **~tongetjie** uvula; *die ~ hang* the palate is down, the uvula is lowered. **~toon(tjie)** little/small toe. **~tyd** babyhood; infancy; (early) childhood. **~vee** small stock, sheep and goats. **~wild** small/ground game.

**klei·ne·rig** *-rige* smallish, rather small.

**klein·han·del** retail trade, retailing; *iets in die ~ verkoop* retail s.t., sell s.t. (by) retail. **klein·han·de·laar** retail dealer, retailer.

**klein·han·del(s):** *~afsetpunt* retail outlet. **~prys** retail price.

**klein·heid** smallness, littleness, minuteness.

**klei·nig·heid** *-hede* trifle, small thing; *(in the pl., also)* trivial matters, details; *iets as 'n ~ beskou* make/think nothing of s.t.; *dankbaar vir ~hede wees* be thankful for small mercies; *dit is geen ~ nie* it is no light matter; it takes some (*or* a lot of) doing; that's a tall order; *dit is vir iem. 'n ~* it is nothing to s.o.; *dit kom op die ~hede aan* it's the little things that matter/count.

**klei·nood** *-node* jewel, gem, treasure.

**klein·sa·ke:** *~bedryf* small business. **~man** small businessman. **~onderneming** small business. **~ontwikkeling** small business development. **~sektor** small business sector.

**klein·se·rig** *-rige* touchy, oversensitive, easily hurt; *moenie (so) ~ wees nie!* don't be so touchy!; don't be such a baby/wuss!. **klein·se·rig·heid** touchiness, oversensitiveness, fussiness.

**klein·sie·lig** *-lige* little/small/pretty/narrow-minded, narrow-spirited; petty. **klein·sie·lig·heid** little/small-mindedness, pettiness.

**klein·skaals** *-skaalse* small-scale; *~e boer* small-scale farmer; *~e produsent* small-scale producer.

**klein·ste** smallest; minimal, minimum; *~ gemene deler, (math., fig. often derog.)* lowest common denominator; *die ~ foutjie* the smallest/slightest mistake; *~ gemene/gemeenskaplike noemer, (math.)* lowest common denominator; *~ gemene veelvoud* lowest common multiple.

**klein·tjie** *-tjies* small one; little one; baby, mite; cub, whelp, puppy; *(infml.: small drink)* quick one, quickie, drop, snort, nip; *(in the pl., also)* kids, kiddies, youngsters, *(infml.)* small fry; young *(of animals)*; little people; *die ~(s)* the small one(s); the little one(s); *baie ~s maak 'n grote* every (little) bit helps; *'n ~ kry, (fig., infml.)* have kittens; have/throw a fit, blow one's top; *~s kry, (animals)* give birth to young; *(a bitch)* pup, have puppies; *(a cat)* have kittens; *(a fox, bear, lion, etc.)* cub; *(a sow)* pig, farrow; *(gou) 'n ~ maak, (infml.)* have a drop/snort, have a quickie.

**klem** *klemme, n.* accent, emphasis, stress; *(phon.)* tone; cleat; chuck; clamp, clip, cramp, vice, dog; scrape, trouble; *in die ~ sit/wees* be in a fix (*or* a [tight] squeeze); *~ op iets lê* stress/emphasise s.t., *(fig.)* underline s.t. heavily; *met ~ (van redes)* forcibly, emphatically, with great emphasis; with forceful arguments; *uit die ~ kom/raak* get out of a fix (*or* a tight corner), get into smooth waters again; *die ~ val op ... the ...* is stressed, the accent falls on ... (*the first/etc. syllable*); the accent is on ... (*quality etc.*). **klem** *ge=, vb.* clasp, clip; clench, set (*one's teeth*), tighten (*one's lips*); bind, fasten, clamp (*s.t. in a vice*); cramp, grip, seize, bite (*with a tool*); *(rare)* pinch, jam (*one's finger*); *... aan die hart ~* clasp/press ... to one's heart; *die tande op mekaar ~* clench/set the teeth. **~bus** chuck (*of a drill*). **~haak** clamp, clip, cramp/dog (iron), holdfast, bench hook. **~-in-die-kaak** lockjaw, tetanus, trismus. **~kraan** pinchcock. **~skroef** clamp(ing)/bracket/binding screw, setscrew; *(elec.)* terminal. **~spanning** terminal voltage. **~teken** accent, stressmark. **~toon** accent, stress; emphasis.

**kle·ma·tis** *-tisse, (bot.)* clematis, traveller's joy, virgin's/lady's bower.

**klem·mend** *-mende, (fig., fml.)* forcible, cogent, conclusive; *'n ~e betoog* a conclusive argument; *in ~e bewoordinge* in forcible phraseology; *~e redenering* close/cogent reasoning.

**Kle·o·pa·tra, Kle·o·pa·tra, Cle·o·pa·tra, Cle·o·pa·tra** *(queen of Eg.)* Cleopatra.

**klep¹** *kleppe, n.* valve (*of a mach., heart, etc.*); stop; key (*of a* *bugle etc.);* damper *(of a fireplace);* leaf *(of a gunsight);* met ~*pe* valved, valvular; *sonder* ~*pe* valveless. **~as** valve shaft. **~bedding** valve seat(ing). **~deksel** valve cover plate; tappet cover. **~dop** valve cap. **~horing** key bugle. **~huis** valve body. **~kamer** valve chamber. **~kas** valve casing. **~kop** valve head. **~ligter** valve lifter. **~speling** valve clearance. **~spil** valve spindle. **~spy** valve key. **~stand** valve position. **~steel** valve stem. **~stelling** valve adjustment. **~stoter** (valve) tappet, valve lifter. **~veer** valve spring. **~vlies** *(anat.)* valve.

**klep²** *n., (infml.)* clap, gonorrhoea.

**kle·pel** =pels clapper, tongue *(of a bell).*

**klep·loos** =lose valveless.

**klep·per** =pers, n. rattle; *(in the pl., also)* (rattle) bones, casta= nets, clacks. **klep·per** ge=, vb. clapper, rattle, clatter; *(teeth)* chatter.

**klep·to·ma·nie** *(psych.)* kleptomania. **klep·to·maan** =mane, *n.* kleptomaniac. **klep·to·ma·nies** =niese, adj. kleptomaniac.

**klep·vor·mig** =mige valvular, valvate.

**kle·ra·sie** clothing, (wearing) apparel, dress, garments. **~winkel** draper's (shop), drapery store; outfitter's shop.

**kle·re** clothes, clothing, garments; dress; *jou* ~ *aanhê* have one's clothes on; *min* ~ *aanhê* be scantily clad; *jou* ~ *aan= trek* put one's clothes on, *(infml.)* get into one's clothes; *met* ~ *en al* clothes and all; ~ *dra* wear clothes; *gewone* ~ plain clothes, civilian clothes/dress, mufti; *in/met jou* ~ with one's clothes on; *dit gaan sit nie (sommer) in jou* (of *['n] mens se) (koue)* ~ *nie* it does not leave one cold/unaffected, it af= fects one deeply, it has a deep effect *(or leaves its mark)* on one; *net die* ~ *aan jou lyf hê* have only the clothes on one's back; *die* ~ *maak die man, (idm.)* the tailor makes the man, fine feathers make fine birds; *die* ~ *maak nie die man nie, (idm.)* clothes do not make the man; ~ *op maat* maak tailor; *skoon* ~ a change of clothes; *sonder jou* ~ with one's clothes off; *alles in* ~ *steek* spend everything on clothes; *jou* ~ *uittrek* take one's clothes off, get undressed. **~bedryf** clothing industry. **~borsel** clothes brush. **~drag** dress, cloth= ing, fashion, costume, garb. **~fabriek** clothing factory. **~fa= brikant** clothing manufacturer. **~haak** clothes hook/peg. **~handel** clothing/garment trade, *(infml.)* rag trade. **~hanger** coathanger, clothes hanger, (dress) hanger. **~kas** wardrobe. **~maakster** dressmaker. **~maker** tailor. **~makery** tailoring. **~mot** clothes moth. **~skeur:** *nie sonder* ~ *êrens afkom nie* es= cape with great difficulty, not get off scot-free *(or with a whole skin or without a scratch).* **~staander** clotheshorse, clothes rack. **~winkel** clothes shop.

**kle·ri·kaal** =kale, adj., *(of the clergy)* clerical. **kle·ri·ka·lis·me** *(also* K~) clericalism.

**klerk** *klerke* clerk; *(in the pl., also)* clerical staff, clerks. **kler= ke·werk** clerical work, clerking. **klerk·lik** =like, *(of clerking)* clerical; clerkly; ~*e personeel* clerical staff; ~*e werk* clerical work, clerking.

**klets** *n.* twaddle, (tommy) rot, balderdash, bull, (stuff and) nonsense, rubbish, babble, drivel. **klets** ge=, vb. chat, chat= ter, babble, jabber, natter, yap; gossip; talk rot/rubbish, talk through one's hat *(or* [the back of] *one's neck); (rain)* splash, swish; *aanmekaar/aanhoudend* (of *een stryk deur)* ~ talk the hind leg off a donkey, talk nineteen to the dozen, babble away/ on. **klets** *interj.* bang!, smack!. **~kous** chatterbox, babbler; gossip(er), gossipmonger, blabber(mouth). **~praatjies** small talk, (idle) gossip, drivel, *(infml.)* yackety-yak. **~radio** CB *(or* citizen's band) radio. **~rym** *n.* rap (music). **~rym** ge=, vb., *(mus.)* rap. **~rymer** *(mus.)* rapper.

**klet·ser** =sers twaddler, yapper. **klet·se·rig** =rige talkative, noisy, chattering, yapping; gossipy. **klet·se·ry** chattering, jab= bering, small talk, yackety-yak; twaddle.

**klet·ter** ge=, *(arms)* clang, clash, rattle; *(rain)* patter, pelt, clat= ter.

**kleur** *kleure, n.* colour(ing); tint; tincture; colo(u)ration; hue;

complexion *(of s.o.'s face);* shade; suffusion; suit *(of cards);* timbre *(of mus.);* stain(ing), dye; paint; ~ *beken* show one's (true) *(or* come out in one's true) colour(s), show where one stands; *'n bietjie* ~ a touch of colour; *'n ander* ~ *aan iets gee* put a different/new complexion/face up(on) s.t.; *'n moderne/ens.* ~ *aan iets gee* give s.t. a modern/etc. slant; ~ *hou* not fade, have fast colour(s); *in* ~*(e)* in colour; ~ *kry* gain colour; *iem.* *kry 'n* ~ s.o. blushes, s.o. goes red in the face; *alle* ~*e van die* **reënboog** all the colours of the rainbow, every hue in the paintbox; *iets in somber* ~*e skilder* paint a dark picture of s.t.; *'n spatsel* ~ a dash of colour; ~ *aan ... verleen* add/give/lend colour to ...; ~ *verloor* lose colour, fade; *van* ~ *verwissel* change colour; *die* ~*e vloek met/teen mekaar* the colours clash; *in volle* ~ in full colour; *wat is die ... se* ~*?, watter* ~ *het die ...?* what colour is the ...?, what is the ...'s colour?; *jou* ~*(e) wys* show one's true colour(s).

**kleur** ge=, vb. colour; dye, stain; tint; suffuse; tinge; tone; *(fig.)* angle; *iets (elektronies/rekenaarmatig)* ~ colourise s.t. *(an old black-and-white film); iets minder skerp* ~ tone s.t. down; *iets te sterk* ~ overcolour/overpaint s.t.; overdo/overstate s.t. **~aanwending** use of colour. **~baadjie** blazer. **~bad** *(phot.)* toning bath. **~blind** *blind(e), adj.* colour-blind, monochro= matic. **~blinde** =des, n. monochromat. **~blindheid** colour= blindness, achromatopsia. **~bylaag** colour supple= ment. **~bylae** colour supplement. **~diepte** colour intensity. **~druk** colour printing. **~ef= fek** colour effect. **~fikseerbad** *(phot.)* toning and fixing bath. **~film** *(phot.)* colour film. **~filter** colour filter/screen; sub= tractor. **~foto** colour photo(graph). **~fotografie** colour pho= tography, photochromy. **~gevoel** colour sense, sense of col= our; colour-consciousness. **~gevoelig** =lige colour-sensitive, chromosensitive; orthochromatic *(plate).* **~gevoeligheid** col= our-sensitiveness, chromosensitiveness; colour-conscious= ness. **~glas** stained glass. **~kaart** colour atlas/chart; tint card. **~kode** colour code. **~kryt** coloured chalk; crayon. **~meter** colorimeter, tintometer. **~middel** =dels, =dele colouring agent, pigment, colouring matter, tint. **~plaat** colour(ed) plate, reproduction in colour. **~potlood** colouring pencil. **~prent** colour(ed) print; colour film. **~proses** dyeing process. **~rolprent** colour film, film in colour. **~ryk** =ryke richly col= oured, colourful, glowing (with colour). **~skakering** varia= tion of colours; shade (of colour), nuance, hue, tinge. **~ske= ma** colour scheme. **~skerm** colour screen. **~skifting** colour dispersion; spectrum. **~skyfie** colour slide. **~speling** play of colours, iridescence. **~spoel** =spoele, =spoelmiddel =dels, =dele, n. rinse. **~spoel** ge=, vb. rinse *(hair).* **~steendruk** chro= molithograph; chromolithography. **~steendrukkuns** chro= molithography. **~stof** colouring matter, pigment, dye(stuff), stain. **~televisie(stel), ~-TV(-stel)** colour television/TV. **~toon** colour tone. **~vas** colourfast, fadeless, unfading, fast-dyed/ coloured; *die materiaal/stof is* ~ the material is colourfast/ fadeless *(or* has fast colours). **~vastheid** colourfastness. **~verandering** change of colour. **~vraagstuk** *(pol.)* colour question. **~wisseling, kleurewisseling** change of colour(s), iridescence.

**kleu·re·:** **~beeld** spectrum. **~gloed** blaze of colour. **~har= monie** colour harmony, chord of colour, colour chord. **~leer** chromatics, chromatology. **~prag** blaze/feast/splendour of colour(s). **~rykdom** wealth of colour(s). **~spel** play of col= ours, iridescence.

**kleur·ge·wing** colo(u)ration.

**kleu·rig** =rige colourful, rich in colour, multicoloured; *(fig.)* colourful, vivid. **kleu·rig·heid** colourfulness.

**kleu·ring** colo(u)ration, colouring, dyeing, staining, tinting, pigmentation; *(elektroniese/rekenaarmatige)* ~ colourisation.

**kleur·ling** =linge, *(obs., derog.)* coloured person, person of col= our; *(*K~, *hist., derog.)* (Cape) Coloured.

**kleur·loos** =lose colourless, achromatic; complexionless; col= ourless, dull, drab, dowdy; humdrum, unvaried, unvarying. **kleur·loos·heid** colourlessness, achromatism; dullness, drab= ness, dowdiness.

**kleur·sel** =sels colouring (matter); distemper; dye, pigment.

**kleu·ter** =ters tot, infant, kid(dy), pre-school child. ~**boek** nursery book. ~**klas** infant/nursery class. ~**skool** nursery/ infant/preprimary school, kindergarten. ~**taal** baby talk; children's language.

**kle·we** ge= →KLEEF. **kle·wend** =wende fixative, glutinous, sticky. **kle·we·rig** =rige sticky, adhesive, gluey, gummy; viscous, viscose, viscid, tacky, glutinous; (infml.) gooey, gungy, icky; cloggy (mud etc.); clammy (hands); ~e massa, (infml.) goo, gunk, gunge. **kle·we·rig·heid** stickiness, adhesiveness, glueyness, gumminess; viscosity, viscidity, tackiness, lubricity (of oil); clamminess (of the hands).

**klief** ge= cleave, split; plough, breast (the waves); slice (the air); cut. ~**vlak** cleavage plane.

**klief·baar** =bare cleavable. **klief·baar·heid** (min.) cleavage, cleavability.

**klieg·lig** (cin.) klieg light.

**kliek** klieke, n. clique, circle, set, coterie, in-crowd, in-group, clan, (infml.) crew. **kliek** ge=, vb. form a clique/set/coterie; (infml.) get on well (with s.o.). **klie·ke·rig** =rige =riger =rigste cliquish, clannish; factious. **klie·ke·rig·heid** cliquism, cliquishness, clannishness; factiousness.

**kli·ënt** kliënte client (of a professional pers.).

**klier** kliere gland. **klier·ag·tig** =tige glandular, glandulous; scrofulous; adenoid(al). ~**geswel** bubo, glandular swelling, struma. ~**kanker** Hodgkin's disease, leukaemia, adenocarcinoma. ~**koors** glandular fever. ~**ontsteking** adenitis, glandular inflammation.

**klier·vor·mig** =mige glandiform, adenoid.

**klie·wing** =wings, =winge cleavage; parting, segmentation, merotomy; fission. **klie·wings·vlak** cleavage plane.

**klik** klikke, n. click (of the tongue). **klik** ge=, vb. click (with the tongue); (comp.) click (with a mouse); (infml.) tell tales, split, squeal. **klik** interj. click!. ~**klak** click-clack. ~**lig(gie)** warning/pilot light.

**klik·ker** =kers telltale, talebearer, squealer, snitch, (SA, infml.) pimp; indicator. **klik·ke·rig** =rige telltale, talebearing. **klik·ke·rig·heid, klik·ke·ry** talebearing, taletelling.

**klim** klimme, n. climb, clamber. **klim** ge=, vb. climb, ascend, rise, go up, mount; (an official etc.) rise, be promoted; (distress etc.) increase; (an aircraft) gain height; **berge** ~ climb mountains; **ten hemel** ~ rise/mount to heaven; **in iets** ~ climb into s.t.; iem. se jare ~ s.o. is advancing in years; **oor iets** ~ climb/get over s.t.; **op iets** ~ climb/get onto (or on to) s.t.; die son ~ aan die hemel the sun rises/mounts in the sky; 'n **trap** ~ mount/ascend stairs. ~**boon(tjie)** runner (bean), twining/pole bean. ~**kram** →KLIMPEN. ~**muur** climbing wall. ~**op** =oppe, =ops, ~**opplant** =plante (wall) creeper; ivy; bindweed; traveller's joy; met ~ begroei ivied, ivy-mantled. ~**pen**, ~**kram** piton. ~**plant** climbing plant, climber, scandent plant, creeper, liana, liane. ~**raam** climbing frame, jungle gym. ~**roos** rambler (rose), climbing rose. ~**stewel** spike boot. ~**tol** yo-yo. ~**tou** climbing rope. ~**vermoë** climbing ability, gradability, ascensional power(s). ~**voël** (orn.) scansorial bird, climber; (fig.) social climber, yuppie, yuppy, upwardly mobile professional.

**kli·maat** climate. ~**gordel**, ~**streek** climatic zone. ~**kunde** climatology. ~**kundige** climatologist.

**kli·maks** =makse climax, culmination point; 'n ~ **bereik** reach (or come to) a climax; tot 'n ~ styg work up to a climax; iets tot 'n ~ voer bring s.t. to a climax. **kli·mak·te·ries** =riese, (bot.) climacteric; (med.) climacteric, menopausal.

**kli·ma·ties** =tiese climatic.

**kli·ma·to·lo·gie** climatology. **kli·ma·to·lo·gies** =giese climatologic(al). **kli·ma·to·loog** =loë climatologist.

**klim·baar** =bare mountable, climbable.

**klim·mend** =mende ascending, climbing; increasing, rising; ascendant; rampant, scandent, scansorial; (bot.) voluble.

**klim·mer** =mers climber; mounter; scaler; →KLIMPLANT.

**klin·gel** =gels, n., (advt.) jingle. **klin·gel** ge=, vb. tinkle, jingle, tintinnabulate. **klin·ge·lend** =lende tinkling, tinkly, jingly, tintinnabulous. **klin·ge·ling** =linge tinkling, jingling, ting-a-ling, ding-a-ling.

**kling·klang** (onom.) ding-dong.

**kli·niek** =nieke clinic; dispensary.

**kli·nies** =niese clinical.

**klink**[1] ge=, vb. sound, ring, ding, clang, clank, chink; clink, click, touch (glasses); dit ~ **(as)of** ... it sounds as if ...; ... ~ **bekend** ... has a familiar ring, there is a familiar ring about ...; dit ~ **goed** that sounds good; that sounds like fun; iets ~ vir iem. nie **goed/lekker/pluis** nie s.o. does not like the sound of s.t.; dit ~ **na 'n** ... it sounds like a ...; **vreemd** in die ore ~ sound strange. ~**dig** =digte sonnet. ~**klaar** =klare pure; sheer; ~klare onsin sheer/downright/rank/blatant nonsense, pure rubbish, absolute rot. ~**klank** jingle(-jangle); stilted language; mere/empty words.

**klink**[2] klinke, n. latch, catch, hasp; pawl, detent; dog (in mach. tools); (teleph.) jack. ~**prop** (teleph.) jack plug.

**klink**[3] ge=, vb. clinch; rivet (bolts); nail. ~**hamer** riveting hammer, riveter. ~**las** riveted joint. ~**masjien** riveting machine, riveter. ~**naelbroek** jeans. ~**sleutel** latchkey. ~**slot** latch lock. ~**werker** riveter.

**klin·kend** =kende =kender =kendste resonant (voice); ringing (laugh); sonorous (phrases); clangorous, (high/fine-)sounding (titles etc.); thumping (majority); resounding, signal (victory); ~e munt hard/spot cash; metallic currency; in ~e munt betaal pay cash on the nail.

**klin·ker** =kers vowel, vocal; →VOKAAL; riveter; clinker, hardburnt brick; hard tack, ship/army biscuit; ~s aanbring aan 'n woord vowelise a word. ~**kaart** vowel chart. ~**rym** assonance, vowel rhyme. ~**steen** clinker (brick).

**klip** klippe(rs) stone; rock, boulder (in the sea etc.); 'n ~ in die bos gooi, (fig.) be provocative, set people arguing; iem. met ~pe **doodgooi** stone s.o. to death; ~pe kan eet, (fig.) have a strong stomach; iem./iets met ~pe **gooi** throw stones at s.o./ s.t.; ~pe **kou**, (fig.) have a hard time (of it); suffer hardship(s); 'n ~ in iem. se **pad** rol, (fig.) place/put an obstacle in s.o.'s way; vir iem. 'n ~ uit die **pad** rol, (fig.) do s.o. a favour (or good turn); die ~pe **reën/spat** stones fly; 'n ~ aan die **rol** sit, (fig.) set a ball rolling; 'n **rollende** ~ vergaar geen mos nie, (idm.) a rolling stone gathers no moss; 'n ~ **ronde** ~ a cobblestone; **stadig** oor die ~pe!, (infml.) go slowly!, mind your step!, steady (now/on)!; hold your horses!; iem. onder die ~pe **steek** pelt s.o. with stones, throw stones at s.o.; vol ~pe **wees**, (an area, a path, etc.) be stony. ~**bank** rocky ledge/outcrop, stone stratum/reef. ~**boor** stone drill; rock drill; jumper (drill). ~**breekgat**, ~**breekplek** quarry. ~**breekmasjien** stonebreaker, =crusher. ~**breker** (man or mach.) stonebreaker; (mach.) stonecrusher; (man) quarryman, knapper. ~**christen** hypocrite, Christian in name only. ~**dagga** (bot.) wild hemp. ~**els** (bot.) rock alder. ~**gat** stone pit/quarry. ~**gooi** n. stone's throw; (net) 'n ~ (van/na ...) (only) a stone's throw (from/to ...); 'n ~ ver/vêr (van jou huis/ens. af), (fig.) on one's doorstep. ~**gooi** klipge=, vb. throw stones. ~**gooier** stone thrower. ~**gooiery** stone-throwing, stoning. ~**groef** =groewe stone quarry. ~**groefwerk** quarrying. ~**groefwerker** quarryman. ~**gruis** chips, metalling, (road) metal, gravel; grit. ~**grys** n. stone colour. ~**grys** adj. stone-coloured. ~**hamer** knapper, knapping hammer, stone(-breaker's) hammer. ~**hard** =harde, adj. flinty, flintlike, (as) hard as stone/nails. ~**hard** adv. rockhard; extremely, very; ~ gesels talk animatedly; ~ vry get very amorous, get all hot and steamy, do some heavy petting. ~**huis** stone house. ~**kabeljou** (icht.) rock cod. ~**kapmasjien** stonecutter, stone dresser. ~**kapper** stonecutter, stone dresser; banker. ~**kapperswerkplaas** stonecutter's yard. ~**kappery** stonecutting, =dressing, =work. ~**kap**

pery *(business)* stonecutter's yard. **~-klip** *(game)* jacks, five stone(s); *~ speel* play (at) five stone(s). **~koester** *(orn.)* rock pipit. **~kop** rocky hill, tor; *(infml.)* clod, block-, bone-, knucklehead, lamebrain, thicko; obstinate person. **~koppie** tor. **~kous** *(infml.)* abalone. **~messelaar** (stone)mason. **~messelwerk** (stone)masonry. **~muur** stone/masonry wall; *voor 'n ~ te staan kom, jou teen 'n ~ vasloop, (fig.)* come up against a blank wall; *soos 'n ~ staan, (cr.)* stonewall. **~rant** rocky hill/ridge. **~rug** rocky ridge. **~skaap** mouf(f)lon. **~skerm** stone guard. **~skeur** crevice, fissure, cleft *(in rock)*. **~sout** rock salt, halite. **~splinter** spall, gallet, stone chip. **~springer** *(zool.)* klipspringer. **~stapel** cairn. **~steen** stone, rock. **~steenhard** *-harde* flintlike, (as) hard as stone; very difficult; rock-ribbed; adamantine; →KLIPHARD; *~ van die geld* flush with money. **~storting** rockfall; riprap. **~sweet** *(crystallised urine of the rock dassie)* hyraceum. **~vis** *(icht.)* klipfish; dried cod. **~vloer** stone floor. **~vreter** *(fig.)* diehard, hardliner. **~werk** stonework; stonecutting, -dressing. **~werktuig** stone implement.

**klip·ag·tig** *-tige* stony, rocky.

**klip·kleur** stone colour. **klip·kleu·rig** *-rige* stone-coloured

**klip·per** *-pers, (naut.)* clipper (ship).

**klip·pe·rig** *-rige* stony, rocky. **klip·pe·rig·heid** stoniness, rockiness.

**klip·pie** *-pies, klippertjies* pebble; *(in the pl., also)* grit; *iem./iets is (soos) 'n ~ in jou skoen* s.o./s.t. is a continual nuisance (to one). **~-hink** hopscotch. **klip·pies·hel·ling** scree. **klip·pies·rig** *-rige* shingly.

**klis·ma** *-mas, (med.)* enema; *'n ~ toedien* administer an enema.

**kli·to·ris** *-risse, (anat.)* clitoris.

**klits**[1] *klitse, n., (bot.)* bur(r); burdock; *aan iem. klou soos 'n ~* stick to s.o. like a bur(r)/leech/limpet; stick like glue; *so 'n klein ~!, (infml.)* the little rascal!. **~gras, ~kruid** burdock, burweed, prickle grass.

**klits**[2] *n.: ~ kry, (infml.)* get a spanking. **klits** *ge-, vb.* beat *(eggs)*; whip *(cream)*; mill *(chocolate)*; beat, smack, clout *(s.o.)*; *(infml.)* pot *(s.o. with a gun)*; *iets tot room ~* cream s.t.. **klit·ser** *-sers* (egg)beater, (egg) whisk/whip.

**klo·aak** *kloake,* **klo·a·ka** *kloakas, (anat.)* cloaca; *(fig.)* cloaca, sewer, cesspool.

**klod·der** *-ders, n.* clot, blob, dab; gout *(of blood)*. **klod·der** *ge-, vb.* coagulate, clot; daub *(with paint)*.

**kloek** *ge-* cluck, chuck. **~-hen** mother hen. **~-kloek** cluck-cluck.

**klo·fie** *-fies* narrow ravine, little kloof, gully; →KLOOF.

**klok** *klokke, n.* bell; clock, timepiece; bell glass; bell jar; *die ~ is **agter*** the clock is slow; *die **gebeier/gelui** van ~ke* the peal(ing) of bells; *iets aan die **groot** ~ hang, (fig.)* shout s.t. from the rooftops, broadcast *(or make a noise about)* s.t., blaze s.t. abroad; *die ~ **loop*** the clock goes; *die ~ **loop** voor* the clock gains; *'n ~ **lui*** ring a bell; *iem. het die ~ hoor **lui**, maar weet nie waar die bel/klepel hang nie* s.o. has heard something but doesn't really know what it's all about; *die ~ **lui** (stadig)* the bell tolls; *met die ~ (saam)* clockwise; *op die ~ af* to the minute; *die ~ **slaan*** the clock strikes; *tien/ens. **slae** van die ~* ten/etc. strokes of the clock; *'n **stel** ~ke* a peal of bells; *teen die ~ (in)* anticlockwise, counterclockwise; *alles gaan **volgens** die ~* everything is done by the clock; *die ~ is **voor*** the clock is fast; *'n ~ **vorentoe** sit* put a clock forward/on. **klok** *ge-, vb., (a turkey)* gobble; *(a skirt)* flare. **~boei** bell buoy. **~broek, ~pypbroek** bell bottoms, bell-bottom(ed) pants/trousers, flared pants/trousers, flares. **~gebom** booming/clang of bells. **~gelui** pealing/tolling/ringing/clang(ing)/ chiming of *(the)* bells. **~gieter** bellfounder. **~gietery** bell foundry. **~helder** (as) clear as a bell; ringing *(voice)*. **~huis** bell chamber, belfry; core *(of fruit)*. **~knoppie** bell push. **~luier** bell-ringer/toller. **~pypbroek** →KLOKBROEK. **~reël**

*(ing)* curfew. **~romp** bell/flared skirt. **~slag** stroke of the clock; *iets ~ **doen*** do s.t. time and again; *(met) ~ een/ens.* on the stroke of one/etc.; *(op) ~ daar aankom* arrive there on the stroke *(or punctually or on the dot)*; *soos ~* regularly, frequently; punctually. **~toring** clock/bell tower, belfry; campanile. **~tyd** clock time, time by the clock. **~verdieping** belfry. **~werk** clockwork.

**klok·ke·:** **~spel** chimes, carillon; bell-ringing, pealing of bells; *(mus.)* glockenspiel. **~speler** bell-ringer, carillonneur, campanologist, bellmaster, carillon/chime player; →BEIAARDIER.

**klok·kie** *-kies* little clock; little bell; tinkler; *(bot.)* bluebell, harebell, bellflower, campanula, Canterbury bell; *lui die ~!* ring the bell!; *die ~ lui om iem. te roep* ring for s.o.; *die ~ lui om iets te kry* ring for s.t.. **klok·kies·hei·de** sticky heath.

**klok·vor·mig** *-mige* bell-shaped; *(bot.)* campanulate.

**klomp**[1] *klompe* crowd, number, lot, group, bunch, pack, troop; lump, dollop, heap; quantity, deal; clump; nugget *(of gold)*; wodge *(of papers etc.)*; *in ~e bymekaarkom* troop together; *hulle is 'n **gawe** ~, (infml.)* they are a nice crowd; *die **hele** ~, (infml.)* the (whole) lot; *'n **hele** ~ ..., (infml.)* a whole lot/raft *(or loads [and loads] or piles [and piles] or heaps [and heaps] or oodles [and oodles])* of ... ; *dis **ons** ~* it is our mob/lot; *'n ~ **skoolkinders*** a troop of schoolchildren; *net **soos** 'n ~ ...* like so many ...

**klomp**[2] *klompe* clog, wooden shoe, sabot. **~voet** club foot.

**klom·pe·dans** clogdance.

**klom·pie** *-pies* a bit/little; a few, some; small heap; handful, small number/quantity; batch, bunch, cluster, knot; bevy; covey; squad; *'n ~ **appels*** a few *(or some or a handful of)* apples; *'n ~ **bome*** a clump of trees; *'n ~ **grond*** a small heap of ground; *'n **hele** ~ mense* quite a few people.

**klo·naal** *-nale* clonal; →KLOON *n.*.

**klong** *klonge, (endearing)* son; boy; lad; *(obs., derog.)* coloured/ black youth/youngster. **klon·kie** *-kies, (endearing)* young/little son; young/little boy; *(obs., derog.)* coloured/black boy.

**klo·nies** *-niese* clonic; →KLOON *n.*.

**klo·ning** cloning; →KLOON *vb.*.

**klonk** *n., adv. & interj.* clonk. **~-klonk** clonk.

**klont** *klonte, n.* lump *(of sugar)*; clod *(of earth)*; nugget *(of gold)*; pig *(of iron)*; clot, grume *(of blood)*; dollop, nut, pat *(of butter)*; →KLONTJIE; *~ in die bloed* thrombosis. **klont** *ge-, vb.* clot, curdle, coagulate; become lumpy, form lumps *(or a lump)*; *(med., also klonter)* thrombose. **~goud** nugget gold. **~suiker** lump/cube/loaf sugar. **~vorming** clumping, clotting.

**klon·ter** *-ters, n.* clot *(of blood)*; dab *(of mud)*; →KLONT *n.*. **klon·ter** *ge-, vb.* clot, curdle, coagulate; →KLONT *vb.*. **klon·te·rig** *-rige* clotted, clotty, lumpy, cloggy, full of lumps/clods/ etc.; curd(l)y.

**klont·jie** *-tjies* small lump, blob, cube, nodule, nubble, pastille; *'n ~ botter* a knob of butter.

**kloof** *klowe, n.* chasm, cleft, defile, fissure, gap, rift; kloof, gulch, ravine, gorge; *(fig.)* gulf; *daar lê 'n ~ tussen hulle* there is a gulf between them; *'n ~ tussen die berge* a ravine/kloof between the mountains. **kloof, klo·we** *ge-, vb.* cleave, split, divide; chop *(wood)*; rip *(timber)*; *'n diamant ~* split/cleave a diamond. **~dakspaan** shake. **~masjien** slitter, slitting machine. **~saag** ripper, rip(ping)/jack/board saw. **~vlak** cleavage plane; quarry bed.

**kloof·baar** *-bare* cleavable; fissile; *(nuclear phys.)* fissionable *(atom)*.

**kloon** *klone, n., (biol.)* clone. **kloon** *ge-, vb.* clone. **~vorming** cloning.

**kloos·ter** *-ters* cloister, abbey; monastery *(for monks)*; nunnery, convent *(for nuns)*; *in 'n ~ gaan* become a monk; take the veil, become a nun; *iem. in 'n ~ sit* cloister s.o.. **~gelofte** monastic vow; *die/jou ~ aflê* take one's vows. **~gewelf** cloister vault. ~**hoof** prior. ~**kerk** convent church, minster, abbey. ~**lewe** monastic/monkish/convent life, monkery. ~**moeder** Mother/Lady Superior. ~**skool** convent/cloister school. ~**suster** nun. ~**vader** superior. ~**wese** monasticism, monkhood.

**kloos·ter·ag·tig** *=tige* cloistral, monastic, convent-like, conventual.

**kloos·ter·lik** *=like* monastic, conventual, cloistral.

**kloos·ter·ling** *=linge* inmate of a cloister; c(o)enobite; monk; nun.

**kloot** *klote, (naut.)* truck; *(coarse, rare: testicle)* ball, nut.

**klop** *kloppe, n.* knock, tap, rap; throb, beat, palpitation *(of the heart)*; knock *(in an engine)*; *'n ~ aan die deur* a knock on the door; *die ~ van die hart* the beating/throbbing of the heart, heartbeat; *die ~ van die pols* the beat of the pulse. **klop** *ge=, vb.* knock, tap, pat, rap; hammer; hit, whack, *(infml.)* wallop; pulsate, pulse; *(the heart)* beat, throb, thump, palpitate; beat, thrash, lick, defeat, get the better of *(s.o.); (journ.)* scoop *(other newspapers)*; agree, be consistent, correspond, fit in *(with); (accounts)* balance, square, tally; *(an engine)* knock; *daar word ge=* there's a knock (at the door); *aan 'n deur ~* knock on a door; *iem. behoorlik/deeglik ~* beat s.o. soundly; *dit ~* that tallies; *eiers ~* beat/whisk eggs; *iem. maklik ~* beat s.o. easily, *(infml.)* walk (all) over s.o.; *alle mededingers ~* beat/top all rivals; *iets ~ met ...* s.t. corresponds with ...; s.t. answers to ... *(a description etc.)*; *dit ~ nie met iem. se verklaring nie* it/that does not agree/tally/square/correspond *(or fit in)* with s.o.'s statement; *metaal ~* beat (out) metal; *dit sal moeilik wees om iem. te ~* s.o. will take a lot of beating; *op iets ~* tap on s.t.; *iem. op die skouer ~* pat s.o. on the back; *iets tot room ~* cream s.t.; *die span is nog nie ge= nie* the team has not lost a match *(or* is still unbeaten); *die syfers ~ nie* the figures do not agree/balance; *tapyte ~* beat carpets; *met die/jou vingers ~* tap with the/one's fingers; *iem. vuurwarm ~, (infml.)* dust/trim/warm s.o.'s jacket. ~**boor** jackhammer, pneumatic drill. ~**dans** *=danse, n.* tap dance. ~**dans** *ge=, vb.* tap-dance. ~**danser** tap dancer. ~**dansery** tap-dancing. ~**diselboom**: *dit gaan =* matters are on an even keel, it is plain sailing *(or* going swimmingly). ~**gees** rapping spirit, poltergeist. ~**hamer** mallet; dresser; gavel. ~**jag** roundup; police drive/raid/swoop; *'n ~ hou/uitvoer* make a raid; *'n ~ op ...* a raid on ... ~**kewer** deathwatch (beetle). ~-**kloppie** *=pies, (orn.)* cisticola; *gevlekte ~* cloud cisticola. ~**room** whipping cream. ~**vry** →KLOPWEREND. ~**weermiddel** →KLOPWEERDER.

**klop·pend** *=pende* pulsative, pulsatory; knocking; *=e hoofpyn* throbbing headache.

**klop·per** *=pers* knocker; pulsator; beater; whisk; mallet. **klop·pe·ry** beating, knocking.

**klop·pie** *=pies* tap, gentle knock.

**klop·ping** *=pings, =pinge* beat(ing), throb(bing), pulsation, palpitation.

**klops** *klopse, n. (usu. in the pl.)* (Cape) coon/minstrel; (Cape) coon/minstrel band/group/troupe.

**klop·se·**: ~**karnaval** *=valle, =vals,* ~**fees** *=feeste* (Cape) coon/minstrel carnival. ~**lied** coon/minstrel song.

**klop·weer·der** *=ders,* **klop·weer·mid·del** *=dels, (mot.)* antiknock agent, knock inhibitor/suppressor.

**klop·we·rend** *=rende,* **klop·vry** *=vrye, (mot.)* antiknock *(petrol etc.)*.

**klos** *klosse, n.* bobbin, reel, spool; *(elec.)* coil; cleat *(for rope)*; lock, dag(lock), taglock *(of sheep)*; tassel; tuft. **klos** *ge=, vb., (rope)* form locks, lock, cleat. ~**besem** mop. ~**kant** bobbin/pillow lace.

**klos·sie** *=sies* small tassel/tuft/etc.; →KLOS *n.*.

**klots** *klotse, n.* lapping *(of waves)*; popple *(of water)*. **klots** *ge=, vb., (waves, water)* lap, dash, splash, beat, popple.

**klou** *kloue, n.* claw; hoof *(of ruminants)*; talon; paw; *(sc.)* unguis; *(bot., zool.)* unguis; *(tech.)* dog, jaw, claw, cleat; clip, lug, bench clamp, catch; fluke *(of an anchor)*; calk(in); **hou jou ~e van ... af!** keep your paws off ...!; *iem.* **in jou ~e kry** get one's claws into *(or* hooks into/on) s.o.; *in die ~e van ... wees/beland/val* be in *(or* fall into) the clutches/grip of ...; *met ~e* taloned; *uit iem. se ~e bly* stay out of s.o.'s clutches; *iem. uit die ~e van die dood red* snatch s.o. from the jaws of death. **klou** *ge=, vb.* cling, stick; paw; clutch; claw; *(a tool)* bite; *(tyres)* grip; *aan ... ~* cling/stick to ..., *(infml.)* latch on to ...; *soos klitsgras (of ['n] klits) ~* stick like glue, cling/stick like a bur(r)/leech/limpet. ~**aap,** ~**apie** pygmy marmoset. ~**doring** grapple plant/thorn. ~**hamer** nail/claw hammer. ~**kop** chuck, collet. ~**seer,** ~**siekte** *(vet.)* foot disease. ~**yster** claw/ripping bar, ripper; grappling iron, crampon.

**klou·e·rig** *=rige* clinging; sticky, tacky; pawing; *iem. is ~* s.o. can't keep his/her hands off one. **klou·e·rig·heid** stickiness, tackiness; tendency to paw.

**klou·stro·fo·bie** claustrophobia. **klou·stro·fo·bies** *=biese, adj.* claustrophobic. **klou·stro·foob** *=fobe, n.* claustrophobic.

**klou·su·le** *=les* clause, paragraph; proviso, stipulation.

**klou·ter** *ge=* clamber, climb, scramble. ~**dief** *=diewe* cat burglar. ~**plant** scrambler. ~**raam** *=rame* climbing frame, jungle gym.

**klou·te·raar** *=raars* clamberer, climber, scrambler.

**klou·tjie** *=tjies* small claw; small paw; hoof *(of a sheep etc.)*; cowheel; →KLOU *n.*; *die ~ by die oor bring* make s.t. sound plausible; figure s.t. out. **klou·tjies·o·lie** neat's-foot oil.

**klo·we** *ge=* →KLOOF *vb.* **klo·wer** *=wers* splitter; cleaver. **klo·wing** cleavage, splitting, fission, slitting.

**klub** *klubs* club; *'n ~ vorm* club (together). ~**baadjie** club blazer. ~**gebou** clubhouse, club building. ~**lid** club member.

**klug** *klugte* farce; burlesque; joke; *'n ~ van iets maak* make a mockery of s.t.. ~**spel** farce, low comedy; joke, scream. ~**speler** (low) comedian. ~**spelskrywer** writer of farces *(or* low comedies).

**klug·tig** *=tige* farcical, comical, funny, droll, odd. **klug·tig·heid** farcicalness, fun, drollery, oddness, oddity; burlesque, slapstick.

**kluis** *kluise* safe; vault, strongroom; safe-deposit box; cell, hermitage, hut; *(naut.)* hawse. ~**breker,** ~**dief** safe-blower, -breaker, -cracker. ~**gat** hawsehole. ~**pyp** hawsepipe.

**klui·se·naar** *=naars* hermit, recluse, solitary; *soos 'n ~ be* reclusive. ~**kreef** hermit crab.

**klui·se·naars·**: ~**hut** hermit's cell, hermitage. ~**lewe** hermit's life, life of a recluse, solitary life; cloistered life.

**kluis·ter** *ge=, vb. (usu. as p.p.)* (en)chain, fetter, shackle, trammel; *aan jou bed ge~ wees* be bedridden, be confined to one's bed; *aan 'n lessenaar ge~ wees* be desk-bound.

**kluit** *kluite* clod, lump; *onder die ~e wees, (infml.: in the grave)* be six feet under, be pushing up daisies. **klui·te·rig** *=rige* full of clods/lumps, cloddy, cloggy.

**kluit·jie** *=tjies* small clod/lump; *(cook.)* dumpling; *(infml.)* fib, lie; *~s bak/verkoop, (infml.)* tell fibs; tell tall stories; *iem. met 'n ~ in die riet stuur* fob s.o. off. ~**brood** doughy bread. ~**sop** dumpling soup.

**kluts**: *die ~ kwyt wees, (infml.)* be (all) at sea, be out of one's depth, be in a fog, be screwed up; be in a flat spin; *die ~ kwytraak, (infml.)* lose one's grip/head/mind/marbles, lose the/one's thread, lose the plot; get flurried, go into a flat spin.

**knaag** *ge=* gnaw; nag; fret; *(a remark etc.)* rankle; *aan iem. ~, (fig.)* keep on at s.o.; *aan iets ~* gnaw *(or* nibble [away]) at s.t. *(a carrot etc.)*; *iets ~ aan iem., (fig.)* s.t. gnaws at s.o., s.t. is eating s.o. up; *iets ~ aan iem. se gewete* s.t. preys (up)on s.o.'s conscience; *wat ~ aan hom/haar?* what's bugging/eating him/her?. ~**dier** rodent. ~**dierdoder** rodenticide.

**knaap** *knape* boy, lad; fellow, chap; *(hist.)* page.

**knab·bel** *ge=* nibble (away) *(at/on)*, munch away *(at)*, gnaw (away) *(at)*. **knab·be·laar** =laars nibbler, muncher, *(esp. an animal)* gnawer.

**kna·end** =ende, *adj.* gnawing *(hunger, pain)*; troublesome; nagging; insistent; monotonous; unending, ceaseless, incessant, everlasting; lurking *(doubt)*; ~*e* **pyn** unabating pain; *'n* ~*e* **reën** an unending rain; ~*e* **sorge** carking care; ~*e* **verdriet** poignant grief; *moenie so* ~ *wees* nie don't nag so, stop griping. **kna·end** *adv.* continuously, ceaselessly; acutely, deeply, desperately, intensely.

**kna·ging** =gings, =ginge gnawing; ~*s*/~*e van die gewete* pangs/pricks/stings/twinges of conscience.

**knak** knakke, *n.* crack, snap; injury; blow, setback; nip *(in wire)*; *'n* ~ *in die stem* a catch in the voice. **knak** ge=, *vb.* crack, snap, break; impair, injure; cripple *(an industry etc.)*; *(fig.)* break, destroy, ruin, finish, shatter; break, give, collapse; *(fig.)* collapse, break down, have a breakdown, go to pieces, come/fall apart; *die paal het ge*~ the pole snapped; *iets het iem. se gesondheid ge*~ s.t. impaired s.o.'s health; *ge*~*te riet* broken reed. ~**breuk** greenstick *(fracture)*. ~**las** knuckle joint. ~**skiet**, ~**vuur** snap shooting; trapshooting; skeet(shoot= ing). ~**wors** (small) frankfurter, Cambridge sausage.

**knal** knalle, *n.* bang; detonation, explosion; crack, report *(of a gun)*; clap *(of thunder)*; pop *(of a cork)*; snap; *'n harde* ~ a big/loud bang. **knal** ge=, *vb.* bang; detonate, explode; *(a gun)* crack, bark; clap, crash; *(a cork)* pop; snap; *(sc.)* fulminate. ~**demper** silencer, muffling device, muffler, exhaust (box). ~**demping** silencing, muffling. ~**doppie** detonator; fulminating cap. ~**effek** =fekte stage effect, spectacular finish; snap ending. ~**gas** detonating/explosive/oxyhydrogen gas. ~**geweer(tjie)** cap gun; popgun. ~**groen/rooi/ens.** glaring/staring green/red/etc.. ~**lont** detonating fuse. ~**patroon** petard, detonator, detonating cartridge. ~**pienk** shocking pink. ~**pistool** cap gun/pistol. ~**sein** detonator signal. ~**sout** fulminate. ~**stof** fulminating explosive. ~**suur** fulminic acid.

**knal·lend** =lende fulminant, fulminating, fulminatory.

**knal·ler** popper.

**knap** ~ knapper knapste, *adj.* able, capable, clever, bright, proficient, brainy, smart, intelligent, *(infml.)* hotshot *(attr.)*, *(infml.)* ace; workmanlike; narrow; tight; scanty; short; confined *(space)*; ~ *in Portugees/ens. wees* be good at/in Portuguese/etc., be a good Portuguese/etc. scholar; *'n* ~ *leerling* a bright pupil; ~ *met ... wees* be deft with ... (one's hands); *'n* ~ *stuk werk* a clever/smart piece of work. **knap** *adv.* cleverly, deftly, neatly, skilfully; tightly; scantily; only just; ~ *gedaan!* well done!, very good!, good for you!, nice work!; *dit is* ~ *gedaan* that was cleverly managed *(or neatly done)*; ~ *pas/sit, (a garment)* be tight(-fitting), be a tight fit. ~**handig** =dige, *adj.* dexterous, handy, clever, deft, skilful, skilled, quick, adroit. ~**handig** *adv.* deftly, expertly. ~**handigheid** dexterity, cleverness, deftness, (manual) skill. ~**kaart** smart card.

**knap·heid** ability, cleverness, efficiency, skill, proficiency; tightness.

**kna·pie** =pies little boy, nipper; urchin; →KNAAP.

**knap·sak** knapsack, haversack, kitbag.

**knap·se·kê·rel** *(bot.)* blackjack, beggar('s)-tick, sweetheart.

**knars** ge= →KNERS. ~**been** cartilage, gristle.

**kna·ter** =ters, *(coarse: testicle)* ball, nut.

**kneg** knegte, *n.*, *(dated)* servant, menial; *(agric.)* farmhand, labourer; *(also fig.)* slave. **kneg·skap** *(dated)* servitude, slavery, bondage, thrall, vassalage.

**knel** ge=, *vb.* pinch, squeeze, jam; bind; oppress; *(med.)* strangulate; *ge*~*(d) wees* be hard pressed; *deur ... ge*~ *word* be in the grip of ... *(drought etc.)*. ~**greep** firm/iron/tight/vice-like grip. ~**punt** bottleneck *(fig.)*. ~**verband** tourniquet, garrot.

**knel·lend** =lende irksome; oppressive; ~*e bande* bonds/fetters of oppression.

**knel·ling** =lings, =linge pinch(ing); restraint; oppression; *(med.)* strangulation.

**kners** ge= creak, grate; jar; crunch; *(op) jou tande* ~ gnash/grind/grit one's teeth. **kner·send** =sende grating; crunching, crunchy. **kner·sing** =sings, =singe gnashing, grinding.

**knert·sie** *(infml.)* tot, shot, shooter *(of liquor)*; *'n* ~ *maak* have/down a tot/shot.

**knet·ter** ge= crackle, sputter, spurt; *(guns, fire, etc.)* blaze away; crepitate. **knet·te·ring** crackling, sputtering; sizzle; crepitation.

**kneu·kel** =kels knuckle. ~**gewrig** knuckle joint.

**kneus** ge=, *vb.* bruise; maul; contuse. ~**plek**, ~**wond** bruise, contusion; upset *(in wood)*.

**kneu·sing** =sings, =singe bruise, contusion; bruising.

**kne·wel**[1] =wels whopper, whacker, huge one, beauty, stunner; *'n* ~ *van 'n ...* a huge *(or very big)* ... *(fellow etc.)*; a jumbo(-sized) ... *(diamond etc.)*.

**kne·wel**[2] =wels, *(tech.)* toggle, tommy (bar). ~**skroef** tommy screw. ~**stang** gag bit; *'n* ~ *aan 'n perd sit* gag a horse.

**knib·bel** ge= haggle, bargain, quibble. **knib·be·laar** =laars haggler, (hard) bargainer; quibbler. **knib·bel·rig** =rige haggling; quibbling. **knib·be·la·ry**, **knib·bel·ry** haggling, bargaining; cheeseparing; quibbling.

**knie**[1] knieë, *n.* knee; elbow *(of an engine)*; *die* ~ *voor ...* **buig** bend/bow the knee to ...; *iets* **onder** *die* ~ *hê, (fig.)* know (how to do) s.t., be on top of s.t.; *iets* **onder** *die* ~ *kry, (fig.)* master s.t., get on top of s.t. *(a subject etc.)*; *op jou knieë val* go (down) on *(or* fall to) one's knees; *op jou knieë wees, (also fig.)* be on one's knees; *iem. op die/sy/haar knieë bring/dwing, (chiefly fig.)* bring/force s.o. to his/her knees; *iem. se knieë swik* s.o. gives at the knees; *tot aan die knieë* knee-deep; *water op die* ~ water on the knee. ~**band** knee protector/supporter; knee-halter. ~**besering** knee injury. ~**broek** *(hist.)* knee breeches, plus fours, knickerbockers. ~**buigend** =gende obsequious, deferential, fawning, cringing, grovelling, submissive. ~**buiging** kneeling, bending of the knee; knee bend; curts(e)y, bob; *(RC)* genuflection; *'n* ~ *maak* curts(e)y, bob, bob/drop/make a curts(e)y; *(RC)* genuflect. ~**diep** knee-deep, up to the knees. ~**gewrig** knee joint *(of a pers.)*; stifle joint *(of a horse)*. ~**gewrigsontsteking** gon(arthr)itis. ~**holte**, ~**boog** hollow/back/bend of the knee, ham. ~**hoog** knee-high. ~**hoogte** knee height. ~**jig** gout in the knee; gonagra. ~**knik** *n.* curts(e)y, bob; *'n* ~ *maak* curts(e)y, bob, bob/drop/make a curts(e)y; *(RC)* genuflect. ~**knik** ge=, *vb.* curts(e)y, bob. ~**kombers** travelling rug. ~**kous** knee-high, knee(-length) stocking. ~**lengterok** knee-length dress. ~**plank** kneeboard. ~**plankryer** kneeboarder. ~**sening** hamstring. ~**skakelaar** toggle switch. ~**skut**, ~**skerm** knee guard, kneepad. ~**skyf** kneecap, knee bone, patella; stifle bone *(of a horse, dog, etc.)*. ~**stewel** knee boot, Wellington. ~**stuk** knee piece; elbow piece *(of an engine)*; bracket. ~**val** *n.* genuflection; *'n* ~ *voor iem. doen* bend/bow the knee to s.o., fall to one's knees before s.o..

**knie**[2] ge= knead; fashion, mould, work up. ~**bak**, ~**skottel** kneading bowl/basin. ~**masjien** dough mixer, kneading machine, kneader. ~**plank** moulding board.

**knie·baar** =bare kneadable; plastic, pliable, mouldable; *(geol.)* fictile.

**knie·hal·ter** ge= hamshackle, *(SA)* knee-halter *(a horse etc.)*; *(fig.)* hamper, handicap, hamstring *(s.o.)*; ge= *wees* labour under a disadvantage; *deur beperkings ge*~ *word* be fenced in by restrictions. ~**slag** clove hitch. ~**span** ge= (knee-halter and) hobble *(a horse)*.

**kniel** ge= kneel; *voor iem.* ~ kneel before/to s.o. ~**bank(ie)** kneeling stool, kneeler, footstool. ~**kussing** kneeling pad, hassock, kneeler, kneeling cushion. ~**mat** prayer rug.

**knie·lend** =lende kneeling; on bended knee(s).

**knies** ge= fret, mope, brood, worry, pine, sulk. **knie·ser** =sers worrier, mope. **knie·se·rig** =rige fretful, moping, mopish. **knie·se·rig·heid** fretfulness, mopishness. **knie·se·ry** fret(ting).

**knik** *knikke, n.* nod, beck; dip, depression; kink; buckle; *(mech.)* knuckle joint; toggle; bracket *(of a hinge);* '*n ~ maak,* *(a road etc.)* describe a dogleg. **knik** *ge-, vb.* nod; beckon; buckle; collapse; wink *(at);* **goedkeurend/instemmend** *~* nod approbation/assent; *iem. se* **knieë** *~* s.o.'s knees are knock= ing/trembling; *(met die/jou* **kop***) ~* nod one's head; *(met die/ jou* **oog***) ~* wink; *vir iem. ~* nod at/to s.o.; wink at s.o., give s.o. a wink. **~spanning** buckling stress.

**knik·kend** *-kende* nodding, nutant.

**knik·kie** *-kies* slight nod; small hollow *(in a road).*

**knip** *knippe, n.* cut, snip *(with scissors);* snare, spring, trap; catch, bolt, clasp *(of a door);* detent *(in clocks, machinery, etc.);* hasp; hook, snap, spring, catch *(of a purse);* (snap) fastener; clip; flick; *die ~* **afhaal** unlatch; *met 'n ~ van die oog* with a wink of the eye; *op ~* **wees,** *(a door etc.)* be on the latch/catch; *die deur op ~ sit* put the door on the latch/catch; *van die ~ af wees* be off the latch/catch. **knip** *ge-, vb.* cut *(with scissors);* clip, trim, pare *(one's nails);* clip, trim *(a hedge);* snip *(a piece of thread);* clip, punch *(tickets);* flick; shear; wink; *jou oë vir die lig ~* blink (one's eyes) against the light; *jou oog vir iem. ~* give s.o. a wink; *~ en* **plak,** *(comp.)* cut and paste; *'n* **uiltjie** *~* have forty winks, take a nap; *iets met 'n ~ uit* cut s.t. out of ... **~kaartjie** clip card. **~mes** pen=, pocketknife, clasp knife; *groot ~* jackknife. **~mesry** *knipmesge=* swank it on horseback. **~pa= troon** paper/cutting pattern. **~skêr** nip shears. **~sleutel** latch= key. **~slot** latch (lock), snap lock/bolt, click lock. **~speld** safety pin. **~tang** (cutter) nippers. **~tor** click/snap beetle, skipjack. **~veer** latch spring. **~vlies** *(zool.)* third eyelid, nic= (ti)tating membrane, haw.

**knip·ho·fi·a** *(bot.)* kniphofia.

**knip·oog,** *(infml.)* **knip·o·gie** *n.* wink; twinkle; blink; *iem. 'n ~ gee/gooi* give s.o. a wink, wink at s.o.; make eyes at s.o.. **knip·oog** *ge-, vb.* wink; bat an eyelid; *vir iem. ~* wink at s.o., give s.o. a wink. **knip·o·gend** *-gende* winking.

**knip·per** *-pers, n.* clipper, (pair of) clippers; punch; trim= mer, cropper. **knip·per** *ge-, vb.* blink, wink; nic(ti)tate; *met jou oë ~* flutter one's eyelids.

**knip·pie** *-pies* dash, pinch *(of salt);* slide *(for hair);* →KNYPIE; *'n ~ ...* a dash/pinch of ... *(pepper etc.);* *iets met 'n ~ aan ... vasmaak* clip s.t. onto *(or* on to) ...

**knip·sel** *-sels* cutting, clipping; crop; snip; scrap. **~boek** scrapbook. **~diens** press-cutting service.

**knob·bel** *-bels* bump, knob; swelling, nodule, boss, protu= berance, node; *(anat.)* cusp; tooth cusp; nub. **knob·bel·rig** *-rige* knotty *(fingers);* gnarled, gnarly *(branch);* knobby, knob= bly; nodular; torose, torous; sesamoid, tubercular, tuber= culate(d). **knob·bel·tjie** *-tjies* nodule; papule; tubercle.

**knoei** *ge=* mess (about), make a mess; blunder, bungle, botch; wangle, pull the wires, scheme; *~ aan ...* fool/mess/monkey/ muck about with *(or* tinker at) ...; *~ met ...* tamper with ..., manipulate/massage ... *(data, stat., etc.).* **~bou** jerry-building. **~bouer** jerry-builder. **~gebou** jerry-built structure. **~hou, ~slag** foozle. **~spul** fix; mess, *(infml.)* botch(-up). **~werk** bad/bungling/botched/shoddy/sloppy/skimped work, *(infml.)* botch(-up); muddle; wangling.

**knoei·er** *knoeiers* blunderer, bungler, botcher, muddler; schemer, wangler, cheat. **knoei·e·rig** *-rige* inclined to blun= der/bungle/botch; inclined to wangle/cheat; shoddy. **knoei= e·ry** *-rye* mess, botch, fix, bungle, bungling; wangling, graft, machination, intrigue, corrupt/sharp practice.

**knoet** *knoete, (orn.)* red knot.

**knoets** *knoetse,* **knoes** *knoeste* gnarl; knot, burl; knob; node; bur(r) *(in wood);* snag; wart. **knoet·se·rig, knoes·te·rig** *-rige* gnarled, gnarly; knotty, knotted; knobb(l)y; nodular.

**knof·fel** garlic; *iem. se asem ruik na ~* s.o. has garlicky breath. **~botter** garlic butter. **~brood** garlic bread. **~huisie** clove of garlic. **~pers, ~drukker, ~kneuser** garlic press. **~polonie** garlic polony. **~sous** garlic sauce. **~sout** garlic salt.

**knof·fel·ag·tig** *-tige* garlicky.

**knok·kel** *-kels* knuckle. **~eelt, ~toon** bunion. **~koors** den= gue (fever).

**knol** *knolle* bulb; nodule; tuber; *'n ou ~, (infml.), (an old horse)* a hack; *(a feeble pers.)* an old crock; *(an old-fashioned pers.)* a square; *iem. ~ le vir sitroene verkoop, (infml.)* make s.o. believe that the moon is made of green cheese, pull a fast one on s.o., take s.o. in, deceive s.o.; *~le uithaal* lift tubers. **~gewas** tuberous plant. **~kool** kohlrabi. **~raap** swede, Swedish tur= nip. **~seldery** celeriac. **~swam** truffle.

**knol·ag·tig** *-tige* bulbous, tuberous.

**knol·dra·end** *-draende* tuberous, tuberose, tuberiferous.

**knol·vor·mig** *-mige* tuberiform; *(bot.)* tuberous, tuberose, tubercular.

**knoop** *knope, n.* button; node; crux *(of a matter);* tangle, knot *(in rope);* kink; stud *(for a collar);* *(bot.)* node; expletive, oath; plot *(of a story);* *die (Gordiaanse) ~* **deurhak** cut the (Gor= dian) knot; *daar is 'n ~ in die* **draad,** *(fig.)* there is a hitch somewhere; *'n ~* **gee/los,** *(infml.)* swear, utter an oath; *daar lê/sit die ~* that's *(or* that is) the problem/snag/trouble, there's *(or* there[in] lies) the rub; *knope is* **los/vas** buttons are undone *(or* done up); *'n ~* **losmaak** undo/untie a knot; undo a button; *'n ~* **maak** tie a knot; *'n* **snelheid** *van 20/ens. knope* a speed of 20/etc. knots. **knoop** *ge-, vb.* button (up); knot; tangle; tie; make *(nets);* swear; *'n* **das** *~* knot/tie a tie; ... *aan* **mekaar** *~* knot ... together; *iets in jou oor ~* make a mental note of s.t.; *soos 'n ketter/matroos ~, (infml.)* swear like a lord/trooper. **~das** necktie. **~derm** volvulus; ileal kink, torsion of the gut(s); intussusception, telescoping of a gut. **~~en-doop** *n.* tying and dyeing, tie-dyeing. **~en-doop** *ge-, vb.* tie and dye. **~haak, ~hakie** buttonhook. **~kleuring** tie-dyeing. **~kraag** button-down collar. **~lus** *lusse* frog (fas= tener) *(on a uniform);* *met ~se* frogged. **~lyn** nodal line. **~naald** netting needle. **~plaat** gusset (plate). **~punt** junction, (rail= way) centre; nodal point, node, nodus. **~skoen** button shoe. **~skrif** quipu writing. **~trui** cardigan. **~werk** knotting, knot= work; tatting.

**knoops·gat** *-gate* buttonhole. **~maker** buttonholer; button= hole attachment. **~skêr** buttonhole scissors. **~steek** button= hole stitch. **~sy** buttonhole twist.

**knop** *knoppe, n.* knob, handle *(of a door);* peg *(of a hatrack);* *(bot.)* node; knob, head, top *(of a stick);* bump, lump; *(elec.)* (press/push) button, switch; bud *(of a plant);* knoll, rounded hill, hummock; *in die ~ wees* be in bud; *'n digter/ens. in die ~* a budding poet/etc.; *'n ~ in die* **keel** a lump in the throat; *iem. het 'n ~ op die* **maag,** *iem. se* **maag** *trek op 'n ~* s.o.'s stomach is in a knot; *iets met ~pe* **versier** stud s.t.; *vol ~pe* knobbed, knobb(l)y. **knop** *ge-, vb.* bud; burgeon; bulge. **~kierie** club, bludgeon, knobkierie, knobkerry, knobstick. **~neus** bulbous nose. **~velsiekte** lumpy skin (disease). **~vor= ming** budding. **~wortel** club root; eelworm disease.

**kno·pie** *-pies* little button; small knot. **~spinnekop** button spider, black widow (spider).

**knop·pe·rig** *-rige* knobb(l)y, knotted; nodular, nodulous.

**knop·pie** *-pies* small knob; small bud; nodule; tubercle; *op 'n ~ druk* press/push a button; *op iem. se ~ druk, (infml.)* call on s.o. to do s.t..

**knop·pies: ~blaar** erinose. **~doring** knob thorn. **~hout** but= tonwood. **~velsiekte, knopvelsiekte** lumpy skin (disease).

**knop·pies·rig** *-rige* knobb(l)y; full of *(or* covered in) buds/ nodules/etc.; *(biol.)* tubercular.

**knop·vor·mig** *-mige, (bot.)* nodose, tuberose, umbonate.

**knor** *knorre, n.* growl; grunt; *~ kry* get a scolding. **knor** *ge-, vb.* growl; grunt; snarl; grumble; chide, scold; *die hond ~* the dog growls; *vir ... ~* growl at ... **~haan** *(icht.)* gurnard. **~pot** *(infml.)* growler, grumbler, grouser. **~tjor** *(infml.)* (go-)kart.

**knor·der** *-ders, (icht.)* grunter.

**knor·rig** *-rige* grumpy, grouchy, grumbling, churlish, irrita= ble, peevish, petulant, surly, testy.

**knot** *ge-, vb.* head, prune, top *(a tree)*; truncate *(a cone)*; clip *(a wing)*; curtail *(s.o.'s power)*. ~**boom** pollard. ~**hout** pol= lards. ~**stam** pollard. ~**wilg(er)** pollard willow.

**knots** *knotse* club, cudgel, bludgeon, knobstick; Indian club. **knots·vor·mig** *-mige* clubbed, club-shaped, clavate, clavi= form.

**knou** *knoue, n.* setback, damage, injury; *iets 'n ~ gee/toedien* damage s.t. *(crops etc.)*; impair s.t. *(s.o.'s health etc.)*; set s.t. back *(an enterprise etc.)*; *iem. het 'n groot/kwaai ~ weg* s.o. has suffered a grievous blow. **knou** *ge-, vb.* damage, harm, hurt, injure, tarnish; maul, knock about, savage.

**knup·pel** *-pels, n.* club, cudgel; baton, cosh, nightstick, trun= cheon; *'n ~ onder/tussen die hoenders* (of *in die hoenderhok*) *gooi, (fig.)* put/set the cat among the pigeons, cause a flutter in the dovecote. **knup·pel** *ge-, vb.* cudgel. ~**aanval** baton charge. ~**dik** *(infml.)* quite satisfied, full to bursting, stuffed, gorged; *~ wees, (also)* have a good meal under one's belt.

**knup·pel·vor·mig** *-mige* claviform, clubbed, club-shaped.

**knus** *knus(se) knusser knusste, adj.* snug, cosy, comfy, home= ly, hom(e)y, lived-in; *so ~ soos 'n vlooi in 'n kooi, (infml.)* as snug as a bug in a rug. **knus, knus·sies** *adv.* snugly, cosily. **knus·heid** snugness, cosiness.

**knut·sel** *ge-* potter/fiddle (about/around), tinker *(with)*; work at a hobby; *(infml., comp.)* hack. **knut·se·laar** *-laars* potterer, tinkerer, hobbyist. **knut·se·la·ry, knut·sel·ry** fiddling, tinker= ing; handiwork; hobby. **knut·se·ling** *(infml., comp.)* hacking. **knut·sel·werk** pottering, trifling work; odd jobs; hobbies.

**knyp** *knype, n.* pinch, tweak; *in die ~ raak, (infml.)* get/have the wind up; get cold feet; *in die ~ sit/wees, (infml.)* be in trouble (or a tight corner/spot *or* a quandary *or* a fix/jam/ pickle/scrape); be on the spot. **knyp** *ge-, vb.* pinch, nip, squeeze, tweak; *(infml.)* hold it in *(a full bladder); iem. in die arm ~* pinch s.o.'s arm; *ge~ wees* be in a fix, feel the pinch/ draught; *as dit begin ~, (infml.)* if/when it comes to the crunch, when it comes to the push, when push comes to shove. ~**bril** folders, pince-nez, nose-nippers. ~**horing** ingrowing/pinched horn. ~**stert** *(infml.)* afraid, frightened, scared; *~ raak, (infml.)* get cold feet. ~**tang** (pair of) pincers *(big)*, nippers *(small)*, pliers. ~**(tang)beweging** *(mil.)* pincer movement.

**kny·per** *-pers* nipper, pincher; *(entom.)* clasper; *(zool.)* claw; chela *(of a crustacean)*; chelicera *(of an arachnid)*; clip, fasten= er; clothes peg; pince-nez; pincers, forceps, nippers, clasp, grip. **kny·pe·rig** *-rige* stingy, mean; inclined to pinch/squeeze.

**kny·pie** *-pies* nip, pinch; *(infml., also* knippie: *a bit of sex)* quickie; *'n ~ ...* a pinch/dash of ... *(salt, pepper, etc.)*.

**Knys·na** *(geog.)* Knysna. ~**loerie** *(orn.)* Knysna touraco, *(obs.)* Knysna loerie.

**ko·a·gu·leer** *ge-* coagulate, clot. **ko·a·gu·la·sie** coagulation, clotting. **ko·a·gu·leer·mid·del, ko·a·gu·le·rings·mid·del** *-dels, -dele* coagulant.

**ko·ak·si·aal** *-siale* coaxial.

**ko·a·la** *-las,* **ko·a·la·beer** *-bere* koala (bear).

**ko·a·li·seer** *ge-* coalesce. **ko·a·li·sie** *-sies* coalition. **ko·a·li· sie·re·ring** coalition government. **ko·a·li·si·o·nis** *-niste* coalitionist.

**ko·balt** *(chem., symb.:* Co) cobalt. ~**blou** cobalt blue. ~**bom** cobalt bomb. ~**erts** zaffre, zaffer. ~**glans, kobaltiet** cobalt glance, cobaltine, cobaltite.

**ko·bra** *-bras* cobra.

**kod·dig** *-dige* comic(al), funny, droll; odd, curious, quaint, *(infml.)* dorky. **kod·dig·heid** funniness, comicality, drollness; oddness, oddity, *(infml.)* dorkiness.

**ko·de** *-des* code, cipher, cypher; *in ~* in cipher/cypher; *'n ~ ontsyfer* break a code; *iets in ~ skryf/skrywe* encode s.t.. ~**naam** codename. ~**nommer** code number. ~**ontsyferaar** code breaker. ~**slot** combination lock. ~**woord** codeword.

**ko·deer** *(ge-* (en)code, encipher. **ko·de·ring** coding.

**ko·de·ïen** *(med.)* codeine.

**ko·di·fi·seer** *ge-* codify. **ko·di·fi·ka·sie** *-sies* codification.

**ko·di·sil** *-sille* codicil, supplement.

**kod·ling·mot** codlin(g) moth.

**Koe·blai Khan** Kublai Khan.

**ko·ëd-, ko·ed-** *(infml.):* ~**byeenkoms** co-ed meeting. ~**skool** co-ed school.

**koe·doe** *-does* kudu. ~**bul** bull kudu. ~**kalf** kudu calf. ~**koei** cow kudu.

**ko·ë·du·ka·sie, ko·e·du·ka·sie** coeducation; →KOËD-, KO-ED=.

**koe·ël** *koeëls, n.* bullet *(of a gun)*; ball *(of a cannon)*; shot; *as jy vir die ~ bedoel is, sal jy nie in troebel water verdrink nie (of elke ~ het sy bestemming)* every bullet has its billet; *'n flou ~* a spent bullet; *iem. het die ~ gekry* s.o. was shot; *met ~s gelaai* shotted; *'n ~ is te goed vir iem.* s.o. is not worth pow= der and shot; *'n ~ deur jou kop ja(ag)* blow one's brains out; *iem. 'n ~ deur die lyf ja(ag)* put a bullet through s.o.; *die ~ is deur die kerk, (fig: it is too late to do anything about it)* the die is cast; *soos 'n ~ uit 'n geweer/roer* like a shot. ~**as** ball pivot. ~**baan** trajectory, curve of a projectile; ball track; ball(-bearing) race. ~**bui** rain of bullets. ~**gat** bullet/shot hole. ~**gewrig** arthrodia, ball and socket (or cup-and-ball) joint, socket/spheroid/ball joint *(mot.)*. ~**klep** ball/pea/globe valve. ~**laer** ball bearing; ball race. ~**reën** shower/hail of bullets. ~**rond** globular, spherical; well rounded. ~**vas** *-vaste* bulletproof, shot-proof; *~te baadjie* bulletproof/fla(c)k jack= et. ~**wond** bullet/gunshot wound.

**koe·ël·tjie** *-tjies* pellet; globule, spherule; (ball in a) ball bearing.

**koe·ël·vorm** spherical/globular shape, spherical/globular form, sphericalness. **koe·ël·vor·mig** *-mige* globular, spheri= cal.

**ko·ëf·fi·si·ënt, ko·ef·fi·si·ënt** *-siënte* coefficient.

**koei** *koeie* cow; *dis nie die ~ wat die hardste bulk wat die meeste melk gee nie, (idm.)* it is not the hen that cackles (the) most that lays the biggest egg; *'n mens kan die ~ die bulk nie belet nie* nature will have her way; *'n ~ dek* serve a cow; *'n droë ~* a cow not in milk; *'n ~ kan moontlik 'n haas vang* (of *in 'n boom klim), (idm.)* pigs might fly; *'n ~ met 'n kalf* a cow in milk; *oor ~tjies en kalfies gesels/praat* make (or indulge in) small talk, talk about this and that (or nothing in particu= lar); *so kwaai soos 'n ~ met haar eerste kalf* as angry as a bear with a sore head; *ou ~e uit die sloot grawe, (fig.)* (re)open (or open up) old sores/wounds, rake up old issues/grievances/ grudges/resentments/etc.; *moenie ou ~e uit die sloot grawe nie!, (also)* let bygones be bygones!. ~**brug** orlop (deck). ~**kamp** cow paddock/pasture. ~**klok** cowbell. ~**kraal** cow pen/kraal. ~**pokke, ~pokkies** cowpox, vaccinia. ~**skuur, ~stal** cowshed, ~house.

**koe·ja·wel** *-wels* guava; *'n harde ~, (infml.)* a difficult cus= tomer, a tough nut.

**koek** *koeke, n.* cake; *(coarse sl.: female genitals)* fanny, pussy; *die ~ het in die as geval, (infml.)* it was a flop; *'n ~ bak* bake a cake; *'n stuk ~* a piece of cake. **koek** *ge-, vb.* cake, clot; knot; *(hair)* mat; bunch, cluster, huddle; lump, become lumpy; *(bees)* swarm together; cling together. **koek** *interj.: o, ~!* oh dear!, oh my goodness!. ~**bak** *koekge-* bake cakes (*or* a cake). ~**bakker** confectioner, pastry cook. ~**beslag** cake mixture. ~**blik** cake tin. ~**bord** cake dish. ~**bordjie** cake plate. ~**heu= ning** honey in the comb, comb honey. ~**meel** cake flour. ~**mengsel** cake mix. ~**pan** baking/cake pan; cake tin. ~**saad** caraway seed. ~**soda** bicarbonate of soda, sodium bicar= bonate, baking/cooking soda. ~**struif** trifle. ~**versiering** cake decoration; *(also* koekversiersel*)* icing. ~**vorm** *-vorms* cake mould/pan, tube pan. ~**vurkie** cake fork. ~**winkel** cake shop.

**koe·ke·loer** *ge-, (infml.)* peep, peer, spy, pry.

**koe·ke·ma·kran·ka, koek·ma·kran·ka** =kas, (bot.) ku=kumakranka.

**koe·ke·pan** =panne, (min.) cocopan, tram; erts met ~ne ver=voer tram ore.

**koe·ke·ra·sie** =sies, (infml.) combobulation, tangle, tangled mass.

**koe·kie** =kies small cake, pastry; (droë) ~ cookie, biscuit; 'n ~ seep a cake of soap; 'n ~ suurdeeg a cake of yeast.

**koe·koek** =koeke cuckoo. ~**eier** cuckoo egg. ~**hen** speckled hen. ~**(hoender), koekoekie** (breed of fowl) Plymouth Rock. ~**horlosie**, ~**klok** cuckoo clock.

**ko·ëk·sis·teer, ko·ek·sis·teer** ge= coexist. **ko·ëk·sis·ten=sie, ko·ek·sis·ten·sie** coexistence.

**koe(k)·sis·ter** =ters, (SA, cook.) koe(k)sister.

**koel** koel(e) koeler koelste, adj. cool, cold, chilly, fresh; cool(-headed), calm, collected, composed, dispassionate, passion=less; aloof, distant, frigid, unaffectionate; self-possessed (at=titude); stony-faced; (sl.) cool, funky; in =en **bloede** in cold blood, cold-bloodedly; ~ **bly** keep cool; iets ~ **hou** keep s.t. cool; ~ **klere** light clothes; ~ **kleure** cool colours; die **kop** ~ hou keep one's head, keep a level head; dis (of dit is) lekker ~ it's (or it is) pleasantly cool; **nie** ~ **nie**, (sl.) uncool; 'n ~(e) **ontvangs** a cool/cold/chilly/frosty reception; 'n ~ **plek** a cool/shady spot; ~ **weer** mild weather; 'n ~ **windjie** a fresh breeze; dit **word** ~, (the weather) it is getting chilly/cooler. **koel** adv. coolly, coldly, collectedly, composedly, dispas=sionately; frigidly, icily; self-possessedly. **koel** ge=, vb. cool; jou woede op iem. ~ vent one's rage on s.o.. ~**bak** cooler, cooling trough. ~**bloedig** =dige, adj. cold-blooded; calculat=ing, calculated. ~**bloedig** adv. coolly; in cold blood, cold-bloodedly, callously. ~**bloedigheid** cold-bloodedness (fig.). ~**drank** soft/cold/cool drink. ~**emmer** cooling/ice pail; cool=er. ~**faktor** (meteorl.) chill factor. ~**houer**, ~**boks** cool box, icebox. ~**inrigting**, ~**installasie** cooling plant/system; re=frigerating/cold-storage works, cold-storage/freezing/re=frigerating plant. ~**kamer** =mers cooling chamber, cool room, refrigerator (room), cold storage (chamber); (in the pl., also) cold store; chilling room (in a brewery). ~**kas** refrigerator, (infml.) fridge, cooler; (infml., rugby) cooler, sin bin. ~**kop** cool, calm, collected, unmoved, unruffled, (infml.) unfazed; ~ bly keep a cool/level head, stay/remain level-headed, (in=fml.) keep one's (or play it) cool. ~**mantel** water/cooling jacket. ~**middel** =dels, =dele cooling agent, coolant; refriger=ant. ~**oond** cooling furnace, annealing oven. ~**opberging**, ~**bewaring** cold storage. ~**ruimte** refrigerating/cold-stor=age space. ~**sak**, ~**tas** cool bag. ~**skip** refrigerated ship. ~**skuur**, ~**pakhuis** cold store, cold storage warehouse. ~**stel=sel** cooling system. ~**tegniek** refrigeration. ~**tegnikus** re=frigeration expert. ~**toring** cooling tower. ~**trok**, ~**wa** re=frigerator car/truck. ~**vat** cooler, cooling vat, refrigerator. ~**weg** coolly.

**koe·le·rig** =rige somewhat cool/chilly/fresh. **koe·le·rig·heid** chilliness.

**koel·heid** coolness, coldness, chilliness; self-possession; fri=gidity.

**koe·ling** cooling; chilling, refrigeration.

**koel·te** =tes cool(ness); breeze; shade; shady spot; sonder ~ unshaded; in die ~ in the shade. ~**boom** shade tree; nurse tree. ~**kant** shady side.

**koel·te·tjie** =tjies shady spot; slight breeze.

**koel·tjies** (of behaviour) (quite) coolly.

**koe·mis** (<Tatar: drink made of fermented mare's milk) ku=miss, koumis(s), koumyss.

**koem·kwat, kum·kwat** =kwats, (a citrus fruit) kumquat.

**koeng foe** (Chin. martial art) kung fu.

**ko·ën·siem, ko-en·siem** =sieme coenzyme.

**koe·pee** =pees, (vehicle) coupé; (rly.) coupé, half-compartment.

**koe·pel** =pels dome, cupola; crown. ~**dak** domed/dome-shaped roof, cupola. ~**gebou** rotunda. ~**gewelf** dome(-shaped vault). ~**kerk** dome(d) church. ~**venster** bow win=dow.

**koe·pel·vor·mig** =mige dome-shaped, domical.

**koe·plet** =plette, (pros.) couplet; stanza, verse.

**koe·pon** =pons, =ponne coupon.

**koer** ge=, (a dove, pigeon, etc.) coo; (a baby) gurgle; (murmur lovingly/fondly) coo.

**Koer'aan, Qoer'aan, Qur'aan** →KORAN.

**koe·rant** =rante (news)paper; iem. is by 'n ~ s.o. is a journal=ist (or on a newspaper or connected with the press); in die ~(e) staan/kom be in (or get into) the paper(s); op 'n ~ in=teken subscribe to a newspaper; ~ lees read a/the newspa=per; 'n veelgelese (of veel gelese) ~ a widely read newspaper. ~**artikel** newspaper article. ~**berig** newspaper report. ~**han=delaar** newsagent. ~**joggie** (news)paper boy. ~**kantoor** newspaper office. ~**kiosk**, ~**stalletjie** newsstand. ~**knipsel** newspaper/press cutting. ~**magnaat** press baron, newspa=per tycoon. ~**oorlog** (rare: a polemic) paper war. ~**papier** newsprint (paper), newspaper print. ~**redakteur** newspaper editor. ~**skrywer**, (fem.) ~**skryfster** journalist, news writer, pressman, news(paper)man, =woman; newspaper contribu=tor, correspondent. ~**styl**, ~**taal** journalistic style/language, newspaper language, journalese. ~**verkoper** newspaper sell=er, (news)paper boy/man; news vendor; newsagent. ~**werk** journalism. ~**wese** newspaper industry.

**koe·rant·jie** =jies small newspaper; (derog.) sheet, rag.

**koe·ra·sie** (infml.) courage, pluck, guts, spunk.

**Koerd** Koerde Kurd. **Koer·dies** n., (lang.) Kurdish. **Koer·dies =diese**, adj. Kurdish; ~e mat Kurdistan mat. **Koer·di·stan** (geog.) Kurdistan.

**koe·rier** =riers courier; messenger.

**Koe·ri·le** Kuril(e) Islands, Kurils.

**koers** koerse, n. course, tenor, direction, route; (stocks) price quotation; (money) (rate of) exchange, rate; policy, tack, trend; 'n ~ bepaal/vasstel chart a course; iem. van ~ bring fluster s.o.; put s.o. off his/her stroke; jou eie ~ volg keep to one's own line; ~ van die gesprek drift of the conversation; ~ hou (of koershou) be on course; keep straight, keep (to) one's course; hou ~! stay on the right course!; dieselfde ~ hou, (naut.) stand on; ~ hou (of koershou) na ... head/make/ steer for ...; in daardie ~ that way, in that direction; 'n ander ~ inslaan change one's tack, try another tack; skielik 'n an=der ~ inslaan fly/go off at a tangent; 'n nuwe ~ inslaan strike out in a new direction; make a new departure; 'n ~ inslaan/kies take a direction; take a tack; ~ kry (of koers=kry) head off; leave, depart; ek moet nou (my) ~ kry, (infml.) I'll be on my way; I have to toddle along; dit sal vanself ~ kry (of koerskry) things will sort themselves out; kry (jou) ~!, (infml.) beat it!, scram!; iem. kan nie met iets ~ kry (of koerskry) nie s.o. can't/cannot understand/manage s.t.; ~ kry (of koerskry) na ... head for ...; iem. is sy/haar/die ~ kwyt, iem. het die ~ kwytgeraak s.o. has lost s.o.'s stride, settle down; op die regte/verkeerde ~ wees be on the right/wrong tack; teen die ~ van ... at the rate of ...; uit die ~ wees be off course; van ~ (af) raak drift/go (or be driven) off course, lose (one's) direction; ~ vat (of koers=vat) get under way; ~ vat (of koersvat) na ... head/make (or be heading) for ...; shape a course for/to ..., make towards ..., steer for ...; ~ vat/kies (of koersvat/=kies), (also) take a definite line; van ~ verander change/alter (one's) course; (naut.) go about; veer round; change tack; (fig.) change front, about-turn; skielik van ~ verander fly/go off at a tangent. **koers** ge=, vb. head/make/steer for; stand in (from the sea); stand out (to sea). ~**afdrywing** drift. ~**afwyking** deviation, variation (in course). ~**bepaling** direction finding. ~**hou**, ~**kry** →KOERS HOU; KOERS KRY. ~**peiler** (instr.) navigator. ~**vas**

unswerving, unwavering; consistent; principled. **~vastheid** consistency, singleness of purpose; directional stability. **~vat** →KOERS VAT. **~verandering** change of course/direction; haul, deflection of wind; change of rate. **~verlaging** fall/drop in the exchange rate. **~verskil** difference in price, difference in exchange rate, agio. **~waarde** market/exchange value.

**koers·loos** -*lose* undirected; *(fig.)* rudderless. **koers·loos· heid** lack of direction.

**koer·ta** *(Hindi: a collarless shirt)* k(h)urta.

**koes, koets** *ge-, vb.* crouch, stoop, dodge, jink, lie low, duck; sidestep; *~ vir iets* duck s.t.. **~-koes** *adv.* dodging, crouching.

**koe·sis·ter** →KOE(K)SISTER.

**koes·koes** *(cook.)* couscous; millet porridge.

**koes·ter** *n., (icht.)* koester; *(orn.,* also koestertjie*)* pipit. **koes·ter** *ge-, vb.* nurture *(a dream etc.)*; cherish, entertain *(the hope that ...)*; cherish, foster *(illusions etc.)*; entertain *(feelings)*; cherish, nourish *(a desire)*; harbour, nurse *(an idea)*; harbour *(evil thoughts etc.)*; bear *(love, malice, etc.)*; indulge *(a hope)*; hug *(a prejudice)*; have *(doubts, great expectations, etc.)*; nurse *(a drink)*; jou in ... ~ bask in ... *(the sun)*; *die voorneme ~ om iets te doen* intend doing *(or to do)* s.t.. **koes· te·rend** -*rende* nurturing, fostering; *~e sorg* nurturance. **koes·te·ring** cherishing, nurturance, fosterage.

**koe·ter·waals, koe·ter·waals** *n.* jargon, gibberish, double Dutch, lingo, abracadabra, gobbledygook. **koe·terwaals, koe·ter·waals** -*waalse, adj.* unintelligible.

**koets** *koetse* coach, carriage; *(joc.)* car; *ligte ~* phaeton. **~huis** coach house. **~perd** coach horse. **~werk** coachwork, body(work). **~werkfabriek** coachworks.

**koet·sier** -*siers, (chiefly hist.)* coachman; driver, whip(per); charioteer; cabman *(of a horse-drawn carriage)*; *die K~, (astron.)* the Charioteer, Auriga.

**koe·vert** -*verte* envelope, cover.

**koe·voet** -*voete* crowbar, lever, jemmy.

**Koe·weit** *(geog.)* Kuwait. **Koe·wei·ti** -*ti's, n.* Kuwaiti. **Koeweits** -*weitse, adj.* Kuwaiti.

**kof·fer** -*fers* (suit)case; (travelling) bag; trunk; box; coffer *(for valuables)*; *plat ~* portmanteau, suitcase; *iem. het sy/haar ~s gepak (en is weg)* s.o. packed his/her bags (and left). **~dam** coffer(dam). **~vis** *(icht.)* box-, cofferfish.

**kof·fie** coffee; *~ brand* roast coffee (beans); *'n (koppie) ~ drink* have a (cup of) coffee; *een ~, ~ vir een* one coffee; *flou/sterk ~* weak/strong coffee; *~ drink soos die kan hom skink, (fig.)* take things as they come; *kan ek 'n koppie ~ kry?* may I have a cup of coffee?; *iets is op die ~, (infml.)* s.t. is kaput *(or* on the blink *or* not functioning/working *or* out of order)*; *iem. is op die ~* s.o. has gone pot; *~ skink* pour/serve coffee; *swart ~* (of *~ sonder melk*) black coffee; *wit ~* (of *~ met melk*) white coffee. **~boon(tjie)** coffee bean. **~brandery** coffee roasting; coffee-roasting factory. **~bruin** coffee-coloured. **~filter, ~filtreerder** coffee filter. **~kamer** coffee room/shop; refreshment room. **~koppie** coffee cup. **~masjien, ~maker** coffee machine/maker. **~melkpoeier** coffee whitener. **~meul(e)** coffee mill/grinder. **~moer** coffee grounds. **~pit** -*pitte* coffee bean; *(in the pl., also)* nibs. **~poeier** coffee powder, instant coffee. **~tafelboek** coffee-table book. **~verromer** coffee creamer. **~winkel** coffee shop.

**kof·fie·kleur** coffee colour. **kof·fie·kleu·rig** -*rige* coffee-coloured.

**ko·fi·a** -*fias* fez, tarboosh.

**kog·gel** *ge-* mimic, mock, imitate; tease, gibe. **kog·ge·laar** -*laars* mimic(ker); teaser. **kog·ge·la·ry, kog·gel·ry** mimicking, mimicry, mocking; teasing. **kog·gel·man·der, kog·gelman·der** -*ders, (zool.)* agama.

**kog·le·a, coch·le·a** -*leas, (anat.)* cochlea.

---

**kog·ni·sie** cognition. **kog·ni·tief** -*tiewe* cognitive.

**ko·ha·bi·teer** *ge-* cohabit. **ko·ha·bi·ta·sie** cohabitation.

**ko·he·rent** -*rente* coherent. **ko·he·ren·sie** coherence. **ko·hesie** cohesion, coherence.

**kohl** *(<Arab., eye make-up)* kohl.

**ko·hort** -*horte* cohort.

**Koi** = KHOI. **~-San** = KHOI-SAN.

**koi** *koi's,* **koi·vis** -*visse, (Jap. icht.)* koi.

**ko·ï·tus, ko·i·tus** coitus.

**kok** *kokke, koks* cook; *eerste ~* chef; *te veel ~s/~ke bederf die bry* too many cooks spoil the broth.

**ko·ka·ïen** cocaine. **~slaaf** cocaine addict, *(sl.)* snowhead.

**ko·kar·de** -*des* cockade, badge, rosette.

**ko·kend** -*kende* boiling; *~ warm* piping/scalding hot; *~ van woede* seething with rage.

**ko·ker¹** -*kers* cook; cooker; boiler.

**ko·ker²** -*kers* cylinder; case, sheath, casing; socket; quiver *(for arrows)*; (stallion's) pizzle; plunger; trunk; scrinium *(for Rom. manuscripts)*. **~boom** *(Aloe dichotoma)* large aloe, quiver tree. **~juffer** *(entom.)* caddis fly, mayfly. **~wurm** caddis worm, caseworm.

**ko·ke·ry** cooking, boiling; cookery.

**ko·ket** -*kette,* n. coquette, flirt. **ko·ket** *koket(te)* koketter *koketste, adj.* coquettish. **ko·ket·teer** *ge-* flirt, coquet, make advances, philander. **ko·ket·te·rig** -*rige* flirtatious, flirty, flirtish. **ko·ket·te·rie** -*rieë* coquetry, flirtation, philandering.

**ko·ki** -*ki's,* **ko·ki·pen** -*penne* koki (pen).

**kok·ke·door** -*dore* bigwig; *'n groot ~, (infml.)* a bigwig, a big-leaguer, a big bug/fish/gun/noise/shot/wheel, a high cockalorum.

**kok·ke·rot** -*rotte* = KAKKERLAK.

**kok·ke·tiel** -*tiele, (orn.)* cockatiel, cockateel.

**kok·ke·wiet** -*wiete, (orn.)* = BOKMAKIERIE.

**kok·kus** -*kusse, (bot., bacteriol.)* coccus. **kok·kus·vor·mig** -*mige* coccoid.

**ko·kon** -*konne,* -*kons* cocoon; *jou in 'n ~ toespin, (fig.)* cocoon.

**ko·kos·:** **~boom, ~palm** coconut tree/palm. **~melk** coconut milk. **~neut** coconut.

**koks·:** **~mes** cook's knife. **~pet, ~mus** chef's/cook's cap.

**kok·siks** -*sikse, (anat.)* coccyx.

**kol** *kolle,* n. spot; stain, blotch; patch, blaze, star *(on a horse's forehead)*; (shooting) bull's-eye, carton; *in die ~ wees, (fig.)* be spot on; *na aan die ~, nie ver/vêr van die ~ (af) nie, (a guess)* not far out; *op 'n ~, (infml.)* at one time; *die ~ tref, (lit. & fig.)* hit the mark, score a bull's-eye; *vuil ~* smudge, splodge. **kol** *ge-, vb.* mark with a spot. **~hou** *(golf)* hole in one, *(infml.)* ace; *'n ~ slaan* get/have/hit/score a hole in one. **~-kol** in patches, at intervals, sporadically, in spots, here and there. **~lig** spotlight. **~skoot** bull's-eye, carton; *'n ~ skiet* hit the bull's-eye. **~skyf** bull's-eye target. **~stert** *(icht.)* blacktail, dassie.

**ko·le·:** **~bak, koolbak** coal box/scuttle. **~-emmer, koolemmer** coal scuttle. **~pan, koolpan** firepan, brazier. **~skip, koolskip** collier; *matroos op 'n ~* collier. **~stof** coal dust, coom. **~tip** coal tip. →KOOL¹, STEENKOOL.

**ko·le·ra** →CHOLERA.

**ko·les·te·rol** →CHOLESTEROL.

**kolf** *kolwe,* n., *(cr., baseball)* bat; club; (gun)stock, butt (end); (distilling) receiver, flask, retort, bulb tube; *(bot.)* spadix; *(game)* kolf; *die ~ hanteer, (also, cr.)* wield the willow. **kolf** *ge-, vb., (cr., baseball)* bat; *(game)* play (at) kolf; *gaan ~, (cr.)* go in, go and bat. **~beurt** *(cr.)* innings; *(baseball)* inning. **~blad** -*blaaie, (cr.)* wicket, pitch; *'n goeie ~* a good wicket; *'n mak ~* a plumb wicket; *op 'n moeilike ~ speel* be/bat on a sticky wicket. **~diepte** batting depth. **~helm** *(cr.)* protective helmet. **~krag**

batting strength. ~**lys** batting order. ~**mos** club moss. ~**streep** *(cr.)* popping crease. ~**tempo** *(cr.)* strike rate *(of a batsman).* ~**(werk)** batting, batsmanship.

**ko·li·brie** *=bries, (orn.)* colibri, hummingbird.

**ko·liek** colic, tormina. ~**pyn** gripes.

**ko·li·se·um** →COLOSSEUM.

**kol·jan·der** coriander; →VINKEL.

**kolk** *kolke, n.* eddy, whirlpool; abyss, gulf; pothole; pool; (air) pocket; sluice chamber. **kolk** *ge=, vb., (abyss)* yawn; *(water)* eddy, whirl. ~**gat** pothole *(in a river).*

**Kol·ka·ta,** *(obs.)* **Kal·kut·ta** *(East Ind. port)* Kolkata, *(obs.)* Calcutta.

**kol·king** *=kings, =kinge* eddying, smother *(of water).*

**kol·la·geen** collagen.

**kol·la·si·o·neer** *ge=* collate, check. **kol·la·si·o·ne·ring** collation.

**kol·la·te·raal** *=rale* collateral.

**kol·le·ga** *=gas* colleague, fellow worker. **kol·le·gi·aal** *=giale* fraternal, as a colleague; collegial. **kol·le·gi·a·li·teit** fraternity, fraternal spirit, collegiality, esprit de corps.

**kol·lege** *=leges* college; council, board; *op* ~ at college. ~**gel·de** college/lecture/tuition fees. ~**lid** collegian.

**kol·lek·sie** *=sies* collection.

**kol·lek·tant** *=tante* collector.

**kol·lek·te** *=tes* collection; offertory (money); *'n* ~ *van huis tot huis* a door-to-door collection; *'n* ~ *hou/opneem* take up a collection, pass/send the hat round. ~**bord** collection/offertory plate. ~**dag** collection/flag day. ~**geld** offertory. ~**sakkie** offertory/collection bag.

**kol·lek·teer** *ge=* collect, make/take a collection, take up the collection *(in church).* ~**oproep** collect call, reversed charge call.

**kol·lek·teer·der** *=ders* collector.

**kol·lek·tief** *=tiewe, n.* collective (noun/name). **kol·lek·tief** *=tiewe, adj.* collective. **kol·lek·ti·vis·me** *(also* K~) collectivism. **kol·lek·ti·wi·teit** collectivity, collectiveness. **kol·lek·tor** *=tors, (elec.)* collector.

**kol·len·chiem** *(bot.)* collenchyma.

**kol·le·rig** *=rige, adj.* spotty, spotted; patchy; *(bot.)* variegated. **kol·le·rig** *adv.* patchily, in patches. **kol·le·rig·heid** spottiness.

**kol·le·tjie** *=tjies* dot; small spot, speck.

**Kol·lie** *=lies,* (breed of dog, *also* k~) collie.

**kol·lo·ïed** *=loïede, n. & adj.* colloid.

**kol·lu·sie** collusion.

**ko·lo·fon** *=fons, (print.)* colophon.

**ko·lo·kwint** *=kwinte, (bot.)* colocynth, bitter apple.

**ko·lom** *=lomme* column, pillar; *(print.)* column; *(elec.)* pile. ~**hoof,** ~**opskrif** column heading. **ko·lom·vor·mig** *=mige* columnar.

**ko·lon** *=lons, (gram., anat.)* colon.

**ko·lo·nel** *=nels* colonel. **ko·lo·nel·skap** *=skappe* colonelcy. **ko·lo·nels·rang** colonelcy, colonel's rank.

**ko·lo·ni·aal** *=niale* colonial. **ko·lo·ni·a·lis** *=liste, n.* colonialist. **ko·lo·ni·a·lis·me** colonialism. **ko·lo·ni·a·lis·ties** *=tiese, adj.* colonialist(ic).

**ko·lo·nie** *=nies* colony; settlement; plantation; *iem. uit die* ~*s* colonial. **ko·lo·nie·vor·mend** *=mende, (biol.)* colonial; *(biol.)* social. **ko·lo·nis** *=niste* colonist; settler, colonial; coloniser.

**ko·lo·ni·seer** *ge=* colonise; settle. **ko·lo·ni·sa·sie, ko·lo·ni·se·ring** colonisation; settlement. **ko·lo·ni·seer·der** *=ders* coloniser.

**ko·lon·na·de** *=des* colonnade, peristyle, portico; *(oordekte)* ~ stoa.

**ko·lon·ne** *=nes* (army) column; *in geslote* ~ in close quarters. ~**krygshof,** ~**krygsraad** *(mil.)* drumhead court martial.

**ko·lo·ra·tuur** coloratura; colouring. ~**sopraan** coloratura soprano.

**ko·lo·riet** *(<It., painting)* colo(u)ration, colouring.

**ko·lo·ri·me·ter** colorimeter.

**ko·lo·ris** *=riste* colourist. **ko·lo·ris·ties** *=tiese* coloristic.

**ko·los** *=losse* colossus; *'n* ~ *van 'n ...* a great hunk of a ... *(weightlifter etc.).* **ko·los·saal** *=sale =saler =saalste* colossal, gigantic, huge, enormous, *(infml.)* ginormous; gargantuan, immense, mammoth; stupendous; whacking; thumping *(lie);* monumental *(ignorance);* slashing *(reductions);* outrageous *(blunder).* **ko·los·saal·heid** hugeness.

**Ko·los·sen·se** *(NT book)* Colossians.

**Ko·los·se·um** →COLOSSEUM.

**ko·los·to·mie, ko·lo·to·mie** *(med.)* colostomy, colotomy.

**kol·por·teer** *ge=* canvass, hawk *(books).* **kol·por·ta·sie** colportage, canvassing, vending, hawking. **kol·por·teur** *=teurs* colporteur, canvasser, *(book)* salesman.

**kol·po·skoop** *=skope, (med.)* colposcope.

**ko·lu·re** *(astron.)* colure.

**kol·we** *ge=* →KOLF *vb..* **kol·wer** *=wers* batsman, bat; *(baseball etc.)* batter; *(baseball)* striker. **kol·we·ry** batting.

**kol·wyn·tjie, kol·le·wyn·tjie** *=tjies* cupcake. ~**pan** patty-pan, muffin pan, bun tin.

**kom¹** *komme, n.* basin, bowl, dish; cup, vessel; dale, vale, depression; *(geol.)* centroclinal fold, centrocline; *(archit.)* bay. ~**venster** bow/bay window. **kom·vor·mig** *=mige* bowl-shaped, basin-shaped, cup-shaped; calycine; *(anat.)* cotyloid.

**kom²** *n.: aan die* ~ *wees* be coming, be on the way; be in the offing/wind, be on the horizon; be in the pipeline; *daar's iets (of iets is) aan die* ~ s.t. is at hand; s.t. is on the way; there's something in the air; ~ *en gaan* coming(s) and going(s); *iem. se* ~ *en gaan,* *(also)* s.o.'s movements. **kom** *ge=, vb.* come; arrive, *(coarse: have an orgasm)* come; *aan iets* ~ get/obtain s.t., come by s.t.; *aanhou (met)* ~ keep coming; *ag* ~ *(nou!)* oh, rubbish!; *agter iets* ~ find s.t. out; *al wat* ~*, is ... ...* has still not turned up; ~ *besoek* come and see, come to visit; ~ *binne!* come in!; *by iem.* ~ visit s.o.; catch up with s.o.; *iem.* ~ *nie by ... nie* s.o. cannot hold a candle to ...; *by iets* ~ get (a)round to s.t.; *iem.* ~ *nooit daar nie* s.o. never visits there; *iem. sal nooit weer daar* ~ *nie* s.o. will never show his/her face there again; *hoe sal ek maak om daar te* ~? how am I to get there?; *waar* ~ *jy daaraan?,* *(also, infml.)* where did you get that?; who told you that?; *iem. kon nie daarby* ~ *nie* s.o. couldn't (*or* could not) get (a)round to (doing) it; *niks* ~ *daarby nie* nothing equals it; *dit* ~ *daarvan!* see what happens?; now you've done it!; *dit* ~*!* coming up! *(infml.); dit* ~ *reën,* *(dated)* rain is coming; *eerste* ~ be the first to come; come first *(in a race); eerste* ~*, eerste maal* first come, first served; *ek* ~*!* (I'm) coming!; *êrens in die lewe* ~ make something of o.s.; ~ *en gaan* come and go; *nie weet of jy* ~ *of gaan nie* not know whether one is Arthur or Martha; ~ *ons gaan/loop/ry!* let's *(or* let us) go!; *die werk moet gedoen/klaar* ~ the work must get done; *iem.* ~ *asof hy/sy geroep is* s.o.'s arrival is very timely; ~ *gerus!* do come!; ... ~ *haal* come for ...; ~ *hier!* come here!; *iem.* ~ *hiernatoe* s.o. is coming over; *iem. vra hoe om daar (uit) te* ~ ask s.o. the way; *hoe het dit ge~?* how did it come about?; *hoe* ~ *dit dat ...?* how is it that ...?; *iem.* ~ s.o. is coming; ~ *jy?* (are you) coming?; *so ... as kan* ~ as ... as they come *(pretty etc.);* as ... as could be *(calm etc.);* as ... as they make them *(dependable etc.); toe ek my* ~ *kry* when I came to my senses *or* realised the position/situation), before I knew where I was; *iem. laat* ~ call (in) (*or* send for) s.o. *(a doctor);* get s.o. in *(to help etc.);* have s.o. come; *iets laat* ~ send (away/off/out) for s.t. *(goods);* order s.t. *(a taxi etc.);* call *(or* send for) s.t. *(the police etc.); langs/teenoor ...* ~ get abreast of ...; *met die trein* ~ come by train; *met iets (te voorskyn)* ~ float *(or* come up) with s.t. *(an idea etc.);* come forward with s.t. *(a proposal etc.)*; produce s.t. *(a plan etc.)*; *C ~ ná* B C comes after B; *na aan iem. ~* come close to s.o.; *na iem. toe ~* come up to s.o.; *iets ~ naby aan* ... s.t. approximates (to) ...; s.t. verges (up)on ...; *nie naby ... ~ nie, (infml.)* not be a patch on ...; *niemand ~ naby ... nie, (also)* no one can touch ...; *dit ~ op ... neer* to all intents and purposes it is ..., it comes/amounts to ...; it boils down to ...; *iem. ~ nêrens nie* s.o. never goes out; s.o. achieves nothing; *daar ~ niks van nie* nothing will come of it; it is out of the question; *dit ~ nog* that's *(or* that is) still to come; *daar ~ nog ses* there are six to come; *vier is klaar en twee ~ nog* four are finished with two to go; *~ om te* ... come for ...; *om iets ~* get round s.t.; *~ ons* ... let's *(or* let us) ...; suppose we ...; *oor iets (heen) ~* get across/over s.t.; make a recovery from s.t.; *op ... (te staan) ~* come to *(or* out at) ...; amount to ...; *op iets ~* get up s.t.; hit/strike (up)on s.t. *(an idea etc.)*; remember *(or* think of) s.t. *(s.o.'s name etc.)*; *op 'n syfer ~* arrive at a figure; *~ jy (saam)?* (are you) coming (along)?; *steeds ~* keep coming; *te pas ~* be *(or* come in) handy; *as iem. te sterwe ~* in case of s.o.'s death; *iets te wete ~* come/get to know s.t.; *ter sprake ~* come up (for discussion), come out; *tot ... ~* reach ..., come to ..., arrive at ... *(a decision, conclusion, etc.)*; *tot by ... ~* come up to ... *(one's waist etc.)*; *tussenbei(de) ~* step in, intervene; *die tyd het ge~* the time has arrived; *uit iets ~* come/get out of s.t.; *uit Latyn/ens. ~, (a word etc.)* derive *(or* be derived) from Latin/etc.; *die deur ~ in/op die gang uit* the door opens into the corridor; *uit/van ... ~* hail from ... *(Zimbabwe etc.)*; *van ... ~* come from ... *(Port Elizabeth etc.)*; *waar ~ ... so skielik vandaan?* where did ... spring from?; *waar moet die ... vandaan ~?* where is the ... to come from? *(money etc.)*; *iets ~ vanself* s.t. comes naturally; *dit ~ van ver/vêr (af)* it comes a long way; *iem. het van ver/vêr af ge~* s.o. has come a long way; *as dit so ver/vêr ~* if it comes to that; *so ver/vêr ~ om iets te doen* get (a)round to s.t.; *nie verder/vêrder kan ~ nie* be stranded; *voor ~* draw ahead; *met iets vorendag (of voor die dag* of *te voorskyn) ~ →met iets (te voorskyn) kom; wanneer die ... ~* come the ...; *(laat) ~ wat wil* come what may; come rain or shine, come hell or high water; damn the consequences; *weer ~* come back.

**ko·ma** *=mas* coma, stupor; *in 'n ~ raak* fall/go/lapse into a coma; *in 'n ~ wees* be in a coma.

**kom·aan** *interj.* come on/along!; buck/cheer up!, snap out of it!.

**kom·bers** *=berse* blanket; *(in the pl., also)* covers; *onder die ~e* between the sheets; *gestikte ~* comforter. **~materiaal, ~stof** blanket cloth, blanketing. **~steek** blanket stitch.

**kom·bi** *=bi's* minibus.

**kom·bi·na·sie** *=sies* combination, permutation; combine, ring. **~hou** *(boxing)* one-two. **~slot** combination lock. **~vorm** *(ling.)* combining form.

**kom·bi·na·to·ries** *=riese* combinative, combinatory.

**kom·bi·neer** *ge=* combine. **kom·bi·neer·baar** *=bare* compat= ible.

**kom·buis** *=buise* kitchen. **~afval** garbage, swill. **~deur** kitch= en door. **~gereedskap** kitchen utensils. **~kas** kitchen cabi= net; kitchen cupboard, (kitchen) dresser. **~kraan** sink bib= (cock). **~kruie** potherbs, fine/culinary herbs. **~mes** kitchen knife. **~taal** kitchen language; jargon, uneducated/vulgar speech, patois. **~tafel** kitchen table. **~tee, ~partjie** kitchen tea/shower.

**kom·bui·sie** *=sies* kitchenette.

**ko·me·di·ant** *=diante* comedian, gagster. **ko·me·di·an·te** *=tes, (fem.)* comedienne.

**ko·me·die** *=dies* comedy; farce; *~ speel* play-act, put on an act, pretend; *wat 'n ~!* what a farce/game!. **~spel** comedy; farce, make-believe, play-acting. **~speler** comedian. **~stuk** comedy.

**ko·meet** *komete* comet. **~stert** tail of a comet.

**ko·meet·ag·tig** *=tige* cometary.

**ko·mend** *=mende* coming, *(pred.)* to come, next, future, up= coming; →KOM² *vb.*.

**ko·miek·lik** *=like =liker =likste* comic(al), funny, odd, droll. **ko·miek·lik·heid** comicality, oddness, funniness.

**ko·mies** *=miese* comic(al), funny; *~e figuur* figure of fun, comical figure; *~e opera* comic(al) opera. **~-he·ro·ïes** *=roïese* mock-heroic.

**ko·mi·tee** *=tees* committee; *in 'n ~ dien* be/serve/sit on a committee; *in 'n ~ gaan* go into committee; *gekose ~, (parl.)* select committee; *insake 'n wetsontwerp* committee on a bill; *die/'n ~ sit* the/a committee sits. **~kamer** committee room. **~lid** committee member. **~vergadering** committee meeting.

**kom·kom·mer** *=mers* cucumber. **~kruid** borage. **~slaai** cu= cumber salad.

**kom·ma** *=mas* comma. **~punt** *=punte* semicolon.

**kom·man·dant** *=dante, (chiefly hist.)* commandant; com= mander. **kom·man·dant·skap** *=skappe* commandantcy, com= mandantship; commandership. **kom·man·dants·rang, =titel** rank/title of commandant/commander.

**kom·man·deer** *ge=* command, order, be in command of; call up *(men)*; commander, requisition *(goods)*; call out *(troops)*. **kom·man·de·ring** commandeering, requisitioning.

**kom·man·de·ment** *=mente* command, military region.

**kom·man·deur** *=deurs* commander. **kom·man·deur·skap** *=skappe* commandership. **kom·man·deurs·rang, =titel** rank/ title of commander.

**kom·man·do** *=do's* commando; *op ~ gaan* take the field, go on commando; *op ~ wees* campaign. **~brug** (navigating) bridge, pilot/conning bridge, control platform. **~pos** con= trol post. **~soldaat** commando (soldier). **~toring** conning tower. **~troepe** commandos. **~wurm** army worm.

**kom·man·do·tjie** *=tjies* small commando.

**kom·men·taar** *=tare* comment(ary); gloss; *geen ~ no com=* ment; *~ lewer* offer comments; *op iets lewer* comment *(or* make comments) (up)on s.t.; *lopende ~* running commentary on ...; *~ (is) oorbodig!* comment is superfluous!. **~skrywer** commentator; *(philol.)* scholiast. **kom·men·ta·tor** *=tors* commentator.

**kom·mer** anxiety, concern, worry, care, distress, trouble; *iem. (groot) ~ besorg* be a (great) sorrow to s.o.; *diepe ~* deep/grave/great anxiety; *iem. se ~ oor* ... s.o.'s anxiety about/ for ...; *iets wek ~* s.t. causes anxiety/worry; s.t. arouses/ causes concern; *dit wek ~ dat* ... it gives cause for concern that ... **~kous** worrier, *(infml.)* worryguts. **~krale** *n. (pl.)* worry beads. **~plooie** *n. (pl.)* worry lines. **~vol** *=volle* anxious, dis= tressed, distressful, wretched.

**kom·mer·loos** *=lose* carefree, free from care, untroubled.

**kom·mer·si·a·li·seer** *ge=* commercialise. **kom·mer·si·a· li·se·ring, kom·mer·si·a·li·sa·sie** commercialisation.

**kom·mer·si·eel** *=siële* commercial; mercantile.

**kom·mer·wek·kend** *=kende* disturbing, perturbing, wor= rying, vexing.

**kom·me·tjie** *=tjies* small basin; cup, bowl, mug. **~gatmuis= hond** *(Atilax paludinosus)* water mongoose.

**kom·mis·sa·ri·aat** *=riate, (mil.)* commissariat, supply ser= vice, supplies; commissionership. **~depot** *(mil.)* supply de= pot. **~offisier** *(mil.)* supply officer.

**kom·mis·sa·ris** *=risse* commissioner; commissary; *(Russ.)* commissar; *hoë ~* high commissioner; *~ van ede* commis= sioner of oaths. **~-generaal** *=risse-generaal* commissioner- general. **kom·mis·sa·ris·skap** commissionership.

**kom·mis·sie** *=sies* commission; committee; order; *'n ~ aan= stel* appoint a commission; *in ~* on commission; on con= signment; *~ van ondersoek* commission of inquiry, review body/panel; *~ van toesig* supervisory committee, board of visitors; *teen* ~ at a commission. ~**agent** commission agent. ~**goed** goods on consignment, consigned goods. ~**handel** commission business. ~**lid** committee member, member of a/the commission, commissioner. ~**offisier** commissioned officer. ~**vergadering** committee meeting, meeting of a/the commission.

**kom·mo·door** =doors, *(obs. naval rank)* commodore.

**kom·mu·naal** =nale communal. **kom·mu·na·lis·me** communalism.

**kom·mu·ne** =nes commune.

**kom·mu·nie** =nies, *(RC)* (Holy) Communion; *laaste* ~ viaticum. ~**bank** altar rail.

**kom·mu·ni·kant** =kante, *(Chr.)* communicant.

**kom·mu·ni·ka·sie** =sies communication. ~**gaping** communication gap. ~**kunde**, ~**leer** communication studies. ~**middel** =dele, =dels means of communication. ~**satelliet** communications satellite. ~**vaardighede** communication skills.

**kom·mu·ni·keer** ge= communicate; *met iem.* ~ communicate with s.o..

**kom·mu·nis** =niste, *(also K~ if member of a party)* communist. **kom·mu·nis·me** *(also K~)* communism. **kom·mu·nis·ties** =tiese, *(also K~)* communist(ic); *K~e Party* Communist Party.

**kom·mu·ta·tor** =tors, *(elec.)* commuter.

**ko·mo·do·draak** *(zool.)* komodo dragon.

**kom·pak** =pakte =pakter =pakste compact. ~**skyf** →LASERSKYF. ~**skyfspeler** →LASERSKYFSPELER.

**kom·pak·sie** compaction.

**kom·pak·teer** ge= compact; *(comp.)* zip *(files)*.

**kom·pakt·heid** compactness.

**kom·pa·nie** =nies, *(mil.)* company. ~**bevelvoerder** company commander.

**kom·pan·jie** =jies, *(comm., obs.)* company; *Die Verenigde Oos-Indiese K~*, *(hist.)* the Dutch East India Company.

**kom·pa·ra·tief** =tiewe, *n. & adj., (gram.)* comparative.

**kom·pa·reer** ge=, *(jur.)* appear. **kom·pa·rant** =rante, *(jur.)* appearer, party. **kom·pa·ri·sie** *(jur.)* appearance.

**kom·par·te·ment** =mente compartment.

**kom·pas** =passe compass. ~**afwyking** deviation of the compass/needle, compass deviation. ~**naald** compass needle, needle of the compass. ~**roos** compass card/rose, fly, wind rose. ~**streek** compass point, point of the compass, rhumb.

**kom·pen·di·um** =diums, =dia compendium; summary, abstract.

**kom·pen·sa·sie** =sies compensation; setoff, offset. ~**stroom** compensating current.

**kom·pen·sa·tor** =tors, **kom·pen·seer·der** =ders, *(tech.)* compensator.

**kom·pen·seer** ge= compensate, counterbalance; make good *(a loss)*. ~**klep**, **kompensasieklep** compensator/compensating valve.

**kom·pen·se·rend** =rende, **kom·pen·sa·to·ries** =riese compensational, compensatory.

**kom·pe·teer** ge= compete; *met iem.* ~ compete with s.o..

**kom·pe·ten·sie** *(jur.)* competence, legal capacity.

**kom·pe·ti·sie** =sies competition; league. ~**wedstryd** league match.

**kom·pi·la·sie** =sies compilation. ~**werk** compilation; compiling.

**kom·pi·leer** ge= compile.

**kom·pleet** komplete meer ~ die mees komplete, adj. complete; utter *(failure)*; positive *(scandal)*; self-contained. **kom·pleet** adv. completely, utterly; just like. **kom·pleet·heid** completeness; perfection.

**kom·pleks** =plekse, *n.* complex; aggregate, totality, system;

*(also* gebouekompleks*)* (building) complex, group/block of buildings, cluster; *'n* ~ *oor iets hê*, *(infml.)* have a complex *(or, infml.* be hung up) about s.t.. **kom·pleks** =plekse, meer ~ die mees =plekse, adj. complex, complicated. **kom·plek·si·teit** complexity.

**kom·ple·ment** =mente, *n.* complement. **kom·ple·men·teer** ge=, *vb.* complement. **kom·ple·men·têr** =têre complementary; ~*e kleure* complementary colours; ~*e hoek* complementary angle.

**kom·pli·ka·sie** =sies complication.

**kom·pli·ment** =mente compliment; pleasantry; *iets as 'n* ~ *beskou* take s.t. as a compliment; *'n dubbelsinnige* ~ a backhanded compliment; *gee hom/haar my* ~*e* give him/her my compliments/regards/respects; *iem. 'n* ~ *oor ... maak* compliment (*or* pay s.o. a compliment) on ...; *met die* ~*e van die uitgewer/skrywer* with the compliments of the publisher, with the author's compliments; *na* ~*e vis/hengel* angle/fish for compliments. **kom·pli·men·teer** ge= compliment; *iem. met iets* ~ compliment s.o. on s.t.. **kom·pli·men·têr** =têre complimentary.

**kom·pli·seer** ge= complicate.

**kom·plot** =plotte plot, intrigue, conspiracy.

**kom·po·neer** ge= compose. **kom·po·nis** =niste composer.

**kom·po·nent** =nente component.

**kom·pos** compost; ~ *maak* compost, make compost.

**kom·po·si·sie** =sies composition; design *(of a painting)*. **kom·po·si·to·ries** =riese compositional.

**kom·pres** =presse compress, (wet) pack; *koue/warm* ~, *(med.)* hot/cold compress. ~**katoen** jaconet.

**kom·pres·sie** =sies compression; cushioning *(of steam)*. ~**klep** compression valve.

**kom·pres·sor** =sors compressor.

**kom·pro·mis** =misse, **kom·pro·mie** =mieë compromise; *'n* ~ *met ... aangaan/maak* compromise with ... **kom·pro·mis·loos** =lose uncompromising, hardline. **kom·pro·mit·teer** ge= compromise; commit; *jou* ~ compromise o.s.; commit o.s..

**kom·pul·sie** =sies compulsion. **kom·pul·sief** =siewe compulsive; ~*siewe koper* compulsive buyer/shopper, *(infml.)* shopaholic.

**koms** arrival, coming; advent *(of Christ)*; accession *(to the throne)*; *op* ~ *wees* be coming/approaching (*or* on the way); be at hand, be in the offing/wind; be in the pipeline.

**kom·sat** =satte, *(abbr. for kommunikasiesatelliet)* comsat.

**ko·myn** *(cook.)* cum(m)in. ~**kaas** cum(m)in/spiced cheese.

**kon** →KAN[2] *vb.*

**kon·den·saat** =sate condensate.

**kon·den·sa·sie** condensation. ~**warmte** heat of condensation.

**kon·den·sa·tor** =tors condenser; *(elec.)* capacitor.

**kon·den·seer** ge= condense. ~**middel** =dels, =dele condensing agent. ~**oppervlak** condensing surface.

**kon·den·seer·baar** =bare condensable, condensible.

**kon·den·se·ring** condensation.

**kon·dens·melk** condensed milk.

**kon·den·sor·lens** condenser lens.

**kon·di·sie** =sies condition; *(in the pl.)* terms; form, state; service; *in goeie/slegte* ~ *wees*, *(goods, animals)* be in good/bad condition; *(pers.)* be fit/unfit, be in good/bad form/shape. **kon·di·si·o·neel** =nele conditional, qualified. **kon·di·si·o·neer** ge= condition, accustom. **kon·di·si·o·ne·ring** conditioning.

**kon·do·mi·ni·um** =niums, =nia condominium.

**kon·doom** =dome condom.

**kon·dor** =dors condor.

**kon·duk·teur** =teurs conductor, guard. **kon·duk·teurs·wa** guard's/goods van, caboose.

**kon·fe·de·raal** =rale, **kon·fe·de·ra·tief** =tiewe confederal.

**kon·fe·de·reer** =ge= confederate. **kon·fe·de·ra·sie** =sies= confederation, confederacy.

**kon·fe·ren·sie** =sies= conference; *'n ~ belê* convene a conference; *'n ~ oor iets hou* hold a conference on s.t.; *in 'n ~ wees* be in conference; *met iem. in ~ wees* be in conference with s.o.; *op 'n ~* at a conference. ~**saal** conference hall/room.

**kon·fes·sie** =sies= confession. **kon·fes·si·o·neel** =nele= confessional; denominational, sectarian.

**kon·fet·ti** →CONFETTI.

**kon·fi·den·si·eel** =siële= confidential.

**kon·fi·gu·ra·sie** =sies= configuration.

**kon·fis·keer** =ge= confiscate, seize. **kon·fis·ka·sie** =sies=, **kon·fis·ke·ring** confiscation, seizure. **kon·fis·keer·baar** =bare= confiscable. **kon·fis·ke·rend** =rende= confiscatory.

**kon·flik** =flikte= conflict; *in ~ kom met ...* come into conflict (*or* conflict/clash) with ... ~**diamant** *(traded illegally to fund insurgency/etc.)* conflict diamond. ~**ge·bied** trouble spot. ~**ge·teister(d)** =terde= conflict-ridden; *~de gebied, (also)* trouble spot. ~**oplossing** conflict resolution. ~**situasie** conflict situation.

**kon·foes** =ge=, *(<Eng., infml.)* confuse, mess up, upset.

**kon·for·meer** =ge= conform; *~ met ...* conform to ... **kon·for·ma·sie** conformation. **kon·for·mis** =miste= conformist. **kon·for·mi·teit** conformity.

**kon·fron·teer** =ge= confront; *iem. met ... ~* confront s.o. with ...; *deur ...ge~ word* be confronted by ... *(s.o.).* **kon·fron·ta·sie** =sies= confrontation, showdown, face-off; *iem. se ~ met ...* s.o.'s confrontation with ...; *die ~ tussen ... en ...* the confrontation between ... and ...

**kon·fyt** =fyte= jam, preserve. ~**fles** jam jar. ~**potjie** jam dish/pot. ~**tert** jam tart.

**kon·ges·tie** congestion; *aan ~ ly, (also)* be congested.

**kon·glo·me·raat** =rate= conglomerate, conglomeration. **kon·glo·me·ra·sie** =sies= conglomeration. **kon·glo·me·reer** =ge= conglomerate.

**Kon·go** *(geog.)* Congo; *die Demokratiese Republiek van ~, (since 1997)* the Democratic Republic of Congo. **Kon·go·lees** =lese, n. & adj.= Congolese.

**kon·gre·ga·sie** =sies, (RC; also of a univ.)= congregation.

**kon·gres** =gresse= congress, conference, convention; *~ hou* hold a congress/conference; *die K~, (USA)* Congress. ~**ganger**, ~**lid** delegate, member of a congress, conferee. **K~lid** *(USA)* Congressman, =woman. ~**sitting** meeting/session of a congress.

**kon·gru·eer** =ge= be equal and similar (to), agree in all respects (with); *(gram.)* agree. **kon·gru·en·sie** =sies= equality and similarity; congruence, congruency, congruity; *(gram.)* agreement, concord. **kon·gru·ent** =gruente= equal and similar, identical, congruent.

**ko·nies** =niese= conic(al); tapered; *~e dryfwerk* bevel gear; *~e klep* cup valve; *~e rat* bevel wheel/gear.

**ko·ni·feer** =fere= conifer, coniferous tree.

**ko·ning** =nings= king, monarch; *die Boeke van die K~s, (OT)* the Books of the Kings; *~ van die diere/voëls, (poet., liter.)* king of the beasts/birds; *die drie K~s, (NT)* the three Kings/Magi; *elke haan is ~ op sy eie mishoop* every cock crows best on his own dunghill; *dink jy is die ~ se hond se oom (se kat se neef)* think o.s. the cat's pyjamas/whiskers, fancy o.s. (just it); *die K~ van die konings, (God)* the King of kings; *~ kraai* triumph, glory; *iem. tot ~ kroon* crown s.o. (as) king; *soos 'n ~ leef/lewe* live like a king; *iem. tot ~ uitroep* proclaim s.o. king. ~**keiser** king-emperor. ~**klip** =klip(pe), (icht.)= kingklip. ~**maker** *(lit.)* kingmaker. ~**pikkewyn** king penguin. ~**riethaan** *(Porphyrio* spp.*)* gallinule, swamphen. ~**rooibek(kie)** *(orn.)* pintailed whydah. ~**seun** king's son, prince. ~**vlinder** monarch (butterfly).

**ko·nin·gin** =ginne= queen; *'n pion ~ maak, (chess)* queen a pawn; *die ~ van ..., (infml.)* the first lady of ... *(jazz etc.);* the grande dame of ... *(fashion etc.).* ~**by** queen bee. ~**moeder** queen mother/dowager. ~**regentes** queen regent. ~**weduwee** queen dowager.

**ko·nin·gin·skap** queenhood, queenship, queendom.

**ko·nings**: ~**blou** royal blue, azure-, smalt-blue. ~**dogter** king's daughter, princess. ~**geel** orpiment/king's yellow. ~**huis** royal house, dynasty. ~**kind** royal child, child of royal blood. ~**kroon** royal crown. ~**moord** regicide. ~**paar** royal couple, king and queen. ~**titel** title of king, regal title. ~**troon** royal throne.

**ko·nings·ge·sind** =sinde, adj.= royalist(ic), monarch(i)al, monarchic(al), monarchist(ic). **ko·nings·ge·sin·de** =des, n.= royalist, monarchist. **ko·nings·ge·sind·heid** monarchism.

**ko·ning·skap** =skappe= kingship, royalty, kinghood.

**ko·nin·kie** =kies= kingling, kinglet, petty king.

**ko·nink·lik** =like= royal, regal, kingly, kinglike; *K~e Akademie* Royal Academy; *~e bedrag/som, (often joc.)* princely sum; *van ~e bloed* of royal blood, of the blood royal; *~e goedkeuring* royal assent; *dit ~ hê* have a royal time; *U/Haar/Sy K~e Hoogheid* Your/Her/His Royal Highness; *die ~e huis* the royal house, the dynasty; the royal household; *~e koerier* king's/queen's messenger; *'n ~e lewe lei* live like a king; *iem. ~ onthaal* entertain s.o. royally. **ko·nink·lik·heid** kingliness.

**ko·nink·ryk** kingdom, monarchy; *die K~ van God (of die hemele)* the Kingdom of God/Heaven.

**kon·jak** cognac, brandy.

**kon·jek·tuur** =ture= conjecture. **kon·jek·tu·raal** =rale= conjectural.

**kon·ju·geer** =ge= conjugate. **kon·ju·ga·sie** =sies= conjugation.

**kon·junk** =junkte= conjunct. **kon·junk·sie** =sies, (astron.)= conjunction; concourse. **kon·junk·tief** =tiewe, n. & adj., (gram.)= conjunctive, subjunctive; *~tiewe wys(e)* conjunctive/subjunctive mood. **kon·junk·ti·vi·tis** *(med.)* conjunctivitis.

**kon·ka** =kas= drum, large tin/can; *'n ~ petrol/ens.* a drum of petrol/etc..

**kon·kaaf** =kawe= concave. ~**konveks** concavo-convex. **kon·ka·wi·teit** concavity.

**kon·kel** =ge= plot (and scheme), wangle; machinate; botch, bungle; *met ... ~ massage ... (data, stat., etc.).* ~**werk** muddling, botched work, bungling, botch(ing); wangling, scheming.

**kon·ke·laar** =laars= plotter, schemer, wangler, wheeler-dealer. **kon·ke·la·ry**, **kon·kel·ry** =rye= wangling, conniving, scheming, plotting, wheeling and dealing.

**kon·klaaf** =klawe, (RC)= conclave.

**kon·klu·sie** =sies= conclusion, inference; *tot 'n ~ kom* arrive at (*or* come to) a conclusion, infer.

**kon·kor·dan·sie** =sies= concordance; conformity; *(gram.)* concord; *'n ~ op/van die Bybel* a concordance of/to the Bible.

**kon·kreet** =krete= =kreter =kreetste= concrete; *~krete getal* concrete number. **kon·kreet·heid** concreteness. **kon·kre·sie** =sies= concretion. **kon·kre·ti·seer** =ge= concretise.

**kon·kur·rent** =rente, (esp. comm.)= competitor, rival. **kon·kur·ren·sie** competition, rivalry.

**kon·kus·sie** =sies= concussion.

**kon·naat** =nate, (geol.)= connate.

**kon·nek·teer** =ge= connect (up). **kon·nek·sie** =sies= connection. **kon·nek·ti·wi·teit** *(comp.)* connectivity.

**kon·no·ta·sie** =sies= connotation.

**kon·se·kreer** =ge= consecrate. **kon·se·kra·sie** consecration.

**kon·se·kwent** =kwente, adj.= consistent, logical, consequent. **kon·se·kwent** *adv.* consistently. **kon·se·kwen·sie** =sies= consequence; consistency, logical conclusion.

**kon·sen·si·eus** =sieuse, adj. conscientious, scrupulous. **kon= sen·si·eus** adv. conscientiously.

**kon·sen·sus** consensus. **kon·sen·su·eel** =suele consensual.

**kon·sen·traat** =trate, (esp. chem.) concentrate.

**kon·sen·treer** ge= concentrate, centre; focus (one's thoughts); fix (one's mind); op iets ~ concentrate (up)on s.t.; iem. se verwagtinge is daarop ge~ s.o.'s expectations are centred on it; troepe ~ mass troops. **kon·sen·tra·sie** =sies concentration. **kon·sen·tra·sie·kamp** concentration camp.

**kon·sen·tries** =triese concentric. **kon·sen·tri·si·teit** concentricity.

**kon·sep** =septe draft; blueprint (fig.); concept; working paper; 'n nuwe ~ in die grimeerbedryf/ens. a new concept in the cosmetics industry/etc.; 'n ~ van ... vorm conceptualise ... ~**brief** draft letter; 'n ~ opstel draft a letter, write a letter in rough. ~**grondwet** draft constitution. ~**kontrak, ~ooreen= koms** draft contract. ~**vorm** (rough) draft; in ~ in draft; iets in ~ opstel make a (rough) draft of s.t.. ~**wetsontwerp** draft bill.

**kon·sep·sie** =sies conception; concept. **kon·sep·si·o·neel** =nele conceptional.

**kon·sep·tu·a·li·seer** ge= conceptualise. **kon·sep·tu·a·li= se·ring** conceptualisation.

**kon·sep·tu·eel** =tuele conceptual.

**kon·serf** =serwe, (obs.) mixed jam/preserve.

**kon·sert** =serte concert, recital; 'n ~ gee/hou give a concert. ~**besoek** concertgoing. ~**ganger** =gers concertgoer. ~**ge= bou** concert hall. ~**kunstenaar** concert performer. ~**mees= ter** leader of the orchestra, concertmaster. ~**pianis** concert pianist. ~**reis** concert tour. ~**saal** concert/music hall/room. ~**sanger, (fem.) ~sangeres** concert singer. ~**stuk** concert piece, concerto. ~**vleuel** concert grand (piano).

**kon·ser·ti·na** =nas concertina; (mech.) bellows. ~**hek** (frame= less) wire gate, fold-up gate. ~**papier** fanfold paper.

**kon·ser·va·to·ri·um** =riums, =ria conservatoire, conserva= tory.

**kon·ser·veer** ge= preserve, keep, conserve; konserverende tandheelkunde conservative dentistry.

**kon·ser·wa·tief** =tiewe, n. conservative; die K~tiewe, (party members) the Conservatives. **kon·ser·wa·tief** =tiewe =tiewer =tiefste, adj. conservative; K~tiewe Party Conservative Party. **kon·ser·wa·tis·me** conservatism.

**kon·ses·sie** =sies concession, franchise. ~**gewer** franchiser, franchisor. ~**houer, konsessionaris** franchisee, franchise holder, concessionaire, concessioner, concessionary, grantee. ~**kaartjie** concession ticket. ~**ooreenkoms** franchise agree= ment.

**kon·si·de·ra·sie** =sies, (fml.) consideration; iets in ~ neem consider s.t., take s.t. into consideration/account; uit ~ vir ... out of consideration/deference for ..., in deference to ...

**kon·si·li·a·sie** conciliation.

**kon·si·pi·eer** ge= conceive; draft.

**kon·sis·tent** =tente =tenter =tentste consistent. **kon·sis·ten·sie** consistency.

**kon·sis·to·rie** =ries consistory; vestry. **kon·sis·to·ri·aal** =riale consistorial.

**kon·so·le** =les console.

**kon·so·li·deer** ge= consolidate; skulde ~ fund debts. **kon= so·li·da·sie** consolidation. **kon·so·li·de·ring** consolidating, consolidation.

**kon·so·nan·sie** consonance, concord, harmony.

**kon·so·nant** =nante consonant; (mus.) concord. **kon·so= nan·taal** =tale consonantal.

**kon·sor·ti·um** =tiums consortium (of banks etc.), trust.

**kon·sta·bel** =bels constable, policeman, (infml.) cop, (infml.) bobby; officer, patrolman; twee ~s two police(men); vrou= like ~ policewoman.

**kon·stant** =stante =stanter =stantste, adj. constant, uniform, steady, unvarying; firm, loyal, staunch; dead (load). **kon= stan·te** =tes, n. constant. **kon·stant·heid** uniformity.

**Kon·stan·ti·no·pel** (geog., hist.) Constantinople; →ISTANBUL.

**Kon·stan·tyn, Con·stan·tyn** (geog.) Constantine.

**Kon·stanz** (geog.) Constance.

**kon·sta·teer** ge= state; establish (a fact); put on record; di= agnose; confirm, certify, testify to, declare, pronounce. **kon·sta·te·ring** establishment; ascertainment; declaration.

**kon·stel·la·sie** =sies constellation.

**kon·ster·na·sie** consternation, to-do; ~ op die stasie, (fig., infml.) panic stations.

**kon·sti·peer** ge= constipate. **kon·sti·pa·sie** constipation.

**kon·sti·tu·eer** ge= constitute. **kon·sti·tu·e·rend** =rende con= stituent. **kon·sti·tu·e·ring** constitution, constituting.

**kon·sti·tu·sie** =sies constitution. **kon·sti·tu·si·o·neel** =nele constitutional; K~nele Hof, (SA) Constitutional Court; iets ~ maak constitutionalise s.t.. **kon·sti·tu·si·o·na·lis** =liste, (also K~) constitutionalist. **kon·sti·tu·si·o·na·lis·me** (also K~) constitutionalism.

**kon·stru·eer** ge= construct; construe (a passage); design, plot (a curve).

**kon·struk·sie** =sies construction; construct; structure; build= ing; composition. ~**fout** structural/construction defect/fault; design error. ~**ingenieur** construction engineer.

**kon·struk·teur** =teurs constructor.

**kon·struk·tief** =tiewe constructive; ~tiewe afdanking, (by changing an employee's job description) constructive dismissal.

**kon·sul** =suls consul. ~~**generaal** =suls-generaal consul gen= eral. **kon·sul·skap** =skappe consulship, consulate.

**kon·su·laat** =late consulate.

**kon·su·lent** =lente, (eccl.) relieving minister.

**kon·su·lêr** =lêre consular.

**kon·sul·teer** ge= consult, get (medical) advice, get (legal) opinion; see. **kon·sul·tant** =tante consulter; consultant. **kon= sul·tant·skap** consultancy. **kon·sul·ta·sie** =sies consultation. **kon·sul·ta·sie·geld** =gelde consultation fee. **kon·sul·te·rend** =rende consultative, consultory.

**kon·sump·sie** consumption, use. **kon·sump·tief** =tiewe con= sumptive.

**kon·tak** =takte, n. contact, touch; (pers.) contact; ~ kry make contact; ~ maak, (elec.) make contact; met iem. ~ maak make/establish contact with s.o.; ~te maak/opbou make/ establish contacts; ~ verbreek, (elec.) break contact; ~ met ... verloor lose touch with ... **kon·tak** ge=, vb. contact. ~**arm** (elec.) wiper; trolley pole. ~**besmetting** contagion. ~**lens** contact lens. ~**myn** contact mine. ~**persoon** contact. ~**prop** contact plug. ~**punt** point of contact, contact point. ~**situasie** contact situation. ~**skerm** touch(-sensitive) screen. ~**sleutel** ignition key. ~**sport** contact sport. ~**vlak** contact area/surface.

**kon·ta·mi·neer** ge= contaminate. **kon·ta·mi·nant** =nante contaminant. **kon·ta·mi·na·sie** =sies contamination.

**kon·tant** n. (hard) cash, ready money, (infml.) readies; (in) ~ betaal pay (in) cash; ~ by aflewering cash on delivery; ~ by/met bestelling cash with order; ~ bymekaar sit pool cash; 'n gebrek aan ~ a lack/shortage of funds; ~ in kas cash in hand; R100/ens. ~ R100/etc. cash (down). **kon= tant** =tant, adj. cash; glad te ~ met ... wees be much too free with ... (advice); be much too ready with ... (one's fists). **kon= tant** adv. cash (down); ~ betaal pay cash. ~**betaling** cash payment. ~**geld** (hard) cash, ready money, (infml.) readies. ~**kaart** cash card. ~**koei** (infml., fin.) cash cow. ~**tjek** cash cheque. ~**uitgawes** out-of-pocket expenses. ~**verkoop** cash sale. ~**waarde** cash value.

**kon·tant·loos** =lose cashless.

**kon·teks** =tekste context; iets buite ~ behandel/ondersoek de=

contextualise s.t.; *iets in (die/'n)* ~ *plaas* contextualise s.t.. **kon·teks·tu·a·li·seer** *ge=* contextualise. **kon·teks·tu·eel** *=tuele* contextual.

**kon·tem·po·rêr** *=rêre* contemporary.

**kon·ten·sie** *=sies* contention. **kon·ten·si·eus** *=sieuse* contentious.

**kon·ti·nent** *=nente, (geog.)* continent. ~**skuiwing,** ~**swerwing** continental drift.

**kon·ti·nen·taal** *=tale* continental; *(with cap.)* Continental, of the Continent, of Europe; *~tale/ligte* **ontbyt** continental breakfast; *die ~tale* **plat** the continental shelf; *die K~tale* **stelsel** the Continental system; *~tale* **waterskeiding** continental divide *(often* C~ D~*),* Great Divide *(in the Rocky Mountains of N.Am.).*

**kon·tin·gent** *=gente, n.* contingent, quota. **kon·tin·gent** *=gente, adj.* contingent.

**kon·ti·nu** *=nue* continuous. **kon·ti·nu·a·sie** *=sies, (jur.)* continuation. **kon·ti·nu·eer** *ge=* continue, extend. **kon·ti·nu·ï·teit** continuity. **kon·ti·nu·ï·teits·aan·bie·der** continuity announcer. **kon·ti·nuum** *=tinuums, =tinua* continuum.

**kon·toer** *=toere, n.* contour. **kon·toer** *ge=, vb.* contour. ~**lyn** contour (line). ~**ploeëry** contour ploughing. ~**wal** *=walle* contour; *=le aanlê* be/do contouring.

**kon·tra, con·tra** contra, against, versus. ~**-attraksie,** ~**ättraksie** counterattraction. ~**bas** *=basse, (mus.)* double bass, contrabass; bass/string fiddle. ~**bewys** counterfoil. ~**gewig** counterweight. ~**kultuur** counterculture, alternative society. ~**merk** countermark; pass-out. ~**myn** countermine. ~**produktief** counterproductive. ~**reformasie** counter-reformation. ~**revolusie** counter-revolution. ~**revolusionêr** *=nêre* counter-revolutionary. ~**spioenasie** counterespionage. ~**voorstel** counterproposal, =motion, counter-resolution.

**kon·tra·ban·de** *(<Sp.)* contraband; bootleg.

**kon·trak** *=trakte* contract, agreement; indenture; *'n* ~ **aangaan/sluit** conclude/make *(or* enter into) a contract *(or* an agreement); *iem. op* ~ **aanstel** appoint s.o. on contract; *dis alles in die* ~, *(fig.)* it's all in the day's work *(or* in the game); *'n* ~ **kry** win *(or* land) a contract; *die* ~ **loop** *af* the contract terminates; *op* ~ by/on/under contract; *'n* ~ **opsê** cancel/terminate a contract; *uit 'n* ~ **terugtree** abandon a contract; *'n* ~ **aan ... toeken** award a contract to ...; *volgens* ~ according to a contract. ~**breuk** breach/violation of contract. ~**brug** contract bridge. ~**moordenaar** contract killer. ~**prys** contracted/agreed price. ~**speler** *(sport)* contract(ed) player, signing. ~**termyn** contractual period. ~**voorwaardes** terms of the contract. ~**werk** contract work.

**kon·trak·teer** *ge=* contract, enter into an agreement, make a contract; *iem.* ~ *om iets te doen* contract s.o. to do s.t.. **kon·trak·tant** *=tante* contractor, contracting party; ~ *van/vir* ... contractor to ... **kon·trak·teur** *=teurs* contractor.

**kon·trak·te·reg** law of contracts.

**kon·trak·tu·eel** *=tuele* contractual; *jou* ~ *verbind* bind o.s. by contract.

**kon·tra·punt** *(chiefly mus.)* counterpoint. **kon·tra·pun·taal** *=tale* contrapuntal.

**kon·tras** *=traste* contrast; setoff, offset; *in* ~ *met* ... in contrast to/with ...; *'n skerp* ~ a harsh/sharp contrast; *'n skerp* ~ *met* ... *vorm* contrast glaringly with ...; *die* ~ *tussen* ... *en* ... the contrast between ... and ...; *'n* ~ *met* ... *vorm* be in contrast to/with ... ~**kleur** contrasting colour.

**kon·tra·sep·sie** contraception.

**kon·tras·teer** *ge=* contrast; *skerp met* ... ~ contrast glaringly with ...; *iets met* ... ~ contrast s.t. with ... **kon·tras·te·rend** *=rende* contrasting *(colour etc.).*

**kon·trei** *=treie* region. ~**kuns** regional art/literature.

**kon·trep·sie** *(<Eng., infml.)* contraption, device, gadget, *(sl.)* gizmo, gismo.

**kon·tri·bu·sie** *=sies* contribution; subscription.

**kon·tro·le** *=les* control, check(ing); supervision; inspection; blank, checkup; countercheck; ~ *oor* ... *hou/uitoefen* exercise control over ...; *onder* ~ *van* ... *staan* be under the control of ...; *die* ~ *verlaat* check out. ~**bord** tally board. ~**groep** check/control group. ~**hefboom** control lever. ~**kaart** tally card. ~**knop(pie)** control knob *(on a TV etc.).* ~**lys** check list. ~**punt** checkpoint. ~**sentrum** *(astronaut.)* mission control. ~**stelsel** monitoring system.

**kon·tro·leer** *ge=* control, check ([up] on); keep a tally; supervise; inspect, examine; verify *(a statement); iets steeds* ~ keep a check on s.t.. **kon·tro·leer·baar** *=bare* checkable; controllable, verifiable. **kon·tro·leer·baar·heid** controllability. **kon·tro·leer·der** *=ders* verifier. **kon·tro·le·ring** checking, monitoring, verification.

**kon·tro·leur** *=leurs* controller, checker; inspector; ticket examiner; check taker; supervisor; comptroller, conductor; tally keeper.

**kon·tro·ver·si·eel** *=siële* controversial. **kon·tro·ver·si·a·li·teit** controversiality.

**ko·nus** *konusse* cone.

**kon·veks** *=vekse* convex. ~**-konkaaf** convexo-concave.

**kon·vek·sie** convection. ~**oond** convection oven. ~**verwarmer** convector (heater).

**kon·vek·si·teit** convexity.

**kon·vek·tor** *=tors* convector (heater).

**kon·ven·sie** *=sies* convention. **kon·ven·si·o·na·lis·me** conventionalism. **kon·ven·si·o·neel** *=nele =neler =neelste (of meer* ~ *die mees =nele)* conventional, traditional, orthodox; *iets* ~ *maak* conventionalise s.t.; *~nele wapens* conventional weapons.

**kon·ver·geer** *ge=* converge. **kon·ver·gen·sie** convergence. **kon·ver·ge·rend** *=rende* convergent.

**kon·ver·sie** *=sies* conversion. ~**lening** conversion loan.

**kon·vo·ka·sie** *=sies* convocation; *die K~ besluit* Convocation resolves.

**kon·vooi** *=vooie* convoy; *in 'n* ~ *reis/ry/vaar* travel/drive/go/ride/sail in convoy. ~**skip** *=skepe,* ~**vaarder** *=ders* convoy (ship), escort vessel, consort.

**ko·nyn** *=nyne* rabbit, con(e)y. ~**gat** rabbit hole/burrow. ~**hok** rabbit hutch. ~**kolonie** (rabbit) warren. ~**pels** con(e)y fur. ~**voer** rabbit food.

**ko·nyn·tjie** *=tjies* (small) rabbit, *(children's lang.)* bunny (rabbit).

**kooi** *kooie, (obs. or infml.)* bed; *in die* ~ *kruip,* ~ *toe gaan, (infml.)* hit the hay/sack, turn in; ~ *toe, jy* (of *met jou)!, (said to a child)* to bed with you!. ~**anker** *(elec.)* squirrel cage. ~**goed** bedclothes, bedding; stable bedding; *(bot.: Helichrysum* spp.*)* everlastings.

**kook** *n.* boil; *aan die* ~ *wees* be on the boil. **kook** *ge=, vb.* boil *(water);* cook *(food);* do the cooking; boil, fume, seethe *(with rage);* try (out) *(metal etc.); (infml.)* cook, doctor, massage *(data, stat., etc.); nou gaan die ding* ~ now things are going to happen; *goed* ~ be a good cook; *dit* ~ *in iem., (infml.)* s.o. is on the simmer; ~ *van ongeduld* fume/fret (with impatience); *oor iets* ~, *(infml.)* be agitated *(or* in a stew) about s.t.; *iets saggies/stadig laat* ~ simmer s.t., allow s.t. to simmer; *iets te kort* ~ undercook s.t.; *iets te lank* ~ overcook s.t.; *van* ... ~ boil/burst/seethe *(or* be boiling/bursting/seething) with ... *(rage etc.);* bristle/fume/seethe *(or* be bristling/fuming/seething) with ... *(indignation etc.).* ~**blik** billy(can). ~**boek** cookery book, cookbook. ~**gereedskap,** ~**gerei** cooking utensils, cookware. ~**hitte** boiling heat/temperature. ~**hoender** boiler (chicken). ~**kuns** cookery, art of cooking, culinary art, cuisine, gastrology; *hoëre* ~ gastronomy, cuisine. ~**lekkers** boiled sweets. ~**melk** boiled milk; boiling milk. ~**olie** cooking oil. ~**plaat** hotplate. ~**pot** boiler, cauldron, stewpot; *(geol.)* caldera. ~**punt** boiling point; ~ *bereik* reach boiling point; *op* ~ at boiling point; *iets op* ~ *bring* bring s.t. to the boil. ~**sak(kie)** cooking bag. ~**sjokolade** cooking chocolate. ~**skool** cookery school. ~**tenk** urn. ~**toestel** cooking apparatus, cooker. ~**warm** boiling hot. ~**water** *n.* boiling water. ~**water** *det.*, *(infml.)* brilliant, great, mean, superb; *~rugby speel* play a mean game of rugby.

**koo·ka·bur·ra** *-ras*, *(orn.)* kookaburra.

**kooks** coke. ~**aanleg** coking plant. ~**(steen)kool** coking/caking coal.

**kook·sel** *-sels* boiling; decoction; batch; *die hele* ~ the whole boiling; the whole caboodle.

**kool**[1] *kole* coal, ember; carbon; *fyn kole* duff (coal); *iem. oor die kole haal*, *(infml.)* haul s.o. over the coals, skin s.o. alive, give s.o. a piece of one's mind *(or a dressing-down or an earbashing/earful)*, tell/tick s.o. off; *iets op die kole braai* grill s.t.; *op hete kole sit/wees*, *(fig.)* be on tenterhooks *(or pins and needles)*; *vurige kole op iem. se hoof hoop*, *(fig.)* heap coals of fire on s.o.'s head, return good for evil. ~**aanpaksel**, ~**aanslag** carbon deposit. ~**arm** *adj.* low-carbon *(steel)*. ~**damp** carbon monoxide. ~**druk** carbon print(ing). ~**hidraat** carbohydrate. ~**myn**, **kolemyn** coal mine/pit, colliery. ~**oksied** carbonic oxide. ~**ryk** *adj.* high-carbon *(steel)*. ~**swart** *n.* carbon black. ~**swart** *adj.* coal-black. ~**teer** coal/gas tar. ~**vuur** coal fire. ~**waterstof** hydrocarbon.

**kool**[2] *kole* cabbage, cole, kale; *die* ~ *kop* the cabbage forms a head; *ronde* ~ drumhead cabbage; *die* ~ *is die sous nie werd nie*, *(fig.)* the game is not worth the candle. ~**akker** cabbage field/patch. ~**kop** cabbage (head). ~**raap** swede, Swedish/Russian turnip; ~ *bo die grond* kohlrabi. ~**slaai** coleslaw. ~**sop** kale. ~**witjie** *(butterfly)* cabbage white.

**kool**[3]: *(so) by my* ~! I swear!, honestly!, upon my word/soul!; (my) goodness!, goodness (gracious)!.

**kool·stof** *(chem., symb.: C)* carbon; *iets met* ~ *verbind* carburet s.t.; *gebonde* ~ combined carbon. ~**dioksied** = KOOLSUUR-GAS. ~**inhoud** carbon content. ~**monoksied** carbon monoxide. ~**tetrachloried** carbon tetrachloride. ~**verbinding** carbon compound. ~**vry** carbon-free.

**kool·stof·ag·tig** *-tige* carbonaceous.

**kool·stof·hou·dend** *-dende* carbonaceous, carboniferous.

**kool·suur** carbonic acid. ~**gas** carbon dioxide; chokedamp, black damp. ~**kalk** carbonate of lime.

**kool·tjie, ko·le·tjie** *-tjies* coal of fire, cinder, ember.

**koop** *kope*, *n.* purchase, buy; *'n* ~ *(af)sluit* close a bargain; *'n* ~ *beklink* swing a deal; *'n goeie* ~ *doen/maak* make a (good) bargain; *op die* ~ *toe* in addition (to that), besides, into the bargain, moreover, to boot, for good measure; in the process; *iets op die* ~ *toe gee* throw s.t. in(to the bargain); *'n* ~ *sluit* make a purchase, buy, purchase; *te* ~ for sale; *iets is te* ~ s.t. is available/obtainable/purchasable *(or on sale/offer or in/on the market)*, s.t. may be bought/purchased; s.t. is up for sale; *iets te* ~ *aanbied* offer s.t. *(or put s.t. up)* for sale, put s.t. on the market; *iets word te* ~ *aangebied* s.t. is up for sale; *uit die hand te* ~ for sale by private contract/agreement/treaty, to be sold privately; *met iets te* ~ *loop* advertise/flaunt/parade s.t., show off s.t., make a (great) display of s.t.; air s.t. *(one's knowledge)*; *nie met ... te* ~ *loop nie* make no show of ... **koop** *ge-*, *vb.* buy, purchase; *by* ... ~ shop at ...; *by 'n winkel* ~ buy at *(or deal at/with or patronise)* a shop; *iets by/van iem.* ~ buy s.t. from s.o.; buy s.t. off s.o.; *iets duur* ~ pay a high price for s.t. *(liberty etc.)*; *iem. se duur gekoopte ...* s.o.'s dearly bought ... *(liberty etc.)*; *'n ...soek om te* ~ shop for a ... ~**akte** deed of sale/purchase, bill of sale, purchase deed. ~**belasting** purchase tax, sales duty. ~**bewys** shopping voucher. ~**-en-verkoop(-)opsie, dubbele opsie** *(stock exch.)* put-and-call option, double option. ~**gier** shopping/spending spree; *die* ~ *kry* go on a shopping/spending spree. ~**handel** commerce, trade; *kamer van* ~ chamber of

commerce. ~**hulp** buy-aid. ~**kontrak** contract of (purchase and) sale, purchase deed. ~**krag** buying/consuming/purchasing/spending power. ~**lus** desire/inclination/wish to buy; *jou* ~ *bevredig, uiting aan jou* ~ *gee* go on a shopping/spending spree. ~**lustig** *-tige, adj.* eager/willing to buy; fond of buying, extravagant. ~**lustige**, ~**maniak**, ~**verslaafde** *n.*, *(infml.)* shopaholic. ~**nota** *(stock exch.)* bought note. ~**opsie** bewys share warrant. ~**plek**, ~**punt** point of purchase. ~**prys** purchase price. ~**siek** overfond of buying, extravagant. ~**som** purchase price. ~**tog**, ~**jol**, ~**ekspedisie** shopping/spending spree. ~**vaarder** *-ders, (hist.)* merchantman, trader, trading/merchant vessel. ~**verpligting** tie; *drankwinkel onder* ~ tied house. ~**voorwaardes** terms (of sale). ~**waarde** value in exchange. ~**ware** commodities, wares, merchandise.

**ko·öp** *koöps*, **ko·op** *ko-ops*, *(infml.)* co(-)op; →KOÖPERASIE.

**koop·baar** *-bare* purchasable, buyable.

**ko·ö·pe·ra·sie, ko·o·pe·ra·sie** *-sies* co(-)operation; co(-)operative. ~**winkel** co(-)operative store, *(infml.)* co(-)op.

**ko·ö·pe·ra·teur, ko·o·pe·ra·teur** *-teurs* co(-)operator.

**ko·ö·pe·ra·tief, ko·o·pe·ra·tief** *-tiewe* co(-)operative; ~*tiewe maatskappy/vereniging* co(-)operative, *(infml.)* co(-)op; ~*tiewe winkel* co(-)operative store, *(infml.)* co(-)op.

**ko·ö·pe·reer, ko·o·pe·reer** *ge-* co(-)operate.

**ko·öp·teer, ko·op·teer** *ge-* co(-)opt. **ko·öp·te·ring, ko·op·te·ring** co(-)optation, co(-)option.

**koop·vaar·dy** *(chiefly hist.)* merchant service/shipping, mercantile marine; →HANDELSKEEPVAART.

**koor** *kore* choir *(of singers)*; chorus *(of a song, drama)*; chancel; *in* ~ *praat* (speak in) chorus; *in* ~ *sing* sing in chorus; *in 'n* ~ *sing* sing in a choir; *'n* ~ *van stemme* a chorus of voices; *'n volle* ~ a full choir. ~**bank** *-banke*, ~**stoel** *-gestoelte* choir stall. ~**dirigent** choral/chorus conductor, choirmaster. ~**galery** choir loft. ~**geselskap** chorus line. ~**kapel** chantry (chapel). ~**kleed** surplice, alb. ~**knaap** choirboy, boy chorister. ~**leier**, *(fem.)* ~**leidster** choirmaster, *(fem.)* choirmistress. ~**lid** chorister. ~**meisie** chorus girl. ~**oefening** choir practice. ~**sang** choral song; choral/combined singing. ~**sanger** choralist; chorister *(in church)*. ~**spraak** choral speech, verse speaking. ~**uitvoering** choral recital. ~**vereniging** choral society.

**koord** *koorde* cord; *(elec.)* flex; twine, string. ~**band** petersham (belting). ~**dans** *(lit. & fig.)* balancing act; *'n* ~ *uitvoer*, *(fig.)* walk a tightrope. ~**danser** rope dancer/walker, balancer, tightrope performer/dancer, high-wire dancer. ~**ferweel** corduroy. ~**fluweel** corded/ribbed velvet. ~**loper** (tight) rope walker. ~**spyker** glimp pin. ~**steek** cord stitch. ~**stof** corded fabric. ~**sy** grosgrain (silk). ~**werk** braidwork.

**ko·ör·di·naat, ko·or·di·naat** *-nate* co(-)ordinate.

**ko·ör·di·neer, ko·or·di·neer** *ge-* co(-)ordinate; *iets met iets anders* ~ co(-)ordinate s.t. with s.t. else. **ko·ör·di·na·sie, ko·or·di·na·sie** co(-)ordination; *gebrek aan* ~ inco(-)ordination. **ko·ör·di·na·tor, ko·or·di·na·tor** *-tors* co(-)ordinator.

**koord·loos** *-lose* cordless *(telephone etc.)*.

**koors** *koorse* fever, pyrexia; *die* ~ *het iem. beet(gepak)*, *(infml.)* s.o.'s *(or* s.o. has*)* been bitten by *(or* s.o.'s got*)* the bug; *deur* ~ *geteister* fever-ridden; ~ *hê* have/run a temperature; *hoë* ~ *hê* have a high fever; *iem. se* ~ *is/loop hoog*, *(infml.)* s.o. is hopelessly/madly *(or* head over heels*)* in love; *die* ~ *loop hoog vir ...* there is tremendous excitement for ...; *iem. se* ~ *meet* take s.o.'s temperature; ~*terugkerende* ~ intermittent fever; *deur* ~ *veroorsaak* pyrogenetic. ~**aanval** attack of fever; ague fit. ~**afname** defervescence. ~**blaar** *-blare* blister, cold sore; *(in the pl.)* herpes (labialis). ~**boom** fever/sulphur tree. ~**bui** flush. ~**drank** febrifuge. ~**hitte** fever heat. ~**kruid** feverfew. ~**lyer** fever patient. ~**middel** →KOORSWEERDER. ~**pen** clinical thermometer. ~**rilling** feverish shiver(ing); shivering fit. ~**siekte** (malarial) fever, malaria. ~**(ver)wekkend** *-kende* pyrogenic, pyrogenous. ~**vlek** fever spot. ~**vry** *-vrye* free from fever, fever-free, afebrile. ~**wortel** valerian.

**koors·ag·tig** -*tige meer* ~ *die mees* -*tige* feverish, fevered, febrile; m(a)enadic, raving; *(fig.)* feverish, frantic, frenetic, frenzied, hectic; ~*e haas* feverish haste/hurry; ~*e poging* frantic effort, feverish attempt; ~*e probeer* try frantic(al)ly. **koors·ag·tig·heid** feverishness *(fig.);* hyperthermia.

**koor·sig** -*sige* feverish, febrile, pyretic, fevered, feverous; ~ *wees* have/run a temperature. **koor·sig·heid** feverishness, febrility, pyrexia, fever.

**koors·weer·der** -*ders,* **koors·mid·del** -*dels,* -*dele* antipyretic, febrifuge, antifebrile.

**koors·we·rend** -*rende* antipyretic, febrifugal, febrifuge, antifebrile.

**kop** *koppe, n.* head, crown; top; headpiece; hill, mountain; peak, summit; cob *(of maize);* crest *(of a wave);* hand, soul *(on board);* headline, heading, caption; *(typ.)* header; bowl *(of a pipe);* poll, *(infml.)* business end *(of a hammer);* knob; fluke *(of a lance, harpoon, etc.);* ~ *aan* ~ end to end; neck and neck, dead level; ~ *aan* ~ *hardloop* run neck and neck, run a close tie; *hulle is* ~ *aan* ~ it is a dead heat; ~ *aan* ~ *kom* draw level; ~ *aan* ~ *lê* abut; ~ *aan* ~ *loop/wees* be neck and neck; *die uitslag was* ~ *aan* ~ it was a close finish; ~ *aan/teen* ~ *bots* collide head on, have a head-on collision; collide end on; *iem. (se)* ~ *afkap, iem. kopaf kap* behead s.o.; *agterin iem. se* ~ at the back of s.o.'s mind; *jou* ~ *agteroor gooi* toss (back) one's head; *iem. se* ~ *wil bars* s.o.'s head is splitting; *jou* ~ *op 'n blok sit (vir iets)* put/lay one's head on the/a block for s.t., be dead sure of s.t.; *bo(kant) iem. se* ~ over s.o.'s head; *jou* ~ *oor iets breek* bother/trouble one's head about s.t., rack one's brains over s.t.; *jou* ~ *in 'n by(e)nes steek* stir up a hornet's nest; *jou* ~ *bymekaarhou* keep one's head, keep cool/calm; →KOPHOU; ~*pe bymekaarsit* put our/their heads together *(about s.t.); iem. se* ~ *is deur* s.o. has succeeded (or made it); *iem. se* ~ *draai* s.o. feels giddy, s.o.'s head is reeling/spinning/swimming; s.o.'s head/mind is *(or* thoughts are) in a whirl; *iem. se* ~ *draai van iets* s.t. makes s.o.'s head reel/spin; *iem. se* ~ *laat draai* →*smokkel; dronk in die* ~ *voel* feel dizzy; *iem. se* ~ *word dronk* s.o.'s head begins to reel; *iets maak iem. se* ~ *dronk* s.t. makes s.o.'s head reel/spin; *(met die/jou)* ~ *eerste* head first/foremost, headlong; *... sal op jou (eie)* ~ *neerkom, (fig.)* ... will come home to roost; *die wyn gaan na iem. se* ~ *toe* the wine goes to s.o.'s head; *die lof/sukses gaan/styg na iem. se* ~ *toe* the praise/success goes to s.o.'s head; *iem. 'n gat in die* ~ *praat* talk s.o. round, get round s.o.; *gebruik jou* ~*!* use your head/brains!; *gedagtes vlieg deur iem. se* ~ thoughts run through s.o.'s head; *'n goeie* ~ *(op jou lyf) hê* have a good head on one's shoulders, have one's head screwed on right, be no(body's) fool; have brains; *iem. iets voor die* (of *iets voor iem. se)* ~ *gooi* lay s.t. at s.o.'s door; hold s.t. against s.o.; cast/fling/throw s.t. in s.o.'s teeth; *'n* ~ *groter* taller by a head; *jou* ~ *laat hang* hang one's head; be down in the mouth; *jou* ~ *(van skaamte) laat hang* hide one's head; *iets hang bo iem. se* ~, *(lit. & fig.)* s.t. hangs over s.o.'s(head); *'n harde* ~ *hê, (fig.)* be stubborn/stiff-necked, have a will of one's own; *'n helder* ~ a clear brain; *iets het iem. se* ~ *op hol gemaak* s.t. has turned s.o.'s brain/head; s.t. has gone to s.o.'s head *(praise, success, etc.); iem. se* ~ *inslaan* bash s.o.'s head in; *iem. se* ~ *kap aan, (infml.)* s.o. is a blockhead, s.o. has a screw loose; *met jou* ~ *knik* nod one's head; *'n* ~ *kool* a (head of) cabbage; *met 'n kort* ~ *wen* win by a short head; *dit in die/jou* ~ *kry* fasten on the idea; *iets in die/jou* ~ *kry* get s.t. into one's head; *iem. kan iets nie uit sy/haar* ~ *kry nie* s.o. can't get s.t. out of his/her mind; *iem. oor die* ~ *kyk* look down upon s.o.; ignore s.o.; *iem. se* ~ *lees/ondersoek, (infml.)* read s.o.'s head; *'n slang lig sy* ~ a snake rears its head; *die/jou* ~ *lig/oplig/optel* raise *(or* lift up) one's head; *'n* ~ *op jou lyf hê* →*goeie; iets maal deur iem. se* ~ s.t. runs in s.o.'s head; *jou* ~ *moeg maak* beat/cudgel/rack one's brains; ~ *of munt* heads or tails; ~ *in een mus wees, (infml.)* be as thick as thieves; *met iem.* ~ *in een mus wees, (infml.)* be in league/

cahoots *(or* hand in glove) with s.o.; *jou* ~ *neerlê* lay down one's head; *iets op sy* ~ *(neer)sit/plaas* stand s.t. on its head *(or* on end); *oor iem. se* ~ over s.o.'s head; ~ *op!* cheer/ buck up!, keep up your spirits!; *op die* ~ *... exactly ...; op die* ~ *vyfuur* five o'clock on the dot, on the stroke of five; *om vyfuur op die* ~ at five (o'clock) sharp, at five (o'clock) on the dot; *op die* ~ *'n jaar daarna* a year later to the (very) day; *iem. is op sy/haar* ~, *(infml.)* s.o. is on the ball; *iets is op sy* ~, *(infml.)* s.t. is spot on; *die/jou* ~ *oplig/optel* →*lig/oplig/optel; per* ~ a/per head, per person; per man; per capita; *iem. iets in die* (of *iets in iem. se)* ~ *praat* put s.t. into s.o.'s head; *iem. iets uit die* (of *iets uit iem. se)* ~ *praat* persuade/reason/ talk s.o. out of s.t., dissuade s.o. from doing s.t.; *van jou* ~ *(af) raak* lose one's mind, take leave of one's senses; *jou* ~ *in rat kry, (infml.)* get one's head together; *nie reg in jou* ~ *wees nie, (infml.)* be out of one's head/skull, be off one's head; *jou* ~ *laat sak* hang one's head; *jou* ~ *in die sand steek, (fig.)* bury one's head in the sand; *iem. se* ~ *is seer* s.o. has a headache; *op iem. se* ~ *sit, (fig.)* sit (up)on s.o.; *(nie) op jou* ~ *laat sit (nie)* (not) allow o.s. to be sat (up)on; *iets uit die/jou* ~ *sit* forget (about) s.t., put s.t. out of one's head/mind; *sit dit uit jou* ~*!* forget it!; *iets op sy* ~ *sit* →*(neer)sit/plaas; jou(self) deur die* ~ *skiet* blow one's brains out; *'n skrander* ~ *hê* be a bright spark; *jou* ~ *skud* shake one's head; *met iem. se* ~ *smokkel, iem. se* ~ *laat draai* addle s.o.'s mind/brain; *sonder* ~ headless; *die spyker op die* ~ *slaan* hit the nail on the head; *iem. se* ~ *staan soontoe* s.o. has set his/her mind on that; s.o. is bent in that direction; *iem. se* ~ *staan na die boerdery* s.o. wants to go farming; *al staan jy op jou* ~ whatever you may do, do what you will; *die wêreld staan op sy* ~ the world is turned topsy-turvy *(or* upside down); *iets met die/jou* ~ *stamp* head s.t.; *iem. sal sy/haar* ~ *stamp, (fig.)* s.o. will find out his/her mistake; s.o. will run into trouble/difficulties; *nie weet waar om jou* ~ *in/weg te steek nie* die of shame/embarrassment, die a thousand deaths; *iem. kan nie/geen/g'n* ~ *of stert van iets uitmaak nie* s.o. can't/cannot make head or tail of s.t.; *jou* ~ *in die strop/strik steek* put one's head in the noose; ~*pe tel* count heads/noses, do/have/take a headcount; *iem. van* ~ *tot tone bekyk/beskou* look/eye s.o. up and down, appraise s.o. from head to foot; *van* ~ *tot tone/toon* from top to bottom/toe, from head to foot, all over; *twee* ~*pe is beter as een* two heads are better than one; *iets het* ~ *uitgesteek, (fig.: trouble etc.)* s.t. has come/cropped up *(or* raised/ reared its head); *uit iets* ~ *uittrek* back out of s.t., cry off from s.t.; *iem. is van sy/haar* ~ *af* s.o. is out of his/her head/ mind/senses, s.o. is nuts *(or* has gone bats); *is jy van jou* ~ *af?* are you out of your mind/senses?, have you taken leave of your senses?; *iets* ~ *toe vat, (infml.)* take s.t. seriously, get upset about s.t.; *moet dit nie* ~ *toe vat nie!, (infml.)* don't take it so seriously!, don't let it upset you!; *(jou)* ~ *verloor, (fig., infml.)* lose one's head, freak (out); *iem. (sy/haar)* ~ *laat verloor* freak s.o. out; *'n* ~ *vir syfers hê* have a (good) head for figures; *jou eie* ~ *volg* follow one's (own) mind; *iem. sy/haar eie* ~ *laat volg* give s.o. his/her head; *iem. wil sy/haar eie* ~ *volg* s.o. wants to have his/her own way; *(met die/jou)* ~ *voor die bors loop/sit/staan* be crestfallen/dejected/dispirited; → KOPONDERSTEBO; ~*pe sal waai, (infml.)* heads will roll; *iem. se* ~ *(goed/lekker)(vir hom/haar) was, (infml.)* dress s.o. down, give s.o. a dressing-down/talking-to/telling-/ticking-off, haul s.o. over the coals; ~ *bo water hou* keep one's head above water; *met 'n* ~ *wen* win by a head; *agterkom hoe iem. se* ~ *werk, (infml.)* find out what makes s.o. tick; *hul* ~*pe werk eenders/eners, (infml.)* they are on the same wavelength; *iem. se* ~ *werk nie lekker nie, (infml.)* s.o.'s not quite compos mentis; *iem. se* ~ *werk so* that's s.o.'s way of thinking. **kop** *ge-, vb.* head *(a ball); (maize)* form a cob; *(cabbage etc.)* head (up), form a head. ~**aan-kop(-)botsing** →KOP-TEEN-KOP(-)BOTSING. ~**af:** *doller/erger as* ~ *kan dit nie* s.t. can't get worse. ~**bal** header. ~**band** headband; fillet. ~**been** skull, cranium. ~**belasting, hoofbelasting** poll/head tax, capitation (tax). ~**bors**-

**stuk** *(zool.)* cephalothorax. **~doek** headscarf, head cloth. **~dokter** *(infml.: psychiatrist)* shrink. **~draaibank** chuck lathe. **~draaier** *(infml.)* spin doctor. **~gee** *kopge=* submit, yield, give way/in; come to heel; *nie ~ nie* refuse to budge, stand/stick to one's guns. **~hou** *kopge=* keep one's head, keep cool/calm. **~-in-die-sand(-)benadering** ostrich(like) approach. **~kant** top side. **~klem** headlock. **~klep** overhead valve. **~knik** nod. **~knikker** yes-man. **~kool** cabbage. **~krap** *kopge=, (fig.)* scratch one's head; *iem. laat ~* give s.o. s.t. to think about; *iets laat iem. ~ s.t.* puzzles s.o.; *oor iets ~* puzzle over s.t.. **~krap= per** *(fig.)* puzzler, Chinese puzzle; stumper. **~krappery** head= scratching. **~krimper** *(anthr.)* headshrinker. **~kussing** pillow. **~laag** top/header course, heading course/layer *(of bricks)*. **~lamp** headlamp. **~las** trim. **~lengte** head; *met 'n ~ wen* win by a head. **~lig** headlight. **~luis** head louse. **~lyswerk** head moulding. **~massering** scalp massage. **~onderstebo** *(also* kop onderstebo*)* dejectedly; *~ loop/sit/staan* be crestfallen/de= jected/dispirited; *~ staan, (also)* hang one's head. **~plank** weaner, headboard. **~reël** headline. **~ruimte** headway, =room; overhead clearance; bulkhead *(of stairs)*. **~seer** headache. **~senu(wee)** cranial nerve. **~skerm, ~skut** headguard. **~skoot** shot in the head; *(soccer)* header; *(fig.)* floorer, clincher, knockdown argument, effective reply. **~sku** *=sku(we) =sku= wer =skuuste* skittish, bridle-shy; shy, evasive, timid; *iets maak iem. ~ s.t.* makes s.o. wary; *~ wees vir ...* shy (away) from ... **~skuddend** with a shake of one's head. **~speel** *ge=, kopge=, (a horse)* prance, move the head up and down. **~speld** (dress= maker's) pin. **~spyker** tack. **~stamp** *n.* head butt. **~stamp** *vb.* head-butt. **~stand** headstand. **~steen** headstone; *(brick)* header. **~stem** head voice, falsetto. **~steun, ~stut** headrest; head restraint *(attached to a car seat)*. **~stuk** *=stukke* head *(on a coin etc.)*; head(piece), heading; headstall; *=ke praat/gesels* discuss important matters; have fruitful talks; get down to brass tacks; *hulle het =ke gepraat/gesels* they talked their heads off. **~~-teen-kop(-)botsing, ~-aan-kop(-)botsing** head-on collision. **~uittrekkery** cop-out *(sl.)*. **~vel** scalp. **~wassery** head washing; *(fig.)* dressing-down, talking-to, telling-off, ticking-off. **~werk** headwork, mental work. **~wond** head wound.

**ko·pal, ko·pal** copal. **~hars** gum copal.

**ko·pek** *=pekke, =peks, (hist. Russ. monetary unit)* cope(c)k, ko= peck.

**Ko·pen·haag·se bol·le·tjie** *(cook.)* Copenhagen.

**ko·per**[1] *=pers* buyer, purchaser, customer, shopper; →KOOP.

**ko·per**[2] *(chem., symb.:* Cu*)* copper; *(coins)* coppers; *(mus.)* brass; *met ~ bedek* copper-coated; *iets met ~ bedek/be= slaan* coat s.t. with copper, copper s.t.; *iets met ~ beklee* sheathe s.t. with copper; *met ~ beklee(d)* copper-clad, -sheathed. **~as** *(chem.)* copperas. **~blad** copperplate. **~bla= sers** *n. (pl.)* brass *(in an orchestra)*. **~bruilof** brass wedding. **~draad** copper/brass wire. **~erts** copper ore. **~foelie** cop= per foil. **~geld** copper coins/money, copper(s). **~gieter** bra= zier, copper/brass founder. **~glans** coppery lustre; *(min.)* copper glance, chalcocite. **~graveerkuns** chalcography. **~graveerwerk** copperplating. **~gravure** copperplate (en= graving), chalcograph. **~groen** *n.* verdigris, verd antique. **~groen** *adj.* aeruginous. **~kapel** →KAAPSE KOBRA. **~kies** cop= per pyrites, chalcopyrite. **~legering** copper alloy. **~munt** *(coin)* copper. **~myn** copper mine. **~oplossing** solution of copper. **~plaat** copperplate. **~roes** verdigris. **~rooi** cop= pery red; *(chem.)* copperas. **~smarag** dioptase. **~smid** *=smede* coppersmith, brazier. **~staaf** copper bar. **K~streek:** *die ~* the Copperbelt. **~sulfaat** copper sulphate, copper/blue vit= riol, bluestone. **~verbinding** copper compound. **~ware, ~werk** copperware, brassware.

**ko·per·ag·tig** *=tige* coppery; brassy.

**ko·per·hou·dend** *=dende* cupriferous, copper-bearing.

**ko·per·kleur** copper/brass colour. **ko·per·kleu·rig** *=rige* cop= per/brass-coloured; brazen *(sky)*.

**ko·pers·:~mark** buyer's market. **~vriendelik** customer-friendly.

**ko·pie**[1] *=pies* bargain; good buy; *'n billike/goeie ~* a bargain buy; *'n ~ raakloop* find/get/strike *(or* pick up*)* a bargain.

**ko·pie**[2] *=pieë* copy, duplicate, replica, transcription; mani= fold; manuscript *(for a printer)*; *'n ~ van iets maak* make a copy of s.t.. **~beskerming** *(comp.)* copy protection. **~reg** copyright; *die ~ is verstreke* (the book is) out of copyright; *die ~ van ...* the copyright in ... **~regvry** copyright-free, free/exempt from copyright, in the public domain. **~skry= wer** copywriter.

**ko·pi·eer** *ge=* copy, duplicate. **~bestand** *(comp.)* copy-pro= tected *(software product)*. **~ink** copying ink. **~masjien** copy= ing machine. **~papier** copying/manifold paper. **~vel** trac= ing sheet, translucency. **~werk** copy work; copying.

**ko·pi·eer·der** *=ders* copyist, copier, duplicator.

**ko·pi·ë·ring** *=rings, =ringe* copying.

**kop·loos** *=lose* headless; acephalous *(skeleton)*.

**kop·pel** *=pels, n.* band, belt; leash; couple, coupling, swivel; *(mech.)* torque. **kop·pel** *ge=, vb.* couple *(people, dogs, car= riages)*; tie, link; connect (up), join, hyphenate *(words)*; *(aer= on.)* dock; engage, put/throw into gear; bracket, brace; *iem. aan ... ~* link s.o. with ...; *gewere ~* pile/stack arms. **~arm** connecting arm. **~as** coupling shaft. **~bout** coupling pin/ bolt. **~haak** coupling hook. **~ketting** coupling chain, cou= pler. **~letter** ligature. **~moer** coupling/union nut. **~pedaal** clutch pedal. **~pen** coupling pin. **~rat** clutch gear. **~riem** belt, coupling strap/thong. **~stang** connector rod, coupling rod/bar, tie (rod), tie bar, pitman (rod), drawbar. **~stuk** coupler, coupling (member); spud; *(elec.)* hickey. **~teken** hyphen; *woorde met 'n ~ verbind* hyphenate words. **~toto** *=toto's* double tote. **~uitsending** *(rad., TV)* simulcast. **~ver= koop** *=verkope* conditional/qualified/tie-in sale. **~vlak** *(comp.)* interface. **~vlug** connecting flight. **~werkwoord** copula, cop= ulative verb. **~woord** copulative.

**kop·pe·laar** *=laars* coupler; *(mot.)* clutch; pimp; *die ~ los* en= gage the clutch; *die ~ trap* disengage the clutch. **~as** clutch shaft.

**kop·pe·ling** *=lings, =linge* coupling, linkage; *(aeron.)* docking; joint; *(biol.)* union; connection; clutch. **kop·pe·lings·ma= neu·ver** docking manoeuvre.

**kop·pen·ent** *(bed)*head; *aan die ~ van die tafel* at the top/ head of the table.

**kop·pe·snel** *ge=* headhunt, go headhunting. **kop·pe·snel·ler** *=lers* headhunter, scalp hunter; *(fig.)* headhunter. **kop·pe= snel·le·ry** headhunting, scalp hunting; *(fig.)* headhunting.

**kop·pie** *=pies* small head; cup; hillock, knoll, koppie; *'n halwe ~* half a cup; *'n ~ tee/ens.* a cup of tea/etc.; *'n ~ vol* a cup= (ful).

**kop·pig** *=pige* headstrong, pig-headed, mule-headed, stub= born, obstinate, self-willed, intractable, contrary, obstreper= ous, *(infml.)* stroppy; *iem. ~ maak* get s.o.'s back up; *so ~ soos 'n donkie/esel/muil* (as) stubborn as a mule. **kop·pig·heid** headstrongness, stubbornness, obstinacy, obduracy, pig= headedness, stroppiness.

**kop·po·ti·ge, kop·po·ti·ge** *=ges, n.* cephalopod; *K~s* Ce= phalopoda.

**ko·pra** *(<Port.: dried coconut kernel)* copra.

**ko·pro·duk·sie** coproduction.

**ko·pro·liet** *=liete, (palaeontol.)* coprolite; *(pathol.)* coprolith.

**Kop(t)** *Kopte* Copt. **Kop=ties** *=tiese, n. & adj.* Coptic.

**ko·pu·la, co·pu·la** *(Lat.)* *=las, (ling.)* copula.

**ko·pu·leer** *ge=* copulate. **ko·pu·la·sie** *=sies, (bot.)* graft; *(zool.)* copulation, coupling.

**ko·raal**[1] *=rale* coral; coral (red). **~bank** coral reef. **~boom** *(Erythrina* spp.*)* coral tree, erythrina. **~dier(tjie)** coral polyp, coralline. **~eiland** coral island. **~rif** coral reef. **~rooi** *adj.*

→KORAALKLEURIG. **~slang:** *(Amerikaanse)* ~ coral snake. **~visser** coral fisher/diver.

**ko·raal²** *=rale, (mus.)* choral (song); chorale, chant. **~boek** choral(e)/hymn book. **~gesang** choral song/singing, hymn, plainsong, chant. **~musiek** choral music. **~sang** plainsong.

**ko·raal·ag·tig** *=tige* coralline.

**ko·raal·kleur** coral. **ko·raal·kleu·rig** *=rige*, **ko·raal·rooi** cor=al(-coloured), coral (red).

**ko·raal·vor·mend** *=mende* coralliferous.

**ko·ra·liet** corallite.

**ko·ra·lyn** *n.* coralline. **ko·ra·lyn** *=lyne, adj.* coralline, coral-like.

**Ko·ran, Ko·ran, Koer'aan, Qoer'aan, Qur'aan:** *die* ~ the Koran/Qur'an. **Ko·raans** *=raanse* Koranic, of the Koran/Qur'an.

**Ko·ra·na, Ko·ran·na** *=nas, (SA, hist.: member of a people)* Kora(n)na. **~taal** Kora(n)na (language).

**kor·beel, kar·beel** *=bele, (archit.)* corbel; upper strut. **~huis** corbelled house. **~werk** corbelling.

**kor·daat** *=daat, =date =dater =daatste* bold, firm, plucky, reso=lute. **~stuk** feat, bold deed, achievement, exploit.

**kor·daat·heid** boldness, firmness, pluck.

**kor·diet** *(explosive)* cordite.

**kor·don** *=donne, =dons* cordon; *'n ~ om ... span/trek/opstel/slaan* put/throw/draw a cordon (a)round ..., cordon ... off.

**Ko·re·a** *(geog.)* Korea. **Ko·re·aan** *=reane, n.* Korean. **Ko·re·aans** *n., (lang.)* Korean. **Ko·re·aans** *=aanse, adj.* Korean.

**ko·rent** *=rente,* **ko·rint** *=rinte* currant. **ko·ren·te·koek, ko·rin·te·koek** currant cake.

**korf** *korwe* basket, corf, hamper; (bee)hive. **~bal** korfball. **~boog** surbase(d) arch. **~fles** wicker bottle; demijohn, car=boy.

**kor·haan, kor·haan** *=hane, (SA)* korhaan, bustard; *(Eur.)* blackcock; *(Eur.)* moorcock.

**kor·hoen·der** *(Eur.)* black grouse; red grouse.

**ko·ring** corn, wheat; *dis* (of *dit is*) ~ *op die* (of *iem. se*) *meul(e)* that's (or that is) grist to/for s.o.'s/the mill; *nog groen ~ op die land hê* not be out of the wood yet; have young children who may still go wrong; *'n lap/stand/stuk* ~ a stand of wheat; *'n land vol ~ saai, 'n land onder ~ sit* put a field under wheat. **~aar** wheatear, ear of corn/wheat, spica. **~ak=ker** cornfield; patch/strip of corn/wheat. **~bedryf** wheat in=dustry. **~(blom)blou** cornflower (blue), azure. **~boer** wheat farmer. **~gerf** corn sheaf/shock, sheaf/shock of corn. **~halm** corn=stalk. **~handelaar** corn trader/merchant/dealer/chandler. **~kiem** wheat germ. **~oes** wheat crop. **~korrel** wheat corn, grain of wheat. **~land** corn=, wheatfield. **~maat** corn mea=sure. **~meel** flour, wheat meal. **~meul(e)** corn=, flourmill. **~mied** corn stack. **~oes** wheat harvest/crop. **~roes** wheat rust. **~roos** poppy; corncockle. **~sak** wheat/corn bag. **~skuur** granary. **~solder** cornloft, granary. **~stoppel(s)** corn stubble. **~streek, ~wêreld** wheat belt. **~strooi** wheat(en) straw. **~vlok** wheat flake.

**ko·ring·kleu·rig** *=rige* wheaten.

**Ko·rin·te** *(geog.)* Corinth. **Ko·rin·ti·ër** *=tiërs* Corinthian; *(in the pl., also)* (Epistle to) Corinthians. **Ko·rin·ties** *=tiese* Corinthian.

**ko·ris** *=riste* chorister.

**kor·ma** *(Ind. cook.: a mild curry)* korma.

**kor·mo·rant** *=rante, (orn.)* cormorant.

**kor·mus** *=musse, (bot.)* corm.

**kor·nak** *=naks, (rare)* mahout, elephant driver/keeper *(in Ind. and SE Asia).*

**kor·nea, ho·ring·vlies** *(anat.)* cornea *(of the eye).*

**kor·net** *=nette, (mus.)* cornet; cornet *(of a horse).* **~blaser** *=sers,* **kornettis** *=tiste* cornet player, cornet(t)ist.

**kor·noe·lie(·hout)** dogwood.

**ko·ro·na** *=nas, (min., astron.)* corona.

**ko·ro·nêr** *=nêre* coronary; *'n ~ skiet, (infml.)* (nearly) have a coronary *(or heart attack).*

**kor·po·raal** *=raals* corporal. **~strepe** corporal's stripes.

**kor·po·raal·skap** corporalship *(body of soldiers);* rank of corporal.

**kor·po·ra·sie** *=sies* corporation; *(infml., joc.: a paunch)* cor=poration, (middle-age) spread, potbelly, spare tyre. **kor·po·ra·tief** *=tiewe* corporative; *~tiewe beeld/identiteit* corporate identity/image; *~tiewe lid* corporate member; *~tiewe lig=gaam, (jur.)* body corporate; *~tiewe naam* corporate name; *~tiewe stroper, (fin.)* corporate raider.

**korps** *korpse* corps, body; *diplomatieke* ~ diplomatic corps, corps diplomatique; ~ *werktuigkundiges* corps of mechanics. **~gees** esprit de corps.

**kor·pu·lent** *=lente* corpulent, fat, stout. **kor·pu·len·sie** cor=pulence, stoutness.

**kor·pus** *=pusse,* **cor·pus** *corpora, (ling. etc.)* corpus.

**kor·pus·ku·lêr** *=lêre, (physiol., phys.)* corpuscular.

**kor·rek** *=rekte =tekter =rekste* (of *meer* ~ *die mees* *=rekte*), *adj.* right, correct; proper. **kor·rek** *adv.* rightly, correctly, prop=erly; ~ *handel* do the correct/proper thing. **kor·rekt·heid** correctness; *(behaviour)* correctitude, propriety.

**kor·rek·sie** *=sies* correction; *'n ~ aanbring* make a correc=tion; *onder ~ praat* speak under correction. **~lak, ~vloeistof, korrigeerlak** correction fluid.

**kor·rek·si·o·neel** *=nele* correctional.

**kor·rek·tief** *=tiewe, n. & adj.* corrective; *'n ~ op ...* a correc=tive for ...

**kor·rel** *=rels, n.* corn, grain; pellet; bead *(of a gun);* granula=tion *(of sugar);* front sight, foresight; *iem. onder die ~ hou* cover s.o., keep s.o. covered; *~s vorm* granulate. **kor·rel** *ge=, vb.* aim, take aim; grain, granulate; pick *(from a bunch of grapes); na ... ~ aim at/for ...,* take aim *(or* level/point a gun) at ..., draw a bead on ... **~doppie** sight cap/protector. **~gis, giskorrels** yeast granules, granulated yeast. **~grootte** size of grain. **~hou** *korrelge=* keep a steady aim. **~konfyt** grape jam. **~kop** touchy/short-tempered/quarrelsome person; peev=ish/querulous fellow, grouser, grumbler. **~sneeu** snow grains, granular snow; *vaste ~* firn (snow), névé. **~struktuur** gran=ular structure, granularity. **~suiker** granulated sugar. **~vat** *korrelge=, (also* korrel vat*)* (take) aim, sight; *na ... ~* aim at/for ..., take aim at ...

**kor·re·laat** *=late, n.* correlate, correlative. **kor·re·la·tief** *=tiewe, adj.* correlative.

**kor·rel·ag·tig** *=tige* granular, granulous. **kor·rel·ag·tig·heid** granularity.

**kor·re·leer** *ge=* correlate; *iets met iets anders ~* correlate s.t. with s.t. else. **kor·re·la·sie** *=sies* correlation; *dinge in ~ bring* correlate things; *iets staan in ~ met iets anders* s.t. correlates with s.t. else; *'n ~ tussen dinge vind* establish a correlation between things.

**kor·re·ling** aiming; granulation; graining.

**kor·rel·rig** *=rige* graniform, granular, granulose, granulous; granulated; grainy; crunchy; crumbling; quarrelsome; *iets ~ maak/word* grain s.t.. **kor·rel·rig·heid** granularity; graininess *(of a photo etc.);* grittiness *(of sand etc.).*

**kor·rel·tjie** *=tjies* grain, granule; pellet; *iets met 'n korrel(tjie)/knippie sout neem/opvat* take s.t. with a pinch/grain of salt.

**kor·rel·vorm** granulated form, pellet form *(of feeds etc.).* **kor·rel·vor·mig** *=mige* granular, graniform.

**kor·re·spon·deer** *ge=* correspond, be in correspondence; *met iem. oor iets ~* correspond with s.o. about s.t.. **kor·re·spon·dent** *=dente* correspondent; correspondence clerk. **kor·re·spon·de·rend** *=rende* correspondent, corresponding.

**kor·re·spon·den·sie** correspondence. **~kollege** corre=spondence college. **~kursus** correspondence course.

**kor·ri·dor** =dors corridor. ~**siekte** *(vet.)* corridor/buffalo disease.

**kor·ri·geer** ge= correct, put right; read *(proofs)*; set *(a person)* right. ~**werk** correction work.

**kor·ro·deer** ge= corrode. **kor·ro·de·rend** =rende corrosive.

**kor·ro·sie** corrosion. ~**bestand** corrosion-resistant, non(-)corrodible. **kor·ro·sie·we·rend** =rende anticorrosive.

**kor·rup** =rupte =rupter =rupste (of meer ~ die mees =rupte) corrupt. **kor·rup·teer** ge= corrupt. **kor·rup·sie** =sies corruption.

**kors** kors(t)e, n. crust *(of bread etc.)*; scab *(on a wound)*; rind *(of cheese)*; encrustment, encrustation; met 'n ~ ... bedek wees be caked in/with ... *(mud etc.)*; ~te vorm bark; crust, form scabs/crusts. **kors** ge=, vb. crust, form a crust; bark. ~**droging** case-hardening *(of wood)*. ~**vorming** encrustation, incrustation.

**kor·se·rig, kors·te·rig** =rige crusty.

**kor·set** =sette corset, stays. ~**knakker** *(infml.: sexually explicit romantic novel)* bodice ripper, bonkbuster. ~**maker** corseteer, corsetier, stay maker.

**kor·sie** =sies crust; by gebrek aan brood eet 'n mens ~s van pastei necessity knows no law *(or if one can't get water, one must fain drink wine or failing crumb one must be content with crust)*; 'n ~ brood a crust of bread.

**Kor·si·ka** *(geog.)* Corsica. **Kor·si·kaan** =kane, n. Corsican. **Kor·si·kaans** =kaanse, adj. Corsican.

**kors·loos** =lose crustless *(milk tart etc.)*; rindless *(cheese)*.

**kors·mos** *(bot.)* lichen. **kors·mos·ag·tig** =tige lichenous. **kors·mos·kun·de** lichenology.

**kors·tig** =tige, *(bot.)* crustaceous.

**kors·wel, kors·wil** n. fun, raillery, banter, jest, joke; uit ~ jokingly, jestingly, in jest. **kors·wel, kors·wil** ge=, vb. banter, jest, joke, trifle with, fool (around); met iem. ~ banter/jest with s.o..

**kort** korte korter kortste adj. & adv. short; brief; *(soccer etc.)* close *(pass)*; *(cr.)* short-pitched *(bowling, delivery)*; al hoe ~er shorter and shorter; ~ en bondig wees be short/brief and to the point; ~ broek short trousers/pants; →KORTBROEK; ~ buite(kant) die dorp just outside the town; ~ daarna shortly after(wards); ~ en dik thickset, stumpy, stubby, dumpy, squat; om ~ te gaan in short, in a/one word; to be brief, to cut/make a long story short; om ~ te gaan, dit is ... the long and the short of it is that ...; iem. aan die ~ hare beethê, *(coarse)* have s.o. by the short and curlies; in ('t) ~ in short; dit kan ~er (gesê word) it can be said more briefly; aan die ~ kant wees be shortish, be on the short side; ~ en klaar short and sweet; to put it baldly; without beating about the bush; straight out; ... ~ knip bob/crop ... (hair); cut ... short (nails etc.); →KORTKNIP; ~ en kragtig short and sweet; ~ kursus short course; ~, lank, ~, (Morse code) dot, dash, dot; ~ voor lank before long; dit ~ maak be brief; maak dit ~ cut it short; iets ~er maak shorten s.t.; ~ ná/agter mekaar in quick succession, in rapid sequence; nou ~ recently; ~ om draai turn on one's heel; ~ omspring do an about-turn, make a right-about face; ~ van personeel short-staffed, short-handed; die tyd raak ~ time is running out; 3/ens. meter ~er as die rekord 3/etc. metres short of the record; iets ~ en saaklik stel put s.t. in a nutshell; iem. te ~ doen shortchange s.o.; give s.o. short measure/weight; *(infml.)* put/do s.o. down, sell s.o. short; dit was hier te ~ en daar te lank there were all sorts of excuses (or [petty] objections); ... te ~ kom run short/out of ... (time); be ... short (three men etc.); have a shortage of ... (money etc.); niks te ~ kom nie lack for nothing, not go short; ~ toppie crop top; ~ vooraf at short notice; ek sal ~ wees I'll (or I shall) be brief; ~er word, (days etc.) shorten, close/draw in. **kort** ge=, vb. shorten, crop (hair); dock (a tail); clip (wings); need, be short of, lack; R10/ens. ~ be R10/etc. short, be short of R10/etc.. ~**af** →KORTAF. ~**as** *(math.)* minor axis. ~**asem(rig)** →KORTASEM(RIG). ~**been**

short-legged; *(also kortbeentjie)* double crochet. ~**begrip** digest, abridg(e)ment, abstract, précis, résumé, synopsis, summary. ~**broek** shorts; →KORT BROEK. ~**dag** *(bot.)* short-day *(plant)*. ~**deling** *(math.)* short division. ~**geknip** =knipte, *(also kort geknip)* (close-)cropped, closely cropped *(hair)*; closely cut *(nails)*. ~**golf** *(rad.)* short wave. ~**haar** shorthair, shorthair(ed) *(cat etc.)*. ~**harig, ~harig** =rige short-haired. ~**horing koei** short-horned cow, shorthorn. ~**hou** kortge= iem. ~ keep a tight hand on s.o.. ~**knip** kortge= cut short *(s.o.'s career etc.)*; iem. ~ cut s.o. off/short *(while speaking)*. ~**kom** kortge= lack, want; be lacking; fall short, fail; al wat ~ all that is wanting; R10/ens. ~ be short of R10/etc.., be R10/etc.. short; iem. kom niks kort nie s.o. lacks for nothing, s.o. doesn't go short; die kind kom dissipline kort the child needs discipline. ~**kop** bob, bobbed head. ~**-kort** frequently, every now and again/then, time and again, at all hours (of the day and/or night). ~**lys** short list; iem./iets op die/'n/jou/ens. ~ plaas short-list s.o./s.t.. ~**mouhemp** short-sleeved shirt. ~**om** in short, in brief, in fine, in a word, to cut a long story short. ~**pad** *(also kort paadjie)* short cut; *(fig.)* fast track *(to the top)*; ~ kies take a short cut; cut corners. ~**skoppie** *(rugby)* punt; 'n ~ gee punt the ball. ~**sluit** kortge= short-circuit, short. ~**sluiting** short-circuit(ing); 'n ~ veroorsaak short-circuit, short. ~**spar** *(archit.)* jack rafter; krom ~ jack rib. ~**stert** →KORTSTERT. ~**termyn** →KORTTERMYN=. ~**tyd** short time; ~ werk work (or be on) short time, go on short-time working. ~**vat** kortge= handle firmly, be strict with; keep a tight rein on, keep in check; haul over the coals, tell/tick off, roast, tear into, dress down. ~**verhaal** short story. ~**verhaalskrywer** short-story writer. ~**weg** briefly, shortly, in short; for short; curtly, summarily, flatly. ~**wiek** ge= clip the wings of, handicap.

**kort·af** abrupt, curt, blunt, brusque, terse, summary, unceremonious, offhand, offhandedly; iem. baie ~ behandel be very short with s.o.. **kort·af·heid** curtness, abruptness, terseness, offhandedness, brusqueness.

**kort·a·sem(·rig)** short of breath, short-winded, puffed; asthmatic, wheezy; *(horse)* broken-winded; ~ wees pant. **kort·a·sem·rig·heid** shortness of breath, short-windedness; *(med.)* dyspn(o)ea; *(vet.)* heaves, broken wind.

**kor·te** =tes, **kor·te·tjie** =tjies short one, shorty, shortie.

**kor·te·rig** =rige shortish, rather short, on the short side.

**kort·ge·ba·ker(d)** =kerde, **kort·ge·ba·ken(d)** =kende, **kort·ge·bon·de** hot/short/quick-tempered, easily offended, touchy, tetchy, testy, impetuous, volatile; ~ wees, *(also, infml.)* have a short fuse. **kort·ge·ba·kerd·heid, kort·ge·ba·kend·heid, kort·ge·bon·den·heid** touchiness, impetuousness, volatility.

**kort·heid** brevity, shortness, briefness, conciseness, succinctness. **kort·heids·hal·we** for short, for the sake of brevity, for briefness' sake.

**kor·ti·kaal** =kale, *(anat.)* cortical.

**kor·ting** =tings, =tinge deduction, reduction, discount, rebate, allowance, abatement; →AFSLAG; met ~ at a discount; min 10% ~ less 10% discount; ~ vir kontant cash discount.

**kor·ti·soon, kor·ti·so·ne** cortisone.

**kort·liks** briefly, shortly, in short.

**kort·sig·tig** =tige short-sighted, purblind; op ~e wyse short-sightedly; ~ wees take a short view. **kort·sig·tig·heid** short-sightedness; short sight.

**kort·ske·de·lig** =lige, **kort·kop·pig** =pige, **kort·hoof·dig** =dige, adj. short-, broad-, round-headed, brachycephalic, brachycephalous. **kort·ske·de·li·ge, kort·kop·pi·ge, kort·hoof·di·ge** =ges, n. shorthead, broadhead, roundhead, brachycephal. **kort·ske·de·lig·heid, kort·kop·pig·heid, kort·hoof·dig·heid** brachycephaly.

**kort·stert** n. bobtail, bobtailed horse/dog/etc.. **kort·stert** det., **kort·ster·tig** =tige, adj. bobtailed, brevicaudate.

**kort·ston·dig** =dige short, short-lived, of short duration, transient, transitory, fugitive, evanescent, ephemeral, momentary, passing, brief. **kort·ston·dig·heid** short duration, shortness, briefness, transience, transitoriness, evanescence.

**kort·ter·myn** *det.* short-term, short-run *(goals etc.)*; →OP KORT TERMYN. **~benadering** short-term approach, short-termism. **~huur** short lease.

**kor·vee** *(mil.)* fatigue, fatigue work. **~drag:** *in* ~ in fatigue dress.

**kor·vet** *-vette* corvette.

**kos**[1] *kosse, soorte kos, n.* food; fare; victuals; living, livelihood; *jou oë* ~ *gee* feed one's eyes; *diere* ~ *gee* feed animals; **goeie** ~ *voorsit* keep a good table; ~ *en inwoning* bed and board; board and lodging; ~ *kook* cook; ~ *kry, (animals)* be fed; ~ *maak/opsit* prepare a meal, get dinner/supper ready, start preparing a meal; *ryk* ~ rich food; ~ *soek* forage; *sonder* ~ *bly* go hungry; tighten *(or pull in)* one's belt; *'n stukkie* ~ a bite (to eat); *swaar* ~, *(fig.)* strong meat, solid food; *die* ~ *is op (die) tafel!* dinner is served!; *vaste* ~ solid food; *jou* ~ *verdien* make/earn/get a living, earn one's keep; be worth one's salt/keep; *jou* ~ *werd wees* be worth one's salt/keep. **~blik** lunch box; *(mil.)* mess tin. **~geld** board money, (cost of) board, boarding (fee), boarding. **~huis** boarding house; hostel. **~hyser** dumb waiter. **~kas** larder, food cupboard. **~pakkie** food parcel; packed lunch. **~pot** cooking pot. **~skool** boarding school. **~slaaf, ~verslaafde** foodaholic, foodoholic. **~soeker** forager. **~soort** (kind of) food. **~sproei** cooking spray. **~voorraad** food supply/supplies, provisions. **~ware** foodstuffs, articles of food, foods, provisions. **~winkel** food store/shop.

**kos**[2] *ge-, vb.* cost, be priced at; →KOSTE; *dit* ~ ... the price is ..., it sells for ...; *hulle* ~ *ewe veel* they are the same price; *dit* ~ *geld* it costs a lot of money, it is expensive; *dit* ~ *iem. 'n jaar/ens.* om iets te doen s.o. takes a year/etc. over s.t.; *dit* ~ *baie tyd* om te ... it takes a long time to ...; *dit* ~ *'n uur om daar te kom* it takes an hour to get there; *wat* ~ ...? how much is ...?, what is the price of ...?, how much do you charge for ...?; *wat* ~ *dit?* how much?; what's the charge?; *wat sal dit* ~*?, (also)* what is your fee?, what are your fees?; *al* ~ *dit (ook) wat, (laat dit)* ~ *wat dit wil* cost what it may, at all costs, at any cost/price, whatever the cost. **~prys** cost price, prime cost; *teen* ~ at cost.

**Ko·sak** *-sakke* Cossack. **Ko·sak·ke·koor** Cossack choir; Cossack chorus. **ko·sak·mus** cossack hat.

**kos·baar** *-bare* valuable *(antiques etc.)*; precious *(jewels etc.)*; *iem. se* ~*ste besitting* s.o.'s most prized possession; *~bare vonds* treasure trove. **kos·baar·heid** value; preciousness.

**ko·se·kans** *-kanse, -kante, (math.)* cosecant.

**kos·gan·ger** *-gers* school boarder.

**ko·si·nus** *-nusse, (math.)* cosine.

**ko·sjer** *(Jud.)* kosher *(meat etc.)*.

**kos·me·tiek** *-tieke, n.* cosmetic; cosmetics. **kos·me·ties** *-tiese =tieser =tiesste, adj.* cosmetic; *~e behandeling* beauty treatment.

**kos·mies** *-miese* cosmic; *~e stof* cosmic dust; *~e straling* cosmic radiation.

**kos·mo·lo·gie** cosmology. **kos·mo·lo·gies** *-giese* cosmologic(al). **kos·mo·loog** *-moloë* cosmologist.

**kos·mo·po·liet** *-liete, n.* cosmopolitan, cosmopolite. **kos·mo·po·li·ties** *-tiese, adj.* cosmopolitan. **kos·mo·po·li·tis·me** *(also K~)* cosmopolitanism.

**kos·mos**[1] cosmos, universe, creation.

**kos·mos**[2] *-mosse, (bot.)* cosmos (flower).

**Ko·so·vo** *(geog.)* Kosovo. **Ko·so·vaar** *-vare, n., (inhabitant)* Kosovar. **Ko·so·vaars** *-vaarse, adj.* Kosovar.

**kos·te** ~, *n.* expense, cost; costs, expenditure, outlay, charges; *die* ~ *aangaan om iets te doen* go to the expense of doing s.t.; *iem. die* ~ *laat aangaan om iets te doen* put s.o. to the expense of doing s.t.; ~ *aangaan/maak* incur expenses;

*die* ~ *bereken van iets* cost s.t.; ~ *bestry* defray/meet costs/expenses; *iets bring* ~ *mee* s.t. entails expense(s)/expenditure; *sonder bykomende/ekstra* ~ at no extra cost/expense; *die* ~ *dra* bear the cost; *op eie* ~ at one's own expense; *jou eie* ~ *dra* pay one's own way; *met geringe* ~ at little cost, at small expense; **groot** ~ *aangaan/maak/oploop* go to great expense; *met groot* ~ at great cost/expense; *'n* ~ *hef* charge a fee; *vir die* ~ *instaan* foot the bill *(infml.)*; *op iem. se* ~ *leef/lewe* live off s.o.; *lopende* ~ running costs; *met* ~, *(jur.)* with costs; *die* ~ *om iets te doen* the charge for doing s.t.; ~ *van onderhoud* cost of maintenance; *ongeag die* ~ regardless of cost; at all costs, at any cost; *geen* ~ *ontsien* nie spare no expense, be regardless of expense; *op iem. se* ~ at s.o.'s expense; *op* ~ *van* ... at the expense/charge of ...; *die* ~ *takseer, (jur.)* tax the costs; *teen 'n* ~ *van* ... at a cost of ...; *ten* ~ *van* ... at the cost/expense of ...; *ten* ~ *van iem.* at s.o.'s cost/expense; *die* ~ *van iets aan iem. terugbetaal* refund s.t. to s.o.; reimburse s.o. for s.t.; *die* ~ *wat aan iets verbonde is* the cost(s) involved in s.t.; ~ *van vervoer* cost of carriage/transport; *winsgewende* ~ income-, revenue-earning expenditure. **~berekenaar** estimator, cost accountant. **~berekening** calculation of expenses, costing, cost accounting. **~besnoeiing** cost cutting. **~besparend** *=rende* cost-cutting. **~bewus** cost-conscious *(manager etc.)*. **~-effektief** cost-effective. **~-effektiwiteit** cost-effectiveness. **~-plus-prysbepaling** cost-plus pricing. **~raming** estimate of the cost. **~rekenaar** *=naars* costing accountant, cost accountant. **~rekening** expense account; calculation of expenditure; costing; bill of costs. **~rekenmeester** cost(ing) accountant. **~sentrum** *(business econ.)* cost centre. **~struktuur** cost structure. **~tarief** tariff of charges, fees. **~-voordeel-analise/ontleding** cost-benefit analysis.

**kos·te·lik** *=like* priceless, amusing, delightful *(a joke etc.)*; precious *(memories)*. **kos·te·lik·heid** pricelessness; preciousness.

**kos·te·loos** *=lose* free, gratis, free of charge.

**kos·ter** *=ters* sexton, verger, (parish) clerk, beadle. **kos·ter·skap** sextonship, vergership.

**kos·tu·meer** *ge-* dress up; dress *(a play)*; costume. **kos·tu·me·ring** dressing *(of a play)*. **kos·tu·mier** *=miers* costumier; wardrobe mistress/master.

**kos·tuum** *=tuums* costume, get-up; *(jur.)* custom; *in* ~ *gekleed* dressed in character. **~bal** *=bals* costume/fancy-dress ball. **~ring** dress ring. **~stuk** costume play, period play/piece.

**ko·syn** *kosyne* sash *(of a window)*; frame *(of a door)*. **~koker** window box *(of a sash window)*. **~skaaf** sash plane.

**ko·tan·gens** *=gense, =gente, (math.)* cotangent.

**ko·te·let** *=lette* cutlet, chop. **~tooisel** cutlet frill.

**kot·huis** cottage.

**ko·tiel** *kotiele* cotyledon, seed leaf.

**kots** *ge-, (coarse)* vomit, puke, get sick; *ek* ~ *daarvan* I am sick (to death) of it.

**kou**[1] *koue, n.* cage; →KOUTJIE[1]; *'n voël in 'n* ~ *sit* cage a bird. **~voël(tjie)** cage bird.

**kou**[2] *n., (poet., liter.)* cold; →KOUD *adj.*, KOUE *n.*. **~beitel** cold chisel.

**kou**[3] *ge-, vb.* chew, masticate, munch, champ; *aan iets* ~ chew on s.t.; *'n harde been om te* ~ a hard nut to crack, a tough job, a tall order; *harde bene* ~ go through the mill *(or deep waters)*; ~ *maar aan daardie pruimpie* put that in your pipe and smoke it. **~geluid** chomping, champing, sound of chewing. **~gom** chewing gum. **~spier** masticatory muscle.

**koud** *koue kouer koudste, adj.* cold, chill(y); bleak; frosty; frigid; stony-faced; unaffectionate; unwelcoming; *iem. word* ~ *daarvan* it makes s.o. go cold all over, it gives s.o. the shivers; *iem.* ~ *behandel* be cold to s.o.; *bitter/snerpend* ~ bitterly cold; *koue blik* cold stare; *dis bytend* ~ there's a bite in the air; *iets* ~*s* something cold; ~ *kry* be cold; feel cold; *baie*

~ **kry** freeze; *iets laat iem.* ~ s.t. leaves s.o. cold/unmoved, s.o. is indifferent to s.t., s.t. doesn't do anything for s.o., *(joc.)* s.o. is underwhelmed by s.t.; *koue lugstreek* frigid zone; *iets* ~ *maak* chill/refrigerate s.t.; *koue oorlog* cold war; *skerp* ~ nippy; *koue vis, (fig.: aloof pers.)* cold fish, iceberg; *koue vleissoorte* cold meats; *jou hande nie in kou(e) water steek nie* not do a stroke of work; *kou(e) water op iemand se planne gooi* pour cold water on s.o.'s plans; ~ *word* get/go cold; *die woord was nog nie* ~ *nie* the word had scarcely been uttered (*or* left s.o.'s lips). ~**aansit** *n., (comp.)* cold start. ~**golwing** *(hairdressing)* cold wave. ~**lei** *koudge=* cool (down); walk (a horse) up and down; gull, hoodwink, sidetrack *(a pers.)*. ~**sit** *koudge=* get the better of, outdo, outsmart, outfox, surpass, outrival, trump; oust; *'n probleem/ens. wat jou* ~, *(infml.)* a stumper. ~**verharding** hardening by working. ~**wals** *koudge=, (metall.)* cold-roll.

**koud·bloe·dig, koud·bloe·dig** *=dige, (zool.)* cold-blooded, poikilothermal, poikilothermic; ~*e dier* cold-blooded animal, poikilotherm. **koud·bloe·dig·heid, koud·bloe·dig·heid** cold-bloodedness, poikilothermia, poikilothermism, poikilothermy.

**koud·breu·kig** *=kige,* **koud·bros** *(metall.: brittle when cold)* cold-short. **koud·breu·kig·heid,** **koud·bros·heid** cold-shortness.

**koud·ge·trok·ke** *(metall.)* cold-drawn.

**koud·heid** coldness; frigidity; frostiness; chill(iness).

**kou·e** *n.* cold, coldness; chill; *beef/bewe/bibber/ril/rittel van (die)* ~ quake/shake/shiver with cold; *bitter/kwaai* ~ bitter/intense/severe cold; *deurdringende/nypende/snerpende/snydende* ~ piercing cold; *dom wees van (die)* ~, *(one's fingers, hands)* be numb with cold; *iets neem die ergste* ~ *weg* s.t. takes the chill off; ~ *in die lyf* cold shivers, shakes; *'n skielike* ~ a cold snap/spell; ~ *vat* catch (a) cold, contract/get/take a cold, catch a chill; *teen die* ~ against the cold, to keep the cold out. ~**front** *(meteorol.)* cold front. ~**golf** *(meteorol.)* cold wave. ~**koors** *(med.)* ague, cold shivers, shivering fit, the shivers/shakes, rigor; ~ *hê* have the shivers/shakes; *iets laat iem.* ~ *kry* s.t. gives s.o. the cold shivers. ~**vuur** *(infml.)* gangrene, mortification; *deur* ~ *aangetas* gangrenous.

**kou·e·rig** *=rige* coldish, rather cold, chilly, nippy.

**kou(·e)·wa·ter·:** ~**behandeling** cold-water treatment, hydropathy. ~**inrigting** hydropathic establishment/institution. ~**kuur** cold-water cure/therapy.

**kou·kus** *=kusse, n.* caucus; ~ *hou* caucus, *(infml.)* go into a huddle. **kou·kus** *ge=, vb.* caucus.

**kou·lik** *=like* subject/sensitive to cold, chilly. **kou·lik·heid** chilliness, sensitivity to cold.

**kous** *kouse* stocking; gaiter; *(in the pl., also)* hose, hosiery; ~*e aantrek* put on socks/stockings; *in jou* ~*e* in one's stockings; *met die* ~ *oor die kop* empty-handed, with nothing to show for one's pains; *op jou* ~*e* in one's stockings (*or* stocking[ed] feet); ~*e en skoene* shoes and stockings. ~**band** garter, suspender; *'n* ~ *omsit* garter a stocking/etc.. ~**broekie** pantyhose, pantihose, tights. ~**handelaar** hosier. ~**gordel** suspender belt. ~**masker** stocking mask. ~**steek** stocking stitch. ~**voet** *=voete* stocking foot; *op* ~*e* in one's stockings (*or* stocking[ed] feet). ~**ware** hosiery. ~**weefsel** stocking web.

**kou·saal** *=sale* causal; *daar is 'n* ~*sale verband tussen hulle* they are causally connected. **kou·sa·li·teit** causality. **kou·sa·li·teits·leer** causality.

**kou·sel** *=sels* chew(ing), cud; mouthful. **kou·sel·tjie** *=tjies* bite, s.t. to eat.

**kou·te·ri·seer** *ge=* cauterise.

**kou·tjie**[1] *=tjies* small cage; →KOU[1] *n.; eers die* ~, *dan die vroutjie* first the cage, then the bird (*or* provide the house then you marry the girl).

**kou·tjie**[2] *=tjies* chew(ing), cud, plug, small mouthful; →KOU[3] *vb.*.

**Kov·sie** *=sies, (infml.: student of the Univ. of the Free State)* Kovsie.

**kraag** *krae* collar *(of a coat etc.)*; frill; collet; front *(of a sheep)*; yoke; ruff *(of birds)*; flange *(of a pipe)*; *iem. aan die* ~ *beetkry/gryp* grab/seize s.o. by the collar, collar s.o.; ~ *van 'n boorgat/skag* collar of a borehole/shaft; *hoë* ~ choker; *jou* ~ *opslaan* turn one's collar up. ~**band** collar band; neckband; collet. ~**beer** Asiatic/Himalayan black bear. ~**laer** collar bearing. ~**mannetjie** maned lion. ~**plaat** collar plate. ~**plooi** collar/ruff pleat. ~**pyp** collared pipe. ~**steen** ancon(e), corbel, console, truss.

**kraai** *kraaie, n.* crow; *die K~, (astron.)* the Crow, Corvus; *(dit is so warm dat) die* ~*e gaap, (infml.)* it is blisteringly/oppressively/scorchingly/sweltering hot; *lyk of die* ~*e jou kos opgeëet het* look very dejected; *so maer soos 'n* ~ as thin/lean as a rake; ~*e pik nie mekaar se oë uit nie* dog does not eat dog, there is honour among thieves. **kraai** *ge=, vb.* crow; ~ *(van die lag), (infml.)* laugh out loud. ~**bek** crow's beak; pipe wrench; *(icht.)* knifejaw. ~**nes** crow's nest; *(naut.)* crow's-nest; *(tech.: hydraulic crane)* cherry picker; tangle; *(comp.)* card wreck. ~**plooitjies,** ~**pootjies,** ~**spoortjies** *n. (pl.)* crow's feet, laughter lines. ~**poot** crow's leg; *(tech.)* crow's foot.

**kraak** *krake, n.* crack, cracking; flaw, fissure; *'n* ~ *hê, (s.o.)* have a screw loose (somewhere); *(meat)* be high/off. **kraak** *ge=, vb.* crack; creak; chink; (s)crunch *(gravel)*; crackle *(snow)*; crepitate; groan; jar; *dat dit (so)* ~, *(infml.)* with a vengeance, flat out; *skoene wat* ~ squeaking shoes; *iem. se stem* ~ s.o. has a grating/raucous voice. ~**beskuitjie** cracker; cream cracker. ~**geluid** cracking sound. ~**nuut** *adj. (pred.),* ~**nuwe** *(attr.)* brand-new. ~**porselein** eggshell china, crackleware. ~**skoon** scrupulously clean, spotless, speckless, *(infml.)* squeaky clean. ~**stem** creaking/creaky/grating/rasping/raucous voice. ~**wit** gleaming white.

**kraak·been** cartilage, gristle. ~**gewrig** synchondrosis. ~**skyf** meniscus. ~**stof** chondrin. ~**verskuiwing** slipped disc. ~**weefsel** cartilaginous tissue.

**kraak·been·ag·tig** *=tige* cartilaginous, gristly.

**kraal**[1] *krale, n.* bead; bead(ing) *(of a board)*; *krale (in)ryg* thread beads; *'n string krale* a string of beads. ~**boon(tjie)** love bean. ~**borduurwerk** beading embroidery, beadwork. ~**lys** bead(ing). ~**lyswerk** beading, bead moulding. ~**ogie** *(orn., infml.)* = GLASOGIE. ~**oog** beady eye. ~**varing** bead fern. ~**werk** beading, beadwork.

**kraal**[2] *krale, n.* pen, fold, corral, kraal; *iets is/pas (so reg) in iem. se* ~, *(infml.)* s.t. is (right) up s.o.'s alley/street; s.t. suits s.o. (down to the ground); s.t. is just s.o.'s cup of tea; *skape/ens. uit die* ~ *laat* unpen sheep/etc.. ~**heining** boma. ~**hek** kraal gate. ~**mis** kraal manure.

**kraal·tjie**[1], **kra·le·tjie** *=tjies* (little) bead.

**kraal·tjie**[2] *=tjies* pen, small kraal, cot, cote.

**kraam**[1] *n.* delivery, childbirth, confinement; *in* ~ *wees* be in labour. **kraam** *ge=, vb.* be in labour; *begin* ~ go into labour. ~**afdeling** maternity/obstetric(al) ward/department. ~**drag** maternity wear. ~**inrigting** maternity home/hospital. ~**kamer** delivery/labour room. ~**nasorg** postnatal care. ~**saal** maternity/labour ward. ~**sorg** maternity care. ~**tyd** puerperium. ~**verlof** maternity leave. ~**verpleegster** maternity/obstetric(al) nurse. ~**verpleging** obstetrics, midwifery, maternity nursing. ~**voordele** maternity benefits.

**kraam**[2] *krame* booth, kiosk, stall, stand; *iets pas in iem. se* ~ s.t. suits s.o.'s book/purpose. ~**eienaar,** ~**houer** stall holder/keeper.

**kraan**[1] *krane* tap; (stop)cock, faucet; jet; hydrant; *met 'n* ~ on tap; *die* ~ *na iets toedraai, (fig., infml.)* pull the plug on s.o.'s/s.t.; *'n* ~ *oop=/toedraai* turn a tap on/off. ~**sleutel** cock spanner/wrench. ~**water** tap water.

**kraan**[2] *krane* crane, derrick, davit. ~**arm** (crane) jib, jib boom. ~**baan,** ~**stellasie** gantry. ~**geld** cranage. ~**masjinis** crane driver.

**kraan·voël** crane. ~**blom, paradysblom** *(Strelitzia reginae)* strelitzia, crane flower, bird-of-paradise flower.

**krab·bel** *-bels, n.* scratch, scrawl, scribble; sketch; doodle; squiggle; *(word-building game)* Scrabble *(trademark)*. **krab·bel** *ge-, vb.* scratch, scrawl, scribble, scrabble; doodle; scramble. ~**papier** scrap paper. ~**poot,** ~**skrif** scrawl, scribble, crabbed writing, niggling hand(writing).

**krab·be·laar** *-laars* ink-slinger, penpusher, scribbler.

**krab·be·lig** *-lige* scratchy.

**krab·be(r)·tjie** *-tjies* earring.

**kraf·fie** *-fies* water bottle, carafe; decanter *(for wine)*.

**krag** *kragte, n.* strength, force, vigour, brawn, vim, power, might; (electric[al]) power, electricity; energy; muscle *(fig.)*; trenchancy *(style)*; efficacy, efficiency, potency, virtue *(of med.)*; substantiality; intenseness, intensity; validity; vehemence; *die ~ afsluit/afsny* cut off the power; *met ~ agter jou* from strength; *iets verg al iem. se ~te* s.t. taxes s.o.'s strength; *met alle ~* with might and main, with all one's might; *alle* (of *al jou) ~te inspan* muster all one's strength, strain every nerve; go all out; *jou ~ beproef* try one's hand (at); *bo iem. se ~(te) wees* be beyond s.o.('s power), be too much for s.o.; *deur brute ~* by sheer force; *met/op eie ~* under one's own power/steam; *op eie ~ staatmaak* depend on one's own resources, go it alone; *elektriese ~* electric power; … *~ gee* invigorate/sustain …; *iets getuig van ~* s.t. is a sign of strength; *iem. se ~ lê in … …* is s.o.'s strong point; *iem. is 'n ~ in die party* s.o. is a strong man in the party; *jou ~te aan … leen* throw one's weight in with …; *met iem./iets ~te meet* measure one's strength with s.o., pit one's strength against s.o./s.t.; *'n bokser/span met … ~te laat meet* match a boxer/ team with …; *iem. se ~te neem af* s.o. is getting weak, s.o. is sinking; … *nuwe ~ gee* revitalise …; *iets ondermyn iem. se ~te* s.t. saps s.o.'s energy/strength; *jou ~te ooreis* overexert o.s.; ~ *opwek* generate power; *~te saamsnoer* join forces; *jou ~(te) spaar* nurse/save one's strength, conserve one's energy; *met terugwerkende ~ tot …* backdated to …; *in ~te toeneem* gain/gather strength; *van ~ tot ~ gaan* go (on) from strength to strength; *uit ~ van …, (fml.)* by force/reason/right of …; *in terms of …; daar gaan ~ van iem. uit* s.o. is a source of strength; *iets van ~ maak* put s.t. into force *(a regulation etc.); van ~ wees, (a regulation etc.)* be valid/operative, be in effect/force; *nie van ~ wees nie* be invalid; *ten volle van ~ wees* be of full force and effect; *die aanbod bly van ~ tot …* the offer holds (good) till …; *van ~ word* come into effect/force, take effect, become valid/operative; *met ingang van … van ~ word* become effective from …; *~te versamel* gather strength; *met/op volle ~* at full power/strength; (at) full blast/speed/steam, at full throttle/tilt, all/flat out; at full capacity, full out; *met/op volle ~ werk* be firing on all cylinders; *met volle ~ agteruit* full speed/steam astern; *met/op volle ~ vorentoe* full speed/steam ahead; *op volle ~ wees* be up to strength; *nie op volle ~ wees nie* be below/under strength; *iets van ~ voorsien* power s.t.; *~ van wet* force of law, legal force; *~ van wet kry* acquire the force of law; *jou ~te aan iets wy* devote one's energy/energies to s.t.; *jou ~ wys* show one's mettle. **krag** *det.* power-driven/operated. ~**aandrywing** power drive; *met ~ power-driven, -operated.* ~**aangedrewe** power-operated, -driven. ~**aanleg** power plant. ~**besparing** conservation/saving of strength/energy; saving of electricity. ~**bron** source of power/energy; source of strength; power plant; *natuurlike ~* prime mover. ~**draad** power line. ~**eenheid** unit of electricity; unit of force, dynamic unit. ~**fiets** moped, buzz bike. ~**gas** power gas. ~**installasie** (electric) power plant. ~**kabel** (high-)power cable. ~**kolwer** *(cr.)* hard-hitting/forcing batsman, hard hitter. ~**kos** energy-giving food. ~**leiding** power line/mains. ~**lyn** line of force; *(elec.)* transmission line. ~**man** *(lit. & fig.)* strongman. ~**mas** (power) pylon. ~**masjinerie** power plant (machinery). ~**meter** dynamometer; *magnetiese ~* magnetometer. ~**meting**

clash, contest, showdown, head-to-head *(between two teams etc.)*; trial/test of strength, tug of war; measurement/determination of force, dynamometry; *die ~ tussen … en …* the clash/contest/showdown between … and …; the test/trial of strength between … and … ~**net(werk)** power grid. ~**onderbreking** power failure, outage. ~**ontwikkeling** generation of power; output of power; output of effort. ~**oorbrenging** power transmission. ~**optel** *(sport)* power lifting. ~**paal** power standard. ~**paraffien** power paraffin. ~**prop** power plug. ~**punt** *(elec.)* power point; point of application of a force. ~**rem** power brake. ~**saag** power saw. ~**sentrale** *-les,* ~**stasie** *-sies* (electric) power/generating station, power plant, powerhouse. ~**sop** broth, bisk, bisque. ~**spel** *(sport)* power play. ~**stroom** flux. ~**stuur** power steering. ~**toer** tour de force, stunt. ~**toevoer** power supply. ~**veld** field of force. ~**verbruik** power consumption. ~**verlies** loss of power/energy; *(med.)* asthenia. ~**verspilling** waste of energy. ~**vertoon** display of strength/power. ~**voer** concentrate(s), concentrated feed, power fodder. ~**woord** expletive.

**krag·da·dig** *-dige* energetic, vigorous; effective, effectual, efficacious, forceful, forcible, powerful, strong, thrustful; potent, hard-hitting. **krag·da·dig·heid** energy, vigour; efficacy; power, force(fulness), strength.

**krags·:** ~**besef** consciousness of power. ~**inspanning, krag-inspanning** effort, exertion, spurt (of energy). ~**uiting** display of power.

**krag·te·:** ~**diagram** diagram of forces. ~**driehoek** triangle of forces. ~~**ewewig** equilibrium of forces. ~**leer** dynamics. ~**lyn** line of action. ~**stelsel** system of forces.

**krag·te·loos** *-lose* weak, effete, ineffective, feeble, impotent, nerveless, debile, powerless; invalid; ineffectual, of no effect; … ~ *maak* invalidate/annul/nullify …, make … null and void. **krag·te·loos·heid** weakness, feebleness, powerlessness; impotence; debility; *(jur.)* invalidity, voidness.

**krag·tens** in/by virtue of, (up)on the strength of, in consequence of; in pursuance of, pursuant of/to; ~ *'n wet* under (or in terms of) an act (of parliament); ~ *hierdie wet* under this act.

**krag·tie** *interj.* (my) goodness!, goodness (gracious)!.

**krag·tig** *-tige, adj.* strong, powerful, mighty, virile, forceful, robust; strengthening; nourishing *(food)*; vigorous *(attack)*; cogent *(argument)*; telling *(answer)*; intense; strenuous *(effort)*; expressive, trenchant *(speech)*; forceful, punchy *(style)*; forcible *(lang.)*; high-powered *(car etc.)*; potent *(brew, drug)*. **krag·tig, krag·tig·lik** *adv.* strongly, powerfully, forcefully, vigorously, strenuously, forcibly. **krag·tig·heid** strength, forcefullness, vigour, powerfulness.

**kra·ke·ling** *-linge* cracker, cracknel, twisted bun; crackling; *sout ~* pretzel.

**kra·ker** *-kers* cracker; *(comp.)* hacker.

**kra·ke·rig** *-rige* crackling, creaky, crunchy, gritty, cracky. **kra·ke·rig·heid** creakiness.

**kra·kie** *-kies* small crack, flaw; *(flaw in gemstone)* feather; *'n ~ hê, (wine)* be too acid; *(meat)* be high/off; *(s.o.)* have a screw loose (somewhere), be a nutcase.

**kra·le·:** ~**snoer** string of beads. ~**werk** beading, beadwork.

**kra·le·tjie** →KRAALTJIE[1].

**kram** *kramme, n.* staple; clasp; hasp; clamp; cramp (iron); crampon; *iets met 'n ~ vassit* staple s.t.. **kram** *ge-, vb.* staple; clamp; cramp. ~**bout** U-bolt, stirrup bolt. ~**drukker** stapler, stapling machine. ~**hegter** *-ters* stapler. ~**skieter,** ~**pistool** staple gun.

**kra·mat, kra·mat** *-mats, -matte, (<Mal.)* kramat, Muslim shrine, sacred grave.

**kra·mer** *-mers* hawker, pedlar; haberdasher. **kra·me·ry** *-rye* haberdashery; hawker's/pedlar's goods/wares; hawking, peddling.

**kram·mer** *-mers* stapler, stapling machine.

**kram·me·tjie** =tjies small staple/clamp/etc.; →KRAM n..

**kramp** krampe cramp, spasm, gripes; ... **gee iem. 'n ~**, (infml., fig.) ... gives s.o. a pain in the neck; **'n ~** (of ~e) **hê/kry** have/get a cramp (or cramps); ek wens hy/sy **kry** ('n) ~ to blazes with him/her, the devil take him/her; ... **veroorsaak 'n ~** ... convulses s.o.'s body/muscles/etc.. **~aanval** attack/fit/seizure of cramp, convulsion. **~hoes** convulsive/spasmodic cough. **~lag** convulsive laugh. **~middel** =dels antispasmodic; gripe water. **~water** gripe water.

**kramp·ag·tig** =tige convulsive, cramping, spastic, spasmodic (jerks); desperate (attempts); **~e beweging** spasm. **kramp·ag·tig·heid** convulsiveness; spasticity; desperation.

**kramp·stil·lend** =lende antispasmodic, antispastic.

**kramp·we·rend** =rende antispasmodic; **~e middel** antispasmodic.

**kra·nig** =nige bold, dashing, smart, crack; **'n ~e skut** a crack shot. **kra·nig·heid** boldness, dash, smartness, spirit.

**kra·ni·o·lo·gie** craniology.

**kra·ni·o·me·trie** craniometry.

**kra·ni·um** =ums cranium.

**krank** kranke, adj., (dated) sick, ill. **kran·ke** =kes, n. patient, sick person. **kran·ke·ment** =mente complaint, ache, pain, ailment. **krank·heid** disease, illness, sickness. **krank·lik** =like sickly, infirm, invalid. **krank·lik·heid** sickliness, infirmity, invalidity.

**krank·sin·nig** =nige. adj. crazy, crazed, demented, insane, lunatic, mad; **dit is ~** it is sheer madness. **krank·sin·nig·heid** craziness, insanity, lunacy, madness; mental disorder, dementia; louter/pure ~ stark madness.

**krank·sin·ni·ge** =ges, n. lunatic, maniac, madman, madwoman. **~gestig** lunatic/insane asylum; →SIELSIEKEHOSPITAAL. **~verpleging** mental nursing.

**krans**[1] kranse, n. chaplet, coronet, crown, garland, wreath; (anat.) corona; (bot.) whorl; ring (in gears); circle, small society; **'n ~ by ... lê** lay/place a wreath at ... **krans** ge=, vb. garland, wreathe. **kran·sie** =sies small wreath; circlet, chaplet. **krans·leg·ging** =gings, =ginge wreath-laying (ceremony). **krans·stan·dig, krans·stan·dig** =dige, (bot.) whorled, verticillate. **krans·vor·mig** =mige doughnut-shaped, whorled.

**krans**[2] kranse, n. cliff, krans, krantz, precipice, rock face, crag, high rock; **~berg** escarpment mountain. **~duif** speckled pigeon, (obs.) rock pigeon. **~lys** (archit.) cornice; rock ledge. **~lysie** (archit.) chaplet; small ledge. **~valk** rock kestrel. **~wand** escarpment.

**krap**[1] krappe, n. crab. **~spinnekop** crab/flower spider. **krap·vor·mig** =mige cancrine, cancroid.

**krap**[2] krappe, n. scratch; score. **krap** ge=, vb. scratch; claw; paw; scrawl, scrabble, scribble; iets ~ aan iem. s.t. rankles (with) s.o.; iem. in die gesig ~ scratch s.o.'s face; teen iets ~ scrape against s.t.; in 'n vuur ~ stir a fire. **~kaart(jie)** scratch card. **~merk** scratch (mark), claw mark. **~papier** scrap paper. **~skrif(fie)** spidery hand/writing. **~yster** scraping iron, scraper, raker.

**krap·ag·tig, krap·ag·tig** =tige crabby, crablike.

**krap·per** =pers scraper, scratcher; scribbler. **krap·pe·rig** =rige scratchy; niggly; **~e (hand)skrif** spidery hand/writing.

**kras**[1] krasse, n. scratch (mark); scribe mark; screech, croak. **kras** ge=, vb. scratch, scrape, grate; (birds) screech, croak, caw; (archit.) scribe; iets ~ in die ore s.t. jars (up)on the ear; op die viool ~ scrape the violin/fiddle. **~geluid** jar(ring) sound.

**kras**[2] kras(se) krasser krasste, adj. strong, vigorous, robust; drastic, tough (measure); extreme, violent (criticism); dis nog al (of ['n] bietjie) ~ that's pretty (or a bit) steep/stiff; that's a tall order; **'n ~(se) opskrif** a shrieking headline; **~(se) taal** strong language. **kras** adv. strongly; drastically; ~ optree teen(oor) ... take drastic steps against ...; om dit ~ te stel to put it crudely; jou ~ uitdruk/uitlaat use strong

language. **kras·heid** strength, severity, crassitude, crassness. **kras·send** =sende =sender =sendste strident, harsh-sounding, grating.

**krat** kratte, n. crate, skeleton case, frame. **krat** ge=, vb. crate. **~raam(werk)** crib(work).

**kra·ter** =ters crater; **'n ~ vorm** (form a) crater; jou naam ~ maak, 'n ~ van jou(self) maak, (infml.) make a fool (or an ass) of o.s.. **~pyp** volcanic pipe/vent. **~rand** lip/rim of a crater. **~wand** crater wall, flare of crater.

**kra·ter·vor·mig** =mige crater-like, -shaped.

**kra·wat** =watte cravat.

**kre·a·sie** =sies →KREËER.

**kre·a·si·o·nis·me** (theol.) creationism; creation science. **kre·a·si·o·nis** =niste creationist.

**kre·a·tief** =tiewe creative. **kre·a·ti·wi·teit** creativeness, creativity.

**kre·a·tien** (biochem.) creatin(e).

**kre·a·tuur** kreature creature, being.

**Krebs·si·klus** (biochem.) Krebs cycle.

**kre·diet** =diete credit; **beperkte ~** limited credit; **~ bewillig** vote credits; **blanko ~** unlimited/blank credit; **~ gee** allow/give credit; iem. vir iets ~ gee give s.o. credit for s.t.; iem. se ~ is goed s.o. can buy on credit, s.o.'s name is good; ~ hê have credit; daar staan R1000 in iem. se ~ there is R1000 to s.o.'s credit; vir iets ~ kry get credit for s.t.; iets op ~ koop buy s.t. on credit; ~ aan iem. verleen extend credit to s.o.. **~bank** credit bank. **~beheer** credit control. **~bestuurder, ~kontroleur** credit manager/supervisor. **~bewys** credit voucher. **~brief** letter of credit. **~buro, ~agentskap, ~inligtingsburo** credit (reference/reporting) agency. **~faktuur** credit advice/note. **~geriewe, ~fasiliteite** n. (pl.) credit facilities. **~gewer, ~verlener** credit grantor. **~handel** credit commerce. **~inskrywing** credit entry. **~kaart** credit card. **~nota** credit advice/note. **~perk, ~limiet, ~plafon** credit limit/ceiling. **~rekening** credit account. **~saldo** credit balance, balance/cash in hand. **~stand** credit rating. **~strokie** credit slip. **~transaksies** credit transactions. **~voorwaardes** n. (pl.) credit terms.

**kre·diet·waar·dig** =dige solvent, in good credit, creditworthy. **kre·diet·waar·dig·heid** solvency, credit standing, creditworthiness. **kre·diet·waar·dig·heids·ver·slag** credit report.

**kre·di·teer** ge= credit; iem. met iets ~ credit s.o.('s account) with s.t. (an amount of money). **kre·di·te·ring** crediting; credit entry.

**kre·di·teur** =teure, =teurs creditor. **kre·di·teu·re·groot·boek** creditors' ledger.

**kre·di·teurs·:** **~lys** creditors' list. **~vergadering** creditors' meeting.

**kre·do** = CREDO.

**kre·ëer** ge= create. **kre·a·sie** =sies creation.

**kreef** krewe, (SA, also seekreef) spiny rock lobster, (infml.) crayfish; (also varswaterkreef) crayfish, (Am.) crawfish; die K~, (astrol., astron.) Cancer, the Crab; ~ thermidor, (cook.) lobster thermidor; ~ vang catch crayfish/lobsters, lobster. **~dig, ~vers** palindrome. **~fabriek** crayfish/lobster factory. **~kelkie** crayfish cocktail. **~slaai** crayfish/lobster salad. **~sop** crayfish/lobster soup. **~vangs** crayfish/lobster catch; catching of crayfish/lobsters. **~waters** crayfish/lobster grounds.

**kreef·ag·tig, kreef·ag·tig** =tige crablike.

**Kreefs·keer·kring** (geog.) tropic of Cancer.

**kreef·te·gang** retrogression; die ~ gaan go from bad to worse, go downhill, decline, retrogress, deteriorate.

**kreet** krete cry, shout, scream, shriek, yell; exclamation; slogan; 'n bloedstollende ~ a bloodcurdling (or an unearthly) scream.

**kre·ma·to·ri·um** =riums, =ria crematorium, crematory.

**kre·me·tart** cream of tartar. **~(boom)** baobab (tree), (infml.) cream-of-tartar tree.

**krem·lin** *-lins* kremlin, Russian citadel; *die K~* the Krem=
lin.

**kreng** *ge=, vb.* careen *(a ship).* **kren·ging** careen(ing).

**krenk** *ge=* hurt, injure, offend, pique, mortify, wound; *iem. se
eer* (of *goeie naam) ~* slander/injure s.o.'s reputation; *iem. ~*
hurt s.o.'s feelings; *ge~ voel* feel hurt/aggrieved/offended.
**kren·kend** *-kende* insulting, offensive; mortifying. **kren·king**
*-kings, =kinge* insult, mortification, offence, injury, griev=
ance.

**kren·te·rig** *-rige =riger =rigste* mean, niggardly, stingy, cheese=
paring, penny-pinching.

**kre·ool** kreole, *(pers. of mixed descent, also K~)* Creole. **kre=
ools** *n., (lang., also K~)* Creole, creole. **kre·ools** *kreoolse, adj.,
(also K~)* Creole, creole. **kre·o·li·seer** *ge=, (esp. ling.)* creolise.
**kre·o·li·se·ring** *-rings, =ringe, (esp. ling.)* creolising, creolisation.
**kre·o·lis·me** *-mes, (ling.)* creolism.

**kre·o·soot** creosote. **kre·o·so·teer** *ge=* creosote.

**kre·peer** *(ge)=, (animals)* die; *(persons)* suffer, be miserable/
wretched.

**Kre·ta** Crete. **Kre·ten·ser** *-sers, n.* Cretan. **Kre·ten·sies** *=siese,
adj.* Cretan.

**kre·tie:** *(die) ~ en (die) pletie* ragtag/tagrag and bobtail, riff=
raff, ragamuffins.

**kre·tin** *-tins* cretin.

**kreu·kel** *-kels, n.* crease, crinkle, fold, pucker, ruck, wrinkle;
*(geol.)* plication. **kreu·kel** *ge=, vb.* crease, crinkle, crumple,
fold, pucker (up), ruck (up), wrinkle. **~papier** crinkled pa=
per. **~traag** *=trae* crease-resistant, crease-resisting; *~trae hemp/
ens.* non(-)iron/drip-dry/wash-and-wear/crease-resistant shirt/
etc.. **~vry** *=vry(e)* non(-)crushable, non(-)creasing, crease=
less, creaseproof.

**kreu·ke·ling** *-lings, =linge* wrinkling; plication, puckering.

**kreu·kel·rig** *-rige* crumpled, creased, creasy, crinkled, crin=
kly, puckery, wrinkled; plicated.

**kreun** *kreune, n.* groan, moan, whimper; *'n ~ uitstoot* heave
a groan. **kreun** *ge=, vb.* groan, moan, whimper; *~ van* ...
groan with ... *(pain etc.).*

**kreu·pel** *adj., (also* kruppel*)* cripple(d), lame, limping, game
*(leg),* halting; *~ wees/loop* be lame, be a cripple, limp, have
*(or* walk with) a limp, walk haltingly; ... *~ maak* cripple ...;
*~ word* go lame; *(a horse)* founder. **~bos** thicket, under=
growth. **~hout** scrub, brushwood, undergrowth, thicket, un=
derwood; coppice. **~rym** doggerel (rhyme).

**kreu·pe·le** *-les, n., (also* kruppele*)* cripple, lame person; *die
~s wil altyd voordans* empty vessels make the most noise.

**kre·wel** *=wels* prawn.

**kriek** *krieke* (house) cricket; *alla/o ~!* crikey!. **krie·kie** *=kies*
(house) cricket.

**krie·ket** cricket. **~bal** cricket ball. **~kaptein** cricket captain/
skipper. **~kolf** cricket bat. **~paaltjie** wicket. **~span** cricket
team, cricket eleven. **~speler** cricketer, cricket player. **~veld**
cricket field/ground. **~wedstryd** cricket match.

**krie·sel(·tjie)** *-sel(tjie)* scrap, crumb, (wee) bit, jot, particle;
*geen ~ ... nie* not a jot of ...; *daar is geen ~ oor nie* there is not
a scrap left; *net 'n ~ ...* just a suspicion of ...

**krie·wel** *=wels, n.:die ~s kry, (infml.)* get the creeps. **krie·wel**
*ge=* tickle, itch; fidget, squirm; *(skin)* creep, crawl. **~kop** cross=
patch. **~kous** *(infml.: restless pers., esp. a child)* wriggler, fidgit.
**~krappers** *(infml.)* caprices, whims.

**krie·we·ling** *-lings, =linge* tickling, itching; fidgeting.

**krie·wel·rig** *-rige* itchy, tickling, scratchy; itchy, fidgety,
antsy, twitchy; irritable, edgy, irascible, prickly, touchy, net=
tled *(at); iets maak iem. ~* s.t. gives s.o. the creeps/willies *(in-
fml.); ~ word* squirm; *'n mens word ~ daarvan* it gets under
one's skin; it gives one the creeps. **krie·wel·rig·heid** irritabil=
ity, irascibility, prickliness, touchiness.

**kril** krill.

**Krim:** *die ~* the Crimea; *die ~-oorlog* the Crimean War.

**kri·mi·na·lis** *-liste* criminalist, criminal lawyer.

**kri·mi·na·li·seer** *ge=* criminalise. **kri·mi·na·li·se·ring** crimi=
nalisation.

**kri·mi·na·li·teit** criminality, crime; crime rate.

**kri·mi·neel** *-nele, adj.* criminal; horrible, outrageous; *dit het
~ gegaan* it was a tough job.

**kri·mi·no·lo·gie** criminology. **kri·mi·no·lo·gies** *-giese* cri=
minologic(al). **kri·mi·no·loog** *-loë* criminologist.

**krimp** *n.* shrink, shrinkage. **krimp** *ge=, vb.* shrink, contract,
diminish, dwindle, narrow, shrivel; flinch, wince; *(moon)*
wane; *inmekaar ~* shrink up; *iets laat ~* shrink s.t.; *tot ... ~*
dwindle (away) to ...; *~ van (die)* ... writhe/squirm *(or* dou=
ble up) with ... *(pain etc.).* **~maat** shrinkage. **~plastiek** shrink
wrap; *iets in ~ verpak* shrink-wrap s.t.. **~siekte** loco disease,
nenta. **~skeur, ~bars** contraction crack, shrinkage. **~traag**
shrink-resistant/resisting. **~vark(ie)** hedgehog. **~verlies** shrink=
age. **~verpak** shrink-wrap. **~verpakking** shrink wrap. **~vry**
shrink-proof, non(-)shrinkable.

**krimp·baar** *=bare* contractile; contractible. **krimp·baar·heid**
contractility.

**krim·ping** *-pings, =pinge* shrinking, shrinkage, contraction,
dwindling, narrowing; wince.

**kring** *kringe, n.* circle, circuit, cycle, cordon, ring, orbit; co=
rona, halo; zone; quarter; set of people; *in alle ~e* in all
walks *(or* every walk) of life; *in breë ~* far and wide; *~e
blaas* blow rings; *in godsdienstige ~e* in religious circles;
*in hoë ~e verkeer* move in high circles/society; *die hoogste
~e* the upper crust; *in iem. se ~* in s.o.'s circle; *in 'n ~ loop*
go round in a circle; *~e maak* circle; *'n ~ maak* describe a
circle; *(donker) ~e om/onder die/jou oë hê* have dark rings
(a)round/under the/one's eyes, have bags *(or* [dark] shad=
ows) under the/one's eyes; *in 'n ~ redeneer* argue in a cir=
cle; *in sekere ~e* in certain quarters; *in 'n ~ gaan staan/sit*
form a circle; *nie uit ons ~ nie* not of our number; *iets vorm
'n ~ om* ... s.t. rings ... **kring** *ge=, vb.* coil, curl, circle, de=
scribe a circle; form a circular stain; mark with circles; *iets
~ boontoe, (smoke etc.)* s.t. spirals up. **~klank** *(cin. etc.)* sur=
round sound. **~loop** cycle, circuit, circular course, circle;
period; rotatory motion; gyration; *'n bose/noodlottige/skade=
like ~* a vicious circle; *'n ~ voltooi* come full circle. **~pad,
~weg** ring road. **~spier** circular muscle, orbicular muscle,
constrictor, sphincter. **~stroom** circular current. **~televisie,
geslotebaantelevisie, geslotekringtelevisie** closed-circuit
television. **~vlug** circuit.

**krin·ge·tjie** *=tjies* small circle/ring; *~s rook blaas* blow *(or* send
out) smoke rings *(or* rings of smoke).

**kring·vor·mig** *=mige* circular, orbicular; *(motion)* rotatory.

**krink** *ge=, vb.* swivel, swing (round), turn; heave down. **~as**
*(mot.)* swivel arm, swing axle. **~hout(boom)** tree violet. **~sir=
kel** turning circle. **~spil** swivel pin, kingpin, kingbolt, knuckle
pin.

**krin·kel** *-kels, n.* crinkle. **krin·kel** *ge=, vb.* crinkle, crimp. **~pa=
pier** crêpe paper. **~snit** crinkle-cut *(chips etc.).* **~wol** crin=
kled wool.

**kri·o·chi·rur·gie, kri·o·sji·rur·gie** cryosurgery.

**kri·oel** *ge=* abound, swarm, teem, crawl, be alive/overrun
*(with); ~ van* ... swarm *(or* be swarming/alive) with ... *(people
etc.);* abound in/with ..., teem *(or* be teeming) with ... *(game
etc.);* bristle/crawl *(or* be bristling/crawling) with ... *(maggots
etc.);* be infested with ... *(fleas etc.);* be full of *(or* riddled
with) ... *(errors); die plek ~ van ..., (also, infml.)* the place is
lousy with ... *(perverts, rats, etc.).*

**kri·o·geen** *-gene, n., (freezing mixture)* cryogen. **kri·o·geen**
*=gene,* **kri·o·ge·nies** *-niese, adj.* cryogenic. **kri·o·ge·nie·ka,
kri·o·ge·ni·ka** cryogenics, cryogeny.

**kri·o·ni·ka** cryonics.

**krip** *krippe* manger, crib; trough; *aan die ~ staan, (joc.)* have a cushy job. **~byter** *(esp. a horse)* crib-biter. **~vreter, ~staner** *(joc.)* bureaucrat.

**kript** *kripte* crypt, undercroft.

**krip·ties** *=tiese =tieser =tiesste* (of *meer ~ die mees =tiese), adj.* cryptic(al); succinct. **krip·ties** *adv.* cryptically; succinctly.

**krip·to·graaf** *=grawe* cryptographer, cryptographist, cryptologist. **krip·to·gra·fie** cryptography. **krip·to·gra·fies** *=fiese* cryptographic(al).

**krip·to·gram** *=gramme* cryptogram.

**krip·ton** *(chem., symb.: Kr)* krypton.

**Kris** *Kriste, Krismense, (term among Afr.-speaking Muslims for a Chr., also* k~) Christian; *~ draai* become a Christian.

**kris** *krisse, (dagger)* kris.

**kri·sant** *=sante* chrysanthemum, aster, pyrethrum.

**kri·sis** *=sisse* crisis, critical moment/point/stage, turning point; *'n ~ **afweer/voorkom*** avert a crisis; *'n ~ **beëindig/oplos*** resolve a crisis; *'n ~ **deurmaak*** go/pass through a crisis; *(a patient)* be at the/a critical stage; *die pasiënt is **oor** die ~* the patient has passed the critical stage (*or* turned the corner); *'n ~ **verhaas*** precipitate a crisis; *'n ~ **veroorsaak*** cause a crisis. **~bestuur** crisis management. **~sentrum** crisis centre; *~ vir verkragtingslagoffers* (of *slagoffers van verkragting)* rape crisis centre. **~situasie** crisis situation. **~toestand** crisis situation.

**Krisj·na** Krishna.

**kris·kras** crisscross.

**Kris·mis** *n., (<Eng., infml.)* Christmas. **Kris·mis** *interj.* lordy (lord)!. **k~roos, k~blom,** hortensia, hortensie hydrangea, *(SA)* Christmas flower/rose. **k~kat:** *soos 'n ~ uitgevat wees, (infml.)* be dressed/done up like a dog's dinner. **k~wurm** peacock/emperor moth, Christmas caterpillar; *(infml.: concertina)* squeeze box.

**kris·tal** *=talle* crystal; *so helder soos ~* as clear as crystal/daylight. **~-as** axis of crystal. **~druif** crystal grape. **~geneser, ~heler** *(med.)* crystal healer. **~genesing** crystal healing. **~glas** crystal glass, cut glass. **~helder** crystal clear, as clear as crystal/daylight. **~klip** crystal. **~kunde** crystallography. **~kyker** crystal gazer. **~kykery** crystal-gazing. **~lens** crystalline lens. **~soda** natron, washing soda. **~stelsel** crystalline system, crystallographic system. **~struktuur** crystal structure. **~terapie** *(med.)* crystal therapy. **~violet** *(chem., med.)* crystal/gentian violet. **~water** water of crystallisation; crystal-clear water; *sout met ~* hydrous salt. **~werk** crystalware.

**kris·tal·ag·tig** *=tige* crystallike, crystalline, crystalloid.

**kris·tal·li·seer** *ge=* crystallise, candy *(fruit).* **kris·tal·li·se·ring, kris·tal·li·sa·sie** crystallising, crystallisation.

**kris·tal·lyn** *=lyne* crystalline.

**kris·tal·vorm** crystalline form. **kris·tal·vor·mig** *=mige* crystalline. **kris·tal·vor·ming** crystallisation.

**krit** *(infml.)* crit; →KRITIEK *n.,* KRITIKUS.

**kri·te·ri·um** *=riums, =ria* criterion.

**kri·tiek** *=tieke, n.* criticism; critique, review; *afbrekende ~* destructive criticism; *benede (alle) ~* beneath criticism/contempt; *kwaai onder ~ deurloop* face (*or* come in for) a lot of criticism; *na ~ luister* be open to criticism; *iem. se ~ op/teen* ... s.o.'s criticism of ...; *opbouende ~* constructive criticism; *een punt van ~ hê* have one criticism to make; *skerp/kwaai/hewige/fel/heftige/striemende/snydende/bytende/vlymende/vernietigende/krasse ~* harsh/sharp/strong/severe/scathing/stinging/biting/withering/devastating criticism; *(infml.)* slating, hatchet job; *~ uitdeel* dish out criticism; *~ uitlok* attract/invite (*or* come in for) criticism; *~ op ... uitoefen* criticise ..., level criticism at ...; *bo ~ verhewe wees* be above/beyond criticism. **kri·tiek** *=tieke, adj.* critical, crucial, climactic, *(attr.)* make-or-break; *~e druk/hoogte/snelheid/temperatuur/ens.* critical pressure/altitude/speed/temperature/etc.; *die ~e oomblik* the critical/

psychological moment; *~e punt* crisis; *in 'n ~e toestand wees* be critically ill; *'n ~e toets* a crucial test. **kri·tiek·loos** *=lose* uncritical, nonjudg(e)mental.

**kri·ties** *=tiese, adj.* critical; *(al)te ~* overcritical; *~e houding* critical attitude; *~e vermoë* critical faculty; *~ wees (teen)oor* (of *staan teenoor)* ... be critical of ...

**kri·ti·kas·ter** *=ters* criticaster, fault-finder, hairsplitter.

**kri·ti·kus** *=tikusse, =tici* critic.

**kri·ti·seer** *ge=* criticise; censure; slate; find fault with, disapprove of; *iets kwaai/skerp ~* pull/take/tear s.t. apart (*or* to pieces).

**Kro·aat** *Kroate* Croat(ian). **Kro·a·si·ë** Croatia. **Kro·a·ties** *n., (lang.)* Croatian. **Kro·a·ties** *=tiese, adj.* Croatian.

**kroeg** *kroeë* bar, pub, tavern, *(infml.)* watering hole. **~baas** tavern keeper, barkeeper. **~kelnerin** barmaid. **~lopery** pub-crawl(ing). **~man** barman, bartender. **~meisie** barmaid. **~vlieg** barfly.

**kroek** *kroeks, (infml., <Eng.)* crook; *cowboys en ~s speel* play cowboys and crooks.

**kroep** *(illness)* croup. **~hoes** croup cough. **~ketel** bronchitis kettle, steam kettle.

**kroep·ag·tig** *=tige* croupy.

**kroe·poek** *(Asian cook.)* prawn cracker.

**kroes¹** *~ kroeser kroesste, adj.* frizzy, frizzled, crisp(ed), crispy, kinky, crinkly, woolly, curly; *iets ~ maak* frizzle/friz(z) s.t.; *~ hare* frizzy/crisp/crinkly/woolly hair; *~ voel, (infml.)* feel seedy, feel off colour. **~kop** frizzy head, curly-headed person; frizzled hair, frizzle, woolly head; curly head; curly top.

**kroes²** *kroese, n.* crucible. **~staal** crucible steel. **~tang** crucible tongs.

**kroe·se·rig** *=rige* (somewhat) frizzy, crispy, kinky, crinkly, woolly, curly; *(infml.)* off colour, peaky, under the weather.

**krok** *(infml., <Eng.: a decrepit pers., a dilapidated car)* crock.

**kro·ket** *=kette,* **kro·ket·jie** *=jies* croquette.

**kro·ko·dil** *=dille* crocodile. **~klem** crocodile clip. **~leer** crocodile (leather). **~trane** crocodile tears, insincerity, hypocrisy. **~vel** crocodile skin.

**kro·ko·dil·ag·tig** *=tige* crocodilian, saurian.

**kro·kus** *=kusse, (bot.)* crocus.

**krom** *krom(me) krommer kromste, adj. & adv.* bent, crooked; curved *(line);* hooked *(nose);* stooped *(body);* round-shouldered; twisted *(trees etc.);* *~ Afrikaans* halting/faulty/broken/defective Afrikaans; *~ bene* bandy legs; *~ lê van die lag, jou ~ lag* be convulsed (*or* double up) with laughter, (nearly) split/burst one's sides (with laughter), be in stitches; *~ lê* double up, lie doubled up; work strenuously; *~ loop* stoop; *~ neus* hooked/hawk nose, *(fig.)* beak; *~ paaie/weë* crooked/underhand ways; *~ praat* speak imperfectly/haltingly, speak a mixed language, mutilate a language; *met 'n ~ rug* round-shouldered; *~ trek* (of *kromtrek),* *(wood)* warp, become warped, buckle, bend, spring; hunch; distort; *jou ~ werk, werk dat jy die ~me note haal* work one's fingers (*or* slave o.s.) to the bone. **krom** *ge=, vb.* bend, bow, crook, curve; *jou onder die juk ~* bend under the yoke, submit. **~been** *n.* bandy-/bow-legged man, knock-kneed fellow. **~been** *adj.* bandy-, bow-legged; knock-kneed. **~bek** crook, pick; pipe wrench. **~hout** knee timber/piece; *(bot.)* knee; vine. **~hout·sap** *(joc.)* wine; brandy; *~ drink, (infml.)* be tipsy/tiddly/pickled. **~neus** hooknosed person. **~passer** calliper compasses, (outside) callipers, bent callipers. **~praat** *n.* lisping, little language *(of children);* mutilated speech *(of adults).* **~pra·ter** lisper; murderer/mutilator of a language. **~rug** arched back; *~ maak* arch the back. **~saag** curved saw; bowsaw, frame saw. **~staf** crook; crozier, crosier, pastoral staff. **~steel·pyp** bent pipe. **~swaard** falchion, scimitar, yataghan. **~trek·king** warp(ing); buckling; distortion; bending; casting *(of wood).*

**krom·heid** crookedness.

**krom·ly·nig** =nige curvilinear.

**krom·me** =mes graph, curve; 'n ~ teken/trek plot a curve.

**krom·me·rig** =rige rather bent/crooked/etc.; ~e neus aqui=
line nose.

**krom·ming** =mings, =minge bend, curve, turn, winding; cur=
vature; flexure; (rly., roads) camber; 'n ~ maak, (a river etc.)
make a sweep.

**krom·mings·:** ~**graad** degree of curvature. ~**lyn** line of cur=
vature. ~**middelpunt** centre of curvature.

**kro·niek** =nieke chronicle; K~e, (OT) Chronicles. ~**skrywer**
chronicler, annalist.

**kro·ning** =nings, =ninge coronation, crowning. **kro·nings·eed**
coronation oath.

**kron·kel** =kels, n. coil, twist(ing), kink; meander; torsion;
twisting/torsion of the gut(s); squiggle, squirm; ~ in die
derm twisted intestine. **kron·kel** ge=, vb. coil, meander, twist,
wind, turn (in and out), serpentine, zigzag, wriggle, worm,
squirm, squiggle, contort, wiggle, wreathe, snake; die pad =
deur ... the road snakes/winds through ... ~**dans** serpentine
dance. ~**derm** (intestine) ileum; (disease) ileus volvulus. ~**loop**
winding/meandering/serpentine course; collywobbles. ~**lyn**
squiggly line, squiggle. ~**pad**, ~**weg** crooked/tortuous/wind=
ing road/path.

**kron·ke·lend** =lende, **kron·kel·rig** =rige winding, twisty,
twisting, curvy, curving, meandering, serpentine, zigzag,
coiling (road etc.); squiggly, wiggly, wriggly (line); tortuous,
devious, sinuous (route etc.); (chiefly tech.) convolute(d).

**kron·ke·ling** =lings, =linge coil, kink, spire, twist; convolute,
convolution; contortion; torsion; sinuosity, wriggle, winding,
meander, wiggle.

**kro·no·lo·gie** →CHRONOLOGIE.

**kroon** krone, n. crown, coronet, diadem; top chandelier; (anat.)
corona; coronet (of hoof); (archit.) coping; (bot.) corolla; (coin)
crown (piece); crowning glory; die K~, (jur.) the Crown; die
~ dra wear the crown; geen ~ sonder kruis (nie) no cross no
crown; die ~ neerlê resign the crown, abdicate (the throne);
dit sit die ~ daarop that crowns it all; dit span die ~ that
caps it (all), that/it takes the biscuit/bun/cake; die ~ op iem.
se werk the crown of s.o.'s labours. **kroon** ge=, vb. crown;
(draughts) go to king; iem. tot koning ~ crown s.o. king; om
die naarheid te ~, (infml.) to crown it all. ~**blaar** petal.
~**braaistuk** crown roast. ~**getuie** crown witness, witness for
the crown. ~**juwele** crown jewels. ~**kandelaar** =laars, =lare,
~**lugter** =ters, ~**lig** =ligte chandelier, candelabrum. ~**kiewiet**
crowned lapwing, (obs.) crowned plover. ~**lys** (archit.) cor=
nice; crown moulding; taenia. ~**prins** crown prince. ~**prin=
ses** crown princess. ~**sierade** (royal) regalia. ~**slagaar** cor=
onary artery.

**kroon·tjie** =tjies coronet; cowlick, crown (in the hair).

**kroos** issue, offspring, progeny.

**krop** kroppe, n. craw, crop, gizzard (of a bird); jowl; throat;
goitre; dit steek iem. (dwars) in die ~ it sticks in s.o.'s craw/
gizzard/throat, it goes against the grain (with s.o.), (infml.) it
(really) bugs/peeves s.o.; op die ~ van jou maag at the pit of
one's stomach; 'n gevoel op die ~ van jou maag hê dat ... have
a gut feeling that ... ~**duif** cropper, pouter (pigeon). ~**ge=
swel** goitre, bronchocele, Derbyshire neck, struma. ~**ge=
voel** gut feeling. ~**slaai, kopslaai** (head/cabbage) lettuce.
~**vol** (infml.) fed up, cheesed off; ~ wees vir iem. be fed up
(to the gills or [back] teeth) with s.o., be sick of (or cheesed
off with) s.o..

**kro·si·do·liet** crocidolite, blue asbestos.

**krot** krotte den, hovel, shack, hole, shanty; (in the pl., also)
slum(s). ~**buurt** =buurte slum quarter. ~**melker, krotte=
melker** slum lord. ~**woning** slum dwelling.

**kro·ton** =tons →CROUTON.

**krou·kie** croquet.

**kru** ~ kru(w)er kruuste crude, coarse, rude, boorish, churlish.

**kru·di·teit** =teite, **kru·heid** kruhede crudity, crudeness, coarse=
ness, boorishness, churlishness.

**Kru·ger·rand** Krugerrand.

**krui(d)** kruie, n. (usu. in the pl.) herb; medicinal herb; (bot.)
wort. **kruid·ag·tig** =tige herbaceous; oleraceous; herby; ~e
plante herbs.

**krui·de·nier** =niers grocer. **krui·de·niers·wa·re** groceries.
**krui·de·niers·win·kel** grocer's shop, grocery (shop).

**krui·(d)e·rig** =rige spiced, spicy. **krui·(d)e·rig·heid** spiciness;
spicery.

**krui·(d)e·ry, krui·(d)e·ry** =rye condiment, seasoning, spice,
flavouring; spicery. ~**skyf** (SA cook.) monkey gland steak.

**kruid·jie-roer-my-nie** =nies touchy person; (bot.), (Meli=
anthus spp.) honey bush; (Mimosa pudica) sensitive plant,
touch-me-not; 'n ~ wees wear/have a chip on one's shoulder.
**kruidjie-roer-my-nieagtig** =tige touchy.

**krui(·e)¹** ge= season, spice; mull, flavour; lend flavour/pi=
quancy to; iets met ... ~ spice s.t. with ...; sterk ge~ highly
flavoured/seasoned/spiced; devilled.

**krui(·e)²** ge=, (vehicle, pers.) lumber, trundle (up a hill etc.).

**krui·e** n. →KRUI(D). **krui·e** ge=, vb. →KRUI(E)¹. ~**boek** herbal.
~**dokter** herbalist; traditional healer. ~**(genees)middel** =dels
traditional medicine. ~**kenner** herbalist. ~**koek** seedcake,
spiced cake. ~**sakkie** bouquet garni. ~**tee** herb tea. ~**tuin**
herb garden. ~**versameling** herbarium. ~**wyn** herbal wine,
mulled wine, hippocras.

**krui·er** kruiers (luggage) porter; as ~ werk porter.

**kruik** kruike jar, jug, pitcher; urn; cruse; stone bottle, stone
jug. **krui·kie** =kies cruet. **kruik·vor·mig** =mige urceolate, urni=
form.

**kruin** kruine crown, top; poll (of the head); top, head (of a
tree); crest (of a wave etc.); brow, crest (of a hill etc.); summit,
peak (of a mountain); (bot.) coma; cap; vertex; die ~ bereik
reach the summit/top; op die ~ van die golf ry/wees, (fig.) be
riding high; op die ~ at the summit (of the mountain). ~**lig=
ging** crown presentation. ~**lyn** crest line. ~**punt** crest. ~**ske=
ring** tonsure. ~**waarde** (sc.) amplitude.

**kruip** ge=, (humans, animals) creep, crawl; (in a furtive man=
ner) slink, sneak, steal; (like a worm) worm; (plants) creep,
trail; (abase/demean o.s.) crawl, cringe, grovel, bow and scrape,
kowtow; in jou dop/skulp ~ draw/pull in one's horns, (go)
retire into one's shell, sing small; uit jou dop/skulp ~ come
out of one's shell, open out; jy moet eers ~ voordat jy kan
loop one has to begin in a small way; op hande en voete ~ go
on all fours; in iets ~ crawl into s.t.; die tyd ~ time drags/
crawls; uit iets ~ crawl out of s.t.; voor iem. ~ crawl/cringe
before/to s.o., grovel before s.o., kowtow/truckle (or bow
and scrape or suck up) to s.o., fawn (up)on s.o. ~**bal** (cr.)
creeper, grubber. ~**band** =bande caterpillar tread; met ~e half-
track(ed). ~**bandvoertuig** (half-)track(ed) vehicle. ~**broek**
(ie), ~**pak(kie)** crawler, romper(s). ~**gang** catwalk. ~**gras**
goat's beard; manna grass, mouse barley. ~**knieë** house=
maid's knee. ~**plant** creeping/trailing/prostrate/repent/rep=
tant/procumbent plant, trailer, groundling. ~**slag** crawl;
met die ~ swem crawl. ~**sweer** wandering abscess. ~**swem**
ge= crawl. ~**vas** creep-resistant.

**krui·pend** =pende creeping, crawling, creepy; (bot.) decum=
bent, effuse, repent, reptant; ~e dier reptile.

**krui·per** =pers creeper, crawler; groveller, toady, bootlicker;
truckler; sycophant; flunkey. **krui·pe·rig** =rige cringing, fawn=
ing, servile, fulsome, obsequious, toadying, sycophantic,
truckling. **krui·pe·rig·heid** cringing, fawning, servility, toady=
ism, obsequiousness, flunkeyism, sycophancy.

**krui·ping** creep.

**kruis** kruise, n. cross; crucifix; (mus.) sharp; small/hollow of
the/one's back; croup, crupper (of a horse); rump (of sheep
etc.); crown (of an anchor); crotch (of trousers); affliction, an=
noyance, nuisance, trial; elkeen moet sy eie ~ dra everyone

has to bear his/her own cross; **F** ~, *(mus.)* F sharp; *'n* ~ **maak/slaan** make the sign of the cross, cross o.s.; ~ *of munt* heads or tails; *die Rooi K~* the Red Cross; *iem. aan die* ~ *slaan* nail s.o. to the cross, crucify s.o.. **kruis** *adv.:* ~ *en dwars* crisscross, hither and thither, in all directions. **kruis** *ge=, vb.* cross, intersect; interbreed, hybridise, cross(breed), intercross; crucify, nail to the cross; cruise; →GEKRUIS; *die/ jou* **arms** ~ cross one's arms; *die* **swaarde/degens** ~ cross swords; *'n dier/plant* **met** ... ~ cross an animal or a plant with ...; *'n* **tjek** ~ cross a cheque. ~**afneming** *(Chr.)* descent from the Cross, deposition from the Cross. ~**balk** crossbeam. ~**band** *=bande* crucial ligament; *(in the pl.)* (a pair of) braces. ~**beeld** crucifix, rood. ~**been** *adv.* with crossed legs, cross-legged. ~**bek** *(orn.)* crossbill. **K~berg** (Mount) Calvary. ~**bessie** *(Grewia* spp.) four corners (berry); *(Eur.)* gooseberry. ~**bestuif** cross-pollinate. ~**bestuiwing** cross-pollination, xenogamy, staurogamia. ~**bevrug** cross-fertilise. ~**bevrugting** cross-fertilisation, allogamy, xenogamy. ~**blom** passionflower, star of Bethlehem; crucifer, crossflower; *(archit.)* cross quarters. ~**boog** crossbow, arbalest; *(archit.)* groined/ diagonal arch. **K~dae** *(RC)* Rogation days. ~**dood** death on the cross. ~**doof** *ge=, (rad.,TV, etc.)* cross-fade. ~**dowing** *(rad., TV, etc.)* cross-fade. ~**draad** *=drade* rectile, spider('s) line; hairline *(on a lens); (in the pl.)* cross wires. ~**draadjie** cross hair *(of an optical instr.).* ~**gang** *(Chr.)* Way of the Cross; cloister. ~**gewelf** cross (groined) vault. ~**hou** *(boxing)* cross. ~**hout** the cross, the tree, the rood; marking/joiner's/shifting gauge. **K~kaap** Cape Cross. ~**kerk** cruciform church. ~**kleding** cross-dressing. ~**kop** cross head *(of a mach.).* ~**kop (pen)** gudgeon. ~**koppeling** universal joint/coupling, Cardan joint. ~**kruid** groundsel; ragweed; ragwort, cankerweed. ~**kultureel** *=rele* cross-cultural. ~**ligamente** *n. (pl.), (anat.)* cruciate ligaments. ~**(onder)vra** *het (ge=) (jur.)* cross-question, -examine. ~**pad** crossroad, crossing; *by die* ~, *(lit.)* at the crossing/crossroads; *(fig.)* at the crossroads, at the parting of the ways. ~**produk** cross. ~**punt** (point of) intersection; crossing, crossover; *(rly.)* junction. ~**raam** crosshead. ~**ras** cross=breed. ~**ridder** knight of the cross, Crusader. ~**skop** *(soccer)* cross. ~**skyf** rump steak. ~**snelheid** cruising speed. ~**spoed reëlaar** *(mot.)* cruise control. ~**steek** cross-stitch. ~**straat** cross street, crossing. ~**stuk** *=stukke, (beef)* rump; X-piece; crossing, frog *(on rails);* wissels en ~*ke, (rly.)* points and crossings. ~**subsidie** cross-subsidy. ~**subsidieer** *ge=* cross-subsidise. ~**teel** interbreed, cross. ~**teling**, ~**teelt** crossing, cross-breeding, hybridisation. ~**teken** sign of the cross; *die* ~ *maak* make the sign of the cross, cross o.s.. ~**tjop**, ~**karmenaadjie** chump chop. ~**toets**, ~**proef** *n., (immunol.)* crossmatching. ~**toets** *vb., (immunol.)* crossmatch. ~**tog** crusade; *die K~te* the Crusades; *op 'n* ~ *gaan* embark/go on a crusade; *'n* ~ *onderneem/voer* conduct a crusade; *'n* ~ *teen/vir iets* a crusade against/for s.t.. ~**vaarder** crusader. ~**vaart** crusade; cruise, cruising. ~**verhoor** cross-examination; *in/onder* ~ under cross-examination; *iem. in/onder* ~ *neem* cross-examine/cross-question s.o.; *(infml.)* grill s.o.; *in/onder* ~ *geneem word, 'n* ~ *ondergaan, aan 'n* ~ *onderwerp word* be cross-examined; *'n* ~ *waarneem* conduct a cross-examination. ~**vermoë** cruising power. ~**vertaler** *(comp.)* cross compiler. ~**verwysing** *=sings* cross-reference; ~*s maak* cross-index. ~**vlug** cruise. ~**vra**, ~**ondervra** *ge=, (jur.)* cross-examine/question, *(infml.)* grill. ~**vraag** *=vrae, n.* cross-question; ~*vrae stel* cross-examine. ~**vraer** cross-examiner. ~**vuur** crossfire. ~**weg** *(Chr.)* Way of the Cross; *stasies van die* ~ Stations of the Cross. ~**woord(e)** *(Chr.)* word(s) spoken on the Cross.

**kruis·baar** *=bare, (biol.)* compatible. **kruis·baar·heid** *(biol.)* compatibility.

**krui·se·ment** mint, water mint. ~**sous** mint sauce. ~**tee** mint tea.

**krui·ser** *=sers, (warship)* cruiser. ~**missiel**, **kruismissiel** cruise missile.

**kruis·ge·wys** *=wyse, adj.* crossway, crosswise. **kruis·ge·wys, kruis·ge·wy·se** *adv.* crossway(s), crosswise.

**krui·sie** *=sies* cross, mark; crosslet; *(print.)* obelus, obelisk, dagger; *'n* ~ *trek/maak* make a cross; *jou* ~ *trek/maak* vote, cast/register one's vote, cast one's ballot.

**krui·sig** *ge=* crucify; *die vlees* ~ mortify the flesh. **krui·si·ging** crucifixion.

**krui·sing** *=sings, =singe* crossing, intersection; cross *(result of crossbreeding);* hybridism, hybridisation, crossing, cross=breed(ing); *(biol.)* chiasma; *(gram.)* chiasmus; *'n* ~ *van ... en ... wees* be a cross between ... and ...

**krui·sings·hoek** angle of intersection.

**kruis·vor·mig** *=mige* cross-shaped, cruciform, cruciate, crucial.

**kruit** powder, gunpowder; ~ *en lood* powder and shot; ~ *en vuur wees* be fire and tow; *iem. se* ~ *is weggeskiet/verskiet* s.o. has shot his/her bolt; s.o. is at the end of his/her resources; *geen skoot* ~ *werd wees nie* not be worth powder and shot. ~**bad** spa. ~**bom** petard. ~**doos** powder box. ~**horing** powder horn/flask. ~**huis** powder magazine/store/house. ~**vat** powder keg/barrel; tinderbox *(fig.).* ~**water** *(containing sulphuretted hydrogen)* hepatic water.

**krui·wa** (wheel)barrow; ~ *stoot, (coarse)* be in the family way, have a bun in the oven, be preggers/preggy.

**kruk** *krukke* crutch; perch, crank, crock; (cross-)handle; door=handle; *met/op* ~*ke loop* walk with *(or* go on) crutches. ~**as** *=asse* crankshaft, crank axle. ~**kas** crankcase, sump case.

**kruk·ke(r)·lys** *(sport)* injury/casualty list; *op die* ~ *wees* be crocked, be on the injury/casualty list.

**krul** *krulle, n.* curl; tress *(of hair);* shaving *(of wood);* flourish, paraph *(of a pen);* squirl *(in handwriting); (ornamental)* scroll; curlicue; volute; coil, kink; *(in the pl., also)* scobs, shavings; *vol* ~*le wees, baie* ~*le hê, (infml.)* be quirky, be full of quirks; *iem. is sonder* ~*le, (infml.)* there is no nonsense about s.o.. **krul** *ge=, vb.* frizz, wave, crisp, crimp *(hair);* twist; spiral; *'n bal laat* ~ screw a ball; *die bal het baie ge~* there was a lot of twist on the ball. ~**andyvie** curly endive, chicory. ~**golf** comber. ~**hare** curly hair. ~**harig** *=rige* curly-haired. ~**hou** *(tennis, billiards)* screw. ~**kool** curled cabbage, (garden) kale, borecole. ~**kop** curly head/top; *(bot.: Eucomis* spp.) pineapple flower. ~**kopkind** curly-headed child. ~**letter** flourished letter. ~**lys** scroll; volute. ~**papier** *(hairdressing)* curlpaper. ~**pen** (hair) curler, curling pin. ~**stoot** *(billiards)* screw. ~**tablet** cartouche. ~**tang** *(hairdressing)* curling tongs/ iron(s)/pins, crimper; *hare met 'n* ~ *stileer* crimp/tong hair. ~**versiering** cartouche, scroll.

**krul·le·bol** curly head; curly head/top.

**krul·ler** *=lers* curler; (hair) curler; *(text.)* crisper; *(cook.)* cruller. **krul·le·rig** *=rige* curly; crisp(y); coil-like; *'n kind/ens. met* ~*e hare* a curly-haired child/etc.. **krul·le·rig·heid** curliness, crisp(i)ness.

**krul·le·tjie** *=tjies* (little) curl, ringlet; squirl *(in handwriting); (Ferraria undulata)* spider flower; *iets met* ~*s versier* scroll s.t..

**krul·ling** *=lings, =linge* curling, curl, crispation.

**krul·vor·mig** *=mige* volute(d).

**krum·mel** *=mels, n.* crumb; trifle; ~*s ook brood* half a loaf is better than no bread. **krum·mel** *ge=, vb.* crumble. ~**kors** crumb crust. ~**pap** crumbly (mealie)porridge.

**krum·mel·rig** *=rige =riger =rigste* crumb(l)y, crummy; friable. **krum·mel·rig·heid** crumbliness, crumbiness; friability.

**krum·mel·tjie** *=tjies* small crumb; *as* ~ *brood word* upstarts make bad masters.

**krup·pel** →KREUPEL. ~**balk** tail joist/beam, tailpiece, trimmed joist.

**kru·si·fiks** *=fikse* crucifix.

**krus·ta·see** *=seë* crustacean.

**kry** *ge=* get, secure, procure, take, receive, catch *(a cold)*, have *(a baby)*, acquire *(knowledge)*, obtain *(copper out of ore); be=handeling* ~ undergo treatment; *iem. het twee jaar (of R6 000 boete) ge~* s.o. got two years *(or* [a fine of] *R6 000); iem. se brief* ~ receive s.o.'s letter; *('n) mens* ~ ... *daar* you get ... there; *ek* ~ *jou daar* I'll meet you there; *jy* ~ *my nie weer daar nie* I will not set foot there again; *wat* ~ *ek (daaruit)?* what is in it for me?, what is it worth to me?; *'n deel* ~ come in for a share; *jy kan dit gerus* ~ you are welcome to it; *hoeveel het jy daarvoor ge~?* what did you get for it?; how much did it fetch?; *hoofpyn* ~ get/develop a headache; *jy kan dit* ~ *as jy wil* it is yours for the taking; *kinders* ~ bear children; ~ *'n stukkie koek* have some cake!; *kan ek 'n koppie koffie* ~? may I have a cup of coffee?; *as jy jou weer kom* ~ ... before you know where you are ...; *toe ek my kom* ~ ... the next thing I knew ...; *kos* ~ be fed, be given food; *koud/warm* ~ be/feel cold/hot; *iem. iets laat* ~ let s.o. have s.t.; *mag ek asseblief die ... ~?* may I have the ... please?; can/could/may I trouble you for the ...?; *'n ongeluk* ~ meet with an accident; *'n vriendelike ontvangs* ~ meet with a kind reception; *ek sal jou nog ~!* I'll get (even with) you!, I'm not *(or* I haven't) finished with you yet!; *'n siekte* ~ get/develop/catch/contract *(or* come/go down with) a disease; *iem. nie te sien* ~ *nie* not get hold of s.o.; *die skuld* ~ incur blame, be blamed; *iets is by ... te* ~ s.t. is obtainable *(or* may be obtained) from ...; *iets is nie te* ~ *nie* s.t. is unprocurable *(or* not to be had); ~ *wat jou toekom* get what one deserves; come into one's own; ... *toevallig* ~ chance on/upon ...; *iets uit iem.* ~ draw/get/prise/tease s.t. out of s.o. *(a confession etc.); niks uit iem.* ~ *nie* get nothing out of s.o.; *iets van ...* ~ get/derive s.t. from ...; ~ *van myne!* have some of mine!; *iem. so ver/vêr* ~ *om iets te doen* get s.o. to do s.t.; *woorde/stry* ~ pick a quarrel.

**kry·ger** *-gers* warrior.

**krygs=** : ~**akademie** military academy/college. ~**bende** band/troop of soldiers. ~**bevelhebber, militêre bevelhebber** military commander. ~**dans** war dance. ~**eer** military honour; honours of war. ~**geskiedenis** military history. ~**gevange** →KRYGSGEVANGE. ~**geweld** force of arms. ~**heer** warlord. ~**held** military/war hero. ~**hof** *=howe* court martial, military court; *iem. voor 'n* ~ *daag* court-martial s.o. ~**kunde** → KRYGSKUNDE. ~**kuns** generalship, art of war; *Oosterse* ~ martial art. ~**lewe** military life. ~**lied** war/battle song. ~**mag** (military) force; *'n* ~ *op die been bring* raise a force. ~**makker** fellow soldier. ~**man** *=manne* soldier, warrior, man-at-arms; fighting man. ~**oefening** *=ninge* manoeuvre; ~*e doen* be on manoeuvres. ~**offisier** military officer/commander, army officer. ~**raad** council of war; court martial; *iem. voor 'n* ~ *daag* court-martial s.o.; *voor 'n* ~ *verskyn* be court-martialled, appear before a court martial. ~**reg** law(s) of war, law of arms; military law. ~**toerusting** preparation/equipment for war, armament. ~**tog** campaign, military expedition, combat mission. ~**trompet** war trumpet. ~**tuig** munitions, implements of war; armament(s), weaponry, military hardware. ~**vernuf** military expertise. ~**voorraad** military stores; munition. ~**wese** military system/matters. ~**wet** martial law; *(die)* ~ *afkondig* proclaim/declare martial law; ~ *in 'n gebied afkondig, (also)* put a territory under martial law. ~**wetenskap** military science, science/theory of war.

**krygs·ge·van·ge** *adj.: iem.* ~ *neem* take s.o. prisoner (of war). **krygs·ge·van·ge·ne** *n.* prisoner of war. **krygs·ge·van·ge(·ne)·kamp** prisoners-of-war camp. **krygs·ge·van·ge(n)·skap** captivity (in war).

**krygs·haf·tig** *=tige* martial, soldierly, warlike; *'n ~e volk* a warlike/warrior people. **krygs·haf·tig·heid** soldierly/martial spirit, valour, warlike appearance.

**kryg·skool** military college/school.

**krygs·kun·de** military science, warcraft. **krygs·kun·dig** *=dige, adj.* military. **krygs·kun·di·ge** *=ges, n.* strategist.

**kryg·sug·tig** *=tige =tiger =tigste* bellicose, warlike, war-minded.

**krys** *ge=* scream, shriek, screech; skirl; cry; *(birds)* caw, squawk, croak.

**kryt[1]** *kryte, n.* chalk; crayon; *(geol., also* K~) Cretaceous; *'n (stuk)* ~ a (piece/stick of) chalk. ~**aarde** cretaceous earth. ~**blom** gypsophila, baby's-breath. ~**laag** layer of chalk, chalk bed. ~**staking** chalkdown. ~**streep**, ~**strepie** chalk/white line; *(text.)* chalk stripe. ~**tekening** crayon drawing; *'n* ~ *maak van* ... crayon ... ~**wit** chalk(y) white.

**kryt[2]** *n.* arena; *(boxing, wrestling)* ring; *in die* ~ *klim* get into the ring; *in die* ~ *tree* enter the fray, begin the struggle; *vir iem. in die* ~ *tree* defend s.o., take up the cudgels for s.o..

**kryt·hou·dend** *-dende* chalky.

**kte·no·ïed** *-noïede, (biol.)* ctenoid *(fish scales).*

**Ku·ba** Cuba. **Ku·baan** *-bane n.* Cuban. **Ku·baans** *-baanse, adj.* Cuban.

**ku·ba·niet** cubanite.

**ku·beer** *(ge)=* cube, raise to the third power.

**ku·ber=** : ~**kraker**, ~**sluiper**, ~**terroris** *(virtual trespasser)* cyberpunk. ~**punk** *(genre of sci-fi)* cyberpunk. ~**punkskrywer** cyberpunk. ~**ruimte** cyberspace.

**ku·ber·ne·tiek, ku·ber·ne·ti·ka** cybernetics. **ku·ber·ne·ties** *-tiese* cybernetic. **ku·ber·ne·ti·kus** *-tikusse, =tici* cyberneticist, cybernetician.

**ku·biek** *=bieke, n.* cube; *'n getal in die* ~ *verhef* cube a number, raise a number to the third power; *2 in die* ~ *is 8* 2 cubed *(or* to the third power) is 8. **ku·biek** *=bieke, adj.* cube, cubic *(metre etc.);* ~*e inhoud* cubage, volume, cubic/solid content; ~*e maat* cubic/solid measure; standard *(wood);* ~*e meter* cubic metre; ~*e vergelyking, (math.)* cubic equation. ~**getal** cube (number). ~**wortel** cube/cubic root. **ku·bies** *=biese* cubical, cubic, cube-shaped.

**ku·bis** *=biste* cubist. **ku·bis·me** *(also* K~) cubism. **ku·bis·ties** *=tiese, (also* K~) cubist(ic).

**ku·bus** *=busse* cube. **ku·bus·vor·mig** *=mige* cube-shaped, cubical, cubiform.

**kud·de** *=des* flock *(of sheep);* herd *(of cattle); (fig., relig.)* flock. ~**dier** herd/gregarious animal. ~**drang**, ~**gees**, ~**gevoel** herd feeling/spirit. ~~**instink** herd sense/instinct.

**kud·zu=** : ~**boontjie**, ~**plant** *(an alien)* kudzu.

**kug** *kugge, n.* (dry) cough, hacking cough. **kug** *ge=, vb.* cough, hack. **kug·gie** *=gies* short/dry cough, hem.

**kui·er** *=ers, n.* visit, call, outing; stay. **kui·er** *ge=, vb.* call, visit; enjoy o.s.; stroll; *by iem.* ~ be visiting *(or* on a visit to) s.o., stay with s.o.; *lank by iem.* ~ pay s.o. a long visit; *'n rukkie by iem.* ~ pay s.o. a short visit; *by 'n meisie* ~ court a girl; *gaan/kom* ~ go/come on a visit; *by/vir iem. gaan/kom* ~ pay s.o. a visit, visit s.o.; pay s.o. a call, pay a call on s.o.; come/go and see s.o.. ~**gas** (house) guest, visitor. ~**mense** visitors. ~**plek** visiting place; holiday resort.

**kui·er·tjie** *=tjies* call, short visit/stay; outing.

**kui·e·ry** visiting; strolling.

**kuif** *kuiwe, n.* fringe, tuft, forelock, topknot, quiff; crest, hood, tuft *(of birds); (bot.)* coma. **kuif** *det.* crested, crowned, tufted. ~**aap** macaque. ~**akkedis** basilisk. ~**bal** shuttlecock. ~**eend** tufted duck. ~**fisant** crested pheasant. ~**reier** egret.

**kuif·kop** person with a forelock; tufted bird. ~**duiker** crowned cormorant. ~**hoender** tufted fowl. ~**houtkapper** crested barbet. ~**tarentaal** crested guineafowl.

**kui·ken** *=kens* chick(en); poult; fledg(e)ling, nestling; *(pigeon)* squab; youngster; *iem. is nog (maar) 'n* ~ s.o. is a mere chicken. ~**dief** *(orn., dated)* = SWARTWOU; *(infml.)* baby/cradle snatcher. ~**draad** chick/small-meshed wire. ~**hok** chicken coop. ~**kos** chicken feed/mash; chicken corn/grass. ~**moord** bullying (of youngsters).

**kui·ken·tjie** *=tjies* chickling.

**kuil** *kuile, n.* pool; pit; hole; *(golf)* bunker; waist *(of a sailing* *vessel);* **'n ~ grawe** dig a pit. **kuil** *ge-, vb.* put in pits, ensile, (en)silage, silo. **~saag** pit-, whipsaw, long saw. **~stok** *(golf)* wedge, niblick. **~toring** silo. **~trap** well staircase. **~voer** (en)= silage.

**kuil·tjie** *-tjies* dimple; pit; small pool; **met ~s in die wange** with dimpled cheeks; **~s maak** dimple.

**kuip** *kuipe, n.* tub; vat, barrel, cask; pit *(at a racetrack).* **kuip** *ge-, vb.* cooper. **~bad** bathtub; tub (bath); slipper bath. **~balie** tub, vat. **~hout** staves. **~stop** *(motor racing)* pit stop; **'n ~ doen** make a pit stop.

**kui·per** *-pers* cooper, hooper.

**kui·pers·:** **~ambag** coopering, cooperage. **~loon** cooper= age. **~werk** coopering.

**kuis** *kuis(e) kuiser kuisste, adj.* chaste, innocent, pure, virtu= ous, virginal, maidenly, clean-living. **kuis** *ge-, vb. (usu. as p.p.)* expurgate, castigate. **kuis·heid** chastity, purity, chaste= ness, continence. **kuis·heids·gor·del** *(hist.)* chastity belt.

**kuit**[1] *kuite, n.* calf *(of the leg); van die ~* sural. **~been** splint (bone), fibula. **~broek** knee breeches; plus fours; half-mast trousers. **~kramp** sural cramp. **~spier** calf/sural muscle.

**kuit**[2] *n.* (hard) roe, spawn *(of female),* milt *(of male);* ova *(of fish); ~ skiet* spawn, milt. **~vis** spawner.

**kuk·ri** *-ri's, (Gurkha dagger)* kukri.

**kul** *ge-* cheat, deceive, take in, hoodwink, fool, fox, trick, gull, outsmart, swindle, mislead; *jy is ge~* you've been had; *iem. uit iets ~* do s.o. out of s.t.. **~bal** *(cr.)* chinaman. **~werk** de= ceit, trickery, swindle.

**kul·ler** *-lers* hoaxer, bamboozler, diddler. **kul·le·ry** cheating, sharp practice, trickery, chicanery, deceit, swindle, humbug.

**kul·mi·neer** *ge-* culminate. **kul·mi·na·sie** *-sies* culmination. **kul·mi·ne·rend** *-rende* culminant.

**kul·ties** *-tiese* cultic, cult.

**kul·ti·var** *-vars* cultivar.

**kul·ti·veer** *ge-* cultivate.

**kul·tu·reel** *-rele* cultural; **~rele kloof** culture gap; **~rele revo= lusie/rewolusie** cultural revolution; **~rele wapen, (SA, often euph.)** cultural/traditional weapon.

**kul·tus** *-tusse* cult. **~(rol)prent, ~fliek** cult movie. **~figuur** cult figure.

**kul·tuur** *-ture* culture; cultivation. **~beweging** cultural move= ment. **~filosofie** philosophy of culture. **~gaping** culture gap. **~geskiedenis** cultural/social history, history of civili= sation/culture. **~groep** subculture. **~histories** *-riese* culture= historical; **~e museum** cultural history museum. **~historikus** cultural historian. **~lewe** cultural life, culture. **~mense** *n. (pl.)* culturati. **~plant** cultivated plant. **~sake** cultural affairs. **~skat** cultural treasure. **~skok** culture shock. **~taal** lan= guage of culture. **~variëteit** cultivar, cultivated variety; → KULTIVAR. **~vraat** culture vulture. **~waarde** cultural value.

**kul·tuur·loos** *-lose, adj.* uncultured, devoid of culture. **kul· tuur·loos·heid** lack of culture, philistinism. **kul·tuur·lo·se** *-ses, n.* uncultured person, philistine.

**kum·kwat** →KOEMKWAT.

**kum·mel** kümmel, cumin liqueur.

**ku·mu·la·tief** *-tiewe* cumulative.

**kun·de** *(liter.)* knowledge, learning, lore; art, science, skill. **kun·dig** *-dige -diger -digste* able, capable, clever, learned, in= structed, knowledgeable, experienced, skilful; ~ *oor/in iets wees* be expert at/in/on s.t.. **kun·dig·heid** *-hede* ability, learn= ing, knowledge, skill; knowledgeableness; scholarship; know= how; expertise; *iem. se ~ oor iets* s.o.'s expertness at/in/on s.t..

**kuns** *kunste* art; knack, skill; trick, feat; sleight of hand; *die ~ aanleer om iets te doen* get the knack of doing s.t.; *die beel= dende ~te* the visual/plastic arts; *die boer die ~ afvra* pump s.o.; want to know too much; *dit is die ~* that's the big point, there lies the rub; *iets tot 'n fyn ~ ontwikkel, die ~ bemeester om iets te doen, in die ~ van iets gekonfyt raak* get s.t. (down)

to a fine art; *dit is geen (groot) ~ nie* there is nothing to it; there is no trick to it; *in die ~* in art; *die ~ ken/verstaan om iets te doen* know how to do s.t., have the knack of doing s.t.; *die skone ~te* the fine arts; *die uitvoerende ~te* the per= forming arts. **~arm** *n.* artificial arm, prosthesis. **~arm** *adj.* deficient in art. **~been** artificial leg, prosthesis. **~besker= mer** patron of art *(or* the arts). **~beskouing** art review/dis= cussion; conception/philosophy of art. **~blom** artificial flower. **~diamant** synthetic diamond; paste. **~fliek** art film. **~flieketeater** cinematheque. **~galery** art gallery. **~gebit** → KUNSTAND. **~geskiedenis** art history, history of art. **~gevoel** artistic feeling/sense, sense of art. **~greep** artifice, knack, trick; stunt; sleight of hand; manoeuvre. **~handel** art trade, trade in works of art. **~handelaar** art dealer. **~handwerk** craftwork, arts and crafts, manual arts. **~handwerker** craft= worker. **~histories** art-historical. **~historikus** art historian. **~-in-uitvoering** performance art. **~kenner** connoisseur (of the arts), virtuoso. **~kring** art circle/club/union, artistic so= ciety. **~kritiek** art criticism, criticism of art, critique. **~kri= tikus** art critic. **~ledemate** artificial limbs. **~leer** leather= ette, imitation/artificial leather. **~liefhebber** art lover, lover of art. **~lig** artificial light. **~mis** fertiliser. **~museum** art gal= lery, museum of art. **~naaldwerk** art needlework. **~onder= wyser** art teacher. **~opvatting** *-tinge* aesthetic views, views on art. **~oog** artificial eye. **~penis** dildo(e). **~redakteur** arts editor. **~rubber** synthetic/artificial rubber. **~ruiter** trick rider. **~ryer** circus/trick rider, equestrian; fancy skater. **~satyn** satinet(te). **~sin** →KUNSSIN. **~skaatser** figure/fancy skater. **~skaats** figure/fancy skating. **~skat** art treasure. **~skilder** painter, artist. **~skool** art school, school of (fine) art. **~snoei= er** topiarist. **~sprokie** modern fairy tale. **~sy** artificial/syn= thetic silk. **~tand** *-tande* artificial tooth; *(in the pl., also* kuns= gebit, vals tande*)* denture(s); *'n stel ~e* (a set of) false/artifi= cial teeth. **~tentoonstelling** art exhibition. **~terapie** art ther= apy. **~uitstalling** art exhibition. **~versamelaar** art collector. **~versameling** art collection. **~vesel** synthetic/artificial fibre. **~vlieënier** aerobat, aerobatic pilot, stunt flyer/flier/pilot. **~vlieëry** aerobatics, stunt flying, stunting. **~vlieg** *-vlieë, (an= gling)* (artificial) fly; dry fly; wet fly; *met ~vlieë hengel* fly-fish. **~vlieghengel** fly-fishing. **~vlug** flying stunt/trick. **~vlyt** arts and crafts, handicrafts, craftwork. **~voorwerp** art ob= ject, objet d'art; curio. **~vorm** *-vorme* artistic/art form. **~wed= stryd** eisteddfod. **~wêreld** world of art. **~werk** work of art, artwork.

**kun·sie** *-sies* feat, trick, wrinkle, gag, gadget, artifice, jug= glery, legerdemain, knack, sleight of hand, dodge; *die fyner ~s van iets ken/verstaan* have (got) s.t. (down) to a fine art.

**kuns·ma·tig** *-tige* artificial, man-made, synthetic, factitious; contrived; *~e bevrugting* artificial *(or* in vitro) fertilisation; *~e inseminasie* artificial insemination; *~e intelligensie* artifi= cial intelligence. **kuns·ma·tig·heid** artificiality.

**kuns·sin** artistry, artistic sense/judgment/talent/taste. **kuns· sin·nig** *-nige* artistic; art-loving. **kuns·sin·nig·heid** artistic gift/talent; love of art.

**kuns·te·naar** *-naars, -nare* artist, artiste; virtuoso. **kuns·te= naar·skap** artistry; being an artist. **kuns·te·na·res** *-resse* fe= male artist; artiste.

**kuns·te·naars·:** **~lewe** artist's life; Bohemian life. **~talent** artistic talent(s), artistry. **~vryheid** artistic license.

**kuns·tig** *-tige, adj.* artful, skilful, clever, ingenious; artistic. **kuns·tig** *adv.* artfully, skilfully; artistically. **kuns·tig·heid** artfulness, cleverness, ingeniousness; artistry.

**ku·pel** *-pels, (metall.)* cupel. **ku·pel·leer** *ge-* cupel(late).

**Ku·pi·do, Cu·pi·do** *(Rom. god of love)* Cupid. **Ku·pi·do·boog** Cupid's bow. **ku·pi·do'tjie** *-tjies,* **ku·pie** *-pies* kewpie.

**ku·priet** cuprite, red copper ore.

**ku·ra·re** *(resin)* curare. **ku·ra·rien** curarine.

**ku·ras** *-rasse, (hist., armour)* cuirass. **ku·ras·sier** *-siers* cuirassier.

**ku·ra·te·le** *(jur.)* guardianship, wardship, tutelage; *onder ~ staan/wees* be under guardianship/tutelage, be a ward of the court; *iem. onder ~ stel* make s.o. a ward of the court, appoint a guardian over s.o., put s.o. under legal control/restraint.

**ku·ra·tor** *-tore, -tors* curator, guardian, custodian; keeper; trustee; *~ van 'n boedel* trustee of an estate; *benoemde ~* curator nominate; *raad van ~e* board of trustees. **ku·ra·to·ri·um** *-riums, -ria* board of trustees/curators, curatory. **ku·ra·tor·skap** guardianship, trusteeship, custodianship; curatorship; *(in bankruptcy)* receivership; *onder ~ geplaas word* go into receivership; *onder ~ staan* be in receivership. **ku·ra·tri·se** *-ses* curatrix.

**ku·ret** *-rette, (med.)* curette. **ku·ret·ta·sie** *-sies* curettage. **ku·ret·teer** *ge-* curette.

**ku·rie** curia; *die K~, (RC)* the Curia. **ku·ri·aal** *-riale* curial.

**ku·ri·o·si·teit** *-teite* curiosity, oddity; curiosity, curio, curious object.

**ku·ri·o·si·tei·te-, ku·ri·o·:~handelaar** curio dealer. **~versamelaar** curio hunter/collector.

**kurk** *kurke, n.* cork; *so droog soos ~* dry as dust; *met ~(mondstuk)* cork-tipped. **kurk** *ge-, vb.* cork, close *(a bottle)*. **~boom, ~eik** cork tree/oak. **~droog** *-droë* (as) dry as dust/tinder *(or a bone/chip/whistle)*, bone-dry. **~geld** corkage. **~helm** pith helmet, topee, topi. **~hout** whitewood. **~mondstuk** cork tip; *met ~* cork-tipped. **~prop** cork *(in a bottleneck)*. **~smaak** corky taste; *met 'n ~* corked, corky. **~teël** cork tile. **~trekker** corkscrew; corkscrew curl.

**kurk·ag·tig** *-tige* corky, corklike; *(bot.)* suberose, suberic, suber(e)ous. **kurk·ag·tig·heid** corkiness.

**kur·ku·ma** *(<Arab.)* curcuma, turmeric.

**kur·per** *-pers* kurper, bream, tilapia.

**kur·ri·ku·lum** *-kulums, -kula,* curriculum.

**kur·sief** *-siewe, (print.)* italic; *(writing)* cursive; *in ~* in italics; *~ gedruk* printed in italics. **kur·si·veer** *ge-* print in italics, italicise. **kur·si·ve·ring** italicisation.

**kur·so·ries** *-riese* cursory.

**kur·sus** *-susse* course *(of study)*, curriculum; class; school year, academic year; *'n ~ loop/volg* follow/take a course. **~boek** coursebook. **~werk** coursework.

**kur·we** *-wes* curve, contour *(of a body)*; *(math.)* curve, graph. **kur·wa·tuur** *-ture, (rare)* curvature.

**kus¹** *kusse, n., (poet., liter.)* kiss. **kus** *ge-, vb.* kiss.

**kus²** *kuste, n.* coast, (sea)shore, seaboard; seaside, (sea)shore; *aan/op* die *~* on the coast; *die ~ bereik* make land; *by/langs* die *~* offshore; *digby* die *~* off the coast; *langs* die *~ vaar* coast; *na* die *~* shoreward(s); *naby* die *~ vaar* hug the land; *'n paar myl van* die *~ (*of *kusaf)* a few miles offshore. **~bewoner** inhabitant of the coast, coast dweller, coastman. **~boot** coastal vessel, coaster. **~dorp** seaside town. **~dorpie** seaside village. **~gebied** seaboard, coastal area/belt. **~handel** coasting trade, cabotage. **~klimaat** coastal/littoral climate. **~lyn** coastline, shore-, sealine, seaboard. **~oord** seaside resort. **~pad** coastal road, marine drive. **~plek** seaside place, coastal place. **~rif** coastal reef, fringing reef. **~stad** seaside city. **~streek** coastal belt/district/region/area, littoral, seaboard. **~vaarder** *-ders* coaster, coasting vessel. **~vaart** coastal voyage; coastal shipping; cabotage, coasting/coastal trade. **~vissery** inshore/coastal fishing. **~wag** coastguard. **~wagter** coastguard, -guard(s)man. **~wind** shore wind.

**kus³** *n.: daar is ... te ~/kies en te keur* there is a wide choice/variety of ...; *there are ... in plenty; jy kan te ~/kies en te keur gaan* you may pick and choose.

**kus·kus·:~gras** kuskus/cuscus (grass), khuskhus, vetiver(t). **~olie** *(perfumery, aromatherapy)* vetiver(t).

**kus·sing** *-sings, n.* pillow *(of a bed)*; cushion *(on a chair etc.)*, pad; bolster *(fig.)*; *as 'n ~ dien, (lit. & fig.)* have a cushioning

effect; *... van ~s voorsien* cushion ... **kus·sing** *ge-, vb.* pillow, cushion. **~band** cushion tyre. **~boek** *(orig. class. Jap. liter.)* pillow book. **~geveg** pillow fight. **~oortreksel** tick, ticking; cushion cover. **~slanery** pillow fighting. **~sloop** pillowcase, pillowslip.

**kus·sin·kie** *-kies* pad; small cushion/pillow.

**kus·waarts** *adj. & adv.* onshore.

**kut·tel, keu·tel** *-tels* f(a)ecal pellet, turd; *(in the pl., also)* droppings.

**kuur** *kure* cure, treatment, course of treatment.

**kwaad¹** *kwater kwaadste, adj. (pred.) & adv.* angry, annoyed, cross, irate, vexed; angrily; →KWAAI; *iem. ~ aankyk/aanstaar* glare/scowl at s.o., give s.o. a dirty look; *briesend/woedend ~* hopping/raving mad; *iem. ~ maak* make s.o. angry, anger/vex/incense s.o., *(infml.)* get s.o.'s back up, tick s.o. off; *iets maak iem. ~ s.t.* angers s.o., s.o. is angered by s.t.; *~ wees oor iets* be angry about/at s.t.; *~ wees oor niks* be angry over nothing; *vir iem. ~ wees* be angry (or, infml. mad) at/with s.o., be cross with s.o.; *~ word* get angry/cross, lose one's temper, *(infml.)* get ticked off; *gou ~ word* be easily angered; have a (quick/short/hair-trigger) temper, be short-tempered, rouse easily, *(infml.)* have a short fuse; *iem. word nie gou ~ nie* s.o. is slow to anger. **~-kwaad** *adv.* rather/quite angrily; *~ uitstorm* storm/stomp out in a huff.

**kwaad²** *kwade, n.* evil, wrong, harm, ill(s), mischief, injury, damage; *iem. ~ (aan)doen* harm/hurt/injure s.o.; *geen ~ sonder baat* every cloud has a silver lining, it's an ill wind that blows nobody any good; *geen ~ (daarmee/daarby) bedoel nie* intend/mean no harm; mean no offence; *~ dink van iem.* think ill of s.o.; *~ doen* do harm; be naughty, cause/do mischief; do wrong; *dit kan iem. nie/geen ~ doen nie* it can do s.o. no harm; *dit kan nie/geen ~ doen om te probeer nie* there's no harm in trying; *jou saak ~ doen* injure/harm one's cause; *wie ~ doet ~ vermoed* evil be to him who evil thinks; *iem. iets ten kwade dui* take s.t. amiss; *van ~ tot erger* from bad to worse; *dit het iem. geen ~ gedoen nie* s.o. is none the worse for it; *onderskei tussen goed en ~* distinguish between good and evil; *~ met goed vergeld* return good for evil, heap coals of fire on s.o.'s head; *daar het ~ in die vinger/wond/ens. gekom* the finger/wound/etc. is inflamed/festering; *die ~ loon sy meester* evil brings its own punishment; *niks ~s oorkom nie* come to no harm; *'n noodsaaklike ~* a necessary evil; *~ praat/spreek van iem.* slander/malign s.o., talk scandal about s.o.; *daar steek geen ~ in nie* there is no harm in that; *iem. in sy/haar ~ sterk* encourage s.o. in his/her wrongdoing; encourage s.o. in his/her wrong attitude; *~ steek/stig/stook* cause/do/make/sow (or stir up) mischief, arouse/foment/generate/sow discord, cause/create (or stir up) strife; cause/make trouble; *die minste van twee kwade kies* choose the lesser of two evils; *die wortel van alle ~* the root of all evil. **kwaad** *kwade erger ergste, adj., (poet., liter., fml.)* bad, evil; ill; *~ bloed set/sit* create bad blood, rouse ill feeling; *dit was 'n kwade dag vir ons* it was a bad day for us; *die kwade dag uitstel* put off the evil day (or the day of reckoning); *vir die kwade dag spaar* provide against a rainy day; *kwade trou* bad faith, mala fides; *te kwader trou* in/with bad faith, mala fide. **~geld:** *vir ~ rondloop* loaf about/around, idle away one's time, run loose.

**kwaad·aar·dig** *-dige* malicious, vicious; ill-natured; malignant, virulent *(disease)*; *~e gewas* malign(ant) growth, tumour, tumor, sarcoma. **kwaad·aar·dig·heid** malice, malignity, viciousness, spite; malignancy, virulence *(of a disease)*.

**kwaad·den·kend** *-kende* suspicious; evil-minded, prone to think ill (of s.o.). **kwaad·den·kend·heid, kwaad·den·ke·ry** suspiciousness, suspicion; evil-mindedness.

**kwaad·doe·ner** *-ners* evildoer, wrongdoer, malefactor; rascal, imp, mischievous child. **kwaad·doe·ne·rig** *-rige* mischievous, bent on (or inclined to) mischief. **kwaad·doe·ne·ry** mischief; wrongdoing; *uit ~* for devilment.

**kwaad·ge·sind** -sinde, adj. ill-affected, ill-disposed, malig-
nant, malign, evil-disposed. **kwaad·ge·sin·de** -des, n. ill-
wisher.

**kwaad·heid** anger, crossness; rooi wees van ~ be flushed/
red with anger.

**kwaad·praat** kwaadge- slander, backbite, malign; van iem.
~ speak ill of s.o.. **kwaad·pra·te·rig, kwaad·spre·kend** scan-
dalmongering, backbiting. **kwaad·pra·te·ry** scandal, ill-na-
tured gossip, slander, scandalmongering, vilification.

**kwaad·skiks** unwillingly; goedskiks of ~ willy-nilly, nolens
volens.

**kwaad·sto·ker, kwaad·ste·ker, kwaad·stig·ter** mis-
chief-maker, -monger, (infml.) stirrer. **kwaad·sto·ke·rig** -rige
mischief-making. **kwaad·sto·ke·ry, kwaad·sto·ke·ry** mis-
chief-making.

**kwaad·wil·lig** -lige malevolent, ill-disposed, malicious; ma-
lignant; ~e verlating malicious desertion. **kwaad·wil·lig·heid**
ill will, malice, malevolence; malignancy, malignity; foul
play.

**kwaai** ~ kwaaier kwaaiste, adj. bad-tempered, ill-natured,
hot-tempered, vicious; strict, severe, harsh (teacher etc.);
frowning, glowering (face, looks); heavy (cold); stiff, steep
(price); punishing (effect etc.); formidable, tough; vicious,
fierce (dog etc.); 'n ~ aanval a bad/violent attack; a severe
attack (of an illness); dit is ('n) bietjie ~ that's a tall order,
(infml.) that's pretty (or a bit) steep/stiff; that's a bit thick; 'n
~ blik a dirty/severe look; aan iem. 'n ~ brief skryf/skrywe
write s.o. a stinking letter; 'n ~ bui an ugly mood, a tan-
trum; 'n ~ hoofpyn a bad/violent headache; iem. is nie so ~
soos hy/sy lyk nie s.o.'s bark is worse than his/her bite; ~ wees
met ... be hard on (or severe with) ... (workers etc.); ~ roker
heavy smoker; ~ ryp heavy/killing frost; dis 'n ~ saak it's a
bad business; 'n ~ siekte a virulent disease; so ~ soos 'n koei
met haar eerste kalf (of op die kaal vlakte) as angry as a bear
with a sore head; 'n ~ winter a hard/severe winter; ~
woorde angry/hard/harsh words, strong language. **kwaai**
adv.: iem. rook ~ s.o. smokes heavily; ~ optree teen ... get
tough with ...; ~ spook fight gamely. ~**vriende** n. (pl.) bad
friends; hulle is ~ they are bad friends; they are not on
speaking terms; there is bad blood between them. ~**vriend·
skap** enmity, hostility, ill feeling/blood/will; in ~ lewe not be
on speaking terms.

**kwaai·e·rig** -rige rather bad-tempered/vicious; rather strict/
severe/harsh; rather stiff/steep; rather fierce.

**kwaai(·ig)·heid** bad temper, viciousness; strictness, sever-
ity, harshness; viciousness, fierceness (of a dog etc.).

**kwaak** ge- croak; quack. **kwa·ker** -kers croaker.

**kwaal** kwale ailment, complaint, disease, trouble, malady,
disorder; die kwale van die ouderdom the infirmities of age;
die middel is erger as die ~ the remedy is worse than the
disease.

**kwab** kwabbe lobe. **kwab·be·tjie** -tjies lobule.

**kwa·cha** (monetary unit of Malawi and Zambia) kwacha.

**kwa·draat** -drate square; (print.) quadrat; 3 ~ (of 3²) is 9 the
square of 3 (or 3²) is 9; iets tot die ~ verhef square s.t., raise
s.t. to the square. ~**getal** square number, quadrate number.
~**wortel, kwadraatswortel** square root.

**kwa·draats·ver·ge·ly·king** quadratic equation.

**kwa·drant** -drante quadrant.

**kwa·dra·ties** -tiese quadratic.

**kwa·dra·tuur** quadrature; squaring; in ~ quadrated; die ~
van die sirkel soek try to square the circle; ~ van die sirkel
squaring of the circle.

**kwa·dreer** (ge-) square (a number, circle); quadrate. **kwa·
dre·ring** squaring.

**kwa·dru·ple·gie** (med.) quadriplegia. **kwa·dru·pleeg** -pleë
quadriplegic. **kwa·dru·ple·gies** -giese quadriplegic.

**kwag·ga** -gas quagga; zebra. ~**kweek** hairy couch. ~**vy** stone
plant.

**kwai·to** (SA mus.) kwaito.

**kwa·jong** -jongens mischievous/naughty boy, rascal, urchin,
imp, scamp. ~**streek** -streke boy's trick, practical joke, boy-
ish prank; ~streke uitvoer be up to devil(t)ry (or no good).

**kwa·jon·gens·ag·tig** -tige impish, mischievous, rascally.

**kwak** kwakke, n. quack; →KWAKSALWER. **kwak** ge-, vb. =
KWAAK.

**Kwa·ker** -kers, (relig.) Quaker, Friend; die ~s the Quakers,
the Society of Friends. ~**leer, Kwakery** Quakerism.

**kwak·sal·wer** -wers, n. quack; charlatan, mountebank.
**kwak·sal·wer** ge-, vb. (play the) quack. **kwak·sal·wer·ag·
tig** quackish. **kwak·sal·we·ry** quackery, charlatanry, charla-
tanism.

**kwal** kwalle jellyfish, medusa.

**kwa·li·fi·ka·sie** -sies qualification; die nodige ~s vir ... hê
have the necessary qualifications for ...; aan die ~s vir ... vol-
doen qualify for ...

**kwa·li·fi·seer** ge- qualify; 'n bewering ~ qualify a statement.
**kwa·li·fi·seer·der** (sport etc.) qualifier. **kwa·li·fi·se·rend** -rende,
(sport) qualifying (round, heat, etc.); ~e verklaring qualifying
statement.

**kwa·lik** amiss, ill; hardly, scarcely; iem. kan ~ ... bekostig
s.o. can ill afford ...; iets ~ neem take exception to s.t., take
offence/umbrage at s.t., resent s.t.; moet my nie ~ neem nie
I'm sorry; pardon me, I beg your pardon; iem. iets ~ neem
blame s.o. for s.t.; take exception to s.t.; hold s.t. against s.o.;
jy sal my dit seker nie ~ neem nie I'm sure you will not take
it amiss; iem. iets erg ~ neem resent s.t. bitterly/strongly; ~
in staat om iets te doen hardly/scarcely able to do s.t..

**kwa·li·ta·tief** -tiewe qualitative; ~tiewe analise, (chem.) qual-
itative analysis.

**kwa·li·teit** -teite quality, character, capacity; grade; ~ is be-
langriker as kwantiteit quality is more important than quan-
tity; slegte ~ poor quality. ~**tyd** quality time.

**kwa·li·teits·:·~artikel** high-grade article, (high-)quality
article. ~**produk** quality product.

**kwan·suis** as if (it were), ostensibly; iem. werk ~ s.o. pre-
tends to work; iem. is ~ gediplomeerd s.o. is professedly cer-
tificated.

**kwan·ti·fi·seer** ge- quantify; rate, measure. **kwan·ti·fi·se·
ring** quantification.

**kwan·ti·ta·tief** -tiewe quanti(ta)tive; ~tiewe analise/ontle-
ding, (chem.) quanti(ta)tive analysis.

**kwan·ti·teit** -teite quantity, amount.

**kwan·tum** kwantums, kwanta quantum, quantity, amount.
~**getal** (phys.) quantum number. ~**meganika** quantum me-
chanics. ~**sprong** (phys. or fig.) quantum leap/jump. ~**teorie**
quantum theory.

**kwan·za** (monetary unit of Angola) kwanza.

**kwa·ran·tyn** quarantine; iem./iets onder/in ~ plaas/sit/stel put
s.o./s.t. in quarantine, quarantine s.o./s.t.; onder/in ~ wees be
in quarantine.

**kwark** kwarke, (phys.) quark.

**kwart** kwarte, n. quarter, fourth part; (measure) quart; (mus.
note) crotchet; (mus. interval) fourth; ~ oor een/ens. a quarter
past one/etc.; ~ voor een/ens. a quarter to one/etc.. **kwart**
adj. quarter. ~**dek** quarterdeck. ~**draai** quarter turn. ~**eeu**
quarter-century, quarter of a century. ~**eeufees** silver jubi-
lee, quarter-century celebration. ~**eindrond(t)e** quarterfi-
nal round; speler/span wat die ~ gehaal (of tot die ~ deurge-
dring) het quarter-finalist. ~**eindstryd** quarterfinal(s). ~**ge·
bied** (rugby) twenty-two, 22-metre area. ~**lyn** (rugby, obs.)
twenty-five-yard line. ~**myl** quarter-mile. ~**noot** crotchet,
quarter note.

**kwar·taal** -tale quarter (of a year), three months, trimester;

(school) term; *gedurende die* ~ during the term, during term-
time; *per* ~ quarterly, by the quarter. **~blad** quarterly (jour=
nal). **~rapport** *(educ.)* quarterly report. **~staat** quarterly
return/statement. **~vergadering** quarterly meeting. **~ver=
slag** quarterly report.

**kwar·taal·liks** quarterly.

**kwar·teer** *(ge)=* quarter. **kwar·te·ring** *=rings, =ringe* quarter=
ing.

**kwar·tel** *=tels, (Coturnix* spp.*)* quail. **~koning** *(orn.: Crex crex)*
corn crake. **kwar·tel·tjie** *(Turnix* spp.*)* buttonquail.

**Kwar·têr** *n., (geol.)* Quaternary. **kwar·têr** *=têre, adj.* quater=
nary; *(geol., also* K~*)* Quaternary.

**kwar·tet** *=tette* quartet(te).

**kwar·tier**[1] *=tiere* quarter of an hour, quarter-hour; quarter
*(of the moon); laaste* ~ *van die maan* last quarter of the moon,
old moon. **~stand** quarter *(of the moon); die maan is in die
eerste* ~ the moon is in the first quarter.

**kwar·tier**[2] *=tiere* quarter *(in battle);* quarter *(of a town);* quar=
ter, billet, dwelling; *in* ~ *wees/gaan, (mil.)* occupy quarters;
*~e vir gesinne* married quarters. **~arres** confinement to quar=
ters. **~meester** quartermaster, paymaster. **~meester-ge=
neraal** *=ters-generaal* quartermaster general.

**kwar·to** *=to's* quarto. **~formaat** quarto size.

**kwarts** *kwartse* quartz. **~aar** quartz vein. **~draad** quartz
fibre. **~glas** quartz glass, vitreous silica. **~horlosie, ~oor=
losie** quartz watch.

**kwarts·ag·tig** *=tige* quartzy, quartzose, quartzous.

**kwart·siet** quartzite.

**kwas** *kwaste* brush, tuft; coxcomb; *(ornament)* tassel; switch
*(of a tail);* knag, burl, node *(in wood).* **~haal** brushstroke.
**~haar** bristle. **~tegniek** brushwork.

**kwa·sar** *=sars, (astron.)* quasar, quasi-star.

**kwa·si** *comb.* quasi-, pseudo-, *(before a vowel)* pseud-, mock.
**~beskeie** mock-modest. **~geld** *(fin.)* near money. **~gereg=
telik** quasi-judicial. **~godsdienstig** quasi-religious.

**kwa·sji·or·kor, kwa·sji·or·kor** *(med.)* kwashiorkor.

**kwas·sie** *=sies* small brush/etc.; brush *(for writing);* tassel;
pompom. **kwas·sie(·hout)** quassia, bitter ash/wood.

**kwas·te·rig** *=rige* knotty, gnarled, knaggy, nodose, nodular,
knobby, knobbly; snagged, snaggy; bad-tempered, full of
whims.

**kwa·tryn** *=tryne, (pros.)* quatrain, tetrastich.

**Kwa·Zu·lu-Na·tal** *(geog.)* KwaZulu-Natal.

**kweek** *n.: growwe* ~ coarse couch (grass); *regte* ~ quick=
(grass). **kweek** *ge=, vb.* cultivate, nurture, nurse, grow
*(plants);* breed *(animals);* foster *(goodwill);* nourish *(hatred);*
train; *'n baard* ~ grow a beard; *ge=te pêrel* cultured/culti=
vated pearl; *ge=te variëteit* cultivar. **~bedding** seedbed. **~(gras)**
couch/quitch (grass), dog('s)/twitch/wheat/devil's grass. **~huis,
~kas** hothouse, greenhouse. **~huiseffek** *(meteorol.)* green=
house/hothouse effect. **~huisgas** greenhouse gas. **~plek,
~plaas** nursery; hatchery; *(fig.)* hothouse *(of artistic activity
etc.); (fig.)* matrix *(of an ideology etc.); (fig., pej.)* hotbed,
breeding ground. **~skool** training school/college; *(teologiese)*
~ *(theological)* seminary, theological college.

**kweek·baar** *=bare* cultivable, cultivatable. **kweek·baar·heid**
cultivability.

**kweel** *ge=* carol, warble.

**kween** *kwene* sterile cow/mare/ewe/etc..

**kwe·ke·ling** *=linge* pupil; apprentice; trainee; nurs(e)ling.
**~(onderwyser/onderwyseres)** pupil-teacher, student/prac=
tice teacher.

**kwe·ker** *=kers* grower, breeder, cultivator; nurseryman. **kwe=
ke·ry** *=rye* nursery; seed plot; hatchery.

**kwê-kwê(·vo·ël)** *-kwê(voël)s, (Camaroptera* spp.*)* camarop=
tera, *(obs.)* bleating warbler.

**kwel** *ge=* annoy, torment, trouble, vex, obsess, bother, distress,
harass, badger, worry, nag, *(infml.)* bug; *iem.* ~ *hom/haar
daaroor* s.o. worries about it, it worries *(or, infml.* bugs*)*
s.o.; ~ *jou nie daaroor nie* don't let it trouble you; *jou erg* ~
be much/very worried; *iem. se gewete* ~ *hom/haar* s.o.'s con=
science troubles/stings him/her; *iets* ~ *iem.* s.o. has s.t. on
his/her mind, s.t. worries/troubles s.o.; *jou oor ...* ~ worry
about/over ...; agonise over ...; *jou nie oor ...* ~ *nie* not let ...
trouble one. **~duiwel, ~gees** teaser, tormentor, pest, imp.
**~siek** *=sieke,* **kwelsugtig** *=tige* vexatious. **~vraag** *=vrae* wor=
rying question, worry; heckling question; *~vrae stel* heckle.
**~waarde** nuisance value.

**kwê·la** *ge=, (SA mus.)* kwela. **~dans** kwela dance. **~fluit(jie)**
penny whistle.

**kwel·lend** *=lende* vexatious, harrowing, harassing, torment=
ing; haunting *(memories).*

**kwel·le·ry** molestation.

**kwel·ling** *=lings, =linge* torment, harassment, trouble, vexa=
tion, worry; *sonder die minste* ~ without any qualms *(or the
slightest qualm); iets sonder die minste* ~ *doen, (also)* not scru=
ple to do s.t..

**kwe·per** *=pers* quince. **~(boom)** quince (tree). **~jellie** quince
jelly. **~lat** quince stick; *onder die* ~ *deurloop* be birched/licked.

**kwes** *ge=* injure, wound, scotch; scathe; bruise *(fruit);* wing
*(bird).* **~plek** wound, scar.

**kwes·baar, kwets·baar** *=bare* vulnerable; *vir ...* ~ *wees* be
vulnerable to ... *(attacks etc.).* **kwes·baar·heid, kwets·baar=
heid** vulnerability.

**kwes·sie** *=sies* matter, question; issue; quarrel; *'n* ~ *aanpak/
aanroer* address an issue; *iets is buite* ~ s.t. is beyond (all)
dispute/question; s.t. is out of the question; *die* ~ *waaroor dit
gaan* the point at issue; *daar is geen* ~ *van nie* it is out of the
question, *(infml.)* it is not on; *daar is geen* ~ *van nie!, (also,
infml.)* that's out!; *'n* ~ *van tyd* a matter/question of time.

**kwets** *ge=* grieve, offend, outrage, injure, wound, hurt *(s.o.'s
feelings).* **kwets·baar** *=bare* →KWESBAAR. **kwet·send** *=sende*
hurtful, unkind, wounding *(remark etc.);* offensive *(lang.).*

**kwet·sal** *(orn.)* quetzal; *(monetary unit of Guatemala)* quetzal.

**kwet·ter** *ge=* chirp, chirrup, twitter; chatter, babble, jabber,
prattle, *(infml.)* yackety-yak.

**kwê·vo·ël** grey go-away bird, *(obs.)* grey lourie.

**kwiek** *n.: geen* (of *nie 'n)* ~/*kwik* of *kwak/kwaak nie* not a
sound/word. **kwiek** *vb.: of iem. nou* ~/*kwik* of *kwak/kwaak*
no matter what s.o. does.

**kwi·ë·tis·me** *(relig., also* K~*)* quietism. **kwi·ë·tis** *=tiste, (also*
K~*)* quietist. **kwi·ë·tis·ties** *=tiese, (also* K~*)* quietist(ic).

**kwik**[1] *n., (chem.; symb.:* Hg*)* mercury; ~ *by iets* (by*)voeg* mer=
curise s.t.; *iets met* ~ *behandel* mercurialise s.t.; *die* ~ *daal/
sak/styg* the barometer is dropping/falling/rising; the tem=
perature is dropping/falling/rising. **~barometer** mercurial
barometer. **~byvoeging** mercurisation. **~chloried** corrosive
sublimate. **~damp** mercury/mercurial vapour, mercury gas.
**~-I-verbinding** mercurous compound. **~-II-verbinding** mer=
curic compound. **~laag** foil. **~lamp** mercury lamp. **~mid=
del** *=dels* mercurial. **~oksied** mercuric oxide. **~salf** blue/
mercurial ointment. **~silwer** *n., (chem., dated)* quicksilver; →
KWIK[1] *n..* **~silwer** *adj., (fig.)* quicksilver. **~verbinding** *=dings,
=dinge* mercury compound. **~verf** foil *(behind glass to make a
mirror).* **~vergiftiging** mercurialism, mercurial poisoning,
hydrargyrism. **~waterpas** mercury level.

**kwik**[2] *n. & vb.* →KWIEK *n. & vb..*

**kwik·ag·tig** *=tige* mercurial.

**kwik·hou·dend** *=dende* mercurial.

**kwik·kie** *=kies,* **kwik·stert·jie** *=jies, (orn.: Motacilla* spp.*)*
wagtail.

**kwilt** *kwilte, n.* quilt. **kwilt** *ge=, vb.* quilt. **~stof** quilting. **~werk**
quilting.

**kwi·nêr** =nêre quinary.

**kwink·slag** joke, quip, witticism, (wise)crack, sally, flash of wit, gag; *'n ~ maak* make a quip/crack *(infml.)*; *'n ~ oor ... maak/kwytraak* make a wisecrack about ...

**kwint** *kwinte, (mus.)* fifth, quint(e); prank, trick; vagary; *~e en kwale* ailments; shortcomings; *vol ~e wees* be capricious/whimsical/fickle. **kwint·es·sens** quintessence, pith, gist. **kwin·tet** =tette quintet(te). **kwint·snaar** *(mus.)* E-string.

**kwin·taal** =tale, *(unit of weight)* quintal.

**kwint·ap·pel** bitter apple, colocynt(h).

**kwis·pel** ge= wag, frisk. **~stert** ge= wag the tail.

**kwis·tig** =tige =tiger =tigste, adj. & adv. lavish(ly), liberal(ly), exuberant(ly); *~ met ... wees* be lavish *(or, infml.* flush) with ... *(money etc.)*; be free/liberal with ...; *geld ~ uitgee/bestee* spend money extravagantly. **kwis·tig·heid** lavishness, liberality, prodigality; *in/met ~* in profusion.

**kwi·tan·sie** =sies receipt; voucher; *'n ~ vir ... uitskryf/=skrywe* make out a receipt for ... **~boek** receipt book, book of receipts.

**kwo·rum** =rums quorum.

**kwo·si·ënt** =siënte quotient.

**kwo·ta** =tas quota, contingent, share.

**kwo·teer** *(ge)* quote *(a price);* tender *(for a transaction etc.);* allocate, apportion *(a quota).* **kwo·ta·sie** =sies quotation; *(aan) iem. 'n ~ vir ... gee* give s.o. a quotation for ...

**kwyl** *n.* drivel, slaver, salivation, dribble, slobber. **kwyl** ge=, *vb.* drivel, slaver, slobber, run at the mouth, drool, salivate, dribble; *oor iem./iets ~, (infml.)* drool over s.o./s.t.. **kwy·ler** =lers driveller, dribbler, slobberer. **kwy·le·rig** =rige slobbery, slobbering. **kwy·ling** slavering, drooling, salivation.

**kwyn** ge= languish, pine away, droop; *(plants)* decline, fade, wilt, wither; *(conversation etc.)* drag, flag; *(strength etc.)* seep away, dwindle (away); waste (away), fall into (a) decline, fade, starve; *begin ~* sicken. **kwy·nend** =nende languishing, flagging, drooping, fading. **kwy·ning** drooping, languishment; wilting; flagging, decline; dystrophy; dwindling; wasting *(med.);* droop.

**kwyt** *adj.: iem. is sy/haar geld ~* s.o. (has/had) lost his/her money; *iem. se naam ~ wees* forget s.o.'s name; *'n paar rand ~ wees* be minus a few rands. **kwyt** ge=, *vb.: jou goed van jou taak ~* perform admirably, quit o.s. well. **kwy·ting** discharge, performance *(of a task);* payment, settlement *(of an account etc.);* discharge *(of a liability).* **kwyt·raak** *kwytge=: 'n aanmerking ~* drop/make/pass a remark; *gal op iem. ~ vent* one's spleen on s.o.; *iem. ~* get rid of s.o., shake/throw s.o. off; *iets ~* lose s.t. *(one's bearings etc.);* sell s.t., dispose of s.t. *(a house etc.);* mouth s.t. *(platitudes etc.).* **kwyt·skeld** *kwytge=* forgive *(sins),* let off; remit *(tax);* cancel *(debt);* pardon, waive; *uitstel gee is nie ~ nie* omittance is no quittance. **kwyt·skelding** =dings absolution, forgiveness *(of sins);* acquittal, amnesty, pardon; remission *(of taxes etc.);* indemnity, write-off; waiving, cancellation; quietus.

**kyf** ge=, *vb.* dispute, quarrel, wrangle, brawl; →KYWERY. **~siek** =sieke quarrelsome.

**kyf·ag·tig, kyf·ag·tig** =tige quarrelsome, shrewish, vixenish, termagant. **kyf·ag·tig·heid** quarrelsomeness, termagancy, shrewishness.

**kyk** *n.* aspect, look; view; →KYKIE; *iets gee iem. (glad) 'n ander*

*~ op sake* s.t. is an eye-opener to s.o. *(infml.); 'n ander ~ op iets hê* take a different view of s.t.; *dieselfde ~ op iets hê as iem.* see eye to eye with s.o.; *'n ~ op ..., (also)* a view of ...; an angle on ...; *'n ~ op iets gee* shed/throw light (up)on s.t.; *'n ~ op iets kry* get one's eye in, begin to see/understand s.t. more clearly; *iem. se ~ op die lewe* s.o.'s outlook (on life); *iem. se ~ op die saak* s.o.'s view of the matter; *'n ~ op 'n saak, (also)* a slant on a subject; *'n skewe/verwronge ~ op die lewe* a warped outlook; *te ~* on view. **kyk** ge=, *vb.* look, look at, see, view, pry; pore; *~ ('n) bietjie hier/daar!, (also, infml.)* get an eyeful of this/that!; *~ (op) bl.* 15*/ens.* see *(or* turn to) p. 15/etc.; *boontoe ~* look up; *buite(n)toe (of na buite) ~* look out; *~ net daar!* take a look at that!; *~ (tog) wat jy doen!* look out!, take care!; *iem. moet ~ wat hy/sy doen, (fig.)* s.o. has to mind/watch his/her step, s.o. has to step warily; *gaan ~* go and (have a) look; *(na) iets gaan ~* go to see s.t.; *~ wat gedoen kan word* see what can be done; *goed ~* take a good look; look well; *gou na iets ~* have a quick look at s.t.; run one's eyes along/down/over s.t.; *~ hier!* look/see here!; *~ hoe ...* see how ...; *~ so 'n kêrel!* just look at the fellow!; *kom ~* come and (have a) look; *kom ~ self* come and see for yourself; *(na) iets laat ~* show/exhibit/display s.t.; *laat my ~, (lit.)* let me see; *maar ~ so 'n ...!, (infml.)* that's quite a ..., hey?; *iem. middeldeur ~* wither s.o. with a look, give s.o. a withering look; *na ... ~* look at ...; have a look at ...; watch ... *(a film etc.);* view ... *(a house etc.);* look toward(s) ...; look after ..., care for ..., mind ...; tend ... *(plants etc.);* attend to ...; see to ... *(s.t. that is out of order etc.); aandagtig/stip na iets ~* look hard at s.t.; *'n bietjie na iets ~* have/take a look at s.t.; *iem. kan nie na iets ~ nie* s.o. cannot bear the sight of s.t.; *skelmpies/steels na ... ~* steal a glance/look at ...; *skuins na ... ~* squint at ...; look askance at ...; *~ na/vir my* mark me; *die huis ~ noord/ens.* the house faces (to[wards] the) north/etc.; *~ nou!, nou ~!* just look (at that)!; *nou ~ (nou)!* well I never!, would you believe?; *~ of ...* see whether ...; *ek sal ~* I'll see; *ek sal ~ wat gebeur* I'll wait and see; *self na iets ~* see s.t. for oneself; *sokker/ens. ~* watch soccer/etc.; *vir iem. ~* look at s.o., give s.o. a look; *~ waar jy loop/ry!* look where you're going!; *~ wat gedoen kan word* see what can be done; *wat ~ jy?* what are you looking at?; *toe iem. weer ~ ...* the next thing s.o. knew ... **~gaatjie, ~gat** peep=, loop=, eyehole; spy/observation/inspection hole; sight hole. **~kas** showbox; peepshow. **~kas(sie)** *(infml.)* the box, the small screen, the gogglebox, TV, telly. **~koper** window-shopper. **~spel** peep= show; spectacular play; spectacle; television play; pageant. **~sport** spectator sport. **~syfer** *(TV)* rating; *die hoogste ~ behaal* top the ratings. **~tyd** viewing time. **~uit** =uite peep= hole; lookout, watchtower. **~weer** *n., (TV)* (action/instant) replay.

**ky·ker** =kers looker-on, spectator; eye, pupil; viewer; spyglass, telescope; opera glass. **ky·kers(·pu·bliek)** viewership. **ky·ker(s)·tal, ky·ker(s)·ge·tal(·le)** viewership.

**ky·kie** =kies look, peep, squint, glimpse, *(infml.)* look-see; *iets gee iem. 'n ~ in ...* s.t. gives/affords s.o. a glimpse of ...; *'n ~ in ... kry* get a glimpse of ...; *'n ~ op ...* a sidelight on ...

**kyk·lus·ti·ge** =ges sightseer.

**Ky·ri·e (e·le·i·son)** *(<Gr., Chr. liturgy:* Lord, have mercy*)* Kyrie (eleison).

**ky·we·ry** =rye quarrel(ling), wrangling.

# LI

**l, L** *l'e, L'e, l's, L's, (twelfth letter of the alphabet)* l, L, el; *(Rom. numeral 50)* L. **l'e·tjie** little l.

**la** *(mus.)* la.

**laaf, la·we** *ge=* refresh; *iem.* ~ try to revive s.o.; *jou met 'n drankie* ~ refresh o.s. with a drink. **laaf·nis** →LAFENIS.

**laag[1]** *lae, n.* layer; *(geol.)* bed, stratum; *(coal)* seam; coat(ing); film; ply; course *(of bricks);* storey; shelf; tier; ambush; *met 'n* ~ ... *bedek* caked in/with *(or* coated with) ... *(mud etc.);* in *lae gepak/gerangskik/gesny/ens.* layered; *iets in lae pak/ rangskik, (cook.)* layer s.t.; *hare in lae sny* layer hair. **laag** *ge=, vb., (masonry)* course. ~**hout** plywood. ~**koek** layer cake. ~**vorming** stratification. ~**wolk** *=wolke, (meteorol.)* layer cloud; *(in the pl.)* strati.

**laag[2]** *lae, n., (meteorol.)* low(-pressure area). **laag** *lae laer laagste, adj.* low *(house, tide, price, note, class);* low, base, infa= mous, mean, foul *(deed etc.),* vile *(creature);* despicable, com= mon; vulgar, villainous; scurrilous; menial; →LAE=, LAER[1] *adj. & adv.;* ~ *(af)* low down; *lae druk/frekwensie/spanning/ temperatuur* low pressure/frequency/tension/temperature; *'n lae gebou* a low-rise (building); *lae gety* ebb, low tide; *lae halslyn* plunging neckline; *iets* ~ *hou* keep s.t. down *(one's head);* hold s.t. down *(prices); lae hou* foul blow; *aan die lae kant* conservative *(estimate etc.); lae lak* →LAELAK; *'n lae opinie van iets hê* have a low opinion of s.t.; ~*ste prys* floor price; ~*ste pryse* lowest/keenest prices; ~*ste rat/gang/ver= snelling* low gear; *laer stand(e)* lower class(es); *lae teg= nologie* low technology, *(abbr.)* low tech. **laag** *adv.* low; lowly, meanly, basely; *iem. te* ~ *besoldig* underpay s.o.; ~ *daal* sink low; ~ *sing* sing low; ~ *vat* tackle low. ~**be= taal(d)** *=taalde,* ~**besoldig(d)** *=digde* low-paid, -salaried, -wage *(worker etc.).* ~**geleë** low-lying *(ground).* ~**gety** ebb; neap tide. ~**land** →LAAGLAND. ~**seisoen** low season. ~**span= ning** low voltage; low tension. ~**vat** *=vatte, n., (rugby)* (low) tackle. ~**vat** *laagge=, vb.* tackle (low). ~**vlakte** low-lying plain. ~**vlieënde** *adj. (attr.)* low-flying *(aircraft, bird).* ~**water** → LAAGWATER.

**laag·druk·, la·e·druk·:** ~**gebied** *(meteorol.)* low-pressure area, depression, low, cyclone. ~**stelsel** low-pressure sys= tem.

**laag·heid** *=hede, (lit., fig.)* lowness; meanness, baseness; tur= pitude, villainy, sordidness.

**laag·land** lowland; *die Skotse L*~ the Scottish Lowlands. **laag lan·der** lowlander.

**laag·lig·gend** *=gende, (also laag liggend)* low-lying *(cloud).*

**laag·te** *=tes, (lit.)* lowness, low level; *(also leegte)* valley, de= pression, dip, flat, hollow, laagte. ~**punt** low (point); nadir, lowest point; anticlimax; *'n* ~ *bereik, (relations etc.)* reach a low; *(a recession etc.)* bottom out; touch bottom; *by 'n* ~ at a low; *'n nuwe* ~ *bereik* reach a new low. **laag·te·tjie, leeg· te·tjie** *=tjies* slight dip.

**laag·wa·ter** low tide, ebb (tide); *by* ~ at low tide; *dis* ~ it is low tide/water, the tide is out. ~**brug** causeway. ~**lyn** low-water mark, tidemark. ~**merk** tidemark.

**laai[1]** *laaie, n.* drawer *(of a desk etc.);* stock *(of a gun);* ~**kas** chest of drawers; *hoë* ~ tallboy. ~**tafel** chest of drawers; ta= ble with a drawer.

**laai[2]** *laaie, n., (infml.)* custom, trick, stunt, dodge; *dis iem. se*

*ou* ~ that is s.o.'s usual game/trick; *iem. is weer met sy/haar ou* ~*e besig* s.o. is at his/her old tricks again.

**laai[3]** *ge=, vb.* load, charge, prime *(gun);* load (up) *(a truck, ship, etc.);* freight; truck; ship; charge *(a battery); (die)'n bedryf= stelsel)* ~, *(comp.)* boot (up); *met betekenis ge=* wees, *(also)* be dense with meaning; *iets in* ... ~ load s.t. into ...; dis= charge s.t. into ...; *met* ... *ge=* wees be loaded/charged with ... *(elec., ammunition, meaning, etc.); iets op* ... ~ load s.t. onto ...; *iets op iem.* ~ off-load s.t. onto *(or* on to) s.o. *(tasks etc.);* slap s.t. on s.o. *(a tax); moenie te veel op jou* ~ *nie* don't un= dertake too much; *swaar ge=* wees *van* ... be heavily loaded with ...; *iets met* ... *vol* ~ heap s.t. with ...; *iets weer/opnuut* ~ reload s.t.. ~**bak** loading bin. ~**blad** apron *(at an airport).* ~**boom** derrick; jenny. ~**bord** pallet. ~**brief** loading note. ~**brug** gantry; loading ramp. ~**geld** loading charge; stow= age. ~**graaf** power shovel, front-end loader, earth mover. ~**kraan** loading crane. ~**masjien** loading machine, (me= chanical) loader; charger. ~**meester** checker; tally clerk *(in a harbour).* ~**plek** loading place, berth; *(zone)* loading bay. ~**ruim** cargo hold/space. ~**ruimte** tonnage *(of a ship),* stow= age. ~**spanning** charging voltage. ~**stok** ramrod, rammer; charging stick/rod, tamping rod; gun rod/stick; *lyk of jy 'n* ~ *ingesluk het, (infml.)* be as stiff as a poker/ramrod. ~**stroom** charging current. ~**vermoë** load(ing) capacity *(of a vehicle);* carrying capacity *(of a ship); (elec.)* charge capacity.

**laai·er** *=ers* charger; loader.

**la(a)i·tie** *(infml., sometimes derog.: young boy)* lightie, lighty, la(a)itie.

**laak·baar** *=bare* blameworthy, reprehensible, censurable, blam= able, wrongful, objectionable; ~*bare gesindheid, (jur.)* mens rea *(Lat.);* ~*bare mens, (also, infml.)* sleaze. **laak·baar·heid** reprehensibleness, blameworthiness, *(infml.)* sleaze.

**laan** lane avenue, walk, boulevard.

**laars** *laarse, (dated)* boot; wellington.

**laas** last, lastly; lately, recently; (the) last time; ~ *jaar/nag/ Vrydag/ens.* last year/night/Friday/etc.; *na/op lange* ~ at long last; *vir* ~ *iets doen* do s.t. for the last time; *'n drankie vir* ~ a final drink; *wanneer was jy* ~ *daar?* when were you there last?; *hy/sy was* ~ *nog in* ... the last time I heard (of him/her) he/she was still in ... ~**genoemde** latter *(of two);* last-named, -mentioned, the latter.

**laas·te** *n.* last one; *die* ~ *die* last one; the latter; *op een na die* ~ the last but one; *einde ten* ~, *ten einde* ~, *eindelik (en) ten* ~ at (long) last, at length; *die heel* ~ the very last; *die* ~ *maar nie die minste nie* last but not least; *iets op die* ~ *oomblik/nippertjie doen* do s.t. at the last minute; *op die* ~ at last; at the eleventh hour; *op die/sy* ~ at the latest; *iem. lê op sy/haar* ~ s.o. is dying *(or* at the point of death); *ten (lange)* ~ at (long) last, at length; lastly, finally; *tot op die* ~ to the last; up to the last moment; *iem. sou die* ~ *wees wat so iets doen* s.o. would be the last to do such a thing. **laas·te** *adj.* last; finishing, final; ultimate; latest *(reports);* ~ *adres bekend* last known address; *die* ~ *vyf dae van die jaar* the last five days of the year; *ek het* ... *die* ~ *vyf dae nie gesien nie* it is five days since I saw ... last; *die* ~ *een* every single one; all and sundry; the endmost; *die* ~ *eksamen* the final ex= amination; *in die* ~ *jare* in recent years; *die* ~ *laag* the fin=

ishing coat; *die ~ **maal** the (very) last time; *die/de ~ **mens** was daar* everybody was there; *op die ~ **moontlike oomblik** in the nick of time; ~ **sent** bottom dollar; ~ **skof**, *(fig.)* home stretch; *in die ~ **tyd** lately, recently, of late; *die ~ **uit= gawe** (van die dag), (journ.)* the final edition; ~ **wens** dying wish. **laas·te** *adv.* last; *wanneer was jy ~ daar?* when were you there last?. **laas·tens** finally, lastly, ultimately.

**laat¹** *~ later laatste, adj. & adv.* late; belated; overdue; un= punctual; ~ *in die **aand/nag** late at night; ~ *in die **dag**, (lit.)* late in the day; *dit is ~* it is late; *vra **hoe** ~ dit is* ask the time; ***hoe** ~ is dit?* what time is it?, what is the time?; *kan jy my sê **hoe** ~ dit is?* have you (got) the time?; *kyk **hoe** ~ is dit al!* look at the time!; *vir iem. sê **hoe** ~ dit is* give/tell s.o. the time; *tot wie weet **hoe** ~* till all hours; **hoe** ~ **kom** ...? what time is ... coming?; what time will ... arrive?; ~ *in jou **lewe** late in life; *beter/liewer(s) ~ as **nooit** better late than never; it is never too late (to mend); *op sy/die ~ste* at the (very) latest; *('n bietjie) ~ **slaap** have a lie-in *(infml.)*; *L~ **Steentyd(perk)**, (archaeol.)* Later Stone Age; *dit is **taam= lik** ~, (fig.)* it's (rather) late in the day; *te ~* out of (due) time; *te ~ **kom** vir die trein* miss the train; *te ~ **kom** vir die konsert* be late for the concert; *dit is **te** ~ om iets te doen* it is too late to do s.t.; *die **trein** is ~* the train is late *(or* behind time); ~ *vir ... **wees/kom** be late for ... (a meeting etc.); ~ *vy* late fig; *dit **word** ~* it is getting late; time is getting on. ~**aand** →LAAT= AAND. ~**bloeiend** *=ende* late flowering. ~**bloeier** *(pers.)* late developer; *(plant, pers.)* late bloomer. ~**kommer** latecomer. ~**lammetjie** *(infml.: lateborn child)* afterthought, laatlamme= tjie *(<Afr.)*. **L~ Latyn** *(lang.)* Late Latin. ~**middag** late in the afternoon. ~**nag** →LAATNAG. ~**oes(wyn)** *(SA)* late har= vest. ~**opstaner** *=ners* late riser. ~**ryp** late frost. ~**slaper** sleepyhead, late riser. ~**slapery** (habit of) rising late. ~**vat** *=vatte, (rugby)* late tackle.

**laat²** *ge=, vb.* let; leave; allow, permit, let; cause to; leave off, stop; refrain from *(doing s.t.)*; make *(s.o. do s.t.)*; ~ **afkoel** allow s.t. to cool; *dit **daar** ~, dit **daarby** ~ (bly)* leave it at that; let it go at that; *iets **daar** ~, iets **daarby** ~ (bly)* allow s.t. to pass; *dit **daarby** ~, (also, infml.)* call it a day; *besluit om dit **daarby** te ~* agree to differ; ~ *my dit **doen** let me (or* allow me to) do it; *iets ~ **doen** have s.t. done; ~ *ek **gaan/ loop/ry** I must go;* ~ *ons **gaan/loop/ry!** let us go!; ... ~ **haal** send for ...; *hy/sy **kan** dit nie ~ nie* he/she has to do it, he/she cannot help it/himself/herself *(or* refrain from doing it); *'n pak **klere** ~ maak* have a suit made; *iem. ~ **kom** send for s.o., have s.o. come; get s.o. in; *iem. ~ **loop** get rid of s.o., ditch s.o. *(an employee)*; ~ *dit **maar** don't trouble (your= self); *iem. met **rus** ~ leave s.o. alone *(or* in peace); *iets ~ **sak** lower s.t.; ~ *my **sien** let me see, allow me to see; ~ *ek **sien** ... let me see ..., I am not sure; *iets ~ **skiet** slacken s.t.; ... ~ **staan** leave/ditch ... (a car, partner, etc.); *slegte gewoontes ~ **staan** get rid of bad habits; *iets ~ **staan** leave s.t. (alone); *iem. kan nie Latyn lees nie, ~ **staan** dit skryf* s.o. cannot read Latin, let alone write it; *iem. die **tyd** ~ allow s.o. the time; *iem. **uit** iets ~ leave s.o. out of s.t.; cut s.o. from s.t. *(a will etc.); *iets ~ **vaar** give up s.t., ditch s.t. *(a plan, project, etc.); *jou dit nie ~ **vertel** nie* refuse to believe it; *waar het jy dit ge=? where did you leave/put it?; *iem. ~ **wag** keep s.o. waiting; ~ **weet** send word, give notice; *iem. ~ **weet** let s.o. know; *'n **wind** ~ break wind; (let a) fart. ~~**maar-loop(-)houding** laissez-faire *(or* devil-may-care) attitude.

**laat·aand** late at night. **laat·aand=**, **laat·aand·se** *adj. (attr.)* late-night.

**laat·nag** late at night. **laat·nag=**, **laat·nag·te·li·ke**, **laat= nag·se** *adj. (attr.)* late-night.

**laat·ste** latest; *op die/sy ~* at the latest.

**La·ba·rang** *(Muslim feast)* Labarang.

**lab·ber·daan** *(<Du.)* salt fish; salt cod.

**la·bi·aal** *=biale, n. & adj., (phon.)* labial. **la·bi·a·li·sa·sie** *(phon.)* labialisation. **la·bi·a·li·seer** *ge=, (phon.)* labialise.

**la·biel** *=biele =bieler =bielste, (phys., chem.)* labile; fluctuating, unstable. **la·bi·li·teit** lability.

**la·bi·o·den·taal** *=tale, n. & adj., (phon.)* labiodental.

**la·bi·rint** *=rinte, (anat.)* labyrinth *(lit. & fig.)* labyrinth, maze. **la·bi·rin·ties** *=tiese* labyrinthine, daedal.

**la·bo·ra·to·ri·um** *=riums, =ria* laboratory, *(infml.)* lab. ~**dier** laboratory animal.

**La·bra·dor** *(breed of dog, also l~)* Labrador *(also l~)*; *goue l~* golden labrador. ~**hond,** ~-**retriever** *(also l~)* Labrador dog/retriever *(also l~)*.

**la·ding** *=dings, =dinge* load; cargo, freight, (ship)load, ship= ment; *(elec.)* charge; *(min.)* blast; input; *die volle ~, (mil.)* bat= tering charge.

**la·dings=:** ~**gas** propellent gas. ~**gewig** *(naut.)* dead weight. ~**koste** shipping charges. ~**opsigter** supercargo.

**lae=:** ~**alkoholbier** low-alcohol beer. ~**basluidspreker** sub= woofer. ~**drukstelsel** →LAAGDRUKSTELSEL. ~**frekwensie** low-frequency *(current etc.)*. ~**graads** *=graadse* low-grade *(fuel etc.)*. ~**hakskoen** flat-heeled shoe. ~~**impak** low-im= pact *(exercises, development, etc.)*. ~~**intensiteit** low-inten= sity *(conflict, warfare, etc.)*. ~**koste=** low-budget *(film etc.)*. ~**lak** *(infml.)* scoundrel, skunk, dirty dog, nasty (piece/bit of work). ~**loon** low-wage *(economy)*. ~**risiko=** low-risk *(in= vestment etc.)*. ~**toonluidspreker** low-frequency speaker, woofer. ~**veld** lowveld. ~**vet** low-fat *(cheese, milk, etc.)*.

**la·er¹** *adj. & adv.* lower; inferior; minor; ~ **af** lower down; *al **hoe** ~ lower and lower; ~ **onderwys** primary education; ~ *as **ooit** wees be at *(or* reach) an all-time low; ~ **prys** lower price; ~ **stande** lower classes; ~**hof** *(also laer hof)* lower court. ~**huis** *(parl.)* lower house; *(Britse)* L~ (House of) Commons. ~**inkomste=** downmarket *(area etc.)*. ~**skool** *(also laer skool)* primary school.

**la·er²** *laers, n.* camp; *(hist. or fig.)* laager; encampment; *(die) ~ **opbreek** break camp; ~ **trek** form a laager, go into camp/ laager; (pitch) camp. **la·er** *ge=, vb.* go into camp. ~**kom= mandant** *(hist.)* laager commandant.

**la·er³** *laers, n.* bearing *(of a mach.)*. ~**baan** race. ~**metaal** bearing metal. ~**ring** (bearing) race.

**laf** *lawwe lawwer lafste* silly, foolish, fatuous, witless; mawkish, mushy; senseless, inane; insipid, tasteless, savourless *(food)*; lifeless, dull; flat, unfunny, corny *(joke)*; *lawwe **dinge** doen* do silly things; *moenie ~ **wees** nie!* don't be silly!; *lawwe **praatjies** balderdash *(infml.)*, drivel, silly talk; ~ **wees** mon= key about/around *(infml.)*. **laf·heid** silliness, inanity; sloppi= ness; insipidity, insipidness; fatuity, fatuousness; tasteless= ness.

**laf·aard** *=aards* coward, *(infml.)* chicken.

**la·fe·nis, laaf·nis** *=nisse* refreshment; relief.

**laf·har·tig** *=tige* cowardly, pigeon-hearted, pusillanimous, faint-hearted, *(fig., infml.)* yellow. **laf·har·tig·heid** coward= liness, cowardice.

**lag** *lagge, lagte, n.* laugh, laughter; *aan die ~ **wees** be laughing; *iem. **aan** die ~ **maak** make s.o. laugh; *brul/skater van die ~ laugh out loud, laugh uproariously, roar/scream/shriek with laughter; *dik van die ~ **wees** be highly amused; *aan die ~ **gaan** begin to laugh, start *(or* burst out) laughing; *hulle het **gebrul/gerol** van die ~ they (nearly) split their sides (with laughter); they were rolling in the aisles; ~ **(groot)** oor iets kry be (highly) amused at/by s.t., be tickled (pink *or* to death) by s.t.; *ek kon my ~ nie **hou** nie* I could not help laughing; *ek kon skaars my ~ **hou** I could hardly keep a straight face; *jou ~ **(in)hou** keep one's countenance; *krom lê (of **krul)** van die ~, lê soos jy ~, jou slap ~, (infml.)* be convulsed *(or* double/crease up) with laughter, be in fits/ stitches; ~ **kry** oor iets laugh at s.t., be amused at/by s.t.; *vir iem. ~ **kry** laugh at s.o., find s.o. laughable; *jy laat my ~ **kry!** don't make me laugh!; *onbedaarlik aan die ~ **gaan/ raak** go into hysterics *(infml.)*; *rol van die ~, (infml.)* fall about (laughing); *iem. laat **skater/skree(u)** van die* ~ have s.o. in stitches *(infml.)*; ***skud** van die* ~ rock *(or* be convulsed) with laughter; ***slap** van die* ~ *wees* be limp/weak with laughter; ***stik** van die* ~ choke with laughter; ***uitbars** van die* ~ burst out laughing, explode with laughter. **lag** *ge=, vb.* laugh; ***begin*** ~ begin to laugh, start laughing; *jou (amper|byna) 'n **boggel(tjie)/papie*** ~ burst/split one's sides (with laughter), double up with laughter; ***bulderend*** ~ laugh uproariously; ***by** jouself* ~ laugh to o.s.; *jou **dood/siek*** ~, *(infml.)* laugh one's head off, laugh o.s. sick, split one's sides; *dit is om jou **dood/slap** te* ~ it is excruciatingly/screamingly funny; *agter jou **hand*** ~, *in jou **vuis*** ~ laugh in/up one's sleeve; ***hardop*** ~ laugh out; *jou **krom*** ~, *lê soos jy* ~ double up with laughter; ***laaste*** ~ have the last laugh; *wie (die) **laaste*** ~, ~ *(die) lekkerste* he who laughs last laughs longest; *iem. **laat*** ~ make s.o. laugh; *iets doen om mense te **laat*** ~ do s.t. for laughs *(infml.)*; *jy **laat** my* ~!, *moenie my **laat*** ~ *nie!* don't make me laugh!; ***lekker*** ~ have a good laugh; ~ *maar!* laugh away!; *met iem.* ~ have a laugh with s.o.; *iem. **moes*** ~ s.o. had to laugh; *... is **niks** (of nie iets) om oor te* ~ *nie ...* is no joke *(or* laughing matter); *dis **om** van te* ~ it makes one laugh; ***onbedaarlik*** ~ be in fits/hysterics *(infml.)*; ***oor/vir** iets* ~ laugh at/over s.t.; ***stilletjies** oor iets* ~ chuckle *(or* have a quiet laugh) over s.t.. ~**baan** *(TV, cin.)* laugh track; canned laughter. ~**bui** fit of laughter. ~**gas** laughing gas, nitrous oxide. ~**lag** laughingly. ~**plooitjies** *n. (pl.)* laughter lines, crow's feet. ~**siek** *adj.* giggling. ~**siekte** giggles; *die* ~ *hê* have the giggles. ~**spier** *=spiere, (anat.)* laughing muscle; *die* ~*e prikkel* raise laughs *(or* a laugh); *iets prikkel iem. se* ~*e* s.t. makes s.o. laugh.

**la·ger(·bier)** *=also L~)* lager (beer).

**lag·gend** *=gende, adj. & adv.* laughing(ly); *al* ~*e* laughing (all the time).

**lag·ge·rig** *=rige* giggling, inclined to laugh, laughter-loving, fond of laughing.

**lag·ge·ry** laughing, laughter, merriment.

**lag·gie** *=gies* little laugh, smile; *'n gedwonge/gemaakte* ~ a strained laugh.

**la·gie** *=gies* small/thin layer; *(osteol.)* lamella; film, scale; *'n* ~ *... a film of ... (oil, dust, etc.); 'n rotsformasie in dun* ~*s* a straticulate rock formation; *onder 'n dun* ~ *... under a veneer of ...*

**la·gu·ne** *=nes* lagoon.

**lag·wek·kend** *=kende* laughter-provoking, -stirring, laughable, funny; hilarious; mirth-provoking; ludicrous, ridiculous; risible; ~*e figuur* figure of fun. **lag·wek·kend·heid** ludicrousness, ridiculousness, funniness, risibility.

**lai·tie** →LA(A)ITIE.

**lak**[1] *lakke, n.* sealing wax; *(varnish)* lac, lacquer, japan; seal. **lak** *ge=, vb.* seal *(a letter); (varnish)* lacquer, japan. ~**leer** patent leather, japanned leather. ~**poleerder** French-polisher. ~**poleerwerk** French-polishing. ~**politoer** French polish. ~**skoen** patent leather shoe. ~**vernis** *n.* lac varnish, lacquer. ~**vernis** *ge=, vb.* lacquer, japan. ~**ware** lacquered ware, japanned goods. ~**werk** lacquer; lacquered ware, japanned goods.

**lak**[2] *ge=, vb., (rugby)* tackle, bring down hard *(a player)*.

**la·kei** *=keie* lackey, footman, menial, liveried servant; *(fig., derog.: servile pers.)* lackey, flunk(e)y.

**la·ken** *=kens, (text.)* cloth; sheet *(for a bed); skoon* ~*s oortrek* change sheets; *die* ~*s uitdeel, (infml.)* call the shots/tune, run the show, rule the roost/roast; ~*s wissel* change sheets. ~**lin-ne** sheeting. ~**stof** broadcloth.

**lak·ko·liet** *=liete, (geol.)* laccolith.

**lak·moes** *(dye)* litmus, *(also bot.)* turnsole, orchil, archil.

**la·ko·niek** *=nieke,* **la·ko·nies** *=niese, adj.* laconic, short-spoken. **la·ko·niek** *adv.* laconically.

**laks** *laks(e) lakser laksste* lax, slack, permissive; remiss; unen-

terprising, indolent; ~ *wees* keep a slack hand/rein; ~ *word* grow slack. **laks·heid** laxity, slackness, remissness.

**lak·seer** *(ge=)* open the bowels, stimulate a motion. ~**middel** *-dels* laxative, aperient, evacuant.

**laks·man** *=manne* hangman, executioner; *(orn., infml.)* butcherbird, Jackie/Johnny Hangman.

**lak·ta·sie** *=sies* lactation.

**lak·te·aal** *=teale* lacteal; ~*teale vat, (anat.)* lacteal.

**lak·to** *comb.* lacto=. ~**basil** *(biol.)* lactobacillus. ~**meter** lactometer. ~**proteïen** *(biochem.)* lactoprotein. ~**skoop** *=skope* lactoscope. ~**vegetariër** *n.* lacto-vegetarian. ~**vegetaries** *adj.* lacto-vegetarian.

**lak·to·se** *(biochem.)* lactose, milk sugar.

**la·ku·ne** *=nes* gap, blank, lacuna, vacancy.

**lam**[1] *lammers, n.* lamb; →LAMMER=, LAMS=; *die L~ van God, (NT)* the Lamb of God; *my* ~ my dear; *selfs 'n* ~ *=skop* (even) a worm will turn; *soos 'n* ~ *ter **slagting*** like a lamb to the slaughter; *'n* ~ *werp* drop a lamb. **lam** *ge=, vb.* lamb, fawn, kid. ~**tyd, lammertyd** lambing season, lambing time.

**lam**[2] ~ *lammer lamste, adj. & adv.* paralysed, paralytic, game; tired, weary, fatigued; *jou* ~ *skrik* be scared silly/stiff, be frightened out of one's senses/wits; ~ *en tam wees* be totally exhausted; ~ *wees van (die) ...* be paralysed with ... *(fright etc.).* ~**kruis(siekte)** sway-back *(disease).* ~**lê** *=lamge=* paralyse; *lamgelê deur 'n staking* immobilised by a strike, strikebound. ~**sak** *=sakke, (fig.)* slacker, shirker, skulker, weakling. ~**slaan** *lamge=* paralyse *(trade);* render helpless.

**la·ma**[1] *=mas, (priest)* lama. ~**klooster** lamasery.

**la·ma**[2], **lla·ma** *=mas, (zool.)* l(l)ama. ~**wol** l(l)ama (wool).

**La·ma·ïs** *=maïste* Lamaist, Lamaite. **La·ma·ïs·me** Lamaism. **La·ma·ïs·ties** *=tiese* Lamaist(ic).

**la·man·tyn** *=tyne, (zool.)* manatee, sea cow.

**lam·ba·da** *(Port., Braz. dance, mus.)* lambada.

**lam·bri·seer** *ge=* panel, wainscot. **lam·bri·se·ring** panelling, wainscot(ing).

**la·mé** *(text.)* lamé.

**la·mel** *=melle* lamella, lamina. ~**hout** laminated wood. ~**stof** laminated material.

**la·mel·leer** *ge=* laminate. **la·mel·le·ring** lamination.

**la·mel·lêr** *=lêre* laminate(d).

**la·men·teer** *ge=, (poet., liter.)* lament, beat one's breast. **la·men·ta·sie** *=sies* lamentation.

**lam·heid** paralysis, palsy; tiredness, fatigue; *... met* ~ *slaan* paralyse ...

**la·mi·neer** *ge=* laminate.

**la·ming·ton** *(cook.)* lamington.

**lam·len·dig** *=dige* miserable, weak, wretched; spiritless; lazy, sloppy.

**lam·me** *=mes, n.* paralytic.

**lam·mer=** : ~**gier** *(orn., dated)* →BAARDAASVOËL. ~**kamp** lamb's paddock. ~**oes** a season's (fall of) lambs, fall. ~**ooi** wet ewe, lambing ewe. ~**skaap** ewe with lamb, lambing ewe. ~**tyd** → LAMTYD. ~**vanger** *(orn., dated)* = ROOFAREND. ~**wol** lambs' wool.

**lam·me(r)·tjie** *=tjies* (little) lamb, lambkin; yearling; *soos 'n* ~ *kom* come like a lamb.

**lamp** *lampe* lamp; *'n* ~ *opsteek* light a lamp. ~**glas** lamp chimney. ~**houer** lamp holder/socket. ~**kap** lampshade. ~**lig** lamplight. ~**olie** paraffin (oil), lamp oil, kerosene. ~**paal** lamppost. ~**pit** lampwick. ~**skerm** lampshade; lamp globe. ~**swart**, ~**roet** lampblack.

**lam·pet=** : ~**beker** ~**kan** *(hist.)* ewer, pitcher. ~**kom** *(hist.)* washbasin, wash hand basin.

**lam·pi·on** *=pions, =pionne* Chinese/Japanese lantern, lampion. ~**plant** *(bot.: Abutilon spp.)* Chinese lantern.

**lams=** : ~**boud** leg of lamb. ~**kotelet** lamb cutlet. ~**ribbetjie**

lamb rib. ~**tjop** lamb chop. ~**vel** lambskin, kip. ~**vleis** lamb.

**lam·sak·kig, lam·sak·kig** =kige =kiger =kigste (of meer ~ die mees =kige), **lam·sak·ke·rig, lam·sak·ke·rig** =rige =riger =rigste (of meer ~ die mees =rige) spineless, faint-hearted, feeble(-minded), *(infml.)* weak-kneed, *(infml.)* gutless, *(infml.)* wimpish *(pers., effort, etc.).*

**land** *lande, n.* land *(and sea);* field *(of barley etc.);* country *(of a nation),* land; **aan** ~ on land; on shore; ashore; *die ~ van belofte, die beloofde* ~ the land of promise, the promised land; *vis aan ~ **bring** grass fish; uit die ~ **dros/verdwyn/vlug** jump/skip the country (infml.); aan ~ **gaan**, (people)* go ashore; *waar het jy te ~e **gekom?** where did you land?,* what happened to you?; *die hele ~ deur, oor die hele ~ heen* throughout (the length and breadth of) the country; *hier te ~e* in this country, locally; *in die ~* in the country; *'n kind van die ~* a son of the soil; *êrens te ~e **kom** land somewhere; iem. is lank in die ~* s.o. is an old hand/stager, s.o. knows the ropes; *iem. is nog in die ~ van die **lewendes** s.o. is still in the land of the living; **liewe** ~!, (infml.)* Heavens above/alive!; *my ~* my country, my native land; *in **ons** ~* in this country; *oor ~* by land; *oor die ~ (heen)* across the country; *op ~* on land; on shore; *op die ~e **werk** work in the fields; ~ en **sand** gesels, (infml.)* talk about this and that *(or nothing in particular); ~ en **sand** aanmekaar praat, (infml.)* talk the hind leg off a donkey, talk nineteen to the dozen; *iem. aan ~ **sit** put s.o. ashore; die ~ **verlaat** leave the country; die ~ **vol** all over the country; ~ en **volk** country and nation/people; op ~ en te **water**, op (die) ~ en (op die) **see**, te ~ en ter **see** by land and sea; ~s **wys** ~s **eer** do in Rome as the Romans do; so many countries, so many customs. **land** ge=, vb., (also aeron.)* land, arrive, touch down; alight, descend, disembark. ~**aard** national character. ~**adel** landed nobility/aristocracy, country gentry. ~**arbeider** farm/agricultural worker/labourer. ~**bank** land bank. ~**dier** land animal, terrestrial animal. ~**engte** *(geog.)* isthmus, neck. ~**genoot** =genote fellow countryman, =woman, fellow citizen, compatriot. ~**goed** =goedere (country) estate, country seat, manor. ~**goedwyn** estate wine. ~**graaf** *(hist. Germ. noble)* landgrave. ~**grens** → LANDSGRENS. ~**honger** land-hunger. ~**hoof** abutment, abutment pier *(of a bridge);* head of a bridge. ~**huis** country house, (country) villa, country residence. ~**inwaarts** inland, inward(s), upcountry. ~**kaart** map. ~**loop** cross-country (running). ~**loopatleet,** ~**loper** cross-country runner. ~**lyn** land line. ~**maat** surface/square measure. ~**mag** army, land forces. ~**man** =manne (agricultural) farmer, husbandman; country dweller, son of the soil. ~**massa** land mass. ~**myn** land mine. ~**naam** name of a country. ~**ontginning** cultivation (of the land); land reclamation. ~**oppervlak** land surface. ~**oppervlakte** land area. ~**pale** boundaries. ~**pos** surface mail. ~**punt** spit (of land), point (of land), foreland, bill, cape, promontory, headland. ~**rasvark** *(also L~)* Landrace pig. ~**reis** journey (by land), overland tour. ~**roete** overland route. ~**rot** *(naut., infml.)* landlubber. ~**sake** public/national affairs, matters of state/government. ~**streek** region, district, territory. ~**teken** landmark. ~**tong** tongue/neck of land, spit (of land), foreland, shoot. ~**verhuiser** emigrant, transmigrant. ~**verhuising** (e)migration. ~**verlof** shore leave. ~**verraad** →LANDSVERRAAD. ~**verraaier** → LANDSVERRAAIER. ~**voog** *(hist.)* governor, proconsul, procurator. ~**wind** land wind, (off)shore wind; *ligte ~* land breeze. ~**wyd** →LANDSWYD. ~**wyn** ordinary wine, *(Fr.)* vin ordinaire.

**land·bou** agriculture, tilth, husbandry, farming; *Ministerie van L= en Grondsake* Ministry of/for Agriculture and Land Affairs. ~**bank** agricultural bank. ~**bedryf** agriculture; agricultural/farming industry, agrobusiness. ~**belange** agricultural interests. ~**blad** agricultural journal. ~**ekonomie** agricultural economics, agronomics. ~**ekonomies** agroeconomic. ~**gemeenskap** farming community. ~**genoot=**

=skap agricultural society. ~**gereedskap** agricultural implements. ~**kalk** agricultural lime. ~**kollege** college of agriculture, agricultural college. ~**koöperasie** farmer's co(-)operative. ~**krediet** agricultural credit. ~**kursus** agricultural course. ~**-onderwys** agricultural education/instruction. ~**-opleiding** agricultural training. ~**produk** agricultural product/commodity, agriproduct. ~**proefstasie** agricultural experimental station. ~**skeikunde** agricultural chemistry. ~**skool** agricultural school/college. ~**skou** agricultural show. ~**streek** agricultural district. ~**tentoonstelling** agricultural show. ~**-unie** agricultural union. ~**vereniging** agricultural association. ~**werktuig** agricultural implement. ~**wetenskap** agricultural science.

**land·bou·er** =ers farmer, agriculturist; agrarian; planter; tiller.

**land·bou·kun·de** agriculture, agricultural science, geoponics, husbandry. **land·bou·kun·dig** =dige, adj. agricultural. **land·bou·kun·di·ge** =ges, n. agriculturist, agricultural expert.

**land·dros** =droste magistrate. ~**distrik** magisterial district, magistracy. ~**hof** magistrate's court; courthouse. ~**kantoor** magistrate's office, magistracy. ~**klerk** magistrate's clerk.

**lan·de·lik** =like rural; rustic, pastoral; bucolic; agrarian. **lan·de·lik·heid** rurality, rusticity.

**lan·de·ry·e** *n. (pl.)* farmlands, cultivated fields/lands; *op die ~* **werk** work in the fields.

**lan·ding** =dings, =dinge landing *(of a ship, an aeroplane, etc.);* touchdown *(of an aeroplane);* disembarkation; *'n ~ **doen** make a landing. ~**strook** airstrip, landing strip.

**lan·dings·** : ~**baan** landing path, runway, tarmac. ~**blad** landing apron. ~**dek** flight deck. ~**plek,** ~**terrein** landing place/field/ground; landing area. ~**toestel** undercarriage *(of an aeroplane).* ~**vaartuig** *(mil.)* landing craft. ~**veld** landing field/ground.

**land·jie** =jies small country; small field.

**land·meet** landge= survey. **land·meet·kun·de** (land-)surveying. **land·meet·kun·dig** =dige surveying. **land·me·ting** surveying, land survey.

**land·me·ter** (land-)surveyor. ~**-generaal** =ters-generaal surveyor general. **land·me·ters·ket·ting** surveyor's chain, land chain.

**lands·** : ~**begroting** national budget. ~**belang** public interest, public policy; *in die ~* in the (best) interest(s) of the country, in the national interest. ~**beleid** national policy. ~**bestuur** government, administration (of a country); public administration, machinery of government. ~**ekonomie** national economy. ~**grens, landgrens** country border, land frontier/border; international boundary. ~**nood** national emergency. ~**plaag, landplaag** epidemic, countrywide pest. ~**reën** widespread rain, set-in rain. ~**regering** state government. ~**taal** language of the country/people, vernacular, national language. ~**verraad, landverraad** high treason. ~**verraaier, landverraaier** traitor to one's country, quisling. ~**vlag** national flag. ~**vyand** national enemy. ~**wet** law of the land/country. ~**wyd, landwyd** country-wide, nationwide, national.

**land·skap** =skappe landscape; landscape (painting). ~**skilder** landscape painter, landscapist.

**land·skaps·ar·gi·tek, land·skap·ar·gi·tek** landscaper.

**land·waarts** adj. & adv. onshore; shoreward(s); *die wind waai ~* the wind is blowing onshore; *~e wind* onshore wind.

**lan·fer** (mourning) crape. ~**band** *(hist.)* weeper, mourning band.

**lang** langer langste, adj. (attr.) & adv. long; tall *(pers.);* long-lasting *(career etc.);* →LANGE *n. & adj.,* LANGER, LANK *adj. (pred.) & adv.; ~ **been** long leg; die ~s **gevestigde** firma the oldest established firm; ~ **golf,** (rad.)* long wave; *~ **man** tall* man; ~ **tand** tusk; →LANGTAND. **~(brander)plank** long-board. **~broek** slacks, (a pair of) pants/trousers. **~deling** *(math.)* long division. **~gerek** *-rekte* long-drawn(-out); protracted *(proceedings)*; lengthy, prolix; sustained. **~gerektheid** protractedness; elongation. **~gevestig** *-tigde, (also* lang/lank gevestig*)* old-established, long-established. **~haar** long-haired *(blonde etc.)*. **~haar(mens)** long-haired person. **~harig** *-rige* long-haired. **~lewend** *-wende* long-lived. **~lewendheid** longevity. **~lyn** longline *(fishing etc.)*. **~mourok** long-sleeved dress/frock. **~mou-T-hemp** long-sleeved T-shirt. **~naweek** long weekend. **~neus** long-nosed *(puppet etc.)*. **~poot** *n.* crane fly; daddy-long-legs. **~poot** *det.* long-legged *(beetle etc.)*. **~sigwissel** long(-dated) bill. **~speelplaat** long-playing record, long-player. **~tand** *(infml.)* unwillingly, reluctantly, without enthusiasm. **~toon** *(orn.)* jacana. **~verge te** long-forgotten. **~verlof** long leave. **~verlore** long-lost *(friend etc.)*. **~verwagte** long-awaited. **~wa** perch, reach, bearing shaft.

**lang·af·stand·:** ~**atleet**, ~**drawwer**, ~**hardloper** (long-)distance runner, marathon runner. ~**bomwerper** *(mil. aeron.)* long-range bomber. ~**loper**, ~**stapper** long-distance walker. ~**nommer** *(sport)* distance event.

**lang·a·se·mig** *-mige* long-winded, prolix, verbose. **lang·a·se·mig·heid** long-windedness.

**lang·a·sem·sprin·kaan** *(entom.)* cricket; *soos 'n* ~ *wees* be long-winded.

**lang·been** *n., (infml.: tall pers.)* beanpole. **lang·been** *det.* leggy, long-legged. ~**spinnekop** daddy-long-legs. ~**treg ter** thistle funnel.

**lang·dra·dig** *-dige* tedious, long-winded, prolix, wordy, verbose, diffuse. **lang·dra·dig·heid** tediousness, long-windedness.

**lang·du·rig** *-rige* long *(illness)*; of long duration/standing, long-standing, protracted, prolonged, sustained, chronic; long-lasting *(effect)*; long-term.

**lang·e** *langes, n.: die* ~*, (a stick etc.)* the long one; *(a pers.)* the tall one; *die* ~*s* the long/tall ones. **lan·ge** *adj.* long; *'n jare* ~ *...* a long-running *... (dispute, TV series, etc.)*; ~ *jare gelede* many years ago; *tien* ~ *jare* ten long years; *op* ~ *na nie* not by a long way; *'n te* ~ *...* an overlong *... (meeting, movie, etc.)*.

**lan·ge·laas:** *op* ~ at long last, ultimately.

**lan·ger** longer; *al hoe* ~ longer and longer; taller and taller; *hoe* ~ *hoe beter* the longer the better; better and better; *hoe* ~ *hoe meer* more and more; *hoe* ~ *hoe vinniger* faster and faster; *iets* ~ *maak* let s.t. out *(clothing)*; *nie* ~ *nie* no longer, not any longer; no more, not any more. **lan·ge·rig** *-rige* tallish, rather tall *(pers.)*; longish, rather long.

**lan·ge·raat** *(infml., children's lang.)* long/middle finger.

**lang·hoof·dig, lang·hoof·dig** *-dige, (anthr.)* long-headed, dolichocephalic, dolichocephalous.

**lan·goes·tien** *-tiene, (Fr.)* **lan·gous·tine** *-tines, (small lobster)* langoustine.

**lang·oor** *langore, (infml.)* donkey; *eers grootmense* (of *ou mense) dan* ~*ore* children must wait their turn. **lang·o·rig** *-rige* long-eared.

**langs** next (to), beside; alongside (of), along; via; *agter* ~ round the back way; *by ons* ~ (a)round our way; *by iem. se huis* ~ *gaan* stop by s.o.'s house; ~ *die grond,* op *die grond* ~ along the ground; ~ *die kus* along the coast; ~ *mekaar* side by side, abreast, next to each other; ~ *my* beside (or next to) me; *onder* ~ by the lower route; ~ *die straat* in the street; *voor* ~ up in front; →VOORLANGS. ~**aan** next door (to); *net* ~ next door. **langs·lan·dig** *-dige* inshore.

**lang·saam** *-same, adj.* slow; dilatory, tardy; ~ *maar seker* slow but sure. **lang·saam** *adv.* slowly; unhurriedly, gradually. **lang·saam·heid** slowness. **lang·sa·mer·hand** gradually, by degrees.

**lang·ske·de·lig** *-lige* long-headed; *(anat.)* dolichocephalic, dolichocephalous.

**lang·steel·:** ~**besem** long-handled broom. ~**blom** long-stemmed flower. ~**pyp** long-stemmed pipe.

**lang·ter·myn** long-term *(ins., investment, etc.)*; long-range *(planning etc.)*; long-stay *(patient etc.)*. ~**huur** long lease.

**lang·wer·pig** *-pige* oblong, elongate(d). **lang·wer·pig·heid** oblong shape.

**la·nie** *(infml., sometimes derog.: white man; boss, employer; member of the upper class)* larney, larnie, lanie.

**la·ning** *-nings* hedge, hedgerow, row of trees; avenue.

**lank** *langer langste, adj. (pred.) & adv.* long; tall; →LANG *adj. (attr.) & adv.; iem. is al* ~ *hier* s.o. has been here for a long time; *nie* ~ *bly/wegbly* nie not be long; ~ *en breed,* (fig.) at great length; *dis so* ~ *as (wat) dit breed is* it's as broad as it's long, it's six of one and half a dozen of the other; *dit is vir my so* ~ *as (wat) dit breed* is it is all the same to me; *drie/ens. dae/ens.* ~ for three/etc. days/etc.; *ewe* ~ *wees, (sticks etc.)* be the same length *(or equally long)*; *(people)* be the same height *(or equally tall)*; ~ *gelede* long ago; since time out of mind; *hoe* ~*?* how long?; till when?; *hoe* ~ *nog?* how much longer?; *iem. wag al hoe* ~ s.o. has been waiting for a long time; *iem. het iets* ~ *laas* (of *lanklaas) gedoen* s.o. has not done s.t. for a long time; *ek het jou darem* ~ *laas* (of *lanklaas) gesien* it is a long time since I saw you, *(infml.)* long time no see; *ek sal, so* ~ *lewe, ...* I will, God willing, ...; *jou (hele) lewe* ~ all one's life, one's life long, for the length of one's days; ~ *lewe die Amakhosi/ens.!* the Amakhosi/etc. for ever!, viva the Amakhosi/etc.(, viva)!; *iem. is 1,8 meter* ~ s.o. stands 1,8 metres, s.o. is 1,8 metres tall; *iets is vyf/ens. meter* ~ s.t. is five/etc. metres long *(or in length)*, s.t. measures five/etc. metres; *tot 10/ens. meter* ~ *groei/word* grow as long as 10/etc. metres; ~ *nie* not by a long way *(or, infml.* shot/sight)*; *dit is* ~ *nie genoeg/ens.* nie it is far from enough/etc.; *ek het X* ~ *nie gesien nie* I have not seen X for/in a long while; ~ *nie gesond/ens.* wees nie be far from well/etc.; ~ *nie so ... nie* not nearly so ...; ~ *nie so dom wees as wat jy voorgee* nie not be half as stupid as one pretends to be; *nie* ~ *nie* not for long; *(nog)* ~ *nie ... nie* not nearly ...; *nog* ~ *nie klaar/ens.* nie not finished/etc. by a long way; ~ *nie sleg nie* not half *(or* at all) bad; ~ *nie soveel nie* far short of that; *dit was nie (te)* ~ *nie of ...* before long ..., it did not take long before ...; *nie te* ~ *nie of dit het gebeur* before long it happened; *die werk nog nie* ~ *doen* nie be new to the job; *op sy langste* at its longest; ~ *praat* talk for a long time; *so* ~ *...* as/so long as ...; *so* ~ *iem. leef/lewe* as long as s.o. lives; *te* ~ overlong; *'n tyd* ~ for a time; *ons wag al* ~ *daarop* it is long overdue. ~**al** long ago; *iem. is (al)* ~ *dood* s.o. has been dead a long time, s.o. died long ago; *iets moes* ~ *gebeur het* s.t. is long overdue; *iem. moes iets (al)* ~ *gedoen* het s.o. should have done s.t. a long time ago; *wag jy (al)* ~*?* have you been waiting long?. ~**moedig** *-dige* long-suffering, patient; slow to anger *(Bib.)*; ~ *wees met iem.* have patience with s.o.. ~**moedigheid** patience, long-suffering, long-sufferance. ~**uit** at full length, prone, prostrate.

**lank·heid** length; tallness.

**la·no·lien** lanolin(e).

**lans** *lanse* lance; →LANSIE.

**lan·seer** *(ge-)* launch *(a torpedo, scheme, etc.)*; float, circulate *(rumours)*; lance *(an abscess)*; *(aeron.)* catapult; get off the ground; start *(a theory)*. ~**baan** launching pad/site. ~**stelling** launching platform. ~**tuig** *(aeron.)* launch(ing) vehicle. ~**vuurpyl, lanseringsvuurpyl** launch(ing) vehicle.

**lan·seer·der** *-ders* launcher *(for a missile)*.

**lan·se·ring** *-rings, -ringe* blastoff, shot *(of a rocket)*; *(astronaut.)* liftoff.

**lan·set** *-sette* lancet. **lan·set·vor·mig** *-mige, (bot., tech.)* lanceolate.

**lan·sie** =sies small lance; 'n ~ vir iem. breek take up the cud=gels (or stick up or break a lance) for s.o..

**lan·taan** (chem., symb.: La) lanthanum.

**lan·ta·na** (alien plant) lantana.

**lan·ter·fan·ter** =ters, n. idler, loiterer, loafer. **lan·ter·fan·ter, lan·ter·fant** ge~, vb. idle, loiter, loaf.

**lan·tern** =terns lantern; groot ~, weinig lig you're standing in my light; s.o. has a big head but no brains. ~**dak** lantern roof. ~**paal** lantern post.

**La·os** (geog.) Laos. **La·o·si·aan** =siane, n. Laotian. **La·o·si·aans** =aanse, adj. Laotian.

**lap** lappe, n., (frayed piece) rag; cloth (for wiping, rubbing, etc.); (piece of) material; fent; clout; vamp; patch (on a coat, shoe, etc.); patch, piece (of ground); remnant (of material); patch of (different) colour (on an ox or cow); bandage (round a finger etc.); iets op die ~pe bring bring s.t. (out) into the open; iets kom op die ~pe s.t. comes out, s.t. becomes known; dis soos 'n rooi ~ vir 'n bul it's like a red rag to a bull. **lap** ge~, vb. patch (a dress etc.); mend; patch up; bont ge~, (s.o.'s trousers etc.) full of patches. ~**hoed** cloth hat, floppy hat. ~**middel** =dels, (usu. fig.) patchwork, makeshift, band-aid, patch-up. ~**pop** rag doll, moppet, rag baby. ~**werk** patching; (lit., fig.) patchwork; tinkering; lap- en stopwerk mending.

**Lap** Lappe, **Lap·lan·der** =ders, (inhabitant) Lapp, Laplander. **Lap·land** (geog.) Lapland. **Lap·lands** =landse, **Laps** Lapse, adj. Lapp(ish), Laplandish. **Laps** n., (lang.) Lapp(ish).

**la·pa** lapas, (So.) lapa.

**la·pa·ro·skoop** =skope, (med.) laparoscope. **la·pa·ro·sko·pies** =piese laparoscopic.

**la·pel** lapelle lapel, (Fr.) revers. ~**kraag** revers collar.

**lap·per** =pers patcher, vamper, tinkerer.

**lap·pie** =pies, (dim.) rag, small piece/patch; shred, flap; →LAP n.. **lap·pies·kom·bers**, =de·ken crazy/patchwork quilt.

**lap·sang sou·chong(-tee)** lapsang souchong (tea).

**lar·deer** (ge)= lard. ~**naald**, ~**priem** larding pin/needle. **lar·deer·sel** =sels lard.

**la·re:** ~ (en penate), (Rom. hist.) lares (and penates).

**lar·go** (It., mus.: slowly, broadly, dignified) largo.

**la·riks(·hout)** larch.

**la·rinks** =rinkse, (anat.) larynx. **la·rin·gaal** =gale, (phon.) la=ryng(e)al. **la·rin·gi·tis** (med.) laryngitis. **la·rin·go·lo·gie** la=ryngology. **la·rin·go·skoop** =skope laryngoscope.

**lar·we** =wes larva, grub, wriggler. ~**stadium** larval stage.

**las¹** lasse, n. joint, junction, juncture; weld (of metal); scarf (of leather, metal, etc.); seam (of cloth); splice. **las** ge~, vb. weld (metal); scarf (leather, metal, etc.); joint, rabbet (timber); join (together), pool (resources); splice (rope etc.); mend; iets aan ... ~ join s.t. to ... ~**lap** remnant, patch. ~**plek** join, joint; weld; rabbet; mend. ~**toestel** splicer.

**las²** laste, n., (lit., fig.) burden, load; (pressure) weight, load; cargo (of a ship); onus; nuisance, annoyance, trouble, plague; command, order, direction, instruction; charge; iem. van 'n ~ **bevry** relieve s.o. of a load; 'n ~ **dra** bear a burden; iem. ~ **gee** trouble s.o., cause/give s.o. trouble; iets **gee** ~ s.t. causes problems; iem. het **geen** ~ gegee nie, (also) s.o. has not been trouble; ~ **hê** van ..., ~ **van** ... **hê** be prone to ... (headaches etc.); suffer from ...; have trouble with ...; be troubled with ...; die ~ **op** jou **neem** shoulder the burden; **op** ~ (van ...) by order (of ...); 'n ~ **op/vir** iem. wees be a burden on s.o.; 'n ~ **aan** ... **oplê** place a burden (up)on ...; 'n swaar ~ **dra** carry a heavy load; carry a heavy burden; onder 'n **swaar** ~ gebuk gaan be bowed down under a heavy burden; **swaar/drukkende** ~ hardship; iem. iets **ten** ~te lê lay s.t. at s.o.'s door; charge s.o. with s.t.; impute s.t. to s.o.; iem. ~ **veroorsaak** put s.o. to trouble. ~**brief** (jur.) warrant, order, writ, mandate; 'n ~ **uitreik** issue a warrant. ~**dier** pack animal, beast of burden. ~**draer** (mech.) load carrier. ~**lyn** load

line. ~**pos** =poste nuisance, plague, bore; gadfly (fig.); 'n ware ~ wees be a regular nuisance. ~**punt** point of resist=ance.

**la·sa·gne** (It. cook.) lasagne, lasagna.

**La·sa·rus** (NT) Lazarus.

**la·ser** =sers laser. ~**aftasting**, ~**skandering** laser scanning. ~**chirurgie**, ~**sjirurgie** laser surgery. ~**drukker** laser printer. ~**plaat** (rare) = LASERSKYF. ~**skyf** laser disc/disk; compact disc, (abbr.) CD. ~**skyfspeler, kompakskyfspeler** CD (or compact disc) player. ~**straal** laser beam.

**las·ge·wend, las·ge·wend** =wende mandatory (authority).

**las·ge·wing** =wings, =winge instruction, command; mandate, bidding, order; requirement.

**Las·sa·koors** (med.) Lassa fever.

**las·ser** =sers jointer, splicer.

**las·so** =so's lasso.

**las·ter** n. slander (by word of mouth), calumny (fml.); (written) libel, obloquy, defamation. **las·ter** ge~, vb. slander, defame; blaspheme; backbite; calumniate. ~**geding**, ~**proses**, ~**saak** libel case/action. ~**taal** slanderous talk, slander; blasphemy. ~**tong** slanderous tongue. ~**veldtog** dirty tricks campaign.

**las·te·raar** =raars slanderer, defamer; blasphemer, maligner, detractor, vilifier.

**las·ter·lik** =like slanderous, libel(l)ous; blasphemous (against God); injurious, scandalous, defamatory.

**las·tig** =tige difficult, fiddly, (infml.) niggly (work etc.); trying, tough (job); awkward (position); bothersome, perplexing, thorny, (infml.) niggly (problem); tricky (situation); importu=nate; delicate (question); troublesome, petulant, unmanage=able (child); infuriating (habit); inconvenient; cumbersome; vexed (question); dit is **baie** ~ it is such a bother; 'n ~e **be=serinkie** a niggle (infml.); 'n ~e **kwessie** a knotty issue, an embarrassing problem/question; iem. ~ **val** pester s.o.; in=terfere with s.o.; harass s.o.; stalk s.o. (esp. a celebrity); iem. met iets ~ **val** trouble/worry s.o. with s.t.; burden s.o. with s.t.; dit spyt my om jou ~ te **val** sorry to trouble you; **ver=duiwels** ~ wees, (infml.) be an infernal nuisance; ~ **wees**, (a child) be a nuisance, act up. **las·tig·heid** troublesomeness, (infml.) niggle; importunity; awkwardness; petulance, vexa=tiousness, tediousness; prickliness (of a problem etc.).

**la·suur** azure. ~**steen**, lasuriet, (Lat.) lapis lazuli (min.) lazurite, lapis lazuli.

**lat** latte, n. cane, switch, stick; (support) lath; birch, switch; wattle; batten; slat; fillet; (sl.) guy, bloke, chap; (coarse: penis) dick, dong; onder die ~ **deurloop** be caned, get the cane; 'n ~ vir jou eie bas (or, coarse gat) pluk, (infml.) make a rod for one's own back. **lat** ge~, vb. batten. ~**heining** lattice fence. ~**merk** w(h)eal. ~**werk** lathing, lath work; lattice(work), trellis(work), espalier, wattle-work.

**la·tei** =teie, (archit.) lintel; transom.

**la·teks** latex.

**la·tent** =tente latent; quiescent (illness); potential.

**la·ter** =tere, adj. later; subsequent, ulterior; in jou ~e lewe late in life. **la·ter** adv. later; later on, afterwards; further on, hereunder; hoe ~ hoe kwater, (infml.) from bad to worse; the later the merrier; ~ van jare as time goes/went on; ~ van tyd later on. **la·te·rig** =rige latish.

**la·te·raal** =rale, (phon. etc.) lateral; ~rale denke lateral think=ing.

**la·te·riet** (geol.) laterite.

**La·ti·nis** =niste, (also l~) Latinist, Latin scholar. **La·ti·nis·me** =mes, (also l~) Latinism. **La·ti·nis·ties** =tiese, (also l~) Lati=nate.

**la·ti·tu·di·nêr** =nêre latitudinarian.

**la·tri·ne** =nes latrine.

**La·tyn** (lang.) Latin; (pl.: Latyne, (hist.: inhabitant of Latium) Latin. ~**kenner** Latinist; →LATINIS. ~**onderwyser** Latin teacher.

**La·tyns** -tynse, adj. Latin. **~-Amerika** Latin America. **~-Amerikaans** -kaanse, adj. Latin American. **~-Amerikaner** -ners, n. Latin American.

**la·veer** (ge)-, (naut.) tack (about); terug ~, (naut.) beat back.

**la·ven·tel** lavender. **~boom** lavender tree. **~bos(sie)** (wild) lavender shrub. **~haan(tjie)** (infml., often derog.) glamour boy, pretty boy. **~sakkie** lavender bag. **~water** lavender water.

**la·wa** lava. **~-as** lava ash, volcanic/vulcanic ash. **~lamp** lava lamp. **~stroom** lava stream, lava flow.

**la·waai** n. (no pl.) noise, din, uproar, row, racket, tumult; (infml.) hullabaloo, razzle-dazzle, razzmatazz; clamour; 'n groot ~ a great noise; ~ maak, 'n ~ maak/opskop, (lit.) make (or kick up) a din/racket/row; (fig.) kick up (or raise) a lot of dust, kick up a fuss/row, make a fuss/scene; 'n ~ oor iets maak, (also, infml.) make a splash of s.t. (in the press); (groot) ~ oor iem./iets maak, (also, infml.) beat/bang/thump the (big) drum(s) for s.o./s.t.; 'n groot ~ oor niks much ado about nothing; a storm in a teacup; veel ~ en weinig wol, meer ~ as wol much ado about nothing, great/much cry and little wool; met 'n ~ wegtrek roar off; 'n ~ van die ander wêreld, 'n woeste/yslike ~, (infml.) an infernal/unholy din/noise/racket. **la·waai** ge-, vb. make a noise, be rowdy, kick up a row, blare. **~maker** rowdy, noisy person, blusterer; (orn., also lawaaimakerjanfrederik) chorister robin-chat. **~wa:** op die ~ klim, (infml.) climb/get/jump on the bandwagon. **~water** (infml.) booze, spirits; ~ drink booze.

**la·waai·e·rig** -rige noisy, rowdy, boisterous, obstreperous, uproarious, clamorous. **la·waai·e·rig·heid** noisiness, rowdiness, boisterousness.

**la·we** ge- →LAAF.

**la·we·ment** -mente, (med.) enema, lavement; iem. 'n ~ toedien give s.o. an enema.

**la·wi·ne** -nes avalanche; snow slide/slip.

**la·wing** comforting, relieving, quenching (of thirst), refreshing; resuscitation.

**law·ren·ci·um** (chem., symb.: Lr) lawrencium.

**law·we·rig** -rige rather silly; →LAF.

**law·wig·heid** -hede silliness, foolishness; corn; (in the pl.) silly talk/jokes.

**lê¹** lêe, lês, n. lying; (sport) lie; iem. kan nie sy/haar ~ kry nie s.o. can't lie down comfortably (or get comfortable). **lê** ge-, vb. lie (in bed); lie, be situated (on a river etc.); die stad ~ aan/langs 'n rivier the town lies on a river; agter iem. ~, (lit.) lie behind s.o.; (fig.) be out to get s.o. (a suspected criminal); iem. ~ agter iets s.o. is keen to get (hold of) s.t.; iets ~ agter iem., (lit. & fig.) s.t. lies behind s.o.; bly ~ stay down; lie over; (boxing) take the count; bo ~ lie on top; bo-op iets/iem. ~ lie on top of s.t./s.o.; iets (bo-)op ... ~ superimpose s.t. (up)on ...; iem. slaan/stamp dat hy/sy dáár ~ knock/send s.o. flying; daar ~ die ding that's just it (or the point), there's the rub; iem. ~ en lees/ens. s.o. lies reading/etc.; gaan ~ (go and) lie down; (dated) go to bed, (infml.) turn in; (the wind) blow out (often refl.); (met siekte) gaan ~, (dated) take to one's bed; die geheim ~ daarin the secret is this; in iets ~ lie in s.t.; iets êrens laat ~ leave s.t. lying (or, SA forget s.t.) somewhere; iets laat ~, (also) leave s.t. alone; leave s.t. behind; langs ... ~ lie next to ...; be adjacent to ...; met griep/ens. ~, (dated) be down (or laid up) with the flu/etc.; wat die naaste ~, moet die swaarste weeg charity begins at home; onder ~ lie beneath/underneath; onder iets/iem. ~ lie under s.t./s.o.; iets ~ onder ... s.t. underlies ...; op iets ~ lie on s.t.; recline (up)on s.t.; iets ~ op/onder die tafel/ens. s.t. is lying on/under the table/etc.; vir enige man op haar rug ~, (derog.) be an easy lay; 'n bietjie skuins ~, (infml., joc.) have/take a nap; nie slap laat ~ nie not be behindhand; styf teen iem. ~ cuddle up to s.o.; hulle ~ styf teen mekaar they cuddle up together; toe ~ onder/van ... be (all) covered with ... (snow

etc.); dit ~ tussen A en B, (lit.) it lies between A and B; (fig.) the choice is between A and B; uit iets ~ lean out of s.t. (a window); by 'n vrou ~, (dated) lie/sleep with a woman. **lê** interj., (to a dog) down!. **~geld** demurrage, pierage, pier dues. **~plek** place/room to lie down, lying room; bed; berth, mooring place; burrow, haunt, lair (of a wild animal), den; covert, form (of a hare); êrens 'n ~ vind, (infml.) shack up somewhere. **~stoel** lounge/reclining chair, recliner.

**lê²** n. laying; die henne is fluks aan die ~ the hens are laying splendidly. **lê** ge-, vb. put, place, lay; bed; 'n rietdak ~ thatch a building. **~battery** hen battery. **~boor** (entom.) ovipositor. **~buis** egg tube. **~hen** laying hen, layer.

**leb** lebbe, **leb·maag** lebmae, (zool.) rennet bag/stomach, abomasum, milk stomach.

**le·de¹** n. (pl.): iets onder ~ hê be sickening for/with s.t.; →LID. **~dag** (private) members' day. **~geld, lidmaatskapsgeld** (member's) subscription, sub, dues. **~kaart** →LIDMAATSKAPSKAART. **~lys** list of members, members'/membership list, roll of membership. **~maat** -mate, n. (chiefly pl.) limb, member (of the human body), part of the body, extremity. **~tal** membership (strength), number of members. **~vergadering** members' meeting.

**le·de²** adj.: met ~ oë sorrowfully; enviously, with envious eyes.

**le·de·kant** -kante, (dated) bedstead, four-poster.

**le·dig** -dige, adj. idle; vacant; otiose; ~e tyd spare time, leisure hours; ~ sit idle. **le·dig** ge-, vb. empty, deplete. **le·dig·heid** idleness; otiosity; ~ is die duiwel se oorkussing idleness is the root of all evil. **le·di·ging** emptying, draining, clearing, depletion; (Chr. theol.) kenosis.

**le·ë·:** **~koppie** (infml., derog.) bimbo; bimbette. **~nessindroom** (psych.) empty nest syndrome.

**leed** harm; sorrow, grief, pain, affliction; iem. ~ aandoen hurt s.o., cause s.o. grief; iem. geen ~ aandoen nie not harm a hair on s.o.'s head; iets doen iem. ~ s.t. grieves s.o.. **~vermaak** malicious joy/pleasure, delight in another's misfortune, gloating. **~vermakerig** with malicious joy, with spiteful pleasure, gloatingly. **~wese** regret; tot iem. se ~ to s.o.'s regret; met (groot) ~ with (much/great) regret; jou (diepe) ~ teenoor iem. betuig dat ... express one's (deep) regret to s.o. that ...

**leef** ge-, (also lewe) live, flourish, subsist, exist; al wat ~ en beef each and every one, every living soul; bly ~ keep/stay alive; eenvoudig ~ lead/live a simple life, live in a small way; in ellende ~ lead a life of misery; goed ~ make a comfortable living; iem. kan goed ~ s.o. is comfortably off; te groot ~ live beyond one's means; hoog ~ live it up (infml.); ~ en laat ~ live and let live; so lank iem. ~ as long as s.o. lives; dit sal hou so lank iem. ~ it will last s.o.'s time; ek sal, so lank lewe, ... I will, God willing (or if I am spared), ...; lank lewe die president! long live the president!; lekker ~ be/live in clover (infml.); losbandig ~ lead/live a dissolute life; nog ~ survive; onberispelik ~ lead/live a blameless life; ooreenkomstig/volgens iets ~ live up to s.t. (principles etc.); skraps/suinig ~ live frugally, lead/live a frugal life; (infml.) pull one's belt in, tighten one's belt; so waar as/soos ek ~ as true as I am alive; swaar ~ have a hard time (of it); labour under difficulties; receive/take punishment; iem. swaar laat ~ give s.o. a hard time; van iets ~ live (up)on s.t. (bread, a pension, etc.); subsist on s.t.; exist (up)on s.t.; feed on s.t., live off s.t.; van (die) jag/ens. ~ live by hunting/etc.; vir iets ~ live for s.t.; die moeder ~ net vir haar kind the mother is wrapped up in her child; in weelde ~ lead a life of luxury. **~ruimte** living space; →LEWENSRUIMTE. **~styl** → LEWENSTYL. **~tyd** lifetime; age; van dieselfde ~ of the same age; contemporary; iets duur iem. se ~ s.t. lasts s.o.'s time; mense van elke ~ people of all ages; op gevorderde ~ at an advanced age, late in life; van ('n) gevorderde ~, (euph.) aged, advanced in years; 'n hoë ~ bereik live to a great (or ripe old) age; *in iem. se* ~ in s.o.'s lifetime; *op middelbare* ~ in middle age; *op jou* ~ at one's age (*or* time of life); *op vyfjarige* ~ at the age of five; *op ryp(e)* ~ at a ripe age. ~**tydsverskil** age difference/gap. ~**wyse** way/manner of living, way of life.

**leef·baar** -*bare* bearable, endurable, liv(e)able (in). **leef= baar·heid** liv(e)ableness.

**leeg** *leë leër leegste, adj. & adv.* empty, bare; vacant; vacuous; inane; null; blank; hollow; void; stultifying (*relationship*); → LEË=; *'n leë gebaar* a token gesture; *leë gewig/massa* unladen weight; *met leë hande* empty-handed; *leë houers, (also* leës*)* empty returns, empties; *leë kalorieë* empty calories; *leë kop* empty head; *leë maag* empty stomach; *leë nes, (lit. & fig.)* empty nest; ~ *raak* empty; run dry; *leë ruimte* vacancy; *die huis staan* ~ the house is unoccupied/ empty; *taamlik* ~, (*also*) uncrowded (*train etc.*). ~**drink** *leegge=* drain, empty. ~**eet** *leegge=* eat up, finish. ~**gewig** unladen weight, weight empty. ~**lê** *leegge=* idle, laze, loaf, drone. ~**lêer** idler, loafer, sluggard. ~**lêery** idling, loafing. ~**loop** *leegge=* become empty, empty itself; run dry; idle, loaf; run without a load; *iets laat* ~ empty s.t., drain s.t. (off). ~**loper** loafer, idler, do-nothing, drone. ~**lopery** loafing, idling. ~**maak** *leegge=* empty, clear, finish, deplete; (*tech.*) evacuate; exhaust. ~**pomp** *leegge=* pump dry, exhaust. ~**staande** tenantless; ~ *gebou,* (*also*) disused building. ~**steel** *leegge=* rifle.

**leeg·heid** emptiness; vacuity; vacancy.

**leeg·hoof·dig** -*dige* empty-headed, addle-headed, vacant.

**leeg·te** -*tes* emptiness, vacancy; void; blank.

**leek** *leke* layman, nonspecialist; *nog 'n* ~ *wees wat ... betref* be new to ...; *die leke* the laymen/laity. **le·ke·pre·di·ker** lay preacher.

**leem** loam. ~**grond** loam soil.

**leem·ag·tig** -*tige* loamy.

**leem·te** -*tes* gap, blank; lacuna; hiatus; void (*due to death etc.*); deficiency; vacuum; *'n* ~ *(aan)vul* fill a vacuum; fill a gap; make up (*or* remedy/supply) a deficiency; *'n* ~ *in 'n betoog* a flaw in an argument; *'n* ~ *laat* leave a gap/void; *'n* ~ *in iem. se opvoeding* a gap in s.o.'s education; *'n* ~ *in ... veroorsaak/laat* create/leave a vacuum in ...; *in 'n* ~ *voorsien* bridge/close/fill/stop a gap; *'n* ~ *vul* fill a void.

**leen** *n., (hist.)* fief, feoff; feudal tenure; *iets in* ~ *hê* have s.t. on loan, have temporary use of s.t.. **leen** *ge=, vb.* borrow (*from*); lend (*to*); spare; *iets aan/vir iem.* ~, *iem. iets* ~ lend s.t. to s.o., lend s.o. s.t.; *iem. (tydelik) aan ...* ~ second s.o. to ...; *iets by/van iem.* ~ borrow s.t. from s.o.; *iem. iets te* ~/*lene gee* let s.o. have the loan of s.t., lend s.t. to s.o.; *iets is ge=* s.t. is on loan; *iets te* ~/*lene kry* get the loan of s.t.; *geld te* ~/*lene kry* borrow money; *mag ek jou ... ~?* may I borrow (*or* have the loan of) your ...?; *jou ore aan ...* ~ lend an ear (*or* one's ears) to ...; *dit is te* ~/*lene* it is on loan; *dit* ~ *hom tot ...* it lends itself to ...; it is open to ... (*abuse etc.*); *iets te* ~/*lene vra* ask for the loan of s.t., ask to borrow s.t.. ~**bank** = LENINGS= BANK. ~**bevoegdheid** borrowing powers. ~**biblioteek** lending/circulating library. ~**geld** borrowed money. ~**goed** borrowing(s), borrowed thing(s); (*ling.*) borrowings; beneface. ~**heer** (*hist.*) liege/feudal lord. ~**reg** right of investiture; (*hist.*) feudal right; feudal law. ~**stelsel** (*hist.*) feudal system. ~**versameling** loan collection. ~**vertaling** (*ling.*) loan translation. ~**vorm** -*vorme* loan form. ~**woord** (*ling.*) loan word, borrowed word, borrowing.

**leen·baar** -*bare* lendable; loanable.

**lê·end**[1] *lêende* lying.

**lê·end**[2] *lêende* laying (*hen*).

**leep·oog** bleary/droopy eye.

**leer**[1] *leerstellings, leerstellinge, n.* doctrine; theory; teaching; doxy; gospel; (*no pl.*) apprenticeship; *geheime* ~ cab(b)ala; *by ... in die* ~ *wees* serve one's apprenticeship with ...; *die* ~

*van Lao Tzu* the teaching of Lao Tzu; *'n* ~ *verkondig/ verwerp* preach/reject a doctrine. **leer** *ge=, vb.* teach (*children, a subject, etc.*); instruct; train; tutor; break in (*a horse*); learn (*s.t. from s.o.*); *iem. moet nog baie* ~, *iem. het nog baie om te* ~ s.o. has much to learn (*or, fig.* a long way to go); *iets van buite* ~, *iets uit jou/die kop (uit)* ~ get/learn s.t. by heart, memorise s.t., commit s.t. to memory; *iets by/van iem.* ~ learn s.t. from s.o.; *al doende* ~ *('n) mens* practice makes perfect; *gou* ~ be apt at learning; *iem.* ~ *ken* come/get to know s.o., become acquainted with s.o.; *iem. laat* ~ put s.o. through school/college/university; ~ *om te ...* learn to ...; ~ *om geduldig te wees* school o.s. to be patient; *iets soos 'n papegaai* ~ learn s.t. by rote; *'n perd* ~ train a horse (to the saddle), break in a horse; *deur/volgens* ~ *en probeer* by trial and error; *dit sal hom/haar* ~ *om te ...* that will teach him/ her to ...; *dit sal die tyd* ~ time will show; *iem.* ~ *swem* s.o. learns to swim; *iem.* ~ *iem. anders (om te) swem* s.o. teaches s.o. else to swim; *tot graad nege* ~ go as far as (*or* leave school after) grade nine; *'n vak* ~ learn/take a subject; *iem. het ver/ vêr* ~ s.o. has had a good education; *vir iets* ~ study for s.t. (*an examination etc.*); *vir dokter/ens.* ~ study to become a doctor/etc.; *vir dokter* ~, (*also*) study medicine. ~**boek** textbook; schoolbook, handbook. ~**gang** course of study/instruction, curriculum. ~**geld** school fees; tuition fee. ~**gestrem(d)** -*stremde* learning-disabled. ~**gestremdheid** learning disability. ~**gierig** -*rige* eager to learn, studious. ~**gierigheid** eagerness to learn, studiousness. ~**jaar** -*jare* year of study, year's course; (*in the pl., also*) years of apprenticeship. ~**klerk** articled clerk; *by iem. as* ~ *ingeskryf wees* be articled to s.o.. ~**kontrak** indenture(s), articles of apprenticeship/ clerkship. ~**krag** -*kragte,* (*fml.*) teacher; (*in the pl.*) teaching/ academic staff. ~**kurwe** learning curve. ~**lus** studiousness, eagerness to learn, teachability. ~**meester** teacher, tutor, instructor, taskmaster. ~**metode** method of teaching; method of studying/learning. ~**middel** -*dele,* -*dels* teaching aid. ~**plan** syllabus, curriculum. ~**plig** →LEERPLIG. ~**reël** canon. ~**skool** training/practice school, school for practical teaching; *dit was vir iem. 'n goeie* ~ it has taught s.o. many things, s.o. gained valuable experience by it; *iem. moes eers deur die* ~ *gaan* s.o. had to go through the mill first. ~**stellig** -*lige* dogmatic; doctrinal. ~**stelligheid** dogmatism. ~**stelling** -*lings,* -*linge* doctrine, dogma, tenet. ~**stelsel** philosophic/theological/scientific system, doctrine. ~**stoel** chair (*at a univ.*), professorship; *die* ~ *vir geskiedenis/ens.* the chair of history/ etc.; ~ *in die* (*of van*) *natuurkunde* chair of physics. ~**stof** subject matter (*of teaching*). ~**stuk** doctrine, dogma, tenet. ~**suiwerheid** orthodoxy, purity of doctrine. ~**tyd** study hour, time to learn; apprenticeship; pupil(l)age; *'n* ~ *deurmaak* serve an apprenticeship; *iem. dien sy/haar* ~ (*as prokureur*) *uit* s.o. serves his/her articles. ~**vak** theoretical subject. ~**werk** facts/things/etc. to be learnt.

**leer**[2] *lere, n.* ladder; *maatskaplike* ~ social ladder/scale; *'n* ~ *in 'n kous* a ladder/run in a stocking. **leer** *ge=, vb., (a stocking)* ladder, run. ~**rug(stoel)** ladder-back (chair). ~**sport** rung of a/the ladder. ~**styl** ladder post.

**leer**[3] *n.* leather. ~**baadjie** leather jacket. ~**band** leather strap; leather binding (*of a book*). ~**bekleding** leather upholstery. ~**bloekom** hickory gum, leatherjacket. ~**doek** leathercloth. ~**goed** leather goods. ~**handel** leather trade. ~**handelaar** leather merchant. ~**lap** leather patch; chamois, shammy (leather). ~**looier** tanner, currier. ~**looiery** tannery; tanning. ~**sak** leather bag; (*Bib.*) bottle. ~**skilpad** leatherback. ~**stoel** leather chair. ~**vis** (*icht.*) garrick, leerfish, leervis. ~**ware** leather goods. ~**werk** leather-work.

**le·ër** *leërs, n.* army; armed forces; host, multitude; *by die* ~ *aansluit* join the army. ~**afdeling** army division, column. ~**basis** army base. ~**hoof** army commander/chief. ~**kommandement** army command. ~**korps** army corps. ~**mag** (military) force, army. ~**offisier** army/military officer. ~**op=**

**leiding** army training. **~owerste** *(dated, Bib.)* army com= mander. **~skaar** *=skare*, **~skare** *=skares, (chiefly Bib.)* host. **~stafhoof** army chief of staff. **~trein** army train.

**lê·er¹** *lêers* file, register, docket; *(rly.)* sleeper; girder; *'n ~ oor ... aanhou/hê* have/keep a file on ...; *have ... on file; 'n ~ aan= lê* open a file. **~afskrif** file copy. **~bediener** *(comp.)* file server. **(~)gids** *(comp.)* folder. **~naam** *(comp.)* file name. **~om= slag** file cover.

**lê·er²** *lêers, (a hen)* layer.

**leer·ag·tig, leer·ag·tig** *=tige* leathery; *(sc.)* coriaceous.

**leer·baar** *=bare* learnable.

**leer·der** *=ders, (educ.)* learner, pupil, scholar, student. **~raad** learners' council.

**leer·de·ry** learning, studying.

**lê·e·rig** *=rige =riger =rigste* lounging, lazy.

**le·ë·ring** encampment; billet(s); billeting.

**leer·ling** *=linge, (educ.)* pupil; →LEERDER; trainee; apprentice; disciple. **~apteker** chemist's apprentice. **~bestuurder** learn= er driver; trainee manager. **~klerk** indentured/articled/pro= bationer clerk. **~prokureur** articled clerk. **~raad** = LEER= DERRAAD. **~rybewys**, **~lisensie** learner's licence. **~ver= pleegster**, **~verpleër** student/trainee nurse. **~vlieënier** pu= pil pilot.

**leer·ling·skap** apprenticeship.

**leer·plig** compulsory education, compulsory (school) at= tendance. **leer·plig·tig** *=tige* of school age; *~e leeftyd* school age; *kinders bo 7 is ~* education is compulsory for children over 7.

**leer·saam** *=same* informative, instructive; improving; educa= tive, educational; enlightening. **leer·saam·heid** instructive= ness.

**leer·tjie** *=tjies* small ladder, stepladder.

**leer·vor·mig** *=mige, (bot.)* scalariform.

**lê·e·rig** lying about/around, lounging.

**lees¹** *leeste, n.* last, shoetree; *(tech.)* triblet; *op dieselfde ~ geskoei* cast in the same mould, on the same lines; *op die ~ van ... geskoei* based on ...; *jou by jou ~ hou* stick to one's last; *iets op die ~ van ... skoei* model s.t. after/on ...

**lees²** *n.* reading. **lees** *ge=, vb.* read *(a book, s.o.'s thoughts)*; make out; interpret; *iets aan/vir iem. ~* read s.t. to s.o.; *hard= op ~* read aloud; *iem. soos 'n boek ~* read s.o. like a book; *lekker ~* have a good read; *dié boek ~ lekker* this book is a good read; *oor/van iets ~* read about s.t.; *stil ~* read si= lently; *uitgebreid ~* read widely; *'n boek vlugtig ~* skim (through) a book. **~(alleen)geheue** *(comp.)* read-only mem= ory *(abbr.:* ROM*).* **~beurt** turn to read, turn at reading. **~biblioteek** lending library. **~blindheid** *(psych.)* alexia. **~boek** reading book, reader. **~bril** reading glasses/specta= cles. **~drama** play to be read, closet play/drama. **~~en= skryf-geheue** *(comp.)* random-access memory *(abbr.:* RAM*).* **~genot** reading pleasure. **~kring** reading circle/club. **~kuns** art of reading. **~lamp** reading lamp; bed(side) lamp. **~les** reading lesson. **~lus** love of reading; eagerness to read. **~lys** reading list. **~metode** method of reading. **~oefening** read= ing exercise; reading practice. **~~skryf-geheue** *(comp.)* read-write memory; *algemene ~* non(-)fic= tion. **~stof** reading matter; *algemene ~* non(-)fic= tion. **~stuk** *=stukke* lesson, pericope, reading (passage); *(in the pl., also)* lectionary. **~teken** *=kens* punctuation mark; *sonder ~s* unpunctuated *(text etc.).* **~traag** *=trae, adj.* aliterate. **~trant** style/manner of reading. **~vermoë**, **~vaardigheid:** *die ~ van 'n sewejarige (kind)* a reading age of seven.

**lees·baar** *=bare* readable *(book)*; legible *(handwriting)*; deci= pherable. **lees·baar·heid** readableness; legibility.

**leeu** *leeus* lion; *(reg) in die ~ se bek* right into the trap *(or li= on's mouth/den)*; *soos 'n briesende ~* like a roaring lion; *die L~, (astron., astrol.)* the Lion, Leo; *'n trop ~s* a pride of lions. **~apie** *(zool.)* tamarin, lion marmoset, lion monkey.

**~bekkie** *(bot.)* snapdragon. **~(e)hart** lionheart. **~hok** lion's/ lions' cage. **~jag** lion hunt. **~jagter** lion hunter. **~kuil** *(fig.)* lion's den. **~mannetjie** *(male)* lion. **~temmer** lion tamer; *(fig., sport)* giant killer. **~trop** pride of lions. **~welp(ie)** lion cub. **~wêreld** lion country. **~wyfie** *=fies* lioness.

**leeu·ag·tig** *=tige* lionlike, leonine.

**leeu·e·:** **~aandeel** lion's share. **~moed** lion's courage; *iem. met ~* a lion-hearted person.

**leeu·in** *leeuinne, (dated, fig.)* lioness; →LEEUWYFIE.

**leeu·rik** *(dated, poet., liter.)* = LEWERIK.

**leeu·tjie** *=tjies, (dim.)* lion cub, little lion, whelp.

**le·gaat** *=gate* legacy, bequest; *(RC, hist.)* legate.

**le·ga·li·seer** *ge=* legalise. **le·ga·li·sa·sie** legalisation.

**le·ga·lis·ties** *=tiese* legalistic.

**le·ga·li·teit** legality.

**le·ga·sie** *=sies* legation. **~sekretaris** secretary of legation.

**le·ga·ta·ris** *=risse, (jur.)* legatee, devisee. **le·ga·teer** *ge=, (jur.)* bequeath.

**le·geer** *(ge)=, (metall.)* alloy.

**le·gen·da·ries** *=riese =rieser =riesste* (of *meer ~ die mees =riese*) legendary, fabled; *'n ~e figuur* a legend.

**le·gen·de** *=des* legend, saga; legend *(on maps, coins, etc.)*; *'n jazz~* a jazz legend; *'n lewende ~* a living legend; *volgens ~ ...* legend has it that ...; *'n ~ in jou (eie) leeftyd word* be= come a legend in one's own lifetime.

**le·ge·ring** *=rings* alloy. **~staal** alloy steel.

**leg·ger** *=gers* = LÊER¹.

**leg·horn(·hoen·der)** Leghorn (fowl).

**le·gi·o** *adj., (Lat.)* legion; *('n) ~ bewonderaars* a legion of fans.

**le·gi·oen** *=gioene, (Rom., hist., mil.)* legion. **~siekte** *(med.)* le= gionnaire's/legionnaires' disease.

**le·gi·tiem** *=tieme =tiemer =tiemste* (of *meer ~ die mees =tieme*) legitimate. **le·gi·ti·mi·teit** legitimacy.

**le·gi·ti·meer** *ge=* legitimate; admit *(a minister of relig.).* **le·gi= ti·ma·sie** *=sies* legitimation; admission *(of a clergyman).*

**leg·kaart** jigsaw puzzle.

**Le·go** *(trade name)* Lego. **~blokkie** *=kies* Lego block.

**leg·sel** *=sels, (number of eggs laid)* laying.

**lei¹** *leie, n.* slate; *'n skoon ~, (fig.)* a clean record; *met 'n skoon ~ begin* start with a clean sheet/slate; start afresh/anew, start (all) over again. **~bedekking** slate cover. **~dak** slate roof. **~groef** slate quarry, slate pit. **~kleur** →LEIKLEUR. **~klip** slate. **~(steen)blou** slate blue.

**lei²** *ge=, vb.* lead *(water, s.o., an animal, a life)*; marshal, manage, shepherd, govern; conduct *(an army, orchestra, a prayer meeting, business, etc.)*; direct, guide *(troops, operations, etc.)*; train *(plants)*; *jou deur (die) omstandighede laat ~* play it by ear *(fig.)*; *jou nie laat ~ nie* refuse to be guided; *na ... ~* lead (in)to ..., give access to ...; *die pad ~ na ...* the road goes/ leads to ...; *iem. na ... ~* lead s.o. to ...; *alle paaie ~ na Rome* all roads lead to Rome; *iets ~ tot ...* s.t. leads (up) to ...; s.t. causes ...; s.t. results in ...; *deur vooroordeel ge~* swayed by prejudice. **~baan** guide *(of a rope etc.)*; slide. **~balk** guide *(of a cage etc.)*. **~band** lead, leash; *aan 'n ~* on a lead/leash; *aan die ~ loop* be tied to s.o.'s apron strings *(infml.)*. **~dam** irrigation dam. **~draad** clue; lead; guiding line; guide wire; *'n ~ hê, (the police etc.)* have a lead; have something to go by/(up)on; *geen ~ hê nie* have nothing to go by/(up)on. **~riem** lead, leash, dog lead; *aan 'n ~* on a lead/leash. **~sloot, ~spoor, ~staaf** guide. **~voor** irrigation ditch, furrow. **~wa= ter** irrigation water.

**lei³** *leis, n., (garland of flowers)* lei *(in Hawaii etc.)*.

**lei·ag·tig, lei·ag·tig** *=tige* slaty.

**Lei·den** *(geog.)* Leiden, Leyden. **Lei·de·naar** *=naars* inhabitant of Leyden. **Leids** *Leidse* (of) Leyden; *~e fles* Leyden jar.

**lei·dend** *=dende* leading, frontline *(figure etc.)*; guiding; direc= tive; *~e gees* mastermind.

**lei·ding** =dings, (elec.) line; pipes, piping; (min.) duct, conduit, runner guide; (elec.) transmission; conductorship (of an orchestra); guidance (of a parent etc.); leadership (of the president); management, control, direction; ~ **gee** give a lead, take a/the lead; exercise leadership; lead the way; die ~ **neem** take control; take the initiative; **onder** ~ **van** ... under the direction of ...; under the guidance of ...; under the leadership of ...; under the baton of ... (a mus. conductor); led by ...; headed by ...; ~ by die **studie van** ... guide to the study of ...

**leids·man** =manne leader, guide, mentor.

**leid·ster** =sterre, (astron.) guiding star, lodestar, loadstar.

**lei·er** leiers leader, head; guide; director; protagonist. ~**ou·derling** leading elder.

**lei·ers·:** ~**beraad**, ~**konferensie** summit meeting/conference, conference of leaders. ~**figuur** leader. ~**korps** leadership. ~**posisie**, ~**rol**, **leierskap** leadership.

**lei·kleur** slate (colour). **lei·kleu·rig** =rige slate-coloured.

**lei·sel** =sels driving rein; die perde die ~s **gee** give the horses the reins; die ~s in **hande** neem take charge; met **los/slap** ~s with a loose rein; die ~s **oorneem** take over the reins (of government, office, etc.); die ~s **vat** take the reins. ~**houer** driver; holder of the reins.

**leit·mo·tief** =tiewe leitmotif, leitmotiv.

**lek**[1] lekke, n. leak(age); puncture (in a tube); 'n ~ heelmaak mend a puncture; 'n ~ kry/opdoen get/have a puncture; (a vessel) spring a leak; 'n ~ **stop** stop a leak. **lek** ge=, vb. leak, be leaky; (a vessel) make water; gaan ~, (sl.) spend a penny. ~**bak** drip tray; drip(ping) pan; oil catcher/trough; save-all. ~**plek** leak, puncture. ~**vas**, ~**vry** leakproof, puncture-proof.

**lek**[2] lekke, n. lick (for animals). **lek** ge=, vb., (also flames) lick; (fig.) wheedle; iem. ~, (infml.) lick s.o.'s shoes, toady (or suck up) to s.o.; iem. se gat ~, (coarse) lick s.o.'s arse; iem. wil ge= wees, iem. wil hê ('n) mens moet hom/haar ~, (infml.) s.o. wants to be begged (or buttered up). **lek·ke·rig** =rige, (fig.) slimy, sycophantic. **lek·ke·ry** licking; (fig.) toadyism. **lek·sel** =sels lick; ~(tjie) tee mouthful of tea. **lek·sug** (vet.) salt sickness.

**le·ke·pre·di·ker** →LEEK.

**le·kgo·tla** (N.So., So., Tsw.: meeting place, court of law, council, assembly) lekgotla.

**lek·ka·sie** =sies leak(age).

**lek·ker** =kers, n. sweet; pleasure; agter die ~ aan eet eat some more because the food is so tasty; ~ is maar/net 'n vinger lank pleasures are like poppies spread, pleasure cannot last long. **lek·ker** ~ =kerder =kerste, adj. & adv. nice, delicious (taste); good (to eat), savoury, palatable, tasty (food); comfortable (chair, bed, etc.); fair (weather); sweet, nice (smell); fine, nice (fellow); pleasant, pleasurable, enjoyable, (infml.) fun (attr.); (infml.) tight, tipsy; merry; (SA, infml.) lekker; ~ **ding/kat/stuk**, (sl.) foxy lady; een van die ~ **dinge** omtrent ... one of the nice things about ...; iets ~ **hard** slaan hit s.t. good and hard/proper; ~ **hard** val fall rather heavily, come a cropper; iem. is ~ **ingeloop** s.o. was stupid enough to fall for it (or s.o. fell for it, hook, line and sinker); ~ **koel/ens.** nice and cool/etc.; ~ **kry** be thrilled (with joy), get a thrill, experience pleasure; gloat; ~ **kry om iets te doen** take pleasure (or a delight) in doing s.t., love doing s.t.; maak soos jy ~ **kry**, (infml.) go one's own (sweet) way; maak soos jy ~ **kry!**, (infml.) do as you please!, please yourself!; ~ **lewe** live in comfort/clover; die/'n ~ **lewe** the/a good life; ~ **ruik** have a pleasant smell; smell good; ~ **smaak** taste good; ~ **voel** feel (or be doing) fine; nie ~ **voel** nie feel out of sorts, (infml.) feel off colour; feel queer/strange; iem. **voel nie** ~ **oor iets nie** s.o. is not happy about s.t., s.t. worries s.o.; dis ~ **om te weet (dat)** ... it's nice to know (that) ... **lekker** interj. goody!, whee!, yummy!, yum-yum!. ~**bek** gourmet, epicure, gastronome(r), gastronomist; go(u)rmand, (infml.) foodie, foody; 'n ~ **wees**, (also) love (or be fond of) good food (and drink). ~**bekkig** =kige epicurean, go(u)rmandizing; choosy, picky. ~**breek** (bot.) peeling plane. ~**geloof** (derog.) accommodating faith. ~**goed, lekkers** sweets. ~**goedwinkel** sweet/tuck shop, confectionery, confectioner's shop. ~**jeuk**, ~**krap** (pathol., infml.: jeuksiekte) seven-year itch, (infectious) itch, scabies, acariasis. ~**kry** pleasure, thrill, pleasurable sensation, enjoyment; vir die ~ for kicks. ~**leesboek:** 'n ~ an easy read, a fireside book. ~**luister** easy-listening (album, mus., etc.). ~**lyf** (infml.: inebriated) tipsy, mellow, merry. ~**maakkoek** tipsy cake.

**lek·ker·heid** niceness, deliciousness.

**lek·ker·ny, lek·ker·ny** =nye delicacy, dainty, titbit, goody.

**lek·ker·te** enjoyment; deliciousness; een van die groot ~s van ... one of the nice things about ...; iets vir die ~/lekker doen do s.t. for kicks (infml.); vir die ~/lekker saamkom/saamgaan come/go along for the ride.

**lek·si·kaal** =kale lexical.

**lek·si·ko·graaf** =grawe lexicographer. **lek·si·ko·gra·fie** lexicography. **lek·si·ko·gra·fies** =fiese lexicographic(al).

**lek·si·ko·lo·gie** lexicology. **lek·si·ko·lo·gies** =giese lexicological. **lek·si·ko·loog** =loë lexicologist.

**lek·si·kon** =kons lexicon.

**lek·tor** =tore, =tors lecturer (at a univ. etc.); (RC) lector; 'n ~ in fisika/Latyn/ens. a lecturer in physics/Latin/etc.. **lek·to·raat** =rate, **lek·tor·skap** =skappe lectureship. **lek·tri·se** =ses, (fem.) lecturer.

**lek·tuur** reading matter; literature; reading; algemene ~ non(-)fiction; ~ vir kinders children's books.

**lel** n., (infml., derog.: an ugly pers.) lobe (of an ear); gill (of a cock); wattle (of a turkey). ~**kiewiet** African wattled lapwing. ~**kraanvoël** wattled crane. ~**spreeu** wattled starling.

**le·lie** =lies lily; wit ~ madonna lily. ~**blank** (fig., infml.) lily-white. ~**(tjie)-van-(die-)dale**, ~**(tjie)-der-dale** lelie(tjie)s- lily of the valley, May lily.

**le·lie·ag·tig, le·lie·ag·tig** =tige lily-like, liliaceous.

**le·lie·vor·mig** =mige lily-shaped, crinoid.

**le·lik** n., (infml., derog.: an ugly pers.) ugly. **le·lik** =like, adj. ugly (face, dog, scar, weather; conduct, vice, etc.); nasty (fall, kick, etc.); bad (cough, road, mistake, etc.); bad-looking, unsightly; dirty (word); baie/verskriklik ~ very/really/mega ugly; ~e hou/klap nasty knock; die ~e kant the seamy side; so ~ soos die nag, (infml.) as ugly as sin; 'n ~e ongeluk a bad/nasty accident; 'n ~e verkoue a bad/nasty cold; vrek ~, (sl.) damn ugly; ~e woorde gebruik use bad language. **le·lik** adv. uglily; badly; ons moes ~ hardloop we had to run for all we were worth; iem. het ~ seergekry s.o. is/got badly hurt; ~ skrik get a nasty fright; iem. ~ in die steek laat let s.o. down badly, leave s.o. in the lurch; ~ val have a nasty fall. **le·lik·heid** ugliness.

**lem** lemme blade; cutter, knife.

**lem·ma** =mas, =mata headword, catchword.

**lem·me·tjie**[1] =tjies, (dim.) small blade; razor blade. **lem·me·tjies·draad** razor wire.

**lem·me·tjie**[2] =tjies, (bot.) lime. ~**boom** lime tree. ~**groen** lime green.

**lem·ming** =mings, (zool.) lemming.

**le·moen** =moene orange. ~**blaar** =blare orange leaf; Fees van die L~blare, (SA, Islam) Feast of the Orange Leaves. ~**bloeisel** =sels orange blossom; (in the pl., bot.: Erica papyracea) (white) paper(y) heath. ~**boord** orange grove. ~**doring** thorn/spike of an orange tree; (bot.) spiny cassinopsis. ~**duif** (dated) = ROOIBORSDUIFIE. ~**essens** orange essence. ~**hout** orangewood; lemonwood, wild lemon. ~**huisie**, ~**skyf(ie)** orange segment, segment of an orange. ~**konfyt** marmalade. ~**kwas** orange squash. ~**olie** orange oil. ~**pampoen(tjie)** (little) gem squash. ~**pit** orange pip. ~**sap** orange juice. ~**skil** orange peel; stukkie ~ zest (in a drink). ~**skyf(ie)** → LEMOENHUISIE. ~**spanspek** vine peach, melon apple, mango melon. ~**stroop** orange syrup/squash/cordial.

**le·mur** *=murs, (zool.)* lemur.

**lem·vor·mig** *=mige* bladed.

**len·de** *-dene, =des* loin; *die ~ne omgord, (usu. fig.)* gird up the loins; *die ~s van beeste, (meat cut)* sirloin of beef. **~breuk** rupture of the loins. **~doek** loincloth, waistcloth, breechcloth. **~lam** ~ *meer* ~ *die mees* ~ ramshackle *(vehicle)*; rickety *(furniture, pers.)*; crazy *(ship)*; feeble, shaky, tottering, decrepit, broken-down, tumbledown. **~pyn, ~jig** lumbago. **~skyf** sirloin steak. **~spier** lumbar muscle. **~steek** lumbar puncture. **~streek** lumbar region. **~stuk** sirloin, loin *(of beef)*; saddle *(of mutton)*. **~tjop** loin chop. **~werwel** lumbar vertebra.

**le·ner** *-ners* borrower; lender. **le·ne·ry** borrowing; lending.

**leng·te** *-tes* length; *(geog.)* longitude; height *(of a pers.)*; stature; footage; *die bal op 'n goeie ~ plant, (cr.)* keep/maintain a good length; *... meter in die ~ ...* metres in length; *in die ~* lengthwise; *van 2 meter ~* of 2 metres in length; *in volle ~* at full length; *jou in jou volle ~ oprig* draw o.s. up *(or* rise) to one's full height. **~as** longitudinal axis/shaft, long axis. **~balk** longitudinal girder. **~deursnee** *-sneë,* **~deursnit** *=snitte* longitudinal section, horizontal section. **~~eenheid** *=hede* unit of length. **~graad** *(geog.)* degree of longitude. **~ligging** (geographical) longitude. **~maat** linear measure, long measure. **~meting** *(geog.)* longimetry; calculation of the longitude. **~sirkel** *(geog.)* circle/line of longitude, meridian. **~trilling** longitudinal vibration/oscillation. **~~uitsetting** linear expansion. **~verskil** *(geog.)* meridional difference of latitude, meridional distance. **~verskuiwing** *(phys.)* longitudinal displacement.

**le·nig¹** *-nige, adj.* lithe, supple, loose-limbed, limber; pliant, flexible, whippy; lean *(organisation etc.)*. **le·nig·heid** suppleness, litheness.

**le·nig²** *ge-, vb.* allay, alleviate *(pain)*, relieve *(pain, distress)*, mollify, mitigate. **le·ni·ging** alleviation, relief.

**le·ning** *-nings, =ninge* loan; *'n ~ aangaan/sluit/verkry* raise/negotiate a loan; *'n ~ opneem* take up a loan; *'n ~ toestaan* grant a loan; *'n ~ uitskryf/uitskrywe* float/issue a loan.

**Le·nin·grad** *(geog., hist.)* Leningrad.

**le·nings·:** **~bank** credit bank. **~begroting** loan budget. **~fonds** loan fund. **~koers** interest rate. **~plaas** loan farm, quitrent farm. **~rekening** loan account.

**Le·ni·nis** *-niste, n.* Leninist, Leninite. **Le·ni·nis·me** Leninism. **Le·ni·nis·ties** *-tiese* Leninist, Leninite.

**lens** *lense* lens; optic glass; *(geol.)* lenticle. **~opening** *(phot.)* aperture. **lens·vor·mig** *-mige* lens-shaped, lenticular; *~e laag, (geol.)* lens, lenticle; *~e wolk* cap cloud.

**len·sie** *-sies* lentil. **~sop** lentil soup; *... vir 'n skottel/bord/pot ~ verkoop/verkwansel, (idm.: s.t. of higher value)* sell ... for a mess of pottage.

**len·te** *-tes* spring; *in die ~* in spring; *die koms/intrede van die ~* the advent of spring. **~aand** spring evening. **~blom** spring/vernal flower. **~bode** harbinger of spring. **~dag** spring day. **~koors, ~gevoel** spring fever. **~lied** spring song. **~maand** month of spring. **~môre, ~more** spring morning. **~nag** night in spring, spring night. **~nagewening** vernal/spring equinox. **~son** spring sun. **~tyd** springtime, springtide; heyday.

**len·te·ag·tig** *-tige* springlike.

**len·to** *(It., mus.: slowly)* lento.

**Le·o** *(astron., astrol.)* Leo, the Lion.

**le·o·tard** *-tards* leotard.

**le·pel** *-pels, n.* spoon; ladle; *(angling)* spoon lure, spinner; scoop; *~ in die dak steek, (infml.: die)* kick the bucket, cop/kick/peg/snuff it, cash in (one's checks/chips); *met 'n goue ~ (of silwerlepel) in die mond gebore wees* be born with a silver spoon in one's mouth; *iem. iets met die ~ ingee/voer,*

*(fig.)* spoonfeed s.o.; *so lank as die ~ in die pappot staan, (infml.)* never say die; *'n ~ (vol) ...* a spoonful of ... **le·pel** *ge-, vb.* spoon (out/up). **~bakkie** spoon dish. **~beitel** spoon chisel. **~blad** bowl of a spoon. **~boor** spoon bit/drill; half-round bit. **~hout** spoon wood. **~lê** *lepelge=* cuddle. **~steel** handle of a spoon.

**le·pe·laar** *-laars, (orn.)* African spoonbill.

**le·pels·ge·wys, le·pels·ge·wy·se** by spoonfuls.

**le·pel·vor·mig** *-mige* spoon-shaped.

**le·pra·ly·er** leper.

**le·pro·se·ge·stig, le·pro·se·te·huis** leper hospital/house.

**le·raar** *-raars* minister *(of relig.)*. **le·raars·amp** *=ampte,* **le·raar·skap** *=skappe* ministry, office of a minister.

**le·ring** *-ringe* instruction; precept; edification; doctrine; *~e wek, voorbeelde trek* example is better than precept.

**les¹** *lesse, n.* lesson; lecture; precept; edification; *~se bywoon* attend classes/lessons; *~(se) gee* give lessons, give/hold classes, teach; lecture; *~ hê* have a lesson; *laat dit vir jou 'n ~ wees!* let that be a lesson to you!; *'n ~ leer* learn a lesson; *iem. 'n ~ leer* teach s.o. a lesson; *dit sal jou 'n ~ leer* that will teach you a lesson; *iem. (goed) die ~ lees* read s.o. a lecture/lesson, give s.o. a talking-to/telling-off/ticking-off *(infml.)*, take s.o. to task, tell s.o.'s fortune *(infml.)*; *by iem. ~(se) neem* take lessons from s.o.; *jou ~ opsê, (lit.)* say one's lesson; *~ opsê, (infml.)* have a rough/tough time; get it hot; *iem. oor iets laat ~ opsê, (infml.)* call s.o. to account *(or* take s.o. to task) for s.t.; give s.o. a hard time; *iem. sal ~ opsê, (infml.)* s.o. will know all about it. **~geld** tuition fee, school fees, lecture fee. **~rooster** school timetable. **~uur** (teaching) period, class hour, lecture.

**les²** *adj.* last; *~ bes* last but not least; the last is the best.

**les³** *ge-, vb.* quench *(thirst)*, slake. **les·baar** *-bare* quenchable.

**les·bi·ër** *n.* lesbian. **les·bies** *-biese, adj.* lesbian; *~e liefde* lesbian love, lesbianism.

**le·sens·waar·dig** *-dige* worth reading, readable.

**le·ser** *-sers* reader; *heil die ~* to whom it may concern; *'n ywerige ~* an avid reader.

**le·sers·:** **~kring** readership, readers *(of a publication)*; *ons ~* our readers. **~publiek** reading public. **~tal** readership, number of readers.

**le·sing** *-sings, =singe* lecture; reading; version, interpretation; reading *(on an instr.)*; *'n ~ hou* deliver/give a lecture; deliver/present/read a paper; *'n ~ vir/voor studente hou* lecture to students; *'n ~ oor ...* a lecture about/on ...; a paper about/on ...; *die tweede ~, (parl.)* the second reading *(of a bill)*. **~saal** lecture hall.

**le·si·tien** *(biochem.)* lecithin.

**Le·so·tho** *(geog.)* Lesotho.

**les·se·naar** *-naars* desk. **~blad** desktop. **~setstelsel** desktop publishing system. **~setter** desktop publisher. **~setwerk** desktop publishing *(abbr.: DTP)*; *programmatuur/sagteware vir ~* desktop publishing software.

**Let** *Lette, (inhabitant)* Latvian. **Let·land** *(geog.)* Latvia. **Let·lan·der** *-ders* = LET. **Let·ties** *n., (lang.)* Latvian. **Let·ties** *=tiese, adj.* Latvian.

**let** *ge=: op ... ~* give/pay heed to ..., take heed *(or* be heedful) of ...; take note/notice of ...; be mindful of ...; pay regard to ...; attend/see to ...; listen for ...; look for ...; look to ... *(the quality)*; watch ... *(the press)*; *ge~ op ...* in view of ..., having regard to ..., bearing in mind ...; *ge~ op die feit dat ...* considering that ...; *daar moet op ge~ (of dien op ge~ te) word dat ..., (fml.)* it should be noted that ...; *moenie op die onkoste ~ nie* don't *(or* do not) consider the cost; *sonder om op ... te ~* heedless/irrespective/regardless/mindless of ...; *op jou sake ~* look after one's business (affairs); *~ wel* please note, *(Lat.)* nota bene, take notice; *~ op my woorde, hoor!* mark my words!.

**le·tar·gie** *(med.)* lethargy. **le·tar·gies** =*giese* lethargic.
**Le·the** *(Gr. myth.)* Lethe.
**let·sel** =*sels* wound, lesion, injury; blemish; damage, harm; *blywende* ~*s oorhou* be marked for life; **geen** ~*s van iets oorhou nie* come out of s.t. unscathed; *sonder* ~ *daarvan afkom* escape unscathed/unharmed/unhurt; *iem. (ernstige)* ~*s toedien* inflict (grievous) bodily harm on s.o..
**let·ter** =*ters, n.* letter, character; *(print.)* type; *na die* ~ *en die gees* in letter and spirit; *met goue* ~*s geskryf/geskrywe* written in letters of gold; *iets in* **groot** ~*s druk* make a splash of s.t. *(in the press);* *jou aan die* ~ *hou* stick to the letter; *klein* ~ small letter; *kursiewe* ~*s* italics; *na die* ~ to the letter; literally; *vet* ~*s* bold type. **let·ter** ge-, *vb.* mark, letter. ~**greep** →LETTERGREEP. ~**grootte** type size. ~**krul** *n., (print.)* kern(e). ~**kunde** →LETTERKUNDE. ~**lyn** type line. ~**naam** acronym; logo(type). ~**notasie** *(mus.)* alphabetical notation. ~**raaisel** word puzzle, logograph. ~**setter** typesetter. ~**settery** typesetting; typesetting company. ~**sifter** hypercritic. ~**siftery** hairsplitting, hypercriticism. ~**skilder** signwriter, sign painter. ~**slot** letter lock. ~**soort** typeface, font; character; lettering. ~**teken** character. ~**tipe** typeface, font. ~**uitspraak** spelling pronunciation. ~**vers** acrostic. ~**verspringing, ~wisseling** *(typ.)* transposition of letters. ~**vreter, ~eter** *(infml.)* bookworm, studious fellow. ~**werk** lettering. ~**woord** acronym. ~**yster** branding iron.
**let·te·re** *n. (pl.)* language and literature; the humanities; *fakulteit* ~ *(en wysbegeerte)* faculty of arts. ~**gebou** arts block/building.
**let·ter·greep** =*grepe* syllable; *'n woord in* ~*grepe verdeel* syllabify/syllabicate/syllabise a word. ~**verdeling** syllabi(fi)cation. **let·ter·gre·pig** =*pige* syllabic.
**let·ter·kun·de** literature; *in die* ~ in literature; *in die* ~ *studeer* study literature; *'n student in die* ~ a student of literature. **let·ter·kun·dig** =*dige, adj.* literary; ~*e kritikus* literary critic; ~*e museum* museum of literature. **let·ter·kun·di·ge** =*ges, n.* literary (wo)man, (wo)man of letters; literator, *(Fr.)* littérateur. **let·ter·kun·dig·heid** literariness.
**let·ter·lik** =*like, adj.* literal, verbal. **let·ter·lik** *adv.* literally; to the letter; *iem.* ~ *opneem* take s.o. at his/her word.
**Let·ties** *n. & adj.* →LET.
**leu·en** *leuens* lie, untruth, falsehood, fable, falsity, mendacity; *iem. is van* ~*s aanmekaar gesit, (infml.)* one can't believe a word of what s.o. says; *dis alles* ~*s* it's all lies; *'n infame/ onbeskaamde/skaamtelose* ~ a barefaced/blatant lie; *'n infame* (of, infml. *vervlakste/vervloekste*) ~ a damn(ed) lie; *'n* ~ *aan die kaak stel* nail a lie; *die een* ~ *na/op die ander* lie after lie, one lie after the other; *'n onskuldige* ~*(tjie)* a white lie; *'n publieke* ~ a deliberate lie; *'n tamaai/yslike/groot* ~ a big/great/spanking/thundering lie, *(infml.)* a whopper/strapper; ~*s verkoop* tell lies; *vir iem. 'n* ~ *vertel* tell s.o. a lie. ~**taal** lies, lying, mendacity. ~**verklikker** lie detector.
**leu·e·naar** =*naars* liar, storyteller; *bewys dat iem. 'n* ~ *is* prove s.o. a liar; *iem. tot* ~ *maak* call s.o. a liar; *jouself tot* ~ *maak* stultify o.s.; *'n vervlakste* ~, *(infml.)* a damned liar.
**leu·en·ag·tig, leu·en·ag·tig** =*tige* lying, untruthful, mendacious, double-tongued *(pers.);* false, falsified, untrue *(account).* **leu·en·ag·tig·heid, leu·en·ag·tig·heid** untruthfulness, falsehood, mendaciousness, mendacity.
**leu·en·tjie** =*tjies, (dim.)* fib; →LEUEN.
**leu·ke·mie** *(med.)* leuk(a)emia.
**leu·koom** =*kome, (med.)* leucoma.
**leu·ko·siet** *(physiol.)* leucocyte, leukocyte.
**leun** *ge-* lean; settle back; *iets teen ...* **laat** ~ *lean s.t. against ...;* *oor iem./iets* ~ lean/reach across s.o./s.t.; **op** *...* ~ lean (up) on ...; recline (up)on ...; rest (up)on ...; *met iets* **op** *...* ~ rest s.t. (up)on ...; *uit iets* ~ lean out of s.t.; *vooroor* ~ lean forward. **leu·nend** =*nende* leaning; *(bot.)* accumbent; slanting.

**leu·ning** =*nings* back *(of a chair);* rail(ing); guardrail; parapet; support; banisters *(of a staircase);* balustrade *(to a balcony);* arm (rest); ~**bank** settee, settle. ~**sofa** chaise longue. ~**stoel** →LEUNSTOEL.
**leun·stoel** *(also leuningstoel)* easy/fireside chair, armchair; Morris chair; *verstelbare* ~ recliner. ~**kritikus** armchair critic. ~**politikus** armchair politician.
**leu·se** =*ses* motto, device; watchword, catchword, slogan; gnome, maxim.
**leu·sien, leu·si·ne** *(biochem.)* leucin(e).
**Le·vi** *(OT)* Levi. **Le·viet** =*viete, (Jud.)* Levite; *iem. die l~e (voor)lees* read s.o. a lecture/lesson, *(infml.)* give s.o. a talking-to/telling-off/ticking-off (or an earbashing/earful), read s.o. the Riot Act. **Le·vi·ties** =*tiese* Levitical, Levitic. **Le·vi·ti·kus** *(OT)* Leviticus.
**le·vi·a·tan** =*tans, (Bib.)* leviathan.
**le·vi·ta·sie** levitation.
**le·we** =*wens,* =*wes, n.* life; living; living conditions; heart('s) blood; bustle, liveliness, pep; quick *(of nails etc.);* *asof sy/haar* ~ *daarvan afhang* for dear life; *met jou* ~ *daarvan afkom* escape with one's life; *(net) met jou* ~ *daarvan afkom, (also)* escape by the skin of one's teeth; *'n beter* ~ *lei* turn over a new leaf; *in die bloei/fleur van die* ~ in the flower/bloom of life; *aan die* ~ **bly** keep/stay alive; keep body and soul together; live on; subsist; *net aan die* ~ **bly** scrape/scratch a living; ~ *in iets* **bring** liven up s.t.; *iem. om die* ~ **bring** kill s.o.; take a life; *iem. om die* ~ **wil bring** seek s.o.'s life; *jouself om die* ~ **bring** take one's own life; *in die* **burgerlike/gewone** ~ in civilian life, *(infml.)* in civvy street (or Civvy Street); *die* ~ life; *op/om* ~ *en dood* like grim death; for dear life; to the death; *'n stryd op/om* ~ *en dood* a life-and-death struggle; *'n kwessie/saak van* ~ *of dood* a life-and/or-death matter; *dit is 'n saak van* ~ *of dood* this is a matter of life and death; *iem. se* ~ *hang aan 'n draadjie* s.o.'s life hangs by a thread; *die* ~ *is duur* the cost of living is high; *in die fleur van die* ~ →*bloei/fleur;* *so gaan dit in die* ~ such is life; *jou* ~ **gee** lay down one's life; ~ **gee aan ...** give life to ...; *iem. het* (of *daar is*) **geen** ~ *in hom/haar nie* there is no life in s.o.; *uit die* ~ **gegryp** taken from life; *'n gereelde* ~ *lei* keep regular hours; *getrou na die* ~ true to life; *jou* ~ *in* **gevaar stel** take one's life into one's hands; *'n* **goeie** ~ a good life; *'n goeie* ~ *lei* live well; *jou* **hele** ~ all one's life; *jou* **hele** ~ *lank, gedurende jou hele* ~ throughout one's life; *'n* **helse** ~, *(infml.)* a hell of a life; *so lank (as) daar* ~ *is, is daar* **hoop** where there's life there's hope; *iem./iets aan die* ~ **hou** keep s.o./s.t. alive; *dit hou ('n) mens aan die* ~ it's a living; *iem. in die* ~ **hou** bring s.o. through; *in die* ~ in life; *nog in (die)* ~ **wees** still be living/alive; *mnr./ens. X, in* ~ *bestuurder/ ens. van ...* Mr/etc. X, the late manager/etc. of ...; *die* ~ *in-* **gaan** enter upon life; *'n kans in die* ~ a place in the sun; *die* ~ **leer ken** see life; *iem.* **ken** *die* ~ s.o. has seen life; *dit kan jou jou* ~ **kos** it could cost one one's life; *die* ~ **laat/ver-** **loor** lose one's life, be killed; *jou* ~ **laat vir ...** shed one's blood for ...; *'n ...* ~ **lei** lead a(n) ... life *(exciting, dangerous, etc.);* *'n lekker* ~ **lei** lead an easy life; *die* ~ *vir iem.* **moeilik** *maak* make life difficult for s.o.; *jou eie* ~ **neem** take one's (own) life, *(infml.)* do away with o.s.; *dit noem ek* ~!, *(infml.)* this is the life!; *nog nooit in my* ~ *nie* never in my life; *iets nuwe* ~ *inblaas* breathe new life into s.t.; revitalise s.t.; *'n nuwe* ~ *begin* begin a new life, turn over a new leaf, make a fresh start; *'n nuwe* ~ *kry* get a new lease of/on life; *'n onbespore* ~ *lei* lead/live a blameless life; *in die* **openbare** ~ in public life; *jou* ~ **opoffer** make the supreme sacrifice; *in die privaat/private* ~ in private life; *iem. se* ~ **red** save s.o.'s life; *iets in die* ~ **roep** bring s.t. into being/existence (or to life); create/found/generate/institute s.t.; *daar sit* ~ *in* it's got life (or, infml. a buzz), *(infml.)* it's buzzing; ~ *in iets sit* add zest to s.t.; *die* ~ *aan 'n kind* **skenk** give birth to a child, bring a child into the world; *jou* ~ **slyt** spend one's

life; **so** *is die* ~ such is life; *in die* **somer** *van die* ~ in the summer of life; *jou* ~ *op die* **spel** *plaas* take one's life in one's hands; venture one's life; *iem. se* ~ *is op die* **spel** s.o.'s life is in danger (*or* at stake); *geen* **sprankie/vonkie** ~ *nie* not a spark of life; *'n stil* ~ *lei* lead a quiet life; *'n swaar* ~ a hard life; *van die* ~ of life; *'n veelbewoë* ~ *lei* lead a stirring/ chequered life; *die* ~ **verloor** →*laat/verloor; vir jou* ~ for life; ~ *voel* feel the f(o)etus moving, feel (*or* become aware of) f(o)etal movement(s), (*tech.*) experience quickening; *jou* ~ *in die* **weegskaal** *plaas* stake one's life; *iets uit die* **werk-like** ~ a slice of life. **lewe** *ge-, vb.* →LEEF.

**le·we·ge·wend** *-wende* life-giving.

**le·we·loos, le·wens·loos** *-lose* lifeless, dead; inanimate (*nature*); lifeless, dead, spiritless (*eyes etc.*). **le·we(ns)·loos-heid** lifelessness; spiritlessness.

**le·wen-:** ~**sap** sap, vital juice. ~**sat** tired/weary of life. ~**si-klus** life cycle. ~**skets** biographical sketch, biography. ~**standaard** standard of life/living. ~**stryd** struggle of life, life struggle. ~**styl, leefstyl** lifestyle, way of life. →LEWENS-.

**le·wend** *-wende* living, alive; ~*e* **beeld** tableau; ~ *daaruit* **kom** escape with one's life; ~*e* **lyk** zombi(e), living corpse; *iem.* ~ **maak** bring s.o. back to life; *'n* ~*e* **uitsending** a live broadcast; *geen* ~*e* **siel/wese** not a living soul; ~*e* **taal** liv-ing language; ~*e* **vermaak** live entertainment; ~ **word** come alive. **le·wend·ba·rend** *-rende, (zool.)* viviparous. **le·wen·de** *-des, n.: in die land van die* ~*s wees, (joc.)* still be in the land of the living; be above ground (*fig.*). **le·wend·ma-king** vivification, quickening.

**le·wen·dig** *-dige, adj.* living (*pers.*); live (*animal*); lively, vi-brant (*girl etc.*); bright, lively (*colours*); active, vivacious, full of life, buoyant; vibrant, breezy; spry; spirited; frisky (*horse*); perky, bright (*eyes*); alive; dashing; vivid (*description*); busy (*street*); buoyant, brisk (*trade*); keen (*imagination etc.*); graphic (*description*); mercurial (*disposition*). **le·wen·dig** *adv.* in a lively manner, fiery, intense; ~ *daarvan* **afkom,** ~ *daaruit* **kom** escape with one's life; ~ *in iets* **belang stel** (of be-langstel) take an active/lively interest in s.t.; *jou iets* ~ **her-inner** have a vivid recollection of s.t.; *die herinnering* ~ **hou** keep the memory green; … (*'n bietjie*) ~ **maak** ginger up … (*a group, an activity, etc.*); ~ **word** come to life; liven up; come alive; quicken. ~~**dood** dead(-and)-alive, more dead than alive, too slow for one's own funeral. **le·wen·dig·heid** liveliness, dash; activeness; gusto, verve, vivaciousness; vi-brancy, vividness; friskiness perkiness.

**le·wens-:** ~**aand** (*poet., liter.*) evening of life, decline of life. ~**angs** angst (<*Germ.*). ~**bedreiging** biohazard. ~**be-hoefte** *-tes* necessity of life; (*in the pl., also*) necessaries of life. ~**belang:** *'n kwessie/saak van* ~ a life-and-death/life-or-death matter; *van* ~ vitally/critically/crucially important; *van* ~ *vir* … vitally important (*or* of vital importance/interest) to … ~**berig** biographical sketch, memoir; obituary (notice), in memoriam. ~**beskouing** view/philosophy of life, ideol-ogy, attitude towards life, outlook on life. ~**beskoulik** phil-osophical; ideological. ~**beskrywer** biographer. ~**beskry-wing** biography, life history, memoirs. ~**bestaan** exist-ence; *iem. se* ~ s.o.'s bread and butter. ~**bloed** (*poet., liter.*) lifeblood, heart('s) blood. ~**boom** (*OT*) tree of life; (*Thuja* spp.*) arbor vitae. ~**dae** days of life; *al jou* ~ all one's born days. ~**dag:** *in jou* ~ in one's life(time). ~**doel** aim/goal/ object in life. ~**draad** thread of life; *die* ~ the thread of life. ~**drang** life force, lust of/for life. ~**drif** (*psych.*) libido. ~**duur** duration of life; life span, span of life; *batterye met 'n lang* ~ long-life batteries; *iem. se verwagte* ~ s.o.'s expecta-tion of life (*or* life expectancy). ~**eg** *-egte* true to life, au-thentic. ~**elikser** elixir of life. ~**energie** physical energy. ~**ervaring** experience (of life), life experience; *iem. het baie* ~ s.o. has seen life. ~**essens** (*hist., type of med.*) essence of life. ~**faktor** biotic factor. ~**gang** wheels of life. ~**gehalte, ~kwaliteit** quality of life. ~**geluk** joy of life, joy in life.

~**genot** enjoyment of life; (*pl.: lewensgenietinge*) amenities of life. ~**geskiedenis** life story, biography; (*biol.*) life cycle. ~**getrou** true to life, lifelike, authentic. ~**getrouheid** au-thenticity, trueness to life. ~**gevaar** danger/peril of life; biohazard; *buite/in* ~ *wees/verkeer* be off/on the danger list; *in* ~ *verkeer/wees* be in peril of one's life; be on a razor-edge; *met* ~ at the risk of one's life. ~**gevaarlik** *-like* life-threaten-ing, perilous; biohazardous; ~*e plek* deathtrap. ~**groot** life-size(d) (*portrait*), full-length; as large as life; *meer as* ~ larger than life; *twee keer* ~ twice life size. ~**grootte** life size. ~**hou-ding** attitude to(ward[s]) life. ~**klimaat** milieu. ~**koste, ~duurte** (high) cost of living. ~**krag** vitality, energy; vital power/force, life force; vigour. ~**kragtig** *-tige* vigorous, vi-tal, energetic. ~**lange** *-lange, adj. (attr.)* lifelong, for life; ~*e besit* perpetuity; ~*e erelid* honorary life member; ~*e gevan-genisstraf* life sentence, imprisonment for life, life imprison-ment. ~**lank** *n., (infml.)* life (sentence); ~ *kry* get life (*or* a life sentence). ~**lank** *adj. (pred.) & adv.* for life; *iets hou* ~ s.t. lasts a lifetime; *iem. tot* ~ *veroordeel* sentence s.o. for life. ~**lig** light of day; *die (eerste)* ~ *aanskou/sien* see the light (of day) (*rhet.*), be born. ~**loop** career, life story, course of life; life history; (*biol.*) life cycle. ~**lus** love of life, (*Fr.*) joie de vivre; exuberance, animal/high spirits, joy of life; vitality; go; *vol* ~ *wees* be full of life. ~**lustig** *-tige* full of life, spirited, vivacious, exuberant; ~*e mens* live wire (*infml.*). ~**lustigheid** cheerfulness, high/animal spirits, vivacity, exuberance, ex-hilaration. ~**lyn** (*palmistry*) line of life, lifeline; course of life. ~**maat** (marriage) partner; lifelong companion. ~**middel** *-dele, -dels* foodstuff; (*in the pl., also*) provisions, foodstuffs, supplies, sustenance. ~**moeg** tired/weary of life, world-weary. ~**moegheid** weariness of life, world-weariness. ~**noodsaaklik** crucially necessary. ~**omstandighede** cir-cumstances of life, living conditions. ~**onderhoud** liveli-hood, sustenance, subsistence; *koste van* ~ cost of living; *in jou eie* ~ *voorsien* provide for o.s.. ~**ondersteuningstelsel, ~instandhoudingstelsel** life-support system. ~**oorgang** change of life, menopause. ~**opvatting** outlook (on life), view of life, approach to life; *'n eng/bekrompe* ~ a narrow out-look. ~**organe** vitals, vital parts. ~**pad** path of life, road of life, life's road/way. ~**peil** standard of living/life. ~**reg** life interest/usufruct; right of existence. ~**ruimte** living space; (*fig.*) elbow room, place in the sun. ~**staat:** *van* ~ *verander* change one's condition. ~**teken** sign of life. ~**terrein** *-reine* walk of life; *op alle* ~*e* in every walk (*or* all walks) of life. ~**vatbaar** viable, feasible, capable of maintaining life. ~**vat-baarheid** vitality, vital power, viability. ~**verhaal** life story. ~**versekering** (life) insurance. ~**vorm** *-vorme* life form; way of life. ~**vreugde** joy of living; joy in life, zest for life/ living; *jou* ~ *verloor* lose one's zest for life. ~**wandel** (*fml.*) (conduct in) life; *slegte* ~ evil courses. ~**weg** course of life. ~**werk** lifework. ~**wys** *-wyse* sophisticated. ~**wyse** way/ manner of living, way of life, conduct. ~**wysheid** worldly wisdom, knowledge of the world. →LEWEN-.

**le·wens·ver·se·ke·rings-:** ~**maatskappy** life insurance company, life (insurance) office. ~**polis** life (insurance) poli-cy.

**le·wer¹** *-wers, n.* liver; *wat het oor jou* ~ *geloop?, (infml.)* what's biting/bitten you?. ~**aandoening** liver complaint/ailment. ~**breuk** (*med.*) hepatocele. ~**gal** bile. ~**kanker** cancer of the liver. ~**koekie** liver rissole/patty. ~**kwaal** liver disease/ail-ment. ~**ontsteking** hepatitis, inflammation of the liver. ~**slag-aar** hepatic artery. ~**slak** liver fluke. ~**sout** liver saline, liver salt. ~**traan** cod-liver oil. ~**vlek** *-vlekke, (med.)* liver spot; (*in the pl., also*) chloasma, liver spots. ~**wors** liver sausage, liverpolony.

**le·wer²** *ge-, vb.* furnish, supply; purvey, produce; deliver (*goods at a place*); do (*good work*); *iets aan iem.* ~ supply s.o. with s.t. (*or* s.t. to s.o.); *aan ge-de rekening* to account rendered. ~**tyd** lead time.

**le·we·raar** =raars supplier, (lit.) deliverer.

**le·we·ran·sier** =siers furnisher, supplier; purveyor, caterer; stockist; tradesman; ~ *aan* ... contractor to ...

**le·we·rik** =rikke, **le·we·ri·kie** =kies, (orn.) lark; sparrowlark.

**le·we·ring** =rings, =ringe delivery, supply; purveyance; yield, output; ~ aanvaar take delivery.

**le·we·rings·:** ~**tyd** delivery time, time of delivery. ~**voor-waardes** conditions/terms of delivery.

**le·wer·kleu·rig** =rige hepatic.

**le·we·tjie** =tjies, (dim.) little life.

**le·we·wek·kend** =kende life-giving, vivifying.

**li·aan** liane, (bot.) liana, liane.

**li·ai·son** =sons, (Fr.) liaison; illicit love affair.

**li·as·seer** ge= file. ~**kaart(jie)** file card. ~**kas** filing cabinet. ~**klerk** filing clerk. ~**stelsel** filing system.

**li·as·se·ring** filing.

**Li·ba·non** (geog.) Lebanon. **Li·ba·nees** =nese, n. & adj. Lebanese.

**li·be·raal** =rale, **li·be·ra·le** =les, n. liberal; (L~, pol.) Liberal. **li·be·raal** =rale, adj. liberal; broad-minded; (L~, pol.) Liberal (Party). **li·be·ra·li·seer** ge= liberalise. **li·be·ra·li·se·ring** liberalisation. **li·be·ra·lis·me** (also L~) liberalism. **li·be·ra·lis·ties** =tiese, (also L~) liberalist(ic).

**Li·be·ri·ë** (geog.) Liberia. **Li·be·ri·ër** =riërs, n. Liberian. **Li·be·ries** =riese, adj. Liberian.

**li·ber·tyn** =tyne, n. libertarian; libertine. **li·ber·tyns** =tynse, adj. libertine.

**li·bi·do, li·bi·do** (psych.) libido; afwesigheid/verlies van ~ anaphrodisia. ~**demper** anaphrodisiac. **li·bi·di·naal** =nale libidinal. **li·bi·di·neus** =neuse libidinous.

**Li·bi·ë** (geog.) Libya. **Li·bi·ër** =biërs, n. Libyan. **Li·bies** n., (lang.) Libyan. **Li·bies** =biese, adj. Libyan.

**Li·bra** (astron., astrol.) Libra, the Balance.

**li·bret·to** =to's, (mus.) libretto, wordbook. ~**skrywer** =wers, **librettis** =tiste librettist.

**lid** lede member (of a society, an equation); fellow; term (of a ratio); lid (of an eye); section (of a mach.); paragraph (of law); as ~ van ... aangewys word be selected for ... (a team etc.); die gewone lede the rank and file; manlike ~, (penis) (male) member; net/slegs lede, net vir lede, vir lede alleen members only; 'n nuwe ~ van a recruit to ...; ~ van ... wees be a member of ... (an association); belong to ... (a group); serve/ sit on ... (a committee); 'n vaste ~ van ... a permanent member of ... (the Security Council etc.); die ~ vir ... the member for ... (a constituency); 'n volle ~ van ... a full member of ... (an association etc.); 'n waardevolle ~ van 'n gemeenskap an asset to a community; ~ van iets word join s.t., become a member of s.t. (an association etc.). ~**kerk** =kerke member church. ~**land** =lande member country. ~**maat** =mate member (of a church); ~ word be confirmed, join a church. ~**maatskap** membership; fellowship; die ~ is oop vir ... membership is open to ...; iem. ~ weier blackball s.o.. ~**maatskapsgeld** →LEDEGELD. ~**maatskapskaart, ~maat-skapsbewys, ledekaart** membership card/identification. ~**staat** =state member state, member nation. ~**woord** (gram.) article.

**lid·diet** (explosive, chiefly hist.) lyddite.

**lid·do·ring** corn. **lid·do·ring·ag·tig** =tige corny.

**li·diet** Lydian stone, lydite.

**Liech·ten·stein** (geog.) Liechtenstein.

**Lied** Lieder, (Germ.), **kuns·lied** =liedere lied, art song.

**lied** liedere song; anthem; hymn; descant; tune; 'n ~ aanhef/ insit, met 'n ~ lostrek break/burst into song, strike up a song; Franse ~(jie) chanson. ~**siklus** song cycle.

**lie·der·, lie·de·re·:** ~**boek, ~bundel** book of songs/hymns, songbook. ~**komponis** composer of songs, melodist. ~**skat** hymnology.

**lie·de·re·aand** evening of song.

**lie·der·lik** =like dirty, filthy; foul, smutty; obscene (lang.); ugly, nasty (wound); rotten; sluttish, slatternly; dissolute; sloven(ly), squalid. **lie·der·lik·heid** dirtiness; squalor.

**lie·der·wy·sie** tune of song; hymn tune.

**lied·jie** =jies tune, song, ditty; altyd dieselfde (ou) ~ sing, (infml.) harp on one (or the same) string. ~**boer, ~(s)maker** songsmith. ~**sanger** ballad singer, ballade(e)r, minstrel. ~**skryf** n. songwriting. ~**skrywer** songwriter, lyricist.

**lief** n.: (die) ~ en (die) leed the sweet and the bitter of life, the bitter and the sweet, the rough and the smooth; in ~ en leed in joy and sorrow; for better or (for) worse; come rain, come shine; in rain or shine (fig.); iets vir ~ neem accept s.t., settle for s.t., be content with s.t.; acquiesce in s.t.; put up with s.t.; met iets vir ~ neem, (also) make the best of s.t. (or, infml. a bad job). **lief** liewe liewer liefste, adj. dear, beloved, fond (parents); dear, sweet, nice, good (child); dear, kind (old soul); charming (people); 'n liewe dogtertjie a sweet baby girl; ons liewe Heer the Good Lord; liewe hemel/vader! dear me!, my word!; ~ om te vloek given to swearing; ~ om te lag fond of laughing; so ~ wees om te ... be kind enough to ...; ~ wees vir iem. love s.o.; ~ wees vir iets be fond of (or keen on) s.t.; love s.t. (tennis etc.); be partial to s.t. (red wine etc.). **lief** adv. sweetly, nicely; so ~ as kan kom as good as gold. ~**hê** → LIEFHÊ. ~**kry** liefge= grow fond of; fall in love with.

**lief·da·dig** =dige charitable, benevolent, caring (society etc.); bounteous, bountiful. **lief·da·dig·heid** charitableness; charity; benevolence, beneficence; van ~ leef/lewe live on charity. **lief·da·dig·heid·se·ël** charity stamp.

**lief·da·dig·heids·:** ~**fonds** benevolent fund. ~**konsert** charity concert. ~**vereniging** charitable society.

**lief·de** =des love; fondness, fancy; charity; met (alle) ~ of course, with (the greatest of) pleasure; by all means; iem. se eerste/grootste/ens. ~ s.o.'s first/greatest/etc. love; ~ op die eerste gesig love at first sight; (met iem.) ~ maak make love (to s.o.); onbeantwoorde ~ unrequited love; onge-lukkig in die ~ crossed in love; in die ~ en in oorlog is alles geoorloof all's fair in love and war; die ~ maak altyd 'n plan love will find a way; uit ~ trou marry for love; uit ~ for the sake of love; uit ~ vir ... for love of ...; iets uit ~ vir iem. doen do s.t. out of love for s.o.; iem. se ~ vir sy/haar ... s.o.'s love for his/her ... (country, wife, etc.); iem. se ~ vir die kuns/ens. s.o.'s love of art/etc.; ware ~ true love. ~**blyk** → LIEFDES-BLYK. ~**gawe, liefdesgawe** charity, alms, charitable gift; collection (in church). ~**groete:** met ~ (yours) with love, yours affectionately. ~**haat(-)verhouding** love-hate relationship. ~**smart** pain(s)/pangs of love. ~**sonnet** love sonnet. ~**vol** =volle, adj. & adv. loving(ly), affectionate(ly), adoring(ly), full of love; in ~le herinnering in loving memory.

**lief·de·loos** =lose =loser =loostste loveless, unloving, unaffectionate, unfeeling, cold, uncharitable, unkind. **lief·de·loos·heid** lovelessness, coldness, unkindness.

**lief·de·rik** =rike =riker =rikste, adj. loving, affectionate, kind; ~ teenoor iem. affectionate towards s.o.. **lief·de·rik** adv. lovingly, affectionately, kindly. **lief·de·rik·heid** lovingness; benignity.

**lief·des·:** ~**avontuur** amorous/love adventure, amour. ~**band** tie of love. ~**belangstelling** (esp. cin.) love interest (of the main character). ~**betuiging** declaration of love. ~**blyk** mark of affection, token of love. ~**brief** love letter. ~**byt** lovebite. ~**daad** deed/act of love. ~**diens** act of love/charity. ~**drank (ie)** love potion, philtre, philter. ~**driehoek** love triangle. ~**droom** dream of love. ~**ervaring** amorous experience. ~**gedig** love poem. ~**godin** goddess of love. ~**knoop** love/lover's knot; tie of love. ~**lewe** love life. ~**lied(jie)** love song. ~**maal(tyd)** (Chr.) love feast, agape. ~**naam:** in ~ for goodness'/heaven's sake. ~**nessie** love nest. ~**pand** pledge/seal of love. ~**verhaal** =hale love story; (in the pl., also) romantic fiction. ~**verhouding** (love) affair, relationship, romance. ~**verklaring** declaration of love. ~**voorspel** foreplay. ~**werk** labour of love; work of charity, charitable deed/act. ~**wil:** *om* ~ for goodness'/heaven's sake; *om* ~*!* for pity's (*or, infml.* Pete's) sake!, *(infml.)* for the love of Mike!. ~**woord** *=woorde,* ~**woordjie** *=jies* loving word, word of love; *=jies in iem. se oor fluister* whisper sweet nothings in s.o.'s ear.

**lief·hê** *=gehad* love, cherish, care for, be fond of; *iem. innig* ~ love s.o. dearly/deeply; *ophou om iem. lief te hê* fall out of love with s.o.. **lief·heb·bend** *=bende* loving, affectionate, fond, tender; *jou ~e man/vrou* your ever-loving husband/wife. **lief·heb·ber** *=bers, n.* lover; *(sport)* enthusiast; *(film)* fan; devotee; amateur *(actor)* fancier; *'n ~ van ... wees* be a devotee of ...; be fond of ..., love ...; *'n hartstogtelike ~ van ... wees* have a passion for ... **lief·heb·be·ry** *=rye* hobby, fad; sideline; fancy; *iets uit* (of *as 'n*) ~ *beoefen* do s.t. as a hobby.

**lie·fie** *=fies, n.* darling, love, lovey, sweetie(-pie). **lie·fie** *ge=, vb., (baby talk)* hug. **lie·fies** *adv.* pretty, prettily, sweetly; bland; *(ewe)* ~ sweetly.

**lief·koos** *ge=* caress, fondle; cuddle; bill and coo *(infml.)*; stroke; pet; *ge~de skrywer* favourite writer. **lief·ko·se·ry** *=rye* caressing, fondling. **lief·ko·sing** *=sings, =singe* caress, endearment.

**lief·lik** *=like, adj.* lovely, sweet, beautiful, charming, delightful. **lief·lik** *adv.* sweetly, beautifully, charmingly, delightfully, gorgeously; ~ *stil* blissfully peaceful. **lief·lik·heid** loveliness.

**lief·ling** *=linge* darling, love, *(infml.)* baby; favourite; poppet, pet; sweetheart; deary, dearie. ~**skrywer** favourite writer/author.

**lief·lings·:** ~**digter** favourite poet. ~**kind** favourite, blue-eyed boy/girl. ~**vak** favourite subject.

**liefs** *adv.* preferably, rather; best; ~ *nie* rather not; *watter wil jy* ~ *hê?* which do you prefer?.

**lief·ste** *=stes, n.* sweetheart, beloved; darling, dearest, love. **lief·ste** *adj.* dearest, darling; ~ *wens* fondest wish/desire.

**lief·tal·lig** *=lige* sweet, lovable, charming, amiable, winsome. **lief·tal·lig·heid** sweetness, charm; winning ways.

**lieg** *ge=* lie, tell lies; ~ *dat jy bars, (coarse)* be a damned liar; *dit* ~ *jy/hy/sy!* that's a lie!; *grof* ~ lie shamelessly; *sê jy ek* ~*?* are you calling me a liar?; ~ *soos 'n tandetrekker* lie in one's teeth/throat, lie like a trooper; *vir iem.* ~ lie to s.o.. **lie·ge·ry** lying, mendacity.

**liep·lap·per** *=pers* loafer, ne'er-do-well.

**lier** *liere, (mus.)* lyre. ~**dig,** ~**sang** lyric (poem).

**lies** *lieste* groin *(of a human);* flank *(of an animal); dun in die* ~, *(a horse)* herring-gutted. ~**band** jockstrap. ~**breuk** inguinal hernia. ~**lap** (thin) flank. ~**streek** groin, inguinal region. ~**stuk** flank *(of meat),* spring *(of a pig).* ~**wol** flank/brown wool.

**liet·sjie** *=sjies* litchi, lychee, lichee.

**Lie·wen·heer:** *die/ons* ~ the Good Lord. **lie·we(n)·heers·be·sie** *(entom.)* ladybird.

**lie·wer(s)** rather; sooner, first; preferably; ~ *jy as ek* rather you than me; ~ *water drink as wyn* prefer water to wine; *iem. moes* ~ *nie ...* it would have been better if s.o. hadn't ...; *iem. moet* ~ *...* s.o. would do well to ...; *iem. moet dit maar* ~ *doen* s.o. had better do it; ~ *nie gaan nie* rather not go, prefer to stay; *iem. sou* ~ *...* s.o. would (just) as soon ...; *iem. sou* ~ *sterf as ...* s.o. would sooner die than ...; *veel* ~ much rather.

**lig¹** *ligte ligter ligste, adj.* light *(weight, work, touch, soil, rain, wine, sleep, food, step, liter., mus., heart, etc.);* slight, mild *(illness);* mild *(tobacco, drink, punishment, etc.);* ~*te aanslag, (mus.)* soft touch; *iem. is te* ~ *bevind* s.o. was found wanting; ~*te bier* pale ale; ~*te bries* gentle breeze; ~*te ete* light meal; ~ *in die kop* light-headed; ~*te leesstof* light fiction; ~*te nywerheid* light industry; *so* ~ *soos 'n veer(tjie)* as light as a feather; ~*te vliegtuig* light aircraft; ~*te wind* gentle wind. **lig** *adv.* lightly; easily; slightly *(injured);* mildly; flim=

sily *(dressed);* ~ *afkom* get off (*or* be let off) lightly; *iem.* ~ *laat afkom* let s.o. off lightly; ~ *gewapen(d)* light-armed; ~ *loop* (of *ligloop*) tread warily; be circumspect; ~ *loop* (of *ligloop*) *vir iem.* be wary of s.o.; *loop maar* ~ *vir daardie ...,* *(also, infml.)* that ... is bad news; *iets* ~*ter maak* lighten s.t.; mitigate s.t.; *iets* ~ *opneem* make light of s.t.. **lig** *ge=, vb.* raise, *(infml.)* heft, hoist, heave; weigh *(an anchor);* clear *(a letter box);* '*n bal* ~ loft a ball; *die slang het sy kop ge~* the snake reared its head; *iem. uit 'n amp* ~ lever s.o. out of a position; *iem. uit die saal* ~ displace s.o.. ~**gelowig** *=wige* credulous; gullible, dupable. ~**gelowigheid** credulity; gullibility. ~**geraak** *=raakte =raakter =raakste* touchy, irascible, testy. ~**geraaktheid** touchiness, irascibility, prickliness. ~**gewig** lightweight. ~**gewigbokskampioen** lightweight boxing champion. ~**krag** hoisting power. ~**swaargewig (bokser)** light heavyweight, cruiser(weight). ~**weg** lightly.

**lig²** *ligte, n., (lit., fig.)* light; irradiation; incandescence; ~*te is aan/af* lights are on/off; ~*te aanskakel/aansit* switch on lights; light up; '*n* ~ *afskakel/afsit* switch off a light; *iets in 'n ander* ~ *stel* put a different/new complexion/face (up)on s.t.; ~*te brand* (of *brand nie*) lights are on (or off); *iets aan die* ~ *bring* disclose/reveal s.t., bring s.t. to light, bring s.t. (out) into the open, lay bare s.t.; ~*te demp/verdof* dim lights; ~ *deurlaat* transmit light; *iets in dieselfde* ~ *sien* see eye to eye about s.t.; ~*te domp* dim/dip lights; '*n dowwe* ~ a dim light; *iets in 'n duidelike* ~ *stel* bring s.t. out in bold/full relief; *iets in 'n ernstige* ~ *beskou/sien* take a grave/serious view of s.t.; *daar gaan vir jou 'n* ~ *op* see daylight; see s.t. in a different light; *die* ~ *is goed/sleg* visibility is good/bad; '*n helder* ~ a bright light; *iets teen die* ~ *hou* hold s.t. up to the light; *in die* ~ *van ...* in view of ...; in the light of ...; *aan die* ~ *kom* come out, be revealed, come to light, transpire; ~ *maak* strike a light; switch on the light; light up; *by iem. (gaan/kom)* ~ *opsteek* seek advice/information from s.o.; *iem./iets in 'n goeie/gunstige/slegte/ongunstige* ~ *plaas/stel* place/put s.o./s.t. in a good/favourable/bad/unfavourable light; *die* ~ *sien, (a book)* see the light, appear in print, be published; ~ *en skaduwee* light and shade; *iem. in 'n slegte* ~ *stel* cast reflections (up)on s.o.; *iets stel iem. in 'n slegte* ~ s.t. is a reflection (up)on s.o.; '*n swak* ~ a feeble light; *die* ~ *op ... laat val* highlight ... *(problems etc.);* ... *in 'n vals(e)* ~ *plaas/stel* place/put ... in a false light; ... *in 'n verkeerde* ~ *stel* put false colours upon ...; *handel volgens die* ~ *wat jou gegee is* act according to one's lights; ~ *op iets werp* shed/throw light (up)on s.t.; *vir iem.* ~ *op iets werp, (also)* enlighten s.o. about/on s.t.. **lig** *ligte ligter ligste, adj.* light, bright *(room, colour, etc.);* blond(e), fair *(pers.);* ~*te blou/bruin/geel/pers/rooi* →LIGBLOU, LIGBRUIN, LIGGEEL, LIGPERS, LIGROOI; *iets is/staan in* ~*te laaie* s.t. is ablaze (*or* in a blaze); *dit word* ~ it is dawning. **lig** *ge=, vb.* give light; shine, light; (hold the) light; dawn; flash; *(clouds)* lighten; *met 'n lantern* ~ shine with a lantern; *op iets* ~ shine a light on s.t.; *vir iem.* ~ light (the way for) s.o.; hold the light for s.o.. ~**afbreekbaar** photodegradable *(plastic).* ~**baken** beacon light. ~**behandeling** phototherapy, light treatment. ~**besoedeling** light pollution. ~**blond** *=blonde* light, fair, flaxen. ~**blou, ligte blou** light blue. ~**boei** light buoy, floating light. ~**bol** flare light. ~**breking** refraction (of light). ~**bron** light/luminous source, source of light/illumination. ~**bruin, ligte bruin** light brown, hazel. ~**chemie** photochemistry. ~**dag** daylight; dawn; *met* ~ at dawn; *net voor* ~ just before dawn/daybreak. ~**deeltjie** *(phys.)* photon. ~**draer** *(fig.)* light bearer, torchbearer. ~**druk** *(print.)* phototype. ~**eenheid** light unit, unit of light. ~**(emissie)diode** *(electron.)* light-emitting diode *(abbr.:* LED). ~**-en-donker** *(art of painting)* chiaroscuro. ~**fakkel,** ~**granaat,** ~**koeël** flare, distress rocket. ~**(fakkel)pistool** Very pistol. ~**gas** coal/town gas. ~**geel, ligte geel** light yellow, primrose (yellow). ~**gestalte** phase *(of the moon).* ~**gevoelig** *=lige* sensitive to light, photosensi=

tive. ~**glans** lustre, sheen, refulgence. ~**golf** light wave. ~**jaar** *(astron.)* light year. ~**kant**, ~**sy** bright side. ~**kewer** glow-worm. ~**kol** spot of light, highlight. ~**krans** corona *(round the sun)*, glow; halo, nimbus. ~**kring** circle of light, luminous circle; halo; aureole, aureola; photosphere; light circuit; *(phot.)* halation. ~**meter** photometer, light/illumina= tion meter. ~**meting** photometry. ~**pen** *(comp.)* light pen. ~**pers, ligte pers** mauve. ~**plant** photophilous plant. ~**punt** light(ing)/luminous point, spot of light; ray of light/hope, bright spot; relieving feature. ~**rooi, ligte rooi** light red, damask, carnation. ~**roos** pink. ~**sabel** *(sci-fi)* light saber. ~**sein** light signal. ~**skakelaar** light(ing) switch. ~**skip** lightship. ~**sku** =*sku(we)* =*sku(w)er* =*skuuste* shunning the light, photophobic. ~**skuheid** photophobia. ~**snelheid** speed/velocity of light. ~**soekend** =*kende, (bot.)* heliotropic. ~**spikkel** speck/spot of light; highlight. ~**sterkte** light/lu= minous intensity, luminous power, intensity of light, lumi= nosity. ~**straal** ray/beam/shaft of light; *die ~ in iem. se lewe* the light of s.o.'s life. ~**streep** *n.* streak/ray of light; *(also* lig= strepie*)* highlight *(in hair).* ~**streep** *vb.: hare (laat) ~* high= light hair. ~**terapie** phototherapeutics, =therapy. ~**toebe= hore** *n. (pl.)* light fittings. ~**vastheid** fastness to (sun)light. ~**vertoning** light show. ~**vos** light chestnut *(horse).* ~**weer= kaatsing** reflection of light.

**li·ga** =*gas* league; *in die groot ~ inbeweeg, deel van die groot ~ word, (fig., infml.)* hit/join/make the big league. ~**speler** league player. ~**wedstryd** league game/match.

**li·ga·ment** =*mente, (anat.)* ligament.

**li·ga·tuur** =*ture, (med.)* ligature.

**lig·deur·la·tend** =*tende* translucent, diaphanous

**li·geen** =*gene, (bot.)* lichen.

**lig·gaam** =*game* body; *(biol.)* soma; corpus *(Lat.); dooie ~* corpse; *gesond na ~ en gees* sound in body and mind; *leer van die menslike ~* somatology; *'n rein ~ is die naaste aan 'n rein hart* cleanliness is next to godliness; *na ~ en siel* (in) body and soul, in body and mind; *vaste ~* solid; *wetge= wende ~* legislative body. ~**siekte** physical illness.

**lig·gaam·lik** =*like* bodily; corporal *(punishment);* corporeal, material; physical *(culture, educ.);* somatic; ~*e geweld* physi= cal force; ~*e ondersoek* physical examination, *(infml)* phy= sical; ~ *ongeskik* medically unfit; *die* ~*e oog* the outward eye; ~*e opvoeding* physical education; ~ *swak* physically weak; ~*e welsyn* material well-being. **lig·gaam·lik·heid** corporeality.

**lig·gaam·pie** =*pies, (dim.)* small body; corpuscle.

**lig·gaams=** : ~**beweging** (body) exercise. ~**bewus** body conscious. ~**bou** build, frame, stature, physique. ~**deel** part of the body, limb, member. ~**gebrek** disability, physical defect. ~**gestalte** build, stature. ~**gestel(dheid)** constitu= tion. ~**houding** carriage. ~**krag** physical strength/energy. ~**meting** *(geom.)* stereometry; anthropometry. ~**oefening** physical exercise. ~**ontwikkeling** physical development, body building. ~**opvoeding** physical education. ~**tempe= ratuur** body temperature. ~**taal** →LYFTAAL. ~**tipe** body type, somatotype. ~**toestand** bodily condition. ~**warmte** body heat, animal heat, blood heat.

**lig·gend** =*gende: agteroor ~* recumbent; ~*e figuur* reclining figure; ~*e houding* prone position.

**lig·ge·wend** =*wende* luminous, luminescent, incandescent, illuminative.

**lig·gies** lightly; slightly.

**lig·ging** =*gings,* =*ginge* situation; site, position, location; set; posture; bearing; *(med.)* presentation; lie *(of the land).*

**lig·har·tig, lug·har·tig** =*tige* light-hearted, carefree, happy-go-lucky, airy, jaunty, buoyant. **lig·har·tig·heid, lug·har= tig·heid** light-heartedness.

**lig·hoof·dig** =*dige* light-headed, dizzy, *(infml.)* woozy; *wyn/ ens. bekend daarvoor dat dit jou gou ~ maak* wine/etc. known for its headiness. **lig·hoof·dig·heid** light-headedness, diz= ziness, *(infml.)* wooziness.

**lig·nien** *(bot.)* lignin.

**lig·niet** *(min.)* lignite, brown coal.

**lig·sin·nig** =*nige* frivolous, flippant, wanton, flighty. **lig·sin= nig·heid** frivolity, flippancy, levity.

**lig·te·kop** blond(e).

**lig·te·lik** lightly; slightly.

**lig·tend** =*tende* luminous, shining, incandescent; *'n ~ ster, (fig.)* a shining light; *'n ~e voorbeeld* a shining example.

**lig·ter** =*ters* hoist; lifter, lift; lever. ~**hout** lever.

**lig·te·rig** =*rige* lightish.

**lig·te·uit** lights out *(in a boarding school etc.).*

**ligt·heid** lightness.

**lig·ting** =*tings,* =*tinge* collection, clearance *(of letters);* raising.

**li·gus·ter** =*ters, (bot.)* privet.

**lig·voe·tig** =*tige* nimble-, wing-footed.

**lig·voet(s)** gingerly.

**li·keur** =*keure,* =*keurs* liqueur. ~**brandewyn** liqueur brandy. ~**glas** liqueur glass. ~**lekker** brandy ball. ~**sjokolade** li= queur chocolate. ~**stokery** liqueur distillery.

**li·kied** =*kiede, (fin.)* liquid, floating *(assets).* **li·ki·di·teit** liquid= ity.

**lik·ke·waan** =*wane, (zool.)* legua(a)n, monitor lizard.

**li·kwi·da·sie** =*sies* liquidation; winding up; settlement; *in ~ gaan* go into liquidation; *in ~* in/under liquidation. ~**uit= verkoping** liquidation sale, winding-up sale.

**li·kwi·deer** ge= liquidate, wind up; go into liquidation; elimi= nate *(s.o.).* **li·kwi·da·teur** =*teurs* liquidator.

**li·la** *(colour)* lilac; *sag ~, (colour)* lavender. ~**blou** lavender blue. ~**grys** lavender grey.

**lil·li·put·ter** =*ters* Lilliputian. **lil·li·put·te·rig** =*rige* Lillipu= tian.

**li·ma·boon(·tjie)** Lima bean.

**lim·bo:** *die ~, (a Carribean dance)* the limbo.

**Lim·burg** *(geog.)* Limburg, *(Fr.)* Limbourg. **Lim·bur·ger** =*gers, (inhabitant)* Limburger. **Lim·burgs** =*burgse* (of) Lim= burg; ~*e kaas, limburgkaas* Limburger, Limburg cheese.

**li·me·riek** =*rieke,* **li·me·rick** =*ricke,* =*ricks* limerick.

**limf** *(physiol.)* lymph. ~**buis** lymphatic duct. ~**klier** lymph gland/node. ~**sel** =*selle, (physiol.)* lymph cell/corpuscle, lym= phocyte. ~**vat** lymphatic (vessel). ~**vog** *(physiol.)* chyle. ~**weefsel** lymphoid tissue.

**lim·fa·ties** =*tiese, (physiol.)* lymphatic.

**lim·foom** =*fome, (med.)* lymphoma.

**li·miet** =*miete* limit. **li·mi·ta·sie** =*sies* limitation.

**lim·no·lo·gie** limnology.

**li·mo·na·de** =*des* lemonade, pop.

**li·mou·si·ne** =*sines, (<Fr.),* **li·mo·sien** =*siens* limousine.

**Lim·po·po** *(SA province)* Limpopo.

**lin·de** =*des,* **lin·de·boom** =*bome* lime/linden tree, basswood. ~**bloeisel** lime-tree blossom. ~**hout** lime wood, basswood.

**lin·gui·ni** *(It. cook.)* linguini.

**lin·guis** =*guiste* linguist. **lin·guis·tiek** linguistics, science of language. **lin·guis·ties** =*tiese* linguistic.

**li·ni·aal** =*niale* ruler, rule.

**li·ni·a·tuur** ruling, form of ruling.

**li·nie** =*nies, (mil.)* line; *(anthr.)* lineage; *'n ~ handhaaf, (mil.)* hold a line; *langs/oor die hele ~, (mil.)* all along the line; *in die vroulike ~* in the female line, on the distaff *(or* spindle side); *die vyandelike ~* the enemy lines. ~**regiment** line regiment, regiment of the line. ~**troepe** troops of the line.

**li·ni·eer** ge= rule. ~**masjien** *(print.)* ruling machine, machine ruler.

**li·ni·êr** =*nière,* **li·ne·êr** =*neêre* linear; ~*e algebra* linear algebra; ~*e vergelyking* simple equation.

**li·ni·ë·ring** lineation, ruling.
**lin·ker** *-kers, n.* →LINKERHOU. **lin·ker** *det.* left; near *(foreleg, wheel).* **~agterbeen,** **-poot** near hind leg/foot. **~agter-speler** *(sport)* left back. **~arm** left arm. **~been** left leg. **~bladsy** verso *(of a book).* **~flank** left flank. **~haak(hou)** *(boxing)* left hook. **~hou, linker** *(boxing)* left. **~oog** left eye. **~skouer** left shoulder. **~stuur** *n.* left-hand drive/steering. **~stuur** *det.* left-hand-drive *(vehicle etc.).* **~sy** left side *(of the body etc.); die ~, (pol.)* the left. **~vleuel** *(pol., rugby, etc.)* left wing, left-winger; *(mil.)* left flank; *(soccer, hockey, etc.)* out-side left. **~voet** left foot. **~voorpoot** near front leg/foot.
**lin·ker·hand** left hand; *op ~* on the left. **~speler** left-hander, *(Am.)* southpaw.
**lin·ker·hand·se** *adj. (attr.)* left-hand.
**lin·ker·kant** left (side), left-hand side; near side *(of a vehicle); aan die ~* on the left; to the left; *aan iem. se ~* on s.o.'s left(-hand side); *~ toe, na die ~* to the left. **lin·ker·kant·s(t)e** *adj. (attr.)* left-hand.
**links** *linkse linkser linksste, adj., (also* linkshandig) left-handed; leftist; gauche; sinistral; *(ook) nie ~ wees nie* seize the opportunity, take the gap. **links** *adv.* of the left; to the left; *(theatr.)* on the prompt side; *~ draai* turn (to the) left; *heel ~* on the extreme left; *~ hou* keep (to the) left; *iem. ... laat lê* give s.o. the cold shoulder, cold-shoulder s.o., shun/ignore *(or* steer clear) of s.o.; *iets ~ laat lê* ignore s.t., pass s.t. over, leave/let s.t. severely alone; *(na) ~* to the left; *op ~* to the left; on the left side; *~ en regs, (infml.)* left and right *(or* left, right and centre *or* all over the place); *~ van ...* to the left of ...; *~ van iem., (also)* on s.o.'s left; *~ weg* to the left. **~af:** *gaan/loop/ry* turn left. **~bouler** left-hand bowler. **~draai** *n.* left turn. **~geneig** left-leaning. **~kolwer** left-handed bats-man, left-hander. **~om** round to the left; anticlockwise. **~speler** left-hand player.
**link·se** *-ses, n., (pol.)* leftist, left-winger, *(infml.)* lefty, leftie.
**links·ge·sind** *-sinde, adj.* leftist, leftish, *(infml., often derog.)* pink; *~e groep* left-wing group. **links·ge·sin·de** *-des, n.* left-ist, left-winger, *(infml.)* lefty, leftie. **links·ge·sind·heid** left-ism.
**links·han·dig** *-dige, adj.* left-handed, sinistral. **links·han-di·ge** *-ges, n.* left-hander. **links·han·dig·heid** left-handed-ness, sinistrality.
**links·heid** left-handedness.
**links·sy·dig** left-sided.
**lin·ne** linen; *(bookbinding)* cloth; *in ~ gebind* clothbound; *on-gebleikte ~* unbleached linen, brown holland. **~band** cloth binding. **~bandboek** clothbound book. **~goed** (household) linen, white goods. **~handel** linen trade. **~kamer** linen room. **~kas** linen cupboard/press. **~pers** linen press. **~stof** linen fabric. **~wewery** linen factory; linen weaving. **~winkel** linen/draper's shop.
**li·no·leum** linoleum. **~snee, linosnee** lino(leum) cut.
**li·no·ti·pe** linotype.
**lint** *linte* ribbon; fillet; band, streamer; tape; *die ~ breek* break/breast the tape *(in a race); iets met ~ afmerk* tape s.t. (off); *iets met ~ verbind* tape up s.t.. **~noedels** *n. (pl.)* tagliatelle *(It.).*
**lint·vor·mig** *-mige* tapelike, *(biol.)* ligulate, band-shaped.
**lint·wurm** tapeworm, ta(e)nia. **~middel** *-dels* ta(e)niafuge.
**lip** *lippe* lip *(of a mouth, wound, etc.); (anat.)* labium; *(bot., zool.)* labellum; *(carp.)* scarf; clip *(of a horseshoe);* brow *(of a mine);* chap; tab; *~pe (vir iets) aflek* lick/smack one's lips *(or, infml.* chaps/chops) at the prospect/thought of s.t.; *op almal se ~pe wees* be on everybody's lips; *tussen ~ en beker lê 'n groot onseker* there's many a slip 'twixt the cup and the lip; *op jou ~(pe) byt* bite one's lip(s)/tongue; *met jou ~pe klap* smack one's lips; *nie iets oor jou ~pe kan kry nie* find it impossible to drink/eat s.t.; *find it impossible to say s.t.; ~pe lees* read lips; *iem. het nog niks oor sy/haar ~pe gehad nie* nothing has passed s.o.'s lips; *'n woord op jou ~pe hê* have a

word at the tip of one's tongue; *jou ~pe optrek* curl one's lips; *met saamgeperste ~pe* with a stiff upper lip. **~boor** *(tech.)* nose/lip/pod/quill bit. **~glans** lip gloss. **~las** scarf (joint), scarfed joint. **~lees, ~lesery** *n.* lip-reading. **~lees** *ge-, vb.* lip-read. **~omlyner** lipliner. **~salf** lipsalve. **~sink** *n., (TV, cin., infml.* for lipsinchronisasie, *-kronisasie)* lip-sync(h). **~sink** *vb., (infml.)* lip-sync(h). **~stif(fie)** lipstick.
**li·pied** *-piede, (biochem.)* lipid(e).
**Li·piz·za·ner** *-ners, (horse)* Lipizzaner, Lippizaner.
**li·po·ïed** *lipoïede, n.* lipoid. **li·po·ïed** *lipoïede, adj.* lipoid(al).
**li·po·soom** *-some, (biochem.)* liposome.
**lip·pe :** **~diens** lip service; *~ aan ... bewys* pay lip service to ... **~hulde** lip homage; *~ aan ... bring* pay lip service to ... **~taal** lip language *(used by the hearing impaired); (fig.)* idle words, cant; *dis alles net ~* it's mere words; words are but wind; fine words butter no parsnips.
**lip·vor·mig** *-mige* lip-shaped, labiate, labial.
**li·ra** *lire, (Turk. monetary unit)* lira.
**li·riek** *lirieke* lyric(al) poetry; *(in the pl.)* lyrics *(of a pop song).* **li·ries** *liriese* lyric(al); *'n ~e gedig* a lyric (poem), lyrical poem; *~ oor iets raak* wax lyrical about/on s.t.. **li·ri·kus** *liri-kusse, lirici* lyric(al) poet. **li·ris·me** lyricism.
**lis** *liste* stratagem, artifice, trick, ruse, device, guile, contriv-ance, wile; *met ~* cunningly, by craft. **lis·tig** *-tige* cunning, crafty, shrewd, sly, wily, scheming, artful, insidious.
**lis·blom** iris, flag; *Florentynse ~* orris.
**li·sen·si·aat** *-siate, (certificate; holder of certificate)* licentiate; licensed preacher.
**li·sen·sie** *-sies* licence; *iets in ~ vervaardig* manufacture s.t. under licence. **~bewys** clearance certificate. **~geld** licence fee. **~hof** licensing court. **~houer** licensee; licence holder.
**li·sen·si·eer** *ge-* license.
**li·ser·gien·suur** *(chem.)* lysergic acid. **~diëtielamied** *(abbr.:* LSD) lysergic acid diethylamide.
**lis·pel** *ge-* lisp.
**Lis·sa·bon** *(geog.)* Lisbon. **Lis·sa·bon·ner** *-ners, n.* Lisbo-nian. **Lis·sa·bons** *-bonse, adj.* Lisbonian.
**lis·tig** →LIS.
**lit** *litte* joint; articulation; member, segment; *(bot.)* internode; *~te losmaak,* *(an athlete)* limber/warm up; *jou ~te roer, (infml.)* shake a leg, make haste; *roer jou ~te!, (infml.)* shake a leg!, snap to it!, make it snappy!; *uit ~ wees, (an arm etc.)* be out (of joint), be dislocated; *iets uit ~ maak* put s.t out; *geen ~ verroer nie* not stir a finger.
**li·ta·nie** *-nieë, (Chr.)* litany.
**li·ter** *-ter(s)* litre; *honderde/duisende ~s* hundreds/thousands of litres; *in ~* in litres; *'n ~ melk/ens.* a litre of milk/etc..
**li·te·ra·lis** *-liste* literalist. **li·te·ra·lis·me** literalism.
**li·te·ra·tor** *-tore, -tors* literary person, literator, person of letters, *(Fr.)* littérateur.
**li·te·ra·tuur** *-ture* literature. **~geskiedenis** history of litera-ture; literary history.
**li·te·rêr** *-rêre* literary; *~e kritikus* literary critic. **li·te·rêr-his·to·ri·kus** historian of literature, literary historian.
**li·ti·um** *(chem., symb.:* Li) lithium.
**lit·jies :** **~gras** jointed grass. **~kaktus** jointed cactus. **~kweek** coarse quick, coarse couch grass, buffalo grass.
**li·to·gra·fie** (art of) lithography; offset (printing); *(pl.: lito-grafieë)* lithograph. **li·to·graaf** *-grawe* lithographer. **li·to-gra·feer** *ge-* lithograph. **li·to·gra·fies** *-fiese* lithographic.
**li·to·lo·gie** *(geol.)* lithology. **li·to·lo·gies** *-giese* lithological.
**li·to·raal, lit·to·raal** *-rale, adj.* littoral.
**li·to·sfeer** *(geol.)* lithosphere.
**li·to·tes** *(rhet.)* litotes, meiosis, understatement.
**li·to·to·mie** *(surg.)* lithotomy.
**lit·te·ken** scar, cicatrice, cicatrix, flesh mark, stigma, seam.

**lit·to·raal** →LITORAAL.

**li·turg** =turge liturgist. **li·tur·gie** =gieë liturgy. **li·tur·giek** litur=gics. **li·tur·gies** =giese liturgical.

**li·vrei** =vreie, (also on a company vehicle etc.) livery. **~bedien=de**, **~kneg** livery/liveried servant, footman, page. **~pak** livery (suit).

**lla·ma** →LAMA².

**lob** lobbe lobe. **lob·big** =bige lobate(d); (biol.) parted, partite.

**lo·bo·la, lo·bô·la** (Zu.) lobola, lobolo, bride price/wealth.

**lo·ding** =dings, =dinge sounding.

**loef** (naut.) luff, windward side; 'n skip die ~ afsteek get to windward of a ship, blanket a ship; iem. die ~ afsteek beat s.o. to s.t.; steal a march on s.o.; take the wind out of s.o.'s sails, outwit/outmanoeuvre s.o., get/have the advantage of s.o.. **~kant**, **~sy** weather side, wind(ward) side, weather=board.

**loei** ge= low; roar; bellow; scream (of a siren). **loei·er** =ers siren.

**loe·kwart** →LUKWART.

**lo·ën** ge= deny, disavow, disclaim. **~straf** ge=, (liter.) belie, give the lie to (a supposition); falsify; jou dade ~ jou woorde your deeds belie your words; vrees ~ falsify fears.

**lo·ë·ning** =ninge denial, disavowal.

**loep** loepe: iets kom onder die ~ s.t. is subjected to scrutiny; iets onder die ~ neem put s.t. under the microscope (or mag=nifying glass), subject s.t. to scrutiny, scrutinise s.t..

**loer** n.: na/vir iem. op die ~ lê lie in wait for s.o.; na ... op die ~ wees watch (or be on the lookout) for ...; op die ~ wees, (also) be on the prowl. **loer** ge=, vb. peep, peer, pry; lurk, watch, skulk; na ... ~ peep/glance (or have/take a peep) at ...; op iem. ~ spy (up)on s.o.. **~gaatjie**, **~gat** peephole, eyelet; inspec=tion hole, spyhole. **~venstertjie** peephole, secret eye. **~vink** peeping/Peeping Tom, voyeur.

**loer·der** =ders peeper, spy, snoop(er), peeping Tom.

**loe·rie** =ries, (orn.) turaco, (SA) lourie.

**loes** (geol.) loess.

**loe·sing** =sings hiding, thrashing, spanking, whacking, caning, dusting; drubbing, beating-up, beating; 'n afgedankste/deftige/gedugte ~ a darn(ed) good hiding, a sound thrash=ing; iem. 'n ~ gee give s.o. a hiding (or, infml. a walloping/whacking); (sport) give s.o. a drubbing; 'n ~ kry get a hiding (or, infml. a walloping/whacking); 'n groot ~ kry (of op die lyf loop), (sport) take a drubbing/hammering/pounding.

**lof¹** n. praise, commendation; die ~ besing van ... eulogise ...; iem. groot/hoë ~ toeswaai praise s.o. highly; groot/hoë ~ verwerf earn/win high praise, earn golden opinions; met ~ slaag/deurkom pass with distinction; net ~ vir ... hê have nothing but praise for ...; met ~ oor/van ... praat speak highly/well of ...; iem./iets ~ toeswaai praise/laud s.o./s.t.; pay (a) tribute to s.o./s.t.; tot ~ van ... in praise of ...; iem./iets se ~ uitbasuin/verkondig sing/sound the praises of s.o./s.t.; jou eie ~ uitbasuin/verkondig blow one's own trumpet; ~ verdien deserve praise, be deserving of praise; ~ verwerf earn/win praise; hoë ~ verwerf earn/win golden opinions. **~dig** =digte panegyric, laudatory poem, praise poem, poem of praise. **~digter** panegyrist. **~lied** =liedere paean, dithyramb, song/hymn of praise; (in the pl., infml., also lof=sange) praises, hype, puffery; 'n ~ op ... aanhef sing the praises of ... **~prys** ge= extol, (be)laud, praise, commend. **~prysing** =singe laudation, praise, panegyric; (eccl.) doxol=ogy. **~psalm** psalm of praise. **~rede:** 'n ~ op/oor ... lewer deliver a eulogy on ... **~redenaar** panegyrist, eulogist, praiser, lauder. **~sang** song/hymn of praise, paean; (formula of praise to God) doxology, canticle, gloria; →LOFLIED. **~sanger** lauda=tor, (SA) praise singer, praiser, (Ngu.) imbongi. **~sing** ge= laud, praise, extol. **~spraak** praise, (fml.) encomium, lauda=tion, eulogy. **~trompet** trumpet of praise. **~uiting** =tinge,

=tings praise, eulogy, encomium, tribute, laudation. **~waar=dig** =dige laudable, praiseworthy, commendable, meritori=ous. **~waardigheid** praiseworthiness, meritoriousness.

**lof²** lowwe, n. (chiefly pl.) foliage, leaves (of vegetables), tops, leafage; →LOOF¹ n..

**lof·lik** =like praiseworthy, laudable, commendable. **lof·lik=heid** praiseworthiness, laudability.

**log¹** logs, n., (naut.) log; log(book). **~boek** logbook.

**log²** logge logger logste, adj. clumsy, inept, heavy-footed, un=wieldy, cumbersome. **log·heid** clumsiness, unwieldiness, cumbersomeness.

**lo·gan·bes·sie** loganberry.

**lo·ga·rit·me** =mes logarithm, log. **~tafel** table of logarithms, logarithmic/logarithm table.

**lo·ga·rit·mies** =miese logarithmic.

**log·ger** =gers, (naut.) lugger. **~seil** lugsail.

**log·gi·a** =gias, (It., archit.) loggia.

**lo·gies** logiese, adj. logical; consequent, (fml.) sequacious; ~e gevolgtrekking logical conclusion; ~e positivisme logical pos=itivism; die ~e verklaring vir iets the rationale behind/for/of s.t.. **lo·gies** adv. logically; ~ beredeneer(d) closely reasoned.

**lo·gi·ka** logic; die ~ agter iets the rationale behind/for/of s.t.. **~bom** (comp.) logic bomb.

**lo·gi·kus** =gikusse, =gici logician.

**lo·ging** leaching.

**lo·gis·tiek** n. logistics. **lo·gis·tiek** =tieke, **lo·gis·ties** =tiese, adj. logistic(al).

**lo·go** logo's logo. **~gram** =gramme logogram. **~(tipe)** logo= (type).

**lo·jaal** lojale loyal; ~ teenoor ... loyal to ... **lo·ja·lis** =liste loyal=ist. **lo·ja·lis·me** loyalism. **lo·ja·li·teit** loyalty.

**lok¹** lokke, n. lock, curl, coil; (in the pl., also) tresses.

**lok²** ge=, vb. entice, lure, decoy; invite, bait, train; attract (capi=tal); dit sal iem. ~ that will fetch s.o.; klante ~ tout; iem. met iets ~ dangle s.t. before (or in front of) s.o.. **~aas** lokase, (fishing) lure; (fig.) groundbait; (fig.) bait; decoy; gudgeon. **~dans** striptease. **~flits** teaser (from a video). **~loertjie:** 'n ~ na ... kry be treated to a sneak preview of ... (a film). **~mid=del** =dels, =dele bait, inducement, lure, decoy. **~prent**, **~film** trailer, teaser. **~roep** lure, siren call, tempter's/temptress's voice. **~stem** lure, siren call, tempting voice. **~teks**, **~brok=kie**, **~stuk** teaser (from a book). **~val** trap; vir iem. 'n ~ stel set a trap for s.o., (infml.) set s.o. up. **~vink** decoy; police trap, instigator, agent provocateur. **~voël** (in hunting) decoy (bird), (Am.) stool; (fig., infml.) nark, stool pigeon, decoy; tout(er). **~woord** catchword.

**lo·kaal** lokale, n. room; hall. **lo·kaal** lokale, adj. local. **lo·ka·li·sa·sie** localisation. **lo·ka·li·seer** ge= localise. **lo·ka·lis=me** =mes localism. **lo·ka·li·teit** =teite locality.

**lo·ka·tief** =tiewe, n. & adj., (gram.) locative.

**lo·ket** =kette box office; ticket window; booking office; by die ~ at the counter; iets misluk/slaag by die ~ s.t. is a failure/success at the box office. **~treffer** box-office hit/success; (infml.) blockbuster, crowd puller. **~ure** box-office hours, booking hours.

**lo·ko** =ko's, (infml.) loco; →LOKOMOTIEF.

**lo·ko·mo·tief** =tiewe locomotive. **~personeel** enginemen.

**lo·ko·mo·to·ries** =riese, (zool.) locomotor(y); ~e ataksie lo=comotor ataxia.

**lok·so·droom** =drome rhumb line, loxodrome.

**lo·ku·lêr** =lêre, (biol.) locular; →HOKSADIG.

**lo·kus** =kusse, (Lat.) locus.

**lol** ge=, vb. give trouble, bother, be troublesome; (infml.: a comp. etc.) have a hiccup/hiccough, act up; nag; iem. ~ darem nou s.o. is not playing the game; nou ~ dit things are look=ing bad; met iets ~ monkey about with s.t. (infml.); met iem.

~ mess (around) with s.o.; interfere with s.o. sexually; *die* **motor** ~ the car is giving trouble; *iem. se* **oog/ens.** ~ s.o.'s eye/etc. is troubling him/her; *oor iets* ~ nag about s.t.; *moenie nou (kom)* **staan en** ~ *nie* don't start making difficul=ties now. ~**pot** nuisance, bore, fusser, fusspot.

**lol·le·rig** *rige* troublesome; nagging, meddlesome, pestilent, fussy. **lol·le·rig·heid** troublesomeness; meddlesomeness.

**lol·le·ry** *rye* nagging; troublesomeness; trouble, nuisance, bother, annoyance; *dis (nou) 'n* ~*!* this is a fine mess!, (what a) bother(ation)!.

**Lom·bar·dy·e** *(geog.)* Lombardy. **Lom·bard** *barde*, **Lom=bar·di·ër** *diërs, (inhabitant)* Lombard. **Lom·bar·dies** *diese*, **Lom·bar·dys** *dyse* Lombard(ic).

**lo·me·rig** *rige* drowsy, sleepy, languid; lethargic, dull, coma=tose; →LOOM. **lo·me·rig·heid** drowsiness; languor; lethargy.

**lomp** *lomp(e) lomper lompste*, adj. clumsy, awkward, blunder=ing, *(infml.)* ham-fisted, ham-handed, *(infml.)* dorky; rude, gauche; ungainly; unwieldy, cumbersome; *groot en* ~ hulk=ing; *iem. is* ~, *(also)* s.o. has two left feet, s.o.'s fingers are all thumbs; *jou* ~ *uitdruk* express o.s. crudely. **lom·perd** *perds* bumpkin, clodhopper, boor; oaf. **lomp·heid** clumsiness; crassitude.

**Lon·den** *(geog.)* London. **Lon·de·naar** *naars* Londoner. **Lon=dens** *dense* (of) London; *die* ~*e Times* The Times of Lon=don, the London Times.

**lo·nend** *nende* *nender* *nendste* (of *meer* ~ *die mees* *nende*) rewarding, worthwhile, profitable, profit-making, paying, payable; economic, cost-effective; →LOON *vb.;* ~*e onderne=ming* economic proposition; *iets is* ~ s.t. pays off. **lo·nend=heid** profitability; cost-effectiveness.

**long** *longe, (anat.)* lung. ~**aar** pulmonary vein. ~**blasie** pul=monary alveolus. ~**bloedsomloop** pulmonary circulation. ~**-en-lugpypontsteking** bronchopneumonia. ~**kanker** lung cancer, cancer/carcinoma of the lung. ~**kwaal** lung disease/trouble, pulmonary tuberculosis. ~**ontsteking** pneumonia; *dubbele* ~ double pneumonia. ~**pyp** bronchus. ~**pypont= steking** bronchitis. ~**slagaar** pulmonary artery. ~**tering** phthisis, pulmonary tuberculosis. ~**vis** lungfish. ~**vlies** pleura. ~**vliesontsteking** pleurisy. ~**wurm** lungworm.

**lont** *lonte* fuse, igniter; *iem. se* ~ *is kort, iem. het 'n kort* ~, *(in= fml.)* s.o. has a short fuse (or a quick/hair-trigger temper), s.o.'s fuse is short, s.o. is short-tempered; ~ *ruik* smell a rat; *'n* ~ *stel* time a fuse.

**lood** *n., (chem., symb.:* Pb) lead; sinker; plumb line; plummet, sounding lead; *iem. laat* ~ *eet, (infml.)* pump s.o. full of lead; *in die* ~ shoot, vertical; *iets in die* ~ *kry* plumb s.t.; *met* ~ *in die skoene* with leaden feet; *sonder* ~ unleaded; *iem. onder die* ~ *steek, (infml.)* fire at (or open fire on) s.o.; *iets is uit die* ~ s.t. is out of plumb (or the vertical/perpendicular). **lood** *ge=*, *vb.* lead *(panes)*; plumb, sound. ~**blou** lead blue. ~**brandstof** →LOODPETROL. ~**gieter** plumber. ~**gietery** plumbing; plumber's shop, plumbing business. ~**glans** *(min.)* galena, galenite, lead glance; *(bot., disease)* silver leaf. ~**glas** flint glass. ~**glasuur** lead glaze. ~**grys** lead grey. ~**hout** leadwood; elephant's wood, wild wistaria. ~**kleur** →LOOD= KLEUR. ~**koeël** lead bullet. ~**kruid** leadwort, plumbago. ~**lyn** perpendicular; plumb line; sounding line; *(math.)* normal; *'n* ~ *neerlaat* drop a perpendicular. ~**petrol**, ~**brandstof** *(also* gelode petrol/brandstof*)* leaded petrol/fuel. ~**punt= koeël** soft-nosed bullet, dumdum (bullet). ~**reg** →LOOD= REG. ~**roei** *(archit.)* came. ~**-sel** *selle* lead accumulator. ~**swaaier** *(infml.)* lead-swinger. ~**swaar** leaden, like lead. ~**-tin(-)legering**, ~**vertinsel** terne (metal). ~**verbinding** lead compound; lead joint. ~**vergiftiging** lead poisoning, plumbism. ~**vry** *vrye* lead-free; ~*e/ongelode petrol/brandstof* lead-free/unleaded petrol/fuel. ~**wit** white lead; *suiwer* ~ flake white.

**lood·ag·tig** *tige* leadlike, leaden, plumbeous.

**lood·hou·dend** *dende* plumbiferous, plumbic, containing lead; ~*e petrol* = LOODPETROL.

**lood·kleur** lead colour. **lood·kleu·rig** *rige* lead-coloured; *'n* ~*e hemel* a leaden sky.

**lood·reg** *regte* perpendicular; plumb, vertical; erect; square; sheer; ~*te lyn* perpendicular, normal; *nie* ~ *nie* out of the vertical; ~ *op* ... square on ...; *iets* ~ *plaas* square up s.t.; ~*te stand* perpendicularity. **lood·regt·heid** perpendicu=larity.

**loods¹** *loodse, n.* shipman; pilot *(of a ship or an aircraft);* → VLIEËNIER. **loods** *ge=, vb.* pilot *(a ship);* fly *(a plane);* direct, steer, conduct. ~**boot** pilot boat. ~**diens** pilot service. ~**kunde** pilotage. ~**ondersoek** pilot study. ~**skerm** pilot chute. ~**(sleep)boot** pilot tug. ~**vis** *(icht.)* pilot fish. ~**wal= vis** pilot whale.

**loods²** *loodse, n.* shed; warehouse; hangar *(for aeroplanes);* magazine.

**loods·sing** pilotage.

**loof¹** *n., (also* lower*)* foliage, leaves, leafage, greenery. ~**blaar** foliage leaf, frond. **L~huttefees, Huttefees** *(Jud.)* Feast of Tabernacles, Succoth, Sukkoth. ~**plant** thallophyte, foliage plant. ~**werk** garland, festoon; cartouch(e); leafage; fret=work.

**loof², lo·we** *ge=, vb.* praise, glorify, laud, acclaim, extol.

**loog** *n.* lye, bate; *(geol.)* alkali. **loog** *ge=, vb.* steep in lye, bate. ~**as** lye ashes, buck ashes, kelp ash. ~**bos** lye bush. ~**sout** alkali. ~**water** lye.

**loog·ag·tig, loog·ag·tig** *tige* like lye; alkaline.

**looi** *n.* tan(ning). **looi** *ge=, vb.* tan; leather, strap, lash, thrash, tan. ~**bas** tanbark, tanning bark, wattle bark. ~**kuip, ~kuil** tan vat, tan pit. ~**stof** tan; tanning agent; tannin. ~**suur** tannic acid, tannin. ~**water** ooze.

**looi·er** *ers* tanner; currier.

**looi·e·ry** tanning; tanner's trade; tannery, tan yard.

**loom** *lome lomer loomste* drowsy; languid; heavy, slow; leaden *(limbs);* dull, inert; →LOMERIG. **loom·heid** drowsiness; las=situde.

**loon** *lone, n.* wage, pay (packet); reward; earnings; hire, fee; *iem. se* ~ *agterhou/inhou* stop s.o.'s wages; *'n geringe/ karige* ~ a small wage, a mere pittance; *'n goeie* ~ *kry/trek/ verdien* earn/get a good wage (or good wages); *met halwe* ~ on half pay; ~ *na/volgens prestasie* payment by result(s); *lone vaspen* freeze wages; *jou verdiende* ~ *kry/ontvang* get/receive one's just deserts, get one's due/just reward, get what one is looking for; *vir 'n* ~ *van* ... at a wage of ...; *met volle* ~ on full pay; *jou* ~ *werd wees* earn one's keep; be worth one's salt. **loon** *ge=, vb.* reward, pay. ~**arbeider** paid worker. ~**eis** wage demand/claim. ~**gaping** wage gap. ~**ge= skil** wage dispute. ~**kaart** clock card. ~**koevert** pay packet. ~**lys** payroll, wage roll/list; →LOONSTAAT. ~**onderhande= lings, -linge** *n. (pl.)* wage negotiations/talks. ~**ooreenkoms** wage agreement. ~**skaal** scale/rate of wages, wage scale/rate. ~**skikking** pay/wage settlement. ~**slaaf** wage slave, hack. ~**staat** wage list/roll/sheet, pay sheet, payroll. ~**staking** wage strike. ~**strokie** pay slip. ~**tarief** wage rate. ~**tjek** pay cheque. ~**trekker** *kers* wage earner. ~**vaspenning** wage freeze/stop. ~**vasstelling** wage determination/award/fixa=tion. ~**verhoging, loonsverhoging** wage/pay hike/increase. ~**vermindering, loonsvermindering** reduction/decrease/cut in wages, wage reduction/decrease/cut. ~**wet** wage act.

**loop** *n.* walking; walk, gait; running *(of a mach.); (mus.)* tenor; trend; course *(of events); (pl.:* lope*)* barrel, *(infml.)* business end *(of a rifle etc.);* stream, watercourse; *(mus.)* run; run *(of fish);* course *(of a river); met iets op* ~ *gaan/sit* get overen=thusiastic about s.t. *(a plan etc.); nie op* ~ *gaan/sit* nie keep calm; *op* ~ *gaan/sit/slaan* go on the run; run away; *(ani= mals)* stampede; *(horses)* bolt; *die* ~ *van gebeurtenisse/ sake* the course/trend of events; *die gewone* ~ *van sake* the

general run of affairs; *in die gewone ~ van sake* in the ordi=
nary course (of events); in the course of nature; as a matter
of routine; in the ordinary way; *in die ~ van ... during ...,* in
the course of ... *(the year);* in the line of ... *(s.o.'s duties); in die
~ van die tye/tyd/jare* as the years went by, with the passing
of years; *iem. op ~ ja(ag)* frighten/scare s.o. away, put s.o. to
flight; have s.o. on the run; *iets aan die ~ kry* get s.t. mov=
ing; *jou ~ kry, (infml.)* leave; *die ~ neem* run away, take to
one's heels; *sake hul ~ laat neem* allow things to develop,
let things develop; *op ~ wees* be in flight; be out of hand; *'n
uur se ~* an hour's walk; *jou gedagtes hul vrye ~ laat neem*
give free range to one's thoughts. **loop** *ge-, vb.* walk; tramp;
stroll; step; *(a watch etc.)* go; *(eyes, nose, a car, candle, verse,
etc.)* run; *(a mach.)* function, go, run; *(a river etc.)* flow, run;
*(a wound)* fester, weep; *(a contract)* run; *(comp.)* run; *(events)*
trend; take, read *(a subject);* course; →LOPEND; *aan die ~* on
the move; *ag ~!, (infml.)* get along (with you)!, go on!, (what)
nonsense!; *die bal laat ~, (rugby)* run the ball; *~ dat jy bars,
(infml.)* run like blazes/hell/mad; *boontoe ~* walk up; *deur
iets ~* pass through s.t. *(a room); (lit.)* wade through s.t.; *iem.
disnis/flou/gedaan/kis ~* walk s.o. off his/her legs/feet;
*iets ~ ten einde* s.t. draws to a close *(or an end); ~ en sing/
ens.* walk singing/etc., sing/etc. while one walks; *'n entjie gaan
~* take *(or go for)* a stroll/walk, *(infml.)* go walkies; *met ...
gaan ~* go for a walk with ...; take ... out for a walk; *sake
glad laat ~* oil the wheels; *sake ~ goed* things are going
well; *iets ~ goed, (also, a plan etc.)* s.t. is on track; *goed ~,
(also, a watch)* keep time; *hoog ~, (feelings etc.)* run high; *die
rivier ~ in die see* the river flows/falls into the sea; *in die
duisende/ens. ~* run into thousands/etc.; *inmekaar ~* run
together; *~ jy!, (infml.)* get along (with you)!; *kaalvoet ~* go
barefoot; *('n) mens kan daarnatoe/soontoe ~* it is within
walking distance; *kom ons ~!* let us *(or* let's*)* go!; *krom/
vooroor ~* have *(or* walk with*)* a stoop; *laat ~!, (infml.)* let
her/it rip!; get a move on!; *iem. laat ~* let s.o. go, dismiss s.o.
*(from a job);* let off s.o.; *laat my ~!* let me go!; *laat ons ~!* let
us go!; *iets in ... laat ~* let s.t. run into ... *(water into a bucket
etc.);* discharge s.t. into ... *(sewage into the sea etc.); iets uit ...
laat ~* discharge s.t. from ...; *langs ... kom ~* draw along=
side ...; *langs iem. gaan ~* fall in alongside/beside s.o.; *met
petrol ~, (a motor vehicle)* run on petrol; *die pad ~ na ...* the
road goes/leads to ...; *na ... toe ~* walk up to ... *(s.o.); iets
nie, (a train, watch, etc.)* s.t. is not going; *om iets ~* walk
around s.t.; *oor iets ~* walk over s.t.; step across s.t.; *op en
af/neer ~* pace up and down; *padlangs ~, (fig.)* be straight=
forward; *saggies ~* tread lightly; *stadig ~* go slow; *stadi=
ger ~* slow down/up/off; *teen iem. ~* walk close to s.o.; *ter=
wyl iem. ~* as s.o. goes; *iets ~ tot by ...* s.t. runs to ...;
*tweede/ens. ~* lie second/etc. *(in a race etc.); iets ~ uit=
stekend* s.t. goes like a bomb/dream *(infml.); die tydperk ~
van ... tot ...* the period runs from ... to ...; *verder/vêrder
~* walk on; *haastig verder/vêrder ~* hurry along/on; *ver=
keerd ~* miss one's way; walk in the wrong direction; *alles ~
vandag vir my verkeerd* it just isn't my day *(infml.); as iets
verkeerd ~* if s.t. goes wrong; *dit/sake ~ verkeerd* things
are going wrong; *versigtig ~* step carefully, pick one's step/
way; *vinnig ~, (s.o.)* walk fast; *(a train)* go fast; *(water)* run
fast; *voel-voel ~, (lit.)* feel one's way; *vry ~, (animals)* run
wild; *~ was jou hande!* go and wash your hands!. **loop** *in=
terj.* go away!, beat it!, get lost!. ~**afstand:** *iets is binne ~* s.t.
is within walking distance. ~**baan** career; *(jou ~) as ... begin
begin life as ...; jou in 'n ~ vestig* make a career for o.s..
~**baanonderbreking** career break. ~**brug** footbridge; gang=
way *(of a ship);* catwalk *(on a building);* brow; walkway. ~**dop**
stirrup cup; *'n ~ maak, (infml.)* have one for the road. ~**gang**
*(min.)* travelling way, gangway; passageway; *bewegende ~*
travolator, travelator, moving pavement *(at an airport etc.).*
~**golf** *(phys.)* travelling wave. ~**graaf** trench; *'n ~ grawe/maak*
dig a trench; *die laaste ~* the last ditch; *in die laaste ~ wees,*
*(fig.)* have one's back to the wall. ~**kraan** jenny; mobile/

travelling crane. ~**lys** catwalk. ~**maag** *(infml.: diarrhoea)*
gippy/runny tummy. ~**neus** runny nose. ~**pad** footway,
walk. ~**plank** gangway, gangplank. ~**plek** place for walk=
ing; pasture, pasturage, pastureland; haunt *(of wild animals),*
feeding place; retreat; *dis iem. se ~ dié* s.o. is a frequent visi=
tor/caller here; s.o. is always hanging round/about here.
~**raam** walking frame, walker *(used by disabled/infirm people).*
~**ring** walking ring, baby-walker. ~**skoen** walking shoe.
~**tyd** time to go; period of gestation; currency *(of a bill);*
running time, schedule; *(comp.)* run-time; time of transit;
*(geoph.)* travel time. ~**vlak** running surface; tread *(of a wheel,
tyre, etc.); (rly.)* running top. ~**voël** courser, cursorial/gres=
sorial bird; walking bird; flightless bird, ratite. ~**yster** cal=
(l)iper (splint), cal(l)ipers.

**loops** *loopse* on/in/at heat, ruttish, in season, oestrous, oes=
tral, *(sl.)* horny. **loops·heid** heat, rut(tishness), oestrus, oes=
trum.

**loot¹** *lote, n., (bot.)* shoot, offshoot, switch, sprig; sucker; *(fig.)*
progeny, offspring. **loot·jie** *-tjies, (dim.)* sprig, small shoot.

**loot²** *lote, n., (sport)* toss, ballot; *die ~ wen/verloor* win/lose the
toss. **loot** *ge-, vb.* cast/draw lots; toss; draw *(for places); om/
oor ... ~* toss for ...; draw lots for ...; raffle for ... **loot·jie** *-tjies*
lottery/sweepstake ticket; draw; *'n kort ~ trek, (infml.)* get
the dirty end of the stick; *~s trek* cast/draw lots; *vir iets ~s
trek* draw for s.t..

**lo·pend** *-pende* running *(water, eyes, sore, hand, costs);* cursive
*(writing, script); (zool.)* cursorial; flowing; ambulant; current
*(month); ~e band* assembly belt; conveyer; *~e betaal-/af=
trekstelsel* pay-as-you-earn system; *~e herstelwerk* run=
ning repairs; *~e inkomste* current revenue; *~e kommen=
taar* running comment(ary); *~e neus* runny/streaming
nose; *~e projek* ongoing project; *~e rekening* current ac=
count; *~e saak* going concern; *~e seer* fester; *~e skrif*
cursive writing, running hand; *~e uitgawe* current expen=
diture/expenses, day-to-day expenses; *~e water* running
water.

**lo·per** *-pers* walker, peripatetic; messenger; (carpet) runner,
stair carpet; (table) runner, table centre; runner *(of a sleigh);*
master/pass/skeleton/check key; runner stone *(of a mill);*
slide; pulley chain/cord/rope; *(chess)* bishop; *(fencing)* wire
dropper; pacer; hook spanner; *(comp.)* cursor; *(in the pl.,
also)* large-sized buckshot, slugs.

**lo·pe·rig** *-rige* runny, running, apt to run *(substances).*

**lo·pie** *-pies, (mus., cr.)* run; rivulet, runlet, streamlet, water=
course, brooklet, rill; *~s kry/aanteken, (cr.)* get/make runs; *~s
opstapel, (cr.)* pile up runs. ~**tempo** *(cr.)* strike rate *(of a bats=
man).*

**lord** *lords* lord; peer; *iem. tot ~ verhef* create a peer; raise s.o.
to the peerage. **lord·skap** *-skappe* lordship; peerage.

**lor·do·se** *(med.)* lordosis.

**lo·ri·kiet** *(orn.)* lorikeet.

**lork** *lorke,* **lor·ke·boom** *-bome* larch.

**lorn·jet** *-jette, (hand-held glasses)* lorgnette, lorgnon.

**lor·rie** *-ries, (infml., <Eng.)* lorry, truck.

**los¹** *losse, n. (zool., Eur., N.Am.)* lynx.

**los²** *losse losser lostte, adj.* loose *(clothes, hair, stone, soil, rein,
style, statement);* extra, single, odd, spare *(copy, number);* odd
*(volumes);* undone *(parcel, button, hair);* isolated *(cases);* un=
buttoned *(fly),* unfastened *(buttons, garments, stays);* detached
*(sentences);* removable, detachable *(cover);* odd *(job);* stray
*(notes, thoughts, etc.);* loose, dissolute, wanton; loose, mov=
able *(axle);* loose *(earth);* free *(pers.);* odd, spare *(moments);*
unattached, unconnected; scattered *(showers);* free *(balloon);*
untethered *(animal);* solitary *(instance); (print.)* movable *(type);*
idle *(rumour);* isolated *(facts);* easy *(market);* slack *(nut);*
occasional *(chair/table);* casual *(labourer);* ~*(se)* **alliansie**
broad(brush) alliance; *~ blad* loose leaf, flyleaf *(of a table);*
*~ kontant, (bookk.)* (cash) float, petty cash; *~ kussing/*

*mat(jie)* scatter cushion/rug; *iets ~ser* **maak** ease/slacken s.t.; *~ oortreksel* loose cover; *~ uitgawes* out-of-pocket expenses. **los** *adv.* loosely; clear; *iem. se tong het ~* **geraak** s.o.'s tongue started wagging (*or* was loosened); *~ lê* be loose; lie detached/loose; *~ loop* have nothing to do, loaf about, idle; be at large; run loose; *~ raak* come off; get clear; slip the leash; get loose; come undone/unfastened; come/get unstuck; work loose; *(a ship)* get adrift; *van ... ~* **raak**, *(also)* become detached from ...; *~ skryf* write as separate words; *~ en vas* at random; *~ en vas lieg* lie like a trooper, tell lies by the score; *~ en vas praat* have a loose tongue; *~ voor wees* be out in front, be streets/way/well ahead, be/look uncatchable; *met die wegspring ~ voor wees* get (away to) a flying/head start, have a safe lead at the start; *~ voor wen* gain a runaway victory; *~ vrou, (infml., derog.)* floozy, tart. **los** *ge=*, *vb.* fire *(a shot)*; unship, discharge, unload *(a ship)*; redeem *(pledged goods)*; claim *(goods)*; ransom *(a prisoner)*; release, (set) free, discharge; drop, let go (of), leave *(a subject)*; *(infml.)* ditch *(a husband, wife)*; let go *(one's hold)*; drop *(a hint)*; *'n gedagte ~* mention s.t.; *(laat) ~* let go; *iets (laat) ~* let go of s.t.. **los** *interj.* let go!; *~ dit!* drop it!, forget about it!; *~ dit (maar)!* skip it!; *~ my!* let me go!; take your hands off me!. **~bars** *losge=* tear; burst out, explode, let fly; break out; fly out; *die weer bars los* the storm breaks; *'n storm het oor iem. losgebars, (fig.)* a storm burst on s.o.'s head. **~bol** *=bolle* libertine, rake, profligate, playboy. **~brand** *losge=* open fire, shoot, let rip, fire away; let fly, launch out; discharge; *op ... ~, (soldiers etc.)* open fire on (*or* blaze away at) ...; *(fig.)* pounce (up)on (*or* go for) ... *(s.o.)*. **~breek** *losge=* break loose/away/out/free; *van ... ~* break away from ... **~draai** *losge=* undo, loosen; untwist, unwind, wind off, uncoil, unscrew. **~drywend** *=wende* free-floating *(plant etc.)*. **~gaan** *losge=* become unfastened, come loose/undone; *van ... ~* come away from ...; split off from ... **~geknoop** *=knoopte* unbuttoned, unfastened *(coat etc.)*; untied, undone *(knot)*. **~gemaak** *=maakte* unfastened. **~gemaal** *(rugby)* (loose) maul. **~goed** effects, movable property, movables. **~haak** *losge=* unhook, unhitch. **~hande** with hands free; with the greatest of ease; *~ ry* ride like an expert; *~ wen* win in a canter, win hands down. **~hang** *losge=, (hair)* hang loose; *(rope)* dangle. **~knoop** *losge=* unknot; unbutton *(a coat)*; untie, undo *(a knot)*. **~kom** *losge=* get loose; get free/off; be released/discharged; win free; *iem. kon nie eerder ~ nie* s.o. could not get away sooner; *iem. se tong het losgekom* s.o.'s tongue started wagging; s.o. began to unbend; *uit iets ~* squirm out of s.t.; *van iets ~* get away/free from s.t.; *nie van iets kan ~ nie* be possessed by/with s.t. *(an idea)*. **~koop** buy off, ransom, redeem. **~kop** →LOSKOP. **~kruitpatroon** blank cartridge. **~kry** *losge=* get loose; untie; unscrew; *iem. ~* obtain an acquittal *(in court)*. **~laat** →LOSLAAT. **~lieg** *losge=* get out by lying; *jou ~* lie o.s. out of it. **~lootjie** *(sport)* bye. **~lopend** *=pende* untethered *(animal)*; unattached, footloose *(bachelor etc.)*; *'n ~e hond* a stray dog. **~loper** *=pers* unmarried/unattached/footloose person. **~lopie** *(cr.)* bye. **~maag** diarrhoea, runny tummy. **~maak** →LOSMAAK. **~maat:** *in ~* in bulk. **~maatvrag** bulk cargo. **~passend** *=sende* loose-fitting. **~pit(perske)** freestone (peach). **~pleit** *losge=* free by pleading. **~praat** *losge=: jou uit iets ~* bluff one's way out of s.t.. **~prys** ransom; *'n ~ van iem. eis* hold s.o. to ransom. **~prysjagter** bounty hunter. **~ruk** *losge=* pull/tear loose; *jou ~* tear o.s. free, break away/free; *iem. wil ~* s.o. is straining at the leash. **~skakel** *n., (rugby)* fly half. **~skakel** *losge=, vb.* uncouple; throw out of gear; unlink. **~skeur** *losge=* tear loose/free, unrip; *jou van ... ~* tear o.s. away from ... **~skroef** *losge=* unscrew, unbolt. **~skrum** loose scrum, ruck. **~skrumspel** rucking, loose scrumming. **~skud** *losge=* shake loose; depolarise. **~slaan** *losge=* knock loose; earn *(money)*; get hold of, obtain, secure; *die geld iewers ~* get/raise the money somewhere; *R100 uit iem. ~* get R100 from (*or* wangle R100 out of) s.o.. **~sny** *losge=* cut (loose). **~spel** *(chiefly rugby)* ragged

play; loose play; *in die ~* in the loose. **~spring** *losge=* spring loose/open, fly open. **~staande** detached, isolated; stand-alone *(comp. etc.)*. **~torring** *losge=* unpick, undo *(stitches)*; unstitch; unsew; unrip; unravel. **~trek** *losge=* pull/tear loose; let/lash out, let fly/rip/go; swing into action; undo; unpick; peel (off); open fire; *trek maar los!, (infml.)* fire away!; *op ... ~* open fire on ...; *op/teen iem. ~* hit out at s.o.; let s.o. have it *(infml.)*. **~trio** *(rugby)* loose forwards. **~voorspeler** loose forward. **~weg** loosely; lightly. **~wikkel**, **~woel** *losge=* unwrap, undo; loosen; prise (off); *iets uit ... ~* dislodge s.t. from ...; *jou uit ... ~* disengage o.s. from ...; get out of ..., disentangle o.s. from ...; *(infml.)* squirm/wiggle/wriggle out of ...; *(sl.)* cop out of ...

**los·ban·dig** *=dige, adj.* licentious, debauched, dissolute, wild, profligate, promiscuous, wanton. **los·ban·di·ge** *=ges, n.* playboy, Lothario, *(sl.)* swinger. **los·ban·dig·heid** licentiousness, profligacy, dissipation.

**lo·seer** *(ge=)* board, stay, lodge; *by iem. ~* board with s.o.; lodge with s.o.; *by/in ... ~* stay at ... *(a guesthouse etc.)*. **lo·seer·der** *=ders* lodger, boarder, paying guest.

**los·heid** looseness; slackness; laxity, laxness.

**lo·sie**[1] *=sies* box *(in a theatr.)*.

**lo·sie**[2] *=sies* (Freemasons') lodge; bay.

**lo·sies** (board and) lodging, accommodation, lodg(e)ment; *(aan) iem. ~ gee/verskaf* put up s.o., provide board and lodging; *~ per dag* daily accommodation; *vry ~* free board and lodging. **~geld** boarding fees. **~huis** boarding/lodging house, hostel, *(Fr.)* pension. **~plek** lodging; *(mil.)* billet.

**los·kop** *n., (lathe)* tailstock. **los·kop** *adj.* flighty, frivolous, silly, *(infml.)* ditsy, ditzy, dizzy, goofy. **~dolla**, **~meisie** bimbo. **~stut** *(rugby)* loose head prop.

**los·laat** *losge=* let loose; free, release, discharge; absolve; liberate; unfetter; let go (of), unhand; *laat my los!* let me go!; *'n gedagte wil iem. nie ~ nie* a thought haunts s.o.; *... op iem. ~* set ... (up)on s.o. *(a dog etc.)*. **los·la·ting** liberation; release; relinquishment.

**los·lit=**, **los·lit·tig** *=tige* loose-jointed, loose-limbed.

**los·maak** *losge=* loosen; free; detach; disconnect; disengage; cast loose; unhitch; untether; unravel, disentangle; release *(a brake)*; untie, undo *(a knot)*; unbutton *(a coat)*; undo, unfasten *(hair, a coat, button, parcel)*; unfurl *(sails)*; loosen *(soil)*; unlock *(capital)*; *jou ~* free o.s.; *litte ~* stretch one's legs; warm up; *iem. se tong ~, (fig.)* loosen s.o.'s tongue; *iets uit ... ~* extricate s.t. from ...; *iem./iets van ... ~* part s.o./s.t. from ...; separate s.o./s.t. from ...; *iem. van ... ~, (also)* release s.o. from ... *(duties etc.)*; *jou van ... ~* extricate o.s. from ...; dissociate/distance o.s. from ...; *jou van die gedagte ~* get away from the thought. **los·ma·king** loosening; freeing; detachment; *~ van ...* dissociation from ...

**los·se·rig** *=rige, adj.* rather loose; →LOS[2] *adj..* **los·se·rig** *adv.* loosely.

**los·sies** loosely; lightly.

**los·sing** *=sings, =singe* discharge; landing; unloading *(of a ship)*; *(fin.)* redemption; release; *(jur.)* replevin; →LOS[2] *vb..*

**lot** fate, destiny; lot; karma *(Hind., Buddh., infml.)*; fortune; doom; destination; allotment; *jou in jou ~* **berus** reconcile/resign o.s. to one's fate; *iem. se ~ is* **beslis** s.o.'s fate is sealed; *iem. se ~* **beslis** decide s.o.'s fate; *jou ~* **betreur** bemoan one's fate; *dit is iem. se ~ om te ...* s.o. is doomed to ...; *iem. aan sy/haar ~* **oorlaat** leave s.o. to his/her fate; cast/cut/turn s.o. adrift; leave s.o. to his/her own devices; *iets is iem. se ~* s.t. falls to the lot of s.o. (*or* to s.o.'s share); *tevrede met jou ~* satisfied with one's lot; *die ~ val op iem.* the lot falls upon s.o.. **~geval** *=valle* lot, fortune, vicissitude; *(in the pl.)* fortunes, adventures, experiences, misfortunes.

**lo·te·ling** *=linge* ballotee; *(often mil.)* conscript.

**lo·te·ry**, **lo·te·ry** *=rye* lottery; sweep, draw; raffle; gamble. **~kaartjie** lottery ticket. **~wiel** wheel of fortune; lottery wheel.

**lo·ti** *maloti, (monetary unit of Lesotho)* loti.

**lo·ting** =tings, =tinge draw, ballot, drawing of lots; *deur* ~ by lot, by casting/drawing lots.

**lots·be·stem·ming** destiny, fate, lot.

**lot·to** lotto.

**lo·tus** =tusse, *(also* lotusblom*)* lotus. ~**eter** *(class. myth.)* lotus-eater. ~**posisie** lotus position/posture *(for meditation).*

**lou** ~ *louer* louste lukewarm, tepid; hypothermal; unenthusiastic; half-hearted; slow *(iron.)* iets word ~ s.t. tepefies. ~**oond** warming oven; *iets in die* ~ *sit, (fig.: postpone s.t.)* put s.t. on the back burner; *in die* ~ *wees, (fig.)* be on the back burner. ~**warm** = LOU.

**lou·da·num** *(pharm., hist.)* laudanum.

**lou·er** louere, n. →LOURIERKRANS; *(in the pl., fig.)* laurels; ~*e behaal* gain laurels; *op jou* ~*e rus* rest on one's laurels; *die* ~*e wegdra* bear *(or* carry off*)* the palm.

**lou·e·rig** =rige lukewarm(ish).

**lou·heid** *(lit., fig.)* lukewarmness, tepidity, tepidness.

**lou·rier** =riere, *(bot.)* laurel; *Kaapse* ~ stinkwood tree. ~**blaar** laurel leaf; *(cook.)* bay leaf. ~**(boom)** laurel/bay tree. ~**kersie** cherry laurel. ~**krans** laurel wreath. ~**struik** bay. ~**tak** laurel branch. ~**water** bay rum. ~**wilg(er),** ~**wilge(r)boom** sweet willow.

**lou·ter** =ter(e) =terder =terste, adj. pure, sheer; sublime; arrant; exquisite; mere; simple; stark; ~*(e) kransinnigheid* stark madness; ~*(e) onsin* pure/sheer/absolute nonsense. **lou·ter** adv. purely, simply, merely. **lou·ter** ge=, vb. purify, refine, try, test; chasten. **lou·te·ring** =ringe, =rings purification, refining. **lou·te·rings·pro·ses** process of purification.

**lo·we** ge= →LOOF² vb.. **lo·wend** =wende laudatory, laudative, praising.

**lo·wer** =wers →LOOF¹ n.. ~**groen** leaf/bright/vivid green. ~**ryk** =ryke leafy, bosky.

**low·we** n. *(pl.)* →LOF².

**LSD** *(drug: abbr. of* lisergiensuurdiëtielamied*)* LSD, *(sl.)* acid.

**lu·do** *(game)* ludo.

**luf·fa(·spons)** loofa(h), vegetable sponge.

**lug** n. air; sky; atmosphere; scent, smell, odour; clouds; airing *(of clothes etc.);* iets in die ~ **blaas**, *(fig., infml.)* blow s.t. sky-high; *die* **blou** ~ the blue sky; *bo in die* ~ overhead; *die* ~ *laat dawer/weergalm* make the rafters/welkin ring; *iets* ~ **gee**, *(lit.)* air s.t., give s.t. an airing; *aan iets* ~ **gee**, *(lit. & fig.)* give s.t. an airing; *(one's feelings, indignation, etc.);* iets is uit die ~ **gegryp** s.t. is utterly unfounded/groundless; s.t. is a complete fabrication; *iets uit die* ~ **gryp**, *(fig.)* pluck s.t. out of the air *(figures etc.);* trump s.t. up *(a charge etc.);* in die ~ **hang**, *(fig.: be uncertain)* be up in the air, be in limbo; *'n* **helder** ~ a clear sky; *in die* ~ in the air; in the sky; *vars* ~ **inlaat** by/in iets ventilate s.t.; *die* ~ *in/opsnuif* scent the air, sniff the air *(lit.);* ~ **kry** van iets get/have wind of s.t.; *in die* **ope** ~ in the open (air), out of doors; *in die* ~ **opstyg** ascend into the air; *(vars)* ~ **skep** take the air, have an airing, get fresh air, air o.s.; *jou hande in die* ~ **steek** put up one's hands; *die* ~ **suiwer**, *(lit.)* clear the air; *in die* ~ **sweef/swewe**, *(infml.)* be *(or* have one's head) in the clouds; *die* ~ **trek** oop it is clearing up; *die* ~ **trek** toe the sky clouds over, the clouds are gathering; *uit die* ~ **val**, *(lit.)* fall from the sky; *(fig., infml.)* appear out of the blue, appear *(as if)* from *(or* out of) nowhere; *vars* ~ fresh air; *iem. wil 'n bietjie* **vars** ~ **skep** s.o. wants a breath/whiff of fresh air; *vars* ~ *laat deurwaai, (infml.)* blow away the cobwebs; *warm* ~, *(lit.)* hot air. **lug** ge=, vb. air *(a room, clothes, etc.),* ventilate; (give) vent (to), air, voice; *jou griewe* ~ air, ventilate one's grievances. ~**aanval** air attack/raid/strike. ~**advertensie** sky advertisement/sign. ~**afweer** anti-aircraft defence. ~**afweergeskut** anti-aircraft artillery, *(infml.)* ack-ack. ~**alarm** air-raid alarm/alert/warning, air alarm.

~**baan** air passage; *(min.)* airway; air lane; air trajectory. ~**baken** aviation beacon. ~**bal** *(cr.)* flighted ball, lob; *'n* ~ *boul* lob a ball. ~**ballon** (air) balloon. ~**band** pneumatic tyre; tubeless tyre. ~**bars(ting)** *(mil.: explosion in the air)* airburst. ~**bemanning** aircrew, flight crew. ~**beskrywing** aerography. ~**besoedeling** air pollution. ~**bespuiting,** ~**be-stuiwing** *(agric.)* crop dusting. ~**bevogt(ig)er** air humidifier. ~**blasie** air bubble/bell; follicle; air cell/sac. ~**bombardement** aerial bombardment, air raid/strike, blitz. ~**boog** *(archit.)* flying buttress. ~**boor** air/pneumatic drill. ~**botsing** midair collision. ~**brug** overhead/flyover bridge, overpass (bridge); airlift. ~**(buite)band** tubeless tyre. ~**bus** airbus. ~**dekking,** ~**sambreel** *(mil.)* air cover/umbrella. ~**diens** airline, air service, airway. ~**dig** =digte airtight, airproof. ~**digtheid** airtightness; atmospheric/air density. ~**dinamika** aerodynamics. ~**draad** aerial, antenna; overhead wire. ~**droging** air-drying. ~**droog** ge=, lugge=, vb. air-dry; *luggedroogde ... air-dried ... (wood etc.).* ~**droog** =droë, adj. air-dry; air-cured *(tobacco);* dry to the touch. ~**druk** →LUGDRUK. ~**elektrisiteit** atmospheric electricity. ~**embolie** *(pathol.)* air embolism. ~**eskader** air squadron. ~**filter** air filter. ~**foto** aerial photo(graph). ~**gaatjie** ventage, small air hole; *(zool.)* spiracle, stigma. ~**gang** *(biol.)* airway; air/wind passage, air shaft; air duct. ~**gat** ventilator, air hole, (air) vent, breathing hole. ~**gees** sylph, spirit of the air. ~**geveg** *(mil.)* aerial skirmish, *(infml.)* dogfight. ~**gloed** airglow. ~**godin** sylph. ~**golf** airwave; *(meteorol.)* air breaker, atmospheric wave (billow). ~**hamer** pneumatic/air hammer. ~**hawe** airport; aerodrome. ~**holte** air pocket. ~**hoof,** ~**eiland** *(mil.)* airhead. ~**hou** *(tennis, cr.)* lob; skyer; *(golf)* fresh-air shot; *'n* ~ *slaan* lob the ball; *(cr.)* loft/sky a ball. ~**inlaat** air-intake. ~**kabel** aerial/overhead cable. ~**kabellyn** telpher line. ~**kabelvervoer** telpherage. ~**kanaal** air passage/flue; *(min.)* airway; *(mus.)* air duct; *(rad.)* elevated duct. ~**kaper** skyjacker. ~**kapery,** ~**kaping** skyjacking, air piracy. ~**kartering** air mapping. ~**kas** wind chest; air box. ~**kasteel** =tele castle in the air, air castle, (day)dream; might-have-been; ~*tele bou* build castles in the air. ~**klep** *(mus.)* air valve, ventil. ~**knik** =knikke air pocket; *(in the pl., also)* bumpiness. ~**kondensator** air condenser. ~**korridor** air corridor. ~**kussing** air bag; air pillow/cushion/bed; cushion of air. ~**kussingtrein** aerotrain, hovertrain. ~**laag** =lae air layer, layer of air; *hoër* ~*lae* upper air. ~**laat** →LUGLAAT. ~**landskap** skyscape. ~**leeg** =leë, adj. exhausted, with no air inside; ~*leë ruimte* vacuum. ~**leegte** =tes vacuum. ~**maarskalk** air marshal. ~**mag** air force. ~**(mag)basis** air(-force) base. ~**mantel** air case. ~**massa** air mass. ~**matras** air mattress/bed. ~**meganikus** aircraft(s)man, aircraft mechanic. ~**meter** *(phys.)* aerometer. ~**motor** aero motor. ~**navigator** air navigator. ~**ongeluk** air crash. ~**oond** wind furnace. ~**oorlog** aerial warfare. ~**opening** air/breathing hole, air vent; air bleeder/release; blower; air port; *(zool.)* spiracle. ~**opmeting** air survey. ~**opname** aerial survey; air photograph. ~**pers(er),** ~**perspomp** air compressor. ~**plant** aerial plant, aerophyte, epiphyte. ~**pomp** inflator, air/pneumatic pump. ~**pos** air mail; *per* ~, *(a letter)* by air. ~**posseël** airmail stamp. ~**prop** airlock. ~**pyp** →LUGPYP. ~**ramp** air disaster. ~**redery** airline (company), aviation company. ~**reëlaar** air regulator; →LUGVERSORGER. ~**reëling** air regulation; →LUGVERSORGING. ~**reg** air law. ~**reiniger** air cleaner. ~**reis** air trip/voyage. ~**reisiger** air traveller/passenger; aviator. ~**reklame** skywriting. ~**rem** pneumatic/atmospheric brake, (compressed) air brake. ~**roete** air route, skyway. ~**rooster** *(archit.)* air grate, ventilator. ~**rowery** air piracy, skyjacking. ~**ruim** atmosphere, space, heaven; airspace; *in die* ~ *verdwyn* vanish into space; *'n land se* ~ *skend* violate a country's airspace. ~**ruimte** airspace. ~**sak** air sac/bag; air pocket. ~**see-redding** air-sea rescue. ~**siek** air-sick. ~**siekte** airsickness, mountain sickness. ~**skag** air/ventilation shaft. ~**skip** airship, zeppelin, dirigible, lighter-

than-air aircraft. **~skipper** aeronaut, aviator. **~skrif** sky‑
writing. **~skroef** propeller. **~skrywer** skywriter. **~skyn**
**(sel)** sky glow. **~slaankrag** *(mil.)* air power. **~slag** air blast;
aerial battle. **~slot, ~sluiting** airlock. **~snelheid** air speed.
**~-spersone** no‑fly zone. **~spieëling** mirage, *(It.)* Fata
Morgana. **~spoor** *(bot.)* conidiospore. **~spoor(weg)** over‑
head/hanging/aerial railway; aerial cableway; sky railway,
elevated railway/‑road. **~stafhoof** air chief of staff. **~stamp**
air bump. **~steen** airbrick, ventilating brick. **~steier** flying
scaffold. **~steun** *(mil.)* air support. **~steunpunt** air base.
**~steuring, ~storing** atmospherics, static. **~storting** *(me‑*
*teorol.)* microburst. **~straling** sky glow; sky radiation.
**~streek** (climatic) zone, region. **~stroming** air drift; air‑
flow. **~stroom** airstream, air current. **~stroommeter** air
meter. **~stryd** air fighting, air‑force operations. **~suier** ex‑
tractor fan. **~suiging** backwash *(of an aircraft).* **~suiwe**‑
**raar** air cleaner/filter. **~suiwerend** ‑rende air purifying, ven‑
tilating. **~tarief** air fair. **~taxi** air taxi, taxi plane. **~toertjie**
*‑tjies* air stunt; *(in the pl., also)* aerobatics. **~toevoer** air sup‑
ply, ventilation. **~torpedo** aerial torpedo. **~tot-grond(-)**
**missiel, ~tot-oppervlak(-)missiel** air-to-ground/surface
missile. **~tot-lug(-)missiel** air-to-air missile. **~tyd** *(rad.,*
*TV)* airtime, broadcasting time; airplay *(of a song etc.).* **~uit**‑
**laat** air exhaust/escape. **~vaarder** aeronaut. **~vaart** →LUG‑
VAART. **~verdediging** air defence. **~verfrisser** air freshener.
**~verkeer** air traffic. **~verkeer(s)beheer** air-traffic/flight
control. **~verkeer(s)beheerder** air-traffic/flight controller.
**~verkenning** aerial reconnaissance. **~verkoel(d)** *-koelde*
air-conditioned, -cooled. **~verkoeler** air cooler. **~verkoe**‑
**ling** air cooling; *met ~* air-cooled. **~versorger, ~reëlaar**
air conditioner. **~versorging, ~reëling** air conditioning.
**~vertoning** aerial/flying display. **~vervoer** air/aerial trans‑
port. **~vloot** air fleet/force. **~voggehalte** humidity (of the
air). **~vogmeter** hygrometer. **~vogtigheid** dampness/hu‑
midity of the air/atmosphere. **~vrag** air cargo/freight. **~vrag**‑
**geld** air freight(age). **~waardin** air hostess/stewardess.
**~(weeg)skaal** air poise, aerostatic balance. **~weerstand**
resistance of the air, air resistance. **~weg** skyway, air route;
air lane/passage; airway. **~werktuigkundige** air mechanic.
**~wortel** aerial root.

**lug·druk** air pressure; pneumatic pressure; atmospheric pres‑
sure. **~boor** = LUGBOOR. **~hamer** = LUGHAMER. **~meter** air
gauge. **~pomp** lift pump. **~rem** air/pneumatic brake.

**lug·gie** *‑gies* breath of air, slight breeze; zephyr *(poet., liter.);*
whiff, waft, scent, tang; *daar trek geen ~ nie* not a breath is
stirring.

**lug·laat** ge‑, *lugge* bleed *(brakes).* **~klep** bleed(er)/bleeding
valve. **lug·la·ting** bleeding.

**lug·pyp** windpipe, trachea, respiratory tube; *(anat.)* bron‑
chus; flue, funnel; *(archit.)* ventiduct; *(min.)* air main. **~in**‑
**snyding** tracheotomy. **~ontsteking** trach(e)itis. **~verrui**‑
**mer** *(med.)* bronchodilator.

**lug·py·pie** *‑pies, (anat.)* bronchial tube; *(in the pl.)* bronchia,
bronchial tubes.

**lug·ter** *‑ters* chandelier; →KROONKANDELAAR.

**lug·tig** *‑tige,* adj. airy *(room, tread);* light, light-hearted *(man‑*
*ner);* nervous; cautious; funky, afraid; ethereal; jaunty *(tread);*
*~ wees vir ...* be wary of ... *(s.o.);* be apprehensive/scared of
... *(an encounter etc.).* **lug·tig** adv. airily, lightly; light-heart‑
edly; nervously; cautiously, warily; *~ stap* walk with a light/
airy tread. **lug·tig·heid** airiness; light-heartedness; flippancy,
jauntiness; levity; cautiousness; scaredness.

**lug·vaart** aviation, aeronautics, air navigation; *burgerlike ~*
civil aviation. **~(beheer)stasie** air-traffic control station.
**~geneeskunde** aviation medicine. **~kaart** air map. **~kun**‑
de aeronautics. **~kundig, ~kundig** *-dige* aeronautical. **~lyn,**
**luglyn** airline. **~skool** air school, school of aeronautics.

**lui¹** *lui(e) luier luiste,* adj. lazy, indolent, sluggish, slothful;

shiftless; slack; *'n ~ baantjie* sinecure; *geen ~ haar op jou*
*kop hê nie* not know what it means to be idle; *'n ~ lewe lei*
lead a lazy (or an easy) life; *'n ~e lummel* a lazy lout; *so ~*
*wees dat jy iets kan oorkom* be too lazy for words; *(iem. is) ~*
*by die vak/werk, (maar) fluks by die bak, (idm.)* (s.o. is)
slow at work, (but) quick at meat. **lui** adv. lazily, indolently,
sluggishly; slackly. **~haai** = KATHAAI. **~lekker** easeful, lux‑
urious; *~ drag* casual clothes; *'n ~ lewe* a life of ease, a soft
life. **~lekkerland** *(fig.)* lotus land; happy valley. **~slang** *(zool.)*
python, boa constrictor, anaconda. **~slangdans, domba**‑
**dans** *(trad.Venda ritual)* python dance, domba dance.

**lui²** ge‑, *vb.* ring; peal, toll *(a bell);* sound; chime, clang; *die*
*berig ~ nie gunstig nie* the report is not favourable; *soos die*
*gesegde ~* as the saying goes (or has it); *daar ~ die klok*
there goes the bell; *~ die klok* ring the bell; *die storie ~ so*
the story goes like this; *die titel ~ so* the title reads/runs as
follows. **~toon** *(teleph.)* ring(ing) tone.

**lui·aard** *-aards* lazy person, *(infml.)* lazybones, sluggard, slack‑
er; *'n ~ dra hom dood, maar (hy) loop nie twee maal nie, (idm.)*
lazy folks take the most pains; *(as die) son (is/sak) in die weste,*
*(is die) ~ op sy beste, (idm.: a lazy pers. likes to procrastinate)*
the sluggard is at his best when the sun sinks in the west.

**luid** *luide luider luidste,* adj. loud; stentorian; *met ~e stem* in a
loud voice. **luid** adv. loudly. **~spreker** loudspeaker. **~spre**‑
**kerstelsel** loudspeaker system; public address system.

**lui·dens** *(fml.)* according to *(a document).*

**luid·keels** loud, at the top of one's voice, out loud.

**luid·rug·tig** *-tige* noisy, boisterous, roistering, vociferous,
loud-spoken, uproarious, rowdy, loud(mouthed); obstrep‑
erous, tumultuous; *~ verwelkom word* receive a tumultuous
welcome. **luid·rug·tig·heid** noisiness, boisterousness, row‑
diness, loudness, obstreperousness.

**lui·er¹** *luiers,* n. nappy, *(Am.)* diaper; *vir 'n baba 'n droë/skoon*
*~ aansit* change a baby's nappy. **~broek(ie)** waterproof.
**~speld** safety/napkin pin. **~uitslag** *(med.)* nappy rash.

**lui·er²** ge‑, *vb.* loaf, lounge, laze, idle; *(mot.)* idle; *agteroor ~*
loll back *(in a chair).*

**lui·heid** laziness, indolence, sloth; sluggishness, stagnancy;
*kleine ~ groot verdriet* a stitch in time saves nine.

**luik** *luike,* n. shutter *(of a window);* trap *(in a theatr.);* hatch *(of*
*a ship);* trapdoor; manhole; scuttle; flap; panel *(of a triptych);*
*die ~e vasskroef* batten down the hatches *(on a ship).* **~gat**
hatchway, scuttle; manhole. **~rug(motor)** hatchback.

**lui·lak, lui(·e)·lak** *-lakke,* n. sluggard, do-little, *(infml.)* lazy‑
bones, idler.

**luim** *luime* mood, humour; whim, caprice; vagary, fancy; *in*
*ernstige ~* in serious vein; *in 'n goeie ~* in a good mood/
temper; *in ligte ~* on the lighter side, in lighter vein; *in 'n*
*slegte ~* in a bad mood/temper; *in 'n vreeslike/ver‑*
*skriklike ~* in a vile/violent temper. **lui·mig** *-mige* humor‑
ous, witty; sprightly. **lui·mig·heid** humour, humorousness,
wit.

**lui·perd** *-perds* leopard, *(poet., liter.)* panther. **~kruip** n. &
vb., *(mil.)* leopard crawl. **~vel** leopard skin.

**luis** *luise* louse; tick; vermin; *'n (lae) ~, (infml.)* a louse/rotter/
scumbag/swine; *jou lae ~!, (also)* you scum!; *vol ~e* lice-
infested, vermin-infested. **~koors** typhus, jail/ship fever.
**~plaag** plague of lice. **~vlieg** ked.

**lui·sies(·bos)** *(bot.: Leucospermum* spp.) pincushion.

**luis·ter¹** n. splendour, brilliance, lustre, magnificence; éclat
*(Fr.);* glitter; *~ aan ... verleen* add lustre to ... **luis·ter·ryk**
*-ryke -ryker -rykste* (of *meer ~ die mees ~ryke)* splendid, mag‑
nificent, glorious; distinguished, brilliant, glittering *(career).*

**luis·ter²** ge‑, *vb.* listen; hear; *aandagtig/goed/mooi/skerp*
*~* listen attentively/closely; *iem. ~ aandagtig, (also)* s.o.
pricks (up) his/her ears, s.o. is all ears; *~ ('n) bietjie hier!*
just listen to this!; *tot die end/einde na iem. ~* hear s.o. out;
*geduldig na iem. ~* give s.o. a fair hearing; *na iets ~* listen to

s.t. *(lit., fig.)*; listen for s.t.; listen in to s.t. *(a conversation)*; be open to s.t. *(criticism etc.)*; ~ *(nou) mooi* (**na my**) read my lips; ~ *of jy ... kan hoor* listen for ... *(the song of a bird etc.)*; **vir** *iem.* ~ listen to s.o., obey s.o.; *iem.* **wil** *nie* ~ *nie* s.o. doesn't want to listen/obey. ~**pos** *(mil.)* listening post. ~**sy**=**fer** *(rad.)* rating; *die hoogste* ~ *behaal* top the ratings. ~**vink** eavesdropper.

**luis·te·raar** =*raars* listener, listener-in.

**luit** *luite, (mus.)* lute. ~**spel** lute playing. ~**speler** lutanist, lutenist, lute player.

**lui·te·nant** =*nante, (officer's rank)* lieutenant. ~**-generaal** =*raals* lieutenant general. ~**-kolonel** =*nels* lieutenant colonel. ~**kommandeur** =*deurs* lieutenant commander. **lui·te·nant**=**skap, lui·te·nants·rang** lieutenancy, rank of lieutenant.

**lui·ters** innocent, unaware; →DOODLUTTERS; *jou* ~ *hou*, ~ *wees* pretend to know nothing, feign innocence, remain quite unconcerned.

**lui·tjie:** *iem. 'n* ~ *gee, (<Eng., infml.)* give s.o. a ring/tinkle.

**Lu·kas** *(NT)* Luke.

**luk·raak** *adj.* wild, random, haphazard, hit-or-miss, desul=tory. **luk·raak** *adv.* at random, randomly, haphazardly, at a hazard. ~**metode:** *deur/volgens die* ~ by trial and error.

**lu·kwart, loe·kwart** =*kwarte* loquat.

**lum·baal** =*bale, (anat.)* lumbar; ~*bale punksie* lumbar punc=ture.

**lu·mier** =*miers, n., (poet., liter.)* break of day, dawn.

**lu·mi·nes·sen·sie** *(phys.)* luminescence.

**lum·mel** =*mels, n.* lout, oaf, simpleton, boor, palooka, dork. **lum·mel·ag·tig** =*tige* boorish, oafish, loutish; bumbling, blundering, bungling, lumbering, dorky.

**lum·pek·to·mie** *(surg.)* lumpectomy.

**luns** *lunse, n.* linchpin, lynchpin, axle pin, forelock. ~**gat** pinhole. ~**pen** linchpin, lynchpin, axle pin, forelock. ~**riem** axle strap; *(infml., derog.: a dirty, slovenly pers.)* slob, dirtbag, pig.

**lu·pien** =*piene* lupin(e).

**lu·pus** *(pathol.)* lupus. ~**lyer** lupus patient.

**lus**[1] *luste, n.* desire, appetite; liking, inclination; craving, itch=ing; greed; fancy; hunger; stomach *(for)*; lust, (carnal) de=sire; delight, joy; *iets met* ~ **aanpak** do s.t. with zest; *iem. se* ~ **bevredig** gratify s.o.'s desire; *jou* ~*te* **botvier** indulge one's passions; ~ *hê vir iem., (infml.)* feel like punching s.o.'s lights out; *geen/nie* ~ *daarvoor* **hê** *nie* not care for it; *as jy* ~ **het** if you like; ~ *hê om iets te doen* feel like doing s.t., want *(or feel inclined or have a mind or be eager)* to do s.t.; *baie* ~ *hê om iets te doen* have a good mind to do s.t.; *half* ~ *hê om iets te doen* have half a mind to do s.t.; *nie/niks* ~ *hê vir iets nie* have no stomach for s.t. *(fighting etc.)*; *'n* ~ *vir iets* **hê** have a taste for s.t.; have a craving for s.t.; *het jy* ~ *om te ...?* would you care/like to ...?; *soos jy* ~ **het** as you please; *iem.* **het** ~ *vir* ... s.o. feels like ...; s.o. is hungry for ...; s.o. could do with ... *(a drink etc.)*; s.o. is in the mood for ...; ~ **kry** *vir* ... (suddenly) feel like ... *(a cold beer etc.)*; *aan jou* ~ *die vrye* **loop** *gee/laat* indulge one's passions; *met* ~ with relish; with a will; *dit is* **my** ~ *en my lewe* it is meat and drink *(or the breath of life)* to me; *'n* ~ *vir die* **oog/oë** a feast/treat for the eye(s), a treat to look at, *(infml.)* quite an eyeful, *(infml.)* a sight for sore eyes; *'n* ~ *wees om te* **sien,** *(a garden etc.)* be a sight; *'n* ~ *wees om iem. te sien* toneelspeel *(of toneel speel)* be a treat to see s.o. act; *'n* **slaaf** *van jou* ~*te* a slave to one's passions/desires; *iem. se* ~ *vir iets* s.o.'s liking for s.t.; *iets is* **vir** *iem. 'n* ~ s.o. takes pleasure in s.t. *(work etc.)*; *die vlees*=**like** ~*te* the desires of the flesh; *weinig* ~ *hê vir iets* be unenthusiastic about s.t.. **lus** *adj. & adv.* desirous, inclined, minded; ~ *wees/voel* **om** *iets te doen* feel like doing s.t., want *(or feel inclined or have a mind or be eager)* to do s.t.; *baie* ~ *wees/voel* **om** *iets te doen* have a good mind to do s.t.; *half* ~ *wees/voel* **om** *iets te doen* have half a mind to do s.t.; *is/voel*

*jy* ~ **om** *te ...?* would you care/like to ...?; *iem. is/voel* ~ **vir** ... s.o. feels like ...; s.o. is hungry for ...; s.o. could do with ... *(a drink etc.)*; s.o. is in the mood for ...; *nie/niks* ~ *wees/voel* **vir** *iets nie* have no stomach for s.t. *(fighting etc.)*; *ek is nie* ~ **vir** *jou* ... *nie* I don't want your ... *(jokes etc.)*; *weinig* ~ *wees/voel vir iets* be unenthusiastic about s.t.. **lus** *ge=, vb., (infml.)* like, feel like, feel inclined; *ek* ~ *'n* ... I could do with ... *(a cup of coffee etc.)*. ~**hof** (garden of) Eden *(fig.)*, paradise; pleasure garden, pleasance; bower. ~**makertjie** appetiser, apéritif. ~**oord** pleasure ground; beautiful/charming/de=lightful place.

**lus**[2] *lusse* loop; noose; bight; tag, tab; strap; *rooi* ~ red tab. ~**hanger** *(infml.)* straphanger. ~**knoop** loop knot. ~**lyn** loop line. ~**steek** loop stitch.

**lu·sern** *(bot.)* alfalfa, lucerne, medic(k). ~**kamp** lucerne paddock. ~**land** lucerne field. ~**oes** lucerne crop. ~**pers** lucerne press/baler.

**lus·te·loos** =*lose* listless, languid, spiritless, inert, dull, apa=thetic, supine. **lus·te·loos·heid** listlessness, apathy, inertia, languor, lifelessness, dullness, lassitude, inertness, disincli=nation.

**lus·ter** =*ters, (<Fr.)* chandelier, lustre.

**lus·tig** =*tige, adj.* cheerful, merry. **lus·tig** *adv.* cheerfully, merrily, heartily; *(sing)* lustily, vigorously, with a will.

**lus·trum** *lustrums, lustra, (Lat., rare: a five-year period)* lus=trum, quinquennium.

**lu·te·ïen** *(biochem.)* lutein.

**lu·te·si·um** *(chem., symb.:* Lu*)* lutetium, lutecium.

**Lu·the·raan** =*rane, n., (also* l~*)* Lutheran.

**Lu·thers** =*therse, adj., (also* l~*)* Lutheran; ~*e Kerk* Lutheran Church.

**luuks** *luukse luukser luuksste (of meer* ~ *die mees luukse)*, *adj.* luxury, luxurious, de luxe, *(infml.)* ritzy; *'n* ~*e bus/trein/* *woonstel/ens.* a luxury bus/train/flat/etc.; *'n* ~*e kajuit* a state=room; *'n* ~*e uitgawe* an edition de luxe, a de luxe *(or* cabi=net*)* edition.

**luuk·se** =*ses, n.* luxury; *die enigste* ~ *wat hy hom* (of *sy haar*) *veroorloof* the only luxury he/she permits him=/herself; *sy het* *haar die* ~ *van 'n sybloes(e) veroorloof* she rather extravagant=ly bought herself a silk blouse. ~**belasting** wealth/luxury tax.

**Lux·em·burg** *(geog.)* Luxemb(o)urg. **Lux·em·bur·ger** =*gers* Luxemb(o)urger. **Lux·em·burgs** *n., (dial.)* Luxemburgish. **Lux·em·burgs** =*burgse, adj.* Luxemb(o)urgian.

**ly**[1], **ly·kant** *n., (naut.)* lee (side); *aan die* ~ *van iets wees* be on the leeward (side) *(or* in/under the lee*)* of s.t. *(an island etc.)*. ~**boord** leeboard, lee side.

**ly**[2] *ge=, vb.* suffer *(pain, defeat, want, loss, etc.)*; bear, endure; smart; *aan iets* ~ suffer from s.t.; be sick with s.t.; be af=flicted by/with s.t.; ~ **deur** ... suffer as a result of ...; *dors* ~ suffer thirst; *erg* ~ suffer severely; *onder iets* ~ suffer from s.t.; ... ~ **onder** *iets, (also)* s.t. interferes with ... *(s.o.'s work etc.)*; *iem. se* **reputasie** *het daaronder ge*~ it seriously affected s.o.'s reputation, s.o.'s reputation suffered; ~ *wat daarop* **volg** bear/face/suffer/take the consequences; *iem. sal* ~ *wat daar=op* **volg,** *(also)* on s.o.'s own head be it.

**ly·de·lik** =*like* passive; non(-)resistant; unprotesting; impas=sive; ~*e verset* passive resistance. **ly·de·lik·heid** passiveness, passivity, non(-)resistance.

**ly·dend** =*dende, adj. & adv.* suffering; *die* ~*e party* the suf=ferer, the underdog, the losing side; *die* ~*e party wees, (also)* have to bear the brunt (of it); ~*e vorm, (gram.)* passive voice.

**ly·dens** ~*geskiedenis* tale of suffering/woe/misery; *(Chr.:* L~*)* Passion. **L~tyd:** *die* ~*/Lydensweke, (Chr.)* Passiontide. **L~week** *(Chr.)* Passion/Holy Week; →LYDENSTYD. ~**weg** *(fig.)* way of suffering, via dolorosa.

**ly·ding** suffering; *'n dier van sy/haar* ~ *verlos* put an animal out of his/her misery.

**lyd·saam** =same= meek, patient, long-suffering. **lyd·saam·heid** meekness, patience, long-suffering, long-sufferance; *iets met* ~ *dra* endure s.t., be patient of s.t..

**ly·er** *lyers* sufferer, patient, case; endurer; martyr; ~ *aan* ... sufferer from ...

**lyf** *lywe* body; figure; bottom *(of a plough)*; body *(of wine)*; *geen hemp/ens.* **aan** *jou* ~ *nie* not a shirt/etc. to one's back; *iets* **aan** *eie* ~ *voel* experience s.t.; ~ **aansit/kry** gain weight; *iem. te* ~ **gaan** attack s.o., go at/for s.o., strike out at s.o.; *iets goeds op die* ~ **loop** discover s.t. really good; *jou* ~ ... **hou** pretend to be ... *(a doctor etc.)*; *... van jou* ~ *af* **hou** fend/keep ... off; *jou* ~ *reg* **hou** *vir* ..., *(infml.)* prepare o.s. for ...; ~ *en* **lede/lewe** life and limb; *gesond van* ~ *en* **lede** sound in wind and limb; *in* **lewende** *lywe* in person; in the flesh; *'n* **filmster/ens.** *in* **lewende** *lywe* a real live film star/etc.; *om die* ~ round the waist; *my* **ou** ~ my old bones; *die* **regte** ~ *vir* ... *hê*, *(infml.)* be cut out for (*or* to be) ...; *iem. se* ~ **soek**, *(sl.)* have the hots (*or* hot pants) for s.o.; *jou* ~ **spaar**, *(infml.)* loaf, swing the lead, lie down on the job; nurse one's strength; *swaar* ~ *en* heavy-bodied; *iets het nie veel om die* ~ *nie*, *(an argument etc.)* s.t. has (*or* is of) little substance; s.t. is not worth much; *hoe* **voel** *jou* ~? how do you feel?, how are things?, how's the body?; ~ **wegsteek**, *(infml.)* loaf, shirk work, swing the lead, lie down on the job. ~**band** sash; waistband, belt *(without a buckle).* ~**bediende**, ~**kneg** valet, butler; *(Br., mil.)* batman. ~**blad** official journal; (press) organ, mouthpiece. ~**bouler** *(cr.)* body-line bowler. ~**doek** *(rare)* wrap-around, sari, kikoi, kanga. ~**hou** body blow, body punch. ~**kous** body stocking. ~**plank** boogie board. ~**plankry** *n.* boogie-boarding. ~**poeier** talc, talcum powder. ~**rente** (life) annuity. ~**room** body lotion. ~**seer** *adj.* suffering from pains in the body. ~**skandeerder** body scanner. ~**straf** corporal punishment, whipping, flogging. ~**taal** body language. ~**wag** bodyguard. ~**wegsteker** leadswinger, shirker.

**ly·fie** =fies= little body; *(garment)* bodice, corsage; *'n oulike/ vietse* ~ a neat/trim/smart little figure.

**lyf·lik** =like= bodily, corporeal, actual; ~*e aanwesigheid* corporeal presence. **lyf·lik·heid** corporeality.

**lyk**[1] *lyke* corpse, (dead) body, *(med., poet, liter.)* cadaver; *'n* ~ *uitlê* lay out a body; *(nie) oor* ~*e (heen) kan loop/stap (nie)*, *(a businessman etc.)* have/lack the killer instinct. ~**baar** bier. ~**besorger** undertaker, funeral contractor/director/furnisher, *(chiefly Am.)* mortician. ~**bus** funerary urn. ~**diens** funeral/burial service, obsequies, obit. ~**dig** obituary poem. ~**doek** cerecloth. ~**draer** bearer. ~**gif** septic virus. ~**huis**, **lykshuis** mortuary, morgue. ~**kis** *(archaeol.)* cist; →DOODS= KIS. ~**kleur** livid colour. ~**lug** cadaverous smell. ~**rede**, **lyksrede** funeral oration. ~**roof** body snatching. ~**rower** body snatcher. ~**sak** *(mil. etc.)* body bag. ~**sang** dirge, lament, threnody, threnode, *(Sc., Ir.)* coronach. ~**skender** necrophile, necrophiliac. ~**skending** necrophilia, necrophilism. ~**stoet** funeral procession/cortège/cortege/train. ~**verassing**, ~**verbranding** cremation, incineration. ~**verslin-der** ghoul. ~**verstywing** rigor mortis. ~**waak** wake.

**lyk**[2] *lyke*, *(naut.)* leech *(of a sail).*

**lyk**[3] *ge=*, *vb.* look, seem, appear; *weer* ~ *soos altyd* look o.s. again; ~ **(as)of** ... look as if ...; *dit* ~ **(as)of** ... it appears/ seems as if ...; *dit sou* ~ **(as)of** ... it would appear as if ...; *dit wil al* ~ **(as)of** ... it seems likely that ...; *dit* ~ **daarna** it looks like it; **deftig** ~ look smart; *dit* ~ *maar* **donker** the outlook is dark; **gesond** ~ look well; *dit/sake* ~ **gevaarlik/ sleg** things are looking bad/serious; **goed** ~ look good; look well; *hoe* ~ *dit?* how do matters stand?; *hoe* ~ *dit (daarmee)?* how/what about it?; *hoe* ~ *dit met 'n* ...? would you like a ...? *(cup of coffee etc.)*; could I have a ...? *(cup of coffee etc.)*; *hoe* ~ *dit vir jou?* what do you think?; *hoe* ~ *dit, wil jy nie* ...? tell me, how would you like to ...?; *kyk hoe* ~ ...! what a state ... is in! *(infml.)*; *na/op* **mekaar** ~ be alike;

*sprekend na/op* **mekaar** ~ be as (a)like as two peas (in a pod) *(infml.)*; *hulle* ~ *'n bietjie na/op* **mekaar** there is some resemblance between them; *iem.* ~ **moeg/ens.** s.o. looks (*or* seems to be) tired/etc.; *dit* ~ *(vir)* **my** ... it appears/seems to me ...; *dit* ~ *vir* **my** *snaaks/ens.* it seems funny/etc. to me; *dit* ~ **na** ... it promises to be ...; it bears the semblance of ...; *dit* ~ *(so reg)* **na** *jou* that's just like you; *dit* ~ **na** *niks* it is not worth looking at; *enigsins* **na/op** ... ~ bear a distant likeness to ...; **na** *'n* ... ~, *(also, infml.)* come across as a ...; *dit* ~ *na* **reën**, *dit* ~ *of dit gaan* **reën** it looks like rain; **sleg** ~ look bad; be a sorry sight; *dit* ~ **so**, *so* ~ *dit* it seems so, so it seems, it looks that way; *iem.* ~ *ook* **so**, *(often iron.)* s.o. looks the part; *iets* ~ **vir** *iem. oordrewe/ens.* s.t. strikes s.o. as exaggerated/ etc.; *iets* ~ **vir** *iem. mooi* s.o. finds s.t. attractive/pretty; ~ *soos* **wie** *weet wat*, *(infml.)* look like nothing on earth; *dit* ~ **wit** it shows white.

**lyk·ag·tig** =tige= like a corpse, cadaverous.

**lyks·**: ~**huis** →LYKHUIS. ~**kleed** pall; shroud, winding sheet. ~**wa** hearse, funeral carriage.

**lyk·skou·er** coroner.

**lyk·skou·ing** postmortem (examination), autopsy, necropsy; inquest; *'n geregtelike* ~ *hou* conduct/hold an inquest; *'n* ~ *van iem. hou/verrig* conduct/do (*or* carry out) a postmortem on s.o..

**lym** *n.* glue; gum; paste; size; *koue* ~ liquid glue. **lym** *ge=*, *vb.* glue. ~**band**, ~**inbinding** *(bookbinding)* adhesive/perfect binding. ~**kwas** glue brush, paste brush. ~**pot** glue pot, gum pot, paste pot. ~**stof** *(biol.)* collagen. ~**water** glue water, glue wash, size; *iets met* ~ *was* glue-wash s.t..

**lym·ag·tig** =tige= gluey, glutinous; *(chem., med.)* colloidal.

**ly·me·rig** =rige= gluey; sticky; sizy.

**lyn** *lyne*, *n.* line; string, rope; cord; curve; circuit; line *(of the face, hands, etc.)*; *(railway)* line; *(genet.)* strain; boundary; trace *(of an instr. etc.)*; leash, lead *(of a dog)*; *iets in* ~ **bring** line up s.t.; true (up) s.t., align s.t.; *in een* ~ in (a) line; ... *op een* ~ **bring** bring ... into line; *op een* ~ *met* ... on a level with ...; *op een* ~ *met* ... *staan* rank with ...; **ewewydige** ~*e* parallel lines; *iets* **hang** *aan 'n* ~, *(washing etc.)* s.t. hangs on a line; *langs/met die* ~ *af* down the line; *dit lê in die* ~ *se* ~ that is (in) s.o.'s line; *gaan* ~ **natmaak**, *(infml.)* go fishing; *op 'n* ~ in a line; *'n* **reguit** ~ a straight line; *in 'n reguit* ~ as the crow flies; *'n* **trek** ~ draw a line; *uit die* ~ *(uit)* out of line. **lyn** *ge=*, *vb.* rule; line. ~**bestuurder** *(comm.)* line manager. ~**boot** (ocean) liner. ~**dans** line dancing. ~**diens** scheduled service. ~**draad** boundary fence. ~**funksie** *(management)* line function. ~**golf** longitudinal wave. ~**gooi** *n.* casting. ~**gooi** *lynge=*, *vb.* cast. ~**perspektief** linear perspective. ~**reg** perpendicular, straight; direct; ~ *in stryd met* ... in direct opposition to ...; diametrically opposed to ...; ~ *in stryd met iem. se bewering* in direct contradiction with s.o.'s assertion; *in* ~*te teen=/teëstelling met* ... in direct contrast with ... ~**regter** *(tennis)* linesman. ~**skip** (ocean) liner. ~**staan** =stane=, *n.*, *(rugby)* line-out; *die/'n* ~ *vorm* form a line-out. ~**tekening** line drawing; geometrical/mechanical drawing; linear diagram. ~**vlieënier** *(tennis)* cyclops. ~**vis** line fish. ~**vliegtuig** airliner. ~**vlug** scheduled flight.

**lyn·**: ~**olie** linseed oil; *gaar* ~ boiled linseed oil; *rou* ~ raw linseed oil. ~**oliesuur** *(chem.)* linoleic acid. ~**saad** linseed. ~**(saad)koek** linseed cake, oilcake.

**lynch** *ge=* lynch.

**lyn·tjie** =tjies=, *(dim.)* line; *iem. aan 'n* ~ *hê* have s.o. on a string; *iem. aan die/'n* ~ *hou*, *(infml.)* keep s.o. dangling, have/keep s.o. on (*or* at the end of) a string. **lyn·tjies·pa·pier** lined paper.

**Ly·on** *(geog.)* Lyons.

**Ly·ra** *(astron.)* Lyra.

**lys** *lyste*, *n.* list; schedule, register; inventory; catalogue; scroll, table; cornice, moulding; beading; skirting board; frame *(of* *a picture);* picture rail; ledge; fillet; **boaan** (of **bo aan**) *die ~ staan* top (*or* be at the top of) the list; *'n ~* **maak/opstel** make/compile (*or* draw up) a list; *'n ~* **name** a list of names; *op 'n ~ staan* appear/be on a list; *vir iets op die ~* **staan** be down for s.t. *(a contribution etc).* **lys** *ge=, vb.* frame; list, schedule. **~stelsel** *(pol.)* list system. **~werk** *(archit.)* mould= ing; astragal; beading; framework.

**ly·sie** *=sies, (dim.)* small list; narrow ledge; small frame; *'n kort ~* a short list.

**Ly·sol** *(trade name: a disinfectant)* Lysol.

**lys·ter** *=ters, (orn.)* thrush, *(poet., liter.)* mavis. **~bes(sie)** *(bot.)* dogberry, sorb.

**lys·ting** *=tings, =tinge* listing; enrol(l)ment; framework.

**ly·wig** *=wige* corpulent; bulky *(volume),* thick, substantial, vo= luminous; full-bodied *(wine, oil);* of good body *(wine);* bulky *(wool);* bold; *~e boekdeel* tome. **ly·wig·heid** corpulence, fat= ness; bulkiness, thickness, consistency; body *(of wine etc.).*

# Mm

**m, M** *m'e, M'e, m's, M's, (13th letter of the alphabet)* m, M; *(Rom. numeral 1000)* M; *klein ~, m'etjie* little m. **M-dak** M roof.

**'m, 'n** *interj., (expressing hesitation)* um; *(expressing assent)* uh-huh, yep, yup; *(expressing inquiry)* eh?, what?.

**ma** *ma's*, **mam·ma** *=mas* mom, mother, mummy, mam(m)a; *(infml.)* ma, old lady.

**maag** *mae* stomach; *(infml.)* corporation, tummy; *(anat.)* venter; maw *(of an animal)*; gizzard *(of a bird)*; *van jou ~ 'n afgod maak* be a glutton/go(u)rmand, gorge (o.s.); *'n hol/leë ~* an empty stomach; *op die krop van die ~* at/in the pit of the stomach; *op 'n leë/nugter ~* on an empty stomach; *iem. se ~ is onderstebo* s.o.'s stomach is upset; *jou ~ oorlaai* overeat; *plat op jou ~ lê* lie face down(wards); *iem. se ~ rammel/skree(u) van die honger* s.o. is ravenous; *dit kan jy op jou ~ skryf/skrywe (en met jou hemp afvee), (infml.)* that's wishful thinking, nothing will come of it; *'n ~ soos 'n volstruis hê* have a strong stomach, have the digestion of an ostrich; *jou ~ vashou van die lag* hold one's sides (with laughter); *~ vol* stomachful; *op 'n vol ~* on a full stomach; *van jou ~ 'n wolsak maak, (usu. derog.)* stuff one's face. **~aandoening** stomach/gastric complaint, stomach trouble/upset, upset stomach. **~bloeding** *(med.)* gastric h(a)emorrhage. **~breuk** gastrocele. **~dermkanaal** gastrointestinal tract, alimentary canal. **~dermontsteking** gastroenteritis; (cat) distemper. **~dokter** gastrologist, stomach specialist. **~griep** gastric influenza/flu. **~holte** stomach cavity, pit of the stomach. **~kanker** cancer of the stomach. **~klier** gastric/peptic gland. **~koors** gastric fever; military fever. **~kramp** stomach cramp, spasm of the stomach, gastrospasm, gastric spasm. **~kwaal** stomach/gastric disease, gastric/abdominal complaint. **~omvang** girth. **~ongesteldheid** stomach upset, upset stomach. **~ontsteking** gastritis, inflammation of the stomach. **~operasie** operation on the stomach, gastrotomy. **~pomp** stomach pump. **~pyn** stomachache, tummy ache; tormina; *dit gee 'n mens ~, (infml.)* it just makes one sick. **~sap** gastric juice. **~seer** stomach/gastric/peptic ulcer. **~skoot** belly flop *(of a diver)*. **~spieël** gastroscope. **~spoeling** gastrolavage. **~streek** gastric/abdominal region. **~suur** acidity of the stomach. **~verkleiningsoperasie** abdominoplasty, *(infml.)* tummy tuck. **~vlies** stomach lining, coat of the stomach. **~vliesontsteking** gastritis. **~vol** satisfied; *(lit., fig.)* crop-full; *(fig.)* fed up *(infml.)*. **~wal(letjie)** *(fig., infml.)* spare tyre. **~wand** stomach wall. **~werking** diarrh(o)ea; purging. **~wind** flatus.

**maagd** *maagde* virgin; *(poet., liter.)* maid(en), may, damsel; *die M~, (astrol.)* Virgo; *die M~ Maria* the Virgin Mary, Madonna. **maag·de·lik** *=like* virginal, maidenly, maidenish, vestal; virgin *(snow etc.)*; *~e geboorte, (relig.)* virgin birth *(of Jesus)*; *~e voortplanting, (biol.)* parthenogenesis. **maag·de·lik·heid** virginity, maidenhood, maidenhead. **maag·de·vlies** *(anat.)* hymen. **maag·dom** maidenhead, maidenhood, virginity.

**maai¹** *n., (infml., euph.): gaan/loop na jou ~!* go to blazes!; *in jou ~ wees, (infml.)* be a goner.

**maai²** *ge=, vb.* cut *(grass, corn)*; *(chiefly hist.)* mow; *(also Bib.)* reap; scythe; take a heavy toll; →AFMAAI; *~ onder ...* kill a great many (of) ... *(the soldiers)*; polish off ..., eat most of ... *(the chocolates in a box)*.

**maai·er¹** *=ers* mower, reaper, harvester. **maai·e·ry** reaping.

**maai·er²** *=ers* maggot, grub; bot(t); *met ~s besmet* flyblown, maggoty.

**maai·foe·die** *=dies*, **maai·foe·lie** *=lies*, **maai·foe·rie** *=ries*, *(infml.)* scoundrel, rascal.

**maak** *n.* making; *iets is in die ~* s.t. is in the making *(or being made)*; *iets in die ~ hê* have s.t. made. **maak** *ge=, vb.* make *(things, a dress, a difference, 5 points, 6 runs, a fortune, a name, enemies, friends, poems, laws, trips, journeys, sounds, etc.)*; form *(an idea of)*; mix *(a drink)*; create, construct, coin, turn out; do; *~ (as) of ...* make as if ...; pretend to ...; *~ (as) of jy dood is* play dead; *~ (as) of jy iets doen* go through the motions *(or make a pretence)* of doing s.t.; *~ (as) of jy kwaad is* pretend *(or make out)* to be angry; *~ (as) of jy spyt is* make a show *(or put on a semblance)* of regret; *~ en breek (soos jy wil)* do just as one pleases, have one's own way; *... kan iem. ~ of breek ...* can make or break/mar s.o.; *daarvan ~ wat jy kan* make the best of it; *~ dat iets gebeur* cause s.t. to happen; *~ dat jy wegkom!* be off!, get out!; *dit ~* manage (it), succeed, *(lit. & fig.)* get there; *dit ~ R100* it makes R100; *iem. erger ~ as wat hy/sy is* make s.o. out worse than he/she is; *iets gou/inderhaas ~* throw s.t. together; run s.t. up; *met iets te ~/make hê* be involved in s.t.; have a share in s.t.; be up against s.t. *(infml.)*; *met iem. te ~/make hê* have s.o. to contend with; *niks met iem./iets te ~/make wil hê* nie want nothing to do with *(or want none of)* s.o./s.t.; *dit het met ... te ~/make* it has to do with ...; *wat het dit met ... te ~/make?* what has it got to do with ...?; *wat het jy daarmee te ~/make?* what is that to you?; *"klik" ~* go "click"; *met iets te ~/make kry* be faced with s.t., *(infml.)* come up against s.t.; *met iem. te ~/make kry* find o.s. up against s.o. *(infml.)*; *iets laat ~* have s.t. made; *iem. aan die lag ~* set s.o. laughing, set off s.o.; *iem. tot leuenaar ~* give s.o. the lie; *wat kan ('n) mens met hom/haar ~?* what can one do about/with him/her?; *iets na/volgens ... ~* pattern s.t. after/on ...; *iem. het hier niks te ~/doen nie* s.o. has no business here; *iem./iets kan jou niks ~ nie* s.o./s.t. cannot harm *(or do anything to)* you; *'n ongeluk ~* cause an accident; *oorlog ~* make *(or go to)* war; *iem. aan die praat ~* set s.o. talking; *ook so ~* follow suit; *~ dan maar so!* have it your own way!; *wat ~ so?* what is that noise?; *~ soos iem. ~* take one's cue from s.o.; *iem. is so ge~ en so (ge)laat staan, (infml.)* a leopard can't change its spots; *'n tekening/skildery ~* do a drawing/painting; *iets uit/van ... ~* make s.t. (out) of ...; *iets word/is van ... ge~* s.t. is/was made of ...; *nie weet wat om van iets te ~ nie* not know what to make/think of s.t.; *wat ~ jy daar/hier?* what are you doing there/here?; *wat ~ ... hier?* what is ... doing here?; *wat ~ dit (saak)?* what (does it) matter?; *wat moet ek ~?* what am I to do?; *wat het jy nou weer ge~?* what have you done now?; *wat het jy vir hom/haar ge~?* what did you do to him/her?; *iem. ~ weer so* s.o. does it again; *werk daarvan ~ om ...* make a point of ...; *iem. wys met wie hy/sy te ~/make het* show s.o. what one is made of; *~ net wat jy wil* do exactly as one likes; *have it (all) one's own way; get away with murder (infml.)*; *~ soos jy wil* be a law unto o.s.; *~ soos jy wil!* do as you like/please!, do what you like!; please yourself!; *met iem. ~ wat jy wil* mould s.o. like wax; have s.o. in one's pocket; *laat iem. ~ wat hy/sy wil* let s.o. do his/her worst.

**maak·sel** =sels make, handiwork, workmanship, manufac= ture; concoction; coinage.

**maal¹** *male*, **maal·tyd** *maaltye*, *n.* meal; repast *(fml.)*; board; spread; *'n ~ berei/klaarmaak* prepare a meal; *ligte ~* light meal, snack; *'n ~ van iets maak* dine off/on s.t.; *'n stewige/ stywe ~* a hearty/square/substantial meal.

**maal²** *male*, *n.* time; →KEER *n.*; *albei* (of *al twee*) *male* both times; *baie male* many times; *een ~* once; *hierdie een ~* (for) this once; *meer as een ~* more than once; *nog een ~* once more, one more time; *(tog) een ~* for once; *een/twee/drie ~* once/twice/three times; *die eerste ~* the first time; *(vir) die eerste ~* for the first time; *vir die eerste, die tweede, die laaste ~* going, going, gone; *elke ~ dat iem. ...* every time s.o. ...; *'n/een enkele ~* once, a/one single time; *nie een enkele ~ nie* never/not once; *enkele male* a few times; once or twice; *die ~ so groot as ...* three times as big/large as ...; *dit is twee ~ so groot as ...* it is double/twice the size of ...; *een/twee/ens. ~ in 'n/die week/maand/jaar* once/twice/etc. a week/month/year; →*per*; *drie ~ vier is twaalf* three times four is twelve; *nege uit die tien ~* nine times out of ten; *nog 'n ~* once/yet again, once more; (all) over again; *iets gebeur nog 'n ~* s.t. happens for the second time; *'n ~ of twee, drie* two or three times; *een/twee/ens. ~ op 'n dag* once/twice/etc. a day; →*per*; *'n paar ~* once or twice; a few times; *een/twee/ens. ~ per dag/week/ maand/jaar* once/twice/etc. a day/week/month/year; *dit is twee ~ so ver/vêr as tussen ... en ...* it is double the distance be= tween ... and ...; *twee ~ soveel* as much again; *male sonder tal, tallose male* times without (*or* out of) number; *ten ene male* once (and) for all; *al twee ~, twee ~ al* twice already; *'n tweede ~* happen for the second time; *verskeie male* several times. **maal** *ge=*, *vb.* multiply; *ses met drie ~* mul= tiply six by three. *~teken* multiplication sign.

**maal³** *ge=*, *vb.* grind, mill; mince; circle around; eddy; mull; put through the mill; *die beeste ~ in die kraal* the cattle mill about in the kraal; *oor 'n gedagte ~* mull over an idea; *iets bly in/deur iem. se gedagtes/kop ~* s.t. preys on/upon s.o.'s mind; *iem. se kop ~* s.o. feels dizzy/giddy; *dit ~ in jou kop* it keeps running in one's head; *(aanhoudend/gedurig) oor een ding ~* have a bee in one's bonnet about s.t. *(infml.)*; be pos= sessed by/with s.t. *(an idea etc.)*; *iem. ~ (aanhoudend/gedurig) oor iets* s.o.'s mind runs on s.t; *dit ~ maar voort* it runs on and on. *~beweging* grinding motion. *~gat*, *~kolk* whirl= pool; pothole *(in a stream)*. *~klip* grinding stone; muller. *~ko= ring*, *~graan* grist. *~stroom* =strome, (*liter.*, *fig.*) maelstrom, whirlpool, vortex, welter. *~tand* molar (tooth); grinder. *~vleis* minced/ground meat, mince.

**maal·baar** =bare millable.

**maan¹** *mane*, *n.* moon; *die afgaande/afnemende ~* the waning moon; *die ~ gaan onder* the moon sets; *met die ~ gepla wees* be moonstruck; *die ~ groei* the moon waxes (*or* is on the increase); *die groeiende/wassende ~* the waxing moon; *die ~ is half* there is a crescent moon; *die ~ kom op* the moon rises; *dis ligte ~* there is a moon; *loop/vlieg na die ~!*, *(infml.)* go to blazes!; *iets is na die ~*, *(infml.*, *a reputa= tion etc.)* s.t. has been ruined, s.t. is lost; nothing has come of s.t.; *die ~ neem af* the moon wanes (*or* is on the wane); *die ~ is vol* the moon is (at the) full, there is a full moon. *~baan* orbit of satellite, satellite orbit. *~blindheid* moon blindness, mooneye *(in horses)*. *~blom* moonflower. *~fase*, *~gestalte* phase of the moon. *~jaar* lunar/moon year. *~lan= ding* moon landing. *~landingstuig* lunar (excursion) mod= ule *(abbr.: LEM)*. *~lens* meniscus. *~lig* →MAANLIG. *~reën= boog* lunar/moon rainbow, moonbow. *~saad* poppy/maw seed. *~siek* =sieke moonstruck, =stricken. *~siklus* lunar cy= cle. *~skyn* moonlight, =shine. *~skynaand* moonli(gh)t night/evening. *~steen* *(min.)* moonstone, girasol(e), giro= sol. *~straal* moonbeam, ray of moonlight. *~tuig* mooncraft. *~wandeling* moonwalk. *~wetenskap* selenology.

**maan²** *ge=*, *vb.* exhort, urge, warn, admonish. *~brief* dun= ning letter; *(relig.)* monitory.

**maand** *maande*, *n.* month; *~e aaneen* for months; *aanstaan= de/volgende ~* next month; *die afgelope ~* the last/past month; *binne 'n ~* inside (of) a month; *binne drie ~e in* three months, in three months' time; *die ~ daarop* the next month; *dis ~e dat X laas gesien is* X has not been seen for months; *dié/hierdie ~* this month; *elke ~* every month; *ek het hom/haar in geen ~e gesien nie* I haven't seen him/her for months; *die hele ~ (deur)* throughout the month, the whole month long; *die laaste ~* the last month *(of a period)*; *'n ~ lang(e) ...* a month-long ...; *~e (lank)* for months; *in min= der as 'n ~* inside (of) a month; *~ ná ~* month in, month out; *die ~ Oktober/ens.* the month of October/etc.; *oor 'n ~* in a month, in a month's time; *oor drie ~e* in three months, in three months' time; *'n ~ ou/oud/oue ...* a month-old ...; *'n ~e oue ...* a months-old ...; *... per ~* ... a/per month; *... monthly*; *die ~ tevore* the previous month; *vandag oor 'n ~* this day month, today month; *verlede ~* last month; *vir 'n ~ ... toe gaan* go to ... for a month; *volgende ~* →*aanstaan= de/volgende*; *die volgende ~* the next month; *die vorige ~* the previous month. *~berig* monthly report/statement. *~blad* monthly (magazine/journal/periodical/publication). *~in: ~ en maanduit* month in, month out. *~kaart(jie)* monthly ticket. *~staat* monthly return/statement. *~stonde* =des men= struation, menstrual period, menses. *~stondepyn* period pain. *~verslag* monthly report.

**Maan·dag** =dae Monday; *nie ~dae werk nie* not work on Mon= days.

**maan·de·liks** =likse, *adj. & adv.* monthly, once a month, every month.

**maan·haar** =hare mane, fringe; crest; maned lion; *(geomor= phol.)* hogback, hog's back; *iem. se ~hare rys gou* s.o. is quick to take offence; *iem. se ~hare laat rys*, *(infml.)* get s.o.'s hack= les up, raise s.o.'s hackles, make s.o.'s hackles rise; *sonder ~hare* maneless. *~jakkals* →AARDWOLF. *~leeu* maned lion.

**maan·lig** moonlight. *~aand* moonli(gh)t night/evening. *~straal* moonbeam.

**maan·loos** =lose moonless.

**maans=:** *~ondergang* moonset. *~opkoms* moonrise. *~ver= andering* phase of the moon. *~verduistering* =rings, =ringe lunar eclipse, eclipse of the moon.

**maan·tjie** =tjies, *(dim.)* moonlet.

**maan·vor·mig** =mige lunate.

**maar** *mare*, *n.* but; *daar is 'n ~ by* there is a but in the matter.

**maar** *adv. & conj.* but, merely, only, just; yet, however; *~ alte graag* all/only too gladly; *as ... ~ hier was!* if only ... were here!; *iem. moet dit ~ doen* s.o. had better do it; *as ek ~ ... gehad het!* oh for ...!; *dis ~ goed ook* it's just as well; and a good thing too, and quite right too; *jy kan ~ praat* you may speak freely; *iem. kan mos ~ loop* s.o. could always walk; *iem. kon ook ~ gegaan het* s.o. might just as well have gone; *~ dis koud!* my, (but) it's cold!; *dis ~ menslik* it's only human; *jy sal ~ moet wag* you will just have to wait; *~ nee, dit sou nie gebeur nie* but it was not to be; *nie ~ nie, hoor!* but me no buts!; *iem. het nog ~ begin toe ...* s.o. had hardly begun be= fore (*or* just started) when ...; *nog ~ 'n snuiter* a mere youngster/boy; *~ te duidelik wees* be crashingly obvious; *toe ~!* all right!, don't worry!; just you wait!; *~ verlede week/ maand* only (*or* as recently as) last week/month; *vertel dit ~ aan my* better tell it to me; you may tell me; *wag ~!* just you wait!; *soveel soos jy ~ wil* as much as ever you want.

**maar·skalk** =skalke, =skalks, (chiefly hist.) marshal.

**Maart** *n.* March. *~blom* (*Haemanthus coccineus*) April fool, blood flower. *~lelie* (*Amaryllis belladonna*) March/belladon= na lily. *~maand* the month of March.

**maas¹** *mase*, *n.* mesh. **maas** *ge=*, *vb.* mesh; darn; reknit; do invisible mending. *~draad* mesh wire, wire mesh. *~kouse* *n. (pl.)* mesh stockings. *~steek* mesh stitch; grafting stitch. *~stof* mesh (fabric).

**maas²**, **a·maas** *n.* calabash milk, sour porridge, *(Zu.)* amaas. ~**kaas** cottage cheese.

**maat¹** *mate* measure, size, gauge; measurement, quantum; *(mus.)* tempo, time, bar; *(pros.)* measure, metre; *die ~ aan= gee, (mus.)* mark time; *in die ~ bly* keep time *(with the mus.)*; *bo ~* beyond measure, exceedingly; *'n groter/kleiner ~ dra* take a larger/smaller size; *mate en gewigte* weights and meas= ures; *goeie ~* good/full measure; *by die groot ~* in large quantities; in bulk; *by die groot ~ koop* buy wholesale; *iets by die groot ~ verkoop* sell s.t. in bulk; *die ~ hou, (mus.)* keep time; *iets by die klein ~ verkoop* sell s.t. (at/by) retail; *die ~/ mate van ... neem* take the measurements of ...; *op (die) ~ van ...* to the beat of ...; in time to ...; *op/na ~ gemaak* cus= tom-made, made to measure; *'n pak klere op/na ~* a suit to measure, a tailor-made/bespoke suit; *die ~ slaan, (mus.)* beat/ keep time; *met twee mate meet* apply double standards; show partiality; *uit die ~* out of time; *iem. se ~ is vol* s.o.'s cup is full; *volle ~* full measure; *watter ~ dra jy?* what size do you take?. ~**band** tape measure, measuring tape. ~**beker** meas= uring jug. ~**eenheid** unit of measure, denomination, meas= uring unit. ~**emmer** bucket measure; *jou lig/lamp onder 'n ~ verberg/wegsteek* hide one's light under a bushel. ~**glas** measuring glass, graduated measure, gauge. ~**koppie** meas= uring cup. ~**lepel** measuring spoon. ~**reël** *-reëls* measure, precaution; *halwe ~s* half measures; *~s tref/neem* take steps/ measures; *~s teen iets tref/neem, (also)* provide against s.t.. ~**slag** beat. ~**staf** *-stawwe* standard, measure, gauge, crite= rion; yardstick; *'n ~ aanlê* apply a yardstick; apply a crite= rion; apply a standard; *iets as ~ gebruik* use s.t. as a yard= stick; *'n ~ vir iets* a test for s.t.; *volgens dié ~* (measured) by this yardstick; *volgens dié maatstawwe, (also)* measured by these standards; *volgens iem. se ~* by s.o.'s standard(s). ~**stok, meetstok** *(shopkeeper's)* yardstick; *(shoemaker's)* size stick; *(carpenter's)* rule; measuring rod; gauge (rod). ~**streep** *(mus.)* bar (line).

**maat²** *maats, maters* pal, chum, *(Am., infml.)* buddy, friend, *(Austr., Br.)* mate, comrade, companion; *(sport)* (team)mate, partner; fellow; *iem se ~s is dood, (infml.)* s.o. is without a rival, s.o. has no equal; *hulle is groot ~s* they are great friends; *(infml.)* they are great chums *(or* very chummy *or* as thick as thieves); *met iem. ~s maak* make friends *(or, infml.* chum/ pal up) with s.o.; *met iem. ~s wees* be good friends with s.o.; *... is nie jou ~ nie!* treat ... with more respect! *(s.o.)*; don't get familiar with ...!; *ou ~, (infml., as an address)* (my) old friend/ chum/pal, my man; *'n skoen se ~* the pair to a shoe. **maat·jie** *maatjies, matertjies, (dim.)* little friend/mate/pal/playmate.

**maat·skap·lik** *-like* social; *~ gesind* public-spirited; *~e klas/stand* social class; *~e manipulasie* social engineer= ing; *~e pensioen* social pension; *~e werk* welfare/social work; *~e werker/werkster* welfare/social worker.

**maat·skap·py** *-pye* society; company; association; corpora= tion; *'n ~ oprig/stig* establish/float/form a company; *stand in die ~* social position. ~**beeld** corporate identity/image. ~**be= lasting** company tax; corporation tax. ~**beleid** company policy. ~**direkteur** company director. ~**motor** company car. ~**sekretaris** company secretary.

**maat·skap·py·e·wet, maat·skap·py·wet** companies act.

**ma·be·la, ma·bê·la** *(<Ngu.):* ~*(pap)* mabela.

**ma·ca·da·mi·a, ma·ka·da·mi·a** *(bot.)* macadamia. ~**neut** macadamia nut.

**ma·ca·ro·ni** macaroni. ~**-en-kaas** *(cook.)* macaroni cheese.

**Ma·chi·a·vel·li** *(also fig.)* Machiavelli. **Ma·chi·a·vel·li·aans** *-liaanse, (also* m~*)* Machiavellian. **Ma·chi·a·vel·lis·me** *(also* m~*)* Machiavellianism.

**ma·cho** *adj.* macho; *~ man/meneer, (infml.)* macho, he-man, hunk (of a man).

**ma·cra·mé** macramé (lace).

**Ma·da·gas·kar** *(geog.)* Madagascar.
**ma·dam** *-dams* fine/grand lady.
**ma·dei·ra·wyn** Madeira (wine).
**ma·de·lie·fie** *-fies, (bot.)* daisy; *Barbertonse ~* →GERBERA; *string ~s* daisy chain.
**Ma·di·ba** *(infml.: ex-pres. Nelson Mandela)* Madiba.
**Ma·don·na** *-nas* Madonna. **m~lelie** Madonna lily.
**Ma·dras** *(geog.)* Madras; *(text.,* m~*)* madras. ~**(serp)** ma= dras.
**ma·dres·sa, ma·dras·sa** *-sas, (Islam. educational institu= tion)* madrasa(h), medrese.
**Ma·drid** *(geog.)* Madrid.
**ma·dri·gaal** *-gale, (mus.)* madrigal.
**ma·er** *~ maerder maerste* lean, thin; scraggy, scrawny; bony, angular, gaunt; slender, slim; *(fig.)* poor, meagre; low-grade *(coal, ore, etc.)*; lean, meagre *(concrete)*; cold, meagre *(lime)*; lean *(meat)*; *~ en benerig* rawboned; *~ jare, (fig.)* locust years; *so ~ soos 'n kraai* as thin as a lath/rake; *~ word* get thin, lose weight; *5 kilogram ~der word* lose 5 kilograms. ~**merrie** shin, shank; *jou ~ stamp* bark one's shin. **ma·er·heid, ma·er·te** thinness, leanness, slenderness; meagreness.
**ma·es·tro** *-tro's* maestro.
**Ma·fi·a** Mafia. ~**baas** Mafia boss, godfather, *(It.)* capo. ~**lid** mafioso, member of the Mafia.
**Ma·fi·keng** *(geog.)* Mafikeng.
**mag¹** *magte, n.* power, might, force, strength; mightiness; sway; potency; control; authority; *(math.)* power; *iets met (alle) ~ (en krag) aanpak* go at s.t. hammer and tongs *(infml.)*; get stuck into s.t. *(infml.)*; *met/uit alle ~* for dear life; with all one's might; with might and main; all out, for all one is worth; *'n ~ op die been bring* raise a force; *iem. met ~ beklee* vest s.o. with power(s); *die ~ berus by ...* the power is vested in ...; *iets is bo(kant) iem. se ~, iets gaan iem. se ~ te bowe* s.t. is not *(or* does not lie) in s.o.'s power; *bose ~te* evil forces; *by ~te wees om te ...* be able *(or* in a position) to ...; *van dieselfde ~* coordinate; *iets gee iem. ~* s.t. gives s.o. power/ leverage; *met ~ en geweld/krag* with might and main; by *(main)* force; *die ~ in die hande kry* come/get into power; *die ~ (in die hande) hê* be in control; be in power; *iem. vol= kome in jou ~ hê* have s.o. in the hollow *(or* have/hold s.o. in the palm) of one's hand; *in iem. se ~ wees* be in s.o.'s power; be at s.o.'s mercy, be at the mercy of s.o.; *iets is in iem. se ~* s.t. is/lies in s.o.'s power; *iets goed in jou ~ hê* have s.t. well in hand; *~ kry* rise to power; *~ vir die massas* people power; *'n ~ der menigte* a vast crowd; *'n ~ der menigte ...* no end of ... *(infml.)*; *met ~ en mening* with might and main; by *(main)* force; *onbeperkte ~(te)* unlimited power(s); *~ is reg* might is right; *iem. se ~ reik ver/vêr* s.o. has a long arm *(fig.)*; *die ~ agter die skerms* the power behind the throne; *die ~ oefen* wield power; *die 2de ~ van 5 is 25* 5 squared *(or* to the 2nd power) equals 25, the 2nd power of 5 is 25; *iets tot die derde/ens. ~ verhef, (math.)* raise s.t. to the third/etc. pow= er; *aan iem. verleen* vest s.o. with power(s); *die ~ verloor* fall from power. ~**brief** *(jur.)* warrant, power of attorney. ~**gewer** *(who instructs s.o. to act as his/her agent)* principal. ~**spreuk** authoritative utterance; catchword, watchword; silencer, clincher. ~**struktuur** power structure. ~**stryd** power struggle. ~**woord** authoritative word.
**mag²** *vb.* may, be allowed/permitted; *as ek ~* if I may; *dit ~ dit* it is allowed; *dit ~ nie* it/that is prohibited; *dit ~ nie (gedoen word nie)* it is not allowed; *iem. ~ iets doen* s.o. is allowed to do s.t.; s.o. may do s.t.; *~ ek ...?* may I ...?; allow me to ...!; *wat ook al ~ gebeur ...* whatever happens ...; *~ dit gebeur!* I wish it would happen!; *iem. ~ dit nie gedoen het nie* s.o. was not entitled/authorised to do it; *die Here ons help* may God help us; *iem. ~ dit nie sê/weet nie* s.o. is not supposed to say/know it; *jy ~ nie steel nie, (OAB/NAB, Ex. 20:15)* thou/you shalt/shall not steal *(AV/NIV)*.

**ma·ga·syn** =syne= store(s), storehouse, storeroom; ware=house; magazine (of a rifle). ~**klerk** stores clerk. ~**meester** storeman, storekeeper.

**mag·dom** lot(s), heap(s), crowd(s); 'n ~ (van) ..., (infml.) heaps of ... (things); crowds of ... (people); a profusion of ... (flowers etc.); a wealth of ... (fruit etc.); oceans of ... (stars, trees, etc.).

**Ma·gel·laan** (Port. explorer) Magellan; Straat van ~, (geog.) Strait of Magellan, Magellan's Strait.

**ma·gen·ta** magenta, crimson.

**mag·gies** interj. →MAGTIG interj..

**mag·heb·bend** =bende, adj. having authority. **mag·heb·ben=de** =des, n. one in authority.

**mag·heb·ber** =bers one in authority, ruler; potentate; die ~s the powers that be, the establishment.

**ma·gie¹** =gies, (dim.) tummy, paunch, (infml.) a bit of a belly; gizzard (of a bird).

**ma·gie²** magic (art). **ma·gi·ër** =giërs magician; magus. **ma·gies** =giese magic; ~e realisme magic(al) realism.

**ma·gis·ter** =ters master (of arts/science/etc.). **ma·gis·ter(s) graad** master's degree.

**ma·gi·straal** =strale magisterial, authoritative; masterly; masterful, imposing, grand.

**ma·gi·straat** =strate magistrate; →LANDDROS; (icht., infml.) red steenbras. **ma·gi·straat·skap** magistracy.

**ma·gi·straats=** ~distrik (hist.) magisterial district, magistracy, magistrature. ~**hof** magistrate's court. ~**kantoor** magistrate's office, magistracy. ~**klerk** magistrate's clerk.

**Mag·jaar** =jare, n. Magyar, Hungarian. **Mag·jaars** n., (lang.) Magyar. **Mag·jaars** =jaarse, adj. Magyar, Hungarian.

**mag·ma** =mas, (geol.) magma. **mag·ma·ties** =tiese magmatic.

**mag·naat** =nate magnate, tycoon.

**Mag·na Car·ta** (Eng. hist.) Magna C(h)arta.

**mag·neet** =nete magnet; lodestone, loadstone. ~**afwyking** magnetic declination. ~**band** magnetic tape. ~**kaartleser** magnetic card reader. ~**krag** magnetic force. ~**naald** magnetic needle, compass needle. ~**pool** magnetic pole (of a magnet). ~**strook**, ~**strokie** magnetic strip/stripe (on the back of a credit card etc.). ~**veld** magnetic field.

**mag·ne·si·a** magnesia, magnesium oxide. ~**water** milk of magnesia.

**mag·ne·siet** (min.) magnesite.

**mag·ne·si·um** (chem., symb.: Mg) magnesium. ~**lamp** magnesium lamp. ~**lig** magnesium light.

**mag·ne·si·um·hou·dend** =dende magnesian, magnesic.

**mag·ne·ties** =tiese magnetic; ~e **aantrekking/afstoting** magnetic attraction/repulsion; ~e **afwyking** magnetic declination/deviation; ~e **elektrisiteit** magnetoelectricity; ~e **kompas** magnetic compass; ~e **kragmeter** magnetometer; ~e **myn** magnetic mine; ~e **noorde/suide** magnetic north/south; ~e **noordpool/suidpool** magnetic north/south pole; ~e **resonansie** (med., abbr.: MR) magnetic resonance; ~e **skyf**, (comp.) magnetic disk; ~e **storm** magnetic storm; ~e **sweeftrein** maglev (train); ~e **veld** magnetic field; ~e **weerstand** reluctance, magnetic resistance. **mag·ne·tie·se·re·so=nan·sie·beel·ding** (med., abbr.: MRB) magnetic resonance imaging (abbr.: MRI). **mag·ne·tie·se·re·so·nan·sie·ma·sjien,** =skandeerder, =aftaster, **MR-masjien** (med.) magnetic resonance imager, MR scanner.

**mag·ne·tiet** (min.) magnetite, magnetic iron.

**mag·ne·ti·seer** ge= magnetise. **mag·ne·ti·se·ring** magnetisation.

**mag·ne·tis·me** magnetism, magnetic susceptibility; mag=netics.

**mag·ne·to** =to's, n. magneto. ~~**elektries** =triese magneto=electric. ~~**elektrisiteit** magnetoelectricity. ~**meter** magne=tometer. ~~**ontsteking** magneto ignition.

**mag·ni·fi·cat** (Lat., Chr. liturgy) magnificat.

**mag·no·li·a** =lias, (bot.) magnolia.

**mag·num** (Am. trade name) magnum. ~**pistool** magnum pistol.

**ma·gou¹** (<Ngu., a slightly fermented drink) mahewu, mageu.

**ma·gou²** →GIFBLAAR.

**ma·griet, ma·griet·jie** →MARGRIET.

**mags=** ~**aanwyser** (math.) exponent, index. ~**basis** power base. ~**behep** =hepte, ~**belus** =luste, adj. power crazy, mega=lomaniac. ~**behepte**, ~**beluste** =tes, ~**wellusteling** =linge, n. megalomaniac. ~**beheptheid**, ~**belustheid** →MAGSWELLUS. ~**bemiddelaar** power broker. ~**bestek** sphere of influence. ~**blok** power bloc(k). ~**deling** sharing of power, power=sharing; (politieke) ~ cohabitation. ~**ewewig** balance of pow=er. ~**gebied** sphere of influence. ~**greep** coup, putsch. ~**honger** n. appetite/craving/lust for power. ~**honger** adj., (also magshongerig) power-hungry. ~**leemte** power vacuum. ~**misbruik** abuse of power; (jur.) misfeasance. ~**oordrag** delegacy, transfer of power. ~**politiek** power politics/play; gunboat diplomacy, machtpolitik (<Germ.). ~**posisie** posi=tion of power/authority. ~**vertoon** display/parade of power/force, show of strength/force, power play; 'n ~ lewer make a show of strength. ~**waan** delusion of power. ~**wellus**, ~**be=heptheid**, ~**belustheid** lust for/of (or craving for) power, megalomania; vol ~ power drunk. ~**wellusteling** →MAGSBE=HEPTE.

**mag·sug** megalomania. **mag·sug·tig** =tige, adj. megaloma=niac. **mag·sug·ti·ge** =ges, **mag·vraat** =vrate, n. megalomaniac.

**mag·te·loos** =lose powerless, helpless, overcome, impotent; ~ **staan teenoor iem.** be powerless against s.o.; ... ~ **maak** paralyse ... **mag·te·loos·heid** powerlessness, helplessness, impotence, paralysis.

**mag·tie** interj. →MAGTIG interj..

**mag·tig** =tige, adj. powerful, mighty, potent; 'n taal ~ wees have mastered (or have full command of) a language; jou vak heeltemal ~ wees have a perfect grasp of one's subject. **mag·tig** ge=, vb. authorise, warrant, empower, delegate, depute, commission; iem. ~ om iets te doen authorise s.o. to do s.t.. **mag·tig**, (coarse) **mag·tag**, (euph.) **mag·gies,** (euph.) **mag·tie** interj., (infml.) (good) heavens/Lord!, wow!, crikey!; ~, maar ek het geskrik! Lord, what a fright I got!; ~ man, maak gou! for heaven's sake, man, hurry up!. **mag·ti·ge** =ges, n. ruler, leader; die ~s the mighty. **mag·ti·ging** =gings, =ginge authorisation, warrant, mandate, authority; fiat.

**mag·ti·gings=** ~**brief** letter of authority; charter. ~**wet** (jur.) enabling act/measure.

**ma·ha·ra·dja** =djas, (hist., Ind. prince) maharaja(h). **ma·ha·ra·ni** =ni's, (fem.) maharani, maharanee.

**ma·hat·ma** =mas, (<Skt., Hind.: a sage) mahatma; M~ Gan=dhi Mahatma Gandhi.

**ma·hem** =hemme, =hems, (orn.) grey crowned crane.

**mah·jong** (Chin. game) mah-jong(g).

**ma·ho·nie** ~(**hout**) mahogany; Australiese ~ jarrah. ~**hout=kas** wardrobe/etc. of mahogany, mahogany wardrobe/etc..

**mai·son·net·te** =tes maison(n)ette.

**Ma·ja** (hist., S.Am. people, lang.) Maya. ~**kultuur** Maya(n) culture.

**ma·jat** (drug sl.: inferior dagga) majat.

**ma·jes·teit** =teite majesty; (U) M~ Your Majesty. **ma·jes·teit·lik** =like majestic. **ma·jes·teit·sken·nis** lese-majesty, lèse majesté. **ma·jes·tu·eus** =tueuse majestic, august; (mus.) ma=jestic.

**ma·jeur** (mus.) major; A ~ A major.

**ma·jo·li·ka** (It. ceramics) majolica, maiolica.

**ma·joor** =joors, (mil.) major. **ma·joor·skap, ma·joors·rang** majorship, majority; rank of major.

**ma·jo·raat** =rate primogeniture; entailed estate.

**ma·jor·do·mo, ma·jor·do·mus** *(Lat., chiefly hist.)* major-domo.

**Ma·jor·ka** *(geog.)* Majorca, *(Sp.)* Mallorca. **Ma·jor·kaan** *-kane, n.* Majorcan. **Ma·jor·kaans** *-kaanse, adj.* Majorcan.

**mak** ~ *makker makste* tame, meek, gentle, docile, tractable; domesticated *(breed)*; ~ *dier, (also)* domestic(ated) animal; *iem.* ~ **maak**, *(infml.)* bring s.o. to heel; soften up s.o.; *iets* ~ **maak** tame/domesticate s.t. *(a wild animal)*; break in s.t. *(a horse)*; *'n* ~ *perd* a quiet horse; *so* ~ *soos 'n lam* (as) quiet as a lamb; (as) mild as milk; *al* ~ *word,* *(infml.)* begin to lose one's shyness. **mak·heid** docility, tameness.

**ma·kaak** *-kake, (Old World monkey)* macaque.

**ma·ka·ber** *-bere* macabre.

**ma·ka·da·mi·a** →MACADAMIA.

**ma·ka·taan** *-tane* wild watermelon.

**ma·ke** *(inf.)* →MAAK.

**ma·keer** *(ge)-* ail; lack, be wanting, be amiss, be missing; need; *iem.* ~ *iets* s.t. is amiss/wrong with s.o.; *dit* ~ *iets* there is s.t. wrong with it; ... ~ *nooit iets nie* there is never anything wrong with ...; ... ~ *niks (nie)* there is nothing the matter with ...; *niks* ~ *nie* be all right; *omtrent twintig rand* ~ be about twenty rand short; *daar* ~ *drie teëls/ens.* there are three tiles/etc. missing; *wat* ~*?* what is wrong *(or* the matter*)?, (infml.)* what's up?, what's bugging you?; *wat* ~ *die ...?* what is wrong with the ...?; *wat* ~ *hom/hy/haar/sy?* what is wrong *(or* the matter*)* with *(or* has come over*)* him/her?, *(infml.)* what's biting/bitten him/her?, *(infml.)* what's up with him/her?.

**ma·ke·laar** *-laars* broker. **ma·ke·laars·loon** brokerage (charges/fees), broker's commission/charges/fees. **ma·ke·la·ry** (stock)broking, broking (industry/business), brokerage (business).

**ma·ker** *-kers* author, creator, maker, framer; *elkeen is die* ~ *van sy eie geluk* everyone is the architect of his/her own fortune(s). ~**stempel** touchmark *(on pewter)*.

**ma·ket** *-kette, (archit. etc.)* maquette.

**ma·ki** *-ki's, (zool.)* lemur.

**ma·kie·tie** *-ties, (infml.)* party, jollification; celebration, feast; do; ~ *hou, (infml.)* celebrate.

**mak·ker** *-kers* mate, companion, partner, comrade, pal. ~**hulp** *(mil., infml.)* buddy aid/care. ~**stelsel** buddy system.

**mak·lik** *-like, adj.* easy; facile; effortless; comfortable; *'n* ~*e* **baantjie** a soft/cushy job; *dis* ~ *om te* **praat** easier said than done; ~*e* **prooi/teiken,** *(infml., fig.)* easy game/mark/meat; *so* ~ *soos* **brood en botter** *(of* koek eet*), (infml.)* (as) easy as anything/lying/pie/winking *(or* falling off a log*)*; ~*e* **uitweg** easy option; *iets is vir iem.* ~ s.t. comes naturally to s.o.. **mak·lik** *adv.* easily, with ease, comfortably; *iets* ~ **doen** take s.t. in one's stride; *iem.* **kan** ~ ... it is easy for s.o. to ...; *dit vir iem.* ~ **maak** *om te* ... smooth the way for s.o. to ...; ~ **vergeet/ens.** be apt to forget/etc., be prone to forgetfulness/etc.. **mak·lik·heid** ease, easiness, facility, comfortableness; →GEMAKLIKHEID.

**ma·kop·pa** *-pas, (So.)* mamba.

**ma·kou** *-koue* Muscovy/musk duck.

**ma·kriel** *-kriele, (icht.)* mackerel.

**ma·kro** *-kro's, n., (comp.)* macro. ~**-opdrag,** ~**-instruksie** *(comp.)* macro instruction.

**ma·kro·bi·o·tiek** macrobiotics. **ma·kro·bi·o·ties** *-tiese* macrobiotic.

**ma·kro-e·ko·no·mie, ma·kro·ë·ko·no·mie** macroeconomics. **ma·kro-e·ko·no·mies, ma·kro·ë·ko·no·mies** *-miese* macroeconomic.

**ma·kro-e·le·ment, ma·kro·ë·le·ment, ma·kro·voe·ding·stof** *(biol.)* macronutrient.

**ma·kro·faag** *-fage, (med.)* macrophage.

**ma·kro·ke·fa·lie, -se·fa·lie** macrocephaly. **ma·kro·ke·faal, -se·faal** *-fale* macrocephalic, macrocephalous.

**ma·kro·kos·mos** macrocosm. **ma·kro·kos·mies** *-miese, adj. & adv.* macrocosmic(ally).

**ma·krol** *-krolle,* **ma·krol·le·tjie** *-tjies* macaroon, almond cake/biscuit.

**ma·kro·sko·pies** *-piese* macroscopic.

**ma·kro·voe·ding·stof** →MAKRO-ELEMENT.

**mak·si** *-si's, (garment reaching to the ankle)* maxi. ~**romp** maxiskirt.

**mak·sil** *-sille, (anat., zool.)* maxilla. **mak·sil·lêr** *-lêre* maxillary.

**mak·si·maal** *-male, adj. & adv.* maximum, maximal(ly). top. **mak·si·ma·lis** *-liste, (pol. etc.)* maximalist. **mak·si·ma·li·seer, mak·si·meer** *ge-* maximise. **mak·si·ma·li·se·ring, mak·si·me·ring** maximisation.

**mak·si·mum** *-simums, -sima, n.* maximum; ceiling; *hoogste* ~ absolute maximum. **mak·si·mum** *adj.* maximum; ~ *prys* maximum/ceiling price; ~ *temperatuur* maximum temperature. ~**veiligheidsgevangenis,** ~**sekuriteitsgevangenis** maximum security prison.

**mal** *mal(le) maller malste, adj.* mad, crazy, insane, lunatic; *(infml.)* bananas, cuckoo; maniacal; foolish, daft, silly; →MALLE; *half* ~ moonstruck, moonstricken; *heeltemal* ~ *wees* be a raving lunatic; *is jy* ~*?* are you mad?, have you lost your mind *(or* taken leave of your senses*)?*; ~ *van jaloesie* insanely jealous; *iem.* ~ **maak** drive s.o. crazy; ~ **man** madman; ~ **mens** lunatic, maniac; *(infml.)* headcase, nutcase; *iem.* **moet** ~ *wees om te* ... s.o. must be mad to ... *(do/believe s.t.)*; ~ *wees* **oor** ..., *(infml.)* be crazy/dippy/dotty/mad about ...; ~ *wees* **oor** *iem., (also, infml.)* be hung up on s.o., have a pash for/on s.o.; *so* ~ *soos 'n haas, (infml.)* (as) mad as a March hare *(or* a hatter*)*, (as) nutty as a fruitcake; *iem. is in sy/haar* ~*le* **verstand** it's all up with him/her; ~ **word** go mad. ~**huis** *(infml., derog.)* madhouse, nuthouse, funny farm. ~**jan** crackpot; ~ *onder die hoenders, (infml.)* the only man among a number of women. ~**kop** *(infml.)* rattlebrain, rattlehead, rattlepate, crackpot; *(joc.)* madcap, tomboy. ~**kop·siekte** *(vet.)* (the) staggers. ~**trap** madcap.

**ma·laat** *-late, (chem.)* malate.

**má·la·ga(·wyn)** Málaga (wine).

**ma·la·giet** *(min.)* malachite. ~**groen** mineral green, mountain green, Victoria green.

**ma·lai·se** *(Fr.)* depression, malaise, slump, stagnancy.

**Ma·lak·ka** *(geog.)* Malacca.

**ma·la·ko·lo·gie** *(zool.)* malacology.

**ma·la·pro·pis·me** *-mes* malapropism. **ma·la·pro·pis·ties** *-tiese* malapropian.

**ma·la·ri·a** malaria, malarial fever; *deur* ~ *geteister* malarial; *tropiese* ~ malignant subtertian malaria. ~**koors** malarial fever. ~**middel** antimalarial. ~**muskiet** malarial mosquito, anopheles (mosquito). ~**streek** malarial region.

**ma·la·ti·on** *(insecticide)* malathion.

**Ma·la·wi** *(geog.)* Malawi. **Ma·la·wi·ër** *-wiërs, n.* Malawian. **Ma·la·wies** *-wiese, adj.* Malawian. **Ma·la·wi·meer** Lake Malawi.

**Ma·le·a·gi** *(OT)* Malachi.

**Ma·lei·a** *(geog.)* Malaya. **Ma·lei·er** *-leiers, n.* Malay. **Ma·lei·er·mus** = FES.

**ma·le·ïen·suur** *(chem.)* maleic acid.

**Ma·leis** *n., (lang.)* Malay. **Ma·leis** *-leise, adj.* Malay(an). ~**-Portugees** *n. & adj.* Malayo-Portuguese.

**Ma·lei·si·ë** *(geog.)* Malaysia. **Ma·lei·si·ër** *-siërs, n., (inhabitant)* Malaysian. **Ma·lei·sies** *-siese* Malaysian.

**ma·le·moet** *-moete* malamute, malemute (dog).

**Mal·gas** *-gasse, n.* Malagasy; Madagascan. **Mal·gas·sies** *n., (lang.)* Malagasy. **Mal·gas·sies** *-siese, adj.* Malagasy, Madagascan.

**mal·gas** =gasse, (orn.) gannet; booby.

**mal·heid** lunacy, insanity, madness; craziness; louter/pure ~ stark madness.

**Ma·li** (geog.) Mali. **Ma·li·nees** =nese, n. & adj. Malian.

**ma·lie**[1] n., (infml.: money) dough, bread, lolly, moolah.

**ma·lie**[2] n., (obs. children's game with stone quoits, also malie= klip) chucker. **ma·lie** ge=, vb. play (at) chucker.

**ma·ling** milling (about); whirling; welter; melee, (Fr.) mêlée, rough-and-tumble; eddy; swirl.

**mal·le** =les, (derog.) mad person.

**mal·le·meu·le** =le(n)s merry-go-round, carousel, (Br.) round= about.

**mal·le·o·lus** (anat.) malleolus. **mal·le·o·lêr** =lêre malleolar.

**mal·le·rig** =rige foolish, dotty, rather crazy.

**mal·lig·heid** silliness; tomfoolery; nonsense.

**mal·mok** =mokke, (orn.) = ALBATROS.

**ma·lom·bo(·jazz)** (SA mus.) malombo.

**mals** malse malser malsste lush (grass), mellow (fruit), tender (meat); juicy; soft. **mals·heid** lushness; softness, tenderness; mellowness.

**Mal·ta** (geog.) Malta. ~**koors** brucellosis, rock fever, Malta/ Mediterranean/Neapolitan fever.

**mal·ta·se** (biochem.) maltase.

**Mal·tees** =tese, n., (inhabitant, also Maltesiër) Maltese; Mal= tese dog/terrier. **Mal·tees, Mal·te·sies** n., (lang.) Mal= tese. **Mal·tees,** =tese **Mal·te·sies** =siese, adj. Maltese.

**Mal·te·ser** =sers Maltese dog/terrier. ~**hond** Maltese dog/ terrier; →MALTEES n.. ~**kruis, Maltese/Maltesiese kruis** Maltese cross.

**Mal·thu·si·aan** =siane, (econ., also m~) Malthusian. **Mal= thu·si·aans** =siaanse, (also m~) Malthusian.

**mal·to·se** (chem.) maltose, malt sugar.

**mal·va** =vas, (bot.) geranium, mallow; pelargonium; cranes= bill. ~**lekker** marshmallow. ~**pers** mauve.

**ma·ma** =ma's →MA.

**mam·ba** =bas mamba. **mam·ba·ag·tig** =tige like a mamba.

**mam·bo** (Lat. Am. dance) mambo.

**mam·ma** =mas, **mam·ma·tjie** =tjies, **mam·mie** =mies → MA.

**mam·mil·lêr** =lêre mamillary.

**mam·moet** =moete mammoth. ~**boom** sequoia.

**mam·mo·gra·fie** (med.) mammography. **mam·mo·gram** (med.) mammogram.

**Mam·mon** (NT) Mammon; (die) ~ dien serve/worship Mam= mon.

**mam·par·ra** =ras, (infml., derog. or joc.) ass, fool, clot, fat= head, twit, num(b)skull, dolt, duffer, (township sl.) moegoe, mugu.

**mam·poer** (home-made peach/etc. spirit) mampoer, (Am.) moonshine.

**mams, mam·sie** (infml.) mumsy.

**man** manne, mans man; guy, fellow (infml.); male; (pl. mans) husband; (only sing.) man, person, human; (mil., pl. manne) man; (workers, pl. manne) hand; **ag,** ~ oh, man; **al 'n ~ wees** be quite a man; vasstel wie's die ~ne met die harde **baard,** (infml.) separate (or sort out) the men from the boys; soos **een** ~ as one (man), to a man, with one accord/assent; iets soos **een** ~ **doen** do s.t. with one accord; ~ van eer man of honour; 'n **gebrandmerkte** ~ a marked man; jou soos 'n ~ gedra play the man; ~s **genoeg** wees om te ... be man enough (or enough) of a man) to ...; nie ~s **genoeg** vir 'n werk wees nie be unequal to a task; die **gewone** ~ the plain man, the man in the street; 'n ~ **honderd/duisend** a man of men; quite a man; 'n **jong** ~ a young man; tot die **laaste** ~ (toe) to a (or the last) man; 'n **lang** ~ a tall man; van iem. 'n ~ **maak** make a man of s.o.; met ~ **en mag** with might and main; ~

en **muis** vergaan perish to a man; die skip het met ~ en **muis** vergaan the ship was lost with all on board; dit is **my** ~ he is my man (or the man for me); jy is **net** die ~ wat ek soek you are the very man I am looking for; **onder** ons ~s among (us) men; **ons** ~ne our boys; **op** die ~ af to the point; **op** die ~ af met iem. praat give it to s.o. (straight) from the shoulder; iets **op** die ~ af vra ask a straight question; so moet 'n ~ **praat!** that's the way to talk!; soos 'n ~ like a man; manlike; die ~ **speel** play the man (not the ball); jou ~ **staan** assert o.s.; give a good account of o.s.; show fight; give as good as one gets; hold/keep/stand one's ground, hold one's own; be equal (or rise) to the occasion; jou ~ **staan** en meer more than hold one's own; jou ~ **staan** teen ... stand/stick up to ...; iem. kan sy/haar ~ **staan** s.o. can look after him=/herself; s.o. can take it (infml.); ~ **teen** ~ **veg** fight man to man; fight hand-to= hand; **tien** ~ ten men; van ~ **tot** ~ as man to man, as one man to another; from man to man; 'n uitgaande/**wêreld= wyse** ~ a man about town; ~ **vir** ~ man for man; to a man; ~ van **vrede** man of peace; ~ **en vrou** husband/man and wife; ~s en **vroue(ns)** men and women; ~ **word** grow to (or reach) manhood. ~**alleen** all alone; single-handed; iets ~ **doen** do s.t. (all) on one's own (or single-handed). ~**dag** man-day. ~**gat** manhole. ~**lief** hubby. ~**moedig** =dige bold, brave, courageous, manful, manly. ~**moedigheid** boldness, bravery, courage, prowess, manfulness, manliness. ~**siek** =sieke man-mad, man-besotted. ~**skoen** man's shoe. ~**slag** manslaughter; strafbare ~ culpable homicide. ~**stem** man's voice, male voice. ~**uur** man-hour.

**man·ag·tig** =tige, (often derog.) mannish, manlike, masculine. **man·ag·tig·heid** mannishness, masculinity; (med.) virilism.

**Man·ches·ter** (geog.) Manchester; inwoner van ~ Mancu= nian. ~**terriër** (also m~) Manchester terrier, black-and-tan (terrier).

**man·daat** =date mandate; →MANDATEER. ~**bevoegdheid** man= datory power. ~**gebied** mandated territory. ~**houer** manda= tory, mandatary.

**man·da·la** (Hind. & Buddh.; psych.) mandala.

**man·da·ryn** =ryne, (hist. Chin.; also pej.: a powerful function= ary) mandarin; (a citrus fruit) mandarin(e). ~**eend** manda= rin duck. ~**kraag** mandarin collar. **Man·da·ryns** (lang.) Man= darin.

**man·da·teer** ge= mandate.

**man·der·kruid** (bot.) germander; →GAMANDER.

**man·di·bel** =bels, (anat., zool.) mandible. **man·di·bu·lêr** =lêre mandibular.

**mand·jie** =jies basket, hamper; scuttle; pannier; corf; 'n ~ groente/ens. a basket of vegetables/etc.; 'n ~ vol ... a basketful of ...; water in 'n ~ (probeer) dra, (fig.) (try to) carry water in a sieve. ~**fles** carboy, wicker bottle. ~**maker** basket maker, basket weaver. ~**werk** basketry, basketwork, basketware, wickerware, wickerwork. ~**wilg(eboom), ~wilger(boom)** (bot.) osier.

**mand·jies·goed** wicker(work); osiers; →MANDJIEWERK.

**mand·jie·tjie** =tjies, (dim.) small basket.

**man·do·lien** =liene, =liens, (mus. instr.) mandolin(e). ~**speler** mandolinist.

**man·dra·go·ra** (bot.) mandrake, (poet., liter.) mandragora.

**Man·drax** (pharm.) Mandrax.

**man·dril** =drille, =drils, (zool.) mandril(l).

**Man·ei·lan·der** Manxman, Manxwoman.

**ma·nel** =nelle frock coat, dress coat, tailcoat. ~**pak** morning dress. ~**pant** coat-tail.

**ma·neu·ver** =vers manoeuvre; (mil.) operation; move; ~s hou be on manoeuvres.

**ma·neu·vreer** ge= manoeuvre; iets afwaarts ~ nurse s.t. down. **ma·neu·vreer·baar** =bare manoeuvrable. **ma·neu= vreer·baar·heid** manoeuvrability. **ma·neu·vreer·der** =ders manoeuvrer.

**ma·ne·wa·les** antics; business *(on stage)*, carryings-on; ~ *uithaal* perform antics.

**man·ga** *(Jap. comic book & animated film genre)* manga.

**man·gaan** *(chem., symb.:* Mn*)* manganese. ~**erts** manganese ore. ~**spaat** rhodochrosite. ~**staal** manganese steel. ~**verbinding** *-dings, -dinge* manganic compound.

**man·ga·bei** *-beis,* **man·ga·bie** *-bies, (zool.)* mangabey.

**man·ga·naat** *-nate, (chem.)* manganate.

**man·gel** *-gels, n., (anat.)* tonsil, amygdala. ~**abses** *(med.)* quinsy. ~**ontsteking,** ~**sweer** *(med.)* tonsillitis, quinsy. ~**uitsnyding** *(med.)* tonsillectomy.

**man·go** *-go's* mango.

**man·gro·ve** *-ves, (bot.)* mangrove.

**man·haf·tig** *-tige* brave, courageous, manly; cheeky, impertinent; doughty. **man·haf·tig·heid** bravery, courage; cheek, impertinence.

**man·hat·tan** *(a cocktail)* manhattan. **M~(eiland)** *(geog.)* Manhattan (Island).

**ma·ni·ak, ma·ni·ak** *-niakke* maniac, crank; *(infml.: s.o. extremely interested in s.t.)* fanatic, faddist, freak. **ma·ni·a·kaal** *-kale* maniacal.

**ma·nie, ma·nie** *-nies, -nieë, (psych.)* mania, rage, furor; craze, fad.

**ma·nier** *-niere* way, fashion, manner; mannerism; mode; strain; method; style; *al ~ waarop iem. ... the only way s.o. ...; **beskaafde/verfynde** ~e* polished manners; *die een ~* the one way; *die **enigste** ~* the only way; *iem. het geen/g'n/ nie ~e nie* s.o. has no manners, s.o. is ill-mannered; *dit is geen/g'n ~ nie* that is no way to behave; *goeie ~e* good manners/breeding/form; *(goeie) ~e hê* have good manners, be well-mannered; *hoflike ~e* polite manners; *die juiste/ regte ~* the proper way; *die ~ hê om te ...* have a way of ...; *dit is die ~ om dit aan te pak* that is the way to do it; *op alle moontlike ~e* by all means; *op allerlei ~e* in one way and another; *op (die) een of ander ~* in one way or another, in some way, somehow or other; by hook or by crook; *op (die) een of ander ~ 'n bestaan voer* live by one's wits; *op 'n ~ 'n bestaan maak* eke/hew out an existence *(or* a livelihood/living*); op die ~ van ...* after/in the manner of ...; *op dié/daardie ~* like that; in that way; in that manner; at that rate; *op dié/ hierdie ~* like this; in this way/manner; at this rate; *op eerlike of oneerlike ~* by fair means or foul; *iets op die moeilike ~ doen* do s.t. the hard way; *dit op die natuurlike ~ doen* do it (in) nature's way; *op die verkeerde ~* (in) the wrong way; *op dieselfde ~* in the same way; *op jou/'n ~ 'n tuinier/ens. wees, (infml.)* be something of a gardener/etc., be a gardener/etc. of sorts; *ek sal dit op my ~ doen* I will do it my way; *op 'n ~* in a way; in a manner; after a sort; *iets op 'n ~ doen* do s.t. after a fashion; *op so 'n ~* in such a manner; *op watter ~?* in what way?; *die regte ~ om dit te doen* the right way to go about it; *slegte ~e* bad manners.

**ma·ni·ë·ris** *-riste* mannerist. **ma·ni·ë·ris·me** mannerism *(in art)*. **ma·ni·ë·ris·ties** *-tiese* mannered, manneristic(al).

**ma·nier·lik** *-like* polite, well-behaved, -mannered, mannerly. **ma·nier·lik·heid** politeness, good manners, deportment.

**ma·nier·tjie** *-tjies* mannerism *(in behaviour)*, trick.

**ma·nies** *-niese* manic. ~**depressief** manic-depressive.

**ma·ni·fes** *-feste* manifesto.

**ma·ni·fes·teer** *ge-* demonstrate, manifest. **ma·ni·fes·ta·sie** *-sies* demonstration, manifestation. **ma·ni·fes·te·ring** *-rings, -ringe* manifestation, manifesting.

**ma·ni·kuur** *-kure, n.* manicure. **ma·ni·kuur** *ge-, vb.* manicure. **ma·ni·ku·ris** *-riste* manicurist.

**ma·nil·la** *-las,* **ma·nil·la·si·gaar** *-gare, (also* M~*)* Manil(l)a cigar/cheroot.

**ma·ni·ok** *(bot.)* manioc(a), cassava.

**ma·ni·pu·leer** *ge-* manipulate; manoeuvre; *'n ge~de balans-*

---

*staat* a cooked balance sheet; *iets (oneerlik)* ~ rig/wangle s.t.. **ma·ni·pu·la·sie** *-sies* manipulation; engineering; ~ *van pryse* price rigging. **ma·ni·pu·leer·baar** *-bare* manipulable, manipulatable. **ma·ni·pu·leer·baar·heid** manipulability. **ma·ni·pu·leer·der** *-ders* wangler, manipulator. **ma·ni·pu·le·rend** *-rende* manipulative, manipulatory.

**man·ji·fiek** *-fieke* magnificent, glorious, gorgeous, splendid, superb, out of this world.

**mank** crippled, lame, limping, halting, game, cripple; *aan iets* ~ *gaan* suffer from s.t. *(a deficiency)*; ~ *loop* limp; *die redenering gaan* ~ the argument does not hold water; ~ *word* go lame. **man·ke** *-kes* lame person, cripple, hobbler. **man·ke·ment** *-mente* defect, demerit, fault; trouble, failure. **mank·heid** lameness, claudication.

**man·ko·liek** *-lieke* crocked, ill, seedy; decrepit, rickety, infirm, doddery. **man·ko·lie·kig·heid** illness, seediness.

**man·lik** *-like* masculine *(gender, rhyme)*; male *(issue)*; manly; virile; straightforward; ~*e blom* male/staminate flower; ~*e geslag* male sex; *(gram.)* masculine (gender); ~*e kant/linie, (geneal.)* spear side; ~*e klerk* male clerk; *die* ~*e leeftyd bereik* reach manhood; *in die* ~*e lyn* patrilineal, patrilinear. **man·lik·heid** manhood; masculinity; manliness; maleness; *(euph.: penis)* (male) member.

**man·na** *(Bib.)* manna; *(bot.)* millet. ~**(gras)** manna (grass); finger grass; wild millet; meadow/crop grass. ~**(saad)gras** setaria (grass). ~**suiker** *(chem.)* manna sugar, mannitol, mannite.

**man·ne:** ~**jagter** *(derog.)* man-eater. ~**koor** male (voice) choir. ~**krag** manpower. ~**moed** stoutheartedness, manly courage. ~**werk** man's/men's work.

**man·ne·kyn** *-kyne* mannequin, (fashion) model.

**man·ne·tjie** *-tjies* male; chappie, manikin, little fellow/man; young man; male *(of an animal)*. ~**-aap, mannetjiesaap** male monkey. ~**-eend, mannetjieseend** drake. ~**salm** kipper.

**man·ne·tjie(s):** ~**bobbejaan** male baboon. ~**gans** gander. ~**jakkals** male jackal, dog fox. ~**kalkoen** turkeycock. ~**kat** tom(cat). ~**mossie** cock sparrow. ~**valk** tercel, tiercel. ~**voël** cock, he-bird. ~**volstruis** male ostrich.

**man·ne·tjies:** ~**fluit** wolf whistle/call. ~**varing** *(bot.)* male fern. ~**vrou** *-vroue(ns)* virago, mannish woman, strapper, *(sl.)* butch.

**man·ne·tjies·ag·tig** *-tige* termagant, viraginous; mannish; masculine; *'n ~e vrou* a virago. **man·ne·tjies·ag·tig·heid** mannishness.

**man·ni·tol** *(chem.)* mannitol, mannite, manna sugar.

**ma·no·me·ter** *-ters* manometer.

**mans:** ~**broek** (man's) trousers, breeches. ~**drag** menswear. ~**dubbelspel** *(tennis, also* mansdubbels*)* men's doubles. ~**enkelspel** *(tennis, also* mansenkels*)* men's singles. ~**figuur** figure of a man, male figure. ~**frokkie** singlet. ~**hand** man's hand; man's writing. ~**hemp** man's shirt. ~**hoogte** man's height. ~**klere** men's clothes/clothing/dress, menswear, male attire; ~ *dra, (a woman)* cross-dress. ~**koshuis** men's residence/hostel *(or* boarding house*)*. ~**lengte** man's height/ length/size. ~**mens** *-mense, (often pej.)* man; *(in the pl., also)* menfolk. ~**naam** masculine/man's name. ~**pak** man's/men's suit. ~**persoon** male (person). ~**portret** portrait of a (gentle)-man, male portrait. ~**(toilet)** Gents, men's public toilet. ~**uitruster** gents' outfitter.

**man·sjet** *-sjette* cuff, wristband *(of a shirt, blouse, etc.)*. ~**(knoop/ knopie)** cuff link.

**man·skap** *-skappe* private *(in the army)*; rating *(in the navy)*; common soldier, ranker; *(in the pl., also)* men, command, crew, hands, personnel, ranks.

**man·ta·(·rog)** *(icht.)* manta (ray).

**man·tel** *-tels* cloak, mantle, wrap; cape; cope; *(zool.)* pallium; mantua *(hist.)*; tabard; casing, jacket, shell; sheath; fire screen;

*iem. se* ~ *het op die skouers van ... geval* s.o.'s mantle has fallen on ...; *onder die* ~ *van* ... under the cloak of ... **~aap** capuchin monkey. **~bobbejaan** hamadryas. **~breuk** hiatus hernia. **~dier** tunicate. **~draaier** *(derog.)* turncoat. **~kap** hood, capuchin. **~kraag** cape collar. **~mou** cape sleeve. **~skulp** scallop (shell).

**man·tiek** mantic, divination, soothsaying.

**man·til·la** *-las, (scarf)* mantilla.

**man·tis** *-tisse, (entom.)* (praying) mantis.

**man·tis·se** *-ses, (math.)* mantissa.

**man·tra** *(Buddh., Hind.)* mantra.

**ma·nu·aal** *-nuale* manual *(of an organ).*

**ma·nu·mis·sie** *-sies, (hist.: freedom from slavery)* manumission.

**ma·nu·skrip** *-skripte* manuscript, copy, script, written text.

**Ma·o·ïs** *Maoïste, (also* m~*)* Maoist. **Ma·o·ïs·me** *(also* m~*)* Maoism. **Ma·o·ïs·ties** *-tiese, (also* m~*)* Maoist.

**Ma·o·ri** *-ri's* Maori.

**map·stieks** *interj.* my goodness!.

**ma·ra·bi** *(hist. township dance mus.)* marabi.

**ma·ra·boe** *-boes, (orn.)* marabou stork. **~vere** marabou.

**ma·ra·boet** *-boets, (Muslim hermit)* marabout. **~graf** marabout.

**ma·rak·ka** *-kas, (mus. instr.)* maraca; *(bot., also* maranka, marankie*)* calabash marrow, bottle gourd.

**ma·ra·schi·no, ma·ra·skyn** *(liqueur)* maraschino. **~kersie** maraschino cherry.

**ma·ras·me** *(med.)* marasmus.

**ma·ra·t(h)on** marathon. **~atleet, ~loper** marathon runner, marathoner. **~debat** marathon debate, *(infml.)* talkathon. **~wedloop** marathon race.

**Mar·burg·siek·te** *(also* m~*)* green monkey disease, Marburg disease.

**mar·ca·to** *(It., mus.: heavily accented)* marcato.

**Mar·di Gras** *(Fr., RC)* Mardi Gras.

**ma·rem·ma·skaap·hond** *(also* M~*)* maremma (sheepdog).

**ma·ren·go·hoen·der** *(cook.)* chicken Marengo.

**mar·ga·rien** margarine. **~suur** *(chem.)* margaric acid.

**mar·ga·ri·ta** *(a cocktail)* margarita.

**mar·ge** *-ges* margin. **mar·gi·naal** *-nale* marginal; *~nale belastingkoers* marginal rate of taxation; *~ gelyke opbrengs/opbrings* equimarginal yield; *~nale toevoeging* marginal increment. **mar·gi·na·li·sa·sie** marginalisation. **mar·gi·na·li·seer** *ge-* marginalise. **mar·gi·na·li·se·ring** marginalising.

**mar·griet, ma·griet** *-griete,* **mar·griet·jie, ma·griet·jie** *-jies* daisy; marigold; marguerite, moonflower, ox-eye daisy. **~gras** daisy lawn.

**Ma·ri·a** Maria; Mary; *die Maagd* ~ the Virgin Mary. **~-aanbidder** Mariolater. **~-aanbidding** Mariolatry, worship of the Virgin Mary. **~-altaar** Lady altar. **~beeld** image of the Virgin Mary. **~boodskap** Annunciation. **~hemelvaart** *(RC: 15 Aug.)* Assumption. **~kapel** *(RC)* Lady chapel. **~legende** Marian legend. **~-Ligmis** *(RC)* Candlemas, Purification of the Virgin Mary. **~-sekwent** *(RC, mus.)* Stabat Mater.

**ma·rien** *-riene* marine, of the sea; *~e bioloog* marine biologist.

**ma·ri·ët·te·klok(·kie)** *(bot.)* Canterbury bell.

**ma·ri·kul·tuur** *(econ.)* mariculture.

**ma·rim·ba** *-bas, (mus. instr.)* marimba.

**ma·ri·na** *-nas* marina.

**ma·ri·na·de** *-des* marinade.

**ma·ri·ne** navy; shipping; fleet; seapower. **~-artillerie** naval artillery. **~offisier** naval officer. **~skool** naval college. **~vliegtuig** naval (aero)plane. **~werf** naval (ship)yard.

**ma·ri·neer** *ge-* marinade, pickle. **~sous** marinade; →MARINADE.

**ma·ri·nier** *-niers, (soldier)* marine; mariner. **ma·ri·niers·korps** marine corps.

**ma·ri·o·net** *-nette* marionette, puppet. **~(te)spel, ~(te)teater** puppet show. **~(te)speler** puppet master; puppet player.

**ma·ri·taal** *-tale* marital; *~tale mag* marital power.

**ma·ri·tiem** *-tieme* maritime.

**mar·jo·lein** *(bot.)* marjoram.

**mark**[1] *marke, n., (former Germ. monetary unit)* mark; *2 ~ 2* marks.

**mark**[2] *mark(t)e, n.* market; mart, emporium; *iets in/op die ~ bring* put s.t. on the market; *'n flou ~* a thin market; *na die ~ gaan* go to market; *in/op die ~ wees* be in/on the market; *in/op die ~ kom* come into/on the market; *iets op 'n ~ koop* buy s.t. at/on a market; *die ~ manipuleer* rig the market; *die ~ oorvoer* overstock the market; *in/op die ope ~* in/on the open market; *'n ~ vir iets vind* find a market (*or* an outlet) for s.t.. **~aanbod** market supply. **~aandeel** market share. **~berig** market report. **~dag** market day. **~ekonomie** market economy. **~kragte** *n. (pl.)* market forces. **~leier** market leader. **~navorser** market researcher. **~navorsing, ~ondersoek, ~peiling** market research. **~neiging** market trend. **~ontleding, ~analise** market analysis. **~opname** market survey. **~plein** market square, marketplace. **~plek** emporium, forum. **~prys** market price. **~segment, ~deel** market segment. **~skepping** *(stock exch.)* market making. **~stalletjie** market stall. **~waarde** market/current value.

**mar·kant** *-kante, (liter.)* striking *(personality etc.);* outstanding *(contribution etc.);* prominent *(place etc.);* salient *(point).*

**mar·ka·siet** *(min.)* marcasite.

**mar·keer** *(ge-)* mark; *die pas ~, (mil.)* mark time. **~boot** *(boat racing)* stake boat.

**mar·keur** *-keurs* billiard marker.

**mark·graaf** *(hist.)* margrave. **mark·gra·vin** *(fem.)* margravine.

**mar·kies** *-kiese* marquis, *(Br.)* marquess; marquee. **~tent, markeetent** marquee (tent).

**mar·kie·sin** *-sinne, (fem.)* marchioness; marquise.

**mar·ki·set** *(text.)* marquisette.

**Mar·kus** *(Bib.)* Mark.

**marl** *ge-, (naut.)* marl. **~pen, ~priem** marline spike.

**mar·lyn**[1] *-lyne, (naut., light rope)* marlin(e).

**mar·lyn**[2] *-lyne, (icht.)* marlin, spearfish.

**mar·lyn(·stof)** *(text.)* marl.

**mar·me·la·de** *-des* marmalade.

**mar·mer** *n.* marble; *groen ~, (also)* verd antique. **mar·mer** *ge-, vb.* grain, marble, mottle. **~-aar** vein in marble, marble vein. **~beeld** marble statue/image. **~blad** marble slab; marble top. **~blok** marble block. **~groef** marble quarry. **~hout** marble wood. **~papier** marbled paper. **~rand** marble edge. **~skilder** grainer. **~steen** marble.

**mar·mer·ag·tig** *-tige* marble-like, like marble, *(poet., liter.)* marmoreal.

**mar·me·ring** marbling, graining.

**mar·mot** *-motte, (zool.)* marmot, woodchuck. **mar·mot·jie** *-tjies* small marmot; guinea pig.

**ma·roe·la** *-las (SA bot.: also* maroelaboom*)* marula, maroela; *(also* maroelaneut*)* marula/maroela plum.

**ma·roen** *(colour)* maroon.

**ma·rog** *(bot.)* marog(o), morogo; vegetable stew.

**Ma·rok·ko** *(geog.)* Morocco. **Ma·rok·kaan** *-kane, n.* Moroccan. **Ma·rok·kaans** *-kaanse, adj.* Moroccan.

**ma·ro·kyn** **:** **~(leer)** morocco leather, saffian. **~(stof)** *(text.)* marocain.

**mar·que·te·rie** marquetry, marquetery, marqueterie, inlaid work.

**Mars** *(astron., Rom. myth.)* Mars; *van* ~ Martian. **~bewoner** Martian.

**mars[1]** *(naut.)* top *(on a mast); groot~* maintop. **~lantern, ~lig** top lantern/light. **~seil** topsail.

**mars[2]** *marse* march; *op* ~ *gaan* march out; *op* ~ *wees* be on the march; *voorwaarts* ~! forward march!. **~bevel** march= ing/movement order. **~dag** *(mil.)* moving day. **~lied** march= ing song. **~maat** march time. **~musiek** march/military mu= sic. **~oefening** route march(ing). **~orde** order of march= (ing), marching order. **~order** marching order, order to march. **~roete** line/route of march. **~tempo** marching rate, rate of march; march rhythm; quick march/time; *vinnige* ~, *(mil.)* double time.

**mars·ban·ker, maas·ban·ker, mas·ban·ker** *·kers, (icht.)* maasbanker, horse mackerel; *Noord-Atlantiese* ~ men= haden, *(Am.)* mossbunker.

**mar·se·pein** *(cook.)* marzipan, almond paste.

**mar·sjeer** *(ge)=* march; *deur die stad* ~, *(also)* parade the town. **mar·sjeer·der** *·ders* marcher.

**mar·ta·vaan** *=vane* Martaban jar.

**mar·tel** *ge=* torture, (put to the) rack; torment, martyr, har= row. **~dood** martyr's death, martyrdom, stake; *'n* ~ *sterf* suffer death by torture. **~(werk)tuig** instrument of torture.

**mar·te·laar** *·lare, ·laars* martyr; *'n* ~ *vir 'n saak* a martyr to a cause; *as* ~ *sterf* die a martyr's death. **mar·te·la·res** *·resse* woman martyr. **mar·te·la·ry** torture; torment. **mar·te·ling** *·linge* torture, torment, inflic= tion, martyrdom.

**mar·te·laars=: ~aanbidding** martyrolatry. **~bloed** martyr's/ martyrs' blood, blood of the martyrs. **~boek, ~geskiedenis** martyrology. **~kerk, ~kapel** martyry.

**mar·ter** *·ters, (zool.)* marten. **~pels, ~bont** marten.

**Marx·is** *·iste, n., (also* m~*)* Marxist, Marxian. **Marx·is·me** *(also* m~*)* Marxism. **Marx·is·ties** *·tiese, adj., (also* m~*)* Marx= ian, Marxist.

**mas** *maste, (naut.)* mast; *(gym.)* pole; *die* ~ **opkom** make the grade; *alleen die* ~ **opkom** go it alone; *self die* ~ **opkom** fend/shift for o.s., fight one's own battles; *self/alleen die* ~ *moet* **opkom** be left to *(or* thrown on) one's own resources; *'n* ~ **stryk** strike a mast. **~hoof** *(print.)* masthead *(of a news= paper).* **~hout** pine/fir wood. **~korf** *(naut.)* crow's-nest. **~kraan** sheer=, shearlegs, shears. **~ring** mast hoop. **~-sel** *(med.)* mast cell. **~top** masthead. **~tou** stay. **~werk** clove hitching. **~werk= knoop, ~werkslag** clove hitch, *(Am.)* hogtie.

**Ma·sai** *=sais, (member of a people)* Masai, Maasai.

**ma·sa·la** *(cook.)* masala.

**mas·ban·ker** →MARSBANKER.

**mas·car·po·ne** *(It.):* **~(kaas)** mascarpone.

**ma·sels** *(med.)* measles; *(tech.)* rubeola, morbilli; *Duitse* ~ rubella, German measles.

**ma·ser** *·sers, (phys.)* maser *(acr.: microwave amplification by stimulated emission of radiation).*

**Ma·sho·na** →MASJONA.

**ma·siet** *=siete* mosque, *(Arab.)* masjid.

**ma·sjien** *=sjiene* machine; engine; sewing machine; *'n* ~ **be= dien/hanteer** operate a machine; *'n* ~ **aan die gang** sit start a motor; *'n* ~ **onderhou/versien** service a machine; *die* ~ *het onklaar geraak* the engine packed up *(infml.).* **~bedie= ner** →MASJIENOPERATEUR. **~bou** engine building; mechanical engineering. **~defek** engine trouble. **~fabriek** engineering works. **~gebrei** machine-knitted. **~gemaak** machine-made. **~geweer** machine gun. **~kamer** engine room; engine house. **~kap** bonnet/hood of engine. **~maker** machinist. **~mens** *(sci-fi)* humanoid. **~olie** machine/lubricating oil. **~opera= teur, ~bediener** machine operator/minder. **~tekenaar** en= gineering draughtsman, mechanical draughtsman. **~tekene** engineering drawing, machine drawing, mechanical draw=

ing. **~tekening** engineering drawing, machine drawing; plan of a machine. **~wasbaar** *=bare* machine-washable. **~werker** machinist. **~werkplaas** engineering works.

**ma·sji·naal** *=nale, adj.* mechanical; automatic; *=nale leer= proses* rote learning, learning by rote. **ma·sji·naal** *adv.* mechanically, automatically; ~ *afgewerk* machine-finished; ~ *gemaak/vervaardig* machine-made, mill-spun, factory- made.

**ma·sji·neer** *ge=* machine. **ma·sji·neer·baar** *=bare* machin= able. **ma·sji·ne·ring** machining.

**ma·sji·ne·rie** machinery, enginery; *(fig.)* machinery *(of the state etc.).*

**ma·sji·nis** *=niste* engineer *(on a ship); (rly.)* engine/train driv= er, engineman; sceneshifter *(in a theatr.);* machinist; *eerste* ~ chief engineer *(on a ship).*

**Ma·sjo·na, Ma·sho·na** *(population group)* Mashona. **~land** *(geog.)* Mashonaland.

**mas·ka·ra** mascara.

**mas·kas** *interj.* →MAGTIG *interj..*

**mas·keer** *(ge)=* camouflage, cover (up), mask, screen, veil, hide, conceal.

**mas·ker** *·kers, n.* mask; visor; face guard; disguise; *'n* ~ **aansit** put on a mask; *die* ~ *het* **afgeval** the mask slipped; *iem. se* ~ **afruk** unmask s.o.; *die* ~ **afwerp** drop *(or* throw off) the mask; **onder** *die* ~ *van* ... under the mask of ...; *in/ under the guise of* ... **mas·ker** *ge=, vb.* mask, veil, camou= flage. **~bal** masked ball, masquerade. **~spel** masque, mask.

**mas·ke·ra·de** *=des* masquerade, mummery.

**mas·kot** *=kotte* mascot.

**ma·so·chis** *=chiste* masochist. **ma·so·chis·me** masochism. **ma·so·chis·ties** *=tiese* masochistic.

**mas·sa** *=sas* crowd, mass, multitude; congeries; host; lot, bulk, lump; pile; gross; pool; *iets* **by die** ~ *verkoop* sell s.t. in bulk; **die** ~ the crowd; the great mass; the masses; the (common) ruck; *iets word in* ~ **geproduseer** s.t. is mass-produced; **in** ~ in bulk; in the mass/gross; massed; *'n* ~ *...* masses of ...; *(infml.)* stacks of ... *(work etc.);* **~s** ... masses *(or, infml.* zil= lions) of ... *(sardines etc.);* **sonder** ~ massless; *bo die* ~ **uit= styg,** *jou bo die* ~ **verhef** rise *(or* raise o.s.) above the crowd; *in die* ~ **verlore** *raak, (fig.)* be just one of the crowd; *'n* ~ **vorm** mass; *na die* ~ **vry** play to the gallery. **~-aanval** massed attack, attack in mass. **~-aksie, ~optrede** mass ac= tion. **~-eenheid** unit of mass. **~geproduseerde** *adj. (attr.), (also* in massa geproduseerde) mass-produced *(goods etc.).* **~geweld(pleging)** mob violence. **~mark** mass market. **~me= dium** *=diums, =dia* mass medium. **~meter** mass meter. **~moord** massacre, mass murder. **~moordenaar** mass mur= derer. **~optrede** →MASSA-AKSIE. **~produksie** mass produc= tion, wholesale manufacture/production, manufacture on a large/vast scale; *iets is in* ~ s.t. is being mass-produced; *fa= briek met* ~ mass-production plant. **~transport, ~vervoer** transport in bulk. **~verbruik** mass consumption. **~voor= raad** bulk supply. **~vragskip** bulk cargo ship.

**mas·saal** *=sale* massive. **mas·sa·li·teit** massiveness.

**mas·sa·ge** *(<Fr.)* massage.

**mas·seer** *(ge)=* massage, knead. **~salon** massage parlour. **mas·se·ring** massaging, massage.

**mas·seur** *=seurs,* **mas·seer·der** *=ders* masseur, massagist, massager. **mas·seu·se** *=ses,* **mas·seer·ster** *=sters, (fem.)* mas= seuse.

**mas·sief** *=siewe* massive, enormous, huge, solid; mighty. **mas·si·wi·teit** massiveness, solidity.

**mas·tek·to·mie** mastectomy.

**mas·tiek** mastic. **~asfalt** mastic asphalt.

**mas·tig** *interj.* goodness (gracious)!, heavens!, gosh!.

**mas·ti·tis** mastitis; *(vet.)* garget.

**mas·to·don** *=dons, =donte, (palaeontol.)* mastodon.

**mas·to·ïed** =toïede, n., (anat.) mastoid, mastoid bone/process. **mas·to·ïed** =toïede, adj. mastoid.

**mas·tur·beer** ge= masturbate. **mas·tur·ba·sie** masturbation. **mas·tur·beer·der** =ders masturbator.

**ma·sur·ka** =kas, (Polish dance) mazurka, mazourka.

**mat**[1] matte, n. mat, doormat, floor mat, (floor) rug; seat, bottom (of a chair); (often) carpet; los ~(jie) scatter rug; die ~ onder iem. (se voete) uittrek/uitpluk/uitruk, (fig., infml.) pull the rug out from under s.o.; deur die ~ val, (fig.: a plan) fall through. **mat** ge=, vb. mat, cane, rush, bottom, seat (a chair). ~werk matting.

**mat**[2] mat(te) matter matste, adj. languid, lifeless, listless, spiritless, tired, weary; dead, dull (gold); mat, matt(e) (paper); lacklustre, lustreless (eye); dim (light). **mat** adv. languidly, lifelessly, listlessly, wearily; dully; dimly; ~ geskilder mat/matt(e) painted; iets ~ maak mat/matt(e) s.t.; frost s.t. (glass); iets word ~ s.t. tarnishes. ~afwerking (also mat afwerking) mat/mat(te)/dead finish. ~glas (also mat glas) mat/matt(e) glass, obscured/frosted glass. ~verf (also mat verf) matt(e)-finish paint, matt(e) paint.

**mat**[3] n., (chess) checkmate. **mat** adv.: iem. ~ sit, (chess and fig.) (check)mate s.o..

**ma·ta·dor** =dors matador.

**ma·te** degree, measure; buite ~ beyond measure, excessively, exceedingly, extremely; in die ~ dat ... to the extent that ...; in dié ~ to that extent; in geringe ~ in a small way; in groot/hoë ~ to a great/large extent; in die hoogste ~ to the highest degree; to the nth degree; in/tot 'n ~ to a certain (or some) degree/extent, in some measure; up to a point; in meerdere of mindere ~ in varying degrees; to a greater or lesser extent; met ~ moderately; na die ~ van ... to the extent of ...; in ruime ~ amply; in sekere ~ to a certain (or some) degree/extent, in some measure; up to a point; in so 'n ~ dat ... so much (so) that ...; in toenemende ~ increasingly; progressively; in watter ~ ... to what degree ...; to what extent ... **ma·te·loos** =lose excessive, measureless, inordinate, unlimited, unmeasured.

**Ma·te·be·le** =les, (population group) Matabele. ~land (geog.) Matabeleland.

**ma·te·ma·ties** =tiese mathematical.

**ma·te·ma·ti·kus** =tikusse, =tici mathematician.

**ma·te·ri·aal** =riale material(s); fabric; stuff; rollende ~ rolling stock. ~versagter, ~versagmiddel fabric softener. ~verswakking fatigue (in materials).

**ma·te·ri·a·lis** =liste, (also M~) materialist. **ma·te·ri·a·lis·me** (also M~) materialism; (philos.) hylozoism. **ma·te·ri·a·lis·ties** =tiese materialist; hylozoic.

**ma·te·ri·a·li·seer** ge= materialise.

**ma·te·rie** =rieë, =ries matter.

**ma·te·ri·eel** =riële =riëler =rieelste material; ~riële reg substantive law.

**ma·ters** n. (pl.) →MAAT[2].

**mat·heid** exhaustion, tiredness, fatigue, weariness; deadness, dimness, dullness, tarnish.

**Ma·tie** =ties, (infml.: student of the Univ. of Stellenbosch) Matie.

**ma·tig** =tige, adj. moderate (wind, eater, etc.); frugal (meal); placid; modest; abstemious, sober, temperate (pers.); 'n ~e dosis mild dose; ~e pas steady pace; 'n ~e skatting a moderate/conservative estimate. **ma·tig** adv. moderately; frugally; placidly; modestly; soberly; ~ eet eat sparingly; maar ~ ingenome met iets not overpleased with s.t.. **ma·tig** ge=, vb. moderate, modify, mitigate; temper, restrain (one's anger etc.), qualify, check. **ma·tig·heid** abstemiousness, frugality, moderation, soberness, temperance, sobriety. **ma·tig·heids·bond**, =ge·noot·skap temperance society. **ma·ti·ging** moderation, modification, mitigation.

**ma·ti·nee** =nees matinee, matinée.

**mat·jie** =jies, (dim.) little mat; rug. **mat·jies·goed** matting; (Typha spp.) bulrush; (Cyperus spp.) sedge.

**ma·toe·mie** =mies, **min·ger·hout** matumi, African teak.

**ma·tras** =trasse mattress. ~goed (text.) tick(ing). ~kop mophead, mop of hair. ~maker mattress maker, upholsterer. ~oortreksel, ~sloop mattress cover, tick.

**ma·tri·ar·gaal** =gale matriarchal. **ma·tri·ar·gaat** matriarchy, mother right.

**ma·triek** (SA, infml. abbr. for matrikulasie) matric; (pl.: matrieks) matric student. ~leerder =ders, ~leerling =linge matriculant. ~(eksamen) matric (examination).

**ma·triks** =trikse, (geol., biol., math., fig.) matrix. ~drukker (comp.) dot-matrix printer.

**ma·tri·ku·lant** =lante matriculant.

**ma·tri·ku·la·sie** matriculation. ~-eksamen matriculation examination.

**ma·tri·ku·leer** ge= matriculate.

**ma·tri·li·ne·êr** =neêre, **ma·tri·li·ni·êr** =niêre, **ma·tri·li·ne·aal** =neale matrilineal, in the female line.

**ma·tro·ne** =nes matron.

**ma·troos** =trose sailor; deck hand; mariner; seaman; ou ~ sea dog (infml.). ~baadjie monkey jacket. ~broek sailor's/bell-bottom(ed) trousers, bell bottoms. ~hoed sailor hat. ~kis sea chest. ~kop crew cut. ~kraag sailor collar. ~lied sea shanty, sea song, sailors' song. ~pak sailor suit. ~werk sailor's work, sailoring.

**ma·trys** =tryse, (math.) matrix; mould. ~gieting die-casting. ~model die model.

**mat·so** =so's, (Jewish Passover bread) matzo(h), matza(h).

**Mat·the·üs** (OAB), **Mat·te·us** (NAB) Matthew; Evangelie van ~ Gospel of Matthew.

**Mau·ri·ti·us** (geog.) Mauritius. **Mau·ri·ti·aan** =tiane, **Mau·ri·ti·ër** =tiërs, n. Mauritian. **Mau·ri·ti·aans** =tiaanse, adj. Mauritian.

**Mau·ser, mou·ser** =sers, (hist. rifle, also mauser) Mauser.

**mau·so·le·um, mou·so·le·um** =leums, =lea mausoleum.

**mau·ve** mauve.

**ma·yon·nai·se** =ses mayonnaise.

**mba·qa·nga** (Zu., mus.) mbaqanga.

**mbi·ra** (Shona, mus. instr.) mbira, thumb piano.

**me·a cul·pa** n. & interj., (Lat.: my fault) mea culpa.

**me·an·der·meer** (geomorphol.) oxbow lake.

**me·bos** (an apricot confection) mebos. ~konfyt mebos jam.

**me·dal·je** =jes medal; roundel; 'n ~ slaan strike a medal; vol ~s bemedalled. ~kenner =ners, **medaljis** =jiste medallist. ~wenner medallist.

**me·dal·jon** =jons medallion, locket, roundel.

**Me·de:** 'n wet van ~ en Perse, (idm.: an unalterable law) a law of the Medes and Persians.

**me·de** mead, honey beer.

**me·de** pref. co=, fellow. ~aanspreeklik =like co-responsible, jointly liable. ~arbeider fellow worker, co-worker, workmate. ~belanghebbende copartner, sharer, party/person also interested. ~besitter →MEDE-EIENAAR. ~beskuldigde coaccused, fellow accused, co-respondent. ~(-) besturende direkteur joint managing director. ~bestuurder joint manager(ess), co-manager(ess); co-driver. ~bewoner cohabitant. ~borg cosponsor (of a sports event etc.); (ins.) co-surety. ~burger fellow citizen, townsman. ~-Christen fellow Christian. ~dader accomplice, co-principal (in crime). ~deelbaar =bare communicable; →MEEDEEL. ~deelbaarheid communicability. ~deelsaam =same communicative, expansive, effusive; charitable, liberal, open-handed; →MEEDEEL. ~deelsaamheid communicativeness; charitableness, liberality, openhandedness. ~deler, ~deling →MEEDEEL. ~direkteur codirector, co-manager(ess), joint manager(ess).

**~-eienaar, ~besitter** co-owner, part-owner, joint proprietor/owner. **~-eienaarskap** co-ownership. **~gebruik** joint use. **~gedaagde** *(jur.)* codefendant, co-respondent. **~gelowige** fellow believer. **~geregtig** *-tigde, adj.* coentitled, jointly entitled. **~geregtigde** *-des, n.* co-sharer, participant, jointly entitled person. **~gevangene** fellow prisoner. **~hoof** co-principal. **~huurder** co-tenant. **~kandidaat** running mate. **~klinker** consonant. **~krygsman** fellow soldier, fellow warrior. **~leerder, ~leerling** fellow learner/pupil. **~leraar** co-minister, coincumbent. **~lid** fellow member, confrère. **~mens** fellow man, fellow (human) being. **~menslik** *-like* humanitarian. **~menslikheid** common humanity, fellow feeling. **~onderteken** →MEDEONDERTEKEN. **~-outeur** joint author, part author, collaborator. **~passasier** fellow traveller/passenger, travel(ling) companion. **~redakteur** coeditor. **~respondent** co-respondent. **~seggenskap** copartnership; right of say; participation *(in decision making)*. **~skrywer** coauthor, part author. **~speler** fellow player, partner, teammate. **~ster** co-star; *iem. se ~ in 'n (rol)prent wees* co-star with s.o. in a picture. **~stigter** cofounder. **~stryder** fellow fighter, comrade *(in a cause)*; comrade in arms. **~student** fellow student. **~-Suid-Afrikaner** *-ners* fellow South African. **~verantwoordelik** *-like* co-responsible. **~verbondene** *-nes* ally. **~verweerder** codefendant, co-respondent. **~vlieënier** copilot. **~werker, ~werking** →MEEWERK. **~wete** knowledge; privity; *met (die) ~ van ...* with the knowledge of ...; *iets is met iem. se ~ gedoen* s.t. was done with s.o.'s knowledge; *sonder iem. se ~* without s.o.'s knowledge.

**Me·de·a** *(Gr. myth.)* Medea.

**me·de·din·gend, me·de·din·ger, me·de·din·ging** →MEEDING.

**me·de·do·ë** compassion, sympathy. **me·de·do·ënd** *-doënde* compassionate, sympathetic, merciful. **me·de·do·ënd·heid** compassion, sympathy.

**me·de·ly·(d)e** compassion, commiseration, sympathy; *~ met iem. hê* feel concern for s.o.; feel pity for s.o.; grieve for s.o.; one's heart aches for *(or goes out to)* s.o.; *~ met iem. toon* commiserate with s.o. **me·de·ly·(d)end** *-(d)ende* compassionate, sympathetic; *iem. ~ aankyk* look at s.o. pityingly.

**me·de·on·der·te·ken** countersign. **me·de·on·der·ge·te·ken·de, me·de·on·der·te·ke·naar** co-undersigned, co-signatory; witness. **me·de·on·der·te·ke·ning** co-signature, countersignature.

**me·de·plig·tig** *-tige, adj., (jur.)* accessory; *met iem. ~ wees (aan 'n misdaad)* aid and abet s.o. (in a crime); *~ wees aan iets* be a party to s.t.. **me·de·plig·ti·ge** *-ges, n.* accessory, accomplice; confederate; *'n ~ van 'n misdadiger aan 'n misdaad* an accomplice of a criminal in a crime; *'n ~ aan 'n misdaad* an accessory to a crime; a party to a crime. **me·de·plig·tig·heid** complicity; participation.

**Me·der** *-ders,* **Me·di·ër** *-diërs, (hist.)* Mede, Median.

**me·de·stan·der** partisan, partner, supporter.

**me·di·a¹** *n. (pl.)* media; press. **~agentskap** syndicate. **~beampte** press officer. **~geleentheid** media event. **~kantoor** press office. **~reklame** above-the-line advertising. **~sekretaris** press secretary. **~verklaring** media release.

**me·di·a²** *-diae, n., (Lat., anat., entom., phon.)* media.

**me·di·aan** *-diane, n. & adj., (geom., stat.)* median; *(print.)* medium *(paper size)*. **~aar** median (vein). **~formaat** medium size. **~senu(wee)** median nerve.

**me·di·a·sie** mediation.

**me·dies** *n., (infml.)* medical aid/benefit; *~ studeer* study medicine. **me·dies** *-diese, adj.* medical; medicinal; *~e beampte* medical officer, officer of health; *~e fonds* medical aid fund; *~e keuring* physical examination, *(infml.)* physical.

**me·di·ka·sie** *-sies* medication.

**me·di·kus** *-dikusse, -dici* doctor, *(infml.)* medic, physician.

**me·di·na·wurm** Guinea worm.

**me·di·si·naal** *-nale* medicinal; medicated.

**me·di·sy·ne** *-ne(s)* medicine, drug; medicament; *~ gebruik/ (in)neem/drink* take medicine; *iem. ~ ingee* dose s.o.; *(in die) ~ studeer* study medicine; *~ toeberei* make up medicine; *~ aan iem. toedien* medicate s.o.; *~ voorskryf* prescribe medicine. **~bottel(tjie), ~fles(sie)** medicine bottle. **~kas** medicine cupboard. **~kis(sie)** medicine chest. **~stroop** julep.

**me·di·ta·sie** *-sies* meditation. **me·di·ta·tief** *-tiewe* meditative(ly), contemplative(ly).

**me·di·teer** *ge-* meditate. **me·di·teer·der** meditator.

**Me·di·ter·reens** *-reense* Mediterranean.

**me·di·um** *-diums, -dia* medium; means, vehicle; *'n ~ vir ...* a vehicle for ...; →MEDIA¹. **~afstandmissiel** medium-range missile. **~droog** medium dry *(sherry etc.)*. **~frekwensie** *(rad.)* medium frequency. **~golf** medium wave. **~snelbouler, ~sneller** *(cr.)* medium(-fast) bowler, *(infml.)* medium pacer.

**me·do·ra** *-ras* (Malay) bridal crown/veil.

**Me·du·sa** *(Gr. myth.)* Medusa. **me·du·sa** *-sae, -sas, (zool.)* medusa, jellyfish.

**mee** *adv. & prep.* with, together. **~bring** *meege-* bring along, bring with one, bring in *(a dowry)*; carry *(responsibility)*; entail *(a delay)*; involve *(danger)*; cause *(illness)*; bring on; *iem. se werk/ens. bring mee dat hy/sy ...* s.o.'s work/etc. requires that he/she ... **~deel** →MEEDEEL. **~ding** →MEEDING. **~doen** *meege-* join *(in a game)*; take part *(in a performance)*; compete *(in a match)*; take a hand *(in an election, in a game)*; be in the swim *(socially)*; participate; *~ aan ...* join in ...; take up ...; engage *(or take part)* in ...; *iem. wil nie aan iets ~ nie* s.o. won't be party to s.t.. **~gaan** →MEEGAAN. **~gebring:** *~ deur ...* incidental to ... **~gee** *meege-* give/send along with; give (way), yield; give, sag; *iets gee mee onder ...* s.t. collapses *(or gives way)* under ...; *wat nie ~ nie* unyielding. **~gevoel** sympathy, fellow feeling; *jou ~ betuig* express one's sympathy; *betuiging van ~* condolence; *met iem. ~ hê* have sympathy with s.o., feel (sympathy) for s.o.; *innige ~* deep sympathy; *~ met iem. by die heengaan van 'n geliefde* sympathy with s.o. in a bereavement; *iets uit ~ doen* do s.t. out of sympathy. **~help** *meege-* assist, contribute *(one's share)*, lend a hand, make o.s. useful; *iets help mee om te ...* s.t. helps to ... *(achieve s.t.)*. **~klink** *meege-* resonate. **~leef** →MEELEEF. **~loop** →MEELOOP. **~luister** →MEELUISTER. **~maak** *meege-* go through, experience, live; take part in; see, witness; *'n reis ~ make (or go on) a journey; 'n reis met iem. ~* travel together with s.o.. **~neem** *meege-* take along; carry away *(a good opinion)*; *iets ~* take s.t. along *(or with one)*. **~praat** *meege-, (fml.)* join, take part *(in a conversation)*; have a say *(in a matter)*; put in a word; go along *(with)*. **~reis** *meege-, (fml.)* accompany, travel along with. **~reken** *meege-* count (in), include. **~sleep** →MEESLEEP. **~sleur** →MEESLEUR. **~speel** *meege-, (fml.)* join in *(a game)*, take part *(or a hand)* *(in a game)*. **~tel** *meege-, (fml.)* count, include; *dit kan nie ~ nie* that does not count, that counts/goes for nothing; *nie ~ nie* be out of it *(or the hunt)*. **~voel** →MEEVOEL. **~voer** →MEEVOER. **~werk** →MEEWERK.

**mee·deel** *meege-* communicate *(news)*; inform *(s.o.)*; let *(s.o.)* know; disclose *(facts)*; report *(occurrences)*; record *(one's experiences)*; advise; impart; convey; confide; state; *iem. ~ dat ...* inform s.o. that ...; *iem. iets ~* inform s.o. of s.t.; *iem. iets versigtig ~* break s.t. gently to s.o.. **me·de·de·ler** communicator, informer. **me·de·de·ling, mee·de·ling** *-lings, -linge* announcement, statement, release, *(Fr.)* communiqué; communication; information; account, report, bulletin; handout; intimation; *'n ~ doen* make an announcement.

**mee·ding** *meege-* compete, be a candidate for, vie; *met iem. in iets ~* compete/vie with s.o. in s.t.; *met iem. om iets ~* compete/vie with s.o. for s.t.; *teen iem. ~* compete against s.o.. **me·de·din·gend** *-gende* competitive; *hoogs ~* highly competitive. **me·de·din·ger, mee·din·ger** =gers competitor, rival, contestant; '*n ~ om iets* a contender for s.t.. **me·de·din·ging, mee·din·ging** competition, rivalry; *~ hê* face competition; *in ~ met ...* in competition with ...; *moordende ~* cut-throat competition; *skerp/sterk/strawwe ~* severe/stiff competition.

**mee·do·ën·loos** =lose =loser =loosste (of *meer ~ die mees* =lose) merciless, ruthless, pitiless, inexorable, unsparing, relentless, unforgiving, unrelenting, dog-eat-dog. **mee·do·ën·loos·heid** relentlessness, heartlessness, pitilessness, savageness.

**mee·gaan** *meege*= accompany; subscribe *(to a view)*; fall in *(with an arrangement)*; agree *(with s.o.)*; *met die tyd ~* move/ keep abreast (*or* keep pace) with the times. **mee·gaan·de** compliant, complaisant, accommodating, docile, acquies= cent; amenable, easy(-going); supple, flexible; *~ feite* col= lateral facts. **mee·gaand·heid** complaisance, compliance, docility, tractability, co(-)operativeness, conformity, rea= sonableness.

**mee·krap** *(bot.: Rubia spp.; also dye or pigment)* madder.

**meel** meal; *fyn ~* flour; farina; *growwe ~* wholemeal, mid= dlings; *vol ~* full of flour; farinose. **~bessie** *(bot.)* white= beam. **~blom** (wheat) flour. **~dou** mildew, blight, oidium *(in vines)*. **~draad** →MEELDRAAD. **~koek** flour cake. **~pap** flour paste *(for papering)*; gruel; flour poultice. **~sak** flour bag. **~sif** flour sieve, sifter, bolter. **~wurm** mealworm.

**meel·ag·tig** =tige mealy, floury, farinaceous.

**meel·draad** *(bot.)* stamen; *met een ~* monandrous. **~blom** staminate/male flower. **~krans** *(bot.)* androecium.

**mee·leef, mee·le·we** *meege*=: *met iem. ~* sympathise with s.o.. **mee·le·wing** sympathy; *~ met ...* sympathy with ...

**mee·loop** *meege*= accompany *(s.o.)*, go/walk/come along *(with)*; follow, go *(with)*. **mee·lo·per** hanger-on; *(fig., pol.)* fel= low traveller, camp follower, passenger; conformist, fol= lower; sympathiser. **mee·lo·pe·ry** conformism.

**mee·luis·ter** *meege*= listen in, eavesdrop; monitor, tap *(a phone)*. **~apparaat, ~toestel** wiretap; *'n ~ aan iem. se tele= foon koppel* wiretap s.o.'s phone; *'n ~ in ... aanbring* bug ... *(an office etc.)*.

**mee·luis·te·ring, mee·luis·te·ry** telephone tapping, wiretapping.

**meen** *ge*= mean; feel, judge; intend; fancy, suppose, think; be of the opinion; deem; imagine; consider; hold; →BEDOEL; *~ dat ...* hold (*or* be of) the opinion that ...; calculate that ...; *iem. ~ dat ..., (also)* s.o. will have it that ...; *~ jy dit?* are you serious?; *ek ~* I believe; *iets (ernstig) ~* mean s.t. (serious= ly); *dit ernstig ~ met iem.* be serious about s.o.; *dit goed ~* mean well; *dit goed/wel ~ met iem.* mean well by s.o.; *baie mense ~ dat ...* it is widely felt that ...; *die meeste mense ~ dat ...* the weight of opinion is that ...; *~ om iets te doen* mean/intend to do s.t.; *dit (regtig/werklik) ~* be in earnest; *~ wat jy sê* mean what one says; *dit sou ek ~!* I should think so!; *wat ~ jy daarmee?* what do you mean by that?.

**meent** *meente* common.

**meer**[1] *mere, n.* lake; *aan die ~* by the lakeside. **meer**= *det.* la= custrine. **~kool** sea kale/cabbage. **~kunde** limnology. **~min** =minne mermaid. **~skuim** *(min.)* meerschaum, sepiolite. **~skuimpyp** meerschaum (pipe).

**meer**[2] *ge*=, *vb.* moor *(tr., intr.)*, tie up; →VASMEER. **~kabel** moor= ing cable. **~paal** mooring post. **~plek** mooring place. **~ring** mooring ring. **~tou** mooring cable, mooring rope, moor= ing(s), stern fast/line/rope. **~tuig** moorings.

**meer**[3] *adj. & adv.* more; further; *al (hoe) ~, ~ en ~* more and more; *X het ~ ... as Y* X has more ... than Y; *~ as 200/ens.* more than 200/etc., upwards (*or* in excess) of 200/etc.; *~ as een maal* more than once, repeatedly; *~ as genoeg* more than enough; enough and to spare; *~ geld as wat jy kan tel* more money than one can count; *baie/veel ~* many more; far more; much more; *die ~ gegoedes* those better off; *~ ge*=

*vorderd* (more) advanced; *g'n botter/ens. ~ hê nie* have run out of butter/etc.; *g'n geld ~ hê* have no money left; *g'n kind ~ wees nie* no longer be a child; *g'n woord ~ nie!* not another word!; *hoe ~* the more, increasingly; *hoe ~ ..., hoe (of des te) ~ ...* the more ..., the more ...; *hoe ~ iem. kry, hoe ~ wil hy/sy hê* the more s.o. gets, the more he/she wants; *al hoe ~ mense* an increasing number of people; *~ as honderd/ duisend* more than a hundred/thousand; *nou kan hy/sy nie ~ nie* this is the last straw; *iem. sal dit nie ~ lank maak nie* s.o. won't last much longer; *honderd/ens. ~ of minder* give or take a hundred/etc. *(infml.)*; *niks ~ of minder nie* neither more nor less; *net nog ~* only more so; *nie ~ nie* no (*or* not any) longer/more; not now; *iem. is nie ~ nie* s.o. is no more; *nie ~ ... hê nie* have no more ..., have no ... left; *daar is nie/ niks ~ nie* there isn't any more, there is no more; *niemand ~ nie* no one else; *dit is niks ~ as billik nie* it is only fair/just; *(selfs) nog ~* even more; *nooit ~ nie* never again; *kan/wil jy nou ~!, (infml.)* can/would you believe it?, can you beat it/ that!, what next?, I ask you!, well I never!, strike me dead/ pink!; *~ kan ek nie sê nie* I cannot say more (than that); *selfs (nog) ~* even more so; *iem. ~ sien* see more of s.o.; *daar sit/steek ~ agter* there is more to it than that; *daar sit/ steek ~ agter as wat jy dink* there is more to it than meets the eye *(infml.)*; *en so/dergelike ~* and so forth/on; and all that; and what not; *sonder ~* without further/more/much ado; without question; without comment; *iets is sonder ~ ...* s.t. is purely and simply ..., s.t. is ... pure and simple; *iets sonder ~ doen* do s.t. straight off *(infml.)*; *steeds ~* more and more; *te ~ omdat/aangesien ...* the more so as/because ...; *~ as voorheen* more than it did; more than it was; *wat ~ is, ...* what's more, ...; *wat kan iem. ~ doen?* what more can s.o. do?. **~baan** *(mus.)* multitrack *(recorder, recording, etc.)*. **~graadolie** multigrade oil. **~maal, ~male** frequently, more than once, often. **~verdieping** multistorey *(building, car park, etc.)*. **~weg** *(elec.)* multiway *(plug etc.)*.

**meer·de·re** =res, *n.* superior, superordinate; senior; *ons ~s* our betters; *iem. is jou ~* s.o. is one's superior. **meer·de·re** *adj. (attr.)* more; additional; greater; superior; overriding; *~ groep/taal* dominant group/language; *~ kennis* additional knowledge; superior knowledge.

**meer·der·heid** majority; plurality; superiority, supremacy; *iets met 'n ~ aanneem* carry s.t. by a majority; *'n ~ behaal* get/secure a majority; *die groot ~* the great mass, the gener= ality; *in die ~ wees* be in the majority; *'n klinkende ~* a thumping majority *(infml.)*; *die ~ sê nee* the noes have it; *'n skrale ~* a bare majority; *die ~ van stemme* the majority of votes; *met/by ~ van stemme* by a majority of votes; *die stomme ~* the silent majority; *'n verpletterende ~* a sweep= ing majority; *die ~ van die volk* the majority of the people; *'n volstrekte ~* an absolute majority. **~stem** majority vote; *by ~* by (a) majority vote.

**meer·der·heids·**: **~aandeel** *(fin.)* majority holding. **~be= ginsel** *(pol.)* majority rule, first-past-the-post system. **~be= lang** controlling interest. **~besluit** majority decision. **~re= gering** majority rule.

**meer·der·ja·rig** =rige of (full) age; *~ word* come of age; attain one's majority; reach (wo)manhood. **meer·der·ja= rig·heid** majority, adulthood; coming of age; emancipation; *~ bereik* attain one's majority.

**meer·der·waar·dig** =dige superior. **meer·der·waar·dig= heid** superiority.

**meer·der·waar·dig·heids·**: **~gevoel** feeling of superi= ority. **~kompleks** *(psych.)* superiority complex.

**meer·di·men·si·o·neel** =nele multidimensional(ly).

**meer·doe·lig** =lige multipurpose.

**meer·ja·rig** =rige perennial.

**meer·kat** =katte, =kaaie suricate, meerkat.

**meer·keu·se** multiple-choice *(question)*. **meer·keu·sig** =sige, *adj. (usu. attr.)* multiple-choice *(question)*.

**meer·kleu·rig** *-rige* variegated, particoloured; polychrome, =chromic, =chromous.

**meer·la·gig** *-gige* stratified; multi-ply *(wood)*.

**meer·let·ter·gre·pig** *-pige* polysyllabic.

**meer·sin·nig** *-nige* ambiguous, many-faceted *(in meaning)*.

**meer·slag·tig** *-tige* having more than one gender; polyge=netic; *(bot.)* polygamous.

**meer·stem·mig** *-mige* polyphonic; for voices; *~e sang* part-singing.

**meer·sy·dig** *-dige* multilateral.

**meer·ta·lig** multilingual. **meer·ta·lig·heid** multilingualism.

**meer·vlak·kig** *-kige, adj. (usu. attr.)* multilevel *(building etc.)*; multifaceted *(film etc.)*.

**meer·vor·mig** *-mige* allotropic. **meer·vor·mig·heid** allotro=py, allotropism.

**meer·voud** *-voude, n.* plural. **meer·vou·dig** *-dige, adj.* plu=ral, multiple; *~e persoonlikheid (psych.)* multiple personality. **meer·vou·dig·heid** plurality, pluralism.

**meer·vouds·:** *~uitgang* plural ending. *~vorm* *-vorme, -vorms* plural form.

**meer·vul·di·ge·keu·se** multiple-choice *(question)*.

**meer·waar·de** surplus value. **meer·waar·dig** *-dige* multi=valent, polyvalent. **meer·waar·dig·heids·ge·voel** feeling of superiority.

**mees**[1] *mese, n., (orn.: Parus* spp.*)* tit.

**mees**[2] *adv.* most. *~begunstiging* most-favoured(-nation) treatment. *~begunstigingsverdrag* most-favoured-nation treaty.

**mee·sleep** *meege=* carry along, drag along, carry/sweep be=fore it; impassion; inveigle; *deur … meegesleep word* be/get carried away by …, be entranced at/by/with …; *jou gehoor ~, (fig.)* carry one's audience with one. **mee·sle·pend** *=pende* compelling, impassioned, fascinating.

**mee·sleur** *meege=: deur … meegesleur word* be/get carried away by … **mee·sleu·rend** *-rende* absorbing, gripping, rivet=ing, spellbinding; *'n ~e boek, (also)* a page-turner.

**meest·al, mees·al** mostly, usually, more often than not, most of the time, most times, for the most part.

**mees·te** *n.: op die/sy ~* … not more than …, … at (the) most, … at the outside/utmost *(or* very most*); die ~ van ons* most of us; *die ~ van* … the best/better/greater part of … **mees·te** *adj. & adv.* greatest, most; mostly; best part *(of a quantity)*; utmost; the majority *(of people); iem. eet die ~* s.o. eats most (of all); *die ~ van … hou* like … best; *die ~ mense* most people; the majority of people; *die ~ mense meen …, (also)* the weight of opinion is …; *wat iem. die ~ nodig het* what s.o. requires/wants/needs most; *ons gesels die ~ van …* … is the one/thing we talk about most, our talk is mostly of …

**mees·ter** *-ters* master; expert, maestro, wizard, *(infml.)* whiz(z), wiz; preceptor; maître *(Fr.); daar is altyd ~ bo* every man has his match; *jou eie ~ wees* be one's own master; *~ van jouself wees* hold o.s. in hand, control o.s.; *jou ~ maak (of ~ word) van* … master …; *ou ~, (great Eur. painter/painting of the period 1500-1800)* old master; *'n streng(e) ~* a hard mas=ter; *die toestand ~ wees* have the situation in hand; *'n ~ in jou vak* a master of one's trade; *'n vak ~ wees/word* be/be=come master *(or* have a mastery) of a subject. *~bakker* mas=ter baker. *~bouer* master builder. *~hand* master('s) hand, master touch. *~klas* masterclass. *~opname (mus.): 'n nuwe (digitale) ~ van … maak* remaster … *~stuk* masterpiece, clas=sic; masterstroke.

**mees·ter·ag·tig** *-tige* imperious; pedantic; magisterial.

**mees·te·res** *-resse, (dated)* mistress, milady, *(infml.)* missus, missis.

**mees·ter·lik** *-like* excellent, masterly, masterful; *~e set* mas=terstroke.

**mees·ters·graad** master's degree.

**mees·ter·skap** mastership, mastery, proficiency, master=dom; authority; *~ oor die taal* command of the language.

**meet** *n.:* starting line/point; *van ~ af (aan)* from the begin=ning/outset; *weer van ~ af (aan) begin, (also)* start afresh/anew, start (all) over again. **meet** *ge=, vb.* measure, gauge; dial; gird; *in kilometers/liters/meters ~* measure in kilometres/litres/metres; *jou lengte op die grond ~* fall full length upon the ground; *met twee mate ~* measure by two standards, show partiality; *jou met iem. ~* measure o.s. against s.o.; *jou nie met iem. kan ~ nie* be no match for s.o.; *~ na …* measure by …; *~ en pas* struggle to make (both) ends meet. *~drie=hoek* plotter, plotting instrument. *~eenheid* measuring unit. *~gebied* range. *~instrument* measuring instrument. *~ketting* measuring chain, surveyor's chain. *~kuns* men=suration, surveying. *~passer* cal(l)iper compasses, cal(l)i=pers. *~snoer (fig.)* yardstick, criterion, gauge, measure. *~stasie* gauging station. *~stok, maatstok* yardstick; *(shoe=makers')* size stick; *(carpenter's)* rule; measuring rod, yard. *~tafel(tjie)* plane table.

**meet·baar** *-bare* measurable; *(math.)* commensurable; gaugeable; *~bare/rasionale getal* rational number. **meet·baar·heid** measurableness; commensurability.

**meet·kun·de** geometry. **meet·kun·dig** *-dige, adj.* geometri=cal; *~e pad* locus. **meet·kun·di·ge** *-ges, n.* geometrician, ge=ometer.

**meeu** *meeue, (orn.: Larus* spp.*)* gull.

**mee·val·ler(·tjie)** *-ler(tjie)s* piece/bit of good luck, windfall, stroke of luck, scoop, godsend, bonus, bonanza; steal; mon=ey from home; *'n ~ kry* have a piece of (good) luck *(or* a stroke of luck *or* a good break); get a windfall.

**mee·voel** *meege=* sympathise; *met … ~* sympathise *(or* have sympathy) with …, feel sympathy for … **mee·voe·lend** *-len=de* condolatory, sympathetic.

**mee·voer** *meege=* carry along; carry about *(with one);* carry off; waft; sweep away; bring down. **mee·voe·rend** *-rende* absorbing.

**mee·wa·rig** *-rige* sympathetic; rueful. **mee·wa·rig·heid** sympathy; ruefulness.

**mee·werk** *meege=* cooperate, collaborate, contribute, assist; *tot … ~* contribute to(wards) … *(failure or success).* **mee·wer·kend** *-kende* contributory, co(-)operative, confluent, concurrent. **me·de·wer·ker** cooperator, co-worker, fellow worker; collaborator; coagent; coadjutor; associate; con=tributor, correspondent *(to a paper etc.); finansiële ~* finan=cial correspondent. **me·de·wer·king, mee·wer·king** assist=ance, collaboration, contribution, co(-)operation, instru=mentality; ministration; *met (die) ~ van …* in collaboration with …; in conjunction with …; in co(-)operation with …; in association with …

**me·ga=** *comb.* mega=. *~bis (comp.)* megabit. *~foon* *=fone* megaphone. *~greep (comp.)* megabyte. *~(handels)merk* megabrand. *~hertz (abbr.* MHz*)* megahertz, megacycles per second. *~joule* megajoule. *~ohm* →MEGOHM. *~periode* megacycle. *~spoor, makrospoor* *=spore, (bot.)* mega=, macro=spore. *~stad* mega-city. *~ster* megastar. *~sterstatus* mega=stardom. *~ton* megaton(ne). *~treffer (infml.)* (mega-)block=buster. *~volt (abbr.* MV*)* megavolt. *~watt* *=watt(s), (abbr.* MW*)* megawatt. *~winkel* megastore. *~wop (comp.: a million floating-point operations a second)* megaflop.

**me·ga·liet** *-liete, (archaeol.)* megalith. **me·ga·li·ties** *-tiese* megalithic.

**me·ga·lo·ma·nie** megalomania. **me·ga·lo·maan** *=mane, me·ga·lo·ma·ni·ak* *=niakke* megalomaniac. **me·ga·lo·ma·nies** *=niese* megalomaniac.

**me·ga·lo·sou·rus** *-russe,* **me·ga·lo·sou·ri·ër** *-riërs, (pal=aeontol.)* megalosaur.

**me·ga·niek** mechanism; action; clockwork, movement. **me·ga·nies** *=niese* mechanical; operative *(work); (math.)* mecha=

nistic; ~*e boor* power/machine drill; ~*e gereedskap* power tools; ~*e saag* power saw; *langs* ~*e weg* mechanically, by mechanical means. **me·ga·ni·ka** (theoretical) mechanics. **me·ga·ni·kus** =*nikusse,* =*nici* mechanic, mechanician, (practical) engineer, mechanist. **me·ga·ni·seer** ge= mechanise. **me·ga·ni·se·ring, me·ga·ni·sa·sie** mechanisation. **me·ga= nis·ties** =*tiese, adj. & adv., (philos.)* mechanistic(ally).
**me·ga·no·te·ra·pie** *(med.)* mechanotherapy.
**me·ga·skoop** =*skope* megascope. **me·ga·sko·pies** =*piese* megascopic, macroscopic.
**me·ga·tro·ni·ka** mechatronics.
**meg·ohm, me·ga-ohm** =*ohm(s)* megohm.
**Mei** May. **m~blom** mayflower. **m~boom** maypole. **~dag** May Day, May 1; day in May, May day. **m~doring** *(bot.)* hawthorn, quickthorn; maybush. **m~kewer** cockchafer, May bug. **~maand** the month of May. **~viering** May Day celebration.
**mein·eed** perjury; false swearing/oath; ~ *pleeg* commit perjury, perjure/forswear o.s.. **mein·e·dig** =*dige, adj.* forsworn, perjured. **mein·e·di·ge** =*ges, n.* perjurer. **mein·e·dig·heid** perjuredness, perjury.
**mei·o·se** *(biol.)* meiosis; *(pros.)* litotes, understatement. **mei·o·ties** =*tiese* meiotic.
**mei·sie** =*sies* girl; miss; girlfriend; *'n liewe* ~ a sweet girl. **~kind** girl, girl-child, female child. **~mens** *(joc. or derog.)* girl. **~skool** girls' school. **~span** girls' team. **~stem** girl's/girlish voice.
**mei·sie·ag·tig** =*tige,* **mei·sie·rig** =*rige* girl-like, girlish; effeminate, sissy, sissified, cissified.
**mei·sie(s)·:** **~drag** girlswear. **~klere** girls' clothes. **~koor** girls' choir. **~koshuis** girls' hostel (*or* boarding school). **~naam** girl's name.
**mei·sies·:** **~dubbelspel, ~dubbels** *(tennis)* girls' doubles. **~enkelspel, ~enkels** *(tennis)* girls' singles.
**mei·sie·tjie** =*tjies, (dim.)* little girl, moppet.
**me·juf·frou** =*froue(ns), (title of an unmarried woman, used with name)* miss.
**me·kaar** each other, one another; *aan* ~ *raak* touch each other, touch one another; *aan/vir* ~ *skryf/skrywe* write to each other (*or* one another); *agter* ~ in a row; *aan* ~ *gelyk* equal each to each; *nie veel (met* ~) *gemeen hê* not have much in common; *langs* ~ next to each other; side by side; *lief vir* ~ *wees* be fond of each other, love one another; *met* ~ with each other, with one another; together; *na* ~ *toe* towards each other; *ná/agter* ~ one after another; in succession; by turns, in turn; *drie dae ná/agter* ~ three straight days; *kort ná/agter* ~ in rapid sequence; *vinnig ná/agter* ~ in quick/rapid succession; *naas* ~ next to each other; side by side; in juxtaposition; *onder* ~ among us/ourselves/you/ yourselves/them(selves); *oor* ~ about each other; across each other; *op* ~ on top of each other, one on top of the other; *kort op* ~ in close order; *teen* ~ against each other; *vir* ~ for each other, for one another.
**Mek·ka** *(geog.)* Mecca. **Mek·ka·gan·ger** Mecca pilgrim.
**me·kon·suur** *(chem.)* meconic acid.
**Mek·si·ko** →MEXIKO.
**me·laats** =*laatse, adj.* leprous. **me·laat·se** =*ses, n.* leper. **me· laats·heid** leprosy.
**me·lan·cho·lie, me·lan·ko·lie** melancholy, melancholia, depression of spirits. **me·lan·cho·lies, me·lan·ko·lies** =*liese* melancholy, melancholic, depressed. **me·lan·cho·li· kus, me·lan·ko·li·kus** =*likusse,* =*lici* melancholic.
**me·la·nien** *(human & animal pigment)* melanin.
**me·la·niet** *(min.)* melanite.
**me·la·noom** =*nome, (med.)* melanoma. **me·la·no·se** melanosis. **me·la·no·ties** =*tiese* melanotic.

**me·las·se** molasses, treacle.
**Mel·ba·roos·ter·brood** *(also* m~*)* Melba toast.
**meld** ge= announce, inform, mention, report, state, tell. **mel· dens·waar·dig** =*dige* mentionable, worth mentioning, worthy of mention. **mel·ding** report, communication; mention; *geen* ~ *van* ... (*of nie van* ... ~) *maak nie* make no mention of ..., not mention ...; *van* ... ~ *maak* mention ..., make mention of ..., refer to ..., make (a) reference to ...
**mê·lée** =*lées, (Fr.)* mêlée, melee.
**me·le·rig** =*rige* mealy, floury, farinaceous; →MEEL. **me·le· rig·heid** mealiness.
**me·li·liet** *(min.)* melilite.
**me·li·niet** *(explosive)* melinite.
**melk** *n.* milk; *die* ~ *afroom* skim the cream off the milk; *'n beker/glas* ~ a jug/glass of milk; *'n liter* ~ a litre of milk; *vars* ~ fresh/sweet milk. **melk** ge=, *vb.* milk; *iem.* ~ fleece s.o.. **~afskeiding, ~sekresie** lactation. **~baard** down, soft/ downy beard. **~bees** =*beeste* milker, milch cow; *(in the pl.)* dairy cattle. **~beker** milk mug/jug. **~boer** dairy farmer. **~boerdery** dairy farm; dairying. **~bok** milch goat. **~bol** milkweed. **~boom** *(Ficus cordata)* Namaqua fig. **~bos** *(Asclepias fruticosa)* gosling bush, milkweed; *(Euphorbia lathyris)* caper spurge, mole plant. **~bottel** milk bottle. **~brood** milk loaf/bread. **~dermpie** *(infml.)* milksop, sissy, nancy (boy). **~dieet** milk diet. **~dissel, ~distel** milk/sow thistle. **~doek** strainer, butter muslin. **~emmer** milk pail. **~glas** milk glass. **~hout(boom)** *(Sideroxylon inerme, Mimusops* spp.*)* milkwood (tree). **~jaspis** *(gemstone)* galactite. **~kamer** dairy (room), milk room. **~kan** milk can/churn. **~klier** lacteal/ mammary gland. **~klierontsteking** mastitis, mammitis. **~koei** dairy cow, milker; cow in milk; *(infml., fig., also* melkkoeitjie: *source of easy income)* milch cow, meal ticket. **~koffie** café au lait. **~koker** milk boiler. **~koors** milk/lacteal fever. **~kors** *(med.)* cradle cap. **~kos** milk food; milk soup. **~kudde** dairy herd. **~kwarts** *(min.)* milky quartz. **~masjien** milking machine, milker. **~opaal** white opal. **~pap** milk porridge. **~pens** *(zool.)* fourth stomach, abomasum, rennet bag. **~plaas** dairy farm. **~poeier** milk powder, powdered/dried/dehydrated milk. **~pokke** *(med.)* milk pox, amaas. **~produk** dairy product. **~sap** milky juice, latex; *(physiol.)* chyle. **~skom mel** milk shake. **~steen** *(min.)* galactite, chalcedony. **~sui ker** *(biochem.)* milk sugar, lactose. **~suur** *(biochem.)* lactic acid. **~swartbier** milk stout. **~tand** baby/deciduous/milk tooth. **~tert** milk tart. **~trein** milk/slow train. **~vleis-ras** dairy-beef breed. **M~weg:** *die* ~, *(astron.)* the Milky Way. **~wit** milk-white, milky white.
**melk·af·skei·dend** =*dende* lactiferous.
**melk·ag·tig, melk·ag·tig** =*tige* milky, lacteous, lactescent; opalescent, opaline. **melk·ag·tig·heid** milkiness.
**mel·ker** =*kers* milker. **mel·ke·ry** =*rye* milking; dairy farming; dairy (farm).
**mel·ke·rig** =*rige* milky, lactiferous, lactescent. **mel·ke·rig· heid** milkiness.
**melk·ge·wend** =*wende* milk-producing, -giving, milch; in milk; lactescent, lactiferous.
**melk·hou·dend** =*dende* lactiferous.
**mel·liet** *(min.)* mellite.
**me·lo·die** =*dieë* melody, air, tune. **~lyn** melody/melodic line. **me·lo·dies** =*diese* melodic. **me·lo·di·eus** =*dieuse* melodious, tuneful.
**me·lo·di·ka** =*kas, (mus. instr.)* melodica.
**me·lo·dra·ma** melodrama, melodramatics, histrionics. **me· lo·dra·ma·ties** =*tiese* melodramatic; ~*e uitbarsting* histrionics.
**mem·braan** =*brane* membrane.
**me·men·to** =*to's* memento, souvenir.
**me·mo** =*mo's* memo; →MEMORANDUM. **me·moi·res** *n. (mv.)* memoirs. **me·mo·ran·dum** =*randums,* =*randa* memorandum,

minute. **me·mo·ri·a·lis** *-liste* memorialist. **me·mo·ri·seer** *ge*=commit to memory, learn by heart, memorise. **me·mo·ri·se·ring** memorisation, memorising, committing to memory.

**me·na·de** *-des, (Gr. myth.)* m(a)enad.

**me·na·ki·noon, vi·ta·mien K₂** menaquinone, vitamin K₂.

**me·na·sie** *-sies, (mil.)* mess (hall). ~**meester** mess caterer. ~**tafel** mess table.

**men·de·le·vi·um, men·de·le·wi·um** *(chem., symb.:* Md*)* mendelevium.

**Men·de·lis·me** *(biol.)* Mendel(ian)ism. **Men·de·li·aan** *-liane, n.* Mendelian. **Men·de·li·aans** *-liaanse, adj.* Mendelian.

**me·neer** *menere, n.* gentleman; *(title of a married or an un=married man)* Mr.; *(fml. form of address), (l.c., with name)* Mr., *(cap., without name)* Sir, *(in the pl.)* Gentlemen; *(infml.)* (male) teacher, schoolmaster; *(euph., sl.: penis)* dick, dong, willie, willy; *iem. is 'n groot* ~ s.o. is a big gun; *groot* ~ *speel* mount/ride the high horse; *'n* ~ *van 'n* ...*, (infml.)* a ginormous ... **me·neer** *(ge)=, vb.* mister. **me·neer·tjie** *-tjies, (derog.)* whippersnapper.

**meng** *ge=* mix *(drinks etc.);* blend *(colours etc.);* toss *(a salad);* alloy *(metals);* adulterate, dilute, qualify *(liquids);* compound; mingle, commingle *(with people);* interlard; amalgamate; mash; *iets by iets anders* ~ mix s.t. with s.t. else; *kleure* ~ temper/mix colours; *met* ... ~ combine with ...; mix with ... *(people); met* ... *ge~ wees* be mixed with ...; be mingled with ... ~**bak** mixing bowl; mixing trough. ~**bou** composite con=struction. ~**glas** cocktail shaker. ~**kraan** mixer (tap). ~**kris·tal** *(chem.)* mixed crystal; frequency-charger crystal; *(phys.)* isomorphous mixture. ~**masjien** mixer, blender. ~**stokkie** swizzle stick. ~**verhouding** mixing ratio. ~**vorm** blend.

**meng·baar** *-bare* mixable, miscible; compatible. **meng·baar·heid** mixability, miscibility; compatibility.

**men·gel·:** ~**drankie** cocktail. ~**moes** hodgepodge, jumble, medley, mishmash, mixture, mix, mixed bag, ragbag. ~**slaai** tossed salad. ~**stof** blend, mixed fabric. ~**taal, mengtaal** mixed language.

**men·ge·ling** *-linge, -lings* mixture, potpourri, medley.

**men·ger** *-gers* blender, mixer, stirrer.

**meng·sel** *-sels* blend; mixture, mix; compound; brew.

**men·hir** *-hirs, (archaeol.)* menhir, standing stone.

**me·nie, mi·nie** minium, red lead. ~**rooi** miniaceous, min=iate.

**me·ni·ge** many, several; ~ *matroos/ens.* many a sailor/etc..

**me·nig·een** many a one.

**me·nig·maal, me·nig·ma·le** frequently, many a time, often.

**me·nig·te** *-tes* crowd, great number, multitude, throng; swarm; myriad *(poet., liter.);* host; *die* ~ the crowd; the many; *die (groot)* ~ the masses; *'n* ~ *dinge* heaps of things *(infml.);* a multitude of things; *'n* ~ *mense* very many people; *'n ont=saglike* ~ a vast multitude.

**me·nig·vul·dig** *-dige* abundant, frequent, manifold, multi=tudinous. **me·nig·vul·dig·heid** abundance, frequency, mul=tiplicity.

**me·ni·liet** *(min.)* menilite.

**me·ning** *-nings, -ninge* idea, opinion, view; intention; sup=position; feeling; belief; judg(e)ment; *iets met* ~ *aanpak* get down to business, get one's teeth into s.t., *(infml.)* get one's head down, *(infml.)* buckle down to doing s.t., *(infml.)* get stuck into s.t.; *die algemene* ~ the general feeling; *'n al=gemene* ~ a widely held belief; *daar is 'n algemene* ~ *dat* ... the belief is widely held that ...; *'n ander* ~ *as iem. hê/huldig* dissent from s.o.'s opinion; *na/volgens my beskeie* ~ in my humble opinion; *besliste* ~*s oor iets hê* have definite/pro=nounced views on s.t., feel strongly (*or* have strong feel=ings/views) about s.t.; *'n* ~ *bevestig* confirm an opinion; *by jou* ~ *bly* stick/hold to one's opinion; *iem. se* ~ *deel* share s.o.'s opinion; *'n* ~ *gee/uitspreek* express/give/offer/state/

voice an opinion, state one's views; *jou eerlike* ~ *gee* speak one's mind; *die geldende/heersende* ~ the prevailing/re=ceived opinion; *~s omtrent/oor iets hê* have views on s.t.; *'n* ~ *hê/huldig* hold an opinion, hold/take a view; *die* ~ *hul=dig dat* ... hold (*or* be of) the opinion (*or* take the view) that ...; *~s lug* air views; *met* ~ in earnest; with a vengeance; *iets met* ~ *doen* pull out (all) the stops; *na/volgens iem. se* ~ in s.o.'s judg(e)ment/opinion/view, as s.o. sees it, to s.o.'s way of thinking; *na/volgens my* ~ to my mind; *iem. se* ~ *om=trent iets* s.o.'s. opinion concerning/of s.t.; *'n ongunstige* ~ *oor* ... *hê* regard/view ... with disfavour; *iem. se* ~ *is on=verander(d)* s.o. is still of the same mind; *onwillig wees om van jou* ~*s af te sien* be wedded to one's opinions; *'n* ~ *opper* advance an opinion; *iem. se persoonlike* ~ s.o.'s private opinion; *'n* ~ *uitspreek →gee/uitspreek; van* ~ *verskil* dif=fer in opinion, hold different views, dissent; *van* ~ *wees dat* ... be of the opinion (*or* hold the opinion/view) that ...; *van dieselfde* ~ *as* ... *wees* agree with ...; *van* ~ *verander* change one's mind; *'n verskil van* ~ a difference of opinion; *daar=oor bestaan verskil van* ~ it is a matter of opinion; *baie ver=skillende* ~*s hê* differ widely; *'n* ~ *versterk* confirm an opin=ion; *volgens iem. se* ~ *→na/volgens; 'n* ~ *waag* hazard/ven=ture an opinion.

**me·nin·ges** *n. (pl.), (<Gr., anat.)* meninges. **me·nin·ge·aal** *-geale* meningeal.

**me·nin·gi·tis** *(med.)* meningitis. **me·nin·gi·ties** *-tiese* menin=gitic.

**me·nings·:** ~**peiling** opinion poll/survey, public opinion re=search. ~**verskil** difference/divergence of opinion, disagree=ment, dissent, variance; *daaromtrent kan daar geen* ~ *bestaan nie* there can be no two opinions about that; *'n* ~ *oor iets* a disagreement about/over s.t.; *'n* ~ *oplos* settle an argu=ment; ~ *tussen* ... disagreement among/between ... ~**vor=mend, meningvormend** opinion forming. ~**vormer, me=ningvormer** opinion former/maker/shaper.

**me·nis·kus** *-kusse* meniscus.

**me·no·pou·se** menopause. **me·no·pou·saal** *-sale* meno=pausal.

**me·no·ra** *-ras, (Jud.: candelabrum with seven branches)* me=norah.

**me·nor·ree** *(med.)* menorrhoea.

**mens** *mense, n.* person, human (being), *(dated)* man; hu=mankind, *(dated)* mankind; creature; body; folks; everybody; *al die* ~*e* all the people; *alle* ~*e* all people; *allerhande (soorte)* ~*e* all manner of people; *'n ander/nuwe* ~ *wees* be a new man/woman; *'n mens bly maar 'n* ~ to err is human; *die* ~ humanity, humankind, people, *(dated)* man, men, man=kind; *'n snaakse entjie* ~ a strange specimen of humanity, an odd bod; *geen/g'n* ~ *nie* nobody, no one; not a (living) soul; *geen/g'n* ~ *wees nie* not be human; *deur* ~ *se gemaak* man-made *(laws etc.); die gewone* ~*e* the rank and file; the (common) ruck; *'n goeie* ~ *wees* be a good soul; ~*e hê, (infml.)* have company/visitors; *honderde/duisende* ~*e* hun=dreds/thousands of people; *hope* ~*e, (infml.)* heaps/shoals/tons of people; *die inwendige* ~ *versterk* fortify/refresh one's inner man; *hier is* ~*e, (infml.)* I/we have company/visi=tors; *jy en jou* ~*e* you and yours; *jou* ~*e ken* know whom one has to deal with; *daar kom* ~*e, (infml.)* visitors are com=ing; ~*e, (maar) dis koud!* goodness, (but) it's cold!; *die laas=te* ~ *wat* ... the last person that ...; *ek is ook maar ('n)* ~ I am only human; *onder die* ~*e* among the people; *onder die* ~*e kom* mix with people; mix in society; *'n ongure* ~ a nasty bit/piece of work *(infml.); die ou* ~*e* the people of old; *die oue* ~ ... *aflê* (of *breek met die ou, sondige* ~), *(OAB/NAB, Eph.: 4:22)* put off ... the old man (*or* your old self) *(AV/NIV); die* ~ *se sê* ... people/they say ...; *wat sal die* ~ *(daar=van) sê?* what will people say?; *so is die* ~, *(rhet.)* such is man; *die* ~ *is sterflik, (rhet.)* man is mortal; *sulke* ~*e moet daar ook wees* it takes all sorts (to make a/the world); *hulle is* *nie sommer* **sulke** *~e nie* they are not just anybody; *die* **uit-wendige** ~ the outer/outward man; *dit is meer as wat 'n ~ kan* **verdra** it is more than flesh and blood can bear; *die* **voorhistoriese** ~ prehistoric humans; *daar is ~e wat ...* there are those who ...; *wie is daardie ~?* who is that person?; *die ~* **wik**, *maar God beskik, (rhet.)* man proposes, God disposes. **mens** *indef. pron.* one, people, they, you; *dit doen ('n) ~ nie* it is not done; *('n) ~* **hoop** *maar dat ...* it is hoped that ...; *('n) ~* **kan** *nie elkeen tevrede stel nie* one/you cannot please everybody; *so iets sê ('n) ~ nie* such things are not said; *wat sal ('n) ~ daarvan sê?* what can one say?; *('n) ~* **ver-erg** *jou vir hom/haar* he/she irritates one. **~aap** *(zool.)* pongid, great ape; *(paleontol.)* hominid; →AAPMENS. **~(e)bloed** human blood. **~(e)geraamte** human skeleton. **~(e)geslag** human race. **~(e)kop** human head, human skull. **~meting** anthropometry. **~onterend** *-rende* unworthy of man. **~sku** *sku(we) sku(w)er skuusste* shy, timid, unsociable. **~skuheid** shyness, unsociability, anthropophobia. **~vleis** human flesh. **~vretend** *-tende* cannibalistic. **~vreter** man-eater, cannibal; killer (lion); ogre. **~vreterhaai** man-eating shark. **~vretery** cannibalism. **~waardig** *-dige* worthy of a human being, decent; *~e* **loon** living wage. **~waardigheid** human dignity. **~wees** humanness, humanity. **~wording** incarnation.

**mens·ag·tig** *-tige* anthropoid, humanoid, hominid, human-like.

**mens·dom** people, mankind, humanity; *daar was vir jou 'n ~* there were crowds of people; *die ~* humanity; *die ~ is maar ondankbaar* ingratitude is the way of the world; *~, (maar) dis* **koud!** my, it's cold!.

**men·se** *interj.* →MENSIG.

**men·se-:** **~gedaante:** *in ~* in human guise. **~haat** hatred of mankind, misanthropy. **~hand** human hand; *deur geen ~ aangeraak nie* untouched by human hands. **~hater** misanthrope, misanthropist. **~heug(e)nis:** *sedert/by ~* in/within living memory. **~hulpbronne** *n. (pl.)* human resources. **~jag** manhunt. **~kenner** judge of people; *'n ~ wees* be a good judge of people, know human nature. **~kennis** knowledge of (*or* insight into) human nature. **~ketting** human chain. **~kind** *-kinders* human being, son of man/Adam, daughter of Eve; mortal; *ers, (maar) dis koud!* goddammit, (but) it's cold!. **~leeftyd** lifetime, generation; mortal span, human span. **~lewe** *-lewens* human life; *dit het twee ~ns gekos* two lives were lost; *daar was 'n groot verlies van ~ns* there was great loss of life/lives. **~liefde** humanity, love of humankind, philanthropy, charity. **~massa** crowd, throng, multitude. **~materiaal** manpower, human material. **~offer** human sacrifice. **~paar:** *die eerste ~, (myth.)* the first human couple. **~ras** (human) race. **~regte** human rights. **M~reg-tedag** *(SA: 21 March)* Human Rights Day. **~roof** kidnapping. **M~seun:** *die ~, (Chr. theol.: Christ)* the Son of Man. **~skild** human shield. **~slagting** genocide. **~stem** human voice. **~verhoudinge** *n. (pl.)* human relations. **~verstand** human understanding. **~voedsel** human food. **~vrees** shyness, timidity; fear of people, *(psych.)* anthropophobia. **~vriend** philanthropist, humanitarian. **~werk** work of human hands.

**mens·heid** human race, humanity, humankind, *(dated)* mankind.

**men·sie** *-sies, (dim.)* little person, midget; *(med.)* homuncule, homunculus; *klein ~s* little people.

**men·sig, men·se** *interj.* (oh) (my) goodness!, good gracious!, goodness (gracious) (me)!.

**mens·lie·wend** *-wende* humane, philanthropic, charitable, humanitarian. **mens·lie·wend·heid** humanity, humaneness, philanthropy, charity, humanitarianism.

**mens·lik** *-like* human *(nature)*; humane *(treatment)*; mortal; **amper** (*of* **minder as**) ~ subhuman; *(~e)* **arbeidskrag** manpower; *die ~e* **geslag** the human race; *~/menslikerwys(e)*

*gesproke* humanly speaking; *~e* **hulpbronne** human resources; →MENSEHULPBRONNE; *~e* **immuniteits-**/**immuno-**/**immuungebreksvirus**, *(abbr.:* MIV*)* human immunodeficiency virus *(abbr.:* HIV*); die ~e* **liggaam** the human body; *dis maar ~* it is only human; *die ~e* **natuur** humanity, human nature; *die ~e* **verhoudinge** human relations; →MENSEVERHOUDINGE; *~e* **wese** human (being). **mens·li·ker·wys, mens·li·ker·wy·se** humanly. **mens·lik·heid** humanity, humaneness, humane feeling(s); humanness, human nature; milk of human kindness.

**men·stru·a·sie** menstruation, menses. **~pyn** period pain.

**men·stru·eel** *-struele* menstrual; *~struele siklus* menstrual cycle.

**men·stru·eer** *ge-* menstruate, have one's/a period.

**men·suur** *(mus.)* mensuration. **men·su·raal** *=rale* mensural; mensurable.

**mens·vor·mig** *-mige* anthropomorphic.

**men·ta·li·teit** mentality. **men·ta·lis·ties** *-tiese* mentalistic, mentalistically.

**men·tol** *n.* menthol. **men·tol** *det.* mentholated.

**men·tor** *-tors* mentor.

**me·nu** *=nu's* menu; *(comp.)* menu.

**me·nu·et** *=ette, (mus.)* minuet.

**me·ran·ti** *(type of wood)* meranti.

**Mer·ca·tor·pro·jek·sie, Mer·ka·tor·pro·jek·sie** *(cartogr., also* m~*)* Mercator('s) projection.

**Mer·cu·ri·us** *(Rom. myth., astron.)* Mercury.

**me·rel** *=rels, (a Eurasian thrush)* blackbird.

**me·ren·deel** *n.* greater part/number, best/better part, major part, bulk; *die groot ~* the bulk; *die ~ van ...* the best/better/greater part of ...; *die ~ van die mense, (also)* most people, the majority (of people). **me·ren·deels** *adv.* for the greater/most part, mostly, in the majority of cases.

**merg** *(<Du.):* iets dring/gaan/sny deur ~ en been →MURG.

**me·ri·di·aan** *-diane, (geog.)* meridian, circle/line of longitude. **~sirkel** *(astron.)* meridian/transit circle; hour/declination circle. **me·ri·di·aans·hoog·te** meridian altitude.

**me·ri·di·o·naal** *=nale* meridional.

**me·rie·te** merits; *op die ~ van iets ingaan* go into the merits of s.t.; *na/volgens ~* according to merit, on merit, on its merits.

**me·rin·gue** *=gues, (cook.)* meringue.

**me·ri·no** *(also* M~*)* merino. **~skaap** merino (sheep). **~wol** merino wool.

**merk** *merke, n.* mark; brand *(of articles)*; quality, sort, make; trade mark; *(silver)* hallmark; earmark; sign, token; *(wine)* vintage; *(av.)* marker; tag, badge; print; stigma; *(pox)* pit; *'n ~ te* **bowe** *gaan, 'n ~ verbysteek* top a mark; *eie ~, (comm.)* own brand/label; *'n ~ by iem. se* **naam** *plaas* put a mark against s.o.'s name; *op jul(le) ~e!* on your marks!. **merk** *ge-, vb.* mark; tag; brand; stamp; indent; blaze *(a tree)*; spot; scar; ticket; earmark; notice, perceive, see; *iem. laat ~ dat ...* let s.o. see that ... *(one is disappointed)*; *teleurgesteld/ens.* **wees**, *maar niks laat ~ nie* be disappointed/etc., but not show it, hide one's disappointment/etc.; *niks laat ~ nie, (also)* not give o.s. away. **~bewustheid** brand awareness. **~ink** marking ink, indelible ink. **~naam** trade name. **~pen** marker. **~trou** brand loyalty.

**mer·kan·tiel** *-tiele* mercantile.

**Mer·ka·tor·pro·jek·sie** →MERCATORPROJEKSIE.

**merk·baar** *-bare* appreciable, noticeable, marked, perceptible.

**mer·ker** *-kers* marker(-out); *(comp.)* cursor.

**mer·kie** *-kies, (dim.)* spot, little mark; tick.

**mer·ku·ro·chroom** mercurochrome.

**merk·waar·dig** *-dige* curious, noteworthy, remarkable, striking, notable, signal, phenomenal; *absoluut/eenvoudig ~* super-

eminent; ~ *genoeg* oddly enough. **merk·waar·dig·heid** note=
worthiness, remarkableness, singularity, notability.

**Mer·lot** *(viticulture, also m~)* Merlot.

**mer·lyn** =*lyne*, *(small Eur. falcon)* merlin.

**mer·rie** =*ries* mare; *jong* ~ filly. **~-esel** jenny (ass), she-ass;
female mule. **~perd** mare. **~vul** filly.

**mer·se·ri·seer** *ge*= mercerize *(cotton fabric)*. **mer·se·ri·se·**
**ring** mercerisation, mercerising.

**mes** *messe* knife; blade; cutter; knife edge; *die (lang) ~se is/*
*word (vir iem.) geslyp*, *(fig.)* the knives are out (for s.o.); *jou*
~ *na albei kante wil laat sny* want to have it both ways; *die*
~ *op iem. se* (of *iem. die ~ op die*) *keel druk/sit*, *(fig.)* have/put
a knife to s.o.'s throat; *die/'n ~ op/teen iem. se keel druk/sit/*
*hou*, *(fig.)* hold a pistol to s.o.'s head; *onder die ~ wees/kom,*
*(infml: be operated on)* be/come/go under the knife *(infml.); 'n*
*skerp/stomp* ~ a sharp/blunt knife; *'n ~ teen iem. uitpluk/*
*uithaal* draw a knife on s.o.; *jou ~ en vurk neerlê* put down
one's knife and fork; *~se en vurke* cutlery. **~hef** knife han=
dle, knife haft. **~kant** (knife) edge, cutting edge. **~lem** knife
blade. **~maker** cutler. **~plank** knifeboard. **~punt** knife=
point, point/tip of a knife; *(cook.)* pinch. **~rand, ~rant** knife
edge. **~slyper** knife grinder/sharpener. **~steek** knife thrust/
stab. **~steker** stabber, knifer. **~stekery** knifing, stabbing
(affair).

**mes·en·te·ri·um** =*riums*, *(anat.)* mesentery.

**mes·kal** *(alcoholic drink)* mescal, mezcal. **mes·ka·lien** *(drug)*
mescalin(e), mezcaline.

**mes·me·ries** =*riese* mesmeric. **mes·me·ri·seer** *ge*= mesmer=
ise. **mes·me·ris·me** mesmerism.

**me·so·blas(t)** =*blas(t)e*, *(embryol.)* mesoblast.

**me·so·fil** *(bot.)* mesophyll.

**me·so·li·ties** =*tiese*, *(archaeol.)* Mesolithic.

**me·so·morf** *(physiol.)* mesomorph.

**me·son** =*sone*, *(phys.)* meson.

**me·so·sfeer** *(meteorol.)* mesosphere.

**Me·so·so·ïes,** =*soïese, adj.*, *(geol., also m~)* Mesozoic. **Me·**
**so·so·ï·kum** *n.: die* ~ the Mesozoic.

**me·so·teel** *(anat.)* mesothelium.

**mes·se·:** **~bak** knife box, knife tray, cutlery tray. **~goed,**
**~ware** cutlery, table silver. **~goedkis** canteen (of cutlery).
**~laai** cutlery drawer.

**mes·sel** *ge*= build, lay bricks; mortar; mason; *iets dig* = im=
mure/mure (*or* wall up) s.t.. **~by** mason bee. **~kalk** building
lime. **~klei** mortar. **~voeg** face joint, mortar joint. **~werk**
brickwork, bricklaying, mason work. **~wesp** =*wespe* mason
wasp, mud wasp.

**mes·se·laar** =*laars* bricklayer, mason. **mes·se·la·ry** brick=
work, masonry; bricklaying.

**mes·si·as** =*siasse* messiah; *die M~*, *(Chr., Jud.)* the Messiah.
**Mes·si·aans** =*siaanse, (also m~)* messianic. **Mes·si·as·skap**
Messiahship.

**mes·sing**[1] *(metall.)* brass.

**mes·sing**[2] =*sings, (carp.)* tongue (of a board); ~ *en groef*
tongue and groove.

**met** with; by; at; ~ *ander woorde* in other words; *iets bedoel*
~ ... mean s.t. by ...; *begin/eindig* ~ ... begin/end by ...;
*hulle deel dit* ~ *mekaar* they share it between them; ~ *die*
*fees* at (the time of) the festival; ~ *'n harde stem* in a loud
voice; ~ *iem. praat* speak to s.o.; ~ *die jare* in (the) course
of time; ~ *Pase/Eid/Sukkot* at Easter/Eid/Sukkoth; ~
*klere en al* clothes and all; *wie nie* ~ *ons is nie, is teen ons* who
is not with us, is against us; ~ *die oorgaan* in crossing; ~ *die*
*pos* by post; ~ *die pouse* at/in the interval; ~ *een punt wen*
win by a point; ~ *punte wen* win on points; *'n sak* (~) *geld* a
bag of money; ~ *die spoor* by rail; ~ *die straat af* down the
street; ~ *suiker (in/daarin)* with sugar (in it); ~ *swart/*
*donker kleure skilder* paint in dark/sombre colours; *tot en* ~

up to and including; ~ *die trein* by train; ~ *sy/haar troue* on
the occasion of his/her wedding; ~ *vakansie* on holiday; *'n*
*dier* ~ ... *voer* feed an animal on ...; (~) *6-4 wen* win by 6-4.
**~dat** *(dated, rare)* at the moment when, (just) when. **~een** at
the same time. **~eens** (all) at once, all of a sudden; sud=
denly; immediately, forthwith, at a blow. **~gesel** =*selle*, *(fem.:*
*metgesellin)* companion, mate, consort.

**me·taal** =*tale* metal; ~ *klop* beat metal; *iets met* ~ *oortrek/be*=
*dek/behandel* metallise s.t.; *ou* ~ scrap metal. **~aar** *(min.)*
metallic lode/vein. **~balk** girder. **~beskrywing** metallogra=
phy. **~bewerker** metalworker, metallurgist, whitesmith,
metal(l)ist. **~bewerking** metalwork(ing), metallurgy. **~dek·**
**king** bullion (of a bank). **~draad** metal wire, metallic wire;
metal filament (of a bulb). **~draadlamp** metallic filament
lamp. **~ertskundige** metallurgist. **~gaas** wire gauze/net=
ting/cloth. **~gieter** (metal) founder. **~gietery** (metal) foun=
dry. **~glans** metallic lustre; *swak* ~ submetallic lustre. **~in·**
**dustrie** metallurgic industry. **~klank** metallic ring/sound,
tang. **~korrel** regulus. **~krulle** turnings. **~legering** alloy.
**~plaat** metal sheet. **~skuim** *(metall.)* dross, scoria, slag.
**~staaf** metal bar/rod; billet. **~struktuur** metal structure.
**~tamheid** metal fatigue. **~verklikker** metal detector. **~ware**
metalware, hardware. **~werk** metalwork.

**me·taal·ag·tig, me·taal·ag·tig** =*tige* metallic, metalloid(al).

**me·taal·hou·dend** =*dende* metalliferous.

**me·taal·kun·de** metallurgy. **me·taal·kun·dig** =*dige, adj.*
metallurgic(al). **me·taal·kun·di·ge** =*ges, n.* metallurgist.

**me·taan** methane, marsh gas.

**me·ta·bo·lis·me** metabolism. **me·ta·bo·lies** =*liese* meta=
bolic.

**me·ta·fi·si·ka** metaphysics. **me·ta·fi·sies** =*siese* metaphysi=
cal, superphysical. **me·ta·fi·si·kus** metaphysician.

**me·ta·foor** =*fore* metaphor. **me·ta·fo·ries** =*riese* metaphori=
cal.

**me·ta·lin·guis·tiek** metalinguistics.

**me·tal·liek** =*lieke* metallic *(substance)*.

**me·tal·li·seer** *ge*=metallise. **me·tal·li·sa·sie, me·tal·li·se·ring**
metallisation.

**me·tal·lo·gra·fie** metallography.

**me·tal·lo·ïed** =*loïede, n.* metalloid. **me·tal·lo·ïed** =*loïede,*
*adj.* metalloid(al).

**me·tal·lurg** =*lurge* metallurgist. **me·tal·lur·gie** metallurgy.
**me·tal·lur·gies** =*giese* metallurgic(al).

**me·tam·fe·ta·mien** *(drug)* methamphetamine.

**me·ta·mor·fo·se** *(biol., chem.)* metamorphosis; *(geol.)* meta=
morphism; transformation; *(joc.)* transmogrification. **me·ta·**
**morf** =*morfe*, **me·ta·mor·fies** =*fiese* metamorphic, metamor=
phous. **me·ta·mor·fie, me·ta·mor·fis·me** *(geol.)* metamor=
phism. **me·ta·mor·fo·seer** *ge*= metamorphose, transmogrify.

**me·ta·naal** *(chem.)* methanal, formaldehyde.

**me·ta·nol, me·tiel·al·ko·hol** *(chem.)* methanol, methyl
alcohol, wood alcohol/spirit.

**me·ta·no·me·ter** *(min.)* gas detector.

**me·ta·pla·sie** *(physiol.)* metaplasia.

**me·ta·sta·biel, me·ta·sta·biel** =*biele, (phys.)* metastable.

**me·ta·sta·se** *(med.)* metastasis.

**me·ta·taal** metalanguage.

**me·ta·te·se, me·ta·te·sis, me·ta·te·sis** *(phon.)* me=
tathesis.

**me·te·drien** *(tradename for* metamfetamien*)* methedrine.

**me·te·oor** =*teore* meteor. **~reën** meteoric shower, shower of
shooting stars. **me·te·o·ries** =*riese, (astron., meteorol., fig.)*
meteoric. **me·te·o·riet** =*riete* aerolite, meteorite, meteoric
stone.

**me·te·o·ro·graaf** =*grawe, (meteorol.)* meteorograph.

**me·te·o·ro·lo·gie** meteorology. **me·te·o·ro·lo·gies** =*giese*
meteorological. **me·te·o·ro·loog** =*loë* meteorologist.

**me·ter** =ters, (unit of length) metre; meter (for gas, water, etc.); measurer, gauger; gauge, indicator; **baie** ~s many metres; **enkele** ~s some metres; **in** ~s in metres; **'n** ~ tou/ens. a metre of rope/etc.; **staanplek** met ~ metered parking bay; **twee/ens.** ~ two/etc. metres. **~huur** meter rent. **~leser** meter reader. **~opnemer** meter inspector, meter reader.

**mé·thode cap clas·sique** (SA, oenology, also caps.) méthode cap classique (also caps.).

**me·tiel** (chem.) methyl; **iets met** ~ **meng** methylate s.t.. **~alkohol** →METANOL. **~bromied** methyl bromide.

**mé·tier** (Fr.) métier, calling, trade, profession.

**me·ti·leen** (chem.) methylene. **~blou** methylene blue.

**me·ting** =tinge, =tings measuring; measurement; gauging, metage, recording; reading (on an instr.); →MEET; ~e/~s **doen** take measurements.

**me·to·de** =des method, plan, manner, procedure, system; (in the pl., also) means; ~ **van werk** method of working, way (of doing things); **volgens 'n** ~ by (or according to) a method; **volgens 'n** ~ **te werk gaan** apply/employ/follow/use a method. **me·to·diek, me·to·do·lo·gie, me·to·de·leer** methodology, science of method. **me·to·dies** =diese =dieser =diesste (of meer ~ **die mees** =diese) methodic(al); **iets** ~ **rangskik** methodise s.t..

**Me·to·dis** =diste, (also m~) Methodist. **Me·to·dis·te·kerk** Methodist Church. **Me·to·dis·ties** =tiese, (also m~) Methodist.

**me·to·do·lo·gie** →METODIEK. **me·to·do·lo·gies** =giese methodological.

**me·to·niem** =nieme metonym. **me·to·ni·mi·a, me·to·ni·mie** metonymy. **me·to·ni·mies** =miese metonymical.

**me·triek¹** n., (pros.) metrics, metrical art.

**me·triek²** =trieke, adj. metric; **die** ~e **stelsel** the metric system. **me·tries** =triese metrical. **me·tri·seer** ge= metricate. **me·tri·se·ring** metrication.

**me·tro** =tro's metro.

**me·tro·lo·gie** metrology. **me·tro·lo·gies** =giese metrological.

**me·tro·noom** =nome, (mus.) metronome.

**me·tro·pool** =pole, **me·tro·po·lis** =lisse metropolis, metropole; capital (city). **me·tro·po·li·taan** =tane, n. metropolitan. **me·tro·po·li·taans** =taanse, adj. metropolitan; ~e **omgewing** metropolitan environment.

**me·tro·sek·su·eel** =suele, **me·tro·man** =manne, =mans, n., (heterosexual man comfortable with his fem. side) metroman. **me·tro·sek·su·eel** =suele, adj. metrosexual.

**me·trum** metrums, metra, (pros.) metre (in verse), measure.

**met·te** (RC) matins; **kort(e)** ~ **met iem./iets maak** make short work of s.o./s.t.; give s.o./s.t. short shrift.

**met·ter·tyd** in (the course of) time, as time goes/went on; in time (to come), with time; in the long run, afterwards.

**meu·bel** =bels article/piece of furniture; (usu. in the pl.) furniture, movables. **~handelaar** furnisher. **~kewer** furniture beetle. **~maker** cabinetmaker, joiner. **~makery** cabinetmaking. **~olie** teak oil. **~stof** upholstery fabric. **~stuk** piece of furniture, fitment. **~wa** removal/furniture van. **~winkel** furniture store.

**meu·bi·leer, meu·be·leer** ge= furnish, fit up; **met ... ge~** furnished with ... **meu·bi·le·ring** furnishing; furniture.

**meu·ble·ment, meu·bel·ment** =mente (set/suite of) furniture; fittings, fitments; →AMEUBLEMENT.

**meul** meule, **meu·le** =lens mill, grinder, grinding mill; mill house; **Gods** ~ **maal langsaam maar seker** the mills of God grind slowly but they grind exceedingly small. **meu·le·naar** =naars miller.

**meul·:** **~dam** millpond. **~sloot** millrace, millrun. **~steen, ~klip** millstone, grinder; (chiefly archaeol.) quernstone; **'n** ~ **om iem. se nek** a millstone round s.o.'s neck. **~stroom** millrace; millstream; leat.

**me·vrou** =vroue, (title of a married woman) Mrs.; (fml. form of address), (l.c., with name) Mrs., (cap., without name) Madam, Ma'am.

**Mex·i·kaan, Mek·si·kaan** =kane, n. Mexican. **Mex·i·kaans, Mek·si·kaans** =kaanse, adj. Mexican; ~e **golf** Mexican wave.

**Mex·i·ko, Mek·si·ko** (geog.) Mexico. **~stad** Mexico City.

**mez·za vo·ce** (It., mus.: with medium volume/tone) mezza voce.

**mez·zo** =zo's, **mez·zo·so·praan** =prane, n., (mus.) mezzo soprano. **mez·zo** adj. & adv., (It., mus.): ~ **forte**, (moderately loud) mezzo forte; ~ **piano**, (moderately soft) mezzo piano.

**mez·zo·tint** mezzotint; **iets in** ~ **graveer** mezzotint s.t..

**Mfe·ca·ne** (SA, hist.) Mfecane.

**mi** (mus.) mi, me.

**mi·aau** interj. meow!, miaou!, miaow!. **mi·aau** ge=, vb. meow, miaou, miaow, mew, mewl, caterwaul.

**mi·al·gie** (med.) myalgia. **mi·al·gies** =giese, (med.) myalgic; ~e **enke/ensefalomiëlitis**, (abbr.: ME) myalgic encephalomyelitis; →CHRONIESE-UITPUTTINGSINDROOM, YUPPIEGRIEP.

**mi·as·ma** =mas, (lit., fig.) miasma. **mi·as·ma·ties** =tiese miasmatic, miasmic, miasmal.

**Mi·ce·ne** (geog., hist.) Mycenae. **Mi·ceens** =ceense, adj., (archaeol.) Mycenaean. **Mi·ce·ner** =ners, n. Mycenaean.

**Mi·chells·pas** (SA) Michell's Pass.

**Mi·das** (Gr. myth.) Midas.

**mid·dag** n. midday, noon, mid-hour; afternoon; **in die** ~ in/during the afternoon; **ná die** ~ in/during the afternoon; **op die** ~ at noon; **teen die** ~ (se kant) toward(s) noon; **voor die** ~ before noon. **mid·dag** interj. good afternoon!. **~breedte** latitude at noon. **~ete** lunch(eon), midday meal; voor/ná (die) ~ before/after lunch. **~hoogte** meridian altitude; noon; **op die** ~ at high noon. **~lyn** meridian (line), line/circle of longitude. **~pouse** midday interval, lunch break. **~skof** =skofte afternoon shift; afternoon session; afternoon lap; afternoon stage/trek/leg (of a journey). **~slapie** siesta, afternoon nap; **'n** ~ **geniet** have/take a siesta, take a nap. **~uur** noon(tide); **in die** ~ at lunch-time; **op die** ~ at midday/noon. **~vertoning** afternoon performance, matinee, matinée.

**mid·de** n. middle; midst; →MIDDEL²; **in ons** ~ in our midst; **iets in die** ~ **laat**, (fml.) leave s.t. undecided; **uit hul** ~ **gekies/ens.** chosen/etc. from among them. **M~-Afrika** Central Africa. **~baan** (cr.) midwicket. **~dorp** town centre. **~~in** in the midst/centre/heart of. **M~-Ooste** Middle East. **~rif, middelrif** =riwwe diaphragm, midriff. **~stad** city centre/core, inner city, town centre. **~stand, middelstand** middle classes; central/middle position. **~weg, middelweg** =weë middle course/way; mean; via media; **die** ~ **bewandel** steer a middle course; **die goue/gulde** ~ **tussen ... en ... vind** strike the right balance (or happy mean) between ... and ...; **'n** ~ **kies** steer a middle course.

**mid·del¹** (pl.: middele) means; medium; instrument; agent; device; steppingstone; (in the pl., also) wherewithal; (pl.: middels) remedy, cure, corrective; **'n** ~ **van bestaan** a means of livelihood/subsistence/support; ~e **bewillig/toestaan** vote supplies; **deur** ~ **van ...** by means of ...; through the medium of ...; through the instrumentality of ...; by force of ...; through ...; **jou dankbaarheid/ens. toon deur** ~ **van ...** show one's gratitude/etc. in the shape of ...; **die** ~ **tot 'n doel** the means to an end; **eie** ~e **hê**, **oor private** ~e **beskik** have a fortune of one's own, have private means; **elke (moontlike)** ~ **aanwend** employ/use/try every means; **'n gebrek aan** ~e a lack/shortage of funds; **daar is geen** ~ **voor nie** there is no help for it; **geringe/karige** ~e scanty/slender means; **gevaarlike/verslawende** ~ dangerous/addictive drug; **'n** ~ **hê** have a remedy; **nie die** ~e **hê om te ... nie** lack (or not have) the means/wherewithal to ...; **oor private** ~e **beskik** →**eie**; ~e **soek om te ...** devise means to ...; **'n** ~ **teen ...** a cure for ...; a remedy against/for ...; **'n** ~ **van vervoer** a means of conveyance. **~misbruik** substance abuse.

**mid·del²** -dels middle, centre; waist; girdle; 'n dun ~(tjie) hê have a slender waist; in die ~ van ... at/in the centre of ...; partway through ... (a speech, the morning, etc.); in die ~ van 'n loopbaan in mid-career; reg in die ~ right in the middle; in die ~ van sake in the thick of it/things; in die ~ vasgevang wees be pig(gy) in the middle; 'n vakansiedag/ens. in die ~ van die week a midweek holiday/etc.; die ~ van die somer midsummer. ~afstand →MIDDELAFSTAND. ~agterspeler (sport) centre back. ~blad centrefold (of a magazine). ~-C (mus.) middle C. ~deel middle part, inside. ~dertigerjare mid thirties. ~deur n. middle door. ~deur adv. across, in half, in two; iets ~ skeur tear s.t. in half; tear s.t. (right) down the middle. ~deursnee, ~deursnit midsection. M~eeue → MIDDELEEUE. M~-Engeland, Midde-Engeland the Midlands. M~engels Middle English. M~-Europa Central Europe. ~eweredig (math.) mean proportional. ~gewig(bokser) middleweight (boxer). ~groot medium(-sized), middle-sized, intermediate. ~grootte medium/middle size. ~hand (anat.) metacarpus. ~harsings midbrain, mesencephalon. ~huid (embryol.) mesoderm. ~inkomsteland middle-income country. ~jare →MIDDELJARE. ~klas n. intermediate/middle class. ~klas det. middle-class, bourgeois (values etc.). ~kring (target shooting) magpie. ~land →MIDDELLAND. ~links centre left. ~loop middle course, middle reaches (of a river). ~lyf middle, waist. ~lyn axis, axial line, diameter; waistline; (sport) halfway line, centre line. ~maat medium size; average, mean; waist measurement; benede die ~ below the average. ~man -manne middleman; jobber. ~mannetjie hogback, hog's back, (central) ridge (of a gravel road). ~matig -tige moderate, middling, medium; indifferent, mediocre, so-so. ~oor middle ear, tympanum. ~oorontsteking inflammation of the middle ear, tympanitis. ~paadjie centre aisle; centre/middle parting (in hair); ('n) ~ kam, jou hare (met 'n) ~ dra part one's hair in the middle. ~party (pol.) centre party, middle(-of-the-road) party. ~prys middle/average price. ~prysklas: in die ~ in the medium-priced range. ~punt →MIDDELPUNT. ~rib midrib, web. ~rif →MIDDERIF. ~skip (a)midships. ~slag medium, middle-sized; (also middelsoort) medium, middlings; (print.) half-text. ~somer midsummer. ~stand →MIDDELSTAND. ~stuk central/middle piece; (anat.) mesosoma; (archit.) die; epergne (on a table), centrepiece; ~ van 'n skoen waist of a shoe. ~term (log.) middle term, mean. ~veld (cr.) midfield; die M~, (SA) the Middleveld. ~vinger middle finger, long finger. ~(vlak)bestuurders, -bestuurskader, -bestuurslede, -bestuurslui middle management. ~voet (anat.) metatarsus, instep. ~voor centre front. ~waarde average/mean/middle value. ~ware (comp.) middleware. ~weg →MIDDELWEG.

**mid·de·laar** -laars, -lare mediator.

**mid·del·af·stand** medium/middle distance; (art) middle ground. ~atleet (middle-)distance runner. ~missiel medium-range missile. ~nommer (athl.) distance event. ~wedloop middle-distance race.

**mid·del·baar** -bare average, intermediate, mean, medium, middle, normal; mean (time); van ~bare grootte of medium size, middle-sized; ~bare skool secondary school; ~bare tyd mean time.

**mid·de·le·:** ~grens means limit. ~toets means test.

**Mid·del·eeu·e** Middle Ages. **Mid·del·eeus** -eeuse Medieval, Madiaeval.

**mid·del·ja·re** n. (pl.) midlife. ~krisis midlife crisis; male menopause. **mid·del·ja·rig** -rige middle-aged. **mid·del·ja·rig·heid** middle age. **mid·del·ja·rig·heids·kri·sis** = MIDDELJAREKRISIS.

**mid·del·land** midland; die M~ the Midlands. **mid·del·lands** -landse midland; die M~e See the Mediterranean (Sea); M~e See-klimaat Mediterranean climate.

**mid·del·lik** -like indirect(ly), mediate(ly); vicarious.

**mid·del·punt** centre, centre/central point, midpoint; hub; pivot, hinge; ganglion; omphalos (poet., liter.); metropolis; ... is die ~ van iem. se lewe s.o.'s life revolves around ...; ... is the focal point of s.o.'s life; die presiese ~ the dead centre. **mid·del·punt·vlie·dend** -dende centrifugal; ~e krag centrifugal force

**mid·del·sei·soens** -soense, adj. midseason.

**mid·del·ste** middlemost, midmost, central, centre; medial; ~ paaltjie, (cr.) middle stump.

**mid·del·tjie¹** -tjies, (dim.) makeshift, expedient; device, trick; nostrum; →MIDDEL¹.

**mid·del·tjie²** -tjies, (dim.) (slender) waist; →MIDDEL².

**mid·del·weeks, mid·de·weeks** -weekse midweekly.

**mid·der·nag** midnight; om ~ at midnight. ~blou midnight blue. ~diens midnight service. ~vertoning midnight show.

**mid·der·nag·te·lik** -like midnight (hour).

**mi·di** -di's midi. ~bus midi-bus. ~(rok) midi(-dress).

**MIDI** (electron., acr.: musical instrument digital interface): ~-sintetiseerder MIDI synthesizer. ~-stelsel MIDI system.

**mid·so·mer** midsummer. M~nagdroom Midsummer Night's Dream.

**mid·win·ter** midwinter. ~dag midwinter day.

**mied** miede(ns) heap, pile, stack, rick.

**mie·lie** -lies, (chiefly SA) mealie, mielie; (in the pl.) maize; ~s afmaak shell maize/mealies; met ~s gevoer corn-fed; die ~s kop the maize is (or the mealies are) forming cobs; 'n lap/stand/stuk ~s a stand of maize/mealies. ~blaar -blare maize/mealie leaf; (in the pl., also) husk(s) of maize/mealies. ~blom cornflour. ~boer maize farmer/grower, mealie farmer. ~gruis (cook.) (maize) grits; crushed mealies. ~kiemolie maize germ oil. ~kop maize/mealie cob, ear of maize. ~land maize field, mealie field. ~meel mealie-meal, maize flour, cornmeal. ~-oes mealie/maize harvest/crop. ~-olie maize oil. ~pap mealiepap, mealie(-meal) porridge, maize porridge. ~pit kernel of maize/mealies, mealie grain/pip/seed. ~ruspe(r) mealie borer. ~rys mealie rice. ~skyfies, ~tjips n. (pl.) corn chips. ~streek mealie/maize belt, maize-producing area. ~stronk mealie stalk. ~whisky corn whisky.

**mi·ë·li·tis** (med.) myelitis.

**mier** miere ant; ~e hê be fidgety, have the fidgets, (infml.) have ants in one's pants. ~eiers ants' eggs, ant eggs. ~leeu antlion. ~nes ants' nest; 'n ~ van bedrywighede/bedrywigheid wees, soos 'n ~ lyk/wees be a hive of activity. ~vreter (giant) anteater.

**miers·hoop** anthill, antheap, tump.

**miet** miete larvae/worms of the meal/mill/flower moth (in flour etc.).

**mig·non·let·ter** (print.) minion.

**mi·grai·ne** -nes migraine.

**mi·greer** (ge)- migrate. **mi·gra·sie** -sies migration.

**mih·rab** -rabs, (point in a mosque nearest to Mecca) mihrab.

**mik** mikke, n. fork (in branches etc.); crotch (of the human body); (teleph.) cradle; crutch; bifurcation; forked post; forked stick (for a catapult); jou oor 'n ~ (aan iets) eet overeat, overindulge, (sl.) pig out (on s.t.); jou oor 'n ~ skrik, (infml.) be frightened/scared out of one's senses/wits, be scared silly/stiff; jou oor 'n ~ werk work o.s. to a standstill. **mik** ge-, vb. aim, sight, point; hoër/laer ~, (fig.) raise/lower one's sights; na ... ~ take aim at ...; try for ...; na/op iets ~ aim at/for s.t.; (fig.) have s.t. in one's sights, have/set one's sights on s.t.; ~ om iets te doen aim to do s.t.; make to do s.t. (speak etc.); iets is op iem. ge~, (an insinuation etc.) s.t. is aimed at s.o.. ~bal object ball, jock. ~datum target date. ~-en-druk(-kamera) instant camera. ~punt aim; butt, target, objective; 'n ~ haal achieve/reach a target; goed op pad wees na die ~ be on target; vir iem. 'n ~ stel set s.o. a target. ~stok forked stick. ~stuk crotch. **mik·vor·mig** -mige forked.

**mi·ka** *(min.)* mica, Muscovy glass. **mi·ka-ag·tig, mi·ka·äg·tig** =tige micaceous. **mi·ka·hou·dend** =dende micaceous.

**mi·ka·do** =do's, *(Jap., hist., often* M~*)* mikado.

**mi·ko·lo·gie** mycology. **mi·ko·lo·gies** =giese mycological. **mi·ko·loog** =loë mycologist.

**mi·ko·se** *(med.)* mycosis. **mi·ko·ties** =tiese mycotic.

**mi·kro** *n., (infml.)* micro, microwave (oven); micro(computer).

**mi·kro** *comb.* micro=. ~**analise** microanalysis. ~**baan** *(electron.)* microcircuit. ~**baanwerk** *(electron.)* microcircuitry. ~**bestuur** *n.* micromanagement. ~**bestuur** *het* ~, *vb.* micromanage. ~**bestuurder** micromanager. ~**biologie** microbiology. ~**biologies** microbiologic(al). ~**bioloog** microbiologist. ~**chirurgie, ~sjirurgie** microsurgery. ~**chirurgies, ~sjirurgies** =giese microsurgical. ~**druk** microprint. ~**-ekonomie, ~ëkonomie** microeconomics ~**-evolusie, ~ëvolusie, ~-ewolusie, ~ëwolusie** *(biol.)* microevolution. ~**fiche** =ches, =che'e microfiche. ~**film** microfilm. ~**foon** =fone, =foons microphone. ~**fotografie** microphotography. ~**golf** →MIKRO= GOLF. ~**grafie** micrography. ~**klimaat** microclimate. ~**kode** *(comp.)* microcode. ~**kosmies** =miese microcosmic. ~**kos= mos** microcosm, microcosmos. ~**leenbedryf** microlending (industry). ~**lener** microlender. ~**microloan. ~liter** microlitre. ~**opdrag, ~öpdrag, ~-instruksie, ~ïnstruksie** *(comp.)* microinstruction. ~**-organisme, ~örganisme** microorganism. ~**rekenaar** microcomputer. ~**sekonde** microsecond. ~**skakelaar** microswitch. ~**skyfie** *(comp.)* microchip, silicon chip. ~**spoor** microspore. ~**(vlieg)tuig** microlight/ microlite (aircraft). ~**verwerker** *(comp.)* microprocessor. ~**voedingstof** =stowwe, *(biochem.)* micronutrient. ~**vorm** *(comp.)* microform.

**mi·kro·be** =bes microbe. **mi·kro·bies** =biese microbic, microbian, microbial *(disease)*.

**mi·kro·golf** =golwe, *n., (phys.)* microwave; *(cook.)* microwave (oven); *iets in die* ~ *bak/kook/verhit/ens., (infml.) iets (vir ... minute) in die* ~ *plaas/sit* microwave s.t.. **mi·kro·golf** ge=, *vb.* microwave; *iets kan* ge~ *word, (food, a container)* s.t. is microwav(e)able. ~**agtergrond** *(astron.)* microwave background. ~**bestand** =stande, ~**vas** =vaste microwav(e)able, *(container etc.)*. ~**oond** =oonde microwave oven.

**mi·kro·liet** =liete, *(archaeol.)* microlith; *(geol.)* microlite, microlith.

**mi·kron** =kron(e), =kron(s) micron.

**mi·kro·skoop** =skope microscope. **mi·kro·skopie** micros= copy. **mi·kro·sko·pies** =piese microscopic(al).

**mi·kro·toom** =tome, *(biol.)* microtome. **mi·kro·to·mie** micro= crotomy.

**mik·se·deem** *(med.)* myx(o)edema.

**mik·soom** =some, *(med.)* myxoma.

**mik·so·vi·rus** =russe, *(pathol.)* myxovirus.

**mild** milde milder mildste generous, free-handed, benign, liberal; unsparing, unstinted; soft, beneficent *(rain)*; mild *(weather)*; genial *(sunshine)*; lenient *(criticism)*; charitable *(judgement)*. **mild·da·dig** generous, free-handed, liberal; charitable; profuse, bountiful. **mild·de·lik** *adv.* lavishly, generously, liberally. **mild·heid** generosity, liberality, profusion, bounty; mildness.

**mi·li·êr** =liêre, *(med.)* miliary.

**mi·lieu** =lieus, *(Fr.)* milieu, (social) environment/background, surroundings, world; atmosphere, ambiance, ambience.

**mi·li·sie** militia, territorial army, territorials.

**mi·li·tant** =tante, *adj.* militant, combative.

**mi·li·ta·ris** =riste, *n.* militarist. **mi·li·ta·ris·me** militarism. **mi·li·ta·ris·ties** =tiese tieser =tiesste (of *meer* ~ *die mees* =tiese), *adj.* militarist(ic), military-minded.

**mi·li·ta·ri·seer** ge= militarise. **mi·li·ta·ri·se·ring** militarisation.

**mi·li·têr** =têre, *adj.* military; soldierly; ~*e* ***diens*** military service; ~*e* ***diktatuur*** military dictatorship; ~*e* ***dokter*** army doctor; *met* ~*e eer* with military honours; ~*e reg* military law.

**mil·jard** =jard(e), *(one thousand million or* 10$^9$*)* billion; →BIL= JOEN. **mil·jar·dêr** =dêrs billionaire.

**mil·joen** =joen(e) million; *by die* ~*e* by the million; *'n* ~ *mense* a million people; ~*e* ***mense*** millions of people; *'n* ~ a million. **mil·joe·nêr** =nêrs millionaire. **mil·joen·ste** =stes millionth.

**mil·len·ni·um** =niums, =nia millennium.

**mil·li** *comb.* milli=. ~**bar** =bars millibar. ~**gram** *(abbr.:* mg*)* milligramme. ~**liter** =liter(s), *(abbr.:* ml*)* millilitre. ~**meter** =meter(s), *(abbr.:* mm*)* millimetre. ~**sekonde** millisecond.

**milt** milte, *(anat.)* spleen; milt *(of an animal)*. ~**koors** splenic fever. ~**ontsteking** *(med.)* splenitis, lienitis. ~**verwydering** *(med.)* splenectomy. ~**vuur** *(vet.)* anthrax, braxy.

**mil·ter** =ters, *(icht.)* milter.

**mi·meer** (ge)= mime. **mi·me·ties** =tiese mimetic. **mi·miek** mime, mimic art, mimicry. **mi·mies** =miese mimic. **mi·mi= krie, mi·me·tis·me** *(biol.)* mimesis, mimetism, mimicry. **mi= mi·kus** =mikusse,=mici mimic.

**mi·mo·sa** =sas, *(bot.)* mimosa (tree); wattle (tree).

**min**[1] ~ *minder* minste, *adj. & adv.* few, little; slight; small; scant; seldom, rarely; *baie* ~ very little/few; *bedroef/bitter* ~ very little/few indeed, next to nothing, precious little/few; ~ *van ... dink* think little/meanly of ..., count ... of little value; *en hy/sy ewe* ~ no more did he/she; ~ *of geen* few if any, hardly any; ~ *gepla wees (oor ...), (infml.)* not be worried/ bothered *(or, infml.* fussed*)* (about ...); *iem. het* ~ *geslaap* s.o. slept little; *te* ~ ... *kry* be starved of ...; ~ *of meer* more or less, *(SA)* plus-minus; *so* ~ *of meer* roughly speaking; *iets is* ~ *of meer* ... s.t. is an approximation of/to ...; ~ *mense* few people; *iets so* ~ *moontlik* hou keep s.t. to a/the minimum; *nie* ~ *nie* not a little; *die tyd raak/word* ~ time is running out *(or getting short)*; *dit sê glad te* ~ that is an understatement; *iem. is 'n ... soos* ~ *as a ...* s.o. is second to none; *'n wedstryd soos* ~ a humdinger/stormer; *(glad/veels) te* ~ *(far)* too little/few; *te* ~ *kleingeld* short change; *R100 te* ~ *hê, (s.o.)* be R100 short; *R100 te* ~ *wees, (an amount)* be R100 short; *te* ~ *vra* undercharge; *met* ~ *tevrede wees* be grateful/thankful for small mercies; be hard to please; *baie* ~ *tyd hê* be hard-pressed for time; *die tyd raak/word* ~ →*raak/word*; *ver/vêr kom met* ~ make a little go a long way; *iets word* ~ s.t. runs low.

**min**[2] ge=, *vb., (poet., liter.)* love; →MINNE.

**min**[3] *adv., (math.)* less, minus; →MINUS; 5 ~ 4 *is* 1 5 less/minus 4 is 1.

**min·ag** ge= disregard, be disdainful/dismissive of, disdain, hold in contempt, despise, slight, undervalue, scorn. **min·ag= tend** =tende contemptuous, disdainful, dismissive, despising, slighting, scornful. **min·ag·ting** contempt, disdain, disrespect; scornfulness; disparagement; slight; *iem./iets met* ~ *behandel* treat s.o./s.t. with contempt/scorn, snub s.o.; ... *met die grootste* ~ *bejeën* have the greatest contempt/disdain for ...; *iem. se diepe* ~ *vir ...* s.o.'s deep/intense contempt *(or* intense scorn*)* for ...; ~ *van die hof* contempt of court; *met 'n hooghartige* ~ *vir ...* with a fine disregard for ...; *uit* ~ *vir ...* in contempt of ...; ~ *vir ...* contempt for ...; ~ *vir ... voel* hold ... in contempt; *vir ... 'n voorwerp van* ~ *wees* be a scorn to ...

**mi·na·ret** =rette minaret.

**min·der** *adj. & adv.* fewer; less; inferior, lower; →MIN[1] *adj. & adv.; al hoe* ~ less and less; fewer and fewer; ~ *as ... wees* be fewer/less than ...; ~ *as honderd* less than a hundred; ~ *as 'n week ná ...* within a week of ...; *baie/veel* ~ *as ...* far/much less than ...; *van* ~ *belang,* ~ *belangrik* of minor/secondary importance; *'n bietjie* ~ *as ...* a little short of ...; *'n bietjie/rapsie* ~ a little less, slightly less; *effens/effe(ntjies)* ~

a little less, slightly less; *effens/effe(ntjies)/iets* ~ *as* ... just under ...; *die* ~ *gegoedes* the lower income group(s); ~ *goed speel* play indifferently; *iets is heelwat* ~, *(the turnover etc.)* s.t. is well down; *hoe* ~ ... the less ...; *hoe* ~ *daarvan gesê word, hoe beter* thc lcss said about it the better; *honderd man* ~ a hundred men fewer; *iets* ~ *as* ... just under ..., less than ...; *iets geleidelik* ~ *maak* taper off s.t.; *nie* ~ *as honderd nie* not less than a hundred; *nie* ~ *(nie)* as tien huurders het gekla no fewer than ten tenants complained; *niemand* ~ *as ... nie* no less a person than ...; *niks* ~ *as ... (nie)* nothing less than ...; *iem. kan dit nie hoor nie, nog* ~ *sien* s.o. cannot hear, much less see it; *tien of nog* ~ ten if that; *iem. wil iets nie vir* ~ *verkoop nie* s.o. won't sell s.t. at less; *dit weeg iets* ~ *as 'n kilogram* it weighs just under a kilogram; *weinig* ~ little less; ~ *word* decrease, diminish, lessen, fall off, decline, drop away/off. ~**bevoorreg** *regte, adj.* underprivileged. ~**bevoor regte** *-tes, n.* underprivileged person. ~**gegoed** *-goede* needy, poor, indigent.

**min·de·re** *-res, n.* inferior; *(mil.)* private; *(in the pl., also)* rank and file, privates.

**min·der·heid** minority; *jou in die* ~ *bevind* find o.s. in a minority; *in die* ~ *wees* be in a/the minority; be outvoted; be outnumbered. ~**stem** minority vote.

**min·der·ja·rig** *-rige, adj.* under age. **min·der·ja·ri·ge** *-ges, n.* minor, *(jur.)* pupil, infant. **min·der·ja·rig·heid** minority, *(fml., jur.)* nonage, infancy.

**min·der·waar·dig** *-dige* inferior; base; low-grade; second-rate, third-rate; substandard. **min·der·waar·dig·heid** inferiority; cheapness, poor/low quality.

**min·der·waar·dig·heids·:** ~**gevoel** sense of inferiority. ~**kompleks** inferiority complex.

**mi·ne·raal** *-rale, n. & adj.* mineral. ~**afsetting** mineral deposit. ~**bad** *(also* minerale bad*)* mineral bath(s). ~**bron** *(also* minerale bron*)* mineral spring. ~**olie** *(also* minerale olie*)* mineral oil; liquid paraffin. ~**regte** *(also* minerale regte*)* mineral rights. ~**ryk** rich in minerals. ~**sout** *(also* minerale sout*)* mineral salt. ~**tekort** mineral deficiency. ~**verf** mineral colour. ~**was** ozocerite, ozokerite, mineral wax. ~**water** *(also* minerale water*)* mineral/table water.

**mi·ne·ra·li·seer** *ge-* mineralise. **mi·ne·ra·li·sa·sie, mi·ne·ra·li·se·ring** mineralisation.

**mi·ne·ra·lo·gie** mineralogy. **mi·ne·ra·lo·gies** *-giese* mineralogic(al). **mi·ne·ra·loog** *-loë* mineralogist.

**mi·ne·ra·lo·gra·fie** mineralography.

**mi·ne·stro·ne** *(It. cook.: thick vegetable soup)* minestrone.

**mi·neur¹** *-neurs, n., (mil.)* miner.

**mi·neur²** *adj., (mus.)* minor; *A* ~ A minor; *in* ~ in a minor key.

**Ming:** ~**dinastie,** ~**vorstehuis** *(Chin. hist.)* Ming Dynasty. ~**porselein** Ming (porcelain).

**mi·ni** *-ni's, n., (car, dress)* mini. **mi·ni-** *comb.* mini-. ~**bus** minibus. ~**bus(taxi)** minibus taxi. ~**gholf** minigolf, miniature golf. ~**motor** mini(car). ~**reeks** *(TV)* miniseries. ~**rok** minidress.

**mi·ni·a·tu·ris** *-riste* miniaturist.

**mi·ni·a·tu·ri·seer** *ge-* miniaturise. **mi·ni·a·tu·ri·sa·sie** miniaturisation.

**mi·ni·a·tuur** *-ture, n.* miniature. ~**-pinscher** *(breed of dog)* miniature pinscher. ~**skilder** miniature painter, miniaturist. ~**skildery** miniature painting, miniature. ~**tekening** thumbnail sketch. ~**-treinspoor** miniature railway.

**mi·nim** *-nims, (fluid measure)* minim.

**mi·ni·maal** *-male* minimal, as low/little as possible. **mi·ni·ma·le·toe·gang·chi·rur·gie,** *-*sji·rur·gie laparoscopic (or minimally invasive) surgery, *(infml.)* keyhole surgery. **mi·ni·ma·lis** *-liste* minimalist. **mi·ni·ma·li·seer, mi·ni·ma·li·se** *ge-* minimise. **mi·ni·ma·lis·me** minimalism. **mi·ni·ma·lis·ties** *-tiese* minimalist; ~*e kuns* minimalism.

**mi·ni·mum** *-nimums, -nima, n.* minimum; modicum; *iets tot 'n* ~ *bring* reduce s.t. to a minimum, minimize s.t.; *'n* ~ *(van) geweld* a minimum of violence; *laagste* ~ absolute minimum; *in 'n* ~ *(van) tyd* in less than no time; *'n* ~ *(aan) versiering* a minimum of decoration; *die volstrekte* ~ the absolute/bare minimum. **mi·ni·mum** *adj.* minimum; ~ *diens* skeleton service; ~ *loon* minimum wage; ~ *perso neel* skeleton staff; ~ *prys* minimum/floor price; reserve/upset price; knockdown price; ~ *vereiste* minimum requirement, bottom line.

**mi·nis·ter** *-ters* minister; ~ *van binnelandse sake* Minister of the Interior, *(Br.)* Home Secretary; ~ *van buitelandse sake* Minister of Foreign/External Affairs, *(US)* Secretary of State; *eerste* ~ prime minister, premier; ~ *van finansies* minister of finance; *(Br.)* Chancellor of the Exchequer. **mi·nis·ter·skap** ministry, portfolio, ministerial office, ministership.

**mi·nis·te·rie** *-ries* ministry; (office of a) ministry; portfolio; cabinet; *'n* ~ *vorm* form a cabinet/government; *die* ~ *van finansies* the Ministry of Finance. **mi·nis·te·ri·eel** *-riële* ministerial.

**mi·nis·ters·:** ~**amp** ministerial office. ~**kantoor** minister's/ministerial office. ~**raad** cabinet (council), council of ministers, ministers' council.

**min·jo·net** *-nette, (bot.)* mignonette. ~**kant** mignonette lace.

**Min·ke·wal·vis** minke (whale), little piked whale, lesser rorqual.

**min·lik** *-like* amicable, friendly; lovable; ~*e skikking* amicable settlement; settlement out of court. **min·lik·heid** amicableness, friendliness.

**min·naar** *-naars* lover; suitor; paramour. **min·na·res** *-resse* lover; mistress, paramour.

**min·ne:** *iets in der* ~ *skik* settle s.t. amicably; settle s.t. out of court. ~**brief** love letter. ~**digter** love poet, writer of love poetry. ~**lied** love song, madrigal. ~**poësie** love poetry. ~**sanger** minstrel, troubadour.

**Mi·no·tou·rus, Mi·no·tau·rus, Mi·no·tau·ros** *(Gr. myth.): die* ~ the Minotaur.

**mins** *adv.* least; →MIN¹ *adj. & adv.;* ~ *belowende student* least promising student; *M*~ *Ontwikkelde Lande* Least Developed Countries.

**min·saam** *-same* affable, gracious, benign, kind(ly), friendly, good-natured, charming. **min·saam·heid** affability, charm, friendliness, kind(li)ness, good nature.

**min·ste** fewest, least, smallest, minimum; →MIN¹ *adj.& adv.,* MINDER *adj.& adv.; die* ~ *van alles/almal* least of all; *nie die* ~ *beswaar maak* nie not object at all; *by die* ~ *bewe ging* at the slightest movement; *dit is die* ~ that is nothing; *nie die* ~ *kans nie* not a ghost of a chance; *met die* ~ ... with a minimum of ...; *nie in die* ~ *nie* not at all; not in the least/slightest; not a bit; *op sy* ~ at the least; *nie die* ~ *rede hê om te ... nie* not have the least/slightest reason to ...; *ten* ~ at least; at any rate; *dit is ten* ~ *iets* that will be something; *vir die* ~ at least. **min·stens** at least, at the (very) least; *iem. is* ~ *sestig* s.o. is sixty at the very least (*or* not less than sixty).

**mi·nus** minus, less; *8* ~ *3 is 5* 8 minus 3 is 5. ~**teken** *(math.)* minus (sign).

**mi·nus·kel** *-kels, (print.)* small letter, minuscule.

**mi·nus·kuul** *-kule -kuler -kuulste* very small, minuscule.

**mi·nu·te** *-tes,* **mi·nuut** *-nute, (<Fr., official document)* minute.

**mi·nuut** *-nute* minute; *iem. sal binne/oor tien minute hier wees* s.o. will be here in ten minutes; *net enkele minute* only (*or* a matter of) minutes; *op die* ~ on the dot; to the minute/tick; exactly on time; *op die* ~ *vertrek* leave on the minute; *vir* ~ minute by minute; *vyf (minute) voor/oor tien* five (minutes) to/past ten. ~**wyser** minute hand.

**mi·o·graaf** =*grawe* myograph. **mi·o·gram** =*gramme* myogram.

**mi·o·kar·di·tis** *(med.)* myocarditis.

**mi·o·lo·gie** myology. **mi·o·lo·gies** =*giese* myological. **mi·o·loog** =*loë* myologist.

**mi·o·se** *(biol.)* miosis, myosis.

**Mi·o·seen** *n., (geol.)* Miocene. **Mi·o·seens** =*seense, adj.* Miocene.

**mi·ra·kel** =*kels* miracle, wonder. ~**spel** miracle play.

**mir·baan·o·lie** *(chem.)* mirbane oil, nitrobenzene.

**mir·re** myrrh.

**mir·te·:** ~**boom** =*bome*, mirt *mirte* myrtle (tree). ~**groen** myrtle. ~**krans** myrtle wreath.

**mir·ting** =*tings* Cape myrtle.

**mis¹** *n.* dung, manure, droppings, animal excrement, faeces, muck, turd; *iets* ~ *gee* manure s.t., apply manure to s.t. *(flower beds etc.)*. **mis** *ge=, vb.* dung, mute; make droppings; ~ *op iets* befoul s.t.. ~**bol** cowpat, ball of dung. ~**bredie** *(bot.)* pigweed, goosefoot; thorny amaranth. ~**hark** muckrake. ~**hoop** dunghill. ~**koek** (dried) cowpat, (dried) piece of dung. ~**kruier** dung beetle. ~**ryblom**, ~**rybol** *(infml.)* March lily, belladonna lily; April fool, blood flower. ~**strooier** *(agric.)* manurer, manure spreader; manuring machine. ~**strooiing** *(agric.)* manure spreading. ~**vloer** dung-smeared floor. ~**vuur** dung fire, fire of dried dung. ~**wurm** cutworm, white grub.

**mis²** *miste, n.* fog, mist; vapour; haze, brume; *deur die ~, (infml.)* foggy, befuddled, woozy, spaced (out); *digte/dik* = dense/thick fog; *in ('n) ~ gehul, (lit.)* blanketed in fog; shrouded in mystery; *toe wees onder die ~* be wrapped in fog/mist; *deur ~ opgehou* fogbound; *die ~ trek oop/weg* the fog lifts. ~**bank** layer of fog, fog bank/patch. ~**horing** foghorn. ~**laag** fog layer, layer of fog. ~**lamp**, ~**lig** *(mot.)* fog lamp/light. ~**reën** *n.* drizzle; drizzling fog. ~**reën** *ge=, vb.* drizzle. ~**weer** foggy weather; drizzling fog.

**mis³** *misse, n., (RC)* Mass; *die ~ bywoon* attend Mass; *die ~ doen/opdra* celebrate Mass; *die ~ hoor* hear Mass; ~*se laat lees vir* ... offer Masses for ...; *die ~ lees* read/say Mass; *singende ~* high/sung Mass; *stil ~* low Mass. ~**boek** *(RC)* missal, Mass book; service book. ~**dienaar** acolyte, server. ~**diens** (celebration of) Mass. ~**hemp** *(relig.)* alb. ~**kelk(ie)** chalice. ~**klokkie** *(RC)* sacring bell. ~**priester** *(RC)* officiant.

**mis⁴** *adj. & adv.* amiss, wrong; beside the mark; overshot; mistaken; misinformed; *dit ~ hê* be mistaken/wrong, be in error; be misinformed; be in the wrong; *dit heeltemal/ver/vêr ~ hê* be wide of the mark, be far out; ~ *of raak* hit or miss; *die skoot was ~* the shot went wide; *die skop was ~* the kick failed; *nie ver/vêr ~ wees nie, (a guess)* not be far out; *dit ver/vêr ~ hê →heeltemal/ver/vêr; dit nie ver/vêr ~ hê* not be far out/wrong. **mis** *ge= vb.* miss *(the mark, a train, etc.)*; lose *(the boat)*; spare, do without *(money, a book, etc.)*; lack *(wisdom)*; ... *net(-net)* ~ miss ... by inches. ~**baksel** abortion, monster, monstrosity; *(infml., derog.)* churl, ill-bred fellow. ~**daad** →MISDAAD. ~**geboorte** abortion, miscarriage. ~**gewas** bad harvest, failure of crops; deformity; *(deformed plant)* freak; *(infml., derog.)* miscreant, wretch, rat, good-for-nothing. ~**gooi** *(also mis gooi)* miss a throw. ~**gun** *het ~* (be)grudge, envy. ~**handel** *het ~* ill-treat, -use, misuse, maltreat, mistreat, mishandle, manhandle, batter, bully, mob; *'n =de vrou* a battered wife. ~**handeling** =*linge* ill-treatment, -usage, maltreatment, manhandling, bullying, misuse. ~**hou** miss, mishit; *(golf)* fresher, fresh-air shot. ~**ken** →MISKEN. ~**kraam** miscarriage; *'n ~ hê/kry* miscarry, have a miscarriage. ~**kyk** *(fig.)* cut, ignore; *(lit., also mis kyk)* look/see wrong; fail to see, overlook; *('n) mens kan ... nie ~ nie* there is no mistaking ...; *iem. opsetlik ~* cut s.o.. ~**lei** →MISLEI. ~**loop** *misge=* miss; miss out on; *die vertoning moenie misgeloop word nie* the show is unmissable. ~**maak** →MISMAAK. ~**moed** →MISMOED.

~**oes** bad harvest, failure of crops; failure; flop; *(infml., a pers.)* useless fellow, complete failure, washout; *'n ~ hê* have a bad/poor harvest; *dit was 'n ~* it was a dead failure *(or a flop/washout)*. ~**plaas** →MISPLAAS. ~**reken** *het ~* miscalculate; *jou ~* make a miscalculation/mistake, miscalculate. ~**skatting** miscalculation, error of judgement. ~**skiet** *misge=, (also mis skiet)* miss a shot, shoot wide; ~**skoot** *(also mis skoot)* wide shot, miss. ~**skop** *(also mis skop)* miskick; fail with a kick. ~**slaan** *misge=, (also mis slaan), (lit.)* miss, mishit, miss a hit; give a miss *(at golf)*; *die bal ~, (fig., infml.)* be beside *(or wide of)* the mark. ~**stap** *n.* false/wrong step; slip, faux pas, lapse, slip-up; *'n ~ begaan* make a slip *(or false move)*, take a false step, *(infml.)* slip up; commit a wrong; *'n sosiale ~ begaan* make a faux pas; *geen (enkele) ~ begaan/doen nie* not put a foot wrong. ~**tas** →MISTAS. ~**trap** *misge=, vb. (fig.)* slip up; *(lit., also mis trap)* miss one's footing, make a false step. ~**vang** *misge=, (also mis vang)* muff *(a pass, catch)*. ~**vat** →MISVAT. ~**verstaan** →MISVERSTAAN.

**mi·san·troop** =*trope* misanthrope, misanthropist. **mi·san·tro·pie** misanthropy. **mi·san·tro·pies** =*piese* misanthropic.

**mis·baar** =*bare, adj.* dispensable, expendable, inessential, non(-)essential. **mis·baar·heid** dispensability, expendability.

**mis·bruik** =*bruike, n.* abuse, misuse; breach, betrayal *(of trust)*; imposition; misusage; *iets leen hom tot ~e* s.t. is open to abuse; *van ... ~ maak* take advantage of ...; play (up)on ... *(s.o.'s good nature)*; trade (up)on ...; trespass (up)on ... *(s.o.'s hospitality)*; impose (up)on ... *(s.o.'s friendship)*; *van (iem. se) gasvryheid ~ maak, (also)* outstay one's welcome. **mis·bruik** *het ~, vb.* abuse, misuse; misapply, misappropriate, misemploy. **mis·bruik** =*bruikte, adj.* exploited, used, put-upon. **mis·brui·ker** =*kers* abuser, misuser.

**mis·daad** =*dade* crime, felony, *(jur.)* misdemeanour, offence; misdeed; *'n ~ begaan/pleeg* commit a crime; *die ~ van diefstal/ens.* the crime of theft/etc.; *dit maak 'n ~ uit* it constitutes an offence; *dit is 'n ~ om te ...* it is a crime to ...; ~*/ misdade het erg toegeneem* there has been a serious increase in crime; ... *wat die ~ van die vaders besoek aan die kinders,* ... *reken kinders die sondes van hulle vaders toe, (OAB/NAB, Ex. 20:5)* ... visiting the iniquity of the fathers upon the children, ... punishing the children for the sin of the fathers *(AV/NIV)*; *geen ~ word vermoed nie* foul play is not suspected; *'n vlaag van ~/misdade* a crime wave. ~**bestryder** crime fighter *(or, sl. buster)*. ~**bestryding** fight against crime; crime fighting *(or, sl. busting)*. ~**rekord** police record. ~**romans** crime fiction; *skrywer van ~* crime writer. ~**skrywer** crime writer. ~**syfer** crime rate; *'n hoë/lae ~* a high/low incidence of crime. ~**voorkoming** crime prevention.

**mis·da·dig** =*dige* criminal *(offence)*; culpable *(negligence)*; guilty *(pleasures)*; maleficent, nefarious; *(jur.)* felonious; ~*e opset, (jur.)* criminal intent(ion), *(Lat.)* mens rea. **mis·da·di·ger** =*gers* criminal, evildoer, wrongdoer; *'n verstokte ~* a hardened criminal. **mis·da·dig·heid** criminality, crime; incidence of crime.

**mis·dryf** =*drywe* misdeed, *(jur.)* misdemeanour; (major) crime, offence, felony, delict; *'n ~ teen die samelewing* a public wrong; *'n ~ pleeg* commit an offence.

**mi·se·ra·bel** =*bele* =*beler* =*belste* miserable, rotten, pitiful, wretched, vile.

**mis·gis** *het ~: jou ~* make a mistake; *jou hopeloos/lelik ~* be gravely/greatly/sadly mistaken.

**mis·haag** *het ~: iets ~ iem.* s.t. displeases/dissatisfies s.o.. **mis·ha·e** displeasure, annoyance, chagrin.

**mis·ken** *het ~* fail to appreciate, misjudge, undervalue; be dismissive of; deny, disavow, renounce *(friendship etc.)*. **mis·ken·ning** disparagement, disregard, want of appreciation, misjudg(e)ment, neglect; defiance; denial, disavowal; *'n ~ van die reg* a denial of justice.

**mis·kien** perhaps, possibly, maybe; ~ *is dit ...*, ~ *ook nie* it may or may not be ...; ~ *doen iem. iets* s.o. may do s.t.; perhaps s.o. will do s.t.; *soos jy ~ weet ...* as you may know ...

**mis·lei** deceive, mislead, betray, beguile, hoodwink, delude, misguide, misinform. **mis·lei·dend** *-dende* deceptive, misleading, elusive, fallacious. **mis·lei·ding** *-dinge* deceit, deception, delusion, circumvention.

**mis·lik** *-like* sick, bilious, queasy; sickening, nauseating, nauseous; disgusting, beastly, nasty, horrid, rotten; *gou ~ word* be squeamish; *iets maak iem. ~* s.t. nauseates s.o., s.o. is nauseated by s.t., s.t. makes s.o. sick, s.t. turns s.o.'s stomach; *~e vent* stinker, miserable specimen; *~ voel* feel queasy/ sick; *'n gesig/toneel om van ~ te word* a sickening sight. **mis·lik·heid** nausea, sickness, queasiness; beastliness, nastiness, rottenness.

**mis·luk** *het ~* come to naught, fail, miscarry; collapse, fall flat, founder, abort, break down, fall through, be unsuccessful; *dit het ~* it failed, it was a failure; *iem. het ~* s.o. failed, s.o. was unsuccessful. **mis·luk·king** *-kings, -kinge* failure, miscarriage; breakdown, washout; flop; fiasco; debacle; dud, dropout; *'n groot ~* a disaster, a big/dreadful/terrible flop, *(sl.)* a bummer; *iem. is 'n ~* s.o. is a failure; *op 'n ~ uitloop* end/result in failure; *op 'n volslae/totale ~ uitloop* end in disaster. **mis·luk·te** *adj. (attr.)* unsuccessful, abortive, unfelicitous.

**mis·maak** *het ~, vb.* deform, disfigure. **mis·maak** *-maakte, adj.* deformed, malformed, misshapen, disfigured, mismade, unsightly. **mis·maakt·heid** deformity; disfigurement, malformation, misshapenness.

**mis·moed** despondency, downheartedness, (doom and) gloom, low spirits; *in ~ verval, (also, infml.)* get the blues. **mis·moe·dig** *-dige* discouraged, disconsolate, disheartened, dejected, glum, depressed, downcast. **mis·moe·dig·heid** discouragement, dejection.

**mis·noeg** *-noegde* displeased, disgruntled, irate, discontented, dissatisfied, malcontent; *iets maak iem. ~* s.t. discontents s.o.; *oor iets ~ wees* be dissatisfied/unhappy *(or not happy)* with s.t.. **mis·noe·ë** displeasure, discontent(ment), disgruntlement, disaffection, ire, dissatisfaction; *iem. se ~ met/oor iets* s.o.'s dissatisfaction about/at/with s.t..

**mi·so** *(Jap. cook.)* miso.

**mis·pel** *-pels, (bot.)* medlar; *wilde~, (Vangueria infausta)* wild medlar.

**mis·plaas** *-plaaste, adj.* misplaced *(faith)*; mistaken *(pity)*; misdirected *(sympathy)*; ill-timed *(joke)*; out of place; incongruous; inapt; mistimed; miscast *(actor)*; inapposite, inappropriate. **mis·plaast·heid** mistakenness; inappositeness. **mis·pla·sing** misplacement; miscasting.

**mis·saal** *-sale, (RC)* missal; service book.

**mis·sie** *-sies* mission. *~stelling, ~verklaring* mission statement.

**mis·siel** *-siele* missile; *(in the pl., also)* missil(e)ry.

**Mis·sis·sip·pi** *(geog.)* Mississippi; *(also* Mississippi-rivier*)* Mississippi (River). **Mis·sis·sip·pi·ër** *-piërs* Mississippian. **Mis·sis·sip·pies** *-piese* Mississippian.

**Mis·sou·ri** *(geog.)* Missouri; *(also* Missouri-rivier*)* Missouri (River).

**mis·tas** *misge-, (fig.)* blunder, make a blunder/mistake, fall into error. **mis·tas·ting** *-tings, -tinge* blunder, indiscretion, mistake, miscalculation; *'n growwe ~* a bad mistake.

**mis·tel** *-tels, (bot.)* mistletoe.

**mis·te·rie** *-ries, -rieë* mystery. *~spel* mystery (play).

**mis·te·ri·eus** *-rieuse -rieuser -rieusste* (of *meer ~ die mees -rieuse*) mysterious.

**mis·tiek** *n.* mysticism. **mis·tiek** *-tieke, adj.* mystic(al). **mis·ties** *-tiese* mystic.

**mis·tig** *-tige* foggy, misty; *~e weer* fog, mistiness. **mis·tig·heid** fogginess, mistiness.

**mis·ti·kus** *-tikusse, -tici* mystic. **mis·ti·sis·me** *(also* M~*)* mysticism.

**mi·stral** *(wind)* mistral.

**mis·troos·tig** *-tige* dejected, disconsolate, sick at heart, down-(hearted), sad. **mis·troos·tig·heid** dejection, disconsolateness, sadness.

**mis·vat** *-vatte, n.* mishandling. **mis·vat** *misge-, vb., (fig.)* mistake, misunderstand, misconstrue, misconceive, misapprehend, misinterpret; take amiss; *(lit., also* mis vat*)* miss one's grip, fail to grasp/catch; mishandle; miss, fumble *(a ball)*. **mis·vat·ting** *-tings, -tinge* misunderstanding, misapprehension, misconception, false/wrong impression, misconstruction, misinterpretation; mistaken notion.

**mis·ver·staan** *het ~* misapprehend, misconstrue, misunderstand; mistake; *mekaar ~* be at cross purposes. **mis·ver·stand** *-stande* misunderstanding, cross purpose, disagreement, misapprehension; *onder 'n ~ verkeer/wees* be/labour under a misapprehension; *'n ~ uit die weg ruim* clear up a misunderstanding, clear the air. **mis·ver·sta·ne** *adj. (attr.)* misunderstood.

**mis·vorm(d)** *-vorm(d)e* deformed, malformed; misshapen; distorted; abnormal. **mis·vormd·heid** deformity, malformation; misshapenness; distortion; abnormality. **mis·vor·ming** disfigurement; malformation, deformation.

**mis·vre·tend** *-tende, (zool.)* scatophagous.

**mi·te** *-tes* myth, *(Lat.)* mythus; *hedendaagse ~* urban legend/ myth. **mi·ties** *-tiese* mythical.

**mi·to·gra·fie** mythography.

**mi·to·lo·gie** mythology. **mi·to·lo·gies** *-giese* mythologic(al). **mi·to·lo·gi·seer** *ge-* mythologise. **mi·to·loog** *-loë* mythologist.

**mi·to·se** *(biol.)* mitosis, indirect nuclear division. **mi·to·ties** *-tiese* mitotic.

**mits** provided (that), providing, on the understanding that; on condition that; *~ dit nie reën nie* unless it rains.

**MIV** *(abbr.:* menslike immuniteits-/immuno-/immuungebreksvirus) HIV *(abbr.:* human immunodeficiency virus). *~-ne-gatief* HIV negative. *~-positief* HIV positive.

**'m-'m, 'n-'n** *interj.* no-(no).

**mne·mo·niek, mne·mo·teg·niek** mnemonics, mnemotechnics, memory training. **mne·mo·nies, mne·mo·teg·nies** *-niese* mnemonic, mnemotechnical.

**mo·a** *moas, (extinct bird)* moa.

**Mo·ab** *(OT)* Moab. **Mo·a·biet** *-biete, n.* Moabite. **Mo·a·bi·ties** *-tiese, adj.* Moabite, Moabitic, Moabitish.

**mo·biel** *-biele -bieler -bielste* mobile; *~e biblioteek* mobile library, book van; *~e huis/woning* mobile home; *~e (tele)-foon* mobile (tele)phone; *~e wag* mobile watch. **mo·bi·li·teit** mobility.

**mo·bi·li·seer** *ge-* mobilise. **mo·bi·li·sa·sie** mobilisation.

**mo·daal** *-dale* modal. **mo·da·li·teit** modality.

**mod·der** mud, mire, ooze, sludge, slush; *(die) ene ~ wees* be all muddy, be (all) covered with mud; *(iem.) met ~ gooi* fling/throw dirt (*or* sling/throw mud) (at s.o.); *in die ~ rol* wallow in the mud; *iem. deur die ~ sleep* drag s.o.'s name through the mud/mire; *iem. uit die ~ help* help s.o. out of trouble. *~bad -baddens* mudbath. *~gat* mud hole; wallow. *~gooier (fig.)* mudslinger, muckraker. *~gooiery* mudslinging, muckraking. *~koek* mud pie. *~plas* mud puddle. *~poel* quagmire, slough, mud hole. *~skerm* mudguard, mudwing, fender, splashboard, wing. *~sloot* muddy ditch. *~vet (chiefly animals)* as plump as a partridge. *~vis* mudfish. *~vulkaan* mud volcano.

**mod·der·ag·tig** *-tige* muddy, miry, oozy, sludgy.

**mod·de·rig** *-rige* slushy, sloshy, oozy, turbid; *~e pappery* squelchy mud. **mod·de·rig·heid** miriness, slushiness, ooziness, turbidity.

**mod·der·kleu·rig** *-rige* mud-coloured.

**mo·de** *-des* fashion; style; mode, trend, vogue; rage; craze; *die ~ aangee* set the fashion; *die allernuutste ~* the latest thing *(infml.); in die ~ wees, (s.o.)* be in (fashion), be the vogue; *hoog/baie/erg in die ~ wees* be in (or very fashionable), be in the height of fashion, *(infml.)* be the in thing, be (all) the rage; *iets kom/raak in die ~* s.t. comes into fashion; *iets kom weer in die ~* s.t. comes back (into fashion); *na die ~* modish, stylish, after/in the fashion; *uit die ~* out of fashion/vogue, outmoded, *(Fr.)* passé; out of date, outdated, obsolete; *'n ~ volg* follow a fashion; follow a trend; *wat die ~ voorskryf/voorskrywe* what fashion dictates; *iets word ~* s.t. comes into fashion; s.t. becomes the fashion/rage. ~**artikel** fashion article; fashionable article. ~**bewus** fashion-conscious. ~**bewustheid** fashion-consciousness, trendiness. ~**blad** fashion magazine. ~**boek** fashion book. ~**gek** →MODE= SLAAF. ~**gier**, ~**gril** craze, freak/whim of fashion. ~**kleur** fashion(able) colour. ~**ontwerper** dress/fashion designer, couturier. ~**parade** fashion parade. ~**pop** dresser; dressy woman; fashion victim; fashionista *(sl.)*. ~**prent** fashion plate, fashion sheet. ~**siekte** fashionable complaint. ~**slaaf** *-slawe*, ~**gek** *-gekke, (infml.)* fashion victim; fashionista *(sl.)*. ~**ver-skynsel** passing fancy. ~**winkel** fashion shop. ~**woord** buzz word *(infml.)*, vogue word, word in vogue, popular word.

**mo·del** *-delle* model, mannequin; model, type, style; model, design; model, mock-up, dummy; prototype; model, para-gon; manikin; exemplar; sitter, model; maquette; *na die ~ van ...* on the model of ... ~**antwoord** specimen answer. ~**boerdery** model farm(ing). ~**eggenoot** ideal/model hus-band. ~**eggenote** ideal/model wife. ~**gieter** moulder. ~**ka-mer** showroom. ~**maker** pattern maker. ~**tekening** cartoon, model drawing. ~ **T(-Ford)** model T (Ford).

**mo·del·leer** *ge-* model, mould, shape; *iets na ... ~* model s.t. after/on ... ~**klei** modelling clay, plastic clay. ~**werk** model-ling.

**mo·dem** *-dems* modem.

**mo·de·ra·to** *(It., mus.: at a moderate tempo)* moderato.

**mo·de·reer** *ge-* moderate *(an examination)*. **mo·de·ra·tor** *-tore, -tors, (educ., eccl.)* moderator. **mo·de·ra·tuur** *-ture*, **mo·de-ra·men** *-mens* executive church council, synodal board.

**mo·dern** *-derne -derner -dernste* (of *meer ~ die mees -derne*) modern; up-to-date; emancipated; forward; *baie ~, (also, infml.)* happening, hip; *(baie) ~e gerieae* mod cons *(infml.)*; *mees ~e gerieae/toerusting/ens.* up-to-the-minute facili-ties/equipment/etc; *die ~e man, (post-feminist man)* the new man *(sometimes* N~ M~*)*. **mo·der·ni·seer** *ge-* modernise. **mo·der·ni·se·ring**, **mo·der·ni·sa·sie** modernisation. **mo·der-nis·me** modernism. **mo·der·nis·ties** *-tiese* modernist. **mo-der·ni·teit** modernity, trendiness *(of ideas etc.)*.

**mo·de·sug** modishness.

**mo·di·eus** *-dieuse -dieuser -dieusste* (of *meer ~ die mees -dieuse*) fashionable, stylish, modish, trendy.

**mo·di·fi·seer** *ge-* modify. **mo·di·fi·ka·sie** *-sies* modification.

**mo·du·le** *-les* module. **mo·du·lêr** *-lêre* modular.

**mo·du·leer** *ge-, (mus.)* modulate. **mo·du·la·sie** modulation.

**mo·du·lus** *-lusse, (math.)* modulus, module.

**mo·dus** *modusse, modi, (mus.)* mode; *~ operandi* modus ope-randi; *~ vivendi* modus vivendi.

**moed** courage, heart, nerve, spirit, valour, fortitude, gal-lantry, prowess; *iem. se ~ begeef/begewe hom/haar* (of *sak in sy/haar skoene), iem. verloor ~* s.o. loses (his/her) cour-age, s.o. loses heart, s.o.'s courage/heart fails him/her, s.o.'s heart/spirit sinks, s.o.'s heart is in (or sinks into) his/her boots; *(al) jou ~ bymekaarskraap* pluck/muster/screw/sum-mon up one's courage, take one's courage in both hands; *iem. ~ gee/inboesem/inpraat* cheer/buoy s.o. up, put (new) heart into s.o., inspire s.o. with courage, give s.o. a pep talk; *goeie ~ hou* keep smiling; *die ~ hê om iets te doen* dare (to)

do s.t., have the courage (*or, infml.* guts/nerve) to do s.t.; *~ hou* keep one's courage/spirits (*or, infml.* chin) up, bear up, be of good cheer; *hou ~!, moenie ~ opgee/verloor nie!* keep your courage up!, don't be disheartened!; *hou goeie ~, die slegte kom vanself* never say die!, keep your chin up!; *die ~ van jou oortuiging hê* have the courage of one's convictions; *~ opgee* give up hope, despair; *~ skep* cheer/perk (*or, infml.* buck) up, take courage/heart; *iem. skep weer ~* s.o.'s spirits are rising; *slegte ~ hê* have little hope; *~ verloor* lose cour-age/heart; *vol ~ wees* be of good cheer, be in good heart, full of hope. ~**verloor:** *op ~ se vlakte wees/sit* be down in the dumps *(infml.)*. ~**verlore** forlorn.

**moe·de·loos** *-lose* crestfallen, dejected, despondent, dis-couraged, disheartened; *iets maak iem. ~* s.t. discourages/dis-heartens/dispirits s.o., s.t. gets s.o. down; *~ wees* mope; *oor iets ~ wees* be despondent about/over s.t.. **moe·de·loos·heid** dejection, dejectedness, despondency.

**moe·der** *-ders* mother; matron *(of an institution)*; dam *(of animals); ag my ~!* my, how sweet!; *M~* **Gans,** *(imaginary author of a collection of nursery rhymes)* Mother Goose; *die M~ van* **God** the Mother of God; *M~* **Natuur** Mother Na-ture; *die ~ van alle veldslae/ens., (infml., <Eng.)* the mother of all battles/etc.. ~**aarde:** *(die) ~* mother earth. ~**bord**, ~**kaart** *(comp.)* motherboard. ~**bors** mother's breast. ~**by** *(entom.)* queen bee. ~**dier** mother animal, dam. ~**figuur** mother fig-ure. ~**gemeente** mother church. ~**hart** mother's heart. ~**in-stink** maternal/mothering instinct, maternalism. ~**kaart** → MOEDERBORD. ~**kappie** *(bot.)*, *(Disperis capensis)* grannie bonnet; *(Pterygodium catholicum)* cowled friar. ~**kerk** mother church, metropolitan church. ~**kompleks** *(psych.)* mother complex. ~**koring** *(fungus: Claviceps spp.)* ergot. ~**land** mother country, home country, homeland, motherland. ~**liefde** maternal/mother love. ~**loog** mother liquor/liquid/water; bittern. **M~maagd** Mother of God. ~**maatskappy** parent company. ~**moord** matricide. ~**moordenaar** matri-cide. ~**naak** *-naakte*, ~**nakend** stark naked, mother-naked. ~**owerste** *(RC)* Mother Superior; *(title)* Reverend Mother. ~**plant** mother plant. ~**sel** *-selle* mother cell, parent cell. ~**sielalleen** quite alone, *(infml.)* on one's ownsome. ~**skip** mother/parent ship; depot ship; tender. ~**skoot** mother's lap; *(fig.)* womb; *in die ~* in the womb. ~**smart** mother's sorrow. ~**sorg** maternal care, mother's care; maternity wel-fare. ~**stad** mother city, metropolis; *die ~ vier sy eeufees* the mother city celebrates her centenary. ~**sterfte** maternal/puerperal/childbed mortality. ~**taal** mother/native tongue, first language. ~**taalspreker** native speaker. ~**vorm** matrix. ~**vreugde** mother's joy.

**moe·der·lik** *-like* motherly *(love)*; maternal, maternalistic, motherlike. **moe·der·lik·heid** motherliness, maternal nature, maternalism.

**moe·der·loos** *-lose* motherless.

**moe·ders:** *M~dag* Mother's Day. ~**kant:** *aan/van ~, (ge-neal.)* on the mother's/distaff side. ~**knie:** *iets aan ~ leer* learn s.t. at one's mother's knee *(or* from one's mother *or* as a child)*. ~**melk** mother's milk; *iets met die ~ indrink* inbibe s.t. with the mother's milk.

**moe·der·skap** motherhood, maternity.

**moe·der·tjie** *-tjies, (dim.)* little mother; old woman.

**moe·dig** *-dige* brave, courageous, plucky, valiant, spirited, bold, great-hearted, valorous; *jou ~ gedra* put on a brave show; *jou ~ hou* put on a bold/brave front. **moe·dig·heid** bravery, courage(ousness), pluck, valour.

**moe·dja·he·dien:** *die ~, (Islam. guerrillas)* the mujaheddin/mujahedeen/mujahidin/mujahideen *(sometimes* M~*)*.

**moeds·wil·lig** *-lige, adj.* wanton, wilful, spiteful, malicious, petulant, recalcitrant, refractory, obstreperous; mischievous; intentional. **moeds·wil·lig** *adv.* wantonly, wilfully, mali-ciously; mischievously; intentionally, purposely, on purpose, of set purpose, by design. **moeds·wil·lig·heid** petulance, wantonness, wilfulness; *uit (pure)* ~ out of (pure) mischief, wantonly.

**moef·lon** *-lons, (mountain sheep)* mouf(f)lon.

**moef·ti** *-ti's, (Muslim legal expert)* mufti.

**moeg** *moeë moeër moegste* fatigued, tired, exhausted, weary; ~ *gebore, (infml.)* bone lazy; *jou* ~ *loop* walk one's legs off; *iets* **maak** *iem.* ~ s.t. tires/fatigues s.o.; *jou nie oor ... ~ maak nie* not bother (o.s. or one's head) about ...; *nooit* ~ *word om iets te doen nie* never tire of doing s.t.; ~ *raak/word van/vir iets* tire/weary of s.t.; ~ *en sat vir iem./iets* sick and tired of s.o./s.t.; ~ *wees van/vir iem.* have had enough of s.o.; ~ *wees van/vir iets* be tired/weary (*or, infml.* sick to death *or, infml.* sick and tired) of s.t.; *vrek* ~, *(infml.)* dog-tired; ~ *word* get tired, tire, grow weary. **moe·ge·rig, moe·ë·rig** slightly tired. **moeg·heid** fatigue, weariness, tiredness.

**moe·goe** *-goes,* **mu·gu** *-gu's, (derog. sl.)* moegoe, mugu.

**moei·lik** *-like, adj.* difficult, hard *(times);* arduous *(task);* stiff, thorny, ticklish *(problem);* heavy *(road);* uphill *(work);* tough *(job);* irritable, irritated, nettled; parlous *(state);* ~ *(om) te begryp* elusive, elusory; *'n* ~*e tyd* **beleef/belewe/deurmaak/tegemoetgaan,** *(also, infml.)* have (*or* be in for) a bumpy ride; *'n* ~*e* **vraag,** *(also)* a puzzler; ~ **wees,** *(also, a child)* act up.

**moei·lik** *adv.* with difficulty, hardly; *iem. kan dit* ~ **doen** s.o. can hardly do it, s.o. cannot very well do it; *dit sal* ~ **gaan** it will go hard (*or* be difficult); *dit* ~ **hê** have a hard/rough time; *dit/sake vir iem.* ~ **maak** make things difficult for s.o.; give s.o. a hard time; *iets nogal* ~ **vind** find s.t. pretty hard; *iets is vir iem.* ~ s.t. is difficult for s.o.; s.t. is hard on s.o.. **moei·lik·heid** *-hede* difficulty; scrape, trouble, fix, quandary, straits; hardship; mischief; *in die* ~ **beland** land in trouble, *(infml.)* get into hot water; land (*or* find o.s.) in difficulties, run into difficulties; *'n* **bietjie** ~ a bit of a problem *(infml.); uit die* ~ **bly** stay out of trouble; keep out of mischief; *iem. in die* ~ **bring** get/land s.o. in trouble; land s.o. in difficulties; cause trouble for s.o.; *deur 'n* ~ **kom** get over a difficulty; *dit is* (of *daar lê) die* ~ that's/there's the snag; there's the rub; *dis juis die* ~ that's just the issue; *diep in die* ~ **wees** be in deep trouble; *elke ou* ~*jie* every little difficulty; ~ **gee,** *(also, infml.), (a comp. etc.)* have a hiccup/hiccough, *(an engine etc.)* act up; *geen* ~ *met ... nie* no problem(s) with ...; *iem. uit die* ~ **help** help s.o. out of a difficulty/scrape; get s.o. out of trouble; *in die* ~ **sit/wees** be in (all kinds of) trouble; be in difficulties; be in a tight spot/corner; *met* ~*hede te* **kampe hê** labour under difficulties; *in die* ~ **kom** get into trouble; ~*hede ondervind/teëkom/teenkom* pick up problems; *'n* ~ **oorkom** clear/take a hurdle *(fig.); alle* ~*hede* **oorwin** win out, win through (all difficulties); *in die* ~ **raak** get into trouble; get into deep water(s); ~ **soek** look/ask (*or* be out *or* be asking/looking) for trouble; court/invite trouble; *jy* **soek** ~ you're looking for trouble; *wil jy* ~ **soek** *daaroor?* do you want to make something of it? *(infml.); op 'n* ~ **stuit** meet with a difficulty, hit/strike (*or* run into) a snag; *uit die* ~ **wees** be out of the wood(s); *in (die)* ~ **verkeer** be in trouble/difficulties (*or* a scrape/pinch/fix/hole/pickle *or* a tight corner *or* hot water), be hard put to it; ~ **veroorsaak** cause/make trouble; start something *(infml.);* ~*hede* **vooruitloop** meet trouble halfway.

**moei·saam** *-same* fatiguing, laborious, tiring, tiresome, difficult, toilsome, wearisome; laboured *(breathing).* **moei·saam·heid** difficulty, laboriousness, wearisomeness.

**moei·te** difficulty, trouble; labour, pains, bother, *(infml., <Yidd.)* schlep(p); *iem.* ~ **aandoen** put s.o. to trouble; *baie/groot* ~ *(in verband)* **met iets doen** go to (*or* take) a lot of trouble over s.t.; take (great) pains over/with s.t.; put a lot (of effort) into s.t.; *die* ~ **doen om te ...** go to the trouble of ...; take the trouble to ...; *moenie* ~ **doen/maak nie!** don't trouble (yourself)!, don't worry!; *meer* ~ **met iets doen** take more care over s.t.; *nie eens/eers die* ~ **doen om te ... nie** not even

bother to ...; ~ **doen** *vir iets* go out of one's way for (*or* to do) s.t.; *iets* **gee** ~ s.t. gives trouble; s.t. presents some difficulty; *dis* **geen** ~ *nie* no bother; **geen** ~ *met ... nie* no problem(s) with ...; **geen** ~ *nie* no trouble at all; **groot** ~ *doen, (also)* go to great lengths; ~ **hê om te ...** find it difficult to ..., have trouble/difficulty in ...; ~ *met ...* **hê/kry** have trouble with ...; ~ **hê/ondervind** experience problems; *jammer oor die* ~ sorry you've been troubled; *iets* **met** ~ *doen* do s.t. with difficulty; struggle to do s.t.; *met* ~ ... have a struggle to ...; *iem. sal iets met* ~ *doen* s.o. will/would be hard-pressed to do s.t.; *ondanks al jou* ~ *niks hê om te wys nie* have nothing to show for one's pains; *geen* ~ **ontsien/spaar nie** spare no effort/pains, be unsparing in one's efforts; **sonder** ~ without difficulty, effortless; without trouble; without tears; **sonder** ~ *het 'n mens niks (nie)* no gains without pains, (*or, infml.* no pain, no gain *or, infml.* no sweat, no sweet); **spaar** *jou die* ~, *dis* ~ **(te)vergeefs** you may save your pains, you may save/spare yourself (the) trouble; *dit is te* **veel** ~ it is too much trouble, it is too much of a fag *(infml.); dis* **vergeefse** ~ it is labour lost; *vir jou* ~ for one's pains; *dit is die* ~ **werd** it is worth it *(infml.);* it is worth the trouble; it is worth (one's) while; *dit is nie die* ~ **werd nie** it is not worth (one's) while. ~**vol** *-volle* difficult, hard, toilsome, laborious, wearisome. ~**vry** trouble-free.

**Moem·baai,** *(dated)* **Bom·baai** *(geog.)* Mumbai.

**moe·nie** don't; →MOET *vb.;* ~ *dat ... nie* don't let ...; ~ *bang wees nie* never fear; ~ *glo nie!* don't you believe it!.

**moer**[1] *moere, n.* nut *(on a bolt); 'n* ~ *losdraai/vasdraai* loosen/tighten a nut. ~**draad** nut thread, female/internal screw, female thread. ~**hamer** monkey wrench/spanner. ~**koppeling** union (joint/connection), pipe union. ~**sleutel** nut key, wrench, spanner, screw key/spanner/wrench.

**moer**[2] *moers, n.* mother, dam *(of animals);* matrix; *(coarse)* womb, uterus; *in jou* ~ *(in)* wees, **des** ~*s* wees, *(coarse)* be fucked, be a goner; *die/de* ~ *in* wees *vir iem., (coarse)* be pissed off with s.o.; be furious with (*or* hopping/raving mad at/with) s.o.; *iets is in sy* ~ *(in)* (of **des** ~*s*), *(coarse)* s.t. is buggered (up), s.t. has had it; *(gaan/loop/vlieg in)* **jou** ~*!, (coarse)* bugger/screw you!, piss off!, get stuffed!; *nie 'n* ~ *(vir iem./iets)* **omgee nie,** *(coarse)* not care/give a fuck/shit (about s.o./s.t.).

**moer** *ge*-, *vb., (coarse)* bash, thrash, fuck/bugger up. ~**balk** bearer, beam, sleeper. ~**land:** ~ *toe wees, (coarse)* be gone to perdition. **moers·kont** *(vulg. sl.)* son of a bitch, sonofabitch, motherfucker.

**moer**[3] *moere, n.* seed potato, seed tuber.

**moer**[4] *n. (no pl.)* dregs, grounds, lees, draff, precipitate; sediment *(of liquids);* mother *(of vinegar);* dross. **moer·de·rig, moe·re·rig** *-rige* dreggy; mothery, barmy.

**moe·ras** *-rasse* marsh, morass, bog, swamp, slough, quagmire, moor; *in 'n* ~ *vasval/wegsink* become embogged. ~**bewer** coypu, swamp beaver. ~**gas** marsh gas, methane. ~**grond** fen. ~**koors** malaria, swamp fever. ~**land** marshland, swampland, wetland(s). ~**plant** marsh plant, helophyte. ~**yster(erts)** bog iron (ore).

**moe·ras·ag·tig** *-tige* boggy, marshy, swampy, fenny, waterlogged. **moe·ras·ag·tig·heid** bogginess, marshiness, swampiness.

**moer·bei** *-beie* mulberry; *(embryol.)* morula. ~**boom** mulberry (tree); *(Bib.)* sycamine. ~**rooi** *n.* mulberry (red). ~**rooi** *adj. (attr.)* mulberry(-red), mulberry(-coloured).

**moe·rig** *-rige, (coarse)* grouchy, cross.

**moers** *adv., (coarse)* very, extremely, helluva, frigging, fucking *(angry, fast, large, etc.).* **moer·se** *adj. (attr.), (coarse)* huge, massive, ginormous; *'n* ~ *lawaai* a helluva din.

**moer·tjie**[1] *-tjies, (dim.)* small nut; →MOER[1].

**moer·tjie**[2] *-tjies, (dim.)* small seed potato; →MOER[3].

**moes**[1] *n.* mash, pulp, mush; purée; stewed fruit; →APPEL= MOES.

**moes²** *vb. (p.t.)* →MOET *vb..*

**moe·sa·ka** *(Gr. cook.)* mous(s)aka.

**Moe·sel:** *die ~, (river)* the Mosel(le). **~wyn** Mosel(le).

**moe·se·lien** *(text.)* muslin; *dun ~* mull.

**moe·sie** *=sies* mole *(on the skin).*

**Moes·liem** →MOSLEM.

**moe·son** *=sons* monsoon.

**moet** *moete, moets, n.* must; *dis 'n ~, (infml.)* it's a must; *dis nie 'n ~ nie* it is optional; *~e/~s en moenies, (infml.)* dos/do's and don'ts. **moet** *moes, vb.* must, have to, be compelled/forced/ obliged to; should, ought to; *as ek ~, dan ~ ek* if I must, I must; *as dit ~* if need be, at/in a pinch, if/when it comes to the pinch, when it comes to the push, when push comes to shove; at a stretch; *as dit moes* if it had to be; *~ asseblief nie ... nie* please do not ..., kindly abstain (*or* please refrain) from ...; *iem. ~ om 9 begin* s.o. has (*or* is supposed) to start at 9; *ek moes sy/haar moed bewonder* I could not but admire his/her courage; *jy moes dit mos breek!* you would break it!; *dit ~* it has to be done, it cannot be helped; *jy ~ eenvoudig!* you simply must!; *~ ek ...?* must I ...?; am I to ...?; *jy ~ ...* you have (*or* you've got) to ...; one has (*or* you have *or* you've got) to ...; *iem. ~ ... kry* s.o. has (*or* is supposed) to get ...; *iem. ~ nou maar gaan/ens.* s.o. had better go/etc. now; *dit sal seker maar ~, (infml.)* I suppose it will have to be (done) (*or* it can't be [done] otherwise *or* that's the way it's going to be); *('n) mens ~ ...* one has (*or* you have *or* you've got) to ...; *iem. ~ môre weer na X* s.o. must go (*or* be off) to X again tomorrow; *dit ~ jy (liewer/liewers) nie doen nie, (also, infml.)* you don't want to do that; *dit ~ net reggemaak/ens. word* it only needs repairing/etc. *(infml.)*; *iem. ~ verdomp ..., (infml.)* s.o. damn well has to ...; *dit ~ volstrek gebeur* it is a must; *waar ~ die geld vandaan kom?* where is the money to come from?; *die totaal ~ sowat ... wees* the total should be about ...; *iem. ~ nou al tuis wees* s.o. should be home by now; *iem. ~ 'n skrywer wees om ...* it takes a writer to ...

**moe·tie** *(<Z, med.)* muti. **~moord** muti killing/murder.

**mof¹** *mowwe* muff; *(mach.)* sleeve, socket, coupling; mitten *(for hands).*

**mof²** *mowwe* crossbreed *(between indigenous and Eur. cattle).* **~(skaap)** woolled sheep, merino.

**mof·fel** *=fels, n., (metall.)* mofette. **mof·fel** *ge=, vb., (metall.)* muffle. **~emalje** baked enamel. **~glas** muffled glass.

**mof·fie¹** *=fies, (dim.)* mitten; →MOF¹.

**mof·fie²** *=fies, (usu. derog.)* nancy/pansy (boy), queer, fairy. **mof·fie·rig** *=rige* ponc(e)y, swishy.

**mog** *vb. (p.t.), (dated)* might; →MAG² *vb.; ~ het treffe/troffe!* let's hope for the best!, *(infml., joc.)* here goes nothing!.

**Mo·ham·med** Mohammed, Muhammad.

**Mo·hawk** *(lang.)* Mohawk; *(ice skating, m~)* Mohawk *(also m~).* **~(haar)snit, ~haarstyl** mohican ([hair]cut/hairstyle). **~(-Indiaan)** Mohawk.

**Mo·hi·kaan** *=kane, n.* Mohican, Mahican. **Mo·hi·kaans** *=kaanse, adj.* Mohican; *~e (haar)snit/haarstyl* mohican ([hair-] cut/hairstyle).

**moi·ré** *n.* watered silk, moire, moiré. **moi·ré** *adj.* moire, moiré, watered *(silk).*

**mok, mok·poot** *(vet.)* greasy heel, grease (heel), mud fever; clay fever, the scratches.

**mo·kas·sin** *=sins* moccasin.

**mo·ker** *ge=* hammer, strike, hit, bash, punch, pound, pum= mel, pommel, lash, flog; *(infml.)* clobber, sock, conk, clonk, zonk; *(fig.)* punish; give a thrashing; *(tennis)* smash; maul *(with a hammer);* *~ hom!* let him have it!. **~hamer** *=mers* maul, mall; club hammer. **~hou** *(tennis)* smash, ace (shot); hammerblow; *'n ~ kry* take it on the chin; *'n ~ onder die ken kry, (also)* be copped one under the chin *(sl.)*; *iem. 'n ~ toe= dien, (fig.)* hit/knock s.o. for (a) six *(infml.).* **~man** *(cr.)* pinch hitter; *(baseball etc.)* slugger.

**mo·ke·raar** *=raars* slogger, hard hitter.

**mo·ket** *(text.)* moquette.

**mok·ka** mocha. **~koek** mocha cake. **~koffie** mocha coffee. **~steen** mocha stone/pebble, moss agate.

**mol¹** *molle, (mus.)* flat; *b ~* b flat.

**mol²** *molle, (zool.)* mole; *(med.)* wen; *(infml.: spy or double agent)* mole; *so blind soos 'n ~* as blind as a bat/mole/beetle. **~ploeg** subsoil plough. **~slaai** dandelion. **~slang** mole snake. **~trein** underground/tube (train), metro.

**mol³** *(chem.)* mole, gram molecule, molar weight, *(symb.)* mol. **mo·lêr** *=lêre, (chem.)* molar, molal.

**mo·le·ku·le** *=les,* **mo·le·kuul** *=kule* molecule. **mo·le·ku·lêr** *=lêre* molecular.

**mo·les** *=leste* row, trouble; rumpus, uproar; fracas; *dit het 'n ~ afgegee* it led to a fracas; *~(te) maak* cause/make trouble. **~maker** disruptive element.

**mo·le·steer** *ge=* molest, rag, mob; molest, abuse, *(euph.)* in= terfere with *(sexually).* **mo·le·ste·ring, mo·le·sta·sie** *=sies* molestation.

**molg** *molge, (zool.)* newt.

**mo·lib·deen** *(chem.; symb.: Mo)* molybdenum. **mo·lib·diet** *(min.)* molybdite.

**mol·la** *=las* mulla(h).

**mol·lig** *=lige* chubby, cuddlesome, cuddly, curvaceous, bux= om, plump, soft; mellow *(wine etc.); aan die ~e kant* plump= ish. **mol·lig·heid** chubbiness, plumpness, softness; mellow= ness *(of wine etc.).*

**mol·lusk** *=luske* mollusc. **mol·lus·ke·kun·de** malacology.

**molm** mould; mulch, touchwood, (leaf) mould. **molm·ag·tig** *=tige* mouldy, worm-eaten.

**Mo·log** *(OT)* Moloch, Molech.

**Mo·lo·tof·bom** Molotov cocktail.

**mols·hoop** molecast, molehill, tump.

**mom·bak·kies** *=kiese* mask, false face.

**Mom·ba·sa** *(geog.)* Mombasa.

**mo·ment** *=mente* moment; *(phys., mech.)* momentum. **~op= name** *(fig.)* snapshot.

**mo·men·teel** *=tele, adj.* momentary, momentaneous. **mo= men·teel** *adv.* momentarily, at present, at the moment.

**mom·pel** *ge=* mumble, murmur, mutter; grumble. **mom= pe·laar** *=laars* mumbler, mutterer, murmurer. **mom·pe·ling** *=lings, =linge* mumbling, muttering, grumbling, murmuring.

**mo·na·de** *=des, (tech.)* monad. **mo·na·dies** *=diese* monadic.

**mo·nan·drie** *(zool.)* monandry.

**mo·narg** *=narge* monarch, potentate. **mo·nar·gaal** *=gale* mo= narchal, monarchial, monarchic, monarchical. **mo·nar·gie** *=gieë* monarchy. **mo·nar·gis** *=giste, (also M~)* monarchist. **mo·nar·gis·me** *(also M~)* monarchism. **mo·nar·gis·ties** *=tiese, (also M~)* monarchist(ic).

**mo·na·siet** *(min.)* monazite.

**mond** *monde* mouth *(also of a river);* kisser, jaw; orifice *(of a stomach); (anat., zool.)* ostium; muzzle *(of a gun);* estuary; *by ~e beloof/belowe dat* (of om te) ... make a verbal promise that/ to ...; *by ~e van iem.* through s.o.; *die versekering hê by ~e van ...* have the personal assurance of ...; *iets deur die ~ toedien* administer s.t. orally; *(soos) uit een ~* with one voice, unanimously; *iets uit iem. se eie ~ hê* have s.t. from s.o.'s own mouth/lips; *nie op die/jou ~ geval wees nie, (infml.)* not/never be at a loss for words, have a fluent/ready/smooth tongue; *glad met die ~ wees, 'n gladde ~ hê* have the gift of the gab, have a ready tongue; *'n groot ~ hê, (infml.)* have a big mouth, talk big, have plenty of jaw; *ek met my groot ~* me and my big mouth; *iem. se ~ hang/val oop (van verbasing)* s.o.'s jaw drops (in amazement); →OOPHANG; *jou ~ hou* keep one's mouth shut, shut one's mouth; hold one's tongue; save one's breath; keep one's (own) counsel; *hou jou ~!* hold your tongue!, keep/be quiet!, *(infml.)* shut up!, *(sl.)* shut your mouth/face!; ... *~e om kos te gee* ... mouths to feed; *iem. na die ~ praat* play up to s.o., soft-soap s.o., butter s.o. up; *met 'n oop ~ luister* listen open-mouthed; *nie jou ~ oopmaak nie* not open one's lips, not say anything; be tongue-tied; *iem. se ~ laat oophang, (also, infml.)* knock/blow s.o.'s socks off; *jou ~ vol kos prop* cram/stuff one's face (with food) *(infml.); met die ~ prys* do lip service; *jou ~ nie aan iets sit nie* not touch s.t. *(drink, food, etc.); iem. se/die ~ snoer* shut/ stop s.o.'s mouth *(infml.),* shut s.o. up, choke s.o. off; *met die/jou ~ vol tande staan/sit, (infml.)* be speechless, be at a loss for s.t. to say; have nothing to say for o.s.; be/feel tongue-tied; *met/uit twee ~e praat* speak with two voices; blow hot and cold; *jou ~ uitspoel* rinse one's mouth; *jou ~ verby praat* drop a brick, put one's mouth/foot in it, give the show away; *'n ~ vol kos* a mouthful/morsel of food; *'n (hele) ~ vol wees,* (fig., infml.) be (quite) a mouthful; *die ~ oor/van iets vol hê, (infml.)* have a great deal to say about s.t.; talk of nothing else; *almal het die ~ vol oor/van ..., (infml.)* ... is the talk of the town; *altyd die/jou ~ vol van ander hê, (also)* always be gossiping (about others); *iem. behoort sy/haar ~ te was* s.o. is foul-mouthed; *iem. se ~ water* s.o.'s mouth waters; *dit laat ('n) mens se ~ water* it makes one's mouth water; *iem. woorde in die ~ lê* put words into s.o.'s mouth; *die woorde uit iem. se ~ neem* take the words out of s.o.'s mouth. **~dele** *n. (pl.)* mouth parts. **~fluitjie** mouth organ. **~harp** *(mus.)* Jew's-harp. **~heelkunde** oralogy, oral medicine, stomatology. **~higiëne** oral hygiene. **~higiënis** dental/oral hygienist. **~hoek** corner of the mouth. **~holte** mouth/buccal/oral cavity. **~kanker** cancer of the mouth, mouth cancer. **~opening** mouth opening, *(tech.)* orifice; *(mus.)* mouth hole; stoma. **~prop** gag. **~spoeling** mouthwash, rinse. **~spoelmiddel** *-dels* mouthwash. **~stuk** mouthpiece; embouchure, lip plate *(of a mus. instr.);* chase, nozzle *(of a gun);* tip *(of a cigarette).* **~sweer** canker. **~tot-~-asemhaling** mouth-to-mouth resuscitation, kiss of life; *~ op iem. toepas* give s.o. mouth-to-mouth resuscitation. **~wetenskap** oralogy, stomatology.

**mon·de·lik(s)** *-lik(s)e* oral; orally.

**mon·de·ling** *-linge, -lings, n.* oral (examination). **mon·de·ling** *-linge,* **mon·de·lings** *-lingse, adj. & adv.* oral(ly), verbal(ly); vocal; by word of mouth; spoken; *'n ~e ooreenkoms* a verbal agreement; *'n ~e eksamen* →MONDELING *n.; ~e oorlewering* oral/auricular tradition, folk memory.

**mon·de·ring** *-rings, -ringe* accoutrement(s), uniform; habit; habiliments; paraphernalia; apparel, kit; equipment; *in volle ~* in full fig/uniform; in war paint.

**mon·dig** *-dige* of (full) age, major; *~ word* come of age, attain one's majority. **~wording** coming of age; emancipation.

**mon·dig·heid** majority, adulthood; emancipation; coming of age.

**mon·ding** *-dings, -dinge* mouth *(of a river etc.);* estuary *(of a river),* outlet, embouchure.

**mond·jie** *-jies, (dim.)* (little) mouth; *~ vol, (pl.: mondjies vol)* mouthful, tiny bit; sip; sup; nibble; *'n ~ vol ... drink* take a sip of ...; *'n ~ vol van die/jou ... drink* sip at the/one's ...; *'n ~ vol medisyne sluk* take some medicine.

**mo·ne·ta·ris** *-riste* monetarist. **mo·ne·ta·ris·me** monetarism.

**mo·ne·têr** *-têre* monetary.

**Mon·go·li·ë** *(geog.)* Mongolia. **Mon·gool** *-gole, n.* Mongol, Mongolian. **Mon·gools** *n., (lang.)* Mongol, Mongolian. **Mongools** *-goolse, adj.* Mongolian.

**mon·go·lis·me** *(med., derog.)* mongolism; →DOWNSINDROOM. **mon·gool** *-gole, n., (med., derog.)* mongol, mongoloid. **mon·gools** *-goolse, adj., (med., derog.)* mongol, mongoloid.

**mo·nis** *-niste* monist, unitarian. **mo·nis·me** *(philos., theol.)* monism. **mo·nis·ties** *-tiese* monistic.

**mo·ni·teer** *vb.* →MONITOR *vb..* **mo·ni·te·ring** monitoring. **mo·ni·te·rings·groep** monitoring group. **mo·ni·te·ring·stel·sel** monitoring system.

**mo·ni·tor** *-tors, n., (s.o./s.t. that warns, checks, controls, etc.)* monitor; *(comp.)* monitor *(of a PC).* **mo·ni·tor** *ge-,* **mo·ni·teer** *vb.* monitor.

**mon·nik** *-nike* monk, friar. **~aasvoël** hooded vulture.

**mon·nik·ag·tig** *-tige* monastic, monkish.

**mon·ni·ke·:** **~klooster** monastery, friary. **~koor** monks' choir/chorus. **~lewe** →MONNIKSLEWE. **~orde** monastic order. **~stand** monkdom, monasticism. **~werk** monkish work; *(fig.)* drudgery, donkey work.

**mon·ni·ke·dom** monkdom, monasticism.

**mon·ni·kie** *-kies, (dim.)* little monk.

**mon·niks·:** **~kap** monk's hood/cowl, friar's cap; *(bot.: Aconitum spp.)* monkshood, aconite, wolfsbane. **~kleed, ~py** monk's frock. **~lewe** monastic life.

**mo·no·chord** *-chorde, (mus.)* monochord.

**mo·no·chro·ma·ties** *-tiese, (phys.)* monochromatic, monochroic.

**mo·no·chroom** *-chrome, n., (phot.)* monochrome. **mo·no·chroom** *-chrome, adj.* monochrome, monochromic. **mo·no·chro·mie** monochromy.

**mo·no·dak·tiel** *-tiele, (zool.)* monodactylous.

**mo·no·die** *-dieë, (mus.)* monody. **mo·no·dies** *-diese* monodic.

**mo·no·dra·ma** monodrama.

**mo·no·fo·nies** *-niese* monophonic, *(abbr.)* mono.

**mo·nof·tong** *-tonge, (phon.)* monophthong. **mo·nof·ton·gies** *-giese* monophthongal.

**mo·no·gaam** *-game* monogamous. **mo·no·ga·mie** monogamy. **mo·no·ga·mis** *-miste* monogamist.

**mo·no·ge·ne·se, mo·no·ge·nie** *(biol.)* monogenesis, monogeny.

**mo·no·gra·fie** *-fieë* monograph. **mo·no·gra·fies** *-fiese* monographic. **mo·no·gra·fie·skry·wer** *-wers,* **mo·no·gra·fis** *-fiste* monographer, monographist.

**mo·no·gram** *-gramme* monogram, cipher, cypher.

**mo·no·karp** *-karpe, n., (bot.)* monocarp. **mo·no·karp** *-karpe, adj.,* **mo·no·kar·pies** *-piese* monocarpic, monocarpous.

**mo·no·ke·faal, mo·no·se·faal** *-fale, (bot.)* monocephalous.

**mo·no·kel** *-kels* monocle, eyeglass.

**mo·no·klien** *-kliene, n., (geol.)* monocline. **mo·no·klien** *-kliene, adj., (cryst.)* monoclinic. **mo·no·kli·naal** *-nale n. & adj.* monoclinal.

**mo·no·ko·tiel** *-tiele, n., (bot.)* monocotyledon, *(abbr.)* monocot. **mo·no·ko·tiel** *-tiele, adj.* monocotyledonous.

**mo·no·kraat** *-krate* monocrat. **mo·no·kra·sie** monocracy.

**mo·nok·sied** *-siede, (chem.)* monoxide.

**mo·no·kul·tuur** *(agric.)* monoculture.

**mo·no·liet** *-liete* monolith, standing stone. **mo·no·li·ties** *-tiese* monolithic.

**mo·no·loog** *-loë* monologue.

**mo·no·maan** *-mane, n., (psych.)* monomaniac. **mo·no·maan** *-mane,* **mo·no·ma·nies** *-niese adj.* monomaniac(al). **mo·no·ma·nie** monomania.

**mo·no·meer** *-mere, n., (chem.)* monomer. **mo·no·meer** *-mere, adj., (chem.)* monomeric; *(bot.)* monomerous.

**mo·no·me·tal·lis** *-liste, (fin.)* monometallist. **mo·no·me·tal·lis·me** monometallism.

**mo·no·me·tries** *-triese, (pros.)* monometric(al).

**mo·no·mi·aal** *-miale,* **mo·no·mi·um** *-miums, -mia, n. (math.)* monomial. **mo·no·mi·aal** *-miale, adj., (math., biol.)* monomial.

**mo·no·morf** -morfe, (biol.) monomorphic, monomorphous. mo·no·mor·fie monomorphism.

**mo·no·na·tri·um·glu·ta·maat** (chem., food additive, abbr.: MNG) monosodium glutamate (abbr.: MSG).

**mo·no·nu·kle·o·se** (med.) mononucleosis.

**mo·no·po·lie** -lieë monopoly; die ~ van iets hê have/hold a/ the monopoly of/on s.t., have a corner in/on s.t.; 'n ~ van die handel in ... verkry gain a monopoly of the trade (or corner the market) in ... **mo·no·po·lis** -liste monopolist. **mo·no·po·li·sa·sie** monopolisation. **mo·no·po·li·seer** ge= monopolise. **mo·no·po·lis·me** monopolism. **mo·no·po·lis·ties** -tiese monopolistic.

**mo·no·se·faal** →MONOKEFAAL.

**mo·no·siet** -siete, (physiol.) monocyte.

**mo·no·si·go·ties** -tiese, (genet.) monozygotic, monozygous (twins).

**mo·no·sil·la·be** monosyllable. **mo·no·sil·la·bies** -biese mono= syllabic.

**mo·no·te·ïs** -teïste, (also M~) monotheist, unitarian. **mo·no·te·ïs·me** (also M~) monotheism. **mo·no·te·ïs·ties** -tiese, (also M~) monotheist, monotheistic.

**mo·no·ti·pe** (print., biol.) monotype. **mo·no·ti·pies** -piese monotypical.

**mo·no·toon** -tone, n. monotone. **mo·no·toon** -tone, adj. monotonous.

**mo·no·troop** -trope, (chem.) monotropic. **mo·no·tro·pie** monotropic.

**mo·no·va·lent** -lente, (chem.) monovalent, univalent.

**mon·seig·neur** -neurs, (RC) Monsignor.

**mon·ster¹** -sters, n. monster; freak (of nature); brute; beast; horror; ghoul; die/'n klein ~, (infml.: a naughty child etc.) the/ a little horror. **mon·ster·ag·tig** -tige monstrous, monster. **mon·ster·ag·tig·heid** monstrousness, monstrosity. **mon·ster·ge·was** (med., biol.) teratoma.

**mon·ster²** -sters, n. sample; specimen; pattern; model; aan die ~ beantwoord, volgens ~ wees come/be up to sample; blinde ~ grab sample; 'n ~ kaas/ens. a sample of cheese/ etc.; ~s neem, 'n ~ neem sample; tiperende ~ type speci= men. ~boek pattern book; book of samples. ~kaart swatch. ~lap sampler. ~nemer, ~versamelaar sampler.

**mon·ster³** ge=, vb. muster (soldiers); marshal; join ship; (pass in) review, inspect. ~plek muster place. ~rol ship's com= pany; ship's articles. ~vergadering mass meeting, rally.

**mon·ste·ra(·plant)** monstera, (infml.) delicious monster.

**mon·ste·ring** -rings, -ringe, (mil.) muster, review.

**mon·strans** -stranse, (RC) monstrance, ostensory.

**mon·stru·o·si·teit** -teite monstrosity; freak (of nature); carbuncle of a building/etc..

**mon·tage** montage.

**mon·ta·sie** -sies mounting, erection (of a mach.); assem= bling, assembly (of parts); prefabrication; mounting, setting (of jewels); fitting; staging; →MONTERING. ~bou prefabricated construction/building. ~winkel, ~werkplaas fitting shop. ~woning prefab(ricated house).

**mont·bre·ti·a** -tias, (bot.) montbretia.

**mon·teer** (ge)= mount, set up, assemble, erect, fix, fit (up), adjust; set (jewels); get up, stage (a play); rise; iets in goud ~ mount s.t. in gold. ~band assembly belt. ~fabriek assembly plant, fitting shop. ~karton mounting board. ~plaat (rad.) chassis. ~sentrum (mot.) fitment centre. ~stel kit.

**mon·te·ring** -rings, -ringe assembling, fixing, erecting, erec= tion, fitting, installing; mounting; setting (jewels); staging; editing, cutting; →MONTASIE.

**Mon·tes·so·ri·me·to·de** (educ., also m~) Montessori meth= od.

**mon·teur** -teurs assembler, erector, fitter, mounter; me= chanic; engine fitter; erecting machinist; millwright; stager. ~draaier fitter and turner.

**mon·tuur** -ture mount(ing); setting; fitting; frame.

**mo·nu·ment** -mente monument; 'n ~ oprig erect a monu= ment; 'n ~ vir (of ter ere van) ... a monument to ... ~fontein monumental fountain.

**mo·nu·men·taal** -tale monumental. **mo·nu·men·ta·li·teit** monumentality.

**mo·nu·men·te·kom·mis·sie** monuments committee.

**mooi** n.: ~ vergaan(, maar deug bly staan) beauty is but skin-deep. **mooi** ~ mooier mooiste, adj. & adv. beautiful, fair, fine, good-looking, handsome, lovely, pretty, nice, sightly; dit is alles baie ~, maar ... that is all very well, but ...; asem= rowend ~, ~ verby, (infml.) quite a (or a real) looker; die ~e/~ste daarvan is dat ... the beauty of it is that ...; die ~s denkbare ... the prettiest ... imaginable; ~ dinge van iem./ iets hoor/sê hear/say nice things about s.o./s.t.; 'n ~ gemors a nice mess; iets is/was nie 'n ~ gesig (of ~ om te aanskou/ sien) nie s.t. is/was not a pretty sight; ~ grootgemaak well brought up; iets is ~ hard/ens. s.t. is good and hard/etc.; iets ~s a thing of beauty; a pretty thing; iem. is nie juis ~ nie s.o. is no oil painting (infml.); jy is 'n ~, jy's 'n ~ een/vriend/ ens., (iron.) you're a nice one/friend/etc.; maar die ~ste kom nog but the best part is yet to come; ~ loop! take care (of yourself)!, go well!; ~ luister na ... listen closely to ...; ~ vir iem. luister, (infml., esp. a child) obey s.o.; luister nou ~ now pay attention; op jou ~ste lyk look one's best; jou ~ maak → MOOIMAAK; nie ~ maak nie not play fair (or the game); 'n ~ man a handsome man; dis nie ~ van hom/haar nie that's not nice of him/her; iem. ~ op die kakebeen/oog slaan/tref hit s.o. square on the jaw (or smack in the eye); 'n ~ pad a good road; iem. het ~ gaan staan en sê (dat) ... would you believe it, s.o. actually said (that) ...; s.o. blabbed it all out that ...; iem. kan iets nie ~ sien nie s.o. cannot see s.t. properly/dis= tinctly; ~ skoot!, (infml.) good show!, good for/on you!; ~ slank nice and slender/slim; ~ so! well done!, good/nice work!; very good!; that's right!, that's the spirit!; 'n ~ som a tidy sum; dit was ~ van iem. om te ... it was nice/decent of s.o. to ...; ~ vra ask nicely/kindly; iem. weet nie so ~ nie s.o. does not quite know; ~er wil jy dit nie hê nie one can't wish for better; dit is alles ~ woorde that is all fine words. ~klin= kend -kende fine-sounding. ~meisie (orn.) African emerald cuckoo. ~nooientjie (icht.) = STREPIE. ~skrywery flashy style, fine writing, purple prose.

**mooi·e** →MOOI adj. & adv..

**mooi·heid** beauty, fineness, handsomeness, prettiness.

**mooi·ig·heid** good feelings; iets met ~ regkry/verkry get s.t. done by persuasion; in alle ~ without any unpleasantness.

**mooi·maak** mooige=, (also mooi maak) prettify; titivate, prink (up), spruce, primp, preen; jou ~ smarten/titivate/beautify o.s., dress/prink o.s. up. ~goed cosmetics. **mooi·ma·ke·ry** prettification; titivation, prinking.

**mooi·praat** mooige= coax, beg, cajole, try to persuade; iets met ~ uit iem. kry coax s.t. out of s.o.. **mooi·praat·jies** n. (pl.) cajolery, coaxing, flattery; (infml.) sweet/smooth talk, soft soap. **mooi·pra·ter** flatterer, fawner, coaxer.

**moois** →MOOI adj. & adv..

**mooi·tjies** finely, prettily; iem. moes iets maar ~ doen s.o. jolly well had to do s.t..

**moond·heid** -hede power; nation, state; die groot ~hede the great powers.

**moont·lik** -like, adj. & adv. possible; potential; practicable; contingent; possibly, perhaps, maybe; conceivably; for all I/you know (or one knows); al die ~e, al wat ~ is/was every= thing possible; as dit nie ~ is nie ... failing which ...; die bes/ens. ~e ... the best/etc. possible ...; bes/heel ~ most/ very likely; quite possibly; as likely as not; as dit maar enig= sins ~ is if it is at all possible; waar/wanneer (enigsins) ~, *waar/wanneer dit* **ook al** ~ *is* where/wherever/whenever possible; ~ *het iem. jou* **gesien** s.o. may have seen you; *iets so* **goed** *(as)* ~ *doen* do s.t. as best one can; *dit is* **goed/heel** ~ that may (very) well happen; *so* **gou** *(as)* ~, *so* **spoedig** ~ as soon as possible; at your earliest convenience; **heel** ~ *is dit so* it could well be so; *indien (enigsins)* ~ if (at all) possible; *(heel)* ~ **kom/ens.** *iem.* s.o. may (very) well come/etc.; *so* **lank/veel/ens.** *(as)* ~ as long/much/etc. as possible; *iets* ~ **maak** provide for s.t.; *dit vir iem.* ~ **maak** *om iets te doen* enable s.o. to do s.t.; *dit is* **nie** ~ *nie, (also)* it is out of the question; *so ... (as)* ~ as ... as possible *(or may be);* **soveel** *... (as)* ~ as many/much ... as possible; *sal dit (vir iem.)* ~ **wees** *om iets te doen?* would it be possible (for s.o.) to do s.t.?. **moont·lik·heid** =*hede* possibility; feasibility; eventuality, potentiality, off chance, prospect, chance; *daar is/bestaan 'n* **besliste** *(of baie sterk)* ~ *dat ...* there is a distinct *(or* [very] real) possibility that ...; *die* ~ **dat** *iets sal gebeur* the possibility of s.t. happening; *'n* **geringe** ~ a slender/slim chance, a remote/slender/slight possibility; *alle* ~*hede* **ondersoek** exhaust all possibilities, explore every avenue; *alle* ~*hede* **oop** *laat* keep/leave one's options open; *die* ~ *dat ... is glad nie* **uitgesluit** *nie* it is quite possible *(or* there is a distinct possibility) that ...; *'n* ~ **uitskakel** preclude a possibility; *die* ~ *van ...* the chances of ...

**Moor** *More* Moor. **Moors** *Moorse* Moorish.

**moor** *ge*= commit murder, kill, murder; maltreat *(an animal);* overwork *(an animal); (fig.)* slaughter; *die werk* ~ *'n mens* the work takes it out of you; *iem. se voete* ~ *hom/haar* s.o.'s feet are killing him/her; *so kwaad wees dat jy kan* ~ be in a towering rage.

**moord** *moorde* murder; assassination; slaughter; **aanklag** *van* ~ capital charge; ~ *en* **brand** *skree(u), (infml.)* cry/scream/shout blue murder; raise a hue and cry; ~ *en* **doodslag** a wave of killings; (extreme) violence, massacre; *'n gruwe* **like** ~ a brutal murder; *die* ~ **op** *...* the murder of ...; *pleeg* commit murder; ~ *met voorbedagte* **rade** premeditated murder; *niks* **weet** *van die hele* ~ *nie, (infml.)* know nothing about the matter. ~**aanslag** attempted murder, murderous attempt/assault; *'n* ~ *op iem. doen/maak* make an attempt on s.o.'s life. ~**bende** *(infml.)* death/hit squad. ~**by** killer bee. ~**geroep**, ~**geskree(u)** cry/cries of murder. ~**instink** killer instinct. ~**kuil** den of murderers; deathtrap. ~**lys** *(infml.)* hit list. ~**saak** murder case. ~**toneel** scene of a murder/massacre. ~**tuig** murder instrument. ~**veld** killing field. ~**vis** killer whale. ~**wapen** murder weapon.

**moord·da·dig** =*dige* murderous, slaughterous, bloody-minded; cut-throat *(competition);* throttling *(effect);* homicidal. **moord·da·dig·heid** murderousness.

**moor·de·naar** =*naars* murderer, assassin, killer. **moor·de·na·res** =*resse* murderess.

**moor·dend** =*dende* murderous, cut-throat; *(fig.)* gruelling, backbreaking, punishing, killing; *'n* ~*e program volg* have a punishing schedule.

**moor·de·ry** carnage, massacre, slaughter; maltreatment *(of animals).*

**moord·lus** bloodthirstiness. **moord·lus·tig** =*tige* bloodthirsty, bent on murder.

**moot** *mote, n.* fillet, cut, slice, steak; valley floor.

**mop**[1] *moppe, n., (<Eng.)* mop. **mop** *vb.* mop.

**mop**[2] →MOK.

**mo·pa·nie** =*nies, (bot.)* mopani, mopane, turpentine tree. ~**by**, **mokkaby** mocca/stingless bee.

**mop·pie** =*pies, (Mal. street song)* moppie, coon song.

**mops·:** ~**gesig** pug face. ~**(hond)** =*(hond)e* pug (dog).

**mor** *ge*= mutter; *oor iets* ~ grumble about/at/over s.t..

**mo·raal** moral (lesson), tag; morals, morality; *die* ~ *is goed/ sleg* the morale is high/low; →MOREEL *n..* **mo·ra·lis** =*liste, (also M~)* moralist. **mo·ra·li·sa·sie** moralisation, moralising.

**mo·ra·li·seer** *ge*= moralise, point a moral. **mo·ra·li·teit** =*teite* morality; ethics; *(hist.)* morality (play).

**mo·ra·to·ri·um** =*riums,* =*ria* moratorium.

**Mo·ra·wi·ë** *(geog.)* Moravia. **Mo·ra·wi·ër** =*wiërs, (relig.)* Moravian. **Mo·ra·wies** =*wiese* Moravian.

**mor·bied** =*biede* =*bieder* =*biedste* (of *meer* ~ *die mees* =*biede)* morbid. **mor·bi·di·teit** morbidity, morbidness.

**mô·re, mo·re** =*res* morning, morrow; tomorrow; *van die* ~ *tot die* **aand** from morning to/till night; ~ *oor* **agt** *dae* tomorrow week; ~ *is nog 'n* **dag** Rome was not built in a day; *op 'n* **goeie** ~ one fine morning; *soos* ~ **heeldag** like anything; *die hele* ~ all morning; *in die* ~ in the morning; *kom ek nie vandag daar nie, dan kom ek* ~ *daar* there's *(or* there is) no need to hurry; *laat nie oor tot* ~ *wat jy vandag kan besôre* procrastination is the thief of time; *(vir iem.)* ~ **sê** say good morning (to s.o.); *tot* ~*!* see you tomorrow!, till tomorrow!; ~ **vroeg** early tomorrow morning. **mô·re, mo·re** *interj.* good morning (all)!. ~**aand** tomorrow evening/night. ~**lied** dawn chorus *(of birds).* ~**lig** morning light, dawn. ~**lug** morning air. ~**middag**, ~**middag** tomorrow afternoon. ~**oggend**, ~**oggend** tomorrow morning, in the morning; *vroeg-vroeg/dadelik* ~ first thing in the morning. ~~**oor** môre, ~~**oormore** *(infml.)* sooner or later; one of these (fine) days. ~**praatjies:** *iem. se* ~ *en aandpraatjies kom nie ooreen nie, (infml.)* what s.o. says today he/she contradicts tomorrow. ~**sê** *interj.* good morning (all)!. ~**son** morning sun. ~**ster** morning star, daystar; *(bot.)* devil's thorn. ~**stond** (early) morning; *die* ~ *het goud in die mond* the early bird catches the worm *(or* early to bed and early to rise makes a man healthy, wealthy and wise); *die tyd van die* *eerste* ~ the dawn of time. ~**wag** morning watch.

**mo·reel** *n.* morale; *die* ~ *is goed/sleg* the morale is high/low. **mo·reel** =*rele, adj.* moral; ~*rele herwapening* moral rearmament. **mo·reel** *adv.* morally.

**mo·reen**[1] *(text.)* moreen.

**mo·reen**[2] =*rene,* **mo·re·ne** =*nes, (geol.)* moraine.

**mo·rel** =*relle* morello, sour cherry.

**mor·feem** =*feme, (ling.)* morpheme.

**mor·feer** *ge*=, *(graphics, cin.)* morph.

**Mor·feus, Mor·pheus** *(Rom. myth.: god of sleep)* Morpheus; *in die arms van* ~ in the arms of Morpheus.

**mor·fien** morphine. ~**verslaafde** =*des* morphine addict.

**mor·fo·lo·gie** *(ling.)* morphology; morphemics. **mor·fo·lo·gies** =*giese* morphological. **mor·fo·loog** =*loë* morphologist.

**morg** *morge, (chiefly SA land measure)* morgen.

**mo·riel·je** =*jes, (mushroom)* morel.

**Mor·mo·nis·me** *(also* m~) Mormonism. **Mor·moon** =*mone, n., (also* m~) Mormon. **Mor·moons** =*moonse, adj., (also* m~) Mormon.

**mo·ron, mo·roon** =*rone, (psych., dated)* moron; *(infml., derog.)* moron.

**Mor·pheus** →MORFEUS.

**mors** *ge*= mess, make a mess; spill *(milk);* slop; waste, squander *(money, time); met 'n taal* ~ mutilate a language. ~**jors** *(infml.)* litterbug. ~**pyp** overflow pipe, waste pipe.

**mors·af** clean off, right through.

**mors·dood** =*dooie* (as) dead as a doornail *(or* a/the dodo *or* mutton), stone dead; *(fig.)* deadly dull.

**Morse·, Mor·se** *(also* m~): ~**(-)alfabet** Morse alphabet. ~**(-)kode** Morse (code). ~**(-)skrif** Morse alphabet/code.

**mor·se·ry** mess(ing), slop(ping).

**mor·sig** =*sige* dirty, filthy, grimy, grubby; sordid; murky, smutty *(story),* messy, squalid, foul. **mor·sig·heid** dirt(iness), filth(iness); murkiness, smut; nastiness, grubbiness, squalor.

**mor·ta·li·teit** mortality.

**mor·tier** =*tiere, (mil.)* mortar; *... met* ~*e beskiet* mortar ... ~**bom** mortar bomb.

**mos¹** *mosse, n.* moss; *met ~ begroei* moss-grown, moss-clad. ~**kunde** bryology. ~**(plant)** bryophyte. ~**roos** moss rose.

**mos²** *n.* must, stum; new wine. ~**balie** must vat. ~**beskuit, ~bolletjie** *-tjies* mosbeskuit. ~**doppie** pot hat, billycock. ~**konfyt** moskonfyt, grape syrup.

**mos³** *adv.* indeed; (as) you know, of course; *daar's hy ~!* that's it!, that's the ticket!; now you're talking!; *ek het jou ~ gesê* I told you so(, didn't I?); *dit/iem. is ~ ...* it/s.o. is ..., isn't he/she/it?; *maar dit is ~ Piet!* why, it's Peter!; *toe raak ek ~ kwaai verkoue* I must tell you, then I really got a cold; *ek weet ~ nie* how can I know?.

**mos·ag·tig** *-tige,* **mos·sig** *-sige* mossy, mosslike; lichenous, lichenose.

**mo·sa·ïek** *-saïeke* mosaic. ~**blokkie,** ~**steentjie** tessella, tessera. ~**vloer** mosaic floor, tessellated floor. ~**werk** mosaic (work); tessellation.

**Mo·sam·biek** *(geog.)* Mozambique. **Mo·sam·bie·ker** *-kers, n.* Mozambican. **Mo·sam·bieks** *-biekse, adj.* Mozambican, (of) Mozambique.

**Mo·ses** *(OT)* Moses.

**mo·ses** *(<Mal.)* opponent, rival; master, superior; *iem. se ~ is dood, (infml.)* s.o. has no equal/match; *jou ~ teëkom/teenkom, (infml.)* find/meet (more than) one's match, meet one's Waterloo; *iem. se ~ wees, (infml.)* be one too many (or more than a match) for s.o..

**mo·sie** *-sies* motion; resolution; vote; *'n ~ aanneem* adopt/carry a motion; *'n ~ indien* introduce a motion; *van 'n ~ kennis gee* table a motion; *'n kennisgewing van ~, (parl.)* a notice of motion; *'n ~ tot stemming bring* put a motion (to the vote); *'n ~ van vertroue/ens.* a vote of confidence/etc.; *'n ~ verwerp* defeat/reject a motion; *'n ~ voorstel* propose a motion; *'n ~ van wantroue* a motion/vote of no confidence.

**mos·kee** *-kees, -keë* mosque, *(Arab.)* masjid.

**Mos·kou** *(geog.)* Moscow.

**Mos·lem** *-lems,* **Moes·liem** *-liems, n.* Muslim, Moslem. **Mos·lems** *-lemse,* **Moes·liems** *-liemse, adj.* Muslim, Moslem.

**mos·sel** *-sels* mussel. ~**bank** mussel bed, mussel bank. ~**bredie** clam chowder. ~**skulp** mussel shell. ~**vangs** mussel fishing.

**mos·sel·ag·tig** *-tige, adj.* lamellibranch. **mos·sel·ag·ti·ge** *-ges, n.* lamellibranch.

**mos·sie** *-sies, (orn.: Passer spp.)* sparrow; *jou oor 'n dooie ~ verheug* rejoice over a triviality; *~s met kanonne skiet, (infml.)* break a butterfly on the wheel; *~ maar man, (infml.)* small but plucky. ~**nes** sparrow's nest.

**mos·sig** *-sige* mossy.

**mos·terd** mustard; *iets is ~ na die maal, (idm.: s.t. is too late to be of use)* after meat (comes) mustard, after death the doctor. ~**bad** *-baaie* mustard bath. ~**boom** mustard tree. ~**gas** mustard gas, yperite. ~**lepeltjie** mustard spoon. ~**olie** mustard oil. ~**pap,** ~**pleister** mustard poultice/plaster. ~**potjie** mustard pot. ~**saad** mustard seed. ~**sous** mustard sauce.

**mot** *motte, n.* moth; *van die ~te gevreet* mothy, moth-eaten. ~**balletjie** mothball. ~**bestand** mothproof. ~**by, bymot** death's-head moth. ~**gif** →MOTTEGIF. ~**vry** mothproof.

**mo·tel** *-tels, -telle* motel.

**mo·tief** *-tiewe* motive, cause, reason, ground, incentive, stimulus, inducement; *(lit., art)* motif, theme; motif, motive, design, pattern; *(mus.)* motive.

**mo·tiel** *-tiele, (biol., psych.)* motile. **mo·ti·li·teit** motility.

**mo·ti·veer** *ge-* motivate; account for, give reasons for; *ge-de voorstel* reasoned recommendation/proposal. **mo·ti·ve·ring** *-rings, -ringe* motivation. **mo·ti·ve·ring·spre·ker** motivational speaker.

**mo·ti·ve·rings-:** ~**faktore** motivational factors. ~**krag** motivational powers. ~**praatjie** pep/pre-match talk.

**mot·jie** *-jies, (infml. among Cape Muslims, somewhat dated and pej.), (elderly woman)* motjie, granny; *(wife)* motjie, better half, old lady, the missus.

**mo·tor** *n., (pl.: motors)* motor car, automobile; *(pl.: motore)* motor; engine; *die ~ afsit* cut the engine; cut the motor; *'n ~ bestuur* drive a car; *'n ~ aan die gang sit* start a car; start a motor; *die ~ het geweier* the engine failed; *met die (of per) ~ gaan* go by car; *in 'n ~ ry* ride in a car; *die ~ het gaan staan* the engine failed; *'n ~ versien* service a car. ~**afdak** carport. ~**bestuurder** motor driver, chauffeur. ~**bom** car bomb. ~**boot** motor boat, powerboat. ~**hawe** *-wes, -wens,* ~**diensstasie** *-sies* service station, garage. ~**fiets** →MOTOR-FIETS. ~**hek** motor gate; motor grid. ~**huis** (private) garage. ~**huurmaatskappy** →MOTORVERHURINGSMAATSKAPPY. ~**lisensie** motor licence. ~**neuronsiekte** *(med.)* motor neurone disease. ~**olie** motor oil. ~**onderdele** motor spares. ~**ongeluk** car accident/crash. ~**renbaan** racing circuit, motordrome, speedway. ~**renne** car/motor racing. ~**ry** motoring. ~**ryer** motor/car driver. ~**ryskool** driving school. ~**siek** carsick. ~**siekte** carsickness. ~**skip** motor ship. ~**term** motoring term. ~**vaartuig** motor vessel. ~**verhuringsmaatskappy,** ~**huurmaatskappy** car rental company. ~**versekering** car insurance. ~**voertuig** motor vehicle. ~**wassery** car wash. ~**wedren** *-renne* car race; *(in the pl.)* car/motor racing. ~**wedrenjaer** racing driver, racer. ~**werktuigkunde** motor mechanics. ~**wese** motoring. ~**woonskuit** cabin cruiser.

**mo·tor·fiets** motorcycle, *(infml.)* motorbike. ~**ry** motorcycling. ~**ryer** motorcyclist, *(infml.)* biker. ~**sport** motorcycling.

**mo·to·ries** *-riese* motor; *~ senu(wee)* motor nerve.

**mo·to·ris** *-riste* motorist, motor/car driver.

**mo·to·ri·seer** *ge-* motorise.

**mot·re·ën** *n.* drizzle, fine rain. **mot·reën** *ge-, vb.* drizzle. **mot·re·ën·tjie** *-tjies* slight drizzle.

**mot·te-:** ~**gif, motgif** *-giwwe* moth-killer. ~**kruid** khuskhus/tambookie/tambukie (grass).

**mot·to** *-to's* motto, epigraph *(at the beginning of a book, chapter, etc.)*.

**mou** *moue* sleeve; *iets in die ~ hê/voer* have/keep s.t. up one's sleeve; be up to s.t./mischief *(or, infml. no good)*; *wat het/voer X in die ~?* what is X up to?, what is X's game?; *met lang ~e* long-sleeved; *(jou) ~e oprol* roll up one's sleeves; *iets uit die/jou ~ skud* produce s.t. without effort; *iem. iets op die ~ speld* make s.o. believe s.t.. ~**beskermer** sleeve guard/shield. ~**boordjie,** ~(-)**omslag** cuff. ~(-)**ophouer** sleeve garter/holder.

**mou·loos** *-lose* sleeveless; ~**lose trui** slipover.

**mou·ser** →MAUSER.

**mous·gat** *-gate* armhole, sleeve hole.

**mou·so·le·um** →MAUSOLEUM.

**mous·se** *(cook., hair styling)* mousse.

**mout** *n.* malt. **mout** *ge-, vb.* malt. ~**asyn** malt vinegar. ~**drank** malt liquor. ~**ekstrak** malt extract, extract of malt. ~**gars** malting barley. ~**whisky** malt whisky.

**mou·te·ry** *-rye* malthouse; malting.

**moz·za·rel·la(·kaas)** *(It.)* mozzarella (cheese).

**Mpon·do** →PONDO.

**Mpu·ma·lan·ga** *(geog.: formerly E Tvl.)* Mpumalanga.

**MR-ma·sjien** →MAGNETIESERESONANSIEMASJIEN.

**mud** *~, mudde(ns), n., (obs. dry-weight measure)* muid, bag. **mud** *ge-, vb.* put in bags. ~**sak** muid (bag).

**mues·li** muesli.

**mu·ez·zin, mu·ed·zin** *-zins, (Islam.)* muezzin.

**muf** *n.* mould, mildew; mouldiness. **muf** *muwwe muwwer mufste, adj.* fusty, musty, mouldy, stuffy, mildewed; stale, worm-eaten; *~ word* go/turn stale *(bread)*. **muf** *ge-, vb.* mould, become mouldy; go/turn stale. **muf·heid** mustiness, fustiness, mouldiness, staleness.

**mug·gie** =gies, (entom.) gnat; (entom., pers.) midge; die ~ uit= sif/uitskep en die kameel insluk strain at a gnat and swallow a camel; ~s met kanonne skiet, (infml.) break a butterfly on the wheel; van 'n ~ 'n olifant maak, (infml.) make a mountain (or mountains) out of a molehill (or molehills), get things (all) out of proportion. **~sifter** (infml.) gnat strainer, hairsplitter, nit-picker, hypercritic. **~siftery** (infml.) hairsplitting, nit-picking.

**mu·gu** →MOEGOE.

**muil** muile mule. **~esel** hinny; mule. **~skop** mule-kick.

**muil·band** =bande, n. muzzle (for a dog etc.). **muil·band** ge=, vb. gag, muzzle; iem. ~ shut/stop s.o.'s mouth; die pers ~ muzzle/hogtie the press.

**muis** muise mouse; pad (of the hand); ball (of the thumb); fetlock (of a horse); (comp., also elektroniese muis) mouse; as die ~ **dik** is, is die meel bitter hunger is the best sauce; deur die ~e **gevreet** mouse-eaten; die saal/ens. het nie meer **plek** vir 'n ~ nie the hall/etc. is packed to capacity (or packed [out]); so **stil** soos 'n ~ (as) quiet as a mouse; ~e **vang** mouse. **~gat** =gate mouse hole. **~hake** clip hooks. **~hond** mongoose; polecat; weasel. **~mat(jie)** (comp.) mouse mat/pad. **~nes** =neste mouse nest; (in the pl., fig.) musings; iem. het ~te, iem. se kop is vol ~te, (infml.) s.o. is lovesick, s.o. has cobwebs in the brain. **~stil** mous(e)y, quiet as a mouse; mouselike. **~tand(jie)** mouse's tooth; milk tooth. **~val** mousetrap. **~vanger** mouser. **~voël** mousebird. **~vry** mouseproof.

**muis·ag·tig** =tige mousy, mouselike.

**mui·sie** =sies little mouse; die ~ sal 'n stertjie hê, (infml.) this is not the end of the matter; klein ~s het groot ore, (infml.) little pitchers have long ears.

**muis·kleu·rig** =rige mouse-coloured, mousy.

**muit** ge= mutiny, rebel; teen ... ~ mutiny against ... (on a ship). **mui·ter** =ters mutineer, rebel. **mui·te·ry, mui·te·ry** =rye mutiny, rebellion, sedition.

**mu·kus** (physiol.) mucus.

**mul**[1] mulle, (icht.: also mulvis) red mullet.

**mul**[2] mould, mulch.

**mu·lat** =latte, **mu·lat·to** =to's, (<Sp., somewhat dated, rare and pej.) mulatto.

**mul·let(·haar·styl)** (infml.) mullet.

**mul·ti·et·nies, mul·ti·ët·nies** =niese multiethnic.

**mul·ti·fo·kaal** =kale multifocal (glasses, lens, etc.).

**mul·ti·funk·sie** multifunction(al), multirole. **mul·ti·funk· si·o·neel** =nele multifunction(al), multirole (attr.).

**mul·ti·ge·brui·ker·stel·sel** (comp.) multi-user system.

**mul·ti·ka·naal** (TV) multichannel.

**mul·ti·keu·se** multiple-choice (question).

**mul·ti·kul·tu·reel** =rele multicultural.

**mul·ti·la·te·raal** =rale, adj. & adv., (pol.) multilateral(ly).

**mul·ti·mark** multimarket.

**mul·ti·me·di·a** n. (pl.) multimedia.

**mul·ti·mil·joe·nêr** multimillionaire.

**mul·ti·na·si·o·naal** =nale multinational; ~nale maatskappy multinational (company).

**mul·ti·pel** =pele multiple; ~e sklerose, (pathol.) multiple/disseminated sclerosis.

**mul·ti·pleks** (telecomm.) multiplex. **~sender** multiplex transmitter. **~telegrafie** multiplex telegraphy.

**mul·ti·plek·ser** multiplexer.

**mul·ti·pro·gram·me·ring** (comp.) multiprogramming.

**mul·ti·toe·gang(s)** (comp.) multiaccess.

**mul·ti·va·lent** =lente multivalent.

**mul·ti·ver·die·ping** multistorey (car park etc.).

**mul·ti·ver·wer·ker** (comp.) multiprocessor.

**mul·ti·vi·ta·mien** =miene multivitamin.

**mul·ti·vlak-, mul·ti·vlak·kige** adj. (attr.), (comm.) multilevel.

**mum·mie** =mies mummy. **mum·mi·fi·ka·sie** mummification. **mum·mi·fi·(s)eer** ge= mummify.

**Mün·chen** (geog.) Munich.

**Münch·hau·sen·sin·droom** (psych., also m~) Munchausen's syndrome.

**mung·boon·tjie** mung (bean).

**mu·ni·si·paal** =pale municipal, civic. **mu·ni·si·pa·li·teit** =teite municipality, (esp. Br.) borough.

**mun·ster** =sters, **mun·ster·kerk** =kerke minster.

**munt** munte, n. coin; coinage, money; piece (of money); currency; mint; head; 'n ~ **opgooi/opskiet** flip/spin a coin; ~e **slaan** strike coins; ~ uit iets **slaan** take advantage of s.t., make capital (out) of s.t., capitalise (or cash in) on s.t., profit by/from s.t.; iem. met dieselfde/gelyke ~ **(terug)betaal** pay s.o. in the same (or his/her own) coin, get even with s.o., repay s.o. in kind; give s.o. a dose/taste of his/her own medicine (infml.); give s.o. tit for tat. **munt** ge=, vb. coin, mint; monetise; geld ~, (lit.) mint/coin money. **~bus** coin box. **~ge· halte** alloy/fineness of coins. **~geld** mintage, specie. **~kunde** numismatics. **~maker** minter. **~metaal** bullion. **~outomaat** vending machine, vendor, vender, automat, slot machine. **~pariteit** mint par (of exchange), mint parity. **~pers** coining press, stamping press. **~reg** right of coinage, mintage. **~stuk** coin. **~(tele)foon** pay phone. **~versameling** coin collection. **~vervalser** debaser/forger of coins. **~wese** mintage.

**mun·ter** =ters coiner, minter.

**munt·jak** =jaks, (SE Asian deer) muntjac, muntjak.

**munt·vor·mig** =mige coin-shaped, nummular.

**mu·ra·sie** =sies ruins, ruined wall(s).

**murg** marrow; (anat.) pulp; (anat.) medulla (of fibre); (bot.) pith; (fig.) stamina; iets dring/gaan/sny deur ~/merg en **been** s.t. goes/penetrates/pierces to the marrow, s.t. sets one's teeth on edge; 'n ... in ~/merg en **been** a ... to the backbone/marrow, out and out a ... (teacher etc.); a ... to the quick (republican etc.); a down-the-line ... (union man etc.); ~ in jou **pype** hê be very strong; have pluck (or, infml. guts); iem. met ~ in die **pype** s.o. with backbone. **~been** marrowbone. **~bundel** medullary bundle. **~holte** pulp cavity. **~laag** medullary layer. **~pampoen** (vegetable) marrow. **~straal** (bot.) pith ray, medullary ray, silver grain. **~vlek** medullary spot.

**murg·ag·tig** =tige medullary, myeloid.

**mur·mel** ge= murmur; (a brook, stream, etc.) babble, purl; (water) gurgle; (a baby) coo. **mur·me·lend** =lende murmuring; babbling, purling, susurrant. **mur·me·ling** murmur; purling, babble, susurration.

**mur·mu·reer** ge= grumble, murmur, grouse. **mur·mu·reer· der** =ders grumbler, grouser. **mur·mu·re·ring** grumbling, grousing, murmur, muttering, murmuring.

**mus** musse (brimless) cap; bonnet; nightcap; headpiece; coif; kop in een ~ wees (met iem.) be hand in glove (with s.o.); hulle is kop in een ~ they are thick as thieves.

**mu·se** =ses, (Gr., Rom. myth.) muse; die M~(s) the Muses.

**mu·se·um** museums, musea museum; (art) gallery; 'n ~ be= sigtig visit (or, infml. do) a museum. **~eksemplaar** museum piece, museum exhibit. **~kunde, museologie** museology. **~stuk** museum piece; (fig.: relic of the past) dinosaur.

**mu·siek** music; op die ~ van ... **dans** dance to the music of ...; in (die) ~ in music; ~ **maak,** (also musiekmaak) make music; soos ~ in die/jou ore klink/wees, (fig., infml.) be like music to one's ears; iets op ~ **sit** set s.t. to music; ~ **speel** play music; ~ **uitvoer/speel** perform music. **~aand** music(al) evening. **~blyspel** musical (comedy). **~geselskap** musical society/club; musical troupe. **~instrument** musical instru=

ment. ~**kamer** music room. ~**kenner** musician; musicologist; connoisseur of music. ~**konsert** music(al) concert. ~**kritikus** music(al) critic. ~**les** music lesson. ~**liefhebber** music lover, lover of music. ~**maak** →MUSIEK MAAK. ~**nommer** music(al) item. ~**noot** music(al) note. ~**onderwyser(es)** music teacher. ~**papier** music/manuscript paper. ~**(rol)prent, ~film** musical (film). ~**saal** music hall. ~**sentrum** music centre. ~**skool** school of music, conservatoire, conservatory. ~**sleutel** clef. ~**staander** music stand. ~**stuk** piece of music; *'n* ~ *uitvoer* perform a composition. ~**teater** music theatre. ~**uitvoering** (musical) performance/recital. ~**vereniging** music(al) society/club. ~**winkel** music shop.

**mu·si·kaal** -*kale* musical; tuneful; ~*kale aanleg* musicality, musicalness; ~*kale bekwaamheid/vaardigheid/tegniek* musicianship; ~ *doof* tone-deaf; *g'n* ~*kale gehoor hê nie* have no ear for music. **mu·si·ka·li·teit** musicality, musicalness; musicianship.

**mu·si·kant** -*kante* musician, music maker/player.

**mu·si·ko·lo·gie** musicology. **mu·si·ko·lo·gies** -*giese* musicological. **mu·si·ko·loog** -*loë* musicologist.

**mu·si·kus, mu·si·kus** *musikusse, musici* musician (virtuoso), musical expert, harmonist.

**mus·kaat** nutmeg. ~**boom** nutmeg tree. ~**druif** (also M~) muscat. ~**neut** nutmeg. ~**roos** damask rose.

**mus·ka·del** (also M~) muscadel, muscatel. ~**druif** (also M~) muscadel, muscatel. ~**wyn** (also M~) muscadel, muscatel.

**mus·ke(l)·jaat·kat** -*katte* genet.

**mus·ket** -*kette, (hist.)* musket, fusil. **mus·ke·tier** -*tiers, (hist.)* musketeer.

**mus·kiet** -*kiete* mosquito. ~**byt** mosquito bite/sting. ~**dig** mosquito-proof. ~**gewig** (boxing) mosquito weight. ~**net** mosquito net/curtain/canopy.

**mus·ko·wiet** (min.) muscovite.

**mus·kus** musk. ~**bees** musk ox. ~**eend** musk duck. ~**geur** musky smell, smell of musk. ~**hert** musk deer. ~**reuk** musky smell. ~**roos** musk rose. ~**rot** muskrat.

**mus·kus·ag·tig** -*tige* musklike, musky.

**mus·sie** -*sies, (dim.)* small cap; bonnet, skullcap; →MUS.

**mus·tang** -*tangs* mustang.

**mu·ta·geen** -*gene, n.* mutagen. **mu·ta·geen** -*gene, adj.* mutagenic.

**mu·tant** *n. & adj., (biol.)* mutant.

**mu·ta·sie** -*sies, (biol.)* mutation. ~**leer, ~teorie** mutation theory, mutationism.

**mu·ta·tis mu·tan·dis** *(Lat.)* mutatis mutandis, with the necessary changes.

**mu·teer** (ge)- mutate.

**mu·tu·a·li·seer** ge-, *(econ.)* mutualise. **mu·tu·a·li·sa·sie** mutualisation.

**mu·tu·a·lis·me** *(biol. etc.)* mutualism.

**muur** *mure* wall; *die prent hang aan/teen die* ~ the picture hangs on the wall; *met jou kop teen 'n* ~ *loop, teen 'n* ~ *vas loop* bang/knock/run one's head against a (brick/stone) wall; *oor die* ~ *wees, (infml.)* be over the hill, be past one's sell-by date; have gone west, be down the drain; *(die) mure het ore* (even the) walls have ears; *voel of jy teen die mure kan uit klim, (infml.)* feel frustrated/tense, *(infml.)* feel uptight (or on edge); *tussen vier mure sit* be cooped up (between four walls); be in jail/prison. ~**anker** wall stay/anchor/clamp, cramp iron, tie iron, brace. ~**arm** wall bracket. ~**bal** squash. ~**balk** wall beam/piece. ~**behangsel** arras, (wall) hanging, tapestry. ~**blaker** sconce. ~**blom** *(Cheiranthus* spp.*)* wallflower, bleeding heart. ~**blommetjie** *(fig., infml.)* wallflower *(at dances).* ~**haak** thumbtack, wall hook. ~**kalk** limewash, distemper. ~**kas** built-in cupboard, wall cupboard. ~**kruid** *(bot.)* chickweed, pellitory, pimpernel. ~**kuns** mural art. ~**lamp** wall lamp; sconce. ~**plaat** raising/inner plate, roof/rafter

plate, wall piece/plate; plaque. ~**prop** wall plug. ~**skilder** mural/fresco painter, muralist. ~**skrif** graffiti. ~**sok** wall socket. ~**sporte** *(gym.)* wall bars. ~**tapyt** arras, (wall) hanging, tapestry. ~**vak** panel/bay of a wall. ~**verwarmer** wall-mounted heater.

**muur·tjie** -*tjies, (dim.)* small wall; parapet; →MUUR.

**muw·we·rig** -*rige* rather musty; →MUF *adj..* **muw·we·rig·heid** mustiness; →MUFHEID.

**mu·zak** *(orig. trade name, usu. pej.)* muzak.

**my** *pers. pron.* me; *wat* ~ *(aan)betref* as far as I am concerned; *die boek behoort aan* ~ the book belongs to me; *iem. het* ~ *gesien* s.o. saw me; *ek het* ~ *gesny* I cut myself; *dit kom* ~ *voor asof* ... it seems to me as if ...; *laat dit aan* ~ *oor* leave it to me; *ek het* ~ *vererg* I was annoyed; *'n vriend van* ~ a friend of mine. **my** *poss. pron.* my, mine; →MYNE; *dit is* ~ *boek, die boek is myne* it is my book, the book is mine. ~**self** *(acc. & dat., also* my self*)* myself; *ek het* ~ *'n vakansie beloof* I promised myself a holiday; *ek skeer* ~ I shave myself; *ek kon* ~ *verwens* I could kick myself.

**myl** *myle* mile; *baie* ~*e* many miles; *baie* ~*e lê tussen doen en sê* actions speak louder than words; *honderde/duisende* ~*e* hundreds/thousands of miles; *twee/ens.* ~ two/etc. miles; *~e ver/vêr* miles away; for miles (and miles). ~**loper** *(athlete, racehorse)* miler *(infml.).* ~**meter** mil(e)ometer; speedometer; odometer. ~**paal** milestone; landmark.

**my·mer** ge- brood, muse, dream, ponder, ruminate, meditate, be lost in reverie/thought. **my·me·raar** -*raars* dreamer, brooder, muser, contemplator. **my·me·rend** -*rende* ruminative, preoccupied, musing. **my·me·ring** -*ringe* daydreaming, meditation, rumination, musing, reverie, *(infml.)* navel contemplating/gazing.

**myn** *myne, n.* mine, pit, working; *(mil.)* mine; *'n* ~ *aftrap, op 'n* ~ *trap* strike a mine *(on land); 'n* ~ *bedryf* work a mine; ~*e lê (in 'n gebied), (mil.)* mine (an area); *op 'n* ~ *loop* strike a mine *(at sea); 'n* ~ *vee/opruim* sweep mines. **myn** ge-, *vb.* mine. ~**aandeel** mining share. ~**aar** mineral vein, lode. ~**baas** mine owner; mining magnate. ~**bedryf** mining industry. ~**bek** pithead, mine head. ~**bestuurder** mine manager. ~**bou** mining. ~**dorp** mining town. ~**gang** driftway, drive. ~**gas** firedamp, methane. ~**gebied** mining area; *(mil.)* mined area. ~**grawer** *(mil.)* miner, sapper. ~**hoop** mine dump. ~**hout** mine/pit timber. ~**huur** mining lease. ~**hyser** skip. ~**ingenieur** mining engineer. ~**ingenieurswese** mining engineering. ~**inspekteur** inspector of mines. ~**kamp** mining camp, compound. ~**kaptein** mine captain. ~**maatskappy** mining company/house. ~**magnaat** mining magnate. ~**(op)meter** mining/mine surveyor. ~**opruiming** *(mil.)* mine clearance/clearing. ~**opsigter** mine overseer, mine captain. ~**put** sump, shaft. ~**reg** mining right; mining title, undermining right. ~**skag** mineshaft, sinking. ~**staking** miners' strike. ~**streek** mining area. ~**stut** pit prop, mine prop, sprag, stull. ~**tering** *(med.)* miner's phthisis. ~**veër** *(mil.)* minesweeper, minehunter. ~**veld** *(mil.)* minefield. ~**vulling** silting. ~**werker** miner; mine worker; pitman. ~**werkersbond, ~werkersunie** miners' (trade) union, mining (trade) union. ~**wese** mining (industry); mining administration. ~**wurm** hookworm, miner's worm.

**my·ne** mine; *dit is* ~ it is mine; *ek wil* ~ *hê* I want mine.

**my·ner** -*ners* miner; →MYNWERKER.

**myns:** ~ *insiens* to my mind, in my opinion/view.

**my·self** →MY. **my·sel·we(rs)** *(dated or infml.)* = MYSELF.

**myt** *myte, (arachnid)* mite, acarid(an). ~**besmetting** acariasis. ~**doder** acaricide, miticide.

**my·ter** -*ters, (RC)* mitre. ~**klep** *(anat.)* mitral valve. **my·ter·vor·mig** -*mige* mitre-shaped, mitral, mitriform.

**Mzi·li·ka·zi,** *(Afr.)* **Sil·kaats,** *(Zu.)* **u·Mzi·li·ka·zi** *(SA, hist.: Matabele chief)* Mzilikazi.

# Nn

**n, N** *n'e, N'e, n's, N's, (14th letter of the alphabet)* n, N. **n'e·tjie** *=tjies* little n.

**'n¹** *art.* a, an; *so (~) vyf minute* five minutes or so.

**'n², 'm** *interj., (infml.)* uh-huh, yup, yes.

**na¹** *~ nader naaste, adj. & adv.* near, nearby, close; next; *~ aan ...* near ..., close/near to ...; *te ~ aan iem. kom* come too near s.o.; *~ aan vyftig* nearly (*or* close to) fifty; *al ~ die hoeveelheid* depending (up)on the quantity; *~ familie* near relatives/relations; *op een/ens.* ~ with the exception of one/ etc.; *almal op een ~* all but/except one; *op een ~ die beste* next best, second-best; *op een ~ die laaste* the last but one; *op een ~ die oudste* the second oldest; *iem. te ~ kom* tread on s.o.'s corns/toes, offend s.o.; *iem. se eer te ~ kom* wound s.o.'s pride; *op verre ~ nie* not nearly, not by a long way; *~ verwant* closely related (to).

**na²** *prep.* to; in, according to; *(also ná)* after; at; of; in the direction of; onto; on *(receipt of); ~ agter(toe)* backward(s), to the back; *~ iem. die belangrikste wees* be the most important after (*or* next to) s.o.; *dadelik ~ ...* right after ...; *~ die dood* posthumously; *~ iem. (toe) gaan* go to s.o.; *~ die geboorte* postnatal; *~ iem. kom* follow s.o. *(in time); kort ~ ...* shortly/soon after ...; hard upon ...; *lank ~ ...* long after ...; *~ mekaar* one after the other; *(sequence in time)* successively, consecutively, in a row; *twee maal ~-/agter mekaar* (of namekaar) twice in succession; *~ die uiterlike oordeel* judge by appearances; *~ 'n operasie* postoperative; *~ Rembrandt/ens.* after (a painting by) Rembrandt/etc.; *~ die rivier (toe)* to the river; *~ brandewyn ruik* smell of brandy; *~ skool* after school; *~ smaak* to taste; *iets smaak ~ ...* s.t. tastes like chocolate/etc.; *s.t. tastes of garlic/etc.*, s.t. has a garlic/etc. taste/flavour; *~ die nuutste styl* in the latest style; *~ tien* past/after ten (o'clock); *~ die tradisie van ...* in the tradition of ...; *geruime tyd ~ ...* well after ...; *~ Kimberley (toe) vertrek* leave for Kimberley; *~ voor* forward, to the front; *~ iem. vra* ask for s.o.; ask/inquire after/about s.o..

**na³** *conj.* as; →NADAT; *~ berig word, het ...* it is reported that ...; *~ (gelang) dit meer word* as it increases; *~ ek verneem ...* according to my information ...

**na-aap** *nageaap* ape, mimic, imitate; copy; take off, mock. **na-a·per** *=pers* imitator, mimic, ape, copycat. **na-a·pe·ry** imitation, imitating, mimicry, aping, mimicking.

**naaf** *nawe* hub, nave *(of a wheel)*; boss *(of a shaft, propeller, etc.)*. *~bout* boss/joint/hub/nave bolt. *~bus* housing/pipe/ nave box.

**naai** *ge=, (obs.)* sew, stitch *(by hand); (coarse:* have sex [with]; *also fig.)* fuck, screw. *~masjien* sewing machine. **naai·sel** *=sels* stitching.

**naak** *naakte naakter naakste, adj. & adv., (also* nakend*)* naked, nude, bare; in the nude; undraped; bald; bare *(wall);* smooth *(surface);* plain; →KAAL; *~te feite* stark facts; *~te figuur* nude (figure); *~ loop* go naked; *~te spoor, (bot.)* gymnospore; *~ swem* skinny-dip; *die ~te waarheid* the plain/bare truth. *~baaier* skinny-dipper. *~baaiery* skinny-dipping. *~danseres* stripper, stripteaser. *~figuur* nude. *~loper* nudist, naturist. *~lopery* nudism, naturism. *~slak* slug. *~studie, ~skildery* nude (study).

**naak·sa·dig** *=dige, adj., (bot.)* gymnospermous. **naak·sa·di·ge** *=ges, n.* gymnosperm.

**naakt·heid** bareness, nakedness, nudity.

**naald** *naalde* needle; needle *(of a measuring instr.); (bot.)* beard; *(biol.)* seta; pointer; arista; stylus *(of a phonograph); (zool.)* spicule; tongue *(of a balance);* striker *(of a gun); 'n draad gare/garing deur 'n ~ steek* thread a needle; *van 'n ~ tot 'n koevoet* from a needle to an anchor; *op ~e en spelde sit* be on pins and needles (*or* tenterhooks). *~afwyking (compass)* deviation of the needle. *~boom* conifer, coniferous tree, needle-leaved tree; pine (tree). *~eik* pin oak. *~galvanometer* moving magnet galvanometer. *~kant* needlepoint (lace), point lace. *~skerp* needle sharp. *~steek* prick of a needle. *~struktuur (chem.)* dendrite. *~vis (icht.)* needlefish; pipefish; halfbeak. *~werk* needlework, sewing, needlecraft. *~werker* sewer. *~werkstel* sewing kit. *~werkster* seamstress. *~woud* coniferous forest; pine forest. *~wurm* pinworm. *~ys* needle ice.

**naal·de·:** *~boek(ie)* needle book. *~kussing* needle cushion.

**naal·de·ko·ker** *=kers* dragonfly; *(in the pl., with cap., zool.)* Odonata.

**naald·jie** *=jies* little needle; *(zool.)* spicule.

**naald·vor·mig** *=mige* needle-shaped, acicular *(leaf),* spicular, dendritic(al).

**naam** *name* name; appellation, designation; cognomen; style; title; fame; credit; reputation, character, name; *onder 'n ander ~ bekend* known by another name; *antwoord op die ~ (van) ...* answer to the name of ...; *by name* by name; *iem. by name noem* call s.o. by name; mention s.o. by name (*or* explicitly); *op dié/daardie ~* in that name; *iem. se ~ dra* bear s.o.'s name; *die ~ ... dra* go by the name of ...; *jou ~ eer aandoen* live up to one's name/reputation; *onder die ~ (van) ... gaan* go by the name of ...; *iem./iets ~ gee* name s.o./s.t.; *iem. (se ~) is geskrap* s.o.'s name was taken off the roll/ books; *'n goeie ~ hê* have a good name/reputation; be well spoken of; *die goeie ~ van ... skaad* be a discredit to ...; *'n groot ~ hê in* (of *op die gebied van*) ... be a big name in ...; *met die groot name begin saampraat, (fig., infml.)* hit/join/ make the big league; *dan wil ek my ~ nie hê nie* then I'll eat my hat *(infml.)*; *die ~ hê dat jy ...* have a reputation for (*or* the reputation of being) ...; *die ~ hê van ...* have the name/ reputation of ...; *hoe is jou ~? →wat/hoe; jou ~ hoog hou* keep up one's good name (*or* one's reputation), live up to one's name/reputation; *iem. se ~ nie mooi hoor nie* not catch s.o.'s name; *net in ~ 'n Christen/etc.* a Christian/etc. in name only; *iem. (net) van ~ ken* know s.o. by name (only); *iem. met/onder die ~ ... ken* know s.o. by the name of ...; *'n klad op iem. se (goeie) ~* a blot on s.o.'s record; *nie op iem. se ~ kan kom nie* not be able to put a name to s.o.; *met name te koop loop* namedrop, drop names; *iem. se ~ leef/lewe voort as ...* s.o. is remembered as ...; *jou ~ aan ... leen* sponsor ...; *~ maak* make a name (for o.s.), distinguish o.s., make one's mark; *met die ~ (van) ...* by the name of ...; *met name ...* especially/notably/particularly ...; *iem. se ~ neerskryf/neerskrywe* take (*or* write down) s.o.'s name; *name noem* mention/name names; *... by die ~ noem* call ... by name; *'n ding by sy ~ noem* call a spade a spade *(infml.); om die ding by sy ~ te noem* to put it baldly; *iem. wie se ~ ons nie sal noem nie* s.o. who shall be nameless (*or* remain anonymous); *iem. op sy/haar (voor)~ noem* call s.o. by his/her (first) name; be

380

on first-name terms with s.o.; **onder** *iem. se* ~ in/under s.o.'s name; *die eiendom is nog nie* **op** *iem. se* ~ *nie* the property has not yet been transferred to s.o.; **op** ~ *van die firma* in the name (*or* on behalf) of the firm; *jou* ~ **(op)gee** give/leave one's name; *iem.* met *'n* ~ **opsaal** fasten a name on s.o.; *jou* ~ **sê/verstrek** give one's name; *geen* (of *nie 'n*) **sent op jou** ~ *hê nie* not have a cent to one's name; *iets op iem. se* ~ **sit** put s.t. in s.o.'s name (*property*); *onder die* ~ ... **skryf/skry= we** write under the name ...; *iem./iets* **in slegte** ~ **gee** bring s.o./s.t. into disrepute; *'n slegte* ~ *hê* have a bad name/repu= tation; be of ill repute; *iets kry 'n* **slegte** ~ s.t. falls into dis= repute; *met iem. se* ~ **smous** bandy s.o.'s name about; trade on s.o.'s name; **sonder** ~ without a name; nameless, anony= mous, *jou* ~ (*onder iets*) **teken** sign one's name (to s.t.); *onder 'n vals* ~ *reis* travel under an alias; *'n man/vrou* **van** ~ a man/woman of note (*or* [high] standing); *'n handelaar/ens.* **van** ~ a dealer/etc. of repute; *'n digter/ens.* **van** ~ a distin= guished poet/etc.; *iem.* **van** ~ **ken** know s.o. by name; *'n ... wat die* ~ **verdien** a ... worthy of the name; *iem. se* **volle** ~ s.o.'s full name; *weet* **wat** *iem. se* ~ *is* know s.o.'s name; *wat/* **hoe** *is jou* ~? what is your name?; *wat is sy/haar* ~ *nou weer?* what did you say his/her name was?; *iem. het sy/haar* ~ **weg= gegooi**, (*infml.*) s.o.'s name is mud; *'n* ~ **ydellik** *gebruik* take a name in vain. ~**bord(jie)** -*borde*, -*jies*, ~**plaat(jie)** -*plate*, -*jies* nameplate; doorplate; name board; signpost; (*in the pl., also*) signage. ~**draer** namesake. ~**gedig** acrostic. ~**ge= noot** namesake. ~**kaartjie** business card; visiting card; name tag; place card. ~**lys**, ~**rol** list of names, register, roll; ros= ter; handlist; nomenclature. ~**skilder** sign painter, sign= writer. ~**smous** name-dropper. ~**stempel** name/signature stamp. ~**woord** (*gram.*) noun; *selfstandige* ~ noun, substan= tive; *byvoeglike* ~ adjective. ~**wyser** index of names.

**naam·ge·wend** =*wende* denominative, eponymous, eponymic.

**naam·ge·wing** naming, name-giving; designation.

**naam·kun·de** onomastics, onomatology. **naam·kun·dig** -*dige*, *adj.* onomastic. **naam·kun·di·ge** -*ges, n.* onomatologist.

**naam·lik** namely, to wit, viz. (*abbr. for* videlicet).

**naam·loos** =*lose* nameless; anonymous (*letter*); (*sc.*) innomi= nate; →NAMELOOS; ~*lose vennootskap* anonymous partner= ship; ~*lose vennoot* sleeping partner.

**naam·pie** =*pies*, (*dim.*) name; *mooi* ~*s* pet names.

**naams=:** ~**verandering** -*ringe*, -*rings* change of name. ~**ver= warring** confusion of names.

**naam·val** =*valle*, (*gram.*) case. **naam·vals·uit·gang** case end= ing.

**naan(·brood)** (*Ind. cook.*) nan, naan.

**naand** *interj.* good evening!; *vir iem.* ~ *sê* say good evening to s.o.. ~**sê** good evening!.

**naar** *nare naarder naarste, adj. & adv.* unpleasant; awful, hor= rible, terrible, horrid, sickening, gory; disagreeable (*fellow*); nasty (*smell, habit, weather*); foul, stormy, rotten (*weather*); dismal, miserable (*day*), gloomy, dreary; giddy, faint, queer; sick, bilious; disgusting (*sight*); beastly; ghastly; wan; nause= ating, loathsome; ugly (*incident*); *dit* **lyk** *te* ~ it looks horrid; *iets* **maak** *iem.* ~ s.t. nauseates s.o., s.o. is nauseated by s.t., s.t. makes s.o. sick, s.t. turns s.o.'s stomach; *dit* **maak** (*'n*) *mens* ~, (*also*) it is a revolting sight; *'n nare* **mens/persoon** a disagreeable/nasty person, (*infml.*) a stinker; *'n nare entjie* **mens**, (*infml.*) a nasty (piece/bit of work); ~ **met/teenoor** *iem. wees* be nasty to s.o.; *'n nare* **ongeluk** a bad accident; *dit was* ~ **van** *iem. om dit te doen* it was nasty of s.o. to do that; *'n nare* **verkoue** a bad/nasty cold; *'n nare* **vermoede/** **spesmaas** *hê dat ...* have a funny feeling that ...; ~ **voel** feel queasy/queer/sick; *oor iets* ~ **voel** feel bad (*or* be sorry) about s.t.; ~ (*op die maag*) **word** be/feel sick/queasy; feel faint; sicken; *dit is om van* ~ *te* **word** it is nauseating. **naar= heid** unpleasantness; giddiness, dizziness; sickness, nausea, queasiness; faintness; qualm; misery; *die* ~ *het* **begin** the

rot set in; *die* ~ **daarvan** *is* ... the worst part of it is ...; *iem. ... dat dit 'n* ~ *is*, (*infml.*) s.o. ... for all he/she is worth (*tries to justify s.t. etc.*); it's awful the way s.o. ... (*gossips etc.*); **dis** *'n* ~ it's a bad/terrible business; (*gevoel van*) ~ sinking feeling.

**naar·stig** =*stige* diligent, assiduous, industrious, studious. **naar·stig·heid** diligence, assiduity, industry. **naar·stig(·lik)** diligently, assiduously, industriously.

**naas** *prep.* next (to), beside; alongside of; next door to; → LANGS; ~ *God* next to God; ~ *X* **is** *Y die grootste stad* after X, Y is the largest city; ~ **mekaar** side by side, abreast, next to one another; ~ **mekaar** *lopend* concurrent; ... ~ **me= kaar** *stel* juxtapose ...; **vreedsaam** (of *in vrede*) ~ *mekaar bestaan/leef/lewe* be peacefully coexistent. ~**agter:** *die een* ~ the second from the rear. ~**bestaan** coexistence; *in vreed= same* ~ *leef/lewe* be peacefully coexistent. ~**bestaande** -*des* next of kin, nearest relative/relation, near kinsman. ~**beste** *n.* (the) runner-up, (the) next best. ~**beste** *adj.* second-best. ~**eergister** three days ago. ~**geleë** nearest, adjacent, con= tiguous. ~**mekaarstelling** juxtaposition. ~**oormôre, ~oor= more** three days hence, the third day from today. ~**volgen= de** next, following. ~**voor:** *die een* ~ the second from the front. ~**wenner** runner-up. ~**wit** off-white.

**naas·te** =*(tes)*, *n.* fellow human (being), fellow man; (*Bib.*) neighbour. **naas·te** *adj.* nearest; next; immediate; proximal; →NA¹ *adj. & adv.*; ~ *bloedverwant* nearest relation, next of kin; ~ *buurman* nearest/next-door neighbour; *die* ~ *pad* the shortest road; *tot die* ~ *100* to the nearest 100. **naas·te** *adv.* nearest; →NA¹ *adj. & adv.*; *op die/sy* ~ at the nearest. ~**liefde** love of one's neighbour; *Christelike* ~ Christian charity.

**naas·ten·by** (*also* naasteby) roughly, approximately, more or less, substantially, broadly; *so* **is** *dit* ~ that's just about it; *dit is* **nie** ~ ... *nie* that is far from being (*or* a far cry from) ...; (**so**) ~ *sewentig/ens.* s.t. like (*or* in the vicinity of) seventy/ etc.; ~ **twaalfuur** (just) about twelve o'clock.

**naat** *nate* seam (*of a dress, ship, etc.*); suture (*of a skull, wound, etc.*); weld (*of metal*); fissure; commissure; juncture; riveting (*of a boiler*); (*sc.*) joint; *op die* ~ *van jou rug* flat on one's back. ~**bal** (*cr.*) seam ball. ~**beentjie** sutural bone. ~**bouler** (*cr.*) seam bowler, seamer. ~**los** torn/burst in the seam(s), with undone seam; (*fig., infml.*) crackbrained, daft.

**naat·loos** =*lose* seamless; without sutures; weldless.

**na·bank** rock bottom/layer; ridge.

**na·beeld** afterimage, incidental image.

**na·be·han·del** *het* ~ follow up; (*med.*) give aftercare; cure (*cement*). **na·be·han·de·ling** (*med.*) after-treatment, after= care; follow-up; curing (*of cement*).

**na·be·hoed·pil** =*pille* morning-after pill.

**na·be·rig** postscript; epilogue.

**na·be·rou** repentance, remorse, regret.

**na·be·ta·ling** deferred/late payment, post-payment; subse= quent payment; supplementary payment.

**na·be·trag·ting** reflection, meditation; *oor iets* ~ *hou* talk about what happened (*at a meeting etc.*), (*infml.*) have/hold a post-mortem on s.t..

**na·be·wing** aftershock.

**na·bloei** *n.*, (*bot.*) second blossom/bloom, continued bloom= ing/blossoming/flowering; (*fig.*) decline, declining years. **na= bloei·er** late flowerer, remontant plant/flower.

**na·boom** (*Euphorbia* spp.) candelabra tree.

**na·boots** *nage=* copy, imitate; counterfeit; mimic; mime; simulate; mock, (*comp.*) emulate; impersonate; feign. **na= boot·ser** =*sers* copier, imitator; copycat; mimic(ker); mime; simulant; simulator; (*comp.*) emulator; impersonator; mocker; parrot; echo. **na·boot·sing** =*sings*, =*singe* copy, imitation; mim= icry; mimicking; (*sc.*) mimesis; simulation; facsimile, repro= duction; echo; emulation; replica; (*mus.*) pasticcio; shadow;

takeoff; impersonation; parrotry; *'n ~ van* ... a carbon copy of ...; *'n flou ~* a pale imitation.

**na·bu·rig** *-rige* neighbouring, nearby; adjacent, contiguous. **na·bu·rig·heid** nearness, vicinity, proximity; contiguity.

**na·by** *naby(e) nader naaste, adj. & adv.* near(by); at close quarters; near, close by/to, near by; near at hand; *... van ~ bekyk* look closely (*or* have a good look) at ...; *hier ~* near here; *... van ~ ken* know ... intimately; *~ kom* approach; verge; come near; *oë wat ~ mekaar sit* close-set eyes; *dis sommer ~* it is no distance at all; *glad te ~* too close for comfort; *die ~e toekoms* the near future; *van ~* from close up; at close quarters; *~ woon* live/stay near by (*or* nearby). **na·by** *prep.* near (to), close to/by; *iem. het ~ die dood (om)-gedraai* s.o. was at death's door (*or* on the verge of death); *~ die honderd* close upon a hundred; *~ die kerk* near the church; *nie ~ ... kom* nie not be a patch on ...; *glad nie ~ ... kom* nie come nowhere (*or* not come anywhere) near ...; *niemand kom ~ ... nie* no one can touch (*or* hold a candle to) ...; *glad nie ~ ... nie* nowhere near ...; *dit is ~ twee-uur* it is getting/going on for two o'clock. *~ foto, ~opname (also* naby foto/opname) close-up. *~geleë* nearby, neighbouring.

**Na·by·e·Oos·te:** *die ~* the Near East. **Na·by·e·Oos·ters** *-terse* Near Eastern.

**na·by·heid** neighbourhood, vicinity, proximity, closeness; propinquity, contiguity; imminence; *in die ~ van ...* near ..., in the vicinity of ...; *nie in iem. se ~ kom nie* not go near s.o..

**na·dat** *conj.* after, since; *kort ~ die hek toegemaak is* shortly/soon after the gate was closed.

**na·da·teer** *nage-* postdate.

**na·deel** *-dele* disadvantage; drawback; loss; detriment, prejudice, derogation; snag; hurt, damage, harm; *iem. se jonk-heid is 'n ~* s.o.'s youth is a drawback/handicap (*or* counts against him/her); *die nadele oorweeg* count the cost; *tot ~ (of ten nadele) van ...* to the detriment (*or* at the expense) of ...; to the prejudice of ..., prejudicial to ...; *tot iem. se ~, ten nadele van iem.* to s.o.'s disadvantage/cost; *tot jou eie ~* to one's own cost; *iets strek tot iem. se ~* s.t. tells against s.o.; *voordele (of voor-) en nadele* pros and cons. **na·de·lig** *-lige* disadvantageous, detrimental, prejudicial; injurious; malign; pernicious; inimical; *die ~ aspekte/sy/kant* the down-side; *iets raak ... ~* s.t. is detrimental to (*or* has a bad effect on) ...; s.t. pulls ... down (*a credit rating, company, etc.*); *~e saldo* debit balance, balance to the debit, deficit; *~ vir ...* prejudicial to ...; *vir ... ~ wees* be bad for ...; be detrimental to ...; have a bad (*or* an adverse) effect (up)on ...; be injurious to ... (*one's health etc.*). **na·de·lig·heid** injuriousness; harmfulness.

**na·den·ke** thought, reflection, meditation; *iets bring iem. tot ~* s.t. gives s.o. pause; *iets stem (iem.) tot ~, iets bied heelwat stof tot ~* s.t. gives (s.o.) food for thought, s.t. is thought-provoking; *stof tot ~ hê* have food for thought, have s.t. to think about. **na·den·kend** *-kende* meditative, pensive, thoughtful, contemplative, ruminative.

**na·der** *-dere, adj.* nearer; further (*notice, reports, information*); *~(e) besonderhede* further details; *by ~(e) insien/oorwe-ging/beskouing* on second thoughts; *tot ~(e) kennisge-wing* until further notice; *by ~(e)ondersoek* on closer in-vestigation. **na·der** *adv.* nearer; *al hoe ~* closer and closer, nearer and nearer; *... ~ beskou* examine ... more closely; *iem. ~ inlig* inform s.o. more fully; *~ kennis maak met iem., iem. ~ leer ken* get better acquainted with s.o.; *~ kom, (also* naderkom*)* approach, draw near/closer; (*evening etc.*) draw on; (*December etc.*) close in; (*s.o.*) move up; *~ aan iem. kom* draw up to s.o.; *~ na ... toe kom* move in on ...; move towards ...; *iets kom ongemerk vir iem.* ~ s.t. creeps up on s.o.; *~ staan, (also* naderstaan*)* stand nearer; come nearer; join in; *steeds ~* ever nearer. **na·der** *ge-, vb., (fml. or poet./liter.)* approach, (draw) near; contact; *tot God ~* draw near unto

God; *iem. om iets ~* approach (*or* make an approach to) s.o. for s.t. (*help etc.*); *iem. oor iets ~* approach s.o. about s.t.; *die oorlog ~* war is impending/imminent; *die tyd ~* the time is drawing near. *~by* nearer; *... van ~ beskou* look more closely (*or* nearer) at ... *~hand* later (on), after(wards), in (course of) time, subsequently, at length, in due course, after a while. *~hou (golf)* approach shot.

**na·de·rend** *-rende* approaching, coming, impending, forth-coming, oncoming; *~e gevaar* imminent danger.

**na·de·ring** approach, oncoming, imminence.

**na·dink** *nage-* think (*about*), consider, reflect (*upon*), medi-tate, ruminate; *as jy daaroor ~* if you come to think of it; *diep/goed ~* think hard; tax one's memory; *'n oomblik ~* stop to think; *oor iets ~* think s.t. over, think about s.t., de-liberate about/on/over s.t., consider s.t.; ponder (over) s.t., mull over s.t., chew on s.t. (*s.o.'s words etc.*); *goed oor iets ~, (also)* give s.t. much (*or* a lot of) thought; think s.t. through; *iets doen sonder om na te dink* do s.t. on the spur of the mo-ment (*or* without thinking/thought).

**na·dir** *(astron.)* nadir.

**na·doen** *nage-* imitate, mimic, copy; *kan jy dit ~?* can you match that?; *jy (of ['n] mens) sal iem. dit moeilik kan ~* s.o. will be a hard act to follow; *dit kan ek nie ~ nie* that's more than I can do, that's beyond me; *niemand kan hom/haar dit ~ nie* he/she has no (*or* is without) equal.

**na·dood·se on·der·soek** postmortem.

**na·dors** a dried-out feeling, a dry throat.

**na·draai** sequel, aftereffect, upshot, aftermath, (*infml.*) fall-out; *'n ~ hê* cause/have repercussions; *oppas vir die ~* mind the consequences; *wat was toe die ~?* what was the sequel?, what happened afterwards?.

**na·drag** *(hort.)* aftercrop.

**na·druk** emphasis, stress, accent; *op iets ~ lê* lay/place/put the emphasis on s.t.; attach/give/lend weight to s.t.; insist (up)on s.t.; *die grootste ~ op iets lê* lay/put the utmost stress on s.t.; *met ~* emphatically. **na·druk·lik** *-like, adj.* emphatic, expressive, decided, incisive. **na·druk·lik** *adv.* emphatically. **na·druk·lik·heid** emphasis, stress, expressiveness. **na·druks-vorm** emphatic form.

**na·el** *naels, n.* nail; claw; *(zool.)* unguis; *(bot., also* naeltjie*)* hilum; stud; *~s knip/afsny* pare nails; *jou ~s tot op die lewe/vleis kou* bite one's nails to the quick. **na·el** *ge-, vb.* nail; be riveted (*to*); *aan die grond ge~ wees, (also)* be/stand rooted to the spot; be transfixed. *~borsel* nail brush. *~byter* nail-biter. *~knipper* nail clippers/trimmer. *~lak, ~politoer, ~verf* nail polish/lacquer/varnish. *~maantjie* lunula. *~skêrtjie* nail scissors. *~versorging* manicure. *~vlies(ie), ~riem, ~vel-letjie* cuticle. *~vyl(tjie)* nail file. *~wortel* root of the nail.

**na·el**[2] *ge-, vb.* sprint, race, tear, fly. *~loop* sprint, flat race; spurt. *~loper* sprinter, racer. *~rit (cycling)* sprint. *~ry* sprint. *~ryer (cycling)* sprinter.

**na·el·byt-, na·el·kou-** *(infml., esp. journ.):* *~oorwinning, ~sege* nail-biting victory/win. *~rit* white-knuckle ride. *~spanning* nail-biting suspense. *~stryd, ~wedstryd* nail-biting match, cliffhanger, cliffhanging match; *'n ~ kan ver-wag word* the match promises to be a real humdinger, it should be a humdinger of a match.

**na·el·skraap(s)** *-skraapse, adj. & adv., (usu. infml.):* *dit het ~ gegaan* it was a close/narrow shave (*or* a near thing/go *or* touch and go); *dit het maar ~ met iem. gegaan* s.o. had a tough time, s.o. was hard pressed, it was a near go; *die werk ~ klaarkry* finish the work in the nick of time (*or* only just); *~ ontkom* escape by the skin of one's teeth; *'n ~e oorwinning* a close/narrow victory; *~ wen* win by a nar-row margin; scrape home.

**na·el·string** umbilical cord, navel string/cord; funis; seed stalk.

**na·el·tjie**[1] *-tjies, (anat.)* navel, (*infml.*) bellybutton.

**na·el·tjie²** -tjies, (cook.) clove; (bot.) hyacinth.

**na·el·tjie(s)-:** ~**brandewyn** clove brandy. ~**olie** clove oil, oil of cloves.

**naf·ta** (chem.) naphtha. **naf·ta·leen** (chem.) naphthalene, naphthalin(e).

**nag** nagte night; **by** ~ at night; by night; in the night; van die ~ 'n dag maak turn night into day; die ~ deurbring pass/ spend the night; diep in die ~ deep in the night; at (or in the) dead of night; tot diep in die ~ (until) far/well into the night; so donker/swart soos die ~ dark/black as night; pitch-dark/black; iets het een (of op 'n [sekere]) ~ gebeur s.t. happened one night; elke ~ nightly; die hele ~ (deur) all night (long), throughout (or all through) the night; hierdie ~ this night; in die ~ at night; by night; in the night; laat in die ~ late at (or in the) night, at a late hour; ~ ná/vir ~, elke ~ night after night; die/'n ~ oorbly stay overnight; iets het op 'n (sekere) ~ gebeur →een; die ~ van 12 op 13 Augustus the night of 12 to 13 August; (vir iem.) ~ sê say good night (to s.o.); dié/hierdie tyd van die ~ at this time of night; iem. het verlede ~ by ... geslaap/oorgebly s.o. stayed with ... last night; dit word ~ night is coming (on). **nag** interj. good night!. ~**adder** night adder. ~**apie** bushbaby, galago. ~**arbeid** night work. ~**blind** -blinde, adj. nightblind, nyctalopic. ~**blinde** -des, n. nyctalope. ~**blindheid** night blindness, nyctalopia. ~**bloeier** night-blooming plant. ~**blom** evening primrose; nocturnal flower. ~**blomolie** evening primrose oil. ~**diens** night duty; night service (of a train); ~ doen be on night duty. ~**dier** nocturnal animal; (infml.) nightwalker. ~**ewening** (astron.) equinox. ~**eweningspunt** equinoctial point. ~**hemel** night sky. ~**hemp** (hist.) nightshirt (for men). ~**kabaai** (hum.) pyjamas; nightie. ~**kafee** night café. ~**kantoor** newsroom (of a morning paper). ~**kassie** night stand, pedestal cupboard. ~**klere** pyjamas, (infml.) jammies, night-clothes, slumberwear. ~**klub** nightclub, nightspot. ~**koelte** cool of night. ~**kwartier** night quarters. ~**lamp(ie)** night lamp. ~**lewe** nightlife. ~**lied** nocturne. ~**lig(gie)** night light/ lamp. ~**loper** (lit. & fig.) night bird; (infml.) streetwalker, fly-by-night. ~**lug** night air. ~**merrie** nightmare; 'n ~ hê/kry have a nightmare. ~**muis** gerbil. ~**opname** night-time photograph. ~**portier** night porter. ~**redakteur** night editor. ~**reis** night journey. ~**rok** nightgown, nightdress, (infml.) nightie. ~**rond(t)e** night round. ~**rus** night's rest; 'n goeie ~ geniet have a good night, sleep well. ~**sê** interj. good night!. ~**sig** night visibility. ~**skof** -skofte night shift; ~ werk be on night shift. ~**skuiling** night shelter (for the destitute). ~**slang** (zool.) night snake; (bot.) snake flower. ~**slot** double lock, night latch, deadlock. ~**soen** n. good night kiss; iem. 'n ~ gee kiss s.o. good night. ~**soen** nagge-, vb. kiss good night. ~**suster** night sister/nurse. ~**sweet** night sweats. ~**tarief** night fare/charges. ~**trein** night train. ~**uil** (orn., also naguiltjie) nightjar; (infml.) night worker, night bird; (cr., also naguiltjie) →NAGWAG. ~**verblyf** accommodation for the night. ~**verpleegster** night nurse. ~**vlieënd** -vlieënde night-flying. ~**vlug** night flight. ~**voël** night bird, nocturnal bird. ~**vrees** -vrese nyctophobia; (in the pl.) night terrors. ~**vuil** night soil. ~**waak** night watch, vigil. ~**wag** night watch; night guard; (cr., also naguiltjie) night watch(man). ~**waker** night watchman; night watcher. ~**werk** night work. ~**werker** night worker, (infml.) night bird. ~**wind** night wind. ~**wolf** (fig.) nighthawk.

**na·gaan** nage- follow; trace; investigate; examine, check, go through (the books); go/look into (a matter); verify; scrutinise; inspect; trace, search, probe; go over (one's lessons); **as** jy nou ~ when you consider; vir sover/sovêr iem. **kan** ~ as far as s.o. can gather/ascertain; jou hele lewensgeskiedenis ~ trace one's whole life story; nou kan jy ~ hoe ... now you can imagine how ...; iets tot ... ~ trace s.t. back to ...; iets weer ~ double-check s.t..

**na·galm** n. echo, reverberation; (mus.) reverb(eration). **na·galm** nage-, vb. echo, reverberate.

**na·ga·na** (vet.) nagana, trypanosomiasis.

**na·ge·boor·te** afterbirth, placenta. **na·ge·boor·te·lik** -like postnatal; ~e depressie, nageboortedepressie postnatal depression, maternity/baby blues; ~e sorg, nageboortesorg postnatal care.

**na·ge·dag·te** afterthought. **na·ge·dag·te·nis** memory, commemoration; gewy aan die ~ van ... sacred to the memory of ...; ter ~ aan/van ... in commemoration of ...; in memory of ..., (Lat.) in memoriam ...; sacred to the memory of ...

**na·ge·laat** -late left (behind); posthumous; ~late eggenoot/ eggenote surviving spouse; ~late werk posthumous work.

**na·ge·maak** -maakte imitation (leather, diamonds, etc.); imitative; fictitious; sham; bastard; counterfeit (banknotes, handwriting); artificial (goods, flowers, etc.); mock (venison, crayfish, etc); spurious (coins); (fig.) pasteboard.

**na·ge·noeg** nearly, almost, all but, more or less.

**na·ge·reg** dessert, sweet (course), sweets.

**na·ge·slag** descendants, offspring, progeny; posterity.

**na·ge·was** (agric.) aftergrowth.

**Nag·maal** (Chr.) the Lord's Supper, (Holy) Communion; die ~ bedien give (Holy) Communion; aan die ~ deelneem, die ~ gebruik, ~ vier partake of (Holy) Communion, communicate.

**Nag·maal(s)-:** ~**beker** communion cup, chalice. ~**brood** communion bread. ~**diens** communion service. ~**ganger** communicant. ~**tafel** the Lord's table, communion table. ~**viering** celebration of the Lord's Supper, communion. ~**wyn** altar wine, sacramental/communion wine.

**na·graads** -graadse (post)graduate; ~e skool graduate school.

**na·gras** aftermath, aftergrass, fog.

**na·groei** aftergrowth.

**nag·te·gaal** -gale, (orn.) nightingale. ~**stem** voice of a nightingale.

**nag·te·lik** -like nightly, nocturnal; ~e aanval night attack; ~e duister darkness of night; ~e fees midnight feast; ~e hemel sky at night, night sky.

**na·hou** nage-: die mening/sienswyse daarop ~ dat ..., (fml.) hold the opinion/view that ...

**na·hu·we·liks** -likse postnuptial.

**na·ïef** naïewe naïewer naïefste naive, naïve, artless, ingenuous, unsophisticated. **na·ï·wi·teit** -teite naivety, naïvety, (Fr.) naïveté, artlessness, ingenuousness.

**nai·ra** -ras, (monetary unit of Nigeria) naira.

**na·ja(ag)** nage-, (chiefly fig.) search for, seek after (happiness etc.); pursue (knowledge, pleasure, a goal, etc.); hunt after (riches); aim at (profits etc.). **na·ja·ging** pursuit; seeking after; striving for.

**na·jaar** autumn. **na·jaars·hout** summerwood.

**na·ja·de** -des, (myth.) naiad, water nymph; (entom.) naiad.

**na·kend** -kende -kender -kendste →NAAK adj. & adv..

**na·ken·nis:** met (die voordeel van) ~ with (the benefit/wisdom of) hindsight; →NAWETE.

**na·klank** (lit., fig.) echo.

**na·klink** nage- echo, resound, continue to sound, sound after.

**na·kom** nage- fulfil, keep (a promise); obey (a command); do, perform, discharge (a duty); comply with (regulations); observe (commands); vereistes ~ conform to requirements; voorwaardes ~ abide by terms. **na·ko·ming** fulfilment, performance; pursuance, compliance, discharge (of); die ~ van ... compliance with ...

**na·ko·me·ling** -linge descendant. **na·ko·me·ling·skap** progeny; offspring; posterity, issue.

**na·kyk** nage- check, look over, correct, go over, mark (exercises, examination papers, etc.); look up; overhaul (car); iem. ~ follow s.o. with one's eyes, watch s.o. walk/drive/etc. off.

**na·laat** nage- leave behind; neglect (a duty); forbear, stop, leave off *(doing s.t.);* →NAGELAAT; *iets* **aan** *iem.* ~ bequeath/leave/will s.t. to s.o., bequeath s.o. s.t.; *ek kan nie* ~ *om mel=ding te maak van ... nie* I cannot refrain from mentioning ...; ~ *om iets te doen* fail to do s.t., not do s.t.; omit to do s.t.; *'n weduwee en twee kinders* ~ leave a widow and two chil=dren. **na·la·ten·skap** *=skappe* estate; heritage, inheritance; (literary) remains, relics. **na·la·tig** *=tige* negligent, careless, neglectful, culpable, remiss; ~ *wees wat iets betref* be negli=gent about/of s.t.; *erg* ~ *wees* be grossly negligent. **na·la·tig·heid** negligence, carelessness, oversight, dereliction *(of duty)*, omission. **na·la·ting** *=tings, =tinge* omission; neglect; forbear=ance; failure.

**na·leef, na·le·we** *nage=, (liter.)* live up to *(a principle);* follow *(a way of life);* honour *(an agreement, a treaty, etc.);* comply with *(regulations);* observe *(an accord etc.).* **na·le·wing** ob=servance *(of rules etc.).*

**na·lees** *nage=* read over; read up; read again; peruse; glean; go over. **na·le·sing** reading over, perusal; gleaning(s).

**na·loop** *=lope, n.* faints, feints, last/second runnings *(of brandy/whisk[e]y);* drips *(of sugar);* lag(ging). **na·loop** *nage=, vb.* run after, follow; see to; *(elec.)* lag. **na·lo·per** follower; imitator; shadow.

**Na·ma** *Namas, (member of a people)* Nama; *(lang., no pl.)* Nama; →NAMAKWA. **~land** *(hist.)* Namaland.

**na·maak** *nage=* copy, imitate; forge *(a signature);* counterfeit *(coins, banknotes, handwriting);* mimic, mock, simulate; fake; →NAGEMAAK. **na·maak·sel** *=sels* imitation, counterfeit, fake, copy. **na·ma·ker** *=kers* imitator; forger, counterfeiter.

**Na·ma·kwa** *=kwas, (anthr., obs.)* Namaqua; →NAMA. **~duifie** Namaqua dove. **~gousblom** = NAMAKWALANDSE MADELIEFIE. **Na·ma·kwa·land** *(geog.)* Namaqualand. **Na·ma·kwa·lan·der** *=ders* Namaqualander. **Na·ma·kwa·lands** *=landse* Namaqua=(land); *~e madeliefie* Namaqua(land) daisy.

**na·ma·ste** *interj., (Hind., greeting)* namaste!.

**na·ma·te** (in) so far as.

**na·me** →NAAM. **na·me·loos** *=lose, (also* naamloos*)* nameless, inexpressible, unutterable, unspeakable.

**Na·men** *(Belgian town/province)* Namur.

**na·mens** in the name of, for, (for and) on behalf of.

**Na·mib:** *die ~(woestyn)* the Namib (Desert).

**Na·mi·bi·ë** *(geog.)* Namibia. **Na·mi·bi·ër** *=biërs* Namibian. **Na·mi·bies** *=biese* Namibian.

**na·mid·dag** afternoon; *in die* ~ in/during the afternoon; *op 'n* ~ one afternoon; afternoons. **~diens** afternoon service. **~wag** *(12:00-16:00)* afternoon watch.

**nam·mies, nam-nam, nams** *(infml.: children's lang.)* food=ies, yummies, yum-yums.

**na·nag:** *in die* ~ in the small/wee hours (of the morning), after midnight.

**nan·doe** *=does, (S.Am. bird)* rhea.

**Nan·jing, Nan·king** *(geog.)* Nanjing, Nanking. **nan·kin(g)** *(text.)* nankeen.

**na·no** *comb.,* (10⁻⁹) nano=. **~meter** nanometre. **~sekonde** nanosecond. **~tegnologie** nanotechnology.

**na·oes** aftercrop.

**na·oor·logs** *=logse* post-war; *~e baba/kind, (also)* baby boomer.

**Na·pels** *(geog.)* Naples; →NAPOLITAAN, NAPOLITAANS.

**Na·po·le·on** *(Fr. emperor)* Napoleon. **Na·po·le·on·ties** *=tiese, (also* n~*)* Napoleonic.

**Na·po·li·taan** *=tane, n.* Neapolitan; →NAPELS. **Na·po·li·taans** *=taanse, adj.* Neapolitan.

**na·praat** *nage=* mimic *(s.o.'s voice);* repeat *(s.o.'s)* words, echo, imitate the words/opinions of; chime; *ander* ~ sing the same tune; *dis alles net* ~ it is nothing but parrot talk. **na·pra·ter** *(derog.)* parrot, imitator, echo, lackey. **na·pra·te·ry** parrotry, echoing, gossip.

**na·pro·duk·sie(·werk)** postproduction.

**nar** *narre* buffoon, jester, fool, clown, harlequin. **~vis** clown fish.

**nar·ag·tig** *=tige* clownish.

**nar·cis** *=ciste,* **nar·sis** *=siste* narcissist. **nar·cis·me, nar·sis·me** *(also* N~*)* narcissism, narcism. **nar·cis·ties, nar·sis·ties** *=tiese* narcissistic.

**nar·gi·le(h)** *=le(h)s, (<Pers.)* narghile, nargile(h), hooka(h), wa=ter pipe.

**nar·ko·lep·sie** *(med.)* narcolepsy. **nar·ko·lep·ties** *=tiese* nar=coleptic.

**nar·ko·se** an(a)esthesia, narcosis; *onder* ~ under an an(a)es=thetic; *iem. onder* ~ *bring/sit* an(a)esthetise/narcotise s.o., put out s.o.; *onder* ~ *wees* be an(a)esthetised. **nar·ko·ties** *=tiese* narcotic; *~e middel* narcotic. **nar·ko·ti·kum** *=tikums, =tika* narcotic, drug. **nar·ko·ti·seer** *ge=* an(a)esthetise, narcotise. **nar·ko·ti·seur** *=seurs* an(a)esthetist.

**nar·re·:** **~kap** fool's cap, foolscap, cap and bells. **~pak** mot=ley. **~septer** bauble. **~spel** *(theatr.)* harlequinade. **~streke** clownery, clowning.

**nar·sing** *=sings, (bot.)* narcissus. **~lelie** amaryllis.

**nar·sis** →NARCIS. **nar·sis·(sis·)me** →NARCISME.

**nar·tjie** *=tjies* naartjie; *(geel)* ~ mandarin(e). **~kleur** tangerine.

**nar·wal** *=walle, =wals* narwhal.

**na·saal** *=sale, n. & adj., (phon.)* nasal. **na·sa·leer** *ge=* nasalise. **na·sa·le·ring** nasalisation. **na·sa·li·teit** nasality.

**na·saat** *=sate* descendant.

**Na·sa·ret** *(geog.)* Nazareth. **Na·sa·reens** *=reense, adj.* Naza=rene. **Na·sa·re·ner** *=ners, n.* Nazarene.

**na·sê** *nage=* say after, repeat; *iem. iets* ~ repeat/say s.t. after s.o.; *ons sê hom/haar dit almal na* so say all of us, we wish to voice the same sentiments.

**na·sie** *=sies* nation, people. **~bou** nation-building. **~diens** service to the nation/state. **~-eer** national honour. **~gees** national spirit. **~trots** national pride.

**na·sien** *nage=* look over, read through, correct, mark *(essays),* go through; audit; do *(books);* overhaul *(a mach.),* inspect *(an engine);* check *(data);* (sub)edit; *iets laat* ~ have s.t. looked/seen to *(a car etc.).* **na·sie·ner** corrector, reviser; checker; subeditor; redactor.

**na·sie·skap** nationhood, statehood.

**na·si go·reng** *(Mal. cook.)* nasi goreng.

**na·si·o·naal** *=nale* national; *N~nale* **Botaniese Tuine** Na=tional Botanic Gardens; *~nale* **konvensie,** *(pol.)* national convention; *N~nale* **Krugerwildtuin** Kruger National Park; *~nale* **kurrikulum/leerplan** national curriculum; *~nale* **netwerk,** *(elec.)* national grid; *~nale* **pad** national road; *N~nale* **Raad van Provinsies,** *(SA, parl.)* National Council of Provinces; *~nale* **regering** central government; *~nale* **vakansiedag** national holiday; *N~nale* **Vergadering,** *(SA, parl.)* National Assembly; *~nale* **vlag** national flag, ensign; *N~nale* **Vrouedag,** *(SA: 9 Aug.)* National Women's Day. **N~-sosialis** *n., (hist., also* n~*)* National Socialist, Nazi.

**na·si·o·naal·ge·sind** *=sinde* national-minded.

**na·si·o·na·lis** *=liste* nationalist. **na·si·o·na·lis·me** national=ism. **na·si·o·na·lis·ties** *=tiese* nationalist(ic).

**na·si·o·na·li·seer** *ge=* nationalise. **na·si·o·na·li·se·ring, na·si·o·na·li·sa·sie** nationalisation.

**na·si·o·na·li·teit** *=teite* nationality. **na·si·o·na·li·teits·ge·voel** national feeling.

**na·skeer·mid·del** *=dels* aftershave (lotion).

**na·skil·der** *nage=* copy, reproduce *(a painting).* **na·skil·de·ring** copy, reproduction *(of a painting).*

**na·skok** aftershock.

**na·skools** *=skoolse: ~e bedrywighede* after-school activities; *~e opvoeding* post-school education, further education; *~e sorg* after-school care.

**na·skrif** =skrifte postscript; 'n ~ by/onder 'n brief a postscript to a letter; 'n ~ byvoeg add a postscript.

**na·skryf, na·skry·we** nage= copy; crib; plagiarise (from an author). **na·skry·wer** copier; plagiarist.

**na·slaan** nage= consult, refer to (a register etc.); look up (a word etc.); read up (on) (a subject); iets in 'n woordeboek/ens. ~ look s.t. up in (or refer to) a dictionary/etc.. **~boek, ~werk** book/work of reference, reference book.

**na·sleep** train; aftermath, sequel, aftereffect, fallout; 'n ~ hê cause/have repercussions; die ~ van ... the sequel to ...; the aftermath/consequences of ... (the war etc.); the aftereffect/sequel of ... (an illness).

**na·smaak** aftertaste; 'n bitter ~ agterlaat/hê leave a bitter taste in the mouth; 'n onaangename ~ agterlaat/hê leave one with an unpleasant taste in the mouth; 'n slegte ~ agterlaat/hê leave a bad/nasty taste in the mouth.

**na·so·mer** late summer; Indian summer.

**na·sorg** (med.) aftercare, follow-up care. **~kliniek** aftercare clinic; follow-up clinic.

**na·span·ning** (phys.) residual stress.

**na·spel** =spele aftermath, sequel; (mus. etc.) epilogue; (theatr.) afterpiece.

**na·speur** nage= trace, investigate, search, study, sift, explore, smell out. **na·speur·baar** traceable, detectable, ascertainable.

**na·spoor** nage= trace, track, investigate, find out. **na·spo·ring** =rings, =ringe investigation, inquiry, research, study, search; caster (of a vehicle).

**nas·ter·gal** (bot.) common/black nightshade, banewort; belladonna; bittersweet.

**na·streef, na·stre·we** nage= strive after, aim at, seek, pursue (an object); follow up; stand out for; emulate. **na·stre·wer** emulator. **na·stre·wing** emulation; pursuit, pursuance.

**Nat** Natte, **Nat·te** =tes, n., (infml., pol., hist., abbr. for Nasionalis) Nat. **Nat** adj. Nat.

**nat** n. wet, damp; nog nie ~ of droog oor jou lippe gehad het nie not yet had anything to eat or drink; had neither bite nor sup; in die ~ in the wet. **nat** ~ natter natste, adj. & adv. wet; moist, damp; dank; ~ **droom** wet dream; so ~ soos 'n **kat** as wet as a drowned rat, drenched to the skin; ~ van die **trane** wees be wet/dewed with tears; ~ **voorkoms** wet look (of hair, fabric, etc.); ~ **ware** wet goods; ~ **word** get wet; jou voete/ens. sal ~ **word** your feet/etc. will get wet. **~gooi** natge= wet; water. **~lei** natge= water, irrigate. **~maak** natge= wet; water (a garden); moisten; jou (broek) ~, jou ~ van die lag, (infml.) wet o.s. (laughing). **~pis** natge=: jou ~, (coarse) piss o.s.. **~reën** natge= be/get caught in the rain, get a soaking, be drenched. **~spat** sprinkle (washing); splash (a pers.); bespatter (with water), spatter, dash (on/over). **~spuit** water (a garden), turn a hose on. **~vrot** wet rot, soft rot.

**Na·tal** (geog., hist.) Natal. **Na·tal·ler** =lers, n. Natalian. **Na·tals** =talse, adj. Natalian, (of) Natal.

**na·te·ken** nage= copy, reproduce, trace; represent, draw, portray. **na·te·ke·ning** tracing, copy, reproduction; representation, drawing.

**nat·heid** wetness, moistness, dampness, dankness.

**na·trek** n. tracing, trace, copy; double action (of a rifle). **na·trek** nage=, vb. copy, (re)trace, calk, calque; transfer. **na·trek·ker** tracer.

**na·tril** nage= continue to vibrate, keep on vibrating.

**na·tri·um** (chem., symb.: Na) sodium. **~bikarbonaat** sodium bicarb(onate), (bicarbonate of) soda, baking soda; →KOEK= SODA. **~chloried** sodium chloride, table salt. **~karbonaat** sodium carbonate, natron, washing soda. **~nitraat** sodium nitrate, Chile saltpetre/nitre, soda nitre.

**na·tron** (chem.) natron, soda. **~kalk** soda lime.

**na·tros(·sie)** =trosse, =sies late bunch of grapes; ~sies gleanings (in a vineyard).

**Nat·te** =tes →NAT n..

**nat·te·rig** =rige rather wet/damp/moist, wettish. **nat·te·rig·heid** slight wet(ness), damp(ness).

**nat·tig·heid** moisture, wet, moistness; in die ~ in the wet.

**na·tu·ra** (Lat.): in ~ in kind.

**na·tu·ra·li·seer** ge= naturalise. **na·tu·ra·li·sa·sie** naturalisation.

**na·tu·ra·lis·me** (also N~) naturalism. **na·tu·ra·lis** =liste naturalist. **na·tu·ra·lis·ties** =tiese naturalistic.

**na·tu·rel** =relle, n., (obs., derog.: a black pers.) native.

**na·tuur** nature; disposition; (natural) scenery; (pl.: nature) character; iem. se **beter** ~ s.o.'s better self; in die ~ in nature; na die ~ skilder/teken paint/draw from nature; teen die ~ against nature; terug na die ~ back to nature; van nature by nature, naturally; temperamentally; die **(vrye)** ~ the great outdoors; in die **vrye** ~ in the wide open spaces; die **wette** van die ~ the laws of nature. **~aanbidder** nature worshipper. **~beskerming** preservation of nature. **~beskrywing** description of nature; physical geography, physiography. **~bewaarder** nature conservator. **~bewaring** nature conservation. **~bos** indigenous forest, natural forest. **~fonds** wildlife fund. **~frats** freak of nature. **~gas** natural gas. **~ge=neser** naturopath, nature healer, physiatrist. **~genesing** nature healing, naturopathy, nature cure. **~geskiedenis** natural history. **~getrou** =troue true to nature/life. **~god(heid)** nature deity/god. **~histories** =riese natural history; ~e stud= ies natural history. **~kenner** naturalist; natural philosopher. **~kind** child of nature. **~kleur** natural colour. **~krag** natu= ral force, (elementary) force of nature, physical force; act of God. **~kunde** physics; physical science. **~leer** natural philosophy. **~lewe** life of nature; wildlife. **~liefde** love of nature. **~liefhebber** nature lover, lover of nature. **~mag** =mag= te power of nature; (esp. ins.) act of God; (in the pl., also) powers of nature. **~monument** natural monument. **~pad, ~roete** nature trail. **~park** wildlife reserve/park; nature reserve. **~ramp** natural disaster, act of God. **~reg** natural right; (jur.) natural law. **~reservaat** nature reserve. **~ryk** realm of nature. **~skoon** natural beauty, (beautiful) scenery, scenic beauty. **~staat** natural state; state of nature. **~studie** nature study, study of nature; natural history. **~ver= skynsel** natural phenomenon. **~volk** primitive people. **~voorwerp** specimen, natural object. **~wet** =wette law of nature, (sc.) natural law, physical law; aan die ~te onderworpe subject to the laws of nature. **~wetenskap(pe)** (natural) science(s); physics. **~wetenskaplik** =like, adj. scientific; ~e vakke science, natural sciences. **~wetenskaplike** =kes, n. (natural) scientist; physicist. **~wonder** natural marvel, prodigy of nature.

**na·tuur·lik** =like, adj. natural; unstudied, unconventional; spontaneous; unaffected, unselfconscious, natural (pers.); (min.) native; true to nature/life; baie ~ wees be quite unselfconscious; ~e **dood** natural death; ~e **geboorte** natural childbirth; ~e **getal**, (math.) natural number; ~e **gods= diens** natural religion; ~e **hulpbronne** natural resources; ~e **logaritme** natural logarithm; dit op die ~e **manier** doen do it (in) nature's way; ~e **taal** natural language. **na·tuur·lik** adv. naturally, in a natural way; naturally, of course; iem. is 'n ~ begaafde s.o. is a natural. **na·tuur·li·ker·wys, na·tuur·li·ker·wy·se** naturally, in a natural way. **na·tuur·lik·heid** naturalness, unaffectedness, unselfconsciousness, simplicity; ease.

**nau·ti·lus** =lusse, (a cephalopod) nautilus.

**na·ver·koop·diens** after-sales service.

**na·ver·tel** het ~ repeat, adapt from (stories).

**na·ver·want** =wante, n. close relative/relation. **na·ver·want** =wante, adj. closely related. **na·ver·want·skap** close relationship.

**na·vi·ga·sie** navigation. **~fout** navigational error. **~offisier** navigating/navigator officer. **~satelliet** navigation satellite.

**na·vi·geer** _ge_ navigate. **na·vi·ga·tor** _=tors_ navigator, navigating officer.

**na·volg** _nage=_ follow; pursue; copy, imitate, emulate; pattern after; follow up; _'n voorbeeld_ ~ follow an example. **na·volg·baar** _=bare_ imitable. **na·vol·gend** _=gende_ following, successive. **na·vol·gens·waar·dig** _=dige_ worth following, worthy of emulation; _~e voorbeeld_ example worth following. **na·vol·ger** _=gers_ follower, adherent, disciple; imitator. **na·vol·ging** imitation; emulation; _in ~ van_ ... in imitation of ...

**na·vors** _nage=_ investigate, inquire into, explore; do research (work); scrutinise. **na·vor·ser** _=sers_ researcher. **na·vor·sing** (scientific) research; _~ doen_ do research; _~ na_ ... research into ...; _~ en ontwikkeling_ research and development.

**na·vor·sings·:** _~assistent_ research assistant. _~beurs_ research grant/scholarship, (research) fellowship. _~projek_ research project. _~werk_ research work.

**na·vraag** inquiry, enquiry; query; _by ~ on/upon inquiry/enquiry; ~ doen_ inquire, enquire, make inquiries/enquiries; _by iem. oor iets ~ doen_ inquire/enquire about s.t. from s.o.; query s.t. with s.o.; _na/omtrent/oor_ ... ~ _doen_ inquire/enquire (or make inquiries/enquiries) about ... _~kantoor, na·vraekantoor_ inquiry/enquiry office.

**na·we·ë** _n. (pl.)_ afterpains; aftereffects, aftermath; hangover.

**na·week** weekend; _'n ~ êrens deurbring, êrens ~ hou_ spend a weekend somewhere; _in die ~_ at the weekend; during the weekend. _~gas_ weekender. _~uitstappie_ weekend excursion.

**na·wel** _=wels_ navel orange.

**na·werk** _nage=, vb.: iem. se invloed het tot lank na sy/haar dood nagewerk_ s.o.'s influence made itself felt long after his/her death. **na·wer·king** aftereffect(s), aftermath; residual effect; persistency.

**na·we·te** hindsight, afterlight; →NAKENNIS; _met die wysheid wat ~ bring_ with the (benefit/wisdom of) hindsight.

**na·win·ter** latter part of winter.

**na·woord** epilogue, afterword.

**na·y·wer** jealousy, envy. **na·y·we·rig** _=rige_ jealous, envious.

**Na·zi** _=zi's, (pol., chiefly hist.)_ Nazi, National Socialist. **Na·zis·me, Na·zi·ïs·me** _(also_ n~) Nazi(i)sm, National Socialism. **Na·zis·ties, Na·zi·ïs·ties** _=tiese, (also_ n~) Nazi, National Socialist.

**Nde·be·le** _=les, (member of a people)_ Ndebele; _(lang.)_ Ndebele, Sindebele.

**nè?** isn't it/he/she?; not so?; yes?; _reken/raai, ~!_ just fancy/imagine!; _hy/sy is siek, ~?_ he/she is ill, is he/she not (or isn't he/she)?; _jy dink jy weet baie, ~?_ you think you know a lot, don't you?.

**Ne·an·der·dal·mens, Ne·an·der·t(h)al·mens** _(palaeontol.)_ Neanderthal (man).

**Ne·bu·kad·ne·sar** _(OT ruler; also 15 l wine bottle)_ Nebuchadnezzar.

**Ne·der·duits** _n._ Low German. **Ne·der·duits** _=duitse, adj._ Low German; _~e Gereformeerde Kerk_ Dutch Reformed Church.

**ne·de·rig** _=rige_ humble, modest, lowly, poor, simple; submissive; _sagmoedig en ~ van hart, (OAB/NAB, Matt. 11:29)_ meek and lowly (or gentle and humble) in heart _(AV/NIV); ~e huisie_ humble dwelling. **ne·de·rig·heid** humbleness, modesty, humility.

**ne·der·laag, neer·laag** _=lae_ defeat, reverse, overthrow; _'n ~ aanvaar_ take a defeat; _'n ~ dra_ stand defeat; _'n gevoelige ~_ a heavy defeat; _'n/die ~ ly_ be defeated/beaten, suffer defeat, take a beating; _'n ~ ly, (also)_ sustain a defeat; _iem. 'n ~ toedien_ inflict a defeat on s.o.; _'n verpletterende ~_ a crushing defeat; _'n volkome ~_ an outright defeat.

**Ne·der·land** _(geog.)_ the Netherlands. **Ne·der·lan·der** _=ders_ Dutchman, Netherlander. **Ne·der·lan·di·kus** = NEERLAN-

DIKUS. **Ne·der·lan·dis·me** _=mes, (also_ n~) Dutchism _(in Afr. etc.)._ **Ne·der·lan·dis·tiek** →NEERLANDISTIEK. **Ne·der·lands** _n., (lang.)_ Dutch. **Ne·der·lands** _=landse, adj._ Dutch; _~e Oos-Indiese Kompanjie, (hist., abbr.:_ NOIK) Dutch East India Company.

**ne·der·set·ter** _=ters_ settler. **ne·der·set·ting** _=tings, =tinge_ settlement, settling, colony.

**nee** _nees, n._ no; nay; _die ~s is in die meerderheid, (parl.)_ the noes/nays have it. **nee** _adv._ no; _a ~ a!, (expressing indignation)_ dammit, man!; _ag ~!, (expressing disappointment)_ oh no!; _~ antwoord_ say no, answer in the negative; _~ dankie_ no, thank you (or thanks); _~ dit gaan goed, (infml.)_ I'm fine, thanks; _ag ~, moenie!_ no (please) don't!; _~ sê_ say no; _vir iem. ~ sê_ refuse s.o.; _~ wat_ rather not; I don't think so.

**neef** _neefs, (son of an uncle/aunt)_ cousin; _(son of a brother/sister, also_ nefie) nephew; _(infml., dated)_ young man.

**neem** _ge=_ take _(a bag, holiday, taxi, train, photograph, piece in chess, etc.);_ take, book _(seats);_ take up _(shares);_ have _(a glass);_ take, negotiate _(a hurdle, bend in a road, etc.);_ take, seize _(a fortress); iets ~ om te eet_ help o.s. to s.t.; _'n foto laat ~_ have a photo taken; _medisyne (in)~_ take medicine; _iets op jou ~_ take s.t. on, undertake s.t.; take s.t. upon one(self); _dit op jou ~ om te ..., (also)_ commit o.s. to ...; _iem. opsy ~_ take s.o. aside (or on/to one side); _dit/gebeure/ens. ~ soos dit/hulle kom_ take things as they come/are; _te veel op jou ~_ overcommit o.s..

**ne·ën·de** →NEGENDE. **ne·ën·ti·ger** →NEGENTIGER.

**neer** down; _op en ~_ up and down. _~bak, ~brand, ~skroei: die son bak/brand/skroei neer op_ ... the sun blazes down on ... _~buig neerge=_ bend/bow down, prostrate o.s.; condescend; deflect; _voor iem. ~_ bow down to s.o.; kowtow to s.o. _~buigend =gende_ condescending, patronising, superior, supercilious. _~buk neerge=_ stoop down. _~daal neerge=_ come/go down, drop, descend; land; _op ... ~_ (a)light (up)on ... _~druk neerge=_ press/push/weigh down; depress, weigh/get down. _~drukkend =kende_ depressing, dismal. _~dwing neerge=_ force down. _~geslaan adj. (attr.: =slaande)_ sad, heavy, doughy _(bread, cake, etc.); (attr.: =slane)_ downcast _(eyes);_ →NEERSLAAN. _~giet neerge=, (rain)_ pour down. _~gooi neerge=_ throw/fling/toss down; throw, bring down _(an antagonist);_ dump, dash to the ground; _jou ~_ throw o.s. down. _~haal_ →NEERHAAL. _~hurk neerge=_ squat (down), sit on one's haunches. _~kniel neerge=_ kneel down. _~kom neerge=_ come down, descend; crash down; _(a plane)_ land; _dit sal alles op iem. ~_ everything will rest on s.o.'s shoulders; s.o. will have to bear the brunt of it (or be held responsible for everything); _dit kom daarop neer_ that's what it amounts to; _dit kom daarop neer dat ..., (also)_ the long and the short of it is that ...; _dit kom op dieselfde neer_ it amounts to the same, it comes to the same thing; it is six of one and half a dozen of the other; _dit kom hierop neer_ it comes to this, the long and the short of it is this, it narrows/boils down to this; _op ... ~_ come down to ...; fall (up)on ...; amount (or add up or narrow/boil down) to ...; be tantamount to ...; _waarop ~, is dat_ ... what it amounts to is that ... _~kyk neerge=_ look down; _op ... ~_ look down (up)on ... _~laat neerge=_ lower, let down, drop, sink. _~lê neerge=_ lie down; put/lay/set down; couch; deposit; demit; put aside, lay down; lay/put down/aside _(a command, practice, etc.);_ set down, incorporate, embody, include, contain _(conditions); 'n amp ~_ resign/relinquish an office (or a post); _jou by_ ... ~ acquiesce in ...; fall in with ... _(a decision);_ put up with ...; resign o.s. to ...; be satisfied with ...; come to terms with ...; _jou daarby ~, (also)_ make the best of it; _ek het my daarby neergelê, (also)_ I have learnt to live with it; _jou kop ~_ lay down one's head; _die pen ~_ put down the pen, stop writing. _~plak neerge=, (infml.)_ plonk down; slap down; _jou ~, (infml.)_ plonk o.s. down. _~plof neerge=_ fling/dump down; flop/plump/plop down, come down with a thud. _~plons neerge=_ splash down; flop down, come down with a thud. **~reën:** *die houe het op iem. neergereën* the blows hailed down on s.o.. **~sak** *neerge=* sink down, subside; *~ op* ... de= scend (up)on ... **~sien** *neerge=: op iem. ~* look down (up)on (or down one's nose at) s.o., *(fml.)* be dismissive of s.o.; → NEERKYK. **~sif** drizzle. **~sink** *neerge=* sink down. **~sit** *neerge=* put/set down; seat; stand; deposit; *iets teen ... ~* prop s.t. against ...; *'n boek wat jy nie (maklik) kan ~ nie, (infml.)* a page-turner. **~skiet** *neerge=* shoot down; bring down; tum= ble; pot; drop *(a bird)*; →AFSKIET; *op ... ~* pounce (up)on ..., make a pounce at/on ...; swoop (down) on ...; swoop upon ... **~skroei** →NEERBAK. **~skryf, ~skrywe** *neerge=* write/take/ set down, commit to paper; minute. **~slaan** *neerge=* strike/ knock down, fell, down, lay out, drop; take a fall/spill, fall/ drop down; cast down *(one's eyes)*; let down, lower *(the hood of a car)*; beat down, flatten; turn down *(a collar)*; *(chem.)* settle, deposit, precipitate; tumble (down); fall flat; *(a cake etc.)* collapse; *op die* **grond** *~, plat ~* come a cropper, meas= ure one's length with the ground; *iem. sy/haar oë laat ~* out= stare s.o.; *soos 'n os ~* fall like a log; *deur die* **weer** *neergeslaan* struck down by lightning. **~smyt** *neerge=, (infml.)* fling/slap/ slam/dash/crash down, dash to the ground. **~stort** *neerge=* fall down, crash/dash/thunder down, tumble/topple down, collapse; *(an aeroplane)* crash; *(rain)* come down in torrents, cascade; hurl/fling down; dump, tip; *... laat ~* bring down ... **~stroom** *neerge=* stream down; *(rain)* pour/gutter/bucket down, come down in torrents; shower. **~stryk** *neerge=* smooth down; *(birds)* come down, descend, alight; *(an aeroplane)* touch down, land. **~stryking** touchdown *(of an aeroplane)*. **~sweef, ~swewe** *neerge=* float down; glide down. **~syg** *neerge=* sink down, collapse. **~trek** *neerge=* pull/drag down; bring down, bring to the ground; drop *(a bird in flight)*; *(rugby)* collar, tackle. **~val** *neerge=* fall/drop down, come down, come to the ground; fall; drop/plop/plump/sink/flop down; *dood ~* drop dead. **~vel** *neerge=* down, fell, strike down; cut down, fell *(a tree)*. **~vly** *neerge=* lay down; *jou ~* nestle down. **~werp** *neerge=, (somewhat fml.)* throw/fling down; strike/knock down, knock over; *jou ~* throw o.s. down, prostrate o.s..

**neer·haal** *neerge=* haul down, lower *(a flag)*; lower, strike *(a sail)*; run down, disparage, belittle; cheapen, degrade, lower; drag down, corrupt; take/bring down. **neer·ha·lend** *-lende* disparaging, derogatory, dismissive, snooty.

**neer·laag** →NEDERLAAG.

**Neer·lan·di·kus** *-dikusse, -dici, (also* n~) Dutch scholar.

**Neer·lan·dis·me** = NEDERLANDISME.

**Neer·lan·dis·tiek, Ne·der·lan·dis·tiek** *(also* n~) Dutch studies.

**neer·slag** downstroke; *(chem.)* sediment, precipitate, deposit; (rain)fall, downpour; precipitation *(of vapour)*; fallout; re= sult; *(mus.)* downbeat, =stroke; reflection, reflex, result; ra= dioaktiewe ~ radioactive fallout; *'n ~ vorm* form a deposit. **~gebied** catchment area/basin; area of precipitation. **~mid= del** *(chem.)* precipitator.

**neer·slag·tig** *-tige* depressed, despondent, dejected; down= cast, disconsolate, cast down, downhearted, low(= spirited), in low spirits, cheerless; *iem. ~ maak* depress, get down, damp; *~ wees* mope, feel blue. **neer·slag·tig·heid** despondency, dejection, depression, gloom, low spirits, *(in= fml.)* the blues.

**neet** *nete* nit; *klou/sit soos 'n ~* cling like a leech.

**ne·fie** *-fies* little cousin; little nephew.

**ne·friet** *(min.)* nephrite, jade; *(med.)* kidney stone. **ne·fri·ties** *-tiese, (anat.)* nephritic. **ne·fri·tis** *(med.)* nephritis, inflamma= tion of the kidneys.

**ne·ga·tief** *-tiewe, n., (also phot.)* negative. **ne·ga·tief** *-tiewe, adj.* negative, unconstructive; *~tiewe* **beeld** negative image; *~tiewe* **ekwiteit,** *(econ.)* negative equity; *~tiewe* **geotropie,** *(biol.)* negative geotropism; *~tiewe* **hoeveelheid** minus quan= tity; *~tiewe* **pool** negative pole *(of a magnet)*. **ne·ga·ti·vis·me** negativism. **ne·ga·ti·wi·teit** negativeness, negativity.

**ne·ge** *-ges* nine; →AGT; *van ~ tot vyf werk* work from nine to five, do a nine-to-five (job); *~ uur* nine hours; →NEGE-UUR. **~duisend** *(also* nege duisend*)* nine thousand. **~hoek** no= nagon. **~honderd** *(also* nege honderd*)* nine hundred. **~oog** *(med.)* carbuncle; *(icht.)* lamprey, lamper eel. **~tal** group of nine. **~-tot-vyf-werk** nine-to-five (job). **~-uur, ~uur, neën= uur** nine o'clock.

**ne·ge·daags** *-daagse* nine-day, of/lasting nine days, nine days'.

**ne·geer** *(ge=* ignore *(s.o., a question, etc.)*; negate; rule out; cut, take no notice of, disregard, give *(s.o.)* the go-by. **ne·geer= baar·heid** deniability. **ne·geer·der** *(electron.)* negator.

**ne·ge·ja·rig** *-rige* nine years old, of nine (years), nine years' *(war)*.

**ne·gen·de, ne·ën·de** *-des, n.* ninth (part). **ne·gen·de, ne·ën·de** *adj.* ninth.

**ne·gen·tien, ne·ën·tien** nineteen. **ne·gen=, ne·ën·tien·de** nineteenth; *die ~ eeu* the nineteenth century. **ne·gen=, ne·= ën·tien·de·eeus** *-eeuse* nineteenth-century. **ne·gen=, ne·ën= tien·ja·rig** *-rige* nineteen years old, of nineteen (years).

**ne·gen·tig, ne·ën·tig** ninety; *iem. is in die ~* s.o. is in his/her nineties; *dit het in die jare ~ gebeur* it happened in the nine= ties/Nineties. **~duisend** *(also* negentig/neëntig duisend*)* ninety thousand. **ne·gen=, ne·ën·ti·ger** *-gers* s.o. in the nineties; s.o. of the nineties/Nineties. **ne·gen=, ne·ën·ti·ger·ja·re** nine= ties; *iem. is in sy/haar ~* s.o. is in his/her nineties; *dit het in die ~ gebeur* it happened in the nineties/Nineties. **ne·gen=, ne·= ën·tig·ja·rig** *-rige* nonagenarian. **ne·gen=, ne·ën·tig·ste** ninetieth.

**Ne·ger** *-gers, (obs., derog.)* Negro.

**ne·ge·voud** *-voude* multiple of nine, ninefold. **ne·ge·vou·dig** *-dige* ninefold.

**nég·li·gé** *-gés, (Fr.)* negligee, negligée, dressing gown.

**ne·go·sie** *(dated)* wares, goods, merchandise. **~winkel** gen= eral (dealer's) store.

**Ne·gro spir·i·tu·al** *(mus.)* (Negro) spiritual.

**Ne·he·mi·a** *(OT)* Nehemiah.

**neig** *ge=* bend, bow, incline, dip, gravitate; tend, trend; *tot ... ~ incline to ...*; lean toward(s) ...; *tot iets ge~ wees* be inclined (or tend to) s.t. **~hoek** angle of inclination.

**nei·ging** *-gings, -ginge* inclination, (pre)disposition, propen= sity; trend, tendency, drift; proclivity, bent; set *(of the mind)*; penchant; *'n dalende ~* a downward trend; *die ~ hê om te ... tend* (or be inclined/apt) to ...; *'n ~ om te ...* a tendency to ...; *'n ~ om iets te doen* a tendency to do s.t.; a propensity to (or for doing) s.t.; *'n ~ in die* **rigting** *van ...* a trend to= wards ...; *'n* **stygende** *~* an upward trend, a tendency to rise; *'n ~* **teen** *...* a trend away from ...; *'n ~* **toon** *om te ...* de= velop/display a tendency to ...; *'n ~ tot ...* **toon** incline to ...; *'n ~* **tot** *...* a leaning towards ...; an inclination to ...; a pro= clivity to ...; a penchant for ...; *'n ~* **tot** *iets, (also)* a propen= sity to (or for doing) s.t..

**nek** *nekke, n.* neck *(of a pers., an animal, a bottle, etc.)*; *(geol.)* nek, col; mountain pass; saddle; *(anat.)* cervix; *(golf)* socket; *iem. agter die ~* **beetkry** take s.o. by the scruff of the neck; *deur die/jou ~* **betaal,** *(infml.)* pay through the nose; *moenie jou ~ (vir my)* **dik** *maak nie!, (infml.)* (I want) none of your cheek!; *iets die ~* **inslaan** quash/scotch s.t. *(a rumour etc.)*; *op iem. se ~ lê, (infml.)* be a burden (or sponge/freeload) on s.o.; outstay (or wear out) one's welcome; *om die/jou ~* around/about one's neck; *'n voël se ~* **omdraai** wring a bird's neck; *ek kan sy/haar ~* **omdraai!,** *(infml.)* I'd like to wring his/her neck!; *deur jou ~* **praat,** *(infml.)* talk through one's hat (or the back of one's head); *jou ~* **rek** crane one's neck; *'n* **stywe** *~ hê* have a rick in the neck, have a stiff neck; *jou ~* **verrek** crick one's neck; *met 'n ~* **wen** win by a neck. **~aar** jugular vein. **~doek** neckerchief, neckcloth. **~hare** hair at the nape of the neck; *iem. se ~ rys, (infml.)* s.o.'s hackles rise; *iem. se ~ laat rys, (infml.)* get s.o.'s hackles up, raise s.o.'s hackles, make s.o.'s hackles rise; *iem. laat jou ~ rys, (infml.)* s.o. really bugs you. **~holte** nape (of the neck). **~hou, ~kap** rabbit punch. **~lêer** *(infml.)* sponger, freeloader. **~lengte** neck length; *met 'n ~ wen* win by a neck. **~rug** nape (of the neck), *(anat., zool.)* nucha. **~slag** blow in the neck; death-blow, finishing/knockout blow; *iets die ~ gee/toedien* knock s.t. on the head *(a plan etc.); iets gee iem. 'n ~* s.t. is *(or leads to)* s.o.'s undoing, s.t. ruins s.o.. **~slagaar** carotid (artery). **~spier** neck/cervical/jugular muscle. **~stuk** *(cook.)* neck; clod *(of beef);* scrag(-end) *(of mutton).* **~stut** neck brace. **~vel** skin of the neck; scruff of the neck. **~vere** hackle. **~vleis** neck beef. **~werwel** cervical vertebra; *eerste ~* atlas; *tweede ~* axis.

**ne·kro·fi·lie** *(psych.)* necrophilia, necrophilism.

**ne·kro·fo·bie** *(psych.)* necrophobia.

**ne·kro·la·trie** *(psych.)* necrolatry.

**ne·kro·lo·gie** *-gieë, (fml.)* necrology, obituary (notice). **ne·kro·lo·gies** *-giese* necrologic(al). **ne·kro·loog** *-loë* necrologist.

**ne·kro·man·sie** necromancy. **ne·kro·mant** *-mante* necromancer. **ne·kro·man·ties** *-tiese* necromantic.

**ne·kro·po·lis** *-lisse,* **ne·kro·pool** *-pole* necropolis.

**ne·kro·se** *(biol.)* necrosis. **ne·kro·ties** *-tiese* necrotic.

**nek·sus** *-susse* nexus.

**nek·tar** nectar. **~klier** *(bot.)* nectary, nectar gland.

**nek·ta·rien** *-riens, -riene* nectarine.

**nel·lie** *(orn.: Macronectes* spp.*)* giant petrel.

**nel·son** *(wrestling, also* nelsongreep, *-kopklem)* nelson (hold); *(cr.: a score of 111 runs)* nelson; *dubbele ~, (cr.: a score of 222 runs)* double nelson; *halwe ~, (wrestling)* half nelson (hold).

**ne·ma·ties** *-tiese, (chem.)* nematic.

**ne·ma·to·de** *-des* nematode, roundworm.

**ne·ma·to·sist** *-siste, (zool.)* nematocyst, nettle cell.

**Nem·bu·tal** *(Am. trade name, pharm.: sodium pentobarbitone)* Nembutal.

**ne·mer** *-mers* taker; *(banking, bills of exchange)* drawee, payee; buyer; →NEEM.

**Ne·me·sis** *(Gr. myth.)* Nemesis.

**ne·o·dim·i·um** *(chem., symb.: Nd)* neodymium.

**ne·o·fas·cis·me** neofascism. **ne·o·fas·cis** *-ciste, n.* neofascist. **ne·o·fas·cis·ties** *-tiese, adj.* neofascist.

**ne·o·fiet** *-fiete* neophyte.

**ne·o·fi·lis·me** *(psych.)* neophilia.

**ne·o·fo·bie** *(psych.)* neophobia.

**ne·o·klas·siek** neoclassic(al).

**ne·o·ko·lo·ni·a·lis·me** neocolonialism. **ne·o·ko·lo·ni·a·lis·ties** *-tiese* neocolonial.

**ne·o·kon·ser·wa·tis·me** neoconservatism. **ne·o·kon·ser·wa·tief** *-tiewe, n. & adj.* neoconservative.

**Ne·o·La·tyn** Modern Latin.

**Ne·o·li·ties** *-tiese, adj., (archaeol.)* Neolithic. **Ne·o·li·ti·kum** *n., (archaeol.)* Neolithic.

**ne·o·mi·sien** *(an antibiotic)* neomycin.

**ne·on** *(chem., symb.: Ne)* neon. **~buis** neon tube. **~lamp** neon lamp. **~lig** neon light. **~(merk)pen** highlighter, marker. **~reklame** neon sign. **~verligting** neon lighting.

**ne·o·na·zi** *-zi's, n.* neo-Nazi. **ne·o·na·zis·me, ne·o·na·zi·ïs·me** neo-Nazism. **ne·o·na·zis·ties, ne·o·na·zi·ïs·ties** *-tiese, adj.* neo-Nazi.

**ne·o·plas·ma** *(med.)* neoplasm.

**ne·o·plas·tiek** *(med.)* neoplasty.

**Ne·o·pla·to·nis·me** *(philos., also* n~*)* Neoplatonism. **Ne·o·pla·to·nies** *-niese, adj., (also* n~*)* Neoplatonic, Neoplatonist. **Ne·o·pla·to·nis** *-niste, n., (also* n~*)* Neoplatonist.

**Ne·pal** *(geog.)* Nepal. **Ne·pa·lees** *n., (inhabitant)* Nepali, Nepalese; *(lang.)* Nepali. **Ne·pa·lees** *-lese, adj.* Nepalese.

**ne·po·tis·me** nepotism, favouritism.

**nep·tu·ni·um** *(chem., symb.: Np)* neptunium.

**Nep·tu·nus** *(Rom. myth., astron.)* Neptune.

**Ne·re·ïed** *-reïede, (Gr. myth., astron.)* Nereid; *(l.c., zool.: a bristle worm)* nereid.

**nê·rens** nowhere; *~ anders (nie)* nowhere else; *~ heen gaan nie* go nowhere; *~ kom nie* go nowhere, stay at home; *get nowhere.* **~land** never-never land.

**nerf** *nerwe, n., (med., bot.)* cicatrice, cicatrix; skin, scurf, outer skin; *(bot.)* cuticle; *(bot.)* vein, nervure; grain *(of leather); dun/fyn van ~ wees* be touchy; *dit was so op 'n ~ na* it was touch and go *(or a near thing); dit was so op 'n ~ na of iem. het ver-ongeluk/ens., (infml.)* s.o. escaped by the skin of his/her teeth. **nerf** *ge-, vb.* grain *(leather);* (strip/peel off) skin, remove the grain. **~af** scuffed, abraded *(knees, shoes, etc.).* **~kant** grain side, hair-side.

**ne·ri·na** *-nas, (bot.)* Guernsey lily, red nerine.

**ners** *(infml.)* arse. **~dermklier** rectal gland.

**nerts** *nertse* mink. **~jas** mink coat.

**ner·wa·tuur, ner·va·tuur** *(bot., entom.)* nervation, venation, veining.

**nes**¹ *neste, n.* nest *(of a bird, an insect or robbers);* nidus *(of an insect);* aerie, eyrie *(of a bird of prey);* haunt *(of robbers);* hole *(of a place);* hotbed, nest *(of vice);* pocket *(of a mineral);* den, hole, burrow; litter *(of pups);* lair *(of a small animal);* lodge; nest, hideaway, retreat, hideout; *jou eie ~ bevuil/vuilmaak* foul one's own nest; *~ maak* nest, nidify, nidificate; *(infml., joc.)* go courting; *~ van ongeregtigheid* den of iniquity. **nes** *ge-, vb.* (make a) nest. **~bouery** nidification. **~eier** *(chiefly fig.)* nest egg. **~kuiken** nestling. **~skop** *nesge-* make a nest; *(fig.)* get the nest ready; settle down, make o.s. at home; *saam met iem. in/op ... ~* settle with s.o. in ... **~vere** first feathers, nest down.

**nes**² *adv., (contr. of* net soos*)* just like; just as; as soon as *(s.o. arrives etc.);* every time, whenever *(one sees s.o. etc.); dis nes hy/sy is* that's just like him/her.

**nes·tel** *ge-* settle; nestle; *in iets ge~ wees* be nested in s.t.; *jou teen iem. ~* cuddle/snuggle up to s.o.; *hulle ~ hulle teen mekaar* they cuddle/snuggle up together.

**Nes·tor** *(Gr. myth.)* Nestor; *(also* n~*)* Nestor, doyen, dean, grand old man; Nestor, patriarch.

**net**¹ *nette, n.* net *(for fishing, tennis, hair);* netting; *(rly.)* system, network; *(anat.)* plexus; *(anat.)* omentum; *(bot.)* skein; *(TV)* channel, network; *(math.)* net; *by die ~, (tennis)* at the net; *die N~, (comp., infml.)* the Net; *in die ~te, (cr.)* at the net(s); *'n ~ uitgooi* cast a net; *iem. in jou ~te vang* ensnare/entrap/net s.o.; *die N~ verken, op die N~ rondsnuffel/rondrits* surf the Net; *in die ~ verstrik raak, (fig.)* be caught in s.o.'s meshes; *agter die ~ vis, (fig.)* miss the boat/bus. **~bal** *(game)* netball; net ball *(in tennis).* **~gordyn** net curtain. **~ma-ker** net maker, netter. **~oefening** *(cr.)* net practice. **~pens** *(zool.)* reticulum. **~stof** *(text.)* net. **~sy** tulle. **~vet** *(anat.)* caul, long/omental fat. **~visser** netter. **~vlies** retina. **~vlies-ontsteking** retinitis. **~werk** →NETWERK.

**net**² *net(te) netter netste, adj.; ~ op jou klere/ens. wees* be neat about one's clothes/etc.; →NETJIES. **net** *adv.* neatly; accurately, precisely; just, merely, only, alone; exactly; *iets is ~ by ... te koop/kry/vind* s.t. can be bought/found only at ...; *s.t. is exclusive to ...; ~ daar* there and then, then and there; *dis ~ hy!* that's the ticket!, this is the very thing!; *~ iets vir jou* just the thing for you; *maar ~ vyf/ens.* as few as five/etc.; *iets nie ~ hoor nie, maar ook sien* not only hear s.t., but see it; *nou ~* only just; *iem. is nou ~ weg* s.o. has just left, s.o. left this very minute; *~ die persoon wat iem. soek* the very person s.o. is looking for; *~ reg* just right; *in ~ tien se-kondes* in ten seconds flat; *selfs (of al is dit) ~ 'n rand/ens.*

as little as a rand/etc.; ~ **so, netso** likewise, just the same, similarly; ~ **so!, netso!** exactly!, that's it!; just so!; quite (so)!; ~ **so** (of *netso*) maak, (also) follow suit; ~ **so** (of *net so*) ... *wees* be every bit as ...; ~ **soos** even as; ~ **soos** *myne* just like mine; ~ **soveel,** (also) netsoveel, netso veel/ just as many/much; ~ **sowel,** (also) netsowel, netso wel/ just as well; ~ **te** ... just (or a tad) too ... (predictable etc.); ~ **toe** ek daar kom just as I arrived there; ~ **vir** ... for ... only (members etc.). ~**-net** only just, barely; ~ *wen* scrape home. ~**nou** →NET= NOU.

**ne·tel** =tels nettle. ~**doek** book muslin, mull. ~**haar** (zool.) stinging hair. ~**roos** (med.) nettle rash, urticaria, hives, ure= do.

**ne·te·lig** =lige =liger =ligste thorny, knotty, ticklish, vexing (problem); tricky, dodgy (situation); contentious, delicate (mat= ter); invidious, critical (position); 'n ~e situasie/posisie, (also) a bed of nails.

**net·heid** neatness, tidiness; fastidiousness; cleanliness.

**net·jies** =jiese =jieser =jiesste, adj. neat, tidy; neat, smart, spruce, trim; respectable, decent (neighbourhood etc.); clean. **net= jies** adv. neatly, tidily; nicely; smartly; respectably; *ek moes maar mooi ~ betaal* I had no option but to pay.

**net·nou** just now, a moment ago; presently, before long; *iem. sal ~ hier wees* s.o. will be here presently (or in a moment); *iem. het ~ (maar) gekom* s.o. has just got here. ~**maar(tjies)** (infml.) in a moment; presently; just; *iem. het ~ gekom* s.o. has just arrived.

**net·to** net(t); ~ **gewig** net(t) weight; ~ **grootte** neat size; ~ **loon/salaris,** (also) take-home pay; ~ **opbrengs/opbrings/ wins** net(t) profit.

**net·vler·kig** =kige, **net·vleu·e·lig** =lige, (entom.) neuropteran, neuropterous.

**net·vor·mig** =mige reticular, reticulate(d), cancellate(d), can= cellous, goffered, gauffered.

**net·werk** network; reticulation; meshwork; (anat.) plexus; netting; tracery; circuit; ~ *van spioene* network of spies; *deel van 'n ~ uitmaak/wees, aan 'n ~ gekoppel wees* be networked. ~**gebruik** networking. ~**koppeling:** *kantore/ens. met* ~ net= worked offices/etc.. ~**stelsel:** *'n gerekenariseerde* ~ a net= worked computer system. ~**vorming** networking.

**net·wer·ker** networker.

**neuk** ge=, (coarse) hit, strike, bash, whack, thwack, slug, flog, thrash, trounce; bother, annoy, trouble; *hou op met jou ge~!* cut that out!; *jy ~ nou!* don't be such a goddamn nuisance!; *met iem.* ~ harass/pester s.o.; *moenie met my* ~ *nie!* don't mess with me!; *ek sal jou* ~*!* I'll clobber you!. **neu·ke·ry** =rye, (coarse) nuisance, hassle, botheration; mess-up; *hoe meer dae hoe meer* ~ it's just one thing on top of the other, it just doesn't stop, does it?; *sat van iem. se* ~ sick of s.o.'s bloody nonsense.

**neul** ge= nag, be troublesome, be a nuisance, (infml.) whinge; *by iem. oor iets* ~ badger/pester s.o. for s.t.. ~**kous,** ~**pot** bore, plague, nuisance, (infml.) whinger, whinge (bag); nag= ger, fusser, fusspot.

**neu·le·rig** =rige nagging, pestilent, (infml.) whing(e)y, whing(e)= ing.

**neu·le·ry** grumbling, bother; nagging, (infml.) whinge, whing(e)= ing.

**neu·raal** =rale neural. **neu·ral·gie** neuralgia. **neu·ral·gies** =giese neuralgic.

**Neu·ren·berg** (geog.) Nuremberg. **Neu·ren·bergs** =bergse (of) Nuremberg.

**neu·rie** ge= hum; croon. ~**sanger** crooner.

**neu·ro·chi·rurg, neu·ro·sji·rurg** neurosurgeon. **neu·ro· chi·rur·gie, =sji·rur·gie** neurosurgery. **neu·ro·chi·rur·gies, =sji= rur·gies** =giese neurosurgical.

**neu·ro·fi·si·o·lo·gie** neurophysiology.

**neu·ro·lep·ties** (med.) neuroleptic.

**neu·ro·lo·gie** neurology. **neu·ro·lo·gies** =giese neurological. **neu·ro·loog** =loë neurologist.

**neu·ro·mus·ku·lêr** =lêre, (anat.) neuromuscular.

**neu·ron** =rone, =rons neuron(e), nerve.

**neu·ro·oor·dra·er** (physiol.) neurotransmitter.

**neu·root** =rote, n. neurotic. **neu·ro·se** =ses neurosis. **neu· ro·ties** =tiese, adj. neurotic.

**neu·ro·paat** =pate, (med.) neuropath, neurotic. **neu·ro·pa·ties** =tiese neuropathic.

**neu·ro·psi·go·lo·gie** neuropsychology.

**neu·ro·to·mie** (surg.) neurotomy.

**neu·ro·we·ten·skap(·pe)** neuroscience. **neu·ro·we·ten· skap·li·ke** =kes neuroscientist.

**neus** neuse nose (of a pers., ship, aeroplane, pipe, tube, etc.); muzzle, proboscis, snout (of an animal); prow (of a ship); nozzle (of a pipe, tube, etc.); (toe)cap, toe (of a shoe); cutwater (of a pillar, ship, etc.); cape, headland, promontory, point, shoulder (of a mountain); nose (of wine); nose, scent; handle; *wie sy ~ skend, skend sy aangesig* it's an ill bird that fouls its own nest; *agter jou ~ aanloop,* (infml.) follow one's nose; *met jou ~ in 'n boek sit,* (infml.) bury/have one's nose in a book; *met jou ~ in die boeke sit* pore over one's books; *met jou ~ in die botter val,* (infml.) have a lot of luck, strike oil, be/live in clover; *nie jou ~ by die deur uitsteek nie,* (infml.) not stir out of the house; *'n fyn/goeie ~ vir ... hê* have a (good) nose for ...; *jou ~ insteek,* (infml.) butt in, put/stick one's oar in; *in jou ~ krap* pick one's nose; *lelik op jou ~ kyk,* (infml.) fall flat on one's face; ... *laat jou op jou ~ kyk,* (infml.) ... makes one look silly, ... punctures one's pride; *nie verder/vêrder kyk/sien as (wat) jou ~ lank is* not look/see further than (or beyond [the end of]) one's nose; *iem. aan die ~ lei* lead s.o. by the nose (or up the garden path); *iem. se ~ loop* s.o. has a runny nose; *met jou ~ in die lug loop* walk with one's nose in the air, think one is the Queen of Sheba; *jou ~ vir iets optrek,* ~ *optrek vir iets* turn up one's nose at s.t.; *('n) mens kan nie jou ~ daarvoor optrek* nie it is not to be sniffed at; *deur jou ~ praat* speak through one's nose (or in a nasal voice), nasalise, snuffle; *jou ~ in iem. se sake steek,* (infml.) meddle in (or poke/stick one's nose into or pry into) s.o.'s affairs; *iem. se ~ is toe, iem. het 'n toe ~* s.o.'s nose is blocked, s.o. has a blocked nose; *jou ~ toedruk* hold one's nose; *die deur voor iem. se ~ toemaak* shut the door in s.o.'s face; *jou ~ (uit)snuit* blow one's nose; *teen jou ~ vaskyk,* (infml.) not see s.t. that is under one's nose; not look/see further than (or beyond [the end of]) one's nose; *vlak voor iem. se ~,* (infml.) under s.o.'s (very) nose; *dit on= der iem. se ~ vryf/vrywe* rub s.o.'s nose in it; rub it in; *met 'n ~ wen,* (a horse) win by a nose; *jou ~ in die wind steek* hold one's head high, go about with one's nose in the air, give o.s. airs. ~**aap** (zool.) proboscis monkey, nose monkey. ~**been** nasal bone. ~**bloeding** nosebleed(ing), rhinorrha= gia, epistaxis. ~**boor** (tech.) nose bit. ~**brug** bridge of the nose. ~**druppels** nose drops. ~**duikvlug** (av.) nose dive. ~**gat** nostril; (anat., zool.) naris. ~**geluid** nasal sound. ~**haar** =hare, (usu. pl.) hair in the nostrils, nostril hair, vibrissa (pl.: vibris= sae). ~**holte** nasal cavity. ~**horingvoël** hornbill. ~**keel= en-oor(-)arts** nose, ear and throat specialist, otorhinolaryn= gologist. ~**klank** nasal sound; (nasal) twang; (phon.) nasal. ~**knopie** nose stud. ~**loop** rhinorrhoea. ~**poliep** nasal/na= sopharyngeal polyp(us). ~**riem** noseband, nosepiece. ~**ring** nosering, bullring, cattle leader. ~**slym** nasal mucus. ~**slym= vlies** mucous membrane. ~**spieël** rhinoscope, muzzle. ~**spuit(jie)** nasal syringe/spray, atomiser. ~**spuitmiddel** =dels nasal/nose spray. ~**stem** nasal voice. ~**verstopping** snuffles. ~**vleuel** nostril, wing of the nose. ~**wortel** base of the nose.

**neu·sie** =sies, (dim.) little nose; *dis* ~ *verby,* (infml.) it is too late now, the opportunity has been lost, you can kiss that (one) goodbye.

**neus·in·ste·ke·rig** =rige nos(e)y, meddling, meddlesome, snoopy, busy; ~*e mens* busybody, *(infml.)* nosey parker.

**neus·op·trek·ke·rig** =rige standoffish, snooty, snotty(-nosed), sniffy, fastidious, stuck-up.

**neut** *neute* nut; *(cook.)* nutmeg; ~*e dop/afdop/uitdop* shell nuts; *nie om dowe* ~*e nie, (infml.)* not for nothing; *'n harde* ~ *om te kraak, (infml.)* a hard nut to crack. ~**bruin** hazel. -**(e)boom** nut tree; walnut tree; nutmeg tree. ~**(e)dop** nutshell; *in 'n neutedop, (fig.)* in a nutshell. ~**(e)kraker** nutcracker, pair of nutcrackers. ~**(muskaat)** *(cook.)* nutmeg. ~**steenkool** nut coal, nuts. ~**vars** perfectly fresh, hot *(news)*.

**neut·ag·tig** =tige nutty.

**neu·traal** =trale neutral; undenominational *(school); (med.)* bland; unsectarian *(school, college);* neutral, impartial; colourless, indifferent; non(-)committal; *(astron., phys.)* neutral; ~ *bly in* ... remain/stay neutral in ... *(a war etc.).* **neu·tra·lis** =liste neutralist. **neu·tra·li·sa·sie** neutralisation; offset. **neu·tra·li·seer** *ge*- neutralise; offset, negative. **neu·tra·li·se·ring** =rings, =ringe neutralisation; wipeout *(of a missile centre etc.).* **neu·tra·lis·me** neutralism. **neu·tra·lis·ties** =tiese neutralist. **neu·tra·li·teit** neutrality, indifference.

**neu·tri·no** =no's, *(phys.)* neutrino.

**neu·tron** =trone, *(phys.)* neutron. ~**bom** neutron bomb.

**neu·trum** *neutrums, neutra, (gram.)* neuter.

**Ne·va·da** *(geog.)* Nevada.

**New Age** *(philos.)* New Age. ~ ~**(-musiek)** New Age (music). ~ ~**-aanhanger** New Ager. ~ ~**-beweging** New Age Movement.

**New·cas·tle·siek·te** *(vet., also* n~) Newcastle disease.

**ne·we:** ~**-effek** =fekte secondary/side effect, by-effect, *(infml.)* fallout; ~*te hê* have side effects; *'n* ~ *van* ... a side effect of ... ~**geskik** =skikte co(-)ordinate. ~**persoon** *(liter.)* minor character. ~**produk** by-product; *'n* ~ *van* ... a by-product of ...; a spin-off from ... ~**skikkend** =kende co(-)ordinating *(conjunction)*, co(-)ordinative; ~*e volsin, (gram.)* compound sentence. ~**skikking** co(-)ordination.

**ne·wel** =wels mist, haze, fog, film; *(astron.)* nebula; *(fig.)* smog, veil, shroud. ~**bank** fog bank, bank/pocket of mist. ~**laag** mist layer. ~**spuit** spray, atomiser, vaporiser, nebuliser. ~**ster** nebulous star. ~**streek** mist belt. ~**teorie** nebular theory. ~**vlek** =vlekke nebula; *(in the pl., also)* nebulae. ~**wolk** *(astron.)* fog cloud, nebula.

**ne·wel·ag·tig** =tige, *(lit.)* misty, foggy; *(lit. & fig.)* hazy, nebulous. **ne·wel·ag·tig·heid** mistiness, haziness, nebulosity.

**New·found·land** *(geog.)* Newfoundland. **New·found·lan·der** =ders, *(inhabitant)* Newfoundlander; *(dog, also* n~) Newfoundlander.

**New Hamp·shire** *(geog.)* New Hampshire.

**New Or·le·ans** *(geog.)* New Orleans.

**new·ton** =ton(s), *(phys.)* newton.

**New·tons** =tonse, **New·to·ni·aans** =aanse, *(phys.)* Newtonian.

**new wave(-mu·siek)** new wave (music).

**New York** *(geog.): (die staat)* ~ ~ New York; *(die stad)* ~ ~ New York (City).

**Ngu·ni** *(SA lang. group)* Nguni. ~**beeste** Nguni cattle.

**Ni·a·ga·ra:** ~ *Falls (city)* Niagara Falls. ~**(rivier)** Niagara (River). ~**(-)waterval** Niagara Falls.

**Ni·çoise-slaai** *(Fr. cook., also* slaai Niçoise) salade Niçoise.

**nie** not; ~ *alle slange is giftig* ~, *alle slange is* ~ *giftig* ~ not all snakes are poisonous, all snakes are not poisonous; ~ *alte/danig* ... ~ none too ...; ~ *bekend staan* (of bekendstaan) *as iem. wat ... doen* ~ not be known for (or to do) ...; *beslis* ~ certainly not; ~ *beter as* ... no better than ...; ~ *dat* ... ~, *maar* not that ..., but; ~ *eens/eers* ... ~ not even ...; *glad* ~ not in the least; not at all; not so; not a bit; not at any price;

not by a long shot; *glad (en geheel)* ~ not at all, in/under no circumstances; on no condition; not the least bit; *glad (en geheel)* ~! don't even think about it! *(infml.); glad* ~ *goed/ens.* ~ not good/etc. at all, not a bit of good/etc.; *glad* ~ *so goed/ens. soos* ... ~ not anything like as good/etc. as ...; *glad* ~ *honger/ens. wees* ~ not be hungry/etc. at all; *ek het jou glad* ~ *hoor inkom/binnekom* ~ I never heard you come in; ~ *heeltemal/juis billik/ens.* ~ less than fair/etc.; *helaas* ~ no such luck *(infml.); iem. rook/ens.* ~, *of hoe?* s.o. doesn't smoke/etc., does he/she?; *indien* ~ if not; *ek rook/ens.* ~, *en jy?* I don't smoke/etc., do you?; *sou dit* ~ *lekker wees* ~! wouldn't it be nice!; ~ *minder as tien* ~ not less than ten; *ook* ~ nor; *so* ~ if not; in the alternative; ~ *van die slimste/ens.* ~ none of the cleverest/etc.; ~ *dat iem. dit* ~ *verdien* ~! not that s.o. doesn't deserve it; *dis verdomp* ~ *regverdig/ens.* ~, *(infml.)* that's damn well not fair/etc.; *volstrek* ~!, *(also)* not on your life! *(infml.); dis* ~ *waar* ~ it is not true; ~ *waar* ~? isn't that so?, not so?; *jy geniet die werk,* ~ *waar* ~? you enjoy the work, don't you?. ~**aanneming** non(-)acceptance. ~**aansteeklik** non(-)contagious. ~**aanvalsverdrag** non(-)aggression pact. ~**absorberend** nonabsorbent. ~**-Afrikaans** non-Afrikaans. ~**aggressief** non(-)aggressive. ~**akademies** non(-)academic. ~**alkoholies** =liese non(-)alcoholic, alcohol-free; ~*e bier, (also)* no-alcohol beer. ~**allergies, ~allergenies** non(-)allergic, non(-)allergenic. ~**amptelik** =like unofficial, non(-)official; *(attr.)* off-the-record *(remark, discussion, etc.).* ~**beeldend** non(-)representational. ~**belanghebbend** uninterested. ~**belasbaar** non(-)taxable. ~**beskikbaar** unavailable. ~**beskikbaarheid** non(-)availability. ~**besmetlik** non(-)infectious. ~**bestaan** non(-)existence, nonentity. ~**bestaande** non(-)existent, insubstantial. ~**betaling** non(-)payment. ~**blank** =blanke, adj., (obs., offensive) non(-)white. ~**blanke** =kes, n., (obs., offensive) non(-)white. ~**bydraend** non(-)contributory. ~**bywoning** non(-)attendance. ~**-Christelik** non-Christian. ~**deelnemend** non(-)participating, non(-)playing. ~**destruktief** non(-)destructive. ~**deurlopend** discrete. ~**diskriminasie** non(-)discrimination. ~**diskriminerend** non(-)discriminatory. ~**dreigend** non(-)threatening, unthreatening. ~**drinker** non(-)drinker. ~**duursaam** =same not durable, non(-)durable; ~*same goedere/produkte/artikels* non(-)durables. ~**figuratief** non(-)representational, non(-)figurative *(art).* ~**fiksie** non(-)fiction. ~**gebruik** non(-)use, non(-)usage. ~**gebruiker** non(-)user. ~**geestelik** unspiritual. ~**geheime** adj. (attr.) non(-)classified *(document).* ~**gekoppel(d)** =pelde, (comp.) off-line *(system etc.).* ~**geleiding** non(-)conductivity. ~**geleier** non(-)conductor; insulator. ~**gelowige** non(-)believer, agnostic. ~**gemotoriseer(d)** =seerde unpowered. ~ ~**-inwonend** =nende non(-)resident. ~ ~**-Jood** n. non-Jew, gentile *(also* G~), goy *(Hebr., infml., derog.).* ~ ~**-Joods** adj. non-Jewish, gentile *(also* G~). ~ ~**-Kommunis** non-Communist. ~**konfessioneel** *(relig.)* non(-)denominational. ~**leser** non(-)reader. ~**lewering** non(-)delivery. ~**lid** non(-)member. ~**lineêr, ~liniêr** *(math.)* non(-)linear. ~**lonend** unprofitable, unremunerative. ~**menslik** non(-)human, unhuman. ~**metaal** non(-)metal. ~**metalliek** non(-)metallic. ~**nakoming** non(-)performance, non(-)compliance, non(-)fulfilment, inobservance. ~**oorlogvoerend** non(-)belligerent. ~**politiek** non(-)political, unpolitical. ~**professioneel** non(-)professional. ~**regeringsorganisasie** *(abbr.:* NRO) non(-)governmental organisation *(abbr.:* NGO). ~**roker** non(-)smoker. ~**samewerkend** non(-)cooperative. ~**spelend** non(-)playing. ~**spesifiek** non(-)specific. **N~standaardengels** non(-)standard English. ~**stemgeregtig, ~kiesgeregtig** un(en)franchised, voteless; non(-)voting. ~**stemgeregtigde** non(-)voter. ~**stemmer** non(-)voter. ~**strydend** =dende, adj. non(-)combatant. ~**strydende** =des, **~stryder** =ders, n. non(-)combatant. ~**strydig** *(math.)* consistent. ~**telbaar** *(gram.)* uncountable *(noun).* ~**tussenkoms** non(-)interference, non(-)intervention. ~ ~**-uitvoerende direkteur** non(-)

executive director. ~-**uitwissende leesproses** *(comp.)* non(-)destructive read. ~**vakkundige** non(-)specialist. ~**veg**-**tend** non(-)combatant. ~**verbaal** non(-)verbal *(communi-cation)*. ~**verbindend** non(-)committal; noncompulsory; not binding *(contract)*; inoperative, ineffectual *(law)*. ~**ver**-**handelbaar** non(-)transfer(r)able, non(-)negotiable. ~**ver**-**nietigend**, ~**vernielend** non(-)destructive. ~**vernietigings**-**toetse** *n. (pl.), (tech.)* non(-)destructive testing. ~**ver**-**oordelend** non(-)judg(e)mental. ~**verplig** *-pligte* faculta-tive. ~**verpligtend** *-tende* non(-)obligatory. ~**verset** non(-)-resistance. ~**verskyning** non(-)appearance, failure to attend. ~**verslawend** non(-)addictive. ~**verspreidend** *(med.)* non(-)-invasive *(disease)*. ~**verwant** unrelated; unallied; unassoci-ated. ~**vetmakend** non(-)fattening. ~**vlambare film** *(phot.)* safety film, non(-)flammable film. ~**vlugtig** non(-)volatile, fixed *(oil)*. ~**voorgeskrewe medisyne** unprescribed med-icine. ~**vrugbare tyd** *(infml.)* safe period *(when a woman is unlikely to become pregnant)*. ~**wetenskaplik** non(-)scien-tific. ~**winsdelend** *(ins.)* non(-)participating. ~**winsgewend** non(-)paying, unprofitable.

**nie·ker·bol** *-bols, (infml., dated: a boiled sweet)* bull's-eye.

**ni·ël·lo** *(art of engraving)* niello.

**nie·mand** no one, nobody, none; ~ **anders** as ... nie none other than ...; none other but ...; no one besides ...; met ~ **anders** *wil praat nie* not want to speak to anyone else; *by*-*na* ~ *(nie)* scarcely anyone; *so* **goed** *as* ~ *(nie)* next to nobo-dy; ~ **minder** *as die voorsitter/ens. nie* no less a person than the chairman/etc.. **nie**-**mands**-**land** no man's land, march-land.

**nier** *niere, (anat.)* kidney; *(min.)* nodule. ~**aartappel** fluke. ~**boon(tjie)** kidney bean. ~**buis(ie)** nephric duct, renal tu-bule. ~**erts** *(geol.)* kidney ore, nodular ore. ~**hou** kidney punch. ~**kwaal** kidney disease/complaint/ailment, nephro-pathy. ~**liggaam(pie)** *(anat.)* glomerule, glomerulus. ~**ma**-**sjien** kidney machine. ~**ontsteking** nephritis, Bright's dis-ease. ~**steen** *(med.)* renal/vesical calculus, kidney stone; *(geol.)* nephrite. ~**(vaat)liggaampie** *(anat.)* Malpighian body/corpuscle. ~**vet** suet. **nier**-**vor**-**mig** *-mige* kidney-shaped; *(bot., min.)* reniform.

**nies** *niese, n.* sneeze. **nies** *ge-, vb.* sneeze. ~**bui** sneezing, *(med.)* sternutation convulsiva. ~**gas** sneeze gas, sneezing gas. ~**kruid** *(bot.)* sneezeweed; hellebore, yarrow. ~**wortel** *(bot.)* sneezewort; hellebore, yarrow.

**nie·se·rig** *-rige* sneezy. **nie**-**se**-**rig**-**heid** sneeziness.

**nie·se·ry** sneezing, *(fml.)* sternutation.

**niet** nothing, nothingness; *iets te* ~ **doen**, *(fml., dated)* annul/cancel s.t., declare s.t. invalid *(or* null and void); do away with s.t.; undo s.t.; stultify s.t. *(s.o.'s efforts)*; *tot* ~ **gaan** de-cay, perish; go to rack and ruin; *iets uit* ~s s.t. out of noth-ing; *iets tot* ~ **maak** destroy s.t.; undo s.t.; kill s.t.; *iets uit die* ~ *te* **voorskyn** bring create s.t.; *tot* ~ **wees** be destroyed/lost/defunct; *in die* ~ **verdwyn** disappear/melt/vanish into thin air *(infml.)*; vanish into space; fade into nothingness; fade away to nothing; *uit die* ~ **verskyn** appear (as if) from *(or* out of) nowhere.

**nie·teen·staan·de, nie·teen·staan·de** *conj.* notwithstand-ing (that); ~ *(dat) iem. siek/ens. was* although *(or* in spite of the fact that) s.o. was ill/etc.. **nie**-**teen**-**staan**-**de, nie**-**teen**-**staan**-**de** *prep.* despite, in spite of, in the teeth of.

**nie·te·min, nie·te·min** nevertheless, nonetheless, notwith-standing, however, for all that, that said.

**nie·tig** *-tige* insignificant, futile, trivial, *(infml.)* piffling; pal-try, negligible *(amount)*; trifling *(matter)*; small; miserable; puny *(fellow)*; *(jur.)* invalid, null and void, nugatory; *iets* ~ **maak** render s.t. void *(a contract etc.)*; *iets* ~ **verklaar** declare s.t. (null and) void, nullify/annul s.t.; set aside s.t. *(a verdict etc.)*; *'n vonnis* ~ **verklaar**, *(also)* quash a judg(e)ment. ~**ver**-**klaring** annulment, nullification, invalidation, defeasance;

vacation; setting aside *(a judg[e]ment)*; declaration of nullity; rescission *(fml.)*; repeal.

**nie·tig·heid** *-hede* insignificance; nihility; *(jur.)* invalidity, nullity *(of a marriage)*; trifle, trifling matter, nothingness; puniness; vanity; *sommer 'n* ~ a mere nothing.

**Nieu·:** ~-**Engeland** *(Am.)* New England. ~-**Engels, Nuwe Engels** Modern English. ~-**Seeland** New Zealand. ~-**Seelands** (of) New Zealand. ~-**Testamenties, Nuwe Tes**-**tamenties** *-tiese* (of the) New Testament. ~-**Testamen**-**tikus, Nuwe Testamentikus** *-tikusse, -tici* New Testament scholar.

**nieu·mo·dies** *-diese* fashionable, new-fashioned, stylish, mod-ern.

**nig** *(dated), (form of address, also before Chr. names)* cousin; *(infml., form of address)* old girl. **nig·gie** *-gies* cousin; niece. **nig·gie·tjie** *-tjies, (dim.)* little niece/cousin.

**Ni·ge·ri·ë** *(geog.)* Nigeria. **Ni·ge·ri·ër** *-riërs, n.* Nigerian. **Ni·ge·ries** *-riese, adj.* Nigerian.

**ni·gro·man·sie** black magic.

**ni·hi·lis** *-liste, (also* N~) nihilist. **ni·hi·lis·me** *(also* N~) nihil-ism. **ni·hi·lis·ties** *-tiese, (also* N~) nihilistic.

**Nik·kei:** ~-(**indeks**), ~-(**beurs**)**gemiddeld(e)** *(Tokyo stock exch.)* Nikkei (index), Nikkei (stock) average.

**nik·kel** *(chem., symb.:* Ni) nickel. ~**munt** nickel coin. ~**silwer** nickel/German silver. ~**staal** nickel steel.

**nik·kel·hou·dend** *-dende* nickeliferous.

**nik·ke·liet** *(min.)* niccolite, copper nickel.

**nik·ker** *-kers, (Germ. myth.)* nix, water elf; fiend.

**ni·ko·tien** nicotine. ~**geel** nicotined, nicotine-stained *(fin-gers etc.)*. ~**plakker** nicotine patch. ~**suur** *(biochem.)* nico-tinic acid, niacin. ~**vergiftiging** *(pathol.)* nicotine poison-ing, nicotinism.

**niks** nothing; none, nil, nought; *daar is* ~ **aan** *nie* there is nothing to *(or* no difficulty about) it; it isn't up to much *(infml.)*; ~ *van die* **aard** *nie* nothing of the sort; *(absoluut/heeltemal/hoegenaamd* of *net mooi)* ~ *(nie)* absolutely nothing, nothing whatever, *(infml.)* zilch; *amper/byna* ~ *(nie)* hardly/scarcely anything; next to nothing *(infml.)*; *met* ~ **begin** start from scratch; *iem. sal* ~ *daarmee* **bereik** *nie* it will not get s.o. anywhere, it will get s.o. nowhere; *hoege-naamd* ~ **beteken** *nie* not mean a thing; *dit* **beteken/sê** *vir iem.* ~ *(nie)* it conveys nothing to s.o.; ~ **beter/ens.** *nie* none the better/etc.; ~ *teen iets in te* **bring** *hê nie* have no quarrel with/against it; *daar is* ~ *teen in te* **bring** *nie* nobody can *(or* you can't) quarrel with that; *iem. het* ~ *daaraan* nie there is nothing in it for s.o.; it is nothing to s.o.; it is wasted on s.o.; it is lost (up)on s.o.; ~ **daarvan** *nie!* forget it!; noth-ing of the kind/sort!; ~ *daarvan* **dink** *nie* make nothing of it; not think anything of it; *dis* ~ *(nie)* it does not matter; no harm done; *dis* ~ *(nie)!* no matter!; never mind!; forget it!; ~ **doen** *(nie)* not be doing anything; *dit doen* ~ *aan ... af nie* it takes nothing from ...; ~ *te* **doen** *hê nie* have nothing to do, be at a loose end; *('n) mens kan* ~ *daaraan* **doen** *nie, daar is* ~ *aan te* **doen** *nie* there is nothing one can do about it; it can't be helped; there is no help for it; that's/it's too bad *(infml.)*; *dit het* ~ *daarmee te* **doen/make** *nie* that has noth-ing to do with it; that does not enter into it; it is beside the question; it's/that's neither here nor there; *iem. wil* ~ *met iets te* **doen/make** *hê nie* s.o. wants no part in s.t. *(infml.)*; s.o. will not be a party to s.t.; ~ *met iem. te* **doen/make** *hê nie* have no traffic/truck with s.o.; ~ *met iem./iets te* **doen/make** *wil hê nie, (also)* want none of s.o./s.t.; ~ *meer met iem. te* **doen/make** *wil hê nie* be/have done with s.o.; *iem. het* ~ **gedoen** *nie* s.o. did not do anything; *iem. het* ~ **geslaap** *nie* s.o. did not sleep a wink; ~ **gewaar** *nie* not notice a thing; *so* **goed** *as* ~ *(nie)* next to nothing *(infml.)*; ~ **hê** *om aan te* **trek** *nie* not have a thing to wear; ~ **verder/vêrder** *wil hê nie* want nothing else; ~ *teen iem.* **hê** *nie* have nothing against *(or* no quarrel with/against) s.o.; ~ *teen ...* **hê** *nie, (also)* not mind ...; **hoegenaamd** ~ *hoor/sê/sien nie* not hear/say/see a thing; ~ **honger/ens.** *wees nie* not be hungry/etc. at all; ... **is vir** iem. ~ *(nie)* s.o. makes/thinks nothing of ... *(walking 20 km a day etc.); dit* **is vir** *iem. (sommer)* ~ *(nie)* it is nothing to s.o.; ~ **kom** *daarby nie* there is nothing like it *(infml.); daar* **kom** ~ *van nie!* that'll be the day!, *(infml.)* you've got a hope!, *(infml.)* nothing doing!; *dit sal* ~ **kos** *nie* it will not cost a cent; *iem.* **kry** ~ *daaruit nie* there is nothing in it for s.o.; ~ *van iets* **maak** *nie* make light of s.t.; *dit* **maak** ~ *nie* it does not matter; *dit* **maak** ~ *nie!* never mind!; *iem. het* ~ *daarmee te* **maak/make** *nie* it is none of s.o.'s business, s.o. has nothing to do with it; ~ *hier te* **make/soek** *hê* have no business here *(infml.);* ~ **meer** *met iem. te doen wil hê nie* be through with s.o. *(infml.);* ~ **meer** *van iets hou nie* not like s.t. any more; *dit is* ~ **minder** *as ... nie, (also)* it is nothing short of ...; ~ **mooier** *as ... nie* no *(or* in no way) prettier than ...; ~ **mooiers** *nie* nothing prettier; ~ **nie** not a thing; *dit is* ~ **nuuts** *nie* that is nothing new; ~ **omgee** *nie, (infml.)* not care at all; *omtrent* ~ *(nie)* next to nothing *(infml.);* a fat lot *(infml.);* ~ **oorkom** *nie* come to no harm; *het jy* ~ *te* **sê** *nie?* have you nothing to say for yourself?; *daar is* ~ *voor te* **sê** *nie* there is nothing to be said for it; *die grap is* ~ **snaaks** *nie* the joke is not at all funny; **sommer** ~ *(nie)* a mere nothing; *so te* **sê** ~ *(nie)* next to nothing *(infml.); daar* **steek/sit** ~ *in nie* there is nothing in it; *vir* ~ **stuit/terugdeins** *nie* stick/stop at nothing; *daar is* ~ **suiker** *nie* there's no sugar; ~ **tel** *nie* count for nothing; *daar sal* ~ *van* **teregkom** *nie* nothing will come of it; ~ **vaak** *nie* not in the least sleepy, not sleepy at all; *daar is* ~ *van die geld/ens. oor nie* there is no money/etc. left; ~ **verniet** *nie* nothing for nothing; ~ **vir** ~ *(en bitter min vir 'n sent)* nothing for nothing (and precious little for sixpence); *dit is nie* **vir** ~ *dat ... nie* it is not for nothing that ...; *daar is* ~ */geen* **water** *nie* there's not a drop of water. ~**beduidend** *=dende* insignificant, trifling, worthless, no-account; nugatory; puny; puerile, frivolous, trivial; ~*e persoon* good-for-nothing. ~**beduidendheid** insignificance, worthlessness; puniness. ~**werd** *=werds, =werde, n.* worthless fellow, no-good, good-for-nothing, deadbeat. ~**werd** *adj.* good-for-nothing, no-account, worthless, useless, valueless.

**niks·doen** idleness, loafing, doing nothing, inaction, inactivity. **niks·doe·ner** idler, loafer, do-nothing. **niks·doe·ne·ry** idling, idleness, loafing, doing nothing.

**niks·nut** *=nutte,* **niks·nuts** *=nutse* good-for-nothing; deadbeat, no-good, stiff; *iem. is 'n* ~ s.o. is no good.

**niks·seg·gend** *=gende* meaningless; empty, idle *(phrases);* platitudinous *(words);* lame *(excuses);* inexpressive; non(-)committal.

**niks·ver·moe·dend** *=dende* unsuspecting, inexpectant.

**nil·g(h)ai** *=g(h)ais, (Ind. antelope)* nilgai, nilghau, nylghau.

**nim·bus** *=busse* nimbus, halo. ~**(wolk)** nimbus (cloud), rain cloud.

**nimf** *nimfe, (myth. or poet., liter.)* nymph; *(entom.)* nympha, pupa. **nimf·ag·tig** *=tige* nymphlike, nymphean, nymphal.

**nim·fo·maan** *=mane* nymphomaniac. **nim·fo·ma·nie** nymphomania.

**nim·lik** *=like: die* ~*e hy/sy, (infml.)* the very (same) man/woman.

**nim·mer** never; *so* ~ *aste nooit* →NOOIT. ~**eindigend** never-ending, everlasting *(complaints etc.).* ~**meer** never again, nevermore.

**nim·rod** *=rods, (fig., also* N~) Nimrod, great hunter.

**nin·jit·soe, nin·joet·soe** *(a Jap. martial art)* ninjitsu, ninjutsu. **nin·ja** *=jas* ninja.

**ni·o·bi·um** *(chem., symb.:* Nb) niobium.

**nip·pel** *=pels, (mech.)* nipple, pipe coupling, union-nut joint; (air) valve; *(bomb)* adapter.

**nip·per·tjie:** *op die* ~ at the last minute/moment, in the nick of time; *op die* ~ *geklop word* be beaten at the post; *dit was*

---

*so* **op** *die* ~ it was a close/near thing *(or* a close shave *or* touch and go); *so* **op** *'n* ~ *na iets bereik/behaal/ens.* came within a whisker of achieving s.t..

**nir·wa·na** *(Hind., Buddh., also* N~) nirvana.

**nis** *nisse* niche, recess, cove *(in a building);* niche *(in the market etc.); vir jou 'n* ~*(sie)* vind carve out a niche for o.s.. ~**bemarking** niche marketing. ~**mark** niche market. ~**onderneming** niche business.

**ni·si** *(Lat.: unless)* nisi; *bevel* ~, *(jur.)* decree/rule nisi.

**ni·traat** *=trate, n., (chem.)* nitrate. **ni·tra·sie, ni·tre·ring** nitration. **ni·treer** *(ge)=, vb.* nitrate.

**ni·tried** *=triede, (chem.)* nitride.

**ni·triet** *=triete, (chem.)* nitrite.

**ni·tri·fi·seer** *ge=* nitrify. **ni·tri·fi·ka·sie, ni·tri·fi·se·ring** nitrification.

**ni·tro** *comb., (chem.)* nitro=. ~**benseen** nitrobenzene, mirbane oil, essence of mirbane. ~**gliserien** nitroglycerin(e). ~**sellulose** nitrocellulose, cellulose nitrate.

**ni·tro·se·gas·se** *(chem.)* nitrous fumes.

**ni·veau** *=veaus, (Fr.)* level, plane.

**ni·vel·leer** *ge=* level (out), level up/down; take a level. ~**stok** surveying/surveyor's rod. **ni·vel·le·ring** *=ringe, =rings* levelling, contouring, equalisation.

**Nizj·ni Now·go·rod** *(Russ. port on the Volga)* Nizhni Novgorod.

**nja·la** *=las, (zool.)* nyala. ~**boom** nyala tree.

**njam–njam** *interj.* yummy!, yum-yum!.

**Nko·si Si·ke·lel' i·A·fri·ka** *(SA nat. anthem, Xh.: God, bless Africa)* Nkosi Sikelel' iAfrika.

**'n–'n** →'M–'M.

**No·ag** *(OT)* Noah; *iets was saam met* ~ *in die ark* s.t. is as old as time/Methuselah/Adam *(or* the hills).

**No·bel=:** ~**prys** Nobel prize. ~**pryswenner** Nobel prize winner, Nobel laureate. ~**vredesprys** Nobel peace prize.

**no·be·li·um** *(chem., symb.:* No) nobelium.

**no·daal** *=dale* nodal.

**no·de·loos** *=lose, adj.* needless, unnecessary, gratuitous *(lie).* **no·de·loos** *adv.* needlessly, unnecessarily. **no·de·loos·heid** needlessness.

**no·dig** *=dige =diger =digste, adj.* necessary, needful, proper, wanted, required, requisite; *iets* ~ **ag** consider s.t. necessary; *dit* ~ **ag/dink/vind** *om iets te doen* find it necessary to do s.t.; think fit to do s.t.; *alles wat iem.* ~ *het* everything (that) s.o. needs; *jy het dit* ~*er as ek* your need is greater than mine; *as dit* ~ *is* if need be; *as dit* ~ *word* if required; ... *baie/dringend* ~ *hê* need ... badly; be crying out for ...; be sorely in need of ...; *iets bitter* (of *uiters dringend*) ~ *hê* need s.t. desperately *(or* very badly); *iets is dringend* ~ s.t. is badly/much needed; *met die* ~*e eerbewyse* with all due honour; *wat ook al* ~ **geag** *word* whatever is considered necessary; *iets* ~ **hê** need/require s.t., have *(or* be in) need of s.t.; *iets nie langer/meer* ~ *hê nie* have no further need of s.t.; *iem. het iets* ~, *(also)* s.o. could do with s.t. *(money, help, etc.); indien* ~ if necessary, if need be; *soos/as/wanneer dit* ~ *is/word* as/if/when the need arises; *dit sou dit* ~ *maak om ... te doen* it would necessitate doing ...; *daar is maar net ...* ~ it needs only ...; *iem. het maar min* ~ *om kwaad te word* s.o. is easily angered, it takes little to annoy s.o.; *dit is net wat iem.* ~ *het* that's the very thing s.o. needs; *dit is nie* ~ *nie* it is unnecessary; *langer as wat* ~ *is* longer than one can help. **no·di·ge** *n.* what is necessary/essential; necessaries of life, the needful; *die* ~ *hê* be provided for. **no·dig·heid** necessity, need; *(nie) die* ~ *van iets insien (nie)* (not) see the necessity/need for s.t..

**no·dus** *=dusse, (astron., bot., math., phys.)* node; *(phys., med.)* nodal point.

**noe·del** *=dels* noodle.

**noem** *ge=* name, call; mention, cite; name; dub; term, desig=

nate (as), denominate; describe; *tensy* **anders** *ge~* unless otherwise specified; *iem. word as ... ge~* s.o. is tipped as ... *(the new captain etc.); iets in* **besonderhede** ~ specify s.t.; *dit* ~ *ek ...!* there is ... for you!; that's what I call ...!; *soos* **hierbo** (of **hier bo**) *ge~* as mentioned/specified above; *hoe/wat* ~ *('n) mens dit?* what is it called?; *jou pa "die ou kêrel"* ~ refer to one's father as "the old man"; *iem. is goed in alle sporte: rugby, krieket, ...,* ~ **maar op** s.o. is good at any sport: rugby, cricket, ..., you name it; *jouself* **'n** ... ~ de= scribe o.s. as a ...; *'n kind na iem.* ~ name a child after/for s.o.; *na iem. ge~ wees* be named after/for s.o.; *die prys* ~ name/mention the price; *iets teenoor iem.* ~ mention s.t. to s.o.; *... verkeerd* ~ misname ...; *dit is nie wat ek 'n ... ~ nie* it is not my idea of a ... *(infml.);* ~ *dit wat jy wil* call it what you like; *... ge~* **word** answer to the name of ... ~**naam** first name.

**noem·baar** =*bare* mentionable, nameable.

**noe·mens·waar·dig** =*dige* significant, of note, worth men= tioning (*or* speaking of); *niks ~s nie* nothing to speak of.

**noe·mer** =*mers, (math.)* denominator.

**noem-noem** *(SA, bot.)* num-num.

**noen·maal** lunch(eon), midday meal.

**noen·tja·koe** *(Jap. martial arts weapon)* nunchaku.

**no·ë·tiek** *(psych., theol., philos.)* noetic(s). **no·ë·ties** =*tiese* no= etic.

**nog** *adj. & adv.* still, yet, as yet, up to now, so far; even, still; from now (on), more; further; again; ~ **altyd/steeds** *iets doen* still be doing s.t.; *iem. het iets* ~ **altyd** *gedoen* s.o. has always done s.t.; ~ **byna** *'n kind* little more than a child; *en dan* ~ ... and another thing ...; ~ **dieselfde** *dag* that very/ same day; ~ **een** one more; ~ *(net)* **een** ... one more ...; ~ *so* **een** another one like this; ~ **eens, nogeens** once more (*or* over) again; ~ **eens/nogeens** *soveel* as much/many again, twice as much/many; **gister** ~ as late as yesterday; ~ *(pas)* **gister** only yesterday; ~ *tien ... wil hê* want another ten ...; ~ *tien ... hê* still have ten ..., have ten ... left; ~ *iets* some= thing more; ~ *iets?* anything further/else?; *en* ~ *iets* ... and another thing ...; *is daar* ~ *(meer)?* are there any more?; ~ *tien jaar* for another ten years; ~ *kos* (some) more food; ~ **lank** *nie* not by a long way; *al praat iem. (ook)* ~ *so* **lank** no matter how long s.o. talks; ~ **maar** *jonk* quite young, only a youngster; *iem. het* ~ **maar pas** *begin* s.o. has only just started; ~ **meer/minder** still more/less; even more/less; more/less so; *daar sal* ~ **mense** *kom* more people will be coming; people will still be coming; *daar* **moet** ~ *ses wees* there are six to come; ~ *'n* ... one more ...; *another* ...; ~ **net** *een dag* only one more day; ~ **nie** not (just/as) yet; ~ **nie** *vyftig nie* not yet fifty; *iem. het* ~ **nie** *gestem/ens. nie* s.o. has not yet voted/etc., s.o. has yet to vote/etc.; *iem. het* ~ *tien ...* **nodig** s.o. needs ten more (*or* another ten) ...; **nou** ~ *kwaad/ ens.* still angry/etc.; **nou** ~ *nie* not at this stage; not even now; *hoeveel het jy* ~ *oor?* how many/much have you left?; ~ **pas** (of *selfs* ~) *in 2006* as late as 2006; as recently as 2006; *jy* **sal** ~ *jou eie ouderdom vergeet* you will forget your own age next; ~ *'n* **slag** once again/more; *al is iem.* ~ **so** ... however ... s.o. may be; **soos** ~ *iets, (infml.)* like anything; *dit reën* **soos** ~ *iets, (infml.)* it's raining like crazy; ~ **steeds** *iets doen* →**altyd/steeds;** ~ **tot** ... *(toe),* **tot** ... ~ until as late as ...; *tot* ~ *toe* till/until (*or* up to) now, up to the present; so far; as yet; *daar is* ~ **tyd** there is still/yet time; *iets vandag* ~ *wil hê* want s.t. this very day; ~ *(pas)* **verlede** *week* only last week; *(tot)* **verlede** *week* ~ (until) as recently as last week; ~ *vra* ask for more; ~ **wat** something more; *wat kan iem.* ~ *doen?* what more can s.o. do?; *wat wil iem.* ~ *hê?* what more does s.o. want?.

**nóg** *conj.:* ~ *X* ~ *Y* neither X nor Y.

**no·ga,** *(Fr.)* **nou·gat** nougat.

**nog·al** *adv.* rather, quite, fairly, somewhat, reasonably, kind

of; *(en dit)* ~ ... ... of all things/people; *en dit* ~ *die* ... and the ... at that; *en dit* ~ *in* ... in ... of all places; ~ **sportief** *wees* be something of a sportsman/=woman *(infml.);* ~ **teleurgestel(d)** *wees* be kind of disappointed *(infml.); dis* ~ **warm** *vandag* it is quite warm today.

**nog·eens** →**NOG** EENS.

**nog·maals** once again/more, (all) over again.

**nog·tans** yet, nevertheless, none the less, for all that, even so, all the same; ~ *kan iem. ...* however, s.o. can ...

**noi·sette** *(Fr. cook.)* noisette.

**nok** *nokke* (roof) ridge; housetop; cam *(of a wheel);* knob *(of a tile); (naut.)* nock *(of a sail);* stud *(of a projectile); (geol.)* ridge, arris. ~**as** camshaft. ~**balk** ridge beam/piece/tree, comb board, rooftree. ~**hoogte** ridge height. ~**kas** cam box. ~**paal** ridge pole. ~**pan** ridge tile. ~**plaat** *(mot.)* swash plate.

**nok·tur·ne** =*nes, (mus.)* nocturne.

**no·lens vo·lens** *(Lat.: unwilling, willing)* nolens volens, per= force, willy-nilly.

**no·ma·de** ~*(s)* nomad. ~**stam** nomad(ic) tribe. ~**volk** no= mad(ic) people, nomads.

**no·ma·dies** =*diese* nomad(ic), migratory.

**no·men** *nomina, (gram.)* noun. **no·men·kla·tuur** =*ture* no= menclature, terminology.

**no·mi·naal** =*nale* nominal; nominally; ~*nale kapitaal* nomi= nal capital; ~*nale waarde* face amount, face/nominal/par val= ue. **no·mi·na·li·seer** *ge=, (ling.)* nominalise. **no·mi·na·lis·me** *(philos.)* nominalism, terminism.

**no·mi·na·tief** =*tiewe, n. & adj., (gram.)* nominative, subjective case; nominatival.

**no·mi·neer** *ge=* nominate; →**GENOMINEERDE. no·mi·na·sie** =*sies* nomination.

**nom·mer** =*mers, n.* number, figure; size *(of a shoe, glove, etc.);* gauge; *(sport)* event; item *(on a programme);* act, routine, num= ber; number, track *(on a CD);* issue, copy, number *(of a magazine); (derog.: a sex object)* bird, chick; *'n* ~ **af=/neer=** **skryf/=skrywe** take (down) a number *(of a vehicle, teleph., etc.); 'n ~ 8/ens.* **dra** take a size 8/etc. *(of shoes etc.); op iem. se* ~ **druk,** *(infml.)* call (up) on s.o.; give s.o. a reminder; ~ **een** *wees* be number one; be top *(of the class); iets is* ~ **een** s.t. must be considered first; s.t. comes first; *op* ~ **nege-en-ne=** **gentig,** *(infml.)* at the last minute/moment; **ou/vorige** ~ back number/copy; *die verkeerde* ~ the wrong number; *by die verkeerde* ~ *uitkom,* *(teleph.)* get the wrong number. **nom·mer** *ge=, vb.* number (off). ~**negeskoen** number nine shoe. ~**pas** *(also* nommer pas*): iets is (net)* ~ s.t. is a perfect fit; s.t. fits like a glove. ~**plaat** number/registration plate *(of a vehicle).*

**nom·me·ring** =*ringe,* =*rings* numbering.

**non** *nonne* nun; sister. **non·ag·tig** =*tige* nunnish, nunlike.

**non·ak·sep·ta·sie** non(-)acceptance.

**non·cha·lant** =*lante* =*lanter* =*lantste* (of *meer* ~ *die mees* =*lante),* *adj.* nonchalant, casual, indifferent, careless, offhand(ed), *(infml.)* laid-back. **non·cha·lant** *adv.* nonchalantly, off= handedly, casually, airily. **non·cha·lant·heid** nonchalance, offhandedness, casualness.

**non·kon·for·mis** =*miste, n.* nonconformist. **non·kon·for= mis·me** nonconformism. **non·kon·for·mis·ties** =*tiese, adj.* nonconformist. **non·kon·for·mi·teit** nonconformity.

**non·ne=** ~**kap** wimple, nun's coif. ~**kleed** nun's dress. ~**kloos= ter** convent, nunnery. ~**koor** nuns' choir, choir of nuns; nuns' chorus. ~**orde** order of nuns.

**non·ne·rig** =*rige* nunnish.

**non·ne·tjie** =*tjies, (dim.)* (little) nun. ~**-eend, nonnetjies= eend** white-faced duck. ~**(s)uil** barn owl.

**non·sens** *(infml., also* nonsies*)* nonsense, rubbish, *(infml.)* piffle, garbage, hogwash; ~ *aanjaag/aanvang* monkey about/ around, stuff around.

**non se·qui·tur** *(Lat.: that bears no relation to the foregoing)* non sequitur.

**nood** *node* need, distress, want, exigence, exigency; destitution; straits; necessity; emergency; ~ *leer* **bid** necessity is the mother of invention; *as die ~ druk* in time(s) of need; at/in a pinch, when it comes to the push, when push comes to shove; *deur die ~ gedrewe* from/through *(or* out of) (sheer) necessity, forced by necessity; *in geval van ~* in an *(or* in case of) emergency; in case of need; at a push *(infml.);* in *groot ~ verkeer/wees* be in dire/sore distress; *iem. het ('n) groot ~, iem. se ~ is hoog, (infml.)* s.o. has an urgent call of nature; *die ~ is hoog* things are black (indeed); the distress is great; *in ~, (a ship, pers., etc.)* in distress; *in die ~ wees/verkeer/sit* be in difficulties; be in distress; be in a fix *(infml.);* be in a fright, be afraid; be hard pressed; be down on one's luck; feel the pinch; *in iem. se ~* in s.o.'s (hour of) need; *jou ~ by iem.* **kla** complain *(or* pour out one's troubles) to s.o.; *lelik in die ~ wees* be in dire/sore distress; ~ *lenig* relieve distress; ~ *ly* be in need, suffer need; *in die ~ raak* find o.s. *(or* land) in difficulties, get into *(or* land in) trouble; *in tyd/ tye van ~* in time(s) of need; *uit ~* from/through *(or* out of) (sheer) necessity, forced by necessity; *iem. uit die ~ help* help s.o. out; *in die uiterste ~* in an extremity. **~berig** emergency message, distress communication/message/signal. **~brug** temporary/trestle/flying bridge. **~diens** emergency service. **~dwang** extreme necessity, compulsion, force of circumstances, duress. **~fakkel** distress flare/rocket. **~gebied** distress area. **~gedwonge** from *(or* out of) (sheer) necessity, compelled/driven by necessity. **~geroep** cries of distress, cry/call for help. **~geval** (case of) emergency; *in 'n ~* in case of need; in an *(or* in case of) emergency. **~hulp →** NOODHULP. **~klok** alarm (bell). **~knop(pie)** panic button. **~kreet** cry of distress, cry for help, SOS. **~landing** forced/ emergency/crash landing; *'n ~ doen* make a forced landing. **~leniging** distress/emergency relief. **~lenigingsfonds** relief fund. **~lening** emergency loan. **~leuen** necessary/white lie. **~lot →** NOODLOT. **~luik** escape hatch. **~lydend** =*dende, adj.* destitute, indigent, needy, poor; in distress; ~*e gebied/streek* depressed area. **~lydende** =*des, n.* destitute/needy/distressed person. **~maatreël** emergency measure, stopgap. **~mag** emergency power. **~nommer** emergency number. **~operasie** emergency operation. **~oproep** distress call. **~pad** escape road. **~plan** disaster/emergency/escape plan. **~rantsoen** emergency/iron rations. **~regulasie** emergency regulation. **~rem** emergency/safety brake; *(rly.)* communication cord. **~roep** distress call, SOS; cry of anguish. **~saak →** NOODSAAK. **~sein** distress signal/call, SOS, Mayday. **~sitting** emergency session. **~toestand** (state of) emergency; *'n ~ afkondig/uitroep* declare/proclaim a state of emergency. **~uitgang** emergency/fire exit, fire escape, escape hatch. **~verband** first-aid/emergency/temporary dressing. **~vlug** mercy flight. **~voorraad** emergency supply/stock, stockpile, reserve. **~weer** self-defence; civil defence/protection; *uit ~ handel* act in self-defence. **~wetgewing** emergency/special legislation. **~wiel, spaarwiel** spare wheel.

**nood·hulp** first aid; emergency relief/aid; makeshift; stopgap; ~ *toepas/verleen* administer/give first aid. **~kissie, ~kassie** first-aid box/kit. **~pos** first-aid post/station, emergency station. **~toerusting** first-aid kit.

**nood·lot** fate; destiny, doom, fatality, *(Islam)* kismet, chance; *die ~ trotseer* tempt fate/Providence; *teen die ~ veg* struggle against fate; *'n wending van die ~* a turn of fortune's wheel. **nood·lots·dag** fateful day, day of fate. **nood·lot·tig** =*tige, adj.* fatal *(accident);* ill-fated *(day);* devastating *(consequences);* disastrous, baleful, fateful, vital; ~ *vir ...* fatal to ... **nood·lot·tig** *adv.* fatally *(wounded).*

**nood·saak** *n.* necessity, need, inevitability, exigency; *uit ~* from/through *(or* out of) (sheer) necessity, forced by necessity. **nood·saak** *ge=, vb.* force, compel, oblige; necessitate;

entail; *ge~ wees/voel om te ...* be/feel compelled/obliged to ... **nood·saak·lik** =*like =liker =likste* (of *meer ~ die mees =like*), *adj.* necessary, essential, needful, imperative, indispensable, vital; necessary, inevitable, unavoidable; ~ *vir ...* vital/essential to ... **nood·saak·lik** *adv.* necessarily, of necessity; *absoluut/dwingend/uiters ~* crucially necessary; ~ *vir ...* essential for/to ... **nood·saak·lik·heid** necessity, exigency, need; necessity, need, urgency; essentiality; inevitability; *'n gebiedende ~* an absolute necessity.

**nood·wen·dig** =*dige, adj.* necessary; inevitable, inescapable. **nood·wen·dig** *adv.* necessarily, of/through necessity; needs; inevitably. **nood·wen·dig·heid** necessity; inevitability.

**nooi¹** *ge=* invite; ask (over); *iem. binne ~* ask/invite s.o. in; *iem. ~ om te kom kuier* invite s.o. over/round *(or* for a visit); *iem. na 'n ete ~* invite s.o. to a dinner; *iem. ~ om saam met jou uit te gaan* invite s.o. out; *iem. vir tee ~* invite s.o. to tea.

**nooi²** *nooiens, (somewhat dated)* sweetheart, girlfriend; *(also* nooientjie) girl, young lady; *hulle is ~ en kêrel* they are sweethearts; *iem. se vaste ~ wees* be s.o.'s steady date *(infml.),* go steady with s.o. *(infml.); sy was 'n ~ ...* her maiden name is ... **nooi·ens·van** maiden name; *haar ~ was ...* her maiden name was ...

**nooit** never, at no time; never, certainly not, no way; *amper/byna ~* hardly/scarcely ever; *ek het hom/haar ~ gesien nie* I never saw him/her; *ek het hom/haar nog ~ gesien nie* I have never seen him/her; *so ~ aste* (of *as te) nimmer, so nimmer aste* (of *as te) ~* never, not ever; not in a month of Sundays; that'll be the day!; certainly not!; *nog ~* never before/ever; not/never yet; *ek het in my (hele) lewe nog ~ ...* never in (all) my life have I ...; ~ *weer nie* never again.

**noop** *ge=* compel, induce; *iets ~ iem. om te ...* s.t. compels/ obliges s.o. to ...

**Noor** *Nore,* **Noor·we·ër** =*weërs, n.* Norwegian. **Noors** *n., (lang.)* Norse, Norwegian. **Noors** *Noorse,* **Noor·weegs** =*weegse, adj.* Norse, of Norway, Norwegian. **Noor·we·ë** *(geog.)* Norway.

**noord** north; ~ *gerigte* north-facing; *reg ~* due north; *van ~ na suid reis* travel from north to south; ~ *ten ooste/weste* north by east/west; ~ *van ...* (to the) north of ...; *die wind is ~* the wind is northerly *(or* [from/in the] north). **N~-Afrika** North Africa. **N~-Afrikaans** =*kaanse* North African. **N~-Amerika** North America. **N~-Amerikaans** =*kaanse* North American. **N~-Amerikaner** North American. **N~-Atlantiese Oseaan** North-Atlantic (Ocean). **N~-Atlantiese Verdragsorganisasie** *(acr.:* NAVO, Navo) North-Atlantic Treaty Organisation *(acr.:* NATO, Nato). **~einde** north(ern) end. **N~-Germaans** =*maanse, (lang. group)* North Germanic. **~grens, noordergrens** northern boundary/ border/frontier. **N~-Ierland** Northern Ireland. **N~-Kaap** *(SA province)* Northern Cape; *die ~* the North Cape. **~kaper →** NOORKAPPER. **N~-Korea** *(geog., official name:* Demokratiese Volksrepubliek van Korea) North Korea, *(fml.)* Democratic People's Republic of Korea. **N~-Koreaan** =*reane* North Korean. **N~-Koreaans** =*aanse* North Korean. **~kus** north(ern) coast, northern seaboard. **~noordoos** *(abbr.:* NNO) north-northeast *(abbr.:* NNE). **~noordwes** *(abbr.:* NNW) north-northwest *(abbr.:* NNW). **~ooste** northeast; *na die ~* northeastward(s). **~oostelik** =*like* northeastern *(parts);* northeasterly *(wind);* N~*e Deurvaart* North-east Passage; *in 'n ~e rigting* northeastward(s). **~oos(ter), ~oostewind** northeast wind, northeaster. **~ooswaarts** *adj.* northeastward. **~oos(waarts)** *adv.* northeastward(s). **N~-see** North Sea. **N~-Sotho** *(lang.)* Sesotho sa Leboa, Northern Sotho. **N~-Transvaal** *(SA, hist.)* Northern Transvaal; → LIMPOPO. **~wes** northwest; *(with cap., SA province)* North West. **N~-wesprovinsie:** *die ~* North West. **~weste** northwest; *na die ~* northwestward(s); *die N~* the Northwest. **~westelik** =*like* northwest(ern); northwesterly; N~*e Deurvaart* Northwest Passage; *in 'n ~e rigting* northwestward(s).

**~wes(ter)**, **~westewind** northwester, northwest wind, nor'-wester. **~weswaarts** *adj.* northwestward. **~wes(waarts)** *adv.* northwestward(s).

**noor·de** north; *die N~* the North; *na die ~ gaan* go north; *in die ~* in the north; up north; *na die ~* to the north; up north; *na die N~ vertrek* leave for the North; *ten ~ van ...* (to the) north of ...; *uit/van die ~* from the north; *die wind kom uit die ~* the wind is northerly (*or* [from/in the] north). **~kant** north(ern) side; *uit/van die ~* from the north. **~wind** north wind.

**noor·de·lik** *~like ~liker ~likste, adj.* northern (*region*); northerly (*direction*); (*meteorol.*) boreal; *die N~e Halfrond* the Northern Hemisphere; *die N~e Provinsie, (SA, hist.)* the Northern Province; →LIMPOPO; *die ~ste punt/ens.* the northernmost point/etc.; *die N~e Suidsee-eilande* the North Pacific Islands; *die N~e Yssee* the Arctic Ocean. **noor·de·lik** *adv.* northward(s); *~ van ...* (to the) north of ...

**noor·der·:** *~breedte* north latitude. **~grens** →NOORD= GRENS. **N~kruis:** *die ~, (astron.)* the Northern Cross. **~lig** northern lights, aurora borealis, pole light.

**Noor·der·ling** *~linge* Northerner.

**Noord·pool** North Pole. **~ekspedisie** Arctic expedition. **~gebied**, **~streek** Arctic Zone. **~reis** Arctic voyage/jour-ney. **~reisiger** Arctic explorer. **~see** Arctic Ocean. **~sirkel** Arctic Circle. **~tog** Arctic expedition.

**Noords** *Noordse* Nordic.

**noord·waarts** *~waartse, adj.* northward, northerly; north-bound. **noord·waarts** *adv.* northward(s), to the north-(ward); *~ gaan* go north; *verder/vêrder ~* further north.

**noor·kap·per, noord·ka·per,** *(rare)* **noor·ka·per:** *suide-like ~* southern right whale.

**Noor·man** *~manne, (hist.)* Northman, Norseman, Dane.

**Noors** →NOOR.

**noors(·do·ring)** *(bot.)* hedgehog.

**Noor·we·ë** →NOOR.

**noot** *note, (mus., money)* note; →NOTE; *'n ~ laer sing, (fig.)* eat humble pie, sing another tune. **~vas** (singing) in tune; *~ sing* sing true.

**nop** *noppe, n., (text.)* burl; nap (*on clothes*); pile, knotting. **nop** *ge=, vb.* burl.

**nop·pies:** *in jou ~ wees, (infml.)* be as pleased as Punch, be highly delighted, be mighty pleased; *in jou ~ wees met/oor ...*, *(infml.)* be excited about (*or* pleased with *or* chuffed about/at/by *or* elated at) ...

**Nor·di·ër** *~diërs, n.* Nordic. **Nor·dies** *~diese, adj.* Nordic.

**Nor·folk** *(geog.)* Norfolk. **n~baadjie** Norfolk jacket. **~eiland** Norfolk Island.

**no·ri** *(Jap. cook.)* nori. **~vel(letjie)** nori sheet.

**norm** *norme* norm, standard, value; *'n ~ aanlê* apply a stan-dard; *sedelike ~e* moral standards; *'n ~ vasstel* establish a norm; *aan die ~ voldoen* conform to the norm; come up to standard.

**nor·maal** *~male, n., (math.)* normal; *bo die ~male* above nor-mal, supernormal; *tot die ~male terugkeer* return to normal. **nor·maal** *~male, adj.* normal; standard (*temperature*); con-ventional; abled; *~male druk* normal pressure; *~male grootte* stock size; *~male snelheid* normal/proper speed; *~male vermoë* useful capacity; *nie ~ wees nie* not be o.s.; not be normal, not be in one's senses (*or* right mind); *weer ~* back to normal. **nor·maal** *adv.* normally; **~afwyking** aberration. **~gewig** standard weight. **~weg** normally.

**nor·ma·li·seer** *ge=* normalise. **nor·ma·li·sa·sie, nor·ma·li·se·ring** normalisation; contouring; regulation.

**nor·ma·li·teit** normality.

**Nor·man·di·ë** *(geog.)* Normandy. **Nor·man·di·ër** *~diërs, n., (also hist.)* Norman. **Nor·man·dies** *~diese, adj.* Norman. **Nor·man·dies-Frans** *(lang.)* Norman French.

**nor·ma·tief** *~tiewe* normative.

**nor·ring** *(infml.)* big/mighty lot, mob, crowd, swarm, flock; enormous mass; *daar was 'n ~ (van) mense* there was an enormous crowd.

**nors** *nors(e) norser norsste, adj.* grumpy, morose, surly, crab-by, ill-humoured; sullen, crusty, grim, glowering, frowning; gruff; *~ wees* sulk; *~ lyk* frown. **nors** *adv.* grumpily, mo-rosely, surlily, sullenly, gruffly, grimly, gloweringly. **nor·se·rig** *~rige* gruffish. **nors·heid** sullenness, surliness, grumpi-ness, moroseness, gruffness, grimness, churlishness.

**Norwich** *(geog.)* Norwich. **~terriër** (*also* n~) Norwich terrier.

**no·sie** *~sies, (fml.)* notion, idea; *geen ~ van iets hê nie* have no notion of s.t., not have the slightest/vaguest notion of s.t..

**nos·tal·gie** nostalgia. **~toer:** *op 'n ~ gaan* take a trip down memory lane.

**nos·tal·gies** *~giese* nostalgic.

**Nos·tra·da·mus** *(Fr. astrologer of the 16th century)* Nostrada-mus.

**no·ta** *~tas* note; (diplomatic) note; memorandum; memo-rial; jotting. **~blok** notepad. **~boekie** notebook. **~boekre-kenaar** notebook (computer).

**no·ta be·ne** *(Lat.)* nota bene, please note.

**no·ta·ri·aat** *~riate* notaryship; notariate.

**no·ta·ri·eel** *~riële* notarial; *iets ~ bekragtig* notarise s.t..

**no·ta·ris** *~risse* notary (public). **~amp** office of notary, nota-ryship, notariate.

**no·ta·sie** *~sies, (mus. etc.)* notation.

**no·te** *n. (pl.):* **~balk** staff, stave. **~papier** music paper. **~-uitgifte** note issue.

**no·teer** *(ge)=* note (down), make a note of; jot down; mark, keep tally; quote (*prices*); list (*shares*); *die aandele word teen ... sent ge=* the shares are quoted at ... cents; *aandele op die beurs ~*, *(econ.)* go public; *laer ~ as ...* underquote ...; *vonnis ~* note judg(e)ment; *'n wissel ~* note a bill. **no·te·ring** *~rings, ~ringe* listing, noting (down), notation; quotation (*of prices*); entry (*an order*); (*stock exch.*) quotation, price.

**no·ti·sie** notice; *~ neem van ...* take notice of ..., notice ...; *nie ~ neem van ... nie* take no notice of ..., ignore ...

**not·sung, not·sing, ou·hout(·boom)** tree fuchsia.

**no·tu·le** minutes; *die ~ aanneem/goedkeur/bevestig* accept/adopt/approve/confirm the minutes; *die ~ as gelese beskou* take the minutes as read; *~ hou/opstel* keep/take minutes. **~boek** minute book. **~houer** minuting secretary, record-ing secretary, recorder.

**no·tu·leer** *ge=* enter/record in the minutes, minute; *dit staan ge~* it is on record; *notulerende amp* office of record; *notule-rende hof* court of record. **no·tu·le·ring** minuting.

**nou¹** *nou(e) nouer nouste, adj.* narrow (*opening*); tight (*clothes*); cramped, confined (*space*); intimate, close, poky; *in ~e aan-raking met ...* in close touch with ...; *ten ~ste* very closely; *in ~e verband staan met ...* be closely related/allied to (*or* con-nected with) ... **nou** *adv.* narrowly; tightly; *dit nie so ~ neem nie* stretch a point, *(infml.)* stretch it a bit; *iets pas ~ s.t. fits tightly; *die pak klere sit ~* the suit is tight, it is a tight fit; *~ verwant* closely related. **~geset** *~sette* conscientious, scru-pulous, punctilious, meticulous, fastidious, painstaking, pre-cise, careful; punctual; narrow-minded; strait-laced, straight-laced. **~gesetheid** conscientiousness; punctuality; narrow-mindedness. **~keurig** *~rige, adj.* exact, accurate, precise; care-ful; scrupulous, fastidious; punctual; close (*attention, exami-nation*); *~ tot (op) 2 desimale* accurate to 2 decimal places; *~e vertaling* close translation. **~keurig** *adv.* exactly, accurately, precisely; closely; carefully; *baie ~* to a nicety; *~ bekyk/beskou* in the strict sense; *iets ~ bekyk/beskou* look closely at s.t.; *... ~ dophou* watch ... closely; *tot 'n sent ~* to the nearest cent. **~passend** *~sende* close-fitting, tight(-fitting), clinging; neatly-fitting. **~pypbroek** stovepipes, stovepipe trousers. ~**strop**: ~ *trek* struggle, be hard pressed; be under pressure.

**nou²** *adv.* now, at the moment; at present; *iem. moet* ~ *al daar wees* s.o. should be there by now; *nie* ~ *al nie* not just yet; ~ *al moeg* tired already; ~ *die* **dag** (just) the other day, a day or two ago; ~ *en* **dan** (every) now and then/again; *(so)* ~ *en* **dan** from time to time, off and on, on and off, at (odd) times, once in a while, (up)on occasion; *dis* ~ ...! that's ... for you!; ~ *eers* only now, not until now; *iem. het* ~ *eers gekom* s.o. has only just arrived; *hoor jy dit* ~ *eers?* is this the first time you have heard (of) it?; *en* ~? and now?; *so* **gou** *soos* ~ in a moment *(or, infml.* jiffy); ~ *kort* recently; ~ *net* this minute, a moment ago, just now; *nie* ~ *nie* not now; *(selfs)* ~ *nog* even now; *iem. kom/ens.* ~ **nog**, *iem. sal* ~ **nog** *kom/ens.,* *(infml.)* s.o. has still not come/etc.; ~ *nog nie* not yet; not at this stage; ~ *of nooit* now or never; *selfs* ~ *nog* even at this late hour; *of dit* ~ *goed is of* **sleg** whether it's good or bad; ~ **Sondag/ens.** next Sunday/etc.; last Sunday/etc.; *tot* ~ *toe* (up) to date, up to the present, so far, till/until now, up to now; as yet; *van* ~ *af* in future; as of now, from now on, henceforth; *wat* ~? what's next?; *wat* ~ *(gedaan)?* how now?. **nou** *interj.* well!; ~ *(maar)* **goed!** all right (then)!, well then!; ~ *ja* (of **nouja**) oh well; now/well then; *(infml.)* ho-hum; ~ *ja* (of **nouja**), dis nie so erg nie oh well, it isn't so bad; ~ *ja* (of **nouja** of ~ **wel**), wat stel jy voor? well then, what do you suggest?; ~ *toe* ~! well I never!; well I'll be jiggered!; well, well!; imagine/fancy that!; there you have it!.

**nou·dat** *conj.* now (that).

**nou·e·rig** *-rige* narrowish.

**nou·gat** →NOGA.

**nou·heid** narrowness, tightness, closeness.

**nou·ja** →NOU JA.

**nou·let·tend** *-tende* precise, particular, strict, close; conscientious, careful, scrupulous, fastidious, painstaking; *~e aandag* close attention.

**nou·liks** hardly, scarcely, barely; *ons het* ~ *aangekom of ... we* had no sooner arrived than ...

**nou-nou** in a moment/minute, at any moment; a moment ago; ~ *weer* **hier,** *(a notice on a door)* back soon; *iem. sal* ~ **hier** *wees* s.o. will be here presently *(or in a moment); iem. was* ~ **hier** s.o. was here a moment/minute ago; *ek is* ~ **klaar** I shan't/won't be a minute/moment.

**nou·slui·tend** *-tende* tight-fitting, close-fitting; clinging, skintight; ~ *romp, (also)* pencil skirt.

**nou·te** *-tes* narrowness, tightness; strait(s); (narrow) pass/passage; defile; *iem. in die* ~ *laat beland* put s.o. in a tight spot/corner; *in die* ~ *sit/wees* be in a tight spot/corner; have one's back to the wall; be hard pressed.

**nou·veau riche** *(Fr.): die* ~ ~ the nouveau riche, new money.

**nou·velle cui·sine** *(Fr.)* nouvelle cuisine, new cookery.

**no·va** *novas, novae, (astron.)* nova, new star.

**no·vel·le** *-les* short novel, prose story, long short story, novella, *(sometimes derog.)* novelette. ~**bundel** collection of short novels *(or prose stories or novellas/novelettes).* ~**skrywer** *-wers* writer of short novels *(or novellas/novelettes).*

**No·vem·ber** November. ~**dag** day in November, a November day. ~**maand** the month of November.

**no·vi·se** *-ses, (RC)* novice. **no·vi·si·aat** novitiate, noviciate.

**nu·an·se** *-ses, n.* nuance, shade, gradation; *fyn ~s* delicate shades of meaning. **nu·an·seer** *ge-, vb.* shade, nuance. **nu·an·se·ring** *-rings, -ringe* nuance, shade, shading, gradation.

**nu·dis** *-diste, n.* nudist. **nu·dis·me** nudism; naturism. **nu·dis·ties** *-tiese, adj.* nudist.

**nug·ter** ~ *nugterder nugterste, adj.* sober *(not drunk);* sober(-minded), well-balanced, level-headed; canny, down-to-earth, unsentimental, no-nonsense, non(-)emotive, matter-of-fact;

staid; *die ~e* **feite** the hard facts; *volkome* ~ (stone-)cold sober; *die ~e* **waarheid** the sober truth; ~ **weet,** *(infml.)* goodness/dear knows; ~ **word** sober up. **nug·ter** *adv.* soberly; in a matter-of-fact way; ~ *beskou* in the cold light of day; *sake* ~ *beskou* get/keep things in perspective; *ses/ens.* ~ *wakker* wide awake. ~**derm** *(anat.)* jejunum.

**nug·ter·heid** soberness, sobriety; level-headedness, sober-mindedness; matter-of-factness.

**nuk** *nukke* whim, caprice; vagary; whims(e)y; fit; *die* ~ *hê om te ...* have the bad habit of ...; *as iem. die* ~ *kry om te ...* when s.o. feels in the mood to ...; *vol ~ke wees* be capricious/whimsical. **nuk·ke·rig** *-rige* sulky, moody, morose, sullen, huffy, ill-humoured, crusty, grouchy. **nuk·ke·rig·heid** sulkiness, moodiness, moroseness, sullenness, huffiness, crustiness, grouchiness.

**nu·kle·us** *-kleusse, -kleï, (biol. & phys.)* nucleus. **nu·kle·êr** *-kleêre* nuclear; ~*e gesin, (sociol.)* nuclear family.

**nul** *nulle* nought; *(temperature)* zero; *(tennis)* love; *(rugby, soccer)* nil; *(cr.)* duck; blank; *by* ~ **begin** start from scratch; *ses/ens.* grade **bo/onder** ~ six/etc. degrees above/below zero; *'n meter op* ~ **bring** zero a gauge; *'n* **(groot)** ~ a mere cipher/cypher, a nobody/nonentity/nothing; *sedert die* **jaar** ~ from time immemorial; *uit die* **jaar** ~ hopelessly obsolete; *'n* ~ *op 'n* **kontrak,** *(infml., derog.), (s.o., s.t.)* worth nothing; *(s.o.)* **op** ~ at/on zero; *'n* **ronde** ~ exactly nothing; *dit het 'n* **ronde** ~ *opgelewer* the result was precisely nil; *vyftien-*~, *(tennis)* fifteen, love; *(rugby)* fifteen, nil; *van* ~ *en gener* **waarde** null and void; worthless; *iets* **word** ~ s.t. is reduced to zero, s.t. vanishes. ~**bal** *(cr.)* dot ball. ~**basisbegroting** *(fin.)* zero-based budget. ~**karakter,** ~**teken** *(comp.)* null character. ~**lyn** datum line, zero line; *(econ.)* neutral line. ~**meridiaan** prime meridian, zero meridian. ~**-nul-spel** pointless/scoreless draw. ~**punt** zero (point); *(temperature)* zero; null point, neutral point; *(math.)* origin; *(fig.)* rock bottom, zero, nil. ~**somspel** zero-sum game. ~**spel** *(tennis)* love game. ~**stel** *(tennis)* love set. ~**tarief** zero rate. ~**teken** →NULKARAKTER. ~**temperatuur** zero temperature.

**nul·le·tjie** *-tjies* the symbol 0; *(cr.)* duck.

**nu·me·reer** *(ge)-* number.

**nu·me·rêr** *-rêre* numerary.

**Nu·me·ri** *(OT)* Numbers.

**nu·me·ries** *-riese,* **nu·me·riek** *-rieke, adj.* numeric(al); ~*e analise* numerical analysis; ~*e toetsbord* numeric keypad. **nu·me·ries, nu·me·riek** *adv.* numerically.

**nu·mi·neus** *-neuse* numinous.

**nu·mis·ma·tiek** numismatics. **nu·mis·ma·ties** *-tiese* numismatic. **nu·mis·ma·ti·kus** *-tikusse, -tici* numismatist.

**nun·ti·us** *-tiusse, (RC)* nuncio, papal legate.

**nut** *n.* use(fulness), utility, serviceableness, serviceableness; benefit, profit; avail; advantage; point, value; purpose; *geen* ~ *hê nie, van* **geen** ~ *wees nie* be useless, be of no use; *hoegenaamd van* **geen** ~ *(of van* **geen** ~ *ter* **wêreld)** *wees nie* be of no earthly use; *tot die* **grootste/meeste** ~ to the best advantage; ~ *uit iets* **haal/trek** derive profit from s.t.; ~ **hê** have a use, be useful, be of use; *watter* ~ *sal dit* **hê?** what good will it do?; *iets* **het** ~, *(also)* s.t. serves a good/useful purpose; *dit* **het** *sy* ~ it has its uses; *jou iets tot* ~ **maak** turn s.t. to one's advantage *(or to good account); iets is* **sonder** ~ s.t. serves no (good/useful) purpose; *tot* ~ **strek** *van ...* be of use *(or useful) to ...; tot jou eie* ~ for one's own benefit; *tot* ~ *van ...* for the benefit of ...; ~ *uit iets* **trek** benefit/profit by s.t., derive profit/benefit from s.t.; *iets is* **van** ~ s.t. is useful, s.t. serves a good/useful purpose; *vir iem. van* ~ *wees* be of use to s.o.; *watter* ~ *het dit?* what is the use of it?; what is the good of it?.

**nu·ta·sie** *-sies, (astron. & bot.)* nutation; *(bot.)* circumnutation.

**nu·tri·a** *(<Sp., zool.)* coypu, swamp beaver; *(fur)* nutria; *(SA, former army field dress)* nutria.

**nuts·:** ~**diens** (public) utility, utility (service). ~**boek** craft book. ~**maatskappy** utility (company). ~**man** handyman. ~**program** *(comp.)* utility program. ~**voertuig** utility vehicle.

**nut·te·loos** *=lose* useless, pointless; fruitless, profitless; idle, futile; *iets ~ maak* render s.t. nugatory; *dis ~ om te …* it's useless to …; *dit was alles ~* it was all in vain; *~ wees* serve no (good/useful) purpose, be no good. **nut·te·loos·heid** uselessness, futility.

**nut·tig¹** *=tige, adj.* useful; advantageous, profitable; handy; helpful; serviceable; efficient; *~e effek* efficiency; effective/actual/useful output; useful effect; *dit is baie ~ om te …* it is a great convenience to …; *vir iem. ~ wees* be of use to s.o.. **nut·tig** *adv.* usefully; profitably; efficiently; *jou tyd ~ bestee* spend one's time profitably. **nut·tig·heid** usefulness, utility; serviceability, serviceableness; profitableness; efficiency.

**nut·tig²** *ge=, vb., (liter.)* partake of, take/consume *(a meal); iets ~* have s.t. to eat/drink, take nourishment. **nut·ti·ging** partaking *(of a meal)*.

**nut·tig·heids·:** ~**faktor,** ~**koëffisiënt/ko-effisiënt** mechanical advantage. ~**graad** (mechanical) efficiency. ~**leer** utilitarian doctrine, utilitarianism.

**nuus** news, word, tidings, piece of news; information; *~ aandra* tell tales; *die ~ aangaande/omtrent/oor/van …* the news about/concerning/of …; *die ~ het bekend geraak* the news broke; *dit is vir my ~, (infml.)* that is news to me; *geen ~ is goeie ~* no news is good news; *goeie/slegte ~* good/bad news; *in die ~ wees* be in the news; *die jongste/laaste ~* the latest news; *in die ~ kom* make news, make (the) *(or* hit the) headlines; *(iem.) die ~ (versigtig) meedeel* break the news (gently) (to s.o.); *ou ~* stale news; *dit is ou ~* that is no news; it is ancient history *(infml.); vol ~, (infml.)* newsy; *die ~ (voor)lees, (rad., TV)* read the news; *wat is die ~?, watter ~ is daar?* what (is the) news?; what is the latest?. ~**agentskap** news/press agency. ~**berig** news report; newspaper report; *(rad., TV)* newscast, news bulletin; *(short)* newsflash; news item. ~**blad** newspaper. ~**brief** newsletter. ~**brokkie** news item, piece of news. ~**bulletin** news bulletin. ~**draer** telltale, taleteller, tattletale, gossip, blab, blabber= (mouth), rumour-monger. ~**film** newsreel. ~**flits** newsflash, newsbrief. ~**hooftrekke** *n. (pl.)* news headlines. ~**kantoor** newsroom, news desk. ~**konferensie** news/press conference. ~**leser** newsreader. ~**redakteur** news editor. ~**sindikaat** press syndicate. ~**storie** news story. ~**uitsending** newscast, news broadcast. ~**waardig** *=dige* newsworthy.

**nuus·kie·rig** *=rige* inquisitive; curious; prying; inquisitorial; nosy, nosey *(infml.); iem. baie ~ maak* whet s.o.'s curiosity; *iets maak iem. ~* s.t. intrigues s.o., s.o. is intrigued by s.t.; *~ wees na/oor iets* be curious about s.t.; *as ek so ~ mag wees* if you don't mind my asking; *~ wees om te weet* be curious to know. **nuus·kie·rig·heid** inquisitiveness, curiosity; *iem. se ~ bevredig* satisfy s.o.'s curiosity; *uit blote ~* purely out of curiosity; *brand van ~* burn with curiosity; *gebrek aan ~* incuriosity, incuriousness; *van ~ is die tronk vol (en die kerk leeg)* curiosity killed the cat; *uit ~* from *(or* out of) curiosity; *~ wek* excite curiosity.

**nuut** *nuwe nuwer nuutste* new; novel; renewed *(hope);* clean *(page);* further, additional *(supplies);* unworn, unused *(clothes);* modern, recent *(development);* up-to-date; fresh *(lot);* innovative, innovatory; original; young; virgin *(soil); feitlik ~* as new; *~ op die gebied van … wees* be a newcomer to …; *die ~ste gier/gril/mode, (also)* the flavour of the month/week/year; *nuwe grond braak, (fig.)* open a new frontier; *(aan/vir) iem. nuwe hoop bied/bring/gee* give s.o. renewed hope; *iets ~s* something new; *dit is iets ~s, (also)* that is a new one; *iem. is ~ in …* s.o. is a newcomer to …; *die nuwe jaar begroet/inlui* (of *welkom heet)* see/bring in the new year; *die ~ste/jongste mode* the latest fashion; *nuwe model/weergawe/ens., (also)* update; upgrade; *dit is niks ~s nie* it is no new thing; *nuwe ster, (astron.)* new star, nova; *van ~s af* from the beginning; *weer van ~s af begin, (also)* start afresh/anew, start (all) over again; *nuwe verwerking/weergawe, (mus.)* cover version *(of an older song); iets is vir iem. ~ s.t.* is new to s.o.; *nog ~ in jou werk* new to the job. ~**gevonde** new-found. ~**gevorm** *=vormde* newly formed; newly coined *(word).* ~**skepping,** ~**vorming** neologism, coined word.

**nuut·heid** newness.

**nuut·jie** *=tjies* novelty, s.t. new; (little) piece/item/bit of news.

**nu·we** *n.: die ~* the new one. **nu·we** *adj.* →NUUT. **N~jaar, Nuwejaarsdag** New Year's Day; *~ hou* celebrate the new year. **N~land** *(SA)* Newlands. ~**maan** new moon; *dis ~* there is a new moon. **N~ Testament:** *die ~ ~, (Bib.)* the New Testament. **N~ Wêreld:** *die ~ ~* the New World.

**Nu·we·jaars·:** ~**dag** →NUWEJAAR. ~**fees** New Year celebration. ~**voorneme** New Year('s) resolution; *iem. se ~ is om te …* s.o.'s New Year('s) resolution is *(or* s.o. has made the New Year['s] resolution) to …. ~**wens** *=wense* New Year('s) wish/greeting; *Kers- en ~e* compliments of the season.

**nu·we·ling** *=linge* newcomer, beginner, novice, *(infml.)* virgin; neophyte; greenhorn; fresher, freshman, freshwoman *(at univ.);* novitiate, noviciate; colt; *(sport)* new cap; *~ in …* newcomer to …; *'n ~ in die bankwese/ens. wees* be new to banking/etc.; *'n volslae ~ a* rank novice. **nu·we·lings·toe·spraak** *(parl.)* maiden speech.

**nu·we·rig** *=rige* newish, rather new.

**nu·wer·wets** *=wetse* modern, up-to-date, new-style; new-fashioned, fashionable; *(pej.)* newfangled *(ideas);* stylish. **nu·wer·wets·heid** modernity, modernness.

**nu·wig·heid** *=hede* novelty, innovation, new departure; *dit is 'n ~ it* is something new; *~hede invoer* innovate.

**nyd** envy, (bitter) jealousy, spite, malice, animosity; *tot ~ van …* to the envy of …; *uit ~* from *(or* out of) spite; *deur ~ verteer word* be consumed with envy; *~ wek* excite envy. **ny·dig** *=dige* spiteful, ill-natured, nasty, mean; angry, cross, in a temper, annoyed; *~ word* get angry, fly into a rage/passion; *op iem. ~ wees* be jealous of s.o.. **ny·dig·heid** spitefulness; nastiness; malice.

**nyg** *ge=, (rare, poet.)* bow, make a bow, curts(e)y, bend, incline, lean (over). **ny·ging** *=gings* bow, curts(e)y.

**Nyl:** *die ~* the Nile. ~**baars, Victoriabaars** *(icht.: Lates niloticus)* Nile perch, Victoria perch. **n~blou** Nile blue. **n~groen** eau de Nil, Nile green.

**ny·lon** nylon. ~**kouse** nylon hose, nylons.

**ny·pend** *=pende* acute; *~e gebrek* dire need; *~e tekort* desperate/acute shortage.

**ny·we·raar** *=raars* industrialist.

**ny·wer·heid** *=hede* industry. ~**skeikunde** industrial chemistry. ~**skool** trade/industrial school. ~**stad** industrial/manufacturing town. ~**sterkte** *(often joc.)* industrial-strength *(detergent, coffee, etc.)*.

**ny·wer·heids·:** ~**aandele** industrials, industrial shares/equities. ~**alkohol** industrial alcohol. ~**gebied** industrial area; *op ~* in the industrial field. ~**park** industrial park. ~**perseel** industrial site. ~**raad** industrial council.

# Oo

**o¹, O** *o's, O's, n., (15th letter of the alphabet)* o, O. **O-be·ne** *bow/bandy legs.* **o'tjie** *tjies* little o.

**o²** *interj.* O, oh, ah; ~ *hene!/hete!/hetetjie!* dear/goodness me!, oh dear!, goodness!; ~ *Here!* O/oh Lord!; ~ *so!* aha!; is that so?. **o·ho** *interj.* oho!, aha!.

**o·a·se** *ses* oasis.

**O·bad·ja** *(OT prophet)* Obadiah.

**o·be·lisk** *liske* obelisk.

**o·bi** *obi's, (Jap. sash)* obi.

**o·bi·ter dic·tum** *obiter dicta, (Lat., jur.: incidental remark)* obiter dictum.

**ob·jek** *jekte* object, thing. ~**glas** slide.

**ob·jek·tief** *tiewe, n.* object lens, object glass, objective, focus(s)ing lens. **ob·jek·tief** *tiewe, adj. & adv.* objective, detached; *iets ~ beskou* take a detached view of s.t., consider s.t. objectively; *iets ~ voorstel* objectify s.t.. **ob·jek·ti·veer** *ge* objectify, objectivate. **ob·jek·ti·ve·ring** objectivation, objectification. **ob·jek·ti·vis·me** *(philos., also* O~*)* objectivism. **ob·jek·ti·wi·teit** objectiveness, objectivity, detachment.

**ob·jet d'art** *objets d'art, (Fr., small decorative/artistic object)* objet d'art.

**o·blaat** *oblate, (pers. dedicated to monastic/relig. life)* oblate.

**o·bla·sie** *sies, (relig.: offering)* oblation.

**o·blie·tjie** *tjies, (cook.)* wafer biscuit, rolled wafer.

**o·bli·gaat** *gate, n. & adj., (mus.)* obbligato, obligato.

**o·bli·ga·sie** *sies* debenture, obligation *(of a company);* bond *(of a public body);* security. ~**houer** debenture holder, obligee. ~**skuld** bonded debt.

**o·bli·te·ra·sie** *sies, (med.)* obliteration.

**ob·seen** *sene sener seenste* obscene. **ob·se·ni·teit** *teite* obscenity.

**ob·ser·va·sie** *sies* observation. ~**lugskip** blimp. ~**pos** observation post.

**ob·ser·va·tor** *tore, tors* observer. **ob·ser·va·to·ri·um** *riums, ria* observatory; ~ *vir magnetisme* magnetic observatory.

**ob·ses·sie** *sies* obsession; *(infml.)* hang-up; *iets is 'n ~ by iem.* s.t. is an obsession with s.o.; *'n ~ oor iets hê* have an obsession about s.t.; *(infml.)* have a hang-up *(or* be hung up) about s.t.. **ob·ses·si·o·neel** *nele* obsessional.

**ob·si·di·aan** *(min.)* obsidian.

**ob·skuur** *skure skuurder skuurste* obscure, indistinct. **ob·sku·ri·teit** obscurity, indistinctness.

**ob·ster·naat, ob·sti·naat** *nate nater naatste (of meer ~ die mees nate)* obstinate.

**ob·ste·trie** obstetrics, midwifery. **ob·ste·tries** *triese* obstetric(al). **ob·ste·tris** *triste* obstetrician.

**ob·struk·sie** *sies* obstruction; *(parl.)* filibuster; constipation. ~**voerder** filibuster, obstructionist, stonewaller.

**ob·struk·si·o·nis** *niste* obstructionist, stonewaller. **ob·struk·si·o·nis·me** obstructionism; *(parl.)* filibustering.

**oc·ta** →OKTO *comb.*.

**o·da·lisk** *liske, (Turk., fem. slave, concubine)* odalisque.

**o·de** *odes* ode; *'n ~ aan ...* an ode to ...

**O·din, Wo·dan** *(Norse/Germ. myth.)* Odin, Wodan, Woden.

**o·di·um** *(Lat.: hatred)* odium.

**o·do·me·ter** *ters* odometer.

**o·don·to·lo·gie** odontology. **o·don·to·loog** *loë* odontologist.

**O·dus·seus, O·dys·seus** *(Gr. myth.)* Odysseus, *(Rom.)* Ulysses. **O·dus·see, O·dys·see** *(Gr. epic poem)* Odyssey. **O·dus·se·ïes** *seïese, (also* o~*)* Odyssean *(also* o~*)*.

**oe** *oe's, n. & ge-oe, vb.: daar was heelwat ~'s en aa's, daar is wyd en syd ge-~ en (ge)-aa* there was a lot of oohing and ahing; *iem. laat ~ en aa* draw oohs and ahs from s.o.; *oor iets ~ en aa* ooh and ah over s.t.. **oe** *interj.* ooh!, wow!, oh boy!. ~**-la-la** *(joc.)* ooh-la-la.

**o·ë** *n. (pl.)* →OOG. ~**bank** eyebank; →OOGBANK. ~**sorg** eye care, care of the eyes. ~**verblindery** make-believe, pretence, eyewash; deception, hallucination, window-dressing.

**Oe·di·paal, Oi·di·paal** *pale,* **Oe·di·pi·aans, Oi·di·pi·aans** *aanse, (psych., also* o~*)* oedipal, oedipean.

**Oe·di·pus, Oi·di·pus** *(Gr. myth.)* Oedipus. ~**kompleks** *(psych., also* o~*)* Oedipus complex.

**oef** *interj.* ugh!.

**oe·fen** *ge* practise, exercise, train; discipline; coach; drill; school; *begin ~* go into training; *goed in iets ge~* well schooled in s.t.; *iem. het lank laas ge~* s.o. is out of practice; *oormatig* (of *te veel) ~* overexercise; *soldate ~* drill soldiers; *vir ... ~* train for ... ~**fiets** exercise bike/bicycle/cycle, stationary bicycle. ~**kamp** training camp. ~**lopie** practice, training session; run-through; *'n ~ doen* make a practice run; do/make a dry run; do a run-through. ~**metode** drill. ~**park** trimpark. ~**skoene** *n. (pl.)* training shoes. ~**skool** training school, practising school. ~**terrein** *(sport)* practice/training ground; exercise yard *(for horses etc.)*. ~**toestel** exerciser. ~**vlug** practice flight.

**oe·fe·ning** *ninge* practice, work-out; exercise, training; preliminary canter; *(in the pl., also)* drill; *deur/met ~* with practice; *~e doen* do exercises; *in ~ wees* be in practice; *in ~ bly* keep in practice; keep one's hand in; *genoeg ~ kry* get enough exercise; *oormatige* (of *te veel) ~* overexercise *(n.); vir ~ opdaag* turn out for practice; *strawwe ~* hard/stiff/strenuous/vigorous exercise; *uit ~ wees* be out of practice. **oe·fe·nin·kie** *kies, (dim.)* little exercise.

**Oe·kra·ï·ne:** *die ~* the Ukraine. **Oe·kra·ï·ner** *ners, n.* Ukrainian. **Oe·kra·ïens** *n., (lang.)* Ukrainian. **Oe·kra·ïens** *kraïense, adj.* Ukrainian.

**oe·le·ma, oe·la·ma** *ma's, (body of Muslim scholars; member thereof)* ulema, ulama.

**oemf** *(infml.)* oomph, go, life, sparkle, spirit, zest, zip, piz(z)azz, pzazz.

**oem·faan** *faans, (Zu.: male youth)* umfaan.

**oem·pa** *(onom.)* oompah. ~**orkes** oompah/brass band.

**o·ën·skou:** *iets word opnuut in ~ geneem* s.t. is/comes under *(or* up for) review; *iets in ~ neem* take stock of s.t..

**o·ën·skyn·lik** *like, adj.* apparent, ostensible, seeming. **o·ën·skyn·lik** *adv.* apparently, seemingly, ostensibly, to all appearance, outwardly, on the face of it.

**oeps, oep·sie** *interj., (infml.)* oops!, whoops!, whoops-a-daisy!.

**oer** *comb.* primitive, primeval, primordial; archetypal; *(infml.)*

398

extremely, exceedingly. **~beeld** model, archctype. **~bron** primal source. **~dier** prehistoric animal; *(usu. dim.: oerdier= tjie)* protozoon. **~dom** *(infml.)* idiotic, incredibly daft. **~drang, ~drif** primitive urge. **~geskiedenis** prehistory. **~gesteente** basement/primitive rock. **~instinkte** primal *(or, infml.* cave= man) instincts. **~inwoners** aborigines. **~knal:** *die* **~,** *(astron.)* the big bang. **~knalteorie** big-bang theory. **~krag** primeval force. **~kreet** *(psych.)* primal scream. **~kreetterapie** *(psych.)* primal (scream) therapy. **~mens** primitive man, early man. **~os** aurochs, European bison. **~oud** *=ou(e)* primeval, primi= tive, prehistoric, ancient; *(joc.)* ancient, as old as time/Me= thuselah/Adam *(or* the hills). **~sel** *=selle* primordial cell. **~sop** primordial soup. **~sterk** *(infml.)* exceedingly strong; highly durable. **~taal** primordial language, proto-language. **~tipe** archetype, prototype. **~tyd** prehistoric times; *uit die* ~ prehistoric, primordial, primitive, ancient. **~vorm** arche= type; *(biol.)* primordium. **~woud** jungle, primeval/virgin forest.

**Oe·ral:** *die* ~ the Urals. **~gebergte** Ural Mountains.

**Oer·doe** *(Pakistani & Ind. lang.)* Urdu.

**oes**[1] *oeste, n., (harvested)* crop, harvest; *(literary)* output; yield; *'n* **goeie** ~ a fine/good crop; *'n* ~ **insamel** harvest/reap a crop; *die* ~ **insamel,** *(also)* gather the harvest; *'n buitengewoon* **ryk** ~ a bumper crop; *'n skrale* ~ meagre results. **oes** *ge=,* *vb.* reap, harvest, crop, gather; earn; *(infml.)* beat, lick; take a heavy toll. **~fees** harvest festival/home. **~gewas** field crop. **~insameling** cropping. **~jaarwyn** vintage wine. **~lied** har= vest song. **~skatting** crop estimates. **~tyd** harvesting season, reaping time.

**oes**[2] ~ *oeser oestse, adj., (infml.)* bad, feeble, miserable, weak, wretched, shabby, insignificant; indisposed, off colour, out of condition/sorts, *(infml.)* grotty; *'n* ~ *vertoning* a feeble show. **oes** *adv.* badly, miserably, weakly. **oes·e·rig** *=rige* off colour, out of sorts.

**Oes·beek** *=beke, n.* Uzbek. **Oes·be·kies** *n., (lang.)* Uzbek. **Oes·be·kies** *=kiese, adj.* Uzbek. **Oes·be·ki·stan** *(geog.)* Uz= bekistan.

**oes·ter**[1] *=ters* reaper, harvester.

**oes·ter**[2] *=ters* oyster. **~bed** oyster bed. **~biefstuk, ~steak** *(cook.)* carpetbag steak, carpetbagger. **~-en-spekvleis(-)rol= letjies:** ~ *(op roosterbrood)* angels-on-horseback. **~kweker** oyster-culturist. **~kwekery** oyster culture; oyster farm. **~sampioen** oyster mushroom. **~skulp** oyster shell. **~teelt** oyster-farming, ostreiculture, oyster culture. **~vanger** oys= ter gatherer; *(orn.)* = TOBIE. **~wit** oyster white *(pred.),* oyster- white *(attr.).*

**oes·te·ry** harvesting, reaping, cropping.

**oeu·vre** *(Fr.)* works, body of work, oeuvre.

**oe·wer** *=wers* bank *(of a river),* shore *(of the sea),* waterside; *op die* ~ *van ...* on the bank(s) of ... *(a river, lake, etc.);* on the shore(s) of ... *(a lake etc.);* langs die ~ van die meer along the lakeside. **~bewoner** riparian. **~einde** shore end *(of a bridge).* **~konyn** *(zool.)* riverine rabbit. **~regte** riparian rights. **~swa= (w)el:** *Afrikaanse* ~ brown-throated martin; *Europese* ~ sand martin. **~wind** shore wind.

**of** or; whether; (as) if; as though; but; *A* ~ *B* A or B; ~ *dit gebeur al dan nie,* ~ *dit gebeur* ~ *nie* whether it happens or not, whether or not it happens; *dag* ~ *nag* day or night; *'n* **dag** ~ *twee* a day or two; *'n* **dag** ~ *drie* three days or so; *'n* **dag** ~ *wat gelede* some (or a few) days ago; *die een* ~ *die an= der* the one or the other; *die een* ~ *ander* the one (or some) or other; *kom in* ~ *loop* either come in or go; *dit is kom= pleet/net* ~ *...* it is just as if ...; *kyk* ~ *...* see if ... *(s.t. is in order etc.);* dit was nie te *lank* nie ~ *...* it was not long before ...; *dit* **lyk** ~ *...* →ASOF; *vra* ~ *jy dit* **mag** *doen* ask whether one may do it; ~ *iem. nou siek/ens. is* ~ *nie, ongeag* ~ *iem. siek/ens. is* ~ *nie* whether s.o. is sick/etc. or not; *dit is* ~ *ek ...* *nog sien* I seem to see ... still; ~ *ek dit nie* **weet** *nie!* don't I know it!.

**óf:** ~ ... ~ ... either ... or ...

**of·fen·sief** *=siewe, n., (chiefly mil.)* offensive, push; *tot die* ~ *oorgaan* take the offensive. **of·fen·sief** *=siewe, adj., (mil.)* offensive; *=siewe en defensiewe verbond* offensive and defen= sive alliance. **of·fen·sief** *adv.* on the offensive; ~ *ingestel* **wees** be on the offensive; ~ *optree* take the offensive.

**of·fer** *=fers, n.* sacrifice, offering; immolation; oblation; *~s* **bring** make sacrifices; *die hoogste* ~ **bring** make the supreme sacrifice; *die* ~ *word van ...* fall victim to ... *(avarice etc.).* **of·fer** *ge=, vb.* sacrifice, offer, immolate, devote. **~altaar** sacrificial altar. **~dier** sacrificial animal. **~dood** sacrificial death. **~gawe** offering, oblation. **~gebed** offertory. **~maal** sacrificial banquet. **~plegtigheid** sacrificial rites. **~plek** place of sacrifice.

**of·fe·ran·de** *=des* offering, sacrifice; offertory; oblation.

**of·fer·to·ri·um** *=riums, =ria, (RC)* offertory.

**of·fer·vaar·dig** *=dige* selfless, liberal, generous. **of·fer·vaar= dig·heid** spirit of sacrifice, liberality, generosity.

**of·fi·sie** *=sies, (RC)* office, function. **of·fi·si·eer** *ge=, (RC)* of= ficiate.

**of·fi·si·eel** *=siële =siëler =sieelste, adj.* official. **of·fi·si·eel** *adv.* officially.

**of·fi·sier** *=siere, =siers* officer.

**of·fi·siers·:** **~aanstelling** commission *(in the army/navy/ etc.).* **~kajuit** wardroom *(in a warship).* **~klub** officers' club. **~korps** corps of officers. **~kwartier** officers' quarters. **~mena= sie** officers' mess. **~rang, offisierskap** commission, officer's/ commissioned rank, officership; ~ *hê/beklee* hold a commis= sion. **~reserwe** reserve of officers. **~uniform** officer's uni= form.

**of·fi·si·eus** *=sieuse* officious, overbearing, meddlesome.

**o·fi·o·lo·gie, slang·kun·de** ophiology.

**of·skoon** *(fml.)* (al)though, in spite of the fact.

**of·tal·mie** *(pathol.)* ophthalmia.

**of·tal·mies** *=miese* ophthalmic *(nerve).*

**of·tal·mo·lo·gie** ophthalmology. **of·tal·mo·lo·gies** *=giese* ophthal= mological. **of·tal·mo·loog** *=loë* ophthalmologist, ophthalmic surgeon.

**of·tal·mo·skoop** *=skope* ophthalmoscope.

**of·te·wel** *(also* ofte wel*)* (or) otherwise; that is (to say); *la petite robe noire,* ~ *die klein swart nommertjie* la petite robe noire, that is the little black number.

**og** *interj.* oh!, oi!.

**o·gam:** **~(alfabet)** *(ancient Br. and Ir. alphabet)* og(h)am. **~inskripsie** og(h)am. **~karakter** og(h)am.

**og·gend** *=gende* morning; →SOGGENS; *van die* ~ *tot die* **aand** from morning to night, from dawn till dark; *die* **hele** ~ all morning; *in die* ~ in the morning; *teen die* ~ *(se kant)* to= ward(s) morning. **~blad, ~koerant** morning (news)paper. **~diens** morning service/prayer; *vroeë* ~, *(RC)* matins. **~ge= bed** morning prayer. **~rooi** *(poet.)* aurora, red morning sky. **~siekte** morning sickness. **~sinjaal** *(mil.)* reveille. **~sitting** morning session. **~skemering** morning twilight, dawn. **~skof** morning shift. **~stond** *(poet.)* early morning, morning tide. **~uur** *=ure* morning hour; *in die vroeë ~ure* in the small/wee hours (of the morning).

**o·gie** *ogies* little eye; eyelet; *(bot.)* sleeping bud; *(bot.)* hilum; *(sailing)* cringle; →OOG; *vir iem.* ~*s maak* make eyes at s.o.; ogle (at) s.o.; *'n* ~ *oor ... hou* care for ..., look after ..., keep an eye on ...; keep/maintain a watching brief on ...; *'n* ~ *op iem. hê, (infml.)* be sweet on s.o..

**o·gief** *ogiewe, (archit.)* ogive. **o·gi·vaal** *=vale* ogival.

**o·gies·:** **~borduurwerk** eyelet embroidery. **~draad** wire net= ting.

**o·glo·kraat** *=krate* ochlocrat. **o·glo·kra·sie** *=sieë* ochlocracy, mob rule.

**ohm** *ohms, (phys.: unit of elec. resistance)* ohm; *tien* ~ ten ohms;

*baie* ~*s* many ohms; *O~ se Wet, Wet van O~, (phys.)* Ohm's law. ~**meter** ohmmeter.

**oh·mies** =*miese* ohmic.

**oink** *interj., (grunt of a pig)* oink!.

**o·jief** *ojiewe, (archit.)* ogee, cyma. ~**boog** ogee arch. ~**lys** ogee moulding. ~**skaaf** ogee plane.

**OK, O.K., o.k.** →OUKEI.

**o·ka·pi** =*pi's, (zool.)* okapi. **o·ka·pi'tjie** =*tjies, (dim.)* little okapi.

**o·ka·ri·na** =*nas, (It., mus.)* ocarina.

**o·ker** ochre; *geel~* yellow ochre; *rooi-~* red ochre, raddle, ruddle. ~**geel** ochre yellow, ochry.

**o·ker·ag·tig** =*tige* ochreous, ochreish, ochrous.

**o·ker·kleu·rig** =*rige* ochre-coloured.

**ok·ka·sie** =*sies* (memorable) occasion.

**ok·ker·neut** =*neute* walnut. ~**boom** walnut tree; *Amerikaanse* ~ hickory. ~**hout** walnut.

**ok·klu·deer** *ge=, (med. etc.)* occlude.

**ok·klu·sie** =*sies* occlusion. ~**front** *(meteorol.)* occluded front, occlusion.

**ok·kult** =*kulte, adj. (chiefly attr.)* occult. **ok·kul·te** *n.* occult; *die* ~ the occult. **ok·kul·ties** =*tiese, adj.* occult. **ok·kul·ties** *adv.* occultly. **ok·kul·tis** =*tiste, (also* O~*)* occultist. **ok·kul·tis·me** *(also* O~*)* occultism, (science of) the occult, psychical research.

**ok·kul·teer** *ge=, (astron.)* occult(ate). **ok·kul·ta·sie** =*sies, (astron.)* occultation.

**ok·ku·peer** *ge=, (fml.)* occupy. **ok·ku·peer·der** =*ders,* **ok·ku·pant** =*pante* occupier, occupant. **ok·ku·pa·sie** =*sies* occupation.

**o·kra** *(vegetable)* okra, gumbo.

**ok·saal·:** ~**suur** oxalic acid. ~**suursout** =*soute,* **oksalaat** =*late* oxalate.

**ok·sel** =*sels* armpit; *(bot.)* axil; axilla *(anat.)*, oxter. ~**knop** axillary bud. ~**stuk** *(dressm. etc.)* gusset; *(building)* gusset piece.

**oks·hoof** =*hoofde, (unit of capacity, esp. for alcoholic beverages)* hogshead.

**ok·si·a·se·ti·leen** *(chem.)* oxyacetylene.

**ok·si·da·sie, ok·si·de·ring** *(chem.)* oxidation.

**ok·si·deer** *ge=, (chem.)* oxidise, oxygenate. ~**middel** =*dels, =dele* oxidising agent.

**ok·sied** =*siede, (chem.)* oxide.

**ok·si·ge·neer** *ge=, (chem., physiol.)* oxygenate. **ok·si·ge·ne·ring, ok·si·ge·na·sie** oxygenation.

**ok·si·mo·ron** =*rons, (figure of speech)* oxymoron.

**ok·si·to·sien** *(biochem., physiol.)* oxytocin.

**ok·ta** *(meteorol.: measure of cloud cover)* okta, octa.

**ok·ta** =*comb.* →OKTO=.

**ok·taaf** *oktawe, (mus.)* octave; octet(te). ~**fluitjie** octave flute, piccolo, flageolet.

**ok·taan** *oktane, (chem.)* octane. ~**getal** octane number/value/rating.

**ok·ta·ë·der, ok·ta·e·der** =*ders, (geom.)* octahedron. **ok·ta·ë·dries, ok·ta·e·dries** =*driese* octahedral.

**ok·ta·le no·ta·sie** *(comp. etc.)* octal (notation).

**ok·tant** =*tante, (math., astron.)* octant.

**ok·ta·va·lent** =*lente, (chem.)* octavalent.

**ok·ta·vo** =*vo's, (book format)* octavo.

**ok·tet** =*tette, (mus.)* octet(te).

**ok·to=, ok·ta=** *comb.* octo=, octa=.

**Ok·to·ber** October. ~**dag** day in October. ~**maand** the month of October.

**ok·to·goon** =*gone, (geom.)* octagon. **ok·to·go·naal** =*nale* octagonal.

**ok·trooi** =*trooie* charter, patent, grant, privilege; *(local excise)* octroi. ~**brief** letters patent; charter. **ok·trooi·eer** *ge=* (grant

a) patent, charter; *ge~de maatskappy* chartered company; *ge~de rekenmeester* chartered accountant.

**o·ku·leer** *ge=, (hort.)* bud *(with a knife)*. ~**hout** budwood. ~**mes** budding knife. **o·ku·le·ring** =*rings, =ringe,* **o·ku·la·sie** =*sies* budding *(with a knife)*.

**o·ku·lêr** =*lêre, n.* ocular, eyepiece *(of an optical instr.)*. **o·ku·lêr** =*lêre, adj.* ocular.

**o·ku·lis** =*liste* oculist.

**o·ku·lo·mo·to·ries** =*riese* oculomotor *(nerve etc.)*.

**o·lé** *interj., (Sp.)* olé!.

**o·le·an·der** =*ders, (bot.)* oleander, rosebay.

**o·le·ïen** olein. ~**suur** oleic acid.

**o·le·o·gra·fie** =*fieë* oleograph; *(no pl.)* oleography.

**o·lie** *olies, n.* oil; unguent; grease; ~ *raak boor* strike oil *(lit.)*; *gewyde* ~ chrism; ~ *inneem, (a ship)* load *(or take in)* bunkers; *in* ~ *skilder* paint in oils; ~ *op die vuur gooi, (chiefly fig.)* add fuel to the fire/flames, add oil to the fire, pour oil on the flames, fan the embers/flames. **o·lie** *ge=, vb.* oil, lubricate; →GEOLIE. ~**besoedeling** oil pollution. ~**bol** doughnut. ~**boor** oil drill. ~**boortoring, ~boorplatform, ~booreiland** oil-drilling platform/rig. ~**brander** oil burner. ~**brandstof** fuel/furnace oil, oil fuel. ~**doek** oilcloth, oilskin. ~**dollar** petrodollar. ~~**en-asyn(-)stel(letjie)** cruet (stand). ~**handelaar** oiler, oilman, oil dealer. ~**hawe** oil terminal. ~**jas** oilskin(s), oil(skin) coat, oilers. ~**kan** oil container, oiler. ~**kannetjie** small oilcan. ~**kleedjie** oilcloth, wax cloth. ~**klier** oil gland. ~**kol** oil stain; oil slick. ~**kolonie** *(sl., dated)* eau de Cologne. ~**konka** oil drum. ~**kruik** oil jar. ~**laag** oil slick. ~**lamp** paraffin/oil lamp. ~**leiklip** oil shale. ~**maatskappy** oil company. ~**meter** oil gauge, oleometer. ~**pen(netjie)** dipstick. ~**pers** oil-press. ~**pit** floating wick; oilseed, oil-yielding kernel. ~**platform** oil platform. ~**produserende land** oil-producing country. ~**pypleiding** oil pipeline. ~**saad** oilseed. ~**seildoek** oilcloth. ~**smaak** oily taste. ~**smering** oil lubrication. ~**steen** oilstone; hone; whet(stone) slate, slipstone, Indian stone. ~**stoof** oil stove. ~**storting** oil spill. ~**suur** oleic acid. ~**tenk** oil tank. ~**tenkskip, ~tenker** oil tanker. ~**tenkwa** oil tanker. ~**toevoer** oil feed. ~**toring** oil derrick/rig. ~**uitvoer** oil export. ~**uitvoerland** oil-exporting country. ~**verf** oil colour(s)/paint; *in* ~ *skilder* paint in oils. ~**verfskildery** oil (painting). ~**vervanging** *(mot.)* oil change. ~**verwarmer** oil heater. ~**vlek** oil stain. ~**wyser** oil diviner; oil-level indicator.

**o·lie·ag·tig** =*tige* oily, oleaginous; slick.

**o·lie·hou·dend** =*dende* oleaginous, oleiferous; oil-bearing, -producing.

**o·lie·loos** =*lose* oilless.

**o·lien·hout(·boom)** wild olive (tree).

**o·lie·rig** =*rige* oily, oleaginous; greasy; sebaceous; unctuous. **o·lie·rig·heid** oiliness; greasiness.

**o·li·fant** =*fante* elephant; *Indiese* ~ Indian elephant; *van 'n muggie 'n* ~ *maak* make a mountain out of a molehill. ~**bul** bull elephant, elephant bull. ~**drywer, ~leier** elephant driver, mahout. ~**kalf** elephant calf, baby elephant. ~**koei** cow elephant, elephant cow. ~**poot** elephant's foot. ~**siekte** elephantiasis. ~**slurp** elephant's trunk. ~**tand** →OLIFANTSTAND. ~**vel** →OLIFANTSVEL. ~**velsiekte** elephant(-skin) disease, besnoitiosis, globidiosis.

**o·li·fant·ag·tig** =*tige* elephantine.

**o·li·fant·jie** =*jies, (dim.)* little elephant.

**o·li·fants·:** ~**geweer** elephant gun, muzzle-loader. ~**gras, olifantgras** elephant grass. ~**klip** *(infml.)* dolomite. ~**tand, olifanttand** elephant's tooth/tusk; ivory. ~**vel, olifantvel** elephant's hide. ~**voet** *(bot.)* elephant's foot.

**o·li·garg** =*garge* oligarch. **o·li·gar·gie** =*gieë, =gies* oligarchy. **o·li·gar·gies** =*giese* oligarchic(al).

**o·li·go·po·lie** *(econ.)* oligopoly.

**O·li·go·seen** *n., (geol.)* Oligocene. **O·li·go·seen** *-sene, adj.* Oligocene.

**o·lik** *olike* out of sorts, indisposed, off colour, unwell, nauseous. **o·lik·heid** queasiness, nausea, sickness.

**o·lim·pi·a·de** *-des* Olympiad.

**O·lim·pi·ë** *(site of the original Olympic Games)* Olympia. **O·lim·pi·ër** *-piërs, n., (competitor in the Olympic Games)* Olympian. **O·lim·pies** *-piese, adj.* Olympic; Olympian; *~e Spele* Olympic Games, Olympiad.

**O·lim·pus:** *die berg ~, (Gr. myth.)* Mount Olympus.

**o·li·vien** *(min.)* olivine, peridot, chrysolite.

**olm** *olme, olms, (bot.)* elm. *~boom* elm (tree).

**o·lo·ro·so** *(Sp., a sherry)* oloroso.

**o·lyf** *olywe* olive. **O~berg:** *die ~* (Mount) Olivet, the Mount of Olives. *~boom* olive (tree). *~groen* olive (green), olivaceous. *~krans* olive crown. *~olie* olive oil; *suiwer ~* virgin olive oil. *~tak* olive branch; *(fig.)* olive branch, peace offering.

**o·lyf·ag·tig** *-tige* olivaceous.

**o·lyf·kleur** olive (green). **o·lyf·kleu·rig** *-rige* olive-coloured, -green; *'n ~e vel* an olive-toned skin.

**o·lyf·vor·mig** *-mige* olive-shaped, olivary.

**om** *adv.* round; out; up; over; expired; *~ en ~* round and round; *die vakansie is ~* the holidays are over *(or* at an end); *voor(dat) die week/ens. ~ is* before the end of the week/etc., before the week/etc. is out. **om** *prep.* round, about, at; for; on; in consideration of, on account of, by reason of; *al ~ die ander dag/week/maand/jaar/ens.* every other/second/alternate day/week/month/year/etc.; *beroemd ~ ...* famous for ...; *~ en by ...* about ..., in the neighbourhood of ... *(a number, an amount);* of/in the order of ...; *(so) ~ en by ag(t)uur/ens.* about/around eight/etc. o'clock, *(infml.)* eightish etc.; *~ en by die honderd/ens.* about/approximately/around *(or* round [about]) a hundred/etc., a hundred/etc. or so; *dis ~ 't/die ewe* *~EWE adj.; ~ iets gaan* skirt around/round s.t.; *'n tjalie/ens. ~ jou skouers/ens.* hê/dra have/wear a shawl/etc. round one's shoulders/etc.; *~ iem. iets doen* do s.t. for *(or* on account of) s.o.; do s.t. for s.o.'s sake; *graag mense ~ jou hê* like having people about one; *~ nie te ... nie* so as not to ...; *~ te ...* (in order) to ...; *dit is ~ van te huil/ens.* it's enough to make one cry/etc.; *dit gaan ~ iem. se toekoms* s.o.'s future is at stake; *~ hulp/ens. vra* ask for help/etc.; *(~) vyfuur/ens.* at five/etc. o'clock. **om** *conj.* to; in order to, so as to; *iets is nie ~ te eet nie* s.t. is not to be eaten, s.t. is inedible; *aangenaam ~ te hoor* pleasant to hear; *'n boek ~ te lees* a book to read; *~ te lewe* to live; *~ iem. nie seer te maak nie* so as not to hurt s.o..

**om·arm** *het ~* embrace, clasp, fold in the arms. **om·ar·ming** *-mings, -minge* embrace, clasp, squeeze.

**om·bab·bel** *omge=* talk away *(the time).*

**om·ber** *(natural pigment)* umber. *~(spel)* (game of) ombre.

**om·bind** *omge=* bind/tie round, fillet.

**om·blaai** *omge=* turn (over) *(a page); blaai om, (abbr.:* b.o.) please turn over *(abbr.:* PTO).

**om·blaas** *omge=* blow down/over; *jy kon my omgeblaas het, (infml.)* you could have knocked me down/over with a feather.

**om·boor** *omge=* bind, face, edge, border, purl, braid; *'n kledingstuk weer ~* reface a garment. **om·boor·sel** *-sels* binding, facing, gimp.

**om·bou** *omge=* rebuild, reconstruct, alter, convert, remodel, customise. **om·bou·ing** *-ings, -inge* rebuilding, building alteration, conversion.

**om·bring** *omge=* bring round *(a car to the front entrance etc.);* spend, while away *(time).*

**om·buds·man** *-manne* ombudsman.

**om·buig** *omge=* bend/turn (down/back/up), recurve, clench, fold, angle. **om·bui·ging** bend(ing), recurvature, clinch.

**om·dans** *omge=: die nag ~* dance the night away, dance round the clock.

**om·dat** because, since, as, seeing that, for, due to the fact that; *dit was nie ~ iem. nie (ge)probeer het nie* it was not for want of trying; *net ~ ...* only because ...

**om·dol(·we), om·dolf** *omge=* trench, turn.

**om·dop** *omge=* turn inside out, evert; curl (up); double up; *(infml.)* fall down/over, faint; shoot/knock down, turn out. **om·dop·ping** turning inside out, eversion.

**om·draai** *omge=* turn round/back/about/over, go back; twine round; put about; reverse; wrap in; twist; wheel round; invert; *heeltemal ~* turn right around; completely change one's opinion; *jou ~* turn/face round; turn (on one's face); *iem. laat ~* turn s.o. back; *op die plek ~* turn on one's heel; *'n sleutel ~* turn a key. **om·draai·ing** *-ings, -inge* turn(ing), rotation; revolution *(of wheel);* change (of front), volte-face; twist(ing), turnabout.

**o·me·ga, o·me·ga** *-gas* omega.

**o·me·let** *-lette* omelet(te).

**om·flens** *-flensde, -flenste* flanged.

**om·gaan** *omge=* go round; take place, happen; *(time)* pass, wear; associate *(with),* rub shoulders, consort, keep company, mix, take up, deal *(with); met bedrog ~* be dishonest, practise deceit; *'n hele ent ~* make a detour; *nie weet wat in iem. se gemoed ~* not know what s.o.'s feelings are; *by die huis/ens. ~* call at the house/etc.; *weet hoe om met ... om te gaan* know how to handle/treat *(or* deal with) ...; *nie maklik met mense ~ nie* be a bad mixer *(infml.); die tyd gaan langsaam om* time passes slowly; *vriendskaplik/familiêr met iem. ~* be on familiar terms with s.o., *(infml.)* hobnob with s.o.. **om·gaan·de** itinerary; encyclical.

**om·gang** association, (social) intercourse, dealings, fellowship; commerce; communication; communion; human relations; procession; circuit, rotation; round, lap; *(ge)maklik in die ~ wees* mix well, be a good mixer; have the common touch; *iem. word in die ~ ... genoem* s.o. is generally known as ...; *in die ~ wees, (a custom, an expression, etc.)* be current, *(drugs etc.)* be in circulation; *'n gawe kêrel/meisie in die ~* a fine fellow/girl to know, good company.

**om·gangs=: O~afrikaans** colloquial Afrikaans. *~inspekteur* circuit inspector. *~taal* colloquial language, vernacular, conversational speech; *in die ~* colloquially, in everyday language.

**om·gee** *omge=* care, mind; hand round, pass round; *as jy nie ~ nie* if you don't mind; if it is all the same to you; *geen (of nie 'n) flenter ~ nie* not care less *(or, infml.* a damn/hoot); *(glad) nie ~ nie* be quite happy to ...; *gee jy om?* do you mind?; *nie meer ~ nie* be beyond/past caring; *~ vir ...* care about/for ...; *iem. gee nie om wat hy/sy doen nie, (also)* s.o. will do anything.

**om·geef** →OMGEWE.

**om·ge·ël·lie** *-liede, (infml.)* upset, irritated, annoyed, angry, vexed, put out, *(infml.)* miffed, *(infml.)* peeved.

**om·ge·keer(d)** *-keerde, adj.* turned down/over, turned upside down *(or* inside out), overturned, upturned, tilted over, inverted; reversed; inverse; obverse; *~keerde beeld* reversed image; *~keerde boog* inverted arch; *~keerde diskriminasie* reverse discrimination; *in die ~keerde geval* in the opposite case; *~keerde ontwikkelingswerk* reverse engineering; *in ~keerde orde* in inverted order; *in ~keerde rigting* contrariwise; *dis die ~keerde wêreld, (infml.)* it is all topsy-turvy, it is against reason. **om·ge·keer(d)** *adv.* inversely; conversely; vice versa; *en ~* and vice versa; *~ eweredig* inversely proportional; *dit is net ~* it is just the other way round. **om·ge·keer·de** *-des, n.* reverse; *(geom.)* converse.

**om·ge·krap** *-krapte* untidy, disorderly; confused, disorganised; riotous, unruly, refractory, unmanageable; irritable, in a bad mood, upset, peeved; *~te maag* stomach upset, upset stomach; *~ oor iets* upset/annoyed about s.t..

**om·ge·val·de, om·ge·val·le** *adj. (attr.)* fallen, toppled, overturned, collapsed; ~ *boom* fallen tree.

**om·ge·we, om·geef** *het ~, (poet., liter.)* surround, encircle, enclose, encompass, environ.

**om·ge·wing** surroundings, environment; vicinity, neigh= bourhood, environs; sphere, setting; precincts; living condi= tions; *in hierdie/daardie* ~ in/round these/those parts, in this/that vicinity; *in die* ~ *van* ... in the neighbourhood/vi= cinity of ... *(a place); iets ontsier die* ~ s.t. is a blot on the landscape; *'n verandering van* ~ a change of scene. ~**sen= sitief** environmentally sensitive. ~**skadelik** environmentally harmful; ecocidal. ~**skending** environmental pollution.

**om·ge·wings :** ~**aktivis** environmental activist, *(infml., often derog.)* greenie. ~**bewus** environment-conscious, ecologi= cally/environmentally aware. ~**bewustheid** environment-consciousness. ~**impakstudie** *(abbr.:* OIS*)* environmental impact assessment/study *(abbr.:* EIA/EIS*)*. ~**leer** ecology; environment(al) education/studies. ~**man,** ~**mens,** ~**vrou** environmentalist. ~**ramp,** ~**katastrofe** ecocatastrophe, eco= disaster. ~**vernietiging,** ~**verwoesting** destruction of the (natural) environment, ecocide. ~**vriendelik** environment-friendly, nature-friendly, ecofriendly; environmentally bene= ficial/friendly/sound.

**om·gooi** *omge=* upset, overturn, overbalance, tip (over); cap= size; topple; throw down; throw round; *pannekoeke* ~ toss pancakes.

**om·gord** *het ~, (poet., liter.)* gird, belt, begird; gird round, engirdle; *die lendene* ~ gird the loins; *met die lendene* ~ with loins girt up; ~ *met mag* gird with power.

**om·grens** *het* ~ bound; confine, restrict, circumscribe.

**om·haal¹** *n.* ado, bustle, commotion, fuss, to-do; *iets met groot* ~ *doen* make a great performance of doing s.t.; *son= der* ~ unceremoniously; *met 'n groot* ~ *van woorde* ver= bosely, in a roundabout way, circuitously; *sonder veel* ~ *van woorde* without wasting words (*or* beating about the bush *or* going into details).

**om·haal²** *omge=, vb.* persuade, talk over, bring round, win over, cajole; *iem.* ~ *om iets te doen* persuade (*or* prevail on/ upon) s.o. to do s.t..

**om·hang** *omge=* put on, drape, throw over one's shoulders *(an overcoat etc.).*

**om·hê** *omgehad, (infml.)* have (round), wear (round) *(one's waist etc.).*

**om·hein** *het* ~ fence in/round, enclose, picket, hedge, wire in; *nie* ~ *nie* unfenced, unhedged. **om·hei·ning** *=nings* (ring) fence, enclosure; paling.

**om·hels** *het* ~ embrace, enlace; cuddle, hug; espouse *(an idea, a principle, etc.).* **om·hel·sing** *=sings, =singe* embrace, hug, clasp; *in 'n stewige* ~ *wees* be locked in an embrace (*or* in each other's arms).

**om·hoog** aloft, on high; up(wards); *met* ~ *gerigte oë* with upcast eyes; *met jou hande* ~ with one's hands up; *iets* ~ *hou* hold aloft/up s.t.; stick up s.t.; ... *rys/styg* ~, *(a column of smoke, a bridge, etc.)* ... rises aloft/up; *pryse skiet* ~ prices are rocketing; *van* ~ from on high.

**om·hul** *het ~, (poet., liter.)* envelop, enwrap, enshroud, en= case, cover. **om·hul·ling** *=lings, =linge* wrapping, covering, encasing, sheathing. **om·hul·sel** *=sels* wrapper, cover(ing), envelope, wrapping, coat(ing); jacket, casing, housing, shroud, sheath(ing); tunic, sheath, *(biol.)* indusium; *die stof= like* ~, *(rhet.)* the mortal remains.

**o·mie** *omies, (infml., joc.)* fuddy-duddy, (old) fogey.

**o·mi·kron** *(15th letter in the Gr. alphabet)* omicron.

**om·kan·tel** *omge=* fall/keel/topple over, tip (over), overbal= ance; tilt; upset, overturn, capsize, keel.

**om·kap** *omge=* cut/chop/hew down, fell; *(dressm.)* overcast, overlock; *(infml.)* bump off; pick off *(with a shot); (infml.)*

faint, fall over/down, keel over; *(infml.)* drop dead, peg (out); *(infml.: go to sleep)* crash out; ... *een vir een* ~, *(infml.)* pick off ... *(people, animals).* ~**masjien** overlocker. ~**steek** overcast stitch, overcasting.

**om·keer, om·me·keer** *n.* (sudden/complete) change, turn (of events); reversal; about-turn, about-face, volte-face; sub= version; inversion; *'n politieke* ~ a landslide victory; *'n* ~ *in iets teweegbring* bring about a complete change in s.t., revo= lutionise s.t. **om·keer** *omge=, vb.* turn (up/out/down/over *or* upside down), *(tr., intr.)* overturn; invert; reverse; *(mil.)* about-turn, do an about-turn; *so gou soos ('n) mens jou hand* ~ in a flash/jiffy; *hooi* ~ make hay, turn over hay; *'n kaart* ~ turn up/down a card; *'n koppie* ~ turn a cup upside down; *'n pannekoek* ~ toss a pancake; *jou sakke* ~ turn out one's pockets. **om·keer** *interj., (mil.)* about turn!. **om·keer·baar, om·keer·baar** *=bare* reversible, convertible. **om·ke·ring** *=rings, =ringe* inversion; reversal, reversion; turnabout; *groot* ~ cata= clysm.

**om·klink** *omge=* rivet, clinch.

**om·kom** *omge=* come round; perish, die; starve; *by iem.* ~ call (round) at s.o.'s; *kom ek om, so kom ek om* if I perish, I perish; *die hoek* ~ come round the corner; ~ *van* ... die of ... *(hunger, thirst, etc.).*

**om·koop** *omge=* bribe; corrupt; buy over; suborn; *iem. kan omgekoop word* s.o. can be bribed, *(infml.)* s.o. has a price. *jou laat* ~ accept/take bribes; *iem. met* ~ bribe s.o. with s.t.; *iem.* ~ *om iets te doen* bribe s.o. to do s.t.. ~**geld,** ~**prys,** ~**som** bribe, hush money; slush fund.

**om·koop·baar, om·koop·baar** *=bare* corruptible, venal, bribable, open to bribery, mercenary, *(infml.)* on the take. **om·koop·baar·heid** venality, corruptibility.

**om·ko·per** briber, corrupter.

**om·ko·pe·ry, om·ko·pe·ry** bribery, corruption, suborna= tion.

**om·kors** *het* ~ encrust, incrust; encyst. **om·kors·ting** en= crustation, incrustation; encystation, encystment.

**om·krans** *het ~, (poet., liter.)* wreathe, garland; *deur* ... ~ *wees* be wreathed in ...

**om·krap** *omge=* throw into disorder/confusion, disarrange, disturb; make a mess of, bedevil, bungle; irritate, annoy, vex, upset *(s.o.);* →OMGEKRAP.

**om·kring** *het* ~ (en)circle, ring; orbit.

**om·kruip** *omge=, (time etc.)* drag (on).

**om·krul** *omge=* curl round/over; bend back; buckle.

**om·kry** *omge=* get on *(a collar);* get round *(a rope);* while away *(the time),* fill up, kill *(time);* get/bring down *(a tree, wall, etc.).*

**om·kui·er** *omge=* stroll around; *die tyd* ~ spend the time vis= iting.

**om·kyk** *omge=* look round, look back, look over one's shoul= der.

**om·laag** *(poet., liter.)* (down) below; *na* ~ down; *van* ~ from below.

**om·lei** *omge=* lead round, divert; detour. **om·lei·ding** diver= sion, bypass, detour; *(med.)* bypass. **om·lei·ding·chi·rur·gie, =sji·rur·gie** bypass surgery. **om·lei·dings·o·pe·ra·sie** *(surg.)* bypass operation.

**om·lig·gend** *=gende* neighbouring, surrounding, circumja= cent; *=e terrein* precincts.

**om·loop** *n.* circulation; rotation; platform, balcony, gallery; *(pathol.)* whitlow; tinea, ringworm; mange; herpes; serpigo; *iets in* ~ *bring* put s.t. into circulation; introduce/float s.t. *(bond issues on the stock market etc.);* give currency to s.t. *(a story etc.);* put about s.t. *(a rumour etc.); in* ~ *kom* come into circulation; *(a story)* gain currency. **om·loop** *omge=, vb.* go/ walk round; perambulate; circumambulate; make a detour; stretch round, encircle; circulate; rotate, revolve; return; knock

402

down, run down; bypass; cheat, deceive; *'n ver ent ~* go a long way round. *~(s)tyd* time of revolution *(of a planet);* period (of rotation).

**om·lyn** *het ~* outline, define; *skerp ~ wees* be sharply defined. **om·ly·ning** *-nings, -ninge* outline; outlining.

**om·lys** *het ~* frame; set; fillet. **om·lys·ting** *-tings, -tinge* frame; framing; setting; beading, moulding.

**om·me·keer** turnabout; *(theatr.)* peripet(e)ia.

**om·me·sien·tjie:** *in 'n ~* in a jiffy *(infml.),* in (less than *or* next to) no time, in no time at all.

**om·me·swaai** →OMSWAAI *n..*

**om·me·sy(·de)** other side; *sien ~, (abbr.:* SOS) please turn over *(abbr.:* PTO); *aan die ~* overleaf.

**om·muur** *het ~* wall in; *'n ~de stad/tuin/ens.* a walled city/town/garden/etc..

**om·ni·bus** *-busse,* **om·ni·bus·uit·ga·we** *-wes* omnibus (edition).

**om·ni·voor** *-vore* omnivore.

**om·pad** *-paaie,* **om·weg** *-weë* roundabout way, detour, deviation; bypass; indirection; circuitous road; *iets met 'n ~ benader* approach s.t. in a roundabout way *(a subject, a problem, etc.); dit is 'n groot ~* it is a long way about/round; *langs 'n ~* indirectly *(hear s.t. etc.); met 'n ~ huis toe gaan* take a roundabout way home; *(met) 'n ~ gaan/loop/ry* go about/round, make a detour; *iets sonder omweë sê* not beat about the bush, say s.t. straight out.

**om·ploeg** *omge-* plough, grout, fallow, till, turn.

**om·praat** *omge-* persuade, win over, talk round/over, dissuade, prevail upon; *iem. ~ om iets te doen* talk s.o. into doing s.t., persuade *(or* prevail on/upon) s.o. to do s.t.; *iem. ~ om iets nie te doen nie* dissuade s.o. from *(or* argue s.o. out of) doing s.t..

**om·rand** *het ~* frame, edge, border, skirt, fringe; *'n ~e grasperk* a bordered lawn. **om·ran·ding** *-dings, -dinge* border(ing), edging, surrounds, verge(s); periphery, fringing.

**om·re·de** *(fml., obs.)* because; *~ (dat) iem. dit gedoen het* because s.o. did it; *omrede (van)* ... owing to ...; on account of ...; because of ...; by reason of ...

**om·re·ken** *omge-* convert, reduce; *iets van ... in ... ~* convert s.t. from ... into/to ... *(money, measurements, etc.).* **om·re·ke·naar** converter. **om·re·ken·baar** *-bare* convertible. **om·re·ken·baar·heid** convertibility. **om·re·ke·ning** conversion; *die ~ van ... in/tot ...* the conversion from ... into/to ...

**om·ring** *het ~* surround, encircle, ring, encompass, enclose, environ, gird, beset, hem about/in/round; *deur ... ~* surrounded by/with ... *(people etc.);* hemmed in by ... *(mountains etc.);* encircled *(or* ringed about/around) by/with ... *(trees etc.);* beset with ... *(dangers etc.);* enclosed by ... *(walls etc.). ~klank (cin. etc.)* surround sound.

**om·rin·gend** *-gende* surrounding, encircling; ambient.

**om·rin·ging** encirclement.

**om·roe·per** *(rad.)* broadcaster, announcer.

**om·roer** *omge-* stir; agitate, churn. **om·roe·ring** stirring, agitation.

**om·rok·kel** *(rare)* inveigle, cajole, mislead, entice, *(infml.)* bamboozle; *iem. ~ om iets te doen* cajole s.o. into doing s.t..

**om·rol** *omge-* roll over.

**om·ruil** *omge-* exchange; trade in; change round, interchange; switch, swop, swap; convert; transpose, change over; *jou bewyse/speelmunte vir geld/kontant ~* cash in one's checks/chips. **om·ruil·baar** *-bare* interchangeable, convertible. **om·rui·ling** exchange; interchange; switch; *(rugby)* changeover.

**om·ruk** *omge-* pull down; jerk/pull/whip round.

**om·ry** *omge-* run/knock over/down; ride down; ride/drive round; *omgery word* be knocked/run over/down; *'n ver/vêr ent ~* drive a long way round, make a long detour.

**om·seil**[1] *omge-* sail round, circumnavigate; round, double *(a cape);* sail about. **om·sei·ler** *-lers* circumnavigator. **om·sei·ling** *-lings, -linge* circumnavigation.

**om·seil**[2] *het ~* avoid, evade, obviate, steer clear of, get round; circumvent; hedge *(arguments).* **om·sei·ling** *-lings, -linge* avoidance.

**om·send·brief** circular (letter); *'n ~ rig aan ...* circularise a notice/etc. to ...

**om·set** *-sette, n.* turnover; sale; returns. **om·set** *omge-, vb.* turn over, convert into money; invert; transpose; →OMSIT. *~belasting* turnover/purchase tax.

**om·set·baar, om·sit·baar** *-bare* convertible *(currencies etc.).*

**om·set·ting** *(ling.)* inversion *(of word order),* transposition *(of sounds/letters in a word); (mus., math.)* transposition; *(fin., elec., etc.)* conversion; *(phys.)* transformation; transmutation; permutation; metathesis; reversal; *die ~ van ... in ...* the conversion from ... in(to) ...

**om·sien** *omge-: na ... ~* care for ...; look after ...; cater for ...; pay attention to ...; *na alles ~, (also)* hold the fort.

**om·sig·tig** *-tige, adj.* circumspect, cautious, prudent, diplomatic, wary, canny. **om·sig·tig** *adv.* warily, circumspectly, cautiously, guardedly, cagily; *~ optree, ~ te werk gaan* be cautious, practise caution. **om·sig·tig·heid** wariness, circumspection, caution, cautiousness, prudence.

**om·sin·gel** *het ~* surround, encircle, besiege, beleaguer, invest, hem in (on all sides), mob. **om·sin·ge·ling** surrounding, encircling, investment.

**om·sir·kel** *het ~* orbit, circle; encircle.

**om·sit** *omge-* put round, place round; put on *(collar, tie);* transpose; transmute; invert; reverse; convert *(into); (infml.)* turn/wheel round suddenly; make an about-face; →OMSET *vb.; iets in geld ~* convert s.t. into money.

**om·ska·kel** *omge-* switch over, change over; *iets van ... in/tot ... ~* convert s.t. from ... in(to) ... **om·ska·ke·laar** changeover, throw-over switch; reverse switch. **om·ska·ke·ling** changeover, switch over; conversion.

**om·skans** *het ~* fortify, erect fortifications, entrench, circumvallate. **om·skan·sing** *-sings, -singe* fortification, circumvallation, entrenchment.

**om·skep** *het ~,* **om·skep** *omge-* transform, change, convert, re-create; *iets van ... in/tot ... ~* convert s.t. from ... in(to) ...; *iem./iets van ... in/tot ... ~* transform s.o./s.t. from ... into ... **om·skep·ping, om·skep·ping** *-pings, -pinge* transformation, conversion, complete change; *~ tot ...* transformation into ...

**om·skof·fel** *omge-* hoe.

**om·skom·mel** *omge-* shake/shuffle about/up, reshuffle *(cards).* **om·skom·me·ling** shaking/shuffling about/up, reshuffle *(of cards).*

**om·skop** *omge-* kick over, kick down; *die (hele) boel ~, (infml.)* upset the applecart *(infml.).*

**om·skre·we** *(strong p.p. of* omskryf) defined; *duidelik ~* definite; circumscribed.

**om·skrif** *-skrifte* legend, inscription *(on a medal/coin),* circumscription.

**om·skryf, om·skry·we** *het ~* paraphrase *(a sentence etc.);* define *(rights etc.);* describe; *(geom.)* circumscribe; *soos hierbo (of hier bo) ~* as specified above. **om·skryf·baar** *-bare* definable. **om·skry·wing** *-wings, -winge* paraphrase; definition; description; circumscription, circumscribing, periphrasis.

**om·skuif, om·skui·we** *omge-* shift up/round, move up/round.

**om·slaan** *omge-* strike/knock down, upset; fall down; *(a ship etc.)* turn over, overbalance, capsize, overturn, *(infml.)* turn turtle; turn (over) *(a page);* fold down, turn down *(a collar);* turn up *(sleeves);* fold/turn back *(cloth etc.);* turn, tuck; put on *(a coat etc.)*; change opinion, veer round; *loop tot jy ~, (infml.)* walk one's legs off. **~boordjie** turndown collar. **~kraag** revers collar, turnover/turndown collar. **~punt** wing *(of a collar).*

**om·slag** *-slae* cover, jacket *(of a book);* folder, binder, file; envelope; wrapper *(of a newspaper);* tuck; cuff; turn-up *(of trousers);* revers *(of a jacket),* turn-back; wrap *(round shoulders); (med.)* compress, pack; brace, belly brace, hand brace. **~blad** flap. **~ontwerp** jacket design *(of a book).* **~prys** cover price *(of a magazine etc.).*

**om·slag·tig** *-tige* roundabout, long-winded, tedious, cumbrous, cumbersome, elaborate, diffuse, digressive, devious; wordy, verbose; *iets ~ vertel* tell s.t. in a roundabout way, be long-winded. **om·slag·tig·heid** long-windedness, tediousness, wordiness, prolixity, verbosity; circumlocution; *amptelike/burokratiese ~* red tape.

**om·sleep** *omge-* drag round/about.

**om·slen·ter** *omge-* loiter/loaf/idle/dally/dawdle about; *die dag ~* idle away the time.

**om·slo·te** *(strong p.p. of* omsluit*)* encapsulated, encysted.

**om·slui·er** *het ~* veil; conceal, cover, disguise. **om·slui·e·ring** veil(ing), cover, disguise.

**om·sluit** *het ~* encircle, surround, girdle; grip, clasp; fit (tightly). **om·slui·ting** *-tings, -tinge* enclosing, encircling, surrounding; encirclement; grip, clasp; ring fence/wall.

**om·smyt** *omge-, (infml.)* knock down/over, upset, overturn.

**om·soom**[1] *omge-* hem; purfle.

**om·soom**[2] *het ~* border, edge, fringe; *met ... ~ wees* be fringed with ...

**om·span**[1] *omge-* change *(horses etc.); in die middel van die rivier ~* change/swap/swop horses in midstream.

**om·span**[2] *het ~* span.

**om·spit** *omge-* dig (over/up), turn (over), spade, trench, grub; *iets (met 'n vurk) ~* fork s.t. over *(a flower bed etc.).*

**om·spoel**[1] *omge-* wash away; *die rivier sal die bome ~* the river will uproot the trees; *die getygolf het die huise omgespoel* the tidal wave washed away the houses *(or* caused the houses to collapse).

**om·spoel**[2] *het ~, (poet., liter.)* lave, wash round; *die see ~ die rotse* the sea laves the rocks.

**om·spring** *omge-* jump round; turn tail; double back; veer; upset; change one's mind/opinion, about-turn, rat, make a volte-face, switch; *kort ~* turn around/round/back suddenly; *(fig.)* do an about-turn.

**om·stamp** *omge-* knock/push over, down; upset.

**om·stan·der** *-ders* bystander, onlooker.

**om·stan·dig** *-dige, adj.* detailed, circumstantial; *(bot.)* perigynous; *'n ~e verhaal* a story embellished with detail. **om·stan·dig** *adv.* in detail, minutely, particularly, circumstantially. **om·stan·dig·heid** *-hede, (chiefly in the pl.)* circumstance, situation, factor, condition; circumstantiality, particularity; *(bot.)* perigyny; *in armoedige/behoeftige ~hede verkeer* be in reduced/straitened circumstances; *in dié ~hede* under these conditions; *deur die dwang van ~hede* by force of circumstances; *in/onder geen ~hede nie* in/under no circumstances, on no *(or* not on any) account, not at any price, on no condition/consideration; *na gelang van ~hede* according to circumstances; *as the case may be; iem. se geldelike ~hede* s.o.'s financial position; *in gelyke ~hede* all things being equal; *in gewone ~hede* in the ordinary course (of events); *in die ~hede* in/under the circumstances; *na ~hede* according to circumstances; *onder ~hede gaan dit taamlik goed met iem.* in the circumstances s.o. is doing fairly well, is doing *(or* getting on) fairly well, considering; *as die ~hede dit vereis* when the occasion demands it.

**om·stan·dig·heids·:** **~faktore** situational factors. **~getuienis** circumstantial evidence.

**om·stel** *omge-* change over, reverse. **om·stel·baar** *-bare* reversible. **om·stel·baar·heid** reversibility. **om·stel·ling** reversing, reversal.

**om·stik** *omge-* hem. **om·stik·sel** *-sels* hem, stitching.

**om·stoot** *omge-* push/knock over/down; upset; tip (over); topple, bring down.

**om·straal** *het ~, (poet., liter.)* halo, surround with a halo.

**om·stre·de** *meer ~ die mees ~* contested, disputed, in dispute, at issue; contentious, controversial, debatable; *'n ~ gebied* an area in/of dispute; *'n ~ vraag* a moot point, a point at issue. **om·stre·den·heid** controversiality.

**om·streeks, om·streeks** about, roundabout, round about, more or less; *~ agtuur* at about eight o'clock.

**om·stre·ke** *n. (pl.)* vicinity, neighbourhood, environs, surroundings; precincts; *Kaapstad en ~* Cape Town and its environs *(or* the surrounding area).

**om·stul·ping** eversion; inversion.

**om·stuur** *omge-* send (round), circulate; re-route; *'n boodskapper ~* send a messenger.

**om·swaai, om·me·swaai** *-swaaie, n.* swing (over), swinging round, about-face, about-turn, volte-face, reversal, (right-)about turn, somersault *(fig.);* turn *(of events).* **om·swaai** *omge-, vb.* swing round; turn round suddenly, wheel round; change one's mind, change front, do an about-turn, veer round, swing over, switch; →OMSPRING.

**om·swer·wing, om·swer·wing** *-wings, -winge* wandering, roaming.

**om·swoeg** *omge-* toil, drudge, labour; *die tyd ~* toil through the days.

**om't:** *dis ~ ewe* →EWE *adj..*

**om·to·wer** *omge-* transform ([as if] by magic); transfigure. **om·to·we·ring** transformation, *(usu. hum.)* transmogrification.

**om·trek** *-trekke, n.* outline; circumference *(of a circle);* perimeter; periphery; vicinity, neighbourhood; contour; purlieu; compass; girth; ambit; girdle; *binne 'n ~ van ... within a radius of ... (five kilometres etc.); ~ke van 'n gelaat* outline of a face; *vyf kilometer in ~* five kilometres in circumference; *iets in ~(ke) skets/teken* outline s.t.; *hier in die ~* in the neighbourhood. **om·trek** *omge-, vb.* pull down; bring round; trek round; march round; circle. **~lyn** outline, contour line. **~skets** outline. **~snelheid** peripher(ic)al speed.

**om·treks·hoek** angle of circumference.

**om·trent** *adv.* about, more or less, *(SA)* plus-minus, plus/minus; some; *dit was ~ 'n grap, (infml.)* it was some joke; *~ honderd* perhaps a hundred; *dis ~ koud, (infml.)* it is extremely cold; *dit reën ~, (infml.)* it's bucketing/pouring down. **om·trent** *prep.* about, concerning, with regard to.

**om·tui·mel** *omge-* tumble, fall down, topple over, turn over, overturn, overbalance.

**om·vaar** *omge-* sail round, circumnavigate.

**om·val** *omge-* fall down, topple over, *(intr.)* overturn, capsize, keel/tip over; *iets laat ~* cause s.t. to collapse/topple *(or* fall over), topple s.t..

**om·vang** *n.* girth, circumference, fatness; range; extent; size, bulk; magnitude; reach, scope, compass, purview; amplitude; dimension; quantum; distension; sweep; incidence *(of a disease); van groot ~* of wide scope; *in ~ toeneem* gather volume; *tot die ~ van ...* to the extent of ...; *die ~ van ...* the purview of ... *(s.o.'s experience);* the measure/extent of ... *(the damage);* the range/compass of ... *(the voice);* the scope of ... *(the work).* **om·vang·ryk, om·vang·ryk** *-ryke* comprehensive; extensive, voluminous; *(infml.)* bulky, outsize(d); *'n ~e stem* a voice of wide compass.

**om·vat** *het ~* include, comprise, embrace; span, encompass, involve; grip, clasp; cover much *(or* a lot of) ground. **om·vat·tend** *-tende* encircling, enveloping, wide-ranging; → ALLESOMVATTEND; *~e soektog, (comp.)* global search.

**om·ver-, om·vêr-:** ~**gooi** omverge-, omvêrge- upset, knock over, overturn, topple, bring down; frustrate, shatter *(hopes)*; knock the bottom out of; demolish; topple, overthrow; *iem. se planne* ~ upset somebody's plans. ~**werp** omverge-, omvêrge-, *(chiefly fig.)* topple, overthrow, remove from power *(a government etc.).* ~**werping** upsetting; overthrow, defeat, subversion.

**om·vleg** het ~, *(poet., liter.)* twine round, entwine.

**om·vlieg** omge- fly/whip round, turn round suddenly; *die tyd vlieg om* time flies/slips away.

**om·vorm** omge- transform, remodel; convert; reshuffle *(cabinet etc.);* ~ *tot* ... convert into ... **om·vorm·baar** -bare convertible. **om·vor·mer** -mers converter, transformer. **om·vor·ming** -mings, -minge transformation, remodelling, shake-up, reshuffle; reforming *(of gas);* converting, conversion, permutation.

**om·vou[1]** omge- fold down (back), turn down, double down.

**om·vou[2]** het ~, *(poet., liter.)* enfold, envelop.

**om·vroe·tel** omge- root up, dig (up) *(soil),* grout.

**om·waai** omge- blow down/over; *omgewaai wees, (also)* be blown off one's feet.

**om·weg** →OMPAD.

**om·wen·tel** omge- turn (round); rotate, revolve, move round axis; circumvolute. **om·wen·te·ling** *(lit.),* **om·wen·te·ling** *(lit., fig.),* -lings, -linge revolution, change; rotation; overturn; gyration; wheel; *'n groot* ~ a major/radical change, a big bang; ~*s per minuut/ens.* revolutions/turns per minute/ etc.; *'n* ~ *in iets teweegbring* bring about a revolution in s.t., revolutionise s.t.; *'n volle* ~ *maak* come full circle. **om·wen·te·lings·vlak** plane/surface of revolution.

**om·werk** omge- recast, refashion, remould, remodel, reconstruct; edge, border; rewrite, redraft; dig, plough, till, cultivate, prepare *(soil),* turn over. **om·wer·king** refashioning, recast, reconstruction; border; rewriting, recasting, redrafting; cultivation, preparation *(of soil).*

**om·wis·sel** omge- change; exchange (for); interchange; alternate, transpose. **om·wis·se·ling** change, changing; exchange.

**om·woel** omge- dig up, plough, turn up *(earth);* stir; scatter, throw about, throw into disorder; rummage in.

**on·aan·ge·daan** -dane untouched, unmoved, unstirred, unruffled.

**on·aan·ge·kon·dig** -digde unannounced.

**on·aan·ge·meld** -melde unannounced.

**on·aan·ge·naam** -name unpleasant, unpleasing, disagreeable; odious, uncongenial; bad-tempered, objectionable *(pers.);* offensive *(smell);* unpalatable, home *(truth);* gory *(details); iets is vir iem.* ~ s.t. is distasteful to s.o., s.o. finds s.t. unpleasant; ~ *word* turn nasty; *jou in die* ~*name skik* make the best of a bad job *(infml.).* **on·aan·ge·naam·heid** -hede unpleasantness, disagreeableness.

**on·aan·ge·pas** -paste unadapted; unadjusted *(figure etc.);* unreconstructed *(fascist etc.).*

**on·aan·ge·raak** -raakte untouched, untasted.

**on·aan·ge·roer(d)** -roerde untouched, intact; *iets* ~ *laat, (fig.)* not touch (up)on s.t. *(a subject etc.).*

**on·aan·ge·steek** -steekte unlit *(cigarette).*

**on·aan·ge·tas** -taste intact, untouched; not affected *(by disease);* unimpaired, inviolate, undoubted, untainted, unquestioned.

**on·aan·ge·wend** -wende unused; unapplied.

**on·aan·neem·lik** -like unacceptable; inadmissible.

**on·aan·pas·baar** -bare inadaptable, unadaptable; inassimilable. **on·aan·pas·baar·heid** inadaptability, unadaptableness; inassimilability; *egskeiding op grond van* ~ divorce on the grounds of incompatibility.

**on·aan·raak·baar** -bare, adj. untouchable. **on·aan·raak·ba·re** -res, n., *(member of an Ind. class)* untouchable.

**on·aan·sien·lik** -like plain, unattractive; humble, insignificant, of low standing; undistinguished; unimpressive; inconsiderable. **on·aan·sien·lik·heid** plainness, unattractiveness, dowdiness; insignificance.

**on·aan·spreek·lik** -like not answerable/responsible.

**on·aan·tas·baar** -bare unassailable; unchallengeable, unimpeachable, beyond reproach, irreproachable, impeccable; impregnable, inviolable, sacrosanct, untouchable; incontrovertible; cast-iron *(alibi).* **on·aan·tas·baar·heid** unassailableness, inviolability, untouchability, immunity; integrity.

**on·aan·trek·lik** -like unattractive, uninviting, unglamorous; unappetising; unlik(e)able, unlovely. **on·aan·trek·lik·heid** unattractiveness, unlik(e)ableness.

**on·aan·vaar(d)** -vaarde unacknowledged, rejected. **on·aan·vaar·baar** -bare unacceptable. **on·aan·vaar·baar·heid** unacceptableness.

**on·aan·veg·baar** -bare indisputable; unassailable, unexceptionable; unquestionable, indubitable; incontrovertible; inviolable; sound *(title);* unimpeachable *(source).* **on·aan·veg·baar·heid** unassailableness.

**on·aar·dig** -dige unpleasant, not nice; unattractive; ungracious; *(glad) nie* ~ *nie* not bad at all, not at all bad; rather attractive. **on·aar·dig·heid** unpleasantness, rudeness.

**on·aards** -aardse ethereal, supernatural; strange, mysterious, weird, eerie, ominous; *'n* ~*e lawaai, (infml.)* a helluva *(or* hell of a) noise.

**on·af** unfinished, uncompleted. **on·af·heid** lack of finish, incompleteness.

**on·af·dwing·baar** -bare unenforceable.

**on·af·ge·bro·ke, on·af·ge·bro·ke** adj. incessant, unceasing, ceaseless, uninterrupted, unbroken, continuous, never-ceasing; unremitting *(attention);* sustained *(effort);* unpunctuated *(chatter etc.).* **on·af·ge·bro·ke, on·af·ge·bro·ke** adv. incessantly, unceasingly, uninterruptedly, continuously, without a break. **on·af·ge·bro·ken·heid, on·af·ge·bro·ken·heid** incessancy, incessantness, ceaselessness, continuousness, continuity.

**on·af·ge·dop** -dopte unshelled *(eggs, nuts, prawns, etc.).*

**on·af·ge·haal** -haalde unclaimed, not called for; *onafgehale brief* returned letter.

**on·af·ge·han·del(d)** -delde unfinished, unsettled, unconcluded; ~*delde sake* unfinished business; ~*delde werk* incomplete work, work in progress.

**on·af·ge·le·wer** -werde undelivered.

**on·af·ge·los** -loste unrelieved *(guard);* unredeemed *(pledge etc.);* unpaid, unsettled, outstanding *(debts).*

**on·af·ge·rig** -rigte untrained.

**on·af·ge·rond** -ronde unfinished, with loose ends. **on·af·ge·rond·heid** lack of finish; loose ends.

**on·af·ge·werk** -werkte unfinished, rough, unpolished, crude, sketchy, *(cin. etc.)* underproduced.

**on·af·hank·lik** -like, adj. independent; ~*e joernalis/skrywer* freelance, freelancer; ~*e staat* independency; ~*e stemme* floating vote; *van* ... ~ *wees* be independent of ...; *die land het hom* ~ *verklaar* the country declared its independence; *'n land* ~ *verklaar* grant a country independence; ~ *word* achieve/attain/gain independence. **on·af·hank·lik** adv. independently, in his/her/its own right. ~**wording** (attainment of) independence.

**on·af·hank·lik·heid** independence; *iem. se* ~ *van* ... s.o.'s independence of ... **on·af·hank·lik·heids·ver·kla·ring** declaration of independence.

**on·af·los·baar** -bare irredeemable, unredeemable, not repayable; ~*bare skulde* perpetual debts. **on·af·los·baar·heid** irredeemability.

**on·a·fri·kaans** -kaanse un-Afrikaans, not Afrikaans.

**on·af·sien·baar** -bare stretching beyond the reach of the

**on·af·skei(d)·baar** *-bare*, **on·af·skei·de·lik** *-like* insep=
arable, indissoluble; *'n ~e deel van* ... part and parcel of ...,
inherent in ...; *~ van iem.* inseparable from s.o.; *die twee
dinge is ~ verbonde* the two things are indissolubly con=
nected; *~e vriende* inseparable friends.

**on·af·wend·baar** *-bare* inevitable, unavoidable, inescapa=
ble, ineluctable. **on·af·wend·baar·heid** inevitability, ineluc=
tability.

**o·na·ger** *-gers, (Equus hemionus)* onager.

**on·ag·gres·sief** *-siewe* unthreatening.

**on·ak·ku·raat** *-rate* inaccurate. **on·ak·ku·raat·heid** inaccu=
racy.

**on·ak·tief** *-tiewe* inactive, inert. **on·ak·ti·wi·teit** inaction, in=
activity.

**on·ap·tyt·lik** *-like* unappetising.

**on·a·von·tuur·lik** *-like* unadventurous.

**on·baat·sug·tig** *-tige* unselfish, disinterested, selfless. **on·
baat·sug·tig·heid** unselfishness, disinterest(edness), selfless=
ness.

**on·barm·har·tig** *-tige* merciless, pitiless, unmerciful, un=
charitable. **on·barm·har·tig·heid** pitilessness, mercilessness.

**on·be·ant·woord** *-woorde* unanswered *(question, letter, etc.);*
unacknowledged *(letter, greeting, etc.);* unrequited, unre=
turned *(love);* unreciprocated *(feelings); ~ bly* go unanswered.

**on·be·bos** *-boste* unwooded.

**on·be·bou(d)** *-boude* untilled, uncultivated; vacant, waste
*(land); ~boude grond* virgin soil; *'n ~boude stuk grond* (a
piece/stretch of) waste ground; *dit lê ~* it lies waste.

**on·be·daar·lik** *-like, adj.* violent, intense, uncontrollable,
unceasing; inextinguishable *(laughter).* **on·be·daar·lik** *adv.*
violently, intensely, uncontrollably, unceasingly; *~ lag* laugh
helplessly.

**on·be·dag** *-dagte* thoughtless, unthinking; unguarded *(ad=
mission);* misguided, ill-judged, ill-advised; imprudent; un=
guardedly; snap *(judgement); ~ wees op iets* be unprepared
for s.t.. **on·be·dag·saam** *-same* thoughtless, incautious, in=
discreet; unguarded, rash; inconsiderate, unthinking. **on·be·
dag·saam·heid** thoughtlessness, rashness; inconsiderate=
ness; indiscretion.

**on·be·dek** *-dekte* uncovered, bare. **on·be·dekt·heid** bare=
ness.

**on·be·derf** *-derfde, -derfte* uninfected; →ONBEDORWE. **on·
be·derf·baar** *-bare* imperishable. **on·be·derf·baar·heid** im=
perishableness. **on·be·derf·lik** *-like* incorruptible, imperish=
able; not perishable, not subject to decay.

**on·be·doel(d)** *-doelde, adj.* unintentional, inadvertent, un=
intended, unplanned, unmeant, undesigned. **on·be·doel(d)**
*adv.* unintentionally, inadvertently, unconsciously.

**on·be·dor·we** unspoiled, unspoilt; unsophisticated; inno=
cent *(child);* uncorrupted, untainted. **on·be·dor·wen·heid**
innocence, purity.

**on·be·dre·we** unskilled, inexperienced, inexpert; unversed
*(in).* **on·be·dre·wen·heid** inexperience, lack of skill.

**on·be·druk** *-drukte* unprinted, blank.

**on·be·dui·dend** *-dende* insignificant, trifling, unimportant,
trivial, negligible, unimpressive, inconsiderable, undistin=
guished, nondescript, minuscule, of no consequence; *'n ~e
persoon* a nobody. **on·be·dui·dend·heid** insignificance, un=
importance, nothingness, triviality; trifle.

**on·be·dwing·baar** *-bare* indomitable; uncontrollable; un=
governable, unruly; irrepressible; untam(e)able. **on·be·
dwing·baar·heid** indomitableness; irrepressibility.

**on·be·ë·dig** *-digde* unsworn.

**on·be·fonds** *-fondste* unfunded *(mandate etc.);* →ONGEFUN=
DEER(D).

**on·be·gaaf(d)** *-gaafde* untalented, ungifted; *nie ~ nie* not
without talent, rather talented.

**on·be·gaan** *-gane* untraversed, untrodden; unexplored. **on·
be·gaan·baar** *-bare* impassable, impracticable *(road).* **on·be·
gaan·baar·heid** impassability, impracticability.

**on·be·ge·lei(d)** *-leide* unaccompanied *(lit., fig.);* unguided,
unescorted *(tour etc.); ~leide sang* a cappella singing.

**on·be·gon·ne, on·be·gon·ne** not yet started/begun; un=
availing, hopeless; *dit is 'n ~ taak* that is attempting the im=
possible, it's an impossible task.

**on·be·grens** *-grensde* unbounded, unlimited, boundless,
limitless, unrestricted, endless, illimitable. **on·be·grensd·heid**
boundlessness, limitlessness.

**on·be·gre·pe** not understood, not comprehended.

**on·be·grip** incomprehension, lack of comprehension, lack
of understanding.

**on·be·gry·pend** *-pende* uncomprehending; *~e blik* blank
look.

**on·be·gryp·lik** *-like* incomprehensible, inconceivable, un=
intelligible, perplexing, puzzling, ungraspable. **on·be·gryp·
lik·heid** incomprehensibility, inconceivability.

**on·be·haag·lik** *-like* disagreeable, unpleasant; uneasy; *~
voel* feel uncomfortable, feel ill at ease. **on·be·haag·lik·heid**
unpleasantness; uneasiness, discomfort, malaise.

**on·be·han·del(d)** *-delde* untreated; *~delde water* raw water.
**on·be·han·del·baar** *-bare* untreatable *(disease etc.).*

**on·be·heer(d)** *-heerde* unattended, unguarded; unmanned;
ownerless, stray *(animals);* derelict.

**on·be·heers(d)** *-heersde*, **on·be·heers(t)** *-heerste meer ~
die mees -heersde/-heerste* uncontrolled, unrestrained; incon=
tinent; obstreperous; temperamental; unbridled *(attack).* **on·
be·heerst·heid** lack of self-control/(self-)restraint; inconti=
nence.

**on·be·hol·pe** *~ -pener -penste* (of *meer ~ die mees ~*) clumsy,
awkward, blundering, bumbling, bungling, inept; unpol=
ished, crude, maladroit, shiftless; dodgy *(translation).* **on·
be·hol·pen·heid** clumsiness, awkwardness, gawkiness, in=
eptness; crudity.

**on·be·hoor·lik** *-like, adj.* improper, unseemly, indecent;
unbecoming; *~e beïnvloeding, (jur.)* undue influence; *~e
mededinging* unfair competition; *~e voorkeur* undue prefer=
ence. **on·be·hoor·lik** *adv.* improperly, indecently, unbe=
comingly. **on·be·hoor·lik·heid** impropriety, unseemliness,
indecency, unbecomingness.

**on·be·hulp·saam** *-same* unhelpful, disobliging. **on·be·
hulp·saam·heid** unhelpfulness.

**on·be·keer(d)** *-keerde* unconverted.

**on·be·kend** *-kende, adj.* unknown; unexplored, uncharted
*(region);* unfamiliar; obscure; unknown(st); anonymous
*(donor); ~ by/vir iem.* unknown to s.o.; *dit is my ~* I have
never heard of it, I am unacquainted with it; *~ hier/daar
wees* be a stranger here/there; *'n ~e hoeveelheid* an un=
known quantity; *iem. is ~ met iets* s.o. is ignorant of s.t.; s.o.
is unacquainted/unfamiliar with s.t.; s.t. is new to s.o.; *~e
persoon* unknown person, person unknown to s.o.. **on·be·
ken·de** *-des, n.* stranger; outsider; *die ~* the unknown/un=
seen; *(math.)* unknown (quantity). **on·be·kend·heid** strange=
ness; unfamiliarity, obscurity *(of a pers.).*

**on·be·klem·toon(d)** *-toonde* unstressed, unaccented.

**on·be·kom·baar** *-bare* unavailable; unreachable.

**on·be·kom·merd** *-merde* unconcerned, carefree, untrou=
bled, unworried, unbothered, light-hearted; uninhibited;
uncaring; complaisant; *'n ~e lewe* a carefree *(or* an easy)
existence.

**on·be·kook** *-kookte* rash, thoughtless, crude, ill-considered,
precipitate, overhasty; *~te planne* wildcat schemes.

**on·be·kos·tig·baar** *-bare* unaffordable.

**on·be·krom·pe** *broadminded, liberal, unprejudiced; generous, open-handed, unstinting; unstinted.* **on·be·krom·pen·heid** *broadmindedness, liberality; open-handedness; wide vision.*

**on·be·kwaam** *-kwame incompetent, inefficient, unfit, inept; unable, incapable; ~ vir werk unable to work, incapable of working.* **on·be·kwaam·heid** *incompetence, unfitness, ineptness, inefficiency; inability, incapacity, incapability; iem. se ~ vir die werk s.o.'s inability to do the work.*

**on·be·lang·rik** *-rike unimportant, trifling, insignificant, inconsiderable, immaterial, unessential, inconsequential; undistinguished; iets as ~ afmaak trivialise s.t..* **on·be·lang·rik·heid** *unimportance, insignificance; expendability.*

**on·be·lang·stel·lend** *-lende uninterested, indifferent; apathetic.*

**on·be·las** *-laste unencumbered; unburdened; unloaded, untaxed; ~te eiendom unmortgaged property.* **on·be·las·baar** *-bare exempt from taxes/taxation, tax-exempt, -free.*

**on·be·leefd** *-leefde impolite, rude, ill-mannered, bad-mannered, uncivil, ungracious, surly, discourteous, uncomplimentary.* **on·be·leefd·heid** *impoliteness, rudeness, incivility.*

**on·be·lem·mer(d)** *-merde free, unimpeded, unhampered, unrestricted, unrestrained, unchecked, uncluttered; 'n ~e uitsig op iets an unobstructed (or a grandstand) view of s.t..* **on·be·lem·merd·heid** *freedom.*

**on·be·le·se** *unread (pers.), not well-read, illiterate, unlettered, ignorant, uncultivated.*

**on·be·lig** *-ligte unexposed.*

**on·be·loon(d)** *-loonde unrewarded, unrequited.*

**on·be·man(d)** *-mande unmanned (aircraft etc.), without a crew.*

**on·be·mark·baar** *-bare unmarketable.*

**on·be·merk** *-merkte unnoticed, unobserved.*

**on·be·mes** *-meste unfertilised.*

**on·be·min(d)** *-minde unliked, unpopular, unloved, loveless.* **on·be·mind·heid** *unpopularity.* **on·be·min·lik** *-like unamiable, unlov(e)able, unlik(e)able.*

**on·be·noem(d)** *-noemde unnamed; unappointed; innominate; nameless; ~de getal abstract number.* **on·be·noem·baar** *-bare unnam(e)able.*

**on·be·nul·lig** *-lige trivial, trifling, paltry, insignificant, (infml.) piffling, null, nugatory; vacuous; fatuous.* **on·be·nul·lig·heid** *-hede inanity; paltriness; triviality, trifle, fatuity.*

**on·be·nut** *-nutte unused.*

**on·be·ny·dens·waar·dig** *-dige unenviable, invidious; ~e taak unenviable task.*

**on·be·paal·baar** *-bare indeterminable, unascertainable, undefinable.*

**on·be·paald** *-paalde, adj. indefinite; uncertain, not fixed; undetermined, indeterminate, unspecified, unspecific; ~e lidwoord, (gram.) indefinite article; ~e mag unlimited power; vir 'n ~e tyd indefinitely; iem. vir 'n ~e tyd uitstel verleen grant s.o. an indefinite postponement; ~e vertroue complete/implicit faith; ~e vonnis indeterminate sentence; ~e voornaamwoord, (gram.) indefinite pronoun.* **on·be·paald** *adv. indefinitely.* **on·be·paald·heid** *indefiniteness; vagueness, uncertainty; boundlessness.*

**on·be·perk** *-perkte unlimited, unrestricted, unconfined, boundless; limitless; plenary (session); (metaphys.) unconditioned; ~te mag unlimited power; ~te heerser dictator.*

**on·be·plan** *-plande unplanned, (attr.) spur-of-the-moment; unscheduled (visit etc.).*

**on·be·proef** *-proefde untested, untried, unproved.*

**on·be·re·de·neer(d)** *-neerde unreasoned; thoughtless, unthinking, unreasoning.* **on·be·re·de·neerd·heid** *thoughtlessness, rashness.*

**on·be·reid** *-reide unprepared, unready; unwilling.*

**on·be·reik** *-reikte unreached.* **on·be·reik·baar** *-bare inaccessible, unattainable; inapproachable, unapproachable; inaccessible (height); unattainable, unreachable (ideal).* **on·be·reik·baar·heid** *inaccessibility; unapproachability; unattainableness.*

**on·be·re·ken·baar** *-bare incalculable; unpredictable, unaccountable, capricious, wayward, tricky; ~bare faktore imponderables; ~bare humeur uncertain temper; ~bare skade untold damage.* **on·be·re·ken·baar·heid** *incalculability; unpredictability, unaccountability, capriciousness.*

**on·be·ris·pe·lik** *-like irreproachable, faultless, free from blame; (infml.) squeaky-clean (image etc.); immaculate, impeccable; unimpeachable, unexceptionable; ~e smaak consummate/impeccable taste; iem. se klere is ~ s.o. is immaculately dressed.* **on·be·ris·pe·lik·heid** *irreproachability, faultlessness; immaculateness.*

**on·be·sa·dig** *-digde rash, impetuous, immoderate, inordinate, intemperate.* **on·be·sa·digd·heid** *rashness, hot-headedness, impetuousness, impetuosity.*

**on·be·seer(d)** *-seerde unhurt, uninjured.*

**on·be·set** *-sette free, unoccupied (fortress, chair, etc.); vacant (post, chair, etc.); disengaged.*

**on·be·skaaf(d)** *-skaafde uncivilised (people); uncultured, unrefined, uncultivated; unpolished; benighted; uncouth; ~skaafde maniere unmannerliness, rudeness.* **on·be·skaafd·heid** *lack of refinement/culture; unmannerliness; uncivilised state.*

**on·be·skaam(d)** *-skaamde impudent, impertinent, insolent, unabashed, unashamed, barefaced, immodest; brazen, blatant, bald, flagrant, patent; so ~ wees om iets te doen have the nerve to do s.t..* **on·be·skaamd·heid** *impudence, impertinence, insolence, effrontery, gall, brass, immodesty, presumption, brazenness, nerve.*

**on·be·ska·dig** *-digde intact, undamaged, sound, unimpaired; unscratched; unscathed, uninjured.* **on·be·ska·digd·heid** *intactness, soundness.*

**on·be·skei·e** *immodest; forward, impudent, indiscreet.* **on·be·skei·den·heid** *immodesty; indiscretion.*

**on·be·skerm(d)** *-skermde unprotected, undefended, defenceless, unguarded; ~skermde lig naked light.*

**on·be·skof** *-skofte rude, uncouth, bad-mannered, ill-mannered, gross, uncivil, unmannerly, impertinent, insolent, vulgar; ~ teenoor iem. wees be rude to s.o.; be nasty to s.o..* **on·be·skoft·heid** *rudeness, churlishness, impertinence, insolence, unmannerliness, vulgarity.*

**on·be·skre·we** *blank, clean, white; undefiled; unchronicled, unrecorded; unwritten (law); not described; ~ blad blank page.* **on·be·skre·wen·heid** *blankness.*

**on·be·skroomd** *-skroomde undaunted, outspoken, bold, fearless, unashamed, unabashed.* **on·be·skroomd·heid** *boldness, outspokenness.*

**on·be·skryf·baar** *-bare indescribable; iets ~s something indefinable.*

**on·be·skryf·lik** *-like indescribable, beyond description, unspeakable, unutterable; stupefying (heat etc.).*

**on·be·sleg** *-slegte not settled (dispute), undecided.*

**on·be·slis** *-sliste not settled, unsettled; undecided (matter); pending, inconclusive; indecisive, hesitating, irresolute, vacillating, wavering (pers.); non(-)committal; iets ~ laat leave s.t. open/undecided; ~ wees oor iets be in two minds about s.t.; ~te uitspraak open verdict; ~te wedstryd drawn match.* **on·be·slis·baar** *-bare indeterminable.* **on·be·slist·heid** *indecision, irresolution, irresoluteness, hesitation.*

**on·be·smet** *-smette clean, pure, undefiled, unpolluted, uncontaminated; impeccable, spotless, unblemished, unsullied, untainted (reputation); not infected, uninfected.*

**on·be·sne·de** *adj. uncircumcised; (fig., chiefly Bib.) gentile.*

**on·be·sne·de·ne** *=nes, n., (fig., chiefly Bib.)* gentile; *die ~s* the uncircumcised.

**on·be·soe·del(d)** *-delde* spotless, undefiled, unpolluted, un= soiled, untainted, unsullied, virginal.

**on·be·sol·dig** *-digde* unpaid; unsalaried; unwaged; *~de per= soneel* unsalaried staff; *~de verlof* unpaid leave, leave with= out pay.

**on·be·son·ne, on·be·son·ne** thoughtless, unthinking, rash, wild, indiscreet, misguided, precipitate, ill-considered, ill-advised; inconsiderate. **on·be·son·nen·heid** rashness, thoughtlessness, inconsiderateness, indiscretion, imprudence.

**on·be·sorg** *-sorgde* cheerful, light-hearted, free from care/ anxiety, carefree, unconcerned, unworried, unbothered, un= troubled, easy-going; *heeltemal ~* without a care in the world. **on·be·sorgd·heid** cheerfulness, light-heartedness.

**on·be·spreek** *-spreekte* unreserved, unbooked *(seats)*; un= engaged; not discussed, passed over; *iets bly ~, iets word ~ gelaat* s.t. remains (*or* is left) undiscussed.

**on·be·spro·ke** irreproachable, impeccable, blameless; *(in= fml.)* squeaky-clean *(image etc.)*. **on·be·spro·ken·heid** irre= proachability, irreproachableness, blamelessness.

**on·be·staan·baar** *-bare* not existing; impossible; incom= patible, irreconcilable; *A is ~ met B* A is inconsistent with B; A is incompatible with B; *~bare pryse* impossible prices. **on·be·staan·baar·heid** impossibility; incompatibility.

**on·be·stee** *-stede* unspent, unused.

**on·be·stel(d)** *-stelde* not ordered, unordered; *(dated, rare)* undelivered. **on·be·stel·baar** *-bare, (rare)* undeliverable; *~bare brief* unclaimed/undeliverable letter, dead/blind letter.

**on·be·stem(d)** *-stemde, (poet., liter.)* vague, indefinite; unde= termined, indeterminate. **on·be·stemd·heid** vagueness, in= definiteness.

**on·be·sten·dig** *-dige* unsettled, changeable, unstable, in= constant, unsteady, fickle; variable; mercurial; patchy; fitful; fluid; *~e persoon* fickle/changeable/inconstant person; *~e pryse* unsettled prices; *~e weer* changeable/unsettled weather. **on·be·sten·dig·heid** changeability, changeableness, instabili= ty; unsettledness, inconstancy; impermanence, imperma= nency; patchiness; fitfulness.

**on·be·straf** *-strafte* unpunished, uncorrected.

**on·be·stre·de** unopposed, undisputed; uncontested; *~ kan= didaat* unopposed candidate; *~ verkies wees/word* return un= opposed; *~ voorstel* unopposed motion.

**on·be·suis** *-suisde* reckless, rash, impetuous; precipitate, overhasty; unrestrained, ungovernable. **on·be·suisd·heid** recklessness, rashness, impetuosity; precipitancy.

**on·be·swaar(d)** *-swaarde* unencumbered, unmortgaged; free from care; clear *(conscience)*.

**on·be·taal(d)** *-taalde* unpaid, outstanding *(sum)*, unsettled *(account)*. **on·be·taal·baar** *-bare* that cannot be paid, unpay= able; priceless, without price; *~bare grap* priceless joke. **on= be·ta·lend** *-lende* unprofitable; unremunerative.

**on·be·taam·lik** *-like* improper, unseemly, immodest, in= decorous, unbecoming, indecent; *~e ontbloting* indecent ex= posure. **on·be·taam·lik·heid** unseemliness, impropriety, im= modesty, unbecomingness, indecency, obscenity.

**on·be·teu·el(d)** *-teuelde* unbridled, unchecked, unrestrained, uncontrolled, uninhibited, uncurbed. **on·be·teu·el·baar** *-bare* ungovernable, wild, uncontrollable, untam(e)able, violent, unsubdued. **on·be·teu·el·baar·heid** ungovernableness, wild= ness, uncontrollability. **on·be·teu·eld·heid** unrestraint, un= restrainedness.

**on·be·tree** *-betrede* untrod(den); *~trede terrein* undisturbed ground; uncharted *(region)*.

**on·be·treur(d)** *-treurde* unmourned, unlamented.

**on·be·trou·baar** *-bare* unreliable *(report, pers., etc.)*; un= trustworthy, shifty *(pers.)*; dodgy *(car etc.)*; treacherous

*(memory)*. **on·be·trou·baar·heid** untrustworthiness, unreli= ability.

**on·be·tuig:** *jou nie ~ laat nie* prove what one can do, give a good account of o.s., acquit o.s. well.

**on·be·twis** *-twiste* undisputed, unquestioned; undoubted; unassailable; *~te setel, (pol.)* uncontested seat. **on·be·twis= baar** *-bare* indisputable, unquestionable, incontestable, in= arguable, unarguable, indubitable, undeniable, incontro= vertible, unassailable; *~bare bewys(e)* hard evidence, abso= lute proof. **on·be·twis·baar·heid** indisputability.

**on·be·twy·fel·baar** *-bare* unquestionable, undoubted, in= dubitable.

**on·be·van·ge** unbias(s)ed, impartial, unprejudiced, fair, non(-)judg(e)mental; open-minded, with an open mind; detached; uninhibited, unreserved; *~ wees* have an open mind; *'n ~ houding* an unembarrassed attitude; *'n ~ oordeel* an im= partial judg(e)ment. **on·be·van·gen·heid** impartiality, fair= ness, open-mindedness, detachment; spontaneity.

**on·be·vat·lik, on·be·vat·lik** *-like* obtuse, dull(-witted), slow to understand, *(infml.)* slow on the uptake, uncompre= hending, stolid. **on·be·vat·lik·heid** obtuseness, dul(l)ness, stolidness.

**on·be·vei·lig** *-ligde* unsecured.

**on·be·ves·tig** *-tigde* unordained, not inducted; unconfirmed; uncorroborated, unsubstantiated.

**on·be·vlek** *-vlekte* unstained, undefiled, unsullied, clean, pure, spotless, immaculate, stainless, unspotted *(fig.)*, un= tarnished, unblemished; *~te gewete* clear conscience; *die O~te Ontvangenis, (Chr. theol.)* the Immaculate Conception. **on·be·vlekt·heid** pureness, purity, immaculateness, stain= lessness.

**on·be·voeg** *-voegde, adj.* incompetent, unfit, unqualified, incapable; *iets maak iem. ~ om ... te doen* s.t. disqualifies s.o. from doing ...; *~ wees vir 'n betrekking* be unqualified for a post. **on·be·voeg·de** *-des, n.* incompetent/unqualified per= son; unauthorised/disqualified person. **on·be·voegd·heid** in= competence, ineptitude; disqualification; *iem. se hopelose ~* s.o.'s gross incompetence.

**on·be·voor·oor·deel(d)** *-deelde* unprejudiced, unbias(s)ed, fair, impartial, open-minded, with an open mind, candid, non(-)judg(e)mental; *~ bly* keep an open mind. **on·be·voor= oor·deeld·heid** impartiality, fairness, open-mindedness.

**on·be·voor·reg** *-regte* unprivileged.

**on·be·vre·dig** *-digde* unsatisfied; unappeased; ungratified; unpleased; unfulfilled, unmet *(needs etc.)*. **on·be·vre·dig·baar** *-bare* unquenchable, inappeasable; insatiable. **on·be·vre= di·gend** *-gende* unsatisfactory; unpleasing.

**on·be·vrees** *-vreesde* undaunted, dauntless, fearless, un= afraid, unflinching. **on·be·vreesd·heid** fearlessness.

**on·be·vrug** *-vrugte* unfertilised; unimpregnated *(animal)*; *~te eier* unfertilised egg.

**on·be·vry(d)** *-vryde* unliberated, unfree *(country etc.)*.

**on·be·waak** *-waakte* unguarded, unattended.

**on·be·weeg·baar** *-bare* immovable. **on·be·weeg·baar= heid** immovability, immovableness.

**on·be·weeg·lik** *-like* motionless; steadfast, unmoved, firm, unyielding, immobile, unmoving, immovable, rigid; ada= mant; *~ bly* stay put; *iets ~ maak* immobilise s.t.; rigidify s.t.. **on·be·weeg·lik·heid** immobility, stillness, firmness, unyield= ingness.

**on·be·werk** *-werkte* untilled, uncultivated *(soil)*; uncured, undressed *(meat, tobacco)*; unprepared; untanned, raw *(hide)*; self-faced *(paving etc.)*; unimproved; *iets lê* s.t. lies waste.

**on·be·we·se** unproved, unproven, unsubstantiated, unveri= fied.

**on·be·wim·peld** *-pelde, adj.* candid, outspoken, open-heart= ed, frank, undisguised, unconcealed. **on·be·wim·peld**

*adv.* candidly, frankly, without beating about the bush, out=spokenly.

**on·be·wo·ë** unmoved, untouched, calm, impassive, dispas=sionate, unruffled, undisturbed, unemotional, stolid, ex=pressionless, stony-faced; *iets laat iem.* ~ s.t. leaves s.o. cold.

**on·be·woon(d)** *-woonde* uninhabited, empty, unsettled *(re=gion);* unoccupied, unlived-in, untenanted *(house etc.);* *~woonde eiland* desert island. **on·be·woon·baar** *-bare* unin=habitable, not fit for habitation *(or* to be occupied). **on·be·woon·baar·heid** uninhabitableness.

**on·be·wus, on·be·wus** *-wuste, adj.* unconscious; un=aware *(of),* unknowing, insensible, oblivious; ~ *van iets* un=aware of s.t.; oblivious of/to s.t.; *iem. is heeltemal/salig* ~ *van* *(of daarvan dat)* ... s.o. is blissfully unaware of ..., s.o. never knew (that) ... **on·be·wus, on·be·wus** *adv.* uncon=sciously; unwittingly, unknowingly, inadvertently. **on·be·wus·te, on·be·wus·te** *n.: die* ~, *(psych.)* the unconscious. **on·be·wust·heid, on·be·wust·heid** unconsciousness, un=awareness; *iem. se salige* ~ *van iets* s.o.'s blissful ignorance of s.t..

**on·be·wys·baar** *-bare* unprovable, unverifiable.

**on·bil·lik** *-like* unfair, unreasonable; unjust, iniquitous, in=equitable, unconscionable; *~e afdanking/ontslag* unfair dis=missal. **on·bil·lik·heid** unfairness, unreasonableness; injus=tice, inequity.

**on·blus·baar** *-bare* unquenchable, quenchless, inextinguish=able; *~bare geesdrif* consuming/flaming passion. **on·blus·baar·heid** unquenchableness, inextinguishableness.

**on·boet·vaar·dig** *-dige* unrepentant, unrepenting, unapolo=getic, unremorseful, impenitent. **on·boet·vaar·dig·heid** im=penitence.

**on·brand·baar** *-bare* incombustible, non(-)combustible, non(-)flammable. **on·brand·baar·heid** incombustibility.

**on·breek·baar** *-bare* unbreakable, nonbreakable. **on·breek·baar·heid** unbreakableness.

**on·brits** *-britse* un-British.

**on·broe·der·lik** *-like* unbrotherly, unfraternal.

**on·bruik** disuse; *in* ~ *raak* fall into disuse; fall into abey=ance; *in* ~ out of use; in abeyance; *'n ... wat in* ~ *is* (of ge=raak/verval het) a disused ... *(mine, railway line, airfield, school, etc.).* **on·bruik·baar** *-bare* useless, unfit for use; unservice=able; inefficient; unusable, unemployable. **on·bruik·baar·heid** uselessness, unserviceableness.

**on·buig·baar** *-bare* inflexible; inexorable; cast-iron, rigid; fixed *(laws).* **on·buig·baar·heid** , inflexibility; rigidity.

**on·buig·saam** *-same* inflexible, unpliable; unbending, rigid, firm, unyielding, obstinate, uncompromising, inelastic; hard=line *(stance);* stubborn, fossilised *(pers.); 'n ~same grondwet* a rigid constitution; *~same reëls* hard and fast rules. **on·buig·saam·heid** inflexibility; unyieldingness, firmness, obstinacy, stubbornness.

**on·by·bels** *-belse* unbiblical, unscriptural.

**on·chris·te·lik** *-like,adj.* unchristian(like). **on·chris·te·lik** *adv.* unchristianly. **on·chris·te·lik·heid** unchristianliness.

**on·dank** ingratitude, thanklessness; *goedheid met* ~ *beloon* bite the hand that feeds one; ~ *is wêreldsloon* never expect thanks for anything, the world pays with ingratitude. **on·dank·baar** *-bare* ungrateful, unthankful, ingrate, thankless; unprofitable; thankless, unrewarding *(task).*

**on·danks** *prep.* notwithstanding, in spite of, despite, in (the) face of; ~ *dit alles* for all that.

**on·deel·baar** *-bare* indivisible; impartible; *~bare getal* prime number; *onderling ~bare getalle* incommensurable numbers; *in 'n ~bare oomblik* in a fraction of a second.

**on·de·mo·kra·ties** *-tiese* undemocratic.

**on·denk·baar** *-bare* inconceivable, unimaginable, unthink=able; *dit is vir iem.* ~ it is inconceivable to s.o.. **on·denk·baar·heid** inconceivability, unthinkableness.

**on·der** *adv.* below, down, underneath; downstairs; *heel* ~ *begin* start at the bottom of the ladder; *ten* ~ *gaan, (liter.)* go under, go to the wall; ~ *in* ... down in ..., at the bottom of ...; *kyk* ~ see below; *na* ~ down; ~ *op* die bladsy at the foot of the page; ~ *sit* sit (down) below; ~ *uitval* drop/fall out; *van* ~ *(af)* from below; from the bottom; *vuil/ens. van* ~ *wees* be dirty/etc. underneath; ~ *woon* live on the ground floor. **on·der** *prep.* below, under(neath), beneath; among; amid *(s.t.);* ~ *die aanwesiges was X, Y en Z* some of (or among) those present were X, Y and Z; ~ *al die spelers/ens. is hy/sy* ... of all the players/etc. he/she is ...; ~ *meer* among other things, inter alia; *(net)* ~ *ons,* ~ *ons (gesê)* between ourselves, between you and me (and the gatepost); *reg* ~ ... right under ...; ~ *die tafel deur kruip* pass under the table; ~ *... wees* be included in ...; ~ *iem. se werke is* ... s.o.'s works include ...; ~ *wie* ... under whom ...; among(st) whom ... *~aan* (also onder aan) below, at the foot/bottom; ~ *die bladsy* at the foot/bottom of the page. **~aandeel** subshare. **~aan·deelhouer** unitholder *(of a unit trust).* **~aandeelprys** unit price *(of a unit trust).* **~aannemer** subcontractor. **~afdeling** subsection; subdivision; *(biol.)* subphylum. **~arm** forearm. **~artikel** subsection. **~baadjie** waistcoat; *gebreide* ~ cardi=gan. **~bak** underbody *(of a vehicle).* **~been** lower (part of the) leg. **~befonds** *-fondste* underfunded. **~beklemtoon** un=derstate; underemphasise. **~belig** *-ligte* underexposed. **~beman** *-mande* undermanned, short-handed; short-staffed. **~benut** *-nutte* underused, underutilised. **~beset** *-sette* un=derstaffed; not fully occupied *(accommodation);* underoccu=pied *(schools etc.);* underemployed *(resources);* with spare ca=pacity. **~besteding** underspending. **~bestee** *het* ~, under=spend. **~betaal** *het* ~ underpay. **~betaal(d)** *-taalde* under=paid. **~betaling** *-linge, -lings* underpayment. **~bevolk** *-volkte* underpeopled, underpopulated. **~bewus** *-wuste, adj.* sub=conscious; subliminal; *~te waarneming* subliminal percep=tion. **~bewuste, ~bewussyn** *n.* subconscious mind, sub=conscious(ness), inner space, subliminal self; *die* ~, *(psych.)* the subconscious; *in jou* ~ subconsciously. **~bewustelik** subconsciously. **~bie** underbid; undercut. **~bou** substruc=ture, substruction; *(min.)* overridden mass; infrastructure. **~breek** →ONDERBREEK. **~bring** *onderge-* (provide) shelter (for), accommodate; store *(things),* house; *by ... ondergebring word* be subsumed under ... **~broek** underpants. **~broekie** *(dim.)* briefs, panties; *kort* ~ scanties. **~buik** abdomen. **~burgemeester** deputy mayor. **~dak** shelter, home, accommo=dation; *(aan) iem.* ~ *gee/bied* put up s.o., house s.o.; *hê* have a roof over one's head; *geen* ~ *hê nie, (also)* be homeless. **~deel** →ONDERDEEL. **~dek** →ONDERDEK. **~deur** →ONDER=DEUR. **~direkteur** assistant/deputy director. **~dompel** *onder=ge-* immerse, plunge in, submerge. **~dorp** *(somewhat obs.)* shanty/tin town; *(infml.)* the wrong side of the tracks. **~duik** *onderge-* dive, plunge, duck; go underground, go into hiding. **~ent** *-ente* lower end, bottom end, foot, toe, base; *aan die* ~ *van* ... at the bottom of ... *(the table etc.);* *by die* ~ *van* ... at the foot of ... *(the bed etc.).* **~gekwalifiseer(d)** *-seerde* under=qualified. **~gemelde, ~genoemde** *n. & adj.* undermen=tioned, mentioned hereafter, undernamed; →ONDERSTAAN=DE. **~gerapporteer(d)** *-teerde* underreported. **~getekende, ~getekende** *-des* undersigned; ~ *verklaar* ... the under=signed states ...; *ek die* ~, *ons die* ~s I/we, the undersigned. **~glasuur** *n.* underglaze. **~graaf, ~grawe** *het* ~ sap, under=mine, subvert. **~grawer** underminer *(lit. & fig.);* subverter *(fig.).* **~groep** subgroup, subset. **~grond** →ONDERGROND. **~hemp** vest, undershirt; *(woman's)* chemisette, spencer. **~hoof** vice-principal; *(infml.)* second in command; *(typ.)* subhead(ing). **~hoofkok, ~sjef** sous-chef. **~huur** *n.* sub=tenancy, sublease. **~huur** *onderge-, vb.* subrent. **~huurder** subtenant, sublessee. **~kaak** mandible, lower/nether jaw; *(entom.)* maxilla. **~kanselier** vice-chancellor; pro-chancellor. **~kant** →ONDERKANT. **~kapitaliseer** undercapitalise. **~kap=**

**tein** vice-captain; second master *(of a ship)*, undercaptain. **~kapteinskap** vice-captaincy, vice-captainship. **~kas** *(typ.)* lower case, small letters. **~kategorie** subcategory. **~kerk** lower church *(situated lower down)*; crypt. **~klas** underclass *(of society); (biol.)* subclass. **~klere** underclothes, underclothing, underwear; *(fyn)* ~ lingerie; *skoon* ~ *aantrek* change one's underclothes. **~koel** →ONDERKOEL. **~komitee** subcommittee. **~koning** *(masc.),* **~koningin** *(fem.), (chiefly hist.)* viceroy *(masc.),* vicereine *(fem.).* **~koningskap** viceroyship, viceroyalty. **~koninklik** viceregal. **~korporaal** lance corporal. **~kruip** →ONDERKRUIP. **~kry, ~sit** *onderge-* master, subdue, overpower, put down, get the better of. **~kussing** underpillow, bolster. **~laag** lower layer, substratum, substrate, bottom layer, underlayer; undercoat(ing); *(cosmetics)* foundation, (make-up) base; *(chem.)* hypophase; parent stock; subsoil. **~laken** undersheet. **~langs** covertly, surreptitiously, slily, underhand, furtively; *iem. is altyd so* ~ s.o. can never look one straight in the eyes. **~lip** lower lip; labium; *iem. se* ~ *hang, (infml.)* s.o. is sulking; s.o. is down in the dumps. **~loop** *-lope* lower reaches *(of a river); (comp.)* underflow. **~luitenant** *(naval rank)* sublieutenant. **~lyf** lower part of the body; abdomen. **~lyfie** camisole, underbodice, spencer. **~maat** →ONDERMAAT. **~matras** undermattress, underlay. **~minister** deputy minister; *(Br.)* parliamentary secretary, undersecretary. **~myn** →ONDERMYN. **~-na-bo-** bottom-up *(approach etc.).* **~normaal** *-male* subnormal, substandard. **~offisier** *-siere, -siers* non(-)commissioned officer *(in the army);* petty officer *(in the navy).* **~ontwikkel(d)** *-kelde* underdeveloped. **~orde** suborder. **~pad** underpass, subway. **~pand** pledge, guarantee, security; *iets tot/as* ~ *gee* pledge s.t.. **~ploeg** *onderge-* plough back/down/in/under; *(fig.)* subvert, undermine. **~prestasie** underachievement. **~presteer** underachieve, underperform. **~presteerder** underachiever. **~produksie** underproduction. **~produseer** underproduce. **~rok** petticoat, slip; underskirt; *iem. se* ~ *hang uit, (fig., infml.: unwittingly reveal one's true feelings)* s.o.'s slip is showing. **~seil** *(naut.)* course. **~sekretaris** undersecretary. **~sestien** *-tiens: die* ~*s* the under sixteens *(or under-sixteens).* **~sestienspan, ~-16-span, o.16-span** under sixteen team, under-sixteen team, U-16 team. **~sjef** →ONDERHOOFDKOK. **~skat** *het* ~ underestimate, underrate, discount, misprize, misesteem. **~skrif** caption; inscription; motto, legend; signature; subscription; *(math., comp.)* subscript. **~skryf, ~skrywe** *het* ~ endorse, (under)sign; confirm, endorse *(a statement);* underwrite *(a loan, shares, views);* subscribe to *(a view),* approve, go along with; adhere to; *'n gevoel* ~ share a feeling. **~skrywer** signer, endorser; sponsor, underwriter, subscriber. **~snyding** undercut(ting). **~soort** subspecies, subtype. **~speel** *vb.* downplay. **~spit:** *die* ~ *delf* be defeated, come off worst/second-best, get/have the worst of it. **~staande** undermentioned, subjoined, following; *vul* ~ *vorm in* complete the form below. **~stam** rootstock *(for grafting, also onderstok),* parent stock; subphylum. **~stel** *-stelle* underframe; undercarriage, *(rly.)* bogie, chassis *(of a motor car, gun carriage, etc.);* landing gear *(of an aeroplane);* gantry. **~streep** →ONDERSTREEP. **~stroming** undercurrent. **~stroom** *(lit. & fig.)* undercurrent, underflow; *(naut.)* underset. **~stuk** lower part, bottom part/piece; skirt *(of a dress);* base, support. **~stut** *het* ~ buttress (up), support, prop (up), underpin, shore up. **~sy** underside *(of an animal).* **~tand** lower tooth. **~teken** →ONDERTEKEN. **~titel** subheading; subtitle. **~toe** downward(s), to the bottom; lower down; *iem./iets* ~ *dwing* force down s.o./s.t.; ~ *gaan* go down; go downstairs. **~toon** *(mus., fig.)* undertone. **~trou** *het* ~ intermarry. **~trouery** intermarriage. **~tussen** meanwhile, in the mean time *(or* meantime). **~tyd:** ~ *werk* be/work (on) short time. **~vag** underfleece. **~vang** *het* ~ intercept; obviate. **~verbruik** underconsumption. **~verdeel** *het* ~ subdivide, divide up; *iets in* ... ~ subdivide s.t. into ...; break down s.t. into ... **~verdeel-baar** *-bare* subdivisible. **~verdeling** subdivision. **~verhu-**

**ring** subletting, sublease. **~verhuur** *het* ~ sublet, underlet. **~verhuurder** sublessor. **~verteenwoordig** *-digde* underrepresented *(group etc.).* **~vilt, ~velt** underfelt. **~vlak** bottom, base; undersurface. **~voed** *-voede, adj.* underfed, undernourished, malnourished. **~voed** *het* ~, *vb.* underfeed, undernourish. **~voeding** underfeeding, insufficient nutrition, undernourishment, malnutrition. **~voorsien** underprovide. **~voorsiening** underprovision. **~voorsitter** vice-president, vice-chair(man/woman/person). **~vra** →ONDERVRA. **~waardeer** undervalue. **~weg** on the way; in transit; en route; *lank* ~ *wees* be long in coming; ~ *na* ... en route to ...; *na* ... ~ *wees, (also)* be on the way to ..., be bound for ... **~wêreld** *(myth.)* infernal regions, Hades, Tartarus; underworld, low life *(of crime etc.); die* ~ the lower/nether world, the shades.

**on·der·aards** *-aardse, adj. & adv.* subterranean, underground; →ONDERGRONDS *adj. & adv.; ~e water* underground water. **on·der·aard·se** *n.: die* ~ the underworld.

**on·der·breek** *het* ~ interrupt, intermit; break *(a journey etc.);* suspend; punctuate; disturb; break off; *(telkens) deur* ... ~ *word* be punctuated by/with ... *(laughter etc.).* **~punt** *(comp.)* breakpoint. **on·der·bre·ker** interrupter; *(mech.)* breaker. **on·der·bre·king** *-kings, -kinge* interruption, break; disturbance, pause; *(mech.)* failure; discontinuity; *sonder* ~ without a break; without respite. **on·der·bro·ke** interrupted; intermittent; disturbed; discontinuous; discrete.

**on·der·daan** *-dane* subject, national. **on·der·da·nig** *-nige* submissive, humble, obedient, subservient; obsequious; meek and mild; ~ *teenoor* ... subservient to ... **on·der·da·nig·heid** submissiveness, humility, obedience.

**on·der·deel** *-dele* lower part; subdivision; subheading; fraction; component; accessory; (spare) part; ~ *van die geheel* part of the whole; *iets van ~dele voorsien* accessorise s.t. *(a car etc.); 'n ~ van die wetenskap* a branch of science. **on·der·de·le·sen·trum** *(mot.)* fitment centre.

**on·der·dek** *-dekke, n.* lower deck, underdeck. **on·der·deks** *-dekse, adj.* under deck *(pred.),* underdeck *(attr.).*

**on·der·deur** *n.* lower half of a door, lower door; hatch; half-door; *al oor die* ~ *loer, (infml.)* (begin to) take an interest in the opposite sex. **on·der·deur** *adv.* underneath; *iets* ~ *gooi* throw s.t. underarm; ~ *na* ... *loer* look at ... from under the eyebrows; ~ *loop* walk underneath, pass under, underrun; ~ *wees, (infml.)* fail *(in an examination).* **~spring** *onderdeurge-, (infml.)* deceive, cheat, trick.

**on·der·druk¹** *onderge-* press down/under, hold down.

**on·der·druk²** *het* ~ oppress *(people);* suppress *(a rebellion etc.);* crush, quell, overcome; smother, stifle *(a yawn etc.);* pocket *(feelings);* scotch *(an idea);* choke (down), clamp down on, put down, repress, keep/hold under, subdue; stamp out; inhibit; *'n opstand/oproer/rebellie* ~ crush *(or* put down) a rebellion; *mense op grond van ras/ens.* ~ oppress people racially/etc.; *~te gevoelens* repressed feelings, pent-up emotions. **on·der·druk·kend** *-kende, (also pol.)* oppressive. **on·der·druk·ker** suppressor; oppressor; *(pharm.)* suppressant. **on·der·druk·king** suppression; repression, inhibition; oppression. **on·der·druk·middel** *-dele, -dels* depressant; suppressant.

**on·der·duims** *-duimse, adj.* underhand, sly, scheming, stealthy, furtive, surreptitious. **on·der·duims** *adv.* underhand, stealthily, by stealth, slyly, not aboveboard; ~ *optree* behave deviously. **on·der·duims·heid** underhand dealings, hypocrisy, cunning, stealth, slyness, furtiveness.

**on·der·gaan¹** *n.* setting; *met die* ~ *van die son* at the setting of the sun. **on·der·gaan** *onderge-, vb., (the sun)* set; *(vessel)* sink, go down; die, perish, succumb, go to rack and ruin, go under. **on·der·gang** setting *(of the sun);* ruin, destruction; demise, collapse, downfall, fall, *(infml.)* meltdown; undoing; extinction; doom, overthrow; *iets beteken die* ~ *van* ... s.t.

spells ruin to ...; *iem. se* ~ **bewerk** ruin s.o., bring about s.o.'s ruin; *iets* **bewerk** *iem. se* ~, (also) s.t. is (or leads to) s.o.'s undoing; *jou eie* ~ **bewerk, self jou** ~ **bewerk** ruin o.s., *(infml.)* dig one's own grave, cut one's own throat, sign one's (own) death warrant; *die* ~ *van 'n ryk* the fall of an empire; *jou* ~ **tegemoetgaan** (of **tegemoet gaan**) go to one's doom; head/ride for a fall; *iets* **veroorsaak** *iem. se* ~ s.t. is s.o.'s downfall; *volslae* ~ utter ruin.

**on·der·gaan²** *het* ~, *vb.* undergo *(an operation etc.),* endure, suffer *(humiliation etc.)*; *iem./iets ... laat* ~ subject s.o./s.t. to ...; *iem. lyding laat* ~ inflict suffering on s.o..

**on·der·ge·skik, on·der·ge·skik** *-skikte, adj.* subordinate; subsidiary; minor; inferior; subservient; inessential; ~ *aan* ..., *(s.o.)* inferior to ...; *(s.o.)* subordinate to ...; *(s.o., s.t.)* subservient to ...; *(s.t.)* subsidiary to ...; *iets aan ...* ~ *maak* subordinate s.t. to ...; *'n* ~*te rol speel* play an unimportant (or a minor) part, *(infml.)* play second fiddle. **on·der·ge·skik·te** *-tes, n.* subordinate, inferior, underling, underdog. **on·der·ge·skikt·heid** subordination, inferiority.

**on·der·grond** subsoil; underground; basis; foundation; subterranean realm; *boonste* ~ subsurface. **on·der·gronds, on·der·gronds** *-grondse, adj.* underground, subterranean; phreatic; ~*e kamer/gang, (archaeol.)* underground chamber/passage, *(<Fr.)* souterrain; ~*e spoorweg/trein* underground (railway), metro, *(infml.)* tube; ~*e verdieping* basement. **on·der·gronds, on·der·gronds** *adv.* underground.

**on·der·handel** *het* ~ negotiate, bargain *(with),* discuss terms, confer; transact; **met** *iem.* ~ negotiate (or discuss terms) with s.o.; **met die vyand** ~, (also) parley with the enemy; **oor iets** ~ negotiate about/on/over s.t.; **vir iets** ~ negotiate for s.t.; **weer/opnuut** ~ *oor iets* renegotiate s.t.. **on·der·han·de·laar** negotiator, go-between, emissary, mediator, transactor; bargainer. **on·der·han·de·ling** *-lings, -linge* negotiation; discussion; bargaining; parley; ~*s/~e* **aanknoop** enter into (or open) negotiations; **begin** *van* ~*s/~e* overtures; **in** ~ **wees** be negotiating, be engaged in negotiations; ~*s/~e* **met** ... negotiations with ...; *die* ~*s/~e* **staak** break off negotiations; **in** ~ **tree** enter into (or open) negotiations; ~*s/~e* **tussen** ... negotiations between ...; ~*s/~e* **voer** carry on (or conduct) negotiations; **voorlopige** ~*s/~e* preliminary negotiations. **on·der·han·de·lings·ta·fel** negotiating table.

**on·der·hands** *-handse, adj.* underhand, clandestine, crafty, deceptive; collusive; secret; private; ~*e bal* underarm ball. **on·der·hands** *adv.* underhand, clandestinely; secretly; *iets* ~ *gooi* throw s.t. underarm; *iets* ~ *verkoop* sell s.t. privately (or by private treaty).

**on·der·ha·wi·ge:** *die* ~ *geval* the present case, the case in question (or under discussion).

**on·der·he·wig:** *aan ...* ~ liable to ... *(taxes etc.)*; prone to ... *(diseases etc.)*; subject to ... *(interruptions etc.)*; open to ... *(doubt etc.)*.

**on·der·ho·rig** *-rige, adj.* dependent, subordinate; suffragan *(bishop)*; inferior *(officer)*; belonging to; *aan ...* ~ subject to ... *(a country etc.)*. **on·der·ho·ri·ge** *-ges, n.* dependent, subordinate. **on·der·ho·rig·heid** dependence, subordination; *(geopol.)* dependency.

**on·der·hou¹** *onderge-, vb.* keep under, hold down, repress, suppress.

**on·der·hou²** *-houe, adj. (usu. pred.)* kept (up), maintained, serviced; *goed* ~ in good repair, well-kept; *sleg* ~ unkept, untended, in bad repair. **on·der·hou** *het* ~, *vb.* support, keep, provide for; keep up, maintain, service, keep in repair; *'n* **diens** ~ operate a service; **gebooie** ~ keep commandments; *'n* **huis** ~ keep a house in repair; *'n* **huisgesin** ~ provide for (or keep) a family; *'n* **masjien** ~ service a machine; **paaie** ~ keep roads in repair. **on·der·houd** *(no pl.)* support, maintenance *(of a family)*; upkeep *(of a road, mach., etc.)*; provisioning *(of troops etc.)*. **on·der·houd·plig·tig** *-tige*

bound to keep (in good repair); liable for maintenance/support. **on·der·hou·dend** *-dende* amusing, entertaining, interesting. **on·der·hou·ding** keeping, observance, maintenance; entertainment.

**on·der·houd** *-houde* interview, conversation; parley; discourse; colloquy; *'n* ~ *aan iem. toestaan* give/grant s.o. an interview; *'n* ~ *met iem. voer* interview s.o.; *om 'n* ~ *vra* request an interview.

**on·der·houds·:** ~**koste** maintenance costs/charges/expenses, (cost of) upkeep. ~**toelae** *-toelaes,* ~**toelaag** *-toelae* subsistence allowance; maintenance money. ~**werkplaas** maintenance workshop.

**on·der·huid** *(anat.)* true skin, hypoderm(is), hypoderma, cutis, derm. **on·der·huids, on·der·huids** *-huidse* subcutaneous *(feeding)*, hypodermic *(injection)*.

**on·der·kant** *n.* lower/ventral side; underside, bottom; underpart, lower part; *meer na die* ~ *(toe)* lower down. **on·der·kant** *adv. & prep.* below, beneath. **on·der·kant·s(t)e** *adj.* lower.

**on·der·koel** *het* ~ supercool, superfuse. **on·der·koe·ling** supercooling; superfusion.

**on·der·kruip** *het* ~ undersell, sell cheaper than, undercut; blackleg *(during a strike)*; swindle, defraud; interlope, supplant. **on·der·krui·per** underseller; scab, blackleg *(during a strike)*; swindler; supplanter. **on·der·krui·ping** underselling; blacklegging.

**on·der·lê·er** *(rly.)* underlay, pad, ground plate.

**on·der·leg, on·der·lê** *-legde* grounded; *goed* ~ well qualified; *goed in ...* ~ *wees* be well-grounded/-versed (or well up) in ..., have a good grounding in ... *(a subject)*; *'n goed* ~*de onderwyser* a well-equipped teacher. ~**plaat** *(rly.)* bedplate; *(mech.)* shim; *(min.)* soleplate.

**on·der·lig·gend** *-gende* underlying, subjacent; ~*e betekenis* underlying meaning; subtext *(in a piece of writing)*; ~*e teks* subtext.

**on·der·ling** *-linge, adj.* mutual; ~*e verband* interrelation(ship). **on·der·ling** *adv.* mutually; among/between them; ~ *afhanklik* interdependent; ~ *verdeeld wees* be divided amongst themselves. **on·der·ling·heid** mutuality, mutualness; intercommunity.

**on·der·maans** *-maanse, adj., (poet., liter., also joc.)* sublunary, earthly, mundane, terrestrial. **on·der·maan·se** *n.: (hier-) die* ~ this world.

**on·der·maat** undersize. **on·der·maats, on·der·maats** *-maatse* undersized, undersize.

**on·der·me·kaar·trou·e·ry** *(infml.)* intermarriage.

**on·der·myn** *het* ~ undermine, sap, subvert. **on·der·my·nend** *-nende* subversive. **on·der·my·ner** underminer *(lit., fig.)*; subverter *(fig.)*. **on·der·my·ning** sapping, undermining, subversion.

**on·der·neem** *het* ~ undertake, attempt; initiate *(steps)*; embark on; take in hand; stage, mount *(an attack)*; ~ *om iets te doen* undertake to do s.t.. **on·der·ne·mend** *-mende* enterprising, go-ahead. **on·der·ne·mer** *-mers* originator; entrepreneur, contractor, operator; proprietor. **on·der·ne·mer·skap** entrepreneurship; *vrye* ~ free enterprise.

**on·der·ne·mers·:** ~**kultuur** enterprise culture. ~**risiko** entrepreneurial risk.

**on·der·ne·ming** *-mings, -minge* undertaking, enterprise; venture; proposition, operation; launch(ing) *(of a campaign)*; *'n* ~ *begin* set up in (or start a) business; *'n* ~ *bestuur/bedryf/bedrywe* run a business; *jou eie* ~ *begin* branch out on one's own.

**on·der·ne·mings·:** ~**adviseur** management consultant. ~**gees** (spirit of) enterprise, initiative, gumption; ~ *aan die dag lê* show enterprise.

**on·der·on·sie** *-sies, (infml.)* quarrel, row, tiff, squabble, words; *'n* ~ *met iem. hê* have a run-in with s.o..

**on·der·rig** *n.* instruction, tuition, schooling, grounding, *(formal)* education; *~ gee* give instruction, instruct, teach; *~ in ...kry/ontvang* get/receive instruction *(or* be instructed/ taught) in ... **on·der·rig** *het ~, vb.* teach *(a pupil),* instruct, inform; educate, school, tutor; prime; *iem. in iets ~* instruct s.o. in s.t.; *'n vak word ~* a subject is taught. **~metode** method of instruction.

**on·der·sees** *-sese, adj.* submarine, subsurface, undersea, underwater. **on·der·sees** *adv.* undersea(s).

**on·der·skei** *het ~* distinguish; discriminate; differentiate; mark off/out, signalise; make out, discern; *jou ~* distinguish o.s.; excel, stand out; *hulle van mekaar kan ~* know which is which; *('n) mens kan die twee nie ~ nie* one can't tell one from the other; *tussen A en B ~* distinguish/differentiate/ discriminate between A and B; *tussen goed en kwaad ~* discern between good and evil; *A van B ~* tell A from B, tell *(or* point out) the difference between A and B; *iets ~ iem. van ...* s.t. marks s.o. off *(or* sets s.o. apart) from ...; *nie van ... te ~ nie* indistinguishable from ... **on·der·skeid** difference, distinction; discrimination; *'n duidelike ~* a marked difference; *'n fyn ~* a nice/subtle distinction; *~ maak ten gunste/koste van iem.* discriminate in favour of *(or* against) s.o.; *tussen ... ~ maak* distinguish between ...; *'n ~ tussen ... maak, (also)* draw/make a distinction between ...; *daar is min ~ tussen hulle* there is little *(or* not much) to choose between them; *'n skerp ~* a sharp distinction. **on·der·skei(d)·baar** *-bare* distinguishable, distinctive. **on·der·skei·de·lik** respectively; severally; *Graeme en Mark is ~ kaptein en onderkaptein* Graeme and Mark are captain and vice-captain respectively. **on·der·skei·dend** *-dende* distinguishing; differential; divisive; discriminating; distinctive; diacritical. **on·der·skei·e** different; various; several; distinguished; discrete.

**on·der·skei·ding** *-dings, -dinge* distinction; award, mark of honour; *(mil.)* citation; esteem, honour, respect; discrimination; differentiation; *(in the pl., also)* honours; *'n ~ in 'n vak behaal/verwerf* get a distinction in a subject; *met hoë ~* with great distinction, magna cum laude; *met die hoogste ~* with the greatest/highest distinction, summa cum laude; *met ~* with distinction, cum laude; *'n ~ aan iem. toeken* confer a distinction (up)on s.o..

**on·der·skei·dings·** *~lys* honours list. **~vermoë** (power of) discrimination; discretion; discernment.

**on·der·skep** *het ~* intercept, cut off, waylay; interrupt; tap. **on·der·skep·pend** *-pende* interceptive. **on·der·skep·per** *-pers* interceptor. **on·der·skep·ping** interception.

**on·der·skik·kend** *-kende* subordinate; *~e voegwoord* subordinating conjunction.

**on·der·skraag** *het ~* prop (up); support, assist. **on·der·skra·gend** *-gende* supportive. **on·der·skra·ging** support, assistance; supportive treatment.

**on·der·soek** *n.* investigation, examination, inquiry; *(med.)* check-up; research; survey; quest; visitation; scrutiny; *'n deeglike/deurtastende ~* a thorough investigation; *~ doen/instel* conduct/make *(or* carry out) an inspection; investigate, carry out an investigation; *~ na iets doen/instel* investigate s.t., inquire/enquire into s.t.; *'n ~ na iets instel, (also)* conduct/hold/institute an inquiry/enquiry into s.t.; *'n ~ na ..., (also)* an examination/investigation into ...; *by nader ~* on closer examination/inspection/inquiry; *'n nadoodse ~ van iem. uitvoer* conduct/do *(or* carry out) a post-mortem on s.o.; *aan ~ onderworpe* subject to inspection/scrutiny; *'n ~ ter plaatse* an on-site inspection; *'n ~ van ...* an examination/inspection of ...; *wetenskaplike ~* scientific research. **on·der·soek** *het ~, vb.* investigate, look/inquire into; explore; examine *(a patient, baggage, etc.);* test; make researches; search, probe, sift; go into; peruse; inspect; *iem. deeglik (medies) ~* give s.o. a check-up; *deeglik (medies) ~ word* have a check-up; *jou gewete ~* explore/search one's

conscience; *iets grondig ~* get to the bottom/root of s.t.; *iets laat ~* have s.t. examined; have s.t. looked/seen to *(one's eyes etc.);* *iets noulettend ~* probe into s.t.; *'n wond ~* probe a wound; *iets word ~* s.t. is under examination/study. **~beampte** investigating officer. **~regter** investigative judge. **~span, ~kommissie** fact-finding team/commission, review body/panel.

**on·der·soe·kend** *-kende, adj.* searching *(look);* inquisitive; inquiring *(mind);* exploratory, explorative. **on·der·soe·kend** *adv.* searchingly; *... ~ aankyk* look at ... searchingly.

**on·der·soe·ker** investigator; examiner, tester; searcher, explorer; researcher, research worker, student; inquisitor.

**on·der·stan·dig** *-dige, (bot.)* hypogenous, inferior.

**on·der·ste** *-stes, n.* underpart; the bottom one, that which lies at the bottom; dregs, sediment. **on·der·ste** *adj.* lowest, bottom(most), undermost; basal; *~ deel* underpart; *~ rak* bottom shelf; *~ verdieping* ground floor.

**on·der·ste·bo** upside down, topsy-turvy, inverted; *(infml.)* in confusion/disorder, upset; *iets ~ gooi* upset/overturn/ overthrow/topple *(or* knock down) s.t.; *die kamer is ~, (infml.)* the room is untidy; *alles ~ keer* turn everything topsy-turvy; *iem. ~ loop* knock down s.o., bowl over s.o.; *iem. se maag is ~, (infml.)* s.o.'s stomach is upset; *iets ~ (neer)sit* stand s.t. on its head; *die wêreld is ~* everything is in a state of confusion. **~koek** upside-down cake.

**on·der·steun** *het ~* support, assist, aid, uphold, back (up); bolster, patronise; sponsor; further; *iem./iets kragtig ~* give strong support to s.o./s.t.. **on·der·steu·nend** *-nende* supportive; *nie ~ nie* unsupportive. **on·der·steu·ner** *-ners* supporter, sponsor, backer; follower; *'n geesdriftige/vurige ~* a keen/staunch/strong supporter; *'n nuwe ~ van ...* a recruit to ... **on·der·steu·ning** support, backing, patronage, subvention, relief; *ter ~ van ...* in support of ...

**on·der·steu·nings·** *~fonds* relief/provident fund. **~groep** support group.

**on·der·streep** *het ~* highlight *(problems etc.);* underline *(lit., fig.),* emphasise, stress; underscore *(lit.);* *iets dik ~, (lit.)* underline s.t. heavily; *(fig.)* underline s.t. heavily, emphasise s.t. strongly; *deur ... ~ word, (also)* be punctuated by/with ... **on·der·stre·ping** *-pings, -pinge* underlining, stress(ing), emphasising.

**on·der·te·ken** *het ~* sign, subscribe, put one's name to; *~de brief* signed letter; *iets met jou voorletters ~* initial s.t.. **on·der·te·ke·naar** signatory; signer; subscriber; petitioner; *X is die ~* signed by X. **on·der·te·ke·ning** signature, subscription; signing, subscribing.

**on·der·vind** *het ~* experience, meet with; undergo, feel; *teenstand/teëstand ~* encounter opposition. **on·der·vin·ding** *-dings, -dinge* experience; *deur/uit ~* by/from experience; *'n eenmalige ~* the experience of a lifetime; *~ kry/opdoen* acquire/gain experience; *deur/uit ~ leer* learn by/from experience; *'n lonende ~* a rewarding experience; *uit ~ praat* speak from experience; *ruime ~ van iets hê* have wide experience of s.t..

**on·der·vloers** *-vloerse* under the floor; *~e verhitting* underfloor heating.

**on·der·vra** *het ~* interrogate, (cross-)question, subject to examination, cross-examine, screen, quiz, catechise; *(mil.)* debrief; *iem. oor iets ~* query/question s.o. about s.t.; interrogate s.o. about s.t.; *iem. skerp ~* question s.o. closely. **on·der·vraag·de** *-des* interrogated person, person questioned; interviewee. **on·der·vra·er** questioner, interrogator, examiner; interviewer. **on·der·vra·ging** *-gings, -ginge* interrogation, examination, questioning, screening, quiz; *(also ondervragingsessie)* debriefing (session); *skerp ~* close questioning.

**on·der·werp**[1] *-werpe, n.* subject, topic, theme; argument; matter; *'n ~ aanpak* tackle a subject; *'n ~ aanroer/opper* touch on (*or* broach) a subject; *van die ~ afstap* change (*or* drop/leave) the subject; *'n aktuele ~* a topical subject; *'n ~ behandel* enter into a subject; *allerlei ~e bespreek* discuss all kinds of topics; *'n ~ bespreek, (also)* debate (on) a subject; *oor 'n ~ debatteer* debate (on) a subject; *'n delikate ~* a tender subject; *altyd op dieselfde ~ terugkom* harp on the same string; *~ van gesprek* topic, talking point, subject of conversation; *'n ~ los* drop/leave a subject; *~ van 'n sin, (gram.)* subject of a sentence; *'n ~ ter sprake bring* broach a subject; introduce a topic. ~**sin** (*gram.*) subject/noun clause.

**on·der·werp²** *het ~, vb.* subject, subdue, subjugate, bring under; submit, prostrate (*o.s.*); *jou aan ... ~* submit to ...; abide by ... *(a decision etc.);* comply with ...; resign o.s. to ... *(one's fate etc.); jou aan iem. se wense ~* defer to s.o.('s wishes); *iem./iets aan ... ~* subject s.o./s.t. to ... *(domination etc.); 'n geskil aan die hof ~* submit a case to court; *jou ~, (also)* come to heel, knuckle under. **on·der·wer·ping** subjection; submission; subjugation; conformity; deference; quietism. **on·der·wor·pe** submissive, resigned *(to one's fate);* subdued; servile; subject *(to); aan ... ~* subject to ... *(approval etc.).* **on·der·wor·pen·heid** submissiveness, humility; resignation; submission; subjection, servility.

**on·der·werps·:** ~**katalogus** *(libr.)* subject catalogue. ~**naam·val** *(gram.)* subjective case.

**on·der·wyl** *adv.* meanwhile, in the mean time. **on·der·wyl** *conj.* while, whilst, meanwhile.

**on·der·wys** *n.* (formal) education; teaching, instruction, tuition; *departement van ~* department of education; *~ gee* teach, be a teacher. ~**aangeleentheid** teaching/educational matter. ~**inrigting** teaching/educational institution. ~**kollege** college of education. ~**personeel** teaching staff. ~**sertifikaat** teacher's certificate. ~**staking** *(infml.)* teachers' strike, *(infml.)* chalkdown. ~**stelsel** educational system, system of education.

**on·der·wy·ser** ~*sers, (masc.),* **on·der·wy·se·res** ~*resse, (fem.)* (school)teacher; *Duitse ~, Duits-~* German teacher, teacher of German.

**on·der·wy·sers·:** ~**beroep** teaching profession. ~**diploma** teacher's certificate/diploma. ~**kollege** teachers' (training) college, teacher-training college. ~**opleiding** teacher training. ~**vereniging** teachers' association.

**on·deug** vice; immorality, depravity, wrong. **on·deug·de·lik** ~*like* unsuited, unsound, unreliable.

**on·deund** ~*deunde* mischievous, naughty, teasing. **on·deund·heid** mischievousness, naughtiness.

**on·deur·dag** ~*dagte, adj. & adv.* thoughtless(ly), rash(ly); shallow, unadvised, ill-considered, ~judged, harebrained; *~ handel* act rashly. **on·deur·dagt·heid** thoughtlessness, rashness; shallowness.

**on·deur·dring·baar** ~*bare* impenetrable; impervious; impermeable. **on·deur·dring·baar·heid** impenetrability; imperviousness; impermeability.

**on·deur·grond·baar** ~*bare,* **on·deur·gron·de·lik** ~*like* unfathomable, inscrutable, impenetrable; ungraspable. **on·deur·gron·de·lik·heid** inscrutability, impenetrability.

**on·deur·sig·tig** ~*tige* opaque, non(-)transparent; unclear, obscure. **on·deur·sig·tig·heid** opacity; obscurity *(fig.).*

**on·deur·sky·nend** ~*nende* opaque, not translucent.

**on·diens** disservice, bad/ill turn; *'n ~ aan ...* a disservice to ...; *iem. 'n ~ bewys* do s.o. a disservice; do s.o. a bad/ill turn.

**on·dier** monster, beast, brute, animal, creature.

**on·dig, on·dig** ~*digte* leaky, not watertight.

**on·ding** *iets is 'n ~* s.t. is bad/wrong/undesirable/unacceptable, s.t. should not be allowed.

**on·di·plo·ma·ties** ~*tiese,* **on·di·plo·ma·tiek** ~*tieke* undiplomatic.

**on·doel·ma·tig** ~*tige* unsuitable, not serviceable. **on·doel·ma·tig·heid** unsuitability.

**on·doel·tref·fend** ~*fende* inefficient, inefficacious, ineffective. **on·doel·tref·fend·heid** ineffectiveness, inefficacy.

**on·doen·lik** ~*like* impossible; impracticable; unfeasible.

**on·dood** *adj.* undead. **on·dooi·es** *n. (pl.): die ~* the undead.

**on·draag·baar** ~*bare* unbearable, intolerable; *(rare, also* ondrabaar*)* unwearable *(garment).*

**on·draag·lik** ~*like* unbearable, unendurable, intolerable; insupportable; unbearable, raging, stupefying *(heat);* punishing *(workload); 'n ~e vent* an insufferable fellow; *iets ~ vind* find s.t. unbearable. **on·draag·lik·heid** unbearableness, intolerableness, insufferableness.

**on·drink·baar** ~*bare* undrinkable, non(-)potable.

**on·dub·bel·sin·nig** ~*nige, adj.* unequivocal, plain, clear, unambiguous, unmistakable. **on·dub·bel·sin·nig** *adv.* unequivocally, unambiguously; *iets ~ maak* disambiguate s.t.. **on·dub·bel·sin·nig·heid** unequivocalness, unambiguousness.

**on·dui·de·lik** ~*like* indistinct; faint, dim, vague; unclear; blurred, blurry; obscure *(meaning);* inexplicit; illegible *(handwriting); ~e beeld* blurred/diffuse/indefinite image; *~ oor iets* equivocal about s.t.; *~e spraak* indistinct/mumbling/inarticulate speech; *jou ~ uitdruk* not express o.s. clearly. **on·dui·de·lik·heid** indistinctness; faintness, dimness; obscurity; illegibility.

**on·duld·baar** ~*bare* intolerable, unbearable, insupportable, unsupportable.

**on·e·del** ~*dele* ignoble, dishonourable, base, mean; *~e metaal* base metal.

**on·eens** at variance; *dit met iem. ~ wees* disagree with s.o., differ from s.o.; *oor daardie saak is hulle dit ~* they disagree (*or* are at variance) on that issue; *dit met jouself ~ wees* be undecided, be unable to make up one's mind. **on·eens·ge·sind** ~*sinde* divided, disunited.

**on·eer** disgrace, dishonour; opprobrium, shame; *iem./iets ~ aandoen* disgrace s.o./s.t.; *jou naam ~ aandoen* blot one's name; *iets strek iem. tot ~* s.t. is a disgrace/discredit/reproach to s.o.; *jou familie tot ~ strek* bring discredit/shame (up)on one's family.

**on·eer·baar** ~*bare* dishonourable, discreditable; improper, immodest, indecent. **on·eer·baar·heid** dishonourableness; impropriety, immodesty, indecency.

**on·eer·bie·dig** ~*dige* disrespectful, irreverent; profane, impious; *nie bedoel om ~ te wees nie* mean no disrespect; *~ teenoor ...* disrespectful to ... **on·eer·bie·dig·heid** disrespectfulness, irreverence; impiety; *~ teenoor ...* disrespect for/to ...

**on·eer·lik** ~*like* dishonest, insincere, unfair, fraudulent, crooked, uncandid. **on·eer·lik·heid** dishonesty, insincerity, unfairness, fraudulence, improbity, disingenuousness.

**on·eer·vol** ~*volle* dishonourable, discreditable, ignominious; *~ ontslaan word, (mil.)* be dishonourably discharged.

**on·eet·baar** ~*bare* uneatable, inedible. **on·eet·baar·heid** inedibility.

**on·ef·fe** *~* ~*fener/-feste* uneven, not level/smooth; rough; skintled *(brickwork);* irregular. **on·ef·fen·heid** ~*hede* unevenness, roughness; irregularity.

**on·ef·fek·tief** ~*tiewe* ineffective.

**on·eg** ~*egte* false, not genuine, sham, fake, fictitious, spurious *(document, coin, etc.),* artificial, counterfeit *(coin, note, etc.),* meretricious, phoney, pseudo; *iets klink ~* s.t. rings false. **on·egt·heid** artificiality, spuriousness, falseness; meretriciousness.

**on·e·ga·lig** ~*lige* uneven; not uniform, varying, inconstant, changeable.

**on·ein·dig** ~*dige, adj.* endless, boundless, infinite; interminable; *~e verskeidenheid* infinite variety. **on·ein·dig** *adv.* infinitely, endlessly; immeasurably, vastly; *~ beter* infinitely better; *~ klein* infinitesimal; *~ makliker* ever so much easier *(infml.).* **on·ein·di·ge** *n.* infinite, infinity; *tot in die ~* infinitely, ad infinitum. **on·ein·dig·heid** boundlessness, endlessness, infinitude; infinity.

**on·e·ko·no·mies** *=miese* uneconomic; uneconomical.

**on·e·le·gant** *=gante* inelegant; dowdy, frumpish. **on·e·le= gant·heid** inelegance, inelegancy; dowdiness.

**on·e·nig** *=nige* at variance, divided, disunited, discordant, at loggerheads. **on·e·nig·heid** *=hede* discord, strife, lack of har= mony, dispute, variance, dissension, disagreement, differ= ence of opinion, dissidence, quarrel; ~ *bylê* heal a rift; ~ *in 'n familie* discord in a family; *met iem.* ~ *kry* fall out with s.o.; *hulle leef/lewe in* ~ they are continually quarrelling; ~ *stig* create/sow (*or* stir up) discord; ~ *tussen mense* discord among/between people; ~ *tussen* ..., (*also*) a rift between ...

**on·en·toe·si·as·ties** *=tiese* unenthusiastic, uncharged.

**on·er·ken(d)** *=kende* uncredited.

**on·er·kent·lik** *=like* ungrateful, thankless. **on·er·kent·lik= heid** ungratefulness, ingratitude, thanklessness.

**on·er·va·re** ~ *=rener =renste* (of *meer* ~ *die mees* ~), *adj.* inex= perienced, unseasoned, unskilled. **on·er·va·re·ne** *nes, n.* tyro, inexperienced person. **on·er·va·ren·heid** inexperience.

**on·e·ties** *=tiese* unethical.

**on·e·we** (*math.*) odd (*number*); (*rare*) uneven.

**on·e·we·re·dig** *=dige* disproportionate; out of all propor= tion; ~ *aan* ... incommensurate with ... **on·e·we·re·dig·heid** disproportion, want of proportion.

**on·e·we·wig·tig** *=tige* unbalanced. **on·e·we·wig·tig·heid** imbalance, lack of balance, unbalance, disequilibrium, bias.

**on·fat·soen·lik** *=like* unmannerly, ungentlemanly, rude; im= proper, indecent, unbecoming. **on·fat·soen·lik·heid** unman= nerliness, rudeness, indecency, impropriety.

**on·feil·baar** *=bare* infallible; unfailing, unerring. **on·feil= baar·heid** infallibility; unfailingness.

**on·fiks** *=fikse, (sport)* unfit.

**on·fyn** *onfyn(e), (rather fml.)* unrefined, vulgar; *dit is* ~ it is bad form.

**on·gas·vry, on·gas·vry** *=vrye* inhospitable, unwelcoming (*pers.*). **on·gas·vry·heid** inhospitality, inhospitableness.

**on·ge·aard** *=aarde, (elec.)* unearthed, ungrounded.

**on·ge·af·fi·li·eer(d)** *=lieerde* unaffiliated.

**on·ge·ag, on·ge·ag** *prep.* in spite of, despite, notwith= standing; irrespective/regardless of; ~ *hoe/wie* ... no matter how/who ...; ~ *of* ... irrespective as to (*or* regardless of) whether ...; ~ *of* ... *of nie* whether ... or not; ~ *wat* ... no mat= ter (*or* regardless) what ...

**on·ge·ar·ti·ku·leer(d)** *=leerde* unarticulated; inarticulate.

**on·ge·baan(d)** *=baande, (poet., liter.)* untrod(den), unbeaten, trackless.

**on·ge·blus** *=bluste* unquenched, unextinguished (*fire*).

**on·ge·bo·ë** erect, straight, unbowed.

**on·ge·bon·de** ~ *meer* ~ *die mees* ~ unbound; free, unre= strained; untrammelled, unfettered, uninhibited; uncom= mitted; permissive; libertarian, dissolute; (*infml.*) footloose, Bohemian; *dis 'n* ~ *boek* the book is not bound (*or* is in sheets); ~ *elektron, (phys.)* free electron; *'n* ~ *lewe* a free life; a loose/licentious life; ~ *styl* prose. **on·ge·bon·den·heid** freedom; uninhibitedness; permissiveness; looseness, licen= tiousness, dissoluteness.

**on·ge·bo·re** unborn. **on·ge·bo·re·ne** *=nes* unborn child/etc..

**on·ge·brand** *=brande* unburnt; unroasted (*coffee*); unbrand= ed (*cattle*).

**on·ge·brei·del(d)** *=delde* unbridled, unchecked, uncurbed, uncontrolled, unrestrained.

**on·ge·bro·ke** unbroken; unbowed.

**on·ge·bruik** *=bruikte* unused, unemployed; ~ *bly* go beg= ging; ~ *lê* lie dormant; *dié water loop* ~ *weg* this water runs to waste. **on·ge·bruik·lik** *=like* uncommon, unusual, not in

(common) use. **on·ge·bruik·lik·heid** uncommonness, unu= sualness.

**on·ge·buk** *=bukte* unbowed.

**on·ge·daan** *=dane* undone; *iets* ~ *laat* leave s.t. undone; *iets* ~ *maak* undo s.t. (*a word-processing command etc.*).

**on·ge·deerd** *=deerde* unscathed, unharmed, unhurt, unin= jured, unwounded, unscratched; ~ *daarvan afkom* escape unhurt; be none the worse for the accident.

**on·ge·dek** *=dekte* uncovered (*cow, mare*); unthatched (*roof*); not laid (*table*); uninsured, unsecured (*against loss*); (*fin.*) un= covered, naked (*option etc.*); exposed (*flank*); ~*te tjek* cheque without funds, (*infml.*) rubber cheque.

**on·ge·dier·te** *=tes* (wild) beast; monster; (*collective n., usu. pl.*) vermin; *van die* ~(*s*) *vervuil* infested with vermin.

**on·ge·dis·si·pli·neer(d)** *=neerde* undisciplined, badly dis= ciplined; shambolic (*infml.*).

**on·ge·doop** *=doopte* unbaptised, unchristened.

**on·ge·droom·de** *adj. (attr.)* undreamt of (*possibilities etc.*).

**on·ge·duld** impatience; *brand van* ~ be fuming with impa= tience; *iem. se* ~ *met* ... s.o.'s impatience with ... **on·ge·dul·dig** *=dige* impatient, petulant; *oor iets* ~ *wees* be impatient at s.t.; ~ *word* become impatient.

**on·ge·du·rig** *=rige* restless, fidgety; fickle, changeable, fitful, inconstant, unstable, unsettled. **on·ge·du·rig·heid** restless= ness, fidgetiness; fickleness, inconstancy, instability, unsta= bleness.

**on·ge·dwon·ge** unrestrained, natural, unforced, sponta= neous, easy, unselfconscious, uninhibited, unaffected; volun= tary. **on·ge·dwon·gen·heid** spontaneousness, naturalness, abandon, freedom, ease, unselfconsciousness.

**on·ge·ënt** *=geënte* ungrafted; unvaccinated.

**on·ge·ërg** *=geërgde =geërgder =geërgste* (of *meer* ~ *die mees =geërgde*), *adj.* nonchalant, casual, cool, (*infml.*) laid-back, careless, indifferent, unmoved, calm, unruffled, (*infml.*) un= fazed, unbothered, offhanded; unaffected, unselfconscious, (*infml.*) throwaway, uninhibited; *'n* ~*de houding* a carefree attitude; *'n* ~*de houding aanneem,* (*also, infml.*) play it cool; *ewe* ~ *oor iets* quite cool/unconcerned about s.t.. **on·ge·ërg** *adv.* coolly, casually, calmly, nonchalantly, unconcernedly. **on= ge·ërgd·heid** nonchalance, indifference, coolness, uncon= cern, casualness, unselfconsciousness.

**on·ge·ë·we·naar(d)** *=naarde* unequalled, unrivalled, un= paralleled, unprecedented, unmatched, matchless, peerless; *dit is* ~ it is without precedent.

**on·ge·fo·kus** *=kusde, =kuste* unfocus(s)ed.

**on·ge·for·ma·teer(d)** *=teerde, (comp.)* unformatted.

**on·ge·fun·deer(d)** *=deerde* unfunded (*debt, mandate, etc.*); unfounded (*statement etc.*).

**on·ge·geur** *=geurde* unflavoured.

**on·ge·gis** *=giste* unfermented; (*chem.*) azymous.

**on·ge·gla·suur(d)** *=suurde* unglazed; ~*de porselein/erdewerk* bisque.

**on·ge·gra·du·eer(d)** *=eerde, adj.* undergraduate. **on·ge·gra= du·eer·de** *=des, n.* undergraduate.

**on·ge·grond** *=gronde* baseless, groundless, ill-founded, un= founded, without foundation, ungrounded (*statement etc.*); unjustified, unsubstantiated, unwarranted, invalid; unmoti= vated, reasonless (*attack etc.*); *iets is heeltemal* ~ s.t. is utterly unfounded; *regtens* ~ bad in law. **on·ge·grond·heid** ground= lessness.

**on·ge·hard** *=harde* unhardened; untempered (*steel*), unsea= soned (*soldier*).

**on·ge·hin·derd** *=derde, adj. & adv.* undisturbed, unhin= dered, unhampered, untrammelled, unmolested; unimped= ed, unchecked, unchallenged; *iem.* ~ *laat* leave s.o. alone; *iets* ~ *laat* leave s.t. undisturbed.

**on·ge·hoord** *=hoorde* outrageous, shocking, unheard-of;

unprecedented, unparalleled; *dit is* ~ it is without prece=
dent; *dis* ~ *dat iem. dit doen* s.o. has never been known for
(*or* to do) that.

**on·ge·hoor·saam** *=same* disobedient; undutiful; insubor=
dinate; ~ *aan* ... disobedient to ... **on·ge·hoor·saam·heid**
disobedience.

**on·ge·huud** *=hude* unmarried, single, celibate, unwed(ded);
~*hude staat* unmarried state, singleness, celibacy, bachelor=
hood, spinsterhood.

**on·ge·kap** *=kapte* unhewn; self-faced (*stone etc.*); *met* ~*te*
*hare* with hair undressed (*or* not done up).

**on·ge·kar·teer(d)** *=teerde* unmapped, uncharted.

**on·ge·kend** *=kende* unknown; unparalleled, unprecedented,
unheard-of, untold, record.

**on·ge·keur(d)** *=keurde* unseeded; unselected.

**on·ge·klee(d)** *=klede* unclothed, undressed; in undress, in
dishabille.

**on·ge·kon·di·si·o·neer(d)** *=neerde,* (*psych.*) unconditioned;
~*neerde reaksie/respons* unconditioned response; ~*neerde re=*
*fleks* unconditioned reflex; ~*neerde stimulus* unconditioned
stimulus.

**on·ge·kon·tro·leer(d)** *=leerde* unverified, unchecked, un=
controlled; unsupervised; unaudited (*results etc.*).

**on·ge·ko·ör·di·neer(d)** *=neerde* uncoordinated.

**on·ge·kop·pel(d)** *=pelde,* (*comp.*) off line; ~*pelde rekenaar*
stand-alone computer.

**on·ge·kroon(d)** *=kroonde* uncrowned.

**on·ge·kuis** *=kuiste* unexpurgated (*book*); unchastened; ~*te*
*taal* impure language.

**on·ge·kun·steld** *=stelde* simple, plain, natural, unaffected,
unsophisticated, artless, ingenuous, homely. **on·ge·kun=**
**steld·heid** simplicity, naturalness, unpretentiousness, art=
lessness, naivety.

**on·ge·kurk** *=kurkte* plain (*cigarettes*).

**on·ge·laag** *=laagde* unstratified; uncoursed, random (*ma=*
*sonry*).

**on·ge·laai** *=laaide* unloaded (*truck, gun*), uncharged (*battery*).

**on·gel·dig** *=dige* invalid, ineffectual, of no effect, (null and)
void, inoperative; *iets* ~ *maak* render s.t. null and void; vit i=
ate s.t.; invalidate s.t.; ~*e stem* spoilt/invalid vote; *iets* ~ *ver=*
*klaar* declare s.t. invalid (*or* null and void), annul/disallow/
nullify s.t.; ~**verklaring** annulment, invalidation, nullifica=
tion, setting aside, disallowance.

**on·gel·dig·heid** (*jur.*) invalidity, nullity.

**on·ge·le·ë** ~ *leëner =leënste* (of *meer* ~ *die mees* ~) inconven=
ient, inopportune, ill-timed; *dit is* ~ *om nou* ... now is not an
opportune time to ...; *iets is vir iem.* ~ s.o. finds s.t. incon=
venient.

**on·ge·leed** *=lede* inarticulate(d), jointless; (*tech.*) unjointed.

**on·ge·leerd** *=leerde* uneducated, illiterate, untaught, untu=
tored, unschooled, ignorant, unlettered; (*also, rare:* ongeleer)
untamed, untrained, unbroken (*horse, ox, etc.*), not broken
in; unlearnt (*lesson*). **on·ge·leerd·heid** lack of education/
schooling; illiteracy, ignorance.

**on·ge·lees** *=lese* unread (*book*).

**on·ge·lei·de mis·siel** (*mil., also fig.*) unguided missile.

**on·ge·let·terd** *=terde, adj.* illiterate. **on·ge·let·ter·de** *=des, n.*
illiterate (person); non(-)reader. **on·ge·let·terd·heid** illiter=
acy.

**on·ge·lief** *=liefde* unloved, unpopular, loveless; *jou* ~ *maak*
make o.s. unpopular.

**on·ge·li·ni·eer(d)** *=nieerde* →ONGELYN(D).

**on·ge·lob** *=lobde,* (*bot.*) acotyledonous.

**on·ge·lood** *=lode,* (*chem., print.*) unleaded; ~*lode petrol/*
*brandstof* lead-free/unleaded petrol; →LOODVRY.

**on·ge·loof** unbelief; disbelief; irreligion; *iem. se* ~ *aan iets*

s.o.'s disbelief in s.t.. **on·ge·loof·lik** *=like* incredible, unbe=
lievable, beyond belief; incredible, fabulous, amazing, as=
tonishing, (*pred.*) flabbergasting; (*infml.*) stupefying, mega;
*hoe* ~ *dit ook al is,* ... strange to relate, ...; ~ *mooi* devastat=
ingly beautiful. **on·ge·loof·lik·heid** incredibility. **on·ge·loof**
**waar·dig** *=dige* unreliable, untrustworthy, implausible. **on=**
**ge·loof·waar·dig·heid** unreliability, untrustworthiness, in=
veracity, (*infml.*) credibility gap.

**on·ge·lo·wig** *=wige, adj.* unbelieving, sceptical; incredu=
lous; irreligious; godless; faithless; *'n* ~*e Thomas* a doubting
Thomas. **on·ge·lo·wi·ge** *=ges, n.* unbeliever; disbeliever; in=
fidel; heathen. **on·ge·lo·wig·heid** incredulity; scepticism; lack
of faith, faithlessness.

**on·ge·luk** *=lukke* accident, mishap, casualty; misfortune,
ill/bad luck; disaster; fatality; unhappiness; *'n* ~ *kom nooit*
*alleen* nie it never rains but it pours; *'n blote* ~ a mere ac=
cident; *die* ~ *is dat* ... the pity of it is that ..., unfortunately
...; *'n ernstige* ~ a serious accident; ~*ke gebeur* altyd acci=
dents will happen; *vir die* ~ *gebore* born under an unlucky
star; *by elke* ~ *'n geluk, geen* ~ *nie of daar is 'n geluk* by
every cloud has a silver lining; it's an ill wind that blows
nobody any good; *die* ~ *sal iem. haal* there will be the devil
to pay; *mag die* ~ *jou haal!,* (*infml.*) (may) the devil take
you!; *soos die* ~ *dit wou hê* as ill luck would have it; *'n* ~
*hê/maak* have (*or* meet with) an accident; *'n lelike/nare* ~
a bad/nasty accident; *moenie* ~ *maak* nie go carefully; *per* ~
*het iem. oorgekom dat hy/sy* ... s.o. had the misfortune to ...;
*per* ~ by accident, accidentally; *die* ~ *ry iem.,* (*infml.*) s.o. is
pursued by bad luck; s.o. is very accident-prone; *iem. in die*
~ *stort* bring s.o. to ruin, bring about s.o.'s downfall; *tot*
*iem. se* ~ to s.o.'s misfortune; unfortunately for s.o.; *wat d(i)e*
~?, (*infml.*) what on earth?, what the hell?. ~**vry, ongeluks=**
**vry** *=vrye* accident-free.

**on·ge·luk·kig** *=kige, adj.* unhappy; hapless, miserable; un=
fortunate; unlucky, ill-starred, ill-fated, luckless, infelicitous;
untoward; *diep* ~ extremely unhappy; ~ *genoeg* worse
luck; *iem.* ~ *maak/stem* make s.o. unhappy; ~ *nie* unfortu=
nately not, (*infml.*) no such luck; *iem. tref dit* ~ s.o. is un=
lucky (*or* out of luck), it is unlucky for s.o., s.o.'s luck is out,
s.o. has a bad break; *dis* ~ *vir iem.,* (*also, infml.*) it is hard lines
on s.o.; *verskriklik* ~ *voel/wees* be wretchedly unhappy,
feel miserable. **on·ge·luk·kig** *adv.* unfortunately, unluckily;
~ *getroud* unhappily married. **on·ge·luk·kig·heid** unlucki=
ness; unhappiness; inauspiciousness, infelicity.

**on·ge·luks:** ~**bode** bringer/messenger of bad news; bird
of ill omen (*fig.*). ~**dag** unlucky/ill-fated day, day of ill luck,
black-letter day. ~**getal** unlucky number. ~**kind** →ONGE=
LUKSVOËL. ~**profeet** prophet of evil/doom. ~**toneel** scene of
an accident. ~**vatbaar** *=bare* accident-prone. ~**voël,** ~**kind**
unlucky person, (*infml.*) (walking) disaster (area); *iem. is 'n*
*gebore* ~, (*infml.*) bad luck is s.o.'s middle name. ~**vry** →
ONGELUKVRY.

**on·ge·lyk** *n.* wrong; *iem.* ~ *aandoen* wrong s.o.; *iem. het* ~
s.o. is (in the) wrong; s.o. is at fault; *iem. in die* ~ *stel* put s.o.
in the wrong; prove s.o. wrong; *die hof stel iem. in die* ~ the
court finds against s.o.. **on·ge·lyk** *=lyke, adj.* not level/
smooth; uneven; rough; unequal; not uniform; inconsistent;
irregular; scabrous; disproportionate; different, unlike, dis=
similar; ~ *grond* broken ground; *iem. se werk is* ~ s.o.'s work
varies in quality. **on·ge·lyk** *adv.* unevenly; unequally; not
uniformly; inconsistently. **on·ge·lyk·be·nig** *=nige,* (*geom.*) sca=
lene (triangle). **on·ge·lyk·heid** unevenness (*of a surface*);
bumpiness (*of a road*); inequality, difference, dissimilarity;
inequity; disparity, incongruity. **on·ge·lyk·ma·tig** *=tige* not
uniform; uneven (*temper etc.*); unequal; variable; asymmet=
rical. **on·ge·lyk·ma·tig·heid** unevenness; inequality; varia=
bleness; asymmetry. **on·ge·lyk·na·mig** *=mige* having differ=
ent names; ~*e breuke,* (*math.*) fractions with different denom=
inators, unlike fractions; ~*e magte,* (*math.*) unlike powers; ~*e*

*pole* unlike/opposite poles. **on·ge·lyk·soor·tig** =tige dissimilar, heterogeneous, ill-assorted, disparate, incongruous, uncongenial; ~e *terme, (math.)* unlike terms. **on·ge·lyk·soor·tig·heid** dissimilarity, heterogeneity, heterogeneousness, disparateness, incongruity. **on·ge·lyk·sy·dig** =dige, *(geom.)* scalene *(triangle).* **on·ge·lyk·vor·mig** =mige dissimilar; *(bot.)* heteromorphic, heteromorphous, heterogonous; unconformable. **on·ge·lyk·vor·mig·heid** dissimilarity; *(bot.)* heteromorphism, heterogony.

**on·ge·lyn(d)** =lynde, **on·ge·li·ni·eer(d)** =nieerde unruled; unlined; ~lynde/~nieerde *papier* unruled/plain paper.

**on·ge·lys** =lyste unlisted *(teleph. number etc.);* unregistered.

**on·ge·maak** =maakte unmade.

**on·ge·mag·tig** =tigde unauthorised, unwarranted.

**on·ge·mak** =makke discomfort, inconvenience, hardship; ~ *deurmaak/verduur* bear/suffer discomfort; ~ *veroorsaak* cause discomfort. **on·ge·mak·lik** =like, *adj.* uncomfortable, difficult; uneasy, self-conscious; *'n ~e persoon* a troublesome person, *(infml.)* a hard nut to crack; *'n ~e stoel* an uncomfortable chair; ~ *voel* be ill at ease. **on·ge·mak·lik** *adv.* uncomfortably; *dit ~ hê* be hard put to it, be in difficulties; ~ *praat* speak with difficulty; ~ *sit* sit uncomfortably. **on·ge·mak·lik·heid** uncomfortableness; unease, uneasiness.

**on·ge·ma·nierd** =nierde rude, ill-mannered, bad-mannered, unmannerly, impolite, uncivil; *dit is ~* it is bad form/manners. **on·ge·ma·nierd·heid** rudeness, unmannerliness, churlishness.

**on·ge·meng(d)** =mengde unmixed; straight, neat *(drink);* pure; ~*mengde vreugde* undiluted joy.

**on·ge·merk** =merkte, *adj.* unmarked; unnoticed, unperceived; insidious. **on·ge·merk** *adv.* imperceptibly, surreptitiously, without being noticed/seen/perceived; gradually, insensibly, impalpably; ~ *binnekom* enter unnoticed *(or* without being seen); *iets het ~ verbygegaan* s.t. passed unnoticed.

**on·ge·mo·ti·veer(d)** =veerde not motivated, motiveless, unwarranted, uncalled-for, groundless; with no reason(s) stated, unsupported by reasons; causeless, gratuitous; unmotivated, uninspired, spiritless.

**on·ge·naak·baar** =bare unapproachable *(pers.).* **on·ge·naak·baar·heid** unapproachableness.

**on·ge·na·de** *(rare)* disfavour, displeasure, disapproval; disgrace; *in ~ val* be disgraced, fall from grace; *by iem. in ~ val* fall into disfavour/disgrace with s.o., incur s.o.'s displeasure, *(infml.)* get into s.o.'s bad books. **on·ge·na·dig** =dige, *adj.* unmerciful, cruel, merciless; severe, violent. **on·ge·na·dig** *adv.* unmercifully, mercilessly, cruelly; severely, violently, extremely, terribly. **on·ge·na·dig·heid** mercilessness, severity.

**on·ge·ne·ë** ~ *meer* ~ *die mees* disinclined, reluctant, unwilling, lo(a)th, indisposed; ~ *om iets te doen* disinclined to do s.t.; ~ *tot ...* averse to ...; ~ *tot iets, (also)* chary of doing s.t.. **on·ge·neent·heid** disinclination, indisposition.

**on·ge·nees** =nese uncured, unhealed. **on·ge·nees·lik** =like, **on·ge·nees·baar** =bare incurable, beyond/past recovery; irremediable, incorrigible; *'n pasiënt wat ~ siek is* a terminally ill patient; *(in the pl., also)* the terminally ill; ~ *siek aan leukemie/bloedkanker* terminally ill with leukaemia; *'n ~like/~bare siekte* an incurable disease. **on·ge·nees·lik·heid, on·ge·nees·baar·heid** incurability, incurableness.

**on·ge·noe·ë** displeasure; *jou iem. se ~ op die hals haal* incur s.o.'s displeasure.

**on·ge·noem(d)** =noemde unmentioned, unnamed, unspecified, anonymous, nameless; *iem. wat ~ sal bly* s.o. who shall be nameless.

**on·ge·nom·mer(d)** =merde unnumbered; unpaged.

**on·ge·nooi(d)** =nooide uninvited, unasked; unwelcome; ~*nooide gas* uninvited/self-invited guest, *(infml.)* gatecrasher.

**on·ge·no·teer(d)** =teerde unlisted *(shares).*

**on·ge·oe·fen(d)** =fende unpractised, inexperienced; unskilled, untrained; out of practice/training.

**on·ge·oor·loof** =loofde forbidden, unlawful, illicit, illegitimate, impermissible, unauthorised; unwarranted, clandestine, irregular, under-the-counter; unsanctioned. **on·ge·oor·loofd·heid** unlawfulness, illegitimacy.

**on·ge·o·pen(d)** =pende unopened.

**on·ge·or·den(d)** =dende disorderly, confused, untidy, unordered, disorganised, *(infml.)* shambolic; unarranged; unstructured; unordained *(minister of relig.);* unplanned.

**on·ge·or·ga·ni·seer(d)** =seerde unorganised, disorganised.

**on·ge·ou·di·teer(d)** =teerde unaudited *(accounts etc.).*

**on·ge·paar(d)** =paarde unpaired; unmated.

**on·ge·par·fu·meer(d)** =meerde unscented *(soap etc.).*

**on·ge·pas** =paste *meer* ~ *die mees* =paste improper, unbecoming, unseemly, indecorous; unsuitable; inappropriate; inapposite, inapt, unapt; out of place, unfitting. **on·ge·past·heid** impropriety, unseemliness, unbecomingness; unsuitability; inappropriateness, inaptness, unaptness.

**on·ge·pas·teu·ri·seer(d)** =seerde unpasteurised.

**on·ge·per·fo·reer(d)** =reerde unperforated.

**on·ge·plaas** =plaaste unplaced; unpublished; uncalled, unallocated, unissued *(shares).*

**on·ge·plak** =plakte unpapered *(walls);* unpasted, unmounted *(stamps etc.).*

**on·ge·poets** =poetste/de =poetster/der =poetsste (of *meer* ~ *die mees* =poetste/de) rude, ill-mannered, bad-mannered, unmannerly; unpolished. **on·ge·poetst·heid** rudeness, uncouthness, churlishness.

**on·ge·po·leer(d)** =leerde unpolished.

**on·ge·prys** =prysde unpriced; *(also ongeprese)* unpraised.

**on·ge·pu·bli·seer(d)** =seerde unpublished.

**on·ge·ra·de** *(liter.)* inadvisable, unadvisable.

**on·ge·raf·fi·neer(d)** =neerde unrefined *(ore).*

**on·ge·re·a·li·seer(d)** =seerde, *(fin.)* unrealised *(assets etc.).*

**on·ge·red** =redde, *(chiefly relig.)* unsaved, unredeemed.

**on·ge·re·di·geer(d)** =geerde unedited.

**on·ge·reeld** =reelde, *adj.* irregular; confused, unregulated; desultory; erratic; fitful; unpunctual; casual; ~e *klante* chance/casual customers; *'n ~e publikasie* an occasional publication; *op ~e tye* at odd times; ~e *verdienste* intermittent/casual earnings; ~e *werk hê* do odd jobs. **on·ge·reeld** *adv.* irregularly; *iem./iets ~ besoek* visit s.o./s.t. irregularly. **on·ge·reeld·heid** =hede irregularity; *(in the pl., also)* disturbances.

**on·ge·re·for·meerd** =meerde, *(eccl.)* unreformed.

**on·ge·re·gis·treer(d)** =treerde unregistered.

**on·ge·reg·tig** =tige unjust, unrighteous, wicked, iniquitous. **on·ge·reg·tig·heid** unrighteousness, wickedness, iniquity; injustice.

**on·ge·re·gu·leer(d)** =leerde unregulated *(market etc.).*

**on·ge·reg·ver·dig** =digde unjustified, unjustifiable, uncalled-for, unwarranted.

**on·ge·re·ha·bi·li·teer(d)** =teerde unrehabilitated *(addict etc.),* undischarged *(bankruptcy etc.).*

**on·ge·re·ken(d)** =kende, *adj. & adv.* of no account/consequence, uninfluential.

**on·ge·rep** =repte untouched, intact; unspoilt *(nature);* pure, undefiled, inviolate, spotless. **on·ge·rept·heid** purity, spotlessness.

**on·ge·rief** inconvenience, discomfort; hardship; trouble; *iem. ~ aandoen* put out s.o.; ~ *deurmaak/verduur* bear/suffer discomfort; rough it *(infml.);* met *groot* ~ at great inconvenience; ~ *veroorsaak* cause discomfort; *iem. ~ veroorsaak, (also)* put s.o. to inconvenience. **on·ge·rief·lik** =like inconvenient; uncomfortable; unhandy; comfortless. **on·ge·rief·lik·heid** inconvenience; uncomfortableness.

**on·ge·rig** =*rigte* undirected, aimless, directionless; omnidi= rectional *(antenna etc.)*.

**on·ge·rim·pel(d)** =*pelde* unwrinkled, unlined, unrumpled; unruffled *(surface)*.

**on·ge·rook** =*rookte* unsmoked, uncured *(meat etc.)*.

**on·ge·rus** =*ruste, =rusde* anxious, disquieted, disturbed, un= easy; troubled; *~te/~de* **gemoed** troubled mind; *iem.* ~ **maak** cause uneasiness to s.o.; ~ *wees/voel oor ...* worry *(or be/feel uneasy)* about *...*; ~ *oor iem., (also)* anxious about/for s.o.. **on·ge·rust·heid** anxiety, uneasiness, worry, disquiet.

**on·ge·rymd** =*rymde* incongruous; anomalous; irrational; absurd, ridiculous, silly, preposterous; illegal, unlawful, im= permissible, unacceptable. **on·ge·rymd·heid** =*hede* anomaly; incongruity; absurdity, preposterousness; *(often in the pl.)* wrongdoing, irregularity, misconduct.

**on·ge·sê** =*segde* unsaid, unspoken; *iets* ~ *laat (bly)* leave s.t. unsaid.

**on·ge·sel·lig** =*lige* unsociable, standoffish *(pers.)*; dull, gloomy, cheerless, dreary *(place)*; ~ *wees* be poor company. **on·ge·sel·lig·heid** unsociableness, dul(l)ness, cheerlessness.

**on·ge·sen·su·reer(d)** =*reerde* uncensored.

**on·ge·ser·ti·fi·seer(d)** =*seerde* uncertified; unqualified.

**on·ge·sien** =*siene, adj.* unseen, unobserved; unesteemed. **on·ge·siens, on·ge·siens** *adv.* unseen; *iets* ~ *koop* buy s.t. sight unseen; *iets het* ~ *verbygegaan* s.t. passed unremarked.

**on·ge·sif** =*sifte* unsifted; *~te meel* whole meal.

**on·ge·skeer** =*skeerde* unshaved, unshaven *(chin)*; unshorn *(sheep)*.

**on·ge·skei** =*skeide* unseparated, unsegregated; unparted.

**on·ge·skik** =*skikte* unsuited, unfit, unsuitable; inapt; ill= mannered, unmannerly, rude; disabled; unmanageable; im= proper, immodest; unfit, inept; *iets maak iem.* ~ *vir 'n pos* s.t. disqualifies s.o. for a post; *iem.* ~ *verklaar om iets te doen* disqualify s.o. from doing s.t.; ~ *vir iets* unfit for s.t.; ill= suited to s.t.; ~ *vir warm weer, (clothing etc.)* unsuitable for hot weather; ~ *vir die werk* not fit/qualified/competent to do the work. **on·ge·skikt·heid** unfitness, unsuitability; inapti= tude, disability, disablement, incapacity; rudeness; impro= priety.

**on·ge·skikt·heids·:** *~pensioen* disability pension. *~toe= laag* =*lae, ~toelae* =*laes* disability grant.

**on·ge·skon·de** *adj. (pred. & attr.)* undamaged, untouched, intact; unscratched; unimpaired; inviolate; uninjured, sound; *boeke in* ~ *staat* books in mint condition. **on·ge·skon·de·ne** *=nes, n.* (the) uninjured. **on·ge·skon·den·heid** intactness, inviolateness, wholeness, integrity, entirety.

**on·ge·skool(d)** =*skoolde* unskilled *(labourer)*, untrained, un= schooled, untutored, unpractised; *~skoolde werk* menial work. **on·ge·skoold·heid** unskilledness.

**on·ge·skre·we** unwritten; ~ *reg* customary law, law of cus= tom; ~ *wet* unwritten law.

**on·ge·slag·te·lik** =*like* asexual.

**on·ge·slyp** =*slypte* unpolished *(diamond)*.

**on·ge·smeer** =*smeerde* unbuttered *(bread)*; ungreased; un= lubricated.

**on·ge·sne·de** →ONGESNY.

**on·ge·snoei** =*snoeide* untrimmed.

**on·ge·sny** =*snyde* uncut; untrimmed; unsliced *(bread etc.)*; unmown *(grass)*; uncastrated. **on·ge·sne·de** uncut *(diamond)*.

**on·ge·sond** =*sonde* unhealthy *(pers. etc.)*, unfit; sickly; insa= lubrious *(climate etc.)*; injurious to health, unsanitary; un= wholesome *(food)*; unhygienic; morbid; *te veel rook is* ~ ex= cessive smoking is injurious to health; *~e lektuur* harmful/ unwholesome literature/reading. **on·ge·sond·heid** ill health, sickliness, unhealthiness; insalubrity; insanitariness; un= wholesomeness.

**on·ge·sout** =*soute* unsalted *(also fig.)*; uncured *(meat etc.)*;

not hardened; not immunised, not proof against disease; *(fig.)* ignorant, uninformed, uninitiated.

**on·ge·spe·si·fi·seer** =*seerde* unspecified.

**on·ge·staaf** =*staafde* unsubstantiated, uncorroborated, un= confirmed, unproved, unsupported, unauthenticated.

**on·ge·sta·dig** =*dige* inconstant, fickle, unsteady, fitful, change= able *(pers.)*; unsettled, uncertain *(weather)*; variable, unsteady *(winds)*; *(stock exch.)* volatile. **on·ge·sta·dig·heid** inconstancy, fickleness, changeableness, unsteadiness; unsettled state, un= certainty *(of the weather)*; *(stock exch.)* volatility.

**on·ge·steeld** =*steelde, (bot.)* sessile.

**on·ge·steld** =*stelde* indisposed, unwell, off colour, out of sorts. **on·ge·steld·heid** indisposition, illness, disorder, complaint, malaise.

**on·ge·stoord** =*stoorde,* **on·ge·steurd** =*steurde* uninter= rupted, unhindered, unimpeded, unchecked, undisturbed, unbroken; *iets* ~ *laat* leave s.t. undisturbed. **on·ge·steurd= heid** calmness.

**on·ge·stort** =*storte* uncalled *(shares)*; unpaid; unspilt, un= spilled; unshed *(tears)*.

**on·ge·straf** =*strafte, adj.* unpunished, scot-free; ~ *daarvan afkom* go/escape *(or get off)* scot-free; ~ *bly, (s.t.)* go unpun= ished; *(s.o.)* get away with it *(infml.)*. **on·ge·straf** *adv.* with impunity.

**on·ge·struk·tu·reer(d)** =*reerde* unstructured.

**on·ge·sui·wer(d)** =*werde* unpurified, unrefined, crude; un= filtered *(water)*; raw; unexpurgated.

**on·ge·suur(d)** =*suurde* unleavened *(bread)*.

**on·ge·sy·ferd** =*ferde* innumerate. **on·ge·sy·ferd·heid** innu= meracy.

**on·ge·teer** =*teerde* unsurfaced *(road)*.

**on·ge·te·ken(d)** =*kende* unsigned, anonymous.

**on·ge·tel(d)** =*telde* uncounted; unnumbered, numberless, countless, untold.

**on·ge·troud** =*troude* unmarried, unwed(ded), single.

**on·ge·twy·feld** =*felde, adj.* undoubted. **on·ge·twy·feld** *adv.* undoubtedly, without doubt, indubitably, doubtless; clearly; without question, surely; *iem. sal* ~ *...* s.o. is guaran= teed/sure to *...*, it's *(or it is)* a racing certainty that s.o. will *...*

**on·ge·val** =*valle* casualty; accident, mishap.

**on·ge·val·le·:** *~afdeling* casualty ward. *~versekering* in= surance against accidents, accident insurance.

**on·ge·veer** about, nearly, roughly, approximately, more or less, some, roundabout, round about, *(infml.)* in the neigh= bourhood of, *(SA)* plus-minus, plus/minus; ~ *dieselfde* much the same; *so is dit* ~ that's just about it.

**on·ge·veer(d)** =*veerde* unsprung *(weight etc.)*.

**on·ge·veins** =*veinsde, =veinste* unfeigned, sincere, genuine.

**on·ge·vlerk** =*vlerkte,* **on·ge·vleu·el(d)** =*vleuelde, (zool.)* wing= less.

**on·ge·voe·lig** =*lige* insensitive *(to touch)*; insensible; apa= thetic, emotionless; torpid; stolid; unsusceptible; tough; im= passive; unfeeling, callous; cruel, harsh; *...* ~ *maak* desensi= tise *...*; ~ *vir iets* indifferent to s.t.; insensible to s.t.; insensi= tive to s.t.. **on·ge·voe·lig·heid** insensibility; insensitiveness, insensitivity, toughness, stolidity; callousness; torpidity; un= concern; ~ *vir pyn* inability to feel pain, *(med.)* analgesia.

**on·ge·vorm(d)** =*vormde* unformed.

**on·ge·vraag,** *(rare)* **on·ge·vra** =*vraagde* uncalled-for *(re= mark)*, unasked-for; unsolicited; unasked, uninvited *(guest)*; unbidden; undesired; unprovoked.

**on·ge·wa·pen(d)** =*pende* unarmed; plain *(concrete)*.

**on·ge·was** =*waste* unwashed; unshuffled *(cards)*; unscoured *(wool)*.

**on·ge·wens** =*wenste, =wensde, adj.* unwished(-for), unde= sired, unwanted, ineligible. **on·ge·wens·te** *=tes, n.* undesir= able. **on·ge·wenst·heid** undesirability.

**on·ge·wer·wel(d)** =welde invertebrate.

**on·ge·wet·tig** =tigde unauthorised, unwarranted; ultra vires; illegitimate, illicit.

**on·ge·wild** =wilde unpopular; ~ by iem. unpopular with s.o.; jou ~ maak make o.s. unpopular. **on·ge·wild·heid** unpopularity.

**on·ge·woon** =wone uncommon, unusual, odd, out of the common; unfamiliar; unconventional; quaint; bizarre; novel (feeling); daar is iets ~s aan there is s.t. unusual about it; dit is niks ~s nie it is not unusual, it is nothing out of the way/ordinary; … is ~ vir dié/hierdie tyd van die jaar, (rain etc.) … is unseasonal. **on·ge·woon·heid** unusualness, uncommonness, unfamiliarity.

**on·ge·woond** unaccustomed, unfamiliar; ~ aan iets unaccustomed to s.t.; unfamiliar with s.t.; unused to s.t.. **on·ge·woond·heid** inexperience, want of practice, unfamiliarity.

**on·ge·wy(d)** =wyde unhallowed, unsanctified; profane (hist.); secular (mus.).

**on·ge·wy·sig** =sigde unmodified, unaltered.

**on·god·de·lik** =like ungodly, impious; (infml.) ungodly, outrageous, unreasonable.

**on·gods·diens·tig** =tige irreligious, impious, ungodly. **on·gods·diens·tig·heid** irreligion, irreligiousness, impiety, impiousness.

**on·gram·ma·ti·kaal** =kale ungrammatical.

**on·grond·wet·lik** =like unconstitutional. **on·grond·wet·lik·heid** unconstitutionality, unconstitutional character/nature.

**on·guns** disfavour; by iem. in ~ wees be in s.o.'s bad/black books, be in disfavour/trouble (or out of favour) with s.o., (infml.) be in the dog box; in ~ raak fall from (or lose) favour; by iem. in ~ raak fall into disfavour (or out of favour) with s.o.. **on·guns·tig** =tige unfavourable; adverse (criticism); inauspicious; iem./iets ~ beskou disfavour s.o./s.t.; 'n ~e wending a change for the worse. **on·guns·tig·heid** unfavourableness.

**on·guur** =gure =guurder =guurste repulsive, sinister; sordid; coarse, rude; unlovely; 'n ~gure vent a disreputable character, an unsavoury fellow; 'n ~gure buurt an insalubrious neighbourhood; ~gure weer beastly/filthy/foul/nasty weather.

**on·hand·haaf·baar** =bare unsustainable.

**on·han·dig** =dige clumsy, awkward, blundering, inept; gauche; ~ wees be all thumbs, fumble. **on·han·dig·heid** clumsiness, awkwardness, gawki(sh)ness.

**on·han·teer·baar** =bare difficult to handle, unmanageable, unwieldy, clumsy. **on·han·teer·baar·heid** unmanageableness, unwieldiness, clumsiness.

**on·hart·lik** =like cold, apathetic, indifferent, unfriendly, unkind, unwelcoming.

**on·heb·be·lik** =like exasperating, ill-mannered, rude, unmannerly, unruly (child). **on·heb·be·lik·heid** unmannerliness, rudeness, unruliness.

**on·heil** =heile calamity, disaster, misfortune, danger. **on·heil·spel·lend** =lende =lender =lendste (of meer ~ die mees =lende) ominous, inauspicious, menacing, sinister, portentous, baleful, eerie.

**on·hei·lig** =lige unholy, wicked; profane. **on·hei·lig·heid** unholiness, wickedness; profanity.

**on·heils=** ~bode bringer of bad news. ~bringer jinx. ~dag unlucky/fatal/ill-fated/inauspicious day. ~profeet prophet of doom, doomsayer. ~teken ill/bad omen.

**on·heil·saam** =same unwholesome, evil, insalubrious.

**on·her·berg·saam** =same inhospitable, bleak, barren (land); 'n ~same landstreek a wasteland. **on·her·berg·saam·heid** inhospitality, bleakness, barrenness.

**on·her·haal·baar** =bare unrepeatable; unprintable (oath).

**on·her·ken·baar** =bare unrecognisable, unidentifiable, undistinguishable, indistinguishable; ~ verander change beyond (or out of all) recognition.

**on·her·lei·baar** =bare, (math. etc.) irreducible.

**on·her·roep·baar** =bare irrepealable.

**on·her·roep·lik** =like, adj. irrevocable, unalterable; irretrievable, irreversible, irremediable. **on·her·roep·lik** adv. irrevocably. **on·her·roep·lik·heid** irrevocability.

**on·her·stel·baar** =bare, adj. irreparable (damage); irreparable, irreplaceable, irretrievable, devastating (loss); irremediable, irreclaimable, irrecoverable, irreversible; beyond repair. **on·her·stel·baar** adv. irreparably, beyond recovery. **on·her·stel·baar·heid** irreparableness, irretrievability, irremediableness.

**on·her·win·baar** =bare irreclaimable.

**on·hi·gi·ë·nies** =niese unhygienic, unsanitary.

**on·hof·lik** =like discourteous, uncivil, ungallant, inattentive, ungracious, inconsiderate. **on·hof·lik·heid** discourtesy, incivility.

**on·hoor·baar** =bare inaudible. **on·hoor·baar·heid** inaudibility.

**on·hou(d)·baar** =bare untenable (position, theory); unbearable, intolerable, unendurable. **on·hou(d)·baar·heid** untenability, untenableness; unbearableness, intolerability.

**on·i·di·o·ma·ties** =tiese unidiomatic.

**o·niks** onikse, (geol.) onyx.

**on·in·baar** =bare bad (debt), irrecoverable. **on·in·baar·heid** irrecoverableness.

**on·in·druk·wek·kend** =kende unimposing.

**on·in·ge·lig** =ligte uninformed, ignorant, unenlightened, uninstructed.

**on·in·ge·vul(d)** =vulde not filled in, blank.

**on·in·ge·wy(d)** =wyde, adj. not inaugurated, unconsecrated (church); uninitiated; uninformed. **on·in·ge·wy·de** =des, n.: die ~s the uninitiated/outsiders.

**on·in·spi·re·rend** =rende uninspiring, dreary, pedestrian.

**on·in·te·res·sant** =sante uninteresting, boring, dull, pedestrian.

**on·juis** =juiste incorrect, erroneous, inaccurate, false, wrong; dit is ~ dat … it is wrong to say that … **on·juist·heid** incorrectness, erroneousness, inaccuracy; error, mistake, fallacy.

**on·kant** adj. & adv., (sport) offside; iem. ~ betrap/vang, (fig.) catch s.o. on the wrong foot; ~ wees be offside. ~reël (sport) offside rule. ~spel (sport) offside; die doel is weens ~ nie toegestaan nie the goal was disallowed for offside.

**on·ka·pa·bel** =bele =beler =belste (of meer ~ die mees =bele), (infml.) unable (to), incapable (of); incapacitated; ~ (dronk/gedrink), (infml.: inebriated) legless, (sl.) wasted; ~ om iets te doen, (infml.) incapable of doing s.t..

**on·keer·baar** =bare irresistible; unstoppable; uncontrollable, unmanageable, out of control, ungovernable, raging; irrepressible; irreversible; iem. is ~ there is no stopping s.o.. **on·keer·baar·heid** irresistibility; uncontrollability, unmanageableness, ungovernableness; irrepressibility; irreversibility.

**on·ken·baar** =bare, (chiefly philos.) unknowable; unrecognisable.

**on·kerk·lik** =like secular, wordly. **on·kerk·lik·heid** secularity, worldliness.

**on·klaar, on·klaar** defective, out of order; disabled; uncompleted; iem. ~ betrap catch s.o. off balance; catch s.o. on the wrong foot; ~ raak break down; go wrong; give trouble. ~trap onklaargetrap, (also onklaar trap), (fig.) get into a tangle/muddle, become confused; nooit ~ nie never put a foot wrong.

**on·ko·geen** =gene, (med.) oncogene.

**on·ko·lo·gie, ge·was·se·leer** (med.) oncology. **on·ko·lo·gies** =giese oncological. **on·ko·loog** =loë, **ge·was·kun·di·ge** =ges (med.) oncologist.

**on·kon·sti·tu·si·o·neel** -nele unconstitutional.

**on·kon·struk·tief** -tiewe unconstructive.

**on·kon·tro·leer·baar** -bare unverifiable.

**on·kon·ven·si·o·neel** -nele unconventional; eccentric, un= orthodox; ~nele oorlogvoering unconventional warfare.

**on·kos·te** n. (sing. & pl.) expenses, charges; costs; →KOSTE; ~ aangaan/maak incur expenses; groot ~ aangaan/maak/ oploop go to great expense; jou ~ dek pay one's way; geen ~ ontsien nie spare no (or be regardless of) expense; op iem. se ~ at s.o.'s expense.

**on·kreuk·baar** -bare unimpeachable, incorruptible; 'n ~bare mens a person of integrity. **on·kreuk·baar·heid** unimpeach= ableness, unimpeachability, integrity, uprightness, incor= ruptibility.

**on·kri·ties** -tiese uncritical, undiscriminating; non(-)judg(e)= mental; ~ teenoor ... wees/staan be uncritical of ...

**on·kruid** -kruide weed(s); ~ uittrek weed (a garden); ~ ver= gaan nie, (infml., joc.) s.o.'ll be around for a long time yet; vervuil van die ~ infested with weeds. ~middel, ~doder weed killer, herbicide.

**on·kuis** -kuise unchaste, impure; lewd, bawdy, lecherous. **on·kuis·heid** unchastity, unchasteness, impurity.

**on·kun·de** ignorance; ~ aangaande/omtrent ... ignorance of ...; dit is gewoonweg ~ it is plain/sheer ignorance; uit= from ignorance; volslae ~ profound ignorance. **on·kun·dig** -dige, adj. ignorant; untaught, uninstructed; iem. ~ hou keep s.o. in the dark; ~ omtrent/oor iets ignorant of s.t.; unac= quainted with s.t.. **on·kun·di·ge** -ges, n. ignorant person, ig= noramus. **on·kun·dig·heid** ignorance; ~ omtrent ... igno= rance of ...

**on·kwan·ti·fi·seer·baar** -bare unquantifiable.

**on·kwe(t)s·baar** -bare invulnerable.

**on·kyk·baar** -bare unwatchable (TV programme etc.).

**on·langs** -langse, adj. recent. **on·langs** adv. recently, lately, the other day, shortly; heel ~ quite recently.

**on·leef·baar** -bare unbearable.

**on·leer·saam** -same uninformative, uninstructive.

**on·lees·baar** -bare illegible (handwriting); unreadable (book); undecipherable; iets ~ maak deface s.t.. **on·lees·baar·heid** illegibility.

**on·le·wens·vat·baar** -bare non(-)viable, unviable.

**on·lig·gaam·lik** -like not material, incorporeal, disembod= ied, bodiless.

**on·lo·gies** -giese illogical, inconsecutive, inconsequent; ~e gevolgtrekking non sequitur; die ~e daarvan the illogic(ality)/ illogicalness of it.

**on·lo·nend** -nende unprofitable.

**on·los·baar** -bare unredeemable (bonds, shares, etc.).

**on·los·maak·lik** -like, adj. inextricable, inseparable, indis= soluble. **on·los·maak·lik** adv. inextricably, indissolubly.

**on·lus** -luste, n. (often pl.) riot(s), disturbance(s), disorder(s), civil commotion(s), troubles, rioting(s); (no pl.) dislike, aver= sion; unpleasant feeling, discomfort; listlessness, apathy; ~te het uitgebreek disorder(s) broke out. ~stoker agitator, troublemaker. ~(te)afdeling riot squad.

**on·mag** inability, impotence; impuissance. **on·mag·tig** -tige powerless, impotent; ~ tot iets, ~ om iets te doen unable to do s.t./anything.

**on·ma·nier·lik** -like ill-, bad-mannered, unmannerly, rude, ill-bred, discourteous. **on·ma·nier·lik·heid** unmannerliness, rudeness, bad manners, ill breeding.

**on·man·lik** -like unmanly. **on·man·lik·heid** unmanliness.

**on·ma·tig** -tige, adj. immoderate, intemperate, incontinent; excessive; huge, unusually large. **on·ma·tig** adv. immod= erately, excessively; ~ drink drink to excess.

**on·me·de·deel·saam** -same stingy, miserly, not open-

handed; uncommunicative, taciturn, reticent. **on·me·de= deel·saam·heid** stinginess, miserliness; taciturnity, reticence.

**on·me·de·din·gend** -gende uncompetitive.

**on·meet·baar** -bare immeasurable; ~bare getal, (math.) ir= rational number; ~bare grootheid, (math.) surd. **on·meet= baar·heid** immeasurability.

**on·meet·lik** -like immense, immeasurable, measureless, un= fathomed; ~e rykdom untold wealth. **on·meet·lik·heid** im= menseness, immensity, immeasurableness.

**on·meng·baar** -bare immiscible.

**on·mens** -mense monster, brute. **on·mens·lik** -like inhuman, inhuman(e), brutal, barbarous, cruel, monstrous. **on·mens· lik·heid** inhumanity, brutality.

**on·merk·baar** -bare, adj. imperceptible, unnoticeable, in= sensible, impalpable, indiscernible. **on·merk·baar** adv. imperceptibly, unnoticeably, insensibly.

**on·me·to·dies** -diese unmethodical, unsystematic(al).

**on·mid·del·lik** -like, adj. immediate, direct; ~e bevredi= ging instant gratification; ~e nabyheid close proximity; ~e oorsaak proximate cause; ~e verkoop spot sale. **on·mid· del·lik** adv. immediately, at once, directly, forthwith, promptly, right/straight away, without delay. **on·mid·del· lik·heid** immediacy.

**on·min** disagreement, discord, strife, friction; in ~ leef/lewe live like cat and dog.

**on·mis·baar** -bare indispensable, essential, vital, necessary; ~ vir ... essential/indispensable for/to ...; ~bare persoon key person. **on·mis·baar·heid** indispensability; essentiality.

**on·mis·ken·baar** -bare unmistakable, unmistakably, unde= niable, undeniably; ~bare tekens telltale signs.

**on·mon·dig** -dige, adj. under age, minor. **on·mon·di·ge** -ges, n. minor.

**on·moont·lik** -like, adj. impossible; (infml.) insufferable (pers.); (infml.) ludicrous, outrageous (outfit etc.); (infml.) pro= hibitive (price); absoluut/eenvoudig/haas ~ absolutely/just/ practically impossible; dit is ~ om langer uit te hou it is past endurance; iets ~ maak shut the door on s.t.; nie ~ nie within the range of possibility; just possible; op 'n ~e uur, (infml.) at an ungodly hour; dit is volstrek ~ it is a sheer impossibility. **on·moont·lik** adv. not possibly; iem. kan iets ~ doen it is impossible for s.o. to do s.t., s.o. cannot possibly do s.t.; iem. kan dit ~ gedoen het for s.o. to have done it is impossible. **on·moont·li·ke** n.: die ~ begeer/verlang (of wil hê) ask for the impossible; die ~ doen/verrig do/perform the impossible; die ~ probeer (doen) attempt the impossible.

**on·mu·si·kaal** -kale unmusical, tuneless.

**on·na·den·kend** -kende, adj. unthinking, inconsiderate, un= reflecting, thoughtless, frivolous, unreasoning. **on·na·den· kend** adv. unthinkingly, without thinking/reflection. **on·na· den·kend·heid** thoughtlessness, inconsiderateness.

**on·na·speur·baar** -bare untraceable, unsearchable; in= scrutable, unfathomable.

**on·na·tuur·lik** -like unnatural; artificial, forced, affected, sophisticated; preternatural; strained, constrained. **on·na· tuur·lik·heid** unnaturalness; affectation; strain.

**on·na·volg·baar** -bare inimitable.

**on·neem·baar** -bare impregnable (fortress etc.).

**on·net** -net(te) -netter -netste untidy, careless, slovenly, casual, slipshod, sloppy. **on·net·heid** untidiness, slovenliness, slop= piness.

**on·no·dig** -dige, adj. unneeded; unnecessary, needless, un= called-for; dit is ~ there is no necessity for it; there is no need of that; dit maak ... ~ it dispenses with ...; dit is ~ om ... there is no need to ...; don't trouble to ... **on·no·dig** adv. unnecessarily, needlessly. **on·no·dig·heid** needlessness.

**on·noem·baar** -bare, (lit.) unmentionable (topic); unnam(e)= able (disease etc.); inexpressible, severe, extreme (pain etc.).

**on·noem·lik** *-like* inexpressible, unspeakable, terrible, extreme, severe *(suffering etc.)*.

**on·no·sel** *-sels, n., (infml.)* idiot, dumb-ass. **on·no·sel** *-sel(e) -seler -selste, adj.* stupid, simple-, weak-, feeble-minded, dim-, slow-witted, *(infml.)* pea-brained; obtuse; foolish, inane, silly, mindless *(game, pastime, etc.); jou ~ hou* play dumb; *~e swaap* stupid fool. **on·no·sel·heid** stupidity, idiocy; silliness, inanity.

**on·nou·keu·rig** *-rige, adj.* inaccurate, wrong, inexact, unspecific. **on·nou·keu·rig** *adv.* loosely, imprecisely. **on·nou·keu·rig·heid** inaccuracy, inexactitude, inexactness, imprecision, impreciseness, looseness.

**on·nut** *-nutte* rascal, devil, good-for-nothing, no-good, imp, naughty child. **on·nut·sig** *-sige* naughty, mischievous, puckish. **on·nut·sig·heid** naughtiness, mischievousness.

**on·of·fi·si·eel** *-siële, adj.* unofficial, *(pred.)* off the record, *(attr.)* off-the-record. **on·of·fi·si·eel** *adv.* unofficially.

**o·no·ma·si·o·lo·gie** *(ling.)* onomasiology.

**o·no·mas·ties** *-tiese* onomastic(al). **o·no·mas·tiek** onomastics.

**o·no·ma·to·pee** *-peë* onomatopoeia, sound symbolism; onomatopoeic word, onomatopoeia. **o·no·ma·to·pe·ïes** *-peïese* onomatopoeic(al), onomatopoetic.

**on·om·hein(d)** *-heinde* unfenced.

**on·om·keer·baar** *-bare* irreversible. **on·om·keer·baar·heid** irreversibility.

**on·om·koop·baar** *-bare* incorruptible. **on·om·koop·baar·heid** incorruptibility, integrity.

**on·om·stoot·lik** *-like, adj.* irrefutable, unshakable; cast-iron *(proof); ~e bewys(e)* hard evidence; *~e waarheid* truism. **on·om·stoot·lik** *adv.* irrefutably, unshakably; *dit staan ~ vas* there can be no shadow of doubt about it. **on·om·stoot·lik·heid** irrefutability.

**on·om·stre·de** undisputed, uncontroversial, non(-)contentious; uncontested.

**on·om·won·de, on·om·won·de** *adj.* plain *(truth)*, frank, honest, outspoken, straightforward, unequivocal. **on·om·won·de, on·om·won·de** *adv.* plainly, frankly, straightforwardly, without beating about the bush, without mincing matters, unequivocally, baldly; *dit ~ stel dat ...* make it abundantly clear that ...

**on·on·der·bro·ke** uninterrupted, continuous, without a break, running, incessant, ceaseless, unceasing, continual; non-stop *(flight)*; unbroken.

**on·on·der·han·del·baar** *-bare* non-negotiable, sacrosanct *(right etc.)*.

**on·on·der·te·ken(d)** *-kende* unsigned.

**on·ont·beer·lik** *-like* indispensable, essential; imperative; *~ vir ...* essential/indispensable for/to ...; *~ vir iem. se doel, (also)* vital to s.o.'s purpose. **on·ont·beer·lik·heid** indispensability, indispensableness.

**on·ont·kom·baar** *-bare* inescapable.

**on·ont·sy·fer·baar** *-bare* undecipherable.

**on·ont·vlam·baar** *-bare* non(-)(in)flammable.

**on·ont·wik·keld** *-kelde* undeveloped; uneducated, backward, uncultured, uncultivated, illiterate; rudimentary; *(biol.)* vestigial.

**on·ont·wyk·baar** *-bare* inescapable; unavoidable, inevitable.

**on·oog·lik** *-like* unsightly, ugly, unattractive, unlovely. **on·oog·lik·heid** unsightliness, unattractiveness; eyesore.

**on·oor·deel·kun·dig** *-dige* injudicious, indiscreet, ill-considered, undiscriminating.

**on·oor·draag·baar** *-bare* non-transferable, not transferable.

**on·oor·gank·lik** *-like, (gram.)* intransitive. **on·oor·gank·lik·heid** intransitiveness.

**on·oor·ko·me·lik** *-like,* **on·oor·kom·baar** *-bare* insurmountable; invincible; unbreachable.

**on·oor·tref·lik** *-like* unsurpassable, unbeatable; *~ in iets* unbeatable at/in s.t..

**on·oor·trof·fe** unsurpassed, unbeaten, unrivalled, unexcelled, record.

**on·oor·tui·gend** *-gende* unconvincing, inconclusive; unpersuasive; *~e getuienis, (jur.)* unsatisfactory evidence.

**on·oor·win·lik** *-like* invincible, unconquerable, unbeatable; *~ in iets* unbeatable at/in s.t. **on·oor·win·lik·heid** invincibility.

**on·oor·won·ne** unconquered, unbeaten, unvanquished; unclimbed *(peak)*.

**on·o·pe·reer·baar** *-bare, (surg.)* inoperable.

**on·op·ge·ëis** *-geëiste* unclaimed; abandoned.

**on·op·ge·los** *-loste* undissolved *(solids)*; unsolved *(problem)*, unresolved.

**on·op·ge·merk** *-merkte* unnoticed, unobserved, unperceived, unheeded; *~ bly* escape notice/observation; *~ verby gaan* go/pass/slip by unnoticed.

**on·op·ge·smuk** *-smukte* unadorned, unornamented; plain, unvarnished *(truth)*; bald, unembellished *(narrative)*; *~te feite* stark facts.

**on·op·ge·voed** *-voede* uneducated, badly brought up; ill-bred. **on·op·ge·voed·heid** ill breeding.

**on·op·ge·vra** *-vraagde* unclaimed; unpaid, uncalled *(capital)*.

**on·op·hou·de·lik** *-like, adj.* incessant, unceasing, continual, perpetual, ceaseless, unbroken, uninterrupted, unremitting, everlasting. **on·op·hou·de·lik** *adv.* incessantly, unceasingly, perpetually, continually.

**on·op·let·tend** *-tende* inattentive; unobservant; inadvertent; careless, heedless, unwatchful.

**on·op·los·baar** *-bare* insoluble, non(-)soluble *(salt etc.)*; soluble, unsolvable, irresolvable *(problem)*; inextricable; indissoluble. **on·op·los·baar·heid** insolubility.

**on·op·reg** *-regte* insincere, false, double-faced, disingenuous; *iets klink ~* s.t. rings false. **on·op·regt·heid** insincerity, disingenuousness.

**on·op·set·lik** *-like, adj.* unintentional, inadvertent, unintended. **on·op·set·lik** *adv.* unintentionally, inadvertently.

**on·op·sig·te·lik** *-like* quiet, unobtrusive. **on·op·sig·te·lik·heid** unobtrusiveness.

**on·op·val·lend** *-lende* unobtrusive, unremarkable, inconspicuous, unspectacular.

**on·or·to·doks** *-dokse* unorthodox.

**on·paar** not a pair, odd; unmatched, ill-mated, mismatched; *twee is 'n paar, drie is ~* two is company, three (is) a crowd *(or is none); hulle is ~* they do not match, they are not a pair; *~ skoene* odd shoes.

**on·pad·waar·dig** *-dige* unroadworthy.

**on·par·le·men·têr** *-têre* unparliamentary; *~e taal(gebruik)* unparliamentary language.

**on·par·ty·dig** *-dige* impartial, fair, unprejudiced, equitable, non(-)partisan, unbias(s)ed, disinterested, neutral, indifferent, even-handed; *~ bly* not take sides. **on·par·ty·dig·heid** impartiality, fairness, indifference, neutrality.

**on·pas** *te pas en te ~* in season and out of season; *nommer ~ wees* be a square peg in a round hole. **on·pas·lik** *-like* unsuitable, inappropriate, out of place; indisposed, ill, sick.

**on·peil·baar** *-bare* unfathomable, fathomless, impenetrable.

**on·per·soon·lik** *-like* impersonal; *~e werkwoord* impersonal verb.

**on·po·pu·lêr** *-lêre* unpopular. **on·po·pu·la·ri·teit** unpopularity.

**on·prak·ties** *-tiese* unpractical, impracticable.

**on·pre·sies** *-siese* inexact, imprecise, unspecific; careless. **on·pre·sies·heid** impreciseness, imprecision.

**on·pro·duk·tief** *-tiewe* unproductive, non(-)productive. **on·pro·duk·ti·wi·teit** unproductiveness.

**on·pro·fes·si·o·neel** *-nele* unprofessional.

**on·pu·bli·seer·baar** *-bare* unpublishable, unprintable.

**on·raad** trouble, danger; ~ *bespeur/merk* become suspicious, become aware of danger, *(fig.)* smell a rat; *daar is* ~ there is s.t. wrong (*or* trouble brewing).

**on·raad·saam** *-same* inadvisable, inexpedient.

**on·re·a·lis·ties** *-tiese* unrealistic.

**on·red·baar** *-bare* irretrievable, beyond hope/recovery; inextricable.

**on·re·de·lik** *-like* unreasonable, unfair; irrational; immoderate, undue. **on·re·de·lik·heid** unreasonableness, unfairness; irrationality; immoderation, immoderateness.

**on·re·ël·ma·tig** *-tige* irregular; anomalous; abnormal; scattered; jerky; atypic(al); *~e gang* straggling gait. **on·re·ël·ma·tig·heid** *-hede* irregularity, unevenness *(of s.o.'s breathing etc.);* anomaly; abnormality, *(med.)* ataxy.

**on·reg** injustice, wrong, injury; miscarriage of justice; tort; *ten ~te* wrongly, improperly, unduly, unjustly; incorrectly, erroneously; *~ pleeg* do wrong; *iem. ~ aandoen* do s.o. an injustice, wrong s.o..

**on·re·geer·baar** *-bare* ungovernable; uncontrollable, intractable, unruly, unmanageable, untam(e)able, out of control; *~ word* get out of hand.

**on·reg·ma·tig** *-tige* unlawful, wrongful, illegal; *~e afdanking/ontslag* unfair dismissal; *~e besit* improper possession; *~e betreding* trespass; *~e daad, (jur.)* wrongful act, tort, delict; *jou ~ (iets) toe-eien* misappropriate s.t.. **on·reg·ma·tig·heid** unlawfulness, illegality.

**on·reg·streeks** *-streekse, adj.* indirect; mediate. **on·reg·streeks** *adv.* indirectly, by implication.

**on·reg·ver·dig** *-dige* unfair, unjust; unrighteous; wrongful *(action);* inequitable, iniquitous; *~e afdanking/ontslag* unfair dismissal. **on·reg·ver·dig·heid** *-hede* injustice, unfairness; unrighteousness; wrongfulness, inequity, iniquity.

**on·rein** *-reine* unclean, impure, *(Hind.)* untouchable. **on·rein·heid** uncleanness, impurity.

**on·roe·rend, on·roe·rend** *-rende* immovable; *~e goed* immovable property, immovables, fixed property, real estate.

**on·rus** unrest, commotion, disturbance; unease, uneasiness *(of mind)*, anxiety; restlessness; disquiet; discomfort; alarm; turbulence; *(pl.: onruste)* balance (wheel), flywheel *(of a clock, watch, etc.);* ~ *stook* make trouble; ~ *wek* cause uneasiness. *~barend -rende* alarming, disquieting, distressing, disconcerting, worrying, perturbing. *~gebied* trouble spot. *~saaier* scaremonger, alarmist. *~stoker* mischief-maker, agitator, troublemaker, *(infml.)* stirrer, inciter, disturber of the peace. *~toneel* trouble spot. *~veer* balance spring, hairspring.

**on·rus·tig** *-tige* restless; fidgety; uneasy, agitated, anxious, concerned; *~e oë* shifty eyes; *~e slaap* troubled sleep; ~ *wees* fidget. **on·rus·tig·heid** restlessness; fidgetiness; anxiety, unease, uneasiness.

**on·ry·baar** *-bare* unridable *(horse);* impassable, impracticable *(road)*.

**on·ryp** unripe *(lit., fig.);* immature *(fig.)*, crude; *gewig in ~ staat* green weight. **on·ryp·heid** unripeness; immaturity.

**ons¹** *onse, n.* ounce; *hoeveel ~e gaan/is op jou pond?* who are "we"?, how do you mean "we"?; *te veel ~e op jou pond hê* have too much to say for o.s; *'n ~ praktyk is beter as 'n pond teorie* practice is better than precept.

**ons²** *pers. pron.* we, us; ~ *self* we ourselves; ~ *almal* all of us; ~ *drie vertrek nou* the three of us are leaving now. **ons** *poss. pron.* our; *~e God/Here* our Lord; *~ huisgesin is groot* ours is a large family; *~(es) insiens* to our mind, to our way of thinking; *~e!, liewe ~!* heavens!; *~ s'n* ours; *die O~(e) Vader* the Lord's Prayer. *~self (acc., dat.)* ourselves.

**on·saak·lik** *-like* irrelevant; pointless.

**on·sag** *-sagte* not soft, hard; harsh, rough, ungentle, rude.

**on·sa·lig** *-lige* wretched, unholy, wicked, unhappy; *in 'n ~e oomblik* in an evil moment.

**on·sa·me·han·gend** *-gende* disconnected *(speech, writing, etc.);* disjointed, incoherent, bumbling *(talk);* garbled *(story etc.);* scrappy *(article);* rambling *(argument);* incondite, incohesive. **on·sa·me·han·gend·heid** disconnectedness, disjointedness, incoherence, discontinuity.

**on·sê·baar** *-bare* unsayable; *die ~bare sê* say the unsayable.

**on·se·de·lik** *-like* immoral, indecent, dissolute. **on·se·de·lik·heid** immorality, vice, depravity.

**on·see·waar·dig** *-dige* unseaworthy. **on·see·waar·dig·heid** unseaworthiness.

**on·seg·baar** *-bare* ineffable, unutterable, inexpressible, untold.

**on·se·ker, on·se·ke·re** *n.* uncertainty, doubt; *iem. in die ~ laat* leave s.o. in doubt; *in die ~ wees/verkeer* be in doubt; *tussen lip en beker lê groot onseker* there is many a slip 'twixt the cup and the lip. **on·se·ker** *-ker(e) -kerder -kerste, adj.* uncertain, doubtful, undecided, in the air; unsafe *(throne);* unsure, unconfident; unsteady *(gait);* shaky, trembling *(hand);* problematical; precarious *(living);* not definitely known; unsettled, changeable *(weather);* dubious; equivocal; erratic; *dit is nog hoogs ~* it is very much up in the air; *~e setel* marginal seat; *die uitslag is ~* the result is (wide) open; ~ *oor iets voel* be in doubt about s.t.. **on·se·ker·heid** uncertainty; unsteadiness; shakiness; unsettlement; *iem. in ~ laat* leave s.o. in doubt.

**on·self·stan·dig** *-dige* dependent (on others). **on·self·stan·dig·heid** dependence (on others).

**on·self·sug·tig** *-tige* unselfish, selfless, generous, altruistic. **on·self·sug·tig·heid** unselfishness, disinterest, selflessness, altruism.

**on·ses** →ONS *poss. pron.*.

**on·sien·lik** *-like* invisible, unseeable; *die O~e* the Unseen/Invisible.

**on·sig·baar** *-bare, adj.* invisible, concealed; unseen; *~bare ink* invisible/secret ink; *~bare inrit/ingang* concealed driveway, entrance; *die ~bare kerk* the church invisible, the invisible church. **on·sig·baar** *adv.* invisibly; *iets ~ stop/las* finedraw s.t. *(the panels of a garment etc.).* **on·sig·baar·heid** invisibility.

**on·sim·pa·tiek** *-tieke* unsympathetic *(attitude);* unresponsive; ~ *jeens/teenoor iem.* unsympathetic/uncongenial to(wards) s.o..

**on·sin** nonsense, *(infml.)* rubbish, twaddle. *~rympie* nonsense verse.

**on·sin·de·lik** *-like* dirty, unclean. **on·sin·de·lik·heid** dirtiness, uncleanliness.

**on·sin·nig** *-nige* foolish, absurd, nonsensical, insensate, idiotic, fatuous, preposterous, senseless. **on·sin·nig·heid** *-hede* absurdity, nonsense, foolishness, ineptitude, inanity.

**on·sis·te·ma·ties** *-tiese* unsystematic(al), unmethodical, disorganised; unstructured.

**on·ska·de·lik** *-like* harmless, not injurious, innocuous, unoffending, inoffensive; *iets ~ maak* render s.t. harmless; *'n bom ~ maak* dispose of (*or* defuse/disarm) a bomb. **on·ska·de·lik·heid** harmlessness, innocuousness.

**on·skat·baar** *-bare* inestimable, invaluable, priceless, inappreciable.

**on·skei(d)·baar** *-bare* inseparable; *~bare werkwoord* inseparable verb.

**on·skend·baar** *-bare* inviolable, irrefrangible; indefeasible, sacrosanct; unbreachable *(right etc.).* **on·skend·baar·heid** inviolability, inviolacy, immunity; ~ *van gebied* territorial integrity.

**on·skrif·tuur·lik** *-like* unscriptural, unbiblical.

**on·skuld** innocence; guiltlessness; simplicity; ingenuous= ness; *in alle* ~ in all innocence; *jou* ~ *betuig* protest one's innocence. **on·skul·dig** =*dige* innocent, guiltless, blameless; guileless; inoffensive, unoffending; harmless; ingenuous; un= sophisticated; ~ *aan iets* innocent of s.t.; *so* ~ *soos 'n pasge= bore* (of *pas gebore*) *babatjie/kind* as innocent as a lamb/ babe; *iem.* ~ *bevind* find s.o. not guilty; ~ *pleit* plead not guilty *(in court)*; *volhou dat jy* ~ *is* protest one's innocence. **on·skul·dig·be·vin·ding** acquittal.

**on·slyt·baar** =*bare* durable, indestructible, hard-wearing, everlasting, that cannot wear away/down/out. **on·slyt·baar= heid** durability, indestructibility.

**on·smaak·lik** =*like*, *(lit.)* unpalatable, tasteless, unsavoury, unpleasant-tasting, *(fig.)* unpleasant, distasteful, unsavoury; *'n ~e geskiedenis* an unsavoury/disgusting story; ~ *daar uit= sien* look unappetising/uninviting.

**on·speel·baar** =*bare* unactable *(play)*; unplayable *(cr. pitch etc.)*.

**on·spor·tief** =*tiewe* unsporting, unsportsmanlike; *~tiewe ge= drag* bad sportsmanship. **on·spor·ti·wi·teit** bad sportsman= ship, unsporting/unsportsmanlike behaviour, gamesman= ship.

**on·sta·biel** =*biele* unstable. **on·sta·bi·li·teit** unstableness, in= stability.

**on·stand·vas·tig** =*tige* inconstant, fickle, changeable *(pers.)*, unstable; labile.

**on·sterf·lik** =*like* immortal; deathless, undying *(fame)*; ever= lasting *(glory)*; *iets het iem.* ~ *gemaak* s.t. immortalised s.o.; *~e melodie* golden oldie *(infml.)*. **on·sterf·lik·heid** immortali= ty.

**on·stig·te·lik** =*like* unedifying, offensive. **on·stig·te·lik·heid** offensiveness.

**on·stil·baar** =*bare* insatiable; unassuageable *(pain etc.)*; *~bare honger* insatiable appetite.

**on·stof·lik** =*like* incorporeal, immaterial, unsubstantial, spiri= tual, discarnate.

**on·stui·mig** =*mige* stormy, rough *(sea)*, tempestuous *(weath= er)*; violent, boisterous *(wind, sea, pers., etc.)*; impetuous *(pers.)*; vehement, passionate; gusty; intemperate, turbulent. **on= stui·mig·heid** storminess, boisterousness; impetuosity; ve= hemence; turbulence.

**on·stuit·baar** =*bare* unstoppable, irrepressible.

**on·sui·wer** =*wer(e)*, *adj.* impure; feculent, turbid *(liquid, col= our, etc.)*; untrue, not level, not upright; flat, false *(note)*; out of (the) true; incorrect, faulty *(pronunciation)*; inexact; *~(e) leer*, *(theol.)* heterodoxy, unsound/fallacious doctrine; ~ *in die leer*, *(theol.)* heterodox, unorthodox; ~ *lug* vitiated air; *~(e) oordeel* vitiated judgement. **on·sui·wer·heid** =*hede* im= purity; feculence; incorrectness, faultiness; ~ *in die leer*, *(theol.)* heterodoxy.

**on·sy·dig** =*dige* neutral *(state)*, uncommitted; impartial; neu= ter *(gender)*; *(bot., chem.)* neutral; ~ *bly, jou* ~ *hou* remain neu= tral. **on·sy·dig·heid** neutrality, neutralism, impartiality, in= difference. **on·sy·dig·heids·ver·kla·ring** declaration of neu= trality.

**ont·aard** *het* ~ degenerate, deteriorate, become degraded/ warped; *in/tot 'n ...* ~ degenerate into a ... **ont·aar·ding** de= generation, degeneracy, deterioration, depravity; *die* ~ *het begin* the rot has set in.

**on·takt·vol** =*volle* tactless, untactful, undiplomatic.

**ont·bas** *het* ~ decorticate; (de)bark; *~te bome* debarked trees.

**ont·been** *het* ~ bone, debone; fillet; *~de hoenderborsies* deboned chicken breasts.

**ont·beer** *het* ~ lack, miss, be in want of, do without; forgo; *die hulp van ...* ~ do without the help of ... **ont·beer·lik** =*like* dispensable, expendable; unnecessary; non(-)essential, in= essential. **ont·be·ring** =*rings*, =*ringe* want, privation, hardship,

destitution, exposure; *~s/~e deurmaak/verduur* suffer hard= ships/privations; rough it *(infml.)*.

**ont·bied** *het* ~ summon, send for *(s.o.)*; *iem. na ... ontbied* summon s.o. to ...

**ont·bind** *het* ~ untie, undo; break up; disband *(troops)*; dis= solve *(a marriage, partnership, meeting, parl., etc.)*; *(substance)* decompose; *(organic matter)* decay, putrefy; disintegrate; analyse; resolve *(forces)*; dissociate, disconnect; *die bestuur is* ~ the committee has been dissolved; *iets in faktore* ~, *(math.)* factorise s.t. *(an equation etc.)*; *'n knoop* ~ untie/loose a knot. **ont·bind·baar** =*bare* dissolvable; resolvable; decomposable; dissoluble. **ont·bin·ding** untying, undoing, break-up; dis= bandment *(of troops)*; disintegration; disestablishment; dis= solution; *(chem.)* decomposition, breakdown; decay, putre= faction *(of matter)*; analysis; resolution *(of forces)*; ~ *in fak= tore*, *(math.)* factorisation; ~ *van 'n huwelik* annulment of a marriage; *tot* ~ *oorgaan* decay, decompose; *in 'n gevor= derde staat van* ~ in an advanced state of decomposition.

**ont·blaar** *het* ~ strip of leaves, defoliate.

**ont·bloot** =*blote*, *adj.* naked, bare; *met ~blote hoof* barehead= ed, with (the) head uncovered; ~ *van ...* destitute/devoid of ..., without ... **ont·bloot** *het* ~, *vb.* uncover *(the head)*, bare, unsheathe *(a sword)*; reveal; expose; *jou* ~ expose o.s., *(in= fml.)* flash; *iets van ...* ~ denude s.t. of ... **ont·blo·ter** flasher *(infml.)*. **ont·blo·ting** uncovering, baring; revealing; strip= ping; exposure; denudation; divestment.

**ont·boe·sem** *het* ~ unbosom, unburden *(o.s.)*. **ont·boe·se= ming** =*mings*, =*minge* effusion, outpouring, confession.

**ont·bon·de** *(strong p.p. of ontbind)* dissolved; decomposed; disintegrated; resolved; undone.

**ont·bon·del** *het* ~ unbundle *(a company etc.)*.

**ont·bos** *het* ~ deforest, dis(af)forest; *~te berghang* deforested mountain slope.

**ont·brand** *het* ~ take fire, burst into flame, ignite; discharge; *(fig., a war etc.)* break out; *iets laat* ~ ignite s.t.; stir up s.t.; kindle s.t. *(s.o.'s love for ...)*. **ont·brand·baar** =*bare* combusti= ble, ignitable, (in)flammable. **ont·bran·ding** ignition; inflam= mation; stirring up, kindling, rousing.

**ont·breek** *het* ~ be wanting, lack; be missing; be in want of; *dit* ~ *iem. aan ...* s.o. is deficient in ...; s.o. is lacking/wanting in ... *(courage etc.)*; *al wat nou nog* ~, *is ...* all that is lacking/ wanting now, is ...; *wie* ~ *nog?* who is missing?.

**ont·bur·ger** *het* ~ deprive of civil rights; disfranchise; attaint.

**ont·byt** =*byte*, *n.* breakfast; *voor/by/ná* ~ before/at/after break= fast; ~ *eet/nuttig* eat/have breakfast; *laat* ~ late breakfast; brunch. **ont·byt** *het* ~, *vb.* breakfast, have/eat breakfast. *~graan* breakfast cereal. *~kamer* breakfast room. *~rit* break= fast run *(of motorcyclists)*. *~televisie* breakfast television.

**ont·daan:** ~ *oor iets* very upset *(or in a terrible state)* about s.t.; ~ *van iets* shorn/stripped of s.t..

**ont·dek** *het* ~ discover *(an unknown country etc.)*; find out, detect; reveal. **ont·dek·ker** =*kers* discoverer; explorer. **ont= dek·king** =*kings*, =*kinge* discovery; detection; revelation; *'n* ~ *doen* make a discovery. **ont·dek·kings·reis**, *~tog* travel(s), voyage (of discovery/exploration), exploring trip/expedi= tion/journey.

**ont·doen** *het* ~ remove, strip (off); divest; *jou van ...* ~ di= vest o.s. of ...; get rid of ...; ~ *van iets* stripped of s.t.. **ont·doe·ning** divestment.

**ont·dooi** *het* ~ thaw, melt; unbend, become congenial; de= frost *(meat)*. **ont·dooi·ing** thawing; melting; defrosting.

**ont·duik** *het* ~ dodge, duck *(a blow)*; escape from, evade *(an attack, tax, the law, etc.)*; elude *(a blow, the law, etc.)*; obviate, circumvent; shirk; sidestep. **ont·dui·king** =*kings*, =*kinge* elud= ing, elusion, evasion, dodging.

**on·teen·seg·lik** =*like*, *adj.* undeniable, unquestionable, in= dubitable, indisputable, incontestable; *dit is* ~ *dat ...* it can=

not be denied (*or* there is no denying) that ... **on·teen· seg·lik** *adv.* undeniably, unquestionably, indubitably, indisputably, incontestably, undoubtedly, confessedly.

**ont·eer** *het* ~ dishonour, disgrace; foul, defile. **ont·eer·der** *=ders* violator, defiler. **ont·e·rend** *=rende* dishonourable, ignominious. **ont·e·ring** violation, defilement.

**on·te·ge·moet·ko·mend** *=mende* unaccommodating, disobliging, uncooperative, non(-)cooperative.

**ont·ei·en** *het* ~ expropriate; dispossess (*s.o. from an estate etc.*), (*jur.*) disseize; nationalise; *iets van iem.* ~ dispossess s.o. of s.t.. **ont·ei·e·ning** *=nings, =ninge* expropriation; dispossession.

**on·tel·baar** *=bare* countless, innumerable, numberless; infinite; uncountable; myriad; incalculable. **on·tel·baar·heid** innumerability, innumerableness.

**on·tem·baar** *=bare* untam(e)able, wild; violent, ungovernable (*passion*), uncontrollable; indomitable. **on·tem·baar·heid** untam(e)ableness; violence; indomitability.

**ont·e·rend, ont·e·ring** →ONTEER.

**ont·erf** *het* ~ disinherit; ~*de kind* disinherited child. **ont·er·wing** disinheritance.

**on·te·vre·de** ~ *=dener =denste* (of *meer* ~ *die mees* ~), *adj.* discontented, dissatisfied, disgruntled, displeased, malcontent, disaffected; *iem.* ~ *maak* dissatisfy/discontent s.o.; ~ *met* ... dissatisfied with ... (*s.o., s.t.*); ~ *oor iets* disgruntled/ displeased at s.t.; dissatisfied/unhappy with s.t.. **on·te·vre· de·ne** *=nes, n.* discontented/disgruntled/etc. person. **on·te· vre·den·heid** discontent, discontentedness, discontentment, dissatisfaction; *iem. se* ~ *met/oor iets* s.o.'s dissatisfaction about/at/with s.t.; *jou* ~ *met/oor iets te kenne gee* express/show dissatisfaction about/at/with s.t..

**ont·ferm:** *jou oor* ... ~ have compassion for/on ...; have mercy on ...; have/take pity on ... **ont·fer·ming** compassion, pity, mercy.

**ont·gaan** *het* ~ escape, elude, evade; *iets het iem.* ~ s.t. slipped s.o.'s memory.

**ont·geld** *het* ~: *iem. dit laat* ~ take it out on s.o., give s.o. a lot of fla(c)k; *jy sal dit* ~*!* you'll pay for this!. **ont·gel·ding** penance, retribution, amends, (*infml.*) just desserts.

**ont·gif, ont·gif·tig** detoxify.

**ont·gin** *het* ~ mine, develop (*ore*); win (*minerals*); develop, exploit, work (*a farm, a mine*); extract (*chemicals, juices*). **ont· gin·baar** *=bare* min(e)able; workable, exploitable. **ont·gin· ner** *=ners, (min.)* developer, exploiter. **ont·gin·ning** mining; development, exploitation. **ont·gin·nings·kos·te** development costs.

**ont·glip** *het* ~ slip from; escape; dodge; *iem.* ~ give s.o. the slip; *iets het iem.* ~ s.t. slipped out (*or* from s.o.'s tongue).

**ont·gloei** *het* ~, (*poet., liter.*) start to glow; burn, glow (*with fervour*); inflame, inspire (*passion*).

**ont·go·gel** *het* ~ disillusion, disenchant, undeceive. **ont·go· ge·ling** disillusion(ment), disenchantment.

**ont·graat** *het* ~ bone, fillet (*fish*).

**ont·groei** *het* ~ outgrow (*clothes, a habit, etc.*); supersede, outstrip; lose interest in (*a hobby etc.*).

**ont·groen** *het* ~ initiate (*a new student*). **ont·groe·ning** initiation.

**ont·haal** *=hale, n.* entertainment; treat; reception; *'n* ~ *gee* give/hold a reception; *'n* ~ *vir* (of *ter ere van*) *iem.* a reception for (*or* in honour of) s.o.. **ont·haal** *het* ~, *vb.* entertain, treat; regale, fête, feast; *iem. feestelik/gul* ~ wine and dine s.o.; *iem. op 'n aandete* ~ entertain s.o. at/to dinner; *iem. vorstelik* ~ treat s.o. like a lord. ~**toelaag** *=lae,* ~**toelae** *=laes* entertainment allowance.

**ont·haar** *het* ~ unhair, depilate, epilate. **ont·ha·ring** depilation, epilation.

**ont·hal·we** for the sake of; *om my/jou/sy/haar* ~ for my/

your/his/her sake; *om ons albei* (of *almal*) *se* ~ for both/all our sakes.

**ont·heem** *=heemde, adj.* displaced. **ont·heem·de** *=des, n.* displaced person. **ont·heemd·heid** displacement, homelessness.

**ont·hef** *=hefde, =hefte, adj.* discharged, dismissed. **ont·hef** *het* ~, *vb.* discharge; release, dispense from; deprive; *iem. van iets* ~ absolve s.o. from s.t. (*an obligation etc.*); relieve s.o. of s.t. (*an official position etc.*); ~ *van iets* exempt/free from s.t. (*tax etc.*). **ont·hef·fing** *=fings, =finge* exemption, exoneration; discharge, dismissal.

**ont·hei·lig** *het* ~ desecrate, profane, violate. **ont·hei·li·gend** *=gende* profane, sacrilegious. **ont·hei·li·ger** *=gers* desecrator. **ont·hei·li·ging** *=ginge, =gings* desecration, profanation, violation, sacrilege.

**ont·hoof** *het* ~ behead, decapitate. **ont·hoof·ding** *=dings, =dinge* beheading, decapitation.

**ont·ho·ring** *het* ~ dehorn; ~*de beeste* dehorned cattle.

**ont·hou** *n.* remembering; *goed van* ~ *wees* have a retentive memory. **ont·hou** *het* ~, *vb.* remember, bear in mind; withhold from, keep from, refuse to give/grant; *iets (tot) in die fynste besonderhede* (of *haarfyn*) *kan* ~ have total recall of s.t.; *jou daarvan* ~ *om iets te doen* hold back from doing s.t.; ~ *dat* ... remember that ...; *nie* ~ *dat jy iets gedoen het nie* not remember doing s.t.; *iets nog baie duidelik* ~ have a vivid recollection of s.t.; *iets goed* ~ remember s.t. well; *en* ~ *dit goed!* and don't you forget it!; *iem. kan iets nie* ~ *nie* s.o. does not recall s.t.; ~ *om iets te doen* remember to do s.t.; *probeer* ~ tax one's memory; *as ek reg* ~, ... if I remember (*or* my memory serves me) correctly/right(ly), ...; *jou van* ... ~ abstain from ...; keep from ...; *so ver/vêr iem.* ~ to the best of s.o.'s recollection; *nie so ver/vêr ek kan* ~ *nie* not to my recollection; *iets moet* ~ *word* s.t. must be borne in mind. ~**vermoë** *=moëns* memory capacity/ability, retentive capacity/ability.

**ont·hou·ding** *=dings, =dinge* abstinence, continence, temperance; refraining, withholding, keeping from; abstention (*from voting*); non(-)participating vote. **ont·hou·dings·be· lof·te:** *die* ~ *aflê* sign/take the pledge (to abstain).

**ont·hul** *het* ~ unveil (*a statue, a monument*); reveal, disclose, divulge, bring to light; inaugurate; *iets aan iem.* ~ divulge s.t. to s.o.; reveal s.t. to s.o.. **ont·hul·lend** *=lende* revealing, revelatory. **ont·hul·ling** *=lings, =linge* unveiling; revelation, disclosure, divulgence, divulgement; ~*s oor/omtrent iets doen* make disclosures about s.t..

**ont·huts** *=hutste, =hutsde, adj.* upset, bewildered, disconcerted, disturbed, shocked, unsettled, perplexed; ~ *raak* become/ get confused; (*also, infml.*) get hot under the collar; ~ *voel* feel dismay; ~ *oor iets* dismayed at s.t.. **ont·huts** *het* ~, *vb.* upset, unsettle, jolt, disconcert, dismay, bewilder, discomfit, disturb, put off. **ont·hut·send** *=sende* perplexing, shattering, unsettling, upsetting. **ont·hut·sing** dismay, disconcertment, bewilderment, discomfiture, alarm; *tot iem. se* ~ to s.o.'s dismay.

**ont·kalk** *het* ~ decalcify; descale (*a coffee mach. etc.*).

**ont·ken** *het* ~ deny, contradict, disavow; *iets heftig* ~ deny s.t. strenuously/vehemently; *ten stelligste* ~ *dat* ... deny absolutely/flatly that ... **ont·ken·nend** *=nende, adj.* negative; contradictory; *'n* ~*e antwoord* a negative answer. **ont·ken·nend** *adv.* negatively, in the negative; ~ *antwoord* reply in the negative. **ont·ken·ner** denier. **ont·ken·ning** *=nings, =ninge* negation, negative; denial, disclaimer; disavowal; denegation; *die dubbele* ~ *in Afrikaans,* (*ling.*) the double negative in Afrikaans. **ont·ken·nings·woord** negative word.

**ont·kern** *het* ~ enucleate; core.

**ont·ke·ten** *het* ~, (*esp. fig.*) unleash, let loose; precipitate; *'n aanval* ~ launch an attack; *'n oorlog* ~ start a war. **ont·ke· te·ning** unleashing; precipitation.

**ont·kiem** *het* ~ germinate, shoot, sprout; (*fig.*) grow, develop, burgeon. **ont·kie·ming** germination.

**ont·kie·mings·**: ~**tyd** incubation period *(of a disease).* ~**ver·moë** germinating capacity/ability.

**ont·kie·ser** *het* ~ disfranchise. **ont·kie·se·ring** disfranchisement.

**ont·kle·ding** *-dings, -dinge* undressing, divestment, divestiture, stripping.

**ont·klee** *het* ~ undress; *jou* ~ get undressed, undress, *(infml.)* strip. ~**dans** striptease. ~**danseres** striptease/exotic dancer, stripper. ~**(dans)vertoning** strip show; *'n* ~ *gee* do a strip. ~**poker** strip poker.

**ont·kleur** *het* ~ decolour, decolorise; fade, lose colour.

**ont·knoop** *het* ~ unbutton; undo the knots; unravel, disentangle, untangle. **ont·kno·ping** *-pings, -pinge* unbuttoning; dénouement, unravelling of the plot; catastrophe *(in a drama).*

**ont·kom** *het* ~ escape; *(aan)* ... ~ escape from ...; elude/ evade ...; *daaraan/dit kan ('n) mens nie* ~ *nie* one cannot escape (or get away) from that; *naelskraap(s)/ternouernood* ~ escape by a hair's breadth, have a narrow escape, *(infml.)* escape by the skin of one's teeth. **ont·ko·ming** *-mings, -minge* escape; *dit was 'n noue* ~ it was a narrow escape *(or, infml.* a close/narrow shave *or* a close call *or, infml.* a near thing/go).

**ont·kool** *het* ~ decarbonise, decoke.

**ont·kop·pel** *het* ~ uncouple, decouple; free; disconnect, disengage, declutch *(gears);* untie, unleash *(hounds); iets van* ... ~ disconnect s.t. from ... **ont·kop·pe·ling** uncoupling, decoupling; declutching, disengagement; unleashing.

**ont·kors** *het* ~ remove the crust of, decrust. **ont·kors·ting** decrustation.

**ont·krag, ont·krag·tig** *het* ~, *(poet., liter.)* weaken, enervate, enfeeble; castrate; invalidate. **ont·krag·ting, ont·kragti·ging** weakening, enfeeblement; invalidation.

**ont·kroon** *het* ~ discrown, depose *(king);* head *(a tree).*

**ont·kurk** *het* ~ uncork; unstop(per).

**ont·laai** *het* ~ unload; discharge, run down *(battery);* empty. **ont·la·ding** *-dings, -dinge* discharge, discharging; unloading *(fig.).*

**ont·las** *het* ~ relieve *(s.o. of a burden);* unburden *(o.s., one's heart, etc.);* decompress; *jou* ~, *(fml.)* relieve o.s., defecate. **ont·las·ting** *-tings, -tinge* relief; discharge; evacuation of the bowels, motion, defecation; faeces, excrement, excreta, stool(s); disembarrassment; ~ *hê* empty the bowels, defecate.

**ont·le·der** *-ders* dissector, anatomist; analyst, analyser.

**ont·le·ding** *-dings, -dinge* analysis *(of sentences etc.);* parsing *(of words); (anat. etc.)* dissection; breakdown *(of figures);* decomposition; *'n indringende* ~ a penetrating analysis. ~**staat:** *(elektroniese)* ~ spreadsheet.

**ont·leed** *het* ~, *(anat., bot., zool.)* dissect; analyse *(sentence etc.);* parse *(words);* construe. ~**masker** *(psych.)* analytical mask. ~**mes** dissecting knife, scalpel.

**ont·leed·baar** *-bare* analysable.

**ont·leen** *-leende, adj.* borrowed; unoriginal; *iets is aan* ... ~ s.t. derives from ...; *aan Engels/ens.* ~ adopted/borrowed from English/etc.; ~*de woorde* loan words, borrowings. **ont·leen** *het* ~, *vb.: iets aan* ... ~ derive s.t. *(ideas etc.)* from ...; adopt s.t. *(words etc.)* from ...; borrow s.t. from ... **ont·le·ning** *-nings, -ninge* borrowing; derivation, deriving; adoption.

**ont·lok** *het* ~ draw out *(a secret),* evoke, elicit *(an answer etc.);* worm out *(a secret).*

**ont·lont** *het* ~, *(also fig.)* defuse.

**ont·lug** *het* ~ deaerate; vent. ~**gat** vent hole. ~**pyp** vent pipe.

**ont·luik** *-luikte, adj.* blown, full-blown *(lit., fig.),* in full bloom. **ont·luik** *het* ~, *vb.* open; expand; bud, develop, burgeon, unfold. **ont·lui·kend** *-kende* opening; budding *(author etc.);* dawning, nascent *(love);* efflorescent; infant *(industry).* **ont·lui·king** opening; budding, developing, dawning; efflorescence.

**ont·luis** *-luisde, -luiste, adj.* deloused. **ont·luis** *het* ~, *vb.* delouse, louse. **ont·lui·sing** delousing, disinfestation.

**ont·luis·ter** *het* ~, *(poet., liter.)* tarnish, destroy the lustre of; dim, debunk; deglamorise.

**ont·maagd** *het* ~, *(poet., liter.)* ravish, deflower, defile. **ont·maag·ding** defloration, ravishment.

**ont·man** *het* ~ castrate, emasculate; *(fig.)* bowdlerise *(play etc.);* weaken. **ont·man(d)** *-mande, adj.* emasculate(d). **ontman·de** *-des, n.* castrate, eunuch. **ont·man·ning** castration, emasculation; weakening.

**ont·man·tel** *het* ~ dismantle *(a ship etc.),* disarm. **ont·mante·ling** dismantling; ~ *van programkodes, (comp.)* reverse engineering.

**ont·mas** *het* ~ dismast *(a yacht etc.).*

**ont·mas·ker** *het* ~ unmask, expose *(a villain),* reveal *(the character),* show up; uncloak; *iem.* ~, *(also)* call s.o.'s bluff. **ont·mas·ke·ring** unmasking, exposure, showing-up.

**ont·mens** *-menste* dehumanised. **ont·mens(·lik)** *het* ~ dehumanise.

**ont·mi·to·lo·gi·seer** *het* ~ demythologise. **ont·mi·to·lo·gise·ring** demythologisation.

**ont·moe·dig** *het* ~ discourage, dishearten; depress, deject, dispirit, demoralise, dismay; *iets* ~ *iem. om te* ... s.t. is *(or acts as)* a disincentive to s.o. to ...; ~*de werksoekers* discouraged/ demoralised jobseekers. **ont·moe·di·gend** *-gende* discouraging, demoralising, depressing, disheartening, dispiriting. **ontmoe·di·ging** discouragement, disheartenment.

**ont·moet** *het* ~ meet (with); encounter *(the enemy);* come across *(a pers.); bly om te* ~*!, ek is bly om jou te* ~*!* (I'm *or* I am) delighted to meet you!; *iem.* **dikwels** ~ see s.o. often; *nie weet wat jou daar sal* ~ *nie* not know what awaits *(or* will happen to) one there; *sonder om* **teen·/teëstand** *te* ~ without encountering resistance. **ont·moe·ting** *-tings, -tinge* meeting; encounter; adventure, experience; accident; *'n* ~ *met ... hê* have an encounter with ... **ont·moe·tings·plek, ont·moetings·punt** meeting point.

**ont·neem** *het* ~ deprive (of), take away (from); bereave; detract; *iem. iets* ~ take s.t. away from s.o.. **ont·ne·ming** depriving, deprivation.

**ont·nug·ter** *het* ~ (make) sober; disillusion, disenchant. **ontnug·te·ring** disillusionment, disenchantment, sobering (down), rude awakening, eye-opener.

**on·toe·gank·lik** *-like* inaccessible *(place, pers.),* in-, unapproachable; impervious; standoffish; ~ *vir ... wees* close one's mind to ... **on·toe·gank·lik·heid** inaccessibility, inapproachability.

**on·toe·geef·lik** *-like* unaccommodating, disobliging, unyielding, unbending; *'n -e houding* a hard line *(or* hardline stance); ~ *wees, 'n -e houding aanneem* take a hard line. **on·toe·geef·lik·heid** unyieldingness, disobligingness.

**on·toe·laat·baar** *-bare* inadmissible; impermissible; ~ *wees, (also)* be a no-no. **on·toe·laat·baar·heid** inadmissibility; impermissibility.

**on·toe·pas·lik** *-like* inapplicable; irrelevant; inapposite, inapt, unapt, inconsequent. **on·toe·pas·lik·heid** inapplicability; irrelevance, irrelevancy; inappositeness.

**on·toe·rei·kend** *-kende* insufficient, inadequate, scanty, sketchy, deficient, not enough. **on·toe·rei·kend·heid** insufficiency, inadequacy, deficiency.

**on·toe·re·ken·baar** *-bare, (chiefly jur.)* not answerable *(for one's actions),* of unsound mind; irresponsible *(for s.t.).* **on·toe·re·ken·baar·heid** irresponsibility; not being answerable.

**on·toe·re·ke·nings·vat·baar** *-bare, (jur.)* incapable of guilt.

**on·toe·skiet·lik** *-like* unyielding, unaccommodating, uncooperative. **on·toe·skiet·lik·heid** unyieldingness, obstinacy, firmness.

**on·to·ge·nie, on·to·ge·ne·se** *(biol.)* ontogeny, ontogenesis.

**on·to·lo·gie** *(philos.)* ontology. **on·to·lo·gies** =giese ontologic(al). **on·to·loog** =loë ontologist.

**ont·pit** het ~ seed; stone, remove stones from; ~te rosyntjies seeded raisins.

**ont·plof** het ~ explode, go off, detonate, blow up; *(population)* explode, irrupt; *(fig.)* explode, blow one's top, *(infml.)* have a hernia; *iets laat* ~ set s.t. off *(a bomb etc.)*; detonate s.t., touch s.t. off *(an explosive)*; 'n ~te ster/ens. an exploded star/etc.. **ont·plof·baar** =bare explosive; fiery. **ont·plof·fing** =fings, =finge explosion, detonation, blast. **ont·plof·fings·krag** →PLOFKRAG.

**ont·plooi** het ~ deploy *(troops etc.)*; spread out, unfurl *(a flag)*, unfold; reveal *(strength)*; evolve, develop, expand; spread; *iem./iets laat* ~ deploy s.o./s.t.; *die troepe* ~ *hulle* the troops deploy. **ont·plooi(d)** =plooide deployed; unfurled, spread (out); *(biol.)* evolute. **ont·plooi·ing** deployment *(of an army etc.)*; unfolding, unfurling; revealing; evolution, development.

**ont·pop** het ~ burst forth, pop onto the scene; *(jou) as* ... ~ reveal o.s. as ...; blossom out into ...

**on·tra·di·si·o·neel** =nele untraditional.

**ont·ra·fel** het ~ unravel *(lit., fig.)*, disentangle. **ont·ra·fe·ling** =lings, =linge unravelling, disentanglement.

**ont·red·der** het ~ disable, impair, damage, dislocate, disorganise, derange. **ont·red·der(d)** =derde dismantled, rudderless, drifting *(ship)*; damaged, disabled; helpless(ly). **ont·red·de·ring** confusion, disorganisation, breakdown, collapse.

**ont·rei·nig** het ~ defile, pollute, sully. **ont·rei·ni·ging** =gings, =ginge defilement, pollution, sullying.

**ont·reuk** het ~ deodorise.

**ont·rief** het ~ inconvenience, put out; deprive; →VERONTRIEF.

**ont·roer** het ~ move, touch, affect. **ont·roer(d)** =roerde moved, touched, thrilled. **ont·roe·rend** =rende stirring *(mus., a scene, etc.)*. **ont·roe·ring** =rings, =ringe emotion.

**ont·rond** het ~, *(phon.)* unround, delabialise; 'n ~e vokaal a delabialised vowel. **ont·ron·ding** unrounding, delabialisation.

**ont·room** het ~ cream, skim. **ont·ro·mer** =mers centrifuge, (cream) separator.

**on·troos·baar** =bare inconsolable, disconsolate.

**on·trou** n. = ONTROUHEID. **on·trou** =troue, adj. unfaithful, disloyal, faithless; ~ *aan* ... disloyal/unfaithful/false to ...; ~ *wees,* (also) stray *(from one's partner etc.)*; ~ *word aan jou woord* break faith. **on·trou·heid** infidelity, unfaithfulness, faithlessness, disloyalty; *iem. se* ~ *aan* ... s.o.'s unfaithfulness to ...

**ont·ruim** het ~ vacate *(a house etc.)*; evacuate *(a place, town, etc.)*; clear, void; ~de gebou evacuated/cleared building; *die verhoog laat* ~ clear the platform. **ont·rui·ming** vacating; evacuation; clearing, voidance.

**ont·sag** awe, respect, deference, veneration; *iets met* ~ *behandel* handle s.t. very carefully; ~ *vir iem. hê/toon* respect s.o., have respect for s.o.; hold s.o. in awe, be/stand in awe of s.o.; ~ *by iem. inboesem, iem. met* ~ *vervul* command respect from s.o.; fill s.o. with awe. **ont·sag·wek·kend** =kende awe-inspiring, imposing, daunting.

**ont·sag·lik** =like, adj. vast, huge, immense, enormous; prodigious, stupendous, tremendous, formidable. **ont·sag·lik** adv. tremendously, terribly *(cold etc.)*; hugely, enormously, immensely; extremely, awfully, dreadfully, downright *(dull etc.)*; ~ *baie van* ... *hou*, *(infml.)* be exceedingly fond of ... **ont·sag·lik·heid** vastness, hugeness; tremendousness, formidableness.

**ont·sê** het ~ deny; refuse; forgo; *iem. die huis* ~ forbid s.o. the house; *jou* ... ~ deny o.s. ..., deprive o.s. of ...; *jou niks* ~ nie deny o.s. nothing, not deny o.s. anything. **ont·seg·ging** denial; refusal; dismissal.

**ont·se·nu** =nude, adj. unnerved, frightened, intimidated, *(infml.)* flustered, *(infml.)* rattled. **ont·se·nu** het ~, vb. unnerve, frighten, intimidate. **ont·se·nu·end** =nuende unnerving; nerve-shattering.

**ont·set** n. relief *(of a town, garrison, etc.)*. **ont·set** het ~, vb. relieve *(a town)*; *(chiefly as p.p.)* aghast, appalled, dismayed *(at, by)*; 'n ~te dorp a relieved town; ~ *van die skrik* horror-stricken. **ont·set·tend** =tende, adj. terrible, awful, frightful, appalling; shattering *(blow, disappointment, etc.)*; searing *(pain)*; stupefying *(headache etc.)*; cataclysmic; dire. **ont·set·tend** adv. terribly, awfully, dreadfully, exceedingly, extremely, enormously; ~ *snaaks* screamingly funny; *dit het* ~ *gereën* it poured. **ont·set·ting** =tings, =tinge relief *(of a town)*; *(no pl.)* consternation, horror, terror, dismay.

**ont·se·tel** het ~ oust, remove, unseat; *die ~de kampioen* the ousted champion.

**ont·sien** het ~, *(usu. with negation)* stand in awe *(or* be careful) of; respect; *(spare the feelings of)*; *geen geld/tyd* ~ *nie* be regardless of *(or* spare no) money/time; *niks* ~ *nie* go to any length; have no respect for anything; have no scruples.

**ont·sier** het ~ disfigure, deface, deform, mar *(beauty, features, etc.)*, blemish, disfeature. **ont·sie·ring** =rings, =ringe disfiguration, disfigurement, defacement, blemish, marring.

**ont·skeep** het ~ disembark, debark, go ashore; unship, put ashore, discharge *(cargo)*. **ont·ske·ping** =pings, =pinge disembarkation, debarkation; discharge. **ont·ske·pings·ha·we** port of disembarkation/discharge.

**ont·slaan** =slane, =slaande, adj. dismissed; discharged; released. **ont·slaan** het ~, vb. dismiss, discharge; supersede; cashier *(s.o. from the armed forces)*; disengage; *iem. eervol* ~ discharge s.o. honourably; *iem. tydelik* ~ lay off s.o.; *iem. uit* ... ~ dismiss s.o. from ... *(the service etc.)*; discharge s.o. from ... *(the service, hospital, etc.)*; release s.o. from ... *(custody etc.)*.

**ont·sla·e:** van ... ~ *raak* get rid of *(or* shake off) ... *(s.o., s.t.)*; weed out ... *(the weak/bad ones)*; off-load ... *(stocks etc.)*; van iem. ~ *raak*, *(also)* send s.o. about his/her business; kick out s.o.; put s.o. out of the way; *van iets* ~ *raak*, *(also)* do away with s.t.; throw off s.t. *(a cold etc.)*; work off s.t. *(energy etc.)*; ~ *van* ... rid of ... *(a nuisance etc.)*; ~ *van iets*, *(also)* free from s.t.; *bly wees om van iem.* ~ *te wees,* *(also)* be glad/pleased to see the back of s.o. *(infml.)*; *iem. is van* ... ~, *(also)* ... is off s.o.'s hands; *gelukkig van* ... ~ *wees* be well rid of ...

**ont·slag** discharge, dismissal; release *(from prison)*; demission, voidance; *eervolle* ~ *kry* get an honourable discharge; *iem. sy/haar* ~ *gee* discharge s.o.; *tydelike* ~ lay-off. ~**brief** notice of dismissal/discharge.

**ont·sla·pe** adj. *(pred. & attr.)* passed away, deceased, departed. **ont·sla·pe·ne** =nes, n. deceased, departed.

**ont·sluit** het ~ unlock, unlatch, unfasten; unseal; open (up); develop; solve, unravel *(a mystery)*. **ont·slui·ting** *(min.)* opening (up), unlocking, developing, development.

**ont·smet** het ~ disinfect, decontaminate; sterilise; deodorise; fumigate. **ont·smet·tend** =tende disinfecting, antiseptic, sterilising; germicidal, bactericidal. **ont·smet·ting** disinfection, decontamination, sterilisation. **ont·smet(·tings)·mid·del** =dele, =dels disinfectant, germicide, steriliser.

**ont·snap** het ~ escape; get away, make a getaway; break away; evade, elude; *aan iets* ~ get out of s.t.; escape s.t. *(death, s.o.'s attention, etc.)*; *iets laat* ~ blow s.t. off *(steam etc.)*; *(dit regkry om te)* ~ make (good) one's escape; *ternouernood* ~ have a narrow escape; *uit* ... ~, *(also:* air from a tyre etc.) escape from ... ~**geut** escape chute *(on a plane)*. ~**toets** *(comp.)* escape key.

**ont·snap·ping** =pings, =pinge escape; getaway; *iem. se* ~ *aan*

... s.o.'s escape from ... *(death etc.); iem. se ~ uit* ... s.o.'s escape from ... *(jail etc.).*

**ont·snap(·pings)·:** ~**klousule** escape/let-out clause. ~**motor** getaway car. ~**plan** escape plan. ~**poging** escape attempt/bid. ~**roete** escape route.

**ont·snap·te** *-tes* escaped person, escapee.

**ont·sout** *het* ~ desalt, desalinate. **ont·sou·ting** desalting, desalination.

**ont·span** *het* ~ relax *(one's mind, muscles, etc.);* relax, unwind, unbend, put one's feet up; unfasten; unbend; *iets laat iem.* ~ s.t. relaxes s.o.; s.t. loosens s.o. up. **ont·span·ne** relaxed, *(infml.)* laid-back, mellow; unstrained; flaccid. **ont·span·nend** *-nende* relaxing. **ont·span·ner** *-ners, (phot.)* shutter release; *outomatiese* ~, *(phot.)* self-timer. **ont·span·ning** *-nings, -ninge* relaxation, recreation; easing, relaxation *(of tension);* détente. **ont·span·ning·saal** recreation hall.

**ont·span·nings·:** ~**leesstof,** ~**lektuur** light fiction, light/easy reading. ~**middel** *-dels, -dele* relaxant. ~**oord** pleasure resort.

**ont·spoor** *het* ~ leave/jump the rails, be derailed; *iets het die trein laat* ~ s.t. derailed the train. **ont·spo·ring** *-rings, -ringe* derailment.

**ont·spring** *het* ~, *(a river)* rise, issue, spring; be caused *(by),* originate *(from).*

**ont·staan** *n.* origin; inception; genesis; formation; development, rise; *van sy* ~ *af* from its inception. **ont·staan** *het* ~, *vb.* originate, begin; come into existence/being; develop; stem *(from);* derive *(from);* spring; eventuate; ... *laat* ~ cause ...; *iets* ~ *uit* ... s.t. arises from ...; s.t. develops from ...; s.t. grows out of ...; s.t. originates from/in ...; s.t. proceeds from ...; s.t. springs from ...; s.t. stems from ...

**ont·staans·:** ~**geskiedenis** genesis, evolution; *(biol.)* ontogeny. ~**tyd** time of origin. ~**wyse** mode of origin.

**ont·stam** *het* ~ detribalise. **ont·stam·ming** detribalisation.

**ont·steek** *-steekte, adj.* ignited; inflamed *(wound).* **ont·steek** *het* ~, *vb.* light, ignite, fire; inflame *(tissue etc.);* (a *wrist etc.)* become inflamed. **ont·ste·ker** *-kers* primer, exploder. **ont·ste·king** *-kings, -kinge* lighting, kindling; ignition; *(med.)* inflammation.

**ont·ste·kings·:** ~**klos,** ~**spoel** *(mot.)* ignition coil. ~**koors** *(pathol.)* inflammatory fever. ~**punt** ignition point.

**ont·stel** *het* ~ upset, alarm, startle, disturb; dismay, disconcert, unnerve; *jou* **hewig** ~ become/get very upset, *(infml.)* freak (out); *moenie dat dit jou* ~ *nie* don't let it upset you; ~ *jou nie!* don't worry (yourself)!; *deur iets* ~ **word** be upset by s.t.. **ont·stel(d)** *-stelde* upset, alarmed, startled, disturbed, dismayed, appalled, distressed, agitated; *hewig* ~ shaken to the core; *hewig* ~ *oor iets, (also)* in a terrible state about s.t.; *oor iets* ~ *wees* be upset about s.t.; be appalled at s.t.; be/stand aghast at s.t.; be agitated about s.t.; be dismayed at s.t.; be distressed about s.t.; *(hewig)* ~ *raak* become/get (very) upset. **ont·stel·lend** *-lende* disturbing, upsetting, unsettling, disconcerting, appalling, perplexing; ~*e tyding* alarming/shattering news. **ont·stel·te·nis** alarm, dismay, consternation; *met* ~ *gewaar dat* ... notice in/with alarm that ...; ~ *oor iets* **lug** express dismay/shock at s.t.; *iem. se* ~ *oor iets* s.o.'s dismay at s.t.; s.o.'s consternation about s.t.; *tot iem. se* ~ to s.o.'s dismay; to s.o.'s consternation; *tot iem. se (groot)* ~ to s.o.'s horror; ~ *veroorsaak* cause consternation.

**ont·stem** *het* ~ disturb, ruffle, discompose; untune. **ont·stem(d)** *-stemde* disturbed, ruffled, displeased, put out of tune. **ont·stem·ming** bad mood/humour, vexation, discomposure.

**ont·stig** *het* ~ offend, annoy; scandalise, shock. **ont·stig·ting** offence, annoyance; scandal.

**ont·sto·ke** *(strong p.p. of* ontsteek*)* angry, irate, incensed.

**ont·stu·mid·del** *-dele, -dels, (med.)* decongestant.

**ont·sy·fer** *het* ~ decipher, make out; decode, unravel, break *(code).* **ont·sy·fe·ring** decipherment, decoding.

**ont·trek** *het* ~ withdraw; divest (yourself); contract out; pull out; abstract; *iets* **aan** ... ~ extract s.t. from ...; *'n perd* **aan** *'n wedren* ~ withdraw/scratch a horse from a race; *jou* **aan** ... ~ contract out of ...; opt out of ...; retire from ... *(public life);* drop out of ... *(society, a race, etc.);* withdraw from ... *(a match, an election, a government, etc.); jou* **aan** *iem.* ~ wash one's hands of s.o.; *die regter* ~ *hom/haar (aan die saak)* the judge recuses him-/herself; *troepe* **uit** *'n gebied* ~ withdraw troops from an area; *water* **uit** *iets* ~ dehydrate s.t.. **ont·trek·king** *-kings, -kinge* withdrawal, retirement, disengagement; recusal *(of a judge);* drain, abstraction; scratching *(from a race);* ~ *van beleggings* disinvestment. **ont·trek·king·simp·to·me** *n. (pl.)* withdrawal symptoms; *hewige* ~ severe withdrawal symptoms, *(infml.)* cold turkey. **ont·trek·kings·klou·su·le** escape clause.

**ont·troon** *het* ~ dethrone. **ont·tro·ning** *-nings, -ninge* dethronement, deposition.

**on·tug** immorality, immodesty, indecency; fornication, debauchery, promiscuity; ~ *pleeg* have illicit sexual relations. **on·tug·tig** *-tige* immoral, immodest, indecent, dissolute; debauched, promiscuous. **on·tug·tig·heid** immorality, immodesty, indecency; promiscuity, debauchery.

**on·tuis** uncomfortable, ill at ease, uneasy; ~ *voel* not feel at home, feel out of place *(or* ill at ease), feel strange. **on·tuis·heid** uncomfortableness, unease, uneasiness.

**ont·val** *het* ~, *(fml.)* lose *(s.o. through death); sy/haar* ... *het hom/haar* ~ he/she lost his/her ... *(parents etc.).* **ont·val·ling** bereavement.

**ont·vang** *het* ~ receive; see *(a client, visitor, patient, etc.);* **behandeling** ~ undergo treatment; **geesdriftig** ~ *word* receive an enthusiastic welcome; *iets word goed* ~ s.t. goes over well *(with the public); iem.* **hartlik** ~ make s.o. welcome, receive/welcome s.o. with open arms; **opleiding** ~ undergo training; *iets van iem.* ~ receive s.t. from s.o.. **ont·van·ger** *-gers* receiver, recipient; receiving apparatus, receiver; *(chem., electron.)* acceptor; consignee *(of goods);* grantee; receptacle, vessel; ~ *van belastings/inkomste* receiver of revenue; *die* ~, *(infml., often* O~) the taxman. **ont·van·gers·kan·toor** revenue office, tax collector's office.

**ont·vang(s)·:** ~**kamer** reception room, parlour. ~**toestel** receiving set, receiver, detector.

**ont·vangs** *-vangste* receipt *(of s.t.); (rad.)* reception; *(in the pl., also)* returns, takings; revenue; drawings; *by* ~ *van iets* on receipt of s.t.; *iem. 'n yskoue/ens.* ~ *gee* give s.o. a frosty/etc. reception; *'n hartlike/warm(e)* ~ a cordial/warm reception; *'n vyandige/ens.* ~ **kry** meet with a hostile/etc. reception; *iets in* ~ *neem* take delivery of s.t.; ~*te en uitgawes, (fin.)* receipts and expenditure. ~**bewys** receipt *(for goods);* voucher; *'n* ~ *vir ... uitskryf* make out a receipt for ... *(goods).* ~**dame** receptionist. ~**erkenning** acknowledgement of receipt. ~**klerk** receptionist.

**ont·vank·lik** *-like* receptive, susceptible, impressionable, open-minded; educable, trainable, teachable; *(jur.)* admissible, receivable; *iets maak iem. vir* ... ~ s.t. predisposes s.o. to ...; ~ *vir* ... receptive to ...; susceptible to ... *(flattery etc.);* amenable to ... *(advice, reason, discipline, friendliness, etc.);* predisposed to ...; prone to ... **ont·vank·lik·heid** receptiveness, receptivity, susceptibility.

**ont·vel** *het* ~ skin, excoriate. **ont·vel·ling** excoriation.

**ont·vet** *het* ~ remove the grease from, degrease, cleanse *(wool, hides, skins, etc.);* defat.

**ont·vlam** *het* ~ catch fire, burst into flame, flame up, ignite; inflame, stir up, excite; ... *laat* ~ ignite/inflame ... **ont·vlam·baar·heid** (in)flammability, combustibility; excitability. **ont·vlam·ming** *-mings, -minge* bursting into flame, flaming up, ignition.

**ont·vlug** *het* ~ escape, flee *(from)*, get away/free, elude, break out. **ont·vlug·ting** *=tings, =tinge* escape, flight; escapism. **ont·vlug·tings·mo·tor** getaway car.

**ont·voer** *het* ~ kidnap, abduct. **ont·voer·der** *=ders* kidnapper, abductor. **ont·voe·ring** *=rings, =ringe* kidnapping, abduction.

**ont·vog(·tig)** *het* ~ dehumidify. **ont·vog·ter** *=ters*, **ont·vog·ti·ger** *=gers* dehumidifier.

**ont·volk** *het* ~ depopulate. **ont·vol·king** depopulation.

**ont·vonk** *het* ~, *(usu. fig.)* ignite, flare up, inflame, enkindle.

**ont·vou** *het* ~ unfold, unfurl, unwrap; explicate; evolute, evolve; *die drama/krisis/tragedie/ens. het (hom)* ~, *die gebeure/ ens. het (hulle)* ~ the drama/crisis/tragedy/events/etc. unfolded.

**ont·vreem** *het* ~ pilfer, embezzle, dispossess, alienate, steal *(from); iets aan iem.* ~ steal s.t. from s.o.. **ont·vreem·ding** *=dings, =dinge* embezzlement, theft, dispossession, alienation.

**ont·vries** *het* ~ unfreeze; defrost; thaw (out); *~de maaltyd* defrosted meal. **ont·vrie·sing** defrosting.

**ont·waak** *het* ~ awake, wake up; *uit ...* ~ awake(n) from ...; *weer* ~, *(intr.)* reawaken; *iets weer laat* ~ reawaken s.t. *(nationalism etc.).* **ont·wa·king** awakening.

**ont·wa·pen** *het* ~ disarm, unarm; pacify. **ont·wa·pe·ning** disarmament.

**ont·war** *het* ~ unravel, disentangle, untangle, disembroil; *iets uit ...* ~ extricate s.t. from ...

**ont·wa·sem** *het* ~ demist. ~*middel =dele, =dels*, **ontwasemer** *=mers* demister.

**ont·wa·ter** *het* ~ drain *(land etc.);* dehydrate; *(min.)* dewater. **ont·wa·ter(d)** *=terde* dehydrated, desiccated. **ont·wa·te·ring** dehydration; *(min.)* dewatering.

**ont·werp** *=werpe, n.* plan, design; scheme, project, draft; blueprint *(fig.);* layout; styling; rough copy, sketch; *'n ruwe* ~ a rough draft. **ont·werp** *het* ~, *vb.* plan *(a building),* design *(a picture, pattern, dress, mach., etc.);* project; draft *(a parl. bill, document, etc.),* draw up *(a document, plan, etc.),* devise, map out, trace, delineate *(a plan, scheme, etc.);* plot; style *(clothing).* ~**kuns** *(art of)* design. ~**(s)tekening** architectural sketch; cartoon.

**ont·wer·per** *=pers* designer, draftsman, drafter; layout artist; projector; originator; planner. ~**speelgoed** *n. (pl.)* executive toys. ~**stoppels** designer stubble.

**ont·wer·pers·jeans** designer jeans.

**ont·wik·kel** *het* ~ develop; generate *(heat, gas, steam, etc.);* raise *(steam);* unfold *(plans);* evolve; cultivate; *'n plaat/film* ~ develop a plate/film; *kyk hoe die saak (hom)* ~ see how things develop/shape; *tot ...* ~ develop into ...; *tot 'n volskaalse oorlog* ~ escalate into full-scale war; *uit ...* ~ develop from ...; evolve out of ... ~**bak** *(phot.)* developing tray.

**ont·wik·ke·laar** *=laars, (econ., phot., etc.)* developer; generator *(of heat, gas, steam, etc.).*

**ont·wik·keld** *=kelde* developed; cultivated; cultured, educated, mature *(pers.); goed* ~ well-educated; well-developed, well-grown; *'n ~e land, (econ., pol.)* a developed *(or* First World) country/nation.

**ont·wik·ke·lend** *=lende* developing *(economy, market, world, foetus, etc.).*

**ont·wik·ke·ling** *=lings, =linge* development; growth, progress; education; culture; unfolding; *(biol.)* differentiation; generation; *nie tot volledige* ~ *kom nie, (a plant)* abort.

**ont·wik·ke·lings·:** ~**gang** (process of) development; progress. ~**gebied** development area. ~**geskiedenis** history of the development, ontogeny; *(biol.)* ontogenesis. ~**hulp** development aid. ~**koste** development costs. ~**land** developing country. ~**toestand** state of development/evolution. ~**vermoë** power to develop; generating power.

**ont·wil** sake, behalf; *om ons almal se* ~ for all our sakes; *om my/jou/sy/haar* ~ for my/your/his/her sake; *om U naams* ~, *(chiefly relig.)* for Thy name's sake.

**ont·wor·tel** *het* ~ uproot *(lit. & fig.),* eradicate, pull up by the roots, deracinate; displace *(a pers.); jou* ~ pull up one's roots. **ont·wor·tel·de** *=des* displaced person. **ont·wor·te·ling** uprooting, eradication; displacement.

**ont·wrig** *het* ~ disrupt, disorganise, upset, unsettle; *(med.)* dislocate, put out of joint *(shoulder, knee, etc.); beserings het die span* ~ injuries have thrown the team into disarray; ~*te dienslewering* disrupted service delivery. **ont·wrig·tend** *=tende* disruptive, unsettling. **ont·wrig·ter** disruptive element. **ont·wrig·ting** *=tings, =tinge* disruption, disjunction, disorganisation; crippling *(of a trade);* putting out of joint *(fig.),* unsettlement; *(med.)* dislocation; *(med.)* disjointedness.

**ont·wurm** *het* ~ deworm. **ont·wur·ming** deworming.

**ont·wy** *het* ~ desecrate, profane; defile, pollute; deflower; deprive of ecclesiastical rank, defrock, unfrock.

**on·twy·fel·baar** *=bare, adj.* indisputable, indubitable, unquestionable, incontestable. **on·twy·fel·baar** *adv.* unquestionably, indisputably, indubitably. **on·twy·fel·baar·heid** indisputability, indisputableness, indubitableness.

**ont·wyk** *het* ~ avoid, keep clear of, skirt, bypass, shun *(s.o.);* dodge *(a blow, s.o.),* evade *(a question);* keep aloof from *(s.o.);* elude; flee; skulk; *verantwoordelikheid* ~ shirk responsibility. **ont·wy·kend·heid** evasiveness, elusiveness, caginess. **ont·wy·king** *=kings, =kinge* evasion, shunning, avoidance, dodging. **ont·wy·kings·ma·neu·ver** evasive action.

**on·ty·dig** *=dige, adj.* untimely, ill-timed, inopportune; unseasonable *(weather);* premature, preterm *(birth);* abortive, mistimed. **on·ty·dig** *adv.* unseasonably; ~ *sterf* die prematurely. **on·ty·dig·heid** untimeliness, inopportuneness, inopportunity.

**ont·ys** *=ysde, =yste, adj.* de-iced, defrosted. **ont·ys** *het* ~, *vb.* de-ice, defrost. **ont·y·ser** *=sers* de-icer, defroster.

**on·uit·ge·gee** *=gewe* unpublished; unspent.

**on·uit·ge·keer(d)** *=keerde* undistributed, unappropriated *(profit).*

**on·uit·ge·maak** *=maakte* undecided, unsettled, open *(question),* debatable; unascertained; doubtful; *dis 'n* ~*te saak* it hangs in the balance.

**on·uit·ge·spro·ke** unspoken, unuttered; tacit, implicit, inexplicit; undeclared, unexpressed, unvoiced, mute, unsaid; voiceless, wordless; unpronounced, silent, mute *(letter).*

**on·uit·ge·voer** *=voerde* unexecuted, undone, unaccomplished.

**on·uit·hou(d)·baar** *=bare* unbearable, insufferable, unendurable, impossible, maddening.

**on·uit·put·lik** *=like* inexhaustible, never-failing. **on·uit·put·lik·heid** inexhaustibility.

**on·uit·spreek·baar** *=bare* unpronounceable.

**on·uit·spreek·lik** *=like, adj.* unspeakable, inexpressible, unutterable, beyond words, nameless, ineffable. **on·uit·spreek·lik** *adv.* unspeakably, unutterably, beyond words.

**on·uit·staan·baar** *=bare* intolerable, unbearable, obnoxious; insufferable *(pers.).*

**on·uit·voer·baar** *=bare* impracticable; unworkable, unfeasible; unachievable, unenforceable; not fit for export. **on·uit·voer·baar·heid** impracticability, impracticableness; impracticality, impracticalness; unenforceability.

**on·uit·wis·baar, on·uit·wis·baar** *=bare* indelible *(ink);* enduring, lasting *(impression);* ineradicable. **on·uit·wis·baar·heid** indelibility, enduringness.

**o·nus** onus, burden, duty, responsibility; ~ *probandi, (jur.)* burden of proof, onus probandi.

**on·van·pas, on·van·pas** *=paste meer* ~ *die mees =paste* inconvenient, inopportune; unsuited, unsuitable; out of place, inappropriate, unapt, inapt; uncalled-for; unseemly, unfitting, unbecoming; improper; impertinent; ~ *vir die geleentheid* unsuitable to the occasion.

**on·vas** -vaste soft (ground), faltering (steps, voice, etc.), shaking, unsteady (hand, steps, ladder, pers., etc.), light (sleep); fickle, inconstant, changeable, unstable (pers.); variable, uncertain, fluid; labile; unset; unsound; shaky; unsettled; ~te grond unstable ground; ~te kleur non(-)fast/fading/fugitive colour; met 'n ~te stem praat speak in a halting voice. **on·vast·heid** unsteadiness, instability, shakiness, variability, fluidity, unsettledness; unevenness (of s.o.'s voice); 'n toestand van ~ a state of flux.

**on·vat·baar** -bare: ~ vir ... immune to ... (a disease); impervious to ... (flattery etc.), deaf to ... (reason etc.). **on·vat baar·heid** insusceptibility, imperviousness; immunity.

**on·vei·lig** -lige unsafe, insecure; iets ~ maak make/render s.t. unsafe.

**on·ver·an·der(d)** -derde unchanged, unaltered, stationary (temperature); unvaried; iem. se toestand is ~, (also) there is no change in s.o.'s condition. **on·ver·an·der·lik** -like unchangeable, immutable, unalterable; uniform, constant, invariable, unchanging, unvarying; changeless; stereotyped; (elec., comp.) hard-wired (system); ~e antwoord stock answer. **on·ver·an der·lik·heid** unchangeableness, immutability, invariability.

**on·ver·ant·woord** -woorde unaccounted (for); unexplained; unwarranted, unjustified.

**on·ver·ant·woor·de·lik** -like, adj. not responsible, irresponsible (pers.); inexcusable; careless, reckless. **on·ver·ant woor·de·lik** adv. irresponsibly, carelessly, recklessly; ~ handel play fast and loose. **on·ver·ant·woor·de·lik·heid** irresponsibility.

**on·ver·be·ter(d)** -terde unimproved; uncorrected. **on·ver be·ter·lik** -like excellent, first-rate, priceless (joke); unsurpassable; incorrigible (rogue etc.); inveterate (drunkard, thief, etc.). **on·ver·be·ter·lik·heid** excellence; incorrigibility.

**on·ver·bid·de·lik** -like, adj. inexorable, relentless, grim; implacable; unwavering; unrelenting; ruthless. **on·ver·bid de·lik** adv. inexorably, relentlessly, unwaveringly, ruthlessly. **on·ver·bid·de·lik·heid** relentlessness, implacability, ruthlessness, savageness.

**on·ver·bloem(d)** -bloemde, adj. undisguised, unconcealed, unvarnished (truth). **on·ver·bloem(d)** adv. plainly, baldly, straight out.

**on·ver·bo·ë, on·ver·buig(d)** -buigde, (gram.) undeclined, uninflected.

**on·ver·bon·de** (strong p.p. of onverbind) unattached, unallied; uncommitted; (pol.) non(-)aligned, neutralist (country etc.). **on·ver·bon·den·heid** non(-)alignment (of a country etc.).

**on·ver·breek·baar** -bare, **on·ver·breek·lik** -like unbreakable (chains etc.); inviolable (law), indissoluble.

**on·ver·buig(d)** →ONVERBOË.

**on·ver·dag** -dagte unsuspected; undoubted; uit ~te bron on unimpeachable authority.

**on·ver·de·dig** -digde undefended; (jur.) not represented; ~de stad open city. **on·ver·de·dig·baar** -bare indefensible, unsupportable, unjustifiable, untenable, unwarrantable. **on·ver·de·dig·baar·heid** indefensibility.

**on·ver·deel(d)** -deelde, adj. undivided (things, attention, etc.), whole-hearted, united (party); unanimous; all, entire (affection); undistributed. **on·ver·deel(d)** adv. entirely, wholly; wholeheartedly; jou ~ aan ... wy devote o.s. entirely to ... **on·ver·deel·baar** -bare indivisible. **on·ver·deel·baar·heid** indivisibility.

**on·ver·dien(d)** -diende unearned (wages); undeserved; ~de lof unmerited praise.

**on·ver·dien·ste·lik** -like undeserving, unmeritorious, not meritorious; nie ~ nie not without merit. **on·ver·dien·ste lik·heid** demerit.

**on·ver·doel** -doelde, (rugby) unconverted (try).

**on·ver·draag·lik** -like insufferable (fellow), unbearable, intolerable.

**on·ver·draag·saam** -same intolerant; impatient; ~ teenoor ... intolerant of ... **on·ver·draag·saam·heid** intolerance; iem. se ~ teenoor ... s.o.'s intolerance of ...

**on·ver·e·nig·baar** -bare that cannot be united; mutually exclusive; ~ met ... inconsistent with ...; irreconcilable/incompatible with ...

**on·ver·flou(d)** -floude undiminished, unflagging, unabated (enthusiasm etc.).

**on·ver·gank·lik** -like imperishable, everlasting, undying, immortal; incorruptible (body). **on·ver·gank·lik·heid** imperishability.

**on·ver·geef·lik** -like unforgivable, unpardonable, inexcusable. **on·ver·geef·lik·heid** unforgivableness, unpardonableness.

**on·ver·geet·lik** -like unforgettable, never to be forgotten, memorable; ~ mooi hauntingly beautiful. **on·ver·geet·lik heid** unforgettableness, memorability, memorableness.

**on·ver·ge·lyk·baar** -bare non(-)comparable, not comparable, that cannot be compared (categories etc.).

**on·ver·ge·lyk·lik** -like incomparable, matchless, unparalleled, peerless, unequalled, nonpareil, beyond compare, unrivalled, unmatchable.

**on·ver·ge·noeg(d)** -noegde discontented, dissatisfied, disgruntled, disaffected. **on·ver·ge·noegd·heid** discontentment, discontent(edness), disaffection.

**on·ver·ge·sel** -selde unaccompanied, unescorted, companionless, unattended.

**on·ver·ge·we** unforgiven. **on·ver·ge·wens·ge·sind** -sinde unforgiving.

**on·ver·haal·baar** -bare irrecoverable (damages, debts, etc.).

**on·ver·han·del·baar** -bare not negotiable, non(-)negotiable; not transferable; unmarketable.

**on·ver·hin·derd** -derde, adj. undisturbed, unhindered. **on ver·hin·derd** adv. without let or hindrance.

**on·ver·hoeds** -hoedse, adj. unexpected, sudden, surprise (attack); ~e besluit snap decision; ~e stemming snap vote. **on·ver·hoeds** adv. unexpectedly, suddenly, unguardedly, unawares; iem. ~ betrap/vang catch s.o. off (his/her) guard, catch/take s.o. unawares; catch s.o. on the wrong foot (or off balance), wrong-foot s.o..

**on·ver·ho·le** adj., (poet., liter., rare) undisguised, unconcealed, outspoken. **on·ver·ho·le** adv. frankly, openly.

**on·ver·hoor(d)** -hoorde unheard, unanswered (prayer); untried (case); iets ~ verwerp reject s.t. out of hand.

**on·ver·kies·baar** -bare ineligible, unelectable. **on·ver·kies baar·heid** ineligibility.

**on·ver·klaar(d)** -klaarde unexplained; undeclared, unaccounted. **on·ver·klaar·baar** -bare unaccountable, inexplicable, unexplainable, puzzling; iets is vir iem. ~ s.t. is inexplicable to s.o., s.o. cannot account for s.t.; op ~bare wyse inexplicably, unaccountably. **on·ver·klaar·baar·heid** inexplicability, unaccountability.

**on·ver·koop, on·ver·koop** -koopte unsold, undisposed of. **on·ver·koop·baar** -bare unsal(e)able, unmarketable.

**on·ver·kort** -korte unabridged, unabbreviated, uncut.

**on·ver·ko·se** unelected.

**on·ver·kryg·baar** -bare unobtainable, unavailable, unprocurable; out of print. **on·ver·kryg·baar·heid** unavailability, non(-)availability.

**on·ver·kwik·lik** -like unpleasant, unsavoury, unedifying.

**on·ver·lig** -ligte unlit, unlighted, lightless, unilluminated (hall etc.); unenlightened (pers.).

**on·ver·loof** -loofde unengaged, unattached.

**on·ver·meld** -melde unmentioned; untold; undisclosed; unrecorded.

**on·ver·meng(d)** -mengde unmixed, unblended; neat, straight *(drink);* unalloyed, unadulterated, undiluted; sheer, pure *(joy).*

**on·ver·min·der(d)** *-derde* unreduced, unabated, undiminished; unmitigated; *iem. se regte bly ~ (van krag)* s.o.'s rights are not prejudiced; *~derde ywer* undamped ardour.

**on·ver·mo·ë** inability, incapacity; impotence; powerlessness; *iem. se ~ om … s.o.'s inability/failure to …* **on·ver·mo·ënd** *-moënde* unable, powerless, impotent, incapacitated; without means/money, poor, impecunious.

**on·ver·moei·baar** *-bare* indefatigable, untiring, tireless.

**on·ver·moeid** *-moeide* untiring, tireless, unflagging, unremitting.

**on·ver·my·de·lik** *-like,* **on·ver·my·baar** *-bare, adj.* inevitable, unavoidable, inescapable. **on·ver·my·de·li·ke** *n.: jou in die ~ berus* accept the inevitable. **on·ver·my·de·lik·heid** inevitability, unavoidableness, necessity.

**on·ver·niel·baar** *-bare* indestructible; hard-wearing; resilient, durable, tough.

**on·ver·nie·tig·baar** *-bare* indestructible; indissoluble.

**on·ver·nis** *-niste* unvarnished *(wood);* unlacquered *(brass).*

**on·ver·ou·der(d)** *-derde* youthful; unmatured *(wine).*

**on·ver·pak** *-pakte* unpacked, not packed.

**on·ver·plig** *-pligte* not obligatory, optional *(payment etc.).*

**on·ver·poos(d)** *-poosde, adj. & adv.* uninterrupted, unceasing(ly), incessant(ly), ceaseless(ly); unabating, unremitting.

**on·ver·re·ken** *-kende* uncleared *(cheque).*

**on·ver·rig** *-rigte* undone, unexecuted; *~ter sake, (also onverrigtersake)* without having achieved one's object, without having accomplished anything, unsuccessfully.

**on·ver·sa·dig** *-digde* unsatisfied; unsaturated *(solution, market, etc.);* unquenched *(appetite); ~de radikaal, (phys.)* free radical. **on·ver·sa·dig·baar** *-bare* insatiable, insatiate.

**on·ver·sag** *-sagte* unmitigated.

**on·ver·se·ël(d)** *-seëlde* unsealed.

**on·ver·se·ker(d)** *-kerde* uninsured; unsecured. **on·ver·se·ker·baar** *-bare* uninsurable.

**on·ver·set·lik** *-like* unyielding, adamant, firm, hard-line, uncompromising, unwavering, intransigent, unshakeable; stubborn, obstinate. **on·ver·set·lik·heid** firmness, unyieldingness; stubbornness, obstinacy.

**on·ver·sier(d)** *-sierde* plain, undecorated, unadorned; untrimmed.

**on·ver·sig·tig** *-tige* imprudent, rash, indiscreet, incautious, unwary. **on·ver·sig·tig·heid** imprudence, incautiousness, rashness.

**on·ver·skans** *-skanste* unhedged *(investment etc.).*

**on·ver·skil·lig** *-lige* indifferent, uninterested; careless; reckless; nonchalant; *~e bestuurder* reckless driver; *~ oor iets* careless of s.t.; *~ staan teenoor iets* be indifferent to s.t.; *jou ~ voordoen* affect indifference. **on·ver·skil·lig·heid** indifference, disinterest; carelessness; recklessness; unconcern, nonchalance; *~ omtrent/teenoor …* apathy/indifference to(wards) …

**on·ver·skoon·baar** *-bare* inexcusable, unpardonable, unjustifiable.

**on·ver·skrok·ke** undaunted(ly), intrepid(ly), fearless(ly), dauntless(ly), unflinching(ly), valorous(ly). **on·ver·skrok·ken·heid** fearlessness, intrepidity, dauntlessness; *~ aan die dag lê* show/display valour.

**on·ver·slaan** *-slane* unbeaten, undefeated.

**on·ver·slap** *-slapte* unflagging, unremitting, unabated, unrelaxed.

**on·ver·soen(d)** *-soende* not reconciled; unappeased. **on·ver·soen·lik** *-like,* **on·ver·soen·baar** *-bare* irreconcilable, implacable, intransigent; unforgiving. **on·ver·soen·lik·heid** irreconcilability, implacability; unforgivingness.

**on·ver·soet** *-soete* unsweetened.

**on·ver·sorg** *-sorgde* uncared-for, not provided for; not attended to, unattended; slovenly, untidy, unkempt, untended, neglected; *iem. ~ agterlaat* leave s.o. unprovided for; *~de styl* slipshod style. **on·ver·sorg·heid** slovenliness, untidiness, slipshodness, dowdiness.

**on·ver·staan·baar** *-bare* unintelligible, incomprehensible; inarticulate; *~ vir iem.* unintelligible to s.o.. **on·ver·staan·baar·heid** unintelligibility; incomprehensibility.

**on·ver·stan·dig** *-dige* unwise, imprudent, foolish, misguided, indiscreet, injudicious; unreasonable. **on·ver·stan·dig·heid** foolishness, folly, indiscretion; unreasonableness.

**on·ver·sterk** *-sterkte* unfortified; unsupported *(material);* unstrengthened; unamplified.

**on·ver·steur(d)** *-steurde,* **on·ver·stoor(d)** *-stoorde* undisturbed; unperturbed; unruffled. **on·ver·steur·baar, on·ver·stoor·baar** *-bare* imperturbable, self-collected, impassive, unflappable. **on·ver·steur·baar·heid, on·ver·stoor·baar·heid** imperturbability, equanimity, impassiveness, unflappability.

**on·ver·swak** *-swakte* undiminished; unimpaired; unabated.

**on·ver·taal(d)** *-taalde* untranslated. **on·ver·taal·baar** *-bare* untranslatable, uninterpretable. **on·ver·taal·baar·heid** untranslatability, untranslatableness.

**on·ver·tak** *-takte, (bot.)* unramified, simple; unbranched.

**on·ver·teen·woor·dig** *-digde* unrepresented. **on·ver·teen·woor·di·gend** *-gende* unrepresentative.

**on·ver·teer(d)** *-teerde* undigested *(food);* unconsumed. **on·ver·teer·baar** *-bare, (lit., fig.)* indigestible. **on·ver·teer·baar·heid** indigestibility.

**on·ver·troud** *-troude* unfamiliar; *~ met iets* unfamiliar with s.t..

**on·ver·vals** *-valste, -valsde* unadulterated, pure, genuine *(work of art etc.),* sterling, unvarnished.

**on·ver·vang·baar** *-bare* irreplaceable.

**on·ver·vreem·baar** *-bare* inalienable *(possessions);* indefeasible, vested *(rights).*

**on·ver·vul(d)** *-vulde* unfulfilled, unmet *(promise);* unexecuted, unperformed *(task),* unredeemed. **on·ver·vul·baar** *-bare* that cannot be fulfilled, unrealisable.

**on·ver·vyf** *-vyfde, (rugby)* unconverted *(try).*

**on·ver·wag** *-wagte, adj.* unexpected, sudden, surprise, surprising, unanticipated, unpredicted, unheralded; unhoped(-for); *~te geluk* godsend; *~te verandering/wending* supervention, *(infml.)* twist *(in a plot etc.).* **on·ver·wags** unexpectedly, unawares, suddenly; *totaal ~* surprisingly, out of the blue. **on·ver·wags·heid** suddenness, unexpectedness.

**on·ver·wa·ter(d)** *-terde* undiluted; unwatered *(capital assets);* not watered down *(fig.).*

**on·ver·weer(d)** *-weerde* unweathered; *~de gesteentes* fresh rocks.

**on·ver·welk** *-welkte* unfaded. **on·ver·welk·baar** *-bare* imperishable, everlasting; unfadable, fadeless, unfading *(fig.).*

**on·ver·werk** *-werkte* not worked out/up; unassimilated, undigested; unprocessed; *~te kos* unprocessed food, wholefood; *~te produkte* wholefood products.

**on·ver·we·sen·lik** *-likte* unmet *(promises etc.);* unrealised *(dreams, potential, etc.).*

**on·ver·wis·sel·baar** *-bare* not exchangeable; incommutable; inconvertible.

**on·ver·woes·baar** *-bare* indestructible.

**on·ver·wy·der·baar** *-bare* irremovable.

**on·ver·wyld** *-wylde, adj.* immediate. **on·ver·wyld** *adv.* immediately, at once, without delay, forthwith.

**on·vind·baar** *-bare* not to be found.

**on·vlam·baar** *-bare* un(in)flammable.

**on·vlei·end** *-ende* unflattering, uncomplimentary.

**on·vol·doen·de** *adj. & adv.* insufficient(ly), not enough, scanty, scantily, sketchy, sketchily, inadequate(ly).

**on·vol·groei(d)** *=groeide* immature. **on·vol·groeid·heid** immaturity.

**on·vol·hou·baar** *=bare* unsustainable.

**on·vol·ko·me** imperfect, defective; incomplete. **on·vol·ko·men·heid** imperfection, incompleteness.

**on·vol·le·dig** *=dige* incomplete, sketchy; *(biol.)* vestigial; *(biol.)* rudimentary; fragmentary; catalectic; *(fin.)* naked, nude *(contract).* **on·vol·le·dig·heid** incompleteness.

**on·vol·maak** *=maakte* imperfect, faulty, defective. **on·vol·maakt·heid** imperfection, deficiency.

**on·vol·pre·se** *(poet., liter.)* beyond praise, that cannot be praised enough.

**on·vol·tooi(d)** *=tooide* unfinished, incomplete; *~de breuk, (math.)* deferred/incomplete fracture; *~de verlede tyd, (gram.)* imperfect (tense); *(bookk.)* work-in-progress.

**on·vol·was·se** immature, half-developed, half-grown, not fully grown; unripe; immature, infantile, juvenile, childish. **on·vol·was·sen·heid** immaturity, half-developed/immature state; unripeness.

**on·voor·be·reid** *=reide* unprepared, unrehearsed, impromptu; unscheduled; surprise; *'n ~e toespraak* an impromptu/off-the-cuff/unprepared/unrehearsed speech.

**on·voor·de·lig** *=lige* unprofitable, profitless; uneconomic.

**on·voor·sien** *=siene* unexpected, unforeseen, unanticipated, unpredicted; *~e omstandighede* unforeseen circumstances; *~e uitgawe(s)* contingencies; incidental/emergency expenses. **on·voor·siens** unexpectedly.

**on·voor·spel·baar** *=bare* unpredictable, unforeseeable. **on·voor·spel·baar·heid** unpredictability *(of events).*

**on·voor·stel·baar** *=bare* unimaginable, inconceivable.

**on·voor·waar·de·lik** *=like, adj.* unconditional, implicit *(faith),* unquestioning, absolute, categorical, unreserved; *(metaphys.)* unconditioned; *~e gehoorsaamheid* passive obedience. **on·voor·waar·de·lik** *adv.* unconditionally, implicitly; *jou ~ oorgee* surrender unconditionally; *iem. ~ vertrou* trust s.o. implicitly/absolutely.

**on·vre·de** strife, discord, feud, dispute; *in ~ met iem. leef/lewe* live in conflict with s.o..

**on·vrien·de·lik** *=like* unkind, unfriendly, standoffish, uncivil, disagreeable, disobliging; *~ teenoor iem.* unfriendly to(wards) s.o.; nasty to s.o.. **on·vrien·de·lik·heid** unkindness, unfriendliness.

**on·vrou·lik** *=like* unwomanly, unfeminine, unladylike.

**on·vrug·baar** *=bare* infertile, barren *(lit., fig.);* sterile *(land, pers., plant, discussion, animal, etc.),* unfruitful, unproductive; unrewarding *(work);* poor *(soil);* unprolific *(author);* ... *~ maak* sterilise ...; spay ... *(bitches, sows).* **on·vrug·baar·heid** infertility; sterility, unproductiveness, barrenness; futility. **on·vrug·baar·ma·king** sterilisation.

**on·vry, on·vry** *=vry(e) =vryer =vryste* unfree, not free.

**on·vry·wil·lig** *=lige, adj.* involuntary, compulsory. **on·vry·wil·lig** *adv.* involuntarily, compulsorily.

**on·waar** *~, onware* false, untrue, untruthful; insincere. **on·waar·heid** *=hede* falsehood, untruth, mendacity; *'n ~ ver·tel/verkondig* tell an untruth.

**on·waar·dig** *=dige* unworthy; undeserving; dishonourable; undignified; *~ behandel word* be treated dishonourably; *gedrag wat 'n advokaat/ens. ~ is* behaviour unbecoming (to) an advocate/etc.; *~e houding* undignified attitude; *die naam ~ wees* be unworthy of the name. **on·waar·dig·heid** unworthiness; indignity.

**on·waar·neem·baar** *=bare* imperceptible, indiscernible, indistinguishable *(differences),* insensible, undetectable, unnoticeable.

**on·waar·skyn·lik** *=like* improbable, unlikely, implausible;

*hoogs ~* highly unlikely. **on·waar·skyn·lik·heid** improbability, unlikelihood, unlikeliness; implausibility.

**on·wan·kel·baar** *=bare* unshak(e)able, steadfast, firm, unwavering, immovable, rocklike, unfaltering, unflinching, unswerving. **on·wan·kel·baar·heid** firmness, steadfastness, immovability.

**on·was·baar** *=bare* unwashable.

**on·weer** storm, *(esp.)* thunderstorm; bad weather; *daar is ~ in die lug* a storm is blowing up, a (thunder)storm is brewing.

**on·weer·lê** *=legde* unrefuted; unanswered. **on·weer·leg·baar** *=bare, adj.* irrefutable, indisputable, unanswerable, unassailable, incontrovertible, incontestable. **on·weer·leg·baar** *adv.* irrefutably, indisputably, incontrovertibly.

**on·weers-: ~bui** thunderstorm, rainstorm, electric(al) storm. **~lug** overcast/threatening sky; unsettled weather. **~wolk** storm cloud, thundercloud.

**on·weer·staan·baar** *=bare* irresistible; *~ (aantreklik)* devastating, devastatingly attractive/handsome. **on·weer·staan·baar·heid** irresistibility; seductiveness.

**on·weers·vo·ël** *(myth.)* thunderbird.

**on·wel, on·wel** indisposed, unwell.

**on·wel·kom** *=kome* unwelcome, unacceptable, unpopular, undesired.

**on·wel·rie·kend** *=kende* evil-smelling, foul-smelling, smelly, malodorous.

**on·wel·voeg·lik** *=like* indecent, improper, immodest, obscene. **on·wel·voeg·lik·heid** indecency, impropriety, immodesty, obscenity.

**on·wel·wil·lend** *=lende* discourteous, unkind, unsympathetic, unfriendly, ungracious.

**on·wens·lik** *=like* undesirable. **on·wens·lik·heid** undesirability.

**on·wê·relds** *=reldse* unworldly.

**on·werk·lik** *=like* unreal, surreal, fanciful. **on·werk·lik·heid** unreality.

**on·we·tend** *=tende, adj.* ignorant; unknowing; unaware; unlearned, uninstructed; *iem. ~ hou omtrent iets* keep s.o. in ignorance of s.t.. **on·we·tend** *adv.* unknowingly, unwittingly; unawares; ignorantly. **on·we·tend·heid** ignorance, unconsciousness; *iem. se ~ aangaande/omtrent ... s.o.'s ignorance of ...; in jou ~ iets doen* do s.t. in ignorance *(or* unwittingly); *in ~ verkeer omtrent iets* be ignorant of *(or* in the dark about) s.t..

**on·we·ten·skap·lik** *=like* unscientific, non(-)scientific, unscholarly. **on·we·ten·skap·lik·heid** unscientific way/attitude.

**on·wet·tig** *=tige* illegal, unlawful, illicit *(diamond buying etc.),* against the law; unauthorised; *~e immigrant* illegal immigrant; *~e kopie* bootleg/pirated copy *(of a DVD etc.);* ... *~ verklaar* outlaw ... **on·wet·tig·heid** illegality, unlawfulness; illegitimacy.

**on·wil·le·keu·rig** *=rige, adj.* involuntary, instinctive *(reaction, response, etc.); (physiol.)* autonomic; *~e senustelsel* autonomic nervous system; *~e spier* involuntary/non(-)striated/smooth muscle. **on·wil·le·keu·rig** *adv.* involuntarily; *('n) mens doen dit ~* one does it involuntarily, one cannot help doing it.

**on·wil·lig** *=lige, adj.* unwilling, reluctant, recalcitrant, uncooperative. **on·wil·lig** *adv.* unwillingly, reluctantly, begrudgingly; *baie ~* with great reluctance. **on·wil·lig·heid** unwillingness, reluctance, recalcitrance.

**on·wis: ** *vir die wis en die ~* →WIS¹ *n..*

**on·wrik·baar** *=bare* unshak(e)able, steadfast, unshaken, undeviating, adamant, unbending, unyielding, immovable, rocklike; irrefutable *(proof); ~ soos 'n rots* as firm as a rock. **on·wrik·baar·heid** steadfastness, unyieldingness, firmness, immovability.

**on·wys** =wyse unwise, foolish, impolitic, ill-judged. **on=
wys·heid** folly, foolishness, unwisdom.

**oog** *oë* eye *(of a human or an animal, of a needle, potato, sirloin
steak, storm, etc.);* fountain(head), source *(of a stream);* mesh
*(of wire or a net, etc.);* loop, bight *(in a rope);* cringle *(of a sail);*
gudgeon *(of a rudder); iem.* **kon** *sy/haar* oë *nie van ...* **afhou**
*nie* s.o. couldn't take his/her eyes off ...; *met die* **blote** ~ with
the naked/unaided eye; *'n* **blou** ~ a black eye, *(infml.)* a
shiner; *met* **dié** *doel voor* oë with this end/object in view; *'n*
**dwalende** ~ a roving eye; *iets met jou* **eie** *oë sien* see s.t. with
one's own eyes; *iem. se* oë **gee** *in* s.o.'s eyesight is failing; *al=
mal se* oë *is op ...* **gerig** all eyes are on ...; *iem. se* oë *is strak op
...* **gerig** s.o.'s eyes are glued to ...; *ek het iem. (nog) met geen
(of nie met 'n)* ~ **gesien** *nie, (infml.)* I haven't set eyes on s.o.
*(or* seen s.o. at all), I have seen no sign of s.o.; *iem. kon sy/
haar* oë *nie* **glo** *nie* s.o. couldn't believe his/her eyes; *jou* oë *oor
iets laat* **gly** run one's eyes along/down/over s.t.; *'n (goeie)* ~
*vir ...* hê have an eye *(or* a sharp eye*)* for ... *(detail etc.);*
**goeie** oë good eyesight; **groot** oë *maak vir iem.* stare at s.o.;
*met* **groot** *oë na iem.* kyk, iem. met **groot** *oë aankyk* look
wide-eyed at s.o., look at s.o. with wide-open eyes; *uit die* ~,
*uit die* **hart** out of sight, out of mind; *iets in die* ~ hê have an
eye on s.t.; *iets in/op die* ~ hê have s.t. in one's sights, have/
set one's sights on s.t.; have s.t. in view; envisage s.t.; *die* ~
*moet ook wat* **hê**, *(infml.)* there should be something for the
eyes too; *die/jou* ~ *op iets* hê have an eye on s.t.; have designs
on s.t.; *geen* ~*/oë vir iets* hê *nie, (not appreciate s.t.)* have no
eye(s) for s.t., be blind to s.t.; *net vir ...* oë hê only have eyes
for ...; *iem./iets in die* ~ **hou** keep s.o./s.t. in sight; *iem. in die*
~ **hou,** *(also)* keep an eye *(or,* infml. tabs*)* on s.o.; *'n* ~ *oor
iem./iets* **hou** care for *(or* look after *or,* infml. keep an eye on*)*
s.o./s.t.; *die* ~ *op iets* **hou** keep an eye on s.t.; *iets voor* oë **hou**
bear/keep s.t. in mind; *God voor* oë **hou** fear God; *iets vir die*
~ **wees**, *(infml.)* be easy on the eye, be quite an eyeful; *in die*
oë *van ...* in the eyes of ... *(the law, the world, etc.); in iem. se*
oë in s.o.'s view/opinion, to s.o.'s mind; *jou* oë **knip**, oë
**knip** *vir iem.* wink at s.o.; make eyes at s.o.; **knipper** *met jou*
oë flutter one's eyelids; *iem./iets in die* ~ **kry** catch sight of
s.o./s.t., clap/lay eyes on s.o./s.t.; *... onder die* oë **kry** clap/lay
eyes on ...; set eyes on ...; *iem. in die* oë **kyk** meet s.o.'s eye;
face s.o.; *iem. reg/vas/waterpas in die* oë **kyk** look s.o. full/
squarely/straight in the eye(s); *die wêreld in die* oë **kyk** hold
one's head high, hold up one's head; *iem. na die* oë **kyk** be
dependent (up)on s.o.; dance attendance (up)on s.o.; *die
gierigheid/ens. staan in iem. se* oë *te* **lees** greed/etc. looks
through s.o.'s eyes, greed/etc. is written on *(or* all over*)* s.o.'s
face; *iets* **loop/spring** *in die* ~ s.t. catches/strikes *(or* leaps to
*or,* infml. hits one in*)* the eye; *iets is in die* ~ **lopend** s.t. is
conspicuous/striking *(or* stands out*); 'n* **lus** *vir die* oë a sight
for sore eyes *(infml.); iem. se* oë *is groter as sy/haar* **maag**
s.o.'s eyes are *(or* s.o. has eyes*)* bigger than his/her stomach;
*met die* ~ *op ...* with an eye to ...; in view of ...; with a view
to ...; in consideration of ...; in the light of ...; *met die* ~ *op
inkomstebelasting/ens., (also)* for income-tax/etc. purposes; *jou*
oë **neerslaan,** *(poet., liter.)* cast down *(or* drop/lower*)* one's
eyes; *iem. sy/haar* oë *laat* **neerslaan** stare s.o. down/out; *'n*
**om** ~ an eye for an eye; *iem. iets onder die* ~*/oë* bring
s.t. to s.o.'s attention/notice; *onder die* oë **uit** out of sight;
*hoop iem. kom jou nooit weer* **onder** *die* oë *nie* hope one never
sees *(or* claps/sets eyes on*)* s.o. again; **onrustige/skelm** oë
shifty eyes; *iets met* **oop** oë **doen** do s.t. with one's eyes open;
*iets het iem. se* oë **oopgemaak/geopen,** *(also)* s.t. was an eye-
opener to s.o.; *jou* oë *(goed/wyd)* **oophou** keep one's eyes
open/peeled/skinned *(infml.);* keep a sharp lookout; *jou* oë
**oopmaak** open one's eyes; *jou* oë **ooreis** strain one's eyes;
**op** *die* ~ *(af)* to/by/from all appearances, to all outward ap=
pearances, to the face of it; outwardly, on the
surface; *nie lelik* **op** *die* ~ *nie, (infml.)* not bad to look at; *jou*
oë **ophef/opslaan,** *(poet., rhet.)* lift up one's eyes; raise one's
eyes; *gee* **pad** *onder my* oë! (get) out of my sight!; *iem. se* oë

*lyk* **pap** s.o. is bleary-eyed; *so ver/vêr as die* ~ *kan* **reik** as far
as the eye can reach; *iem. se* oë **rek** *van verbasing* s.o. stares
wide-eyed *(or* in amazement*), (infml.)* s.o.'s eyes pop with
amazement; *die* oë *laat* **rek** cause raised eyebrows; *iets onder
(die)* oë **sien** face up to s.t.; square up to s.t.; *'n* **skerp** ~ hê
have a quick eye; **skerp** oë hê have sharp eyes; have keen/
sharp sight; *iem. se* oë **skitter** s.o.'s eyes are shining; *jou* oë *op
'n* **skrefie** *trek* narrow *(or* screw up*)* one's eyes; **slegte** oë
bad eyesight; *jou* oë *vir iets* **sluit/toedruk/toemaak** close/
shut one's eyes *(or* turn a blind eye*)* to s.t., blink at s.t.; con=
nive at s.t.; *dit* **staan** *iem. nog duidelik/helder voor* oë s.o. has
a vivid recollection of it, it stands out in s.o.'s memory; *iem.
se* oë **straal** *van ...* s.o.'s eyes are alight with ... *(joy etc.); jou*
oë **toeknyp/toemaak** close/shut one's eyes; *nie 'n* ~ **toe=
maak** *nie* not sleep a wink, not get/have a wink of sleep; *iem.
se* oë **traan** s.o.'s eyes are running/watering; *iets* **tref** *die* ~ s.t.
catches the eye *(infml.); uit die* ~ **wees** be out of sight; be lost
to view; *iem. se* oë **uitsteek,** *(lit.)* gouge/poke/put out s.o.'s
eyes; *(fig.)* envy s.o., be jealous of s.o.; *jou* oë **uitvee** wipe
one's eyes; *voor iem. sy/haar* oë *kon* **uitvee/uitvryf** before
s.o. was aware of anything happening; *iem. se* oë **val** *amper
uit van verbasing, (infml.)* s.o.'s eyes pop with amazement;
*iem. nie onder jou* oë *kan* **verdra** *nie* hate *(or* not bear/stand*)*
the sight of s.o.; *iem./iets uit die* ~ **verloor,** *(lit.,fig.)* lose sight
of s.o./s.t.; *(lit.)* lose track of s.o./s.t.; *onder* **vier** *oë* in private;
*('n)* ~ *vir ('n)* ~ an eye for an eye; *iets is net* **vir** *die* ~ s.t. is
just for show; *iem. se* oë *skiet* **vlamme** s.o.'s eyes blaze *(with
anger); voor iem. se* oë before/under s.o.'s eyes; *'n* **wakende**
~ a vigilant eye. **~aandoening** =nings, =ninge eye trouble.
**~appel** eyeball; pupil; apple of the eye *(lit. & fig.),* orb.
**~arts** oculist, ophthalmic surgeon, ophthalmologist. **~bal**
eyeball, globe. **~bank** eyebrow ridge; →OËBANK. **~bedrog**
optical illusion; trompe l'oeil *(in art).* **~bout** *(tech.)* eye bolt.
**~chirurg, =sjirurg** ophthalmic surgeon. **~druppels** eye=
wash, eye lotion, eye drops. **~getuie** eyewitness; ~ *van iets*
an eyewitness of/to s.t.. **~glas** eyeglass; monocle; eyepiece
*(of a telescope),* ocular. **~haar** =hare eyelash, cilium; *geen/nie
~hare vir iem. hê nie, (infml.)* have no time for s.o.. **~hoogte**
eye level. **~hoogteoond** eye-level oven. **~kas** =kasse, **~holte**
=tes eye socket, eyepit, orbit. **~kelkie** eyebath, eyecup. **~klap**
=klappe blinker, blinder, eye flap; winker brace *(of a horse);
(also)* oogklappie eye patch *(to protect an injured eye); ~pe
aanhê/dra, (a horse)* be blinkered; *(fig.)* wear blinkers; *vir iem.
~pe aansit* hoodwink s.o.; *met ~pe rondloop* *(of deur die lewe
gaan), (fig.)* be blinkered. **~klier** lachrymal gland. **~kliniek**
ophthalmological/eye clinic. **~knip** *n. & vb.* wink. **~kontak**
eye contact. **~kundige** oculist, optician; optometrist. **~kwaal**
eye disease. **~lens** eye lens, lens of the eye. **~lid** =lede eyelid;
*teen jou ~lede vaskyk, (infml.)* not use one's eyes; *geen* ~ *ver=
roer nie* not bat an eye(lid). **~lid(rand)ontsteking** blephari=
tis. **~lopend** =pende conspicuous; obvious. **~lyer** eye patient.
**~lyn** line of vision. **~maat** accuracy of eye; *'n goeie* ~ hê
have a sure/straight/correct eye. **~merk** aim, intention, pur=
pose, objective, purview, design, intent, object; *jou* ~ **bereik**
achieve one's aim; *die* ~ **daarmee** *is ...* the aim/object of the
exercise is ...; *met die* ~ *om ...* in order *(or* with a view*)* to
...; *die* **vernaamste** ~ the prime object. **~middel** =dele, =dels
ophthalmic remedy. **~omlyner** eyeliner. **~ontsteking** oph=
thalmia, inflammation of the eye. **~ooreising** eyestrain.
**~operasie** eye operation. **~pêrel** cataract, pearl eye. **~pis=
ter** *(zool.)* predacious ground beetle. **~potlood** eye pencil.
**~punt** visual point, point of sight; *(fig.)* point of view, view=
point; standpoint; centre of perspective; *iets uit 'n ander ~
beskou* view s.t. from a different angle *(or* point of view*); uit
die* ~ *van ...* in terms of ...; *uit die* ~ *van die politiek/ens. be=
skou, (also)* politically/etc. speaking, viewed *(or* looked at*)*
politically/etc., from the political/etc. angle. **~rand** edge of
the eye, orbit. **~rimpel** crow's foot, eye wrinkle. **~rok** *(anat.)*
sclera; sclerotic. **~salf** eye ointment, ophthalmic ointment.
**~senu** =senu's, **~senuwee** =wees optic nerve, eye string.

~**siekte** eye disease, eye trouble. ~**skerm**, ~**skut** eye guard, eye protector, eyeshade, eye shield. ~**spanning** eyestrain, strain on the eyes. ~**spesialis** eye specialist, ophthalmologist. ~**spieël** ophthalmoscope. ~**spier** muscle of the eye, eye muscle. ~**stuk** eyepiece *(of a microscope etc.)*. ~**tand** *-tande* eyetooth, canine (tooth), dogtooth, laniary (tooth), cuspid; *~e kry* cut one's eyeteeth *(lit.)*. ~**uitpeuling** exophthalmia, *(infml.)* pop-eye. ~**vel** *-velle* eyelid; *teen jou ~le vas= kyk, (infml.)* not use one's eyes. ~**verblindend**, ~**verblindend** *-dende* blinding *(light)*, dazzling *(light, splendour, speed, etc.)*. ~**vermoeidheid**, ~**vermoeienis** eyestrain. ~**vlek** eyespot, ocellus, stigma. ~**vlies** tunic of eye, tunicle. ~**vog** eyewater, aqueous humour. ~**water** eye lotion, eye water, eyewash, eye drops, collyrium. ~**wimper** eyelash. ~**wink**, ~**wenk** moment; *in 'n ~* in/like a flash, in a split *(or* fraction of a) second, in the twinkling of an eye, in (less than *or* next to) no time, in no time at all.

**oog·heel·kun·de** ophthalmology. **oog·heel·kun·dig** *-dige*, *adj.* ophthalmological. **oog·heel·kun·di·ge** *-ges*, *n.* ophthalmologist, oculist.

**oog·lui·kend:** *iets ~ toelaat* close/shut one's eyes to s.t..

**oog·op·slag** glance; coup d'oeil; *met een ~* at a glance; *met/ by die eerste ~* at sight; at first sight; *iets met 'n ~ sien* see s.t. with half an eye.

**ooi** *ooie* ewe; hind; *jong ~* gimmer; *niedragtige ~* maiden ewe *(which has not yet lambed);* open ewe *(which has had a lamb)*. ~**lam** she-lamb, ewe lamb; *jou enigste ~,* *(fig.: most valued possession)* one's only ewe lamb.

**ooi·e·vaar** *-vaars, -vare* stork. **ooi·e·vaars·tee**, *-par·ty(·tjie)* stork party.

**ooit** ever; *so belangrik/ens. as ~* as important/etc. as ever; *iem. is 'n ... so erg as (wat) daar ~ was* s.o. is a ... if ever there was one; *as iets ~ gebeur* if ever s.t. happens; *waarom het hy/sy dit ~ gedoen?* why did he/she do it in the first place?; *in= dien ~* if at all.

**ook** also, as well, too, likewise, even, besides, otherwise; *hoe oud/ens. iem. ~ al is, hy/sy is nie ...* old/etc. as s.o. is, he/she is not ...; *jy is ~ altyd laat, (infml.)* you're always late, you know; *daardie een ~* that one as well; *~ dit nie* not that either; *en dit ~ nog!* that's all I need! *(infml.)*; *ek ~!* so do I; same here! *(infml.); vir jou ~!* come to you!; *jy ~!* join the club! *(infml.); (en) jy ~!* so are you!; *nie net ... nie, maar ~ ...* not only ... but (also) ...; *iem. (het) ~ nie* neither (*or* no more) did/has s.o.; *iem. weet/ens. ~ nie* s.o. doesn't know/etc. either; *iem. weet ~ niks (nie), (infml.)* s.o. never knows a thing; *jy is ~ weer 'n mooie!, (iron.)* you are a fine one!.

**o·ö·liet, kuit·steen** *(geol.)* oolite, roe stone. ~**korrel** oolith.

**oom** *ooms* uncle; *(infml., children's lang.: male adult)* man, guy; *(children's lang., with cap.: form of address)* Mister, Sir. **ooms·kind** (first/full/own) cousin.

**oom·blik** *-blikke* moment, twinkling of an eye; minute; *'n benoude ~* an anxious moment; *op daardie ~* in that in= stant; *in that moment; binne enkele ~ke* in/within seconds; *geen* (of *nie [vir] 'n/een enkele) ~ nie* not/never for a/one moment; *het jy 'n ~ vir my?, kan ek 'n ~ met jou praat?* can you spare me a moment?; *op hierdie ~* even now; *in 'n ~* in an instant, in a moment; in a trice, *(infml.)* in a jiffy; *op die laaste ~* at the last minute/moment; in the nick of time; *die man/vrou van die ~* the man/woman of the hour; *(net) 'n ~!* just a minute/moment!, one (*or* half a) moment!; *(infml.)* half a second/mo!, just a sec!; hold it!; *op die ~* at the (present) moment, just/right now, at present, at this stage; *op die (in= gewing van die) ~* on the spur of the moment; *op/vir die ~* for the moment/present (*or* time being), for now. **oom= blik·lik** *-like, adj.* instantaneous; immediate *(danger)*; mo= mentary. **oom·blik·lik** *adv.* instantaneously, immediately, at once, instantly, momently.

**oom·pie** *-pies* (little) uncle, *(infml.)* uncie; *(often patronising)* gaffer, geezer; *(infml., joc.)* fuddy-duddy, fogey. **O~ Doom= pie, O~ Kedoompie** →HOMPIE KEDOMPIE.

**oond** *oonde* oven; furnace *(for smelting)*; kiln; *(infml., rugby)* scrum; *iets in 'n ~ droog* kiln-dry s.t.; *'n koel/stadige ~* a cool/slow oven; *'n matige ~* a medium/moderate oven; *iets in die ~ sit/steek* put s.t. in the oven; *'n warm ~* a hot oven; *warm uit die ~* freshly baked. ~**bos, bakbos(sie)** oven bush. ~**braai** *oondge=* oven roast. ~**deksel** oven cover. ~**deur** oven door. ~**droging** kiln-drying, seasoning, firing. ~**droog** *oondge=, geoond=* oven-dry, kiln-dry *(timber etc.)*; flue-cure *(tobacco); ~gedroogde/ge=de tamaties/ens.* oven-dried to= matoes/etc.. ~**gereg** casserole. ~**handskoen** oven glove. ~**hark** rabble. ~**kastrol** casserole. ~**koek** oven cake. ~**skop** oven shovel, (baker's) peel. ~**skottel** casserole; *(in the pl., also)* ovenware. ~**stok** oven rake; peel. ~**stoker** furnace= man. ~**vas** *-vaste* ovenproof; *~te opdienbakke* oven-to-table ware.

**oop** ~, *ope oper oopste* open *(doors, drawer, grave, wound, etc.)*; uncovered; unconcealed; clear; exposed; empty *(seat)*; va= cant *(post)*; unbuttoned, unfastened *(coat etc.)*; open, sincere, frank, *(infml.)* upfront; *~ en bloot* in the open; for all to see; *iem./iets is 'n ~/ope boek* s.o./s.t. is an open book (*or* has) hides no secrets *or* can be easily understood); *~ bus/ens.* open-top(ped) bus/etc.; *iets is elke dag ~* s.t. is open every day; *~/ope dag* open day *(at a school, etc.); ~/ope debat* open-ended debate; *~ gesig* open face; *jou gulp is ~* your fly is open; *~ hals* open neck; *~ huwelik* open marriage; *~/ope karakter* open disposition; *~ kol* clearing *(in a forest); die kraan is ~* the tap is turned on (*or* running); *~ krediet, (bookk.)* open credit; *~ motor* convertible; *~ myn* opencast/ opencut mine; *~ na ...* exposed to ... *(the east, west, etc.); ~ plek* vacancy; *~ rekening* open/charge/current account; *~ roos* blown rose; *~ ruimte* blank; *~ seisoen* open season *(for hunting, fishing, etc.); ~ en toe* (of *~-en-toe) aangehard= loop kom, (infml.)* run up at full tilt, come running flat out; *~/ope trust, (fin.)* open trust, open-end(ed) trust; *24 uur ~* open (for) 24 hours; *'n ope vraag* an open question, a moot point; *'n ~ vuur* an open fire; *~ water* open water; *(wa)wyd ~* wide open; *~ wond* cut/open wound. ~**bars** *oopge=* burst open, crack, split; *(bot.)* dehisce. ~**breek** *oopge=* break open, force/wrench open, prise open *(a box); 'n slot ~* force a lock. ~**broodjie** open sandwich. ~**deurbeleid** open-door policy. ~**draai** *oopge=* turn on *(water etc.)*, open *(a tap)*. ~**druk** *oopge=* (push/force) open. ~**gaan** *oopge=* open (out); *die deur gaan oop* the door opens. ~**gooi** *oopge=* throw open, fling open *(a door)*; spread out; *iets op ... ~* spread s.t. on ... *(a blanket on the ground etc.)*. ~**groefmyn** opencast mine, *(esp. coal)* open-pit mine. ~**hang** *oopge=* hang open; *iem. se mond het oopge= hang (van verbasing)* s.o. stared open-mouthed, s.o. simply gaped, s.o.'s jaw dropped. ~**hou** *oopge=* keep open *(one's hand);* hold/keep open; keep unlocked; reserve *(a place); die deur ~* hold the door (open); *'n betrekking ~* keep a post vacant. ~**kloof** *oopge=* cut open, cleave, wedge open; crack open. ~**knoop** *oopge=* unbutton, unfasten; *iem. kan die deur nie ~ nie* s.o. cannot open the door. ~**kry** *oopge=* get open; ~**laat** *oopge=* leave open; leave blank; leave vacant *(a seat)*; leave running *(a tap)*. ~**lê** *oopge=* lie open; lie uncovered/exposed; lay open; expose, reveal; *hardloop dat jy (so) ~* run for all one is worth, run flat out; *~ hek toe* sprint for the gate. ~**maak** *oopge=* open, undo, unlock, prise open; uncork, uncap *(a bottle etc.)*; unclench *(one's fist);* expose; uncover; unwrap; *die weg ~* blaze the trail, pioneer. ~**maker** opener. ~**mond** open-mouthed; flabbergasted, nonplussed; *~ staan, (infml.)* be taken aback. ~**nekhemp** open-necked shirt. ~**oë** *adv.* open-eyed, with open eyes. ~**plankombuis** open-plan kitchen. ~**rol** *oopge=* unroll *(roll of cloth etc.)*, open, unfurl *(a flag)*, spread out, unfold; uncoil, roll open. ~**skeur** *oopge=* tear/rip open; lacerate. ~**skuif**, ~**skuiwe** *oopge=* slide up/open, shove/move up/back. ~**slaan** *oopge=* open *(a book);* force/

knock open; *die deure het oopgeslaan* the doors flew open (*or* were flung open); *vir jou 'n pad ~* fight one's way through, make a way for o.s.. **~sluit** *oopge=* unlock. **~smyt** *oopge=*, (*in= fml.*) fling open. **~sny** *oopge=* cut open; *iets lewend ~* vivisect s.t.; *'n boek ~* cut the pages of a book. **~spalk** *oopge=* spread out, stretch out; open wide; distend; spread-eagle; *die oë ~* open the eyes wide. **~sper** *oopge=* open wide; flare. **~sprei** *oopge=* spread (out), splay. **~spring** *oopge=* burst/fly/pop open; crack. **~staan** *oopge=* be open; *die deur staan oop* the door is open; *daar staan vir iem. net een **pad/weg** oop* there is only one way open to s.o.; *=de **rekening*** outstanding account; *die **rekenings** staan nog oop* the accounts are still unpaid; *die **toekoms** staan vir jou oop* the future is yours. **~stamp** *oopge=* knock/force open; *vir jou 'n pad ~* elbow one's way through. **~steek** *oopge=* prick, pierce, lance; pick (*a lock*); dig through (*an obstruction*). **~stel** *oopge=* open, open up; throw open (*fig.*), make accessible. **~stoot** *oopge=* push open. **~toonskoen** open-/peep-toe(d) shoe, peep-toe. **~trap** *oopge=* kick open; *'n pad ~* clear the way; prepare/pave the way; *'n voetpad ~* tramp a path. **~trek** *oopge=* open (*a drawer etc.*); uncork (*a bottle*); pull open/back; breech; *dit (of die weer) trek oop* it is clearing up; *iem. ~* pull the bedclothes off s.o.. **~val** *oopge=* open automatically, fall open; become vacant (*a position*); cut (*one's leg etc. by falling*). **~veg** *oopge=*: *'n pad ~* fight one's way out/through. **~vlek** *oopge=* cut/slash open; splay out; gut (*a fish*); *'n samesweering ~* expose a conspiracy. **~vlieg** *oopge=* fly open. **~vou** *oopge=* open, unfold, fold out; unwrap. **~waai** *oopge=* be blown open.

**oop·heid** openness.

**oop·leg·ging** exposure (*of facts*); exposition; production (*of documents*).

**oop·stel·ling** opening (up); inauguration.

**oop·te** *=tes* open space; clearing (*in a forest*); openness.

**oor**[1] *ore*, *n.* ear (*of a pers., cup, etc.*); hearing; handle; *iem. ore **aansit**, (infml.)* make an ass of s.o.; *deur die ~* aurally; *'n dik ~* a cauliflower ear; *iem. se een ~ is **doof*** s.o. is deaf in one ear; *nog nie **droog** agter die ore nie, nog nat agter die ore* still wet behind the ears, inexperienced, green, still a greenhorn; *by die **een** ~ in en by die ander ~ uit* in (at) one ear, out (at) the other; *(die) **ene** oor wees* be all ears; *'n **fyn/skerp** ~ hê* have a quick ear; *iem. kon sy/haar ore nie **glo** nie* s.o. couldn't believe his/her ears; *met 'n **halwe** ~ luister* listen with half an ear; *'n ~ vir ... hê* have an ear for ... (*mus. etc.*); *iets **klink** verkeerd vir iem. se ore* s.t. sounds wrong to s.o.; *iets in jou ~ **knoop**, (infml.)* make a mental note of s.t.; *geen/nie ore aan jou **kop** hê nie, (infml.)* not do what one is told, refuse to obey, be disobedient; *het jy geen/g'n/nie ore (aan jou **kop**) nie?, (infml.)* why don't you do as you are told?; *jou ore van jou **kop** af betaal, (infml.)* pay through the nose; *'n **koppie** sonder ~* a handleless cup; *maak jou ore **oop!*** read my lips!; *jou ore **oophou*** keep one's ear(s) (close) to the ground; *tot **oor** jou ore verlief wees, (infml.)* be head over heels in love; ***pluisies** in jou ore hê* have plugged ears, be deaf, refuse to listen; *dit **pynig** ('n) mens se ore* it grates upon the ear; *die hond **skud** sy ore* the dog flaps its ears; *iem. se ore **slaan toe** s.o.'s ears* (go) pop (*or* block up *or* get blocked); *jou ore **sluit** vir ...* turn a deaf ear to ...; *jou ore **spits*** prick (up) (*or* cock/ strain) one's ears; *jou ore **toestop*** stop one's ears; *iem. se ore **trek** pull s.o.'s ears; *jou ore (vir skinderpraatjies) **uitleen**, (infml.)* listen to gossip. **~been(tjie)** ear-bone, ossicle. **~bel** *=belle* eardrop, earring; ear lobe, earlap; →OORTROM. **~drom** →OORTROM. **~foon** earphone. **~gat** earhole. **~getuie** earwitness. **~klap** earflap, ear protector. **~knopie** ear stud. **~krabbe(r)tjie** *=tjies* eardrop, earring; →OORBEL. **~lel(letjie)** ear lobe, lobe of the ear. **~merk** →OORMERK. **~~neus-en-keel(-)spesialis** ear nose and throat specialist, otorhinolaryngologist. **~ontste= king** inflammation of the ear, otitis. **~pluisie, prop(pie)** ear-plug. **~pyn** earache. **~ring** earring. **~ringtjie** (*dim.*) small earring; sleeper. **~skulp** (*anat.*) auricle, pinna. **~spesialis**

aurist, otologist. **~spieël** otoscope. **~stokkie** earbud. **~stuk** earpiece (*of a teleph. etc.*); temple (*of spectacles*). **~suising** *=sings, =singe* ringing in the ears, tinnitus. **~trom** *=tromme,* **~trommel** *=mels,* **~drom** *=dromme,* (*anat.*) eardrum, tympanum, tympanic membrane. **~tuiting** tingling of the ears, tinnitus. **~uil** eagle owl. **~verdowend, ~verdowend** *=wende* deafening, ear-splitting. **~verharding** otosclerosis. **~verswering** ear canker. **~vlies** tympanum, tympanic membrane. **~was** earwax, cerumen.

**oor**[2] *adj. & adv.* over; to spare; *~ en af,* (*rad.*) over and out; *daar is een ~* there is one to spare; *~ en ~* over and over (again); *iets ~ en ~ lees* read s.t. again and again; *die geveg is ~* the battle/fighting is over; *gou ~ wees,* (*pain etc.*) be gone quickly; *iem. ~ wees* get/have the better of s.o., be more than a match (*or* too much *or* one too many) for s.o.; *iets is iem. ~* s.t. is above/beyond (*or* passes) s.o.'s comprehension; *(problems etc.)* s.t. gets on top of s.o.; *daar is (nog) ... minute ~* there are ... minutes to go; *dis my ~* it is beyond me, (*in= fml.*) it beats me; *daar is niks ~ nie* there is nothing left; *daar is 'n uur ~* there is an hour to spare; *~ en weer* to and fro; mutually. **oor** *prep.* over (*s.o.'s head, eyes, etc.*); across (*a road, channel, etc.*); beyond, above; via, by way of (*a place*); *dit is ~ ag(t)/ens.* it's gone/past eight/etc.; *iem. ~ iem. anders heen bevorder* promote s.o. over another's head; *~ iets gaan,* (*infml.*) check (through) s.t., examine s.t., look s.t. over; revise s.t. (*notes etc.*); discuss s.t., explain s.t. (*in a lecture etc.*); *~ ... gaan/kom* go/come by way of (*or* via) ...; *~ 'n glas bier/ens. sit en gesels* sit and chat over a beer/etc.; *die reën het ~ drie weke geval* the rain was spread over three weeks; *iets kos ~ die R1000/ens.* s.t. costs more than (*or* over) R1000/ etc.; *~ die hele land gaan* go right round the country; *~ land en see* over land and sea; *~ vyf/ens.* **minute/dae/jaar** in five/ etc. minutes/days/years, in five/etc. minutes'/days'/years' time; *~ die **tafel*** across the table; *~ die hele **tyd*** over the whole period; *vyf/ens.* (*minute*) *~ tien/ens.* five/etc. (minutes) past ten/etc.; *iets ~ die **vyftig/ens.*** fifty/etc. odd.

**oor**[3] *conj.,* (*infml.*) because; *dit kom ~ jy nie wil luister nie* it's because you refuse to listen.

**oor·aan·bod** oversupply.

**oor·af·hank·lik** *-like* overdependent.

**oor·af·koe·ling** (*tech.*) supercooling.

**oor·ak·tief** *=tiewe* hyperactive.

**oor·am·bi·si·eus** *=sieuse* overambitious.

**oor·be·kend** *=kende* overfamiliar, too well known; notorious.

**oor·be·klem·toon** *het ~* overemphasise, overstress, overstate. **oor·be·klem·to·ning** overemphasis, overstatement.

**oor·be·las** *het ~* overtax; overload; overburden; overcharge. **oor·be·las·ting** overtaxing; overloading; overburden(ing); overcharge.

**oor·be·leef(d)** *=leefde =leefder =leefste* overpolite, ultrapolite, officious.

**oor·be·lig** *het ~,* (*phot. etc.*) overexpose.

**oor·be·set** *het ~* (over)crowd; overstaff; overtrade (*a mar= ket*). **oor·be·set·ting** (over)crowding; overstaffing; overtrading.

**oor·be·skei·e** overmodest, diffident. **oor·be·skei·den·heid** excessive modesty, diffidence, self-effacement.

**oor·be·skerm** *het ~* overprotect. **oor·be·sker·mend** *=mende* overprotective.

**oor·be·spreek** *het ~* overbook.

**oor·be·stee** *het ~* overspend. **oor·be·ste·ding** overspend= ing; excess expenditure.

**oor·be·taal** *het ~* overpay. **oor·be·ta·ling** *=lings, =linge* over= payment; excess payment.

**oor·be·vis·sing** overfishing.

**oor·be·volk** *=volkte* overpopulated; overcrowded. **oor·be· vol·king** overpopulation, overcrowding.

**oor·be·wei** *het* ~ overgraze, overstock. **oor·be·wei·ding** overgrazing, overstocking.

**oor·be·wo·ning** overcrowding.

**oor·bie** *het* ~ outbid, overbid; overcall *(at cards).*

**oor·bie·tjie** *-tjies,* **o·ri·bie** *-bies, (small antelope)* oribi.

**oor·bind** *oorge-* tie/bind over; tie/bind again; rebind *(books etc.).*

**oor·bloes** *-bloese,* **oor·bloe·se** *-ses* jumper; overblouse.

**oor·bluf** *-blufte, adj.* dumbfounded, flabbergasted, non-plussed, thunderstruck; *totaal* ~ absolutely flabbergasted. **oor·bluf** *het* ~, *vb.* bluff, frighten *(into, out of),* bully; over-awe, cow, browbeat; fluster, ruffle, disconcert; dumbfound, nonplus. **oor·bluf·heid** astonishment, awe, bewilderment, confusion, consternation, stupefaction.

**oor·bly** *oorge-* remain, be left (over); stay, stop over; *daar bly vir iem. niks anders oor nie* s.o. has no alternative; *daar bly vir iem. niks anders oor nie as om ...* the only thing s.o. can do is to ...; s.o. has no choice but to ...; *by ...* ~ stay *(or put up)* at ... *(a hotel etc.); by iem.* ~ stay/stop with s.o.; *drie dae in Boedapest/ens.* ~ stay/remain three days in Budapest/etc.; *êrens* ~, *(also)* stop over somewhere; *iets laat* ~ leave s.t.; let s.t. stand over; *iets vir iem. laat* ~ leave s.t. for s.o.; *daar het niks oorgebly nie* there is nothing left; *wat bly nou oor van ...?* what price ... now? *(honesty etc.).* **oor·blyf·sel** *-sels* re-mainder, remnant; remains, trace; residue; rudiment; relic *(of the Middle Ages etc.);* shadow; hangover; vestige, hold-over; *(in the pl., also)* debris; pickings; exuviae; *die laaste ~s van ...* the last vestiges of ...; *iets is 'n* ~ *van ...* s.t. is a hang-over from ... *(an earlier period etc.).* **oor·bly·wend** *-wende, adj.* remaining, residual; vestigial; *~e lug* residual air; *~e waarde* unexpired value. **oor·bly·wen·de** *-des, n.: die ~s* the remainder, those left over/behind; the survivors.

**oor·bo·dig** *-dige* superfluous, redundant; needless, unneed-ed, unnecessary, supererogatory, surplus. **oor·bo·dig·heid** superfluousness, superfluity, redundancy.

**oor·boek** *oorge-* transfer. **~bewys** transfer voucher. **oor·boe·king** transfer.

**oor·boord** overboard; overside; *alles is* ~ everything is in confusion; *iets word* ~ *gegooi* s.t. goes by the board; *~ ge-spoel word* be washed overboard; *iets* ~ *gooi, (lit., fig.)* throw s.t. overboard, jettison s.t.; *(chiefly fig.)* abandon/discard s.t., *(infml.)* ditch s.t.; cast/fling/throw s.t. to the (four) winds *(caution etc.);* ~ *val* fall/go overboard.

**oor·bor·rel** *oorge-* bubble over, gush.

**oor·bren·ging** transport(ation); transfer; transmission; translation; transposition.

**oor·bring** *oorge-* take over/across; bring, convey, transport *(goods);* apply to; transfer *(to another post);* bring/carry for-ward *(entries to a new page);* transmit *(elec. etc.);* translate *(into a lang.),* render *(in a lang.); (math.)* transpose *(a term);* carry, take, deliver *(a message etc.);* repeat, tell *(news);* com-municate; *'n gevangene/ens. van X na Y* ~ take a prisoner/etc. from X to Y; *iem./iets na ...* ~ take s.o./s.t. across/over to ... **~werk** gearing, transmission (gear).

**oor·brin·ger** *-gers* carrier, bearer, messenger, conveyer; *(telegr., teleph.)* translator.

**oor·brug** *-brûe, n.* flyover (bridge), overpass (bridge), over-head bridge. **oor·brug** *het* ~, *vb.* bridge, span. **~kabel** jumper (cable).

**oor·brug·ging** bridging, spanning.

**oor·brug·gings·: ~geld** fall-back pay. **~maatreël** stopgap measure.

**oor·buig** *oorge-* bend/lean over.

**oor·byt** *n., (dentistry)* overbite.

**oord** *oorde* place; tract, region; resort; *uit alle ~e van ...* from all quarters of ...; *uit daardie* ~ from that quarter.

**oor·daad** excess, superabundance; profusion; *in* ~ *leef/lewe*

live in (the lap of) luxury; live extravagantly, lead a prodigal life; *'n ~ van ...* a profusion of ...; a superfluity of ... **oor·da·dig** *-dige, adj.* excessive, superabundant; intemperate; profuse; overgenerous, extravagant; lush. **oor·da·dig** *adv.* excessively; *geld* ~ *bestee/uitgee* spend money extravagantly *(or to excess),* squander *(or be prodigal with)* money; ~ *lewe* live extravagantly, live in luxury. **oor·da·dig·heid** ex-travagance, lavishness, flamboyance, prodigality.

**oor·dag** by *(or during the)* day, in the daytime.

**oor·dat** because; →OOR[3] *conj..*

**oor·deel** *-dele, n.* judg(e)ment, sentence *(passed by a judge);* verdict *(of a jury etc.);* opinion, judg(e)ment, view(s), dis-cernment, adjudg(e)ment, estimate; intelligence; *(goeie)* ~ *aan die dag lê* show discernment; *jou eie* ~ *vorm* think for o.s.; *'n gebrek aan* ~ a lack of judg(e)ment; *'n* ~ *gee/uit-spreek* express/give an opinion; *jou* ~ *gee, (also)* state one's views; *gesonde* ~ sound judg(e)ment; ~ *van God, (theol.)* divine judg(e)ment; *goeie* ~ discretion, discernment, judi-ciousness; *die Laaste* ~, *(theol.)* the Last Judg(e)ment; *na/volgens iem. se* ~ in s.o.'s assessment/estimation/judg(e)-ment/opinion/view; as s.o. sees it, to s.o.'s way of thinking; *na/volgens my* ~, *(also)* to my mind; *'n* ~ *oor ...* an opinion on ...; *iets aan die* ~ *van ... oorlaat* leave s.t. to the discretion of ...; *van* ~ *wees dat ...* be of *(or hold)* the opinion that ...; *so ver/vêr ek kan* ~ as far as I can see; *'n* ~ *oor/omtrent ... vorm* make an assessment of ...; sum *(or, infml.* size) up ... *(s.o., s.t.); iem. se* ~ *vra* ask s.o.'s opinion. **oor·deel** *ge-, vb.* judge; be of opinion, consider, deem; adjudicate, decide; *iem.* ~ *dat ...* s.o. is of the opinion that ...; *te* ~ *na ...* judging by/from ...; *na/volgens die uiterlik(e)* ~ judge by appear-ances; *iets nie raadsaam* ~ *nie* deem/consider s.t. inadvisa-ble.

**oor·deel·kun·dig** *-dige, adj.* discerning, perspicacious, discreet, judicious; discriminating; sensible. **oor·deel·kun-di·ge** *-ges, n.* competent judge, judicious person. **oor·deel·kun·dig·heid** discernment, discretion, judiciousness, dis-crimination, perspicacity.

**oor·deels·: ~dag:** *die* ~ Judg(e)ment Day, day of judg(e)-ment, doomsday. **~fout** error of judg(e)ment, judg(e)mental error; *'n* ~ *begaan* commit an error of judg(e)ment.

**oor·deel·vel·ling** *-lings, -linge* judg(e)ment.

**oor·dek**[1] *het* ~ cover (up); overlap, overlie; *(geol., also* dek) cap; overspread; suffuse; *~te pav_iljoen/pawiljoen* covered stand. **oor·dek·kend** *-kende, (tech.)* supernatant; superjacent.

**oor·dek**[2] *oorge-* re-cover; thatch again, rethatch; thatch over *(bottom layer);* re-lay *(the table).*

**oor·den·king** *-kings, -kinge* meditation, contemplation.

**oor·dink** *het* ~ consider, ponder over, reflect on, think *(the matter)* over; meditate, muse on, cogitate; *iets goed* ~ turn s.t. over in one's mind.

**oor·dis·til·leer** *oorge-* rectify *(spirits).* **oor·dis·til·la·sie, oor·dis·til·le·ring** rectification.

**oor·doen** *oorge-* redo, do over (again).

**oor·don·der** *het* ~ bluff, put out of countenance, discon-cert, overawe, browbeat; *totaal ~(d)* absolutely dumbfounded/confounded.

**oor·do·sis** overdose; *'n* ~ *kokaïen/pille/ens.* (in)neem over-dose on coke/pills/etc..

**oor·dra** *oorge-* carry over/across; hand over; assign, make over *(personal property to);* transfer *(rights etc. to);* cede, sign away; commit *(authority to),* delegate, depute; let out, reveal; consign; communicate, convey; *(mech.)* relay; *(bookk.)* carry forward; *(comp.)* transfer, port, upload *(data etc.);* →OORDRAG; *iets aan iem.* ~ transfer s.t. to s.o.; turn s.t. over to s.o.; con-vey s.t. to s.o.; *iets op 'n rekening* ~ transfer s.t. to an ac-count; *'n rekening* ~ transfer an account; *die virus word deur geslagsomgang oorgedra* the virus is transmitted during sexual intercourse.

**oor·dr<u>aa</u>d** *adv.:* '*n skroef/bout* ~ *draai* overwind a screw/ bolt.

**oor·dr<u>aa</u>g·baar** *=bare* transferable; communicable, contagious *(disease)*, transmissible, transmittable; negotiable.

**<u>oor</u>·dra·er** transferor; *(elec.)* transducer; *(med.)* vector.

**<u>oor</u>·drag** *=dragte* carry-over; transfer, conveyance *(of property etc.);* cession; *(legal transference)* assignment; consignation; endorsement; consignment. ~**geld**, ~**koste** *(rugby, soccer)* transfer fee. ~**-RNS** *(biochem.)* transfer RNA. ~**tempo** *(comp.)* transfer rate. ~**tyd** *(comp.)* transfer time.

**<u>oor</u>·dra·ging** transference; transmission; *(med.)* vection *(of disease).*

**<u>oor</u>·drag(s)·:** ~**akte** *(jur.)* deed of transfer, transfer deed. ~**brief** deed of assignment. ~**koste** cost of transfer.

**<u>oor</u>·drag·te·lik** *=like, adj.* metaphorical; figurative; *in 'n* ~*e betekenis* in a metaphorical sense, metaphorically. **<u>oor</u>·drag·te·lik** *adv.* metaphorically.

**<u>oor</u>·dra·ma·ties** *=tiese* overdramatic. **<u>oor</u>·dra·ma·ti·s<u>ee</u>r** *ge=* overdramatise.

**<u>oor</u>·dre·we** *adj.* exaggerated; excessive, extravagant *(demands);* exorbitant *(price);* immoderate, inordinate; undue, overdone, carried to excess; overdrawn; *erg* ~ greatly/grossly exaggerated. **<u>oor</u>·dre·we** *adv.* exaggeratedly; excessively; unduly; overly; extravagantly; *iets* ~ *vertel* exaggerate s.t.. **oor·dre·wen·heid** exaggeration, extravagance, excessiveness, exorbitance; effusiveness.

**<u>oor</u>·druk** *=drukke, n.* reprint; *(article reprinted from a magazine etc.)* offprint; overprint *(on a postage stamp);* excess pressure, overload. **<u>oor</u>·druk** *oorge=, vb.* press over; reprint *(a book etc.);* print more *(copies)* than required; transfer *(a pattern);* overprint. ~**papier** transfer paper. ~**patroon** transfer.

**<u>oor</u>·dryf¹**, **<u>oor</u>·dry·we¹** *oorge=* drift across *(the river); (weather)* blow over.

**<u>oor</u>·dryf²**, **<u>oor</u>·dry·we²** *het* ~ exaggerate, overdo, carry to excess; overdraw, overstate; overact; maximise; stretch; blow up; →OORDREWE; *heeltemal* ~ blown (up) out of (all) proportion. **oor·dry·wing** *=wings, =winge* exaggeration, overdoing, overstatement; hyperbole; aggravation; *sonder* ~ without exaggerating; in (all) truth.

**<u>oor</u>·<u>ee</u>n·bring** *ooreenge=* reconcile, bring into line *(with),* make compatible, conciliate *(conflicting statements).*

**<u>oor</u>·<u>ee</u>n·ge·ko·me** agreed; understood; *op 'n* ~ *dag* on a day agreed upon; ~ *skikking* negotiated settlement.

**<u>oor</u>·<u>ee</u>n·kom** *ooreenge=* agree (with); correspond *(to, with);* coincide; harmonise, tally, be equal to; resemble; collude; concur; bargain, arrange; conform; conspire; →OOREENGE-KOME; *met ...* ~ accord *(or* be in accordance with ... *(the facts etc.);* correspond with ...; be in line with ...; answer to ... *(a description etc.);* met mekaar ~ agree; **nie** ~ *nie, (partners etc.)* not agree, *(infml.)* not hit it off together; *onder mekaar* ~ mutually agree; *oor iets met iem.* ~ agree with s.o. (up)on s.t.. **oor·<u>ee</u>n·koms** *=komste* similarity, resemblance, likeness; agreement, mutual understanding; contract; covenant; congruity; concurrence; correspondence; concordance; conformity; parallelism; *'n* ~ *met iem. aangaan/bereik/tref/sluit oor iets* make/reach/strike *(or* enter into) an agreement *(or* settle) with s.o. on s.t.; *hulle het 'n* ~ they have an agreement; *tot 'n* ~ **kom/geraak** arrive at *(or* come to) an agreement; *die* ~ *van ... met ...* the similarity of ... to ...; *die* ~ *tussen* ... the resemblance between ...; the similarity between ...; the agreement between ...; *uit* ~ *iets doen* do s.t. consensually; ~ *vertoon met* ... bear a resemblance to ...; *die* ~ *was dat* ... the understanding was *(or* it had been agreed) that ... **oor·<u>ee</u>n·koms·tig** *=tige, adj.* similar, corresponding, correspondent; consonant; homologous; conformable. **oor·<u>ee</u>n·koms·tig** *prep.* according/conforming to; in pursuance of, pursuant to; in terms of; ~ *iem. se*

*wense* in compliance with s.o.'s wishes; ~ *die wet* according to *(or* in accordance with) the law; ~ *'n wet* in terms of an act (of parliament).

**<u>oor</u>·<u>ee</u>n·stem** *ooreenge=* agree, concur, be in unison; harmonise, chime; correspond, coincide; accord; *iets stem met ... ooreen* s.t. accords *(or* is in accord[ance]) with ... *(the facts etc.);* s.t. coincides with ...; s.t. corresponds/tallies with ... **oor·<u>ee</u>n·stem·mend**, **oor·<u>ee</u>n·stem·mend** *=mende* corresponding; congruous; congruent; concordant; coincident; consonant; parallel; harmonic. **oor·<u>ee</u>n·stem·ming** *=mings, =minge* agreement, unison, harmony, congruence, concord *(between persons, things, etc.);* correspondence; analogy; compliancy; consonance; resemblance; sequence *(of tenses);* homology; ~ *oor iets bereik* reach consensus on s.t.; *iets met ... in* ~ **bring** fit s.t. in with ...; bring s.t. into line with ...; reconcile s.t. with ...; *in* ~ *met* ... in accordance with ...; in concordance with ...; conformable to ...; in conformity with ...; consistent with ...; in consonance with ...; in keeping with ...; in line with ...; *dit is nie in* ~ *met ... nie, (also)* it is out of keeping with ...; *tot* ~ *kom* come to an agreement/understanding.

**<u>oor</u>·eet** *het* ~: *jou* ~ overeat, gorge o.s..

**<u>oor</u>·<u>eis</u>** *het* ~ overexert, overtax, (over)strain, overburden; overuse; *jou* ~ work o.s. to a standstill, push o.s. too hard, burn the candle at both ends, burn o.s. out; *jou oë* ~ strain one's eyes; ~ *wees* be burnt/burned out. **oor·<u>eis</u>·ing** overtaxing, overstrain, burnout; overuse.

**<u>oor</u>·e·mo·si·o·neel** *=nele* overemotional.

**<u>oor</u>·ent** revaccinate; *(bot.)* implant; graft. **<u>oor</u>·en·ting** revaccination; *(bot.)* implantation.

**<u>oor</u>·en·w<u>ee</u>r(-)pra·te·ry** *(infml.)* (to-and-fro) conversation, chat(ting), *(infml.)* confab.

**<u>oor</u>·erf** *oorge<u>ë</u>rf* inherit. **oor·erf·lik** *=like* hereditary *(disease etc.);* hereditable, (in)heritable, transmissible, descendible; →ERFLIK. **oor·erf·lik·heid** heredity, hereditariness; →ERFLIK-HEID. **<u>oor</u>·er·wing** heredity; inheritance.

**<u>oor</u>·gaan** *oorge=* go across, cross *(a bridge etc.);* wear off, work off; pass (away); *(sensations)* pass (off); *(pain)* stop; *(the weather)* clear up, become fine, blow over; be promoted *(to higher grade),* pass; *(min.)* grade; wade (through); ford; transmigrate; *in ...* ~ merge into ...; pass into ...; *na ...* ~ go over to ... *(another party etc.);* pass on to ... *(a place);* switch to ... *(another brand etc.);* *daartoe* ~ *om iets te doen* proceed to do s.t.; *(also)* decide to do s.t.; *iets gaan op iem. oor* s.t. passes to s.o. *(property);* s.t. devolves (up)on s.o. *(duties etc.);* *dit sal* ~ it will pass; it will work off; *tot ...* ~ change to ...; pass on to ... *(s.t. else);* proceed to ... *(the attack etc.);* launch ... *(an attack etc.);* swing into ... *(action).*

**<u>oor</u>·gaar** ~ overdone.

**<u>oor</u>·gang** *=gange* crossing, crossover; going over *(to the enemy);* embracement, adoption *(of a doctrine);* transition, change; *(mus.)* modulation, transition; passage, transit *(of a heavenly body);* gradation; devolution; transmigration; *die* ~ *tot ...* the change to ...; the transition to ...; ~ *na 'n nuwe bladsy, (comp.)* page break.

**<u>oor</u>·gangs·:** ~**gebied** twilight zone. ~**jare** years of transition; change of life, climacteric, menopause; *manlike* ~ male menopause. ~**maatreël** temporary/transitional measure. ~**reg** right of transfer. ~**regering** transitional government. ~**tyd(perk)** transition(al) period, period of transition, intermediate period.

**<u>oor</u>·gank·lik** *=like* transitive *(verb).* **oor·gank·lik·heid** transitivity.

**<u>oor</u>·ga·we** *=wes, n.* handing over; surrender *(of fortress etc.),* *(infml.)* sell-out; transfer, ceding, cession *(of rights etc.),* delivery; commitment *(to a cause); iets met* ~ *dien* be committed to s.t. *(a cause etc.); iets met* ~ *doen* do s.t. with abandon.

**<u>oor</u>·ge·blaas** *=blaasde* plated; ~ *met goud* gold-plated, gilded; ~*de goud* rolled gold.

**oor·ge·ble·we** *(strong p.p. of* oorbly*)* remaining; residual. **oor·ge·ble·we·ne** *-nes, n.* survivor.

**oor·ge·brag** *=bragte, (strong p.p. of* oorbring*), (bookk.)* brought forward

**oor·ge·diens·tig** *-tige* officious, obsequious.

**oor·ge·dra** *=drae, =draagde, (bookk.)* carried forward.

**oor·ge·gee** *oorge=* pass over, hand, reach; deliver *(a letter);* give up, part with; concede; hand *(s.o.)* over *(to the police),* give *(s.o. into custody);* resign; *(jou)* ~ give o.s. up; surrender, lay down one's arms; *jou aan ... ~* deliver/give o.s. up to ... *(the police etc.);* surrender to ... *(the enemy etc.);* capitulate to ...; abandon o.s. to ...; indulge in ...; resign o.s. to ...

**oor·ge·ërf** *=geërfde* inherited; congenital, hereditary.

**oor·ge·kwa·li·fi·seer(d)** *=seerde* overqualified.

**oor·ge·noeg** more than enough, quite enough.

**oor·ge·plaas** *=plaaste, adj.* transferred; transplanted. **oor·ge·plaas·te** *=tes, n.* transferee.

**oor·ge·rus** *=ruste* overconfident. **oor·ge·rust·heid** overconfidence.

**oor·ge·voe·lig, oor·ge·voe·lig** *=lige* oversensitive, hypersensitive, overdelicate; hyper(a)esthetic *(nerves),* morbidly sensitive; squeamish; sentimental; *~e mens* highly strung person. **oor·ge·voe·lig·heid, oor·ge·voe·lig·heid** oversensitiveness, hypersensitivity, hypersensitiveness, hyper(a)esthesia; sentimentality; squeamishness.

**oor·ge·wig** *n.* excess weight. **oor·ge·wig** *adj.* overweight. *~bagasie (also* oorgewig bagasie*)* excess/overweight baggage/luggage.

**oor·giet** *oorge=* pour *(liquid)* over *(s.t.);* pour (off/into), decant; transfuse.

**oor·gooi** *oorge=* throw over/across; pour into/off, decant *(wine);* slip on *(garment).* *~doek* throw *(over a chair etc.).*

**oor·grens·park** cross-border park.

**oor·gre·tig** *=tige, adj.* overeager, overanxious. **oor·gre·tig** *adv.* overeagerly, overanxiously. **oor·gre·tig·heid** overeagerness, overanxiety.

**oor·groei** *het ~* overgrow.

**oor·groot** *=grote* vast, huge, immense; oversize(d); *~grote meerderheid* vast majority; *die ~grote merendeel* by far the greater part. *~ouers* great-grandparents.

**oor·haal** *oorge=* fetch (over); cock *(a gun);* careen, turn *(a ship)* on one side; persuade, talk/win over, prevail upon, induce; *iem. ~ om iets te doen* get/persuade *(or prevail on/upon)* s.o. to do s.t.; *iem. (met mooipraatjies) ~ om iets te doen* wheedle s.o. into doing s.t.; *oorgehaal wees om ...* be set to ...; *oorgehaal wees vir iem.* be ready to face/confront s.o.; be waiting to tell s.o. a few home truths.

**oor·haas** *het ~* hurry, drive, rush, bustle; *jou ~* hurry unduly. **oor·haas·tig** *=tige, adj.* hurried, (over)hasty, rash, reckless, impetuous, precipitous. **oor·haas·tig** *adv.* precipitately, hurriedly; *~ handel* act precipitately/hastily *(or in too great a hurry).* **oor·haas·tig·heid** undue haste, precipitation, precipitancy; hastiness, rashness.

**oor·hand** upper hand, mastery, supremacy, predominance, whip hand; *die ~ hê* have the mastery *(or upper hand),* predominate; *die ~ oor iem. hê/kry* have/get the better of s.o., have/get the edge *(or upper hand)* on/over s.o., outrival s.o.. **oor·hands** *=handse, adj.* overhand. **oor·hands** *adv.* overhand; *~ naai/werk* top-sew, oversew, sew overhand.

**oor·han·dig** *het ~* hand (over), deliver; turn in; fork out *(sl.); iets aan iem. ~* hand s.o. s.t., hand s.t. to s.o.; present s.t. to s.o., present s.o. with s.t.; turn s.t. over to s.o.. **oor·han·di·ging** handing over, handover, delivery.

**oor·hang** *=hange, n.* eaves, coping, overlap, penthouse; *(print.)* kern(e). **oor·hang** *oorge=, vb.* hang over; *(cliffs etc.)* incline, lean over, overhang, beetle; jut, overlap; *(ship)* list; *(skirt)* flare; *na ... ~* incline to ... **oor·han·gend** *=gende* hanging, pendent; declivous; *(biol.)* declinate.

**oor·hê** *oorgehad* have left/over *(or* to spare); *alles vir iem. ~* have a great regard for s.o., hold s.o. in high regard; be willing to help s.o. in every possible way; *iets vir iem. ~* be sympathetic to(wards) s.o.; be willing to help s.o.; *iem. het nog net ... oor* s.o. is down to ...; *iem. het nie meer ... oor nie* s.o. has run out of ...; *iem. het niks oor nie* s.o. has nothing left; *niks vir iem. ~ nie* have no time for s.o. *(infml.);* not be willing to help s.o. at all; *het jy nog oor?* have you any left?; *R100/ens. ~* have R100/etc. left; be R100/etc. to the good.

**oor·heel·kun·de** otology. **oor·heel·kun·dig** *=dige, adj.* otological. **oor·heel·kun·di·ge** *=ges, n.* otologist.

**oor·heers** *het ~* dominate *(a pers.),* domineer (over); predominate (over), preponderate. *~string (comp.)* wild card.

**oor·heer·send** *=sende* dominating, (pre)dominant; masterful, domineering, overbearing, imperious; prevailing, outstanding; paramount; *~e faktor* overriding factor.

**oor·heer·ser** *=sers* despot, oppressor.

**oor·heer·sing** *=sings, =singe* domination, oppression; ascendancy, dominance.

**oor·hel** *oorge=* lean/hang over, stand obliquely, incline, slope, tilt; *(aeron.)* bank; gravitate; list; *(a ship)* heel; *na ... ~* incline to ...; have a tendency to *(or* leaning towards) ...; be partial to ... *(a cause etc.); iets laat ~* incline s.t.. **oor·hel·ling** hanging over, leaning; inclination, bias, disposition, propensity; tilt, overhang, tip, cant, banking; heel *(of a ship).*

**oor·help** *oorge=* help over/across.

**oor·he·wel** *oorge=* siphon over/off; *iets uit ... in ... ~* siphon off s.t. from ... into ... *(a liquid).*

**oor·hoeks** *=hoekse, adj.* diagonal; on the cross; cornerwise; *(infml.)* out of sorts; *(infml.)* at loggerheads; *(infml.)* contrary, cantankerous; *~e lyn* diagonal. **oor·hoeks** *adv.* diagonally, on the cross; *jou ~ werk* work o.s. to a standstill.

**oor·hoof·se pro·jek·tor** overhead projector.

**oor·hoop(s)** in a heap; disarranged, in confusion, in disorder, at sixes and sevens; *hulle is/lê (met mekaar) ~* they are at daggers drawn; they are at odds/loggerheads; *oor daardie saak is/lê hulle ~, (also)* they differ *(or* are at variance) on that issue; *met ... ~ lê/wees* fall/run afoul of ... *(the authorities etc.).*

**oor·hou** *oorge=* have left (over); save, keep; defer; hold over; *niks van die ongeluk ~ nie* be none the worse for the accident; *niks ~ nie* have nothing left; have nothing to show for it.

**oor·hys** *oorge=* hoist over.

**oor·jaag, oor·ja** *oorge=* drive/chase over/across; rerun *(a race).*

**oor·jas** topcoat, overcoat; greatcoat.

**oor·kant** *n.* the other/opposite side, the beyond, the far side; *aan die ~ van die rivier/ens.* on the opposite/other/far side of the river/etc.; *na iets aan die ~ gaan* go across to s.t.; *die huis aan die ~* the house across the street/road *(or* over the way). **oor·kant** *adv.* over/across the way, opposite, over there, on the opposite/other/far side. **oor·kant** *prep.* across, beyond, opposite, on the opposite/other/far side of, across the way, over. **oor·kant·s(t)e** opposite, over the way.

**oor·ka·pa·si·teit** overcapacity.

**oor·ka·pi·ta·li·seer** *oorge=* overcapitalise. **oor·ka·pi·ta·li·sa·sie** overcapitalisation.

**oor·klank** *oorge=* dub; re-record; *'n Duitse film/prent in Afrikaans ~* dub a German film into Afrikaans. **oor·klan·king** *=kings, =kinge* dubbing.

**oor·kle·re** overalls, overwear.

**oor·klim** *oorge=* climb over; change (trains).

**oor·klits** *oorge=, (infml.)* put/kick/etc. over (easily), flick over *(a rugby ball etc.).*

**oor·knoop** *oorge=* knot/tie again/over. *~baadjie* double-breasted coat.

**oor·koe·pel** *het ~* cover, vault, overarch. **oor·koe·pe·lend**

=lende superordinate; overarching *(framework etc.)*; ~ **doel** superordinate goal; ~**e koste** overhead costs/expenses; ~**e organisasie** umbrella organisation; ~**e voorskrif** super= ordinate command/instruction. **oor·koe·pe·ling** =linge, =lings, *(archit.)* arch, ceiling, roof, span; *(gen.)* overarching struc= ture, *(infml.)* umbrella.

**oor·kom**[1] *het* ~ overcome, get over, surmount, master; get over, recover from *(illness)*; ~ **word deur** ... be overwhelmed by ... *(emotion etc.)*. **oor·kom·baar** =bare superable, sur= mountable.

**oor·kom**[2] *oorge=* come over/across, cross; negotiate *(a fence)*; happen to, befall; *(infml.)* come over/by/around, visit, pay *(s.o.)* a visit, *(infml.)* drop in; **goed/sleg** ~ make a favourable/ bad impression; *iem.* **kom iets** *oor* something happens to s.o.; s.o. comes to harm; *iem.* **kon iets** ~, *(infml.)* s.o. was fit to burst/explode; **niks** *(van iets)* ~ **nie** suffer no ill effects; *iem.* **kan niks** *daarvan* ~ **nie** it can do s.o. no harm; *dit het iem. nog nooit oorgekom nie* that has never happened to s.o.; **wat** *het iem. oorgekom?* what has happened to (*or* is the mat= ter with) s.o.?.

**oor·kom·pen·seer** *oorge=* overcompensate. **oor·kom·pen· sa·sie** overcompensation.

**oor·kon·de** =des charter, document, deed, record, protocol; address.

**oor·kon·kel** =kels box/slap on the ear; *iem.* **'n** ~ **gee** box s.o.'s ears.

**oor·kook** *oorge=* boil over; boil again.

**oor·kri·ties** =tiese overcritical.

**oor·kruis** crosswise, diagonally; decussate; *(met die/jou)* **bene** ~ cross-legged; ~ **kyk** be cross-eyed. **oor·krui·sing** *(genet., mus.)* crossover; **'n** *jazz-na-disko-*~ a jazz-to-disco cross= over.

**oor·kry** *oorge=* get over/across.

**oor·kun·de** otology.

**oor·kyk** *oorge=* look beyond *(an object)*; look over *(a wall)*; go/ look/read over, go/look through; scrutinise, correct, mark *(examination papers)*.

**oor·laai**[1] =laaide, *adj.* overladen; ornate, (over)elaborate, over-ornamented; overwrought; *met* ... ~ loaded with ... *(gifts etc.)*; *(met werk)* ~ snowed under; **'n** *roman/ens.* ~ *(van styl)* an overwritten novel/etc.. **oor·laai** *het* ~, *vb.* overload *(a vehicle, table, etc.)*; overburden, overload *(a pers. with gifts, work, etc.)*; overstock, glut *(the market)*; deluge *(with)*; smother *(with gifts)*, shower *(with blessings)*, prime *(with drink)*, over= whelm *(with praise)*; overcharge *(a description, picture, etc.)*, overcolour, overcrowd *(a canvas)*; *iem. met* ~ heap/pile s.t. *(up)*on s.o. *(work etc.)*; load/shower s.o. with s.t., shower s.t. *(up)*on s.o. *(gifts etc.)*.

**oor·laai**[2] *oorge=, vb.* transfer *(a load)*, tran(s)ship; load over again, reload. ~**hawe** port of tran(s)shipment. ~**koste** tran(s)shipment, tran(s)shipping charge(s).

**oor·laai·e·ry** transfer, tran(s)shipment; reloading.

**oor·laat** *oorge=* leave; entrust (to); *iets* **aan** *iem.* ~ leave s.t. in s.o.'s hands; leave s.t. (up) to s.o.; delegate s.t. to s.o.; entrust s.t. to s.o., entrust s.o. with s.t.; *iets word* **aan** *iem. oorgelaat, (also)* s.t. is up to s.o.; *laat ...* **aan** *my oor* I'll take care of ...; let me deal with ...; *ek laat dit* **aan** *jou oor* I'll leave you to it; *dinge* **aan** *hulself* ~ let things drift/slide; *iem.* **aan** *hom=/haar= self* ~ leave s.o. to his/her own devices.

**oor·la·ding** overloading, overburdening; overcrowding; over- ornamentation; *(elec.)* excessive charge; surcharge.

**oor·land·vlug** =vlugte overland flight.

**oor·langs** =langse, *adj.* lengthwise, longitudinal. **oor·langs** *adv.* lengthwise, longitudinally.

**oor·las** nuisance, annoyance; molestation; *iem. tot* ~ **wees** be a nuisance to s.o.; *iem. is* **bepaald 'n** ~ s.o. is a positive nui= sance; **'n** ~ *vir* ... a nuisance to ...; **'n** *openbare* ~ a public nuisance; *tot* ~ **wees**, *(also)* make a nuisance of o.s..

**oor·le·de** *adj.* deceased, the late; defunct; ~ *mnr. K* the late Mr K.; *iem. se* ~ *man/ens.* s.o.'s late husband/etc.. **oor·le·de·ne** =nes, *n.: die* ~ the deceased.

**oor·leef, oor·le·we** *het* ~ survive, outlive, outlast; *iem.* **'n** *jaar* ~ survive s.o. by a year; *die nag* ~ live out the night.

**oor·lees** *oorge=* read over/through; read back.

**oor·leg** deliberation, consideration; consultation *(with)*; col= laboration; planning; judg(e)ment; forethought; foresight; discretion; method; care; *in* ~ *met* ... in association with ...; in concert with ...; in conjunction/tandem with ...; in con= sultation with ...; in collaboration with ...; *met iem. oor iets* ~ **pleeg** deliberate about/on/over s.t. with s.o., confer with s.o. on/about s.t.; *hulle* **pleeg** *(met mekaar)* ~, *(also)* they are tak= ing counsel (together); **sonder** ~ without consultation; with= out using one's discretion, without judg(e)ment/thought, rashly, recklessly; *na* **sorgvuldige** ~ after careful delibera= tion; *met* ~ *te* **werk** *gaan* go about s.t. with discretion; act wisely.

**oor·lei** *oorge=* lead over/across. ~**draad** jumper (wire).

**oor·leun** *oorge=* lean over; *na iem.* ~ incline towards s.o..

**oor·le·we** →OORLEEF. **oor·le·wen·de** =des survivor. **oor·le· wing** survival; ~ *van die sterkste* survival of the fittest.

**oor·le·wer** *oorge=* give/deliver up/over; hand down/on, trans= mit *(to succeeding generations)*; *iem. aan ...* ~ hand/turn over s.o. to ... *(the police etc.)*; *aan (die genade van)* ... *oorgelewer wees* be at the mercy of ... **oor·le·we·ring** =rings, =ringe hand= ing over; tradition; *volgens (die)* ~ according to tradition; *volgens (die)* ~ *het/is* ... tradition has it that ...

**oor·le·wings=:** ~**krag** survivalist strength. ~**kunstenaar,** ~**deskundige** survivalist. ~**toerusting,** ~**pak(kie)** survival kit.

**oor·log** =loë war; warfare; **'n** ~ *teen* ... **begin** go to war against ...; *dit is* ~ there is a war on; *dit is weer* ~ war has broken out again; **duskant** ~ short of war; *in 'n* ~ *gewikkel* **wees** be involved in (a) battle; *in 'n* ~ ~ *wees* at war; *in die* ~ in the war; **'n** ~ *ontketen* start a war; *in ('n) staat van* ~ *verkeer* be in a state of war; *tot 'n* ~ *toetree* enter a war; *die* ~ *het in 1939* **uitgebreek** the war broke out in 1939; *daar het 'n* ~ *tussen* ... *en* ... *uitgebreek* (a) war broke out between ... and ...; *met* ... *in* ~ *verkeer/***wees** be at war with ...; *teen 'n land* ~ **verklaar** declare war on a country; ~ **voer/maak** make war; **'n** ~ *voer* fight a war; *teen iem.* ~ **voer/maak** make war (up)on/against/with s.o., wage war against/(up)on s.o.. ~**skade** war damage. ~**skip** warship, naval ship. ~**skuld** war debt; war guilt. ~**sone,** ~**streek,** ~**strook** war zone. ~**sterkte** war strength.

**oor·logs=:** ~**begroting** war budget. ~**berigggewer,** ~**korre= spondent,** ~**verslaggewer** war correspondent. ~**buit** spoils of war. ~**daad** act of war, warlike action, martial exploit. ~**dans** war dance. ~**gevaar** danger of war. ~**geweld** force of arms. ~**handeling** military action. ~**held** war hero. ~**kans(e)** chances/fortune(s) of war. ~**kreet** war cry. ~**mag** military force. ~**medalje** war medal. ~**misdaad** war crime. ~**misda= diger** war criminal. ~**moeg,** ~**tam** war-, battle-weary. ~**moeg= heid,** ~**tamheid** war weariness, battle/combat fatigue. ~**pad:** *op die* ~, *(fig.)* on the warpath. ~**pensioen** war pension. ~**regering** war government. ~**toestand** state of war. ~**tuig** war material, implements of war. ~**tyd** time of war, war= time. ~**verklaring** =rings, =ringe declaration of war. ~**vlieg= tuig** warplane. ~**vloot** navy, war fleet.

**oor·logs·ge·sind** =sinde warlike, bellicose.

**oor·log·sug·tig** =tige warlike, bellicose, war-minded.

**oor·log·voe·rend** =rende, *adj.* belligerent; ~*e moondhede* powers at war, belligerents. **oor·log·voe·ren·de** =des, *n.* bel= ligerent.

**oor·log·voe·ring** warfare, conduct of war, war effort.

**oor·loop** =lope, *n.* overflow(ing); overspill; *(econ.)* spillover; spillway; crossing, landing *(of stairs)*. **oor·loop** *oorge=, vb., (a liquid)* run/flow over, overflow; spill over; go over, defect;

come over; cross *(a street, bridge, etc.)*; ~ *na die ander kant, (parl.)* cross the floor; *in* ... ~ spill over into ...; *na* ... ~ defect to ...; desert to ... *(the enemy etc.)*; run over to ... *(another page)*; spill over into ...; ~ *van* ... brim/bubble/run over with ... *(enthusiasm etc.)*; be bursting with ... *(joy etc.)*; ooze ... *(charm etc.)*. ~**pyp** overflow/waste pipe. ~**water** effluent. **oor·lo·pend** *-pende* effusive. **oor·lo·pens:** *tot* ~ *toe vol water/ ens.* brimful (*or* full to the brim *or* full to overflowing) with water/etc.; *iets tot* ~ *toe volmaak* fill s.t. to the brim. **oor·lo·per** deserter, defector, renegade, turncoat. **oor·lo·pe·ry** defec= tion.

**oor·lo·sie** →HORLOSIE.

**oor·maak** *oorge=* do over again; remake; transfer *(possession of s.t.)*; make over, cede; devolve; remit; *iets aan iem.* ~ remit s.t. to s.o.; settle s.t. (up)on s.o.; sign over s.t. to s.o.; turn s.t. over to s.o.. **oor·ma·king** *-kings, -kinge* remittance; transfer; cession; settlement; assignment.

**oor·maat** overmeasure, superabundance, excess, surplus; →OORMATIG; *'n ~ van* ... a wealth of ... *(talent etc.)*; a pletho= ra of ... *(regulations etc.)*; an embarrassment of ... *(riches etc.)*.

**oor·mag** superior power/numbers, superiority, odds; *(jur.)* vis major, force majeure, irresistible compulsion, act of God; *teen 'n ~ te staan kom* be outnumbered; *teen 'n oorwel= digende ~ stry* fight against overwhelming odds; *voor die ~ swig* succumb to superior numbers. **oor·mag·tig** *-tige* over= powerful, too powerful; superior *(force)*.

**oor·ma·tig** *-tige, adj.* excessive; immoderate, intemperate; *~e gebruik* overindulgence; *~e skuldgevoelens* guilt trip *(in= fml.)*; *~e verbruik* overconsumption. **oor·ma·tig** *adv.* ex= cessively, exceedingly, inordinately, intemperately, unduly; *jou ~ inspan* overexert o.s.; ~ *drink* drink to excess. **oor·ma= tig·heid** excess, immoderateness, intemperance.

**oor·mees·ter** *het* ~ overpower, overcome, (over)master, get the better of, subjugate, subdue.

**oor·me·kaar** *adv.* crosswise; *met die/jou bene ~ sit* sit cross= legged; cross one's legs. ~**kyk** *oormekaarge=, (also* oorme= kaar kyk*)* be cross-eyed, squint. ~**slaan** *oormekaarge=* over= lap.

**oor·merk**[1] *oorge=, vb.* mark again, re-mark.

**oor·merk**[2] *n.* earmark *(in the ear of a sheep etc.)*. **oor·merk** *ge=, vb.* earmark *(livestock)*; *(fig.)* earmark, reserve, set aside *(funds etc.)*.

**oor·moed** rashness, recklessness, overconfidence, pushiness; arrogance, presumption, presumptuousness. **oor·moe·dig** *-dige* rash, reckless, overbold, overconfident, pushy; arro= gant, presumptuous.

**oor·moeg** *-moeë* overtired, exhausted.

**oor·mô·re, oor·mo·re** *het* ~ the day after tomorrow. ~**aand** the night after tomorrow night, two nights hence. ~**oggend** the morning after tomorrow morning, two mornings hence.

**oor·nag** *adv.* overnight; ~ *bly* stay overnight. **oor·nag** *het ~, vb.* stay overnight, stop over, pass the night; ~ *by* ... put up at ...; *in 'n hotel* ~ spend the night at a hotel. ~**plek, ~punt** stopoff point. ~**verblyf** overnight accommodation.

**oor·nag·ting** *-tings, -tinge* (over)night stay, stopover.

**oor·na·me** *-mes* taking over, takeover, assumption; borrow= ing, adoption. ~**aanbod** *(comm.)* takeover bid, bear hug.

**oor·neem** *oorge=* take over *(to a place)*; take over *(manage= ment, business, command, etc.)*; buy, purchase; adopt, take *(an idea, a word or custom from)*, borrow, derive; copy *(from the original)*; *iets van iem.* ~ take over s.t. from s.o.. **oor·ne·ming** *-minge, -mings* = OORNAME.

**oor·nom·mer** *oorge=* number again, renumber.

**oor·nooi, oor·vra** *oorge=* ask over/round.

**oor·ont·wik·kel** *het* ~ overdevelop. **oor·ont·wik·kel(d)** *-kelde* overdeveloped.

**oor·oor:** ~**grootjie** *(infml.)* great-great-grandparent. ~**groot=**

**moeder** great-great-grandmother. ~**grootvader** great-great- grandfather.

**oor·pad** overpass; *reg van* ~ right of way.

**oor·pak**[1] *n.* overall(s).

**oor·pak**[2] *oorge=, vb.* repack, transfer.

**oor·pas·stuk** *(mot.)* female part.

**oor·peins** *het* ~ meditate/reflect on, contemplate, ponder over. **oor·pein·sing** *-sings, -singe* meditation, reflection, con= templation, musing.

**oor·plaas** *oorge=* remove, shift; transfer *(s.o.)*; translate *(a bishop)*; translocate *(an animal)*; transplant; *(comp.)* transfer, port, upload *(data etc.)*. **oor·pla·sing** *-sings, -singe* removal, transfer; translation *(of a bishop)*; translocation *(of an ani= mal)*.

**oor·plant** *oorge=* transplant, graft; replant; transmit *(a dis= ease)*. **oor·plan·ting** *-tings, -tinge* transplanting, transplanta= tion; replanting. **oor·plan·tings·o·pe·ra·sie** transplant sur= gery/operation/procedure. **oor·plant·sel** *-sels* transplant.

**oor·pomp** *oorge=* pump over.

**oor·pre·sies** *-siese* meticulous, fastidious.

**oor·pres·teer** *ge=* overachieve. **oor·pres·ta·sie** overachieve= ment. **oor·pres·teer·der** overachiever.

**oor·pro·du·seer** *oorge=* overproduce. **oor·pro·duk·sie** over= production.

**oor·re·a·geer** *ge=* overreact, get things (all) out of propor= tion. **oor·re·ak·sie** overreaction.

**oor·re·dings·:** ~**krag** powers of persuasion, persuasiveness, persuasive power. ~**kuns** art of persuasion. ~**middel** *-dele, -dels* inducement, incentive, persuader.

**oor·reed** *het* ~ persuade, induce, talk/win over; *niks kan iem.* ~ *nie* s.o. is not to be moved; *iem.* ~ *om iets te doen* per= suade (*or* prevail on/upon) s.o. to do s.t.; *iem.* ~ *om iets nie te doen nie* dissuade s.o. from doing s.t., argue s.o. out of doing s.t.. **oor·re·dend** *-dende* persuasive. **oor·re·ding** per= suasion. **oor·reed·baar** *-bare* persuadable, impressible.

**oor·roei** *oorge=* row across.

**oor·rok** (woman's) overall; dungaree skirt, smock.

**oor·rom·pel** *het* ~ take by surprise, overwhelm, overrun, fall/swarm upon, rush, sweep away; *iem. totaal* ~, *(sport)* de= feat s.o. heavily/utterly, overwhelm/trounce/whitewash s.o.. **oor·rom·pe·ling** *-lings, -linge* surprise, rushing, falling upon, seizure, taking by surprise.

**oor·rond** *oorge=, (phon.)* round, labialise. **oor·ron·ding** *(phon.)* rounding, labialisation.

**oor·ry** *oorge=* ride over/across, drive over; *na* ... ~, ~ ... *toe* drive over to ...

**oor·ryp** overripe.

**oor·saak** *-sake* cause, origin; inducement; *dit was die ~ dat iem. iets gedoen het* this caused s.o. to (*or* made s.o.) do s.t.; *die ~ van iem. se dood was 'n hartaanval* s.o.'s death was due to a heart attack; *eerste* ~ first/prime mover; ~ *en gevolg* cause and effect; *naaste* ~ proximate cause; *self die ~ van iets wees* bring s.t. (up)on o.s.; *die ~ van* ... *wees* be the cause of ...; be responsible for ... ~**leer** *(philos., med.)* (a)etiology.

**oor·saak·lik** *-like* causal, causative; *daar is 'n ~e verband tussen hulle* there is a causal link/connection between them, they are causally connected. **oor·saak·lik·heid** causality.

**oor·sê** *oorge=* say again, repeat.

**oor·see** *n.* overseas; *van* ~ from overseas. **oor·see** *adv.* oversea(s). **oor·se·se** *adj. (attr.)* oversea(s), transmarine, transoceanic.

**oor·seil** *oorge=* sail across/over; glide/slide/slither across/over.

**oor·sein** *oorge=* wire, telegraph, cable, communicate, trans= mit; signal again. **oor·sei·ning** transmission.

**oor·send** *oorge=* send, dispatch; transmit. **oor·sen·ding** *-dings, -dinge* sending, dispatch; remittal, remittance *(of money)*; transmission.

**oor·set** *oorge=* reset, set up (*or* type) again; putt again. **oor·set·ting** *=tings, =tinge* translation; resetting; transcription.

**oor·sien¹** *oorge=* see over (*the fence etc.*); excuse, overlook, condone.

**oor·sien²** *het ~* view, survey, overlook.

**oor·sig** *=sigte* general view; synopsis, summary, outline, survey, review, overview, conspectus, digest; *'n algemene ~* a bird's-eye view; *'n kort ~* a summary, a run-through; *'n ~ oor ...* review/survey of ...; *'n ~ van iets gee* give a review of s.t..

**oor·sigs=:** *~jaar* year under review. *~kaart* outline map. *~tabel* synoptic table.

**oor·sig·te·lik** *=like* conveniently arranged, surveyable; giving an outline/synopsis/summary/account, synoptic. **oor·sig·te·lik·heid** convenience of arrangement, surveyability; visibility.

**oor·sit** *oorge=* put over/across; translate, put into (*another lang.*); promote (*s.o. at school*); *iets in ... ~* put s.t. into ...; translate s.t. into ... (*a lang.*).

**oor·ska·du** *het ~* shade, overshadow; cloud, darken (*with gloom etc.*); (*fig.*) overshadow, put in the shade, outshine, eclipse, outclass, outrival. **oor·ska·du·wing** overshadowing; outshining; darkening.

**oor·ska·kel** *oorge=* shift (gears), switch over; *na ... ~* go over to ... (*another rad. station etc.*); change into ... (*a different gear*); *nou skakel ons oor na ... ~* over to ...; *van ... na ... ~* change over from ... to ... **oor·ska·ke·ling** changeover, shift(ing), switch over; conversion.

**oor·skat¹** *het ~* overestimate, overrate, overvalue. **oor·skat·ting¹** overrating, overestimation, overvaluation.

**oor·skat²** *oorge=* estimate/value again, re-estimate. **oor·skat·ting²** re-estimation, revaluation.

**oor·skeep** *oorge=* tran(s)ship. **oor·ske·ping** *=pings, =pinge* tran(s)shipment. **oor·ske·pings·kos·te** tran(s)shipping/tran(s)shipment charge(s).

**oor·skep** *oorge=* ladle/spoon over; transfer; *iets in ... ~* ladle s.t. over into ...

**oor·skiet** *n.* remains; remainder, rest; surplus; residue, remnant; leftovers. **oor·skiet** *oorge=, vb.* remain, be left over; leave over; shoot over again; overshoot the mark; *daar het niks oorgeskiet nie* there is nothing left. *~kos* leftover food, leftovers, scraps.

**oor·skil·der** *oorge=* repaint, paint over; overpaint. **oor·skil·de·ring** overpainting.

**oor·skink** *oorge=* pour over, decant.

**oor·skoen** galosh, overshoe.

**oor·skop** *oorge=* kick over; (*intr., rugby*) convert (*a try*); *die bal ~,* (*rugby*) kick the ball between the posts.

**oor·skot** *=skotte* surplus; overage; residue, leavings; spill-over; *'n ~ (aan) ... hê* have a surplus/oversupply of ... (*wheat etc.*); *iem. se stoflike ~* s.o.'s body, s.o.'s (mortal) remains.

**oor·skry** *het ~* cross; overstep, pass beyond; exceed (*the limit, one's rights*), violate, infringe, transgress (*a commandment*).

**oor·skryf, oor·skry·we** *oorge=* rewrite; copy (out), transcribe, crib; transfer, make over (*possession of property*); transfer (*entry etc.*). **oor·skry·wing** *=wings, =winge* rewriting; copying; transcript, transcription, copy; transfer (*of property*).

**oor·skuif, oor·skui·we** *oorge=* shift/move across/over.

**oor·slaan** *oorge=* hit over; fold/turn over; skip (*the second row etc.*), omit, leave out, miss out (*words, a name, etc.*); pass (*a dividend*); miss (*a meeting*); pass by/over, disregard, not consider (*the claims of*); (*motor, firearm, etc.*) misfire; *... slaan in ... oor ...* turns into ... (*love into hate etc.*); *na ... ~* change/switch to ... (*a different lang., brand, etc.*); proceed to ... (*a*

*different course of study etc.*); *die skaal laat ~,* (*fig.*) tip the balance; *iem. se stem slaan oor* s.o.'s voice breaks/cracks; *van ... na ... ~,* (*also*) change over from ... to ... *~ooi* skip (ewe).

**oor·slaap** *oorge=* sleep over; *die nag by vriende/ens. ~* spend the night with friends/etc..

**oor·slag** *=slae* overlapping part, overlap; hasp (*and staple*); clasp; flap (*of an envelope etc.*).

**oor·sleep** *oorge=* drag across/over.

**oor·smeer** *oorge=* put/smear on/over; (*cook.*) brush over.

**oor·soet** cloying, honeyed.

**oor·span¹** *oorge=* change (*draught animals etc.*); stretch/span over; erect a fence over. **oor·span·ning¹** *=nings, =ninge* span (*of a bridge*).

**oor·span²** *het ~* span, extend across, overspan; (over)strain; overstretch; overexcite; *jou ~* overexert o.s.; *'n ruimte ~* fill a gap. **oor·span·ne** overstrung (*nerves*), overstrained, overexcited, overwrought. **oor·span·ning²** overstrain(ing), overexcitement, overexertion, overwork; (*med.*) hypertension; *~ van die oog* eyestrain.

**oor·speel¹** *oorge=* replay; play back (*a recording*); re-enact.

**oor·speel²** *het ~,* (*theatr.*) overact, (*infml.*) camp it up; *'n rol ~* overact/overplay (*or, infml.* camp up) a part.

**oor·spoel** *het ~,* (*poet., liter.*) submerge.

**oor·spring** *oorge=* jump/leap over, hurdle, clear, vault; spark over.

**oor·sprong** *=spronge* origin; source; genesis; spring; provenance; fountainhead (*of wisdom*); root (*of a word*); *dit het sy ~ in die ... eeu* it goes back to the ... century; *~ (van 'n rivier)* source (of a river), riverhead; *van Maleise ~* Malay in origin, of Malay origin; *wyn van ~* wine of origin. *~wyn =wyne* wine of origin.

**oor·spronk·lik** *=like =liker =likste, adj.* original; archetypal; primordial; primal; pristine; native; (*biol.*) primitive; primary; *~e afdruk* original print; *in die ~e* in the original. **oor·spronk·li·ke** *n.* master/top copy. **oor·spronk·lik·heid** originality.

**oor·staan** *oorge=* stand over; be postponed; stop/stay over; *~de hoeke* opposite angles; *die saak staan oor* the matter is being (*or has been*) held over.

**oor·stap** *oorge=* cross (*the street*), walk across/over; change (*into another train*); pass over, disregard; *na ... ~* go over to ... (*another party*). *~kaartjie* transfer ticket.

**oor·steek** *oorge=* cross (*the street, railway line*); strike/cut across; overhang, project (over); *net met die brug ~* cross by the bridge only.

**oor·stelp** *het ~, vb.* (*chiefly p.p.*) overwhelm; *~ van ...* overcome/overpowered with ... (*grief, joy, etc.*).

**oor·stem¹** *oorge=* tune again, retune (*piano etc.*); vote again, revote.

**oor·stem²** *het ~* outvote; overrule; deafen, make (*sound*) inaudible; *iem. se verontwaardiging is ~ deur medelye* s.o.'s indignation gave way to pity; *'n geraas ~* drown a noise.

**oor·sti·mu·leer** *ge=* overstimulate. **oor·sti·mu·la·sie, oor·sti·mu·le·ring** overstimulation; (*psych.*) flooding.

**oor·stoot** *oorge=* push over; *die dam stoot oor* the dam is overflowing. *~drie* (*rugby*) pushover try.

**oor·stort** *oorge=* pour over; spill; tumble/fall over.

**oor·stroom¹** *oorge=* overflow; brim over; *die ontevredenes stroom oor na die ander party* the disgruntled defect to the other party in droves.

**oor·stroom²** *het ~* flood, (*lit., fig.*) inundate; overrun, deluge, swamp; overstock, glut (*the market*); *deur/met ... ~ wees/word* be swarming/choked with (*or overrun by*) ...; *laat ~* submerge, flush; *~de pad* washed-out road; *die rivier het sy walle ~* the river burst its banks; *~ wees* be flooded out. **oor·stro·ming** *=mings, =minge* overflowing; flood, inunda=

tion. **oor·stro·ming·ska·de** flood damage. **oor·stro·mings= vlak·te** floodplain.

**oor·stuur¹** *oorge=, vb.* send across/over, transmit, consign.

**oor·stuur²** *=stuurde,* **oor·stuurs** *=stuurse, adj. & adv.* up= set; *alles is* ~ everything is in confusion; *jou* ~ *eet* overeat (o.s.); ~ *wees, (also)* lose control of o.s..

**oor·sui·ker** *oorge=, (infml.)* dawdle/saunter across.

**oor·swem** *oorge=* swim *(across).*

**oor·tap** *oorge=* transfuse; pour/transfer into another vessel, siphon.

**oor·te·ken¹** *oorge=* redraw, draw over again; re-sign, sign again; copy *(a drawing).*

**oor·te·ken²** *het* ~ oversubscribe *(a loan).* **oor·te·ke·ning** oversubscription.

**oor·tel¹** *oorge=* lift over/across.

**oor·tel²** *oorge=* re-count, count again, check. **oor·tel·ling** *=lings, =linge* re-count(ing), check(ing).

**oor·tik** *oorge=* retype; *(comp.)* overtype. ~**funksie** overtype *n.*.

**oor·tjie¹** little ear; *(bot.)* auricle; *(print.)* ear space; →OOR¹ *n.*.

**oor·tjie²** *=tjies, (hist. coin)* farthing.

**oor·tog** *=togte* passage *(across an ocean),* crossing *(of a river).* ~**geld** passage money.

**oor·tol·lig** *=lige, adj.* superfluous, redundant, waste(d), sur= plus, unnecessary, unneeded, more than required, super= numerary, excess; *=e bagasie, (lit., fig.)* excess baggage. **oor·tol·lig** *adv.* superfluously; ~ *eet/drink* eat/drink to ex= cess. **oor·tol·lig·heid** *=hede* superfluity, superfluousness, re= dundancy, non(-)essential, frills, plethora.

**oor·tree¹** *het* ~ transgress *(a commandment, the law, etc.),* contravene, infringe, violate, break *(the rules, law, etc.),* tres= pass against *(the law);* offend; exceed *(the speed limit);* mis= behave; *op iets* ~ encroach (up)on s.t. *(land etc.).* **oor·tre·der** *=ders* trespasser, transgressor *(of the law, a commandment, etc.),* infringer *(of the law),* offender, defaulter; *=s sal vervolg word* trespassers will be prosecuted. **oor·tre·ding** *=dings, =dinge* transgression, infringement, offence, contravention, breach, trespass(ing), misdemeanour, malpractice; *'n* ~ *be= gaan* commit an offence; *as julle die/ander mense hulle ~e/=s vergewe, (OAB/NAB, Mt 6:14)* if ye forgive men their tres= passes, if you forgive men when they sin against you *(AV/ NIV); vorige =s hê* have a (criminal/police) record.

**oor·tree²** *oorge=* step over/across.

**oor·tref** *het* ~ surpass, excel, outclass, outdo, outperform, outshine, outstrip, outrank; head; cap; best; improve (up)= on; go one better; *dit* ~ *alles* that tops all; *die wins* ~ *dié van verlede jaar* profits exceed last year's. **oor·tref·fend** *=fende* superlative *(degree);* transcendent.

**oor·trek¹** *oorge=* pull over; move *(into another house);* cross, trek over/across *(a mountain, border, etc.); (clouds, weather, etc.)* blow over; trace (over) *(a drawing);* upholster *(furni= ture),* cover *(with tapestry etc.); 'n bed (skoon)* ~ change the bed linen; *'n kussing* ~ put on a pillowslip; put on a cushion cover. ~**papier** tracing paper; paper for covering. ~**trui** pullover, sweater.

**oor·trek²** *het* ~ overdraw *(a bank account); met/van ...* ~ (all) covered *(or spread)* with ... *(flowers etc.);* ~ *met goud* gilded, gilt. **oor·trek·king** overdrawing; overdraft. **oor·trek·kings= ge·rief, =fa·si·li·teit** overdraft facility. **oor·trok·ke re·ke·ning** overdraft.

**oor·trek·sel** *=sels* cover *(for a sofa etc.),* slip, case, casing, envelope, tidy.

**oor·troef** *het* ~, *(card games)* overtrump; outbid, outdo, go one better; best.

**oor·trui** sweater; jumper.

**oor·tuig** *het* ~ convince; satisfy, persuade; carry conviction;

*jou (daarvan)* ~ *dat ...* satisfy o.s. that ...; *(daarvan)* ~ *wees dat ...* be convinced that ...; be confident that ...; have no doubt (but) that ...; be satisfied that ...; *'n ~de vegetariër/ens.* a vegetarian/etc. by conviction; *iem. van iets* ~ convince s.o. of s.t.; persuade s.o. of s.t.; prove s.t. to s.o.'s satisfaction; bring s.t. home to s.o. *(infml.); iem. van jou sienswyse* ~ bring s.o. (a)round to one's way of thinking; *jou van iets* ~ make sure of s.t.. **oor·tui·gend** *=gende =gender =gendste* convincing, cogent, conclusive, persuasive; *jou saak* ~ *stel* present one's case compellingly. **oor·tui·ging** *=gings, =ginge* conviction, persuasion, belief, certitude; **besliste** *~s oor iets hê* have strong feelings *(or* feel strongly*)* about s.t.; *die moed van jou* ~ *hê* have the courage of one's convictions; *'n sterk* ~ strong convictions; *uit* ~ *'n pasifis/ens.* a pacifist/etc. by con= viction; *die* ~ *uitspreek dat ...* express the belief that ...; *'n vaste* ~ a firm/strong belief. **oor·tui·gings·krag** power of conviction; persuasiveness, cogency, force.

**oor·tyd** *n.* overtime; overtime rate. **oor·tyd** *adv.* overtime; ~ *werk* work overtime. ~**betaling** overtime pay. ~**werk** over= time (work).

**oor·tyds** *=tydse, adj.* overtime; *=e werk* overtime work.

**oor·vaar** *oorge=* cross *(a channel etc.),* cross over *(to the other side);* put *(a pers.)* across *(a river),* take across. **oor·vaart** pas= sage, crossing, transit.

**oor·val¹** *=valle, n.* hold-up, surprise attack; irruption; fit, sudden seizure *(of fainting etc.); 'n* ~ *kry* blow one's top, throw a fit, *(SA, infml.)* have a cadenza. **oor·val** *het* ~, *vb.* surprise, take by surprise, come upon unexpectedly; *(storm, darkness, misfortune, etc.)* overtake; descend (up)on; *met ...* ~ assailed with ... *(questions etc.);* swamped with ... *(inquiries etc.); deur 'n skaker* ~ held up by a hijacker; *deur die slaap* ~ overcome by sleep; *deur die storm* ~ caught in the storm; *deur vrees* ~ assailed by fear.

**oor·val²** *oorge=, vb.* fall/tumble over; go over.

**oor·veeg** *=veë* box on the ear; *iem. 'n* ~ *gee* box s.o.'s ears, *(infml.)* give s.o. a thick ear.

**oor·ver·al·ge·meen** *het* ~ overgeneralise.

**oor·ver·een·vou·dig** *het* ~ oversimplify. **oor·ver·een·vou= di·ging** oversimplification.

**oor·verf** *oorge=* repaint, paint over.

**oor·ver·hit** *=hitte, adj.* overheated *(room, engine, economy, etc.);* superheated *(steam).* **oor·ver·hit** *het* ~, *vb.* overheat, superheat. **oor·ver·hit·ting** overheating, superheating.

**oor·ver·moei** *het* ~ overtire, overfatigue. **oor·ver·moeid** *=moeide* overtired, overfatigued.

**oor·ver·sa·dig** *=digde, adj.* oversaturated; satiated; ~ *van ...* gorged with ... **oor·ver·sa·dig** *het* ~, *vb.* oversaturate; su= persaturate *(a solution);* surcharge *(steam);* satiate, surfeit. **oor·ver·sa·di·ging** oversaturation; supersaturation; surcharge; surfeit, satiation, satiety.

**oor·ver·sig·tig** *=tige* overcautious. **oor·ver·sig·tig·heid** over= cautiousness.

**oor·ver·tel** *het* ~ repeat, retell, relate/tell again; repeat *(gos= sip etc.);* not make a secret of.

**oor·vleu·el** *het* ~ overlap. **oor·vleu·e·ling** *=lings, =linge* over= lapping.

**oor·vlieg** *oorge=, vb. (tr. & intr.)* fly over/across; *(infml.)* nip/ whip across/over (quickly).

**oor·vloed** (super)abundance, profusion, plenitude, exu= berance, wealth, superfluity, store, prodigality, plenty; *ho= ring van* ~ horn of plenty, cornucopia; ... *in* ~ an abun= dance of ..., *(infml.)* ... galore; *'n/die land van* ~ a/the land of *(or* flowing with*)* milk and honey; *in* ~ *leef/lewe* live in luxury; *'n* ~ *van ...* a profusion of ... *(wildlife etc.),* plenty of ... *(money etc.), (infml.)* lashings of ... *(food etc.).* **oor·vloe·dig** *=dige =diger =digste* abundant, plentiful, copious, plenteous, bounteous, ample, profuse; *iets is* ~, *(also)* s.t. abounds. **oor·vloe·dig·heid** abundance, amplitude, profusion, pleni= tude, overabundance, superabundance.

**oor·vloei** *oorge=* overflow, flow/run over, brim over; flood, inundate; ~ *van* ... abound in/with ..., be rich in ... *(game etc.)*; bubble/brim over with ... *(enthusiasm etc.)*.

**oor·vlug** overflight.

**oor·voed** *het* ~ overfeed; ~*e baba* overfed baby. **oor·voe·ding** overfeeding.

**oor·voer**[1] *oorge=* lead/direct across/over; convey, transport, take across, carry over.

**oor·voer**[2] *het* ~ overfeed *(an infant, animal)*, surfeit; ~*de dier* overfed animal.

**oor·vol** *=volle* overfull, brimful, full to overflowing; over= crowded, congested *(place)*; overstuffed *(suitcase etc.)*.

**oor·vol·te·ken, oor·vol·te·ken** *=kende* oversubscribed *(share offer etc.)*.

**oor·vra**[1] *oorge=* ask again; ask over, invite.

**oor·vra**[2] *het* ~ overcharge; ~ *vir iets* overprice s.t.. **oor·vra ging** overcharge.

**oor·vrag** excess load/freight; excess luggage; charges for ex= cess luggage.

**oor·waai** *oorge=* blow over; pass off; *oorgewaai kom, (infml.)* drop in, come in unexpectedly, blow in.

**oor·weeg**[1] *oorge=* weigh again, reweigh.

**oor·weeg**[2] *het* ~ consider, deliberate, reflect, ponder, think *(matters)* over; envisage, contemplate; weigh *(the consequen= ces etc.)*; tip/turn the scales/balance, decide the issue; prepon= derate, predominate; *iets baie* **goed/deeglik** ~ give s.t. a lot of *(or much)* thought; *iets* **gunstig/simpatiek** ~ consider s.t. favourably; ~ *om iets te doen* contemplate doing s.t.; *'n* **versoek** ~ consider/entertain a request; *dit word* ~ it is un= der consideration. **oor·we·gend** *=gende, adj.* preponderant, predominant, prevalent. **oor·we·gend** *adv.* preponderantly, predominantly, principally. **oor·we·ging** *=gings, =ginge* con= sideration; deliberation, contemplation; *ná behoorlike* ~ after due consideration; *iets in/ter = gee* submit s.t. for con= sideration; *dit is in* ~ it is under consideration; *uit =s/=e van* **menslikheid** on humanitarian grounds; *by nader(e) =, ná verder(e)/vêrder(e)* ~ on further consideration; on second thoughts; on reflection; *iets in* ~ **neem** consider s.t., give consideration to s.t. *(a request etc.)*.

**oor·weg** *=weë* overhead crossing; crossroad. ~**brug** flyover, overpass (bridge).

**oor·wel·dig** *het* ~ overpower, overwhelm, swamp; conquer *(enemy)*; seize *(throne)*; *(emotion)* overcome. **oor·wel·di·gend** *=gende* overpowering *(passion)*, intense, irresistible, tremen= dous, overwhelming *(majority)*, sweeping. **oor·wel·di·ging** overpowering, overwhelming, usurpation.

**oor·werk** *=werkte, adj.* overworked *(staff)*; ~ *wees, (also)* be burnt/burned out; ~ *en onderbetaal(d)* overworked and un= derpaid. **oor·werk** *het* ~, *vb.: jou* ~ overwork (o.s.), burn o.s. out.

**oor·wig** preponderance, dominance, superiority; preva= lence; *die* ~ *van die* **bewyse** the weight of evidence; *die* ~ *hê* preponderate; *die* ~ *kry* get the upper hand; *verloor* lose influence/power/authority; *op ('n/die)* ~ *van* **waarskyn= likheid**, *(jur.)* on a balance of probabilities/probability.

**oor·win** *het* ~ conquer *(a habit etc.)*, defeat, vanquish, sub= due, overcome *(difficulties etc.)*, master, get the better of, be victorious, get over, triumph over, surmount; break down *(prejudice)*; ~ *of sterf* do or die. **oor· win·lik** *=like* conquerable, surmountable. **oor·win·naar** *=naars* conqueror, victor, winner. **oor·win·ning** *=nings, =ninge* vic= tory, conquest, triumph; *'n* **algehele/volkome** ~ an out= right victory/win; *'n* ~ **behaal** gain/score/win a victory; *die* ~ *oor ... behaal* gain a victory over ...; *'n* **klinkende** ~ a re= sounding/signal victory; *iem. se* ~ *oor* sy/haar teenstander s.o.'s defeat of his/her opponent; *dis 'n* **seker** ~ victory is assured; it's in the bag *(infml.)*; *'n* **yslike** ~ a landslide vic= tory.

**oor·win·nings=: O**~**dag** *(8 May 1945)* V-E Day. ~**fees** vic= tory celebration.

**oor·wins** excess profit, surplus profit; ~ *maak* profiteer.

**oor·win·ter** *het* ~ (spend the) winter; hibernate. **oor·win= te·ring** *=rings, =ringe* wintering; hibernation; *(bot.)* perenna= tion.

**oor·wip** *oorge=* hop/jump over; drop in, hop over; *na* ... ~ slip across to ...

**oor·wo·ë** considered; contemplated, planned; deliberate; → OORWEEG[2]; ~ *mening* considered opinion/judg(e)ment; ~ *verklaring* prepared statement.

**oor·won·ne** *adj.* conquered, defeated, vanquished. **oor· won·ne·ne** *=nes, n.* conquered/vanquished person, loser.

**oor·y·we·rig** *=rige* overeager, overenthusiastic, overzealous. **oor·y·we·rig·heid** overeagerness, overenthusiasm.

**oos** *adv.* east; *reg* ~ due east; ~ *van* ... (to the) east of ...; *van* ~ *na wes* from east to west; ~, *wes, tuis bes* home sweet home, there's no place like home; *die wind is* ~ the wind is easterly *(or* [from/in the] east*)*. **O**~**-Afrika** East Africa. **O**~**- Afrikaans** *=kaanse* East African. **O**~**-Asies** *=siese* East Asian. ~**einde** east(ern) end. **O**~**-Europa** Eastern Europe. ~**grens, ooste(r)grens** eastern border/boundary/frontier. **O**~**-Kaap** *(SA)* Eastern Cape. **O**~**-Kaapprovinsie** Eastern Cape Prov= ince. **O**~**-Kapenaar** *=naars* inhabitant of the Eastern Cape. ~**kus** east(ern) coast, eastern seaboard. **O**~**-Londen** East London. ~**noordoos** east-northeast. **O**~**-Rand** East Rand. ~**suidoos** east-southeast. ~**suidooste** *(abbr.:* OSO*)* east- southeast *(abbr.:* ESE*)*. ~**suidoostelik** east-southeast.

**o·ö·siet** *=siete, (biol.)* oocyte.

**oos·te** (the) east; *die O*~ the East, the Orient; *na die* ~ *gaan* go east; *in die* ~ in the east; *na die* ~ to the east; *ten* ~ *van* ... (to the) east of ...; *uit die* ~ from the east; *van die* ~ from the east; *van* ~ *en weste kom* come from all over *(or* every= where*)*; *die wind kom uit die* ~ the wind is easterly *(or* [from/in the] east*)*. ~**kant** east (side), east(ern) side; *uit/van die* ~ from the east. ~**wind** east wind.

**oos·te·lik** *=like =liker =likste* easterly, eastern; *die O*~*e Half= rond* the Eastern Hemisphere; *in ('n)* ~*e* **rigting** in an east= erly direction, eastwards; *die* ~*ste* **punt/ens.** the eastern= most point/etc.; ~*e* **standaardtyd,** *(abbr.:* OST*)* Eastern Standard Time *(abbr.:* EST*)*.

**Oost·en·de** *(geog.)* Ostend.

**Oos·ten·ryk** Austria. **Oos·ten·ry·ker** *=kers, n.* Austrian. **Oos· ten·ryks** *=rykse, adj.* Austrian.

**oos·ter=:** ~**kim** eastern horizon. ~**lengte** eastern longitude.

**Oos·ter·ling** *=linge* Oriental; Easterner.

**Oos·ters** *=terse* Oriental, Eastern; ~*e tale* Oriental languag= es; ~ *word* orientalise.

**oos·waarts** *=waartse, adj.* eastward; eastbound. **oos·waarts** *adv.* eastward(s), to the east(ward); ~ *gaan* go east.

**oot·moed** humility, meekness, humbleness. **oot·moe·dig** *=dige* humble, meek.

**op** *adj. & adv.* up; spent, finished, *(infml.)* knackered; ~ *en af/neer* up and down; *al* ~ *wees* be about; *dit is* **alles** ~ it is all gone; *iets is* **amper/byna** ~ s.t. is running low; *met die* **deksel** ~ with the lid on; *dit is* ~ there is nothing left; *iem. se* ... *is* **(heeltemal)** ~ s.o. is (clean) out of ...; *hoër* ~ further/ higher up; further on; *iem. is* ~ s.o. is up *(or* out of bed*)*; *iem. se* ... *is* ~, *(also)* s.o. has run out of ...; ~ *is* **jy!** up with you!; *nog nie* ~ *wees nie, (also)* not be stirring yet; *van R100 af* ~ from R100, R100 and higher; *van onder af* ~ from below, from the bottom; *verder/vêrder* ~ further on; *vroeg* ~ *wees* be up early; turn out early; ~ *en* **wakker** wide awake *(fig.)*, on one's toes *(fig.)*; bustling; *'n* ~ *en* **wakker** *mens* a live wire; ~ *wees na 'n siekte* get about. **op** *prep.* on, upon, on to, onto; in; at; *die een* ~ *die* **ander** one after the other; *een ry* ~ *'n* **ander** row upon row; ~ **besoek** *gaan* go on a visit, go visiting; ~ *iem.* **drink** drink to (the health of) s.o.; *iets ~* **Engels** *uitspreek* pronounce s.t. as in English; … *is ~* **hande,** *(an event)* … is near/imminent *(or* at/on hand *or* drawing near); ~ *85 (jaar)* at 85; ~ *die* **maat** *van die musiek* to the music; ~ *hierdie* **manier** in this way/manner; ~ *Oudtshoorn* in Oudtshoorn; ~ *'n* **plek** in a place; *die* **stand** *van sake ~ 1 Mei* the position as on May 1; ~ **twee** *na die beste* third best; **uiterlik** ~ … on or before …, not later than … *(a date);* ~ **Vrydag** *(of [~] Vrydae) eet hulle vis* (on) Friday(s) they eat fish; **Wet** ~ …, *(Labour Relations etc.)* … Act.

**o·paak** *opake* opaque. **o·pa·si·teit** opacity.

**o·paal** *opale* opal. ~**glans** opaline lustre. ~**glas** opaline, opal glass.

**o·paal·ag·tig** *-tige* opal-like, opalescent, opaline.

**op·bank** *opge=* bank (up) *(a fire).*

**op·bel** *opge=* ring up, call (up), (tele)phone, *(infml.)* give a tinkle.

**op·berg** *opge=* put/pack away; store; *(comp.)* store, bin *(data).* **op·ber·ging** *-gings, -ginge* storage.

**op·be·taal** *het ~* pay up fully; *'n ~de lid* a (fully) paid-up member. **op·be·ta·ling** *-lings, -linge* full payment, payment in full.

**op·beur** *opge=* cheer up, gladden, comfort, buoy up, solace, console. **op·beu·rend** *-rende* cheering, comforting, heartening, uplifting. **op·beu·ring** lifting up, dragging up; comfort, consolation.

**op·bie(·ë)** *opge=* bid up; ~ *teen iem.* bid against s.o., try to outbid s.o.; *(die prys van) iets tot … ~* bid (the price of) s.t. up to …

**op·bind** *opge=* tie/bind up; bind into sheaves, sheave, sheaf; truss (up); *iets aan paaltjies/stokkies ~* stake out s.t. *(plants).*

**op·blaas** *opge=* blow up, puff up; inflate *(with air or gas);* bloat; balloon; blow up, explode; blast *(rocks);* *(mil.)* mine; exaggerate, magnify; →OPGEBLAAS; *jou wange ~* puff out your cheeks. ~**matras** inflatable/blow-up mattress, air mattress/bed.

**op·blaas·baar** *-bare* inflatable.

**op·bla·se·ry** *(infml.)* hype.

**op·bloei** *n.* flowering, flourishing; revival, reawakening. **op·bloei** *opge=, vb.* revive, begin to thrive/flourish, blossom out, burgeon.

**op·bly** *opge=* stay/wait/remain/stop/sit up; remain on; *laat ~* be/stay up late; keep late hours; *iets laat ~* leave on s.t.; leave up s.t.; *vir iem. ~* wait up for s.o..

**op·bol** *opge=* bulge (out); balloon.

**op·bon·del** *opge=* bundle up, tie in a bundle.

**op·bor·rel** *opge=* bubble/fizz up *(lit. & fig.),* effervesce. **op·bor·re·ling** bubbling up, welling up/out/forth; ebullition; effervescence.

**op·bor·sel** *opge=* brush up.

**op·bou** *n.* building up; establishment, advancement *(of sc. etc.);* edification. **op·bou** *opge=, vb.* build up *(a house etc.);* synthesise; edify, benefit *(spiritually);* →OPGEBOU; *iets weer ~* build s.t. up again, rebuild s.t.; *'n indrukwekkende telling ~* rack up an impressive score. **op·bou·end** *-ende* edifying *(sermon);* constructive *(criticism etc.);* *(biol.)* anabolic. **op·bou·ing** building up, construction; reconstruction; edification; cultivation, development, improvement.

**op·brand** *opge=* burn (away/out/up), consume; flame up.

**op·breek** *opge=* break up; take up; disjoint; fractionise; strike *(tents),* break up *(camp etc.);* break/pull/dig up *(a street);* disperse *(a meeting);* *(intr.)* disintegrate; crack; raise *(a siege);* emit *(a wind),* belch; fractionate. **op·bre·king** breaking up, break-up; fractionation; dispersion; disintegration.

**op·brengs** *-brengste* yield, crop, fruitage, outturn, return, output; production, produce; proceeds; *'n goeie ~ lewer* give a high yield. ~**eenheid** unit of output. ~**koers** rate of return.

**op·bring** *opge=* bring up; bring on; serve *(dinner);* vomit, bring/throw up, be sick; regurgitate; *(infml.)* rear, bring up *(a child),* educate; *iets ~* bring/vomit s.t. up *(blood etc.).* ~**middel** *=dels, =dele* emetic.

**op·bruis** *opge=* bubble/fizz/foam up, fizz, effervesce; flare up, fly into a passion; boom, flourish, spurt. **op·brui·send** *=sende* effervescent; ebullient; hot-tempered. **op·brui·sing** effervescence, fizzing, bubbling/foaming up; ebullience; flaring up; flurry *(of excitement);* boom, spurt, upsurge.

**op·buig** *opge=* bend up; warp up; hunch. **op·bui·ging** bending up; upwarp(ing).

**op·daag** *opge=* arrive, turn up, appear, put in an appearance, turn out, show up, *(infml.)* roll in; *by … ~* turn up at …, *(infml.)* show/pitch up at …; *hulp het opgedaag* help was forthcoming; *(also)* s.o. came to the rescue; *onverwags ~* turn up unexpectedly; *skielik ~* pop up *(infml.).*

**op·dam** *opge=* dam (up); block up, obstruct, stem, impound; bank. ~**water** back water.

**op·delf, op·del·we** *opge=* dig up.

**op·dien** *opge=* dish up, serve (up). ~**skottel** serving dish/platter.

**op·diep** *opge=* dig up/out, unearth, fish out *(fig.),* grub; exhume *(fig.).*

**op·dis** *opge=* serve (up), dish up *(food etc.);* present, spin *(a yarn).*

**op·doek** *opge=* furl *(sails);* clear out, shut up, put up the shutters; cease to exist; bedeck; *'n onderneming ~* abandon an undertaking.

**op·doem** *opge=* loom (up), emerge.

**op·doen** *opge=* come by, get; acquire, gain *(knowledge),* pick up *(news);* catch *(a cold),* get, contract *(a disease);* *(infml.)* do (up) *(one's hair);* *'n besering ~* sustain an injury; *masels ~* develop measles.

**op·dok** *opge=, (infml.)* pay up, pay the piper; shoulder the burden; cough up, shell out *(money);* foot the bill; *vir iets ~, (infml.)* pay up for s.t..

**op·dol·lie** *opge=, (infml.): iets ~* jazz/spiff s.t. up; *jou ~* titivate o.s., posh *(or* glam/tart o.s.) up.

**op·dom·krag** *opge=* jack up.

**op·don·der** *opge=, (coarse)* beat up; give *(s.o.)* hell, knock sparks out of.

**op·dons** *opge=, (infml.): iem. ~* let s.o. have it, bash s.o. up, wipe the floor with s.o.; *maar altyd ~* bungle along, be a devil-may-care sort of person.

**op·dra** *opge=* carry up; wear out *(clothes);* instruct, direct, charge, brief, commission *(s.o. to do s.t.),* entrust *(s.o.)* with *(a duty);* inscribe; delegate; →OPDRAG; *iets aan iem. ~* charge s.o. with s.t.; delegate s.t. to s.o.; *'n boek/ens. aan iem. ~* dedicate a book/etc. to s.o.; *'n taak aan iem. ~* assign a task to s.o., assign s.t. (to) a task; *kos ~* set food on the table.

**op·draai** *opge=* turn higher (up); twist up; wind up; crank up; coil (up).

**op·draand** *-draande,* **op·draan·de** *-des, n.* uphill path/road; rising ground, incline, upslope, acclivity; *iem. ~ gee, (infml.)* give s.o. a rough time; *iets gee iem. ~, (infml.)* s.o. finds s.t. hard going; *die laaste ~ maak die perd flou* it's the last straw that breaks the camel's back; *'n steil ~* a sharp incline, a steep rise/slope. **op·draand** *-draande, adj.* uphill, sloping upwards; upgrade; ascendant, acclivitous; difficult, arduous; *die pad is ~e* the road is uphill; *~e werk/stryd* uphill work, struggle. **op·draand, op·draan·de** *adv.* uphill; *dit ~ kry/hê, (infml.)* have a rough time.

**op·drag** *-dragte* instruction, order, commission, charge, direction, directive, command, engagement, assignment, mandate, injunction; brief *(to a lawyer);* dedication *(in a book);* terms of reference *(of a commission);* *(comp.)* command; *'n ~ aanneem* undertake a commission; *~ gee* give instructions;

brief *(a lawyer)*; ~ **gee** *dat* ... direct that ...; *iem.* ~ **gee** *om iets te doen* instruct s.o. to do s.t.; commission s.o. *(esp. an artist)* to do s.t.; *die ~ vir iets aan iem.* **gee** give the commission for s.t. to s.o.; *'n ~ hê om* ... be directed/charged/instructed to ...; *in ~ van* ... by order of ...; instructed by ...; on the instruction of ...; *~ kry/ontvang om* ... be instructed to ..., receive instructions to ...; *van iem.* ~ **kry/ontvang** *om* ..., *(also)* be commissioned by s.o. to ...; *'n ~ laat vaar* throw up a brief; *onder ~ van iem.* handel act under instructions from s.o.; hold a brief for s.o.; *'n ~ opstel* draw (up) a brief; *sonder ~* uninstructed; *'n strawwe/onuitvoerbare ~* a tall order; *~te uitvoer* carry out *(or* follow*)* instructions; *volgens ~* according/pursuant to instructions. **~gewer** employer; *(jur.)* principal. **~reël** *(comp.)* command line. **~taal** *(comp.)* command language. **~veld** *(comp.)* command field.

**op·dreun** *opge·*, *(infml.)* give no breathing space, make it hot for, drive on *(an opponent, a worker, etc.)*.

**op·drif·sel** *-sels* drift, driftwood, debris; *(in the pl.)* flotsam, driftage, jetsam.

**op·dring** *opge·* push on (forward); *jou aan iem.* ~ force/foist/ thrust o.s. (up)on s.o., impose o.s. on s.o., fasten onto *(or* on to) s.o.; *iets aan iem.* ~ press s.t. (up)on s.o., thrust s.t. upon s.o.; inflict s.t. (up)on s.o.; *jou* ~ push o.s. forward. **op· dring·er** *-gers* intruder, obtruder, (social) climber, pusher. **op·drin·ge·rig** *-rige* intrusive, obtrusive, pushy, fresh, insistent, importunate. **op·drin·ge·rig·heid** intrusiveness, obtrusiveness, pushiness, importunity. **op·drin·ging** pressing (upon), obtrusion, intrusion.

**op·drink** *opge·* drink up, finish (off); *iets in een teug* ~, *(also, infml.)* down s.t. at a gulp.

**op·droog** *opge·* dry up; run dry; peter out; give out; desiccate; *(infml.)* hit a blank, forget one's lines. **op·dro·ging** drying up, desiccation.

**op·druk** *-drukke, n.* imprint, surcharge *(on a postage stamp)*; overprint; press-up, push-up; →OPSTOOT *n.*. **op·druk** *opge·, vb.* press up; (im)print/stamp on; overprint *(a postage stamp)*.

**op·dryf, op·dry·we** *opge·* float/drift up; force up, inflate *(prices)*. **op·dry·wing** forcing up.

**op·duik** *opge·* emerge, come to the surface, surface; pop up; *(difficulties etc.)* turn up, crop up. **op·dui·king** emergence.

**op·dui·wel** *opge·, (infml.)* make a stuff-up of, stuff up; beat up; give *(s.o.)* hell.

**op·dwing** *opge·* force (up)on; *iets aan iem.* ~ force s.t. (up)on s.o..

**o·pe** *opes, n.* open, open championship(s). **o·pe** *adj.* open *(championship[s], title, etc.)*; →OOP; ~ *kampioenskapsbyeen= koms/-toernooi* open championship(s).

**op·een·dring** *opeenge·* crowd together, huddle up.

**op·een·hoop** *opeenge·* heap/pile up, accumulate, bunch, conglomerate, congest. **op·een·ho·ping** *-pings, -pinge* accumulation; mass *(of papers, people, etc.)*, crowd; conglomeration; congestion *(of traffic, population, etc.)*; *(av.)* stackup.

**op·een·ja(ag)** *opeenge·* drive together.

**op·eens** *adv.* suddenly, all of a sudden, all at once.

**op·een·sta·pel** *opeenge·* pile/heap up, accumulate. **op· een·sta·pe·ling** *-lings, -linge* piling/heaping up, accumulation.

**op·een·volg** *opeenge·* follow each other. **op·een·vol·gend** *-gende* successive, consecutive. **op·een·vol·ging** *-gings, -ginge* succession; sequence, train, run *(of)*; *'n/die ~ van gebeurtenisse* a/the sequence of events.

**op·eet** *opgeëet* eat/finish (up), devour, consume.

**o·pe·hart·o·pe·ra·sie** open-heart operation.

**o·pe·herd·oond, oop·herd·oond** open-hearth furnace.

**op·eis** *-geëis* claim, demand *(a surrender)*; summon; exact; → OPGEËIS. **op·eis·baar, op·eis·baar** *-bare* claimable, exigible; *dadelik ~, (fin.)* at/on call; *~ word, (fin.)* mature.

**o·pe·lug·:** **~museum** *-seums, -sea* open-air museum. **~spel** open-air/outdoor game; open-air play. **~swembad** outdoor swimming pool. **~teater** open-air theatre.

**o·pe·lyf** *(esp. med.)* evacuation *(of the bowels)*; *iets gee iem.* ~ s.t. opens s.o.'s bowels; *iem. het* ~ *gehad* s.o.'s bowels have moved, s.o. has had a bowel movement.

**o·pen** *ge·* open *(a debate, meeting, parl., factory, an account, etc.)*; introduce *(a sentence)*; set up *(a school)*; inaugurate; → OPENING; *die tentoonstelling* ~ *môre* the exhibition opens to= morrow.

**o·pen·baar** *n.* public; *in die* ~ in public; *in die* ~ *optree* appear in public. **o·pen·baar** *-bare, adj. & adv.* public *(library, sector, transport, etc.)*; manifest; common; overt; patent; exoteric; *~bare besit, (land etc.)* public domain; *~bare beskermer, (SA)* public protector; *oefening in ~bare be= trekkinge* public relations exercise; *~bare figuur* public figure; *iets* ~ *maak* make s.t. known; disclose/divulge/reveal s.t.; *alles/dinge/dit/ens.* ~ *maak* go public; *die ~bare mening* public opinion; *in die ~bare oog* in the public eye; *~bare spreker, spreker by ~bare geleenthede* public speaker; *~bare stemming* open vote/ballot; *~bare toegang* public access; *~bare vyandskap* open enmity. **o·pen·baar** *ge·, vb.* reveal, divulge, disclose, make public/known; release; display, manifest; signify; *iets aan iem.* ~ divulge/reveal s.t. to s.o.. **o·pen·baar·ma·king** *-kings, -kinge* publication, disclosure; release. **o·pen·ba·rend** *-rende* revelatory. **o·pen·ba·ring** *-rings, -ringe* revelation, manifestation, disclosure; *die O~ van Jo= hannes, (NT)* the Revelation of Saint John the Divine, *(in= fml.)* Revelation(s); *iets is vir iem. 'n* ~ s.t. is an eye-opener to s.o. *(infml.)*. **o·pen·ba·rings·leer** *(theol.)* doctrine of revelation.

**o·pen·har·tig** *-tige, adj.* frank, open(-hearted), candid, sincere, explicit, outspoken, unreserved, undisguised, uncon= cealed, honest; *'n ~e gesprek* a heart-to-heart (chat/conver= sation/discussion/talk). **o·pen·har·tig** *adv.* frankly, open= ly, candidly; sincerely; freely, heart to heart; ~ *met iem. ge= sels/praat* have a heart-to-heart (chat/conversation/discus= sion/talk) with s.o.; ~ *teenoor iem. wees oor iets* be candid with s.o. about s.t.. **o·pen·har·tig·heid** frankness, candour, candidness, open-heartedness, outspokenness, sincerity.

**o·pen·heid** openness; frankness.

**o·pe·ning** *-nings, -ninge* opening *(of parl., a school, etc.)* com= mencement; inauguration; aperture, gap, passage, chink, slit, interstice, vent, orifice; mouth; *(anat.)* foramen; inroad; inlet; vacancy; (chess) opening; *die burgemeester het die* ~ *verrig* the mayor performed the opening (ceremony).

**o·pe·nings·:** **~aand** *(theatr.)* first/opening night. **~plegtig= heid** opening ceremony. **~rede** opening/inaugural address. **~woord** opening speech/address.

**o·pe·nin·kie** *-kies, (dim.)* little opening/gap, aperture, slit.

**o·pen·lik** *-like, adj.* open, public; overt; outright; undisguised; *~e vyandskap* open enmity; *'n ~e kommunis* a declared/out= spoken communist. **o·pen·lik** *adv.* openly, blatantly, fla= grantly, publicly; frankly, candidly, freely.

**op en wak·ker** →OP *adj. & adv.*.

**o·pe·ra** *-ras* opera; operatics; opera house; *groot* ~ grand opera; *komiese ~* comic opera; *in 'n ~ sing* sing in an opera; *uit die ~s sing* sing opera. **~gebou** opera house. **~ge= selskap** opera company. **~koor** opera(tic) chorus. **~mu= siek** operatic music. **~orkes** opera(tic) orchestra. **~sang** opera singing. **~sanger(es)** opera(tic) singer. **~seisoen** opera season. **~teks** libretto. **~uitvoering** *-rings, -ringe* opera(tic) performance.

**o·pe·rand** *(math.)* operand.

**o·pe·ra·sie** *-sies, (surg., mil., etc.)* operation; surgical inter= vention; *'n ~ aan iem. se knie* an operation on s.o.'s knee; *'n ~ doen/uitvoer/verrig* perform an operation; *'n ~ onder= gaan* have/undergo an operation, undergo surgery; *'n ~ op* *'n pasiënt* an operation on a patient; *'n ~ weens* ... an operation for ... **~plan** plan of campaign. **~saal** operating theatre. **~suster** theatre sister. **~tafel** operating table.

**o·pe·ra·sie·tjie** *=tjies, (dim.)* minor operation.

**o·pe·ra·si·o·neel** *=nele* operational; *~nele gebied, (mil. etc.)* operational area.

**o·pe·ra·teur** *=teurs, (masc.),* **o·pe·ra·tri·se** *=ses, (fem.)* operator.

**o·pe·ra·tief** *=tiewe* operative, surgical; operational; *~ ingryp* operate.

**o·pe·ra·tor** *=tors, =tore, (math., phys., etc.)* operator.

**op·erd** *=geërd* earth/bank up, ridge; hill. **~ploeg** ridger, ridging plough.

**o·pe·reer** *ge=* operate, perform an operation; *(aan)* '*n been/ens. ~* operate on a leg/etc.; *'n pasiënt vir/weens ... ~* operate on a patient for ...; *ge~ word, (s.o., a leg, etc.)* be operated on; *(s.o.)* have/undergo an operation, undergo surgery. **o·pe·reer·baar** *=bare* operable.

**o·pe·ret·te** *=tes, (mus.)* operetta, light opera, musical comedy/theatre. **~komponis** operetta composer, composer of operettas.

**o·per·ku·lum** *=lums, (biol.)* operculum.

**op·flik·ker** *opge=* flicker/flare/blaze up; cheer/brighten up *(intr.),* perk up. **op·flik·ke·ring** *=rings, =ringe* flicker(ing), flare-up; cheering/brightening up; flicker *(of hope).*

**op·foe·ter** *opge= =* OPDONS.

**op·fok** *opge=, (coarse: damage, destroy, throw into disarray, beat up, etc.)* fuck up.

**op·fris** *opge=* refresh, revive, enliven, freshen; brush up, renew; touch up; refresh *(the memory),* brush up *(knowledge).* **op·fris·sing** *=sings, =singe* refreshing, reviving; brush-up, brushing/polishing up *(of knowledge);* refresher *(drink).* **op·fris·(sings·)kur·sus** *=susse* refresher course.

**op·from·mel** *opge=* crumple (up), rumple; *(infml.)* bash up *(a car etc.).*

**op·gaaf** *=* OPGAWE.

**op·gaan** *opge=, (a balloon, smoke, prices, etc.)* go up, ascend, rise; go up *(a street, hill, etc.),* climb *(a mountain etc.); in iets ~* be merged in s.t. *(a crowd etc.);* be absorbed/immersed in s.t. *(one's work etc.); (heeltemal) in 'n/jou vak ~* be wrapped up in *(or* devote o.s. [heart and soul] to) a/one's subject; *in jouself ~* be self-absorbed; *dit gaan nie op nie, (an excuse etc.)* that won't wash; *(an argument etc.)* it does not hold water/good/true, it is not sound/valid. **op·gaan·de** going up, rising, ascending.

**op·gaar** *opge=* collect, accumulate, amass *(riches),* store up, hoard, treasure (up), squirrel away, conserve; →OPGARING. **~bak** reservoir, storage cistern. **~dam** storage/catch/conservation dam, reservoir. **~tenk** reservoir, storage tank. **~toring** silo.

**op·gaar·der** *=ders* hoarder, gatherer, *(fig.)* magpie.

**op·gang** *=gange* rise *(of the sun);* ascent; growth, development; success, fame; *~ maak* win a name for o.s., become famous/popular; achieve success.

**op·ga·ring** storing (up), hoarding, storage.

**op·ga·we** *=wes* statement *(of facts),* account; (official) return/report; exercise, work, task, problem, question, (examination) paper; log, statement; schedule; *~ doen* render a return; draw up a statement; *met/sonder ~ van redes* (without) stating reasons.

**op·ge·blaas** *=blaasde* inflated *(football, tyre);* flatulent; puffy, pursy; windy; puffed up; bloated; →OPBLAAS. **op·ge·blaas(d)·heid** bloatedness, inflated state; flatulence. **op·ge·bla·se** *~ =sener =blaasste* (of *meer ~ die mees ~)* puffed up, inflated *(with pride),* pompous, high-flown, swollen-headed. **op·ge·bla·sen·heid** arrogance, presumptuousness, pomposity, swelled/swollen head.

**op·ge·bou** *=boude* built-up *(shoes etc.);* →OPBOU *vb..*

**op·ge·bruik** *het ~* use up; consume; exhaust *(leave).*

**op·gee** *opge=* pass/hand up; give up, part with, hand over, relinquish, surrender; forgo; yield; give, set *(a problem, task, etc.);* enumerate *(items);* advance, state *(reasons);* specify *(details);* give *(particulars, a name, etc.);* give up *(hope, a habit, game, post, plan, etc.);* lose *(courage);* abandon, quit, stop, discontinue *(smoking, playing football, etc.);* leave off *(a habit, doing work);* throw in one's hand; quit, vacate *(a post); die gebooie ~, (obs.)* (ask the minister to) put up the banns; *hoog oor/van ... ~* enthuse about/over ..., speak highly of ...; *te laag ~* understate; underquote; *nie ~ nie* stick it out, stick to it.

**op·ge·ëis** *=geëiste* claimed; →OPEIS.

**op·ge·groei** *=groeide* grown-up; →OPGROEI.

**op·ge·hang** *=hangde* hung, suspended; →OPHANG; *~ word, (s.o.)* be hanged.

**op·ge·hef** *=hefte* elevated; raised *(hand etc.);* uplifted, upturned *(face etc.);* →OPHEF *vb..*

**op·ge·he·we** *(strong p.p. of* ophef*)* swollen, inflamed, puffed *(face),* tumid.

**op·ge·hoop** *=hoopte* heaped up, accumulated *(deficit);* congested; →OPHOOP.

**op·ge·hou** *=houde* held up, delayed; bated *(breath);* →OPHOU *vb..*

**op·ge·jaag** *=jaagde* chased up; flushed *(birds);* forced up *(prices);* →OPJA(AG).

**op·ge·kam** *=kamde* combed up, swept-up *(hair);* →OPKAM.

**op·ge·kik·ker** *=kerde* cheered up, in high spirits, uplifted; souped-up *(comp. etc.);* →OPKIKKER.

**op·ge·knap** *=knapte* renovated; reconditioned; →OPKNAP.

**op·ge·krop** *=kropte* repressed, pent-up *(rage etc.);* →OPKROP.

**op·ge·lei** *=leide* trained, qualified; trellised *(vine);* →OPLEI; *as ... ~* trained as ...; *goed in iets ~* well schooled in s.t.; *goed ~de personeel* well-trained staff; *~ om iets te doen* trained to do s.t..

**op·ge·loop** *=loopte, =lope* accumulated *(debt);* accrued *(interest);* →OPLOOP *vb..*

**op·ge·los** *=loste* solved; dissolved; →OPLOS; *daarmee is die saak ~* that settles it; *in ~te vorm* in solution.

**op·ge·maak** *=maakte* made up; trimmed *(hat);* made *(bed);* →OPMAAK *vb..*

**op·ge·meet** *=mete* surveyed *(land);* →OPMEET.

**op·ge·piep** *=piepte, (infml.)* pampered, overprotected, babied, spoiled; →OPPIEP.

**op·ge·plak** *=plakte* mounted; →OPPLAK.

**op·ge·pof** *=pofte* puffed (up) *(sleeve);* bouffant *(hair);* →OPPOF.

**op·ge·rol** *=rolde* rolled (up); contorted, volute, convolute(d); collared; →OPROL.

**op·ge·ruimd** *=ruimde =ruimder =ruimste* good-humoured, upbeat, brightly, happily, cheerful, in good spirits, lighthearted, playful; *~ voel, (also)* feel exhilarated. **op·ge·ruimd·heid** cheerfulness, good spirits.

**op·ge·skeep** *~ met jouself wees* not know what to do with o.s., be at a loose end; *met ... ~ sit/wees* be landed with ..., have ... on one's hands; have to put up with ...

**op·ge·skort** *=skorte* suspended *(sentence);* postponed, delayed; →OPSKORT.

**op·ge·sko·te** *(strong p.p. of* opskiet*)* half-grown, adolescent.

**op·ge·skroef** *=skroefde, =skroefte* screwed up; *(fig.)* edgy, on edge, tense; →OPSKROEF; *oor iets ~ raak, (infml.)* work o.s. up about s.t..

**op·ge·slaan** *=slaande, =slane* turned up, upturned *(collar etc.);* cocked *(hat);* →OPSLAAN.

**op·ge·sluit** *=sluite* locked; locked up, detained; →OPSLUIT[1] *vb.; iem. is in ...* ~ s.o. is shut up in ...; *iets is in ...* ~ s.t. is implied by ...; ~ *wees* be shut away. **op·ge·slo·te:** *dit is in ...* ~ it inheres (*or* is inherent) in ...; it is implied by ...

**op·ge·smuk** *-smukte* showy; gaudy; ornate (*decoration, style*); embellished (*narrative*); →OPSMUK.

**op·ge·sta·ne:** *die* ~ *Heiland* the risen Christ; →OPSTAAN.

**op·ge·stel** *-stelde* drawn/put up; →OPSTEL *vb.; teen ...* ~ ranged against ...

**op·ge·stik** *-stikte* stitched on; *~te sak* patch pocket.

**op·ge·stop** *-stopte* stuffed; padded; upholstered (*furniture*); dummy; →OPSTOP; *~te diere* stuffed animals (*in a museum*); *'n ~te* **hoender,** (*cook.*) a stuffed chicken; *'n ~te* **kussing** a squab; **met ...** ~ stuffed with ...

**op·ge·swel** *-swelde* swollen; bloated; turgid; tumescent; tu= mid; protuberant; blown; varicose; (*biol.*) incrassate(d); → OPSWEL.

**op·ge·to·ë** ~ *meer* ~ *die mees* ~ elated, exultant, excited, ecstatic, gleeful, thrilled, delighted; in high spirits; ~ (*van blydskap*) overjoyed, in raptures; ~ *oor iets* delighted with s.t.. **op·ge·to·ën·heid** elation, delight, exultation, rapture, enchantment, glee.

**op·ge·tof** *-tofde, -tofte,* (*infml.*) dolled/togged up, swanky, posh.

**op·ge·tooi(d)** *-tooide* decorated; ornate; dandified; →OPTOOI.

**op·ge·vang** *-vange* preserved, collected; →OPVANG.

**op·ge·voed** *-voede* educated, refined, cultured; →OPVOED; *'n goed ~voede kind* a well-brought-up child. **op·ge·voed·heid** culture, gentlemanliness.

**op·ge·warm** *-warmde* warmed up, reheated (*meal etc.*); (*in= fml.*) souped up (*engine etc.*); rehashed, (*infml.*) retreaded (*story etc.*); →OPWARM.

**op·ge·was·se:** *jou nie daarvoor* ~ *voel nie* not feel up to it; *teen iem.* ~ *wees* be a match for (*or* match up to) s.o., be the equal of s.o., be able to hold one's own against s.o.; (*goed*) *teen mekaar* ~ *wees* evenly/well matched; *teen die omstandighede* ~ *wees* be equal (*or* rise) to the occasion, match up to the situation; *nie* ~ *teen die moeilikhede nie* unable to cope with the difficulties; *vir 'n taak* ~ adequate/equal/up to (*or* fit for) a task; *nie vir iets* ~ *nie* ill-equipped for s.t..

**op·ge·wek** *-wekte* cheerful, cheery, in high spirits, merry, breezy, debonair, light-hearted, good-humoured; awakened; →OPWEK. **op·ge·wekt·heid** cheerfulness, high spirits, breezi= ness, jauntiness, mirth, sanguineness, sanguinity.

**op·ge·wen** *-wende* wound up (*watch*); →OPWEN.

**op·ge·woe·ma** (*infml.*) souped-up (*vehicle [engine] etc.*).

**op·ge·won·de** ~ *-dener -denste* (of *meer* ~ *die mees* ~) ex= cited, thrilled, enthusiastic; worked up, aflutter; stimulated, aroused; animated, flurried, tumultuous, wild; *iets maak iem.* ~ s.t. excites s.o.; ~ *oor iets* excited about s.t.; *oor iets* ~ *raak/word* become/get excited about s.t.; get (all) worked up about s.t.. **op·ge·won·den·heid** excitement, exhilaration, exuberance, enthusiasm; *die* ~ *oor iets* the excitement about/ over s.t..

**op·gooi** *n.* toss, upcast. **op·gooi** *opge=, vb.* throw up, toss (up); vomit, (*infml.*) puke; *iets* ~ vomit s.t. up.

**op·gra·deer** *opge=, vb.* upgrade (*a comp. etc.*). **op·gra·deer= baar** *-bare* upgrad(e)able. **op·gra·de·ring** *-rings, n.* upgrade.

**op·gra·we** *opge=* unearth, dig up/out; exhume, disinter (*a body*); excavate. **op·gra·wer** *-wers* excavator. **op·gra·wing** *-wings, -winge* digging out/up; exhumation, disinterment; (*archaeol.*) excavation.

**op·groei** *opge=* grow up/bigger; →OPGEGROEI; *tot ...* ~ grow into ...

**op·haal** *-hale, n.* hairline, upstroke (*in writing*); upstroke (*of a mach.*). **op·haal** *opge=, vb.* draw/pull/haul up; hitch up; hoist (*a flag, sail, etc.*); weigh (*anchor*); shrug (*shoulders*); fish/ draw out (*of water*); rake/open up (*a quarrel, the past*); *herin= neringe* ~ recall memories, reminisce. **~brug** drawbridge.

**op han·de** *adv.* →OP *prep.*.

**op·hang** *opge=* hang (*a picture, a pers., meat to dry*); scrag; string up; hang up, suspend; →OPGEHANG; *iets aan ...* ~ hang/ suspend s.t. from ...; *jou* ~ hang o.s.. **op·han·ger** hanger, suspender. **op·han·ging** suspension.

**op·hê** *-gehad* have on, wear (*a hat*).

**op·hef** *n.* fuss, to-do; (*infml.*) hype; *geen* ~ *van iets maak nie* make light of s.t.; *dis geen* ~ *werd nie* it is nothing to shout about; *'n* ~ *van iem.* **maak** make a fuss of/over s.o., fuss over s.o., make much of s.o.; *'n* ~ *van iets* **maak** make great play of s.t.; make a song and dance (*or* a to-do) about s.t.. **op·hef** *opge=, vb.* lift (up), raise (*eyes, hand*); neutralise (*for= ces*); abolish, do away with, discontinue, abrogate, repeal (*a law*), revoke, cancel, annul; raise, relinquish (*a siege, block= ade*); remove (*duties*); set aside (*a judg[e]ment*); discharge (*a court order*); elevate, lift, raise (*morally, socially, etc.*), uplift, upraise; counteract, counterpoise; disestablish, →OPGEHEF. **op·hef·fing** *-fings, -finge* lifting; abolition, abrogation, annul= ment; raising (*of siege*); elevation, upliftment, uplift(ing); counteraction.

**op·hel·der** *opge=* elucidate, explain, illustrate (*by examples*), solve (*a mystery*), clear up (*a difficulty*); illuminate; clarify; demystify; *iem. se gesig het opgehelder* s.o.'s face brightened.

**op·help** *opge=* help up, raise; *iem.* ~ help s.o. to his/her feet.

**op·he·mel** *opge=* extol, praise/laud to the skies, sing the (*or* be loud in one's) praises of, eulogise; *iets* ~, (*also, infml.*) hype s.t. (up). **op·he·me·ling** *-lings, -linge* praising, lauda= tion, eulogy, (*infml.*) hype.

**op·hits** *opge=* set on, instigate, incite, stir up; *iem.* ~ *om iets te doen* put s.o. up to s.t.. **op·hit·ser** *-sers* inciter, instigator, agitator. **op·hit·sing** incitement, instigation, stirring up.

**op·hoes** *opge=* cough/hawk up (*phlegm etc.*).

**op·hoop** *opge=* heap up, pile up, pile on, heap together; ac= cumulate; amass, hoard, stock; crowd, congest; →OPGE= HOOP; *die verkeer hoop op* traffic is building up (*or* tailing back). **op·ho·pend** *-pende* cumulative. **op·ho·ping** *-pings, -pinge* heaping/piling up; heap, mass, accumulation (*of pa= pers, snow, etc.*); stockpiling; amassing; concentration; jam (*=ming*); congestion.

**op·hou** *n.: sonder* ~ without a break/stop; without cease/in= terruption (*or* letting up). **op·hou** *opge=, vb.* hold up (*a thing, the head, etc.*); support; keep on (*a hat*); hold, catch (*breath*); retain (*urine*); detain (*a pers.*); keep (*waiting*); ob= struct, arrest progress of, hold up; stop, let up, leave off, cease, desist; pause; terminate; finish; keep up (*one's posi= tion*), maintain, uphold (*honour*); →OPGEHOU; *hou op (daar= mee)!* stop it!; *dit hou ('n)* **mens** *lank op* it takes up much time; *jou* ~ **met** ... associate with ... (*s.o.*); spend one's time on ... (*trifles etc.*); **met** *iets* ~, ~ *om iets te doen* stop doing s.t., cease (from) doing s.t.; *dit hou op* **met** *reën/ens.* it stops rain= ing/etc.; *jou* **naam** ~ live up to one's reputation; *jou* **nie** *met iets* ~ *nie* refuse to have anything to do with s.t.; *ek sal jou* **nie** ~ *nie* I won't keep you; *hier hou die* **straat** *op* this is the end of the street; **waar** *het ek (laas) opgehou?* where did I leave off?. **~tyd** finishing time, knock(ing)-off time.

**o·pi·aat** *opiate, n.* opiate, drug.

**o·pi·nie** *-nies* opinion, view, judg(e)ment; *'n goeie* ~ *van ... hê* think highly of ...; *~s lug* air views; *na my* ~ in my opinion, to my mind.

**o·pi·um** opium. **~ekstrak** extract of opium. **~handel** opium traffic.

**o·pi·um·be·vat·tend** *-tende, adj.* opiate.

**op·ja(ag)** *opge=* drive/chase up; fly up, speed up (*the road*); put up, spring, beat up, unearth, flush (out) (*game, birds*), rouse, start (*game*); frighten/chase away (*birds*); force up (*the price*); force (*bidding at an auction*); raise (*dust*); boost; (*prices*) inflate, escalate; →OPGEJAAG; *iem. van sy/haar sitplek* ~ turn s.o. out of his/her seat.

**op·kam** *opge=* comb up; put up *(hair)*; tease *(fabric)*; →OP=
GEKAM.

**op·kap** *opge=* chop/hack/hew up.

**op·keil** *opge=* wedge up; key (on); drive on, hustle, urge on,
hasten; reprimand, chastise; put the screw(s) on; *deur 'n
liddoring opgekeil word* be troubled by a corn.

**op·kerf** *opge=* cut/slice/chop up.

**op·kik·ker** *opge=* cheer up, key up, enliven, pep up, rouse,
give a shot in the arm; dope *(a racehorse);* →OPGEKIKKER.
~**pil** pep pill, *(infml.)* upper; dope, drug *(in sport).* ~**toets**
doping test, dope test.

**op·kik·ker·tjie** *=tjies* refresher, drink, appetiser, bracer, pick-
me-up, *(infml.)* upper.

**op·klaar** *opge=, (the weather)* clear (up); *(a face)* brighten; elu-
cidate, clear up, solve *(a mystery);* clarify *(wine).* **op·kla·ring**
clarification, clearing-up.

**op·klap** *opge=* tip up, turn up, fold (back). ~**bed** turn-up
bed, folding bed, box bed, convertible bed. ~**deksel** flip top.
~**sitplek** flap/hinged/tip-up seat *(in a theatr. etc.).*

**op·klap·baar** *=bare* folding, tip-up *(chair).*

**op·klim** *opge=* climb, ascend, mount *(a horse);* scale; rise, be
promoted; *teen iets* ~ climb up s.t.. ~**plek** boarding point.

**op·klim·mend** *=mende* ascending.

**op·klim·ming** *=mings, =minge* ascent; gradation, progres-
sion; climax; *by* ~ by degrees.

**op·klink¹** *opge=* resound.

**op·klink²** *opge=* rivet.

**op·klop** *opge=* fluff *(a pillow);* wake *(s.o.)* up *(by knocking);*
whip *(cream),* beat up *(egg whites).*

**op·klou·ter** *opge=, (infml.)* clamber up, scramble up, scale,
shin up.

**op·knap** *opge=* tidy up *(o.s., a room, table, etc.);* spruce up
*(s.o.);* touch up, put in (good) order, make neat/tidy, clean
up *(a room, o.s., etc.),* smarten up; renovate, repair, do up, do
over, redecorate *(a house);* (re)furbish/polish up, patch up,
retrim *(a hat, dress, etc.);* put *(a matter)* right, arrange *(things),*
get to rights *(a matter, trouble, etc.);* brush up *(one's knowl=
edge);* tone up; overhaul *(a mach.),* patch up, fix up, revive,
put right; →OPGEKNAP; *... sal jou* ~ *...* will make you feel bet=
ter *(or* do you good); *jou wiskunde/ens. ('n) bietjie* ~ brush up
(on) one's mathematics/etc., give one's mathematics/etc. a
brush-up. ~**middel** *=dels, =dele* tonic; conditioner *(for hair).*
**op·knap·per** *=pers* repairer, restorer, renovator; tonic, shot
in the arm; conditioner *(for hair);* toner *(for the skin).* **op=
knap·ping** repair, overhaul, renovation, refurbishing, re=
decoration; brush-up; wash and brush-up. **op·knap·pings=
kur·sus** refresher course.

**op·kom** *opge=* come up *(the steps, the street);* get up, stand up
*(after a fall);* *(sun, water, dough, etc.)* rise; *(grass etc.)* shoot
forth, sprout, come up; *(a breeze)* spring up, *(a storm, wind,
etc.)* come on; attend *(a meeting),* turn up, put in an appear-
ance, present o.s. *(for an examination);* *(a question)* crop up,
arise; become the fashion; come into being, spring up;
surge (up); surface; *iem. is aan die* ~ s.o.'s star is rising *(or*
in the ascendant); *iets kom by iem. op* s.t. occurs to s.o.; s.t.
suggests itself to s.o.; *('n) mens se gesonde verstand kom daar=
teen op* one's common sense revolts against that; *die publiek
het goed/swak opgekom na die vergadering/ens.* the meeting/
etc. was well/poorly attended by the public; *van onder af* ~
rise from the ranks; *teen ...* ~ speak up/out against ...; *twyfel
kom by iem. op* s.o. begins to doubt; *vir iem.* ~ side with s.o.,
take up the cudgels *(or* stick up *or* speak [up/out]) for s.o.;
*vir iets* ~ stand for s.t. *(a policy etc.);* stand (up)on s.t., stand
up for s.t. *(one's rights etc.).* **op·ko·mend** *=mende* rising *(sun,
generation, etc.);* emergent, nascent; incoming *(tide);* *'n* ~*e
bedryf* an emerging *(or* a sunrise) industry; ~*e kranksinnig=
heid* incipient insanity.

**op·kom·man·deer** *opge=* call up; conscript.

**op·koms** rising *(of the sun);* rise *(of a statesman, state, etc.);*
beginning; attendance *(at a meeting),* turn-out; entrance *(on
the stage);* *in* ~, *(s.o., a star)* in the ascendant; *die* ~ *en onder=
gang van ...* the rise and fall of ... *(s.o., an empire).*

**op·kook** *opge=* boil up; boil, cook; prime *(a boiler).*

**op·koop** *opge=* buy up; forestall; corner *(a market).* **op·ko·per**
buyer.

**op·krimp** *opge=* shrink, shrivel up.

**op·krop** *opge=* conceal, restrain, bottle up, repress *(resent=
ment);* →OPGEKROP.

**op·kruip** *opge=* creep/crawl up; *(a garment)* ride/ruck up.

**op·krul** *opge=* curl/twist up; scroll; *jou* ~ curl up; *die slang
krul hom op* the snake coils (itself) up.

**op·kry** *opge=* get up; get on *(a hat);* consume, use up, eat/
drink up, finish.

**op·kyk** *opge=* look up(ward); *iem. laat* ~, *(also)* make s.o.
open his/her eyes, *(infml.)* make s.o. sit up; *na iem.* ~ look up
to s.o.; *skeef/verbaas* ~ raise one's eyebrows; *verskrik* ~
look up with a start.

**op·laag** *=lae,* **op·lae** *=laes* impression, printing, print (run)
*(of a book, magazine, etc.);* circulation; *hoe groot is die* ~? how
many copies have been *(or* are being) printed?.

**op·laai¹** *opge=, (esp. emotions)* grow, increase, escalate, inten=
sify, flare up. **op·laai·ing** increase, escalation, flare-up *(of
hatred, anger, fear, etc.).*

**op·laai²** *opge=* load (up); give *(s.o.)* a lift, pick up. **op·laai·e·ry**
loading.

**op·laas** *(also* op laas), *adv.* finally, eventually, at last, ulti=
mately.

**op·lae** →OPLAAG.

**op·lê** *opge=* put on; lay on *(paint),* apply; impose *(taxes, an
obligation, a duty, charge, etc.)* (upon), lay *(a tax, penalty)* on;
inflict *(punishment)* on; set *(s.o. a task etc.),* command *(s.o. to
do s.t.),* charge *(s.o.)* with; laminate *(wood);* mount; superim=
pose; *iets aan iem.* ~ impose s.t. on s.o. *(taxes etc.);* place s.t.
(up)on s.o. *(restrictions, a burden, etc.);* *iem. die hande* ~ lay
the/one's hands on s.o. *(as a blessing).*

**op·leef, op·le·we** *opge=* revive, become lively, liven up; im=
prove, pick up; boom; take on a shine; use up; *iets laat* ~
revive s.t.; *alles* ~ spend everything.

**op·leg·ging** *=gings, =ginge* laying on, imposition *(of hands,
tax, obligations, etc.);* infliction *(of punishment).*

**op·leg·sel** *=sels* trimming *(of a dress);* mount; veneer(ing);
facing.

**op·lei** *opge=* lead up; train *(a teacher),* educate, tutor; train up,
trellis *(a vine etc.);* →OPGELEI; *iem. vir iets* ~ train s.o. for s.t.
*(a profession etc.);* coach/prepare s.o. for s.t. *(an examination
etc.).* **op·lei·baar** *=bare* trainable.

**op·lei·ding** training, education. ~**sentrum** training centre.
~**skool** training school, normal college.

**op·lei·dings·:** ~**handleiding,** ~**handboek** training manual.
~**hospitaal** teaching/academic hospital. ~**kollege** training
college. ~**kursus** training course.

**op·lei·er** *=ers* trainer, coach, instructor, tutor.

**op·let** *opge=* attend, pay attention; watch; mark; *goed/mooi* ~
pay special attention; mind one's P's and Q's *(infml.);* *iets* ~
notice s.t.; *na ...* ~ look after ...; look (out) for ... **op·let·tend**
*=tende* attentive; observant; mindful, heedful.

**op·le·we** *opge=* →OPLEEF. **op·le·wing** *=wings, =winge* revival,
improvement, upsurge, upswing, upturn, boom, flurry, re=
nascence, renaissance; *ekonomiese* ~ boom, upswing, up=
surge.

**op·le·wer** *opge=* yield, bring in, produce; give; deliver; throw
up; net, fetch; afford; *die kollekte het R1000 opgelewer* the
collection netted R1000; *'n leier* ~ throw up a leader; *moei=
likheid* ~ present/pose difficulty; *nie weet wat die toekoms*

~ *nie* not know what the future holds (*or* has in store). **op·le·we·ring** *-rings, -ringe* yielding; delivery.

**op·lig¹** *opge-* lift (up), raise; catch up; heft, hoist; cat (*anchor*), heave; *jou* ~ raise o.s., sit up.

**op·lig²** *opge-, (rare)* light up (*intr.*); lighten, grow/become lighter.

**op·loop** *-lope, n.* tumult, disturbance, riot; row, mob, crowd; ramp. **op·loop** *opge-, vb.* walk up, go up; slope upwards, rise; (*costs, bills, etc.*) accumulate, mount (up), escalate; catch (*a cold*), contract (*a disease*); get (*a beating*); sustain (*an injury*); incur (*fine*); swell; tot up; →OPGELOOP; *iets laat* ~ run up s.t. (*accounts*). **op·lo·pend** *-pende* sloping upwards; incremental; ~*e verlof* accumulative leave. **op·lo·ping** accrual.

**op·los** *opge-* dissolve (*in liquid*); solve, figure out (*a problem, difficulty*); resolve (*a crisis*); settle (*a dispute*); work out, solve (*a sum*); analyse (*into components*); →OPGELOS. ~**middel** *-dels, -dele* (dis)solvent.

**op·los·baar** *-bare* soluble (*salt, problem*); solvable (*problem*); *in water* ~ water soluble, soluble in water. **op·los·baar·heid** solubility; solvability.

**op·los·sing** *-sings, -singe* solution (*in liquid, of a problem, difficulty, etc.*); resolution; dissolution; *die* ~ *van/vir* ... the answer to ..., the solution for/of/to ... (*a problem*); *versadigde* ~, (*chem.*) saturated solution.

**op·luis·ter** *opge-* adorn, add lustre to, shed lustre upon, illuminate; illustrate.

**op·maak** *n.* make-up, get-up; (*typ.*) layout, make-up, mark-up. **op·maak** *opge-, vb.* make (*a bed*); make (*one's face*); dress, do (up) (*one's hair*); (*cook.*) dress, truss (*poultry*); trim (*a hat*); compile, make up (*a list, an account, etc.*), draw up (*a report*), cast up, calculate, make out (*a list, bill, etc.*); cast (*accounts*); strike, draw up (*a balance*); enter up (*books*); infer; (*infml.*) make up, imagine, fabricate (*a story*); (*infml.*) compensate, make amends (*for a slight etc.*); (*infml.*) be reconciled, make up (*with a lover etc.*); →OPGEMAAK; *teks/illustrasies/ens. in* **bladsye** ~, (*typ.*) make up text/illustrations/etc. in pages; *jou* **gesig/hare** ~ do one's face/hair; (*die*) **kas** ~, (*bookk.*) cash up, make up the cash; *iem.* **teen** ... ~ poison s.o.'s mind against ...; *mense* **teen** *mekaar* ~ set people at odds; *uit* ... ~ *dat* ... gather from ... that ...

**op·mars** *n.* advance, push, march, drive; *die* ~ *na Rome* the march on Rome. **op·mar·sjeer** *opge-* march forward, advance.

**op·meet** *opge-* measure, survey (*land*); gauge; (*print.*) cast up; →OPGEMEET, OPMETER, OPMETING. **op·meet·kun·de** surveying.

**op·me·kaar** *adv.* together; clustered, cramped, at close quarters; ~ *geprop* packed like sardines; ~ *staan* huddle up. ~**pak**, ~**stapel** *opmekaarge-, (also* opmekaar pak/stapel*)* pack/pile/stack (*boxes etc.*) on top of each other (*or* one on top of the other).

**op·merk** *opge-* notice, observe, spot; remark, observe, make a remark/observation, comment. **op·mer·king** *-kings, -kinge* remark, observation; commentary; *'n* ~ *maak* make a remark, make an observation; *'n* ~ *oor iets maak* comment/remark (up)on s.t..

**op·mer·kings : ~gawe** gift of observation. ~**vermoë** power of observation.

**op·merk·lik** *-like, adj. & adv.* remarkable, remarkably, worthy of note, noteworthy, outstanding(ly), marked(ly), notable, notably, signally, significant(ly); noticeable, noticeably.

**op·merk·saam** *-same* observant, attentive; mindful; intent. **op·merk·saam·heid** attention, attentiveness.

**op·mes·sel** *opge-* brick up, build up.

**op·me·ter** *-ters* surveyor.

**op·me·ting** *-tings, -tinge* survey; measurement. ~**skip** survey(ing) ship/vessel.

**op·mors** *opge-: iets* ~, (*infml.*) make a botch(-up) of s.t.,

botch/mess/muck s.t. up, (*sl.*) cock s.t. up, make a cock-up of s.t..

**op·naai** *opge-* sew on. **op·naai·sel** *-sels* tuck; (*in the pl., also*) tucking.

**op·na·me** *-mes* taking; inclusion; insertion, inserting (*of an article in a newspaper*); (*geog., sociol., econ.*) survey; reception; (*mus.*) recording, take; (*phot.*) shot, photo; (*cin.*) filming, shooting, take; *'n* ~ *maak* make a recording; (*phot.*) take a shot; (*cin.*) do a shoot/take; *'n* ~ *van ... maak, (also)* do/make a survey of ... ~**(sessie)** recording session. ~**ateljee** recording studio. ~**kunstenaar** recording artist.

**op·neem** *n.* = OPNEMING. **op·neem** *opge-, vb.* take up; pick up; take (*the temperature etc.*); count (*votes*); record; film, photograph, shoot (*a scene*); borrow (*on mortgage*); print, insert (*in a newspaper*); put in; include; receive (*a patient*); take (down) (*a dictation, letters, etc.*); take in, absorb (*heat*), assimilate; imbibe; ingest, digest (*food*); admit (*to an institution, one's house, etc.*), take in, adopt, receive; survey, look (*s.o.*) up and down, measure with one's eyes, take stock of; drink in; estimate (*the damage*); *iets as* ... ~ see s.t. as ...; take s.t. to be ...; *weer die* **draad** *van 'n gesprek* ~ resume (*or* take up) the thread of a conversation; *iets* **ernstig** ~ take s.t. seriously; *dit* **gemaklik** ~ take things easy/calmly, remain unperturbed, not be fazed/flustered/ruffled easily; *iem. in* ... ~ admit s.o. to ... (*a hospital etc.*); include s.o. in ... (*the team etc.*); take s.o. into ... (*a partnership etc.*); ~ *in* ... put s.t. into ... (*the newspaper etc.*); include s.t. in ... (*the agenda etc.*); write s.t. into ... (*the constitution etc.*); *iets* **lig** ~ take s.t. lightly; *dit in daardie* **lig** ~ view it in that light; *iets* **reg** ~ take s.t. in the right spirit; *iets* **sleg** ~ take s.t. in bad part; take s.t. badly; *dit* **teen** *iem.* ~ stand up to s.o.; *iets* **verkeerd** ~ take s.t. amiss; take s.t. in the wrong spirit; misinterpret s.t.; *dit* **vir** *iem.* ~ take s.o.'s part, side with s.o.. ~**toerusting** recording equipment. ~**toestel** recording device, recorder.

**op·ne·mer** registration officer; counter; operator; recorder.

**op·ne·ming** intake; borrowing (*of money*); counting (*of votes*); adoption, admission (*to an institution*); insertion (*of an article in a newspaper*); inclusion (*in a list*); assimilation, absorption; incorporation; ingestion; induction; survey(ing).

**op·neuk** *opge-, (coarse)* thrash, wallop; *iets* ~ botch/mess/screw s.t. up. **op·neu·ker** *-kers, (coarse)* punch, wallop; *iem. 'n* ~ *gee* smash s.o. with one blow, fetch s.o. a wallop.

**op·noem** *opge-* name, mention, enumerate; *om iets op te noem* ... for one thing ...; *noem maar op!*, (*infml.*) you name it!; *te veel om op te noem* too numerous to mention.

**op·nuut** *(also* op nuut*), adv.* once more, (once) again, afresh, anew, freshly; *iets* ~ *beklemtoon* place renewed emphasis on s.t..

**op·of·fer** *opge-* sacrifice, offer up, martyr, immolate; *jouself* ~ make a martyr of o.s.. **op·of·fe·ring** *-rings, -ringe* sacrifice; immolation; ~*s doen* make sacrifices.

**op·ont·houd** delay, stoppage, hold-up; blip, interruption; breakdown; wait; detention.

**O·por·to** (*geog.*) Oporto.

**o·pos·sum** *-sums, (zool.)* opossum.

**op·pak** *opge-* pack up; load (*a vehicle*); snatch up; take/pick up; stack; bank; *dan kan ons maar* ~, (*infml.*) then we might as well go out of business.

**op·pas** *opge-* try on (*a hat*); look after (*children*), take care of, tend (*a flock, an invalid*), herd (*sheep, cattle, etc.*), nurse (*a patient*), invigilate; shepherd; be careful, take care, look out, mind, have a care, beware; →PASOP *interj.; babas/kinders* ~ baby-sit; *pas op* **dat** *jy nie ... nie* be careful not to ...; see you don't ...; *iem. moet* ~ s.o. has to mind/watch his/her step (*fig.*) (*or* step warily); *iem.* **moet** ~ *dat hy/sy nie bedrieg/ens. word nie* s.o. should beware of being cheated/etc.; ~ *vir* ... be wary of ...; watch out for ...; be careful of ...; be on one's guard against ...; look/see to ...; *iem. moet* **vir** ... ~, (*also*) s.o. should beware of ... **op·pas·ser** =sers, (masc.), **op·pas·ter** =ters, (fem.) nurse (of a child); caretaker; minder; keeper, attendant, warden; servant; orderly.

**op·per** ge= suggest, propose, raise (an objection), put forward (a plan), broach, moot, bring up (a subject); iets by iem. ~ raise s.t. with s.o.; iets by/teenoor iem. ~ broach s.t. to/with s.o..

**op·per=:** ~**bevel** supreme/high command. ~**bevelhebber** commander in chief, supreme commander, generalissimo. ~**bevelhebberskap** supreme command. ~**burgemeester** lord mayor (esp. of London). ~**gesag** supreme authority, supremacy. ~**heerskappy** sovereignty, suzerainty, paramountcy. ~**hoof** chief, chieftain; paramount chief, supreme chief. ~**huid** epidermis, epiderm(a), cuticle, scarfskin. ~**mag** supremacy, supreme power, imperium. ~**magtig** =tige all-powerful, supreme, sovereign. ~**magtigheid** supremacy. ~**mens** (philos. etc.) superman, overman. ~**offisier** general officer. ~**priester** high priest, pontiff, pontifex. ~**rabbyn,** ~**rabbi** chief rabbi.

**op·per·ste** uppermost, highest, supreme, paramount; chief, super=; 'n ~ skelm an archvillain, an out-and-out scoundrel.

**op·per·vlak** =vlakke surface; (upper) surface; top; face; skin; →OPPERVLAKTE; aan die ~ on the surface; onder die ~ below/beneath/under the surface; op die ~ verskyn, (a diver etc.) bob up. ~**spanning** surface tension. ~**stroom** skin current. ~**struktuur** (generative gram.) surface structure. ~**temperatuur** surface temperature. ~**water** surface water.

**op·per·vlak·kig** =kige, adj. superficial (wound, pers.), shallow (argument, pers.), surface (impression), skin-deep; perfunctory, cursory; facile, flimsy, trivial; ~e kennis van ... nodding acquaintance with ... **op·per·vlak·kig** adv. superficially; ~ beskou on the face of it, viewed superficially, on the surface. **op·per·vlak·kig·heid** superficiality, shallowness.

**op·per·vlak·te** =tes (surface) area; surface; expanse; →OPPERVLAK. ~**maat** surface measure.

**op·piep** opge= coddle, cosset, pamper; →OPGEPIEP.

**op·pik** opge= peck up; pick up (a survivor).

**op·plak** opge= paste on, glue on; mount, stick on; paste up, post up (a poster); →OPGEPLAK.

**op·poets** opge= polish (up); spruce up, brush up, clean (up); jou ~ smarten o.s..

**op·pof** opge= puff/fluff up; →OPGEPOF.

**op·pomp** opge= pump up (liquid); inflate, pump/blow up (a tyre etc.); jou (emosioneel) vir iets ~, (infml.) psych(e)/pump o.s. up (or get psyched [up]) for s.t..

**op·po·neer** ge= oppose. **op·po·neer·baar** =bare, (anat., zool.) opposable (thumb). **op·po·nens·spier** (anat.) opponent (muscle). **op·po·nent** =nente opponent, opposer.

**op·por·tu·nis** =niste opportunist, chancer. **op·por·tu·nis·me** opportunism. **op·por·tu·nis·ties** =tiese opportunist(ic).

**op·po·si·sie** =sies opposition; antagonism; die ~ wees, (parl.) be in opposition; in ~, (astron.) in opposition. ~**leier** opposition leader. ~**party** opposition party.

**op·po·si·si·o·neel** =nele opposition(al).

**op·pot** opge= hoard, save up, store (up), hive, stockpile, squirrel away. **op·pot·ter** =ters hoarder.

**op·raak** opge= run short, give out, be spent; tail off, waste away, peter out; iem. se ... is aan die ~ s.o. is running out of ...; ... is aan die ~ ... is running out; (s.o.'s patience etc.) ... is wearing thin.

**op·raap** opge= pick up, snatch up, take up, gather; iem. van die straat ~ take s.o. out of the gutter.

**op·ra·kel** opge= poke up (a fire); rake up (grievances etc.).

**op·rank** opge=, (a plant) climb.

**op·rat** opge= change/gear up.

---

**op·reg** sincere, honest, upright, straightforward, frank, open, candid, honourable, straight, well-meaning, upfront; heartfelt; genuine, pure, true; purebred; pedigree; ~ geteel purebred, thoroughbred; ~ wees be for real (infml.). **op·regt·heid** uprightness; sincerity, frankness, candidness, candour, straightforwardness; honesty (of purpose), genuineness, probity, rectitude; in alle ~ in all sincerity.

**op·reik** opge=, (trees etc.) reach up.

**op·rek** opge= stretch up.

**op·rig** opge= raise, set up(right), stand; help up; erect (a statue, building, etc.); start, set up (an institution, a business, etc.), found (an institution), establish (a business, school, etc.), float, promote (a company), form (a society); rig (up); mount (an instrument); set on foot (a movement); constitute; institute; jou ~ draw o.s. up; straighten up; iets weer ~ re-erect s.t.. ~**spier** erector (muscle).

**op·rig·ter** =ters founder (of an institution); promoter (of a company); builder, erector, constructor; erector (muscle).

**op·rig·ting** founding, foundation, promotion, flotation, establishment, setting up; erection; construction, installation. **op·rig·tings·kos·te** cost of erection/building; initial expenses, initial cost, cost of flotation.

**op·rit** drive, driveway; approach/access ramp.

**op·roep** =roepe, n. summons; appeal; (telephone) call; 'n ~ beantwoord answer the (tele)phone; 'n ~ doen make a call; make a (tele)phone call; 'n ~ neem take a call; 'n ~ om bydraes/hulp an appeal for contributions/help; 'n ~ ontvang receive a (telephone) call; 'n ~ tot die volk a call to the nation; daar is 'n ~ vir jou there is a call for you, s.o. is on the (tele)phone for you. **op·roep** opge=, vb. summon, call up (=on); summons; call for; invoke; conjure (up), evoke; call out, call up (soldiers); call (together), convoke, convene (a meeting); page (s.o.); aandele/kapitaal ~ call (up) shares/capital. ~**instruksie** =sies, (usu. mil.) call-up instruction; (in the pl., also) call-up papers. ~**kantoor** call office. ~**teken** call sign.

**op·roep·baar** =bare at/on call; convenable.

**op·roe·ping** =pings, =pinge summons, call-up; convocation; foreclosure.

**op·roer** =roere mutiny, rising, rioting, riot, disorder, civil commotion; ~ maak riot; mutiny; ~ verwek cause a riot. ~**afdeling** riot squad. ~**drag** riot gear. ~**maker** agitator, rioter, inciter, insurrectionist, insurrectionary, seditionist, insurgent, troublemaker, (infml.) stirrer, disruptive element. ~**polisie** riot police. ~**stoker** agitator, seditionist. ~**stokery** sedition.

**op·roe·rig** =rige rebellious, mutinous, seditious; riotous. **op·roe·rig·heid** rebelliousness, seditiousness, riotousness, unrest, disorder.

**op·roes** opge= rust away.

**op·rol** opge= roll up; coil (up), wind up; furl (sails); convolute; collar (meat); (comp.) scroll up; →OPGEROL; jou ~ curl up. ~**meganisme** take-up mechanism (of a loom etc.).

**op·rui** opge= stir up, incite, instigate. **op·rui·end** =ende inflammatory, inciting; ~e praatjies/woorde inflammatory/fighting talk/words. **op·rui·er** =ers agitator, inciter, instigator, rabble-rouser, (infml.) stirrer, demagogue. **op·rui·e·rig** =rige unruly, rowdy, disorderly, rebellious, refractory, tumultuous, uproarious (crowd etc.); →OPROERIG. **op·rui·e·ry, op·rui·ing** agitation, rabble-rousing, incitement, sedition, demagoguery.

**op·ruim** opge= clear away (things); clear (a table, stock, etc.); tidy up/out (a room etc.); clean (up); do away with; (mil.) mop up. **op·rui·mer** =mers, (also) scavenger. **op·rui·ming** =mings clearing away, clearance; cleanup; clearance sale; disposal (of bombs); (mil.) mopping up; ~ hou clear away things; hold a clearance sale.

**op·rui·mings=:** ~**prys** sale price. ~**uitverkoping, opruimuit verkoping** clearance sale.

**op·ruk** *opge=* jerk/pull up; bring to heel; catch up; pull up, reprimand; *(mil.)* advance, push on; take offence; **jou ~** show annoyance; go into a huff; get up on one's hind legs *(infml.)*; **na** ... ~ advance (up)on/towards ... *(enemy positions etc.)*; **na/teen** *'n plek* ~, *(also)* march on a place; **teen** ... ~ march against ...; *jou teen iem.* ~ defy s.o.; stand up to s.o.; challenge s.o..

**op·ry** *opge=* drive up. **~laan** drive, driveway.

**op·ryg** *opge=* lace (up), tack. **~stewel** lace-up/laced boot.

**op·ryg·sel** *=sels* tuck.

**op·rys** *opge=* rise, emerge; ascend.

**op·saal** *opge=* saddle/tack (up) *(a horse); iem. met iets* ~, *(infml.)* burden/saddle s.o. with s.t.; land s.o. with s.t.; *met iets opgesaal sit/wees, (infml.)* be burdened/saddled with s.t.; have s.t. on one's hands.

**op·sê** *opge=* say *(a prayer)*; recite *(a poem)*; call in *(money)*; cancel, denounce, terminate *(an agreement)*; repudiate *(a treaty)*. **op·seg·baar** *=bare* terminable, on call; determinable. **op·seg·ging** notice; cancellation, termination; foreclosure *(of mortgage)*. **op·seg·gings·da·tum** notice date; cancella= tion/termination date.

**op·set** (ground) plan, outline, framework, scheme; arrange= ment, setup; purpose, intention, design; *met bose* ~ with evil/malicious intent; **met** ~ intentionally, on purpose; by design; with malice aforethought; *met die* ~ *om* ... with in= tent to ...; **sonder** ~ unintentionally. **op·set·lik** *=like, adj.* intentional, deliberate, wilful; *~e belediging* studied/calcu= lated insult; *~e oortreding, (sport)* professional foul; *~e saak= beskadiging* malicious injury to property. **op·set·lik** *adv.* on purpose, purposely, intentionally, deliberately, wilfully, expressly, by design, with intent.

**op·sie** *=sies* option; →OPSIONEEL; *'n* ~ *hê om* ... have an option to ...; *'n* ~ *op iets hê* have an option on s.t. *(a piece of land etc.)*; *'n* ~ *uitoefen* exercise *(or take up)* an option. **~lys** *(comp.)* menu.

**op·sien** *opge=* look up; *na iem.* ~ look to s.o.; *na/tot iem.* ~ look up to s.o.; *teen iets* ~ not feel like doing s.t., not look forward to s.t., not relish the prospect of s.t. *(a difficult task etc.)*. **op·sien·ba·rend** *=rende meer* ~ *die mees =rende* sensa= tional, startling, spectacular, conspicuous.

**op·sie·ner** *=ners* overseer, inspector; warden; keeper, con= servator; invigilator *(at an examination)*, commissioner; super= visor; steward *(at races)*; proctor *(at a univ.)*; guardian.

**op·sie·ners·:** **~amp** commissionership; inspectorship; in= vigilatorship. **~werk** invigilation; supervision; inspection.

**op·sig** *=sigte* respect; *in alle ~te* in all respects; *in every sense*; all over; all round; through and through; *in allerlei ~te* in one way and another; *in dié/hierdie* ~ in this way; in this regard; *in een* ~ in one way; *in elke* ~ in every sense; in all things; in every way; in every respect; *in enige* ~ in any way; *in party/sommige ~te* in some ways; in some re= spects; **ten** *~te van* ... in the case of ...; in/with regard to ...; in respect of ...; with respect to ...

**op·sig·te·lik** *=like =liker =likste* conspicuous, obtrusive, showy, flashy, gaudy, meretricious, *(infml.)* loud, bold *(col= our etc.)*, garish, florid; ostentatious. **op·sig·te·lik·heid** con= spicuousness, showiness, flashiness, gaudiness, loudness, garishness; ostentation.

**op·sig·ter** *=ters* overseer, caretaker *(of a building)*; janitor; supervisor; clerk of works; commissioner; invigilator; cus= todian; curator; steward; (farm) foreman.

**op·si·o·neel** *=nele* optional; *~nele ekstra* optional extra.

**op·sit**[1] *opge=* sit up; *(dated)* cuddle, kiss, *(infml.)* smooch, ca= noodle; *by iem.* ~ sit up with s.o. *(a sick child etc.)*; *met iem.* ~, *(dated)* kiss and cuddle s.o.; *vir iem.* ~ wait up for s.o.. **~bank** *(chiefly hist.)* lovers' seat, love seat. **~kers** *(chiefly hist.)* court= ing candle. **~oefening** *=ninge* sit-up, crunch; *~e doen* do sit-ups.

**op·sit**[2] *opge=* put on *(a crown, hat, etc.)*; cast on *(knitting)*; swell (up); put up, erect, rig up; post up *(posters)*; stake *(money)*. **~leisel** bearing rein, checkrein.

**op·ska·kel** *opge=, (mech.)* shift up; change up *(gears)*.

**op·skep** *opge=* scoop up; ladle out; serve/dish (up); *(rare)* brag, boast. **~lepel** serving spoon. **~loer** *opskepge=, (infml.)* sponge, cadge *(meals)*. **~loerder** *(infml.)* sponger, cadger *(of meals)*. **~skottel** (meat) dish, serving dish/platter.

**op·skep·per** *=pers* ladle; server. **op·skep·pe·ry** serving (up), dishing (up).

**op·skerp** *opge=* sharpen; hone *(skills etc.)*; *die geheue* ~ re= fresh the memory.

**op·skeur** *opge=* tear up.

**op·skiet** *opge=* shoot up; catapult; spring up *(like mush= rooms)*, mushroom, shoot forth/out/up, sprout; *(prices)* esca= late, shoot up, skyrocket, soar; use up, spend *(ammunition)*; make progress, get ahead; *mooi* ~ grow up fast; *(infml.)* get on nicely, progress well.

**op·skop** *=skoppe, n.* (dancing) party, rave. **op·skop** *opge=, vb.* kick up; *(infml.)* chuck/give up *(work etc.)*; drop out *(of univ. etc.)*.

**op·skort** *opge=* suspend, defer, put off, postpone, delay, stay *(judg[e]ment etc.)*, adjourn *(a meeting)*; reserve *(judg[e]ment)*, prorogue, freeze *(payment)*; →OPGESKORT; *iets vir 'n jaar* ~ suspend s.t. for a year. **op·skor·tend** *=tende* suspensive; *~e pleit, (jur.)* plead in mitigation. **op·skor·ting** *=tings, =tinge* postponement, suspension, adjournment; temporisation; de= lay; *(jur.)* stay. **op·skor·tings·ak·koord** standstill agreement.

**op·skraap** *opge=* scrape up.

**op·skrif** *=skrifte* inscription *(on a monument etc.)*; heading *(of a chapter etc.)*; caption; direction, address; title *(of a book etc.)*; superscription; epigraph; headline *(in a newspaper)*; *(comp.)* header; *iets van 'n* ~ *voorsien* superscribe/headline s.t..

**op·skrik** *opge=* start, be startled; startle; flush *(birds)*; *iem. laat* ~ startle s.o..

**op·skroef** *opge=* screw on; screw up; *(infml.)* force *(a debtor)* to pay; →OPGESKROEF; *iem.* ~ *(om te betaal)* press s.o. for pay= ment.

**op·skryf, op·skry·we** *opge=* write down, take down; enrol; enter, score *(debt against/to a customer)*, put down, charge *(against/to s.o.)*; make an inventory; docket; inscribe; com= mit to paper; chalk up; *iem. se naam en adres* ~ take s.o.'s name and address; *iets vir iem.* ~ charge s.t. against/to s.o.('s account). **op·skry·wer** *=wers* marker, writer, jotter; enroller.

**op·skud** *opge=, vb.* shake up; hustle; *jy sal moet* ~ you'll have to hurry (up) *(or get cracking/moving)*. **op·skud, skud op** *interj., (infml.)* hurry up!, *(infml.)* shake a leg!, *(infml.)* get a move on!, get going/cracking!, look sharp!. **op·skud·ding** *=dings, =dinge* commotion, stir, bustle, confusion, fuss, up= heaval, uproar, sensation, tumult, to-do; *daar is 'n groot* ~ *oor iets* there is a big/great/terrific flap (on) about/over s.t. *(infml.)*; *'n* ~ *veroorsaak* cause/create/produce a sensation; cause/create a furore; create/make a stir; cause an uproar.

**op·skuif, op·skui·we** *opge=* push up; move/shift up *(on a seat)*, move over; advance; throw up *(a window)*; grade up. **op·skuif·ven·ster** sash window.

**op·slaan** *opge=* hit/strike up; bounce; rebound; *(a bullet)* ricochet; turn up *(a collar)*; put up *(a hood)*; turn up *(brim of a hat)*; *(poet., liter.)* raise, lift up *(one's eyes)*; pitch *(a camp, tent, etc.)*; put up, erect *(a tent etc.)*; prefabricate *(a building)*; knock up *(runs, a temporary structure, etc.)*; guy *(tent ropes)*; *(weeds)* come up, shoot forth/out; →OPGESLAAN; *iets weer* ~ re= erect s.t. *(a shack etc.)*. **~gebou** prefabricated building. **~kraag** turn-up collar; storm collar. **~tafel** gateleg(ged) table.

**op·slag** *=slae* upstroke; *(mus.)* upbeat; ricochet, bounce; self= sown oats/barley/etc.; herbage, wild shoots, flush, young grass; *(agric.)* aftermath, second/volunteer growth; turn-up; storage; *opslae maak* cause/have repercussions. **~bal** *(cr.)*

bouncer. **~hou** bump ball, bumper. **~koeël** ricochet bullet. **~oes** volunteer crop. **~plantjie** self-sown seedling. **~plek** store, shed; storage place; dump, depository, (munitions) depot.

**op·sluit**¹ *opge=, vb.* shut/lock up/in; imprison, confine, incarcerate, jail; cloister; pen; impound; cage; closet; →OPGE=SLUIT; *iem. laat ~* commit s.o. to (*or place s.o. in*) confinement; *jou ~* shut o.s. in. **op·slui·ting** *=tings, =tinge* locking up/in; imprisonment, confinement, detention; occlusion; constraint; *in eensame ~* in solitary confinement.

**op·sluit**² *adv.: iem. wou ~ iets doen* s.o. insisted on doing s.t..

**op·slurp** *opge=, (also fig.)* lap up; absorb, suck in.

**op·smeer** spread on/with, cover with.

**op·smuk** *opge=* doll up, deck out, dandify, prink (up); decorate; embellish (*a narrative*); →OPGESMUK; *jou ~* doll o.s. up *(infml.).*

**op·snork** *opge=, (infml.)* muddle along.

**op·snuif, op·snui·we** *opge=* sniff up, inhale.

**op·sny** *opge=* cut up, cut in(to) pieces.

**op·soek** *opge=* look up (*a word*); call on, go to see, look up *(s.o.);* look for, seek out.

**op·som** *opge=* sum up, enumerate; summarise, epitomise, encapsulate; recapitulate; digest; *iem. ~, (also, infml.)* suss s.o. (out). **op·som·mend, op·som·mend** *=mende* enumerative. **op·som·men·der·wys, op·som·men·der·wys, =wy·se** to sum up, (in) summing up. **op·som·ming** *=mings, =minge* summing up, enumeration; summation, epitome; recapitulation, summary, précis, résumé, abstract, digest; précis-writing; blazon; *'n ~ van iets gee/maak* give/make a summary of s.t..

**op·spaar** *opge=* save/store up, put by, hoard.

**op·spoor** *opge=* trace, track (down), hunt down, trail, spot, smell out, quarry, locate; find (out). **~stasie, opsporingsta=sie** tracking station.

**op·spoor·der** *=ders* tracer, tracker, spotter.

**op·spo·ring** *=rings, =ringe* tracing, tracking down, detection; locating; exploration.

**op·spo·rings=:** **~diens** investigation department. **~vlieg=tuig** spotter aircraft. **~werk** tracing, tracking down; *(min.)* exploratory work.

**op·spraak** scandal; sensation; notoriety; *iem./jou in ~ bring* compromise s.o./o.s.; *in ~ kom* attain notoriety; *~ (ver)wek* cause/create/produce a sensation, cause/create/make a stir; attain notoriety. **op·spraak·wek·kend, op·spraak·wek·kend** *=kende =kender =kendste* (of meer ~ die mees =kende) notorious; sensational, much publicised.

**op·spring** *opge=* jump/leap (up), spring to one's feet; (*a ball*) bounce; spring; hop; start; *~ van ...* jump for ... *(joy etc.); uit die water ~, (a whale etc.)* breach.

**op·staan** *opge=* stand/get up, rise, wake, get out of bed; get/come to one's feet; mutiny, revolt, rebel; →OPGESTANE; *dou= voordag ~* be/get up with the lark; *iem. laat ~* raise s.o. to his/her feet; *get s.o. up; van jou siekbed ~* be up and about; *teen ... ~* rebel/revolt against ...; *uit die dood ~* rise from the dead; *van die tafel (af) ~* rise from the table; *vroeg ~* get up early; be an early riser; *weer ~* pick o.s. up.

**op·stal** *=stalle* (farm) homestead, farm buildings, farmstead.

**op·stand** *=stande* rebellion, revolt, (up)rising, insurrection, insurgence; *~ aanblaas* stir up rebellion/revolt; *'n broei= ende/dreigende/smeulende ~* a smouldering rebellion; *in ~* in rebellion/revolt; *in ~ kom* (break out in) revolt; *teen ... in ~ kom* rebel/revolt against ...; rise against ...; *'n ~ onder= druk* quell a revolt; *in ~ oor iets* up in arms about/over s.t.; *in ~ teen ...* in revolt against ... **op·stan·de·ling, op·stan= de·ling** *=linge* rebel, insurgent, insurrectionist. **op·stan·dig** *=dige* insurgent, rebel, rebellious, mutinous, obstreperous, fractious; in revolt. **op·stan·dig·heid** rebelliousness, ferment, insurgency, turbulence.

**Op·stan·ding** *(Chr. theol.): die ~* the Resurrection.

**op·stap** *opge=* walk up/on.

**op·sta·pel** *opge=* build up (*a wall*); pile, heap; rack up (*points*); stack, accumulate, hoard. **op·sta·pe·ling** accumulation, heaping/piling up.

**op·steek** *opge=* hold up, raise (*a hand*); light (*a lamp, pipe, cigar, etc.*); incite, instigate, urge/egg on; (*the sea, wind, etc.*) get up; (*a breeze*) spring up; (*a storm*) brew up; pin up; put up (*one's hair*); *iem. ~ om iets te doen* put s.o. up to s.t.. **op·ste·ker** *=kers* lighter.

**op·stel** *=stelle, n.* composition, essay, theme, paper; *'n ~ oor ...* an essay about/on ... **op·stel** *opge=, vb.* place/put in position; mount (*a gun, machinery, a guard, etc.*); erect (*machin= ery*); station, post (*soldiers*); compile (*a list*); set up (*a theory*); frame (*a rule, theory, an article, a charge, document, etc.*), draw up (*a report*), prepare (*a paper*), draft (*a document, parl. bill, etc.*), make out (*a list*), compose (*a letter*); set (*questions*); cast on (*stitches*); form (up); →OPGESTEL; *jou ~* take up a position; *iets weer ~* re-erect s.t. (*a barrier etc.*). **~skrywer** essayist, essay writer.

**op·stel·ler** *=lers* framer, writer (*of a letter*), drafter; draftsman (*of parl. bills etc.*); originator.

**op·stel·ling** drawing up, framing, drafting; placing/putting in position; erection, mounting; stationing (*of troops*), disposition, formation; marshalling; line-up.

**op·stook** *opge=* stir (*fire*); instigate, incite, stir up, fire, set against; brew; *iem. teen ... ~* set s.o. against ...; poison s.o.'s mind against ...; *iem. tot iets ~* incite s.o. to s.t.. **op·sto·ker** *=kers* instigator, inciter; agitator, troublemaker, mischief-maker, *(infml.)* stirrer. **op·sto·ke·ry, op·sto·king** instigation, incitation, incitement, agitation, stirring up strife, sedition.

**op·stoot** *=stote, n.* press-up, push-up; *twintig ~stote doen* do twenty press-/push-ups. **op·stoot** *opge=, vb.* raise, push up; raise standard of; boost; step up; force/put up; *die water stoot op* the water is backing up (*or rising*). **~oefening** press-up, push-up.

**op·stoot·jie** *=jies* disturbance, riot, affray, fracas, brawl, disorder.

**op·stop** *opge=* fill, stop up, stuff (up); pad; →OPGESTOP; *iets met ... ~* stuff s.t. with ...; *iets met spek ~, (cook.)* (inter)lard s.t.. **op·stop·per** *=pers* taxidermist; *(infml.)* blow, punch, wallop; *iem. 'n ~ gee* punch s.o., give s.o. a punch; *'n ~ kry* get/receive a punch; *'n onverwagte ~* a backhander. **op·stop·sel** *=sels* stuffing; padding.

**op·stry** *opge=* contradict, dispute (*a point*), argue away, deny.

**op·stuur** *opge=* send up; send on.

**op·styg** *opge=* ascend, rise, take off; soar. **~snelheid** *(aeron.)* takeoff speed.

**op·sty·gend** *=gende* ascending, assurgent.

**op·sty·ging** *=gings, =ginge* rising, ascent; takeoff, lift-off; mounting.

**op·suig** *opge=* suck up/in; take up (*liquid*); soak up, absorb; imbibe; siphon; drink in. **op·suig·baar** *=bare* absorbable. **op·sui·gend** *=gende* absorbent. **op·sui·ging** sucking up; absorption; aspiration.

**op·swaai** *n.* upward swing; *(fin.)* upswing; →OPLEWING. **op·swaai** *opge=, vb.* swing up(ward).

**op·sweep** *opge=* whip up; work up, incite, rouse (up), inflame, harangue.

**op·swel** *opge=* swell (up); bloat; puff, tumefy; bulge; → OPGESWEL; *~ van boosheid/trots* swell with indignation/pride. **op·swel·ling** swelling, inflation; (in)tumescence, distension; erection.

**op·swe·per** *=pers* inciter, agitator, demagogue, rabble-rouser, mob orator, *(infml.)* stirrer. **op·swe·pe·ry** incitement, agitation, demagoguery, rabble-rousing, mob oratory.

**op·sy** *adv.* aside; apart, on/to one side; *iets ~ laat* pass by s.t.;

give s.t. a miss *(infml.); iem. ~ neem* take s.o. aside *(or on/to one side).* **~sit** *opsyge=, (also* opsy sit*)* set/put aside; lay away; sink *(differences);* override *(the law);* waive *(claims, a ceremony, etc.).* **~skuif, ~stoot** *opsyge=, (also* opsy skuif/stoot*)* push aside; move aside; sidetrack. **~spring** *opsyge=, (also* opsy spring*)* swerve, dodge. **~staan** *opsyge=, (also* opsy staan*)* stand aside; stand clear; stand off; move aside; clear the way. **~stap, ~tree** *opsyge=, (also* opsy stap/tree*)* step aside.

**op·te·ken** *opge=* note (down), set/write down, record, enter, chronicle, diarise, score, chalk up, put on record. **op·te·ke·ning** writing down, entering; note, recording, record-keep=ing.

**op·tel**[1] *opge=* add (up), total/cast/tot up. **~fout** adding mis=take, error in addition; casting error, miscast(ing). **~som** addition sum. **~teken** *(math.)* plus sign.

**op·tel**[2] *opge=* pick up; raise, lift, heave; heft; hoist; trouble, worry; *jou hand teen iem. ~/oplig* raise one's hands against s.o.; *iem. se rug tel hom/haar op, (infml.)* s.o.'s back is giving him/her trouble. **~goed** findings; rubbish; *~ is hougoed* find=ers keepers (losers weepers).

**op·tel·ling** *=lings, =linge* addition, adding; counting up; sum=mation, total; cast.

**op·tiek** optics; optical instruments. **op·ties** *=tiese* optic(al); visual; *~e bedrog* optical illusion; *~e karakterherkenning, ~e herkenning van karakters, (comp.)* optical character rec=ognition; *~e karakterleser, (comp.)* optical character read=er; *~e mikroskoop* optical microscope; *~e senu(wee)* op=tic nerve; *~e vesel* optical fibre. **op·ti·ka** optics.

**op·ti·maal** *=male =maler =maalste* (of *meer ~ die mees =male*) optimal, optimum. **op·ti·ma·li·seer, op·ti·meer** *ge=* optimise. **op·ti·ma·li·se·ring, op·ti·me·ring** optimisation.

**op·ti·mis** *=miste* optimist. **op·ti·mis·me** optimism. **op·ti·mis·ties** *=tiese* optimistic, *(infml.)* upbeat.

**op·ti·mum** *=timums, =tima* optimum.

**op·tog** *=togte* procession; approach *(of an army); historiese ~* historical pageant; *in ~* in (a) procession.

**op·to·me·ter** *=ters* optometer. **op·to·me·trie** optometry. **op·to·me·tries** *=triese* optometric(al). **op·to·me·tris** *=triste* optometrist.

**op·tooi** *opge=* adorn, decorate, doll/dress up, prink (up), em=bellish; →OPGETOOI(D). **op·tooi·ing** *=ings, =inge* adorning, adornment, decoration, embellishment. **op·tooi·sel** *=sels* trim=ming, decoration.

**op·trans·for·meer** *opge=, (elec.)* step up. **op·trans·for·ma·tor** *=tore, =tors* step-up transformer.

**op·tre·de** *=des* appearance; behaviour, bearing, conduct, action, attitude; course; *besliste/ferm/kragtige ~* firm ac=tion; *(fyn) =* deportment, comportment; *gesamentlike ~* concerted action; *'n persoonlike ~* a personal appearance.

**op·tree** *opge=* appear *(in public);* play/act a part *(in a drama);* take action, act, operate; *as ... ~* act as ... *(chairperson etc.);* function as ...; officiate as ...; *beslis/ferm ~* take firm ac=tion; *dienooreenkomstig ~* act accordingly; *handelend ~* take action/steps; go into action; *in Macbeth ~* play in Mac=beth; *iem. laat ~* bring on s.o.; *streng ~* take a firm line; clamp down; take drastic action; *teen iem./iets ~* take action against s.o./s.t.; *vir iem. ~* act for s.o.; fill in for s.o.. **~geld** appearance money.

**op·trek** *opge=, (naut.)* draw/pull/drag/haul up, purchase; shrug *(one's shoulders);* ruck up, pucker; hitch up *(trousers);* hike up *(a skirt etc.); na/teen 'n plek ~* march on a place; *jou neus vir iem./iets ~* turn up one's nose at s.o./s.t.; *teen ... ~, (also)* march against ...

**o·pus** *opusse, (Lat.)* work, opus; *magnum ~* magnum opus, chief work.

**op·vaar** *opge=* sail/steam up; ascend *(into space).* **op·vaart** ascension *(into space).* **op·va·ren·de** *=des* voyager; *(in the pl., also)* ship's company, those on board, crew and passengers. **op·va·ring** sailing up; ascension *(into space).*

**op·val** *opge=* strike, be conspicuous, shine through; *iets val iem. op* s.o. is struck by s.t.; *dit val iem. op dat ...* it strikes s.o. that ... **op·val·lend** *=lende =lender =lendste, adj.* striking, con=spicuous, prominent, marked, eye-catching, remarkable, spectacular, significant, salient, outstanding, flagrant; glar=ing *(mistake);* dramatic *(change).* **op·val·lend** *adv.* strikingly, conspicuously, markedly, prominently.

**op·vang** *opge=* catch/snatch up; catch *(water, sound, etc.);* in=tercept *(a letter, light, etc.);* cut off *(light);* receive, check *(a blow);* monitor *(a transmission);* catch *(the eye, a look, etc.);* impound, retain *(water);* pick up *(a signal);* →OPGEVANG. **~bak** sump; save-all. **~dam** catch/storage dam, reservoir. **~draad** aerial; collecting wire. **~(s)gebied** catchment area; intake. **~reservoir** impounding reservoir. **~(toe)stel** *(rad. etc.)* re=ceiving set, receiver; pickup, recorder.

**op·van·ger** *=gers* catcher, interceptor; pickup.

**op·vat** *opge=* take up *(a pen etc.);* take up *(a profession, subject, the thread of a story);* resume, continue; understand; con=strue; *dit anders ~* understand it differently; take a different view; *iets as ... ~* see s.t. as ...; take s.t. to be ...; *iets ernstig ~* take s.t. seriously; *iets goed ~* take s.t. in good part; take s.t. well; *iets lig ~* take s.t. lightly; *iets reg ~* take s.t. in the right spirit; *iets sleg ~* take s.t. in bad part; take s.t. badly; *iets verkeerd ~* take s.t. amiss; take s.t. in the wrong spirit; misinterpret s.t.. **op·vat·ting** *=tinge, =tings* view, opinion, conception, idea; approach; construction; appreciation; vi=sion; feeling; *(in the pl., also)* way of thinking; *'n algemene ~* a widely held belief; *daar is 'n algemene ~ dat ...* the belief is widely held that ...; *die algemene ~ is dat ...* it is believed that ...; *'n ~ huldig* take a view; *iem. se ~ van die lewe* s.o.'s outlook (on life); *moderne ~e/~s* a modern outlook; *'n nuwe ~ van die saak* a new slant on the subject; *~e/~s omtrent ...* ideas on ...; *iem. se ~ van ...* s.o.'s approach to ... *(a subject, matter, etc.);* s.o.'s view of ...; *verouderde ~e/~s hê* be behind the times.

**op·vee** *opge=* sweep/wipe up, swab.

**op·veil** *opge=* sell by auction, put up for sale; *iets (laat) ~* put s.t. up for auction, sell s.t. by auction; put s.t. up for sale; *opgeveil word* be auctioned; be up for auction. **op·vei·ling** *=lings, =linge* selling by auction, auctioneering.

**op·vlam** *opge=* flare/flame up, deflagrate, blaze (up). **op·vlam·mend** *=mende* flaring (up) *(fire, temper).* **op·vlam·ming** *=mings, =minge* flaming up, flare(-up), blaze; exacerbation *(of a dis=ease).*

**op·vlieg** *opge=* fly up, take wing; jump up; tear/hurry up; *(temper)* flare up/out. **op·vlie·ënd** *=vlieënde* quick-, short-, hot-tempered, fiery, hasty, irascible, violent, explosive, quick to take offence; *'n ~e humeur* an explosive temper. **op·vlie·ënd·heid** irascibility.

**op·voed** *opge=* educate, rear, bring up, train; nurture; →OP=GEVOED. **op·voed·baar, op·voed·baar** *=bare* educable. **op·voe·der** *=ders* educator. **op·voe·ding** education, upbringing, nurture, breeding.

**op·voed·kun·de** (theory of) education, pedagogy, peda=gogics. **op·voed·kun·dig** *=dige, adj.* pedagogic(al), educa=tional, educative; *~e drama* educational drama; *uit 'n ~e oogpunt* pedagogically; *~e sielkunde* psychology of edu=cation, educational psychology; *~ vermaak* infotainment, edutainment. **op·voed·kun·di·ge** *=ges, n.* educationist, peda=gogue.

**op·voer** *opge=* bring up; stage *(a play),* put on (the stage), produce *(a play),* perform. **op·voer·baar** *=bare* playable, per=formable, actable. **op·voer·der** *=ders* producer. **op·voe·ring** *=rings, =ringe* performance; (theatrical) production, staging *(of a play);* presentation; *na 'n ~ gaan, 'n ~ gaan kyk* go to a play/show.

**op·volg** *opge=* succeed, take the place of; obey *(instructions),* follow *(advice); (cr.)* follow on. **~beurt** *(cr.)* follow-on; *'n ~*

*kry* follow on; *die ~ vermy/afdwing* avoid/enforce the follow-on. **~brief** follow-up letter.

**op·vol·ger** ꞊*gers* successor, incomer, replacement; *vermoede-like ~* heir presumptive; *die ~ van ...* the successor to ...; *as ~ van ...* in succession to ...

**op·vol·ging** ꞊*gings,* ꞊*ginge* succession; sequence *(of tenses);* gradation.

**op·vor·der** *opge*꞊ claim, lay claim to; call (up), demand, exact, urge, call upon *(s.o. to ...).* **op·vor·der·baar** ꞊*bare* claimable; *dadelik ~* at/on call; *dadelik ~bare geld* call money. **op·vor·de·ring** ꞊*rings,* ꞊*ringe* claim(ing), demand, call(-up).

**op·vou** *opge*꞊ fold away/up; curl up. **op·vou·baar** ꞊*bare* collapsible, foldable; *(attr.)* foldaway *(walking stick etc.),* fold-up *(cot etc.).*

**op·vra** *opge*꞊ withdraw, call in *(money);* claim. **~strokie** withdrawal slip.

**op·vraag·baar** ꞊*bare* withdrawable *(money);* claimable; *dadelik ~, (money)* at/on call; *dadelik ~bare geld* call money.

**op·vra·ging** ꞊*gings,* ꞊*ginge* withdrawal; demand; *by ~* on demand.

**op·vreet** *opge*꞊ devour, gobble up, chew up; swallow *(fig.); opgevreet wees van eiewaan* be bursting with conceit; *baie van iem. ~, (infml.)* take/stand/swallow a lot from s.o..

**op·vro·lik** *opge*꞊ cheer (up), gladden, enliven, brighten. **op·vro·li·king** enlivenment.

**op·vryf, op·vry·we** *opge*꞊ polish, rub up, furbish up; mop up. **op·vryf·doek** polishing cloth.

**op·vul** *opge*꞊ fill up; stuff; pad, wad, bolster, fill in. **op·vul(lings·)ter·rein** *(waste management)* landfill (site). **op·vul·sel** ꞊*sels* stuffing, filling; padding, wadding.

**op·vy·sel** *opge*꞊ extol, praise, acclaim, applaud, eulogise, exalt, glorify, laud, cry up, sing the praises of; *iets ~, (also, infml.)* hype s.t. (up). **op·vy·se·ling** ꞊*lings,* ꞊*linge* extolling, praising, applauding, glorifying, lauding, *(infml.)* hype.

**op·waai** *opge*꞊ blow up; be blown up.

**op·waarts** ꞊*waartse, adj.* upward; *~e beweging* upward motion, upstroke; *~e helling* upgrade; *~e mobiliteit, (sociol.)* upward mobility; *~e neiging, (econ.)* uptrend, upward tendency *(or price movement); ~e potensiaal, (econ.)* upward potential *(of share prices etc.); ~e stukrag* upthrust. **op·waarts** *adv.* upward(s); *iets ~ gooi* throw/cast s.t. up; *~ mobiel* upwardly mobile.

**op·wag** *opge*꞊ wait for. **op·wag·ting:** *jou ~ by ... maak* pay one's respects to ...; *(infml.)* arrive/appear at ...

**op·warm** *opge*꞊ warm up; reopen *(a subject);* rehash *(a tale);* →OPGEWARM. **op·war·ming** warm(ing)-up. **op·war·mings·wed·stryd, op·warm·wed·stryd** warm-up match.

**op·was** *opge*꞊ wash up, do the washing-up. **~bak** sink. **~middel** ꞊*dels,* ꞊*dele* dish(-)washing liquid, washing-up liquid. **~plek** scullery.

**op·weeg** *opge*꞊ weigh up; set off, compensate; *iets (teen mekaar) ~* weigh up s.t. *(arguments etc.); wanneer die twee teen mekaar opgeweeg word* on a balance of probabilities; *teen mekaar ~* balance out each other; *teen iets ~* make up for s.t., offset s.t..

**op·wek** *opge*꞊ rouse, awake, wake up; restore to life, resuscitate, raise; stir up, animate, rouse, inspirit, put life into, quicken; excite *(feeling, faculties, etc.),* provoke *(indignation),* stimulate *(an appetite);* induce *(a feeling);* raise, generate *(elec., steam, heat, etc.);* →OPGEWEK; *iem. se jaloesie ~* fan the flames of s.o.'s jealousy; *iem. ~ tot ...* rouse/excite s.o. to ... *(enthusiasm, desire, etc.); iets weer ~* reawaken s.t. *(nationalism etc.).* **~middel** ꞊*dels,* ꞊*dele* stimulant. **~toestel** generator.

**op·wek·kend** ꞊*kende* rousing, stirring, animating, exciting, stimulating, encouraging, exhilarating, invigorative; cordial; *~e drank* stimulant; *~e klimaat* bracing climate; *~e middel* cordial, excitant, stimulant; *~e musiek* stirring music.

**op·wek·ker** ꞊*kers* exciter, stimulant; activator; resuscitator; generator.

**op·wek·king** ꞊*kings,* ꞊*kinge* rousing, stimulation, awakening, resuscitation; *(relig.)* revival; resurrection, raising *(from the dead);* generation *(of elec.); (sc.)* excitation.

**op·wek·kings·: ~diens** revival meeting. **~middel** ꞊*dels,* ꞊*dele* resuscitator. **~prediker** *(often derog.)* revivalist, *(infml.)* Bible basher/pounder/thumper.

**op·wel** *opge*꞊ well up/out/forth, bubble up, surge (up); *trane wel in iem. se oë op* tears well up in s.o.'s eyes; *water wel uit die grond op* water wells up from the earth. **op·wel·ling** ꞊*lings,* ꞊*linge* bubbling up, welling up/out/forth, ebullition; heave, (up)surge; outburst *(of passion),* flush *(of joy),* wave *(of enthusiasm),* uprush, access *(of emotion, anger, etc.); iets in 'n ~ van ... doen* do s.t. in an access of ... *(rage etc.).*

**op·wen** *opge*꞊ wind (up); excite; →OPGEWEN; *jou oor iets ~* become/get excited *(or* work o.s. up) about s.t..

**op·werk** *opge*꞊ work up *(lit., fig.);* finish off, touch up *(a drawing); jou ~ van bode tot voorsitter* work one's way up from messenger to chairperson.

**op·werp** *opge*꞊ throw up; build, make, erect; raise *(a question); jou ~ as ...* proclaim/constitute o.s ..., set o.s. up as ...; *'n verdediging ~* set up a defence.

**op·win·dend** ꞊*dende* exciting, thrilling, stirring; *iets is vir iem. ~* s.t. gives s.o. a thrill.

**op·win·ding** excitement, turmoil; excitation; *in die ~ van ...* in the heat of ... *(the moment); die ~ oor iets* the excitement about/over s.t.; *iets vir ~ doen* do s.t. for kicks *(infml.).*

**op·wip** *opge*꞊ tip up; *(s.o.'s nose)* tilt up; rebound; jump up; *op en neer wip* seesaw, jump up and down; *die trap ~* dart up the stairs; *jou teen iem. ~* be rebellious/defiant. **~kieslys** *(comp.)* pop-up menu.

**o·raal** *orale* oral; *orale geskiedenis* oral history; *orale seks* oral sex.

**o·ra·kel** ꞊*kels* oracle. **~spreuk** oracle. **~taal** oracular language.

**o·ra·kel·ag·tig** ꞊*tige* oracular; sententious; vatic.

**o·ral·oor** all over/around, everywhere, far and wide/near.

**o·ral(s)** everywhere; on all sides, up and down, all over; *~ waar iem. gaan* everywhere s.o. goes; *~ rond* all around; *~ rond wees/lê* be/lie all over the place *(infml.); ~ (rond) na ... soek* look up and down *(or* search high and low) for ...; *~ in die wêreld* throughout the world.

**o·rang·oe·tang** ꞊*tangs* orang-utan(g). **o·rang·oe·tan·kie** ꞊*kies* small/little orang-utan(g).

**O·ran·je** *(Du. royal dynasty)* Orange. **~huis** House of Orange. **~man** ꞊*manne* Orang(e)ist. **~rivier** Orange River. **~-Vrystaat** *(SA hist.)* Orange Free State; →VRYSTAAT.

**o·ran·je** *n. & adj., (colour)* orange; *die ~ (een)* the orange one; *~, blanje, blou, (colours of pre-1994 SA flag)* orange, white and blue. **~geel** orange, gamboge. **~rooi** orange-red, miniaceous.

**o·ran·je·ag·tig** ꞊*tige* orange-like.

**o·ran·je·kleu·rig** ꞊*rige* orange-coloured.

**o·ra·sie** ꞊*sies* oration.

**o·ra·tor** ꞊*tore,* ꞊*tors* orator. **o·ra·to·ries** ꞊*riese* oratorical. **o·ra·to·ri·um** ꞊*riums,* ꞊*ria, (chapel)* oratory; *(mus.)* oratorio.

**or·chi·tis** →ORGITIS.

**or·de**[1] *n.* order; method; discipline; sequence; *iets is aan die ~ s.t.* is under discussion; *alles (is) in ~* all is well; *binne die ~* in order *(at a meeting); iets in ~ bring* put s.t. in order; put/set s.t. right; set/put s.t. to rights; straighten (out) s.t.; *jou sake in ~ bring, (also)* settle one's affairs; *buite die ~, (a matter/speaker at a meeting)* out of order; *iets is aan die ~ van die dag* s.t. is the order of the day; *iets is in goeie ~ s.t.* is in good order; *s.t. is in running/working order; vir die goeie ~* for the sake of order; *die ~ handhaaf* keep/maintain order;

*van 'n* **hoër** ~ superordinate; *in* ~ in order; all right; ship=
shape; *dis in* ~ it is all right; that's right; *iets is in* ~ *wat iem*
*betref* s.t. is fine with s.o.; *in* ~ **kom** come (out) right; *'n*
*punt van* ~ *opper* raise a point of order; *reg/wet en* ~ law
and order; *iem. tot* ~ *roep* call s.o. to order; bring s.o. into
line; *iets aan die* ~ **stel** raise s.t. *(a subject, question, etc.);* ~
*van* **verrigtinge** order of proceedings *(of a meeting etc.).*
**or·de** *interj.* order!; ~!, ~!, *(esp. parl.)* order!, order!. ~**ko**=
**mitee** steering committee. ~**lys** *(parl.)* order paper; agenda.
~**verstoring** *=rings, =ringe* disturbance of the peace.
**or·de²** *=des, n., (biol.)* order; rank; magnitude; *'n bedrag van*
*die* ~ *van R10 miljoen* an amount of/in the order of R10
million; *van dieselfde* ~ coordinate; *geestelike* ~ religious order.
~**band** cordon. ~**broeder** friar. ~**ketting** chain of (an) order.
~**kleed** habit. ~**teken** order decoration badge *(of an order);*
*(in the pl., also)* insignia.
**or·de·lie·wend** *=wende* orderly, fond of order, tidy; law=
abiding.
**or·de·lik** *=like, adj.* orderly, (well) ordered; well-behaved.
**or·de·lik** *adv.* in an orderly way/manner/fashion. **or·de=**
**lik·heid** orderliness, neatness.
**or·de·loos** *=lose* disorderly, disorganised, *(infml.)* shambolic.
**or·de·loos·heid** disorderliness.
**or·den** *ge=* put in order, arrange *(one's affairs, life, etc.);* mar=
shal *(facts, one's thoughts, etc.);* *iem. tot predikant* ~ ordain s.o.
as a minister. **or·de·ning** *=ninge, =nings* arrangement, classi=
fication; setup; ordination; *ruimtelike* ~ physical planning.
**or·dent·lik** *=like, adj.* decent, respectable, clean-living; fair,
pretty good; ~ *genoeg wees om ...* have the grace to ...; *=e kêrel/*
*meisie* nice guy/girl *(infml.).* **or·dent·lik** *adv.* decently, re=
spectably; *(infml.)* exceptionally, particularly; *jou* ~ *gedra*
behave decently, conduct o.s. properly; *iets* ~ *doen* do s.t.
properly/thoroughly/well; ~ *vinnig/ywerig, (infml.)* exception=
ally fast/diligent. **or·dent·lik·heid** decency, good behaviour,
respectability; *die* ~ *in ag neem* observe the proprieties; *die*
~ *hê om ...* have the grace to ... **or·dent·lik·heids·hal·we** for
decency's sake, in common decency.
**or·der** *=ders, n.* order, command, direction; order *(for goods);*
*algemene/staande* ~*s, (mil.)* standing orders; *betaal aan die* ~
*van ...* pay the order of ... **or·der** *ge=, vb.* order, command.
~**boek** *(mil.)* order book. ~**tjek** order cheque.
**or·di·naal** *=nale, adj., (math.: relating to a sequence etc.)* ordi=
nal.
**or·di·naat** *=nate, n., (math.)* ordinate; *(surv.)* offset.
**or·di·neer** *ge=* ordain. **or·di·ne·ring** *=rings, =ringe*, **or·di·na·sie**
*=sies* ordaining, ordination.
**or·di·nêr** *=nêre =nêrder =nêrste, (infml.)* ordinary, common=
place, everyday; vulgar, common, mean. **or·di·nêr·heid** or=
dinariness; commonness, vulgarity.
**or·don·nans** *=nanse* orderly, messenger. ~**offisier** *(mil.)* of=
ficer of the day, orderly officer.
**o·re** *n. (pl.)* →OOR¹ *n.*.
**o·reer** *(ge)=* orate, hold forth, play the orator, declaim, speechi=
fy, perorate.
**o·re·go** *(herb)* oregano.
**O·re·gon** *(geog.)* Oregon.
**o·rent** on end, upright, erect; *iets hou iem.* ~ s.t. helps s.o. to
hold his/her own *(or* to stand his/her ground), s.t. carries
s.o. through, s.t. keeps s.o. on his/her feet *(or* going); ~ **kom**
come/get to one's feet; right o.s.; ~ **sit** sit it up; *iets* ~ **sit** place
s.t. upright *(or* on end); ~ **staan** stand up; ~ **sukkel** scram=
ble to one's feet.
**Or·feus, Or·pheus** *(Gr. myth.)* Orpheus. **Or·fies** *=fiese*, **Or=**
**phies** *=phiese* Orphic. **Or·fis·me, Or·phis·me** *(a relig. of an=*
*cient Gr.)* Orphism.
**or·gaan** *=gane* organ; mouthpiece. ~**bank** organ bank. ~**oor=**
**planting** organ transplant.

**or·gan·die** *(text.)* organdie.
**or·ga·nies** *=niese* organic.
**or·ga·ni·gram** →ORGANOGRAM.
**or·ga·ni·sa·sie** *=sies* organisation; *O~ vir Afrika-eenheid,*
*(hist., abbr.:* OAE*)* Organisation of African Unity *(abbr.:* OAU*);*
*O~ vir Ekonomiese Samewerking en Ontwikkeling, (abbr.:*
OESO*)* Organisation for Economic Cooperation and De=
velopment *(abbr.:* OECD*).* ~**sekretaris** organising secretary.
~**talent,** ~**vermoë** organising ability. ~**werk** organisation,
organising work.
**or·ga·ni·sa·to·ries** *=riese* organising, organisational.
**or·ga·ni·seer** *ge=* organise, mount *(a campaign etc.).* **or·ga=**
**ni·seer·der** *=ders* organiser.
**or·ga·nis·me** *=mes* organism; *primitiewe* ~, *(zool.)* monad.
**or·ga·no·gra·fie** *(biol.)* organography.
**or·ga·no·gram, or·ga·ni·gram** organisation(al) chart,
organigram, organogram.
**or·ga·no·lo·gie** *(biol.)* organology.
**or·gan·za** *(text.)* organza.
**or·gas·me** *=mes* orgasm. **or·gas·mies** *=miese*, **or·gas·ties** *=tiese*
orgasmic.
**or·gi·dee** *=deë* orchid. ~**boom** camel's foot, orchid tree,
mountain ebony.
**or·gi·dee·ag·tig** *=tige* orchidaceous.
**or·gie** *=gieë* orgy, debauchment. **or·gi·as·ties** *=tiese* orgiastic.
**or·gi·tis, or·chi·tis** *(pathol.)* orchitis.
**o·ri·bie** *=bies* →OORBIETJIE.
**o·ri·ën·ta·sie** orientation. ~**knobbel** bump of locality. ~**kur=**
**sus** orientation course. ~**vermoë** sense/bump of locality/
direction.
**o·ri·ën·teer** *ge=: jou* ~ orientate o.s., find one's bearings.
**o·ri·ën·te·ring** *=rings, =ringe* orientation; *(sport)* orienteering;
*aan* ~ *deelneem, (sport)* orienteer, take part in orienteering.
**o·ri·ën·te·rings·:** ~**atleet** orienteer. ~**kaart** key map. ~**kur=**
**sus,** ~**les** orientation course, introductory course/lesson.
**o·rig** *orige origer origste, (infml.)* meddlesome, intrusive; flir=
tatious; *moenie (vir) jou* ~ *hou (of* ~ *wees) nie!, (infml.)* mind
your own business!, don't be such a busybody *(or* nosy
parker)!; stop flirting!, don't be so forward!, don't get fresh
with me!. **o·rig·heid** meddlesomeness, *(infml.)* nosiness; for=
wardness.
**o·ri·ga·mi** *(Jap. art of paper folding)* origami.
**o·ri·ge** *=ges, n.: (al) die* ~ everything else; *vir die* ~ for the
rest. **o·ri·ge** *(attr.)* remaining; redundant, superfluous,
supernumerary; surplus; spare; overflow; *'n paar* ~ *... hê*
have a few ... to spare. **o·ri·gens** *adv.* for the rest, otherwise;
*waar dit* ~ *gelyk is* other things being equal.
**O·ri·on** *(Gr. myth.)* Orion; *die Gordel van* ~, *(astron.)* Orion's
Belt.
**or·kaan** *=kane* hurricane, tempest. ~**sterkte** *(meteorol.: Beau=*
*fort scale of 12+)* hurricane force.
**or·kes** *=keste* orchestra, band; *'n* ~ *dirigeer* conduct an or=
chestra. ~**begeleiding** orchestral accompaniment. ~**bewer=**
**king** orchestration. ~**dirigent,** ~**meester** conductor *(of an*
*orchestra).* ~**leier** bandmaster, bandleader, conductor. ~**mu=**
**siek** orchestral music. ~**nommer** orchestral work/item. ~**ruim**
orchestra pit. ~**stuk** orchestral piece.
**or·kes·traal** *=trale* orchestral.
**or·kes·treer** *ge=* orchestrate, score. **or·kes·tra·sie** *=sies* or=
chestration, scoring.
**or·lon** *(trademark, text.)* Orlon.
**or·naat** *n.* official robes, pontificals *(of a bishop),* canonicals
*(of the clergy),* academicals *(of academics); die koning/koningin*
*in volle* ~ the king/queen in state *(or* in his/her regalia). **or=**
**naat** *=nate meer* ~ *mees* ~, *adj.* ornate, elaborate, elegant,
florid, ornamented.

**or·na·ment** =mente ornament. **or·na·men·ta·sie, or·na·men-te·ring** (also mus.) ornamentation. **or·na·men·teel** =tele ornamental.

**or·ni·to·lo·gie** ornithology. **or·ni·to·lo·gies** =giese ornithological. **or·ni·to·loog** =loë ornithologist.

**o·ro·gra·fie, o·ro·lo·gie** (cartogr., esp. of mountains) orography, orology. **o·ro·gra·fies** =fiese, **o·ro·lo·gies** =giese orographic(al), orological.

**Or·pheus, Or·phies, Or·phis·me** →ORFEUS, ORFIES, ORFISME.

**or·ra(a)it** (infml., <Eng.) all right, okay, OK, O.K..

**or·rel** =rels organ; ~ trap blow the organ. ~**blaasbalk** organ bellows. ~**bouer** organ builder. ~**draaier** organ-grinder. ~**konsert** organ recital; organ concerto. ~**musiek** organ music. ~**pyp** organ pipe; flue. ~**register** organ stop; register. ~**spel** organ playing. ~**speler** organ player, organist. ~**uitvoering** organ recital.

**or·re·lis** =liste, (masc.), **or·re·lis·te** =tes, (fem.) organist.

**or·rel·stryk** : dit gaan ~, (infml.) it's going/running on greased wheels, it's going smoothly/swimmingly (or without a hitch).

**or·to·doks** =dokse =dokser =doksste orthodox. **or·to·dok·sie** orthodoxy.

**or·to·don·sie** orthodontics, orthodontia. **or·to·don·tis** =tiste orthodontist.

**or·to·ë·pie, or·to·e·pie** (phon.) orthoepy.

**or·to·go·naal** =nale, **or·to·go·nies** =niese, (math.) orthogonal, right-angled, rectangular.

**or·to·gra·fie** =fieë orthography. **or·to·gra·fies** =fiese orthographic(al).

**or·to·klaas** (min.) orthoclase.

**or·to·pe·die** (med.) orthopaedy, orthopaedics, orthopaedia. **or·to·pe·dies** =diese orthopaedic. **or·to·pe·dis** =diste, **or·to·peed** =pede orthop(a)edic surgeon, orthop(a)edist.

**or·top·tiek, or·top·ti·ka** orthoptics. **or·top·tis** =tiste orthoptist.

**Or·wel·li·aans** =liaanse Orwellian.

**os** osse ox; van die ~ op die esel/jas, (infml.) by the way; nie al jou ~sies in die kraal hê nie, (infml.) not be all there; soos 'n ~ neerslaan fall like a log. ~**gal** oxgall, ox bile. ~**kar** bullock cart, ox cart. ~**sweep** stock whip, bullwhip. ~**tong** (cook.) ox tongue; (bot.) (Cape) forget-me-not, bugloss.

**o·se·aan** oseane ocean, sea; iets die ~ instuur turn s.t. adrift (a ship etc.); **oorkant** die ~ transoceanic; die sewe (of **al die**) oseane the seven seas; die wêreld se oseane bevaar sail the seven seas. ~**hawe** ocean port. ~**skip** (ocean) liner, ocean-going ship, deep-sea vessel. ~**vloot** ocean-going fleet. ~**vlug** transoceanic flight.

**o·se·a·na·ri·um** =riums, =ria oceanarium.

**O·se·a·ni·ë** (geog.) Oceania. **O·se·a·ni·ër** Oceanian.

**o·se·a·nies** =niese, (also O~) oceanic, thalassic.

**o·se·a·no·gra·fie** oceanography. **o·se·a·no·graaf** =grawe oceanographer. **o·se·a·no·gra·fies** =fiese oceanographic(al).

**o·se·a·no·lo·gie** oceanology.

**o·se·lot** =lotte, (zool.) ocelot, tiger cat.

**os·mi·ri·di·um** (metall.) osmiridium.

**os·mi·um** (chem., symb.: Os) osmium.

**os·mo·se** osmosis. **os·mo·ties** =tiese osmotic; =e druk, (chem.) osmotic pressure.

**o·soon** ozone. ~**gat** ozone hole. ~**laag** ozone layer; gat in die ~ ozone hole. ~**vriendelik** =like, ~**gunstig** =tige, ~**beskermend** =mende ozone friendly.

**os·se·wa** ox wag(g)on.

**os·si·fi·seer** ge= ossify. **os·si·fi·ka·sie** ossification.

**os·si·kel** =kels, (anat.) ossicle.

**os·sil·leer** ge= oscillate. **os·sil·la·sie** =sies oscillation. **os·sil·la·tor** =tore, =tors oscillator. **os·sil·leer·kring** oscillating cir-

cuit. **os·sil·le·rend** =rende oscillating, oscillatory. **os·sil·lo·graaf** =grawe oscillograph. **os·sil·lo·skoop** =skope oscilloscope.

**os·so buc·co** (It. cook.) osso bucco.

**os·ten·sief** =siewe ostensive.

**os·ten·ta·sie** ostentation. **os·ten·ta·tief** =tiewe ostentatious.

**os·te·o·ar·tri·tis** (pathol.) osteoarthritis.

**os·te·o·lo·gie** osteology. **os·te·o·lo·gies** =giese osteologic(al). **os·te·o·loog** =loë osteologist.

**os·te·o·mi·ë·li·tis** (pathol.) osteomyelitis.

**os·te·o·pa·tie** osteopathy. **os·te·o·pa·ties** =tiese osteopathic.

**os·te·o·po·ro·se** (pathol.) osteoporosis.

**os·ti·na·to** =nato's, =nati (It., mus.) ostinato.

**os·tra·seer** ge= ostracise. **os·tra·sis·me** ostracism.

**ot** otte hog, pig.

**o·to·liet** =liete, (anat., zool.) otolith, otolite.

**o·to·lo·gie** (med.) otology. **o·to·loog** =loë otologist.

**o·to·skoop** =skope, (med.) otoscope, auriscope.

**ot·ter** =ters otter. ~**hond** otter dog/hound.

**Ot·to·maan** n., (hist.) Ottoman. **Ot·to·maans** =maanse, adj. Ottoman, Osmanli.

**ot·to·man** =mans, (sofa) ottoman; (no pl., text.) ottoman.

**ou¹** ouens, n., (infml.) guy, bloke, chap, fellow, (SA sl.) oke; boyfriend; →OUTJIE; 'n gawe ~, (infml.) a nice/regular guy; die goeie ~ens en die slegte ~ens., (infml.) the good guys and the bad guys.

**ou²** adj. (attr.) old, aged (pers.); ancient (hist.); long-standing (tradition etc.); long-time (friend etc.); →OUD adj. (pred.), OUE n.; 'n liewe ~ **babatjie** a dear little baby; ~ **brood** stale bread; die ~ **Egiptenare** the ancient Egyptians; 'n ~ **hou** eet/praat/ens., (infml.) eat/talk/etc. a lot; ~ **inwoner** old-timer; die ~ **jaar** the old year; ~ **liedjie/plaat/prent/ens.** oldie (infml.); ~ **lug** vitiated air; ~ **man/vrou** old/aged man/woman; → OUMAN, OUVROU; ~ **mens** →OUMENS; ~ **nommer** back number; 'n rolprentvervaardiger/ens. van die ~ **skool**, (fig.) a film maker/etc. of the old school; die O~ **Steentyd(perk)**, (archaeol.) the Old Stone Age; O~ **Styl** Old Style (of reckoning dates); die ~ **tale** the classical languages; ~ **tannie/dame**, (infml.) old girl; ~ **wyn** matured wine. ~**baas** (infml.) old gentleman/fellow/chap; (infml.) gaffer; (tall chest of drawers on legs) tallboy; die ~, (infml.) the old man. ~**boet(a), ~boe-tie** (infml.) eldest brother, big brother; (old) chum, mate. ~**dag** old age; op iem. se ~ in s.o.'s old age (or declining years); iets vir die ~ spaar set aside a nest egg; vir die ~, (also) for the future, for one's retirement. ~**doos** (infml.) old-fashioned, outdated, (old-)fogeyish, (infml.) square. ~**goud** (colour) old gold. **O~jaar, O~jaarsdag** (31 Dec.) Old Year's Day. **O~jaarsaand, O~jaarsdagaand** =aande New Year's Eve; ~ vier see/bring in the new year. **O~jaarsnag** =nagte New Year's Eve, watch night, Old Year's Night. ~**jongkêrel** (old) bachelor; 'n verstokte ~ a confirmed bachelor. ~**jongnooi** spinster, old maid. ~**kêrel:** die ~, (infml.) the old man. **O~kersaand** =aande Christmas Eve. **O~kersdag** =dae, (24 Dec.) Christmas Eve. ~**klerewinkel** old clothes shop. ~**laas** =OULAAS. ~**lady** (infml.: mother) old lady. ~**lap** =lappe, (infml.) penny; copper; 'n ~ se rooi maak mooi, (idm., often joc., about make-up or fashion accessories) a dash of red works wonders. ~**ma** →OUMA. ~**man** =manne, (infml.) hubby. ~**manneregering** gerontocracy. ~**mens** =mense, (also ou mens) old/aged person, senior citizen, geriatric, (infml.) oldie; (in the pl., infml.) old folks; die ~e our ancestors; the ancients. ~**nooi** =nooiens, (obs.) (old) mistress, missus; (infml., term of endearment) dear, darling, sweetheart. ~**pa** →OUPA. ~**sus** (infml.) big/eldest sister. **O~Testamenties** =tiese of (or according to) the Old Testament. **O~Testamentikus** =tikusse, =tici Old Testament scholar. ~**vrou** =vrouens, (infml.) wife, missus; (infml.: mother) old lady. ~**vrouagtig** =tige old-womanish, anile, effeminate. ~**vrouepraatjie, ~wywepraatjie** old wives' tale, tittle-tattle.

**oud** *ouer oudste, adj. (pred.)* old, aged; ancient; pristine; inveterate; →OU² *adj. (attr.); so ~ soos die* **berge/ark** *(of die* **mens dom** *[self])* as old as Adam *(or* the hills); *hulle is* **ewe** *~* they are (of) the same age; *hoe ~ is iem.?* what is s.o.'s age?; *~ en* **jonk** young and old; *iem. is ~ maar nog nie* **koud** *nie, (infml.)* there's life in the old dog yet; *('n) mens word nooit te ~ om te* **leer** *nie* we live and learn; *so ~* **lyk** *soos jy is* look one's age; *so ~ soos* **Metusalem,** *(s.o.)* as old as Methuselah; *('n) mens sal nooit sê iem. is* **so** *~ nie* s.o. is well preserved; *al* **taamlik** *~* quite old; *te ~* too old, *(usu. attr.)* over-age; *te ~ vir iets* (of *om iets te doen)* too old for s.t., past s.t.; *van ~s* (in days) of yore; *~ voor jou tyd* precocious; prematurely aged; *~* **word** grow old; age; be getting on in years. **~burgemeester** ex-mayor. **O~engels, Ou Engels** *n. & adj.* Old English. **~gevangene** ex-convict. **O~grieks** Ancient Greek. **~leerling** old pupil; old boy/girl *(of a school).* **~leerlingbaadjie** old school blazer. **~leerlingdas** old school tie. **O~noors, Ou Noors** *n. & adj.* Old Norse. **~president** ex-president. **~soldaat** ex-soldier, old soldier, ex-serviceman. **~stryder** (war) veteran, ex-soldier. **~student** old student/boy/girl, alumnus, past student, ex-student. **~voorsitter** ex-chair, past president, ex-president.

**ou·der·dom** *=domme* age; old age; *bo/oor die ~* over age; *van dieselfde ~* (of) the same age; coeval; *mense van* **elke** *~* people of all ages; *die* **gebreke/kwale** *van die ~* the infirmities of age; *groot/ens. vir jou ~* big/etc. for one's age; *'n hoë ~ bereik* live to a great *(or* ripe old) age; *onder die ~* under (the) age; *op die ~ van ...* at the age of ...; *op vyftigjarige/ens. ~* at the age of fifty/etc.; *op sy/haar ~* at his/her age *(or* time of life); *iem.* **weens** *~ afdank* superannuate s.o.; *jou ~* **wys** look one's age.

**ou·der·doms-:** **~demensie** senile dementia. **~diskriminasie** age discrimination, ag(e)ism. **~diskrimineerder** *n.* ag(e)ist. **~diskriminerend** *adj.* ag(e)ist. **~geneeskunde** geriatrics. **~grens** age limit. **~groep, ~kategorie** age group/set/band/ bracket. **~kwaal** *=kwale* infirmity of old age. **~pensioen** old-age/retirement pension. **~pensioentrekker** old-age pensioner. **~verskil** age difference/gap; *die ~ tussen ... en ...* the disparity in age between ... and ... **~verskynsel** *=sels* manifestation of old age; *studie van ~s* gerontology.

**ou·der·ge·woon·te** *(also ouder gewoonte)* as usual, according to custom.

**ou·der·ling** *=linge, (eccl.)* elder, presbyter. **ou·der·lings·bank** elders' pew.

**ou·der·wets** *=wetse* old-fashioned, out-of-date, outmoded, unprogressive, obsolete, out of fashion, behind the times; old-world, old-time. **ou·der·wets·heid** old-fashionedness.

**oud·ge·dien·de** *=des* ex-serviceman, veteran, old campaigner, old-timer.

**oud·heid** *n. (no. pl.)* oldness; old age; *(often in the pl.: oudhede)* antique, relic, antiquity; *die O~* antiquity, the Ancient World; *die klassieke ~* classical antiquity; *in die ~* in antiquity.

**oud·heid·kun·de** arch(a)eology; study/knowledge of antiquities, pal(a)eology. **oud·heid·kun·dig** *=dige, adj.* arch(a)eological; antiquarian. **oud·heid·kun·di·ge** *=ges, n.* arch(a)eologist; antiquarian, antiquary.

**ou·di·ën·sie** *=sies* audience; *'n ~ by die* **pous/ens. aanvra** request an audience with the pope/etc.; *op ~* **gaan** *by ...* have an audience with ...; *~* **hou** hold/keep court; *iem. in ~* **ontvang** receive s.o. in audience; *aan iem. ~* **verleen** grant s.o. an audience. **~saal** presence chamber, audience hall.

**ou·di·o** *comb.* audio-. **~band** *=bande* audiotape. **~gram** *=gramme* audiogram. **~kasset** *=sette* audio cassette. **~visueel** *=suele* audiovisual; *~suele hulpmiddels/=middele* audiovisual aids.

**ou·di·o·lo·gie** audiology.

**ou·di·o·me·ter** audiometer. **ou·di·o·me·trie** audiometry. **ou·di·o·me·tris** *=triste* audiometrist, audiometrician.

**ou·di·sie** *=sies* audition; *'n ~ aflê/doen* have an audition; *iem.*

*'n ~* **laat** *aflê/doen* give s.o. an audition; *'n ~ vir iets aflê/doen* audition for s.t. *(a part etc.).*

**ou·dit** *=dits,* **ou·di·te·ring** *=rings, n.* audit, auditing. **ou·dit, ou·di·teer** *ge-, vb.* audit. **~spoor** *(comp.)* audit trail.

**ou·di·teur** *=teure, =teurs* auditor. **~-generaal** *=teurs-generaal* auditor general. **ou·di·teurs·ver·slag** auditors' report.

**ou·di·tief** *=tiewe* auditive; auditory.

**ou·di·to·ri·um** *=riums, =ria* auditorium.

**oud·mo·dies** *=diese* old-fashioned, out-of-date, unstylish, *(infml.)* untrendy.

**ou·doos** *adj., (sl.)* behind the times, fuddy-duddy, square, uncool.

**ouds:** *van ~* →OUD *adj. (pred.).*

**ouds·her:** *van ~ (af)* from long ago.

**oud·ste** *=stes, n.* old chap/fellow; (my) dear; elder (of tribe); Nestor; doyen. **oud·ste** *adj.* oldest; eldest *(of three or more siblings);* elder *(of two siblings);* →OUD *adj. (pred.); op een na die ~* the second-oldest; *die ~ van die twee* the elder of the two.

**oud·tyds** *adv.* of old, in olden times, anciently.

**ou·e** *oues, n.* old one; *~ van* **dae,** *(also, infml.)* oldie; *die ~s van* **dae** the aged; *die/'n ~* the/an old one; *die ~s* the old ones; *die ~s en die* **jonges** old and young. **~tehuis** home for the aged, retirement *(or* old age) home, old people's/folks' home.

**ou·el** *=els, (RC)* wafer; wafer seal; *(med.)* cachet.

**ou·er** *=ers, n.* parent; *~s vra* ask parents' consent to get married. **ou·er** *adj.* older; elder; senior; *~* **as** *iem.* older than s.o., s.o.'s senior; *mense/persone ~* **as** *sestig* over-sixties; *'n ~* **broer/suster** an elder brother/sister; *tien/ens. jaar en ~* ten/ etc. years and upwards; *iem. is ~* **as** *tien/twaalf, (infml.)* s.o. was not born yesterday, s.o. knows a thing or two *(or* how many beans make five), s.o. is no/nobody's fool; *~* **word** get on (in years). **~huis** parental home. **~-kind-verhouding** *=dinge, =dings* parent-child relation(ship). **~liefde** parental love; filial love. **~vreugde** parental joy.

**ou·e·rig** *=rige* elderly, ag(e)ing, oldish, not so young.

**ou·er·lik** *=like* parental.

**ou·er·loos** *=lose* parentless, orphan. **ou·er·loos·heid** orphanhood, orphanage.

**ou·er·skap** parenthood, parenting.

**ou·gat** *(infml.)* cute, fun, cool.

**ou·kei, ou·kei** *adj. & interj., (infml.)* okay, OK, O.K., o.k..

**ouk·sien** *(plant hormone)* auxin.

**ou·laas** *vir ~ iets doen* do s.t. for the last time.

**ou·lik** *=like* dinky, neat, nice, cute; handy, practical, useful; clever, shrewd, adroit, adept; *(dated)* wily, canny; *~* **genoeg** *wees om nie ... nie* know better than to ...; *is jy nie ~ nie?, (infml., iron.)* bully for you!; *te ~ wees vir iem.* outwit s.o., be too sharp for s.o.; *~* **te werk** *gaan* play one's cards right/well *(infml.).* **ou·lik·heid** neatness, niceness, cuteness; handiness; shrewdness, smartness.

**ou·ma** *=mas* grandmother, *(infml.)* grandma. **~brilletjie** granny glasses. **~grootjie** *=jies* great-grandmother. **~woonstel** granny flat.

**ou·ma·tjie** *=tjies, (infml.)* granny, grannie.

**ou·pa** *=pas* grandfather, *(infml.)* grandpa. **~grootjie** *=jies* great-grandfather.

**ou·re·ool** *=reole* halo, aureole.

**ou·ri·kel** *=kels, (anat., biol.)* auricle.

**ou·tar·gie** *(pol.: self-rule)* autarchy. **ou·tar·gies** *=giese* autarchic(al).

**ou·tar·kie** *(econ.: self-suffiency)* autarky.

**Ou·te·nie·kwa** Outeniqua. **o~geelhout** *(bot.)* Outeniqua yellowwood.

**ou·ten·tiek** *=tieke* authentic. **ou·ten·ti·si·teit** authenticity.

**ou·teur** *=teurs* author, writer. **ou·teur·skap** authorship.

**ou·teurs** : ~(aan)deel, ~geld royalty. ~korreksie author's correction. ~reg copyright.

**ou·tis·me** *(psych.)* autism. **ou·tis** autist. **ou·tis·ties** =*tiese* autistic.

**ou·tjie** =*tjies, (infml.)* (little) fellow, chap, boy.

**ou·to·bank** autobank.

**ou·to·bi·o·gra·fie** =*fieë* autobiography. **ou·to·bi·o·graaf** =*grawe* autobiographer. **ou·to·bi·o·gra·fies** =*fiese* autobiographical.

**ou·toch·toon, ou·tog·toon** =*tone, n., (anthr., biol.)* autochthon. **ou·toch·toon, ou·tog·toon** =*tone, adj., (anthr., biol., physiol.)* autochthonous.

**ou·to·di·dak** =*dakte* self-taught person, autodidact. **ou·to·di·dak·ties** =*tiese* self-taught.

**ou·to·e·ro·tis·me, ou·to·ë·ro·tis·me** autoerot(ic)ism. **ou·to·e·ro·ties, ou·to·ë·ro·ties** =*tiese* autoerotic; ~*e versmoring* autoerotic asphyxiation *(abbr.:* AEA*).*

**ou·to·fo·kus** *(phot.)* autofocus.

**ou·to·geen** =*gene* autogenous, autogenetic; ~*gene entstof/vaksien* autogenous vaccine; ~*gene oefeninge* autogenic training, autogenics. **ou·to·ge·ne·se** *(biol.)* autogenesis, autogeny.

**ou·to·gi·ro** =*ro's, (aeron.)* autogiro, =*gyro,* windmill plane.

**ou·to·graaf** =*grawe* autograph, original manuscript, holograph; autograph, signature. **ou·to·gra·feer** *ge*= autograph. **ou·to·gra·fies** =*fiese* autographic(al).

**ou·to·im·mu·ni·teit** *(med.)* autoimmunity. **ou·to·im·muun** autoimmune. **ou·to·im·muun·siek·te** autoimmune disease.

**ou·to·kraat** =*krate* autocrat, mogul. **ou·to·kra·sie** =*sieë* autocracy. **ou·to·kra·ties** =*tiese* autocratic.

**ou·to·maat** =*mate* automaton; slot machine, automat, vending-machine. **ou·to·ma·ties** =*tiese* automatic; automated; self-winding *(watch);* unmanned *(station);* self-acting; Pavlovian *(reaction, response, etc.);* ten volle ~ fully automatic; ~*e werking* self-activity. **ou·to·ma·ti·seer** *ge*= automatise. **ou·to·ma·ti·se·ring, ou·to·ma·ti·sa·sie** automation, automatisation. **ou·to·ma·tis·me** automatism.

**ou·to·mo·biel** =*biele, adj.* self-propelled.

**ou·to·noom** =*nome* autonomous, autonomic(al); ~*nome senustelsel* autonomic nervous system. **ou·to·no·mie** autonomy, home rule.

**ou·top·sie** =*sieë* autopsy.

**ou·to·ri·teit** =*teite* authority.

**ou·to·ri·têr** =*têre* authoritarian; high-handed, overbearing. **ou·to·ri·ta·ris·me** authoritarianism.

**ou·to·sug·ges·tie** *(psych.)* autosuggestion, self-suggestion.

**ou·to·tel·ler** =*lers,* **ou·to·kas·sier** =*siers* automatic teller (machine), autoteller.

**ou·to·ti·pe** =*pes, (print.)* autotype; halftone block. **ou·to·ti·pie** autotype, autotypy; halftone process.

**ou·tyds** =*tydse* old-world, -time, -fashioned; old-style *(approuch, method, etc.);* ancient; primitive.

**ou·ver·tu·re** =*res, (mus. etc.)* overture; *'n ~ tot ...* an overture to ...

**ou·wê·relds** =*reldse, adj.* old-world, -fashioned, archaic, traditional, quaint; *(with cap.)* (of the) Old World.

**ou·zo** *(Gr. aniseed-flavoured spirit)* ouzo.

**o·vaal** *ovale, n.* oval. **o·vaal** ~*, ovale, adj.* oval, ovate, elliptic(al); ~*/ovale venster* oval window; *(anat.)* fenestra ovalis. **o·vaal·vor·mig** =*mige* oval-shaped.

**O·vam·bo** =*bo's, (member of a Namibian people)* Ovambo. ~(land) Ovambo(land).

**o·va·ri·um** =*riums, =ria, (biol.)* ovary. **o·va·ri·aal** =*riale* ovarian.

**o·va·sie** =*sies* ovation; *iem. 'n ~ bring* give s.o. an ovation.

**o·ver·ge·set syn·de** *(also overgesetsynde), conj., (<Du., often joc.)* in other words, that means to say.

**o·vert** *overte, adj.* overt.

**o·vi·duk** =*dukte, (anat.)* oviduct; →EIERLEIER.

**o·vi·paar** =*pare, (zool.)* oviparous. **o·vo·vi·vi·paar** =*pare, (zool.)* ovoviviparous.

**o·vum** *ova, ovums, (biol.)* ovum. **o·vu·la·sie** =*sies* ovulation. **o·vu·leer** *ge*= ovulate. **o·vu·lêr** =*lêre* ovular.

**o·wer·heid** =*hede* authority; *die ~* the authorities, (the) government, the powers that be.

**o·wer·heids** : ~besit: *in ~* under public ownership. ~besteding, ~uitgawe(s) government/public expenditure. ~daad act of state. ~finansiering, ~finansiëring public funding. ~fondse, ~geld public funds/money. ~instelling =*linge, =lings* government institution. ~persoon person in authority, public official. ~weë: *van ~* by the authorities.

**o·wer·pries·ter** high priest, archpriest.

**o·wer·spel** *(jur.)* adultery. **o·wer·spe·ler** =*lers, (masc.)* adulterer. **o·wer·speel·ster** =*sters, (fem.)* adulteress. **o·wer·spe·lig** =*lige* adulterous; ~*e kind* adulterine child. **o·wer·spe·lig·heid** adultery; adulterous nature.

**o·wer·ste** =*stes* chief; superior, prior *(of a relig. house, order, etc.);* captain *(fig.).*

# Pp

**p, P** *p's, P's, (16th letter of the alphabet)* p, P. **p'tjie** little p.

**pa** *pa's,* **pap·pa** *pas, (infml.)* **paps** father, *(infml.)* dad(dy); *vir iets pa staan* accept responsibility for s.t.; vouch for s.t. *(a story);* be answerable for s.t. *(an incident).*

**paad·jie** *jies* (foot)path, walk, track; trail; aisle *(between seats);* parting *(in the hair).*

**paai** *ge* coax, soothe, smooth down; pat, stroke; (try to) appease, placate, conciliate, humour, pacify, disarm; →PAAI END, PAAIER. **~beleid** policy of appeasement. **~middel** *dels* sop.

**paai·boe·lie** *lies* bugbear, bugaboo, bog(e)y, bogeyman, hobgoblin.

**paai·e·:** **~afdeling** roads section/department. **~net(werk)** → PADNET(WERK).

**paai·e·ment** *mente* instalment; *'n ~ betaal* pay an instalment; make a payment; *in ~e betaal* pay in instalments. **paai·e·ments·ge·wys, paai·e·ments·ge·wy·se** in instalments.

**paai·end** *ende* placatory.

**paai·er** *ers* appeaser; coaxer. **paai·e·rig** *rige* placatory. **paai·e·ry** placation, appeasement.

**paal** *pale* pole, post, stake; pile; pillar *(of a gate);* standard; stanchion; spar, picket; prop; *(sport)* (goal) post; *die ~ haal* make the grade; pull it off; pull off a victory; *net die ~ haal* scrape home; scrape through; *dit staan soos 'n ~ bo water, (infml.)* it stands/sticks out a mile; it is glaringly obvious. **~bewoner** lake dweller. **~brug** pile bridge, bridge on piles. **~heining** paling, palisade, picket fence; stockade, boma. **~sitter** pole-sitter. **~skerm** palisade, paling, wooden railings. **~spring** *n., (athl.)* the pole vault. **~spring** *paalge, vb.* pole-vault, do/perform a pole vault. **~springer** pole-vaulter. **~sprong** pole vault. **~woning** pile/lake dwelling.

**paal·tjie** *tjies, (dim.)* stake; (fencing) standard; pale, peg, picket; *(cr.)* wicket, stump; *die bal op die ~s speel, (cr.)* play on; *'n ~ kry, (cr.)* take a wicket; *~s val/kantel/spat, (cr.)* wickets fall/tumble; *'n vennootskap om die eerste ~, (cr.)* a first-wicket partnership; *voor die ~s, (cr.)* at the wicket. **~wagter** *(cr.)* wicketkeeper.

**paar** *pare, n.* pair *(of socks, eyes, etc.);* couple *(of people);* couple, twosome; doublet; duet; brace *(of pistols etc.);* a few, a couple of; several; *'n ~ ander* several others; *drie aparte pare* three separate pairs; *binne 'n ~ minute/uur/dae/ens.* in a matter of minutes/hours/days/etc.; *vyf pare dansers* five dancing couples; *'n ~ dae/maande/jaar gelede* some days/months/years ago; *'n getroude ~* a married couple; *hulle maak 'n goeie ~ uit* they make a good match; *'n hele ~* quite a few; *'n ~ huise is beskadig* some (or a few) houses were damaged; *in pare* two by two, by twos; *'n ~ keer* a few times, once or twice, several times; *'n ~ kry/neem* have some *(nuts etc.);* *'n ~ liter* a few litres, a litre or two; *'n ~ mense* a few people, one or two people; *'n ~ mense se werk doen* do the work of two or three people; *'n ~* a few; a couple; *'n ~ dae* a few days, a couple of days; *net 'n ~* just/only a few; *die sokkies is nie 'n ~ nie* the socks don't match; *nog 'n ~* some more; *en nog 'n ~* and a few others; *'n ~ skoene* a pair of shoes; *twee ~ skoene* two pairs of shoes; *'n ~ vorm saam met iem.* pair off/up with s.o.; *pare vorm* form couples; twin; *'n ~ vriende kom* some (or a few or one or two) friends are coming; *die*

*~ ... wat iem. het* what few ... s.o. has; *in 'n ~ woorde* in a nutshell; *met 'n ~ woorde* in a few words. **paar** *adj.* even; *~ en onpaar* odd and even. **paar** *ge, vb.* combine, couple, unite; *(biol.)* mate, copulate, conjugate; pair. **~stel** *stelle* twin set; *(in the pl., also)* separates. **~tyd** pairing/mating season/time.

**Paarl** *(geog.)* Paarl; *in die ~* at/in Paarl.

**paars·ge·wys, paars·ge·wy·se** in pairs/couples, paired, two by two; *(bot.)* jugate, binate.

**paar·tjie** *tjies* couple, pair.

**Paas·:** **~bolletjie** *(also p~)* hot cross bun. **~dag** *dae* Easter Day; *die ~dae* Eastertime. **~eier** *(also p~)* Easter egg. **P~eiland:** *(die) ~, Rapa Nui* Easter Island, Rapa Nui. **P~eilander** Easter Islander. **~fees:** *(die) ~* Easter (festival). **~haas, ~hasie** *(also p~)* Easter bunny. **~maal** *(also p~)* paschal repast. **~maandag** Easter Monday. **~naweek** Easter weekend. **~seël** *(also p~)* Easter stamp. **~sondag** Easter Sunday. **~tyd:** *die ~* Eastertide, *time; in die ~* at Easter. **~vakansie** Easter holidays.

**pad** *paaie* road, way, roadway; (path)way, walk *(in a park);* wayside; drive; trail; route; →PAAIE; *van die ~ af* off the road; *op die afdraande ~, (infml.)* on the decline; *'n ~ baan* beat a path; *iem. die ~ (na 'n plek) beduie* direct s.o. to a place; *maak of die ~ aan jou behoort* hog the road *(infml.);* *op/in die ~ bly* keep to the road; *uit die ~ bly* keep clear, keep out of the way; *uit iem. se ~ bly* keep out of s.o.'s way; give s.o. a wide berth, keep/steer clear of s.o.; *'n breë ~* a wide road; *iem. uit die/jou ~ druk om verby te kom* push by/past s.o.; *jou eie ~ loop* go one's own (sweet) way; *aan die end/einde van die ~* at the end of the road; *die ~ gaan/lei na ...* the road goes/leads to ...; *geplaveide ~* paved road; *~ gesluit* road closed; *die hele ~* all the way; *in die ~ hou* keep to the road; *iem. uit die ~ hou* keep s.o. out of the way; *in die ~ in the road; *in die ~ wees* be/get in the way; *jou ~ ken* know one's way about; *die kortste/langste ~ kies* take the shortest/longest route; *met die kortste/naaste ~* by the shortest/nearest road; *die ~ kry* find the way; *die ~ na ... kry* find one's way to ...; *langs die ~* next (to) the road, along/beside the road; on the road; on the way; by/on the way(side); *langs die ~ ... toe* on the way to ...; *die ~ loop deur die plaas* the road crosses the farm; *van die ~ (af) loop* leave (or go off) the road; *iets maak die ~ na ... oop* s.t. is a passport to ... (success, happiness, etc.); met die ~, (infml.) on the decline; *'n ~ oopkap* hew one's way; *die ~ vir ... oopmaak* pave the way for ...; *die ~ oopmaak, (also)* throw open the door *(for s.t. to happen);* *'n/jou ~ oopveg* fight one's way out; *op ~* on the way; on the road; *op die ~, (lit.)* on the road; *altyd op ~* always on the move; *op ~ na ..., op ~ ... toe* on the way to ...; *na ... op ~* bound for ...; heading for ...; *op ~ buite(n)toe* on the way out; *op ~ skool toe* on the way to school; *goed op ~ om te wen/ens.* in a fair way to win/etc.; *dit is op my ~* it is on my way; *van die (regte) ~ afwyk* go astray; *op die regte ~ bly/hou, (fig.)* keep/stay on the rails; keep onto the straight and narrow; *iem. op die regte ~ bring, (fig.)* straighten out s.o.; *alle paaie lei/gaan na Rome* all roads lead to Rome; *'n slegte ent ~* a bad stretch of road; *'n smal ~* a narrow road; *uit die ~ spring* jump aside; *in die ~ staan* be in the way; *iem./iets staan in die ~ van ...* s.o./s.t. is an obstacle/obstruction to ...; *in iem. se ~ staan* stand in s.o.'s way; *uit die ~ staan* get out of the way; *niks in jou ~ laat staan nie* let nothing stand in one's way; *iem. in die ~ steek, (infml.)* sack/ditch s.o., give s.o. the axe/boot/push/sack, send s.o. packing; *uit die ~ trek, (a car)* pull over; *uit die ~* out of the way; *uit die ~ (uit)!* stand clear!; *hier loop ons paaie uitmekaar* we have come to the parting of the ways; *in die ~ val, (infml.)* be on one's way, push along, leave; start on a journey; take to the road; hit the road/trail *(infml.)*; *vroeg in die ~ val, (infml.)* make an early getaway; *die ~ vat, (infml.)* take to (*or* hit) the road; *die ~ na ... vat* take the way to(wards) ...; *verhoogde/verhoogte ~* causeway; built-up road; *iem. se ~ versper* bar s.o.'s way; *by/vir iem. ~ vra, iem. (na) die ~ vra* ask s.o. the way; *die ~ wys* lead the way, guide; *(lit.)* show the way. ~**aanleg**, ~**bou** road construction/building. ~**aansluiting** road junction. ~**aanwysing** *-sings* road direction; *die ~s is goed* the roads are well signposted. ~**atlas** road atlas. ~**bouer** road builder. ~**boukunde** road engineering. ~**brug** road bridge. ~**buffel**, ~**vark** *(infml., derog.)* road hog. ~**gebruiker** road user. ~**gee** *padge* take o.s. off; make off; move off; sheer off; give ground; stand clear; *gee pad (hier)!* get away/lost!; *vir iem. ~* make way for s.o.; *vir iets ~* dodge s.t.; *gee pad (voor)!* out of the way!; *gee pad (voor), asseblief!* gangway please!, make way!. ~**gruis** road metal. ~**houvermoë** road-holding (ability). ~**ingenieur, paaie-ingenieur** road(s) engineer. ~**kaart** road map. ~**kafee** roadhouse. ~**kode** highway/traffic code. ~**kos** provisions for a journey. ~**kruising** road junction. ~**langs** by road; straightforward(ly); unswervingly; outspokenly. ~**loper** tramp, vagabond; footslogger; steamroller. ~**loper(skilpad)** areolate(d) tortoise. ~**maker** road maker/worker; road constructor/builder; pioneer. ~**makery** road construction. ~**net(werk), paaienet(werk)** road network. ~**ongeluk** road accident. **P~ongelukfonds** *(SA, abbr.: POF)* Road Accident Fund *(abbr.: RAF)*. ~**reg** right of way. ~**skraper** (road) grader. ~**stal(letjie)** farm stall. ~**teer** asphalt. ~**teken** road/traffic sign. ~**toets** road test; *'n voertuig aan 'n ~ onderwerp* road-test a vehicle. ~**vaardig** *-dige* ready for the journey/road. ~**vaardigheid** readiness for the journey/road. ~**vark** →PADBUFFEL. ~**vastheid** road-holding qualities. ~**veiligheid** road safety. ~**verkeer** road traffic. ~**verlegging** road deviation. ~**vernuf** road sense. ~**versperring** roadblock, road barrier. ~**vertakking** fork in the road. ~**vervoer** road transport(ation). ~**vervoerdiens** road transport service. ~**vinder** *-ders* pathfinder; *die P~s* the (Boy) Scouts. **P~vinder(s)vereniging** Scout Association. **P~vindster** (Girl) Guide. ~**waardig** *-dige* roadworthy. ~**waardigheid** roadworthiness. ~**werk** roadworks. ~**werker** road worker/mender/repairer. ~**wettig** *-tige, (mot.)* street-legal. ~**wyser** guidepost, hand-, finger-, signpost, direction sign, road indicator.

**pad·da** *-das* frog; toad; *'n ~ in die keel hê, (infml.)* have a frog in one's/the throat, be hoarse; *die ~ kwaak* the frog croaks. ~**eier** *-eiers* frog('s) egg; *(in die pl.)* frogspawn; *(in die pl., cook., infml.)* sago/tapioca pudding. ~**koor** croaking chorus. ~**man** frogman. ~**skop** *(swimming)* frog kick. ~**slagter** *(infml.)* blunt (pocket)knife. ~**slyk, ~slym** *(bot.)* duckweed. ~**vis(sie)** tadpole. ~**voet** flipper. ~**vreter** *(orn.: Circus spp.)* (marsh) harrier.

**pad·da·stoel** *-stoele, (edible)* mushroom; →SAMPIOEN; *(poisonous)* toadstool; *soos ~e opskiet/verrys* grow (*or* spring up) like mushrooms. ~**rots** mushroom/pedestal rock. ~**stad** *(rare)* boom town. ~**wolk** mushroom cloud *(of a nuclear explosion)*.

**pad·da·tjie** *(euph., sl.: vulva)* pussy; *(klein) ~* toadlet.

**pa·el·la** *(Sp. cook.)* paella.

**pag** *pagte, n.* lease(hold); tenancy; *in ~* on lease; *die wysheid in ~ hê* have a monopoly of wisdom, lay claim to all knowledge, be a know-all. **pag** *ge-, vb.* rent, lease *(land)*. ~**stelsel** leasing system; farming system *(of tolls etc.)*.

**pa·ga·nis** *-niste, n.* pagan, paganist. **pa·ga·nis·me** paganism. **pa·ga·nis·ties** *-tiese, adj.* pagan, paganist(ic).

**pa·gi·derm** *-derme, (zool.)* pachyderm. **pa·gi·der·mies** *-miese* pachydermatous.

**pa·gi·na** *-nas, (fml.)* page. **pa·gi·neer** *ge-* page, paginate. **pa·gi·ne·ring** paging, pagination.

**pa·go·da** *-das,* **pa·go·de** *-des* pagoda.

**pag·ter** *-ters, (hist.)* leaseholder, tenant, tenant farmer; crofter.

**pais·ley** paisley. ~**ontwerp** paisley design. ~**patroon, ~motief** paisley pattern.

**pa·ja·mas** pyjamas, *(infml.)* jammies.

**pak** *pakke, n.* pack *(of a pedlar etc.)*; package, packet *(of biscuits, candles, etc.)*; parcel *(of shopping articles etc.)*; bundle *(of papers etc.)*; load, burden; suit *(of clothes)*; pack, deck *(of cards)*; hiding, thrashing, spanking, caning, flogging, beating; *'n afgedankste/deftige/gedugte ~ (slae)* a sound beating; a good hiding; *iem. ('n) ~ gee* give s.o. a hiding; *('n) ~ kry* get a hiding; *(infml., sport etc.)* get beaten, *(infml.)* get/take a beating/licking; *lelik ~ kry, (esp. sport)* be badly beaten; *met 'n ~ op die rug* with a pack/bundle on the back; *(met) sak en ~* (with) bag and baggage; *'n ~ (slae)* a spanking; *'n groot ~ (slae) kry* (of *op die lyf loop)*, *(esp. sport)* take a pounding; *'n ~ voorspelers, (rugby)* pack of forwards. **pak** *ge-, vb.* pack (up); wrap (up); seize, catch (hold of), grip, clutch; bag; attack, tackle, rush at; hold the attention, grip, catch on; *begin ~* start packing; *die vertoning het die gehoor ge~* the show gripped the audience (*or* held the audience spellbound); *jou koffers ~, (lit., fig.)* pack one's bags; *iem./mekaar met mening ~* take off the gloves; *hulle ~ mekaar met mening* the gloves are off; *iem. oor iets ~* tackle s.o. about/on/over s.t.; *die skuld op iem. ~* lay/put the blame on s.o.; *iets ~ die verbeelding* s.t. captures the imagination; *die wolke ~ saam* the clouds gather. ~**dier** *-diere* pack animal, beast of burden; *(in die pl., also)* pack train. ~**dril** *(mil.)* pack drill. ~**garing** packthread, -twine. ~**goed** packing (material). ~**hout** *(naut.)* dunnage. ~**huis** warehouse, magazine; store(house), pack house, packinghouse, packing plant. ~**huisbedryf** warehousing business. ~**huiskoste** warehousing costs. ~**kamer** store(room), storage room; boxroom. ~**kis, ~kas** packing case, box, crate. ~**linne** packing cloth/sheet, sacking. ~**materiaal** packing/packaging material(s). ~**papier** packing/wrapping/brown paper. ~**perd** packhorse, pack pony, sumpter (horse). ~**plaat** gasket. ~**plek** storage space; luggage space; storeroom. ~**ring** packing ring; gasket ring. ~**ruimte** storage space, warehouse accommodation; luggage room. ~**saal** packsaddle. ~**skuur** pack house/store, packing shed. ~**solder** storage loft. ~**stuk** packing gland; packer (piece); gasket. ~**tou** binding twine. ~**ys** pack ice.

**Pa·ki·stan** *(geog.)* Pakistan. **Pa·ki·sta·ni** *-ni's, n.* Pakistani. **Pa·ki·stans** *-stanse, adj.* Pakistani.

**pak·kaas** *-kase,* **pak·ka·sie** *-sies, (infml.)* baggage, luggage; package; bundle; riffraff; *die hele ~, (infml.)* the whole (kit and) caboodle.

**pak·kend** *-kende* catchy, catching *(song)*; fascinating, appealing, fetching *(style)*; arresting *(proof)*; gripping, riveting, enthralling, spellbinding *(book, story, etc.)*; catching, attractive *(advertisement)*; *'n ~e boek* a page-turner.

**pak·ker** *-kers* packer.

**pak·ke·ra·sie** *(infml.)* (a lot of) packages/bundles, paraphernalia.

**pak·ke·ry** *-rye* packing; *(also* pakkery*)* pack house, packinghouse, packing room.

**pak·ket** *-kette* parcel; package; *'n ~ kry* be retrenched, get a golden handshake. ~**bom** parcel bomb. ~**pos** parcel post. **pak·ket·te·kan·toor** parcels office.

**pak·kie** *-kies* packet *(of matches, biscuits, cigarettes, etc.)*; (small) parcel *(of shopping articles etc.)*; bundle; two-piece (suit), jacket and skirt; *'n ~ (op)maak* make/do up a parcel; *'n ~ van iets maak* parcel up s.t.. ~**sop** packet soup. **pak·kies·rak** parcel/luggage rack.

**pak·king** *-kings, (mech.)* packing, boxing; pad, padding; gas=
ket, gaskin. ~**ring** packing/gasket ring; washer.

**pak·sel** *-sels, (mech.)* packing.

**pakt** *pakte* pact, agreement.

**pal¹** *palle, n.* ratchet (wheel), catch, pawl, arrest; *(mech.)* dog.
~**rand** capstan rim. ~**rat** ratchet wheel. ~**stang** pawl rod.

**pal²** *adv.* firm, fixed, immovable; always, constantly, contin=
ually, continuously; ~ *te laat kom* continually be late, be a
chronic latecomer; *iem. moet* ~ *lê* s.o. must keep to his/her
bed; ~ *reën/waai* rain/blow continuously.

**pa·la·dyn** *-dyne, (hist.: a knight)* paladin.

**pa·la·taal** *-tale, n. & adj., (phon.)* palatal. **pa·la·ta·li·sa·sie**
palatalisation. **pa·la·ta·li·seer** *ge-* palatalise. **pa·la·ta·li·se·ring**
palatalisation.

**pa·la·wer** *-wers* palaver, fuss, to-do, *(infml.)* song and dance.

**pa·leis** *-leise* palace. ~**revolusie**, ~**rewolusie** palace revolu=
tion.

**pa·leis·ag·tig** *-tige* palatial.

**pa·le·o·an·tro·po·lo·gie** palaeoanthropology. **pa·le·o·an=
tro·po·lo·gies** *-giese* palaeoanthropological. **pa·le·o·an·tro=
po·loog** *-loë* palaeoanthropologist.

**pa·le·o·li·ties** *-tiese* Palaeolithic *(also p~)*. **Pa·le·o·li·ti·kum:**
*die ~, (archaeol.)* the Palaeolithic Age.

**pa·le·on·to·lo·gie** palaeontology. **pa·le·on·to·lo·gies** *-giese*
palaeontological. **pa·le·on·to·loog** *-loë* palaeontologist.

**Pa·le·o·seen** *n., (geol.)* Palaeocene. **Pa·le·o·seens** *-seense,
adj.* Palaeocene.

**Pa·le·o·so·ïes** *-soïese, adj.* Palaeozoic. **Pa·le·o·so·ï·kum** *n.:
die ~, (geol.)* the Palaeozoic.

**Pa·le·sti·na** *(geog.)* Palestine. **Pa·le·styn** *-styne, n.* Palestin=
ian. **Pa·le·styns** *-stynse, adj.* Palestinian.

**pa·let** *-lette* palette, pallet; *'n* ~ *eiers* a tray of eggs. ~**mes**
palette knife, spatula.

**pa·lin·droom** *-drome, (reversible word)* palindrome. **pa·lin=
dro·mies** *-miese* palindromic.

**pa·ling** *-lings, (icht.)* eel; *jong* ~ elver; *gebraaide* ~ spitchcock.
~**fuik** eel trap/basket/pot. ~**glad** as slippery as an eel. **pa=
ling·vor·mig** *-mige* eel-shaped.

**pa·lin·ge·ne·se** *(biol.)* palingenesis.

**pa·li·no·de** *-des, (pros.)* palinode.

**pa·li·no·lo·gie** *(study of pollen grains)* palynology.

**pa·lis·sa·de** *-des* palisade, stockade.

**pa·lis·san·der(·hout)** palis(s)ander, jacaranda wood, *(Dal=
bergia spp.)* Brazilian rosewood, black rosewood.

**pal·jas** *-jasse, n.* charm, spell, magic potion. **pal·jas** *ge-, vb.*
cast a spell on, bewitch, jinx.

**pal·la·di·um** *(chem., symb.:* Pd) palladium.

**palm** *palms* palm *(of the hand)*; palm (tree); palm branch; *die*
~ *wegdra/toeken* bear/award the palm. ~**blaar**, ~**blad** palm
leaf/frond. ~**boom** palm tree. ~**bos** palm grove. ~**hout** palm
wood; box(wood); palmyra wood. ~**olie** palm oil. ~**opne=
mer** *(phot.)* palmcorder. ~**pit** palm kernel/nut. **P~sondag**
Palm Sunday. ~**struik** box shrub. ~**tak** palm branch. ~**wyn**
palm wine, toddy.

**palm·ag·tig** *-tige* palmaceous, palmy.

**palm·dra·end** *-ende* palmiferous.

**pal·met** *-mette, (bot.)* palmetto.

**pal·miet** *-miete* bulrush. ~**bos** patch of rushes.

**pa·loe·ka** *-kas, (infml.)* palooka.

**Pa·lo·mi·no** *-no's, (horse, also p~)* palomino.

**palp** *palpe, (zool.)* palp(us).

**pal·peer** *(ge)-, (esp. med.)* palpate. **pal·pa·sie** *-sies* palpation.

**pal·pi·teer** *ge-* palpitate, throb. **pal·pi·ta·sie** *-sies* palpitation,
throbbing *(of the heart)*.

**pam·flet** *-flette* pamphlet, flyer. ~**skrywer** pamphleteer.

**pam·pas:** *die P~, (vast treeless plain in S.Am.)* the Pampas.
~**gras** pampas grass.

**pam·pel·moes, pom·pel·moes** *-moese, (Citrus grandis/
maxima)* shaddock, *(Fr.)* pamplemousse.

**pam·per·lang** *ge-* fawn on, cajole, wheedle, butter up, coax,
play up to; baby, coddle.

**pam·poen** *-poene* pumpkin; gourd; squash; *(fig.: also pam=
poenkop)* bumpkin, dork; dunce; *nie vir koue* ~ *skrik nie,
(infml.)* not be easily frightened, not take fright easily; *vrot* ~
rotten pumpkin; *(fig.)* good-for-nothing. ~**koekie** pumpkin
fritter. ~**(kop)** fathead, blockhead, clot, nitwit, twit, bump=
kin, dunce. ~**land** pumpkin field. ~**lantern** jack-o'-lantern.
~**oes** pumpkin crop. ~**pit** pumpkin pip. ~**rank** pumpkin
shoot/vine. ~**skil** pumpkin skin/rind. ~**spook** (childish) bogy;
Halloween/Hallowe'en mask. ~**stoel** pumpkin plant.

**pam·poen·tjie** *-tjies, (dim.)* small pumpkin; *(bot.)* snake flow=
er; *(in the pl., med.)* mumps.

**pan** *panne, (cook., geomorphol.)* pan; tile; *(infml., also* pankop)
bald pate/head. ~**boor** trepan. ~**boring** trepanation. ~**braai**
*pange-* sauté, pan-fry. ~**dak** tile(d) roof. ~**geweer** *(mil., hist.)*
flint gun, flintlock, matchlock (musket). ~**kop** *(infml., derog.)*
baldhead, baldy, baldie, slaphead.

**pa·nache** panache, pizzazz.

**Pan-A·fri·kaans** *(also p~)* Pan-African. **Pan-A·fri·ka·nis**
*(also p~)* Pan-Africanist. **Pan-A·fri·ka·nis·me** *(also p~)* Pan-
Africanism.

**Pa·na·ma** *(geog.)* Panama. ~**kanaal** Panama Canal.

**pa·na·ma** *-mas* panama (hat). ~**hoed** panama (hat).

**Pa·na·mees** *-mese, n. & adj.* Panamanian.

**pa·na·see** *-seë* panacea, cure-all.

**pan·chro·ma·ties** *-tiese, (phot.)* panchromatic.

**pand** *pande, n.* pawn, pledge, security, surety; *(fig.)* treasure,
precious, jewel; *'n* ~ *aflos* redeem a pledge; *as* ~ *vir* ... in
security for ...; *iets in* ~ *gee* give s.t. as security, pledge/
pawn s.t.; *iets in* ~ *hou* hold s.t. in pledge; *'n* ~ *van die liefde*
a pledge of love; *iets in* ~ *neem* accept s.t. in pledge/pawn
(or as security); *'n onopgeëiste/onafgehaalde* ~ an unre=
deemed pledge; *'n* ~ *verbeur* forfeit a pledge. **pand** *ge-, vb.*
pawn; pledge. ~**gewer** pawner, pledger, pledg(e)or. ~**hou=
er** pawnee, pledgee. ~**nemer** pawnee, pledgee. ~**reg** lien,
(law/right of) pledge; ~ *oor iets besit* hold a lien over s.t..

**pan·da** *-das* panda.

**pan·de·mie** *-mies, n.* pandemic. **pan·de·mies** *-miese, adj.*
pandemic.

**pan·de·mo·ni·um** pandemonium; uproar, chaos.

**pan·dit** *-dits, (Hind. scholar)* pandit, pundit.

**Pan·djab:** *die ~, (geog.)* the Punjab. **Pan·dja·bi** *-bi's, n., (in=
habitant)* Punjabi; *(no pl.: lang.)* Punjabi. **Pan·djabs** *adj.* Pun=
jabi.

**pand·jies·win·kel** pawnshop.

**Pan·do·ra** *(Gr. myth.)* Pandora. ~**-kis:** *'n* ~ *van probleme/ens.
oopmaak/open, (fig.)* open a Pandora's box of problems/etc..

**pa·neel** *-nele* panel; bay; pane. ~**bespreking** panel discus=
sion. ~**bord** dashboard, instrument board. ~**kissie**, ~**kassie**
cubby(hole), glove box. ~**lid** panellist, panel member, mem=
ber of a/the panel. ~**saag** panel saw. ~**wa** panel van/truck.

**pa·neer** *(ge)-* coat with breadcrumbs, crumb.

**pan·fluit** *(mus.)* Pan's pipe, pan flute, panpipe(s), syrinx.

**pan·ga¹** *-gas, (icht.)* panga.

**pan·ga²** *-gas, (large knife)* panga, machete.

**pa·niek** *-nieke* panic, alarm, scare; *in 'n ligte* ~ in a flat spin
*(infml.)*; *('n)* ~ *ontstaan* panic arises; *('n)* ~ *veroorsaak* cause/
create panic (or a scare). ~**bevange** panic-stricken, panic-
struck, panicky, petrified; ~ *oor iets* in a panic about s.t.; *oor
iets* ~ *raak* get into a panic (or, infml. freak [out]) about s.t..
~**stokery** scaremongering.

**pa·nie·ke·rig** =rige panicky, panic-stricken, panic-struck, scared, frantic; ~ oor iets in a panic about s.t.; oor iets ~ raak get into a panic about s.t..

**pa·nies** =niese panic, frantic; 'n ~e skrik kry get the scare of one's life, be frightened out of one's wits.

**pan·kre·as** (anat.) pancreas. ~sap pancreatic juice. **pan·kre·a·ties** =tiese pancreatic. **pan·kre·a·ti·tis** (med.) pancreatitis.

**pan·ne·koek** pancake; 'n ~ omgooi/omkeer toss a pancake.

**pan·ne·tjie** =tjies, (dim.) small pan; (archaeol.) patella.

**pa·no·ra·ma** =mas panorama. ~spoor scenic railway.

**pa·no·ra·mies** =miese =mieser =miesste (of meer ~ die mees =miese) panoramic.

**pant** pante (coat-)tail, flap; piece, panel (of a dress).

**pan·te·ïs** =teïste, (also P~) pantheist. **pan·te·ïs·me** (also P~) pantheism. **pan·te·ïs·ties** =tiese, (also P~) pantheistic(al).

**pan·te·on** =ons pantheon. **Pan·t(h)e·on**: die ~, (in Rome) the Pantheon.

**pan·ter** =ters panther. ~kat ocelot.

**pan·toen** =toens, (Mal., pros.) pantoum, pantun.

**pan·tof·fel** =fels slipper. ~regering (often derog.) petticoat government; onder die ~ staan/sit, (infml., said of a husband) be henpecked. ~sokkie slipper sock.

**pan·to·graaf** =grawe, (mech.) pantograph.

**pan·to·mi·me** =mes pantomime. **pan·to·mi·miek** pantomimics. **pan·to·mi·mies** =miese pantomimic. **pan·to·mi·mis** =miste pantomimist.

**pant·ser** =sers, n. armour, mail; armour (plating) (for ships, artillery, etc.); (suit of) armour; (collect.) armoured units, (Germ.) panzer; (zool.) carapace; (biol.) armature, armour. **pant·ser** ge=, vb. armour, plate (ships); jou teen ... ~ steel/arm o.s. against ... ~dek armoured deck. ~dier armadillo. ~hemp coat of mail. ~koeël armour-piercing bullet. ~korps armoured corps. ~motor armoured car. ~skip (hist.) ironclad, armoured ship/vessel. ~trein armoured train. ~troepe n. (pl.) armoured troops/forces. ~tuig n. (collect.) armoured vehicles, armour, (Germ.) panzer. ~wa armoured car/vehicle.

**pant·se·ring** armouring, armour plating.

**pap** n. porridge; mess, soft food, gruel; (med.) poultice, fomentation; (food for infants) pap; pulp, mash (of linen, wood, ore, etc.); paste; size; as die ~ te **dik** is, brand dit aan, (infml.) exaggerated friendliness can spoil a friendship; die ~ **dik** aanmaak, (infml.) mix it; camp it up; met ~ op die/jou **gesig** sit, (infml., fig.) have (or be left with) egg on (or all over) one's face, fall flat on one's face; iets tot ~ **maak** squash/pulp s.t.; met jou/'n mond vol ~ **praat**, (infml.) mumble; as dit ~ **reën**, moet jy skep, (infml.) make hay while the sun shines. **pap** ~ papper papste, adj. & adv. soft, weak; flabby, flaccid; feeble; spineless; nerveless; mushy; punctured, deflated; flat (battery, tyre); run down (battery); ~ **hang** sag; ~ **kêrel** softy, weakling; ~ **kos** slop; ~ **optree** teen (of in verband met) iets be soft on s.t.; ~ **perske** soft peach; iem. ~ **slaan**, (infml.) beat s.o. to a pulp; iem. se gesig ~ **slaan**, (infml.) smash s.o.'s face in; ~ **voel** feel done, feel knocked up; ~ **word** become/go soft; (a tyre, battery) go flat. **pap** ge=, vb. poultice (a sore); paste (paper); size. ~bord porridge plate. ~broek →PAPBROEK. ~dronk dead/blind drunk, legless, paralytic. ~lepel porridge spoon; iem. met die ~ voer, (fig.) spoon-feed s.o.. ~nat soaking/sopping/dripping wet, wet through, soaked/drenched to the skin; sodden, soggy; iets ~ maak drench s.t.. ~pot porridge pot. ~ryp overripe. ~sag sagte, ~saf safte mushy, slushy, squishy. ~sak(wyn) (bag-in-the-)box wine.

**pa·pa·ïen** (biochem.) papain.

**pa·pa·ja** =jas pawpaw, papaya.

**pa·pa·raz·zo** =razzi, n. (usu. in the pl.), (It.) paparazzo.

**pa·pa·wer** =wers, (bot.) poppy. ~bol poppyhead. **P~dag** (infml.) Poppy Day, Remembrance Sunday/Day (commemorat=

ing the fallen of the two World Wars). ~olie poppy (seed) oil. ~rooi poppy red. ~saad poppy seed, maw (seed).

**pa·pa·wer·ag·tig** =tige papaveraceous.

**pap·broek** softy, weakling, sissy, baby. **pap·broe·kig** =kige, **pap·broe·ke·rig** =rige soft, spineless, spiritless, weak-kneed, chinless.

**pa·pe·gaai** =gaaie parrot, (infml.) polly; iets soos 'n ~ leer learn s.t. by rote. ~bek parrot's beak; pipe wrench. ~duiker (orn.) puffin. ~neus parrot/crooked nose. ~siekte parrot fever/disease, psittacosis. ~vis parrotfish.

**pa·pe·gaai·ag·tig** =tige parrot-like, (orn.) psittacine.

**pa·pe·lel·le·koors** (infml.) trembles; malingering; iets gee iem. die ~, iem. kry die ~ oor iets, (infml.) s.t. puts s.o. in a (blue) funk; s.t. drives/sends s.o. up the wall.

**pa·pe·ras·se** n. (pl.) (bundle of) papers; bumf, bumph (infml., derog.).

**pa·pe·ry** (derog.) popery.

**pap·heid** sloppiness, pulpiness, flabbiness; spinelessness, lack of spirit; flatness.

**pa·pie** =pies, (entom.) pupa, nymph; chrysalis; cocoon; in 'n ~ verander pupate. ~huisie cocoon. ~stadium pupal stage.

**pa·pier** =piere paper; (in the pl., also) papers; certificates, testimonials; documents; ~ is geduldig don't believe everything you read; you can write what you like; paper won't blush; iets op ~ **kry** get down s.t.; op ~ on paper; 'n huwelik/ens. wat slegs op ~ bestaan a marriage/etc. in name only; iets **op** ~ stel/sit put s.t. in writing, get/put s.t. down (on paper); 'n **vel**(letjie) ~ a sheet of paper. ~(bas)doring paperbark thorn (tree). ~blom artificial/paper flower; bougainvillea; (pink) statice. ~bord paper plate. ~deeg papier-mâché. ~dun paper/wafer-thin. ~fabriek paper factory/mill. ~geld paper money, soft money. ~gewig (for loose papers; boxing) paperweight. ~handdoek paper towel. ~handel paper trade; stationery. ~houer paper tray (of a printer etc.). ~klem, ~knip(pie), ~knyper paper fastener, paperclip. ~kole paper coal. ~lantern Japanese lantern. ~maché papier-mâché. ~maker (pers., mach.) papermaker. ~makery papermaking. ~mandjie wastepaper basket, wastebasket. ~merk watermark. ~mes paperknife; letter opener. ~meul(e) paper mill. ~pap paper pulp. ~produksie →PAPIERVERVAARDIGING. ~produsent →PAPIERVERVAARDIGER. ~riet papyrus. ~sak paper bag. ~servet paper napkin/serviette. ~snipper snipping/snippet of paper. ~spoor (documented evidence) paper trail. ~tier (fig.) paper tiger. ~vervaardiger, ~produsent paper manufacturer, papermaker. ~vervaardiging, ~produksie papermaking.

**pa·pier·ag·tig** =tige papery, papyraceous, like paper.

**pa·pier·loos** =lose paperless.

**pa·pil** =pille papilla; caruncle. **pa·pil·lêr** =lêre papillary. **pa·pil·vor·mig** =mige papillate, papillose.

**pa·pil·lon** (breed of toy dog) papillon.

**pa·pi·no** =no's, (fruit) papino.

**pa·pi·rus** =pirusse,=piri papyrus, paper reed.

**pa·pis** =piste, (chiefly derog.) papist. **pa·pis·me** papism, papalism. **pa·pis·te·ry** papistry, popery. **pa·pis·ties** =tiese papist(ical).

**pap·kuil** (bot.) bulrush.

**Pa·poe·a** =poeas, n. (inhabitant) Papuan. **Pa·poe·aas** =poease, adj. Papuan. **Pa·poe·as** n. (lang. group) Papuan.

**Pa·poe·a-Nieu-Gui·nee** (geog.) Papua New Guinea.

**pap·pa** →PA.

**pap·perd** =perds softie, softy, baby; →PAPBROEK.

**pap·pe·rig** =rige softish, rather soft; pappy; soggy; squashy, mushy, sloppy; flabby.

**pap·pe·ry** mash, mush, slush, slop; soggy mass; slurry; sludge.

**pa·pri·ka** paprika, Hungarian red pepper.

**paps** →PA.

**Pap·smeer, Pap·toets** *(med.)* Pap smear/test, smear (test) *(to detect cancer of the cervix or womb).*

**pa·raaf** =rawe, (signature) initials; (flourish) paraph; →PARA= FEER.

**pa·raat** =rate ready, prepared; *iem.* ~ *stel* put s.o. on the alert; ~ *wees, (also)* stand by. **pa·raat·heid** readiness, preparedness.

**pa·ra·ba·sis** *(in class. Gr. comedy)* parabasis.

**pa·ra·bool** =bole, (math.) parabola. **pa·ra·bo·lies** =liese parabolic *(mirror, shape, etc.);* parabolic(al) *(teaching etc.).* **pa·ra·bo·lo·ïed** -loïede, n., (geom.) paraboloid.

**pa·ra·de** =des parade; ~ *hou* hold a parade; *op* ~ on parade; *op die* ~ on the parade (ground). ~**kamp** paddock *(at a race= course).* ~**mars** *(mil.)* march past. ~**pas** parade step; goose step. ~**terrein** parade ground.

**pa·ra·deer** ge= parade; flaunt; … *laat* ~ parade …; ~ *met iets* parade s.t., show off s.t..

**pa·ra·did·del** *(mus.)* paradiddle.

**pa·ra·dig·ma** =mas, =mata paradigm. ~**skuif, ~verskuiwing, ~verandering** paradigm shift.

**pa·ra·dig·ma·ties** =tiese paradigmatic.

**pa·ra·doks** =dokse paradox. **pa·ra·dok·saal** =sale paradoxical.

**pa·ra·dys** =dyse paradise; *(fig.)* paradise, Eden, Elysium. ~**ge**= skiedenis story of the Fall (of Man). ~**voël** bird of para= dise. ~**blom** →KRAANVOËLBLOM.

**pa·ra·dys·ag·tig** =tige, **pa·ra·dys·lik** =like paradisal, paradisiacal, paradisical.

**pa·ra·feer** ge= initial; paraph; →PARAAF.

**pa·raf·fien** (illuminating) paraffin, kerosene. ~**lamp** paraf= fin lamp. ~**(olie)** paraffin (oil), kerosene. ~**stoof, ~stofie** paraffin/oil stove, primus (stove). ~**was** paraffin wax, solid paraffin, mineral wax, ozocerite, ozokerite.

**pa·ra·fra·se** =ses, n. paraphrase. **pa·ra·fra·seer** ge=, vb. para= phrase.

**pa·ra·graaf** =grawe paragraph, section; section mark. **pa·ra·gra·feer** ge= paragraph, divide into paragraphs/sections. **pa·ra·gra·fe·ring** paragraphing.

**Pa·ra·guay** *(geog.)* Paraguay. **Pa·ra·gu(ay)·aan** =gu(ay)ane, n. Paraguayan. **Pa·ra·gu(ay)·aans** =gu(ay)aanse, adj. Para= guayan.

**pa·ra·kleet:** *die* P~, *(Chr.)* the Paraclete, the Holy Spirit.

**pa·ral·de·hied** *(chem.)* paraldehyde.

**Pa·ra·lim·pies** =piese Paralympic; ~*e Spele* Paralympic Games, Paralympics.

**pa·ra·lip·sis** *(rhet.)* paral(e)ipsis.

**pa·ra·li·se** =ses paralysis. **pa·ra·li·ties** =tiese paralytic.

**pa·ral·laks** =lakse, (also astron.) parallax. **pa·ral·lak·ties** =tiese parallactic.

**pa·ral·lel** =lelle, n., (math.) parallel; analogue; exemplar; (geog.) line/parallel of latitude; analogy; ~*le parkering* parallel parking; *'n* ~ *tussen … trek* draw a parallel between …; ~*le verwerking, (comp.)* parallel processing. **pa·ral·lel** =lelle, adj. parallel; parallel (to), analogous (to/with); ~ *aan/met* … parallel to/with … **pa·ral·lel** adv. parallel; ~ *met … loop* run parallel to … ~**sirkel** (geog.) line/parallel of latitude. ~**ska**= keling =lings, =linge connection in parallel. ~**tree(tjie), ~trap** flyer, flier *(of stairs).* ~**verskuiwing** *(mech.)* translation.

**pa·ral·lel·e·pi·pe·dum** =dums, (geom.) parallelepiped.

**pa·ral·le·lis·me** =mes parallelism.

**pa·ra·lo·gis·me** =mes, (log.) paralogism.

**pa·ra·me·dies** =diese paramedical. **pa·ra·me·di·kus** =dikus= se, =dici paramedic.

**pa·ra·me·ter** =ters parameter.

**pa·ram·ne·sie** *(psych.)* paramnesia.

**pa·ra·neut** Para nut; Brazil nut.

**pa·ra·noi·a** paranoia. **pa·ra·no·ïes** =noïese, adj. paranoi(a)c, paranoid.

**pa·ra·nor·maal** =male paranormal; ~*male verskynsels, die* ~*male* the paranormal.

**pa·ra·pleeg** =pleë, n. paraplegic. **pa·ra·ple·gie** paraplegia; *lyer aan* ~ paraplegic. **pa·ra·ple·gies** =giese, adj. paraplegic.

**pa·ra·psi·go·lo·gie** parapsychology. **pa·ra·psi·go·lo·gies** =giese parapsychological.

**pa·ra·se·ta·mol** *(pharm.)* paracetamol.

**pa·ra·siet** =siete, (biol.) parasite; *(fig.)* parasite, sponge(r), leech, freeloader. ~**besmetting, parasietbesmetting** in= festation.

**pa·ra·siet·ag·tig** =tige parasitic(al).

**pa·ra·sim·pa·ties** =tiese, (physiol.) parasympathetic (nerv= ous system).

**pa·ra·si·teer** ge= parasitise, sponge upon.

**pa·ra·si·têr** =têre parasitic; ~*e siekte* parasitic disease. **pa·ra· si·ties** =tiese parasitic(al). **pa·ra·si·tis·me** parasitism.

**pa·ra·si·to·lo·gie** parasitology. **pa·ra·si·to·lo·gies** =giese pa= rasitological. **pa·ra·si·to·loog** =loë parasitologist.

**pa·ra·sol** =sols parasol, sunshade.

**pa·ra·sta·taal** =tale parastatal (company etc.).

**pa·ra·tak·se, pa·ra·tak·sis** (gram.) parataxis.

**par·doems** interj. flop!, splash!, smack!, slap-bang!.

**pa·ren·chiem** (anat., bot.) parenchyma. **pa·ren·chi·ma·ties** =tiese parenchymatic; (chiefly bot.) parenchymatous; (chiefly anat.) parenchymal.

**pa·rend** =rende copulatory; →PAAR vb..

**pa·ren·te·se** =teses parenthesis. **pa·ren·te·ties** =tiese paren= thetic(al).

**pa·re·se** (med.) paresis.

**pa·re·skaats** pair skating.

**par·fuum** =fuums, n. perfume, scent. **par·fu·meer** ge=, vb. perfume, scent. **par·fu·me·rie** =rieë perfumery; perfumes, scents, perfumery. **par·fu·meur** =meurs perfumer. **par·fuum· ag·tig** =tige perfumy.

**par·he·li·um** (astron.) parhelion, mock sun.

**pa·ri** (stock exch.) par; *a* ~ at par; *benede/onder* ~ below par; at a discount; *bo* ~ above par; at a premium; *teen/op* ~ at par. ~**waarde** par value, nominal (par) value, nominal par, face value.

**pa·ri·a** parias pariah, untouchable, outcast (in Hind. society); (in the pl., also) depressed classes.

**pa·ri·ë·taal** =riëtale, (anat., biol.) parietal.

**pa·rig** =rige conjugate(d).

**pa·ring** =rings, =ringe pairing, mating; coupling; conjugation; copulation, coition, coitus; →PAAR vb..

**pa·rings·:** ~**daad** copulation, coitus, coition, (act of) mat= ing, sexual act, siring act (in animals). ~**dans** mating dance, courtship display. ~**tyd** pairing/mating season.

**Pa·ris** (Gr. myth.: a Trojan prince) Paris.

**Pa·ri·si·enne** =siennes Parisienne.

**pa·ri·teit** =teite parity.

**park** parke park. ~**gebied** parkland. ~**grond** parkland. ~**op** sigter park keeper/caretaker. ~**weg** parkway.

**par·ka(·baad·jie), par·ka(·jas)** parka, anorak.

**par·ka·de** =des parkade, parking garage, car park.

**park·ag·tig, park·ag·tig** =tige park-like.

**par·keer** (ge)= park (a vehicle); ~ *verbode* no parking. ~**be** ampte parking attendant. ~**bewys** parking sticker. ~**boete** parking fine. ~~**en·ry(-)stelsel** park-and-ride scheme/sys= tem. ~**garage** =ge'e, =ges parking garage, car park. ~**gebied** parking area. ~**geld** parking fee. ~**inham** parking bay. ~**kaart** jie parking ticket. ~**meter** parking meter. ~**oortreding** park=

ing offence. ~**plek** parking place/bay; parking (space). ~**skyf**=(**ie**) parking disc. ~**terrein** parking area/lot, car park.

**par·ke·ring** parking; ~ *vir inwoners* residents' parking.

**par·ket** parquet (floor); *(theatr.)* front stalls. ~**vloer** parquet floor; parquetry. ~**werk** parquetry.

**par·kiet** =*kiete* parakeet.

**Par·kin·son** ~ *se siekte* Parkinson's (disease).

**par·le·ment** =*mente* parliament; *in die* ~ in parliament; *kan*=*didaat vir die* ~ *wees* stand for parliament; *die* ~ *ontbind* dissolve parliament, go to the country; *die* ~ *sit* parliament is in session. ~**sitting** parliamentary session.

**par·le·men·ta·ri·ër** =*riërs* parliamentarian.

**par·le·men·ta·ris·me** *(pol.)* parliamentar(ian)ism.

**par·le·men·têr** =*têre, adj.* parliamentary.

**par·le·ments**: ~**gebou** house(s) of parliament, parliament building. ~**lid** parliamentarian, member of parliament. ~**ver**=**kiesing** parliamentary/general election. ~**verslag** Hansard.

**Par·ma** *(geog.)* Parma. ~**ham** *(also* p~*)* Parma ham.

**par·mant** =*mante* cocky/cheeky person, *(infml.)* saucebox; *'n klein* ~ a forward child. **par·man·tig** =*tige* cocky, cheeky, pert, impertinent, impudent, obstreperous, brash, saucy, in=solent, brazen; *jou baie* ~ *hou* give s.o. a lot of cheek/jaw/lip *(infml.)*; ~ *wees teenoor iem.* cheek s.o., be cheeky to/with s.o., be impertinent to s.o.. **par·man·tig·heid** cockiness, cheeki=ness, impertinence, impudence, back talk, *(infml.)* backchat, cheek, sauciness; *dit is niks anders as* ~ *nie* it is sheer impu=dence.

**Par·me·saan(·kaas)** *(also* p~*)*, **Par·me·saan·se kaas** Parmesan (cheese).

**pa·ro·die** =*dieë*, **pa·ro·die·stuk** =*stukke* parody, travesty, burlesque, skit; *'n* ~ *op* ... a parody/skit *(or, infml.* spoof*)* on ... ~**skrywer, parodis** parodist.

**pa·ro·di·eer** *ge*= parody, travesty, spoof. **pa·ro·di·ë·ring** paro=dying.

**pa·ro·dies** =*diese* parodic(al).

**pa·ro·gie** =*gieë* parish. **pa·ro·gi·aal** =*giale* parochial. **pa·ro·gi·a·lis·me** parochialism.

**pa·ro·niem** =*nieme, n., (ling.)* paronym. **pa·ro·niem** =*nieme, adj.* paronymous, paronymic.

**pa·rool** =*role* word of honour; *op* ~ *(vrygelaat/losgelaat)* (re=leased) on parole. ~**voorwaarde** =*des: jou* ~*s verbreek/oor*=*tree/skend, nie jou* ~*s nakom nie* break/violate one's parole.

**pa·ro·ti·tis** *(med.)* paroti(di)tis.

**Pars** Parse, *(supporter of Zoroastrianism)* Parsee, Parsi.

**pars** *ge*= press *(wine, clothes)*; harvest grapes. ~**lap** pressing cloth. ~**tyd** pressing season, vintage, grape harvesting.

**par·sek** *(astron.: 3,26 light years, contr. of* parallaksekonde*)* parsec *(contr. of* parallax second*)*.

**par·ser** =*sers* presser.

**part** *parte* part, portion, share; member; ~ *nóg deel hê aan/in* ... have neither part nor lot *(or* no part or lot*)* in ...; *iem.* ~*e speel* play tricks on s.o.; *as my geheue my nie* ~*e speel nie* if my memory does not deceive me *(or* play me false*)*; *bly wees (of skaam kry) vir iem. se* ~ be glad/ashamed for s.o.'s sake; *vir my* ~ for my part; for all I care.

**par·te·no·ge·ne·se** *(biol.)* parthenogenesis, virgin birth.

**par·ter·re** =*res, (theatr.)* parterre, pit.

**Par·t(h)e·non** *die* ~ the Parthenon.

**par·ti·kel** =*kels, (gram., RC)* particle. **par·ti·kels·ge·wys, par**=**ti·kels·ge·wy·se** particulate.

**par·ti·ku·la·ris·me** particularism, sectionalism. **par·ti·ku**=**la·ris·ties** =*tiese* particularist(ic), sectionalist(ic), sectional.

**par·ti·ku·lier** =*liere* private, special.

**par·ti·saan** =*sane* partisan (fighter).

**par·ti·sie** =*sies* partition.

**par·ti·ta** =*tas, (mus.)* partita, suite.

**par·ti·tief** =*tiewe, n. & adj., (gram.)* partitive.

**par·ti·tuur** =*ture, (mus.)* score.

**par·ty** =*tye, n.* party, side; *(pol.)* party; *(mus.)* part; party; batch, lot, parcel *(of goods)*; consignment, shipment; number; faction; *'n* ~ *by* ... a party to ... *(an agreement)*; *'n* ~*(tjie) gee/hou* give *(or, infml.* throw*)* a party; *'n* ~ *in* ... a party to ... *(a legal action)*; *by 'n* ~*(tjie) indring* crash a party *(infml.)*; ~ *kies* take sides; *iem. se* ~ *kies* take s.o.'s part, take the part of s.o.; *teen iem.* ~ *kies* side against s.o.; *vir iem.* ~ *kies* side with s.o.; *vir iem.* ~ *trek* *(of partytrek)* take s.o.'s part, take the part of s.o.. **par·ty** *adj.* some; ~ *(mense) sê* some (peo=ple) say; ~ *van* ... some of ... *(the people etc.)*. ~**beleid** party policy/line; *die* ~ *gehoorsaam* follow the party line. ~**bestuur** party committee/executive/leaders. ~**gees** party/partisan spirit, partisanship. ~**genoot** fellow party member, colleague, (political) associate. ~**keer** *(also* party keer*)* sometimes, oc=casionally, at times. ~**leuse** party slogan/cry/watchword/motto. ~**lys** *(pol.)* party list. ~**maal** *(also* party maal*)* some=times, at times, occasionally. ~**man** partisan, party man/sup=porter/follower. ~**politiek** *n.* party politics; party policy/line. ~**politiek** =*tieke, adj.* party political; ~*e uitsending* party po=litical (broadcast). ~**stemming** party election; party vote; *dit was geen* ~ *nie, (also)* the vote was not on party lines. ~**stryd** party/political strife/conflict; party struggle, faction fight. ~**tak** branch of a party, party branch. ~**verband** party af=filiation/allegiance; *geen* ~ *hê nie* have no allegiance to a party. ~**vergadering** caucus. ~**woordvoerder** party spokes=person/spokes(wo)man.

**par·ty·dig** =*dige* partial, prejudiced, bias(s)ed, one-sided, partisan; *(jur.)* ex parte. **par·ty·dig·heid** partiality, prejudice, bias, partisanship, one-sidedness; ~ *vir* ... partiality for/to=wards ...

**par·ty·loos** =*lose* non(-)party, non(-)partisan, independent, *(infml.)* free-floating *(politician)*.

**par·ty·skap** partisanship, bias, prejudice, faction, factious=ness, dissension.

**par·ty·tjie** =*tjies* (little) party; small party; *'n bok vir 'n* ~, *(infml.)* a party animal. ~**dier, ~mens** *(infml.)* party animal. ~**ganger** partygoer. ~**gees** party spirit.

**par·ve·nu** =*nu's, (often derog.)* parvenu, upstart.

**Pa·rys** *(geog.), (Fr.)* Paris; *(SA)* Parys. **p~groen** Paris green; mountain green.

**Pa·ry·se** *adj.* Parisian; *'n* ~ *vrou* a Parisienne. **Pa·ry·se·naar** =*naars, =nare, n.* Parisian.

**pas¹** *passe, n.* pace, step; gait, amble *(of a horse)*; tempo, time; *(mountain)* pass, gap, neck, defile, passage; pass, passport, (ticket of) leave, permit, free ticket; →PASSIE¹; *die* ~ *aangee, (mil.)* mark time; set the pace *(in a race etc.)*; *iem. die blou* ~ *gee, (infml.)* jilt s.o.; *in (die)* ~ *bly* keep step; keep time; *'n egalige* ~ *handhaaf* maintain *(or* keep [up]*)* a steady pace; *(die)* ~ *hou* keep step; *in (die)* ~ *loop* walk in step; *in (die)* ~ *met ... loop* fall into step with ...; *die* ~ *markeer, (mil.)* mark time; *met 'n* ... ~ *at a* ... pace; *uit (die)* ~ *raak* break step; fall/get out of *(or* lose*)* step; *met 'n snelle/vinnige* ~ at a quick pace; at a rapid tempo; *met 'n stadige* ~ at a slow pace; at a slow tempo; *'n stewige/stywe* ~ a stiff pace; *uit (die)* ~ out of step; out of time; *iem. is uit (die)* ~, *(also)* s.o. is out of line; *die* ~ *verander* change step; *die* ~ *versnel* quicken the pace; *die* ~ *van iets versnel, (also, fig.)* put s.t. on the fast track; *die* ~ *volhou* keep up the pace; stay the pace. ~**aan**=**geemotor** *(motor racing)* pace car. ~**aangeër** *(sport)* pace=maker, pacer, pacesetter; *(med.)* pacemaker. ~**gang(etjie)** amble. ~**hoogte** altitude/crest of a pass. ~**meter** pedome=ter. ~**poort** =*poorte* passport, pass; *met 'n Suid-Afrikaanse/ens.* ~ *reis* travel on a South African/etc. passport. ~**poort**=**beheer** passport control. ~**poortfoto** passport photo.

**pas²** *n.* fit; fitting; *(goed) te/van* ~ *(of vanpas) kom* come in useful/handy; serve a good/useful purpose; *iets kom iem. goed*

te/van ~ (of *vanpas*), (also) s.t. stands s.o. in good stead. **pas**
ge=, *vb.* fit; become, befit; be becoming/fitting; suit, be con=
venient; *iets ~ of dit aangegiet is* s.t. fits like a glove; *iets ~*
*by* ... s.t. goes (*or* fits in *or* is in keeping) with ...; s.t. tones
in with ...; s.t. is worthy of ... (*the occasion etc.*); (*uitstekend*)
*by* ... ~ be (admirably) suited to ...; ... ~ *nie by iem. nie*,
(*conduct etc.*) ... is unbecoming to s.o.; *dit ~ nie by* ... *nie*,
(also) it is out of keeping with ...; it does not befit ...; *dit ~*
(*by mekaar*) it matches (up); *dit ~ iem. om te* ... it suits s.o. to
...; ~ *dit jou?* does it suit you?, (*infml.*) is that okay with
you?; *dit ~ goed*, (*clothes etc.*) it is a good fit; *iets ~ goed by*
*iets anders* s.t. is a good match for s.t. else; *goed by mekaar*
~ be well matched; *goed by* ... ~, (also) blend in well with ...;
*iets ~ iem. goed* s.t. sits well on s.o.; *iets ~ iem.*, (also) s.t.
suits s.o.; s.t. is convenient to s.o.; *iets ~ in* ... s.t. fits into ...;
*dit ~ inmekaar* it fits together; *twee dinge ~ inmekaar* two
things slot together; *dinge inmekaar ~* fit things together;
*dit ~ knap*, (*clothes etc.*) it is a tight fit/squeeze; *kyk of iets ~*
try s.t. for size; *iets (by mekaar) laat ~* match up s.t.; *by*
*mekaar ~* go together, match; be compatible; *nie by me=*
*kaar ~ nie* be ill-suited; *hulle ~ uitstekend by mekaar* they
are well matched (*or* made for each other); *iets ~ net* s.t. just
fits; *nie ~ nie* be unsuitable; *iets ~ presies* s.t. fits exactly;
*daardie rok ~ haar goed* (of *glad nie*) that dress does s.t./
nothing for her; *sal dit jou ~ as* ...? will it suit (*or* be conven=
ient to) you if ...?; *dit ~ iem. sleg* it does not fit/suit s.o. at all;
*wanneer dit iem. ~* at s.o.'s convenience; in s.o.'s own good
time (*infml.*). ~**bout** fitted bolt. ~**kamer** fitting (*or, infml.*
trying-on) room. ~**klaar** ready-made; ready to wear; off-
the-shelf (*products etc.*); fitted, made to measure; *iets ~ maak*,
(also) prefabricate s.t.; ~ *uitrusting* prêt-à-porter (*Fr.*). ~**la**
**ken** fitted sheet. ~**lood** plumb, plummet. ~**lyn** fitting line.
~**maak** *pasge=* fit; bed in; true, correct; customise. ~**maat**
gauge; co(-)ordinate. ~**maker** -kers, **passer** -sers fitter. ~**op**
→PASOP. ~**pop** tailor's/dressmaker's dummy. ~**stuk** adapter,
adaptor, fitting. ~**toestel** truing tool.

**pas³** *adv.* (only) just; newly, just, only; scarcely, hardly; *iem.*
*het ~ aangekom* s.o. has just arrived; ~ *aangestel* newly
appointed; *iem. het dit ~ gehoor of hy/sy het* ... s.o. had
scarcely heard it when he/she ...; *iem. is ~ gister weg* s.o. left
only (*or* as recently as) yesterday; ~ *klaar* just ready; ~
*nadat iem. gekom het* just after s.o came, as soon as s.o ar=
rived; (*nou*) ~ only just; *so ~*, *sopas* this minute, a moment
ago, just now; ~ *nog*, *sopas nog* a moment ago; ~ *verlede*
*week/maand* as recently as (*or* only)
last week/month; *dit was ~ ag(t)uur* it's just gone eight. ~**be**
**keerde** *=des* neophyte, recent convert. ~**gebore** *adj.*, (also)
pas gebore) new-born, neonatal. ~**geborene** *=nes, n.* new-
born infant. ~**gebou** (also pas gebou) newly built. ~**gelê**
*=lêde, =legde*, (also pas gelê) new-laid (*egg*). ~**gestig** *=stigte*,
(also pas gestig) newly formed/founded; newly floated (*com=*
*pany*). ~**getroud** *=troude, adj.*, (also pas getroud) just/newly
married. ~**getroude** *=des, n.* newly married person; (*in the*
*pl.*) honeymoon couple, honeymooners, young marrieds.
~**ontdekte** (also pas ontdekte) newly discovered; new-found.
~**ryk** *adj.*, (also pas ryk) newly rich. ~**ryke** *=kes, n.* nouveau
riche, new rich; (*in the pl., also*) new money. ~**verkose** (also
pas verkose) newly elected.

**pas·cal** (*phys., abbr.*: Pa) pascal.

**Pa·se** Easter; *met/gedurende ~* at Easter.

**pa·sel·la** *=las*, (<*Zu., infml.*) bonsella, pasel(l)a, freebie,
giveaway; (*in the pl., also*) perks.

**Pas·ga** (<*Hebr.*) Passover, Pesach, Pesah.

**pa·si·ënt** *=siënte* patient; subject, case; *'n ~ behandel* treat/at=
tend a patient; *'n ~ besoek/ontvang/ondersoek* see a patient; *'n*
~ *deurhaal* pull through a patient.

**Pa·si·fies** *=fiese, adj.* Pacific; ~*e Standaardtyd* Pacific Stand=
ard Time.

**pa·si·fis** *=fiste*, (also P~) pacifist. **pa·si·fis·me**, (also P~) paci=
fism. **pa·si·fis·ties** *=tiese*, (also P~) pacifist(ic).

**pasj·mi·na** (*woollen material, shawl*) pashmina.

**pas·kwil** *=kwille* lampoon, skit, pasquinade, pasquil; farce,
mockery.

**pas·lik** *=like* fitting, becoming, suitable; tolerable, passable;
in good condition, fit; ~ *wees dat* ... be fitting that ...; ~ *vir* ...
appropriate/suitable for/to ... **pas·lik·heid** suitability.

**pas·op** (also pas op, oppas) *interj.* beware!, be careful!, take
care!; mind!; mind your step!; watch it!/out!; *pas tog op!* do
be careful!; ~ *vir jou kop!* mind your head!. **pas·op·pens**:
*in/op jou ~ bly* mind/watch one's step (*fig.*); *in/op jou ~ vir/*
*teen* ... *wees* be on one's guard against ...

**pas·saat** *=sate* trade (wind).

**pas·sa·sie** *=sies* passage (*in writings*); berth, passage (*on a*
*ship*).

**pas·sa·sier** *=siers* passenger; fare (*of a taxi etc.*); *'n ~ aflaai*
drop a passenger; *~s aan boord neem*, (a ship) pick/take up
passengers; *~s oplaai* pick/take up passengers. ~**sitplek**
passenger seat. ~**skip** passenger ship/boat/liner.

**pas·sa·siers·**: ~**lys** passenger list. ~**motor** passenger/sedan
car. ~**trein** passenger train. ~**vliegtuig** passenger plane, air=
liner. ~**wa** *=waens, (rly.)* passenger coach; (*in the pl., also*)
coaching stock.

**pas·seer** (ge)=, (*med.*) pass (urine etc.); (*card games*) pass; (*jur.*)
execute (a deed). **pas·se·ring** (*med.*) passing (*of urine etc.*);
(*jur.*) execution (*of a deed*).

**pas·send** *=sende* fit(ting), befitting, proper, appropriate, be=
coming, suited, suitable; apt, apposite; matching; due; congen=
ial; ~ *by* ... in keeping with ...; *by mekaar ~* well matched;
*nie ~ nie* dissonant; *sleg ~* baggy, ill-fitting; ~ *vir* ... appro=
priate for/to ...

**pas·ser** *=sers* fitter; matcher; (pair of) compasses, compass.
~**been** leg of a compass. ~**en-draaier** (also passer en draai=
er) fitter and turner. ~**pen** bow pen. ~**rem** calliper brake.

**pas·sie¹** *=sies, (dim.)* little step/pass; *~s maak* cut capers; *iem.*
*sy/haar ~s laat maak* put s.o. through his/her paces; *jou ~s*
*maak* show one's paces.

**pas·sie²** *=sies* passion; craze; ~ *en opwinding* thrills and spills
(*infml.*). ~**blom** passionflower. **P~sondag** Passion Sunday.
~**spel** passion play (*sometimes P~*). ~**vol** passionate. **P~week**
Passion Week.

**pas·sief** *n., (ling.)* passive (voice); *aktief en ~* active and pas=
sive (voice). **pas·sief** *=siewe, adj.* passive, inactive; ~*siewe*
*roker* passive smoker; ~*siewe rook/rokery* passive smoking.
**pas·si·wi·teit** passivity, passiveness.

**pas·ta** *=tas, (It.)* pasta; paste.

**pas·tei** *=teie* pie, pastry. ~**bakker** pastry cook. ~**deeg** pastry.
~**kors** piecrust, pastry shell. ~**skottel** pie dish. ~**skulp** scal=
lop. ~**vulsel** mincemeat.

**pas·tei·tjie** *=tjies, (dim.)* small pie, patty.

**pas·tel** *=telle* pastel. ~**kleur** pastel colour/shade. ~**kryt**, ~**stif**
pastel. ~**tekenaar** pastel(l)ist. ~**tekening** pastel (drawing).

**pas·teu·rel·lo·se** (*vet.*) pasteurellosis; infectious pneumo=
nia (*in sheep*); bubonic plague (*in humans*).

**pas·teu·ri·seer** ge= pasteurise. **pas·teu·ri·sa·sie, pas·teu·ri·**
**se·ring** pasteurisation.

**pas·tiche** *=tiches, =tiche'e, (Fr.)* pastiche, (*It.*) pasticcio.

**pas·toor** *=toors, =tore* pastor; priest. **pas·toor·skap** *=skappe*
pastorate.

**pas·tor** *=tors, (relig.)* pastor. **pas·to·raal** *=rale, adj.* pastoral;
~*rale sielkunde* pastoral psychology; ~*rale teologie* pastoral
theology. **pas·to·raat** *=rate* pastorate.

**pas·to·ra·le** *=les* pastoral (poem); (*mus.*) pastorale.

**pas·to·rie** *=rieë* parsonage, (*RC*) rectory, vicarage, manse,
presbytery. ~**moeder** minister's wife. ~**paar** minister/clergy=
man and wife.

**pas·tra·mi** (*cook.*) pastrami.

**pat** *(chess)* stalemate; *iem. ~ sit* stalemate s.o..

**Pa·ta·go·ni·ë** *(geog.)* Patagonia. **Pa·ta·go·ni·ër** -niës, n. Pa= tagonian. **Pa·ta·go·nies** -niese, adj. Patagonian; ~e tandvis Patagonian toothfish.

**pa·tat** -tats sweet potato; *met die (hele) mandjie ~s uitkom, (infml.)* give the game/show away, spill the beans; show one's hand; … *is 'n warm ~, (infml., an issue etc.)* … is too hot to handle; *iets soos 'n warm ~ los (of laat val), (infml.)* drop s.t. like a hot potato. **~rank** sweet potato runner/vine/slip/top.

**pa·tee** -tees, *(cook.)* pâté.

**pa·tent** -tente, n. patent; letters patent; *'n ~ aanvra* apply for a patent; *~ toegestaan/toegesê* patent pending; *'n ~ op … (uit)neem* take out a patent for …; *'n ~ aan iem. verleen* grant s.o. a patent. **pa·tent** -tente, adj. patent; proprietary; ingenious; capital, excellent; *~e medisyne* patent medicine; *~e middel* patent remedy. **~artikel** proprietary article. **~hou= er, ~nemer** patentee. **~kantoor** patent office. **~reg** law of patents, patent law; patent right. **~register** patent roll. **~reg= telik** -like proprietary. **~wet** patents act.

**pa·ten·teer** ge-, vb. patent.

**pa·ter** -ters priest, padre, father. **~familias** father of the house/ family.

**pa·ter·na·lis** -liste paternalist. **pa·ter·na·lis·me** paternalism. **pa·ter·na·lis·ties** -tiese paternalist(ic).

**pa·ter·nos·ter** -ters, *(RC)* paternoster; *(RC)* rosary.

**pa·te·ties** -tiese pathetic.

**pa·tience** *(card game)* patience.

**pa·ti·na** patina; verd antique *(on bronze)*. **pa·ti·neer** ge- pati= nate. **pa·ti·ne·ring** patination.

**pa·ti·o** -tio's patio.

**pa·tis·se·rie** *(<Fr.)* patisserie.

**pat·na·rys** *(also P~)* Patna rice.

**pa·to·geen** -gene, n., *(med.)* pathogen(e). **pa·to·geen** -gene, adj. pathogenic, pathogenetic, pathogenous. **pa·to·ge·ne·se, pa·to·ge·nie** *(med.)* pathogenesis. **pa·to·ge·nies** -niese = PA= TOGEEN adj..

**pa·tois** -tois's, *(Fr.)* patois, dialect.

**pa·to·lo·gie** pathology. **pa·to·lo·gies** -giese pathological; *~e anatomie* morbid anatomy. **pa·to·loog** -loë pathologist.

**pa·tos** pathos.

**pa·tri·arg** -triarge patriarch. **pa·tri·ar·gaal** -gale patriarchal. **pa·tri·ar·gaat** -gate patriarchy; patriarchate.

**pa·tri·li·ne·aal** -neale, **pa·tri·li·ne·êr** -neêre patrilineal, pat= rilinear, in the male line.

**pa·tri·mo·ni·um** -niums, -nia patrimony. **pa·tri·mo·ni·aal** -niale patrimonial.

**pa·tri·ot** -triotte patriot, nationalist. **pa·tri·o·ties** -tiese, adj. & adv. patriotic(ally). **pa·tri·o·tis·me** patriotism.

**pa·tri·si·ër** -siërs, n., *(chiefly hist.)* patrician. **pa·tri·sies** -siese, adj. patrician.

**pa·trol·leer** ge- patrol; *'n straat ~* patrol a street. **pa·trol= leer·der** -ders patroller, patrolman.

**pa·trol·lie** -lies patrol; *op ~* on patrol; *~ ry* patrol. **~boot** patrol boat. **~diens** patrol service, patrolling; *(police)* beat service. **~motor** patrol/squad car.

**pa·tro·naat** -nate patronage.

**pa·tro·nes** -nesse patroness, lady patron, patron (saint).

**pa·troon[1]** -trone pattern, design, model; *(in the pl., also)* pat= terning; fashion; figure; bed mould; *(archit.)* template; *oulike ~(tjie)* engaging little person; funny one; *iets met patrone ver= sier* pattern s.t.. **~maker** pattern maker. **~ontwerp:** *gordyne met 'n ~* patterned curtains. **~plaat** stencil (plate), template. **~saag** coping saw. **~snyer** stencil cutter.

**pa·troon[2]** -trone cartridge, round of ammunition; fuse; **~band** bandolier, cartridge belt/clip, ammunition belt; feed band *(for a mach. gun)*. **~dop** cartridge case/cap/shell; *'n leë ~pie* a spent cartridge. **~houer** clip *(for a rifle)*; magazine, feed band *(of a mach. gun)*.

**pa·troon·ma·tig** -tige according to a set (or an established) pattern.

**pa·trys** -tryse, *(orn.)* partridge; *(Scleroptila spp.)* francolin. **~hond** cocker spaniel. **~poort** porthole; cabin window/hole. **~venster** *(naut.)* sidelight.

**pa·tsjoe·lie** *(<Tamil, bot.)* pa(t)chouli, patchouly.

**pa·va·ne** -nes, *(dance, mus.)* pavan(e).

**pa·vil·joen, pa·wil·joen** -joene pavilion, stand; *groot ~* grandstand.

**paw·lo·wa** *(cook.)* pavlova.

**Paw·lo·wi·aans** -wiaanse, *(psych., also p~)* Pavlovian.

**pê** n., *(infml.)* energy, kick, go, oomph; *iem. se ~ is uit, (infml.)* s.o. has no go/kick left (in him/her). **pê** adj. dead beat/tired, ready to drop. **pê** adv.: *~ voel, (infml.)* feel fagged out.

**pe·co·ri·no(·kaas)** *(It.)* pecorino (cheese).

**pe·daal** -dale pedal; treadle, foot lever. **~harp** pedal harp.

**pe·da·go·gie(k)** pedagogy, didactics, theory of education. **pe·da·go·gies** -giese pedagogic(al), educational. **pe·da·goog** -goë education(al)ist, educator.

**pe·dant** -dante, n. pedant, prig. **pe·dan·te·rie** -rieë pedantry. **pe·dan·ties** -tiese, adj. & adv. pedantic(ally), scholastic(ally), bookish(ly), highbrow, priggish(ly); smart-alecky.

**pe·de·ras** -raste p(a)ederast. **pe·de·ras·tie** p(a)ederasty.

**Pe·di** -di's, *([member of] a people)* Pedi; *(no. pl.: lang.)* Pedi; → NOORD-SOTHO.

**pe·di·a·ter** -ters paediatrician. **pe·di·a·trie** paediatrics. **pe·di= a·tries** -triese paediatric.

**pe·di·kuur** -kure pedicure, chiropody, care of feet; pedi= cure, chiropodist.

**pe·do·fiel** n. paedophile, paedophiliac. **pe·do·fiel** adj. pae= dophiliac, paedophilic. **pe·do·fi·lie** paedophilia.

**pe·do·lo·gie[1]** pedology, soil science. **pe·do·lo·gies** -giese pedological. **pe·do·loog** -loë pedologist.

**pe·do·lo·gie[2]** paedology, child study. **pe·do·lo·gies** -giese paedological. **pe·do·loog** -loë paedologist.

**pe·do·me·ter** pedometer.

**peer** pere pear; *(euph.)* testicle; *met die gebakte pere (bly) sit, (infml.)* be left holding the baby. **~bal** punchball. **~boom** pear tree. **~hout** pearwood. **~tamatie** jam tomato. **~wyn** perry.

**peer·vor·mig** -mige, *(anat., biol.)* pear-shaped, pyriform.

**pees** pese tendon, sinew; string. **pees·ag·tig** -tige tendinous, sinewy, stringy.

**peet:** **~kind** godchild. **~ma, ~moeder** godmother. **~ouer** god= parent; *~ van 'n kind wees* stand sponsor for a child. **~pa, ~vader** godfather.

**peet·jie:** *gaan/loop na jou ~!, (sl.)* go to blazes!, get stuffed!; *in sy/haar ~, (infml.)* a goner, done for; *iets is in sy ~, (infml.)* s.t. is ruined/lost (or down the drain).

**peg·ma·tiet** -tiete, *(geol.)* pegmatite.

**peil** peile, n. level, mark; gauge; level, standard; *benede ~* below (or not up to) standard, below the mark, *(infml.)* be= low par; *bo ~* above standard (or the mark); *iem. (weer) op ~ bring, (infml.)* get/knock/whip s.o. into shape; *iets op ~ bring* bring s.t. up to standard; *tot iem. se ~ daal* come down to s.o.'s level; *op die= selfde ~ as …* on a level with …; *die gewenste/vereiste ~ bereik* come up to standard; *'n ~ handhaaf* maintain a stand= ard; *'n hoë ~* a high standard/level; *iets op ~ hou* maintain the level/standard of s.t., keep s.t. up to standard; *die laag= ste ~ bereik, by die laagste ~ wees, (prices etc.)* bottom out; *op 'n lae ~* at a low ebb; at a low level; *op ~* up to standard; *iets op hoër ~ bring* raise s.t. to a higher level; *op die gewone ~ staan* be up to the usual standard/level; *jy kan op … ~ trek* *(of peiltrek)* one can depend/rely (up)on ... **peil** *ge=, vb.* gauge *(a liquid, character, etc.)*; sight; fathom *(seawater, mis= ery, a mystery, etc.)*, plumb *(the sea)*; sound *(a harbour, pers., etc.)*, take soundings; take a bearing; probe *(a wound, motive, etc.)*; *na* ... *~* make/head for ..., make towards ...; *die son ~* take the sun's altitude. **~ballon** sounding/pilot balloon. **~glas** water gauge, gauge glass. **~ketting** gauging chain. **~kom= pas** bearing compass. **~lood** plumb/lead line, sounding lead, plummet; fathom line, plumb. **~merk** watermark. **~stif** probe, sound. **~stok** sounding rod *(of a ship)*; gauging rod *(for brandy etc.)*; *(also* peillat*)* dipstick. **~toestel** (sea) gauge, water level indicator.

**peil·baar** *=bare* fathomable, gaugeable.

**pei·ler** *(=lers)* (echo) sounder; gauger; *(rad.)* direction finder; leadsman; *(elec.)* probe; *(med.)* explorer.

**pei·ling** *=lings, =linge* sounding, gauging; bearing; *'n ~ maak* take a bearing *(with a compass)*.

**peil·loos** *=lose* unfathomable, fathomless.

**peins** *ge=* meditate, ponder (on/over), think (on), brood, contemplate, consider, reflect on; *oor iets ~* muse about/on/ over s.t.. **pein·send** *=sende* pensive, thoughtful, meditative, lost in meditation, contemplative. **pein·ser** *=sers* ponderer, meditator, muser, thinker. **pein·sing** *=sings, =singe* medita= tion, musing, pondering, speculation.

**peits** *peitse* driving whip, quirt.

**pe·jo·ra·tief** *=tiewe, n. & adj.* pejorative.

**pe·kan=**: **~boom** pecan tree. **~neut** pecan/hickory nut. **~neut= tert** *(Am. cook.)* pecan pie.

**pe·kel** *n.* pickle, brine; *(fig.)* trouble, difficulty; *in die ~ sit/ wees/beland, (infml.)* be/land in the soup, be in *(or* get into) hot water, be in *(or* get [o.s.] into) a pickle. **pe·kel** *ge=, vb.* pickle, salt, souse, brine, cure. **~balie** pickle vat. **~haring** salt/ pickle herring. **~sout** *adj.* briny. **~vleis** salt meat. **~water** brine, pickle.

**pe·kel·ag·tig** *=tige* salt(ish), briny.

**pe·ki·nees** *=nese, (breed of dog)* Pekin(g)ese.

**pek·ko(·tee)** pekoe.

**pek·tien** pectin. **~suur** pectic acid.

**pek·to·raal** *=rale, adj.* pectoral.

**pek·to·se** *(biochem.)* pectose.

**pel** *ge=* peel, shell, hull, (de)husk; blanch *(nuts)*; *ge~de rys* hulled rice.

**pe·la·gies** *=giese* pelagic, pelagian.

**pe·lar·go·ni·um** *=niums, (bot.)* pelargonium.

**pel·grim** *=grims* pilgrim. **~staf**, **~stok** pilgrim's staff. **P~= vaders** *(hist.)* Pilgrim Fathers.

**pel·grims·reis, pel·grims·tog** pilgrimage; *'n ~ onder= neem* go on *(or* make) a pilgrimage.

**pe·li·kaan** *=kane* pelican. **~blom** swan flower.

**pe·li·le** *(<Zu., infml.)* pelile, exhausted, clapped/fagged out, wasted; pclile, finished, used up.

**pe·lo·ton** *=tons, =tonne* platoon, squad; *(cycling)* peloton, pack. **~vuur** platoon fire.

**pels** *pelse* fur; fleece. **~dier** furred/fur-bearing animal. **~han= del** fur trade. **~handelaar** furrier, fur dealer. **~jag** trapping. **~jagter** trapper. **~jas** fur coat. **~kraag** fur collar. **~mus** stif cap.

**pel·se·nier** *=niers* furrier.

**pel·ser** *=sers, (icht.)* pilchard; →SARDYN.

**pel·te·ry, pel·te·ry** *=rye* peltry, furriery, furs.

**pem·mi·kaan** *(small pressed cake of dried meat, fat and fruit)* pem(m)ican.

**pen¹** *penne* pen; nib; quill; spine *(of a porcupine etc.)*; needle *(for knitting etc.)*; *iets met die ~ deurhaal* strike out s.t. with the pen, delete s.t.; *met 'n haal van die ~* with a stroke of the pen; *die ~ opneem* take up one's pen; *van jou ~ leef* live by

one's pen; *die ~ neerlê* lay down one's pen; *die ~ op papier sit* put pen to paper; *uit iem. se ~* from s.o.'s pen. **~flits** pen= light (torch). **~houer** pen holder. **~maat** pen friend/pal. **~punt** pen point, nib. **~skets** *(lit.)* pen-and-ink drawing/ sketch; *(fig.)* pen picture/portrait. **~tekening** (pen-and-)ink drawing; *gekleurde ~* pen-and-wash drawing. **~vis** porcu= pine fish.

**pen²** *penne, n.* pin, spike; peg, picket; toggle; stake; stud; spigot; *(golf)* tee; *(cr.)* stump; *(elec.)* prong; peen, pane *(of a hammer)*; *aan die ~ ry, (infml.)* be in for it, be punished, be brought to book; *iets met 'n ~ vassteek* skewer s.t.; *voor die ~ne, (cr.)* at the wicket. **pen** *ge=, vb.* spike; *(golf)* tee (up). **~doring** spike thorn, long spine. **~doring(boom)** pendoring. **~orent**, **~regop** straight up, erect, bolt upright, perpendicu= lar. **~steek** tent-pegging. **~wortel** taproot, main root.

**pe·na·li·seer** *ge=* penalise.

**pe·na·rie** difficulty, predicament, quandary; *in 'n ~ sit/wees* be in a predicament *(or, infml.* fix/scrape*)*, *(infml.)* be up a (gum-)tree; *iem. uit 'n ~ help* bail s.o. out *(infml.)*.

**pe·na·te** *n. (pl.), (Rom. myth.)* penates, household gods; → LARE.

**pen·dant** *=dante* pendant, pendent, companion *(picture, piece, etc.)*, opposite number, complement; counterpiece, counter= part.

**pen·del** *ge=* commute; *dit haat om te ~* hate commuting. **~af= stand: binne ~** commutable. **~bus(sie)** shuttle. **~diens** com= muting/shuttle service. **~diplomasie** shuttle diplomacy. **~tuig** space shuttle.

**pen·de·laar** *=laars* commuter.

**pen·du·lum** *=lums*, **pen·du·le** *=les* pendulum *(of a clock etc.)*.

**pe·ne·treer** *ge=* penetrate, pierce. **pe·ne·tra·sie** *=sies* pene= tration.

**pe·nis** *=nisse, (anat.)* penis. **~afguns**, **~nyd** *(psych.)* penis envy.

**pe·ni·sil·lien** penicillin.

**pe·ni·ten·sie** *=sies* penance, punishment; penitence; *dis 'n hele ~, (infml.)* it's a fearful to-do.

**pen·ne** *(It., pasta)* penne.

**pen·ne=**: **~lekker** *(infml., usu. derog.)* penpusher, hack, scrib= bler. **~lekkery** *(infml., usu. derog.)* penpushing. **~streep: met 'n ~** with a stroke of the pen. **~stryd** paper war, contro= versy, polemic. **~vrug** product of one's pen, writing.

**pen·ne·tjie¹** *=tjies, (dim.)* small pen; quill; spine; needle. **pen= ne·tjies·ha·re** spiked hair.

**pen·ne·tjie²** *=tjies, (dim.)* small peg; spike; stake; tee.

**pen·nie** *=nies, (chiefly hist.)* penny.

**pen·ning** *=nings* medal(lion), badge; farthing; penny; *die we= duwee se ~* the widow's mite; *die keersy van die ~* the other side of the picture; *'n ~ slaan* strike a medal. **~kundige** *=ges* medallist; *munt- en ~* numismatist. **~leer** numismatology, numismatics. **~meester** treasurer, bursar, purse bearer.

**Penn·sil·va·ni·ë** *(geog.)* Pennsylvania. **Penn·sil·vaans** *(dial. of Germ. spoken in Pennsylvania)* Pennsylvania Dutch/Ger= man. **Penn·sil·va·ni·ër** *=niërs, n.* Pennsylvanian. **Penn·sil·va= nies** *=niese, adj.* Pennsylvanian.

**pe·no·lo·gie** penology. **pe·no·lo·gies** *=giese* penological. **pe= no·loog** *=loë* penologist.

**pens** *pense* stomach; paunch, belly; maw, gizzard *(of an ani= mal)*; rumen, first stomach *(of a ruminant)*; crop *(of birds)*; tripe; *(met) ~ en pootjies, (infml.)* boots and all; neck and crop; *(met) ~ en pootjies by/in iets betrokke, (infml.)* in s.t. up to one's ears/neck. **~-en-pootjies** *(cook.)* tripe and trotters. **~kant** underbelly. **~klavier** *(joc.)* squeeze box. **~wol** belly wool, *(infml.)* bellies.

**pen·seel** *=sele, n.* (artist's/paint) brush; (painter's) pencil. **~streek**, **~trek** stroke/sweep of the brush. **~tegniek** brush= work. **~voering** *(art)* brush technique. **~werk** *(art)* brush= work.

**pen·seel·vor·mig** =mige brushlike; (bot.) penicillate(d).

**pen·si·oen** =sioene pension, retirement pay/income/allowance; met ~ **aftree/gaan** go/retire on (a) pension; op ~ **geregtig** entitled to a pension, pensionable; ~ **kry** draw/receive a pension; betrekking **met/sonder** ~ pensionable/non(-)pensionable post; 'n ~ (in kontant) **omsit** commute a pension; iem. op ~ **stel** discharge s.o. on pension, pension s.o. off; ~ **verleen** grant a pension. **~bydrae** pension fund contribution. **~fonds** pension/superannuation fund. **~geregtig** =tigde pensionable, eligible for pension, entitled to a pension (or superannuation). **~leeftyd** pension(able) age, retirement/ retiring age, age of retirement. **~reëling** pension/superannuation scheme. **~trekker, pensioenaris** pensioner, retiree. **~uitkering** pension/superannuation payment, pension/retirement benefit. **~versekering** pension insurance. **~voordeel** retirement benefit. **~wet** pensions law/act.

**pen·si·oe·na·ris** →PENSIOENTREKKER.

**pen·si·oen·dra·end** =ende pensionable (salary).

**pen·si·oe·neer** ge= pension, grant a pension to; pension off, superannuate; retire. **pen·si·oe·ne·ring** retiring on pension, retirement; pensioning, superannuation.

**pen·si·oen·trek·kend** =kende pensionary.

**pen·si·on** =sions, (Fr.) boarding house, pension.

**pen·taan** (chem.) pentane.

**pen·ta·ë·der, pen·ta·e·der** =ders, (geom.) pentahedron. **pen·ta·ë·dries, pen·ta·e·dries**=driese pentahedral.

**pen·ta·goon** =gone, (geom.) pentagon. **pen·ta·go·naal** =nale pentagonal.

**pen·ta·gram** =gramme pentagram, five-pointed star; pentacle.

**pen·ta·me·ter** =ters, (pros.) pentameter.

**Pen·ta·teug:** die ~, (first five books of the OT) the Pentateuch.

**Pen·te·kos·ta·lis·me** (relig., also p~) Pentecostalism. **Pen·te·kos·ta·lis** =liste, n., (also p~) Pentecostalist. **Pen·te·kos·ta·lis·ties** =tiese, adj., (also p~) Pentecostalist.

**pe·num·bra** (astron.) penumbra.

**pen·vor·mig** =mige fusiform.

**pe·per** n. pepper; wilde~ wild pepper. **pe·per** ge=, vb. pepper; pelt; criticise; devil; gepeperde niertjies, (cook.) devilled kidneys; iem. met vrae ~ bombard s.o. with questions. **~biefstuk, ~steak** (cook.) pepper steak. **~boom** pepper (tree). **~duur** very expensive, pricey. **~-en-sout(-)kleur** pepper-and-salt (colour). **~-en-sout(-)kleurig** =rige pepper-and-salt, grizzled. **~-en-sout(-)stel** salt and pepper pots, cruet (stand), condiment set. **~korrel** peppercorn. **~meul(e)** pepper mill. **~pot(jie)** pepper pot. **~sous** pepper sauce, poivrade. **~sproei** (disabling weapon) pepper spray. **~steak** →PEPER BIEFSTUK. **~wortel** horseradish.

**pe·per·agtig** =tige peppery.

**pe·per·ment, pip·per·ment** (bot.) peppermint. **~kanfer, ~kamfer** menthol, (pepper)mint camphor. **~(lekker)** (pepper)mint; peppermint (drop). **~likeur** peppermint liqueur, crème de menthe. **~olie** peppermint oil. **~room** peppermint cream. **~water** peppermint water.

**pep·pe·ro·ni** =ni's, (It., a spicy sausage) pe(p)peroni.

**pep·sien** (biochem.) pepsin(e).

**pep·tied** =tiede, (biochem.) peptide.

**pep·ties** =tiese peptic; ~e ulkus, (med.) peptic ulcer.

**per** per, by; via; ~ **capita** per capita; ~ **dag** betaal pay by the day; ~ **pos** by post; ~ **se** per se, intrinsically, by/in itself; ~ **tjek** by cheque; R100 ~ **uur** R100 an hour; ~ **week** a/per week.

**perd** perde horse; (chess) knight; (vaulting) horse; moenie 'n gegewe ~ in die **bek** kyk nie, (idm.) don't look a gift horse in the mouth; 'n ~ met vier **bene** struikel(, wat nog te sê 'n mens met twee) anybody can make a mistake, to err is human; **daar** is ~e, (infml.) the fat is in the fire, the fur will fly; **daar**

sal ~e wees, (infml.) there will be the deuce/devil to pay, there will be trouble; 'n ~ laat **deelneem** run a horse; die **gevleuelde** ~ the winged horse; die ~ gaan op **hol** the horse bolts; as die ~e **horings** kry, (infml.: never) when hell freezes (over), on a cold day in hell; dis 'n ~ van 'n ander **kleur** it's a different (or whole new) ball game; 'n ~ **leer** break in a horse; 'n ~ **lei** walk a horse; 'n ~ aan 'n wedren **onttrek** scratch a horse from a race; weet aan watter kant van die ~ jy moet **opklim**, (infml.) know where one's interest lies; **pure** ~ hale and hearty; **pure** ~ voel, (infml.) feel as fit as a fiddle; 'n ~ op 'n **stap** ry walk a horse; **te** ~ on horseback; 'n **trop** ~e a troop of horses; 'n verkeerde ~ **opklim/opsaal**, (infml., fig.) back the wrong horse; die ~e agter die **wa** span, (idm.) put the cart before the horse; jy kan 'n ~ by die **water** bring, maar nie laat suip nie, (idm.) you can lead/take a horse to the water but you can't make it drink; op 'n ~ **wed** back a horse, put money on a horse; op ~e **wed** play the horses (infml.); **wilde** ~ mustang. **~fris** vigorous, healthy, hale and hearty; fit (as a fiddle), fighting fit, in fine shape, full of beans; ~ **voel** feel fine/fit. **~mens** centaur. **~ry** n. horseback riding, horse-riding. **~ry** perdge=, vb. ride (on horseback); gaan ~ go for a ride, go out riding.

**perd·ag·tig** =tige, adj. equine. **perd·ag·ti·ge** =ges, n. equine; (in the pl., with cap.) Equidae.

**per·de:** ~**beslaner** farrier, blacksmith. **~bloed** horse's blood; (infml.) liquorice. **~blom** dandelion. **~boer** horse farmer/ breeder. **~boerdery** horse breeding, stud farm. **~borsel** horse-brush, dandy-brush. **~bos(sie)** horsebush. **~breedtes** (naut.) horse latitudes. **~by** wasp, hornet. **~bylyfie** wasp waist. **~bynes** wasp's nest, hornet's nest. **~dief** horse thief. **~diefstal** horse-thieving, horse theft. **~dokter** (infml.: veterinarian or incompetent doctor) horse doctor. **~dresseerder** horse trainer. **~drol** (coarse) ball of horse dung. **~froetang** (bot.) horse frutang. **~griep** equine influenza. **~haar** horsehair. **~handel** horse trade/trading. **~handelaar** horse dealer. **~hings** stallion. **~hoef** horse's hoof, coffin. **~-influensa** equine influenza; pinkeye. **~kamp** horse paddock. **~kapok** (bot.) horse cotton. **~kar** horse(-drawn) cart. **~kastaiing, wildekastaiing** horse chestnut. **~kenner** (good) judge of horseflesh. **~kneg** groom. **~kombers** horse blanket/cloth/rug. **~kommando** mounted commando. **~koper** horse dealer/trader. **~krag** horsepower; twee/ens. ~ two/etc. horsepower. **~liefhebber** horse lover, lover of horses. **~mark** horse market/ fair. **~merrie** mare. **~meul(e)** horse mill. **~middel** =dels, =dele horse remedy; kill-or-cure remedy. **~mis** horse dung/manure/droppings. **~pis** (coarse) horse urine; (bot.) horsewood. **~pram** (bot.) wild cardamom, knobwood. **~ras** breed of horses. **~reling** hitching post. **~ruiter** horseman, =woman, rider, equestrian. **~siekte** disease of horses; horse distemper. **~skoen** →HOEFYSTER. **~slagter** knacker, horse butcher. **~slagtery** knacker's yard. **~spoor** horse's hoofmark. **~sport** equestrian sport(s), horse(back) riding, horse racing. **~sportbyeenkoms, ~sportfees** gymkhana. **~springer** showjumper. **~springsport** showjumping. **~sprong** jump; (chess) knight's move. **~stal** (horse) stable. **~stapel** stock of horses, stable. **~stert** horse's tail; (bot.: Equisetum ramosissimum) horsetail; (bot.: Greyia spp.) bottlebrush; (hairstyle) ponytail. **~stoetery** horse stud. **~tand** =tande; ~e hê, (infml.) be bucktoothed. **~teelt** horse breeding. **~tentoonstelling** horse show. **~trok** horsebox (on train), horse trailer. **~tuig** horse harness. **~vis** horsefish. **~vleis** horseflesh, =meat. **~vlieg** horsefly, sting fly, gadfly. **~voertuig** horse-drawn vehicle. **~vy** (Carpobrotus edulis) sour fig; (infml.) ball of horse dung. **~wa** horse wag(g)on, berlin(e); ligte ~ surrey. **~(wed)ren** =renne horse race; (in the pl., also) horse racing; the turf.

**perd·jie** =jies, (dim.) little horse, horsey; gou op jou ~ wees, (infml.) be apt/quick to take offence, be touchy, have a short fuse; moenie op jou ~ klim nie!, (infml.) keep your hair/shirt on!; op jou ~, (infml.) on one's high horse, with one's hackles up.

**pê·rel** *=rels, n.* pearl; bead *(of perspiration etc.); (fig.)* pearl, jewel, treasure; *~s* **inryg/string** string pearls; *'n ~ in die/jou* **kroon** a jewel in the/one's crown; *~ op die* **oog** cataract; *'n* **string** *~s* a string of pearls; *~s voor/vir die* **swyne** *werp/gooi* cast pearls before swine; *'n ~ van groot* **waarde,** *(fig.)* a pearl of great price. **pê·rel** *ge-, vb.* pearl, bead, form pearl-like drops; *sweet ~ op iem. se voorkop* perspiration beads *(or forms beads)* on s.o.'s forehead. **~bank** pearl bank, pearl bed. **~dui= ker** pearl diver/fisher. **~glans** pearly lustre. **~gort** pearl barley. **~gruis** seed pearls. **~grys** pearl grey, griseous. **~oester** pearl oyster. **~skulp** pearl shell. **~snoer** string/strand of pearls, pearl necklace. **~visser** pearl fisher. **~wit** pearl white.

**pê·rel·ag·tig** *=tige* pearly, pearl-like, pearled.

**pê·rel·kleu·rig** *=rige* pearl-coloured.

**pê·rel·vor·mig** *=mige* pearl-shaped.

**pe·re·stroi·ka** *(Russ.: economic and pol. restructuring)* perestroika.

**per·fek** *=fekte, =fekter =fekste* perfect. **per·fek·sie** perfection.

**per·fek·si·o·nis·me** perfectionism. **per·fek·si·o·nis** *=niste* perfectionist. **per·fek·si·o·nis·ties** *=tiese* perfectionist(ic).

**per·fek·tum** *=fektums, =fekta, (gram.)* perfect (tense). **per·fek= tief** *=tiewe, adj.* perfective.

**per·fo·ra·sie** *=sies* perforation.

**per·fo·reer** *ge-* perforate, punch holes, pink, puncture, pierce. **~masjien** perforator.

**per·go·la** *=las* pergola.

**pe·ri** *=ri's, (Pers. myth.)* peri, fairy.

**pe·ri·ant** *=riante, (bot.)* perianth.

**pe·ri·doot** *=dote, (min.)* peridot, olivine. **pe·ri·do·tiet** *(geol.)* peridotite.

**pe·ri·fe·rie** *=rieë* periphery. **pe·ri·feer** *=fere,* **pe·ri·fe·ries** *=riese* peripheral; *die perifere senu(wee)stelsel, (anat.)* the peripheral nervous system.

**pe·ri·fra·se** *=ses* periphrasis, circumlocution. **pe·ri·fras·ties** *=tiese* periphrastic.

**pe·ri·ge·um** *(astron.)* perigee.

**pe·ri·he·li·um, pe·ri·he·li·on** *(astron.)* perihelion.

**pe·ri·kar·di·um** *=diums, =dia, (anat.)* pericardium.

**pe·ri·me·ter** *=ters* perimeter.

**pe·ri·na·taal** *=tale, (med.)* perinatal; *~tale mortaliteit/sterftes* perinatal mortality.

**pe·ri·ne·um** *=neums, =nea, (anat.)* perineum.

**pe·ri·o·de** *=des* period, time, phase; cycle. **pe·ri·o·diek** *=dieke, adj.* periodic(al), recurrent, cyclic, intermittent, terminal; serial; *~e stelsel, (chem.)* periodic system *(of elements); ~e ver= hogings* set increases; *~e wind* trade wind, periodic wind. **pe·ri·o·diek** *adv.* periodically. **pe·ri·o·di·se·ring** periodisa= tion *(of hist.).* **pe·ri·o·di·si·teit** *(chiefly tech.)* periodicity.

**pe·ri·pa·te·ties** *=tiese, adj.* peripatetic. **pe·ri·pa·te·ties** *adv.* peripatetically.

**pe·ri·pe·ri, pi·ri·pi·ri** piri-piri, peri-peri.

**pe·ri·pe·tie** *=tieë, (theatr.)* peripet(e)ia, peripety.

**pe·ri·skoop** *=skope* periscope. **pe·ri·sko·pies** *=piese* periscopic.

**pe·ri·stal·tiek** *(physiol.)* peristaltic action, peristalsis. **pe·ri= stal·ties** *=tiese* peristaltic; *~e beweging* peristaltic action, peri= stalsis.

**pe·ri·stoom** *=stome, (bot., zool.)* peristome.

**pe·ri·styl** *=style, (archit.)* peristyle.

**pe·ri·to·ne·um** *(anat.)* peritoneum. **pe·ri·to·ne·aal** *=neale* peritoneal.

**perk** *perke* limit, bound; range; purlieu; *(golf)* green; *iets* **bin= ne** *ie of hou* keep s.t. within bounds; *alles* **binne** *~e every=* thing within limits; **binne** *die ~e van ...,* (also) within the four corners of ... *(the Act etc.);* within the pale of ...; **buite** *die ~e* out of bounds; *dit gaan alle ~e te* **buite** that/this is the limit *(or exceeds all bounds);* **geen** *~e ken nie* know no

bounds; *die ~e* **oorskry** exceed the bounds; overstep the mark; *binne* **sekere** *~e* within certain limits; *~e aan iets* **stel** set limits to s.t.; *die ~e van die* **wet** the pale of the law. **~op= sigter** *(bowls)* green keeper.

**per·kal** *(text.)* percale.

**per·ka·ment** *=mente* parchment, vellum, membrane. **~pa= pier** parchment (paper), vellum paper, vegetable parchment. **~rol** parchment scroll.

**per·kus·sie** *(med., mus.)* percussion. **~afdeling** *(mus.)* per= cussion section.

**per·le·moen** *(zool.)* abalone, perlemoen; *(inner shell layer, also* perlemoer*)* mother-of-pearl, *(tech.)* nacre, pearl shell; *met ~ (versier)* pearled. **~knoop, ~knopie** pearl button. **~wolk** mother-of-pearl cloud, iridescent cloud.

**per·le·moen·ag·tig** *=tige* nacreous, pearlescent.

**per·lé(·wyn)** *(SA)* perlé (wine).

**per·liet** *(geol.)* pe(a)rlite.

**perm·al·looi** *(metall.)* permalloy.

**per·ma·nent** *=nente* permanent, lasting; *(electron.)* hard= wired; *~e geheue, (comp.)* read-only memory *(abbr.:* ROM*); ~e pos* permanent/tenured post *(as a lecturer etc.).* **per·ma= nen·sie** permanence, permanency.

**per·man·ga·naat** *(chem.)* permanganate. **per·man·gaan= suur** *(chem.)* permanganic acid.

**per·mis·sie** permission, leave; *met ~ gesê* if you'll excuse/ pardon my French *(infml.); ~ vra/kry* ask/obtain leave/per= mission.

**per·mit** *=mitte,* permit; pass.

**per·mu·ta·sie** *=sies, (math.)* permutation.

**pe·rok·sied** *(chem.)* peroxide.

**pe·ro·ne·aal** *=neale, (anat.)* peroneal.

**per·pe·tu·eer** *ge-, (fml.)* perpetuate.

**per·ron** *=rons, =ronne* (railway) platform.

**Pers** *Perse, n., (inhabitant)* Persian; →PERSIË.

**pers**[1] *perse, n., (mach.)* press; (printing) press; squeezer; cal= ender; *'n* **berig** *in die ~* a report in the press/papers; *by die ~* **wees** →**verbonde;** *'n* **koerant** *op die ~ sit* put a paper to bed; **ter** *~e, (a book)* in the press; *by die* **ter** *~e gaan* at the time of going to press; *aan die ~* **verbonde** *wees,* **by** *die ~* **wees** be a journalist/reporter/pressman/-woman; **vryheid** *van die ~* freedom of the press. **pers** *ge-, vb.* press, squeeze; wring; forge; calender; *die lippe op mekaar ~* press the lips together; *iets uit ... ~* crush s.t. out of ...; *iets uit iem. ~* drag/ pump/squeeze s.t. out of s.o.. **~attaché** *=chés* press attaché. **~bank** press seat/gallery/box. **~berig** press/newspaper re= port; press release, communiqué. **~bord** millboard, paste= board, pressboard. **~fotograaf** cameraman, =woman, press/ newspaper photographer. **~kaart** press card, pass. **~kamer** press room. **~klaar** ready for (the) press, subedited; *iets ~ maak* sub(edit)/copy-edit s.t., edit/prepare s.t. for publica= tion *(a book etc.).* **~klaarmaker** subeditor, copy editor. **~kon= ferensie** press/news conference. **~man, ~vrou** journalist, press=, newspaperman, =woman. **~oorsig** press review. **~sin= dikaat** press syndicate. **~staal** (com)pressed steel. **~veld= tog** newspaper/press campaign. **~verklaring, ~mededeling** press/news release, communiqué; *'n amptelike ~ uitreik* is= sue an official press/news release. **~vryheid** freedom/liberty of the press. **~wese** newspaper industry.

**pers**[2] *~ perser persste, adj.* violet; purple. **~bruin** puce.

**per·seel** *=sele* premises; plot, stand, lot, allotment; tenement; parcel; *op die ~* on the premises. **~geriewe** on-site facilities.

**Per·se·fo·ne, Per·se·pho·ne** *(Gr.myth.),* **Pro·ser·pi·na** *(Rom. myth.)* Persephone, Proserpina.

**per·sent** per cent; *honderd ~* a/one hundred per cent. **~te= ken** *(the sign %)* percentage sign.

**per·sen·ta·sie** *=sies* percentage, proportion. **~punt** percent= age point.

**per·sen·tiel** =*tiele, (stat.)* (per)centile.

**per·sep·sie** =*sies* perception. **per·sep·tu·eel** =*tuele* perceptual.

**Per·si·ë** *(geog., hist.)* Persia; →IRAN. **Per·sies** *n., (lang.)* Persian. **Per·sies** =*siese, adj.* Persian; *die ~e Golf, (geog.)* the Persian/Arabian Gulf, *(infml.)* the Gulf; *~e kat* Persian (cat); *~e tapyt/mat* Persian carpet/rug.

**per·sing** pressure, pressing.

**pers·ke** =*kes* peach; peach (tree). **~bloeisel, ~blom** peach blossom. **~bloeiselgelaat** peaches-and-cream complexion. **~boom** peach tree. **~brandewyn** peach brandy. **~geel** peach yellow. **~-Melba, ~melba** peach Melba. **~pit** peach stone. **~rol** peach roll.

**pers·ke·ag·tig** peachy.

**pers·ke·kleu·rig** peach-coloured.

**per·so·na** *(psych.)* persona; *~ non grata, (Lat.)* persona non grata. **per·so·na·sie** =*sies* person, personage; character, *(in the pl., also)* dramatis personae *(in a play/novel);* personation; *(jur.)* impersonation.

**per·so·neel** staff, personnel; employees, work force; crew; (factory) hands; *by die ~* on the staff; on the strength; *die vaste ~* the permanent staff; *'n skool/ens. van ~ voorsien* staff a school/etc.. **~afdeling** personnel department. **~agentskap** personnel agency. **~bestuurder** personnel manager. **~blad** (in-)house magazine. **~kafee** staff canteen. **~kamer** staff room. **~klerk** staff clerk. **~komitee** staff(ing) committee. **~koste** staffing costs. **~opleiding** staff training. **~tekort** staff/personnel shortage, shortage of staff/personnel. **~vereniging** staff association. **~verhoudinge** human/staff relations. **~voorsiening** staffing, staff resourcing. **~wisseling** staff turnover.

**per·so·ni·fi·eer** *ge-* personify. **per·so·ni·fi·ka·sie** =*sies* personification.

**per·soon** =*sone* person; head; player, actor; figure, appearance; individual; body; *'n totaal ander ~* quite another person; *'n baie belangrike ~, (abbr.:* BBP*)* a very important person *(abbr.* VIP*); in eie ~* in person; in one's own person; *in eie ~ optree* make a personal appearance; *die onskuld in eie ~* innocence personified; *handelende ~* actor *(not on stage),* protagonist; *in die ~ van ...* in the person of ...; *iem. van ~ ken* know s.o. by appearance/sight; *klein van ~* slight of build; short in stature; *per ~* a/per head; *verantwoordelike ~* person in charge/command. **per·soon·lik** =*like, adj.* personal; individual; peculiar; *~e assistent* personal assistant; *~e diens* personal service; *~e eiendom, (jur.)* personal property; *~e identifikasienommer, (abbr.:* PIN*)* personal identification number; *~e reg, (jur.)* law of persons; *~e rekenaar* personal computer; *~e ruimte* personal space; *'n ~e stempel op iets afdruk* give s.t. a personal touch; *~e uitgawe(s)* out-of-pocket expenses; *~e voornaamwoord, (gram.)* personal pronoun; *~ word* become/get personal. **per·soon·lik** *adv.* personally; individually; in person; *jou iets ~ aantrek* take s.t. personally. **per·soon·lik·heid** =*hede* personality; individuality; selfhood; character.

**per·soon·lik·heids-:** **~botsing** personality clash. **~kultus** *(often derog.)* personality cult. **~versteuring, ~afwyking** *(psych.)* personality disorder.

**per·soons-:** **~belasting** personal tax. **~kaart** identity card; *het jy/u 'n ~?* do you have *(or* have you got) any ID?. **~verwarring** confusion of identities; *(also:* persoonsvergissing*)* (case of) mistaken identity. **~vorm:** *~ van 'n werkwoord, (gram.)* finite verb.

**per·speks, per·spex** *(a thermoplastic resin)* perspex.

**per·spek·tief** =*tiewe* perspective; prospect, vista; view; *in ~* in perspective. **~tekening** perspective, scenography. **per·spek·ti·wies** =*wiese* perspectively, in perspective.

**per·spi·reer** *ge-* perspire. **per·spi·ra·sie** perspiration.

**per·ti·nent** =*nente* =*nenter* =*nentste* (of *meer ~ die mees* =*nente)*

pertinent, relevant, salient, to the point. **per·ti·nen·sie** relevance, relevancy, pertinence, pertinency.

**Pe·ru** *(geog.)* Peru. **p~balsem** balsam of Peru.

**Pe·ru·aan** =*ruane, n.* Peruvian. **Pe·ru·aans** =*aanse, adj.* Peruvian.

**per·vers** =*verse* perverse; perverted, wicked; unnatural; *(infml.)* kinky, bent, warped. **per·ver·sie** =*sies* perversion. **per·ver·si·teit** =*teite* perversity, perverseness, depravity. **per·vert** =*verte: (seksuele) ~* (sexual) pervert, *(infml.)* perv(e).

**pes** *peste, n.* pestilence, plague; *(fig.)* pest, curse; blight; *(infml., derog.)* louse, rat, scumbag, swine; *die ~ aan ... hê, (infml.)* detest ...; *die ~ aan iem. hê, (also, infml.)* hate s.o.'s guts; *iem. is 'n klein ~* s.o. is a little pest; *dié deur is 'n ~ om oop te kry, (infml.)* this door is a bugger to open; *~te en plae* plagues and pests; *soos die ~* like the plague. **pes** *ge-, vb.* pester, plague; tease, bully; hate, detest, loathe. **~bestryding** plague fighting. **~epidemie** plague epidemic. **~veroorsakend** =*kende* pestilential.

**pes·sa·rie** =*ries,* **pes·sa·ri·um** =*riums,* =*ria, (med.)* pessary.

**pes·si·mis** =*miste* pessimist, defeatist. **pes·si·mis·me** pessimism, doom and gloom, gloom and doom, defeatism. **pes·si·mis·ties** =*tiese* pessimistic, defeatist.

**pes·ti·len·sie** =*sies* pestilence, plague.

**pes·to** *(It. cook.)* pesto.

**pet** *pette* (peaked) cap; →KEP.

**pe·tal·je** =*jes* to-do, affair, commotion, upturn.

**pe·ti·dien** *(med.)* pethidine.

**pe·tie·te·rig** =*rige* small, weak, stunted, diminutive, tiny.

**pe·ti·sie** =*sies* petition; *'n ~ by iem. indien* present a petition to s.o., present s.o. with a petition; *'n ~ opstel* draw up a petition; *iem. in 'n ~ om iets vra* petition s.o. for s.t.. **pe·ti·si·o·na·ris** =*risse* petitioner. **pe·ti·si·o·neer** *ge-* petition, request.

**pe·tit** *(Fr.): ~ point, (embroidery)* petit point, tent stitch. **~-four** *petits fours, (Fr. cook.: small cake/biscuit/sweet)* petit four.

**Pe·trar·ca** *(It. poet)* Petrarch. **Pe·trar·caans** =*caanse,* **Pe·trar·kaans** =*kaanse, (also* p~*)* Petrarchan; *~e sonnet* Petrarchan/Italian sonnet.

**pe·tre·a** *(bot.)* petrea, purple wreath.

**pe·tri·bak·kie** Petri dish *(used in laboratories).*

**pe·tri·fi·seer** *ge-* petrify. **pe·tri·fi·ka·sie** petrification.

**pe·tro·che·mie** petrochemistry. **pe·tro·che·mies** =*miese* petrochemical. **pe·tro·che·mi·ka·lie** =*lieë* petrochemical.

**pe·tro·glief** =*gliewe* petroglyph.

**pe·tro·graaf** =*grawe* petrographer. **pe·tro·gra·fie** petrography. **pe·tro·gra·fies** =*fiese* petrographical.

**pe·trol** petrol; *dié motor gebruik baie/min ~* this car is heavy/light on petrol; *gaan ~ ingooi, (infml.)* go and fill up; *dié kar vreet ~, (infml.)* this car is a gas guzzler. **~aangedrewe** petrol driven. **~bom** petrol bomb, Molotov cocktail. **~joggie** petrol attendant. **~kan** petrol can; *groot ~* jerrycan. **~pedaal** accelerator (pedal), throttle. **~pomp** petrol pump. **~tenk** petrol tank; *jou ~ laat volmaak* fill/tank/top up. **~tenkwa** petrol tanker. **~toevoer** petrol supply. **~voorraad** petrol supply.

**pe·tro·le·um** petroleum, rock oil, (natural) oil. **~jellie** petroleum jelly, petrolatum, mineral jelly.

**pe·tro·lo·gie** petrology. **pe·tro·lo·gies** =*giese* petrological. **pe·tro·loog** =*loë* petrologist.

**Pe·trus** *(NT)* Peter.

**pe·tu·ni·a** =*nias, (bot.)* petunia.

**peul¹** *peule, n.* pod, husk, cod, shell, hull; legume; *~e dra* pod. **~draend** =*ende* leguminous, podded. **~gewas** =*wasse,* **~plant** =*plante* leguminous plant, legume, pulse; *(in the pl., also)* pulse. **~vrug** leguminous plant, pulse; legume.

**peul²** *ge-, vb.* bulge, protrude; →UITPEUL. **~oog** goggle-eye, protruding/bulging eye, pop-eye.

**peu·sel** _ge=_ nibble, peck, snack, pick; _aan iets_ ~ nibble/pick at s.t., _(infml.)_ snack on s.t. _(food); lus hê vir iets om aan te_ ~ feel like a nibble. **~happie** _=happies, =goed_ snack. **~kroeg** snack bar. **~werk(ie)** small job; odd job; _~werkies doen_ potter about. **~worsie** cocktail sausage.

**peu·se·laar** _=laars_ nibbler.

**peu·ter¹** _=ters, n._ toddler, tot; pre-schooler.

**peu·ter²** _ge=, vb._ fiddle, potter, putter, tinker; tamper; _aan/ met iets_ ~ fiddle with s.t.; tamper with s.t.; tinker/trifle with s.t.; _met iem._ ~ bother s.o.. **~vry** _=vrye,_ **~bestand** _=stande_ tamper-proof; foolproof; _(comp.)_ hacker-proof. **~werk** small/ odd job; pernickety job, fiddling work.

**peu·te·raar** _=raars_ fiddler, potterer.

**peu·te·rig** _=rige_ petty, finical, trivial, piffling, niggling, trifling; _'n ~e werkie_ a fiddling/pernickety job. **peu·te·rig·heid** triviality; finickiness, pernicketiness.

**peu·te·ry** tinkering, fiddling; ~ _met die bal, (cr.)_ ball-tampering.

**Phil·lips·skroef** _(trademark, also_ p~) Phillips screw.

**pi** _pi's, (16th letter of the Gr. alphabet)_ pi.

**pi·a·nis** _=niste_ pianist.

**pi·a·no** _(It., mus.: softly, quietly)_ piano. **pi·a·nis·si·mo** _(very soft/quietly)_ pianissimo.

**pi·a·no·la** _=las, (automated piano)_ pianola.

**pi·as·ter** _=ters, (monetary unit)_ piastre.

**pi·az·za** _=zas, (It.)_ piazza, public square.

**pic·co·lo** _=lo's, (It., small transverse flute)_ piccolo, octave flute.

**pi·dgin** _(ling.)_ pidgin. **pi·dgi·ni·seer** _ge=_ pidginise.

**pièce de ré·sis·tance** _pièces de résistance, (Fr., most important/remarkable feature)_ pièce de résistance.

**pied-à-terre** _pieds-à-terre, (Fr., a dwelling for occasional use)_ pied-à-terre.

**piek¹** _pieke_ peak, summit; pinnacle; peak, spike _(in a graph)._

**piek²** _pieke, (hist.)_ pike; _(naut.)_ (fore)peak.

**pie·ka·nien** _=niens, (dated, usu. derog.: a small, black boy)_ piccanin(ny).

**pie·kel** _ge=_ lug, drag, carry, _(infml., <Yidd.)_ schlep(p).

**pie·kels** _n. (mv.), (<Eng.)_ pickles; →ATJAR.

**pie·ker** _ge=_ worry, fret; _oor iets_ ~ brood over/about s.t., chew over/(up)on s.t..

**piek·fyn** grand, smart, _(infml.)_ snazzy; _(infml.)_ great, tiptop, hunky-dory, A1, A-OK, A-okay.

**piek·niek** _=nieks, n._ picnic; _gaan_ ~ _hou_ go for a picnic; ~ _hou_ picnic, have a picnic. **piek·niek** _ge=, vb._ picnic. **~ete** picnic lunch. **~ganger,** **~maker** picknicker. **~mandjie** picnic basket/hamper.

**Pi·ë·mont** _(geog.)_ Piedmont. **Pi·ë·mon·ter** _=ters, n._ Piedmontese. **Pi·ë·monts** _=montse, adj._ Piedmontese.

**pie·nang=:** **~bos(sie)** quinine bush. **~neut** areca/betel nut, penang/pinang (nut).

**pien·ger** _(device that goes ping)_ pinger.

**pienk** pink; ~ _en plesierig, (infml., usu. pred.)_ hunky-dory. **pien·ke·rig** _=rige_ pinkish, pinky.

**piep¹** _n., (poultry disease)_ pip, roup; _iem. die_ ~ _gee, (infml.)_ give s.o. a fit, make s.o. sick, freak s.o. out; _die_ ~ _kry, (infml.)_ freak (out). **piep** _ge=, vb._ coddle, cosset, pamper.

**piep²** _piepe, n._ peep, cheep, chirp; squeak; blip. **piep** _ge=, vb._ peep, cheep, chirp; squeak; beep, blip. **~geluid** squeak, squeaky noise. **~klein** tiny, teeny(-weeny), _(infml.)_ microscopic. **~kuiken** chick; young chicken; _iem. is geen_ ~ _nie_ s.o. is no spring chicken. **~stem(metjie)** squeaky voice, squeak; _met 'n_ ~ _praat_ pipe, squeak, speak in a squeaky voice. **~(toon)** bleep, beep.

**pie·pe·rig** _=rige, (s.o.)_ weak(ly), sickly, delicate, feeble, frail; soft, sissified, cissified; _(s.o.'s voice)_ squeaky, piping. **pie·pe·rig·heid** softness, delicacy, feebleness, frailty, frailness, puniness; squeakiness.

**pie·pie** _=pies, n., (infml., euph.), (urine)_ pee; _(penis)_ willy, willie. **pie·pie** _ge=, vb., (infml., euph.: urinate)_ pee, piddle, wee(-wee).

**pier** _piere, piers_ pier, jetty, mole, groyne.

**pie·re·waai** _ge=, (rare)_ have a fling/spree, gallivant. **pie·re·waai·er** _=ers_ reveller, loose liver, rake, man about town, playboy.

**pie·ring** _=rings_ saucer; clay pigeon; _'n ~ (vol)_ a saucerful. **~skiet** skeet (shooting), clay pigeon shooting. **pie·rin·kie** _=kies, (dim.)_ (little) saucer.

**pier·rot** _=rots, (Fr., clown)_ pierrot.

**pie·sang** _=sangs_ banana. **~blom** strelitzia. **~boer** banana grower. **~boom** banana palm/tree. **~republiek** _(infml., derog.)_ banana republic. **~roomys** banana split. **~skil** banana peel/ skin. **~tros** bunch of bananas. **~vlermuis** banana bat. **pie·san·kie** _=kies, (dim.)_ small banana.

**pi·ë·so·ë·lek·tri·si·teit, pi·ë·so·e·lek·tri·si·teit** _(cryst.)_ piezoelectricity. **pi·ë·so·ë·lek·tries, pi·ë·so·e·lek·tries** _=triese_ piezoelectric(al).

**pi·ë·ta** _=ta's, (painting, sculpture)_ pietà.

**pi·ë·teit** reverence; piety; _uit_ ~ out of respect. **pi·ë·teit·loos** lacking in reverence, irreverent(ial). **pi·ë·teits·ge·voel** (feeling of) reverence, piety.

**pie·ter·sie·lie** parsley.

**Pie·ters·kerk:** _die Sint_ ~ the Saint Peter's (Church).

**pi·ë·tis·me** pietism. **pi·ë·tis** _=tiste_ pietist. **pi·ë·tis·ties** _=tiese_ pietistic(al).

**piet·jie·ka·na·rie** _(orn.)_ siskin.

**piet-my-vrou, piet-my-vrou** _=vrous, =vroue, (orn.)_ red-chested cuckoo.

**piets** _ge=_ flick _(with a whip),_ whip lightly; punish; criticise.

**piet-tjou-tjou** _=tjoue, =tjous, (orn.)_ grey tit.

**pig·mee** _=meë_ pygmy, pigmy.

**pig·ment** _=mente_ pigment, dye. **pig·men·ta·sie** pigmentation.

**pik¹** _pikke, n._ peck; pick(axe); mandrel, mandril. **pik** _ge=, vb._ peck, bite; eat; carp/nag (at), pick; _die eiers begin_ ~ the chicks are hatching; _na iets_ ~ peck at s.t.; _op iem._ ~, _(infml.)_ pick/fix on s.o., get/have one's knife in(to) s.o., be/go gunning for s.o.; _die slang_ ~ the snake strikes; _'n slang het iem. ge=_ a snake has bitten s.o.. **~hamer** scutch. **~soen(tjie):** _iem. 'n_ ~ _op die wang gee_ peck s.o. on the cheek. **~steel** pick(axe) handle; riot stave.

**pik²** _n._ pitch. **pik** _ge=, vb._ pitch, apply pitch. **~blende** _(min.)_ pitchblende, uraninite. **~donker** _adj._ pitch-dark. **~donker (te)** _n._ pitch-darkness. **~gitswart** absolutely pitch-black. **~steen** pitchstone. **~swart** pitch-, jet-, coal-black, raven.

**pi·ka¹** _=kas, (print.)_ pica, (pica) em.

**pi·ka²** _(med.: eating disorder)_ pica.

**pi·ka³** _=kas, (zool.)_ mouse hare.

**pi·ka·dor** _=dors, (Sp.)_ picador.

**pi·kant** _=kante =kanter =kantste_ piquant, pungent _(taste);_ savoury, seasoned; spicy _(story),_ racy, salty _(talk);_ nutty, tangy; _~e persoonlikheid_ interesting/intriguing personality. **pi·kant·heid** bite, piquancy, pungency.

**pi·ka·resk** _=reske, (liter.)_ picaresque.

**pi·kee** _(text.)_ piqué.

**pi·keur** _=keurs_ riding master; ringmaster; roughrider; handler; whipper-in.

**pik·ke·wyn** _=wyne_ penguin. **~eier** penguin egg.

**pik·kie** _=kies_ bantam, little chap, midget, _(infml.)_ nipper.

**pi·krien·suur** _(chem.)_ picric acid.

**pik·to·gra·fie** pictography. **pik·to·gra·fies** _=fiese_ pictographic. **pik·to·gram** _=gramme_ pictograph, pictogram.

**pil** _pille, n._ pill; pellet; tablet; _iets is vir iem. 'n bitter ~, (fig.)_ s.t. is a bitter pill for s.o. to swallow; _die_ ~ the (contraceptive) pill; _die_ ~ _gebruik_ be on the pill; _die_ ~ _begin gebruik_ go on the pill; *'n ~ drink/(in)neem/sluk* take a pill. **~doos, ~do**= sie pillbox. **~dooshoedjie** pillbox (hat). **~slukker** *(infml.)* pill-popper. **~slukkery** *(infml.)* pill-popping.

**pi·laar** *-lare* pillar, column, post; upright; stanchion; pier, post; prop; *(fig.)* stalwart, staunch supporter. **pi·laar·tjie** *-tjies, (dim.)* small pillar/column; pilaster; ban(n)ister; *(biol.)* colu= mella. **pi·laar·vor·mig** *-mige* columnar.

**pi·laf** *(cook.)* pilaf(f), pilau.

**pi·las·ter** *-ters, (archit.)* pilaster.

**Pi·la·tus** *(NT)* Pilate.

**pi·le·us** *(bot.)* pileus.

**pil·le·tjie** *-tjies, (dim.)* small pill, pellet, tabloid, globule, pas= tille.

**pils, pil·se·ner** *(also P~)* Pilsen beer, Pilsner, Pilsener.

**pil·vor·mig** *-mige* pill-shaped, pilular.

**pi·ment** *(cook.)* allspice, Jamaica pepper, pimento.

**pim·pel:** *iem. ~ en pers slaan* beat s.o. black and blue.

**pim·per·nel** *-nelle, (bot.)* pimpernel; *(bot.)* burnet.

**pim·per·neut, pis·ta·sie·neut, pis·ta·chi·o·neut** pis= tachio nut. **~groen** *n.* pistachio (green). **~groen** *adj.* pista= chio(-green).

**pi·ña co·la·da** *(Sp., a rum-based cocktail)* piña colada.

**pi·na·kel** *-kels, (archit.)* pinnacle.

**pi·ne·aal** *-neale* pineal; *~neale liggaam/klier, (anat.)* pineal body/gland.

**ping** *n.* ping. **pin·gel** *ge-, vb., (mot.)* ping, pink.

**pin·go** *-go's, (geomorphol.)* pingo.

**ping·pong** *(infml.: table tennis)* ping-pong.

**Pin·jin** *(alphabetic system for the transcription of Chin.)* Pinyin.

**pink** *ge-* blink; wipe *(a tear from the eye).*

**pin·kie** *-kies* little finger, pinkie, pinky; *iem. om jou ~ draai* twist/wind s.o. round your (little) finger.

**Pink·ster** Pentecost, Whitsun(tide). **~biduur** Pentecostal/ Whitsun(tide) prayer meeting. **p~blom** cuckooflower. **~dag, ~sondag** Pentecost, Whit Sunday. **~fees, ~tyd** Whitsun= tide. **~gelowige** Pentecostalist. **~kerk** Pentecostal church. **p~roos** p(a)eony.

**PIN(-nom·mer)** *(abbr.:* persoonlike identifikasienommer*)* PIN (number) *(abbr.:* personal identification number*)*.

**pi·no·tage** *(an SA red wine)* pinotage. **~druif** pinotage (grape).

**pins·bek** *(metall.)* pinchbeck, Bath metal.

**pint** *pinte* pint; *'n ~ melk* a pint of milk. **~glas** pint glass.

**pin·to·boon·tjie** pinto bean.

**pi·oen** *pioene,* **pi·oen·roos** *-rose* p(a)eony.

**pi·on** *pionne, (chess or fig.)* pawn.

**pi·o·nier** *-niers, -niere, (also mil.)* pioneer.

**pi·o·niers:** **~gees** pioneer(ing) spirit. **~korps** pioneer corps. **~werk** pioneer(ing) work; *(fig.)* pioneering work.

**pi·ou·ter** *(metall.)* pewter. **~ware, ~stukke** pewter. **~werk** pewter work. **~werker** pewterer.

**pi·pet** *-pette* pipette. **pi·pet·teer** *ge-* pipette.

**pip·pe·ling** *-linge, (type of apple)* pippin.

**pi·ra·mi·daal** *-dale* pyramidal; colossal, enormous.

**pi·ra·mi·de** *-des,* **pi·ra·mied** *-miede(s)* pyramid. **~(verkoop) skema** pyramid selling. **pi·ra·mi·de-,** **pi·ra·mied·vor·mig** *-mige* pyramidal.

**pi·ra·nha** *-nhas, (Port.),* **pi·ra·na** *-nas, (icht.)* piranha, piraña.

**Pi·re·ne·ë:** *die ~, (geog.)* the Pyrenees. **Pi·re·nees** *-nese, n.* Pyrenean. **Pi·re·nees** *-nese, adj.* Pyrenean; *~nese berghond* Pyrenean mountain dog.

**pi·re·trum** *(insecticide)* pyrethrum; *(bot.)* feverfew.

**pi·ri·dok·sien, vi·ta·mien B$_6$** *(biochem.)* pyridoxine, vita= min B$_6$.

**pi·riet** *(min.)* pyrite(s).

**pi·ri·mi·dien** *(chem.)* pyrimidine.

**pi·ro·drui·we·suur** *(biochem.)* pyruvic acid.

**pi·ro·geen** *-gene, n., (med.)* pyrogen. **pi·ro·geen** *-gene, adj.* pyrogenic, pyrogenous. **pi·ro·ge·ne·se** pyrogenesis.

**pi·ro·maan** *-mane* pyromaniac. **pi·ro·ma·nie** *(psych.)* pyro= mania.

**pi·ro·me·ter** pyrometer.

**pi·roop** *(geol.)* pyrope, Cape ruby.

**pi·ro·teg·niek** pyrotechnics, fireworks. **pi·ro·teg·nies** *-niese* pyrotechnic(al). **pi·ro·teg·ni·kus** *-nikusse, -nici* pyrotechnist.

**pi·rou·et·te** *-tes, (chiefly ballet)* pirouette. **pi·rou·et·teer** *ge-* pirouette.

**pi·ro·xeen** *(min.)* pyroxene.

**Pir·ros, Pir·ri·us, Pyr·rhus** *(hist. king of Epirus)* Pyrrhus. **~oorwinning** Pyrrhic victory.

**pis** *n., (coarse: urine)* piss. **pis** *ge-, vb., (coarse: urinate)* piss, piddle; *(livestock)* stale.

**Pis·ces** *(astron., astrol.)* Pisces, Fishes.

**pis·ta·sie·neut, pis·ta·chi·o·neut** →PIMPERNEUT.

**piste** *(Fr., fencing, skiing)* piste.

**pis·tool** *-tole* pistol; *'n ~ uitpluk* draw a pistol. **~draend** *-ende* pistol packing. **~sak** holster. **~skoot** pistol shot.

**pit** *pitte* pip; stone *(of a peach);* seed *(of an orange);* kernel; *(fig.)* core, pith, marrow, moral fibre; nucleus; *(phys.)* core *(of a nuclear particle);* gumption, vim; stamina; *(bot.)* medulla; wick *(of a candle);* marble *(in a game); (in the pl., infml.: money)* bread, dough; *geen ~ hê nie* have no grit. **~boor** corer. **~hout** heartwood. **~kos** grain food; concentrate(s); *(fig.)* s.t. of sub= stance. **~seer** *(pathol.)* boil, furuncle. **~voer** grain food, con= centrates. **~vrug** stone fruit, drupe.

**pi·ta(·brood)** pitta (bread).

**Pi·t(h)a·go·ras** *(Gr. philosopher)* Pythagoras; *die stelling van ~, (math.)* the Pythagorean proposition/theorem, Pythagoras' theorem. **Pi·t(h)a·go·ries** *-riese, (also p~)* Pythagorean.

**pit·jie** *-jies, (dim.)* small stone/kernel; little pip; seed *(of fruit); (in the pl., also)* pig measles.

**pit·loos** *-lose* stoneless, pipless; seedless; *(fig.)* pithless.

**pit·tot·buis** *(phys.)* pitot (tube).

**pit·so** *-so's, (So., traditional gathering)* pitso.

**pit·tig** *-tige* pithy, punchy *(style);* terse *(expression);* piquant; racy *(lang.);* snappy *(story);* full-flavoured *(tobacco);* full-bod= ied *(wine);* succinct; spicy, hot; strong, pungent; meaty; sen= tentious. **pit·tig·heid** pithiness, terseness; spiciness, bite; body *(of wine).*

**pit·to·resk** *-reske, (art)* picturesque.

**pi·tu·ï·têr** *-têre, (physiol.)* pituitary.

**pi·u·rie** *(med.)* pyuria.

**piz·za** *-zas, (cook.)* pizza. **piz·ze·ri·a** *-rias* pizzeria, pizza par= lour.

**piz·zi·ca·to** *-to's, (It., mus.)* pizzicato (section/passage) *(in which strings are plucked).* **~-spel** pizzicato.

**pla** *ge-* plague; vex, annoy; worry; tease; molest; trouble, har= ass, bait, badger; bother, bug; *met iets ge~ wees* suffer from s.t.; be troubled with s.t.; be plagued with s.t.; *iem. oor iets ~* bother s.o. about s.t.; *ek wil nie ~ nie* I don't want to be a nuisance.

**plaag** *plae, n.* plague, pest, scourge, nuisance; plague, infes= tation; pestilence; blight; bother; *plae bestry* control pests; *'n ~ by skape* a pest of sheep; *iem. is 'n ~* s.o. is a pest/nui= sance (or pain in the neck); *die tien plae* the ten plagues; *'n ~ wees* be a pest *(in agric.).* **~bestryding** pest control. **~be= strydingsmiddel** *-dels, -dele* pesticide. **~doder** pesticide. **~gees** tease(r), pest, banterer, tormentor. **~plant** pest plant. **~siek** *-sieke* fond of teasing; teasing; *in 'n ~e stemming* in a teasing mood. **~sug** love of teasing; *uit ~ to* tease.

**plaak** plaque.

**plaas¹** *plase, n.* farm; place; *op 'n ~ woon* live on a farm; *dit* *kos 'n* ~ *se geld/prys, (infml.)* it costs a (small) fortune; *in die eerste* ~ →IN DIE EERSTE **PLEK**. **plaas** *ge=, vb.* place, put *(down, in)*, perch, stand; seat; set/put up, erect; locate, assign a place to, site; install; rank; insert, put in, publish, use, print *(in a paper);* accommodate *(a boarder);* place *(an order);* place *(a runner);* rank *(a writer);* establish, locate, station *(troops);* position *(a ball);* collocate; *iets by* ... ~ put s.t. against ... *(s.o.'s name etc.);* 'n hou ~ get a blow in; *iets in* ... ~ put s.t. into ...; *iets op* ... ~ put s.t. (up)on ...; set s.t. on ...; *iets op rekening* ~ debit an account with s.t., charge s.t. to an account; *iets teen* ... ~ put/stand s.t. against ...; *iets teenoor* ... ~ set s.t. against ... **~botter** farm butter. **~dam** farm dam. **~eiers** free-range/farm eggs. **~gereedskap** agricultural implements. **~hoenders** free-range/farm chickens/hens. **~huis** farmhouse, homestead. **~hulp** *-hulpe* farmhand. **~japie** *(derog.)* yokel, (country) bumpkin, country cousin. **~lewe** farm life. **~neem** *(also* plaas neem*)* seat o.s., take a seat. **~pad** farm/country road, dirt road, track. **~produk** *-dukte* farm product; *(in the pl.)* farm produce. **~vervangend** *-gende* substitute, acting, alternate, deputy; substitutionary; vicarious; vicegerent; surrogate; temporary; *~e lid* alternate member; *~e offisier* officer in waiting. **~vervangend** *adv.* vicariously; as a sub-stitute/deputy, in an acting capacity. **~vervanger** deputy, substitute, stand-in; locum tenens; understudy; alternate (member); subsidiary; second; surrogate; *(baseball)* pinch hitter; *as iem. se* ~ *optree, as* ~ *van iem. optree* stand in (or substitute) for s.o.; *die* ~ *van iem. wees* be the alternate to s.o.; be the substitute for s.o; deputise for s.o.. **~vervanging** acting as deputy/substitute, deputising. **~vind** *plaasge=* take place, happen, occur, transpire. **~voorman** farm foreman. **~waarde** farm value. **~werf** farm=, barnyard. **~werk** farm work. **~werker** farm/agricultural worker/labourer, farmhand, peasant. **~winkel** country/farm store.

**plaas²** *prep.: (in)* ~ *van* ... instead of ...; in place of ...; rather than ...; ~ *dat iem. dit doen, het hy/sy* ...*, in* ~ *van dit te doen, het iem.* ... instead of doing it, s.o. ...; far from doing it, s.o. ...

**plaas·lik** *-like* local; native; *~e bestuur* local government; local authority/board; *~e netwerk, (comp.)* local area network *(acr.:* LAN*); ~e oproep* local call; *~e tyd* local time; *~e ver= dowing* local anaesthetic. **plaas·lik·heid** locality.

**plaat** *plate* (glass/photographic/dental/etc.) plate; plaque; (mar-ble) slab; photogravure, engraving, print, picture; (mural) tablet; record; sheet *(of iron);* patch, stretch *(of bush, grass, stones);* sandbank; plateau, tableland; base; patch *(of vegeta-tion); (min.)* sheet, sill; shoal; *(baseball)* pad; *'n* ~ *druk* press a disc/disk; *goue* ~ gold disc; *'n* ~ *maak/sny* cut a disc/disk; *'n* ~ *motors* a large number of cars parked together; *'n* ~ *speel/draai* play a record; *'n* ~ *vis* a shoal of fish; *'n* ~ *water* a stretch *(or* an expanse) of water. **~bedekking** sheet=ing. **~dikte** sheet gauge. **~druk** copperplate printing. **~gaas** expanded metal. **~glas** plate glass. **~klip** slab stone. **~koek** griddlecake. **~koekie** flapjack, drop scone, griddlecake. **~ko= per** sheet copper, copper sheet(ing); sheet brass, brass sheet=(ing). **~lood** sheet lead, lead sheet(ing). **~metaal** sheet metal. **~meul(e)** sheet works. **~pantser** plate armour. **~skon** drop scone, griddlescone. **~snykuns** engraving. **~staal** sheet steel, steel sheet(ing). **~tektoniek** *(geol.)* plate tectonics. **~werker** sheet metal worker; sheeter; panel beater. **~yster** sheet iron, iron sheet(ing).

**plaat·jie** *-jies, (dim.)* platelet, small plate; slide; disc, tag; plaquette; tally.

**plaat·se:** *hier ter* ~ locally; *ter* ~ on the premises; on the spot.

**pla·end** *-ende* vexatious.

**pla·er** *-ers* tease(r); prankster. **pla·e·rig** *-rige* (fond of) teas-ing, bantering, impish, elfish; vexatious. **pla·e·ry** *-rye* teasing, banter, raillery; chicanery; vexation.

**pla·fon** *-fonne* ceiling.

**pla·gi·aat** plagiarism; ~ *pleeg* plagiarise, commit plagia-rism. **pla·gi·a·ris** *-risse* plagiarist.

**pla·ja** *(Sp.Am.: a desert basin)* playa.

**plak** *plakke, n.* strap, (short) whip; ferule; cane, stick; swat-ter; slab; *onder die* ~ *sit/wees* be henpecked; be tied to s.o.'s apron strings *(infml.); onder iem. se* ~ *sit/wees* be under s.o.'s thumb. **plak** *ge=, vb.* paste, glue, gum, stick, affix *(a stamp);* paper *(a wall, room, etc.);* hang *(paper on a wall);* squat *(on a farm etc.); iets op* ... ~ affix/paste/stick s.t. to ...; *iets met kleefband/=lint op* ... ~ tape s.t. on ... **~boek** scrapbook, book of cuttings. **~lint** sticky/gummed tape, sticking tape, adhe-sive tape. **~nota(tjie)** Post-it *(trade name).* **~pap** wallpaper paste, paperhanger's paste. **~papier** wallpaper. **~seël** adhe-sive stamp; revenue/receipt stamp; sticker. **~sool** adhesive sole. **~stysel** adhesive paste.

**pla·ket, plak·ket** *-kette* plaquette, small plaque.

**plak·kaat** *-kate* poster, placard, bill. **~verf** poster paint/col-our.

**plak·ker** *-kers* squatter, informal settler *(on land);* sticker; paperhanger; *(entom.)* gipsy moth.

**plak·kers=:** **~buurt** ~*dorp,* ~*gebied* squatters' settlement, shanty town, shackland. **~kamp** squatter camp. **~mes** cas=ing knife, paperhanger's knife. **~wet** squatting law.

**plak·ke·ry** squatting *(on land).*

**plak·ket** →PLAKET.

**plak·kie** *-kies* small slab; flip-flop, slipslop, slip-on (shoe), strapless sandal, thong.

**plak·sel** *-sels* adhesive, (adhesive) paste, glue; things glued/pasted together.

**pla·muur** *n., (also* plamuursel*)* priming; filler. **pla·muur** *ge=, vb.* prime, ground, fill *(wood etc. before painting).* **~mes** fill-ing/stopping/putty knife.

**plan** *planne* plan, project, scheme, design; aim, purpose, in-tent(ion); contrivance; forecast; diagram, draft; *(fig.)* blue-print; level, plane; plan, map, ground/floor plan; *dis al* ~ it's the only way *(to achieve a purpose); 'n* ~ *beraam/maak* make/devise a plan; *~ne beraam* lay plans; *jou eie ~ne bevorder* serve one's own ends; *'n blink* ~ *hê/kry* have a bright idea; be onto a winner *(infml.); 'n* ~ *is 'n boerdery* one just needs the right idea; nothing like ideas!; *bose ~ne hê* be up to no good *(infml.); iets bring jou van jou* ~ *af* s.t. alters one's pur-pose; *die* ~ *is om te* ... it is intended to ...; the idea is to ...; *jou ~ne dig hou* keep/play one's cards close to one's chest *(infml.); dis die* ~ that's the idea; *dis nogal 'n* ~! that's an idea!; *dit gaan so op 'n* ~ things are not going too badly; *so half 'n* ~ *hê* (of *half en half van* ~ *wees)* om iets te doen have a vague idea *(or* some thoughts) of doing s.t.; *'n halwe* ~ *hê om te* ... have half a mind to ...; *'n* ~ *agter die hand hê* have a card up one's sleeve; *(geheime)* ~*ne hê* have/keep s.t. up one's sleeve; *ek het 'n* ~ I have an idea, I know what; *iem. het honderd* ~*ne* s.o. is full of ideas; *wat is jou* ~? what is your intention/idea?; *iem. se* ~ *is om* ... s.o. intends/plans (or s.o.'s intention is) to ...; *dan is dit jou* ~ so that is your game; *'n* ~ *maak, (also)* improvise; *~ne vir die toekoms maak* plan ahead; *(al) iem. se ~ne omvergooi/omvêrgooi/verydel* up-set s.o.'s applecart *(infml.); 'n* ~ *opstel/ontwerp* draw up a plan *(for a house etc.);* nie oor jou ~*ne praat* nie keep one's (own) counsel; *dis nie 'n slegte* ~ *nie* that's not a bad idea; *~ne smee* hatch plans/plots/schemes; *'n* ~ *uitvoer* carry out a plan; *'n* ~ *laat vaar* abandon a scheme; *van* ~ *wees om iets te doen* aim/intend/mean/propose to do s.t.; plan to do (or on doing) s.t.; *iem. is van* ~ *om dit te doen, (also)* s.o. is going to do it; *iem. is nie van* ~ *om te* ... *nie, (also)* s.o. is not about to ...; *van* ~ *verander* change one's mind; think better of it; *iets verloop/vorder volgens* ~ s.t. goes according to plan; s.t. goes according to schedule; *volgens* ~ *werk* work with (or on a) system. **~maker, plannemaker** person of ideas; plan-ner, deviser, *(infml.)* back-room boy; designer; organiser; improviser.

**pla·neer** *(ge)* planish, smooth; size *(paper)*; surface *(paper); (aeron.)* glide, plane. **~hamer** planishing hammer/mallet, planing hammer, sleeking hammer. **~werk, planering** planishing.

**pla·neet** *-nete, (astron.)* planet; *(astrol.)* planet, star; *die ~ (aarde)* (the) planet (earth). **~baan** planetary orbit, orbit of a planet.

**pla·ne·ta·ri·um** *-riums, -ria* planetarium; *klein ~* orrery.

**pla·ne·têr** *-têre* planetary; *~e newel, (astron.)* planetary nebula.

**pla·ne·to·ïed** *-toïede, (astron.: a solar system object smaller than a planet)* planetoid. **pla·ne·to·ï·daal** *-dale* planetoidal.

**pla·ni·me·ter** *(geom.)* planimeter. **pla·ni·me·trie** planimetry, plane geometry.

**pla·ni·sfeer** *(cosmogr.)* planisphere.

**plank** *planke* plank; board; shelf; deal; *(in the pl., theatr.)* (the) stage/boards; *op die boonste ~* on the top shelf; *'n hok van ~e* a wooden/deal shed; *oor die ~ loop, (naut.)* walk the plank; *iets op die ~e bring* put on s.t. *(a play etc.)*, bring/put s.t. on the stage, stage s.t.; *op die ~e, (theatr.)* on the boards. **~dun** as thin as a lath/rake, skinny, scrawny. **~heining** hoarding, board(ed) fence. **~vloer** wooden floor. **~werk** planking, boarding, hoarding.

**plan·ke·vrees** stage fright.

**plan·kie** *-kies* small plank; slat, lath, stave, tally; planchette.

**plank·ton** plankton. **~krefies** krill.

**plan·loos** *-lose* planless, haphazard.

**plan·ma·tig** *-tige* methodical, systematic, according to plan. **plan·ma·tig·heid** methodicalness, systematic arrangement.

**plan·ne·ma·ker** →PLANMAKER.

**plan·ne·tjie** *-tjies* little scheme; trick; *dan is dit jou ~!* so that is your little game!.

**pla·no·me·ter** *-ters, (metalwork)* planometer.

**plan·sjet** *-sjette, (surv. etc.)* planchette.

**plant** *plante, n.* plant. **plant** *ge-, vb.* plant; grow, cultivate; plant out; land *(a blow); (cr.)* pitch *(a ball); (rugby)* tackle, bring down; *'n bal te vol ~, (cr.)* overpitch a ball; *'n voltreffer ~, (lit. & fig.)* land a direct hit, strike home. **~beskrywing** phytography. **~etend** *-tende* herbivorous, plant eating, *(esp. entom.)* phytophagous. **~familie** plant family. **~kenner** botanist; herbalist. **~kleursel, ~kleurstof** vegetable dye. **~kweker** nurseryman. **~kwekery** nursery (garden). **~lewe** plant life. **~loot** cutting. **~luis** plant louse, aphis, aphid. **~melk** latex. **~naam** plant name. **~olie** vegetable oil. **~pot** plant pot. **~seisoen** →PLANTTYD. **~sel** *-selle* plant cell. **~siekte** plant disease. **~siektekunde, ~siekteleer** phytopathology, plant pathology. **~siektekundige** phytopathologist. **~soort** species of plant. **~tyd, ~seisoen** planting time/season. **~vesel** vegetable fibre. **~vet** vegetable fat.

**plant·aar·dig** *-dige* vegetable, vegetal, vegetative; *~e gif* plant poison/toxin, phytotoxin; *~e ivoor* vegetable ivory; *~e olies* vegetable oils, seed oils; *~e plankton* phytoplankton; *~e voedsel* vegetarian food.

**plan·ta·sie** *-sies* plantation.

**plan·te·:** **~geografie** phytogeography, plant geography. **~groei** vegetation, plant life, flora. **~materiaal** plant material. **~ryk** plant/vegetable kingdom. **~teelt** plant breeding, cultivation of plants. **~tuin** botanic(al) garden(s). **~verspreiding** plant distribution, distribution of plants. **~wêreld** vegetable world, vegetation, flora.

**plan·ter** *-ters* planter; planting machine, planter; seeding-plough. **plan·te·ry** planting.

**plant·jie** *-jies* (small) plant; transplant, seedling; bacteria culture. **~suurdeeg** vegetable yeast.

**plant·kun·de** botany, phytology. **plant·kun·dig** *-dige* botanical. **plant·kun·di·ge** *-ges* botanist.

**plas** *plasse, n.* pool, puddle, plash, pond. **plas** *ge-, vb.* splash, plash, slosh; splatter; dabble; squelch; pour (down); form pools; *in die water ~* splash/paddle in the water. **~dam(metjie)** paddling pool.

**pla·se·bo** *(med.)* placebo. **~effek** *(med.)* placebo effect.

**pla·sen·ta** *-tas* placenta; *(bot.)* receptacle, seedbed. **pla·sen·taal** *-tale* placental.

**pla·sie** *-sies, (dim.)* small farm, smallholding; plot; croft; → PLAAS[1] *n.*.

**pla·sing** *-sings, -singe* placing, stationing, posting, positioning; placement, placing, location; grading; collocation; siting; establishment; installation, setting up; publication, insertion *(in a periodical);* →PLAAS[1] *vb.*.

**plas·ma** *-mas, (cell matter)* plasm(a); *(phys.)* plasma. **plas·ma·ties** *-tiese* plasm(at)ic.

**plas·ser** *-sers* paddler. **plas·se·ry** paddling.

**plas·sie** *(dim.)* small puddle; *~ maak, (children's lang.: urinate)* piddle, widdle, wee(-wee).

**plas·tiek** *(also plastiekstof)* plastic. **~bom** plastic bomb. **~bord** plastic plate. **~(geld)** *(infml.: credit cards etc.)* plastic (money). **~sak** plastic bag.

**plas·tiek·ag·tig** *-tige,* **plas·tie·ke·rig** *-rige, (usu. derog.)* plasticky.

**plas·ties** *-tiese, adj.* plastic; *'n ~e beskrywing* a graphic/vivid description; *~e chirurg/sjirurg/chirurgie/sjirurgie* plastic/cosmetic surgeon/surgery; *~e hout* plastic wood; *~e kuns* figurative/plastic art; *~e plofstof/springstof* plastic explosive. **plas·ties** *adv.* plastically; graphically. **plas·ti·si·teit** plasticity.

**plas·tron** *-trons, (zool.)* plastron; fencing pad.

**plat** *platte, n.* flat roof; terrace; stor(e)y; floor; shelf; plateau; *kontinentale ~* continental shelf. **plat** *~ platter platste, adj.* flat, horizontal; level, even, smooth; prostrate; procumbent; vulgar, coarse, broad *(lang.); (fig.)* homespun; *om dit in ~ Afrikaans te sê* to say it straight out *(or* in plain English); *~ beursie* light/empty purse; *~ boer* simple/plain farmer; *~ van bors* flat-chested; *~ dak* flat roof; terraced roof *(of an Eastern house); ~ grap* coarse joke; *~ hand* flat of the hand; *met die ~ hand* with the flat/open hand; *iets ~ maak* flatten s.t.; *so ~ soos 'n pannekoek* as flat as a pancake; *~ styl* low/common style; *~ taal* vulgar speech, coarse language; *~ tongval* broad accent; *~ vlak* surface plane; *~ voet* flat foot; splayfoot; *~ voete* flat feet; *~ word* flatten out. **plat** *adv.* flat; *~ op jou maag* flat on one's stomach; face down; *~ praat* speak vulgarly/broadly. **~baklorrie, ~bakvragmotor** flat-bed lorry. **~bol** planoconvex. **~bomer, ~boomskuit** flat-bottomed boat, flatboat; surfboat; punt; scow. **~dakhuis** flat-roofed house. **~druk** *platge-, (also plat druk)* flatten, squeeze flat, crush, squash; quash; overbear. **P~duits** *-duitse* Low German. **~geslaan** down for the count; *(fig.)* devastated, dumbfounded, flabbergasted, shattered, stunned; → PLATSLAAN. **~gooi** *platge-, (also plat gooi)* throw down; *jou ~* fling o.s. down. **~hol** planoconcave. **~kissie** tray *(of fruit)*. **~kop** flathead; flat-headed nail/screw; *(icht.)* catfish. **~kopspyker(tjie)** tack; hobnail. **~kryt** tailor's chalk. **~lê** *platge-, (also plat lê)* lie (down) flat, lie in bed, be prostrate; lie (up) on, roll down, crush; *(infml.)* run at full speed. **~lood** sheet lead, milled lead. **~loop** *platge-, (also plat loop)* flatten, trample, knock down; overrun; sweep away, finish off; *iem. se drumpel ~* haunt s.o.'s door(s); *die hele dorp ~* go/look all over the town. **~luis** crab louse. **~riem** strap. **~ring** quoit. **~ry** *platge-, (also plat ry)* travel across *(or* in all directions), tramp about; run over/down, knock down, crush; override. **~sak** penniless, out of money, hard up, broke, strapped (for cash); *heeltemal/totaal ~, (infml.)* flat/stony broke; *iem. ~ maak, (infml.)* clear out s.o.. **~skiet** *platge-, (also plat skiet)* shoot down *(people, game);* level *(a fort, town),* raze to the ground. **~slaan** *platge-, (also plat slaan)* knock/pull down, demolish *(a house etc.);* fell, lay out, knock down; flatten, floor; *(fig.)* devastate, floor, hit/knock for (a) six. **~stoot** *platge-, (also plat stoot)* flatten, raze. **~stryk** *platge-, (also plat stryk)* smooth(e) (down/flat), pat down *(hair).* **~tang** flat pliers, flat (forge) tongs. **~trap** *platge-, (also* plat trap*)* tread/ trample down (flat), trample underfoot, tread down, over= ride. **~trek** *platge-, (also* plat trek*)* lay low, pull down, fell; bring/shoot down; lay back *(ears); die koors het iem. platgetrek* fever laid s.o. low. **~val** *platge-, (also* plat val*)* fall flat, go to grass, throw o.s. down; flop; *(baking)* collapse; fall down; *heeltemal ~* go down like a lead balloon *(fig.).* **~vis** *(icht.)* flat= fish, flounder, butt, fluke. **~voet** *n., (pathol.)* flat foot, splay= foot, fallen arch; flat-foot(ed person); *(bot.)* plantain, wild sago. **~voet** *adj. & adv.* flat-footed(ly). **~vyl** flat (band) file, square flat file. **~weg** downright, bluntly, straight out, point= blank, flatly; plainly, bluntly, in plain words, straightforward= ly; *'n versoek/ens. ~ weier* turn a request/etc. down flat. **~wurm** *(zool.)* flatworm, platyhelminth.

**pla·taan** *-tane* plane (tree).

**plat·an·na** *-nas* platanna, (African) clawed frog. **~vis** *(icht.)* toadfish.

**pla·te·:** **~handelaar** record dealer. **~joggie** disc/disk jockey, *(infml.)* deejay. **~kunstenaar** recording artist. **~lys** *(rad.)* play= list. **~speler** record player. **~versamelaar,** **~liefhebber** dis= cophil(e). **~versameling** collection of records. **~winkel** record shop.

**pla·teel(·werk)** art pottery, faience, faïence.

**pla·teer** *(ge)-* plate. **~werk** plated ware, plate; →PLEET.

**pla·teer·der** *-ders* plater.

**plat·form** platform; stage; *(min.)* landing, stull. **~kaartjie** platform ticket. **~skoen** platform shoe.

**plat·heid** flatness; *(fig., of lang.)* coarseness, vulgarity.

**pla·ti·ne·** *ge-* platinise, platinum-plate.

**pla·ti·num** *(metall., symb.:* Pt*)* platinum. **~(erts)** platinum (ore). **~plaat** *(mus.)* platinum disc.

**plat·jie** *-jies, (infml.)* wag, rogue, scamp; slyboots, card, mis= chievous person.

**Pla·to** *(Gr. philosopher)* Plato. **Pla·to·nies** *-niese* Platonic, of Plato; *p~e liefde* platonic love.

**pla·to** *-to's* plateau, table. **~rand** *n. (no pl.)* escarpment.

**plat·te·grond** (ground) plan *(of a building);* street plan/ map *(of a town);* (seating) plan *(of a theatr.).*

**plat·te·land** country (districts); rural parts; *op die ~* in the country(side); *op die ~ gebore* country-born; *op die ~ getoë* country-bred. **plat·te·lan·der** country(wo)man, country dweller. **plat·te·lands** *-landse* rural, rustic, agrarian.

**plat·te·rig** *-rige* flattish; *(fig., of lang.)* rather vulgar; →PLAT *adj.*

**plat·vloers** *-vloerse* common, banal; vulgar; pedestrian, flat= footed. **plat·vloers·heid** commonness, banality, pedestrian= ism, cheapness.

**pla·vei** *ge-* pave, flag; *iets met ... ~* pave s.t. with ... **~klip** pav= ing/pave stone, flag(stone), paver, paviour. **~steen** flag= (stone), paving stone. **~teël** paving tile.

**pla·vei·sel** *-sels* paving, pavement, flagging.

**pleb** *plebs, (derog.)* pleb; *(hist., also* plebejer*)* plebeian, com= moner; *(in the pl.)* plebs, rabble, hoi polloi, masses, popu= lace. **ple·be·jies** *-jiese, (liter.)* plebby, plebeian, common, vul= gar. **ple·bis·siet** *-siete* plebiscite.

**pleeg** *~* commit, perpetrate *(crime);* practise *(deceit); ver= raad ~* turn traitor. **~gesin** foster family. **~huis** foster home. **~kind** foster child, ward. **~ma** *-ma's,* **~moeder** *-ders* foster/ nursing mother. **~ouer** foster parent. **~sorg** foster care; *iem. in/onder ~ plaas* foster s.o. out. **~vader** adoptive father, foster father.

**pleet** plated ware, plate. **~silwer** silver plate. **~werk** plated ware, plate; electroplating.

**pleg·an·ker** sheet anchor.

**ple·ger** *-gers* perpetrator.

**pleg·sta·tig** *-tige* ceremonious, pompous. **pleg·sta·tig·heid** ceremoniousness, pompousness, pomposity, grandness.

**pleg·tig** *-tige, adj.* solemn, dignified, ceremonious, stately, impressive; grave; portentous; devout; *~e eed/belofte/waar= skuwing* solemn oath/promise/warning; *~e opening* cere mo= nial opening *(of parl. etc.).* **pleg·tig** *adv.* solemnly, ceremo= niously; *(mus.)* majestically, *(It.)* maestoso; *~ belowe* pledge one's word. **pleg·tig·heid** *-hede* ceremony, rite, function; so= lemnity; stateliness, pomp, grandness; *'n ~ verrig/voltrek* perform a ceremony.

**Plei·a·de** *(Gr. myth.)* Pleiades; *(astron.)* Pleiades, Seven Sis= ters.

**plei·dooi** *-dooie* plea, argument, address, pleading, appeal; *'n ~ lewer* enter a plea; *'n ~ vir ... lewer* make (*or* put in) a plea for ...

**plein** *pleine* square; piazza; esplanade; *aan die ~, (a building)* on/in the square; *op die ~, (a meeting etc.)* on/in the square. **~vrees** agoraphobia.

**pleis·ter** *-ters, n.* plaster *(on a wall, wound, etc.);* stucco *(on a wall).* **pleis·ter** *ge-, vb.* plaster, stucco, trowel, mortar; *teëls/ ens. dig ~* grout tiles/etc.. **~beeld** plaster cast. **~bord** plas= terboard. **~doek** scrim. **~kalk** plaster lime. **~laag** plaster coat, coat of plaster(ing). **~lat** plaster/board lath. **~plank** hawk, trowel board. **~troffel** plastering/cementing trowel. **~werk** plasterwork; plastering.

**pleis·te·raar** *-raars* plasterer.

**Pleis·to·seen** *n.: die ~(tydperk), (geol.)* the Pleistocene. **Pleis= to·seens** *adj.* Pleistocene.

**pleit** *pleite, n.* plea, (law)suit, action; oral pleading; dispute, argument; *'n ~ aanteken* enter a plea *(in court); die ~ is be= slis/besleg* the matter is settled, the fight is at an end, the die is cast. **pleit** *ge-, vb.* plead; intercede, pray; *om iets ~* plead for s.t. *(mercy etc.); by iem. ~ om iets (nie) te doen (nie)* plead with s.o. (not) to do s.t.; *op 'n aanklag ~, (jur.)* plead to a charge; *vir iem. ~* plead for s.o. *(in court etc.).* **~besorger** counsel, advocate; spokesman, *-*woman, pleader, interces= sor, protagonist, champion; *~ vir iem. wees* hold a brief for s.o.. **~rede** plea, argument, (address for the) defence. **~skrif= te,** **~stukke** (written) plea(ding)s.

**plei·ter** *-ters* pleader; counsel.

**plek** *plekke* place, spot; room, space; seat; post; position; point; venue; scene; location; reference, passage *(from a book); iets op sy ~ aanbring* place s.t. in position; *~ke aanwys* show people to their seats; seat people; *baie/volop ~* plenty of room; *die tweede/ens. ~ behaal* come in second/etc., gain second/etc. place; *die ~ van iets bepaal/vasstel* locate s.t.; *'n ~ bereik* make/reach a place; *~ in beslag neem* take up room/space; *('n) ~ bespreek* book a seat, make a booking; *op die/een ~ bly* stay put; *in die eerste ~* firstly, in the first instance/place; to begin/start with; first of all, first and fore= most; above all; *die eerste ~ aan ... toeken* give first rank to ...; *~ gee aan iem.* accommodate s.o.; *jou ~ vind, (also)* find one's level; find one's niche; *'n gevoelige/teer ~ by iem. aan= raak* touch s.o. on the raw; *nie ~ vir iem. hê nie* turn away s.o.; *die saal/ens. het ~ vir ...* the hall/etc. can accommodate/ seat ...; *in die tweede/ens. ~* in the second/etc. place; *'n ~ in= neem, (also)* fill a slot; *die derde/ens. ~ inneem* come third, be placed third, take third place; *iem. se ~ inneem* take s.o.'s place; stand in for s.o.; fill s.o.'s shoes; step into s.o.'s shoes; *jou ~ inneem* take one's seat; take up one's station; *'n ~ onder ... inneem* rank among ...; *~ inruim vir ...* find a place (*or* make room) for ..., house ...; *in jou ~, as ek in jou ~ was* if I were you, (if I were) in your place; *iem. kom van ~ tot ~* s.o. gets about; *~ kry* find room, find a place; *'n ~ (onder die eerste drie of vier) kry* be placed; *~ maak* make room; move over; move/shift up; move aside; *vir ... ~ maak* give place/room to ...; make room for ...; give way to ...; *iets maak vir ...* s.t. makes way for ...; *daar is min ~* it is a tight squeeze; *iem. se ~ neem* fill/stand in for s.o.; *neem julle ~ in!* take your places!; *daar is nog ~* there is some room left, there are some seats left; *~ke (om)ruil* change/swap/ swop/switch places; change sides; swap over/round, switch around/round; *'n ondergeskikte ~ inneem* take a back seat *(infml.); op 'n ~* at a place; in a place; *op die ~* here and now, at once; there and then, then and there; on the premises; like a shot *(infml.); kom op die ~ hier!* come here this very minute!; *iets op die ~ doen, (also)* do s.t. this moment; *op sy ~* in place; in position; *op die ~ een of ander ~* somewhere or other; *op party/sommige ~ke* in places; *op die ~ rus!, (mil.)* stand at ease!; *rustige ~* quiet place/spot; *iem. op sy/haar ~ sit* keep/put s.o. in his/her place; tell s.o. where he/she gets off *(infml.);* bring/take s.o. down a peg or two *(infml.),* cut s.o. down to size *(infml.); jou ~ vol staan* pull one's weight; *weer jou ~ vol staan* make/stage a comeback; *iem./iets in die ~ van iem./iets anders stel* substitute s.o./s.t. for s.o./s.t. else; *in die ~ van ...* instead (*or* in place) of ...;*'n veilige ~* a safe place; a sure place; *van ~ verwissel* change places; *vir ...* room for ...; a vacancy for ...; *die hele ~ vol wees/lê* be/lie all over the place *(infml.).* ~**aanwyser** usher, *(fem.)* usherette. ~**bepaling** determination/fixing of position, fix; location, orientation. ~**beskrywer** topographer. ~**bespreking** reservation/booking of seats; *die ~ begin vandag* booking opens today. ~**geld** cover charge, couvert (charge). ~**naam** place name, toponym. ~**naamkunde** toponymics, toponymy. ~**plek** in places, here and there, sporadically, in patches; at times. ~**pot** *(horse racing)* place accumulator. ~**weddenskap** *(horse racing)* place bet.

**plek·kie** *=kies* niche, nook, spot; *'n ~ in die son, (fig.)* a place in the sun; *jou ~ vind* find one's niche; *vir jou 'n ~ (in die son) vind* carve out a niche for o.s..

**pleks:** *~ dat iem. dit doen, het hy/sy ...* instead of doing it, s.o. ...; far from doing it, s.o. ...; *~ van ...* instead of ...; in place of ...

**plek·trum** *plektrums, plektra, (mus.)* plectrum.

**pleng** *ge=, (poet., liter..)* shed *(blood etc.);* pour out *(wine);* offer *(a libation).*

**ple·o·nas·me** *=mes* pleonasm. **ple·o·nas·ties** *=tiese* pleonastic.

**ple·sier** *=siere, n.* pleasure, fun, joy, delight, amusement; pleasure, satisfaction, enjoyment, gratification; mirth, merriment; *dit was 'n ~* the pleasure is mine; *iem. 'n ~ doen* do s.o. a favour; *dit is geen ~ nie* it is no honeymoon *(infml.);* it is no picnic *(infml.);* met die grootste ~! I shall be delighted!; *ek sal met die grootste ~ ...* I shall be delighted to ...; *~ en= joy o.s.,* have fun; have a good time; *iem. het baie ~ van iets* s.o. gets a lot of pleasure out of s.t. *(a hobby etc.); ~ kry uit ...* get a kick out of ...; *~ maak* make merry, have fun, *(fig.)* go to town; *met ~!* with pleasure!, certainly!; *~ naja(ag)* pursue pleasure; *iets nie vir jou ~ doen* not do s.t. for the fun of it; *jy is nie vir jou ~ hier nie!, (infml.)* you are not here for your health!; *skree(u) van ~* shout with joy. **ple·sier** *ge=, vb.* please, oblige; *iem. ~, (also)* do s.o. a favour. ~**boot** pleasure boat/yacht, launch, cruiser. ~**maker** merrymaker, reveller, pleasure-seeker, partygoer; playboy. ~**oord** pleasure resort. ~**reis** pleasure/holiday trip, outing, excursion, jaunt; cruise *(on sea).* ~**rit(jie)** jaunt, pleasure ride, joyride. ~**ryer** joyrider. ~**soeker** pleasure-seeker. ~**vaart** (pleasure) cruise. ~**vlug** flip, joyflight.

**ple·sie·rig** *=rige* pleasant, agreeable, delightful, nice, pleasing, *(attr.)* fun; happy, cheerful, merry, jolly. **ple·sie·rig·heid** pleasantness, pleasure, delightfulness; joy; cheerfulness; jollification, merriment.

**plet** *ge=* flatten, roll (out), crush, planish, mill, foliate, spread, laminate. ~**leer** crushed hide/leather. ~**masjien** flatting/rolling machine, beater, hollander. ~**werk** foliation.

**plet·baar** *=bare* malleable. **plet·baar·heid** malleability.

**ple·tie:** *(die) kretie en (die) ~* →KRETIE.

**plet·ter** *=ters, n., (mach.)* roller, flatter, crusher; *(pers.)* flatter,

roller. **plet·ter** *ge=, vb.* crash; *die vaas het (hom) te ~ geval* the vase (fell and) smashed to pieces/smithereens; *jou te ~ loop (teen ...)* smash one's head (against ...); *jou motor te ~ ry* prang one's car *(infml.); iets te ~ slaan* smash s.t. up. ~**landing** hard landing. ~**plons** belly flop *(of a diver).* ~**stop** crash stop. ~**toets** *n.* crash test.

**plet·te·ry** *=rye* flatting/rolling mill.

**pleu·ra** *(anat.)* pleura. **pleu·raal** *=rale, adj.* pleural. **pleu·ri·tis, pleu·ris** *(med.)* pleurisy, pleuritis.

**pli·é** *(Fr., ballet position)* plié.

**plig** *pligte* duty; obligation; charge; office; onus; *jou ~ doen/ nakom/vervul* do one's duty; *jou ~ doen, (also)* do one's job; do one's part; *sorg dat iem. sy/haar ~ doen, (also)* keep s.o. on his/her toes; *'n heilige ~* a sacred duty; *in die loop van iem. se ~te* in the line of duty; *jou ~te nakom/vervul* discharge one's duties; *'n ~ nakom/vervul* perform a duty; *dit is iem. se ~ om ...* s.o. has a duty to ...; it is incumbent (up)on s.o. to ...; *iem. op sy/haar ~ wys* remind s.o. of his/her duty; *~ gaan voor plesier* business before pleasure; *my ~ roep* my duty calls; *iem. se ~ teenoor ...* s.o.'s duty to(wards) ...; *jou ~ versuim* fail in one's duty; neglect one's duty; *iem. se ~te waarneem* substitute for s.o.. ~**lewering** *(libr.)* legal deposit. ~**pleging** *=ginge* ceremony, courtesy, form, ceremonial; *sonder ~e* unconventional; summarily, unceremoniously.

**plig·ma·tig** *=tige* dutiful.

**pligs=:** ~**besef** sense of duty. ~**getrou** *adj. & adv.* dutiful(ly), conscientious(ly). ~**gevoel** sense of duty. ~**halwe** (as) in duty bound, dutifully, in the line of duty; *~ iets moet doen* be in duty bound to do s.t.. ~**versaking, pligversaking, plig(s) versuim** neglect of duty, dereliction/evasion of duty, delinquency. ~**vervulling** performance/fulfilment/discharge of duty.

**Plim·soll·merk** *(naut., also* p~*)* Plimsoll('s) mark/line.

**plint** *plinte* skirting board; plinth *(of stone).*

**Pli·o·seen** *n.: die ~, (geol.)* the Pliocene. **Pli·o·seen** *=sene, adj.* Pliocene.

**ploe·ër** *ploeërs* plougher, ploughman. **ploe·ë·ry** ploughing.

**ploeg** *ploeë, n.* plough; *die hand aan die ~ slaan* put/set one's hand to the plough. **ploeg** *ge=, vb.* plough; furrow; *(golf)* duff; *deur iets ~* plough through s.t. *(mud etc.).* ~**land** tilled land, ploughed field. ~**skaar** ploughshare. ~**stert** plough tail, plough handle(s); *(die) ~ hou* hold the plough handles, plough. ~**tyd** ploughing season. ~**voor** furrow (of a plough). ~**werk** ploughing.

**ploeg·baar** *=bare* ploughable, arable, cultivable.

**ploems** *interj.* plop!.

**ploert** *ploerte* cad, scoundrel; *(infml.)* slob. **ploert·ag·tig, ploer·te·rig** *=rige* caddish.

**ploe·ter** *ge=* plod, bumble, slosh, muddle; slog, toil. **ploe·te· raar** *=raars* plodder, drudge, grub(ber); slogger, toiler.

**plof** *plowwe, n.* thud, flop, bang, flump, flounce, splosh. **plof** *ge=, vb.* thud, flop, splosh, thump, pop. **plof** *interj.* flop!, plop!, pop!, bang!. ~**beeld** *(tech.)* exploded view. ~**gas** explosive gas. ~**kop** warhead *(of a missile).* ~**krag, ontplof fingskrag** explosive force. ~**middel, ontploffingsmiddel** explosive. ~**stof** explosive, blasting agent. ~**toestel** explosive device. ~**vry** non(-)explosive; explosion-proof; flameproof *(car).*

**plof·baar** *=bare* explosive; *'n ~bare situasie/toestand* an explosive situation.

**plof·fer** *=fers, (phon.)* stop, (ex)plosive, occlusive, mute (consonant), stopped consonant.

**plomp** *plompe plomper plompste* stout, clumsy, bluff, plump, pudgy, roly-poly, rotund, squat, dumpy. **plom·pe·rig** *=rige* plumpish. **plomp·heid** clumsiness, lumpishness.

**plons** *plonse, n.* splash, plop. **plons** *ge=, vb.* splash, plop.

**plooi** *plooie, n.* fold, crease, tuck, pleat *(in trousers);* crimp; wrinkle, pucker; *(biol.)* ruga; *(anat.)* pouch, plica; *(geol.)* fold; *jou mond op 'n ~ trek* purse one's mouth (up); *'n gesig vol ~e* a lined face; *jou voorkop op 'n ~ trek* wrinkle one's forehead. **plooi** *ge=, vb.* fold; crease; pleat; crimp; pucker; tuck; purse; manipulate *(fig.); dit/sake so ~ dat* ... arrange matters so (that) ...; present matters in such a way that ...; *'n saak ~* wangle a case. **~romp** pleated skirt.

**plooi·baar** *=bare, (lit.)* pliable, flexible, manipulable; *(fig.)* pliant, compliant. **plooi·baar·heid** pliability, pliancy, manipulability; adaptability.

**plooi·e·rig** *=rige* wrinkled, creased; wizen-faced; *(sheepskin)* ribby.

**plooi·ing** *=ings, =inge, (geol.)* folding, anticline; folds, pleats; adapting, compromising; raising *(of paint).* **plooi·ings·ge= berg·te** (range of) fold(ed) mountains.

**plo·sief** *=siewe, n., (phon.)* (ex)plosive, occlusive, mute, stop. **plo·sief** *=siewe, adj.* (ex)plosive, occlusive, mute, stopped *(consonant).*

**plot·se·ling** *=linge, adj.* sudden, abrupt. **plot·se·ling** *adv.* suddenly, all of a sudden, all at once, unexpectedly, slap.

**pluche** *(text.)* plush.

**pluim** *pluime* plume, feather, crest; aigrette; *(bot.)* panicle; *(maize)* tassel. **~bal** shuttlecock; *(game)* badminton. **~bos** plume, crest, panache. **~stert** bushy tail.

**pluim·ag·tig** *=tige* feathery, *(mainly biol.)* plumose.

**pluim·pie** *=pies* small plume; *(badminton)* bird; *(bot.)* plu= mule; *(fig.)* compliment; *iem. 'n ~ gee* compliment s.o., *(fig.)* pat s.o. *(or give s.o. a pat)* on the back; *iem. verdien 'n ~ s.o.* deserves a pat on the back; *iets is 'n ~ vir iem.* s.t. is a feath= er in s.o.'s cap.

**pluim·vee** poultry, fowls. **~afval** giblets. **~boerdery** poul= try farming.

**pluis**[1] *pluise, n.* tow; (piece/bit of) fluff, fuzz; oakum; nap, flick, tuft, shag; pile; swab. **pluis** *ge=, vb.* fluff, pick, make fluffy; get fluffy, give off fluff; preen; tease, nap *(wool); (min.)* fiberise; flake *(fish).* **~(kam)** *ge=* tease (hair). **~keil** top/ silk hat, topper. **~masjien** fiberiser; willow; ginning machine, gin; teaser; napper. **~meul(e)** ginning machine, gin. **~nylon** *(text.)* brushed nylon. **~pool** cut pile. **~stof** napped/brushed/ fleeced/teased fabric. **~tapyt** tufted carpet, cut-pile carpet.

**pluis**[2] *adj. & adv.* in order, as it should be; *alles/iets is nie ~ nie* s.t. funny is *(or* there's s.t. fishy) going on, it smells a bit fishy to me; *dis nie alles ~ met iem. nie* s.t. is wrong with s.o..

**plui·ser** *=sers* picker; napper; ginner. **plui·se·rig** *=rige* fluffy, fuzzy, nappy. **plui·se·ry** *=rye* ginnery; ginning.

**plui·sie** *=sies* (bit of) fluff, plug (of wadding), piece of cot= ton wool; small swab; flock.

**pluk** *n.* picking *(fruit);* plucking *(feathers);* draw, tweak, yank; hitch; *'n ~ aan iets gee* give s.t. a yank. **pluk** *ge=, vb.* pick; pluck, yank; fleece; pluck, deplume; harvest, crop; pick, pluck; *aan iets ~* pick at s.t.; tear at s.t.; tug at s.t.; yank at s.t.; *iets ~ give* s.t. a yank; *iets stukkend/uitmekaar ~* pick/pull/tear s.t. to pieces. **~tyd** picking season/time.

**pluk·ker** *=kers* picker, harvester, gatherer.

**pluk·sel** *=sels* pick, harvest, crop; lint *(for bandages).*

**plun·der** *ge=* plunder, loot, pillage, ransack, sack *(a town);* pirate, (de)spoil; rifle, loot *(a house).* **~tog** marauding raid, foray, (predatory) raid.

**plun·de·raar** *=raars* plunderer, robber, pillager, predator, spoiler, looter, forager, marauder.

**plun·de·ring, plun·de·ry** plunder, looting, pillage, ran= sacking, spoliation, (de)predation, marauding.

**plu·raal** *=rale, adj.* plural. **plu·ra·li·teit** plurality.

**plu·ra·lis** *=liste* pluralist. **plu·ra·lis·me** *(also* P~) pluralism. **plu·ra·lis·ties** *=tiese* pluralistic.

**plus** plus. **~-minus** approximately, plus-minus, plus or mi=

nus. **~punt** plus (point). **~teken** *(math.)* plus/addition sign; *(elec.)* plus/positive sign.

**Plu·to** *(Rom. myth., astron.)* Pluto.

**plu·to·kraat** *=krate* plutocrat. **plu·to·kra·sie** *=sieë* plutocracy. **plu= to·kra·ties** *=tiese* plutocratic.

**plu·to·nies** *=niese, (geol.)* plutonic.

**plu·to·ni·um** *(chem., symb.:* Pu) plutonium.

**pneu·ma·tiek** pneumatics. **pneu·ma·ties** *=tiese* pneumatic.

**pneu·ma·to·foor** *(zool., bot.)* pneumatophore.

**pneu·mo·kok** *=kokke,* **pneu·mo·kok·kus** *=kusse, (bacte= rium)* pneumococcus.

**pneu·mo·ko·ni·o·se** *(lung disease due to dust inhalation)* pneumoconiosis.

**pneu·mo·nie** *(med.)* pneumonia.

**po·co** *(It., mus.: rather, a little)* poco.

**po·da·gra** *(med.)* podagra, gout. **po·da·greus** *=greuse* poda= gral, podagric, podagrous, gouty.

**po·di·a·ter** *=ters* chiropodist, pedicure. **po·di·a·trie** chiropo= dy, pedicure.

**po·di·um** *=diums* podium, platform, rostrum, dais.

**pod·zol, pod·sol** *(<Russ., soil sc.)* podzol, podsol.

**poe·del** *=dels, (also* poedelhond*)* poodle.

**poe·del·naak** *=naakte,* **poe·del·na·kend** *=kende* stark na= ked.

**poe·del·prys** booby prize, wooden spoon *(fig.).*

**poe·ding** *=dings* pudding, dessert. **~bak** pudding bowl/ba= sin. **~bakkie** pudding bowl. **~klip** puddingstone, plum-pud= ding stone. **~vorm** *=vorms* pudding mould.

**poef**[1] *interj.* pop!, bang!.

**poef**[2] *poefs, poewe, n.* pouf(fe).

**poef**[3], **poe·fie** *n., (infml., children's lang.: excrement)* poo(h). **poef, poe·fie** *ge=, vb.* poo(h), do a poo(h).

**poef·ter** *(derog. sl.: an effeminate or gay man)* poofter, fairy, homo, nancy boy.

**poe·gaai** *(infml.)* finished, dog-tired, dead beat/tired, ready to drop, clapped out, pooped (out); *(very drunk)* legless, paralytic, plastered, smashed, sozzled.

**poei·er** *=ers, n.* powder; *iets (tot) ~ maak* pulverise s.t.; *jou neus ~, (infml.: put make-up on)* put make-up on; *jou neus (gaan) ~, (euph.: go to the toilet)* (go and) powder one's nose. **poei·er** *ge=, vb.* powder. **~blou** *n. & adj.* powder blue, *(attr.)* powder-blue. **~doos** powder box. **~inkasset** toner car= tridge *(for a printer).* **~koffie** instant/powdered coffee. **~kwas** powder puff; *(bot.)* April fool. **~melk** powdered milk.

**poei·er·ag·tig** *=tige* powdery.

**poel** *poele* pool; pond; puddle; wallow; *(fig.)* sink, cesspool.

**poe·ma** *=mas* puma, cougar, mountain lion.

**poe·na** *=nas* pollard, poll, hornless animal.

**poens·kop** *=koppe, n.* hornless/dehorned/polled animal, poll, pollard; *(icht.)* bishop, black musselcracker; *(infml., derog.)* baldhead, baldpate, baldy, baldie, slaphead; *(infml., member of a subculture)* skinhead. **poens·kop** *adj.* polled, hornless; bald. **~bees** poll, pollard, poll beast. **~olifant** tuskless ele= phant.

**poep** *poepe, n., (coarse)* fart. **poep** *ge=, vb., (coarse)* fart. **~dronk** *(coarse)* pissed, motherless. **~hol** *(coarse: the anus)* arse(hole); *(derog.: an obnoxious pers.)* arsehole, scumbag.

**poes** *poese, (taboo sl.: the vulva)* twat, cunt; *(derog.: an obnoxious pers.)* cunt, bastard.

**po·ë·sie** poetry, verse. **po·ë·tiek, po·ë·ti·ka** poetics. **po·ë= ties** *=tiese* poetic(al).

**poe·toe·pap** *(SA)* putu, crumbly/dry mealie-meal porridge.

**poets**[1] *poetse, n.* trick; prank; practical joke; *iem. 'n ~ bak* play a (practical) joke (up)on s.o., play a prank/trick on s.o., hoax s.o.; *'n gemene/lelike/smerige ~* a dirty/scurvy/shabby trick. **~bakker** hoaxer, prankster, practical joker.

**poets²** _ge-, vb._ polish, shine; gloss, burnish. ~**besem** mop. ~**borsel** polishing brush. ~**doek** polishing/cleaning cloth/ rag, floorcloth. ~**lap** brass rag. ~**middel** _-dels, -dele_ cleaner, cleanser, polish, cleaning agent. ~**trommel** tumbling barrel/ box, tumbler _(for cleaning gemstones etc.)._ ~**werk** polishing, _(infml.)_ spit and polish, elbow grease.

**poet·ser** _-sers_ polisher, cleaner.

**pof** _ge-_ puff; _(plaster)_ blub; _ge~te rys_ puffed rice; ~ _staan, (a tail)_ bush out. ~**adder** puff adder. ~**broek** knickerbockers. ~**koring** puffed wheat. ~**mou** puff/puffed sleeve. ~**opnaaisel** air tuck.

**pof·fer:** ~**gesig** pudding face. ~**hand(jie)** pudgy hand.

**pof·fer·tjie** _-tjies, (cook.)_ chou, puff, (Dutch) fritter.

**po·ging** _-gings, -ginge_ attempt, try, effort, endeavour, _(infml.)_ shot, _(infml.)_ go; exertion; _'n ~ aanwend om te ..._ make an attempt/effort to ...; _'n **bewuste** ~_ an all-out (_or_ a concerted) attempt; _met die **eerste** ~_ at the first attempt; _'n **flou**/ **swak** ~_ a feeble/half-hearted attempt; _'n **geslaagde**/**vergeefse** ~_ a successful/vain attempt; _'n ~ **misluk**/**slaag**_ an attempt fails/succeeds; _**misluk**/**slaag** in 'n ~ om te ..._ fail/ succeed in an attempt to ...; _'n **mislukte** ~_ an unsuccessful attempt; _**onvermoeide** ~s_ unsparing efforts; _'n ~ **tot** ..._ an attempt at ...; _'n ~ **verydel**_ foil/thwart an attempt; _'n **wanhopige** ~ aanwend_ make a frantic effort, try desperately. **po·gin·kie** _-kies, (dim.)_ little effort; poor effort/performance.

**poin·set·ti·a** _-tias, (bot.)_ poinsettia.

**poin·ter** _(breed of dog, also_ P~) pointer.

**poin·til·lis·me** _(painting)_ pointillism. **poin·til·lis** _-liste_ pointillist. **poin·til·lis·ties** _-tiese_ pointillist(ic).

**pok** _pokke_ pock; peck _(in wood);_ pit; →POKKE. ~**gaatjie** pit hole.

**pok·ag·tig** _-tige_ pocky, pitted.

**po·ker** _(also_ pokerspel_)_ poker. ~**stene,** ~**steentjies** poker dice.

**pok·ke** _(also_ pokkies_)_ smallpox, variola _(in humans);_ pox _(in animals)._ ~**-epidemie** smallpox epidemic.

**pok·kel** _-kels, (small fat pers.)_ dumpling, dumpy, fatty.

**pol** _polle_ tuft, tussock, clump (of grass). ~**gras** tuft/tussock grass. **pol'vor·mig** _-mige_ tufted.

**po·la·ri·me·ter** polarimeter.

**Po·la·ris** _(astron.)_ Polaris, North Star.

**po·la·ri·sa·sie** polarisation. ~**hoek** angle of polarisation. ~**vlak** plane of polarisation.

**po·la·ri·seer** _ge-, (phys. or fig.)_ polarise. **po·la·ri·sa·tor** _-tors_ polariser.

**po·la·ri·teit** polarity.

**Po·la·roid** _(trademark)_ Polaroid. ~**bril** Polaroids, Polaroid glasses. ~**foto** Polaroid (photograph/shot). ~**kamera** Polaroid (camera).

**pol·der** _-ders_ polder, drained land _(mainly in the Neth.)._

**Po·le** _(geog.)_ Poland; →POOL.

**po·leer** _(ge-)_ polish (up), buff, bone, burnish; scrub _(stone);_ rub up; smoothbore _(a gun)._ ~**masjien** polisher, polishing machine; buffing machine.

**po·leer·der** _-ders_ polisher; buffer; waxer.

**po·lei** _(bot.: Mentha pulegium)_ pennyroyal.

**po·le·miek** _-mieke_ controversy, polemic; _(theol.)_ polemics; _'n ~ oor iets in die pers tussen ..._ a controversy about/over s.t. in the press between ...; _'n ~ voer, (also)_ take part in a controversy. **po·le·mies** _-miese_ controversial, polemic(al), disputatious. **po·le·mi·kus** _-mikusse, -mici,_ **po·le·mis** _-miste_ polemicist. **po·le·mi·seer** _ge-_ polemicise, engage in controversy.

**po·lêr** _-lêre_ polar; diametric(al); →POLARITEIT; _~e getal_ valency number; _~e front, (meteorol.)_ polar front.

**pol·fyn·tjie** _-tjies,_ forfeit _(in games);_ _(poet., liter.)_ keepsake, souvenir, trinket, little present.

**po·li·an·drie** _(bot. etc.)_ polyandry. **po·li·an·dries** _-driese_ polyandrous _(marriage etc.)._

**po·li·chroom** _-chrome_ polychrome. **po·li·chro·ma·ties** _-tiese_ polychrom(at)ic, polychromous. **po·li·chro·meer** _ge-_ polychrome. **po·li·chro·mie** polychromy, polychrom(at)ism.

**po·li·ä·der, po·li·eder** _-ders, (geom.)_ polyhedron. **po·li·ë·dries, po·li·e·dries** _-driese_ polyhedral.

**po·liep** _-liepe, (zool., med.)_ polyp. **po·liep·ag·tig** _-tige_ polypoid, polypous.

**po·li·ës·ter, po·li·es·ter** polyester.

**po·li·ë·ti·leen, po·li·e·ti·leen** polyethylene, polythene.

**po·li·faag** _-lifae, adj., (zool.)_ polyphagous.

**po·li·fo·nie** _(mus.)_ polyphony. **po·li·fo·nies** _-niese_ polyphonic.

**po·li·gaam** _-game_ polygamous. **po·li·ga·mie** polygamy. **po·li·ga·mis** _-miste_ polygamist.

**po·li·geen** _-gene_ polygenetic.

**po·li·gien** _-giene_ polygynous. **po·li·gi·nie** polygyny.

**po·li·glot** _-glotte_ polyglot. **po·li·glot·ties** _-tiese_ polyglot.

**po·li·goon** _-gone, (geom.)_ polygon. **po·li·go·naal** _-nale_ polygonal.

**po·li·ka·toen** _(text.)_ polycotton.

**po·li·kli·niek** _-nieke_ policlinic.

**po·li·meer** _-mere, n. (chem.)_ polymer. **po·l·imeer** _-mere, adj._ polymeric; _(bot.)_ polymerous. **po·li·me·rie** polymerism. **po·li·me·ri·sa·sie** polymerisation, polymerism. **po·li·me·ri·seer** _ge-_ polymerise.

**po·li·morf** _-morfe, n._ polymorph. **po·li·mor·fie** polymorphism. **po·li·mor·fies** _-fiese, adj._ polymorphic, polymorphous.

**Po·li·ne·si·ë** _(geog.)_ Polynesia. **Po·li·ne·si·ër** _-siërs, n._ Polynesian. **Po·li·ne·sies** _-siese, adj._ Polynesian.

**po·li·o** _(short for_ poliomiëlitis_)_ polio. ~**-entstof** polio vaccine. ~**lyer** polio victim. ~**pasiënt** polio patient.

**po·li·o·mi·ë·li·tis** _(med.)_ poliomyelitis.

**po·li·on·ver·sa·dig, po·li·ön·ver·sa·dig** _-digde_ polyunsaturated; _~de vetsure_ polyunsaturated fatty acids.

**po·li·pro·pi·leen** _(chem.)_ polypropylene.

**po·lis** _-lisse_ (insurance) policy; _kragtens 'n ~_ under a policy; _'n ~ op ..._ a policy on ... _(s.o.'s life, a house); 'n ~ sluit/aangaan_ take out a policy. ~**houer** policyholder. ~**lening** policy loan.

**po·li·sak·ka·ried** _(biochem.)_ polysaccharide, polysaccharose.

**po·li·seem** _-seme, (ling.)_ polyseme. **po·li·se·mie** polysemy. **po·li·se·mies** _-miese_ polysemic, polysemous.

**po·li·sie** police; _iets by die ~ aangee_ report s.t. to the police; _~ en diewe speel_ play cops and robbers _(infml.); geheime ~_ secret police; _iem. aan die ~ oorgee_ give s.o. in charge. ~**be·ampte** police officer. ~**bewaking,** ~**beskerming** police protection. ~**geleide** police escort. ~**hond** police dog. ~**-informant** police informer. ~**-inspekteur** inspector of police. ~**kantoor** police station; charge office. ~**klopjag** police raid. ~**kommissaris** commissioner of police. ~**mag** police force. ~**man** _-manne,_ ~**vrou** _-vroue_ policeman, -woman, police officer, (police) constable, _(infml.)_ cop. ~**offisier** police officer. ~**ondersoek** police investigation. ~**staat** police state. ~**wa** police/patrol/prison van. ~**werk** police work.

**po·li·si·eer** _ge-_ police. **po·li·si·ë·ring** policing.

**po·li·sil·la·bies** _-biese_ polysyllabic.

**po·li·sin·de·ton** _-tons, (gram.)_ polysyndeton.

**po·li·sti·reen** _(chem.)_ polystyrene. ~**skuim** styrofoam.

**Po·lit·bu·ro** _(<Russ., pol., hist.)_ Politburo.

**po·li·teen** _-tene, (chem.)_ polythene, polyethylene.

**po·li·teg·nies** _-niese_ polytechnic; _~e skool_ polytechnic.

**po·li·te·ïs** _-teïste_ polytheist. **po·li·te·ïs·me** polytheism. **po·li·te·ïs·ties** _-tiese_ polytheistic.

**po·li·tiek** _n._ politics; policy; _in die ~_ in politics; _oor die ~ praat_ talk politics. **po·li·tiek** _-tieke,_ **po·li·ties** _-tiese, adj. & adv._

political(ly); politic; ~ **korrek/verkeerd** politically correct/incorrect; ~*e* **korrektheid** political correctness; ~*e misdadiger* political offender, state criminal; ~*e speelbal* political football; *(die speel van)* ~*e speletjies* politicking; ~*e verhoor* state trial; ~*e wese* political animal. ~**-ekonomies** =*miese* politico-economic. **po·li·tie·ke·ry** politicising, politicking, politics. **po·li·ti·kus** =*tikusse*, =*tici* politician. **po·li·ti·seer** *ge*= politicise, talk (*or* engage in) politics.

**po·li·ti·ko·loog** =*loë* political scientist. **po·li·ti·ko·lo·gie** political science. **po·li·ti·ko·lo·gies** =*giese* pertaining to political science.

**po·li·toer** =*toere, n.* polish. **po·li·toer** *ge*=, *vb.* polish.

**po·li·to·na·li·teit** *(mus.)* polytonality, polytonalism.

**po·li·ü·re·taan, po·li·u·re·taan** *(chem.)* polyurethan(e).

**po·li·va·lent** =*lente, (chem., med.)* polyvalent.

**po·li·vi·niel** *(chem.)* polyvinyl. ~**asetaat** polyvinyl acetate.

**pol·ka** =*kas, n., (dance, mus.)* polka; *die* ~ *dans* polka. **pol·ka** *ge*=, *vb.* polka. ~**(haar)styl** bob (hair)style. ~**kol** =*kolle* polka dot; *'n rok met* ~*le* a polka-dot dress. ~**-mazurka** *(mus.)* polka mazurka. ~**snit** bob.

**pol·lak** =*lakke, (icht.)* pollack, pollock.

**po·lo** *(sport)* polo. ~**halstrui**, ~**nektrui** poloneck (sweater), polo jersey. ~**hemp** polo shirt. ~**kolf** polo stick.

**po·lo·nai·se** =*ses, (dance, mus.)* polonaise.

**po·lo·nie** =*nies* polony.

**po·lo·ni·um** *(chem.; symb.:* Po*)* polonium.

**pols** *polse, n.* wrist; pulse; *die* ~ *klop vinniger* the pulse is quickening; *met slap* ~*e rondtrippel, die* ~*e flap, (infml.)* camp it up; *'n swak/vinnige* ~ a weak/rapid pulse; *iem. se* ~ *voel* feel/take s.o.'s pulse. **pols** *ge*=, *vb.* sound (out), feel/take s.o.'s pulse *(fig.);* approach *(s.o.); iem. oor iets* ~ put/throw out feelers *(or* a feeler); sound s.o. (out) about s.t.. ~**aar** =*are* radial vein; *jou* ~*are afsny* slash one's wrists. ~**band** wristlet; bracelet. ~**been(tjie)** carpal bone; *(in the pl., also)* carpus. ~**beweging** wristy action. ~**gewrig** wrist. ~**horlosie**, ~**oorlosie** wristwatch. ~**hou** *(golf)* chip (shot); wrist shot. ~**meter** *(med.)* sphygmograph, sphygmometer, pulsimeter. ~**skerm** wristlet. ~**slag** pulse (beat/rate), pulsation, heartbeat, palpitation; *'n swak/vinnige* ~ a weak/rapid pulse. ~**slagaar** radial artery. ~**verlamming** *(med.)* wrist-drop.

**pol·send** =*sende* pulsating *(mus., rhythm, pain, etc.); jazz met 'n* ~*e ritme* beaty jazz.

**pol·ter·gees** =*geeste*, **pol·ter·geist** =*geists, (<Germ.)* poltergeist.

**pol·vy** =*vye* heel *(of a boot/shoe).*

**po·me·lo** =*lo's* grapefruit, pomelo. ~**lepel** grapefruit spoon. ~**nartjie** tangelo.

**pom·ma·de** =*des* pomade; skin cream.

**pom·mer** =*mers, (breed of dog)* (toy) pom, Pomeranian.

**po·mo·lo·gie** *(sc. of fruit-growing)* pomology. **po·mo·lo·gies** =*giese* pomological. **po·mo·loog** =*loë* pomologist.

**pomp** *pompe, n.* pump, inflator; poke, nudge; pump, stroke; filling station; *'n* ~ *in die ribbes* a poke in the ribs. **pomp** *ge*=, *vb., (lit. & fig.)* pump; poke, nudge; hit, strike; *geld in iets* ~ pour money into s.t.; *iets in ...* ~ pump s.t. into ...; *iets leeg* ~ pump s.t. dry; *iem. vol lood* ~, *(infml.)* pump bullets into s.o.; *iem. in die ribbes* ~ poke s.o. in the ribs; *iets uit ...* ~ pump s.t. out of ... . ~**aksie-haelgeweer** pump-action shotgun. ~**huis** pump house, pumping station. ~**joggie** pump/petrol attendant. ~**kamer** pump room; pumping chamber; *(anat.)* ventricle. ~**klep** pump valve. ~**masjien** draining machine, pumper. ~**slag** pump lift/stroke. ~**slinger** pump handle. ~**spuit** pump-action sprayer. ~**stang** pump rod/staff, piston rod. ~**stasie** pumping station. ~**stofie** pressure stove, primus (stove). ~**stok** sucker. ~**suier** pump piston, bucket, suction ram.

**Pom·pe·ji** *(geog.)* Pompeii. **Pom·pe·jaan** =*jane, n.* Pompeian. **Pom·pe·jaans** =*jaanse, adj.* Pompeian.

**pom·pie** =*pies, (dim.)* little pump.

**pom·pon** =*pons* pompom, pompon. ~**(dahlia)** pompom/pompon (dahlia).

**pon·cho** =*cho's* poncho.

**pond** *ponde, (unit of weight, currency)* pound; *baie* ~*e* many pounds; *duisende* ~*e* thousands of pounds; *per* ~ per/a pound; *twee* ~ two pounds; *'n* ~ *vleis* a pound of meat; *jou* ~ *vleis kry, (fig.)* get one's pound of flesh. ~**koek** pound cake. ~**(noot)** pound note. ~**teken** *(£)* pound sign.

**pon·de·ro·sa:** ~**(den)** *(bot.)* ponderosa (pine). ~**(hout)** ponderosa (pine).

**Pon·do, Mpon·do** =*do's, (member of a Xh.-speaking people)* Pondo. **Pon·do·land** Pondoland.

**pon·dok** =*dokke*, **pon·dok·kie** =*kies* shanty, shack, hut, hovel, kaia.

**po·nie** =*nies* pony; cob. ~**joernalistiek** tabloid journalism. ~**koerant**, ~**blad** tabloid ([news]paper). ~**pers** tabloid press. ~**slagskip** pocket battleship. ~**stert** ponytail.

**pons¹** *n., (drink)* punch, jorum, toddy. ~**glas** punch glass. ~**kom** punchbowl.

**pons²** *ponse, n., (tool)* punch. **pons** *ge*=, *vb.* punch, perforate; keypunch. ~**band** paper/punch(ed) tape. ~**gat** punch hole. ~**kaart** punch(ed) card. ~**(masjien)** punching machine, perforator; keypunch(er); card punch. ~**operateur** keypuncher, keypunch operator.

**pont** *ponte* pontoon; pont, ferry; ferryboat; floating bridge; *met 'n* ~ *vaar* punt. ~**baas**, ~**man**, ~**wagter** ferryman. ~**diens** ferry service. ~**geld** ferriage, fare.

**pon·ti·fi·kaal** =*kale* pontifical; ~*kale mis, (RC)* Pontifical Mass.

**pon·ti·fi·kaat** =*kate, (RC)* pontificate.

**Pon·ti·us** *(NT)* Pontius; *van* ~ *na Pilatus* from pillar to post.

**pon·ton** =*tons* pontoon. ~**brug** pontoon/floating bridge. ~**dek** pontoon deck. ~**kraan** floating crane. ~**trein** bridge train.

**poog** *ge*=, *(somewhat fml.)* attempt, endeavour, strive, try; ~ *om iets te doen* attempt to do s.t..

**Pool** Pole. **Pools** *Poolse* Polish.

**pool¹** pile *(of a carpet)*, nap. ~**stof** pile fabric. ~**tapyt** pile carpet.

**pool²** pole; *gelyke/ongelyke pole* like/unlike poles. ~**ekspedisie**, ~**tog** polar expedition. ~**front** *(meteorol.)* polar front. ~**hoek** *(math.)* vectorial angle. ~**hond** husky. ~**kap** *(astron.)* polar cap. ~**klem** battery terminal. ~**koördinate**, ~**ko-ordinate** *n. (pl.), (geom.)* polar coordinates. ~**lig** polar light, aurora polaris. ~**reisiger** polar explorer. ~**see** polar sea. ~**sirkel** polar circle. ~**ster** *(astron.)* polar/pole star; lode=, loadstar; cynosure; *(with cap., also)* Noordster*)* North/Pole Star, Polaris. ~**vlug** transpolar flight. ~**vos** Arctic fox. ~**ys** polar ice.

**pools·hoog·te** latitude, altitude of the pole.

**poon** *pone* pony; cob; →PONIE.

**poort** *poorte* gate, gateway, entrance; archway; alley(way); defile, *(Afr.)* poort; pass; portal; *(min.)* water gap; *(mech.)* port; *(anat.)* hilus, hilum; *(comp.)* port; ~ *tot ..., (fig.)* gateway to ... . ~**kamer** gatehouse. ~**wagter** gatekeeper.

**poort·jie** =*jies, (dim.)* small gate(way); small poort; wicket; *(bot., entom., icht.)* micropyle.

**poot** *pote* paw, hoof, foot, hand, claw, pad *(of an animal);* leg *(of an animal, a table, etc.); (handwriting)* paw, fist, scrawl; paw print; *(derog. sl.: policeman)* copper, flatfoot, pig; *hou jou pote van ... af!, (infml.)* keep your paws off ...!; *met pote, (zool.)* pedate. ~**merk** claw mark. ~**rolletjie** caster, castor. ~**seer** *adj.* footsore *(animal).* ~**uit** exhausted, dog-tired, dead tired.

**poot·jie** =*jies, n.* (little) paw; trotter *(of a pig);* podagra, foot gout. **poot·jie** *ge*=, *vb.* trip (up), double-cross. **poot·jies·wol** shankings, shanks, shins.

**poot·loos** =*lose, (zool.)* apodal, apodous; ~*lose skink* legless skink.

**pop¹** *poppe* doll; puppet, marionette; dummy; *(infml.)* (pretty) girl, sweetheart; *(entom.)* pupa; chrysalis; *nou gaan die ~pe dans, (infml.)* the fat is in the fire; there will be hell to pay. ~**gesig(gie)** doll's face, puppet face; pretty-pretty face. ~**goed** doll's clothes; dolls' toys. ~**huis** doll's house, toy house. ~**lap** *(infml.)* baby doll, sweetie, moppet. ~**mooi** pretty-pretty; ~ *wees* have a doll-like beauty. ~**soldaatjie** toy soldier. ~**speel** *poppe* play with dolls. ~**waentjie** doll's pram. ~**winkel** →POPPEWINKEL.

**pop²** pop (music). ~**kultuur** pop culture. ~**liedjie** pop song. ~**musiek** pop music. ~**sanger** pop singer. ~**skilderkuns** pop art. ~**ster** pop star.

**pop·ag·tig** *tige*, **pop·pe·rig** *rige* doll-like, dollish; dainty.

**po·pe·lien** *(text.)* poplin.

**pop·pa·dom** *doms*, **pop·pa·dum** *dums*, *(<Hindi, Ind. cook.)* pop(p)adam, pop(p)adom, pop(p)adum.

**pop·pe·:** ~**bewind**, ~**regering**, ~**regime** puppet government/regime. ~**kas** puppet show, Punch and Judy show. ~**spel** puppet show; puppet play; puppetry. ~**speler** puppeteer, puppet master. ~**winkel, popwinkel** doll shop.

**pop·pie** *pies*, *(dim.)* dolly, little doll; popsy, baby doll, girl(ie), cutie.

**po·pu·la·ri·seer** *ge* popularise. **po·pu·la·ri·sa·sie** popularisation.

**po·pu·la·ri·teit** popularity, vogue; ~ *soek* play to the gallery, seek favour.

**po·pu·lêr** *lêre* *lêrder* *lêrste* popular, well-liked, *(infml.)* in; adapted to the general public; ~*e musiek* popular music. ~**wetenskaplik** *like* popular scientific; ~*e lesing* popular-scientific lecture.

**po·pu·lier** *liere*, *(bot.)* poplar. ~**boom** poplar. ~**bos** poplar grove. ~**hout** poplar wood.

**po·pu·lis** *liste* populist. **po·pu·lis·me** populism.

**por** *ge* dig in the ribs, nudge, prod, poke; spur on, egg on, urge, incite.

**po·reus** *reuse* *reuser* *reusste* (of *meer* ~ *die mees* *reuse*) porous. **po·reus·heid, po·ro·si·teit** porosity.

**por·fier** *(geol.)* porphyry. **por·fier·ag·tig** *tige* porphyritic.

**por·fi·rie** *(med.)* porphyria.

**po·rie** *rieë*, *(anat., zool.)* pore.

**por·no** *(infml., short for pornografie)* porn(o); *harde/mak ~*, *(infml.)* hard/soft porn(o). ~**film**, ~**fliek**, ~**rolprent** porn(o) film, *(sl.)* skin flick.

**por·no·gra·fie** pornography. **por·no·graaf** *grawe* pornographer. **por·no·gra·fies** *fiese* pornographic.

**po·ro·si·teit** →POREUSHEID.

**por·se·lein¹** porcelain, china(ware). ~**goed** china(ware). ~**slak** cowry, cowrie. ~**ware** china(ware), porcelain goods; crockery. ~**winkel** china shop.

**por·se·lein²** →POSTELEIN.

**por·sie** *sies* part, portion, share; helping, serving.

**port** port (wine). ~**glas** port glass. ~**wyn** port (wine).

**por·taal** *tale* vestibule, entrance hall/lobby, hallway; portal; porch, landing; *(anat.)* vestibule.

**por·te·feul·je** *jes* portfolio; wallet; briefcase; letter case; *die ~ van finansies/ens.* the portfolio of finance/etc.; *met 'n ~ belas* entrusted with a portfolio.

**por·tiek** *tieke* porch, portal; *(archit.)* portico, stoa; *(archit.)* prostyle.

**por·tier¹** *tiers* doorkeeper, doorman; porter *(at the entrance of a hotel etc.)*.

**por·tier²** *tiere*, *(anat.)* pylorus. ~**klep** pyloric valve. ~**klier** pyloric gland.

**port·land·se·ment** Portland cement.

**por·tret** *trette* portrait; picture; *iem. se ~ skilder* do/paint s.o.'s portrait. ~**kuns** portraiture, portrait painting. ~**kunstenaar, ~skilder, portrettis** portrait painter, portraitist.

**Por·tu·gal** *(geog.)* Portugal. **Por·tu·gees** *gese*, *n.* Portuguese. **Por·tu·gees** *gese*, *adj.* Portuguese.

**por·tu·lak** *lakke*, *(bot.)* portulaca, purslane.

**por·tuur** *tuurs* equal, match, peer; party, partner; *baklei met jou ~!* fight s.o. your own size!; *nie iem. se ~ nie* no match for s.o.; *jou ~ kry* find/meet one's match. ~**beoordeling**, ~**evaluering** peer evaluation/review. ~**groep** peer group. ~**(groep)druk** peer pressure.

**pos¹** *poste*, *n.* post, station; post, position, office, function; sentry, picket; *'n ~ aanvaar* assume a post; take up a job; *'n ~ beklee* fill/hold a post; *besnoeiing/vermindering van ~te* job cuts; *op jou ~* at one's post; *'n vakante ~* a vacant post; *jou ~ verlaat* leave one's post. ~**bekleër** incumbent. ~**beskrywing** job description. ~**evaluering** job evaluation. ~**vat** *pos* take/strike root; become established; *'n gedagte vat by iem. pos* s.o. gets hold of an idea.

**pos²** *n.* post, mail; *het die ~ al gekom?* has the post/mail come?; *per kerende ~* by return of post/mail; *met die ~ kom* come by post; *per ~* by mail/post; *iets per ~ versend* send s.t. by post/mail. **pos** *ge*, *vb.* post, mail. ~**adres** postal/mailing address. ~**amptenaar** postal *(or post office)* worker/official. ~**besending** mail. ~**bestelling** mail order; postal/mail delivery. ~**bestel(lings)diens** mail-order service. ~**bode** post-, mailman, *woman*. ~**bus** postbox, mailbox, letter box; (post office) box. ~**busnommer** box number. ~**diens** postal/mail service. ~**duif** homing/carrier pigeon. ~**geld** postage; *ekstra ~* surcharge; *verskuldigde ~* postage due; *vry(gestel) van ~*, ~ *betaal(d)* post-free, post-paid, postage (pre)paid. ~**kaart** postcard. ~**kantoor** post office. ~**kantoorwerker** post office worker. ~**kode** postal code, postcode. ~**lys** mail(ing) list. ~**man** *manne*, ~**vrou** *vroue* postman, *woman*. ~**meester** postmaster. ~**merk** *n.* postmark. ~**merk** *ge*, *vb.* postmark. ~**order** postal/mail order. ~**pakket** postal parcel; *iets as ~ stuur* send s.t. by parcel post. ~**personeel** postal staff, post office staff. ~**sak** postbag, mailbag; *private/privaat ~* private bag. ~**seël** →POSSEËL. ~**stempel** date stamp; postmark. ~**stuk** postal article/item. ~**tarief** postal rates, (rates of) postage. ~**trein** mail train, postal train, mail carrier. ~**unie** postal union. ~**vliegtuig** mail plane. ~**vry** post-free, post-paid, postage (pre)paid. ~**werker** postal employee/worker. ~**wese** postal service, postal affairs, general post office; *pos- en telekommunikasiewese* posts and telecommunications. ~**wet** post office act. ~**wissel** money/postal order.

**pos³** *vb.*, *(infml.)* drop, demote *(a player)*; sack, send packing *(a worker)*.

**po·se¹** *ses*, *n.*, *(dated)* while, time, interval, spell; →POUSE, TUSSENPOSE.

**pose²** *poses*, *n.*, *(<Eng.)* pose; attitude. **po·seer** *(ge)*, *vb.* pose, attitudinise, strike an attitude, give a sitting; *vir iets ~* sit for s.t. *(a portrait)*. **po·seer·der** *ders* sitter. **po·seur** *seurs* poseur, attitudiniser.

**Po·sei·don** *(Gr. myth.)* Poseidon.

**po·si·sie** *sies* position, posture; position, attitude; position, situation; bearings; (social) position/rank/status/standing; stance; plight; *(mus.)* position; *(comp.)* address; *jou ~ bepaal*, *(lit.)* find/get/take one's bearings; *'n goeie/gunstige ~ probeer verkry* jockey/manoeuvre for position; *in 'n gunstige ~ wees/verkeer* be in a favourable position, *(infml.)* be sitting pretty; *in 'n moeilike ~* in an awkward position, in a quandary/predicament; *iem. in sy/haar ~* s.o. in his/her position/situation; ~ *inneem (teen …)* take position *(or make a stand)* (against …); *in 'n netelige ~* in a difficult/ticklish/tricky position; *'n onhoudbare ~* an untenable position; *iemand van ~* a person of status; *jou ~ verstewig* consolidate one's position, *(infml.)* dig o.s. in; *weet wat jou ~ is* know where one stands. ~**bepaling** fix, fixing of position, location.

**po·si·si·o·neel** *nele* positional.

**po·si·tief** *tiewe*, *n.*, *(gram., phot., math.)* positive. **po·si·tief**

=*tiewe, adj.* positive, sure, certain; **altyd** ~ always positive/ optimistic; ~*tiewe* **bewys** positive proof; ~*tiewe* **diskrimi= nasie** positive discrimination; ~*tiewe* **pool,** *(phys.)* positive pole; ~*tiewe* **sy** positive side, upside *(of a situation).* **po·si· tief** *adv.* positively, definitely, certainly. **po·si·tie·we** *n. (pl.)* senses, wits; consciousness; **al** *jou* ~ **bymekaar** *hê* have/keep one's wits about one; *by jou* ~ **bly** remain conscious; *heelte= mal* **by** *jou* ~ quite o.s.; *nie* **by** *jou* ~ *nie* not in one's right mind; *jou* ~ **bymekaarhou** keep one's head; *toe iem. weer by sy/haar* ~ **kom** when s.o. regained consciousness; *van jou* ~ **raak** lose one's head *(fig.); by jou* **volle** ~ quite sane.

**po·si·ti·vis** =*viste, (also* P~) positivist. **po·si·ti·vis·me** *(also* P~) positivism. **po·si·ti·vis·ties** =*tiese* positivist(ic).

**po·si·tron** =*trone, (phys.)* positron.

**po·sjeer** *(ge)=, (cook.)* poach; *ge=de eier/vis* poached egg/fish. ~**pan** *(cook.)* poacher.

**pos·se·ël** *(postage)* stamp; '*n* ~ *op 'n brief sit/plak* stamp a letter. ~**kunde** philately. ~**versamelaar** stamp collector, phi= latelist. ~**versameling** stamp collecting, philately; stamp col= lection.

**post·da·teer** *ge=* postdate.

**post·dok·to·raal** =*rale* postdoctoral *(student etc.).*

**pos·te·lein, por·se·lein** *(bot.)* purslane, portulaca. ~**blom** rose moss.

**pos·te re·stan·te** *(Fr.)* poste restante.

**pos·te·ry·e:** *die* ~ the (general) post office, posts, postal services.

**post·fe·mi·nis·me** postfeminism. **post·fe·mi·nis** =*niste* post= feminist. **post·fe·mi·nis·ties** =*tiese* postfeminist.

**Post-Im·pres·si·o·nis·me, Post·im·pres·si·o·nis·me** *(art hist., also* p~) Postimpressionism.

**post·in·dus·tri·eel** =*triële* postindustrial.

**post·ko·ï·taal** =*tale* postcoital.

**post·mil·len·ni·a·lis·me** *(fundamentalist Chr. doctrine)* post= millennialism. **post·mil·len·ni·a·lis·ties** =*tiese* postmillennial.

**post·mo·dern** postmodern. **post·mo·der·nis** *(also* P~) post= modernist. **post·mo·der·nis·me** *(also* P~) postmodernism. **post·mo·der·nis·ties** *(also* P~) postmodernist.

**post·na·taal** =*tale* postnatal; ~*tale* **depressie** postnatal depres= sion.

**post·par·tum** *(Lat., med., vet.)* postpartum. ~**-depressie** post= partum depression.

**post·po·si·sie** *(gram.)* postposition.

**post scrip·tum** =*tums* postscript.

**post·struk·tu·ra·lis·me** *(also* P~) poststructuralism. **post· struk·tu·ra·lis,** =*liste, (also* P~) poststructuralist. **post·struk· tu·ra·lis·ties** =*tiese, (also* P~) poststructuralist.

**post·trau·ma·ties, post·trou·ma·ties** =*tiese* post-trau= matic; ~*e* **stresversteuring**/=*sindroom, (med.)* post-traumatic stress disorder/syndrome.

**pos·tu·leer** *ge=* postulate, posit. **pos·tu·laat** =*late, (log., math.)* postulate.

**pos·tuum** =*tume* posthumous(ly).

**pos·tuur** =*ture* figure, shape, build; stature; posture; *klein van* ~ short in stature; *iem. het 'n oulike* ~*(tjie)* s.o. has a trim little figure.

**post·vi·ra·le sin·droom** *(med.)* postviral syndrome.

**pot** *potte, n.* pot, jar; pot, saucepan; ca(u)ldron; (chamber) pot; (flower)pot; *(min.)* pocket; *(billiards, cards, tennis, etc.)* game; pool, stake(s), kitty; *elke* ~ *kry sy* **deksel,** *(infml.)* every Jack has his Jill; *hulle gooi hulle ... in* **een** ~ they pool their ... *(money etc.); **geld** in die* ~ money in the pool/bank; *die* ~ *verwyt die* **ketel** *(dat hy swart is)* the pot calls the kettle black; *die* ~ *aan die* **kook** *hou* keep the pot boiling, keep the home fires burning; *die* ~ **mis** *sit, (infml.)* fail, miss the mark; *die* ~ **opsit** put the pot on; ~*te en* **panne** pots and pans, hollow=

ware; *iets vir die* ~ **skiet** shoot s.t. for the pot; '*n* ~ **(vol)** *sop/ens.* a pot(ful) of soup/etc.. **pot** *ge=, vb.* hoard (up), save (up); pot *(plants);* →OPPOT. ~**blou** bright blue; livid. ~**bor= sel** pot/saucepan brush. ~**braai** *potgebraai, ge=* pot-roast. ~**braaistuk** pot roast. ~**brood** pot bread. ~**deksel** pot lid. ~**dig** tightly closed. ~**klaar** *(cook.)* dressed. ~**klei** pot(ter's) clay, pot clay; sticky mud; argil; plastic clay. ~**lap** potholder. ~**plant** pot(ted) plant. ~**skerf** potsherd, (pot)shard. ~**skoot** potshot. ~**skraper** pot scraper. ~**spel** pool. ~**staander** pot rest, saucepan stand. ~**(stook)ketel** pot still. ~**toe** tightly closed. ~**vis** sperm whale, cachalot. ~**yster** cast iron.

**po·ta·ge** =*ges, (Fr.: thick soup)* potage.

**pot·as** potash; →KALIUMKARBONAAT.

**po·ten·si·aal** =*siale, n.* potential. ~**verskil** *(phys.)* potential difference, difference of potential.

**po·ten·sie** =*sies* power, potency, strength, force, might; (sexu= al) potency, virility. **po·ten·si·eel** =*siële, adj.* potential.

**po·ten·taat** =*tate* potentate.

**po·tig** =*tige* strong-limbed.

**pot·jie** =*jies, (dim.)* little pot/jar; *(child's)* potty *(infml.); (anat.)* socket; game; bout; small pool; *(SA cook.)* potjie; '*n baba leer om 'n* ~ *te* **gebruik** potty-train a baby; *jou eie* ~ **krap** shift/ provide for o.s., *(infml.)* paddle one's own canoe; '*n* ~ *met iem.* **loop,** *(infml.)* cross swords *(or* have a barney) with s.o.; '*n* ~ **speel** have a game; *iem. se skouer/ens. is* **uit** *die* ~ s.o.'s shoul= der/etc. is out of joint, s.o. has dislocated his/her shoulder/ etc.. ~**dissipline** potty-training. ~**kos** *(SA cook.)* potjiekos. ~**rol** =*rolle, (infml.)* roly-poly, fatty, dumpling, butterball, fatso.

**Pot·jies·la·tyn** dog Latin.

**pot·lood** =*lode, n.* (lead) pencil; graphite; *iets met* ~ *aanbring* pencil in s.t.; *met ('n)* ~ *skryf/skrywe* write in pencil. ~**houer** pencil box/case. ~**skerpmaker** pencil sharpener. ~**skrif** writing in pencil. ~**snor** pencil moustache. ~**streep** pencil line/mark, line in pencil; pencil(led) line; pencil stripe. ~**stre= pie** pencil stripe; pinstripe. ~**tekening** pencil drawing.

**pot·pour·ri** =*ri's* potpourri, medley, mixed bag.

**pot·sier·lik** =*like* clownish, ludicrous, ridiculous, farcical, *(infml.)* dorky. **pot·sier·lik·heid** clownishness, ludicrousness, ridiculousness, grotesqueness, farcicality, farcicalness, drol= lery.

**pot·te·bak·ker** potter, pottery maker, ceramist. **pot·te·bak= ke·ry** pottery, ceramics, potter's art; pottery industry, pot= ter's trade; pottery (works).

**pot·te·bak·kers=:** ~**klei,** ~**aarde** potter's clay, argil. ~**kuns** pottery, ceramics, fictile art. ~**wiel** potter's wheel.

**pou** *poue* peacock; *so trots soos 'n* ~ as proud as a peacock. ~**blou** peacock blue. ~**eier** peahen's egg. ~**mannetjie** pea= cock, peafowl. ~**oogmot** peacock moth, emperor moth. ~**stert** peacock's tail. ~**veer** peacock's feather. ~**wyfie** peahen, pea= fowl.

**pouk** *pouke, (mus. instr.)* kettledrum, timpano. ~**speler, ketel= trompspeler** =*lers,* **poukenis** =*niste* kettledrummer, kettle= drum player, timpanist.

**pous** *pouse, (RC)* pope, pontiff; *die* P~ the Pope, the Holy Father, the Supreme Pontiff; *as* ~ *optree* pontify, pontificate. ~**mobiel** *(infml.: bulletproof vehicle used by the Pope)* Pope= mobile.

**pous·dom** papacy, popedom.

**pou·se** =*ses* pause; interval, break, intermission; *(sport)* half= time; recess; *(mus.)* rest; '*n* ~ *in die gesprek* a lull in the con= versation; *met* ~ at the interval; during the interval. **pou·seer** *(ge)=, (fml.)* pause, stop for a while, break off.

**pous·lik** =*like* papal, pontifical; ~*e* **amp** pontificate; ~*e* **de= kreet** decretal; ~*e* **gesant** nuncio; ~*e* **mag** papal power, power of the keys; ~*e* **waardigheid** papacy.

**pous·skap** pontificate.

**po·wer** ~, =were =werder =werste poor, meagre, miserable; ~(e) resultaat meagre result; ~(e) ekskuus miserable excuse. **po= wer·heid** meagreness.

**Praag** (geog.) Prague. **Praags** Praagse (of) Prague.

**praal** n. splendour, pomp, magnificence, glory, display; show, flamboyance, gaud; trappings. **praal** ge=, vb. boast, flaunt, peacock; scintillate, glitter, shine, twinkle, shimmer; ~ met iets flaunt/parade (or show off) s.t.. ~**bed** bed of state; op 'n ~ lê lic in state. ~**graf** =grafte(s) mausoleum. ~**kamer** state= room. ~**koets** state coach. ~**siek** =sieke ostentatious, fond of display. ~**sug** ostentation, showing-off. ~**vertoon** pageant= ry, pomp, ostentation, pageantry. ~**wa** float (in a procession).

**praat** n. talk(ing); gossip; dit bly by ~ it is only talk; iem. aan die ~ hou keep s.o. talking; iem. aan die ~ kry get s.o. to talk, draw s.o. into conversation. **praat** ge=, vb. talk, chat, speak, converse; almal ~ van … … is the talk of the town; begin ~ get talking; 'n bietjie ~ have a talk; oor iets bly ~, gedurig oor iets ~ keep on about s.t.; daar word van ge~ it is setting tongues wagging; daarvan ge~ speaking of that; jou flou ~, (infml.) talk one's head off; hulle ~ almal gelyktydig they speak in chorus; genoeg ge~! cut the cackle!; met gesag ~ speak authoritatively; goed van iem. ~ speak well of s.o.; iem. ~ groot s.o. talks big, s.o. has a big mouth; hard ~ speak loudly; speak out; harder ~ speak up, raise one's voice; ~ (asseblief) harder! (please) speak up!; jou hees ~ talk o.s. hoarse; uit die hoogte met iem. ~ talk down to s.o.; iem. klaar laat ~ let s.o. have his/her say; iem. laat ~ let s.o. talk; draw s.o. out; lelik ~ use bad language; mag ek 'n oomblik(kie) met jou ~? may I have a word with you?; dis maklik om te ~ it's easier said than done; dis maklik om nou/agterna te ~ it is easy to be wise after the event; jy kan maklik ~ it is all very well for you to talk; hulle ~ nie met mekaar nie they are not on speaking terms; met iem. ~ speak/talk to s.o.; have a word with s.o.; have/hold a discussion with s.o.; met iem. oor iets ~ talk to s.o. about s.t.; raise s.t. with s.o.; min ~ be a man/woman of few words; moenie ~ nie!, (infml.) and how!; you're telling me!; moenie so ~ nie! do not talk like that!; moenie ~ van … nie!, (infml.) you've never heard/seen …! (such a mess etc.); só moet 'n mond mos ~!, (infml.) now you're talking!; namens iem. ~ speak for s.o.; nie om van te ~ nie not worth mentioning; kan jy nie ~ nie? have you got noth= ing to say?, (infml.) have you lost (or has the cat got) your tongue?; dis niks om van te ~ nie it is nothing to shout (or not worth shouting) about; nou ~ jy!, (infml.) now you're talking (sense)!, that's the way to talk!; you're telling me!; noudat ons van … ~ talking of …; om nie (eens/eers) van … te ~ nie to say nothing of …, let alone …, not to mention …; om iets heen ~ beat about the bush (infml.); al om iets ~ talk round s.t.; ~ net omdat ~ ~ is talk for the sake of talking; 'n onder= werp waaroor nie ge~ word nie an undiscussed topic; oor iets ~ speak on s.t. (a subject); speak to s.t. (a motion etc.); oor/van … ~ speak/talk of/about …; mention …; oor/van sport/ens. ~, (also) talk sport/etc.; nie oor/van iets ~ nie be silent about s.t.; openhartig ~ speak/talk frankly; open up; iem. se ore van sy/haar kop (af) ~, (infml.) talk the hind leg off a donkey, talk nineteen to the dozen; om padlangs te ~ to put it baldly; padlangs/reguit ~ be outspoken; speak (straight) out; speak one's mind; call a spade a spade (infml.); gaan sit en ~ sit down and talk, get round the table; skaars met me= kaar ~ hardly speak (to each other); van iem. sleg ~ speak evil of s.o.; teen … ~ speak against …; tevergeefs/verniet ~ waste one's breath; tussenin ~ chime/chip in (infml.); van … ~ →oor/van; nie wil hê dat die mense van jou ~ nie not want to be talked about; nie om van te ~ nie not worth men= tioning; hulle ~ by mekaar verby they are talking at cross= purposes; jy ~ verniet! save your breath!; iem. ~ vloeiend/ vlot Afrikaans/ens. s.o. is fluent in Afrikaans/etc.; wat ~ jy? what are you talking about?; of wat ~ ek (alles)? or am I talk= ing nonsense?; weet wat/waarvan jy ~ know what one is

talking about; (infml.) know one's stuff; hoor wie ~! you can('t) talk!; kyk wie ~!, jy's 'n mooi een om te ~!, (infml.) look who's talking!, you're a fine one to talk!; met iem. wil ~ want to speak to (or have a word with) s.o.. ~**afstand:** binne ~ with= in speaking distance. ~**film,** ~**prent** (obs.) talking film/pic= ture, (infml.) talkie. ~**kous** chatterbox, talker, tattler. ~**lustig** =tige talkative, garrulous, loquacious, chatty. ~**pop** ventrilo= quist's dummy. ~**siek** garrulous, loquacious, talkative; ~ wees have verbal diarrhoea. ~**trom** (W.Afr. mus.) talking drum. ~**werk:** die ~ doen do the talking.

**praat·jie** =jies talk; rumour, story, fairy tale, (in the pl., also) gossip, tattle; 'n ~ met iem. aanknoop start chatting to/with s.o.; al daardie/dié ~s oor … all that/this stuff about …; (mooi) ~s vul geen gaatjies (nie) talk is cheap (but money buys the whisky); fair/fine words butter no parsnips; 'n ~ hou/lewer give a talk; ~s oor koeitjies en kalfies small talk; ~s maak make conversation, exchange pleasantries; met iem. 'n ~ maak chat to/with s.o.; 'n ~ oor … a talk about/on …; ~s rondver= tel peddle/spread gossip; dis sommer ~s it is idle talk (or a mere rumour); moet jou nie aan ~s steur nie do not take no= tice of idle gossip; ~s vir die vaak idle talk; verliefde ~s sweet nothings (infml.). **praat·jies·ma·ker** babbler, prattler, gos= sip; boaster, braggart, bluffer, windbag; phrase maker/mon= ger. **praat·jies·ma·ke·ry** phrase mongering, phrase-making.

**praat·sug·tig** =tige garrulous, talkative, loquacious.

**prag** beauty, splendour, magnificence, pomp, grandeur, flam= boyance; die ~ van die natuur the beauty of nature; ~ en praal pomp and ceremony/circumstance/pageantry, ostentation, grandness; 'n ~ van 'n … a splendid/ripping/stunning … ~**drie** (rugby) magnificent try. ~**stuk** beautiful piece of work, beauty, masterpiece, gem; scorcher, stunner. ~**uitgawe** edi= tion de luxe, de luxe edition. ~**vertoning** fine/splendid show; great performance/achievement. ~**woning** stately home.

**prag·ma·tiek** =tieke, **prag·ma·ties** =tiese, adj. pragmatic.

**prag·ma·tis·me** pragmatism. **prag·ma·tis** =tiste, **prag·ma= ti·kus** =tikusse, =tici pragmatist.

**prag·tig** =tige =tiger =tigste splendid, magnificent, superb, grand, gorgeous; exquisite, fine, beautiful, wonderful, lovely; fine, superior, excellent; stunning, luxurious, sumptuous, spec= tacular; 'n ~e geleentheid a splendid opportunity; 'n ~e uitsig a beautiful/lovely/splendid view; ~e weer beautiful/lovely weather.

**prak·seer** (ge)= devise, contrive; plan.

**prak·ties** =tiese =tieser =tiesste (of meer ~ die mees =tiese), adj. practical; handy, useful; practical, realistic; workable, work= ing; feasible; operative; dit is ~ … for all practical purposes it is …; ~e kennis practical/working knowledge; as dit ~ moontlik is if it's feasible (or can feasibly be done); dis ~ onmoontlik it's/that's practically/quite impossible, it can't feasibly be done; ~e reël rule of thumb; ~e sin sense of re= ality, practicality; ~e voorstel practical/workable proposal. **prak·ties** adv.: ~ (gesproke) practically, for all practical purposes, virtually, in all but name, in effect, to all intents and purposes.

**prak·ti·kus** =tikusse, =tici practical person.

**prak·ti·seer** ge= practise; as dokter/ens. ~ practise as a doc= tor/etc.. **prak·ti·syn** =syns, (legal, med., etc.) practitioner.

**prak·tyk** =tyke practice; praxis; 'n groot ~ hê, (a doctor etc.) have a large practice; 'n ~ hê, in die ~ staan, (also) be in practice; in die ~ in practice; for all practical purposes; practically speaking; sonder ~ without a practice; (a lawyer) briefless; twyfelagtige ~e shady practices; volgens ~ by rule of thumb.

**pra·lien** =liene, (a sweet) praline.

**pram** pramme, (coarse) tit, boob.

**pra·se·o·di·mi·um** (chem., symb.: Pr) praseodymium.

**pra·ten·de kop** (TV, infml., joc.) talking head.

**pra·ter** =ters talker, conversationalist; onderhoudende ~ con=

versationalist. **pra·te·rig** =rige talkative, garrulous, chatty. **pra= te·rig·heid** talkativeness, garrulity, garrulousness, loqua= ciousness, loquacity. **pra·te·ry** talk(ing), tattle, gossip.

**pre·a·do·les·sen·sie** preadolescence. **pre·a·do·les·sent** =sente, n. & adj. preadolescent.

**pre·da·sie** (zool.) predation.

**pre·des·ti·neer** ge=, (theol.) predestine. **pre·des·ti·na·sie** pre= destination.

**pre·di·kaat** =kate, (gram., log.) predicate; class mark, sym= bol, grade; attribute, title; ~term (log.) major term.

**pre·di·kant** =kante minister (of religion), man/woman of the cloth, clergyman, =woman, parson, pastor, vicar; chap= lain; →PREDIKER; 'n ~ beroep call a minister; ~ word enter/ join the church, enter the ministry, take (holy) orders. **pre= di·kant·ag·tig** =tige parsonic(al). **pre·di·kant·skap** minister= ship.

**pre·di·kants·:** ~kind minister's child. ~woning parsonage, manse.

**pre·di·ka·sie** =sies sermon, homily; lecture.

**pre·di·ka·tief** =tiewe, (gram.) predicative.

**pre·di·ker** =kers preacher, clergyman, =woman, pastor, vicar, rector, parson; minister (of religion); (die Boek) P~, (OT) (the Book of) Ecclesiastes.

**pre·di·king** preaching, ministry.

**pre·dis·po·neer** ge= predispose (to). **pre·dis·po·si·sie** =sies predisposition (to).

**preek** preke, n. sermon, homily; discourse, lecture; →PRE= KER; 'n ~ oor ... hou/lewer deliver/hold/preach a sermon on ...; vir iem. ~ preach to s.o.; preach at s.o.. **preek** ge=, vb. preach, deliver/preach a sermon; sermonise, reprove, read a lecture; preach, proclaim; ~beurt turn to preach; preaching engagement; 'n ~ waarneem/vervul officiate; ~stoel pulpit.

**pre·ë·klamp·sie, pre·e·klamp·sie** (med.) pre-eclamp= sia. **pre·ë·klamp·ties, pre·e·klamp·ties** =tiese pre-eclamptic.

**pre·ëm·bri·o, pre·em·bri·o** (med.) pre-embryo. **pre·ëm= bri·o·naal, pre·em·bri·o·naal** =nale pre-embryonic.

**pre·fa·bri·seer** ge= prefabricate.

**pre·fek** =feks, =fekte prefect.

**pre·fe·rent** =rente preferential; ~e aandeel preference/pre= ferred share.

**pre·fiks** =fikse, (gram.) prefix.

**pre·fron·taal** =tale, (anat.) prefrontal.

**pre·his·to·ries** =riese prehistoric.

**prei** preie leek.

**pre·ïn·dus·tri·eel, pre·in·dus·tri·eel** =triële preindus= trial.

**Pre·kam·bri·um** (earliest geol. era) Precambrian. **Pre·kam= bries** =briese Precambrian.

**pre·ker** =kers preacher. **pre·ke·rig** =rige preachy, parsonic(al), sermonical, moralising. **pre·ke·rig·heid** preachiness. **pre= ke·ry** preaching, preachment, sermonising.

**pre·kêr** =kêre =kêrder =kêrste (of meer ~ die mees =kêre) pre= carious, uncertain.

**pre·kor·di·aal** =diale, (anat..) precordial.

**pre·laat** =late, (RC) prelate.

**pre·li·mi·nêr** =nêre preliminary, introductory.

**pre·lu·de** =des, **pre·lu·di·um** =diums, =dia, (mus.) prelude.

**pre·ma·tuur** =ture premature; preterm (baby).

**pre·me·di·ka·sie** (med.) premedication.

**pre·me·di·teer** ge= premeditate. **pre·me·di·ta·sie** premedi= tation.

**pre·men·stru·eel** =struele premenstrual; ~struele sindroom, (abbr.: PMS) premenstrual syndrome (abbr.: PMS); ~struele spanning, (abbr.: PMS) premenstrual tension (abbr.: PMT).

**pre·mie** =mies premium; bounty, bonus; 'n ~ op iets stel put a premium on s.t.. ~jaer (stock exch.) stag, premium hunter.

~tarief premium rate. ~vry non(-)contributory; free of pre= mium(s).

**pre·mier** =miers premier, prime minister. **pre·mier·skap** =skappe premiership, prime ministership, prime ministry.

**pre·mi·è·re** =res premiere, first performance, first/opening night.

**pre·mis** =misse, **pre·mis·se** =ses, (log.) premise.

**pre·na·taal** =tale prenatal.

**prent** prente, n. picture, illustration; engraving; print repro= duction; film, (infml.) pic; in/op 'n ~ in/on a picture. **prent** ge=, vb. impress, imprint (on); iets in die geheue ~, (also) fix s.t. in/on the memory, memorise s.t.. ~kaart (card games) face card, court card, picture card. ~poskaart picture post= card. ~verhaal, prenteverhaal comic (strip); photonovel.

**pren·te·:** ~blad pictorial; comic. ~boek picture book. P~= bybel pictorial Bible. ~lys picture rail/rod, moulding.

**prent·jie** =jies, (dim.) (small) picture; iem. se gesig is 'n ~ s.o.'s face is a study; ~s kyk look at pictures; 'n rooskleurige ~ skets/skilder, (fig.) paint a rosy picture, paint in bright col= ours; dit verander die ~, (fig.) that takes on added colour. ~mooi (as) pretty as a picture, picture-postcard.

**pre·ok·ku·pa·sie** preoccupation; preoccupancy.

**pre·o·pe·ra·tief, pre·ö·pe·ra·tief** =tiewe, (surg.) pre-op= erative.

**pre·pa·raat** =rate, (pharm., phys.) preparation; (med.) speci= men; (microscopic) slide/section.

**pre·po·si·sie** =sies, (gram.) preposition; →VOORSETSEL. **pre= po·si·si·o·neel** =nele prepositional.

**pre·pri·mêr** =mêre preprimary; ~e skool preprimary school.

**pre·pu·ber** =bers, n. pre(-)pubescent. **pre·pu·ber·teit** pre(-)puberty.

**prê·rie** =ries prairie. ~hoender prairie chicken/hen. ~hond (a ground squirrel) prairie dog. ~wolf coyote, prairie wolf.

**pre·ro·ga·tief** =tiewe prerogative; 'n ~ uitoefen exercise a prerogative.

**pres·bi·o·pie** (med.:far-sightedness) presbyopia. **pres·bi·oop** =biope, adj. presbyopic.

**pres·bi·ter** =ters, (hist., eccl.) presbyter. **Pres·bi·te·ri·aan** =riane, n., (member of the Presbyterian Church) Presbyterian. **pres·bi= te·ri·aans** =aanse, adj. presbyterian; P~e Kerk Presbyterian Church.

**pre·se·dent** =dente precedent; 'n ~ skep create/establish/set a precedent.

**pre·sens** =sense, (gram.) present (tense).

**pre·sen·sie** presence, attendance. ~geld attendance fee. ~lys attendance register, roll; die ~ (af)lees/afroep call the roll.

**pre·sent** =sente, n. present, gift; handout; dis ~ it's on the house (infml.); it's a present/gift; iem. 'n ~ gee give s.o. a present; iem. iets ~ gee give s.o. s.t. as a present; present s.t. to s.o., present s.o. with s.t.; iets ~ gee, (also) hand out s.t.; ek wil dit nie ~ hê nie I wouldn't have it as a gift; 'n ~ kry get a present; iets ~ kry get s.t. as a present; 'n ~ vir ...van ... a present for ... from ... ~eksemplaar complimentary/ presentation copy.

**pre·sen·teer** ge= present, introduce; (fml.) offer, hand (a)round (refreshments); submit; ~ geweer!, (mil.) present arms!. **pre= sen·ta·sie** =sies presentation, introduction.

**pre·ser·veer** ge= preserve. ~middel =dels, =dele preservative. **pre·ser·ve·ring** preservation.

**pre·ses·sie** =sies, (phys., astron.) precession.

**pre·si·dent** =dente president; governor (of a bank); chair= man, =woman. **pre·si·den·si·eel** =siële presidential; ~siële veldtog presidential campaign. **pre·si·dent·skap** =skappe presi= dency, chairmanship.

**pre·si·dents·:** ~veldtog presidential campaign. ~verkie=

**sing** presidential election. **~vrou** president's wife/lady, *(US, often caps.)* first lady. **~woning** presidency, presidential residence.

**pre·sies** =siese =sieser =siesste, adj. precise, exact, just; accurate, specific; precise, meticulous, painstaking, careful; neat, tidy, particular; ~*e middelpunt* dead centre; *die ~e tyd en plek* the exact time and place; *..., om ~ te wees ...,* to be specific. **pre·sies** adv. precisely, exactly; ~ *om agtuur* at exactly eight, at eight exactly, at eight o'clock precisely/ sharp; ~ *asof ...* for all the world as if ...; *wat bedoel jy ~?* what exactly do you mean?; *dis ~ wat ... doen ...* is doing precisely that; *dis ~ wat iem. gesê het* those were s.o.'s exact words; *in ~ tien sekondes* in exactly ten seconds, in ten seconds flat; ~ *'n jaar* a year to the (very) day; *hoe laat is dit ~?* what is the exact time?; ~ *om tienuur/ens.* at ten/etc. o'clock sharp; ~ *op daardie oomblik* at that exact moment; ~ *reg* just so; ~ *so!* just so!, quite so!; ~ *die teenoorgestelde* the direct opposite *(of);* ~ *op tyd* just on time, on the minute/ dot; *waarom ~?* just why?; *weet jy ~ ...?* do you know exactly ...?. **pre·sies·heid** accuracy, preciseness, exactness, minuteness; tidiness, neatness, fastidiousness.

**pre·si·pi·taat** =tate, n., (chem.) precipitate, precipitation.

**pre·si·pi·teer** ge=, vb., (chem.) precipitate. **pre·si·pi·ta·sie** *(chem., meteorol.)* precipitation. **pre·si·pi·teer·der** =ders, (chem.) precipitator.

**pre·si·seer** ge= state in detail, specify, be explicit, define more exactly. **pre·si·se·ring** explication, exact definition/statement, specification, detailed statement.

**pre·si·sie** precision; accuracy; high fidelity; split-second timing. **~gereedskap** precision tools. **~werk** precision work.

**pre·skrip·sie** =sies, (med., jur.) prescription. **pre·skrip·tief** =tiewe prescriptive.

**pres·ta·sie** =sies achievement, feat, performance, accomplishment; exploit; form; *(econ.)* performance; *(in the pl., also)* record (of achievement); attainment; effort; *'n besondere/groot* ~ *behaal* accomplish an outstanding feat; *iem. na ~ oordeel* judge s.o. on form; *geen geringe ~ nie* no mean achievement. **~gebonde loon/salaris** performance-related pay. **~kwo siënt** achievement quotient. **~loon** incentive pay/wage, performance-linked/-based pay, merit pay. **~toets** achievement/ performance test. **~vermoë** capacity; *(mech.)* performance.

**pres·teer** (ge)= perform, succeed; do well, make good, excel, make one's mark, prove o.s.; *beter ~* do better; *(goed) ~* do well, acquit o.s. well (of a task), put up *(or* turn in) a good performance, make a good showing, do a good job; *swak ~* make a poor showing. **pres·teer·der** =ders achiever, succeeder.

**pres·tige** prestige, influence, reputation. **~waarde** prestige value.

**pres·to** *(It., mus.: fast)* presto. **pres·tis·si·mo** *(It., mus.: very fast)* prestissimo.

**pret** fun, pleasure, merrymaking, merriment, amusement, enjoyment, entertainment, cheer, jollification; *baie/groot* ~ great *(or* lots of) fun; *die ~ bederf* spoil the fun; *die grootste ~ hê* have great fun, have a great time; *(infml.)* have a ball, have a fun/smashing time; ~ *hê* enjoy o.s., have fun, have a good time; ~ *en jolyt* fun and games; ~ *maak* make merry; lark about/around; *saam ~ maak* join in the fun; *vir oulaas nog ~ hê* have a final fling; ~ *en plesier* fun and games; *uit bundige ~* rollicking/wild fun; *iets vir die ~ doen* do s.t. for fun/kicks *(or* a giggle); *vol ~* fun-filled. **~bederwer** spoilsport, killjoy, wet blanket, *(infml.)* party pooper. **~draf** fun run. **~lustig** =tige fun-loving. **~maker** merrymaker, reveller. **~makery** merrymaking, high jinks. **~park** funfair, amusement park, pleasure ground. **~wiel** joy wheel.

**pre·ten·dent** =dente pretender, claimant.

**pre·ten·sie** =sies pretension, presumption, pretence; pretentiousness; *sonder ~* without pretension; *sonder ~, (also)* unassuming; *vol ~(s)* pretentious, full of pretensions. **preten·sie·loos** =lose unpretentious, unpretending, unassuming, modest. **pre·ten·si·eus** =sieuse pretentious, affected.

**pre·te·ri·tum** =ritums, =rita, (gram.) past tense.

**pret·lie·wend** =wende pleasure-loving.

**Pre·to·ri·a** (geog.) Pretoria. **Pre·to·ri·a·ner** =ners, n. Pretorian. **Pre·to·ri·a·se** adj. (attr.) Pretorian, (of) Pretoria.

**pret·tig** =tige pleasant, enjoyable, nice, pleasurable, pleasing, jolly, fun; nice, agreeable; congenial; gratifying; ~*e dae* fun-filled days; *dit is ~ om te ...* it is fun to ...; *'n ~e uitstappie* a jolly outing; *iets ~ vind* find s.t. pleasant, enjoy/like s.t..

**preuts** preutse prim and proper, prudish, strait-laced, stuffy, narrow-minded, *(infml.)* schoolmarmish. **preuts·heid** primness, prudishness, prudery.

**pre·wel** ge= mutter, mumble.

**pri·eel** priële arbour, bower; trellis; pergola.

**priem** prieme, n. awl; dagger, stiletto; stylus; spike; prod; *(med.)* stylet; *(mus.)* prime. **priem** ge=, vb. pierce, prick.

**priem** *(math.):* ~*faktor* prime factor. ~*getal* prime number.

**pries·ter** =ters priest; presbyter; *diensdoende ~* celebrant. **~amp, priestersamp** priestly office. **~gewaad** canonicals, priestly/sacerdotal dress/garb, vestment. **~kleed** cassock, priestly robe, vestment. **~kruin** tonsure. **~orde** order of priesthood. **~stand** order of priests, priesthood. **~wyding** ordination (to the priesthood); *die ~ ontvang* be ordained (as a priest), receive holy orders.

**pries·ter·dom** priesthood, priestly order; clergy.

**pries·te·res** =resse priestess.

**pries·ter·lik** =like priestly, sacerdotal, hieratic; priestly.

**pries·ter·skap** priesthood, priestly office.

**pries·ters·wo·ning** presbytery.

**prik** prikke, n. prick, prod; *(icht.)* lamprey (eel). **prik** ge=, vb. prick, puncture; tingle; dab, point *(stonework); (archaeol.)* peck; *jou vinger met iets ~* prick one's finger with/on s.t.. **~bord** pinboard, notice/bulletin board.

**prik·kel** =kels, n., (biol.) stimulus; incentive, stimulus, spur; urge, impulse; prick, goad, barb, sting; stimulant, irritant; prick(ling) *(of a nettle); die ~ van ...* the stimulus of ... *(hunger etc.);* the spur/incentive of ... *(ambition etc.); teen die ~s skop, (Bib.)* kick against the pricks. **prik·kel** ge=, vb. excite, irritate, provoke *(s.o.);* stimulate, incite *(s.o. to further endeavour);* goad *(s.o. to fury/madness);* tickle *(the palate, a fancy);* appeal to; titillate; prickle, sting, tingle, fret, nettle; whet *(the appetite).* **~foto** pin-up, girlie/girly photo. **~gas** irritant gas. **~lektuur** salacious/titillating literature/books; sensational reading matter; saucy books. **~middel** =dels, =dele excitant, stimulant; irritant. **~pop, ~meisie** pin-up (girl), page-three girl. **~prins** *(infml.)* looker, dish, Adonis. **~tydskrif** girlie/ girly magazine.

**prik·kel·baar** =bare irritable, touchy, twitchy, excitable, testy, te(t)chy, peevish, petulant, cantankerous, edgy, quick to take offence. **prik·kel·baar·heid** irritability, touchiness, petulance, pricklishness, testiness, te(t)chiness.

**prik·ke·lend** =lende prickly, tingly; stimulating, exciting; scintillating; irritating, provoking, provocative; pungent; piquant; inflammatory; titillating; sexy.

**prik·ke·ling** =lings, =linge stimulus, stimulation; provocation; irritation, stirring; excitation; prickling, tickling; incentive; incitement; thrill, titillation, excitation.

**prik·kel·rig·heid** prickliness.

**prik·kie** =kies, (dim.) slight prick.

**pril·le jeug** early youth; *in die ~* at a tender age.

**pri·ma** =mas, n. prime/top quality; *(fin.)* first of exchange. **pri·ma** adj. prime, first-rate, superb, excellent, great, terrific, fine; ~ *aandele* blue-chip shares; ~ *ballerina* prima ballerina; ~ *beesvleis* prime beef; ~ *effekte* gilt-edged securities; ~ *koers, (banking)* prime rate; ~ *rib* prime rib; ~ *tyd,*

*(TV)* prime time. ~**donna** =nas prima donna; diva. ~**wissel** *(fin.)* first of exchange.

**pri·maat** =mate, *(eccl.)* primate; primacy; *(zool.)* primate.

**pri·ma fa·cie** *(Lat., jur.)* prima facie, at first sight, on the face of it.

**pri·ma·ri·us** =riusse, =rii, *(masc.)*, **pri·ma·ri·a** =rias, *(fem.)* chief delegate; head student.

**pri·ma·to·lo·gie** *(zool.)* primatology. **pri·ma·to·lo·gies** =giese primatological. **pri·ma·to·loog** =loë primatologist.

**pri·mêr** =mêre primary, prime; ultimate; *(astron.)* primary; elemental; ~**e gesondheidsorg** primary health care; ~**e ge= steentes,** *(geol.)* primary rocks; ~**e koste** prime cost; ~**e ny= werheid** primary industry; ~**e produk** primary product.

**pri·mi·tief** =tiewe, n., *(painting etc.)* primitive. **pri·mi·tief** =tiewe =tiewer =tiefste, adj. primitive, crude, rudimentary, makeshift; primary; primal, primeval; elemental. **pri·mi·ti·vis** =viste primitivist. **pri·mi·ti·vis·me** *(also* P~*)* primitivism. **pri·mi·ti·wi·teit** primitiveness.

**pri·mo** *(It.: firstly)* primo.

**pri·mo·ge·ni·tuur** primogeniture.

**pri·mor·di·aal** =diale primordial.

**pri·mu·la** =las, *(bot.)* primula, primrose, polyanthus.

**pri·mus**[1] =musse first; head boy, dux.

**pri·mus**[2] =musse, *(orig. trademark, also* primusstofie*)* primus (stove).

**pri·mus in·ter pa·res** *(Lat.: first among equals)* primus inter pares.

**prins** prinse prince; *(fig.)* prince, grandee; *die ~ van jou drome, (fig.)* Prince Charming; *leef/lewe soos 'n ~* live like a lord/prince, lead a princely life; *~ op die/'n wit perd, (fig.)* knight in shining armour. ~~**gemaal** =male prince consort.

**prins·dom** =domme principality, princedom, princely state.

**prin·ses** =sesse princess.

**prin·si·paal** =pale principal *(in contracts);* headmaster, prin= cipal.

**prin·si·pe** =pes, **prin·siep** =siepe principle; maxim; *in ~* in principle; *uit ~* on principle. **prin·si·pi·eel** =piële fundamen= tal, basic, radical, essential, in principle; ~*piële kwessie* ques= tion of principle; ~*piële onderskeid* fundamental/essential difference.

**prins·lik** =like princely.

**pri·o·ri·teit** =teite priority; *aan ... ~ gee* give priority to ...,  prioritise ... ~**saak** matter of priority. **pri·o·ri·ti·seer** ge= pri= oritise, give priority to.

**pris·ma** =mas, *(geom.)* prism. **pris·ma·ties** =tiese prismatic.

**pri·so·nier** =niers prisoner; convict.

**pri·vaat** ~, =vate =vater =vaatste, adj. & adv. private(ly); *vir ~/=vate gebruik* for personal/private use; ~/=*vate grap(pie)* private joke, in-joke; ~/=*vate inkomste* private income, in= dependent means/income; ~/=*vate les* private lesson; ~/=*vate maatskappy* private/closed/proprietary company, private corporation; ~/=*vate pasiënt* private patient; ~/=*vate (pos) sak* private (post)bag; *~ praktiseer* be in private practice; *'n ~/=vate praktyk begin/hê* go into *(or* be in*)* private prac= tice; ~/=*vate sekretaris* private secretary; *die ~/=vate sektor,* *(econ.)* the private sector; ~/=*vate skool* private school; ~/=*vate speurder* private detective/investigator, *(infml.)* pri= vate eye; ~/=*vate straler/straalvliegtuig* executive jet. ~**reg** private law.

**pri·vaat·heid** privacy.

**pri·va·ti·seer** ge= privatise. **pri·va·ti·se·ring, pri·va·ti·sa·sie** privatisation.

**pri·vi·le·gie** =gies privilege; prerogative; charter.

**pro** prep., *(Lat.)* pro; *~ en contra* pro and con; *~ Deo* pro Deo; *~ forma* pro forma, for form's sake; *~ rata* pro rata, proportionately. *~ forma-faktuur* pro forma invoice.

**pro·ak·tief** =tiewe proactive(ly).

**pro-A·me·ri·kaans** =kaanse pro-American.

**pro-am(-[gholf·]toer·nooi)** pro-am ([golf] tournament) *(for professionals and amateurs).*

**pro·beer** *(ge)* try, attempt; test *(a gun);* try out *(a mach.);* taste, sample *(a cigar, wine, etc.);* seek; try one's hand; have a try; endeavour; *~ daarvan!* try some!; *dit ~ (doen)* give it a try; *iets ~ doen, ~ om iets te doen* try to do s.t.; try one's hand at s.t.; *iets ('n slag) ~ (doen)* have a crack/bash/go/shot/ stab at s.t. *(infml.),* give s.t. a fling/go *(infml.),* have a fling at s.t. *(infml.);* ~ *is die beste geweer* there is nothing like trying; *hard ~* try hard; make every effort; *hoe iem. ook al ~* no matter how s.o. tries; *dit was nie omdat iem. nie (ge)= het nie* it was not for want of trying; *dit moet jy nie met my ~ nie!* don't you try that on me!; *~ (om te) skaats/ens.* attempt/try to skate/etc.; *tevergeefs/verniet ~* try in vain; *weer ~* try again, have another try. ~**slag** =slae experiment, attempt, try; trial, tryout; bash, crack, stab, shot.

**pro·bleem** =bleme problem, question; *'n ~ aanpak* address a problem; *geen ~ nie* no problem; ~*bleme ondervind/teë= / teenkom* experience *(or* pick up*)* problems; *'n ~ oplewer/ skep* pose a problem; *geen ~bleme oplewer/skep nie* pose no problems, be unproblematic; *die ~ vermy* dodge/evade the issue. ~**kind** problem child.

**pro·bleem·pie** =pies, *(dim.):* '*n ~ hê* have a bit of a problem; *(klein) ~* small problem, blip, niggle; *daar het 'n (klein) ~ opgeduik, daar is 'n (klein) ~* there's been a slight hiccup/hic= cough.

**pro·ble·ma·tiek** problem(s), issue, problematic nature.

**pro·ble·ma·ties** =tiese problematic(al), doubtful, question= able.

**pro bo·no pu·bli·co** *(Lat.: for the public good)* pro bono publico.

**pro·cé·dé** =dés, *(Fr.)* process, method, technique.

**pro·duk** =dukte product *(of the industry, the soil; of multiplica= tion);* commodity; *(liter.)* production; result, outcome; *(in the pl., also)* products, produce; *~ van Suid-Afrika, (label on an exported article)* produce/product of South Africa. ~**plasing** product placement *(in TV shows etc.).*

**pro·duk·sie** =sies production, output, yield; *(theatrical)* pro= duction; *in ~* in production; *iets is nie meer in ~ nie* s.t. is/ went out of production; *die ~ van iets verhoog/versnel* step up the production of s.t. ~**baan, ~lyn** production line. ~**be= heer** production control. ~~**eiland, ~toring** production plat= form. ~**goedere** capital/industrial/production goods, capi= tal assets/instruments. ~**ingenieur** production engineer. ~**koste** production cost(s), cost of production, outlay; *alge= mene ~* production overhead. ~**leier** *(film)* producer. ~**reeks** production run. ~**stroom** production flow. ~**vermoë, ~ka= pasiteit** productivity, productive capacity/power, potential output. ~**werkers** n. *(pl.)* direct/production labour.

**pro·duk·te·:** ~**handelaar** produce merchant. ~**mark** =marke, =markte produce market.

**pro·duk·tief** =tiewe productive, remunerative; productive, fruitful; yielding. **pro·duk·ti·wi·teit** productivity, produc= tiveness, productive capacity; profitableness.

**pro·duk·ti·wi·teits·:** ~**aansporing** productivity incentive. ~**bonus** productivity bonus.

**pro·du·seer** ge= produce, turn out, make, manufacture; yield. **pro·du·seer·baar** =bare producible, manufacturable. **pro·du·sent** =sente producer. **pro·du·sen·te·prys** producer's price. **pro·du·se·rend** =rende producing; ~*e land/sektor* pro= ducing country/sector.

**proe** proeë, n. tasting; *'n blinde ~* blind tasting *(of wines etc.).* **proe** ge=, vb. taste, sample *(wine etc.);* net aan jou kos ~ peck/ pick at *(or* toy with*)* one's food; *~ daarvan!* try some!; *iem. iets laat ~* give s.o. a taste of s.t. *(food etc.).* ~**geleentheid, ~sessie** tasting. ~**slag** *(first)* taste/try, sample, test.

**proe·ë·ry** tasting; *'n blinde ~* a blind tasting *(of wines etc.).*

**proef** *proewe, n.* proof, test, trial, experiment; trail (match); sample, specimen; dissertation; *(math.)* proof; *(phys.)* experiment; *(phot. & print.)* proof, copy; examination; sample, try, taste; *op die ~ **gestel** word* be on trial; *proewe **lees*** read proofs; *aan 'n ~ **onderwerp*** subject to (a) trial; *iets op die ~ **stel*** try out s.t., test (out) s.t.; put s.t. to the test; give s.t. a trial; give s.t. a trial run; experiment with s.t.; *iem. op die ~ **stel*** put s.o. to the test; *iem. se geduld op die ~ **stel*** tax s.o.'s patience; *iets **stel** iem. swaar op die ~* s.t. is a heavy tax (up)on s.o.. **proef** *ge=, vb.* try, test; taste; *(infml.)* do teaching practice. **~aanleg** experimental/pilot plant, trial plant. **~afdruk** sample print. **~balans** trial balance. **~ballon** trial/pilot balloon/kite. **~beampte** probation officer. **~blad** proof sheet; specimen page; tear sheet; galley (proof). **(~)buisbaba** test-tube baby. **~buis(ie)** test tube. **~dier** laboratory animal. **~eksamen** mock exam. **~eksemplaar** specimen/sample copy. **~getal** *(math.)* proof number. **~gewig** standard weight. **~glas** test/gauge glass. **~goud** assay gold. **~handtekening** specimen signature. **~huwelik** trial/companionate marriage. **~jaar** trial/probationary year, year of/on probation/trial/approval. **~klas** test class. **~konyn** *(fig.)* guinea pig, experimental subject, laboratory animal; *as ~ dien* be experimented upon, serve (*or* be used) as a test subject (*or* guinea pig). **~leerling** probationer, apprentice. **~lees** *ge=* proofread. **~les** trial/sample lesson; test/specimen lesson; criticism lesson. **~leser** proofreader. **~lopie** trial/dry/dummy run; rehearsal, run-through. **~maand** trial/probationary month. **~maat** standard measure. **~monster** testing sample, specimen. **~munt** sample/proof coin. **~nemer** experimenter; experimental officer; experimentalist. **~onderrig, ~onderwys** practice/student teaching, teaching practice. **~onderwyser** trainee teacher. **~persoon** experimental/test subject, respondent. **~plaas** experimental farm. **~preek** probation/trial sermon. **~rit** test drive; trial run/trip, shake down (run), tryout, preliminary canter; *'n ~ met iets maak* give s.t. a trial run *(a car etc.)*. **~skrif** (doctoral) dissertation, thesis; *aan 'n ~ werk* work on a thesis; *op 'n ~ promoveer* obtain a doctorate on/with a dissertation/thesis. **~stadium** experimental stage. **~stasie** testing/research/experimental station. **~steen** touchstone; model brick. **~stemming** test poll/ballot, trial vote; straw poll. **~sterkte** proof strength. **~stuk** specimen, test piece, sample. **~terrein** proving ground, testing ground/range. **~tyd** (time of) probation, probationary/trial period, apprenticeship; novitiate; *'n ~ uitdien/deurloop* serve one's probation. **~tyd(perk)** trial period. **~wedstryd** *=stryde* trial (match).

**proef·ne·ming** *=mings, =minge* experiment; trial, test(ing); *(in the pl., also)* experimentation; *'n ~ doen/uitvoer* make/conduct an experiment; *by wyse van ~* as an experiment; on an experimental (*or* a trial) basis.

**proef·on·der·vin·de·lik** *=like* experimental(ly), by experience, empirical(ly), by experiment.

**proes** *proeste, n.* sneeze; guffaw; snort *(of a horse).* **proes** *ge=, vb.* sneeze; burst out laughing; guffaw; *(a horse)* snort; *hoes en ~* cough and sneeze. **proe·se·rig** *=rige* sneezy, inclined to sneezing; inclined to laugh.

**proe·sel·tjie** *=tjies* (small) morsel; →PROE.

**prof** *(infml., short for professor)* prof.

**pro·faan** *=fane* profane, impious, secular; profane, sacrilegious, ungodly. **pro·fa·ni·teit** *=teite* profanity.

**pro·feet** *=fete* prophet; seer; prognosticator; *die ou ~fete is dood en die jonges eet brood* there are no prophets any more; *'n ~ is nie geëerd in sy eie land nie, (idm.)* a prophet is not without honour, save in his own country. **pro·fe·sie** *=sieë* prophecy; *die gawe van die ~* the gift of prophecy. **pro·fe·te·man·tel** *(Bib., fig.)* prophet's mantle. **pro·fe·teer** *ge=* prophesy, foretell. **pro·fe·tes** *=tesse* prophetess. **pro·fe·ties** *=tiese* prophetic, fateful, sibylline; *~e gawe* gift of prophecy, second sight.

**pro·fes·sie** *=sies* profession, trade; vocation; *van ~* by pro-fession, professional. **pro·fes·si·o·neel** *=nele, n.* professional, *(infml.)* pro. **pro·fes·si·o·neel** *=nele, adj. & adv.* professional(ly); *~nele raad/advies vra/inwin* seek/take professional advice.

**pro·fes·sor** *=sore, =sors* professor; *iem. is ('n) ~ in Engels/ens.* s.o. is a professor of English/etc.. **pro·fes·so·raal** *=rale* professorial; donnish, learned, professorial. **pro·fes·so·raat** *=rate*, **pro·fes·sor·skap** *=skappe* professorship, professorate, chair; *~ in ...* chair/professorship of ... *(med., chem., etc.).*

**pro·fiel** *=fiele* profile, side view; *(archit.)* section; side face, profile *(of a pers.);* silhouette, skyline; outline; moulding *(of wood, plasterwork, etc.); in ~* in profile; half-faced; *'n ~ van iem. skets* draw a profile of s.o.. **~samestelling** profiling. **~tekening** *=ninge, =nings* profile drawing, side view.

**pro·fi·lak·se** *(med.)* prophylaxis. **pro·fi·lak·ties** *=tiese* prophylactic.

**pro·fi·leer** *ge=* profile; mould, form. **~plank** moulding board.

**pro·fi·teer** *ge=* profit *(by/from),* take advantage *(of),* avail o.s. *(of),* capitalise *(on),* turn s.t. to advantage, cash in on s.t.; *(pej.)* exploit; *van iets ~* benefit/profit from/by s.t., derive profit from s.t.; take advantage of s.t.; make use of s.t..

**pro·fi·te·rool** *(Fr. cook.)* profiterole.

**pro·fyt** *=fyte* profit, gain; *van iets ~ trek* benefit/profit from/by s.t., derive profit from s.t..

**pro·ge·rie, (Gr.) pro·ge·ri·a** *(med.)* progeria.

**pro·ges·te·roon** *(biochem.)* progesterone.

**prog·naat** *=nate, (anat.)* prognathous, prognathic. **prog·na·tis·me** prognathism, prognathy.

**prog·no·se** *=ses, (med.)* prognosis; forecast. **prog·nos·ties** *=tiese* prognostic.

**pro·gram** *=gramme* programme; *(comp.)* program; bill; schedule; list of fixtures; *~ van aksie* programme of action; *op die ~ staan, (an item)* be on the programme; be billed; *'n ~ opstel* draw up a programme; *politieke ~* (political) platform; *'n vol ~ hê* have a full/tight schedule. **~aantekening** *=ninge,* **~nota** *=tas, n. (often in the pl.)* programme note(s). **~beplanner** *(rad., TV)* programme planner. **~nommer** item on a programme. **~taal** →PROGRAMMERINGSTAAL.

**pro·gram·ma·ties** *=tiese* programmatic.

**pro·gram·ma·tuur** *(comp.)* software. **~pakket** software package.

**pro·gram·meer** *ge=* programme; *(comp.)* program. **pro·gram·meer·baar** *=bare, (comp.)* programmable. **pro·gram·meer·der** *=ders,* **pro·gram·meur** *=meurs* programmer. **pro·gram·me·ring** programming. **pro·gram·me·rings·taal, pro·gram·meer·taal, pro·gram·taal** *(comp.)* programming language.

**pro·gres·sie** *=sies* progression; graduation, progressive rise. **pro·gres·sief** *=siewe =siewer =siefste* (of *meer ~ die mees =siewe)* progressive; graduated. **pro·gres·si·wi·teit** progressiveness.

**pro·hi·bi·sie** *=sies, (chiefly Am. hist., also P~)* prohibition. **pro·hi·bi·si·o·nis** *=niste* prohibitionist.

**pro·jek** *=jekte* project, design, scheme; plan, project.

**pro·jek·sie** *=sies* projection; *'n ~ maak* make a projection. **~vlak** plane of projection.

**pro·jek·teer** *ge=* project; *jou probleme/ens. op iem. ~, (psych.)* project one's problems/etc. onto s.o.. **pro·jek·tor** *=tors* projector.

**pro·jek·tiel** *=tiele* projectile, missile.

**pro·keu·se·be·we·ging** *(supporting the right to an abortion)* pro-choice movement.

**pro·kla·meer** *ge=* proclaim; gazette, promulgate; *iem./iets tot ~* proclaim s.o./s.t. ...; *ge=de siekte* notifiable disease. **pro·kla·ma·sie** *=sies* proclamation, declaration, promulgation; *'n ~ uitvaardig dat ...* issue a proclamation that ...; *ope ~* blanket proclamation.

**pro·kre·ër** *ge=* procreate. **pro·kre·a·sie** procreation.

**prok·to·lo·gie** *(med.)* proctology. **prok·to·lo·gies** *=giese* proctological. **prok·to·loog** *=loë* proctologist.

**prok·to·skoop** =skope, (med.) proctoscope.

**pro·ku·ra·sie** =sies power of attorney, mandate, proxy, proc= uration; *aan iem.* ~ *gee/verleen* give s.o. power of attorney. **~houer** assignee *(jur.)*, proctor, procurator.

**pro·ku·reur** =reurs attorney, lawyer, solicitor. **~-generaal** =reurs-generaal attorney general.

**pro·ku·reurs-:** **~eksamen** law examination. **~firma** firm of attorneys, legal firm. **~kantoor** attorney's/solicitor's of= fice. **~klerk** attorney's clerk. **P~orde** Law Society.

**pro·ku·reur·skap** attorneyship, solicitorship.

**pro·laps** =lapse, (pathol.) prolapse, prolapsus.

**pro·le·ta·ri·aat** proletariat, the masses. **pro·le·ta·ri·ër** =riërs, *n.* proletarian. **pro·le·ta·ries** =riese, *adj.* proletarian.

**pro·le·we·:** **~aktivis** =viste anti-abortionist. **~drukgroep** *(against abortion)* pro-life lobby.

**pro·li·fe·ra·sie** proliferation.

**pro·li·fiek** =fieke prolific.

**pro·loog** =loë prologue.

**pro·me·na·de** =des promenade, walk. **~dek** promenade deck. **~konsert** promenade concert.

**pro·mes·se** =ses, (Fr.) promissory note.

**Pro·me·t(h)e·us** *(Gr. myth.)* Prometheus. **Pro·me·t(h)e·ïes** =t(h)eïese Promethean.

**pro·me·ti·um** *(chem., symb:* Pm) promethium.

**pro·mi·nent** =nente =nenter =nentste (of *meer* ~ *die mees* =nente) prominent, outstanding. **pro·mi·nen·sie** prominence; *aan iets* ~ *gee/verleen* give prominence to s.t. *(in a newspaper etc.).*

**pro·mis·ku** =kue promiscuous. **pro·mis·ku·ï·teit** promiscui= ty.

**pro·mo** =mo's, *(infml.: a promotional video etc.)* promo.

**pro·mo·sie** =sies promotion, advancement, rise; graduation *(at univ.).* **~artikel** advertorial. **~dag** graduation/degree day. **~plegtigheid** graduation ceremony. **~reklame** below-the-line advertising.

**pro·mo·tor** =tors (company) promoter; supervisor, promo= ter, tutor *(of a thesis); (sport)* promoter; sponsor, matchmak= er. **pro·mo·tors·keu·se** *(sport)* wild card.

**pro·mo·veer** ge= graduate, take a (doctor's) degree; confer a (doctor's) degree on; promote; *op 'n proefskrif* ~ obtain a doctorate on/with a dissertation/thesis.

**pro·mul·geer** ge= promulgate, proclaim. **pro·mul·ga·sie** promulgation.

**pronk** *n.* splendour, display; show, ostentation; pride; ridge *(on an antelope's back); die* ~ *van die stad* the pride of the town. **pronk** ge=, *vb.* show off, parade; display, strut, flaunt, plume, prance; flaunt o.s.; *(a springbok)* buck, pronk; *voor iem. met iets* ~ flaunt s.t. in front of s.o. **~rug(hond)** ridge= back (dog). **~stuk** showpiece, ornament, beauty, pride; ~ *van die skepping* pride of creation.

**pron·ker** =kers, (often derog.) fop, glamour boy, show-off. **pron·ke·rig** =rige foppish, gaudy, showy, swanky, flashy, pre= tentious, ostentatious, *(infml.)* glitzy.

**pronk(-)ert·jie** =jies, (bot.) sweet pea.

**pron·ke·ry** ostentation, display, show, showing-off, parade, flare.

**pronk·sug** ostentation, love of ostentation, showiness.

**pro·no·men** =mina, (gram.) pronoun. **pro·no·mi·naal** =nale pronominal.

**pront** prompt(ly), expeditious(ly), punctual(ly), regular(ly), glib(ly); ~ *antwoord* prompt answer; answer glibly; ~ *betaal* pay promptly/regularly; *iets* ~ *ken* know s.t. off pat (or by heart). **~uit** straight (out), directly, flatly, to one's face; *iets* ~ *sê* tell s.t. straight out; ~ *weier* refuse flatly.

**pront·heid** promptness, promptitude, readiness; glibness.

**prooi** *prooie* prey; game, quarry; *(fig.)* prey, victim; *... ten* ~ *val* fall (a) prey to ...

**prop** *proppe, n.* plug; cork, stopper *(of a bottle);* bung, spigot *(of a cask);* gag *(for the mouth);* wad *(of a gun);* plug *(in a hole);* pellet, slug *(for throwing, shooting, etc.);* lump *(in the throat); (med.)* tampon, wad; bougie *(in tubular passages); (geol.)* plug; *'n* ~ *op 'n bottel sit* cork a bottle, put a cork in a bottle; *die* ~ *uittrek* uncork a bottle; pull the plug *(of a bath etc.).* **prop** ge=, *vb.* cram, shove, stuff, plug, close up; shovel; *iets in ...* ~ cram s.t. into ...; stuff s.t. into ...; jam s.t. into ...; *iets te vol* ~ overstuff s.t. *(a briefcase etc.).* **~gat** plughole, plug socket. **~geld** corkage. **~geweer(tjie)** popgun. **~vol** chock-full, chock-a-block, crammed (with), stuffed (with), overfull, (over)crowded, full to the brim *(or* bursting); *die saal was* ~ the hall was crammed (with people), the hall was packed. **~vorming** *(med.)* infarction, embolism.

**pro·paan** *(chem.)* propane.

**pro·pa·gan·da** propaganda; *vir ...* ~ *maak* make/conduct *(or* carry on) propaganda for ..., *(infml.)* beat the drum for ... **~stuk** propaganda/propagandist piece/play.

**pro·pa·gan·dis** =diste propagandist, booster; pamphleteer. **pro·pa·gan·dis·ties** =tiese propagandist(ic).

**pro·pa·geer** ge= propagate, disseminate, diffuse; propagan= dise, make propaganda for.

**pro·po·lis** propolis, beabread, bee glue.

**pro·po·nent** =nente, (eccl.) ordinand, candidate for the min= istry, probationer (minister).

**pro·por·sie** =sies proportion; proportion, relation; propor= tion, dimension; →VERHOUDING. **pro·por·si·o·neel** =nele pro= portional(ly), proportionate(ly), in due proportion.

**pro·po·si·sie** =sies proposition, proposal.

**prop·pers** =perse, adj. & adv., (<Eng., sl.) proper(ly), real(ly).

**pro·ro·geer** ge=, (parl.) prorogue.

**pro·sa** prose. **~skrywer** prose writer/author, fiction writer, prosaist.

**pro·sa·ïes** =ïese prosaic(ally); prosy; ordinary, everyday. **pro·sa·ïs** =saïste prose writer/author, prosaist.

**pros·ciut·to** *(It. cook.: thinly sliced cured ham)* prosciutto.

**pro·se·deer** ge= go to law, litigate, proceed (against), take legal action (against); be at law; prosecute; *teen iem.* ~, *(also)* institute an action against s.o.; *prosederende partye* litigants. **pro·se·deer·der** =ders litigant. **pro·se·deer·de·ry** litigation, barratry.

**pro·se·du·re** =res procedure, method, *(infml.)* drill; *(jur.)* (le= gal) procedure, legal proceedings, (law)suit, action; *reëls van* ~ rules of procedure *(of meetings etc.); 'n* ~ *volg* follow a pro= cedure.

**pro·se·liet** =liete proselyte; ~*e maak* proselytise, make pros= elytes. **~maker** proselytiser. **~makery, proselitisme** prose= lytism.

**Pro·ser·pi·na** *(Rom. myth.)* →PERSEFONE.

**pro·ses** =sesse process, course (of action), method; *(jur.)* lawsuit, legal proceedings, trial; *met 'n* ~ *dreig* threaten legal proceedings; *kort* ~ *maak met ...* make short work of ..., give short shrift to ... **~koste** legal costs/expenses, costs (of suit); *die* ~ *betaal* pay costs. **~reg** law of procedure. **~regtelik** =like, **prosessueel** =suele procedural. **~stuk** =stukke process *(of a court),* document *(in a lawsuit); (in the pl., also)* papers; ~*ke aan iem. beteken/bestel* serve process (up)on s.o..

**pro·ses·seer** ge=: ge=de kaas processed cheese. **pro·ses· seer·der** *(comp.)* processing unit.

**pro·ses·sie** =sies procession; parade; *deelnemer aan 'n* ~ pro= cessionist. **~lied** processional.

**pro·ses·su·eel** →PROSESREGTELIK.

**pro·so·die** *(patterns of rhythm and sound in poet.)* prosody. **pro·so·dies** =diese prosodic.

**pro·so·po·pei·a** *(rhet.)* prosopop(o)eia.

**pros·pek·teer** ge= prospect; *na/vir ...* ~ prospect for ... *(gold etc.).* **~gat** prospecting pit. **~lisensie** prospector's licence. **~werk, prospektering** prospecting (work).

**pros·pek·teer·der** *-ders* prospector. **pros·pek·teer·de·ry** prospecting (work).

**pro·spek·tus** *-tusse* prospectus.

**pro·staat** *-state, (anat.)* prostate (gland). **pro·sta·ties** *-tiese* prostatic, prostate. **pro·sta·ti·tis, pro·staat·ont·ste·king** prostatitis.

**pro·sta·glan·dien** *(biochem.)* prostaglandin.

**pro(s)·te·se, pros·te·sis** *(med.)* prosthesis, artificial limb. **pro(s)·te·tiek, pro(s)·te·ti·ka** prosthetics. **pro(s)·te·ties** *-tiese* prosthetic. **pro(s)·te·ti·kus** *-tikusse, -tici* prosthetist.

**pros·ti·tu·sie** prostitution. **~netwerk, ~sindikaat** prostitution network/syndicate, vice ring.

**pros·ti·tuut** *-tute* prostitute. **pros·ti·tu·eer** *ge-* prostitute (o.s.).

**pro·ta·go·nis** *-niste* protagonist.

**pro·tak·ti·ni·um** *(chem., symb:* Pa) protactinium.

**pro·te·a** *-teas, (bot.)* protea; *groot ~* giant/king protea.

**pro·té·gé** *-gés* protégé, favourite, fosterling. **pro·té·gée** *-gées, (fem.)* protégée.

**pro·te·ïen** *-teïene* protein. **~waarde** protein value.

**pro·tek·si·o·nis·me** protectionism. **pro·tek·si·o·nis** *-niste, n.* protectionist. **pro·tek·si·o·nis·ties** *-tiese, adj.* protectionist.

**pro·tek·to·raat** *-rate* protectorate.

**Pro·te·ro·so·ï·kum** *n., (geol.)* Proterozoic. **Pro·te·ro·so·ïes** *-soïese, adj.* Proterozoic; *~e tydperk/era* Proterozoic (era).

**pro·tes** *-teste* protest, objection; protest, opposition; (deed of) protest; protestation; *(jur.)* challenge; clamour; deprecation; furore; fuss; remonstrance; *~ teen ... aanteken* protest (or enter/lodge/register a protest) ...; *gewapende ~* armed protest; *luide ~ teen ...* an outcry against ...; *onder ~* under protest; *iets sonder ~ doen* do s.t. without protest; *uit* (of *by wyse van*) *~* in (or as a) protest; *sonder ~ verbygaan* go/pass unchallenged. **~groep** protest group.

**pro·te·se** →PRO(S)TESE.

**Pro·tes·tant** *-tante, n., (relig., also* p~) Protestant. **Pro·tes·tan·tis·me** *(also* p~) Protestantism. **Pro·tes·tants** *-tantse, adj., (also* p~) Protestant; *~e (werk)etiek* Protestant (work) ethic.

**pro·tes·teer** *ge-* protest; object, expostulate; *by ... ~* protest to ...; *luid/keels teen ... ~* protest vociferously (or raise an outcry) against ...; *teen ... ~, (also)* protest/clamour (or enter/lodge a protest) against ... **pro·tes·ta·sie** *-sies* protestation; protest. **pro·tes·teer·der** *-ders* protester, protestor.

**Pro·te·us** *(Gr. myth., astron.)* Proteus. **pro·te·us·ag·tig** *-tige* protean.

**pro·tis** *-tiste, (biol.: a single-celled organism)* protist.

**pro·ti·um** *(chem.: a stable isotope of hydrogen)* protium.

**pro·to·kol** *-kolle* protocol. **pro·to·kol·lêr** *-lêre* protocolar(y).

**pro·ton** *-tone, (phys.)* proton.

**pro·to·plas(t)** *-plaste, (biol.)* protoplast. **pro·to·plas·ma** protoplasm. **pro·to·plas·ma·ties** *-tiese* protoplasmic.

**pro·to·so·ön** *-tosoa, -tosoë, n.* protozoan, protozoon. **pro·to·so·ïes** *-soïese, adj.* protozoan, protozoic.

**pro·to·span** *-spanne, (min. etc.)* proto team.

**pro·to·ti·pe, pro·to·ti·pe** prototype.

**Pro·vence:** *(die) ~, (geog.)* Provence. **Pro·ven·saal** *-sale, n., (inhabitant)* Provençal. **Pro·ven·saals** *n., (lang.)* Provençal. **Pro·ven·saals** *-saalse, adj.* Provençal.

**pro·vi·and** provisions, stores, (food) supplies, rations, victuals. **~meester** provisioner, purveyor, chief caterer. **~skip** store ship.

**pro·vi·an·deer** *ge-* provision; cater. **pro·vi·an·de·ring** purveyance.

**pro·vin·si·aal** *-siale, adj. & adv.* provincial(ly); *~siale begroting* provincial budget; *~siale grondwet* provincial constitution; *~siale premier* provincial premier; *~siale regering* provincial government; *~siale wetgewer* provincial leg-

islature; *~siale wetgewing* provincial legislation. **pro·vin·si·a·lis** *-liste* provincialist. **pro·vin·si·a·lis·me** provincialism. **pro·vin·si·a·lis·ties** *-tiese* provincialist.

**pro·vin·sie** *-sies* province.

**pro·vi·sie** *-sies* provisions, stock, (food) supply, victuals. **~kamer** pantry, larder, storeroom.

**pro·vo·keer** *ge-* provoke. **pro·vo·ka·sie** *-sies* provocation.

**pro·voos** *-vooste, (mil.)* provost.

**prulk** *pruike* wig; toupee. **~maker** wigmaker.

**pruil** *ge-* pout, sulk, be sulky, mope. **mond(jie)** pout. **prui·ler** *-lers* pouter. **prui·le·rig** *-rige* sulky, petulant.

**pruim¹** *pruime, n.* plum; *iem. kan nie ~ sê nie, (infml.)* s.o. can't say boo to a goose.

**pruim²** *n.* quid, plug, chew *(of tobacco).* **pruim** *ge-, vb.* chew *(tobacco).* **pruim·pie** *(dim.): kou maar aan daardie ~!, (infml.)* put that in your pipe and smoke it!.

**prui·me·dant** *-dante* prune.

**Pruis** *Pruise, n.* Prussian. **Prui·se** *(geog., hist.)* Prussia. **Prui·sies** *-siese, adj.* Prussian.

**prui·sies :** *~blou* Prussian blue. **~suur** prussic acid, hydrocyanic acid.

**prul** *prulle* (piece of) waste paper; (piece of) trash/rubbish/junk; nonentity, zero, nobody, cipher, dud. **~akteur** ham actor. **~dier** cull, weed. **~skrywer** paltry writer, literary hack, Grub Street hack. **~stof** shoddies. **~tydskrif** pulp magazine. **~werk** shoddy (work), (piece of) rubbish.

**prul·le·rig** *-rige* trashy, rubbishy, shoddy, tawdry.

**pru·nel·la** *(text.)* prunella, prunelle, prunello.

**prut** *ge-* simmer, bubble; *(coffee)* percolate.

**prut·tel** *ge-* grouse, grumble, demur, mutter; simmer, bubble; →PRUT. **~kous** *-kouse,* **~pot** *-potte* grumbler, grouser.

**pryk** *ge-* look splendid, shine, be resplendent, stand forth; appear, figure, grace; parade, show off; *met iets ~* be resplendent/bright with s.t. *(flowers etc.);* parade s.t. *(one's learning etc.); jou naam ~ boaan die lys* one's name heads the list; *boaan die program ~* get top billing.

**prys¹** *pryse, n.* price, cost, charge, figure, value; fare; price (tag), price ticket; prize, award, reward, trophy; premium; *'n ~ behaal* fetch a price; *die ~e besnoei* cut prices; *billike/hoë/lae ~* reasonable/high/low price; *teen/vir 'n billike/ens. ~* at a fair/etc. price; *die ~e daal/sak* prices drop (or go down); *in ~ daal/styg* fall/rise in price; *die ~ is ...* the price is ..., it sells for ...; *die eerste ~ kry* take/get first prize; *tot elke ~* at all costs, at any cost; at any price; *'n hoë ~* a stiff price; *hoog in ~* high-priced; *die ~ onmoontlik hoog maak* price s.t./o.s. out of the market; *die ~e skiet die hoogte in* prices skyrocket (or are soaring); *'n ~ op iem. se kop/hoof sit/plaas/stel* place/put/set a price on s.o.'s head; *'n kry/wen/trek/wegdra* win/get/gain/draw (or carry off) a prize; *'n ~ kwoteer/noteer/opgee* quote/state a price; *laag in ~* low-priced; *'n ~ maak* name/set a price; *die ~ opstoot* put up the price; *die ~e snoei* cut prices; *iets op ~ stel* appreciate/value s.t., be thankful for s.t.; *iets hoog op ~ stel* appreciate s.t. deeply/greatly, value s.t. highly (or very much); *(die) ~e styg* prices go up (or rise); *(die) ~e styg vinnig* prices are soaring; *'n styging in die ~* a rise in price(s); *tot elke ~* at all costs, at any cost, by hook or by crook; *'n ~ trek* draw a prize; *'n ~ uitdeel* present prizes; *'n ~ uitloof* offer a prize; give (or put up) a purse; *die ~e vaspen* freeze prices; *'n ~ vasstel* fix a price; *'n vaste ~* a fixed price; *die ~ verhoog* put up the price; *iets vir dieselfde ~ verkoop, (infml.)* sell s.t. for what it's worth; *onder die ~ verkoop* sell below market value; *(die) ~e verlaag* cut prices; *die ~ van iets verminder* reduce the price of s.t., mark s.t. down; *'n ~ verstrek* quote a price; *'n ~ vir ...* an award for ...; *tot watter ~?, (fig.)* at what cost?; *iets is die ~ werd* s.t. is good value. **prys** *vb.* price, ticket, label, assign a price to, mark; *iets hoër/laer* ~ mark s.t. up/down. **~beheer** price control. **~bepaling** fixing of prices, price-fixing; draw. **~be**ramer, **~berekenaar** estimator. **~berekening** *=nings, =ninge* calculation of price(s), estimate of cost(s). **~bewus** *(a consumer etc.)* cost-conscious. **~binding** price maintenance, maintenance of prices. **~daling** fall/drop/decrease/dip in price(s), price decline, decline of prices, price slump. **~geld** prize money, winnings, jackpot. **~gevoelig** price-sensitive. **~grens** price limit. **~jagter** pothuntcr. **~kaartjie** price tag/ticket/tab. **~kartel** *=telle* price cartel/ring. **~katalogus** price catalogue/list/schedule/sheet, list/catalogue of prices. **~klas** price bracket/range. **~knoeiery** price-fixing. **~lotery** tombola. **~lys** price list, list of prices; prize list. **~manipulasie** price rigging. **~notering** quotation (of prices), (price) quotation, quote. **~ondersteuning, ~steun** price support. **~oorlog** price war. **~opgawe** *=wes* (price) quotation, quote, price filing. **~pot** jackpot. **~reëling** regulation of prices, price regulation. **~skommeling** fluctuation of prices, price fluctuation. **~styging** *(stock exch.)* rise/increase/advance in price(s), price rise. **~tarief** bill of charges. **~trekking, ~loting** prize drawing, drawing of prizes. **~uitdeling** prize-giving, prize distribution, distribution of prizes. **~(uitdelings)dag** prize-giving day. **~vaspenning** price freeze/stop, freezing of prices. **~vasstelling** price determination/fixing/setting, determination/fixing/fixation/setting of prices. **~verhoging** price increase/hike, increase in prices, mark-up, rise in (the) price. **~verlaging, ~vermindering** price reduction/cut/decrease, decrease/cut in prices, markdown. **~verloop** trend in prices, price trend/movement, course/behaviour of prices, price behaviour. **~vorming** price formation, price-making (process/forces). **~vraag** competition, (prize) contest; prize question; *'n ~ uitskryf* hold a competition, offer a prize *(for an essay etc.).* **~wenner** prizewinner.

**prys²** *ge=, vb.* praise, commend, extol, (be)laud, eulogise, glorify; *iem. oor iets* ~ praise s.o. for s.t.; *iem. uitbundig* ~ praise s.o. profusely. **~lied** praise poem, *(Ngu.)* isibongo. **~sanger** praise singer, praiser, *(Ngu.)* imbongi.

**pry·send** *=sende* praising, commendatory, laudative, laudatory, eulogistic.

**pry·sens·waar·dig** *=dige* praiseworthy, commendable. **prysens·waar·dig·heid** praiseworthiness.

**prys·gee** *prysge=* abandon, deliver up/over, give up, hand over; sacrifice *(principles)*, relinquish; *iets aan ...* ~ abandon s.t. to ...; hand over s.t. to ...; consign s.t. to ...; leave s.t. to the mercy of ...; *planne* ~ throw up *(or* abandon) plans; ... *aan die vergetelheid* ~ consign ... to oblivion. **prys·ge·wing** *=wings, =winge* abandonment; walkover.

**psalm** *psalms* psalm; *die (Boek van die) P~s, (OT)* the (Book of) Psalms. **~boek** *(relig.)* psalm book, psalter. **~digter, psalmis** psalmist; psalmodist. **psal·mo·die** psalmody.

**psal·ter** *=ters, (book)* psalter; *(harp)* psaltery.

**pseu·do·karp** *(bot.)* pseudocarp, false/accessory fruit.

**pseu·do·morf** *=morfe, (cryst.)* pseudomorph. **pseu·do·morfies** *=fiese* pseudomorphous, pseudomorphic.

**pseu·do·niem** *=nieme, n.* pseudonym, nom de plume. **pseudo·niem** *=nieme, adj.* pseudonymous. **pseu·do·ni·mi·teit** pseudonymity.

**psi·ge** *=ges* psyche, soul, spirit, mind. **psi·gies** *=giese* psychic(al), psychological; *~e siekte* psychiatric illness.

**psi·ge·de·lies** *=liese* psychedelic; *(infml.)* mind-blowing, mind-bending *(drug)*; *(infml.)* trippy *(mus. etc.); op 'n ~e reis gaan, (infml.)* go on a trip. **psi·ge·de·li·a** *n. (pl.)* psychedelia.

**psi·gi·a·ter** *=ters* psychiatrist. **psi·gi·a·trie** psychiatry. **psi·gi·a·tries** *=triese* psychiatric(al); *~e hospitaal/terapie/ens.* psychiatric hospital/therapy/etc..

**psi·go·ak·tief** *=tiewe,* **psi·go·tro·pies** *=piese* psychoactive, psychotropic *(drug)*.

**psi·go·a·na·lis** *=liste,* **psi·go·a·na·li·ti·kus** *=tikusse, =tici*

psychoanalyst. **psi·go·a·na·li·se** psychoanalysis. **psi·go·a·na·li·seer** *ge=* psychoanalyse. **psi·go·a·na·li·ties** *=tiese* psychoanalytic(al).

**psi·go·bi·o·lo·gie** psychobiology. **psi·go·bi·o·lo·gies** *=giese* psychobiological. **psi·go·bi·o·loog** *=loë* psychobiologist.

**psi·go·di·na·mi·ka** *n. (pl.)* psychodynamics. **psi·go·di·na·mies** *=miese* psychodynamic(ally).

**psi·go·dra·ma** psychodrama.

**psi·go·fi·sies** *=siese* psychophysical. **psi·go·fi·si·ka** psychophysics.

**psi·go·fi·si·o·lo·gie** psychophysiology. **psi·go·fi·si·o·lo·gies** *=giese* psychophysiological.

**psi·go·gra·fi·ka** *n. (pl.), (market research etc.)* psychographics. **psi·go·gra·fies** *=fiese* psychographic.

**psi·go·ki·ne·se** psychokinesis. **psi·go·ki·ne·ties** *=tiese* psychokinetic.

**psi·go·lin·guis·tiek** psycholinguistics. **psi·go·lin·guis** *=guiste* psycholinguist.

**psi·go·lo·gie** psychology. **psi·go·lo·gies** *=giese* psychological. **psi·go·loog** *=loë* psychologist.

**psi·go·me·trie** psychometrics. **psi·go·me·tries** *=triese* psychometric(al).

**psi·goot** *=gote, n.* psychotic. **psi·go·ties** *=tiese, adj.* psychotic.

**psi·go·pa·tie** psychopathy. **psi·go·paat** *=pate* psychopath, *(infml.)* psycho. **psi·go·pa·ties** *=tiese* psychopathic, *(infml.)* psycho.

**psi·go·se** psychosis.

**psi·go·so·ma·ties** *=tiese, (med.)* psychosomatic.

**psi·go·te·ra·peut** psychotherapist. **psi·go·te·ra·peu·ties** *=tiese* psychotherapeutic(al). **psi·go·te·ra·pie** psychotherapy, psychotherapeutics.

**psi·go·tro·pies** *=piese* →PSIGOAKTIEF.

**psit·ta·ko·se** *(orn.)* psittacosis, parrot disease/fever.

**pso·ri·a·se** *(med.: skin disease)* psoriasis.

**ps(s)t** *interj.* ps(s)t!.

**pte·ro·sou·rus** *=russe,* **pte·ro·sou·ri·ër** *=riërs, (a prehist. flying reptile)* pterosaur.

**pti·a·la·se, pti·a·lien** *(biochem.)* ptyalase, ptyalin.

**Pto·le·meus, Pto·le·mai·os** *(Gr. astronomer)* Ptolemy. **Ptole·me·ïes** *=meïese, (astron., hist., also p~)* Ptolemaic.

**pu·ber** *=bers* adolescent, pubertal child. **pu·ber·teit** puberty; *aanvang van* ~ pubescence; *by die* ~ at puberty. **pu·berteits·ja·re** pubertal period, age of puberty, adolescence; *in die* ~ pubescent.

**pu·bliek** *n.* (general) public; *(theatr.)* audience; *(sport)* crowd, spectators; readership *(of a newspaper, book)*; clientele; *'n gemengde* ~ a mixed audience/gathering/public; *die groot* ~ the general public; *in die* ~ publicly; *in die* ~ *optree* appear publicly *(or* before the public); *steun van die* ~ public support. **pu·bliek** *=blieke, adj. & adv.* public(ly); common; in public; *~e geweld* public violence; *~e instelling* public institution; *iets* ~ *maak* make s.t. public, publish s.t.; *~e mening* public opinion; *~e reg* public law; *~e skandaal* public disgrace; *~e wetsontwerp, (jur.)* public bill; *iets word* ~ *s.t.* becomes known. **~regtelik** *=like* public, statutory; according/pertaining to *(or* in) public law.

**pu·bli·ka·sie** *=sies* publication. **~komitee** publications committee.

**pu·bli·seer** *ge=* publish, bring out, make public, give publicity to; *iets word ge~, (also)* s.t. appears in print. **pu·bliseer·baar** *=bare* publishable. **pu·bli·seer·der** *=ders* publisher.

**pu·bli·si·teit** publicity; ~ *aan ... gee, ...* ~ *gee* publicise ..., give publicity to ...; *baie/groot* ~ *kry* get/receive extensive/wide publicity; ~ *uitlok* attract publicity; *die* ~ *vir ...* the publicity for ... **pu·bli·si·teits·be·amp·te** public relations officer.

**pu·e·riel** *=riele, (fml.)* puerile, childish. **pu·e·ri·li·teit** *=teite, (fml.)* puerility.

**Puer·to Ri·co** *(geog.)* Puerto Rico. **Puer·to Ri·caan** *=cane, n.* Puerto Rican. **Puer·to Ri·caans** *=caanse, adj.* Puerto Rican.

**puf** *ge=, (onom.)* puff, pant, blow; chuff, chug. **puf-puf** *ge=* put-put.

**puik** *~ puiker puikste, adj.* prime, top, first-rate, choice, excellent, superior, superlative, superb, super, outstanding, *(infml.)* top-notch; great; *'n ~ oorwinning behaal* win handsomely. **puik** *adv.* excellently, finely.

**puim·steen** pumice (stone).

**puin** rubble, rubbish; debris, detritus; ruins; *(geol.)* talus, scree; *'n gebou in ~ lê* reduce a building to ruins/rubble; *in ~ lê/wees* be/lie in ruins. **~hoop** (heap of) ruins; midden.

**pui·sie** *=sies* pimple, spot, whelk, pustule, carbuncle; *vol ~s* pimply. **pui·sie·ag·tig** *=tige,* **pui·sie·rig** *=rige* pimply, full of pimples, pimpled.

**Puk** *Pukke, (infml.: student of the Univ. of North-West)* Puk.

**pu·la** *(monetary unit of Botswana)* pula.

**pul·mo·naal** *=nale, (relating to the lungs)* pulmonary.

**pulp** *n.* pulp; squash. **~lektuur, ~literatuur, ~fiksie** pulp literature/fiction. **~roman** pulp novel.

**puls** *pulse, (sc.)* pulse. **~kode** *(electron.)* pulse code. **~kode modulasie** *(telecomm.)* pulse code modulation.

**pul·sar** *=sars, (astron.)* pulsar, pulsating star.

**pul·sa·sie** *=sies, (med.)* pulsation, pulse, beat, throb; *(sc.)* pulse.

**pul·sa·tor** *=tors, (mach.)* pulsator.

**pul·seer** *(ge)=, (med.)* pulsate, beat, throb, palpitate; *(fig.)* pulsate, pulse; *(elec. & astron.)* pulsate. **~stroom** *(elec.)* undulatory current.

**pul·si·me·ter** *=ters, (med.)* pulsimeter, sphygmometer.

**Pu·ni·ër** *=niërs, (hist.)* Carthaginian.

**Pu·nies** *n., (hist. lang.)* Punic. **Pu·nies** *=niese, adj.* Punic.

**punk** *(orig. a youth movement of the late 1970s)* punk. **~(musiek)** punk. **~(rock)** *(mus.)* punk (rock). **~rocker** *(mus.)* punk (rocker).

**pun·ker** *=kers* punk. **pun·ke·rig** *=rige* punkish, punky.

**punk·sie** *=sies, (med.)* puncture; →LUMBAAL.

**punk·tu·a·li·teit** punctuality.

**punk·tu·eer** *ge=* punctuate. **punk·tu·a·sie** punctuation, interpunction.

**punt** *punte, n.* point *(of a needle, sword, pencil, etc.); (math., sport, fig.)* point; peak; cusp; tip, end *(of a tongue, finger, horn, cigarette, etc.);* spot; dot, (full) stop, period; *(mus.)* dot *(in notation); (mus.)* point *(of a bow);* item *(on an agenda);* matter, question, issue, count; score, mark; head; horn *(of an anvil);* apex; end *(of a sail);* nose, fluke *(of a harpoon); (bot.)* mucro; projection; *(anat., geog.)* promontory; headland; *'n ~ aanteken* gain a point; *~e aanteken/insamel* score, score *(or* notch up*)* points; *'n ~ aanvoer* make a (point./ raise a *~raak* lose the thread; *op alle ~e* all along the line; *die (aller)laagste ~ bereik* reach/touch rock bottom; *goeie ~e behaal* get good/high marks *(in an examination); die meeste ~e behaal* get top marks; *'n ~ bereik waar ...* reach a stage where ...; *die ~ onder bespreking* the point at issue *(or* in question*); die ~ van bespreking* the talking point; *wat daardie/dié ~ betref* on that point; on that head; *op daardie/dié ~* at that stage; *op dié/hierdie ~* at this stage; *oor 'n dooie ~ (of dooiepunt) kom* break a deadlock; *op 'n dooie ~ (of dooiepunt)* at an impasse; *iets na 'n ~ (toe) dryf* bring s.t. to a head; *geen ~e aanteken nie, (sport)* not score (a point), fail to score; *geen ~e behaal nie* get/score no marks; *'n gevoelige/teer ~* a sore point; *op die hoogste ~* at the summit; *iem. met ~e klop/verslaan, (esp. boxing)* beat/defeat s.o. on points, outpoint s.o.; *die kritieke ~ bereik* go critical; *'n kritieke ~ bereik* come to a head; *iem. minder ~e gee* mark down s.o.; *'n ne-*

**telige/teer ~** a delicate matter, a tender subject; *die ~ ontwyk* beg the question; *dit ontwyk die ~* that is begging the question; *op 'n ~* at a point; *op die ~ staan/wees om iets te doen* be on the point of doing *(or* about to do*)* s.t.; be on the edge/verge of doing s.t.; *iem. staan/is op die ~ om dit te doen, (also)* s.o. is going to do it; *'n ~ opper* raise a point; make a point; *'n ~ is ter sake* a point arises; *'n ~ ter sprake bring* raise a point; *'n ~ stel* make a point; *iets is iem. se sterk ~* s.t. is s.o.'s strong point *(or* forte*); ... is nie jou sterk ~ nie ...* is not one's strong point; *iem. op die ~ van sy/haar stoel hou, (fig.)* keep s.o. on the edge of his/her chair/seat; *iem. se swak ~* s.o.'s weak point/spot, s.o.'s weakness; *(op 'n ~) toegee* yield a point; *van ~ tot ~* from tip to tip; *~ vir ~* point by point; *met ~e wen* win on points; *iem. 'n ~ wys, (infml.)* show s.o. a thing or two. **punt** *ge=, vb.* point, sharpen; point, make into a point; top; *'n baard ~* trim a beard. **~baard** pointed beard. **~belasting** concentrated load. **~bevel, ~opdrag** *(comp.)* dot command. **~diertjie** monad. **~dig** *=digte* epigram. **~digter** epigrammatist. **~gewel** pointed gable, gable end. **~hakie** *(print.)* arrow bracket. **~helm** spiked helmet. **~hoed** peaked/cocked/pointed hat. **~hoogte** spot level/height. **~landing** spot landing. **~lyf(ie)** pointed bodice. **~lyn** dotted line. **~mus, ~hoedjie** pointed/pixie cap/hat. **~skoen** pointed shoe. **~stuk** wedge. **~sweising, ~sweiswerk** spot welding.

**pun·te·:** **~boek** scorebook. **~kaart** scorecard. **~lys** scoresheet, =card, mark sheet; *(sport)* log. **~stand** score; log. **~stelsel** point(s) system. **~telling** score(line). **~toekenning** scoring. **~totaal** score, total points.

**pun·teer** *(ge)=* stipple. **~werk** stippling, stipple.

**pun·te·ne(u)·rig** *=rige* particular, fastidious, meticulous, fussy, finical; *~e mens* stickler; *nie ~ nie* unfussy; *~ oor iets* particular/pernickety/finicky about/over s.t.; *te ~* overparticular. **pun·te·ne(u)·rig·heid** fastidiousness, meticulousness, fussiness, finickiness.

**pun·ter** *=ters, (boat)* punt.

**pun·te·rig** *=rige* jagged.

**pun·tig** *=tige* (sharp-)pointed, sharp; peaked, piked; spiky; spicular, cuspidal, cuspidate(d).

**punt·jie** *=jies* point; spicule; *die fyn ~s daarvan* the ins and outs of it; *die fyner ~s* the finer points; *die ~s op die i's sit, (infml.)* dot the/one's i's and cross the/one's t's; *as ~ by paaltjie kom* at/in a pinch, if/when it comes to the pinch/crunch, when push comes to shove.

**punts·ge·wys, punts·ge·wy·se** point by point.

**pu·pil** *=pille* pupil *(of the eye)*.

**pu·ree** *=rees* purée.

**pur·ga·sie** *=sies, n.* laxative, purgative, cathartic; purgation, cleanser. **pur·ga·tief** *=tiewe, adj.* purgative, cathartic.

**pur·geer** *(ge)=* purge; scour *(animals)*. **~middel** *=dels, =dele* laxative, purgative, cathartic.

**pur·ge·ring** *=rings, =ringe, (med.)* purgation, catharsis.

**pu·rien** *(chem.)* purine.

**Pu·rim(·fees)** *(Jud.)* Purim (festival).

**pu·ris** *=riste* purist. **pu·ris·me** purism. **pu·ris·ties** *=tiese* purist(ic).

**Pu·ri·ta·nis·me** *(also p~)* Puritanism.

**pu·ri·tein** *=teine, n.* puritan. **pu·ri·teins** *=teinse, adj.* puritan, puritanical.

**pur·per** *n.* purple; *met ~ beklee(d) wees/word* be clad in purple; *(fig.: become cardinal)* be raised to the purple. **pur·per** *adj.* purple; *~ kleed* purple robe. **~blou** violet, purplish blue. **~harthout** purple wood, purpleheart. **~rooi** purplish red, magenta, crimson; **~slak** murex, purpura. **~suur** purpuric acid. **~vlinder** purple emperor. **~winde** *(bot.)* morning glory, convolvulus.

**pur·per·ag·tig** *=tige* purplish, purply.

**pur·per·kleu·rig** *=rige* purple.

**put** *putte, n.* (draw) well; drain; pit, hole; pit, excavation; cesspit, cesspool; *'n **bodemlose** ~* a bottomless pit; *'n ~ **grawe*** sink a well; dig a pit; *vir iem. 'n ~ **grawe**, (fig.)* dig a pit for s.o.; *die ~ het **opgedroog*** the well ran dry. **put** *ge=, vb.* draw *(water, inspiration, etc.); iets uit ... ~* derive s.t. from ...; *uit iets ~* draw on s.t. *(sources); jou wysheid uit ... ~* obtain one's wisdom from ... *(scriptures etc.).* **~emmer** (water/well) buck= et, well pail. **~grawer** well sinker/digger. **~huisie** well house. **~riool** French drain. **~sand** pit sand. **~water** well water; *~ kry* spring a well.

**pu·ta·tief** *=tiewe, (jur.)* putative.

**put·jie** *=jies, (dim.)* small well/pit/shaft; *(golf)* hole. **~spel** *(golf)* match play.

**put·to** putti, *(painting, sculpture)* putto.

**puur** *pure puurder puurste* pure; neat, straight; solid; sheer, mere; nothing but; *pure **bog/kaf/twak/onsin*** sheer/pure nonsense; *pure **kranksinnigheid*** stark madness; *('n) pure **man**, (infml.)* a real man, every inch a man; *die tuin was pure **onkruid*** the garden was one mass of weeds; *pure **propa= ganda*** simply propaganda; *uit pure **skaamte*** for very shame; *pure **tydmors*** just a (or a complete/total) waste of time; *pure **verniet!*** nothing doing!.

**py** *pye* (monk's) gown, cowl, soutane.

**pyl** *pyle, n.* arrow, barb, bolt, dart, shaft; *'n ~ **afskiet*** shoot an arrow; *~ en boog* bow and arrow(s); *soos 'n ~ uit 'n boog* as swift as an arrow. **pyl** *ge=, vb.* dart, shoot, go straight/swift; *na iets toe ~* make straight (or a beeline) for s.t.; *dash (or make a dart) for s.t., dart to s.t.,* make a dash at/for s.t.. **~bord** dartboard. **~bundel** bundle of arrows. **~gif** arrow poison. **~gooi** *n.* darts. **~gooi** *vb.* throw/play darts. **~hoek** sweepback angle. **~inkvis** squid. **~koker** quiver. **~maker** fletcher. **~naat** dart. **~pistool** dart gun. **~punt** arrowhead, barb. **~puntvormig** *=mige, (bot., zool.)* sagittate; arrow-shaped. **~reguit** dead straight, straight as an arrow. **~skoot** *(distance)* bowshot. **~skrif** arrowheaded/cuneiform characters, cunei= form writing; →SPYKERSKRIF. **~snel** swift as an arrow. **~steen** *(min.)* belemnite. **~stormvoël** *(orn.: Puffinus* spp.) shearwa= ter. **~tand** herringbone tooth. **~toets, pyltjietoets** *(comp.)* arrow key. **~vak** *(athl., racing)* straight, home stretch; *agter= ste ~, (sport)* back straight; *in die ~, (lit., fig.)* in the home straight/stretch. **~vlerk** swept(-back) wing.

**py·ler** *=lers* pillar, column, stilt, pile; pier, pile.

**pyl·stert** pintail; *(icht.)* stingray; arrow-tipped/-like tail. **~eend** *(Anas acuta)* northern pintail. **~mot** hawk moth. **~rooibek= kie** *(orn.:Vidua regia)* shaft-tailed whydah. **~(vis)** stingray.

**pyl·tjie** *(dim.)* small arrow, dart. **pyl·tjies·gooi** *n. & vb.* → PYLGOOI *n. & vb.*.

**pyl·vor·mig** *=mige* arrow-shaped, arrowy; *(bot., zool.)* sagit= tate, sagittal; swept-back.

**pyn** *pyne, n.* pain, ache, hurt, distress, smart; *iem. ~ **aan= doen*** hurt/grieve s.o.; *baie ~ hê* be in great pain; *brul van (die) ~* roar with pain; *~ hê/voel* be in pain; *huil van (die) ~* cry with pain; *ineenkrimp van (die) ~* double up with pain; *~ ly* suffer pain; *'n ~ op jou naarheid, (infml.)* a pain in the neck; *ondraaglike ~* excruciating pain; *'n skerp ~* a sharp pain, a pang; *~ stil/verlig* alleviate/relieve pain; *~ uithou/ verdra* stand pain; *~ verduur* suffer pain; be in agony; *groot/ baie ~ verduur* be in torment, suffer torments; *iem. uit sy/*

*haar ~ verlos* put s.o. out of his/her pain. **pyn** *ge=, vb.* ache, hurt, smart, (give) pain, be painful; *jou oë ~* one's eyes smart; *die wond ~ baie* the wound aches badly. **~bank** *(hist.)* rack. **~drempel, ~drumpel, ~grens** *(med.)* pain threshold/ barrier.

**pyn·ap·pel** pineapple. **~klier** *(anat.)* pineal gland/body. **~kwekery, ~land** pinery. **pyn·ap·pel·vor·mig** *=mige* pineal.

**py·nig** *ge=* torture, rack, torment, harrow, excruciate. **py·ni= ger** *=gers* tormentor, torturer. **py·ni·ging** *=gings, =ginge* tor= ture, torment.

**pyn·lik** *=like, adj. & adv.* painful, aching, sore; distressing, grievous; poignant; painstaking, meticulous; painful, awk= ward, uncomfortable; *~ **bewus** van iets* acutely aware of s.t.; *~e **oomblik*** distressing/embarrassing moment; *~e **opera= sie*** painful operation; *~e **plek*** sore place; *~e **selfondersoek*** agonising self-examination; *~ **stadig*** exasperatingly slow. **pyn·lik·heid** painfulness; poignancy.

**pyn·loos** *=lose* painless, free from pain; *(med.)* indolent *(tu= mour);* numb.

**pyn·stil·lend** *=lende, (med.)* analgesic, anodyne, painkilling; soothing, mitigating, palliative; lenitive.

**pyn·stil·ler** *=lers, (med.)* painkiller, analgesic, anodyne; leni= tive; opiate.

**pyn·tjie** *=tjies, (dim.)* twinge.

**pyp** *pype* pipe *(for water, gas, etc.);* pipe *(for smoking);* tube; chimney *(of a lamp);* flue *(of a chimney);* leg *(of trousers);* fun= nel *(of a ship); (anat.)* tube; pipe *(of an organ);* nozzle; pipe *(of wine);* shaft *(of a bone); (in the pl., also)* piping, tubing; *na iem. se ~e dans* dance to s.o.'s tune; toe the line; *iem. na jou ~e laat dans* twist/wind s.o. round one's (little) finger; *in die ~ kom, (grain)* be shooting; *('n) ~ opsteek/rook* light/smoke a pipe; *die ~ rook, (infml.)* make the grade; *'n ~ stop* fill a pipe; *aan 'n ~ trek* puff at a pipe. **~aansteker** pipe lighter. **~aarde** pipeclay. **~been** long/tubular bone. **~boor** pipe drill. **~brug** tubular bridge. **~buigstuk** pipe bend. **~draad** pipe thread. **~gat** tube hole. **~hek** tubular gate. **~kalbas** pipe gourd. **~kan** *ge=, vb.* fool, cheat, take in, diddle; *(rugby)* dum= my, give/sell the dummy. **~kaneel** (whole) cinnamon, stick cinnamon; *stuk ~* cinnamon stick. **~kop** pipe head; pipe bowl. **~korps** pipe band. **~kraag** ruff. **~kwal** *(zool.)* sipho= nophore. **~lêer** pipe layer/fitter. **~leiding, ~lyn** pipeline, pipe duct, (run of) piping, system of pipes. **~olie** nicotine. **~orrel** pipe organ. **~passer** pipe fitter. **~plooi** goffer, gauffer; flute; quilling. **~raam** tubular frame. **~rak** pipe rack. **~roker** pipe smoker. **~rook** pipe smoke; pipe smoking. **~sein** pipe. **~skoonmaker** pipe cleaner. **~skraper** tube cleaner/scraper. **~skroef** pipe/tube vice. **~sleutel** pipe key/wrench/spanner; tube spanner. **~staander** pipe stand/rack. **~steel** pipe stem. **~stoomketel** tubular boiler. **~tabak** pipe tobacco. **~werk** pipes, piping, tubing; pipework *(of an organ).*

**py·pe·net** piping.

**py·pie** *=pies, (dim.)* small pipe, tube; tubule; *(bot.)* bluebell; *(bot.)* gladiolus; *(bot.)* watsonia.

**pyp·vor·mig** *=mige* tubular, tubulated, tubiform, tubulous; *(bot.)* fistular.

**Py·rex** *(trademark)* Pyrex. **~bak** Pyrex dish.

# Qq

**q** *q's*, **Q** *Q's, (17th letter of the alphabet)* q, Q. **Q-boot** *-bote*, **Q-skip** *-skepe, (mil., hist.)* Q-boat, Q-ship. **Q-taal** *(comp.)* Q language. **q'tjie** *-tjies* little q. **Q-wig** *(math.)* Q wedge.

**Qoer'aan** →KORAN.

**qua·dri·vi·um** *(med. educ.)* quadrivium.

**quaes·tor, kwes·tor** *-tors, (Rom. fin. administrator)* quaestor. **quaes·tuur, kwes·tuur** *-ture* quaestorship.

**quart** *quarts, (liquid measure: 2 pints)* quart. **~-bottel** quart bottle.

**quar·ter** *-ters, (grain measure: 8 bushels)* quarter.

**Qua·si·mo·do** *(eccl., hist.: Sunday after Easter)* Low Sunday, Quasimodo.

**quat·tro·cen·to** *(15th cent. It. Renaissance)* quattrocento; *kunstenaar/skrywer uit die* ~ quattrocentist.

**Que·chua** *(member of a Peruvian Ind. people; also lang.)* Quechua, Kechua, Quichua. **~-indiaan** Quechuan/Kechuan/ Quichuan Indian.

**que·nelle** *(Fr. cook.)* quenelle.

**quen·se·liet** *(min.)* quenselite.

**quiche** *quiche'e, quiches, (Fr. cook.)* quiche. ~ **Lorraine** quiche Lorraine.

**quid pro quo** *-quo's* quid pro quo.

**quis·ling** *-lings* quisling, collaborator.

**qui·vi·ve** *(Fr.)* who goes there?

**quod·li·bet** *(Lat.)* hodgepodge, jumble, mishmash, mixture; *(mus.)* quodlibet, medley; play upon words, pun.

**Qur'aan** →KORAN.

**Qwa·be** *n. (pl.), (Zu. clan)* Qwabe.

# Rr

**r** *r'e, r's,* **R** *R'e, R's, (18th letter of the alphabet)* r, R. **R4-aan·vals·ge·weer** *=weers, =were* R4 assault rifle. **r̲'e·tjie** *=tjies* little r.

**ra** *ra's, (naut.)* yard *(to support a sail).*

**Ra** *(Eg. myth.: sun god)* Ra.

**raad¹** *=gewinge, =gewings* advice, counsel; help, suggestion; → RADELOOS; ~ *aanbied* offer advice; ~ *aanneem* take advice; *'n bietjie/stukkie* ~ a word of advice; *buite* ~ at a loss; *iem. met* ~ *en daad bystaan* give s.o. advice and assistance; *iets op iem. se* ~ *doen* act upon s.o.'s suggestion/advice; *ten einde* ~ at a loss, at one's wit's/wits' end, stumped; at the end of one's resources/tether; *iem. (oor iets)* ~ *gee* advise s.o. (or give s.o. advice) (on s.t.); *daar is geen* ~ *voor nie* there is no help for it; *goeie* ~ *is duur* sound advice is a rare commodity; ~ *hou* consult together, deliberate; ~ *inwin/verkry/vra* seek/take advice; ~ *kry* get advice; *na* ~ *luister* take advice; *op* ~ *van ...* on the advice of ...; ~ *soek* seek advice; *geen* ~ *met jou tyd weet nie* be at a loose end; *iem. se* ~ *volg* follow/take s.o.'s advice; *met voorbedagte rade* on purpose; with malice aforethought; *iem. se* ~ *vra, by iem.* ~ *vra* ask s.o. for advice, consult s.o.; *altyd* ~ *weet* always find a way out *(or* know what to do *or* be able to cope); *geen* ~ *weet nie* be at a loss; *iem. weet geen* ~ *met ... nie* s.o. doesn't know what to do with ... ~**(gee)rubriek** agony column. ~**rubriek-skryfster** agony aunt.

**raad²** *rade* council, board; counsellor *(of an embassy); in 'n* ~ *dien/sit* be on a board/council. ~**huis** council house, town hall. ~**saal** council chamber; debating chamber. ~**sitting** council meeting, sitting of the council.

**raad·ge·wend** *=wende* advisory *(committee);* consulting; *=e ingenieur, konsultingenieur* consulting engineer.

**raad·ge·wer** *=wers* adviser, advisor, counsellor, consultant, mentor.

**raad·ge·wing** *=wings, =winge* advice, counsel.

**raad·op** at one's wit's/wits' end, stumped, perplexed.

**raad·pleeg** *ge=* consult; see *(a doctor, lawyer, etc.); iem. oor iets* ~ consult/confer *(or* take counsel) with s.o. about s.t.. **raad·ple·gend** *=gende* consultative. **raad·ple·ger** *=gers* consulter, consultant. **raad·ple·ging** *=gings, =ginge* consultation.

**raads·:** ~**besluit** decision/resolution of the council; *(theol.)* decree *(of God).* ~**heer** councillor; *(chess)* bishop; *(SA city councils)* alderman. ~**huis** legislature. ~**kamer** council chamber; boardroom. ~**lid** council member, councillor. ~**man** *=manne, (fml.)* adviser, advisor, counsellor, consultant, mentor. ~**vergadering** council/board meeting. ~**verkiesing** council election.

**raad·saam** *=same* advisable, expedient; *dit* ~ *ag/dink/vind om ...* see/think fit to ...; *dit is* ~ *om ...* it is advisable to ...; *dit is just as well to ...; dit sou nie* ~ *wees nie* it would not be wise. **raad·saam·heid** advisability, expediency.

**raaf** *rawe, (orn., N. hemisphere)* raven, crow, corbie; →RAWE=; *die R~, (astron.)* the Crow, Corvus; *so swart soos 'n* ~/*kraai* as black as a raven, pitch-black; *die rawe sal dit uitbring* it will come to light; *'n wit* ~, *(a rarity)* a white crow. ~**swart** *adj.* raven *(hair).*

**raaf·ag·tig** *=tige* corvine.

**raag·bol** *(fig.)* (untidy) mop of hair.

**raai** *raaie, n.* guess; *ek gee jou drie ~e, (infml.)* there are no prizes for guessing. **raai** *ge=, vb.* guess, surmise, conjecture; ~ *'n bietjie ...* just guess ...; *sommer blindweg* ~ make a wild guess; ~, *ek ...* you know, I ...; *mis/verkeerd* ~ guess wrong; *niemand kan* ~ *wat ... nie* there is no telling what ...; *oor iets* ~ guess at s.t.; *raak/reg* ~ guess right; ~, ~, *(riepa)* have a guess, riddle me, riddle-me-ree; *vrae* ~ guess/spot questions *(for an exam);* ~ *wat?* guess what?. ~**skatting** gues(s)timate. ~**skoot,** ~**slag** guess; *'n blinde* ~ a wild guess; a shot in the dark; *'n ingeligte* ~ an educated guess; *'n* ~ *waag* hazard a guess.

**raai·er** *raaiers* guesser. **raai·e·ry** guessing, guesswork, *(infml.)* thumbsuck.

**raai·gras** rye grass.

**raai·sel** *=sels* riddle, puzzle, enigma, poser, conundrum, teaser, mystery; *'n* ~ *opgee/vra* ask/set a riddle; *'n* ~ *oplos* solve a puzzle; *in ~s praat* speak in riddles; *~s van die lewe* problems of life. ~**verhaalskrywer,** ~**skryfster** mystery writer.

**raai·sel·ag·tig** *=tige, adj.* enigmatic(al), puzzling, mysterious, cryptic, baffling; *iets kom* ~ *voor* s.t. intrigues. **raai·sel·ag·tig** *adv.* enigmatically, mysteriously, cryptically.

**raak** ~ *raker raakste, adj. & adv.* apt, to the point, effective, telling, incisive; felicitous; *dit is amper/byna* ~ it is a near miss; *'n* ~ *antwoord* a, a reply that goes home; *dis* ~*!, (infml.)* got him!; touché!; *dit is* ~ it is a hit; *'n* ~ *gesegde* an apt phrase; *...* ~ *gooi* hit/strike ... *(with a missile); die op-merking was* ~ the remark was to the point *(or* went home); *...* ~ *ry* hit ..., smash/crash into ... *(with a vehicle);* ~ *skiet* shoot straight; *...* ~ *skiet* hit ... *(the mark, target);* ... *skrams* ~ *skiet* graze ...; *...* ~ *slaan* hit ...; *iets* ~ *uitdruk* turn a phrase; *...* ~ *vat* take/get hold of ...; grasp/hold ... firmly/properly; *alles* ~ *vat* attend/see to everything. **raak** *ge=, vb.* hit *(the mark);* touch; affect, concern *(s.o.);* become; →RA-KEND, RAKING; *aan iets/iem.* ~ touch s.t./s.o.; *nie aan iem.* ~ *nie* not lay a finger on s.o.; *iets gaan oop as ('n) mens net daaraan* ~ s.t. opens at a touch; *iets* ~ *iem. diep* touches s.o. deeply; *nie aan drank* ~ *nie* not touch liquor; *op dreef* ~ get going; *in die moeilikheid/skuld/ens.* ~ run into difficulties/debt/etc.; *dit* ~ *iem. nie* it does not concern s.o.; it is no business of s.o. *(or* none of s.o.'s business) *(infml.);* it is nothing to s.o.; *aan die praat* ~ start/begin/get talking; *'n skyf* ~ hit a target; *van die spoor (af)* ~ go astray; go off the track/scent; be derailed; *in verleentheid* ~ be embarrassed; get into difficulties/trouble; *wat* ~ *dit jou?* what is that to you?. ~**hou** hit; quip, stroke of sarcasm. ~**loop** *raakge=, (fig.)* bump into, come across/upon, run across/into, run up against, meet *(s.o.);* come across *(s.t.);* ... ~, *(also)* stumble across/(up)on ...; *toevallig* ~ chance (up)on ... ~**lyn** *(geom.)* tangent. ~**punt** tangent(ial) point, point of contact/tangency, incidence. ~**puntbeheer** touch control. ~**rugby** touch rugby. ~**sekuur** *adj.* unerring *(aim).* ~**sensitief** *=tiewe* touch-sensitive *(screen etc.).* ~**sien** *raakge=* spy, spot, notice; *iem. het iets nie raakgesien nie* s.t. escaped s.o.'s attention/notice; *nie raakgesien word nie* escape notice/observation. ~**skerm** touch(-sensitive) screen. ~**skoot** *(also raak skoot)* hit; *dit was 'n* ~ that was a hit *(or* home shot), that shot went home.

**raak·heid** bite *(fig.),* incisiveness, felicity *(of an expression).*

**raam** *rame, n.* frame *(of a picture etc.);* window frame; (spectacle) frame; rim; framework; casing; setting. **raam** *ge-, vb.* forecast, budget, estimate *(beforehand);* frame *(a picture);* → RAMING; *te hoog* ~ overestimate; *te laag* ~ underestimate; *iets op* ... ~ estimate s.t. at ... **~koord** sash cord/line. **~maker** framer, framemaker. **~saag** frame saw. **~werk** frame(work), framing, skeleton; casing, fabric; cradle; chassis; *(fig.)* bones. **~(werk)monteur** rigger.

**raam·baar** *-bare* estimable.

**raap**[1] *rape, n.* turnip; rape, cole. **~kool** turnip cabbage, kohlrabi. **~lowwe** *n. (pl.)* turnip leaves/tops. **~olie** rape oil, colza oil. **~saad** turnip seed; rapeseed. **~tol, ~uintjie** *(Cyanella hyacinthoides)* lady's hand.

**raap**[2] *ge-, vb.* gather, pick up; ~ *en skraap* pinch and scrape; scrape together s.t.; ~ *en skraap waar jy kan* be a skinflint, scrape up everything.

**raar** ~, *rare raarder raarste, adj.* queer, strange, peculiar, quaint, funny, odd, unusual; →RARIGHEID, RARITEIT; *'n ~ ding* a queer/funny thing; *'n rare skepsel* (of *entjie mens), (infml.)* an oddball/oddity (*or* odd bod), an odd (*or* a queer) fish; ~ *maar waar* strange but/yet true; *dis* ~ *maar waar, (also)* believe it or not. **raar** *adv.* strangely, queerly.

**raas** *n.* scolding; ~ *kry* get a scolding. **raas** *ge-, vb.* make a noise, make (*or* kick up) a row; scold; rave, storm, rage; bluster; →RASERIG; *baie* ~ make a great noise; *dit* ~ *te veel daar* there is too much noise there; *hou op met* ~*!* stop that noise!; *met iem.* ~ scold s.o., *(infml.)* bawl s.o. out; dress s.o. down *(infml.),* give s.o. a dressing-down/talking-to/ticking-off *(infml.);* ~ *en skel/tier* rant and rave. **~bek** loudmouth, windbag, bawler, shouter. **~blaar(boom)** large-fruited/Zeyher's bushwillow.

**raat** *rate* remedy; means; →RAAD[1].

**ra·bar·ber** rhubarb. **~poeier** *(a laxative)* Gregory's powder.

**ra·bat** *-batte* rebate, discount, reduction. **~brandewyn** rebate brandy. **~wyn** rebate wine.

**rab·be·doe** *-does* tomboy, boisterous/devil-may-care person.

**rab·bi** *-bi's,* **rab·byn** *-byne* rabbi. **rab·bi·naat** *-nate* rabbinate. **rab·byns** *-bynse* rabbinical.

**ra·bies, ra·bi·ës** →HONDSDOLHEID.

**ra·dar** radar. **~baken** radar beacon. **~bediener** radar operator. **~beeld** blip. **~installasie** radar installation. **~koepel** *(av.)* radome. **~sein** radar signal. **~stasie** radar station. **~toestel** radar apparatus.

**rad·braak** *ge-, (fig.)* murder, mangle *(a lang. etc.).*

**ra·deer** *(ge)* etch; trace. **~kuns** etching. **~mes(sie)** erasing knife. **~naald** graver, burin. **~wiel(etjie)** tracing wheel.

**ra·de·loos** *-lose* desperate, at one's wit's/wits' end, distraught, distracted; *iem.* ~ *maak* drive s.o. to distraction; ~ *van* ... distraught with ... *(fear etc.).* **ra·de·loos·heid** desperation.

**ra·der·dier·tjie** rotifer.

**ra·di·aal** *-diale, n.* radian. **ra·di·aal** *-diale, adj.* radial; *-diale arterie, (med.)* radial artery; *-diale snelheid* radial velocity.

**ra·di·a·sie** *-sies* radiation.

**ra·di·kaal** *-kale, n., (pol., chem.)* radical; *vry/onversadigde* ~, *(phys.)* free radical. **ra·di·kaal** *-kale, adj.* radical; thoroughgoing. **ra·di·kaal** *adv.* radically; *daar is iets* ~ *verkeerd* there is s.t. radically wrong. **ra·di·ka·li·seer** *ge-* radicalise. **ra·di·ka·lis·me** *(also* R~*)* radicalism.

**ra·di·o** *-dio's* radio, *(infml.)* wireless; *na die* ~ *luister* listen to the radio; *iets oor die* ~ *hoor/aankondig/uitsaai* hear/announce/broadcast s.t. on the air/radio; *oor/op die* ~ *optree* be on the radio; *per* ~ by radio; *per* (*of oor die/jou*) ~ *hulp ontbied* radio for help; *per* ~ *met iem. in verbinding tree* radio s.o.; *dit is oor die* ~ *uitgesaai* it was on the radio. **~aktief** *-tiewe* radioactive; *-tiewe afval* radioactive waste; *-tiewe element* radioelement. **~aktiwiteit** *(phys.)* radioactivity. **~amateur** (radio) ham. **~beheer** radio control. **~berig** radio newscast; mes-

sage/signal/communication. **~buis** radio valve. **~chemie** radiochemistry. **~chemies** radiochemical. **~chemikus** radiochemist. **~diens** broadcasting service. **~drama** radio play. **~-element, ~ëlement** *(phys.)* radioelement, radioactive element. **~foon** →RADIO(TELE)FOON. **~frekwensie** radio frequency. **~golf** *-golwe* radio wave. **~-ingenieur** *-nieurs* radio engineer. **~-isotoop, ~ïsotoop** *(phys.)* radioisotope. **~kassetspeler** radio-cassette player. **~kompas** radio compass. **~koolstof** *(chem.)* radiocarbon. **~koolstofdatering** *(archaeol.)* carbon(-14)/radiocarbon dating. **~lamp** radio valve, thermionic valve. **~mas** radio mast. **~meter** *(phys.)* radiometer. **~metries** *-triese* radiometric; *-e datering* radiometric dating. **~motor** *(car with a two-way rad.)* radio car. **~nuklied** *(chem.)* radionuclide. **~-omroep** radio service, broadcasting system; transmitting station. **~-omroeper** radio announcer. **~-opname** *-mes* radio/broadcast recording, recording for radio/broadcasting. **~peiler** radio direction finder. **~peiling** radio sounding, direction finding, radio bearing. **~program** broadcasting/radio programme. **~roep** radiopaging. **~roeper** radiopager. **~sender** radio transmitter. **~skrywer** radio scriptwriter. **~stasie** radio station. **~(stel)** radio (set). **~ster** *(astron.)* radio star. **~steuring, ~storing** *-rings, -ringe* atmospherics, static. **~tegnikus** radio electrician, radiotrician. **~teks** radio script. **~telefonie** radiotelephony. **~(tele)fonies** *-niese* radio(tele)phonic. **~(tele)foon** radio(tele)phone. **~telegraaf** *-grawe* radio telegraph. **~telegrafie** radiotelegraphy, wireless telegraphy. **~telegrafies** *-fiese* radio telegraphic. **~teleskoop** radio telescope. **~terapeut** radiotherapist. **~terapeuties** radiotherapeutic(ally). **~terapie** *(med.)* radiotherapy, actinotherapy. **~uitsending** (radio) broadcast. **~verbinding** radio communication/contact/link. **~wekker** clock radio, radio alarm (clock). **~wese** radio, broadcasting.

**ra·di·o·geen** *-gene* radiogenic; *-gene hitte* radiogenic heat.

**ra·di·o·graaf** *-grawe* radiograph, radiogram; radiographer. **ra·di·o·gra·feer** *ge-* radiograph, make a radiograph of. **ra·di·o·gra·fie** radiography. **ra·di·o·gra·fies** *-fiese* radiographic. **ra·di·o·gra·fis** *-fiste* radiographer.

**ra·di·o·gram, ra·di·o·gram** *-gramme* radio/wireless message, radiotelegram, radiogram; radiograph, radiogram.

**Ra·di·o·la·rie·ë** *(biol.)* Radiolaria.

**ra·di·o·lo·gie** *(med.)* radiology. **ra·di·o·lo·gies** *-giese* radiologic(al). **ra·di·o·loog** *-loë* radiologist.

**ra·di·o·skoop** *-skope* radioscope. **ra·di·o·sko·pie** radioscopy, fluoroscopy.

**ra·di·um** *(chem., symb.:* Ra*)* radium.

**ra·di·us** *-diusse* radius.

**ra·dja** *-djas, (hist.: an Ind. king/prince)* raja(h).

**Ra·dja·stan** *(geog.)* Rajasthan.

**ra·don** *(chem., symb.:* Rn*)* radon.

**ra·dys** *-dyse* radish. **~boompie** snowberry.

**ra·fel** *-fels, n.* ravel, thread, tag. **ra·fel** *ge-, vb.* fray (out), ravel (out). **~draad** loose thread, ravelling. **~kant, ~rand, ~rant** raw/frayed edge *(of fabric).* **~sy** ravelled silk. **~werk** fringing; drawn work.

**ra·fel·rig** *-rige* frayed, fuzzy.

**raf·fi·a** raffia.

**raf·fi·naat** *-nate, (chem.)* raffinate.

**raf·fi·neer** *ge-* refine. **raf·fi·na·de·ry** *-rye, (factory)* refinery. **raf·fi·neer·de·ry** *(process)* refinery.

**Ra·gel** *(OT)* Rachel.

**rag·fyn** ~ gossamery, thin, filmy; ~ *stof* double sheer/gossamer fabric.

**ra·gi·tis** *(pathol.)* rickets, rachitis. **ra·gi·ties** *-tiese* rachitic.

**rag·lan·mou** raglan sleeve.

**ra·gout** *-gouts, (Fr. cook.)* ragout.

**rai·son d'ê·tre** *raisons d'être, (Fr.)* raison d'être, reason/justification for being.

**ra·ï·ta** *(Ind. cook.)* raita.

**rak** *rakke* rack, shelf, bracket; carrier *(on a bicycle); (in the pl., also)* shelving; →RAKKIE; *die boonste* ~ the top shelf; *van die boonste* ~, *(fig., infml.)* out of the top drawer *(infml.); op die* ~ *sit, (infml.: be a spinster)* be on the shelf; *iets op 'n* ~ *plaas/ sit* shelve s.t., put s.t. on a shelf; *klere van die* ~ *koop* buy clothes off the peg. **~kas** cupboard. **~klamp** sling cleat. **~lewe, ~leeftyd** shelf life; *iets het 'n* ~ *van ... weke/maande/ jaar* s.t. has a shelf life of ... weeks/months/years. **~melk** UHT milk, long-life milk. **~ruimte, ~spasie** shelving, shelf room. **~werk** shelving.

**ra·kel** *ge=, (poet., liter.)* rake; stir, poke. **~yster** raker.

**ra·ke·lings** ~ *by ... verbygaan* brush by/past ...

**ra·kend** *-kende, adj. & adv.* touching, contiguous, contin= gent. **ra·ken·de** *prep.* touching, regarding, concerning.

**ra·ket** *-kette* racket, racquet; *(table tennis)* bat. **~bal** racket ball; shuttlecock. **~pers** racket press. **~sloop** racket cover.

**ra·king** contact; tangency. **ra·kings·hoek** angle of contact.

**rak·ker** *-kers, (infml.)* rascal, imp, scallywag; *jou klein* ~*!* you little rogue/devil!.

**rak·kie** *-kies* bracket, little rack/shelf, stand.

**ra·ku** *(Jap. earthenware)* raku.

**ral** *ralle, (Du., orn.)* rail.

**ral·len·tan·do** *(It., mus.: becoming slower)* rallentando.

**ram** *ramme, n.* ram; buck *(of certain antelope); (tech.)* rammer, monkey; →RAMMETJIE, RAMS=; *die R~, (astron., astrol.)* the Ram, Aries. **~hamel** *(sheep)* stag. **~hok** ram pen/shed. **~kamp** rams' paddock; *(sl.)* men's quarters. **~kat** *(sl.)* stun= ner, topper, first-rater, ripper, old buck. **~lam** he-lamb. **~party(tjie)** stag night/party.

**Ra·ma·daan** *(Muslim month of fasting)* Ramadan.

**ra·mi·fi·ka·sie** *-sies, n. (chiefly pl.)* ramification, complica= tion, consequence.

**ra·ming** *-mings, -minge* estimate, calculation, forecast, pro= jection, framing, computation; *'n* ~ *maak* make/form an es= timate; *'n te hoë* ~ an overestimate; *'n te lae* ~ an underesti= mate.

**ram·kie** *-kies, (Khoi guitar)* ramkie. **ram·kie·tjie** *-tjies* little ramkie.

**ram·mel** *-mels, n., (noise, toy)* rattle. **ram·mel** *ge=, vb.* rattle, clatter, clank; chatter; *aanmekaar/aanhoudend* (of *een stryk deur)* ~ babble away/on; *op 'n klavier* ~ drum on a piano; *iem. (se maag)* ~ *van die honger* s.o.'s stomach is growling/ rumbling with hunger, s.o. is ravenously hungry, s.o. has a roaring appetite. **~kas** rattletrap, rickety/ramshackle car, jalopy, crock, boneshaker, *(infml., Tsw.)* skorokoro; *(piano)* rattlebox.

**ram·me·tjie** *-tjies* little ram. **~·uitnek** *n.* swaggerer. **~·uit nek** *adj. & adv.* swaggering(ly), defiant(ly).

**ramp** *rampe* disaster, catastrophe, calamity, blow, fatality; *dit was amper/byna 'n* ~ it was a near disaster; *iem. gaan 'n* ~ *oor hom=/haarself bring* s.o. is courting disaster; *deur 'n* ~ *getref word* meet with disaster; *dit sou 'n* ~ *meebring* that would mean disaster; *'n ontsaglike* ~ a cataclysm; *tot oor= maat van* ~ to crown/top it all, on top of that (or it all), to make things worse; *deur* ~ *op* ~ *getref word, (also)* be hit by a double whammy *(infml.); iets is 'n resep vir 'n* ~ s.t. is a blueprint for disaster; *op 'n* ~ *uitloop* end in disaster; *iets is vir iem. 'n* ~ s.t. is a disaster to s.o.. **~droogtegebied** disas= ter drought area. **~gebied** disaster area.

**ram·pok·ker** *-kers* gangster, mobster; *(in the pl., also)* gang= sterdom. **~buurt** gangland. **ram·pok·ke·ry** gangsterism.

**ramp·sa·lig** *-lige* wretched, miserable; doomed; fatal; *'n* ~*e bestaan voer* lead a life of misery. **ramp·sa·lig·heid** misery, wretchedness.

**ramp·spoed** calamity, adversity, disaster, distress; *iets is tot* ~ *gedoem* s.t. is doomed to disaster. **ramp·spoe·dig** *-dige* disastrous, devastating, calamitous, cataclysmic, ill-fated.

**rams·:** **~horing** ram's horn; *(Jud.)* shofar; *(bot.)* ramshorn. **~kop** ram's head.

**Rand:** *die* ~ the Rand/Reef; *aan/op die* ~ on the Rand. **Rand= se** (of the) Rand/Witwatersrand.

**rand**[1] *rande, n., (SA monetary unit)* rand; *baie* ~*e* many rands; *honderde/duisende* ~*e* hundreds/thousands of rands; *in* ~*e* in rands; *iets oor die vyftig* ~ fifty rands odd; ... *omreken in* ~*e en sente* convert ... to rands and cents; *teen/ vir R100 per vierkante meter* at R100 per square meter; ~ *vir* ~ *bydra* contribute rand for rand (or on a rand-for-rand basis). **~-dollar-wisselkoers** rand-dollar exchange rate. **~noot:** *'n tien~, 'n R10-noot* a ten rand note, a R10 note. **~-vir-rand(-)stelsel** rand-for-rand system.

**rand**[2] *rande, n., (also* rant*)* brim *(of a hat, cup, etc.);* edge *(of a table, gorge, etc.);* ledge; brink, lip *(of a precipice);* margin *(of a page);* rim *(of s.t. circular);* border, boundary; fringe, edging; kerb(ing); periphery; brow; *(in the pl., also)* outskirts; *aan die* ~ *van ...* on the edge of ...; on the fringe(s) of ...; on the periphery of ...; on the verge of ... *(the grave); aan die* ~ *van die dorp/stad* on the outskirts of the town; *tot aan die* ~ *ge= vul* full to the brim, brimful(l); *op die* ~*(jie) van ...* on the brink of ... *(bankruptcy etc.);* on the edge of ... *(collapse etc.);* on the verge of ... *(death etc.);* within a measurable distance of ... **rand** *ge=, vb., (rare)* edge, border, marginate, furnish with a margin. **~afwerking** edging, trimming, facing. **~eier** *-eiers* outer egg; (rank) outsider; *die mal* ~*s* the lunatic fringe. **~figuur** fringe figure; marginal figure; outsider. **~gebied** border area, borders; peripheral area, peri-urban area. **~groep** fringe group. **~koek** flan. **~muurtjie** kerb(ing). **~skêr** edging shears. **~skrif** circumscription, legend *(on a coin etc.).* **~snyer** edging tool, edge cutter. **~staat** border state/country, peripheral state. **~steen** kerb(stone), kerb= ing. **~toestel** *(comp.)* add-on. **~verskynsel** fringe phenom= enon.

**rand·stan·dig** *-dige* marginal; peripheral.

**rang** *range* rank, position, grade, degree, class, order, estate, rating, condition, station, status, standing; *'n hoë* ~ *beklee* hold a high rank; *'n ... van die eerste* ~ a ... in the top flight; *a ... of the first magnitude; van die eerste* ~*, (also)* in the front rank; *mense van elke* ~ *en stand* all sorts and condi= tions of people, people of every sort and kind; *van hoë* ~ of high station/rank; *die hoër* ~*e* the higher/upper echelons; *die hoogste in* ~ the most senior; *die laer* ~*e* the rank and file; ~*e in die maatskappy/samelewing* stations in life; *in* ~ *bo ... staan* rank above ...; *in* ~ *op ... volg* rank after/below ... **~getal** ordinal number. **~lys** gradation list; ranking list, list of rankings, grading list, seniority list. **~orde** order (of rank/precedence/priority/preference); hierarchy, ranking, *(infml.)* pecking order. **~teken** *-kens, (mil.)* pip *(on a uni= form); (in the pl., also)* trappings. **~telwoord** *(math.)* ordinal number.

**ran·geer** *(ge)* shunt *(a train).* **~lokomotief** shunting/pilot engine. **~terrein** shunting yard. **~werk** shunting.

**ran·geer·der** *-ders* shunter, (train) marshaller.

**rang·skik** *ge=* arrange, put in order, range; classify; marshal *(soldiers, facts);* compose; collocate; size; dispose; grade; *iets in aflewerings* ~ serialise s.t.; *iem./iets onder ...* ~ class s.o. or s.t. with ... **rang·skik·kend** *-kende* ordinal. **rang·skik·ker** *-kers* classifier; marshaller; arranger; *(comp.)* sequencer. **rang·skik·king** *-kings, -kinge* arrangement, layout; classifica= tion; orientation; marshalling; disposition.

**ra·ni** *-ni's, (hist.: Ind. queen/princess)* ranee, rani.

**rank** *ranke, n.* runner, tendril, shoot, bine, vine; clasper. **rank** ~*, ranke* ranker rankste, *adj.* slender, thin, slim, skinny; lanky. **rank** *adv.* slenderly, thinly, slimly; rakishly (built). **rank** *ge=, vb.* trail, shoot tendrils, twine (round), creep. **~boontjie** runner/twining/pole bean. **~gewas** runner crop. **~plant** creeper, vine, trailing/creeping/climbing/twining plant. **~roos** rambler (rose), climbing rose.

**ran·kend** =kende rambling, cirrate(d), cirriform.

**rank·heid** instability, crankiness *(of a sailing vessel)*.

**rank·vor·mig** =mige cirrose, cirrous, cirrus-shaped.

**ra·non·kel** =kels, *(bot.)* ranunculus, crowfoot. **ra·non·kel·ag·tig** =tige ranunculaceous.

**ran·sig** =sige rancid.

**rant**[1] →RAND[2] *n..*

**rant**[2] *rante, (geomorphol.)* ridge; range *(of hills)*.

**rant·soen** =soene, n. ration, allowance; dietary; *op halwe ~* on short rations/commons. **~pak** ration(s) pack.

**rant·soe·neer** ge=, *vb.* ration. **rant·soe·ne·ring** =rings, =ringe rationing.

**rap** *(mus.)* rap. **~musiek** rap music.

**ra·pier** =piere rapier, small sword.

**ra·pon·sie** =sies, *(bot.)* rampion.

**rap·port** =porte report; dispatch; rapport, sense of communication; *'n ~ oor iets opstel/skryf/uitbring* report (on) s.t.. **~ryer** =ers dispatch rider, messenger; *(member of an exclusive Afr. organisation, R~)* Rapportryer.

**rap·por·teer** ge= report, give an account of, notify. **rap·por·teer·baar** =bare notifiable, reportable. **rap·por·teur** =teurs, *(fml.)* reporter; rapporteur *(of a committee)*.

**raps** *rapse, n.* flick, cut, lash, hit; *'n (goeie) ~ weghê, (infml.: insane)* be barmy; *(infml.: inebriated)* be tight. **raps** ge=, *vb.* flick, hit, lash, strike, cut, whip, flip; tick off; *'n perd ~* touch up a horse. **rap·sie** =sies tap, touch, slight flick; a little, a wee bit; *'n ~ meer* slightly more, just a bit more; *'n ~ oor vyf* just after five (o'clock).

**rap·so·die** =dieë rhapsody. **rap·so·dies** =diese rhapsodical.

**ra·rig·heid** =hede rarity, oddity; queerness.

**ra·ri·teit** =teite curiosity, rarity, curio.

**ras**[1] *rasse, n.* race *(of people)*; strain, stock, breed; →RASSE=; *die menslike ~* humankind; *'n dier van suiwer ~* a thoroughbred animal; *van gekruiste ~* crossbred. **~bevooroordeel(d)** =deel= de racially biased/prejudiced. **~bewussyn, ~bewustheid** race consciousness. **~eg** =egte purebred, of pure breed, pure(-blooded); true to type; true-born. **~eie** characteristic. **~eienskap** racial characteristic/quality; breed characteristic *(of an animal)*. **~gedrewe** racially inspired/motivated *(conflict etc.)*. **~gemeng(d)** =mengde racially mixed *(school etc.)*. **~genoot** =note member of the same race; congener; *(in the pl.)* kindred. **~groep** race/racial group. **~suiwer** =were pure-blooded, purebred, thoroughbred; true-born; racially pure. **~vee** pedigree stock, purebred stock.

**ras**[2] *rasse, adj., (poet., liter.):* met *~se skrede* swiftly, quickly, with rapid strides.

**ra·seer** *(ge)* raze, rase.

**ra·send** =sende, *adj.* raving, raging, fuming, storming, wild, mad, furious, frantic, frenzied, berserk, raging mad, beside o.s.; *'n ~e honger* a roaring appetite; *iem. ~ maak* drive s.o. crazy *(or, infml.* batty/potty), drive/send s.o. mad *(or, infml.* up the wall); *(infml.)* drive s.o. wild; *dis om ('n) mens ~ te maak* it is enough to drive one mad; *'n gehoor ~ maak* work an audience up to a frenzy; *~ (van ontsteltenis) raak, (also)* freak out *(infml.)*; *~ van* ... mad with ... *(pain etc.)*; *~ van angs oor* ... frantically worried about ...; *~ van woede* in a tearing rage, fighting mad; *~ word* go berserk; fly into a fury.

**ra·se·rig** =rige noisy, rowdy, clamorous; scolding, railing, shrewish. **ra·se·rig·heid** noisiness, rowdiness.

**ra·ser·ny, ra·ser·ny** rage, fury, madness, frenzy, desperation, delirium.

**ra·sie** *n. (chiefly sing.)* students' singsong. **~leier** cheerleader.

**ra·si·o·naal** =nale, *n.* rationale, motivation, reason. **ra·si·o·naal** =nale, *adj., (math.)* rational *(number)*; *'n vergelyking/ens. ~ maak* rationalise an equation/etc..

**ra·si·o·na·li·seer** ge= rationalise; streamline. **ra·si·o·na·li·sa·sie, ra·si·o·na·li·se·ring** rationalisation.

**ra·si·o·na·lis·me** rationalism. **ra·si·o·na·lis** =liste rationalist. **ra·si·o·na·lis·ties** =tiese rationalist(ic).

**ra·si·o·neel** =nele, *adj.* rational, reasonable.

**rasp** *(horse malady)* mallender(s), sallender(s).

**ras·per** =pers, *n.* grater, rasp, scraper; rasp file. **ras·per** ge=, *vb.* grate, rasp. **~stem** raucous voice, gravelly voice.

**ras·se·:** **~aangeleenthede** racial affairs. **~beleid** racial policy. **~betrekkinge** racial/race relations. **~diskriminasie** racial discrimination. **~diskriminerend, rasdiskriminerend** racially discriminatory. **~gelykheid** racial equality. **~geskil** racial/race dispute. **~gevoel, rasgevoel** racial feeling, race consciousness. **~groep** racial group. **~haat** racial/race hatred, racialism. **~indeling, rasindeling** race classification. **~moord** racial murder; genocide. **~oproer, ~opstand, ~onlus** race riot. **~skeiding, ~segregasie** racial segregation/separation/separatism, apartheid. **~stryd** racial struggle. **~verhoudinge** racial relationships. **~vermenging** miscegenation, mixing of races. **~verskil, rasverskil** racial difference. **~vooroordeel, rasvooroordeel** racial prejudice. **~vraagstuk** race problem/question.

**ras·sis** =siste, *n.* racist. **ras·sis·me** racism. **ras·sis·ties** =tiese, *adj.* racist. **ras·sis·ties** *adv.* racially; *'n ~ gelaaide onderwerp/ens.* a racially charged subject/etc..

**Ras·ta** =tas, *(abbr. of* Rastafariër, *also* r~*)* Rasta, *(infml.)* locks man, *(sl.)* dread. **~lokke** *n. (pl.)* dreadlocks. **~man** Rasta man.

**Ras·ta·fa·ri·ër** =riërs, *(also* r~*)* Rastafarian. **Ras·ta·fa·ries** =riese, *(also* r~*)* Rastafarian.

**ras·ter** =ters, *(print.)* screen; *(radar)* raster. **~blok** *(print.)* halftone (block). **~werk** lattice(work), screening.

**rat** *ratte* cogwheel; wheel; gear; *eerste/laagste ~, (mot.)* first/bottom gear; *in ~* in gear; *'n voertuig in (eerste/ens.) ~ sit* put a vehicle into (first/etc.) gear; *na 'n laer ~ oorskakel* downshift; *iem. 'n ~ voor die oë draai, (infml.)* throw dust in s.o.'s eyes, pull a fast one on s.o.; *'n voertuig uit ~ haal* take a vehicle out of gear; *~te wissel/verstel* change gear(s), shift gear. **~hefboom** =bome, **~stang** =stange gear lever. **~kas** =kaste gearbox, transmission. **~tand** cog, sprocket. **~werk** gearing, (the) wheels, gear, clockwork, wheelwork. **~wisseling** gear change, gearshift.

**ra·ta·tou·ille, ra·tjie·toe** *(Fr. cook.)* ratatouille.

**ra·tel**[1] =tels, *n., (zool.)* honey badger, ratel. **~taai** tough as leather; hard as nails.

**ra·tel**[2] =tels, *n.* rattle. **ra·tel** ge=, *vb.* rattle, jar, hurtle, chatter. **~slang** rattlesnake, rattler.

**ra·te·laar** =laars clapper; flapper.

**ra·ti·fi·seer** ge= ratify. **ra·ti·fi·ka·sie** =sies ratification.

**ra·ti·o** *(Lat.)* reason, rationale, sense.

**ra·tjie·toe** *(fig., infml.)* hotchpotch, mishmash, jumble; → RATATOUILLE, TJOU-TJOU.

**rats** *~, ratse ratser ratsste, adj.* quick, swift, nimble, agile, nippy, swift-/fleet-footed; *~ (op jou bene/voete)* quick of foot. **rats** *adv.* quickly, swiftly, nimbly. **rats·heid** quickness, swiftness, fleetness.

**rave** *(<Eng., infml., mus.)* rave(-up). **ra·ver** raver.

**ra·vi·o·li** *(It. cook.)* ravioli.

**ra·vyn** =vyne ravine, gorge.

**ra·we·:** **~bek** raven's beak/bill. **~gekras** raven's croaking, caw.

**ray·on** *(text.)* rayon. **~serp** rayon scarf.

**re** *re's, (mus.)* ray, re.

**re·aal** *reale, (monetary unit of Braz. etc.)* real.

**re·a·geer** ge= react; respond; *op mekaar ~* interact; *op iets ~* react to s.t.; respond to s.t.; react (up)on s.t.; *iem. ~ stadig/*

*vinnig* s.o. is slow/quick to react. **re·a·gens, re·a·gens** =gense, =gentia, (chem.) reagent, test agent. **re·a·ge·rend** =rende reacting; responsive.

**re·ak·sie** =sies reaction, response; ~ *by/van die publiek* public response; *negatiewe/positiewe* ~ negative/positive feedback; *(ongunstige)* ~ backlash; *die* ~ *op* ... the reaction to ...; *sonder* ~ unresponsive. ~**tyd** =tye reaction time; *(physiol.)* latent time.

**re·ak·si·o·nêr** =nêre, n. reactionary. **re·ak·si·o·nêr** =nêre =nêrder =nêrste (of meer ~ die mees =nêre), adj. reactionary.

**re·ak·tant** =tante, (chem.) reactant.

**re·ak·tief** =tiewe reactive. **re·ak·ti·wi·teit** reactivity.

**re·ak·ti·veer** ge= reactivate.

**re·ak·tor** =tore, =tors reactor.

**re·a·li·seer** ge= realise, materialise, concretise; (fin.) realise, convert into money. **re·a·li·sa·sie** =sies, (fin.) realisation. **re·a·li·se·ring** =rings, =ringe, (gen.) realisation.

**re·a·lis·me** realism; (art, philos., etc., also R~) realism (also R~). **re·a·lis** =liste realist; (art, philos., etc., also R~) realist (also R~). **re·a·lis·ties** =tiese meer =tiese die mees =tiese realistic, down-to-earth.

**re·a·li·teit** =teite reality. **re·a·li·teit(s)-TV** reality TV.

**Re·bek·ka** (OT) Rebecca, Rebekah.

**re·bel** =belle rebel, insurgent; rebel, maverick, nonconformist, angry young man/woman. **re·bel·leer** ge= rebel, revolt; *teen* ... ~ rebel against ... **re·bel·lie** =lies rebellion, revolt, insurrection.

**re·bel·le·:** ~**leier** =leiers rebel leader. ~**troepe** rebel troops.

**re·bels** =belse rebellious; obstreperous, (infml.) stroppy, bolshie, bolshy; disgruntled, discontented; sulky. **re·bels·ge·sind** =sinde rebellious. **re·bels·heid** rebelliousness; stroppiness.

**re·bus** =busse puzzle, rebus.

**rec·to, rek·to** =to's, (Lat.) recto, right-hand page (of an open book); recto, front (of a printed leaf).

**red** ge= save, rescue, deliver; preserve; →REDDELOOS, REDDER, REDDING; ~ *uit* ... ~ rescue s.o. from ... (the sea etc.); extricate s.o. from ...; help s.o. out of ... (a difficulty etc.); *iem. uit die water* ~ save s.o. from drowning; *iets uit* ... ~ retrieve s.t. from ...; salvage s.t. from ...; *iem. van* ... ~ save s.o. from ... (an embarrassment etc.); preserve/rescue s.o. from ... (death etc.); ~ *wat (daar nog) te* ~(de) *is* save the pieces (infml.).

**re·dak·sie** =sies editorial staff; editorship; editing, drawing up, drafting, wording; version; *by/in die* ~ on the editorial staff; *onder* ~ *van* ... edited by ....; under the editorship of ...; *van die* ~, (journ.: column) editorial. ~**kantoor** editorial office. ~**personeel** editorial staff. ~**werk** editing, editorial/journalistic work.

**re·dak·si·o·neel** =nele, adj. & adv. editorial(ly).

**re·dak·teur** =teure, =teurs editor; ~ *buiteland*, (journ.) foreign editor. **re·dak·teur·skap** =skappe editorship. **re·dak·tri·se** =ses, (fem.) editor.

**red·de·loos** =lose, adj. beyond help, irretrievable, irrecoverable. **red·de·loos** adv. irretrievably; ~ *verlore* irretrievably lost; past redemption.

**red·der** =ders rescuer, saver, deliverer, saviour; ~ *in die nood* life-saver (fig.).

**red·ding** =dings, =dinge rescue, saving; salvation; *vir iem.* ~ *bring* come to the rescue of s.o.; *vir iem. is daar geen* ~ *meer nie* s.o. is beyond hope/redemption; *iem. se sin vir humor is sy/haar* ~ s.o. has the saving grace of humour; *iem. se* ~ *uit* ... s.o.'s deliverance from ...; ~ *vind* find salvation.

**red·dings·:** ~**aksie** rescue operation; (finansiële) ~ bailout. ~**baadjie** life jacket/vest. ~**boei** lifebuoy. ~**boot** =bote lifeboat. ~**diens** rescue services. ~**fonds** (fin.) lifeboat fund. ~**geselskap** rescue party. ~**gordel** lifebelt, safety belt. ~**operasie** rescue operation; (lit. & fig.) salvage operation. ~**tou** lifeline. ~**vlug** mercy flight. ~**werk** rescue work; life-saving; salvage.

**re·de¹** =des reason(ing), understanding; speech, address, discourse, oration; *die direkte/indirekte* ~, (gram.) direct/indirect speech; *'n* ~ *hou* deliver/give an address; *na* ~ *luister* come/listen to reason, hear reason; *iem. luister nie na* ~ *nie* there's no reasoning with s.o.; *strydig met die* ~ against reason; *iem. in die* ~ *val* interrupt s.o.; cut short s.o.; *iem.* ~ *laat verstaan* bring s.o. to reason; ~ *verstaan* come/listen to reason, hear/see reason. ~**deel** (gram.) part of speech. ~**kuns** rhetoric. ~**kunstenaar** orator, rhetorician. ~**twis** n. dispute, disputation, debate. ~**twis** ge=, vb. argue, bandy words, chop logic. ~**twister** =ters disputant; logic chopper. ~**voerder** =ders speaker, speech maker, orator; spokesman, =woman, =person. ~**voering** =rings, =ringe speech, address, oration; discourse, harangue; *'n* ~ *hou* deliver an address/oration (or a speech). ~**wisseling** conversation.

**re·de²** =des reason, cause; *'n* ~ *aangee/aanvoer/verstrek* advance a reason; ~*s aangee/aanvoer/verstrek*, (also) show cause; *alle* ~ *hê om* ... have every reason to ...; *om geen bepaalde/besondere* ~ *nie* for no particular reason; ~ *van bestaan* reason for being/existence, raison d'être; *die* ~ *blyk nie* the reason is not apparent; *om daardie/dié* ~ for that reason, because of that, on that account; *juis om daardie/dié* ~ for that very reason; *om dié/hierdie* ~ for this reason, hence, because of this, on this account; *om dieselfde* ~, (also) by the same token; *om (die) een of ander* ~ for some reason or (an)other; ~ *tot* ...*gee* give cause for ... (annoyance etc.); *daar is geen* ~ *om* ... *nie* there is no reason to ...; there is no occasion to ...; *geen* ~ *hoegenaamd nie* no earthly reason; *gegronde* ~*s vir* ... *aanvoer* make out a case for ...; ~ *hê om te glo dat* ... have reason to believe that ...; ~*s ten gunste van iets aanvoer* argue for s.t.; *die* ~ *lê voor die hand* the reason is not far to seek; ~ *hê om* ... have reason to ...; have occasion to ...; ~ *hê vir* ... have a reason for ... (one's attitude etc.); *daar is* ~ *voor* there is a reason for that; *om 'n* ~ for a reason; *sonder* ~ for no reason; for nothing; *sonder ('n geldige)* ~ without (good) cause; *sonder die minste* ~ without rhyme or reason; *om verklaarbare* ~*s* for obvious reasons; *die vernaamste* ~ the main reason; *daar is geen* ~ *vir* ... *nie* there is no cause for ...; *om watter* ~ *ook (al)* for whatever reason. **re·de·ge·wend** =wende, (gram.) causal, causative.

**re·de·ka·wel** ge= argue, chop logic; *met iem.* ~ bandy words with s.o.. **re·de·ka·we·ling** =linge, **re·de·ka·wel·ry** argument; palaver, logic chopping.

**re·de·lik** =like =liker =likste, adj. rational, thinking; reasonable, tolerable, moderate, fair; *iets* ~ *ag/vind* find s.t. reasonable; ~*e gronde*, (jur.) probable cause; ~*e wese* intelligent/sentient/rational being. **re·de·lik** adv. reasonably, tolerably, fairly; moderately, with measure; ~ *goed* fairly/pretty well, passably. **re·de·li·ker·wys, re·de·li·ker·wy·se** in reason, reasonably; within reason/measure; in all fairness; *alles doen wat* ~ *verwag kan word* do anything in reason (or that can fairly be expected). **re·de·lik·heid** reasonableness, fairness; moderation; intelligence.

**re·de·loos** =lose irrational; not gifted with reason, deprived of reason, brute (animal). **re·de·loos·heid** irrationality; lack of reason.

**re·de·naar** =naars orator, speech maker.

**re·de·naars·:** ~**beker** debating cup. ~**gawe**, ~**talent** oratorical gift/talent. ~**kuns** oratory, speech-making, public speaking.

**re·de·na·sie** =sies argument, reasoning, dispute.

**re·de·neer** ge= argue, reason, dispute; ~ *dat* ... argue that ...; *('n) mens kan* ~ *dat* ..., (also) it is arguable that ...; *met iem.* ~ reason with s.o.. ~**kuns** art of reasoning; logic. ~**trant**, ~**wyse** argumentation, manner/way of reasoning. ~**vermoë** reasoning faculty, power of reasoning.

**re·de·ne·ring** =rings, =ringe reasoning, argument.

**re·de·ry** =rye shipping/aircraft company/line.

495

**re·di·geer** *ge-* edit *(a newspaper);* sub(edit), copy-edit *(text);* dub *(a soundtrack);* redact; compose, draw up, word; *iets saam* ~ coedit s.t.. **~styl** house style *(of a publication, publisher).* **~werk** editing.

**re·di·ge·ring** editing; subediting, *(infml.)* subbing; dubbing.

**re·doks·po·ten·si·aal** *(chem.)* redox potential.

**re·duc·ti·o ad ab·sur·dum** *(Lat., philos.)* reductio ad absurdum.

**re·duk·sie** *-sies* reduction. **~deling** *(biol.)* meiosis, reduction division.

**re·duk·si·o·nis·me** *(often derog.)* reductionism. **re·duk·si·o·nis** *-niste* reductionist. **re·duk·si·o·nis·ties** *-tiese* reductionist(ic).

**re·du·pli·seer** *ge-* reduplicate. **re·du·pli·ka·sie** *-sies,* **re·du·pli·se·ring** *-ringe, -rings* reduplication. **re·du·pli·se·rend** *-rende* reduplicating.

**re·du·seer** *ge-* reduce. **~middel** *-dele, -dels, (chem.)* reducing agent.

**re·du·seer·baar** *-bare* reducible.

**ree** *reë, (zool.)* roe (deer); hind, doe; *jong* ~ fawn. **~bok** deer, roe(buck).

**reeds** already, by this/that time; →AL, ALREEDS; ~ *in 1990* as far back as 1990; ~ *in die vorige eeu* as far back (*or* as long ago) as the last century; *iem. is* ~ *laat* s.o. is late already; ~ *verlede jaar* as early as last year; as long ago as last year.

**re·ëel** *reële reëler reëlste* real; genuine; *reële eksekusie, (jur.)* specific performance; *reële getal, (math.)* real number; *reële inkomste* real income; *reële loon* real wage; *'n reële objek* a transcendental object; *reële tyd, (comp.)* real time.

**reef** *rewe, n., (naut.)* reef; *'n* ~ *inbind/inneem* take in a reef. **reef** *ge-, vb.* reef *(a sail).*

**reeks** *reekse* series, succession; sequence; row *(of trees),* line; set; range; rubber *(of games);* gamut; ~ *berge* chain of mountains; ~ *(van) bevelhebbers* line of commanders; *die* ~ *deel, (sport)* square the rubber/series; *gebroke* ~ broken range; *'n (hele)* ~ *toetse* a battery of tests; *'n* ~ *nederlae* a succession of defeats; ~ *(van) ongelukke* run of accidents; *die volledige* ~ *...* the full range of ...; **~moord** serial killing. **~moordenaar** serial killer. **~nommer** serial number. **~skakeling** *(elec.)* series connection.

**re·ël** *reëls, n.* line; rule; regulation; norm; custom; order; *die* ~*s in ag neem* observe (*or* keep/stick to) the rules; *'n bindende/vaste/onbuigsame* ~ a hard and fast rule; *die gulde* ~ the golden rule; *in die* ~ as a (general) rule, in general, generally, customarily; more often than not; *tussen die* ~*s lees, (fig.)* read between the lines; *'n* ~ *daarvan maak om ...* make a rule of it to ...; *die* ~*s nakom, by die* ~*s hou* observe (*or* adhere/keep/stick) to the rules; *die* ~*s streng nakom, streng by die* ~*s hou* observe (*or* adhere/keep to) the rules strictly; *die* ~*s oortree* break the rules; *'n praktiese* ~ a rule of thumb; ~*s van die spel* laws of the game; *jou nie aan* ~*s steur nie* not follow (*or* bother about) the rules; *teen die* ~*s* against (*or* in conflict with) the rules; *die* ~*s toepas* apply/ enforce the rules; *die* ~*s uitlê soos dit jou pas* bend the rules; *volgens 'n vaste* ~ by rule; *'n vaste/vasstaande* ~ a standing rule; *'n* ~ *om te volg* a rule to go by; *volgens* ~ by rule; *volgens (die)* ~, *(also)* according to (*or* by) the book; *volgens (die)* ~ *handel/optree, (also)* go by the book; *'n* ~ *voorskryf/-skrywe* lay down a rule; *presies/streng volgens* ~ *werk* work to rule. **re·ël** *ge-, vb.* arrange, settle, put in order; manage; get up, organise; adjust, regulate; control; set; operate; direct; modulate; ~ *dat iets gedoen word* arrange for s.t. to be done; *goed ge*~ well organised; *iets ge*~ **hê** have s.t. laid on (*or* lined up); *iets met iem.* ~ arrange s.t. with s.o.; *sake* ~ get things square; *iets is vir ... ge*~ s.t. is timed to take place at ...; *iem. se vertrek is vir ... ge*~ s.o. is scheduled to leave at ... **~boek** rulebook. **~maat** →REËLMAAT. **~reg** *-regte, adj.* direct, straight. **~reg** *adv.* directly, straight(away); head-

long; sheer; ~ *op jou doel afstuur* make straight for one's goal; *iem. iets* ~ *sê* tell s.o. s.t. point-blank; ~ *in stryd met ...* in direct conflict with ...; ~ *teen ...* directly against ... **~spasie** *(print.)* leading. **~spasiëring** *(print.)* line spacing; *sonder* ~ unleaded.

**re·ë·laar** *-laars* regulator; governor, adjuster.

**re·ël·baar** *-bare* adjustable, regulable, variable. **re·ël·baarheid** adjustability.

**re·ë·ling** *-lings* arrangement; regulation(s), rule(s); adjustment; organisation; control; modulation; disposal; settlement; *(in the pl., also)* dispositions; *'n* ~ *met iem. tref* come to an arrangement with s.o.; *vir iets* ~*s tref* arrange (*or* make arrangements) for s.t.. **re·ë·lings·ko·mi·tee** organising/steering committee.

**re·ël·loos** *-lose* irregular, without rule; ~ *lewe* have irregular habits.

**reël·maat** regularity, order, orderliness. **reël·ma·tig** *-tige, adj.* regular; orderly; routine. **reël·ma·tig** *adv.* regularly; ~ *lewe* lead a regular life. **reël·ma·tig·heid** regularity.

**re·ën** *reëns, n.* rain; *deurdringende* ~ soaking rain; *die* ~*(s)* the rains; *die* ~ *giet/stort* the rain comes down; *ligte* ~ light rain; *dit lyk na* ~ it looks like rain; ~ *of sonskyn* rain or shine; *swaar* ~ heavy rain; *swiepende* ~ driving rain; *die* ~ *het uitgesak* it began to rain; *die spel is weens* ~ *gestaak* rain stopped play. **re·ën** *ge-, vb.* rain; *dit* ~ it is raining; *dit gaan* ~ it is going to rain; *dit* ~ *hard* it's raining heavily; *dit kom* ~, *(dated, regional)* rain is coming, it is going to rain; *iets op iem. laat* ~ rain s.t. on s.o. *(blows etc.);* shower s.t. (up)on s.o., shower s.o. with s.t. *(stones etc.); dit lyk of dit gaan* ~ it looks like rain; *of dit* ~ *ofte nie* rain or shine. **~bak** rainwater tank/trough/cistern. **~boog** →REËNBOOG. **~bui** rain shower, shower of rain, downfall. **~dag** rainy day. **~dig** *-digte, adj.* rain-, showerproof. **~druppel** raindrop. **~jas** raincoat, mackintosh, weather/trench coat. **~koningin** *(SA myth.)* rain queen *(also caps.).* **~lug** rainy/watery sky. **~maand** rainy month. **~maker** rainmaker. **~meter** rain gauge, pluviometer. **~meting** rainfall measurement/recording. **~mis** rain fog. **~ryk** *-ryke, adj.* rainy. **~seisoen** rainy season; monsoon. **~stewel** wellington (boot). **~storm** rain-, thunderstorm. **~streek** hyetal region. **~tyd** rainy season; rainy/wet spell; monsoon. **~val** rainfall. **~vas** *-vaste, adj.* all-weather *(garment, tennis court, etc.).* **~vlaag** *-vlae* gust/shower of rain; *(in the pl., also)* intermittent rain, scattered showers. **~vloed** deluge, downpour. **~water** rainwater, storm water. **~weer** rainy/wet weather. **~wind** rainwind, wind that brings rain. **~windbui** rain squall. **~wolk** rain(y) cloud, nimbus. **~woud** rain forest. **~wurm** rain worm, earthworm.

**reën·boog** rainbow; sunbow *(through a spray of water);* flou ~ weather/water gall, windgall. **~koalisie** *(pol.)* rainbow coalition. **~lekkers** liquorice allsorts. **~vlies** *(anat.)* iris.

**reën·boog·kleu·rig** *-rige* iridescent.

**re·ë·ne·rig** *-rige* rainy, moist, showery, drippy. **re·ë·ne·rig·heid** raininess.

**re·ën·tjie** *-tjies* small shower, light rain.

**reep** *repe* strip; shred; band; slab *(of chocolate); iets aan repe skeur* tear s.t. to strips; *'n* ~ *spek* a rasher of bacon. **re·pie** *-pies, (dim.)* shred, small strip; *iets aan* ~*s skeur/sny* shred s.t..

**re·fe·raat** *-rate* lecture, paper; report; *'n* ~ *hou/lewer* deliver/ present/read a paper; *'n* ~ *oor ...* a paper about/on ...

**re·fe·reer** *ge-* refer; *iem. na ...* ~ refer s.o. to ... **re·fe·ren·sie** *-sies* reference *(in an application etc.).*

**re·fe·ren·dum** *-rendums, -renda* referendum.

**re·fe·rent** *-rente* speaker *(at a conference etc.);* referee *(for an applicant).*

**re·fla·sie** *(econ.)* reflation. **re·fla·si·o·nêr** *-nêre,* **re·fla·si·o·nis·ties** *-tiese* reflationary.

**re·fleks** *-flekse* reflex (act); *aangeleerde* ~ conditioned reflex. **~beweging** reflex action. **~reaksie** reflex/kneejerk reaction.

**re·flek·sie** =sies reflection. **~koëffisiënt, ~ko-effisiënt** (phys.) reflectance. **~vermoë** (phys.) reflectivity.

**re·flek·sief** =siewe, n. & adj. reflexive.

**re·flek·so·lo·gie** reflexology. **re·flek·so·loog** -loë reflexologist.

**re·flek·teer** ge= reflect. **re·flek·tief** =tiewe reflective. **re·flek·ti·wi·teit** reflectivity.

**re·flek·tor** =tors reflector.

**re·for·meer** ge= reform. **re·for·ma·sie** reformation; die R~, (Chr. theol.) the Reformation. **re·for·ma·tor** =tore, =tors reformer; (R~) (church) reformer. **re·for·ma·to·ries** =riese reforming, reformatory, reformative; (R~) pertaining to the Reformation. **re·for·mis** =miste reformist. **re·for·mis·me** (also R~) reformism. **re·for·mis·ties** =tiese, (also R~) reformist(ic).

**re·frak·sie** (phys.) refraction. **re·frak·têr** =têre refractory. **re·frak·tief** =tiewe refractive. **re·frak·to·me·ter** refractometer. **re·frak·tor** =tore, =tors refractor.

**re·frein** -freine refrain, chorus, tag.

**reg¹** regte, n. right; justice; claim, title; law; (payment to revenue) duty; power; interest; prerogative; (in the pl., also) dues; →REGS=, REGTER¹; iem. se ~te aantas encroach (up)on (or cut across) s.o.'s rights; 'n ~ afstaan, van 'n ~ afstand doen surrender a right; alle ~ hê om ... have every right to ...; iets het geen ~ van bestaan nie s.t. does not justify its existence; ~ om aan boord te gaan right of visit/visitation; ~ van deurgang/oorpad/weg right of way; ~ doen teenoor iem. do the right thing by s.o.; eie ~ gebruik take the law into one's own hands; uit eie ~ in his/her own right; die ~ sy gang laat gaan let justice take its course; iem. ~ op iets gee entitle s.o. to s.t.; geen ~ hê om ... nie have no right (or, infml. business) to ...; iem. het geen ~ op iets nie s.o. has no right to s.t.; gemene ~, gemenereg common law; ~ met genade versag temper justice with mercy; nie genoeg ~ aan ... laat geskied nie do scant justice to ...; ~ aan iem. laat geskied do s.o. justice, do justice to s.o.; ~ het nie geskied nie there has been a failure of justice; ~ moet geskied justice must prevail; 'n gevestigde/onvervreem(d)bare/verkreë ~ a vested right; dit is iem. se goeie ~ om ... s.o. is fully entitled to ...; 'n ~ handhaaf uphold a right; ~ hê, (s.o.) be right; be in the right; groot/volkome ~ hê, (s.o.) be perfectly/quite right; die ~ hê om iets te doen have a/the right to do s.t.; ~ op iets hê have a right to s.t.; be entitled to s.t.; have a claim on/to s.t.; op iem. se ~te inbreuk maak encroach (up)on (or cut across) s.o.'s rights; poach on s.o.'s preserve(s)/territory; ~te inkort diminish rights; ~ aan jou kant hê have right on one's side; iem. tot sy/haar ~ laat kom do s.o. justice, do justice to s.o.; tot jou ~ kom come into one's own; iets tot sy ~ laat kom do justice to s.t., do s.t. justice; met ~ with justice; with (good) reason/cause; 'n miskenning van die ~ a denial of justice; na ~te by right(s); properly, strictly speaking; die ~ om iets te doen the right to do s.t.; ~ en onreg right and wrong; iem. se ~ op iets s.o.'s right to s.t.; in die ~te praktiseer practise law; dit is iem. se ~ = s.o. is within his/her rights; dit is iem. se ~ om ... s.o. has the right to ...; ~te skend cut across (or violate) rights; op 'n ~ staan assert a right; op jou ~te staan stand (up)on one's rights; (in die) ~te studeer read/study law (or for the bar); 'n ~ uitoefen exercise a right; 'n ~ verbeur forfeit a right; 'n ~ voorbehou reserve a right; alle ~te voorbehou all rights reserved; vry van ~te duty-free. **~bank** (judicial) bench, judiciary tribunal, court, judicature; iem. in die ~ benoem appoint s.o. to the bench; op/in die ~ on the bench. **~saak** lawsuit, case. **~sekerheid** security of justice, legal security. **~skeppend** =pende lawmaking, -creating. **~soewereiniteit** rule of law. **~spraak** administration of justice, judicature; regge administer justice, judge. **~spreker** justiciary. **~spreuk** (legal) adage, maxim. **~staat** constitutional state. **~stappe** n. (pl.) legal proceedings. **~stelsel** legal system, system of law. **~studie** legal studies.

**reg²** regte, adj. right, correct; ready; in order; 'n ~te aap/skaap a real idiot; die ~te antwoord the right answer; dit is ~ dat iem. ... it is right of s.o. (or s.o. is right) to ...; dis ~! that's right!; is dit ~? is that right?; 'n ~te egte tier/ens. a real live tiger/etc.; die ~te erfgenaam the true heir; dit ~ hê oor iets be right about s.t.; as ek dit ~ het if I am right; die ~te man, (joc.) Mr Right; die ~te man/mens/persoon op die ~te plek the right man/person in the right place; dis nie meer as ~ nie dat ... it is only right that ...; it is only just that ...; dis net ~! that does it!; that's the ticket! (infml.); dit is nie ~ om ... nie it is not right to ...; nie (heeltemal) ~ (in jou kop) nie not right in one's head, (infml.) not all there; presies ~ exactly right; bang/spot on (infml.); so ~ soos 'n roer, (infml.) as fit as a fiddle; as right as rain (or a trivet) (infml.); (al) die ~te dinge sê make (all) the right noises; die som is ~ the sum is right/correct; dit is ~ van iem. om ... it is right of s.o. (or s.o. is right) to ...; ~ of verkeerd right or wrong; ~ vir iem./iets ready for s.o./s.t.; wat ~ is, is ~ fair is fair, fair's fair; weer ~ wees be o.s. again; dis ~ of weg it's make or break. **reg** adv. right(ly); straight; due; ~ aan straight on; ~ agter right at the back; ~ bo right at the top; iets ~ buig straighten s.t. (out), bend s.t. straight; ... ~ hou keep ... straight (or in order/position); iets ~ knip trim s.t.; nie ~ maak nie not play the game; ~ na ... toe straight at ...; ~ noord/suid/ens. due north/south/etc.; iem. ~ op die kakebeen slaan/tref hit s.o. square (or, infml. sock) on the jaw; iets ~ slaan hit/knock s.t. into shape/position; iets ~ sny trim s.t.; dress s.t. (a carcass); ~ staan be prepared; take guard; square off/up (to fight); ~ staan vir ... be ready for ...; vir iem. ~ staan square up to s.o.; iets ~ stel set s.t. correctly; adjust s.t. correctly; ~ teen iem. vasloop run slap into s.o.; ~ teenaan ... smack up against ... (infml.); nie ~ weet nie not quite know. **~af** straight down, sheer, vertical(ly); ~ rok straight dress. **~by** (cr.) square leg; kort ~ short square leg. **~denkend, ~dinkend** =kende right-minded, right-thinking, upright, principled, ethical, decent, honourable, moral, scrupulous, virtuous. **~deur** (also reg deur) right/straight through; straight forward/on. **~dokter:** iem./iets op 'n manier ~, (infml.) patch s.o./s.t. up. **~gelowig, ~gelowig** =wige orthodox. **~help** regge direct; correct, set/put right; disabuse, put wise. **~hoek** →REGHOEK. **~kom** →REGKOM. **~kry** regge manage to do, get right, fix, contrive, bring off, get away with, succeed in doing, get done; niks by iem. ~ nie have no success with s.o.; get no change out of s.o. (infml.); iem. het dit (sowaar) reggekry s.o.'s (really) done it; dit ~ om iets te doen manage/contrive (or find a way) to do s.t., succeed in doing s.t. **~maak** →REGMAAK. **~merkie** tick. **~oor** right/straight across; just opposite; ~ ... lê (of geleë wees), (also, geog.) be antipodal to ... **~op** →REGOP. **~ruk** regge= pull straight (into position), put straight (into order), straighten out; jou ~ pull o.s. together, gather o.s. (together), (infml.) clean up one's act; pull up one's socks (fig.); iem. ~, (also, infml.) get/knock/whip s.o. into shape; ruk jou reg! pull yourself together! (infml.); snap out of it! (infml.). **~sien** regge=, (infml.): iem. ~ put s.o. in his/her place. **~sit** regge= regulate; mount, correct, place in correct position; adjust; synchronise. **~stel** →REGSTEL. **~trek** regge= straighten, pull straight. **~uit** →REGUIT.

**re·ga·li·a, re·ga·lie·ë** n. (pl.) regalia.

**re·gat·ta** =tas regatta.

**reg·draads** =draadse with the grain. **reg·dra·dig** =dige straight (timber).

**re·geer** (ge)= rule, govern, reign; control, manage; (a disease) rage; (gram.) govern, take (an object etc.); oor ... ~ rule (over) ... **~kuns** kingcraft, statecraft. **~mag** power of government.

**re·geer·baar** =bare manageable, governable. **re·geer·baar·heid** governability.

**re·geer·der** =ders ruler, governor, administrator.

**re·ge·ne·reer** ge= regenerate. **re·ge·ne·ra·sie** =sies regeneration.

**re·gent** =gente regent. **re·gent·skap** =skappe regency. **re·gent=skaps·raad** council of regency.

**re·ge·rend** =rende, adj. (usu. attr.) governing; ~e party gov= erning party.

**re·ge·ring** =rings rule, reign; government; (altyd) **links** van die ~, (infml.) wrong-headed; **onder** die ~ van ... during/in/ under the reign of ... (a monarch); die ~ van **Suid-Afrika** the South African government; 'n ~ **laat val**, 'n ~ **tot** 'n **val** bring bring down (or topple) a government. ~**saak** affair of state, government matter. ~**setel** government seat (in parl.). ~**stelsel** system of government.

**re·ge·ring·loos** =lose anarchic; without a government.

**re·ge·rings=**: ~**amp** government post. ~**amptenaar** gov= ernment official, civil servant. ~**beleid** government policy. ~**blad** government newspaper. ~**gebou** government build= ing. ~**hoof** head of government. ~**kringe** government cir= cles. ~**ondersteuner** government supporter. ~**party** govern= ment/governing party, party in office. ~**pos** government post. ~**tyd** rule, reign, term of office. ~**vorm** =vorme, =vorms form of government, polity. ~**weë**: van ~ officially; iets moet van ~ gedoen word s.t. must be done by the government.

**reg·gae** (mus.) reggae.

**reg·ge·aard** =aarde right-minded.

**reg·ge·sind** =sinde right-minded, right-thinking.

**reg·heb·ben·de, reg·heb·ben·de** =des, (jur.) rightful own= er/heir/claimant/etc..

**reg·hoek** rectangle; langwerpige ~ oblong. ~**sy** (geom.) side adjacent to the right angle.

**reg·hoe·kig** =kige rectangular, right-angled; iets ~ maak square s.t. off/up.

**re·gie** direction, production, producing (of a play), direction (of a film); onder ~ van ... directed by ..., under the direction of ...; (also, theatr.) produced by ...

**re·gime** (Fr.) regime, régime; regimen.

**re·gi·ment** =mente regiment. ~**-sersant-majoor** (mil., abbr.: RSM) regimental sergeant major.

**re·gi·ments=**: ~**dokter** regimental doctor. ~**vaandel** regi= mental colours.

**re·gi·o·naal** =nale regional. **re·gi·o·na·lis** =liste regionalist. **re·gi·o·na·lis·me** regionalism. **re·gi·o·na·lis·ties** =tiese region= alistic.

**re·gis·seer** ge= direct, produce (a play, a film, etc.). **re·gis=seur** =seurs, (theatr., cin.) director, producer. **re·gis·seurs=werk** direction, production.

**re·gis·ter** =ters roll, (book of entries) register, record; register (of a voice); (organ) stop; table, index; gamut; van ... ~ **hou** keep a register of ...; die ~ **lees** call the roll; 'n ~ **op** ... an index to ...; in die ~ van ... **staan** be registered in the books of ... ~**ton** (naut. unit of measure) register ton, ton register; 1000 bruto ~ 1000 tons gross register. ~**tonnemaat** register tonnage.

**re·gis·tra·sie** =sies registration; registry. ~**bewys**, ~**doku=ment** registration document (of a vehicle). ~**kantoor** regis= try (office); ~ van aktes deeds office. ~**koste** registration fee. ~**nommer** registration number (of a vehicle). ~**sertifi=kaat** certificate of registration.

**re·gis·tra·teur** =teurs registrar. **re·gis·tra·teurs·kan·toor** reg= istrar's office.

**re·gis·treer** ge= register, record, check in; as gas by ... ~ check into ... (a hotel etc.); op iem. se naam ~ register in s.o.'s name. ~**toestel** recorder, recording device.

**re·gis·treer·baar** =bare registrable. **re·gis·treer·baar·heid** registrability.

**reg·kom** regge= come right; recover (from), come round; find o.s., find one's feet, manage; turn out well; alles sal ~ all will be well; goed ~ manage well; hoop alles sal ~ trust to luck; kom jy reg? can you manage?; iem. laat ~ pull s.o. round/ through; met iets ~ manage s.t., be able to handle s.t.; met iem. ~ get along/on with s.o.; nie kan ~ nie be unable to find one's way, be altogether at sea; sonder iets ~ do/go without s.t.; van 'n siekte ~ recover from illness; iets kom vanself reg s.t. rights itself; sake kom vanself reg things work/sort/straight= en themselves out.

**reg·le·ment** =mente (set of) rules, regulations; die ~ the rules and regulations; die ~ van orde the standing rules and or= ders. **reg·le·men·teer** ge= regulate, draw up rules/regulations; regiment, discipline. **reg·le·men·têr** =têre regular, prescribed, regulation. **reg·le·men·te·ring** regimentation.

**reg·let** =lette, (<Fr., carp., print.) reglet.

**reg·ly·nig** =nige, (geom.) rectilinear (figure); linear; straight(-lined); straightforward. **reg·ly·nig·heid** rectilinearity; con= sistency (of a pers.).

**reg·maak** regge= mend, repair, (infml.) fix, overhaul; correct; put right/straight, rectify; arrange, settle, fix up; doctor; do up; dress; (infml.) spay; met iem. ~, (infml.) square up with s.o., pay s.o. what is owing; (jou) ~ vir ... prepare (or get ready) for ... **reg·ma·ker(·tjie)** =tjies, (infml.) pick-me-up, stiff= ener, snifter, snort, nip, tot; (dose of a narcotic drug) fix; 'n ~ drink, (infml.) take a hair of the dog that bit one.

**reg·ma·tig** =tige, (jur.) rightful, legitimate, lawful, fair, just, proper; jou ~e plek inneem come into one's own. **reg·ma=tig·heid** rightfulness, legitimacy, lawfulness, fairness, jus= tice, propriety.

**reg·op** erect, upright, perpendicular, vertical; straight up; plumb; upstanding; unbowed; iem./iets ~ **hou** hold s.o./s.t. up; so ~ soos 'n **kers** bolt upright; ~ **klavier** upright/cabinet piano; ~ **kom** straighten up; 'n ~ **paal** an erect pole, an upright; iets ~ **sit** place/stand s.t. on end; stick s.t. up; stand s.t. up; ~ **staan** stand up; stick up; iets ~ laat **staan** place/ stand s.t. on end; stand s.t. up; set s.t. upright. **reg·op=staan·de** upright, erect; (bot.) orthotropous, orthotropic. **reg·op·stan·dig·heid** erectness; (bot.) orthotropism, orthot= ropy.

**re·gres** (jur.) recourse. ~**reg** right of recourse.

**re·gres·sie** =sies regression. ~**kromme** (stat.) regression curve.

**re·gres·sief** =siewe regressive; ~siewe belasting regressive tax.

**regs** n. right; na ~ to the right; na ~ **draai** turn (to the) right, take a right turn; op ~ to the right; on the right side. **regs** regse, adj. right-handed; (pol.) right(ist), of the right; ~e par= tye parties of the right. **regs** adv. to the right; ~ **afloop** walk/exit down the right-hand side; **heel** ~ on the extreme right; ~ **hou** keep (to the) right; ~ **omry** drive around on the right-hand side; ~ **van** ... to the right of ...; ~ **van iem.**, (also) on s.o.'s right; ~ **weg** to the right. ~**af** (down) to the right; ~ gaan/loop/ry turn (to the) right, take a right turn. ~**deur** adv.: ~ gaan go through on the right(-hand side). ~**draai** n. right turn. ~**om** adv. round to the right; clock= wise; ~ draai turn (to the) right, take a right turn. ~**omkeer** n., (mil. or fig.) about-turn, right about; 'n ~ maak, (mil.) do an about-turn; (fig.) make an about-turn/volte-face.

**regs=**: ~**advies** legal advice, counsel's opinion; ~ inwin/ver= kry take legal advice, take counsel's opinion. ~**adviseur** le= gal adviser, counsel. ~**assistent** =tente paralegal. ~**bedeling** (administration/dispensation/distribution of) justice, admin= istration of law, judicial administration; die ~ verydel defeat the ends/course of justice. ~**bediening** judicature, adminis= tration of justice. ~**begrip** legal notion/concept. ~**beroep** legal profession. ~**bevinding** legal finding/ruling, conclu= sion of law. ~**bevoeg** =voegde, adj. competent. ~**bevoegd=heid** competence, competency, jurisdiction, juristic capac= ity; binne/onder die ~ van ... wees be/come/fall under/within the jurisdiction of ...; buite die ~ van ... outside the jurisdic= tion of ... ~**bewussyn** sense of justice. ~**boek** law book. ~**dwaling** miscarriage of justice, legal error. ~**dwang** legal compulsion. ~**fakulteit** faculty of law, law school. ~**gebied** (area of) jurisdiction. ~**gebruik** legal custom/practice. ~**ge= ding** lawsuit, case, action at law. ~**geldig** =dige legal, valid, sufficient in law. ~**geldigheid** legality, (legal) validity, force of law. ~**geleerd** =leerde, adj. legal, versed in the law; juris= prudent; ~e persone lawyers; ~e advies legal advice, coun= sel's opinion; ~e raadsman legal adviser. ~**geleerde** =des, n. jurist, lawyer, jurisconsult, =prudent. ~**geleerdheid** juris= prudence, law; fakulteit van ~ faculty of law, law school. ~**gelykheid** equality before the law. ~**geneeskunde** foren= sic medicine, medical jurisprudence. ~**geneeskundig** =dige, adj. medico-legal. ~**geskiedenis** history of law, legal histo= ry. ~**gevoel** sense of justice. ~**grond** legal ground. ~**hande= ling** legal/juridical/juristic act. ~**hulp, ~bystand** legal aid; sonder ~ unrepresented. ~**jargon** (infml.) legalese. ~**koste** legal expenses/costs. ~**kundig** =dige, adj. legal, juridical; ~e advies legal advice; ~e adviseur legal adviser. ~**kundige** =ges, n. jurist, lawyer, jurisconsult, =prudent. ~**kwessie** legal ques= tion. ~**leer** jurisprudence. ~**mening:** 'n ~ inwin/verkry take legal advice, take counsel's opinion. ~**middel** =dele, =dels le= gal remedy, remedy at law; (in the pl., also) legal resources. ~**misbruik** abuse of justice. ~**orde** rule of law; legal order. ~**persoon** body corporate, corporate body, legal person, corporation, juristic person; persona; legal entity; as ~ in a corporate capacity; ~ word be incorporated. ~**persoonlik= heid** legal personality, corporate existence, incorporation; ~ verkry be incorporated; met ~ incorporated, corporate; liggaam met ~ corporate body. ~**pleging:** die ~ the adminis= tration of justice. ~**praktisyn** legal practitioner, lawyer. ~**praktyk** legal practice, practice of the law, law practice. ~**punt** point of law. ~**reël** legal rule/norm. ~**taal** legal lan= guage/terminology; (infml.) legalese. ~**verdraaiing** legal trick= ery, pettifogging, chicanery, perversion of justice. ~**verkrag= ting** violation of right/justice. ~**vermoede** presumption of law/fact. ~**versuim** failure to appear before judge; legal oversight. ~**verteenwoordiger** legal representative. ~**vervol= ging** prosecution; iem. van ~ ontslaan discharge s.o., dismiss the case against s.o.. ~**verydeling** defeating the ends of jus= tice. ~**voorskrif** =skrifte: volgens ~te by due process (of law). ~**vordering** legal claim, action. ~**vraag** question of law, le= gal question. ~**weë** n. (pl.): van ~ by right(s), legally. ~**wese** administration/system of justice, judicature. ~**wetenskap** jurisprudence, science of (human) law.

**regs·ge·sind** =sinde, adj. right(ist), right-wing, of the right, conservative. **regs·ge·sin·de** =des, n. rightist, right-winger, conservative. **regs·ge·sind·heid** conservatism, rightism.

**regs·han·dig** =dige, adj. right-handed, dext(e)rous; regs- en linkshandig ambidextrous. **regs·han·di·ge** =ges, n. right-hand= ed person, right-hander. **regs·han·dig·heid** right-handed= ness, dexterity.

**reg·sin·nig** =nige orthodox. **reg·sin·nig·heid** orthodoxy.

**reg·ska·pe** ~ =pener =penste (of meer ~ die mees ~) upright, just, honest. **reg·ska·pen·heid** uprightness, honesty, probi= ty.

**reg·stan·dig** =dige vertical, upright, straight up, perpendicu= lar, erect.

**reg·stel** regge= correct, rectify, put right; iets ~ put/set s.t. right; put/set s.t. to rights; om dit reg te stel ..., (also) for the record ... **reg·stel·lend** =lende: ~e aksie/optrede/stappe af= firmative action. **reg·stel·ling** rectification, correction; level= ling-up; adjustment.

**reg·streeks** =streekse meer ~ die mees =streekse, adj. direct, straight, outright; ~e aanspreking direct address; ~e af= stammeling direct descendant; ~e belasting direct tax; ~e kontak direct contact; ~e regering direct rule; ~e uitsen= ding live broadcast. **reg·streeks** adv. direct(ly), straight.

**reg·te** n. (pl.) →REG[1] n.. ~**-uitgifte** rights issue (to sharehold= ers).

**reg·te·loos** =lose rightless, without rights; lawless (state). **reg·te·loosheid** rightlessness; lawlessness (of a/the state), lack of justice.

**reg·tens** by right(s), lawfully, legally, by law, in law; as of right; ~ gegrond valid; ~ ongegrond bad in law.

**reg·ter**[1] =ters, n. judge, justice; inquisitor; iem. as ~ aanstel appoint s.o. to the bench; iem. tot ~ benoem appoint/raise s.o. to the bench; ~ in eie saak wees take the law into one's own hands; judge one's own cause; ~ X Mr Justice X. ~**- advokaat** regters-advokate, (mil.) judge advocate. ~**-presi= dent** regters-president(e) judge president. ~**stoel** judgement seat, judge's seat, tribunal, bench.

**reg·ter**[2] =ters, n., (boxing) right, right-hander. ~**agterbeen** right hind leg. ~**arm** right arm. ~**bors** right breast. ~**brein** (anat.) right brain. ~**brein** (infml., characterised by emotion, creativity, etc.) right-brain (pers., approach, etc.). ~**flank** right flank. ~**haakhou** (boxing) right hook. ~**hak** right heel. ~**hand** right hand; (fig.) right hand/arm; as jy iets vir die armes gee, moet jou linkerhand nie weet wat jou ~ doen nie, (NAB, Mt. 6:3) when you give to the needy, do not let your left hand know what your right hand is doing (NIV); iem. sou sy/haar ~ daarvoor wou gee, (infml.) s.o. would give his/her eyeteeth for it; op ~ on the right; iem. se ~, (fig.: most valuable assis= tant/supporter) s.o.'s right-hand man/woman. ~**hou** =houe, (boxing) right, right-hander. ~**stuur(motor)** right-hand drive, right-hand-drive car. ~**sy** right side (of the body etc.); die ~, (pol.) the right. ~**vleuel** (mil., pol., football) right wing; (hockey) outside right. ~**voet** right foot. ~**voorbeen** right front leg. ~**voorwiel** right front wheel. ~**wal** right bank.

**reg·ter·kant** n. right (side), right-hand side; off side (of a vehicle); aan die ~ on the right; to the right; aan iem. se ~ on s.o.'s right(-hand side); ~ toe, na die ~ to the right. **reg·ter= kant·(t)e** adj. (attr.) right-hand.

**reg·ter·lik** =like judicial, of (or proper to) a judge; ~e dwa= ling miscarriage of justice; ~e kommissie judicial commis= sion; wetgewende, uitvoerende en ~e mag legislative, execu= tive and judicial power; ~e mag/gesag judicial power; the judiciary, judicial body, members of the judicature, the Bench; by ~e vonnis by a judicial decision, by a sentence of the court.

**reg·ters-:** ~**amp** judgeship, judicature. ~**kamers** judges' chambers.

**reg·ter·skap** =skappe judgeship, office of judge, judicature.

**reg·tig** =tige, adj. real, actual. **reg·tig** adv. really, truly, in= deed, actually, downright, properly; ~ bly very glad indeed; ek hoop ~ (dat) ...; I do hope (that) ...; die storie was ~ waar, (also) the story was the dinkum truth (infml.). **reg·tig?** interj. really?, indeed?. **reg·tig·waar** adv.: dit het ~ gebeur, (infml.) it really/honestly did happen. **reg·tig·waar** interj. honestly!.

**reg·uit** adj. straight (line, road); honest, frank, open, candid, straight, straightforward, upfront; blunt, outspoken, forth= right; 'n ~ antwoord a direct answer; ~ pad straight road; direct road; 'n ~ vraag a direct question. **reg·uit** adv. straight; frankly, openly, baldly; outspokenly, forthrightly; in no uncertain terms; iets ~ maak straighten s.t. (out); ~ praat be outspoken, speak out, (infml.) call a spade a spade; om ~ te praat to put it bluntly/baldly; ~ met iem. praat give it to s.o. (straight) from the shoulder; so ~ soos 'n roer as straight as a die.

**re·gu·la·ri·seer** ge= regularise. **re·gu·la·ri·sa·sie** regulari= sation.

**re·gu·la·sie** =sies regulation, bye-law, bylaw. **re·gu·la·tief** =tiewe regulative.

**re·gu·leer** ge= regulate, modulate, adjust; time. **re·gu·leer= baar** =bare adjustable, regulable. **re·gu·leer·der** =ders adjust= er, modulator, regulator. **re·gu·leer·klep** regulating valve. **re·gu·le·rend** =rende regulating, regulative. **re·gu·le·ring** regulation, adjustment.

**re·gu·lier** =liere, (math.) regular.

**reg·ver·dig** =dige, adj. just, righteous, fair, fair-minded, equitable. **reg·ver·dig** ge=, vb. justify; sanctify; vindicate; warrant; niks kan sulke gedrag ~ nie nothing can warrant such behaviour; jou ~ (teenoor iem.) justify o.s. (to s.o.). **reg·ver·dig·heid** justice, equity; justness, righteousness. **reg·ver·di·ging** justification, vindication; apology; ter ~ van ... in justification of ... **reg·ver·dig·ma·king** justification.

**reg·vler·ki·ge, reg·vleu·e·li·ge** =ges, n., (entom.) orthopteran, orthopteron.

**re·ha·bi·li·teer** ge= rehabilitate. **re·ha·bi·li·ta·sie** =sies rehabilitation.

**re·hi·dreer** ge= rehydrate.

**rei**[1] reie, (carp.) straight edge.

**rei**[2] reie, (class. theatr.) chorus, choir song, choric song.

**rei·er** reiers, (orn.) heron, egret. ~**nes** heron's nest, heronry.

**reik** ge=, (poet., liter. or fml.) reach, stretch; pass, hand to; extend; iem. die/jou **hand** ~ shake hands with s.o.; extend one's hand to s.o.; lend a helping hand to s.o.; hulle ~ mekaar die **hand**, (also) they join forces (with one another); **na** iets ~ reach for s.t.; **tot** (aan) ... ~ come up to ... (a certain height); extend to ...; reach to ... ~**hoogte** ceiling (of an aeroplane). ~**lengte** reach, range. ~**wydte** range, scope, reach, outreach; (rad.) service area.

**reik·hal·send** =sende yearningly, longingly.

**rein** ~, reine reiner reinste, adj. & adv. pure, clean, undefiled; stainless; chaste, virtuous, clean-living, virginal, vestal; ~ lewend clean-living. **rei·ne** =nes, n. pure one; that which is pure; iets in die ~ bring settle s.t., straighten s.t. (out). **rein·heid** purity, cleanness; chastity, virtue.

**rei·nig** ge= purify, cleanse, clean; iem. ~ van sonde, (also, RC) shrive s.o.. **rei·ni·gend** =gende purifying; cleansing, cleaning; detergent; purgative. **rei·ni·ger** =gers purifier, cleanser, cleaner. **rei·ni·ging** purification, cleansing, cleaning; catharsis.

**rei·ni·gings·: ~middel** =dels, =dele cleaner, cleanser, cleansing/cleaning agent; purifier; detergent; purgative; (min.) scavenger. ~**toestel** purifier, scourer. ~**vloeistof** cleansing fluid/liquid.

**re·in·kar·neer, re·in·kar·neer** ge= reincarnate. **re·in·kar·na·sie, re·in·kar·na·sie** =sies reincarnation.

**reis** reise, n. journey (usu. by land); voyage (by sea); flight (in an aeroplane); tour; (in the pl., also) travelling, travels; **aangename/goeie/voorspoedige** ~! have a pleasant/good journey/trip!, bon voyage!; 'n ~ **begin** start on a journey; set forth/off; op ~ **gaan** start on a journey; set forth/off/out; go on (or take) a trip; op ~ **gaan na** ... leave for ...; iem. 'n **goeie** ~ toewens bid/wish s.o. Godspeed/godspeed; 'n ~ **heen** en terug a round trip; 'n ~ **onderbreek** break a journey; 'n ~ êrens **onderbreek**, (also) stop off/over somewhere; 'n ~ **onderneem** make/take a journey; go on (or take) a trip; **op** ~ on a journey; on tour; na ... **op** ~ on the way to ... **reis** ge=, vb. travel, journey, tour; voyage; met die/'n ... ~ travel by ...; per ... ~ travel by ...; verder/vêrder ~ journey on. ~**agent, ~konsultant** travel/tourist agent/consultant. ~**artikel** travel article (in a magazine etc.). ~**beskrywing** =wings, =winge description of a journey, travel book; travelogue; itinerary; (in the pl., also) travel literature. ~**boek** =boeke travel book; travelogue; (in the pl., also) travel literature. ~**brosjure** travel brochure. ~**deken** travelling rug, wrap. ~**duur** length/duration of a journey/voyage. ~**geld** fare; travelling expenses. ~**geleentheid** travel opportunity. ~**genoot** =genote fellow traveller, travelling companion, fellow passenger. ~**geselskap** party of travellers, touring party; company on a journey/voyage; (theatr.) touring company. ~**gids** guidebook, travel/tourist guide; 'n ~ van/vir ... a guide to ... (Paris etc.). ~**groep** touring party. ~**joernaal** travel diary, journal of travel, logbook. ~**kaartjie** ticket. ~**koffer** travelling case. ~**koste** travelling expenses; reis- en verblyfkoste, (abbr.: R&V

or RV) subsistence and travelling/transport (abbr.: S&T). ~**literatuur** travel literature. ~**naarheid** travel-sickness. ~**plan** itinerary; intention of travelling (or going on a journey). ~**program** itinerary, plan of travel. ~**roes** →VLUGFLOUHEID. ~**roete** travel route, route of a journey. ~**sak** kithag, holdall, overnight bag. ~**siek** travel-sick. ~**siekte** travel-sickness; pil teen ~ travel-sickness pill. ~**tas, ~sak** suitcase, travelling bag/case; 'n ~ **pak** pack a bag; pack a case. ~**toelaag** =lae, ~**toelae** =laes travelling allowance; reis- en verblyf(toelaag)/=lae subsistence and travelling/transport allowance. ~**tyd** travel time. ~**verhaal** account/story/record of travel(s). ~**versekering** travel insurance.

**rei·send** =sende travelling, mobile; itinerant; ~e **beriggewer** roving correspondent; ~e **geselskap** touring company; ~e **sirkus** travelling circus; ~e **toneelgeselskap** touring company.

**rei·sies** →RESIES.

**rei·si·ger** =gers traveller, voyager, wayfarer; explorer; 'n ervare ~ a seasoned traveller. **rei·si·gers·tjek, reis·tjek** traveller's cheque.

**reis·lus** love of travel. **reis·lus·tig** =tige keen on travelling.

**reis·vaar·dig** =dige ready to start, ready for the road, about to start/leave.

**rek** rekke, n. elastic; catapult, (SA, infml.) catty, cattie, slingshot; →KETTIE; (no pl.) elasticity; (no pl.) tension. **rek** ge=, vb. stretch; draw out; elongate, extend; drag out; strain; prolong (a discussion); protract (one's stay); spin out (a tale); dilate (one's eyes etc.); tenter (fabric); jou bene ~ stretch one's legs. ~**broek** stretch pants. ~**gordel** elasticated/elasticised waistband. ~**kous** elastic/stretch stocking. ~**merke** n. (pl.) stretch marks. ~**pleister** elastic sticking plaster. ~**spier** tensor; dilator, dilatator. ~**spring** n. bungee/bungy jumping. ~**springer** bungee/bungy jumper. ~**sprong** bungee/bungy jump. ~**stok** (gym.) horizontal bar; catapult handle. ~**verband** elastic/extension bandage.

**re·ka·pi·tu·leer** ge= recapitulate. **re·ka·pi·tu·la·sie** =sies recapitulation.

**rek·baar** =bare elastic, ductile, extensible, tensile; stretchy (material). **rek·baar·heid** elasticity, ductility, extensibility.

**re·ken** ge= reckon, calculate, estimate, compute, cipher; count, consider, regard; iem. **as vriend** (of **onder jou vriende**) ~ count/number s.o. among (or count s.o. as one of) one's friends, regard s.o. as a friend; **as** ... ge~ word be classed as ...; **as/vir** ... ge~ word go for ...; be reputed (to be) ... (the best etc.); **daarop** ~ dat iem. ... expect s.o. to ...; **daarop** het iem. nie ge~ nie s.o. did not expect (or bargain for/on) that; ~ dat jy iets sal doen figure on doing s.t.; **daarop kan** jy ~ you can/may take my word for it; **met** ... ~ reckon by ...; ~ **(nou net)!** did/have you ever? (infml.); just fancy/imagine (that)!; well I never! (infml.); iem. **onder die grootstes/ens.** ~ regard s.o. as one of (or rate s.o. among/with) the greatest/ etc.; **op iem./iets** ~ bank on s.o./s.t., count/depend/reckon/ rely (up)on s.o./s.t.; **op iets** ~, (also) calculate (up)on s.t.; budget for s.t.; gamble on s.t.; **op iets kan** ~ be certain of s.t.; **op iem. se hulp/steun** ~ look to s.o. for help/support; ek ~ **so** I suppose so; I suppose it is; **ek sou** ~ ... I guess ... (infml.); iets **tot** ... ~ regard s.t. as ... (an evil etc.). ~**fout** miscalculation, arithmetical/computational error. ~**kundig** =dige, adj. arithmetical. ~**kundige** =ges, n. arithmetician. ~**logika-eenheid** (comp.) arithmetic and logic unit. ~**meester** accountant; geoktrooieerde ~ chartered accountant. ~**meestersberoep, ~vak** accountancy. ~**metode** calculus. ~**som** sum, arithmetical problem. ~**taal** algorithmic language. ~**tyd, berekeningstyd** computing time.

**re·ke·naar** =naars, (comp.) computer; iets op 'n ~ **doen** do s.t. on a computer; met ~s **werk** be in computing. ~**bedryf** computer industry; in die ~ in computing. ~**beheerde** adj. (attr.) computer-controlled (system etc.). ~**drukstuk** computer printout. ~**eeu** computer age. ~**foendi(e)**, ~**fundi** *(infml.)* computer fundi/whiz(z)/wiz, techie, tekkie. ~**gebaseerde**, ~**gegronde** *adj. (attr.)* computer-based *(design, system, etc.)*. ~**geletterd**, ~**vaardig** computer literate, *(infml.)* computer= ate. ~**geletterdheid**, ~**vaardigheid** computer literacy, *(in= fml.)* computeracy. ~**gesteunde** *adj. (attr.)* computer-aided, computer-assisted; ~ *ontwerp* computer-aided design *(abbr.:* CAD*)*. ~**inbreker** =*kers*, ~**indringer** =*gers* hacker, *(in the pl., also)* hackerdom. ~**indringing**, ~**terrorisme**, ~**vandalisme** hacking. ~**jargon** *(derog.)* computerspeak, computerese. ~**kunde**, ~**wetenskap** computer science/studies, comput= ing. ~**leesbaar** computer-readable, machine-readable. ~**lin**= **guistiek**, ~**taalkunde** computational linguistics. ~**misdaad** computer crime. ~**monitering** computer monitoring. ~**muis** computer mouse. ~**netwerk** computer network. ~**opera**= **teur**, ~**bediener** computer operator. ~**personeel** computer personnel, *(infml.)* liveware. ~**program** computer program. ~**programmeerder**, ~**programmeur** computer program= mer. ~**sentrum**, **rekensentrum** computing centre. ~**spele**= **tjie** =*tjies* computer game; *programmatuur/sagteware vir ~s* games software. ~**stelsel** computer system. ~**taal** compu= ter language. ~**tegnologie** computer technology. ~**terroris** =*riste*, ~**vandaal** =*dale*, *(comp. sl.)* hacker, *(in the pl., also)* hackerdom. ~**tomogram** *(med.)* CT scan. ~**vaardighede** *n. (pl.)* computer skills. ~**virus** computer virus. ~**vrees** cyber= phobia. ~**vriendelik** computer-friendly.

**re·ke·na·ri·seer** *ge=* computerise.

**re·ke·ning** =*nings*, =*ninge* account, bill, statement; calcula= tion, computation, ciphering, reckoning, count; tally; *(math.)* calculus; *'n ~ afsluit* balance an account; *'n ~ betaal/ver= effen* pay/settle/clear an account; *iets teen ... in ~ bring* set off s.t. against ...; *iets buite ~ laat* leave s.t. out of account/ reckoning; rule s.t. out; *... kan buite ~ gelaat word, (also) ...* is a negligible factor/quantity; *totaal buite ~ wees, (a com= petitor, an applicant, etc.)* be nowhere *(infml.)*; *vir eie ~* on one's own account; on one's own; *iem. het nie daarmee ~ gehou nie* s.o. did not bargain for/on that; *iem. met wie ~ gehou moet word* s.o. to be reckoned with; *gesamentlike ~* joint account; *'n gespesifiseerde ~ verskaf* give a detailed account *(of what has to be paid for)*; *met ... ~ hou* reckon with ...; *take ... into account*, take account of ...; *met iets ~ hou, (also)* allow *(or* make allowance) for s.t.; pay regard to s.t.; *nie daarmee ~ hou nie dat ...* reckon without the fact that ...; *nie met iem. ~ hou nie, (also)* take s.o. for granted; *met niks en niemand ~ hoef te hou nie, (also)* be footloose and fancy-free; *'n ~ klop* an account balances; *op ~ koop* buy on account/credit; run up accounts; *'n ~ krediteer* credit an account; *'n ~ lewer* present a bill; render an account; *iets vir jou ~ neem* accept/take responsibility for s.t.; *ek neem dit vir my ~, (also, infml.)* the buck stops here; *op ~* on ac= count/credit; *'n ~ open* open an account; *~e laat oploop* run up bills; *'n ~ opmaak* make out a bill; make up an ac= count; *iets op iem. se ~ plaas/sit* charge s.t. against/to s.o.'s account), make s.t. chargeable to s.o.'s account; *iets op 'n ~ skryf/skrywe* charge s.t. to an account; *per slot van ~* after all, after/when all is said and done, in the final/last analysis, in the final reckoning, in the end, *(fig.)* at the end of the day; all things considered; on balance; *'n ~ sluit* close an ac= count; *iets op 'n ~ stort* pay s.t. into an account; *iem. 'n ~ vir iets stuur* bill s.o. for s.t.; *'n ou ~ vereffen, (fig.)* pay off an old grudge; *~s vervals* falsify *(or, infml.* cook) accounts; *volgens ~* as per account; *op 'n ~ werk* operate (on) an account. ~**boek** account book. ~**klerk** accounting clerk, ac= counts clerk. ~**kunde**, **rekenwese** accounting, accountan= cy. ~**kundig** =*dige, adj.* accounting. ~**kundige** =*ges, n.* ac= countant. ~**wetenskap** accountancy.

**re·ke·ning·ge·af·de·ling** accounting department.

**re·ken·plig·tig** =*tige* accountable; *~e amptenaar* (chief) ac= counting officer; signing officer. **re·ken·plig·tig·heid** ac= countability.

**re·ken·skap** account; *van iem. ~ eis/vra van iets* call/ask s.o. to account for s.t.; *van ... ~ gee* account for ...; *aan iem. ~ gee van iets* account/answer to s.o. for s.t.; *~ verskuldig aan ...* accountable/answerable to ...

**rek·ker** =*kers* catapult, *(SA, infml.)* catty, cattie, slingshot; → KETTIE, REK *n.*.

**rek·ke·rig** =*rige* =*riger* =*rigste* elastic, stretchable, stretchy, flexible, rubbery.

**rek·kie** rubber/elastic band.

**rek·king** =*kings*, =*kinge* stretching; dil(at)ation; extension; tension, distension, drawing; protraction.

**re·kla·me** advertising; publicity; (sales) promotion; *vir iets ~ maak* advertise/publicise/promote s.t., *(infml.)* push s.t.. ~**afdeling** advertising/advertisement department. ~**beamp**= **te** publicity officer; (sales) promotion officer; public rela= tions officer. ~**bedryf**, ~**wese** advertising (industry), pub= licity. ~**bord** =*borde* billboard, advertising board, display sign, sandwich board, hoarding; *(in the pl., also)* signage. ~**foefie**, ~**set** publicity stunt. ~**maker** publicity agent. ~**ma**= **teriaal** publicity material. ~**mens** *(infml.)* adperson. ~**mid**= **del** =*dele*, =*dels* means of advertising, publicity medium. ~**standaardevereniging** advertising standards association *(abbr.:* ASA*)*. ~**stuk** puff piece *(infml.)*. ~**tekenwerk** com= mercial art. ~**teks** blurb *(on dust jacket of a book)*. ~**veldtog** advertising/publicity campaign. ~**vereniging** publicity as= sociation.

**re·kon·si·li·eer** *ge=* reconcile. **re·kon·si·li·a·sie** =*sies* recon= ciliation *(of accounts)*. **re·kon·si·li·a·sie·staat** reconciliation statement.

**re·kon·sti·tu·eer** *ge=* reconstitute.

**re·kon·stru·eer** *ge=* reconstruct. **re·kon·struk·sie** =*sies* re= construction.

**re·kord** =*kords* record; *'n ~ bereik* reach record figures; *die ~ het gespat* the record was shattered; *iets op ~ hê, 'n ~ van iets hê* have s.t. on record, have a record of s.t.; *die ~ hou* hold the record; *iets op ~ hou, 'n ~ van iets hou* keep s.t. on record, keep a record of s.t.; *'n ~ opstel/behaal* set up a record; *'n ~ slaan/breek/verbeter* break/improve a record; *iets staan op ~* s.t. is on record. ~**getal** record number; *'n ~ van ...* a record-breaking ... *(five goals in one game)*. ~**oes** record crop.

**re·kruut** =*krute, n.* recruit; *~krute werf* raise recruits. **re· kru·teer** *ge=, vb.* recruit. **re·kru·te·ring** recruiting.

**rek·ti·fi·seer** *ge=, (chem.)* rectify. **rek·ti·fi·ka·sie** =*sies*, **rek**= **ti·fi·se·ring** =*ringe*, =*rings, (chem.)* rectification.

**rek·tor** =*tore*, =*tors* rector, principal *(of a college or univ.)*. **rek·to·raal** =*rale* rectorial, rector's. **rek·to·raat** =*rate*, **rek·tor**= **skap** rectorate, rectorship.

**rek·tum** *rektums, rekta, (anat.)* rectum. **rek·taal** =*tale* rectal.

**re·kur·sief** =*siewe, (ling., comp., math.)* recursive(ly). **re·kur**= **sie·for·mu·le** *(math.)* recursion formula.

**re·kwi·siet** =*siete, n. (usu. in the pl.), (theatr.)* stage prop, (theatrical) property. **re·kwi·sie·te·mees·ter** =*ters*, **re·kwi**= **si·teur** =*teurs* prop(erty) master.

**re·kwi·si·sie** =*sies* requisition, indent.

**re·laas** =*lase* account, narrative, story, report, tale; *(jur.)* re= turn of service.

**re·lak·sien** *(biochem., obst.)* relaxin.

**re·la·sie** =*sies* relation. **re·la·si·o·neel** =*nele* relational; *~nele databasis, (comp.)* relational database.

**re·la·tief** =*tiewe, n., (gram.)* relative pronoun. **re·la·tief** =*tiewe, adj.* relative; *~tiewe atoommassa* relative atomic mass; *~tiewe bysin* relative clause. **re·la·tief** *adv.* relatively; *'n ~ beperkte verskynsel* a relatively limited phenomenon. **re·la·ti·veer** *ge=* relativise, downplay. **re·la·ti·ve·ring** relativi= sation. **re·la·ti·vis** =*viste, (philos., phys., also* R~*)* relativist. **re·la·ti·vis·me** *(philos., also* R~*)* relativism. **re·la·ti·vis·ties**

=tiese, (philos., phys.) relativistic(ally). **re·la·ti·wi·teit** relativi= ty. **re·la·ti·wi·teits·te·o·rie** (phys., also R~) theory of relativ= ity.

**re·lê** =lês, (elec.) relay.

**re·le·geer** ge= relegate. **re·le·ga·sie** =sies, (sport) relegation.

**re·le·vant** =vante relevant. **re·le·van·sie** relevance, relevan= cy.

**re·li·ëf** =liëfs relief; aan iets ~ gee set s.t. off, bring s.t. out (in full relief). **~druk** embossing, embossed printing. **~letter** raised/embossed letter/type. **~werk** relief/raised work, re= lievo.

**re·liek** =lieke, **re·li·kwie** =kwieë, (relig.) relic. **re·li·kwie·ë· kis·sie** reliquary, shrine; phylactery.

**re·li·gie** =gies, =gieë religion, (form of) worship. **re·li·gi·eus** =gieuse =gieuser =gieusste religious.

**re·lik** =likte, (archaeol. etc.) relic; (ling.) relict.

**re·ling** =lings railing, (hand)rail, balustrade, guard. **~styl** baluster.

**rel·le·tjie** =tjies, (dim.) row, squabble, disturbance, uproar, small riot, brawl, fracas.

**re·luk·tan·sie** (phys.) reluctance.

**rem** remme, n. brake; check, curb, block (fig.); retard; die ~ **aanslaan** put on the brakes; die ~ **gebruik** apply the brake(s); **~me stel** adjust brakes; **~me en teen=/teëwigte** checks and balances; ~ **trap** put on the brakes; hard ~ **trap** jam/slam on the brakes; die **~me weier** the brakes fail. **rem** ge=, vb. brake, apply (or put on) the brakes; drag, pull, strain (at); restrain, curb, check; retard; inhibit; drag one's feet, go slow; bekommernisse ~ aan iem. worries drag s.o.; teen iets ~, (infml.) ba(u)lk at s.t.. **~afstand** braking distance. **~blok** brake block. **~hefboom** brake lever. **~hoogte** steep hill, in= cline. **~krag** drag, braking/brake force, braking effort. **~kussing** brake pad. **~las** brake load. **~lig** brake light. **~pe= daal** brake pedal. **~perdekrag** brake horsepower. **~silinder** brake cylinder. **~skoen** brake/lock shoe, slipper, drag shoe, (wheel) drag/skid, skidpan; drag (lit. & fig.), curb, check; pullback; (infml.) stick-in-the-mud, wet blanket; obscurant= (ist). **~skoenpolitiek** obscurantism, ultraconservatism. **~skyf** brake disc. **~sool, ~voering** brake lining. **~trommel** brake drum. **~valskerm** (av.) brake parachute, drogue (para= chute). **~vermoë** braking/brake power. **~vloeistof** brake fluid.

**re·me·die** =dies, n. remedy. **re·me·di·eer** ge=, vb. remedy. **re·me·di·ë·rend** =rende remedial; ~e onderwys remedial edu= cation. **re·me·di·ë·ring** remedy, correction, rectification, fixing.

**rem·mend** =mende restraining; inhibitory.

**rem·ming** =mings, =minge braking; restraint; inhibition; block, check, drag.

**re·mon·streer** ge= remonstrate.

**re·mo·ra** =ras, (icht.) remora, sucking fish.

**ren** renne, n. race; →WEDREN. **~baan** racecourse, (racing) track, circuit; hippodrome; speedway. **~boot** speedboat, racer. **~fiets** racing bike/bicycle, racer. **~fietsjaer** racing cyclist, racer. **~hond** running/racing dog, racer. **~jaer** rac= ing driver, racer. **~jag** racing yacht, racer. **~kleure** n. (pl.) racing colours. **~klub** turf/racing club. **~motor** racing car, racer. **~motorfiets** racing bike, racer. **~perd** racehorse, courser, racer; Engelse ~, (breed) Thoroughbred. **~sport** (motor) racing. **~stal** racing stable. **~stel** kart, go-kart, -cart.

**Re·nais·san·ce** (Eur. hist.) Renaissance. **~mens** (fig.) Ren= aissance man/woman. **Re·nais·san·cis** =ciste, (also r~) Ren= aissancist.

**ren·da·bel** =bele remunerative, profitable, lucrative; eco= nomic, payable, paying. **ren·da·bi·li·teit** remunerativeness, lucrativeness, profitableness, profitability.

**ren·de·ment** =mente, (Fr.) return, yield, profit; efficiency; output, performance.

**ren·dez·vous** =vous's, (Fr.) rendezvous, tryst.

**ren·dier** reindeer, (Am.) caribou.

**ren·dzi·na** (<Polish, soil sc.) rendzina.

**re·ne·gaat** =gate renegade.

**re·net(·ap·pel)** rennet, queening.

**re·nien** (biochem., physiol.) renin.

**re·ni·um** (chem., symb.: Re) rhenium.

**ren·nien, ren·na·se** (biochem., physiol.) rennin, chymosin, rennase.

**re·nons** aversion, dislike, antipathy; 'n ~ in iem. hê dislike s.o.; iem. het 'n ~ daarin, (also) it is s.o.'s pet aversion; 'n ~ in ... kry take a dislike to ...

**re·nos·ter** =ters rhinoceros. **~bul, ~koei** rhinoceros bull/cow. **~voël** (orn.: Buphagus spp.) oxpecker.

**re·no·veer** ge= renovate, repair, do up, renew. **re·no·va·sie** =sies renovation.

**rens** sour, sourish (milk); die melk is ~ the milk is on the turn. **ren·se·rig** =rige sourish.

**ren·te** =tes interest; ~ **betaal** pay interest; ~ **dra/gee** bear/ carry interest; op jou ~ **leef/lewe** live on the income of one's investments; met 5% ~, met ~ teen 5% with interest at 5%, at the rate of 5% interest; met/sonder ~ with/without inter= est; op ~ at interest; ~ op ... interest on ...; geld op ~ **(uit)sit** put out money at interest. **~inkomste** income from inter= est. **~koers** interest rate, rate of interest. **~las** interest charges/liability, burden of interest. **~rekening** interest ac= count. **~skuld** unpaid interest. **~stand** interest rate level, level of interest rates. **~tafel** table of interest. **~verskil** dif= ference in the rate of interest. **~vry** =vrye, adj. interest-free.

**ren·te·dra·end** =draende, **ren·te·ge·wend** =wende yield= ing interest, interest-bearing.

**ren·te·loos** =lose yielding no interest; without paying inter= est, interest-free; dead (capital).

**ren·te·nier** =niere, =niers retired person, rentier.

**rent·mees·ter** steward, factor, bailiff, treasurer, manager. **rent·mees·ter·skap** =skappe stewardship.

**re·o·lo·gie** (phys.) rheology. **re·o·lo·gies** =giese rheological.

**re·o·me·ter, re·o·me·ter** =ters, (med.) rheometer; (elec.) rheo=, galvanometer.

**re·or·ga·ni·seer** ge= reorganise; reorder. **re·or·ga·ni·sa·sie** =sies reorganisation.

**re·o·ri·ën·teer** ge= reorient. **re·o·ri·ën·ta·sie** reorientation.

**re·o·staat** =state, (elec.) rheostat.

**rep**[1] n.: in ~ en roer, (a house etc.) bustling with activity, in a state of commotion; in ~ en roer oor ... abuzz with ... (news, rumours, etc.).

**rep**[2] ge=, vb.: niks van iets ~ nie not say a word about s.t..

**re·pa·reer** ge=, (fml.) repair, mend. **re·pa·ra·sie** =sies, (fml.) reparation (also of rights etc.), repair(s), repairing, mending.

**re·pa·tri·eer** ge= repatriate; iem. ~, (also) restore/return s.o. to his/her native land. **re·pa·tri·a·sie** =sies, **re·pa·tri·ë·ring** =ringe, =rings repatriation.

**Re·pel·steel·tjie** (dwarf in a Germ. folktale) Rumpelstilt= skin.

**re·per·kus·sie** =sies, n. (usu. in the pl.) repercussion, (infml.) fallout.

**re·per·toire** =toires repertoire, repertory. **~~geselskap, repertoriumgeselskap** repertory/stock company. **~~stuk, repertoriumstuk** repertory/stock play/piece. **re·per·to·ri·um** =riums, =ria register, catalogue; index; repertory, repertoire.

**re·pe·teer** ge= repeat; rehearse (a play etc.); do/go over; repe= terende desimale breuk, (math.) recurring decimal fraction. **~geweer** repeating rifle, repeater. **~pistool** automatic (pis= tol).

**re·pe·ti·sie** =sies repetition; rehearsal, run-through *(of a play etc.); finale* ~ final rehearsal.

**re·pliek** =plieke rejoinder, reply; *(jur.)* counterplea, replica= tion; ~ *lewer* reply to a debate.

**re·pli·ka** =kas replica.

**re·po·neer** ge=, *(med.)* reduce *(a fracture).* **re·po·neer·baar** =bare reducible *(hernia).* **re·po·ne·ring** *(med.)* taxis.

**re·pre·sen·teer** ge= represent. **re·pre·sen·ta·sie** =sies rep= resentation. **re·pre·sen·ta·tief** =tiewe representative; repre= sentational *(art).*

**re·pres·sie** =sies repression. **re·pres·sief** =siewe repressive.

**re·pro·duk·sie** =sies reproduction *(also of a painting),* copy, facsimile. ~**proef** repro (proof). ~**vermoë** reproductive pow= er.

**re·pro·duk·tief** =tiewe reproductive. **re·pro·duk·ti·wi·teit** reproductiveness.

**re·pro·du·seer** ge= reproduce; process. **re·pro·du·seer·baar** =bare reproducible.

**re·pro·gra·fie** reprography. **re·pro·gra·fies** =fiese repro= graphic.

**rep·tiel** =tiele reptile.

**re·pu·bliek** =blieke republic; *die R~ van Suid-Afrika* the Re= public of South Africa; *'n ~ uitroep* proclaim a republic. **R~dag** *(SA, hist.: 31 May)* Republic Day. ~**wording** birth/ coming of *(or change to)* a republic.

**re·pu·bli·ka·nis·me** *(also R~)* republicanism.

**re·pu·bli·kein** =keine, *n.* republican. **re·pu·bli·keins** =keinse, *adj.* republican. **re·pu·bli·keins·ge·sind** =sinde, *adj.* republic= minded. **re·pu·bli·keins·ge·sin·de** =des, *n.* republican. **re·pu·bli·keins·ge·sind·heid** republicanism.

**re·pu·di·eer** ge= repudiate. **re·pu·di·a·sie** repudiation.

**re·pu·ta·sie** =sies reputation; character, repute; credit; stand= ing; *iem. se ~ dat hy/sy ...* s.o.'s reputation that ...; *jou ~ eer aandoen* live up to one's reputation; *die ~ hê dat jy ...* have a reputation for ...; have the reputation of being ...; *jou ~ getrou bly* keep up *(or* live up to) one's reputation; *'n slegte ~ hê* have a bad reputation; *'n ... met 'n slegte ~* a ... of ill/ evil repute.

**re·qui·em** =ems, *(eccl. mus., also fig.)* requiem.

**rê·rig** =rige, *adj. & adv., (infml.)* real(ly), actual(ly); →REGTIG *adj. & adv..*

**res** *reste, n.* rest, residue, remainder, remnant; balance; *(in the pl., also)* remains, leavings; *(al) die ~* everything else; *wat die ~ aangaan/(aan)betref, vir die ~* for the rest. ~**getal** re= mainder. ~**lap** remnant *(of fabric).* ~**stelling** *(math.)* remain= der theorem. ~**waarde** residual value.

**re·sek·sie** *(surg., surv.)* resection.

**re·sen·seer** ge=, *vb.* review, write a review/critique. **re·sen·sent** =sente reviewer, critic, *(infml.)* crit.

**re·sen·sie** =sies, *n.* review, critique, *(infml.)* crit; *'n ~ van iets skryf/skrywe* write a review of s.t., write up s.t.. ~~**eksem· plaar** review copy.

**re·sent** =sente =senter =sentste recent.

**re·sep** =septe, =seppe recipe; formula; *'n ~ vir ..., (cook.)* a recipe for ...; *'n ~ volg* follow a recipe. **re·sep·te·boek** cook= ery/recipe book, cookbook; book of recipes.

**re·sep·sie** =sies reception; *'n ~ gee* give/hold a reception; *'n ~ vir (of ter ere van)* iem. a reception for *(or* in honour of) s.o..

**re·sep·teer** ge= dispense *(med.).* ~**afdeling** dispensary *(in a chemist).* **re·sep·te·rend** =rende dispensing; ~*e geneesheer* dis= pensing doctor.

**re·ser·pien** *(pharm.)* reserpine.

**re·ser·vaat** =vate, *n.* reserve, sanctuary.

**re·ser·veer** ge=, *vb.* reserve, set apart. **re·ser·ve·ring** =rings, =ringe reservation.

**re·ser·vis** =viste reservist.

**re·ser·voir** =voirs reservoir.

**re·ser·we** =wes reserve; *(soldiers)* reserves; *(sport)* reserve (player); *(cr.)* twelfth man; supernumerary; standby; second string; *die land se ~ aan steenkool/ens.* the country's coal/etc. reserves *(or* reserves of coal/etc.); *geheime ~* secret reserve; *iets in ~ hou* have/hold/keep s.t. in reserve; *iets vir ... in ~ hou* reserve s.t. for ...; *met ... soldate in ~* with ... troops in support; *innerlike ~* inner reserve. ~**bank** reserve bank. ~**fonds** reserve fund. ~**kopie** *(comp.)* backup (copy). ~**mag** reserves, reserve troops. ~**prys** upset/reserve/knockdown price. ~**speler** =lers reserve (player), substitution. ~**troepe** reserve troops.

**re·ses** =sesse recess; interval; *op ~ gaan* go into recess, ad= journ, break up for the recess; *op ~* in recess; *die Parlement is op ~* Parliament stands prorogued.

**re·ses·sie** =sies recession. **re·ses·sief** =siewe recessive.

**re·si·den·sie** =sies residence; *(house of a governor etc.)* resi= dency; royal residence, court capital. **re·si·den·si·eel** =siële residential.

**re·si·du** =du's residue, residuum. **re·si·du·eel** =duele residual.

**re·sies, rei·sies** race; →WEDREN; *teen ... ~ ja(ag)* race against *(or, infml.* dice with) ... ~**baan** = RENBAAN. ~**duif** → WEDVLUGDUIF. ~**fiets** racing bike/bicycle, racer. ~**motor** = RENMOTOR. ~**perd** = RENPERD.

**re·si·pi·eer** ge=, *(jur.)* receive.

**re·si·prook** =proke reciprocal; ~*proke getalle, (math.)* recip= rocals. **re·si·pro·si·teit** reciprocity.

**re·sis·ti·wi·teit** *(tech.)* resistivity.

**re·si·teer** ge= recite. **re·si·ta·sie** =sies recitation. **re·si·ta·tief** =tiewe, *n., (mus.)* recitative.

**re·so·lu·sie** =sies resolution.

**re·so·luut** =lute, *(liter.)* resolute, determined, decided, un= shrinking, strong-minded.

**re·so·nan·sie** resonance. ~**holte** resonance cavity.

**re·so·nant** =nante, *adj.* resounding, (re-)echoing.

**re·so·neer** ge= resound, reverberate. **re·so·na·tor** =tors reso= nator.

**re·sor·beer** ge= resorb. **re·sor·be·rend** =rende resorbent. **re· sorp·sie** resorption.

**re·spek** respect, regard; *met (alle [verskuldigde]) ~* with (all due) respect; *jou ~ (teenoor iem.) betoon* do/make/pay obei= sance (to s.o.); *~ vir ... hê/koester* have respect for ...; *uit ~ vir ...* out of respect for ..., in deference to ... **re·spek·ta·bel** =bele respectable. **re·spek·teer** ge= respect, regard with def= erence, honour; *iem. om iets ~* respect s.o. for s.t.. **re·spek·vol** =volle deferential.

**re·spek·tief** =tiewe respective, several. **re·spek·tief·lik, re·spek·tie·we·lik** respectively; *hulle kom ~ uit Limpopo en Gauteng* they come from Limpopo and Gauteng respec= tively.

**res·pi·reer** ge=, *(biol.)* respire. **res·pi·ra·sie** =sies respiration. **res·pi·ra·tor** =tors, *(med.)* respirator. **res·pi·ra·to·ries** =riese respiratory. **res·pi·ro·me·ter** *(biol., physiol.)* respirometer.

**res·pon·deer** ge= answer, respond. **res·pon·dent** =dente re= spondent.

**re·spons** =sponse, **re·spon·sie** =sies, *(eccl., jur., etc.)* re= sponse, answer. **re·spon·sief** =siewe responsive.

**re·spyt** respite, (period of) grace, (interval of) rest, delay; borrowed time.

**res·sort** =sorte, *(<Fr.)* area, district, province; jurisdiction. **res·sor·teer** ge=: *iets ~ onder ...* s.t. comes/falls under ...; s.t. belongs under/in ...; s.t. is classed among/with ...; s.t. is/ comes/falls under/within the jurisdiction of ...

**re·stant** =stante, *(<Fr.)* remnant, remainder, balance; remain= ing portion/extent *(of a farm);* oddment.

**re·stau·rant, re·stou·rant** =rante, =rants restaurant. ~hou= er =houers, **restaurateur,** (rare) **restourateur** =teurs restaura= teur.

**res·teer** (ge)=, (fml.) remain; resterende gedeelte, (jur.) remain= ing extent.

**res·ti·o** =tio's, (bot.) restio.

**re·sti·tu·sie** =sies restitution.

**re·stou·reer** ge= restore, renovate. **re·stou·ra·sie** =sies resto= ration, renewal, renovation; die R~, (Br. hist.) the Restora= tion. **re·stou·ra·teur** =teurs restorer, renovator; (rare) restau= rateur.

**re·strik·sie** =sies restriction.

**re·sul·taat** =tate result, outcome, consequence, sequel; geen ~ kan wys/toon nie have nothing to show for it; power(e) ~tate meagre results; sonder ~ in vain, to no purpose, with= out (any) result.

**re·sul·tan·te** =tes, (phys.) resultant.

**re·su·mé** =més, **re·su·mee** =mees, (<Fr.) summary, résumé.

**re·sus** =susse, (zool.) rhesus (monkey). ~aap =ape rhesus monkey. ~baba (med.) rhesus baby. ~faktor (physiol.) Rhe= sus/Rh factor. ~negatief rhesus negative. ~positief rhesus positive.

**re·sus·si·teer** ge= resuscitate. **re·sus·si·ta·sie** =sies resuscitation. **re·sus·si·ta·tor** =tors resuscitator.

**re·ten·sie** =sies retention; reg van ~ lien, right of retention. ~geld retaining fee. ~reg lien, right of retention.

**re·ti·na** =nas, (anat.) retina.

**re·ti·nol** →VITAMIEN A.

**re·ti·reer** ge= retreat, retire, step back.

**re·toer** return. ~(kaartjie) return ticket; prys van 'n ~ return fare. ~tarief return fare. ~vloot homebound fleet. ~vlug return flight. ~vrag return freight, home freight. ~wissel redraft.

**re·toe·sjeer** =, (<Fr.) retouch, touch up (a painting, photo, etc.).

**re·to·riek** rhetoric, oratory. **re·to·ries** =riese rhetorical, de= clamatory; 'n ~e vraag a rhetorical question. **re·to·ri·ka** rhet= oric. **re·to·ri·kus** =rikusse, =rici rhetorician.

**re·tort** =torte, (chem.) retort, still. ~staander retort stand.

**re·trai·te** =tes, **re·trêt** =trêts, (RC) retreat; in ~ in retreat; in ~ gaan go into retreat.

**re·tro·ak·tief** =tiewe retroactive.

**re·tro·fleks** =flekse, (phon.) retroflex(ed). **re·tro·flek·sie** ret= roflexion, retroflection.

**re·tro·gra·de** retrograde.

**re·tro·gres·sief** =siewe retrogressive.

**re·tro·spek·tief** =tiewe retrospective.

**re·tro·vi·rus** (biol.) retrovirus.

**ret·si·na** (a Gr. wine) retsina.

**reuk** reuke smell; scent; odour; →RUIK vb.; iem. het 'n fyn (of is fyn van) ~ s.o. has a keen smell; ~ uit 'n vertrek verwyder deodorise a room. ~altaar incense altar, altar of incense. ~bestryder deodorant. ~flessie scent-bottle, smelling bot= tle. ~klier scent gland, scent organ. ~offer incense offering. ~orgaan nasal organ, olfactory organ, organ of smell. ~se= nu(wee) olfactory nerve. ~sin sense of smell, olfactory sense, scent. ~sintuig organ of smell. ~sout smelling salts. ~vat (eccl.) incensory, censer, thurible. ~verdrywend =wende deo= dorant. ~verdrywer deodorant, deodoriser. ~water per= fume, scent, toilet water, eau de toilette. ~weerder deodor= iser. ~weermiddel =dels, =dele deodorant.

**reu·kie** n. (dim.): daar kleef 'n ~ aan, (infml.) there is some= thing fishy about it.

**reuk·loos** =lose odourless, scentless; inodorous; iets ~ maak deodorise s.t..

**reun** reuns male dog. ~(perd) gelding; 'n perd reun maak cas= trate a horse; jong ~ colt.

**re·ü·nie** =nies reunion.

**reus** reuse, n. giant; colossus, titan; 'n intellektuele ~ an intel= lectual powerhouse. **reus·ag·tig** =tige gigantic, colossal, huge, giant, giant-size(d), jumbo(-sized), (infml.) ginormous, mammoth, vast, titanic, monstrous. **reus·ag·tig·heid** huge= ness, vastness, immensity, immenseness, tremendous/gigan= tic/vast/immense/huge size.

**reu·se** giant-size(d) (hole etc.); →REUSAGTIG; reuse(-) politi= tieke vergadering huge/massive/giant political meeting. ~ar= beid gigantic task. ~geslag giant race, race of giants. ~ge= stalte gigantic stature. ~gordelakkedis, ouvolk, skurwe= jantjie, sonkyker giant girdled lizard, giant zonure, sun= gazer. ~groei gi(g)antism. ~krag Herculean/gigantic strength. ~-ooruil Verreaux's eagle owl. ~panda giant panda. ~pret great fun, a roaring (or whale of a) time, high jinks. ~protea giant/king protea. ~skrede =des giant's stride; met ~s voor= uitgaan prosper (or go ahead) by leaps and bounds. ~stad huge/giant city, megalopolis. ~stryd tremendous/gigantic struggle, battle of giants. ~sukses huge/smashing success. ~taak gigantic/Herculean task. ~tenkskip supertanker. ~tref= fer runaway success, (infml.) big/enormous hit, blockbuster.

**reu·sel** =sels (leaf-)lard, suet.

**re·va·lu·eer** ge= revalue. **re·va·lu·a·sie** revaluation.

**ré·veil·le** (mil.) reveille; morning call; die ~ blaas sound the reveille.

**re·ver·sie** =sies reversion. ~slinger reversible pendulum.

**re·vi·si·o·nis·me** (sometimes R~) revisionism. **re·vi·si·o·nis** =niste, n., (sometimes R~) revisionist. **re·vi·si·o·nis·ties** =tiese, adj., (sometimes R~) revisionist.

**re·vo·keer** ge= revoke. **re·vo·ka·sie** =sies revocation.

**re·vo·lu·sie, re·wo·lu·sie** =sies revolution. **re·vo·lu·si·o= neer, re·wo·lu·si·o·neer** ge= revolutionise. **re·vo·lu·si·o·nêr, re·wo·lu·si·o·nêr** =nêre, n. & adj. revolutionary; ~nêre gees revolutionary spirit. **re·vo·lu·si·o·nis, re·wo·lu·si·o·nis** =niste revolutionist. **re·vo·lu·si·o·nis·me, re·wo·lu·si·o·nis·me** revo= lutionism.

**re·vue** =vues, (mil.) review; revue (on stage).

**re·wer** =wers, (naut.) reefer. **re·wers·baad·jie** reefer (jacket), reefing jacket.

**re·wol·wer** =wers revolver, (infml.) gun; 'n ~ afvuur dis= charge a gun; 'n ~ op iem. rig point a gun at s.o.; pull a gun on s.o.; 'n ~ uitpluk draw/produce/pull a gun/revolver.

**Rhe·ma·kerk** (SA) Rhema Church.

**Rhodes·:** ~beurs =beurse Rhodes scholarship. ~beurshouer =houers Rhodes scholar. ~-universiteit Rhodes University.

**Rho·de·si·ë** (hist.) Rhodesia; →ZIMBABWE. **Rho·de·si·ër** =siërs, n., (hist.) Rhodesian. **Rho·de·sies** =siese, adj., (hist.) Rhode= sian; ~e rifrug, (breed of dog) Rhodesian ridgeback.

**Rho·dos, Rho·dus** (Gr. island) Rhodes. **Rho·di·ër** =diërs, n. Rhodian. **Rho·dies** =diese, adj. Rhodian.

**ri·a** (geog.) ria, Spanish fiord. **ri·as·kus** ria coast.

**Ri·ad** (capital of Saudi Arabia) Riyadh.

**ri·al** rials, (monetary unit) rial, riyal.

**rib** ribbe(s) rib; (mech.) rib, spline; cord; (entom.) nervure; (con= str.) web; (in the pl., also) fluting; iem. in die ~bes pomp/por/ stamp dig/poke s.o. in the ribs; iem. is so maer, ('n) mens kan sy/haar ~bes tel s.o. is scrawny (or only skin and bone or as thin as a rake). ~filet rib/sirloin steak, entrecôte. ~koord whip cord. ~skaaf reeding plane. ~stoot dig in the ribs, nudge. ~stuk rack. ~tjop rib chop. ~werk ribbing; (carp.) reeding.

**rib·be·:** ~been =bene rib; twee ~bene breek break two ribs. ~kas =kaste rib cage, thorax, thoracic skeleton; barrel (of a horse).

**rib·bel** =bels, n. ripple (in cloth etc.). **rib·bel** ge=, vb. ripple. ~stof ripple cloth.

**rib·be·ling** =lings, =linge, **rib·bel·merk** =merke ripple (mark).

**rib·be·tjie** =*tjies, (dim.)* small rib; *(cook.)* rib.

**rib·bok** *(also* rooiribbok*)* mountain reedbuck; *(also* vaalrib= bok*)* grey rhebuck. **~blom, (groot)bruinafrikaner, kaneel= (aand)blom** large brown afrikander.

**ri·bo·fla·vien, vi·ta·mien B₂, lak·to·fla·vien** ribofla= vin(e), vitamin $B_2$, lactoflavin.

**ri·bo·nu·kle·ïen·suur** *(biochem., abbr.:* RNS*)* ribonucleic acid *(abbr.:* RNA*)*.

**ri·bo·se** *(biochem.)* ribose.

**ri·bo·soom** *(biochem.)* ribosome.

**rich·ter·skaal** *(also* R~*)* Richter scale.

**ric·kett·si·o·se** *(pathol.)* rickettsiosis.

**ri·cot·ta(·kaas)** *(It.)* ricotta (cheese).

**rid·der** =*ders, (hist.)* knight; *(chivalrous man)* gallant; **goeie ~,** *(stock exch., infml.)* white knight; *iem. tot* ~ **slaan/verhef** knight s.o., confer a knighthood on s.o.; ~ *van die Tafel= ronde* knight of the Round Table; ~ *op die/'n* **wit** *perd, (fig.)* knight in shining armour. **~diens** service as a knight; chiv= alry. **~kruis** cross of a knightly order; knighthood. **~lint** rib= bon of a knightly order. **~orde** knightly order, order of chivalry, (order of) knighthood. **~poësie** romance of chiv= alry, poetry of the age of chivalry. **~roman** romance of chivalry. **~saal** (knights') hall, castle hall. **~slag** accolade, dubbing; *iem. die* ~ *gee* knight s.o.. **~spoor** *(bot.)* larkspur, delphinium. **~stand** knighthood. **~tyd** age of chivalry. **~we= se** chivalry.

**rid·der·lik** =*like* knightly; chivalrous, chivalric, gallant. **rid= der·lik·heid** chivalry, chivalrousness, knightliness.

**rid·der·skap** knighthood; chivalry.

**riel** *riele, (dance)* reel.

**riem¹** *rieme* thong, strap; belt; leash *(for a dog)*; lanyard *(for a pistol)*; *jou* ~*e* **breed** *sny* live extravagantly; *iets is vir iem. 'n* ~ *onder die* **hart** s.o. is heartened by s.t.; *iem. 'n* ~ *onder die* **hart** *steek* cheer s.o. up, encourage *(or* put heart into) s.o.; *iem. se* ~*e is* **los,** *(infml.)* s.o. is in love; *(die)* ~*e* **neerlê,** *(infml.)* take to one's heels, leg it, make tracks, cut and run; make a dash (for it); *iem. met 'n* **slap** ~ *vang, (infml.)* deceive/mis= lead s.o. easily; *van 'n ander man se vel breë* ~*e sny* be lav= ish/generous at s.o. else's expense; *jou* ~*e* **styfloop,** *(infml.)* find/meet (more than) one's match, *(infml.)* meet one's Wa= terloo; *jou* ~ *na jou* **vel** *sny* cut one's coat according to one's cloth. **~spring** *riemge=* skip; *(fig.)* get a hiding. **~tele= gram** mere rumour, false alarm *(fig.),* canard; *iets per* ~ *hoor, (infml.)* hear s.t. on/through the grapevine.

**riem²** *rieme* ream *(of paper).*

**riem·pie** =*pies, (dim.)* thong, strap, string. **~stoel** riempie= stoel, riempie(s) chair.

**riem·pies·:** **~bank** riempie(s)bank, riempie bench. **~mat** riempie seat.

**Ries·ling** *(white grape/wine, also* r~*)* Riesling *(also* r~*).*

**riet** *riete* reed, rush; cane, wicker, thatch *(of a roof); 'n geknakte* ~, *(fig.)* a broken reed; *jou* ~*e roer, (infml.)* shake a leg, make haste; *roer jou* ~*e!, (infml.)* shake a leg!, snap to it!, make it snappy!. **~beentjie** matchstick *(fig.).* **~blits** →RIETSNAPS. **~bok** reedbuck. **~bos** reed bush, clump/cluster of reeds. **~bul** *(icht., infml.)* kob. **~dak** thatched roof. **~dakhuis** thatch= roofed/thatched house. **~dans** *(trad., esp. in KZN and Swazi= land)* reed dance. **~dekker** thatcher. **~duiker** *(orn.)* reed cormorant. **~fluit** reed flute. **~fluitjie** reed pipe. **~foelie** *(bot.)* reed mace. **~gras** sedge. **~haan** *(orn.)* crake. **~kooi** bed of rushes/reeds. **~mandjie** cane/wicker basket, frail. **~mat** rush mat, reed mat; cane bottom. **~mes** cane knife. **~perd** cane horse, hobbyhorse. **~rot** cane rat. **~sanger** *(orn.:Acro= cephalus* spp.*)* reed warbler, marsh warbler. **~skraal** reedy, very thin, as thin as a rake, scrawny, skinny. **~snaps, ~spi= ritus, ~blits** cane spirit. **~stoel** cane/wicker chair, basket chair. **~suiker** cane sugar, sucrose, saccharose. **~vlei** reed marsh.

**riet·jie** =*tjies, (dim.)* little reed; straw *(for sucking).*

**rif¹** *riwwe, (geomorphol.)* reef; outcrop; ledge; ridge, edge.

**rif²** *riwwe* reef *(of a sail).*

**rif·fel** =*fels, n.* wrinkle, fold, ridge, crinkle, furrow, serration, corrugation, ruffle, ripple; rib; edge; *(min.)* riffle; rib, rib= bing *(in knitting).* **rif·fel** *ge=, vb.* wrinkle, crinkle, ripple; corrugate; furrow; serrate; *(min.)* riffle; *ge=de pad* corru= gated road. **~karton** corrugated cardboard. **~papier** cor= rugated paper. **~sink** corrugated iron. **~skaaf** reeding plane. **~steek** rib stitch. **~stof** rib(bed) fabric. **~strook** ribbing. **~tang** crimping pliers. **~veer** corrugated spring. **~yster** corrugated iron.

**rif·fe·ling** =*lings, -linge* corrugation; serration.

**rif·fel·rig** =*rige* crinkled, ridged, corrugated; uneven, bumpy *(road).*

**rig** *ge=* aim, direct; align; true (up); guide; *(parade ground)* dress; *(chiefly OT)* (act as) judge; →RIGTER; *iets aan iem.* ~ direct s.t. to s.o. *(suggestions etc.);* address s.t. to s.o. *(a letter etc.);* put s.t. to s.o. *(a question etc.); jou gedagte(s) op ...* ~ turn one's thoughts to ...; *jou na iem.* ~ follow s.o.'s exam= ple; *jou na iets* ~ be guided by s.t.; comply with s.t.; *almal se oë was op ...ge~* everybody looked at ..., all eyes were turned towards ...; *jou/die oog op ...* ~ look at ..., fix the eye upon ... *(s.o.);* pursue ..., have ... in view *(an objective etc.); iets op ...* ~ aim *(a campaign, education, etc.)* at ...; point *(a pistol etc.)* at ...; launch *(an attack)* on ...; train *(a gun, one's sights, etc.)* (up)on ...; focus *(a light etc.)* on ...; bring *(a searchlight etc.)* to bear (up)on ...; *jou skrede na ...* ~, *(poet., liter.)* turn one's steps towards ...; *iets teen iem.* ~ level s.t. at s.o. *(an accusa= tion etc.); teen ... ge= wees, (also)* be directed against ...; *jou tot iem.* ~ address o.s. to s.o.; appeal to s.o.; ~ *tussen ..., (esp. OT)* decide/judge between ... **~hoek** angle of sight. **~lyn** =*lyne* directive, guideline; *(geom.)* directrix; *(archit.)* align= ment; line of sight; ~*e vir iets aandui/aangee/bepaal* draw up *(or* lay down) guidelines for s.t.. **~punt** fixed point. **~snoer** guide, (governing) principle, standard, rule, example, lead, norm.

**ri·ga·to·ni** *(It. cook.)* rigatoni.

**ri·gied** =*giede =gieder =giedste* (of *meer* ~ *die mees =giede)* rigid, stiff, inelastic; inflexible, unyielding, unbending, uncom= promising, severe, stern, strict. **ri·gi·di·teit** rigidity, inflexi= bility.

**ri·gor** =*gors, (Lat., med.)* rigor; ~ *mortis, (pathol.)* rigor mor= tis.

**ri·go·ris·me** *(relig. etc.)* rigorism. **ri·go·ris** =*riste* rigorist. **ri·go·ris·ties** =*tiese* rigoristic.

**rig·ter** =*ters* gun layer; launcher *(of a rocket); (chiefly OT)* judge; *(die Boek)* R~*s* (the Book of) Judges.

**rig·ting** =*tings, -tinge* direction; tendency, trend, leaning, in= clination, tenor; range; course, heading, tack; aim, bearing, alignment; creed; school *(of philos. etc.);* ~ *aangee* direct; *die* **algemene** ~ the general line; *in daardie* ~ in that direction, that way; *in dié/hierdie* ~ this way; *'n* **gevaarlike** ~ a dan= gerous course; *in die* ~ *van 'n plek* in the direction of a place; *'n* ~ **inslaan/kies** take a direction; take a course; take a line; *'n bepaalde* ~ **inslaan** adopt a definite policy, take a course; *'n nuwe* ~ **inslaan** alter/change (one's) course; make a new departure; ~ **kies** *na ...* head for ...; *jou* ~ **kwytraak** lose one's bearings; *die* **moderne** ~ the modern tendency; *'n nuwe* ~ a new line; *van* ~ **verander** change direction; *(a ship, the wind, etc.)* come about. **~gevoel** sense of direction. **~wyser** direction indicator/signal; traffic indicator.

**rig·ting·ge·wend** =*wende* directive, directional.

**rig·ting·loos** =*lose* undirected.

**rig·tings·:** **~bepaling** direction finding. **~punt** point of di= rection. **~verandering** change of course.

**rik·ke·tik** =*tiks, (onom.)* tick-tick; pit-a-pat.

**rik·sja** -sjas, (<Jap.) rickshaw, ricksha. **~fiets, ~driewiel** pedi= cab.

**ril** ge= shudder, shiver, tremble, throb, shake, quiver; thrill; *iets laat iem.* ~ s.t. gives s.o. the horrors/shudders, s.t. sends (cold) shivers up and down s.o.'s spine; *~ van* ... shiver with ... *(cold, fear, etc.);* ~ *van die koors, (also)* have cold shiv= ers; *dit is om van te* ~ it gives one the horrors/shudders. **ril·ler** -lers, *(book, film, play, etc.)* thriller, spine-chiller. **ril= le·rig** -rige shivery, creepy. **ril·ling** -lings, -linge shudder, shiv= er, shivering; thrill; goose flesh; *(in the pl., pathol.)* the shakes; *koue* ~s rigor(s); *iem. (die) koue* ~s *gee, (koue)* ~s *langs iem. se ruggraat afstuur* (of *laat afloop), (fig.)* send a chill down s.o.'s spine, send a cold shiver down/up *(or* cold shivers [up and] down) s.o.'s back/spine; *die* ~s *kry/hê, (fig.)* get/have the shivers.

**rim·pel** -pels, *n.* wrinkle, line, pucker; fold; ripple *(of water);* crimp; corrugation; *(anat.)* ruga; *'n gesig vol* ~s a wrinkled/ lined face. **rim·pel** ge=, *vb.* wrinkle, line; ripple; furrow, pucker, knit, contract *(one's brow);* pucker *(a seam, material); (dressm.)* shirr; cockle *(wool, glass);* crimp; *jou neus* ~ screw up one's nose. **~effek, ~uitwerking** ripple effect. **~papier** crinkled paper. **~plooitjies** shirring. **~stof** puckered/cock= led cloth, crammed fabric. **~werk** shirring.

**rim·pe·ling** -lings, -linge wrinkling, wrinkle, puckering; cor= rugation; *(geol.)* plication; ripple *(of water).*

**rim·pel·rig** -rige, **rim·pe·lig** -lige wrinkled, wrinkly, puck= ered, corrugate(d); rippled, ripply, shrivelled; ropy *(paint); (biol.)* rugose.

**ring** *ringe, n.* ring; circle; cycle; cincture; band; *(astron.)* halo; *(eccl.)* presbytery, convocation; *(mech.)* race *(of a ball bear= ing);* ring, cartel; *(biol.)* annulus; cringle; collar; pool; hoop; collet; *(anat.)* areola; *'n ~ aan iem. se vinger steek* put/slip a ring on s.o.'s finger; *('n) mens kan iem. deur 'n ~ trek, (infml.)* s.o. is immaculately dressed *(or,* infml. dressed up to the nines). **ring** ge=, *vb.* cincture; ring *(an animal);* ring, belt; girdle *(a tree);* ge=de voël ringed bird. **~baan** circular rail= way; *(elec., also* ringkring) ring circuit. **~band** endless band. **~eiland** atoll, ring-shaped island. **~gooi** *n.* quoits. **~gooi** *ringge=, vb.* play quoits. **~haak** gudgeon. **~kop** *(infml.)* ring head, old-timer, old campaigner, elder *(of the tribe),* veteran, stalwart. **~lêer** ring binder. **~muur** ring wall, circular wall, enclosing wall; ring fence *(fig.).* **~sitting** *(eccl.)* meeting/ses= sion of the presbytery (ring). **~spier** *(anat.)* sphincter. **~veer** ring spring. **~verduistering** annular eclipse. **~vinger** ring finger. **~vorming** annul(is)ation; pieing *(of wool).* **~wurm** *(a skin disease)* ringworm.

**rin·gel** ge= ring *(a bull).*

**rin·ge·leer** ge= ringbark, cincture.

**rin·ge·tjie** -tjies ringlet.

**rings=** **~kommissie** presbyterial executive. **~vergadering** presbyterial meeting.

**ring·vor·mig** -mige ring-shaped, ringlike, annular, annu= late; *~e kraakbeen* ring-shaped/cricoid cartilage.

**rin·kel** ge= jingle, chink, clatter. **rin·ke·lend** -lende jingly, tin= kling, tinkly.

**rink·hals** *n.* ring neck, ring-neck(ed) animal. **rink·hals** ge=, *vb., (dance)* twist. **~(dans)** twist. **~duif** ring-neck(ed) pi= geon. **~(slang)** rinkhals.

**rin·kink** ge= jingle; rollick, romp, gambol; revel; gallivant, *(SA sl.)* jol. **rin·kin·ker** gallivanter, *(SA sl.)* joller. **rin·kin·ke·ry** romping, capers, gambols; gallivanting; revelry.

**rin·ne·weer** ge= →VERRINNEWEER.

**ri·no·plas·tiek** *(med.)* rhinoplasty. **ri·no·plas·ties** -tiese rhi= noplastic.

**ri·no·skoop** -skope, *(med.)* rhinoscope.

**Ri·o (de Ja·nei·ro)** *(geog.)* Rio (de Janeiro).

**ri·o·leer** ge= drain, sewer. **ri·o·le·ring** -rings, -ringe drainage, sewerage. **ri·o·le·ring·stel·sel** sewerage system.

**ri·o·liet** *(min.)* rhyolite.

**ri·ool** *riole* drain, sewer, sink. **~gat** gull(e)y hole. **~kelder, ~tenk** sewage tank. **~plaas** sewage farm. **~pyp** drainpipe, sewer pipe, gull(e)y drain, soil pipe. **~rot** sewer rat. **~skry= wer** muckraker. **~stelsel** sewerage system. **~stories** *n. (pl.)* muckraking. **~stortplek** sewage disposal works. **~vuil, ~vul= lis** sewage, sullage. **~water** diluted sewage; waste water, bilge water. **~watersuiweringswerke** sewage treatment plant.

**ri·si·ko** -ko's risk, hazard, venture; *'n berekende/(wel)oor= woë* ~ a calculated risk; *op eie* ~ at one's own risk; *vir eie* ~ at owner's risk; *met groot* ~ at one's peril; *'n ~ loop* take a chance; run/incur a risk. **~bestuur, ~beheer** risk manage= ment. **~kapitaal** risk/venture capital.

**ris·keer** *(ge)* risk, venture, hazard; *iets* ~ take a chance. **ris·kant** -kante risky, hazardous, speculative, *(infml.)* dodgy; *(baie)* ~ (very) risky, a (very) risky business.

**ri·so·ïed** -soïede, *(bot.)* rhizoid. **ri·so·ï·daal** -dale rhizoid(al).

**ri·soom** -some, *(bot.)* rhizome, rootstock, root stalk.

**ri·so·po·de** *(zool.)* rhizopod.

**ri·sot·to** *(It.* rice dish) risotto.

**ris·sie** -sies chil(l)i, capsicum, red pepper; *(infml., fig.:* usu. a woman) shrew, vixen, spitfire. **~pit** chil(l)i seed; *(infml.)* hot= head, short-tempered/fiery person. **~poeier** chil(l)i powder.

**ris·sie·ag·tig** -tige shrewish, vixenish, peppery.

**rit** *ritte* journey, ride, drive, spin, trip. **~boek** *(mot.)* logbook.

**Ri·ta·lin** *(pharm., trade name: drug for the treatment of atten= tion deficit)* Ritalin.

**ri·te** -tes rite.

**rit·jie** -jies spin, drive; *'n ~ maak* go for a spin/drive.

**rit·me** -mes rhythm; cadence. **~metode** *(birth control)* rhythm method.

**rit·miek** rhythmics. **rit·mies** -miese rhythmic(al); *~e gimnas= tiek* rhythmic gymnastics. **rit·mi·si·teit** rhythmicity.

**rits¹** *ritse, n.* series, row, string, queue, train; *(infml.)* bunch.

**rits²** *ritse, n.* zip (fastener). **~sluiter** zip fastener.

**rits³** ge=, *vb., (infml.)* romp, cavort, frolic, gambol.

**rit·sel** ge= rustle, whisper; quiver. **rit·se·ling** -lings, -linge rus= tling, rustle, quivering.

**rit·tel** ge= shiver, shake, tremble, quake, quiver; ~ *van die koue* shake with cold. **~dans** *n.* jitterbugging. **~dans** ge=, *vb.* jitterbug, jive. **~danser** -sers jitterbug.

**rit·tel·tit(s)** *(infml.)* jitters, shivers, heebie-jeebies; *iem. die* ~ *gee* (of *laat kry), (infml.)* give s.o. the heebie-jeebies; *die* ~ *hê/kry, (infml.)* have/get the jitters.

**ri·tu·a·lis** -liste ritualist. **ri·tu·a·lis·me** ritualism. **ri·tu·a·lis·ties** -tiese ritualist(ic).

**ri·tu·eel** -tuele, *n.* ritual. **ri·tu·eel** -tuele, adj. ritual; *~tuele moord* ritual murder.

**ri·tus** *tusse* rite(s); ritual.

**ri·vier** -viere river, stream; *aan/langs 'n ~ woon* live on/be= side a river; *hoër op aan die* ~ up (the) river; *die ~ kom af* the river is in flood/spate; *laer af aan die* ~ down (the) river; *die dorp lê aan die* ~ the town is on the river; *die ~ loop* the river is running; *die ~ het sy walle oorstroom* the river burst its banks; *op 'n ~ roei* row on a river; *die ~ stroom/vloei noordwaarts/ens.* the river flows north/etc.; *die ~ is vol* the river is in spate; *'n vol ~* a swollen river. **~af** adv. downriver, downstream. **~bedding** river bed. **~boot** riverboat. **~draai** oxbow. **~grond** river soil; riverside. **~kant** riverside, bank of a river. **~kloof** canyon. **~krans** canyon wall. **~loop** course of a river. **~mond(ing)** river mouth, estuary. **~oewer** river= bank, side. **~op** adv. upriver, upstream. **~sand** river sand. **~stelsel, ~sisteem** river system. **~vis** river fish, freshwater fish. **~wal** riverbank.

**ri·vi·e·ra** *(It.)* riviera; *die R~* the Riviera *(in Fr. and It.).*

**rob** *robbe* seal; *~be (dood)slaan* club/kill seals; *pels~, (zool.)* fur seal, eared seal.

**rob·be·: ~kolonie** seal rookery/colony. **~skip** sealing vessel, sealer. **~vanger** sealer. **~vangs** sealing, seal hunting/fishery. **~vel, robvel** sealskin.

**Rob·ben·ei·land** *(geog.)* Robben Island.

**ro·bot** *=botte, =bots* robot; traffic light. **ro·bot·ag·tig** *=tige* robotic. **ro·bo·ti·ka** robotics.

**ro·bus·ta: ~(bone)** robusta (beans). **~(koffie)** robusta (coffee).

**ro·buus** *-· =buuster =buusste* robust, rugged, sturdy.

**ro·byn** *=byne* ruby. **~bruilof** *(40th wedding anniversary)* ruby wedding. **~rooi** ruby red.

**rock** *(mus.)* rock. **~groep** rock band/group. **~musiek** rock music. **~(musiek)aanhanger** rock fan. **~musikant** rocker. **~ster** rock star.

**ro·co·co, ro·co·co, ro·ko·ko, ro·ko·ko** *(18th-cent. style of art/archit./decoration, often R~)* rococo *(often R~).*

**ro·da·mien** *(chem.)* rhodamine.

**ro·del** *ge=* toboggan. **~slee** toboggan.

**ro·de·o** *=deo's* rodeo.

**ro·di·um** *(chem., symb.: Rh)* rhodium.

**ro·do·chro·siet** *(min.)* rhodochrosite.

**ro·dop·sien** *(biol.)* rhodopsin, visual purple.

**roe·bel** *=bels, (Russ. monetary unit)* rouble.

**roe·de** *=des, (fml.)* rod, cane, birch *(for flogging);* verge; *(parl.)* mace; *(euph., rare: penis)* member; *die ~ inlê* hand/measure/ mete out punishment; *die ~ spaar, (refrain from punishing)* spare the rod.

**roei¹** *roeie, n.* lattice; mullion; tail *(of a comet).*

**roei²** *n.* rowing. **roei** *ge=, vb.* row, pull; *stroomop ~* row upstream. **~boot** rowing boat, boat under oars; *ligte ~* shell. **~boot(jie)** dinghy; whiff. **~klub** rowing/boating club. **~kuns** oarsmanship, watermanship. **~masjien** rowing machine. **~plank** paddle ski, surf ski, sit-on-top. **~skuit** rowboat, rowing boat, rowing shell. **~spaan** *=spane* oar, scull, paddle; *'n ~ plat draai/hou* feather an oar. **~sport:** *die ~* rowing. **~wedstryd** boat race, rowing match; regatta.

**roei·er** *reiers* oarsman, rower; oar. **roei·ster** *=sters, (fem.)* oarswoman.

**roek** *roeke, (orn., Eurasia)* rook.

**roe·ke·loos** *=lose* reckless, rash, foolhardy, devil-may-care, harebrained. **roe·ke·loos·heid** recklessness, rashness, temerity.

**roe·koek** *ge=* coo *(of a dove).*

**roe·let** →ROULETTE.

**roem** *n.* renown, praise, glory, fame, lustre, kudos, celebrity; *eie ~ stink* self-praise is no recommendation; *op jou ~ teer* live on one's reputation; *die ~ van ...* the pride of ... *(one's school, country, etc.);* *jou eie ~ verkondig* blow one's own trumpet; *~ verwerf* become famous, achieve/get/win fame; gain/win glory. **roem** *ge=, vb.* boast; praise, laud, extol; *op iets ~* boast about/of s.t.; pride o.s. (up)on s.t.. **~ryk** *=ryke* famous, renowned, glorious, illustrious; splendid, magnificent. **~vol** *=volle* illustrious, renowned.

**Roe·meen** *=mene, n.* Romanian, Rumanian. **Roe·meens** *n., (lang.)* Romanian, Rumanian. **Roe·meens** *=meense, adj.* Romanian, Rumanian. **Roe·me·ni·ë** *(geog.)* Romania, Rumania.

**roe·mer** *=mers, (drinking glass)* rummer.

**roem·loos** *=lose* inglorious.

**roem·sug** desire/thirst for fame/glory, vainglory. **roem·sug·tig** *=tige* ambitious, thirsting for fame/glory, vainglorious.

**roep¹** *n., (poultry disease)* roup.

**roep²** *roepe, n.* call, cry; hail; hoot; *op ~, (a doctor etc.)* on call; *iem. op ~* hê have s.o. on call. **roep** *ge=, vb.* call, cry; shout; beckon; clamour; page *(s.o.);* *boontoe* (of *na bo*) *~, (infml.)* ask for God's help, call upon the Almighty; curse; *'n dokter ~* call (in) *(or* send for) a doctor; *jou hees ~* shout o.s. hoarse; *iem. laat ~* summon s.o.; send for s.o.; *na iem. ~* call to s.o.;

shout *(or* call [out]) for s.o.; *na/vir iem. ~* shout to s.o.; *om iets ~* call/cry for s.t. *(help etc.);* clamour for s.t.; cry out for s.t.; *iem. opsy ~* call s.o. aside; *sê asseblief vir ... ek ~ hom/ haar* please tell ... I want him/her *(to come to my office etc.);* *'n skip ~* hail a ship; *iets te voorskyn ~* call forth s.t.; call up s.t.. **~afstand** shouting/hailing distance; *binne ~* within shouting distance. **~letter(s)** call sign(al). **~naam** first name, pet name; call sign(al). **~nommer** paging number. **~radio** bleep(er); pager. **~sein** call sign(al).

**roe·pee** *=pees, (Ind. etc. monetary unit)* rupee.

**roe·per** *=pers* crier, caller; shouter; megaphone; voice pipe; tube; bleep(er).

**roe·pi·a** *=pias, (Indon. monetary unit)* rupiah.

**roe·ping** *=pings, =pinge* call(ing), vocation, mission; *aan 'n ~ beantwoord* answer a purpose; *'n hoë ~* a high mission; *'n man/vrou met 'n ~* a man/woman of destiny; *jou ~ mis* miss one's vocation; *jou ~ vervul* fulfil one's destiny; *'n ~ voel om ...* feel a call to ...; *'n ~ vir ... voel* feel a vocation for ...

**roer¹** *roere, roers, n.* rudder, helm; *(aeron.)* control; *aan die ~ (van sake)* at the helm; *aan die ~, (also)* in power; *aan die ~ kom* take the helm, assume control/office; *die ~ reg hou* keep straight. **~bevele** steering orders. **~haak** pintle. **~oog** gudgeon. **~pen** tiller, helm. **~tou** tiller rope.

**roer²** *roers, n., (dated)* gun, rifle, musket; *so reg soos 'n ~* as fit as a fiddle, as right as rain; as straight as a die.

**roer³** *n.: aan die ~* astir; busy, active, on the go. **roer** *ge=, vb.* stir, agitate, move; touch; flex *(muscles); (fig.)* affect; shift; *begin ~* stir o.s.; *iets het iem. diep ge~* s.t. moved s.o. deeply, s.o. was deeply moved by s.t.; *~ jou!, (infml.)* shake a leg!, make it snappy!, get a move on!; *dit is sake waaraan ('n) mens liewer nie moet ~ nie* it is better/safer not to touch upon those matters; *iem. sal hom/haar moet ~, (infml.)* s.o. has his/her work cut out (for him/her); s.o.'ll have to shake a leg (or stir his/her stumps); *jy kan jou daar skaars ~* there is no (or not enough) room to swing a cat *(infml.).* **~braai** *ge=, vb.* stir-fry. **~braai(gereg)** *n.* stir-fry. **~braaigroente** stir-fried vegetables. **~eier(s)** scrambled eggs. **~lepel** stirrer. **~spaan** stirrer, stirring rod; spatula. **~stafie** stirrer, stirring rod, agitator. **~stokkie** swizzle stick. **~vurk** stirrer, rake, fork.

**roer·baar** *=bare* movable.

**roer·domp** *(orn.)* →GROOTRIETREIER.

**roe·rend** *=rende, adj.* touching, pathetic, moving, stirring, affecting; *~e goed(ere)* movable/personal property, movables. **roe·rend** *adv.* touchingly, movingly.

**roe·rig** *=rige* lively, active, busy; restless; riotous, turbulent.

**roe·ring** *=ringe* stirring, motion, commotion; agitation; emotion; *~e van die siel* (of *[menslike] gees)* soul stirrings.

**roer·loos¹** *=lose* rudderless.

**roer·loos²** *=lose* motionless, immobile, unmoving, undisturbed, stock-still. **roer·loos·heid** immobility, motionlessness, stillness.

**roes¹** *roese, n.* intoxication, inebriation, excitement, ecstasy, frenzy; *'n ~ uitslaap* sleep off a hangover, *(infml.)* sleep it off; *in die ~ van ...* in the (first) flush of ..., flushed with ... *(victory etc.);* *in 'n ~* intoxicated.

**roes²** *n.* rust; *(plant disease)* blight, rust. **roes** *ge=, vb.* rust; corrode; *(lit., fig.)* get rusty; *my Latyn is al ge~* my Latin is rusty; *ou liefde ~ nie* old love never dies; *ge~te spyker* rusty nail. **~bruin** rust (brown). **~middel** *=dels, =dele* rust preventer. **~rooi** ferruginous, rust-red. **~vlek** rust stain/spot; mould. **~vry** *=vry(e)* rustproof, rustless, stainless *(steel),* non(-)corrosive. **~weerder** *(also* roeswerende middel*)* rustproofing.

**roe·se·moes, ge·roe·se·moes** disorder, confusion, commotion, bustle, buzz, din, tumult, stir, to-do, hurly-burly.

**roe·se·rig, roes·te·rig** *=rige* rusty, like rust. **roe·se·rig·heid, roes·te·rig·heid** rustiness.

**roes·kleur** rust (colour). **roes·kleu·rig, roes·kleu·rig** *=rige* rust-coloured, rubiginous, ferruginous.

**roes·we·rend** =*rende* antirust, rust-resistant, rust prevent=ing; rustproof(ed), non(-)corrosive.

**roet** soot; black; grime; smut. ~**bruin** bistre. ~**swart** *n.* smoke black. ~**swart** *adj.* black as soot, smoke black, sooty. ~**vlek,** ~**kol** smut.

**roet·ag·tig** =*tige,* **roe·te·rig** =*rige* sooty, fuliginous.

**roe·te** =*tes* route, way, course; *die kortste/langste ~ kies* take the shortest/longest route; *op die ~* on the route; *'n ~ volg* follow a route. ~**bepaling** rout(e)ing.

**roe·teer** *(ge)*= route. **roe·te·ring** rout(e)ing; *(telecomm., elec.)* trunking.

**roe·tie** →ROTI.

**roe·ti·ne** routine, *(infml.)* drill; *die daaglikse ~* the daily round/routine; *die ~ ken, (also, infml.)* know the drill. ~**werk** tread=mill, drudgery. ~**inspeksie** routine/regular inspection. ~**on-dersoek** checkup.

**roet·kleur** sooty colour. **roet·kleu·rig** =*rige* soot-coloured, fuliginous.

**rof** *rowwe rowwer rofste* rough, coarse, uneven *(surface etc.); (infml.)* rough, wild, uncouth, rude. ~**kas** *n., (building)* rough=cast. ~**kas** *ge*=, *vb.* roughcast. ~**stoei** all-in/freestyle wres=tling. ~**werkpapier** scrap paper.

**rof·fel**[1] *n.* ruff(le) *(of a drum),* (drum) roll. **rof·fel** *ge*=, *vb.* beat a ruffle *(on the drum).* ~**blok:** *Chinese/Sjinese ~, (mus.)* Chinese (wood)block. ~**vuur** drumfire, rolling fire.

**rof·fel**[2] *ge*=, *vb.* rough plane, rough-hew. ~**skaaf** jack plane.

**ro·fie** →ROOF[1].

**rog**[1] rye. ~**brood** rye bread; *growwe ~* pumpernickel. ~**whis-key** rye (whiskey).

**rog**[2] *rogge, rôe, (icht.)* ray; *(Raja spp.)* skate.

**rog·gel** =*gels, n.* phlegm; ruckle, rattle *(in humans),* gurgle; roaring *(in horses).* **rog·gel** *ge*=, *vb.* expectorate; ruckle, rat=tle *(in the throat),* gurgle; *(horses)* roar. **rog·ge·lend** =*lende* stertorous.

**Ro·hyp·nol** *(pharm., trade name: notorious as date rape drug)* Rohypnol.

**ro·jaal** =*jale, adj. & adv.* generous, liberal, lavish, unsparing, free-handed, munificent; ~*jale aanbod* handsome offer; *iem. ~ behandel* do the handsome thing by s.o.; ~ *met iets wees/ werk* be free with s.t., be prodigal of s.t.. **ro·ja·li·teit** gener=osity, lavishness, liberality.

**ro·ja·lis** =*liste* royalist. **ro·ja·lis·me** royalism. **ro·ja·lis·ties** =*tiese* royalist(ic).

**ro·jeer** *(ge)*= expel, strike off as member; *(jur.)* disbar *(an ad=vocate);* cancel, annul; delete, deface, erase. **ro·je·ring** can=cellation, annulment, erasure.

**rok**[1] *rokke, (myth. bird)* roc.

**rok**[2] *rokke* dress, frock; *(bot., zool.)* tunic; *(anat.)* tunic(a); → ROKKIE; *'n ~ aanhê/dra* wear a dress; *in 'n blou ~* in a blue dress. ~**(s)band** =*bande: aan iem. se ~e vas* tied to s.o.'s apron strings *(infml.).* ~**broek** divided/harem skirt. ~**lengte** dress length; length of a/the dress. ~**pant** panel, gore. ~**tassie** sporran *(of a kilt).*

**ro·keer** *(ge)*=, *(chess)* castle. **ro·ka·de** =*des, (chess)* castling.

**ro·kend** =*kende* smoking; reeking; fuming *(acid);* →ROOK *vb.*.

**ro·ker** =*kers* smoker; *'n kwaai/strawwe ~* a heavy smoker; *'n matige ~* a light smoker.

**ro·ke·rig** =*rige* smoky. **ro·ke·rig·heid** smokiness.

**ro·kers·:** ~**hoes(ie)** smoker's cough. ~**long** smoker's lung.

**ro·ke·ry** =*rye* smoking; smoking habit; smokehouse, smok=ery *(where meat etc. is cured).*

**ro·ket** *(cook., bot.: Eruca sativa)* (garden/salad) rocket.

**ro·kie** =*kies* wisp of smoke; *waar (daar) 'n ~ is, is daar 'n vuur=tjie* (there's) no smoke without fire, where there's smoke there's fire.

**rok·kie** =*kies* little dress/frock; *Skotse ~* kilt.

**rol** *rolle, n.* roll; coil; scroll *(of parchment);* register, list, roll; part, role, function; platen; cylinder, roller; wad *(of notes);* hank *(of cord);* bolt *(of cloth);* '*n belangrike ~ in ... speel* play an important *(or* a leading) part *(or* figure prominently/ strongly) in ...; *'n ~ beset* fill a role/rôle; *'n ~ dans* dance a role/rôle *(in a ballet);* '*n (dik) ~ ...* a wodge of ... *(notes etc.);* ~ *van die* **Hooggeregshof** High Court roll; *'n ~ instudeer* study a part; *die/jou ~ ken,* *(theatr.)* know one's lines; *die ~ lees* call the roll; *die ~le is omgekeer* the tables are turned; the wheel has turned full circle; *'n saak op die ~ plaas, (jur.)* set a case down for hearing; *iem. (se naam) van die ~ skrap* strike s.o.('s name) off the roll; disbar s.o. *(an advocate); iets van die ~ skrap* strike off s.t.; *'n ~ speel* act a part; play a part; come into the picture; play a role; *die ~ van Kanna/ens.* **speel/vertolk** act/play Kanna/etc.; *'n ~ in ... speel/vertolk* have a part in ... *(a play);* '*n ~ in iets speel, (also)* figure in s.t.; *op die ~ staan* be on the register; *'n ~ tabak* a roll of tobacco; *twee ~le speel* double parts; *iem. se ~ is uitgespeel* s.o. has shot his/her bolt; *die ~le verdeel, (theatr. etc.)* assign the parts; *wat is sy/haar ~?* where does he/she come in?. **rol** *ge*=, *vb.* roll; tumble; wallow; trundle; bowl; trickle; *(an air=craft)* taxi; *in iets ~* roll in s.t.; wallow in s.t. *(mud etc.); jou oë ~* roll one's eyes; goggle; *oor iets ~* roll over s.t; *uit die bed ~* tumble out of bed. ~**aap** *(Cebus* spp.) capuchin (monkey). ~**bal** →ROLBAL. ~**band** assembly line. ~**bankie** gliding seat. ~**bed** trundle bed. ~**besetting** casting; cast *(of a play).* ~**beurt** *(bowls)* head. ~**blinding** roller/pull-down blind. ~**blok** boulder; roller bearing. ~**bos(sie)** tumbleweed. ~**brug** roll=er bridge; traverser. ~**deksel** roll top. ~**demper** stabiliser. ~**domkrag** trolley jack. ~**gang** travelator, travolator *(at an airport etc.).* ~**hals,** ~**nek,** ~**kraag** polo(neck), roll=, turtle=neck, roll collar. ~**halstrui,** ~**nektrui,** ~**kraagtrui** poloneck/ rollneck/turtleneck (sweater). ~**ham** rolled ham. ~**hand-doek** roller/jack towel. ~**klip** boulder. ~**koek** Swiss/jam roll. ~**kous** rolled stocking. ~**kraan** travelling/mobile crane. ~**laer** *(mech.)* roller bearing/race. ~**lemskaats** =*skaatse, n.* (usu. in the pl.) rollerblade. ~**lemskaats** *ge*=, *vb.* rollerblade. ~**lemskaatser** rollerblader. ~~**lende** rolled beef. ~**luik** roller shutter; roll top. ~**luiklessenaar** roll-top desk. ~**model** =*delle* role model. ~**mops** =*mopse* rollmop(s), Bismarck/collared herring. ~**naat** French/trend seam. ~**plank** rolling/pastry board. ~**poeding** roly-poly (pudding). ~**prent** →ROLPRENT. ~**puntpen** ballpoint (pen); rollerball, rolling-ball pen. ~**roer** *(aeron.)* aileron. ~**skaats** →ROLSKAATS *n. & vb.*. ~**soom** roll hem. ~**spel** role play(ing). ~**speler** role player. ~**staaf** *(mot.)* rollbar; *(comp.)* scroll bar. ~**stoel, rystoel** *(med.)* wheelchair. ~**stoelatleet** wheelchair athlete. ~**stok** rolling pin. ~**tabak** roll tobacco. ~**tong** proboscis. ~**trap** escalator, moving staircase. ~**verband** roller bandage. ~**verdeler** caster. ~**ver-deling** cast *(of a play);* casting. ~**verhoog** rolling/wag(g)on stage. ~**vlak** *(anat.)* trochlea. ~**wa(entjie)** trundle, truck, dolly. ~**wiel(etjie)** caster, castor, roller wheel. ~**wisseling** role re=versal.

**rol·bal** wood, bowl; bowls, bowling; ~ *spel* play bowls. ~**baan** (bowling) rink. ~**perk** (bowling) green. ~**span** rink. ~**(spel)** bowls, bowling. ~**speler,** *(fem.)* ~**speelster** bowls player, bowler. ~**veld** (bowling) green.

**rol·la·de** =*des, (cook.)* rolled/collared meat, roll, roulade; *(mus.)* roulade.

**rol·lend** =*lende* rolling; *'n ~e klip vergaar geen mos nie* rolling stones gather no moss.

**rol·ler** roller; *(also rollertjie)* trundle. ~**(duif)** roller (pigeon). ~**meul(e)** *(grain)* roller mill.

**rol·le·tjie** =*tjies* small roll; (bread) roll; minor/small part *(in a film etc.);* caster, castor; reel *(of cotton);* spool *(of thread); (infml., usu. in the pl., also* vetrolletjie*)* fat roll, *(joc.)* love han=dle.

**rol·prent** film, motion picture, movie; *'n ~ opneem* shoot a film. ~**akteur,** ~**speler** film/screen actor. ~**aktrise,** ~**speel-**

**ster** *(fem.)* film/screen actress. **~bedryf, ~wese** film/cinema industry. **~drama** screenplay. **~fotograaf** cameraman. **~ka= mera** cine/film/movie camera. **~kuns** filmcraft. **~liefheb= ber** film fan. **~maker, ~vervaardiger** film maker, movie-maker. **~projektor** film projector. **~redigeerder** film editor. **~regisseur** film director. **~stel** film set. **~ster** film/movie star. **~(teater)kompleks** cinema complex, multiplex (cine= ma). **~(teks)skrywer** screenwriter. **~uittreksel** film clip. **~vervaardiging** movie-making. **~weergawe** film version. **~werk** screen work, screening.

**rol·skaats** =*skaatse, n.* roller skate, roller-skating. **rol·skaats** *ge=, vb.* roller-skate, rink. **~baan** skating rink. **rol·skaat·ser** =*sers* roller skater, rinker.

**Ro·maan** =*mane, n.* Latin; *(in the pl., also)* Latin nations, Romanic/Romance nations. **Ro·maans** =*maanse, adj.* Ro= mance *(lang.)*; Latin *(nations)*; Romanesque *(art).*

**ro·man**[1] =*mans* novel; *(in the pl., also)* fiction. **~literatuur** prose fiction. **~reeks** series of novels. **~skrywer**, *(fem.)* **~skryf= ster** novelist, fiction writer.

**ro·man**[2] =*manne, =mans, (icht.)* (red) roman.

**ro·ma·nesk** =*neske* romantic(al).

**ro·man·se** =*ses* romance, romantic story; love story; love affair, romance.

**ro·man·sier** =*siers* novelist, romancer.

**ro·man·tiek** romance, romantic quality, romanticism; *(also* R~) Romanticism; Romantic Movement. **ro·man·ties** =*tiese* romantic, glamorous. **ro·man·ti·kus** =*tikusse, =tici* romanti= cist. **ro·man·ti·seer** *ge=* romanticise; romance; glamo(u)rise; *ge=de biografie* biographical novel, *(Fr.)* vie romancée. **ro· man·tis·me** romanticism.

**rom·bo·ë·der, rom·bo·e·der** =*ders* rhombohedron. **rom· bo·ë·dries, rom·bo·e·dries** =*driese* rhombohedral.

**rom·bo·ïed** =*boïede, n.* rhomboid. **rom·bo·ïed** =*boïede,* **rom·bo·ï·daal** =*dale, adj.* rhomboid, rhomboidal.

**rom·bus** =*busse, (geom.)* rhomb(us). **rom·bies** =*biese* rhom= bic.

**Ro·me** Rome. **Ro·mein** =*meine* Roman, citizen of Rome *(state, city); (print., r~)* roman (type). **Ro·meins** =*meinse, adj.* Ro= man; *~e reg* Roman law; *~e Ryk* Roman Empire; *~e syfer* Roman numeral. **Ro·meins-Hol·lands** =*landse* Roman-Dutch *(law).*

**Ro·me·o** =*meo's, (an ardent male lover, also* r~) Romeo.

**ro·me·rig** =*rige* creamy, full of cream; creamlike. **ro·me·rig= heid** creaminess.

**ro·me·ry** =*rye* creamery.

**rom·mel**[1] *n.* rubbish, garbage, trash, litter, junk, waste, rummage, scrap; *met ~ besaai(d)/bestrooi* strewn with litter; *~ strooi* litter; *'n plek vol ~ maak* clutter (up) a place. **~han= delaar** scrap dealer. **~hoop** scrap heap, junk dump. **~kos** = GEMORSKOS. **~mark** flea market. **~pos** = GEMORSPOS. **~strooi= er** litterbug, =lout. **~terrein, ~werf** junk=, scrapyard. **~ver= koping** =*pings, =pinge* rummage/jumble sale. **~winkel** junk shop.

**rom·mel**[2] *ge=, vb.* rumble, mutter *(of thunder)*; rummage, grumble, growl; *dit ~ in iem. se maag* s.o.'s stomach rum= bles. **rom·me·ling** =*lings, =linge* rumbling.

**rom·me·lig** =*lige,* **rom·mel·rig** =*rige* disorderly, confused, untidy, cluttered.

**romp** *rompe* body, torso, trunk; skirt; hull *(of a ship)*; hulk, shell *(of a building)*; body, barrel *(of a vehicle etc.)*; fuselage *(of an aeroplane)*; carcase, carcass *(of a tyre)*; *(phys.)* core *(of an atomic nucleus)*; *vliegtuig met 'n breë ~* wide-body/-bodied aircraft.

**romp·slomp** *n.* fuss, worry, bother, ado; *amptelike ~* red tape.

**rond** *ronde ronder rondste, adj.* round, rotund; circular; glob= ular; spherical; *~e bal* spherical ball; *~e deeltjies* globular

particles; *~e getal/som* round number/sum; *~e hakies* round brackets; *~e jaar* full year; *~e tent* bell tent; *~ en vet* roly-poly; *die ~e waarheid* the plain truth. **rond** *adv.: ~ en bont, (infml.)* all over the show; *by ons ~* (a)round our way; *daar/hier ~* about there/here; somewhere there/here; *oral(s) ~* everywhere; every which way; all round. **rond** *ge=, vb.* round; labialise; sphere; splay (back). **~basuin** *rond= ge=* proclaim, spread about *(news).* **~blaai** *rondge=* browse. **~dans** *rondge=* dance about, waltz around. **~dobber** *rondge=* drift/float/bob about. **~dool** *rondge=, (poet., liter.)* wander/ roam about. **~dra** *rondge=* carry about. **~draai** *rondge=* turn/ twist round/about; spin, gyrate; linger, loiter (round). **~draf** *rondge=, (infml.)* trot about; *iem. laat ~* keep s.o. on the trot *(infml.).* **~drentel** *rondge=, (infml.)* saunter/lounge about, idle about/around. **~dryf, ~drywe** *rondge=* drift around/about. **~dwaal** *rondge=* wander about. **~dwarrel** *rondge=* whirl about. **~fladder** *rondge=* flutter about. **~flenter** *rondge=, (in= fml.)* gallivant. **~gaan** *rondge=* go about/round, circle, circu= late. **~gaande** travelling; *~ hof* circuit court. **~gang** circuit; beat; itinera(n)cy; perambulation. **~gee** *rondge=* pass/hand round, serve. **~gooi** *rondge=* throw around/about, toss. **~hang** *rondge=, (infml.)* hang about, loiter, idle about/around. **~hol** *rondge=, (infml.)* run/rush about. **~hout** *(naut.)* spar. **~ja(ag)** *rondge=, (infml.)* rush around; career about. **~jakker** *rondge=, (infml.)* gallivant, *(SA sl.)* jol (around). **~karwei** *rondge=* cart around/about. **~krap** *rondge=, (infml.)* scratch about; scrounge around; *~ op soek na iets* scratch about for s.t.; scrounge around for s.t. *(infml.).* **~kruip** *rondge=* creep/crawl about. **~kyk** *rondge=: ('n bietjie) ~* look about/around, have/take a look around; *vlugtig ~* glance round. **~lê** *rondge=, (infml.)* lie about, lounge, laze; *iets laat ~* leave s.t. about/around; *die storie lê (hier) rond (dat ...), (infml.)* the story is going (a)round (that ...). **~lei** *rondge=* lead about; conduct, show round, take (a)round, guide; *iem. deur 'n plek ~* show s.o. (a)round/over a place. **~loer** *rondge=, (infml.)* peep/look about furtively, snoop. **~loop** →RONDLOOP. **~maal** *rondge=* mill about/around. **~neem** *rondge=* take/show round. **~neuk** *rondge=, vb. (tr. & intr.), (coarse)* mess/stuff/screw/bugger around. **~om** →ROND= OM *adv..* **~peuter** *rondge=, (infml.)* potter about, fool around. **~pluk** *rondge=, (infml.)* pull about/around. **~reis** →RONDREIS *n. & vb..* **~rit** circular drive; *'n ~ deur die stad maak* make a tour of the town. **~rits** *rondge=, (infml.)* gallivant. **~ritser** gallivanter, *(SA sl.)* joller. **~rol** *rondge=* roll around/about, toss; toss and turn *(in bed).* **~ruk** *rondge=, (infml.)* pull around/ about. **~ry** *rondge=* drive/ride around/about; travel/go around/ about. **~saag** *n.* jigsaw. **~sang** glee. **~seil** *rondge=* sail about; crawl about *(like a snake).* **~sit** *rondge=, (infml.)* sit about. **~skarrel** *rondge=, (infml.)* fumble/potter/mess about. **~skom= mel** *rondge=* shake/swing/rock about; *(a ship in a storm)* bucket about. **~slaan** *rondge=* flail about. **~slaap** *rondge=, (infml.)* sleep around, bedhop. **~sleep** *rondge=, (infml.)* drag about. **~slenter** *rondge=, (infml.)* saunter/idle/loaf/walk about/around; *op straat ~* beat/tramp/walk the streets. **~slof** *rondge=, (infml.)* traipse. **~sluip** *rondge=* prowl/steal about; *in die bosse ~* prowl the forest. **~smous** *rondge=* hawk about. **~smyt** *rondge=, (infml.)* chuck/fling around/about. **~snuffel** *rondge=, (infml.)* sniff about; nose/mouse/search about; snoop around, pry about; *op die internet/Net ~* navigate/surf the Internet/Net; *~ op soek na iets* scrounge around for s.t.. **~soek** *rondge=* look/search around, scour; fumble; *~ na ...* hunt about/around for ...; feel about/around in ... *(a drawer etc.); oral(s) ~* hunt/search high and low. **~spring** *rondge=, (infml.)* jump about; beat about the bush, hedge, dodge, prevaricate. **~staan** *rondge=* stand about/round; *(infml.)* loi= ter (about); hang about; bulge. **~stamp** *rondge=* push around/about. **~staner** loiterer; layabout, lounger. **~strooi** *rondge=* scatter; spread *(news)*, disseminate, circulate, hawk about. **~stuur** *rondge=* send round, circulate; order *(s.o.)* about. **~swerf, ~swerwe** *rondge=* roam/wander about. **~tas** *rond=*

*ge*= feel/grope about/around; fumble; *(fig.)* cast about/around; *in die duister* ~ grope in the dark, grope one's way. **~tol** *rondge*= whirl (round). **~trap** *rondge*= tread/stamp/paw about; *iets laat iem.* ~, *(infml.)* s.t. embarrasses s.o., s.t. puts s.o. in a spot; *die perd staan en* ~ the horse is restless. **~trek** *rondge*= pull about; trek/journey/go/wander about, itinerate; move about/around; barnstorm; *aan die* ~ *wees* be on the move, move about/around. **~trekkend** *=kende* wandering, ambulatory. **~vaar** *rondge*= sail about, cruise. **~vaart** cruise; round/circular trip. **~val** *rondge*= flounder; stumble about, rush around; ~ *na ...* cast about for ... **~vertel** *het* ~ spread *(news);* circulate *(scandal);* reveal, let out *(a secret);* blab, blaze. **~vlieg** *rondge*= fly about. **~vlug** *n.* aerial circuit, round flight. **~vlug** *rondge*=, *vb.* flee from place to place. **~vra** *rondge*= inquire, ask around. **~wandel** *rondge*= walk about; *in die stad* ~ stroll around the town. **~woel** *rondge*=, *(infml.)* mill about/around; wallow; fuss around/about; toss and turn *(in bed).* **~wurm** *rondge*=, *(infml.)* fidget.

**ron·da·wel** *=wels* rondavel. **~huis** rondavel style cottage/house.

**rond·bors·tig** *=tige, adj. & adv.* open(-hearted), candid, frank, free-spoken, forthright, plain, downright; outspoken(ly); *(infml.)* busty *(woman); iets* ~ *vertel* come clean about/on/over s.t... **rond·bors·tig·heid** open(-hearted)ness, frankness, candour, outspokenness, forthrightness.

**ron·de** *=des* round *(in golf, boxing, etc.);* lap *(of a racetrack);* patrol, beat *(of a guard etc.);* →RONDTE; *die* ~ *doen, (a rumour etc.)* go about/(a)round; *die verhaal doen die* ~ *dat ...* the story goes the rounds that ...; *gerugte doen die* ~, *(also)* there are rumours in the air.

**ron·de·:** **~dans** ring dance, roundel. **~gesig** round-faced *(attr.).* **~hout** roundwood, timber/wood in the round, wood in the log, round logs/timber. **~kop** roundhead, bullet head; *(tech.)* cup/button head *(of a bolt etc.).* **~lied** round. **~nek** round-neck(ed) *(attr.).* **~wang** round-cheeked *(attr.).* **~wurm** nematoda.

**ron·deel** *=dele,* **ron·deau** *=deaus, (pros.)* rondeau; rondel; roundel.

**ron·de·rig** *=rige* roundish.

**rond·heid** roundness, rotundity.

**ron·ding** *=dings, =dinge* curve, rounding; convexity; camber *(of a road); (archit.)* bull nose; *(phon.)* labialisation, rounding; bulge; flare; splaying *(of corners); mooi ~s hê* have nice curves.

**rond·loop** *rondge*= walk/go about; *(infml.)* loaf/gad about; tramp; *met 'n gedagte* ~ entertain/cherish/foster a thought, turn/mull s.t. over in one's mind; *in die stad* ~ stroll around the town; *praatjies loop rond (dat ...)* it is rumoured (that ...); *vry* ~ go free; run wild; *die grootste leuenaar wat* ~ the greatest liar alive; *windmaker(ig)* ~ strut about/around. **rond·lo·per** tramp, vagrant, loafer, hobo. **rond·lo·per·hond** stray dog. **rond·lo·pe·ry** vagrancy.

**ron·do** *=do's, (mus.)* rondo.

**rond·om** *adv.* on all sides (of), roundabout, (all) round; *daar* ~ around it. **~klank** surround sound.

**rond·om·heen** on all sides, all around.

**rond·om·ta·lie** *=lies, n.* merry-go-round; somersault; turnabout. **rond·om·ta·lie** *adv.* round and round; ~ *draai* spin like a top. **~meul(e)** pug mill. **~(-)toernooi** round robin.

**rond·reis** *n.* circular tour, round trip, wayfaring. **rond·reis** *rondge*=, *vb.* travel about, tour, knock about, circuit, itinerate. **~kaartjie** circular ticket.

**rond·sel** *=sels, (mech.)* pinion.

**rond·te** *=tes* roundness; sheer *(of a ship);* circle; circuit, circling course; round *(in golf, boxing, etc.);* lap *(of a racetrack);* patrol, beat *(of a sentry etc.);* →RONDE; *die* ~ *doen, (a sentry etc.)* do/go/make the rounds; *in die* ~ *draai* spin round; *iem. in die* ~ *laat draai* send s.o. spinning; *in die* ~ *wees* be around; be about; *al in die* ~ in a circle; *in die laaste* ~ on the last lap. **~man** roundsman.

**rond·uit** *adv.* frankly, openly, candidly, straight (out), straightforwardly, bluntly, honestly, outspokenly, baldly; *iets* ~ *beken* make a clean breast of s.t.; ~ *gesê* frankly, candidly; ~ *praat* speak out freely, be outspoken, speak one's mind; *om dit (maar)* ~ *te sê/stel* to put it bluntly/baldly.

**rong** *ronge* rung, upright, support, standard *(on a wag[g]on),* stanchion.

**ronk** *ge*=, *(an engine)* throb, drone, chug, purr.

**rönt·gen** *=gens, n., (unit)* roentgen, röntgen. **~foto** X-ray photo(graph), radiograph. **~masjien** X-ray machine. **~ondersoek** X-ray examination, radiography. **~straal** X-ray, roentgen ray. **~straling** roentgen radiation. **~toestel** X-ray/roentgen apparatus.

**rönt·ge·no·gra·fie** radiography.

**rönt·ge·no·gram** *=gramme* radiograph, radiogram.

**roof**[1] *rowe, n.* scab, crust *(on a wound).* **ro·fie** *=fies* scab, scurf; *(dated SA mil. sl.)* rookie.

**roof**[2] *rowerye, n.* plunder, robbing, robbery; booty, spoil, prey, swag; *gewapende* ~ armed robbery, hold-up, *(infml.)* heist; *op* ~ *uit* on the prowl. **roof** *ge*=, *vb., (also rowe)* rob, plunder, raid, maraud, steal, capture, hijack; *iem. se eer* ~ defile/sully s.o.'s honour; *iets* ~ steal s.t.; *'n skip* ~ pirate a ship. **~aanval** robbery; *'n* ~ *uitvoer/pleeg* stage a hold-up. **~arend** tawny eagle. **~bou** overcropping, predatory cultivation, soil mining; wasteful exploitation. **~dier** predator, beast of prey, predacious/predaceous animal; carnivore. **~gierig** *=rige* rapacious. **~kopie** pirate(d) copy. **~kyker** pirate viewer *(of a subscriber TV channel).* **~meeu** *(Catharacta* spp.) skua; *(Stercorarius* spp.) jaeger. **~opname** *(mus.)* bootleg. **~produk(te)** bootleg. **~siek** *=sieke* rapacious. **~skip** pirate ship. **~tog** robbery, foray, (marauding) raid. **~vis** predatory/predacious fish. **~voël** bird of prey, predatory bird, raptorial (bird), raptor. **~werf** *vb., (fig.)* headhunt. **~werwer** *(fig.)* headhunter. **~werwing** *(fig.)* headhunting.

**roof·sug** rapacity; *(biol.)* predacity. **roof·sug·tig** *=tige* rapacious; *(biol.)* predacious.

**rooi** *n.* (shade of) red; *in die* ~, *(infml., <Eng.: in debit)* in the red. **rooi** ~, *rooie rooier rooiste, adj.* red; ruddy; *(infml., also* R~) red *(also* R~), bolshie, bolshy, leftist; *so* ~ *soos 'n beet/kalkoen/kreef* as red as a beetroot/turkeycock/lobster; ~ *bloedliggaampie, (physiol.)* red blood cell, erythrocyte, red corpuscle; R~ *China, (infml.)* Red China; ~ *in die gesig* red-faced; ~ *kaart, (soccer, rugby)* red card; *so* ~ *soos 'n kalkoen word* blush to the roots of one's hair; *die* R~ *Kruis, (a humanitarian organisation)* the Red Cross; *hoe ~er hoe mooier, (joc.: said to s.o. dressed in red)* the redder the prettier; ~ *perd* bay (horse); ~ *van ...* flushed with ... *(shame, rage);* ~ *word* go/grow red; turn red; *(s.o.)* turn crimson; ~ *word van woede* become/go purple with rage, go purple (in the face). **~aalbessie** redcurrant. **~aarde** ruddle, raddle, reddle, red ochre. **~aas** red-bait, sea squirt. **~assie** *(orn.)* orange-breasted waxbill. **~baadjie** *(hist.: Br. soldier)* redcoat; *(entom.: wingless locust)* hopper. **(~)beet** beet(root). **~bekkie** *(orn.:Vidua* spp.) whydah. **~blom, ~bossie** witchweed. **~blond** *=blonde* strawberry blond(e) *(pred.),* strawberry-blond(e) *(attr.); 'n vrou/ens. met ~e hare* a strawberry blond(e). **~bok** impala. **~bont** red and white, white with red spots, skewbald. **~borsduifie** laughing dove. **~borsie** *(orn., Eur.)* robin (redbreast). **~bos(boom)** red bushwillow. **~bostee** rooibos tea, redbush tea. **~bruin** rufous, reddish brown; sorrel *(horse).* **~dag** dawn, daybreak, *(poet.)* aurora; *die* ~ *kom uit* the day breaks. **~dagpatrollie** dawn patrol. **~disa** red disa, pride of Table Mountain. **~duiker** *(zool.)* red duiker. **~dwerg** *(astron.)* red dwarf. **~-els** *(bot.)* rooi-els, red alder. **~-essehout(boom)** red ash, essenwood. **~gety, ~water** red tide. **~gras** rooigras, red grass. **~(grein)hout** *(N. Am.: Sequoia sempervirens)* redwood; *(Pinus sylvestris)* Scots/Scotch pine/fir. **~haar** red-haired, sandy, carroty. **~haar**=

**kat** red tabby cat, marmalade cat. **~haartjie** *(bot.)* rooi= haartjie, red erica. **~harig** *=rige* red-haired, -headed, ginger. **~hart(e)bees** red hartebeest. **~jakkals** black-backed jackal. **~kappie** *(bot.)* rooikappie; *(fairy-tale character,* R*~)* Little Red Riding Hood. **~kat** caracal. **~klei** red clay. **~klip** red ochre. **~kool** red cabbage. **~kop** redhead, red-/ginger-haired person; *(infml.)* sandy, carrots, copper(k)nob. **~kop=** red= headed, red-haired. **~koper** copper. **~kopererts** red cop= per ore, cuprite. **~krans** rooikrans. **R~ Leër** *(esp. of Chin.)* Red Army. **~lood, ~menie, ~minie** red lead, minium. **~melk= hout(boom)** red milkwood. **~mier** *=miere* red/driver ant; *~e hê, (infml.: be restless)* have ants in one's pants. **~naels, ~nael= tjies** *(bot.)* red lachenalia. **R~nek** *(infml., derog. or joc., chiefly hist.: an Eng. pers. in SA)* Rooinek. **~neus=** red-nosed. **~= oker** red ochre; raddle, reddle, ruddle. **~=oog** *(phot.)* red eye. **~peper, rissiepeper** red/cayenne pepper. **~pootelsie** *(orn.)* black-winged stilt. **~pop(pie)** *(bot.)* ink plant, snail flower. **~reus** *(astron.)* red giant. **~roes** brown rust. **~skim= mel** *(reddish grey horse etc.)* strawberry/red roan. **~steen= bras** *(icht.)* red steenbras. **~stompie** *(bot.)* rooistompie, com= mon pagoda. **~stompneus** *(icht.)* red stumpnose. **~valk:** *groot~, (Falco rupicoloides)* greater kestrel; *klein~, (F. nau= manni)* lesser kestrel. **~vink** southern red bishop. **~vleis** red meat. **R~vlek** *(astron.)* Red Spot. **~vlerkspreeu** red-winged starling. **~(vlerk)sprinkaan** red(-winged) locust. **~vonk** → SKARLAKENKOORS. **~water** →ROOIGETY. **~water(koors)** *(vet.)* redwater (fever), Texas fever, haematuria. **~wortel** rooi= wortel, broad-leaved bulbine. **~wyn** *(also* rooi wyn*)* red wine.

**rooi·e** *rooies* red one; *(infml., chiefly hist., derog.,* R*~)* English= man, Brit; jingo; Red, Communist; *die/'n ~* the/a red one; *die ~s* the red ones.

**rooi·e·rig** *=rige* reddish, sandy *(hair).*

**rooi·heid** redness.

**rooi·kleu·rig** *=rige* red-coloured, reddish, ruddy.

**rooi·sel** rouge.

**rooi·wan·gig** *=gige* red-, pink-cheeked.

**rook** *n.* smoke; reek; vapour, fume; *~ intrek* inhale smoke; *in ~ opgaan/verdwyn, (lit., fig.)* go up in smoke. **rook** *ge=, vb.* smoke *(meat, fish, a pipe, etc.);* reek; cure, gammon; smoke= dry, fume; *kwaai/straf ~* smoke heavily, be a heavy smoker; *nie ~ nie* abstain from smoking; *'n sigaret/ens. ~* have/ smoke a cigarette/etc.; *iem. ~ soos 'n skoorsteen* s.o. smokes like a chimney; *~ verbode* no smoking; *iem. wil ~* s.o. wants to *(or, infml.* a*)* smoke. **~alarm** smoke alarm. **~baadjie** *(obs., for after-dinner smoking)* smoking jacket. **~bom** smoke bomb, smoke ball. **~dig** *=digte* smoke-tight. **~gang** flue, fire tube. **~gewoonte** smoking habit. **~glas** smoked glass. **~goed** smokables, *(infml.)* smokes. **~gordyn** *(lit.)* smokescreen, smoke curtain. **~haring** smoked herring. **~hok** smoke= house, smoke room. **~kamer, ~salon** smoking/smoke room. **~kas** smoke box. **~kolom** pillar of smoke. **~kring** smoke ring. **~kwarts** *(min.)* smoky quartz, cairngorm. **~lug** smell of smoke, smoky smell. **~masker** smoke mask. **~mis** smoke fog, smog. **~pyp** flue, funnel. **~sein** *(lit. & fig.)* smoke sig= nal. **~skerm** *(lit.)* smokescreen; *(fig.)* smokescreen, cover story; *as ~ vir ... dien* front for ... **~skrif** sky sign, skywriting. **~smaak** smoky flavour. **~spek** smoked bacon. **~tabak** smoking tobacco. **~topaas** *(min.)* cairngorm. **~=verbode= gebied** no-smoking area. **~verklikker** smoke detector. **~vleis** smoked meat. **~vry** *=vry(e)* smoke-free, smokeless. **~wolk** cloud/pall of smoke, pother. **~wolkie** puff, trail of smoke. **~wors** smoked sausage.

**rook·ag·tig** *=tige* smoky.

**rook·baar** *=bare* smokable.

**rook·loos** *-lose* smokeless; *~lose brandstof* smokeless fuel.

**room** cream; best/choice part; *die ~ van ... afskep, (fig.)* skim the cream off ..., cream off the best from ..., pick the cream

of ... *(the candidates etc.); beskermende ~* barrier cream; *(egte) ~* dairy cream; *~ klits/klop* beat/whip/whisk cream. *die ~ van die oes, (fig.)* the cream of the crop; *die ~ van die plaaslike talent* the cream of the local talent. **~afskeier** cream separator, creamer. **~beker** cream jug. **~bekertjie** creamer. **~horing, ~horinkie** cornucopia, cream horn. **~kaas** cream cheese, junket. **~kan** cream can. **~klopper** whisk. **~koek** cream cake. **~laag** layer of cream. **~lepel** cream spoon/ladle, creamer. **~poffertjie** cream puff, *(Fr. cook.)* profiterole. **~tert(jie)** cream tart(let), éclair. **~ys** →ROOMYS.

**room·ag·tig** *=tige* creamy.

**room·kleur** cream (colour). **room·kleu·rig** *=rige* cream(- coloured).

**Rooms** *Roomse, adj.* Roman Catholic, *(usu. derog.)* Romish, popish. **~-Katoliek** *=lieke, n. & adj.* Roman Catholic. **~-Ka= tolieke Kerk** Roman Catholic Church.

**Rooms·ge·sind** *=sinde, adj.* Romanist. **Rooms·ge·sin·de** *=des, n.* Romanist. **Rooms·ge·sind·heid** (inclination towards) Roman Catholicism.

**room·ys** ice cream. **~horing, ~horinkie** ice-cream cone/cor= net, ice cornet. **~karretjie** ice-cream cart. **~winkel, ~plek** ice-cream parlour.

**roos¹** *(pathol.: skin infection)* erysipelas, the rose, St. Antho= ny's fire.

**roos²** *rose* rose; →ROSE=; *geen ~ sonder dorings nie* no rose without a thorn; *'n ~ tussen die dorings, (idm.)* a rose among thorns; *~ van Jerigo, (bot.)* rose of Jericho, resurrection plant; *~ van Juno, (bot.)* madonna lily; *iem. se pad is met rose bestrooi* s.o.'s path is strewn with roses; *iem. se pad gaan nie oor rose nie* his/hers is not a bed of roses; *~ van Saron, (bot.)* rose of Sharon; *rose op die wange hê* have rosy cheeks. **~bak** rosebowl. **~bedding** bed of roses, rosery. **~blaartjie** rose leaf/petal. **~boom(pie)** rose tree. **~bottel** rosehip. **~hout** rosewood. **~knop** rosebud. **~kwarts** rose quartz. **~kweker** rose grower. **~maryn, ~maryn** rosemary. **~olie** oil/attar of roses. **~rooi, roserooi** rose-red, rose-coloured. **~steggie** rose cutting. **~struik** rose bush. **~tuin** rose garden, rosery, rosarium. **~venster** rose window, wheel window, Catherine wheel. **~water** rose water.

**roos·ag·tig** *=tige* roselike; rosaceous *(plant); (pathol.)* like erysipelas, erysipelatous.

**Roosj Ha·sja·na** *(Jewish New Year)* Rosh Hashanah.

**roos·kleur** rose colour, pink. **roos·kleu·rig** *=rige* rose-col= oured, rose-tinted, rosy. **roos·kleu·rig** *=rige* bright; *'n ~e toekoms* a bright future.

**roos·ter** *=ters, n.* gridiron, griddle, broiler, griller; barbecue; toaster; grate; grating, grid; *(ornamental)* grille; lattice; time= table; schedule, roster; panel, listing; rota; timecard; carrier *(of a bicycle); iets op die ~ braai* grill s.t.; *volgens ~ begin* start on schedule; *iets verloop/vorder volgens ~* s.t. goes ac= cording to schedule; *~ van werksaamhede* timetable. **roos= ter** *ge=, vb.* grill, broil; barbecue; toast. **~brood** toast. **~hek** cattle grid. **~koek** griddle=, girdlecake, flannel cake. **~oond** grill(er), broiler. **~pan** grilling/broiling pan. **~plaat** griddle, girdle. **~vleis** grill. **~vurk** toasting fork. **~wapening** two- way reinforcement. **~werk** grating.

**roos·ter·vor·mig** *=mige* gridiron-shaped.

**root** *ge=* ret, steep, soak *(fibres of flax etc.).* **ro·ting** retting, steeping, soaking.

**Roque·fort(·kaas)** *(also* r~*)* Roquefort (cheese).

**Ror·schach·toets** *(psych.)* Rorschach test.

**ro·sé** *rosés, n., (wine)* rosé. **ro·sé** *adj.* rosé, like rosé. **~wyn** *=wyne* rosé (wine).

**ro·se:** **~bed** bed of roses. **~geur** perfume/scent of roses; *dit was alles ~ en maneskyn* everything in the garden was rosy *(fig.); die lewe is nie alles ~ en maneskyn nie* life is not all moonlight and roses. **~krans** garland of roses; rosary, prayer beads; chaplet; *die ~ bid* say/tell one's beads. **R~-oorloë**

*(15th-cent. Eng. conflict)* Wars of the Roses. ~**rooi** →ROOS=
ROOI.

**ro·se·o·la** *(pathol.), (rash)* roseola; *(paediatrics)* rubella, Ger=
man measles.

**ro·set** =*sette* rosette, favour. ~**paneel** rosace. ~**venster** mari=
gold window. **ro·set·vor·mig** =*mige* rosaceous; tufted.

**Ro·set·ta** *(geog., hist.)* Rosetta. ~**steen** Rosetta Stone.

**ro·sig** =*sige* rosy, (rose-)pink, pink(y), pinkish; *'n ~e gelaat,
(also)* a peaches-and-cream complexion. **ro·sig·heid** rosi=
ness, pinkness.

**ro·sji** =*sji's (<Jap., a Zen Buddhist leader)* Roshi.

**ros·kam** *n.* currycomb. **ros·kam** *ge=, vb.* curry, rub down
*(a horse with a currycomb); (fig.)* rebuke, scold, lambast(e),
take to task, haul over the coals; *iem. oor iets ~* tell/tick off
s.o. for s.t..

**ros·sig** =*sige* ruddy, rufous, sand(-coloured).

**ros·trum** *rostrums, rostra* rostrum, platform, speaker's stand.

**ro·syn** =*syne,* **ro·syn·tjie** =*tjies* raisin.

**ro·syn·tjie** =: ~**boer** raisin grower. ~**bos** raisin bush. ~**brood**
raisin loaf/bread. ~**rys** rice with raisins.

**rot**[1] *rotte, n.* rat; →ROTTE=; *so kaal soos 'n ~* as poor as a
church mouse; *'n ou ~* an old hand. ~**dig** =*digte* ratproof,
vermin-proof. ~**digting** vermin-proofing. ~**gaas** vermin-
proofing (wire). ~**gif** →ROTTEGIF. ~**koors** rat-bite fever.
~**stert** *(bot.)* rat's tail. ~**val** →ROTTEVAL. ~**vanger** →ROTTE=
VANGER. ~**vry** vermin-proof.

**rot**[2] *adj.: vroeg ryp, vroeg ~ (of vroeg wys, vroeg sot)* soon ripe,
soon rotten; →ROTTING.

**Ro·ta·ri·ër** =*riërs* Rotarian. ~**klub** Rotary Club.

**ro·ta·sie** =*sies* rotation, revolution, turning, gyration. ~**as**
axis of rotation. ~**hoek** angle of rotation. ~**pers** rotary press.
~**pomp** rotary pump.

**ro·teer** *(ge)=* rotate, revolve; go by turns. **ro·te·rend** =*rende*
rotating, revolving.

**ro·te·noon** *(chem.)* rotenone.

**ro·ti** =*ti's,* **roe·tie** =*ties, (Mal. cook.)* roti.

**ro·ties** =*tiese, (phon.)* rhotic.

**ro·to·gra·vu·re** *(print.)* rotogravure.

**ro·ton·de** =*des* rotunda.

**ro·tor** =*tore, =tors* rotor. ~**skip** rotor ship.

**rots** *rotse* rock, boulder; cliff, crag; *op die ~e loop, (a ship)* run
(up)on the rocks; *soos 'n ~* rocklike; *so vas soos 'n ~* (as) firm
as a rock. ~**afskuiwing** rock slide. ~**bank** layer of rock,
rocky ledge. ~**barsting** rockburst. ~**blok** boulder. ~**bodem**
bedrock, rock bed. ~**breker** rock breaker. ~**eiland** rocky
island, skerry. **R~gebergte** *(N.Am.)* Rocky Mountains.
~**graf** rock tomb. ~**gravure** rock engraving/carving, petro=
glyph, petrograph. ~**klim** *n.* rock climbing. ~**klimmer** rock
climber, cragsman. ~**kristal** rock crystal. ~**kuns** rock art.
~**laag** rock stratum, layer of rock. ~**lys** (rock) ledge. ~**mos=
sel** limpet. ~**muur** rock wall, wall of rock. ~**poel** rock pool.
~**punt** crag, aiguille. ~**rand,** ~**rant** ledge of rock, rocky
ledge. ~**skuiling** rock shelter. ~**spelonk** rocky cave, grotto.
~**steen** *(lit., fig.)* rock. ~**storting** fall of rock, rockfall, rock
slide, avalanche. ~**tekening** rock drawing. ~**tuin** rock gar=
den, rockery. ~**vas** =*vaste* firm as a rock, rock firm, ada=
mant, rocklike, unshaken, foursquare. ~**vesting** mountain
stronghold. ~**wand** rock face/wall, krans, precipice, cliff.
~**woning** rock dwelling.

**rots·ag·tig,** **rots·ag·tig** =*tige* rocky, rock-bound, petrous.
**rots·ag·tig·heid** rockiness.

**rot·tang** =*tangs* cane, wicker, rattan; *iem. met die ~ slaan* cane
s.o.. ~**mandjie** cane basket, wicker basket. ~**meubels** cane
furniture. ~**stoel** cane/wicker(work)/basket chair. ~**ware**
wickerwork.

**rot·tan·kie** =*kies, (dim.)* little cane.

**rot·te·** =: ~**gif, rotgif** rat poison. ~**plaag** rat plague, plague of
rats, rat nuisance. ~**val, rotval** rat trap. ~**vanger, rotvanger**
ratcatcher.

**rot·ting** rot(ting), decay, putrefaction; →VERROTTING. **rot=
tings·put, rot·tings·ri·ool** septic tank.

**rott·wei·ler** =*lers, (breed of dog, also* R~*)* Rottweiler.

**rou**[1] *n.* mourning; *iets dompel iem. in ~* s.t. plunges s.o. into
mourning; *in die ~ gaan* go into mourning; *in die ~ wees, ~
dra* be in mourning, wear mourning; *swaar in die ~* in deep
mourning. **rou** *ge=, vb.* mourn; *oor (die dood/verlies van) iem.
~* mourn (for) s.o., mourn (over) the death/loss of s.o..
~**band** mourning band, weeper. ~**beklag** condolence; *brief
van ~* letter of condolence; *mosie van ~* motion of condo=
lence; *~ oor ...* condolence on the death of ... ~**betoon**
mourning. ~**brief** death notice; mourning letter. ~**dag** day
of mourning. ~**diens** memorial service. ~**draer** mourner,
weeper. ~**drag** mourning (dress/wear). ~**gewaad** mourn=
ing garb/attire. ~**klaag** *ge=* lament, bewail. ~**klag** lamenta=
tion. ~**klere** mourning, mourning clothes, black. ~**kleed**
mourning dress. ~**krans** funeral wreath. ~**sluier** black crape
veil, weeper. ~**tyd** period/days of mourning. ~**vlag** black
flag, flag of mourning, flag flying half-mast.

**rou**[2] ~*, roue* rouer *rouste* raw, uncooked; crude *(alcohol);* hoarse,
raucous *(voice);* raw *(wound);* raw, untreated *(leather);* raw,
inexperienced *(pers.);* harsh; *~ grond* virgin soil; *die ~e werk=
likheid* harsh/crude reality. ~**leer** rawhide. ~**steen** *(also* rou
steen*)* clay brick, adobe, raw/unbaked/green brick, air-/sun-
dried brick.

**rou·e·rig** =*rige* underdone, half-raw, rawish; inexperienced.

**rou·heid** rawness; crudeness, crudity.

**rou·koop** smart money, forfeit money.

**rou·let·te, roe·let** roulette.

**roux** *(cook.)* roux.

**ro·wer** =*wers* robber, bandit, brigand, gangster, marauder,
pillager. ~**bende** gang/band of robbers, robber band. ~**skip**
sea rover. **ro·we·ry** =*rye* robbing, robbery.

**ru** *ruwe ruwer ruuste* rough, uneven, rugged; raw *(products,
cloth);* self-faced *(stone etc.);* coarse, unrefined, uncouth, rude,
rough, crude; jagged; scabrous; ~*we diamant, (lit., fig.)*
rough diamond; ~*we handdoek/plank/ens.* rough towel/
plank/etc.; ~*we kalant* rough (customer); ~*we kant* rough
edge; ragged edge; ~*we katoen/sy* raw cotton/silk; ~*we klip*
unhewn/undressed stone; ~*we see/weer* rough sea/weath=
er; ~*we skatting* rough/broadbrush estimate; ~*we skets/
tekening* rough sketch/drawing; ~*we taal gebruik/besig* say
rude things, use bad language; *'n ~we vent* a tough. ~**(-)erts**
crude ore. ~**harig** =*rige* rough-haired, -coated, shaggy; wire-
haired *(dog);* ~*e kollie, (breed of dog)* rough collie. ~**(-)kos,**
~**voedsel** roughage, wholefood. ~**kosdieet** wholefood diet.
~**linne** slub linen. ~**metaal** crude metal. ~**olie** crude oil.
~**(-)suiker** raw/unrefined sugar. ~**veld** *(golf)* rough; rough
country; *in die ~, (golf)* in the rough. ~**vesel** dietary fibre.
~**voer** roughage; coarse fodder. ~**weg** *adv.* roughly, crude=
ly; roughly, approximately. ~**wol** raw/natural wool. ~**yster**
pig iron, crude iron.

**ru·ba·to** =*bato's, =bati, n., (It., mus.: flexibility of tempo)* ruba=
to. **ru·ba·to** *adv.* rubato.

**rub·ber** rubber. ~**boom** rubber tree. ~**boot** rubber dinghy,
*(infml.)* rubberduck. ~**druk** offset printing. ~**koeël** rubber
bullet. ~**soolstewels** rubber-soled boots. ~**stempel** rubber
stamp. ~**stewel** =*wels* gumboot, rubber boot, *(infml.)* welly
(boot); *(in the pl., infml.)* wellies.

**rub·ber·ag·tig** =*tige,* **rub·be·rig** =*rige* rubbery.

**Ru·bi·con:** *die ~ oorsteek, (idm.)* cross the Rubicon.

**ru·bi·di·um** *(chem., symb.:* Rb*)* rubidium.

**ru·briek** =*brieke* category; class; column *(in a newspaper);*
heading, rubric; *~ vir eensames* lonely hearts column. ~**skry=
wer** columnist.

**ru·bri·seer** *ge=* class, rubricate, classify; compartmentalise.
**ru·bri·se·ring** classification, rubrication; compartmentalisa=
tion.

**ru·che** *=ches, (dressm.)* ruche, rouche; *(in the pl., also)* ruch=
ing.

**ru·di·men·têr** *=têre* rudimentary; vestigial.

**rû·ens·veld** hilly/ridgy country, downs; →RUG².

**rug¹** *rûe* back *(of a human, hand, book or an animal, etc.);* spine
*(of a book);* ~ *aan* ~ back to back; *iem. in die* ~ *aanval* attack
s.o. from behind; *baie agter die/jou* ~ *hê* have been through
a great deal; *dit agter die* ~ *kry* get it over with; *agter die* ~
a thing of the past; out of the way; *wat hom/haar betref, is dit*
*agter die* ~ he/she has put it behind him/her; *iem. se* ~ *is*
*breed, (fig.)* s.o. has a broad back *(or broad shoulders); jou*
~ *draai* turn one's back; *jou* ~ *vir/na iem. draai, (lit. & fig.)*
turn one's back on s.o.; *voor iem. sy/haar* ~ *kon draai* the
next thing s.o. knew; *in die* ~ in the back; *op jou* ~ *lê* lie on
one's back; be on one's back; be supine; *plat op jou* ~ *lê* lie
flat on one's back; *plat op jou* ~ *(gaan) lê, (also)* sprawl out;
*met die* ~ *teen die muur staan, (fig.)* have one's back to the
wall; *agter iem. se* ~ *van hom/haar praat* talk behind s.o.'s
back; *iem. staan met sy/haar* ~ *na ...* s.o.'s back is turned to
...; *die huis staan met sy* ~ *na ...* the house faces away from
...; *iem. in die* ~ *steek, (lit. & fig.)* stab s.o. *(or give s.o. a stab)*
in the back; *iem. die* ~ *toekeer* turn one's back on s.o.; give
s.o. the cold shoulder. ~**binding** *(bookbinding)* quarter bind=
ing; *met* ~ quarter-bound. ~**blad** backing sheet. ~**gebonde**
*adj. (attr.), (bookbinding)* quarter-bound. ~**graat** →RUGGRAAT.
~**hou** *(tennis etc.)* backhand stroke. ~**kant** back, tergum.
~**krapper** *(lit., fig.)* backscratcher; *(fig.)* toady. ~**krappery**
*(lit., fig.)* backscratching; *(fig.)* toadying. ~**leuning** back *(of a*
*chair, sofa);* backboard. ~**materiaal** backing *(of a book etc.).*
~**murg** →RUGMURG. ~**paneel** *(comp.)* backplane. ~**plank**
backboard. ~**pyn** backache. ~**sak** backpack, rucksack, hav=
ersack. ~**senu(wee)** dorsal nerve. ~**skyf** *(cook.)* chump chop.
~**slag** *(swimming)* backstroke. ~**spier** dorsal muscle. ~**ste=**
**ker** *(fig.)* back-stabber. ~**steun** *n.* backing, support, backup;
*(comp.)* backup; *'n* ~ *maak, (comp.)* back up. ~**steun** *ge=, vb.*
support, back (up). ~**streep** line *(on an animal's body).* ~**string**
spinal/vertebral column, spine; *(meat)* loin; chine *(of an ani=*
*mal).* ~**stuk** backpiece; baron *(of beef);* saddle *(of mutton);*
chine *(of pork).* ~**veer** *(orn.)* scapular. ~**vin** dorsal fin. ~**vlug**
inverted flight. ~**werwel** dorsal vertebra. ~**wind** rear wind.

**rug²** *ruêns, (geomorphol.)* ridge, hill; →RÛENSVELD.

**rug·baar** known; *iets* ~ *maak* make s.t. public; leak s.t. (out);
*iets raak/word* ~ s.t. becomes known, s.t. gets about/abroad/
out; s.t. leaks out. **rug·baar·heid** publicity; notoriety; *iets kry*
~ s.t. becomes known; *aan iets* ~ *gee* give currency to s.t.;
give publicity to s.t..

**rug·by** rugby, *(infml.)* rugger; ~ *speel* play rugby. ~**bal** rugby
ball. ~**bullebak** *(infml., derog.)* rugger-bugger. ~**entoesias,**
~**liefhebber** rugby enthusiast/fan. ~**oefening** rugby prac=
tice. ~**speler** rugby player. ~**unie** rugby union. ~**veld** rugby
field. ~**wedstryd** rugby match.

**rug·graat** backbone, spine, spinal/vertebral column, rachis;
*(fig.)* backbone, moral fibre; *geen* ~ *hê nie* have no backbone,
be spineless; *iem. sonder* ~ a person without backbone, a
spineless person; *die* ~ *van ...* the backbone of ... *(an enter=*
*prise etc.).* ~**koors** meningitis. ~**(ver)kromming** spinal cur=
vature, curvature of the spine.

**rug·graat·loos** *(fig.)* spineless, chinless; ~ *wees, (also)* have
no moral fibre.

**rug·murg** spinal cord/marrow, medulla spinalis; *verlengde* ~
medulla oblongata, spinal bulb. ~**kanaal** *(anat.)* spinal/medul=
lary canal, central canal. ~**ontsteking** (acute anterior) po=
liomyelitis. ~**senu(wee)** spinal nerve. ~**vlies** dura mater,
meninx. ~**vliesontsteking** spinal meningitis.

**rug·waarts** *=waartse, adj.* backward. **rug·waarts** *adv.*
backward(s).

**ru·heid** roughness, unevenness *(of a surface);* crudity, crude=
ness; coarseness, rudeness, harshness; →RU.

**Ruhm·korff·klos** *(elec., also* r~*)* induction coil, Ruhmkorff
coil.

**Ruhr:** *die* ~, *(a tributary of the Rhine)* the (River) Ruhr. ~**ge=**
**bied:** *die* ~ the Ruhr (district).

**ruig** *ruie ruier ruigste* shaggy, hairy, hirsute; shrubby, bushy,
thickly overgrown, rugged; earthy *(fig.);* ~ *wees, (eyebrows etc.)*
bush out; *ruie wenkbroue* bushy eyebrows, beetle brows;
*ruie wol* brushed wool; *ruie woud* dense(ly grown) forest.

**ruig·heid** shagginess; bushiness.

**ruig·te** *=tes* underwood, undergrowth, brushwood, scrub;
coppice, thicket.

**ruik** *n.* = REUK. **ruik** *ge=, vb.* smell, scent; *aan iets* ~ smell *(or*
take a smell) at s.t.; sniff at s.t.; *iem. sal nooit daaraan* ~ *nie,*
*(infml.)* s.o.'ll get nowhere near it *(a distinction etc.); iets* ~
*lekker* s.t. smells good, s.t. has a nice smell; s.t. smells sweet;
*iem./iets* ~ *na ...* s.o./s.t. smells like/of ...; *iets* ~ *na ..., (also)*
s.t. reeks of ...; s.t. savours of ...; s.t. is redolent of ...; *iets* ~
*nie* s.t. has no scent; *ek kon dit tog nie* ~ *nie, (infml.)* how
could I have known it?; *iets* ~ *sleg* s.t. has a bad smell; *sterk*
*na iets* ~ smell strongly of s.t.. ~**goed** scent, perfumery.

**rui·ker** *=kers* bunch of flowers, bouquet, nosegay, spray.
**rui·ker·tjie** *=tjies* posy, nosegay, buttonhole.

**ruil** *ruile, n.* exchange, barter, interchange; *'n* ~ *aangaan/*
*maak* exchange/swap/swop s.t. for s.t. else, make a trade;
*met iem. 'n* ~ *aangaan/maak* do a swap/swop with s.o.; *'n*
*goeie* ~ *maak/doen* make a good bargain; *in* ~ *vir ...* in ex=
change for ...; in return for ... **ruil** *ge=, vb.* exchange, barter,
interchange, trade; switch; *nie graag met iem. anders wou* ~
*nie, (also)* not like/want to be in s.o. else's shoes; *iets vir iets*
*anders* ~ exchange/barter/swap/trade s.t. for s.t. else. ~**ar=**
**tikel** article of barter, trade-in. ~**geld** token money. ~**han=**
**del** barter, truck. ~**middel** *=dele, =dels* medium of exchange,
circulatory medium, currency; counter. ~**nommer,** ~**ek=**
**semplaar** exchange (copy). ~**ooreenkoms** barter agree=
ment. ~**stelsel** system of exchange. ~**verkeer** exchange
process, process of exchange. ~**voet** *(econ.)* exchange (rate/
ratio), rate/ratio of exchange; terms of trade. ~**waarde** ex=
change value, trade-in value.

**ruil·baar** *=bare* exchangeable, interchangeable.

**rui·le·ry** exchange, barter(ing).

**ruim** *ruime, n.* hold *(of a ship);* nave *(of a church);* heavens,
space. **ruim** ~, *ruime ruimer ruimste, adj.* spacious, large,
roomy; wide, loose, full *(garment);* capacious; ample, abun=
dant; generous, unstinting; accommodating *(conscience); die*
~*ste betekenis* the widest sense; *'n* ~*(e) blik hê* be broadmind=
ed; ~*(e) steun* broad/wide support. **ruim** *ruims, adv.* amply,
abundantly, freely; fully; copiously; ~ *betaal* pay liberally;
~ *duisend toeskouers, (also)* easily a thousand spectators; ~
*honderd* over *(or* at least) a hundred, a hundred odd; *... is*
~ *vyftig kilometer ver/vêr* it's a full fifty kilometres to ...; ~*s*
*moontlike* toegewing greatest concession possible; *dit nie* ~
*hê nie* not be well off, live in straitened circumstances; ~*s*
*opgevatte siening* broadest conceived vision; ~ *R10 000* well
over *(or* fully) R10 000; ~ *so nuttig as ...* fully *(or* every bit)
as useful as ...; ~ *'n uur* well over an hour; ~ *voorsien wees*
be amply provided for, have enough and to spare. **ruim**
*ge=, vb.* empty; ream, widen, ease *(a hole);* evacuate; *(min.)*
slipe; *'n masjien* ~ clear a machine. ~**naald** primer, priming
needle, priming wire. ~**water** bilge water. ~**yster** burr; ream=
er; tapping bar.

**rui·mer** *=mers, (mech.)* reamer, rimer, fraise; *(min.)* sliper.

**ruim·har·tig** *=tige* generous, benevolent, magnanimous, big-
hearted, free-handed, unselfish, ungrudging. **ruim=**
**har·tig·heid** generosity, largess(e), benevolence, magna=
nimity, nobleness, unselfishness.

**ruim·heid** roominess, spaciousness; width; fullness *(of a*
*garment);* ~ *van blik* breadth of view, wide vision; ~ *van*

*opvatting(e)* broad-mindedness, open-mindedness, tolerance, liberalism.

**rui·ming** evacuation, vacation; clearing (out/away).

**ruim·skoots** *adv.* amply, abundantly, freely, generously, liberally.

**ruim·te** *-tes* space, room; gap; capacity; accommodation; (outer) space, heavens; expanse; clearance *(in mines);* bulk *(in buildings);* breadth *(of view);* scope; compass; void; *baie/volop* ~ plenty of room; ~ *in beslag neem* take up room/space; ~ *van beweging* elbow room, scope; *die buitenste* ~ outer space; ... ~ *gee* give ... a wide berth; *'n ingeslote* ~ a precinct; ~ *inneem* take up room/space; *die* ~ *instaar* gaze into vacancy/space; *vir* ... ~ *laat* leave room/space for ...; *die* ~ *laat dit nie toe nie* space does not permit; *min* ~ *hê* be cramped for room/space; *'n omheinde* ~ a close; *die onein·dige* ~ infinite space; *die* ~ *ontbreek* space does not permit; *oorgenoeg* ~ ample scope; ~ *vir* ... room for ... ~**helm** space helmet. ~**hoek** *(geom.)* solid angle. ~**kapsule** space capsule. ~**kunde** →RUIMTEWETENSKAP. ~**laboratorium** space lab, space laboratory. ~**maat** cubic measure, measure of volume. ~**man**, ~**vrou** spaceman, spacewoman. ~**navorsing** aerospace research. ~**pak** spacesuit. ~**program** space programme. ~**reis** space flight. ~**siekte** space sickness. ~**skip** *skepe, (esp. sci-fi)* starship; →RUIMTE(VAAR)TUIG. ~**stasie** space station/platform. ~**tyd** *(phys.)* space-time. ~**vaarder**, ~**reisi·ger** astronaut, cosmonaut, space traveller. ~**vaart**, ~**vlug** space travel; space flight. ~**(vaart)tegnologie** aerospace technology, astronautics. ~**(vaar)tuig** *-tuie* spacecraft, spaceship, space vehicle. ~**verhoudinge** *(geog., archit., psych., etc.)* spatial relations. ~**vrees** *(psych.)* agoraphobia. ~**vuurpyl** space rocket. ~**wese** extraterrestrial *(abbr.: ET).* ~**weten·skap**, ~**kunde** space science. ~**wetenskaplike** *-kes,* ~**kun·dige** *-ges* space scientist.

**ruim·te·lik** *-like* spatial; *~e ordening* physical planning.

**ru·ï·ne** *-nes, n.* ruin. **ru·ï·na·sie** ruination. **ru·ï·neer** *ge-, vb.* ruin. **ru·ï·neer·der** *-ders* ruiner.

**ruis** *ge-* rustle, murmur, sing, swish, whisper; *(water etc.)* w(h)oosh. **rui·send** *-sende* rustling, murmurous, swishy. **rui·sing** rustling, rustle, murmur.

**ruit** *ruite, n.* pane *(of a window),* light; rhomb(us); lozenge; *(bot.)* rue; *(text.)* check; *~e in 'n (venster)raam sit* glaze a (window)frame. **ruit** *ge-, vb.* chequer; fret. ~**geprojekteer·de inligting** *(av., mot., etc.)* head-up display *(abbr.: HUD).* ~**glas** sheet glass, window glass. ~**patroon** check(ed) pattern. ~**veër, reënveër** *-veërs, (mot.)* (wind)screen/windshield wiper. ~**wasser**, ~**poetser** window cleaner.

**rui·te, rui·tens** *n. (pl.), (suit of playing cards)* diamonds. ~**aas** ace of diamonds. ~**boer** knave/jack of diamonds. ~**heer** king of diamonds. ~**ses** six of diamonds. ~**vrou** queen of diamonds.

**rui·te·net** grid.

**rui·ter** *-ters* rider, horseman, equestrian, *(arch.)* cavalier; trooper; *(orn.)* sandpiper. ~**aanval** (cavalry) charge. ~**ben·de** troop of horsemen. ~**geveg** cavalry fight. ~**kuns** horse·manship, equitation, equestrianism. ~**(spring)sport** horse·manship, showjumping. ~**standbeeld** equestrian statue. ~**stoet** cavalcade. ~**wag** mounted guard, horse guard.

**rui·te·rin** *-rinne* horsewoman, woman rider, equestrienne.

**rui·ter·lik** *-like* frank(ly), open(ly), chivalrous(ly).

**rui·te·ry, rui·te·ry** cavalry.

**ruit·jie** *-jies, (dim.)* little pane; check.

**rui·tjies·:** ~**goed** check, gingham. ~**papier** squared/graph/coordinate paper. ~**pens** reticulum, honeycomb stomach *(of ruminants).*

**ruit·vor·mig, ruit·vor·mig** *-mige* diamond-/lozenge-shaped, rhombic, rhomboid(al).

**ruk¹** *rukke, n.* jerk, pull, tug, twitch; shake; gust *(of wind);* *met 'n* ~ with a start; *met 'n* ~ *tot stilstand kom* stop with a

jerk; *met ~ke en stote* in spurts; in/by snatches; *met ~ke en stote werk* work by/in fits and starts. **ruk** *ge-, vb.* jerk, pull, tug, yank; shake; jog; *(fig.)* stagger, shake, shock, stun; dev·astate; *aan iets* ~ tug/yank at s.t.; tear at s.t.; *iem.* ~ give s.o. a shock; *jou klere van jou lyf* ~ tear one's clothes from one's body; ~ *en pluk* pull and tug; *iets stukkend/uitmekaar* ~ pick/pull/tear s.t. to pieces; *woorde uit (hulle) verband* ~ wrest words from their context. ~**kramp** tetany. ~**rek** bun·gee/bungy (cord/rope). ~**stopgordel** *(mot.)* inertia-reel seat belt. ~**wind** gust (of wind), squall, (sudden) blast.

**ruk²** *rukke, n.* time, while, spell; *'n* ~ *gelede* some time ago; *'n hele/taamlike* ~ *(gelede)* quite some time (ago), quite a (or a good) while (ago); *'n* ~ *(lank)* for a time; for a spell; *'n* ~ *lank iets doen* do s.t. for a while; *iem. is al 'n* ~ *hier* s.o. has been here (for) some time. **ruk·kie** *-kies, (dim.)* little while, short spell/time, moment; *iem. het 'n* ~ *gehelp* for a while s.o. helped; *ná 'n* ~ after a bit/little/time *(or short space);* *oor 'n* ~ in a (little) while, just now; *'n* ~ *rus* rest for a bit/while.

**ruk·ke·rig** *-rige, adj.* jerky, spasmodic; shuddering *(breath);* *~e wind* blustery/blustering/gusty wind. **ruk·ke·rig** *adv.* jerkily, spasmodically.

**ruk·king** *-kings* convulsion, spasm.

**rum** rum.

**ru·ma·tiek** rheumatism; *'n ligte aanval van* ~ a touch of rheumatism. ~**koors** rheumatic fever. ~**lyer** rheumatic pa·tient.

**ru·ma·tiek·ag·tig** *-tige* rheumatoid.

**ru·ma·tie·ke·rig** *-rige* rheumaticky.

**ru·ma·ties** *-tiese* rheumatic.

**ru·ma·to·lo·gie** *(med.)* rheumatology. **ru·ma·to·loog** *-loë, (med.)* rheumatologist.

**rum·ba** *-bas, (dance)* rumba; *die* ~ *dans* rumba.

**rum·my** *(card game)* rummy.

**ru·moer** *n.* noise, row, hubbub, din, uproar, fuss, tumult, turmoil. **ru·moer** *ge-, vb.* make a noise, kick up a row. ~**maker** rowdy, noisy person. **ru·moe·rig** *-rige* noisy, rowdy, boisterous, turbulent, tumultuous. **ru·moe·rig·heid** noisi·ness, boisterousness.

**run·der·pes** rinderpest, cattle plague.

**ru·ne** *-nes* rune, runic letter. ~**alfabet** rune-alphabet. ~**skrif** runes, runic writing. **ru·nies** *-niese* runic.

**run·nik** *ge-* neigh, whinny, hinny, bray. ~**lag** horse laugh.

**rus** *n.* rest, repose; peace; calm, tranquillity, quiet(ness), ease, leisure; serenity; *(mus.)* rest; *(elocution)* pause; caesura *(in verse);* inaction; *(baseball)* base; *('n) bietjie (gaan)* ~, *(also, in·fml.)* take five, have a lie-down; ... *tot* ~ *bring* set ... at rest; *geen* ~ *of duur(te) hê nie* be very restless; *eerste/tweede/derde* ~, *(baseball)* first/second/third base; *iem. geen* ~ *gun nie* keep s.o. on the move; *geen* ~ *hê nie* have no rest; *geen (oomblik)* ~ *hê nie, (also)* not have a moment's peace; *die* ~ *herstel* restore quiet; *tot* ~ *kom* come to rest; find peace; settle down; *kom tot* ~*!* settle down!; *iem. met* ~ *laat* leave s.o. alone, let s.o. be; leave s.o. in peace; lay off s.o. *(infml.);* *iem. nie met* ~ *laat nie, (also)* nag (at) s.o.; *iets met* ~ *laat* leave well alone; leave s.t. alone; *die geweer is op* ~ the gun's safety-catch is on; *staan in* ~*!, (parade ground)* stand easy!; *iem. ter* ~*te lê, (rhet.)* lay s.o. to rest; *die* ~ *versteur/verstoor* cause/create a disturbance; break the peace; *volkome* ~ ab·solute rest; ~ *en vrede* peace and quiet. **rus** *ge-, vb.* rest, repose; slack; *die blaam* ~ *op ... ...* is to blame; *gaan* ~ take a rest; go to rest; retire; *'n bietjie gaan* ~, *(also)* have/take a nap; *hier* ~ ..., *(gravestone inscription)* here lies ...; *iem. laat* ~ give s.o. a rest, let s.o. rest, let s.o. be; *iets laat* ~ leave well alone; let s.t. rest; *jou oë/voete laat* ~ rest one's eyes/feet; *nie* ~ *voordat jy ... nie* not rest until one ...; *iem. se oë* ~ *op iets* s.o.'s eyes dwell (up)on s.t.; *op* ... ~ rest (up)on ...; *dit* ~ *op* ..., *(also)* it hinges (up)on ...; *op die plek* ~*!, (parade ground)* stand at ease!; *die **plig** ~ op jou* the duty rests on you, it is your duty; *geen **skuld/blaam** ~ op ... nie* no blame attaches to ...; *wel **te** ~te!* sleep well!; *die **verantwoordelikheid** ~ op jou (skouers)* the responsibility is yours (*or* rests on your shoulders). ~**bank** couch, settee, settle, sofa; *groot* ~ ches=terfield. ~**banksitter** *(infml.)* couch potato. ~**bed** day bed. ~**dag** day of rest, rest day, *(Jud., Chr.)* Sabbath, *(Chr.)* the Lord's Day. ~**hou** *(baseball)* base hit. ~**kamer** rest room. ~**kamp** rest camp. ~**kans** breathing space; *'n ~ kry/hê* have/ take a rest; get/have a respite from work. ~~**oes** ley crop. ~**oord** place of rest. ~**periode** rest period, quiescent state. ~**plaas** resting place. ~**plek** lay-by, pull-off *(at the roadside)*; resting place. ~**pouse**, ~**pose** pause, rest; half-time; breather. ~**punt** resting point; pause; caesura. ~**stadium** quiescent stage/state. ~**teken** *(mus.)* rest. ~**tyd** resting time; breather, break, interval; *(games)* half-time; *(biol.)* dormancy, latent period; *met ~* at half-time. ~**uur** hour of rest. ~**versteurder**, ~**verstoorder** disturber of the peace, rioter, disruptive ele=ment. ~**versteurend**, ~**verstorend** *=rende* disturbing (the peace). ~**versteuring**, ~**verstoring** disturbance, breach of the peace, disorder.

**Rus** *Russe, n.* Russian; →RUSSE=, RUSSIES. ~**land** Russia.

**ru·sie** *=sies* quarrel, dispute; altercation; squabble, brawl; *'n ~ **besleg/bylê*** settle a quarrel; *in 'n ~ **betrokke/gewikkel** raak* get into a row *(infml.)*; *'n ~ met ... hê* have a quarrel (*or* an altercation) with ...; *hulle het ~ (met mekaar)*, *(also)* there is trouble between them; *~ **kry*** have a quarrel/tiff; *met iem. ~ **kry**, (also)* fall out with s.o.; *~ **maak*** quarrel, have a quar=rel/row, *(infml.)* be at each other's (*or* one another's) throats; *hulle **maak** ~ onder mekaar* they quarrel among themselves; *met iem. ~ **maak*** (have a) fight/quarrel with s.o.; row/scrap with s.o. *(infml.)*; *met iem. oor iets ~ **maak*** quarrel with s.o. about/over s.t.; *~ **soek*** pick/seek a quarrel, pick a fight; *iem. **soek** ~, (also)* s.o. is spoiling for a fight; *'n ~ **tussen** ...* a quarrel (*or* an altercation) between ... ~**maker**, ~**soeker** quarrelsome person, squabbler, wrangler, brawler, *(infml.)* stirrer. **ru·sie·ma·ke·ry** squabbling.

**rus·pe(r)** *=pe(r)s* caterpillar.

**rus·per=:** ~**aandrywing** half-track, caterpillar drive. ~**band** caterpillar tread/track. ~**trekker** crawler, tracked tractor. ~**voertuig** crawler.

**Rus·se=:** ~**haat** Russophobia. ~**hater** Russophobe. ~**vrees** Russophobia.

**Rus·sies** *n., (lang.)* Russian. **Rus·sies** *=siese, adj.* Russian; *~e roulette* Russian roulette/roelet. ~~**Ortodokse Kerk** Rus=sian Orthodox Church.

**rus·si·fi·seer** *ge=* Russianise, Russify. **rus·si·fi·ka·sie** Rus=sianisation, Russification.

**Rus·so·fiel** *=fiele* Russophil(e).

**rus·te·loos** *=lose =loser =looste* restless, antsy; tireless; fidg=ety; unquiet *(sea)*; *'n ~lose nag* a restless/disturbed night. **rus·te·loos·heid** restlessness; tirelessness; fidgetiness, fidg=eting, unrest.

**rus·tend** *=tende* resting; retired *(farmer etc.)*, emeritus *(parson)*; *(biol.)* dormant; quiescent *(volcano)*; latent *(disease)*; dead *(load)*.

**rus·tiek** *=tieke, (liter.)* rural; rustic *(bridge etc.)*; *(archit.)* rusti=cated. **rus·ti·si·teit** rusticity.

**rus·tig** *=tige* restful, quiet, tranquil, calm, relaxed, *(infml.)* laid-back, unhurried, peaceful, untroubled, serene, mellow; *~ **word*** quiet(en) down. **rus·tig·heid** restfulness, tranquilli=ty, peacefulness, stillness, serenity.

**ru·te·ni·um** *(chem., symb.:* Ru) ruthenium. ~**suur** ruthenic acid.

**ru·tiel** *(min.)* rutile.

**Rwan·da** Rwanda. **Rwan·dees** *=dese, n. & adj.* Rwandan.

**ry¹** *rye, n.* row, line, string; series, suite; course *(of bricks)*; *'n ~ ...* a row of ...; *op/in 'n ~* in a row; *op/in 'n ~ **staan*** stand in line; form a queue, queue (up); stand in a row; *in ~e gaan **staan*** line up; *mense in ~e laat **staan*** line people up; *in die **voorste** ~, (lit.)* in the front row/rank.

**ry²** *n.: in die ~ af=/opklim* get off/on while a/the vehicle is in motion; *kry jou ~!, (infml.)* beat it!, scram!; *'n uur se ~* an hour's drive. **ry** *ge=, vb.* ride *([on] a cycle or horse)*; drive *([in/with] a car or by car etc.)*; convey; leave, depart; *(aeroplane)* taxi; *(coarse, esp. a male animal)* ride, mount, cover, copulate with; *agteruit ~* back off; *met 'n motor **agteruit** uit ... ~* back out a car from ...; *('n perd) **bloots** ~* ride (a horse) bareback; *iem. **bloots** ~, (infml.)* be hard on s.o.; *deur ... ~* ride/drive through ...; *gaan ~* go for (*or* take) a drive; *('n entjie) **gaan*** go for a ride *(on horseback or a cycle)*; go for (*or* take) a spin *(by car) (infml.)*; *iets **holrug** ~, (infml.)* do/ flog s.t. to death; *iem. ~, (infml.)* make it hot/unpleasant for s.o.; *kom/laat ons ~!* let's go!; *langs ... kom ~* draw/pull alongside ...; *die **motor** ~ lekker* the car goes well; *om/oor/ op iets ~* drive/ride around/over/on s.t.; *iem. **onderstebo** ~* ride s.o. down/over; *'n **pad** ~* use a road; *'n perd gedaan/ka=pot ~* override a horse; *op 'n (of te) **perd** ~* ride on horse=back, ride a horse; *iem./iets **raak** ~* run into s.o./s.t.; *reguit ~* go straight *(lit.)*; *iem. op jou **rug** laat ~* ride s.o. on one's back; *op ... se **rug** ~, op die **rug** van ... ~, (fig., infml.)* get a free ride on ...; *self ~* drive o.s.; *stadig ~* go slow; *stadiger ~* slack off/up; slow down/up/off; *ons ~ **vandag*** we are leav=ing today; *verder ~* drive/ride/go/keep on; *verkeerd ~* miss one's way; *versigtig ~* drive carefully; *~ **versigtig!*** drive carefully!; *vinnig ~* go/ride/drive fast; drive at speed; *vin=niger ~* speed up; *met/in 'n/die **vliegtuig** ~* go by air(craft), fly. ~**baan** road=, drive=, carriageway; (driving) track; traffic lane; rink. ~**bewys** driver's/driving licence. ~**bewystoets** driving test. ~**broek** riding breeches, jodhpurs. ~**brug** gan=try. ~**dek** trackway *(of a bridge)*. ~**dier** mount, riding ani=mal. ~**ding** *(infml.)* wheels; *het jy 'n ~, (also)* are you mo=bile?. ~**geld** toll. ~**handskoen** riding glove. ~**klub** riding club. ~**koste** running cost(s). ~**kuns** horsemanship, art of riding, equestrianism; art of driving. ~**laan** drive(way), car=riageway. ~**les** riding lesson; driving lesson. ~**loop** *ge=* hitchhike. ~**loper** hitchhiker. ~**lopery** hitchhiking. ~**pad** car=riageway. ~**perd** riding/saddle horse; hack; gelding; mount. ~**plank** (child's) scooter. ~**reg** right of way. ~**siekte** motion sickness. ~**skool** riding school; driving school. ~**stewel** rid=ing boot. ~**stoel** rocking chair, rocker; wheelchair, invalid('s) chair; →ROLSTOEL. ~**sweep** riding whip/crop, horsewhip, quirt, switch. ~**toom** bridle. ~**tuig** vehicle; coach, carriage. ~**vernuf** road sense. ~**vlak** roadway. ~**voorrang** right of way.

**ry·baar** *=bare* rid(e)able *(horse)*; practicable, negotiable *(road)*.

**ry·er** *=ers* rider; driver *(of a vehicle)*. **ry·e·ry** riding; driving.

**ryg** *ge=* thread, string *(beads)*; lace *(shoes)*; *(sewing)* tack, run, baste. ~**draad** tacking/basting thread. ~**naald** bodkin, stringer. ~**naat** tacked seam. ~**plooi(tjie)** gathered pleat. ~**skoen** laced shoe, lace-up (shoe). ~**steek** basting/tacking stitch. ~**veter** lace.

**ryk¹** *ryke, n.* kingdom, empire, realm, sphere, province, do=main; *(biol.)* regnum, kingdom; *die Britse R~* the British Empire.

**ryk²** *n.: ~ en arm* rich and poor. **ryk** *~, ryke ryker rykste, adj.* rich, well-to-do, opulent, affluent, lavish, wealthy; rich *(har=vest, soil, food)*; high-grade *(ore, mine)*; fertile *(soil)*; copious *(meal, lang.)*; *~ **aan** ... wees* be rich in ...; abound in/with ...; *~ **word*** grow rich. **ryk** *adv.* richly, opulently, lavishly, copi=ously; *~ **geïllustreer(d)*** lavishly/profusely illustrated; *~ **trou*** marry money (*or* a fortune). ~**manskind** *(usu. pej.)* rich man's child.

**ryk·aard** *=aards, (usu. pej.)* man/woman of wealth, rich/wealthy man/woman, plutocrat.

**ryk·dom** *=domme* wealth, riches; abundance, opulence, pro=fusion, richness; treasure; *'n ~ **aan** ...* a wealth of ... *(miner=als, information, etc.)*; *die **jag** na ~* the pursuit of riches;

*onmeetlike* ~ untold wealth; ~ *uit* ... wealth from ... *(gold etc.)*.

**ry·ke** *-kes* rich person; →RYK² *n.; die ~s* the rich; *die ~s en die armes* the haves and the have-nots; rich and poor.

**ryk·heid** richness; voluptuousness.

**ryk·lik** *-like, adj.* abundant, ample, copious, lavish, profuse. **ryk·lik** *adv.* richly, abundantly, amply, copiously; gener= ously *(illustrated etc.)*; ~ *vir iets beloon word* be handsomely/ generously rewarded for s.t..

**ryks·:** *~***dag** *(hist.)* (imperial) diet; *die R~* the Reichstag *(in Germ.)*. *~***kanselier** imperial chancellor. *~***universiteit** *(esp. in the Neth. & Belgium)* state university.

**rym** *ryme, n.* rhyme; *op* ~ in rhyme; *slepende/vroulike* ~ femi= nine rhyme; *staande/manlike* ~ masculine rhyme. **rym** *ge=, vb.* rhyme; agree, correspond, tally, chime; *iets* ~ *met* ... s.t. is consistent/corresponds/tallies with ...; *iets met* ... ~ recon= cile s.t. with ... *(the facts etc.); iets met* **met** ... *te* ~ s.t. is reconcil= able *(or* squares*)* with ...; *iets is nie met* ... *te* ~ *nie* s.t. is ir= reconcilable/incompatible with ...; ... ~ *met/op* ..., *(pros.)* ... rhymes with ... *~***dwang** rhyming compulsion. *~***klank** rhyme. *~***kuns** art of rhyming. *~***paar** rhyming couplet. *~***ske= ma** rhyme scheme/pattern. *~***woord** rhyme (word). *~***woor= deboek** rhyming dictionary.

**ry·me·laar** *-laars* rhymer, rhymester. **ry·me·la·ry** doggerel.

**ry·mend** *-mende* rhyming; *~e slang/sleng* rhyming slang.

**ry·mer** *-mers* rhymer. **ry·me·ry** rhyming.

**rym·loos** *-lose* rhymeless, unrhymed; *~lose verse* blank verse.

**rym·pie** *-pies, (dim.)* short rhyme; jingle.

**Ryn:** *die* ~ the Rhine. **Ryns** *Rynse* Rhenish, Rhine.

**Ryn·land** *(district of the Neth.)* Rynland; *die* ~ the Rhineland *(in Germ.)*. **Ryn·lands** *-landse* (of the) Rhineland.

**ryn·steen** *(imitation gem)* rhinestone.

**Ryn·wyn** *(also* r~*)* hock, Rhine wine, Rhenish (wine).

**ryp¹** *n.* (white) frost, rime, (hoar)frost; freeze; *kwaai/strawwe/ skerp* ~ a heavy/severe/killing frost; *wit van die* ~ covered with frost, frosted over. **ryp** *ge=, vb.* frost; freeze; *dit het kwaai/straf ge~* there was a heavy/severe frost; *wit ge~* cov= ered with frost. *~***bestand** frost-hardy. *~***skade** damage by frost. *~***vry** *-vrye* frost-free, frostless; *~e streek* thermal belt/ zone. *~***weer** frosty weather.

**ryp²** ~, *rype ryper rypste, adj.* ripe, mature; aged *(cheese etc.); ná ~e* **beraad/oorweging** after mature consideration; *iets* ~ **maak** ripen s.t.; ~ **word** ripen; *iets laat* ~ **word** ripen s.t.. **ryp** *ge=, vb.,* (chiefly fig.*)* ripen; mature. *~***verrotting,** *~***vrot** ripe rot. *~***wording, ryping** ripening; maturing, maturation; curing.

**ryp·heid** ripeness; adultness, maturity; mellowness; *tot* ~ *kom* reach maturity.

**ry·pings·:** *~***deling** *(biol.)* maturation division, meiosis. *~***jare** puberty.

**rys¹** *n.* rice. *~***bak** rice bowl. *~***bier** rice beer, sake. *~***bran= dewyn** arrack, arak. *~***korrel** grain of rice. *~***land,** *~***akker** rice field/paddy. *~***mier** *n.* white ant, termite. *~***mier** *ge=, vb.* undermine. *~***oes** rice crop. *~***papier** rice paper. *~***poeding** rice pudding. *~***tafel** *(Indon. cook.)* rice table. *~***verbouing** rice growing. *~***water** rice water. *~***wyn** rice wine.

**rys²** *ge=, vb., (bread, hair, etc.)* rise; heave; mount; *brood laat* ~ prove bread; *iem. se hare* ~ s.o.'s hair stands on end. *~***mid= del** *-dels, -dele* raising agent, leavening (agent).

**ry·sig** *-sige* tall; well-built; statuesque; *'n ~e gestalte* a tall, im= posing figure.

# Ss

**s** *s'e,* **S** *S'e, (19th letter of the alphabet)* s, S; →ES²; *klein s* small s; *die pad maak 'n S* there is an S-bend in the road; *iem. maak/gooi 'n S* s.o. makes a sharp turn; s.o. shows off. **S(-draai)** S-bend, double bend. **s'ie** little s. **S-vor·mig** *=mige* S-shaped, sigmate, sigmoid.

**sa** *interj.* catch/get him!; *vir 'n hond ~ sê* set a dog on.

**saad** *sade, (also* saat*)* seed; inflorescence, flower *(of maize etc.);* semen, sperm; *(icht.)* spawn; *(fig.)* offspring, progeny; *(fig.)* germ, prime cause; *plante wat in die ~ staan* plants that are in seed. **~akker** seedbed. **~bal** testicle, testis. **~bank** sperm bank. **~bed(ding)** *=beddinkie* seedbed. **~blasie** = SAADSAKKIE. **(~)bol** boll. **~buis** *(anat.)* seminal/ejaculatory duct, vas defer=ens. **~diertjie** spermatozoon, (zoo)sperm, seminal animal=cule/filament. **~doos** capsule. **~dop** seed pod/vessel. **~dra end** *=ende* seed-bearing, seminiferous. **~draer** *(bot.)* placenta, seedbed. **~eter** *(orn.)* seedeater. **~houer** spermatheca. **~huid** seed coat, episperm, testa. **~huis(ie)** seed capsule/case/ves=sel, capsule. **~kern** nucellus. **~kiem** germ. **~kissie** seed tray. **~knop** seed bud, ovule. **~koek** *(bot.)* placenta. **~koring** seed corn. **~korrel** grain of seed. **~kwekery** seed-nursery. **~lys** *(bot.)* placenta. **~mantel** *(bot.)* integument. **~mielies** seed maize/mealies/mielies. **~olie** seed oil. **~peul** seed pod. **~plant** seed/flowering plant, sperm(at)ophyte. **~pluim** coma. **~pluis** pappus. **~sakkie** *(esp. entom.)* spermatheca, seminal vesicle/vessel/receptacle. **~sel** *=selle* sperm/egg/sex(ual) cell, sperma=tozoon, (zoo)sperm; *(bot.)* antherozoid, spermatozoid. **~steel** seed stalk. **~storting** ejaculation, seminal discharge. **~tel ling** sperm count. **~verspeiding** seed dispersal. **~vloeistof, ~vog** *(physiol.)* seminal/spermatic fluid. **~vorming** seed for=mation. **~vry** free, clear, clean *(wool).* **~wol** seedy wool.

**saad·jie** *=jies, (also* saatjie*)* (grain of) seed.

**saad·lob** cotyledon, seed leaf. **saad·lob·big** *=bige* cotyledo=nous.

**saad·loos** *=lose, (also* saatloos*)* seedless, aspermatic.

**saad·los·sing** involuntary emission of semen, sperma=torrh(o)ea; seminal discharge.

**saad·skiet** *saadge=* (go/run to) seed; ejaculate seed, spat. **saad·skie·ting** running to seed; seminal discharge.

**saag** *sae, n.* saw; *singende ~* musical saw; *'n ~ skerpmaak* set a saw. **saag** *ge=, vb.* saw; cut *(wood);* scrape *(on a violin); iets plat ~* saw down s.t.; *iets in stukke ~* saw up s.t.. **~bank** sawbench. **~bek** *(orn.)* merganser, sawbill. **~bekeend** *(orn.)* smew. **~(bek)haai** sawshark. **~bok** saw trestle, trestle for sawing, sawhorse, wood(en) horse. **~kerf** kerf, saw notch/cut. **~kuil** sawpit. **~masjien** sawing machine. **~meel** saw=dust. **~meul(e)** sawmill, lumber/timber mill. **~raam** saw=frame, saw gate. **~tand** sawtooth. **~vis** sawfish. **~vyl** saw file. **~werk** sawing, cutting *(of wood);* fret.

**saag·ag·tig** *=tige* serrate(d), sawlike.

**saag·sel(s)** sawdust, scobs.

**saag·tan·dig** *=dige* sawtoothed, serrate(d).

**saag·vor·mig, saag·vor·mig** *=mige* saw-shaped, sawlike.

**saai¹** *saai(e) saaier saaiste, adj.* dull, humdrum, tedious, slow, monotonous, dreary, drab, flat, uninspired, uninspiring, unexciting, bland, colourless, featureless. **saai** *adv.* dully, tediously, slowly, monotonously, colourlessly.

**saai²** *ge=, vb.* sow; scatter; intersperse; seed; *dik ge~, (lit.)* thickly sown; *(fig.)* thick on the ground; *dun ge~, (lit.)* thinly sown; *(fig.)* thin on the ground; *(fig.)* few and far between; *… laat ~* scatter … *(a crowd, the enemy, etc.); koring/ens. op 'n land ~* sow a field with wheat/etc.; *oor die grond ge~ lê/wees, (money etc.)* be scattered over the ground; *wat jy ~, sal jy maai* as you sow, so shall you reap. **~boer** grain/crop farmer, agricultur(al)ist, **~boerdery** grain/crop farming, farming of crops. **~dam** saaidam, (wheat) field in a river bed. **~grond** arable land. **~kapitaal** *(fin.)* seed money. **~kas** seed box. **~koring** seed corn. **~land** arable land; cultivated field. **~masjien** sowing/planting machine, (sowing/seed) drill, sower, seeder, planter. **~plaas** agricultural/arable/crop farm. **~plant** seedling. **~ploeg** seeding-plough, sowing/drill plough. **~saad** sowing seed. **~sak** sow(er's) bag. **~tyd** seed time, seeding-time, sowing season/time.

**saai·baar** *=bare* sowable.

**saai·er** *=ers* sower, seedsman. **saai·e·ry** sowing.

**saai·ling** *=linge* seedling.

**saai·sel** *=sels* sowing; *die tweede ~* the second sowing.

**saak** *sake* matter, business, concern, affair, case; cause; mat=ter, question; (law)suit, (court) case, action (at law); thing; topic; establishment, firm; *(in the pl., comm.)* business; **aan=gaande/oor** *hierdie ~* about this matter; *'n ~ **aangee*** lay a charge; *'n ~ **aanhangig** maak* raise a matter; institute legal proceedings; *daarmee is die ~ **afgehandel/opgelos*** that set=tles the question; *'n (glad/totaal) **ander** ~* a different matter (altogether); a horse of another *(or* a different) colour; a different *(or* whole new) ball game; *'n ~ **bedryf/bedrywe/bestuur*** carry on *(or* conduct/run/manage) a business; *'n ~ **begin** (of op tou sit)* set up in *(or* start a) business; set up shop; *'n eie ~ **begin*** set up for o.s. *(or* on one's own); *sake van **belang*** important matters, matters of importance; *be=moei jou met jou eie sake!* mind your own business! *(infml.); 'n ~ **beredeneer/bepleit*** argue/plead a case; *die beskuldig=de se ~, die (~ vir die) **verdediging*** the case for the defence; *'n betalende/lonende ~* a paying concern; *wat hierdie ~ **betref,** met **betrekking** tot hierdie ~* about this matter; *'n ~ **bevorder*** further a cause; serve a cause; *jou vir 'n ~ be=ywer, vir 'n ~ **werk/ywer*** work for a cause; *buitelandse sake* foreign affairs; *sake van die **dag*** current affairs; *'n ~ **dien*** serve a cause; *'n ~ sal op 'n bepaalde dag **dien*** a case is set down for a certain day; *sake **doen*** be in business; *met iem. sake **doen*** do business with s.o.; have dealings with s.o.; *wat sake **doen** as …* trading as …; *'n **dringende** ~* a matter of urgency; *iets is vir iem. die **dringendste** ~* s.t. is s.o.'s top priority; *druk/flink/lewendig sake **doen*** do a brisk trade, do a roaring business; *'n **duister(e)** ~* wheels within wheels; *~ van **eer*** matter of honour; *die ~ **gaan** jou nie aan nie* it doesn't concern you, it is none of your business; *gedane sake het geen keer nie* what's done (is done, and) cannot be undone, it is no use crying over spilt milk; *dit is **gedane** sake* it is over and done with; *geen ~ hê nie* have no case, be out of court; *sake soos **gewoonlik*** business as usual; *dit gaan nie **goed** met sake nie* business is bad; *goeie sake **doen*** do good business; do well; *vir 'n **goeie** ~* for a good cause; *dit is **sy/haar** ~* that/it is for him/her to say; it is up to him/her; it lies with him/her; *dit is nie **sy/haar** ~ om te … nie* it is not his/her place to …; *(dit) maak nie ~ **hoe** nie* it doesn't matter

517

how, *(infml.)* just anyhow, *(infml.)* any old how; *sake* **is** *sake* business is business; *dis nie jou* ~ *nie*, *(infml.)* it is none of your business (*or* no business/concern of yours), mind your own business; *in die gewone* **loop** *van sake* as a matter of course/routine; *sake maar laat* **loop** let events take their course; *die lopende* ~ the business in hand; *'n* **lopende** ~ a going concern; ~ **maak** matter; *dit* **maak** *nie/geen* ~ *nie* it does not matter, it is of no importance/consequence; *dit* **maak** *nie* ~ *nie!* never mind!, it's nothing!; *dit* **maak** *tog/wel* ~ it does matter; *wat* **maak** *dit* ~? what (does it) matter?; what's the difference?; what are the odds? *(infml.)*; *'n* ~ **maak** go to court, institute (legal) proceedings, litigate; *'n* ~ *teen iem.* **maak** institute/start/take (legal) proceedings (*or* proceed *or* bring/institute an action) against s.o.; *'n netelige* ~ a delicate matter; a thorny matter; *'n omstrede* ~ a controversial matter; *onafgehandelde sake* unfinished business; loose ends; *'n* ~ *van* **ondergeskikte** *belang* a matter of detail; *dit is 'n* **onuitgemaakte** ~, *dit is geen* (of *nie 'n*) *uitge= maakte* ~ *nie* it is a matter of opinion; *onverrigter sake* (of **onverrigtersake**) unsuccessfully, without having accom= plished anything (*or* achieved one's object); *'n* **onweerleg= bare** ~ an unanswerable case; *'n* ~ **oplos**, *(the police etc.)* break a case; *'n* ~ **opper** raise a matter; introduce a topic; *jou sake in* **orde** *kry* put/set one's house in order; *met iem. oor sake* **praat** see s.o. on business; *seker van jou* ~ sure of o.s.; sure of one's ground; *soos ek die* ~ **sien** as I see things; *in/oor 'n* ~ **sit**, *(a court, judge)* sit in a case; *'n* ~ **skik** settle a case (out of court); *nie jou* ~ *kan* **staaf** *nie* have no case; *hoe* **staan** *sake?* how is it going?, *(infml.)* how are things?, *(infml.)* how goes it?; how do matters stand?; *so* **staan** *die* ~ *(of sake)* that is how the matter stands; such is the case; *die* ~ **staan** *so* ... the truth of the matter is that ...; *is dit hoe sake* **staan?** is that how it is?; *soos sake nou* **staan** as things are (now); on the present showing; *kyk/agterkom hoe sake staan*, *sake (goed)* **deurkyk** size up a situation *(infml.)*, find out (*or* see/explore) how the land lies *(fig.)*; *iem. weet hoe sake* **staan** s.o. knows what's what *(infml.)*; s.o. knows the score *(infml.)*; *die* **staat** *se* ~ the case for the prosecution/state; *die* **stand** *van sake* the state of affairs; the lay/lie of the land *(fig.)*; *'n* ~ **stel** present/put a case; *'n* ~ **uiteensit** state a case; *'n* **sterk** (of **goed gegronde**) ~, *(jur.)* a good/strong case; *op* **stuk** *van sake* after all; after/when all is said and done; in the fi= nal/last analysis; at the end of the day *(fig.)*; in the end; in the event, as it turned out; in the final reckoning; *'n* **teer** ~ a tender subject; *die punt is* **ter** *sake* the point is germane to the issue; *dit is nie* **ter** *sake nie* it is irrelevant (*or* beside the point/question *or* immaterial *or, infml.* neither here nor there); *dit is 'n* **uitgemaakte** ~ it is settled; it is a foregone conclu= sion; it's in the bag *(infml.)*; *dit* **verander** *die* ~ *nie* it makes no difference; *in* **verband** *met sake* on business; *'n* **verlore** ~ a lost cause; *vir* **sake** on business; for business purposes; *'n* ~ *verder/vêrder* **voer** pursue a matter; bring a matter a step forward; *die* ~ *van* **vrede** the cause of peace; *(die* ~*) waarom/waaroor dit gaan* the point in question. ~**gelas= tigde**, ~**gelastigde** *-des* agent, representative, deputy; chargé d'affaires *(Fr.)*; *(jur.)* procurator; *(comm.)* factor. ~**register** subject index, index of subjects.

**saak·kun·dig** *-dige, adj.* expert, efficient; businesslike. **saak= kun·di·ge** *-ges, n.* expert, authority. **saak·kun·dig·heid** ex= pertise.

**saak·lik** *-like* businesslike, to the point, efficient, thorough; objective, impersonal; concise, succinct; essential, real; matter= of-fact; factual; pertinent, relevant; *(~e)* **onderpand**, *(jur.)* col= lateral security; *~e* **reg**, *(jur.)* real right. **saak·lik·heid** efficien= cy; objectivity, objectiveness; conciseness; matter-of-factness; *die nuwe* ~ modern objectivity; *(archit.)* functionalism.

**saal¹** *sale, n.* hall; auditorium; ward *(in a hospital)*; *die* ~ *laat* **dawer** bring the house down; *'n* **vol** ~ a full house *(in a theatr.)*; *die* ~ *is* **vol** the hall is filled; *vol sale kry/lok* get full houses, *(infml.)* pack (*or* be packing) them in. ~**diens** floor

duty *(in a hospital)*. ~**huur** hall rental. ~**suster** ward sister. ~**verpleegster** ward sister/nurse.

**saal²** *saals, n.* saddle; *(mach.)* swage; *in die* ~ **help** give a leg up, assist into the saddle; *in die* ~ **klim** get into the saddle; *in die* ~ **spring** leap/vault into the saddle, jump/leap on horse= back; *in die* ~ **bly** keep one's seat (*or* the saddle); *in die* ~, *(lit. & fig.)* in the saddle; *vas/stewig* **in** *die* ~ *wees/sit*, *(lit. and fig.)* sit firmly in the saddle; **sonder** ~ bareback; *iem. uit die* ~ **lig/gooi** unsaddle/unhorse/unseat/dislodge s.o.; *(fig.)* oust s.o. *(from a position)*. **saal** *ge-, vb.* saddle, tack (up) *(a horse)*. ~**bok** saddletree. ~**boog** saddlebow, saddle arch. ~**boom** saddle-arch, -bow; pommel; ~ *ry* cling to the saddle; ~ *steek* post. ~**boomknop** pommel. ~**dak** saddle/gable/ridge/comb roof, saddleback (roof). ~**heg** *ge-, vb., (bookbinding)* saddle= stitch. ~**hegting** *(bookbinding)* saddle stitch. ~**kamer** tack room *(in a stable)*. ~**klap** *-klappe* saddle flap; *tot by die* ~*pe* up to the girth. ~**kleedjie** saddlecloth, saddle blanket. ~**knop** pommel; *die* ~ *vashou* cling to the pommel/saddle. ~**kus= sing** saddle-cushion. ~**maker** saddler. ~**makery** saddlery. ~**neus** saddle nose. ~**perd:** *Amerikaanse* ~ American sad= dle horse. ~**rug** saddleback. ~**sak** saddlebag; tool-bag *(on a bicycle)*. ~**seep** saddle soap. ~**seer** *n.* saddle sore, gall. ~**tuig** saddlery. ~**vas** *-vaste* saddle-fast, firm in the saddle. **saal= vor·mig** *-mige* saddle-shaped.

**saam** together; *hulle het die boek* ~ *geskryf* they wrote the book jointly, they were joint authors of the book; *hulle (twee) het/kan* ~ ... between (the two of) them they have/can ...; ~ **met** ... together with ...; along with ...; in the company of ...; combined (*or* in combination) with ...; in collaboration with ...; concurrent (*or* in concurrence) with ...; in con= junction/tandem with ...; ~ **met** *iem.* with s.o.; ~ **met** ... **werk** work in tandem with ... ~**bestaan** *n.* coexistence. ~**be= staan** *het* ~, *vb.* coexist. ~**bind** *saamge=* bind/tie together; rope together; bundle; *(fig.)* knit/bind together. ~**binding**, **samebinding** bonding; *(chem.)* colligation. ~**bly** →SAAMBLY. ~**boer** *saamge=* farm together; *(infml.)* live with; *(infml.)* hob= nob. ~**bondel** *saamge=* bunch together/up. ~**bring** *saamge=* bring (with one), bring along *(s.t., s.o.)*; bring (a)round *(s.o.)*; bring/throw together; *bring dit saam* bring it with you. ~**doen** *saamge=* participate, join in, join hands/forces. ~**dra** *saamge=* carry/take along; bring/carry together; pile up; *iets met jou* ~ carry s.t. (about) with one; carry s.t. about. ~**draf** *saamge=* tag/string/trundle along; ~ **met** ... tag along with ... ~**dring** *saamge=* congest, crowd. ~**drom** →SAAMDROM. ~**druk** *n., (publishing)* coedition. ~**druk** *saamge=, vb.* press/squeeze together, compress; telescope; impact. ~**drukkend** *-kende* compressive, compressional. ~**dryf**, ~**drywe** *saamge=* drive together; round up *(cattle)*; float along; float together. ~**eet** *saamgeëet* join in a meal, dine together, stay for dinner/sup= per; mess *(mil.)*. ~**gaan** *saamge=, vb.* go (along) with *(s.o.)*; go together, agree, go hand in hand; *(colours etc.)* go together, be compatible; join in (with); match; inhere; hang together; **goed** ~, *(colours etc.)* go well together, match well; be well matched; *gaan jy saam?* are you coming (with me/us)?, are you coming along?, will you join us?; **met** *iem.* ~ go with s.o., accompany s.o.; *go along with s.o.; tag along with s.o. (infml.)*; **met** *iem.* ~ **na** ... go to ... with s.o., accompany s.o. to ...; **met** *iets* ~ agree to (*or* fall in *or* come/fall/get into line) with s.t.; *iets gaan saam met* ... s.t. goes with ...; *(fig.)* s.t. goes hand in hand with ...; *nie* **met** *iets* ~ *nie* not agree (*or, infml.* not hold) with s.t.. ~**gee** *saamge=* give/send along (with). ~**gooi** *saamge=* throw together, mix; pool. ~**groei** *saamge=* grow together/one, coalesce, fuse. ~**hang** →SAAM= HANG. ~**hok** *saamge=* herd/huddle together, box up, congre= gate. ~**hoort** *saamge=* belong together; →SAMEHORIG. ~**hou** *saamge=* keep/hold together, unite. ~**jaag** *saamge=* herd to= gether; race/chase together. ~**kliek** *saamge=* hang together, be cliquish/cliqu(e)y. ~**klink¹** *saamge=* rivet together. ~**klink²** *saamge=* harmonise; sound together; resonate. ~**klinkend** *-kende* unisonous. ~**knoop** *saamge=* tie/knot together. ~**koek**

*saamge=* mat (together); huddle (together). **~kom** →SAAMKOM. **~lag** *saamge=* join in the laugh(ter); *met iem.* ~ have a laugh with s.o.. **~leef, ~lewe** →SAAMLEEF. **~loop** →SAAMLOOP. **~luister** listen together. **~neem** →SAAMNEEM. **~pak** *saamge=* pack together/up; gather, collect, crowd together, bundle. **~pers** *saamge=* press/squeeze together, compress, condense, constrict; telescope; impact. **~piekel** *saamge=* lug along, *(infml., <Yidd.)* schlep(p) along. **~praat** *saamge=, (also, fml.)* meepraat*)* join (*or* take part) in the conversation; *oor 'n saak* ~ have a say in a matter. **~raap** *saamge=* scrape together, collect. **~reis** *saamge=* travel in company; *met iem.* ~ travel with s.o.. **~roep** →SAAMROEP. **~ry** →SAAMRY. **~sing** *saamge=* join in a song; sing along; →SAMESANG. **~singery** singalong. **~skool** *saamge=* band/flock together, assemble, mob (together); shoal. **~skraap** *saamge=* scrape together, collect. **~slaan** *saamge=: die hande ~, (poet., liter.)* smite one's hands together. **~slaap** *saamge=* bunk together; sleep together, share a bed *(as lovers).* **~sleep** *saamge=* drag along, *(infml., <Yidd.)* schlep(p) (along); force to accompany, entrain, bring in its train; *iem. na ... ~* drag s.o. off to ... **~smee** *saamge=* forge/ weld together; knit (hearts) together. **~smelt** →SAAMSMELT. **~snoer** →SAAMSNOER. **~span** *saamge=* unite, cooperate, join hands, club together; conspire, plot *(against);* collude; *met iem.* ~ combine with s.o.; be in league with s.o.; collude (*or* be in collusion) with s.o.; *hulle span (met mekaar) saam* they are joining forces (with one another); *teen iem.* ~ gang up against/on s.o.; be in league against s.o.. **~speel** *saamge=* play together, join/participate in a game/play, combine (in play); cooperate, *(fig.)* play ball; act *(in a play); (golf)* tee up with; →SAMESPEL; *met iem.* ~ *(om iets onwettigs te doen)* connive with s.o.. **~staan** *saamge=* stand/hang together, act in concert. **~stap** *saamge=* walk with, accompany *(s.o.).* **~stel** →SAAMSTEL. **~stem** *saamge=* agree, be in agreement, concur, see eye to eye, be at one; chime; subscribe to *(a belief etc.);* harmonise; *almal stem saam dat ...* it is common cause that ...; *en ons stem almal saam* and so say all of us; *daar (oor) stem ek (met jou) saam* I am with you there; *ek stem saam* I agree; *ek stem volkome/volmondig saam* I couldn't agree more; *ek stem nie saam nie* I beg to differ; *geheel en al met iem.* ~ agree/be with s.o. all the way; *nie met iem.* ~ *nie* differ from/with s.o., be in disagreement with s.o.; *nie met iem.* ~ *oor iets nie* disagree with s.o. about s.t.; *oor iets* ~ agree about s.t.; agree on/upon s.t.. **~stroom** *saamge=* flow together, unite; flock together, assemble, converge; mob. **~stuur** *saamge=* send on/along *(with).* **~sweer** →SAAMSWEER. **~tel** *saamge=* count/add up, count for s.t.. **~trek** *n. & vb.* → SAAMTREK *n. & vb..* **~tros** *saamge=* cluster, herd, bunch. **~val** →SAAMVAL. **~vat** →SAAMVAT. **~vleg** *saamge=* plait/braid/tie/ string/weave together, interlace, knit, plash *(branches).* **~vloei** →SAAMVLOEI. **~voeg** →SAAMVOEG. **~voel** *saamge=* be in sympathy (*or* sympathise) with; *met iem.* ~ be sympathetic to(wards) s.o., feel sympathy for s.o., have sympathy with s.o.. **~wees** togetherness; →SAMESYN. **~werk** →SAAMWERK. **~woon** →SAAMWOON.

**saam·bly** *saamge=* stay/live together; →SAAMWOON. **~man, ~vrou** *(also* saamwoonman, *=vrou)* cohabitant, cohabiter, live-in lover/partner/etc..

**saam·bly·er, saam·wo·ner** cohabitant, cohabiter. **saambly·e·ry, saam·wo·ne·ry** cohabitation; communal living.

**saam·drom** *saamge=* crowd/bunch/huddle/mass together, congregate, throng; *in 'n saal/ens.* ~ crowd/pack into a hall/ etc.; *om ... ~* crowd round ... **sa·me·drom·ming** *=mings, =minge* flocking together; trooping; concourse; crush; squash.

**saam·flans** *saamge=* flick/knock together, knock/mock/patch/ rig/run/rustle up, concoct. **sa·me·flan·sing, saam·flan·sing** patching together; patchwork, tissue, conglomeration *(of lies etc.).*

**saam·ge·stel(d)** *=stelde* compound; complex, complicated; aggregate(d); composite; conglomerate; integrate(d); mul

tiplex; *~e blom* composite (flower); *~e oog* compound/ multiplex eye; *~e (vol)sin* complex sentence; *~e woord* compound (word). **saam·ge·steld·heid** complexity.

**saam·hang** *saamge=* hang together, cohere, be connected, be linked together; *met ...* ~ be connected with ...; link up with ...; be incidental to ...; *(nou) met mekaar* ~ be (closely) bound up with one another; *iets hang ten nouste met ... saam, (also)* s.t. is wrapped up in ... **sa·me·hang** coherence, order; cohesion; connection, nexus; inherence; consecution; contiguity; continuity; logicality, (sense of) logic; context; *dit blyk uit die* ~ it appears from the context. **sa·me·han·gend** *=gende* (inter)connected, coherent; cohesive.

**saam·kom** *saamge=, (also, fml.* meekom*)* come together, gather (together), assemble; unite; flock; *in een punt* ~ converge; *kom jy saam?* (are you) coming (along)?, are you coming (with me/us)?; *met iem.* ~ come with s.o.; *om iem./iets* ~ gather round s.o./s.t.. **~plek** gathering/meeting place, rendezvous; joint *(infml.).* **sa·me·koms, saam·koms** *=komste* meeting, gathering, assemblage, get-together, concourse, conference, function; concurrence.

**saam·leef, saam·le·we** *saamge=* live together; cohabit. **saam·le·wend** *=wende* cohabiting; *(biol.)* symbiotic. **sa·mele·wing** *=wings, =winge* society; community; *die* ~ society.

**saam·loop** *saamge=* walk with, accompany *(s.o.),* come too; string along with; meet, come together, converge; concur; *met iem.* ~ walk with s.o.; *mag ek ~?* may I come with you?. **saam·lo·pend** *=pende* concurrent *(lines),* convergent, concomitant. **sa·me·loop** confluence; concourse *(of people);* confluence, meeting point *(of rivers);* coincidence, concurrence; junction; juncture; convergence; ~ *van omstandighede* (con)juncture; *deur 'n* ~ *van omstandighede* by a coincidence.

**saam·neem** *saamge=* take along; take home; take away; take/ consider together; *iets (met jou)* ~ take s.t. with one; *iem. (met jou)* ~ take s.o. with you; give s.o. a lift. **~=ete** takeaway *(food),* portable lunch.

**saam·roep** *saamge=* call together, convene, convoke. **sa·meroe·per, saam·roe·per** convener. **sa·me·roe·ping** calling together, convening, convention, convocation.

**saam·ry** *saamge=* accompany (on a drive/ride); ride/drive/ travel with; *iem. laat* ~ give s.o. a lift; *met iem.* ~ drive (*or* ride along) with s.o.; accompany s.o. on a drive/ride; get a lift from s.o.. **~geleentheid** lift. **~klub** lift club.

**saam·saam** (all) together.

**saam·smelt** *saamge=* melt together; amalgamate, fuse, coalesce, conflate, merge, blend, pool, mass, become one, unite; *met ...* ~ amalgamate with ...; blend in with ... **sa·me·smelting** *=tings, =tinge* fusion, amalgamation; conflation, coalescence; combine, merger; merging, blending.

**saam·snoer** *saamge=* string together, link, coordinate, join (forces). **sa·me·snoe·ring** *=rings, =ringe* linking (together).

**saam·stel** *saamge=* compose, make up, put together, compile; constitute; construct; compound *(words);* confect; *dit is uit ... saamgestel* it is made up of ... **~program** *(comp.)* assembler, assembly program. **~taal** *(comp.)* assembler, assembly language. **sa·me·stel·ler** *=lers* compiler, composer; author; *(comp.)* assembler, assembly program. **sa·me·stelling** *=lings, =linge* composition, make-up; construction, assembly *(of machinery etc.);* compilation; texture; compound (word); compounding; constitution; synthesis.

**saam·sweer** *saamge=* conspire, plot, machinate; *met iem.* ~ conspire with s.o.; *teen iem.* ~ plot/conspire/scheme against s.o.. **sa·me·sweer·der** *=ders* conspirator, plotter. **sa·me·swe·ring** *=rings, =ringe* conspiracy, plot, machination, frame-up.

**saam·trek** *n.* gathering, rally; jamboree. **saam·trek** *saamge=, vb.* draw/pull together; contract *(muscles);* constrict; concentrate *(forces);* gather, rally; draw/pull along. **~spier** contractor. **sa·me·trek·kend, saam·trek·kend** *=kende* contracting; constringent; astringent; *(med.)* systalic. **sa·me·trek**

**king, saam·trek·king** =kings, =kinge pulling/drawing together; concentration (of forces); contraction (of muscles); systole (of the heart); (pathol.) stricture; (med.) traction; constriction.

**saam·val** saamge= fall together, coincide; correspond, con= cur, run concurrently, synchronise; clash; focus; met iets ~ coincide with s.t.; correspond with s.t.; clash with s.t.; ge= deeltelik ~ overlap. **sa·me·val·ling, saam·val·ling** coincidence, concurrence, identity; congruency; synchronising; clash(ing) (of dates etc.); overlapping.

**saam·vat** saamge= take together; summarise, give a résumé of, encapsulate; take with one, take along (with one); iets kort ~ make a résumé of s.t.; boil down s.t. (infml.); iets word deur ... saamgevat s.t. is encapsulated in ... **sa·me·vat·ting** summary, résumé, epitome, recapitulation, synopsis, digest, compendium, condensation; synthesis; abstracting; 'n kort ~ a run-through, a brief outline/summary; 'n ~ van iets gee/ maak give/make a summary of s.t..

**saam·vloei** saamge= flow together, merge, unite, coalesce; converge. **sa·me·vloei·ing** confluence, junction; coalescence.

**saam·voeg** saamge= join, unite; conjugate; synthesise; pool; connect, bracket. **saam·voeg·baar** =bare compatible (mate= rials etc.). **sa·me·voe·ging, saam·voe·ging** union, junction; merger.

**saam·werk** saamge= work/act/pull together, co(-)operate, join hands, collaborate, club together, work in concert, team up (with); combine; yoke; hulle werk (met mekaar) saam, (also) they are joining forces (with one another); skelmpies met iem. ~ play footsie with s.o. (infml.,fig.). **sa·me·wer·king** co(-)op= eration; collaboration; combination; jou ~ gee/verleen give one's co(-)operation; in ~ met ... in co(-)operation/collabo= ration/association/conjunction with ...; in tandem with ... (fig.); met (die) ~ van ... in collaboration/co(-)operation with ...; 'n gees van ~ a co(-)operative/team spirit.

**saam·wo·ner** →SAAMBLYER.

**saam·woon** saamge= dwell together; live together, share rooms; cohabit; hive; →SAAMBLY; met iem. ~ stay/live with s.o.. **~man, ~vrou** →SAAMBLYMAN.

**saans** in the evening; at night.

**Saar:** die ~, (Germ. river) the Saar. **Saar·land** Saarland. **Saar· lan·der** =ders Saarlander.

**saat** sate (grain of) seed; →SAAD.

**Sab·bat** =batte Sabbath; →SABBATS=; die ~ heilig/hou/vier keep the Sabbath; die ~ ontheilig/skend break the Sabbath. **~dag** Sabbath day. **~skender** Sabbath-breaker. **~skending, ~(s)ont= heiliging** Sabbath-breaking.

**Sab·ba·ta·ri·ër** =riërs, n., (also s~) Sabbatarian, Seventh-day Adventist.

**Sab·bats=: ~heiliging, ~viering** Sabbath-keeping, obser= vance of the Lord's day. **s~jaar** sabbatical year; 'n ~ neem take a sabbatical year off. **s~reis** Sabbath-day's journey; short distance; dit is 'n hele ~ it is quite a good distance. **~rus** Sabbath/Sunday rest. **s~verlof** sabbatical; met ~ on sabbatical leave.

**sa·bel¹** =bels, n., (marten) sable, zibeline; (colour, her.) sable. **~pels** sable, zibeline.

**sa·bel²** =bels, n. sabre, sword; met getrokke/ontblote ~ with drawn sword. **sa·bel** ge=, vb., (rare) cut down (with a sword), sabre. **~draer** sabreur. **~hou, ~kap** sabre-cut, -thrust, sword cut. **~skede** scabbard. **~skermer** sabreur. **sa·bel·vor·mig** =mige sword-shaped, shaped like (or in the form of) a sword/ sabre.

**sa·bo·teer** ge= sabotage. **sa·bo·ta·sie** sabotage; op iets ~ pleeg commit sabotage on s.t.. **sa·bo·teur** =teurs saboteur.

**sa·chet** =chets, =chette, (Fr.) sachet.

**Sad·du·se·ër** =seërs, (hist., Jud.) Sadducee, Sadducean. **Sad= du·sees** =sese Sadducean.

**sa·dis** =diste sadist. **sa·dis·me** sadism. **sa·dis·ties** =tiese sa= distic.

**sa·do·ma·so·chis·me** sadomasochism. **sa·do·ma·so·chis** =chiste sadomasochist. **sa·do·ma·so·chis·ties** =tiese sadomas= ochistic.

**sa·er** saers sawyer. **sa·e·ry** sawing; sawmill.

**saf** safte safter, sawwer safste soft; mushy, soggy, squashy; soft, spineless, weak (pers.); →SAG.

**sa·fa·ri** =ri's safari; op ~ gaan (go on) safari. **~kamp** safari camp. **~pak** safari suit.

**saf·fi·aan** saffian, morocco (leather).

**saf·fier** =fiere sapphire; (no pl.) sapphire (blue). **~blou** sap= phire (blue) (pred.), sapphire-blue (attr.), sapphirine. **~steen** (uncut) sapphire.

**saf·fier·ag·tig** =tige sapphirine.

**saf·floer** (bot.) safflower.

**saf·fraan** (colour) saffron. **~blom** crocus. **~geel** saffron. **~peer** saffron pear.

**saf·fraan·kleur** saffron. **saf·fraan·kleu·rig** =rige saffron.

**sag** sagte sagter sagste, adj. soft (in most senses); light (touch); gentle (breeze, slope); mild (steel); pliable (leather); smooth (skin; wine, brandy); low (voice); muffled (tread); meek; lenient; sweet (temper); tender; mild, balmy (climate); →SAGTE=; ~te band soft cover, paperback; ~te dwelm(middel) soft drug; ~te fokus, (phot.) soft focus; so ~ soos 'n lam as meek as a lamb; ~te landing soft landing; 'n ~te landing doen soft= land, make a soft landing; ~te porno(grafie) soft(-core) porn(ography); ~te speelding soft toy; 'n man/ens. met 'n ~te stem a soft-spoken man/etc.; ~te vrugte soft fruit; → SAGTEVRUGTE. **sag** adv. softly, lightly, gently, mildly; iem. ~/saggies/sagkens behandel treat s.o. gently; go easy on s.o., let s.o. off lightly; handle s.o. with kid gloves; ~ gekook (of saggekook) soft-boiled; dit is ~ gestel that is an understate= ment; iem. het ~ heengegaan/ontslape s.o. passed away peacefully; ~ loop tread/walk softly; ... ~ maak soften (up) ... (an opponent etc.); macerate ... (dried fruit etc.); ten= derise ... (meat etc.); iem. ~ oordeel judge s.o. leniently; ~(gies) praat speak softly/low, speak/talk in hushed tones/ voices; ~ter praat drop/lower one's voice; iets ~ stel under= state s.t.; om dit ~ uit te druk to put it mildly. **~maakmid= del** =dels softener.

**sa·ga** =gas, (Norse) saga.

**Sa·ga·ri·a** (OT) Zechariah; (NT) Zachariah, Zacharias, Zachary.

**sa·ge** =ges legend, story, cycle; (Norse) saga.

**sag·ga·rien, sak·ka·rien** saccharine. **sag·ga·ri·me·ter, sak·ka·ri·me·ter** saccharimeter.

**sag·ge·aard** =aarde gentle, mild-mannered, sweet-tempered. **sag·ge·aard·heid** gentleness, mildness.

**sag·gies** softly, gently, slowly; iem. ~ behandel →SAG adv.; ~/sagkens met iem./iets werk deal gently with s.o./s.t.; be soft on s.o./s.t. (infml.); om dit (maar) ~ te stel to say the least (of it).

**sa·git·taal** =tale sagittal; ~tale kam, (zool.) sagittal crest.

**Sa·git·ta·ri·us** (astron., astrol.) Sagittarius, the Archer.

**sag·kens** gently, softly; iem. ~ behandel →SAG adv.; ~ met iem./iets werk →SAGGIES.

**sag·moe·dig** =dige mild, gentle, meek, benign, sweet-tem= pered, soft-centred. **sag·moe·dig·heid** gentleness, mildness, benignity, good temper.

**sa·go** sago. **~poeding** sago pudding.

**sa·gryn(·leer)** shagreen.

**sag·sin·nig** =nige mild(-mannered), gentle(-minded), meek, sweet-tempered.

**sag·te=: ~bal** softball. **~band(boek)** paperback, softcover book. **~banduitgawe** paperback edition. **~vrugte** deciduous fruit. **~ware** (comp.) software; →PROGRAMMATUUR. **~waremaat= skappy** software company/house. **~warepakket** software package.

**sagt·heid** softness, gentleness, mildness, lightness.

**Sa·ha·ra** Sahara.

**saint·pau·li·a** (*bot.*) saintpaulia, African violet.

**sak**[1] *sakke, n.* sack, bag (*of corn, coal, etc.*); pocket (*in clothes; of sugar*); pouch (*for tobacco, ammunition; in marsupials*); sac; cyst; haversack; swag; cod end (*of a trail net*); →SAKKIE; *in ~ en as sit/wees,* (*fig.*) be in sackcloth and ashes; *dit bring iem. niks in die ~ nie* s.o. gains nothing by it; *een/'n ~ koring/ens.* a bag of wheat/etc.; *wat het dit hom/haar in die ~ gebring?* what has he/she got to show for it?; *dit het iem. R2000 uit die ~ geja(ag),* (*infml.*) it set s.o. back R2000; *honderd ~(ke) koring/ens.* a hundred bags of wheat/etc.; ... *ja(ag) iem. (baie) geld uit die ~* (of [baie] geld uit iem. se ~), (*infml.*) ... costs s.o. (a lot of) money; *uit iem. se ~ leef/lewe,* (*infml.*) freeload on s.o.; *jou ~ke omkeer/leegmaak* turn out one's pockets; *~ke onder die oë* bags under the eyes; (*met*) *~ en pak* (with) bag and baggage; *jou hand in jou ~ steek* put one's hand in one's pocket; *die/jou hand in die ~ steek,* (*fig.*) loosen the purse strings; *iets in jou ~ steek* pocket s.t.; *iets vat aan iem. se ~,* (*infml.*) s.t. makes a hole in s.o.'s pocket; *'n ~ (vol) a bag-/sack-/pocketful of* ...; *~ke vol geld* bags/loads/stacks of money. **~boek(ie)** pocket-, notebook. **~boekrekenaar** notebook (computer). **~breuk** scrotal hernia. **~broek** baggy trousers, bags. **S~bybel(tjie)** pocket Bible. **~derm** (*anat.*) caecum, blind gut. **~doek** handkerchief. **~formaat** pocket size; *in ~* pocket-size(d). **~geld** pocket/spending money. **~horlosie, ~oorlosie** (pocket) watch. **~linne** sackcloth, bagging. **~mes** pocket-, penknife. **~net** bag net. **~pistool** der(r)inger, pocket pistol. **~re(i)sies, ~(wed)loop** sack race. **~rekenaar** pocket calculator. **~rok** sack (dress). **~vorming** bagging. **~woordeboek** pocket dictionary.

**sak**[2] *ge-, vb.* sink (*in water, to the ground*); settle, subside; fall, drop, go down; lose height; sag; slump; (*rugby*) scrum; flag; gravitate; *die bal laat ~,* (*golf*) sink a putt; *'n boot laat ~* lower a boat; (*in*) *'n eksamen ~* fail (in) an examination; *inmekaar ~* collapse; break down; crumple up; curl up; go to pieces; *die koei wil nie ~ nie* the cow will not give her milk; *iem. laat ~* fail s.o. (*in an examination*); *iets laat ~* lower s.t.; let down s.t. (*a blind etc.*); ring down s.t. (*a curtain*); wind down s.t.; *die/jou kop laat ~* hang one's head; *die/jou stem laat ~* drop one's voice; *pryse ~* prices fall (*or* go down); *die son ~* the sun is sinking. **~boog** drop arch. **~tyd** deadline (*at a newspaper*); *'n ~ haal* meet a deadline.

**sa·ke** (*Jap.*) →SAKI[2].

**sa·ke·:** **~belange** business interests. **~besoek** business call. **~bestuur** business administration. **~bestuurder** (business) executive. **~brief** business/official letter. **~buurt, ~gebied** business area/district. **~ete** business lunch. **~etiek** business ethics. **~gebied:** *op ~* in the line of business. **~kamer** chamber of business/commerce. **~kennis** business experience; practical/expert knowledge; authoritativeness. **~lewe:** *die ~* business; *in die ~* in business. **~lisensie** business licence. **~lui, ~mense** *n.* (*pl.*) business people. **~lys** agenda; roll of court. **~man** *-manne,* (*vrou* -vroue businesswoman; *~ wees* be in business; *~ word* go into business. **~model** business model. **~omgewing** business environment. **~onderneming** business (concern/undertaking). **~plan** business plan. **~reg** (*jur.*) law of things. **~reis** business trip/tour; *op 'n ~ wees* travel on business. **~skool** business school. **~studie** business studies. **~vernuf, ~sin** business sense/acumen. **~wêreld** business circles/community; *in die ~* in business; *tot die ~ toetree* go into business.

**sa·ki**[1] *-ki's,* (*S.Am. monkey*) saki.

**sa·ki**[2] (*Jap.*) saké, sake, saki, rice beer.

**sak·ka·rien** →SAGGARIEN.

**sak·ke·rig** *-rige* baggy; *~ wees/word* bag.

**sak·ke·rol·ler** pickpocket. **sak·ke·rol·le·ry** pickpocketing.

**sak·kie** *-kies* small sack; little bag; pocket; sachet; (*biol.*) sac; (*anat.*) utricle; (*anat.*) follicle.

**sak·king** *-kings, -kinge* sinking; sag(ging); subsidence; loss of height; drop (*of a door*); slump; drawdown (*of groundwater level*).

**sa·kraal** *-krale,* (*anat.*) sacral.

**sa·kra·ment** *-mente* sacrament; *die laaste ~e toedien* administer the last rites/sacraments. **sa·kra·men·teel** *-tele* sacramental.

**sa·kris·tein** *-teine,* (*RC*) sacristan.

**sa·kris·tie** *-tieë,* (*RC*) sacristy, vestry.

**sa·kro·i·li·a·kaal** *-kale,* (*anat.*) sacroiliac.

**sa·krum** (*anat.*) sacrum.

**Sak·se** (*Germ.*) Saxony. **Sak·ser** *-sers* Saxon. **Sak·sies** *n.,* (*Germ. dial.*) Saxon. **Sak·sies** *-siese, adj.* Saxon; *~e porselein* Dresden china. **sak·sies·blou** Saxon blue.

**sak·so·foon** →SAXOFOON.

**sak·vor·mig** *-mige* saccate.

**sal** *sou* shall, will; →SOU; *iem. ~ bly wees* s.o. will (*or, esp. first pers.* shall) be glad; *iem. ~ iets doen* s.o. will (*or, esp. first pers.* shall) do s.t.; *dit ~ net 'n ... doen* it takes a ... to do that; *ek sê vir jou jy ~ dit nie doen nie* I tell you you shall not do it; *sal jy asseblief kom?* would you mind coming?.

**sa·laam** *-laams, n.,* (<*Arab.: Muslim salutation*) salaam. **sa·laam** *ge-, vb.* salaam.

**sa·la·man·der, sal·man·der** *-ders,* (*amphibian*) salamander.

**sa·la·mi** *-mi's* salami.

**sa·la·ris** *-risse* salary, pay; emolument (*fml.*); stipend; *'n (goeie) ~ kry/verdien* earn a good salary; *met volle ~* on/with full salary, on full pay; *met halwe ~* on half pay; *met/op 'n ~ van ...* at/on a salary of ...; *'n ~ trek* draw a salary. **~aanpassing** salary adjustment. **~kerf** salary notch. **~pakket** salary package. **~skaal** salary/pay scale, scale of pay. **~strokie** pay slip. **~tjek** pay/salary cheque. **~trekker** *-kers* salary drawer, salaried person, stipendiary; (*in the pl., also*) salariat. **~verhoging** salary/pay increase, pay hike, rise in salary, (*Am.*) raise. **~vermindering, ~verlaging** salary/pay reduction/cut, cut/decrease in salary. **~vlak** salary level.

**sal·do** *-do's* balance; excess; *batige ~* credit balance, balance in hand; surplus; *beskikbare ~* credit balance, balance in hand; *~ betaalbaar* balance payable; *gunstige/voordelige ~* favourable balance; *nadelige ~* debit balance; deficit; *~ oorgebring* balance brought forward; *~ oorgedra* balance carried forward. **~bedrag** balance amount.

**Sa·le·si·aan** *-siane, n.,* (*member of RC order*) Salesian. **Sa·le·si·aans** *-aanse, adj.* Salesian.

**salf** *salwe, n.* ointment, salve; balm; unction; *~ aansmeer* put on (*or* apply) ointment; *daar is geen ~ (meer) aan te smeer nie,* (*fig.*) it is past praying for; *daar was geen ~ (meer) aan te smeer nie,* (*fig.*) s.o. gave it up for a bad job; *daar is geen ~ aan iem. te smeer nie,* (*fig.*) s.o. is incorrigible; s.o. is beyond/past redemption; *~ vir die siel* good for the soul; *vloeibare ~* liniment. **salf** *ge-, vb.,* (*also* salwe) anoint; salve. **~olie** anointing oil, chrism. **~pot** ointment pot.

**sal·fie** *-fies* ointment; *'n ~ vir die seer(plek),* (*fig.*) a balm/salve to s.o./s.t..

**sa·lie** *-lies,* (*bot.*) sage; salvia. **~-en-uie(-)vulsel** sage and onion (stuffing). **~groen** sage (green).

**sa·lig** *-lige -liger -ligste, adj.* blessed, blest; heavenly, glorious, blissful; happy; delightful; *iem. ~ maak,* (*Chr.*) save s.o.; *iem. ~ spreek,* (*dated*) bless s.o.; *'n ~e vakansie* a glorious holiday; *iem. ~ verklaar,* (*RC*) beatify s.o.; *~e verligting* profound relief; *~ word,* (*Chr.*) be saved. **sa·lig** *adv.* blessedly, blissfully; *~ onbewus van iets* blissfully/blithely unaware/ignorant of s.t.. **sa·li·ger:** *gedagtenis* of blessed memory; *my tante/ens. ~ (gedagtenis)* my late aunt/etc.. **sa·lig·heid** salvation, blessedness, bliss, joy, beatitude. **sa·lig·ma·kend** ₌kende₌ saving, sanctifying, beatific. **Sa·lig·ma·ker:** die ~, (Chr. theol.) the Saviour. **sa·lig·ma·king** salvation, saving. **sa·lig·spre· king** ₌kinge, ₌kings, **sa·lig·ver·kla·ring** ₌ringe, ₌rings, (RC) beati= fication; die S~e, (NT) the Beatitudes.

**sa·li·siel** (chem.) salicyl. **~suur** salicylic acid.

**Sal·joet** (hist. Russ. space station) Salyut.

**salm** salm(s), (icht.) salmon; gerookte ~ smoked salmon; jong ~ samlet, pink, grilse, laspring, smolt. **~forel** sea/salmon/bull trout.

**sal·man·der** →SALAMANDER.

**sal·mi** (cook.) salmi.

**sal·mi·ak, sal·am·mo·ni·ak** ammonium chloride.

**salm·kleur** salmon-pink. **salm·kleu·rig** ₌rige salmon(-pink).

**sal·mo·nel·la** ₌las, (bacterium) salmonella. **~-infeksie, sal= monellose** (med.) salmonellosis.

**Sa·loe·ki(-hond)** Saluki (dog).

**sa·lo·mi(e)** ₌mi's, ₌mies, (Mal. cook.) salomi.

**sa·lon** ₌lonne, ₌lons salon; (on a ship, train) saloon; (rare, fml.) reception/drawing room; →SKOONHEIDSALON. **~musiek** salon music. **~rytuig, ~wa** (rly.) saloon car(riage).

**sa·lot** ₌lotte, **sa·lot·ui** ₌uie shallot; scallion, green/spring onion.

**sal·pe·ter** n. (no pl.) saltpetre, nitre, potassium nitrate. **~suur** nitric acid. **~suursout** nitrate.

**sal·pe·ter·ag·tig** ₌tige, **sal·pe·te·rig** ₌rige nitrous. **sal·pe· te·rig·suur** nitrous acid.

**sal·pin·gek·to·mie** (surg.: removal of a Fallopian tube) sal= pingectomy.

**sal·pin·gi·tis** (med.) salpingitis.

**sal·sa** (Lat. Am. dance, mus.) salsa. **~(sous)** (Mex. cook.) salsa. ~ verde(-sous) salsa verde.

**sa·lu·eer** ge₌ salute; met die vlag ~ dip the flag. **sa·lu·ta·sie** ₌sies salutation.

**sa·luut** ₌lute, n. salute; die ~ bring/gee give the salute; 'n ~ erken/beantwoord acknowledge/return a salute; 'n ~ van sewe skote is gegee a salute of seven guns was fired; die ~ waarneem take the salute. **~houding** salute; in die ~ kom/ staan come to (or stand at) the salute. **~skoot** ₌skote salute; ~skote los fire a salute. **~stryking** dip (of a flag).

**Sal·va·do·ri·aan** ₌riane, n., (citizen of El Salvador) Salvo= dorean. **Sal·va·do·ri·aans** ₌aanse, adj. Salvadorean.

**sal·vo** ₌vo's salvo, volley, round; 'n ~ afvuur discharge/fire a volley.

**sal·war** (Ind. women's pants) salwar. **~-kameez** (pants with tunic) salwar-kameez.

**sal·we** ge₌ →SALF vb.. **sal·wend** ₌wende unctuous. **sal·wing** ₌wings, salve anointing, unction; unctuousness.

**Sa·ma·ri·taan** ₌tane, n., (NT; also fig: s~) Samaritan; 'n barm= hartige ~ a good Samaritan. **Sa·ma·ri·taans** ₌taanse, adj., (also s~) Samaritan.

**sa·ma·ri·um** (chem., symb.: Sm) samarium.

**sam·ba** ₌bas, (Braz. dance) samba.

**sam·bal** (Mal. cook.) sambal. **~slaai** spiced salad.

**sam·bok** ₌bokke, n. sjambok; horsewhip; riding crop/whip. **sam·bok** ge₌, vb. (whip with a) sjambok.

**sam·breel** ₌breels, ₌brele umbrella, parasol; (bot.) pileus; 'n ~ oopmaak unfurl an umbrella. **~boom** umbrella/cabbage tree. **~staander** umbrella stand. **sam·breel·vor·mig** ₌mige umbrella-shaped.

**sam·bu·ca** (It. liqueur) sambuca.

**sa·me·drom·ming** →SAAMDROM.

**sa·meet** (text.) samite.

**sa·me·flan·sing** →SAAMFLANS.

**sa·me·hang** →SAAMHANG.

**sa·me·ho·rig, saam·ho·rig** ₌rige belonging together, re= lated, homogeneous, with a common purpose, coherent; →SAAMHOORT. **sa·me·ho·rig·heid, saam·ho·rig·heid** solidari= ty, unity, cohesion, togetherness; uit ~ met … in solidarity with … **sa·me·ho·rig·heids·ge·voel, saam·ho·rig·heids·ge· voel** feeling of solidarity, fellow feeling, communal sense, esprit de corps, coherence.

**sa·me·koms** →SAAMKOM.

**sa·me·le·wing** →SAAMLEEF.

**sa·me·loop** →SAAMLOOP.

**sa·me·roe·per, sa·me·roe·ping** →SAAMROEP.

**sa·me·sang** ensemble singing; community singing; →SAAM= SING.

**sa·me·smel·ting** →SAAMSMELT.

**sa·me·snoe·ring** →SAAMSNOER.

**sa·me·spel** combination, understanding; teamwork; part= nership; ensemble (playing); →SAAMSPEEL.

**sa·me·spre·king** ₌kings, ₌kinge discussion; talk; meeting; con= ference; interview; conversation; ~s voer have (or meet for) discussions/talks.

**sa·me·stel·ler, sa·me·stel·ling** →SAAMSTEL.

**sa·me·sweer·der, sa·me·swe·ring** →SAAMSWEER.

**sa·me·syn** meeting, gathering, assembly, togetherness, being together; →SAAMWEES.

**sa·me·trek·kend, sa·me·trek·king** →SAAMTREK.

**sa·me·val·ling** →SAAMVAL.

**sa·me·vat·ting** →SAAMVAT.

**sa·me·vloei·ing** →SAAMVLOEI.

**sa·me·voe·ging** →SAAMVOEG.

**sa·me·wer·king** →SAAMWERK.

**Sa·mi** (nomadic people from Lapland) Sami.

**Sa·mi·ër, Sa·mies** →SAMOS.

**Sa·mo·a** Samoa. **~-eilande** Samoa Islands.

**Sa·mo·aan** ₌moane, n. Samoan. **Sa·mo·aans** n., (lang.) Sa= moan. **Sa·mo·aans** ₌aanse, adj. Samoan.

**sa·moem** ₌moems, (desert wind in Arab., N.Afr.) simoom, si= moon, samiel.

**sa·moe·rai, sa·moe·rai** n. (sing. & pl.), (Jap. warrior caste) samurai.

**sa·moe·sa, sa·mo·sa** ₌sas, (Ind. cook.) samosa, samoosa.

**Sa·mo·jeed** ₌jede, (member of a Siberian people; breed of dog) Samoyed. **Sa·mo·jeeds** n., (lang.) Samoyedic. **Sa·mo·jeeds** ₌jeedse, adj. Samoyed(ic).

**Sa·mos** (Gr. island) Samos. **Sa·mi·ër** ₌miërs, n., (inhabitant) Samian. **Sa·mies** ₌miese, adj. Samian.

**Sa·mo·thra·ke** (Gr. island) Samothrace.

**sam·pan** ₌pans, (Chin., small boat) sampan.

**sam·pi·oen** ₌pioene, (Agaricus spp.) (edible) mushroom, (Fr.) champignon. **~roomsop** cream of mushroom soup. **~room= sous** mushroom cream sauce; hoender in 'n ~ chicken à la king. **~sop** mushroom soup.

**sam·sa·ra** (Skt., Hind. & Buddh.: endless cycle of birth and death) samsara.

**San** n. (collect.), (aboriginal people) San; →BOESMAN. **~skilde= ry, ~tekening** San painting. **~taal** ₌tale San language.

**sa·na·to·ri·um** ₌riums, ₌ria sanatorium.

**sand** sand; grit, dirt; iets met ~ bedek/bestrooi/meng sand s.t.; op ~ gebou, (esp. fig.) built on sand; soos (droë) ~ aan= mekaar hang lack coherence, be disjointed/rambling; ~ in iem. se oë strooi, iem. ~ in die oë strooi, (infml., fig.) throw dust in (or pull the wool over) s.o.'s eyes. **~-aal** ₌ale launce, sand eel, lance. **~appel** sand apple. **~bad** (a laboratory vessel) sand bath; dust bath (of birds). **~bak** sandbox. **~bank** sand= bank, sand bar, shoal, shelf. **~bedding** sand bed. **~berg** sand-hill, mountain of sand. **~(be)spuiting** sandblasting, gritblasting. **~bloue, ~stompkop** (icht.) black musselcracker.

~**duin** sand dune. ~**gat** sand hole. ~**glas** →SANDLOPER. ~**groef, ~kuil** sandpit. ~**grond** sandy soil/ground. ~**heuwel** sand-hill. ~**hoop** sand-pile, heap/mound/pile of sand. ~**kas, ~kis** sandbox. ~**kasteel** sand castle. ~**klip, ~steen** sand= stone, freestone; *growwe* ~ gritstone, rag(stone). ~**korrel** grain of sand. ~**kruiper** *(icht.)* guitarfish. ~**kuil** *(golf)* bunker. ~**laag** layer of sand. ~**lelie, ~ui** forest lily. ~**loper, ~glas** sandglass, hourglass, minute glass; egg glass/timer. ~**mannetjie:** *die* ~ the sandman. ~**paadjie** sandy path. ~**pad** sandy road. ~**pa= trys** *(orn.)* sandgrouse. ~**plaat** expanse of sand; sandbank, shoal. ~**put** sandpit *(for children to play in).* ~**pypie** *(bot.)* mauve afrikaner. ~**sak** sandbag. ~**sif** screen. ~**slang** sand snake. ~**spuit** *n.* sand-spray, sandblast, gritblast; sandblaster. ~**spuit** *ge=, vb.* sandblast, sand-spray, gritblast. ~**steen** → SANDKLIP. ~**stompkop** →SANDBLOUE. ~**storm** sandstorm. ~**straal** *n.* sandblast, sand jet. ~**straal** *ge=, vb.* sandblast, grit= blast. ~**strand** sandy beach. ~**streek** sandy region/district. ~**strooier** sandbox, pounce box. ~**suier** sand pump, sand= dredger. ~**suiker** crystallised honey/syrup. ~**trapper** *=pers, (derog.)* clodhopper, country bumpkin, yokel, *(SA sl.)* moe= goe, mugu; *(in the pl., infml.: large shoes)* clodhoppers, beetle= crushers. ~**ui** →SANDLELIE. ~**veld** →SANDVELD. ~**vlakte** sand= flats, sandy flat/plain. ~**vlieg** sandfly; owl midge. ~**vlooi** sand flea; chigoe, chigger, jigger (flea); sand flea. ~**woestyn** sandy desert/waste. ~**wol** sandy/gritty/earthy wool. ~**wurm** sand= worm.

**san·daal** *=dale* sandal.

**san·del·:** ~**boom** sandal (tree). ~**hout** sandalwood. ~**olie** sandalwood oil.

**san·de·rig** *=rige* sandy; arenaceous; gritty. **san·de·rig·heid** sandiness; grittiness; grit.

**sand·veld** sandveld, sandy region; *die S~* the Sandveld. **Sand·vel·der** *=ders* Sandveld dweller, Sandvelder.

**sa·neer** *(ge)=, (econ.)* rationalise; restore to health, strengthen, put in a sound condition. **sa·ne·ring** *(econ.)* rationalisation; strengthening, restoring, making healthy.

**sang** *(vocal music)* song, singing; ~ *studeer* study voice/sing= ing; *die* ~ *van voëls* the song of birds, birdsong. ~**aand** evening of song; singsong. S~**berg:** *die* ~, *(Gr. myth.)* the mountain of the Muses; Parnassus; Helicon. ~**bundel** songbook. ~**fees** song festival, festival of song. ~**geselskap** choral society, choir. ~**god** *(class. myth.)* god of song, Apollo. ~**godin** Muse, muse. ~**koor** choir. ~**kuns** (art of) singing. ~**kursus** sing= ing class, course in singing. ~**les** singing lesson. ~**lus** love of singing/song. ~**lyster** *(orn.: Turdus philomelos)* song thrush. ~**metode** method of singing. ~**musiek** vocal music. ~**nom= mer** song, vocal item. ~**oefening** singing exercise/practice; singsong. ~**onderwys** singing lessons. ~**onderwyser(es)** singing teacher, teacher of singing. ~**ryk** *=ryke* melodious, tuneful. ~**rykheid** melodiousness, tunefulness. ~**stem** sing= ing voice. ~**ster** *=sterre* singing star, star vocalist. ~**vereni= ging** choral society; glee club. ~**voël** songbird. ~**wedstryd** singing contest/competition; eisteddfod.

**san·ger** *=gers* singer, vocalist; songbird, warbler. ~**liedjie= skrywer** singer-songwriter.

**san·ge·res** *=resse* (female) singer/vocalist.

**san·ge·rig** *=rige* melodious, songful, tuneful; lilting *(voice, accent)*; singsong; ~ *praat* lilt. **san·ge·rig·heid** melodious= ness, tunefulness, songfulness; lilt.

**san·go·ma** *=mas, (Zu., a trad. healer)* sangoma.

**san·gri·a** *(Sp., a spicy alcoholic beverage)* sangria.

**san·gui·nies** *=niese* sanguine.

**San·he·drin, San·he·drin** *(Jud., hist.)* Sanhedrin, *=drim.*

**sa·nik** *ge=* nag, moan, whine, *(infml.)* whinge; drone, be a bore; *oor iets* ~ nag about s.t.; *oor iets bly* ~ go on about s.t. *(infml.); hou op (met)* ~ stop bothering me. **sa·ni·ker** *=kers* nag(ger), moaner, whiner, *(infml.)* whinger, whinge (bag); bore. **sa·ni= ke·rig** *=rige, adj.* moany, whiny, *(infml.)* whing(e)y. **sa·ni·ke= ry** nagging, moaning, whining, *(infml.)* whinge, whing(e)ing.

**sa·ni·ta·sie** sanitation.

**sa·ni·têr** *=têre* sanitary; ~*e doekie* sanitary pad/towel; ~*e teg= niek* sanitary engineering; ~*e tegnikus* sanitary engineer.

**sank·sie** *=sies, n.* sanction; ~*s teen ... toepas* apply sanctions against ...; *sonder kerklike* ~ without benefit of clergy. **sank= si·o·neer** *ge=, vb.* sanction; ratify, authorise; countenance.

**San·skrit** *(ancient lang. of Ind.)* Sanskrit. **San·skri·ties** *=tiese* Sanskritic. **San·skri·tis** *=tiste* Sanskritist.

**Sa·oe·di** *=di's,* **Sa·oe·di·ër** *=diërs, n., (citizen)* Saudi (Ara= bian). **Sa·oe·di-A·ra·bi·ë** *(geog.)* Saudi Arabia. **Sa·oe·di-A·ra= bies** *=biese,* **Sa·oe·dies** *=diese, adj.* Saudi (Arabian).

**Sap** *Sappe, (SA pol. hist.)* Sap, South African Party *(or* United Party*)* supporter.

**sap** *sappe* juice; sap; *vol* ~ juicy. **sap·loos** *=lose* sapless. **sap= pies** *(children's lang.)* juice. **sap·pig** *=pige* juicy, sappy, lus= cious, succulent, mellow; ~*e taal* racy/spicy language. **sap= pig·heid** juiciness, lusciousness; succulence; raciness; lush= ness. **sap·ryk** *=ryke* sapful, sappy, juicy, succulent. **sap·ryk= heid** sappiness, juiciness.

**sa·pe·le** sapele. ~**hout** sapele. ~~**mahonie** sapele mahogany.

**sap·peer** *(ge)=, (mil.)* sap. **sap·peur** *=peurs* sapper.

**sa·pro·fiet** *=fiete, (bot.)* saprophyte. **sa·pro·fi·ties** *=tiese* sapro= phytic.

**sa·ra·ban·de** *=des, (mus.)* saraband.

**Sa·ra·seen** *=sene, (hist.)* Saracen. **Sa·ra·seens** *=seense* Saracen.

**sar·dien(·tjie)** *=diens, =tjies* sardine; *soos ~s gepak sit* be (packed) like sardines.

**sar·dien·tjie:** ~**blik, sardiensblik** sardine tin. ~**koors** *(SA, fig.)* sardine fever. ~**loop** sardine run *(off the KZN coast).*

**sar·do·nies** *=niese, adj.* sardonic. **sar·do·nies** *adv.* sardoni= cally.

**sar·dyn** *=dyne* pilchard.

**Sar·gas·so-see** Sargasso Sea.

**sa·ri** *=ri's, (Ind. garment)* sari, saree.

**sar·kas·me** sarcasm; *bytende/snydende/vlymende* ~ scathing sarcasm.

**sar·kas·ties** *=tiese =tieser =tiesste* (of *meer* ~ *die mees =tiese*), *adj.* sarcastic, *(infml.)* sarky, caustic, mordant. **sar·kas·ties** *adv.* sarcastically, caustically.

**sar·ko·faag** *=kofae, (archaeol.)* sarcophagus, cist.

**sar·koom** *=kome, (med.)* sarcoma.

**sa·rong** *=rongs, (Mal. garment)* sarong.

**sar·sa·pa·ril·la** *(bot.: Smilax* spp.; *drink)* sarsaparilla.

**sar·sie** *=sies* volley, salvo, discharge; burst; *(tennis)* rally; *'n ~ afvuur* discharge/fire a volley; *'n ~ applous* a round/salvo of applause; *'n ~ (skote)* a round (of fire). ~**geweer** sub= machine gun, tommy gun.

**sas** *(<Germ.)* combustible material.

**sa·sji·mi** *(Jap. cook.)* sashimi.

**sas·sa·fras** *(bot.)* sassafras.

**sat** ~ *satter satste, adj. & adv.* satiated, sated; tired; sick; *(oud en) der dae/dagen* ~ worn with age; ~ *raak van iets* sicken of s.t.; ~ *raak/word van/vir iets* weary of s.t.; ~ *van ...* re= plete with ...; sated/satiated with ...; ~ *van/vir iets* weary *(or* heartily sick *or* sick and tired *or* sick to death) of s.t.; ~ *vir iem., (infml.)* fed up (to the back teeth *or* to the gills) with s.o., sick of s.o. **sat·heid** satiety; surfeit; weariness, tired= ness. **sat·wor·dens:** *tot* ~ *(toe)* to satiety.

**sa·tan** *=tans* devil, fiend; *(with cap., relig.)* Satan, the Devil; *ou S~* the (old) Serpent; *'n ~ van 'n vrou, 'n satanse vrou* a she-devil. **sa·ta·nies** *=niese, (also S~)* satanic(al), diabolic(al). **sa·ta·nis** *=niste, (also S~)* Satanist, devil worshipper. **sa·ta= nis·me** *(also S~)* Satanism, devil worship. **sa·ta·nis·ties** *=tiese, (also S~)* satanic; *'n ~e rituel* a satanic ritual. **sa·tans** *=tanse* satanic, hellish. **sa·tans·kind** *(infml.)* child of the devil; nasty (piece/bit of work), devil (of a person); imp. **sa·tans·werk** devil's work; devilish work, hell of a job.

**sa·té** *(Mal. cook.)* satay, satai, saté.

**sa·tel·liet** *-liete, (astron.)* satellite; *(man-made)* (artificial) satel=
lite. **~dorp** satellite town. **~kampus** satellite campus. **~navi=
gasie** *(naut.)* satellite navigation, satnav. **~navigasiestelsel**
satnav system. **~skottel** satellite dish, dish (aerial/antenna).
**~staat** satellite state. **~stad** overspill town. **~televisie, ~~TV**
satellite television/TV. **~uitsending** satellite broadcast; *reg=
streekse/direkte ~* live satellite broadcast, direct broadcasting
by satellite.

**sa·tem·taal** satem language.

**sa·ter** *-ters, (Gr. myth.)* satyr; *(Rom. myth.)* faun. **~spel** satyric
drama.

**Sa·ter·dag** *-dae* Saturday; *iets ~ doen* do s.t. on Saturday; *op
'n ~* on a Saturday; *(op) ~, -dae* (on) Saturdays. **Sa·ter·dag=
se** *adj. (attr.):* ~ *uitgawe* Saturday issue *(of a newspaper)*.

**sa·ti, sut·ti** *(Hind.: immolation of a widow on her husband's
funeral pyre)* suttee, sati.

**sa·ti·neer** *ge-* satin, hot-press. **~pers** hot press.

**sa·ti·net** *(text.)* satinet(te).

**sa·ti·re** *-res* satire. **sa·ti·ries** *-riese* satiric(al). **sa·ti·ri·kus** *-ri=
kusse, -rici* satirist. **sa·ti·ri·seer** *ge-* satirise.

**sa·tis·fak·sie** satisfaction; *~ gee/eis* give/demand satisfaction.

**sa·to·ri** *(<Jap., Buddh.: sudden enlightenment)* satori.

**Sat·soe·ma** *(hist. Jap. province)* Satsuma; *(a citrus fruit, or
its tree, also* s*~)* satsuma. **~-erdewerk, ~-porselein** Satsuma
(ware).

**Sa·tur·na·lie·ë** *n. (pl.), (also* s*~)* saturnalia, wild revelry; *die
S~, (Rom.)* the Saturnalia.

**Sa·tur·nus** *(astron., astrol., Rom. myth.)* Saturn. **Sa·tur·nies**
*-niese* Saturnian.

**sa·tyn** *(text.)* satin. **~glans** satin finish. **~hout** satinwood.
**~steek** satin stitch.

**sa·tyn·ag·tig** *-tige* satiny, satin.

**sau·na** *-nas* sauna.

**sa·van·na** *-nas,* **sa·van·ne** *-nes* savanna(h).

**sa·voir-faire** *(Fr.: knowing what to do in social situations)*
savoir-faire.

**Sa·vo·je** Savoy. **~kool** *(also* s*~)* savoy (cabbage).

**sax·o·foon, sak·so·foon** *-fone, (mus. instr.)* saxophone.
**~speler, ~blaser, saxofonis, saksofonis** *-niste* saxophonist.

**sca·la** *-las, (mus.)* scale, gamut.

**scam·pi** *n. (pl.), (It.)* scampi, Norway lobsters, Dublin (Bay)
prawns.

**sce·na·ri·o** *-rio's* scenario.

**scene** *scenes, (infml., Eng.)* scene; *'n ~ maak* make a scene.

**scè·ne** *-nes, (Fr., theatr.)* scene. **sce·no·gra·fie** scenography.

**scher·zan·do** *-zando's, -zandi, n., (It., mus.)* scherzando.
   **scher·zan·do** *adj. & adv., (in a playful manner)* scher=
   zando.

**scher·zo** *-zo's, (It., mus.: a playful composition)* scherzo.

**schnau·zer** *(a breed of dog)* schnauzer.

**schnit·zel** *(cook.)* schnitzel, veal cutlet.

**sci·ën·tis·me, ski·ën·tis·me** scientism.

**Sci·ën·to·lo·gie, Ski·ën·to·lo·gie** *(trademark, relig.)* Scien=
tology. **Sci·ën·to·loog, Ski·ën·to·loog** *-loë* Scientologist.

**Scor·pi·o** *(astrol.)* Scorpio, the Scorpion.

**se** of, belonging to; *Pa/Ma ~ hoed* Father's/Mother's hat.

**sê** *n.* say; *geen ~ in 'n saak hê nie* have no say in a matter; *iem.
sy/haar ~ laat sê* let s.o. have his/her say; *jou ~ hê* have one's
say; *say one's piece (infml.).* **sê** *ge-, vb.* say; state; order; ut=
ter; *iets aan/vir iem.* ~ say s.t. to s.o.; tell s.o. s.t., tell s.t. to
s.o.; *iets agter iem. aan* ~ repeat/say s.t. after s.o.; *alles te ~
hê* have all the say; *as ek moet ~ ...* if you ask me ...; *baie/
veel te ~ hê* have much (*or* a lot) to say; *daar is baie/veel
voor te ~* there is much to be said (*or* a good/strong case)
for it; *iets ~ baie/veel vir iem.* s.t. says a lot for s.o. *(infml.);
dit ~ nie baie/veel nie* that means very little, that is not say=
ing much; *by jouself ~ ...* say to s.o ....; *iem. ~ dat ...* s.o. says
that ...; *~ dat iets goed/ens. is* describe s.t. as good/etc.; *daar=
mee wil hy/sy sê dat* ... by that he/she means/implies that ...;
*die Bybel ~ dat* ... it says in the Bible that ...; *doen wat iem.
~* do s.o.'s bidding; *doen wat jy ~* practise what one preaches;
*vir iem.* ~ *om iets te doen* tell s.o. to do s.t.; *doen/maak soos
jy ge~ word* do as one is bid/told; *~ en doen is twee* actions
speak louder than words (*or* promising is one thing, doing
another); *ek ~ (vir) jou ...* I tell you ..., (you may) take it
from me that ...; *ek sal jou ~* I'll tell you what; *ek ~, ou
maat* I say, my man; *so ge~, so gedaan/gemaak* no sooner
said than done; *genoeg ge~!* say no more!; *goed ge~!* well
spoken!; *hoe ~?, (infml.)* what did you say?, (I beg your)
pardon?; *hoe sal ek (dit) ~?* how shall I put it?; *hulle* (of *die
mense)* ~ .... they/people say (*or* it is said *or* the story goes)
that ...; it is reported that ...; *hulle ~ dat ..., (also)* rumour
has it (*or* it is rumoured) that ...; *ek hoor hulle ~ dat ..., (also)*
I hear it rumoured that ...; *iets te ~ hê* have a word to say;
*daar ~ jy iets!* you can say that again! *(infml.); daar is iets
voor te ~* a case can be made out for it; *(vir) iem. (van) iets ~*
tell s.o. of s.t.; *ek kan nie ~ nie* I cannot say, I don't know;
*ek sou nie kon ~ nie* I wouldn't know; *dit gebeur, laat ons ~,
een keer per maand* it happens, say once a month; *laat ons
maar ~ ...* shall we say ...; *~ (maar) vyftig rand* (let us) say
fifty rand; *makliker ge~ as gedaan* more easily said than
done; *wat meer ~* what is (*or* what's) more; *die meeste te ~
hê* do most of the talking; *hoe minder daarvan ge~ word, hoe
beter* least said, soonest mended; *moeilik om te ~ wanneer/
wat/wie* ... there is no saying/telling when/what/who ...; *dit
moet ek ~* I must say ...; *ek moet ~ dat ...* I must (*or* have
to) confess that ...; *ek het (jou) mos ge~!* I told you so!; *jou
naam ~* give one's name; *(vir iem.) nee ~* say no (to s.o.);
*~ net (ja)!* just say the word!; *om nie te ~ ... nie* not to say ...;
*dit is nie te ~ nie* that does not follow; *dit is nie te ~ dat ...
nie, (also)* that doesn't mean that ...; *('n) mens hoef seker nie
te ~ ... nie* one need scarcely say ..., needless to say ...; *nie
as ek iets (daaroor) te ~ het nie* not if I can help it; *niks ~ nie*
keep completely silent; *ek ~ niks* I'm not saying anything;
*iem. mag niks ~ nie* s.o.'s lips are sealed; *iem. wou niks ~ nie*
s.o. refused to comment; *jy ~ niks, hoor (jy)!* mum's the
word! *(infml.); niks in 'n saak te ~ hê nie* have no say/voice
in a matter; *niks op/teen iets te ~ hê nie* have no fault to find
with s.t.; have no quarrel with/against s.t.; *daar is niks op/
teen te ~ nie* there is nothing to be said against it; *iets ~ vir
iem. niks* s.t. conveys nothing (*or* does not mean anything)
to s.o.; *dit ~ niks* that means/proves nothing; *~ nou ...* let
us suppose ...; *~ nou ...?* what if ...?; *~ nou iem. sien hom/
haar* what if s.o. sees him/her?, suppose s.o. saw him/her;
*dis nou (weer) (vir jou) te ~!, (infml.)* well I never!, there's some=
thing for you; *iets omtrent/oor/van ...* ~ say s.t. about ...;
*iem. iets onomwonde ~* tell s.o. s.t. plainly (*or, infml.* in plain
English); *iets oor en oor ~* repeat o.s.; *iets oor en oor vir
iem. ~* din s.t. into s.o.'s ears); *soos reeds ge~* as already
stated; *iets reguit/padlangs/prontuit/ronduit ~* say s.t.
straight out; *ek het hom/haar reguit ge~* I told him/her straight
(to his/her face); *~ dit reguit!* speak your mind!, *(infml.)* spit
it out!; *om dit (maar) reguit/ens. te ~, (also)* to put it bluntly;
*ek sal (vir) jou ~* I'll tell you what, I know what; *iem. het ge~
hy/sy sal ...* s.o. said he/she would ...; *al ~ ek dit self*
(al)though I say it myself; *hoekom/waarom ~ jy so?* why do
you say that?; *so te ~* almost, virtually; in a manner of speak=
ing; *sonder om iets te ~* without a/another word; *iets stot=
terend ~* stutter out s.t.; *~ wat jy te ~ het* have one's say; say
one's piece *(infml.); terloops ~* say in passing; *~ my/ons tog!*
do tell me/us!; *iem. iets vertroulik ~* tell s.o. s.t. in confi=
dence, confide s.t. to s.o.; *vir iem. oom/ens. ~* call s.o. uncle/
etc; *wat ek wil ~ ...* what I'm getting at ...; *wat ~ jy daarvan!*

how do you like that!; **wat** *het ek jou ge~?* what did I tell you?; *dis* **wat** *hy/sy* ~ that is his/her story; *volgens* **wat** *iem.* ~ from what s.o. says; *al ~ jy* **wat!** say what you like!; **wat** *nog te ~* ... let alone ...; not to mention ...; *iem.* **weet** *wat hy/sy* ~ s.o. knows what he/she is talking about; *nie* **weet** *wat om te ~ nie* not know what to say; be stuck for an answer; *dit kan jy* **wel/gerus** *~!* you can say that again! *(infml.);* **wie** *~ (so)?, (infml.)* says who?; **wie** *kan ~?* who can tell?, who knows?; *dit* **wil** *~* ... that is to say ..., that is/means ...; *dit* **wil** *nie ~ nie* that does not follow; that is not necessarily so; *dit* **wil** *nie ~ dat ... nie* it does not follow that ...; *ek* **wil** *~* ... I mean to say ...; *wat iem.* **wil** *~* what s.o. is getting at; *iem.* *~ wat hy/sy* **wil** s.o. says what he/she likes. ~**ding** *sêdinge, sêgoed* wisecrack, quip, witticism; saying, expression; *(in the pl., also)* repartee.

**sé·an·ce** *=ces* seance, séance.

**Se·be·de·us** *(NAB),* **Se·be·dé·üs** *(OAB)* Zebedee.

**se·blief** *(infml.)* = ASSEBLIEF.

**se·boe** *=boes, (cattle breed)* zebu.

**se·bor·ree** *(med.)* seborrhoea.

**se·bra** *=bras, (zool.)* zebra. ~**oorgang** zebra crossing. ~**vul** zebra foal.

**se·bra-ag·tig, se·bra·ág·tig** *=tige* zebrine.

**se·dan** *=dans,* **se·dan·mo·tor** *=tors* sedan (car).

**se·de** *=des* manner, custom, habit; *(in the pl., also)* morals; *~s en gewoontes* manners and customs; *'n vrou van ligte/losse ~s* a woman of easy virtue. ~**blyspel** comedy of manners. ~**leer,** ~**kunde** ethics, moral philosophy, moralism, morality. ~**les** moral lesson, moral; *iets bevat 'n ~* s.t. points a moral. ~**pre·ker,** ~**prediker** moraliser, sermoniser, teacher of morals. ~**spreuk** (moral) maxim, apo(ph)thegm. ~**wet** code of morality, moral law/code; public morality act.

**se·deer** *(ge)=* cede, assign, make over.

**se·de·lik** *=like* moral, ethical; *~e gedrag/lewe* moral behaviour/life. **se·de·lik·heid** morals, morality.

**se·de·loos** *=lose* immoral, dissolute, profligate, licentious, reprobate. **se·de·loos·heid** immorality, dissoluteness, profligacy, depravity.

**se·dent** *=dente, (jur.)* cedent, assignor.

**se·den·têr** *=têre* sedentary.

**se·der** *=ders* cedar. **S~berge:** *die ~* the Cedarberg.

**se·der·ag·tig** *=tige* cedrine.

**se·dert** *prep., conj.* since; for; *~ die oorlog* since the war; *~ lank* for a long time past, for ages. **se·dert·dien** since then, (ever) since.

**se·dig** *=dige* modest, retiring, demure, prim, coy; decorous; *danig ~* prim and proper. **se·dig·heid** modesty, demureness, primness, coyness; decorousness.

**se·di·ment** *=mente* sediment. **se·di·men·ta·sie, se·di·men·te·ring** sedimentation. **se·di·men·têr** *=têre* sedimentary.

**se·di·sie** sedition, rebellion.

**see** *seë* sea, ocean; the deep; flood, torrent; multitude; *aan/by die ~* by/on the sea, at the seaside; *iem. so slegsê dat die ~ hom/haar nie kan afwas nie* give s.o. the dressing-down of his/her life *(infml.); die ~* **bevaar** follow the sea; *die ~* **deur·kruis** sweep the seas; *na die ~* **gaan,** *~ toe* **gaan** go to the seaside; go to sea; *op ~* **gaan** go to sea; *oor ~* **gaan/reis** go/travel by sea; cross the sea/ocean; →OORSEE *adv.; die stad lê aan die ~* the town is situated on the sea; *'n ~ van* **lig** a flood of light; *die ~ is* **onstuimig** there is a heavy/high sea; *die* **oop** *~* the open sea; *in die* **oop** *~, in volle ~* on the high seas; *oor(kant) die ~* over the water; *op (die) ~, ter ~* at sea; (up)on the sea; *op/ter ~ en op/te* **land** by sea and land; *'n ~ van* **rampe** a sea/multitude of troubles; *in die ~* **spring** jump into the sea; *'n ~ van* **trane** a flood of tears; *'n ~ van ... seas/oceans of ... (surplus milk etc.); 'n ~ van* **vlamme** a sea of flames; *'n ~ van* **woorde** a deluge of words. ~**akwa·**

**rium** oceanarium. ~**anker** sea/drag/water anchor. ~**arm** arm of the sea, firth; bay. ~**atlas** nautical atlas. ~**baken** seamark, beacon. ~**bamboes** sea bamboo. ~**bedding** seabed, ocean bed/floor. ~**beril** *(min.)* aquamarine. ~**beskrywer** oceanographer. ~**bewing** seaquake, submarine earthquake. ~**be·woner** sea(-living) animal, inhabitant of the sea. ~**biologie** marine biology. ~**blou** sea-blue. ~**bodem** seabed, sea bottom, ocean bed/floor. ~**boei** marine buoy. ~**boon(tjie)** sea bean. ~**boot** sea boat. ~**bries** sea/onshore breeze. ~**dadel** date shell. ~**dier** *=diere* marine animal; *(in the pl., also)* marine fauna. ~**drif(sel)** flotsam and jetsam, floatage. ~**duiwel** *(icht.)* sea devil, devilfish; devil ray; angler (fish); frogfish. ~**~eend** sea duck; scoter. ~**~engel** *(icht.)* angelfish, angel shark, sea-angel. ~**~engte** strait, sound, narrow, neck. ~**gang** seaway. ~**geruis** roaring of the waves. ~**gevaar** sea-risk. ~**ge·veg** sea fight, naval battle. ~**god** sea god. ~**godin** sea goddess. ~**golf** sea/ocean wave, billow; gulf. ~**gras** seagrass; seaweed, kelp. ~**groen** *n.* sea green, aquamarine. ~**groen** *adj.* sea-green, aqua; glaucous *(tech., lit.).* ~**grot** sea cave. ~**han·del** (over)sea/maritime trade. ~**hawe** seaport, harbour. ~**hond** seal. ~**hoof** pier; jetty; mole. ~**~in** seawards. ~**kabel** marine cable. ~**kadet** sea cadet, midshipman. ~**kant** sea(board) side; sea front; seaside; *aan die ~* to seaward, on the sea side. ~**kaptein** sea/naval/ship's captain, master mariner, shipmaster. ~**kastaiing,** ~**~egel** echinoid, echinus, sea urchin/egg. ~**kat** octopus. ~**klapper** sea coco(nut), *(Fr.)* coco de mer. ~**klimaat** marine/ocean(ic) climate. ~**koei** →SEEKOEI. ~**kom·kommer** *(zool.)* sea cucumber, trepang, holothurian. ~**kom·pas** mariner's compass. ~**kos** seafood. ~**krokodil** estuarine crocodile. ~**kultuur** mariculture. ~**kunde** oceanography. ~**kus** seacoast, seashore, seaside, seaboard. ~**kwal** jellyfish, medusa, acaleph. ~**leeu** *(a Pacific eared seal)* sea lion; *(infml.)* Cape fur seal. ~**lelie** sea lily, crinoid. ~**lewe** sea life, life at sea; marine life. ~**lug** sea/marine air. ~**luiperd** leopard seal. ~**mag** *=magte* fleet, navy, naval force; *(int. pol.)* naval/marine power. ~**meermin** mermaid. ~**meeu** (sea)gull, seamew. ~**mis** sea fog/mist. ~**monster** *(myth.)* sea monster. ~**moondheid** *=hede* naval/maritime/marine/sea power. ~**man** →SEEMAN. ~**muur** sea wall. ~**myl** sea mile, nautical/geographical mile. ~**myn** sea/naval/drifting mine; moored mine. ~**nimf** sea nymph. ~**~olifant** elephant seal. ~**oorlog** sea/naval/maritime war. ~**pa·ling** conger (eel), sea/marine eel. ~**perd** *(myth.)* sea horse. ~**perdjie** *(icht.)* sea horse; *(myth., anat.)* hippocampus. ~**ramp** shipping/naval disaster. ~**redding,** ~**reddingsoperasie,** ~**red·dingsaksie** sea rescue; *~ (van)uit die* **lug** air-sea rescue. ~**reis** voyage, sea trip; *'n ~* **onderneem** make a voyage; *op 'n ~ gaan* go on a voyage; *'n kalm ~ hê* have a smooth passage. ~**reisiger** voyager. ~**rob** *(infml.: old sailor)* old salt, shellback. ~**roete** ocean lane, seaway. ~**roof** piracy; *~* **pleeg** commit/practise piracy; carry away jetsam. ~**roos** sea anemone. ~**ro·wer** pirate, buccaneer. ~**rowersnes** pirates' lair. ~**rowers·vlag** pirate flag, jolly Roger. ~**rowery** piracy; →SEEROOF. ~**sand** sea sand. ~**siek** seasick. ~**siekte** seasickness, nausea, *(Fr.)* mal de mer. ~**skilpad** sea/marine turtle, shellback. ~**skuim** sea foam; cuttle(bone). ~**skulp** sea/marine shell, conch. ~**slaai** sea lettuce. ~**slag** naval sea battle; anchor knot, fisherman's bend. ~**slak** sea/marine snail. ~**slang** sea snake; *(myth.)* sea serpent. ~**soldaat** marine. ~**sout** sea salt. ~**spieël,** ~**vlak** sea level; *bo/onder ~* above/below sea level; *by/op ~* at sea level. ~**ster** starfish, asteroid. ~**stewel** sea boot. ~**stilte** sea-calm. ~**storm** storm at sea. ~**straat** strait(s), sound. ~**strand** seashore; (marine) beach, sands. ~**stroming,** ~**stroom** ocean current. ~**stryd** naval war; naval battle. ~**stuk** *(picture etc. of the sea)* seascape, sea piece. ~**swa(w)el·(tjie)** tern, scray(e). ~**term** nautical term. ~**tonnel** submarine tunnel. ~**vaart** →SEEVAART. ~**vaartuig** sea(going) vessel. ~**vervoer** sea carriage/transport. ~**vesting** naval/coastal fortress. ~**vis** sea/marine fish; deep-sea fish. ~**vlak** surface of the sea; →SEESPIEËL. ~**vlakte** maritime plain. ~**vlooi** *(entom.)* sand hopper, beach/sand/sea flea. ~**voël** seabird, sea fowl.

~**vrag** (sea) freight. ~**waardig** =dige= seaworthy. ~**waardig= heid** seaworthiness. ~**water** seawater, brine. ~**weg** ocean/ sea route, ocean highway, ocean/sea lane, ocean=, seaway. ~**wese** naval/maritime affairs. ~**wier** seaweed, kelp, marine algae. ~**wind** sea wind. ~**wurm** sea/marine worm; *(Arenicola* spp.*)* lug(worm).

**see·koei** *(zool.)* hippopotamus, *(infml.)* hippo; *(icht.: Lactoria* spp.*)* cowfish. ~**bul** bull/male hippopotamus. ~**gat** hippo= potamus pool, deep/river pool. ~**kalf** hippopotamus calf, *(infml.)* baby hippo. ~**koei** cow/female hippopotamus.

**se·ël** *seëls, n.* stamp; seal; signet; *'n ~ afstempel* cancel a stamp; *die ~ op iets druk* set the seal on s.t.; *jou ~ aan iets heg, (fig.: authorise/confirm s.t.)* set one's/the seal on/to s.t. **se·ël** *ge=, vb.* seal (up) *(a letter with sealing wax);* place under seal *(a house);* set one's/the seal to. ~**belasting,** ~**reg** stamp duty. ~**gelde** stamp duties. ~**koste** stamp duty. ~**kunde** sigillog= raphy. ~**merk** seal. ~**middel** sealant. ~**plakkertjie,** ~**plak= strokie** *(philat.)* stamp hinge. ~**ring** signet/seal ring.

**seë·laar** =laars= sealant.

**see·man** =manne, =liede, =lui= seaman, sailor, seafarer, mari= ner, nautical man; *bevare* ~ able(-bodied) seaman; *gewone* ~ ordinary seaman. ~**sak** kitbag, seaman's bag.

**see·mans·:** ~**almanak** nautical almanac. ~**hoed** nor'wester; sou'wester. ~**huis** seamen's/sailors'/mariners' home. ~**knoop** sailor's knot. ~**taal** nautical language. ~**term,** ~**woord** nau= tical term.

**see·man·skap** seamanship; skill in navigation.

**seem·kleur** buff colour.

**seems·leer** chamois leather, *(infml.)* shammy (leather). ~**lap, seemlap** chamois, shammy.

**se·ën¹** *seëns, n.* seine (net). **se·ën** *ge=, vb.* seine.

**se·ën²** *seëninge, n.* blessing, benediction; mercy; godsend, boon, piece of luck; *iets jou ~ gee* give s.t. your blessing; *'n halwe ~* a mixed blessing; *iets op hoop van ~ doen* do s.t. hoping for the best; *dit is 'n ~* it's a mercy; *die ~ uitspreek* pronounce the benediction; *die/'n ~ vra* say grace; ask a blessing. **se·ën** *ge=, vb.* bless; prosper; *geseën(d) met iets* blessed with s.t.; *mag die Here jou/u ~* may the Lord bless you. ~**bede** blessing, benediction. ~**wens** =wense= blessing, benediction; *met ~e* with best wishes.

**se·ë·nend** =nende= benedictory.

**se·ë·ning** =ninge= blessing, benediction, benison; *dankbaar wees vir geringe ~e* be grateful/thankful for small mercies; *iem. met ~e oorlaai* rain/shower blessings on/upon s.o..

**seep** *sepe, n.* soap; *so glad soos ~* as slippery as an eel; *'n koe= kie ~* a cake of soap. **seep** *ge=, vb.* soap (in); lather. ~**bak= kie** soap dish. ~**bel** soap bubble; *die ~ van iets prik (of laat bars), (fig.)* prick the bubble of s.t.; *dit het soos 'n ~ uiteen= gespat* the bubble has burst. ~**glad** as slippery as an eel; as smooth as butter. ~**houer** soap dispenser. ~**maker** soap boil= er. ~**oplossing** soap solution. ~**poeier** soap powder, pow= dered soap. ~**skuim** lather, (soap)suds. ~**soda** caustic soda, sodium hydroxide. ~**steen,** ~**klip** *(min., geol.)* soapstone, steatite. ~**water** soapy water, (soap)suds.

**seep·ag·tig** =tige= soapy, saponaceous.

**seep·loos** =lose= soapless.

**seer¹** *sere, n.* sore; ulcer; *sere vorm* ulcerate, fester. **seer** *~ seerder seerste, adj.* sore, painful; *'n ~ hou* a stinger *(infml.);* *... is ~, (s.o.'s leg, head, etc.)* ... hurts/aches/smarts; ~ *oë* sore eyes; ~ *rug* sore/painful back. **seer** *adv.* painfully. ~**keel** sore throat. ~**kry** *seerge=* hurt; get hurt. ~**maak** *seerge=* hurt; *(med.)* traumatise; cut; damage; *jou ~* hurt o.s.; *dit maak ~* it hurts. ~**oog** *adj.* sore-eyed. ~**poot** *adj.* footsore *(animal).* ~**rug** with a sore back. ~**voet** *adj.* footsore *(pers., animal).* ~**vormend** =mende= ulcerative. ~**vorming** ulceration.

**seer²** *adv., (fml.)* very (much); highly; badly; sorely; ~ *seker* (most) certainly; indeed; *iem. sal iets ~ seker doen* s.o. will surely do s.t.; *ten ~ste* greatly *(appreciate);* utterly *(condemn).*

**seer·heid** soreness, painfulness.

**seer·tjie** =tjies= small sore.

**see·vaar·der** =ders= seafarer, sailor, mariner, navigator; voy= ager.

**see·vaart** navigation; seafaring; voyage. ~**geskiedenis** na= val history. ~**kunde** (art/science of) navigation, nautical art, naval science, seamanship. ~**skool** naval academy/col= lege, school of navigation.

**see·va·rend** =rende= seafaring *(nation),* maritime *(country);* seagoing, ocean-going *(ship).*

**se·ë·vier** *ge=* triumph, gain the victory, conquer, be victori= ous; *oor ... ~* triumph over ...; gain a victory over ...; prevail against/over ... **se·ë·vie·rend** =rende= triumphant, victorious.

**see·waarts** =waartse, adj.* seaward, offshore. **see·waarts** *adv.* seaward(s), to seaward, offshore; ~ *hou* stand off (to sea).

**see·weer** seaward defence. **see·we·ring** breakwater, sea wall, dike.

**se·fa·lo·po·de, ke·fa·lo·po·de** =des, (zool.)* cephalopod.

**Se·far·di** =dim, (Sp./Port./N.Afr. Jew)* Sephardi. **Se·far·dies** =diese= Sephardic.

**se·fier** *=fiere, =fiers, (poet., lit.)* zephyr.

**seg** *ge=, (arch., rhet., joc.)* say; →SÊ *vb..*

**se·ge** *=ges* victory. ~**krans** garland, triumphal wreath. ~**kroon** crown of victory. ~**lied,** ~**sang** paean, song/hymn of victory. ~**poort** triumphal arch. ~**praal,** *(rare)* **seëpraal** =prale= tri= umph, victory. ~**tog,** *(rare)* seëtog triumphal progress/pro= cession/march. ~**vuur** bonfire.

**seg·gen·skap** say, voice; ~ *in 'n saak hê* have a say/voice in a matter; *onder die ~ van ...* under the authority/umbrella of ...; ~ *oor ... hê* have authority over ...

**seg·ging** (manner of) expression, phraseology, style; dic= tion. **seg·gings·krag** power of expression, expressiveness, command of words/speech.

**seg·ment** =mente= segment, piece. **seg·men·taal** =tale= segmen= tal, segmentary. **seg·men·ta·sie, seg·men·te·ring** segmen= tation. **seg·men·teer** *ge=* segment, divide into segments. **seg= ment·vor·mig** =mige= segmentary.

**se·gre·geer** *ge=* segregate. **se·gre·ga·sie** segregation. **se·gre= ga·si·o·nis** =niste= segregationist.

**segs·:** ~**man** =manne, ~**vrou** =vroue, ~**persoon** =persone, =lui= spokesman, =woman, =person, informant, source; *volgens een* ~ according to one source/authority. ~**wyse** expression, saying, idiom, phrase, turn of speech, locution; diction.

**sei·dis·sel, sui·dis·sel** =sels, (bot.)* sow/milk thistle.

**se·ïen** *(biochem.)* zein.

**seil** *seile, n.* sail; tarpaulin; canvas; awning; groundsheet; tilt *(of a cart); (zool.)* velum; *alle ~e bysit* hoist all sails, crowd/ pack on all canvas; *onder ~* under sail; under canvas; *'n oog/ ogie in die ~ hou* keep a watchful eye; *die ~e span* loose sail; set/spread sails; *~e stryk* strike sails; ~ *(ver)minder, die ~e inbind* take in sail; *met volle/staande ~e* in/under full sail, with all sail set. **seil** *ge=, vb.* sail; scud; glide; soar; snake. ~**baan** slide. ~**band** webbing. ~**boot** sailing boat, *(Am.)* sailboat, (small) yacht. ~**doek** sailcloth, canvas, duck. ~**gare,** ~**garing** (sewing) twine, twist. ~**jag** →SEILJAG. ~**plank** sail= board. ~**plankry** *n.* windsurfing, boardsailing, sailboarding. ~**plankry** *ge=, seilplankgery, vb.* windsurf. ~**plankryer** wind= surfer. ~**skip** sailing ship/vessel, sailer. ~**skoen** canvas shoe, *(SA, infml.)* tackie, tacky. ~**slak** nautilus. ~**sport** yachting. ~**steen** lodestone. ~**stoel** canvas/deck chair. ~**stof** canvas cloth, sailcloth. ~**vereniging** yacht club. ~**vis** *(icht.)* sailfish. ~**wedstryd** yacht race; regatta; sailing match.

**sei·ler** =lers= yachtsman, =woman.

**seil·jag** (sailing) yacht; →JAG² *n..* ~**hawe** yacht(ing) basin. ~**klub** yacht club. ~**sport** yachting. ~**vaarder** yachtsman, =woman. ~**vaart** yachting (cruise).

**sein** *seine, n.* signal; *iem. 'n ~ gee* give s.o. a signal, signal to s.o.; *die ~ (van vertrek) gee* give the signal (to start). **sein** *ge-, vb.* signal; wire, telegraph; radio; flag *(a train);* flash *(a message);* beckon; *vir iem. ~ signal to s.o., give s.o. a signal.* **~antenna, ~antenne** transmitting aerial. **~brug** gantry. **~fakkel** signal flare. **~gewer** signaller; starter *(at races); (telegr.)* transmitter. **S~heuwel** →Vlaeberg. **~huis(ie)** signal box/cabin. **~kode** signalling code. **~man** *=manne* signalman. **~offisier** signal(s) officer. **~ontvanger** *(telegr.)* receiver. **~paal** signal post, semaphore. **~pos** signal station, signalling post. **~spieël** heliograph; signalling mirror. **~stasie** signal/transmitting station. **~toestel** signalling apparatus; transmitting apparatus/set/instrument; semaphore. **~toring** signal/switch tower. **~vlag** signal(ling) flag. **~vuur** signal fire, fire signal, beacon. **~vuurpyl** signal rocket.

**sei·ner** *-ners* signaller, signalman, operator. **sei·ners·korps** corps of signals.

**sein·tuur** *-ture* (lady's) belt, *(Fr.)* ceinture; *(archit., poet., lit.)* cincture.

**seis·mies** *=miese* seismic; *~e opname* seismic survey; *~e (see)golf* tsunami *(caused by an earthquake etc.).* **seis·mi·si·teit** seismicity.

**seis·mo·graaf** *=grawe* seismograph. **seis·mo·gra·fie** seismography.

**seis·mo·gram** *=gramme* seismogram.

**seis·mo·lo·gie** seismology. **seis·mo·lo·gies** *=giese* seismologic. **seis·mo·loog** *-loë* seismologist.

**sei·soen** *-soene* season; *in die drukte van die ~ at* the height of the season. **~kaart(jie)** season ticket. **~werker** seasonal worker. **~wind** periodical wind.

**sei·soe·naal** *=nale* seasonal; *~nale gemoedsteuring, (psych.)* seasonal affective disorder *(abbr.:* SAD).

**sei·soens·:** **~gebondenheid** seasonality. **~opruiming** end-of-season clearance. **~verandering** change of season.

**sei·wal·vis** *(also* Noordse vinwalvis, Rudolphi se vinwalvis*)* sei whale.

**se·kans** *-kanse, =kante, (math., geom., abbr.:* sek*)* secant *(abbr.:* sec*).*

**se·kel** *-kels* sickle, reaping hook. **~bos** sickle bush. **~duin** *(geol.)* barchan(e), bark(h)an. **~maan** crescent (moon), sickle moon. **~sel** *-selle, (pathol.)* sickle cell. **~sel-anemie** sickle-cell anaemia. **~stert** sickle/arched tail; *(joc.)* baboon. **se·kel·vor·mig** *=mige* sickle-shaped, crescent(-shaped); *(biol.)* falcate(d), falciform.

**se·ker** *-ker(e) kerder =kerste, adj.* certain; sure, positive; confident; unfailing; *iets as ~ beskou* hold s.t. for certain; *jy kan daarvan ~ wees* you can be sure of it; you can depend (up)on it; *is jy ~ daarvan?* are you sure of it?; *dit is ~ dat* ... it is a certainty that ...; *iem. is ~ dat* ... s.o. is certain/clear that ...; *iem. kan ~ wees dat* ... s.o. can rest assured/satisfied that ...; *een ding is ~* one thing is certain/sure; *(heeltemal) ~ van iets* (quite) positive about/of s.t.; *iem is sy/haar lewe nie ~ nie* s.o.'s life is not safe; *'n ~e (mate van)* ... a measure of ...; *('n) ~e Wessels/ens.* a certain *(or* one) Wessels/etc.; *nie so ~ wees nie* have one's doubts; *van 'n ~e ouderdom/leeftyd* of a certain age; *~ van jou saak* sure of s.t.; sure of one's ground; *'n ~ teken van* ... a sure sign of ...; *~ van iets* certain about/of s.t., sure of s.t.. **se·ker** *adv.* surely, certainly, for sure/certain, no doubt, for a fact; probably; *alte ~* by all means; *jy glo dit tog ~ nie?* surely you don't believe that?; *ja, ~!* certainly!; sure!; *~ (maar)* no doubt; *iem. sal ~* ... I suppose s.o. will ...; *seer ~* most certainly; *iem. sal iets seer ~ doen* s.o. will surely do s.t.; *dit is ~ (maar) so* I suppose it is, I suppose so; *vir ~, (of verseker)* for certain/sure; for a certainty; without fail; assuredly; *iets (vir) ~ (of verseker) doen* be sure to do s.t.; *iem. sal vir ~ (of verseker)* ... s.o. is guaranteed to ...; it's *(or* it is) a racing certainty that s.o. ...; *iets (vir) ~ (of verseker) weet* know s.t. for certain, know s.t. for a fact.

**se·ker·heid** certainty; assurance; sureness, accuracy; surety; security, safety, safeness; *ek het geen ~ daaroor/daaromtrent nie* I cannot be sure of it; *iem. wil ~ daaroor/daaromtrent hê* s.o. wants to make sure of it; *('n) mens kan met ~ sê dat* ... it is safe to say that ...; it is a safe bet that ...; *~ oor/omtrent iets verkry* make sure of s.t.; *iets met ~ weet* know s.t. for a fact. **~stelling** security; safeguard. **~strokie** thread mark *(in paper money).*

**se·ker·heids·:** **~firma** security firm. **~halwe** for safety's sake, to make quite sure. **~maatreël** security measure. **~net** *(fig.)* security blanket. **~polisie** security police. **~troepe** security troops.

**se·ke·ring** *-rings, =ringe, (elec.)* fuse; *'n ~ laat uitbrand* blow a fuse.

**se·ke·rings·:** **~bord** fuse board. **~draad** fuse wire. **~kas (sie), ~kis(sie)** fuse/panel box. **~prop** fuse plug.

**se·ker·lik** certainly, surely, for sure, decidedly; →SEKER *adv.*.

**se·kon·dant** *-dante* seconder *(of a motion);* second *(in a duel).*

**se·kon·de** *-des, n.* second; *in minder as 'n ~, in 'n breukdeel/fraksie van 'n ~* in a fraction of a second, in a split second. **~wyser** second(s)/sweep hand *(of a timepiece).*

**se·kon·deer** *ge-, vb.* second.

**se·kon·dêr** *-dêre* secondary; *~e geheue, (comp.)* auxiliary/backing storage; *~e kleur* secondary colour; *~e onderwys* secondary education; *~e pad* minor road; *~e sel* storage cell; *~e skool* secondary school.

**se·kre·sie** *-sies, (physiol.)* secretion.

**se·kre·ta·res·se** *-ses* (female) secretary; →SEKRETARIS; *~ van* ... secretary of/to ... **S~dag** Secretaries' Day.

**se·kre·ta·ri·aat** *-riate* secretariat, office of secretary; secretaryship.

**se·kre·ta·ri·eel** *-riële* secretarial.

**se·kre·ta·ris** *-risse* secretary; *~ van* ... secretary of/to ... **~bene** *(fig.)* long thin legs. **~generaal** *-risse-generaal* secretary general. **~voël** secretary bird.

**se·kre·ta·ris·skap** *-skappe* secretaryship, secretariat.

**se·kre·tien** *(biochem.)* secretin.

**seks** *n.* sex; sexuality; love-making; eroticism; *met iem. ~ hê* have sex *(or* go to bed) with s.o., make love to s.o.; *los ~* casual sex; *orale ~* oral sex; *uitgehonger vir ~* sex-starved; *veilige ~* safe sex; *voorhuwelikse ~* premarital sex. **seks** *ge-, vb.* sex. **~behep** oversexed, sex-ridden, lecherous, lustful, *(infml.)* raunchy. **~bom** *(infml.)* sex bomb. **~daad** sex act. **~drang, ~drif** sex drive, appetite for sex; *'n sterk ~ hê* be highly sexed. **~ghoeroe** *(infml.)* sexpert. **~honger** *(infml.)* sex-starved. **~hulpmiddel** sex aid. **~katjie** *(infml., joc.)* sex kitten. **~lewe** sex life. **~lokstof** *(biochem.)* pheromone. **~maat** sex(ual) partner. **~maniak** sex maniac. **~objek, ~voorwerp** sex object. **~oortreder, ~misdadiger** sex offender. **~pervert** sex(ual) pervert, *(infml.)* perv(e). **~simbool** sex symbol. **~speelding** *=speelgoed* sex toy. **~uitbuiting** sexploitation. **~voorligting** sex education. **~werker** *(euph.:* prostitute*)* sex worker. **~winkel** sex shop.

**sek·ser** *-sers* sexer.

**sek·sie** *-sies, (also mil.)* section; division; squad; leg *(of a race etc.);* dissection; *(med.)* autopsy, post-mortem examination. **~-aanvoerder** section commander/leader. **~vergadering** group/sectional meeting.

**sek·sis** *-siste* sexist. **sek·sis·me** sexism. **sek·sis·ties** *=tiese* sexist.

**sek·so·lo·gie, sek·su·o·lo·gie** sexology. **sek·so·lo·gies, sek·su·o·lo·gies** *=giese* sexological. **sek·so·loog, sek·su·o·loog** *-loë* sexologist.

**seks·pert** *-perts, (infml.)* sex expert, sexpert.

**seks·tant** *-tante, (nav.)* sextant.

**seks·tet** *-tette, (mus.)* sextet(te); *(pros.)* sestet.

**sek·su·eel** *=suele, adj.* sexual; *~suele aantreklikheid* sex appeal; ~*suele* **diskriminasie** sexual discrimination; ~*suele* **misbruik/mishandeling** sex abuse; ~*suele* **misdryf/misdaad/oortreding** sex crime; ~*suele* **teistering** sexual harassment; ~*suele* **uitbuiting** sexual exploitation, sexploitation. **sek·su·eel** *adv.* sexually; ~ *oordraagbare siekte, (abbr.:* SOS) sexually transmitted disease *(abbr.:* STD*); iem.* ~ *uitbuit* exploit s.o. sexually; ~ *uitbuitend* sexually exploitative. **sek·su·a·li·teit** sexuality.

**sek·ta·ri·ër** *=riërs, n.* sectarian. **sek·ta·ries** *=riese, adj.* sectarian, denominational.

**sek·te** *=tes* sect. ~-**aanhanger** sectarian. ~**beweging** sectarian movement. ~**gees** sectarianism.

**sek·tor** *=tore, =tors* sector. ~**diagram** pie chart.

**sek·to·raal** *=rale, (econ.)* sectoral.

**se·ku·la·ri·seer** *ge=* secularise; deconsecrate; impropriate. **se·ku·la·ri·sa·sie** secularisation; deconsecration; impropriation.

**se·ku·lêr** *=lêre* secular. **se·ku·la·ris·me** secularism.

**se·kun·dus** *=kundusse, =kundi* substitute, second, alternate; proxy.

**se·ku·ri·teer** *ge=, (fin.)* securitise *(debt etc.).* **se·ku·ri·te·ring, se·ku·ri·ta·sie** securitisation.

**se·ku·ri·teit** *=teite, (fin.)* surety, security; *(no pl.)* security, safety; *bykomende/aanvullende* ~ collateral security; *op* ~ against security. **se·ku·ri·teits·fir·ma** security firm.

**se·ku·ro·kraat** *=krate* securocrat.

**se·kuur** ~, *sekure =kuurder =kuurste, adj.* accurate, precise; punctilious. **se·kuur** *adv.* accurately, precisely; punctiliously; ~ *weet* know positively; ~ *skiet* shoot straight; *iem. skiet* ~ s.o. is an accurate shot. **se·kuur·heid** precision, accuracy, preciseness.

**se·kwens** *=kwense, (mus.)* sequence. **se·kwen·seer·der** *=ders* sequencer. **se·kwen·sie** *=sies* sequence.

**se·kwes·tra·sie** *=sies, (jur.)* sequestration; *gedwonge* ~ compulsory sequestration. ~**bevel** order of sequestration.

**se·kwes·treer** *ge=, (jur.)* sequestrate. **se·kwes·ter** *=ters, (jur.)* sequestrator.

**sel** *selle* cell; booth; *(biol.)* utricle; *(infml.)* cell(phone); *met* ~*le* cellulate. ~**beton** cellular concrete. ~**deling** cell division. ~**foon, sellulêre (tele)foon** cellphone, cellular (tele)phone. ~**gif** cytotoxin. ~**holte** *(biol.)* cell lumen, vacuole. ~**kern** *=kerne* (cell) nucleus, cytoblast. ~**leer** cytology. ~**liggaam** *(biol.)* protoplast. ~**netwerk** *(zool.)* syncytium. ~**ontwikkeling, ~vorming** cellulation, cytogenesis. ~**orgaan** *(biol.)* organelle. ~**plasma** cytoplasm, cell plasm. ~**sap** cell sap. ~**stof** cellular fabric; cellulose. ~**versmelting** cell fusion. ~**wand** *(biol.)* cell wall. ~**weefsel** cellular tissue.

**se·la** *n., (<Hebr., OT, mus.)* selah. **se·la** *interj., (infml.)* indeed!, amen (to that)!; that's that!, enough of that!.

**se·la·don** →CELADON.

**se·la·kant** *=kante,* **se·la·kan·ti·de** *=des, (icht.)* coelacanth.

**sel·de** seldom, rarely, infrequently; *baie/hoogs/uiters* ~ very rarely; once in a blue moon *(infml.); iem. besoek ... maar* ~ s.o.'s visits to ... are few and far between; ~ *of (n)ooit,* ~ *indien ooit* seldom if ever.

**sel·de·ry, se·le·ry** celery; *'n kop* ~ a head of celery. ~**sout** celery salt.

**seld·saam** *=same* rare, scarce; infrequent; uncommon; peculiar, singular, curious; ~*same geluk* a rare bit of luck; *'n* ~*same gesig* a rare sight. **seld·saam·heid** rareness, scarceness; rarity, scarcity; infrequency; curiosity.

**se·le·brant** *=brante, (priest)* celebrant.

**se·le·bri·teit** *=teite, (pers.)* celebrity.

**se·leen** *(chem., symb.:* Se) selenium. ~**sel** selenium cell.

**se·lek·teer** *ge=* select. **se·lek·sie** *=sies* selection.

**se·lek·tief** *=tiewe* selective. **se·lek·ti·wi·teit** selectivity, selectiveness.

**se·le·niet** *(chem., min.)* selenite.

**se·le·ni·um** = SELEEN.

**se·le·no·gra·fie** *(astron.)* selenography. **se·le·no·gra·fies** *=fiese* selenographic.

**se·le·ry** →SELDERY.

**self** *n.* self, ego. **self** *pron.* self; *die beleefdheid/ens.* ~ politeness/etc. itself, the soul of politeness/etc.; *doen dit* ~! do it yourself!; *iets* ~ *(of* ~ *iets) doen* do s.t. o.s.; ~ *sou ek dit nie doen* me personally I would not do it; *jy het dit* ~ *gesê* you said so yourself; ~ *twee/ens.* **hê** have two/etc. of one's own; ~ *niks hê nie* have nothing of one's own; *iem. moet* ~ *kom* s.o. must come in person; ~ *kook* do one's own cooking; *kom kyk* ~*!* come and see for yourself!. ~**aansitter** *(mot.)* self-starter. ~**agtend** *=tende* self-respectful, self-respecting. ~**agting** →SELFRESPEK. ~**analise** →SELFONTLEDING. ~**bediening** self-service. ~**bedien(ings)winkel, ~dienwinkel, ~helpwinkel** self-service shop/store, supermarket. ~**bedrog** self-deceit, -deception; self-delusion. ~**beeld** self-image. ~**behaaglik** *=like* (self-)complacent; smug; self-righteous. ~**beheers** *=heerste* self-controlled, self-possessed; self-collected. ~**beheersing, ~bedwang** self-control, -command, -possession, -restraint; poise; continence; *jou* ~ *herwin/terugkry* regain one's self-control, collect o.s., pull o.s. together, gather o.s. (together); ~ *toon* keep a stiff upper lip. ~**behep** *=hepte* egotistic(al), self-absorbed, self-involved; *'n* ~*te mens* an egotist. ~**beheptheid** egotism, self-involvement. ~**behoud** self-preservation, -defence. ~**bejammering, ~beklag** self-pity. ~**benoem(d)** *=noemde* self-appointed. ~**beperking** self-restraint. ~**besinning** introspection. ~**beskikking** self-determination. ~**beskikkingsreg** right of self-determination. ~**beskuldiging** self-accusation. ~**bestuiwing** self-pollination, close fertilisation. ~**besturend** *=rende* self-governing. ~**bestuur** →SELFREGERING. ~**bevestiging** self-affirmation. ~**bevordering** self-advancement. ~**bewegend** *=gende* self-moving; self-propelling, automotive, automobile; self-acting, automatic. ~**bewondering** self-admiration, -adulation. ~**bewus** *=wuste* self-conscious, -aware; self-confident, -assured, (self-)assertive; poised. ~**bewussyn** (self-)consciousness, consciousness of o.s., self-awareness; self-assertiveness; poise; sense of identity. ~**bewustheid** self-consciousness; self-confidence, -assurance, aplomb. ~**binder, ~bindmasjien** self-binder. ~**dienstelsel** self-service system. ~**dienwinkel** → SELFBEDIEN(INGS)WINKEL. ~**digtend** *=tende* self-sealing. ~**dissipline** self-discipline; ~ *beoefen* discipline o.s.. ~**doenentoesias, =geesdriftige, =liefhebber** do-it-yourself/DIY fan. ~**doener** do-it-yourselfer, DIY'er. ~**draend** *=ende* self-supporting. ~**ekspressie** self-expression. ~**finansierend, ~finansiërend** *=rende* self-financing. ~**fokus** *n., (phot.)* autofocus. ~**foltering** self-torture, -torment. ~**gedrewe** self-propelled. ~**gebou** *=boude* self-built. ~**geïnduseer(d)** *=seerde, (elec.)* self-induced. ~**gekose** self-elected, -chosen, -appointed. ~**gelding, ~handhawing** self-assertion. ~**geldingsdrang** self-assertiveness. ~**gemaak** *=maakte* self-made, -created; home-made. ~**gemotiveer(d)** *=veerde* self-motivated. ~**genererend** *=rende* self-generating. ~**genoegsaam** self-sufficient, -contained, -content(ed); self-satisfied, smug, (self-)complacent, self-congratulatory. ~**genoegsaamheid** self-sufficiency, -containment, -content(ment); smugness, self-satisfaction, complacency, self-congratulation. ~**geproklameer(d)** *=meerde* self-proclaimed *(security zone etc.).* ~**gerig** *=rigte* self-centred, -concerned, egocentric. ~**gerigtheid** self-concern. ~**haat** self-hate, -hatred. ~**handhawing** →SELFGELDING. ~**helpwinkel** →SELFBEDIEN(INGS)WINKEL. ~**hipnose** self-hypnosis. ~**immunisering** autoimmunisation. ~**induksie** *(elec.)* self-induction. ~**ingenome, ~tevrede** (self-)complacent, smug, egotistic(al), self-satisfied, conceited; ~ *lyk/voel* look/feel chuffed with o.s. *(infml.).* ~**ingenomenheid** (self-)complacency, smugness, egotism, conceit. ~**insig** self-understanding. ~**kant** selvedge; border, fringe; *(dis) alkant*

~ it is immaterial (or all the same). ~**kastyding** self-chastise=
ment, -mortification, -flagellation. ~**kennis** self-knowledge;
tot ~ kom find o.s., come to terms with o.s.. ~**klewend**
=wende self-adhesive; ~e strokie/ens. self-adhesive/stick-on
label/etc.. ~**korrigerend** =rende self-correcting. ~**kritiek** self-
criticism, -censure. ~**krities** =tiese self-critical. ~**kwelling**
self-torture, -torment. ~**laai** vb., (comp.) boot (up). ~**laaier**
semiautomatic (rifle/gun), self-loading rifle, self-loader. ~**laai**
**program** (comp.) boot. ~**liefde** self-love, egoism, narcis=
sism. ~**mat** n., (chess) selfmate. ~**minagting** self-depreca=
tion. ~**misleiding** self-betrayal. ~**moord** →SELFMOORD. ~**mo**
**tiverend** =rende self-motivating. ~**onderhoudend** =dende self-
sufficient, -supporting, -sustaining. ~**onderrig** n. self-tuition,
-education, -instruction. ~**onderrig** =rigte, adj. self-taught,
-educated. ~**ondersoek** self-examination, -study, introspec=
tion, heart-searching(s), soul-searching(s). ~**ontdekking** self-
discovery. ~**onthouding** self-denial, continence. ~**ontledend**
=dende self-analytical. ~**ontleding, ~analise** self-analysis.
~**ontsegging** self-denial, -renunciation. ~**ontspanner** (phot.)
self-timer. ~**ontstaan** (biol.) spontaneous generation, au=
togenesis, autogeny. ~**ontwikkelend** =lende self-generating.
~**ontwikkeling** self-education; self-development; sponta=
neous development. ~**oorgawe** self-surrender. ~**opgeleg**
=legde self-imposed, -appointed (task). ~**opgelei(d)** =leide self-
educated, -taught. ~**ophemeling** self-congratulation. ~**opof**
**ferend** =rende self-sacrificing, selfless. ~**opoffering** self-sac=
rifice. ~**opvoeding** self-education. ~**parodie** self-parody.
~**portret** self-portrait. ~**promosie** self-advertisement. ~**pyni**
**ging** self-torture, -torment, -mortification. ~**reëlend** =lende
self-adjusting, -regulating, -regulatory. ~**regering, ~bestuur**
self-government, self-rule, home rule. ~**registrerend** =rende
self-registering, -recording. ~**regulerend** =rende self-regu=
lating, -regulatory, -adjusting. ~**regverdiging** self-justifica=
tion. ~**reinigend** =gende self-cleaning. ~**respek, ~agting** self-
respect, -regard, -esteem, -reverence; 'n mens met ~ a self-
respecting person. ~**respekterend** =rende self-respectful,
-respecting. ~**sensuur** self-censorship. ~**sluitend** =tende self-
closing; self-locking; automatically closing; ~e slot spring
lock. ~**smerend** =rende self-lubricating. ~**snyskroef** self-
tapping screw. ~**sorgverblyf** self-catering accommodation.
~**spottend** =tende self-mocking, -parodying. ~**steriel** =riele
self-sterile. ~**streling** self-flattery. ~**stryd** inward/inner strug=
gle/strife/conflict. ~**studie** self-tuition, -education. ~**tevrede**
→SELFVOLDAAN, SELFINGENOME. ~**tevredenheid** →SELFVOL=
DAANHEID. ~**toegedien(d)** =diende self-administered, -inflict=
ed. ~**uiting, ~uitlewing** self-expression. ~**veragting** self-
contempt, -scorn, -deprecation. ~**verbetering** self-improve=
ment. ~**verblinding** infatuation, self-deception. ~**verbran**
**ding** spontaneous combustion. ~**verdediging** self-defence;
uit ~ in self-defence. ~**vergenoeg** =noegde →SELFVOLDAAN.
~**vergenoegdheid** →SELFVOLDAANHEID. ~**vergiftiging** auto=
intoxication, self-poisoning. ~**verheerliking** self-glorifica=
tion, personal aggrandisement; met ~ besig wees go on an ego
trip (infml.). ~**verheffing** self-exaltation, -aggrandisement.
~**verklaarde** self-proclaimed (king etc.). ~**verklarend** =rende
self-explanatory. ~**verloënend** =nende self-denying. ~**ver**
**loëning** self-denial, -renunciation, -abnegation, -sacrifice;
~ beoefen deny o.s.. ~**verminking** self-maiming, -mutilation.
~**vernedering** self-abasement, -humiliation. ~**vernietigend**
=gende self-destroying, -destructive, autodestruct(ive) (mis=
sile etc.). ~**vernietiging** self-destruction, autodestruction (of
a missile etc.). ~**vernuwend** =wende self-renewing, -perpetu=
ating. ~**veroordeling** self-condemnation, -conviction. ~**ver**
**oorsaak** =saakte self-induced. ~**verraad** self-betrayal. ~**ver**
**ryking** self-enrichment. ~**versekerd** =kerde poised, (self-)
assured, self-confident, -possessed; cocky. ~**versekerdheid**
poise, (self-)assurance, aplomb, self-confidence, -possession.
~**versorgend** =gende self-supplying, -supporting, -sufficing,
-sufficient; ~e boer subsistence farmer. ~**versorging** self-
sufficiency, -support; self-catering. ~**vertoningsdrang** exhi=

bitionism. ~**vertroue** self-confidence, -reliance, -posses=
sion, -assurance, morale; iets vol ~ doen do s.t. self-confi=
dently (or with assurance). ~**vervreemding** (psych.) self-
alienation. ~**vervullend** =lende self-fulfilling. ~**verwaarlo**
**sing** self-neglect. ~**vertwyfeling** self-despair. ~**verwerkli**
**king, ~verwesenliking** self-realisation, -fulfilment. ~**verwyt**
self-reproach. ~**verydelend** =lende self-defeating. ~**voerder**
self-feed(er), automatic feeder. ~**voldaan** =dane, ~**verge**
**noeg(d)** =noegde, ~**tevrede** self-satisfied, (self-)complacent,
smug, self-righteous, self-congratulatory; self-content(ed).
~**voldaanheid, ~vergenoegdheid, ~tevredenheid** self-satis=
faction, complacency, smugness, self-righteousness, self-
congratulation; self-content(ment); 'n uitdrukking van ~ hê
have an air of satisfaction. ~**voldoening** self-satisfaction,
-approbation. ~**voorsiening** self-sufficiency. ~**voortplantend**
=tende self-propagating. ~**waardering** self-appreciation,
-approval. ~**waarneembaar** =bare subjective. ~**waarnemend**
=mende introspective. ~**weerspreking** contradiction in terms;
contradicting o.s.. ~**werkend** =kende automatic, self-acting,
-operating. ~**werksaamheid** self-activity, -action; -employ=
ment, personal initiative.

**self·moord** suicide, self-destruction; ~ *pleeg* commit sui=
cide, take one's own life; *poging tot* ~ attempted suicide;
*politieke* ~ *pleeg* commit political suicide; ~ *probeer* pleeg
attempt suicide; *rituele* ~, (*Jap.*) seppuku, hara-kiri. ~**aan**
**val** kamikaze attack. ~**bomaanval** suicide bombing. ~**bom**
**aanvaller** suicide bomber. ~**poging** attempted suicide. ~**ver**
**bond** suicide pact. ~**vlieënier** kamikaze (pilot). ~**vliegtuig**
kamikaze.

**self·moor·de·naar** suicide, self-murderer, -slayer.

**self·moor·dend** =dende suicidal.

**selfs** even; 'n belangrike of ~ die belangrikste deel an im=
portant, if not the most important part; ek sou ~ R1000/ens.
**betaal** I would pay as much as R1000/etc.; ~ 'n beter ma=
nier om te ... an even better way to ...; miskien ~ ... if not
...; ~ nie ... nie not even ...; never so much as ...; ~ so dat ...
so much (so) that ...; ~ sonder 'n ... without so much as a
...; ~ van/uit ... from as far as ...

**self·stan·dig** =dige, adj. independent; self-dependent, au=
tonomous; unaided; self-reliant; self-supporting; autono=
mous (state); substantive; ~e eenheid self-contained unit; ~e
naamwoord substantive (noun); ~e program, (comp.) stand-
alone program(me). **self·stan·dig** adv. independently; in
a self-reliant way; in his/her/its own right; on his/her/its own;
~ denkend independent-minded; ~ dink/oordeel think/judge
for o.s.. **self·stan·dig·heid** independence; self-dependence,
autonomy; self-reliance; adulthood, emancipation; substance.
**self·stan·dig·wor·ding** attainment of independence.

**self·sug** selfishness, egoism, love of self, self-love, -seeking.
**self·sug·tig** =tige, adj. selfish, egoistic, self-seeking; iem. met
~e bedoelings s.o. with an axe to grind. **self·sug·ti·ge** =ges, n.
egoist, selfish person. **self·sug·tig·heid** = SELFSUG.

**se·li·baat** celibacy. **se·li·ba·têr** =tére celibate.

**sel·lo·faan** cellophane.

**sel·lu·lêr** =lére cellular; ~e (tele)foon cellphone, cellular (tele)=
phone; ~e radio cellular radio.

**sel·lu·liet** cellulite. **sel·lu·li·tis** cellulitis.

**sel·lu·lo·ïed** celluloid.

**sel·lu·lo·se** cellulose. ~**nitraat** cellulose nitrate, nitrocellu=
lose.

**se·lons·roos** oleander, South Sea rose, rosebay, Ceylon rose.

**se·loot** =lote zealot, fanatic; (in the pl., hist. sect, S~) Zealots.
**se·lo·tis·me** zealotry.

**sel·va** =vas, (equatorial forest) selva; →OERWOUD.

**sel·vor·mig** =mige cellular, cellulose, cellulous, cellulate.

**se·ma·foor** =fore semaphore.

**se·man·tiek** semantics. **se·man·ties** =tiese semantic. **se·man**
**ti·kus** =kusse semanticist.

**se·meem** *=meme, (ling.)* sememe.

**se·mel·:** ~**brood** bran/coarse bread, bran loaf. ~**mengsel** bran mash. ~**voer** bran mash.

**se·mel·ag·tig** *=tige* branlike.

**se·mels** bran; *(med., infml.)* pityriasis; *meng jou met die ~, dan vreet die varke jou (op)* if you lie down with dogs, you'll get up with fleas.

**se·ment** *n.* cement. **se·ment, se·men·teer** *ge=, vb.* ce=ment. ~**blad** cement slab. ~**fabriek** cement factory. ~**plaat** cement slab. ~**steen** cement brick.

**se·mes·ter** *=ters* semester, term, half-year; *in die ~* in/dur= ing term-time.

**se·mi** *pref.* semi-. ~**formeel** *=mele* semi-formal. ~**-onafhank= lik** *=like* semi-independent. ~**-outonoom** *=nome* semi-auton= omous *(country etc.)*. ~**permanent** *=nente* semi-permanent. ~**professioneel** *=nele* semi-professional.

**Se·miet** *=miete* Semite. **Se·mi·ties** *n., (lang.)* Semitic. **Se·mi= ties** *=tiese* Semitic. **Se·mi·tis·me** Semitism.

**se·mi·naar** *=nare* seminar. **se·mi·na·rie** *=ries* seminary. **se= mi·na·ris** *=riste* seminarist, seminarian.

**se·mi·o·tiek** semiotics. **se·mi·o·ties** *=tiese* semiotic(al).

**se·mo·li·na** semolina.

**Sem·tex** *(explosive)* Semtex.

**se·naat** *=nate* senate. **se·na·tor** *=tore, =tors* senator. **se·na·to= ri·aal** *=riale* senatorial.

**send** *ge=, (rad., TV)* transmit. ~**apparaat** transmitting equip= ment. ~**brief** epistle, letter, missive; *pouslike ~, (RC)* encyc= lical (letter). ~**golf** transmitting wave. ~**ontvanger**, ~**ont= vangtoestel** two-way radio (set), transceiver. ~**stasie** trans= mitting station. ~**toestel** transmitter, transmitting apparatus/ set.

**sen·de·ling** *=linge* missionary. ~**dokter** missionary doctor.

**sen·der** *=ders* sender, consignor; *(rad., TV)* transmitter, trans= mitting set; transmitting station.

**sen·ding** *=dings, =dinge* mission; consignment *(of goods)*; dis= patch; commission; *buitelandse ~* foreign mission(s); *die ~ onder die melaatses/seelui/ens.* the mission to the lepers/ seamen/etc.; *'n ~ onderneem* go on a mission; *met 'n ~ êrens wees* be somewhere on a mission. ~**aksie** missionary effort. ~**beheerstasie** *(astronaut.)* mission control. ~**dokter** mis= sion(ary) doctor. ~**genootskap** missionary society. ~**kerk** mission church. ~**konferensie** missionary/mission(s) con= ference. ~**kunde**, ~**wetenskap** missionary science, missiol= ogy. ~**skool** mission school. ~**stasie**, ~**pos** mission station/ post. ~**veld** mission field. ~**werk** mission(ary) work.

**se·ne·bla·re** *n. (pl.)* senna, cassia; →SENNA.

**Se·ne·gal** *(geog.)* Senegal. **Se·ne·ga·lees** *=lese, n. & adj.* Sen= egalese.

**se·niel** *=niele* senile; ~*e aftakeling* senile decay; *'n ~e ou mens* (of *oumens*), *(also derog.)* a geriatric. **se·ni·li·teit** senility, sec= ond childhood.

**se·ning** *=nings* sinew, tendon. ~**ontsteking** tendinitis, ten= donitis. **se·ning·rig** *=rige* sinewy, stringy, tough, wiry, leathery.

**se·ni·or** *=niors, n.* senior, *(infml.)* higher-up. **se·ni·or** ~ *meer ~ die mees ~, adj.* senior; major; *S~ Advokaat, S~ Consul= tus, (jur., abbr.:* SC*)* Senior Counsel *(abbr.:* SC*);* ~ *bestuur* senior/top management; ~ *bestuurder* senior/top manager; ~ *burger, (euph.)* senior citizen; *S~ Sertifikaat-eksamen* Senior Certificate examination. **se·ni·o·ri·teit** seniority.

**se·nit** *(fig.)* zenith, summit. ~**afstand** *(astron.)* zenith distance.

**sen·na** senna; →SENEBLARE.

**Se·no·so·ï·kum** *n., (most recent geol. period, also* Kainosoï= kum*)* C(a)enozoic, Cainozoic. **Se·no·so·ïes** *=soïese, adj., (also* Kainosoïes*)* C(a)enozoic, Cainozoic.

**se·no·taaf** *=tawe* cenotaph.

**sens** *sense* scythe, hook.

**sen·sa·sie** *=sies* sensation; thrill, kick; stir; feeling; ~ *maak/ (ver)wek* cause/create/produce a sensation. ~**belus** *adj.* sen= sation-loving, -seeking; thrill-seeking. ~**berig** sensational re= port/news. ~**jag**, ~**lus**, ~**sug** *n.* sensation-seeking, -hunting; thrill-seeking; sensationalism. ~**joernalistiek** tabloid jour= nalism. ~**koerant**, ~**blad** tabloid ([news]paper), sensational (news)paper. ~**pers** tabloid press/yellow/sensational press. ~**-roman** sensational novel, thriller. ~**soeker** sensationalist, sensation hunter/seeker, muckraker; thrill seeker. ~**stuk** sen= sational play, thriller. ~**sug** →SENSASIEJAG. ~**wekkend** *=kende* sensational. ~**wekker** sensation monger. **sen·sa·si·o·neel** *=nele* sensational; electrifying, thrilling *(performance etc.)*.

**sen·sei** *(Jap.: teacher)* sensei.

**sen·si·tief** *=tiewe* sensitive, susceptible. **sen·si·ti·wi·teit** sen= sitivity, sensitiveness.

**sen·si·ti·seer** *ge=* sensitise. **sen·si·ti·sa·sie, sen·si·ti·se·ring** sensitisation.

**sen·si·ti·vis·me** *(also* S~*)* sensitivism. **sen·si·ti·vis** *=viste, (also* S~*)* sensitivist.

**sen·so·mo·to·ries** *=riese, (physiol.)* sensorimotor, senso= motor.

**sen·sor**[1] *=sors, n.* censor; licenser. **sen·sor** *ge=, vb.* censor, blue-pencil; →SENSUREER. **sen·sor·ag·tig** *=tige* censorial. **sen= sor·skap** *=skappe, (office)* censorship.

**sen·sor**[2] *=sore, =sors* sense/sensory organ, sensor. **sen·so·ries** *=riese,* **sen·so·ri·aal** *=riale* sensory, sensorial. **sen·so·ri·um** *(anat.)* sensorium.

**sen·su·a·lis** *=liste* sensualist. **sen·su·a·lis·me** sensualism; *(philos.)* sensism, sensation(al)ism. **sen·su·a·lis·ties** *=tiese* sensualist(ic); *(philos.)* sensationalist(ic).

**sen·su·eel** *=suele* sensual, *(infml.)* sexy, steamy. **sen·su·a= li·teit** sensuality, voluptuousness.

**sen·su·reer** *ge=* censure; *(eccl.)* discipline; censor, blue-pencil; →SENSOR[1] *vb.,* SENSUUR.

**sen·sus** *=susse* census; *'n ~ van iets opneem* take a census of s.t.. ~**kantoor** census office. ~**opgawe** census return. ~**op= nemer** census taker, enumerator.

**sen·suur** censure; censorship; censoring; →SENSUREER; *'n mosie van ~* a motion of censure; *'n lidmaat onder ~ plaas* punish a church member by withholding the sacraments; *iets aan ~ onderwerp, ~ op iets uitoefen* exercise censorship over s.t., subject s.t. to censorship. ~**raad** censorship board, board of censors.

**sent** *sent(e)* cent; *(naut.)* ribband; *geen ~ besit nie* not have a cent/penny to one's name; *in ~e* in cents; *jy kan jou laaste ~ wed, (infml.)* you can bet your bottom dollar; *suinig met die ~e, rojaal met die rande* penny wise and pound foolish. **sen·te·si·maal** *=male* centesimal.

**sen·ter** *=ters, (games, mech.)* centre; *(rugby)* centre (three-quar= ter); ~ *speel, (rugby)* play at centre. ~**maat** centre gauge; *(rugby)* partner at centre.

**sen·ti·gram** centigram.

**sen·ti·ment** *=mente* sentiment. **sen·ti·men·ta·lis** *=liste* senti= mentalist. **sen·ti·men·ta·li·seer** *ge=* sentimentalise. **sen·ti·men= ta·lis·me** sentimentalism. **sen·ti·men·ta·li·teit** *=teite* senti= mentality; mawkishness, mush(iness), sloppiness. **sen·ti·men= teel** *=tele* sentimental; mawkish, mushy, maudlin, misty= eyed; *goedkoop ~* corny; ~**tele waarde** sentimental value.

**sen·ti·me·ter** *=ter(s)* centimetre.

**sen·tour, ken·tour** *=toure, =tours, (class. myth.)* centaur.

**sen·traal** *=trale* central; pivotal; ~*trale* **bank** central bank; ~*trale* **regering** central government; ~*trale* **sakegebied,** *(abbr.:* SSG*)* central business district *(abbr.:* CBD*);* ~*trale* **senu(wee)stelsel** central nervous system; ~*trale* **sluiting,** *(mot.)* central locking; ~*trale* **verwarming** central heating; ~*trale* **verwerk(ings)eenheid,** *(comp.)* central processing unit. **S~-Afrikaanse Republiek** Central African Republic.

**S~-Europa** Central Europe. **S~-Europeër** Central European. **S~-Europees** *=pese* Central European.

**sen·tra·le** *=les* station; supply station; (telephone) exchange; control room; *elektriese* ~ power station.

**sen·tra·lis** *=liste* centralist. **sen·tra·lis·ties** *=tiese* centralist(ic).

**sen·tra·li·seer** *ge=* centralise. **sen·tra·li·sa·sie** centralisation.

**sen·treer** *(ge)=* centre; centralise. **~haak** centre/centring square.

**sen·tre·ring** centring.

**sen·tri·fu·ge** *=ges, n.* centrifuge. **sen·tri·fu·gaal** *=gale* centrifugal. **sen·tri·fu·geer** *ge-, vb.* centrifuge.

**sen·tris** *=triste, (pol.)* centrist.

**sen·trum** *sentrums, sentra* centre; *(fig.)* core.

**se·nu·wee** *=wees* nerve; *(die) ene ~s wees* be all nerves; *iem. se ~s was **gedaan/klaar/kapot/op**, (infml.)* s.o.'s nerves were shattered (*or* worn to a frazzle); *met **gespanne** ~s* with nerves on edge; ***oorspanne** ~s* strained nerves; *dit op jou ~s hê, op jou ~s wees* be nervous/jittery/twitchy (*or* on edge); *dit op jou ~s kry* get/have an attack of nerves; lose one's nerve; *op iem. se ~s werk, (infml.)* get on s.o.'s nerves; *~s van **staal** hê* have nerves of steel (*or* icy nerves).

**se·nu(·wee)-:** **~aandoening, ~kwaal** nervous complaint/disorder/disease, affection of the nerves, neurotic complaint, neuropathy. **~aanval** attack of nerves, nervous attack, hysterics. **~arts** neurologist. **~baan** nerve tract. **~bol, ~orrel** *(infml.)* nervous/excitable person, neurotic, bundle of nerves. **~bundel** nerve bundle. **~draad, ~vesel** nerve fibre. **~gang, ~kanaal** nerve canal. **~insinking, -instorting** nervous breakdown/collapse/exhaustion. **~knoop** (nerve) ganglion, nerve knot. **~lyer** neuropath, neurotic. **~ontsteking** neuritis. **~pasiënt** nerve patient, neurotic. **~pyn** neuralgia, nerve pain. **~sel** nerve cell, neurocyte, neuron. **~sentrum** nerve centre, (nerve) ganglion. **~siek** *=siek(e)* neurotic, suffering from the nerves, neuropathic, neurasthenic. **~siekte** nervous disease/disorder, neuropathy, neurosis, psychoneurosis. **~spanning** nerve strain, nervous strain/tension. **~stelsel** nervous system. **~storing, ~stoornis** neurosis. **~string** nerve cord. **~tergend** *=gende* nerve-(w)racking, nerve-shattering, vexing, *(infml.)* hairy; *'n ~e wedstryd* a nail-biting match. **~toeval** nervous fit, hysterics. **~trekking** *=kings* nervous/convulsive twitch, tic; *(in the pl., also)* chorea. **~werking** nervous/nerve action, innervation. **~wortel** nerve root. **~wrak** nervous wreck.

**se·nu(·wee)·ag·tig** *=tige* nervous, on edge, edgy, flurried, jittery, jumpy, twitchy; *iem. ~ maak* unnerve s.o.; make s.o. nervous; get on s.o.'s nerves *(infml.); ~ raak/word* become nervous. **se·nu(·wee)·ag·tig·heid** nervousness, edginess, jitters.

**se·pa·ra·tis** *=tiste* separatist. **se·pa·ra·tis·me** separatism. **se·pa·ra·tis·ties** *=tiese* separatist(ic).

**Se·pe·di** *(SA lang.)* Sepedi; →Noord-Sotho.

**se·pe·rig** *=rige* soapy, saponaceous; →SEEP. **se·pe·rig·heid** soapiness.

**se·pi·a** *(colour)* sepia; *(zool.)* cuttlefish.

**se·pie** small cake of soap; *(infml.)* soap (opera).

**sep·sis** *(med.)* sepsis.

**Sep·tem·ber** September. **~maand** the month of September.

**sep·ter** *=ters* sceptre; *die ~ swaai* wield the sceptre; *die ~ oor ... swaai* hold sway over ...; *die een wat die ~ swaai, (infml.)* king of the castle.

**sep·tet** *=tette, (mus.)* septet(te).

**sep·tiem** *=tieme, (interval)* seventh; *(tone)* seventh degree.

**sep·ties** *=tiese* septic. **sep·ti·se·mie** septic(a)emia. **sep·ti·se·mies** septic(a)emic.

**se·raf** *=rafs, =rafim,* **se·ra·fyn** *=fyne, (<Hebr., OT: an angel)* seraph.

**se·re·bel·lum** *=bellums, =bella, (anat.)* cerebellum.

**se·re·braal** *=brale* cerebral; *~ gestrem(d)* spastic; *~brale gestremdheid/verlamming* cerebral palsy. **se·re·bro·spi·naal** *=nale* cerebrospinal; *~nale vog/vloeistof* cerebrospinal fluid.

**se·re·brum, se·re·brum** *=rebrums, =rebra, (anat.)* cerebrum.

**se·reen** *=rene =rener =reenste* serene. **se·re·ni·teit** serenity.

**se·re·mo·nie** *=nies* ceremony; *(in the pl., also)* formalities, ceremonial; *sonder ~(s)* informal(ly). **~meester, ~meesteres** master/mistress of ceremonies, toastmaster, *=mistress, (Fr.)* compère *(masc.),* commère *(fem.).*

**se·re·mo·ni·eel** *=niële, n. & adj.* ceremonial.

**se·re·na·de** *=des* serenade; *(mus.)* serenata.

**ser·fyn** *=fyne* harmonium, small organ.

**ser·ge, ser·sje** *(text.)* serge.

**se·rie** *=ries* series; *(billiards)* break; gamut. **~baan** *(elec.)* series circuit. **~nommer** serial number. **~skakeling** series connection.

**se·ri·eel** *=riële, (mus.)* serial.

**se·rie·ge·wys, se·rie·ge·wy·se** serially.

**se·ri·eus** *=rieuse =rieuser =rieusste, (fml.)* serious, (in) earnest. **se·ri·eus·heid** seriousness, earnestness.

**se·ring-:** **~(boom), ~bessieboom** *(Melia azedarach)* Persian lilac, bead tree. **~(struik)** *(Syringa vulgaris)* lilac (bush), syringa.

**se·ri·um** *(chem., symb.:* Ce) cerium.

**serk** *serke* (tomb)stone.

**ser·mein·peer** (Saint) Germain pear.

**se·ro·lo·gie** *(med.)* serology.

**se·ro-:** **~negatief** *=tiewe, (med.)* seronegative. **~positief** *=tiewe, (med.)* seropositive.

**se·roet** *=roete* cheroot, cigar.

**se·ro·to·nien** *(biochem.)* serotonin.

**serp** *serpe* scarf, muffler; sash.

**ser·pen·tyn** *(min.)* ophite; serpentine; *groen ~ verd* antique. **~steen** serpentine.

**ser·sant** *=sante* sergeant. **~-majoor** *=joors* sergeant major. **~strepe** sergeant's stripes.

**ser·sant·skap, ser·sants·rang** sergeancy.

**ser·ti·fi·kaat** *=kate* certificate; credential; docket; ticket; voucher; *~ van beskadiging* certificate of damage; *~ van herkoms/oorsprong* certificate of origin; *aan ... 'n ~ verleen* certificate ...

**ser·ti·fi·seer** *ge=* certify; exemplify; certificate. **ser·ti·fi·seer·baar** *=bare* certifiable.

**se·rum** *=rums* serum. **se·rum·ag·tig** *=tige* serous. **se·rum·siek·te** serum sickness.

**ser·vet** *=vette* (table) napkin, serviette. **~ring** napkin/serviette ring.

**ser·vies** *=viese* (tea) set; (dinner) service.

**ser·vi·kaal** *=kale, (anat.)* cervical.

**ser·viks** *=vikse, (anat.)* cervix. **~kanker** cervical cancer. **~smeer** *(med.)* cervical/Pap smear.

**ser·vo-:** **~meganiek** servo-mechanism. **~motor** *=tore* servomotor. **~rem** servo-brake.

**Ser·wi·ë** *(geog.)* Serbia. **Ser·wi·ër** *=wiërs, n.* Serbian. **Serwies** *=wiese, adj.* Serb(ian).

**ser·wi·tuut** *=tute* servitude; easement; claim; charge. **~akte** deed of servitude.

**Ser·wo-Kro·a·ties, Ser·wo-Kro·aats** *n., (lang.)* Serbo-Croat(ian).

**ses** *sesse* six; sice *(on dice); ~ keer/maal* six times; *'n ~ slaan, (cr.)* hit a six; *'n ~ van 'n bal slaan, (cr.)* hit a ball for (a) six; *'n stuk of ~* half a dozen; *~ uur* six hours; →SESUUR. **~dubbel(d)** sixfold; six times over. **~duisend** *(also ses duisend)* six thousand. **~hoek** hexagon. **~hoekig, ~hoekig** *=kige* hexagonal. **~hou** six, sixer; *'n ~ slaan, (cr.)* hit a six. **~jaar‑liks** *‑likse* sexennial. **~kantig, ~kantig** *‑tige* six-sided, hexagonal. **~maandeliks** *‑likse* six-monthly, half-yearly, biannual. **~pak** *(infml.)* six-pack. **~syfersalaris** six-figure salary, salary running into six figures. **~tal** *‑talle* sextet(te), (group of) six, sixsome, sextuplet, hexad; *'n ~ mense* six people or so, about six people; *die ~* the six. **~uur** six o'clock; *(so) teen ~, (so) om en by ~, teen ~ se kant* sixish.

**se·sam¹** *n., (bot.)* sesame. **~(‑)olie** sesame oil. **~saad** sesame seeds.

**se·sam²** *interj.:* ~, *gaan oop!, (Ali Baba's magical words in* The Arabian Nights*)* open sesame!.

**ses·daags** *‑daagse* six-day, six days'; *~e werkweek* six-day week.

**ses·de** *‑des, n., (fraction)* sixth. **ses·de** *‑des, adj.* sixth; *S~ Laan/Straat (of S~laan/S~straat)* Sixth Avenue/Street; *~ sintuig* sixth sense. **ses·dens** sixthly, in the sixth place; sixth.

**ses·de·lig, ses·de·lig** *‑lige* six-volume; sexpartite.

**se·ses·sie** *‑sies* secession. **se·ses·si·o·nis** *‑niste* secessionist.

**se·si·um** *(chem., symb.:* Cs*)* caesium.

**ses·ja·rig, ses·ja·rig** *‑rige, adj.* six years old, *(attr.)* six-year-old; sexennial. **ses·ja·ri·ge, ses·ja·ri·ge** *‑ges, n.* six-year-old.

**ses·ling** *‑linge* sextuplet.

**ses·poot** hexapod. **ses·po·tig, ses·po·tig** *‑tige* hexapodal, hexapodous.

**ses·re·ë·lig, ses·re·ë·lig** *‑lige* six-lined, of six lines; *~e vers, (pros.)* sestina, sixain, sextain; sestet.

**ses·sie¹** *‑sies* session. **~musikant** session musician.

**ses·sie²** *‑sie, (jur.)* cession. **ses·si·o·na·ris** *‑risse, (jur.)* cessionary, assign.

**ses·siel** *‑siele, (biol.)* sessile.

**ses·sy·dig, ses·sy·dig** *‑dige* six-sided, hexagonal.

**ses·tien** sixteen; *'n meisie(kind)/nooientjie van ~ wees* be sweet sixteen. **ses·tien·de** *‑des, n., (fraction)* sixteenth. **ses·tien·de** *adj.* sixteenth; *~ eeu* sixteenth century; *~ noot* semiquaver. **ses·tien·de·eeus** *‑eeuse* of the sixteenth century, *(attr.)* sixteenth-century.

**ses·tig** sixty; threescore; *in die ~* in one's sixties; *ongeveer ~ (jaar oud)* sixtyish; *dit het in die jare ~ gebeur* it happened in the sixties/Sixties; →SESTIGERJARE. **ses·ti·ger** *‑gers* sexagenarian; *(esp. in Afr. liter.,* S~*)* writer/poet of the sixties. **ses·tiger·ja·re** sixties; *in jou ~* in one's sixties; *dit het in die ~ gebeur* it happened in the sixties/Sixties; →SESTIG. **ses·tig·jari·ge** *‑ges* sixty-year-old, sexagenarian. **ses·tig·ste** *‑stes* sixtieth. **ses·tig·vou·dig** *‑dige* sixtyfold.

**ses·ti·na** *(pros.)* sestina.

**ses·vlak** hexahedron. **ses·vlak·kig, ses·vlak·kig** *‑kige* hexahedral.

**ses·voe·ter** *‑ters* six-footer.

**ses·voe·tig** *‑tige* six-footed; hexametric; *~e vers, (pros.)* hexameter.

**ses·voud** *‑voude* sextuple, multiple of six. **ses·vou·dig, ses·vou·dig** *‑dige* sixfold, sextuple.

**set** *sette, n.* move, trick; stroke; manoeuvre; coup; *(golf)* putt; *'n gemene ~* a dirty trick; *'n geniale/meesterlike ~* a masterstroke, a stroke of genius; *'n slim ~* a clever move/stroke. **set** *ge‑, vb.* set; *(print.)* typeset; mount; jig; form; *iets in goud/ens. ~* mount/set s.t. in gold/etc.; *hare ~* set hair; *letters ~* set up type, compose type. **~apparaat** *(hist.)* jig. **~fout** misprint, typographical/printer's error, *(infml.)* typo. **~hou** *‑houe, (golf)* putt; *'n ~ (of ~e) slaan/speel* putt. **~lyn** composing rule; reglet; *(fishing)* ledger line, paternoster (line). **~masjien** composing machine, type setter, type setting machine. **~middel** *‑dels* setting lotion. **~perk** *(golf)* (putting) green. **~pil** *(med.)* suppository. **~spel** *(golf)* putting. **~speler** *(golf)* putter. **~stok** *(golf)* putter, putting iron. **~werk** *(print.)* composing, typesetting; *(golf)* putting. **~yster** saw die; *(golf)* putter, putting iron/club.

**se·ta·see** *‑seë, (zool.)* cetacean.

**se·tel** *‑tels, n.* seat *(in parl., council, of government);* throne; see *(of a pope, bishop);* headquarters, offices *(of a company);* home; *'n ~ aan die opposisie afstaan* lose a seat to the opposition; *jou ~ behou* keep one's seat *(in an election);* *'n ~ betwis* contest/fight a seat; *'n ~ in die raad/direksie hê* have a seat on the board; *'n onbetwiste ~* an unopposed seat; *in 'n ~ verkies word* carry/take a seat; *jou ~ verloor* lose one's seat; *'n ~ wen* carry/take a seat; *'n ~ van die opposisie wen* gain a seat from the opposition. **se·tel** *ge‑, vb.* reside, be resident; have its headquarters/seat; sit; *iets ~ in ..., iets is in ... ge~* s.t. has its seat in ... *(a disease in the liver etc.).*

**set·laar** *‑laars* settler, immigrant; planter. **Set·laars·dag** *(SA, hist.)* Settlers' Day.

**set·sel** *‑sels, (print.)* type, composition.

**set·ter** *‑ters, (print.)* typesetter; *(print.)* compositor; *(dog)* setter; *(golf)* putter; setter *(in incubator).* **set·te·ry, set·te·ry** *‑rye, (print.)* type/composing room.

**set·ting** *‑tings, ‑tinge,* setting; set; mount(ing); *(surg.)* reduction.

**seun** *seuns* son; boy; lad; →SEUNS; *die baba is 'n ~* the baby is a boy; *twee ~s en twee dogters hê* have two sons and two daughters; *die ~s en die meisies/dogters* the boys and girls; *'n opgeskote ~* an adolescent boy; *die verlore ~* the prodigal son. **~skoen** boy's shoe. **~skool** boys' school. **~span** boys' team.

**seuns‑: ~boek** boys' book. **~dubbelspel, ~dubbels** *(tennis)* boys' doubles. **~enkelspel, ~enkels** *(tennis)* boys' singles. **~jare** boyhood (years). **~kind** boy. **~koor** boys' choir. **~koshuis** boys' hostel. **~naam** boy's name.

**seuns·ag·tig** *‑tige* boyish; tomboyish.

**seun·tjie** *‑tjies* little/small boy; baby boy, boy baby.

**Se·vil·la** *(geog., Sp.)* Seville. **Se·vil·li·aan** *‑liane, n.* Sevillian. **Se·vil·li·aans** *‑aanse, adj.* Sevillian, Seville.

**se·we** *‑wes* seven; *die ~ hoofsondes* the seven deadly/capital sins; *~ keer/maal* seven times; *~ uur* seven hours; →SEWE(-) UUR. **~blad** *(bot.)* tormentil. **~duisend** *(also* sewe duisend*)* seven thousand. **~dubbel(d)** sevenfold; seven times over. **~-en-dertig** *(also* sewe en dertig*)* thirty-seven. **~hoek** heptagon. **~hoekig** *‑kige* heptagonal. **~jaartjie, ~jaartjie** *‑tjies, (bot.)* everlasting (flower), immortelle. **~jaarliks** *‑likse* septennial. **S~ster, S~gesternte:** *die ~, (astron.)* the Pleiades, the Seven Sisters. **~(‑)uur** seven o'clock.

**se·we·ar·mig** *‑mige* seven-armed; seven-branched; *~e kandelaar* menorah.

**se·we·daags** *‑daagse* seven-day, seven days'.

**se·we·de·lig** *‑lige* having (*or* consisting of) seven parts.

**se·we·ja·rig, se·we·ja·rig** *‑rige, adj.* of seven (years) *(pred.),* seven-year-old *(attr.);* seven-year *(attr.),* seven years' *(attr.);* septennial; *'n ~e kind* a child of seven (years), a seven-year-old (child); *S~e Oorlog, (Eur.:* 1756-63*)* Seven Years' War. **se·we·ja·ri·ge, se·we·ja·ri·ge** *‑ges, n.* seven-year-old.

**se·we·maands** *‑maandse* of seven months, seven months' *(child).*

**se·wen·de** *‑des, n., (fraction)* seventh. **se·wen·de** *adj.* seventh; *S~ Laan/Straat (of S~laan/S~straat)* Seventh Avenue/ Street; *ten ~* seventhly, in the seventh place. **S~dag-Adventis** *‑tiste* Seventh-day Adventist.

**se·wen·tien** seventeen. **se·wen·tien·de** seventeenth; *~ eeu* seventeenth century. **se·wen·tien·de·eeus** *‑eeuse* of the seventeenth century, *(attr.)* seventeenth-century.

**se·wen·tig** seventy; *in die ~* in one's seventies; *dit het in die jare ~ gebeur* it happened in the seventies/Seventies. **se·wenti·ger** *‑gers* septuagenarian; *(esp. in Afr. liter.,* S~*)* writer/poet of the seventies. **se·wen·ti·ger·ja·re** seventies; *in jou ~* in one's seventies; *dit het in die ~ gebeur* it happened in the seventies/Seventies. **se·wen·tig·ja·rig** *‑rige, adj.* of seventy

years; septuagenarian. **se·wen·tig·ja·ri·ge** -ges, n. septuage=
narian. **se·wen·tig·ste** seventieth.

**se·we·sy·dig** -dige septilateral.

**se·we·tal** -talle (group of) seven; septet(te); heptad; septe=
nary. **se·we·tal·lig** -lige, (bot.) septenate, septenary.

**se·we·vlak** heptahedron, septahedron. **se·we·vlak·kig** -kige
heptahedral.

**se·we·voud** -voude septuple, multiple of seven. **se·we·vou=
dig, se·we·vou·dig** -dige sevenfold, septuple.

**sex·y** ~ sexier sexyste, (Eng., infml.) sexy; nie ~ nie, (also) un=
sexy.

**Sey·chel·le** die ~, (geog.) the Seychelles.

**sfeer** sfere sphere; orb; (fig.) province, domain, (infml.) turf;
(fig.) orbit; (fig.) atmosphere; ambit; compass; buite my ~ not
within my province; in hoër sfere in higher regions, in the
clouds. **sfe·ries** -riese spheric(al); ~e hoek spherical angle.
**sfe·ro·ï·daal** -dale spheroidal. **sfe·ro·ïed** -roïede, **sfe·ro·ï·de**
-roïdes, n., (geom.) spheroid.

**sfig·mo·gra·fie** (med.) sphygmography. **sfig·mo·graaf** -grawe
sphygmograph.

**sfinks** sfinkse sphinx. **sfinks·ag·tig** -tige sphinxlike.

**sfor·zan·do, sfor·za·to** (It., mus.: with sudden emphasis)
sforzando, sforzato.

**sfu·ma·to(·teg·niek)** (painting) sfumato.

**sgraf·fi·to** -fito's, -fiti, (It.: mural/ceramic decoration) sgraffito.

**Sha·ka, Tsja·ka** (Zu. king: 1787-1828) Shaka, Chaka.

**Shake·speare** (Eng. dramatist) Shakespeare. ~**kenner** Shake=
spearean. **Shake·spea·ri·aans** -aanse Shakespearean.

**shan·dy** -dies, (Eng.: beer drink) shandy.

**Shar Pei(-hond)** (Chin. breed of dog) Shar Pei.

**shas·ta·ma·de·lie·fie** (bot.) Shasta daisy.

**Shet·land** (geog.) Shetland. ~**eilande** Shetland Islands. ~**kant**
(bobbin lace, also s~) Shetland lace. ~**ponie** (also s~) Shet=
land pony, Shetlander, sheltie, shelty. ~**skaaphond** (also s~)
Shetland sheepdog. ~**wol** (also s~) Shetland wool.

**shi·raz** (grape, wine, also S~) Shiraz.

**Shire-perd** Shire (horse).

**Sho·na** -nas, (member of a people) Shona; →MASJONA; (no. pl.),
(lang.) Shona.

**si·aan** (chem.) cyanogen. ~**(gas), sianogeen** cyanogen (gas).
~**suur** cyanic acid. ~**waterstof(suur)** hydrocyanic acid.

**Si·a·mees** -mese, n., (cat) Siamese. **Si·a·mees** -mese, adj.
Siamese; ~mese kat Siamese cat; ~mese tweeling Siamese
twins.

**si·a·nied** (chem.) cyanide.

**si·a·no·ko·ba·la·mien, vi·ta·mien B₁₂** cyanocobalamin,
vitamin $B_{12}$.

**si·a·no·se** (pathol.) cyanosis. **si·a·no·ties** -tiese cyanotic.

**si·ba·riet** -riete sybarite. **si·ba·ri·ties** -tiese sybaritic.

**si·be·lien** (text.) zibeline.

**Si·be·ri·ë** (geog.) Siberia. **Si·be·ri·ër** -riërs, n. Siberian. **Si·be=
ries** -riese, adj. Siberian.

**si·bil·le** -les sibyl. **si·bil·lyns** -lynse sibylline; Sibylline (books).

**sic** (Lat.: exactly so) sic.

**Si·ci·li·ë** = SISILIË.

**sid·der** ge- quake; shiver, tremble; shake; vibrate; shudder;
~ en beef/bewe shake in one's shoes; sidder by ... tremble (or
be petrified) at ... (the prospect/thought of s.t.); sidder van ...
quiver/shudder/tremble with ... (fear etc.). ~**aal** (icht.) elec=
tric eel. ~**rog** (icht.) torpedo (fish/ray), electric ray.

**sid·de·rend** -rende shuddering; ~ tot stilstand kom come to
a shuddering halt.

**sid·de·ring** -rings, -ringe shudder(ing); trembling, tremor;
quiver(ing); quake.

**si·der** cider. ~**appel** cider apple.

**si·de·raal** -rale, (astron.) sidereal. **si·de·ries** -riese sidereal
(day, month, year).

**si·de·riet** (min.) siderite, spathic ore, meteoric iron(stone).

**si·de·ro·se** (med.) siderosis.

**sie** interj. →SIES.

**sie·bie** -bies, (infml., children's lang.) doggy, puppy; (infml.) CB
radio.

**sie·daar** interj. (see,) there you are!, (Fr.) voila!.

**sie·dend** -dende seething; ~ kwaad, ~ van woede seething/
fuming/boiling with rage.

**sie·jy** interj., (esp. to a dog) go/get away!; ~ opstaan! will you
get up!, get up at once!.

**siek** ~ sieker siekste ill; sick; diseased; unwell, indisposed;
(infml.: deviant) bent; erg/ernstig ~ seriously ill; jou ~ hou
feign illness; (jou werk/ens.) laat weet jy is ~ report sick; ~
lyk look sick; iets maak iem. ~ s.t. makes s.o. ill; 'n ~ mens
a sick person; ~ voel feel sick; come over ill; ~ wees be ill;
~ word become/fall/go ill/sick; (skielik) ~ word take (or be
taken) ill/sick. ~**bed** sickbed; bed of pain; by iem. se ~ at s.o.'s
bedside; 'n lang(durige) ~ a long illness; op sy/haar laaste
~ on his/her deathbed; 'n pynlike/smartlike ~ a painful
illness. ~**briefie** sick note. ~**gebou(-)sindroom** sick build=
ing syndrome.

**sie·ke** -kes sick person; patient; invalid; die ~s en die gesondes
the sick and the well. ~**afdeling** infirmary. ~**besoek** sick
call; ~ bring visit the sick. ~**boeg** sickbay; sick berth (in a
ship). ~**dieet** invalid diet. ~**fonds** medical aid (fund), sick/
medical benefit fund, sick fund. ~**kamer** sickroom, infir=
mary, invalid's room. ~**loon** sick pay. ~**saal** hospital/sick
ward. ~**trooster** sick comforter/visitor. ~**verpleegster** (fem.),
~**verpleër** (masc.), (sick) nurse. ~**verpleging** nursing. ~**ver=
sorging** care of the sick.

**sie·ke·rig** -rige ailing, peaky, (pred.) peaked, poorly; ~ voel,
(also) feel out of sorts.

**siek·lik** -like ailing, suffering, in bad health, sickly, weakly,
infirm, diseased, peaky, (pred.) peaked; morbid; (fig.) cloy=
ing; ~e mens invalid; hypochondriac; ~e vrees morbid/sick
fear. **siek·lik·heid** ill health, sickliness, infirmity, invalidism;
morbidity.

**siek·ma·kend** -kende pathogenic, pathogenetic, pathoge=
nous.

**siek·te** -tes illness, sickness, disorder, affection, ailment, dis=
ease, malady; ill health; 'n ~ breek uit a disease breaks out;
'n denkbeeldige ~ an imaginary ailment; 'n ernstige/ge=
vaarlike ~ a serious illness; van 'n ~ herstel/regkom, 'n
~ oorkom get over (or recover from) an illness; 'n ~ kry/
opdoen catch/contract/get (or come down with) a disease;
'n ligte ~ a slight indisposition; 'n ~ oordra transmit a dis=
ease; 'n slepende ~ a lingering disease; met ~ tuis/weg wees
be off sick; die uitbreking van 'n ~ the outbreak of a dis=
ease; 'n uitmergelende ·- a debilitating/emaciating disease;
'n ~ versprei spread a disease; weens ~ on account of ill=
ness. ~**beeld** syndrome, clinical picture. ~**bepaling** diag=
nosis. ~**draer** disease carrier. ~**geskiedenis** clinical/medi=
cal history. ~**geval** case (of illness). ~**haard** (med.) nidus.
~**kiem** pathogen(e). ~**kunde, ~leer** pathology. ~**ontstaan**
pathogenesis. ~**oorsaak** cause of disease. ~**syfer** sick rate,
morbidity; 'n hoë/lae ~ a high/low incidence of disease. ~**te=
ken** symptom of disease. ~**toestand** morbidity, state of dis=
ease/sickness. ~**verlof** sick leave; met/op ~ on sick leave, off
sick. ~**verloop** course of a disease. ~**versekering** health in=
surance. ~**verskynsel** symptom of disease. ~**verslag** case
record. ~**verwekkend** -kende pathogenic, pathogenous, dis=
ease-breeding, -producing. ~**verwekker** pathogenic/patho=
genous organism, pathogen(e).

**siel** siele soul; spirit; mind; psyche; heart; (fig.) core; bewaar
jou ~ as jy ...!, (infml.) watch out if you ...!; die ~ van die ...
the (life and) soul of the ... (party etc.); the animating spirit

of the ... *(movement etc.)*; *('n)* ~ **gee** *aan* ..., *('n)* ~ **blaas** *in* ... ensoul/insoul ...; *'n* **goeie** ~, *(infml.)* a good soul; *geen/g'n* **lewende** ~ *nie* not a (living) soul, no person alive; ~ *en* **lig-gaam** *aanmekaarhou* keep body and soul together; *na* ~ *en* **liggaam** (in) mind and body; *tot in jou* ~ to the very fibre of one's being; *iem. se* ~ **uittrek/versondig** tease/plague/torment/bug s.o.; *jou* ~ **verkoop** sell one's soul; *(soos) 'n* **ver-lore** ~ (like) a lost soul; **voor** *jou* ~ *weet dat* ... know very well *(or* in one's heart of hearts*)* that ...; *hoe meer* ~*e, hoe meer* **vreugde** the more the merrier. ~**dodend**, ~**dodend-dende** soul-destroying, -killing, mind-numbing(ly), dreary, dull, monotonous; deadly. ~**siek** →SIELSIEK. ~**strelend** *-lende* gratifying to the soul. ~**vol** *-volle* soulful.

**sie·le** : ~**adel** nobility of soul/mind/heart, noble-mindedness. ~**heil** spiritual welfare; salvation (of the soul). ~**leed** heart-ache, sorrow, affliction, anguish. ~**salwer** agony uncle. ~**sorg, sielsorg** cure of souls, pastoral work. ~**stryd, sielstryd** inner conflict, inward/spiritual struggle. ~**tal** number (of souls). ~**troos** spiritual comfort, comfort of/for the soul. ~**vrede** spiritual/mental peace, peace of (the) mind. ~**vreugde** soul's delight.

**siel·kun·de** psychology. **siel·kun·dig** *-dige, adj.* psychological; *op die regte* ~*e* (of ~ *regte)* **oomblik** the right psycholog-ical moment; ~*e* **oorlogvoering** psychological warfare; ~*e* **samestelling** psychological make-up; ... *is vir iem. 'n* ~*e* **struikelblok** s.o. has a mental block about ... **siel·kun·di·ge** *-ges, n.* psychologist.

**siel·loos** *-lose* soulless; mindless; lifeless, dead. **siel·loos·heid** soullessness; lifelessness.

**siels** : ~**aandoening** emotion. ~**angs**, ~**benoudheid** anguish (of the soul), agony. ~**bedroef** *-droefde* afflicted, distressed in mind. ~**begeerte** heart's desire. ~**beminde** deeply loved, dearly beloved. ~**bly** *-blye* heartily glad, overjoyed, over the moon. ~**ervaring** mental/spiritual experience. ~**gelukkig** *-kige* blissfully happy. ~**genoot**, ~**verwant** soul mate, kin-dred spirit. ~**genot** soul's delight/joy. ~**krag** strength of mind/soul, fortitude. ~**kwelling** mental torment. ~**lewe, siele-lewe** spiritual/inner life. ~**rus, sielerus** peace of mind, spiri-tual peace. ~**toestand** state of mind, mental/spiritual con-dition. ~**verdriet** deep sorrow, affliction. ~**verheffend, siel-verheffend** *-fende* inspiring, exalting, soul-stirring, elevat-ing. ~**verkwikkend, sielverkwikkend** *-kende* uplifting. ~**ver-lange** heart's desire. ~**verrukking** ecstasy, rapture, trance. ~**verrykend, sielverrykend** *-kende* soul-enriching. ~**ver-wantskap**, ~**genootskap** affinity of soul, congeniality.

**siel·siek** *-siek(e), adj.* mentally ill/diseased; psychotic. **siel-sie·ke** *-kes, n.* mental patient; psychotic; psychopath; *hospi-taal vir* ~*s* mental hospital; *behandeling van* ~*s* psychother-apy. **siel·sie·ke·hos·pi·taal** mental hospital. **siel·siek·te** men-tal disease/illness/disorder; psychosis; psychopathy; lunacy.

**siem·bam·ba** *(lullaby etc.)* si(e)mbamba.

**sie·mens** *(elec.: SI unit of conductance)* siemens.

**sien** *n.: dis die laaste* ~ that's the last you/we will see of him/her/it; *(infml.)* you can kiss that goodbye!; *dit was die laaste* ~ *(van ...)* we never clapped eyes on ... again. **sien** *ge-, vb.* see; watch; view; notice, perceive; distinguish, make out; *aan* ... ~ *dat* tell by/from ... that; *maak* **asof** *jy iem. nie* ~ *nie* cut s.o. cold/dead; look through s.o.; look the other way; ~ *bl.* 15 see page 15; ~ **bo** see above; ~ *dat* ... see that ...; *duide-lik* ~ see/perceive clearly; *iem./iets* ~ **gaan** see s.o./s.t. go; ~ *is* **glo** seeing is believing; *iem.* ~ *dit nie* **graag** *nie* s.o. doesn't like that (kind of thing); *nie jou* **hand** *voor jou oë* (of *geen/g'n* **steek**) *kan* ~ *nie* not be able to see a thing; ~ **hieronder** see below; *hoe* ~ *jy dit?* what's your opinion?; what do you make of it?; *ek* ~ *in jou brief* ... I see from your letter ...; ~ *jy?* (do you) see?; ~ *jy nou?* I told you so!; *jy* ~ (of *['n] mens*) *kan dit deur die* ... ~ it shows through the ...; *sodra jy* ... **kan** ~ as soon as one comes in sight of ...; *iets gebeur waar iem. dit* **kan** ~ s.t. happens (with)in sight of s.o.; *bly waar iem. jou*

**kan** ~ keep in sight of s.o.; *iets* **kastig** *nie* ~ *nie* turn a blind eye to s.t.; *iem. van* ~ **ken** know s.o. by sight; *iem. net van* ~ **ken** not know s.o. to speak to; ~ **kom klaar** *met* ... make shift with ...; *jy moet maar* ~ **kom klaar** you'll have to get through/manage *(or* make do*)* somehow; *jou* **laat** ~ show one's face; **laat** *my* ~, *(lit.)* let me see; **laat** *ek* ~, *(fig.)* let me see; *ons* ~ **mekaar** *weer!, (infml.)* see you again/later!, I'll be seeing you!; *dit sal ons nog* **moet** ~ we'll see about that; *dit* **moet** *ons nog* ~ it remains to be seen; *nie* **mooi** ~ *nie* not see properly; *('n) mens kon* **niks** ~ *nie* one could not see/distin-guish *(or* make out*)* anything; *iem.* **nooit** *weer* ~ *nie* never see s.o. again; *so wat het ek nog* **nooit** *ge-* *nie* I've never seen such a thing; *ons* **sal** ~ we shall see; *iets* **skrams** ~ see s.t. out of the corner of the eye; catch/get a glimpse of s.t.; *soos ek dit* ~ as I see things; *iets is* **te** ~ s.t. can be seen; s.t. is on view; s.t. is in view; s.t. is in evidence; s.t. shows up; *soos te* ~ *is* as can be seen; *iem./iets te* ~ *(e)* *kry* catch sight of s.o./s.t.; get a sight of s.o./s.t.; clap/lay/set eyes on s.o./s.t.; get a look at s.o./s.t.; *niks te* ~ *(e) nie* nothing to be seen *(or* to see*)*; *toe ons weer* ~ ... the next thing we knew ...; *hulle het iem.* ~ **val/ens.** they saw s.o. fall(ing)/etc.; *so* **ver/vêr** *as ('n) mens kan* ~ as far as the eye can reach; *so* **ver/vêr** *ek kan* ~ as far as I can see; *iets in die* **verbeelding** ~ visualise s.t.; **verder/vêrder** *as wat iem. kan* ~ beyond s.o.'s vision; ... **vlugtig** ~ catch/get a glimpse of ...; *iem. kon goed* ~ **wat** *gebeur* it hap-pened in full view of s.o.; **werd** *wees om te* ~ be worth see-ing. **sien·de** *-des, n.* sighted person. **sien·de** *adj.* seeing, sighted; ~ **blind** *wees* see and not perceive; be blinkered, wear blinkers *(fig.)*; ~ **blind** *en horende* **doof** blind and deaf to rea-son. **sien·der·o·ë** visibly, perceptibly. **sie·ner** *-ners* seer, prophet; visionary. **sie·ners·blik, sie·ners·oog** prophetic/visionary eye. **sie·ning** *-ninge* view, way of seeing, vision. **siens·wy·se** view, opinion, way of thinking; *'n* ~ **hê/huldig** (of **toegedaan** *wees)* hold an opinion, have a view; *onbe-krompe* ~ broad views; *'n* ~ **oor** ... an opinion on ...; *tot 'n* ~ **oorgehaal** *word* come round to a view; *iem. tot jou* ~ **oorhaal** bring s.o. round to one's way of thinking; *'n per-soonlike* ~ a private view.

**si·ën·na** sienna.

**sier** : ~**band** braid; ornamental *(or* de luxe*)* binding. ~**boom** ornamental tree. ~**diamant** gem diamond, brilliant. ~**duif** fancy pigeon. ~**fontein** ornamental fountain. ~**gimnastiek** callisthenics. ~**insetsel** insertion. ~**krans** garland. ~**kuns** decorative art. ~**kunstenaar** decorative artist. ~**kussing** scat-ter cushion. ~**letter** ornamental letter. ~**metaal** art metal. ~**plant** ornamental plant. ~**pruim** flowering plum. ~**rekla-me** display advertising. ~**ring** dress ring. ~**skaats** figure skating. ~**skaatser** figure skater. ~**skrif** ornamental writing/lettering. ~**steek** ornamental/decorative stitch. ~**steen** face/facing brick; ornamental stone; semiprecious stone; gem stone. ~**struik** ornamental shrub. ~**voël** fancy bird. ~**wa** (decorative) float.

**sie·raad** *-rade* ornament, trinket, jewel; *(in the pl., also)* trin-ketry; decoration; crowning glory; *'n* ~ *vir* ... *wees*, ... *tot* ~ *strek* adorn/grace ...; be a credit *(or* an ornament*)* to ...; *'n* ~ *vir jou beroep, (fig.)* an honour to one's profession.

**sier·lik** *-like* graceful, elegant; dainty, ornamental. **sier·lik-heid** grace(fulness), elegance.

**si·ër·ra** *-ras, (Sp.: mountain range)* sierra.

**Si·er·ra:** ~ **Leone** *(geog.)* Sierra Leone. ~ **Leonees** *-nese, adj.* Sierra Leonean. ~ **Leoner** *-ners, n.* Sierra Leonean. ~ **Ne-vada:** *die* ~ ~ the Sierra Nevada.

**sies, sie** *interj., (expressing disgust)* bah!, phew!, ugh!, *(SA)* sis!, *(infml.)* yu(c)k!.

**si·ës·ta** *-tas, (<Sp.)* siesta, midday nap.

**sies·tog** *(also* sies tog*)* *interj.* shame!; what a pity!; poor thing!.

**sif** *siwwe, n.* sieve; strainer *(for liquids)*; screen, grid; bolter *(for flour)*; *growwe* ~ riddle; *'n kop/geheue soos 'n* ~ *hê, (infml.)*

have a head/memory/mind like a sieve. **sif** *ge-, vb.* sieve, sift *(solids);* sieve, strain *(liquids);* screen *(gravel, coal, documents, people);* sift *(evidence);* run through a screen *(sand);* gravitate *(diamonds);* jig. **~deur** screen door. **~draad** *(fine)* wire gauze; *(coarse)* wire netting; screen(ing) wire; strainer screen. **~druk** *n.* serigraph; serigraphy, silk-screening, silk-screen printing/ process. **~druk** *ge-, vb.* silk-screen. **~drukkuns** serigraphy, silk-screen printing/process. **~plaat** perforated/sieve plate. **~reën** drizzle.

**sif·ag·tig** *-tige* sievelike; *(anat., bot.)* cribriform.

**sif·fie** *-fies* strainer; small sieve.

**si·fi·lis** syphilis. **~lyer, ~pasiënt** syphilitic. **si·fi·li·ties** *-tiese* syphilitic.

**si·fon** *-fons* siphon, syphon.

**sif·sel** *-sels* sifting(s), screening(s).

**sif·ter** *-ters* jigger, bolter.

**sif·ting** *-tings, -tinge* sifting, screening.

**sif·vor·mig** *-mige* sieve-like; *(anat., bot.)* cribriform.

**sig** *n.* sight, view; visibility; seeing; *belemmerde* ~ reduced visibility; *die* ~ *is* **goed/sleg** visibility is good/bad; *in* ~ in/ within sight, in view; *in* ~ *kom* come in view; heave in sight; *iets in* ~ *laat kom* bring s.t. into view; *op* ~, *(fin.)* on approval, *(infml.)* on appro; at/on sight; *op* ~ *betaalbaar* payable at sight; *op kort* ~ at short date; *iets op* ~ *trek, (fin.)* draw s.t. at sight; *uit* ~ out of sight; *uit* ~ *verdwyn* pass out of sight. **~blad** *(comp.)* spreadsheet. **~lyn** line of sight/vision. **~meter** visibility meter. **~skerm** *(cr.)* sightscreen. **~(s)toestand** visibility. **~waarde** face/sight value. **~wissel** sight/demand draft, sight bill, bill at sight.

**si·gaar** *-gare* cigar. **~doos, sigaredoos** cigar box. **~handelaar, sigarehandelaar** tobacconist; cigar merchant. **~kissie, sigarekissie** cigar box. **~koker, sigarekoker** cigar case. **~rook** cigar smoke. **~winkel, sigarewinkel** tobacco(nist's) shop.

**si·gaar·tjie** *-tjies* cigarillo, small cigar.

**si·gaar·vor·mig** *-mige* cigar-shaped.

**si·ga·ret** *-rette* cigarette, *(sl.)* fag; *'n* ~ *aansteek/opsteek* light a cigarette; *'n* ~ *kry/neem* have a cigarette; *'n pakkie* ~*te* a packet of cigarettes; *'n* ~ *rook* smoke/have a cigarette. **~aansteker** cigarette lighter. **~dosie** cigarette box. **~papier** cigarette paper. **~stompie** cigarette end/butt. **~tabak** cigarette tobacco.

**sig·baar** *-bare, adj.* visible, in sight; perceptible; discernible; clear, manifest; *~bare* **bewys** visible proof, ocular demonstration; *~bare* **gebrek** patent defect; *iets* ~ *laat word* bring s.t. into view; ~ *met/vir die blote* **oog** visible to the naked eye; *die verskil was* ~ the difference was obvious; *~bare* **wêreld** natural world. **sig·baar** *adv.* visibly, perceptibly, clearly, manifestly, patently; ~ *aangedaan* visibly moved; *reg moet* ~ *geskied* justice must be seen to be done; ~ *uitgeput* manifestly exhausted. **~stelling** exposure. **~wording** emergence, emersion, looming.

**sig·baar·heid** visibility; perceptibility; *die* ~ *is goed/sleg* visibility is good/bad.

**sig·baar·ma·king** exposure.

**si·geu·ner** *-ners, (sometimes S~)* gypsy *(also G~).* **~musiek** gypsy/tzigane music. **~taal** gypsy language, Romany.

**si·geu·ne·rin** *-rinne, (sometimes S~)* gypsy woman *(also G~).*

**sig·ma** *(18th letter in the Gr. alphabet)* sigma.

**si·goot** *-gote, (biol.)* zygote, oosperm.

**si·go·rei** chicory.

**sig·sag** *n.* zigzag. **sig·sag** *adv.* zigzag; ~ *oor die pad loop/ry* zigzag along the road. **~blits, ~weerlig** zigzag/forked lightning. **~lyn** zigzag line. **~pad** zigzag road/path. **~steek** zigzag stitch.

**sig·sags·ge·wys, sig·sags·ge·wy·se** zigzag, in a zigzag fashion/line.

**sig·self: op** ~ *(beskou/genome)* in *(or* [taken] *by)* itself, per se, as it is; in its own right; as such; intrinsically; *iets op* ~ *beoordeel* judge s.t. on merit *(or* its [own] merits); *'n verhaal/storie op* ~ a story in itself *(or* its own right); *waarde op* ~ intrinsic value.

**si·ka·de** *-des, (entom.)* cicada.

**si·ka·dee** *-deë, (bot.)* cycad.

**Sikh** *Sikhs, (member of an Ind. relig.)* Sikh. **Si·khis·me** *(also s~)* Sikhism.

**sik·kel** *-kels* shekel.

**si·klaam** *-klame,* **si·kla·men** *-mens, (bot.)* cyclamen.

**si·kla·maat** *-mate, (chem.)* cyclamate.

**si·klies** *-kliese* cyclic(al).

**si·klo·naal** *-nale* cyclonic.

**si·kloon** *-klone* cyclone. **~skuiling** cyclone cellar.

**si·kloop** *-klope, (Gr. myth.)* Cyclops. **si·klo·pies** *-piese* Cyclopean.

**si·klus** *-klusse* cycle.

**siks·pens** *-pense* sixpence; *soos 'n (splinter)nuwe* ~ *lyk* be as clean as a new pin; be as neat as a (new) pin; *niks vir niks en baie min vir 'n* ~, *(infml.)* everything has to be paid for, there is no free lunch.

**sild** *(young herring)* sild.

**si·leks** *(a type of glass)* silex.

**sil·fe** *-fes,* **sil·fi·de** *-des* sylph. **silf·ag·tig** *-tige* sylphlike.

**sil·hoe·ët** *-hoeëtte* silhouette; skyline. **sil·hoe·ët·teer** *ge-* silhouette.

**si·li·êr** *-liêre* ciliary.

**si·li·ka** *(chem.)* silica. **si·li·ka·hou·dend** siliceous. **si·li·ka·jel** silica gel.

**si·li·kaat** *-kate* silicate.

**si·li·kon** *(chem., symb.:* Si) silicon. **~karbied, karborundum** silicon carbide, carborundum. **~skyfie, ~vlokkie** *(comp.)* silicon chip, microchip; →MIKROSKYFIE. **S~vallei** Silicon Valley.

**si·li·koon** *-kone* silicone. **~inplanting** silicone implant.

**si·li·ko·se** *(med.)* silicosis.

**si·lin·der** *-ders* cylinder; barrel; drum; *op al vier* ~*s loop, (lit.)* be firing on all four cylinders; *sentrale* ~, *(bot.)* stele. **~blok** cylinder block. **~kop** cylinder head. **~koppakstuk** cylinder head gasket. **~pers** roller press. **~saag** cylinder/crown/hole saw.

**si·lin·der·vor·mig** *-mige* cylindric(al), cylinder-shaped.

**si·lin·dries** *-driese* cylindric(al).

**si·li·sies** *-siese* silicic.

**si·li·si·fi·seer** *ge-* silicify. **si·li·si·fi·ka·sie, si·li·si·fi·se·ring** silicification.

**Sil·kaats** *(founder of the Ndebele state)* Mzilikazi, *(Zu.)* uMzilikazi, *(So.)* Moselekatse.

**sil·la·be** *-bes* syllable. **sil·la·beer** *ge-* syllabify, syllabise. **sil·la·be·ring** syllabi(fi)cation. **sil·la·be·skrif** syllabary. **sil·la·bies** *-biese* syllabic; *~e aksent* tonic accent.

**sil·la·bus** *-busse* syllabus; →LEERPLAN.

**sil·li·ma·niet** *(min.)* sillimanite.

**sil·lo·gi·seer** *ge-* syllogise. **sil·lo·gis·me** *-mes* syllogism.

**si·lo** *-lo's* silo.

**Si·luur** *n.: die* ~*(tydperk), (geol.)* the Silurian. **Si·lu·ries** *-riese, adj.* Silurian.

**sil·wer** *n., (chem., symb.:* Ag) silver; silver plate; silver coins; *vergulde* ~ silver gilt. **sil·wer** ~, *adj.* silver *(colour);* silvery; ~ *eeu* silver age; *trompette met 'n* ~ *klank* silver-toned trumpets. **~aar** *(min.)* silver vein. **~beker** silver cup/goblet. **~blaar** *(bot.)* silver leaf. **~blad** silver leaf/foil. **~blond** *-blonde, adj.* ash blonde; *~e hare* ash-blonde hair. **~blondine** *n.* ash blonde. **~boom** silver tree, silver-leaf (tree). **~bruilof** silver wedding. **~doek** silver screen, cinema. **~draad** silver wire; silver thread, spun silver. **~draadwerk** *filigree*, filigree. **~erts** silver ore. **~gehalte** percentage of silver, silver content. **~gerei, ~goed, ~ware** silverware; silver plate. **~glans** silvery lustre/sheen; silver glance, argentite. **~grys** silver-grey, silvery grey. **~harig** silver-haired. **~jubileum** silver jubilee. **~lepel** silver spoon; *met 'n ~ in die mond gebore* born with a silver spoon in one's mouth. **~medalje, ~penning** silver medal. **~mot, ~vis(sie)** silver moth, silverfish, fish moth. **~munt** *=munte,* **~muntstuk** *=stukke* silver coin/money; *dertig ~stukke, (NAB)* thirty silver coins *(NIV).* **~myn** silver mine. **~nitraat** silver nitrate. **~oplossing** silver solution. **~papier** silver paper; tinfoil. **~penning** →SILWERMEDALJE. **~platering** silver-plating. **~pleet** silver-plate. **~populier** white poplar, abele. **~prys** silver price. **~servies** silver/plate set. **~skoon** spotlessly clean, *(infml.)* squeaky clean. **~smid** *=smede* silversmith. **~stuk** *=stukke* silver piece/coin; *dertig ~ke, (OAB)* thirty pieces of silver *(AV).* **~vis** *(icht.: Argyrozona argyrozona, Petrus rupestris)* silverfish; *(entom.: Lepisma saccharina)* silverfish; →SILWERMOT. **~vloot** silver/treasure fleet. **~vos** *(Vulpes chama)* Cape fox. **~ware** →SILWERGEREI. **~werk** silverware, silver plate. **~wit** *n.* French/silver white. **~wit** *adj.* silver-white, silver(y) white.

**sil·wer·ag·tig** *=tige* silvery, silver.

**sil·wer·hou·dend** *=dende* argentiferous, containing silver, silver-bearing.

**sil·wer·kleu·rig** *=rige* silver(-coloured), silvery.

**si·ma** *(geol.)* sima.

**sim·baal** *=bale* cymbal. **~speler** *=lers,* **simbalis** *=liste* cymbalist.

**sim·bi·o·se** symbiosis, interdependence. **sim·bi·ont** *=bionte, (biol.)* symbiont. **sim·bi·o·ties** *=tiese* symbiotic.

**sim·bool** *=bole* symbol, emblem; sign; *'n/die ~ van ... wees* be a/the symbol of ..., symbolise ... **sim·bo·liek** symbolism, symbolic significance. **sim·bo·lies** *=liese =lieser =liesste* symbolic(al); *~e aanstelling* token appointment; *~e betaling* token payment; *~e gebaar* tokenism; *~e logika* symbolic logic; *~e verset* token resistance. **sim·bo·lis** *=liste* symbolist. **sim·bo·li·seer** *ge=* symbolise. **sim·bo·lis·me** symbolism.

**sim·fo·nie** *=nieë* symphony. **~konsert** symphony concert. **~orkes** symphony orchestra. **sim·fo·nies** *=niese, (mus.)* symphonic; *~e gedig* symphonic poem; *~e komponis* symphonist.

**sim·fo·ni·kus** *=nikusse, =nici,* **sim·fo·nis** *=niste, (mus.)* symphonist.

**SIM-kaart** *(telecomm.)* SIM card *(abbr.: subscriber identity module).*

**sim·me·trie** *=trieë* symmetry. **~-as** axis of symmetry. **~vlak** plane of symmetry.

**sim·me·tries** *=triese* symmetrical; *tweesydig ~, (bot.)* isobilateral.

**si·mo·lo·gie** *(biochem.: science of fermentation)* zymology. **si·mo·lo·gies** *=giese* zymologic(al). **si·mo·loog** *=loë* zymologist.

**Si·mon·stad, Si·mon·stad** Simon's Town.

**si·mo·se** *(med.)* zymosis. **si·mo·ties** *=tiese* zymotic.

**sim·pa·te·ties** *=tiese, (med.)* sympathetic *(pain); ~e ink* invisible ink.

**sim·pa·tie** *=tieë* sympathy; congeniality; *jou ~ betuig* express one's sympathy; *iets uit ~ doen* do s.t. out of sympathy; *~ vir iem. hê* have sympathy with s.o.; *innige ~* deep sympathy; *uit ~ staak* come out in sympathy. **~pyn** sympathetic pain. **~staking** sympathetic strike.

**sim·pa·tiek** *=tieke* sympathetic, caring, understanding, pitying; congenial; agreeable; *~ staan jeens/teenoor ...* be sympathetic to(wards) ...

**sim·pa·ties** *=tiese* sympathetic *(nerve); ~e senustelsel* sympathetic nervous system.

**sim·pa·ti·seer** *ge=* sympathise (with); *met iem. ~* sympathise with s.o.; *met iets ~* be in sympathy with s.t. *(a plan etc.); nie*

*met iets ~ nie* be out of sympathy with s.t.. **sim·pa·ti·se·rend** *=rende* sympathising, sympathetic.

**sim·pel** *=pel(e) =peler =pelste, adj.* silly, foolish, inane; barmy, dotty, feeble-minded, dim-, dull-, half-, slow-witted, witless, simple-, weak-minded; gullible; simple, plain; mere; *~(e) sot, (infml.)* blinking fool, blithering idiot; *jou ~(e) sot!, (infml.)* you flaming idiot!. **sim·pel·heid** silliness, foolishness, inanity; dottiness, simple/weak/feeble-mindedness, dotage.

**sim·pleks** *=plekse* simplex.

**sim·plis·me** simplism. **sim·plis·ties** *=tiese* simplistic, facile, superficial.

**sim·po·si·um** *=siums, =sia* symposium.

**simp·to·ma·ties** *=tiese* symptomatic; *~ van/vir ...* symptomatic of ...

**simp·toom** *=tome* symptom; *'n ~ van ...* a symptom (or symptomatic) of ... **~vry** *=vrye* silent; *~e deel* silent area.

**simp·toom·loos** *=lose* asymptomatic.

**sim·son** *(fig.: an exceptionally strong man)* Samson.

**si·mu·leer** *ge=* simulate; malinger. **si·mu·la·sie** simulation; malingering. **si·mu·le·ring** simulation; *(biol.)* mimesis.

**si·mur·gie** fermentation chemistry, zymurgy.

**sin**[1] *sinne, n.* sense; meaning; mind; wish, liking, taste, fancy; *in die beperkte ~* in the narrow sense; *van jou ~ne beroof* out of one's mind/skull/wits, bereft of one's senses; *iem. is van sy/haar ~ne beroof* s.o. has taken leave of his/her senses; *buite jou ~ne* demented; *by jou ~ne* in possession of all one's faculties; *nie goed by jou ~ne nie* not in one's right mind; *jou ~ deurdryf* work one's will; carry one's point; *een van ~* of one mind; *jou eie ~ kan volg* have it (all) one's own way; *in die eintlike/volle/werklike ~ van die woord* in the strict/full/proper sense of the word; *in die enge(re) ~* in the strict sense; *iem. sy/haar ~ gee* let s.o. have his/her way; *dit het geen ~ nie* it makes no sense, there is no point/sense in it; *dit het geen ~ om iets te doen nie* there is no point in doing s.t.; *~ in iets hê* have a liking for s.t.; have an appetite (or a taste) for s.t.; *iem. het ~ in iets, (also)* s.t. appeals to s.o.; *dit het ~* it makes sense; *'n ~ vir humor hê* have a sense of humour; *weer by jou ~ne kom* come/return to (or recover) one's senses; *jou ~ kry* get/have one's (own) way; get one's wish; get/have one's will; carry one's point; *sorg dat jy jou ~ kry* work one's will; *in letterlike/figuurlike ~* in a literal/figurative sense; *iets is na iem. se ~* s.t. is to s.o.'s liking/taste; s.t. suits s.o.; *so reg (of net so) na iem. se ~ wees* be after s.o.'s own heart; suit s.o. down to the ground *(infml.); te soet na iem. se ~* too sweet for/to s.o.'s taste; *van jou ~ne raak* go out of one's mind; *in sekere ~* in a (certain) sense, in a/one way, in a manner; *sonder ~* meaningless; without rhyme or reason; *dit streel die ~ne* it gratifies the senses; *teen iem. se ~* against s.o.'s will, contrary to s.o.'s wishes; *iets teen jou ~ doen* do s.t. reluctantly; *alle ~ verloor* lose all point; *die vyf ~ne* the five senses; *watter ~ het dit?* what does it mean?; *na sy/haar eie ~ en wil* at his/her own sweet will. **~ryk** *=ryke* full of (or pregnant with) meaning, meaningful, significant; terse. **~rykheid** meaningfulness, significance, pregnancy. **~speel** *ge=* allude; *op iets ~* allude to s.t.; hint at s.t. **~speling** *=lings, =linge* allusion, reference (to), hint *(at).* **~spreuk** motto, device; maxim. **~verwant** *=wante* related in meaning; synonymous. **~verwantskap** relation in meaning; semasiological agreement, synonymity. **~vol** *=volle* meaningful, significant; *~ wees* make sense.

**sin**[2] *sinne, n., (gram.)* sentence; *enkelvoudige ~* simple sentence; *saam=/samegestelde ~* complex/compound sentence. **sin·sne·de** passage; phrase.

**si·na·go·ge** *=ges* synagogue, *(Yidd.)* shul; *iem. uit die ~ werp, (fig.)* cast s.o. out of the synagogue, ostracise s.o..

**Si·nai** *(geog.)* Sinai. **~berg** Mount Sinai. **Si·na·ï·ties** *=tiese* Sinaitic.

**si·naps** *=napse* synapse, synapsis.

**sin·chro-in·kam·ming, sin·kro-in·kam·ming** = SIN=
CHROONSKAKELING.

**sin·chro·nie, sin·kro·nie** synchrony. **sin·chro·nies, sin·**
**kro·nies** =*niese* synchronous; *~e motor, (elec.)* synchronous
motor. **sin·chro-, sin·kro·ni·seer** ge= synchronise; *(nie) met*
*iets ~ (nie), (cin., TV, etc.)* be in (*or* out of) sync(h) with s.t.;
*iets met ... ~* synchronise s.t. with ... **sin·chro-, sin·kro·ni·**
**seer·der** =*ders* synchroniser; *outomatiese ~, (elec.)* synchro.
**sin·chro-, sin·kro·ni·si·teit** *(psych.)* synchronicity. **sin·chro-,**
**sin·kro·nis·me** synchronism, synchronicity. **sin·chro-, sin·**
**kro·nis·ties** =*tiese* synchronistic, synchronous.

**sin·chroon** =*chrone*, **sin·kroon** =*krone* = SINCHRONIES. **~ska**=
**keling** *(mot.)* synchromesh.

**sin·chro·tron, sin·kro·tron** =*trons, (phys.)* synchrotron.

**sin·de·lik** =*like, adj.* clean, tidy; neat; serviceable; *'n ~e kleur*
a serviceable/practical colour. **sin·de·lik** *adv.* cleanly, tidily.
**sin·de·lik·heid** clean(li)ness, tidiness; neatness.

**sin·di·kaat** =*kate, n.* syndicate, ring, combine.

**sin·di·ka·lis** =*liste* syndicalist. **sin·di·ka·lis·me** *(pol.)* syndi=
calism. **sin·di·ka·lis·ties** =*tiese* syndicalist(ic).

**sin·di·keer** ge=, *vb., (journ. etc.)* syndicate. **sin·di·ka·sie** syn=
dication.

**sin·droom** =*drome* syndrome, symptom complex.

**sinds** *(dated)* since; for; *~ lank* for a long time. **sinds·dien** since
then, (ever) since.

**si·nek·do·gee** =*gees, (a figure of speech)* synecdoche.

**si·ne·kuur** =*kure* sinecure.

**si·ne qua non** *(Lat.: essential condition/requirement)* sine
qua non.

**si·ner·gie** synergy, synergism. **si·ner·gis·me** synergism. **si·**
**ner·gis·ties, si·ner·ge·ties** =*tiese* synergetic, synergistic.

**sin·fo·ni·a** =*nias, (It., mus.)* sinfonia. **sin·fo·ni·et·ta** =*tas, (It.,*
*mus.)* sinfonietta.

**sing** *n.: aan die ~ gaan* start singing, break/burst into song.
**sing** ge=, *vb.* sing, chant; pipe; *hard ~* sing out; *harder ~*
sing up; *hoog ~* sing high; *~ iets!, ~ 'n stukkie!* give us a
song!; *vir/voor 'n gehoor ~* sing to an audience. **~besie**
*(entom.)* cicada. **~-praat** ge= chant. **~-sing** singing; *~ lees* in=
tone; *~ loop* sing as one walks, go singing.

**Sin·ga·lees** =*lese, n. & adj.* Sin(g)halese; →SRI LANKA.

**Sin·ga·poer, Sin·ga·poer** *(geog.)* Singapore.

**sing·baar** =*bare* singable. **sing·baar·heid** singability.

**sin·gel** =*gels, (street)* crescent. **~band** webbing.

**sin·ger** =*gers* songbird, warbler; →SANGER. **sin·ge·ry** singing.

**si·nies** =*niese* cynic(al), sardonic. **si·ni·kus** =*nikusse*, =*nici* cyn=
ic. **si·nis·me** cynicism.

**si·nis·ter** =*tere meer ~ die mees* =*tere* sinister.

**sin·jaal** =*jale* signal, sign. **sin·ja·leer** ge= signal *(a ship)*, sig=
nalise; point out, draw attention to.

**sink¹** *n., (chem., symb.:* Zn*)* zinc; galvanised/corrugated iron.
**~bad** bath of zinc; galvanised iron (*or* tin) bath. **~bedekking**
zinc covering. **~dak** galvanised/corrugated iron roof, tin
roof. **~erts** zinc ore. **~gebou** galvanised/corrugated iron
building. **~huis** tin cottage, galvanised/corrugated iron house.
**~laag** zinc layer; stratum of zinc; zinc coat(ing). **~oksied**
zinc oxide. **~plaat** *n.* (sheet of) galvanised/corrugated iron;
corrugated sheet; corrugations *(on a road); (elec.)* zinc plate.
**~plaat** ge=, *vb.* corrugate. **~plaatpad** corrugated road. **~salf**
zinc ointment. **~sulfaat, ~vitrioel** zinc sulphate.

**sink²** ge=, *vb.* sink; subside, fall, descend; flag, droop; *in 'n*
*stoel ~* sink into a chair; *laag ~, (also, fig., pej.)* prostitute o.s.;
*'n skip laat ~* sink a ship, send a ship to the bottom. **S~dal:**
*die Groot ~* the Great Rift Valley. **~gat** sink(hole), swallow
hole; pump well. **~lood** =*lode* sounding lead, plummet; plumb
bob; sinker *(on a fishing line/net)*, sink. **~put** cesspool, cess=
pit, drainage well; sinkhole; sludge well, settling tank; sump.

**sink·ag·tig** =*tige* zincy, zincky.

**sink·baar** =*bare* sinkable.

**sin·ker** =*kers* sinker *(on a fishing line/net); (bot.)* sinker.

**sink·hou·dend** =*dende* zinciferous, zincy, zincky.

**sin·king** =*kings* sinkage, sinking; descent; subsidence; *(in the*
*pl., med.)* neuralgia, rheumatic pains. =

**sin·ko·pee** =*pees* syncopc. **sin·ko·pa·sie** syncopation. **sin·**
**ko·peer** ge= syncopate. **sin·ko·pe·ring** syncopation.

**sin·kre·ties, sin·kre·tis·ties** =*tiese, (philos., theol.)* syn=
cretic, syncretistic. **sin·kre·ti·seer** ge= syncretise.

**sin·kro·nies** →SINCHRONIES.

**sink·sel** =*sels* dregs.

**sin·lik, sin·ne·lik** =*like* sensuous, sensual, voluptuous; car=
nal, animal; fleshly; lustful; *(infml.)* sexy, randy, raunchy;
bestial; gross; of the senses, sensory. **sin·lik·heid, sin·ne·lik**=
**heid** sensuality, sensuousness, voluptuousness; carnality;
*(infml.)* randiness.

**sin·loos** =*lose* meaningless; nonsensical; senseless; pointless;
futile; purposeless; idle; gratuitous *(sex, violence in a film*
*etc.);* →SINNELOOS; *dit is ~* it makes no (*or* does not make)
sense; *dit is ~ om voor te gee dat ...* it is idle to pretend that
...; *~lose opmerking* inanity. **sin·loos·heid** meaninglessness,
senselessness; pointlessness, inanity; →SINNELOOSHEID.

**sin·na·ber** *(min., chem.)* cinnabar.

**sin·ne·beeld** emblem, symbol, sign, type. **sin·ne·beel·dig**
=*dige* symbolical, emblematic(al), allegorical, figurative.

**sin·ne·lik** →SINLIK.

**sin·ne·loos** =*lose* mad, insane, senseless; →SINLOOS. **sin·ne·**
**loos·heid** madness, insanity; →SINLOOSHEID.

**Sinn Fein** *(Ir. pol.)* Sinn Fein. **~-lid, Sinn Feiner** Sinn
Feiner, Provisional, Provo.

**sin·nig·heid** liking, inclination, fancy, mind; *~ in iets hê* have
a liking for s.t.; *geen ~ hê om te ... nie* have no inclination to ...

**si·no·daal** =*dale* synodal, synodic; *~dale kommissie* synodical
commission.

**si·no·de** =*des* synod. **~sitting** session of the synod.

**si·no·dies** =*diese, (astron.)* synodic(al).

**Si·no·lo·gie** Sinology. **Si·no·loog** =*loë* Sinologist.

**si·no·niem** =*nieme, n.* synonym; *'n ~ van ...* a synonym of
... **si·no·niem** =*nieme, adj.* synonymous; *~ met ...* synony=
mous with ... **si·no·ni·mie** synonymity; synonymy.

**si·nop·sis** =*sisse* synopsis. **si·nop·ties** =*tiese* synoptic; *~e*
*kaart, (meteorol.)* synoptic chart.

**sins-:** **~aksent** sentence stress. **~bedrog** hallucination, illu=
sion. **~begoëlend** delusive, delusory; *(infml.)* mind-bending.
**~begoëling** delusion, mirage. **~bou** construction (of a sen=
tence); syntax. **~deel** =*dele* part of a sentence, phrase, clause;
*(in the pl., also)* constituent parts of a sentence. **~leer** syn=
tax. **~ontleding** parsing. **~verband** context; connection of
sentences. **~verwarring** mental derangement. **~wending**
(turn of) phrase, phraseology.

**sint** *sinte* saint. **S~ Andreaskruis, S~ Andrieskruis** Saint
Andrew's cross; saltire. **S~ Bernardhond** *(also* s~ b~*)* Saint
Bernard (dog). **S~ Elm(u)svuur** Saint Elmo's fire. **S~ Helena**
*(geog.)* Saint *(usu.* St*)* Helena. **S~ Jakobus** Saint James. **S~**
**Jansbrood** *(also* s~ b~*)* carob bean. **S~ Jansdag** Midsum=
mer('s) Day. **S~ Janskruid** *(also* s~ j~*)* Saint John's wort.
**S~ Joriskruis, S~ Georgskruis** *(nat. emblem of Eng.)* Saint
*(usu.* St*)* George's Cross. **~ Nikolaas** Saint Nicholas; →SIN=
TERKLAAS. **~ Petersburg** *(geog.)* St Petersburg. **~ Valentyn**
Saint Valentine; →VALENTYNS=.

**sin·tag·ma** =*mas,* =*mata, (ling.)* syntagm. **sin·tag·ma·ties** =*tiese*
syntagmatic.

**sin·tak·sis** syntax. **~ontleder** *(comp.)* parser. **sin·tak·ties** =*tiese*
syntactic.

**sin·tel** =*tels* cinder; clinker; *(in the pl., also)* slag, breeze; →

SINTER *n*.. **~baan** cinder/dirt track. **~beton** cinder/breeze/ash concrete. **~pad** cinder path.

**sin·ter** *-ters, n*. clinker, sinter; →SINTEL. **sin·ter** *ge-, vb*. sinter. **~beton** clinker concrete. **~glas** sinter glass, frit(t). **sin·te·ring** clinkering.

**Sin·ter·klaas, sint Ni·ko·laas** Santa Claus, Father Christ=mas; Saint Nicholas.

**sin·te·se** *-ses* synthesis. **~gas** synthesis gas.

**sin·te·ties** *-tiese* synthetic, artificial.

**sin·te·ti·seer** *ge-* synthesise. **sin·te·ti·seer·der** *-ders, (mus.)* synthesiser.

**sin·tuig** *-sintuie* sense organ, (organ of) sense; *('n) mens se sesde ~* one's sixth sense. **sin·tuig·lik** *-like* sensory, sense; sen=suous; *~e gegewe, (philos.)* sensum, sense datum; *~ ingestel(d)/waarnemend* sensate. **sin·tuig·lik·heid** sensuousness.

**si·nus** *-nusse, (anat.)* sinus; *(math.)* sine. **~kromme** sine curve, sinusoid. **~ontsteking, sinusitis** sinusitis.

**si·nus·ag·tig** *-tige* sinusoidal.

**Si·on** Zion. **Si·o·nis** *-niste, (also s~)* Zionist. **Si·o·nis·me,** *(also s~)* Zionism. **Si·o·nis·te·kerk** *(SA)* Zion Christian Church *(abbr.: ZCC)*. **Si·o·nis·ties** *-tiese, (also s~)* Zionist(ic).

**si·pier** *-piere, -piers* (head) jailer/gaoler, (chief) warder, turn=key, keeper.

**si·pres** *-presse* cypress. **~groen** cypress/forest green.

**sir** *sirs, (Eng.)* sir; knight; baronet. **sir·skap** *-skappe* knight=hood; baronetcy.

**Si·re** Sire, Your Majesty.

**si·re·ne** *-nes* siren; hooter; *die ~ loei* the siren screams.

**Si·ri·ë** Syria. **Si·ri·ër** *-riërs, n*. Syrian. **Si·ries** *n., (lang.)* Syriac. **Si·ries** *-riese, adj*. Syrian.

**Si·ri·us** *(astron.)* Sirius, Sothis, the Dog Star.

**sir·kel** *-kels, n*. circle; ring; halo; *in 'n ~ beweeg* wheel. **sir·kel** *ge-, vb*. circle (round). **~boog** arc of a circle; circular arch. **~gang, ~loop** circular course, circuit, whirligig. **~om=trek** circumference of a circle, periphery. **~oppervlakte** area of a circle. **~rond** *-ronde* orbicular, circular. **~saag** cir=cular/disc saw. **~straal** radius.

**sir·kel·vorm** shape/form of a circle. **sir·kel·vor·mig** *-mige* circular. **sir·kel·vor·mig·heid** circularity.

**sir·ko·ni·um** *(chem., symb.: Zr)* zirconium.

**sir·ku·la·sie** circulation. **~bank** bank of circulation/issue.

**sir·ku·leer** *ge-* circulate, circularise.

**sir·kum·:** **~fleks** *-flekse, (orthography)* circumflex. **~polêr** *-lêre* circumpolar.

**sir·kus** *-kusse* circus. **~baas** circus proprietor. **~dier** per=forming animal. **~tent** big top. **~wiel** big wheel.

**si·rok·ko** *-ko's* sirocco.

**sir·ro·se** cirrhosis. **sir·ro·ties** *-tiese* cirrhotic.

**Sir·te** *(astron.): die Groot ~* Syrtis Major; *die Klein ~* Syrtis Minor.

**sis**[1] *n., (text.)* chintz; print. **~rok** print dress.

**sis**[2] *ge-, vb., (an animal)* hiss; *(meat in a pan)* sizzle; *(steam etc.)* w(h)oosh; fizz, fizzle; whizz. **~klank** hiss, hissing sound, sibilant.

**si·sal** sisal (hemp). **~hennep** sisal hemp, Mexican grass. **~plant** sisal plant, agave.

**si·se·leer** *ge-* emboss, chase, engrave.

**si·si·gie** *-gieë, (math., biol.)* syzygy.

**Si·si·li·ë** *(geog.)* Sicily. **Si·si·li·aan** *-liane, n*. Sicilian. **Si·si·li·aans** *n., (dial.)* Sicilian. **Si·si·li·aans** *-aanse, adj*. Sicilian.

**sis·sie** *-sies, (SA, infml., derog.)* sissy, nancy (boy), nance. **sis·sie·rig** *-rige* sissy.

**sist** *siste* cyst. **sis·ties** *-tiese* cystic; *~e fibrose, (pathol.)* cystic fibrosis. **sis·ti·tis** cystitis.

**sis·teem** *-teme* system; method. **sis·teem·loos** *-lose* unsys=

tematic(al), unmethodical, systemless. **sis·te·ma·tiek** sys=tematics, method; taxonomy. **sis·te·ma·ties** *-tiese -tieser -tiesste (of meer ~ die mees -tiese)* systematic(al), methodic(al). **sis·te·ma·ti·kus** *-tikusse, -tici* systematist, systematiser. **sis·te·ma·ti·sa·sie** systematisation. **sis·te·ma·ti·seer** *ge-* systema=tise. **sis·te·ma·ti·se·ring** systematisation. **sis·te·mies** *-miese, (med., bot.)* systemic.

**sis·to·le** *-les*, **sis·tool** *-tole, (physiol.)* systole. **sis·to·lies** *-liese* systolic.

**sis·trum** *sistrums, sistra, (ancient Eg. mus. instr.)* sistrum.

**Si·su·fos** *(Gr. myth.)* Sisyphus.

**si·Swa·ti** →SWAZI *(lang.)*.

**sit** *n*. sitting position; fit; *nie jou ~ (kan) kry nie, (infml.)* not be able to get comfortable on one's seat; *kry nou jou ~!, (in=fml.)* please sit down now (and stay there)!. **sit** *ge-, vb*. sit; set; put, place, stand; *iem. aan die lag/ens. ~* set s.o. laughing/etc.; *agter iem. ~* egg on s.o.; *agter iets ~, (fig.)* be behind s.t.; be at the bottom of s.t.; *wat agter iets ~* what is/lies be=hind s.t.; what is at the bottom of s.t.; *as dit gebeur, ~ hy/sy* if that happens, he/she is in trouble; *~ asseblief!* (take your) seats please!; *bly ~, (also)* keep one's seat; *in iets bly ~* stick in s.t. *(mud etc.)*; *met ... bly ~* be/get stuck with ... *(infml.)*; wind up with ... *(infml.); iets (bo-)oor ... ~* put s.t. over ...; *iets (bo-)op ... ~* put s.t. on top of ...; superimpose s.t. on/upon ...; *by iem. ~* sit by s.o.; *doodstil ~* sit tight *(infml.)*; *~ en lees/ens.* sit reading/etc.; *gaan ~* sit down, take a/one's seat; seat o.s.; *op ... gaan ~* light (up)on ...; *(a bird)* perch (up)on ...; *weer gaan ~* resume one's seat; *~ (gerus)!* have/take a seat!; *dit ~ goed/mooi, (clothes)* it is a good fit; *goed/warmpies daarin ~* be comfortably/well off; be in the money *(infml.); hoog op ... ~* be perched (up)on ...; *dit ~ in iem., (a trait)* s.o. has it in him/her; *daar ~ iets in* there is something in that; it is an idea; *iets in ... ~* put s.t. in ...; put s.t. into ...; *iets in die koerant ~* put s.t. into the newspaper; *in/oor 'n saak ~* sit on a case; *dinge inmekaar ~ (of inmekaarsit)* fit things together; *dit ~ knap, (clothes)* it is a tight fit; *kom ~!* have/take a seat!; *iem. laat ~* sit s.o. down; *langs iem. ~* sit next to s.o.; *langs iem. gaan/kom ~* sit o.s. next to s.o.; *lank aan tafel ~* linger over a meal; *met iets ~, (infml.)* be saddled with s.t; *iets onder ... ~* put s.t. under ...; *op iets ~* sit on s.t.; *iets op ... ~* put s.t. (up)on ...; set s.t. on ...; apply s.t. to ... *(a wound etc.); geld op 'n perd ~* put money on a horse; *iem. reg op laat ~* sit s.o. up. *(a patient in bed etc.); van ~ en staan kom niks gedaan* sitting and standing about won't get any=thing done; *stewig/styf/vas ~* sit tight; *styf teen iem. ~* cuddle up to s.o.; *hulle ~ styf teen mekaar* they cuddle up together; *iets teen ... ~* put s.t. against ...; stand s.t. against ...; *iem. uit ... ~* deport s.o. from ... *(a country)*; eject s.o. from ... *(a place)*; evict s.o. from ... *(a house)*; expel s.o. from ... *(school)*; oust s.o. from ... *(an official position); daar ~ nie veel in nie* there is not much in it; *iets vorentoe ~* put forward/on s.t. *(a watch)*.

**sit** *interj., (esp. to a dog)* sit!, down!. **~bad(jie)** hip bath, sitz=bath; bidet *(Fr.)*. **~bank** seat, bench; settee. **~bankie** stool. **~betoging** sit-in; *'n ~ hou* sit in, hold/stage a sit-in. **~ka=mer** lounge, sitting/drawing room, parlour. **~kamerstel** lounge suite, drawing-room suite. **~kussing** cushion; pouffe; tuf=fet. **~plek** seat, bottom *(of a chair, trousers)*; seating accom=modation; capacity; room; *(in the pl., also)* seats, seating; *'n oop ~* an empty seat; *die saal/ens. het ~ vir 500/ens.* the hall/etc. seats *(or* has seating for) 500/etc.. **~plekgordel, veilig=heidsgordel** seat/safety belt. **~sak** beanbag. **~sit** sitting (from time to time); *~ eet* eat sitting. **~slapie** catnap. **~sta=ker** sit-down striker. **~staking** sit-down/stay-in strike. **~vlak** *(infml.)* backside, behind, bottom, seat, buttocks, *(SA, infml.)* guava.

**si·taat** *-tate* citation, quotation. **si·ta·sie** *-sies* citation. **si·teer** *(ge-)* quote; *(jur.)* cite; instance.

**si·ta·del** *-delle* citadel.

**si·tar** *-tars, (Ind. mus. instr.)* sitar.

**si·ter¹** *=ters* citron; →SITROEN.

**si·ter²** *=ters, (mus. instr.)* zither; cittern; psaltery.

**sit·kom** *=koms, (infml.)* sitcom; →SITUASIEKOMEDIE.

**si·to·ge·ne·ti·ka** cytogenetics.

**si·to·lo·gie** cytology.

**si·to(-si·to)** quick(ly), in no time, in two ticks, *(infml.)* chop-chop, then and there, there and then, in a whisk.

**si·trien** *(chem.)* citrin, bioflavonoid, *(chiefly Am.)* vitamin P.

**si·troen** *=troene* citron. ~**geel** citron/patent yellow, lemon (yellow), citrine. ~**gras** lemon grass. ~**kruid** *(Artemisia abrotanum)* southernwood; *(Melissa officinalis)* (lemon) balm. ~**olie** citron/lemon oil. ~**suur** citric acid.

**si·troen·kleu·rig** *=rige* lemon(-coloured), citrine.

**si·tro·nel·la** *(bot.)* citronella.

**si·trus** citrus. ~**boerdery** citrus farming. ~**vrug** citrus fruit.

**sit·tend** *=tende* sitting, seated; sedentary; *(bot.)* sessile; ~*e lid* sitting member *(of parl. etc.).*

**sit·ting** *=tings, =tinge* sitting, session; term; ~ *in die raad/direksie hê* have a seat on the board; *in* ~, *(parl. etc.)* in session; *in volle* ~ in plenary session.

**sit·tings-:** ~**dag** day of session; sitting/court day. ~**tyd** duration of a session/sitting.

**si·tu·a·sie** *=sies* situation; position; setup; *die* ~ *beheers* be in control of the situation; *in 'n netelige* ~ *wees/verkeer* be in a difficult/tricky/ticklish situation; *die* ~ *red* save/retrieve the situation. ~**komedie** situation comedy; →SITKOM. **si·tu·a·si·o·neel** *=nele* situational.

**si·tu·a·si·o·nis·me** *(sociol., pol. theory)* situationism.

**si·tu·eer** *ge=* situate.

**si·vet, si·wet** *(zool.)* civet.

**si·viel** *=viele* civil; ~*e aksie/geding/saak* civil action/case; ~*e hof* civil court; ~*e ingenieur* civil engineer; ~*e reg* civil law.

**Six·tyns, Sis·tyns** *=tynse, (also s~): die* ~*e kapel* the Sistine Chapel.

**sjaal** *sjaals* shawl, wrap. ~**kraag** cowl neck.

**sja·blo·neer** *ge=* stencil.

**sja·bloon** *=blone* stencil, pattern; template; mould; gauge. ~**druk, ~werk** stencilling.

**sjah** *sjahs, (hist.)* shah.

**sjak·ra** →CHAKRA.

**sja·lo(o)m** *interj., (<Hebr.)* shalom!.

**sja·maan** *=mane* shaman. **sja·maans** shamanic. **sja·ma·nis** *=niste* shamanist. **sja·ma·nis·me** *(also* S~) shamanism. **sja·ma·nis·ties** *=tiese* shamanist(ic).

**sjam·pan·je** *=jes* champagne, *(infml.)* champers. ~**ontbyt** champagne breakfast.

**sjam·pan·je(·kleur)** champagne. **sjam·pan·je(·kleu·rig)** champagne(-coloured).

**sjam·poe** *=poes, n.* shampoo. **sjam·poe** *ge=, vb.* shampoo.

**Sjan·gaan, Sjan·gaan** *=gaans, (SA, member of a people)* Shangaan; *(lang., no pl.)* Shangaan.

**Sjang·hai** *(geog.)* Shanghai.

**sjan·toeng** *(text.)* shantung.

**sja·ri·a** *(<Arab.: Islam. code of law)* sharia(h).

**sjar·mant** *=mante* charming. **sjar·mant·heid** charm.

**sjar·me** charm; allure. ~**offensief** charm offensive.

**Sja·vu·ot** *(<Hebr., Jud.: harvest festival)* Shavuoth.

**sje·bien, sje·been** shebeen. ~**baas, ~eienaar** shebeen king; shebeen queen. ~**eienares, ~mamma** shebeen queen.

**sjef** *sjefs* chef.

**sjeg** *sjegte, (relig.)* sheikh.

**Sje·he·ra·za·de** *(narrator of* The Arabian Nights*)* Scheherazade.

**sjeik** *sjeiks, (pol.)* sheikh. **sjeik·dom** *=domme* sheikhdom.

**sje·lei, se·lei** *=leie, (seasoned)* jelly. **sje·lei·ag·tig, se·lei·ag·tig** *=tige* gelatinous, jelly-like.

**Sje·ool** *(<Hebr.: the underworld, hell)* Sheol.

**Sjer·pa** *=pas, (member of a people)* Sherpa.

**sjer·rie** *=ries* sherry. ~**glas(ie)** sherry glass. ~**vat** butt.

**Sji·a** *(branch of Islam)* Shia(h); →SJIIET.

**sji·at·soe** shiatsu, acupressure.

**sjib·bo·let** *=lets, =lette, (<Hebr., social characteristic, orig. a password)* shibboleth.

**sjiek** ~ *sjieker sjiekste* chic, smart; stylish, fashionable. **sjiek·heid** chic, smartness; stylishness.

**sjie·ling** *=lings* shilling; *'n* ~ *se suiker* a shillingsworth of sugar. ~**stuk** shilling piece.

**sjif·fon** →CHIFFON.

**Sji·iet** *Sjiëete, n., (adherent of the Shiah branch of Islam)* Shiite, Shi'ite, Shia(h), Shi'a; →SJIA. **Sji·is·me** Shiism, Shi'ism. **Sji·i·ties** *=tiese, adj.* Shiite, Shi'ite, Shiitic.

**sji·i·ta·ke(·sam·pi·oen)** *(<Jap.)* shiitake (mushroom).

**sjik·sa, sjik·se** *(<Yidd., often derog.: a non-Jewish girl/woman)* shiksa, shikse.

**sjim·pan·see** *=sees* chimpanzee, *(infml.)* chimp.

**Sji·na, Sji·nees** →CHINA, CHINEES.

**Sjin·to** *(Jap. relig.)* Shinto. **Sjin·to·ïs** *(also* s~) Shintoist. **Sjin·to·ïs·me** *(also* s~) Shintoism.

**Sji·ras** *(geog.)* Shiraz; →SHIRAZ.

**sji·rurg, sji·rur·gie** →CHIRURG, CHIRURGIE.

**sjit·soe** *=soes, (<Chin., breed of dog)* shih-tzu.

**Sji·wa, Si·wa** *(Hind.)* S(h)iva. **Sji·wa·ïs·me, Si·wa·ïs·me** *(also* s~) S(h)ivaism.

**sjoe, soe** *interj., (expressing relief, surprise, weariness)* phew!, whew!, boy!, man!; *(expressing surprise)* gosh!, goodness (gracious) (me)!; *(expressing amazement, admiration)* wow!; *(expressing pain)* ouch!, ow!; *(expressing cold)* brr!. ~**broek(ie)** hot pants, (girl's) short shorts.

**sjoel·bak** *=bakke, (game)* shovelboard, shuffleboard.

**sjoep** *ge=* squish. ~**geluid** squish.

**sjo·goen** *=goens, (<Jap., hist.)* shogun. **sjo·goe·naat** *=nate* shogunate.

**sjo·ko(·ho)·lis** *=liste, (infml.)* chocaholic, chocoholic.

**sjo·ko·la·de** chocolate; *(drink)* chocolate, cocoa; *'n blok/plak* ~ a bar/slab of chocolate, a chocolate bar/slab; *'n doos* ~ a box of chocolates; *'n staaf/stafie* ~ a bar of chocolate; *warm* ~ hot chocolate. ~**blok, ~plak** chocolate slab. ~**brokkie, ~skilfer** chocolate chip. ~**bruin, sjokoladekleurig** chocolate (brown), chocolate-coloured. ~**doos** chocolate box. ~**gâteau, ~roomkoek** chocolate gâteau/gateau. ~**geur:** *met 'n* ~ chocolate-flavoured. ~**koek** chocolate cake. ~**koekie** chocolate biscuit. ~**mousse** chocolate mousse. ~**poeding** chocolate pudding. ~**sous** chocolate sauce. ~**stafie** chocolate bar.

**Sjo·na** = SHONA.

**sjuut, sjt, st** *interj.* sh!, hush!, shush!.

**sjwa** *sjwa's, (phon.)* schwa.

**ska** *(mus.: a forerunner of reggae)* ska.

**skaad** *ge=* harm, damage, *(fig.)* hurt, injure.

**skaaf** *skawe, n.* plane. **skaaf** *ge=, vb., (also* skawe) plane, smooth; surface; score; rub, scrape, abrade; chafe, bark *(one's skin)*, graze, gall; *aan ...* ~, *(fig.)* fine-tune ... *(a policy etc.)*; *iets reg* ~, *(woodw.)* shoot s.t.. ~**bank** carpenter's/planing bench, shaving horse. ~**beitel** plane iron, bit. ~**blok** plane stock, stock (of a plane). ~**krul** shaving. ~**masjien** planing machine, planer. ~**middel** *=dels* abrasive. ~**plank** shooting board. ~**plek** abrasion; gall, saddle sore, graze *(on a horse)*; cause of friction/unrest. ~**werk** planing. ~**wond** gall, abrasion.

**skaaf·sel** *=sels* shaving; *(in the pl., also)* wood wool.

**skaai** *ge=, (infml.)* pinch, pilfer; swipe, snitch, nick, snaffle; scrounge.

**skaak¹** *n.* chess; *iem.* ~ *sit* check s.o., put s.o. in check; ~ *speel* play chess; *'n spel* ~ a game of chess. **skaak** *ge=, vb.* (place in) check; **~bord** chessboard. **~mat, ~mat** check= mate; *iem.* ~ *sit* check(mate) s.o.. **~meester** chess master. **~rubriek** chess column. **~spel** *=spelle* game of chess; chess playing; set of chessmen. **~speler** chess player. **~stuk** chess piece, chessman.

**skaak²** *ge=, vb.* abduct, run off with, kidnap; hijack *(a car, an aeroplane, etc.);* →SKAKER, SKAKING, KAAP² *vb..*

**skaal¹** *skale* scale; pair of scales, balance; shell *(of a crusta= cean);* bowl; *die* ~ *op ... kg trek* weigh (*or* tip/turn the scales at) ... kg. **~dier** *=diere* crustacean, shellfish; *(in the pl., also)* Crustacea. **~insek** scale insect. **~plank** slab, flitch.

**skaal²** *skale, (math., mus., etc.)* scale; scale *(on a map, instr.); op groot/klein* ~ on a large/small scale; in a big/small way; *op 'n* ~ *van 1 op 50* to a scale of 1 in 50; *iets op* ~ *teken* draw s.t. to scale. **~besparing** economy of scale. **~model** scale model. **~passer** scale cal(l)ipers. **~tekening** scale drawing. **~verdeling** scale division, graduation; *met* = graduated.

**skaam** ~ *skamer skaamste, adj.* bashful; ashamed; ~ *kry* be ashamed; *iem. laat* ~ *kry, iem.* ~ *maak* shame s.o.; *nie* ~ *oor jou optrede wees nie* feel no shame for one's actions; ~ *wees vir* ... be shy of ...; be/feel ashamed of ...; ~ *voel* feel small. **skaam** *ge=, vb.* be/feel ashamed, feel shame; *iem. be= hoort hom/haar te* ~ s.o. ought to be ashamed of him=/her= self; ~ *jou!* shame on you!; *jou (mors)dood* ~ die of shame; *jou oë uit jou kop (uit)* ~ be/feel terribly ashamed; *jou oor/ vir* ... ~ be/feel ashamed of ... **~been** pubis, pubic bone. **~blom** blushing bride. **~deel** *=dele* pudend, pudendum; *(in the pl.)* pudenda, genitals, private parts. **~kwaad** full of an= gry shame, shamefacedly angry. **~lip** *=lippe* labium. **~rooi** *adj.* red-faced, flushed with shame/embarrassment. **~roos, ~rosie** mountain rose. **~spleet** vulva. **~streek** pubic region.

**skaam·heid** bashfulness.

**skaam·te** (sense of) shame; bashfulness, shyness; modesty; *het jy geen* ~ *nie?* have you no (sense of) shame?; *laat staan jou/die* ~ don't be so bashful; *sonder* ~ *wees* have no shame, be lost to (*or* without) shame; *uit* ~ for/from shame. **~ge= voel** *=lens* (sense of) shame.

**skaam·te·loos** *=lose =loser =loosste* (of *meer* ~ *die mees =lose)* shameless, impudent, immodest, barefaced, brazen(-faced), unashamed(ly), flagrant(ly). **skaam·te·loos·heid** shameless= ness, impudicity, immodesty, effrontery, brazenness; *dis vir jou* ~*!* of all the cheek!.

**skaap** *skape* sheep; mutton; →SKAPIE; *'n trop skape* a flock of sheep; *soos 'n trop skape* like sheep; *twee skape* two sheep. **~afval** (sheep's) tripe (and trotters). **~been** sheepshank. **~blad** shoulder of mutton. **~boer** sheep farmer. **~boerde= ry** sheep farming/raising. **~boud** leg of mutton. **~diefstal, ~stelery** sheep lifting/stealing. **~herder** shepherd. **~hond** sheepdog, shepherd('s) dog; *Duitse* ~ German shepherd (dog), Alsatian. **~kamp** sheep run, sheepwalk. **~kloutjie** sheep's trotter. **~kop** sheep's head; *(fig., infml., also* skaap*)* mutton=, blockhead, twit. **~kotelet** →SKAAPTJOP. **~kraal** sheepfold, sheep pen/kraal. **~lam** lamb. **~leer** sheepskin, roan (leather), sheep leather; *Kaapse* ~ capeskin. **~lewer** lamb's fry. **~melkkaas** ewe('s-milk) cheese; pecorino (cheese). **~ooi** ewe. **~pens** sheep's stomach; sheep's tripe. **~plaas** sheep farm. **~pootjie** sheep's trotter. **~ram** ram. **~ras** breed of sheep. **~rib** sheep's rib; thick rib, rib chop. **~ribbetjie** mut= ton rib. **~rug** saddle of mutton. **~skeerder** sheepshearer. **~skenkel** sheepshank. **~skêr** sheepshears. **~stert** sheep's tail. **~teelt** sheep breeding/raising. **~teler** sheepbreeder. **~tjop, ~kotelet** mutton chop, lamb cutlet. **~trop** flock (of sheep). **~vag** sheep's fleece. **~vet** mutton fat. **~vleis** mutton. **~wagter** shepherd; *(orn.: Oenanthe* spp.*)* wheatear. **~wag= tersny** *(infml.: thick slice of bread)* doorstep. **~wêreld** sheep(- farming) country/region. **~wol** sheep's wool. **~wolkies** *(me= teorol.)* cirrocumulus, fleecy/mackerel clouds.

**skaap·ag·tig** *=tige* sheeplike, ovine; *(fig.)* sheepish, foolish.

**skaar¹** *skare, n.* (plough)share. **~ploeg** turn/mouldboard plough. **~skilpad** angulate tortoise.

**skaar²** *ge=, vb.* range, draw up; *jou agter ...* ~ line up (*or* swing) behind ... *(a leader etc.); jou by ...* ~ come out for ...; join the ranks of ...; *jou aan iem. se kant* ~ range o.s. on s.o.'s side; cast/throw in one's lot with s.o.; *hulle* ~ *hulle om ...* they rally round ...

**skaars** ~ *skaarser skaarsste, adj.* scarce, rare; scanty; sparse; tight *(money).* **skaars** *adv.* scarcely, hardly; *baie/bitter* ~ very scarce; *geld is* ~ *by iem.* s.o. is short of money; *iets het* ~ *geword* s.t. ran short; *so* ~ *soos hoendertande* unobtain= able, very scarce; very rare, non-existent; *jou* ~ *hou* keep out of sight; seldom come/go somewhere; *dit kan* ~ *in* it is a tight fit; *iem. kon* ~ ... it was as much as s.o. could do to ...; *iem. het* ~ *aangekom of hy/sy moes weer vertrek* no sooner had s.o. arrived than he/she had to leave again, s.o. had hard= ly/scarcely arrived when he/she had to leave again; ~ *sewen= tien* scarcely/hardly/barely/only/just seventeen. **skaars·te** scarcity, want, shortage; *'n* ~ *aan ...* a scarcity/dearth of ...

**skaats** *skaatse, n.* skate; skating. **skaats** *ge=, vb.* skate. **~baan** skating rink. **~plank** skateboard. **~plankry** skateboarding. **~plankryer** skateboarder. **~ry** *ge=, skaatsge=* skate. **~ryer** skater.

**skaat·ser** *=sers* skater.

**ska·de** *=des* damage, harm, injury, detriment, hurt, loss; *iem.* ~ *aandoen/berokken* cause/do s.o. damage; ~ *aanrig/be= rokken/doen* do harm; cause/do damage; *baie/groot* ~ *aanrig/doen* cause/do great (*or* a lot of) damage; *groot* ~ extensive damage; a big loss; ~ *inhaal* recoup losses; *jou= self (die grootste)* ~ *aandoen* be one's own worst enemy; ~ *ly* suffer/sustain losses/damage; *die omvang van die* ~ the ex= tent of the damage; *onberekenbare* ~ untold damage; *tot iem. se* ~ to s.o.'s cost; *tot* ~ *van* ... to the detriment of ...; to the prejudice of ...; prejudicial to ...; *die* ~ *vergoed* make good the damage. **~beheer** damage control. **~bepaling** as= sessment of damage. **~vergoeding** indemnification, com= pensation, damages, indemnity; *bestraffende* ~ punitive damages; ~ *betaal/eis* pay/claim damages; *'n eis om* ~ a claim for damages; *R5000 aan* ~ *ontvang* be awarded R5000 compensation/damages. **~vergoedingseis** claim for dam= ages. **~vrybonus** *(ins.)* no-claim bonus.

**ska·de·lik** *=like* harmful, damaging, injurious, detrimental; noxious *(weeds etc.);* vicious *(cycle, disease, etc.);* mephitic(al) *(vapour); (med.)* pathogenic, pathogenetic; ~ *vir* ... bad for ...; injurious to ... *(one's health etc.);* detrimental to ... *(the environment, s.o.'s career, etc.);* inimical to ... *(effective govern= ment, the freedom of the press, etc.);* to the prejudice of ... *(con= sumers, shareholders, etc.);* prejudicial to ... *(a child's welfare etc.);* ~ *vir die omgewing, (also)* environmentally damaging. **ska·de·lik·heid** harmfulness, injuriousness, noxiousness.

**ska·de·loos:** *iem.* ~ *stel* compensate/indemnify s.o., make reparation to s.o.. **~stelling** compensation, indemnity, in= demnification, reparation, reimbursement.

**ska·de·plig·tig** *=tige* liable for damages. **ska·de·plig·tig= heid** liability for damages.

**ska·du** *=du's* →SKADUWEE. **~beeld** silhouette; shadowgraph. **~ekonomie** shadow economy. **~plant** shade plant. **~ryk** *=ryke* shady, shadowy, umbrageous.

**ska·du·ag·tig** *=tige* shadowy.

**ska·du·loos** *=lose* shadeless; shadowless.

**ska·du·wee** *=wees,* **ska·du** *=du's* shadow; shade; *in die* ~ in the shade; in shadow; *'n* ~ *op/oor iets gooi/werp, (lit., fig.)* cast a shadow on/upon s.t.; *(fig.)* cast a cloud on/upon s.t., cast a pall (of gloom) over s.t.; *vir jou (eie)* ~ *skrik* be afraid of one's own shadow; *iem./iets in die* ~ *stel* put s.o./ s.t. in the shade *(infml.),* overshadow s.o./s.t.; *(net) 'n* ~ *van wat jy was* a ghost/shadow of one's former self; *iem. soos 'n* ~ *volg* be s.o.'s shadow; *'n* ~ *word* fade away to nothing.

**~kant** shadowy/shaded/shady side. **~sy** *(fig.)* dark side, down= side, disadvantage, drawback. **~werk** shadow work.

**skaf·lik** *=like* fair, tolerable, reasonable, bearable.

**skag** *skagte* shaft *(of a mine, an arrow);* quill *(of a pen, feather);* shank *(of an anchor);* body *(of a column, screw);* stem *(of a bolt, rivet);* leg *(of a boot);* pit *(of a mine);* tun *(of a chimney);* *(bot., zool.)* scape; casing; trunk; *blinde* ~ blind shaft; *'n* ~ *grawe/sink* put down *(or* sink) a shaft. **~grawer** shaft digger/ sinker. **~ingang, ~opening** shaft head/mouth, pithead.

**ska·keer** *(ge)=* variegate, shade, chequer, grade, mottle. **ska· ke·ring** *=rings, =ringe* shade *(of colour, meaning),* nuance, col= ouring, hue; tone, toning.

**ska·kel** *=kels, n.* link; nexus; *(football, rugby, etc.)* half(back); *die ontbrekende* ~ the missing link; *die swak(ste)* ~, *(lit., fig.)* the weak(est) link. **ska·kel** *ge=, vb.* link (together), connect; concatenate; mesh *(gears); (elec.)* switch; dial, (tele)phone; *met ...* ~ liaise with ...; *verkeerd* ~, *(teleph.)* misdial; *weer* ~, *(teleph.)* redial. **~armband** chain bracelet. **~beampte** public relations officer. **~bord** switchboard; panel board. **~bord operateur** switchboard operator. **~diens** liaison service; li= aison duties; public relations. **~huis** semidetached house, *(infml.)* semi; terrace/row house. **~kas** switch box. **~ketting** link chain. **~kode** dialling code. **~komitee** liaison commit= tee. **~modem** *(comp.)* dial-up modem. **~offisier** liaison of= ficer. **~paneel** switchboard panel. **~toon** dialling tone. **~werk** liaison (work); public relations (work); *(elec.)* switchgear; escapement. **~wese** public relations.

**ska·ke·laar** *=laars, (elec.)* switch; *'n* ~ *aanslaan* throw a switch; switch on; *'n* ~ *afslaan* throw a switch to "off"; switch off.

**ska·ke·ling** *=lings, =linge* connection, linkage; gearing; *laer* ~, *(mot.)* downshift.

**ska·ker** *=kers* abductor, kidnap(p)er; hijacker *(of a car, an aeroplane, etc.);* →KAPER.

**ska·king** *=kings, =kinge* abduction; kidnap(p)ing; hijacking; →KAPING.

**skal** *ge=* clang, (re)sound.

**ska·laar** *=lare, n., (math.)* scalar. **ska·lêr** *=lêre, adj., (math.)* sca= lar.

**ska·lie** *=lies* shale. **~(-)olie** shale oil.

**ska·lie·ag·tig** *=tige* shaly.

**skalks** *skalkse skalkser skalksste* arch, puckish, roguish, teas= ing, *(infml.)* waggish.

**skal·mei** *=meie* reed pipe, shawn.

**skal·peer** *(ge)=* scalp. **skal·peer·der** *=ders* scalper. **skal·peer mes** scalping knife.

**skal·pel** *=pels* scalpel.

**ska·mel¹** *=mels, n.* bolster; turntable; fifth wheel. **~bout** king= pin, kingbolt. **~kar** springless cart. **~plaat** bolster plate.

**ska·mel²** *=mele =meler =melste, adj.* meagre; shabby; humble; poor; ~ *geklee(d)/aangetrek* scantily clad/dressed; *in desha= bille/dishabille*. **ska·mel·heid** meagreness; shabbiness; hum= bleness; poorness, poverty.

**ska·me·rig** *=rige* shy, bashful, shamefaced, diffident, self= conscious, timid, sheepish. **ska·me·rig·heid** shyness, bash= fulness, diffidence, self-consciousness, sheepishness.

**skand·:** **~daad** outrage, scandalous deed, nefarious act, in= famy. **~merk** *=merke* stigma. **~muur** wall of shame; *(hist., esp., also* S~) Berlin Wall. **~paal** *(hist.)* pillory; *aan die* ~ *ge= bind* in the pillory. **~vlek** stigma, disgrace, slur, blot.

**skan·daal** *=dale* scandal; shame; disgrace; *dit is 'n* ~ *dat ...* it is a scandal that ... **~blad** scandal sheet.

**skan·da·lig** *=lige* scandalous, disgraceful, shameful, outra= geous, infamous; *dit is* ~ *dat ...* it is a crime that ... *(infml.).* **skan·da·lig·heid** scandalousness, outrageousness, infamous= ness, infamy.

**skan·de** *=des* shame; disgrace; discredit; ignominy; reproach;

disrepute; crime *(infml.);* infamousness, infamy; scandal; *dit is 'n* ~ it is a shame; *'n ewige* ~ a mortal shame; an al= mighty shame; *'n geheime* ~ a skeleton in the cupboard/ closet; *in die* ~ *kom/raak,* ~ *maak* disgrace o.s., be disgraced; ~ *roep oor ...* cry shame upon ...; ~ *by skade voeg* add in= sult to injury; *'n skreiende* ~ a burning/crying/downright/ howling shame; *... in die* ~ *steek, ... tot* ~ *strek* be a disgrace to ..., bring ... to shame, bring shame upon ..., bring dis= credit on/upon/to ..., bring ... into discredit, bring disgrace on/upon ..., bring dishonour on/to ...; *tot iem. se* ~ to s.o.'s shame; to s.o.'s mortification; *ek moet tot my* ~ *erken/toegee dat ...* I'm ashamed to (have to) say/admit that ...; *iem. is 'n* ~ *vir ...* s.o. is a shame to ...; *wat 'n* ~! the shame of it!, what a shame!.

**skan·deer** *(ge)=, (comp.)* scan *(a document, photo, etc.); (med.)* scan; sweep; *(pros.)* scan. **~masjien, ~toestel** *(med., comp.)* scanner. **skan·deer·der** *=ders, (comp., med.)* scanner. **skan de·ring** *(med.)* scan; scansion.

**skan·de·lik** *=like, adj.* disgraceful, shameful, ignominious, scandalous, outrageous, ignoble, disreputable, discreditable, nefarious; ~*e gedrag* disgraceful/shameful behaviour/con= duct; ~*e pryse* extortionate/exorbitant prices; ~*e terugtog* ignominious retreat. **skan·de·lik** *adv.* scandalously, out= rageously, disgracefully; ~ *duur* scandalously/outrageously expensive; *jou* ~ *gedra* disgrace o.s., act/behave dishonour= ably. **skan·de·lik·heid** disgracefulness, shamefulness, infamy.

**Skan·di·na·wi·ë** Scandinavia. **Skan·di·na·wi·ër** *=wiërs, n.* Scandinavian. **Skan·di·na·wies** *n., (lang. group)* Scandina= vian, Norse. **Skan·di·na·wies** *=wiese, adj.* Scandinavian.

**skan·di·um** *(chem., symb.:* Sc*)* scandium.

**skans** *skanse* rampart, bulwark, entrenchment, trench; *(fin.)* hedge; *(in the pl., also)* defensive works; *die laaste* ~ the last ditch/rampart. **~grawer** trench digger, trencher. **~pale** stock= ade; palisade.

**ska·pie** *=pies* little sheep; lamb; →SKAAP; *hul* ~*s bymekaar= ja(ag), (infml.: get married)* get spliced; *nie al jou* ~*s in die kraal hê nie, (infml.)* not be all there, have a screw loose (some= where); *my* ~ my lamb/darling.

**ska·pu·lier** *=liere, (RC)* scapular(y).

**ska·ra·bee** *=beë, (entom., hist. Eg. relig.)* scarab.

**ska·re** *=res* crowd, host, multitude, flock; mob; *'n* ~ *lok* draw a crowd; *'n* ~ *uiteenja(ag)* disperse a crowd; *'n yslike* ~ an enormous crowd, a vast crowd. **~beheer** crowd control. **~lokker, ~trekker** *(infml.)* crowd puller. **~versperring** crush barrier.

**skar·la·ken** scarlet. **~koors, rooivonk** scarlet fever. **~luis** cochineal. **~rooi** scarlet.

**skar·min·kel** *=kels* rogue, hustler, scallywag.

**skar·nier** *=niere, n.* hinge, (turning) joint. **skar·nier** *ge=, vb.* hinge. **~band** hinge ligament. **~deksel** hinged cover. **~gewrig** *(anat.)* hinge/ginglymus joint. **~hortjies** hinged shutters. **~ketting** sprocket chain.

**skar·rel** *ge=* run (about); scatter, scram; grub, scrabble, scratch; search, rummage. **skar·re·laar** *=laars, (infml., also derog.)* eager beaver.

**skat¹** *skatte, n.* treasure; wealth, profusion; hoard; *(fig., term of endearment)* darling, dearest, sweetheart, angel; *'n* ~ *van ...* a wealth of ... *(information etc.); my* ~*(jie)* my precious/ treasure; *wees (nou) 'n* ~ *en ... ...,* there's a dear. **~grawer** treasure digger/hunter/seeker. **~huis** treasury. **~kamer** treas= ure chamber/house, treasury; storehouse *(of knowledge etc.); (fig.: place full of wonderful treasures)* Aladdin's cave. **~lam** darling, dearest, sweetheart. **~ryk** very wealthy; ~ *wees* have pots of money. **~-skatryk** mega rich *(infml.).*

**skat²** *ge=, vb.* estimate *(a number);* gauge; measure; judge; size up; value, assess *(property);* esteem, appreciate; *te hoog* ~ overestimate, overrate; *te laag* ~ underestimate, under= rate; *min of meer* ~ make a rough guess; *iets op ...* ~ assess s.t. at ...; estimate s.t. at ...; put s.t. at ...; put s.t. down for ...; put s.t. on ...; value s.t. at ...; *die afstand op 500 m ~* judge the distance to be 500 m; *die mense op 300 ~* estimate the number of people at 300; *~ iem. sal* ... reckon/guess s.o. will ...; *ek ~ so* I suppose it is, I suppose so. **skat**‌**baar** *-bare* possible to be estimated/etc.. **skat·ter** *-ters* appraiser, valuator, assessor, estimator. **skat·ting** *-tings, -tinge* estimate; assessment; valuation; appraisement; esteem, estimation; evaluation; tribute; *'n ~ van iets maak* estimate s.t.; *na ~ is 100 dood* an estimated 100 are dead, 100 are estimated to have died; *na ruwe ~* at a rough estimate; *iem. se ~ van iets* s.o.'s estimate of s.t.; *volgens iem. se ~* according to (or by) s.o.'s estimate/calculation. **skat·tings·hof** valuation court.

**ska·ter** *ge-* roar with laughter, burst out laughing, guffaw, shriek; *almal aan die ~ hê* bring the house down; *~ van die lag* roar with laughter, *(infml.)* laugh like a drain. **~lag** *n.* burst/peal of laughter, loud laugh, guffaw. **~lag** *ge-, vb.* roar with laughter, burst out laughing.

**skat·jie** *-jies*, **skat·tie** *-ties* sweetheart, (little) darling/dear.

**skat·kis** treasure chest; state coffers, treasury, exchequer. **~bewys, ~biljet** treasury/exchequer bill. **~noot** treasury/currency note. **~order** warrant voucher, treasury warrant. **~wissel** treasury/exchequer bill.

**skat·lik** *-like*, **skat·tig** *-tige* cute, darling, dear, lovely, sweet.

**ska·to·lo·gie** scatology. **ska·to·lo·gies** *-giese* scatological.

**skat·te** **~bol** darling, sweetheart, cutie(-pie), moppet, poppet, *(infml.)* love. **~jag** treasure hunt.

**skat·tie** *-ties* →SKATJIE.

**ska·vot** *-votte* scaffold; tailor's table. **~paal** whipping post.

**ska·we** *ge-* →SKAAF *vb..* **ska·wing** chafing.

**Ske·ba** *(OT)* Sheba; *die koningin van ~* the queen of Sheba.

**ske·de** *-des* sheath; scabbard; *(entom.)* elytron, elytrum; *(anat.)* vagina; *iets in die ~ steek* sheathe s.t.; *iets uit die ~ trek* unsheathe s.t.. **~ontsteking** vaginitis. **~rok** sheath (dress).

**ske·del** *-dels* skull, cranium; *iem. se ~ is deurboor* s.o. was trepanned; *'n harde ~ hê, (infml.)* be thick-skulled. **~beskry**‌**wing** craniography. **~breuk** fracture of the skull, cranial fracture; *('n) ~ opdoen* sustain a fractured skull. **~holte** cranial cavity. **~leer** craniology; phrenology. **~meting** craniometry. **~naat** cranial suture. **~ondersoek** cranioscopy. **~pan** skullcap. **~pet** *(RC)* calotte, skullcap. **~senu(wee)** cranial nerve. **~vlies** pericranium. **~vorm** shape of the skull.

**ske·donk** *-donke, (infml.)* jalop(p)y, rattletrap, rust bucket, *(SA)* skorokoro.

**ske·du·le** *-les, n.* schedule. **ske·du·leer** *ge-, vb.* schedule.

**skeef** *skewe skewer skeefste, adj.* crooked, skew; oblique *(angle, axis, line, etc.);* sloping *(letters);* distorted *(mouth);* squinting *(eyes);* jaundiced *(outlook);* trodden-down *(heels);* out of alignment; out of the straight; at an angle; *(sl.)* kinky; *'n skewe antwoord* a rude answer; *'n skewe gesig/mond trek* pull a wry face; *'n skewe glimlag(gie)* a semismile; *skewe toring* leaning tower; *skewe voorstelling* misrepresentation. **skeef** *adv.* crooked, askew, awry; amiss, wrong; *iem. ~ aankyk* look askance at s.o.; *iem. lelik ~ aankyk* give s.o. a dirty look; *~ getrek* warped/lopsided; slanted; *~ groei* grow crooked; *iets ~ hou* tip s.t.; *~ loop* walk lopsidedly, sidle; *(fig.)* →SKEEFLOOP; *jou hoed ~ ophê* have one's hat on askew; *iem. se das sit ~* s.o.'s tie is not straight; *iets trek ~, (a plank etc.)* s.t. becomes warped; *(fig.)* →SKEEFTREK; *die nuus ~ voorstel* slant the news. **~bek** = SKEWEBEK. **~blom** *(bot.)* candytuft. **~hoekig** *-kige* oblique-angled. **~loop** *skeefge-, (fig.)* go wrong; *'n dag waarop alles ~* a bad day. **~trap** *(fig.)* make a false move, take a false step. **~trek** *skeefge-, (fig.)* slant, distort. **~trekking** warping; slanting, distortion.

**skeef·heid** crookedness, obliqueness, skewness; distortion, warp.

**skeel¹** *ge-, vb.* matter; lack, want; *daar ~ iets aan/mee* there

is s.t. wrong with it; *~ daar iets?* is anything the matter?; *wat kan dit hom/haar ~?* what is that to him/her?; *wat kan dit my ~?* what do I care?, *(infml.)* a fat lot I care!; *dit kan iem. nie ~ nie* it does not matter to s.o.; *s.o. doesn't care;* s.o. couldn't care less *(infml.);* dit kan iem. *(net mooi)* **niks** *(of geen/g'n [bloue/dooie] duit) ~ nie* s.o. doesn't care/give a damn *(or care a brass farthing or care two hoots) (infml.); wat ~ hom/haar?* what's the matter *(or, infml.* what's up) with him/her?.

**skeel²** *~ skeler skeelste, adj. & adv.* squinting, cross-eyed, squint-eyed, skew-eyed, *(infml.)* cockeyed; out of the true; *~ kyk* squint, have a cast in the eye, goggle. **~hoofpyn** bilious headache, migraine. **~kyk, skeelheid** squint(ing), strabismus. **~oog** *n.* squint eye(s), cross-eye, cockeye, swivel eye. **~oog** *adj.* squinting, squint-eyed.

**skeen** *skene* shin; *(golf)* shank; *sy skene word rooi, (infml., dated)* he is beginning to take an interest in girls. **~been** shinbone, shank bone, tibia; cannon bone *(of an animal).* **~skut** shin guard/pad.

**skeeps·:** **~agent** shipping/ship's agent, shipper. **~agentskap** shipping agency. **~behoeftes** ship's stores/provisions, naval stores. **~bemanning** *-nings* crew, ship's company; sailors. **~berigte** shipping news. **~beskuit** ship('s) biscuit, hard tack. **~bou** →SKEEPSBOU. **~dek** shipboard. **~dokter** ship's doctor; *(hist.)* ship's surgeon. **~eienaar** shipowner. **~helling** shipway, slipway, slip. **~huur** freight(age); charter (party). **~huur**‌**der** charterer. **~ingenieur** marine engineer. **~joernaal** log(book), ship's journal. **~kameraad** shipmate. **~kanaal** shipway. **~kanon** naval gun. **~kaper** seajacker. **~kaptein** ship('s)/sea captain, skipper, master *(of a ship),* shipmaster, master mariner. **~kelner** steward. **~kelnerin** stewardess. **~klerk** purser. **~kok** ship's cook. **~kole** bunker coal. **~kombuis** (cook's) galley. **~lading** shipload, shipment, cargo. **~maat** shipmate. **~mag** naval force(s), navy. **~makelaar** shipbroker. **~masjinis** naval/marine engineer. **~midde** midship(s). **~offisier** ship's officer. **~papiere** ship's/shipping papers. **~provoos** master-at-arms. **~radio** maritime radio. **~ramp** shipping/marine disaster. **~reg** maritime law; *derde/drie maal is ~* third time lucky (or does the trick); all good things come in threes. **~register** register book; registry of shipping. **~reis, ~tog** voyage, cruise. **~roeper** megaphone, ship's trumpet. **~romp** (ship's) hull; hulk. **~ruim** (ship's) hold. **~ruimte** (cargo) space, carrying capacity, tonnage, shipping. **~timmerman** ship's carpenter, shipwright. **~timmer**‌**werf** = SKEEPSBOUWERF. **~tog** →SKEEPSREIS. **~ton** register ton *(of a ship);* metric/freight/measurement ton *(of freight).* **~voor**‌**spelling** shipping forecast. **~vrag** shipment, shipload; freight, cargo. **~werf** shipyard, dockyard; shipbuilding yard; *op 'n ~* in a shipyard.

**skeeps·bou** shipbuilding; naval architecture. **~kuns** → SKEEPSBOUKUNDE. **~meester** shipbuilder; naval architect; shipwright. **~werf** shipyard, shipbuilding yard.

**skeeps·bou·er** shipbuilder.

**skeeps·bou·kun·de, skeeps·bou·kuns** naval/marine architecture. **skeeps·bou·kun·dig** *-dige, adj.* pertaining to naval/marine architecture; *~e ingenieur* marine engineer. **skeeps·bou·kun·di·ge** *-ges, n.* naval architect.

**skeep·vaart** navigation; shipping; shipping industry/business; *binnelandse ~* inland navigation; *gevaar vir die ~* navigational hazard. **~bedryf** shipping (industry/business). **~kunde** (science of) navigation. **~lyn** shipping line. **~maatskap**‌**py** shipping company. **~museum** maritime museum. **~term** nautical/shipping term.

**skeer¹** *skere, n.* shave; shaving; shearing, fleecing. **skeer** *ge-, vb.* shave *(a beard, hair);* shear, fleece *(sheep);* clip *(wool);* shear *(cloth);* cut, trim *(hair, a hedge);* crop *(hair, grass); hy ~ (hom)* he is shaving; he has a shave; *kaal ge~* clean-shaven; *hy moet (hom) ~* he needs a shave; *oor die water ~* skim the water. **~afval** cropping waste. **~bakkie** shaving bowl/dish/

542

basin. **~bek(muis)** *(Crocidura* spp.*)* musk shrew. **~boot** hydrofoil; hovercraft. **~geld** shearing wages. **~gereedskap,** **~gerei, ~goed** shaving set/kit/things/outfit. **~hok** shearing pen/shed. **~huis** shearing shed. **~knip** *ge=,* *vb.* razor-cut. **~kom(metjie)** shaving mug. **~kop** *(infml.)* (s.o. with a) shaved head; *(member of a subculture)* skinhead. **~kraal** shearing pen/kraal. **~kwas** shaving brush. **~lem(metjie)** →SKEER(MES)LEM(METJIE). **~masjien** shearing machine, clipper. **~mes** razor; (razor) blade; *elektriese ~* electric razor/shaver; *(ouderwetse) ~* cut-throat (razor), straight razor. **~(mes)lem(metjie)** razor blade; *veilige ~* safety-razor blade. **~riem** *(hist.)* (razor) strop, shaving strop. **~room** shaving cream. **~seep** shaving soap/stick. **~seisoen** shearing season. **~skuim** shaving foam. **~skuur** shearing shed. **~spieël** shaving mirror/glass. **~toestel** shaver. **~tuig** hovercraft. **~tyd** shearing season; shearing time; time for shaving. **~water** shaving water. **~werk** shearing (work). **~wol** shorn/fleece wool.

**skeer²** *ge=, vb.: die gek met iem. ~* make fun of s.o., poke fun at s.o., play the fool with s.o.; →GEKSKEER.

**skeer·der** *-ders* shearer, clipper *(of sheep);* barber, shaver. **skeer·de·ry** shearing, fleecing; shaving.

**skeer·sel** *-sels* clip *(of wool);* fleece; shearing(s).

**skeet** *skete* imaginary complaint; *vol skete, (infml.)* full of (imaginary) aches and pains.

**skei¹** *skeie, n.* yoke pin/skey; *~e breek, (fig.)* rock the boat.

**skei²** *ge=, vb.* part; divide; separate; sever, *(poet., lit.)* sunder; cleave; disconnect; divorce, *(infml.)* split up; *hulle het/is onlangs/ens. ge~* they were divorced recently/etc.; *van tafel en bed ge~, (husband and wife)* separated; *van ... ~* part from ...; *van iem. ~* divorce s.o.; *mense/dinge van mekaar ~* keep people/things apart; *iem./iets van ... ~* part s.o./s.t. from ...; separate s.o./s.t. from ...; *hul weë het ge~* their roads parted. **~hof, egskeidingshof** divorce court. **~middel** *-dels* chemical reagent. **~kunde** →SKEIKUNDE. **~muur** dividing/division wall. **~trog** sluice.

**skei(d)·baar** *=bare* separable, severable; *~bare werkwoord* separable verb.

**skei·ding** *=dings, =dinge* parting; division; separation; divorce; break-up *(of lovers);* frontier, boundary; partition; abscission; disjunction; disconnection; divide; cleavage; *geregtelike ~, ~ van tafel en bed* judicial separation, separation from bed and board *(between husband and wife); ~ van die weë* parting of the ways.

**skei·dings=:** **~bevel** separation order. **~lyn** →SKEIDSLYN. **~pakket** redundancy payment. **~toelae, ~toelaag** separation allowance.

**skeids=:** **~lyn, skeidingslyn** dividing line, line of demarcation, boundary; parting line; terminator; divide. **~muur** *=mure* partition wall, *(also, fig.)* barrier; *(econ.)* Chinese wall; *~mure afbreek* break down barriers. **~regter** *n., (sport)* referee, umpire, *(infml.)* ump; judge; *as ~ optree, ~ wees* (act as) referee *(in football);* umpire *(in cricket); ~ tussen ... wees* arbitrate between ...

**skei·er** *=ers* divider, separator; spacer.

**skei·kun·de** chemistry; analytical chemistry. **~les** chemistry lesson. **skei·kun·dig** *=dige, adj.* chemical; *~e stof* chemical. **skei·kun·di·ge** *=ges, n.* chemist; analyst.

**skeil** *skeile,* **skeel** *skele, (anat.)* membrane.

**skel¹** *skel(le) skeller skelste, adj.* shrill, harsh, scorching *(voice);* glaring, glaringly bright, garish *(colour, light);* loud, lurid, staring, shocking *(colour); 'n ~ stem* a voice like a foghorn *(infml.);* treble. **~pienk** shocking pink.

**skel²** *ge=, vb.* scold, abuse, call names, vituperate; inveigh; *([op] iem.) begin ~* become/get abusive (towards/with s.o.); *op iem. ~* swear at s.o.; hurl abuse at s.o.; call s.o. names. **~(d)naam** (ugly) nickname; abusive name; epithet. **~(d)taal** abusive language, abusiveness, (vulgar) abuse, invective. **~(d)woord** *=woorde* term of abuse, abusive word; *(in the pl., also)* abuse, abusive language, invective.

**Skel·de:** *die ~, (a Eur. river)* the Scheldt.

**ske·let** *-lette* skeleton; carcass; frame(work).

**skel·heid** shrillness; glaringness; glare; garishness; harshness.

**skel·lak, skel·lak** shellac.

**skel·le·rig** *=rige* abusive. **skel·le·ry** abuse, abusiveness.

**skelm** *skelms, n.* cunning/sly person; crook; thief; rascal *(often joc.);* scoundrel; cheat, rogue, shark, swindler, *(infml.)* con man; villain; dodger; fox *(infml.); jou (klein) ~!* you (young/little) rascal!. **skelm** *skelm(e) skelmer skelmste, adj.* artful; clandestine; covert; crooked; cunning; devious; dishonest; dodgy *(infml.);* furtive; scheming, manipulative; shifty; stealthy; sly; wily; *~ drinker/roker* secret drinker/smoker; *~ oë* shifty eyes. **skelm** *adv.* cunningly, deviously; dishonestly; slyly, on the sly; covertly, furtively; →SKELMPIES; *~ drink* have a quiet drink, drink in secret; *~ speel* cheat at a game. **~roman** picaresque novel/romance. **~-skelm** furtively, in an underhand way, on the sly, slyly. **~streek** *=streke,* **~stuk** *=stukke* artifice; dodge; hoax; piece of dishonesty; scam *(infml.);* sharp/underhand dealing; (dirty) trick; *(in the pl., also)* gamesmanship.

**skelm·ag·tig** *=tige* dishonest; underhand; sly; →SKELM *adj.*. **skelm·ag·tig·heid, skelm·heid** dishonesty; furtiveness; slyness.

**skelm·pie** *=pies* little rascal; *(infml.)* secret lover. **skelm·pies** covertly, furtively; slyly, on the sly; on the quiet; *~ na ... kyk* have/take a peek at ... *(infml.).*

**skel·vis** haddock; *gerookte ~* smoked haddock.

**ske·ma** *=mas* diagram; outline; sketch; plan; schema, scheme. **ske·ma·ties** *=tiese* schematic; diagrammatic; in outline. **ske·ma·ti·seer** *ge=* schematise. **ske·ma·ti·se·ring** schematisation.

**ske·mer** *n.* dusk, twilight; dimness; duskiness; gloom; → SKEMERING; *wanneer dit ~ word* at dusk. **ske·mer** *adj.* dusky; dim; crepuscular. **ske·mer** *ge=, vb.* grow dusk; dawn; glimmer, gleam, shine faintly, blink. **~aand** dusk, twilight. **~dag** dawn. **~donker** *n.* dusk(iness), twilight, nightfall. **~donker** *adj.* dusky; twilighted, twilit; shadowy. **~drankie** sundowner. **~kelkie** cocktail; cocktail glass. **~(kelk)partytjie** cocktail party. **~lig** twilight; dawn; dim light. **~oggend** at early dawn. **~uur** twilight hour.

**ske·mer·ag·tig** *=tige,* **ske·me·rig** *=rige* dusky; shadowy; crepuscular; dim; faint.

**ske·me·ring** *=rings, =ringe, (esp. poet., lit.)* **ske·mer·te** dusk, twilight, owl light; dawn; dimness; duskiness; gloom; →SKEMER *n.*.

**skend** *ge=* disfigure, mutilate *(the appearance);* scar; maim; deform; disfeature; violate *(one's word, the law, etc.);* violate, cut across *(rights);* profane, desecrate *(s.t. sacred);* infringe (up)on, transgress *(the law);* defile, sully *(one's honour);* break *(the law);* damage, deface, spoil, mar *(an object);* vandalise *(a building);* dishonour *(a promise);* betray *(s.o.'s trust);* tarnish *(a reputation); iem. se goeie naam ~* assassinate (or launch/make an attack on) s.o.'s character. **sken·der** *=ders* violator, mutilator, desecrator, transgressor, vandal. **sken·ding** *=dings, =dinge* breach, violation, mutilation, infringement, disfigurement, desecration, transgression, betrayal; rape *(fig.); 'n ~ van ...* an infraction of ...; an infringement (up)on (or an invasion of) ... *(rights etc.).*

**skenk** *ge=* give; grant; present/endow with; make a gift of, give as a present; donate; *iets aan iem. ~* give s.o. s.t. as a present, make s.o. a gift of s.t.; donate s.t. to s.o.; bestow s.t. (up)on s.o.. **sken·ker** *=kers* donor; giver; granter; endower.

**sken·kel** *=kels* thighbone *(of a human leg);* gaskin *(of a horse); (meat)* shank, shin, hambone, knuckle(bone); *~ en pootjie, (pork)* shank and trotter. **~sening** *(anat.)* hamstring. **~(vleis)** *(cut of meat)* shank, shin.

**sken·king** *=kings, =kinge* grant; gift; endowment; donation; benefaction; oblation; *'n ~ aan ... doen/maak* make a donation to ...

**sken·kings:** ~**fonds** endowment fund. ~**polis** endowment policy.

**skep**[1] *skeppe, n.* ladle; shovel; spoonful, ladleful, shovelful, scoopful; serving, helping *(of food)*; dollop *(infml.)*; scoop(er), dipper; *'n ~ roomys* a scoop of ice cream; *mag ek nog 'n ~(pie) rys/ens. kry?* may I have another helping of rice/etc.?. **skep** *ge=, vb.* scoop, ladle, dish up *(onto a plate, into a bowl, etc.)*; bail, bale *(out of a boat)*; dip; draw *(water)*; bucket; *iem. met die/sy horings ~, (a bull etc.)* toss s.o.; *iets met 'n lepel ~* spoon s.t.; *iets vol ~* fill (up) s.t.; *gaan water ~* go to fetch water. ~**ding** *skepgoed* ba(i)ler, dipper, dipping/scooping utensil/vessel, scoop(er), ladle, bucket, cup. ~**doel** *(rugby)* drop goal. ~**emmer** (well) bucket, scoop bucket. ~**hou** *(tennis)* half volley. ~**lepel** ladle; ba(i)ler. ~**net** dip/landing/scoop net. ~**put** draw well. ~**rand**, ~**rant** deckle (edge) *(of handmade paper)*. ~**skop** *n., (rugby)* drop (kick). ~**skop** *ge=, vb., (rugby)* drop(-kick). ~**skopper** *(rugby)* drop-kicker.

**skep**[2] *ge=, geskape, vb.* create; establish, set up; compose; *God het die aarde geskape* God created the earth. **skep·pend** *-pende* creative. **skep·per** *-pers* creator; *die S~* the Creator/Maker.

**ske·pel** *-pels* bushel.

**skep·pie** *-pies* (small) spoonful; (small) helping/serving.

**skep·ping** *-pings, -pinge* creation.

**skep·pings:** ~**daad** act of creation. ~**drang**, ~**drif** creative impulse/urge, creativeness. ~**krag** creative power/force, creativeness, creativity. ~**leer** cosmogony; *(theol.)* creation science, creationism. ~**verhaal** story of creation. ~**vermoë** creative power/ability, creativeness, creativity. ~**werk** (work of) creation; creative work.

**skep·sel** *-sels* creature, being; (poor) wretch; *die arme ~* the poor soul; *'n snaakse ~* a funny creature.

**skep·ties** *-tiese* sceptical, incredulous. **skep·ti·kus** *-tikusse, -tici* sceptic. **skep·ti·sis·me, skep·sis** scepticism.

**skêr** *skêre* (pair of) scissors; clippers *(for nails etc.)*; (pair of) shears *(for pruning etc.)*. ~**beweging** *(rugby)* scissors movement; *'n ~ uitvoer* scissor. ~**skop** *(soccer, swimming)* scissor(s) kick. ~**slyper** scissor(s) grinder. ~**sprong** *(athl.)* scissors jump.

**skerf** *skerwe* (pot)sherd, shard; fragment, piece, chip; splinter *(of glass etc.)*; *die skerwe het gespat* the fragments/splinters flew. ~**vas** *-vaste*, ~**vry** *-vrye* splinter-proof; splinterless *(glass)*.

**sker·fie** *-fies* chip, splinter.

**ske·ring** *-rings, -ringe* warp; *~ en inslag* warp and woof; *dit is by iem. ~ en inslag* it is the regular thing *(or* a habit *or* a daily occurrence) with s.o..

**skerm** *skerms, n.* (protective) screen *(against light, heat)*; blind; awning, shade; curtain; veil; *(theatr.)* flat, scene; shield, guard, valance *(on a mach.)*; shelter; *(bot.)* umbel; *(min.)* brattice; *(comp., TV)* screen, monitor, display; *(no pl.)* fencing *(with swords)*, swordplay; *(no pl.), (boxing)* spar(ring); *agter die ~s* behind the scenes/curtains; in the wings; backstage; offstage; *agter die ~s werk* pull strings/wires; *die ~ gaan op* the curtain goes up *(or* rises); *op die/'n ~* on-screen; *die ~ optrek* raise *(or* ring up) the curtain; *die ~ sak* the curtain comes down *(or* drops/falls); *die ~ laat sak* drop/lower *(or* ring down) the curtain; *verdeelde ~, (comp.)* split screen; *iets op die ~ wys* throw s.t. on the screen. **skerm** *ge=, vb.* fence, parry; *(boxing)* spar; flourish, parade; hedge; *met ... ~* fence with ... *(also words)*. ~**beskermer**, ~**skut**, ~**beveiliger** *(comp.)* screen saver. ~**bril** goggles, blinkers. ~**degen** épée *(Fr.)*. ~**druk** screen print; screen-printing. ~**gordel** shelter belt *(of trees)*. ~**gordyn** purdah. ~**kuns** (art of) fencing, swordsmanship, swordplay. ~**les** fencing lesson. ~**meester** fencing master, *(Fr.)* maître d'armes. ~**muur** enclosure/screen wall. ~**oefening** fencing exercise; spar(ring bout); *(boxing)* sparring match. ~**plaat** baffle board/plate; protection plate; screen plate; face plate. ~**raam** *(phot.)* matte. ~**reling** protection rail; skid bar. ~**skut** *(comp.)* →SKERMBESKERMER.

**sker·mer** *-mers* fencer; swordsman.

**skerm·sweef** *n., (also* skermswewery*)* hang-gliding; paragliding. **skerm·sweef** *ge=, vb.* hang-glide; paraglide. ~**tuig** hang-glider. **skerm·swe·wer** hang-glider (pilot); paraglider.

**sker·mut·sel** *ge=* skirmish, have a brush; spar *(with words)*. **sker·mut·se·ling** *-lings, -linge* skirmish, brush, sharp encounter; bout; melee, *(Fr.)* mêlée; passage at arms; spar; argument; clash; *'n ~ met ... hê* have a brush with ...; have an encounter with ...

**skerp** *skerp(e) skerper skerpste, adj.* sharp; acrid *(taste)*; acrimonious *(dispute)*; acute *(accent, angle, etc.)*; biting *(cold, sarcasm)*; caustic *(cleaner, comment)*; clear *(impression)*; cutting *(retort, wind)*; hard *(consonant)*; heated *(exchange)*; incisive *(criticism, retort)*; keen *(air, edge, eyes, etc.)*; live *(ammunition)*; mordant *(humour, wit)*; pungent *(aroma)*; severe *(frost, reproach, etc.)*; spicular; steep *(increase)*; strident *(sound)*; tart *(taste)*; trenchant *(attack)*; vivid *(colour)*; *~ gelaatstrekke* well-defined features; *~ kant* cutting edge, *(infml.)* business end *(of a knife etc.)*; *~ skynsel* glare; *onder iem. se ~ tong deurloop* feel the sharp end of s.o.'s tongue. **skerp** *adv.* sharply, severely, keenly, acutely, closely; acidly, caustically; *iem. ~ aanspreek* speak to s.o. severely, address s.o. sharply; *'n ~ afgetekende beeld* a well-defined image; *~ belyn(d)* hard-edged; *~ geslyp* keen-edged; *~ gestel, (also)* in focus; *'n ~ gestelde brief* a strongly worded letter; *iets ~ maak* sharpen s.t.; *iets ~ stel/instel* focus s.t. (sharply). ~**by** *(cr.)* fine leg. ~**hoekig** *-kige* acute-angled. ~**kantig** *-tige* sharp-edged. ~**maker** sharpener. ~**puntig** *-tige* acute *(leaf)*. ~**punt skoen** pointed-toe/pointy-toed shoe; winkle-picker *(Br. infml.)*. ~**rug** hogback, hog('s) back. ~**siende**, ~**siende** sharp-sighted, keen-, eagle-eyed; penetrating, acute, perspicacious, percipient. ~**skertser** stand-up comedian. ~**skutter** *-tige* shooter, marksman; sniper. ~**skutterskuns** marksmanship. ~**snydend**, ~**snydend** *-dende* sharp-edged, keen-edged.

**sker·pe·rig** *-rige* sharpish, rather sharp.

**skerp·heid** sharpness; acuity; keenness; resolving power *(of a lens)*; stridency *(of [a] sound)*; cutting edge *(of s.o.'s wit etc.)*.

**sker·pi·oen** *-pioene* scorpion; *die S~, (astron.)* the Scorpion, Scorpio. ~**vis** scorpion fish.

**sker·pi·oen·ag·tig** *-tige* scorpion-like, scorpioid(al).

**skerp·sin·nig** *-nige* sharp(-witted), quick-, keen-witted; acute, penetrating, discerning, sagacious, perspicacious, percipient, shrewd. **skerp·sin·nigheid** acuteness, acumen, discernment, clear-sightedness, penetration, sagacity, perspicacity, percipience, intelligence.

**skerp·te** sharpness, edge; *(fig.)* acerbity, severeness; poignancy, edge; definition *(of an image)*; trenchancy; pungency.

**skerts** *n.* joke, joking, jest, fun, banter, pleasantry; *dit is geen ~ nie* s.o. is not joking, it is no joking matter. **skerts** *ge=, vb.* joke, jest, make fun, banter, quip; *met iem. ~* banter with s.o.; *iem. laat nie met hom/haar ~ nie* s.o. is not to be trifled/fooled with; *oor iets ~* joke about s.t.. **skert·send** *-sende, adj.* jocular, joking, jesting, bantering, facetious. **skert·send, skert·sen·der·wys, skert·sen·der·wy·se** *adv.* jokingly, for (*or* by way of) a joke, jestingly, in jest, in fun/play, facetiously. **skert·se·ry** *-rye* joking, jesting, fun, raillery.

**skets** *sketse, n.* sketch; outline, (rough) draft; diagram; delineation; artist's impression; drawing; *'n ~ maak* make a sketch; *'n ruwe ~ van iets maak* rough out s.t.; *deur middel van 'n ~* diagrammatic. **skets** *ge=, vb.* sketch; outline, line out; chalk/block out; block in; picture; delineate; depict; design; draw; plot *(graphs)*; *iets ru ~* block in s.t.; block out s.t.; rough out s.t.. ~**blok** sketch pad. ~**boek** sketchbook. ~**plan** sketch/rough plan. ~**(tekening)** sketch, study, artist's impression.

**skets·ma·tig** *-tige, adj.* sketchy, rough. **skets·ma·tig** *adv.* roughly, in outline.

**sket·ter** *ge=* blare (out), bray, trumpet. **sket·te·rend** *=rende* clangorous.

**skeur** *skeure, n.* tear, rent *(in [a] cloth etc.);* crack, crevice, fissure *(in glass, wood, etc.);* cleavage, cleft; gape; jag; split. **skeur** *ge=, vb.* tear (up), rend, rip; split, cleave, rupture, crack; rive; disrupt; *iets (aan)* **flenters** *(of aan* **flarde)** ~ pick/pull/tear s.t. to pieces; *iets* ~ **gou/maklik** s.t. tears easily; *iets* **stukkend** ~ tear up s.t. *(paper etc.); iets in* **twee** ~ tear s.t. in two. ~**bestand,** ~**vry** tear-proof; *(text.)* ripstop *(nylon etc.).* ~**dal** rift valley. ~**kalender** block calender. ~**kerk** schismatic church. ~**maker** disrupter; splitter. ~**makery** disruption, division. ~**nael** hangnail. ~**papier** waste paper. ~**ploeg** ripper, scarificator, scarifier, subsoiler. ~**sterkte** tear(ing) strength. ~**tand** *(zool.)* flesh tooth, fang, carnassial/sectorial (tooth). ~**tandhaai** ragged-tooth shark. ~**vallei:** *die Groot* S~ the Great Rift Valley. ~**verskuiwing** *(geol.)* flaw. ~**wolf** teaser, willowing machine, devil. ~**wond** laceration, jagged/lacerated wound.

**skeur·buik** scurvy, scorbutus. ~**lyer** scorbutic (patient).

**skeu·ring** *=rings, =ringe* split, rupture, cleavage, schism, rift, disruption, severance, rending; *'n* ~ *in* ... a rift/split in ... *(a party etc.).*

**skeur·sel** *=sels* scrap, torn bit.

**skeut** *skeute* dash *(of brandy etc.);* shoot *(of a tree).* **skeut·jie** *=jies* lacing.

**ske·we·bek** wry face; ~ *trek, (infml.)* make/pull a face; *vir iem.* ~ *trek, (infml.)* pull faces at s.o..

**ske·we·rig** *=rige* somewhat crooked.

**ski** *ski's, n.* ski. **ski** *ge=, vb.* ski. ~**(-)boot** ski boat. ~**(-)bril** ski goggles. ~**(-)broek** ski pants. ~**-oord** ski resort. ~**(-)pak** ski suit ~**(-)plank** aquaplane. ~**(-)plankry** *ge=, ski(-)plankge=* aquaplane. ~**(-)plankryer** aquaplaner. ~**(-)roei, roeiski** *n.* paddle/surf ski(ing). ~**(-)roei, roeiski** *ge=, vb.* paddle-ski, surf-ski. ~**(-)skool** ski school. ~**(-)sport** skiing. ~**(-)spring** *n.* ski jumping. ~**(-)spring** *ge=, vb.* ski-jump. ~**(-)sprong** ski jump. ~**(-)vlieg·tuig** skiplane.

**skie·lik** *=like, adj.* sudden, quick, rapid; precipitate; ~*e* **aan· val** sudden attack; *(med.)* paroxysm; *'n* ~*e* **draai** a sharp turn; *ewe* ~ all of a sudden; out of the blue, out of a clear (blue) sky; ~*e* **verkiesing** snap election. **skie·lik** *adv.* suddenly, all at once, all of a sudden, overnight; *en* ~ *gaan die ligte dood* and, poof, the lights went out. **skie·li·ke·sui·ge·ling· sterf·te·sin·droom** *(med.)* sudden infant death syndrome *(abbr.:* SIDS*;* →WIEGIEDOOD). **skie·lik·heid** suddenness, surprisingness.

**Ski·ën·to·lo·gie** →SCIËNTOLOGIE. **Ski·ën·to·loog** →SCIËN· TOLOOG.

**ski·ër** *skiërs* skier. **ski·ë·ry** skiing.

**skier·ei·land** peninsula; *in die Kaapse* S~ in the Cape Peninsula; *op 'n* ~ *geleë* situated on a peninsula; *in 'n* ~ *verander* peninsulate.

**skiet**[1] *n.: iets* ~ *gee* let/pay/ease out s.t. *(a rope etc.); iem. (baie)* ~ *gee* give s.o. (plenty of) rope. **skiet** *ge=, vb.* shoot *(a buck, an arrow, etc.),* fire *(a shot);* blast *(with dynamite);* dart, rush; **begin** ~, *(cannons)* come into action; *iets* ~ *iem. te* **binne** s.t. comes to (or crosses s.o.'s) mind; s.t. comes back to s.o.; s.t. leaps/springs to s.o.'s mind; *dit* ~ *iem. te* **binne** *dat* ... s.o. remembers that ...; **dadelik** ~ shoot at/on sight; **deur** *iets* ~ shoot through s.t.; **jouself** ~ shoot o.s.; *(te)* **kort** ~ fall short *(in shooting);* te **kort** ~, *(of* **tekortskiet**) be insufficient, fall short; *iets* **laat** ~ ease off s.t.; pay/ease/let out s.t. *(a rope etc.);* **mis** ~ shoot wide; **moenie** ~ **nie!** hold your fire!; don't shoot!; **na/op** ... ~ fire/shoot at ...; have/take a shot at ...; **na/op** ... *begin* ~ open fire on ...; *iem.* **plat** ~ gun down s.o.; **raak** ~ shoot accurately; shoot straight; register/score a hit; hit the mark; **sleg** ~ be a bad shot; **uit** ... ~ shoot out of ...; *voor die* **voet** ~ shoot at/on sight; **vorentoe** ~ surge forward. ~**baan** rifle/shooting range. ~**gat** embrasure, loophole, port-

hole, crenel(le). ~**gebed(jie)** hurried/brief/ejaculatory prayer. ~**geveg** gunfight. ~**goed** ammunition. ~**kraampie,** ~**tent** shooting gallery. ~**kuns** (rifle) shooting, marksmanship; *(mil.)* musketry, gunnery. ~**lading** blasting charge. ~**lamp** shooting lamp; spotlight *(of a motor car).* ~**lood** plumb, (lead) plummet, bob, plumb/sounding line. ~**lustig** *=tige* trigger-happy. ~**mot** caddis fly. ~**oefening** shooting/target/artillery practice, firing exercise. ~**ongeluk** shooting accident. ~**party** shooting/hunting party. ~**prop** plug. ~**rek** *=rekke* catapult. ~**sirkel** *(hockey)* striking circle. ~**span** firing party; shooting team. ~**spoel** shuttle; fly shuttle, bobbin carrier. ~**stilstand** cease-fire. ~**toring** turret. ~**tyd** hunting season. ~**vermoë** shooting ability; yielding ability. ~**voor· val** shooting incident. ~**vrug** catapult/sling fruit. ~**wond** gunshot wound.

**skiet**[2] *ge=, vb., (infml.)* invite out; *iem. vir* ... ~ invite s.o. to ...; treat s.o. to ... *(lunch etc.).*

**skie·te·ry** *=rye* shooting (incident/affair); firing, fire; gunning, gun battle, gunfight, shoot-out; blasting (operations).

**skif**[1] *skiffe, n.* skiff. ~**roei** *ge=, vb.* skiff, scull. ~**roeier** sculler.

**skif**[2] *ge=, vb., (material)* become threadbare, perish; *(milk)* (begin to) run, coagulate, curdle; separate, sift, sort/comb out, screen; *die bestanddele sal* ~ the ingredients will separate.

**skik**[1] *n.: geweldig/hoog in jou* ~ highly/tremendously/very pleased, delighted; *in jou* ~ *met* ... pleased with ... *(s.o., s.t.);* excited about ... *(s.t.);* nie baie in jou ~ met ... nie not over· joyed at ...

**skik**[2] *ge=, vb.* arrange, manage, order; settle, make up; compose; dispose; frame; be convenient, suit; *met iem. oor iets* ~ settle with s.o. on s.t.; *iets in der* **minne** ~ settle s.t. amicably *(or out of court); jou* **na** ... ~ accommodate o.s. to ...; adapt (o.s.) to ... *(the circumstances etc.);* fall in with ... *(the decision etc.);* conform to ... ~**godinne** *(myth.)* the Fates, Fatal Sisters, the Destinies, the goddesses of destiny, the Weirds, the weird sisters. ~**(werk)tyd** flex(i)time.

**skik·king** *=kings, =kinge* arrangement, disposition; compound, composition *(with creditors);* accommodation; settlement, agreement; adjustment; *'n* ~ *buite die hof, (jur.)* an out-of-court settlement; *'n* ~ *met iem. tref, tot 'n* ~ *met iem. kom* settle *(or reach a settlement)* with s.o..

**skil** *skille, n.* peel, rind; skin; jacket; integument; hull, shell, husk. **skil** *ge=, vb.* peel; skin; pare (away); skim *(metal);* husk. ~**mes** paring knife.

**skild** *skilde* shield, buckler; escutcheon; badge; *iets in die* ~ *voer* have/keep s.t. up one's sleeve; be up to s.t./mischief *(or, infml.* no good); *iets teen* ... *in die* ~ *voer* have designs on ...; *wat voer X in die* ~? what is X's game?, what is X up to?. ~**dak** hip(ped) roof; *(Rom. mil. hist.)* testudo. ~**draer** shield bearer. ~**klep** mushroom valve. ~**klier** thyroid gland. ~**kliergeswel** goitre, struma. ~**knaap** shield bearer, armour-bearer, squire; *(fig.)* henchman. ~**kraakbeen** thyroid cartilage. ~**luis** scale (insect), shieldbug. ~**plaat** *(zool.)* scutum. ~**vlerk,** ~**vleuel** →SKILDVLERK. ~**vulkaan** *(geol.)* shield volcano. ~**wag** →SKILDWAG.

**skil·der** *=ders, n., (artist)* painter; artist. **skil·der** *ge=, vb.* paint; depict, delineate, picture, portray; *in olie(verf)* ~ paint in oils; *oor iets* ~ paint out/over s.t.. ~**bord** palette. ~**doek** canvas. ~**kuns** (art of) painting; pictorial art; *in die* ~ in painting. ~**kwas** paint brush. ~**skool** school of painting; school of painters. ~**stok** maul=, mahlstick, guiding stick. ~**stuk** picture, painting. ~**werk** painting.

**skil·der·:** ~**bees,** ~**os** speckled ox/cow, roan (ox/cow). ~**bont** speckled, variegated, dappled. ~**boon(tjie)** speckled bean. ~**kat** tortoiseshell cat.

**skil·der·ag·tig** *=tige* picturesque, scenic. **skil·der·ag·tig·heid** picturesqueness.

**skil·de·rend** *=rende* pictorial.

**skil·de·ring** *-rings, -ringe* depiction, portrayal, picture, painting.

**skil·ders :** ~**esel** easel. ~**mes** palette/pallet knife. ~**model** artist's model.

**skil·de·ry** *-rye* picture, painting, canvas; *'n ~ deur/van ... a painting/picture by ...; 'n ~ maak* do a painting; *~e ten toon stel* exhibit/show paintings.

**skil·de·ry·e :** ~**museum** picture gallery. ~**tentoonstelling** exhibition of paintings.

**skild·vlerk, skild·vleu·el** sheath-wing. **skild·vler·kig** *-kige*, **skild·vleu·e·lig** *-lige, adj.* coleopterous, coleopteran, sheath-winged. **skild·vler·ki·ge, -vleu·e·li·ge** *-ges, n.* coleopteran; *(in the pl.)* Coleoptera. **skild·vlerk·skub** winglet.

**skild·vor·mig** *-mige* shield-shaped, scutiform; *(zool., bot.)* scutate; *(bot.)* peltate; *(anat.)* thyroid.

**skild·wag** sentinel, sentry, guard; *~ staan* stand sentry/sentinel. ~**beurt,** ~**diens** sentry-go. ~**huisie** sentry box.

**skil·fer** *-fers, n.* scale; flake; scab; *(anat., bot., zool.)* squama; *(in the pl., also)* dandruff; scurf. **skil·fer** *ge-, vb.* scale; flake; peel; foliate. ~**kors(deeg)** flaky/puff pastry. ~**roof** scab. ~**sjampoe** *(also skilferwerende sjampoe)* antidandruff shampoo. ~**uitslag** psoriasis.

**skil·fer·ag·tig** *-tige*, **skil·fe·rig** *-rige* covered with dandruff; scaly, flaky; foliate(d); laminate(d).

**skil·fe·ring** flaking; foliation; lamination.

**Skil·la** *(Gr. myth.)* Scylla; *tussen ~ en Charybdis* between Scylla and Charybdis, between the devil and the deep (blue) sea.

**skil·ler** *-lers* parer.

**skil·pad** *-paaie* tortoise *(on land);* turtle *(in water);* *(fig.)* slowcoach. ~**besie** *(entom.)* ladybird. ~**dop** tortoiseshell, carapace. ~**draffie** lazy trot. ~**nek** turtleneck. ~**sop** turtle soup; *nagemaakte ~* mock turtle soup.

**skil·pad·jie** *-jies* small tortoise; *(entom.)* ladybird; *(in the pl., cook.)* liver wrapped in caul fat.

**skim** *skimme* shadow, shade; spectre, ghost; phantom; wraith. ~**kabinet** shadow cabinet/ministry. ~**minister** shadow minister. ~**skrywer** ghost (writer).

**skim·me :** ~**ryk** lower world, nether regions/world, underworld. ~**spel** *(hist.)* shadow show/play; phantasmagoria.

**skim·mel** *-mels, n.* mould(iness), mildew; fungus; blight; mucor *(on bread, jam, etc.);* efflorescence *(on a wall);* grey (horse); dappled horse/roan (horse). **skim·mel** *ge-, vb.* mouldy, mildewy, musty, stale; dapple(d)-grey; *(also skimmelblou)* dapple(d)-grey; *(also skimmelrooi)* (red/strawberry) roan *(horse); iem. se hare word ~* s.o. is greying. **skim·mel** *ge-, vb.* grow mouldy/mildewy/musty. ~**brood** musty/mouldy bread. ~**draad** *(bot.)* hypha. ~**kaas** mouldy cheese. ~**perd** grey horse; dappled horse; dapple-grey; roan. ~**plant** mould, fungous growth, (filamentous/filamentary) fungus. ~**plek** mould spot. ~**siekte** mycosis. ~**swam** mould. ~**verf** *ge-* dab. ~**wortel** myco(r)rhiza.

**skim·mel·ag·tig** *-tige*, **skim·mel·rig** *-rige* (slightly) mouldy, musty, fusty; greyish; dapple(d); roanish; →SKIMMEL *adj.*.

**skimp** *skimpe, n.* jibe, jeer, taunt; allusion, covert reference, innuendo, (veiled) hint, insinuation. **skimp** *ge-, vb.* jibe, scoff, jeer, taunt; allude, make covert references, give veiled hints, hint, quip; *op iem. ~* reflect (*or* cast reflections) on/upon s.o.; *op iets ~* allude to s.t. (indirectly). **skim·pen·der·wys, -wy·se** jibingly, scoffingly. **skim·per** *-pers* jiber, scoffer. **skim·pe·ry** *-rye* jibing, scoffing; alluding, hinting.

**skin·der** *ge-* gossip, talk scandal; tattle; slander; backbite; *oor/van iem. ~* gossip/talk about s.o.. ~**joernalis** tabloid journalist. ~**koerant,** ~**blad** tabloid ([news]paper). ~**pers** tabloid press. ~**praatjies, skindery** (malicious) gossip, tittle-tattle, scandal, slander, backbiting, *(fml.)* calumny. ~**storie** (piece of) gossip, tittle-tattle. ~**taal** slanderous talk. ~**tong** *-tonge,* ~**bek** *-bekke,* **skinderaar** *-raars* slanderer, backbiter, scandalmonger, vilifier, traducer, tell-tale.

**skink¹** *skinke, n., (zool.)* skink.

**skink²** *ge-, vb.* pour; serve *(a drink); vir iem. 'n drankie ~* pour a drink for s.o.; *iets in ... ~* pour s.t. into ...; *~ vol!* fill (her) up! *(a glass).* ~**bord** (tea) tray, salver, platter; *iem. iets op 'n ~ aanbied, (fig.)* hand s.o. s.t. on a plate/platter. ~**hoe kie** cocktail bar. ~**kan** flagon. ~**tafel** coffee/tea stand, sideboard. ~**toonbank** buffet.

**skin·ker** *-kers* cupbearer, tapster, cocktail mixer.

**skip** *skepe* ship, boat, vessel; nave *(of a church);* →SKEEPS-; *'n ~ aanklamp/enter,* board a ship *(by force); ~ ahooi!* ship ahoy!; *aan boord van 'n ~* on board (a) ship; *aan boord van 'n ~ gaan* board a ship; *'n ~ buit* make (a) prize of a ship; *'n ~ doop* name a ship; *van 'n ~ dros* jump ship; *'n ~ kelder* sink a ship, send a ship to the bottom; *'n ~ lê aan* a ship berths/moors; *met 'n ~* by ship/boat; *per ~* by sea/ship/boat; *'n ~ word vasgemeer* a ship moors (*or* is moored); *die ~ het vergaan* the ship was lost; *'n ~ vlot maak* raise a ship; *'n ~ te water laat* launch a ship/boat.

**skip·breuk** shipwreck; *~ ly* be shipwrecked; *(plans, a marriage, etc.)* fail, come to grief, not work out; *'n plan ~ laat ly* scotch/torpedo/wreck a plan. **skip·breu·ke·ling** *-linge* shipwrecked person, castaway.

**skip·per** *-pers* skipper, (sea) captain, (ship)master; boatman; bargee; *(bowls etc.)* skip.

**skip·per·ke** *-kes, (breed of dog)* schipperke.

**skip·pers :** ~**boom** bargepole. ~**haak** boathook. ~**kneg** bargehand.

**skip·pie, ske·pie** *-pies* small vessel, little ship.

**skis** *skiste, (geol.)* schist. **skis·ag·tig, skis·ag·tig** *-tige* schistose. **skis·struk·tuur** schistose structure.

**skis·ma** *-mas* schism. **skis·ma·tiek** *-tieke, adj.* schismatic. **skis·ma·ti·kus** *-tikusse, -tici, n.* schismatic.

**ski·so·freen** *-frene, n.* schizophrenic, schizophrene, *(infml., derog.)* schizo. **ski·so·freen** *-frene, adj.* schizophrenic, *(infml., derog.)* schizo. **ski·so·fre·nie** schizophrenia.

**ski·so·ïed** *-soïede, n. & adj.* schizoid.

**skis·to·so·mi·a·se** *(med.)* schistosomiasis, bilharzia(sis), snail fever.

**skit·ter** *ge-* sparkle; glitter; glisten; scintillate; shine; spangle; flash; flame; blaze; *(fig.)* excel, be outstanding; *as ... ~* excel as a ...; *van ... ~* glitter with ...; *iem. se oë ~* s.o.'s eyes are shining. ~**blink** *ge-* sparkle, scintillate. ~**spel** scintillating play. ~**speler** brilliant player. ~**ster** *(fig.)* superstar. ~**stof** brilliant dust. ~**wit** shining white.

**skit·te·rend** *-rende* sparkling, glittering, glittery *(eyes, diamonds, etc.);* brilliant, splendid, scintillating *(performance etc.);* shining *(example etc.);* superb *(idea etc.);* superlative *(display, specimen, etc.);* outstanding *(plan, success, etc.);* magnificent *(reception etc.);* glorious *(victory, weather, etc.);* spectacular *(show etc.);* vivid *(colours);* effulgent *(poet.); 'n ~e ... wees* excel as a ... *(cook etc.).*

**skit·te·ring** *-ringe* sparkle; splendour; lustre; brilliance; radiance; twinkling; flashing; scintillation; glamour; glare.

**skit·ter·we·rend** *-rende* antidazzle *(mirror etc.).*

**skit·te·ry** *(infml.: diarrhoea)* the runs; the scours *(in animals).*

**skle·ro·se** sclerosis. **skle·ro·ties** *-tiese* sclerotic.

**skob·be·jak** *-jakke* scoundrel, rascal, villain, skunk, swine, rat, *(infml.)* nasty (piece/bit of work).

**skoei** *ge-, (fml.)* shoe; *iets op 'n ander lees ~* cast s.t. in a different mould, model s.t. on different lines, set s.t. up differently. **skoei·sel** footwear; shoeing.

**skoen** *skoene* shoe; *(mach.)* lug; *~e aanhê/dra* be wearing shoes; *~e aanpas* try on shoes; *jou ~e aantrek* pull/put on one's shoes; *~ wat druk* shoes that pinch, tight shoes; *'n ~ met 'n gespe* a buckled shoe; *te groot vir jou ~e, (infml., fig.)* too big for one's boots; *nou ~e* tight shoes; *onpaar ~e* odd shoes; *'n paar ~e* a pair of shoes; *sonder ~e* in one's stockings; *in iem. se ~e staan* be in s.o.'s shoes; *ek sou nie in X se ~e wil staan* nie I would not be in X's shoes/skin; *die stoute ~e aantrek* venture boldly; take the plunge; *~e uittrap* ease shoes by wearing; *jou ~e uittrek* take off one's shoes. **~band** shoe strap. **~bek(-ooievaar)** *(orn.)* shoebill. **~borsel** shoe=brush. **~doos, ~boks** shoebox. **~gespe** shoe buckle. **~leer** shoe leather. **~lees** shoetree. **~lepel** shoehorn, shoeing horn. **~maker** shoemaker; *~, hou jou by jou lees* every/each man to his trade. **~makersgereedskap** grindery. **~poetser** shoe=shiner. **~politoer, ~waks** shoe polish. **~punt** toe of a shoe. **~(e)rak** shoe rack. **~riem(pie), ~veter** shoelace, =string. **~sool** sole. **~winkel** shoe shop/store.

**skoe·ner** =ners, *(naut.)* schooner. **~brik** brigantine.

**skoen·lap·per** =pers, *(also* skoelapper*)* butterfly.

**skoen·tjie** =tjies little shoe; shuttle *(of a sewing mach.).*

**skoep** skoepe paddle (board).

**skoert** ge=, *vb., (infml.)* scoot, push along. **skoert** interj., *(infml.)* away with you!, beat it!.

**skof**¹ skowwe hump *(of a camel etc.);* withers *(pl.),* shoulder *(of a horse, sheep, etc.); (ox)* shoulders.

**skof**² skofte lap, stage, trek, stretch, march, leg *(of a journey);* shift; *laaste ~, (fig.)* home straight/stretch; anchor leg *(of a relay race); op die laaste ~* on the last lap; *'n moeilike ~* a hard slog. **~baas** shift boss, (shift) foreman. **~werk** shift work. **~werker** shift worker.

**skof·fel** =fels, *n.* hoe, grub(bing) hoe; weeder, weeding hook; cultivator. **skof·fel** ge=, *vb.* hoe, cultivate, spud; scuffle; weed; *(infml.)* dance, hoof it. **~eg** cultivator. **~masjien** weeder, horse hoe. **~pik** (weeding) hoe, scuffle (hoe). **~ploeg** cul=tivator, tiller. **~werk** weeding. **~yster** weeding hook.

**skof·fe·laar** =laars weeder.

**skok** skokke, *n.* shock; impact; concussion; convulsion; jerk; jar; jolt; blow; brunt; start; *vir/teen ~ behandel word* be treat=ed for shock; *iem. 'n ~ gee/toedien, (elec.)* give s.o. a shock; *'n ~ kry, (elec.)* get a shock; *'n kwaai/hewige/groot ~* a nasty/rude shock; a bombshell; *die ~ versag, (fig.)* soften the blow; *iets is vir iem. 'n ~* s.t. is (or comes as) a shock to s.o., s.o. is shocked at/by s.t.. **skok** ge=, *vb.* electrify; (give a) shock; shake (up); jerk, jar; jolt; concuss *(fig.);* astound; horrify; devastate; shatter; *iem. ~, (fig.)* shake s.o. rigid, *(infml.)* make s.o.'s hair curl; *iets ~ iem.* s.t. shakes s.o. (up). **~aan=kondiging** shock(ing) announcement. **~beentjie** *(infml.)* funny bone. **~behandeling** shock therapy/treatment. **~be=stand** shockproof; unshockable. **~boek, ~fliek, ~verhaal** shocker *(infml.)*. **~breker, ~demper** shock absorber; *(mech.)* damper; *(naut.)* snubber. **~breking, ~demping** shock ab=sorption. **~golf** shock wave; bow wave. **~granaat** stun gre=nade. **~lading** percussion charge. **~myn** contact mine. **~oor=winning:** *'n ~* an upset victory. **~pienk** shocking pink. **~stok, ~toestel** stun gun. **~strook** *(mot.)* breaker (ply/strip). **~tak=tiek** shock tactics. **~troepe** shock troops. **~vas, ~veilig, ~vry** shockproof. **~vastheid, ~weerstand** shock resistance.

**sko·ki·aan, sko·ki·aan** firewater, *(infml.)* rotgut.

**skok·kend** =kende shock(ing); appalling *(attack, conditions, stat., etc.);* astounding *(revelations etc.);* frightful *(number, re=minder, etc.);* terrible *(events etc.);* egregious *(abuse, conduct, etc.);* hair-raising *(tale etc.);* lurid *(stories, headlines, etc.);* out=rageous *(behaviour etc.);* shattering *(news etc.).*

**skol** skolle, *(icht.)* plaice.

**sko·las·tiek** *n., (also* S~*)* scholasticism. **sko·las·tiek** =tieke, **sko·las·ties** =tiese, *adj., (also* S~*)* scholastic. **sko·las·ti·kus** =tikusse, =tici, *(also* S~*)* scholastic.

**sko·le·:** **~rugby** schools rugby. **~span** schools team. **~wed=stryd** interschool match/competition.

**sko·lier** =liere scholar, pupil, learner. **~patrollie** scholars' patrol.

**sko·ling** training, instruction, schooling, grounding; skill.

**sko·li·o·se** *(med.)* scoliosis, lateral curvature of the spine.

**skol·lie** =lies, *(infml., derog.)* skollie/skolly (boy), hooligan, lowlife.

**skom·mel** ge= rock; oscillate; roll; wiggle; wobble; swing; *(prices)* fluctuate, vary; reshuffle *(a cabinet);* riffle *(a deck of cards); (coarse: masturbate)* wank, jack/jerk/toss/whack off; *kaarte ~* shuffle/make/mix the cards. **~boot(jie)** swing boat. **~perd** hobbyhorse, rocking horse. **~sif** *(diamond digging)* rocking/swinging screen, baby, dolly. **~stoel** rocking chair, rocker.

**skom·me·laar** =laars, *(min.)* rocker; shuffler *(of cards).*

**skom·me·ling** =linge, =lings rocking; oscillation; fluctuation, variation; *(pol.)* reshuffle; swing(ing); *~ in marges, (fin.)* vola=tility of margins; *daaglikse ~* diurnal variation.

**skon** skons, *(cook.)* scone.

**sko·ne** =nes beauty, beautiful woman/girl; →SKOONHEID.

**skool**¹ skole, *n.* shoal, school, run *(of fish); 'n ~ walvisse* a pod/school of whales.

**skool**² skole, *n.* school; college; *ná ~ bly* stay (in) after school; *~ toe gaan* go to school; *na die ~ toe gaan* go to the school; *iem. ná ~ hou* keep s.o. after school, keep in s.o.; *in die ~ at* school; in school; *iem. het min ~ gehad* s.o. had little school=ing; *ná ~* after school; *daar sal vandag nie ~ wees nie* there will be no school today; *op ~* at school; *van die ou ~, (fig.),* *(pred.)* of the old school, *(attr.)* old-style *(communist etc.); 'n kind in die* (of *op) ~ sit* put/send a child to school; *iem. uit die ~ sit* expel s.o. from school; *wanneer die skole sluit* when the schools break up; *uit die ~* from school; out of school; *van die ~* from school; *die ~ verlaat* leave school; *voor ~* before school. **skool** ge=, *vb.* school, teach, train; *ge~de werker* skilled worker. **~baadjie** blazer. **~bank** school desk/bench/seat. **~beheerliggaam** school governing body. **~be=stuur** school administration. **~blad** school magazine. **~boek** schoolbook; class book. **~bywoning, ~besoek** school attend=ance. **~dag** =dae schoolday; *(in the pl., also)* schooltime. **~dogter** →SKOOLMEISIE. **~drag, ~klere** school clothes/cloth=ing, schoolwear. **~eindsertifikaat** school-leaving certificate. **~gaan** *n.* school attendance, going to school. **~gaan** skool ge=, *vb.* go to (*or* attend) school; *iem. het in/op Grahamstad/ ens. skoolgegaan* s.o. was educated at Grahamstown/etc.; *die ~de jeug* schoolchildren, scholars, learners; *~de kind* child of school age. **~gebruik** use in schools; *vir ~* for use in schools, adapted for schools. **~geld** school/tuition fees; *~ betaal, (fig.)* learn the hard way; *jy moet jou ~ terugvra!, (joc.)* school didn't do you much good!. **~geleerdheid** book learn=ing, theoretical knowledge. **~gereed, ~ryp** ready for school=(ing); of school age. **~grond** →SKOOLTERREIN. **~hoof** (school) principal, headmaster, =mistress. **~inspekteur** school inspec=tor. **~jaar** =jare school year; *(in the pl., also)* schooltime. **~juffrou** schoolmistress. **~kenteken** →SKOOLWAPEN. **~kind** schoolchild, pupil, scholar, learner. **~klere** →SKOOLDRAG. **~koshuis** school hostel. **~kwartaal** school quarter, (school) term; *in die ~* in term. **~lokaal** schoolroom, classroom. **~maat, ~vriend** schoolmate, school friend. **~meesteragtig** =tige schoolmasterish, pedantic, dogmatic. **~meesteragtig=heid** pedantry. **~meisie, ~dogter** schoolgirl. **~onderwys** schoolteaching, tuition, schooling. **~rapport** school report. **~reis** educational tour. **~ryp** →SKOOLGEREED. **~sak** school=bag, school bag/satchel; school case. **~sake** *n. (pl.)* educa=tional matters. **~seun** schoolboy. **~siek** malingering, sham=ming; *~ wees* malinger. **~siekte** malingering, sham illness. **~sit** *n.* detention. **~sit** skoolge=, *vb.* stay in, stay after school, be kept in; *iem. laat ~* keep s.o. after school, detain s.o., keep s.o. in. **~skip** school/training ship. **~span** school team. **~sport** school sports. **~tas** school case; schoolbag, school bag/satchel. **~termyn** school term. **~terrein, ~grond** school grounds; campus. **~tyd** school hours, =time; *in* (of *gedurende die) ~* during school (hours); during term; *ná ~* after school/hours; *voor ~* before school. **~uitstappie** school outing. **~uni=**

form school uniform. ~**vak** school subject. ~**vakansie** school holiday(s). ~**verlater** school-leaver. ~**versuim** non(-)attend= ance (at school). ~**vriend** →SKOOLMAAT. ~**vriendin** school friend. ~**wapen**, ~**kenteken** school badge. ~**wêreld** educa= tional/scholastic world. ~**werk** schoolwork; preparation, *(in= fml.)* prep. ~**wese** education; educational matters. ~**wysheid** book/school learning.

**skool·hou** *skoolge=* teach, give lessons, keep/teach school; *vir iem.* ~ teach s.o., be s.o.'s teacher. **skool·hou·e·ry** (school)= teaching, keeping school, schoolmastering.

**skool·plig** compulsory education; *jou* ~ *voltooi het* be of school-leaving age. **skool·plig·tig**, skool·plig·tig *=tige* of school age.

**skools** *skoolse, (usu pej.)* bookish, academic; pedantic, prig= gish. **skools·heid** bookishness; pedantry.

**skool·vos** *(rare)* pedant. **skool·vos·se·rig** *=rige* pedantic.

**skoon** *skone skoner skoonste, adj.* clean *(shirt, wool, etc.);* clear *(conscience, sky, wool, etc.);* fair *(drawing etc.);* fair *(play);* fine *(arts); (poet., liter.)* beautiful *(woman etc.),* handsome *(prince etc.);* limpid *(day, notes, waters, etc.);* net(t) *(profit);* neat *(drink);* pure *(alcohol, coincidence, etc.);* unsullied, unblemished *(record, reputation, etc.);* virgin *(honey); die skone* **geslag**, *(joc.)* the fair sex; *iem is (nog) 'n skone* **kind** s.o. is (still) a mere child; *'n* ~ **lei**, *(fig.)* a clean sheet; *die* **masjien** *is* ~ the machine is ready (for use); *iets uit skone* **plesier** *doen* do s.t. purely for fun; *die* **Skone Slaapster** Sleeping Beauty; ~ **stelle**, *(tennis)* straight sets. **skoon** *adv.* clean; quite, completely, absolutely; cleanly; *iets* ~ **drink** drink s.t. neat; *iets* ~ **hou** keep s.t. clean; **mooi** ~ quite clean; *iets is* ~ **op**, *(money etc.)* s.t. is all/com= pletely gone; *iets* ~ **vergeet** clean/completely forget s.t.; ~**byt** *skoonge=, (metalwork)* pickle. ~**dogter** daughter-in-law. ~**fami= lie** in-laws, relatives by marriage. ~**klinkend** *=kende* fine- sounding, melodious, musical. **S~lief**: ~ *en die Ondier* Beauty and the Beast. ~**ma** *=ma's,* ~**moeder** *=ders* mother-in-law. ~**maak** →SKOONMAAK. ~**ouers** parents-in-law. ~**pa** *=pa's,* ~**vader** *=ders* father-in-law. ~**seun** son-in-law. ~**skip**: ~ *maak* make a clean sweep. ~**skrif** calligraphy; copybook writing; pencraft, penmanship. ~**skrif(boek)** copybook. ~**skryfkuns** calligraphy. ~**skrywer** calligrapher; *(hist.)* penman. ~**sus(ter)** sister-in-law. ~**teer** Stockholm tar. ~**vader** →SKOONPA. ~**vang** *=vange, n., (cricket etc.)* fair catch; *(rugby)* mark. ~**vang** *skoon= ge=, vb., (rugby)* make a mark. ~**vee** *skoonge=* clear *(a street).* ~**veld** *n., (golf)* fairway. ~**veld** *adj.* vanished; *iem. is* ~, *(in= fml.)* s.o. is clean gone, s.o. has done a (moonlight) flit *(or a bunk); die skelm is* ~, *(infml.)* the bird has flown; ~ **raak** dis= appear.

**skoon·heid** *=hede* beauty; fairness; good looks; cleanness; *'n* ~ a beauty; *skoon(heid) vergaan, maar deug bly staan* virtue is more lasting than beauty. ~**salon** beauty salon/parlour. ~**sin** →SKOONHEIDSGEVOEL. ~**slaap**, ~**slapie** *(infml.)* beauty sleep.

**skoon·heids·**: ~**behandeling** beauty treatment. ~**(des)kun= dige** beauty specialist, beautician; cosmetician. ~**gevoel**, **skoonheidsin** sense/appreciation of beauty, aesthetic sense. ~**koningin** beauty queen. ~**konsultant** beauty consultant. ~**leer** aesthetics. ~**middel** *=dels* cosmetic; beauty aid; beau= tifier. ~**waarde** aesthetic(al) value. ~**wedstryd** beauty com= petition/contest.

**skoon·maak** *n.* clean-up, cleaning; *'n groot* ~ a spring- clean(ing). **skoon·maak** *skoonge=, vb.* clean (out/up), give a clean-out/clean-up, cleanse; weed *(a garden bed);* evacu= ate; purge; scour; dress, curry *(a horse);* draw *(a fowl);* gut *(fish); iets bolangs* ~ clean s.t. superficially, *(infml.)* give s.t. a lick and a promise. ~**middel** *=dels* cleaning/cleansing agent, cleaner. **skoon·maak·ster** *=sters* cleaning lady/woman, char, charlady, charwoman, housecleaner. **skoon·ma·ker** cleaner, wiper.

**skoor·soek** pick/seek a quarrel; be spoiling for a fight. **skoor=**

soe·ker troublemaker, *(infml.)* stirrer, quarrelsome person. **skoor·soe·ke·rig** *=rige* quarrelsome, combative. **skoor·soe·ke= rig·heid, skoor·soe·ke·ry** quarrelsomeness.

**skoor·steen** *=stene* chimney; funnel *(of a ship, an engine); van jou* **mond** *'n* ~ *maak* smoke like a chimney; *die* **rook** *trek in die* ~ *op* the smoke goes up the chimney; *die* ~ *laat* **rook** (of *aan die* **rook** *hou)* keep the pot boiling; *daarvan sal die* ~ *nie* **rook** *nie* that won't keep the pot boiling; *die* ~ **trek** *goed* the chimney has a good draught. ~**mantel** chimney- piece, mantel(piece/shelf). ~**pot** chimneypot. ~**pyp** (chim= ney) flue, (smoke)stack, chimney shaft/stalk; funnel *(of a ship);* stovepipe. ~**veër** chimney sweep(er); *(orn.)* sacred ibis.

**skoor·voe·tend** *=tende, adj.* reluctant, half-hearted, foot- dragging. **skoor·voe·tend** *adv.* reluctantly, half-heartedly, with lagging steps, *(fig.)* dragging one's feet, grudgingly.

**skoot¹** *skote* shot; charge; crack, report; blast; time; turn; *bin= ne* ~ within range; *buite* ~ out of range/shot; *'n* ~ *op goeie* **geluk** *(af), (fig.)* a shot in the dark; *die* ~ *hoog deur hê, (in= fml.)* be head over heels in love; *(inebriated)* be three sheets in the wind; *'n* **klap** a shot rings out; *'n* **laaste** ~ a part= ing shot; **mooi** ~!, *(lit.)* (good) shot!; *(fig.)* good show!, good for/on you!; *onder* ~ under fire; within range; within shot; *iem. onder* ~ *hou* keep s.o. covered; *onder* ~ *kom* come un= der fire; attract/draw fire; *kwaai onder* ~ *kom* get (or come in for) a lot of fla(c)k, *(infml.)* take a lot of knocking; *onder* ~ *uit* out of range; *skote* **Petoors!**, *(infml.)* (good) shot!; well done!; *die* ~ *is* **raak**, *die is 'n raak* ~, *(fig.)* the thrust goes home; *'n* ~ **skiet** fire/take a shot; *skote oor en weer* **skiet** ex= change shots; ~ **vir** ~, *(infml.)* every (single) time. ~**af= stand, skootsafstand:** *binne* ~ within range; *buite* ~ out of range.

**skoot²** *skote* lap; bosom; fold; sheet *(of a ship); in die* ~ *van die* **aarde**, *(poet., liter)* in the bowels of the earth; *in die* ~ *van jou* **gesin** in the bosom of one's family; *na die* ~ *van die/jou* **kerk/familie/ens.** terugkeer return to the fold; *op iem. se* **sit** sit in/on s.o.'s lap; *iets val in iem. se* (of *iem. in die)* ~ s.t. drops into s.o.'s lap; *alles moet in iem. se* ~ **val** s.o. wants his/her bread buttered on both sides. ~**hond(jie)** lapdog, toy/pet dog; *(fig.: servile pers.)* lapdog, poodle, running dog. ~**rekenaar** laptop (computer).

**skoot·jie** *=jies* dash, tad *(of brandy, vinegar, etc.).*

**skoots·**: ~**afstand** →SKOOTAFSTAND. ~**lyn** line of fire. ~**veld** field of fire.

**skop¹** *skoppe, n.* shovel; scoop. ~**graaf** shovel.

**skop²** *skoppe, n.* kick; recoil *(of a gun); iem. 'n* ~ *onder die sit= vlak/agterstel* **gee**, *(infml.)* give s.o. a kick in the pants; *lek= ker* ~ *hê, (cocktails etc.)* pack quite a punch; *'n drank(ie) met* ~, *(infml.)* a drink with a lot of kick; *die* ~ *was* **mis** the kick failed; *'n* **vertoning/intrige/ens.** *met* ~ a performance (or story line) etc. that packs a punch. **skop** *ge=, vb.* kick; *(a gun)* kick (back); recoil; *'n* **doel** ~ kick a goal; *mis* ~ fail/miss with a kick; *na ...* ~ kick (out) at ...; lunge (out) at ...; *iets* **stukkend** ~ kick down/in s.t. *(a door etc.);* kick s.t. to pieces; *teen iets* ~, *(fig., infml.)* ba(u)lk at s.t.. ~**boks** *n.* kick boxing. ~**bokser** kick boxer. ~**fiets** scooter. ~**-skiet-en-donder(-) fliek** *(infml.)* trashy action flick. ~**skoen:** *jou* ~ *aanhê, (rug= by, infml.)* be very successful with one's kicks. ~**vry** *=vry(e)* recoilless.

**skop·pel·maai** *=maaie* swing; ~ *ry* swing.

**skop·pens** *n. (pl.), (suit of cards)* spades. ~**boer** jack of spades. ~**heer** king of spades. ~**tien** ten of spades. ~**vrou** queen of spades.

**skop·per** *=pers* kicker; *'n goeie* ~ a good kick(er). **skop·pe·ry** kicking.

**skop·pie¹** *=pies* dustpan; small shovel, scoop.

**skop·pie²** *=pies* small kick; *kort* ~ short punt.

**skor** *skor(re) skorder skorste* hoarse, husky, rough, gravelly *(voice).*

**skor·buut** *(med.)* scurvy, scorbutus. **skor·bu·tiek** =*tieke,* **skor= bu·ties** =*tiese* scorbutic.

**skor·rie·mor·rie** *(infml.)* riffraff, rabble, hoi polloi, ragtag (and bobtail), lowlife, plebs.

**skors**[1] *skorse, n.* bark, rind *(of a tree);* cortex. ~**laag** cortical layer. ~**weefsel** cortical tissue.

**skors**[2] *ge=, vb.* expel *(s.o. from a school etc.);* suspend *(s.o. from a job etc.); iem. in sy/haar amp* = suspend s.o. from office; *iem. as lid* ~ suspend s.o. from membership.

**skor·se·nier** =*niere, (bot., cook., also* skorsenierswortel*)* scor= zonera, black salsify.

**skor·sie** =*sies* squash, small marrow.

**skor·sing** =*sings,* =*singe* suspension; stay. **skor·sings·reg** sus= pensive power.

**skort** *ge=, vb.* be wrong; be wanting; *daar* ~ *iets (met iem.)* there is s.t. (*or* s.t. is) the matter, there is s.t. (*or* s.t. is) wrong (with s.o.); *daar* ~ *iets aan/mee* there is s.t. wrong with it; ~ *daar iets?* is anything the matter?; *hier* ~ *iets* there is s.t. wrong here; *wat* ~*?* what is the matter/trouble?, *(infml.)* what's up (*or* bugging you)?; *wat* ~ *hier?* what is wrong here?.

**Skot** *Skotte* Scot, Scotsman, =*woman; die* ~*te* the Scots/Scotch. ~**land** Scotland. **Skots** *n., (lang.)* Scots, Scotch. **Skots** *Skotse, adj.* Scottish, Scotch, Scots; ~*e geruit* (Scottish) plaid, tar= tan; ~*e herdershond/skaaphond* (Border) collie; ~*e rok= kie* kilt; ~*e slagswaard* claymore; ~*e terriër* Scottish terrier, *(infml.)* Scottie/Scotty (dog); ~*e Vereniging* Caledonian So= ciety; *(~e) whisky* (Scotch) whisky, Scotch.

**skot** *skotte* partition; screen; *(naut.)* bulkhead; *(mech.)* baffle= plate; *(anat.)* septum.

**sko·tig** =*tige* gradually sloping; *'n* ~*e afdraand(e)/opdraand(e)* a gradual declivity, a gentle slope.

**skots** *skotse* floe (ice).

**skot·tel** =*tels* dish; basin; disc (wheel); *vlak* ~ platter. ~**(an= tenna/antenne)** dish (aerial/antenna), satellite dish. ~**eg** disc harrow. ~**ploeg** disc plough. ~**skaar** disc (of a plough). ~**wiel** disc/dished wheel.

**skot·tel·goed** crockery, dishes (and plates), washing-up; *(die)* ~ *was* do/wash the dishes, wash up. ~**wasmiddel** wash= ing-up liquid. ~**wasser** *(pers., mach.)* dishwasher. ~**wasser= bestand** dishwasher-proof, -safe. ~**was(sery)** washing-up. ~**water** dishwater, swill; *na* ~ *smaak, (tea, coffee, etc.)* taste of dishwater.

**skot·vry** scot-free, untouched; out of range; ~ *daarvan afkom,* ~ *bly* escape/go (*or* get off) scot-free, get away with it.

**skou** *skoue, n.* show, exhibition, fair; viewing, inspection, parade, review; *'n prys op die* ~ *wen* win a prize at the show. **skou** *ge=, vb.,* put on show *(an animal etc.).* ~**huis** show house. ~**spel** =SKOUSPEL. ~**stalletjie,** ~**kraampie** fair booth/ stall. ~**terrein** showgrounds.

**skou·burg** =*burge* theatre, playhouse. ~**besoeker,** ~**ganger** theatregoer, playgoer.

**skou·er** =*ers, n.* shoulder; haunch *(of an arch, a beam, etc.); (mach.)* collar; ~ *aan* ~ shoulder to shoulder; *iem. met/oor die* ~ *aankyk, (infml.)* give s.o. the cold shoulder; *iem. se* ~*s is breed, iem. het breë* ~*s, (fig.)* s.o. has broad shoulders; *iem. op die* ~*s dra* carry s.o. shoulder-high; *iem. op die* ~*s van die veld dra* chair s.o. off the field; *iem. op die* ~ *klop, (fig.)* pat s.o. (*or* give s.o. a pat) on the back; *oor iem. se* ~ *loer, (infml.)* breathe down s.o.'s neck; *iets op jou* ~*s neem* shoulder s.t. *(responsibilities, a task, etc.); (jou/die)* ~*s ophaal* shrug one's shoulders, give a shrug; *die verantwoordelikheid/ens. rus op iem. se* ~*s* the responsibility/etc. rests on s.o.'s shoulders; *iets oor die* ~ *slaan* sling s.t. over one's shoulder *(a bag etc.); iem. op die* ~ *tik* tap s.o. on the shoulder; ~ *aan/teen die wiel sit/ gooi* put/set one's shoulder to the wheel, put one's back into it. **skou·er** *ge=, vb.* shoulder *(a rifle).* ~**band** shoulder strap; brace; lanyard; *(RC)* pallium. ~**bedekking,** ~**belegsel** epau=

lette, shoulder knot. ~**blad** shoulder blade, scapula. ~**breuk** shoulder fracture. ~**gewrig** shoulder joint. ~**gordel** *(anat.)* shoulder girdle, pectoral arch/girdle. ~**hoogte** shoulder height; *op* ~ shoulder-high. ~**lengtehare** shoulder-length hair. ~**man= tel** cape. ~**ontwrigting** dislocation of the shoulder. ~**opha= lend** a shrug (of the shoulders). ~**ophaling** shrug (of the shoulders); *met 'n* ~ with a shrug (of the shoulders); *iets met 'n* ~ *afmaak* shrug off s.t.. ~**pels** fur cape. ~**riem** shoul= der belt/strap, lanyard; baldric *(for a sword).* ~**sak** shoulder bag; flight bag. ~**skut** shoulder guard/pad. ~**spier** shoulder muscle, deltoid (muscle). ~**stuk** shoulder *(of meat);* yoke *(of a garment); (mil.)* shoulder piece.

**skou·er·loos** =*lose* strapless, *(attr.)* off-the-shoulder *(dress).*

**skou·spel** =*spele* spectacle; pageant; sight; scene. **skou·spel= ag·tig,** =*ag·tig* =*tige* spectacular. **skou·spel·ag·tig·heid,** =**ag= tig·heid** flamboyance, flamboyancy, grandness.

**skout** *skoute, (hist.)* sheriff, bailiff. ~**-admiraal** =*raals* rear ad= miral.

**skraag** *skrae, n.* buttress; bracket; rest; trestle. **skraag** *ge=, vb.* prop (up); buttress up. ~**balk** supporting beam. ~**beeld** pillar figure, caryatid.

**skraal** ~*, skrale skraler skraalste* thin, lean, gaunt, spare, skinny, slender, slight, slim; skimpy; flimsy; poor *(attendance);* poor, impoverished *(soil);* bleak *(weather);* bleak, cutting *(wind);* scanty, meagre *(return, hopes);* thin *(voice);* bare *(majority);* spare *(diet);* poor, low *(salary);* eager, keen *(air); 'n* ~/*skrale gehoor* a thin house; *'n* ~/*skrale tien* a mere ten; *('n)* ~/*skrale troos* poor/scant consolation, cold comfort. **skraal·heid, skraal·te** thinness, poorness, poverty, bleakness, scantiness, meagreness. **skra·le·rig** =*rige* rather thin, lean, gaunt, skinny, slender; flimsy; poor; bleak.

**skraap** *skrape, n.* scratch; *(geol.)* stria(tion); *(anat., biol.)* stria. **skraap** *ge=, vb.* scrape, scratch; striate; *(med.)* curet(te); scale *(teeth);* grade *(a road);* excavate *(a dam);* chase; *iets bymekaar*~ scrape together s.t.; *die honde het iem. ge*~ the dogs chased s.o.; *(die/jou) keel* ~ clear one's throat. ~**blok** dam scraper/ scoop. ~**mes** scraper, scraping knife; *(med.)* scarifier. ~**toets** *(med.)* scratch test *(for allergy).* ~**trekker** tractor-scraper; (road) grader. ~**wond** superficial wound.

**skraap·sel** =*sels* scraping.

**skraap·sug** stinginess, niggardliness. **skraap·sug·tig** =*tige* stingy, niggardly, scraping, grasping.

**skram=:** ~**hou** glance, snick. ~**skoot** grazing shot, graze.

**skrams** grazingly, so as just to graze; glancing; *die koeël het iem.* ~ *geraak* the bullet just grazed s.o.; *iem.* ~ *raaksien* catch a glimpse of s.o., glance at s.o..

**skran·der** ~ =*derder* =*derste* smart, clever, bright, *(infml.)* brainy, sharp-/keen-/quick-witted, sharp, sagacious, intelligent, shrewd, discerning; *'n* ~ *kind* a brainy/clever/quick child; *'n* ~ *opmerking* a shrewd remark; ~ *wees, 'n* ~ *kop hê* have quick/ sharp wits, be a bright spark. **skran·der·heid** cleverness, smartness, brightness, sagacity, intelligence, shrewdness.

**skrap** *ge=,* scratch; strike/cross out; cut (out); delete; erase; expunge; excise; cancel; *(comp.)* abort *(screen text); iets uit ...* ~ delete s.t. from ...; expunge s.t. from ...; *iem. (se naam) van ...* ~ strike s.o.('s name) from ... *(the register etc.).* ~**toets** *(comp.)* delete key.

**skra·per** =*pers* scraper; dam scraper, scoop; *(road constr.)* grader; *(med.)* curette; *(fig.)* vulture. **skra·pe·rig** =*rige* creaky, scratchy *(sound).*

**skra·pie** =*pies* scratch; *(geol., anat., biol.)* stria.

**skra·ping** =*pings,* =*pinge* scraping; scarification; *(med.)* curet= tage.

**skrap·nel, skrap·nel** shrapnel.

**skrap·ping** =*pings,* =*pinge* deletion; striking out; cancellation; erasure; scratching; deregistration; expunction; ~ *van die rol* disbarment.

**skraps** *skraps(e) skrapser skrapsste* scarce(ly); scanty, scantily; skimpy, skimpily; meagre(ly); poor(ly); narrowly; barely; ~ *geklee(d)* scantily clad/dressed; ~ *uitdeel/toemeet* stint, scrimp. **skraps·heid** scarceness; scantiness; skimpiness; meagreness.

**skre·de:** *met rasse ~, (poet., liter.)* with rapid strides; *met rasse ~ vorder* advance by leaps and bounds.

**skreef** *skrewe* chink; →SKREFFIE, *(typ.)* serif. **skreef·loos** *-lose, (typ.)* sans serif, sanserif, without serifs.

**skreeu** *skreeue, n., (also* skree*)* shout, cry, scream; yell; shriek *(of fans etc.);* screech *(of brakes etc.);* howl, squall *(of a baby etc.);* shrill *(of insects);* squeal *(of a pig);* bray *(of a donkey etc.);* 'n ~ *gee* give a scream; give/utter a cry; give a shout. **skreeu** *ge-, vb., (also* skree*)* shout, cry, scream; yell; *(fans etc.)* shriek; *(a baby etc.)* howl, squall; *(in a loud voice)* bawl/ blare (out) *(orders etc.);* ululate; clamour; *(a pig)* squeal; *(a donkey etc.)* bray; *(a frog etc.)* croak; *(a cricket etc.)* stridulate; ~ *so hard as (wat) jy kan* shout at the top of one's voice; ~ *tot jy hees* is hoarse; *om hulp* ~ shout for help; *soos 'n maer vark* ~, *(infml.)* squeal like a stuck pig, howl like a banshee; *na iem.* ~ shout for s.o.; *na/vir iem.* ~ shout to s.o.; *om ...* ~ scream for ... *(s.t. that one wants);* clamour for ...; *op iem.* ~ yell at s.o.; ~ *van (die) ...* scream/shriek/yell with ... *(laughter etc.).* **~balie** *(infml., derog.)* crybaby, sniveller. **~bek** *(infml., derog.)* screaming baby; bawler, loud-mouthed person. **~lelik** *-like, adj.* frightfully/mega ugly. **~pienk** shocking pink. **~snaaks** *-snaakse* hilariously/hysterically/screamingly funny; *dit was* ~ it was too funny for words, *(infml.)* it was a gas/scream; 'n ~e *komediant/fliek/ens., (also, infml.)* a screamer.

**skreeu·end** *-ende, adj. & adv., (also* skreënd*)* screaming(ly) *(funny);* garish, shocking *(colours).*

**skreeu·er** *-ers, (also* skreër*)* bawler, screamer, howler, shouter; loud-mouthed person; ranter. **skreeu·e·rig** *-rige, (also* skreërig*)* screaming, bawling, shouting; ranting, noisy, vociferous, loud(mouthed); clamorous. **skreeu·e·ry** *(also* skreëry*)* screaming, bawling, shouting, crying.

**skre·fie** *-fies* chink, slit; →SKREEF; *op 'n* ~ on a/the jar; 'n deur *op 'n* ~ *laat staan* leave a door ajar; 'n deur op 'n ~ *stoot* push a door to. **~oë, skrefiesoë** slitty eyes.

**skrei:** *dit* ~ *ten hemel, (fig.)* it calls *(or* cries [aloud]*)* to (high) heaven, it is enough to make the angels weep. **skrei·end** *-ende* crying, blatant, blazing, flagrant, glaring, howling, shameless; ~e *onreg* glaring injustice; 'n ~e *skande* a howling/crying shame.

**skri·ba** *-bas* church secretary; parish clerk. **~kassier** vestry clerk.

**skrif** *skrifte* (hand)writing; script; print; paper; exercise/examination book; *die (Heilige) S~, (Chr.)* (the) Scripture(s), the Holy Scripture; *fyn* ~ close/delicate (hand)writing; *gewone* ~ longhand; *iets in gewone* ~ *oorbring* transcribe s.t.; *kursiewe/lopende* ~ cursive, running hand; *die* ~ *is aan die muur, (fig.)* the writing is on the wall; *iets op* ~ *stel* put s.t. in writing *(or* on paper*)*, put s.t. (down) in black and white; commit s.t. to paper, commit/consign s.t. to writing; place/ put s.t. on record; *slordige* ~ scrawl, scribble. **S~gedeelte** lesson *(in church);* pericope; *die* ~ *voorlees* read the lesson. **~geleerde** *-des, (Bib.)* scribe; learned person, textualist. **S~lesing** reading from the Scriptures, lesson; *die* ~ *waarneem* read the lesson. **~reël** line of print. **S~uitlêer** *-lêers,* **S~verklaarder** *-ders* exegete, exegetist, hermeneutist. **~vervalser** forger. **~vervalsing** forgery.

**Skrif·ma·tig** *-tige* according to Scripture, conforming to Holy Scripture/Writ.

**skrif·te·lik** *-like* in writing, written; ~ *afstand doen van ...* sign away ...; ~e *belofte* written promise, promise in writing; ~e *eksamen* written examination.

**skrif·tuur** *-ture, (rare)* scripture; document. **skrif·tuur·lik** *-like* scriptural.

**skrik** *n.* fright, terror, alarm, dread, horror; scare; start; 'n *groot* ~ a big fright; 'n ~ *kry* get/have a fright, get a scare; *iem. die (of 'n groot)* ~ *op die lyf ja(ag)* scare s.o. out of his/her senses/wits, give s.o. the fright/scare of his/her life; put the wind up s.o. *(infml.); die* ~ *op die lyf hê* be very frightened, *(infml.)* get/have the wind up; run scared *(infml.); wit word van (die)* ~ turn pale with fright, go white about the gills. **skrik** *ge-, vb.* start (up), be frightened/startled, get a fright; *jou (boeg)lam/kapot/kis* ~ be paralysed/petrified with fright; *gou* ~ scare easily; *groot* ~ get a big fright, get the fright/scare of one's life; *iem. laat* ~ give s.o. a fright/scare; startle s.o., give s.o. a start; give s.o. a shock; *iem. groot/lelik laat* ~ give s.o. a big fright *(or* the fright/scare of his/her life*); iets laat iem.* ~, *(also)* s.o. is shocked at/by s.t.; s.t. gives s.o. a turn *(infml.); vir iets* ~ take fright at s.t., be frightened by s.t.; shy at s.t.; start at s.t.; recoil at s.t.. **~aanjaend** *-ende* alarming, terrifying, intimidating, intimidatory, fearsome, frightful, frightening, scary, unnerving. **~beeld** bugaboo, bugbear, bog(e)y, ogre. **~bewind** reign of terror, terrorism; 'n ~ *voer* wage a reign of terror. **~maak** *skrikge-* startle, alarm, frighten, give a fright. **~maker** startler. **~maker(tjie)** *(infml.)* (hard) drink, snifter, snort, quick one. **~wekkend** *-kende* alarming, appalling, frightful, startling, fearsome, frightening, terrifying; devastating *(consequences);* daunting *(prospect);* frowning *(precipice etc.); (infml.)* hairy *(mountain road etc.).*

**skrik·kel:** **~dag** leap day, intercalary day. **~jaar** leap year; *elke* ~, *(infml.)* once in a blue moon. **~maand** intercalary month; *(with cap.)* February.

**skrik·ke·rig** *-rige* jumpy, nervous, frightened, afraid, scary, twitchy; ba(u)lky, shy, skittish *(horse);* timorous; ~ *vir ...* afraid/frightened of ...; ~ *voel, (also)* feel jumpy. **skrik·ke·righeid** jumpiness, nervousness, timidity.

**skril** *skril(le) skriller skrilste, adj. & adv.* shrill, reedy *(voice);* glaring *(contrast);* garish, staring *(colour);* screamy. **skril** *ge-, vb.* shrill. **~fluit** siren.

**skrip·sie** *-sies* paper, essay; thesis.

**skrob·beer** *(ge)-* berate, rebuke, reprimand, scold, lambaste, harangue; dress down *(infml.),* give a dressing-down *(infml.),* tell/tick off *(infml.).* **skrob·be·ring** *-rings, -ringe* rebuke, reprimand, lecture; *iem. 'n* ~ *gee* dress s.o. down *(infml.),* give s.o. a dressing-down *(infml.),* tell/tick s.o. off *(infml.),* chew out s.o. *(infml.).*

**skroef** *skroewe, n.* screw; (screw) propeller *(of a boat etc.);* jaw vice; chuck; tuning peg *(of a piano);* fan; *(bot.)* helicoid cyme; 'n ~ *aandraai* tighten a screw; *die* ~ *aandraai, (fig.)* put the pressure on; *daar is 'n* ~ *los by iem., (infml., fig.)* s.o. has a screw/slate loose (somewhere); 'n ~ *los hê, (also)* be off *(or* out of*)* one's head, be a nutcase. **skroef** *ge-, vb., (also* skroewe*)* screw. **~as** screw shaft; propeller shaft. **~bek** vice jaws/grip. **~blad** propeller blade, vane; fan. **~bout** screw bolt. **~deksel** screw-on/twist-off lid, screw top. **~dop** screw(on) cap/top; *(micrometer)* thimble; *met 'n* ~ screw-top(ped). **~dopbottel** screw-top(ped) bottle. **~draad** screw thread, external/male thread, worm *(of a screw).* **~draadent** threaded end *(of a bolt).* **~enjin, ~masjien** propeller engine. **~gat** tapped hole. **~haak** screw/cup hook; dresser hook. **~hamer** monkey wrench, adjustable/shifting spanner. **~klem** vice clamp. **~koppeling** screw coupling. **~moer** (screw) nut, female screw. **~noedels** *(cook.)* fusilli *(It.).* **~ogie** screw eye. **~palm** *(bot.)* screw palm/pine, pandanus. **~pyp** screwed/ threaded pipe. **~sleutel** adjustable spanner/wrench, nut key, shifting spanner, screw wrench. **~spyker** screw nail. **~turbinevliegtuig** turboprop (aircraft). **~veer** helical spring. **~verband** tourniquet. **~waaier** propeller fan. **~wind** propeller race, slipstream.

**skroefs·ge·wys, skroefs·ge·wy·se** spirally.

**skroef·vorm** spiral (shape). **skroef·vor·mig** *-mige* helical, helicoid(al), screw-shaped, spiral.

**skroei** _ge=_ sear; singe _(hair)_; scorch _(grass)_; scald _(skin)_; cau= terise _(a wound)_; swelter; blight; _die son ~ die aarde_ the sun beats down on the earth. **~merk** scorch (mark). **~siekte** blight. **~wond** scald. **~yster** cauterising iron.

**skroei·end** _=ende_ blistering, broiling, scalding, scorching, searing, sizzling; _'n ~ warm dag_ a broiler/scorcher _(infml.)_; **~e** _hitte/warmte_ blistering/parching heat.

**skroei·ing** singeing; scorching; scalding; flaming _(of surfaces)_; _(med.)_ cautery.

**skroe·we·draai·er** screwdriver.

**skro·me·lik** _=like_ shameful(ly), disgraceful(ly), bad(ly), inor= dinate(ly); _iem./iets ~ verwaarloos_ shamefully neglect s.o./s.t..

**skrom·pel** **:** **~lewer** cirrhotic liver. **~nier** cirrhotic kidney.

**skroom** _n._ diffidence, timidity, modesty. **skroom** _ge=_, _vb._ hesitate, dread, be afraid; _~ om iets te doen_ be diffident about doing s.t.; _nie ~ om te ... nie_ go as far as to ... **skroom·val·lig** _=lige_ diffident, timorous, bashful, shy, tremulous, unconfi= dent. **skroom·val·lig·heid** diffidence, timidity, bashfulness.

**skroot** _n. (no pl.)_ scrap (iron/metal); shot; cannon shot, grape= shot; hailshot; slugs. **~hamer** spalling hammer. **~handelaar** scrap dealer. **~werf** scrapyard.

**skrop** _skroppe_, _n._ scoop, (dam) scraper; bucket _(for a dam)_. **skrop** _ge=_, _vb._ scrub, scour _(floors etc.)_; (chickens etc.) scrab= ble, scratch; scrape _(a dam)_; exfoliate; _(jou) ~, (a doctor etc.)_ scrub up _(before an operation etc.)_. **~borsel** scrubbing brush. **~hoender** free-range chicken/hen, barnyard fowl. **~kamer** scrubbing room; scrub-up room. **~knieë** _(med., infml.)_ house= maid's knee.

**skro·tum** _=tums, (anat.)_ scrotum.

**skrum** _skrums, n., (rugby)_ scrum, scrummage; scrimmage; _los ~_ loose scrum, ruck; _vaste ~_ set/tight scrum. **skrum** _ge=_, _vb._ scrum. **~oor** _(joc.)_ cauliflower ear. **~pet** scrum cap, skullcap; headguard. **~skakel** scrum half.

**skrum·mer** _=mers_ scrummager.

**skryf** _ge=_, _geskrewe_, _(also skrywe)_ write; correspond; compose; _aan/vir iem. ~_ write to s.o., write s.o. a letter; _aan/vir me= kaar ~_ write to each other; _gou vir iem. ('n briefie) ~_ write s.o. a quick note; _groot ~_ write a large hand; _in die koe= rante ~_ write for the papers; _leesbaar ~_ write legibly; _na ... ~_ write to ... _(an address)_; _onleesbaar/lelik ~_ write illeg= ibly, scrawl, scribble; _oor iets ~_ write about s.t.; write on s.t. _(a subject)_; _op iets ~_ write on s.t. _(paper etc.)_; _met 'n pen ~_ write with a pen; _met ('n) potlood ~_ write in pencil; _daar staan ge~ dat ..._ it is written that ...; _van ... ~_ write about ...; refer to ...; _verkeerd ~_ miswrite; _vinnig ~_ scribble. **~be= hoeftes, ~benodig(d)hede** stationery, writing materials; _han= delaar in ~_ stationer. **~bestand** _(comp.)_ write-protect _(disc)_. **~beveiliging** _(comp.)_ write protection. **~blok** writing pad; notepad. **~boek** exercise book; manuscript book; writing book; copybook; notebook. **~bord** blackboard. **~fout** slip of the pen; clerical error; erratum. **~ink** writing ink. **~kramp** writer's cramp/palsy/spasm, graphospasm. **~kuns** art of writ= ing; creative writing; calligraphy; pencraft, penmanship. **~les** writing lesson. **~lessenaar** writing desk. **~lus** passion for writing, writer's itch. **~naam** pen name, _(Fr.)_ nom de plume. **~papier** writing paper; notepaper. **~pen** writing pen. **~reël** rule for writing. **~rol** roller, platen _(of a typewriter)_. **~strem= ming** writer's block. **~taal** written language; book language. **~tafel** desk, writing desk/table, office desk, bureau. **~talent** talent/flair for writing, literary talent. **~teken** character; let= ter; orthographic mark; grapheme. **~trant** style; manner of writing, diction. **~werk** writing; clerical work, paperwork; _goeie/knap/puik ~_ fine writing. **~wyse** style; manner of writ= ing; spelling; spelling system; orthography; notation; pen= manship.

**skryf·sel** _=sels_ piece of writing; scribble; screed.

**skryf·ster** _=sters_ authoress; →SKRYWER.

**skry·nend** _=nende_ smarting, painful, poignant, grim.

**skryn·werk** joinery, cabinetwork, cabinetmaking. **~winkel** joinery.

**skryn·wer·ker** joiner, cabinetmaker. **skryn·wer·ke·ry** _=rye_ joiner's shop, joinery.

**skry·we** _=wes, n., (fml.)_ letter; _u ~ van gister_ your letter of yes= terday's date. **skry·we** _ge=, vb._ →SKRYF. **skry·wer** _=wers_ writer, author; _'n swak ~_ a poor writer. **skry·we·ry** writing; scrib= bling; dabbling in literature; paperwork.

**skry·wers :** **~blok** writer's block. **~loopbaan** writing career. **~naam** name of a writer _(or an author)_; pen name; →SKRYF= NAAM. **~persentasie** royalty.

**sku** _sku(we) sku(w)er skuuste_ timid _(animal)_; shy, bashful; re= served, unsociable; timorous; skittish _(horse)_; _~ wees vir ..._ be shy of ...; avoid/shun ...; keep clear of ... **sku·heid** shy= ness, bashfulness; timorousness, timidity; reserve; skittish= ness _(of a horse)_.

**skub** _skubbe, (zool.)_ scale, scute. **~siekte** _(med.)_ fishskin disease, ichthyosis. **~wortel** toothwort.

**sku·ba** _(also skubaduik)_ scuba (diving). **~duiker** scuba diver.

**skub·ag·tig** _=tige_ scaly, squamous; scalelike.

**skub·be·rig** _=rige_ scaly. **skub·be·rig·heid** scaliness.

**skub·vler·kig** _=kige, (entom.)_ lepidopteran, lepidopterous; scaly-winged.

**skub·vor·mig** _=mige_ scaly, squamiform, squamous.

**skud** _ge=_ shake, tremble; jolt; convulse; quake; rattle; shuffle _(cards)_; _iets deurmekaar ~_ shake s.t. up; _van die lag_ rock _(or_ be convulsed) with laughter; _iets leeg ~_ turn out s.t. _(one's pockets)_.

**skud·der** _=ders_ shaker; vibrator; _(mech.)_ walker; jigger.

**skud·ding** _=dings, =dinge_ shaking, trembling; agitation; _(med.)_ shock, concussion; quake, tremor, jar.

**skug·ter** _=ter(e) =terder =terste_ timid, shy, self-conscious, coy, bashful; _'n ~(e) poging_ a half-hearted attempt. **skug·ter·heid** timidity, shyness, coyness, bashfulness.

**skuif** _skuiwe, n._ bolt _(of a door)_; sliding bolt; sliding lid; slide (valve); shear, slide; shutter; sleeve; damper; move _(in a game etc.)_; puff _(of smoke)_; →SKYF[2]; _dis jou ~, (lit. & fig.)_ it's your move, _(fig.)_ the ball is in your court; _'n ~ maak, (lit.)_ (make a) move _(in a board-game)_; _(fig.)_ make a move; _dis X se ~, (also, fig.)_ the ball is in X's court; _'n ~(ie) aan ... trek_ take a puff/pull at ... _(a cigarette etc.)_. **skuif** _ge=, vb., (also skuiwe)_ push, shove; _(chess)_ move; shift; slide; shoot _(a bolt)_; _nader na iem. ~_ edge up to s.o.; _iets op iem. ~, (fig.)_ saddle s.o. with s.t.; _iets vorentoe ~_ move s.t. forward. **~beweging** sliding movement; shearing motion. **~dak** sliding roof/hood. **~deur** sliding door. **~gordyn** sliding curtain, traveller. **~grendel** sliding bolt. **~knoop** slipknot, running/sliding knot. **~krag** shear(ing) force. **~leer** extension ladder. **~lens** zoom lens. **~meul(e)** subterfuge, pretext, pretence, stalking horse; _(game)_ (nine men's) morris. **~raam** window/hanging sash. **~raamvenster** sash window. **~skerm** wing, coulisse. **~skeur** shear. **~speld** paperclip. **~tafel** sliding/extension table. **~tele= skoop** extension telescope. **~trompet** slide trumpet, trom= bone. **~venster** sash window. **~visier** sliding sight.

**skui·fel** _ge=_ shuffle, scuffle, sidle, shamble; _nader na iem. ~_ edge up to s.o..

**skuil** _ge=_ shelter, take cover/shelter; hide (away); skulk; _agter ... ~_ take refuge behind ...; _agterkom/vasstel wat agter iets ~_ get to the bottom of s.t.; get behind s.t.; _(gaan) ~_ take cover; _daar ~ 'n ... in iem._ s.o. has the makings of a ...; _teen/ vir ... ~_ shelter from ... _(the rain etc.)_. **~gaan** _skuilge=, (poet., liter.)_ hide, conceal o.s., go into hiding. **~gat** _(mil.)_ foxhole, dugout; bolt hole. **~hoek** _=hoeke, (poet., liter.)_ hiding place, cover, haunt; _die diepste ~e_ the innermost recesses. **~hou** _skuilge=: jou ~, (poet., liter.)_ hide, keep hidden, _(infml.)_ lie low. **~huis** safe house _(for undercover agents etc.)_. **~kelder** air= raid shelter. **~naam** pen name, pseudonym, _(Fr.)_ nom de plume; _onder 'n ~ skryf/skrywe_ write under a nom de plume.

**~plaas:** *die ~ van die Allerhoogste, (Bib.)* the secret place of the Most High. **~plek** hiding place, cover, retreat, shelter, refuge, sanctuary, haven, hide-out, harbour, hideaway; hide; hang-out; *'n ~ soek* seek/take sanctuary; *aan iem. ~ verleen* grant refuge to s.o..

**skui·ling** *-lings* cover, shelter; *~ soek* seek cover, make for shelter; take cover; take shelter; *by … ~ soek* seek refuge with …; *in 'n land ~ soek* take refuge in a country.

**skuil·te** *-tes* shelter, sheltered nook, hide-out.

**skuim** *n.* foam *(on liquids, horses, round the mouth, of waves)*; froth, head *(on beer)*; lather *(of soap in water etc.)*; spume *(on the sea)*; dross *(of molten metal)*; *(fig., derog.)* scum, dregs *(of society)*, dross, lowlife; refuse; *~ het om iem. se mond gestaan* s.o. was frothing at the mouth. **skuim** *ge-, vb.* foam (up), froth; lather; *(wine)* sparkle, bead; spume; fume *(with rage)*. **~bad** bubble/foam bath. **~besie** froghopper, spittlebug. **~blusser** foam (fire) extinguisher. **~nagereg** whip. **~plastiek** foam/expanded plastic, plastic foam. **~rubber** foam rubber. **~rubbermatras** foam mattress. **~tert** meringue tart; chiffon tart.

**skui·mend** *-mende* foamy; spumous; fizzy; yeasty.

**skui·me·rig** *-rige* foamy, frothy; fizzy; sudsy. **skui·me·rig·heid** foaminess, frothiness.

**skuim·pie** *-pies,* **skuim·koe·kie** *-kies* meringue.

**skuins** *skuins(e) skuinser skuinsste, adj.* skew; slanting, sloping; inclined; raked, raking; oblique; blue, broad, coarse *(joke)*; *~ boog/brug* skew arch/bridge; *~ dak* inclined roof; *in ~ druk* in italics; *'n ~ hou, (tennis, squash)* an angle shot; *~ kant* chamfer; bezel; cant; *~ ken* receding chin; *~ muur* canted wall; *~ parkering* angle parking; *~ prieel* slanting trellis; *~ rand* bevel edge; *~ stand/ligging* tilt; *~ steek* diagonal stitch; *~ streep* diagonal line; *→*SKUINSSTREEP; *~ sy* (of *skuinssy*) *van 'n driehoek* hypotenuse; *~ vlak* inclined plane; *~ vloer* raked floor. **skuins** *adv.* slantingly, obliquely, at an angle; askew, aslant, awry; sideways; *~ afloop, (the ground etc.)* shelve; *iets ~ hou* give s.t. a tilt; tip up s.t.; *iets ~ kerf* skive s.t.; *~ na … kyk* look askance at …; *~ loop, (the ground etc.)* slope, dip, slant; *~ na bo/onder loop* slope up/away; *iets ~ maak* cant s.t.; *iets ~ plaas, (sport)* angle s.t. *(a ball etc.)*; *iets ~ sny* cut s.t. on the cross; *~ (teen)oor …* diagonally opposite …; nearly opposite …; *~ (teen)oor iem. woon* live nearly opposite s.o.; *~ vlieg* bank; *~ voor agt* shortly before eight. **skuins** *ge-, vb.* cant, incline; slant (off), bevel; splay *(a corner)*. **~band** bias binding. **~beitel** skew chisel/iron. **~ent** *(hort.)* whip graft. **~hamer** tapering tool. **~hoogte** slant height. **~hout** canted timber. **~kant** bevel. **~lê** *(also skuins lê): ('n bietjie gaan) ~* take a nap, have a lie-down. **~lys** cant. **~stoter, ~stootskraper** angledozer. **~streep** slash (mark), solidus, diagonal. **~weg** aslant; on bevel.

**skuins·heid** slant, inclination, obliqueness, obliquity; skewness.

**skuins·te** *-tes* slope, gradient; slant, bias, incline, tilt, pitch; scarp; chamfer; bevel; *(rly.)* batter; *iets op die ~ knip/sny* cut s.t. on the bias/cross; *teen die ~* on the slope. **~hoek** angle of skew.

**skuit** *skuite* boat; *(in the pl., infml.: large shoes)* clodhoppers, beetle-crushers. **~maker** boat builder.

**skuit·jie** *-jies* small boat, dinghy, skiff.

**skuit·vor·mig** *-mige, (anat.)* boat-shaped, navicular; scaphoid.

**skui·we** *ge-* →SKUIF *vb.*. **skui·wer** *-wers* shifter; squeegee. **skui·wing** shear.

**skui·wer·gat** scaffolding/putlog hole; wall pocket; scupper; drain hole; escape hatch; *(fig.)* back door, way of escape, loophole, excuse, escape clause; *'n ~ in …* a loophole in …; *'n ~ laat* leave a loophole; leave a back door open; *'n ~ vind* find a loophole. **~notering** *(stock exch.)* back-door listing.

**skul·:** **~boot** scull(er). **~riem** scull. **~roei** *ge-* scull; →SKULLER.

**skuld** *skulde, n.* debt; fault, guilt, blame; involvement, cul-

pability; embarrassment; *~(e) aangaan* incur (*or* run up) debts; *~ beken/bely* admit/confess guilt; *~ betaal/vereffen* (re)pay/settle a debt; pay off one's debts; *~ by iem. betaal/vereffen, (also)* square up with s.o.; *dis iem. se ~ dat …* s.o. is to blame for …; *~(e) dek* meet debts; *~ delg* cancel a debt; *die ~ dra* bear the blame; *iem. dra die ~ dat … s.o.* is to blame for …; *iem. dra geen ~ nie* no blame attaches to s.o.; *iets is iem. se eie ~* s.t. is s.o.'s own fault; s.t. is of s.o.'s own making; have (only) o.s. to blame/thank for s.t.; *~ erken* plead guilty; *(die) ~ aan … gee, … die ~ gee* affix/attach blame to …; cast/lay/put the blame on …; *iem. die ~ gee, die ~ op iem. pak, (also)* fasten the blame/charge on/upon s.o.; lay the blame at s.o.'s door; *… die ~ van iets gee* blame … for s.t.; cast/lay/put the blame for s.t. on …; *iem. die ~ gee omdat iets gebeur het* blame s.o. for s.t.; blame s.t. on s.o.; *~ hê* have debts; be to blame; *in die ~* in debt; in the red; *by iem. in die ~ staan/wees* be indebted to s.o.; *diep (of tot oor die/jou ore [toe]) in die ~, hard/vrot van die ~, (infml.)* up to the/one's ears/neck in debt; *diep by iem. in die ~ staan/wees* be deeply indebted to s.o., be deeply/greatly in s.o.'s debt; *op ~ koop* buy on credit; *die ~ kry* get the blame, be blamed; *~ kwytskeld* cancel a debt; *die ~ (van iets) op … laai/pak* cast/lay/put the blame (for s.t.) on …; *~ maak* contract debt, incur (*or* run up) debts; *dit is nie iem. se ~ nie* it is not s.o.'s fault; s.o. cannot help it; it is none of s.o.'s doing; *~ ontken* plead not guilty; *(die) ~ op iem. pak, (also)* lay s.t. at s.o.'s door; pin s.t. on s.o.; *R5000 ~* a debt of R5000; *in die ~ raak* fall/run into debt; *uit die ~ raak* pay off one's debts, get square; *dit is iem. se ~* s.o. is to blame, it is s.o.'s fault, the fault lies with s.o., it lies at s.o.'s door; *dis iem. se ~ dat …* it's due to s.o. that …; *die ~ op iem. anders skuif/skuiwe* throw the guilt on s.o. else; *slegte ~* bad debt; *sonder ~* in the clear; all square; *uit die ~* in the black, out of the red; *vergeef ons ons ~e/oortredings, (OAB/NAB: Mt. 6:12)* forgive us our debts *(AV/NIV)*; *in ~ verval* fall into debt; *vrot van die ~* →hard/vrot; *vry van ~ bly* pay one's way; *~ op … werp, (also)* affix/attach blame to … **skuld** *ge-, vb.* owe; *iem. baie ~* owe s.o. much *(money etc.)*; *iem. niks ~ nie* owe s.o. nothing, be (all) square with s.o.. **~akte** instrument of debt. **~bekentenis** acknowledg(e)ment of debt/indebtedness; confession (of guilt); *(jur.)* acknowledg(e)ment/admission of guilt. **~belydenis** confession of guilt. **~berader** debt counsellor. **~besef** consciousness/sense of guilt. **~beslag** attachment for debt. **~bewus** *-wuste, adj.* conscious of guilt. **~bewus** *adv.* guiltily. **~bewustheid** guilty conscience, consciousness of guilt. **~bewys** acknowledg(e)ment of debt, IOU; promissory note. **~brief** debenture; acknowledg(e)ment of debt. **~briefie** IOU. **~delging** (debt) redemption, amortisation. **~eiser** creditor. **~erkenning** admission of guilt. **~gevoel** *-voelens* sense of guilt, guilt complex; *deur ~ens gepla* guilt-ridden. **~invorderaar** debt collector. **~invordering** debt recovery, collection of debt. **~las, skuldelas** load/burden of debt, debt burden, indebtedness; burden of sin(s). **~reëling** settlement of debt. **~vergewing, ~vergif(fe)nis** remission of debts/sins, pardon. **~verrekening** collation of debts. **~vordering** claim/demand/action for debt.

**skul·de·naar** *-naars, -nare* debtor, promisor, obligor.

**skul·dig** *-dige, adj.* guilty; culpable; delinquent; indebted; *aan iets ~* guilty of s.t.; *nie aan iets ~ nie* guiltless of s.t.; *iem. aan iets ~ bevind* find s.o. guilty of s.t., convict s.o. of s.t. *(theft etc.)*; *jou aan iets ~ maak* be guilty of s.t.; *~ pleit, (in court)* plead guilty. **~bevinding** conviction. **skul·di·ge** *-ges, n.* guilty person/party, offender, culprit, delinquent. **skul·dig·heid** guiltiness, culpability. **skul·dig·ma·king** incrimination.

**skuld·loos, skul·de·loos** *-lose* guiltless, blameless, innocent. **skuld·loos·heid, skul·de·loos·heid** guiltlessness, blamelessness, innocence.

**skul·ler** *-lers* sculler.

**skulp** *skulpe, n.* shell; conch; scallop; *(bot.)* testa; cockle; concha. **skulp** =ge=, vb. scallop. ~**boor** shell bit. ~**dak** conch. ~**dier** crustacean, shellfish, conch. ~**krale** shell beads. ~**pienk** shell pink. ~**rand** scalloped edge. ~**randtafel** piecrust table. ~**romp** (aeron.) monocoque. ~**saag** jack/ripping saw, ripsaw. ~**slak** snail. ~**vis** shellfish. ~**visser** shell gatherer. ~**werk** scalloping.

**skul·pie** =pies (little) shell.

**skulp·kun·de** conchology. **skulp·kun·dig** =dige, adj. conchological. **skulp·kun·di·ge** =ges, n. conchologist.

**skulp·tuur** =ture, (fml.) (art of) sculpture; (in the pl.) sculptures, pieces of sculpture.

**skulp·vor·mig** =mige conchoidal, shell-shaped, turbinal, turbinate.

**skurf** skurwe skurwer skurfste, adj. chapped, rough (skin etc.); mang(e)y, scabby (animals); rugged (terrain); scabrous, scabious; scaly; coarse, crude (joke); smutty, bawdy, raunchy; lewd; 'n skurwe oppervlak an uneven surface. **skurf·heid** roughness; scabbiness, manginess; scaliness; smuttiness. **skurf·te** mange (in animals); scabies (in humans); scabbiness, chaps, chappiness, roughness (of skin); scab (in plants); scurf; (med.) impetigo.

**sku·ring** friction, rubbing, chafing; scouring; →SKUUR² vb..

**skurk** skurke crook, villain, scoundrel, thug, miscreant; 'n bende/klomp ~e a pack of rogues; 'n ~ deur en deur, 'n deurtrapte ~ a consummate (or an unmitigated) scoundrel; 'n egte/opperste ~ a regular rascal; 'n ellendige ~ a beastly scoundrel; (die rol van) die ~ speel play the villain. **skurk·ag·tig** =tige vile, scoundrelly. **skurk·ag·tig·heid, skur·ke·ry** villainy, crookedness, scoundrelism; thuggery. **skur·ke·streek** piece of villainy.

**skur·we·pad·da** toad.

**skur·we·rig** =rige slightly chapped/rough; slightly mangy/scabby.

**skur·wig·heid** scab(biness).

**skut¹** skuts, **skut·ter** =ters, n. shot, marksman; rifleman; shooter; berede ~s mounted rifles. **skut·te·ry** militia.

**skut²** skutte, n. protection; guard; pad; protector; shield; screen; (naut.) fender; fence. ~**balk** (naut.) fender beam; fender. ~**bekleding** sheathing. ~**blaar** bract, scale leaf. ~**blaartjie** bracteole. ~**blad** flyleaf (of a book); los ~ flyleaf; vaste ~ endpaper, endleaf (of a book). ~**bord** fender board; (naut.) fender. ~**bus** grommet. ~**dak** lean-to, awning. ~**helm** (cr.) protective helmet. ~**plaat** guard plate; kick(ing) plate. ~**plank** weatherboard; (archit.) fender. ~**reling** guardrail, safety rail.

**skut³** skutte, n. pound (for stray animals), impoundage, impoundment, pinfold, greenyard. **skut** =ge=, vb. pound, impound. ~**meester** pound master/keeper. ~**vee** impounded cattle.

**skut·ting** =tings impounding (of animals).

**skuur¹** skure, n. barn, store; shed; hangar. ~**dans** barn dance; line dancing.

**skuur²** ge=, vb. rub; scour (pots); sandpaper; graze, chafe (the skin); grind; scuff, grate, scrape; iets glad ~ rub s.t. down, give s.t. a rubdown; sand s.t. down; teen iets ~ brush/rub/scrape against s.t.. ~**band** sanding belt. ~**geluid** sound of friction; fricative, spirant. ~**klank** fricative, spirant. ~**kussinkie** scouring pad. ~**masjien** sanding/sandpapering machine. ~**middel** =dels abrasive. ~**papier** sandpaper, garnet/abrasive/glass/emery paper. ~**poeier** abrasive powder; scouring powder.

**sku·(w)e·rig** =rige (a bit) shy, bashful, timorous. **sku·(w)e·rig·heid** shyness, bashfulness, timorousness.

**Skye·ter·ri·ër** (also s~) Skye terrier.

**skyf¹** skywe targct; slice (of a watermelon etc.); (thick slice of meat) steak; quarter, segment (of an orange); disc; (comp.) disc, disk; flitch; butt (fig.); sheave (of a pulley); (ice hockey) puck; discus. ~**aandrywer** (comp.) disc/disk drive. ~**gooi** quoits;

→SKYFWERP. ~**klep** disc valve. ~**rem** disc brake. ~**skiet** n. target practice/shooting. ~**skiet** skyfge=, vb. shoot at the butts. ~**spasie, ~ruimte** (comp.) disc/disk space. ~**werp** throwing the discus. ~**werper** discus thrower.

**skyf²** skywe, (sl.: a cigarette) fag, ciggy.

**sky·fie** =fies (small) slice; quarter, segment (of an orange); small disc; (potato) chip; (colour) slide; (electron.) chip; (electron.) wafer. ~**projektor** slide projector.

**skyf·vor·mig** =mige disc-shaped, discoid(al).

**skyn** n. appearance, semblance; show, pretence, sham; glimmer, glow, shine; die ~ van ... aanneem pretend to be ... (a friend etc.); dis (of dit is) alles/pure ~ it's (or it is) all show (or all/just a front); (die) ~ bedrieg appearances are deceptive, all that glitters is not gold, things are not always what they seem; die ~ bewaar keep up appearances; put up a front; die ~ van ... hê have the semblance of ...; onder die ~ van ... under the pretence of ...; in/under the guise of ...; on/under/upon the pretext of ...; vir die ~ for the sake of appearances; net vir die ~ just for show. **skyn** =ge=, vb. shine; seem, look, appear; dit ~ dat ... it seems (or would seem) that ...; iem./iets ~ (nie) ... te wees (nie) s.o./s.t. appears (not) to be ... ~**aanval** sham/feigned attack, feint. ~**-as** false axis. ~**beeld** phantom; virtual image. ~**beweging** feint, diversion. ~**bewind** puppet regime. ~**boks** n. shadow-boxing. ~**boks** ge=, vb. shadow-box. ~**christen** Christian in name only. ~**dood** n. apparent/seeming death; suspended animation; trance. ~**dood** adj. apparently/seemingly dead. ~**feit** factoid. ~**geleerd** =leerde, adj. sciolistic. ~**geleerde** =des, n. pseudoscholar, sciolist. ~**geloof** simulated/pretended faith. ~**gestalte** phase (of the moon). ~**geveg** sham/mock fight, mock/exhibition battle. ~**heilig** =lige, adj. hypocritical, sanctimonious, pharisaical. ~**heilige** =ges, n. hypocrite, dissembler, pharisee, plaster saint. ~**heiligheid** hypocrisy, sanctimoniousness. ~**hof** court of injustice, mock court; mock trial. ~**hoof** figurehead. ~**huwelik** bogus/fictitious/mock wedding. ~**ledemaat** (med.) phantom limb. ~**middel** (med.) placebo. ~**oorlog** phoney war. ~**parlement** mock parliament. ~**prag** tinsel, trumpery. ~**regering** puppet government. ~**rym** eye rhyme. ~**struktuur** (cryst.) pseudomorph. ~**swangerskap** pseudopregnancy, phantom pregnancy. ~**verdienste** seeming merit. ~**verhoor** mock trial. ~**vermaak** false pleasure. ~**vertoon** false show, sham, pretence. ~**voet** (biol.) pseudopodium, false foot. ~**vrede** false peace. ~**vriend(in)** fair-weather friend. ~**vroom** sanctimonious. ~**vroomheid** sanctimoniousness. ~**vrug** accessory/false/spurious fruit, pseudocarp. ~**waarheid** apparent truth. ~**weerstand** token resistance; (phys.) impedance. ~**welvaart** seeming prosperity. ~**werklikheid** (comp.) virtual reality. ~**wetenskap** pseudoscience. ~**wins** paper profit.

**skyn·baar** =bare, adj. apparent, seeming (contradiction, exception). **skyn·baar** adv. apparently, seemingly, ostensibly.

**skyn·sel** =sels glow, light, glimmer, sheen; (skerp) ~ glare. **skyn·sel·we·rend** =rende glare-proof.

**skyn·tjie** =tjies trifle, least bit; geen ~ hoop (nie) not the least (or a glimmer) of hope.

**skyt** ge=, (coarse) shit. ~**bang** (coarse) shit-scared.

**Slaaf** Slawe, (speaker of a Slavonic lang.) Slav, Slavonian.

**slaaf** slawe, n. slave; drudge, (infml.) dogsbody; (hist.) vassal, bond(s)man; (hist.) serf; →SLAWE; 'n ~ van ... van a slave of ...; die ~ van ... a slave to ... (drink, one's desires, etc.); in thrall to ...; die vrylating van die slawe the emancipation of the slaves; 'n ~ van ... word become a slave to ... (s.o.). **slaafs** slaafse slaafser slaafsste slavish, servile, menial, obsequious; ~e gehoorsaamheid doglike devotion. **slaafs·heid** slavishness, servility.

**slaag** ge= succeed, attain (or be a) success; qualify; come off, make the grade; pass; daarin ~ om te ... succeed in ...; (in) 'n eksamen ~ pass an examination; (in) 'n graad ~ pass a grade; in ... ~ succeed in ...; in/met iets ~, iets laat ~ make a success of s.t.; *iem./iets* ~ **net-net** s.o./s.t. just succeeds; **net-net** ~, *(also)* scrape through *(an examination etc.); uit= stekend/uitmuntend* ~ succeed admirably.

**slaags:** ~ *raak* do/join *(or* go into) battle; come to blows; come/get to close quarters; *met ...* ~ *raak* fight ...; come to blows with ...; come into conflict with ...; ~ *wees* be (engaged in) fighting.

**slaai** *slaaie* lettuce; salad; ~ *as bygereg* side salad; *groen* ~ green salad; *in iem. se* ~ *krap, (infml., fig.)* queer the pitch for s.o., queer s.o.'s pitch, poach on s.o.'s preserve(s)/terri= tory; ~/*salade Niçoise, (Fr. cook.)* salade Niçoise. ~**bak** salad= bowl; salad dish. ~**bordjie** salad plate. ~**groente** salad veg= etable(s). ~**kop** head of lettuce. ~**lepel-en-vurk** salad serv= ers. ~**olie** salad oil. ~**sous** (salad) dressing; *Franse* ~ French dressing, vinaigrette (sauce); *romerige* ~ salad cream. ~**tafel** salad bar.

**slaak** *ge=* breathe, heave, utter; *'n sug van verligting* ~ breathe/ heave/fetch a sigh of relief.

**slaan** *ge=* strike, beat, hit, knock, punch; thrash, flog; cuff; whip; slap; flap; whack; *jou/die arms om iem.* ~ wind one's arms (a)round s.o., wind s.o. in one's arms; *erg ge= word* be badly beaten; *iets flenters* ~ pound s.t. to pieces; *hard* ~ hit hard; *hard/swaar deur iets ge= word* take s.t. hard; *... in iets* ~ knock ... into s.t. *(holes etc.); iem. katswink* ~ knock out s.o., knock s.o. cold; *te laag* ~, *(boxing)* hit below the belt; *links en regs* ~ lay about one; *mekaar* ~ exchange blows; *iem. het mis ge=* s.o.'s blow missed; *na ...* ~ hit/lash (out) at ...; strike at ...; (take a) swing/swipe at ...; lunge (out) at ...; *iem. onderstebo* ~ knock down s.o.; *iets* ~ *op ...* s.t. applies to ...; s.t. refers (*or* has reference) to ...; s.t. pertains to ...; *iem. pimpel en pers* ~ beat s.o. black and blue; *iem. plat* ~ knock/beat/strike down s.o.; *iets plat* ~ flatten out s.t.; knock/ pull down s.t. *(a building); raak* ~ strike home; hit the mark; *teen iets* ~ knock against s.t.; *iem.* ~ *dat hy/sy dáár trek/lê* knock/send s.o. flying; *wild/woes (na ...)* ~ hit/lash out (at ...). ~**ding** s.t. to hit with; cane; whip; stick. ~**krag** punch, punch= ing/hitting power; *(mil.)* capability; cutting edge *(of an attack etc.);* politieke ~, *(infml.)* political clout. ~**sak** punchbag, punching bag.

**slaap¹** *slape, n., (anat.)* temple. ~**been** temporal bone. ~**slag= aar** temporal artery.

**slaap²** *n.* sleep, dormancy, slumber; *aan die* ~ *wees, (lit.)* sleep; *(lit., fig.)* be asleep; *nie aan die* ~ *wees nie* have/keep one's wits about one; *(half) deur die* ~ half asleep; *iem. uit die* ~ *hou* keep s.o. awake; *iem. kan iets in sy/haar* ~ *doen, (infml.)* s.o. could do s.t. standing on his/her head; ~ *inhaal* catch up on one's sleep; *iem. aan die* ~ *kry* find s.o. sleeping; get s.o. to sleep; *'n ligte* ~ a light sleep; *in jou* ~ *loop* sleepwalk; *iem. aan die* ~ *maak* put s.o. to sleep; send s.o. to sleep; *(a drug)* knock out s.o.; *te min* ~ too little sleep; too many late nights; *aan die* ~ *raak* fall asleep, go to sleep; doze off, *(in= fml.)* drop/nod off; *vas aan die* ~ *raak* fall into a deep sleep; *die* ~ *van die regverdige slaap* sleep the sleep of the just; *iem. aan die* ~ *sus* lull s.o. to sleep; put s.o. to sleep *(a child);* rock s.o. to sleep; *vas aan die* ~ *raak* fast/sound asleep; out like a light *(infml.);* dead to the world; *vaste* ~ sound sleep. **slaap** *ge=, vb.* sleep, be asleep; nap; slumber; *daar is in 'n bed ge=* a bed has been slept in; *by iem.* ~ sleep with s.o.; make love to s.o.; *'n gat in die dag* ~, *(infml.)* sleep far into the day; *deur iets heen* ~ sleep through s.t.; *'n dooie hou* ~ sleep like a log/top; *(infml.)* crash out, be zonked out; *gaan* ~ go to bed; go to sleep; go to rest; turn in *(infml.); jy kan (maar) gaan* ~!, *(infml.)* you can give it up!; ~ *gerus!* sleep well!; *goed/ lekker* ~ sleep well, have a good night; *soos 'n klip/os* ~ sleep like a log/top; *laat gaan* ~ go to bed late; have a late night; *lekker* ~! sleep tight/well!, night-night!; *lig/los(sies)* ~ sleep lightly; be a light sleeper; *loop* ~!, *(infml.)* get away (with you)!; *by mekaar* ~ sleep together; *onrustig/sleg* ~ sleep badly, have a bad night; *oor iets* ~ sleep on/over s.t.; *('n bie=*

*tjie) probeer* ~, *probeer om 'n bietjie te* ~ try to get some sleep; *aan die* ~ *raak* fall asleep, go to sleep, *(infml.)* crash out; doze/drop/nod off *(infml.); rond en bont* ~, *(infml.)* sleep around; *rustig* ~ sleep the sleep of the just; *vas* ~ be in a deep sleep; sleep fast/soundly; *iem. se voet* ~ s.o.'s foot has gone dead, s.o. has pins and needles in his/her foot; *net voor iem. gaan* ~ last thing at night; *iem. vra om by jou te* ~ proposition s.o.; *vroeg gaan* ~ go to bed early, have an early night. ~**baadjie** pyjama jacket/top. ~**bank** (studio) couch; bunk; berth *(on a ship, train, etc.),* couchette *(on a train).* ~**bol,** ~**kruid,** ~**papawer** *(bot.)* opium poppy. ~**broek** pyjama trou= sers. ~**drank** sleeping draught, soporific, hypnotic, opiate. ~**dronk** heavy with sleep, drowsy. ~**kamer,** ~**vertrek** bed= room. ~**kameroë** *(infml.)* come-to-bed eyes. ~**kamerstel** bedroom suite. ~**klere** nightclothes, nightwear, night attire, pyjamas, *(infml.)* jammies. ~**kous,** ~**kop** drowsyhead, sleepy= head. ~**kruid** →SLAAPBOL. ~**lied(jie)** lullaby. ~**lus** somnolence, somnolency. ~**maat** *(lit.)* sleeping partner; *(lit., fig.)* bedfellow. ~**middel** *-dels* opiate, narcotic, soporific, sleeping draught/ pill/tablet, hypnotic. ~**pak** pyjamas, sleeping suit ~**papawer** →SLAAPBOL. ~**pil** sleeping pill/tablet. ~**plek** sleeping place/ accommodation; camping place; *(aan) iem.* ~ *gee* put s.o. up (for the night). ~**poeier** sleeping powder. ~**prater** somnilo= quist. ~**pratery** somniloquism, somniloquy. ~**saal** dormitory. ~**sak** sleeping bag. ~**siekte** sleeping sickness; sleepy sickness. ~**sokkie** bedsock. ~**stok** perch, roost. ~**sug** sleepiness; *(med.: encephalitis lethargica)* sleepy sickness. ~**terapie** sleep ther= apy; hypnotherapy. ~**tyd, slapenstyd** bedtime, time to go to bed/sleep; dormant period; *dit is* ~ it is time to go to bed *(or, infml.* turn in); *net voor* ~ just before bedtime, last thing at night. ~**vertrek** →SLAAPKAMER. ~**wa** *(rly.)* sleeping car= (riage), sleeper, couchette. ~**wandelaar** sleepwalker, som= nambulist. ~**wandelary,** ~**wandel** sleepwalking, somnam= bulism.

**slaap·loos** →SLAPELOOS. **slaap·loos·heid** →SLAPELOOSHEID.

**slaap·ster:** *die Skone S~* (the) Sleeping Beauty.

**slaap·we·rend** *-rende* sleep-dispelling.

**slaat** *ge=, (infml.)* = SLAAN.

**sla·e** *n. (pl.)* blows; cuts, lashes; →SLAG¹ *n.; meer* ~ *as kos* more kicks than halfpence; *('n pak/drag)* ~ *kry* get a hiding; get beaten, *(infml.)* get/take a beating/licking; *'n pak/drag* ~ a hiding; ~ *verduur* take a knock. ~**teller** gyrometer, revolu= tion counter, turn indicator.

**slag¹** *slae, n.* blow *(of a hand etc.);* stroke *(of a clock, swimmer);* strike; beat *(of a heart, pulse, etc.);* lash *(of a whip);* clap *(of thunder);* report, crack; thump, thud, crash; slap, smack *(in the face);* impact, shock; percussion; lift, throw, travel *(of a mach.);* knack, trick, know-how, sleight of hand; turn, time; trick *(in card games);* kink, turn, twist *(in a rope); (oarsman)* stroke; scoop; battle; coup; →SLAE; *'n* ~ *aanleer* pick up a trick; ~ *bied,* *(cr.)* face; *iem. van* ~ *bring* put off s.o.; *die* ~ *by/van Waterloo/ens.* the Battle of Waterloo/etc.; *op* ~ *dood wees, op* ~ *gedood word* be killed outright *(or* on the spot); *iets tref ... met 'n dowwe* ~ s.t. thuds into/on ...; *in een* ~ at one scoop; at a/one sitting; *met een* ~ with one blow; *met een (wrede)* ~, *(also)* at one (fell) swoop; *op een* ~ at one go; in a lump; *elke* ~ every time; *iets het in die* ~ *gebly* s.t. was lost; s.t. has been broken/damaged; *amper/byna in die* ~ *bly* escape by the skin of one's teeth *(infml.); 750 poste het in die* ~ *gebly* there were 750 job losses; *geen* ~ *met iets hê nie* be useless at s.t.; *die* ~ *is gelewer,* *(infml.)* the job has been done; *'n gevoelige/harde/swaar* ~ *vir iem.* a heavy blow *(or* a hard knock) to s.o.; *'n harde* ~, *(also)* a big/loud bang; *'n* ~ *met ... hê* have a way with ...; *die* ~ *hê om iets te doen* have the knack of doing s.t., have s.t. down to a fine art; *die* ~ *hê om met kinders/ens. te werk* have a way with children/etc.; *hier= die/dié* ~ this time; *op* ~ *kom* strike form; *die* ~ *van iets kry, die* ~ *kry om iets te doen* get the knack of (doing) s.t., learn the trick of s.t., *(infml.)* get the hang of s.t.; *'n* ~ *lewer* fight a battle; *'n ~* **maak***, (cards)* make a trick; *met 'n ~* with a bang; ***nog** 'n ~* once again; once more; (all) over again; *ook 'n ~* for once; *~* **op** *~* blow upon blow; *twee/drie/ens.* **op** *'n ~* two/three/etc. at a time; *'n ~* **slaan** find/get a bargain; pull off a coup *(infml.); 'n groot ~* **slaan** make a big scoop *(or, infml.* a killing); hit the jackpot *(infml.); 'n ~* **smoor** cushion a blow; *sonder ~ of stoot* without striking a blow; without offering any resistance; without meeting with any resistance; *iem. 'n gevoelige/hewige/swaar/verpletterende ~* **toedien** deal s.o. a staggering blow; *'n ~* **verloor** lose a battle; *jou ~* **verloor** lose one's touch; *jou ~* **vind** find one's touch; *~* **vir/om** *~* time after time, time and (time) again; *'n ~* **wen** win a battle; *jou ~* **wys** show one's mettle, prove o.s.. **~boom** boom, barrier, bar. **~doppie** detonator, blasting/percussion cap. **~gat** *=gate* pothole. **~gereed** ready for action/battle; at the ready, keyed up, on one's toes, in fighting trim; *jou ~ maak* get ready *(or* clear the decks) for action. **~hamer** mallet; poleaxe. **~hoedjie** percussion cap. **~instrument** percussion instrument. **~kreet** slogan, battle cry. **~kruiser** *(naut.)* battle cruiser. **~kruit** detonating powder. **~kwik** fulminate of mercury. **~lengte** (length of) stroke; (height of) lift; travel. **~linie** line of battle. **~lyn** carpenter's/snapping/chalk line. **~orde** battle order/array, order of battle; *in ~* in order of battle, in battle array/order; *in ~ opgestel* arrayed for battle. **~orkes** percussion band. **~pen** flight feather, quill (feather), flag(feather), pen feather; striking pin, striker; firing/fuse pin. **~rat** toothed wheel. **~room** whipping cream; whipped cream. **~skip** battleship. **~spreuk** slogan. **~vaardig** *=dige* ready for the fray *(or* for battle); quick at repartee, ready-witted, quick-thinking. **~veer** mainspring; road spring; flight feather, quill (feather), flag(feather), pen feather. **~veld** battlefield, battleground, field of battle; *die ~ behou* carry/gain/win the day, hold/keep the field. **~werk** percussion; percussion instruments; striking mechanism; striker. **~werkafdeling** *(mus.)* percussion section. **~woord** catchword, catchphrase; slogan; watchword. **~yster** (spring) trap; *in 'n ~ trap* fall into a trap; *(infml.)* step on a turd.

**slag²** *ge=, vb.* slaughter; kill; butcher; skin; *'n skaap ~* slaughter/kill a sheep; *iem. lewendig ~, (infml., fig.)* skin s.o. alive; *'n dier ~ voordelig* an animal kills well. **~bees** *=beeste* slaughter ox/cow, beefer; *(in the pl., also)* slaughter cattle/stock, fatstock, beef cattle. **~blok** slaughtering block. **~dier** *=diere* **~ding** *slaggoed* slaughter animal; *(in the pl., also)* fatstock, slaughter stock. **~hoender** table fowl, roast(ing) chicken, broiler. **~huis** butcher's shop; butchery; slaughterhouse. **~mes** butcher's/skinning knife, whittle. **~os** slaughter/store ox; *jong ~* baby beefer. **~pale** *(infml.)* abattoir; *(hist.)* slaughtering place. **~plaas** abattoir. **~skaap** slaughter sheep. **~tand** tusk *(of an elephant, a walrus, etc.)*; fang, canine (tooth), cuspid. **~tyd** killing/slaughtering time. **~vark** porker, slaughter/fatted/store pig. **~vee** slaughter stock, fatstock, beef cattle.

**slag·aar** *=are* artery. **~bloed** arterial blood. **~bloeding** arterial haemorrhage. **~breuk, ~geswel** aneurysm. **~verdikking, ~verharding, ~verkalking** arteriosclerosis. **~vernouing** arteriostenosis. **~verwyding** arterial dilation.

**slag·aar·tjie** arteriole.

**slag·of·fer** *(lit., fig.)* victim; sufferer, casualty; quarry, prey; *'n ~ van ...* prey to ...; *die/'n ~ van ... word* fall (a) prey to ...; fall (a) victim to ... **slag·of·fer·loos** *=lose* victimless *(crime).*

**slag·ter** *=ters* butcher, slaughterer. **~saag** butcher's/kitchen saw.

**slag·ters·** : **~baas** master butcher. **~blok** chopping block. **~byl** butcher's axe, cleaver, chopper, poleaxe. **~mes** butcher's knife, whittle, gully. **~winkel** butcher's shop, butchery.

**slag·te·ry, slag·te·ry** *=rye* butchery, butcher's shop; *(work)* butchering, slaughtering.

**slag·ting** *=tings, =tinge* slaughter, butchery, carnage, massacre; killing; *'n groot ~* wholesale slaughter.

**slak¹** *slakke* snail; →SLAKKE=; *naakte ~, naakslak, kaalslak* slug. **~gif, slakkegif** slug and snail bait. **~huis** →SLAKKEHUIS. **~pille** *n. (pl.)* slug pellets. **~wurm** fluke(worm), trematode.

**slak²** *slakke, (metall.)* slag, clinker; *(geol.)* cinders, scoria *(of a volcano); (in the pl., also)* dross. **~gat** slag hole; cinder notch. **~hoop** *(min.)* slag heap. **~meel, slakkemeel** basic slag. **~sement, slakkesement** slag cement. **~steen** slag brick.

**slak·ag·tig¹** *=tige* snail-like.

**slak·ag·tig²** *=tige,* **slak·kig** *=kige, (geol., metall.)* scoriaceous, scoriac.

**slak·ke·** : **~gang** snail's pace; *met 'n ~* at a snail's pace. **~gif** →SLAKGIF. **~huis, slakhuis** snail house, shell; cochlea *(of the ear)*; vortex chamber. **~pos** *(joc.: conventional mail as opposed to e-mail)* snail mail.

**sla·lom** *=loms, (skiing)* slalom.

**slam·pam·per·lied·jie** carousal song; ditty.

**Slams** *Slamse, n., (infml., obs.)* (Cape) Muslim, (Cape) Malay. **Slams** *Slamse, adj., (infml., obs.)* Muslim, Islamic, Malay; *die ~e Buurt* the Malay Quarter.

**sla·ner** *=ners* hitter, striker, thrasher; batsman; →SLAAN. **sla·ne·rig** *=rige* free/quick *(or* too ready) with one's fists, pugnacious.

**slang¹** *slange* snake; *(poet., liter.)* serpent; hose(pipe); worm *(of a still); die S~, (astron.)* Serpens, the Serpent; *deur 'n ~ gepik* word be bitten by a snake; *die ~ het gepik* the snake struck; *as dit 'n ~ was, het dit/hy jou (lankal) gepik, (infml.)* it stares you in the face; *daar's (of daar is) 'n ~ in die gras, (infml.)* there's *(or* there is) a snake in the grass *(or* s.t. fishy going on); *iem. kan ~e vang, (infml.)* s.o. is hopping mad. **~akkedis** seps. **~besweerder** snake charmer. **~byt** snakebite. **~dans** snake/serpentine dance. **~eier** snake's egg. **~gif** snake venom. **~halsvoël** African darter. **~kop** snake's head; *(bot.)* poison bulb; *(bot.)* puffball. **~kos** *(bot.: Amanita phalloides)* death cup/cap, poisonous mushroom, toadstool, poison cup. **~kuil** snake pit. **~kunde** →OFIOLOGIE. **~leer** snakeskin. **~mens** *(infml., fig.)* contortionist. **~muishond** African weasel. **~park, ~tuin** snake park. **~steen** *(min.)* serpentine, snakestone. **~vel** snakeskin, slough; *(bot.)* sansevieria, mother-in-law's tongue. **~verklikker** *(orn.)* Karoo scrub-robin. **~wortel** snakeroot.

**slang²** →SLENG.

**slang·ag·tig** *=tige* snakelike, ophidian, snaky, viperine, viperish, viperous, serpentine.

**slan·ge·tjie** *=tjies* small snake; *(typ.)* swung dash. **slan·ge·tjies-en-leer·tjies** *n. (pl.), (board game)* snakes and ladders.

**slang·vor·mig** *=mige* serpentine.

**slank** *slank(e) slanker slankste* slim, willowy, slender, slight, svelte, slightly built; lean *(man)*; sylphlike *(girl); ~ bly* stay slim, keep one's figure. **~aap** *(zool.: Presbytis spp.)* langur. **slank·heid** slimness, slenderness; leanness.

**slap** *slap(pe) slapper slapste, adj. & adv.* slack *(rope, discipline, morals)*; soft *(collar, hat, tyre)*; weak *(drink); (fig.)* weak, slack, lax, sloppy; floppy, flabby, flaccid; limp *(figure, bookbinding)*; dull *(trade)*; loose *(adjustment)*; pliant; *~* **band** soft/limp cover; *~* **beton** wet concrete; *~* **gespan** understrung; *~* **geweef** loosely woven; *~* **hang** sag, droop; *laat ~ hang/lê* not pull one's weight, be slacking; *jou ~ lag* collapse with mirth; *~ van die lag* limp/weak with laughter; *so ~ soos 'n lap* as limp as a rag; *iets ~per maak, (also)* ease s.t.; *met ~ polse* limp-wristed; *~ tyd* off/dead season, off-time, valley period, slack; *~ word* grow slack. **~band(boek)** *=bande, =boeke* paperback. **~banduitgawe** paperback edition. **~gat** *(derog.)* slacker, good-for-nothing, idler, layabout, loafer, shirker. **~hakskeentjies** cooked onion salad. **~lem(-)mes** egg lifter; spatula. **~randhoed** slouch/floppy hat. **~siekte, doerine** *(vet.)* dourine. **~skyf** *(comp.)* floppy disk/disc; (floppy) diskette. **~tjip** *=tjips, (infml., usu. in the pl.)* (potato) chip.

**sla·pe·loos, slaap·loos** *=lose* sleepless, wakeful; *~lose nag*

sleepless night, white night. **sla·pe·loos·heid, slaap·loos=
heid** sleeplessness, insomnia; *lyer aan* ~ insomniac.

**sla·pend** *=pende* sleeping, asleep; *(fig.)* dormant, latent; tor=
pid; *~e aandeel* deferred share; *~e energie* suspended energy;
*die S~e Skone* (the) Sleeping Beauty.

**sla·pens·tyd** →SLAAPTYD.

**sla·per** *=pers* sleeper; dreamer; *'n ligte* ~ a light sleeper; *'n
vaste* (of *[baie] diep*) ~ a heavy sleeper. **sla·pe·rig** *=rige* sleepy,
drowsy, somnolent, lethargic, noddy. **sla·pe·rig·heid** sleepi=
ness, drowsiness, somnolence, lethargy.

**slap·heid** slackness, laxness, laxity, softness, flabbiness, flac=
cidity, weakness; sloppiness.

**sla·pie** *=pies:* *'n* ~ *maak, (infml.)* have/take a nap, have a lie-
down; have/take forty winks.

**slap·lit·tig** *=tige* double-jointed.

**slap·pe·ling** *=linge* weakling, ninny, *(infml.)* drip, *(infml.)* wimp,
*(infml.)* weed, *(sl.)* wuss.

**slap·pies** *adv.* slackly, weakly.

**slap·te** *=tes* slackness, dullness; recession; malaise; slack.

**sla·vin** *=vinne* (female) slave, bond(s)woman, bondmaid; →
SLAAF *n.*.

**Sla·vis** *=viste*, **Sla·wis** *=wiste, (also s~)* Slavonic scholar; →
SLAAF. **Sla·vis·tiek, Sla·wis·tiek** *(also s~)* Slavonic studies.

**sla·we·:** ~**arbeid,** ~**werk** slave labour; slavery, drudgery.
~**diens** *(hist.)* bondservice. ~**drywer** *(also fig.)* slave driver.
~**-eienaar** slave holder/owner. ~**handel** slave trade. ~**han=
delaar** slave trader. ~**huis,** ~**losie,** ~**kwartier** *(hist.)* slave
lodge/quarters. ~**juk** *(fig.)* yoke of slavery/bondage. ~**ketting**
*(hist.)* slave chain. ~**lewe** servitude, life of slavery/drudgery.
~**mark** slave market. ~**skip** *(hist.)* slave ship, slaver.

**sla·wer·ny** slavery; bondage; servitude; vassalage; serfdom;
*afskaffing van* ~ emancipation of slaves, abolition of slavery;
*iem. tot* ~ *bring* enslave s.o., reduce s.o. to slavery/bondage.

**Sla·wies** *n., (lang. group)* Slavonic, Slavic. **Sla·wies** *=wiese,
adj.* Slavonic, Slavic, Slav; Slavonian.

**Sla·wis** →SLAVIS. **Sla·wis·tiek** →SLAVISTIEK.

**slee** *sleë* sled(ge), sleigh *(for people);* toboggan; cradle *(for ships);
(min.)* skid; drag; carriage *(of a lathe); per* ~ *reis/ry* sled(ge),
sleigh. ~**doring** sloe. ~**hond** sledge dog. ~**klokkie** sleigh bell.
~**pruim** sloe. ~**rit,** ~**tog** sleigh ride/journey/drive.

**sleep** *slepe, n.* drag, tow; train; *die bruid se* ~ *ophou* carry
the bride's train; *in die* ~ *van ..., in ... se* ~ in the wake of ...;
*'n* ~ *kinders* a trail of children; *iets op* ~ *hê/neem* have/take
s.t. in/on tow. **sleep** *ge=, vb.* drag, pull, draw; haul; trail;
lug; tow, tug; go, ride; slur; *agter ...* ~ trail behind ...; ...
*agter jou aan* ~ drag ... behind one; *op die grond* ~ trail on
the ground; *iem. voor die hof* ~ haul s.o. into court; *die rem*
~ the brake drags; *'n skip in die hawe* ~ tow a ship into har-
bour; *iem. se tong* ~ s.o.'s speech is slurred; *(met) die/jou
voete* ~ drag one's feet; *die wiel* ~ the wheel is skidding.
~**antenna,** ~**antenne** trailing aerial. ~**boot** tug(boat), tow=
ing vessel. ~**diens** breakdown/towing service; towage/tug=
(boat) service. ~**draer** trainbearer; page(boy). ~**helling** slip
(way). ~**loon** haulage, towage, drayage. ~**net** drag(net), trawl
(net), scoop net, seine (net). ~**rok** dress with a train. ~**stang,**
~**paal** towbar. ~**stert** crestfallen; →DRUIPSTERT; ~ *wegstap*
walk away crestfallen. ~**tong:** ~ *praat* lisp; have a slur in one's
speech. ~**tou** towrope, towing rope, towline, towing line;
hauling rope; warp; dragrope; *iem. aan die* ~ *hou* string s.o.
along; *iem. op* ~ *hê/neem* have/take s.o. in/on tow; *iets op* ~
*hê/neem* have/take s.t. in/on tow. ~**vaart** towage. ~**vliegtuig**
towplane. ~**voet** shufflingly; ~ *loop* shamble, shuffle, traipse.
~**wa** trailer; tender. ~**weerstand** drag.

**sleep·sel** *=sels* trail, drag.

**sleg** *n., (infml.)* good-for-nothing; *jou (ou)* ~*!, (joc.)* you old
rascal/villain!. **sleg** *slegte slegter slegste, adj.* bad *(breath, child,
choice, etc.);* poor *(food etc.);* common, base; graceless; per=
verse; foul, vile; wicked; evil; feeble; ill *(health, effects, etc.);*

~*te* **behandeling** ill-treatment; ~*te* **gevoel** bad blood; ~*te*
**humeur** frayed temper; *... in 'n* ~*te* **lig** *stel* put ... in a bad
light; ~*te* **vooruitsig** bleak prospect/outlook. **sleg** *slegter
slegste, slegs, adv.* badly, ill; poorly; ~ **aangetrek** badly/poorly
dressed; ~ **af** at a disadvantage; ~ **daarvan afkom** come off
badly; fare badly; *(die)* ~*ste van iets* **afkom** get off worst (or
second best); *iem. uitmaak vir al wat* ~ *is* not have a good
word (to say) for s.o.; ~*ter* **as** ... inferior to ...; worse than
...; *baie/veel* ~*ter* much worse; ~ **dink van** ... think meanly
of ...; *dit gaan* ~ *met iem.* s.o. is in a bad way; *glad/lank nie*
~ *nie* not bad at all, not at all bad; *die* ~*s ontwikkelde* neder=
*setting/ens.* the worst developed settlement/etc.; ~ **smaak**
have a bad taste; *is dit so* ~? is it/that bad?; *nie so* ~ *nie*
not so bad (*or, infml.*) shabby); *glad nie so* ~ *nie, (also, infml.)*
not to be sneezed at; *nie heeltemal so* ~ *nie* not all that bad,
not as bad as all that; *nie te* ~ *nie* fair to middling; ~ *daar-
aan toe* badly off; ~ **vir** ... bad for ... (one's health etc.); ~ **voor-
berei(d)** ill-prepared; ~ **word** go bad; *(food)* go off; ~*ter* **word**
grow worse. **sleg·ge·aard** *=aarde* ill-natured. **sleg·ge·hu=
meurd** *=meurde* bad-tempered; irascible. **sleg·ge·ma·nierd**
*=nierde* badly behaved/mannered. **sleg·ge·rig, sleg·te·rig** *=rige*
baddish, poor(ly), indifferent(ly). **sleg·maak** *slegge=* speak ill/
slightingly of, run down, depreciate, disparage, denigrate,
vilify, blackguard; *iem. agteraf* ~ backbite s.o.. **sleg·sê** *slegge=*
give a piece of one's mind to; abuse, scold, berate, blister;
excoriate *(fml.);* give a talking-to, dress down, *(infml.)* chew
out. **sleg·sê·e·ry** abuse, vituperation. **sleg·ste** worst; *iem.
op sy/haar* ~ *sien* see s.o. at his/her worst; *op sy* ~, *(also)* at
its worst. **sleg·te** *=tes, n.* the bad; *die* ~*s* the bad ones; *die
goeie met die* ~ *neem* take the good with the bad; *die* ~ *nes
die goeie aanvaar* take the bad with the good; *'n* ~ a bad
one. **slegt·heid** badness; wickedness, evilness; viciousness,
vileness; depravity; perversity. **sleg·tig·heid** badness; wick=
edness, evil; worthlessness; rottenness; *jou aan die* ~ *oorgee*
go to the dogs; *die* ~ *laat staan* go straight.

**slegs** only, merely, but.

**sleg·ting** levelling, demolition.

**sleng, slang** slang, slangy language.

**slenk** *slenke, (geol.)* graben, trough. ~**dal** rift valley.

**slen·ter**[1] *=ters, n.* trick, dodge, roguery; gimmick. ~**slag** trick,
dodge, roguery, fake, subterfuge.

**slen·ter**[2] *ge=, vb.* saunter, stroll; amble; slouch, dawdle, traipse;
lounge. ~**baadjie** casual/leisure jacket. ~**broek** slacks. ~**drag**
casual clothes/wear. ~**gang** sauntering gait; lounging; *die ou*
~ *gaan* move in the old grooves. ~**skoen** *=skoene* casual
shoe; *(in the pl., also)* casuals; *(moccasin)* loafer.

**slen·te·raar** *=raars* saunterer, stroller, ambler; sloucher, daw=
dler; lounger; loiterer.

**slen·te·ry** sauntering; slouching; dawdling.

**sle·pend** *=pende* dragging, trailing; chronic; *iets
~e hou* let s.t. drag (on); ~*e siekte* lingering/chronic disease.

**sle·per** *=pers* haulier; drawing vehicle, hauler; drayman; tug=
man; tug(boat); towrope, towing-rope. **sle·pe·ry** haulage,
towage, towing.

**slet** *slette, (derog.)* slut, tart; bitch. **slet·te·rig** *=rige, (infml.)* tarty.

**sleur** *n.* groove, rut, routine; *(geol.)* drag; *die alledaagse/daag=
likse* ~ the daily round/routine, *(infml.)* the daily grind; *uit
die* ~ *kom* get out of the rut. **sleur** *ge=, vb.* drag, tug; trail.
~**gang** routine (course); humdrum, groove. ~**werk** routine
work, grind, drudgery, treadmill.

**sleu·tel** *=tels* key; wrench, spanner; *(mus.)* clef; key, crib;
*(telegr.)* sender, transmitter; clue; cipher key; *'n bos* ~*s* a
bunch of keys; ~*s maak* cut keys; *'n* ~ *in 'n slot draai* turn
a key in a lock; *die* ~ *tot welslae/ens., (fig.)* the key to success/
etc.; *die* ~ *van die voordeur/ens.* the key to the front door etc..
~**bedryf** key/pivotal industry. ~**been** collarbone, clavicle.
~**blom** *(Primula elatior)* primrose, cowslip, oxlip; *(P. veris)*
hen and chickens; polyanthus. ~**bord** key rack; keyboard.

~**figuur**, ~**persoon** key figure/person. ~**gat** keyhole; wrench hole. ~**houer** key ring. ~**kaart** key card; key/index map. ~**man** key man. ~**plaatjie** key plate, escutcheon (plate). ~**pos(isie)** key position. ~**punt** key point. ~**ring** key ring. ~**steel** key stem/shank. ~**stelling** *(mil.)* key position. ~**woord** key word.

**sleu·tel·vor·mig** *-mige* key-shaped.

**slib** *n. & vb.* →SLIK. ~**glasuur** slip glaze. ~**kus** alluvial coast.

**slib·ag·tig** *-tige* miry, muddy, silty.

**slib·be·rig** *-rige* slippery, slithery.

**sliert** *slierte* string; trail; train.

**slik, slib** *n.* silt; ooze; sludge, sullage, mud, mire; →SLYK. **slik** *ge-, vb.* silt. ~**grond** silt. ~**steen** siltstone.

**slim** *slim(me) slimmer slimste* smart, clever, intelligent, brainy; astute; artful, crafty, cunning, guileful, sly, wily; *so ~ as kan kom* as clever as they come; *~ vang sy baas, (infml.)* (s.o. is) too clever by half; *nie danig ~ nie* not over(ly) clever; *al is iem. (ook) hoe ~* no matter how clever/smart s.o. is; *so ~ soos die houtjie van die galg wees, (infml.)* be as sharp as needles (*or* a razor); know all the tricks; *te ~ wees vir iem.* outthink/ outwit/outguess s.o., be too sharp for s.o.; *glad te ~* too clever by half. ~**jan** *(infml., often derog.)* know-(it-)all, wiseacre, smart alec(k), smarty, smartie, Mr Clever. ~**kop** brainbox *(infml.)*, egghead *(infml., derog.)*. ~**praat**·**jies**, ~**stories** claptrap, fast/glib/smooth talk; backchat. ~**stre**·**ke** *n. (pl.)* craftiness, cunning, elusiveness, sharp practice.

**slim·heid** cleverness; cunning, guile.

**slim·merd** *-merds* cunning fox, sly dog, dodger.

**slim·mig·heid** *-hede* smartness; astuteness; cunning, games=manship, trickery, guile; *(in the pl.)* gimmickry; gamesman=ship.

**slin·ger** *-gers, n.* pendulum *(of a clock)*; *(bandage)* sling; sling *(for hurling missiles)*; crank handle *(of a car)*; festoon, gar=land. **slin·ger** *ge-, vb.* swing, oscillate; sway, reel, totter, lurch, roll, wobble, shimmy; zigzag; wind, meander; hurl, hurtle, toss, fling; crank; *(naut.)* yaw; *die pad ~ deur ...* the road snakes/winds through ...; *heen en weer ~* reel to and fro; *iets na iem. ~ fling/hurl s.t. at s.o. (an object).* ~**klip** sling=stone. ~**pad** winding path, zigzag path/road. ~**plant** twin=ing plant, winder, voluble plant, vine. ~**slag** beat, oscillation. ~**steen** slingstone. ~**vel** catapult. ~**verband** sling bandage.

**slin·ge·rend** *-rende, (also)* convolute(d); *(bot.)* voluble; de=vious; zigzag.

**slin·ge·rig** *-rige* swaying, groggy.

**slin·ge·ring** *-rings, -ringe* swing, oscillation; reel, lurch; roll; fling; *(elec.)* staggering.

**slinks** *slinks(e) slinkser slinksste* sly, devious, scheming, un=derhand, clandestine, surreptitious, sinister; indirect; crook=ed, tortuous; *~e vraag* trick question. **slinks·heid** cunning, artfulness, underhand methods, deviousness.

**slip** *slippe, n.* tail, flap, lappet; corner, tip, edge, slip *(of hang=ing drapery)*; placket, opening; slit *(in a coat)*, vent; *(bot.)* seg=ment; *(anat.)* cusp; (side)slip *(of an aeroplane)*. **slip** *ge-, vb., (aeron.)* (side)slip. ~**haak** slip (hook).

**slip·pe·dra·er** pallbearer.

**sli·wo·wits** slivovitz, plum brandy.

**slob** slush, sludge. ~**kous** spat; gaiter. ~**trui** sloppy joe.

**slob·ber** *ge-* gobble, lap; slobber. ~**broek** baggy trousers. **slob·be·rig** *-rige* slobbery.

**slod·der·kous** ragbag, dowd(y), frump.

**sloeg** *ge-, (infml.)* pummel, smite, smack *(a cr. ball etc.)*; fall heavily; crash *(into)*; struggle, labour, strain, toil; struggle, forge *(through)*.

**sloep**[1] *sloepe* sloop; barge; cock(le)boat; shallop; pinnace; gig. ~**dek, sloepedek** boat deck.

**sloep**[2] *sloepe,* **sloe·pie** *-pies* gully; small inlet; narrow pas=sage.

**sloer** *ge-* drag (on), dawdle, delay, keep postponing, go slow; temporise, procrastinate, hang fire, *(infml.)* dilly-dally; *met iets ~* delay s.t., keep putting s.t. off; *die saak het maande (lank) ge~* the matter dragged on for months. ~**fase** lag phase. ~**staak** *ge-* go slow, work to rule. ~**staking** go-slow (strike), working to rule (*or* the manual).

**sloer·de·ry** delay, dawdling.

**sloe·rie** *-ries* fleabag, frump, ragbag; slut, tart.

**slof** *ge-* shuffle, shamble. ~**gang** slouch, shuffle.

**slof·fie** *-fies* (easy) slipper, mule, slip-on, *(SA)* slipslop; worn-out shoe.

**slons** *slonse,* **slons·kous** *-kouse* fleabag, frump, ragbag; slut, tart; *'n ou ~, (infml.)* an old bag. **slon·se·rig** *-rige* slovenly, slatternly, bedraggled, sluttish. **slon·se·rig·heid** slovenliness, slatternliness, sluttishness.

**sloof** *ge-, (also slowe)* drudge, toil, slave, fag; →AFSLOOF. ~**werk** drudgery.

**sloop**[1] *slope, n.* pillowcase, =slip, (slip)cover. ~**rok** unfitted dress, shift (dress), Mother Hubbard.

**sloop**[2] *ge-, vb.* level, raze, demolish, pull down, disassemble *(a building)*; dismantle *(a fort)*; break up, scrap *(a ship)*; strike *(a stage set)*; drain, sap *(one's strength)*. ~**werf** scrapyard. ~**werk** →SLOPINGSWERK.

**sloot** *slote, n.* ditch, furrow, trench; *(archaeol.)* foss(e); gull(e)y; *blinde ~* ha(w)-ha(w); *'n ~ grawe* dig a ditch/trench. ~**gra**·**wer** ditcher, trencher; trench excavator. ~**grawery** trench work. ~**water** ditchwater.

**slop·eend** *-eende, (orn.)* shovel(l)er.

**slop·em·mer** *-mers* slop bucket. ~**drama** kitchen sink drama.

**slo·per** *-pers* demolisher; (ship)breaker; wrecker. **slo·pe·ry** *-rye* demolishing, demolition; wrecking; shipbreaking; ship=breaker's yard.

**slo·ping** *-pings, -pinge* demolition.

**slo·pings**·: ~**bevel** demolition order. ~**kontrakteur** demo=lition contractor. ~**werk, sloopwerk** demolition work.

**slor·dig** *-dige -diger -digste* untidy, slovenly, dowdy; messy; careless *(in one's work)*; shoddy, slipshod, sloppy, slapdash *(work, style)*. **slor·dig·heid** untidiness, slovenliness, sloppiness; carelessness.

**slot** *slotte* end(ing), conclusion, finish; peroration; final instal=ment; lock *(of a door, gun)*; breech *(of a gun)*; clasp *(of a book)*; castle, château, citadel; lock (forward) *(in rugby)*; *aan die ~ van ...* at the conclusion of ...; *agter ~* locked up; *'n ~ for=seer* force a lock; *agter ~ en grendel* under lock and key, locked up securely; *iets agter ~ en grendel hou* keep s.t. un=der lock and key; *'n ~ oopsteek* pick a lock; *die ~ van ... sien* be in at the death of ...; *ten ~te* in conclusion, finally, lastly; in the end; eventually, at length; *ten ~te ... sê/ens.* wind up by saying/etc. ...; *~ volg* to be concluded. ~**akkoord** final chord. ~**bedryf** last/final act. ~**dividend** final/closing divi=dend. ~**gesang** closing hymn; recessional. ~**gordyn** *(theatr.)* drop curtain/cloth. ~**hoofstuk** final/last chapter. ~**klinker** final vowel. ~**knip** lock catch/bolt. ~**konsonant** final con=sonant. ~**letter** final letter. ~**lettergreep, =sillabe** final/ter=minal syllable. ~**maker** locksmith. ~**makery** *-rye* locksmith's shop; locksmithery, locksmithing. ~**nommer** last item. ~**op**·**merking** *-kings, -kinge* closing/final remark. ~**prys** closing price. ~**rede** peroration; closing speech, winding-up address/ speech, epilogue. ~**reël** last/bottom line *(of a fin. statement)*, end line *(of a text)*. ~**rym** final rhyme. ~**sang** last/final canto; last/closing hymn; recessional. ~**sin** closing/concluding sen=tence. ~**som** conclusion, result; *tot 'n ~ kom/geraak* reach (*or* arrive at *or* come to) a conclusion; *tot die ~ kom/geraak dat ...* conclude that ... ~**toneel** closing/final/drop scene. ~**vers, ~versie** last verse. ~**vokaal** final vowel. ~**voorspeler** *(rugby)* lock forward. ~**woord** conclusion, concluding word(s), peroration.

**slot·te:** *ten* ~ →SLOT.

**Slo·waak** *=wake, (inhabitant)* Slovak. **Slo·waaks** *n., (lang.)* Slovak. **Slo·waaks** *=waakse, adj.* Slovak(ian). **Slo·wa·ky·e** Slovakia.

**Slo·ween** *=wene, (inhabitant)* Slovene, Slovenian. **Slo·weens** *n., (lang.)* Slovene, Slovenian. **Slo·weens** *=weense, adj.* Slovene, Slovenian. **Slo·we·ni·ë** Slovenia.

**slu** *slu(we) slu(w)er sluuste* cunning, crafty, wily, sly, artful, designing, scheming; *'n ~we kalant/vos, (fig.)* a slippery customer. **slu·heid** craftiness, wiliness, cunning.

**slui·er** *=ers, n.* veil; wimple; *(Hind.)* purdah; mask; film; pall; *(phot.)* fog, halation; *(biol.)* velum; *die ~ lig, (fig.)* lift the curtain/veil; *onder die ~ van ...* under cover of *... (the night etc.); die ~ oor iets laat val* draw a veil over s.t.. **slui·er** *ge=, vb.* veil; conceal, cover; *(phot.)* fog.

**sluik·:** ~**ekonomie** black economy. ~**goed(ere)** contraband (goods), bootleg. ~**handel** smuggling; illicit trade, black market. ~**handelaar** smuggler; illicit trader, black marketeer. ~**kroeg** shebeen, *(sl.)* speakeasy.

**slui·mer** *n.* slumber. **slui·mer** *ge=, vb.* slumber, doze, snooze, drowse. **slui·me·rend** *=rende* dormant, quiescent. **slui·me·rig** *=rige* sleepy, drowsy; lethargic. **slui·me·ring** *=rings, =ringe* slumber, doze, snooze.

**sluip** *ge=* slink, sneak, move stealthily, creep, skulk, sidle, steal; prowl; slip (away) quietly; *nader ~* steal up. ~**bomwerper** *(aeron.)* stealth bomber. ~**dief** cat burglar, sneak thief, snooper, prowler. ~**jagter** stalker. ~**moord** assassination. ~**moordenaar** assassin. ~**skiet** *ge=* snipe. ~**skietery** sniping. ~**skut(ter)** sniper.

**slui·pend** *=pende* insidious *(disease, poison);* furtive.

**slui·per** *=pers* sneak(er); prowler, creeper.

**sluis** *sluise* sluice; lock; water gate; floodgate; *die ~e ooptrek, (fig.)* open the floodgates. ~**deur** lock gate, floodgate, sluicegate, tide gate, penstock. ~**kanaal** lock canal, sluiceway. ~**klep** sluice/gate valve; penstock.

**sluit** *ge=, geslote* close *(one's eyes, a door, book, etc.);* lock *(with a key); (permanently)* close down *(a shop etc.);* occlude *(tech., fml.);* conclude *(a treaty, contract);* prorogue *(parl.);* effect *(ins.);* make, conclude *(peace);* end, conclude *(a letter etc.);* secure; contract *(a marriage); (school etc.)* break up; form *(a friendship);* dig ge~ tightly closed; *die/jou oë ~ vir ...* close/shut one's eyes to ...; connive at ... ~**kas** locker, lockup cupboard. ~**knip** locking catch. ~**moer** locknut, counternut, check/safety nut. ~**paal** boom, barrier. ~**pen, ~wig** lock(ing)/keeper pin, cotter. ~**plaat** closing plate; locking/keep plate. ~**rede, sluitingsrede** syllogism. ~**ring** washer; sealing ring. ~**(-)sel** *=selle* guard/stomatic cell; *(bot.)* hypophysis. ~**skroef** locking screw; check screw. ~**spier** *(anat.)* sphincter (muscle), contractor. ~**steen** keystone, apex stone; key brick. ~**stuk** key piece; breechblock *(of a gun); (magnet)* keeper. ~**weerremme** antilock brakes. ~**weerremstelsel** antilock braking system.

**sluit·baar** *=bare* lockable.

**slui·tend** *=tende* balanced *(account etc.).*

**slui·ter** *=ters* fastener, fastening; shutter *(of a camera etc.);* keep(er); closer.

**slui·ting** *=tings, =tinge* closing, shutting; lock(ing); close-down, shutdown; *(mech.)* closure, closer; closure *(of a debate);* break-up, closing *(of school);* prorogation *(of parl.);* closing down; conclusion; occlusion; fastening *(of clothes);* stopper; seal; shutter; termination.

**slui·tings·:** ~**dag** closing day. ~**datum** closing date. ~**plegtigheid** closing ceremony. ~**tyd** closing time/hour; *met ~* at the close of business; *ná ~* after hours. ~**uitverkoop** winding-up/liquidation/closing-down sale.

**sluk** *slukke, n.* swallow, gulp; mouthful; pull, draught; epiglottis; throat *(of a chimney etc.);* gullet *(of a saw); 'n goeie ~ op die bottel, (infml., fig.)* a good/great deal, a considerable amount; *in een ~* at a gulp; *'n ~ uit 'n bottel neem* have/take a pull/swig at/from a bottle. **sluk** *ge=, vb.* swallow; swig; gobble; take; *(infml.)* drop, pop *(pills etc.); (fig.)* stomach, pocket, put up with, endure; buy; *iets nie kan ~ nie* not be able to stomach s.t.; *swaar ~* swallow hard; *swaar aan iets ~, (fig.)* find s.t. hard to believe; *kos vinnig ~* bolt down food. ~**derm** gullet, (o)esophagus. **sluk·kie** *=kies* sip, draught, mouthful, taste, tot, nip, spot; *'n ~ ... drink* take a sip of ...; *'n ~ van iets drink* sip at s.t.; *kan ek 'n ~ kry?* may I have a drink?; *iem. 'n ~ water/ens. gee* give s.o. a drink/sip of water/etc..

**slun·gel** *=gels* gawk; gangling fellow, beanpole. **slun·gel·ag·tig** *=tige* gawky, awkward, weedy.

**slurp** *slurpe, n.* trunk, proboscis; spout, funnel, tube. **slurp** *ge=, vb.* gulp, guzzle, slurp.

**slyk** mire, slime, slush, ooze, dirt, mud; silt; *(min.)* slimes; *(sewerage)* sludge; →SLIK *n..* ~**dam** slimes dam. ~**olie** sludge oil.

**slym** *slyme* slime, phlegm, mucus, *(pharm. etc.)* mucilage. ~**afskeiding** mucous secretion. ~**gewas** *(med.)* myxoma. ~**hoes** catarrhal cough. ~**klier** mucous gland; slime gland *(in molluscs).* ~**prik** *(icht.)* hag(fish). ~**vlies** mucous membrane, mucosa. ~**vliesontsteking** catarrh. ~**(vlies)weefsel** mucous tissue.

**sly·me·rig** *=rige* slimy, mucous, phlegmy. **sly·me·rig·heid** sliminess.

**slyp** *ge=* sharpen; whet; grind *(a valve etc.);* buff; set; cut *(diamonds);* polish *(diamonds);* hone *(on oilstone);* strop; *jou tande vir iets ~, (fig.)* lick one's chops, enjoy s.t. in anticipation; *jou tande vir iem. ~, (fig.)* prepare to give s.o. a dressing-down. ~**bank** grinding lathe. ~**masjien** grinding machine. ~**middel** *=dels* abrasive. ~**plank, ~bord** knifeboard. ~**skool** *(fig.)* workshop. ~**staal** steel. ~**steen** grind=, whetstone; burr; millstone. ~**vlak** facet; grinding surface. ~**werk** grinding. ~**wiel** grinding/emery wheel.

**sly·per** *=pers* grinder; sharpener; cutter, polisher *(of diamonds).* **sly·pe·ry** *=rye* grinding; grinding establishment; (diamond) cutting works.

**slyt** *ge=, (clothing, machinery, etc.)* wear (out); pass, spend *(one's days, life).* ~**bestand** durable, hard-wearing, wear-resistant. ~**bestandheid, ~weerstand** abrasion/wear resistance. ~**dele** wearing parts. ~**stuk** wearing piece, liner. ~**vlak** wearing (sur)face.

**sly·ta·sie** wear; wear and tear; wastage, waste; breakage; *met/by normale/redelike ~* with (or under conditions of) fair wear and tear.

**sly·tend** *=tende* wasting; *=e bate* wasting asset.

**sly·ting** abrasion; wear(ing); attrition; erosion; waste.

**smaad** *n.* insult, detraction, ignominy, indignity, *(fml.)* opprobrium, taunt, vilification; →SMADELIK. **smaad** *ge=, vb.* malign, revile; deride; defame; taunt, vilify. ~**skrif** (defamatory) libel, lampoon, diatribe.

**smaak** *smake, n.* taste, flavour, savour, relish, tang; palate; liking; *'n ~ vir iets aanleer* acquire a taste for s.t.; *elke ~ bevredig* cater for all tastes; *iem. se ~ bevredig/volg* cater to s.o.; *elkeen na sy/haar ~* everyone to his/her taste; *na elkeen/iedereen se ~ wees* suit all tastes; *(aan) iets ~ gee* pep up s.t.; add spice to s.t.; *van goeie ~ getuig, goeie ~ toon* be in (or show) good taste; *'n ~ van ... hê* be flavoured with ...; *'n ~ vir ... hê* have a taste for ...; *met 'n ~ van ...* flavoured with ...; *met ~, (eat etc.)* with relish; tastefully, in good taste; *iem. met ~* a person of taste; *na ~* (according) to taste; *na iem. se ~* to s.o.'s taste/liking; *te soet na iem. se ~* too sweet to/for s.o.'s taste; *so reg na iem. se ~* just s.o.'s cup of tea *(infml.); nie iem. se ~ nie* not s.o.'s cup of tea *(infml.); onberispelike ~* impeccable taste; *die ~ prikkel* tickle the palate; *'n skerp ~* a sharp taste; *slegte ~, (lit., fig.)* bad taste; *van slegte ~ getuig, slegte ~ toon* be in (or show) bad/poor taste; *'n sterk ~* a tangy flavour/taste; *... met 'n sterk ~* strong-tasting ...;

*die* ~ *streel* be pleasing to the palate; *iets val by ... in die* ~ s.t. is popular with ...; *iets val in iem. se* ~ s.t. is to s.o.'s taste; s.t. appeals to s.o.; s.t. catches/takes/tickles s.o.'s fancy; s.t. finds favour with s.o.; ~ *verskil* tastes differ/vary; *iem. se* ~ *vir iets* s.o.'s liking for s.t.. **smaak** *ge*-, *vb.* taste; enjoy, savour; fancy; appear, seem; *goed/lekker* ~ taste good; *hoe* ~ *dit?* how do you like it?; *dit* ~ *na meer*, *(infml.: food, drink)* it is very moreish; *dit* ~ *my* ... it seems to me ...; *iets* ~ *na* ... s.t. tastes like ...; s.t. tastes/smacks of ...; *dit* ~ *vorentoe*, *(infml.)* it tastes excellent (*or* very good), it tickles the palate. ~**knop(pie)** taste bud/bulb. ~**middel** -*dels* seasoning, flavouring (agent), condiment, zest. ~**sin** sense of taste.

**smaak·lik** -*like*, adj. palatable, agreeable, delicious, flavoursome, enjoyable, tasty, appetising, savoury, good *(to eat)*; ~*e ete!* enjoy your dinner!. **smaak·lik** adv.: ~ *eet* eat heartily (*or* with gusto); *iets* ~ *vertel* narrate s.t. with gusto. **smaak·lik·heid** palatability, palatableness, tastiness, goodness, savour.

**smaak·loos** -*lose* -*loser* -*loosste* (of *meer* ~ *die mees* -*lose*) tasteless; without taste; insipid, vapid, flat; in bad taste; tawdry; dowdy; ~*lose versiering* tasteless decoration. **smaak·loos·heid** tastelessness; insipidity, insipidness; bad taste.

**smaak·vol** -*volle* tasteful, in good taste; elegant; dressy.

**smaal** *ge*- sneer, rail. **sma·lend** -*lende* sneering, scornful, railing, contemptuous, dismissive, despising.

**sma·de·lik** -*like* insulting, derisive, scornful, taunting; ignominious.

**smag** *ge*- languish, pine; *na iets* ~ crave (*or* have a craving) for s.t.; be dying for s.t.; starve for s.t.; yearn after/for s.t.. **smag·tend** -*tende* languishing; yearning; languorous. **smag·ting** yearning.

**smak** *smakke*, *n.* smack (*of the lips*); thud, crash. **smak** *ge*-, *vb.* smack (one's lips).

**sma·kie** -*kies* smack, tincture, flavouring; →SMAAK *n.*.

**smal** ~ *smaller smalste* narrow, thin; ~ *deurvaart* narrow(s); ~ *kant* short side; ~ *spoor*, *(rly.)* narrow gauge; ~ *strook grond* panhandle. ~**deel** *(navy)* squadron. ~**spoor(lyn)** narrow-gauge(d) railway/line/track.

**smal·heid** narrowness.

**smal·le·rig** -*rige* rather narrow.

**smalt** *(a blue glaze)* smalt.

**sma·rag** -*ragde*, *n.* emerald. **sma·rag** adj. emerald. ~**groen** emerald green.

**smart** *smarte*, *n.* grief, sorrow, affliction, pain, woe. ~**geld** *(jur.: compensation in excess of damages caused by maliciousness etc.)* smart money. ~**kreet** cry of anguish. ~**lap** weepy croon song; habitual grumbler. ~**vraat** glutton for punishment.

**smart·lik** -*like* painful, grievous.

**sme·der** -*ders* forger, forgeman. **sme·de·ry** -*rye* smithy, forge, blacksmith's/forging shop.

**sme·ding** forging *(lit.)*; coining *(of words)*.

**smee** *ge*- forge, hammer, weld; invent, fabricate *(a lie)*; hatch, plan *(a conspiracy)*; coin *(a word)*; *bande* ~, *(fig.)* forge links; network; *planne* ~ devise plots, mature/lay/hatch plans; ~ *die yster solank/terwyl dit/hy (nog) warm is* strike while the iron is hot. ~**eend(jie)** red-billed teal. ~**(d)koper** wrought copper. ~**(d)kuns** art metalwork. ~**(d)las** *n.* forge weld. ~**(d)las** *ge*-, *vb.* forge-weld. ~**oond**, **smeedoond** forge furnace. ~**(d)staal** wrought/forged steel. ~**(d)stuk** forging, forged part. ~**(d)tang** (black)smith's tongs. ~**(d)werk** forged work; forging; smithery. ~**(d)yster** wrought/forged/malleable iron.

**smee(d)·baar** -*bare* malleable, forgeable, ductile. **smee(d)·baar·heid** malleability, ductility.

**smeek** *ge*- beg, plead, implore, supplicate, entreat, beseech; petition, solicit; →SMEKEND; *ek* ~ *jou!* I beg/implore you!; *iem.* ~ *om iets te doen* beg (of) s.o. to do s.t.; *om iets* ~ plead

for s.t.; *iem. om iets* ~ beg s.o. for s.t. (*or* s.t. of s.o.); solicit s.o. for s.t. (*or* s.t. of s.o.). ~**bede** supplication, entreaty, invocation, conjuration; *'n* ~ *om hulp* an appeal for help. ~**gebed** supplicatory prayer, supplication. ~**skrif** petition, supplication.

**smeer** *smere*, *n.* spread; paste; shortening; grease; stain, smear *(of blood etc.)*; daub. **smeer** *ge*-, *vb.* butter, spread *(bread)*; grease, lubricate, oil *(a motor)*; grease *(leather)*; rub *(with ointment)*; embrocate, massage *(a limb)*; smear, plaster; daub; *iets aan ...* ~ apply s.t. to ... *(a wound etc.)*; *iets aan/op ...* ~ smear s.t. on ...; *iets op ...* ~ spread s.t. on ... *(butter on bread etc.)*. ~**afskeiding** *(med.)* seborrh(o)ea. ~**brief** defamatory letter. ~**bus** grease box/cup; lubricator. ~**geld** *(infml.: a bribe)* palm grease/oil. ~**goed** liniment, ointment, salve. ~**kaas** cheese spread; soft cheese. ~**klier** sebaceous gland. ~**kwassie** pastry brush. ~**laag** *(paint)* daub. ~**lap** grease rag; *(fig.)* dirty person, *(esp. a child)* ragamuffin; *(derog.: obnoxious pers.)* stinker, scumbag. ~**middel** -*dels* grease, lubricant; liniment, ointment. ~**olie** lubricating oil. ~**salf** ointment. ~**veldtog** smear (*or* dirty tricks) campaign.

**smeer·sel** -*sels* rubbing; liniment, ointment, dressing; unction; polish; grease.

**sme·kend** -*kende* pleading *(look, eyes)*; begging; entreating; →SMEEK.

**sme·ker** -*kers*, **sme·ke·ling** -*linge*, *(esp. relig.)* suppliant, supplicant.

**sme·king** -*kinge* prayer, supplication, entreaty, plea, petition; *(Chr. relig.)* rogation; →SMEEK.

**smelt** *ge*- melt, liquefy; fuse *(a wire)*; melt down, render *(fat)*; smelt *(ore)*; thaw *(ice)*; dissolve; merge, coalesce, unite to form one party; ~*ende oë* liquid eyes. ~**bom** fusion bomb. ~**draad** fuse (wire). ~**glas** enamel. ~**hitte** heat of fusion. ~**koekie** melting moment. ~**kroes** crucible; *(fig.)* melting pot; test; smelting pot; (melting) crucible; *deur die* ~ *gaan* go through the mill. ~**middel** -*dels* flux. ~**oond** smelting/liquation furnace, forge. ~**pot** melting pot. ~**punt** fusion point; melting point. ~**sekering** fuse. ~**skeiding** *(metall.)* liquation. ~**toets** fusion test. ~**vas** infusible. ~**waterrug** *(geol.)* esker, eskar.

**smelt·baar** -*bare* fusible, liquefiable. **smelt·baar·heid** fusibility.

**smel·ter** -*ters* smelter; fusionist. **smel·te·ry** -*rye* foundry, smelt house, smelting works, smeltery, melting house; melting shop; *(pol.)* fusion.

**smel·ting** -*tings*, -*tinge* fusion, melting (down), liquefaction, smelting; meltdown *(in a nuclear reactor)*; dissolution.

**smelt·sel** melt, melting batch.

**sme·rig** -*rige* dirty, filthy, grimy; messy; smutty *(fig.)*; foul; nasty; *'n* ~*e saak* a dirty business/case. **sme·rig·heid** dirt(iness), filth(iness), muck; smut(tiness); shabbiness, meanness, foulness, squalor.

**sme·ring** -*rings*, -*ringe* lubrication.

**smet** *smette* stain, blot, blemish, taint, stigma, slur, tarnish, smudge. ~**stof** virus; taint; contaminant; miasma. **smet(·te)·loos** -*lose* stainless, spotless, immaculate, free from blemishes; blameless, untarnished, impeccable, faultless.

**smeul** *ge*- smoulder, glow. ~**branding** slow combustion. ~**kole** anthracite. ~**stoof** slow-combustion stove. ~**vuur** smudge (fire), smoulder.

**smeu·lend** -*lende* smouldering; ~*e haat* smouldering hatred.

**smid** *smede* (black)smith.

**smid·da·e**, **smid·dags** in the afternoon(s); at noon/midday.

**smids·** : ~**aambeeld** blacksmith's anvil. ~**ambag** (black)smith's trade. ~**blaasbalk** forge bellows. ~**hamer** sledge(hammer), forge/forging/tilt hammer. ~**kole** forge/smithy coal. ~**oond** forge. ~**tang** blacksmith's tongs. ~**vuurherd** forge, stithy. ~**werk** blacksmithing, blacksmith's work. ~**winkel** smithy, forge, blacksmith's shop.

**smith·so·niet** *(min.)* smithsonite.

**smoel** *smoele, (infml.)* mug, kisser, gob; *hou jou ~!* shut your trap/gob!.

**smok** *ge-* smock. **~steek** smocking (stitch). **~werk** smocking.

**smok·kel** *ge-* smuggle; run *(liquor, guns, etc.)*; bootleg; cheat. **~bende** gang of smugglers. **~drank** bootleg (liquor). **~handel** smuggling, contraband trade. **~huis** shebeen; bootleg joint. **~kroeg, sluikkroeg** shebeen. **~ware, ~goed(ere)** contraband (goods), smuggled goods, bootleg.

**smok·ke·laar** *-laars* smuggler, bootlegger, contrabandist.

**smok·ke·la·ry, smok·ke·la·ry, smok·kel·ry** *-rye* smuggling.

**smoor** *ge-, vb.* smother, choke, throttle, damp, drown, suppress; quench; smoulder; stifle *(sound, a sob, the conscience);* hush up *(a scandal);* braise *(fish, meat);* jam *(a rad., missile, etc.);* in wyn *ge~, (cook.)* braised in wine. **~dronk** dead/blind drunk, paralytic, legless, plastered. **~klep** choke (valve). **~kwaad** irate, incensed, enraged, fighting mad, in a flaming temper. **~plaat** baffle-plate. **~snoek** braised/smoor snoek. **~spoel** choke/choking coil. **~vat** *(rugby)* smother tackle. **~verlief** *-liefde* deeply/madly in love, infatuated. **~vis** braised/smoor fish. **~vleis** braised meat. **~warm** chokingly hot, broiling, sweltering.

**smoor·der** *-ders* stifler, choker, throttler; *(mot.)* choke.

**smor·gas·bord** *(Scand. cook.: a buffet of light eats)* smorgasbord.

**smo·ring** *(also)* jamming; →SMOOR *vb..*

**smous** *smouse, n.* hawker, pedlar, itinerant trader; huckster. **smous** *ge-, vb.* hawk, peddle; barter; tout, truck; *met iets ~* tout s.t. about/around; *met dwelms ~* peddle drugs. **~goed, ~ware** hawker's/pedlar's wares, pedlary. **~vraggie** pedlar's/ hawker's load, mixed merchandise; medley, miscellany. **~winkel** barterer's/second-hand shop.

**smou·se·ry** *-rye* hawking, peddling; huckstering.

**smout** grease, fat, lard.

**SMS** *SMS'e, n., (also sms)* SMS *(abbr.:* short message service*); (vir/aan iem.) 'n ~ stuur* send (s.o.) an SMS; *'n ~ na ... stuur* send an SMS to ... *(a number).* **SMS** *ge-SMS, vb., (also sms)* SMS; *(iets aan) iem ~, iem. (iets) ~* SMS (s.t. to) s.o., SMS s.o. (s.t.) *(a message).*

**smuk** finery, decoration; →OPSMUK. **~spieël(tjie)** vanity mirror.

**smul** *ge-* feast, tuck in, *(infml.)* stuff o.s.; *aan iets ~* tuck into s.t. *(food).* **~lekker** scrumptious, *(infml.)* fingerlicking (good). **~paap** go(u)rmand, gastronome(r), *(infml.)* foodie. **~party** feast, spread.

**smyt** *ge-, (infml.)* fling, hurl, cast, pitch, dash, shy, chuck, hurtle; *iem./iets in/op/oor die ... ~* fling s.o./s.t. in/on/over the ...; *iem. uit 'n plek ~* throw s.o. out of (or eject s.o. from) a place.

**s'n, s'ne:** *dit is hulle/julle/ons ~* it is theirs/yours/ours; *dit is die man/vrou ~* it is the man's/woman's; *wie ~ is dit?* whose is it?.

**snaaks** *snaakse snaakser snaaksste* funny, comical, droll; queer, strange, odd, curious; facetious; quaint; crackbrained; *~ genoeg* astonishingly/funnily enough; *jou ~ hou teenoor iem.* be nasty to s.o.; *(glad) nie ~ nie* no laughing matter; *dit glad nie ~ vind nie* not be amused (at all); *ontsettend ~* excruciatingly/screamingly funny; *probeer ~ wees, (infml.)* try to be funny; play the fool; *iets nie ~ vind nie* not see the joke; *iets is vir iem. ~* s.t. seems funny to s.o.. **snaak·se·rig** *-rige* oddly; a bit (or rather) funny. **snaaks·heid, snaaksig·heid** funniness, amusingness, drollness; strangeness; freak; *die ~ daarvan ...* the funny part of it ...

**snaar** *snare, n.* string; c(h)ord; snare *(of a drum);* gut, catgut; *(infml.)* bloke, fellow, chap; *'n ~ aanraak/aanroer* strike a chord; *'n (gevoelige/teer/tere) ~ aanraak/aanroer, (fig.)* touch

on a sore place, touch a sensitive/tender spot, touch a (raw/ sensitive) nerve; *die regte ~ aanraak/aanroer* strike the right chord; *die snare tokkel* pluck the strings. **snaar** *ge-, vb.* string *(a violin, racquet).* **~instrument** stringed instrument.

**snags** in the (or at night); nightly; overnight.

**snak** *ge-* gasp; pant; *na asem ~* gasp/pant for breath.

**snap** *ge-* snap, catch (on); grasp, twig, get the hang of, figure out; *~ jy?* (do you) see?; *nie ~ waarom/waaroor dit gaan nie* miss the point. **~breuk** snap. **~haan** flintlock (musket), blunderbuss. **~skilpad** snapping turtle, snapper.

**snap·per** *-pers, (tool)* snap; rivet set.

**snaps** *snapse* schnap(p)s, gin; drop, drink, appetiser. **snapsie** *-sies* tot, spot, drop; *'n ~ maak, (infml.)* have a spot/drink.

**sna·re·spel** string music, music of stringed instruments; →SNAAR.

**snars:** *geen/g'n* (of *nie 'n*) *~ omgee nie* not care/give a damn/ scrap; *geen/g'n* (of *nie 'n*) *~ van iets begryp/verstaan nie* not understand a thing about/of (or have a clue about) s.t..

**sna·ter** *-ters, n., (infml.)* mug, jaw; *hou jou ~!* shut your mouth!. **sna·ter** *ge-, vb., (birds, people, etc.)* chatter, clack, cackle, honk; *(people)* jabber.

**sna·wel** *-wels* bill, beak; rostrum *(of a flower); (infml.: nose)* honker. **~vis** billed fish. **sna·wel·vor·mig** *-mige* beak-shaped, rostral.

**sne·dig** *-dige* cutting, sharp; vicious; pointed *(remark); 'n ~e antwoord* a sharp/cutting retort. **sne·dig·heid** sharpness.

**snee** *sneë,* **sne·de** *-des, (geom.)* section; book edge; edge *(of a knife);* cut; bit *(of a drill).* **snee·werk** carved work.

**snees·:** **~doek(ie), snesie** tissue. **~papier** tissue (paper). **~vis** oarfish, king of the herrings, Chinese fish.

**sneeu** *n.* snow; *met ~ bedek* snowcapped, snow-clad, -crowned; *nat ~* sleet; *soos ~ voor die son verdwyn* disappear like snow in the sun; *so wit soos ~* white as snow. **sneeu** *ge-, vb.* snow; *dit ~* it is snowing. **~bal** snowball; *(bot.)* guelder rose, snowball; *soos 'n ~ aangroei, (fig.)* snowball. **~baleffek** snowball effect. **~band** snow tyre. **~bank** snowdrift, mound/ heap/bank of snow. **S~berg** mound/mountain of snow; snowcapped mountain. **S~berge** *(Austr.)* Snowy Mountains. **~bessie** snowberry. **~blind** *-blinde* snow-blind. **~gans** snow goose, wavey. **~grens, ~lyn** snow line/limit. **~hael** sleet. **~hoop** snowdrift. **~hut** igloo. **~kleed** snow cover/pack, mantle of snow; *met 'n ~ bedek* under a mantle of snow. **~klokkie** *(bot.), (Galanthus spp.)* snowdrop; *(Leucojum spp.)* snowflake. **~laag** snow layer, layer of snow. **~landskap** snowscape. **~luiperd** snow leopard, ounce. **~lyn** →SNEEUGRENS. **~man** snowman. **~masjien** snowmaker, snowmaking machine. **~mens** yeti, Abominable Snowman. **~mobiel** snowmobile. **~modder** slush. **~piek, ~kruin** snowcap. **~plankry** snowboarding. **~ploeg** snowplough. **~storm** snowstorm, blizzard. **~storting** snow slide/slip. **~uil** snow(y) owl. **~val** snowfall. **~vink** snow bunting; snowbird. **~vlok(kie)** snowflake. **~wal** snowdrift. **~weer** snowy weather. **~werking** *(geog.)* nivation. **~wit** snow-white. **S~witjie** Snow-white. **~wolk** snow cloud. **~ys** snow ice.

**sneeu·ag·tig** *-tige* like snow, snowy.

**snek·rat** snail (wheel), fusee *(in a watch).*

**snel** *snel(le) sneller snelste, adj. & adv.* fast, swift(ly), prompt(ly), hasty, hastily, expeditious(ly), quick(ly), rapid(ly), speedy, speedily; *~(le) agtervolging* hot pursuit; *~s(te) stygende* most rapidly rising; *~(le) vordering* good progress. **snel** *ge-, vb.* hurry, hasten, rush, streak, course, career. **~bevrore** quick-, flash-frozen. **~boot** speedboat. **~bouler** *(cr.)* fast/pace bowler, paceman. **~bus** express bus. **~diens** express service. **~gang** overdrive. **~jaer** speeder. **~koker** pressure cooker; lightning cooker. **~koppel** *(comp.)* hot link. **~kursus** crash course. **~laaier** rapid-loading/quick-firing gun. **~laaigeskut** rapid-loading/quick-firing guns. **~lees** speed reading. **~perk** speed limit. **~pers** fly press. **~persdruk** high-speed printing. **~rat**

overdrive (gear). ~**reg** summary jurisdiction. ~**sêer** tongue twister. ~**sement** quick-hardening cement. ~**skaats** speed skating. ~**skaatser** speed skater. ~**skrif** shorthand, stenography; *iets in ~ opneem/aanteken/neerskryf/neerskrywe* take s.t. down in shorthand. ~**skriftikster** shorthand typist, stenographer. ~**stromend** *=mende* fast-, swift-flowing, rapid *(river)*. ~**toets** *(comp.)* hot key. ~**trein** express (train), high-speed/fast train. ~**verkeer** express/fast traffic. ~**vervoer** rapid (or high-speed) transport. ~**vrag** express freight. ~**vries** quick-freeze. ~**vuur** quick-firing, rapid fire. ~**vuurgeskut** quick-firing ordnance. ~**vuurgeweer** quick-firing/repeating rifle, repeater. ~**weg** expressway, freeway, speedway. ~**werkend** *=kende* rapid *(poison)*; quick-acting.

**snel·heid·:** speed *(of a car, train, etc.)*; velocity *(of light, a bullet, etc.)*; rapidity, swiftness, quickness, speediness *(of action etc.)*; promptitude; celerity; pace; rate; *met 'n groot ~* at a great pace; at a high speed; *'n hoë ~* a high speed; *'n lae ~* a low speed; *met 'n ~ van ... km/h* at a speed of ... km/h; *met die ~ van lig* at the velocity of light; *(jou) ~ verminder* reduce speed.

**snel·heids·:** ~**beperking** speed limitation/restriction. ~**meter** speedometer, tachometer. ~**perk,** ~**grens** speed limit; *die ~ oorskry/oortree* exceed the speed limit, drive over the limit. ~**rekord** speed record. ~**toets** speed trial.

**snel·ler** *-lers* trigger. ~**vis** triggerfish. ~**werking** triggering.

**snel·voe·tig** *-tige* fleet-footed, nimble-footed.

**sner·pend** *=pende* biting, piercing *(wind etc.)*; burning *(pain)*; shrill *(sound)*; ~ *koud* icily cold; ~*e koue* biting/bitter/extreme cold, iciness; *'n ~e wind het gewaai* the wind blew icily.

**snert** rot, rubbish, garbage, trash, (stuff and) nonsense.

**sne·sie** →SNEESDOEK (IE).

**sneu·wel** *ge=* die/fall in battle.

**snik** *snikke, n.* sob, gasp; *die laaste ~* the last gasp; *die laaste ~ gee* expire, breathe one's last. **snik** *ge=, vb.* sob; ~ *van die huil* sob with tears. ~**heet** *-hete,* ~**warm** *(also* snikkend heet/warm*)* sweltering, scorching; swelteringly hot, broiling, suffocating, suffocatingly/sizzling hot, stifling(ly) hot. ~**sanger** crooner, sob singer.

**snip** *snippe, (orn.)* snipe; *(joc. or derog.)* perky/saucy thing, pert girl/fellow; minx, snip; upstart. ~**vis** snipefish, sea snipe.

**snip·per** *-pers, n.* snippet; snip(ping), scrap, shred, chip. **snip·per** *ge=, vb.* snip, cut up (into small pieces), shred. ~**jag** paper chase; bumf. ~**konfyt** shredded jam. ~**mandjie** wastepaper/litter basket, wastebasket. ~**masjien** shredding machine, (paper) shredder. ~**vleis** chipped meat.

**snip·pe·rig** *-rige* snippy, saucy, perky, pert, snappish, sharp-tongued.

**snip·per·tjie** *-tjies* snippet, shred, scrap; *geen ~ not* a scrap/shred.

**snit** *snitte* cut *(of a garment)*; fashion, set *(of clothes)*; cutting *(of a crop)*; cut *(of meat)*; knife edge; *(mus.)* track *(on a CD etc.)*.

**snob** *snobs* snob. **snob·ag·tig** *=tige,* **snob·be·rig** *=rige* snobbish. **sno·bis·me** snobbery, snobbishness.

**snoei** *ge=* prune *(fruit trees etc.)*; trim, clip *(a hedge)*; lop *(branches)*; cut *(expenses, prices, etc.)*; shorten *(a manuscript)*; cut back; top. ~**kuns** art of pruning; topiary art. ~**mes** pruning/hook knife, billhook. ~**skêr** pruning shears; secateur(s) *(for fruit trees, roses, etc.)*; trimmer, pruner. ~**tyd** pruning season/time. ~**werk** pruning.

**snoei·er** *=ers* pruner, trimmer, clipper; cutter. **snoei·e·ry** pruning.

**snoei·ing** pruning, lopping, polling.

**snoei·sel** *=sels* pruning(s), trimming(s), clipping(s); cutting(s); top and lop/crop *(of a tree)*.

**snoek** *snoeke, (Thyrsites atun)* snoek, (South African) barracouta; *(Eur.)* pike; jack. ~**boot** snoeker. ~**mootjie** slice of

salted snoek. ~**vangs** snoeking, snoek-fishing. ~**vloot** snoeking fleet.

**snoe·ker** *n., (game)* snooker. **snoe·ker** *ge=, vb.* snooker.

**snoep** *snoep(e) snoeper snoepste, adj.* greedy; grasping, having; ~ *met iets* stingy with s.t.. **snoep** *ge=, vb.* sneak, pinch, eat furtively. ~**gereg(gie)** savoury, snack, hors d'oeuvre. ~**goed** sweets, dainties, goodies, candy. ~**happie** cocktail snack. ~**kroeg** snack bar, bar providing snacks. ~**lus, snoeperigheid** love of sweets; sweet tooth. ~**uitjie** cocktail onion. ~**winkel** tuck shop; sweet shop. ~**worsie** cocktail sausage.

**snoe·pe·rig** *=rige* (a bit) greedy; fond of dainties.

**snoe·pe·ry** *=rye* sweet(s), dainty, delicacy; *(in the pl., also)* tuck; goodies.

**snoep·heid** greediness.

**snoe·pie** *=pies, (infml.)* tuck shop; sweet shop.

**snoer** *snoere, n.* line, string; cord; flex; twist; chaplet; *'n ~ pêrels* a string/rope of pearls. **snoer** *ge=, vb.* tie/string (up); *iem. die/se mond ~* silence s.o., stop s.o.'s mouth, gag s.o., tie s.o.'s tongue/mouth. ~**wurm** ribbon worm, nemertean, nemertine.

**snoe·sig** *=sige* cuddlesome, cudly, *(infml.)* toasty. **snoe·sigheid** cuddliness, toastiness.

**snoet** *snoete* snout *(of a pig)*; muzzle, nose *(of a dog, cat, etc.)*; *(infml.: large nose)* honker. **snoet·jie** *=jies* small snout/muzzle/nose; *(endearingly of children)* mouth, face.

**snol** *snolle* slut, tart, working girl.

**snood** *snode snoder snoodste, (poet., liter.)* base *(ingratitude)*; heinous *(crime)*; felonious; dark, black-hearted; *snode daad* foul deed.

**snor**[1] *snorre, n.* moustache; whisker *(of a cat etc.)*; *met 'n ~* moustached. ~**baard** moustache.

**snor**[2] *ge=, vb.* drone, whir(r); *(a cat)* purr; *(bullets)* whizz, whirl. ~**tjor** *(infml.)* (go-)kart, (go-)cart.

**snork** *snorke, n.* snore; snoring; snort *(of a horse)*. **snork** *ge=, vb.* snore; *(a horse)* snort; *(a pig)* grunt; purr. **snor·ker** *=kers* snorer; snorter. **snor·ke·ry** snoring.

**snor·kel** *=kels, n.* snorkel; *met 'n ~ duik* snorkel; *met 'n ~ gaan duik* go snorkelling. **snor·kel** *ge=, vb., (also* snorkelduik*)* snorkel; *gaan ~* go snorkelling.

**snot** *(infml.)* snot, mucus *(of the nose)*; ~ *en trane huil, (infml.)* blubber, sob (violently). ~**blom** *(infml.)* sundew. ~**neus** *(infml.)* snotty nose; ninny, nincompoop; whippersnapper. ~**neuskind** *(infml.)* snot(ty)-nosed child. ~**siekte** snotsiekte, (bovine) malignant catarrhal fever. **snot·ter** *ge=, (infml.)* snivel, blubber. **snot·te·rend** *=rende* snivelling. **snot·te·rig** *=rige, (infml.)* snotty.

**snou** *snoue, n.* snarl, snub, growl. **snou** *ge=, vb.* snarl (out); snap; snub. **snou·e·rig** *=rige* snappish, snarly, snarling, grumpy. **snou·e·rig·heid** grumpiness, bad temper.

**snuf** *n.* smell; *die/'n ~ in die neus kry van iets* get/have wind (or get knowledge) of s.t.. **snuf·fie** *=fies* whiff, smell.

**snuf·fel** *ge=* sniff, nose; ferret, pry, rummage, snoop; grub, forage, dig; *in iets ~* rummage in s.t. *(a drawer etc.)*; dig into s.t. *(a possible scandal)*; *deur ... ~, (infml., comp.)* browse ... *(data files etc.)*. ~**advertensie** classified ad(vertisement). ~**gids** *(infml.)* classifieds. ~**hond** *(infml.)* sniffer dog.

**snuf·fe·laar** *=laars* noser, ferret(er), forager, snooper; *(comp.)* browser.

**snuif** *n.* snuff; snuff-taking. **snuif** *ge=, vb., (also* snuiwe*)* sniff, snuff, inhale; smell; take snuff; snuffle; *(a horse)* snort; ~ *van woede* give a snort of rage. ~**doos** snuffbox. ~**knippie** pinch of snuff; *in 'n ~* in two shakes, in a jiffy. ~**middel** inhalant. ~**tabak** snuff tobacco.

**snui·fie** *=fies* little sniff; pinch of snuff; *(infml.)* illicit pleasure.

**snuis·te·ry** *=rye* whatnot, trinket, knick-knack; *(in the pl., also)* trinketry, novelties, fancy goods, bric-a-brac. ~**(e)winkel** bric-a-brac/novelty shop.

**snuit** *snuite, n.* muzzle, nose *(of a dog, cat, etc.);* trunk *(of an elephant);* nozzle; proboscis *(of an insect).* **snuit** *ge-, vb.* snuff, trim *(a candle); jou neus* ~ blow one's nose. **~kewer, ~tor** snout beetle.

**snui·ter** *-ters* youngster, whippersnapper, squirt, fledg(e)ling, mere kid, brat; snuffer; (pair of) snuffers.

**snui·we** *ge-* →SNUIF *vb..* **snui·wer** *-wers* snuffer, snuff taker; inhaler; snorkel; sniffer *(of a drug or toxic substance)* solvent abuser.

**sny** *snye, n.* cut, gash; notch; incision; scission; section; slice; edge; knife/cutting edge; *'n* ~ *brood* a slice of bread; *'n* ~ *in iets maak* make a cut in s.t., cut/slice into s.t.. **sny** *ge-, vb.* cut; carve *(meat, wood, etc.);* slice *(bread etc.);* reap *(a crop);* cut out *(clothes);* castrate, geld, emasculate; spay *(female animals); (surg., infml.)* operate; whittle; divide; *(move fast)* dart, dash, fly, race, rush, shoot, speed, tear; *deur iets* ~ cut through s.t. *(also a vacant lot etc.);* shear through s.t.; *iets fyn* ~ cut s.t. up into small pieces, mince s.t.; *goed ge~, (clothes)* well tailored; *lyne* ~ *mekaar* lines intersect/meet; *iets middeldeur* ~ cut s.t. in half; *iets stukkend* ~ cut s.t. in(to) pieces, cut up s.t.; slice up s.t. *(s.o.'s face etc.); iets in twee* ~ cut s.t. in two; *dit* ~ *na twee kante* it cuts both ways; *iets uit ...* ~ cut s.t. out of ...; *jou vinger (raak)* ~ cut one's finger. **~bank** cutting-bench; cooper's bench. **~beet** spinach beet. **~beitel** cutting chisel; cutter *(of a lathe).* **~blom** cut flower. **~boon(tjie)** green/French/kidney/string bean, haricot (bean). **~brander** fusing burner; flame cutter. **~diamant** glass diamond. **~ding** →SNYDING¹. **~dokter** surgeon. **~dorsmasjien** combine (harvester). **~gereedskap** edge(d)/cutting tools. **~gras** sedge. **~hoek** *(geom.)* angle of intersection; cutting angle. **~hou** *(cr.)* cut; *(golf)* slice. **~kant** edge; knife/cutting edge. **~kunde** surgery. **~kundig** *-dige* surgical, operative. **~lyn** join, intersecting line, secant; *(min.)* trace. **~masjien** reaper, cutter, harvester, cutting machine, mower; *(print.)* guillotine. **~mes** cutter, drawknife, carver. **~plank** chopping board. **~plek** cut. **~punt** point of intersection; *(astron.)* colure. **~tafel** dissecting table; operating table. **~tand** incisor, cutting/fore tooth; spur *(of a bit).* **~vlak** cutting/intersecting plane. **~werk** cutting; carving, carved work, fretwork. **~werktuig** edger, edge/cutting tool. **~wond** *-wonde* cut, incised wound; *kwaai ~e opdoen in 'n ongeluk/ens.* be badly cut up in an accident/etc.. **~wurm** cutworm. **~-yster** cutting iron.

**sny·baar** *-bare* sectile, scissile; ready to be reaped *(corn).*

**sny·dend** *-dende* cutting, biting, sharp, caustic, mordant; stinging *(retort);* scathing *(criticism); (math.)* sectorial, secant; *~e kritiek op ... lewer, (also, infml.)* do a hatchet job on ...

**sny·ding¹** *-dinge, snygoed* cutting instrument, cutter.

**sny·ding²** *-dinge, -dings* cutting, incision; *(math.)* intersection; *(biol.)* section; caesura *(in verse).* **sny·dings·hoek** angle of intersection.

**sny·er** *-ers* tailor, cutter; chopper-out, cutter *(in a garment factory);* carver, engraver; *(mach.)* cutter; reaper. **~voël** tailorbird.

**sny·ers-:** **~bedryf** tailoring. **~kryt, ~talk** tailor's/French chalk. **~pak** tailor-made/tailored suit, suit made to measure, made-to-measure suit. **~winkel** tailor's shop.

**sny·sel** *-sels* cutting, cut; trimming(s); *(in the pl., metall.)* swarf; *(in the pl., cook., also* snyseltjies*)* home-made noodles.

**so¹** *adj., adv. & interj.* so, thus, (in) this/that way, like this/that; more or less, about, approximately; *aangesien dit* ~ *is* that being so; *ag ~!* I see!; *dit is* ~ *dat ...* it is a fact that ...; *dit is* ~, *nè?* not so?; ~ *is dit* such/that is the case; that's right; that's how it is; that's the way it is; *is dit* ~? indeed?; *is dit nie* ~ *nie?* (it is,) is it not?; *nog* ~ *een, asseblief* the same again, please; *dit is nou (maar) eenmaal* ~ that's how (or the way) it is; there is no getting away from it; it is (just) one of those things *(infml.);* but there it is; that's the way the cookie crum-

bles *(infml.);* ... *en* ~ ... and such; ~ *ewe parmantig/ens.* as cocky/etc. as could be; ~ *het X ten minste gesê* or so X said; *(is dit) goed* ~? will that meet the case?; *hoe* ~? how come?; how do you mean?; how so?; in what way?; why so?; *laat ons dit* ~ *hou* let us keep it that way; *daar is nie* ~ *iemand nie* there is no such person; *daar bestaan nie* ~ *iets nie* there is no such thing; *het jy al ooit* ~ *iets/wat gehoor/gesien?* did you ever hear/see the like?; *omdat ... nou* ~ *is* ... being what they are; ~ *ja* that's it/right; that's that; ~ *juis (of sojuis)* a moment ago; ~ *koud/ens.* so/that cold/etc.; *is dit* ~ *laat/ens.?* is it as late/etc. as that?; ~ *lank (soos/as)* ... as/so long as ...; *en* ~ *meer* and the like; ~ *'n* ... such a ...; some such ...; *tog* ~ *'n hoofpyn/ens. hê* have such a headache/etc.; *net* ~ in the same way; in like manner; *net* ~! just so!; quite (so)!; that's (just) it!; you('ve) said it!, you can say that again!; *dis nie* ~ *nie* not so; ~ *nou!* that will do!, that'll do!, that's enough!; *o* ~? really?, is that so?; *honderd of* ~, ~ *honderd* a hundred or so; *ook* ~!, *(infml.)* same here!; *en dit is ook* ~ and so it is; ~ *oor 'n uur* in about an hour('s time); ~ *ver/vêr* so far; ~ *ver/vêr gaan (as/soos) om te ...,* *(fig.)* go so far as to ...; ~ *wat het ek nog nie gesien nie* I've never seen such a thing; *laat dit* ~ *wees* so be it. **~-en-so** so-and-so. **~-so** *adj. (pred. only) & adv.* so so, so-so, middling, indifferent(ly), tolerably, in a way, after a fashion.

**so²** *conj.* if; *as dit* ~ *is* if so, if that is the case; ~ *ja, dan ...* if so, then ...

**so·ber** *-ber(e) -berder -berste* austere *(expression etc.);* sober *(attitude etc.);* bald *(statement etc.);* scanty, spare, frugal; *(not drunk)* sober; *'n* ~ *maal* a frugal meal. **so·ber·heid** austerity, soberness; frugality, scantiness; ~ *beoefen* practise austerity.

**so·ci·us** *socii, (Lat.)* fellow *(of a society).*

**so·da** soda. **~as** soda ash. **~brood** soda/Irish bread. **~loog** soda lye. **~water** soda water.

**so·da·nig, so·da·nig** *-nige, adj.* such, suchlike; in such a way; *as* ~ as such; ~ *is die gevare/ens.* such are the dangers/etc.. **so·da·ni·ge** *-ges, n.* such (a) person; *(die)* ~s such people.

**so·dat, so·dat** so *(or* in order*)* that.

**so·di·ak** *(astrol.)* zodiac. **~lig** zodiacal light.

**so·doen·de** in this/that way, thus, thereby, by so doing; so, consequently.

**So·dom** *(OT, also fig.)* Sodom. **So·do·miet** *-miete* Sodomite, inhabitant of Sodom.

**so·do·mie** sodomy. **so·do·miet** *-miete,* **so·do·mie·ter** *-ters* sodomite. **so·do·mi·seer** sodomise.

**so·dra** as soon as, the moment that.

**soe** →SJOE.

**soe·bat** *ge-* beg, implore, plead, entreat; coax, cajole, wheedle; *om iets* ~ beg for s.t.; whimper for s.t.; *iem. om iets* ~ beg s.o. for s.t., beg s.t. of s.o.; *iem.* ~ *om iets te doen* beg s.o. to do s.t..

**Soe·dan:** *die* ~ the Sudan. **s~gras** Sudan grass. **Soe·dannees** *-nese, n.* Sudanese. **Soe·dans** *-danse, adj.* Sudanese.

**so·ef·fe** →SO-EWE.

**Soe·fi** *-fi's,* **Soe·fiet** *-fiete, (also* s~*)* Sufi. **Soe·fis·me** *(also* s~*)* Sufism.

**soek¹** *n.* search, *(fml.)* quest; *na ... op* ~ looking *(or* on the lookout*)* for ...; *na iem. op* ~, *(also)* after s.o.; *op* ~ *na iets, (also)* in search of s.t.. **soek** *adj.* lost, mislaid, missing; ~ *raak* get lost. **soek** *ge-, vb.* look for *(a pen etc.),* look (out) for *(a job etc.),* seek *(help etc.),* search/hunt for; fumble for *(the key in one's pocket etc.); daarna* ~, *(infml.)* be asking for it; *(infml.)* bring it (up)on o.s.; *deur iets* ~ *na ...* search through s.t. for ...; *na ... gaan* ~ go in search of ...; *jy* ~ *my, (infml.)* you're looking for trouble; *na ...* ~ look for ...; search for ...; conduct/make a search for ...; hunt after/for ...; prospect for ... *(minerals); ('n) mens hoef dit nie ver/vêr te* ~ *nie* it is not far to seek; ~, *en julle sal vind/kry, (OAB/NAB, Mt. 7:7)* seek, and ye/you shall/will find *(AV/NIV); in aller yl ...* ~ scurry

for ... *(shelter etc.)*. **~enjin** *(comp.)* search engine. **~gesel=
skap** search party. **~hoekie** lonely hearts column. **~lig**
searchlight, spotlight; *die ~ val op ..., (fig.)* the spotlight is
turned on ...; *die ~ op ... werp, (fig.)* turn the spotlight on ...,
subject ... to scrutiny. **~tog** *=togte* search, hunt, quest; pros=
pecting; *die ~ na ... het begin* the hunt is on for ...; *~te in ...
doen* browse ... *(data files etc.); die ~ na ...* the search for ...
*(s.o. or s.t. that is missing etc.); 'n uitgebreide/omvattende
~* a massive search.

**soek²** *soeks, n., (Arab market/stall)* souk, suq.

**soe·ke** search; →SOEK¹ *n.; die ~ na ...* the search for ... *(the
meaning of life etc.).*

**soe·ker** *=kers* seeker, searcher; spotter; hunter; viewfinder
*(on a camera).* **soe·ke·ry** search(ing), quest; →SOEKTOG; *die
~ na ...* the search for ... *(s.o. or s.t. that is missing etc.).*

**soe·ki·ja·ki** *(Jap. cook.)* sukiyaki.

**soel¹** *~ soeler soelste* mild, balmy *(weather);* soft *(breeze);* close,
sultry *(weather).* **soel·heid, soel·te** mildness, balminess, soft=
ness; closeness, sultriness.

**soel²** *~ soeler soelste* sallow *(complexion);* swarthy; melanic.
**soel·heid** sallowness; swarthiness.

**Soe·ma·tra, Su·ma·tra** *(geog.)* Sumatra. **Soe·ma·traan, Su=
ma·traan** *=trane, n.* Sumatran. **Soe·ma·traans, Su·ma·traans**
*=traanse, adj.* Sumatran.

**soe·mo** *(Jap. style of wrestling)* sumo. **~-stoei** sumo wres=
tling. **~-stoeier** sumo wrestler.

**soen** *soene, n.* kiss; *iets met 'n ~ beseël* seal s.t. with a kiss; *iem.
'n ~ gee* give s.o. a kiss. **soen** *ge=, vb.* kiss; *(infml.)* smooch.
**~dood, versoeningsdood** expiatory/redeeming death, death
of atonement/propitiation. **~groet** *n.* greeting with a kiss.
**~groet** *ge=, vb.* greet *(or* say goodbye) with a kiss. **~offer,
versoeningsoffer** expiatory/propitiatory sacrifice, sacrifice
of atonement; sin offering; peace offering.

**soe·ne·rig** *=rige* fond of kissing, *(infml.)* smoochy.

**soe·ne·ry** kissing, *(infml.)* smooching.

**Soeng** *(Chin. dynasty)* Sung, Song.

**Soen·niet** *=niete, n., (adherent of the Sunni branch of Islam)*
Sunnite, Sunni. **Soen·nis·me** Sunnism. **Soen·ni·ties** *=tiese,
adj.* Sunnite.

**soen·tjie** *=tjies* little kiss; *(small sweet or cake)* kiss; *vir iem. 'n
~ gooi* blow s.o. a kiss.

**soe·pel** *=pel(e) =peler =pelste* supple, lissom(e), lithe; sinuous;
pliant, pliable, flexible; pragmatic; lean *(organisation etc.).*
**soe·pel·heid** suppleness, lissom(e)ness, litheness; sinuosity,
sinuousness; pliancy; *(phys.)* compliance, compliancy.

**soe·ra** *=ras, (chapter of the Koran)* sura.

**soe·sji** *(Jap. cook.)* sushi.

**soet** *n.: die ~ en (die) suur van die lewe* the rough and the
smooth; the sweet and the bitter *(or* the sweets and bitters)
of life. **soet** *soet(e) soeter soetste, adj.* sweet *(to taste, smell);*
dulcet; mellow; candied; *iets ~s* something sweet; *'n ~ kind*
a well-behaved/good child; *lekker ~* nice and sweet; *iets ~
maak* sweeten s.t. *(coffee etc.); ~ ruik* smell sweet; *~ wees,*
*(a child, dog, etc.)* behave, be good. **~bakker** pastry cook, con=
fectioner. **~doring** sweet/Karoo thorn. **~gebak** pastry, con=
fectionery. **~geurig** *=rige* sweet-scented, sweet-smelling. **~goed**
sweets; confection(ery). **~klinkend** *=kende* sweet-sounding,
melodious, euphonic, euphonious, dulcet. **~koek:** *soos ~
gaan/verkoop* sell like hot cakes; *iets vir ~ opeet,* *(infml.)* swal=
low s.t. hook, line and sinker; swallow s.t. whole, be taken
in by s.t.; *lap s.t. up; alles vir ~ opeet, (infml.)* swallow any=
thing/everything. **~lief** darling, sweetheart, truelove; *my ~*
my sweet. **~maakmiddel** *=dels* sweetener; →VERSOETER. **~melk=
kaas** sweet-milk cheese. **~olie** sweet oil. **~riet** sweet sor=
ghum, sorg(h)o; sweet cane. **~rissie** sweet/bell/green pep=
per. **~sappig** *=pige* candied, cloying, drippy, goody(-goody),
mawkish, mushy, schmaltzy, soppy. **~sappigheid** cloying=
ness, mawkishness, mush(iness). **~suur** sweet-and-sour; *~*

*sous* sweet-and-sour sauce. **~suurdeegbrood** salt-rising
bread. **~veld** sweet field, sweetveld. **~vloeiend** *=ende* mellif=
luous, mellifluent, fluent. **~vloeiendheid** mellifluousness,
mellifluence, fluency. **~wyn** sweet wine.

**soe·te·rig** *=rige* sweetish, rather sweet. **soe·te·rig·heid** sweet=
ishness.

**soet·heid** sweetness.

**soe·tig·heid** sweet(s); sweet stuff; confection; honey; *van
~ hou, lief wees vir ~* have a sweet tooth.

**soe·tra** *=tras, (Hind., Buddh.)* sutra.

**so-e·we, so-ef·fe** just now, a moment ago.

**soe·we·nier** *=niers* souvenir, keepsake.

**soe·we·rein** *=reine, n.* sovereign, ruler. **soe·we·rein** *=reine,
adj.* sovereign. **soe·we·rei·ni·teit** sovereignty.

**soe·wla·ki** *=ki's, (Gr. cook.: type of kebab)* souvlaki.

**so·fa** *=fas* sofa, couch, settle. **~pokkel** *(infml.)* couch potato.

**sof·fiet** *=fiete, (archit.)* soffit.

**so·fis** *=fiste, (also S~)* sophist; casuist. **so·fis·me** *(also S~)* soph=
ism; sophistry; casuistry. **so·fis·te·ry** *=rye, (also S~)* sophist=
ry; casuistry, special pleading. **so·fis·ties** *=tiese, (also S~)*
sophistic(al); casuistic(al).

**So·fo·kles** →SOPHOKLES.

**sog¹** *sogge, sôe* sow.

**sog²** wake *(of a ship).*

**so·ge·naamd** *adv.* ostensibly, professedly, in name, pur=
portedly, *(Lat.)* quasi; *dit is ~ ...* this is supposed to be *(or*
purports to be *or* is professedly) ... *(original work etc.); iem.
is weg, ~ om te gaan ...* s.o. left on the pretext of going to *(or*
ostensibly to go and) ... *(work etc.).* **so·ge·naam·de** *adj.* so-
called, alleged, mock, bogus, pretended, professed, pseudo,
reputed, self-styled, supposed, would-be; *'n ~ kuier* an apol=
ogy for a visit, a so-called visit.

**so·gend** *=gende* nursing; →SOOG.

**sog·gens** in the morning; *~ heel eerste* first thing in the morn=
ing.

**soi·rée** *=rées, (Fr.)* evening party, soiree, soirée.

**so·ja=:** **~boon(tjie)** soya bean, *(Am.)* soybean. **~koek** bean
cake. **~meel** soya meal. **~-olie** bean oil, soya bean *(or* soy=
bean) oil. **~sous** soy(a) sauce.

**So·joez** *(manned Soviet spacecraft)* Soyuz.

**sok** *sokke, (mech.)* socket, sleeve; *(mech.)* pocket; coupling *(of
pipes); (elec.)* socket (outlet); sock; →SOKKIE. **~gat** plug out=
let. **~sleutel** box spanner/wrench, socket spanner/wrench.
**~verbinding** socket/cup joint.

**sok·kel** *=kels, (archit.)* socle, dado.

**sok·ker** soccer, *(Br., fml.)* association football. **~bal** soccer
ball. **~boef** football hooligan. **~boewery** football hooligan=
ism. **~lotery** football pools; *geld in die ~ wen/losslaan* have a
win on the (football) pools. **~skoen** football boot. **~span**
soccer team. **~spel** soccer game. **~speler** soccer player.
**~veld** soccer field, football pitch. **~wedstryd** soccer match.

**sok·kie** *=kies* sock; *(infml., also* sokkiejol) dance, disco, social.

**So·kra·tes** Socrates. **So·kra·ties** *=tiese* Socratic.

**sol¹** *(chem.)* sol.

**sol²** *(mus.)* sol.

**so·lank** *adv.* meanwhile, for the time being. **so·lank** *conj.*
while, as long as, (for) so long as.

**so·la·ri·seer** *ge=, (phot. etc.)* solarise.

**so·la·ri·um** *=riums, =ria* solarium.

**sol·daat** *=date* soldier; warrior; man-at-arms; soldier (ant);
*(bot.)* red-hot poker, soldier, torch lily; *(in the pl., also)* troops;
the military; *die gewone ~date* the rank and file; *~ word* turn
soldier. **sol·daat·jie** *=jies* little soldier; *~(s) speel* play at sol=
diers.

**sol·da·te=:** **~baadjie** tunic. **~kamp** military camp. **~lewe**
army/military life, soldier's life. **~lied** soldiers' song. **~sak**

kitbag. **~taal** army language. **~testament** military/soldier's will. **~~uniform** military uniform. **~volk** military nation.

**sol·deer** *(ge)*= solder, braze. **~bout** soldering iron/bit/bolt/copper, copper(ing) bit. **~lood** lead solder. **~toestel** soldering apparatus/outfit. **~vlam** soldering flame, blowflame. **~werk** soldering (work).

**sol·deer·sel** solder(ing), flux; *harde* ~ spelter (solder).

**sol·der** *=ders* loft; attic; ceiling; *op (die)* ~ in the loft/attic. **~balk** loft beam, joist. **~deur** loft door. **~kamer** attic, garret, mansard. **~styl** ashlar, ashler. **~trap** loft steps/stairs; garret stairs. **~venster** loft window/light; garret window, dormer (window). **~verdieping** half stor(e)y, mansard. **~vloer** attic floor.

**sol·de·ring** soldering.

**sol·doe·die** *=dies, (sl., dated)* girl soldier.

**sol·dy** (military) pay; *met halwe/volle* ~ on half/full pay. **~staat** payroll.

**so·le·no·ïed** *=noïede, (elec.)* solenoid. **so·le·no·ï·daal** *=dale* solenoidal.

**so·le·sis·me** *=mes, (grammatical error)* solecism.

**sol·fa·no·te·ring, sol·fa·me·to·de, sol·fa·mu·siek** *(mus.)* tonic solfa.

**so·li·da·ri·teit** solidarity. **~staking** sympathetic strike.

**so·li·dêr** *=dêre* solidary.

**so·li·dus** *=lidusse, =lidi* slash.

**so·lied** *=liede =lieder =liedste* solid; substantial; stable; reliable; respectable, steady, staid; sound, solvent. **so·li·di·teit** solidity *(of a matter)*; reliability *(of a character)*; respectability *(of a pers., firm, etc.)*; solvency *(of a firm)*; stability.

**so·lip·sis** *=siste, (philos., also* S~*)* solipsist. **so·lip·sis·me** *(also* S~*)* solipsism. **so·lip·sis·ties** *=tiese, (also* S~*)* solipsist(ic).

**so·lis** *=liste* soloist. **so·lis·te** *=tes* (female) soloist.

**so·li·têr** *(card game)* solitaire, patience.

**so·lo** *=lo's* solo. **~dans** solo dance, *(Fr., ballet)* pas seul. **~~op·voering** one-man/-woman show. **~register** *(mus.)* solo stop *(of an organ)*. **~sang** vocal solo; solo singing. **~sanger, (fem.) ~sangeres** soloist. **~spel** solo performance. **~speler** soloist. **~tentoonstelling** solo/one-man/-woman exhibition. **~vlug** solo flight.

**sol·vaat** *n., (chem.)* solvate. **sol·veer** *(ge)=, vb.* solvate.

**sol·vent** *=vente* solvent. **sol·ven·sie** solvency.

**som** *somme* sum; total; amount; *'n aardige/mooi/taamlike* ~ a tidy sum; a pretty penny *(infml.); 'n groot* ~ *geld* a large amount/sum of money; *~me maak* do arithmetic/sums; *die* ~ *van 2 en 3 is 5* the sum of 2 and 3 is 5; *vir die* ~ *van ...* for the sum of ... *(R1000 etc.).*

**so·ma** *=mas, =mata, (biol., philos.)* soma. **so·ma·ties** *=tiese* somatic. **so·ma·to·lo·gie** somatology.

**So·ma·li** *(lang.)* Somali. **So·ma·li·ë** *(geog.)* Somalia. **So·ma·li·ër** *=liërs, (citizen)* Somali. **So·ma·lies** *=liese* Somali(an).

**so·ma·to·ti·pe** somatotype.

**som·ber** *=ber(e) =berder =berste* sombre, gloomy, cheerless, joyless, dismal, dreary, glowering; heavy, sullen *(sky)*; dingy; *~(e) stemming* dejection, low spirits, melancholy; *~(e) waarskuwing* grim warning. **som·ber·heid** sombreness, gloom(iness); dejection, melancholy.

**som·bre·ro** *=ro's* sombrero.

**so·mer** *=mers* summer; *sestig/ens. ~s agter die rug hê* be a man/woman of sixty/etc. summers; *in die* ~ in summer. **~aster** *(bot.)* (summer) aster, Chinese/China aster. **~gewas** summer crop. **~hitte** summer heat. **~huisie** summerhouse, bower, belvedere. **~kamp** summer camp. **~maand** summer month. **~materiaal, ~stof** summer material. **~mode** summer fashions. **~nag** summer('s) night. **~opruiming** summer clearance (sale). **~reën** summer rain. **~seisoen** summer season, summertime. **~slaap** *(zool.)* summer sleep, aestiva-

tion. **~son(ne)stilstand** summer solstice, midsummer. **~tyd** summer time, daylight (saving) time. **~uitverkoping** summer sale. **~vakansie** summer holiday. **~verblyf** summer resort; summer residence. **~viooltjie** *(bot.)* viola. **~warmte** summer heat. **~weer** summer weather.

**so·mer·ag·tig** *=tige* summery, summerish, summer-like.

**so·mers** *=merse* summer, summery; *(meteorol.)* aestival; *'n ~e dag* a summery/summer's day; *~e weer* summery weather.

**so·mer(s)-:** **~aand** summer('s) evening. **~dag** summer('s) day. **~drag** summer wear. **~hoed** summer hat. **~klere** summer clothes. **~oggend** summer('s) morning. **~pak** summer suit. **~rok** summer dress/frock.

**som·mer** for no particular reason; just, merely; without any difficulty, without further/much ado, straight off; immediately; at the same time, while you're about it; idly; ~ *baie* in spades *(infml.); iets* ~ *doen* be quick to do s.t.; *iets nie* ~ *doen nie* be slow to do s.t.; not do s.t. lightly, be reluctant to do s.t.; ~ *het nie rede nie (en skilpad het nie vere nie of jakkals dra nie klere nie),* ~ *is nie rede nie, (infml.)* "just because" is not good enough. **~so** simply, just (as it was); just as you are; without further/much ado, summarily; after a fashion, so-so; just like that; *iets* ~ *doen* do s.t. anyhow; *nie* ~ *nie* not just anyhow *(infml.).*

**som·me·tjie** *=tjies* little sum; small sum/amount; *'n aardige/mooi/taamlike* ~, *(infml.)* a tidy sum; a pretty penny.

**som·mi·ge** some; ~ *meen dat ...* some think that ..., there are those who think that ...; ~ *van hulle/julle/ons* some of them/you/us.

**soms, som·tyds** sometimes, at times, now and then, occasionally, (up)on occasion; ~ *is iem. vriendelik,* ~ *heeltemal nukkerig/ens.* sometimes (*or* at times) s.o. is friendly, sometimes (*or* then again *or* at other times) quite huffish/etc..

**son** *sonne* sun; *in die* ~ *bak/lê* sun o.s., *(infml.)* tan; *die* ~ *brand iem.* s.o. catches the sun; *die* ~ *gaan onder* the sun sets; *die* ~ *is op* the sun is up (*or* has risen); *die* ~ *kom op* the sun rises; *die* ~ *is aan die ondergaan* the sun is setting; *die ondergaande/opkomende* ~ the setting/rising sun; *die* ~ *peil* take the sun's altitude; *die* ~ *sak* the sun is sinking; *in die* ~ *sit* sun o.s.; *die* ~ *skyn* the sun is shining; *in iem. se* ~ *staan, (fig.)* prejudice s.o.'s chances; *in jou eie* ~ *staan* prejudice one's own chances, be one's own worst enemy; *die* ~ *trek water* the sun is westering/setting. **~aanbidder** sun worshipper. **~aanbidding** sun worship. **~baaier** sunbather. **~bad** *=baaie* sun bath; *'n* ~ *neem* sunbathe, *(infml.)* tan. **~badkamer** solarium. **~battery** solar battery. **~bed** sunbed. **~besie** cicada. **~beskrywing** heliography. **~bestraling** insolation. **~blind** sun blind. **~blinder, ~blinding** sun blind. **~blok(keerder), ~blokkeermiddel, ~blokkeerroom** sunblock. **~brand** sunburn; sunscald *(of crops)*. **~brandmiddel, ~bruinmiddel** suntan lotion. **~brandolie, ~bruinolie** suntan oil. **~bril** sunglasses. **~bruin** suntanned. **~dak** sunroof. **~dek** sun deck. **~droog** sun-dry. **~gedroog** *=droogde* sun-dried, -cured. **~gloed** glow/blaze of the sun, sunglow. **~god** sun god. **~helm** sun helmet. **~hitte** solar heat. **~hoed** sunhat. **~hoogte** solar altitude. **~jaar, sonnejaar** solar/tropical year. **~kamer** sun room. **~kant** sun side; sunny side. **~keerpunt** solstice. **~kol** spot of sunlight. **~konstante** solar constant. **~krag, ~energie** solar energy/power. **~kring** sunglow. **~lamp** sun(ray) lamp. **~lig** sunlight. **~maand** solar month. **~onder** *n.* sunset, sundown, nightfall; *(met)* ~ at sunset; at nightfall; *ná* ~ after dark. **~op** sunrise; *(met)* ~ at sunrise. **~paneel** solar panel. **~portaal** sun porch. **~rok** sundress. **~sambreel** sunshade, parasol; beach umbrella. **~sel** solar cell. **~sitter** sun lover. **~skerm** sunshade, parasol; sun shield/visor; awning. **~skerm(middel), ~skermroom** sunscreen. **~skyn** sunshine. **~skyndag** fine/sunny day. **~skynweer** sunny weather. **~soekertjie** *=tjies, (bot.)* heliotrope. **~steek** sun-, heatstroke. **~stilstand, sonnestilstand** solstice. **~stoel** sun lounger, sunbed. **~stoep** sun porch. **~straal**

ray of the sun, sunray, =beam; sunstroke. ~**straalplooi** sunray pleat. ~**straling** solar radiation, insolation. ~**tyd** solar/sun/ true time. ~**vas** sun-resistant, sunfast. ~**verwarmer** solar heater. ~**vis** sunfish. ~**wyser, sonnewyser** sundial. ~(ne)= **wys(t)erpen** gnomon.

**so·naal** =nale zonal.

**so·nant** =nante, (phon.) sonant.

**so·nar** sonar.

**so·na·te** =tes, (mus.) sonata. **so·na·ti·ne** =nes, (mus.) sonatina.

**son·daar** =daars, (esp. relig.) sinner; offender, transgressor; 'n verstokte ~ a hardened sinner.

**Son·da·e** adv. (on) Sundays; (op) ~ (on) Sundays.

**Son·dag** =dae Sunday. ~**aand** Sunday evening. ~**diens** Sun= day service. ~**klere, Sondagsklere** Sunday clothes/best. ~**koerant,** ~**blad** Sunday (news)paper. ~**môre,** ~**more,** ~**og= gend** Sunday morning. ~**nag** Sunday night. ~(na)middag Sunday afternoon. ~**pak** Sunday suit. ~**skool** Sunday school. ~**skoolonderwyser(es)** Sunday-school teacher.

**Son·dags** =dagse, adj. Sunday; in jou ~e pak in one's Sun= day clothes/best.

**son·de**[1] =des, (chiefly relig.) sin; trespass, transgression; evil; iniquity; (infml.) trouble, annoyance; iem. baie ~ **aandoen/ gee,** (infml.) give s.o. a lot of trouble; jou ~ **bely/bieg,** bely= **denis van jou ~ doen** confess one's sins; vir jou ~ **boet** atone for one's sins; ~ **doen** commit a sin; do wrong; ~ met ... hê, (infml.) have trouble with ...; in ~ **leef/lewe,** (also joc.) live in sin; dis ~ **om te ...** it's a sin to ...; as ek my ~ **nie ont= sien** nie ..., (infml.) I have a good mind to ...; in ~ **ontvang (en gebore)** conceived in sin; ~ **soek,** (infml.) look for trouble, spoil for a fight; 'n **verborge** ~ a secret sin; iem. se ~ word **vergewe** s.o.'s sins are forgiven; **vergewing/vergif(fe)nis** van ~s forgiveness of sins; gedurig ~ **veroorsaak,** (infml.) be a continual nuisance; 'n ~ van **versuim/nalatigheid** a sin of omission; in ~ **verval** fall from grace. ~**besef** sense of sin. ~**bok** (lit., fig.) scapegoat; iem. die ~ **maak** make a scapegoat of s.o.; die ~ vir iets the scapegoat for s.t.. ~**las,** ~**skuld** burden of sin(s). ~**soeker** trouble seeker. ~**val** fall of man, the Fall.

**son·de**[2] =des, (med.) probe, explorer; (meteorol.) sonde.

**son·deer** (ge)= probe, sound. ~**stif** sound, probe. ~**yster** probe.

**son·deer·der** =ders probe.

**son·der** without; deprived/destitute of; wanting; sans; ex= clusive of; ~ iets **bly/klaarkom/regkom** do/go without s.t.; ~ **iem.** without s.o.; but/except for s.o., if it weren't (or had not been) for s.o.; ~ **kinders** with no children; ~ **om doekies om te draai,** ~ doekies omdraai in no uncertain terms; ~ om te kla without complaining.

**son·der·ling** =linge odd, peculiar, singular, strange, eccen= tric, queer.

**son·de·tjie** =tjies peccadillo, petty sin.

**son·dig** =dige, adj. sinful, iniquitous, wicked. **son·dig** ge=, vb. (commit a) sin; err, offend, transgress; onwetend ~ sin in ignorance; teen iets ~ offend/sin/trespass against s.t.. **son= dig·heid** sinfulness, evilness.

**sond·vloed** (chiefly OT) the Deluge/Flood; van voor die ~ antediluvian.

**so·ne** =nes zone. ~**bou,** ~-**indeling,** ~**struktuur** zoning. ~**tyd** zonal/zone time.

**so·neer** (ge)= zone. **so·ne·ring** zoning.

**so·nies** =niese sonic.

**son·kiel·tjie** =tjies, (bot.) jonquil.

**son·ne·:** ~**blom** sunflower, helianthus. ~**blomolie** sunflower oil. ~**dag** solar day. ~**diens, sondiens** sun worship. ~**dou, sondou(tjie)** (bot.) sundew. ~**stand, sonstand** sun's alti= tude. ~**stelsel, sonstelsel** solar/planetary system.

**son·net** =nette sonnet. ~**digter,** ~**skrywer** sonneteer.

**son·ne·tjie**[1] sun(shine); in die ~ sit sun o.s..

**son·net·jie**[2] =jies little sonnet, sonnet of sorts.

**son·nig** =nige sunny, bright, sunlit, sun-kissed; sunshiny; cheerful; ~e kind sunny child, child with a happy/sunny disposition. **son·nig·heid** sunniness; cheerfulness.

**so·no·** comb.: ~**boei** sonobuoy. ~**gram** (phys., med.) sonogram.

**so·noor** =nore sonorous. **so·no·ri·teit** sonority.

**sons·:** ~**afstand** (astron.) perihelion, distance from the sun. ~**hoogte** sun's altitude. ~**ondergang** sunset; met ~ at sun= set. ~**opkoms** sunrise; met ~ at sunrise. ~**verduistering** eclipse of the sun, solar eclipse.

**sont** sonte, (geog.) sound, wide strait(s).

**soog** ge= suckle, nurse, nourish, give suck, lactate. ~**dier** mam= mal. ~**dierkunde** mammalogy. ~**moeder** nursing mother, wet nurse. ~**tyd** period of lactation.

**so·ö·ge·o·gra·fie** zoogeography.

**so·ö·gra·fie** zoography.

**soog·ster** =sters foster mother.

**sooi** sooie sod; turf; divot; onder die ~e lê, (infml.: in the grave) push up the daisies.

**sooi·brand** heartburn; (pathol.) brash, cardialgia.

**sool** sole sole; skoene met dik sole thick-soled shoes. ~**ganger** =gers, (zool.) plantigrade. ~**leer** sole/bend leather. ~**vrat** plantar wart.

**so·ö·lo·gie** zoology. **so·ö·lo·gies** =giese zoological. **so·ö·loog** =loë zoologist.

**soom** some, n. hem; edge, border, fringe, outskirts; (golf) apron (of the green); ~ van 'n bos outskirts/fringe of a forest; ~ van 'n kleed hem of a garment. **soom** ge=, vb. hem; bor= der. ~**steek** n. hemming (stitch). ~**steek** ge=, vb. hemstitch.

**so·ö·morf** =morfe, **so·ö·mor·fies** =fiese zoomorphic. **so·ö= mor·fis·me** zoomorphism.

**so·ö·no·se** =ses, (disease transmitted from animals to humans) zoonosis.

**soon·toe** that way; there; ~ gaan go there; ~ en terug there and back.

**so·ö·plank·ton** zooplankton.

**soort** soorte sort, kind; species; variety; make; description; denomination; ilk; alle ~e ... all kinds/sorts of ...; alle ~e mense all kinds of people, people of all sorts; van alle ~e of all kinds/sorts; allerhande ~ bote/ens. boats/etc. of every description; mense van allerlei ~ people of all sorts; 'n be= dreigde/kwynende/uitsterwende ~ a threatened species; die beste in sy ~ the best of its kind; daardie ~ mense peo= ple of that kind, that kind of people; daardie ~ motor that kind of car; nie daardie ~ mens nie not that sort; (die) een of ander ~ ... some sort of ...; enig in sy ~ one of a kind; die ~ man/vrou van wie ek hou my kind of man/woman; 'n ~ ... a sort of ...; a ... of a kind; dit is 'n ~ proefneming it is in the nature of an experiment; dit is nie die ~ ... waarvan ek hou nie it is not my kind of ...; 'n seldsame ~ ... a rare type of ...; ~ soek ~ birds of a feather flock together; sy/haar ~ the likes of him/her; 'n uitgestorwe ~ an extinct species; ~ (van), (infml.) kind of; watter ~ ...? what kind of ...?; wat= ter ~ mens is X? what is X like?. ~**bepaling** diagnosis. ~**ge= lyk** =lyke of the same (or that) kind, similar, matching; ~ aan ... similar to ...; 'n ~e ondervinding a similar experience. ~**naam** (gram.) appellative (noun), class/common noun; (biol.) specific name/epithet. ~**vorming** speciation.

**soort·lik** =like specific; ~e gewig specific gravity; ~e weer= stand resistivity, specific resistance.

**soos** as; like, such as; just as; in/after the manner of; doen dit ~ ek! do it my way!; doen dit ~ ek dit wil hê! do it my way!; iem. ~ hy/sy s.o. like him/her; iets ~ ... s.t. in the na= ture of ...; ~ in ... as in ...; mense ~ hy/sy people like him/ her, the likes of him/her; min of meer ~ ... along the lines of ...; net ~ ... just as ...; net ~ (in die geval van) ... in com= mon with ...; maar net ~ ... no different from ...

**so·ö·spoor** zoospore, swarm spore, swarmer, sporozoid.

**sop** *soppe, n.* soup; juice; liquid; sap; *dik* ~ thick soup; *dun* ~ thin soup, broth; *helder* ~ clear soup, consommé; *in die* ~ *beland/wees/sit, (infml.)* land/be in the soup. ~**bakkie** soup bowl. ~**been** soup bone. ~**bord** soup plate. ~**groente** soup greens. ~**kom** (soup) tureen, soup basin. ~**kombuis** soup kitchen. ~**lepel** soup spoon; soup ladle. ~**poeier** soup powder. ~**vleis** soup meat.

**so·pas** →PAS³ *adv.*.

**So·pho·kles, So·fo·kles** *(Gr. dramatist)* Sophocles. ~**tragedie** *(also* s~*)* Sophoclean tragedy. **So·pho·kles·sies, So·fo·kles·sies** *siese, (also* s~*)* Sophoclean *(tragedy).*

**so·pie** *pies* drink, drop, tot, shot, glass, nip, mouthful *(of a drink),* spot. ~**glas** tot measure glass, shot glass. ~**maat** tot measure.

**sop·nat** dripping/sopping/wringing wet.

**so·po·ra·tief** *tiewe, n. & adj.* soporific.

**sop·pe·rig** *rige* juicy; succulent; sloppy, wishy-washy, watery. **sop·pe·rig·heid** juiciness; wateriness, sloppiness.

**so·praan** *prane* soprano, treble. ~**blokfluit** descant/discant/soprano recorder. ~**party** soprano part. ~**(sangeres)** soprano (singer). ~**sleutel** *(mus.)* soprano clef. ~**stem** soprano (voice), treble.

**sor·be·boom** *(bot.)* sorb, service (tree).

**sor·bet** *bets* sorbet; sherbet; sherbet powder.

**sor·bien·suur** *(chem.)* sorbic acid.

**sor·bi·tol** *(chem.)* sorbitol.

**sorg** *sorge, n.* care; trouble, worry; anxiety, concern, solicitude; charge, custody; nurture; cure *(of souls);* ~ *baar/wek, (fml.)* arouse/cause concern; cause anxiety; *dit baar/wek* ~ *dat ..., (fml.)* it gives cause for concern that ...; *met die* ~ *vir ... belas wees* have the care of ...; *besondere* ~ *aan iets bestee* be particular about/over s.t.; ~ *dra dat ...* make certain/sure that ...; *see to it that ...; vir iets* ~ *dra* take care of s.t.; *iem. se enigste* ~ s.o.'s only support; *geen* ~*e hê nie* be free from care(s); *maak jou geen* ~*e daaroor nie* don't let that concern you; *met* ~ with care, carefully; *iem. onder jou* ~ *hê* have the care of s.o.; *onder iem. se* ~ in/under the care of s.o.; in/under s.o.'s custody; in s.o.'s keeping; *sonder* ~*e* without a care; *... aan iem. se* ~ *toevertrou* commit/entrust ... to s.o.'s care; leave ... in s.o.'s charge; *iets laat iem. sy/haar* ~*e vergeet* s.t. makes s.o. forget about his/her worries/troubles/cares; *die* ~ *vir ...* the care of ...; *vol* ~*e* full of anxiety.

**sorg** *ge-, vb.* care, mind, provide, manage; *(daarvoor)* ~ *dat jy iets doen* make a point of doing s.t.; *ek sal daarvoor* ~ I will see to it; *daarvoor het iem. goed ge~, (infml.)* s.o. took good care of that; ~ *dat ...* make certain/sure *(or* see to it) that ...; ~ *dat jy ...! mind you ...!; be sure to ...!; ~ *dat iets gedoen word* see that s.t. is done; ~ *dat iem. iets doen* make s.o. do s.t.; ~ *dat iets nie gebeur nie* take care *(or* see to it) that s.t. doesn't happen; *iem. sal* ~ *om dit nie te doen nie* s.o. knows better than to do that; *'n kledingstuk wat min* ~ *verg* an easy-care garment; *vir ...* ~ take care of ...; look after ...; care for ...; make provision for ...; take charge of ...; provide/supply ...; *vir jouself* ~ fend for o.s.; *(goed) vir jouself* ~ look after o.s.; *vir iem.* ~, *(also)* provide for s.o.; *vir iets* ~, *(also)* see about s.t.; see to s.t.; *iem. moet vir iets* ~, *(also)* s.t. is s.o.'s responsibility. **sorg·be·hoe·wend** *wende* in need of care, uncared for. **sor·ge·loos, sorg·loos** *lose* carefree, easy-going, happy-go-lucky, insouciant; careless; thoughtless, unthinking, unheeding, improvident. **sor·ge·loos·heid, sorg·loos·heid** carefreeness; carelessness. **sorg·wek·kend** *kende* alarming, worrying, vexing, perturbing; precarious.

**sor·ghum** *ghums* sorghum. ~**bier** sorghum beer.

**sorg·saam** *same* careful, attentive, thoughtful, caring, solicitous, painstaking, provident. **sorg·saam·heid** carefulness, attentiveness, thoughtfulness, solicitude, providence, consideration.

**sorg·vul·dig** *dige* careful, thorough, scrupulous; *'n* ~*e ondersoek* a thorough/minute investigation. **sorg·vul·dig·heid** carefulness, thoroughness, care.

**So·rop·ti·mis** *miste, (member of an int. service organisation for women, also* s~*)* Soroptimist, soroptimist.

**sorp·sie** *(chem., phys.)* sorption.

**sor·teer** *(ge)* sort, assort; grade, staple, size; *iets verkeerd* ~ missort s.t.; *verkeerd ge-de stuk* missort. ~**band** sorting belt. ~**masjien** grader, grading machine, sizer. ~**tafel** sorting table.

**sor·teer·der** *ders,* sorter; grader; sizer; *(comp.)* sequencer.

**sor·te·ring** *rings, ringe* sorting, grading; assortment, selection; *verkeerde* ~ missorting.

**SOS** *SOS'e* SOS.

**so·sa·tie** *ties* sosatie; kebab. ~**pen** skewer.

**so·seer, so·seer** so much (so), to such an extent; ~ *dat ...* to such a degree *(or* to such an extent) that ..., so much (so) that ...; *nie* ~ *dat ... nie* not so much that ...

**so·si·aal** *siale* social; ~*siale demokrasie* social democracy; ~*siale gewete* social conscience; ~*siale klas/stand* social class; ~*siale klub* social club; *(hoë)* ~*siale kringe* high society; ~*siale lewe* social life; ~*siale manipulasie* social engineering; ~*siale prediking* the social gospel; ~*siale studie* social studies; ~*siale verantwoordelikheid* social responsibility *(of businesses etc.);* ~*siale wetenskap* social science. ~~**demokraat** *krate, (also* S~*)* social democrat. ~~**demokraties** *tiese* social democratic. ~~**ekonomies, sosio-ekonomies, sosioëkonomies** *miese* socioeconomic; ~*e regte* socioeconomic rights. ~~**kultureel** *rele* sociocultural(ly). ~~**polities** *tiese* sociopolitical. ~~**wetenskaplike** *like* social scientist.

**so·si·a·lis** *liste, (also* S~*)* socialist. **so·si·a·lis·me** socialism. **so·si·a·lis·ties** *tiese* socialist(ic).

**so·si·a·li·seer** *ge-* socialise. **so·si·a·li·sa·sie** socialisation.

**so·si·a·li·teit** sociability.

**so·si·o·bi·o·lo·gie** sociobiology.

**so·si·o·lin·guis·tiek** sociolinguistics. **so·si·o·lin·guis** *guiste* sociolinguist.

**so·si·o·lo·gie** sociology, social science. **so·si·o·lo·gies** *giese* sociological. **so·si·o·loog** *loë* sociologist, social scientist.

**so·si·o·me·trie** sociometry. **so·si·o·me·tries** *triese* sociometric(ally).

**so·si·o·paat** *pate, (psych.)* sociopath.

**sot** *sotte, n.* fool, idiot. **sot** *sot(te) sotter sotste, adj.* mad, crazy, silly, nonsensical, *(infml.)* clottish. **sot·lik** *like* = SOT *adj.*. **sot(·lik)·heid** madness, folly, craziness, silliness. **sot·te·praatjies** claptrap, nonsense. **sot·ter·ny** *nye* foolishness; tomfoolery.

**so·teer** *(ge), (cook.)* sauté.

**so·te·ri·o·lo·gie** *(theol.)* soteriology. **so·te·ri·o·lo·gies** *giese* soteriologic(al).

**So·tho** *tho's, (member of a people)* Sotho; *(no pl.: lang.)* Sotho.

**sou:** *ek* ~ *dink ...* I should *(or* am inclined to) think ...; *iem.* ~ *dit doen* s.o. was to have done it; *iem.* ~ *dit kan doen* s.o. might (be able to) do it; *iets* ~ *... doen* s.t. is purported to do ...; *iem.* ~ *dit gedoen het* s.o. would have done it; s.o. is reported to have done it; *iets* ~ *... wees* s.t. is purported to be ...; →SAL.

**sou·bret·te** *tes, (mus.)* soubrette.

**souf·flé** *flés, (cook.)* soufflé.

**souf·fleer** *(ge)* prompt. **souf·fleur** *fleurs, (fem.)* **souf·fleu·se** *ses* (female) prompter.

**soul** *(mus.)* soul. ~**musiek** soul music. ~**sanger** soul singer.

**sou·ri·ër** *riërs,* **sou·rus** *russe, (zool., palaeontol.)* saurian.

**sou·ro·po·de** *(a dinosaur)* sauropod.

**sous** *souse, n.* sauce; gravy *(from meat);* (sweet or piquant) relish; dressing; *die hele* ~, *(infml.)* the whole box and dice, *(infml.)* the whole (kit and) caboodle; *sonder* ~ sauceless. **sous**

*ge*=, *vb.: dit ~, (infml.)* it's (*or* it is) raining (hard/steadily); *dit ~ behoorlik, (infml.)* it's bucketing (down), the rain is pelting down, it's raining cats and dogs. **~bone, ~boontjies** bean salad; salad beans; baked beans. **~kluitjie** stew dumpling. **~kom(metjie)** gravy/sauce boat. **~lepel** gravy ladle/ spoon, sauce-ladle. **~tannie** *(joc., derog.)* plump woman. **~trein:** *op die ~ klim/spring/sit/ry, (infml., derog.)* board/ride (*or* get/be on) the gravy train, land/get/have (*or* be in) a cushy job. **~vet** dripping.

**sou·sa·foon** *=fone, (a tuba-like mus. instr.)* sousaphone. **~spe= ler, ~blaser** sousaphonist.

**sous-chef** *(Fr.)* sous-chef.

**sou·se·rig** *=rige* juicy, with plenty of sauce/gravy.

**sous·loos** *=lose* sauceless.

**sout**, *n.* salt; *die ~ van die aarde* the salt of the earth; *'n knippie/knypie ~* a pinch/touch of salt; *iets met 'n korreltjie/greintjie ~ neem/opvat* take s.t. with a pinch/grain of salt; *... het 'n sak ~ saam opgeëet ...* have experienced much together (*or* known one another for a long time); *jou ~ verdien* be worth one's salt, pull one's weight; *van geen ~ of water weet nie* be completely in the dark *(about s.t.); ~ in iem. se wonde vryf/vrywe/smeer, (fig.)* rub salt (*or* twist/turn the knife) in s.o.'s wounds. **sout** *adj.* salt; briny. **sout** *ge=, vb.* salt; cure; immunise; *teen ... ge=* immune to ... **~boer** → SOUTMAKER. **~bos** *(Atriplex spp.)* saltbush. **~bron** saline (spring). **~gehalte** salinity, salt content, percentage of salt. **~gereg(gie)** savoury (dish). **~happie** cocktail snack, savoury. **~kuip** salting tub. **~laag** layer of salt, salt stratum. **~lek** salt lick. **~maker, ~boer** salt maker/farmer/collector. **~makery** salt-making; saltworks, saltern. **~meer** salt lake. **~myn** *(also fig.)* salt mine. **~neerslag** saline deposit. **~oplossing** brine, saline solution. **~pan** saltpan, saltern. **~pilaar** pillar of salt; *soos 'n ~ staan* stand like one asleep. **~plant** halophyte. **~potjie** saltcellar, salter, salt shaker. **~ribbetjie** salted/pickled/cured rib *(of mutton, pork, etc.).* **~slaai** ice plant. **~strooier** salt dredge; salt shaker/sprinkler/pourer, salter. **~suur** *n.* hydrochloric acid. **~suur** *adj.* hydrochloric. **~tert** savoury tart. **~vlakte** salt flat. **~vleis** salt(ed) meat; corned meat/beef. **~water** saline water; brine. **~watervis** saltwater/marine fish. **~werk** saltery, saltworks.

**sou·ta·ne, soe·ta·ne** *=nes, (RC, priest's cassock)* soutane.

**sou·te·rig** *=rige* salty, saltish, brackish, briny, saline. **sou·te· rig·heid** brackishness; salinity.

**sou·te·ry** *=rye* saltery; saltworks.

**sout·heid** saltness, salinity.

**sout·hou·dend** *=dende* saliferous, saline.

**Sou·tie** *(derog., rather dated: an Eng. pers.)* limey *(also* L~*).*

**sou·tig** *=tige* salty; *=e omelet* savoury omelette. **sou·tig·heid** saltness, salinity; s.t. salt, salt food. **sou·tig·heid·jie** *=jies* savoury.

**sou·ting** salting; immunisation; immunity.

**sout·loos** *=lose* saltless, without salt; insipid; witless.

**so·veel, so·veel** so much, so many; *anderhalf maal ~* half as much again; *~ as ...* to the number of ...; *dis ~ as ...* it amounts to ... *(an insult etc.); dit is ~ as om te ...* (doing) that is equivalent to ...; *~ te beter/ens.* so much (*or* all) the better/etc.; *dubbel ~* twice as much, as much again; *~ (as) moontlik* as much/many as possible; *nog ('n keer) ~, weer ~* as much again/more; as many again/more; *ruim ~* every bit as much; *~ kan ek jou wel sê/vertel* this much I can tell you; *~ te beter/erger* so much the better/worse; *~ te meer* all the more; *~ weet ek* this much I know. **so·veel·ste** umpteenth; *vir die ~ maal* for the hundredth/umpteenth (*or* thousand and first) time; *op die ~ van die maand* on this/that day of the month; *in iem. se tagtig en ~ jaar* when he/she was eighty odd years old.

**so·ver, so·vêr** *(also* so ver/vêr*)* as/so far as; *~ goed* so far, so good; *in ~ (of soverre) ...* as/so (*or* in so) far as ...; *to that* extent; *in ~ (of soverre) iem. gelyk het* in so far as s.o. is right; *in ~ (of soverre) het iem. gelyk* in so far as s.o. is right; *as dit ~ kom* if it comes to that; *~ moontlik* as far/much as possible; *tot ~ so far; ~ (as) iem. weet* as/so far as s.o. knows, to the best of s.o.'s knowledge; *nie ~ ek weet nie* not to my knowledge, not as far as I know, not that I know of.

**so·waar** truly, indeed, actually, to be sure, as sure as fate (*or* a gun); *sowaar?* is that a fact?, (not) really?; *(infml.)* you don't say (so)!, go on!.

**so·wat** about, more or less, roughly, some; *~ 50 rand* a matter of 50 rands.

**so·wel:** *~ vroue as mans, vroue ~ as mans* women as well as men; not only men but (also) women.

**So·we·to** *(geog., acr.:* South Western Townships*)* Soweto; *inwoner van ~* Sowetan. **~dag** *(SA hist.: 16 June)* Soweto Day; →JEUGDAG.

**sow·jet, sow·jet** *=jets* soviet. **S~republiek** *=blieke:* Unie van Sosialistiese *~e, (hist., abbr.:* USSR*)* Union of Soviet Socialist Republics. **S~unie:** *die ~, (hist.)* the Soviet Union.

**spa** *spa's* spa.

**spaan** *spane* scoop, ladle, skimmer; oar; *(table tennis)* bat; *(roof)* shingle. **~dak** shingle(d) roof.

**spaan·der** *=ders, n.* chip; shiver; splinter; sliver; *(in the pl., also)* chippings. **spaan·der** *ge=, vb.* scoot, skedaddle, cut and run; *(laat) ~, (infml.)* take to one's heels. **~bord** chipboard.

**Spaans** *n., (lang.)* Spanish; →SPANJAARD. **Spaans** *Spaanse, adj.* Spanish; *~e kitaar/ghitaar* Spanish guitar; *~e leer* cordovan, Spanish leather; *~e makriel, (icht.)* sierra; *~e peper* capsicum, chil(l)i. **~-Amerika** Spanish America. **~-Amerikaans** Spanish American. **s~riet** *(Arundo donax)* Spanish reed; rat(t)an; (Bengal) cane. **s~vlieg** blister beetle/fly, cantharides.

**spaar** *ge=* save, put by, reserve, husband *(money, strength, one's breath);* conserve; spare *(s.o.'s life, costs, trouble); iem. het ge~ gebly, iem. is ge~* s.o. has been spared; *iets het iem. ge~ ge= bly* s.o. has been spared s.t. *(the indignity etc.); iem. iets ~* spare s.o. s.t. *(the indignity etc.); jou nie ~ nie* not spare o.s.; work like a Trojan; *as jy vandag ~, sal jy môre/more hê* waste not, want not; *~ vir ...* save (up) for ... **~bank** savings bank. **~boekie** savings/deposit book. **~bus(sie)** money box. **~fonds** provident/savings fund. **~geld** savings; *van jou ~ (begin) gebruik* dip into one's savings. **~kamer** spare (bed)room, guest room. **~kas** provident/benefit fund, friendly society. **~klub** *n.* lay-by. **~koop** *n.* lay-by. **~pak** economy pack; *'n ~ vrugte/ens.* an economy-size packet of fruit/etc.. **~rekening** *=nings, =ninge* savings account. **~sin** thrift. **~varkie** piggy bank. **~vereniging** thrift society/club. **~wiel** → NOODWIEL.

**spaar·saam** *=same* thrifty, economical, saving, frugal, provident, parsimonious; *uiters ~ leef/lewe* scrimp and save; *~ met iets wees/werk* use s.t. sparingly; be sparing with/of s.t.; go slow with (*or* easy on) s.t.. **spaar·saam·heid** thrift, economy, husbandry, frugality, providence.

**spaat** *(geol.)* spar. **~ystersteen** siderite, meteoric iron, spathic/ iron ore.

**spag·het·ti** spaghetti; *~ bolognese, (It. cook.)* spaghetti bolognese. **~bandjie** spaghetti strap *(of a dress etc.).*

**spai·der, spaai·der** *=ders, (<Eng., a horse-drawn carriage)* spider, barouche, calèche.

**spalk** *spalke, n.* splint; cradle. **spalk** *ge=, vb.* set *(a fractured leg),* splint, put in splints; *(woodw.)* splice; *iem. se been is ge~* s.o.'s leg is in splints. **~las** *(woodw.)* splice; fish(ed) joint.

**span** *spanne, n.* team *(of horses, oxen, players);* span *(of oxen);* gang *(of workmen); (infml.)* crew *(of technicians etc.); (cr.)* side, eleven; *(bowls)* rink; squad; panel; *die ~ haal, in die ~ kom* make the team, get one's cap, be capped; *in 'n ~ wees/speel* be in/on a team; *'n ~ kies* select a team; *~ne kies, (also)* choose/pick sides. **span** *ge=, vb.* stretch *(a rope);* strain *(the* *eyes, muscles, attention);* spread *(sails);* draw, bend *(a bow);* hobble *(a horse),* strap *(a cow);* tenter *(text.);* tense; tension; key up; *die* **baadjie/ens.** ~ *om die skouers* the coat is too tight round the shoulders; **draad** ~ put up *(or* sling) wire, fence; *iets oor ...* ~ sling s.t. across *... (a wire across a kloof etc.);* '*n* **strik** ~ set a trap, lay a snare; *iets* **stywer** ~ tighten up s.t.; *perde* **voor** '*n wa* ~ harness/hitch horses to a wa(g)gon; *die osse* **voor** *die wa* ~ yoke the oxen to the wag(g)on. **~baas** ganger, foreman. **~balk** straining beam. **~beton** prestressed concrete. **~broek** tights, leggings; tight pants/trousers, stretch pants. **~doek** banner *(across a street etc.).* **~draad** tightrope. **~draadloper** tightrope walker. **~droër** tenter (frame). **~gees** team spirit, *(Fr.)* esprit de corps. **~haak** tenterhook. **~hout** *(fencing)* dropper. **~klem** end clip. **~klou** grip, gripping jaw. **~krag** tensile strength, elastic/tensile/stretching force; tension; expansive force, expansibility *(of gas etc.).* **~lid** team member, member of a team. **~lyn** *(naut.)* stirrup. **~maat** teammate; running mate; partner *(in games).* **~masjien** tenter. **~moer** turnbuckle, screw shackle; take-up nut; thumb nut *(of compasses).* **~plaat** stretcher plate, faceplate. **~poging** team effort. **~raam** draw frame, tenter, stretcher frame. **~rand** bead *(of a tyre).* **~riem** hobble; →SPANTOU. **~rol** winder. **~roller** take-up roller *(of a loom etc.).* **~ruspe(r)** measuring worm, inchworm, looper. **~saag** frame/sweep saw. **~skroef** draw vice, straining/bottle/tension screw. **~spel** team game. **~speler** *(sport)* team player. **~speletjie** *(rad., TV)* panel game. **~stoei** tag wrestling. **~stuk** bridge piece, bridging; stretcher (bar); brace; straining piece *(in a roof).* **~tang** spring clamp. **~toppie** tight-fitting top; boob tube. **~toring** *(elec.)* pylon. **~tou** (leg) hobble, hopple, knee strap; milking strap; →SPANRIEM. **~veer** tension spring. **~wedloop** team race, relay (race). **~werk** teamwork. **~werker** team worker/player. **~wiel** jockey wheel. **~wydte** spread, span.

**span·baar** *-bare* tensile, tensible.

**span·da·bel** *-bele -beler -belste* extravagant, wasteful, thriftless, prodigal.

**span·deer** *(ge)-* spend; *geld aan iets* ~ spend money on s.t. **span·deer·der** *-ders* spender.

**span·deks** *(text.: a synthetic stretch fabric)* spandex.

**Span·je** *(geog.)* Spain; →SPAANS. **Span·jaard** *-jaarde* Spaniard.

**span·joel** *-joele, (dog, also* S~*)* spaniel.

**span·nend** *-nende* tight, tense; exciting, gripping, thrilling, enthralling; *~e afwagting* suspense; *~e verhaal* gripping/exciting tale; *~e wedstryd* exciting/thrilling match.

**span·ner** *-ners* tightener, tensioner; tenterer; *(zool.)* measuring worm, inchworm, looper.

**span·ning** *-nings, -ninge* tension, strain, stress; voltage; suspense, excitement; tightness *(of the market);* *(med.)* tone; *(biol.)* turgidity, turgor; span *(of a bridge); in* **groot** ~ *verkeer oor iets* be on a knife-edge about s.t.; *daar* **heers** ~ tension prevails; *iem. in* ~ **hou/laat** keep s.o. in suspense; *die* ~ **neem toe** *(of styg)* tension mounts; *aan* ~ **onderwerp** *word* be put under stress; *die* ~ *word* (nou) *vir iem.* **ondraaglik** the suspense is killing s.o.; *die* ~ *tas iem.* **aan** the strain tells on s.o.; *die* ~ *verduur* take the strain; *iem. kan die* ~ *nie* **verduur** *nie* s.o. cannot bear the suspense; *in* ~ **verkeer** be under a strain; be on tenterhooks; *die* ~ **verlig** ease the tension; relieve the strain. **span·ning·loos** *-lose, (elec.)* dead; *iets* ~ *maak* de-energise s.t., make s.t. dead.

**span·nings-:** **~beheer** *(elec.)* voltage control. **~druk** stress; *onder geweldige* ~ *verkeer, geweldige* ~ *ervaar/ondervind* be stressed out. **~graad** *(insulation)* voltage grade. **~meter** *(elec.)* voltmeter; *(med.)* tonometer; tens(i)ometer. **~reëlaar** *(elec.)* voltage regulator. **~reëling** *(elec.)* voltage regulation. **~verhaal, ~roman** thriller, novel of suspense; mystery (story). **~verskil** difference of potential, potential difference. **~vol** stressful; suspenseful. **~waansin** *(psych.)* catatonia. **~wyser, ~verklikker** voltage indicator.

**span·spek** *-spekke* (sweet) melon, cantaloup(e).

**spant** *spante, (carp.)* joist, timber.

**spar** *sparre* rafter *(of a roof);* strut, brace, pole; *(naut.)* spar; dropper *(in a wire fence); (bot.)* spruce (fir). **~boom, ~den** spruce (fir). **~hout** spruce.

**Spar·ta** Sparta. **Spar·taan** *-tane, n.* Spartan. **Spar·taans** *-taanse, adj., (also* s~*)* Spartan.

**spar·tel** *ge-* flounder, flounce; struggle; ~ *om ...* struggle to ... *(make a living etc.);* '*n ~ende vis* a wriggly fish. **spar·te·ling** *-lings, -linge* struggle.

**spa·sie** *-sies* space; room; opening; '*n* ~ *teruggaan, (typ.)* backspace. **~balk** space bar. **spa·si·eer** *ge-* space; *iets* ~ space s.t. out. **spa·si·eer·der** *-ders* spacer. **spa·si·ë·ring** *-rings, -ringe* spacing; *(mech.)* pitch.

**spas·ma** *-mas,* **spas·me** *-mes* spasm. **spas·mo·dies** *-diese* spasmodic.

**spas·ties** *-tiese, adj.* spastic; *~e gang* spastic gait. **spas·ti·si·teit** spasticity.

**spat**[1] *spatte, n.* stain, spot. **spat** *ge-, vb.* splash, splutter, spatter, plash; frizzle; fall, go flying; *laat* ~, *(infml.)* clear off/out, cut and run, scoot, skedaddle; *op ...* ~ splash on ...; *iets op ... (laat)* ~ spatter s.t. on ..., spatter ... with s.t.; *uitmekaar* ~ shatter; disintegrate. **~aar** varicose vein, varix. **~aarbreuk** varicose hernia, varicocele. **~bord** dashboard, splashboard. **~lys** baseboard, skirting board, washboard. **~skerm** splash guard/shield.

**spat**[2] *n., (vet.)* spavin.

**spa·tel** *-tels, (med.)* spatula, depressor; palette knife, spatula; flat trowel; scoop. **spa·tel·vor·mig** *-mige* spatulate.

**spa·tig** *-tige, (geol.)* spathic, spathose, sparry.

**spat·sel** *-sels* splash, spatter, dab.

**spa·za(·win·kel)** *(SA)* spaza (shop).

**spea·ker** *-kers* speaker *(of parl.); Meneer/Mevrou die* S~ Mister/Madam Speaker.

**speek** *speke* spoke; *speke* **insit** *in* '*n wiel* spoke a wheel; *die* **onderste** ~ *kom ook bo* it's a long lane that has no turning; ~ *van* '*n* **sambreel** rib of an umbrella; *(vir) iem.* '*n* ~*/stok in die* **wiel** *steek* put a spoke in s.o.'s wheel. **~been** radius; spindly leg; *(med.)* radial. **~hout** spoke wood. **~hout(boom)** wild peach. **~los** not in order; deranged, having a screw/tile loose.

**speek·sel** spittle, saliva, sputum. **~afskeiding** secretion/flow of saliva. **~klier** salivary gland.

**speel** *n.: aan die* ~ playing; at play. **speel** *ge-, vb.* play; toy; act, perform, enact; dally; chime; gamble; *eerlik* ~ play the game, play fair; *gaan* ~ go and play; go out to play; *gaan/loop* ~*!, (also, infml.)* stop bothering me!; *die* **spanne** *het ge-* **lykop** *ge-* die teams drew; *goed* ~ play/do well; *goed tennis* ~ be good at tennis; *gou* ~ hurry (up); finish quickly; *gou* ~ *met iem./iets* make short work of s.o./s.t.; give s.o./s.t. short shrift; *die stuk/verhaal* ~ *(hom) (af) in ...* the scene is laid/set in ... *(a place, a period); jy* ~*!, (infml.)* go on!, you're joking/kidding!; *jy* ~ *met my!* you are pulling my leg!; *kierang (~)* play foul; *iem.* **laat** *nie met hom/haar* ~ *nie* s.o. is not to be trifled with; s.o. stands no *(or* does not stand any) nonsense; *lekker* ~ have a good game; *ek* ~ **maar** *(net), ek* ~ *net* I'm only joking; *met iem.* ~ play with s.o.; trifle *(or* play games) with s.o.; *met iets* ~ play with s.t.; toy with s.t.; flirt with s.t. *(an idea);* fool around with s.t.; *met die dood (of jou lewe)* ~ dice with death; *met jouself* ~, *(euph.: masturbate)* play with o.s.; *op iets* ~ play on/upon s.t. *(an instr.); senter/vleuel* ~, *(rugby)* play at centre/wing; *skelm* ~ cheat at a game; *vir* '*n* **span** ~ turn out for a team; *vir iets* ~ play for s.t. *(money etc.); vuil* ~ play foul. **~bal** *(fig.)* plaything; puppet; toy; '*n politieke* ~ a political football; '*n* ~ *in die hande van ...* a puppet in the hands of ...; *van iem.* '*n* ~ *maak* play fast and loose with s.o.. **~bank** bank *(in gaming).*

~**beurt** innings; fixture. ~**deeg** play dough. ~**ding(etjie)** toy, plaything, bauble. ~**film** →SPEELPRENT. ~**geld** stakes, pool; gaming/gambling money. ~**geweer(tjie)** popgun; toy gun. ~**goed** →SPEELGOED. ~**groep(ie)** play group. ~**hok,** ~**kamp(ie)** playpen, playing pen. ~**kaart** playing card. ~**kamer** play= room; card room. ~**kamp** play(ing) enclosure. ~**kant** *n.,* *(sport)* on side. ~**kant** *adj.* onside. ~**kas** jukebox. ~**maat** play= mate, playfellow; partner. ~**munt** chip, counter. ~**park** chil= dren's park, playground. ~**plek** playground. ~**pop** doll; pup= pet, marionette; *(fig., derog.)* stooge. ~**prent,** ~**film** dramatic/ feature film, screen play. ~**reël, spelreël** =*reëls* rule of play *(or* a game); *die* ~*s verander/wysig, (fig., infml.)* move/shift the goalposts; *die* ~*s het (aansienlik/heeltemal) verander, (fig., infml.)* it's a different *(or* whole new) ball game. ~**ruimte** elbow room, space, scope, latitude, margin; allowance, clear= ance, tolerance; (free) play; →SPELING; *iem.* ~ *gee* allow/give s.o. latitude; ~ *hê* have room to manoeuvre; ~ *laat* leave a margin; *(aan) iem.* ~ *laat* allow/give s.o. latitude. ~**siek** =*siek(e)* playful, frolicsome, game. ~**skool** playschool. ~**spel** play= ing; with ease, easily; jokingly; ~ *huis toe kom* return home playing; *jou werk* ~ *doen* do one's work without exerting o.s.; *iem. het dit (sommer)* ~ *gedoen* it was child's play to s.o.. ~**stang,** ~**stok** *(comp.)* joystick. ~**styl** style of play. ~**tafel** gaming/ gambling table; card table; console *(of an organ).* ~**terrein** playground, recreation ground, close. ~**toneel** *(poet., liter.)* stage; *die wêreld is 'n* ~ all the world's a stage. ~**tyd** play= time, interval, recess; playing time; *(in [die])* ~ at playtime. ~**uur** play hour, recess, interval. ~**vak** *(theatr.)* season; run; *die toneelstuk se* ~ *word beëindig* the play is coming off. ~**veld,** ~**terrein** playing field.

**speel·baar** =*bare* playable; actable. **speel·baar·heid** playa= bility; actability.

**speel·goed** toys, playthings; *iem. is niemand se* ~ *nie* s.o. is not to be trifled with. ~**beertjie** teddy (bear). ~**hondjie** toy dog. ~**kis** toy box. ~**maker** toymaker. ~**treintjie** model train.

**speels** *speels(e) speelser speelsste* playful, merry, sportful, spright= ly, kittenish. **speels·heid** playfulness.

**speel·ster** =*sters* (female) player; actress.

**speen** *spene, n.* nipple, teat, dug, mam(m)illa. **speen** *ge=, vb.* wean; set *(fruit).* ~**halter** weaner. ~**kalf** weaner (calf). ~**lam** weaner. ~**oud** (just) weaned. ~**plank** *(a device)* weaner. ~**tyd** *(fruit)* setting. ~**vark(ie)** sucking pig; *(as meat also)* baby pork.

**speen·ling** =*linge* weaner.

**speer** *spere, (rare)* →SPIES *n..* ~**punt** spearhead. ~**vis** *(icht.: Tetrapturus* spp.) spearfish.

**speg** *spegte, (orn.)* woodpecker.

**spek** bacon; pork fat, speck; blubber *(of a whale); iem. is vir* ~ *en boontjies daar, (infml., fig.)* there is no point in s.o. be= ing there; s.o. is a passenger; ~ *en eiers* bacon and eggs; *met* ~ *skiet, (infml., fig.)* tell tall stories; →SPEKSKIET; *nie (net) met* ~ *skiet nie, maar met die hele vark, (infml., fig.)* tell outra= geous lies; be an inveterate liar. ~**boom** *(bot.)* spekboom, purslane tree, elephant's food. ~**repie** lardo=)n; →SPEK= (VLEIS)REEP. ~**rol(letjie)** bacon roll. ~**skiet** *spekge=* draw the long bow, fib. ~**skieter** storyteller, romancer, fibber. ~**skiet= ery** exaggeration, fibbing, storytelling. ~**vark** bacon pig, baconer. ~**vet** as plump as a partridge; in good health, look= ing well. ~**vleis** bacon; ~ *en eiers* bacon and eggs. ~**(vleis)= reep** *(cook.)* bard(e); →SPEKREPIE . ~**vleisrol** bacon roll.

**spek·ta·kel** =*kels* scene, uproar, rumpus; spectacle; hap= pening; *(infml.)* three-ring circus; *'n* ~ *lyk/wees* cut a ridicu= lous figure, be a sight to see; *'n* ~ *van jou maak* make a spectacle of o.s.; *wat 'n* ~*!* what a specimen!.

**spek·traal** =*trale* spectral.

**spek·tro·me·ter** spectrometer. **spek·tro·me·trie** spectrom= etry.

**spek·tro·skoop** =*skope* spectroscope. **spek·tro·sko·pie** spec= troscopy. **spek·tro·sko·pies** =*piese, adj.* spectroscopic(al). **spek·tro·sko·pies** *adv.* spectroscopically.

**spek·trum** *spektrums, spektra* spectrum. ~**-analise** *(chem. etc.)* spectrum/spectral analysis. ~**(-)analiseerder,** ~**(-)ont=leder** spectrum analyser.

**spe·ku·laas** parliament cake/gingerbread.

**spe·ku·lant** =*lante* speculator.

**spe·ku·la·sie** =*sies, (philos.)* speculation; venture, adventure, speculation, (gambling) flutter; *op* ~ on speculation, *(infml.)* on spec. ~**bouer** speculative builder.

**spe·ku·la·tief** =*tiewe* speculative.

**spe·ku·leer** *ge=* speculate; *met iets* ~ speculate in s.t. *(gold shares etc.);* op *iets* ~ gamble on s.t..

**spel**[1] *n., (pl.: spele)* game; recreation, pastime; *(pl.: spelle)* game *(of tennis, chess, etc.);* pack *(of cards);* set *(of chessmen etc.); (no pl.), (theatr., sport)* play, performance; acting; playing, exe= cution *(on a mus. instr.);* play; playfulness; *die* ~ *het begin* the game is on; *die* ~ *het laat begin* play started late; *die bal is buite* ~ the ball is out of play; *jou eie* ~ *speel* play a lone hand; *die* ~ *gaan voort!* the show must go on!; *die* ~ *is ge= staak* play was stopped; *'n gevaarlike* ~ *speel, (fig.)* play a dangerous game; *die bal is in* ~ the ball is in play; *in die* ~ *kom* come into play; *... buite* ~ *laat* leave ... out of it; *iets is/ staan op die* ~ s.t. is at stake; s.t. is involved; s.t. hangs/is in the balance; s.t. is in jeopardy; *iets op die* ~ *plaas/sit* put s.t. in jeopardy; *die* ~ *is weens reën gestaak* rain stopped play; *die* ~ *speel* make a game of it; *op die* ~ *staan* be at stake; be in the balance; ~ *en stel, (tennis)* game and set; *(aan) iem. vry(e)* ~ *gee/laat* give s.o. a free hand *(or* carte blanche), *(infml.)* give s.o. a blank cheque; give s.o. ample/free/full scope. ~**bederwer,** ~**breker** spoilsport, killjoy, wet blanket. ~**ge= halte** standard of play. ~**leiding** direction. ~**leier** producer, director; games master. ~**maat** partner *(in games).* ~**poort** *(comp.)* games port. ~**punt** *(tennis)* game point. ~**skepper,** ~**maker** *(rugby, soccer, etc.)* play maker.

**spel**[2] *ge=, vb., (orthography)* spell; spell, foretell, portend; → SPELLING; *'n woord anders* ~ respell a word; *verkeerd* ~ mis= spell. ~**boek** spelling book. ~**fout** spelling mistake, misspell= ing. ~**kontrole, spellingkontrole** *(comp.)* spellcheck. ~**kuns** orthography, art of spelling. ~**lys** spelling list. ~**reël** spell= ing/orthographic(al) rule. ~**toets** spelling test; *(comp.)* spell= check. ~**toetser,** ~**kontroleprogram** *(comp.)* spellchecker, spelling checker. ~**vorm** =*vorme* orthography, spelling. ~**woord** speller. ~**wyse** (method *or* way of) spelling, orthographic(al) method, orthography.

**speld** *spelde, n.* pin; *jy kon 'n* ~ *hoor val* you could have heard a pin drop, there was a hushed silence; *soos 'n groot* ~ *ver= dwyn/wegraak* vanish into thin air; *(s.o.)* abscond. **speld, spel·de** *ge=, vb.* pin, fasten.

**spel·de·:** ~**gaatjie** pinhole. ~**kop** pin's head, pinhead. ~**kus= sing** =*sings* pincushion; *(in the pl., bot.: Leucospermum* spp.) pincushions. ~**prik** pinprick.

**spe·len·der·wys, spe·len·der·wy·se** playing, playfully, in play; jokingly, jocularly; easily, with ease; →SPEEL-SPEEL.

**spe·le·o·lo·gie** spel(a)eology. **spe·le·o·lo·gies** =*giese* spe= l(a)eological. **spe·le·o·loog** =*loë* spel(a)eologist.

**spe·ler** =*lers* player; gambler; punter; musician; actor; per= former. ~**-bestuurder** player-manager.

**spe·le·rig** =*rige* playful, frolicsome, frolicky, gamesome, spor= tive. **spe·le·rig·heid** playfulness.

**spe·le·tjie** =*tjies* game, pastime; *(in the pl., also)* fun; jollifi= cation; *die lewe is nie (net) 'n* ~ *nie* life is not all beer and skittles; *om te ..., is nie* ~*s nie* it's no joke to ... *(get up so early in winter etc.);* *agterkom dat iets nie* ~*s is nie* find s.t. a tough job; *sonder* ~*s* jokes/joking apart, seriously; ~*s speel* play games; ~*s met iem. speel, (fig., usu. pej.)* play games with s.o.; *daardie* ~ *kan ek ook speel* two can play at that game.

**spe·le·tjies·:** ~**arkade** amusement arcade. ~**konsole** *(comp.)* games console.

**spe·ling** =*lings, -linge* play, allowance, clearance, tolerance; margin; slack; scope; (back)lash.

**spel·ler** -*lers* speller.

**spel·ling** -*lings*, -*linge* spelling, orthography; *die ~ (van ...) kontroleer/nagaan/toets* spellcheck (...); *verkeerde ~* misspell= ing. ~**kontroleerder** *(comp.)* spellchecker, spelling checker. ~**sisteem,** ~**stelsel** orthographical/spelling system, orthog= raphy. ~**uitspraak** spelling pronunciation. ~**verandering** change of spelling.

**spe·lonk** -*lonke* cave, cavern, grotto. ~**bewoner** cavedweller, troglodyte.

**spe·lonk·ag·tig** -*tige* cavernous.

**spe·lon·ker** -*kers* potholer, spel(a)eologist, spelunker.

**spelt** *(type of wheat: Triticum spelta)* spelt.

**spel·ter** *(min.)* spelter.

**spen·cer** -*cers, (jacket, vest)* spencer.

**spens** *spense* larder, pantry. ~**bak** (storage) bin. ~**kas** pan= try cupboard, (kitchen) dresser. ~**kis** storage bin. ~**rak** pan= try shelf, (kitchen) dresser.

**sper** *ge=* bar, block; jam; distend *(the eyes)*. ~**boom** barrier, boom. ~**boomvaartuig** boom defence vessel. ~**draai** *(mot.)* chicane. ~**gebied** *(mil.)* restricted area. ~**rat** ratchet (wheel). ~**reling** guardrail, barrier railing. ~**ring** balk/blocking ring. ~**sone** forbidden/prohibited zone; ~ *vir vliegtuie* no-fly zone. ~**streep** barrier line. ~**vuur** *(mil.)* barrage, battery/ curtain fire.

**sperm** *sperme, sperms,* **sper·ma** ~, *(physiol.)* sperm, semen. ~**dodend** spermicidal. ~**doder** spermicide. ~**sel** →SAADSEL. ~**telling** sperm count.

**sper·ma·ce·ti** spermaceti. ~**walvis** sperm (whale), cacha= lot.

**sper·ma·to·fiet** -*fiete, (bot.)* spermatophyte, seed/flowering plant.

**sper·ma·to·foor** -*fore, (zool.)* spermatophore.

**sper·ma·to·so·ïes** -*soïese* spermatozoal, spermatozoan.

**sper·ma·to·so·ön** -*soë,* -*soa, (zool.)* spermatozoon.

**sper·wer** -*wers, (orn.)* sparrowhawk; goshawk.

**spe·se·ry** -*rye* spice. **spe·se·ry·ag·tig** -*tige* spicy. **spe·se·ry·han·del** spice trade.

**spe·si·aal** -*siale, adj.* special; particular *(friend etc.)*; excep= tional *(case etc.)*; ~*siale* **aanbod/aanbieding,** *(comm.)* spe= cial offer, *(infml.)* special; ~*siale* **behoeftes** special needs *(of disabled people etc.)*; ~*siale* **effekte,** *(films, TV)* special effects; ~*siale* **gereg** special *(infml.)*; *iets teen 'n* ~*siale* **prys** *aanbied* do/have/run a special offer on s.t.; ~*siale* **sorg** *verg* (of *nodig hê)* need/require special care; ~*siale* **teken,** *(comp.)* special character. **spe·si·aal** *adv.* specially, especially, in particu= lar; ~ *gebou* purpose-built; ~ *vervaardig* purpose-made. **spe·si·a·lis** -*liste* specialist. **spe·si·a·li·sa·sie** specialisation. **spe·si·a·li·seer** *ge=* specialise; *in ...* ~ specialise in ... **spe·si·a·li·teit** -*teite* speciality.

**spe·sie**[1] specie, coin, hard money; type metal.

**spe·sie**[2] -*sies* species, kind, type; *'n bedreigde/kwynende/uit= sterwende* ~ a threatened species; *'n uitgestorwe* ~ an extinct species. ~**diversiteit** species diversity.

**spe·si·fiek** -*fieke, adj.* specific; ~*e* **middel** specific; ~*e* **genees= middel** specific medicine; ~*e* **oorsaak,** *(med.)* specific cause *(of a disease)*. **spe·si·fiek** *adv.* specifically. **spe·si·fi·ka·sie** -*sies* specification, *(infml.)* spec. **spe·si·fi·seer** *ge=* specify, itemise, particularise.

**spe·si·men** -*mens* specimen.

**spes·maas** *(infml.)* inkling, suspicion, notion, idea, hunch; *'n* ~ *hê dat ..., (infml.)* have an idea (*or* a hunch) that ...; *'n nare* ~ *hê dat ...* have a funny feeling (*or* a sneaking suspi= cion) that ...

**speuls** *speulse, (dated)* ruttish, on heat; →SPULS.

**speur** *ge=* notice, discover, detect; trail, track, sleuth. ~**agent= skap** detective agency. ~**diens** criminal investigation de= partment, detective service/department. ~**gas** tracer gas.

~**hond** tracker dog, *(lit., fig.)* sleuth (hound). ~**middel** -*dels* tracer. ~**roman** detective novel. ~**sersant** detective sergeant. ~**sin** detective mind; discernment, acumen. ~**verhaal** de= tective story. ~**werk** criminal investigation, detective work.

**speur·der** -*ders* detective, investigator, sleuth.

**spie·ël** *spieëls, n.* mirror, (looking) glass; level *(of the sea)*; stern, escutcheon *(of a ship)*. **spie·ël** *ge=, vb.* mirror, reflect. ~**beeld** (mirror) image, virtual image; phantom, illusion. ~**blink** (as) shiny as glass. ~**glad** mirror smooth, as smooth as a mirror; dead flat, glassy, waveless, unrippled. ~**glas** plate glass. ~**kas** dressing table; mirrored wardrobe. ~**raam** mirror/looking-glass frame. ~**skrif** mirror/inverted writing. ~**tafel** dressing/vanity table. ~**teleskoop** reflecting telescope, reflector. ~**vlak** mirror/specular surface.

**spie·ë·ling** -*lings,* -*linge* reflection.

**spie·ke·ries** -*riese, (infml.)* smart, snazzy, swanky, *(SA)* lar= ney, la(r)nie.

**spier** *spiere* muscle, brawn; boom *(on a ship)*; *jou* ~*e beweeg/ roer* flex one's muscles; *'n* ~ *verrek* pull a muscle; *sonder om 'n* ~*(tjie) te verroer/vertrek* without moving a muscle; with a straight face, straight-faced; without flinching. ~**beheersing** muscle control. ~**bewegingsleer** kinesiology. ~**bol** *(sl.)* hunk (of a man). ~**bouer** body builder. ~**bundel** muscle-bundle, muscular fascicle. ~**distrofie** *(med.)* muscular dystrophy. ~**krag** muscular strength, muscularity, brawn, beef. ~**kramp** muscle cramp/spasm, convulsion, crick. ~**kwaal,** ~**siekte** myopathy. ~**maag** gizzard, second/posterior/muscular stom= ach, ventriculus. ~**man** -*manne,* ~**tier** -*tiere* muscleman, he= man, hunk (of a man); *(in the pl., also)* beefcake. ~**ontwik= keling** muscular development, body building. ~**pyn** mus= cular pain/ache, myalgia. ~**rumatiek** muscular rheuma= tism, myalgia. ~**skede** muscle sheath, sarcolemma. ~**span= ning,** ~**tonus** muscular tension, muscle tone, myotonia. ~**stelsel** muscular system, musculature. ~**styfheid** muscle-boundness, spasticity. ~**suiker** muscle sugar, inositol. ~**trek= king** muscular spasm/twitch, myospasm. ~**uitputting,** ~**af= matting** muscular fatigue. ~**verlamming** paralysis of the muscles, myoparalysis. ~**verrekking** strain. ~**verslapper** re= laxant. ~**verslapping** atony. ~**vesel** muscular/muscle fibre. ~**weefsel** muscular tissue. ~**werking** muscular activity, to= nicity.

**spie·ring** -*rings, (icht.)* smelt.

**spier·kun·de** myology. **spier·kun·dig** -*dige, adj.* myologic(al). **spier·kun·di·ge** -*ges, n.* myologist.

**spier·wit** snow-white, pure white.

**spies** *spiese, n.* spear; javelin *(for throwing)*. **spies** *ge=, vb.* spear; spit; transfix; impale, empale. ~**draer** spearman. ~**ge= weer** spear gun. ~**gooi** *(athl.)* throw(ing) the javelin. ~**gooi= er** javelin thrower. ~**hengel,** ~**vissery** spear-fishing. ~**punt** spearhead. ~**visser** spear fisherman. **spies·vor·mig** -*mige, (bot.)* hastate, spear-shaped.

**spiet·kop** -*koppe,* -*kops, (<Eng., sl.)* speed/traffic cop.

**spiets** *spietse, n., (<Eng., sl., joc.)* speech; *'n* ~ *afsteek, (infml.)* make a speech.

**spik·kel** -*kels, n.* spot, speck, speckle; fleck; bird's-eye *(in wood)*; *vol* ~*s* speckled; flecked. **spik·kel** *ge=, vb.* speckle, dapple, speck; →GESPIKKEL(D). ~**rooi** mottled red.

**spik·kel·rig** -*rige* speckling.

**spik·splin·ter·nuut** -*nuwe* →SPLINTERNUUT.

**spil** *spille* pivot, axle; axis; centre; swivel; gudgeon; spindle; distaff; arbor; mandrel *(of a saw)*; centre pin; newel; kingpin *(fig.)*; hub; hinge; *die* ~ *waarom alles draai* the pivot/linch= pin/lynchpin *(of an enterprise etc.)*. ~**as** pivotal axis. ~**ka= trol** whirl, whorl, wharve. ~**kop** spindle head; headstock, mandrel stock *(of a lathe)*; capstan head. ~**pen** pivot pin; pintle.

**spin** *ge=* spin; *(a cat)* purr. ~**huis** spinning house. ~**klier** *(zool.)* spinning gland, spinneret. ~**masjien** spinning frame/ma=

chine, throstle (frame). ~**orgaan** *(zool.)* spinneret, spinning organ. ~**spil** spindle. ~**suiker** spun sugar. ~**tepel** *(zool.)* spinneret. ~**vermoë** spinning ability. ~**wiel** spinning wheel.

**spi·na bi·fi·da** *(Lat., med.: a congenital spine defect)* spina bifida.

**spin·ag·tig** *=tige* arachnoid.

**spi·na·sie** spinach.

**spin·del** *=dels* spindle.

**spi·nel** *=nelle, (min.)* spinel.

**spi·net** *=nette, (mus. instr.)* spinet, virginal, (pair of) virginals.

**spin·myt** *(garden pest)* spider mite.

**spin·na·ker** *=kers, (naut.)* spinnaker.

**spin·ne·kop** *=koppe* spider; *(naut.)* crowfoot; *'n solder/ens. wat krioel/wemel van die ~pe* a spidery attic/etc.. ~**bene, ~beentjies** spidery legs. ~**gewig** spider weight.

**spin·ne·kop·ag·tig** *=tige* spiderlike, spidery.

**spin·ner** *=ners* spinner.

**spin·ne·rak** *=rakke* cobweb, spider web; gossamer; *(bowls)* spider; *vol ~ke* cobwebby, spidery. **spin·ne·rak·ag·tig** *=tige* cobwebby, cobweblike, spidery; arachnoid. **spin·ne·rak·draad** spider thread.

**spin·ne·ry** *=rye* spinning; spinning mill.

**spint** sapwood, softwood, alburnum.

**spi·oen** *=spioene* spy, *(SA sl.)* pimp, *(Ngu.)* impimpi; scout; snooper; secret agent.

**spi·oe·na·sie** espionage, spying. ~**boot** vedette (boat). ~**diens** secret service. ~**drama** spy drama, cloak-and-dagger play. ~**hoof, ~baas** *(infml.)* spymaster. ~**(-)ring** spy/espionage ring. ~**verhaal** spy story.

**spi·oe·neer** *ge=* spy; scout; reconnoitre; *op iem. ~* spy on/upon s.o., *(SA sl.)* pimp on s.o..

**spi·raal** *=rale* spiral, coil, helix, volute; *(anat.)* vortex; spire. ~**binding** spiral binding (of a document). ~**boor** twist drill; spiral drill/bit. ~**galaksie, ~galaktika** *(astron.)* spiral galaxy. ~**kiem** trypanosome. ~**pilaar** torso. ~**trap** spiral/winding staircase, helical stairs. ~**veer** coil spring, coiled/helical/spiral spring; hairspring, balance spring.

**spi·raals·ge·wys, spi·raals·ge·wy·se** spiral; spirally.

**spi·raal·vorm** spiral/helical form. **spi·raal·vor·mig** *=mige* spiral, helical, involuted, tortile, corkscrew.

**spi·ra·kel** *=kels* spiracle.

**spi·rant** *=rante, n., (phon.)* spirant, fricative.

**spi·ril** *=rille, (bacterium)* spirillum.

**spi·ri·tis** *=tiste* spiritist. **spi·ri·tis·me** spiritism. **spi·ri·tis·ties** *=tiese* spiritistic.

**spi·ri·tu·a·lie·ë** *n. (pl.)* spirits, alcoholic liquors.

**spi·ri·tu·a·lis** *=liste* spiritualist. **spi·ri·tu·a·lis·me** *(also* S~) spiritualism. **spi·ri·tu·a·lis·ties** *=tiese* spiritualistic.

**spi·ri·tu·eel** *=tuele* spiritual. **spi·ri·tu·a·li·teit** spirituality.

**spi·ri·tus** spirit(s). ~**lamp** spirit lamp. ~**stoof, ~stofie** spirit stove.

**spi·ro·cheet** *=chete, (bacterium)* spiroch(a)ete.

**spi·ro·me·ter** *(lung capacity meter)* spirometer.

**spit** *spitte, n.* spit *(for roasting)*, broach; spadeful, graft; crick *(in the back)*, lumbago; *die ~ afbyt* bear the brunt, endure the worst. **spit** *ge=, vb.* dig, spade; spit. ~**braai** *ge=, vb.* spitroast. ~**graaf** spade. ~**vurk** garden fork. ~**werk** digging.

**spits¹** *spitse, n.* point, head; peak, summit; spire, pinnacle; van, forefront, spearhead; cutting edge *(of technol.)*; salient; cusp; *(bot.)* rostrum; *aan die ~* in the forefront; *aan die ~ van iets* at the cutting edge of s.t.; *met ... aan die ~* headed by ...; *iets op die ~ dryf/drywe* bring s.t. to a head; carry s.t. to an extreme. **spits** *~ spitser spitsste, adj.* pointed, peaked, sharp; cuspate, cuspidal, cuspidate(d); turreted; *~ dak* steep/high-pitched roof; *~ gesig* peaky/hatchet face; *~ neus* pointed/sharp nose; *~ paal* paling, picket; *~ toring*

steeple; *~ torinkie* pinnacle; *~ vyl* pointed/taper file. **spits** *adv.* sharply; *iets loop ~ toe* s.t. tapers. **spits** *ge=, vb.* point. ~**baard** pointed beard. ~**belasting** *(elec.)* peak load. ~**beraad** summit conference. ~**boog** *(archit.)* pointed/Gothic/ogival arch, ogive; peak arch. ~**boogvormig** *=mige* ogival. ~**boor** common bit, pointed drill. ~**hoek** salient angle. ~**koeël** pointed bullet. ~**konferensie** summit conference/meeting. ~**konferensieganger** summiteer. ~**kool** pointed cabbage. ~**kop** butte, pointed hill. ~**kyktyd** *(TV)* peak (viewing) hours/time, prime time. ~**las** *=laste* peak load. ~**luistertyd** *(rad.)* peak (listening) hours/time. ~**neus** person with a pointed nose. ~**paal** picket. ~**puntskoen** (sharp-)pointed shoe. ~**tyd, ~uur** *=ure* peak/rush hour; *buite spitstyd, ná spitsure* at/during off-peak times; *'n bus ná buite spitstyd (of ná spitsure) loop* an off-peak bus; *'n oproep buite spitstyd (of ná spitsure)* an off-peak call. ~**tydverkeer** peak-/rush-hour traffic.

**spits²** *spitse, n., (also* spitshond) spitz (dog).

**spits·heid** pointedness, sharpness, taper.

**spits·von·dig** *=dige* acute, astute, keen-, quick-witted; subtle, ingenious. **spits·von·dig·heid** astuteness; subtleness, ingeniousness.

**spleet** *splete* crack, split, chink, cleft, cranny; crevice; slot; slit; fissure; crevasse; *(anat.)* sulcus. ~**romp** slit skirt, *(Chin.)* cheongsam. ~**sak** slit pocket. ~**skroef** slotted propeller. ~**visier** peep(hole) sight. ~**voet** cloven foot.

**spleet·hoe·wig** *=wige, (zool.)* fissiped, cloven-hoofed, -footed.

**sple·ni·tis** *(med.)* splenitis.

**sple·no·me·ga·lie** *(pathol.: enlarged spleen)* splenomegaly.

**sple·tig** *=tige* full of cracks/fissures/splits; *(bot.)* sectile, parted, partite.

**splint** *splinte, (vet.)* splint *(in horses)*.

**splin·ter** *=ters, n., (also* splint) splinter; chip; shiver, sliver; spall; spillikin; *die ~ in 'n ander se oog* the mote in another's eye. **splin·ter** *ge=, vb.* splinter, shiver, sliver. ~**bestand** *=stande,* ~**vas** *=vaste* shatterproof, splinter(-)proof, non(-)splintering. ~**bom** fragmentation bomb. ~**breuk** crushed/splintery/comminuted fracture. ~**groep** splinter group. ~**hamer** spalling hammer. ~**party** splinter party. ~**skerm** chip guard/shield.

**splin·te·rig** *=rige* splintery.

**splin·ter·nuut, spik·splin·ter·nuut** *=nuwe* brand-new, new-fledged.

**split** *splitte* slit, vent; slash *(in clothing)*. ~~**erte, ~~ertjies** split peas. ~**kraag** collet, split collar. ~**mou** slashed sleeve. ~**pen** split pin, cotter (pin). ~**vrug** *(bot.)* split fruit, schizocarp.

**splits** *ge=, (also* split) split (up), cleave, divide; slit; splice *(a rope)*; decollate *(continuous stationery)*; diverge, divaricate; furcate; *in twee ~* split into two; bifurcate. ~**hou** *(croquet)* split shot/stroke. ~**las** *=lasse, n.* splice.

**splits·baar** *=bare* divisible; cleavable; fissile, fissionable; → SPLYTBAAR. **splits·baar·heid** divisibility, cleavableness.

**split·sing** *=sings, =singe* splitting, rupture, division; splicing *(of a rope)*; decollation (of continuous stationery); *(biol.)* fission; *(geol.)* cleavage; *(biol.)* segmentation; *(math.)* resolution; *'n ~ in die party* a split/schism/rupture in the party.

**splyt** *ge=* split, cleave, fissure; *gesplete hoef* cloven hoof; *gesplete lip* split lip. ~**pen** split pin. ~**vlak** cleavage plane; cleavage face.

**splyt·baar** *=bare,* cleavable; *(nuclear phys.)* fissile, fissionable; →SPLITSBAAR.

**sply·ting** *=tings, =tinge, (phys.)* cleavage, fission.

**spo·de(-por·se·lein)** *(also* S~) spode.

**spoed** *n.* haste, speed, urgency; progress; *(airscrew)* pitch; *'n saak met ~ behandel* expedite a matter; *met (bekwame) ~* with (great) dispatch/despatch; *met die grootste/meeste ~* with the utmost dispatch/despatch. **spoed** *ge=, vb.* speed, hasten, hurry, rush. ~**bal** *(boxing)* speedball. ~**bestelling** rush/express order; express delivery. ~**bult**, ~**boggel**, ~**wal** speed bump/hump, *(infml.)* sleeping policeman. ~**debat** emergency debate. ~**eisend** *-sende* urgent; ~*e saak* matter of urgency/exigency. ~**geval** emergency case. ~**hobbel** speed bump. ~**kursus** crash course. ~**lokval** speed trap. ~**naslaanwerk** quick-reference work. ~**pos** express post/delivery. ~**reëlaar** *(mot.)* cruise control. ~**reëling** *(mot.)* cruise control. ~**sitting** emergency session. ~**stukke**, ~**artikels** express goods. ~**vergadering** emergency meeting. ~**vrag** express freight.

**spoe·dig** *-dige, adj.* quick, speedy, early, soon, prompt; *'n ~e antwoord* an early reply; *'n ~e herstel* a speedy recovery; *'n ~e vergadering* a meeting at an early date, an early meeting. **spoe·dig** *adv.* soon, at an early date, shortly, before long, in the near future; quickly, speedily; *so ~ moontlik* as soon as possible; as early as possible; at your earliest convenience.

**spoeg** *n.* spittle, spit, saliva, sputum, *(infml.)* gob. **spoeg** *ge-, vb.* spit, *(fml.)* expectorate; spout; *op ... ~, (lit., fig.)* spit on/upon ... ~**besie** blister/foam beetle. ~**klier,** salivary gland. ~**slang** spitting snake.

**spoel**[1] *spoele, n.* shuttle; spool, spindle; bobbin; coil *(of a magneto).* ~**kant** tatting. ~**tol** coil bobbin. **spoel·vor·mig** *-mige* fusiform, spindle-shaped.

**spoel**[2] *ge-, vb.* flow; float; wash; rinse; swill; sluice; lap; *die/jou mond (uit)~* rinse one's mouth; *op die strand (uit)~* float on to the beach. ~**bak** cistern; (kitchen) sink; *(sanit.)* rinsing bowl/tank. ~**brug** causeway, low-level bridge. ~**delwery** alluvial diggings. ~**diamant** alluvial diamond. ~**drank(ie)** chaser. ~**erts** placer. ~**fontein** spittoon. ~**geut** launder. ~**goud** alluvial/placer gold. ~**grond** alluvial soil, alluvium, wash. ~**gruis**, ~**klippies** shingle. ~**kamer** sluice room. ~**klep** flush/scour valve. ~**klip(pie)** pebble, shingle, gravelstone. ~**middel** *-dels* rinse. ~**pyp** flush pipe. ~**reën** torrential rain. ~**riolering**, ~**sanitasie** flush sanitation, waterborne sewerage. ~**sloot** donga. ~**toilet** flush toilet/lavatory. ~**water** rinse; dishwater; *(golf)* casual water. ~**wurm** ascarid; roundworm.

**spoe·ling** *-lings, -linge* rinsing; rinse; sluicing; scavenging; scour; backwash; *(waste food fed to pigs)* swill(ings), pig's wash, pigwash, pigswill, hogwash.

**spoet·nik** *-niks, (Russ. satellite)* sputnik.

**spog** *ge-* boast, vaunt, brag, swank, show off, swagger, prance; *~ dat ...* boast/brag that ...; *met/oor iets ~* boast about/of s.t., brag about s.t.; show off s.t.; pride o.s. on s.t.; *teenoor iem. met/oor iets ~* boast to s.o. about/of s.t.; *net om te ~* just for show. ~**buurt** upscale neighbourhood/suburb. ~**ding** show article, swell thing. ~**hotel** top-/high-class/upmarket hotel. ~**hou** fancy shot. ~**perd** show/swanky horse. ~**plek** showplace.

**spog·ge·rig** *-rige* boasting, boastful, bragging; dressy; fancy; *(infml.)* posh, swanky, ritzy; showy; flashy; glitzy; grandiose, ostentatious. **spog·ge·rig·heid** boastfulness, brag; swankiness, *(infml.)* glitz(iness).

**spog·ter** *-ters,* **spog·ger** *-gers* boaster, bragger, braggart; swank, swaggerer. **spog·te·ry**, **spog·ge·ry** boasting, boastfulness, bragging; showing off, swank.

**spo·ke·rig** *-rige* spooky, spookish; unruly *(horse).*

**spo·ke·ry** *-rye* appearance of a ghost, apparition; haunting; rumpus, row, fighting, scuffle, melee, *(Fr.)* mêlée.

**spon·dee** *-deë, (pros.)* spondee. **spon·de·ïes** *-deïese* spondaic.

**spon·ning** *-nings* groove; bung; *(joinery)* coulisse; channelling; slot.

**spons**[1] *sponse, n.* sponge. **spons** *ge-, vb.* sponge. ~**bad** sponge bath. ~**beskuitjie** sponge biscuit/finger. ~**beton** aerocrete. ~**dweil** squeegee. ~**goud** spongy gold. ~**koek** sponge cake. ~**lood** spongy lead. ~**papier** absorbent paper. ~**poeding** sponge pudding. ~**rubber** sponge rubber. ~**silwer** spongy silver. ~**weefsel** spongy tissue.

**spons**[2] *sponse, n.* bung *(of a cask).* ~**gat** bunghole.

**spons·ag·tig** *-tige* spongy, spongelike; *~e bees(-)enkefalopatie(-)ensefalopatie* bovine spongiform encephalopathy. **spons·ag·tig·heid** sponginess.

**spon·se·rig** = SPONSAGTIG.

**spon·taan** *-tane -taner -taanste, adj. & adv.* spontaneous, unforced; spontaneous, impromptu, unscripted; naturally, off the cuff; *'n ~tane besluit* a spur-of-the-moment decision; *~tane beweging* self-motion; *'n ~tane opmerking/antwoord* an off-the-cuff remark/answer; *'n ~tane reaksie* a kneejerk reaction; *~tane variasie* mutation. **spon·ta·ne·ï·teit** spontaneity.

**spook** *spoke, n.* ghost, spectre, apparition, phantom, *(infml.)* spook; fright, freak. **spook** *ge-, vb.* haunt; be haunted; struggle, fight, scuffle, scramble; be very active, work hard; *iets (kom) ~ by iem.* s.t. haunts s.o.; s.t. preys on/upon s.o.'s mind; *dit ~ daar* the place is haunted; *(hard) ~ om te ...* struggle (hard) *(or* break one's back) to ...; *kwaai ~* fight gamely. ~**(amptenaar)** *(infml.: non-existent, but being paid, esp. fraudulently)* ghost (employee). ~**asem** candyfloss. ~**beeld** *-beelde* phantom, spectre; *(TV)* echo, ghost, *(in the pl., also)* ghosting. ~**dier(tjie)**, ~**apie** tarsier. ~**dorp** ghost town. ~**gestalte**, ~**gedaante** phantom, spectre, (ghostly) apparition. ~**huis** haunted house. ~**mot** swift (moth). ~**pyn** *(med.)* phantom pain. ~**skip** phantom/spectre ship. ~**skryf**, ~**skrywe** *ge-* ghost (write). ~**skrywer** ghostwriter. ~**stem** disembodied voice. ~**storie**, ~**verhaal** ghost story. ~**trein(tjie)** ghost train. ~**uur** ghostly/witching hour. ~**verskyning**, ~**verskynsel** ghostly apparition, spectre, phantom.

**spook·ag·tig**, **spook·ag·tig** *-tige* spooky; spectral, ghostly, eerie, uncanny, phantasmal.

**spoo·ne·ris·me** spoonerism.

**spoor**[1] *spore, n.* trace, track, trail, *(infml.)* spoor, footmark, print; railway (line), rails, track; mark, sign, trace, vestige, indication, clue; foil *(of game)*; rut, track *(of a wag[g]on)*; *van die ~ afwyk* swerve from one's purpose; *'n ~ (agter)laat* leave a trail; *geen/g'n ~ (agter)laat nie* leave no trace; *spore (agter)laat* leave marks/traces; *op die ~ van ... bly* keep track of ...; *iem. op iem. anders se ~ bring* put s.o. onto *(or* on the track of )* s.o. else; *iem. op die ~ van iets bring* give s.o. a tip; *iem. op die (regte) ~ bring* put s.o. on the (right) track; *iem. van die ~ bring* put/throw s.o. off the track/scent; *die ~ byster, (lit.)* off the track, on the wrong track; *(fig.)* at a loss; (all) at sea; off the rails; *die ~ byster raak, (lit.)* lose the trail; *(fig.)* go off the rails; *diep spore trap* make one's mark; *geen/g'n ~ daarvan nie* not the slightest trace of it; *die laaste spore van ...* the last vestiges of ...; *van die ~ (af) loop, (a train)* be derailed, jump/leave the rails, leave the track; *spore maak, (infml.)* make tracks, push off; *maak spore!, (infml.)* hop it!; *spore maak na ..., (infml.)* make tracks for ...; *op iem. se ~, (the police etc.)* after s.o.; on s.o.'s track; onto s.o.; *op die ~ van iets* on the track of s.t.; *per ~* by rail; *op die regte ~* on the right track; *twee rye spore loop* lurch/reel/stagger drunkenly; *op jou ~ terugloop, (also comp.)* backtrack; *'n ~ (te·rug)vind* pick up a trail; *in jou ~/spore trap* mind one's p's/P's and q's/Q's, keep one's nose clean; *jou spore uitwis* cover one's tracks/traces; *van die ~ (af) raak* go astray; go off the rails; *van die ~ (af)* off the rails/track; *spore van iets* evidence/traces of s.t.; *vars spore* fresh tracks; *die ~ vat/vind* pick up the scent; *(a dog)* pick up the scent; *op die verkeerde ~ wees* be on the wrong track; bark up the wrong tree; *in jou vier spore vassteek* stop (dead) *(or* freeze) in one's tracks, come to a dead stop; *iem. in sy/haar vier spore laat vassteek* stop s.o. cold; *die ~ volg* follow up a clue; follow up the scent; *'n ~ volg* follow (up) a trail; *iem. op sy/haar ~ volg* trail s.o.. **spoor** *ge-, vb.* true (up), align; *(mech.)* track; *verkeerd ge~, (wheels)* out of alignment. ~**aanleg**, ~**bou** railway construction. ~**aansluiting** (railway) link. ~**baan** railroad, railway. ~**beampte** railway official. ~**brug, spoorwegbrug**

railway bridge. ~**bui(g)er** *(tech.)* jim crow. ~**diens** train serv=
ice. ~**element** trace. ~**fossiel** *(archaeol.)* trace fossil. ~**ha=
mer** dogging hammer. ~**hoof** railhead. ~**lêer** plate=, track=
layer. ~**lyn** railway line/track. ~**oorgang, ~oorweg** level/
railway crossing. ~**sny** *spoorge=* track, trace, spoor, follow
up a trail. ~**snyer** tracker. ~**spyker** dog spike. ~**staaf** rail,
metal. ~**verbinding** railway connection. ~**verkeer** railway/
train traffic. ~**vervoer** goods traffic. ~**vrag**, ~**koste** railage,
carriage. ~**wa** railway carriage, coach, saloon; truck. ~**wal**
(railway) embankment. ~**weg** →SPOORWEG. ~**(weg)staking**
rail(way) strike.~**(weg)werf** railway yard. ~**werker** railwork=
er. ~**wydte** rail gauge.

**spoor²** *spore, n.* spur *(of a horseman, cock)*; rowel; '*n perd die
spore gee* clap/put spurs to a horse. **spoor** *ge=, vb.* spur;
*ge~(d)* spurred. ~**slag** incentive, spur, urge, stimulus; *iets is
vir iem.* '*n ~ om te* ... s.t. spurs s.o. on (*or* is an incentive to
s.o.) to ... ~**wieletjie** rowel.

**spoor³** *spore, n., (bot.)* spore, sporule. **spoor·tjie** *=tjies, (bot.)*
sporule.

**spoor·der** *=ders* (wheel) aligner.

**spoor·loos** *=lose* trackless; ~ *verdwyn* vanish into space (*or*
thin air), disappear without a trace.

**spoor·weg** *=weë* railway; *by die ~weë werk* work on the rail=
way(s). ~**aanleg** railway/railroad construction. ~**amptenaar**
railway official. ~**halte** railway halt, wayside station, siding.
~**net** railway system/network. ~**ongeluk** railway accident.
~**stasie** railway station. ~**werker** railway worker. ~**wissel**
shunt.

**spo·ra·dies** *=diese* sporadic; scattered; occasional; patchy.

**spo·ran·gi·um** *=giums, =gieë, (bot.)* sporangium, spore case.

**spo·re·:** ~**draend** *=ende, (bot.)* spore-bearing, sporiferous.
~**draer** *(bot.)* sporophore. ~**houer**, ~**kapsel** *(bot.)* sporan=
gium, spore case. ~**lossend** *=sende, (bot.)* deciduous. ~**plant**
non(-)flowering plant, sporophyte. ~**sak(kie)** *(bot.)* spore sac/
case. ~**vorming** *(bot.)* spore formation, spor(ul)ation, spo=
rogenesis. ~**vrug** *(bot.)* spore fruit, sporocarp.

**spo·ring** tracking; (wheel) alignment; *uit ~, (wheels)* out of
alignment. ~**stang** *(mot.)* tie-rod; track rod.

**spo·ro·fiet** *=fiete, (bot.)* sporophyte. **spo·ro·fi·ties** *=tiese, (bot.)*
sporophytic.

**spo·ro·foor** *=fore, (bot.)* sporophore.

**spo·ro·karp** *=karpe, (bot.)* sporocarp, spore fruit.

**spo·ro·sist** *=siste, (zool.)* sporocyst.

**spo·ro·so·ïed** *=soïede, (biol.)* zoospore.

**spor·rie** *(bot.)* blue/wild flax.

**sport¹** *sporte* rung, stave, round, step, staff *(of a ladder)*; rail
*(of a chair)*; *op die boonste/hoogste ~* at the top; *die boonste/
hoogste ~ bereik, (fig.)* get to (*or* reach) the top (of the lad=
der), *(infml.)* make/hit the big time.

**sport²** *sporte* sport; sports; *aan ~ deelneem* take part in sport;
'*n ~ aanpak* take up a sport. ~**aanbieder**, ~**uitsaaier**, ~**om=
roeper** *(rad., TV)* sportscaster. ~**baadjie** sports coat/jacket.
~**beurs** sports scholarship. ~**blaaie**, ~**seksie** sports/sport=
ing section *(in a newspaper, magazine)*. ~**blad** sports/sporting
page; sports/sporting paper. ~**byeenkoms** sports meeting.
~**dag** sports day. ~**drag** sportswear, sporting wear/clothes,
togs. ~**drankie** sports drink. ~**gebeurtenis** sporting event.
~**gebied:** *op ~* in the world of sport. ~**gees** sporting spirit,
sportsmanship. ~**held** sporting hero. ~**klub**, ~**vereniging**
sports/sporting club, athletic club. ~**kommentator** sports
commentator. ~**kompleks** sports complex. ~**kroeg** sports
bar. ~**liefhebber**, ~**entoesias** sport lover, sporting enthusi=
ast. ~**lotery** pool. ~**lui** sportsmen and sportswomen, sports=
people. ~**mal** sport(s)-mad, mad on sport. ~**man** *=manne*,
~**vrou** *=vroue* sportsman, =woman, sporting man/woman; '*n
goeie ~* good at sport(s). ~**motor** sports car. ~**nommer** sports
event. ~**nutsvoertuig** sport utility vehicle *(abbr.: SUV).* ~**nuus**
sports/sporting news, *(rad., TV)* sportscast. ~**onderwyser**

sports teacher. ~**program** sports programme. ~**rubriek** sports
column. ~**skrywer**, ~**joernalis**, ~**verslaggewer** sports writ=
er/reporter. ~**soort** sports code. ~**terrein**, ~**veld** sports
ground(s), athletic field; sports/playing field. ~**uitrusting**
sports outfit. ~**uitsending** sportscast. ~**uitslae** sports results.
~**visser** game fisherman. ~**wêreld** sporting world/circles,
world of sport.

**spor·tief** *=tiewe, adj.* sporting, sportsmanlike; sport(s)-mind=
ed, fond of sport; game; '*n ~tiewe persoon* a sporting per=
son, *(infml.)* a sport. **spor·tief** *adv.* sportingly. **spor·ti·wi=
teit** sportsmanship; sporting spirit; sport(s)-mindedness.

**sport·lie·wend** *=wende* sporting, sporty, fond of sport,
sport-loving, sport(s)-minded.

**sports** *(infml.)* fun, horseplay; →SPORT²; ~ *maak* have fun;
fool/horse around.

**spot** *n.* scorn, ridicule, derision, mockery, banter; laughing
stock; *die ~ van* ... the laughing stock of ... *(the town etc.)*;
*met ... die ~ dryf/drywe* make fun of ..., poke fun at ...; hold
... up to ridicule; '*n (voorwerp van) ~* an object of derision.

**spot** *ge=, vb.* mock, scoff, jeer, taunt, rail, deride; chaff; jest,
joke; *met ... ~* make fun of ..., poke fun at ...; jeer/sneer/
scoff at ...; make merry over ...; *iem. oor iets ~* chaff s.o.
about s.t.; taunt s.o. with s.t.. ~**digter** satirist, satirical poet.
~**goedkoop** dirt cheap, at a giveaway/knockdown price, *(in=
fml.)* going for a song, *(derog. sl.)* cheapo. ~**lag** laugh/smile
of derision, mocking/jeering/sneering laugh. ~**lus** love of
mockery/teasing; inclination to satire. ~**naam** nickname;
byword. ~**prent** caricature, (political) cartoon. ~**prentteke=
naar** caricaturist, cartoonist. ~**prys** bargain basement price;
nominal price; ridiculous/derisory price; *vir 'n ~* dirt cheap,
for a song. ~**rede** denunciation, diatribe. ~**siek** *=siek(e)* (over=
ly fond of) mocking/teasing; derisive, sarcastic, satirical.
~**skrif** lampoon, skit; satire. ~**sug** love of mockery/banter/
teasing; love of satire. ~**voël** *(orn.)* mockingbird.

**spot·tend** *=tende, adj.* mocking, jeering, derisive, ironic(al).
**spot·tend** *adv.* mockingly, jeeringly, scoffingly. **spot·ten=
der·wys**, **spot·ten·der·wy·se** mockingly, jeeringly; with one's
tongue in one's cheek, tongue-in-cheek.

**spot·ter** *=ters* mocker, scoffer, chaffer; ~ *se huis brand ook af*
the mocker mocked. **spot·te·rig** *=rige* mocking, teasing. **spot=
ter·ny**, **spot·ter·ny** *=nye* mockery; derision; *dit is 'n ~* it is a
mockery. **spot·te·ry** jesting, ragging, leg-pulling, chaff(ing),
banter.

**spou·muur** cavity wall. ~**isolasie** cavity wall insulation.

**spraak** speech; language, parlance, tongue; *iem. kon nie sy/
haar ~ terugkry nie* s.o. couldn't find his/her tongue; *jou ~
verloor* lose the power of speech; *vryheid van ~* free speech,
freedom of speech. ~**belemmering** →SPRAAKSTOORNIS. ~**ge=
brek** defect of speech, defective speech, speech defect. ~**ge=
bruik** (speech) usage, language, idiom; *gewone/alledaagse ~*
colloquial speech. ~**geluid** speech sound. ~**heelkunde** →
SPRAAKTERAPIE. ~**herkenning** *(comp.)* speech/voice recogni=
tion. ~**klank** speech sound, phone, vocable. ~**leer** speech
craft, speech training. ~**onderwyser** elocutionist, teacher
of voice production. ~**opleiding** speech training. ~**orgaan**
organ of speech. ~**stoornis**, ~**belemmering** speech impedi=
ment. ~**terapeut** speech therapist. ~**terapie**, ~**heelkunde**
speech therapy, logop(a)edics, logop(a)edia. ~**verlies** loss
of (the power of) speech, aphasia. ~**vermoë** power/faculty
of speech. ~**verwarring** confusion of speech/tongues, babel;
'*n (Babelse) ~* a Babel/confusion of tongues.

**spraak·loos** *=lose* →SPRAKELOOS.

**spraak·ma·kend** *=kende: die ~e gemeenskap, (ling.)* the speak=
ers/creators of a language; the speech community.

**spraak·saam** *=same* talkative, loquacious, garrulous; chatty;
chattering, babbling; communicative, forthcoming; *die wyn/
ens. het iem. ~ gemaak* the wine/etc. loosened s.o.'s tongue.
**spraak·saam·heid** talkativeness, loquaciousness, loquacity,
garrulousness; chattiness.

**spra·ke** talk, rumour; mention; *iets ter ~ bring* bring up (*or* raise) s.t.; *daar is ~ dat* ... it is being said that ...; *daar is geen/g'n ~ van nie* it is out of the question; *daar kan geen/g'n ~ van wees nie* there can be no question of it; *ter ~ kom* come up (for discussion); crop up; *ter ~* under discussion; *daar is ~ van* ... there is talk of ... **spra·ke·loos, spraak·loos** *-lose* speechless, dumb; voiceless; tongue-tied, inarticulate; *~ van* ... dumb/speechless with ... *(amazement etc.).* **spra·ke·loos·heid, spraak·loos·heid** aphasia; inarticulateness.

**spran·kel** *ge-* sparkle, scintillate. **spran·ke·lend** *-lende* scintillating *(humour etc.).* **spran·ke·ling** *-linge* sparkle, scintillation.

**spran·kie** *-kies* spark; gleam; *'n ~ (van) humor* a gleam of humour.

**spreek** *ge-, gesproke* speak, talk, converse, discourse; consult, see *(a doctor, lawyer, etc.);* **mag ek u ~?** may I see you?; *iem. oor iets ~* see s.o. about s.t.; take s.t. up with s.o.; *~ is silwer, swye is goud* speech is silver, silence is gold(en); *iets ~ tot iem.* s.t. appeals to s.o.; *dit ~ vanself* of course; it goes without saying; it stands to reason; that is understood; it speaks for itself; *by wyse van spreke* so to say/speak, in a manner of speaking. **~beurt** speaking engagement; turn to speak. **~buis** speaking tube; mouthpiece *(lit., fig.),* spokesperson, *-man, -woman; as ~ vir ... dien* front for ... **~kamer** consulting room, surgery. **~kuns** art of speech, speech training, speechcraft; public speaking. **~les** elocution (lesson), speech training. **~onderwys** elocution, speech training. **~stem** speaking voice. **~taal** spoken language, colloquial language/speech. **~trant** manner of speech. **~ure** consulting hours. **~woord** proverb, adage, maxim, saw, saying, byword; *soos die ~ sê* as the saying goes. **~woordeboek** dictionary of proverbs. **~woordelik** *-like* proverbial; *'n uitdrukking word ~* an expression becomes a byword. **~wyse** manner of speaking/speech; idiom, expression, phrase, locution, turn of speech.

**spreek·ster** *-sters* (female) speaker.

**spreeu** *spreeus, (orn.)* starling; *Indiese ~* myna(h). **~eier** starling's egg.

**sprei** *spreie, n.* quilt, coverlet, bedspread, throw; rose (head) *(of a watering can etc.).* **sprei** *ge-, vb.* spread; diffuse; diversify; mushroom; stagger *(hours);* shed, debouch; *~ oor ...* sprawl over ...; suffuse ... **~lig** floodlight. **~tyd** staggered (working) hours/time. **~verligting** floodlighting. **~weddenskappe** spread betting.

**sprei·ding** spread(ing); diffusion; diversification; scatter(ing); staggering *(of hours etc.); (radioactivity)* fallout; *(ling.)* distribution. **sprei·dings·di·a·gram** *(stat.)* scatter diagram/plot, scattergram, scattergraph.

**spre·kend** *-kende -kender -kendste* speaking, talking; telling, striking; *~e bewys* striking/conclusive proof; *~e oë* soulful/talking eyes; *~e ooreenkoms* striking resemblance; *~e syfers* telling/striking/significant figures; *~e voorbeeld* object lesson.

**spre·ker** *-kers* speaker, speech maker, orator; lecturer; *'n gladde ~* a polished speaker.

**spreuk** *spreuke* motto, maxim, adage, proverb, saw; *S~e (van Salomo)* (Book of) Proverbs.

**spriet** *spriete* blade *(of grass);* sprig; feeler, antenna *(of an insect);* sprit *(of a ship);* boom. **~seil** spritsail. **~ui** spring onion.

**spring** *springe, n.* jump, leap, bound; gambol, caper, hop. **spring** *ge-, vb.* jump, leap, spring, bound; hop, skip, caper; snap, crack, burst; *(a fountain)* play; *(gou) ~, (infml.)* act quickly; *in iets ~* jump into s.t.; slip on/into s.t. *(clothes); iem. sal moet ~, (infml.)* s.o. will have to hurry; *na ... ~* jump at ...; jump for ... *(the ball etc.); ~ om ... te kry* jump for ... *(the ball etc.); oor 'n heining/ens. ~, (also)* clear a fence/etc.; *op iets ~* jump on(to) s.t.; jump at s.t. *(prey etc.); van iets ~* jump off s.t.; *~ van ...* jump for ... *(joy etc.).* **~bok** spring-

bok; *(member of the SA rugby team, S~)* Springbok. **~boon (tjie)** jumping bean. **~bron** (natural) fountain. **~(ge)ty, ~vloed** spring tide *(of the sea).* **~granaat** explosive shell. **~haas** springhaas, springhare. **~jurk** gymslip, gym tunic. **~kasteel** jumping castle. **~kewer** *(entom.)* skipjack, click/snap beetle. **~lading** explosive/blasting charge. **~lewendig** *-dige* brisk, alive and kicking, very much alive. **~mat** gymnastic mat. **~matras** spring mattress; gymnastic/box mattress. **~mes** flick knife. **~mielies** popcorn. **~muis** jerboa. **~perd** vaulting horse; (show) jumper. **~plank** springboard; diving board. **~ruiter** showjumper. **~stof** explosive, blasting material. **~stok, ~paal** jumping/vaulting/perch pole; pogo (stick). **~teuel** martingale. **~tou** skipping/jumping rope.

**sprin·ger** *-gers* jumper, leaper; *(icht.)* springer. **~spanjoel, ~spaniël** springer (spaniel).

**sprin·ge·rig** *-rige* jumpy.

**sprin·ge·ry** jumping, leaping.

**sprin·kaan** *-kane* grasshopper; locust. **~boon** honey locust (tree). **~bos** *(Senecio spp.)* ragwort, groundsel; *(S. ilicifolius)* locust wood. **~plaag** locust plague, plague of locusts. **~swerm** swarm of locusts. **~voël** *(Glareola spp.)* pratincole.

**sprin·kel** *ge-* sprinkle; damp down *(laundry);* sparge; dredge. **~besproeiing** spray/overhead/sprinkler irrigation. **~besproeiingstelsel** *(agric., hort.)* sprinkler system. **~blusser** sprinkler. **~stelsel** *(firefighting)* sprinkler system. **~wa** water sprinkler.

**sproei¹, spru** *n., (med.)* sprue; thrush *(in the mouth and throat);* thrush, yeast infection *(in the vagina).*

**sproei²** *ge-, vb.* sprinkle, water; spray *(with insecticide etc.);* sparge. **~klep** sprayer valve. **~kop** rose (head), spraying nozzle. **~masjien** (traction) sprayer. **~middel** *-dels* spray. **~pyp** nozzle, sparge pipe. **~reën** fine rain, drizzle; mist. **~spuit** spray gun.

**sproei·er** *-ers* sprinkler, spray(er); irrigator; spray nozzle, rose (head), (rose) sprinkler; jet *(of a carburettor).*

**sproei·sel** *-sels* spray.

**sproet** *sproete* freckle; heat spot; *(fruit disease)* brown spot. **~gesig** freckled face; *(pers.)* freckle face. **sproe·te·rig** *-rige* freckled. **sproe·te·rig·heid** freckledness.

**spro·kie** *-kies* fairy tale/story, nursery tale; fable; fiction; tale.

**spro·kies·:** **~romanse** storybook romance. **~verteller** teller of fairy tales, storyteller. **~wêreld, ~land** fairyland, dreamworld, fairy world; land of fable.

**spro·kies·ag·tig** *-tige* fairylike, fairy(-tale), storybook; *'n ~e einde* a storybook ending.

**sprong** *spronge* jump, leap, bound, vault; bounce; start; caper, gambol, hop; buckle *(in a wheel);* skip *(in sawn wood); (joint)* hock, hough *(of an animal); 'n ~ doen/maak* take a leap; *'n ~ in die duister* a leap in the dark; *met/in een ~* at a bound/jump; *met groot ~e* by leaps and bounds; *die ~ waag* take the plunge. **~beweging** saltation. **~gereed** poised *(for a leap).* **~gewrig** hock, hough, tarsal joint. **~straler** *(infml.)* jump jet.

**sprongs·ge·wys, sprongs·ge·wy·se** by leaps (and bounds).

**sprook:** *iem. sprak geen ~, (infml.)* s.o. said ne'er a word.

**sprot** *sprotte, (icht.: Sprattus sprattus)* sprat.

**spru** →SPROEI¹.

**spruit** *spruite, n.* tributary, side stream, creek, influent, brook, watercourse, feeder, small river, stream, spruit; *(bot.)* shoot, sprout, scion, offset, offshoot, tiller; *(naut.)* bridle; *(in the pl., also)* offspring. **spruit** *ge-, vb.* shoot, sprout, bud; issue, descend *(from); iets ~ uit ...* s.t. arises from ...; s.t. flows from ...; s.t. derives from ...; s.t. has its origin in ...; s.t. has its roots *(or* is rooted) in ...; s.t. issues/springs from ...; s.t. results from ...; s.t. grows out of ... **~kool** Brussels sprouts.

**spruit·jie** *-jies* small stream, brooklet; little shoot/sprout; *Brusselse ~s* Brussels sprouts.

**spui·er** =ers spout; *(mech.)* purger; (water)spout, gutter spout, gargoyle, spouter.

**spui·gat** *(naut.)* scupper; cleaning aperture.

**spuit** *spuite, n.* syringe; squirt; jet; douche; (water) hose; *(lubricating)* gun. **spuit** ge=, *vb.* spout (forth); squirt (out); spurt; gush; spray *(with insecticide etc.)*; syringe; *iets met ... ~* spray s.t. with ..., spray ... on s.t.; *uit ... spuit* spout from ...; spurt from ...; squirt out of .... ~**afbouing** hydraulic mining, hydraulicking. ~**bron** *(geol.)* geyser; gusher. ~**droging** spray drying. ~**flessie**, ~**botteltjie** scent-spray. ~**gat** blowhole; *(naut.)* scupper. ~**gedroog** spray-dried. ~**kan(netjie)** aerosol/spray can. ~**kop** nozzle, rose/sprinkler (head) *(of a garden hose etc.)*. ~**lak** spray lacquer. ~**middel** =dels spray. ~**naald, inspuitingsnaald** hypodermic/injection needle. ~**pistool** spray gun. ~**poep** *(infml., joc.: diarrhoea)* the runs, gyppo guts. ~**sak** *(cook.)* piping bag. ~**sement** gunite. ~**slang** (water) hose, watering hose, hosepipe. ~**stuk** nozzle. ~**toestel** spraying apparatus. ~**verf** *n.* spray/aerosol paint. ~**verf** ge=, *vb.* spray-paint. ~**verfwerk** spray-painting. ~**verwer** spray-painter. ~**vliegtuig** spraying aircraft, spray plane, crop duster. ~**werk** spraying.

**spul** *(infml.)* lot, caboodle; affair, case; crowd; *'n armsalige ~* a sorry lot; *daardie ~* that lot; *die hele ~* the (whole) lot, the whole box and dice, the whole business, the whole (kit and) caboodle, the whole shebang, the whole (bang) shoot, the whole show; *julle hele ~* the lot of you; *'n mooi ~* a pretty kettle of fish; *'n ~ ...* a load of ... *(rubbish etc.)*; a wodge of ... *(papers etc.)*. **spul·le·tjie** =tjies affair, business, to-do; *(in the pl., also)* shenanigans, funny business, joking; *dit het 'n ~ afgegee* it caused quite a to-do; *die hele ~* , *(also, infml)* the whole shebang.

**spuls** *spulse, (coarse)* aroused, *(infml.)* randy, *(sl.)* horny, turned on.

**spu·man·te** *(It. sparkling white wine)* spumante.

**spur·rie** *(bot.: Spergula spp.)* spurr(e)y.

**sput·ter** ge= sp(l)utter; sizzle, fizzle.

**spuug** *(poet., liter.)* = SPOEG *n.*.

**spu·wing** =wings, =winge spitting, expectoration; vomiting; *'n ~ hê* give up blood.

**spy** *spye, n.* key (pin); cotter; feather; splitpin. ~**bout** cotter/key bolt. ~**gleuf** keyway, key bed/seat, cotter way. ~**pen, spie=pen** cotter (pin). ~**taphout** cotter stud.

**spy·ker** =kers, *n.* nail; pin; *'n ~ in iem. se dood(s)kis, (fig.)* a nail in s.o.'s coffin; *die ~ op die/sy kop slaan, (fig.)* hit the nail on the head; *~s met koppe slaan, (fig.)* put forward strong arguments, make out a good/strong case. **spy·ker** ge=, *vb.* nail; *(coarse sl.: have sex)* screw, bang. ~**bal** pinball. ~**band** spiked tyre. ~**bed** *(also fig.)* bed of nails. ~**beentjies** *(infml., joc.)* matchsticks, spindly legs. ~**bom** nail bomb. ~**fabriek** nailery. ~**haak** rip(per); nail-head tool. ~**hak** stiletto/spike heel. ~**hard** nail-proof. ~**kas** *(hist., an instr. of torture)* iron maiden. ~**knuppel** spiked club. ~**kop** nail head. ~**skoen** (shoe with) spikes; hobnailed boot. ~**skrif** cuneiform (script). ~**tafel** pin table, pinball/fruit machine.

**spys** *spyse, (fml., also* spyse*)* food; *~ en drank* meat and drink; *verandering van ~ gee (nuwe) eetlus* a change is as good as a holiday; variety is the spice of life. ~**bry** *(physiol.)* chyme. ~**kaart** menu, bill of fare; *op die ~* on the menu. ~**offer** meat/meal offering. ~**verterend** =rende peptic. ~**vertering** digestion; *slegte ~* indigestion, dyspepsia, dyspepsy. ~**vertering·sap** *(physiol.)* chyle, digestive juice. ~**verteringskanaal** digestive tract, alimentary canal, enteron.

**spy·se·nier** =niers, *n.* caterer. **spy·se·nier, spy·se·neer** ge=, *vb.* cater. **spy·se·nie·ring, spy·se·ne·ring** catering.

**spyt** *n.* regret, repentance, sorrow, compunction; *meer ~ as hare op jou kop hê, (infml.)* be very sorry about it; *oor iets ~ hê* be sorry about s.t.; *innige ~* deep regret; *(jou) ~ oor iets te kenne gee* express regret for s.t.; *~ kom altyd te laat* better (to be) safe than sorry; *ten =e daarvan, dit ten ~* in spite of

this/that; *ten ~e van ...* in spite of ..., notwithstanding ...; in the face of ...; *tot iem. se ~* to s.o.'s regret; to s.o.'s sorrow; *tot my/ons ~ kan ek/ons nie ... nie, ek/ons kan tot my/ons ~ nie ... nie* unfortunately I/we cannot ...; it is regretted that I/we cannot ...; *tot my ~ kan ek nie ... nie, (also)* I'm afraid I cannot ...; *tot my ~ moet ek sê ...* I'm sorry to say ... **spyt** *adj.* sorry; *oor iets ~ wees/voel* be sorry about s.t., feel bad about s.t.; *jy sal nie ~ wees nie* you won't regret it. **spyt** ge=, *vb.*: *dit ~ my* I am sorry; *dit ~ my dat ...* I regret (or am sorry) that ...; *dit ~ my om te sê dat ...* I regret to say/state that ...; *dit ~ iem. verskriklik* s.o. is awfully/terribly sorry. **spy·tig** =tige regrettable.

**Sri Lan·ka** *(geog.)* Sri Lanka. **Sri Lan·kaan** =kane, *n.* Sri Lankan. **Sri Lan·kaans** =kaanse, *adj.* Sri Lankan.

**st, sjt** →SJUUT.

**staaf** *stawe, n.* bar, rod, stave; staff; bar, ingot *(of gold, silver)*; brick *(of copper)*; pig *(of iron)*; bar *(of chocolate)*. **staaf** ge=, *vb.* confirm, bear out, ground, verify, corroborate, sustain, support (by facts), validate, prove *(an assertion)*, substantiate *(a claim, an argument, a charge)*; prove *(a claim)*; →STAWEND, STAWING; *deur getuie ge=* duly attested. ~**gekodeerde identiteitsdokument** bar-coded identity document. ~**gewig** barbell. ~**goud** bar gold, gold bullion/ingots. ~**grafiek** bar graph/chart/diagram. ~**kode** bar code. ~**kodering** bar coding. ~**koper** bar copper. ~**magneet** bar/straight magnet. ~**silwer** bar silver, silver bullion/ingots. ~**yster** bar iron.

**staaf·vor·mig** =mige rodlike, bar-shaped; in bar form; rod-shaped; bacillar(y); *=e organisme* bacillus.

**staak** ge= *vb.* stop, suspend *(payment etc.)*; abandon *(activities, a match, etc.)*; *(an engine)* stall; call off *(a campaign, talks, etc.)*; cease *(fire, publication, etc.)*; discontinue *(a publication etc.)*; terminate, abort *(a programme etc.)*; desist from *(fml.)*; break off *(an attack)*; strike, go (or come out) on strike, down tools; *~ om ...* strike for ... *(higher wages etc.)*; *uit protes teen iets ~* strike against s.t.; *die spel ~, (cr.)* draw stumps; *jou studie ~* drop out of university; *die werk ~* strike, go (or come out) on strike, down tools. ~**tyd** down time. ~**wag** picket; *'n ~ opstel* mount (or set up) a picket.

**staal** *n.* steel. **staal** ge=, *vb.* steel *(the nerves)*, brace *(o.s.)*. ~**bedryf** steel industry. ~**blou** steel(y) blue, electric blue. ~**borsel** wire brush. ~**bou** (structural) steel construction. ~**draad** steel wire. ~**fabriek** steelworks. ~**gietery** steel foundry. ~**gravure** steel engraving. ~**grys** steel(y) grey. ~**kabel** steel rope. ~**kleur** steely colour. ~**lêer** steel girder. ~**pen** steel pen; steel pin. ~**plaat** sheet/plate of steel, steel plate; sheet steel; steel engraving. ~**pyp** tubular steel. ~**vorm** swage. ~**wapening** steel reinforcement. ~**werker** steelworker. ~**wol** steely/silky wool; *(metal)* steel wool.

**staal·ag·tig** =tige steely, steel-like.

**staal·hou·dend** =dende chalybeate.

**staal·tjie** =tjies anecdote; *~s oor ... vertel* tell anecdotes about ...

**staan** ge= stand, be/remain upright, be erect; exist; stop; camp; *(cr.)* umpire; *agter iem. ~, (fig.)* be behind s.o., stand by s.o. *(a leader etc.)*; *(fig.)* hold/keep s.o.'s nose to the grindstone; *(fig.)* keep s.o. on his/her toes; *iem. ~ agter jou, (also, fig.)* have s.o. on one's back; *agter iets gaan ~* get behind s.t.; *alleen ~* be in a minority of one; *bly ~* remain standing; *(a vehicle)* break down, be/get stuck; stand fast/firm/pat; *bo (kant) iem. ~, (fig.)* be superior to s.o.; *iem. voor iets te ~ bring* bring s.o. up against s.t.; *buite iets ~* have nothing to do with s.t.; *by iem. ~, (lit.)* stand by s.o.; *daarop ~* insist (up)on it; make a point of it; *as jy daarop ~* if you insist/stand (up)on it; *in die Bybel ~ dat ...* it says in the Bible that ...; *wat het iem. nou ge= en doen?, (infml.)* what has s.o. gone and done now?; *iets ~ by iem. eerste* s.t. comes first with s.o.; *~ en praat/ens.* stand talking/*etc.*; *moenie nou (kom) ~ en huil/ens. nie* don't start crying/etc. now; *gaan ~* (come to a) stop; pull up; *(a river)* stop flowing; *(an engine)* stall;

*by/in/op iets* **gaan** ~ go and stand by/in/on s.t.; *skielik* **gaan** ~ stop dead/short; pull up short; *iets* ~ *iem.* **(goed)**, *(clothes etc.)* s.t. suits s.o.; ~, **klaar,** *weg!* ready, steady, go!; *dit kom op R400 te* ~ it works out at R400; it amounts to R400; *op 500/ens. te* ~ **kom** reach the 500/etc. mark; *voor ... te* ~ **kom** be confronted/faced with ... *(a problem etc.); direk teenoor mekaar te* ~ **kom** meet eyeball to eyeball; *tot* ~ **kom** come to a standstill; halt; *laat* ~ ... let alone ..., not to mention ...; **laat** *maar* ~!, **laat** ~ *maar!* never mind!; don't worry!; don't trouble (yourself)!; *iets* **laat** ~ make s.t. stand *(a broom against a wall etc.);* let s.t. be, leave/let s.t. alone; give up s.t.; keep/lay off s.t. *(drink etc.); iem.* **laat** ~ leave/let s.o. be; leave s.o. alone; leave s.o. to him-/herself; *'n man/vrou* **laat** ~ leave a husband/wife; *iets maar* **laat** ~ forget (about) s.t.; *iets laat* ~ *soos dit is* let s.t. remain as it is; *al langs ... ~, (houses etc.)* be strung out along ...; *twee* **meter** ~ top two metres; **nader** ~ come closer; join in; **onder** *iem.* ~, *(fig.)* be s.o.'s junior, be junior to s.o.; *iets* **oop** *laat* ~ leave s.t. open; **op** *iets* ~, *(lit.)* stand (up)on s.t.; *(fig.)* stand (up)on (*or* stick out for) s.t.; *die getal* ~ **op** ... the number has reached ...; *die fonds* ~ **op** ... the fund stands at ...; **opsy** ~ stand/step aside; stand clear; stand off; clear the way; **skeef** ~ tilt over; ~ *of ek* **skiet!** stand or I shoot!; *sake* ~ **sleg** things are in a bad way; **sterk** ~ have a good/strong case; **teenoor/voor** ... ~ be confronted with ... *(a problem etc.); by/met iets* ~ *of* **val** stand or fall by s.t.; **vir** *iets* ~ stand for s.t.; **voor** *iets* ~ be face to face with s.t.; face (*or* be faced with) s.t.; *weet* **waar** *jy* ~ know where one stands. ~**as** tower shaft. ~**boor** drill press. ~**dak** pitched/span roof. ~**geld** grazing fee; stallage; *(jur., naut.)* demurrage. ~**horlosie**, ~**oorlosie**, ~**klok** mantelpiece/case clock; *(groot)* ~ grandfather clock. ~**kraag** stand(-up)/upright/stick-up collar. ~**kraan** pillar tap. ~**krag** substance *(of wool).* ~**lamp** standard/pedestal/pillar/table lamp. ~**leer** stepladder, standing ladder. ~**lig** parking light. ~**maak** *staange*= stand up, set up(right), stand on end. ~**plek** stand, parking space; standing room; footing, foothold; station; pitch; *geen* ~ no parking. ~**pyp** standpipe. ~**spoor** starting point, takeoff; *uit die* ~ *(uit), vanuit die* ~, *van die* ~ *(af)* from the beginning, from the (very) first, from the outset, (right) from the start, *(infml.)* from the word go. ~**-staan** while standing, in a standing (*or* an upright) position; standing/stopping every now and then; ~ *eet* eat standing up, eat while standing. ~**stut** vertical shore. ~**tyd** down time. ~**vuur** flaming fire. ~**wasbak** pedestal basin.

**staan·de** *adj.* standing; stationary; upright; vertical; unseated; ~ **bly** keep (on) one's feet; survive, not go under; *iem./iets* ~ **hou** prop up s.o./s.t.; *jou* ~ **hou**, *(also)* hold/carry on, keep going; hold one's own, keep one's footing; ~ **komitee**, *(parl.)* standing committee; ~ **mag** permanent force; ~ **ovasie/toejuiging** standing ovation; *op* ~ **voet** forthwith, peremptorily, summarily, out of hand; ~ **water** still/stagnant water.

**staan·der** =ders stand; mount; pedestal; post; *(mus.)* desk; standard; cruet (stand).

**staar** *n., (dated)* pearl eye, cataract; *(med.)* hordeolum, sty(e). **staar** *ge=, vb.* stare, gaze; *na ...* ~ stare at ...; *voor jou uit* ~ gaze/look/stare into (vacant) space.

**staat** *state n.* state, condition; rank, station, position; *(bookk.)* statement; return, record, log, list, register, schedule, sheet; *die* ~ the state, the body politic, polity, nation, government; *iem. is tot* **alles** *in* ~ I would put nothing past s.o., s.o. would stick/stop at nothing; *is X daartoe in* ~? is X up to it?; *in* ~ *om iets te* **doen** able to do s.t.; *nie* **gebore** *in* ~ *om te ... nie* totally unable to ...; *'n taak waartoe iem.* **goed** *in* ~ *is* a task well within s.o.'s powers; **nie** *in* ~ *om iets te doen nie* not able to do s.t.; incapable of doing s.t.; not in a (*or* in no) position to do s.t.; *in* ~ *no condition to do s.t.; in* ~ *wees om te ...* be able to ...; have the capability to ...; be in a position to ...; *iem. in* ~ **stel** *om iets te doen* enable s.o. to do s.t.; *tot iets in* ~ capable of s.t.; equal/up to s.t.; *jou nie daartoe in* ~ **voel** *nie* not feel up to it. ~**saak, staatsaangeleentheid** public

matter, affair of state. ~**skool** government/state/public school. ~**skuld** public/national debt. ~**sorg** =sorge= government care; *(in the pl., also)* cares of state. ~**steun** state aid, government backing.

**staat·kun·de** politics; statecraft, statesmanship; policy. **staat·kun·dig** =dige, adj. political. **staat·kun·di·ge** =ges, n. statesman, politician.

**staat·loos** =lose stateless. **staat·loos·heid** statelessness.

**staat·maak** *staatge=: op iem./iets* ~ count/depend/rely (up)on s.o./s.t., bank on s.o./ s.t.; **op** *iem.* ~ *om iets te verskaf* depend (up)on s.o. for s.t.; **op** *iem. se hulp/steun* ~ look to s.o. for help/support; *iem. kan op iets* ~, *(also)* s.o. is certain of s.t.. **staat·ma·ker** =kers stalwart, dependable/reliable person, mainstay, s.o. (*or* a man/woman) of mettle, tower of strength, trouper, *(fig.)* right hand.

**staats·:** ~**aangeleentheid** →STAATSAAK. ~**aanklaer** public prosecutor. ~**amp**, ~**betrekking** government post/office; post in the civil service; *'n* ~ *beklee* occupy a public office (*or* a government post); be in the civil service. ~**amptenaar** civil/public servant, government official. ~**argief** state/government archives, public records office. ~**bedryf** state undertaking. ~**begrafnis** state funeral. ~**begroting** national budget. ~**beheer** government control. ~**belang** national interest, public interest(s), interests of the state. ~**beleid** state policy; statesmanship. ~**bemoeiing** government intervention, state action/interference, statism. ~**besit** state/government/public property; *in* ~ state-owned, under public ownership. ~**besoek** state visit. ~**besteding**, ~**uitgawe(s)** government/public expenditure, government spending. ~**bestel** body politic, political order/system, polity, constitution, political setup. ~**bestuur** governance, (national) government; machinery of government. ~**departement** government department. ~**diens** civil (*or, SA* public) service. ~**dokument** state paper. ~**drukkery** government printing works. ~**eiendom** government/public property; state ownership. ~**geheim** state/official secret. ~**geld(e)** public funds/money. ~**gesag** authority of the state, public authority. ~**getuie** state witness, witness for the state. ~**gevangene** political prisoner, prisoner of state. ~**greep** coup (d'état); *'n* ~ *uitvoer* stage a coup. ~**hoof** chief/head of state. ~**inkomste** state/public revenue. ~**inmenging** government/state interference/intervention. ~**inrigting** public institution; constitution, form of government, political system. ~**kas** public exchequer, state coffers, public purse, treasury. ~**koerant** government gazette. ~**koste** public expense; *op* ~ at the public expense. ~**leer** political science, (science of) politics/government. ~**lening** government loan. ~**lotery** state/national lottery. ~**man** =manne, ~**vrou** =vroue, staatslui statesman, =woman. ~**masjien** machinery of government. ~**monopolie** government/state monopoly. ~**omwenteling** political revolution. ~**onderneming** government/state enterprise/undertaking. ~**ondersteun** =steunde grant-aided *(school etc.).* ~**onderwys**, ~**onderrig**, ~**opvoeding** state education. ~**optrede** government action. ~**pensioen** government pension. ~**president** state president. ~**prokureur** government attorney. ~**raad** council of state; councillor of state. ~**reg** constitutional law. ~**regering** state government. ~**regsadviseur** government law adviser. ~**toelaag**, ~**toelae** state/government subsidy/grant; *met 'n* ~ state-subsidised. ~**veiligheid** state security. ~**vorm** =vorme form of government, polity, constitutional system. ~**weë**: *van* ~ by the government; on the authority of the government.

**staat·sie** state, ceremony, pomp; procession; *in* ~ *lê* lie in state. ~**bed** bed of state. ~**gewaad**, ~**kleed** robes of state, ceremonial dress. ~**trap** grand staircase; *(naut.)* accommodation ladder.

**sta·biel** =biele stable, steady, firm. **sta·bi·li·teit** stability.

**sta·bi·li·sa·sie** stabilisation. ~**fonds** stabilisation fund.

**sta·bi·li·seer** ge= stabilise. **sta·bi·li·sa·tor** =tors stabiliser, balancer. **sta·bi·li·se·ring** stabilisation.

**stac·ca·to** =to's, (It.) staccato.

**stad** stede city; town; →STADS=; stede en dorpe cities and towns, towns and villages; ~ toe gaan go to town; go down= town (Am.); groot ~ metropolis; in die ~ in town; in die ~ (rond) about town; die ~ Johannesburg the city of Johan= nesburg; ~ se kant toe toward(s) town; tien kilometer uit die ~ ten kilometres from town; vrye ~ free city; in die ~ woon live in town (or the city). ~huis (building) town/city hall; → STADSHUIS. ~saal municipal/town/city hall. ~sentrum town centre. ~skouburg civic/municipal theatre. ~staat city-state.

**sta·dig** =dige, adj. & adv. slow(ly), lingering(ly), tardy, tar= dily, leisurely; (mus.) adagio; ~e baan-/kolfblad, (cr.) slow pitch; ~ van begrip dim-, dull-, half-, slow-witted; ~ gaan go easy; ~er gaan slow down, slacken speed, slacken the pace; dit gaan ~ it is slow going; ~ oor die klippe! steady now!, hold your horses!; ~ maar seker slow but sure; slowly but surely; ~ te werk gaan go slow. ~aan slowly, gently; gradually. **sta·dig·heid** slowness, tardiness.

**sta·di·on** =dions stadium; sport in die ~ sports at/in the sta= dium.

**sta·di·um** =diums, =dia stage, phase, period; tot daardie ~ up to that stage; in/op dié/daardie ~ at that stage; in/op dié/hierdie ~ at this stage; in/op een (of 'n sekere) ~ at one (or a certain) stage; in/op geen ~ nie at no time; tot 'n kri= tieke ~ kom come to a head; verby dié/daardie ~ past that stage.

**stads·:** ~beplanner town planner. ~beplanning town plan= ning. ~bestuur municipality; municipal government; town/ city council. ~bestuurder city manager. ~gebied urban area; municipal area; township. ~geneesheer (municipal) medi= cal officer of health. ~gesig cityscape. ~grens municipal/ city boundary. ~huis, ~woning town house/dwelling, city residence. ~japie city boy/girl/slicker, townie. ~kern city centre/core, town centre. ~kind city-bred/town-bred child. ~klerk town clerk. ~kruip urban sprawl. ~kultuur urban culture, urbanism. ~lewe town/city life, urban life. ~mens city dweller, city-bred/town-bred person, (infml.) townie. ~muur town/city wall. ~plein public square, piazza, plaza. ~profiel skyline. ~raad town/city council, borough council. ~raadslid town/city councillor. ~(s)bewoner town/city dwell= er, townsman, townswoman; citizen. ~uitleêr town planner. ~vader city father. ~verbeteringsgebied city improvement district (abbr.: CID). ~verkeer urban/town/city traffic. ~ver= nuwing urban renewal. ~verordening bylaw, bye-law. ~wyk city ward, town quarter.

**stad·waarts** townward(s), cityward(s), towards (or in the direction of) the town/city.

**staf** stawwe, (support; sign of office or authority; body of officers, nurses, etc.) staff; mace (in parl.); sceptre; wand; crook; (mar= shal's, conductor's) baton; (bishop's) crozier; iem. se ~ en steun s.o.'s staff and stay. ~draer macebearer. ~hoof chief of staff. ~kollege staff college. ~offisier staff officer. ~sersant staff sergeant. ~verpleegster staff nurse.

**staf·fie**[1] =fies little staff; (athl.) baton; →STAF.

**staf·ford·shire(·bul)·ter·ri·ër** =riërs, (infml.) **staf·fie**[2] =fies, (also S~) Staffordshire (bull) terrier, (infml.) Staffie.

**sta·fie** =fies little rod/etc.; (sc.) pencil; →STAAF n..

**sta·fi·lo·kok, sta·fi·lo·kok·kus** =kokke, (bacterium) sta= phylococcus.

**stag** stage, stae, (naut.) stay.

**stag·fla·sie** (econ.) stagflation.

**stag·nant** =nante stagnant. **stag·na·sie** stagnation, stagnan= cy. **stag·neer** (ge)= stagnate.

**sta·ker** =kers striker.

**sta·king** =kings, =kinge cessation, stoppage (of activities); strike (action), walkout (of workers); tie (of votes); suspen= sion (of payment); tie-up; surcease; stall (a motor); 'n ~ afge= las/ophef call off a strike; 'n ~ afkondig/uitroep call a

strike; 'n ~ begin, tot 'n ~ oorgaan go on (or stage a) strike; 'n (uitgebreide) reeks ~s a rolling strike; reg van ~ right to strike; ~ deur/van spoorwegwerkers rail strike; daar was 'n ~ van stemme there was an equality of votes, the voting resulted in a tie; 'n ~ volhou, met 'n ~ voortgaan stay out; 'n wilde ~ a wildcat strike. ~stemming strike ballot; 'n ~ hou hold a strike ballot.

**sta·kings·:** ~aksie, ~optrede strike action. ~reg right to strike.

**stal** stalle, n. stable (for horses); cowshed (for cattle); (in the pl., also) mews; 'n dier op ~ sit stable an animal; op ~ staan be stabled. **stal** ge=, vb. stable, put up. ~deur stable door; jou ~ staan oop, (infml.) your fly is open. ~geld stabling. ~maat stable companion/mate; (horse racing, also fig.) running mate. ~mis stable manure/dung, farmyard/barnyard manure. ~perd stable horse. ~werker stableboy.

**sta·lag·miet** =miete stalagmite. **sta·lag·mi·ties** =tiese stalag= mitic.

**sta·lak·tiet** =tiete stalactite. **sta·lak·ti·ties** =tiese stalactitic.

**sta·le** (poet., liter., rhet.) steely; →STAAL n.; ~ vasberadenheid steely determination; 'n ~ wil an iron will.

**Sta·li·nis** =niste, n. Stalinist. **Sta·li·nis·me** Stalinism. **Sta·li· nis·ties** =tiese adj. Stalinist.

**stal·le·tjie** =tjies stand, stall, booth, kiosk; small stable.

**stal·ling** stabling.

**stam** stamme, n., stem (of a plant etc.); trunk, bole (of a tree); tribe, clan, stock, race (of people); strain (of stock); stem, theme (of a word). **stam** ge=, vb. form a stem; iem. ~ uit ... s.o. is descended from ... (a farming family etc.); uit 'n goeie familie ~ belong to a good family; ~ uit die tyd van ... date from the time of ... ~boek pedigree book, herd-book (of cattle), studbook (of horses). ~boekbeeste blood cattle. ~boek= dier registered/pedigree animal. ~boom genealogical tree/ table/register, pedigree; genealogy; family tree. ~gebonde tribal. ~genoot =note (fellow) tribesman/clansman. ~ge= skiedenis (biol.) phylogenesis, phylogeny. ~gesteente parent/ mother rock. ~geveg tribal/faction fight. ~groep clan, tribal group. ~hoof tribal chief. ~kapitaal original capital. ~land mother country, country of origin. ~lid =lede tribesman; clansman; (in the pl.) tribespeople. ~lys, ~register genea= logical register/table, pedigree, family tree; studbook. ~moe= der ancestress, progenitress; (Eve) first mother; matriarch. ~naam family name; ancestral name; tribal name; name of a tribe; (SA) praise name. ~oorlog tribal warfare. ~ouers ancestors, progenitors, founders (of a family). ~roos stand= ard rose, tree rose. ~ruspe(r) stalk borer. ~sel stem cell. ~stel= sel tribal system, tribalism. ~vader ancestor, progenitor. ~vee foundation/mother stock. ~verwant =wante, n. blood relation, kinsman. ~verwant =wante, adj. akin, cognate, (ge= nealogically) related, kindred, consanguineous; ~e woorde, (ling.) cognate words, paronyms. ~verwantskap affinity, kinship, relationship, consanguinity. ~volk parent people; aborigines, aboriginal race. ~vrot, ~verrotting foot rot (in plants), stalk/stem rot. ~vrug wild plum.

**sta·mel** ge= stammer (out), falter, stutter. **sta·me·laar** =laars stammerer, stutterer, falterer. **sta·me·lend** =lende stammer= ing, stuttering, faltering. **sta·me·ling** =linge stammering, stut= tering, faltering; prayer.

**sta·mi·na** stamina.

**stamp** stampe, n. knock, blow; bruise; stamp (of the foot); jolt; stamping; ~e en stote kry, (fig.) get/take hard knocks; met ~e en stote jerkily, by fits and starts, with difficulty. **stamp** ge=, vb. knock, pound, hit, buffet, biff; give a blow; barge, nudge, jog, jostle; stamp, pound, crush (ore etc.); bruise, bray; stub (one's toe); stamp (with one's feet); (a cart) bump, jolt; (a mach.) thud; (a ship) pitch; ram (into a gun, throat, etc.); drum (into the head); iem. onderstebo ~ send s.o. flying; iem. uit die pad ~ shoulder s.o. aside; teen ... ~

bump/knock against ...; barge into ...; ram against/into ...; *jou* **toon** ~ stub one's toe. **~beton** dry-packed concrete. **~blok** pounding/stamp block. **~boor** jumper (drill), percussion drill. **~hout** fender. **~kar,** **~motor** stock car; springless cart. **~koring** crushed wheat. **~mielies** samp, crushed maize. **~plek** bruise. **~stok** tamping rod. **~vol** packed, chock-full, crammed, crowded, overfull; ~ *saal* capacity house/audience. **~wedren** stock car race.

**stam·per** *=pers* pounder, stamper; jumper (drill); stamp *(in a stamp mill);* crusher; dolly; pestle; punner; rammer, paving beetle; pistil *(of a flower);* bumper; buffer *(of a vehicle);* ~ *en vysel* pestle and mortar. **stam·per·dra·end** *=ende, (bot.)* pistilliferous.

**stam·pe·rig** *=rige* bumpy, jolty; uneven; pounding *(engine); (aeron.)* turbulence. **stam·pe·rig·heid** bumpiness; *(aeron.)* turbulence.

**stam·pie** *=pies* slight knock/etc..

**stand** *stande* position, posture, attitude, stance; state, condition, situation; degree, rank, standing, station, birth, estate *(in society);* class, circle, caste, order; position; level, height, reading *(on an instr.);* arrangement *(of parts in a mach.);* phase *(of the moon);* score *(in a game);* stand *(at a show);* van **alle** ~*e* of all ranks; *benede jou* ~ below/beneath one's station; *in* ~ **bly** remain intact, last, endure; *bo jou* ~ above one's station/class; *iets tot* ~ **bring** accomplish s.t.; bring about s.t.; build up s.t.; give birth to s.t. *(fig.); van* **deftige** ~ of gentle birth; *van* **hoë** ~ of high degree/estate; *die* **hoër** ~*(e)* the upper class(es); *in* ~ **hou** keep up, maintain; keep in repair; conserve, preserve; *huidige* ~ present position; existing state; *tot* ~ **kom** come into being; *die laer* ~*e* the rank and file; *bo jou* **leef/lewe** live beyond one's means; *maatskaplike* ~ social position; *die* **militêre** ~ the military profession; *die* ~ *van die* **partye** the position/strength/state of the parties; *die* ~ *van* **sake** the state of affairs; *die* ~ *van* **sake** *op* ... the position as on ... *(a date);* *'n verslag oor die* ~ *van* **sake** a status report; *die* ~ *van die* **spel** the score. **~beeld** *=beelde* statue; *(in the pl., also)* statuary. **~hoek** dihedral angle. **~plaas** stand, plot, erf; station, post *(of an officer);* place *(of a minister); (bot.)* locality; *iem. se* ~ *is* ... s.o. is stationed at ... **~punt** point of view, standpoint; stand, stance, position; *van dié* ~ **beskou** from that point of view; *'n* ~ **inneem** adopt (or take up) an attitude, take a line; adopt (or take up) a position, take a stand; assume a point of view, take a view; *'n ander* ~ *oor iets* **inneem** take a different view of s.t.; *'n sterk* ~ **inneem** take a strong line; *jou* ~ **stel** put one's point of view; *van* ~ **verander** change front; shift one's ground; *'n* **verandering** *van* ~ a change of front. **~regtelik** *=like* summary; ~*e krygsraad* drumhead court martial.

**stan·daard** *=daarde* standard, module; norm; criterion; gauge; ensign; *die vereiste* ~ **bereik** reach the required standard; *van dieselfde* ~ *as* ... on a level with ...; *dubbele* ~*e toepas* apply double standards; *'n* ~ **handhaaf** maintain a standard; *'n hoë* ~ a high standard; *onder die* ~ below the mark; *volgens* (of gemeet aan) *hedendaagse* (of vandag se) ~*e* by today's standards. **S~afrikaans** Standard Afrikaans. **~afwyking** standard deviation. **~bewoording** standard wording, boilerplate. **~brief** form letter. **~draer** standard-bearer, cornet. **~gewig** standard weight. **~graad** standard grade. **~grootte** standard/stock size. **~loon** standard wage (or rate of wages). **~patroon** stock pattern. **~prosedure** standard procedure. **~taal** standard speech. **~tyd** standard time. **~werk** standard work.

**stan·daar·di·seer** *ge=* standardise. **stan·daar·di·se·ring, stan·daar·di·sa·sie** standardisation.

**stan·derd** *=derds, (SA educ., obs.)* standard, class. ~ *ses* standard six. ~ **6-leerling, ~sesleerling** standard 6 pupil. **~sessie** *=sies, (infml.)* (little) standard six pupil.

**stand·hou** *standge=* hold/stand firm, stick, make a stand, hold out, hold one's own (or the field), stand one's ground;

*die muur* (of iem. se geluk) *het standgehou* the wall (or s.o.'s luck) held/lasted. **stand·hou·dend, stand·hou·dend** *=dende =dender =dendste* lasting, permanent; steady; stable; constant *(spring);* perennial *(stream).*

**stands·:** **~bewussyn** class consciousness. **~verskil** social inequality; class distinction. **~vooroordeel** class prejudice.

**stand·vas·tig** *=tige* steadfast, resolute, firm, constant, steady, stable, unshaken, unwavering, stalwart. **stand·vas·tig·heid** steadfastness, resoluteness, resolution, constancy, steadiness.

**stang** *stange* bit *(of a bridle);* rod, bar, pole, boom; *(weightlifting)* barbell; *op die* ~ *byt, (lit.)* chafe/champ at the bit; *die* ~ *(tussen die tande) vasbyt, (lit., fig.)* take the bit between the teeth; ... *op die* ~ *ry* ride ... on the curb, control ... harshly *(a horse or, fig. a pers.).*

**sta·ning** *=nings* (place for) grazing; outspan, park, encampment; →STAAN.

**stank** *stanke* stench, stink, malodour; ~ *vir dank kry* be met with ingratitude. **~afsluiter** drain/air/sink/gully/stench trap. **~klier** stink gland. **~verdrywer** deodorant.

**stan·niet** stannite, tin pyrites.

**stan·no·ok·sied** *(chem.)* stannous oxide.

**stan·sa** *=sas* stanza, stave.

**stap** *stappe, n.* step, pace, stride; footstep; tread; tramping; →STAPPIE; *'n* ~ **agteruit/vooruit,** *(fig.)* a step backward/forward; ~*pe* **doen** take steps/action; ~*pe* **doen** *in 'n saak, (also)* move in a matter; *in een* ~ at/in a stride; *die eerste* ~ *doen* set the ball rolling; take the initiative; *geregtelike* ~*pe doen* institute/start/take (legal) proceedings; go to law; *iem. aan sy/haar* ~ **ken** know s.o. by his/her footstep/gait; *'n ligte/sagte* ~ a light step; *tot* ~*pe* **oorgaan** make a move; *'n* ~ *in die regte/verkeerde* **rigting** a step in the right/wrong direction; *op 'n* ~ *ry* ride at a walking pace; *'n* ~ **verder/vêrder** a step further, another step; *(geen)* **verdere/vêrdere** ~*pe doen (nie)* take (no) further steps/action; *een verkeerde* ~ one false move; *geen* **verkeerde** ~ *doen nie* not put a foot wrong; *'n* **verstandige** ~ a good move; ~ *vir* ~ step by step; in stages. **stap** *ge=, vb.* walk, go on foot; hike, foot it; tread; tramp; step; →STAPPER; *('n ent[jie])* **gaan** *~* go for (or take) a stroll/walk; stretch one's legs; *met die hond(e)* **gaan** *~* take the dog(s) for a walk; *met lang treë* *~* stride; *opsy* ~ step aside; *op die* **trein** ~ get on (or take/board) the train; *verder/vêrder* ~ walk on; *versigtig* ~ pick one's way. **~dans** step dance. **~klip** stepping stone. **~marat(h)on** walk marathon; walkathon *(for fundraising).* **~plooi** kick pleat. **~roete** hiking trail/route/path. **~skoen** walking shoe. **~stewel** hiking boot. **~toer** hike, walking tour. **~tog** hike. **~vakansie** walking holiday. **~wedloop, ~wedstryd** walking race.

**sta·pel** *=pels, n.* pile, stack, heap; hoard; *(shipbuilding)* stocks; stock, population *(of cattle); (wool)* staple; *(min., theatr.)* pack; cumulus; *van* ~ *loop, (fig.)* be launched; *glad/goed/vlot van* ~ *loop* go off well; *'n skip van* ~ *laat loop* launch a ship; *op* ~, *(a ship)* on the stocks; *'n skip op* ~ *sit* lay down a keel; *iets van* ~ *stuur, (fig.)* launch s.t.. **sta·pel** *ge=, vb.* stack, pile/heap (up); accumulate; yard; build *(with loose stones); iets in lae* ~ tier s.t.. **~artikel** staple commodity. **~blok** *=blokke* keelblock; *(in the pl., also)* stocks; launching ways. **~dieet** staple diet. **~gek** raving/stark/staring mad; *iem.* ~ *maak* drive s.o. mad. **~goed(ere)** staples, staple commodities/products. **~hak** stacked heel. **~masjien** stacker. **~muur** drystone wall. **~stel** stack system. **~toebroodjie** Dagwood (sandwich). **~voedsel** staple food. **~wolk** cumulus.

**sta·pe·laar** *=laars* stacker.

**sta·pe·ling** *=lings, =linge* pile; stacking, piling.

**stap·per** *=pers* (fast) walker; hiker; footslogger; pedestrian; *met dapper en* ~ on foot. **stap·pe·ry** walking.

**stap·pie** *=pies,* small step; *die hond(e) vir 'n* ~ *neem* take the dog(s) (for) walkies; *op 'n* ~ at an amble; *dit gaan so op 'n* ~, *(infml.)* we are ambling along; ~ *vir* ~ bit by bit.

**staps·ge·wys, staps·ge·wy·se** *adj. & adv.* step by step, in stages, gradual(ly), progressive(ly).

**star** *star(re) starder starste* stiff, fixed, rigid; glassy; tough; stark; *iets ~ maak* (of *laat word*) rigidify s.t.; *met ~re blik* with fixed gaze, with a glassy stare. **star·heid** fixity, stiffness, rigidity; glassiness (*of a gaze*).

**sta·sie** *-sies* station; cattle post; *elke ~ van ... tot ...* all stations from ... to ...; *'n ~ opvang,* (*rad., TV*) get (or pick up) a station. **~gebou** station building, railway station. **~meester** stationmaster. **~wa** (*mot.*) station wag(g)on.

**sta·si·o·neer** *ge- station; op/in ... gestasioneer(d)* stationed at ...

**sta·si·o·nêr** *-nêre* stationary; *~e punt,* (*math.*) stationary point.

**sta·te·:** **~bond** league/federation of states, confederation; *die (Britse) S~* the (British) Commonwealth (of Nations). **S~bybel, S~vertaling** Authorised Version (of the Dutch Bible).

**sta·ties** *-tiese* static.

**sta·tig** *-tige* stately, solemn, dignified; statuesque, poised, Junoesque (*woman*); matronly; (*mus.*) maestoso (*It.*), majestic. **sta·tig·heid** stateliness, dignity.

**sta·ti·ka** statics.

**sta·tis·tiek** *-tieke* (science of) statistics; (*in the pl., also*) returns, figures. **sta·tis·ties** *-tiese* statistical. **sta·tis·ti·kus** *-tikusse, -tici* statistician, statist.

**sta·to·liet** *-liete,* (*zool.*) statolith.

**sta·to·skoop** *-skope* statoscope.

**sta·tus** status, position; *~ quo* status quo, existing position; *~ quo ante,* (*previously existing state of affairs*) status quo ante. **~bewus** status-conscious. **~simbool** status symbol.

**sta·tuur** stature (*fig.*).

**sta·tuut** *-tute* statute; regulation; (*in the pl., also*) constitution (*of a society*); *-tute* (*van vennootskap*) articles (of association). **sta·tu·têr** *-têre* statutory; *~e liggaam* statutory body; *~e oortreding* statutory offence. **sta·tu·te·reg** statute law.

**sta·wend** *-wende* corroborative, confirmative, confirmatory; *~e stuk* supporting document.

**sta·wing** confirmation, proof, substantiation, validation, verification; support; *... tot/ter ~ aanvoer* adduce ... in support (*or* as proof); *tot/ter ~ van ...* in verification of ...; as/in proof of ...; in support of ... (*a statement etc.*); *tot/ter ~ waarvan ...* in verification whereof ...

**steak** steak. **~mes** steak knife.

**ste·a·rien** stearin(e). **~suur** stearic acid.

**ste·de** stead, place; *in ~ van ...* instead of ...; **~houer** viceregent, governor; *S~ van Christus,* (*RC: the Pope*) Vicar of (Jesus) Christ.

**ste·de·bou** building of towns/cities; town planning.

**ste·de·lik** *-like* municipal (*government*), urban (*areas*), civic.

**ste·de·ling** *-linge* city/urban/town dweller, city/town-bred person, urbanite.

**steeds** *adv.* always, ever, constantly, at all times, continually; *~ kom* keep coming; *nog ~* still; *iets nog ~ doen* still be doing s.t..

**steeg** *stege, steë* lane, alley(way), passage; bar (*of a saddle*); → STEGIE; *blinde ~* blind alley.

**steek** *steke, n.* stitch; suture; twinge, pang; sting (*from a bee*); bite (*from a mosquito*); stab, thrust (*with a dagger*); (*fencing*) point; dig, poke, prod (*with one's finger*); dig, poke, thrust (*a pointed remark*); three-cornered hat; tricorn(e) (*hat*); cocked hat; *geen/g'n ~ (werk) doen* nie not do a stroke of work; *dit hou ~,* (*an argument etc.*) it holds water; *iem. in die ~ laat* let s.o. down, fail s.o., leave s.o. in the lurch; (*infml.*) ditch (*or* walk out on) s.o.; *iem. lelik in die ~ laat* let s.o. down badly; *'n ~ optel,* (*knitting*) pick up a stitch; *~ in die rug* a stab in the back; *geen/g'n ~ meer sien* nie be quite blind, be as blind as a bat; *so donker dat jy geen/g'n ~ kon sien* nie so dark that one could not see a thing; *'n ~ in die sy* a stitch

in the side; *steke uithaal* unpick stitches; (*surg.*) remove (or take out) stiches; *'n ~ laat val,* (*knitting*) drop a stitch. **steek** *ge-, vb.* prick (*with a thin instr.*), stab, jab (*with a knife, dagger, etc.*); prod; sting; (*wounds*) burn, smart; (*sun*) burn, scorch; (*pain*) shoot, twitch; (*coarse: have sex*) screw, bang; *'n borsspeld aan 'n bloes ~* fasten a broach on a blouse; *daar ~ iets agter* there is something behind it; there's a catch in it (*somewhere*); *wat agter iets ~* what is/lies behind (or is at the bottom of) s.t.; *agterkom/vasstel wat agter iets ~* get behind (or to the bottom of) s.t.; *goed weet wat agter iets ~* be wise to s.t. (*infml.*); *daar ~ meer agter as wat jy dink* there is more to it than meets the eye (*infml.*); *bly ~* break down; stick fast; get stuck; *wat ~ daaragter?* where's the catch?; *iets deur ... ~* thrust s.t. through ...; *iets in ... ~* stick s.t. in(to) ...; thrust s.t. into ...; dip s.t. in(to) ...; (*infml.*) pop s.t. into ... (*the oven etc.*); *geld in 'n onderneming ~* put money in(to) an undertaking; *daar ~ iets in* there is s.t. in that; *wat ~ daar vir my in?* what is in it for me?, what is it worth to me?; *daar ~ geen kwaad in nie* there is nothing wrong (or no harm) in it; *iem. met iets ~* stab s.o. with s.t. (*a dagger etc.*); run s.o. through with s.t. (*a bayonet etc.*); *mis ~* miss (with a stab); *na ... ~* stab/jab at ...; lunge (out) at ...; thrust at ...; *iem. onder die klippe ~* pelt s.o. with stones; *oor die veld ~* cut across the veld; *'n ring aan die vinger ~* put/insert/slip a ring on the finger; *iem. in die rug ~,* (*lit., fig.*) stab s.o. in the back; *wys wat in jou ~* show one's true worth. **~appel** thorn apple, stramonium. **~baard** prickly beard; whiskers; wire hair, wire-haired dog. **~baken** stake, pile. **~beitel** firmer (chisel), slotting tool. **~bos(sie)** burweed, Mexican poppy; climber's friend. **~draad** barbed wire. **~graaf** cutting spade. **~hoek** angle of pitch (*of a screw*). **~messie** lancet. **~monster** spot sample. **~passer** (pair of) dividers, dividing compasses. **~pen** skewer. **~proef** test sample, random test, test/ spot check; *'n ~ neem* take a sample at random. **~proefstem** straw vote. **~pyn** twinge, shooting pain. **~saad** bur(r). **~saag** compass/piercing saw; sabre saw; keyhole saw. **~skop** grubber (kick). **~sleutel** picklock; box wrench. **~vlieg** gadfly, horsefly, stable/sting fly. **~wapen** thrust/pointed weapon. **~wond** thrust/stab wound.

**steek·haar** bristle; (*wool*) kemp. **~hond, ~brak** wire-haired dog. **~skaap** hairy sheep. **~wol** kempy wool.

**steek·hou·dend, steek·hou·dend** *-dende* valid, sound, consistent; *die argument is nie ~ nie* the argument does not hold water (*or* is unsound).

**steeks** *steeks(e) steekser steeksste* balky, jibbing (*horse etc.*); *~ raak,* (*also, infml.: an engine, a car*) stall; *~ wees vir iets* jib at s.t.. **steeks·heid** balkiness, jibbing, obstinacy; repugnance, repugnancy; *'n perd sy ~ afleer* cure a horse of his jibbing.

**steel¹** *stele, n.* handle; helve; stock; shank; stem, stalk, ha(u)lm (*of a flower, grass, etc.*); stem (*of a pipe*); shaft (*of a spear etc.*); stipe (*of a carpel*); (*bot., zool.*) rachis; (*anat.*) pedicel, pedicle; (*anat.*) peduncle; *blare van die ~ aftrek* strip leaves off the stalk; *~ van 'n roeispaan* loom of an oar. **~blaar(tjie)** bracteole. **~blom** stalked flower. **~gat** eye (*of an axe, a hammer, etc.*). **~steek** (*embroidery*) stem/crewel stitch.

**steel²** *ge-, vb.* steal, thieve, pilfer, pinch, purloin; *iets by iem. ~* steal s.t. from s.o.; *beeste ~* rustle (cattle); *iem. rot en kaal ~,* (*infml.*) steal everything s.o. possesses. **~fotograaf** paparazzo. **~kamera** candid camera. **~kant** (*rugby*) blind side; *aan/om die ~* on/round the blind side. **~sug, ~drang** kleptomania.

**steel·loos** *-lose* stemless, stalkless, sessile.

**steels·ge·wys, steels·ge·wy·se** stealthily, furtively, on the sly, by stealth; *~ na ... kyk* steal a look at ...

**steen¹** *stene* brick; →BAKSTEEN; (*mostly fig.*) stone, rock; → KLIP; gem; jewel (*in a watch*); (*print.*) stone; (*med.*) calculus; *'n ~ des aanstoots* a cause of annoyance; *~ en been kla* complain bitterly/endlessly; *die eerste ~ werp/gooi,* (*Bib.*) cast the first stone; *stene maak* make bricks; *'n ~ monteer/set*

set a gem; *geen/g'n ~ onaangeroer laat nie* leave no stone unturned; *rou stene* clay/green/unbaked/unburnt bricks; *~ van die wyse* philosophers'/philosopher's stone. **~arend** *(Eurasian bird)* mountain/golden eagle. **~bakker** →STEEN= MAKER. **~bakkery** →STEENMAKERY. **~druk** lithograph; lithog= raphy. **~eik** holly oak, holm (oak/tree), ilex. **~goed** stone= ware. **~groef, ~groewe** (stone) quarry, stone pit. **~gruis** brick dust; road metal; *(geol.)* debris. **~huis** brick house. **~klei** brick clay, pug. **~kunde** lithology; gem(m)ology. **~lo= per** *(orn.)* ruddy turnstone. **~lym** mastic. **~maker, ~bakker** brickmaker. **~makery, ~bakkery** brickmaking; brickfield, brickworks, brickyard. **~marter** *(zool.)* stone marten. **~me= teoriet** *(geol.)* aerolite. **~mos** rock lichen. **~muur** brick wall. **~olie** rock/mineral oil, petroleum. **~oond** brickkiln, tryworks. **~puisie** furuncle, boil. **~rooi** brick red. **~siekte** *(med.)* lithi= asis. **~sirkel** *(archaeol.)* stone circle. **~slotgeweer** flint(lock) musket. **~slyper** gem cutter, lapidary. **~snee, ~snyding** *(med.)* lithotomy. **~snyer** lapidary, gem cutter; *(med.)* lithotomist. **~tiemie** *(bot.)* savory (mint). **S~tyd(perk)** Stone Age. **~vis** stonefish. **~vlieg** *(order Plecoptera)* stonefly. **~vloer** brick floor. **~vorm** *=vorms* brick mould. **~vorming** *(geol.)* lithification; *(med.)* lithiasis; *met ~* calculous. **~vrug** stone fruit, drupe. **~werk** brickwork; stonework.

**steen²** *(SA grape, wine, also* S*~)* steen. **~druif** *(also* S*~)* steen grape; →CHENIN BLANC.

**steen·ag·tig** *=tige* stony, rocky, petrous; *(med.)* calculous.

**steen·bok** steenbok; *die* S*~, (astrol., astron.)* the Goat, Cap= ricorn. **~boegoe** steenbok buchu. **~suring** sheep sorrel, dock.

**Steen·boks·keer·kring** tropic of Capricorn.

**steen·bras** *=bras(se), (icht.)* steenbras; →ROOISTEENBRAS, WIT= STEENBRAS.

**steen·kleu·rig** *=rige* brick-coloured.

**steen·kool** coal; *~ as brandstof gebruik* burn coal; *~ inneem* load (*or* take in) bunkers. **~as** coal ashes/dust, cinder. **~bak** coal scuttle. **~bed(ding)** →STEENKOOLLAAG. **~bekken** coal basin. **~bunker** coal bunker. **~draer** coaler; coaly, coal heav= er. **~formasie** coal measures, carbonaceous system. **~gruis** coal dust, slack. **~hok** coal shed/hole; *(naut.)* coal bunker. **~laag, ~bed(ding)** coal seam/layer/bed/stratum. **~myn** coal mine, colliery. **~mynbedryf** coal mining. **~mynwerker** coal miner, collier. **~ontginning** coal mining, mining of coal. **~skip** collier. **~skop, ~skep** coal scoop; coal shovel. **~sta= sie** coaling station. **~stof** coal dust. **~stokend** *=kende* coal-burning, coal-fired. **~stoof** coal stove. **~veld** coalfield. **~vuur** coal fire. **~wa, kolewa** coal truck; (coal) tender.

**steen·leg·ging** stonelaying.

**steen·tjie** *=tjies* small brick; small gem; nugget; pebble; *(icht.)* steentjie; *(in the pl., med.)* gravel; *'n ~ bydra* do one's little bit. **steen·tjies·po·ker** poker dice.

**steg** *stegge* footbridge, plank bridge, narrow/small bridge; stile.

**steg·gie, stig·gie** *=gies* cutting, slip, set, scion; *~s maak* take cuttings/slips *(for planting)*.

**ste·gie** *=gies* little lane, alley(way); →STEEG.

**ste·go·sou·rus** *=russe, (a dinosaur)* stegosaurus, stegosaur.

**stei·er** *=ers, n.* scaffold; (landing) stage; gantry. **stei·er** *ge=, vb., (a horse)* rear; cavort; stagger, walk unsteadily; *iem. laat ~* make s.o. reel, send s.o. reeling; *onder ... ~* reel from/un= der ... *(blows, shock, etc.).* **~balk** scaffolding beam, ledger, putlog. **~bok** scaffold trestle. **~hout** scaffolding timber. **~paal** scaffolding pole. **~plank** scaffolding/ledger board. **~tou** scaffold cord, putlog rope. **~werk** scaffolding, stag= ing, gantry. **~werker** scaffolder.

**steil** *~ steiler steilste* steep, sheer, bluff; straight *(hair)*; crag= gy, cragged; *baie ~* precipitous; *~ dak* steep/high-pitched roof; *~ helling/hang* escarpment; *~ wal* scarp. **steil·heid** steepness, sheerness, bluffness; straightness *(of hair)*. **steil·te** *=tes* steepness, sheerness, steep rise/incline/slope/acclivity; bluff, cliff, crag, precipice, steep, scarp.

**stein** *(wine, grape, also* S*~)* stein.

**ste·kel** *=kels* prickle, spine, thorn; barbule; aculeus; spinella; *(in the pl., bot.)* armature. **~baars** *=baarse, (icht.)* stickleback, minnow. **~rog** *(icht.)* thornback (ray).

**ste·kel·ag·tig** *=tige* prickly. **ste·kel·ag·tig·heid** prickliness.

**ste·kel·hui·dig** *=dige, adj.* echinate(d). **ste·kel·hui·di·ge** *=ges, n.* echinoderm; *(in the pl.,* S*~)* Echinodermata.

**ste·ke·lig** *=lige,* **ste·kel·rig** *=rige,* **ste·kel·ag·tig** *=tige* prickly, spiny, spinous, thorny, spiculate, spinose; bristly *(moustache etc.);* sharp, stinging, acrimonious; sarcastic, wasp= ish. **ste·ke·lig·heid, ste·kel·rig·heid** prickliness, spininess, thorniness; sharpness, acrimony; waspishness.

**ste·ker** *=kers* pricker, sticker, stabber. **ste·ke·rig** *=rige* in= clined to sting; *(fig.)* waspish.

**ste·kie** *=kies* twinge; small stitch/etc.; *'n ~ inkry, (infml.)* have a dig at s.o..

**stel** *stelle, n.* set; lot; kit; *(dinner, tea)* service; undercarriage *(of a wag[g]on); 'n ~ aftrap, (lit.)* spring a trap; *(fig.)* fall into a trap; put one's foot in(to) it *(infml.);* have a nasty experi= ence; *in opeenvolgende/skoon ~le wen, (tennis)* win in straight sets. **stel** *ge=, vb.* put, place; adjust, regulate, direct, modu= late; control; fix; set (up); draw up, compose, formulate; focus *(a camera);* field *(candidates);* prescribe, lay down *(stand= ards, conditions);* pose *(a question); iets aan iem. ~* put s.t. to s.o.; *iets agteruit ~* put s.t. back *(a clock); kan jy iets daar= teenoor ~?* can you match that?; *iets duidelik ~* put s.t. clearly; *hoe sal ek dit ~?* how shall I put it?; *kragtig/skerp/ sterk ge~* strongly worded; *ongelyk ge~* out of alignment; *jou in iem. se plek ~* put yourself in s.o.'s place; *om dit sag te ~* to put it mildly; *om dit nou maar so te ~* to coin a phrase; *iets teenoor ... ~* set off s.t. against ...; oppose s.t. to ...; *'n uitdruklik ge~de voorwaarde* an expressly stated con= dition; *iem. voor ... ~* confront s.o. with ... **~arm** shifting le= ver, adjusting arm; gear lever. **~blad** adjusting board; swivel table. **~driehoek** adjustable/shifting square. **~geweer, ~roer** gun trap, trap/spring gun. **~hefboom** adjusting lever; trim= ming lever. **~inrigting, ~middel** adjusting gear/device/con= trivance, control. **~lyn** datum line. **~merk** datum. **~oefe= ning** composition exercise. **~peil** datum level. **~pen** adjust= ing/set pin, dowel; peg *(of a violin).* **~plaatjie** shim. **~punt** *(tennis)* set point. **~rat** adjusting gear. **~reël** maxim, princi= ple, precept, (fixed) rule. **~ring** adjusting ring. **~skop** *n.* place/goal kick. **~skop** *ge=, vb.* place-kick, take a place kick. **~skopper** place-kicker, goal kicker. **~skroef** set screw, ad= justing/adjustable screw. **~sleutel** adjusting wrench/spanner/ tool, shifting spanner. **~stang** adjusting rod; control shaft. **~stuk** set piece. **~werk** composition. **~wiel** gauge wheel. **~winkelhaak** adjustable square.

**stel·baar** *=bare* adjustable, variable; *~bare sleutel* shifting spanner, adjustable spanner/wrench.

**ste·le** *=les, (archaeol.)* stela, stele; *(bot.)* stele. **ste·lêr** *=lêre* ste= lar.

**ste·ler** *=lers* stealer, thief, pilferer, poacher. **ste·le·rig** *=rige* thievish, thieving, larcenous, pilfering. **ste·le·rig·heid** thiev= ishness. **ste·le·ry** stealing, thieving, thievery, pilfering, lar= ceny.

**stel·la·sie** *=sies* scaffolding, stand, structure, framework; *(min.)* gantry; (fruit) tray; perch; stage.

**Stel·len·bosch** Stellenbosch. **Stel·len·bos·se** of Stellen= bosch. **Stel·len·bos·ser** *=sers* inhabitant of Stellenbosch.

**stel·ler** *=lers* adjuster; trainer; setter; writer; regulator; com= poser.

**stel·lêr** stellar; →STER.

**stel·lig** *=lige, adj.* positive *(assertion);* assertive; definite *(prom= ise);* firm; fixed; certain, sure; most probable; *~e wysbegeerte* positivism. **stel·lig** *adv.* certainly, for certain, positively, confidently, definitely, without fail, decidedly, doubtless; most probably, in all probability; arguably; *iem. sal ~ iets* *doen* s.o. is bound/certain to do s.t.; *dit is ~ sy/haar beste boek* it is arguably his/her best book. **stel·lig·heid** positive= ness, definiteness, explicitness, assertiveness; *daar word met ~ beweer/betoog/aangevoer dat ...* it is held that ...

**stel·ling** *-lings, -linge* tenet, view, doctrine; *(math.)* proposi= tion, theorem; premise, supposition, hypothesis, postulate, contention; thesis; position; assertion; claim; setting, adjust= ing, adjustment, regulation; *êrens ~ inneem* take (up) one's position somewhere, position o.s. somewhere; *sterk ~ in= neem oor iets* take a (firm) stand on/over s.t.; *die ~ ver= kondig dat ...* advance the proposition that ...; make the as= sertion that ...; *'n wilde ~* a sweeping statement. **~name** stand. **~oorlog** trench war(fare), war of position, static/po= sitional warfare.

**stelp** *ge-* sta(u)nch, stop. **stel·pend** *=pende* styptic. **stelp= mid·del** *-dels* styptic.

**stel·sel** *-sels* system; scheme; regime; *volgens 'n ~* accord= ing to a system. **~inbreker** *-kers,* **~indringer** *=gers, (comp.)* hacker; *(in the pl., also)* hackerdom. **~ontleder** *(comp.)* sys= tems analyst. **~ontleding** *(comp.)* systems analysis. **~opera= teur** *(comp.)* system operator. **~programmatuur, ~sagteware** *(comp.)* systems software. **~skyf** *(comp.)* systems disk.

**stel·sel·loos** *-lose* unsystematic(al), unmethodical, planless.

**stel·sel·ma·tig** *=tige* systematic(al), ordered, methodical.

**stelt** *stelte* stilt; *op ~e loop* walk on stilts; *'n plek op ~e sit* cause an uproar in a place. **~loper** stilt walker; stilt bird. **~poot** stilt. **~voël** stilt bird, grallatorial bird, wading bird, wader.

**stem** *stemme, n.* voice; *(at an election)* vote; suffrage; ballot; *'n bankvaste/blokvaste/eenparige ~* a solid vote; *'n be= slissende ~ hê* have a casting vote; *iem. se ~ breek* s.o.'s voice cracks; *iem. se ~ breek/wissel* s.o.'s voice is breaking; *'n bulderende/donderende ~* a voice like thunder; *iem. se ~ het deurgeslaan* s.o.'s voice broke; *jou ~ dik maak, (infml.)* raise one's voice; speak sternly, crack the whip; assert o.s.; *jou ~ forseer* strain one's voice; *~me gaan op ten gunste van ...* voices are raised in favour of ...; *'n ~ vir iem./iets gee* vote for (*or* in favour of) s.o./s.t.; *'n ~ hê* have a vote; *hulle het hulle ~me laat hoor* they became vocal; *'n ~ soos 'n klok* a voice as clear as a bell; *duisend ~me kry/ontvang/trek* poll a thousand votes; *met luide ~* in a loud/raised voice; *'n voorstel met 'n meerderheid van honderd ~me aanneem* car= ry a proposal by a hundred votes; *~me (laat) omswaai* swing votes; *die omvang van 'n sanger se ~* the range of a singer's voice; *die ~me opneem/tel* count the votes; *jou ~ laat sak* drop/lower one's voice; *sonder ~* without a vote; *die ~me staak* the voting is a tie; *'n staking van ~me* an equality of votes; *met 'n swak ~* in a feeble voice; *die ~me teen 'n voorstel* the votes against a proposal; *met 'n toon= lose ~* in a flat voice; *'n ~ uitbring* cast/record/return a vote; *uitgebragte ~me* votes cast/polled; *die ~ van ..., (also)* the dictates of ... (one's conscience); *die ~me verdeel* split the vote; *baie ~me op jou verenig* draw/poll many votes; *jou ~ verhef* raise one's voice, lift (up) one's voice; *niemand het sy/haar ~ verhef nie* no one raised his/her voice; *die ~me vir 'n voorstel* the votes for (*or* in favour of) a proposal; *na ~me vry* try to catch (*or* to win over) voters; *'n waarsku= wende ~ laat hoor* sound a (note of) warning; *iem. se ~ is weg* s.o. has lost his/her voice; *~me werf* canvass (for) votes; *'n ~ roepende in die woestyn* a voice crying in the wilderness. **stem** *ge-, vb.* vote, go to the poll, record/cast one's vote; tune, tone, key *(a mus. instr.); bankvas/blokvas ~* vote solidly; *ek ~, (infml.)* I agree, I'm with you there; → SAAMSTEM; *gaan ~* go to the polls; *iets ~ iem. gunstig* s.t. inclines s.o. favourably; *~ deur die opsteek van hande, ~ deur (die) hande op te steek* vote by show of hands; *oor iets ~* vote on s.t.; *oor iets laat ~* put s.t. to the vote; take a vote on s.t.; hold/take a ballot about s.t.; *vir die regering/oppo= sisie ~, aan regeringskant/opposisiekant ~* vote with the

Government/Opposition; *teen (iem./iets) ~* vote against (s.o./s.t.); *iets ~ iem. treurig* s.t. saddens s.o., s.t. makes s.o. sad; *vir iem./iets ~* vote for s.o./s.t.; *vir iets ~, (also)* vote in favour of s.t.. **~afdruk** voiceprint. **~bande** vocal cords. **~bandklapper** *(phon.)* glottal stop. **~beampte** polling officer. **~bereik:** *binne ~* within hearing/cry. **~brief** *-briewe,* **~brie= fie** *-fies* ballot/voting paper, vote; *per ~ stem* vote by ballot; *bedorwe/ongeldige ~briewe/~fies* spoilt votes. **~buiging** mod= ulation, inflection (of the voice), intonation. **~bus** ballot box; poll; *by die ~* at the polls. **~dag** polling/election day. **~distrik** voting/electoral district. **~draend** *-ende* vote-carry= ing; *~e aandele* voting/vote-carrying shares. **~dwang, kies= dwang** compulsory voting. **~fluitjie** tuning/pitch pipe. **~ge= luid** (sound of the) voice. **~geregtig, ~geregtig** *=tigde, adj.* entitled to vote, having a vote, enfranchised; *~de aandele* voting/vote-carrying shares; *~de lid* corporate member. **~ge= regtigde, ~geregtigde** *-des, n.* (registered) voter. **~gereg= tigdheid, ~geregtigdheid** franchise, right to vote. **~hamer** tuning hammer/key. **~herkenning** *(comp.)* voice recognition. **~hokkie** polling/voting booth. **~kas** voice box, larynx. **~klok= kie** *(parl.)* division bell. **~lokaal** polling station. **~oefening** voice training/production. **~omvang** compass/range of the voice, (vocal) register. **~opnemer** teller *(in parl.);* scrutineer; polling clerk; pollster. **~opneming** counting of votes. **~or= gaan** vocal organ; syrinx *(of a songbird).* **~persentasie** per= centage vote. **~plek** polling station/place. **~plig** compulsory voting. **~pos** voice mail. **~reg** franchise, suffrage, vote; right to vote, voting right *(at a meeting); algemene ~* universal franchise/suffrage; *(die) ~ aan ... gee/verleen* give ... the vote, grant the franchise to ...; *(die) ~ hê* have the/a vote; *sonder ~* voteless; *(die) ~ verkry* get the vote, be enfran= chised. **~register** vocal register; vox humana *(on an organ);* voters' list, polling register. **~sleutel** tuning key. **~spleet** glottis; *van die ~* glottal. **~toon** *-tone* tone of voice; *in/met 'n ... ~* in a ... tone of voice. **~totaal, stemtotaal** total vote. **~vangery, stemmevangery** vote catching. **~vee** *(derog.)* vot= ing cattle, mindless voters. **~verandering** change of voice, mutation. **~verheffing** raising of the voice; *met ~* in a raised voice. **~vorming** voice production. **~vurk** tuning fork. **~wer= wer, stemmewerwer** canvasser (for votes), electioneer. **~werwery, stemmewerwery** canvassing (for votes). **~wis= seling** breaking/change of voice.

**stem·heb·bend, stem·heb·bend** *-bende* voiced, vocal, sonant, intonated; *~e klank, (phon.)* sonant; *~e konsonant/ medeklinker* vocal consonant; *'n klank ~ maak* vocalise/voice a sound.

**stem·loos** *-lose* voiceless, mute, dumb; unvoiced, voiceless; sharp *(consonant);* voteless, un(en)franchised; non(-)vot= ing; silent *(partner).* **stem·loos·heid** voicelessness; voteless= ness.

**stem·me·:** **~tal** poll, number of votes (cast). **~totaal** →STEM= TOTAAL. **~vangery** →STEMVANGERY. **~werwer** →STEMWER= WER. **~werwery** →STEMWERWERY.

**stem·mer** *-mers* tuner *(of an instr.);* voter. **stem·me·ry** tun= ing; voting, poll(ing).

**stem·me·tjie** *-tjies* small voice; *'n dun/skraal ~* a thin voice.

**stem·mig** *-mige, adj.* sedate, quiet, staid, sober, subdued, grave, serious; demure; *(dress)* conservative; understated; unspectacular; *so ~ soos 'n ouderling* as sober as a judge. **stem·mig** *adv.* sedately, demurely; *~ gekleed* conservatively dressed. **stem·mig·heid** sedateness, quietness, staidness, grav= ity; demureness.

**stem·ming** *-mings, -minge* ballot(ing), voting, vote, poll; mood, state/frame of mind, humour, disposition, temper, spirits; atmosphere *(of a story etc.); (infml.)* vibe(s); tuning *(of an in= str.); jou by die ~ aanpas* enter into the spirit; *iem. se ~ be= derf* damp(en) s.o.'s spirits; *iets tot ~ bring* put s.t. to the vote; *buite ~ bly* abstain from voting; *in 'n gevaarlike ~* in an ugly mood; *(om) 'n hoofdelike ~ vra, (parl.)* call for a division; *'n ~ **hou*** (take a) vote; take a poll; *in 'n ... ~* in a ... mood; in a ... frame of mind; *vir iem./iets ~ maak, (fml.)* arouse feeling in favour of s.o./s.t.; lobby in favour of s.o./ s.t.; *die ~ op die **mark*** the tone of the market; *tot ~ **oorgaan*** proceed to the vote, put the question; *in 'n opgewekte ~* in good spirits; *iem. in die **regte** ~* bring get s.o. in the right frame of mind; warm up s.o. *(fig.);* *in 'n **terneergedrukte** ~* depressed, in a state of depression.

**stem·mings :** ~**beeld** impression. ~**gedig,** ~**vers** atmospheric poem. ~**musiek** ambient/mood music. ~**vol** full of atmosphere, atmospheric, evocative.

**stem·pel** *-pels, n.* stamp *(for making imprints in ink);* seal *(for making impressions on wax etc.);* die *(for coining, embossing, etc.);* impression, imprint, chop, (post)mark, stamp, seal; hallmark; brand; *(bot.)* stigma; *jou ~ (af)druk op ...* leave one's mark/stamp on ...; *jou ~ op iem. **afdruk*** leave one's imprint/stamp on s.o.; *die ~ van ... **dra*** bear the imprint of ...; bear the stamp of ...; *jou ~ van **goedkeuring** op iets plaas* give one's stamp of approval to s.t.. **stem·pel** *ge-, vb.* stamp *(paper etc.);* hallmark *(metal);* swage; strike *(coins);* mark, brand; impress. ~**afdruk** imprint, stamp, seal, (post)mark. ~**band** *(print.)* cloth binding. ~**ink** stamp pad ink, stamping/endorsing ink. ~**kussing** stamp(ing)/inking pad, ink-pad. ~**maker** die sinker/maker, stamp cutter; engraver, medallist. ~**merk** hallmark. ~**pers** stamping press. ~**snyer** die cutter/sinker, stamp cutter; engraver, medallist.

**stem·pe·ling** *-lings, -linge* stamping; postmarking; hallmarking.

**sten·ge·weer** Sten gun.

**ste·nig** *ge-* stone (to death). **ste·ni·ging** stoning.

**ste·no·graaf** *-grawe* stenographer, shorthand writer. **ste·no·gra·feer** *ge-* write/do shorthand; take down in shorthand. **ste·no·gra·fie** stenography, shorthand.

**sten·sil** *-sils, n.* stencil. **sten·sil** *ge-, vb.* stencil.

**stent** *(med.: an internal splint)* stent.

**sten·tor** *-tors* stentor. ~**stem** stentorian voice.

**step·pe** *-pes* steppe.

**ster** *sterre* star *(in all senses); (also, outstanding pers.)* shining light, luminary; *(in rank insignia)* pip; →STERRE-; *(mach. part)* spider; *met ~re **besaai(d)*** studded with stars; *iem. kan sy/ haar ~re **dank*** s.o. can thank his/her (lucky) stars; *iem. se ~ gaan op* s.o.'s star is rising; *~re in jou oë hê, (fig.)* have stardust in one's eyes; *op die ~re **stuur*** navigate/steer by the stars; *vallende ~* meteor, shooting/falling star; *iem. se ~ **verbleek/verdof*** s.o.'s star is waning. ~**baan** orbit/course of a star. ~**belaai(d)** *-laaide* star-studded; *'n ~laaide rolbesetting/ rolverdeling* a star-studded cast. ~**lig, sterrelig** starlight, starshine. ~**speler** star player; top-class player. ~**status** star status/billing. ~**vrug** star fruit, carambola.

**stê·re** *n. (pl.), (infml.)* buttocks.

**ste·re·o:** *in/op ~* in/on stereo. ~**chemie** stereochemistry. ~**foto** stereoscopic photograph. ~**klank** stereo sound. ~**opname** stereo recording. ~**speler** stereo player.

**ste·re·o·fo·nie** stereophony. **ste·re·o·fo·nies** *-niese* stereophonic.

**ste·re·o·gra·fie** stereography. **ste·re·o·gra·fies** *-fiese* stereographic.

**ste·re·o·skoop** *-skope* stereoscope. **ste·re·o·sko·pies** *-piese* stereoscopic *(photograph etc.).*

**ste·re·o·ti·pe** *-pes, n., (fig.)* stereotype; *(print., also stereotiepplaat)* stereotype. **ste·re·o·tiep** *-tiepe,* **ste·re·o·ti·pies** *-piese, adj.* stereotyped, stereotypic(al), stock; *~e personasie, (theatr., cin.)* stock character. **ste·re·o·ti·peer** *ge-, vb.* stereotype. **ste·re·o·ti·pie** *(print.)* stereotypy.

**sterf** *ge-, gestorwe* die, decease, pass away, depart this life; expire; perish; →STERWE; *aan ... ~* die of ... *(a disease etc.);* die from ... *(one's wounds etc.);* as armlastige/ens. ~ die a pauper/ etc.; *van ... ~* die of ... *(hunger etc.).* ~**bed** deathbed; *op jou ~* on one's deathbed. ~**bedwoord** dying word. ~**dag,** ~**datum** day/date of s.o.'s death; anniversary of s.o.'s death; *tot (aan) my ~* till my dying day. ~**geval** death; casualty; *~ in die familie* bereavement in the family. ~**jaar** year of s.o.'s death. ~**lys** mortality list, table of mortality; *(mil.)* casualty list; necrology. ~**register** death register, register of deaths. ~**uur, sterwensuur** dying hour, hour of s.o.'s death, mortal hour; *in iem. se ~, (also)* in the hour of s.o.'s passing.

**sterf·lik** *-like* mortal. **sterf·lik·heid** mortality.

**sterf·ling, ster·we·ling** *-linge* mortal, mortal being; *geen/ g'n ~ nie* not a (living) soul.

**sterf·te** *-tes* mortality, loss of life, death toll; *~s veroorsaak* cause fatalities. ~**syfer** death rate, rate of mortality, mortality figure. ~**voordeel** *(ins.)* death benefit.

**ste·riel** *-riele -rieler -rielste* sterile, barren, unproductive; sterile, aseptic. **ste·ri·li·teit** sterility; barrenness.

**ste·ri·li·seer** *ge-* sterilise; spay *(a bitch etc.);* render sterile. **ste·ri·li·sa·sie** sterilisation. **ste·ri·li·sa·tor** *-tors* steriliser.

**sterk** *~ sterker sterkste, adj.* strong *(in all senses);* vigorous, virile, robust; powerful, high-powered *(telescope etc.);* muscular; concentrated; hardy; vivid *(imagination);* close *(resemblance);* potent; retentive, tenacious *(memory);* great, marked; *'n ~ gestel hê, (also, fig.)* have a strong stomach; *honderd (man) ~* a hundred strong; *jou ~ **hou*** play the man; *~ kleur, (bridge, whist)* strong suit; *~ man, (lit. & fig.)* strongman; *so ~ soos 'n os* as strong as a horse; *'n miljoen **rand** ~* worth a million rands; *as jy nie ~ is nie, moet jy slim wees* the weak have to be cunning/wily; *te ~ vir iem.* too good for s.o. *(in a competition).* **sterk** *adv.* strongly, forcefully; soundly; greatly; markedly; *ten ~ste* most strongly, in the strongest terms, to the utmost. **sterk** *ge-, vb.* strengthen; invigorate, encourage; *jou ~* brace/nerve/gird o.s.. ~**gebou** *(also sterk gebou)* strong-bodied. ~**stroom** high-tension current, high voltage. ~**stroomkabel** power current cable.

**ster·ke** *-kes, n.* strong one; *die ~s* the mighty.

**ster·ke·rig** *-rige* strongish.

**sterk·te** *-tes* strength; potency; vigour; volume; intensity *(of light etc.);* concentration *(of a solution);* power *(of an engine);* fortress, stronghold, fastness; establishment; *iets met volle ~ doen* do s.t. at full strength; *met/op volle ~* at full capacity; at full strength; *op volle ~, (also)* up to strength; *nie op volle ~ nie* below/under strength. ~**graad** *(spirits)* proof. ~**punt** *(mil.)* strong point.

**ster·ling** *(Br. currency)* sterling. ~**silwer** sterling silver.

**ste·rol** *-role, (biochem.)* sterol.

**ster·re :** ~**beeld** constellation; *die ~ Orion/ens.* the constellation of Orion/etc.; *'n ~ vorm* constellate. ~**hemel** starry heavens/sky. ~**hoop** star cluster. ~**kaart** astronomical/celestial map. ~**koepel** *(av.)* astrodome, astrohatch. ~**kyker** telescope; stargazer. ~**kykery** stargazing. ~**lesery** horoscopy. ~**maand** sidereal/stellar month. ~**prag** starry splendour. ~**reën** meteoric shower. ~**stelsel** galaxy. ~**stroom** star stream. ~**tyd** sidereal time. ~**wag** (astronomical) observatory. ~**wiggelaar** astrologer, magus. ~**wiggelary** astrology, horoscopy.

**ster·re·kun·de** astronomy. **ster·re·kun·dig** *-dige, adj.* astronomical. **ster·re·kun·di·ge** *-ges, n.* astronomer.

**ster·re·loos, ster·loos** *-lose* starless.

**ster·re·tjie** *-tjies* little star; starlet *(fem.);* *(print.)* star, asterisk; *(orn.: Sterna spp.)* tern; *(in the pl., bot.)* golden autumn shower; *~s sien, (fig.)* see stars; *iem. slaan dat hy/sy ~s sien* punch s.o.'s lights out.

**stert** *sterte* tail, brush *(of a fox);* pigtail; train, rear, back portion, tail end, stern; trail *(of a comet);* (plough) handle; tang *(of a rifle); (infml.)* backside, bum, *(SA)* guava; *iem. het dit (of die kat/ding) aan die ~ beet, (infml.)* s.o. has/got (hold of) the wrong end of the stick, s.o. has his/her/the lines/wires crossed; *~ tussen die **bene*** with one's tail between one's legs; *die **hond***

*swaai (of kwispel met) sy* ~ the dog wags its tail; *jou* ~ **wip,** *(infml.)* give o.s. airs, put on airs; take offence. ~**-ent** fag end. ~**kwas** switch, floccus, brush. ~**pen** *(orn.)* tail feather, rectrix. ~**punt** tag; fluke; dock. ~**riem** crupper *(of a harness, saddle, etc.);* loincloth; G-string. ~**skroef** *(blacksmithing)* leg vice; breech pin/screw *(of a firearm); (mot.)* Phillips screw *(trademark).* ~**stuk** tailpiece; aitchbone. ~**swaai** wag of the tail. ~**swaaiend:** *die hond kom* ~ *aangehardloop* the dog runs up wagging its tail. ~**veer** *-vere, (orn.)* tail feather/quill, rectrix; *iem. se* ~*vere uittrek, (infml.)* cut s.o. down to size. ~**vet** tail fat. ~**vin** tail/caudal fin.

**stert·jie** *-jies* tail, scut; ending *(of a word).*

**stert·loos** *-lose* tailless, acaudal.

**ster·vor·mig** *-mige* star-shaped, stellated.

**ster·we:** *aan die* ~ dying, sinking; *op* ~ *na dood* on one's last legs *(infml.); iets is op* ~ *na dood* s.t. is as good as dead; *te* ~ *kom* die; *op* ~ *lê/wees* be dying, be in extremis, be at the point of death. **ster·wend** *-wende, adj.* dying, moribund, breathing one's last, in extremis. **ster·wen·de** *-des, n.* dying person. **ster·wens·nood** death struggle; *in* ~ *verkeer* wrestle with death. **ster·wens·wens** dying wish.

**stet** *ge-, (<Lat., typ.: ignore correction/alteration)* stet.

**ste·to·skoop** *-skope* stethoscope. **ste·to·sko·pies** *-piese* stethoscopic.

**steun**[1] *n.* support, aid, assistance, help, backing, succour; *(pl.: steune)* stay, prop, shore; bracket, rest; standby; *jou* ~ *gee aan ...* support ..., throw in one's weight with ...; *met iem. se* ~*, met* ~ *van iem.* with s.o.'s aid, with the aid of s.o.; *more=le/sedelike* ~ moral support; *jou* ~ *toesê aan ...* assure ... of one's support; *tot* ~ *van ...* in support of ... *(a good cause etc.);* ~ *aan ... verleen* support ..., give/accord/lend support to ... **steun** *ge-, vb.* support, aid, assist, help, succour, subsidise, further, favour, sponsor; back (up), prop (up), buttress *(a wall etc.);* countenance *(an action);* speak in support of, support *(a motion);* bolster up *(an unworthy cause).* **enduit** ~ be with s.o. all the way; ~ *jy my?* are you with me?; *iem./iets kragtig* ~ give strong support to s.o./s.t.; *op ...* ~ lean (up)on ... *(a stick, s.o.'s arm, etc.);* rely (up)on ... ~**arm** support/suspension arm. ~**balk** supporting beam, girder; *(min.)* stull. ~**blaar(tjie)** stipule. ~**fonds** relief fund; provident fund. ~**groep** support group. ~**muur** retaining/supporting wall, revetment (wall). ~**pilaar** abutment pier; prop; *(fig.)* tower of strength, buttress, mainstay; *'n* ~ *van die samelewing* a pillar of society. ~**plaat** support/base/backing plate; bracket plate. ~**punt** point of support; *(mech.)* fulcrum; (military/strategic) base, *(Fr.)* point d'appui, key point, foothold, footing; *(min.)* abutment. ~**raam** bracketing. ~**troepe** supporting forces, supports. ~**vlak** supporting surface/basis. ~**weefsel** interstitial tissue, stroma.

**steun**[2] *steune, n.* groan, moan. **steun** *ge-, vb.* groan, moan.

**steun·sel** *-sels* support, prop, shore, stay; crutch; strut; bracket, rest; bar *(of a horse's hoof).*

**steur**[1] *steure, n., (icht.)* sturgeon. ~**garnaal** prawn.

**steur**[2]**, stoor** *ge-, vb.* disturb, interrupt *(a conversation);* be in the way, intrude; inconvenience; upset; violate; harass; *jou (nie) aan ...* ~ *(nie)* take (no) notice of ...; *iets doen sonder om jou aan ... te steur* do s.t., unmindful of ...; *jou nie aan ander* ~ *nie* go one's own (sweet) way; ~ *jou nie aan niks en niemand* ~ *nie* be a law unto o.s.; *ek wil nie* ~ *nie* I don't want to be a nuisance. **steu·rend, sto·rend** *-rende* disturbing, upsetting.

**steu·ring, sto·ring** *-rings, -ringe* disturbance, intrusion, trouble, nuisance; *(med.)* disorder; *(rad.)* jamming, interference; failure *(of a mach.); (sc.)* perturbation. ~**soeker** *(elec.)* troubleshooter. ~**vry** trouble-free; *(rad.)* without interference/atmospherics.

**steur·nis, stoor·nis** *-nisse* disturbance, nuisance; disorder, upset; ~ *maak/veroorsaak/verwek* cause/create a disturbance.

**ste·we** *-wens, -wes, n., (naut.)* prow. **ste·we** *ge-, vb.* sail.

**ste·wel** *-wels* boot; *hoë* ~ knee boot; *(vier)* ~*s in die lug lê, (infml.)* be/lie flat on one's back; have fallen flat on one's back. ~**skag** bootleg.

**ste·wig** *-wige, adj.* solid, stout, sturdy, firm; stocky, strapping, well-knit, well set up; substantial; compact; sound; *'n* ~*e jong man* a sturdy/well-knit/strapping young man; *'n* ~*e meisie* a strapping/buxom girl; *'n* ~*e oorwinning behaal* win handsomely. **ste·wig** *adv.* firm(ly), tight(ly), stiff(ly); ~ *gebou, (a man etc.)* sturdily built; *(a house etc.)* well constructed; ~ *staan* stand firm/fast; ~ *vashou* hold tight(ly), grasp firmly. **ste·wig·heid** solidity, stoutness, sturdiness; stiffness, firmness.

**stie·beu·el** *-els* stirrup; *(anat., zool.)* stapes; *die voet in die* ~ *kry, (fig.)* obtain a footing. ~**klep,** ~**knip** stirrup bar. ~**pomp** stirrup pump.

**stief** niggardly; hard-hearted; *iem.* ~ *behandel* ill-use/neglect s.o., *(infml.)* be heavy on s.o.. ~**broer** stepbrother. ~**dogter** stepdaughter. ~**kind** stepchild. ~**ma** *-ma's,* ~**moeder** *-ders* stepmother. ~**moederlik** *-like, (lit. & fig.)* stepmotherly; *iem.* ~ *behandel* treat s.o. harshly, neglect s.o., pass s.o. over. ~**ouer** stepparent. ~**pa** *-pa's,* ~**vader** *-ders* stepfather. ~**seun** stepson. ~**suster** stepsister.

**stieg·riem** stirrup leather.

**stier** *stiere* bull; *die S~, (astron., astrol.)* the Bull, Taurus. ~**geveg** bullfight. ~**vegter** bullfighter; *berede* ~ toreador; ~ *te voet* torero. ~**vegtery** bullfighting, tauromachy.

**stif** *stifte* small rod, style, pencil, stick *(lipstick etc.);* pin, peg; burin *(for engraving).* **stif·vor·mig** *-mige* styliform, styloid.

**stif·fie** *-fies, (SA, comp.)* stiffy (disk/disc).

**stig** *ge-* found *(a business, college, etc.),* establish *(a business),* form *(an association),* float, incorporate *(a company),* constitute, set up, charter, plant *(a colony),* institute *(a scholarship etc.),* raise, start *(a fund),* erect *(a monument);* edify *(by a sermon); iets is in 1990 ge~, (a firm etc.)* s.t. was founded in 1990; *die te* ~*te organisasie* the organisation (that is) to be formed.

**stig·gie** →STEGGIE.

**Sti·gies** *-giese* Stygian; →STYX.

**stig·ma** *(pl.: stigmata), (Chr., biol.)* stigma; *(pl: stigmas), (fig.)* stigma; *daar kleef 'n* ~ *aan ...* a stigma attaches to ... **stig·ma·ti·seer** *ge-* stigmatise.

**stig·te·lik** *-like* edifying; devout; ~*e lektuur* devotional literature/reading. **stig·te·lik·heid** edification; edifying character.

**stig·ter** *-ters* founder, institutor, planter; →STIG.

**stig·ters:** ~**dag** founders' day. ~**lid** founder/foundation/charter member.

**stig·ting** *-tings, -tinge* foundation; establishment, founding, formation, constitution, institution, erection; flotation, floating, incorporation, launch(ing), start-up *(of a company);* inception; edification.

**stig·tings:** ~**dag** founding day. ~**lid** foundation/charter/founder member; member of a foundation. ~**vergadering** meeting to found s.t..

**stik**[1] *ge-* stitch *(by mach.).* ~**masjien** stitching machine. ~**werk** stitching, (sewing) machine work.

**stik**[2] *ge-* suffocate, be suffocated, choke, be choked; smother, stifle, be stifled, swelter; *aan iets* ~ choke on s.t. *(food etc.); van iets* ~ choke with s.t. *(laughter etc.).* ~**damp** chokedamp. ~**donker** *adj.* pitch-dark. ~**donker(te)** *n.* pitch-darkness, inspissated darkness. ~**gas** (fire)damp, afterdamp; lung gas, asphyxiating/suffocating gas. ~**lug** suffocating air. ~**myn** suffocating mine. ~**warm** stiflingly hot.

**stik·kend** *-kende* stifling; ~ *(warm)* stiflingly hot, sultry.

**stik·sel** *-sels* stitching.

**stik·sie·nig, stik·sie·nig** *-nige* very near-sighted, short-sighted, myopic. **stik·sie·nig·heid** extreme near-sightedness; myopia.

**stik·stof** *(chem., symb.:* N) nitrogen. **~binding** nitrogen fixa=tion. **~(-)ewewig** nitrogenous equilibrium. **~gehalte** nitro=gen content. **~monoksied** nitric oxide. **~verbinding** *=dings, =dinge* nitrogen compound.

**stik·stof·hou·dend** *=dende* nitrogenous.

**stil** *stil(le) stiller stilste, adj.* quiet, still, silent, hushed; quiet, calm, tranquil; placid, calm, serene, *(infml.)* laid-back; taci=turn; eventless; dormant; stagnant; undisturbed *(water);* **~le bewonderaar** secret admirer; *so* ~ *soos die* **graf** as still as the grave; *so* ~ *soos* **'n muis** as quiet as a mouse; *die S~le* **Oseaan** the Pacific Ocean; ~ **raak** become/fall silent; ~ **sone,** *(rad.)* skip zone; ~ **tyd** quiet time; slack/off season, off-time; ~ **water** slack water *(at the turn of the tide); dit word* ~ it goes quiet, a silence falls, a hush falls/descends. **stil** *adv.* quietly, calmly; silently; ~ **lê** lie still; lie idle; lie dormant; lie low; ~ **lees** read silently. **stil** *ge=, vb.* allay *(fears, pain);* quiet, hush *(a child, the conscience);* alleviate *(pain);* stay, satisfy, appease *(hunger),* quench *(thirst);* check, sta(u)nch *(blood);* mitigate *(anger);* soothe, mollify, tranquillise. **stil** *interj.* hush!, keep quiet!, shut up!, hold your tongue!. **~bly** *stilge=* keep/remain quiet, remain silent, maintain/keep silence, hush (up), keep one's mouth shut; pause; keep one's own counsel; for=bear, hold one's peace; *iem.* **betaal/omkoop** *om* ~ *te* **bly** pay s.o. hush money; **bly** ~*!* keep quiet!, *(infml.)* shut up!; **bly** *liewer(s)* **stil** save your breath; *skielik* ~ stop dead/short *(while speaking).* **~foto** still (picture). **~geboorte** stillbirth. **~hou** →STILHOU. **~lê** *stilge=* lie still; lie idle; *(a ship)* lie up. **~lewe** *=wes* still life, still-life painting. **~maak** *stilge=* silence, quiet, still, shush, squelch, hush/shut up, pacify; *iem.* ~ si=lence s.o.. **~(rol)prent** still/silent picture. **~sit** *stilge=* sit still/quiet; remain sitting; *nie* ~ *nie* be active. **~staan** →STILSTAAN. **~-stil** (very) quietly, on the quiet. **~stuipe** *(in=fml.)* apoplexy; ~ **hê/kry** be apoplectic (with rage). **~weg** quietly; unobtrusively.

**stil·bes·trol** *(biochem.: synthetic oestrogen)* stilboestrol.

**sti·leer** *(ge)* formalise, stylise, conventionalise; style. **~bor=sel** styling brush. **sti·le·ring** stylisation; styling.

**sti·let** *=lette* stiletto; stylet.

**stil·heid** quietness.

**stil·hou** *stilge=* stop, halt, come to a stop/halt, pull/draw up; heave to, check, pause; *heeltemal* ~ come to a full stop; *iets* ~ keep s.t. quiet, keep quiet about s.t.; *langs ...* ~ draw/pull alongside ...; *skielik* ~ pull up short; stop dead/short; *sonder om stil te hou* without a stop; ~ **verbode** no stop=ping. **~afstand** stopping distance. **~plek** stopping place, stop, halt, pull-off.

**sti·lis** *=liste* stylist. **sti·lis·tiek** stylistics, style studies, art of composition. **sti·lis·ties** *=tiese* stylistic.

**stil·lend** *=lende* easeful, sedative.

**stil·le·rig** *=rige* rather quiet; reticent.

**stil·le·tjies** quietly, softly; on the quiet/sly, stealthily, by stealth, secretly, surreptitiously; ~ **weggaan** slip away.

**stil·lig·heid** secrecy; *iets in die* ~ **doen** do s.t. on the quiet.

**stil·lo·gra·fie** stylography. **sti·lo·graaf·pen** stylograph. **sti·lo·gra·fies** *=fiese* stylographic(al).

**stil·staan** *stilge=* stand still/quiet; be at a standstill; check, halt, pause, stop; stagnate; *by iets* ~ dwell (up)on s.t.; *lank by* **'n** *onderwerp* ~ linger on a subject; *(te)* **lank** *by iets* ~ (be)la=bour a point; *skielik* ~ stop dead/short; *sonder om stil te staan* without a stop; *iem. se* **verstand** *het stilgestaan* s.o.'s mind was a blank. **stil·staan·de** standing, stationary; parked *(car);* stagnant *(water);* static; idle. **stil·stand** standstill, stop, stoppage, halt; idleness; stagnation *(in business);* solstice; lull; stasis; *iets tot* ~ **bring** bring s.t. to, bring s.t. to a halt/stop/standstill; *iem. tot* ~ **bring** bring s.o. up short; *tot* ~ **kom** come to a halt/stop/standstill; come to rest; settle down; *(sta=dig) tot* ~ **kom** grind to a halt.

**stil·swy·e** silence, muteness; *met* ~ **beantwoord** word be

met by silence; *die* ~ **bewaar** observe silence; keep one's (own) counsel; *'n* **kil** ~ a stony silence; *iem. se* ~ **oor** *iets* s.o.'s silence on s.t.; *iem. die* ~ **oplê** enjoin s.o. to silence, enjoin silence on s.o.; *jou* ~ **verbreek** break one's silence. **stil·swy·end, stil·swy·end** *=ende* silent; taciturn; tacit, by im=plication, understood; *...* ~ **aanhoor** listen to ... in silence; *iets* ~ **aanneem** agree tacitly (to s.t.); take s.t. for granted; *'n* **~e akkoord/ooreenkoms** unspoken/gentlemen's agree=ment; **~e instemming/ooreenstemming** tacit consent/agree=ment; **~e voorwaarde** implied condition. **stil·swy·end·heid** silence, taciturnity; secrecy.

**stil·te** *=tes* silence, stillness, quietness, quiet, quiescence, still, calm, lull; *'n* **doodse** ~ a deadly quiet; **doodse** ~ *heers* there is dead silence; *te midde van 'n* **doodse** ~ amid a dead silence; *'n* **dreigende** ~ an ominous/ugly silence; *'n* **gespanne** ~ an uneasy silence; *in* ~ in silence, silently; *die* ~ *voor die* **storm** the lull before the storm; *die* ~ **verbreek** break the silence. **~gordel, ~streek** zone of silence; *(nav.)* doldrums, belt of calm water. **~tyd** *(relig.)* quiet time.

**stil·ton(·kaas)** *(also* S~) Stilton (cheese).

**sti·lus** *=lusse* stylus, style.

**sti·mu·lus** *=mulusse, =muli* stimulus; stimulant. **sti·mu·lans, sti·mu·lans** *=lanse,* **sti·mu·lant** *=lante* stimulant; stimulus; kick. **sti·mu·la·sie** stimulation. **sti·mu·leer** *ge=* stimulate. **sti·mu·leer·mid·del** *=dels* stimulant.

**stin·gel** *=gels, (bot.)* stalk, stem, culm, tige. **~blaar, ~blad** stem leaf. **~blom** pedunculate flower. **~knol** corm, stem tuber. **~knoop** node. **~knop** stem bud. **~lit** internode, article, joint. **~rank** stem tendril. **~rosyn(tjie)** stalk raisin. **~voet** corm. **~vrot** corm rot.

**stin·gel·loos** *=lose* stemless, stalkless.

**stin·gel·tjie** *=tjies* peduncle, stemlet.

**stink** ~ *stinker stinkste, adj.* stinking, foul-smelling, smelly, fetid; rotten, disgusting; *'n* ~ **brief** a nasty letter. **stink** *ge=, vb.* stink, smell bad; *iem./iets* ~ *na ...* s.o./s.t. stinks of ...; ~ *van die geld, (infml.)* be filthy/mega/stinking rich. **~afrika=ner** *(bot.)* African marigold. **~besie,** *(infml.)* **~gogga** stink bug. **~blaar** thorn apple. **~bom** stink bomb/ball. **~hout** (black) stinkwood. **~kewer** stink beetle. **~klier** *(zool.)* scent gland/organ. **~muishond** striped polecat. **~ryk** *(infml.)* filthy/mega/stinking rich.

**stin·kend** *=kende* stinking, fetid, putrid, malodorous; me=phitic(al).

**stin·kerd** *=kerds* stinkard, stinker, *(fig.)* skunk.

**stip** *stippe, n.* point, spot, dot; blip *(on a radar screen).* **stip** *stipte stipter stipste, adj. & adv.* punctual, precise, accurate; strict; prompt; intent; *...* ~ **aankyk** stare at ...; ~ **betaal** pay promptly; **~te betaling** prompt payment; *iem.* ~ *in die* **oë** *kyk* look fixedly at s.o., look s.o. straight in the eye. **stip=te·lik** promptly, precisely, strictly. **stipt·heid** punctuality; strictness; promptness, promptitude; exactitude, exactness, precision.

**sti·pen·di·aat** *=diate, (rare)* bursary student.

**sti·pen·di·um** *=diums, =dia* stipend; scholarship, studentship, bursary.

**stip·pel** *=pels, n.* spot, speck, point, dot; pit; fleck; *(bot.)* pore. **stip·pel** *ge=, vb.* point, mottle, fleck, freckle; *(painting)* stipple; roughcast. **~kwas** stipple brush. **~lyn** dotted line. **stip·pel·tjie** *=tjies* dot, speck, point, fleck.

**stip·per** *(comp.)* graph(ics) plotter.

**sti·pu·leer** *ge=* stipulate, demand. **sti·pu·la·sie** stipulation, proviso, condition.

**sti·reen** *(chem.)* styrene.

**sto·chas·ties, sto·gas·ties** *(stat.)* stochastic.

**stoei** *n.* wrestling. **stoei** *ge=, vb.* wrestle; romp, scuffle, tus=sle. **~agent** matchmaker. **~geveg, ~wedstryd** wrestling match. **~kryt** wrestling ring. **~kuns, ~sport** wrestling. **~paar** tag team.

**stoei·er** =ers wrestler. **stoei·e·ry** =rye wrestling; scuffle, tussle, melee, (Fr.) mêlée, rough-and-tumble, maul; fray.

**stoel** stoele, n. chair, seat; (also, bot.) stool; 'n ~ laat agteroor leun tilt a chair; 'n ~ **nader trek** draw up a chair; op 'n ~ sit sit on a chair; op twee ~e tegelyk wil sit fall between two stools. **stoel** ge-, vb., (bot.) stool; put on weight. ~**bekleed= sel** chair cover. ~**gang** stool, movement, defecation; ~ hê empty/move/evacuate one's bowels. ~**gras** tussock grass. ~**kleedjie** chair cover; chair back, antimacassar. ~**kussing** cushion. ~**leuning** chair back. ~**patat**, ~**sitter** (infml.) couch potato. ~**poot** chair leg. ~**rug** chair back.

**stoe·le·dans** musical chairs.

**stoep** stoepe stoep; oordekte ~ veranda(h); porch. ~**kamer** stoep room, room opening on to the stoep. ~**plant** pot(ted) plant. ~**sitter** porch sitter; dawdler. ~**stoel** stoep chair.

**stoe·pa** =pas, (Buddh. archit.) stupa.

**stoer** stoere stoerder stoerste sturdy, hardy, rugged, vigorous, stalwart; conservative; ~e ondersteuner staunch supporter. **stoer·heid** sturdiness, hardiness, ruggedness.

**stoet**[1] stoete procession, train; 'n ~ perde a string of horses; 'n ~ vorm form a procession.

**stoet**[2] stoete stud. ~**boerdery** stud farming. ~**hings** stud stallion. ~**merrie** brood/stud mare. ~**perd** studhorse. ~**ram** stud ram. ~**skaap** stud sheep. ~**vee** stud animals, stud/brood stock.

**stoe·te·ry, stoe·te·ry** =rye stud; stud farm.

**stof**[1] stowwe, n. dust, powder; fug; in die ~ **byt,** (infml.) bite/kiss/lick the dust, kiss the ground; in die ~ **kruip** grovel, (infml.) eat dirt; voor iem. in die ~ **kruip**, (also, fig.) lick s.o.'s boots/shoes; iem. onder (die) ~ **loop**, (infml.) bowl s.o. over; run rings (a)round s.o.; baie ~ **maak**, (lit.) kick up (or raise) a lot of dust; ~ **opja(ag)/opskop**, (infml., usu. fig.) kick up (or raise) a lot of dust; hardloop dat die ~ so **staan** run like blazes; tot ~ **terugkeer,** (rhet.) return to dust; **toe** onder die ~ covered with dust; tot ~ **vergaan,** (rhet.) turn to dust; iem. in die ~ **vertrap** trample s.o. in the dust; die ~ van jou voete afskud, (infml.) shake the dust off one's feet. **stof** ge-, vb. dust, remove the dust; whisk. ~**besem** soft broom. ~**bril** goggles. ~**deeltjie** particle/speck of dust; mote; particulate. ~**dig** =digte dustproof, -tight. ~**digtheid** dust-tightness. ~**goud** gold dust. ~**inaseming** coniosis. ~**jas** dust coat/cloak, light overcoat. ~**laag** layer of dust. ~**laken** dustsheet. ~**lap** dust= er, dustcloth. ~**long(siekte)** pneumo(no)coniosis. ~**luis** book= louse, dust louse. ~**myt** (house) dust mite. ~**nat** sprinkled. ~**natmakertjie** light shower. ~**omslag** dust cover/jacket/wrapper, (book) jacket/wrapper. ~**pêrel(tjie)** seed pearl. ~**reën(tjie)** n. drizzle, sprinkle, mizzle. ~**reën** ge-, vb. driz= zle. ~**storm** dust storm. ~**suier** vacuum cleaner. ~**suig** ge-, vb. vacuum. ~**vry** dust-free, free from dust; dustproof, -tight. ~**wolk** dust cloud, cloud of dust.

**stof**[2] stowwe, n. material, stuff; fabric; matter; subject mat= ter, theme; baie ~ tot dankbaarheid hê have much to be thankful for; ~ tot nadenke hê have food for thought, have s.t. to think about; ~ versamel collect material (for a book etc.). ~**deeltjie** molecule, corpuscle. ~**monster** swatch. ~**naam** name of material; material noun. ~**wisseling** metabolism; metastasis.

**stof·fa·sie** material, stuff; iem. van sy/haar ~ s.o. of his/her calibre; wys van watter ~ jy (gemaak) is show what stuff one's made of; van sterker ~ gemaak made of sterner stuff.

**stof·feer** (ge-) upholster; furnish, garnish. ~**spyker** tack. ~**werk, stoffeerdery** upholstery.

**stof·feer·der** =ders upholsterer; garnisher.

**stof·fer** =fers, **stow·wer** =wers duster; whisk.

**stof·fe·ring** =rings, =ringe upholstering; upholstery, filling; garnishment, garniture.

**stof·fie** =fies speck of dust, mote; 'n ~ in die oog grit in one's eye.

**sto·fie** =fies small stove; →STOOF n..

**stof·lik** =like material (interests etc.); tangible (souvenir etc.); corporeal, substantial; physical, unspiritual (world); ~e oor= skot mortal remains. **stof·lik·heid** materiality, corporeality.

**sto·ï·gi·o·me·trie** (chem.) stoichiometry.

**Sto·ï·sis·me** (philos., also s~) Stoicism, Stoic philosophy; stoicism; impassivity. **Sto·ï·syn** =syne, n., (also s~) Stoic (philosopher); stoic. **Sto·ï·syns** =synse, adj., (also s~) Stoic, of Stoicism; stoic(al), impassive.

**stok** stokke, n. stick, staff, cane; cudgel, truncheon; (flag) pole; handle (of a broom etc.); (hockey) stick; (golf) club; (min.) gad; pointer (in a classroom); stock (of an anchor, an anvil, a nut); iem. met 'n ~ **bydam** take a stick to s.o.; voor ~ **gekry** word be (called) on the carpet; iem. voor ~ **kry,** (fig.) take s.o. to task, haul s.o. over the coals, dust s.o. down; iem. goed voor ~ **kry** oor iets, (also) give s.o. a severe ticking-off (or a lot of fla[c]k) for s.t.; ('n) mens (of 'n blinde) kan dit met 'n ~ **voel** it stands/sticks out a mile; 'n ~ in die **wiel** steek, (fig.) throw a spanner in the works; vir iem. 'n ~ in die **wiel** steek, (fig.) put a spoke in s.o.'s wheel; spike s.o.'s guns. ~**blind** =blind(e) stone-blind. ~**brood** bread= stick; French stick (bread). ~**doof** stone deaf. ~**flou** dead beat/tired, dog-tired, (pred.) clapped out, (attr.) clapped-out, (bone) weary. ~(-)**insek** stick insect. ~**lengte** (golf) club length. ~**oud** stokou(e) very old, as old as time (or the hills), (joc.) ancient. ~**passer** beam compasses. ~**perdjie** (fig.) hob= by, leisure activity; (toy) hobbyhorse. ~**roos** hollyhock. ~**sielalleen**, ~**alleen** all on one's own, quite alone, solitary, without a soul to keep one company. ~**stertmeerkat** suri= cate. ~**stertmuishond** bushy-tailed mongoose. ~**stil** stock-still, motionless. ~**styf** as stiff as a poker/ramrod; stark and stiff, wooden. ~**veg** stick fighting. ~**yster** tamping rod.

**sto·ker** =kers, stoker, fireman (of a boiler), distiller (of spirits). **sto·ke·ry** =rye distillery; firing. **sto·king** (spirits) distillation.

**stok·ke·rig** =rige stalky, woody, stringy, fibrous; stocky; wooden, clumsy, stilted.

**stok·kie** =kies little stick, cane; (vine) shoot/cutting; 'n ~ voor iets steek, (infml.) put a stop to s.t., foil/scotch s.t. (plans etc.). ~**lekker** sucker; lollipop.

**stok·kies·:** ~**draai** stokkiesdge play truant. ~**draaier** truant. ~**draaiery** truancy. ~**draer** (entom.) harvester termite. ~**vei= ling** vine-cutting sale.

**stok·ki·net** (text.) stockinet(te).

**stok·vel** (SA econ.) stokvel.

**stok·vis** =vis(se) stockfish; hake.

**stol** ge- clot, coagulate, congeal, (med.) thrombose; set, gel, curdle, solidify; freeze; concrete; op 'n beeld van ... ~, (TV) freeze-frame …; die **bloed** het ge- the blood coagulated; iem. se **bloed** laat ~, (fig.) make s.o.'s blood curdle; genoeg om die bloed in jou are te **laat** ~ enough to freeze the blood in one's veins. ~**middel** =dels coagulating agent, coagulant. ~**room** clotted/Devonshire cream.

**sto·la** =las, (long scarf/shawl, priest's vestment) stole, tippet; (hist.) stola.

**stol·lend** =lende, (med.) styptic.

**stol·len(·koek)** (Germ. cook.) stollen.

**stol·ling** coagulation, congealment, clotting; solidification, concretion, fixation. **stol·lings·ge·steen·te** (geol.) igneous/eruptive rock.

**sto·lon** =lone, (bot., zool.) stolon.

**stolp** stolpe, **stulp** stulpe glass cover, bell glass/jar. ~**plooi** box pleat. ~**verpakking** blister pack(aging), bubble pack.

**stol·sel** =sels clot, coagulum.

**stom** stom(me) stommer stomste, adj. dumb, mute, speechless; tongue-tied, inarticulate; mute, silent; quiescent; foolish, stu= pid; poor, wretched, pitiable; die ~me **dier** the poor beast; die ~me **mense** the poor/wretched people; ~me **geluk** sheer/

585

mere luck; *geen ~me* **woord** *praat nie* never say a word. **stom** *adv.* dumbly, mutely, speechlessly; stupidly, foolishly; *iem. ~ verbaas* dumbfound s.o.; *~ vervelend* deadly dull. *~***dronk** dead/blind drunk. *~***verbaas** gasping, thunder=struck, wonder-struck, dumbfounded.

**sto·ma** *=mas, =mata, (biol., med.)* stoma. **sto·ma·ti·tis** *(med.)* stomatitis.

**sto·mend** *-mende, (infml.)* steamy; →STOOM *vb.*.

**stom·heid** dumbness, mutism; stupidity, crassness.

**sto·mi·um** *-miums, -mia, (biol.)* stomium.

**stom·me** *-mes* mute.

**stom·me·rik** *-rike,* **stom·me·ling** *-linge* fat=, blockhead, (silly) idiot.

**stom·mi·teit** *-teite* blunder, howler, gaffe; stupidity; *'n ~ be=gaan* make/commit a faux pas, *(infml.)* make an ass of o.s..

**stomp** *stompe, n.* stump, trunk, block; stub; log *(of wood)*. **stomp** *~ stomper stompste, adj.* blunt, dull *(knife)*; snub, stumpy *(nose)*; truncated; stubby *(fingers)*; obtuse *(angle)*; *iets ~ maak* take the edge off s.t., dull s.t.; *~ sintuie* gross senses. **stomp** *adv.* dully, bluntly; *iets ~ afsny* cut s.t. (off) short; dock s.t. *(an animal's tail)*; crop s.t. *(s.o.'s hair)*. *~***hoekig** *-kige* obtuse-angled. *~***kant** butt. *~***kop** crop-head; *(icht., infml.)* musselcracker. *~***lootbos** coppice forest. *~***neus** snub/pug nose; snub-/pug-nosed person; *(icht.)* stumpnose. *~***neus=dolfyn** bottlenose(d) dolphin. *~***neusskoen** square-toed shoe. *~***oor** *n.* crop-ear. *~***oor** *adj. & adv.* crop-eared *(sheep etc.)*. *~***stert** *n.* dock/stumpy tail; dock-tailed animal. *~***stert** *adj. & adv.* dock-, stump-tailed, docked; stumpy. *~***stertarend** *(infml.)* bateleur; →BERGHAAN. *~***stertkat** Manx/tailless cat.

**stom·pie** *-pies* small stump/stub; end, stub *(of a cigarette etc.)*; fag end; stub *(of a pencil)*.

**stomp·sin·nig** *-nige* stupid, dense, obtuse, dim-witted; idiotic, feeble-minded.

**ston·de** *-des, (usu.* maandstonde*)* menstruation, (menstrual) period; *(dated)* moment; period.

**stonk** *ge=* roll, approach *(in marble games); (cr.)* stump. *~***streep** *(marble games)* taw; *(cr.)* (popping) crease.

**stoof** *stowe, n.* (cooking) stove, cooker; stove; range. **stoof** *ge=, vb., (also* stowe*)* stew, cook, casserole, jug *(food)*; broil, swelter *(in the sun)*. *~***appel, stoweappel** cooking/stewing apple, codlin(g). *~***kap** stove hood. *~***pan** stew(ing) pan. *~***pa=tat, stowepatat** stewed sweet potato. *~***plaat** stove plate.

**stook** *ge=* fire, stoke *(a furnace, an engine)*; burn *(coal, wood)*; make/light a fire; distil *(spirits); (kwaai) ~, (infml.)* smoke heavily; *iets uit ... ~* distil s.t. from ... *~***gas** cooking/heating/fuel gas. *~***gat** stokehole. *~***kamer** still room. *~***ketel** (pot/brandy) still; boiler. *~***olie** oil fuel, (residual) fuel oil; *swaar ~* furnace oil. *~***oond** furnace. *~***plaat** footplate. *~***plek** fire=place; stokehole, =hold. *~***wyn** distilling wine. *~***yster** poker.

**stoom** *n.* steam; vapour; *~ afblaas, (lit., fig.)* blow/let/work off steam; *~ maak/ontwikkel/opwek* raise *(or* get up*)* steam; *onder ~ wees, (locomotive etc.)* be under steam, stand/lie *(or* be ready) with steam up; *met volle ~* (at) full steam. **stoom** *ge=, vb.* steam; *ge=de poeding* steamed pudding; *vis ~* steam fish; *waarnatoe ~ jy?* where are you rushing to?. *~***bad** *-baaie* steam/vapour bath. *~***behandelde rys** parboiled rice. *~***boot** steamer, steamboat. *~***druk** steam pressure. *~***druk=meter** steam gauge. *~***fluit** steam whistle, siren. *~***hamer** steam hammer. *~***jag** steam yacht. *~***kamer** steam room. *~***kastrol** *(cook.)* steamer, waterless cooker. *~***ketel** (steam) boiler, steam generator; autoclave. *~***kraan** steam crane/winch *(for loading)*; steam cock *(for letting out steam)*. *~***krag** steam power/traction; *met ~* steam-driven, -propelled. *~***masjien** steam engine. *~***pers** steam press. *~***poeding** plum duff. *~***pyp** steam pipe. *~***reiniging** steam cleaning. *~***roller** steam=roller; *soos 'n ~ deur die verdediging bars, (rugby etc.)* power through the defence. *~***skip** steamer, steamship. *~***trein** steam train. *~***(trein)entoesias,** *~***(trein)geesdriftige** steam train

enthusiast. *~***turbine** steam turbine. *~***vaart** steam naviga=tion. *~***vaartlyn** steamship line. *~***verwarming** steam heat=ing; central heating. *~***wassery** steam laundry. *~***yster** steam iron.

**stoor**[1] *store n., (infml.)* store(house). **stoor** *vb.* store (away/up); *(comp.)* save, store, bin *(data)*.

**stoor**[2] *ge=, vb.* →STEUR[2] *vb.*. **stoor·nis** →STEURNIS.

**stoot** *stote, n.* push, thrust, dig, buffet; *(billiards)* shot, stroke; *(weightlifting)* jerk; *(chess)* move; boost, impetus; jolt; *die eerste ~ gee* set the ball rolling; *iem./iets 'n ~ gee* give s.o./s.t. a shove; *iem./iets 'n ~ (vorentoe) gee* be a boost for s.o./s.t., give s.o./s.t. a boost/fillip. **stoot** *ge=, vb.* push, thrust, knock, bump, shove, buffet, jolt; shove, jostle *(in a crowd)*; butt, toss; move *(in chess)*; promote, push *(fig.)*; wheel *(a baby in a pram, a bicycle)*; play *(a billiard ball); (the tide)* come in; *(the wind)* bluster; *(coarse sl.: have sex)* bonk, bang, hump, screw; *iets opsy ~* push/thrust s.t. aside; brush s.t. aside; *iem. opsy ~* elbow/push/thrust s.o. aside; *iem./iets uit ... ~* force s.o./s.t. out of ...; *iem./iets van ... ~* push s.o./s.t. from ...; *ge~ word, (coarse sl.)* get laid. *~***band** binding, braid, false hem; *(billiards)* cushion. *~***blok** buffer block/stop, stop buffer. *~***bord** riser, stair rise. *~***kar(retjie)** handcart, pushcart, barrow. *~***koe=voet** pinch/wrecking bar. *~***krag** push, momentum; drive; *(mech.)* thrust. *~***kussing** buffer, bumper, pad. *~***plaat** buf=fer plate; guard *(of a rifle)*; sword guard. *~***pols** water ham=mer pulse. *~***saag** compass/piercing saw. *~***skraap** *ge=* bull=doze. *~***skraper** bulldozer. *~***stang** pushrod. *~***stoel** push=chair, wheelchair. *~***voeg** standing/vertical/butt joint. *~***wa** handcart, pushcart. *~***waentjie** pram, kiddie car, baby bug=gy; handcart, pushcart.

**stoot·jie** *-jies* tip, hoist.

**stop**[1] *stoppe, n.* darn; plug; fill, pipeful *(of tobacco)*; stopper *(of a bottle)*. **stop** *ge=, vb.* stop/fill (up); plug (up) *(a hole)*; fill *(a pipe, tooth, etc.)*; darn *(a sock)*; stuff *(birds, one's ears, a cushion, food into one's mouth)*; pack; slip *(s.t. into one's pock=et)*; bundle *(s.o. into a car)*; chock; cork; *iets in ... ~* cram s.t. into ...; pop s.t. into ...; ram s.t. into ...; stuff s.t. into ...; shove/thrust s.t. into ...; pump s.t. into ... *(money into a busi=ness etc.); iem. in 'n inrigting ~* shut s.o. away in an institu=tion. *~***blok** chock. *~***gare, ~***garing** darning thread/cotton. *~***goed** mending. *~***klip** *-klippe* filler (stone), stopgap; *(in the pl., constr.)* shivers; *(min.)* packing. *~***kontak** (electric) plug, connection, wall outlet/plug, power plug. *~***lap** *(fig.)* filling, fill-up, stopgap, filler. *~***mes** putty/glazier's knife. *~***middel** *-dels* stopgap, filling; *(med.)* astringent. *~***naald** darning nee=dle. *~***pik** tamping pick. *~***plek** darn. *~***stuk** *(min.)* chock. *~***verf** putty. *~***vry** holeproof. *~***was** bee glue, propolis. *~***werk** darning (work). *~***woord** expletive; stopgap; patch word.

**stop**[2] *ge=, vb.* (come to a) stop, pull up, halt; (bring to a) stop; *die verkeer ~* hold up the traffic. *~***afstand** stopping dis=tance. *~***horlosie, ~***oorlosie** stopwatch. *~***lig** stoplight. *~***plek** stopping/halting place, halt, stop. *~***sein** stop signal. *~***set=ting** *-tings, -tinge* stoppage, stopping, closing-down, shut=down, closure. *~***sit** *stopge=* stop, close/shut down, discon=tinue; put an end *(or* a stop) to; make an end of, call a halt to, terminate; arrest *(a movement);* sta(u)nch *(a flow);* stay. *~***straat** stop street. *~***teken** stop/halt sign.

**stop·pel** *-pels* stubble. *~***baard** stubble (beard), stubbly/bristly beard; *sorgvuldig gekweekte ~* designer stubble. *~***droog** as dry as rubble. *~***hare** stubble, stubbly hair. *~***land** stubble field.

**stop·pel·rig** *-rige,* **stop·pe·lig** *-lige* stubbly, bristly *(chin etc.)*.

**stop·per** *-pers* darner; mender; stopper; →STOP[1] *n.*.

**stop·sel** *-sels* filling *(of a tooth)*; plug, wad, stuffing, pad=ding, tampon, tamping; darn; filling, fill *(of tobacco)*.

**sto·raks** *(resin)* storax, styrax; *(bot., also* storaksboom*)* Ameri=can gum tree, sweet gum; liquidambar.

**sto·rend** →STEUREND.

**sto·rie** -ries story, tale, yarn, history; spiel (infml.); fib; die ~ **gaan** dat ... it is rumoured that ...; die ~ raak ál ingewik- **kelder** the plot thickens; jou ~ **ken**, (infml.) know what one is talking about; om 'n **lang** ~ kort te maak to cut/make a long story short; dis **sommer** ~s it's all hogwash/twaddle/ bunk (infml.); 'n ~ **uitdink/versin** make up a story; 'n ~ **vertel** tell a story; spin a yarn (infml.); ~s **vertel** tell stories/ yarns/fibs; gossip, slander. ~**boek** storybook.

**sto·ring** →STEURING.

**storm** storms, n. storm, gale, tempest; assault; tumult; die ~ **bars** los the storm breaks; 'n ~ **bars** oor iem. los a storm bursts over s.o.'s head; 'n ~ is aan die **broei/kom** a storm is brewing (or blowing up); die ~ **deurstaan/trotseer** weather the storm, tough it out; ~ **en drang** storm and stress; (Germ. liter.) Sturm und Drang; 'n ~ in 'n **glas** water a storm in a teacup; die ~ **gaan lê** the storm sinks/subsides; 'n ~ **steek** op a storm is brewing (or blowing up); die ~ **het (hom) uit- gewoed** the storm is spent; die ~ **verduur** face the music (infml.). **storm** ge-, vb. charge, attack, assault, storm, charge at; bluster, blow great guns; dit ~ it is storming, there is a storm blowing; na ... **toe** ~ rush up to ...; make a rush for ...; make a dash at/for ...; 'n vesting ~ storm a fortress. ~**aanval** charge, assault, storming. ~**baan** storm path; (mil.) assault course. ~**band** hat guard; chin strap/stay. ~**breedtes**: die ~, (naut.) the roaring forties (also caps.). ~**bui** (meteorol.) squall. ~**deur** storm door. ~**gebied** storm area/zone/belt. ~**gety** storm tide. ~**hart** →STORMKERN. ~**hoek** storm quarter; stormy cape. ~**ja(ag)** stormge- storm, charge. ~**jaer** -jaers stormer; (cook.) dumpling, vetkoek. **S~kaap** Cape of Storms. ~**kern, ~hart** eye of a storm. ~**klok** alarm bell, tocsin. ~**kursus** as- sault course. ~**lamp, ~lantern** hurricane lamp, storm lan- tern/lamp. ~**leer** scaling ladder. ~**loop** -lope, n. charge, as- sault, rush; stampede; 'n ~ na die **bank** a run on the bank; 'n ~ om iets a scramble for s.t.. ~**loop** stormge-, vb. charge, storm, rush; iem. ~ rush/charge at s.o.. ~**lyn** guy (rope). ~**ram** battering ram. ~**rand** welt (of a shoe). ~**ring** clasp (of a ring). ~**see** stormy sea. ~**sein, ~sinjaal** storm signal. ~**sentrum** storm centre. ~**skade** storm damage. ~**soldaat** storm troop- er; (in Nazi Germ.) Brown Shirt. ~**sterk** adj. & adv. (of) gale force, at gale force; ~ wind gale-force wind. ~**sterkte** gale force. ~**swa(w)el** (orn.) storm petrel. ~**tou** guy (rope), weather line. ~**troepe** storm/shock/assault troops. ~**vlaag- lyn** (meteorol.) squall line. ~**voël** (orn.) petrel; fulmar. ~**waar- skuwing** storm/gale warning. ~**weer** stormy weather; gale. ~**wind** high wind, gale, tempest, windstorm, hurricane. ~**wolk** storm cloud, thundercloud.

**storm·ag·tig, storm·ag·tig** -tige stormy; gusty, squally; tempestuous; ~e toejuiging a storm of applause. **storm·ag- tig·heid** storminess.

**stor·mend** -mende, (also) action-packed. **stor·men·der·hand** by storm.

**stort** n. shower (bath). **stort** ge-, vb. (have/take a) shower; spill, slop (milk); shed (tears); pour; plunge (into water, war, misery); dump (toxic waste); tip (rubbish); deposit, pay in/ over (money); dit ~ the rain comes down, it pours with rain, it's coming down in buckets/sheets; dit reën dat dit ~ it is raining cats and dogs; geld op 'n rekening ~ pay money into an account. ~**bad** shower (bath); douche. ~**bak** dump body; hopper; skip. ~**bui** (pelting) shower, downpour, deluge (of rain). ~**deur** shower door; dump door. ~**geut** spout; chute, shute, shoot. ~**goed(ere)** bulk. ~**graan** bulk grain, grain in bulk. ~**hoop** rubbish tip/dump, tip mound. ~**kar** dumper, tip/tilt(ing) cart. ~**klep** jettison valve. ~**lading** cargo in bulk. ~**plek** dumping, depositing site/ground, tip. ~**reën** n. down- pour, torrential/pouring rain, sheeted rain, deluge. ~**reën** ge-, vb.: dit ~ it is pouring with rain, the rain is coming down in buckets/sheets. ~**see** heavy/topping/head/high sea, surge. ~**terrein** tipping site, dumping ground. ~**toestel** tip- ping plant. ~**tregter** hopper. ~**trok** tipping truck. ~**vas** spill-

proof. ~**vloed** flood, torrent; (fig.) deluge, mass, volley, spate; 'n ~ van ... deluge/rash of ... (complaints, questions, etc.). ~**vrag** (maize etc.) bulk cargo. ~**wa** tip(per)/dump(ing)/tip- ping truck, dumper (truck).

**stor·ting** -tings, -tinge paying-in; shedding, fall; pouring; plunging; dumping; geen ~ no dumping.

**sto·ter** -ters pusher; (tech.) tappet. **sto·te·rig** -rige butting (bull); stammering, stuttering, jerking, jerky; jolty.

**stot·ter** ge- stutter, stammer, titubate; erg ~ have a bad stut- ter. **stot·te·raar** -raars stutterer, stammerer. **stot·te·rend** -rende stuttering, stammering, blundering.

**stout** stout(e) stouter stoutste naughty, bad; spicy; bold, dar- ing; nie in iem. se ~ste drome nie not in s.o.'s wildest dreams; die ~e skoene aantrek pluck up (or screw up one's) courage, take the plunge, venture boldly, feel emboldened; die ~ste verwagtings oortref exceed the wildest expectations, go be- yond the wildest hopes. **stou·terd** -terds naughty child, brat. **stout·gat** (infml., joc.) naughty/mischievous child/etc.. **stout- heid** naughtiness; boldness, daring. **stou·tig·heid** naughti- ness, wickedness. **stout·moe·dig** -dige bold, daring, coura- geous, stalwart. **stout·moe·dig·heid** boldness, daring.

**sto·we:** ~**patats, ~patattas** stewed sweet potatoes. ~**vleis, stoofvleis** stew(ing) meat; stewed meat; fyn ~ fricassee. ~**vrug, stoofvrug** -vrugte cooker; (in the pl., also) stewed fruit.

**stow·we·rig** -rige dusty. **stow·we·rig·heid** dustiness.

**straal** strale, n. beam, ray (of light, hope, etc.); flash (of light- ning); stream, jet, spout (of water); (geom.) radius (of a circle); gleam, flicker, ray (of hope); frog, cushion (of a horse's hoof). **straal** ge-, vb. shine; beam, glow, glitter, flash, gleam, radi- ate; (rad.) beam; iets ~ uit iem. se oë s.t. shines out of s.o.'s eyes; van ... ~ beam with ... (pride etc.); iem. se oë ~ van ... s.o.'s eyes are alight with ... (joy etc.). ~**aandrywing** jet pro- pulsion; met ~ jet-propelled. ~**band** →STRAALLAAGBAND. ~**be- handeling, ~terapie** ray therapy, radiotherapy. ~**brekend** refractive; (phys.) refringent. ~**breker** deflector. ~**brekings- hoek** angle of refraction. ~**buiging** diffraction. ~**dier** radi- olarian. ~**gips** fibrous gypsum. ~**hoek** (geom.) radian. ~**jag- ter** jet fighter. ~**kaggel** reflector fire, radiator. ~**koud** stone- cold. ~**laagband, ~band** radial(-ply) tyre. ~**lig** radiated light. ~**lyn** radial line, radiant. ~**motor** -tore jet engine. ~**pis- tool** (sci-fi) ray gun. ~**pyn** referred pain. ~**pyp** jet pipe, noz- zle; (welding) cutter. ~**radio** beam radio. ~**ritser** jet-setter. ~**son** sunburst. ~**strooiing** scattering of radiation. ~**stroom** (meteorol., tech.) jet stream. ~**stuk** jet. ~**swam, ~skimmel** actinomycete, ray fungus.

**straals·ge·wys, straals·ge·wy·se** radial; radially.

**straal·tjie** -tjies small/feeble/weak ray/beam; gleam, flicker, trickle (of blood etc.); squirt (of water); glimmer (of hope); small jet; 'n dun ~ a mere trickle.

**straal·vor·mig** -mige radial.

**straat** strate, n. street; strait (of the sea), channel; Adderley- en Waalstraat Adderley and Wale Streets; die strate afloop/ platloop beat/tramp/walk the streets; blinde ~ cul-de-sac; bo in die ~ up the street; op die ent/punt van die ~ at the end of the street; iem. op ~ gooi, (infml.) turn s.o. out (into the street); throw s.o. out of employment; in die ~ in the street; in die ~ af down the street; in die ~ op up the street; laer af in die ~ down the street; iets lê op ~, (infml.) every- body knows/talks about s.t.; die ~ meet, (infml.) be un- steady on one's feet; onder in die ~ woon live down the street; die ~ oorsteek cross the street; op ~ in the street; waar die ~ ophou at the end of the street; van die ~ opraap pick out of the gutter; iem. op ~ sit turn s.o. out (into the street); op ~ sit be homeless; 'n ~ skoonvee, (fig.) clear a street; 'n ~ uit Rissikstraat a street off Rissik Street; van die ~ af off the street; out of the gutter. **straat** ge-, vb. flag, pave; gestrate paadjie paved walk. ~**af** down the street; ~ loop walk down the street. ~**bakleier** street fighter. ~**bewind** mob rule. ~**boef**

hooligan, hoodlum. ~**boewery** hooliganism. ~**bordjie** name= plate. ~**briewebus,** ~**posbus** pillar box. ~**deur** street door; front door. ~**gespuis** hooligans, roughs. ~**geveg** -*vegte* street fight/battle, brawl; *(in the pl., also)* street fighting. ~**hande= laar** →STRAATSMOUS. ~**hoek** street corner. ~**kaart** street map. ~**kafee** sidewalk café. ~**kind** -*kinders* street child; *(in the pl., also)* straatjeug) strect children. ~**klip** cobble. ~**kunste= naar** pavement artist; street entertainer. ~**lamp** streetlamp. ~**lied(jie)** street song/ballad; popular song. ~**lig** streetlight. ~**loper** streetwalker. ~**maker** road-makcr, -mender, paver. ~**mark** street market. ~**mense** *n. (pl.)* street people. ~**musi= kant** street musician. ~**naam** name of a street, street name. ~**op** up the street; ~ *loop* walk up the street. ~**orrel** barrel organ, hurdy-gurdy. ~**party(tjie)** street party. ~**plan** street plan. ~**prediker** soapbox preacher/evangelist. ~**rand** kerb= (ing). ~**reiniging,** ~**reinigingsdiens** street clean(s)ing. ~**roof** street robbery, mugging; ~ *pleeg* mug. ~**rower** mugger. ~**sanger** street singer. ~**slim** →STRAATWYS. ~**smous,** ~**han= delaar** street trader. ~**stamper** *(tech.)* monkey, paving bee= tle. ~**storie** urban legend/myth. ~**taal** street jargon, vulgar language. ~**teater** street theatre. ~**toneel** street scene. ~**veër** street cleaner/sweeper. ~**verkeer** street traffic. ~**voor** street furrow; gutter. ~**vrou** *(derog.)* prostitute, streetwalker. ~**waar= de** street value *(of a drug etc.).* ~**wettig** -*tige* street-legal (ve= hicle). ~**wys,** ~**slim** *(infml.)* streetwise, street-smart. ~**wys= heid** street wisdom.

**stra·bis·me** *(med.)* strabismus.

**straf** *strawwe n.* punishment, penalty, chastisement; pen= ance; scourge; *op* ~ *van die dood, (fml.)* on/under pain of death; *die goddelike* ~ divine judg(e)ment; ~ *kry/onder= gaan, (lit.)* be punished; *(fig.)* receive/take *(or* come in for*)* punishment; *iem. moet sy/haar* ~ *kry/ondergaan* s.o. must take his/her medicine; *'n ligte/sagte* ~ *kry* get a light pun= ishment; *'n swaar* ~ a severe punishment; ~ *aan iem. toe= dien* administer punishment to s.o., inflict punishment on/ upon s.o.; ~ *uitdeel* hand/mete *(or, infml.* dish*)* out punish= ment; *'n* ~ *uitdien/uitsit* do/serve time; *vir jou* ~ for one's sins; *vir/tot* ~ as a punishment; *by wyse van* ~ as a pun= ishment. **straf** *strawwe strawwer strafste, adj. & adv.* severe *(winter);* severe, heavy *(frost);* severe, stern *(tone, mien);* rigid *(attitude);* hard, stiff *(test, work);* '*n strawwe dors* a raging *(thirst);* ~ *drink/rook, 'n strawwe drinker/roker* wees be a heavy drinker/smoker, be a hard-drinking man/woman; *'n strawwe klim* a punishing climb; *'n strawwe maatreël* a drastic measure. **straf** *ge-, vb.* punish, chastise, smite, cas= tigate, inflict punishment, bring to book; correct; penalise; *met ... ge~* cursed with ...; *iem. lig/swaar* ~ punish s.o. lightly/ severely; *iem. vir/weens iets* ~ punish s.o. for s.t.. ~**bepaling** penal/penalty clause; penal provision, sanction. ~**bevoegd= heid** punitive/criminal jurisdiction. ~**doel** penalty goal. ~**doel(- valbyl)stryd** →STRAFSKOP(-VALBYL)STRYD. ~**drie** *(rugby)* pen= alty try. ~**dril** fatigue drill. ~**gebied** *(soccer)* penalty box/area. ~**geding** criminal trial/proceedings. ~**hervorming** penal reform. ~**hoek** *(soccer)* penalty corner. ~**hof** criminal court. ~**kolonie,** ~**kamp** penal settlement/colony, convict settle= ment, labour camp *(for convicts).* ~**maatreël** punitive meas= ure, sanction. ~**middel** -*dele, -dels* (means of) punishment. ~**oplegging** imposition of punishment *(or* a penalty*).* ~**ple= ging** →STRAFREGSPLEGING. ~**proses** criminal procedure. ~**prosesreg** law of criminal procedure. **S~proseswet** Crim= inal Procedure Act. ~**punt** -*punte* penalty point; fault; ~*e toeken* penalise; fault. ~**rede** *(liter.)* philippic. ~**reg** →STRAF= REG. ~**register** criminal record, crime sheet. ~**saak** crimi= nal case/proceedings. ~**sitting** criminal session; *iem. ter* ~ *verwys* commit/remand s.o. for trial. ~**skop** penalty kick; *'n* ~ *aan ... toeken/gee, (rugby, soccer)* award a penalty to ... ~**skop(- valbyl)stryd, ~doel(-valbyl)stryd** *(soccer)* penalty shoot-out. ~**stelsel** system of punishment; penal system. ~**tyd** term (of imprisonment), prison term; *'n* ~ *uitsit* serve a term, serve a prison sentence, *(infml.)* do time. ~**vermindering** mitiga=

tion of punishment. ~**verordening** police regulation. ~**von= nis** criminal sentence. ~**vordering** criminal procedure. ~**waar= dig** -*dige* deserving of punishment, punishable, guilty, cul= pable. ~**waardigheid** culpability. ~**werk** imposition, deten= tion work; *(jur.)* criminal work. ~**wet(boek)** penal code. ~**wet= gewing** criminal/penal legislation.

**straf·baar** -*bare* punishable, liable to punishment; actiona= ble, indictable, criminal, culpable; ~*bare daad* punishable/ criminal offence; *met die dood* ~ *wees* be punishable by death, carry the death penalty; *iets* ~ *maak* make s.t. punishable; make s.t. an offence, criminalise s.t.; ~*bare manslag* culpa= ble homicide. **straf·baar·heid** culpability. **straf·baar·ma·king** criminalisation.

**straf(·fe)·loos** -*lose* with impunity; exempt from punish= ment. **straf(·fe)·loos·heid** impunity, exemption from pun= ishment.

**straf·fend** -*fende, (laws)* punitive, vindicatory.

**straf·heid** severity; →STRAF *adj. & adv..*

**straf·reg** criminal law/justice, penal code. ~**kenner** crimi= nal lawyer. **straf·regs·ple·ging, straf·ple·ging** administration of criminal justice *(or* law). **straf·reg·te·lik** -*like* criminal, penal; according to criminal law. **straf·reg·ter** criminal judge.

**strak** *strak(ke) strakker strakste, adj. & adv.* tight, taut, tense; grim, severe, hard, fixed, hidebound; intent(ly); deadpan; *met 'n* ~ *gesig* with a set/poker/stony/impassive face, stony- faced; ~ *kyk* gaze fixedly. **strak·heid** tautness; tenseness; fixedness; rigidity.

**straks** perhaps, possibly; presently.

**stra·le·:** ~**bundel** *(phys.)* bundle/pencil of rays; luminous pen= cil/beam. ~**krans,** ~**kroon** halo, aureole, nimbus, irradiation, gloriole, corona.

**stra·lend** -*lende* beaming, radiant, dazzling, brilliant, efful= gent; ~*e gesig* beaming/radiant face; ~*e glimlag* dazzling/ beaming smile.

**stra·ler** -*lers, (also* straalvliegtuig) jet (aircraft/aeroplane/lin= er). ~**jakker(aar)** jet-setter. ~**jakker(s)** jet-setting. ~**kliek** *(infml.)* jet set, glitterati, beautiful people.

**stra·ling** -*lings, -linge* radiation. ~**siekte** radiation sickness.

**stra·lings·:** ~**brandwond** flash burn. ~**energie** radiant en= ergy. ~**lekkasie** radiation leak(age). ~**veld** field of radia= tion; *(aeron.)* light angle. ~**verwarmer** radiant heater.

**stram** *stram(me) strammer stramste* stiff, rigid; *(comm.)* tight; *iets* ~ *maak* (of *laat word)* rigidify s.t.. **stram·heid** stiffness, rigidity. **stram·me·rig** -*rige* slightly stiff. **stram·me·rig·heid, stram·mig·heid** slight stiffness.

**stra·mien** (open) canvas; netting; *(fig.)* framework.

**strand** *strande, n.* beach; shore; seaside; strand; seaside re= sort; *aan die* ~ on the seafront; at the seaside; ~ *toe gaan* go to the seaside; *op die* ~ on the beach/sands, at the sea= side; *op die* ~ *loop, (a ship)* run ashore. **strand** *ge-, vb.* strand, be shipwrecked, be cast away, go/run ashore/aground, ground; *'n skip laat* ~ run a ship ashore; *op 'n verlate plek ge~* stranded in a deserted place. ~**boot** sand yacht. ~**dief** beachcomber. ~**diens** (religious) service on the beach. ~**drag** beach wear/ dress. ~**erf** seaside plot. ~**gebied** foreshore. ~**gruis** shingle. ~**hoed** beach hat. ~**hotel** seaside hotel. ~**huis** seaside house/ bungalow; seaside/beach cottage. ~**hut** beach cabin. ~**jut** -*jutte* brown hyena; *(fig.)* beachcomber. ~**loper** beachcomb= er; *(hist., member of a Khoi people,* S~) Strandloper. ~**loper (tjie)** *(orn.)* stint; sandpiper. ~**lyn** beach/fringe line; hand= line. ~**meer** lagoon; coastal lake. ~**muur** sea wall. ~**oord,** ~**plek** seaside resort. ~**reddingsklub** surf life-saving club. ~**rok** beach dress/frock. ~**skoen** sandshoe. ~**stoel** beach chair. ~**vlooi** *(entom.)* sand hopper/flea, beach flea; earth flea. ~**wag** lifeguard, (surf) life-saver; coastguard. ~**weg** espla= nade, marine drive, beach road.

**stran·ding** -*dings, -dinge* shipwreck, stranding, running aground/ashore.

**stra·teeg** =tege, =teë strategist.

**stra·te·gie** strategy, (fig.) game plan; generalship. **stra·te·gies** =giese strategic(al); ~e beplanning strategic planning.

**stra·ti·fi·ka·sie** (geol.) stratification, bedding.

**stra·ti·gra·fie** stratigraphy. **stra·ti·gra·fies** =fiese stratigraphical.

**stra·to·sfeer** (atmospheric layer) stratosphere. **stra·to·sfe·ries** =riese stratospheric(al).

**stra·tum** strata stratum, layer; (geol.) bed.

**streef, stre·we** ge= strive, endeavour; →STREWE n.; bereik waarna jy ge= het achieve/realise one's ambition; na iets ~ aspire (or have aspirations) to s.t., aim at/for s.t., strive for s.t.; daarna ~ om te ... have aspirations to ...; strive to ...

**streek** streke region, tract, area, zone, belt; point (of a compass); trick, wile, dodge; prank; quirk; streke **aanvang/uithaal** play (or get up to) tricks; moenie streke (probeer) **aanvang/uithaal** nie! none of your games!; 'n **gemene/smerige** ~ a dirty trick; 'n ~ **uithaal** pull a stunt; **vol** streke full of mischief/pranks, (infml.) a bundle of mischief; up to all kinds of tricks (infml.). ~**hof** regional court. ~**nuus** regional news. ~**ontwikkeling** regional development.

**streek(s)** regional. ~**beplanning** regional planning. ~**bestuurder** area manager. ~**diens** regional service. ~**hoof** regional head/chief. ~**hoofkwartier** regional headquarters. ~**indeling** zoning. ~**kantoor** regional office. ~**kongres,** ~**konferensie** regional congress/conference. ~**laboratorium** regional laboratory. ~**naam** regional name; name of a region; local name. ~**ontwikkeling** regional development. ~**opname** regional survey. ~**organisasie** regional organisation. ~**owerheid** regional authority. ~**plan** regional scheme. ~**raad** regional council. ~**taal, streekspraak** dialect, regional speech. ~**tyd** zonal time. ~**verteenwoordiger** regional representative. ~**vorm** dialect(al) form. ~**woord** dialect(al) word.

**streeks·ge·wys, streeks·ge·wy·se** regionally, on a regional basis.

**streel** ge= stroke, caress, fondle; gratify (the senses); flatter, salve (one's vanity); soothe; minister to.

**streep** strepe, n. stroke, line; stripe (on clothing); streak (of light etc.); streak (of a mineral); band (of a different colour); (punctuation mark) dash; trace (of an instr. or a pen); trait, streak, quirk (in s.o.'s character); (cr.) crease; (sc.) stria, striation; weal; wale; ba(u)lk (on a billiard table); 'n ~ **hê,** (infml.) have a kink (in the brain); jou strepe **kry** get one's stripes; **op** 'n ~ in a row; in single file; one after the other in quick succession; vier **potte/spelle** op 'n ~ **wen** win four straight games; 'n ~ **trek,** (lit.) draw a line; iem. 'n (lelike/vuil) ~ **trek,** (fig.) play s.o. a (dirty) trick, play a (dirty) trick on s.o.; 'n ~ **deur iets trek** line through s.t., cross off/out s.t.; 'n ~ **van** ... a dash of ... (the pen); op 'n ~ **weggaan** troop away/off; leave in droves (infml.). **streep** ge=, vb. mark with a stripe. ~**bal** (cr.) yorker. ~**das** striped tie. ~**muis** striped field mouse. ~**sak** grain bag. ~**spek(vleis), strepiespek** streaky bacon. ~-**streep** one after the other. ~**suiker** (infml., esp. sport journ.) a hiding.

**strek** ge= stretch, reach, extend; last; tend; iets ~ **oor** ... s.t. extends over ...; iets ~ **tot** by ... s.t. runs down to ...; iets ~ iem. **tot** eer s.t. reflects credit (up)on s.o., s.t. redounds to s.o.'s honour; iets ~ iem. **tot** oneer/skande s.t. is a disgrace to s.o.; dit ~ **van** oos na/tot wes it stretches from east to west; dit ~ kilometers **ver/vêr** it ranges over kilometres. ~**las** =lasse running joint. ~**spier** extensor/protractor (muscle). ~**vermoë** coverage, spreading capacity.

**strek·baar** =bare protrusile.

**strek·ker** =kers extensor/protractor (muscle).

**strek·king** =kings, =kinge tendency, drift, inclination; purview; trend; purport, tenor, sense, intent(ion), meaning; (med.) traction; met dié ~ to that effect.

**stre·lend** =lende caressing, coaxing; soothing (voice etc.); flattering (words etc.); →STREEL; ~e musiek soft/sweet music.

**stre·ling** =linge caress; titillation; gratification (of the senses).

**stre·lit·zi·a** =zias, (bot.) strelitzia; →KRAANVOËLBLOM.

**strem** ge= hinder, retard, arrest (progress), handicap, cramp (one's style), inhibit, impede, obstruct, hold up (traffic); bind (moving parts); (milk) curdle; (blood, milk, etc.) coagulate; → GESTREM(D). ~**melk** junket. ~**middel** =dels coagulant. ~**stof** coagulant; rennet.

**strem·mer** =mers, (chem.) inhibitor.

**strem·ming** =mings, =minge hindrance, obstacle, obstruction; constraint, inhibition; stress; (mech.) binding; curdling, coagulation. **strem·mings·drum·pel** stress threshold.

**strem·sel** =sels coagulum; rennet.

**streng** streng(e) strenger strengste, adj. & adv. strict, hard (master), severe (winter, sentence), tough (measures), rigid (discipline), rigorous (climate), stern (look, treatment), dour (manners), austere (life), close (observance); unbending, strait-laced; stringent (measures); ~ genome strictly speaking; ~ **optree** take a firm line; ~ **teenoor** iem. strict with (or heavy on) s.o.; ~ **verbode** strictly prohibited; ~ **vertroulik** strictly confidential. **streng·heid** strictness, severity; austerity; ~ van die wet rigour of the law.

**stren·gel** ge= plait, twine, twist, wreathe.

**stre·pe·rig** =rige streaky, streaked, stripy, striate(d). **stre·pe·rig·heid** streakiness, stripiness.

**stre·pie** =pies small stripe/line/etc.; (icht.) strepie; (icht.) (striped) karanteen; →STREEP n..

**stre·pies-:** ~**kode** bar code. ~**kodering** bar coding. ~**pak** pinstripe suit.

**strep·to·kok** =kokke, **strep·to·kok·kus** =kokki, (bacterium) streptococcus.

**strep·to·mi·sien** (antibiotic) streptomycin.

**stres** n. stress; onder geweldige ~ verkeer, aan geweldige ~ ly, geweldige ~ ervaar/ondervind be stressed out. **stres** ge=, vb. get stressed; behoorlik ~ stress out. ~**fraktuur** stress fracture. ~**verwant** =wante stress-related; 'n ~e siekte a stress disease, a stress-related illness.

**stre·we** =wes, =winge, n. aspiration(s), outreach, aim, striving, endeavour, pursuit, drive; conation; die ~ na ... the pursuit of ... (knowledge etc.). **stre·we** ge=, vb. →STREEF. **stre·wer** =wers trier, one who endeavours; high-flyer. **stre·wing** =winge conation; →STREWE n..

**striem** strieme, n., (dated, rare) weal, wale, stripe, welt. **striem** ge=, vb. castigate, lash, slate; raise a weal/wale. **strie·mend** =mende: 'n ~e aanval op ... loods launch a blistering/fierce/ scathing/stinging attack (or, infml. do a hatchet job) on ...; ~e woorde biting words.

**strig·nien** strychnine.

**strik** strikke, n. slipknot; bow (in a tie, ribbon); gin, snare, noose, trap (for catching); ambush; snag; catch; net, mesh; in jou eie ~ gevang hoisted with/by one's own petard; in die ~ke van ... in the toils of ...; iem. in 'n ~ laat loop, (fig.) catch s.o. out; 'n ~ maak tie a bow; 'n ~ vir ... span/stel lay/set a snare/trap for ..., (infml.) set ... up. **strik** ge=, vb. tie (in a bow); snare, ensnare, noose; knot. ~**das** bow tie. ~**vraag** poser, catch, puzzling/catchy question, conundrum.

**strik·kie** =kies knot; ribbon, rosette; pom-pom; bow (tie).

**strik·tuur** =ture, (med.) stricture.

**string** stringe, n. string, rope (of pearls); thread (of cotton), skein (of yarn); strand (of rope/hair); skein, hank (of wool); cut (of tobacco); trace (of a harness); (biol.) fascicle; (anat.) cord, column; train; stick (of bombs). **string** ge=, vb. string. ~**draad** stranded wire. ~**gare,** ~**garing** skein/reeled yarn, stranded cotton.

**strin·ge·tjie** =tjies skein (of yarn etc.).

**stro·bie·se ef·fek** (TV) strobing.

**stro·bo·skoop** =skope stroboscope. **stro·bo·sko·pies** =piese stroboscopic(al); ~e beligting strobe lighting.

**stroef** *stroewe stroewer stroefste* grim, stern, drawn, stony-faced; gruff, morose, dour, stiff *(manners)*; stiff *(hinge)*. **stroef·heid** grimness; stiffness; gruffness, dourness.

**stro·fe** *-fes* stanza, strophe. **stro·fies** *-fiese* strophic.

**stro·ga·noff** *(cook.)* stroganoff; *bief/beesvleis* ~ beef stroga-noff.

**stro·kie** *-kies* small strip; slip *(of paper)*; tab; *(usu. pl.)* comic strip, (strip) cartoon; →STROOK *n.*. **stro·kies·prent, stro·kies-ver·haal** comic strip, (strip) cartoon.

**stro·ming** *-mings, -minge* stream, current; tendency, drift, trend; flow, flux, convection *(of heat)*; →STROOM *n.*. **stro-mings·leer** *(phys.)* rheology.

**strom·pel** *ge-, vb.* stumble, hobble, limp, dodder, totter, falter. **strom·pe·laar** *-laars* stumbler, hobbler. **strom·pe·ling** *-lings, -linge* stumble, stumbling.

**stronk** *stronke* stalk, stem *(of a cabbage, mealie, etc.)*; cob *(of a mealie)*; stump *(of a tree)*; ha(u)lm. ~**boorder** *(entom.)* stem borer.

**stron·si·um** *(chem., symb.:* Sr*)* strontium. **stron·si·a·niet** *(min.)* strontianite.

**stront** *stronte, (coarse)* shit, dung, turd; *(fig.: nonsense)* crap, bullshit, balls; *(derog.: a contemptible pers.)* shit, arsehole, cunt; *dis nou ~!* that's crap/bullshit!, you're bullshitting me!; *die klein ~, (an annoying pers.)* the little shit/bugger; *die ~ gaan spat, (trouble is brewing)* the shit will hit the fan; *'n regte stuk ~, (a vile pers.)* a real shit/arsehole; *vol ~ wees, jou vol ~ hou, (be obstreperous)* be full of shit. ~**straat** *(coarse sl.: difficulties): in ~ beland* land o.s. in the shit; *in ~ sit/wees* be in the shit.

**strooi** *n.* straw; litter *(for horses)*; *(fig., infml.)* garbage, hogwash, trash, drivel; *dis die laaste ~!* that does it!. **strooi** *ge-, vb.* scatter *(money etc.)*; strew *(flowers)*; sow *(fertiliser)*; sprinkle, dredge *(meal)*; intersperse; spread. ~**biljet** flier, flyer, flysheet, flying sheet, handbill, leaflet. ~**blom** *(bot.)* everlasting, immortelle. ~**dak** thatched roof. ~**dakhuis** thatched house. ~**geel** straw yellow, straw-, corn-coloured. ~**halm** *-halms* (blade of) straw; *aan ~s* (of *'n ~*) *vasklou* catch/clutch/grasp at straws *(or a straw)*. ~**hoed** straw hat, boater, cheese cutter. ~**huis**, ~**hut, strooois** straw house. ~**jonker** best man, groomsman. ~**koerant** *(infml.)* knock and drop. ~**mat** straw mat; *Japanse/Japannese ~* tatami (mat). ~**matras** straw/chaff mattress, pallet, palliasse. ~**meisie** bridesmaid. ~**mis** mulch. ~**poeier** lycopod(ium) dust/powder. ~**pop** straw doll; *(fig., derog.)* puppet, pawn, stooge. ~**sand** pounce, fine sand. ~**suiker** castor/caster sugar, powdered sugar. ~**versiersel** *(cook.)* hundreds and thousands.

**strooi·er** *-ers,* strewer; *(cook.)* caster, castor, dredger, sifter, sprinkler; pounce box; spreader.

**strooi·kleur** straw colour/yellow. **strooi·kleu·rig** *-rige* straw-, corn-coloured.

**strooois** *strooise* →STROOIHUIS.

**strooi·sel(s)** dusting; sawdust, shavings; litter; confetti; flakes.

**strooi·tjie** *-tjies* straw; (drinking) straw; *aan 'n ~ vasklou, (fig.)* catch/clutch/grasp at a straw; *deur 'n ~ suig* drink through a straw.

**strook** *stroke, n.* strip; band; breadth; zone; belt; *(min.)* run; *(min.)* shoot; *(constr.)* fillet; batten; slip *(of paper)*. **strook** *ge-, vb.* agree, tally, jibe, chime; *iets ~ met ...* s.t. is in accordance with ..., s.t. agrees *(or* is in agreement *or* is consistent) with ...; s.t. is in keeping with ...; s.t. squares/tallies with ...; *iets ~ nie met ... nie, (also)* s.t. is out of keeping *(or* doesn't match up) with .... ~**beligting** strip lighting. ~**blits**, ~**weerlig** ribbon lightning. ~**ontwikkeling** *(town planning)* strip/ribbon development. ~**verbouing** strip cropping.

**strooks·ge·wys, strooks·ge·wy·se** stripwise.

**stroom** *strome, n.* stream *(of water, blood, etc.)*; watercourse; current *(in the ocean, air, etc.)*; flood *(of tears etc.)*; flow *(of words)*; spate *(of words etc.)*; torrent *(of eloquence etc.)*; *die*

*reën val in strome* it is raining in torrents, the rain is coming down in sheets; *teen die ~ ingaan* go against the stream; try to stem the tide; *die ~ keer* stop the flow; stem the tide; *in die middel van die ~* in midstream; *met die ~ saamgaan, die ~ volg* go with the stream/flow, *(infml.)* go/swim with the tide, follow *(or* go/move with) the crowd, *(infml.)* climb/get/jump on the bandwagon; *teen die ~ (in)* against the stream; against the tide; *teen die ~ (op)* up (the) stream; *'n ~ (van) klagtes/ens.* a flood/rash/stream of complaints/etc.; *'n voort-durende ~ ...* a steady flow of ... **stroom** *ge-, vb.* stream, flow, rush, pour, gush, flood, flush, flux; *dit ~* it is pouring with rain; *na ... toe ~* flock to ...; *uit alle oorde na ... ~* converge on ...; *uit iets ~* pour out of s.t.; stream out of s.t.; *iets ~ van ... af* s.t. pours off .... ~**aanwyser** *(elec.)* galvanometer, galvanoscope. ~**af** *adj. & adv.* downstream, down (the) river, downriver; with the current. ~**afnemer**, ~**afvoerder** *(elec.)* current collector. ~**afwaarts** down stream, down (the) river. ~**baan** (electric) circuit. ~**bedding** river bed. ~**belyning** streamlining; →STROOMLYN. ~**breker** *(elec.)* contact-breaker, cut-out, interrupter, cut-off; starling *(of a bridge)*; weir *(in a river)*. ~**draend** *-ende, (elec.)* current-carrying. ~**gebied** river basin; catchment/drainage area, drainage basin, watershed. ~**geleiding** *(elec.)* conduction of current. ~**kring** (electric) circuit. ~**lewering** *(elec.)* current supply, supply/output of current. ~**lyn** *-lyne, n.* streamline; *met ~e* streamlined. ~**lyn** *ge-, vb.* streamline; *ge~de model* streamlined model. ~**meter** *(elec.)* current gauge/meter, fluviometer *(of a stream)*; galvanometer; ammeter. ~**onderbreker** *(elec.)* circuit breaker; → STROOMBREKER. ~**op** *adj. & adv.* upstream, up (the) river; against the current; *(fig., of a pers.)* contrary, perverse, wrong-headed, difficult, *(infml.)* stroppy, bloody-minded. ~**op-waarts** up stream, up (the) river. ~**snelheid** velocity of flow, flow rate. ~**spanning** *(elec.)* voltage. ~**sterkte** *(elec.)* amperage, strength of current. ~**verdeler** *(elec.)* (current) distributor. ~**versnelling** *-lings* rapid *(in a river)*; *oor die ~s heen-skiet* shoot the rapids. ~**wisselaar** *(elec.)* commutator, reversing switch. ~**wisseling** turn of the tide.

**stroom·loos** *-lose, (elec.)* without current; *~lose eenheid* dead unit.

**stroom·pie** *-pies* streamlet, rivulet, runlet, fleet, beck, rill.

**stroop¹** *strope, n.* syrup, treacle. ~**kwas**: *met die ~ werk, (infml., fig.)* butter s.o. up. ~**soet** as sweet as honey, honey-sweet; sugary; *(fig.: a child etc.)* good as gold, very sweet/good/easy.

**stroop²** *ge-, vb.* pillage, plunder; strip (down), denude; maraud, forage; poach *(game)*; husk *(maize)*; harvest *(with combine harvester)*; →STROPER; *die blare van 'n tak ~* strip a branch of its leaves. ~**tog** raid, foray, marauding expedition; inroad, incursion; *'n ~ onderneem/uitvoer* go on a foray/raid, make a foray; go on a marauding expedition.

**stroop³** *n., (tennis)* love; *~-veertig* love forty. ~**pot**, ~**spel** love game. ~**stel** love set.

**strop** *stroppe* strap, brace, halter; sling; noose; strop *(for oxen)*; *(naut.)* strop; *die ~ om die nek hê, (fac., of a man)* be married. ~**das** choker. ~**(hals)snoer** choker.

**stro·per** *-pers* raider, marauder, pillager; poacher; combine (harvester); stripper. **stro·pe·ry** pillaging; poaching.

**stro·pe·rig** *-rige* syrupy; sickly sweet; *(fig.)* cloying, fulsome; *(fig.)* maudlin, sentimental, corny, soppy.

**stro·pie** *-pies, (infml., often med.)* julep.

**strot** *strotte, (infml., anat.)* throat; *iem. aan die ~ gryp, (infml.)* grab/take s.o. by the throat. ~**klep** epiglottis; *(mech.)* throttle (valve).

**strot·te·hoof** *(anat.)* larynx, voice box. ~**ontsteking** laryngitis. ~**spieël** laryngoscope.

**stru·del** *(Germ. cook.)* strudel; →APPELSTRUDEL.

**struik** *struike* bush, shrub. ~**gewas** shrubbery, shrubs, brushwood, scrub, thicket, underwood, *-*growth. ~**roos** dwarf/

bush rose. ~**rower** bandit, brigand, highwayman. ~**rowery** banditry, highway robbery. ~**veld**, ~**wêreld** scrubland.

**struik·ag·tig** -tige bushy, shrubby.

**strui·kel** ge- stumble, trip; falter; oor iets ~ stumble/trip over s.t.; blunder on/upon s.t.; oor jou woorde ~ fumble for words. ~**blok** -blokke stumbling block, obstacle, snag, difficulty, impediment, problem; vir iem. 'n ~ in die weg lê place/put an obstacle in s.o.'s way; alle ~ke uit die weg ruim/vee sweep all obstacles from one's path.

**strui·ke·ling** -lings, -linge stumble, trip.

**struik·vor·mig** -mige shrublike.

**struk·tu·ra·lis·me** (also S~) structuralism. **struk·tu·ra·lis** -liste, n., (also S~) structuralist. **struk·tu·ra·lis·ties** -tiese, adj., (also S~) structuralist.

**struk·tu·reel** -rele structural; (geol.) tectonic; ~rele werkloosheid structural unemployment (due to technological change etc.); ~rele linguistiek structural linguistics.

**struk·tu·reer** ge- structure. **struk·tu·re·ring** structuring.

**struk·tuur** -ture structure; conformation, fabric; (min.) texture; (rad., TV) format (of a programme); die maatskaplike ~ the social structure. ~**formule** (chem.) structural formula. ~**verandering** transformation, structural alteration.

**struk·tuur·loos** -lose structureless; (biol.) systemless.

**stru·we·ling** -lings, -linge difficulty, trouble, row, ruction(s).

**stry** n.: (met iem.) ~ kry fall out (or have a tiff) (with s.o.).
**stry** ge-, vb. argue, dispute, bandy words, debate, wrangle, altercate; hassle; contradict, deny; fight, combat, contend, struggle, battle; **met iem. oor iets** ~ argue (or have an argument) with s.o. about/over s.t.; jy kan **nie** ~ **nie!**, (infml.) you can't deny it!; **teen iets** ~ fight s.t.; struggle/wrestle with s.t. (temptation etc.); **toe**, ~!, (infml.) come on, you know it's true!; **vir iets** ~ fight for s.t..

**stryd** stryde struggle, strife; fight(ing), tussle, battle, combat, conflict, war(fare); contest; controversy; die ~ **aanknoop** be/go on the warpath; go into action/battle, do/give/join battle; die ~ met iem. **aanknoop** join battle with s.o.; join/take issue with s.o.; die ~ om 'n/die **bestaan** the struggle for existence; 'n **eindelose** ~ a running battle; 'n **gelyke** ~ a close contest; (met ...) in 'n ~ **gewikkel** wees be locked in a struggle (with ...); tussle (with ...); die ~ **gewonne** gee give up the struggle; accept/acknowledge/admit/concede defeat, concede victory; beat a retreat; die **goeie** ~ stry fight the good fight; in die **hitte** van die ~ in the heat of battle; **in** ~ met ... in breach of ...; contrary to ...; in contravention of ...; in violation of ...; in conflict with ...; iets is met ... **in** ~ s.t. is in breach of ...; s.t. clashes/conflicts with ...; s.t. is in opposition to ...; s.t. is out of keeping with ...; s.t. runs counter to ...; s.t. is at variance with ...; s.t. is repugnant to ...; met 'n **beginsel in** ~ wees violate (or cut across) a principle; **in** ~ met die wet against the law; 'n ~ om/op **lewe** en dood a life-and-death struggle; **lynreg in** ~ met ... diametrically opposed to ...; in direct conflict with ...; die ~ **om** iets the struggle for s.t. (freedom etc.); the contest for s.t. (the championship etc.); dis 'n **ongelyke** ~ it's no contest; 'n ~ **oor** ... a controversy about/over ...; 'n **opdraande** ~ an uphill struggle; die ~ **opgee** give up the fight/struggle; 'n **swaar** ~ a hard struggle; die ~ **teen** ... the fight against ... (illness etc.); 'n **titaniese** ~ a battle royal; tot die ~ **toetree**, jou in die ~ **werp** enter/join the fray; throw/toss one's hat into the ring; die ~ laat **vaar** give up the fight; die ~ **verloor** lose the day; 'n ~ **voer** fight a battle; 'n ~ om iets **voer** battle for s.t.; 'n ~ **teen** ... **voer** wage a struggle against ...; in die ~ **volhard**, die ~ **volhou/voortsit** soldier on. ~**byl** war axe, battleaxe; tomahawk; die ~ **begrawe**, (fig.) bury the hatchet. ~**genoot** brother/comrade in arms, fellow soldier. ~**krag** -kragte fighting power; (in the pl.) armed forces. ~**kreet** war/battle cry, war whoop; slogan. ~**mag** military force. ~**makker** fellow soldier, brother/comrade in arms. ~**mier** soldier (ant). ~**perk**

arena. ~**punt** issue, point in dispute. ~**ros** warhorse, charger, steed; ou ~, (fig.) veteran, old campaigner. ~**toneel** scene of struggle/battle, battleground. ~**vaardig** -dige ready for the fray, prepared for war/battle, in fighting trim, game (for the fight). ~**veld** battlefield. ~**voerder** champion; controversialist. ~**vraag** issue, point/question at issue (or in dispute), disputed point/question. ~**wa** (hist.) (war) chariot.

**stry·dend** -dende fighting, struggling, striving; conflicting (interests); combatant, warring (factions); incompatible; ~e partye contending parties; warring factions; ~e troepe fighting forces, combat/fighting troops.

**stry·der** -ders fighter, fighting man/woman, combatant, warrior; crusader, campaigner; contender, struggler.

**stry·dig** -dige conflicting (interests); clashing; discordant; contrary; ~ met ... in breach of ...; in conflict with ...; in contravention of ...; met ... ~ wees conflict with ...; be contradictory to ...; be incompatible with ...; be inconsistent with ...; be irreconcilable with ...; be at variance with ...; be repugnant to ...; be out of keeping with ...; ~ met die wet against the law. **stry·dig·heid** incompatibility, inconsistency, discordance, disparity, contradiction; ~ van regsbeginsels conflict of laws.

**stryd·lus** pugnacity, warlike/bellicose spirit, bellicosity, belligerence, fighting spirit, militancy. **stryd·lus·tig** -tige bellicose, pugnacious, combative, militant, belligerent; in 'n ~e stemming in a fighting mood, spoiling for a fight, eager to fight, game (for a fight).

**stryd·wek·kend** -kende contentious, controversial, divisive.

**stry·er** -ers contender, arguer, wrangler, argumentative person. **stry·e·rig** -rige argumentative, contentious, disputatious, wrangling. **stry·e·ry** -rye dispute, wrangle, altercation, argument, debate, sparring match.

**stryk**[1] n. pace (of a horse); een ~ deur without stopping, without a stop; op ~ **kom** get into (or hit) one's stride; strike form; find one's feet/legs; get one's eye/hand in; met iets op ~ **kom** get into the swing of s.t.; mooi op ~ **kom** shape (up) well; **nie** deur iets van ~ (af) gebring word nie be unfazed by s.t.; (goed) **op** ~ in (good/great) form; nog goed **op** ~ still going strong; van ~ (af) raak get flustered/rattled, get into a state; van ~ (af) wees be off balance; have an off day; be off (or out of) form, be off one's game, (infml.) be out of sync(h); iem. van ~ (af) bring fluster/rattle s.o.; put s.o. off; put s.o. out; throw s.o. off balance; throw s.o. out of his/her stride; put s.o. off his/her stroke; deur iets van ~ (af) gebring word, (also) be rattled by s.t.. **stryk** ge-, vb. go, walk, stride, march; hulle ~ nie they don't get along/on; dit wil nie ~ nie things are not running smoothly. ~**deur** adv. continuously. ~**loop** pace (of a horse). ~**loper** (a horse) pacer. ~**snelheid** cruising speed.

**stryk**[2] n. stroke. **stryk** ge-, vb. iron (linen); (mus.) bow, draw the bow over (the strings); strike (sails, a mast, flag); dip, lower, haul, take down, strike (a flag); smooth (one's hair); stroke (one's beard); float (plaster); iets glad ~ flatten out s.t.; smooth out s.t. (lit.); slick down s.t. (hair etc.); smooth down s.t.. ~**goed** laundry, ironing. ~**instrument** -mente, (mus.) string instrument; (in the pl.) the strings. ~**konsert** concert for strings (or stringed instruments); concerto for strings. ~**kwartet** string quartette. ~**masjien** mangle. ~**mes** spatula. ~**orkes** string band/orchestra; vir ~ for strings. ~**plank** ironing board; (plasterer's) float(er); skirt board. ~**steen** (brick) stretcher; whetstone. ~**stok** (mus.) bow. ~**troffel** derby. ~**verband** (constr.) (all-)stretcher/stretching/running bond. ~**voeg** horizontal/bed joint. ~**vry** non(-)ironing (fabric). ~**werk** (laundry) ironing (work); (violin play) bowing. ~**yster** iron.

**stry·ker** -kers ironer; (mus.) string player, (infml.) fiddler; die ~s, (mus.) the strings. ~**spel** string playing.

**stu** ge- push, press, dam up; surge; trim. ~**dam** weir, barrage, retaining dam. ~**krag** propelling/dynamic force, force of propulsion; momentum; driving force, impetus, push, go, energy; thrust *(of an aircraft)*; impulse; drive *(fig.)*; ~ *aan ... gee/verleen, (fig.)* kick-start/dynamise ..., give ... a kick-start *(the economy etc.)*. =**prop** jack plug. ~**tenk** *(water technol.)* surge chamber/tank. ~**wal** weir.

**stu·deer** *(ge)=* study; prepare, read *(for an examination)*; *by/ onder prof. X* ~ study under/with Prof. X; *vir dokter* ~ study to be a doctor; *vir 'n graad* ~ study/work for a degree; *(in die) regte* ~ study (for the) law; *verder/vêrder* ~ pursue one's studies. ~**kamer,** ~**vertrek** study; sanctum. ~**slaapkamer** study-bedroom.

**stu·dent** =*dente* student; *'n* ~ *in die regte/geskiedenis/ens.* a student of law/history/etc.; *(jou) as* ~ *inskryf/inskrywe, jou as* ~ *laat inskryf/inskrywe* register as a student. **stu·dent·ag·tig** =*tige* student-like. **stu·dent·ver·pleeg·ster** student nurse.

**stu·den·te·:** ~**baret** mortarboard. ~**blad** university/students' magazine/newspaper. ~**bond,** ~**vereniging** student(s') union. ~**grap** students' prank. ~**lening** student loan. ~**lewe** student/college/university life. ~**liggaam** student body. ~**loopbaan** university career. ~**raad** students' (representative) council. ~**tal** (total) number of students. ~**tyd,** ~**jare** student/college days.

**stu·die** =*dies* study *(of a subject; for a painting)*; *(mus.)* étude; *die* ~ *in die medisyne/regte/ens.* the study of medicine/law/ etc.; *'n* ~ *van iets maak* study s.t.; *'n (besondere) studie van ... maak, (also)* specialise in ...; *jou* ~ *voortsit* pursue one's studies. ~**beurs** scholarship, bursary, studentship. ~**boek** textbook, manual. ~**fonds** scholarship fund, endowment. ~**groep** study group, seminar, panel, working party. ~**jaar** year of study; *gedurende jou/die eerste* ~ during one's first year (at college/university). ~**kursus** course of study/studies. ~**leier** tutor, supervisor *(of studies)*. ~**lening** student loan. ~**permit** study permit. ~**rigting** field of study. ~**stuk** working paper. ~**tyd** (years of) study, time as a student; time for studying. ~**vak** subject/ branch of study. ~**veld,** ~**gebied** field of study. ~**verlof** study leave; sabbatical; *met* ~ *gaan* take study leave; take a sabbatical; *'n jaar* ~ *neem* take a sabbatical year off; *met* ~ on study/sabbatical leave.

**stu·di·eus** =*dieuse* studious.

**stug** *stug(ge) stugger stugste* reserved, stiff, dour, morose, difficult to deal with, unfriendly, curt, grim, stern, unresponsive, unsmiling. **stug·heid** reserve, curtness, coolness, lack of cordiality, stiffness, dourness, grimness.

**stuif** *ge=, (also stuiwe)* drizzle. ~**gas** pulverised gas. ~**kop** nozzle; dust gun. ~**masjien** spraying machine. ~**poeier** dusting powder; lycopod(ium) dust. ~**pomp** duster, spray pump. ~**reën** (fine/light) drizzle. ~**sand** drift/shifting sand. ~**sproeier** nebuliser. ~**swam** fuzz=, puffball.

**stuif·meel** *(bot.)* pollen; mill dust; farina. ~**buis** pollen tube. ~**korrel** pollen grain. ~**telling,** ~**vlak** pollen count.

**stuik** *stuike,* n. butt; stave. **stuik** *ge=, vb.* stave, upset *(metal)*. ~**las** butt/end joint.

**stuip** *stuipe,* n. *(usu. pl.)* convulsion, seizure, fit; *iem. die* ~*e gee, (infml.)* give s.o. a fit, freak s.o. out; ~*e kry, (lit.)* have (or be taken with) a fit; *(die)* ~*e kry, (fig., infml.)* have/throw a fit, freak (out); ~*e kry van die lag* be convulsed with laughter; *iem. wou (die)* ~*e kry, (infml.)* s.o. nearly had a fit. **stuip·trek** *ge=* be convulsed, twitch. **stuip·trek·kend** =*kende* convulsed, convulsive, in convulsions. **stuip·trek·king** =*kings, =kinge* convulsion; *die laaste* ~*s/*~*e* the last agonies, the pangs of death. **stuip·we·rend** =*rende* anticonvulsant; ~*e middel* anticonvulsant.

**stuit**[1] *ge=, vb.* check, stop, arrest, inhibit; staunch; stymie; stem, checkmate; stay, dam; recoil; *op iets* ~ run up against s.t., meet with s.t. *(a problem etc.)*. ~**skroef** stop/check screw. ~**stof** inhibitor.

**stuit**[2] *n., (anat.)* breech. ~**been** coccyx. ~**geboorte** breech

birth/delivery. ~**ligging** breech presentation. ~**streek** coccygeal region. ~**stuk** aitchbone, rump piece.

**stuit·baar** =*bare* stoppable.

**stui·ter** =*ters* check; bumper, stop; detent; stymie.

**stui·tig** =*tige* silly; indelicate, objectionable; *moenie (so)* ~ *wees nie* don't be (so) silly. **stui·tig·heid** silliness; objectionableness.

**stui·ting** check, staunch, containment; ~ *van eksekusie* stay of execution.

**stui·tjie** =*tjies* tail bone *(in animals)*; *(anat.)* coccygeal region, breech; *op jou* ~ *val* fall on one's rump. ~**stuk** aitchbone; *(in poultry)* pope's/parson's nose.

**stui·wer** =*wers, (hist.)* halfpenny; *'n* ~ *in die armbeurs gooi, (idm.: also express an opinion)* put/stick in one's oar.

**stuk** *stukke* piece *(of bread, clothing, furniture, ground, liter., luggage, mus., out of a book, etc.)*; article *(of clothing, furniture, in a paper, etc.)*; fragment, splinter *(of glass)*; paper, document, communication; *(chess, draughts, etc.)* piece, man; *(theatr.)* piece, play; piece, painting; gun, piece *(of ordnance)*; patch, plot; part; item; cut *(of meat)*; slice *(of cake etc.)*; length *(of material, rope, etc.)*; chunk; *(derog. sl.: a girl)* chick, bit of skirt; *aan/in* ~*ke* in pieces; *iets aan* ~*ke kap* hew s.t. to pieces; *iets aan/in* ~*ke pluk/ruk/skeur/trek* pick/pull/tear s.t. to pieces; *in een* ~ in one piece; all in one; *uit een* ~ of one piece; *'n man/vrou uit een* ~ a man/woman of integrity; *geen/g'n* ~ *nie* not a mite; none what(so)ever; *iem. g'n* ~ *glo nie, (infml.)* not believe s.o. one (little) bit; *'n hele* ~ a large piece; *iets in* ~*ke breek* break s.t. to pieces; *'n* ~ *indien/in=lewer* lodge a document; *'n* ~ *of vyftig rand* a matter of fifty rands; *'n* ~ *of vyftig* fifty odd; *(so) 'n* ~ *of ses* half a dozen or so; *'n* ~ *of twaalf* a baker's dozen; *'n* ~ *of twintig mense* some twenty people; *op jou* ~*ke* in (good/great) form; *(so reg) op jou* ~*ke* at the top of one's form; *nie op jou* ~*ke nie* not oneself; *'n* ~ *opstel* draw up a document; *die prys is R50* ~ the price is R50 each; *op* ~ *van sake* after all, after/when all is said and done; in the final/last analysis; on balance, all things considered; when it comes to the point; at the end of the day *(fig.)*; in the end; in the event; *iets aan/in* ~*ke sny* cut s.t. up, cut s.t. in(to) pieces; *'n* ~ *van 'n tonnel/ens. agter jou hê* be part-way through a tunnel/etc.; *duisend* ~*s vee* a thousand sheep/etc. (or head of cattle); ~ *vir* ~ piece by piece; *'n* ~ *of wat* a few, several. ~**beeld** *(ling.)* phrase marker. ~**heuning** chunk honey. ~**konfyt, stukkekonfyt** preserve(s). ~**loon** piece wages/rate. ~**steenkool,** ~**kole** round coal, rounds. ~**vat** vat, butt. ~**werk** piecework, job(bing) work; patchwork. ~**werker** pieceworker, jobber. ~**werktuinier** jobbing gardener. ~**wol** pieces.

**stu·ka·door** *ge=, vb.* stucco, plaster; work in plaster/stucco.

**stu·ka·doors·:** ~**kalk,** ~**pleister** stucco. ~**werk** stucco (work).

**stuk·ke·kon·fyt** →STUKKONFYT.

**stuk·kend** =*kende* in pieces, broken; tattered, torn *(clothing etc.)*; *(mech.)* out of order; *(infml.: inebriated)* sloshed, paralytic, legless; *iets* ~ *kap* chop/hack s.t. up; hew s.t. up *(or* to pieces); *iets* ~ *maak* break up s.t.; ~ *raak* break down; come apart; fall apart; break in pieces; go to pieces. **stuk·ken·de·rig** =*rige, (infml.)* rather broken; ~ *voel* feel rather washed up.

**stuk·kie** =*kies* little/small piece, (little) bit; particle; snippet; snatch *(of a song)*; morsel; *(sl., derog.)* chick, bit of skirt; *'n* ~ *... a bit of ...;* a piece of ...; a slice of ... *(cake etc.)*; ~ *s en brok=kies* bits and pieces; odds and ends; *'n* ~ *eet* have s.t. to eat, have a bite; *'n* ~ *brood/ens. eet* eat some bread/etc.; *elke* ~ every bit; every scrap; ~ *vir* ~ bit by bit.

**stuks·ge·wys, stuks·ge·wy·se** singly, per piece, one by one, bit by bit.

**stulp** *ge=, vb.* balloon, swell out.

**stum·per(d)** =*perds* bungler, oaf; poor blighter/thing.

**stu·pi·di·teit** =*teite* folly; piece of folly.

**Sturm und Drang** *(Germ. liter.)* Sturm und Drang, Storm and Stress.

**stut** *stutte, n.* prop, support, stay, pillar; staff; buttress, shore, stanchion *(of a wall etc.)*; strut; buttress *(of a roof)*; brace, truss *(of a bridge)*; *(min.)* prop, sprag; *(rugby)* prop; *(in the pl., also)* strutting; *sonder* ~ stayless; *iem. se* ~ *(en steun), (a pers.)* s.o.'s support. **stut** *ge=, vb.* prop (up), support, shore/buttress/truss (up), steady, stay, bolster (up), underpin, underset. **~balk** supporting beam, joist *(in a roof)*, strut beam; bridging joist *(in a floor)*. **~muur** retaining wall, buttress. **~paal** shore, prop, stay, upright, puncheon. **~raam** *(sculpture)* armature. **~werk** *(constr.)* propping; false work, trestlework. **~wortel** prop-root, buttress/tabular root.

**stut·ting** support, shoring, propping; strutting; staying; bridging *(in a floor)*.

**stuur** *sture, n.* (steering) wheel *(of a car)*; handlebar(s); steering; tiller, rudder, helm; steering handle; *aan die* ~, *(lit.)* at the wheel *(of a car)*; at the helm *(of a ship)*; at the controls *(of an aircraft)*; *aan die* ~ *van iets staan/wees, (fig.)* be at the helm of s.t. *(a country, company, etc.)*; be in control of s.t. *(a company etc.)*; *agter die* ~ at the wheel *(of a car)*. **stuur** *ge=, vb.* send, dispatch; drive *(horses, a car, etc.)*; steer, navigate *(a ship etc.)*; passage *(a horse)*; pilot; direct, guide; *iem./iets boontoe* ~, *(lit.)* send up s.o./s.t.; ~ *na* ... set (a) course for ...; *iem./iets na* ... ~ send s.o./s.t. to ...; *iem. na* ... ~, *(also)* dispatch s.o. to ...; post s.o. to ...; *op die kompas/sterre* ~ navigate by the compass/stars; *'n skip reguit* ~ keep a ship steady; *iem. uit die* ... ~ order s.o. out of the ... **~arm, ~hefboom** steering/swing/control lever, drop arm. **~as** steering axle/shaft/column. **~boord** *(naut.)* starboard; *aan* ~ on the starboard side; *na* ~ to starboard. **~boordkant** starboard side *(or right side)* of a ship. **~huis** wheelhouse, pilot house *(of a ship, crane, etc.)*. **~kabel** control cable. **~kajuit** steering/control cabin, cockpit, driver's/pilot's cabin/cab, driving cab(in). **~kolom** steering column/mast, control column. **~kundig** *=dige* cybernetic. **~las** trim. **~man** *=manne, stuurlui* steersman, helmsman, man at the helm/wheel; navigating officer, mate; pilot; cox(swain) *(of a rowing boat)*; *eerste* ~ chief mate; *die beste* ~/*stuurlui staan aan wal, (fig.)* it is easy to criticise when you're not doing s.t. yourself; *sonder* ~ coxless. **~manskap, ~manskuns** seamanship, navigation. **~outomaat** automatic pilot, autopilot. **~pen** steering pin; *(orn.)* (long) tail feather, rectrix. **~stang** *(mot.)* steering rod, drag link; control lever, *(infml.)* joystick *(of an aircraft)*. **~stoel** driver's/pilot's seat, control seat. **~stok** tiller, helm; *(aeron.)* control stick, joystick. **~traagheid** *(mot.)* understeer. **~werk** steering; steering gear. **~wiel** steering wheel.

**stuur·baar** *=bare* navigable, manoeuvrable.

**stuur·loos** *=lose* rudderless; out of control.

**stuurs** *stuurs(e) stuurser stuursste* (of *meer* ~ *die mees stuurse*) curt, cool, stiff, reserved, unfriendly, gruff, surly, moody, crusty, sullen, morose, ill-humoured. **stuur·se·rig** *=rige* stiffish, gruffish. **stuurs·heid** curtness, coolness, gruffness.

**stu·wa·door** *=dore, =doors* stevedore, longshoreman, docker.

**stu·wend** *=wende* pushing; surging; →STU; ~*e krag, (fig.)* driving force.

**stu·wing** *=wings, =winge* propulsion; impulsion; *(elec.)* surge; *(med.)* congestion, stasis; surging; trim. **~swelling** turgescence.

**styf** *stywe stywer styfste, adj.* stiff, rigid, unbending, wooden; stiff, starched; tight; firm, stiff *(market)*; erect; starchy *(fig.)*; muscle-bound; tense; torpid; *'n stywe bries* a fresh/stiff/smacking breeze; *stywe pap* sadza (Shona). **styf** *adv.* stiffly, rigidly, woodenly; tightly; firmly; ~ *gepak* close-packed; ~ *gespan* taut; ~ *pas* fit tightly/closely; ~ *teenaan* ... hard up against ...; ~ *toe* shut fast, fast shut; *iets* ~ *trek* draw/pull s.t. tight; take up the slack *(of a rope etc.)*; ~ *word, (s.o.)* become/go numb; freeze up; set. **styf** *ge=, vb., (also stywe)* starch; *(fig.)* stiffen; strengthen; *die kas* ~ add to *(or* strengthen/swell) the funds. **~gaas** stiffening. **~loop** *styfge=* stretch to the utmost

*(a tether)*; *jou rieme* ~, *(idm.: fail)* come a cropper. **~middel** *=dels* stiffener, stiffening, sizing agent.

**styf·heid** stiffness, rigidity.

**styf·te** stiffness; *(infml.: an erection)* hard-on.

**styg** *n.: aan die* ~, *(water, prices, etc.)* rising; *(prices etc.)* on the rise. **styg** *ge=, vb.* rise, climb, ascend, gain height, mount (up); *(prices)* rise, go up, advance, strengthen, appreciate; surge; soar, escalate; *die pryse* ~ *hemelhoog* prices are going through the roof; *(hoog)* ~, *(excitement etc.)* run high; *iets laat* ~ send s.t. up *(prices, the temperature, etc.)*; *met* ... ~ rise by ...; *skerp/sterk* ~ rise sharply/steeply; *skielik* ~ shoot up; *tot* ... ~ rise to ...; *van* ... *tot* ... ~ rise from ... to ...; *(vinnig)* ~, *(prices)* escalate. **~gang** *(min.)* raise, rise. **~hoek** angle of ascent/climb; angle of elevation. **~hoogte** rise. **~krag** lift, lifting power, buoyancy. **~mark** *(stock exch.)* bull market. **~meter** variometer, vertical speed indicator. **~slag** up-stroke. **~spekulant** *(securities exch.)* bull. **~stroom** up(ward) current, updraught. **~stuk** (stair) riser. **~wind** updraught, anabatic wind, ascending air current.

**sty·gend** *=gende* rising, ascending; mounting; increasing; anabatic; ~*e aksent* acute accent; ~*e mark* bullish market; *steeds* ~*e misdaadsyfers* soaring crime figures.

**sty·ging** *=gings, =ginge* rise, advance, increase; upsurge; slope; swell; *(econ.)* upswing; *(min.)* upthrow; *die* ~ *en daling van* ... the rise and fall of ... *(prices etc.)*. **sty·gin·kie** *(econ.)* uptick.

**styl** *style* post *(of a door, bed, etc.)*; jamb(e) *(of a door, window, etc.)*; stile *(of a door, sash, chair, etc.)*; baluster, banister; upright, stanchion, support; *(art, biol.)* style; stylus; ~ *hê* have style, *(infml.)* have piz(z)azz/pzazz; have class; *'n huis in die Spaanse/ens.* ~ a house in the Spanish/etc. style; *alles met* ~ *doen* do things in style; *na/volgens die nuutste* ~ in the latest style; *sonder* ~ without style, unstylish; *'n (goed) versorgde* ~ a polished style. **~blom(metjie)** *(fig.)* flower of speech, flourish. **~boek** *(journ. etc.)* stylebook. **~figuur** figure of speech, trope. **~fout** bad style, error in style. **~leer** art of composition, stylistics. **~vol** *=volle* in good style, elegant, stylish; well-written.

**styl·loos** *=lose* without (any) style. **styl·loos·heid** lack/want of style.

**styl·vor·mig** *=mige, (bot.)* styliform.

**sty·sel** *=sels* starch. **~ensiem** amylase. **~fabriek** starch factory. **~korrel** starch grain. **~kos** starchy/farinaceous food. **~stroop** glucose. **~water** starch water.

**sty·sel·ag·tig** *=tige* starchy, farinaceous.

**sty·we** *ge=* →STYF *vb.* **sty·wing** stiffening; strengthening *(of funds)*; *tot* ~ *van* ... in support of ... *(a fund)*.

**sty·we·rig** *=rige* stiffish, rather stiff. **sty·we·rig·heid** stiffishness.

**sty·wig·heid** stiffness, rigidity.

**Styx:** *die* ~, *(Gr. myth.)* the Styx.

**sub** sub, under; ~ *rosa* sub rosa, under the rose, in secret, secretly. **~antarkties** *=tiese* subantarctic. **~arkties** *=tiese* subarctic. **~artikel** subclause, subsection. **~atomies** *=miese* subatomic. **~ekonomies** *=miese* sub-economic *(housing etc.)*. **~hofie** *(journ.)* strapline. **~klas** subclass. **~klousule** subclause. **~komitee, ~kommissie** subcommittee. **~kontinent** subcontinent. **~kultuur** subculture. **~litoraal, ~littoraal** *=rale, (chiefly ecol.)* sublittoral. **~normaal, ~normale** *=male* subnormal. **~optimaal** *=male* suboptimal. **~orbitaal** *=tale* sub-orbital; ~*tale baan* suborbital path/track *(of a missile etc.)*. **~orde** suborder. **~ordinasie** subordination. **~ordineer** *ge=* subordinate. **~raad** *(local government)* subcouncil. **~raam** *=rame, (constr., mot.)* subframe. **~redakteur** subeditor, *(infml.)* sub, copy editor. **~sonies** *=niese* subsonic. **~standaard** substandard. **~stasie** substation. **~trope** subtropics. **~tropies** *=piese* subtropical. **~werk** subediting; *drie jaar lank* ~ *doen*, *(also, journ.)* spend three years at the copy desk.

**sub·al·tern** *=terne, n.* junior officer, subaltern.

**sub·du·raal** -rale, (anat.) subdural.

**sub·jek** -jekte, (gram., philos.) subject.

**sub·jek·tief** -tiewe, adj. & adv. subjective(ly). **sub·jek·ti·wi·teit** subjectivity, subjectiveness.

**sub·jek·ti·vis** -viste, (philos., also S~) subjectivist. **sub·jek·ti·vis·me** (philos., also S~) subjectivism. **sub·jek·ti·vis·ties** -tiese, adj. & adv., (philos., also S~) subjectivistic(ally).

**sub·junk·tief** -tiewe, n. & adj, (gram.). subjunctive.

**sub·ku·taan** -tane, (anat.) subcutaneous, hypodermic.

**su·bliem** -blieme -bliemer -bliemste sublime. **su·bli·mi·teit** sublimity.

**su·bli·meer** ge-, vb., (chem., psych.) sublimate. **su·bli·maat** -mate, n., (chem.) sublimate. **su·bli·ma·sie** (chem., psych.) sublimation.

**su·bli·mi·naal** -nale subliminal (advertising etc.).

**sub·ro·geer** ge-, (jur., ins.) subrogate. **sub·ro·ga·sie** subrogation.

**sub·si·die** -dies subsidy, grant(-in-aid), bounty, subvention. **sub·si·di·eer** ge- subsidise, aid. **sub·si·di·ë·ring** subsidising, subsidisation.

**sub·skrip·sie:** ~(geld) subscription, contribution. ~**konsert** subscription concert. ~**televisie** subscription/pay television.

**sub·stan·sie** -sies substance; hypostasis. **sub·stan·si·eel** -siële substantial.

**sub·stan·tief, sub·stan·tief** -tiewe, n., (gram.) substantive, noun. **sub·stan·tief, sub·stan·tief** -tiewe, adj. substantive, substantival; ~tiewe kleurstof direct dye. **sub·stan·ti·wies** -wiese substantive(ly).

**sub·sti·tu·eer** ge- substitute. **sub·sti·tu·sie** -sies substitution.

**sub·sti·tuut** -tute substitute, deputy; substitute, surrogate; die ~ vir iem. the alternate to s.o.. ~**ma** surrogate mother.

**sub·straat** -strate substratum.

**sub·tiel** -tiele -tieler -tielste, adj. & adv. subtle; subtly; (al)te ~ oversubtle; 'n ~e benadering a subtle/softly-softly approach. **sub·ti·li·teit** -teite subtlety.

**su·ède** (<Fr.) suede.

**Su·ez** (geog.) Suez. ~**kanaal** Suez Canal.

**suf** suwwe suwwer sufste, adj. dull, drowsy, dazed, fuddled, in a fuddle, woozy; stupid, thickheaded; doting (from age); ~ raak, (s.o.) get stale; jou ~ dink beat one's brains out (infml.). **suf** adv. dully, stupidly. **suf·fer(d)** -fer(d)s, (rare) dunce, dimwit, duffer, lamebrain, nitwit, simpleton; ou ~ dodderer. **suf·fe·rig** -rige dull, sleepy, thickheaded, doddery. **suf·heid** dullness, drowsiness, thickheadedness, wooziness; staleness.

**suf·fiks** -fikse, (gram.) suffix.

**Suf·folk(·skaap)** (also s~) Suffolk (sheep).

**suf·fra·gaan** -gane, n. & adj., (eccl.) suffragan. ~**biskop** (bishop) suffragan, suffragan/assistant bishop.

**suf·fra·jet** -jette, -jets, (hist.: a woman demonstrating for equal voting rights) suffragette.

**sug**[1] sugte, n. sigh; desire, craving (for drink, glory, etc.), appetite, thirst, hankering, love, passion; 'n diep/swaar ~ a deep sigh; 'n ~ van verligting slaak breathe/give/heave a sigh of relief; 'n ~ na ... a desire for ... (freedom etc.); a love of ... (adventure etc.). **sug** ge-, vb. (heave a) sigh; groan, moan; (wind) sigh, sough, moan; iem. ~ van ... s.o. sighs with ... (relief etc.). **sug·tend:** ~ onder 'n juk, (fig.) groaning under a yoke.

**sug**[2] n. pus, matter; (pathol., vet.) dropsy. ~**geut(pyp)** drain tile. ~**pyp** agricultural pipe. ~**riolering** subsoil/subsurface/underground drainage. ~**riool** land/subsoil drain. ~**sloot** drain, drainage channel, sough. ~**voor** agricultural/land drain.

**sug·ge·reer** ge- suggest; iets ~ ... s.t. is suggestive of ... **sug·ge·reer·baar** -bare suggestible. **sug·ges·tie** -ties suggestion. **sug·ges·tief** -tiewe suggestive; insinuating; equivocal; lewd; louche; ~tiewe opmerking lewd remark; ~tiewe vraag leading question. **sug·ges·ti·wi·teit** suggestiveness.

**suid** south; ~ **gerigte** south-facing; **reg** ~ due south; van ~ na noord **reis** travel from south to north; ~ **ten** ooste/weste south by east/west; ~ **van** ... (to the) south of ...; die **wind** is ~ the wind is southerly, the wind is (from/in the) south. **S~Afrika** South Africa. **S~Afrikaans** -kaanse South African; ~e Inkomstediens, (abbr.: SAID) South African Revenue Service (abbr.: SARS); ~e Nasionale Weermag, (abbr.: SANW) South African National Defence Force (abbr.: SANDF); ~e Polisiediens, (abbr.: SAPD) South African Police Service (abbr.: SAPS). **S~Afrikaner** -ners South African. **S~Amerika** South America. **S~Amerikaans** -kaanse South American. **S~Amerikaner** -ners South American. **S~Atlantiese Oseaan** South Atlantic (Ocean). **S~eiland, Suidereiland** (NZ) South Island. ~**einde** south(ern) end. **S~Europa** Southern Europe. **S~Europeër** -peërs South(ern) European. **S~Europees** -pese South(ern) European. ~**grens, suidergrens** southern boundary. ~**hoek** southern extremity/corner. **S~Kaap** the Southern Cape. **S~Korea** South Korea. **S~Koreaan** -reane South Korean. **S~Koreaans** -aanse South Korean. ~**kus** south(ern) coast, southern seaboard. ~**punt** south(ern) point/extremity. **S~see** South Sea(s); (Stille) ~ South Pacific (Ocean). **S~see-eilande** South Sea Islands, Oceania; Pacific Islands. **S~Sotho** -tho's, (member of a people) South(ern) Sotho; (no pl.), (lang.) South(ern) Sotho. ~**suidoos** south-south-east. ~**suidwes** south-south-west.

**sui·de:** **die** ~ the south; (with cap. a particular region) the South; na die ~ **gaan** go south; **in** die ~ in the south; down south; **na** die ~ to the south; **ten** ~ van ... (to the) south of ...; **uit/van** die ~ from the south; die **wind** kom uit die ~ the wind is southerly, the wind is (from/in the) south. ~**kant** south (side), south(ern) side; uit/van die ~ from the south. ~**wind** south wind.

**sui·de·lik** -like -liker -likste, adj. south, southerly; southern; S~e **Afrika** Southern Africa; die S~e **Halfrond** the Southern Hemisphere; ~e **wind** south(erly) wind; die S~e **Yssee** the Antarctic/Southern Ocean. **sui·de·lik** adv. southward(s). **sui·de·lik·ste** southernmost.

**sui·der·:** **S~Afrika** Southern Africa. ~**breedte** south latitude. **S~keerkring** tropic of Capricorn. **S~kroon:** die ~, (astron.) the Southern Crown, Corona Australis. **S~kruis:** die ~, (astron.) Crux, the Southern Cross. ~**lig** southern lights, aurora australis.

**sui·der·ling** -linge, (esp. in Eur., also S~) Southerner, (Fr.) meridional.

**suid·oos** adv. south-east. **suid·oos·te** n. south-east; na/uit die ~ to/from the south-east. **suid·oos·te·lik** -like, adj. south-east(ern); south-easterly; ~e **wind** south-east wind; in ~e **rigting** in a south-easterly direction. **suid·oos·te·lik** adv. south-east(erly). **suid·oos·ter, suid·oos·te·wind** southeaster, southeast wind; swart ~ black southeaster. **suid·oos·waarts** adj. south-eastward. **suid·oos·waarts** adv. south-eastward(s).

**Suid·pool** South Pole. ~**ekspedisie** Antarctic (or South Polar) expedition. ~**gebied, ~lande** Antarctic region(s), Antarctica. ~**see** Antarctic Ocean. ~**sirkel** Antarctic Circle. ~**streek** Antarctic (region), Antarctica.

**suid·waarts** -waartse, adj. southward, southerly; southbound. **suid·waarts** adv. southward(s), to the south(ward); ~ **gaan** go south.

**suid·wes** adj. south-west. **suid·wes·te** n. south-west. **suid·wes·te·lik** -like south-west(ern); south-westerly. **suid·wes·ter** (also suidwestewind) southwester, south-west wind, (infml.) sou'wester; (a waterproof hat) sou'wester. **suid·wes·waarts** adj. south-westward. **suid·wes·waarts** adv. south-westward(s).

**sui·er** -ers sucker; piston (of a pump, engine, etc.), ram; plunger (of a pump); offset, sucker (of a plant). ~**enjin** reciprocating engine. ~**klep** piston valve (of an engine); suction valve (of a *pump).* **~kop** piston head. **~loot** *(bot.)* sucker, succulent shoot. **~masjien, ~motor** piston engine. **~pen** gudgeon (pin), piston pin. **~ring** piston ring. **~stang** piston/connecting rod.

**suig** *ge-* suck; suckle, nurse; absorb; *aan iets ~* have/take a suck at s.t.; pull/drag *(or* take a drag) at/on s.t. *(a pipe etc.); iets droog ~* suck s.t. dry. **~buis** suction tube, siphuncle; suction hose; pipette; aspirator; sucker *(of an insect).* **~gat** vent. **~krag** suction power/force, absorptive power. **~lekker** sucker; lollipop, *(infml.)* lolly. **~pil** lozenge. **~pomp** suction pump. **~pyp** suction pipe; tailpipe *(of a pump).* **~slurp** proboscis *(of an insect).* **~stokkie** sucker, lollipop, *(infml.)* lolly. **~stroom** slipstream. **~stuk** *(mot.)* pickup. **~tablet** lozenge, troche. **~tenk** vacuum tank. **~ventilator** exhaust fan; extract ventilator. **~waaier** suction/extract(or)/exhaust fan; aspirator. **~wortel** sucking root; haustorium. **~(-)ys(ie)** (ice) lolly/sucker.

**sui·ge·ling, suig·ling** *-linge* infant (in arms), baby, suckling; *uit die mond van die ~ sal jy die waarheid hoor* children and fools cannot lie.

**sui·ging** suction.

**sui·ker** *-kers, n.* sugar; *~ in jou koffie/ens. gebruik/neem* take sugar in one's coffee/etc.; *gebruik jy ~?* do you take sugar?; *gebrande ~* caramel. **sui·ker** *ge-, vb.* sugar. **~appel, kaneelappel** *(Annona squamosa)* sugar apple, sweetsop. **~bedryf** sugar industry. **~beet** sugar beet. **~bekkie** *(orn.: Cinnyris* spp. *etc.)* sunbird. **~bon(tjie)** sugar bean. **~bos** *(Protea* spp., *esp. P. repens)* sugar bush. **~brood** sugar loaf; (true) sponge cake. **~-ertjie** sugar pea. **~fabriek** sugar factory/mill/works. **~gehalte** sugar content. **~inhoud** sugar content. **~klont(jie)** lump of sugar, sugar lump, piece of lump sugar, crystallised sugar; sugarplum, sugar candy; *(fig.)* mother's darling. **~lagie** layer of sugar, sugar layer; *iets met 'n ~ bedek, (lit., fig.)* sugar-coat s.t.. **~lepel** sugar spoon. **~mielie(s)** sweet corn. **~oes** sugar crop/yield. **~pil** *(fig.)* placebo. **~pot** sugar bowl, sugar basin. **~produksie** sugar production/output/ yield. **~raffinadery** sugar refinery. **~riet** sugar cane. **~rietland** cane field. **~sak** sugar bag/pocket. **~siekte** diabetes. **~siektelyer** diabetic. **~smaak** sugary taste, taste of sugar. **~soet** as sweet as sugar; *(fig.)* sugary, sugared *(words),* honeyed; *(derog.)* namby-pamby. **~stroop** molasses. **~suur** saccharic acid. **~tand** *-tande* sweet tooth; *jou ~(e) uittrek, (fig.)* stop taking *(or* cut out) sugar/sweets. **~voël(tjie)** *(Promerops* spp.*)* sugarbird. **~vry** sugar-free. **~water** sugared water, water and sugar.

**sui·ker·ag·tig** *-tige* sugary.

**sui·ker·hou·dend** *-dende* containing sugar, sacchariferous.

**sui·ke·rig** *-rige* sugary, sweet.

**sui·ker·loos** *-lose* sugarless.

**suil** *suile* pillar, column; obelisk; *(elec.)* pile; *(bot.)* bole. **suilvor·mig** *-mige* columnar.

**sui·le :** **~gang** colonnade, cloister, *(also bot.)* peristyle. **~saal** hall of columns, hypostyle hall.

**sui·nig** *-nige, adj. & adv.* stingy, miserly, niggardly, mingy, penurious, tight-fisted, mean, parsimonious; sparing, frugal, thrifty, economical; *~ met iets te werk gaan* use s.t. sparingly, go slow with s.t.; *~ met iets* stingy with s.t.; *vrek ~, (infml.)* very stingy; *~ met die sente, rojaal met die rande* (of *~ in die kleine, verkwisterig in die grote)* penny wise and pound foolish. **sui·nig·aard** *-aards* niggard, miser, *(infml.)* pennypincher, Scrooge, skinflint, tightwad. **sui·nig·heid** stinginess, parsimoniousness, thrift, economy.

**suip** *n.* drinking, booze; *aan die ~ gaan/raak, (infml.)* go on a drinking bout *(or* a bender). **suip** *ge-, vb., (esp. animals)* drink; *(infml.)* guzzle, swill, soak, booze, carouse; suck; *~ soos 'n vis, (infml.)* drink like a fish. **~gat** water hole. **~lam** sucker/suck(l)ing lamb. **~lap** boozer, soaker, tippler; *'n verstokte ~* an incorrigible drunkard. **~party** booze, drinking

bout. **~plek** drinking/watering place *(of animals); (infml.)* drinking place *(of boozers).* **~sessie** *(infml.)* booze-up. **~trog, ~krip** drinking/watering trough. **~water** drinking water *(for stock).*

**sui·per** *-pers* boozer, soaker, tippler; →SUIPLAP. **sui·pe·ry** drinking bout; boozing; →SUIP *vb.*.

**suis** *ge-, (s.o.'s ears)* buzz, ring, sing, tingle; *(the wind)* rustle, sigh, moan, sough, w(h)oosh; *(water in a kettle)* sing; *(a bullet)* whiz(z). **sui·sing** *-sings, -singe* buzzing, buzz, tingling; rustling.

**sui·te** *-tes, (Fr.)* suite *(of rooms); (mus.)* suite; *(cards)* flush; *en ~ en suite; 'n slaapkamer met badkamer en ~* a bedroom with bathroom en suite.

**sui·wel** dairy products. **~bedryf** dairy industry. **~boer** dairy farmer. **~boerdery** dairy farming, dairying. **~fabriek** creamery. **~produk** *-dukte* dairy product; *(in the pl., also)* dairy produce. **~vry** non(-)dairy, dairy-free.

**sui·wer** *suiwer(e) -werder -werste, adj.* pure *(air, water, whisky, etc.);* neat *(spirits);* fine *(gold);* true *(judg[e]ment);* unalloyed *(delight);* plain *(truth);* clear *(conscience, profit);* sheer, pure *(nonsense);* correct *(pronunciation);* undefiled *(lang.);* net *(production);* true *(instr.);* clean; all-wool *(material).* **sui·wer** *adv.* purely, cleanly. **sui·wer** *ge-, vb.* purify *(blood, air, etc.);* clean, cleanse; purge; chasten; filter, strain; deterge, depurate; refine *(oil, sugar);* clear *(one's name);* disinfect *(from vermin);* expurgate, sanitise *(a book etc.);* distil, rectify *(spirits);* render; *iets van ... ~* clear s.t. of ... *(weeds etc.);* purge s.t. of ... **sui·we·raar** *-raars* purifier, purger, refiner. **sui·we·rend** *-rende* purifying, cleansing, purging, detergent; *(med.)* cathartic, purgative. **sui·wer·heid** purity; cleanness; correctness; fineness *(of metals);* integrity; chasteness, chastity. **suiwer·heids·graad** degree of purity.

**sui·we·ring** *-rings, -ringe* purification; cleansing, clearing, clarification *(of liquid); (med.)* purging, purgation; *(fig.)* purge; refining.

**sui·we·rings :** **~middel** *-dels, (med.)* purgative, cathartic; detergent; clarifier *(of liquid);* purifying agent. **~proses** process of purification/clarification/etc.. **~tenk** settling tank. **~toestel** purification plant.

**suk·kel** *n.: dit sonder ~ doen* take it in one's stride. **suk·kel** *ge-, vb.,* struggle, plod/trudge (on), bumble, worry along, drudge, toil (and moil), have a difficult time; hassle; *agterna ~* trail behind; *met ... ~* have trouble with ...; *met iem. ~, (also, infml.)* harass/pester s.o.; *moenie met my ~ nie!, (infml.)* leave me alone!; *~ om iets te doen* struggle to do s.t.; *dit doen sonder om te ~* take it in one's stride. **~bestaan** precarious existence; *'n ~ voer* live from hand to mouth. **~draffie** jogtrot; *op 'n ~ gaan* jog along/on; *(dit gaan) so op 'n ~, (infml.)* (it's going) so-so. **~gang** (usu. fig.) trudge, hobbling; torturous progress. **~vry** trouble-free. **~werk(ie)** wearisome/pernickety job.

**suk·ke·laar** *-laars* bungler, lame duck, toiler, muddler, plodder, dodderer. **suk·ke·la·ry, suk·kel·ry** toiling (and moiling), plodding.

**suk·kel·rig** *-rige* ailing, in indifferent health; plodding, slow, bungling, inept.

**Suk·kot** *(Hebr., Jud.)* Succoth, Feast of Tabernacles.

**suk·ku·lent** *-lente, n. & adj., (bot.)* succulent.

**su·kra·se** *(biochem.)* invertase; sucrase.

**su·kro·se** *(chem., tech.)* sucrose, saccharose, beet/cane sugar.

**suk·ses** *-sesse* success; *alle ~!* good luck!; *~ behaal* succeed, be successful; achieve/taste success; make good, *(infml.)* make it, make the grade; make one's mark; *iets behaal ~, (also)* s.t. pays off; *by iem. ~ behaal* impress s.o., *(infml.)* be a hit with s.o.; *~ met iets behaal* make a success of s.t.; carry off s.t.; *iem. het nooit ~ behaal nie* s.o. has never tasted success; *dawerende ~ behaal* cause/create a furore; *groot ~ behaal* score a great hit *(fig., infml.);* ~ *hê* succeed, be successful; **met** ~ successfully; to good purpose; *met **min/ weinig*** ~ with scant success; to little purpose; **sonder** ~ unsuccessfully, without success, in vain. ~**boek** best seller. ~**stuk** box-office success/hit/draw, *(infml.)* blockbuster. ~**verhaal**, ~**storie** success story.

**suk·ses·sie** *-sies* succession. ~**oorlog** war of succession.

**suk·ses·vol** *-volle -voller -volste* (of *meer* ~ *die mees -volle*) successful.

**sul·faat** *-fate* sulphate.

**sul·fa·niel·a·mied** *(med.)* sulphanilamide.

**sul·ke** *-kes, pron.* such; *(pl.)* such ones; *is dit **al** ~ tyd?* is it as late as that?; *is dit **al** weer ~ tyd!* what, again?; *... **en** ~s ...* and such; *nog ~ ...* more such ...; *dis **weer** ~ tyd!* here we go again!; it's the same (old) thing (all over) again.

**sul·kus** *-kusse, (anat.)* sulcus.

**sult** brawn *(of pork etc.)*, head/pork cheese. ~**brood** brawn loaf.

**sul·tan** *-tans* sultan. **sul·ta·naat** *-nate* sultanate. **sul·ta·ne** *-nes, (the wife, concubine, mother or daughter of a sultan)* sultana, sultaness.

**sul·ta·na** *-nas, (grape variety, also S~)* sultana. ~**druif** sultana grape. ~**rosyn(tjie)** sultana raisin.

**sum·ma:** ~ *cum laude, (Lat.)* summa cum laude, with greatest/highest distinction; ~ *summarum, (Lat.)* sum total; upshot; final result.

**sum·mier** *-miere* forthwith; *(jur.)* summary; *~e beregting* swift justice; *~e jurisdiksie/verrigtinge/vonnis* summary jurisdiction/proceedings/judg(e)ment; *~e ontslag* summary dismissal.

**sun·hen·nep** *(bot.)* sunn, sun hemp.

**su·per** *comb.* super. ~**bediener** *(comp.)* superserver. ~**belasting** supertax. ~**bewus** superconscious(ly). ~**bewussyn** superconsciousness. ~**ego** *(psych.)* superego. ~**familie** *(biol.)* superfamily. ~**fiets** *(infml.)* superbike. ~**fluïed** *n. & adj., (phys.)* superfluid. ~**fluïditeit** superfluidity. ~**fosfaat** superphosphate; acid phosphate. ~**fyn** superfine. ~**geleier** *(elec., phys.)* superconductor. ~**geleidend** *-dende* superconducting, superconductive. ~**gelei(dings)vermoë** superconductivity. ~**gom** superglue. ~**held** *-helde* superhero. ~**heterodine** *n., (electron.)* superheterodyne. ~**heterodyn** *-dyne, adj.* superheterodyne. ~**kontinent**, ~**vasteland** *(geol.)* supercontinent. ~**mark** supermarket. ~**markmusiek** *(infml., derog.)* muzak. ~**model** *-delle* supermodel. ~**modern** *-derne* ultramodern, *(attr.)* state-of-the-art. ~**moondheid** superpower. ~**naturalis** supernaturalist. ~**normaal** supernormal. ~**nova** *-vas, (astron.)* supernova. ~**ordinaat** *-nate, n. & adj., (ling.)* superordinate. ~**reus** *(astron.)* supergiant. ~**snelweg** superhighway. ~**sonies** *-niese* supersonic; *~e knal* sonic boom/bang. ~**staat** superstate. ~**tenkskip** supertanker. ~**treffer** *(infml.)* smash hit, blockbuster. ~**winkel** superstore.

**su·pe·ri·eur** *-rieure, n. & adj.* superior, senior; classy. **su·pe·ri·o·ri·teit** superiority, paramountcy, precedence.

**su·per·in·ten·dent** *-dente* superintendent. ~~**generaal** *-den-te-generaal* superintendent-general.

**su·per·la·tief** *-tiewe, n. & adj.* superlative.

**su·per·po·neer** *ge-*, **su·per·po·neer** *het* ~ superimpose.

**sup·ple·ment** *-mente* supplement. **sup·ple·men·têr** *-têre* supplementary.

**sup·po·si·sie** *-sies* supposition.

**su·pra·na·si·o·naal** *-nale* supranational.

**su·re·rig** *-rige* →SUURDERIG. **su·rig·heid** something sour; unpleasantness.

**Su·ri·na·me** *(geog.)* Surinam(e). **Su·ri·naams** *-naamse* Surinam, of Surinam(e). **Su·ri·na·mer** *-mers* Surinamese, Surinamer.

**su·ring** *-rings, (Oxalis* spp.) (wood) sorrel. ~**sout** salt of sorrel/lemon(s), salts of lemon, potassium oxalate.

**sur·plus** *-plusse* surplus, excess, overage; *'n ~ aan ... hê* have a surplus of ... *(maize etc.).*

**sur·re·a·lis** *-liste* surrealist. **sur·re·a·lis·me** *(also S~)* surrealism. **sur·re·a·lis·ties** *-tiese* surrealist(ic).

**sur·re·ëel** *-reële* surreal(ly). **sur·re·a·li·teit** surreality.

**sur·ro·gaat** *-gate* substitute, surrogate, makeshift, succedaneum. ~**ma**, ~**moeder** surrogate mother. ~**moederskap** surrogate motherhood, surrogacy.

**sus**[1] *n.* sis, sister. **sus·sie** *-sies* sis, little sister; *(icht.)* shad; *ou* ~, *(infml., form of address)* old girl.

**sus**[2] *adv.* thus; *die een sê ~ en die ander (sê)* so one says one thing and the other another; *die een wil ~ en die ander (wil)* so one wants this and the other that.

**sus**[3] *ge-, vb.* hush, quiet *(a child)*; pacify, calm; tranquillise; assuage, lull; quiet *(a pers.)*; soothe, salve *(one's conscience)*; *iem. aan die slaap* ~ lull s.o. to sleep; rock s.o. to sleep. ~**middel** *-dels* sedative, calmative. **sus·send** *-sende -sender -sendste* soporific, opiate; soothing, calming.

**su·se·rein** *-reine, n. & adj.* suzerain. **su·se·rei·ni·teit** suzerainty.

**sus·pen·deer** *ge-, (chem.)* suspend. **sus·pen·sie** *-sies* suspension; *in* ~ in suspension.

**sus·pi·sie** *-sies* suspicion, hunch; *'n ~ hê* have a suspicion; have a hunch. **sus·pi·si·eus** *-sieuse* suspicious.

**Sus·sex** *(geog.)* Sussex. ~**beeste** *(also* s~*)* Sussex cattle.

**sus·ter** *-ters* sister; nurse; *ou* ~ , *(infml., form of address)* old girl. ~**kerk, susterskerk** sister church. ~**liefde** sisterly love. ~**maatskappy** associated company. ~**paar** two sisters, pair of sisters. ~**skip** sister ship. ~**stad** sister city. ~**vereniging** sister society/union.

**sus·ter·lik** *-like* sisterly.

**sus·ters·:** ~**kerk** →SUSTERKERK. ~**kind** nephew; niece. ~**vereniging** women's auxiliary, society of parish ladies.

**sus·ter·skap** sisterhood, sorority.

**sus·ter·tjie** *-tjies* little sister; *(infml.)* nursey.

**suur** *sure, n., (chem.)* acid; ~ *(op die maag)* acidity (of the stomach), heartburn. **suur** ~, *sure suurder suurste, adj.* sour, acid, acrid, tart; *(chem.)* acid, acidic; *(fig.)* peevish, crabbed, crabby, ill-humoured; unpleasant; sullen; ~ *druiwe, (fig.)* sour grapes; *iets* ~s something sour; ~ *lemoen* sour orange; →SUURLEMOEN; ~ *smaak* sour/acid taste; *in dié hitte **word** die melk* ~ the milk goes off (or goes/turns sour) in this heat; *die melk is aan die* ~ *word* the milk is on the turn. **suur** *adv.* sourly, acidly; *dit sal iem. ~ bekom* s.o. will regret it. ~**bestand** acid-resistant, -resisting. ~**binder** antacid. ~**deeg** →SUURDEEG. ~**druiwesap** verjuice. ~**gat** *(coarse)* grouch, grump, *(infml.)* sourpuss. ~**gehalte** acidity, acid content. ~**gesig** pouter, churl, grump, *(infml.)* sourpuss. ~**gesig-** sour-faced *(attr.).* ~**graad** acidity. ~**klontjie** acid drop. ~**knol** grouser, curmudgeon, *(infml.)* sourpuss; *(bot.)* watsonia. ~**kool** sauerkraut. ~**melk** sour milk, maas, *(Ngu.)* amasi. ~**meter** *(chem.)* acidimeter. ~**pap** sour porridge. ~**pootjie** *(zool.)* geometric tortoise. ~**pruim** sour plum (tree); *(fig.)* grouser, churl, curmudgeon. ~**reën** acid rain. ~**room** sour cream. ~**soet** sweet-and-sour; sour-sweet. ~**suurdeeg** sourdough yeast. ~**toets** *(chem.)* acid test. ~**uitjie** pickled onion. ~**vas** *-vaste* acid-fast. ~**veld** sour veld. ~**vormend** *-mende* acidic. ~**vorming** acidification. ~**vyekonfyt** sour-fig jam. ~**vy(tjie)** sour fig.

**suur·deeg** leaven, yeast, ferment, sourdough; *'n koekie* ~ a cake of yeast. ~**ekstrak** yeast extract. ~**koek** yeast cake. ~**koekie** cake of yeast, yeast starter. ~**plantjie** yeast starter.

**suur·de·rig** *-rige* sourish, tart, subacid, acidulated, acidulous.

**suur·heid** sourness, acidity, tartness.

**suur·le·moen** lemon; *'n gesig soos 'n* ~ a wry face. ~**ekstrak**, ~**essens** lemon essence. ~**geur** lemon flavouring. ~**sap**

lemon juice. ~**skil** lemon rind; *stukkie* ~ zest *(in a drink)*. ~**skuimtert** lemon meringue (pie). ~**smeer** lemon curd. ~**stroop** lemon syrup. ~**tee** lemon tea.

**suur·le·moen·ag·tig** *-tige* lemony.

**suur·stof** oxygen; *iets met* ~ *verbind* oxygenate s.t.. ~**mas- ker** oxygen mask. ~**opname** oxidation, addition of oxygen. ~**toestel** oxygen apparatus. ~**verbinding** oxide. ~**vry** oxy= gen-free.

**suur·stof·ag·tig** *-tige* oxygenous.

**suur·stof·hou·dend** *-dende* oxygenous, oxygenated.

**suur·te·graad** acidity.

**suur·tjie** *-tjies* acid drop; *(in the pl.)* pickles; *(in the pl.)* rel= ish.

**suur·we·rend** *-rende* acid-resisting.

**suut·jies, soet·jies** *-jiese -jieser -jiesste, adj.* soft, gentle, quiet. **suut·jies, soet·jies** *adv.* softly, gently, quietly; ~ *praat/gesels* speak/talk in hushed tones/voices.

**swaai** *swaaie, n., (movement)* swing; sweep *(of the arm)*; wave *(of the hand)*; flourish; offset *(in a pipe, rod)*; cant; flutter *(of a flag)*; lurch; travel; *(bowls)* bias; swing *(on a playground)*. **swaai** *ge-, vb.* swing, twirl *(a stick)*; wield *(a sceptre, sword, etc.)*; wave *(a flag)*; flourish *(arms)*; swing, sway (to and fro) *(on one's feet, a rope, etc.)*; lurch, reel *(like a drunken pers.)*; *(rugby)* wheel; *(mach.)* swivel; dangle; wag; whisk; brandish *(a weapon)*; oscillate; vacillate; *aan iets* ~ swing from s.t. *(a branch etc.)*; swing on s.t. *(a rope)*; … *deur die wind (laat)* ~, *(naut.)* gybe/jibe … *(a sail or boom)*. ~**arm** swing beam, jib; *(mot.)* swivel arm. ~**armbouler** *(cr.)* round-arm bowler. ~**arm- boulwerk** *(cr.)* round-arm bowling. ~**armkraan** jib crane. ~**as** swing axle. ~**bal** *(cr.)* swinging ball, swinger. ~**bewe- ging** swinging movement, swing. ~**bouler** *(cr.)* swing/seam bowler, seamer. ~**brug** pivot/swing bridge. ~**dekselblik** swingbin. ~**deur** swing(ing) door; revolving door. ~**-ent** offset end. ~**haak** (angle) bevel, sliding square. ~**hek** swing gate. ~**hoek** angle of traverse. ~**hou** *(cr.)* swing; swinging blow, *(infml.)* haymaker, roundhouse. ~**kanon** swivel gun. ~**koevoet** slewing bar. ~**kraan** slewing/turning crane. ~**ma- sjien** centrifuge. ~**mes** flail *(on a mach.)*. ~**slag** swing, swing- ing blow. ~**venster** casement (window), side-hung window. ~**verhoog** pivot stage.

**swaan** *swane* swan; →SWANE-; *jong* ~ cygnet. ~**kuiken** cyg= net. ~**mannetjie** cob. ~**nek** swan's neck; *(fig.)* swan neck. ~**telery** swannery. ~**wyfie** pen.

**swaap** *swape* blockhead, idiot, clot, dunce, oaf, simpleton; *geen/g'n* ~ *nie* no/nobody's fool. **swaap·ag·tig** *-tige* oafish. **swaap·streek, swa·pe·streek** stupid/foolish prank.

**swaar** *n., (poet., liter.)* suffering(s), trouble, tribulation(s), adversity, hardship(s). **swaar** ~, *sware swaarder swaarste, adj. & adv.* heavy *(fine, punishment, load, storm, build, meal, breathing, etc.)*; thick *(material)*; big, massive *(bulk)*; gross, weighty, ponderous; difficult, hard, onerous, arduous, stiff *(work, duty, examination, etc.)*; severe *(illness, punishment)*; strong *(drink, tobacco, etc.)*; deep *(voice)*; laboured *(breath- ing)*; grave; full-bodied; *'n baie* ~ *werklas* a punishing work- load; ~ *met vrugte belaai*, *(a tree)* heavy with fruit; *'n* ~ *be- wolkte dag* a heavily clouded day; *dit is* ~ it is tough; *dit gaan* ~ it is hard going; *dit sal* ~ *gaan* it will go hard; ~ *geskut*, *(mil.)* heavy artillery/guns/ordnance; *dit is* ~ *om iem. te keer* s.o. takes a lot of stopping; ~ *kry om iets te doen, iets* ~ *doen* have difficulty in doing s.t. *(talk etc.)*; ~ *kry* have a bad/rough/difficult time; be badly off; be in trouble; *iem. laat* ~ *kry, iem.* ~ *laat kry* be rough on s.o., give s.o. a rough/ difficult time; *dit laat ('n) mens* ~ *kry* it is heavy going; *iets is* ~ *vir iem.* s.t. is difficult for s.o.; s.t. is rough on s.o.; ~*der word* gain weight, pick up (or put on) weight. ~**boomkas- trol** heavy-bottomed saucepan. ~**diensband** heavy-duty tyre. ~**gebou** *-boude* heavily built. ~**gewig(bokser)** heavyweight. ~**kry** *n.* hardship(s). ~**kry** *swaarge-, vb.* struggle, have a dif-

ficult time. ~**lywig** *-wige* corpulent, stout, obese, portly, heavy-bodied; ponderous. ~**lywigheid** corpulence, stout- ness, obesity, fatness. ~**metaal** *(metall.)* heavy metal. ~**moe- dig** *-dige* melancholy, depressed, heavy-hearted, pensive. ~**moedigheid** melancholy, depression, heaviness. ~**nywer- heid** heavy industry, *(infml.)* smokestack industry. ~**spaat** *(min.)* barite, heavy spar. ~**voertuig** heavy goods vehicle. ~**waterstof** *(chem., symb.: D or 2H)* deuterium, heavy hy- drogen. ~**weer** thundery weather, thunderstorm; thunder- clap.

**swaard** *swaarde* sword; rapier; *die* ~ *van* **Damokles** the sword of Damocles; *mense met die* ~ *doodmaak* put people to the sword; *met getrokke/ontblote* ~ with drawn sword; *na die* ~ *gryp* draw the sword; *met die* ~ *in die hand* sword in hand; ~*e met iem. kruis* cross swords with s.o.; *jou* ~ *laat sak* drop/lower one's guard; *die* ~ *in die skede steek* sheathe the sword; bury the hatchet; *die* ~ *(uit die skede) trek* draw/ unsheathe the sword. ~**dans** sword dance. ~**draer** sword= bearer. ~**gekletter** clash of swords; sabre-rattling. ~**geveg** swordfight. ~**hou** sword cut, sabre-cut. ~**lelie, ~blom** sword lily, gladiolus. ~**lem** sword blade. ~**slag** blow/stroke with the sword, sword stroke. ~**varing** *(bot.)* sword fern. ~**vegter** swordsman; gladiator. ~**vis** *(icht.)* swordfish; *die S*~, *(as- tron.)* the Swordfish, Dorado. **swaard·vor·mig** *-mige* sword= shaped; *(bot.)* ensiform; *(biol.)* xiphoid.

**swaar·heid** heaviness, weight.

**swaar·te** weight, gravity, heaviness; hard living/times, wor- ry; onerousness. ~**lyn** *(geom.)* median. ~**meter** gravimeter, gravity meter. ~**punt** centre of gravity, centroid; median point *(of a triangle)*; *(jur.)* gravamen; main point *(of an argu- ment)*. ~**veld** gravitational/gravity field. ~**werking** gravita- tion.

**swaar·te·krag** *(phys.)* (force of) gravity, G-force. ~**veld** gravitational field. ~**versnelling** acceleration of free fall, ac- celeration of (or due to) gravity. ~**werking** gravitation. ~**wet** law of gravitation.

**swaar·wig·tig** *-tige* weighty, ponderous, stodgy. **swaar·wig- tig·heid** weightiness, ponderousness, stodginess.

**swa·el¹** *swaels,* **swa·wel** *-wels, n., (orn.)* swallow. ~**duik** swal- low/swan dive. ~**nes** swallow's nest.

**swa·el², swa·wel** *n., (chem., symb.: S)* sulphur, brimstone; *vuur en* ~ fire and brimstone. **swa·el** *ge-, vb.* sulphur(ise). ~**bron** sulphur spring. ~**damp** sulphur/sulphur(e)ous va- pour. ~**dioksied** sulphur dioxide. ~**erts** sulphur ore. ~**geel** sulphur yellow. ~**kies** *(min.)* marcasite. ~**lood** galena, gale- nite. ~**metaal** matte. ~**suur** sulphuric acid, (oil of) vitriol; *rokende* ~ fuming sulphuric acid, oleum. ~**suursout** sul- phate. ~**verbinding** sulphur compound. ~**water** hepatic wa- ter. ~**waterstof** hydrogen sulphide.

**swa·el·ag·tig, swa·wel·ag·tig** *-tige* sulphurous, contain- ing sulphur; sulphureous, like sulphur.

**swa·el·hou·dend, swa·wel·hou·dend** *-dende* sulphur- ous.

**swa·e·lig·suur, swa·we·lig·suur** sulphurous acid. ~**gas** sulphur dioxide.

**swa·el·stert, swa·wel·stert** *n.,* swallowtail *(of birds and butterflies)*; *(carp.)* dovetail; swallowtail, swallow fork, V-shaped earmark *(on sheep etc.)*; tailcoat, swallowtail, swallow-tailed coat. **swa·el·stert** *ge-, vb.* dovetail. ~**baadjie** tailcoat, swal- lowtail, swallow-tailed coat, tails, evening/dress coat. ~**pak** tails. ~**saag** dovetail saw. ~**skaaf** dovetail plane. ~**tap** dove- tail tenon.

**swa·el·tjie, swa·wel·tjie** *-tjies, (orn.)* swallow, martin.

**swa·er** *swaers* brother-in-law. **swa·er·skap** relationship of brother-in-law; relationship by marriage, affinity.

**Swa·hi·li** *-li's, (member of a people)* Swahili; *(no pl.), (lang.)* Swahili.

**swak** *n.* weakness, soft spot; failing, weak point; foible; frailty, infirmity; *'n ~ vir iets hê* have a penchant/weakness for s.t.; *'n ~ vir iem. hê* have a soft spot for s.o.. **swak** *swak(ke) swakker swakste, swaks, adj. & adv.* weak *(child, stomach, defence, conjugation);* feeble *(voice, light, attempt);* delicate *(health, child);* frail, indifferent, poor *(health);* poor, bad *(chance, show, memory);* faint *(voice, hope, likeness);* cranky *(ship);* infirm; flimsy; poor *(attendance);* gentle, soft(er), weaker *(sex);* weak *(current);* ineffective; *'n ~ gebonde boek* a flimsily bound book; *~ in iets* weak in s.t. *(math. etc.);* a bad hand at s.t.; *die ~s moontlike verdediging* the weakest possible defence; *in 'n ~ oomblik* in a weak moment; *iem. op sy/haar ~ste sien* see s.o. at his/her worst; *~ plek* flaw; *iem. se ~ punt/sy/kant, (fig.)* s.o.'s weak/vulnerable point, s.o.'s blind/soft spot; *~ voorberei(d)* badly prepared, underprepared; *~ wisselwerking* weak interaction; *~ word* grow weak; weaken; be sinking. **~siende** weak-sighted, -eyed, partially sighted. **~stroom** *(elec.)* low voltage, low-tension current. **~stroomtegniek** low-voltage engineering.

**swak·heid** *-hede* weakness, debility, feebleness, delicacy, frailness, poorness, faintness; failing, foible, shortcoming, weakness; *in 'n oomblik van ~* in a weak moment.

**swak·ke·ling** *-linge* weakling, *(infml.)* invertebrate, *(infml.)* wuss.

**swak·ke·rig** *-rige, adj. & adv.* poor(ly), indifferent(ly), rather weak(ly), weakish, middling.

**swak·kies** poorly; weakly, faintly, feebly.

**swak·sin·nig** *-nige, adj.* feeble-, weak-, simple-minded, mentally infirm/defective/deficient, *(infml.)* halfwitted. **swak·sin·ni·ge** *-ges, n.* feeble-minded person. **swak·sin·nig·heid** feeble-, weak-, simple-mindedness.

**swak·te** weakness, debility, feebleness, delicacy, infirmity; failing, shortcoming.

**swam** *swamme* fungus, mould; spavin *(in horses).* **~dodend** *-dende* fungicidal. **~doder** *-ders* fungicide. **~draad** *(bot.)* hypha. **~kenner, ~kundige** mycologist. **~kunde** mycology. **~kundig** *-dige* mycological. **~siekte** mycosis, fungal/fungous disease. **~skimmel** mucor. **~suur** fungic acid.

**swam·ag·tig** *-tige* fungous; fungoid, fungal.

**swa·mi** *-mi's, (Hind.: a teacher)* swami.

**swam·we·rend** *-rende* antifungal.

**swa·ne·:** **~hals** swan(-like) neck; *(pear)* swan-neck; *(tech.)* gooseneck, swan-neck. **~sang** *(fig.)* swan song.

**swang:** *iets in ~ bring* bring s.t. into vogue; *in ~* in operation/use; in vogue.

**swan·ger** *~, (also fig.)* pregnant; with child; *(med.)* gravid; *~ word/raak* become/fall pregnant, conceive; *ses maande ~* six months pregnant; *hoog ~* great/heavy with child.

**swan·ger·skap** pregnancy; *(med.)* parity; *eerste ~* primiparity. **~sorg** antenatal/prenatal care. **~toets** pregnancy test.

**swa·pe·streek** →SWAAPSTREEK.

**swa·rig·heid** *-hede* difficulty, obstacle; →SWAAR *n.; ~ sien om iets te doen* have doubts about doing s.t.; *~ vir iets sien* have doubts about the possibility of s.t.; *vir iem. ~ sien* have doubts about s.o.'s ability to do s.t..

**swar·ma** *(Middle Eastern cook.: meat shavings in pita bread)* sh(a)warma.

**swart** *n.* black; *heeltemal in ~ geklee(d)* all in black; *iets ~ op wit gee* put s.t. (down) in black and white, put s.t. in writing; *iets ~ op wit sien* see s.t. in cold print; *iets ~ op wit wil hê* want s.t. in black and white *(or in writing).* **swart** *swart(e) swarter swartste, adj. & adv.* black; ebony; sable; swarthy *(pers.); ~ bewustheid* black consciousness; *~ druif* black grape; *~ ekonomiese bemagtiging, (abbr.:* SEB) black economic empowerment *(abbr.:* BEE); *(houer van 'n) ~ gordel, (judo, karate)* black belt; *~ goud, (infml.: oil)* black gold; *~ grond* black soil; *~ humor/komedie* black humour/comedy; *iets ~ maak/smeer* blacken s.t.; *~ man/vrou/mense/*

*ens.* black man/woman/people/etc.; *~ skaap (of, fig. swart skaap)* black sheep; *~ swaan* black swan; *~ vel* black/dark skin. **~(aal)bessie** blackcurrant. **~baars** *(icht.)* black perch/ bass. **~beer** black bear. **~beits** *ge-* ebonise. **~bekboon(tjie), ~bekkie** black-eyed bean, cowpea. **~bier** stout. **~biskop** *(icht.)* black musselcracker. **~bont** (pied) black and white, piebald. **~bord** = SKRYFBORD. **~borduurwerk** blackwork. **~brood** black/rye bread. **~gat, ~kolk, ~kuil** *(astron.)* black hole, collapsar. **~handelaar** black marketeer, spiv. **~hout (boom)** blackwood (tree). **~kop** black-haired person. **~koper** black/blister copper. **~koppie** blackhead *(clogging a pore).* **~kopreier** *(orn.)* black-headed heron. **~kop(skaap)** black-headed/Persian sheep. **~kraai** *(Corvus capensis)* Cape/black crow. **~kuns** black magic, necromancy; mezzotint; *die ~* the black art. **~kunsprent** mezzotint. **S~land:** *die ~* the Swartland. **~lys** blacklist; *iem. op die ~ plaas* blacklist s.o.. **~mamba** black mamba. **~mark** black market. **~mier** *(Eur.)* black ant. **~oog** black-eyed person. **~peper** black pepper. **~renoster** black rhinoceros, hook-/prehensile-lipped rhinoceros. **~ryp** black frost. **S~see:** *die ~* the Black Sea. **~skimmel** *n.* black mould. **~skimmel** *adj.* iron grey. **~slang** *(Macrelaps microlepidotus)* black snake. **~smeer** *swartge-* slander, blacken *(s.o.'s name),* denigrate, vilify, blackguard. **~smeerdery** slandering, blackening *(of s.o.'s name/reputation),* vilification, smear campaign, denigration. **~stroop** molasses. **~tee** black tea. **~vrot** *(plant disease)* black rot. **~waterkoors** blackwater/splenetic fever. **~wildebees** black wildebees(t), white-tailed gnu. **~~wit** black and white. **~witpens** sable (antelope). **~wou** *(Milvus migrans)* black kite, *(obs.)* yellow-billed kite. **S~woud:** *die ~* the Black Forest. **S~woud-(room)koek, S~woud-gâteau** Black Forest cake/gateau.

**swar·te** *-tes* black one; *(infml., derog.)* darkie.

**swar·te·rig** *-rige* blackish.

**swart·gal·lig** *-lige* pessimistic, melancholy; atrabilious, splenetic. **swart·gal·lig·heid** pessimism, melancholy, gloom and doom, doom and gloom.

**swart·heid** blackness, nigrescence.

**swart·sel** blacking.

**swas·ti·ka** *-kas* swastika.

**Swa·ti** →SWAZI *(lang.).*

**swa·wel¹** *-wels, (orn.)* →SWAEL¹. **swa·wel·tjie** *-tjies* →SWAELTJIE.

**swa·wel²** *n. & vb.* →SWAEL². **swa·wel·ag·tig** *-tige* →SWAELAGTIG. **swa·we·lig·suur** →SWAELIGSUUR.

**Swa·zi** *-zi's, n., (member of an Afr. people)* Swazi; *(no pl.), (lang., also* Swati) siSwati, Siswati, Swati, Swazi. **Swa·zi·land** *(geog.)* Swaziland. **Swa·zi·lan·der** *-ders* Swazilander.

**Swe·de** *(geog.)* Sweden. **Sweed** *Swede* Swede. **Sweeds** *n., (lang.)* Swedish **Sweeds** *Sweedse, adj.* Swedish; *~e raap* swede; Swedish turnip.

**sweed·se·leer** suede.

**sweef** *ge-, vb., (also* swewe) float, hover, waft, be suspended *(in the air);* glide, flit *(by, past);* soar *(aloft).* **~baan** glide path; aerial railway. **~boot** hovercraft, hovering craft. **~brug** suspension bridge. **~klub** gliding club. **~kuns** gliding. **~rib** *(anat.)* floating rib. **~seil** *n.* parasailing. **~seil** *vb.* parasail. **~seiler** parasailer. **~skerm** hang-glider. **~spoor** (aerial) cableway, hanging/aerial railway; funicular (railway). **~sport** gliding. **~stok** (flying) trapeze. **~stokarties** trapeze artist, trapezist. **~trein** gliding train. **~tuig** glider, sailplane. **~vlieër** glider/gliding/sailplane pilot. **~vlieg** *n.* glider flying, gliding; *(entom.)* syrphid (fly). **~vlieg** *ge-, vb.* glide, hover fly. **~vlug** glide, glider flight.

**sweem** *n.* semblance, trace, suggestion, hint, suspicion, tang, intimation, shred *(of proof); geen (of nie 'n) ~ van ... nie* not a suspicion of ...; not a vestige of ...; *dit bevat geen (of nie 'n) ~ van waarheid nie* there is not a shadow of truth in it. **sweem** *ge-, vb.: dit ~ na ...* it savours of ...; it smacks of ... *(fraud etc.).* **sweem·pie** *-pies* slight trace, touch.

**sweep** *swepe* whip, lash; *(parl.)* whip; *met 'n ~ klap* crack a whip; *die ~ klap, (fig.)* crack the whip; *die klap van die ~ ken* know the ropes. **~diertjie** flagellate. **~haar** *=hare* flagellum; *met ~hare* ciliated. **~haarsel** flagellate cell. **~koker** whip holder, bucket. **~slag** (whip)lash. **~slagbesering** *(med.)* whiplash injury.

**sweer¹** *swere, n.* abscess; boil, furuncle. **sweer** *ge=, vb.* fester, suppurate, putrefy. **~klou** *(vet.)* foot rot. **sweer·ljie** *=tjies* pustule.

**sweer²** *ge=, vb.* swear, vow, take an oath; *by iem./iets ~* swear by s.o./s.t., rely completely on s.o./s.t.; *op die Bybel ~* swear on the Bible; *dit ~ ek jou* I give you my oath on it; *ek ~, (also)* I'll be bound; *hoog en laag ~, (infml.)* swear blind, swear by all/everything that's holy; *ek kon ~ dat dit ... was* I could have sworn that it was ...; *iem. laat ~ om iets geheim/ens. te hou* swear s.o. to secrecy/etc.; *vals ~* swear falsely, commit perjury. **sweer·der** *=ders* swearer, oath taker/maker. **sweer·lik** surely, certainly, without a doubt.

**sweet** *n.* sweat, perspiration; sweat *(on a wall); in die ~ van jou aangesig, (rhet.)* in/by the sweat of your brow/face; *die koue ~ slaan (op/by) iem. uit* s.o. breaks into a cold sweat; *die ~ loop/tap (van) iem. af* s.o. is dripping/streaming with perspiration/sweat, s.o. is sweating profusely. **sweet** *ge=, vb.* sweat, perspire; *(wall)* sweat; cure *(tobacco);* ferment; weep. **~bad** sweating bath, sudatorium. **~druppel** drop/bead of perspiration. **~ekwiteit** *(econ., infml.: share in property earned through labour)* sweat equity. **~gaatjie** *=jies, =porie =rieë* (sweat) pore. **~kanaal** sweat duct. **~klier** sweat/sudoriferous gland. **~las** sweat(ed) joint. **~pak** track suit. **~pakbroek** sweatpants. **~paktop** sweatshirt. **~reuk** smell of sweat. **~trui** sweater. **~voete** sweaty/perspiring feet. **~vos** chestnut, bay (horse). **~weerder** antiperspirant.

**swei** *sweie* (angle) bevel, sliding square.

**sweis** *ge=* weld, forge. **~draad** welding wire. **~las** *=lasse* (all-) welded joint, weld. **~naat** welded seam. **~plek** weld. **~pyp** welding torch, blowpipe, oxyacetylene blowpipe/torch. **~soldeer** *ge=* braze. **~soldeersel** brazing solder/metal. **~soldeerwerk** brazing. **~staaf** welding rod. **~vlam** welding flame. **~werk** welding. **~werkplaas** welding works.

**sweis·baar** *=bare* weldable.

**swei·ser** *=sers* welder. **swei·se·ry** welding; welding shop.

**swei·sing** *(method)* welding.

**swel** *ge=* swell, expand, dilate, tumefy, distend; *(a sail)* billow (out); *iem. se hart ~ van vreugde* s.o.'s heart swells with joy; *~ van die lag* suppress one's laughter. **~kas** swell box.

**swelg** *ge=* swill *(drink),* guzzle *(food, drink);* gorge, gourmandise; *in iets ~* luxuriate in s.t. *(wealth etc.);* wallow in s.t. *(lust etc.).* **~party** *=tye,* **swelgery** *=rye* orgy, gourmandising.

**Swel·len·dam·se hei·de** *(Erica walkeria)* Swellendam heath.

**swel·ling** *=lings, =linge* swelling, (in)tumescence; turgor; *(min.)* blow. **swel·lings·toe·stand** tumescence.

**swel·sel** *=sels* swelling, knob, bump, weal, struma, windgall.

**swem** *n.* swimming. **swem** *ge=, vb.* swim; bathe; *gaan ~* go for a swim, go swimming, go for *(or* have/take) a dip; *in iets ~, (also fig.)* swim in s.t. *(the sea, money, etc.);* wallow in s.t. *(money etc.).* **~bad** *=baddens* swimming bath; (artificial) swimming pool; *langs die ~* at the poolside. **~blaas** *(icht.)* air/swim(ming)/natatory bladder. **~broek(ie)** *(bathing/swim=ming)* trunks, *(infml.)* cossie, cozzie. **~drag** swimwear. **~duik** skin diving. **~duiker** skin diver. **~gala** swimming gala. **~gat** swimming pool/hole. **~gordel** swimming belt, lifebelt. **~pak** swimsuit, swimming suit, swimming/bathing costume, bathing suit. **~pet** swimming cap. **~plek** swimming pool; bathing place. **~poot** →SWEMPOOT. **~vlerkies** *n. (pl.)* water wings *(for s.o. learning to swim).* **~vlies** *=vliese* web; *met ~e* web-footed. **~voël** swimming bird, web-footed/natatorial bird. **~voet** flipper.

**swem·mer** *=mers* swimmer.

**swem·pie** *=pies,* **swem·pie·pa·trys** *=tryse, (orn.)* coqui (partridge).

**swem·poot** swimming foot; flipper; palmate(d) foot. **swem·poot·jie** swimmeret *(in crustaceans).* **swem·po·tig** *=tige* web-footed.

**swen·del** *=dels, n.* swindle, fraud. **swen·del** *ge=, vb.* swindle; humbug. **~beskermingskema** protection racket. **~maatskappy** bogus/bubble/fly-by-night/mushroom company. **~makelaar(sfirma)** bucket shop *(infml.).*

**swen·de·laar** *=laars* swindler, con man, confidence trickster/man, double-crosser, fraudster.

**swen·de·la·ry, swen·del·ry** *=rye* swindle, fraud, *(infml.)* scam.

**swenk** *swenke, n., (rugby)* turn, swerve, sidestep; *(mil.)* wheel. **swenk** *ge=, vb.* swerve; swing round, wheel about; sweep round, screw; *(mil.)* wheel; sidestep; *(fig.)* change about, swing round; *na ... ~ swerve to(wards) ...; (heen en weer) ~* weave, zig and zag. **~gras** fescue (grass). **~stappie** *(sport)* body swerve; *'n ~ gee* do a body swerve.

**swen·king** *=kings, =kinge* swerve; wheel; change of front; evolution.

**swe·rend** *=rende, (pathol.)* festering, suppurating, purulent; ulcerative.

**swerf** *ge=, (also swerwe)* rove, wander, roam, ramble, scour *(the seas),* tramp. **~blok** *(geol.)* erratic (block), perched block. **~mier** army ant. **~nier** *(anat.)* floating kidney. **~senu(wee)** *(anat.)* vagus (nerve). **~siekte** *(psych.)* fugue. **~tog** wandering(s), travel(s), ramble, roving expedition, odyssey. **~valk** *(orn.)* peregrine falcon. **~voël** nomadic/migratory bird.

**swerf·ling, swer·we·ling** *=linge* wanderer; tramp, vagabond; *(child)* stray.

**swerf·lus** roving disposition/spirit, wanderlust. **swerf·lus·tig** *~ wees* have itchy feet.

**swerm** *swerms, n.* swarm, flock, covey *(of birds);* swarm *(of bees, locusts, etc.); (bees in)* hive; flight *(of wasps);* throng, host, horde; *(astron.)* cluster; myriad *(poet.).* **swerm** *ge=, vb.* swarm, cluster, overrun, crowd. **~korf** swarmer (hive).

**swer·noot** *=note, (also swernoter, swerkater)* blighter, rascal, rogue, scamp, scoundrel, *(infml.)* scumbag; *die ~ in, (infml.)* furious, livid, in a rage, fit to be tied; *iets is in sy ~ (in), (in=fml.)* s.t. is ruined/lost *(or* down the drain).

**swer·we** *ge=* →SWERF. **swer·we·ling** *=linge* →SWERFLING. **swer·wend** *=wende* migrant, vagrant, wayfaring, nomadic. **swer·wer** *=wers* rover, roamer, wanderer, drifter, nomad, stray, migrant, wayfaring man; *'n ~ bly 'n derwer* a rolling stone gathers no moss.

**swer·wing** *(med.)* transmigration.

**swe·te·rig** *=rige* sweaty. **swe·te·rig·heid** sweatiness.

**swets** *ge=* swear, curse, blaspheme; bluster; *teen iem. ~* call s.o. names. **swet·ser** *=sers* swearer, curser. **swet·se·ry** swearing, cursing, profanity.

**swet·ter·joel** *=joele* swarm, multitude.

**swe·we** *ge=* →SWEEF. **swe·wend** *=wende* suspended; poised; *~e toestand* suspension; *~e valuta* floating currency. **swe·wer** *=wers* soarer; glider/gliding/sailplane pilot. **swe·wing** *=winge* hovering, gliding, floating *(in the air);* floating *(of the exch. rate);* weaving, wandering *(of a mach.);* beat *(of sound);* levitation.

**swie** *swieë, (orn.): suidelike ~, (Coccopygia melanotis)* swee waxbill.

**swiep** *ge=, (a mast, branches, etc.)* bend *(in the wind);* w(h)oosh *(through the air);* swish *(with a cane).* **swie·pend** *=pende* driving *(rain);* whippy *(cane).*

**swier** *n.* flourish, dash, swagger, panache, piz(z)azz, pzazz, jauntiness; gracefulness, elegance. **swier** *ge=, vb.* be/go on the spree; reel (drunkenly). **~bol** *=bolle, (infml., often derog.)*

reveller, playboy, glamour boy, man of pleasure. **swie·rig** *=rige* dashing, jaunty, showy, stylish, graceful, gallant, ornate, sophisticated; *(infml.)* swanky, flashy, glitzy, ritzy. **swie·rig·heid** jauntiness, dash, stylishness, panache, flamboyance, *(infml.)* glitz(iness).

**swiesj** *ge=, vb.* swish, w(h)oosh. **swiesj** *interj.* swish!, w(h)oosh!. **~geluid** swishing sound.

**swig** *ge=* give way, yield; cry off, knuckle down; *vir ... ~* yield to ... *(temptation etc.);* knuckle under to ...; *voor ... ~* give way to ... *(the victor etc.);* yield to ... *(superior numbers etc.).*

**swik¹** *swikke, n., (tech.)* vent-peg, spigot. **~boor** gimlet, wimble, auger. **~gat** bunghole; vent hole.

**swik²** *ge=, vb.* make a false step, stumble; *iem. se voet het ge~* s.o.'s ankle gave way.

**swin·gel** *=gels* pump handle; swingle(tree) *(of a cart); (coarse sl.: penis)* rod, dick, tool. **~boor** crank brace. **~(hout)** swingle(tree), whiffletree, swingle bar.

**Swit·ser** *=sers, n.* Swiss. **Swit·ser·land** Switzerland. **Swit·sers** *=serse, adj.* Swiss.

**swoeg** *ge=* toil, labour, plod, slog, drudge, sweat, travail; swot *(for an examination); (hard) aan iets ~* labour over s.t.; slave/beaver away at s.t.; *onder iets ~* strain under s.t. *(a heavy load etc.).*

**swoel** *swoel(e) swoeler swoelste* sultry, close, muggy. **swoel·heid, swoel·te** sultriness, closeness, mugginess.

**swoerd** crackling, bacon/pork rind, crisp.

**swy·e** *n.* silence, muteness; *die ~ bewaar* be/keep/remain silent, keep silence; *~ is goud* silence is gold(en); *'n kil ~* a stony silence; *iem. die ~ oplê* silence s.o., *(infml.)* shut/stop s.o.'s mouth.

**swyg** *ge=, vb.* be/remain/fall silent, keep quiet/silent, hold one's peace; *~ soos die graf* be as silent/still as the grave; *iem. (moet/sal) ~* s.o.'s lips are sealed; *~ oor iets* be silent about s.t., keep s.t. to o.s.; *wie ~, stem toe* silence gives consent. **~geld** hush money. **~reg** right not to answer; right to remain silent.

**swy·gend** *=gende, adj. & adv.* silent, mute, unspeaking, silently, in silence, wordlessly.

**swyg·saam** *=same* silent, taciturn, uncommunicative, tight-lipped, discreet.

**swym** trance; coma; *in ~ val* swoon, faint. **swy·mel** *n.* dizziness, giddiness; intoxication. **swy·mel** *ge=, vb.* be/become/feel dizzy/giddy; swoon; *oor ... ~* swoon over ...

**swyn** *swyne, (esp. fig., derog.)* swine, pig. **swyn·ag·tig, swyn·ag·tig** *=tige, (derog.)* swinish, piggish. **swy·ne·boel** *(rare)* dirty mess, piggery.

**sy¹** *n. (text.)* silk. **~aap, ~apie** (silky) marmoset. **~bok** Angora goat. **~bokhaar** mohair. **~dissel** *(bot.)* salsify, vegetable oyster, oyster plant. **~draad** silk thread, gimp. **~gaas** *(text.)* silk gauze, tiffany. **~gare, ~garing** spun silk. **~glans** silky lustre. **~harig** silky-haired. **~kant** silk lace. **~kous** silk stocking. **~kultuur** silk culture. **~rok** silk dress. **~skerm** silk screen. **~spinner** silk thrower. **~spinnery** filature. **~stof** *(text.)* silk fabric/material. **~teelt** silk culture. **~wewer** silk weaver. **~wurm** silkworm.

**sy²** *sye, n.* side; edge, margin; flank *(of an army);* aspect *(of a matter); ~ aan ~* side by side; cheek by jowl; *aan iem. se ~, (lit., fig.)* at/by s.o.'s side; *iem. se sterk ~* s.o.'s strong point, *(infml.)* s.o.'s long suit. **~aansig** side view/elevation, lateral view. **~balie** sidebar. **~band** *(rad.)* sideband. **~dek** waist *(of a ship).* **~deur** side door/entrance; stage door/entrance; lateral door. **~gang** *=gange* side passage; corridor; aisle; lateral gallery *(in a mine); op ~e gaan* deviate from the straight path. **~gebou** annexe, wing. **~gewel** end gable. **~ingang** side entrance. **~kant** side; *aan die ~* at/on the side. **~ketting** side

chain. **~klap** side flap/curtain. **~klep** side valve. **~lamp** side lamp. **~lig** sidelight, side window; proscenium light; sidelight *(fig.).* **~linie** collateral line. **~loop** tributary. **~lyn** siding *(of a rly.);* branch line; feeder; collateral line; *(biol.)* lateral line; *(geneal.)* collateral line. **~muur** sidewall. **~paadjie** pavement, sidewalk; side path, bypath. **~paadjiekunstenaar** pavement/sidewalk artist. **~pad** side road, branch, byroad. **~plaat** hob *(of a hearth).* **~rivier** affluent, tributary, branch *(of a river).* **~ruimte** margin. **~ruit** side window *(of a vehicle).* **~sak** side pocket. **~skerm** *(theatr.)* coulisse, side screen/curtain; side scene; side shield; valance *(in a mach.).* **~skip** (side) aisle *(in a church).* **~slag** sidestroke. **~sliprok** slit skirt, cheongsam. **~span, ~waentjie** sidecar. **~spieël** *(mot.)* side/wing mirror. **~spoor** *(rly.)* sidetrack, siding, shunt. **~sprong** side leap/step, shy; *'n ~ maak* jump aside. **~stap(pie)** side step, swerve. **~straat** side street, off-street. **~stroom** confluent. **~stuk** side piece; lateral piece; check *(of a hammer).* **~tak** affluent, branch, tributary *(of a river);* feeder; offshoot; lateral branch; collateral branch *(of a family); (elec.)* shunt. **~uitsig** side view. **~venster** side window, sidelight. **~vlak** lateral face/surface, keel surface *(of an aeroplane).* **~wal** sidewall. **~wand** sidewall *(of a tube, cell, etc.).* **~wapens** side arms. **~weg** byway, byroad; *(fig.)* bypath. **~wind** side/beam wind, crosswind. **~wortel** *(bot.)* lateral root.

**sy³** *pers. pron.* she; *~ alleen* she by herself; *~ self, ~self* she herself.

**sy⁴** *poss. pron.* his, its; →SYNE.

**sy⁵** *vb., (arch.)* may be; be; →IS, WEES²; *hoe dit (ook al) ~* be that as it may; *dit ~ verre (van my)* far be it from me; *God(e) ~ dank* thank the Lord.

**sy·ag·tig** *=tige,* **sy·e·rig** *=rige* silky, silk-like; silken; *(bot.)* sericeous. **sy·ag·tig·heid, sy·e·rig·heid** silkiness *(of material etc.).*

**sy·de:** *ter ~* aside, on one side; *iets ter ~ stel, (jur.)* set aside s.t..

**sy·de·lings** *=lingse, adj. & adv.* sidelong; lateral; indirect; *(fig.)* oblique; *~e afwyking/spanning* lateral deviation/strain; *~e blik* side glance. **sy·de·lings** *adv.* sideways, sidelong, obliquely, laterally; indirectly; *die motor het ons ~ getref* the car hit us side-on.

**sy·e·rig** *=rige* →SYAGTIG.

**sy·fer¹** *=fers, n.* figure; digit; numeral; quotient; rate; mark(s); *(golf)* par; *die ~s is laer as verlede jaar* the figures are down on last year; *'n ronde ~* a round figure; *'n bedrag/getal van ses ~s* six figures; *sprekende ~s* significant figures. **~klok** digital clock. **~skrif** cipher, secret writing. **~vreter** *(infml., comp.)* number cruncher. **~werk** figure work.

**sy·fer²** *ge=, vb.* ooze; seep; filter, percolate; trickle; →SYPEL. **~gat** sluggish spring; weep hole. **sy·fe·ring** seep(age); → SYPELING.

**syg** *ge=* ooze, filter; sink down; *(tr.)* filter. **~doek** tammy (cloth), strainer.

**syn** *n.: die ~* being. **syn·de** being; *~ dit so is* that being so. **syns·leer** ontology.

**sy·ne** *pron.: dit is ~* it is his.

**syns** his; *~ insiens* in his opinion.

**sy·pel** *ge=* ooze, seep; filter, percolate; trickle; →SYFER² *vb.; uit ... ~* seep out of ...; ooze out of ... **~dam** seepage dam. **~dig** *=digte* impervious, impermeable. **~kan** percolator. **~laaier, sypelaar** *(elec.)* trickle charger. **~water** seepage (water).

**sy·pe·ling** *=linge* seep(age), weeping; →SYFERING.

**sy·sel·bos** *(bot.)* plumbago.

**sy·sie** *=sies, (orn.: Estrilda* spp.) waxbill; →BLOUSYSIE.

**sy·stan·dig** *=dige, (bot.)* lateral.

**sy·waarts** *=waartse, adj.* sideward, lateral, sidelong, sideways, oblique. **sy·waarts** *adv.* sidelong, sideward(s), sideways, laterally, obliquely.

**t** *t's,* **T** *T's, (20th letter of the alphabet)* t, T; →T'TJIE. **T-aanslui=
ting** T-junction. **T-been-skyf** T-bone steak. **T-dodersel**
*(physiol.)* killer T-cell. **T-helpersel** *(physiol.)* helper T-cell. **T-
hemp(ie)** T-shirt. **T-las** T-joint. **T-limfosiet, T-sel** *(physiol.)*
T-lymphocyte, T-cell. **T-sleutel** T-wrench. **T-vormig** T-shaped.

**'t** *(contr. of* het*): iets is aan't* (of *aan 't/die) broei* s.t. is brewing;
*hy't/sy't gister gekom* he/she came yesterday.

**taai** ~ *taaier taaiste* tough; hard-fought *(match etc.);* sticky,
viscous, viscid; *(infml.)* gungy, icky; wiry, hardy, leathery,
tough *(pers.);* unyielding, stubborn, dogged, tenacious; *jou
~ hou* keep a stiff upper lip; *'n ~ kalant, (also, infml.)* a
toughie; *so ~ soos 'n ratel, (s.o.)* (as) hard/tough as nails; *'n
~ stryd kan verwag word, (also, infml.)* the match promises to
be a real humdinger, it should be a humdinger of a match;
*iets is vreeslik ~,* s.t. is as tough as old boots. ~**pit** *-pitte,*
~**(pit)perske** *-kes* clingstone (peach), cling peach. ~**vloei=
baar** *-bare,* ~**vloeiend** *-ende* viscous, viscid. ~**vloeibaarheid**
viscosity, viscidity.

**taai·e·rig** *-rige* rather tough, toughish; sticky. **taai·e·rig·heid**
toughness; stickiness.

**taai·heid** toughness, hardiness, stamina; tenacity, dogged=
ness; stickiness; viscosity, viscidity.

**taak** *take* task; job, stint; duty; charge; responsibility; *'n ~
aanpak* tackle a task; *iem. se enigste/uitsluitlike* ~ s.o.'s
sole task; *jou goed van jou ~ kwyt* give a good account of
o.s.; make a good job of it; put up *(or* turn in) a good per=
formance; *'n ~ lê vir iem.* voor a task awaits s.o.; *'n moei=
like* ~ an uphill task; *'n onaangename* ~ an unpleasant *(or*
a disagreeable) duty; *'n ~ aan iem. opdra/oplê* set s.o. a
task; *vir 'n ~ opgewasse* equal to a task; *iem. se* ~, *(also)*
s.o.'s responsibility; *jou tot ~ stel om te ...* set o.s. the task of
...; *'n swaar ~ voor jou hê* have one's work cut out (for
one); *jou op 'n ~ toelê* apply o.s. to a task; *'n ~ uitvoer/
verrig/vervul* perform/fulfil *(or* carry out) a task; *die ~
voor jou* the task on hand. ~**beskrywing** job description.
~**groep** action committee/group. ~**mag** task force.

**taal** *tale* language, *(poet.)* tongue; speech; *'n ~ (aan)leer*
learn/acquire a language; *'n ~ (oppervlakkig) (aan)leer* pick
up a language; *alledaagse/gewone* ~ colloquial speech; *'n
~ beheers* have a command/mastery of a language; *'n ~
goed beheers/ken* be proficient in a language; *(nie) die=
selfde* ~ *praat (nie), (lit. & fig.)* (not) speak the same lan=
guage; *iem. iets in duidelike* ~ *sê* tell s.o. s.t. in plain English
*(infml.);* *in eenvoudige* ~ in plain language/terms/words;
*gekruide/kras(se)* ~ strong language; *in gewone* ~ in the
clear, not in cipher; in common parlance; *iem. gooi 'n ~
lekker, (infml.)* s.o. speaks a language fluently; *'n ~ ken* know
a language; *kragtige* ~ strong language; *lelike* ~ *besig* use
bad language; *'n ~ praat* speak a language; *iem. was (glad)
sonder* ~ s.o. was speechless; ~ *nóg teken* no word or sign;
*geen ~ of tyding ontvang nie* receive no news whatever *(of
s.o., s.t.); 'n ~ verstaan* understand a language; *in die vlei=
endste* ~ in the most flattering terms; *'n ~ vloeiend/vlot
praat* be fluent in a language, speak a language fluently;
*wel ter tale wees* be a good speaker, be articulate/eloquent,
*(infml.)* have the gift of the gab, *(infml.)* be silver-tongued.
~**begrip** idea of language/grammar; *gebrekkige* ~ bad gram=
mar. ~**beheersing** command of language. ~**beskouing** com=
ment(s)/reflection on language. ~**beweging** language move=
ment. ~**boek** grammar, language handbook. ~**eie** idiom,
genius of a language. ~**familie** group of languages, language
family. ~**fout** grammatical error/mistake, faulty usage, sol=
ecism. ~**gebied** language zone; *op* ~ in the field of lan=
guage, in linguistic matters, in matters of language. ~**ge=
bruik** use of language, language usage. ~**gelykheid** language
equality, equal language rights. ~**gemeenskap** language/
speech community. ~**gevoel** sense of language, language
feeling. ~**groep** language group, group of languages. ~**her=
vormer** linguistic reformer. ~**indoena** *(infml.)* language ex=
pert, authority on language. ~**kenner** linguist, philologist.
~**kennis** knowledge of (the) language. ~**kunde** linguistics.
~**kundig** *-dige, adj.* philological, linguistic; *'n teks ~ nasien*
revise a text for grammar and style. ~**kundige** *-ges, n.* lin=
guist. ~**kwessie** issue of language, language question. ~**les**
language lesson, grammar lesson. ~**oefening** grammatical
exercise. ~**onderrig** language instruction. ~**onderwys** lan=
guage teaching. ~**onderwyser** language teacher. ~**ontwik=
keling** development of language, linguistic development.
~**praktisyn** language practitioner. ~**puris** *-riste* language
purist. ~**purisme** language purism. ~**reël** grammatical rule.
~**skat** vocabulary. ~**stryder** fighter for *(or* champion of *or*
protagonist for) a language, language activist. ~**studie** lin=
guistics, philology, study of language(s). ~**suiwerheid** lan=
guage purity. ~**toets** literacy test. ~**vaardigheid** command
of language. ~**verarming** impoverishment of a language.
~**vermenging** mixing of languages. ~**vermoë** command of
language. ~**verryking** enriching/enrichment of a language.
~**verskynsel** linguistic phenomenon. ~**verwantskap** linguis=
tic relationship/affinity. ~**verwarring** confusion of languag=
es. ~**vorm** *-vorme* grammatical form. ~**wetenskap** linguis=
tics, science of language, philology. ~**wetenskaplik** *-like*
linguistic, philological.

**taam·lik** *-like, adj.* fair, passable, moderate, tolerable; *'n -e
ent* a tidy distance; *'n -e prys* a quite hefty price; a fair price,
a pretty good price. **taam·lik** *adv.* fairly, passably, rather,
moderately, quite; ~ *baie mense* a good few people; ~ *breed=
voerig* at some length.

**taan** *ge-, vb.* dim, pale, fade; dwindle, wane; *aan die ~ wees*
be on the wane, be fading, grow dim/pale, weaken; *vinnig
aan die ~, (also, infml.)* on the skids.

**taan·kleu·rig** *-rige* tawny, tan(-coloured).

**ta·bak** tobacco; →TWAK; *jou ~ is te sterk!, (idm.)* draw it mild!,
stop exaggerating!. ~**as** tobacco ashes, dottle. ~**bedryf** to=
bacco industry. ~**blaar** tobacco leaf. ~**boer** tobacco farmer/
grower. ~**bou** tobacco growing/farming. ~**droging** tobacco
curing. ~**ekstrak** tobacco extract. ~**fabriek** tobacco factory.
~**handelaar** tobacconist, tobacco dealer. ~**koper** tobacco
dealer. ~**mosaïekvirus** *(agric., biochem.)* tobacco mosaic vi=
rus. ~**oes** tobacco crop. ~**plaas** tobacco farm. ~**plant** to=
bacco plant. ~**plantasie** tobacco plantation. ~**pruim(pie)**
quid; chew of tobacco. ~**rol** roll of tobacco. ~**rook** tobacco
smoke. ~**snuif** (tobacco) snuff. ~**soort** (kind of) tobacco.
~**stof** tobacco dust. ~**verkoper** tobacconist. ~**walm** tobacco
smoke, reek of tobacco. ~**winkel** tobacconist's (shop).

**Ta·bas·co·sous** *(also* t~*)* Tabasco (sauce).

**tab·berd** *-berds, (dated)* dress, (smart) frock, gown.

**ta·bel** =*belle* table, list, index, schedule, chart. **ta·bel·leer** *ge*= = TABULEER.

**ta·ber·na·kel** =*kels, (OT: a portable sanctuary; also fig.)* tab= ernacle.

**ta·blet** =*blette* tablet; lozenge, pastille; tabloid. ~**vorm** tabu= lar shape/form; tablet form.

**ta·blo** =*blo's* tableau.

**ta·boe** =*boes, n.* taboo. **ta·boe** *adj.* taboo; *iets is ~, (also, in= fml.)* s.t. is a no-no. ~**woord** =*woorde* taboo word.

**ta·boe·li** *(<Arab., a Middle Eastern salad)* tabbouleh.

**ta·boes, ta·boes** =*boese* quirt.

**ta·bu·la ra·sa** *tabulae rasae, (Lat.)* tabula rasa, fresh start, *(fig.)* clean slate; *(philos.)* tabula rasa, unformed mind.

**ta·bu·leer** *ge*= tabulate, schedule, chart; *ge~de gegewens* tab= ulated data. **ta·bu·leer·der** *(comp.)* tabulator, tab. **ta·bu·leer toets** *(comp.)* tab (key). **ta·bu·le·ring** tabulation.

**ta·byn** *(text.)* tabby.

**ta·co** =*co's, (Mex. cook.)* taco.

**Ta·djik** =*djiks,* **Ta·dji·ki·stan·ner** =*ners, n., (Persian-speak= ing Muslim from Tajikistan etc.)* Tajik, Tadzhik. **Ta·dji·ki·stan** *(central Asian republic)* Tajikistan, Tadzhikistan, Tadjikistan. **Ta·dji·ki·stans** *n., (lang.)* Tajik(i), Tadzhik(i). **Ta·djiks** =*djikse,* **Ta·dji·ki·stans** =*stanse, adj.* Tajik(i), Tadzhik(i).

**taf**[1] *(text.)* taffeta; *gewaste ~* wax(ed) taffeta, oil(ed) silk. ~**sy** silk taffeta.

**taf**[2] *tawwe tawwer tafste, (sl.)* tough; →TAAI.

**ta·fel** =*fels* table; index; cuisine; board; *aan ~* at table, at meals; *die ~ afdek/afruim* clear the table; *~ en bed* bed and board; *van ~ en bed geskei, (husband and wife)* separat= ed (from bed and board); *aan ~ bid* say grace, give thanks; *aan die bo-ent/koppenent/hoof van die ~* at the top of the table; *(die) ~ dek* lay/set the table; *'n goeie ~ hê/hou* keep a good table; *die ~ van die Here, (chiefly Prot.: Holy Com= munion)* the Lord's table; *die kos is/staan op die ~* the food is on the table, dinner/lunch/supper is served; *iets ter ~ lê, (parl.)* lay s.t. on the table; *die boek lê op die ~* the book is on the table; *onder die ~, (also, fig.)* under the counter; *ope ~ hou* keep open house; *van die ~ af opstaan* rise from the table, leave the table; *aan ~ sit* be at table; *aan (die) ~ gaan sit* settle down to a meal; *iets op ~ sit* serve up s.t.; *iets op 'n/die ~ sit* lay/put s.t. on a/the table; *~s van die Wet, (OT: the Ten Commandments)* tables of the Law. **T~baai** *(geog.)* Table Bay. ~**bediening** waiting at table. **T~berg** Table Mountain; *toe ~ 'n vulletjie (of nog klein) was* in the year one. ~**blad** table top; table leaf/board. ~**diens** messing. ~**doek** tablecloth; table cover; *die ~ afhaal/afneem* draw the cloth. ~**druif** table grape, eating grape. ~**gas** table guest; *iem. as ~ hê, (also)* dine s.o.. ~**gebed** grace (at meals), bless= ing; *die/'n ~ doen* say grace. ~**genoot** fellow guest *(at table),* table companion. ~**gerei** tableware, cutlery. ~**gesprek(ke)** table talk. ~**kalender** desk calendar/diary. ~**klap** table flap. ~**kleed** table cover; tablecloth, spread. ~**kleedjie** *(dim.)* ta= ble centre, overlay. ~**klok(kie)** table bell. ~**laai** table drawer. ~**lamp** table lamp. ~**linne** napery, table linen. ~**loper** table centre/runner, centrepiece. ~**maniere** table manners. ~**mat= jie** table/place mat, coaster, dinner mat. ~**mes** table/dinner knife. ~**poot** table leg. ~**rede** after-dinner speech, post= prandial speech. ~**rekenaar** desktop (computer). ~**ronde** round table (conference); *die T~, (int. charitable society)* the Round Table. ~**silwer** silver plate, table silver. ~**sout** table salt, *(chem.)* sodium chloride. ~**spieël** tabletop mirror. ~**sui= ker** table sugar. ~**tennis** table tennis, ping-pong. ~**tenue** *(mil.)* mess dress/kit. ~**versiering** table decoration, table appointments. ~**vurk** dinner fork. ~**wyn** table wine.

**ta·fel·tjie** =*tjies* small table; tablet; stand.

**ta·fel·vor·mig** =*mige* tabular.

**ta·fe·reel** =*rele* picture, description; scene.

**ta·fo·no·mie** *(archaeol.: study of fossilisation)* taphonomy. **ta·fo·no·mies** =*miese* taphonomic(al).

**Ta·ga·log** =*logs, (member of a people)* Tagalog; *(no pl.), (lang.)* Tagalog.

**ta·gi·kar·die** *(pathol.)* tachycardia.

**ta·gi·me·ter** =*ters, (surv.)* tachymeter.

**ta·gine** *(N.Afr. cook.)* tagine.

**ta·gli·a·tel·le** *(It. cook.: ribbon-like pasta)* tagliatelle.

**ta·go·graaf** =*grawe, (mot.)* tachograph. **ta·go·gra·fies** =*fiese* tachographic(al).

**ta·go·me·ter** =*ters, (mot.)* tachometer, revolution indicator/ counter.

**tag·tig** =*tigs* eighty, fourscore; *in die ~* in one's eighties; *dit het in die jare ~ gebeur* it happened in the eighties. **tag·ti·ger** =*gers* octogenarian; man/woman of the eighties; *(Du. liter.,* T~*)* poet/etc. of the Eighties Movement; *die T~s, (Du. liter.)* the Eighties Movement. **tag·ti·ger·jare:** *in jou ~* in one's eighties; *dit het in die ~ gebeur* it happened in the eighties. **tag·tig·ja·rig** =*rige, adj.* octogenarian, eighty-year-old. **tag= tig·ja·ri·ge** =*ges, n.* octogenarian. **tag·tig·ste** eightieth. **tag= tig·voud** eightyfold; multiple of eighty. **tag·tig·vou·dig** =*dige* eightyfold.

**ta·hi·ni, ta·hi·na** *(Middle Eastern sesame seed paste)* tahini, tahina.

**Ta·hi·ti** Tahiti. **Ta·hi·ti·aan** =*tiane, n.* Tahitian. **Ta·hi·ti·aans** =*aanse, adj.* Tahitian.

**tahr** *tahrs, (zool.: Hemitragus spp.)* tahr.

**tail·le** =*les, (Fr.)* waist; *(dressm.)* waistline. **tail·leer** *(ge)*= cut in *(at the waist),* tailor, cut in shape.

**tai·pan**[1] =*pans, (an Austr. snake: Oxyuranus scutellatus)* taipan.

**tai·pan**[2] =*pans, (foreign head of a Chin. business)* taipan.

**tai tji, tai tji tjwaan** *(a Chin. martial art)* t'ai chi (ch'uan).

**Tai·wan** *(geog.)* Taiwan. **Tai·wan·nees** =*nese,* **Tai·wan·ner** =*ners, n.* Taiwanese. **Tai·wan·nees** =*nese,* **Tai·wans** =*wanse, adj.* Tai= wanese.

**tak** *takke, n.* branch *(of a tree, river, business); (central branch of a tree)* bough; fork; filiation; chapter, chapel *(of certain or= ganisations);* offshoot *(lit. & fig.);* affluent, tributary *(of a river);* antlers *(of a stag);* hoog *in die ~ke, (infml.: inebriated)* paralytic, legless. **tak** *ge*=, *vb.* branch (off/out). ~**bestuur= der** branch manager. ~**bok** deer, stag. ~**bokjagter** deer= stalker. ~**haar** *(infml., derog.)* backvelder, backwoodsman, hillbilly. ~**haargewoontes, ~haarmaniere** *(infml., derog.)* boorish/loutish habits. ~**kantoor** branch office. ~**kraal** zariba *(esp. in NE Africa).* ~**lyn** branch line. ~**rivier** tributary, sub= sidiary stream.

**ta·kel** =*kels, n.* tackle; system of pulleys. **ta·kel** *ge*=, *vb.* rig, tackle; knock about, dress *(s.o.)* down, maul, handle roughly. ~**blok** tackle block, hoist block, purchase block. ~**wa** break= down truck. ~**werk** tackle, cordage; rig(ging); tackling.

**ta·ke·laar** =*laars* rigger.

**tak·kie** =*kies, (dim.)* twig; small branch *(lit. & fig.),* sprig, spray.

**tak·loos** =*lose* branchless.

**taks** *n.* portion, share, measure, quota, complement; esti= mate; *iem. se ~ hê, (infml.)* have s.o.'s number. **taks** *adv.* continually. ~**man** =*manne, (infml.: tax collector)* taxman.

**tak·sa·sie** =*sies* valuation, appraisal, assessment.

**tak·sa·teur** =*teurs* appraiser, valuer, valuator, assessor; (as= surance) adjuster.

**tak·seer** *(ge)*= appraise, estimate, value, reckon; gauge, sum up, size up; evaluate, assess; rate *(fig.);* tax *(by an officer of the court);* hoe *~ jy hom/haar?* what do you make of him/ her?; *iem. op die oog (af) ~* look at s.o. appraisingly; *iets op ... ~* value s.t. at ... **tak·seer·baar** =*bare* appraisable. **tak·se= ring** appraisement, (e)valuation, rating, placing; taxing *(by an officer of the court),* taxation of costs.

**tak·si·der·mie** taxidermy. **tak·si·der·mis** ₌*miste* taxidermist.

**tak·so·no·mie** taxonomy, classification. **tak·so·no·mies** ₌*miese* taxonomic(al). **tak·so·noom** ₌*nome* taxonomist.

**tak·sus** ₌*susse*, **tak·sus·boom** ₌*bome* yew (tree).

**takt** tact, delicacy; *met ~ optree* exercise tact. **takt·loos** ₌*lose* tactless, undiplomatic, impolitic, indiscreet, blundering. **takt·loos·heid** tactlessness. **takt·vol** ₌*volle* tactful, discreet, politic.

**tak·tiek** ₌*tieke* tactics. **tak·ties** ₌*tiese* tactical, politic; *'n ~e fout/flater begaan/maak* make a tactical error/mistake (or a false move), take a false step; *'n ~e missiel/wapen* a tactical missile/weapon; *'n ~e skuif* a tactical move. **tak·ti·kus** ₌*ti·kusse*, ₌*tici* tactician.

**tak·tiel** ₌*tiele* tactile, tactual.

**tal** *talle* number; *(in the pl., also)* a great number; *~le mense* many people; *sonder ~* without number; *~le voorbeelde* numerous examples. **~stelsel** numerical system.

**ta·la·mus** ₌*musse, (anat.)* thalamus; *(bot.)* torus, receptacle.

**ta·le·:** **~kenner** (multi)linguist, polyglot. **~skool** school of languages.

**ta·lent** ₌*lente, (natural ability)* talent; gift, faculty; *(hist. monetary unit)* talent; *die ~ hê om te ...* have the talent to ...; have the capacity for ... *(boring people etc.); baie ~e kry/ontvang* be a person of great talents; *daar is 'n oormaat van ~* there is a wealth of talent; *met jou ~e woeker* make the most of one's talents, not hide one's light under a bushel. **~soeker** talent scout/spotter. **~wedstryd** talent contest.

**ta·lent·loos** ₌*lose* talentless, ungifted.

**ta·lent·vol** ₌*volle* talented, gifted.

**talg** *(physiol.)* sebum, tallow. **talg·ag·tig** ₌*tige* sebaceous. **talg·klier** sebaceous gland.

**ta·li·do·mied** *(drug, withdrawn from use)* thalidomide.

**ta·lie** ₌*lies, (naut.)* tackle. **~reep** lanyard.

**ta·lis·man** ₌*mans* talisman, amulet, charm, mascot, phylactery.

**talk** *(min.)* talc, talcum; *(animal fat)* tallow. **~aarde** talc, French chalk. **~klier** sebaceous gland. **~poeier** talc(um) powder. **~steen** talc.

**talk·ag·tig** ₌*tige* talcose.

**talk·hou·dend** ₌*dende* talcose.

**tal·lit** ₌*lite, (<Hebr., Jud.)* tallith, prayer shawl.

**tal·li·um** *(chem., symb.:* Tl) thallium.

**tal·loos** ₌*lose* innumerable, countless, myriad, multitudinous, without number.

**tal·lus** ₌*lusse, (bot.)* thallus.

**talm** *ge*₌ delay, linger, loiter, dawdle, dally; defer; procrastinate; *met iets ~* dawdle over s.t.; dally over s.t.; *nie ~ om te ... nie* not be slow to ... **tal·mend** ₌*mende* dilatory. **tal·mer** ₌*mers* dawdler; procrastinator. **tal·me·ry, talm·ry** lingering, loitering, delay, dawdling, procrastination. **talm·spring·dop·pie** delayed-action detonator.

**Tal·moed:** *die ~, (Jud.)* the Talmud. **Tal·moe·dies** ₌*diese, (also* t₌) Talmudic(al). **Tal·moe·dis** ₌*diste, (also* t₌) Talmudist.

**tal·ryk** ₌*ryke* numerous, multitudinous; frequent; plentiful, common; multifarious *(duties)*. **tal·ryk·heid** numerousness, multitudinousness.

**ta·lus¹** ₌*lusse, (anat.)* talus, astragalus, ankle bone; talus, knuckle(bone); die, dice.

**ta·lus²** ₌*lusse, (geomorphol.)* scree, talus; *(fortification)* talus.

**tam** *~ tammer tamste* weary, tired, fatigued, stale. **tam·heid** fatigue, weariness, tiredness.

**ta·maai** *~, (infml.)* huge, enormous, colossal, whopping, whacking, monstrous, gigantic; *~ groot* very big, huge, ginormous.

**ta·ma·le** *(Mex. cook.)* tamale.

**ta·ma·rak** ₌*rakke*, **ta·ma·rak·boom** ₌*bome* tamarack.

**ta·ma·rin·de** ₌*des* tamarind (tree). **ta·ma·ryn** ₌*ryne, (fruit)* tamarind.

**ta·ma·risk** ₌*riske, (bot.)* tamarisk.

**ta·ma·tie** ₌*ties* tomato. **~bredie** tomato stew. **~konfyt** tomato jam. **~pruim** persimmon. **~rooi** tomato red. **~sap** tomato juice. **~slaai** tomato salad. **~sop** tomato soup. **~sous** tomato sauce, ketchup. **~straat:** *in ~ wees/sit, (infml.: in a predicament)* be up a tree.

**tam·boe·kie·do·ring** tambookie thorn.

**tam·boer** ₌*boere* drum; drummer; *(archit.)* tambour; frustum, drum *(of a column); klein ~* side drum; *~ slaan* (beat the) drum. **~majoor** ₌*joors* drum major. **~meisie, ~nooi(entjie)** drum majorette. **~raam** *(embroidery)* tambour (frame). **~slaner** drummer. **~(slaner)tjie** drummer boy. **~slanery** *(infml.)* hype, propaganda, puffery. **~stok** drumstick.

**tam·boe·ryn** ₌*ryne, (mus.)* tambourine; tabor, timbrel; *(embroidery)* tambour (frame).

**tam·bo·tie** ₌*ties, (bot.)* tambotie. **~stoel** ₌*stoele* tambotie (wood) chair.

**ta·me·let·jie** ₌*jies, (sweet)* taffy; brittle; *(fig.)* thorny/knotty problem, hard/tough nut to crack, can of worms, headache, puzzler.

**Ta·mil** ₌*mils, (member of a people)* Tamil; *(no pl.), (lang.)* Tamil.

**tam·pan** ₌*pans* tampan (tick), fowl tick.

**tam·pon** ₌*pons* tampon; plug, wad. **tam·po·na·de** *(med.)* tamponade. **tam·pon·neer** *ge*₌ tampon.

**tam-tam** ₌*tams, (drum)* tom-tom.

**tand** *tande* tooth; fang *(of a snake)*; prong, tine; cog; jag; nib; sprocket; serration; *op jou ~e byt, (lit.)* clench/grit one's teeth; set one's jaw; *(fig.)* bite (on) the bullet; *die kind se ~e begin deurkom, die kind kry ~e* the child is cutting his/her teeth; *tot die ~e (toe) gewapen(d)* armed to the teeth; *jou ~e opmekaar klem* clench one's teeth; *(op) jou ~e kners* gnash/grate/grind one's teeth; *in jou ~e krap* pick one's teeth; *met lang ~e eet* peck/pick at (or toy with one's) food; *lank in die ~, (fig.: aged)* long in the tooth; *met ~e pronged (implement etc.); jou ~e vir ... slyp, (infml.)* look forward to ... with relish; *'n ~ stop/vul* fill a tooth; *~e tel, (infml.: said of children)* listen to grown-up talk; *'n ~ trek* pull/extract a tooth; *iem. se ~e trek* draw s.o.'s teeth *(lit.)*, pull/extract s.o.'s teeth; *jou ~e in ... vasslaan, (fig.)* sink one's teeth into ...; *iem. aan die ~ voel, (infml.)* feel/suss s.o. out; find out what s.o. knows; *jou ~e wys (of laat sien), (fig.)* show one's claws/teeth, flex one's muscles; *~e wys, (infml.)* show fight. **~aanpaksel** plaque. **~abses** ₌*sesse* dental abscess. **~arts** dentist, dental surgeon. **~bederf** dental/tooth decay, dental caries. **~been** dentine. **~beitel** jagger, jagging iron, tooth/claw/indented chisel, claw tool. **~boor** dental drill. **~eg** ₌*ёe* spike harrow. **~formasie** dentition. **~formule** dental formula. **~glasuur** (tooth) enamel. **~heelkunde** dentistry, dental surgery. **~heelkundig** ₌*dige, adj.* dental. **~heelkundige** ₌*ges, n.* dental surgeon. **~holte** cavity in a tooth. **~ivoor** dentine. **~kas** ₌*kasse* tooth socket. **~kroon** tooth crown, crown of a tooth. **~las** ₌*lasse* cogged/indented/interlocked joint. **~leer** odontology. **~lys** ₌*lyste* dental/crenel(l)ated moulding. **~merk** tooth mark. **~murg** dental/tooth pulp. **~plaat** dental plate; claw plate. **~ploeg** ₌*ploё* ripper. **~pyn** toothache; *hê/kry have/get (a)* tootache. **~rat** cogwheel, toothed/rack wheel. **~ratspoor** rack railway, funicular (railway). **~ruitpatroon** hound's-tooth design. **~ruitstof** hound's-tooth check. **~saag** double saw. **~senu(wee)** tooth/dental nerve. **~skaaf** toothed plane. **~skraper** scaler. **~stang** rack, toothed/indented bar; *~ en kleinrat* rack and pinion. **~steen** tartar, scale on teeth. **~stelsel** dentition. **~stopsel** stopping, filling *(of a tooth)*. **~tang** dental forceps. **~tegniek** mechanical dentistry. **~tegnikus** ₌*nikusse*, ₌*nici* dental mechanic. **~verbinding** ₌*dings, ₌dinge* joggle. **~verrotting** tooth decay. **~versorging** dental care,

care of the teeth. ~**vleis** gums. ~**vleisontsteking** gingivitis; lampas *(in horses)*. ~**vleissweer** gumboil. ~**vorming** tooth= ing. ~**vulsel** =sels, ~**vulling** =lings, *(dentistry)* (tooth) filling. ~**walvis** toothed whale. ~**werk** tooth work, toothing; cog= ging; gear. ~**wiel** cogwheel, toothed wheel. ~**wisseling** shed= ding of teeth. ~**wortel** root of a tooth.

**tan·de·**: ~**borsel** toothbrush. ~**fee(tjie)** tooth fairy. ~**kner=** **send** =sende, adj. teeth-gnashing. ~**knersing** gnashing of teeth. ~**kry** teething, dentition. ~**pasta** toothpaste. ~**poeier** dental/tooth powder. ~**ring** teething ring, pacifier. ~**stel** den= ture. ~**stokkie** toothpick. ~**trekker** tooth drawer; *lieg soos 'n ~* lie like a trooper. ~**vlos** (dental) floss.

**tan·de·loos** =lose toothless.

**tan·dem** =dems, *(bicycle for two riders)* tandem; *in ~ met ... boul, (cr.)* bowl in tandem with ...

**tand·vor·mig** =mige tooth-shaped, odontoid; serrate(d).

**tang** *tange* (pair of) pincers/pliers *(for nails etc.)*; tongs *(for sugar, coal, hair, etc.)*; pliers *(for wire etc.)*; (surgical) forceps; clasp; clip; futchel(l) *(of a wag[g]on)*; *(infml.)* boor, lout, oaf, scruff, yokel; *'n ~* (a pair of) pliers; (a pair of) tongs; *nie met 'n ~ aan ... raak/vat nie* not touch ... with a bargepole; *oesters/ens. met 'n ~ uithaal* tong oysters/etc.. ~**mes** nipper knife. ~**sleutel** vice-/self-grip wrench.

**tan·ga** =gas, *(skimpy bikini)* tanga.

**Tan·gan·ji·ka·meer:** *die ~* Lake Tanganyika.

**tan·ge·lo** =lo's, *(citrus hybrid)* tangelo.

**tan·gens** =gente, *(math.)* tangent. ~**galvanometer** tangent galvanometer. **tan·gen·si·aal** =siale, **tan·gen·si·eel** =siële tan= gential.

**tan·gent** =gente, *(mus.)* tangent.

**tan·ge·tjie** =tjies, *(dim.)* pincers, tweezers, pincette, small pliers.

**tan·go** =go's, n., *(Lat. Am. dance)* tango. **tan·go** ge=, vb. tango.

**tan·gram** *(Chin. puzzle)* tangram.

**tan·nie** =nies aunt(ie); *(infml., children's lang.)* woman, lady; *(children's lang: form of address)* ma'am; *ou ~* elderly woman, old dear; →TANTE.

**tan·nien** tannin. ~**suur** tannic acid.

**tans** adv. nowadays, now, at this time/stage, at the present time, at present, presently, currently.

**tant** *(only before first names)* aunt; →TANTE.

**tan·taal** *(chem., symb.:* Ta) tantalum. **tan·ta·liet** *(min.)* tantal= ite.

**tan·te** =tes aunt; →TANNIE. **tan·te·tjie** =tjies, *(dim.)* auntie; *ou ~* little old lady.

**tan·ti·è·me, tan·tie·me** =mes royalty, bonus, percentage *(of a profit)*.

**tan·tra** *(<Skt., Hind./Buddh. sacred writings)* Tantra *(also t~)*.

**Tan·za·ni·ë** Tanzania. **Tan·za·ni·ër** =niërs Tanzanian. **Tan= za·nies** =niese Tanzanian.

**Tao** *(Chin. philos.)* Tao. **Ta·o·ïs** *Taoïste, n., (also t~)* Taoist. **Ta·o·ïs·me** *(also t~)* Taoism. **Ta·o·ïs·ties** =tiese, adj., *(also t~)* Taoist.

**tap** *tappe, n.* tap *(of a barrel)*; spigot, plug, bung *(for a hole in a cask)*; *(woodw., metall.)* dowel; tenon *(for mortise)*; trunnion *(of a cannon)*; *(fitting)* lug; nib *(of a leaf spring)*; *~ en gat* mor= tise and tenon. **tap** ge=, vb. tap, draw; sap; nog; dowel; mor= tise; tenon; *iem. se bloed ~* take blood from s.o.; *water in iets ~* let water into s.t.; *water uit iets ~* draw/tap water from s.t.. ~**beitel** socket/mortise/framing chisel. ~**bier** draught beer. ~**boor** tap borer. ~**bout** =boute stud (bolt). ~**draaier** tap wrench. ~**gat** mortise; tap hole, bunghole *(in a cask)*, drain hole. ~**huis** tavern, taphouse, canteen. ~**kamer** taproom, barroom. ~**kas** =kasse bar, buffet. ~**kraan** bibcock, bib/draw= off tap. ~**las** =lasse mortise joint. ~**pen** dowel (pin), tenon pin. ~**pyp** draw-off pipe. ~**saag** =sae tenon saw. ~**sak** bag= in-box. ~**skroef** dowel screw; tap bolt. ~**verbinding** =dings, =dinge dowelling. ~**voeg** =voë mortise (and tenon) joint.

**ta·pas** *n. (pl.), (Sp. cook.)* tapas.

**ta·pe·tum** =petums, =peta, *(zool.: reflective ocular layer)* tape= tum.

**ta·pi·o·ka** tapioca. ~**poeding** tapioca pudding.

**ta·pir** =pirs, *(zool.)* tapir.

**ta·pis·se·rie** =rieë tapestry, (wall) hanging. ~**naald** tapes= try needle. ~**wewer** tapissier.

**tap·per** =pers tapper. **tap·pe·ry** =rye tapping; public house; bar, taproom.

**taps** *tapse, adj.* tapering, tapered; conical; *~e ent* featheredge; *iets ~ maak* taper s.t.; *~e waster* bevel. **taps** adv. taperingly; *iets loop ~ toe* s.t. tapers. ~**afwerking** tapering.

**tap·toe** =toes tattoo; post *(on a bugle)*; *die laaste ~, (mil.)* the last post; *die ~ slaan* beat the tattoo.

**ta·puit** =puite, *(orn.: Oenanthe oenanthe)* northern wheatear.

**ta·pyt** =pyte carpet; tapis; *'n saak op die ~ bring* bring a mat= ter up, broach/raise a matter; *'n ~ klop* beat a carpet; *'n ~ uitskud/uitslaan* shake a carpet. ~**band** carpet braid/bind= ing. ~**borsel** carpet whisk/broom. ~**klopper** carpet-beater. ~**skoen** carpet slipper. ~**stof** carpeting. ~**teël** carpet tile. ~**werk** tapestry. ~**wewery** carpet weaving; carpet factory.

**ta·ra·ma·sa·la·ta** *(Gr. cook.)* taramasalata, tarama.

**ta·ran·tel·la** =las, *(a dance)* tarantella.

**ta·ran·tu·la** =las, **ta·ran·tu·la·spin·ne·kop** =koppe taran= tula.

**Tar·de·nois·kul·tuur** *(archaeol.)* Tardenoisian culture.

**ta·ren·taal** =tale guineafowl; *gewone ~* helmeted guineafowl; *kuifkop~* crested guineafowl. ~**(mannetjie)** guineafowl. ~**wy= fie** guineahen.

**tar·ga** *(sports car)* targa. ~**(-)kap** targa roof/top.

**ta·rief** =riewe tariff; list/scale of charges; rate, terms; *(passage money)* fare; scale of fares; *'n eenvormige ~* a flat rate; *teen die ~ van ...* at the rate of ...; *teen ('n) vaste ~* at a fixed charge; *teen verminderde/verlaagde ~* at reduced rates. ~**bepaling, ~vasstelling** =linge, =lings rating, rate fixing. ~**her= siening** tariff reform. ~**wysiging** =gings, =ginge change of tariff.

**ta·rie·we·**: ~**beleid** =leide rating policy. ~**kantoor** rates office. ~**stelsel** rating system.

**tar·la·tan** *(text.)* tarlatan.

**ta·ro** =ro's, *(bot.)* taro.

**ta·rot·kaart** =kaarte tarot card *(used in fortune telling)*.

**tar·pon** =ponne, =pons, *(icht.)* tarpon.

**tar·ra** *(weight of a vehicle without cargo)* tare.

**tar·saal** =sale, n. & adj. →TARSUS.

**tar·si·ër** =siers, *(zool.)* tarsier.

**tar·sus** =susse, *(anat., zool.)* tarsus. **tar·saal** =sale n. & adj. tarsal.

**tart** ge= defy, dare, challenge, bid defiance to; flout; cheek *(infml.)*; provoke, torment, tease. **tar·tend** =tende defiant, provocative, provoking, truculent. **tar·ting** =tings, =tinge de= fiance, provocation.

**Tar·taar** =tare, n., *(hist., member of a Mongoloid people)* Tar= tar. **Tar·taars** =taarse, adj. Ta(r)tar; *~e sous* tartar(e) sauce, sauce tartare.

**tar·tan** =tans tartan. ~**baan** tartan track.

**tar·tra·sien** *(chem.: food colouring)* tartrazine.

**tas**[1] *tasse, n.* bag, pouch, satchel, wallet, (suit)case; *'n ~ pak* pack a bag/case.

**tas**[2] *n.: op die ~ af gaan* feel one's way. **tas** ge=, vb. grope, feel; touch; *dieper in 'n saak ~* probe deeper into a matter; *na iets ~* grope for s.t.; fumble for s.t.. ~**haar(tjie)** tactile hair. ~**liggaampie** tactile corpuscle, touch body/corpuscle. ~**orgaan** tentacle, feeler, tactile organ, organ of touch. ~**sin** sense of touch/feeling, tactile sense. ~**sintuig** organ of touch.

**tas·baar** =bare palpable, tangible; tactile; concrete; corpo=

real; ~*bare getuienis* living evidence; ~*bare onderskeid* marked difference. **tas·baar·heid** tangibility, palpability.

**tas·bie** =*bies*, (<*Mal., string of prayer beads)* tasbie.

**ta·set·nar·sing** *(bot.: Narcissus tazetta)* polyanthus narcissus.

**ta·sjis·me** (<*Fr., a style of painting)* tachism.

**Tas·ma·ni·ë** Tasmania. **Tas·maans** =*maanse, adj.* Tasmanian; ~*e duiwel, (zool.: Sarcophilus harrisi)* Tasmanian devil; *die* ~*e See* (of *Tasmansee)* the Tasman Sea. **Tas·ma·ni·ër** =*niërs, n.* Tasmanian.

**tas·ter** =*ters, (zool.)* feeler, palp.

**tas·ting** touching, feeling; groping.

**Ta·taar** *Tatare, n., (descendant of the hist. Tartars)* Tatar. **Ta·taars** *Tataarse, adj.* Tatar. **Ta·tar·stan** *(geog.)* Tatarstan, Tatar Republic.

**ta·ta·mi-mat** *(a Jap. straw mat)* tatami (mat).

**ta·toe** =*toes* tattoo. **ta·toe·ëer** *ge*= tattoo. **ta·toe·ëer·der** tattooer, tattooist. **ta·toe·ë·ring** =*rings, =ringe* tattooing; tattoo.

**tat·ta** *interj.* ta-ta!, bye(-bye)!.

**tat·ter·sall** *(text.)* tattersall (check).

**tau·kruis** *(a T-shaped cross)* tau cross, Saint Anthony's cross.

**Tau·rus** *(astron.)* Taurus, the Bull; *die* ~ the Taurus (Mountains) *(in Turk.).*

**ta·ver·ne** =*nes* tavern. **~-eienaar** taverner.

**taw·we** *adj. (attr.), (sl.)* tough; ~ *lettie, (mannish lesbian)* butch; ~ *tienie* toughie, tough customer.

**tax·i** *taxi's* taxi cab, cab; *'n* ~ *roep/voorkeer* hail a taxi. **~man, ~ryer** taximan, taxi driver. **~meter** taximeter. **~oorlog** =*oorloë* taxi war. **~staanplek** =*plekke* taxi rank.

**te**[1] *n., (mus.)* te.

**te**[2] *adj.: dit was alles té* ~ it was too much of a good thing. **te** *adv.* too; *nie* ~ *goed voel nie* not feel so well, feel none too well; ~ *'n* (of *'n ~) groot skuld* a too large debt, too large a debt; *heeltemal/veels* ~ *klein/ens.* altogether too small/etc. altogether; *dit is 'n* ~ *lank storie* it is too long a story, *die storie is* ~ *lank* it is too long a story; ~ *presies* overcareful; ~ *vroeg* too early.

**te**[3] *prep.* at, in; to; ~ *Grahamstad* at/in Grahamstown.

**te·a·ter** =*ters* theatre, playhouse. **~agent** theatrical agent. **~besoeker, ~ganger** playgoer, theatregoer. **~geselskap** theatre company. **~kas** box office. **~kritikus, ~resensent** drama/theatre critic. **~ligte** *n. (pl.)* house lights. **~maatskappy** theatre company. **~publiek** theatre-going public. **~verpleegster** theatre nurse.

**te·a·traal** =*trale* theatrical, dramatic, histrionic, *(infml.)* camp; ~*trale gedrag/optrede* melodramatics; ~*trale uitbarsting* histrionics.

**te·boek·stel·ling** committing to writing, putting on record; entry; registration.

**tech·ni·kon** →TEGNIKON.

**ted·die·beer** teddy/Teddy bear.

**tee** tea; *nog 'n bietjie* ~*tjies, (infml.)* another drop of tea; *iem. se* ~ *bitter maak, (infml.)* cut s.o. out *(a rival in courting); by iem.* ~ *drink* have tea with s.o.; *een* ~, ~ *vir een* one tea; *flou/sterk* ~ weak/strong tea; *'n koppie* ~ a cup of tea; ~ *maak* make tea; *iem. vir* ~ *nooi/vra* ask s.o. to tea; ~ *(om)roer* stir tea; *iem. se* ~ *was te sterk, (infml.)* s.o. has had (a drop) too much, s.o. is tipsy; *die* ~ *laat trek* let the tea draw. **~blaar** tea leaf. **~blik** tea tin/container/caddy. **~boomolie** tea tree oil. **~dame** tea lady. **~doek** tea cloth; tray cloth; tea towel. **~-eier** tea ball, infuser. **~gerei, ~goed** tea things, cups and saucers. **~goeddoek** tea towel. **~kan** tea urn. **~ketel** tea kettle. **~kleedjie** tea/tray cloth. **~koppie** teacup; *'n* ~ *(vol)* a teacupful. **~lepel** =*pels* teaspoon; *'n* ~ *vol* a teaspoonful; ~*s vol* teaspoonfuls. **~maaltyd** high tea. **~mus** tea cosy. **~partytjie** tea party. **~plantasie** tea garden; tea plantation. **~planter** tea planter. **~pot** teapot. **~pouse** tea interval/break. **~proewer** tea taster. **~roos** tea rose. **~sak**=

**kie** tea bag. **~seremonie** tea ceremony. **~servies** tea service/set. **~siffie** tea strainer. **~skinkery** serving (of) tea. **~stel** tea set. **~suiker** (sugar) candy, candy sugar. **~tuin** tea garden. **~tyd** teatime. **~waentjie, ~trollie** tea trolley/wag(g)on.

**te·ë** against, opposed; sated, satiated; *ek is daarop* ~ I am against it; *ek het niks daarop* ~ *nie* I have no fault to find with (*or* quarrel with/against) it; *wat is daarop* ~*?* what is wrong with it?; *iets het iem.* ~ *gemaak vir* ... s.t. aroused/created an aversion in s.o. for/to ...; *(infml.)* s.t. made s.o. (sick and) tired of ...; *(sterk) op iets* ~ (dead) against s.t.; ~ *van/vir* ... *wees* be sated/satiated with ..., have had a surfeit of ...; *(infml.)* be sick to death (*or* [sick and] tired) of ... **~beeld** →TEENBEELD. **~berig** →TEENBERIG. **~besoek** →TEENBESOEK. **~bevel** →TEENBEVEL. **~bewys** →TEENBEWYS. **~blad** →TEENBLAD. **~gaan** →TEENGAAN. **~gesteld** →TEENGESTELD. **~gif** →TEENGIF. **~hanger** →TEENHANGER. **~hou** *teëge*=, **teenhou** *teenge*= check, obstruct, prevent *(progress)*, retard, impede; press against, support. **~houer, teenhouer** obstructor, retarder. **~kandidaat** →TEENKANDIDAAT. **~kap** →TEËKAP. **~klag** →TEENKLAG. **~kom** *teëge*=, **teenkom** *teenge*= come across, meet, encounter, cross the path of, happen on. **~middel** →TEENMIDDEL. **~party** →TEENPARTY. **~praat** *teëge*=, **teenpraat** *teenge*= contradict, answer/talk back; *moenie staan en* ~ *nie!* don't stand there arguing!, *(infml.)* stop backchatting!. **~praterig, teenpraterig** contradictive, argumentative. **~pratery, teenpratery** contradiction; answering back, back talk, backchat. **~sang** →TEENSANG. **~sin** →TEËSIN. **~sit** *teëge*=, **teensit** *teenge*= *jou* ~ offer resistance, fight back; not take s.t. lying down *(an insult etc.); jou* ~ *teen* ... resist ...; bear up against ... *(difficulties).* **~slag** →TEENSLAG. **~spartel** *teëge*=, **teenspartel** *teenge*= struggle, resist. **~spoed** →TEENSPOED. **~spraak** →TEENSPRAAK. **~spreek** →TEENSPREEK. **~staan** →TEENSTAAN. **~stellend** →TEENSTELLEND. **~stelling** →TEENSTELLING. **~stem** *n. & vb.* →TEENSTEM *n. & vb.* **~stribbel** *teëge*=, **teenstribbel** *teenge*= struggle, resist, jib, demur. **~stroom** →TEENSTROOM. **~valler, teenvaller** =*lers* disappointment, bad/tough/rough/hard luck, *(infml.)* hard lines. **~voorstel** →TEENVOORSTEL. **~werk** →TEENWERK. **~werp** →TEENWERP. **~wig** →TEENWIG. **~wind** →TEENWIND.

**teef** *tewe* bitch; *(derog. sl.: a woman, esp. a malicious/spiteful one)* bitch, cow, cunt.

**te·ë·kan·ting** →TEENKANTING.

**te·ë·kap** *teëge*=, **teen·kap** *teenge*= retort. **te·ë·kap·ping, teen·kap·ping** back talk, *(infml.)* backchat.

**teel** *ge*=, *vb., (tr.)* breed, raise *(animals);* cultivate, grow *(crops); (intr., infml.)* breed, multiply. **~aarde** humus, mould, vegetable earth; breeding ground. **~bal** testis, testicle. **~buis** generative duct. **~deel** =*dele* genital organ; *(in the pl., also)* genitals. **~dier** breeding animal. **~eend** Cape teal. **~grond** mould, humus. **~hings** =*hingste* stud stallion, sire. **~klier** gonad. **~krag** procreative power, virility, potency. **~kragtig** =*tige* procreative, potent, virile. **~kuns** (breeding) selection, fancy. **~laag** cambium layer; topsoil. **~lyn** breeding line. **~merrie** brood mare. **~sak** scrotum, cod. **~vee** brood stock. **~(t)weefsel** *(bot.)* cambium; meristem.

**te·ël** *teëls, n.* tile. **te·ël** *ge*=, *vb.* tile. **~bakker** tile maker/burner. **~bakkery** tile works. **~dak** tiled roof. **~lêer, ~setter** tiler. **~pan** tegula, roof tile. **~vloer** tiled floor. **~werk** tiling.

**teelt** cultivation; culture; breeding *(of animals, plants, etc.).* **~keuse** (natural) selection.

**te·ël·tjie** =*tjies, (dim.)* tessera.

**teem** *ge*= whine, *(infml.)* whinge; drawl, cant. **te·mer** =*mers* drawler. **te·me·rig** =*rige* drawling; *(infml.)* whing(e)y, whing(e)ing; ~ *praat* draw out one's words, talk in a sing-song manner, drawl. **te·me·rig·heid** drawling manner.

**Teems:** *die* ~, *(Eng. river)* the Thames.

**teen** *prep.* against; versus, in opposition to; contra; at; by; ~

die **boom/ens.** against the tree/etc.; ~ **elfuur** *(se kant)* at/by about eleven o'clock; **iets** ~ *iem. hê* have s.t. *(or* a grudge*)* against s.o.; ~ **iets/iem.** *wees* be against s.t./s.o.; *sorg dat jy* ~ **nege-uur** *hier is* be here by nine o'clock; *geld* ~ *vyf/ens.* **persent** *rente* money at five/etc. per cent interest; ~ *die goeie* **sedes** contrary to good morals; **tien** ~ *een* ten to one; ten against one; **vierkant** ~ *iets* dead against s.t.; ~ *iem. se* **wens** against s.o.'s wish. ~**aan** next to, right up against; *styf* ~ ... hard up against ... ~**aanbod** *aanbiedinge, aanbiedings* counter-offer. ~**aanduiding** *(med.)* contraindication; *iets is (of dien as) 'n* ~ *vir* ... s.t. contraindicates ... ~**aanligging** juxtaposition. ~**aanval** counter-attack, fightback. ~**argument** counterargument. ~**beeld, teëbeeld** counterpart, foil; antitype. ~**berig, teëberig** report/message to the contrary, counter-report; *tensy ek* ~ *kry* unless I am informed to the contrary. ~**beskuldiging** countercharge, recrimination. ~**besoek, teëbesoek** return call/visit, reciprocal visit/call; *'n* ~ *bring/aflê* return a call/visit. ~**bevel, teëbevel** *vele* countermand; *'n* ~ *gee* countermand an order. ~**bewys, teëbewys** disproof, proof to the contrary. ~**blad, teëblad** *blaaie* counterfoil, stub, voucher. ~**deel** contrary, opposite; *bewys van die* ~ evidence to the contrary. ~**druk** back pressure. ~**eis** counterclaim, claim in reconvention; set-off; cross action. ~**eiser** plaintiff in reconvention. ~**fout** compensating error. ~**gaan** *teenge-,* **teëgaan** *teëge-* oppose, counteract, check, thwart, cross *(s.o.).* ~**gerig** *rigte* opposed, opposite *(force).* ~**gesteld, teëgesteld** *stelde, adj.* contrary, opposite; contrasting; opposed; antonymous; obverse; *~e kleure* contrasting colours; *~e pool* antipole. ~**gestelde, teëgestelde** *des, n.* opposite, reverse, contrary; antonym; *die* ~ the opposite. ~**gesteldheid, teëgesteldheid** contrariety; antonymy. ~**gewig** counterbalance, counterweight *(lit.).* ~**gif, teëgif** *givwe* antidote *(lit. & fig.);* antitoxin *(lit.);* theriac; *'n* ~ *teen/vir* ... an antidote against/for/to ... ~**hanger, teëhanger** counterpart, opposite number; contrast; match, pendant; companion picture; *'n* ~ *vir* ... a foil to ... ~**helling** counterslope. T~**hervorming** *(eccl. hist.)* Counter-Reformation. ~**hou**[1] *n.* counterpunch. ~**hou**[2] *teenge-, vb.* →TEËHOU. ~**in**ligtingsdiens counter-intelligence. ~**insurgensie** *(mil.)* counter-insurgency. ~**insurgensie-eenheid** *hede, (mil.)* counter-insurgency unit. ~**intuïtief** *intuïtiewe* counter-intuitive. ~**kandidaat, teëkandidaat** *date* rival/opposing candidate. ~**kap** →TEËKAP. ~**klag, teëklag** countercharge. ~**kom** →TEËKOM. ~**komplot** counterplot. ~**krag** counterforce. ~**kultuur** counterculture, alternative society. ~**liggaam(pie)** *(med.)* antibody. ~**maatreël** *reëls* counter(measure), *(in the pl., also)* counteractive measures. ~**mag** *(mil.)* counterforce. ~**mag**aanval counterforce attack/strike. ~**middel, teëmiddel** *dels, dele* antidote *(lit. & fig.),* remedy; *'n* ~ *teen/vir* ... a remedy against/for ...; an antidote against/for/to ... ~**natuurlik** *like* unnatural, contrary to nature. ~**offensief** *siewe* counteroffensive. ~**omwenteling** counter-revolution. ~**oor** →TEEN-OOR. ~**party** →TEENPARTY. ~**pleit** plea in reconvention, counterplea. ~**pool** antipole. ~**praat** →TEËPRAAT. ~**prestasie** *(jur.)* (valuable) consideration; quid pro quo, return, equivalent; *as* ~ *vir* ... in consideration of ... ~**reaksie** counterreaction, backlash; *die maatreël sal 'n* ~ *uitlok* the measure will be counterproductive. ~**sang, teësang** antiphony; responsory; refrain; antistrophe; palinode. ~**set** countermove, counter(stroke). ~**sin** →TEËSIN. ~**sit** →TEËSIT. ~**slag, teë**slag *slae* setback, reverse, blow (to), counterstroke; check; *'n* ~ *kry* have/suffer a setback, suffer *(or* meet with*)* a reverse; ~*slae vir lief neem* take the rough with the smooth; *'n* ~ *vir* ... a setback to ... ~**spanning** back electromotive force. ~**spartel** →TEËSPARTEL. ~**speler** opposing player, opponent, opposite number; partner; protagonist. ~**spier** antagonistic muscle. ~**spioenasie** counter-espionage. ~**spoed** →TEEN-SPOED. ~**spraak, teëspraak** contradiction, disclaimer, denial; protest; contrariety; *met iem. in* ~ *wees* contradict s.o.;

*iets is in* ~ *met* ... s.t. is at variance with ... *(the facts etc.);* *sonder* ~ without question/demur; unquestionably, indisputably. ~**spreek** *teenge-,* **teëspreek** *teëge-* contradict, deny; gainsay; disclaim; *jouself* ~ contradict o.s.. ~**staan** →TEEN-STAAN. ~**stellend, teëstellend** *lende* adversative; *'n ~e kleur* a contrasting colour. ~**stelling, teëstelling** *lings, linge* contrast; opposition, antithesis; offset; contradistinction; *in* ~ *met* ... as against ...; contrary to ...; in contrast to/with ..., as contrasted with ...; as distinguished from ...; over against ...; *in* ~ *daarmee/hiermee* as opposed to that/this; *in lyn* regte ~ *met* ... in direct contrast to/with ...; *iets is in lyn* regte ~ *met* ..., *(also)* s.t. is diametrically opposed to ...; *'n* skerp ~ *met* ... **vorm** contrast glaringly/sharply with ... ~**stem, teëstem** *n.* dissentient vote, negative vote, counter-vote, vote against; *(mus.)* counterpart. ~**stem** *teenge-,* **teë**stem *teëge-, vb.* vote against. ~**stemmer, teëstemmer** *mers* dissentient; *die ~s* the noes, those against. ~**stof, antistof** *(med.)* antibody. ~**stoot** counterstroke; counterthrust, counteraction; riposte. ~**stribbel** →TEËSTRIBBEL. ~**stroming, teë**stroming countercurrent; reverse current; backwash; reflux. ~**stroom, teëstroom** countercurrent; reverse current; backwash; reflux; inverse current. ~**stryd:** *in* ~ *met* ... in conflict with ..., contrary/contradictory to ... ~**strydig** *dige* conflicting *(opinions),* contradictory, clashing, incompatible, inconsistent, discrepant, discordant; ambivalent; uncongenial, incongruous. ~**strydigheid** *hede* contradiction, inconsistency, discrepancy, discordance; ambivalence; *(jur.)* contrariety. ~**stuk** counterpart; companion piece; facing. ~**suur** antacid. ~**valler** →TEËVALLER. ~**verklaring** counterblast. ~**ver**ligting *(phot.)* backlighting. ~**voorstel, teëvoorstel** *stelle* counterproposal; countermotion, counter-resolution. ~**waar**de equivalent; countervalue. ~**werk** *teenge-,* **teëwerk** *teëge-* work against, oppose, thwart; counteract; militate against; counter; delay. ~**werkend, teëwerkend** *kende* counteractive; *~e spier* antagonistic muscle. ~**werking, teëwerking** *kings, kinge* opposition, thwarting; antagonism; reaction; check. ~**werp** *teenge-,* **teëwerp** *teëge-* object, retort. ~**werping, teë**werping *pings, pinge* objection; expostulation; *~s/~e maak* raise objections. ~**wig, teëwig** *wigte, (lit.)* counterbalance, counterweight; *(fig.)* makeweight, set-off, offset, counterpoise, counterbalance. ~**wind, teëwind** head wind, unfavourable/contrary wind, crosswind.

**teen·kan·ting, te·ë·kan·ting** *tings, tinge* resistance, opposition; ~ *kry/ondervind* encounter opposition, meet with opposition.

**teen·oor** *(also* teen oor*)* opposite, across from; (over) against, as distinct from; in opposition to; in contrast with; as against; in (the) face of; **bedrog** ~ ... fraud (up)on ...; *jou goed* ~ *iem.* **gedra** behave properly towards s.o.; *jou hart* ~ *iem.* uitpraat/uitstort unburden o.s. to s.o.; *reg* ~ ... immediately opposite ..., directly facing ...; ~ *iem.* **sit** sit opposite/facing s.o.; ~ *mekaar sit* sit face to face; ~ ... **staan,** *(also)* face ...; ~ *dié punt staan dat* ... on the other hand ..., as opposed to this ...; *dinge* ~ *mekaar stel,* *(also)* contrast things. ~**geleë,** ~**liggende** *adj.* opposite. ~**gestel(d)** *stelde, adj.* opposite, contrary; opposed; *stelde hoeke, (geom.)* opposite angles. ~**gestelde** *des, n.: die* ~ the opposite; *heeltemal/net die* ~ just the reverse. ~**mekaarstaande** *adj.* opposing *(buildings etc.);* *(fig.)* opposing, contrary *(perceptions etc.);* *twee* ~ *geboue, (also)* two buildings facing each other. ~**staan** *teenoorge-* subtend. ~**staande** *adj.* opposite. ~**stelling** confrontation, contraposition.

**teen·par·ty, te·ë·par·ty** *tye* opposing party; opponent, rival, adversary. **teen·par·ty·der, te·ë·par·ty·der** *ders* opponent, rival, adversary, other side.

**teen·spoed, te·ë·spoed** adversity, misfortune, bad luck, setback; breakdown; hardship; trouble; ~ *te bowe kom* overcome adversity/adversities; *in* ~ in the face of adversity; ~ kry/ondervind have a mishap; fare badly, have bad luck;

meet with adversity/adversities; fall on bad times; pick up trouble; **sonder** ~ without mishap. **teen·spoe·dig, te·ë·spoe·dig** =dige unlucky, unfortunate; ill-fated; untoward *(an event)*.

**teen·staan** *teenge=,* **te·ë·staan** *teëge=* oppose; be repug= nant/repulsive to, nauseate. **teen·stand, te·ë·stand** resist= ance, contestation, opposition; defence; ~ **bied** offer oppo= sition; resist, offer resistance, put up a fight, fight back; ~ **kry/ondervind** encounter opposition, meet with opposition; encounter resistance, meet with resistance; **sterk** ~ strong opposition; **taai** ~ stiff/stout resistance; ~ **teen** ... opposi= tion to ...; resistance to ... **teen·stan·der, te·ë·stan·der** =ders opponent, adversary, opposer, gainsayer; *die* ~ *spaar/ont= sien* pull one's punches; *'n waardige* ~ a worthy adversary/ opponent, an opponent worthy of one's steel.

**teens·woor·dig** *adv.* nowadays, at present, at this *(or* the present*)* time, currently, presently. **teens·woor·di·ge** *adj.* present, present-day, current.

**teen·voe·ter, te·ë·voe·ter** *=ters* antipode; opposite, coun= ter, counterpart; *die* ~ *van* ... the antipode/opposite to ..., antipodal to ...

**teen·woor·dig** *=dige* present; *by* ... ~ present at ... **teen·woor· dig·heid** presence; *in iem. se* ~ in s.o.'s presence; *in (die)* ~ *van* ... in the presence of ...

**teer**[1] *n.* tar; *dit smaak na* ~*(, ek lus nog meer), (infml.)* it tastes very good. **teer** *ge=, vb.* tar; *iem.* ~ *en veer* tar and feather s.o.. ~**baan,** ~**blad** tarmac (runway). ~**paal** tarred pole. ~**pad** tarred road; asphalt(ed) road. ~**put,** ~**gat** tar sump/pit. ~**straat** asphalt(ed)/tarred street. ~**tou** tarred/black rope; *(infml.: untidy, dirty pers.)* scruff, sleazeball. ~**werk** tarring.

**teer**[2] *ge=, vb.: op iem.* ~ sponge/freeload on s.o.; *op iets* ~*fat= ten (up)on s.t..*

**teer**[3] ~ *teerder teerste, adj.* tender; caressing; frail, delicate; fragile. **teer** *adv.* tenderly; delicately. ~**gevoelig** *=lige* sensi= tive, touchy, delicate, susceptible, tender(hearted). ~**gevoe= ligheid** sensitiveness, touchiness.

**teer·ag·tig** *=tige* tarry.

**teer·har·tig** *=tige* tenderhearted, softhearted.

**teer·heid** tenderness, delicacy.

**teer·ling** die, cube; *die* ~ *is gewerp* the die is cast.

**te·ë·sin, teen·sin** dislike, distaste, antipathy, unwillingness, reluctance, aversion; *'n* ~ *in* ... *hê* have an aversion to/for ...; *'n* ~ *in iem. hê, (also)* feel/have an antipathy against/for/ to(wards) s.o.; *iem. se* ~ *in* ... s.o.'s aversion to ...; s.o.'s dis= taste for ...; *s.o.'s dislike for/of* ...; ~ *in* ... *kry* take a dislike to ...; *met groot* ~ with great reluctance. **te·ë·sin·nig, teen· sin·nig** *=nige, adj.* reluctant; grudging, begrudging, dis= inclined, ungracious. **te·ë·sin·nig, teen·sin·nig** *adv.* reluc= tantly, with distaste; grudgingly, begrudgingly. **te·ë·sin·nig· heid, teen·sin·nig·heid** distaste, aversion; unwillingness, reluctance; grudgingness.

**te·ë·voe·ter** →TEENVOETER.

**te·fie** *=fies, n. (dim.)* little bitch; →TEEF.

**te·gel·de·ma·king** realisation, sale.

**te·ge·lyk** (all) at once, at the same time, at one (and the same) time, simultaneously; *(all speak etc.)* together; in one batch; **alles** ~ all at once; *iem./iets is ... en* ... ~ s.o./s.t. is ... and ... in one *(or* rolled into one*)*; ~ *met* ... simultaneous(ly) with ...; at the same time as ...; together with ...; *... en ... is* ~ *moontlik* ... and ... can coexist; *twee dinge* ~ two things at once; *twee/drie/ens.* ~ two/three/etc. at a time. **te·ge·ly· ker·tyd** simultaneously; at the same time *(fig.),* besides, also; ~ *met* ... together with ...

**te·ge·moet·:** ~**gaan** *tegemoetge=, (also* tegemoet gaan*)* go to meet. ~**loop** *tegemoetge=, (also* tegemoet loop*)* go to meet. ~**ry** *tegemoetge=, (also* tegemoet ry*)* ride/drive out to meet. ~**snel** *tegemoetge=, (also* tegemoet snel*)* run/hasten to meet.

**te·ge·moet·kom** *tegemoetge=, (also* tegemoet kom*)* come to

meet; meet *(s.o.)* halfway, (make) a compromise *(with);* sat= isfy, meet *(a demand); iem. in verband met iets* ~ accommo= date s.o. with s.t.. **te·ge·moet·ko·mend** *=mende* accommo= dating, obliging, compliant, conciliatory, forthcoming, help= ful, cooperative, considerate. **te·ge·moet·ko·mend·heid** oblig= ingness, cooperativeness, conciliatoriness; suavity, complai= sance. **te·ge·moet·ko·ming** *=mings, =minge* obligingness, (kind) assistance, aid; accommodating spirit; partial compensa= tion; concession; *by wyse van* ~ *aan iem.* as a concession to s.o..

**teg·niek** *=nieke* technique; know-how; technics; technology. **teg·nies** *=niese, adj. & adv.* technical(ly); ~*e* **punt/beson= derheid** technical point, technicality; *om* ~*e redes* for tech= nical reasons; *'n* ~*e* **skool** a technical school; ~*e* **uitklop= hou,** *(boxing)* technical knockout; ~ **vaardig** technically pro= ficient. **teg·ni·ka** technics. **teg·ni·kus** *=nikusse, =nici* techni= cian; engineer.

**teg·ni·kon, tech·ni·kon** *=kons* technikon.

**teg·no·fi·lie** technophilia. **teg·no·fiel** *=fiele* technophile. **teg· no·fi·lies** *=liese* technophilic.

**teg·no·fo·bie** technophobia. **teg·no·fo·bies** *=biese* techno= phobic. **teg·no·foob** *=fobe* technophobe.

**teg·no·kra·sie** technocracy. **teg·no·kraat** *=krate* techno= crat. **teg·no·kra·ties** *=tiese* technocratic.

**teg·no·lo·gie** technology. **teg·no·lo·gies** *=giese, adj. & adv.* technological(ly); ~ *gevorderd* technologically advanced. **teg· no·loog** *=loë* technologist.

**teg·no·mu·siek** techno.

**Te·he·ran** *(geog.)* Teh(e)ran.

**te·huis** *=huise* hostel, home; shelter; hospice; ~ *vir bejaardes (of* senior *burgers)* retirement *(or* old people's*)* home.

**tei·ken** *=kens* target, mark, objective; *'n doodmaklike* ~, *(fig.)* a sitting/soft target, *(infml.)* a sitting duck; *'n* ~ *vir iedereen* fair game; *die* ~ *mis/tref* miss/hit the target, be off/on target. ~**gebied** target area. ~**gooi** *n.* target throwing. ~**gooi** *tei= kenge=, vb.* throw at a target. ~**groep** target group; *... as* ~ *hê, op ... as* ~ *konsentreer* target ... ~**mark** target market. ~**skiet** *n.* target shooting. ~**skiet** *teikenge=, vb.* shoot at a mark/tar= get, have rifle-practice, shoot on the range.

**te·ïs·me** *(philos., also* T~*)* theism. **te·ïs** *teïste, (also* T~*)* the= ist. **te·ïs·ties** *=tiese, adj. & adv., (also* T~*)* theistic(al); theis= tically.

**teis·ter** *ge=* ravage, devastate, rack; afflict; harry; harass, stalk *(a film star etc.); (vermin, disease)* infest *(a place); deur oorlog ge~* war-torn, -racked; *deur siektes ge~* disease-ridden; *deur die storm ge~* storm-beaten, battered by the storm. **teis· te·raar** *=raars* stalker. **teis·te·ring** *=ringe* devastation, ravag= ing; affliction, scourge; infestation; harassment; stalking.

**tek** *(infml.:* technical college, technikon*)* tech.

**te·ken** *=kens, n.* sign; signal; mark, trace; symptom *(of a dis= ease etc.);* token; symbol; vestige; signature; note; *as* ~ *van* ... as a sign of ...; in token of ...; ~*s* **dat** ... evidence that ...; ~*s van die* **diereriem** signs of the zodiac; *(eerste)* ~*s* (first) stirrings *(of love etc.); 'n* ~ **gee** give a sign; make a sign; *iem. die/'n* ~ **gee** signal to s.o.; *die* ~ **gee om te** ... give the signal to ...; ~*s van* **geweld** marks of violence; *geen* ~ *van lewe nie* no sign of life; *iets is 'n* **slegte** ~ s.t. is a bad *(or* an ill*)* omen; *iets staan in die* ~ *van* ... s.t. reflects ... *(the electron= revolution etc.);* ~*s* **toon** show signs of ...; ~*s van iets* evidence of s.t.; *'n* ~ *van* ... *wees* signal/signify ...; be symp= tomatic of ...; ~*s van iets* **vertoon** give evidence of s.t.. **te· ken** *ge=, vb.* sign (one's name); draw, sketch; plot *(a curve);* portray, delineate, describe; mark; figure, feature; *namens/ vir iem.* ~ sign for *(or* on behalf of*)* s.o.; *vir iets* ~ sign for s.t. *(a delivery etc.).* ~**bank** drawing bench. ~**boek** drawing book. ~**bord** drawing board, trestle board. ~**driehoek** set square; ~ *met gradeboog* protractor set square. ~**film** ani= mated film/picture, cartoon. ~**geld** token money, token coin=

age. **~gereedskap** drawing materials/requisites/instruments. **~kamer** drawing room. **~kantoor** drawing office. **~kryt** crayon, drawing chalk. **~kuns** (art of) drawing, draughts= manship. **~les** drawing lesson. **~papier** drawing paper. **~pa= troon** stencil. **~pen** drawing pen. **~plank** drawing board. **~potlood** drawing pencil. **~storie** comic strip. **~string** *(comp.)* character string. **~taal** sign language. **~tafel** draw= ing table; plane table. **~werk** drawing; drawings; artwork.

**te·ke·naar** =naars draughtsman, designer, illustrator; sketch= er; caricaturist, cartoonist; (commercial) artist.

**te·ke·ne** drawing *(as a subject)*.

**te·ke·nend** =nende typical, characteristic; descriptive, tell= ing; figurative; ~ *van/vir* ... typical/characteristic/illustrative of ..., *(infml.)* just like ... *(esp. a pers.)*.

**te·ke·ning** =ninge, =nings signing *(of a document etc.)*, signa= ture; drawing, sketch, *(infml.)* pic; diagram; plan; chart; fig= ure; marking; *'n* ~ *maak* do/make a drawing. **te·ke·nin·kie** =kies, *n. (dim.)* small drawing.

**te·ke·re gaan** *(also te kere gaan or tekeregaan)* carry/go on; rage, (rant and) rave, storm, raise Cain/hell *(or the devil)*, have/throw a tantrum; *(infml.)* make *(or kick up)* a row; run riot; run amok; have a good time; *moenie so* ~ ~ *nie!* don't go on like that!; *oor iets* ~ ~ carry/go on about s.t.; make *(or kick up)* a row over s.t.; *teen* ... ~ ~ rave/rage/rail against/at ...; *vreeslik* ~ ~ rant and rave; *wild* ~ ~ run wild; *woes* ~ ~ be on the rampage.

**tek·kie** =kies, *(infml.)* tackie, tacky, canvas shoe.

**te·ko** =ko's, *(fin., infml., short for* terugkoopooreenkoms*)* repo.

**te·kort** =korte deficit; shortfall, deficiency; shortage *(in reve= nue)*; *'n* ~ *aan* ... a shortage of ... *(money etc.)*; a deficiency of ... *(calcium etc.)*; *'n* ~ *aanvul* make up a deficit; make good a shortfall; make up a deficiency, remedy/supply a de= ficiency; ~ *aan arbeiders/werkkragte* labour shortage; *'n* ~ *goedmaak* wipe out a deficit; *'n* ~ *van R500* *hê* be R500 short *(or to the bad)*. **te·kort·ko·ming** =mings, =minge short= coming, fault, demerit, imperfection, defect, failing. **te kort skiet** *te kort ge=, (also* tekort skiet *or* tekortskiet*)* fall short, fail, be insufficient, be found lacking; *ver/vêr* ~ ~ ~ *wat* ... *betref* be sadly lacking in ...

**teks** *tekste* text *(from the Scripture, of a book, etc.)*; words *(of a song)*, wording; script; letterpress, reading matter; *van jou* ~ *afwyk* depart from one's text; *by die* ~ *bly, jou by jou* ~ *hou* stick to one's text; *jou* ~ *leer, (an actor)* learn one's role/ part. **~boek** textbook, handbook; book of (Bible) texts; li= bretto *(of an opera)*. **~kritikus** textual critic. **~redigering** *(comp.)* text editing. **~skrywer** scriptwriter; librettist. **~uit= legging** exegesis. **~verband** context. **~verdraaiing** false in= terpretation/commentary of a text. **~verklaring** exegesis. **~vers** text *(of a sermon)*. **~verwerker** word processor. **~ver= werking** word/text processing. **~verwerkingsprogram, ~re= digeerder** *(comp.)* text editor.

**teks·tiel** *n.* textile(s), (woven) fabric(s). **teks·tiel** =tiele, *adj.* textile. **~bedryf** textile industry. **~stof** =stowwe textile fabric; *(in the pl., also)* textiles, soft goods. **~ware** textiles, soft goods, dry goods, mercery.

**teks·tu·eel** *tuele* textual. **teks·tu·a·li·teit** textuality.

**teks·tuur** =ture texture. **~afwerking** textured finish.

**tek·to·niek** *(constr., geol.)* tectonics. **tek·to·nies** =niese tec= tonic.

**tel** *n.* count; tell; *in* ~ popular, in demand; *nie in* ~ *nie* of no account; *weer in* ~ *wees, (also)* come in from *(or out of)* the cold. **tel** ge=, *vb.* count; number; numerate; keep count, reckon; score, keep score; *as/vir* ... ~ go for ...; *iets* ~ *nie* s.t. doesn't count; *iem.* ~ *nie (mee nie)* s.o. doesn't count; *dit* ~ *nie* it goes for nothing; *wat hulle sê,* ~ *nie* what they say, is of no weight; *iem.* ~ *vir niks* s.o. is of no account; *onder* ... ~, *onder* ... *getel word* rank *(or be numbered)* among ...; *iem. onder jou vriende* ~ regard s.o. as a friend, count/

number s.o. among one's friends, count s.o. as one of one's friends; *dit* ~ *tien* *punte* it counts for ten points; *iets* ~ *(erg)* *teen* ... s.t. weighs (heavily) against ...; *iem. se jare/ouderdom* ~ *teen* *hom/haar* s.o.'s age is against him/her; *op jou* *vingers* ~ count on one's fingers; *(al) wat* ~ the name of the game. **~bord** scoreboard, scoring-board, tally board. **~buis** coun= ter. **~getal** *(math.)* whole number. **~kaart** scorecard, =sheet, mark sheet. **~masjien** numbering machine. **~periode** *(tel= eph.)* metering period. **~raam** abacus, counting frame. **~skaal** scale of notation. **~stelsel** scale of notation, nu= merative system. **~woord** numeral (adjective).

**tel·baar** =bare countable, numerable.

**te·le·ad·ver·ten·sie** tele-ad *(placed telephonically)*.

**te·le·bank·diens·te** *n. (pl.)* telebanking.

**te·le·druk·ker** teleprinter, *(orig. a trademark)* teletype.

**te·le·film** telefilm *(made for TV)*.

**te·le·fo·neer** ge=, *(fml.)* (tele)phone, (make a) call, ring; → BEL[1] *vb.*.

**te·le·fo·nie** telephony. **te·le·fo·nies** =niese telephonic, by tele= phone; *~e gesprek* telephone conversation, conversation over the telephone; *~e verbinding* telephonic communication; telephone connection. **te·le·fo·nis** =niste, *(masc.)*, **te·le·fo·nis= te** =tes, *(fem.)* telephonist, telephone operator.

**te·le·foon, te·le·foon** =fone, *(infml.)* foon *fone* telephone; *iem. se* ~ *afsluit* cut off s.o.'s telephone; *by die* ~ on the (tele)phone; *die* ~ *lui!* the (tele)phone is ringing!; *die* ~ *neer= sit* put down the (tele)phone; *die* ~ *summier neersit (of,* infml. *neersmyt)* put the (tele)phone down on s.o.; *oor die* ~ *by* (tele)phone; on/over the (tele)phone; *die* ~ *optel* pick up the (tele)phone; *per* ~ by (tele)phone; on/over the (tele)= phone; *oor die* ~ *praat* be (speaking) on the (tele)phone. **~bemarking, ~verkope** telemarketing, telesales, telephone selling. **~bylyn** extension (line). **~diens** telephone service. **~gebruiker** telephone user. **~gesprek** conversation over the telephone; telephone call; telephone conversation; *met 'n* ~ *besig* on the (tele)phone. **~gids, ~boek** (tele)phone book/ directory. **~hokkie** telephone booth, call box. **~kaart** phone= card. **~lyn** telephone line. **~net** telephone network/system. **~nommer** telephone number. **~oproep** telephone call; *'n* ~ *beantwoord* answer the (tele)phone; *'n* ~ *neem* take a ([tele]phone) call; *daar is 'n* ~ *vir jou* s.o. is on the (tele)= phone for you. **~paal** telephone pole/post. **~sentrale** tele= phone exchange. **~toestel** telephone set/apparatus. **~uit= breiding** telephone extension. **~verbinding** telephonic com= munication; telephone connection.

**te·le·fo·to·gra·fie** telephotography.

**te·le·fo·to·lens** telephoto lens.

**te·le·ge·nies** =niese, *(visually suitable for TV)* telegenic.

**te·le·graaf, te·le·graaf** =grawe telegraph. **~diens** telegraph service. **~lyn** telegraph line. **~paal** telegraph pole, telegraph post; *(infml.: tall, skinny pers.)* longshanks, daddy-long-legs. **~wese** telegraph service (system), telegraphs. **te·le·gra= feer** ge= telegraph, wire, cable. **te·le·gra·fie** telegraphy; tele= graphs. **te·le·gra·fies** =fiese telegraphic; *~e berig* wire, tele= gram. **te·le·gra·fis** =fiste telegraphist, telegraph operator.

**te·le·gram, te·le·gram** =gramme telegram, wire, cable; *'n* ~ *stuur* send a telegram/wire. **~adres** telegraphic address. **~styl** telegraphese; *in* ~ telegrammatic, telegrammic. **~vorm** =vorms telegram/telegraph form; *in* ~ in the form of a tele= gram.

**te·le·gram·ag·tig** =tige telegrammatic, telegrammic.

**te·le·in·ko·pies** *n. (pl.): (die doen van)* ~ teleshopping.

**te·le·ki·ne·se** telekinesis. **te·le·ki·ne·ties** =tiese telekinetic.

**te·le·kom·mu·ni·ka·sie** telecommunication, *(abbr.)* tele= com. **~wese** telecommunications, *(abbr.)* telecoms; *pos- en* ~ posts and telecommunications.

**te·le·kon·fe·ren·sie** =sies teleconference; *(die hou van)* ~s (tele)conferencing.

**te·leks** =lekse, n., (teleprinter exch., teleprinter message) telex; ticker. **te·leks** ge=, vb. telex, transmit by telex. ~berig tele= printer message. ~toestel teleprinter.

**te·le·me·ter** telemeter. **te·le·me·ting** telemetering. **te·le·me= trie** telemetry. **te·le·me·tries** =triese telemetric(al).

**te·le·paat** =pate telepathist, telepath. **te·le·pa·tie** telepathy, thought transference, mind projection. **te·le·pa·ties** =tiese telepathic.

**te·le·pen·del** n. telecommuting, teleworking. **te·le·pen= del** ge=, vb., (work at home, link with the office by modem etc.) telecommute, telework. **te·le·pen·de·laar** telecommuter, =worker.

**te·le·por·teer** ge=, vb., (sci-fi) teleport. **te·le·por·ta·sie** tele= portation.

**te·ler** =lers, (hort.) cultivator, grower; breeder (of animals), fancier (of pigeons). **te·lers·ver·e·ni·ging** breeders' society.

**te·le·skoop, te·le·skoop** =skope telescope. ~visier tele= scopic sight. **te·le·sko·peer** ge= telescope. **te·le·sko·pies** =piese telescopic.

**te·le·souf·fleur, te·le·souf·fleur** =fleurs teleprompter, autocue.

**te·le·teks** (comp.) teletext.

**te·le·t(h)on** (TV) telethon (to raise money for charity etc.).

**te·leur·stel** teleurge= disappoint; baulk (s.o.'s plans); belie (hope); disenchant. **te·leur·ge·stel(d)** =stelde disappointed, disgruntled; ~ wees dat ... be disappointed that ...; ~ in/met iem. disappointed in/with s.o.; ~ met/oor iets disappointed at/with s.t.. **te·leur·stel·lend** =lende disappointing, discour= aging, demoralising; 'n ~ klein skare a disappointingly small crowd. **te·leur·stel·ling** =lings, =linge disappointment, (infml.) damper; frustration, disenchantment, chagrin; iem. se diepe ~ s.o.'s acute/deep disappointment; 'n groot ~ a big let= down, (infml.) a bummer; 'n hele ~ quite a disappointment; iem. se ~ met/oor iets s.o.'s disappointment at/over s.t.; 'n ~ vir iem. a disappointment to s.o..

**te·le·vi·sie** =sies television, (infml.) telly; →TV; ~ kyk watch television; iets op (die) ~ sien see s.t. on television; iets oor (die) ~ uitsaai broadcast s.t. on television; op (die) ~ ver= skyn be on television. ~antenna =nas, ~antenne =nes tele= vision aerial/antenna. ~ateljee television studio. ~beeld television picture. ~dekking television coverage. ~kamera television camera. ~kanaal television channel. ~kyker tele= vision viewer, televiewer. ~lisensie television licence. ~op= name television recording, telerecording. ~program =gram= me television programme. ~reeks television serial. ~regte n. (pl.) television rights. ~reklame television advertising. ~skerm television screen. ~stel =stelle television set.

**te·le·werk** n. teleworking, telecommuting. **te·le·wer·ker** tele= worker, =commuter.

**telg** telge, (poet., liter.) descendant, scion, offspring, offshoot.

**te·ling** breeding (of animals, plants, etc.); cultivation, propa= gation; procreation; generation.

**tel·kens, tel·ke·maal, tel·ke·ma·le** adv. in each case, each time; repeatedly, at every turn, time and (time) again, again and again, over and over (again); ~ as/wanneer ..., (liter.) whenever ..., every time (that) ...; ~ (weer) time after time, time and (time) again.

**tel·ler** =lers teller, counter; scorer, marker; tallyman; reck= oner; enumerator; numerator (of a fraction); (instr.) counter. ~masjien: outomatiese ~ automatic teller (machine), auto= teller. **tel·le·ry** counting.

**tel·ling** =lings, =linge counting, count; numeration; addition; census; scoring; score(line) (in a match); die ~ hou keep score; die ~ is 2-2 (of twee elk) the score is 2 all; elke tien ~s, (infml.) frequently, at frequent intervals, time and again; in tien ~s, (infml.) in a flash, in an instant, in a (split) second, in a jiffy; vinnig 'n stewige ~ opstel, (cr.) rattle up a good score. ~houer scorer.

**tel·lu·ries** =riese telluric, terrestrial; (geol.) tellurian; (chem.) telluric.

**tel·lu·ri·um** =riums, =ria, (astron. apparatus) tellurium.

**tel·luur** (chem., symb.: Te) tellurium. ~suur telluric acid.

**Te·loe·goe** =goes, (member of a people) Telugu; (no. pl.), (lang.) Telugu.

**tel·son** (terminal arthropod segment) telson.

**tem** ge= tame, master, curb, subdue, break in, domesticate (an animal). **tem·baar** =bare tam(e)able, domesticable. **tem·baar= heid** tam(e)ability. **tem·mer** =mers tamer, breaker. **tem·ming** taming, curbing; domestication.

**te·ma** temas subject, theme, topic. ~lied(jie) =jies theme song/ tune. ~musiek theme music. ~park theme park.

**te·ma·tiek** thematics. **te·ma·ties** =tiese thematic; ~e katalo= gus, (mus.) thematic catalogue.

**te·mer, te·me·rig, te·me·ry** →TEEM.

**tem·pel** =pels temple, shrine; teocalli (of the Aztecs). ~dienaar servant/assistant in the temple; priest. ~diens temple service. T~orde Order of Knights Templars. ~poort temple gate. T~ridder =ders, Tempelier =liere, =liers, (hist.) (Knight) Tem= plar. ~wyding consecration of a temple.

**tem·per** ge= temper, restrain (passion); soft-pedal; moderate; modify; mitigate (pain, grief, anger, etc.); tone down, soften, dilute (colour); soften (light); deaden (sound); temper, anneal (steel); damp (ardour). ~mes palette knife, spatula. ~oond tempering furnace. ~staal tempered steel.

**tem·pe·ra** (painting) distemper; tempera (in fine arts). ~verf distemper.

**tem·pe·ra·ment** =mente temperament; (hist.) temper, blood. **tem·pe·ra·ment·vol** =volle, **tem·pe·ra·men·teel** =tele tem= peramental.

**tem·pe·ra·tuur** =ture temperature; by 'n ~ van ... grade at a temperature of ... degrees; die daal/sak/styg the tem= perature is falling/rising; die ~ meet read the temperature; iem. se ~ meet take s.o.'s temperature. ~daling fall/lowering of temperature. ~humiditeit-indeks temperature-humidity index. ~isogram isotherm. ~kromme temperature curve/ graph. ~meter temperature gauge. ~meting thermometer reading; thermometry. ~skommeling fluctuation of tem= perature. ~styging rise in temperature. ~verandering change of/in temperature. ~verhoging increase in temperature. ~verlaging reduction/lowering of temperature. ~verskil temperature difference. ~wisseling temperature variation.

**tem·pe·ring** tempering; assuagement; mitigation; condi= tioning (of air); (mil.) fuse setting.

**tem·po** tempo's, tempi, (mus.) time, tempo; rate, pace; move= ment, speed; in/teen 'n geweldige/duiselingwekkende ~ at a great/terrific rate; in/teen 'n ~ van ... at a speed of ... (runs an over etc.); in/teen 'n vinnige/stadige ~ at a rapid/slow tempo.

**tem·poe·ra** (Jap. cook.) tempura.

**tem·po·raal** =rale, **tem·po·reel** =rele temporal, secular; tem= poral, of time; (gram.) of the tenses; (anat.) temporal, of the temples; ~rale lob/kwab, (anat.) temporal lobe (of the brain).

**tem·po·rêr** =rêre temporary.

**temp·teer** (ge)=, (infml.) vex, irritate, annoy, tease, torment; tantalise, tempt. **temp·ta·sie** =sies, (infml.) irritation, vexation; temptation.

**tem·pus** (gram.) tense.

**ten** to, at, in; →TE³ prep., TER² prep.; ~ nouste betrokke by ... wrapped up with ...

**ten·dens** =dense, **ten·den·sie** =sies trend, tendency, pur= port, purpose, trend.

**ten·der** =ders, n., (coal truck/vessel; offer) tender; 'n ~ vir iets instuur tender for s.t.; ~s vra/inwag call for (or invite) ten= ders. **ten·der** ge=, vb., tender; vir iets laat ~ give s.t. out on (or put s.t. out to) tender; vir iets ~ tender for s.t.. ~boot tender. ~loko(motief) tank engine. ~raad tender board.

**ten·de·raar** *=raars* tenderer.

**ten·ger, tin·ger** ~ *=gerder =gerste* fragile, delicate, weak; slight, slender, slim, petite; tender; tenuous. **ten·ger·heid** *(poet., liter.)* fragility; frailty; tenuity; slenderness, slimness. **ten·ge·rig, tin·ge·rig** *=rige =riger =rigste* puny, frail, wispy, slight, slender, slim, petite. **ten·ge·rig·heid, tin·ge·rig·heid** puniness, frailness, fragility, slightness, slenderness, slight build, slimness.

**te·niet·doe·ning** annulment, nullification; destruction.

**tenk** *tenks, tenke, (container)* tank, cistern; *(mil., pl.: tenks)* tank, *'n ~ (vol)* a tankful. **~afweerkanon** anti-tank gun. **~afweerprojektiel** anti-tank missile. **~divisie** tank division. **~hut** *(mil.)* Nissen hut *(Br.)*, Quonset hut *(Am.)*. **~inhoud** tankage. **~maat** tankage. **~motor** motor tanker. **~skip** *=skepe* tanker. **~top(pie)** tank top. **~trok** *(rly.)* tank wag(g)on. **~vlieg·tuig** *=tuie* tanker (aircraft/plane). **~wa** *=waens* (road) tanker, tank truck/wag(g)on/lorry.

**ten·min·ste** *adv., (also ten minste)* at least; at any rate; → MINSTE.

**Ten·nes·see** *(geog.)* Tennessee.

**ten·nis** (lawn) tennis; ~ *speel* play tennis. **~baan** tennis court. **~bal** tennis ball. **~elmboog** *=boë, (med.)* tennis elbow. **~maat** *=maats* tennis partner. **~net** tennis net. **~raket** tennis racket. **~skoen** tennis shoe. **~spel** *=spelle* (game of) tennis. **~speler** *(masc.)*, **~speelster** *(fem.)* tennis player. **~toernooi** *=nooie* tennis tournament. **~wedstryd** tennis match.

**te·noor** *=nore, (mus.)* tenor; *dramatiese* ~ leading tenor. **~blok·fluit** *(mus.)* tenor recorder. **~party** tenor part. **~sanger** tenor (singer). **~sleutel** tenor clef. **~stem** tenor (voice).

**te·no·si·no·vi·tis** *(med.: inflammation of the tendons)* tenosynovitis.

**te·no·to·mie** *(med.)* tenotomy.

**ten·sie** *(tech.)* tension.

**ten·sor** *=sors, (anat., math.)* tensor.

**ten·sy, ten·sy** unless, save; ~ *anders bepaal* unless otherwise provided, in the absence of provisions to the contrary.

**tent[1]** *tente* tent; booth *(at a fair)*; tabernacle; awning; canopy; *'n ~ afslaan/afbreek* strike a tent; *in ~e* in tents, under canvas; *Indiaanse* ~, *(dome-shaped)* wigwam; *(cone-shaped)* te(e)pee; *('n)* ~ *opslaan* pitch a tent, put up a tent; *Siberiese* ~ yurt. **~dak** tent roof; awning; tilt roof; pyramid roof. **~deur** (tent) fly. **~doek** (tent) canvas. **~(e)dorp, ~(e)kamp** tent town/camp, tentage. **~hamer** tent mallet. **~kar** tilt/hooded cart. **~klap** tent flap/fly. **~linne** duck. **~lyn** guy. **~maker** →TENTMAKER. **~paal** tent pole. **~pen** tent peg. **~rok** tent dress. **~steek** tent stitch, petit point. **~wa** tent wag(g)on, hooded/covered wag(g)on.

**tent[2]** *tente*, **rek·prop** *=proppe, (med.)* tent.

**ten·ta·kel** *=kels* tentacle.

**ten·ta·tief** *=tiewe* tentative, experimental.

**tent·ma·ker** *=kers* tent-maker. **tent·ma·kers·be·die·ning** *(eccl.)* part-time ministry/preaching.

**ten·toon·stel·ler** *=lers* exhibitor.

**ten·toon·stel·ling** *=lings, =linge* show, exhibition, display; *'n ~ hou* put on (or stage) an exhibition (or a show); *uitstallings op 'n ~* displays at an exhibition.

**ten·toon·stel·lings·** **~gebou** exhibition building(s). **~terrein** showgrounds.

**tent·vor·mig** *=mige* tented, tent-shaped.

**te·nue** *=nues* uniform, dress; *in groot* ~ in full dress/uniform; *in klein* ~ in undress uniform.

**ten·uit·voer·bren·ging, =leg·ging** execution *(of an intention)*, carrying out, implementation.

**te·nu·to** *adj. & adv., (It., mus.: sustained)* tenuto.

**te·o·fa·nie** *=nieë, (theol.)* theophany.

**te·o·kra·sie** theocracy. **te·o·kra·ties** *=tiese* theocratic.

**te·o·lo·gie** theology. **te·o·lo·gies** *=giese* theological; *~e kollege/kweekskool* theological college/seminary. **te·o·lo·gie·stu·dent** theological student. **te·o·loog** *=loë* theologian, theologist; divine; student of theology.

**te·o·re·ma** *=mas, (math., log.)* theorem, proposition.

**te·o·rie** *=rieë* theory; *op grond van die* ~ *dat ...* on the theory that ...; *in* ~ in theory, theoretically; on paper; *in* ~ *en in die praktyk* in theory and practice; *'n* ~ *voordra* expound a theory. **te·o·re·ties** *=tiese* theoretical, speculative. **te·o·re·ti·kus** *=tikusse, =tici* theorist, theoretician. **te·o·re·ti·seer** *ge-* theorise, philosophise; *oor iets* ~ theorise about s.t..

**te·o·sen·tries** *=triese* theocentric.

**te·o·so·fie** *(relig., philos.)* theosophy. **te·o·so·fies** *=fiese* theosophical.

**te·pel** *=pels* teat, nipple, dug; dummy. **~spier** papillary muscle. **te·pel·tjie** *=tjies, (dim.)* mamilla, papilla. **te·pel·vor·mig** *=mige* papillate, mamillary, nipple-shaped.

**te·qui·la** *(a Mex. spirit)* tequila.

**ter[1]** *adv., (mus.)* ter, thrice.

**ter[2]** *prep.* for the; in/at/to the; →TE[3] *prep.,* TEN; ~ *vergelyking* for purposes of comparison.

**te·ra** *comb., ($10^{12}$ or $2^{40}$)* tera-. **~greep** *(comp.)* terabyte.

**ter·aar·de·be·stel·ling** *=lings, =linge* interment, burial, entombment, inhumation.

**te·ra·pie** therapy, therapeutics. **te·ra·peut** *=peute* therapist, therapeutist. **te·ra·peu·ties** *=tiese* therapeutic. **te·ra·peu·ti·ka** therapeutics.

**te·ra·to·geen** *n., (med., biol.)* teratogen. **te·ra·to·geen** *=gene,* **te·ra·to·ge·nies** *=niese, adj.* teratogenic.

**te·ra·to·lo·gie** *(med., biol.; myth.)* teratology. **te·ra·to·lo·gies** *=giese* teratologic(al). **te·ra·to·loog** *=loë* teratologist.

**te·ra·toom** *=tome, (med., biol.)* teratoma.

**te·ra·watt** terawatt.

**ter·bi·um** *(chem., symb.:* Tb*)* terbium.

**ter·de·ë** thoroughly, soundly, properly, fully; to good purpose.

**ter·dood·** **~veroordeelde** *=des, n.* prisoner/etc. condemned to death. **~veroordeelde** *adj. (attr.)* condemned *(prisoner)*. **~veroordeling** condemnation to death.

**te·reet** *=rete, adj., (biol.: smooth and cylindrical or slightly tapering)* terete.

**te·ref·taal·suur** *(chem.)* terephthalic acid.

**te·reg** rightly, justly, properly, correctly, fairly, deservedly, justifiably, with (good) cause; *daar is ~ gesê dat ...* it has been truly said that ...; *heel ~* very justly; very properly; ~ *of ten onregte* rightly or wrongly, whether rightly or not. **~bring** *teregge-* reclaim, win back *(from vice)*; put right *(in order)*. **~help** *teregge-* help out of a difficulty, set right, direct. **~kom** *teregge-* land, arrive; come right; make good; *wat het daarvan tereggekom?* what came of it?; *êrens* ~ end up somewhere. **~staan** *teregge-* stand (or go on or come up for) trial, be tried; *weens ... ~* be tried (or be on trial or stand trial) for ... **~stel** *teregge-* execute. **~stelling** *=lings, =linge* execution. **~wys** *teregge-* reprimand, rebuke, admonish, correct, remonstrate with; condemn; *iem. oor iets ~* reprimand s.o. for s.t.; remonstrate with s.o. about s.t.. **~wysend** *=sende* admonitory. **~wysing** *=sings, =singe* reproof, admonition, reprimand, correction, (infml.) ticking-off; *'n streng/skerp ~ kry* receive a severe/sharp reprimand.

**terg** *ge-* chaff, tease; bait, irritate, taunt, pester, try, molest, mock, harass, devil, provoke, torment, exasperate, aggravate; *iem. ~* pull s.o.'s leg; *iem. oor iets ~* chaff/tease s.o. about s.t.. **ter·gend** *=gende* teasing; provoking, provocative, irritating; ~ *stadig* irritatingly/infuriatingly slow. **ter·ger** *=gers* teaser; provoker, harrier, molester. **ter·ge·rig** *=rige* teasing, fond of teasing. **ter·ge·ry** teasing, leg-pulling, chaff(ing), banter(ing), kidding; provoking, baiting, molestation. **terg·gees** tease, leg-puller, wag, chaffer, banterer. **ter·ging** *=gings, =ginge* provocation. **terg·lus** love of teasing.

**ter·gaal** *=gale, adj., (biol.)* tergal.

**te·ring** *(pathol.)* (pulmonary) tuberculosis, phthisis, consumption. **te·ring·ag·tig** *=tige* consumptive; tuberculous, tubercular; tabetic; hectic. **te·ring·ag·tig·heid** tubercular weakness. **te·ring·hoes** hectic cough.

**ter·loops** *=loopse, adj.* casual, incidental, cursory, perfunctory, passing *(remark); ~e opmerking* obiter dictum; *~e waarnemer* casual observer. **ter·loops** *adv.* casually, cursorily, incidentally, perfunctorily, in passing, by the way, parenthetically.

**term¹** *terme* term; expression; *in algemene/vae ~e* in general terms.

**term²** *terme, (unit of heat)* therm. **ter·maal** *=male* thermal; *~male bronne* thermal/hot springs. **ter·mies** *=miese, adj. & adv.* thermal(ly), thermic(ally); *~e beeldvorming* thermal imaging; *~e drukker* thermal printer; *~e onderklere* thermal underwear; *~e reaktor, (phys.)* thermal/slow reactor; *~e rendement* thermal efficiency.

**ter·miet** *=miete* termite, *(infml.)* white ant; *(in the pl. with cap., zool.)* Isoptera. **~nes** termitary, termitarium.

**ter·mi·naal** *=nale, n. & adj.* terminal; *~nale fase/stadium* terminal phase/stage; *~nale kanker/siekte/ens.* terminal cancer/illness/etc.; *'n ~nale leukemielyer wees* be terminally ill with leukaemia; *'n ~nale pasiënt* a terminal (*or* a terminally ill) patient; *~nale pasiënte* the terminally ill; *saal/afdeling vir ~nale pasiënte* terminal ward.

**ter·mi·neer** *ge=* terminate, end. **ter·mi·na·sie** termination.

**ter·mi·no·lo·gie** terminology, nomenclature. **ter·mi·no·lo·gies** *=giese* terminological. **ter·mi·no·loog** *=loë* terminologist.

**ter·mi·nus** *=nusse* terminus, terminal.

**ter·mi·o·nies** *=niese* thermionic. **ter·mi·o·ni·ka** *(phys.)* thermionics.

**ter·mis·tor** *(elec.)* thermistor.

**ter·mo·che·mie** thermochemistry. **ter·mo·che·mies** *=miese* thermochemic(al). **ter·mo·che·mi·kus** *=mikusse, =mici* thermochemist.

**ter·mo·di·na·mies** *=miese* thermodynamic. **ter·mo·di·na·mi·ka** thermodynamics.

**ter·mo·ë·lek·tri·si·teit, ter·mo·e·lek·tri·si·teit** thermoelectricity.

**ter·mo·ge·ne·se** *(physiol.)* thermogenesis.

**ter·mo·me·ter, ter·mo·me·ter** thermometer; *die ~ wys 30 grade* the thermometer reads 30 degrees. **~stand** thermometer reading. **ter·mo·me·trie** thermometry. **ter·mo·me·tries** *=triese* thermometric(al).

**ter·mo·nu·kle·êr** *=kleêre* thermonuclear.

**ter·mo·plas·ties** *=tiese* thermoplastic.

**ter·mos** *=mosse*, **ter·mos·fles** *=flesse* Thermos (flask) *(trademark).*

**ter·mo·sfeer** thermosphere.

**ter·mo·staat** *=state* thermostat. **ter·mo·sta·ties** *=tiese* thermostatic.

**ter·mo·sta·biel** *=biele* thermostable.

**ter·mo·stroom** thermoelectric current.

**ter·mo·troop** *=trope*, **ter·mo·tro·pies** *=piese, (biol.)* thermotropic. **ter·mo·tro·pis·me** *(biol.)* thermotropism.

**ter·mo·ver·har·dend** *=dende* thermosetting *(plastic etc.).*

**ter·myn** *=myne* term, period, time; instalment; deadline; currency *(of a bill); in ~e betaal* pay by/in instalments; *op kort ~* in the short term; in the short term; at short notice; *op lang ~* in the long term; in the long run; *op middellang ~* in the medium term; *plan op kort/lang ~* short-, long-term plan; *die vasgestelde ~* the time fixed/appointed. **~beleg ging** term investment. **~betaling** payment by instalments;

instalment; terminal subscription; time payment. **~deposito** *(fin.)* time/term deposit. **~handel** (dealing in) futures, time bargain, forward trade. **~huur** periodic lease. **~kontrak** *=trakte, (usu. in the pl.), (fin.)* futures (contract). **~mark** futures market, forward market, terminal market. **~polis** endowment policy. **~prys** forward price, futures price. **~verloop** maturity. **~versekering** term insurance.

**ter·neer·druk** depress, cast down, disconsolate, sadden. **ter·neer·ge·druk** *=drukte* dejected, downhearted, depressed, downcast, gloomy, disconsolate, cast down, dispirited, sad, dreary, glum, in low spirits, crestfallen. **ter·neer·ge·drukt heid** dejection, depression, *(infml.)* the blues.

**ter·nêr** *=nêre* ternary; *~e vorm, (mus.)* ternary form.

**ter·nou·er·nood** hardly, scarcely, barely, only just, narrowly.

**te·ro·po·de** *(a type of dinosaur)* theropod.

**ter·peen** *(chem.)* terpene.

**ter·pen·tyn** turpentine. **~boom** *(Pistacia terebinthus)* terebinth, turpentine tree; *(infml.)* mopane (tree). **~olie** turpentine, turps, oil/spirit(s) of turpentine, wood turpentine.

**ter·pen·tyn·ag·tig** *=tige* turpentinous, turpentinic.

**ter·ra·cot·ta** *=tas, (It.)* terracotta. **~teël** *=teëls* terracotta tile.

**ter·ra in·cog·ni·ta** *(Lat.: unexplored land; usu. fig.)* terra incognita.

**ter·ra·ri·um** *=riums, =ria* terrarium.

**ter·ras** *=rasse* terrace; podium *(of a large building).* **ter·ras seer** *ge=* terrace. **ter·ras·vor·mig** *=mige* terraced, multilevel *(building etc.).*

**ter·raz·zo** *=razzos, =razzi* terrazzo, Venetian mosaic.

**ter·rein** *=reine* grounds; territory; (building) site, plot; terrain; field, province *(of thought),* area, sphere, domain, *(infml.)* turf; *iets is/val buite iem. se ~* s.t. is outside (*or* does not come within) s.o.'s province; *s.t. is out of s.o.'s line; die ~ dek* cover the ground; *jou op gevaarlike ~ begeef/begewe/ waag* venture on dangerous ground; skate/tread on thin ice; *'n nuwe ~ ontgin, (fig.)* break (fresh/new) ground, open a new frontier; *onbeboude ~* vacant piece of ground; *van die ~ af* out of bounds; *dit is verbode ~* it is out of bounds (*or, Am.* off limits); *die ~ verken* reconnoitre; *(fig.)* see how the land lies; *~ verloor/win, (chiefly fig.)* lose/gain ground; *iem. op sy/haar eie ~ verslaan, (fig.)* beat s.o. at his/her own game; *die ~ van die wetenskap/ens.* the field of science/ etc.. **~aanleg** landscape gardening. **~afloop** surface runoff. **~argitek** landscape architect. **~baken** landmark, feature. **~besoek** on-site visit. **~geriewe** on-site facilities. **~gesteldheid** physical/ground features, nature of the ground. **~kaart** topographical/site map. **~leer** topography. **~meting** ground survey. **~opsigter** groundsman. **~personeel** *(sport)* ground staff. **~plan** site plan. **~plooi** fold. **~tuinier** landscape gardener. **~verkenning** reconnaissance. **~waarde** site value. **~water** surface water.

**ter·reur** (reign of) terror; terrorism, terrorisation. **~aanval** *=valle* terror(ist) attack. **~bestrydingseenheid** antiterrorist squad/unit.

**ter·rien** *(cook.)* terrine. **~(bak/vorm)** terrine. **~(gereg)** terrine.

**ter·ri·ër** *=riërs* terrier.

**ter·ri·geen** *=gene, (geol.)* terrigenous.

**ter·ri·to·ri·aal** *=riale* territorial; *~riale waters/see* territorial waters. **ter·ri·to·ri·a·li·teit** territoriality.

**ter·ro·ris** *=riste* terrorist. **ter·ro·ri·seer** *ge=* terrorise. **ter·ro ris·me** terrorism; *maatreëls teen ~* antiterrorist measures. **ter·ro·ris·ties** *=tiese* terrorist(ic).

**ter·ro·ris·te·:** *=leier =leiers* terrorist leader. **~oorlog** *=loë* terrorist war.

**ter·saak·lik** *=like =liker =likste* relevant. **ter·saak·lik·heid** relevance.

**ter·self·der·tyd** at the same time; meantime, meanwhile; while you are about it.

**ter·set** =sette, (mus.) terzetto, tercet.

**Ter·si·êr** n., (geol.) Tertiary. **Ter·si·êr** =sière, adj., (geol.) Tertiary.

**ter·si·êr** =sière tertiary; ~e onderwys/onderrig/opvoeding tertiary education; ~e sektor, (econ.) tertiary sector.

**ter·si·ne** =nes, (pros.) tercet, terzina.

**ter·sluiks** stealthily, on the sly, furtively, clandestinely.

**ter·stond** at once, immediately, directly.

**ter·sy·de** =des, n., (theatr.) aside. **ter·sy·de** adv., (also ter syde) aside; iets ~ laat/stel put/leave s.t. aside; ignore/disregard s.t.; iets ~ sê say s.t. in an aside; iets van ~ sien see s.t. out of the corner of one's eye. **ter·sy·de·la·ting** =tinge, =tings, **ter·sy·de·stel·ling** =linge, =lings putting aside, ignoring, disregard.

**tert** terte tart; (infml., derog.) tart, hussy, floozie, slut. ~**deeg** pastry. ~**dop** (cook.) pastry case/shell. ~**kors** tart crust, piecrust; pastry (crust). ~**pan** tart tin.

**ter·ta·fel·leg·ging** (parl.) tabling, introduction (of a bill etc.).

**tert·jie** =jies, n. (dim.) (jam) tart; patty, tartlet; (in the pl., also) patisserie.

**terts** tertse, (mus.) third; tierce; klein/groot ~ minor/major third.

**te·rug** back, backward(s); iets is ~ te **bring** tot ... s.t. is traceable to ...; iem. wil dit ~ **hê** s.o. wants it back; 'n paar **jaar** ~ some years back/ago; iem. **moet** ~ s.o. must (or has to) go/get back; ~ **na** ... back to ... (nature etc.); uit die oor**log** ~ back from the war; die reis ~ the return journey; van ... ~ **wees** be back from ... ~**aarding** throwback; atavism. ~**bel** terugge= phone/ring back. ~**besorg** het ~ return, send back; restore. ~**besorging** return. ~**betaal** het ~ repay, refund, pay back. ~**betaalbaar** =bare refundable, repayable; ~bare deposito returnable deposit. ~**betaling** repayment, payback, refund; drawback (of a duty). ~**blik** retrospect; retrospection, stocktaking; 'n ~ op iets werp look back (up)on s.t.; pass s.t. in review. ~**bring** →TERUGBRING. ~**buig** terug ge= bend back, recurve. ~**buiging** bending back, recurvature, supination, retroflexion. ~**dateer** terugge= antedate. ~**dink** terugge= recollect, recall (to mind), bring/call to mind, think back; aan iets ~ think (or cast one's mind) back to s.t.; iets laat iem. aan ... ~ s.t. takes s.o. back to ... **~draai** terugge= turn back. ~**dring** terugge= force/push/fight back. ~**dryf**, ~**drywe** terugge= drive back, repel, beat off, repulse, fight off; float back. ~**eis** teruggeëis demand back, reclaim. ~**eisbaar** reclaimable. ~**faks** terugge= fax back (a document etc.). ~**flits** =flitse flashback. ~**gaan** →TERUGGAAN. ~**gawe** giving back, restoration, restitution. ~**gebuig** =buigde bent back; reclinate; (anat., med.) retroflex(ed), retroverted. ~**gee** →TERUGGEE. ~**gevou** =voude folded back; replicate. ~**gly** slip back. ~**groet** terugge= acknowledge/return a greeting. ~**gryp** terugge= snatch back; cut back; reach back (to traditional values etc.); ~ na die verlede reach back into the past. ~**gryping** cutback; (gram.) back formation. ~**haak** terugge=, vb., (soccer) back-heel (a ball). ~**haakskop** n., (soccer) back-heel. ~**haal** terugge= fetch back. ~**helling** (constr.) batter. ~**hou** →TERUGHOU. ~**huur** terugge= lease back. ~**huurkontrak**, ~**ooreenkoms** leaseback agreement. ~**ja(ag)** terugge= drive/chase back; hurry/race back. ~**kap** terugge= retort, snap. ~**keer** →TERUGKEER. ~**kom** →TERUGKOM. ~**koop** n., (comm.) buy-back, repurchase. ~**koop** terug ge=, vb. buy back, repurchase. ~**koopooreenkoms** (fin.) repurchase agreement, (infml.) repo. ~**koppeling** (rad.) feedback, retroaction. ~**krabbel** terugge= back out, try to get out, climb down, backtrack, back down, back-pedal. ~**krabbeling** climbdown, backing down; backtracking; backing out. ~**krimp** terugge= shrink (back); gather (a metal sheet). ~**kry** terugge= get back, recover, reclaim. ~**kyk** terugge= look back. ~**lees** terugge= read back; iets vir iem. ~ read s.t. back to s.o.. ~**lei** terugge= lead back; reduce. ~**lesing** backsight. ~**loop** n. recoil (of a gun barrel); backwash (of water). ~**loop** terugge=, vb. walk back; run back; flow back; regurgitate; iets laat ~

run s.t. back (a film etc.). ~**mars** n. march back. ~**marsjeer** terugge=, vb. march back; countermarch. ~**neem** →TERUG NEEM. ~**ontvang** het ~ receive back. ~**oproep** reversed/reverted call. ~**plaas** terugge= replace; transfer; reinstate. ~**plof** n. backfire (of a vehicle). ~**plof** terugge=, vb. backfire. ~**reis** n. return (home) journey/voyage. ~**reis** terugge=, vb. travel/journey back, return; in die tyd ~ travel back in time, (infml.) take a trip down memory lane. ~**reistarief** return fare. ~**rit** ride/drive back. ~**roep** terugge= call back, recall; encore; hark back; ... in die geheue ~ recall ... to mind. ~**roeping** recall. ~**ry** terugge= drive/ride back. ~**sak** terugge= sink back; (shares etc.) slip back. ~**sakking** =kings, =ringe recession. ~**sending** sending back, return. ~**setting** putting back; setback, reverse; slight; (mil.) demotion; relegation. ~**sien** terugge= look back (upon); see again/back; op ... ~ look back (up)on ... ~**sit** terugge= put back; sit back, relax (in one's seat); set/throw back; replace; slight; (mil.) demote; relegate; handicap. ~**skakeer** terugge= tone back (hair). ~**skakel** terugge= shift/change down (gears); (elec., rad., TV) switch back; call back, return a telephone call. ~**skiet** terugge= shoot back; na die vyand ~ answer the enemy's fire. ~**skop** terugge=, vb. kick back. ~**skrik** terugge= start back, blench, recoil, quail; vir ... ~ recoil at ... ~**skryf**, ~**skrywe** terugge= write back. ~**skuif**, ~**skuiwe** terugge= push/shift/shove/shunt back; (sport) relegate; (mil.) demote. ~**skuins** terugge=, (constr.) splay back (the surface of a wall). ~**skuiwing** relegation. ~**slaan** →TERUG SLAAN. ~**slag** →TERUGSLAG. ~**snoei** prune back (stems etc.). ~**speel** terugge= play back, return (a ball). ~**speelaksie** playback. ~**speler** playback (of a tape recorder); (tennis) returner. ~**spoel** terugge= wash back; be washed back; rewind (a film, tape, etc.). ~**spoeling** backwash. ~**spring** terugge= jump/leap back; resile; recoil, rebound (after impact); bounce (back); ricochet. ~**sprong** jumping back; recoil, rebound, bounce. ~**staan** terugge=, **trustaan** truge= stand/move back; hold/hang back; yield; withdraw, retire (from a contest); stand/step down; vir niemand ~ nie be second to none, (infml.) take a back seat to no one; van ... ~ back away from ...; vir ... ~ yield to ... (s.o. etc.). ~**steek** terugge= riposte. ~**stelteken** (comp.) backspace character. ~**stoot** →TERUGSTOOT. ~**stort** terugge= surrender; relapse; teruggestorte saldo surrendered balance. ~**stroming** flowing back, back(ward) flow, backwash; reflux. ~**stuur** terugge= send back, return; stuur terug aan afsender!, (on misdirected mail) return to sender!. ~**stuurhouer** returnable container. ~**sukkel** terugge= limp back, trudge back. ~**swaai** n., (sport) backswing, backlift (of a leg, bat, etc.). ~**swaai** terugge=, vb. swing back. ~**tog** retreat, withdrawal; return journey; die ~ blaas, (mil.) sound the retreat. ~**trap** terugge= kick back; back-pedal; step/fall back. ~**traprem** back-pedal brake, coaster (brake). ~**tree** →TERUGTREE. ~**trek** →TERUGTREK. ~**vaar** terugge= sail back, put back; return by sea. ~**vaart** return trip by sea, return voyage. ~**val** →TERUGVAL. ~**verhuring** leaseback. ~**verhuur** het ~ lease back. ~**verlang** het ~ want/wish back; na iets ~ hark back to s.t.; have nostalgia for s.t.; long/yearn to go back to s.t. (a place). ~**verwys** het ~ refer back, send back; terugverwysde saak remitted case. ~**verwysing** referring/reference back, sending back, remittal. ~**vind** terugge= find again, recover; iets uit ... ~ recover s.t. from ... ~**vloeiing** back-flow; reflux; regurgitation. ~**vlug** return flight. ~**voer** n. feedback; negatiewe/positiewe ~ negative/positive feedback. ~**voer** terugge=, vb. lead back; carry back; feed back; iets tot ... ~ date s.t. to ...; trace s.t. back to ...; dit kan tot die ... eeu teruggevoer word it goes back to the ... century. ~**vorder** terugge= reclaim, recover, demand back; (jur.) (re)vindicate; geld ~ withdraw money (from a bank). ~**vordering** =rings, =ringe demand; withdrawal; recovery; (re)vindication. ~**vou** terugge= fold back. ~**vra** terugge= ask/demand back. ~**weg** way/road back, return journey. ~**wen** terugge= win back, regain, recover, reclaim. ~**werk** terugge= work back; react; (comp.) backtrack; die wet werk nie terug nie the law is not retrospective. ~**wer**=

kend, ~**werkend** -*kende* retrospective, retroactive; *met ~e krag* with retrospective/retroactive effect, retrospectively, backdated to. ~**werking** retroaction; reaction. ~**winning** recovery, reclamation. ~**wyk** *terugge=* retreat, yield, budge, fall back, flinch, give way; recede. ~**wykend** -*kende, (also)* recessive; retrograde. ~**wyking** retreat.

**te·rug·bring** *terugge=* bring back, take back; restore; ... *iets ~ tot* ... bring s.t. back *(or* reduce s.t.) to ... **te·rug·bren·ging** bringing back, returning; reduction.

**te·rug·deins** *terugge=* back away, blench, flinch, wince; quail; *vir/van iets ~* back/shy away *(or* draw back *or* shrink *or* cower away/back) from s.t., boggle at s.t.; flinch/recoil from s.t.; *~ vir niks nie* stick/stop at nothing. **te·rug·dein·sing** recoil, flinching; *~ vir* ... shrinking from ...

**te·rug·gaan** *terugge=* return, go/turn back; retrogress; *na* ... *~ return to* ... *(a place);* date back to ... *(an era).* **te·rug·gaan·de** retrograde. **te·rug·gang** going back; decline; retrogression; malaise; devolution; recession; reversion (to type).

**te·rug·gee** *terugge=* give back, return, restore, disgorge; *iets aan iem. ~* give s.t. back *(or* return s.t.) to s.o.; make restitution of s.t. to s.o.; restore s.t. to s.o. **te·rug·gee·baar** -*bare* returnable.

**te·rug·ge·trok·ke** *~* -*kener* -*kenste* (of *meer ~ die mees ~*) withdrawn, reserved; retiring, modest, self-effacing, uncommunicative. **te·rug·ge·trok·ken·heid** reserve; self-effacement.

**te·rug·hou** *terugge=* hold/keep back, retain, withhold, deter, check, inhibit; *iets van iem. se loon ~* dock s.t. from s.o.'s wages; *jou optrede ~* stay one's hand. ~**belasting** withholding tax. **te·rug·hou·dend** -*dende* reserved, uncommunicative; tight-lipped; unforthcoming; reticent, retiring, unassertive, undemonstrative; inhibitory. **te·rug·hou·dend·heid** reserve, reservedness, uncommunicativeness; distance; unassertiveness, reticence. **te·rug·hou·ding** reserve; keeping/holding back; retention, retentivity; reserve, uncommunicativeness; inhibition.

**te·rug·kaats** *terugge=* return (ball); reflect *(light, sound);* reverberate, re-echo; *deur iets teruggekaats word, (rad. waves etc.)* bounce off s.t.. **te·rug·kaat·send** -*sende* reverberating, re-echoing; reflective *(light).* **te·rug·kaat·sing** -*sings,* -*singe* reflection; reverberation.

**te·rug·keer** *n.* return; comeback; homing; recurrence; *na jou ou weë ~* slip back into one's old ways *(or* into old ways of behaving); *die ~ tot* ... the return to ... *(a previous viewpoint etc.);* the reversion to ... **te·rug·keer** *terugge=, vb.* return, go/come back; head back; recur; switch back *(to an orig. plan etc.);* *na* ... *~* return to ... *(s.o., a place);* *tot* ... *~* return to ... *(a method etc.);* revert to ...; *van* ... *~* return from ... **te·rug·ge·keer·de** -*des, n.* returnee. **te·rug·ke·rend** -*rende* returning; recurrent. **te·rug·ke·ring** reversion.

**te·rug·kom** *terugge=* come back, return; *iem. kom dadelik terug* s.o. will be right back; *na* ... *~* return to ... *(s.o., a place);* *na iem. toe ~ oor iets* get back to s.o. on s.t.; *op iets ~* come back to s.t.; hark back to s.t.; return/revert to s.t. *(a subject etc.);* *steeds weer op iets ~* harp on (about) s.t.; *iets kom op iem. self terug* s.t. rebounds/recoils (up)on s.o.; *totdat iem. ~ pending* s.o.'s return; *van* ... *~* return from ... **te·rug·koms** return; *by iem. se ~* on s.o.'s return.

**te·rug·neem** *terugge=* take back, repossess, recover; withdraw, retract. **te·rug·ne·ming** taking back, repossession, recovery.

**te·rug·slaan** *terugge=* hit/strike back; return *(a ball);* beat off, repel, repulse, throw back; *(fig.)* fight/kick back; recoil, rebound; backfire; revert (to type); *iets slaan op iem. terug* s.t. backfires on s.o. *(infml.).* **te·rug·slaan·de** *(biol.)* atavistic, retrogressive. **te·rug·sla·ner** *(tennis)* returner.

**te·rug·slag** -*slae* recoil(ing), repercussion; backswing; return stroke; recoil, rebound; backfire; reverse, setback, blow;

reversion to type, retrogression, atavism, throwback; comeback; reaction, backlash; *deur 'n dubbele ~ getref* hit by a double blow *(or, infml.* double whammy); *'n ernstige/geweldige ~ vir die ekonomie* a shattering blow to the economy; *'n ~ kry* suffer a setback; *'n (hewige) ~ kry, (also)* meet with *(or* suffer) a reverse; take a knock *(fig.);* *'n ~ vir* ... a setback to ... ~**klep** non(-)return/back-flow/reflux valve. ~**plaat** baffle (plate).

**te·rug·stoot** *n.* rebound; recoil, bounce, kickback. **te·rug·stoot** *terugge=, vb.* push/shove back; rebuff; rebound; recoil; *(a gun)* kick; *terugstotend, (also)* repulsive, forbidding, repellent. **te·rug·sto·ting** repulse; retroversion; rebuff.

**te·rug·tree** *terugge=* step back, recoil; withdraw, fall back; retire; stand down; bow out; *van* ... *~* back away from ... **te·rug·tre·dend** -*dende* withdrawing; *(biol.)* recessive.

**te·rug·trek** *n.* backwards. **te·rug·trek** *terugge=, vb.* pull back, withdraw *(a hand etc.);* *(an army)* retreat, pull out; *(a candidate in an election)* stand down, withdraw; retract *(a promise);* withdraw, take back *(a statement);* cancel *(an appointment);* back out; unsay *(words);* scratch *(a competitor);* move back *(to a former place);* *haastig ~* beat a hasty retreat; *jou ~* step down; efface o.s.; *jou uit die wêreld ~* retire from the world; *(jou) woorde ~* retract (one's words); withdraw one's words, *(infml.)* eat/swallow one's words. **te·rug·trek·king** withdrawal; scratching; retreat, retirement; retraction, cancellation; backwash.

**te·rug·val** *n.* falling back, relapse *(into wrongdoing),* backsliding; retreat; fallout; *'n ~ in* ... a reversion to ... **te·rug·val** *terugge=, vb.,* drop/fall back *(into place);* revert; relapse *(into sin),* backslide; *(troops)* fall/move back; *iets val aan iem. terug* s.t. reverts to s.o. *(rights etc.);* *in* ... *~* relapse into ... **te·rug·val·lend** -*lende* reversionary. **te·rug·val·ler** -*lers* recidivist.

**ter·wyl** while, whilst, whereas, as; *hoe kon jy ~ jy geweet het dat* ...? how could you when you knew that ...?

**te·saam, te·sa·me** together, combined, put together, between them, in common, conjointly; *almal ~* all together; *~ met* ... along/together with ...; accompanied with ...; combined *(or* in combination) with ...; *~ met iem., (also)* in partnership with s.o.; *R500/ens. tesame* R500/etc. between them.

**te·sis** -*sisse* thesis, dissertation; thesis, theory, proposition, (unproven) statement, premise *(in an argument).*

**tes·la** *(phys.:* SI unit of magnetic flux density) tesla.

**te·sou·rie** -*rieë* treasury (department). **te·sou·rier** -*riere,* -*riers, (masc.),* **te·sou·rie·re** -*res, (fem.)* treasurer, bursar.

**te·sou·rus** -*russe* thesaurus.

**Tes·sa·lo·ni·ka** *(NAB),* **Thes·sa·lo·ní·ka** *(OAB), (geog.)* Salonika, Salonica *(Eng.),* Thessaloníki *(Gr.),* Thessalonica *(Lat.).* **Tes·sa·lo·ni·sen·se** *(NAB),* **Thes·sa·lo·ni·cen·se** *(OAB), (NT books)* Thessalonians.

**tes·ta·ment** -*mente* testament, (last) will (and testament); *in jou ~ aan iem. dink, iem. in jou ~ noem* remember s.o. in one's will; *'n ~ maak* make one's will; *die Ou/Nuwe T~* the Old/New Testament; *sonder ~ sterf* die intestate. **tes·ta·men·têr** -*têre* testamentary. **tes·ta·ment·loos·heid** intestacy.

**tes·ta·teur** -*teure,* -*teurs, (masc.),* **tes·ta·tri·se** -*ses, (fem.)* testator *(masc.),* testatrix *(fem.).*

**tes·ti·kel** -*kels, (anat.)* testicle, testis.

**tes·tos·te·roon** *(physiol.)* testosterone.

**tet** *tette, (coarse: a woman's breast)* tit, teat, boob; →TIET.

**te·ta·nus** *(pathol.)* tetanus, lockjaw.

**tête-à-tête** -*têtes, (Fr.: private conversation between two people)* tête-à-tête.

**te·tra** *comb.* tetra-. ~**chloorkoolstof** carbon tetrachloride. **T~gram, T~grammaton** *(Bib.)* Tetragram, Tetragrammaton. ~**styl** *(archit.)* tetrastyle.

**te·tra·de** -*des, (group/series of 4)* tetrad.

**te·tra·ë·der, te·tra·e·der** -*ders, (geom.)* tetrahedron. **te·tra**

**ë·draal, te·tra·e·draal** -drale, **te·tra·ë·dries, te·tra·e·dries** -driese tetrahedral.

**te·tra·go·naal** -nale, (cryst.) tetragonal.

**te·tra·lo·gie** -gieë, (series of 4 works) tetralogy.

**te·trarg** -trarge, n. & adj., (chiefly hist.: one of 4 joint rulers) tetrarch. **te·trar·gie** -gieë tetrarchy, tetrarchate.

**te·tra·si·klien** (med.) tetracycline.

**te·tra·va·lent** -lente, adj., (chem.) tetravalent.

**teu·el** -els, n. (mostly in the pl.) rein (of a bridle); die ~s kort/styf hou hold the reins tight; not give too much scope; die ~s laat skiet give a horse the reins; (fig.) give rein (or the reins) to s.o., allow s.o. free scope; die ~s stywer trek pull in the reins; vrye ~s aan ... gee allow/give free/full play to ...; give the rein(s) (or free rein) to ... **teu·el·loos** -lose un-bridled, unrestrained, unruly.

**teug** teue, n. draught, swig, pull, potion, gulp, swallow; in een ~ at a gulp; met groot/lang teue drink take deep draughts; 'n ~ uit ... neem take a pull at ... (a bottle etc.). **teug** ge-, vb. drink; take a pull (at/on); aan iets ~ pull at/on s.t. (a pipe etc.). **teu·gie** -gies, n. (dim.) sip.

**Teu·toon** -tone, (member of an ancient Germanic people) Teu-ton. **Teu·toons** -toonse Teutonic.

**te·ver·geefs** -geefse, adj. fruitless, futile, vain; al iem. se moeite was ~ all s.o.'s trouble was futile (or in vain or for nothing); dit is moeite ~ you may save your pains/troubles; 'n ~ e po-ging a futile/fruitless/unsuccessful attempt. **te·ver·geefs** adv. in vain, vainly, of/to no avail, unavailingly, to no pur-pose, unsuccessfully, futilely, for nothing; ~ iets soek look for s.t. unsuccessfully/futilely (or in vain); ~ iets probeer doen try vainly/unsuccessfully to do s.t..

**te·vo·re** before(hand), previously, formerly, heretofore; kort/lank ~ shortly/long before.

**te·vre·de** ~ -dener -denste (of meer ~ die mees ~) satisfied, contented, content, happy; contentedly, happily; heeltemal ~ om te ... quite happy to ...; heeltemal/volkome ~ com-pletely/perfectly satisfied; ~ met iem./iets satisfied with s.o./s.t.; ~ met jouself self-content(ed); met iets ~, (also) content with s.t.; happy with s.t.; oor iets ~ wees be happy with s.t., feel satisfaction at s.t.; iem. ~ stel satisfy s.o.; please s.o.; jou nie gou ~ laat stel nie not be easily satisfied; jou met iets ~ stel content o.s. with s.t.; iem. probeer ~ stel s.o. aims to please. **te·vre·de·ne** -nes: die ~s the contented, the satisfied. **te·vre·den·heid** contentment, contentedness, satisfaction; 'n rede vir ~ a cause for satisfaction.

**te·wa·ter·la·ting** -tings, -tinge launch(ing).

**te·weeg·bring** teweegge-, (also teweeg bring) bring about, bring to pass, cause, induce, effectuate, produce; 'n veran-dering ~ work a change.

**te·wens** besides, moreover, what's more.

**Thai** Thais, **Thai·lan·der** -ders, n., (inhabitant) Thai. **Thai-land** Thailand. **Thais** Thaise, **Thai·lands** -landse, adj. Thai.

**That·che·ris·me** (pol., econ., also t~) Thatcherism. **That-che·ris** -riste, **That·che·riet** -riete, (also t~) Thatcherite. **That-che·ris·ties** -tiese, **That·che·ri·aans** -aanse, (also t~) Thatch-erite.

**The·kwi·ni** (Zu., geog.: Durban) Thekwini.

**Tho·mas:** 'n ongelowige ~ a doubting Thomas.

**Thor** (Norse myth.) Thor.

**Tho·rough·bred** (Br. breed of horse) Thoroughbred.

**thun·ber·gi·a** (bot.) black-eyed Susan.

**ti·a·mien, vi·ta·mien B**[1]**, a·neu·rien** (biochem.) thiamine, vitamin B[1], aneurin.

**ti·a·ra** -ras tiara.

**Ti·ber** (an It. river) Tiber.

**Ti·be·ri·as:** Meer van ~/Gennesaret, See van Galilea Lake of Tiberias/Gennesaret, Sea of Galilee.

**Ti·bet** Tibet. **Ti·bet·taan** -tane, n. Tibetan. **Ti·bet·taans** n., (lang.) Tibetan. **Ti·bet·taans** -taanse, adj. Tibetan.

**ti·bi·a** -bias, (anat.) tibia.

**tie·kie** -kies, (hist. SA coin) tickey, threepence; lang ~, (infml.: for fraudulently using a public teleph.) long/sticky tickey. ~boks -bokse, (infml.: public teleph.) tickey-box. ~draai ge-, tiekiege-, (traditional dance) tickey-draai; ('n) mens kan nie alleen ~ nie, (infml.) it takes two (to tango).

**tie·mie** thyme. **tie·mie·ag·tig** -tige thymy.

**tien** tiene, tiens ten; ~ teen een ten to one (it's true etc.); ~ maal ten times; nege uit die ~ nine in ten. ~dubbel(d) ten-fold; ten times over. ~duisend -sende, (also tien duisend) ten thousand; (in the pl., also) tens of thousands. ~duisendste (also tien duisendste) ten-thousandth. ~hoek decagon. ~hoe-kig, ~hoekig -kige decagonal. ~jaarliks -likse decennial. ~kamp decathlon. ~kampatleet, ~kamper decathlete. ~rand-noot ten-rand note, (infml.) tenner. ~uur ten o'clock.

**tien·daags** -daagse ten-day, ten days', of ten days; every tenth day.

**tien·de** -des, n. tenth; ~s betaal, (Chr.) pay tithes; ten ~ tenthly, in the tenth place. **tien·de** adj. tenth; ~ deel tenth (part), tithe; T~ Straat, T~straat Tenth Street. ~heffing tithing. ~maand month for offering tithes to church.

**tien·de·lig** -lige having (or consisting of) ten parts/volumes; decimal; ~e breuk decimal fraction; ~e stelsel decimal/met-ric system.

**tien·de·plig·tig** -tige tithable.

**tien·der·ja·rig** -rige, adj. teenage(d). **tien·der·ja·ri·ge** -ges, n. teenager.

**tie·ner** -ners teenager. ~jare, tiennerjare teens; in jou ~ in one's teens.

**Tie·nie:** 'n tawwe ~, (infml.) a tough customer.

**tien·ja·rig** -rige ten-year-old; decennial; ~e tydperk decen-nium.

**tien·po·tig, tien·po·tig** -tige ten-legged; ~e skaaldier(e) decapod(a).

**tien·tal** -talle ten; decade; 'n ~ about ten, ten or so; 'n ~ jare ten years or so; ~le gevalle dozens of cases. **tien·tal·lig, tien-tal·lig** -lige decimal, denary (scale).

**tien·vlak** decahedron. **tien·vlak·kig, tien·vlak·kig** -kige dec-ahedral.

**tien·voud** -voude decuple. **tien·vou·dig, tien·vou·dig** -dige tenfold.

**tier**[1] tiers, tiere, n., (Panthera tigris) tiger; (obs.) leopard; jou ~ teëkom/teenkom, (infml.) find/meet (more than) one's match. ~boskat serval. ~haai tiger shark. ~kat (Felis tigrina) tiger cat; (F. wiedi) margay. ~leeu (hybrid) tigon. ~lelie tiger lily. ~melk tiger's milk; (infml.) booze, firewater. ~oog (min.) tiger('s) eye. ~vel tiger skin. ~wyfie (lit., fig.) tigress; (fig.) vixen, hellcat, battleaxe. ~wyfieagtig -tige, (fig.) vixenish.

**tier**[2] ge-, vb. thrive, prosper, flourish.

**tier**[3] ge-, vb. rage, bluster, storm; ~ en raas storm and rave. **tie·rend** -rende raging (storm, wind); ranting (pers.).

**tier·ag·tig** -tige tigerish.

**tier·lan·tyn·tjie** -tjies flourish; bauble, furbelow, frill, frip-pery, folderol; knick-knack, showy trifle, fandangle; (in the pl., also) fancy goods, frills and furbelows; (infml.) bells and whistles.

**tier·tjie** -tjies, n. (dim.) tiger cub/whelp.

**tiet** tiete, (coarse: a woman's breast) tit, boob; nipple, (artifi-cial) teat. **tie·tie** -ties, n. (dim.), (infml.) titty, teat, nipple.

**ti·feus** -feuse typhoid, enteric.

**ti·fo·ïed** (pathol.) typhoid (fever), enteric fever.

**ti·foon** tifone, tifoons typhoon.

**ti·fus(·koors)** (pathol.) typhus (fever), jail/ship fever.

**tik**[1] tikke, n. pat, tap, touch, rap, flick, tick (of a watch); beat;

click. **tik** =ge-, *vb.* click; pat, tap, touch, rap, flick; percuss; chuck *(s.o. under the chin); (a watch)* tick; type; *die bal* ~ tap the ball; *'n brief laat* ~ have a letter typed; *op iets* ~ tap on s.t.; ~ *jy my dan pik ek jou* tit for tat. ~**bal** patball. ~**fout** typing error. ~**hou** *(cr.)* snick; *(golf)* chip. ~**masjien** type= writer. ~**poel** =poele typing pool, typists' pool. ~**skoppie** =pies, *(rugby)* tap kick; chip kick. ~**skrif** typing; typescript; *in* ~ typed. - **tak** tick-tick *(of a watch);* tick-tack, tick-tock *(of a clock).* ~**(werk)** typing, typewriting; typescript.

**tik²** *n., (SA drug sl.: methamphetamine)* tik.

**tik·ker** =kers ticker; typist; *(med., infml.)* pacemaker. **tik·ke·ry** typing, typewriting.

**tik·kie** =kies, *n. (dim.)* tick; pat, tap; tinge, touch, dab, spark, dash; hint, shade, trace, touch, wee bit, trifle; *'n* ~ *beter* a taste better; *'n* ~ *humor* a dash/streak of humour; *met 'n* ~ ... with a hint of ... *(sadness etc.);* tinged with ...; *'n* ~ ... a dash of ... *(humour etc.);* a suggestion of ...; *'n* ~ *vinniger* a little/thought faster.

**tik·so·tro·pie** *n., (chem.)* thixotropy. **tik·so·tro·pies** =piese, *adj.* thixotropic.

**tik·ster** =sters, *(fem.)* typist(e).

**ti·la·pi·a** =pias, *(icht.)* tilapia; →KURPER.

**til·de** =des, *(typ.)* tilde, swung dash.

**Til·sit(·kaas), Til·si·ter** *(also* t~*)* Tilsit (cheese), Tilsiter.

**tim·baal** =bale, *(cook.)* timbale.

**Tim·boek·toe** *(geog.)* Timbuktu.

**tim·bre** =bres timbre, tone colour, quality *(of voice).*

**ti·mien** *(biochem.)* thymine.

**tim·mer** =ge= carpenter, do carpentering; build, construct; pound; *iets aanmekaar* ~, *(also fig.)* knock s.t. together, nail s.t. up; *voortdurend op iets* ~ keep on harping on the same string. ~**hout** lumber, timber. ~**man** =manne, =mans carpen= ter. ~**werk** carpentering, carpentry; timbering; framing of timber. ~**werker** timberman.

**tim·me·ra·sie** =sies framework, framing timber; (wooden) structure; timbering.

**tim·mer·mans·:** ~**ambag** carpenter's trade. ~**gereedskap** carpenter's tools.

**ti·mo·kra·sie** =sieë, *(pol.)* timocracy.

**Ti·mor** *(geog.)* Timor. **Ti·mo·rees** =rese, *n. & adj.* Timorese.

**timp** timpe fag end *(of a rope).*

**tim·paan** =pane, *(print.)* tympan; *(archit.)* tympanum. **tim= pa·num** =nums, *(anat.)* tympanum.

**tim·pa·ni** =ni's, *(It., mus.: set of kettledrums)* timpani. **tim= pa·nis** =niste timpanist.

**ti·mus** =musse, **ti·mus·klier** =kliere thymus (gland).

**tin** *n., (chem., symb.:* Sn*)* tin; pewter. ~**erts** tin ore. ~**foelie** tin foil. ~**glasuur** tin glaze. ~**goed** tinware, pewter. ~**legering** pewter. ~**myn** tin mine, stannary. ~**oksied** *(chem.)* stannous oxide. ~**steen** tinstone, cassiterite. ~**suur** stannic acid. ~**werk** pewter; pewter work.

**tin·ag·tig** =tige tinny, stannic.

**tin·gel** =ge=, *(bells)* tinkle, jingle. **tin·ge·lend** =lende jingly, tin= kling, tinkly. **tin·ge·ling** =linge, =lings jingling, tinkling, ding= a-ling. **tin·ge·lin·ge·ling** =linge, =lings, *(onom.)* ting-a-ling(-a-ling), ting-ting.

**tin·ger** →TENGER.

**tin·kel** =ge= tinkle, clink, chink. **tin·ke·ling** =linge tinkling, clink= ing, chinking.

**tink·tin·kie** =kies, *(orn.: Cisticola* spp.*)* cisticola.

**tink·tuur** =ture, *(pharm.)* tincture.

**tint** tinte, *n.* tinge, tint, hue, tincture, tone. **tint** =ge=, *vb.* tint, tinge, stain, shade, tone. **tin·ting** tinting; tint; toning.

**tin·tel** =tels, *n.* tingling, tingle; twinkle, sparkle. **tin·tel** =ge=, *vb.* tingle; twinkle, sparkle; ~ *van* ... quiver with ... *(excite= ment etc.).* **tin·te·lend** =lende sparkling; vivacious. **tin·te·ling** =linge tingling; thrill *(of joy);* twinkle, twinkling, sparkle, spar= kling.

**ti·o-** *comb.* thio=. ~**pentoonnatrium** *(med.)* thiopentone sodi= um. ~**sulfaat** *(chem.)* thiosulphate.

**ti·ol** *(chem.)* thiol.

**tip** tippe, *n.* tip, point; ~**hou** *(cr.)* snick. ~**top** *adj. & adv.* tip-top, first-rate.

**ti·pe** =pes type; exemplar; mould; character; *as* ~ *vir ... dien* typify ...; *'n rare* ~ a queer specimen/character; *'n seldsame* ~ ... a rare type of ... ~**eksemplaar** type specimen. ~**ge= nus** type genus. ~**monster** type sample. ~**soort** type spe= cies.

**ti·peer** *(ge)=* typify; type; characterise; *dit* ~ *iem.* that is typi= cal of s.o.. **ti·pe·rend** =rende typical; ~*e monster* type speci= men; ~ *van ...* typical of ... **ti·pe·ring** typifying, typification; typing.

**ti·pi** =pi's, *(cone-shaped Am. Ind. tent)* te(e)pee.

**ti·pies** =piese typical, characteristic, figurative; true to type; ~ *van/vir ...* representative of ...; typical of ...

**ti·po·graaf** =grawe typographer. **ti·po·gra·fie** typography. **ti·po·gra·fies** =fiese typographic(al).

**tip·peks** *(trademark)* Tipp-Ex.

**tip·pe·laar** =laars, *(a breed of pigeon)* tippler.

**tip·pe·tap** *(onom.)* pitter-patter.

**tip·pie** =pies tip, point; *die* ~ *van iem. se neus* the tip of s.o.'s nose; *op die* ~ at the last minute/moment; just in time, in the nick of time; *tot op die* ~ *wag* wait until the last minute/ moment.

**tip·tol** =tolle, *(orn.: Pycnonotus* spp.*)* bulbul.

**ti·ra·de** =des tirade; screed.

**ti·ra·mien** *(biochem.)* tyramine.

**ti·ra·mi·su, ti·ra·mi·su** *(It. cook.)* tiramisu.

**ti·ran** =ranne tyrant, oppressor, despot. **ti·ran·nie** =nieë tyr= anny, despotism. **ti·ran·niek** =nieke tyrannic(al), overbear= ing, oppressive, tyrannous. **ti·ran·ni·seer** =ge= tyrannise, play the tyrant; bully.

**ti·ran·ne·:** ~**moord** tyrannicide. ~**moordenaar** tyrannicide.

**ti·ran·no·sou·rus** =russe, **ti·ran·no·sou·ri·ër** =riërs tyran= nosaur(us).

**ti·ro·ïed** =roïede, *(anat.)* thyroid (gland). **ti·ro·ï·dek·to·mie** *(surg.)* thyr(e)oidectomy.

**ti·ro·sien** *(biochem.)* tyrosine.

**ti·ro·tro·pien** *(biochem.)* thyrotropin.

**ti·taan** *(chem., symb.:* Ti*)* titanium.

**ti·tan** =tane, *(myth., also poet.)* titan. **ti·ta·nies** =niese titanic.

**ti·tel** =tels, *n.* title *(of honour; to property);* caption, heading *(of a chapter); die houer van 'n* ~, *(sport)* the holder of a title; *iem. met 'n* ~ a titled person; *onder die* ~ ..., *(a book etc.)* entitled ..., under the title (of) ...; *'n* ~ *aan iem. toeken* con= fer a title on s.o.. **ti·tel** =ge=, *vb.* title; entitle *(a book etc.).* ~**be= wys** title deed *(of a property).* ~**blad** title page. ~**geveg** *(boxing etc.)* title fight/bout. ~**houer** title-holder, reigning champion. ~**plaat,** ~**prent** frontispiece. ~**prentjie** headpiece. ~**rol** *(theatr., cin.)* title role/part/character, name/eponymous part.

**ti·treer** *(ge)=, (chem.)* titrate. **ti·tra·sie** titration.

**tit·sel·tjie** =tjies trace, touch, dash, dab, tad, minute quanti= ty; *net 'n* ~ ... just a dash/touch/trace of ...; just a suspicion of ...

**ti·tu·la·ris** =risse holder *(of an office),* official, functionary.

**ti·tu·lêr** =lêre titular.

**tjai·la** =ge=, *(<Zu., Xh., Tsw., infml.)* tjaile, stop working *(at the end of the day).* ~**tyd** tjaile time, knocking-off time.

**tjak·kar** =kars, *(polo)* chukka.

**tja·lie** *-lies* shawl, wrap.

**tjank** *ge-*, *(usu. a dog)* whine, yelp, yowl, howl, whimper; *(infml.: cry)* bawl, blub(ber); *iem. se ~ aftrap*, *(infml.)* switch s.o. off, cut s.o. short *(or* down to size). **~balie** *(infml.)* crybaby, squealer, sniveller. **tjan·kend** *-kende* yelping, howling, wailing; *(infml.)* squealing, snivelling. **tjan·ker** *-kers* howler. **tjan·ke·ry** whining, yelping, squealing, howling, whimpering.

**tjap** *tjappe, n.* stamp; *(mark made by a)* stamp. **tjap** *ge-, vb.* stamp.

**tjek** *tjeks* cheque; *'n bankgewaarborgde* ~ a bank-guaranteed cheque; *'n blanko* ~, *(lit.)* a blank cheque; *die ~ is (deur die bank) geweier* the cheque bounced *(infml.)*; *'n ~ keer* stop a cheque; *'n ~ kruis* cross a cheque; *met 'n ~, per ~* by cheque; *'n ~ trek* draw a cheque; *'n ~ trek/wissel* cash a cheque; *'n ~ uitskryf/-skrywe* write a cheque; *'n ~ van/vir R1000* a cheque for R1000; *'n ~ weier* dishonour a cheque. **~bedrog** cheque fraud. **~boek** chequebook. **~reke ning** cheque/current account.

**tjel·lo** *-lo's, (mus.)* (violon)cello. **tjel·lis** *-liste* cellist, violoncellist.

**tjien·ke·rien·tjee** *-tjees, (bot.)* chincherinchee, *(infml.)* chink.

**tjilp** *ge-, (infml.)* chirp, twitter, carol, tweet.

**tjin·tjil·la** →CHINCHILLA.

**tjip** *tjips, n., (cook., usu. in the pl.)* chip; *(comp.)* chip, microchip, silicon chip; *iem. het sy/haar ~s gehad, (infml.)* s.o. has had it; s.o. is for the high jump.

**tjir** *ge-, (onom.)* chirr.

**tjirp** *ge-, (onom.), (birds)* chirp, twitter; *(insects)* stridulate.

**tjoef(-)tjaf** *adv., (infml.: quickly)* chop-chop.

**tjoe·kie** *-kies, (infml.: prison)* can, cooler, slammer; *in die ~, (infml.)* in the can/clink/slammer.

**tjoek-tjoek** *(children's lang.: a train)* choo-choo, puff-puff.

**tjoep·stil** quite still/quiet, as still as a mouse; *dit was ~* there was a hushed silence *(in the room etc.)*; *~ raak* shut up like a clam.

**tjok·ka** *-kas, (infml.: squid, esp. as bait)* chokka.

**tjok·ken·blok** *adj. & adv., (<Eng., infml.)* chock-a-block.

**tjok·ker** *(infml., also tjokkertjie)* kid(die), nipper, youngster.

**tjok·vol** *(<Eng., infml.)* chock-full, crammed full; *dit was ~* the place was packed.

**tjom·mel** *ge-, (infml.)* nag; grumble; moan; *oor iets ~, (infml.)* grouse about s.t., grumble about/at/over s.t.. **tjom·me= laar** *-laars* grouser.

**tjom(·mie)** *(infml.)* pal, buddy, mate, chum, *(SA)* chommie.

**tjop** *tjops, (<Eng., cook.)* chop. **tjop·pie** *-pies, n. (dim.)* small chop.

**tjop·per** *(infml.: a helicopter)* chopper.

**tjor** *tjorre*, **tjor·rie** *-ries, (infml.: a ramshackle car)* jalop(p)y.

**tjorts** *ge-, vb., (infml.)* (do a) poo(h); fart, poop. **tjorts** *interj., (infml. toast)* bottoms up!.

**tjou-tjou** *(cook. etc.)* hotchpotch; chow-chow.

**tob** *ge-: oor iets ~* brood over/about s.t.. **tob·ber** *-bers* worrier. **tob·be·ry** worry(ing).

**to·bie** *-bies, (orn.: Haematopus spp.)* oystercatcher.

**toc·ca·ta** *-tas, (mus.)* toccata.

**toe¹** *~ toër toeste, adj. & adv.* shut; *(infml., derog.)* dull(-witted), dense, dumb; *~ baan/kring* closed circuit; *iets bly ~* s.t. remains shut/closed/locked; *'n ~ deur* a closed door; *die deur is ~, (also)* the door is fast; *dig ~* tightly shut; *iets ~ hou* keep s.t. shut/closed/locked; *so ~ soos 'n kleios (se oor), (infml., derog.)* (as) thick as a plank; *iets ~ kry* get s.t. (to) shut/close/lock; *iets ~ laat* leave s.t. shut/closed/locked; *~ van die sneeu lê* be covered with snow; *~ onder ...* buried under ..., swamped with ... *(work etc.)*; smothered in ...; wrapped in ... *(fog etc.)*; *~ sloot/voor, (mil.)* covered trench; *iets staan ~* s.t. is shut/closed/locked; s.t. is unoccupied; *iets ~*

**staan** encircle s.t., form a ring round s.t., cluster round s.t.; *styf ~* shut fast.

**toe²** *adv.* then, at that time; in those days; to(wards); in addition; *(selfs) ~ al* even then; *~ eers, eers* only then; not till/until then; *en ~* so then; *(en) ~ loop/ens.* iem. (and) so s.o. left/etc.; *iem. het ~ (nie) gekom (nie)* s.o. did (not) come after all; *(na) ... ~ to ... (a destination)*; *net ~* just then; *~ en nou/tans* then and now; *van ~ af* since then, from then (on); *van ~ af nog altyd* ever since; *van ~ (af) tot nou* from that day to this; *dit was ~ (nie) ... (nie)* it turned out (not) to be ... **toe** *conj.* when; as, while; ~ *iem. daar (aan)kom, het die vertoning reeds begin* when s.o. arrived/got there the show had already begun; *net ~ dit gebeur* just when it happened; *~ ek vanoggend werk toe stap, het dit begin reën* as/while I was walking to work this morning it started to rain, I was walking to work this morning when it started to rain; *net ~ iem. wou ...* just as s.o. was about to ...

**toe³** *interj.* please!, do!; come on!; *~ dan maar!* relax!, don't get in a huff!; *~ dan (tog)!* oh, come on!; for goodness sake!; pretty please!; *~ maar (of toemaar)!* never mind!; all right!; there, there!; there now!; *nou ~, ek het jou mos gesê!* you see, I told you!; *~, ~(, opskud)!* come on(, shake a leg)!.

**toe·be·deel** *het ~* allot, mete out, assign, apportion.

**toe·be·hoor·sel** *-sels* fitting, accessory, attachment; appurtenance, appendage; *(in the pl.)* furnishings, trimmings.

**toe·be·ho·re** *n. (pl.)* fittings; furniture; requisites; belongings, paraphernalia; *los en vaste ~* fittings and fixtures.

**toe·be·rei** *het ~, (liter.)* prepare *(food)*; dispense, make up, fill *(a prescription)*.

**toe·bid** *toege-: iem. voorspoed ~* bid s.o. Godspeed.

**toe·bind** *toege-* tie up, fasten, secure; strangulate; ligature *(an artery)*.

**toe·bou** *toege-* build in/round, build/block up; wall in/up.

**toe·brood·jie** sandwich. **~smeer** sandwich spread.

**toe·buig** *toege-* close by bending, bend closed/shut/together, taper off.

**toe·deel** *toege-* allot, mete out, apportion, deal. **toe·de·ling** apportionment, allotment.

**toe·dien** *toege-* give *(a blow, beating)*; administer *(punishment, a sacrament, med., etc.)*; mete out, inflict *(punishment)*; *iets aan iem. ~* administer s.t. to s.o. *(med., punishment, etc.)*. **toe·die= ning** administration, infliction, application, meting out; *~ van medisyne* medication.

**toe·dig** *toege-: iets aan iem. ~* impute/ascribe/attribute s.t. to s.o.. **toe·dig·ting** imputation, insinuation.

**toe·doen** *n.* instrumentality, aid; *buite jou (eie) ~* through no fault of one's own; *deur iem. se ~* with s.o.'s aid; thanks to s.o.; *deur sy/haar ~ het/was ..., (also)* it was his/her doing that ...; *deur iem. se ~ ly/sterf* suffer/die at s.o.'s hands; *deur eie ~* through one's own fault; *sonder sy/haar ~ ...* but/except *(or* if it had not been *or* weren't it) for him/her ...

**toe·draai** *toege-* wrap up *(a parcel)*; turn/shut off *(a tap)*; muffle; *iets in/met papier ~* wrap s.t. in paper; *in ... toegedraai* wrapped in ... *(paper etc.)*; swathed/swaddled in ... *(blankets etc.)*.

**toe·drag** circumstances, particulars; *die juiste ~ van die saak* the ins and outs *(or* all the particulars) of the case, the rights of the matter; *die ~ van sake* the state of affairs; the facts of the case; *dit is die ~ van sake* this is what happened; *die ware/werklike ~* the (actual) facts; the rights of the case.

**toe·druk** *toege-* shut, close; constrict; *iem. se keel ~* throttle/strangle/choke s.o.; *jou neus ~* hold one's nose; *jou oë ~* close/shut one's eyes.

**toe·ei·en** *toegeëien: jou iets ~* appropriate s.t. to o.s.; arrogate s.t. to o.s.. **toe·ei·e·ning** arrogation, appropriation, assumption; *wederregtelike ~* misappropriation, fraudulent conversion.

**toe·gaan** *toege=* shut, close; *(a wound)* heal.

**toe·gang** *=gange* entrance; admission, access, entrée, ingress; way in, approach; *die deur gee ~ na die tuin* the door leads into the garden; *geen ~ (nie)* no entrance; no entry; no admittance; *~ gratis/vry* admission free; *~ tot ... hê* have access to ...; have entrée into ...; have recourse to ... *(a court); die ~e na 'n plek* the approaches to a place; *~ alleen vir sake* no admittance except on business; *~ verbode* no admittance; *~ tot ... verkry* gain/get/obtain access to ...; gain admission to ...; gain admittance to ...; *(comp.)* access ...; *~ verkry, (also)* effect an entrance; *iem. ~ tot ... verleen* give s.o. admission to ...; *iets verleen ~ tot ... s.t.* gives admittance to ...; *vrye ~ tot 'n huis hê* have the run of a house; *~ aan iem. weier* refuse s.o. admission.

**toe·gangs=:** *~bewys, ~kaart(jie)* ticket of admission. *~deur* access door. *~geld(e)* gate/door/entry money, entrance fee. *~kaart(jie)* entrance ticket. *~pad* access/approach road. *~permit* entry permit. *~prys* (price of *or* charge for) admission. *~tyd (comp.)* access time. *~visum* entry visa. *~weg* approach.

**toe·gank·lik** *=like* accessible, approachable, get-at-able; pervious, penetrable; *iets ~ maak* open up s.t.; *vir iem. ~ open/* accessible to s.o.; *~ vir nuwe gedagtes* open-minded. **toe·gank·lik·heid** accessibility, approachability; *~ vir die publiek* public access; *die ~ van iets vir iem.* the accessibility of s.t. to s.o..

**toe·ge·daan:** *'n mening ~ wees* hold/take a view.

**toe·gee** *toege=* admit, grant, concede; comply; yield, give away/in; *aan ... ~* pander to ... *(s.o.'s whims etc.); iets aan iem. ~, iem. iets ~* concede s.t. to s.o.; yield s.t. to s.o.; *~ dat ...* admit that ...; concede that ...; *toegegee dat ...* granted that ...; *dit gee ek toe* I grant you that, granted!; *graag iets ~* readily grant s.t.; *~ aan jou luste* indulge one's desires/passions; *ek moet ~ dat ...* I must admit that ...; *soos iem. self ~* on s.o.'s own confession; *te veel ~* be too indulgent. *~teken* yield sign.

**toe·geef·lik** *=like, adj.* indulgent, permissive, compliant, forbearing, lenient; *~ wees teenoor/jeens iem.* make allowances for s.o.; be indulgent towards s.o.. **toe·geef·lik** *adv.* indulgently, leniently. **toe·geef·lik·heid** indulgence, leniency, forbearance.

**toe·ge·ne·ë** *~ meer ~ die mees ~* affectionate, devoted, wellwishing, kindly disposed; *iem. ~ wees* have affection for s.o., feel affection towards s.o.. **toe·ge·neent·heid** affection, goodwill, devotion, regard (for).

**toe·ge·pas** *=paste* applied; →TOEPAS.

**toe·ge·rus** *=ruste* equipped; endowed; →TOERUS; *'n goed ~te woonstel/restaurant/winkel* a well-appointed flat/restaurant/ shop; *met ... ~* equipped with ...

**toe·ges·pe** *toege=* buckle (up), clasp.

**toe·ge·spits** *=spitste* acuminate, taper-pointed; →TOESPITS; *iets is op ... ~* s.t. centres on/round ...; s.t. is tailored for ...; s.t. is geared towards ... *(rehabilitation etc.); die geskil het hom ~* the dispute intensified.

**toe·ge·voeg** *=voegde* added, additional; conjoint, conjunct, conjugate(d); →TOEVOEG; *belasting op ~de waarde* value-added tax.

**toe·ge·wend** *=wende, adj.* indulgent, lenient, compliant; yielding, acquiescent, forbearing; concessionary; concessive *(clause);* →TOEGEE. **toe·ge·wend** *adv.* indulgently, leniently.

**toe·ge·we·se** appointed *(task);* →TOEWYS; *~ erfenis* appointed/assigned/allotted heritage.

**toe·ge·wing** *=wings, =winge* concession; compliance; allowance; tolerance; →TOEGEE; *by wyse van ~ aan iem.* as a concession to s.o.; *'n ~ aan iem. doen* make a concession to s.o..

**toe·ge·wy(d)** *=wyde =wyder =wydste* (of *meer ~ die mees =wyde)* devoted, dedicated, keen; consecrated; →TOEWY; *aan ... ~*

devoted to ...; *~wyde diens* dedicated/unstinting/yeomanly service.

**toe·gif** *=gifte* encore; extra; perquisite; *'n ~ sing/speel* give an encore.

**toe·gooi** *toege=* cover up; fill up, fill in; slam *(a door); onder ... toegegooi word, (infml.)* be inundated with ... *(inquiries etc.); iets onder die strooi ~* cover s.t. with straw, heap straw (up)on s.t.; *onder die werk toegegooi, (infml.)* up to the ears/eyes in work.

**toe·groei** *toege=* overgrow; *(a wound)* heal (over), cicatrise, skin.

**toe·hoor** *toege=* listen to. **toe·hoor·der** *=ders* listener, hearer; *(in the pl., also)* listeners, audience.

**toe·hou** *toege=* keep shut.

**toe·juig** *toege=* applaud, cheer, clap; hail, shout approbation; welcome *(a plan); iem. hartlik ~* give s.o. a big/good hand *(infml.); iem. staande ~* give s.o. a standing ovation. **toe·juiging** applause, cheers, cheering, ovation, plaudit; *iets met ~ begroet* greet s.t. with acclamation; *onder ~* to applause; *onder ~ van die skare* to the cheers of the crowd; *groot ~ uitlok* be loudly cheered; *verspreide ~* ragged cheers.

**toe·ka** of old; *in ~ se dae/tyd, (infml.)* days of old, in the olden days, in days of yore; *van ~ af, van ~ se dae/tyd (af), (infml.)* from/since the year dot, since Adam was a boy, from/since time immemorial; for ages (or donkey's years); *iem. (al) van ~ (se dae) af ken, (also, infml.)* know s.o. for yonks.

**toe·kamp** *toege=* fence in/off, hedge about.

**toe·kan** *=kans,* **reën·boog·vo·ël** *=voëls, (orn.)* toucan.

**toe·ken** *toege=* award *(marks, a prize);* give, accord, grant, allocate, allot; credit *(s.o. with s.t.); iets aan iem. ~* award s.t. to s.o. *(a prize etc.);* allot s.t. to s.o.; confer s.t. on s.o. *(a degree etc.); die kinders is aan die moeder toegeken* the mother was granted custody of the children. **toe·ken·ning** *=nings, =ninge* grant(ing), award(ing), conferment; allocation, allotment.

**toe·klap** *toege=* shut with a bang *(tr., intr.),* slam, bang *(a door).*

**toe·knip** *toege=* clasp *(a necklace etc.);* snap shut *(a pocketknife etc.).*

**toe·knoop** *toege=* button up, fasten (up) *(one's coat etc.).*

**toe·knyp** *toege=* shut tightly *(one's eyes); iem. se keel ~* strangle s.o..

**toe·kom** *toege=: elkeen gee wat hom/haar ~* give everyone his/her due; *dit kom iem. toe* it is s.o.'s share/due, s.o. has a right to it, it belongs to s.o.; *geld/ens. wat iem. ~* money/etc. which is due to s.o.; *iets aan iem.* (of *iem. iets) laat ~* let s.o. have s.t..

**toe·ko·mend** *=mende* future, next; *~e tyd, (gram.)* future tense.

**toe·koms** future, futurity; *wat die ~ sal bring* (of *inhou)* what the future has in store (or holds); *dit het geen ~ nie* there's no future in it; *'n ~ hê* have a future; *in die ~* in the future; in days/time to come; *(ver/vêr) in die ~ kyk* take a/ the long view; *in die nabye ~* in the near future; *'n roos-kleurige ~* a bright/rosy future; *die ~ staan vir iem. oop* the future is s.o.'s; *in die verre ~* in the distant future; *die ~ voorspel* read (or see into) the future. *~beeld* picture of the future, shape of things to come. *~blik* vision. *~droom* dream of the future, castle in the air. *~kunde* futurology. *~leser* fortune teller. *~plan* plan for the future. *~skok* future shock. **toe·koms·tig** *=tige* future; intended, prospective, would-be; forthcoming; *~e besit* expectancy; *~e dinge* things to come.

**toe·kos** *(cook.)* side dish.

**toe·kry** *toege=* succeed in closing; get s.t. into the bargain.

**toe·kurk** *toege=* cork (up), bung.

**toe·kyk** *toege=* look on, watch. **toe·ky·ker** onlooker, spectator.

**toe·laat** *toege=* allow, permit, suffer, countenance, tolerate; admit, let in; authorise; *iem. as ... ~* admit s.o. as ... *(an ad=*

*vocate etc.); iem. in* ... ~ admit s.o. to ... *(a place);* admit s.o. into ... *(a country); niembnd word by ... toegelaat nie* no one may see ... *(a patient etc.); iem.* ~ *om iets te doen* allow s.o. to do s.t.; *iets oogluikend* ~ turn a blind eye to s.t., close/shut one's eyes to s.t.; connive at s.t.; *iem. tot* ... ~ admit s.o. to ... *(an examination, a place, membership, etc.);* admit s.o. into ... *(a society); iem. se verpligtinge/ -tings laat dit nie toe nie* s.o.'s commitments preclude *(or* do not allow for) it; *as die weer dit* ~ depending (up)on the weather. **toe-laat-baar** *-bare* permissible; admissible; allowable; sufferable; *~bare fout* permissible error. **toe-laat-baar-heid** admissibility, permissibility.

**toe-la-e** *-laes,* **toe-laag** *-lae* grant, subsidy, allowance, bonus.

**toe-lag** *toege-* smile at/on; *iem. vriendelik* ~ beam (up)on s.o..

**toe-lak** *toege-* seal (up).

**toe-la-ting** *-tings, -tinge* permission; admission, admittance; entrance; allowance.

**toe-la-tings:** **~eis** entrance requirement/qualification. **~ek-samen** entrance examination. **~vereistes** *n. (pl.)* entrance qualifications. **~vorm** entrance form.

**toe-lê** *toege-: jou op iets* ~ apply/address o.s. *(or* put/set one's mind) to s.t. *(a task etc.);* concentrate (up)on s.t.; go in for s.t. *(farming etc.);* specialise in s.t.; go out of one's way for *(or* to do) s.t..

**toe-lig** *toege-* explain, elucidate, illustrate; *jou mening* ~ explain o.s., make one's meaning clear; *iets nader* ~ explain s.t. more fully. **toe-lig-tend** *-tende* elucidatory. **toe-lig-ter** *-ters* elucidator. **toe-lig-ting** *-tings, -tinge* explanation, illustration, elucidation.

**toe-loop** *n.* throng, crowd, concourse; catchment (area), drainage area. **toe-loop** *toege-, vb.* swarm/throng round; muster; swoop upon; run up (to). **~gebied** drainage area, catchment (area).

**toe-luis-ter** *toege-* listen (attentively).

**toe-maak** *toege-* shut, close, cover (up); encase; muffle; blanket; put the lid on; button up; *iets dig* ~ shut s.t. tightly; *jou goed* ~ *wanneer jy uitgaan* wrap up well when one goes out; *iets met* ... ~ cover s.t. with ...; *iem. warm* ~ tuck s.o. up. **~goed** wraps, blankets. **~tyd** closing time.

**toe-maar** *interj.* →TOE³ *interj.*.

**toe-mes-sel** *toege-* brick up, wall up, block up.

**toe-mond** *adv., (infml.)* without speaking *(or* saying anything); mutely, dumbly.

**toe-na-der** *toege-* approach, make overtures/advances/proposals. **toe-na-de-ring** *-rings, -ringe* approach; advance; rapprochement, closer relationship, getting closer; ~ *tot iem. soek* make advances to s.o.; make approaches/overtures to s.o.; *daar het* ~ *tussen hulle gekom* they are on better terms now.

**toe-na-me** *-mes* increase, rise, growth; accrual, increment; *'n* ~ *in* ... an increase in ...; a gain in ...; *'n dramatiese* ~ *in* ..., *(also, infml.)* a rash of ... *(attacks, robberies, etc.)*.

**toen-dra** *-dras, (ecol.)* tundra.

**toe-neem** *toege-, (costs etc.)* grow, increase, mount (up), (ac)cumulate, expand; *(s.o.'s temperature)* go up; *(the cold etc.)* become/grow worse *(or* more severe/intense); *in* ... ~ gain in ...; *in lengte/breedte* ~ become longer/shorter. **toe-ne-mend, toe-ne-mend** *-mende* increasing; incremental; crescent; progressive; accumulative; rampant. **toe-ne-ming** increase, rise, growth, augmentation, expansion, waxing, gain; *by* ~ increasingly; ~ *met 1000* increase by 1000.

**toen-ma-lig** *-lige* then, contemporary; *die* ~*e regeerder* the then ruler, the ruler at that time.

**toe-nou** *interj., (infml.)* hurry up!, get a move on!; that's enough *(or* come on) now!; *nou* ~*!, (infml.)* (well) I'll be blowed!, did/have you ever?, well I never!; just fancy/imag=

ine (that)!, just think!, what do you know?; well, well!; upon my word!.

**toen-ter-tyd** *(infml.)* at that/the time, then.

**toe-o-ë, toe-oog** *adv.* with closed eyes; *iets* ~ *doen* do s.t. without any effort. **~(-)afspraak** blind date.

**toe-pak** *toege-* cover with, heap upon, pack with, load with; crowd.

**toe-pas** *toege-* apply *(rules);* implement, put into practice; enforce *(the law);* inflict, administer *(punishment);* →TOEGE=PAS; *iets streng* ~ apply/enforce s.t. rigorously/strictly *(a rule etc.)*. **toe-pas-baar** *-bare* enforceable. **toe-pas-baar-heid** enforceability. **toe-pas-lik** *-like* appropriate, suitable, apposite, relevant, apt, applicable, to the purpose; ~ *wees op* ... apply *(or* be applicable) to ...; *nie* ~ *nie* irrelevant, inapplicable, inapposite. **toe-pas-lik-heid** applicability, suitability, appropriateness, appositeness; ~ *op* ... relevance to ... . **toe-pas-sing** *-sings, -singe* application, implementation, putting into practice; enforcement *(of the law); iets in/tot* ~ *bring* put s.t. into practice; *iets is op* ... *van* ~ s.t. applies *(or* is applicable) to ...; *vir die* ~ *van dié/hierdie regulasie* for the purposes of this regulation.

**toe-pas-sings:** **~pakket** *(comp.)* applications package. **~program** *(comp.)* application program. **~programmatuur, toe-passingsagteware** *(comp.)* application software.

**toe-plak** *toege-* close, seal *(a letter);* paste/glue over, cover *(a hole),* paper over; strap *(a wound)*.

**toe-pleis-ter** *toege-* plaster up.

**toe-prop** *toege-* cork up, stop up, plug (up), stopple.

**toer** *toere, n.* tour, (pleasure) trip, jaunt; spin, ride, drive; trick; feat; stunt; revolution *(of a mach.);* ~*e uithaal* do stunts; *op volle* ~*e leef/lewe, (infml.)* live life in the fast lane, live on the fast track. **toer** *ge-, vb.* tour, make/take a trip. **~bestuurder** road manager *(of a rock group etc.)*. **~bus** motor coach, touring bus. **~gids** tour guide, tourist guide **~groep, ~geselskap** touring party. **~motor** touring car, tourer. **~opvoering** roadshow. **~organiseerder** tour operator; →TOER=BESTUURDER. **~skip** tourist ship, cruiser. **~span** touring team. **~vakansie** touring holiday. **~vertoning** roadshow.

**toe-re:** **~tal** number of revolutions; ~ *per minuut* revolutions per minute; *die* ~ *opstoot* rev up *(infml.)*. **~teller** tachometer, revolution indicator (counter).

**toe-rei-kend** *-kende, adj.* adequate, enough, sufficient. **toe-rei-kend** *adv.* enough, adequately, sufficiently. **toe-rei-kend-heid** adequacy, sufficiency.

**toe-re-ken** *toege-: iem. iets* ~ impute s.t. to s.o., blame s.t. on s.o., charge s.o. with s.t., lay s.t. to s.o.'s charge, make s.o. accountable for s.t.. **toe-re-ken-baar** accountable, responsible; culpable *(a deed); die misdaad is iem. nie* ~ *nie* the crime cannot be imputed to s.o.. **toe-re-ken-baar-heid** accountability, responsibility; culpability *(of a deed)*. **toe-re-ke-ning** attribution, imputation. **toe-re-ke-nings-vat-baar** *-bare, (jur.)* culpable, accountable *(pers.)*. **toe-re-ke-nings-vat-baar-heid** *(jur.)* culpability, accountability *(of s.o.)*.

**toe-ris** *-riste* tourist, tripper, sightseer. **toe-ris-me** tourism, touring. **toe-ris-ties** *-tiese, (infml., often pej.)* touristic, touristy.

**toe-ris-te:** **~attraksie** tourist attraction. **~bedryf** tourist industry. **~hotel** tourist hotel. **~inligtingsentrum, ~kantoor** tourist information centre, tourist office. **~klas** tourist/economy class. **~oord** tourist resort. **~paspoort** tourist passport. **~reis** sightseeing tour. **~seisoen** tourist season.

**toe-rits** *toege-* zip up. **~baadjie, ritsbaadjie** zip-up jacket.

**Toerk-meen** →TURKMEEN. **Toerk-me-ni-stan, Toerk-me-ni-ë** →TURKMENISTAN.

**toer-ni-ket** *-kette, (med.)* tourniquet.

**toer-nooi** *-nooie, n., (sport)* tournament; *(hist.)* tourney, joust, tilt; *oop/ope* ~ pro-am (tournament) *(for both professional* *and amateur golfers).* ~**reeks** circuit. ~**spelers** *n. (pl.)* tour=nament players, circuit.

**toe·rol** *toege=* roll up, wrap up, tuck up.

**toer·tjie** *=tjies, n. (dim.)* trick, stunt; turn; spin; short tour, trip; ~*s uithaal* do stunts.

**toe·rus** *toege=* equip *(an army)*, fit out/up; stock *(with)*; fur=nish; →TOEGERUS; *iem. met iets* ~ equip *(or* fit up) s.o. with s.t.; *jou* ~ *vir* ... prepare *(or* get ready) for ...

**toe·rus·ting** *n. (usu. no pl.)* equipment; apparatus; kit; fit=ting out, preparation; plant *(of a factory).* ~**verhuring** plant hire.

**toe·ryg** *toege=* lace (up) *(boots);* tack (up). ~**skoen** lace-up (shoe).

**toe·sak** *toege=* close round; fall in; *dit* (of *die weer) sak toe* there's rain coming; *op* ... ~ descend (up)on ...; swoop upon ... *(the enemy etc.); op iem.* ~, *(also)* beat a path to s.o.'s door; mob s.o..

**toe·sê** *toege=* promise, undertake; *iets aan iem.* ~, *iem. iets* ~ promise s.t. to s.o., promise s.o. s.t.. **toe·seg·ging** *=gings, =ginge* promise, undertaking.

**toe·se·ël** *toege=* seal up.

**toe·sen·ding** *=dinge, =dings* dispatch, forwarding, sending, consignment.

**toe·sien** *toege=* look on; take care; ~ *dat* ... see (to it) that ..., make sure that ...; *iem. kan nie* ~ *hoe iets gebeur nie* s.o. can=not stand (idly) by and let s.t. happen; *iem. moes maar* ~ s.o. had to make the best of it. **toe·sien·de** supervisory; ~ *raad* supervising board; ~ *voog* coguardian.

**toe·sig** supervision, oversight, surveillance, care; invigilation *(at an examination);* ~ *oor* ... *hê* be in charge of ...; ~ *hou oor* ... supervise ..., control ...; *onder* ~ *van* ... in the charge of ...; in/under the custody of ...; under the supervision of ...; *die* ~ *oor 'n kind aan die vader/moeder toeken* award/grant custody of a child to the father/mother. **toe·sig·hou=dend** *=dende* supervisory. **toe·sig·hou·er** supervisor, over=seer; superintendent; minder; floorwalker.

**toe·skiet·lik** *=like, adj. & adv.* accommodating(ly), oblig=ing(ly), complaisant(ly).

**toe·skou·er** *=ers* spectator, onlooker, viewer, bystander; *die* ~*s, (also)* the gallery.

**toe·skreeu** *toege=* shout at.

**toe·skroef, toe·skroe·we** *toege=* screw down/on *(a lid);* screw up *(a door).*

**toe·skroei** *toege=* sear (up), cauterise. **toe·skroei·ing** cau=terisation.

**toe·skryf, toe·skry·we** *toege=: iets aan* ... ~ attribute s.t. to ...; ascribe s.t. to ...; blame s.t. on ...; credit s.t. to ...; put/set s.t. down to ... **toe·skryf·baar** *=bare* attributable; *wins* ~/*toedeelbaar aan aandeelhouers* profit attributable to share=holders.

**toe·skuif, toe·skui·we** *toege=* close *(a window);* draw *(cur=tains);* slide *(a drawer)* into its place.

**toe·slaan** *toege=, vb.* slam, bang *(a door);* shut *(a book);* strike, make a dead set *(at);* strike the bargain; *(a door)* swing to; *(a cake)* collapse; *(s.o.'s ears)* (go) pop; *iem. se kop het toegeslaan* s.o.'s mind went blank; *op* ... ~ clamp down on ... *(violence etc.); (infml.)* crack down on ... *(criminals etc.);* strike at ... *(the enemy etc.); iets op iem.* ~ knock s.t. down to s.o. *(at an auction).* ~**deur** swing door. ~**prys** knockdown price.

**toe·slag** *toeslae* (extra) allowance, bonus; surcharge; increase, increased amount.

**toe·slik** *toege=* silt up, warp; *grond laat* ~ warp land. **toe·slik=king** silting up.

**toe·sluit** *toege=* lock (up), shut up. ~**-en·ry·woning** lock-up-and-go. **toe·slui·ter** *=ters* locker.

**toe·smeer** *toege=* smear over, putty up, stop (up) *(a hole, leak, etc.);* cover up, paper over *(fig.),* gloss over; grout. **toe·smeer= de·ry, toe·sme·ring** *(fig.)* cover-up.

**toe·smyt** *toege=* slam/bang *(a door).*

**toe·snou** *toege=* snarl/snap at, address harshly; *iem. iets* ~ snarl/snap s.t. at s.o..

**toe·span** *toege=* fence in/off, round up; *iets met toue* ~ rope off s.t..

**toe·speld** *toege=* pin up.

**toe·spe·ling** *=lings, =linge* allusion, reference, hint, insinua=tion, innuendo; *'n* ~ *op iets maak* allude (*or* make an allu=sion) to s.t..

**toe·spits** *toege=* point, sharpen; *jou op iets* ~ concentrate (up)on s.t., pay special attention to s.t., fasten onto (*or* on to) s.t.; specialise in s.t.; *jou daarop* ~, *(also)* make a point of it.

**toe·spraak** *=sprake* speech, address; *'n* ~ *hou/afsteek/ lewer* deliver/give/make a speech; deliver/give an address; *in 'n* ~ *op* ... speaking at ...; *'n* ~ *vir/voor* ... a speech to ...; *'n voorbereide* ~ a set speech. **toe·spra·kie** *=kies, n. (dim.):* *'n* ~ *hou/afsteek/lewer* say a few words.

**toe·spreek** *toege=* address *(s.o., a meeting);* speak to, talk at *(s.o.).*

**toe·spy·ker** *toege=* nail up/down; coffin, encase.

**toe·staan** *toege=* accede to, approve, grant *(a request);* cede, accord, concede *(a right, privilege, etc.);* permit; vouchsafe; consent to *(s.t.);* favour with; *iets nie* ~ *nie* disallow s.t..

**toe·stand** *=stande* state *(of affairs),* position, condition, situ=ation; trim; phase; *in 'n benarde/ellendige/treurige* ~ in a sad/sorry plight; *'n dreigende/gevaarlike* ~ a dangerous situation; an ugly situation; *in 'n goeie* ~ in a good condi=tion; in good preservation; in good repair; *die* ~ *is gunstig vir* ... conditions are favourable for ...; *in 'n slegte* ~ in a bad condition; in bad repair, in a bad state of repair. **toe=stands·ver·an·de·ring** *=ringe, =rings* change of state/situation/condition.

**toe·stel** *=stelle* apparatus; appliance, device, contraption, con=trivance; gear; set. **toe·stel·le·tjie** *=tjies, n. (dim.)* small device, gadget; small apparatus.

**toe·stem** *toege=* consent; assent, grant *(a request);* in/tot ... ~ comply with ... *(a request etc.);* acquiesce in ...; agree to ... **toe·stem·mend** *=mende, adj. & adv.* affirmative(ly); consen=tient; permissive; ~ *antwoord* reply in the affirmative. **toe= stem·ming** consent, assent; *(infml.)* go-ahead, green light, OK, okay; sanction; sufferance; favour; ~ *gee* give/grant permission; ~ *tot iets gee* give/grant permission to s.t.; con=sent (*or* give one's consent) to s.t.; ~ *kry* get permission; *iem. se* ~ *vir iets kry, (also, infml.)* get s.o. to OK/okay s.t., OK/okay s.t. with s.o.; *met* ~ *van* ... by (*or* with the) per=mission of ...; *sonder* ~ without consent; ~ *vra* ask per=mission.

**toe·stop** *toege=* stop (up), plug *(a hole),* stop, block *(one's ears);* occlude; block (up); *die gate (in iets)* ~, *(fig.)* plug the gaps (in s.t.); *iets met* ... ~ plug s.t. with ...; stuff s.t. with ...; *met* ... *toegestop* plugged with ...; stuffed with ...

**toe·stroom** *toege=, (water)* flow/stream towards; rush/flock towards, come in flocks, come flocking in(to), pour in, throng, muster; ~ *na* ... flock to ... **toe·stro·ming** inflow, influx; flocking together/in, crowding/pouring in, press *(of people).*

**toe·swaai** *toege=* swing shut; *iem. lof* ~ laud/praise s.o..

**toet**[1] *n.: in die jaar* ... →JAAR.

**toet**[2] *ge=, vb.* hoot, honk, sound one's horn/hooter; *(a steam locomotive)* whistle; ~, ~! beep, beep (*or* honk, honk)!. ~**ge= luid, ~-toet** hoot, honk, beep.

**toe·ta·kel** *toege=, (also fig.)* maul, knock about, manhandle, lash into, belabour, flog, make havoc of, play havoc with, mob, savage, harry; *iem. erg/kwaai/lelik* ~ beat s.o. up bad=ly, give s.o. a battering; *erg/kwaai/lelik toegetakel* in a sorry state, badly mauled; *deur 'n swerm bye toegetakel word* be attacked by a swarm of bees.

**toe·ter** *-ters, n.* hooter, horn; *die ~ druk* sound/beep the horn *(of a car).* **toe·ter** *ge-, vb.* honk, beep, sound one's horn; → TOET² *vb.*.

**toe·tre·de** *-des,* **toe·tre·ding** *-dings, -dinge* entry, ingress; accession; enrolment, joining; *iem. se ~ tot ...* s.o.'s entry into *... (a debate, the labour market, etc.).* **toe·tre·dend** *-dende, (jur.)* intervening. **toe·tre·dings·geld** membership fee, entrance fee.

**toe·tree** *toege-* join *(a society)*; enrol; intervene, weigh in; *tot iets ~* join s.t. *(a society etc.)*; accede to s.t. *(a treaty etc.)*; become a party to s.t. *(an agreement etc.)*; enter s.t. *(a debate etc.).*

**toe·trek** *toege-* shut, close, pull *(a door)* to; constrict; swindle, cheat; *dit* (of *die lug) trek toe* the sky clouds over, it is becoming cloudy, the clouds are gathering.

**toets** *toetse, n.* test; check-up; trial, ordeal; assay *(of metals)*; *(mus., comp.)* key *(of a keyboard)*; *(painting)* touch, stroke; *jou idees **aan** ander mense ~* bounce ideas off other people *(infml.)*; *'n ~ **aanlê*** apply a test; *'n ~ **aflê*** take a test; *(in) 'n ~ **deurkom/slaag*** pass a test; *die ~ **deurstaan*** pass/stand a test; pass muster, get by; *die ~e **druk/aanslaan*** press/strike the keys *(of a keyboard)*; *die **hoogste/swaarste** ~* the supreme test; *iem./iets aan 'n ~ **onderwerp*** subject s.o./s.t. to a test; *(in) 'n ~ **sak/dop**, (infml.)* fail a test; *'n ~ **skryf/skrywe*** write a test; *'n **strawwe** ~* a stiff test; *'n **streng** ~* a severe test; *'n **swaar/sware** ~* a severe test; *'n ~ **toepas*** apply *(or* carry out*)* a test; *'n ~ op iem./iets **uitvoer*** conduct *(or* carry out*)* a test on s.o./s.t.; *iets is 'n ~ **van** ...* s.t. is a test of *... (s.o.'s skill etc.)*; *'n ~ **vir** iets* a test for s.t. *(antibodies etc.).* **toets** *ge-, vb.* (put to the) test, try, try out, prove; check, verify; assay *(metals)*; gauge; sample; *iets ~ **aan** ...* test/verify s.t. against ..., check s.t. with ... *(the facts etc.)*; *iem. ~, (also, infml.)* put s.o. through his/her paces; *iem. se **kennis** van iets ~* test s.o. on his/her knowledge of s.t.; *iem. in 'n **vak** ~, iem. se kennis van 'n vak ~* test s.o. in a subject; *iets **weer** ~* double-check s.t.. **~aanleg** pilot plant. **~beampte** examiner. **~bestuur** *ge-* test-drive. **~bord** *(mus., comp.)* keyboard, bank of keys. **~bordjie** keypad *(of an electron. device etc.).* **~bordoperateur** *(print., comp.)* keyboard operator, keyboarder. **~kaart**, **~beeld** *(TV)* test card/pattern. **~kraan** test cock, petcock. **~loods** test pilot. **~reeks** (test) rubber; test series. **~rit** *-ritte* test drive. **~steen** touchstone; test brick; *die ~ **vir** ... is ...* the acid test for/of ... is ... **~terrein** testing ground; proving area. **~tyd** testing time. **~verbod** test ban. **~vlieg** *ge-, vb.* flight-test. **~vlug** *n.* test/proving flight, flight test. **~vraestel** test paper. **~(wedstryd)** test match.

**toet·ser** *-sers* tester; checker; examiner; sampler.

**toe·val¹** *n.* chance, accident, coincidence, fortuity; contingency; *(apoplectic)* attack, fit, seizure, stroke, paroxysm, ictus; *dit is blote/skone/volslae ~* it is mere/pure chance/coincidence, it is purely coincidental; *dis **geen** ~ dat ... nie* it's no accident that ...; *soos die ~ **dit wou hê**, ...* as luck would have it ..., the luck of the draw meant (that) ...; *'n ~ **kry*** have an attack; have a fit, be taken with a fit; *iets aan die ~ **oorlaat*** leave s.t. to chance; ***per** ~* by chance; by accident; by a fluke *(infml.).* **toe·val·lig** *-lige, adj.* accidental, casual, chance, fortuitous, incidental, coincidental; occasional; random *(selection)*; contingent; *~e besoeker* casual visitor; *'n ~e ontmoeting* a chance meeting. **toe·val·lig** *adv.* by chance, accidentally, fortuitously, coincident(al)ly; *~ is iem ....* as it happens s.o. is ...; *~ iets hoor* overhear s.t.; *iem. ~ ontmoet* chance upon s.o.. **toe·val·lig·heid** coincidence, accident, happenstance; fortuitousness; randomness; contingency.

**toe·val²** *toege-* fall to, shut; fall on, cover; *(rugby)* kill *(the ball in the loose scrum)*; *iets val aan iem. toe* s.t. accrues to s.o.; *'n erflating/ens. het iem. toegeval* an inheritance/etc. fell to s.o.'s lot/share; *iets is toegeval van die sneeu* s.t. is covered with snow. **toe·val·ling** *-lings, -linge* accrual.

**toe·ver·laat** *(poet., liter.)* refuge; support, sheet anchor.

**toe·ver·trou:** *iets aan iem. ~, iem. iets ~* entrust s.t. to s.o. *(or* s.o. with s.t.)*; charge s.o. with s.t., commit s.t. to s.o.'s care/charge; confide s.t. to s.o.; leave s.t. to s.o..

**toe·vloed** influx, flowing in, inflow, flush, inrush; flow, crowd, throng.

**toe·vloei** *n.* influx, (in)flow, flowing in. **toe·vloei** *toege-, vb.* flock/flow to/in, pour in. **~beheer** influx control.

**toe·vlug** refuge, asylum, shelter, harbour, haven; recourse, fall-back; support; *jou **enigste** ~* one's only recourse; *iem. se **laaste** ~* s.o.'s last resort; *jou ~ tot ... **neem*** seek refuge with ...; have recourse to ..., resort to ... *(violence etc.)*; fall back (up)on ...; *jou ~ tot 'n land **neem*** take refuge in a country; *jou ~ tot iem. **neem,** (also)* go to s.o. for help, seek s.o.'s aid; *'n ~ **soek*** seek asylum. **toe·vlugs·oord** (house of) refuge, sanctuary, (safe) haven, asylum, retreat.

**toe·voeg** *toege-* join; add; conjugate; *iem. iets ~* address a remark to s.o.; *iets aan ... ~* add s.t. to ... **toe·voe·ging** *-gings, -ginge* addition; complement; *~ **aan/by** ...* addition to ... **toe·voeg·sel** *-sels* supplement, appendix, addition; additive; codicil; *(gram.)* affix; *~ **by** ...* addition/supplement to ...

**toe·voer** *n.* supply; feed(ing); input; intake. **toe·voer** *toege-, vb.* supply; feed. **~buis** supply pipe. **~gebied** intake area. **~lugdiens** feederliner. **~lyn** supply line, feeder (line). **~pad** feeder road. **~pyp** feed pipe, admission pipe, delivery pipe; supply pipe, inlet pipe. **~roete** supply route. **~stelsel** feed system.

**toe·voe·rend** *-rende* afferent *(blood vessel etc.).*

**toe·vou** *toege-* fold up (together); fold away; enfold.

**toe·vries** *toege-* freeze over.

**toe·wa·sem** *toege-, (a mirror, glasses, etc.)* fog up/over.

**toe·wens** *toege-* wish; *iem. iets ~* wish s.o. s.t. *(success etc.)*; wish s.t. on s.o. *(misfortune etc.)*; *ek sou dit nie my grootste vyand ~ nie* I wouldn't wish it on my worst enemy, it shouldn't happen to a dog.

**toe·werk** *toege-* sew up; suture.

**toe·wik·kel** *toege-* swaddle; *in ... toegewikkel* swathed/swaddled in ...

**toe·wuif, toe·wui·we** *toege-* wave to.

**toe·wy** *toege-* dedicate *(a book)*; consecrate *(a church)*; vow; *jou aan ... ~* devote o.s. to ... **toe·wy·dend** *-dende* dedicatory. **toe·wy·ding** dedication; consecration; devotion *(to one's work)*, devotedness, zeal; *iem. se ~ aan ...* s.o.'s devotion to ...

**toe·wys** *toege-* award, grant, allot, allocate, assign, appropriate; *iets aan iem. ~* allocate s.t. to s.o.; allot s.t. to s.o.; assign s.t. to s.o.; *iets vir ... ~* allocate s.t. to ...; appropriate s.t. for ... **toe·wys·baar** *-bare* assignable. **toe·wy·sing** *-sings, -singe* award, allotment, assignment, allocation, appropriation, grant. **toe·wy·sings·re·ke·ning** appropriation account.

**toe·ys** *toegeys* freeze over.

**tof·fie** *-fies* toffee; *vir iem. 'n ~ wys, (infml.)* tell s.o. to go jump *(or* where to get off)*; rub s.o.'s nose in it, crow over s.o.. **~appel** toffee apple.

**to·foe** *(Jap. cook.)* tofu.

**tog¹** *togte, n.* expedition, journey, voyage, trip, march, excursion; run *(of a ship)*; mission *(of an aircraft)*; draught *(of air, esp. indoors)*; *'n ~ **maak/onderneem*** make *(or* go on) a journey; go on *(or* undertake) an expedition; *die ~ **na** ...* the journey/expedition to ... **tog·gie** *-gies, (dim.)* trip, ride, drive, outing.

**tog²** *adv.* yet, nevertheless, still, all the same; *toe, **asseblief** ~!* please do!, pretty please!; *jy's ~ nie **bang** nie?* you're not afraid, are you?; *iets ~ **doen*** do s.t. anyhow; *iem. sal dit ~ **moet doen*** s.o. will have to do it anyhow; *ek **hoop** ~ (dat) ...* I do hope (that) ...; *hy/sy **is** ~ jou kind* he/she is your child after all; *dis ~ te **jammer** (dat) ...* it's really very sad/disappointing (that) ...; *wat **makeer** hom/haar ~?* what's the matter with him/her?; *o ~gie!* o my goodness!; *dan is dit ~ **waar***

then it is true after all; *dit kan ~ nie* **waar** *wees nie* surely it cannot be true; *vreemd maar ~* **waar** strange (and) yet true; *wie kan dit ~* **wees?** who ever can it be?; *iem.* **wil** *dit ~ nie hê nie* s.o. does not want it in any case.

**to·ga** *-gas, (jur.)* gown, toga; soutane; cassock; robe.

**To·go** *(geog.)* Togo. **To·go·lees** *-lese, n. & adj.* Togolese.

**toi·ings** *n. (pl.)* rags, tatters; *aan ~* in ribbons; *in ~* tattered and torn; *in ~ (geklee/gekleed)* in tatters. **toi·ing·rig** *-rige -riger -rigste* ragged, tattered, torn, rent, frayed; tatty; shabby, seedy.

**toile** *(Fr., text.)* toile.

**toi·let** *-lette* toilet, lavatory; *na die ~* **gaan** go to the toilet; *'n kind leer om die ~ te* **gebruik** toilet-train a child; *al* **self** *~ toe gaan* be toilet-trained; *die ~* **(uit)spoel** flush the toilet. ~**artikel** *-kels* toiletry. ~**bak** toilet bowl. ~**benodig(d)hede** *n. (pl.)* toiletries. ~**borsel** toilet brush. ~**bril,** ~**sitplek** lavatory seat. ~**humor** *(pej.)* lavatorial humour. ~**kassie** bathroom cabinet. ~**papier** toilet paper. ~**rol** toilet roll. ~**rolhouer** toilet-roll holder. ~**sak(kie)** toilet bag, washbag. ~**seep** toilet soap. ~**ware** toiletries.

**toi-toi** *-toi's, n., (SA)* toyi-toyi. **toi-toi** *ge-, vb.* toyi-toyi. **toi-toi end** *-ende* toyi-toying. **toi-toi·er** *-ers* toyi-toying youth/worker/ etc.. **toi-toi·e·ry** toyi-toying.

**to·ken** *-kens, (Eng.)* token. ~**aanstelling** *-lings, -linge* token appointment. **to·ke·nis·me** tokenism.

**To·ki·o** *(geog.)* Tokyo.

**tok·kel** *ge-* pluck *(strings)*, strum, twang *(a fiddle, lyre)*, tinkle; *op 'n ghitaar/kitaar ~* strum (on) a guitar. ~**instrument** plucked instrument.

**tok·ke·los** *-losse,* **tok·ke·los·sie** *-sies, (<Ngu., myth.: a goblin)* tokoloshe.

**to·ko·fe·rol** *-role,* **vi·ta·mien E** *(biochem.)* tocopherol, vitamin E.

**tok·se·mie** *(pathol.)* tox(a)emia.

**tok·sien** *-siene* toxin. ~**vergiftiging** toxicosis.

**tok·sies** *-siese, adj.* toxic(al); *~e afval* toxic waste. **tok·sies** *adv.* toxically. **tok·si·si·teit** toxicity.

**tok·si·ko·lo·gie** toxicology. **tok·si·ko·lo·gies** *-giese* toxicologic(al). **tok·si·ko·loog** *-loë* toxicologist.

**tok·tok·kie** *-kies, (entom.)* toktokkie (beetle), tapping beetle; *(children's game)* toktokkie, tick-tock.

**tol**[1] *tolle, n., (a toy)* top; barrel, drum *(for winding)*; bobbin, spool *(for coils)*; reel; spinning; tit, bub; *soos 'n ~ (in die rondte) draai* spin like a top; *iem. se kop draai soos 'n ~* s.o.'s head is reeling; *'n ~ gooi* spin a top. **tol** *ge-, vb.* spin; spiral; *'n bal laat ~* spin a ball, put spin/turn on a ball; *in die rondte ~* spin round. ~**bal** screw; spin ball, spinner. ~**bos** *(Diospyros dichrophylla)* poison peach, monkey apple; *(Leucadendron salignum)* tolbos; *(fig.: a restless pers.)* rolling stone. ~**draer** bobbin carrier. ~**droër** spin-dryer, spin-drier. ~**droog** *ge-* spin-dry. ~**kompas** gyrocompass. ~**vlug** spin.

**tol**[2] *tolle, n.* toll, (customs) duty, dues; *~ betaal* pay toll. ~**boom** toll bar, turnpike. ~**gebied** customs area; customs territory. ~**geld,** ~**heffing** toll. ~**hek** tollgate, toll bar; turnpike. ~**huis** tollhouse; custom house. ~**huisie,** ~**hokkie** toll-booth. ~**pad** *-paaie* toll road. ~**plaza** toll plaza. ~**unie,** ~**verbond** customs union, tariff union. ~**vry** toll-free, duty-free.

**To·le·do** *(geog.)* Toledo. **To·le·daan** *-dane, n.* Toledan. **To·le·daans** *-daanse, adj.* Toledan.

**to·le·ran·sie** tolerance; margin of error. ~**grens** *(tech.)* limit of tolerance, tolerance limit.

**to·le·rant** *-rante* tolerant.

**tolk** *tolke, n.* interpreter; spokesman, mouthpiece; dragoman; expositor. **tolk** *ge-, vb.* interpret.

**tol·le·naar** *-naars, -nare, (NT)* publican, tax collector.

**tol·le·tjie** *-tjies, (dim.)* little top, reel; spool. ~**stoel** spindle chair.

**tol·lie**[1] *-lies* young ox, steer.

**tol·lie**[2] *-lies, (euph.: penis)* willy.

**to·los** *(<Gr., archaeol.)* tholos.

**tol·plig·tig** *-tige, adj.* subject to toll, tollable.

**Tol·stoi** *(Russ. writer)* Tolstoy.

**Tol·teek** *-teke, n.,* *(member of a hist. Am. people)* Toltec. **Tolteeks** *-teekse, adj.* Toltec(an).

**to·lu·een** *(chem.)* toluene.

**to·ma·hawk** *-hawks, (a light axe)* tomahawk.

**tom·bak** *(metall.)* tombac, tambac.

**tom·be** *-bes* tomb.

**tom·bo·la** *-las, (lottery at a fête)* tombola.

**to·mo·gra·fie** *(med.: an X-ray technique)* tomography.

**to·mo·gram** *-gramme, (med.)* tomogram.

**ton** *tonne* ton; →TONNE-; *kubieke ~* cubic/freight/measurement ton; *metrieke ~, (1000 kg)* metric ton, tonne. ~**gewelf** barrel/wag(g)on/tunnel vault; semicircular arch, vault.

**to·naal** *-nale* tonal. **to·na·li·teit** tonality.

**to·neel** *-nele* stage; drama; scene; theatre; spectacle; *eerste* **bedryf,** *tweede ~* act one, scene two; *die ~* the stage; the theatre; *op die ~* on the scene *(of an accident etc.)*; *~* **speel** →TONEELSPEEL; *'n ~* **van** ... a scene of ... *(misery etc.)*; *aan die ~* **verbonde** connected with the stage/theatre; *van die ~* **verdwyn** disappear from the scene; fade out; *op die ~* **verskyn** appear/come on the scene; come on; come into the picture. ~**aanwysing** stage direction. ~**baas** property man/master. ~**bestuurder** theatre business manager. ~**bewerking** dramatisation. ~**dekor** stage set(ting), (theatrical) scenery. ~**effek** stage effect. ~**figuur** stage character. ~**ganger** theatregoer. ~**geselskap** theatre/theatrical company. ~**groep** theatre group. ~**held** stage hero. ~**helper** stagehand. ~**kostuum** stage dress, theatrical/stage costume. ~**kuns** drama, dramatic art; stagecraft. ~**kunstenaar** actor, dramatic artist. ~**kyker** opera glass(es). ~**opvoering** *-rings, -ringe* dramatic performance; *(in the pl.)* theatricals. ~**resensent,** ~**kritikus** drama/theatre critic. ~**resensie** dramatic criticism. ~**skilder** scene painter, scenographer. ~**skrywer** dramatist, playwright. ~**speel** *(also toneel speel)* act; *(infml.)* play-act, put on an act. ~**spel** dramatics, (stage) play; acting, theatrics; play-acting *(fig.)*. ~**speler** *(masc.),* ~**speelster** *(fem.)* actor *(masc.),* actress *(fem.),* player. ~**spelery** acting; play-acting, dramatics; operatics *(fig.)*. ~**student** drama student. ~**stuk** (stage) play, drama; *'n ~ opvoer* (of *op die planke bring*) do/perform/present/stage (or put on) a play; *'n ~ regisseer* produce a play. ~**stukkie** playlet. ~**verandering,** ~**wisseling** scene change. ~**vereniging** dramatic society. ~**voorstelling** theatrical/stage performance. ~**wêreld,** ~**wese** (world of the) theatre, theatrical circles; *die ~* the stage; the theatre. ~**werk** drama. ~**wese** the stage.

**to·neel·ma·tig** *-tige* theatrical; suitable for the stage, actable, spectacular.

**to·neem** *n., (phon.)* toneme. **to·ne·mies** *-miese, adj.* tonemic.

**to·ner** *(phot.)* toner.

**tong**[1] *tonge* tongue; *(icht.)* sole; tongue *(of a buckle/shoe)*; *(scales)* pointer; shoot; *ek kon my ~* **afbyt,** *(infml.)* I could have bitten off my tongue; *iets* **brand** *op iem. se ~, (infml.)* s.o. is burning/itching to tell s.t.; *iem. met die/jou ~* **bykom/raps,** *(infml.)* give s.o. the rough/sharp edge/side of one's tongue; *onder iem. se ~* **deurloop,** *(infml.)* get a tongue-lashing from s.o.; *het jy jou ~* **ingesluk/verloor?,** *(infml.)* have you lost *(or has the cat got)* your tongue?; *die ~e is* **los** *oor iets* tongues are wagging about s.t. *(infml.)*; *die ~e laat* **los** *raak* set the tongues wagging *(infml.)*; *'n los ~* an unbridled tongue; *iets is op die* **punt** *van iem. se ~* s.t. is on the tip of s.o.'s tongue; *'n* **skerp** *~* a sharp tongue; *iem. se ~* **sleep,** *iem.* **sleep** *met sy/haar ~* s.o.'s speech is slurred; *dit* **smelt** *op ('n) mens se ~, (infml.)* it melts in one's mouth; *met die ~* **stoot** speak with a lisp; **swaar** *van ~ wees* be thick of speech, speak with a thick tongue;

*jou ~ uitsteek* put/stick out one's tongue; *jou ~ vir iem. uit= steek, vir iem. ~ uitsteek* put/stick out one's tongue at s.o.. ~**been** tongue/lingual bone, hyoid (bone). ~**beitel** tonguing iron. ~**-en-groef(-)las**, ~**-en-groef(-)voeg** tongue-and-groove joint. ~**geswel** tumour of the tongue. ~**instrument** *(mus.)* reed instrument. ~**klier** lingual gland. ~**knoper** jawbreaker. ~**knopie** stud. ~**las** *-lasse* tongued joint. ~**punt** tip of the tongue. ~**register** *(mus.)* reed stop. ~**rol** collared/rolled tongue. ~**senu(wee)** lingual nerve. ~**skarnier** strap hinge. ~**skoen** brogue. ~**soen** deep/French kiss; *iem. 'n ~ gee* French-kiss s.o.. ~**spier** lingual muscle. ~**stand** *(phon.)* position of the tongue. ~**stem** reed pipe. ~**stuk** tongue. ~**tepeltjie** papilla. ~**val** dialect, accent, idiom. ~**verhoog** *(theatr.)* thrust stage. ~**vis** *-visse* sole. ~**wortel** root of the tongue.

**tong²** *(<Cant., a Chin. secret society)* tong.

**Ton·ga, Vriend·skaps·ei·lan·de** *(geog.)* Tonga, Friend= ship Islands. **Ton·gaan** *-gane, (inhabitant)* Tongan. **Ton·gaans** *n., (Polynesian lang.)* Tongan. **Ton·gaans** *-gaanse, adj.* Tongan.

**ton·ga** *(<Hindi, a horse-drawn two-wheeled vehicle)* tonga.

**ton·ge·tjie** *-tjies, n. (dim.)* little tongue; *(biol.)* ligula, ligule; tab, tang; tongue *(of a buckle, balance, etc.).*

**ton·ging** *(mus.)* tonguing.

**tong·vor·mig** *-mige* tongue-shaped; lingulate(d), ligulate.

**to·nies** *-niese, adj., (med.)* invigorating, tonic; *(mus.)* tonic.

**to·ni·ka** *(mus.)* keynote, tonic.

**to·ni·kum** *-nikums, -nika, (med.)* tonic; pick-me-up.

**ton·ka·boon·tjie** tonka bean, coumarou.

**ton·ne=** : ~**-inhoud** burden, tonnage. ~**maat** tonnage. ~**tal** tonnage.

**ton·nel** *-nels, n.* tunnel; subway; *(min.)* drive; *(mil.)* mouse hole; *(infml., med.)* magnetic resonance imager, MR imager/ scanner; *'n ~ boor* drive a tunnel; *'n ~ grawe* dig a tunnel; *'n ~ deur 'n berg grawe* tunnel through a mountain. **ton·nel** *ge=, vb.* tunnel; hole. ~**brug** tubular bridge. ~**dak** wag(g)on roof. ~**gewelf** barrel/tunnel vault. ~**oond** tunnel kiln. ~**trein** tunnel train. ~**visie** *(med. or infml.)* tunnel vision.

**to·no·lo·gie** *(mus.)* tonology. **to·no·lo·gies** *-giese* tonologi= cal.

**ton·si·lek·to·mie** *(surg.)* tonsillectomy.

**ton·si·li·tis** *(pathol.)* tonsillitis.

**ton·suur** *-sure, (a haircut in certain relig. orders)* tonsure.

**ton·tel·doos** tinderbox, lighter.

**to·nus** *-nusse, (spasm)* tonus.

**tooi** *n.* finery, get-up, rig-out; ornaments, trimmings, deco= rations, embellishments. **tooi** *ge=, vb.* decorate, adorn, or= nament, deck, embellish, trim, array, dress; doll up. **tooi·sel** *-sels* ornament, trimming, decoration, embellishment. **tooi· sel·tjies** *n. (dim., pl.)* trinketry.

**toom¹** *tooms, tome* bridle; *iem./iets in ~ hou* keep s.o./s.t. un= der control, control s.o./s.t.; rein s.o./s.t. in; keep s.o./s.t. in check; keep the lid on s.t. *(inflation etc.)*; *iem./iets streng in ~ hou* keep s.o./s.t. on a tight rein, keep a tight rein on s.o./ s.t..

**toom²** *tome* brood *(of hens)*; *'n ~ uitgesoekte hoenders* a pen of selected chickens.

**toon¹** *tone, n.* toe; digit; *op jou tone dans, (ballet)* toe-dance; *op jou tone loop* tiptoe, walk on tiptoe; *op jou tone staan* stand on tiptoe; *op iem. se tone trap, (infml.)* step/tread on s.o.'s corns/toes; *nie op jou tone laat trap nie* stand on one's dignity; *jou ~ stamp, (lit.)* stub one's toe. ~**beentjie** pha= lanx. ~**jig** podagra. ~**knobbel** bunion. ~**kussing** toe puff. ~**stuk** toe(piece).

**toon²** *tone, n.* tone *(of voice, of a speech, debate, picture, of an author's work, etc.)*; pitch *(of a voice)*; tonicity; sound, note, strain; tune; *die ~ aangee* give a lead, take a/the lead, lead the way; lead/set the fashion, set the tone/trend; call the tune; *(mus.)* give the note; *'n ~ aanslaan* adopt/take a tone;

strike a note *(fig.)*; *op afgemete ~* in measured tones; *op dreigende ~* in a threatening tone; *op een ~* in a mono= tone; *'n hoë ~ aanslaan* adopt a haughty tone; *'n ligsinnige ~* a flippant tone; *op 'n ... ~* on a ... note; in a ... tone; *die regte ~ tref/vind* strike the right note; *op ('n) sagte ~ praat/ gesels* speak in a low tone, speak/talk in hushed tones/voices; *iets val uit die ~* s.t. strikes a discordant/false/jarring note; s.t. is not in keeping with the general tone; *s.t. ~ van ... a* note of ...; *van ~ verander* change one's tune, sing another *(or a different)* tune. ~**aard** *(mus.)* key; tonality, mode, modus. ~**afstand** interval. ~**demper** mute, sordino. ~**dig** *=digte, n., (mus.)* tone poem. ~**digter** (musical) composer. ~**doof** tone-deaf. ~**duur** duration of tone. ~**gehalte** quality of tone. ~**hoogte** pitch. ~**kleur** tone colour, timbre. ~**kuns** music. ~**kunstenaar** musician, composer. ~**kwaliteit** tone quality; *met 'n ligte ~* light-toned. ~**leer¹** *-lere* (tone) scale, gamut; *~lere oefen* practise scales. ~**leer²** tonology; tone study. ~**meter** *(mus.)* tonometer; *(phys.)* sonometer. ~**om= vang** tone range, diapason, gamut. ~**sarsie** *(comp.)* tone= burst. ~**set** *ge=* compose, set to music. ~**setter** (musical) composer. ~**setting** *=tings, =tinge* (musical) composition. ~**skildering** *(mus.)* tone painting. ~**sleutel** clef. ~**soort** *(mus.)* key. ~**sterkte** intensity of sound. ~**suiwerheid** tonal purity. ~**taal** tone language. ~**teken** accent, stress mark. ~**val** ca= dence. ~**vas** *-vaste* keeping tune; *~ wees* keep tune. ~**vast= heid** keeping tune. ~**waarde** tonal value.

**toon³** *n.: iets ten ~ stel* exhibit s.t.; display s.t.; set out s.t.; *ten ~ gestel word* be on exhibition/show; be on display. **toon** *ge=, vb.* prove, show, demonstrate; produce *(a ticket, one's ID, etc.)*; *iets aan iem. ~* demonstrate s.t. to s.o.; *dit ~ dat ...* it/that proves/shows *(or goes to prove/show)* that ...; *iets ~ iem. se grootmoedigheid* s.t. speaks of s.o.'s magnanimity; *jou 'n goeie speler ~* prove o.s. a good player; *iets doen om te ~ dat ...* do s.t. to show that ...~**bank** counter; buffet; *by die ~* at/over the counter. ~**bankklerk** counter clerk. ~**bank= medisyne** over-the-counter drugs. ~**beeld** example, model, exemplar; *'n ~ van ...* a picture of ... *(health etc.)*; the es= sence of ... *(courtesy etc.)*; a paragon of ... *(virtue etc.)*; ... it= self *(patience, courtesy, etc.)*. ~**buffet** Welsh dresser. ~**huis** show house. ~**kabinet** display cabinet. ~**kamer** showroom. ~**ry** show riding. ~**spring** showjumping. ~**venster** shop/ show/display window. ~**waarde** present value.

**toon·aan·ge·wend** *-wende -wender -wendste* (of *meer ~ die mees -wende)* leading *(lights)*, fashionable, trendsetting, rep= resentative, prestigious.

**toon·aan·ge·wer, toon·aan·ge·ër** trendsetter.

**toon·baar** *-bare* presentable. **toon·baar·heid** presentability.

**toon·der** *-ders* bearer *(of a cheque)*; *betaal ... of ~* pay ... or bearer *(on a cheque)*. ~**aandeel** bearer share. ~**tjek** bearer/ open cheque. ~**wissel** bearer bill.

**toon·loos** *-lose* toneless; unstressed, unaccented, atonic *(syl= lable)*; toneless, flat, expressionless *(voice)*; *(phon.)* neutral; indeterminate *(vowel)*. **toon·loos·heid** tonelessness.

**toon·tjie¹** *-tjies, n. (dim.)* small toe.

**toon·tjie²** *-tjies, n. (dim.)* tone; *'n ~ laer sing* climb down, eat humble pie; change one's tune, sing another *(or a dif= ferent)* tune.

**toor** *ge=* bewitch, put a spell on, jinx *(s.o.)*; practise witch= craft; conjure, juggle; charm, enchant; →TOWER; *met iets ~, (infml.)* be a wizard with s.t. *(numbers, a comp., etc.)*. ~**dok= ter** witch doctor, medicine man, *(Zu.)* inyanga. ~**doktery** wizardry, witchcraft. ~**goed** charms, magic objects/arti= cles, muti. ~**houtjie** magic stick, talisman.

**toor·de·ry, to·we·ry** *-rye* magic, witchcraft, sorcery, wiz= ardry.

**toorn** *(poet., liter.)* wrath, anger, rage, ire, fury; *jou iem. se ~ op die hals haal* incur s.o.'s wrath; *uitdrukking aan jou ~ gee* vent one's wrath. **toor·nig** *-nige, adj.* wrathful, angry, irate, enraged. **toor·nig** *adv.* angrily, wrathfully.

**top¹** *toppe, n.* top, peak, summit *(of a mountain);* tip *(of the finger);* apex *(of a triangle);* vertex *(of a cone);* pinnacle; *(back part of an animal's head)* poll; crest, comb *(of a wave);* crown; head *(of a mast); die ~ bereik, (also)* top/make the grade. **top** *ge-, vb.* top, head *(a tree, bush);* lop off, poll(ard) *(a tree, horns);* coppice *(a tree, bush);* clip, trim *(hair, a mane).* **~amptenare** *n. (pl.)* top officials. **~belasting** peak load. **~bestuur** top/ senior management. **~bestuurder** *-ders* top/senior manager; *(in the pl., also)* top/senior management. **~fiks** superfit. **~gehalte** top quality. **~gehalteproduk** top-quality product. **~handelsmerk** brand leader. **~hoek** vertex angle. **~klas** top class. **~klasrugby, ~gehalterugby** top-class rugby. **~maatskappy** blue-chip company. **~presteerder** high achiever. **~prys** top/ceiling price. **~prysklas:** *'n huis in die* ~ a top-of-the-range house. **~punt** top, peak, summit, highest point; apex *(of a triangle);* zenith, acme, culminating point, pinnacle; vertex; consummation; climax; crowning glory; *die ~ bereik* reach the climax/zenith; *dit is die ~, (infml.)* that/ this is the limit; *op iem. se* ~ in s.o.'s prime; *op die ~ van ...* at the pinnacle of ...; at the zenith of ... *(s.o.'s career etc.); die ~ van ..., (also)* the height of ... *(folly, stupidity, etc.);* the epitome of ...; the essence of ... *(courtesy etc.).* **~reeks:** *'n model in die* ~ a top-of-the-range model. **~seil** topsail. **~sel** *-selle* apical cell. **~snelheid** maximum/top speed. **~spanning** peak voltage. **~steen** apex/crown stone, saddle (stone). **~swaar** top-heavy. **~tien:** *die* ~, *(mus.)* the top ten; *die ~ haal* make (*or* get into) the top ten. **~tientreffer** top ten hit. **~tientrefferlys:** *die* ~ the top ten. **~treffer** chart topper; *die ~ wees* top the charts, be top of the pops. **~vertoning** top-class performance.

**top²** *interj.* all right!; it's a deal!; it's a bet!; agreed!, done!.

**to·paas** *-pase, (min.)* topaz. **~kolibrie** *-bries, (S.Am. bird)* topaz. **~kwarts** topazite.

**to·paas·kleur** topaz, topazine. **to·paas·kleu·rig** *-rige* topazine.

**to·pa·so·liet** topazolite.

**to·pi** *-pi's, (<Hindi)* topi, pith helmet.

**to·po·gra·fie** *(geog.)* topography. **to·po·graaf** *-grawe* topographer. **to·po·gra·fies** *-fiese* topographic(al); *-e kaart* topographical map; *-e uitgangspunt* ordnance datum.

**to·po·lo·gie** *(geog., math., etc.)* topology. **to·po·lo·gies** *-giese* topological.

**to·po·niem** *-nieme* place name. **to·po·ni·mie** *(study of place names)* toponymy; toponymics. **to·po·ni·mies** *-miese* toponymic(al).

**top·pie** *-pies, n. (dim.)* pinnacle; tip; *(a garment, esp. for a girl)* top.

**tor** *torre* beetle; *(infml.)* lout, bumpkin, boor, oaf. **tor·re·rig** *-rige* uncouth, boorish, oafish.

**To·ra:** *die* ~, *(Jud.: the Pentateuch)* the Torah.

**to·raks** *-rakse, (zool., anat.)* thorax. **~chirurg, ~sjirurg** thoracic surgeon.

**tor·chon·kant** *(text.)* torchon lace.

**to·re·a·dor** *-dors,* **to·re·ro** *-ro's, (Sp.: a bullfighter)* toreador, torero.

**to·ring** *-rings, n.* tower; spire; *(chess)* castle, rook; *die Skewe T~ van Pisa* the Leaning Tower of Pisa; *(spits)* ~ steeple. **to·ring** *ge-, vb.* tower, spire. **~blok, ~gebou** high-rise building, tower block. **~bout** centre bolt. **~fort** peel. **~hoog** *-hoë* as high as a steeple, towering; *'n hoë wolkekrabber* a soaring skyscraper. **~klok** tower clock; tower bell. **~naald** spire of steeple. **~rekenaar** tower computer. **~spits** pinnacle; spire, steeple. **~valk** *(orn.)* kestrel. **~wagter** tower watchman. **~werker, ~klimmer** steeplejack.

**to·ring·vor·mig** *-mige* turreted.

**to·rin·kie** *-kies, n. (dim.)* turret; *(spits)* ~ pinnacle.

**to·ri·um** *(chem., symb.: Th)* thorium.

**tor·na·do** *-do's* tornado, *(Am., infml.)* twister.

**tor·nyn** *-nyne* common dolphin; dusky dolphin.

**to·ro·ïed** *(elec., phys., geom.)* toroid. **to·ro·ï·daal** *-dale* toroidal(ly).

**tor·pe·deer** *ge-* torpedo; *(fig.)* shoot down. **tor·pe·dis** *-diste* torpedo man.

**tor·pe·do** *-do's* torpedo. **~boot** *(hist.)* torpedo boat. **~jaer** *(hist.)* torpedo-boat destroyer.

**torr** *(chem., phys.: a unit of pressure)* torr.

**tor·ring** *ge-* unpick, unstitch; trouble, worry, pester, bother; *aan iem. ~, (infml.)* nag (at) s.o., bug s.o.; *aan iem. ~ om iets te doen, (infml.)* keep at s.o. to do s.t.; *aan iem. ~ oor iets, (infml.)* keep at s.o. about s.t.; *aan iets ~* meddle with s.t.; *nie aan iets ~ nie, (also)* leave well alone.

**tor·sie** torsion. **~balans** torsion balance. **~slinger** torsion pendulum. **~stang** *(esp. mot.)* torsion bar.

**tor·so** *-so's* torso.

**tor·tel·duif** *-duiwe, (poet., liter.)* **tor·tel** *-tels* turtledove.

**tor·tel·li·ni** *(It. cook.: filled pasta rounds)* tortellini.

**tor·til·la** *(Mex. cook.: a maize pancake)* tortilla.

**to·rus** *-russe, (biol., math.)* torus; *(archit.)* tore, torus, baston; *(bot.)* torus, receptacle.

**To·ry** *Tories, (Br. pol.: member/supporter of the Conservative Party)* Tory.

**Tos·ka·ne** *(geog.)* Tuscany. **Tos·kaan** *-kane, n., (inhabitant)* Tuscan. **Tos·kaans** *n., (dial.)* Tuscan. **Tos·kaans** *-kaanse, adj.* Tuscan.

**tos·sel** *-sels* tassel; pompom; aglet; *gordyne/kussings/ens. met ~s* tasselled curtains/cushions/etc.. **~koord** tasselled cord.

**tot** *prep.* till, until, to, as far as; ~ *aan* ... as far as ..., up to ...; ~ *R1000/ens. betaal* pay as much as R1000/etc.; ~ *by* ... on to ... *(a place);* up to ... *(a place);* ~ *dan* till then; *van deur ~ deur* from door to door; ~ *op die einde* right up to the end; ~ *by Kaïro/ens. gaan* go as far as Cairo/etc.; *'n temperatuur van ~ 30/ens. grade* temperatures as high as 30/etc. degrees; ~ *honderd/ens.* up to a hundred/etc.; anything up to a hundred/etc.; ~ *honderd/ens. toe* as many as a hundred/ etc.; *oos ~ in China* as far east as China; ~ *verlede jaar* (up) till last year; ~ *die kleinste besonderheid (toe)* down to the smallest detail; ~ *die klippe* ... the very stones ..., even the stones ...; ~ *(aan/by) sy/haar knieë/middellyf/ens. in die water* knee-deep/waist-deep/etc. *(or* up to his/her knees/waist/ etc.) in the water; ~ *die laaste sent* (down) to the last cent; ~ *en met* ... up to and including ...; ~ *siens! (of totsiens!)* goodbye!, *(infml.)* see you (again/later)!, (I'll) be seeing you!, so long!, cheers!, *(Fr.)* au revoir!; *'n styging/daling van X ~ Y (kilogram/grade/rand/ens.)* a rise/fall from X to Y (kilograms/degrees/rands/etc.); ~ ... *toe* to the point of ...; ~ *van/uit* ... from as far as ...; ~ *R1000 verloor* lose up to R1000; ~ *waar?* how far?; ~ *waarnatoe?* to where?; *die datum ~ wanneer* ... the date up to which ...; ~ *wanneer?* till when?. **tot** *conj.* until, till; →TOTDAT.

**to·taal** *-tale, n.* total, aggregate, total sum/amount, sum total, gross; *in ~* in all/total; in sum; all told, altogether; *die ~ laat oploop* swell the total. **to·taal** *-tale, adj.* total; overall; sheer, utter; ~ *tale aanslag* total onslaught; ~ *tale sonsverduistering* total eclipse of the sun. **to·taal** *adv.* totally, entirely, utterly, quite, altogether, completely, outright. **~bedrag** sum total, total amount. **~beeld** general picture. **~effek** general effect. **~indruk** general impression. **~plan** master plan. **~syfer** total (figure), full sum, overall/global figure.

**to·ta·li·sa·tor** *-tors* totalisator, tote. **~weddenskap** *-skappe* tote bet.

**to·ta·li·ta·ris** *-riste, n.* totalitarian; →TOTALITÊR. **to·ta·li·ta·ris·me** totalitarianism.

**to·ta·li·teit** totality; sum total.

**to·ta·li·têr** *-têre, adj.* totalitarian; →TOTALITARIS.

**tot·dat** until, till; ~ *iem. terugkom* pending s.o.'s return.

**to·tem** =*tems* totem. **to·te·mis** =*miste* totemist. **to·te·mis·me** totemism. **to·te·mis·ties** =*tiese* totemistic. **to·tem·paal** to= tem pole.

**to·to** =*to's* tote; →TOTALISATOR.

**tot·siens** →TOT *prep.*.

**tot·stand·bren·ging** accomplishment, bringing about, achievement, establishment.

**tot·stand·ko·ming** coming into being, realisation, estab= lishment *(of a republic);* declaration *(of peace);* passing *(of a law);* die ~ *van* ... the coming into being of ...

**tot·ter·man·ne·tjie, tot·ter·tjie** *(euph.: penis)* willy.

**tou** *toue, n.* twine; cord; hemp; tether; file; queue; hawser; *iem./iets 'n ~ in die bek sit, (idm.)* restrict s.o./s.t.; keep s.o./ s.t. in check; *'n (dik)* ~ a rope; *deur die ~e klim, (boxing, wrestling)* get into the ring; ~ *opgooi* give in, throw in one's hand *(or* the towel*)*, throw *(or, infml.* chuck*)* in/up the sponge; *nie* ~ *opgooi* nie, *(also, infml.)* hang (on) in there, hang tough; *iets op* ~ *sit* set the ball rolling, get s.t. going, launch s.t. *(a campaign etc.);* in *'n/die* ~ *staan* queue, stand in a/the queue; *'n stuk* ~ a length of rope; *teen die ~e, (boxing, also fig.)* on the ropes; *oor die* ~ *trap* cross the line; step out of line; misconduct o.s.; kick over the traces; *iem. kan geen* ~ *aan iets vasknoop/vasmaak* nie, *(infml.)* s.o. cannot make head or tail of s.t.; *die* ~ *vat* take the lead. **tou** *ge=, vb.* walk one after another, follow in a line; queue (up); troop; beat, flog; taw *(hide),* dress *(leather).* **~brug** rope bridge. **~doek** net cloth, swab, tow. **~gare, ~garing** rope yarn. **~leer** rope ladder, Jacob's ladder, side ladder, ratlines. **~lei** *touge=* lead the oxen (team). **~leier** wag(g)on leader; *die beste* ~ *sit op die bok* bachelors' wives and old maids' children are well trained. **~~oog** grummet, grommet, snotter. **~(-)opgooier** quitter, faint heart, defeatist. **~paal** bollard. **~soolskoene** rope-soled shoes. **~spring** *touge=* skip. **~staan** *touge=* form a queue, queue up, stand in file. **~staner** =*ners* queuer. **~sta= nery** queuing. **~trek** *n.* tug of war. **~trek** *touge=, vb.* take part in a tug of war, tug at the rope; struggle against each other, wrangle, squabble. **~weefsel** webbing. **~werk** ropes, ropework, roping; rigging, cordage. **~werker** rigger. **~wys** broken in, tamed; at home in *(or* used to*)* work; ~ *in iets* at home in s.t.; *iets* ~ *maak* break in s.t. *(an ox etc.);* iem. ~ *maak* show s.o. the ropes; ~ *raak met iets* find one's feet/ legs.

**tou·ag·tig** =*tige,* **tou·e·rig** =*rige* ropy. **tou·ag·tig·heid, tou·e· rig·heid** ropiness.

**tou·tjie** =*tjies, n. (dim.)* piece of string, cord; wisp; meat strip, (thin) biltong; grapple plant; ~*s trek, (fig., infml.)* pull strings/ wires.

**tou·tjies·:** **~kruit** cordite. **~meel** shredded wheat. **~trekker** *(fig., infml.)* wirepuller, string-puller, kingmaker. **~vleis** meat strips. **~wol** stringy/ropy wool.

**tou·tjies·rig** =*rige, (infml.)* stringy, ropy, towy.

**tou·to·lo·gie** *tautology.* **tou·to·lo·gies** =*giese* tautological.

**to·we·naar** =*naars, (masc.)* magician, sorcerer, wizard; en= chanter; conjuror; necromancer. **to·we·na·res** =*resse, (fem.)* sorceress, enchantress, witch.

**to·wer** *ge=* use magic, practise sorcery; charm; conjure; → TOOR. **~beeld** magic image. **~drank** magic potion. **~fee** fairy. **~fluit** magic flute. **~formule** magic words/formula, charm, spell. **~godin** (good) fairy. **~heks** witch, wicked fairy. **~hoedjie** wishing cap. **~krag, toorkrag** magic (power), spell, juju; *soos deur* ~ as if by magic, like magic. **~kring** magic circle. **~kuns, toorkuns** magic, sorcery, wizardry, witchcraft, necromancy. **~lamp** Aladdin's lamp. **~land** fairy= land. **~lantern** magic lantern. **~middel, toormiddel** =*dels, =dele* charm, talisman, amulet, magical medium. **~sampioen** *(infml.)* magic mushroom *(containing a hallucinogen).* **~slag** magic touch, wave of the (magic) wand; *soos met 'n* ~ as if

by magic, like magic; *iets soos met 'n* ~ *te voorskyn bring* conjure up s.t.. **~spel** magic, sorcery, witchcraft, wizardry. **~spreuk, toorspreuk** charm, incantation, magical formula, spell. **~staf, ~stokkie** magic wand. **~tapyt** magic carpet. **~wêreld** enchanted world, fairyland, land of magic. **~woord, toorwoord** magic word, spell.

**to·wer·ag·tig** =*tige* magic(al).

**to·we·ry** →TOORDERY.

**town·ship** =*ships, (<Eng., SA)* township.

**traag** *trae traer traagste, adj.* slow, slow-moving, tardy, indo= lent, sluggish, sluggardly, apathetic, lethargic, slothful, slack, dilatory, torpid; inert; dull, stagnant; *'n trae leser* an aliter= ate; ~ *wees om iets te doen* not like *(or* be keen on*)* doing s.t.; ~ *van begrip* dim-, dull-, half-, slow-witted. **traag** *adv.* sluggishly, dully, slowly, inertly, lazily. **traag·heid** slowness, laziness, sluggishness, sloth, tardiness, lethargy, lifelessness, indolence; drag, *(phys.)* inertia, torpor.

**traag·heids·:** **~moment** moment of inertia. **~vermoë** *(phys.)* inertia. **~werking** permanency of inertia.

**traak** *ge=* concern, touch; →RAAK *vb.; dit* ~ *iem. nie* s.o. doesn't care, *(infml.)* s.o. couldn't care less; *(infml.)* it is no business of his/hers, it is none of s.o.'s business; it is nothing to him/ her; *wat* ~ *dit my?, (infml.)* what do I care?, a fat lot I care; what have I go to do with it?. **~-my-nieagtig** =*tige* happy- go-lucky, devil-may-care, lackadaisical, nonchalant, care= less, irresponsible, unconcerned, perfunctory.

**traan[1]** *trane, n.* tear, teardrop, eye drop; →TRANE=; *jou trane afdroog* dry one's tears; wipe one's eyes; *iem. tot trane be= weeg/roer* move s.o. to tears; *trane biggel oor iem. se wange* tears trickle down s.o.'s cheeks; *brandende trane* scalding tears; *hete trane* bitter tears; *amper in trane* on the verge of tears; *in/onder trane* in tears; *jou trane inhou* fight back (one's) tears; *te laat vir trane* too late for tears; *lang trane huil, (infml.)* cry bitterly; *trane wel in iem. se oë op* tears gather in s.o.'s eyes; *trane rol oor iem. se wange* tears run down s.o.'s cheeks; *trane stort* shed tears; *in trane swem* be bathed in tears; *trane met tuite huil, (infml.)* cry bitterly, shed copious tears; *in trane uitbars* burst into tears, break down; *trane van vreugde* tears of joy. **traan** *ge=, vb., (eyes)* water; *(plants)* bleed. **~afskeiding** lachrymation. **~bom** tear/lachrymatory bomb. **~buis** tear/lachrymal duct. **~gas** tear/CS gas. **~klier** tear gland/bag, lachrymal gland. **~oog** watery eye; weep= ing eye. **~rook** tear gas; tear smoke. **traan·vor·mig** =*mige* tear-shaped.

**traan[2]** *n.* whale oil; fish/train oil. **traan·ag·tig** =*tige* like *(or* smelling of *or* tasting like*)* whale oil. **traan·ke·tel** oil kettle.

**tra·di·sie** =*sies* tradition; *die/'n* ~ *handhaaf* keep up the/a tradition; *na/volgens die* ~ *van* ... in the tradition of ... **~vas** =*vaste* tradition-bound, traditionalistic. **~vereerder** tradi= tionalist.

**tra·di·si·o·na·lis** =*liste* traditionalist. **tra·di·si·o·na·lis·me** tra= ditionalism.

**tra·di·si·o·neel** =*nele* traditional, time-honoured; ~*nele leier* traditional leader; ~*nele geneser* traditional healer; ~*nele medisyne* traditional medicine; ~*nele snydokter* ingcibi *(Xh.);* ~*nele wapen* traditional/cultural weapon.

**tra·e·rig** =*rige* →TRAGERIG.

**trag** *ge=, (poet., liter.)* endeavour, try, attempt, strive.

**tra·gant(·gom)** tragacanth.

**tra·ge·a** =*geas, (anat.)* trachea. **tra·ge·o·to·mie** *(surgical inci= sion)* tracheotomy.

**tra·ge·die** =*dies* tragedy.

**tra·ge·rig, tra·e·rig** =*rige* rather slow/sluggish; →TRAAG.

**tra·giek** tragedy; *die* ~ *van die lewe* the tragedy of life. **tra= gies** =*giese =gieser =giesste* (of *meer* ~ *die mees =giese)* tragic; *die* ~*e daarvan is* ... the tragedy of it is ...

**tra·gi·ko·me·die** tragicomedy. **tra·gi·ko·mies** =*miese* tragi= comic.

**tra·gi·kus** =gikusse, =gici, (theatr.) tragedian.

**tra·jek** =jekte stage, stretch, section, track; range; trajectory.

**trak·sie** traction; in ~ in traction.

**trak·taat** =tate treaty. **trak·taat·jie** =jies, n. (dim.) tract, fly=sheet, flying sheet.

**trak·teer** (ge=) treat; entertain; regale, stand, treat; iem. op ... ~ treat s.o. to ... (a nice meal etc.); regale s.o. with ... (stories etc.). **trak·ta·sie** =sies treat, feast.

**trak·te·ment** =mente salary, pay (esp. of an ecclesiastic).

**tra-la-la** interj. tra-la(-la).

**tra·lie** =lies bar, spike; (in the pl., also) trellis, railings, lattice; agter (die) ~s sit/wees, (infml.) be behind bars, do/serve time; iem. agter die ~s sit, (infml.) put s.o. away. **~deur** grated door. **~hek** grill(e), grating, trellis gate, bars. **~venster** lattice win=dow, barred window, grating. **~werk** latticework, trellis(work), grating, grille, trellis grate, bars, grid.

**tram·po·lien** =liene, =liens trampoline.

**trance(-mu·siek)** trance (music).

**tranche** (fin.: an instalment) tranche.

**tra·ne·:** **~dal** (infml.) vale of tears; tearful scene. **~trekker** (infml.) tear jerker, weepy. **~vloed** flood of tears.

**tra·ne·rig** =rige watery (eyes); full of tears, weepy, tearful, lachrymose; ~e oë runny eyes; ~e toneelstuk/rolprent tear jerker, weepy. **tra·ne·rig·heid** tearfulness; sob stuff.

**trans** transe pinnacle, summit; (poet., liter.) firmament.

**tran·sak·sie** =sies transaction, deal; met iem. 'n ~ aangaan conclude a transaction (or make/do a deal) with s.o.; 'n ~ met iem. beklink clinch/close a deal with s.o..

**trans·al·pyns** =pynse, (geog.) transalpine, tramontane.

**trans·at·lan·ties** =tiese transatlantic.

**tran·sen·deer** ge= transcend. **tran·sen·den·sie** transcend=ence. **tran·sen·dent** =dente, **tran·sen·den·taal** =tale transcen=dental; **~tale meditasie** transcendental meditation.

**trans·fi·gu·reer** ge= transfigure. **trans·fi·gu·ra·sie** =sies trans=figuration.

**trans·for·meer** ge= transform. **trans·for·ma·sie** =sies trans=formation. **trans·for·ma·si·o·neel** =nele transformational. **trans·for·ma·tor** =tors, (elec.) transformer.

**trans·fu·sie** transfusion.

**trans·ge·ne·ties** =tiese, **trans·ge·nies** =niese, (bot., zool.) transgenic.

**tran·sis·tor** =tors, (rad.) transistor. **tran·sis·to·ri·seer** tran=sistorise. **tran·sis·tor·ra·di·o** transistor radio.

**tran·si·tief, tran·si·tief** =tiewe, n. & adj., (gram.) transi=tive. **tran·si·ti·wi·teit** transitivity, transitiveness.

**tran·si·to, tran·si·to** transit; in ~ in transit. **~handel** transit trade. **~reg** transit duty.

**Trans·kei** (geog.) Transkei. **Trans·kei·er** =ers, n. Transkeian. **Trans·keis** =keise, adj. Transkeian.

**trans·kon·ti·nen·taal** =tale transcontinental.

**tran·skri·beer** ge= transcribe, transliterate. **tran·skrip** =skripte transcript. **tran·skrip·sie** =sies transcription, transliteration. **tran·skrip·ta·se** (biochem.) transcriptase.

**trans·li·te·reer** ge= transliterate. **trans·li·te·ra·sie** translit=eration.

**trans·mi·gra·sie** transmigration.

**trans·mis·sie** transmission. **~faktor** (phys.) transmission factor, transmittance. **~lyn** (elec., telecomm., comp.) transmis=sion line. **~rekening** =nings, =ninge transmission account. **~snelheid** (comp.) baud rate.

**trans·mu·ta·sie** transmutation.

**trans·na·si·o·naal** =nale transnational.

**trans·pa·rant** =rante, n., (slide, OHP sheet, etc.) transparency, (infml.) tranny, trannie. **trans·pa·rant** =rante, adj. trans=parent, translucent.

**trans·pi·reer** ge=, (bot.) transpire; (physiol.) perspire. **trans·pi·ra·sie** (bot.) transpiration; (physiol.) perspiration.

**trans·plan·taat** =tate, (organ/tissue transplanted) transplant. **trans·plan·ta·sie** (surgical procedure) transplant(ation).

**trans·po·lêr** =lêre transpolar.

**tran·spon·deer·der** (mot., sport) transponder.

**trans·po·neer** = transpose; ~ponerende instrument, (mus.) transposing instrument.

**trans·port** =porte, (jur.) transfer, conveyance; (no pl.), (bookk.) amount carried forward; akte van ~ deed of conveyance/transfer; ~ ry transport goods, ride transport. **~akte** deed of transfer/conveyance, title deed. **~band** conveyor belt, belt/band conveyor. **~besorger** conveyancer. **~besorging** conveyancing. **~brug** transporter bridge. **~koste** cost of transport; cost of conveyance/transfer. **~nemer** transferee. **~ryer** (chiefly hist.) transport driver, transporter, cartage con=tractor. **~uitmaker** conveyancer.

**trans·por·teer** ge=, (jur.) transfer, convey; (bookk.) carry for=ward. **trans·por·ta·sie** transportation. **trans·por·teur** =teurs transporter; protractor (for measuring angles).

**trans·po·si·sie** (mus. etc.) transposition.

**trans·sek·su·eel** =suele, n. & adj. transsexual. **trans·sek·su·a·lis·me, trans·sek·su·a·li·teit** transsexualism, transsex=uality.

**trans·sub·stan·si·eer** ge=, (RC) transubstantiate.

**Trans·vaal** (geog., hist.) the Transvaal. **Trans·vaals** =vaalse, (hist.) Transvaal. **Trans·va·ler** =lers, (hist.) Transva(a)ler, Trans=vaal man/woman.

**trans·ver·saal** =sale transverse, transversal.

**trans·ves·tiet** =tiete transvestite. **trans·ves·tie, trans·ves·tis·me** transvest(it)ism.

**trant** manner, style, way, fashion, strain; as iem. op dié/hier=die ~ voortgaan if s.o. carries on in this way; in dieselfde ~ in the same vein; in the same key; in the same strain; in die ~ van ... in the manner (or after the style) of ... (Rembrandt etc.); op die ou ~ as usual.

**trap** trappe, n. step; tread; staircase, (flight of) stairs, stairway, steps; degree, step, stage; (phys.) phase; pedal, treadle (of a mach.); stamp (with a foot), kick; (met) die ~ afgaan go down the stairs; go downstairs; iem. die ~ afgooi/afsmyt throw/kick s.o. down the stairs; throw/kick s.o. downstairs; bo-op die ~ at the top of the stairs; een ~ van ... one remove from ...; op 'n hoë ~ van ontwikkeling highly developed, devel=oped to a high degree; 'n ~ a flight of stairs; die oortref=fende ~, (gram.) the superlative degree; op die ~ on the stairs; (met) die ~ opgaan go up the stairs; go upstairs; die stel=lende ~, (gram.) the positive degree; van ~ tot ~ by degrees, gradually; ~pe van vergelyking, (gram.) degrees of com=parison; die vergrotende ~, (gram.) the comparative de=gree. **trap** ge=, vb. tread, step; trample, stamp; pedal (a bi=cycle); blow (an organ); tread (grapes); thresh (grain); scoot, skedaddle; fyn ~, (fig.) step carefully; hoog (en laag) ~, (in=fml.) be unsteady on one's feet, be unable to walk straight, be tipsy; in iets ~ tread in s.t.; iem. moet ~ it's time for s.o. to go; op iets ~ tread (up)on s.t.; step on s.t.; stamp on s.t.; tramp (up)on s.t.; trample (up)on s.t.; iets plat ~ stamp on s.t.; trample down s.t.; iem. plat ~, (infml., fig.) walk (all) over s.o.; iets stukkend ~ trample/tread s.t. to pieces; ver=sigtig ~ step carefully, (lit.) mind/watch one's step; die vloer/ens. vol modder/ens. ~ tramp mud/etc. all over the floor/etc.. **trap** interj. get!, be gone/off!, off with you!, get out (of here)!, push off!; ~ hier uit! get the hell out of here!. **~as** pedal shaft. **~balie** wine press. **~boot(jie)** pedal boat, pedalo. **~fiets** push bike, pedal cycle. **~gewel, trappiesgewel** (archit.) stepped gable, crow-step gable, corbie(-step) gable. **~hyser** stair=lift. **~kar** pedal car. **~klip** stepping stone. **~krag** pedal power. **~kuil** stairwell. **~leer** stepladder, steps, standing ladder. **~leu=ning** ban(n)isters, balusters. **~loper** stair carpet/runner. **~ma=**

**sjien** threshing machine, thresher, thrasher; treadle sewing machine. ~**meul(e)** treadmill. ~**oefeninge** *(also* trap- aëro biese oefeninge*)* step aerobics. ~**portaal** (stair) landing, stair hall. ~**skrum** *(rugby)* ruck(ing); *'n ~ vorm* ruck. ~**slinger** kick-starter. ~**soetjies**, ~**suutjies** *-jiese* chameleon; *(infml.)* slowcoach. ~**styl** baluster. - **tyd** threshing time/season. ~**vloer** threshing floor. ~**wiel** (child's) scooter.

**tra·pees** *trapese* trapeze.

**tra·pe·si·um** *-siums, (geom.)* trapezium. **tra·pe·so·ï·daal** *-dale* trapezoid(al). **tra·pe·so·ïed** *-soïede, n. & adj.* trapezoid.

**trap·pel** *ge-* trample, stamp, clatter, patter.

**trap·per** *-pers* pedal *(of a bicycle);* treadle *(imparting motion to a mach.);* pedaller, *(infml.)* pedal pusher, blower, treader.

**trap·pie** *-pies, n. (dim.)* little kick; doorstep; small staircase; stair, step; *pasop/oppas vir die ~!* mind the step!.

**Trap·pis** *-piste, (member of a RC order, also* t~*)* Trappist.

**traps·ge·wys** *-wyse, adj.* gradual, phased, progressive, stag gered, in (easy) stages. **traps·ge·wys, traps·ge·wy·se** *adv.* by degrees, step by step, gradually, in stages/phases, progressively; *iets ~ rangskik/inrig* stagger s.t..

**trap·vor·mig** *-mige* stepped; scalar, scalariform.

**tras** *(geol.)* trass.

**tra·seer** *(ge-)* trace/mark out. **tra·seer·der** *-ders* tracer. **tra·se·ring** tracery; plotting.

**tras·sie** *-sies* hermaphrodite; *(infertile fem. calf)* freemartin.

**trat·to·ri·a** *(an It. restaurant)* trattoria.

**trau·ma, trou·ma** *-mas* trauma, wound. **trau·ma·ties, trou ma·ties** *-tiese -tieser -tiesste (of meer ~ die mees -tiese)* trau matic. **trau·ma·ti·seer, trou·ma·ti·seer** *ge-, (med., psych.)* trau matise. **trau·ma·ti·se·ring, trou·ma·ti·se·ring** *(med., psych.)* traumatisation.

**tra·ver·tyn** *(geol.)* travertine, calc-sinter.

**tra·ves·tie** *-tieë* travesty, parody. **tra·ves·teer** travesty, make/ be a parody of.

**tra·want** *-wante* henchman, hanger-on, follower, underling, minion.

**tred** pace, tread; *(gelyke) ~ hou met ...* keep up/pace with ...; be/keep in step with ...; *nie met ... ~ hou nie, (also)* be out of step with ...; *'n ligte/sagte ~* a light step; *met onhoorbare ~* with a velvet tread; *met vaste ~* with a firm step.

**tree** *~, treë, n.* pace, step, stride; tread; yard; *'n ~ gee* take a pace; take a step; *honderd treë* a hundred yards; *met lang treë* with long strides; *jou treë rek* stride out; *'n ~ vorentoe, (fig.)* a step up the ladder; *met waggelende treë* with totter ing steps. **tree** *ge-, vb.* step, walk, tread; *nader ~* approach; *oor iets ~* step across/over s.t.; *opsy ~* step aside; *uit ... ~* retire from ...; *na vore ~* come forward; stand out. ~**plank** running board, footboard. **tre·ë·tel·ler** pedometer. **tree·tjie** *-tjies, n. (dim.)* small step; stair, step, stair step; *die boonste ~* the top stair.

**tref** *ge-* strike, hit; find, meet, come across; fall in with; en counter; come upon; *(disease, calamity, etc.)* attack, *(poet.)* visit; *dit het iem. ge- dat ...* it struck (or occurred to) s.o. that ...; *ge- deur ...* struck/moved/touched by ... *(s.o.'s friendliness etc.); iets ~ iem. diep* s.t. affects s.o. deeply; *deur/volgens die metode van ~ of fouteer* by trial and error; *'n ongeluk het iem. ge~* s.o. met with an accident; *deur die ongeluk ge~* overtaken by misfortune, hard hit, unfortunate; *swaar ge~* deeply affected; hard hit; *~ en trap* hit and run. ~**afstand** striking distance, effective range; *binne ~* within striking dis tance. ~~**-en-trap(-)ongeluk** hit-and-run accident. ~~**-en-trap(-) voorval** hit-and-run case. ~**krag** (force of) impact; hitting power; effect, appeal. ~**punt** point of impact; incidence. ~**reël** *(print.)* catchline, tag line; punchline *(of a joke etc.).* ~**seker** (deadly) accurate, well-aimed, pertinent. ~**sekerheid** ac curacy (of aim), unerring aim. ~**tempo** *(cr.)* strike rate *(of a bowler).* ~**woord** reference, word heading, headword, catch

word, lemma, key word. ~**wydte** range, scope; incidence; *binne die ~ van die wet/ens. val* fall within the ambit of the act/etc..

**tref·baar** *-bare* vulnerable, exposed, assailable. **tref·baar heid** vulnerability.

**tref·fend** *-fende, adj.* striking, telling; touching, moving, stir ring *(speech etc.);* salient, signal; impressive; dramatic. **tref fend** *adv.* strikingly; touchingly, movingly.

**tref·fer** *-fers* hit *(lit., fig.),* success, knockout; best seller; *'n ~ behaal* register/score a hit *(lit.).* ~**boek** best seller, *(infml.)* blockbuster. ~**lys, treffersparade** *(pop mus.)* hit parade, the charts; *nommer een op die ~* number one on the hit parade, chart topper; *'n album/ens. boaan (of nommer een op) die ~* a chart-topping album/etc.. ~**(plaat/-CD)** hit record/disc, *(in fml.)* chart buster.

**treg·ter** *-ters, n.* funnel; spout; hopper *(in a mill);* filler; cone; crater. **treg·ter** *ge-, vb.* funnel. ~**mond(ing)** estuary. ~**wolk** funnel cloud, tornado cloud.

**treg·ter·vor·mig** *-mige* funnel-shaped, conical.

**treil** *treile, n.* towline; dragnet, trawl (net). **treil** *ge-, vb.* tow, trawl. ~**net** trawl (net). ~**vis** trawl fish. ~**visser** trawler(man). ~**vissery** trawling.

**trei·ler** *-lers* trawler, trailer.

**trein** *treine* train; retinue, following; *betyds wees vir 'n ~* catch a train; *per (of met die) ~ gaan/reis* go/travel by train; take a/the train; *voel asof 'n ~ jou getrap het, (infml.)* feel as if you've been hit by a train; *'n ~ haal* catch a train; *'n ~ nie haal nie* miss a train; *'n/die ~ haal/neem* take a/the train; *in/op die ~* on the train; *in/op 'n ~ klim* board a train; *te laat kom vir 'n ~, 'n ~ mis* miss a train; *daagliks ~ ry* commute (by train); *(per of met 'n/die) ~ ry* go/travel by train; take a/the train; *die ~ vertrek nie, (infml.)* there is am ple time, what's the hurry for?. ~**botsing** train crash. ~**brug** railway bridge. ~**diens** train service. ~**drywer** train driver. ~**geld** train fare. ~**kaartjie** railway/train ticket. ~**konduk teur** guard/conductor on a train. ~**ongeluk** railway accident. ~**personeel** running staff; train staff. ~**ramp** railway disas ter. ~**reis** train journey. ~**rooster** railway timetable. ~**spoor** railway (line), metals; *'n ~ begaanbaar maak* clear a line. ~**stel(letjie)** train set. ~**wa** carriage.

**trei·ter** *ge-* plague, tease, pester, vex, taunt, molest, badger, bait, torment, nag, annoy, irritate, exasperate, aggravate, *(infml.)* bug. **trei·te·raar** *-raars* tease(r), nagger.

**trek** *trekke, n.* pull, tug; haul; draught *(of air);* migration *(of birds, fish, people, etc.),* trek, movement, drift, journey; stage *(on a bus route);* moving *(into a house);* stroke, flourish *(of the pen);* influx, rush *(to a place);* rifle, groove; feature *(of a face or landscape);* trait, characteristic; bent; vein; appetite; incli nation, desire; backwash; *in breë ~ke* in general terms; in (broad) outline; *iets in breë ~ke vertel, (also)* give the sub stance of s.t.; *op ~ gaan* go on trek; *'n ~ aan 'n pyp/sigaret gee* give/take a puff at a pipe/cigarette; *die Groot T~, (SA hist.)* the Great Trek; *~ in iets hê* like s.t.; *op ~ staan* be on the point of trekking (or setting out); *die ~ voel* feel the draught *(lit.); iem. het 'n wrede/ens. ~* there is a strain of cruelty/etc. in s.o.. **trek** *ge-, vb.* pull, drag, draw, haul, tow; tug, yank; trawl; seine; draw *(a crowd);* draw *(a cheque etc.);* force *(a plant);* journey, travel, go, march, trek; *(birds etc.)* mi grate, emigrate; peregrinate; *(change one's abode)* move; *(a chimney etc.)* draw; be draughty; warp, become warped; *(mus cles etc.)* twitch; *(cr.)* carry; *aan iets ~* drag at s.t.; pull at s.t.; heave at s.t.; pluck at s.t.; puff at s.t. *(a pipe);* take a drag on s.t. *(a cigarette etc.); wat my by/in iem. ~* what I like about s.o.; *daar ~ hulle!* they're away/off!, away they go!; there they go!; *iem. slaan/stamp dat hy/sy dáár/so ~* knock/send s.o. flying; *iem. gaan ~* s.o. is going to move; *iets ~ krom, (wood etc.)* s.t. warps (or becomes warped); *iets laat ~* have s.t. out *(a tooth);* let s.t. brew *(tea etc.); die pes ~ deur die land* the plague sweeps through the country; *deur die* **lug** ~ fly/ sail through the air; *na 'n ander huis* ~ move to another house; *na jou pa* ~ look like one's father; *oor iets* ~ cross s.t. *(mountains etc.); iets oor jou kop* ~ pull s.t. over one's head; *iets uit* ... ~ abstract s.t. from ...; extricate s.t. from ...; *iets uit iem.* ~ drag s.t. out of s.o.; *uit 'n huis* ~ move out of a house. ~**arbeid** migratory/migrant labour. ~**arbeider** mi= grant labourer. ~**beeste** cattle on trek. ~**boer** trek farmer, trekker. ~**bok** =*bokke, (usu. in the pl.)* migratory buck/ante= lope, antelope on the move. ~**bout** draw bolt. ~**by** swarm= ing bee, swarmer. ~**dag** *(lottery)* day of the draw; trekking day; moving day. ~**dier** draught animal. ~**duif** migratory pigeon. ~**duiker** *(orn.)* Cape cormorant. ~**gees** wanderlust. ~**goed** draught animals; harness; gear *(of draught animals)*, trek things. ~**hond** draught dog, working dog. ~**hou** *(golf, cr.)* pull; swinging blow. ~**kabel** starting cable. ~**ketting** trek chain *(of a wag[g]on); (mech.)* hauling chain. ~**klavier** (piano) accordion. ~**klavierspeler** accordionist. ~**koord** draw cord; ripcord; pull. ~**krag** tractive effort/power; *(aircraft)* thrust; tensile force, tension, pull, traction. ~**laken** draw sheet. ~**lus** trek fever, wanderlust, nomadism. ~**maat** fel= low traveller. ~**mes** drawing knife, spokeshave. ~**net** drag= net, trawl (net), seine/trail net. ~**orrel** concertina. ~**orrel= (tjie)** *(infml.)* squeeze box. ~**os** draught/trek ox. ~**pad** trail, trek road/path, wag(g)on road, track. ~**pas** dismissal pass, *(infml.)* pink slip; *iem. die* ~ *gee, (infml.)* give s.o. his/her march= ing orders, send s.o. packing; fire/sack s.o., give s.o. the sack; ditch s.o. *(a boyfriend, girlfriend, etc.); die* ~ *kry, (infml.)* be fired/sacked, get the boot/sack. ~**perd** draught horse, dray horse, workhorse, coach horse. ~**pleister** blister plaster, vesicant, vesicatory; attraction. ~**roete** migratory route. ~**saag** lumber(man's) saw, cross-cut saw, double-handed/ two-handed saw. ~**skaal** spring balance. ~**skape** trek sheep. ~**skerm** draught screen/shield. ~**skuit** track boat, barge. ~**spanning** tensile stress, tension(al) stress. ~**spier** exten= sor (muscle). ~**sprinkaan** migratory locust, flying locust. ~**stang** drawbar; pull rod; pitman, connecting rod; clevis; drag link. ~**sterkte** tensile strength; soundness *(of wool)*. ~**tou** trek rope; towing rope, towline, towing line. ~**vaste staal** high-tensile steel. ~**vee** livestock on trek. ~**venster** draught/vent/ventilator window. ~**vermoë** tractive effort. ~**vis** migratory fish. ~**visser** seine fisherman, trek netter. ~**voël** =*voëls* migratory bird, migrant (bird), visitant; bird of passage *(lit., fig.); (fig.)* drifter, rover, bag person, *(in the pl., also)* bag people. ~**voertuig** towing vehicle. ~**vry** =*vrye* draughtproof. ~**wa** trek wag(g)on. ~**werk** draw gear.

**trek·kend** =*kende* itinerant, ambulant, ambulatory; migra= tory, nomadic.

**trek·ker** =*kers* tractor, traction engine; *(banking)* drawer; mi= grant, nomad, migrator; trekker; puller; extractor; trigger; corkscrew; forceps. **trek·kers·le·we** trekker's life, nomadism.

**trek·ke·rig** =*rige* =*riger* =*rigste* draughty. **trek·ke·rig·heid** draughtiness.

**trek·ke·ry** trekking; moving (house), removal; pulling; draw= ing, cashing.

**trek·king** =*kings*, =*kinge* draw; drawing, pulling; extraction; traction; convulsion; twitch; working *(of a face); (in the pl., med.)* fit; trembles; *die* ~*s hê* have a fit, convulse.

**trek·sel** =*sels* brew *(of tea)*, infusion; enough coffee/tea for a brew.

**trem** *trems* tram(car), streetcar. ~**bestuurder** tram driver. ~**diens** tram(way) service. ~**halte** tram stop. ~**huisie** tram shelter. ~**kaartjie** tram ticket. ~**spoor** tramway, tramline. ~**verbinding** tram connection. ~**weë** tramways. ~**werker** tramway worker.

**tre·ma·to·de** =*des, (zool.)* trematode, fluke(worm).

**tre·mo·lo** =*lo's, (mus.)* tremolo.

**trens** *trense, n.* snaffle (bit), bridoon; *(needlework)* loop. **trens**

*ge=, vb.* worm *(a rope)*. **tren·sie** =*sies, n. (dim.), (needlework)* rouleau, worked loop, loop-stitched bar.

**tres** *tresse, (lock of hair)* tress; braid *(on a dress)*.

**treur** *ge=* grieve, mourn, be sad, languish, sorrow, pine; *oor iem./iets* ~ grieve about/over s.o./s.t., mourn (over) s.o./s.t.; *oor iem.* ~, *(also)* mourn (for) s.o.; *oor iets* ~, *(also)* sorrow over/at/for s.t.. ~**dig** =*digte, n.* elegy, dirge, monody. ~**digter** elegiac poet, elegist. ~**lied** dirge, lament, monody. ~**mare** =*res, (often joc.)* sad tidings, calamity. ~**mars** funeral march, dead march. ~**sang** elegy, dirge, lament. ~**spel** =*spele* trag= edy. ~**speldigter** tragic poet, tragedian. ~**wilg** =*wilge*, ~**wil= ger** =*gers*, ~**wilge(r)boom** =*bome* weeping willow.

**treu·rend** =*rende* sorrowing, mourning.

**treu·rig** =*rige, adj.* sad, sorrowful, mournful, dismal, woeful, melancholy, joyless, cheerless; *'n ~e gesig* a sad face; a piti= ful sight; *iets* ~*s* a touch of sadness; *'n ~e plek* a miserable place, a hole; *iets stem iem.* ~ s.t. saddens s.o., s.t. makes s.o. sad; ~ *voel oor iets* feel sad about s.t.. **treu·rig** *adv.* sadly, dismally, woefully. **treu·rig·heid** sadness, sorrow; pitifulness; sorrowfulness; mournfulness; *dis 'n ~ soos iem. ..., (infml.)* it's disgraceful/sad the way s.o. ... *(neglects his/her garden etc.); o ~ op note!, (infml.)* alas!, woe is me/us!.

**treu·sel** *ge=* dawdle, dally.

**tri·a·de** =*des, (group of three)* triad.

**tri·an·gel** =*gels, (mus.)* triangle.

**tri·an·gu·leer** *ge=, (surv.)* triangulate. **tri·an·gu·la·sie** trian= gulation, ordnance survey.

**tri·bo·e·lek·tri·si·teit, tri·bo·ë·lek·tri·si·teit** triboelec= tricity.

**tri·bo·lo·gie** tribology. **tri·bo·loog** =*loë* tribologist.

**tri·bus** =*busse, (taxonomy)* tribe.

**tri·buun** =*bune, (Rom.)* tribune, magistrate. **tri·bu·naal** =*nale, (special court)* tribunal. **tri·bu·naat** =*nate, (Rom.)* tribuneship, tribunate.

**tri·chro·ma·sie** trichromatism. **tri·chro·ma·ties** =*tiese* tri= chromatic, trichromic.

**tri·cot** =*cots, (knitted fabric)* tricot; leotard, tights *(for dancers etc.)*.

**tri·ë·der, tri·e·der** =*ders, (geom.)* trihedron.

**tri·ën·na·le, tri·en·na·le** =*les, (3rd anniversary)* triennial.

**triest** *trieste* melancholy, gloomy; dreary *(weather)*; cheerless. **tries·tig** =*tige*, **tries·te·rig** =*rige*, **triet·sig** =*sige*, **triet·se·rig** =*rige, adj.* gloomy, dismal, dejected, miserable, dreary; ~*e weer* dull/dismal weather. **tries·tig, triet·sig** *adv.* gloomily, dismally, dejectedly, miserably, drearily. **tries·tig·heid, triet· sig·heid** gloominess, miserableness, dreariness.

**tri·fek·ta** *(horse racing)* trifecta.

**tri·fo·kaal** =*kale, (optom.)* trifocal; ~*kale bril* trifocals.

**tri·fo·li·um** =*liums, (bot.)* trefoil.

**trif·tong** *(phon.)* triphthong.

**tri·ge·mi·nus** =*minusse, =mini, (anat.)* trigeminus. ~**neural= gie** *(med.)* trigeminal neuralgia.

**tri·glief** =*gliewe, (archit.)* triglyph.

**tri·gli·se·ried** =*riede, (chem.)* triglyceride.

**tri·go·lo·gie** *(study of hair)* trichology. **tri·go·loog** =*loë* tri= chologist.

**tri·go·naal** =*nale* trigonal.

**tri·go·no·me·trie** trigonometry. **tri·go·no·me·tries** =*triese* trigonometric(al).

**tri·go·to·mie** *(theol.: body, spirit and soul)* trichotomy. **tri·go= toom** =*tome,* **tro·go·to·mies** =*miese* trichotomous.

**tril** *ge=, (sound)* vibrate; *(pers., leaf, voice)* tremble, quiver; *(heart)* throb, palpitate; thrill; shake; trill, quaver; *(grass)* quake; *van emosie* ~, *(s.o.'s voice)* be charged with emotion; *iem.* ~ *van* ... s.o. trembles with ... *(cold, rage); iets laat* ~ shake s.t., set s.t. trembling/quivering/quaking. ~**beton** vibrated concrete.

**~beweging** vibratory/wave motion. **~dans** shimmy. **~gras, bewertjies** *(Briza spp.)* quaking grass. **~hare** *n. (pl.)* cilia. **~haaragtig** *-tige* ciliary. **~kanarie** roller canary. **~populier** trembling poplar. **~-r** *(phon.)* rolled r. **~register** *(mus.)* tremo= lo. **~sif** vibrating screen. **~toets** vibration/vibratory test.

**tri·liet** *-liete, (archaeol.)* trilith(on).

**tril·joen** *-joene, (a million million million:* $10^{18}$*)* quintillion. **tril= joen·ste** quintillionth.

**tril·lend** *-lende* tremulous, vibratory, vibrant, vibratile.

**tril·ler** *-lers, (mus.)* grace note, trill, shake, tremolo; vibrator, quaver.

**tril·ling** *-lings, -linge* trembling, vibration, vibrancy, quiver= (ing), oscillation; tremor *(of a leaf, voice, part of the body, etc.),* quaking; *(mus.)* trill; thrill; fibrillation; trepidation; *iets laat 'n ~ deur iem. gaan* s.o. thrills to s.t.. **tril·lings·duur** period/ time of vibration. **tril·ling·vry** *-vrye* vibration free, free from vibration.

**tri·lo·biet** *-biete, (extinct marine arthropod)* trilobite.

**tri·lo·gie** *-gieë* trilogy.

**trim** *n., (naut.)* trim; *in/uit die ~, (aeron., naut.)* in *(or* out of) trim. **trim** *ge=, vb., (naut.)* trim. **~gim** trim gym. **~park** *-parke* fitness/exercise park.

**tri·meer** *-mere, n., (chem.)* trimer. **tri·meer** *-mere, adj.* trimeric.

**tri·mes·ter** *-ters* trimester, three months.

**tri·me·ter** *-ters, (pros.)* trimeter.

**tri·morf** *-morfe, (biol., min.)* trimorphic, trimorphous.

**Tri·ni·dad en To·ba·go** *(geog.)* Trinidad and Tobago.

**Tri·ni·teit** *(Chr. theol.)* Trinity. **Tri·ni·ta·ri·ër** *-riërs,* **Tri·ni·ta·ris** *-risse, (also* t~) Trinitarian. **Tri·ni·ta·ries** *-riese, (also* t~) Trin= itarian. **Tri·ni·ta·ris·me, Tri·ni·teits·leer** *(also* t~) Trinitarian= ism.

**tri·ni·tro·to·lu·een** *(an explosive: abbr.* TNT) trinitrotolu= ene.

**tri·o** *trio's* trio.

**tri·o·de** *-des, (electron.)* triode (valve).

**tri·ok·sied** *-sieds, (chem.)* trioxide.

**tri·o·let** *-lette, (verse form)* triolet.

**tri·omf** *triomfe* triumph. **~boog** triumphal arch. **~tog** tri= umphal progress/procession.

**tri·om·fan·te·lik, tri·om·fant·lik** *-like, adj. & adv.* tri= umphant(ly); triumphal.

**tri·om·feer** *ge=* triumph; *oor ... ~* triumph over ... **tri·om·fe= rend** *-rende* triumphant, exultant.

**tri·ool** *triole, (mus.)* triplet; *(pros.)* tercet.

**tri·pa·no·soom** *-some, (a parasitic protozoan)* trypanosome. **tri·pa·no·so·mi·a·se** *(pathol.)* trypanosomiasis, sleeping sick= ness.

**tri·pleer** *(ge)* triple; →TRIPPEL² *adj.*.

**tri·pleks** triplex. **~hout** three-ply (wood).

**tri·pli·kaat** *-kate* triplicate; *'n ~ van iets maak* make a tripli= cate of s.t..

**tri·plo·ïed** *-ploïede, n. & adj.* triploid.

**trip·pel¹** *n., (gait of a horse)* tripple. **trip·pel** *ge=, vb.* trip; *(a horse)* pace, tripple; *(a child)* pitter-patter. **~gang** tripple. **~pas** tripping step; tripple *(of a horse),* trippling gait.

**trip·pel²** *~, adj.* triple; *vier ~ sewe nege,* (47779) four triple seven nine. **~maat** triple rhythm.

**trip·pe·lend** *-lende* mincing.

**trip·pens** *-pense, (hist. SA/Br. coin)* threepence, threepenny bit, tickey.

**trips** *tripse, (entom.)* thrips.

**trip·sien** *(biochem., physiol.)* trypsin. **trip·si·no·geen** *(biol.)* trypsinogen.

**trip·tiek** *-tieke, (art: set of 3 panels)* triptych.

**trip·to·faan** *(biochem.)* tryptophan.

**tri·seps** *-sepse, (anat.)* triceps.

**tri·si·klies** *-kliese, (chem.)* tricyclic.

**tris·kai·de·ka·fo·bie** *(psych.: fear of 13)* triskaidekaphobia.

**tri·so·mie** *(med.)* trisomy.

**tri·ti·um** *(phys.)* tritium.

**Tri·ton** *-tons, (Gr. myth.: a sea god)* Triton.

**tri·ton** *-tone, (phys.)* triton.

**tri·to·nus** *(mus.)* tritone.

**trits** *tritse* trio, triplet, triad, troika.

**tri·um·vir** *-vire, -viri, -virs, (esp. Rom.)* triumvir. **tri·um·vi·raat** *-rate* triumvirate.

**tri·va·lent** *-lente, (chem.)* trivalent, tervalent.

**tri·vi·aal** *-viale* trivial, banal, commonplace. **~literatuur** light fiction, *(pej.)* pulp fiction. **tri·vi·a·li·teit** *-teite* triviality; banality; pettiness; *(in the pl., also)* trivia.

**troe·ba·doer** *-doere, -doers* troubadour.

**troe·bel** *-bel(e) -beler -belste* turbid, muddy, feculent, foul, milky, thick, cloudy; *~ glas* obscured/addled glass; *~ tone, (mus.)* blue notes. **troe·bel·heid** muddiness, turbidity, cloudi= ness; opacity. **troe·bel·mid·del** clouding agent. **troe·bel·rig** *-rige* (rather) muddy, turbid, thick, cloudy.

**troef** *troewe, n., (cards or fig.)* trump (card); *al die troewe hê, (fig.)* hold all the cards; *geen ~* no trumps; *'n ~ agter jou hand hê/hou, (fig.)* have/keep an ace up one's sleeve; *al die troewe in jou hand hê* hold all the trumps. **troef** *ge=, vb.* trump *(lit. & fig.);* outrival *(fig.);* cap *(a joke etc.); iem. ~* trump/ pip s.o.. **~kaart** *-kaarte* trump card; *al die ~e in jou hand hê* hold all the trumps; *jou ~ speel, (lit. & fig.)* play one's trump card; *(fig.)* play one's ace.

**troep** *troepe* troop, company, body of men; troupe *(of actors);* bevy; horde; *(in the pl., also)* troops, (armed) forces, (military) personnel; *~e (laat) ontplooi* deploy troops. **~leier** group lead= er; scoutmaster.

**troe·pe-:** **~draer, ~wa** *(gepantserde) ~, (mil.)* troop/personnel carrier. **~mag** (military) force, troops. **~skip** troopship, trans= port, trooper. **~trein** troop train. **~vervoer** transport of troops. **~vliegtuig** troop transport/carrier, transport plane.

**troe·tel** *ge=* caress, fondle; cuddle; pet, pamper, cherish, nur= ture. **~dier** pet (animal). **~dierkos** pet food. **~kind** favour= ite, mother's darling, spoilt child; *iem. se ~, (infml.: a pet project etc.)* s.o.'s baby. **~naam** pet name, term of endearment. **troe= tel·ry** pampering, cosseting, mothering.

**troe·we** *n. (pl.)* →TROEF *n.*.

**tro·fee** *-feë* trophy. **~vrou** *(infml., derog.)* trophy wife.

**trof·fel** *-fels* trowel. **~werk** trowelling.

**tro·fies** *-fiese, (biol.)* trophic.

**tro·fo·blas(t)** *(embryol.)* trophoblast.

**trog** *trôe* trough; hutch; manger; hod.

**tro·gan·ter** *-ters, (anat., zool.)* trochanter.

**tro·gee** *-geë, -gees, (pros.)* trochee. **tro·ge·ïes** *-geïese* trochaic.

**trog·lo·diet** *-diete, (now usu. joc.)* troglodyte, cave dweller.

**tro·go·ïed** *n., (geom.)* trochoid. **tro·go·ïed** *-goïede,* **tro·go= ï·dies** *-goïdiese,* **tro·go·ï·daal** *-goïdale, adj, (anat., geom.)* trochoid(al).

**troi·ka** *-kas, (orig. a Russ. horse carriage/sled, now usu. a team of three)* troika.

**Tro·je** *(an ancient city)* Troy. **Tro·jaan** *-jane, n.* Trojan. **Tro= jaans** *-jaanse, adj.* Trojan; *(die) ~e perd, (Gr. myth.)* the Tro= jan/Wooden Horse; *(comp. virus)* Trojan (horse).

**trok** *trokke, n.,* truck, wag(g)on. **trok** *ge=, vb.* truck. **~dry= wer** truck driver, trucker, *(Am.)* teamster.

**tro·kar** *-kars, (surg.)* troc(h)ar.

**trol** *trolle, (Norse myth.)* troll.

**trol·lie** *-lies* trolley, lorry; *van jou ~ af raak, (infml.)* lose one's marbles, go round the bend *(or* off one's head); *van jou ~ af, (infml.)* out of one's senses, off *(or* out of) one's head. **~bus** *-busse* trolleybus, trackless tram.

**trom** *tromme* drum; *groot/Turkse* ~ bass drum; *op die groot* ~ *slaan, (fig., infml.)* beat the big drum; *klein* ~ snare/side drum. **~geroffel** roll of drums, drumbeat. **~poppie** drum majorette. **~slag, trommelslag** *-slae* drumbeat, tuck. **~sla- ner** *-ners*, **trommelaar** *-laars* drummer. **~slanertjie, trom- melaartjie** drummer boy. **~stel** *(mus.)* drum kit. **~vel, trom- melvel** *(mus.)* drumhead.

**trom·boon** *-bone, (mus.)* trombone. **trom·bo·nis** *-niste* trom- bonist, trombone player.

**trom·bus** *-busse, (blood clot)* thrombus. **trom·bo·se** *(pathol.)* thrombosis.

**trom·mel** *-mels, n.* drum; canister; case, box; (travelling) trunk; *(anat.)* tympanum, (ear)drum; drum, barrel *(of a mach.); (min.)* revolving screen, trommel; *(mot.)* drum. **trom- mel** *ge-, vb.* (beat the) drum; strum; *op iets* ~ drum on s.t.. **~as** drum shaft. **~dik** *adj.* sated, full, filled; with a full stom- ach; *jou* ~ *eet, (infml.)* have one's fill; ~ *geëet aan iets, (infml.)* full to bursting with s.t.. **~holte** tympanic cavity. **~rem** drum brake. **~saag** drum/cylinder/crown/hole saw. **~senu(wee)** tympanic nerve. **~sif** drum sieve. **~stok** drumstick. **~sug** *(vet.)* bloat; *(pathol.)* tympanites. **~vlies** *(anat.)* tympanic membrane, tympanum, drumhead, *-skin (of an eardrum).* **~vuur** drumfire.

**tromp** *trompe* muzzle *(of a firearm).* **~band** nose cap *(of a ri- fle).* **~kap** muzzle cap. **~op** *adj. & adv.* directly, point- blank, head-on; at close quarters; ~ *botsing* head-on colli- sion; *iem.* ~ *loop* go straight for s.o., let fly at s.o.; ~ *skoot* potshot; ~ *vuur* point-blank fire. **~snelheid** muzzle velocity.

**trom·pet** *-pette, n.* trumpet. **~blaser** trumpeter. **~blom, trompetter(blom)** trumpet flower; morning glory. **~geskal** sound/blast/flourish of trumpets, fanfare; *iem. met* ~ *ontvang, (fig.)* roll out the red carpet for s.o., give s.o. the red-carpet treatment. **~-majoor** *(mil.)* trumpet major. **~sinjaal** trum- pet call. **~skulp** conch. **~speler** *-lers*, **trompetter** *-ters*, **trom- pettis** *-tiste* trumpeter. **~steek** *(a knot)* sheepshank. **~stoot** trumpet blast. **~(ter)voël** *(orn.)* trumpeter (bird).

**trom·pet·ter** *-ters, n.* →TROMPETSPELER. **trom·pet·ter** *ge-, vb., (also an elephant)* trumpet; *(fig.)* trumpet, proclaim, broad- cast, shout from the rooftops.

**trom·pet·vor·mig** *-mige* trumpet-shaped.

**trom·pie** *-pies, (mus.)* Jew's harp.

**tro·nie** *-nies, (infml., joc.: face)* dial, phiz, mug.

**tronk** *tronke* prison, jail, *(infml.)* lock-up, *(sl.)* cooler; *weens ...* ~ *toe gaan* go to jail/prison for ... *(a crime); iem. in die* ~ *gooi/smyt/stop, (infml.)* clap s.o. in jail/prison; *iem. in die* ~ *sit* jail s.o., put s.o. in prison; *iem.* ~ *toe stuur* send s.o. to jail/prison; *uit die* ~ *(uit)breek* break (out of) prison. **~be- waarder** *-ders* jailer, warder. **~gevangene** convict. **~ont- snapping** jailbreak. **~sel** *-selle* prison cell. **~straf** imprison- ment, custodial sentence; ~ *kry/uitdien* get/serve a prison sentence, *(infml.)* get/do time; *iem. tot* ~ *veroordeel/vonnis* con- demn/sentence s.o. to imprisonment. **~voël** *(infml.)* jailbird.

**trooi·s** *(jeweller's weight)* troy. **~gewig** troy (weight).

**troon** *trone, n.* throne; *van die* ~ *afstand doen* abdicate; *die* ~ *bestyg* ascend/mount *(or come to)* the throne; *iem. op die* ~ *herstel* restore s.o. to the throne; *iem. van die* ~ *stoot* de- throne s.o.; *iem. op/tot die* ~ *verhef* place s.o. on the throne. **troon** *ge-, vb.* be/sit on the throne, reign; be enthroned; *bokant ...* ~ stand out above ...; be superior to .... **~hemel** canopy, dais; *(relig.)* baldaquin, baldachin. **~opvolger** heir/ successor to the throne. **~opvolging** succession to the throne. **~pretendent** pretender to the throne. **~rede** speech from the throne, King's/Queen's speech. **~saal** throne room. **~ver- later** abdicator.

**troons·** **~afstand** abdication. **~bestyging** accession to the throne.

**troon·tjie** *-tjies, n. (dim.)* little throne; *(fig.)* pedestal; *iem. op 'n* ~ *plaas* place/put/set s.o. on a pedestal; *iem. van sy/haar* ~ *stoot* knock s.o. off his/her pedestal/perch.

**troos** *n.* comfort, consolation, balm, solace; *al* (of *die enig- ste*) ~ the only consolation; *dit is een* ~ that is one good thing; ~ *uit ... put* take comfort from/in ...; *iem. se/tot* ~ *wees* be a comfort to s.o.; *dit is (')n) skrale* ~ it is a poor consolation; it/that is cold comfort; ~ *by/in ... soek* seek comfort/solace in ...; *iem. soek* ~, *(also)* s.o. wants a shoul- der to cry on; *iem. se* ~ *en steun* s.o.'s comfort and help; *iem. is die* ~ *van ...* s.o. is the comfort of ...; *by/in iets* ~ *vind* find solace in s.t.. **troos** *ge-, vb.* comfort, console, solace; *jou aan/met ...* ~ console o.s. with ...; *jou daaraan* ~ *dat ...* take comfort from/in ... **~brief** letter of condolence. **~geld** *(jur.)* solatium. **~kombersie** security blanket, comforter. **~lied** consolatory song. **~medisyne, ~middel** placebo. **~-oom** agony uncle. **~prys** consolation prize. **~rubriek** agony col- umn. **~tante, ~tannie** agony aunt. **~woord** comforting/con- soling word, word of comfort.

**troos·te·loos** *-lose, adj.* disconsolate, inconsolable; dreary, dismal, forlorn, comfortless, desolate, cheerless; ~ *oor iets* disconsolate about/at s.t.. **troos·te·loos** *adv.* disconsolate- ly, drearily, dismally, dejectedly. **troos·te·loos·heid** discon- solateness; dreariness, dismalness; *(fig.)* wintriness.

**troos·ter** *-ters* comforter.

**trop** *troppe:* '*n* ~ ... a herd of ... *(cattle, pigs, etc.);* a flock of ... *(sheep, birds, etc.);* a pack of ... *(dogs, wolves, fools, etc.);* a pride of ... *(lions);* a troop of ... *(horses);* a covey of ... *(partridges);* a game *(or kept flock) of ... (swans); (infml.)* lots of ... *(money).* **~dier** herd animal. **~ram** flock ram. **~sluiter** professional/ rear mourner; file closer.

**tro·pe** *n. (pl.)* tropics. **~pak** tropical suit. **tro·pies** *-piese* trop- ic(al).

**tro·pie** *-pieë, (movement)* tropism. **tro·pis·me** *(biol.)* tropism.

**tro·po·pou·se, tro·po·pou·se** *(meteorol.)* tropopause.

**tro·po·sfeer** *(meteorol.)* troposphere. **~golf** tropospheric wave. **tro·po·sfe·ries** *-riese* tropospheric.

**trop·po** *adv., (It., mus.)* troppo.

**tros** *trosse, n.* bunch *(of grapes),* cluster *(of flowers, fruit, etc.);* hand *(of bananas); (hort.)* truss; *(bot.)* raceme; *(bot., anat., etc.)* fascicle; *(infml.)* batch, quiver *(of children).* **tros** *ge-, vb.* bunch, cluster. **~behuising, meentbehuising** cluster hous- ing. **~bom** cluster bomb. **~gras** true millet. **~huise** cluster houses. **~kiem** staphylococcus. **~rosyne, ~rosyntjies** stalk/ cluster raisins. **~tou** *(naut.)* hawser. **~vorming** *(bot.)* race- mation. **~vy** cluster fig.

**tros·sie** *-sies, n. (dim.)* tuft; small bunch/cluster/etc.

**tros·vor·mig** *-mige* cluster-shaped; *(anat., bot., etc.)* racemose; *(geol.)* botryoidal.

**trots** *n.* pride; boast; glory; haughtiness; *iem. se gekrenkte* ~ s.o.'s offended pride; *iets is 'n knou vir iem. se* ~ s.t. is a blow to s.o.'s pride; *iem. se* ~ *(en vreugde)* s.o.'s pride (and joy); *jou* ~ *sluk* pocket/swallow one's pride, *(infml.)* put one's pride in one's pocket; *jou* ~ *in iets stel* take pride in s.t.. **trots** ~, *trotse trotser trotsste, adj.* proud; gallant; dash- ing; dignified; ~ *daarop dat ...* proud that ...; *die ~e eie- naar van iets, (also joc.)* the proud owner of s.t.; ~ *op ... wees* be proud of ..., take pride in ...; plume/pride o.s. (up)on ...; *so* ~ *soos 'n pou* (as) proud as a peacock *(or as* Punch). **trots** *adv.* proudly; gallantly. **trots·aard** *-aards* proud/haughty person. **trots·heid** pride.

**trot·seer** *(ge-)* defy, dare, outface, brave, bid defiance to, fly in the face of; *iem. openlik* ~ beard the lion in his den; *die storm* ~ weather the storm. **trot·se·rend** *-rende* defiant. **trot·se·ring** defiance; bravado.

**Trot·skis·me, Trot·ski·ïs·me** *(also t~)* Trotskyism. **Trot- skis** *-skiste*, **Trot·ski·ïs** *-skiïste, n., (also t~)* Trotskyist, Trot- skyite. **Trot·skis·ties, Trot·ski·ïs·ties** *-tiese, adj., (also t~)* Trotskyist, Trotskyite.

**trou**[1] *n.* faith(fulness), fidelity, loyalty, fealty, constancy; *iem. se* ~ *aan ...* s.o.'s faithfulness/loyalty to ...; *te/in goeder* ~ in (all) good faith, bona fide; *te **kwader** ~* in/with bad faith, mala fide; ***onwrikbare** ~* unswerving loyalty; *aan ... ~ **sweer*** swear allegiance to ...; *~ **sweer**, (also)* pledge/plight one's faith, give/pledge one's word. **trou** *troue trouer trouste, adj.* faithful; loyal *(subject);* firm, constant, staunch, true, trusty, devoted; regular *(visitor);* accurate, faithful, true *(copy); aan ... ~ bly/wees* remain/be faithful/loyal to ...; remain/be de= voted to ...; *aan ... ~ wees, (also)* adhere to ,, *(principles, a leader); aan iem. ~ bly/wees, (also)* remain/be true to s.o.. **~breuk** breach of faith, perfidy; betrayal; *(in a marriage)* in= fidelity; *~ pleeg* break/violate one's faith. **trou·har·tig** *=tige* trusting, true-hearted; candid.

**trou²** *ge=, vb.* marry, be/get married, wed; *die **dominee/ens.** het die paartjie ge~* the couple was/were married by the par= son/etc.; *iem. **gaan** ~* s.o. is getting married; *om/vir geld ~* marry for money; ***haastig** ~, bring gou berou* marry in haste, repent at leisure; *jakkals ~ met wolf se vrou, (idm.: a combi= nation of sunshine and light rain)* it's a monkey's wedding; *onder **mekaar** ~* intermarry; ***met** iem. ~* marry s.o.; *~ is nie **perdekoop** nie* marriage is no trivial matter; ***ryk** ~* marry money; *hulle **staan** op ~* they are about to be married; *iem. **vra** om met jou te ~* ask s.o. to marry one, propose to s.o.. **~belofte** promise of marriage; *verbreking van ~* breach of promise. **~bewys** marriage certificate/lines. **~dag** wedding day; wedding anniversary. **~fees** wedding feast. **~kaartjie** wedding card. **~koek** wedding cake. **~koors** *(infml.)* eager= ness for marriage; *die ~ loop hoog* they are eager for mar= riage; many people are getting married. **~lustig** *=tige* desir= ous of (or keen on) marrying (or getting married). **~mars** wedding march. **~pand** *=pande* marriage pledge, wedding ring. **~planne** *n. (pl.)* thoughts of marriage. **~plegtigheid** wedding (ceremony), nuptial ceremony. **~present** wedding present. **~ring** wedding ring. **~rok** wedding dress.

**trou·baar** *=bare* marriageable, nubile *(woman).* **trou·baar= heid** nubility.

**trou·e** *troues* marriage; wedding; *hulle staan op ~* they are about to be married. **trou·e·ry** *=rye* marriage, wedding; mar= rying; nuptials; *~ onder mekaar* intermarriage.

**trou·e·loos** *=lose, adj.* faithless, false, disloyal, perfidious. **trou·e·loos** *adv.* falsely, disloyally, perfidiously. **trou·e= loos·heid** faithlessness, disloyalty, falseness, perfidy.

**trou·ens** indeed, as a matter of fact, for that matter, in fact, besides, after all.

**trou·ma** →TRAUMA. **trou·ma·ties** →TRAUMATIES.

**trou·pant** *=pante, (orn.): Europese ~, (Coracias garrulus)* Eu= ropean roller; *gewone ~, (C. caudatus)* lilac-breasted roller; *groot~, (C. naevius)* purple roller.

**trous·seau** *=seaus* trousseau. **~kis** *=kiste* trousseau chest.

**tru** *adv.* back; *'n voertuig ~ laat gaan/ry* back a vehicle. **tru** *ge=, vb.* reverse, backtrack. **tru** *interj.* back!; wait!. **~golf** backlash. **~kaatser** retroreflector. **~koppelaar** reverse clutch. **~lig** *(mot.)* reversing/reverse light. **~projektor** *=tors* over= head projector. **~rat** reverse gear; *in ~* in reverse; *'n motor in ~ sit* put a car in reverse. **~solidus** *(the character \)* back= slash. **~spieël(tjie)** rear-view mirror. **~staan** →TERUGSTAAN. **~toets** backspace(r), backspace key *(on a keyboard).* **~tol** *(golf)* backspin.

**truf·fel** *=fels, (an edible fungus)* truffle.

**trui** *truie* jersey, pullover, sweater. **~stof** jersey (cloth).

**tru·ïs·me** *=mes, (an obvious truth)* truism.

**trul** *trulle, (coarse: penis)* prick, cock, dick. **~treiteraar** *(coarse, derog.)* cockteaser.

**trust** *trusts, (jur.)* trust; combine. **~akte** deed of trust, trust deed. **~fonds** trust fund. **~geld(e)** trust money. **~rekening** trust account.

**trus·tee** *=tees* trustee, fiduciary.

**trut** *trutte, (infml.: stupid, contemptible pers.)* schmuck *(Am. sl.),* dickhead *(coarse sl.),* plonker *(sl.),* dipstick *(Br. sl.),* drip *(infml.),* wet *(infml.).*

**truuk** *truuks* sleight of hand, trick; gimmick. **~fotografie** trick photography.

**Tsaad** = TSJAD.

**tsaar** *tsaars, tsare, (hist.: Russ. emperor)* tsar, czar; *die T~ van Al die Russe, (epithet)* the Tsar/Czar of All the Russians. **tsa·re·ryk** tsardom, czardom. **tsa·ris** *=riste, (also T~)* Tsar= ist, Czarist. **tsa·ris·me** *(also T~)* Tsarism, Czarism. **tsa·ris= ties** *=tiese, (also T~)* Tsarist(ic), Czarist(ic).

**tsam·ma** *=mas, (Khoi, bot.)* tsamma, watermelon, wild melon.

**tses·se·be** *=bes,* **tses·se·bie** *=bies, (Tsw., zool.)* tsessebe, tsessebi.

**tse·tse** *=tses,* **tse·tse·vlieg** *=vlieë, (Tsw.)* tsetse fly.

**Tsi·tsi·kam·ma** *(geog.)* Tsitsikamma.

**Tsjad** *(geog.)* Chad, *(Fr.)* Tchad. **Tsja·di·ër** *=diërs, n.* Chadian. **Tsja·dies** *=diese,* **Tsjaads** *Tsjaadse, adj.* Chadian.

**Tsjai·kof·ski, Tsjai·kow·ski** *(Russ. composer)* Tchaikovsky.

**Tsja·ka** = SHAKA.

**Tsjeg** *Tsjegge, n., (inhabitant)* Czech. **Tsjeg·gies** *n., (lang.)* Czech. **Tsjeg·gies** *=giese, adj.* Czech; *~e Republiek* (of *Tsjeg= gië), (geog.)* Czech Republic. **Tsjeg·go-Slo·waaks** *=waakse, adj., (lang.)* Czechoslovak. **Tsjeg·go-Slo·waaks** *=waakse, adj., (of the former Czechoslovakia)* Czechoslovak(ian). **Tsjeg·go-Slo= wa·ky·e** *(hist.)* Czechoslovakia.

**Tsjer·no·bil** *(geog.)* Chernobyl.

**tsoe·na·mi, tsu·na·mi** *=mi's, (<Jap.: seismic sea wave)* tsu= nami.

**Tson·ga** *=gas, ([member of] a people)* Tsonga; *(lang.)* Tsonga.

**tsot·si** *=si's, (SA, infml.: young black urban criminal)* tsotsi. **~taal** tsotsitaal, *(Ngu.)* isicamtho.

**Tswa·na** *=nas, ([member of] a people)* Tswana; *(lang.)* Tswana. **~sprekende** *=des,* **~spreker** *=kers* Tswana speaker.

**t'tjie** *n. (dim.)* little t; →T.

**tu·ba** *=bas, (mus.)* tuba.

**tu·ber·kel** *=kels* tubercle. **~basil** *(bacterium that causes TB)* tubercle bacillus.

**tu·ber·ku·leus** *=leuse* tubercular, tuberculous, consumptive.

**tu·ber·ku·lo·se** *(pathol.)* tuberculosis. **~lyer** sufferer from tuberculosis, consumptive. **~vry** *=vrye* free from tuberculo= sis; *~e melk* tuberculin-tested milk.

**tuf** *(geol., also tufsteen)* tuff, volcanic tufa. **tuf·ag·tig** *=tige* tuf= faceous.

**tug** *n., (fml.)* discipline; *die ~ **bewaar/handhaaf*** keep order; maintain discipline; ***bewaarder** van die ~ en orde* discipli= narian; *kerklike ~* church discipline; *onder ~ staan* be un= der discipline; *iem. aan ~ **onderwerp*** discipline s.o.; ***strenge** ~* strict discipline. **tug** *ge=, vb.* discipline, punish, chastise, school. **~kode** disciplinary code. **~komitee** disciplinary committee. **~maatreël** *=reëls* disciplinary measure; *~s neem/ tref* take disciplinary action. **~meester** disciplinarian, mar= tinet; proctor. **~middel** means of correction. **~ordonnan= sie** disciplinary ordinance. **~regulasie** disciplinary regula= tion. **~saak** disciplinary case/hearing. **~skool** reformatory, truant school. **~stap** disciplinary step.

**tug·te·loos** *=lose, adj.* unruly, undisciplined, insubordinate; licentious, dissolute. **tug·te·loos** *adv.* insubordinately, in an undisciplined manner; dissolutely. **tug·te·loos·heid** in= subordination, indiscipline; dissoluteness, licentiousness.

**tug·tig** *ge=* punish, chastise, discipline, chasten, correct. **tug= ti·ging** punishment, chastisement, correction, discipline.

**tui·e·ma·ker** harness-maker.

**tuig** *tuie* harness; gear; rigging; trappings; *die ~ neerlê, (fig.)* retire; *in die ~ sterf, (fig.)* die in harness. **~kamer** tack room *(in a stable building).* **~perd** carthorse.

**tui·mel** *ge=* tumble, topple (over); *(infml., shares etc.)* be on the skids; *(kwaai/skerp) (na benede) ~, (prices etc.)* plummet, plunge; *van die trap ~* tumble downstairs. **~droër** *=droërs* tumble dryer/drier. **~skakelaar** tumbler switch. **~trein** big dipper, roller coaster.

**tui·me·laar** -laars tumbler; (a pigeon) roller, tumbler; tuner; (mot.) rocker; (poet.) porpoise. **~slot** tumbler lock.

**tui·me·ling** -lings, -linge tumble, fall, toss, somersault.

**tuin** tuine garden; botaniese ~ botanic(al) garden(s); hangende ~e hanging gardens; iem. om die ~ lei, (infml.) lead s.o. up the garden path. **~aanleg** laying out of gardens, garden planning. **~akker** garden plot. **~argitek** landscape gardener, landscaper. **~bank** garden seat. **~blom** garden flower. **~(bou)sentrum** garden centre. **~duif** -duiwe, (Columba livia) rock dove, feral pigeon. **~gereedskap** gardening tools, gardener's tools. **~grond** garden soil; garden ground. **~huisie, ~skuur(tjie)** garden/potting/tool shed. **~hulp** gardener. **~kers, peperkers, bitterkers, bitterkruid** garden/pepper cress, (Am.) peppergrass. **~maak, ~makery** n. gardening. **~maak** tuinge-, vb. garden, work in the garden, go in for gardening. **~man** gardener. **~ment** spearmint. **~ontwerp** garden design/planning. **~ontwerper** garden designer/planner. **~paadjie** garden path. **~party** garden party. **~plant** garden plant. **~saad** garden seed. **~skêr** garden shears, secateurs. **~skuur(tjie)** →TUINHUISIE. **~slang** garden hose, hosepipe. **~vurk** garden fork, weeding fork. **~werk** gardening, work in the garden. **~woonstel** garden/granny flat.

**tuin·bou** horticulture. **~kunde** horticulture. **~kundig** -dige, adj. horticultural. **~kundige** -ges, n. horticulturist. **~vereniging** horticultural society.

**tui·ne·ry** -rye garden(s), market garden; market gardening, truck farming.

**tui·nier** -niers gardener, market gardener. **tui·niers·werk** gardening, garden work.

**tuis** meer ~ die meeste ~, adj. (pred.) & adv. at home; familiar; iem. ~ (aan)tref find s.o. at home; oos, wes, ~ bes there's no place like home, home sweet home; iets ~ (of huis toe) bring, (liter.) bring s.t. home; by iem. ~ wees stay with s.o.; by 'n hotel ~ wees stay at a hotel, be booked into a hotel; eerste ~ first home; goed in iets ~ well up in s.t. (a subject); iem. ~ hou keep s.o. at home, keep s.o. in; ~ in/met iets at home in s.t.; iem. is nie ~ s.o. is not at home (or not in); oral(s) ~ wees mix well, be a good mixer; ~ raak (met iets) find one's feet/legs; ~ sit/lê sit at home; iem. nie ~ tref nie find s.o. out; (jou) ~ voel feel at home, be at (one's) ease; iem. ~ laat voel put/set s.o. at ease, make s.o. welcome; wanneer sal iem. ~ wees? when will s.o. be in (or at home)?. **~bankdienste** home banking. **~basis** home base; met 'n ~ home-based. **~blad** -blaaie, (comp.) home page. **~bring** tuisge- remember, recall, (infml.) place (s.o.'s name etc.); place (data etc.) under (a heading etc.); iets by iem. ~ bring s.t. home to s.o.; iets ~ onder ... reckon s.t. among ..., place s.t. in the same class as ... **~doel** own goal. **~dorp** home town. **~fliek** (infml.) home movie. **~front** home front. **~gaan** tuisge-, (also tuis gaan) stay, be accommodated, lodge; by ... ~ stay at ... (a hotel etc.); stay with ... (s.o.). **~gebak** n. home-baked cakes/etc.; home-made bread/etc.. **~gebak** -bakte, adj., (also tuis gebak) home-baked. **~gebied** (pol.) home ground. **~gemaak** -maakte, (also tuis gemaak) home-made; improvised. **~hawe** home port. **~hoort** tuisge-, (also tuis hoort) belong; dit hoort nie hier tuis nie this does not belong here; this is out of place here; iem. hoort nie hier tuis nie s.o. does not belong here, this is no place for s.o.. **~huis** (farmer's) town house. **~kom** tuisge-, (also tuis kom) reach/return/come/arrive/get home; droëbek ~, (infml.) come away with a flea in the ear. **~koms** arrival, homecoming, return, homing. **~land** homeland, home country; (SA, hist.) homeland. **~maak** tuisge-: jou ~ make o.s. at home; make o.s. comfortable; settle in; maak jou tuis! make yourself at home!. **~nywerheid** home industry. **~plaat** (baseball) home plate/base. **~reis** home(ward) journey, return journey; op die ~ homeward bound. **~rekenaar** -naars home computer. **~sitter** -ters stay-

at-home, home bird, (Am.) homebody. **~sorg** home/residential care. **~span** home team/side. **~vaart** homeward/return voyage; op die ~ homeward bound. **~veld, ~werf, ~turf** (sport) home field/ground. **~verbruik** domestic consumption. **~verlof** home leave. **~verpleging** home nursing. **~wag** home guard. **~wedstryd** home match. **~werktuigkundige** backyard mechanic.

**tuis·bly** tuisge-, (also tuis bly) stay at home (or in), keep to the house. **tuis·bly·er** -ers absentee; stay-at-home. **tuis·bly·e·ry** stay-away, stay(ing)-at-home, absenteeism. **tuis·bly·sta·king** stay-at-home (strike).

**tuis·te** -tes home; homeland; hearth. **~skepper** homemaker. **~skepping** homemaking.

**tuit** tuite, n. spout (of a teapot etc.); nozzle, mouthpiece; point; pout; jet; nose; peak (of a cap); jou lippe/mond op 'n ~ trek pucker one's lips/mouth; iem. se mond staan met 'n ~ s.o. pouts, s.o. makes a pout. **tuit** adv.: jou lippe ~ trek pucker up (for a kiss). **tuit** ge-, vb., (one's ears) tingle; buzz; pout, make a pout, pucker (one's lips); my ore ~ my ears are tingling/burning (because s.o. is gossiping about me). **~blom** tubular flower. **~kappie** poke (bonnet). **~koppie** feeding cup, invalid cup. **~miershoop** conical ants' nest. **~mond:** ~ maak pout. **tuit·vor·mig** -mige nozzle-shaped, tubular.

**Tuk·kie** -kies, (infml.: student of the Univ. of Pretoria) Tukkie.

**tul·band** -bande turban. **~hoed** turban.

**tul·le** (text.) tulle.

**tulp** tulpe tulip. **~boom** tulip tree, tulip poplar, yellow poplar. **~hout** tulipwood, white/yellow poplar.

**tu·mor** -more, (pathol.) tumour.

**tu·na** -nas tunny(fish), tuna.

**tung:** **~boom** (Aleurites fordii) tung tree. **~olie** tung oil, Chinese wood oil.

**tu·niek** -nieke tunic. **tu·ni·ka** -kas, (biol.) tunica, tunic.

**Tu·nis** (geog.) Tunis.

**Tu·ni·si·ë** Tunisia. **Tu·ni·si·ër** -siërs, n. Tunisian. **Tu·ni·sies** -siese, adj. Tunisian.

**tur·bi·di·me·ter** -ters turbidimeter.

**tur·bi·ne** -nes turbine. **~skroefenjin** turboprop. **~skroefvliegtuig** turboprop (aircraft). **~straal** turbine jet, turbojet. **~waaier(enjin)** (av.) turbofan.

**tur·bo** comb. turbo-. **~aangejaag** -jaagde turbocharged (engine). **~aanjaer** turbocharger. **~dinamo** -mo's turbine dynamo. **~enjin** -jins turbo engine, turbine engine.

**tur·bu·len·sie** (phys.) turbulence.

**turf** peat; turf; clayey soil; op jou eie ~, (fig.) in one's own backyard; iem. se ~ sit, (infml.) it beats s.o. (infml.), it is too difficult for s.o., s.o. can't do it; s.o. fails (in doing s.t.); in die ~ vassit be bogged down. **~grond** peat ground/land, turf; clayey soil. **~moeras** peat bog.

**turf·ag·tig** -tige turfy, peaty.

**tur·gor** (bot.) turgor.

**Turk** Turke Turk. **Tur·kies** n., (lang. group) Turkic. **Tur·kies** -kiese, adj. Turkic. **Turks** n., (lang.) Turkish. **Turks** Turkse, adj. Turkish; ~e lekkers Turkish delight; ~e tabak Turkish tobacco; ~e tapyt/mat Turkish carpet/rug. **Tur·ky·e** (geog.) Turkey.

**Turk·meen, Toerk·meen** -mene, n., (member of a people) Turk(o)man, Turkmen. **Turk·meens, Toerk·meens** n., (lang.) Turkmen, Turkoman. **Turk·meens, Toerk·meens** -meense, adj. Turk(o)man. **Turk·me·ni·stan, Turk·me·ni·ë, Toerk·me·ni·stan, Toerk·me·ni·ë** (geog.) Turkmenistan.

**tur·koois** n., (min.) turquoise. **tur·koois** ~, adj. turquoise (colour). **tur·koois·kleur** turquoise (colour), turquoise blue. **tur·koois·kleu·rig** -rige turquoise(-coloured); turquoise blue.

**turks·vy, turks·vy** prickly pear, opuntia; (infml.: dilemma) hot potato. **~blaar, ~blad** prickly pear leaf.

**Tu·ryn** (geog.) Turin.

**tus·sen** between; betwixt; amidst, among, surrounded by; ~ *vyftig en honderd* anything from fifty to a hundred; ~ *hulle (in)* (in) among them; *(net)* ~ *ons,* ~ *ons en dié vier mure* between ourselves, between you and me. ~**afstandmissiel** intermediate-range missile; *tussenafstand(-) ballistiese missiel* intermediate-range ballistic missile. ~**as** countershaft, lay-shaft, idler (intermediate) shaft. ~**bevel** interlocutory decree. ~**blad** interleaf. ~**dek** →TUSSENDEK. ~**deur** *n.* communicating/interleading door. ~**deur** *adv.* in between. ~**ding** neither one nor the other, s.t. between the two, in-between, compromise, hybrid, mongrel, cross. ~**ganger** *-gers* mediator, go-between, honest broker. ~**gebied** intervening territory/area; no man's land; buffer zone. ~**geheue** *(comp.)* cache (memory); *iets in 'n* ~ *bêre/(op)berg/bewaar/stoor* cache s.t.. ~**gereg** entrée, side dish, intermediate course. ~**gewas** catch crop. ~**gewig** *(boxing)* catchweight. ~**grond** middle ground; *op die* ~ in the middle distance. ~**handel** distributive/distributing trade, intermediate trade. ~**handelaar** middle man, distributor, intermediate trader; commission agent, broker. ~**harsings** interbrain. ~**hoof,** ~**hofie** subheading. ~**in** between the two, in between; at times, between whiles, at odd moments; *dae* ~ intervening days; *iets* ~ *gooi* interject s.t.; ... ~ *hê* be interspersed with ...; ~ *kom* cut in, *(infml.)* butt in; *met* ... ~ interspersed with ...; *iets* ~ *sit/skuif* sandwich s.t. in between; *so* ~ at odd moments; *iets* ~ *voeg* interpose s.t. ~**kap** *(mot.)* cowl. ~**kom** *tussenge-* supervene. ~**komend** *-mende* intermediate; intervenient; intercurrent. ~**koms** intervention, intervening, mediation, agency; *deur die* ~ *van iem.* by/through the agency/instrumentality of s.o.; by (kind) favour of s.o.. ~**laag** intermediate layer; intercalation. ~**letter** medial letter. ~**lit** medial joint. ~**persoon** agent, broker, middle man, intermediary, emissary, intermediate, go-between, in-between, contact (man); mediator. ~**plaatjie** shim; washer. ~**pose** *-poses* time lag, interim; interval, intermission; *by/met* ~*s* at intervals; in/by snatches; *met kort* ~*s* in quick/rapid succession. ~**rat** idler (gear). ~**regering** interim government; interregnum; →TUSSENTYDSE REGERING. ~**rekening** suspense account. ~**ruimte** intervening space, interstice; interspace; clearance; interval; distance. ~**seisoen** off season, in-between season. ~**sel** →TUSSENSEL. ~**skot** *-skotte* partition; (room) divider; *(biol.)* dissepiment, septum; *(geol.)* screen; *met* ~*te* septate. ~**skuif,** ~**skuiwe** *tussenge-* interpose. ~**soort** medium sort; middlings. ~**spel** *-spele, (mus. etc.)* interlude; voluntary; intermezzo. ~**spraak** mediation, intercession. ~**stadium** intermediate/in-between stage; *in 'n* ~, *(also)* at a halfway stage. ~**stasie** intermediate/way station. ~**stedelik** *-like* intercity. ~**steun** pier. ~**strook** inset. ~**stuk** interposition. ~**tyd** →TUSSENTYD. ~**vak** interstice. ~**verbouing** intercropping. ~**verdieping** mezzanine, entresol, intermediate stor(e)y. ~**verkiesing** by-election. ~**vloer** intermediate/mezzanine floor. ~**voeg** →TUSSENVOEG. ~**voering** interlining, interfacing; *'n* ~ *in 'n jas/ens. sit* interline a coat/etc.. ~**wand** septum. ~**weg** middle course/way. ~**werp** *tussenge-* interject. ~**werper** interjector, interrupter. ~**werpsel** *-sels, (gram.)* interjection.

**tus·sen·bei, tus·sen·bei·de** in between; ~ *kom/tree* step in, intervene.

**tus·sen·dek** 'tween decks, steerage. **tus·sen·deks** *adv.* in the steerage.

**tus·sen·lig·gend** *-gende* intermediate, interjacent.

**tus·sen·sel** *-selle* interstitial cell, buffer cell. **tus·sen·sel·lig** *-lige* intercellular.

**tus·sen·tyd** interval, interim; interregnum; *in die* ~ meanwhile, in the mean time *(or* interim). **tus·sen·tyds** *-tydse* between times; interim; ~*e finansiering* bridging finance; ~*e regering* interim/caretaker government; ~*e verkiesing* by-election; ~*e verslag* interim report.

**tus·sen·voeg** *tussenge-* insert, interpolate *(in a book);* sandwich; *(geol.)* intercalate; interject. **tus·sen·voe·ging** *-gings,*

~*ginge,* **tus·sen·voeg·sel** *-sels* insertion, interpolation; intercalation.

**tus·sor** *(<Skt., Ind. silk)* tussore. ~**sywurm** tussore (silk) worm.

**tu·to·ri·aal** *-riale, n.* tutorial (class), *(infml.)* tut (class).

**Tut·si** *-si's, (member of a people)* Tutsi.

**tut·ti** *adv., (It., mus.)* tutti.

**tu·tu** *-tu's, (short ballet skirt)* tutu.

**tuur** *ge-* peer *(at);* pore *(over a book);* gaze, stare, pry; ~ *na ...* peer/stare/gaze at ...

**TV** *TV's* TV; →TELEVISIE; ~ *kyk* watch TV; *iets op die* ~ *sien* see s.t. on TV *(or,* infml. on the small screen); *iets oor die* ~ *uitsaai* show s.t. on TV; *op die* ~ *verskyn* be on TV. ~-**kamera** TV camera. ~-**kyker** TV viewer, televiewer. ~-**slaaf** TV addict, *(sl.)* couch potato.

**twaalf** *twaalfs, twaalwe* twelve; ~ *maal* twelve times; ~ *uur* twelve hours. ~**hoek** dodecagon. ~**hoekig,** ~**hoekig** *-kige* dodecagonal, twelve-sided. ~**toonkomposisie** twelve-tone composition. ~**uur** twelve o'clock; noon; midnight; *(om)* ~ at noon. ~**vingerderm** *(anat.)* duodenum.

**twaalf·de** *-des, n.* twelfth (part). **twaalf·de** *adj.* twelfth. **twaalf·de-eeus** *-eeuse* twelfth century.

**twaalf·ja·rig** *-rige* of twelve years, twelve-year-old, twelve years'.

**twaalf·sy·dig, twaalf·sy·dig** *-dige* dodecahedral.

**twaalf·tal** (about) twelve, dozen. **twaalf·tal·lig** *-lige* duodecimal.

**twaalf·to·nig** *-nige* dodecaphonic, 12-tone, twelve-tone; ~*e toonleer, (mus.)* twelve-tone scale.

**twaalf·vlak** dodecahedron. **twaalf·vlak·kig, twaalf·vlak·kig** *-kige* dodecahedral.

**twaalf·voud** *-voude* twelvefold, multiple of twelve. **twaalf·vou·dig, twaalf·vou·dig** *-dige* twelvefold.

**twa·gras, boes·man(s)·gras** twa grass, Bushman grass.

**twak** *(infml.)* tobacco; nonsense, rubbish, bunk(um), drivel, rot, hogwash; *(a nonentity)* good-for-nothing, whippersnapper, lame duck, drip; *(~) aanja(ag), (infml.)* stuff around, be up to no good; *(dis pure)* ~ *met hom/haar!, (infml.)* he/she can go (and) jump in the lake! *(or* go to blazes!); *iem. se* ~ *is nat* s.o. hasn't got the ghost of a chance, s.o. is a goner *(or* in a sorry plight), s.o.'s game is up; ~ *praat/verkoop, (infml.)* talk nonsense/rubbish/rot. ~**praat·jies** *(infml.)* twaddle; claptrap, hot air; *'n spul* ~ *praat/verkoop* talk a load of rubbish.

**twee** *twees, tweë* two; *al* ~ both; *al* ~ *hierdie ...* both of these ...; *ons/julle/hulle al* ~ both of us/you/them; *'n* ~ *dae lang(e) konferensie* a two-day(-long) conference; ~ *dae ou/oud/oue nuus* two-day-old news; ~*(-)derdes* (of ~ *derdes)* two thirds; ~ *teen een* two to one; ~ *weet meer as een* two heads are better than one; *'n* ~ *eeue ou/oud/oue tradisie* a two-century-old tradition; *iets in* ~ *skeur/sny* tear/cut s.t. in two; *'n* ~ *jaar lang(e) geskil* a two-year-long conflict; *'n* ~ *jaar ou/oud/oue perd* a two-year-old (horse); ~ *maal* twice; double; ~ *maal weekliks* biweekly; ~ *maal/keer soveel* double the amount; ~ *minute/uur/dae/jaar* two minutes/hours/days/years; ~ *is nodig om te baklei/ens., (infml.)* it takes two to tango; *ek en jy en ons* ~, *(infml.)* just the two of us; *net ons* ~ just the two of us; *ons/julle/hulle* ~ the two of us/you/them; ~ *van ons/julle/hulle* two of us/you/them. ~**brandpuntig** *-tige* bifocal. ~**deurvoertuig** two-door vehicle. ~**duisend** *(also* twee duisend*)* two thousand. ~**duisendste** *(also* twee duisendste*)* two-thousandth. ~**duisendvyfhonderd** *(also* tweeduisend vyfhonderd *or* twee duisend vyf honderd*)* two thousand five hundred. ~**elemente-verbinding** *(chem.)* binary compound. ~-**en-twintig** *(also* twee en twintig*)* twenty-two. ~-**en-twintigste** *(also* twee en twintigste*)* twenty-second. ~**gangmotor** two-speed motor. ~**gatjakkals** *(infml.)* double-faced/two-faced person, dissembler, hypocrite, turncoat. ~**gesig** =sigte, (infml.) hypocrite, charlatan, pharisee, fraud, phon(e)y. ~**gesprek** dialogue. ~**geveg** duel; straight fight; single combat; 'n ~ hê fight a duel; in 'n ~ in a duel; in single combat. ~**honderd** (also twee honderd) two hundred. ~**honderdduisend** (also tweehonderd duisend or twee honderd duisend) two hundred thousand. ~**honderdjarig** =rige two hundred years old; bicentenary (celebration). ~**honderd** ste (also twee honderdste) two hundredth. ~**jaarliks** =likse, adj. & adv. biennial(ly). ~**kamerstelsel** two-chamber/bicameral system. ~**kamerwoonstel** two-roomed flat. ~**kamp** biathlon. ~**klank** (phon.) diphthong. ~**laaghout** two-ply. ~**loop(geweer)** double-barrelled gun. ~**maandeliks** =likse bimonthly, two-monthly. ~**partybeleid** bipartisan policy. ~**partydigheid** bipartisanship. ~**pas(dans)** two-step. ~**penprop** two-pin plug. ~**persentmelk** two-percent milk. ~**puntig** =tige bicuspid. ~**randmunt** two-rand coin. ~**rompskuit** catamaran. ~**sang** duet. ~**sitplekmotor** two-seater. ~**snydend** =dende double-, two-edged. ~**spalt** discord, dissension, split, schism. ~**spraak** =sprake dialogue, duet. ~**sprong** crossroads; fork in the road; op die ~ (staan) (be) at the parting of the ways (or, fig. the crossroads). ~**standskakelaar** (elec.) throw-over switch. ~**stryd** duel; inner conflict/struggle/strife; in ('n) ~ staan be/stand undecided, be torn by conflicting emotions. ~**syfer** double-figure (gain etc.). ~**toonakkoord** (mus.) bitonal chord. ~-**twee** adv. by/in twos; two by two; ~ of drie-drie in twos or threes; ~ loop walk two and two; ~ woon/slaap/ens. double up. ~(-)**uur** two o'clock. ~**verdiepinghuis** double-storey(ed) house. ~**weekliks** =likse fortnightly, bimonthly, half-monthly.

**twee·ar·mig** =mige two-armed.

**twee·as·sig** =sige biaxial.

**twee·a·to·mig** =mige diatomic.

**twee·been** = two-legged. **twee·be·nig** =nige two-legged, biped.

**tweed** (text.) tweed. ~**klere** tweed clothes, tweeds. ~**pak** tweed suit, tweeds.

**twee·daags** =daagse two-day, of two days.

**tweed·ag·tig** =tige tweedy.

**twee·de** second; T~ **Laan/Straat** (of T~laan/T~straat) Second Avenue/Street; die ~ **laaste** (of ~laaste) deelnemer the second-last participant; ~ **laaste kom** come second last; ~ **mag**, (math.) square; ~ **natuur** second nature; ~ **persoon**, (gram.) second person; ~ **rat** second gear; ~ **sopraan**, (mus.) mezzo(-soprano); ~ **taal** second language; **ten** ~ secondly, in the second place; ~ **wees** come in second, gain second place; ~ **Wêreldoorlog**, (1939-1945) World War II, Second World War; ~ **wittebrood** second honeymoon. ~**jaar** =jaars second-year student, (Am.) sophomore. ~**klasburger** second-class citizen. ~**klaspassasier** =siers second-class passenger. ~**taalonderrig** second-language teaching/instruction, teaching/instruction in the second language.

**twee·de·graads** =graadse second-grade; second-degree.

**twee·de·hands** =handse, adj. second-hand, used, pre-owned; vicarious. **twee·de·hands** adv. second-hand, at second hand.

**twee·dek·ker** =kers biplane; double-decker; bireme.

**twee·de·lig** =lige bipartite, two-part; (bot., entom.) dimerous; (bot., zool.) dichotomous; binary; having (or consisting of) two parts; in two volumes, two-volume.

**twee·de·ling** bifurcation; dichotomy; binary fission.

**twee·de·mags·wor·tel** square root.

**twee·dens** secondly; →TEN TWEEDE.

**twee·de·rangs** =rangse second-rate, -class, inferior.

**twee·di·men·si·o·neel** =nele two-dimensional.

**twee·drag** discord, dissension; disunion, strife; ~ saai/stook create/sow discord, stir up discord; (die saad van) ~ saai,

(also) sow (the seeds of) dissension. ~**saaier** mischief-maker. **twee·drag·tig** =tige factious.

**twee·han·dig** =dige two-handed; bimanual.

**twee·heid** duality, twoness.

**twee·hoof·dig** =dige two-headed, bicephalous.

**twee·ja·rig** =rige two-year-old, of two years, two years' (war); biennial (celebration, plant); ~e dier two-year-old.

**twee·ker·nig** =nige diploid.

**twee·klep·pig, twee·klep·pig** =pige bivalve(d) (mollusc); two-valved.

**twee·kleu·rig, twee·kleu·rig** =rige dichroic, dichromatic, two-colour(ed), -tone(d).

**twee·kop·pig** =pige two-headed, double-headed; bicephalous; ~e spier, tweekopspier biceps (muscle).

**twee·le·dig** =dige binary, binomial; double (meaning, purpose), dual; duple; duplex. **twee·le·dig·heid** duality; dichotomy.

**twee·let·ter·gre·pig** =pige di(s)syllabic.

**twee·ling** =linge (pair of) twins; twin; die T~, (astrol.) the (Heavenly) Twins, Gemini; hulle is 'n ~ they are twins. ~**broer** twin brother. ~**huis** semi-detached house, (infml.) semi. ~**stad** twin city. ~**ster** double star, binary (star/system). ~**suster** twin sister. ~**truie** twin set.

**twee·lip·pig** =pige two-lipped, bilabial.

**twee·man** =manne, (Rom.) duumvir. **twee·man·ne·ry** bigamy.

**twee·mas·ter** two-master, two-masted ship.

**twee·mo·to·rig** =rige twin-, double-engined.

**twee·per·soons**: ~**bed** double bed. ~**fiets** tandem. ~**kamer** double room. ~**motor** two-seater (car).

**twee·po·lig** =lige bipolar.

**twee·re·ë·lig** =lige two-lined, of two lines.

**twee·rig·ting**: ~**radio** two-way radio, walkie-talkie. ~**skakelaar** =laars, (elec.) two-way switch. ~**spieël** two-way mirror. ~**straat** two-way street. ~**verkeer** two-way traffic.

**twe·ër·lei** of two kinds/sorts; die voordele is ~ the advantages are twofold.

**twee·saad·lob·big, twee·saad·lob·big** =bige, adj. dicotyledonous. **twee·saad·lob·bi·ge, twee·saad·lob·bi·ge** =ges, n. dicotyledon.

**twee·slag**: ~**maat** binary measure; (mus.) duple time/metre. ~**enjin**, ~**masjien** two-stroke engine. ~**pomp** double-action pump.

**twee·slag·tig** =tige bisexual, hermaphroditic; double (life); ambivalent; monoclinous (bot.), ~e wetsontwerp hybrid bill. **twee·slag·tig·heid** bisexuality, hermaphroditism; ambivalence.

**twee·sna·rig** =rige two-stringed.

**twee·soor·tig** =tige of two kinds.

**twee·stem·mig** =mige, (mus.) for two voices, two-part.

**twee·sy·dig** =dige two-sided, bilateral; bilateral, bipartite (treaty); double-headed (drum).

**twee·tal** two, pair, couple, brace, twosome, dyad. **twee·tal·lig** =lige binary.

**twee·ta·lig** =lige, adj. bilingual; ~e woordeboek bilingual dictionary. **twee·ta·li·ge** =ges, n. bilingual. **twee·ta·lig·heid** bilingualism.

**twee·term** =terme, n. binomial. **twee·ter·mig** =mige, adj. binomial.

**twee·tjie** =tjies little two; (in the pl., also) only/merely two; die ~s the two children; the young couple; the pair of them; the two small/little ones.

**twee·vin·ge·rige lui·aard** (zool.) two-toed sloth.

**twee·vlak·kig** =kige dihedral.

**twee·vlaks·hoek** (geom.) dihedral angle; (cryst.) interfacial angle.

**twee·vler·kig** *=kige*, **twee·vleu·e·lig** *=lige* two-winged, dipterous, dipteral, dipteran *(insect)*.

**twee·voe·ter** *=ters* biped.

**twee·voe·tig** *=tige* two-footed, biped(al); of two (metrical) feet.

**twee·voud** *=voude* double; *(gram.)* dual (number); number divisible by two, multiple of two; *in* ~ in duplicate. **twee·vou·dig** *=dige* double, twofold, duplex, dual. **twee·vou·dig·heid** duality.

**twee·waar·dig** *=dige, (chem.)* bivalent, divalent; diatomic. **twee·waar·dig·heid** *(chem.)* bivalence.

**twee·wiel-**, **twee·wie·lig** *=lige* two-wheeled. **twee·wie·ler** *=lers* two-wheeler.

**twin·tig** *=tige, =tigs* twenty, score; *in die* ~ in one's twenties; *dit het in die jare* ~ *gebeur* it happened in the twenties; ~ *maal* twenty times. ~**tal** score, (about) twenty. ~**-twintig·visie**, 20/20-**visie** twenty-twenty vision, 20/20 vision.

**twin·ti·ger** *=gers* person in his/her twenties, *(infml.)* twenty-something person. ~**jare** twenties; *in jou* ~ in one's twenties; *dit het in die* ~ *gebeur* it happened in the twenties.

**twin·tig·ja·rig** *=rige, adj.* twenty years old *(pred.)*, twenty-year-old *(attr.)*, of twenty years, twenty years'. **twin·tig·ja·ri·ge** *=ges, n.* twenty-year-old person, person of twenty years.

**twin·tig·ste** *=stes, n.* twentieth (part). **twin·tig·ste** ~*, adj.* twentieth; *die* ~ *eeu* the twentieth century. **twin·tig·ste·eeus** *=eeuse* twentieth-century.

**twin·tig·voud** *=voude* twentyfold, multiple of twenty.

**twis** *twiste, n.* quarrel, dispute, strife, row, fight, feud, fray, set-to, altercation, discord; *in 'n* ~ *betrokke/gewikkel raak* get into a row *(infml.)*; *'n* ~ *met iem. oor iets* a quarrel (*or, infml.* a row) with s.o. over s.t.; *'n ou* ~ an old quarrel, a dispute of long standing; ~ *soek* (try to) pick a quarrel, spoil for a fight; *die* ~ *tussen A en B* the quarrel between A and B. **twis** *ge=, vb.* quarrel, dispute, squabble, wrangle, altercate, haggle; *met iem. oor iets* ~ quarrel with s.o. about/over s.t. ~**appel** apple of discord, bone of contention. ~**ge·ding** lawsuit; disputation, contentious issue. ~**gesprek** dispute, altercation. ~**punt** (point at) issue, matter in dispute, contentious/controversial question. ~**rede** disputation, dispute. ~**saak** matter in dispute, controversial question. ~**siek** *=sieke =sieker =siekste* quarrelsome, contentious. ~**vraag** (question at) issue, controversial question.

**twis·soe·ker** mischief-maker, troublemaker, barrator, brawler. **twis·soe·ke·rig** *=rige* quarrelsome, mischief-making, troublemaking. **twis·soe·ke·ry** mischief-making, troublemaking.

**twis·tend** *=tende: die ~e partye* the contending parties.

**twy·fel** *n.* doubt, disbelief, uncertainty, dubitation, misgiving; ~ *aan* ... doubt about ...; *om alle* ~ *uit te skakel* so as to preclude all doubt; *iets buite alle* ~ *stel* remove all doubt as to s.t. *(s.o.'s loyalty etc.)*; *dit staan buite (alle)* ~ it is beyond (all) doubt/question; there's no question about/of it; *iets staan buite* ~*, (also)* s.t. is beyond (*or* not in) dispute; there is no mistaking s.t.; *daar is geen* ~ *aan nie* there is no doubt about it, there's no question about/of it; *daar is geen* ~ *meer nie* there is no room for doubt; *gegronde* ~ a reasonable doubt; *iets word in* ~ *getrek* s.t. is questioned, doubt is cast (up)on s.t.; *nie in* ~ *getrek word nie, (also)* go unquestioned; *in geval van* ~ when in doubt; *in* ~ *wees/verkeer* be in doubt; *in* ~ *wees/verkeer oor iets, (also)* be in two minds about s.t.; *dit ly geen* ~ *nie* there is no doubt/mistake about it; there are no two ways about it; *dit ly geen* ~ *nie dat ...*, *(also)* there's no question that ...; *sonder die minste* ~ beyond/without the shadow of a doubt, without a shadow of doubt; *daar is nog* ~ there is room for doubt; *aan* ~ *onderhewig* open to doubt/question; ~ *oor* ... doubt about ...; *daar bestaan* ~ *oor iets, (also)* there is a question mark (*or* a question mark hangs) over s.t.; ~ *oor iets opper/wek* cast doubt (up)on s.t.; *sonder* ~ undoubtedly, without dispute/

doubt/question; for a certainty, for sure; *iem. sal iets sonder* ~ *doen, (also)* s.o. is guaranteed to do s.t.; *sonder (enige)* ~ *is/sal iem./iets* ... s.o./s.t. is/will undoubtedly ...; *iets in* ~ *trek* cast doubt (up)on s.t., call s.t. in(to) question; question/query s.t., raise a query about s.t.; *alle* ~ *het verdwyn* (of *is weggeneem)* all doubts were resolved; *iem. die voordeel van die* ~ *gee* give s.o. the benefit of the doubt; *iets wek* ~ *oor* ... s.t. raises doubts about ... **twy·fel** *ge=, vb.* doubt, disbelieve, question; *iem.* ~ *aan iets/iem.* s.o. doubts (*or* has doubts about) s.t./s.o.; *ek* ~ I doubt it; *nie* ~ *nie* have no doubts; *ek* ~ *nie of ... nie* I don't doubt that ...; ~ *of* ... doubt whether ...; *oor* ... ~ have doubts about ..., be doubtful about/of ...; *sterk aan iets* ~ have serious doubts about s.t.; *wanneer jy* ~ ... when in doubt ... **twy·fe·laar** *=laars* doubter, sceptic. **twy·fel·ag·tig** *=tige* doubtful, questionable, dubitable, problematical, indeterminate, equivocal, debatable, uncertain, dubious. **twy·fel·ag·tig·heid** doubtfulness, dubiety, uncertainty, questionableness. **twy·fe·la·ry, twy·fel·ry** doubting, indecision; scepticism. **twy·fe·lend** *=lende* doubting, dubitative. **twy·fe·ling** *=linge* doubt, hesitation. **twy·fel·moe·dig** *=dige* wavering, vacillating, half-hearted. **twy·fel·punt** query. **twy·fel·sug** scepticism, incredulity.

**twyn** *n., (thread)* twine, twist; *(wool)* fold, ply. **twyn** *ge=, vb.* twine. ~**garing** twined/doubled/folded/plied/ply yarn. ~**stof** plied-yarn fabric, twist.

**twy·ning** *(text.)* doubling, twisting, folding, plying.

**ty** *tye, (poet., liter.)* tide; →GETY. ~**hawe** tidal harbour; tidal basin.

**tyd** *tye* time; season; spell; age; period, time span; tense; *wanneer die* ~ *aanbreek/kom* when the time arrives; *die* ~ *om te* ... *het aangebreek* the time to ... has come; *'n* ~ *vir 'n vergadering aanwys* appoint a time for a meeting; ~ *af/vry kry* get time off; *binne afsienbare* ~ at no distant date; in the foreseeable future; ~ *vir iets kan afstaan* have time for s.t.; ~ *aan iets afstaan* spare the time for s.t.; *te alle tye* at all times; at any time; *van alle tye* of all time *(pred.)*, all-time *(attr.)*; *een van die grootste krieketspelers van alle tye* one of cricket's all-time greats; *alles het/op sy* ~, *daar is 'n* ~ *vir alles* there is a time (and place) for everything; all in good time; *baie* ~ *kos* take a long time; *iem. se* ~ *is (baie) beperk* s.o. is (hard-)pressed for time; ~ *in beslag neem* take up time; *jou* ~ *aan ... bestee* spend one's time on ...; *baie* ~ *aan iets bestee* spend a lot of time on s.t.; take long over s.t.; *die meeste van jou* ~ *aan ... bestee* spend most of one's time on ...; *op die bestemde/vasgestelde* ~ *(en plek)* at the appointed time (and place); *buitengewoon vir hierdie* ~ *van die jaar* out of season; *by/met tye* at times; *teen daardie/dié* ~ by that time, by then; *tot daardie/dié* ~ *(toe)* till/until then; *uit daardie/dié* ~ of the/that period; *van daardie/dié* ~ *af* since then, ever after; *voor daardie/dié* ~ before then; *dit is* ~ *dat iem.* ... it is time for s.o. to ...; *dit raak/word* ~ *dat iem.* ... it is nearly time for s.o. to ...; *die* ~ *deurbring* spend the time; pass the time; *jou* ~ *met lees deurbring* spend one's time reading; *teen dié* ~ by now; *op/om dieselfde* ~ at the same time/hour; *uit dieselfde* ~ *as* ... contemporaneous with ...; *die* ~ *dophou* keep track of the time; *ons moet dit (op) (die) een of ander* ~ *doen* we must do it some time; *te eniger* ~ at any moment/time; *die* ~ *gaan verby* time is passing; *die* ~ *gaan (gou) om/verby* time passes (rapidly); *iets is aan* ~ *gebonde* the time for s.t. is limited; *iem. is aan* ~ *gebonde* s.o.'s time is limited; *jou* ~ *gebruik/neem vir iets* take one's time about/over s.t.; *gedurende dié* ~ during that time; *iem.* ~ *gee om te* ... allow s.o. time to ...; *dit het iem. nie baie* ~ *gekos om te* ... *nie* it did not take s.o. long to ...; *'n* ~ *gelede* some time ago; *op 'n geleë* ~ at a suitable time; *te(r) geleëner/gelegener* ~ in due course/time; at a suitable time; all in good time; *genoeg* ~ *hê* have plenty of time; *geruime* ~ for a considerable time; *geruime* ~ *duur* last for some (length of) time; *nog 'n geruime/hele* ~ for some time (to come); *op* **gesette/vaste** *tye* at set times; at stated intervals; at regular intervals; *'n* **geskikte/goeie** ~ *om iets te doen* a good time to do s.t.; *op die* **geskikte** ~ *plaasvind* be well timed; *in die* **goeie** *ou(e)* ~ in the good old days/times; ~ *hê om iets te doen* have the time/leisure to do s.t.; ~ *hê vir iets* have time for s.t.; *geen* ~ *vir iets hê nie, (lit.)* have no time for s.t.; *'n* **heerlike** ~ *beleef/belewe* have the time of one's life; *die* **hele** ~ all along; all the time, the whole time; all the while; *byna die* **hele** ~ most of the time; *nog 'n* **hele** ~ for some time to come; *'n* **hele/taamlike** ~ a good while, quite a while (*or* some time); *het jy die* ~? have you (got) the time?; *het jy die* ~ *(daarvoor)?* have you (got) the time (for it)?; *iem.* **het** *nie soveel* ~ *nie* s.o. hasn't all that much time; **hierdie** ~ our time(s); *op* **hierdie** ~ at this time of day; *uit* **hierdie** ~ of the/this period; *dis* **hoog** ~ *(dat ...)* it's about/high time (that ...); **hope** ~, *(infml.)* stacks of time; *in iem. se* ~ in s.o.'s day; ~ **inhaal** make up time; *die* ~ **inruim** *om iets te doen* find time to do s.t.; *vir ...* ~ **inruim** find time for ...; *met die* ~ *sal dit* **kom** it is only a matter/question of time; *die* ~ *raak* **kort** time is running out; time presses; *dit* **kos** ~ it takes time; *dit* **kos** *baie* ~ it takes long; ~ **kry** get time; *vir ...* ~ **kry/vind** find time for ...; *net 'n* **kwessie** *van* ~ only a matter/question of time; *in die* **laaste** ~ lately, of late; *in 'n* **lang** ~ for some time; *'n* ~ **lank** for a/some time; for a spell; *at one time (in the past); nou al 'n* ~ **lank** for some time past; *iem. is al 'n* ~ **lank** *hier* s.o. has been here (for) some time; **later** *(van* ~) later (on); at a later date; *die* ~ *sal* **leer** time will tell/show; *'n* **lekker/plesierige** ~ a good time; *in die* **loop** *van die* ~ in the course of time; *vir iets* ~ **maak** make time for s.t.; *die* **meeste** *van iem. se* ~ most of s.o.'s time; *'n atleet se* ~ **meet** time an athlete; *min* ~ *hê* be pressed for time, be rushed; *met* **min** ~ *iets moet doen* have to do s.t. at short notice; *die* ~ *raak/word* **min** time is running out; time is getting short; *moeilike tye beleef/belewe* fall (up)on hard times; ~ **mors** →*verkwis/verspil/mors;* *die/jou* ~ **neem** *om ...* take one's/the time to ...; *daar is* **nog** ~ there is still time; *dis nie* **nou** *die* ~ *om te ...* now this is no time to ...; *die* ~ *is* **om** time has run out; *die* ~ *is byna* **om** time is running out; *iem. se* ~ *is* **om** s.o. has run out of time; *die spreker se* ~ *is* **om/verstreke** the speaker's time is up; ~ *hê/kry* **om** *te ...* have/get time to ...; *dit is* ~ **om** *te ...* it is time for/to ...; *die* ~ **omkry** pass (*or* while away) the time; kill time; **omtrent** *dié* ~ about this/that time; *op 'n* **ongeleë** ~ at a bad time; at an inopportune time; *op* **ongereelde** *tye* at odd times; *op 'n* **onmoontlike** ~ at an unearthly/ungodly time/hour; *... van* **ons** ~ ... of our day; *in* **ons** ~ these days; *die* ~ **ontbreek** *iem.* s.o. hasn't got the time; *omdat die* ~ *iem.* **ontbreek** because of a lack of time; *iets is* **oor** *die* ~ s.t. is overdue (*or* past the time); *oor jou* ~ *wees* be overdue; *nie/geen* ~ **oorhê** *nie* have no time to spare; *op sy* ~ in due course; *presies* **op** ~ on the dot; *altyd presies* **op** ~ always punctual (*or* on time); **op** ~ on time; on (*or* up to) schedule; *stip* **op** ~ punctually; **op** *(die bepaalde/gestelde)* ~ on time; *die* ~ *is* **op** time has run out; *iem. se* ~ *is* **op** *(of het opgeraak)* s.o. has run out of time; *in die* **ou** ~ in (the) days of old, in the olden days/times; *die* **regte/geskikte** ~ the proper time; *op die* **regte** ~ at the right time; *net op die* **regte** ~ in the nick of time; *die* ~ *is* **ryp** *vir iets* the time is ripe for s.t.; the stage is set for s.t.; *met die* ~ **saamgaan** move (*or* keep up) with the times; *slegte tye beleef/belewe* fall (up)on evil days; *die* ~ **snel** *verby* time is fleeting; ~ **spaar** save time; *baie* ~ **spaar,** *(also)* be a real timesaver; *die* ~ **staan** *nie* **stil** *nie* time marches on; *'n* **swaar** ~ *deurmaak* have a bad time; **swaar** *tye* difficult times; *in* **swaar** *tye, (also)* in time(s) of need; *teen die* ~ *dat iem. ...* by the time s.o. ...; *daar was 'n* ~ **toe** ... there was a time (*or* time was) when ...; *in 'n* ~ **toe** ... at a time when ...; *van* ~ **tot** ~ from time to time; (every) now and again/then; off and on, on and off; every so often; at intervals; *'n verhaal* **uit** *die* ~ *van ...* a story of the times of ...;

*jou* ~ **uitdien** serve one's term; *die* ~ **uitkoop** make good use of the time; *die tye* **verander** times change; *iem. se* ~ *is* **verby** s.o. has seen his/her best days; s.o. has had his/her day; s.o. is a spent force; *die* ~ *is* **verby** *dat ...* the day has passed when ...; ~ **verkwis/verspil/mors** waste time; *die* **verloop** *van die* ~ the march of time; *met/na* **verloop** *van* ~ in (the course of) time; in due time; with the lapse of time; **verlore** ~ *inhaal* recover (*or* make up for) lost time; *die spreker se* ~ *is* **verstreke** →*om/verstreke; vervloë* *tye* times gone by; *vir iets* ~ **vind** →*kry/vind; die* ~ **vlieg** *(verby)* time flies; time passes (rapidly); **volop** ~ *hê* have lots of time *(infml.),* have all the time in the world; *'n uur* **voor** *die* ~ *aankom* arrive an hour early; *iets is* **voor** *sy* ~ s.t. is ahead of schedule; *iets het* **voor** *iem. se* ~ *gebeur* s.t. happened before s.o.'s time; *jou* ~ **vooruit** ahead of one's time; *(in)* **vroeër** *tye* in times gone by, in past ages; ~ **vry** *hê* get/have time off; *in jou* **vry(e)** ~ in one's own/spare time; *iets doen* **wan-neer** *jy* ~ *het, (also)* do s.t. at one's leisure; *'n* **wedloop** *met/teen die* ~ a race against time; ~ **wen** gain time; make time; ~ *(probeer)* **wen** play for time; *dit* **word** ~ *vir ...* it is coming up for ...; *tot* ~ *en* **wyl** ... until (such time as) ...; *vir* ~ *en* **wyl** for the time being. ~**besparend** timesaving. ~**bespa-ring, tydsbesparing** saving of time. ~**bom** time bomb. ~**deel-(skema)** timeshare, time-sharing scheme. ~**deling** time shar-ing, timeshare. ~**faktor, tydsfaktor** time factor. ~**gees** spirit of the times/age. ~**genoot** →TYDGENOOT. ~**gleuf, tydsgleuf** time slot. ~**grens** limit of time, time limit; deadline. ~**houer** timer; *(sport)* time-keeper. ~**kapsule** time capsule. ~**maat** *(mus.)* time, tempo. ~**masjien** time machine. ~**meetkunde** horology. ~**mors, ~morsery, ~verkwisting, ~vermorsing, ~verspilling** waste of time. ~**nood** lack/shortage of time; *in* ~ *verkeer/wees* be (hard-)pressed for time. ~**opname** tim-ing; *(phot.)* time exposure. ~**opnemer** timekeeper, time re-corder, timer. ~**opneming** timing; timekeeping. ~**orde** → TYDSORDE. ~**perk** period, age, era, epoch, term; *'n* ~ *afsluit* close a chapter; *die einde/end van 'n* ~ the end of an era; *oor 'n* ~ *strek* cover a period; *die* ~ *waarin ...* the period during which ... ~**raamwerk** time frame. ~**reëlaar** timer, timing device/unit; *outomatiese* ~ autotimer. ~**reëling, tyds-reëling** timing, timekeeping. ~**ren** rally. ~**rooster** timetable. ~**ruimtelik** *like* spatio-temporal, time-space, of time and space. ~**sein** time signal. ~**skaal** timescale. ~**skakelaar** time switch. ~**skrif** periodical, magazine, journal, organ. ~**skrif-artikel** magazine article. ~**slot** time lock. ~**sone** time zone. ~**span** time span, space/span of time. ~**stip** *stippe* point of time, moment; *tot op dié/daardie* ~ up to that point/stage. ~**tafel** timetable; list of dates, chronological table. ~**toets** *(sport)* time trial. ~**vak** period, epoch; *die einde/end van 'n* ~ the end of an era. ~**verdryf** pastime, game, amusement, di-version, hobby. ~**verkwisting, ~vermorsing, ~verspilling** →TYDMORS. ~**verlies** loss of time. ~**verloop** →TYDSVERLOOP. ~**verskil** →TYDSVERSKIL. ~**verskuiwing** time shift. ~**vorm** →TYDSVORM.

**ty·(d)e:** *ten* ~ *van ...* at the time of ...

**ty·de·lik** *like,* adj. temporary *(office, relief);* temporal, secular *(affairs);* casual; makeshift, impermanent, tentative. **ty·de-lik** *adv.* temporarily, for the time being, pro tem. **ty·de·li·ke** *n.: die* ~ *met die ewige verwissel* depart (from) this life. **ty·de-lik·heid** temporariness, temporary nature, impermanence.

**ty·dens** during, in the course of; at the time of.

**tyd·ge·noot** contemporary, coeval. **tyd·ge·noot·lik** *like* con-temporary.

**ty·dig** *dige,* adj. timely, seasonable, timeous, *(pred.)* well timed. **ty·dig** *adv.* betimes, in good time; ~ *en ontydig* in season and out; at seasonable and unseasonable times; at all hours (of the day and/or night). **ty·dig·heid** seasonableness, timeliness.

**ty·ding** *dings,* *dinge* news, tidings, intelligence; *geen* ~ *is goeie* ~ no news is good news; *daar het* ~ *gekom dat ...*

word came that ...; *van iem.* ~ **kry** hear from s.o.; *(iem.) die* ~ *(versigtig)* **meedeel** break the news (gently) (to s.o.); ~ *van* ... **ontvang** have word of ...; *slegte* ~ bad news; ~ *aan iem.* **stuur** send word to s.o.; ~ *van/omtrent* ... news of ...

**tyd·jie** *-jies, n. (dim.)* spell, short time, little while; *'n* ~ *af/vry kry, (infml.)* get a break; *iets duur 'n* ~ s.t. takes a while; *'n* ~ *gelede* a short while ago, recently; *'n hele/taamlike* ~ a good while, quite a while; *iem. se* ~ *word kort* s.o.'s time is drawing near.

**tyd·loos** *-lose* tenseless; timeless; *'n* ~*lose treffer, (infml.)* an all-time favourite, a golden oldie. **tyd·loos·heid** timelessness.

**tyd·ro·wend, tyd·ro·wend** *-wende* time-wasting/consuming, lengthy, laborious.

**tyds·:** ~**bepaling** fixing the time; *(gram.)* adjunct of time. ~**beperking** time limit. ~**berekening** timing. ~**besparing** →TYDBESPARING. ~**bestek** time span, space/span of time. ~**duur** length of time, duration. ~**faktor** →TYDFAKTOR. ~**gewrig** juncture, conjuncture. ~**gleuf** →TYDGLEUF. ~**orde, tyd orde** chronological order. ~**reëling** →TYDREËLING. ~**verloop, tydverloop** course/passage of time; period. ~**verloopfotografie** time-lapse photography. ~**verskil, tydverskil** time difference, difference in time. ~**vorm, tydvorm** tense form; form of time.

**tyd·saam** *-same* slow, leisurely, deliberate(ly). **tyd·saam·heid** leisureliness.

**tyk** *(a strong cotton fabric used esp. for mattress covers)* ticking.

**tza·tzi·ki** *(Gr. cook.)* tzatziki.

# Uu

**u¹** *u's,* **U** *U's, Us, n., (21st letter of the alphabet)* u, U. **U-boot** *(hist.: a Germ. submarine)* U-boat. **U-buigstuk** U-bend *(in a pipe).* **U-buis** U-tube. **U-draai** U-turn; *'n ~ maak* make a U-turn. **U-klamp** U-clamp. **U-staal** channel steel. **u'tjie** *=tjies* little u. **U-vormig** *=mige* U-shaped. **U-yster** channel (iron), U-bar, U-iron.

**u²** *pers. pron., (fml. or liter.)* you; *~ en ek* you and I; *~ self* (you) yourself; you (yourselves); →USELF *refl. pron.; ~ kan dit self doen* you can do it yourself/yourselves; *dit is ~ s'n* it is yours. **u** *poss. pron., (fml.)* your; *U Edelagbare* Your Honour/Worship.

**u·bun·tu** *(<Ngu.: humanity, compassion)* ubuntu.

**u·do·me·ter** *=ters* rain gauge.

**U·gan·da** Uganda. **U·gan·dees** *=dese, n. & adj.* Ugandan.

**ui** *uie* onion.

**ui·e:** *~gras* chive(s). *~reuk, ~ruik* onion smell, smell of onions. *~skil* onionskin.

**ui·er** *uiers, n.* udder, dug, *(Lat.) mamma; ~ maak, (a cow)* be in/with calf; *(a ewe)* be in lamb. **ui·er** *ge=, vb.* be with calf/ young. *~ontsteking* mastitis, garget, inflammation of the udder.

**uil** *uile* owl; *soos 'n ~ op 'n kluit sit, (infml.)* be forlorn; be lost in company; *'n ~ onder die kraaie, (infml.)* a laughing stock, a figure of fun; *iem. is nie onder 'n ~ uitgebroei nie, (infml.)* s.o. wasn't born yesterday, s.o. knows how many beans make five, s.o. is no(body's) fool. *~bril* horn-rim(med) spectacles. *~kuiken* owl chick, baby owl. *~nes* owl's nest. *~spieël* buffoon, joker, jester; *soos ~ in die maanskyn lyk* look odd/foolish/wacky/weird, look like a scarecrow.

**uil·ag·tig** *=tige* owl-like; owlish.

**uils·kui·ken** *(infml.)* blockhead, num(b)skull, nincompoop, simpleton, sucker, clot, dolt, birdbrain, chump, booby.

**uil·tjie** *=tjies, n. (dim.)* owlet; *(bot.)* peacock flower, pheasant's eye; *'n ~ knip, (infml.)* have/take a nap/snooze *(or* forty winks), have a lie-down.

**uin·tjie** *=tjies, (edible bulb of Moraea, Gladiolus, Babiana, etc.)* uintjie.

**uit** *adv.* out, off, over, on, forth; *dis alles ~ tussen hulle* it's all (or everything is) over/finished between them; *dit is ~ daarmee* it has come to an end; *en daarmee is dit ~* and that is (or that's) that; *(kom) ~ daarmee!* out with it!, *(infml.)* spit it out!; *dáárop ~ om iets te doen* out to do s.t.; *bent (up)on s.t. (murder, pleasure, etc.); dit is ~ en gedaan* it is over and done with; *dit is ~ en gedaan met iem.* s.o. is (all) washed up *(infml.); en daarmee (is dit) ~ en gedaan!* and that is (or that's) that!; *ek gaan nie, en daarmee (is dit) ~ en gedaan!* I'm not going, full stop!; *iem. is die huis ~* s.o. is out of the house *(or* went out); *iem. is ~* s.o. is out; *~ is jy!* out you go!; *dié kant ~* this way out, out this way; *in this direction; iem. is so ~ soos 'n kers* s.o. has lost consciousness, s.o. is in a dead faint; *die lig/lamp/vuur/ens. is ~* the light/lamp/fire/etc. is out; *dit is ~ met iem., (infml.)* s.o. is a goner; *nie ~ nie* not out; *op iets ~* after s.t.; bent (up)on s.t. *(murder, pleasure, etc.);* intent (up)on s.t. *(vengeance etc.); saans baie ~ gaan* go out at night; *die son is ~* the sun is up (or has risen); *~ en tuis* there and back. **uit** *ge=, vb.* →UITER. **uit** *prep.* out of; from; on; in; of; through; by; among; *~ Adderleystraat/*

*ens.* off Adderley Street etc.; *~ iets bly* stay out of s.t.; *tien kilometer ~ die dorp* ten kilometres from (or out of) town; *een ~ (die) honderd/duisend/ens.* one in a hundred/thousand/ etc.; *~ een mond praat* be unanimous, be in agreement, have consensus of opinion; *~ Finland/ens.* from Finland/etc.; *'n glas drink* drink from a glass; *~ haat/besorgdheid/ens.* out of hatred/concern/etc.; *~ die huis (uit) gaan* leave (or go out of) the house; *~ my huis (uit)!* get out of my house!; *inkomste ~ dié bron* revenue from this source; *~ Londen/ ens.* from London/etc.; *~ mekaar se lewens bly* stay out of one another's lives; *19 ~ die moontlike 20 punte* 19 out of a possible 20 (points); *iem. ~ die kamer roep* call s.o. out of the room; *~ die vreemde* from abroad.

**uit·a·sem¹** *adj. & adv.* blown, breathless, winded, out of breath, broken-winded; *~ raak* become winded, get out of breath.

**uit·a·sem²** *uitge=, vb.* breathe out, expire, exhale. **uit·a·se· ming** *=mings, =minge* breathing out, expiration, exhalation.

**uit·bak** *uitge=* bake/fry well; *(infml.)* fall into disfavour, lose one's popularity; *brood goed ~* bake bread thoroughly.

**uit·ba·klei** *uitge=* fight out; *dit ~ (met iem.)* fight it out (with s.o.).

**uit·ban** *uitge=* banish, expel, exile. **uit·ban·ning** *=nings, =ninge* banishment, expulsion.

**uit·bars** *uitge=* burst/break out, explode; flare up, erupt; *(a volcano)* erupt; *(an oil or a gas well)* blow out; *in ... ~* burst into ... *(flames etc.);* explode with ... *(rage);* fly into ... *(a fury, passion, rage); ~ van die lag* burst out laughing. **uit·bars·ting** *=tings, =tinge* eruption, explosion; blowout *(of a tyre, from an oil or a gas well);* outbreak, outburst; flare-up; *tot ~ kom, (fig.)* boil over; come to a head.

**uit·ba·suin** *uitge=* trumpet/blazon forth, noise abroad, broadcast; boom out; *dit/iets ~, (also)* shout it/s.t. from the rooftops.

**uit·beeld** *uitge=* portray, picture, depict, delineate, render, feature; act out *(a story); 'n rol ~* perform/render a role; *... in woorde ~* portray ... in words. **uit·beel·ding** *=dings, =dinge* portrayal, depiction, delineation, rendering, representation, performance, presentation, figuration.

**uit·bei·tel** *uitge=* chisel (out), gouge, grave, sculpture, carve (out).

**uit·be·stee** *het ~* subcontract, contract out, farm/give/put out *(on contract),* outsource *(work etc.).* **uit·be·ste·ding** *=dings, =dinge* subcontracting, contracting out, farming out *(on contract),* outsourcing *(of work etc.).*

**uit·be·taal** *het ~* pay out/over/down/off; cash; *weier om 'n tjek uit te betaal* dishonour (or refuse payment on) a cheque, *(infml.)* bounce a cheque. **uit·be·ta·ling** *=lings, =linge* payment, disbursement, payout, pay-off, settlement.

**uit·blaas** *uitge=* blow out, emit; fuse; take a breather; *'n kers ~* blow out (or extinguish) a candle.

**uit·bla·ker** *uitge=, (infml.)* blurt/babble out *(a secret etc.); alles ~* let the cat out of the bag, *(infml.)* give the game/show away; tell the world.

**uit·bleik** *uitge=* bleach; fade.

**uit·blêr** *uitge=, (infml.)* bleat/blurt out; *(a rad.)* blare (out).

**uit·blink** *uitge=* stand out, shine, excel; *in iets ~* excel at/in s.t., be great at s.t.; ~ *bo iem./iets* eclipse/outshine/outstrip/ overshadow s.o./s.t.. **uit·blin·ker** *-kers* outstanding person, achiever, succeeder, *(infml.)* star, *(sl.)* crack; *'n ~ in ... wees* excel in (or be an ace at) ..., *(infml.)* be a whiz(z) at ... *(maths etc.).*

**uit·bloei¹** *uitge-* bleed out, haemorrhage; drain.

**uit·bloei²** *uitge-, (esp. fig.)* blossom, flower, flourish.

**uit·blok** *uitge-* block out; measure out in blocks; separate into blocks; lay out in blocks.

**uit·bly** *uitge-* stay away; delay, tarry, fail to come; stand down; be overdue; be wanting; *laat ~* stay out late; keep late hours.

**uit·boen·der** *uitge-, (infml.)* bundle/fling/drive/force/chuck out, expel, throw out neck and crop.

**uit·boer** *uitge-* fail in farming, be forced off the land; become bankrupt, come to the end of one's resources; *(fig.)* lose favour.

**uit·bof** *uitge-, (baseball)* strike out.

**uit·bol** *uitge-* puff out, bulge, flare, billow. **uit·bol·ling** bulge, bulging (out).

**uit·boor** *uitge-* bore out; drill out; bore *(cylinders)*; ream.

**uit·bor·rel** *uitge-* bubble out/up; pile out, rush out.

**uit·bor·sel** *uitge-* brush out, dust; fluff out; *iem. se baadjie vir hom/haar ~, (fig.)* give s.o. a good scolding/hiding.

**uit·bot** *uitge-* bud (forth), shoot, sprout, bloom; flush.

**uit·bou** *uitge-* enlarge, extend, build on/out; develop, round out, elaborate, consolidate. **uit·bou·ing** enlargement, extension, elaboration. **uit·bou·sel** *-sels* bay; projection, jut.

**uit·boul** *uitge-, (cr.)* bowl (out), dismiss.

**uit·braai** *uitge-* roast out; fry out; melt down/out, render *(fat).*

**uit·braak¹** *-brake, n.* escape *(from a prison)*, breaking out, prison-breaking.

**uit·braak²** *uitge-, vb.* vomit (out), belch forth, disgorge. **uit·bra·king** regurgitation.

**uit·brand** *uitge-* burn out; cauterise; deflagrate; burn up/ away; *(elec.)* blow (out), fuse; *die huis het uitgebrand* the house was gutted by fire; *die vuur het uitgebrand* the fire burnt/ burned itself out. **uit·bran·der** *-ders, (infml.)* scolding, dressing-down, telling-off, slating; *iem. 'n ~ gee* scold s.o., give s.o. a piece of one's mind. **uit·bran·ding** *-dings* cauterisation *(of a wound)*, cautery; burnout.

**uit·breek** *n.: by die ~ van die oorlog* at the outbreak of (the) war. **uit·breek** *uitge-, vb., (war, disease)* break out; erupt, burst out; sally forth; *(tr.)* quarry *(stone)*; *toe die oorlog ~* at the outbreak of (the) war. **uit·bre·ker** *-kers* escaper. **uit·bre·king** *-kings, -kinge* outbreak *(of a disease)*; eruption; → UITBRAAK¹ *n..*

**uit·brei** *uitge-* spread, open, enlarge, extend, widen; augment, amplify; *iets na 'n gebied ~* extend s.t. to (or expand s.t. into) an area *(a service etc.)*; *die stad brei uit* the city is expanding. **uit·brei·baar** *-bare, (comm.)* expandable. **uit·brei·ding** *-dings, -dinge* extension, expansion; development; propagation.

**uit·brei·dings-: ~bord, ~kaart** *(comp.)* expansion board/card. **~gleuf** *(comp.)* expansion slot. **~koste** development costs. **~kursus** extension course.

**uit·bring** *uitge-* bring out, utter, disclose, reveal; publish, issue, bring out *(a book)*; deliver; *jou stem ~ op/vir ...* vote for ... *(a candidate)*; *iets stotterend ~* stutter out s.t..

**uit·broei** *uitge-* hatch, incubate *(eggs)*; hatch, brew up *(plans etc.)*; concoct *(evil designs)*; breed, spawn. **uit·broei·ing** hatching; incubation.

**uit·brul** *uitge-* roar out.

**uit·buig** *uitge-* bend outwards, bulge; *(a tyre)* flex; deflect. **uit·bui·ging** bulge; flexion *(of a tyre).*

**uit·buit** *uitge-* exploit; make the most of, take advantage of, trade on. **uit·bui·ter** *-ters* exploiter. **uit·bui·ting** exploitation; advantageous use *(of an opportunity).*

**uit·bul·der** *uitge-* bellow, rave, roar out, bawl (out), vociferate.

**uit·bult** *uitge-* bulge, hunch out. **uit·bul·ting** *-tings, -tinge* bulge; swell(ing).

**uit·bun·dig** *-dige, adj.* enthusiastic, exuberant; boisterous, uninhibited, outgoing, breezy, roistering, rip-roaring, uproarious. **uit·bun·dig** *adv.* exuberantly, boisterously. **uit·bun·dig·heid** exuberance, effusiveness, boisterousness, high spirits.

**uit·daag** *uitge-* challenge; dare, defy, provoke, call out, throw down the gauntlet; beard; *almal ~* take on all comers; *iem. tot 'n geveg ~* challenge s.o. to a fight. **~beker** challenge cup. **~ronde** challenge round. **uit·da·gend** *-gende, adj.* challenging, defiant, defying, provocative, provoking. **uit·da·gend** *adv.* defiantly, provocatively, provokingly. **uit·da·ger** *-gers* challenger, defier. **uit·da·ging** *-gings, -ginge* challenge, provocation, dare; *'n ~ aanneem/aanvaar* accept a challenge; *'n ~ die hoof bied* meet a challenge; *'n ~ tot iem. rig* issue a challenge to s.o.; fling down a challenge to s.o.; *iets is vir iem. 'n ~* s.t. is a challenge to s.o..

**uit·damp** *uitge-* evaporate; exhale; air; transpire. **uit·dam·ping** evaporation; exhalation; airing; effluvium.

**uit·deel** *uitge-* deal/dole/hand/measure/mete/serve/dish out, dispense, distribute; *iets aan iem. ~* distribute s.t. (or farm s.t. out) to s.o.; *lof/straf/ens. ~* mete out praise/punishment/etc.; *iets onder ... ~* distribute s.t. among ...; share out s.t. among ...; *pryse ~, (also)* present prizes. **uit·de·ler** *-lers* dispenser, distributor, sharer; dealer *(at cards)*. **uit·de·le·ry** share-out, handout. **uit·de·ling** distribution; dole; dividend.

**uit·delf, uit·del·we** *uitge-* dig out, dig up, excavate.

**uit·delg** *uitge-* destroy, exterminate, massacre, wipe from/ off the face of the earth. **uit·del·ging** destruction, extermination, extinction.

**uit·dien** *uitge-* last *(its time)*; serve *(its purpose etc.)*. **uit·die·ning** completion of term of office.

**uit·diens·stel·ling** retrenchment.

**uit·diens·tre·ding, uit·diens·tre·de** retirement.

**uit·diep** *uitge-* deepen; excavate.

**uit·dink** *uitge-* contrive, devise, invent, think out/up, conceive, coin.

**uit·doof** *uitge-* extinguish, put out, damp, quench; fade (out). **uit·do·wing** *(rad., TV, films)* fade-out; *(rad.)* wipe-out *(of another rad. signal).*

**uit·dop** *uitge-* shell *(peas etc.)*, husk, hull, pod, shuck.

**uit·dor** *uitge-* dry up/out, wither, shrivel (up); desiccate.

**uit·dors** *uitge-* thresh (out).

**uit·dos** *uitge-* array, attire, deck out, dress up, trim out, trick out, garb, tog up, doll up; *jou ~* put on one's finest (array), deck o.s. out; *jou ~ in ...* attire o.s. in ..., rig o.s. out in ...

**uit·dra** *uitge-* carry out *(a corpse etc.)*; wear out *(clothes)*; propagate *(a belief etc.)*; spread *(the news, message, etc.)*; *(bookk.)* extend *(figures)*. **uit·drag** *(bookk.)* extension.

**uit·draai** *uitge-* turn aside/off; turn out; shuffle/twist/worm/ wriggle out of, evade; *jou uit ... draai* wiggle/wriggle out of ... *(infml.)*; *na ... ~* turn out for ... *(a place off a highway etc.)*; *dit het op ... uitgedraai* it ended in (or came to) ...; *op niks ~, (also)* fizzle/peter out. **~pad** side road, branch road; road branching off *(or turning aside)*; crossroad; parting *(of the roads)*. **~plek** turning, turnoff.

**uit·draf** *uitge-* canter out; *vir 'n span ~, (sport)* turn out for a team.

**uit·drink** *uitge-* empty, finish, drink up; *jou loon/ens. ~* squander one's earnings/etc. on drink, drink one's earnings/etc. (away).

**uit·droog** *vb. (intr.)* dry up, run dry, become parched/shrivelled; *(infml.: a drug addict, an alcoholic)* dry out; *(tr.)* desiccate; wring out *(clothes)*. **uit·dro·ging** drying up; (de)siccation; calcination; *(med.)* xerosis.

**uit·druk** =drukke, n., (comp.) printout, hard copy. **uit·druk** uitge=, vb. press/squeeze out; displace, oust, crowd out; couch, express, put (in words), utter, enunciate; signify; supplant; die algemene gevoel ~ voice the general sentiment; iets dui= delik ~ put s.t. clearly; jou duidelik ~ make o.s. clear; iets goed ~ put s.t. well; jou goed/sleg ~ express o.s. well/badly; hoe sal ek dit ~? how shall I put it?; jou kras/skerp ~ use strong language; iets sag/sterk ~ put s.t. mildly/strongly; iets sagter ~ tone down s.t.; om dit so uit te druk so to speak. **uit·druk·baar**, **uit·druk·baar** =bare expressible; that can be squeezed out. **uit·druk·king** =kings, =kinge expression (also of a face); idiom, locution, phrase, term, wording, turn of speech; aan iets ~ gee express s.t., give expression/utterance to s.t.; be expressive of s.t.; sonder ~ expressionless, stony-faced; 'n vaste ~ a set phrase; iets vind (of kom tot) ~ in ... s.t. finds expression in ... **uit·druk·king·loos** =lose expressionless, inexpressive, emotionless, blank, vacuous, deadpan, stony-faced.

**uit·druk·kings=**: ~vermoë expressiveness, power of expres= sion. ~vol expressive. ~wyse phraseology, mode of expres= sion, form of words, parlance, turn of phrase.

**uit·druk·lik** =like, adj. definite, emphatic, explicit, express, specific, positive, categorical, direct; ~e bevel positive com= mand; op die ~e voorwaarde dat ... on the distinct under= standing that ...; ~e wens expressed wish. **uit·druk·lik** adv. definitely, emphatically, explicitly, categorically; expressly, specifically, positively; by name; in so many words. **uit·druk· lik·heid** explicitness, specificness.

**uit·dryf**, **uit·dry·we** uitge= cast/drive out, dislodge, oust, ostracise, dispossess, expel; exorcise (evil spirits). **uit·dry· wing** casting out, exorcism; expulsion; extrusion; dispos= session.

**uit·duik** uitge= dive for (abalone etc.).

**uit·dun** =dunne, n., (athl.) heat. **uit·dun** uitge=, vb. thin (out), eliminate, single out; deplete; cull, weed out; decimate; pluck (eyebrows). ~wedloop heat. ~wedstryd eliminating contest/ match, preliminary/knockout trial, heat.

**uit·dun·ning** thinning (out), elimination; heat(s).

**uit·dy** uitge= swell; expand; bulge. **uit·dy·ing** expansion; bulge.

**uit·een** adj. & adv. apart, asunder. ~dryf, ~drywe uiteenge=, vb. (tr.) break up, disperse, scatter; (former close friends etc.) grow apart. ~gaan uiteenge= break up, disperse, part, sepa= rate, disband. ~hou uiteenge= keep apart; distinguish between. ~ja(ag) uiteenge= break up, disperse, scatter. ~loop →UIT= EENLOOP. ~sit →UITEENSIT. ~skeur uiteenge= tear/rip apart, rend asunder; disrupt. ~skeuring tearing apart; disruption. ~spat uiteenge= break up, burst (asunder), go to pieces, ex= plode, disintegrate. ~val uiteenge= disintegrate, fall apart (or to pieces), break/crack up, come apart. ~vlieg uiteenge= fly apart (or to pieces), scatter, tumble to pieces, blow up. ~vloei uiteenge= flow apart, diverge. ~vloeiing divergence.

**uit·een·loop** uiteenge= diverge, vary. **uit·een·lo·pend**, **uit· een·lo·pend** =pende dissimilar, divergent, variable, diverse, different, contrasting, disparate; unconformable; discrepant, discordant; multifarious; motley; spreading; heterogeneous; dit is taamlik ~ it varies considerably. **uit·een·lo·pend·heid**, **uit·een·lo·pend·heid** dissimilarity, difference, divergence, disparity, variation, diversity; ~ van karakter incompatibility of character.

**uit·een·sit** uiteenge= explain, expound, enunciate, set out, state. **uit·een·set·ter** =ters exponent. **uit·een·set·ting** =tings, =tinge explanation, exposition, exposé; 'n ~ van iets gee give an explanation of s.t.; set forth s.t..

**uit·eet** uitgeëet eat out (of a shell, skin, etc.); eat out (at a res= taurant).

**uit·ein·de** end, extremity, tip; terminal; finality; upshot; end result; (poet., liter.) death; 'n nare ~ hê come to a bad end, (infml.) meet (with) a sticky end; die ~ was dat ... the upshot

of it all was that ...; wat was die ~?, (also) what came of it?. **uit·ein·de·lik** =like, adj. ultimate, extreme. **uit·ein·de·lik** adv. at last, finally, ultimately, eventually, in the end, in the final analysis.

**ui·ter, uit** ge= utter, express, voice; vocalise; 'n mening ~ voice an opinion.

**ui·ter·aard** naturally, by (its) nature, in/by/from the nature of the case, in the nature of things, inevitably; ~ kan iem. nie daar bestaan nie it stands to reason that s.o. cannot live there.

**ui·ter·lik** =like, adj. apparent, external, outward; ~e vertoon window-dressing. **ui·ter·lik** adv. apparently, externally, outwardly; at the latest/utmost; at the outside; at furthest. **ui·ter·li·ke** n. aspect, (personal) appearance, outside, exte= rior, looks, similitude; habit. **ui·ter·lik·heid** exterior; exter= nals, appearance; superficiality, exteriority.

**ui·ter·ma·te** exceedingly, excessively, extremely, uncom= monly, very, unduly, beyond measure. **ui·ter·ma·tig** =tige extreme, excessive, undue.

**ui·ters** adv. utterly, extremely, in the extreme, exceedingly, acutely, supremely, very; excruciatingly (painful, dull, etc.); highly (gifted, qualified, successful, surprised, complex, etc.); exquisitely (detailed); abominably (rude); to the last degree; at the latest/utmost.

**ui·ter·ste** =stes, n. extreme, extremity, limit, utter(most), death; iem. tot die ~ (aan)dryf push s.o. to the limit; jou ~ doen do one's utmost, do/try one's very best; van die een ~ na die ander from one extreme to the other; tot die ~ gaan go the limit; tot die ~ toe gebring word be driven to extremes; jou tot die ~ inspan push o.s. to the limit; tot ~s (oor)gaan go to extremes; be extreme; op jou ~ dying; tot die ~ to the limit; to the utmost; in ~s verval go to extremes. **ui·ter· ste** adj. extreme, farthest, last, outermost, outside; utmost, utter.

**uit·foe·ter** uitge=, (infml.) fall out of; chuck out; beat, thrash, lick, give a hiding.

**uit·gaan** uitge= go out; go forth; go/get about; (light) fail; (light, fire, cigarette, etc.) go out, expire; by die agterdeur ~, (also fig.) leave by/through the back door; by 'n kamer ~ leave (or go out of) a room; die deur gaan in die gang uit the door opens into the passage; met iem. ~ go out with s.o.; take s.o. out; op 'n klinker ~, (a word) end/terminate in a vowel; die deur gaan op die stoep uit the door opens onto the stoep; stilletjies ~, (s.o.) slip/steal out; iets gaan van ... uit s.t. ema= nates from ...; s.t. originates from/with ...; van iets ~ start out from s.t., proceed on s.t. (an assumption etc.); take one's stand on s.t. (a principle etc.). **uit·gaan·de** outgoing (presi= dent, model, etc.); outward (mail); outbound, outward bound (ship); outgoing (tide); outgoing, extrovert (personality); ~ van die veronderstelling dat ... proceeding on the assumption that ... **uit·gaan·kle·re** Sunday best. **uit·ga·ne·ry** (infml.) going out; gallivanting.

**uit·galm** uitge= peal out/forth; bellow/boom/belt out.

**uit·gang** =gange exit, outlet, way out; egress; issue; ending; termination (of a word); egression.

**uit·gangs=**: ~hoogte datum level. ~lyn datum/starting line. ~punt point of departure, starting point, basis; fixed point; (point of) reference; base, datum (point); (method of) ap= proach; premise; met die ~ dat ... on the basis that ... ~wond exit wound.

**uit·ga·we** =wes costs, expenditure, expense, outlay; edition (of a book), publication; release; issue (of a paper, periodical); ~ aan ... expenditure on ...; ou ~ back copy (of a newspaper etc.); ou ~s, (also) backfile.

**uit·ge·bak** =bakte, adj., (lit.) thoroughly baked; (pred., infml.) out of favour; ~ wees by ..., (infml.) fall into disfavour with ...

**uit·ge·braai·de vet**, **braai·vet** dripping.

**uit·ge·brag·te stem·me** votes cast; →UITBRING.

**uit·ge·brand** =brande burnt/burned out; 'n ~e atleet/dig=

**ter/ens.** a burnt-/burned-out athlete/poet/etc.; *~e steen=
kool* slag; *~e vulkaan* extinct volcano; *~e vuurhoutjie* spent
match.

**uit·ge·brei(d)** *=breide =breider =breidste, adj.* broad, compre=
hensive, extensive, vast, wide, large-scale, elaborate; *~breide
gesin, (sociol.)* extended family; *~breide vriendekring* large
circle of friends. **uit·ge·breid** *adv.* extensively, widely, elab=
orately; *~ lees* read widely.

**uit·ge·buit** *=buite* exploited.

**uit·ge·dien(d)** *=diende* useless, worn out; obsolete, (out)=
dated, outmoded, fossilised, *(infml.)* untrendy; time-expired;
trite; *iem. is ~* s.o. has had his/her day, s.o.'s time is past; *iets
is ~* s.t. has served its purpose (*or* become obsolete *or* had
its day), s.t. is played out (*or, infml.* is past its sell-by date);
*'n ~diende teorie* an exploded theory.

**uit·ge·doof** *=doofde* extinguished; *~de vulkaan* extinct vol=
cano.

**uit·ge·dos** *=doste, (infml.)* dressed up to the nines, togged
up; *in ... ~* arrayed/attired (*or* decked/rigged out) in ...

**uit·ge·droog** *=droogde* dried out; parched; desiccated; de=
hydrated.

**uit·ge·druk** *=drukte* expressed; exact; *iets word as ... ~* s.t. is
expressed as ...; *~te metaal* extruded metal; *in eenvoudige
taal ~* conceived in plain terms.

**uit·ge·dun** *=dunde* depleted; *~de personeel* skeleton staff.

**uit·ge·gee** *uitge=* spend *(money)*; publish; edit; release *(informa=
tion, a report, CD, etc.)*; bring/get/put out; hand out; pass
(out) *(a ball)*; distribute *(food)*; deal *(cards)*; *(jur.)* utter, pass;
effuse; emit; →UITGEWER, UITGEWERY; *geld aan iets ~* spend
money on s.t.; *jou vir 'n ... ~* give o.s. out (*or* describe/rep=
resent o.s. *or* pose) as a ..., profess to be a ...; *uitgegee word*
appear in print. **uit·ge·ër** *=geërs* dealer *(of cards)*; *(rugby)* dis=
tributor (of the ball).

**uit·ge·groei(d)** *=groeide* fully grown, full-grown, mature, full-
fledged, -blown.

**uit·ge·hol** *=holde* recessed, hollow.

**uit·ge·hon·ger(d)** *=gerde* famished, ravenous; underfed, fam=
ishing, famished, starving.

**uit·ge·knip** *=knipte* cut *(pattern)*; exact; *... ~ wees, (infml.)* be
the spitting/very image of ... *(one's father, mother, etc.)*; *~ om
..., (infml.)* cut out to ... (*be a teacher etc.*); *~ vir ..., (infml.)*
cut out for ... (*a teacher, one another, etc.*); the best/very per=
son for ... *(a post)*.

**uit·ge·kui·er** *adj. (pred.), (infml.)*: *iem. is ~* s.o. has stayed
long enough (*or* too long); s.o. has had enough *(of s.t.)*; *~
vir iets* satiated with s.t.; tired of (*or* bored with) s.t.; dis=
gusted/annoyed (*or* fed up) with s.t..

**uit·ge·la·te** *~ =latener =latenste* (of *meer ~ die mees ~*) elated,
exuberant, joyful, uninhibited; in high spirits; *~ oor ...* elated
at ...; *~ van ...* flushed with ... *(joy etc)*; brimming/bubbling
over with ... *(excitement etc.)*. **uit·ge·la·ten·heid** elation; exu=
berance, effusiveness; joy(fulness); high spirits.

**uit·ge·lê** *=gelegde* laid/set out; elucidated, explained, expound=
ed, interpreted.

**uit·ge·le·se** *adj. (attr.)* choice, exquisite, select, (hand-)picked.
**uit·ge·le·sen·heid** choiceness; exquisiteness; selectness; ex=
cellence.

**uit·ge·le·wer** *=werde* delivered, surrendered; extradited; *aan
(die genade van) ... ~* at the mercy of ...

**uit·ge·lig** *=ligte* lifted out; highlighted, singled out.

**uit·ge·loop** *=loopte* sprouting, sprouted; *(cr.)* run out.

**uit·ge·maak** *=maakte* established, settled; *iets as ~ beskou*
take s.t. for granted.

**uit·ge·mer·gel(d)** *=gelde* emaciated; burnt/burned out, worn
to a frazzle.

**uit·ge·pluis** *=pluisde* unravelled, sorted out *(complexities)*;
teased *(rope)*.

**uit·ge·praat** *adj. (pred.)* finished with what one had to say;
have no more to say; *iem. is ~, (also)* s.o. has shot his/her bolt;
*iets waaroor ('n) mens nie ~ raak nie* s.t. one can't stop talk=
ing about, a subject of which one never tires.

**uit·ge·put** *=putte* exhausted, dead tired, (dead) beat, jaded,
tired out, spent, worn to a frazzle; impoverished *(soil)*.

**uit·ge·ra·fel(d)** *=felde* frayed, worn, ravelled; *(bot.)* fringed,
fimbriated.

**uit·ge·rek** *=rekte* drawn-out, drawn (out); stretched out; *ten
volle ~* fully extended; *taamlik ~* of some length.

**uit·ge·rus¹** *=ruste* rested; *goed/heeltemal ~* well/quite rested.

**uit·ge·rus²** *=ruste* equipped, fitted out; *met ... ~* kitted out
with ...

**uit·ge·rys** *=rysde* fully risen *(bread, cake, etc.)*.

**uit·ge·sak** *=sakte* saggy; *(infml.)* down and out.

**uit·ge·sels:** *~ raak* run out of conversation.

**uit·ge·set** *=sette* banished, expelled.

**uit·ge·sit** *=sitte* expanded, enlarged, inflated.

**uit·ge·ska·kel** *=kelde* eliminated.

**uit·ge·skop** *=skopte* kicked out; expelled; kicked off *(shoes)*;
*die deur is ~* the door was kicked down; *~ word, (also, fig.)*
walk the plank.

**uit·ge·skryf** *=skryfde* written/copied out; *~ wees, (a writer,
poet, etc.)* be (all) written out, have nothing left/more to
write/say. **uit·ge·skre·we** *adj. (attr.)* written out.

**uit·ge·slaan** *=slaande* beaten out; knocked out; hammered
out; *~ wees, (also)* have a rash, come out in spots.

**uit·ge·slaap** *adj. (pred.)* (wide) awake, refreshed, *(infml.)*
done sleeping. **uit·ge·sla·pe** *~ meer ~ die mees ~* astute,
crafty, knowing, sly, shrewd, wide awake. **uit·ge·sla·pen·
heid** shrewdness, slyness.

**uit·ge·sluit** *=sluite* excluded, barred; *van iets ~, (also)* be
debarred from s.t. *(a profession etc.)*. **uit·ge·slo·te** excluded,
barred; out of the question, not to be thought of, out; *dit is
~* that is ruled out.

**uit·ge·slyt** *=slyte* worn-out, threadbare.

**uit·ge·sny** *=snyde* cut out; slotted.

**uit·ge·soek** *=soekte* (hand-)picked, select, elect, exquisite,
choice.

**uit·ge·son·der(d)** *prep.* bar(ring), except(ing), excluding,
with the exception of, save.

**uit·ge·sprei(d)** *=spreide* spread out, outspread; diffuse; ef=
fuse; *~spreide vlerke* (wide)spreading wings.

**uit·ge·spro·ke¹** *~* expressed, uttered, stated, declared, ex=
plicit; *(phon.)* pronounced *(letter etc.)*; →UITSPREEK.

**uit·ge·spro·ke²** *~ =kener =kenste* (of *meer ~ die mees ~*) out=
spoken, bold of speech. **uit·ge·spro·ken·heid** outspoken=
ness, forthrightness.

**uit·ge·stel(d)** *=stelde* postponed; on hold; deferred *(compen=
sation, taxation, etc.)*.

**uit·ge·stor·we** extinct *(animal/plant species)*; deserted *(town)*;
→UITSTERF.

**uit·ge·strek** *=strekte =strekter =strekste* (of *meer ~ die mees
=strekte*) extensive, large, vast, spacious, spac(e)y; sprawling,
prone; straggling; outspread, outstretched; *lank ~* fully ex=
tended; *~ (gaan) lê* sprawl out; *~ lê/wees* be sprawled out;
*volledig ~* at full stretch. **uit·ge·strekt·heid** extensiveness;
expanse, extent, reach, stretch, sweep; spaciousness, vast=
ness.

**uit·ge·teer(d)** *=teerde* emaciated, wasted, skeletal, gaunt, raw-
boned; *(med.)* cachectic.

**uit·ge·trap** *=trapte* worn, threadbare; *erg ~, (a carpet etc.)*
badly worn.

**uit·ge·tre·de** *adj. (attr.)* retired. **uit·ge·tre·de·ne** *=nes, n.* re=
tired person, retiree.

**uit·ge·trek** *=trekte* undressed; stripped; extracted.

**uit·ge·vat** *-vatte* dressed/dolled up; *fyn* ~ well groomed; *in* ... ~ arrayed/attired (*or* decked/rigged out) in ...

**uit·ge·vreet** *-vrete, (infml.)* big and strong, grown-up, full-sized; oversized, overfed.

**uit·ge·we·ke** *adj. (attr.)* exiled, expatriate, refugee; emigrant; →UITWYK. **uit·ge·we·ke·ne** *-nes, n.* expatriate, exile, refugee; displaced person; emigrant, émigré.

**uit·ge·wer** *-wers* publisher; issuer; editor (*of a text*); →UITGEE.

**uit·ge·werk** *-werkte* detailed, elaborate(d); exhausted; flat (*beer*); extinct (*volcano*).

**uit·ge·wers**: ~**bedryf** publishing trade/business. ~**maat·skappy** publishing business/company/firm/house. ~**naam** (publisher's) imprint.

**uit·ge·we·ry, uit·ge·we·ry** publishing business/company/firm/house.

**uit·ge·wis** *-wiste* erased, deleted; exterminated.

**uit·ge·wor·pe** ~, *adj.* outcast, cast out; →UITWERP. **uit·ge·wor·pe·ne** *-nes, n.* outcast, pariah; outcaste (*in Hind. society*).

**uit·giet** *uitge-* empty, pour/tip out; effuse; diffuse; *iets in ...* ~ pour s.t. into ...; *iets oor ...* ~ pour s.t. over ...

**uit·gif·te** *-tes* flotation (*of a loan*); issue (*of shares, stamps, etc.*); issuance; release; emission; (*jur.*) uttering; *by* ~ on issue; ~ *van obligasies* bond issue.

**uit·gil** *uitge-* scream, yell, shriek out; shrill; ~ *van die pyn* yell with pain.

**uit·glip** *uitge-* slip (out); (*pathol.*) prolapse; *iets laat* ~ let s.t. slip (*a secret etc.*).

**uit·gloei** *uitge-* burn off; anneal, temper (*steel*); scale (*a gun*); flame (*an instr.*).

**uit·gly** *uitge-* slide/slip (out); (*mot.*) skid.

**uit·gooi** *uitge-* eject; throw/toss out; empty; spill; pour (out), tip out; weed out, cull; *iem./iets by die deur* ~ throw s.o./s.t. out of the door. ~**tafel** bargain counter.

**uit·gra·we** dig out/up, grub out/up, uproot; excavate; unearth; undermine, quarry, tunnel. **uit·gra·wer** excavator. **uit·gra·wing** *-wings, -winge* excavation; dugout.

**uit·groei** *uitge-* develop, fill out, grow; outgrow, overwear; mature; (*hair*) grow out. **uit·groei·sel** *-sels* outgrowth, protuberance, excrescence.

**uit·guts** *uitge-* gouge (out).

**uit·haak** *uitge-* hook out; (*rugby*) heel; unship, unlink, unhitch, unhinge; trip (*an anchor*).

**uit·haal** *n., (baseball)* strikeout. **uit·haal** *uitge-, vb.* draw/pull/take out; root out; extract; remove; turn out; clean out; spurt; (*biol., surg.*) enucleate; lift (*potatoes, corns*); remove (*a stain*); (*cr.*) dismiss, put out; **(alles)** ~ go all/full out, exert o.s., do one's utmost, extend o.s. to the utmost; *iets laat* ~ have s.t. out (*one's tonsils etc.*); *iets op ...* ~ work s.t. off on ...; *waarom dit op hom/haar* ~? why pick on him/her?; *wat het iem. nou weer uitgehaal?* what has s.o. been up to now?, what is his/her latest?. ~**seksie** pull-out (*in a magazine*).

**uit·ha·ler** showy/smart/crack person/animal, ace, crack(ajack), crackerjack, dab (hand). ~**diens** top-class service. ~**speler** crack player, ace.

**uit·ham** *-hamme* spit (of land).

**uit·ha·mer** *uitge-* beat out; hammer/pound out (*a letter etc.*); draw out/down (*metal*).

**uit·hang** *uitge-* hang out; (*infml.*) play (*a part*); (*infml.*) cut a dash, make a splash, put one's best foot forward, swell it. ~**bord** *-borde* signboard, swing sign; (*in the pl., also*) signage. **uit·han·gen·de** *adj. (attr.)* protruding, hanging/popping/sticking out, pendent.

**uit·hap** *uitge-* bite out; chip.

**uit·hard·loop** *uitge-* run/rush out; outrun, outpace, outdistance, have the heel of; *onder iem.* ~ run/pull away from s.o.; *skoon onder iem.* ~ show s.o. a clean pair of heels (*infml.*).

**uit·hark** *uitge-* rake out/up; (*fig.*) comb out.

**uit·heems** *-heemse meer* ~ *die mees -heemse* foreign, exotic; outlandish, (*infml.*) funky; strange; peregrine; ~*e dier/plant* exotic animal/plant; ~*e plantegroei* alien vegetation. **uit·heems·heid** novelty; outlandishness, rarity, strangeness; foreignness.

**uit·help** *uitge-* help out (*of*), rescue; disembarrass; disembroil. **uit·hel·per** rescuer.

**uit·hoek** *-hoeke* out-of-the-way place, remote corner, outlying district; (*in the pl., also*) outskirts; *die* ~*e van die aarde* the four corners of the earth; *in 'n* ~, (*infml.*) in the middle of nowhere, miles from nowhere.

**uit·hoes** *uitge-* cough up/out, expectorate.

**uit·hol¹** *uitge-* cut/dig/hollow/scoop out, excavate; recess, concave; tunnel, gouge, mole. **uit·hol·ler** *-lers* excavator; gouge. **uit·hol·ling** *-lings, -linge* hollow(ing), depression; recess; excavation, corrosion.

**uit·hol²** *uitge-, (infml.)* run/dash out; outrun, outdistance.

**uit·hon·ger** *uitge-* famish, starve (out).

**uit·hoor** *uitge-* draw, pump, tap, sound (out) (*s.o.*); hear out (*s.o.*).

**uit·hou** *uitge-* bear, suffer, stand, stick, sustain, endure; hold back/out, exclude, reserve; *dit* ~ stand it (*or* the strain), hang on, last, bear up, grin and bear it; *jou uit ... (uit)hou* stay out of ... (*other people's quarrels etc.*); ~ **teen** ... bear up against ...; *'n tyd vir ...* ~ set aside a time for ... ~**toets** endurance test. ~**vermoë** endurance, stamina, staying power; *iem. met* ~ a stayer. ~**wedloop** (*athl.*) endurance race. ~**(wed)ren** (*car racing*) endurance race.

**uit·huil** *uitge-*: *jou (lekker)* ~, (*infml.*) have a good cry; *jou oë* ~, (*infml.*) weep oceans of tears.

**uit·hui·sig** *-sige* not at home, away; seldom at home. **uit·hui·sig·heid** absence from home.

**uit·hys** *uitge-* hoist/lift out.

**ui·ting** *-tings, -tinge* expression, utterance; *aan iets* ~ *gee* give expression/utterance to s.t.; ~ *gee aan jou gevoel/verontwaardiging* give vent to one's feelings/indignation.

**uit·ja(ag)** *uitge-* drive out, expel, chase out/off, flush (out) (*game etc.*), turn out.

**uit·jou** *uitge-* boo, hoot, jeer (at). **uit·jou·e·ry** booing, hooting.

**uit·kaf** *uitge-* eliminate, weed out (*inferior elements*).

**uit·kal·we(r)** *uitge-, vb. (tr.)* hollow/wash out (*banks of a river*), erode, undermine, undercut; (*intr.*) cave (in). **uit·kal·wing** *-winge, -wings* undercutting, erosion, washing out.

**uit·kam** *uitge-* comb out; tease (*fibres*); tease out (*knots, tangles*); scutch (*flax*); willow (*cotton, wool*). **uit·kam·sel** *-sels* combing; (*in the pl., wool*) noil(s), combing waste.

**uit·kap** *uitge-* carve out; cut/hew out, fell; chop/hack out; grub up (*roots*); thin out (*trees*); *dit* ~, (*infml.*) let rip, let one's hair down, get down.

**uit·kar·ring** *uitge-, (infml.)* churn out (*novels etc.*).

**uit·keep** *uitge-* indent, notch, check; (*archit.*) recess; chip; chase.

**uit·keer** *uitge-* pay out, pay back; distribute; turn aside (*water in a furrow*); divert (*a stream*); head off (*cattle*); draft (*sheep*); *dividende* ~ pay (out) (*or* distribute) dividends. ~**polis** endowment policy. ~**voor** irrigation furrow, outflow. ~**wal** diversion weir.

**uit·keer·baar** *-bare* distributable; ~ *word, (a policy)* mature. **uit·keer·baar·heid** maturity.

**uit·ken** *uitge-* identify (*among a number of others*), recognise, spot. **uit·ken·ning** identification, recognition; *foutiewe* ~ (a case of) mistaken identity. **uit·ken·nings·pa·ra·de** identity/identification parade.

**uit·kerf, uit·ker·we** *uitge-* cut out, notch, carve out.

**uit·ke·ring** payment; distribution; benefit; dole. **uit·ke·rings= fonds** endowment fund; benevolent fund.

**uit·kies** *uitge=* choose, pick (out), select, single out, fix upon, seek out.

**uit·kla** *uitge=* pour forth *(grief etc.)*.

**uit·klaar** *uitge=* clear *(a ship etc. to unload, depart, etc.)*; resolve, settle, clear up *(an issue); iets met iem.* ~ check s.t. (out) with s.o.. **uit·kla·ring** clearance, clearing; *akte van* ~ clearance certificate. **uit·kla·rings·ha·we** port of clearance.

**uit·klim** *uitge=* climb out *(of a window)*; get out; ascend *(a hill)*.

**uit·klok** *uitge=, (workmen)* clock out; *(a skirt)* flare; *(mech.)* trip; bell.

**uit·klop** *uitge=* beat (out), dust, knock out, shake out; outplay, outfight, defeat, beat, go one better, trounce; smack, spank; *(metall.)* thrash; snarl, hammer out, planish. ~**hou** knockout blow, floorer. ~**kompetisie** knockout competition. ~**reeks** knockout series.

**uit·klou·ter** *uitge=, (infml.)* clamber out.

**uit·knik·ker** *uitge=* oust, bowl out, skittle out.

**uit·knip** *uitge=* cut out, scissor out, clip out, excise. **uit·knip= sel** *=sels* clipping, cutting, scrap.

**uit·kog·gel** *uitge=* deride, (imitate and) mock, rag, guy, cock a snook at, tease, jeer (at).

**uit·kom** *uitge=* appear, come out; emerge, show; arrive; *(a stain etc.)* disappear; *(flowers)* bud; *(eggs)* hatch; *(facts)* become known, come to light; *(predictions, dreams, etc.)* come true; materialise, eventuate; turn out; *(calculations)* work out; make ends meet; *bo* ~ reach the top; win out, win through (all difficulties); *by* ... ~ get to ..., arrive at ...; find one's way to ...; *daarby* ~ get (a)round to (doing) it; *gelyk(op)* ~ break even; *iets laat* ~ bring s.t. out; let s.t. out; set s.t. off; *iets duidelik laat* ~ emphasise s.t.; highlight s.t.; bring s.t. out in bold/full relief; *iets goed laat* ~ give prominence to s.t.; set off s.t. to advantage; *iem. kom met iets uit* s.t. is enough for s.o.'s needs; s.o. makes do with s.t.; s.o. comes out with s.t. *(the truth etc.); met R1000* ~ manage (or get by) on R1000; *kinders kom uit met die verstommendste dinge* children say the darnedest things; *dit kom op ... uit* it amounts to ...; it adds up to ...; it works out at ... *(R500 etc.); die deur kom op die portaal/ens. uit* the door opens onto (or gives access to) the hallway/etc.; *teen iets* ~ get up s.t. *(a mountain etc.); vir iem.* ~ defend s.o.; ~ *vir iets* admit s.t.; speak one's mind about s.t.; confess (to) s.t.. ~**kans** way out, way of escape.

**uit·koms** *=romste,* **uit·kom·ste** *=stes* issue, outcome, upshot, result; deliverance, godsend, life-saver, help, relief; *daar is g'n* ~ *nie* there is no way out of the difficulty. **uit·koms= ge·ba·seer·de on·der·wys** *(abbr.:* UGO) outcomes-based education *(abbr.:* OBE*).*

**uit·kon·trak·teer** *uitge=* contract out, outsource *(work etc.)*.

**uit·kook** *uitge=* boil out, extract by boiling; scald, scour. ~**sakkie** boiling bag.

**uit·koop** *n., (comm.)* buyout. **uit·koop** *uitge=, vb.* buy out/off.

**uit·kraam** *uitge=, (infml., usu. derog.)* display, parade, show off; reel off, trot out; *(fig.)* force out, produce with difficulty *(writing etc., when inspiration etc. is lacking)*.

**uit·krap** *uitge=* scrape (out), scratch out; rake out; grub up *(underbrush etc.)*; erase, delete, cross out, cancel; scratch in, inscribe, incise.

**uit·kring** *uitge=* ripple outwards; *(fig.: a scandal etc.)* spread, broaden, gather head. ~**effek** ripple effect.

**uit·kruip** *uitge=* creep/crawl out; get up *(out of bed)*.

**uit·kry** *uitge=* get out; finish; get rid of; *(cr.)* dismiss; *'n som* ~ get/work out a sum (or the answer); *'n vlek* ~ remove a stain.

**uit·kryt** *uitge=, (infml.)* cry out; belittle, disparage, run down; decry, revile.

**uit·kyk** *=kyke, n.* lookout; lookout (post); *op die* ~ *wees* look out/(a)round; *na ... op die* ~ *wees* look out (or be on the lookout) for ...; keep watch (or be on the watch or be watchful) for ... **uit·kyk** *uitge=, vb.* look out, watch, be on the lookout/watch; *ten behoewe van iem.* ~ hold a watching brief for s.o.; *na ...* ~ look out for ... *(the train etc.)*; watch (or look [out]) for ... *(an opportunity etc.); op iets* ~ look onto s.t.; look out on s.t.; look toward(s) s.t.; *die huis kyk op/oor ... uit* the house fronts on(to)/towards/upon *(or overlooks)* ...; *die huis kyk uit op die noorde* the house faces (to[wards] the) north; *voor jou* ~ look in front of one. ~**pos,** ~**punt** lookout (post), observation post, vantage point, viewpoint. ~**toring** lookout/observation tower, watchtower.

**uit·ky·ker** lookout (man).

**uit·laai** *uitge=* offload, unload; discharge; detrain; unship.

**uit·laat** *=late, n.* outlet; exhaust *(of a vehicle etc.)*, exhaust port; release. **uit·laat** *uitge=, vb.* leave out, cut (out), omit, skip; let/see/show out; let off, release; express; let drop *(a hint)*, let out *(a secret)*, divulge; overleap; discharge; *(mech.)* exhaust; miss (out); *jou aanmoedigend/ens.* ~ make encouraging/etc. noises *(infml.); jou gunstig oor ...* ~ speak well of ...; *jou oor iets* ~ pronounce up(on) s.t.. ~**druk** exhaust pressure. ~**gas** *=gasse* exhaust/escape gas; *(in the pl., also)* exhaust fumes. ~**gat** escape hole; exhaust vent. ~**kamer** flue chamber. ~**klep** exhaust/outlet valve, escape valve. ~**kraan** discharge cock, delivery cock. ~**poort** exhaust port. ~**pyp** exhaust pipe; outlet pipe. ~**slag** exhaust stroke. ~**stel= sel** exhaust system. ~**teken** *(typ.)* dele.

**uit·lag** *uitge=* laugh at, laugh to scorn, deride, ridicule; *iem. (helder)* ~ laugh in s.o.'s face.

**uit·lands** *=landse* foreign, outlandish. **uit·lan·der** *=ders* alien, foreigner, outlander, stranger. **uit·lan·dig** *=dige* abroad; alien, foreign. **uit·lan·dig·heid** absence abroad; foreignness.

**uit·lap** *uitge=, (infml.)* let/babble out, give away *(a secret); alles* ~ let the cat out of the bag, give the game/show away *(infml.); gewoonlik alles* ~ have a big mouth *(infml.)*.

**uit·la·ting** *=tings, =tinge* letting out, discharge; omission, cut; elision; ellipsis; deflation; utterance, speech, remark, statement; release. **uit·la·tings·te·ken** apostrophe.

**uit·lê** *uitge=* lay/set out; extend; elucidate, explain, expound, interpret, construe; *iets met klippe* ~ flag/pave s.t.; *'n stad* ~ plan (or lay out) a town. **uit·lê·er** *=lêers* commentator, expounder, interpreter, elucidator, exegete, expositor; architect, landscaper *(of gardens)*; planner *(of towns)*.

**uit·leef, uit·le·we** *uitge=* consume, spend; *jou* ~ live (one's life) to the full; have one's fling; realise o.s.; *jou in jou werk* ~ find fulfilment in one's job/etc..

**uit·leen** *uitge=* lend (out), loan. ~**biblioteek** lending library. ~**koers** lending rate.

**uit·lees** *uitge=* read out *(names)*. **uit·le·sing** *(comp.)* read-out.

**uit·leg** *=legte,* **uit·leg·ging** *=gings, =ginge* explanation, interpretation, construction; commentary, elucidation; exposition *(of a doctrine)*; exegesis *(of Scripture)*; layout, plan; township; *'n ~ aan iets gee* put a construction on s.t.. **uit·leg·gend** *=gende* expository; exegetic(al), hermeneutic(al). **uit·leg= kun·de** exegesis, hermeneutics. **uit·leg·kun·dig** *=dige, adj.* exegetic(al), hermeneutic(al). **uit·leg·kun·di·ge** *=ges, n.* exegete.

**uit·lei** *uitge=* lead out, usher out. **uit·lei·ding** leading out.

**uit·lek[1]** *uitge=* lick out, lick clean.

**uit·lek[2]** *uitge=* filter through, leak/ooze/filter/trickle out; transpire, become known, get/leak out; *iets laat* ~ leak s.t. (out). **uit·lek·king** leakage.

**uit·le·ner** lender, loaner. **uit·le·ne·ry** lending. **uit·le·ning** lending (out).

**uit·le·we** *uitge=* →UITLEEF.

**uit·le·wer** *uitge=* deliver, hand over, turn over, surrender;

extradite *(a criminal)*; sell out, sell down the river; *iem. aan ... ~* hand over s.o. to ..., deliver s.o. up to ... **uit·le·we·ring** delivery, surrender; extradition *(of a criminal)*; sell-out. **uit·le·we·rings·ver·drag** extradition treaty.

**uit·lig** *uitge=* lift/prise out, remove; omit, leave out, oust; highlight, spotlight, single/tease out.

**uit·lok** *uitge=* lure, tempt *(s.o.)*; elicit *(an answer)*; call forth, evoke, occasion, cause, incite, touch off, invite *(comment)*; ask for *(trouble)*, provoke, spark (off), instigate *(a quarrel)*; court *(arrest, disaster)*; challenge *(comparison)*; *(jur.)* solicit. **uit·lok·kend, uit·lok·kend** *=kende* tempting, alluring; provocative; soliciting. **uit·lok·king** *=kings, =kinge* allurement, temptation; call; invitation; provocation, incitement; challenge; soliciting.

**uit·loods** *uitge=* pilot/steer out; show out.

**uit·loof, uit·lo·we** *uitge=* offer, promise, put up *(a prize)*; *'n beloning ~* offer a reward.

**uit·loog** *uitge=* leach (out), lye wash; macerate; extract.

**uit·looi** *uitge=* tan *(leather)*; *(infml.)* beat, thrash, give a hiding, trounce.

**uit·loop** *=lope, n.* overflow, outlet; spillway; outfall; drainpipe; effluent, outflow. **uit·loop** *uitge=, vb.* go out, walk out; run/pour out; drain; bud, come out, shoot, sprout; outwalk, outdistance; *hierop ~* turn out like this; *die rivier loop in die Indiese Oseaan uit* the river runs (*or* empties [itself]) into the Indian Ocean; *op niks ~* come to nothing/naught; fizzle/peter out; *iets loop op ... uit* s.t. results in ...; s.t. culminates in ...; s.t. ends in ...; s.t. terminates in ...; *die straat loop op Kerkplein uit* the street leads to Church Square. **uit·loop·sel** *=sels* shoot, offshoot, offset; sprout; end, upshot; shank end; small stream, tributary. **uit·loop·sloot,** *=voor* overflow furrow, spillway furrow. **uit·lo·per** *=pers, (bot.)* sucker, runner; *(biol.)* stolon; offset, offshoot; *(geomorphol.)* spur *(of a mountain)*, foothill, outlier, tongue.

**uit·loot** *uitge=* draw (out); release *(bonds)*; raffle *(a prize)*. **uit·lo·ting** *=tings, =tinge* drawing *(of bonds)*; raffle.

**uit·los** *uitge=* leave (out), count out; leave alone; *los my uit!* leave me alone!.

**uit·lo·we** *uitge= →*UITLOOF. **uit·lo·wing** *=wings, =winge* offer(ing), promise, promising, putting up *(of a prize)*.

**uit·lug** *uitge=* air, ventilate.

**uit·lui** *uitge=* ring out; ring the knell of, knell.

**uit·maak** *uitge=* make out, tell; discern; decipher, make out *(writing)*; constitute, compose, form; decide, settle; decry, denounce, accuse (as), call; *iets maak deel uit van ...* s.t. forms part of ...; *iem. sal 'n goeie bestuurder/etc. ~* s.o. will make a good manager/etc.; *vyf lede maak die bestuur uit* management consists of five members; *die waarheid/ens. is moeilik om uit te maak* it is difficult to determine the truth/etc.; *iem. ~ vir al wat sleg is* call s.o. all sorts of names.

**uit·mar·sjeer** *uitge=* march/file out.

**uit·meet** *uitge=* measure off/out; dispense; *iets breed ~* exaggerate s.t..

**uit·me·kaar** *adj. & adv.* apart, asunder; *hulle is ~* they (have) parted; *die bane/ens. loop ~* the lanes/etc. diverge; *iets val ~* s.t. breaks up, s.t. disintegrates. *~gaan uitmekaarge=, (also* uitmekaar gaan*)* part company; split up, separate; *(a crowd)* disperse; *(a meeting)* adjourn. *~haal uitmekaarge=, (also* uitmekaar haal*)* take/pull apart, dismantle, disassemble, strip *(an engine etc.)*. *~hou uitmekaarge=, (also* uitmekaar hou*)* keep separate; distinguish between *(people, things)*. *~ja(ag) uitmekaarge=, (also* uitmekaar ja[ag]*)* disperse, scatter *(protesters etc.)*. *~ken uitmekaarge=, (also* uitmekaar ken*)* tell/know apart *(two people/things)*; *mense/dinge ~* know which is which. *~maak uitmekaarge=, (also* uitmekaar maak*)* separate; break up *(a fight etc.)*; *twee mense ~* come between two people, pull two people apart *(when they are fighting)*; *boksers ~, (also)* order boksers to break. *~pluk uitmekaarge=, (also* uitmekaar pluk*)*,

*(a bird)* pull apart *(its nest etc.)*. *~trek, ~skeur uitmekaarge=, (also* uitmekaar trek/skeur*), (criticise severely)* pull apart, pick/pull/take/tear to pieces, slate.

**uit·melk** *uitge=* milk dry/out, strip *(a cow)*; *(infml.)* pluck, skin *(s.o.)*.

**uit·mer·gel** *uitge=* exhaust, impoverish; grind down, squeeze dry. **uit·mer·ge·lend** *=lende* exhausting, back-breaking, gruelling, debilitating, enervating. **uit·mer·ge·ling** burnout; squeezing dry; emaciation, fleecing.

**uit·merk** *uitge=* mark out.

**uit·mid·del·pun·tig** *=tige, (math.)* eccentric; out-of-centre; off-centre.

**uit·mond** *uitge=, (chiefly geog.)* flow/discharge/debouch, empty (itself) into. **uit·mon·ding** (river) mouth, outlet, debouchment, issue.

**uit·moor** *uitge=* butcher, massacre, slaughter. **uit·moor·ding** massacre, slaughter.

**uit·munt** *uitge=* excel, surpass, stand out; *in iets ~* excel at/in s.t., be good at s.t.; be distinguished for s.t.; *iem. munt in iets uit, (also)* s.t. is s.o.'s strong point. **uit·mun·tend** *=tende* excellent, eminent, outstanding, brilliant, very good, first-rate, distinguished, superior; *~ in iets presteer* excel at/in s.t.; *'n ~e ... wees* excel as a ... **uit·mun·tend·heid** excellence, eminence.

**uit·neem** *uitge=* take out *(lit.)*; remove; withdraw; borrow *(a book from a library)*.

**uit·ne·mend** *=mende* excellent, eminent, outstanding, first-class, conspicuous. **uit·ne·mend·heid** excellence, eminence; *by ~* par excellence.

**uit·no·di·ging** *=gings, =ginge* invitation; call; *'n hartlike ~* a warm invitation; *'n ~ na ...* an invitation to ...; *op ~* by invitation; *op ~ van ...* at the invitation of ...; *'n ~ tot/aan iem. rig* extend/send an invitation to s.o.; *'n vaste ~* a standing invitation.

**uit·nooi** *uitge=* invite, request the company of; *uitgenooi word om te ...* be invited to ...; *be welcome to ... (do s.t.)*.

**uit·oe·fen** *uitge=* carry on, practise; exercise *(influence)*; follow, pursue, ply *(a profession)*; exercise, discharge *(duties)*; wield *(power)*; prosecute; use. **uit·oe·fen·baar** *=bare* exercisable. **uit·oe·fe·ning** exercise; practice, execution, discharge; pursuit; exertion.

**uit·oor·lê** *het →* outmanoeuvre, outwit, outsmart, out-think, best, circumvent, get the better of; *dis maklik om iem. te ~* s.o. is easily outwitted. **uit·oor·lê·e·ry** guile, deceit, trickery.

**uit·pak** *uitge=* unpack, uncrate; pour out, unburden *(one's heart)*, let out, disclose *(everything)*; *(infml.: fulminate)* go (in) off the deep end; *alles ~, (infml.)* unbosom/unburden o.s.; *oor iem./iets ~, (infml.)* heap criticism on s.o./s.t., go on about s.o./s.t.; *teen iem./iets ~, (infml.)* fulminate/inveigh against s.o./s.t..

**uit·palm** *uitge=* pay out *(rope)*, veer (out).

**uit·pas·seer** *uitge=, (mil.)* pass out. **uit·pas·se·rings·pa·ra·de, voor·stel·lings·pa·ra·de** passing-out parade.

**uit·pers** *uitge=* press/force/squeeze out, extrude; *sap ~ uit iets* juice s.t..

**uit·peul**[1] *uitge=* peel, shell, pod *(peas etc.)*.

**uit·peul**[2] *uitge=* bulge; *(eyes)* goggle, protrude, start from their sockets. *~oog* goggle-eye, pop-eye, protruding/bulging eye.

**uit·plaas** *uitge=* place, post, station.

**uit·plant** *uitge=* bed out, plant/prick out, transplant; transfer to new ground/surroundings.

**uit·ploeg** *uitge=* plough up, turn up.

**uit·pluis** *uitge=* sift *(evidence)*; investigate, scrutinise, canvass; sort out *(matters)*; thrash out *(a subject)*; puzzle out, unravel; follow out in detail; tease, pick *(coir)*; discuss.

**uit·pluk** *uitge=* draw forth; pick/pluck out *(feathers)*; pull up *(weeds)*; thin out *(fruit)*; draw, pull, produce *(a gun)*; whip

643

out *(a dagger etc.);* fling/slip/whip off *(a jacket etc.);* *'n mes teen iem.* ~ draw a knife on s.o..

**uit·pomp** *uitge=* pump out, draw out; pump dry; bail/bale out; exhaust; evacuate.

**uit·praat** *uitge=* finish what one has to say, talk to the end; have one's say; *jou* ~ get s.t. off one's chest *(infml.); iem. laat* ~ hear s.o. out, let s.o. have his/her say; *dit met iem.* ~ have it out with s.o. *(infml.)*.

**uit·put** *uitge=* exhaust, wear out, deplete, use up, empty, drain; jade; wear down, overwork; prostrate; debilitate; *grond* ~ overcrop/impoverish soil; *'n onderwerp* ~ exhaust a subject. **uit·put·baar** *=bare,* **uit·put·lik** *=like* exhaustible. **uit·put·tend, uit·put·tend** *=tende* exhausting, trying, fatiguing, wear(y)ing, gruelling; exhaustive. **uit·put·ting** exhaustion, prostration; enervation, debilitation; inanition; impoverishment, depletion. **uit·put·tings·oor·log** war of attrition.

**uit·raak** *uitge=* get out; *(an engagement)* be broken off; go bankrupt; go out of fashion; decline, fall off.; *iem. se gô het uitgeraak, (infml.)* s.o. lost steam; *uit suiker/ens. raak* run short of sugar/etc..

**uit·ra·fel** *uitge=* fray, ravel out; unravel; fringe; *(infml.)* let one's hair down, let o.s. go, let it all hang out.

**uit·ran·geer** *uitge=, (lit.)* shunt out; *(fig.)* sidetrack, phase out; *(fig.)* marginalise.

**uit·red** *uitge=* deliver, extricate, help out, save. **uit·red·ding** deliverance, rescue, (means of) escape, godsend; salvation.

**uit·re·de·neer** *uitge=* figure out.

**uit·re·ën** *uitge=, (clouds)* stop raining, rain itself out; *(a sporting event etc.)* rain out.

**uit·reik** *uitge=* bestow, present, confer *(a prize);* distribute, give away, hand out; issue *(tickets, orders);* release *(a document);* hand down. **uit·reik·baar** *=bare* issuable. **uit·rei·ker** *=kers* issuer; distributor; presenter. **uit·rei·king** award, bestowal, presentation; distribution, issue, issuance; release; *by* ~ on issue. **uit·reik·pro·gram, uit·rei·kings·pro·gram** outreach programme.

**uit·reis** *n.* outward journey/voyage. **uit·reis** *uitge=, vb.* start, set out *(on a journey),* sail, go abroad.

**uit·rek** *uitge=* stretch (out); crane *(one's neck);* draw out, prolong, extend; tenter; rack; slur; sprawl; *iets so lank as moontlik* ~ stretch s.t. to the limit. **uit·rek·baar** *=bare* extensible, elastic, expandable. **uit·rek·king** drawing (out), extension, prolongation; pulling *(of flax)*.

**uit·re·ken** *uitge=* calculate, compute, figure/reckon/work out; speculate. **uit·re·ke·ning** calculation, computation.

**uit·rig** *uitge=* accomplish, perform, achieve.

**uit·roei¹** *uitge=* row out.

**uit·roei²** *uitge=* root out, uproot, eradicate, weed out, exterminate, annihilate, stamp out, wipe out, wipe off the face of the earth. **uit·roei·baar** *=bare* eradicable. **uit·roei·er** *=roeiers* eradicator, exterminator. **uit·roei·ing** eradication, extermination, annihilation, wipeout.

**uit·roep** *=roepe, n.* cry, exclamation, ejaculation, outcry, shout.

**uit·roep** *uitge=, vb.* call, cry, exclaim, shout, blare (out); ejaculate; interject; proclaim; sing out; call out *(of);* call, declare *(a strike, an election);* ~ *om iets, (also)* crave s.t.. **uit·roe·per** *=pers* proclaimer. **uit·roe·ping** declaration, calling, proclamation. **uit·roep·te·ken** exclamation mark.

**uit·rol** *uitge=* roll out, unfurl, unroll; roll *(dough)*.

**uit·rook** *uitge=* fumigate, smoke out. **uit·ro·king** smoking out, fumigation.

**uit·ruil** *uitge=* exchange, barter, trade *(in kind);* interchange. **uit·ruil·baar** *=bare* exchangeable; interchangeable. **uit·rui·ling** exchange, barter, trade *(in kind);* interchange, crossing over. **uit·ruil·stu·dent** exchange student.

**uit·ruk** *uitge=* pluck/jerk/wrench out; tear *(hair);* *(mil.)* march out; *(an explosion)* blow out *(doors etc.)*.

**uit·rus¹** *uitge=* rest, have/take a rest, repose; *iem. laat* ~ let s.o. rest, give s.o. a rest; *van* ... ~ rest from ...

**uit·rus²** *uitge=* equip, fit out, rig (out), garnish, furnish, stock, accessorise. **uit·rus·ter** *=ters* (out)fitter. **uit·rus·ting** *=tings, =tinge* equipment, outfit; fitting out; kit; accoutrement(s); gear; *(clothing)* wardrobe; habiliment; turnout; fittings; stock-in-trade. **uit·rus·ting·sak** kitbag.

**uit·ry** *uitge=* drive/ride out, go for a drive/ride; wear out *(a road)*.

**uit·ryg** *uitge=* string out *(words etc.)*.

**uit·rys** *uitge=* rise out; *(dough)* rise fully; *iets rys bo(kant)/oor* ... *uit* s.t. stands out above ...; s.t. towers above/over ...; *iets rys bo ... uit, (also)* s.t. emerges from ...

**uit·saag** *uitge=* saw out, fret.

**uit·saai** *uitge=* sow, sow wide apart; scatter; disseminate; *(rad., TV)* broadcast; commentate; *aan die* ~ on (the) air; *gelyktydig (oor die radio en TV)* ~ simulcast; *na* ... ~ broadcast to ...; *iets regstreeks* ~ broadcast s.t. live. ~**diens** broadcasting service; religious broadcast, broadcast (of a religious) service. ~**program** broadcast programme. ~**stasie** broadcasting/radio station. ~**tyd** *(rad., TV)* broadcast(ing) time; airtime. ~**wese** broadcasting.

**uit·saai·er** *=saaiers* broadcaster; commentator. **uit·saai·e·ry** broadcasting.

**uit·saai·ing** sowing, scattering, dissemination; *(pathol.)* metastasis.

**uit·sak** *uitge=* bag/bulge out, sag; drop out *(in a competition);* *(fig.)* fall by the wayside; *(fig.)* fade; lag/drag behind, drop out (of the running), slip back; break down; *(paint)* creep; *(pathol.)* prolapse. **uit·sak·ker** *=kers* dropout. **uit·sak·king** bulging; falling, sagging; dropping out; downpour *(of rain);* *(pathol.)* prolapse; fallout.

**uit·seil** *uitge=* sail (out), set sail; *onder* ... ~ outsail ...

**uit·send** *uitge=* transmit, broadcast, radio; emit. **uit·sen·ding** *=dings, =dinge* broadcast(ing), transmission, airing; dispatch; emission.

**uit·set** *=sette* trousseau, wedding outfit; outfit.

**uit·set·ting** enlargement, dilation, dilatation; inflation; expansion, extension; *(physiol.)* diastole *(of the heart);* deportation, ejectment, eviction, expulsion, banishment; *iem. se* ~ *uit* ... s.o.'s expulsion from ...

**uit·set·tings·:** ~**bevel** deportation/eviction/expulsion order. ~**koëffisiënt, ~ko-effisiënt** coefficient of expansion. ~**verhouding** expansion ratio. ~**vermoë** power of expansion, expansibility, expansive power.

**uit·sien** *uitge=* look (out); look (like); *iem. sien daar goed uit* s.o. looks well; *(gretig) na iets* ~ look forward to s.t. (with great anticipation).

**uit·sif** *uitge=* sift; thresh out, winnow. **uit·sif·ting** sifting; winnowing, threshing out.

**uit·sig** *=sigte* view, sight, vista; prospect, outlook; *(archit.)* aspect; *iem. se* ~ *belemmer* obstruct s.o.'s view; *die* ~ *is belemmer* visibility is reduced; *noordelike/ens.* ~, *(archit.)* northern/etc. aspect; *'n onbelemmerde* ~ *hê* have an unobstructed view; *'n* ~ *oor/op* ... *hê* overlook ... *(a place); die/ 'n* ~ *oor/op die/'n stad* the/a cityscape. ~**pad** scenic drive/ road. ~**punt** view site.

**uit·sig·loos** *=lose* viewless; limited; cheerless, dull; *'n ~lose bestaan* a bleak existence.

**uit·sing** *uitge=* sing out; compete *(for the prize in a singing competition)*.

**uit·sit¹** *uitge=* sit out; serve one's time/sentence.

**uit·sit²** *uitge=* expand, extend, distend, bulge, enlarge, intumesce, inflate; dilate; cut out *(a rival);* put out, post *(a sentry);* put out, invest *(money),* lay out; put out, banish, deport, eject, expel, evict, turn out; set out; plot *(on a site);* mount *(a guard)*.

**uit·ska·kel** *uitge=* cut out, disengage, disconnect, switch off; declutch *(gears);* eliminate, cull; rule out, shut out; phase out; exclude; do away with; unshackle; obviate; *iets geleidelik* ~ phase out s.t.; *iem./iets uit ...* ~ eliminate s.o./s.t. from ... **uit·ska·ke·laar** circuit breaker, cut-out, contact-breaker. **uit·ska·ke·ling** switching-off; elimination, wipeout; cut-out; dis=connection; exclusion; phasing out; obviation.

**uit·ska·ter** *uitge=* burst out laughing, roar/scream/shriek with laughter.

**uit·skei**[1] *uitge=* leave off, stop, knock off, call it a day, go off duty, have done, chuck/drop it, dry up; *skei uit (daarmee)!* stop it!, cut it out!; *(infml.)* knock it off!. ~**tyd** finishing/ knocking-off time; closing time; full time *(in football etc.),* close of play; *met* ~, *(cr.)* at (the) close of play.

**uit·skei**[2] *uitge=* separate; *(physiol. etc.)* discharge, excrete, eliminate; *iets uit ...* ~ eliminate s.t. from ... **uit·skei·ding** *=dings, =dinge* separation; discharge, excretion, exudation. **uit·skei·dings·pro·duk** *=dukte* waste product, excretion, ex=crement; *(in the pl., also)* excreta.

**uit·skel** *uitge=* scold (severely), abuse (verbally), call names, swear at, slang, bawl out, chide (severely), slate, berate, in=veigh against, revile; *iem.* ~ give s.o. the rough/sharp edge/ side of one's tongue, tongue-lash *(or lash into)* s.o., *(infml.)* bawl s.o. out; call s.o. names; *iem. vir 'n ...* ~ call s.o. *(or* brand s.o. as) a ... *(liar etc.).* **uit·skel·le·ry** abuse, abusiveness, invective, slanging match. **uit·skel·woord** term of abuse.

**uit·skep** *uitge=* bail/bale out *(water);* ladle out *(soup);* dish out/up, serve out *(food);* dip into; scoop out *(earth).*

**uit·skeur** *uitge=, vb. (tr.)* tear out; *(intr.)* be torn, tear, give way.

**uit·skiet** *uitge=, vb. (tr.)* shoot out *(a projectile etc.); (tr. & intr.)* eject; *(intr.)* shoot/dash away; *(trees)* bud, sprout. ~**knop (pie)** eject button. ~**stoel** *(chiefly aeron.)* ejector/ejection seat.

**uit·skof·fel** *uitge=* hoe/weed out; spud up/out.

**uit·skop** *uitge=* kick/boot out; *(infml.)* fire *(staff),* give the sack; expel; kick down *(gears);* kick off *(shoes);* extrude; *die bal* ~, *(rugby)* find touch, kick into touch. **uit·skop·pe·ry** kicking out; expelling; expulsion. **uit·skop=, vei·lig·heid=, poot·jie=ska·ke·laar** trip switch.

**uit·skot** cull(ings); offal, refuse, rubbish; (factory) rejects; waste; tailings; dregs, riff-raff, scum; throw-outs. ~**dier** cull. ~**geut**, ~**voor** *(min.)* tailrace. ~**stof** reject. ~**vag** cast/odd fleece.

**uit·skraap** *uitge=* scrape (out); rake out; scratch; *(med.)* cu=rette. **uit·skraap·sel** scrapings, scrap(s).

**uit·skrap** *uitge=* erase, delete, scratch out.

**uit·skree(u)** *uitge=* cry/scream out, yell (out); bawl/blare (out) *(orders etc.).*

**uit·skryf**, **uit·skry·we** *uitge=* write out, copy out; make out *(an invoice etc.);* call, convene *(a meeting);* float, issue *(a loan);* call, declare *(an election).* **uit·skry·wing** *=wings, =winge* calling, declaration, flotation, issue, offer.

**uit·skud** *uitge=* shake (out); strip *(s.o.)* to the skin; clean/clear *(s.o.)* out; rob; unfurl *(sails).*

**uit·skuif**, **uit·skui·we** *uitge=* slide out; push out; edge out, eliminate, get rid of; sidetrack; extend, draw out; *iets (gelei=delik)* ~ phase out s.t.; ~ *uit ...* ease out of ... *(public life etc.).* **uit·skui·wing** elimination, edging out; sidetracking; exten=sion; *(mech.)* downshift.

**uit·slaan** *uitge=* beat/strike out; beat/stamp out *(a fire);* knock out *(teeth etc.);* knock/punch out *(s.o.);* drive out *(nails);* spread/ stretch out *(wings);* beat/hammer out *(metals);* unfold *(a map);* *(flames etc.)* break out; break out in spots, get a rash; *(a wall)* sweat, effloresce, exude; *(bread)* become mouldy; deflect *(springs, pointers, etc.); iewers* ~, *(infml.)* pitch up somewhere; *vir jou iets* ~, *(infml.)* come by something.

**uit·slaap** *uitge=* sleep one's fill; sleep out *(or* away from home); *jou* ~ sleep enough. ~**aand** sleepover.

**uit·slag**[1] *=slae, n.* rash, eruption, itch, herpes; efflorescence, exudation, mouldiness; bloom *(on walls);* result, issue, up=shot, outcome; scoreline; *(tech.)* throw *(of a galvanometer etc.);* deflection *(of springs, pointers, etc.);* result(s) *(of an ex=amination);* '*n bevredigende* ~ a satisfactory result; '*n goeie* ~ a success; '*n* ~ *kry* break/come out in a rash, come out in spots; '*n onbesliste* ~, *(cr.)* a draw.

**uit·slag**[2] *uitge=, vb.* cut out, hack out; kill off, slaughter.

**uit·sleep** *uitge=* drag out, haul out.

**uit·sluip** *uitge=* slip/slink/sneak/steal out.

**uit·sluit** *uitge=* lock out, bar, debar, ban, exclude, ostracise *(s.o.);* preclude *(doubt);* rule out *(a possibility);* foreclose; ex=cept; *jourself* ~ lock o.s. out; *beskouinge/=ings wat mekaar* ~ mutually exclusive views; *iem. uit 'n plek* ~, *(also)* ban/bar s.o. from a place; *iem. van iets* ~ except s.o. from s.t.; exclude s.o. from s.t.. **uit·slui·tend** *=tende,* **uit·sluit·lik** *=like, adj.* exclu=sive; *iem. se* ~*e taak* s.o.'s sole task. **uit·slui·tend, uit·sluit·lik** *adv.* solely, exclusively; *iets is* ~ *by ... te koop/kry/vind* s.t. is exclusive to ... **uit·slui·ting** lockout; debarment, exclusion; ouster; foreclosure; excision; *die* ~ *van ...* the ban on ..., the banning of ...; *met* ~ *van ...* to the exclusion *(or* with the exception) of ..., excluding/barring ... **uit·sluit·sel** decisive answer, finality; ~ *gee oor iets* pronounce (up)on s.t..

**uit·smelt** *uitge=* smelt, refine *(ore);* melt down, liquate; render *(fat).*

**uit·smok·kel** *uitge=* smuggle out.

**uit·smyt** *uitge=, (infml.)* throw/toss/chuck/bundle out, cast out; eject. **uit·smy·ter** *=ters* bouncer, strong-arm (man), muscle=, doorman. **uit·smy·ting** ejection.

**uit·snik** *uitge=* sob (one's heart out); *iets* ~ blubber s.t. out.

**uit·snuf·fel** *uitge=* snoop, ferret/pry/nose/scent out.

**uit·snuit** *uitge=* blow (one's nose).

**uit·sny** *uitge=* cut (out), excise; resect; carve (out); edit out *(s.t. from a film, tape, etc.).* **uit·sny·ding** cutting, excision; re=section; *(archit.)* pocket. **uit·sny·saag** jigsaw, fretsaw.

**uit·soek** *uitge=* choose, cull, pick out, take one's pick, hand=pick, single/sort out, select; *soek maar uit!* take your pick!. ~**buurt** select quarter *(of a town).* ~**jaar** vintage year. ~**man=ne**, ~**vroue** hand-picked/outstanding men/women. ~**vee** selected stock.

**uit·soe·ke·rig** *=rige =riger =rigste* (of meer ~ *die mees =rige)* fussy, choos(e)y, fastidious; cliquish; selective; *te* ~, *(also)* over-particular.

**uit·son·der** *uitge=* except, exempt, exclude; *iem. vir kritiek/ straf* ~ pick on s.o. *(infml.).* **uit·son·de·ring** *=rings, =ringe* ex=ception; exemption; *(infml.)* one-off; *by (wyse van)* ~ by way of exception, in exceptional cases, exceptionally; *by hoë* ~ very rarely; '*n* ~ *maak* make an exception; *met* ~ *van ...* excluding ..., except for ..., with the exception of ...; save for ...; '*n* ~ *op die reël* an exception to the rule; *sonder* ~ without exception; bar none; invariably. **uit·son·der·lik** *=like* exceptional, extraordinary, outstanding.

**uit·sor·teer** *uitge=* sort out, select.

**uit·span** *uitge=, vb.* outspan, unharness, unyoke, unhitch; *('n) bietjie* ~, *(fig.)* take time off. **uit·span·ne·ry** unharnessing, outspanning; unyoking *(of oxen).* **uit·span·plek** getaway *(in=fml.),* outspan, halting place; halfway house.

**uit·span·sel** *(poet., liter.)* firmament, heavens, sky; *aan die* ~ in the sky/heavens.

**uit·spat·tig** *=tige =tiger =tigste* extravagant, excessive; loud, flashy, flamboyant; debauched, dissipated. **uit·spat·tig·heid** *=hede* extravagance, excess; showiness, flamboyance.

**uit·speel** *uitge=* finish *(a game);* play, lead *(a card);* play out; play off; *(psych.)* act out *(fantasies etc.).* ~**wedstryd** play-off, sudden death; '*n* ~ *tussen drie* (of *met twee ander) spelers* a three-way play-off.

**uit·spel** *uitge=, (lit. & fig.)* spell out.

**uit·spit** *uitge-* dig out/up, unearth, turn up.

**uit·spoeg, uit·spu(ug)** *uitge-* spit out; *(fig.)* belch out *(smoke, flames, etc.).*

**uit·spoel** *uitge-* wash out, rinse; flush (out); *(med.)* irrigate; douche; be washed ashore; *iets spoel op die strand uit* s.t. washes ashore, s.t. washes up on the beach. **~goed** floatage. **uit·spoe·ling** rinsing (out); erosion; *(min. etc.)* washout; *(med.)* flush(ing), lavage, douche, irrigation. **uit·spoel·sel** *-sels* flotsam; driftwood.

**uit·spook** *uitge-*, *(infml.)* fight out, fight to the finish; settle by fighting; obtain by fighting; *hulle spook dit uit* they battle/fight it out; *dit met iem. ~* battle/fight it out with s.o..

**uit·spraak** *-sprake* pronunciation, enunciation, articulation, delivery; pronouncement, utterance; finding, award, judg(e)ment, sentence, verdict; dictum; *'n ~ bekragtig/bevestig* uphold a decision; *oor 'n ~ besluit* arrive at (*or* reach) a verdict; *~ doen/lewer* deliver/give judg(e)ment; deliver/give/return (*or* bring in *or* hand down) a verdict; *oor ... ~ doen* pass judg(e)ment (up)on ...; *oor 'n saak ~ doen* adjudicate (on) a matter; *die finale ~ oor iets* the last word on s.t.; *'n ~ ten gunste van die eiser* a verdict for the plaintiff; *die hof doen ~ ten gunste van iem.* the court finds for s.o.; *oor 'n ~ nadink* consider a verdict; *'n ~ onbesliste ~* an open verdict; *'n ~ onderskryf/-skrywe* concur in a jugd(e)ment; *iets aan 'n skeidsregterlike ~ onderwerp* submit s.t. to arbitration; *'n ~ oorweeg* consider a verdict; *met 'n ~ saamstem* concur in a jugd(e)ment; *teen iem. ~ doen* decide/find against s.o.; *die ~ voorbehou* reserve judg(e)ment. **~fout** mispronunciation. **~leer** phonetics.

**uit·spreek** *uitge-* pronounce, enunciate; express, say, utter; find; finish speaking, have one's say; *jou ten gunste van (of teen) ... ~* pronounce o.s. (*or* come out *or* declare) for/against ...; *die h nie ~ nie* drop the h; *jou ~* speak one's mind; *jou oor ... ~* give an opinion (*or* pronounce) upon ...; *jou teen ... ~, (also)* speak (out) against ...; *'n woord op Engels ~* pronounce a word as in English.

**uit·sprei** *uitge-* spread/stretch (out), expand, unfold, unfurl, branch out, sprawl, mushroom; *iets op ... ~* spread s.t. on ... *(a blanket on the ground etc.).*

**uit·spring** *uitge-* jump/leap/spring out, bail/bale out *(with a parachute from a stricken aircraft);* be up and doing; jut out, project, protrude; *agter 'n bos ~* jump/leap/pop out from behind a bush; *iem. moet ~* s.o. has to look for work. **~kans** let-out. **~plek** way of escape, way out.

**uit·sprin·gend** *-gende* jutting out, projecting, protruding; *~e hoek* salient angle.

**uit·sprin·ging** *-gings, -ginge* projection.

**uit·spruit** *uitge-* bud, shoot (up), sprout (out); tiller; pullulate; *~ uit ...* result from ..., have its origin in ... **uit·spruit·sel** *-sels* bud, shoot, sprout, sprig, tiller, offshoot, outgrowth.

**uit·spu(ug)** →UITSPOEG.

**uit·staan** *uitge-* protrude, bulge (out); *(moneys, -ies)* be owing, be in arrears; bear, endure, stand, suffer, undergo; brook, tolerate; *iem. kan ... nie ~ nie* s.o. cannot bear/stand (the sight of) ...; *hulle kan mekaar nie ~ nie, (also)* there is no love lost between them. **uit·staan·baar** *-bare* endurable, tolerable, bearable. **uit·staan·de** *adj. (usu. attr.)* bulging, projecting, salient; owing, outstanding *(moneys, -ies);* *~ gelde* arrears; *~ ore* prominent ears; *~ tande* protruding teeth. **uit·staantand** *-tande* buck tooth; *-e hê* be buck-toothed.

**uit·stal** *uitge-* display, put out *(for sale);* exhibit; parade, show off; *geleerdheid ~ parade* (*or* show off) learning; *uitgestal word* be on show. **~kas** showcase, display case. **~venster** display/shop window.

**uit·stal·ler** *-lers* displayer; window-dresser.

**uit·stal·ling** *-lings, -linge* display; exhibit.

**uit·sta·mel** *uitge-* stammer (out).

**uit·stamp** *uitge-* knock out; push/shove out (violently), force out.

**uit·stap** *uitge-* alight, get off, get/step/walk out; detrain; stage a walkout; march out *(fig.);* *kaal ~, (infml.)* lose everything. **uit·stap·pe·ry** walkout. **uit·stap·pie** jaunt, outing, excursion, trip, tour; *'n ~ doen/maak/onderneem* go on an outing; go (*or* be off) on a trip, take a trip.

**uit·ste·dig** *-dige* absent from (*or* out of) town. **uit·ste·digheid** absence from town.

**uit·steek** *uitge-* jut out, project, protrude; rise above; extrude; extend, hold/reach/stretch out; put out *(a tongue),* put forth, pop out; gouge; *iets steek bo(kant) ... uit* s.t. stands out above ...; s.t. towers above/over ...; *jou kop by 'n venster ~* put/stick/poke/pop one's head out of a window; *~ oor ...* overhang ...; *'n vlag ~, (a linesman etc.)* put out/up a flag; *die hand van vriendskap ~* extend the hand of friendship, make a friendly gesture. **uit·steek·sel** *-sels* projecting part, projection; protuberance; process; jut; jag, snag.

**uit·stek:** *by ~* eminently; par excellence.

**uit·ste·kend**[1] *-kende, adj.* projecting; protruding; prominent, outstanding.

**uit·ste·kend**[2] *-kende, adj. & adv.* excellent, brilliant, exquisite, first-rate, splendid, superb, outstanding; *(infml.)* great; *'n ~e ... wees, (also)* excel as a ...; *'n ~e kans om te wen* an excellent (*or* a good/real) chance of winning.

**uit·stel** *n.* delay, postponement, deferment; procrastination; stay, respite, extension of time; *van ~ kom afstel* (there is) no time like the present; *~ is nog nie afstel nie* postponing s.t. doesn't mean it won't happen (*or* be done); *~ van eksekusie* respite, stay of execution; *iets sonder ~ doen* do s.t. without delay; *~ van vonnis* reprieve; *~ vra* ask for time; *'n week ~* postponement for a week, a week's grace. **uit·stel** *uitge-, vb.* defer, delay, postpone, put off; protract; procrastinate; temporise; hold over, hold in abeyance; suspend; stay; *iets tot môre/more ~* postpone s.t. till/until/to tomorrow; *iets onbepaald (of vir 'n onbepaalde tyd) ~* postpone s.t. indefinitely; *iets vir 'n week ~* postpone s.t. for a week. **uit·stel·ler** *-lers* procrastinator. **uit·stel·le·ry** procrastination.

**uit·stem** *uitge-* vote out, oust by voting; outvote.

**uit·sterf, uit·ster·we** *uitge-* die out; *(animal/plant species)* disappear, become extinct; *aan die ~* obsolescent; moribund; *uitsterwende (dier/plant)soort* threatened/endangered (animal/plant) species. **uit·ster·wing** dying, dwindling, extinction.

**uit·stip·pel** *uitge-* outline, line/map/sketch out, chart, plot, chalk out.

**uit·stoel** *uitge-, (bot.)* stool, shoot, tiller, stool out/forth; *(infml.)* lose one's figure.

**uit·stof** *uitge-* beat/dust out; beat, outrival, outplay, top; outfight; *(infml.)* put in the shade, run rings around; *'n teenstander behoorlik/deeglik ~, (infml.)* beat an opponent soundly.

**uit·stoot** *uitge-* push/shove/thrust out; push up; belch forth *(smoke);* expel, ostracise, turn out, evict, oust, eject *(from);* ejaculate, utter *(cries, yells); (biol.)* exsert; extrude; *jou bors ~ oor ...* take pride in ... **uit·sto·ting** *-tings, -tinge* expulsion; ousting; extrusion.

**uit·storm** *uitge-* storm/rush/dash out, sally; *iem. het die kamer uitgestorm* s.o. stormed out of the room; *by 'n kamer ~* storm/rush/dash/bolt out of a room.

**uit·stort** *uitge-* pour out; disgorge; waste, spill; shed *(blood); (a river)* empty, discharge *(itself),* debouch, disembogue *(itself into the sea etc.).* **uit·stor·ting** *-tings, -tinge* effusion, pouring out; emission, ejaculation; *~ van die Heilige Gees, (Chr. theol.)* descent/outpouring of the Holy Spirit/Ghost.

**uit·stot·ter** *uitge-* stammer/jerk out.

**uit·straal** *uitge-* beam forth, emanate; emit, give out, radiate, irradiate *(heat, light, love, etc.);* telecast; *~ van ...* emanate/

issue/radiate from ... **~punt** *(neurology)* ganglion. **uit·stra·lend** *=lende* irradiant; emissive; radioactive. **uit·stra·ler** *=lers* radiator; telecaster. **uit·stra·ling** emanation, emission, radiation, irradiation; radiant heat; telecast(ing).

**uit·stra·lings·**: **~hitte** radiant heat. **~punt** radiating point; radiant *(of meteors)*. **~pyn** referred pain. **~teorie** theory of radiation. **~warmte** radiant heat.

**uit·strek** *uitge=* expand; stretch out *(the hands)*; spread; extend/reach to; *jou* ~ stretch o.s. out. **uit·strek·king** expansion, extension.

**uit·strooi** *uitge=* scatter, sow, strew; circulate, spread; disseminate; broadcast *(seed)*. **uit·strooi·er** *=strooiers* disseminator.

**uit·stroom** *uitge=* gush/pour/rush/stream out/forth, disembogue, emanate. **uit·stro·ming** emanation, issue, effluence, outflow, effusion, efflux, gush, discharge.

**uit·stryk** *uitge=* iron out; smooth out; sort out *(problems)*. **uit·stry·king** smoothing out.

**uit·stulp** *uitge=* evaginate. **uit·stul·ping** *=pings, =pinge* evagination.

**uit·stuur** *uitge=* steer out *(of port)*; send out, dispatch, order *(s.o.)* out *(of a room)*, dismiss; emit, broadcast *(electromagnetic waves etc.)*; draft; issue.

**uit·styg** *uitge=: bo(kant) iets* ~ rise above s.t.; tower above/over s.t.; *bo die massa* ~ stand out from the crowd.

**uit·suig** *uitge=* suck (out); *(fig.)* exploit, bleed, suck, sweat *(labourers)*; drain, eat up, squeeze dry, impoverish *(a country)*; extort *(money)*; skin, shark. **uit·sui·e·ry** extortion, sweating, exploitation. **uit·sui·ging** sucking-out; extortion.

**uit·suip** *uitge=* suck out *(a cow)*; squander on booze *(one's earnings)*; *die kalf het (die koei) uitgesuip* the calf has sucked the cow dry.

**uit·swaai** *uitge=* swing out, centrifuge; open outward(s). **~bal** outswinger.

**uit·sweer** *uitge=* fester out.

**uit·sweet** *uitge=* sweat out, transpire; ooze out, exude; bleed. **~stof** exudate.

**uit·swel** *uitge=* swell/bulge (out), expand, dilate; *(geol.)* surge (up), blow.

**uit·swem** *uitge=* swim out; ~ *vir 'n plek in die finaal* compete in a swim-off for the final.

**uit·swenk** *uitge=* swerve away/out; *(golf)* slice; *(cr.)* swing out; *vir iem./iets* ~ swerve to avoid s.o./s.t.. **~bal, uitswenker** outswinger. **~hou, uitswenker** *(golf)* slice. **uit·swen·king** outswing.

**uit·swerm** *uitge=, (bees)* swarm (off); *(troops)* disperse, fan out.

**uit·sy·pel, uit·sy·fer** *uitge=* ooze/trickle/seep out, exude. **uit·sy·pe·ling, uit·sy·fe·ring** oozing/trickling/seeping out; exudation; *(pathol., geol.)* extravasation; (effluent) seepage, effusion.

**uit·tand** *adj.* with teeth *(or a tooth)* missing; gap-toothed. **uit·tand** *uitge=, vb.* indent; *(needlework)* pink; jag *(an edge)*. **~skêr** pinking scissors/shears.

**uit·tap** *uitge=* draw (off) *(liquid)*, tap.

**uit·tart** *uitge=* challenge, defy, provoke, cheek, hurl defiance at, bait; taunt; *erg uitgetart word* be greatly/severely provoked, suffer great/severe provocation. **uit·tar·tend** *=tende* provocative, provoking. **uit·tar·ter** *=ters* provoker, teaser, tantaliser. **uit·tar·ting** *=tings, =tinge* challenge, defiance, provocation, bravado, baiting; taunt; *kwaai* ~ *verduur* suffer great/severe provocation.

**uit·teer** *uitge=* pine/waste away; atrophy; wither; macerate. **uit·te·rend** *=rende* wasting *(disease)*, tabetic. **uit·te·ring** emaciation, pining/wasting away, wasting; inanition; atrophy *(of a limb, organ, etc.); (med.)* cachexia.

**uit·tel**[1] *uitge=* count out; *uitgetel word, (boxing)* take the count. **~rympie** counting-out rhyme.

**uit·tel**[2] *uitge=* lift out.

**uit·tik** *uitge=* type out.

**uit·tip·peks** *uitge=* Tipp-Ex out.

**uit·tog** departure, exodus; flight; sally; egression; *'n hele* ~ quite an exodus; *die* ~ *uit* ... the exodus from ...

**uit·trap** *uitge=* tread/stamp out *(a fire)*; ease *(shoes)* by wearing; *(infml.)* scold, berate, tell/tick off, give a dressing-down/talking-to; kick out; declutch *(gears)*; denude, trample, lay bare *(veld)*; *iem. verskriklik* (of *van 'n kant af*) ~, *(infml.)* come down on s.o. like a pile/ton of bricks.

**uit·tre·de, uit·tre·ding** *=dings, =dinge* retirement, resignation, withdrawal, quitting; *iem. se* ~ *as* ... s.o.'s retirement as ... *(president etc.)*; *iem. se* ~ *uit* ... s.o.'s retirement/withdrawal from ... **uit·tre·dings·pa·ra·de** = UITPASSERINGSPARADE.

**uit·tre·dend** *=dende* outgoing.

**uit·tree** *uitge=* retire *(from business)*; resign *(one's membership)*; withdraw *(from a meeting)*; step/opt out, quit, fall/bow/go out; ~ *as* ... retire as ... *(president etc.)*. **~annuïteit, uit·tredingsannuïteit** retirement annuity. **~loon** severance pay. **~pakket** retrenchment package; *'n groot* ~ a golden handshake.

**uit·trek** *uitge=* pull out *(nails)*; extend *(a table)*; draw (out), elicit, educe; undress, strip; extract *(teeth etc.)*; abstract; pull off, remove *(boots)*; take off, discard, doff *(clothes)*; withdraw *(money)*; move out *(of one's parents' home etc.)*; *(an army etc.)* march/go out, take the field, sally forth; unstop *(an organ stop)*; excerpt; *jou vir 'n **ander*** ~ make sacrifices for s.o. else; *jou **hare*** ~ tear one's hair; worry one's life out; *jou* ~ take off one's clothes, undress, get undressed; *jou **kaal*** ~ take off all one's clothes, get completely undressed; *iem. **kaal*** ~, *(lit.)* strip s.o. (naked); *(fig., infml.)* strip s.o. (naked), clean s.o. out. **uit·trek·baar** *=bare* extractable; extractive; pull-out. **uit·trek·ker** extractor. **uit·trek·king** *=kings, =kinge* extraction; appropriation, provision; withdrawal. **uit·trek·ta·fel** extension/extending/leaf table.

**uit·trek·sel** *=sels* extract *(of herbs)*; abridg(e)ment, precis, abstract, digest, excerpt, extract, selection; epitome *(of a book)*; (certified) copy *(of an account, statement, etc.)*; *'n* ~ *uit 'n film/rolprent* a film clip; *'n* ~ *uit iets maak* excerpt (or make an excerpt) from s.t..

**uit·trom·pet(·ter)** *uitge=* blaze abroad, blazon (out), trumpet forth.

**uit·troon** *uitge=* stand out; *bo(kant)* ... ~ stand out above ...; tower above/over ...

**uit·vaag·sel** *=sels* no-good, miscreant, reprobate; *(in the pl., also)* dregs, riff-raff, scum.

**uit·vaar** *uitge=* set sail, sail (out), put to sea; blaze/fly out, bluster, rant, storm, declaim, fulminate; *teen* ... ~ fulminate/rage/rail/rave against ... **uit·vaart** *=vaarte* departure; funeral, obsequies; quietus; *(fig.)* end, drawing to a close *(of the year etc.)*. **uit·va·ring** fulmination.

**uit·vaar·dig** *uitge=* issue *(an order)*; promulgate *(a decree)*; enact *(a law)*. **uit·vaar·di·ger** *=gers* promulgator. **uit·vaar·di·ging** *=gings, =ginge* issue, promulgation, decree, enactment, issuance.

**uit·val** *=valle, n., (mil.)* sally, sortie; thrust; attack; outburst, quarrel, squabble, fight; *(infml.)* falling-out, barney, tiff; *(fencing)* lunge, pass; *(radioactive)* fallout; *'n* ~ *met iem. hê* have a quarrel/barney (or fall out) with s.o.. **uit·val** *uitge=, vb.* drop/fall out, straggle; *(hair)* fall out, come off; make a sally/sortie; flare up, fly out; be defeated; lose an election; *iets val goed/sleg uit* s.t. turns (or, *infml.* pans) out well/badly; ~ *teen* ... inveigh against ... **~kompetisie** knockout competition. **uit·val·lend** *=lende* falling *(hair)*; deciduous *(leaves)*. **uit·vals·hoek** *(phys.)* angle of reflection.

**uit·vang** *uitge=* catch out; *(cr.)* catch, dismiss; cull *(sheep)*. **~dier** cull, throw-out.

**uit·vars** *uitge=* desalt, desalinate; freshen; leach out. **uit·var·sing** desalting, desalination.

**uit·vat** *uitge=, (infml.)* take out; dress up, deck out, preen o.s.; *jou* ~ put on one's finest array, deck o.s. out; *jou in ...* ~ attire o.s. *(or* rig o.s. out) in ...

**uit·vee** *uitge=* wipe out, erase, expunge, blot out; sweep out *(a room)*; wipe *(one's eyes)*; sponge; efface; *jou oë van verbasing* ~ rub one's eyes in astonishment. **uit·ve·ër** *=veërs* eraser, rubber.

**uit·veg** *uitge=: hulle veg dit uit* they battle/fight it out.

**uit·veil** *uitge=* offer *(or* put up) for sale *(or* at [an] auction).

**uit·verf** *uitge=* paint out; paint *(a room)*.

**uit·ver·kies** *het* ~ single out, choose; predestine; →UITVERKORE. **uit·ver·kie·sing** election; predestination.

**uit·ver·koop** *=kope,* **uit·ver·ko·ping** *=pings, =pinge, n.* (clearance) sale; sell(ing)-out, sell-off; *finale* ~ final sale, closing-down sale. **uit·ver·koop** *het* ~, *vb.* sell off, clear *(stock)*, sell out; sell up; *die boek is* ~ the book is sold out *(or* out of print); *die handelaar is* ~ the retailer is out of stock; *die saal is* ~ it's a full house. **~prys** sale/clearance price.

**uit·ver·ko·re** *adj.* chosen, elect, select; predestined; →UITVERKIES; ~ *seun* favourite son; *die* ~ *volk* the chosen people. **uit·ver·ko·re·ne** *=nes, n.* chosen one, favourite, elect; sweetheart; *(in die pl., also)* the elect. **uit·ver·ko·ren·heid** predestination.

**uit·vier** *uitge=* veer/pay out *(a cable)*; ease out *(a rope)*.

**uit·vind** *uitge=* invent; dream up, contrive, devise; find out, discover *(a culprit)*; *iets weer/opnuut* ~ reinvent s.t.; *die wiel van voor af* ~, *die wiel weer (probeer)* ~, *(infml., often derog.)* reinvent the wheel. **uit·vin·der** *=ders* inventor; deviser, contriver; coiner, minter; artificer; boffin. **uit·vin·ding** *=dings, =dinge* invention; device, gadget. **uit·vind·sel** *=sels* invention, contrivance, device, gadget; *iets is iem. se eie* ~ s.t. is (of) s.o.'s own invention.

**uit·vis** *uitge=* fish out *(lit. & fig.)*; ferret out, hunt out, nose out, scent out, spy. **uit·vis·se·ry** *(infml.)* fishing expedition.

**uit·vlak** *uitge=, (a recession etc.)* bottom out.

**uit·vlieg** *uitge=* fly out, stretch the wings; dash out.

**uit·vloei** *=vloeie, n.* effluent. **uit·vloei** *uitge=, vb.* flow out; issue, result; exude; discharge. **uit·vloei·ing** flowing out, effusion, effluxion; *(geol.)* extrusion; issue. **uit·vloei·sel** *=sels* consequence, outcome, result; issue; *(biol.)* exudate; effluent, effusion, discharge; entailment; *'n* ~ *van ..., (also)* a corollary to/of ...

**uit·vloek** *uitge=* curse, swear at, revile.

**uit·vlok** *uitge=* flake (away/off), flocculate. **uit·vlok·king** flocculation.

**uit·vlug** *=vlugte, n.* excuse, evasion, loophole, equivocation, dodge, pretext, prevarication, shift, shuffle, subterfuge, *(sl.)* cop-out; *(also* uitvluggie) getaway *(infml.)*; ~*te soek* prevaricate, equivocate; *(infml.)* look for loopholes, beat about the bush. **uit·vlug** *uitge=, vb.* escape (from). **~soeker** prevaricator, twister.

**uit·voer¹** *n. (no pl.)* export(s), exportation; effectuation, execution; *'n land se* ~ the exports of a country; *iets ten* ~ *bring* give effect to s.t., execute s.t., carry out s.t., implement s.t.. **uit·voer** *vb., uitge=* export *(goods)*; execute *(an order)*; carry out *(a plan)*, carry into effect, complete, consummate, put into execution; fulfil *(a promise)*; honour *(an agreement)*; implement *(a contract, treaty)*; perform *(mus., a task)*; administer, enforce *(the law)*; *(comp.)* run; *iets netjies* ~ finish s.t. neatly, make a good job of s.t.; *niks* ~ *nie* do nothing; accomplish nothing; *wat voer jy uit?* what are you doing?, what are you about?. **~aansporing** *=rings, =ringe, (often in the pl.)* export incentive. **~artikel** article for export. **~mark** export market. **~reg** export duty, tariff duty. **~verbod** embargo (on export), prohibition of export(ation). **~ware** exports, articles for export, export goods.

**uit·voer²** *uitge=* line; *iets met ...* ~ line s.t. with ... *(a garment with silk, a drawer with paper, etc.)*.

**uit·voer·baar** *=bare* feasible, practicable, workable, executable, achievable; exportable. **uit·voer·baar·heid** feasibility, practicability; exportability. **uit·voer·baar·heid·stu·die** feasibility study.

**uit·voer·der** *=ders* executor; performer; exporter, shipper.

**uit·voe·rend, uit·voe·rend** *=rende* executive; *(anat.)* efferent; performing *(arts)*; *~e beampte* executive (officer); *~e direkteur* executive director; *~e gesag* executive authority; *~e komitee* executive (committee), *(infml.)* exco; *~e raad* executive council, *(infml.)* exco.

**uit·voe·rig** *=rige, adj.* ample *(discussion)*; circumstantial, detailed *(account)*; full *(particulars)*; comprehensive, minute *(description)*; copious *(notes)*; discursive *(article)*; lengthy *(consideration)*; elaborate *(treatment)*. **uit·voe·rig** *adv.* fully, at length, in detail, copiously, elaborately. **uit·voe·rig·heid** ampleness, copiousness, ful(l)ness, particularity.

**uit·voe·ring** *=rings, =ringe* execution, performance *(of one's duty, of mus., etc.)*; *(mus.)* rendering, rendition; administration, enforcement *(of a law)*; implementation *(of a contract, treaty, etc.)*; finish, workmanship *(of a piece of furniture etc.)*; recital; construction; execution *(of a sentence)*; pursuance; fulfilment; *aan iets* ~ *gee* give effect to s.t.; act (up)on s.t. *(a proposal etc.)*; carry out s.t., execute s.t., put s.t. into execution; *'n* ~ *gee* give a recital.

**uit·vou** *uitge=* fold out. **~blad** fold-out, gatefold *(in a book, magazine)*.

**uit·vra** *uitge=* ask out, invite *(for dinner)*; catechise, (cross-)examine, interrogate, *(infml.)* pump, draw, question; sift; sound; *iem. oor iets* ~ question s.o. about/on s.t.; *van* ~ *is die tronk vol (en die kerk leeg)* curiosity killed the cat, ask no questions and you will hear no lies. **uit·vra·e·rig** *=rige* inquisitive, indiscreet in one's questioning.

**uit·vreet** *uitge=* eat away/out, erode; corrode *(metals)*; fret *(metals)*; *(infml., coarse)* abuse, scold, berate, paste, chew out, tell/tick off, give a dressing-down/talking-to/earbashing/earful, bawl out, lash/tear into, haul over the coals. **uit·vre·ting** corrosion, eating away.

**uit·vryf, uit·vry·we** *uitge=* rub out; *jou oë* ~ *(van verbasing)* rub one's eyes (in amazement).

**uit·waai** *uitge=* blow out; be blown out; fan, winnow; rush out; *(a flag)* flutter in the wind; *by iets* ~ breeze out of s.t.; *niks met ... uit te waai hê nie, (infml.)* have nothing to do with ...; *iem. het niks daarmee uit te waai nie, (also, infml.)* it is none of s.o.'s business. **uit·waai·er** *uitge=* fan out.

**uit·waarts** *=waartse, adj.* outward; outward-going/looking *(policy)*; *~e beweging* outward movement; *~e draaiing* supination. **uit·waarts** *adv.* outward(s), away; ~ *gedraai* supine.

**uit·wan** *uitge=* winnow *(chaff from grain)*.

**uit·was¹** *=wasse, n.* protuberance, excrescence, outgrowth, morbid growth; *(bot.)* tuberosity; *(med.)* vegetation, polypus. **uit·was·send** *=sende* excrescent.

**uit·was²** *uitge=, vb.* wash (out), swab (out); bathe *(wounds)*; scour *(wool)*.

**uit·wa·sem** *uitge=* emanate; evaporate; perspire; exude, exhale, give off *(odours)*; *(plants)* transpire. **uit·wa·se·ming** emanation, evaporation, exhalation, effluvium, exudation, perspiration; transpiration *(of plants)*.

**uit·week** *uitge=* soak out *(spots etc.)*.

**uit·weg** *uitweë* way out, outlet; escape, expedient, loophole, *(infml.)* get-out; bolt hole; *daar is geen ander* ~ *nie* there is no alternative; *as laaste* ~ as a *(or* in the) last resort; *die maklik(st)e* ~ *kies* take the easy way out of s.t., go for the soft option.

**uit·wei** *uitge=* digress, descant; *oor iets* ~ hold forth on s.t., dilate/expatiate (up)on s.t.; elaborate/enlarge/expand (up)on s.t..

**uit·wen·dig, uit·wen·dig** *=dige, adj.* exterior, external, outward; extrinsic; *vir ~e gebruik* for outward/external application, not to be taken; *~e inspeksie* visual inspection; *~e voorkoms* outward appearance. **uit·we̲n·dig, uit·wen·dig** *adv.* outwardly, externally; superficially.

**uit·werk** *uitge=* work out *(a sum);* elaborate *(a scheme);* labour *(a point);* develop *(an idea);* calculate *(a quantity);* carve, work *(a design);* work up *(notes);* squeeze out, hustle out, oust *(a pers.);* bring about, effect; cease fermenting; *jou eie heil ~* work out one's own salvation. **uit·we̲r·king** working-out, elaboration; effect, result; action, reaction; *'n ~ hê* take effect; *iets het 'n ~ op ...* s.t. has an effect on ...; s.t. has repercussions on ...; s.t. acts (up)on ...; s.t. has an impact (up)on ...; *iets is sonder ~* s.t. is ineffectual, s.t. has (*or* is to) no effect.

**uit·werp** *uitge=* cast out, eject, expel, throw out; excrete; → UITGEWORPE; *die anker ~* drop (the) anchor; *duiwels ~* cast out (*or* exorcise) devils; *nette ~* cast/shoot/throw nets. **uit·we̲r·ping** *=pings, =pinge* casting-out; ejection, expulsion, ejectment. **uit·werp·sel** *=sels* excrement; *(in the pl., biol.)* faeces, excreta; frass; *(geol.)* ejecta(menta).

**uit·wik·kel** *uitge=* prise out; disengage. **uit·wi̲k·ke·ling** prising out; disengagement.

**uit·win** *uitge=, (jur.)* evict *(a tenant).* **uit·wi̲n·ning** *=nings, =ninge, (jur.)* eviction.

**uit·wip** *uitge=* nip/skip/whip/whisk/jump out; go out, pop out; oust, chuck out.

**uit·wis** *uitge=* blot/wash/wipe out, efface, delete, erase, clear, expunge, obliterate; cancel *(a debt);* exterminate; wipe off/ from the face of the earth. **uit·wi̲s·sing** *=sings, =singe* effacement, erasure, expunction, obliteration, wipeout; extinction *(of a debt);* extermination. **uit·wi̲s·sings·kamp** death/extermination camp. **uit·wi̲s·toets** *(comp.)* delete key.

**uit·wis·sel** *uitge=* exchange *(prisoners of war);* interchange *(ideas);* cash, clear *(a cheque); iets vir ... ~* exchange s.t. for ... **uit·wi̲s·sel·baar** *=bare* interchangeable; cashable. **uit·wi̲s·se·ling** exchange, interchange; cashing; reciprocation; *(genet.)* crossing-over.

**uit·woed** *uitge=, (often refl.)* cease raging, subside, abate, spend itself; *... het (hom) uitgewoed, (the fire) ...* has burnt itself out; *(the elephant etc.) ...* has vented its rage; *(the storm) ...* has spent itself (*or* blown itself out); *(jou) ~* blow o.s. out; rage/ wear/work o.s. out, spend o.s..

**uit·woel** *uitge=* burrow/root up *(a tree); (infml.)* chase out; *(infml.)* rouse from sleep, rout out, get up and out.

**uit·woon** *uitge=, (a student etc.)* be (a) non-resident. **uit·wo̲·nend** *=nende* non-resident.

**uit·wring** *uitge=* squeeze/wring out, mangle; extort.

**uit·wyk** *uitge=* step/turn aside, give way; bypass; pull out, swerve; dodge; emigrate, go into exile, expatriate; evacuate; deviate; deflect; →UITGEWEKE; *iets laat ~* divert s.t.; *na ... ~* retreat to ...; *uit ... ~* defect from ... *(a country etc.).* **~landing** diversionary landing. **~lyn, ~spoor** bypass line, loop (line), avoiding line. **~pad** detour, bypass.

**uit·wy·king** turning aside, giving way; bypass; emigration; amplitude; deviation, displacement, side motion; jog *(of a line);* deflection; diversion. **uit·wy̲·kings·hoek** *(phys.)* angle of deviation.

**uit·wys** *uitge=* point out, show; designate; prove; decide, pass judg(e)ment. **uit·wy̲·sing** *=sings, =singe* expulsion. **uit·wy̲·sings·be·vel** declaratory order.

**uit·zoem** *uitge=, (phot.)* zoom out.

**ui·vor·mig** *=mige* onion-shaped; *'n ~e koepel, (archit.)* an onion dome.

**u·ke·le·le** *=les, (a small four-stringed guitar)* ukulele.

**ul·kus** *=kusse, (pathol.)* ulcer; →ULSEREER.

**ul·se·reer** *geül=, (pathol.)* ulcerate; →ULKUS. **ul·se·ra·sie** ulceration.

**ul·ster** *=sters, (an overcoat)* ulster.

**ul·ti·ma·tum** *=tums* ultimatum.

**ul·tra** *=tras, n.* extremist, out-and-outer. **ul·tra** *adv.* excessively, extremely, too, hyper=. **~hoog** *=hoë* ultrahigh *(frequency).* **~konserwatief** *=tiewe, adj.* ultraconservative. **~links** *=linkse, (pol.)* ultraleft. **~mikroskoop** *=skope* ultramicroscope. **~mikroskopies** *=piese* ultramicroscopic. **~regs** *=regse, (pol.)* ultraright. **~snel** *=snel(le)* high-speed. **~sonies** *=niese* ultrasonic, supersonic; *~e klankgolwe, (med.)* ultrasound. **~violet, ~violet** ultraviolet. **~violetstraal** *=strale* ultraviolet ray. **~ vires** *(Lat., jur.)* ultra vires; →BUITEMAGTIG.

**ul·tra·klank** *(med.)* ultrasound. **~golwe** *n. (pl.), (med.)* ultrasound. **~skandeerder, ~aftaster** ultrasound scanner. **~skandering, ~aftasting** ultrasound scan.

**ul·tra·ma·ryn** *=ryne, n., (pigment, colour)* ultramarine. **ul·tra·ma·ryn** *=, adj.* ultramarine, sky blue.

**u·lu·leer** *geülu=, (howl, wail)* ululate. **u·lu·le·ring** ululation.

**Um·kho·nto we·Si·zwe** *(Xh.: the Spear of the Nation, the former armed wing of the ANC)* Umkhonto weSizwe.

**um·laut** *=laute, (orthography)* umlaut, vowel mutation/change.

**uM·zi·li·ka·zi** *(Zu.),* **Mo·se·le·ka·tse** *(So.), (founder of the Ndebele people)* (u)Mzilikazi, Moselekatse, Mosilikatze.

**u·na·niem** *=nieme* unanimous, of one accord. **u·na·ni·mi·teit** unanimity.

**Un·cle Sam** *(infml.: the US)* Uncle Sam.

**u·ni·aal** *uniale, adj., (of a union)* union, unitary; *(SA hist., cap.)* Union; Unionwide; →UNIE.

**U·ni·aat** *Uniate, n., (Chr.)* Uniate. **U·ni·a·ties** *=tiese, adj.* Uniate.

**u·nie** *unies* union; →UNIAAL; *U~ van Suid-Afrika, (hist.)* Union of South Africa; *voor/ná die U~* before/after Union. **U~gebou:** *die ~* Union Buildings.

**u·niek** *unieke unieker uniekste (of meer ~ die mees unieke)* unique, unparalleled, unmatched.

**u·ni·fi·ka·sie** unification, union. **U~kerk** Unification Church.

**u·ni·form** *=forms, n.* uniform; military dress, regimentals; *'n ~ aanhê, in ~ wees* be in uniform. **u·ni·form** *=forme, adj.* uniform; flat *(rate).* **~stof** uniform cloth.

**u·ni·for·mi·ta·ris·me** *(geol.)* uniformitarianism; *aanhanger van die ~* uniformitarian. **u·ni·for·mi·ta·ris·ties** *=tiese* uniformitarian.

**u·ni·kum** *unikums, unika* unique thing; single copy.

**u·ni·seks** unisex. **~drag** unisex clothes.

**u·ni·stad** *=stede* unicity.

**u·ni·ta·ris·me** *(pol.)* unitarianism; *(Chr. theol.)* Unitarianism. **U·ni·ta·ri·ër** *=riërs, n., (member of the Unitarian Church)* Unitarian.

**u·ni·têr** *=têre* unitary.

**u·ni·ver·sa·lis·me** universalism. **u·ni·ver·sa·lis** *=liste* universalist. **u·ni·ver·sa·lis·ties** *=tiese* universalistic.

**u·ni·ver·seel** *=sele* universal, global, general, sole; ecumenical; *~sele toegang* universal access *(to the internet, aids treatment, elec., etc.); ~sele tyd, (Greenwich Mean Time)* universal time. **u·ni·ver·sa·li·teit** universality.

**u·ni·ver·si·teit** *=teite* university; *aan/op die ~* at the university; *op ~ wees* be at a university; *aan 'n ~ studeer* study at a university; *~ van tegnologie, tegniese ~* university of technology; *die U~ van Stellenbosch* the University of Stellenbosch.

**u·ni·ver·si·teits·:** **~biblioteek** university library. **~gebou** university building. **~graad** university degree. **~koshuis** students' hostel/residence. **~professor** university professor. **~terrein** campus.

**u·ni·ver·si·têr** *=têre* university, academic; scholastic; *~e opleiding* university/academic training.

**u·ni·ver·sum** *=sums* universe.

**un·si·aal** *=siale, n. & adj., (typ.)* uncial. **~skrif** uncial.

**u·raan** *(chem., symb.: U)* uranium. **~verryking** uranium enrichment.

**u·ra·ni·um** = URAAN.
**U·ra·nus** *(astron.)* Uranus.
**Ur·du** *(an Indic lang., also Oerdoe)* Urdu.
**u·re·taan** =tane, *(chem.)* urethane.
**u·re·ter** =ters, *(anat.)* ureter.
**u·re·tra** =tras, *(anat.)* urethra.
**u·re·um** *(biochem.)* urea.
**u·rien** →URINE.
**u·ri·naal** =nale, *n.* urinal.
**u·ri·ne, u·rien** urine. ~bak, ~kom, ~vat urinary. ~blaas urinary bladder. ~buis urethra. ~drywend =wende diuretic; ~e middel diuretic. ~kanaal urinary tract. ~leer urology. ~leier ureter. ~suur uric acid. ~weë urinary tract.
**u·ri·neer** geüri= urinate, make/pass water. ~middel =dele, =dels diuretic. **u·ri·ne·ring** urination, micturition.
**urn** urne urn; casket *(for cremation).* **urn·vor·mig, urn·vor·mig** =mige urniform.
**u·ro·ge·ni·taal** =tale, *(anat.)* ur(in)ogenital.
**u·ro·lo·gie** *(med.)* urology. **u·ro·lo·gies** =giese urologic(al). **u·ro·loog** =loë urologist.
**Ur·sa:** ~ **Major** *(astron.)* Ursa Major, the Great Bear. ~ **Minor** *(astron.)* Ursa Minor; the Lesser Bear.
**ur·ti·ka·ri·a** *(pathol.)* urticaria, hives, nettle rash.
**U·ru·guay** *(geog.)* Uruguay. **U·ru·gu·aan** =guane, **U·ru·gua·yaan** =yane, *n.* Uruguayan. **U·ru·gu·aans** =aanse, **U·ru·gua·yaans** =yaanse, *adj.* Uruguayan.
**u·sam·ba·ra·vi·ool·tjie** *(bot., also* U~) African violet.
**u·self** *refl. pron.* yourself, =selves *(acc. & dat.);* →U² *pers. pron..*
**u·sur·peer** geüsur= usurp.
**U·tah** *(geog.)* Utah.
**u·te·rus** uterusse, uteri, *(anat.)* uterus.
**u·ti·li·ta·ris·me, u·ti·lis·me** *(ethics, also* U~) utilitarianism. **u·ti·li·ta·ris** =riste, **u·ti·lis** =liste, *n., (also* U~) utilitarian. **u·ti·li·ta·ris·ties** =tiese, *adj., (also* U~) utilitarian.
**u·ti·li·têr** =têre, *adj.* utilitarian.
**U·to·pi·ë, U·to·pi·a** *(from a book written by Sir Thomas More)* Utopia. **u·to·pie** =pieë utopia. **u·to·pies** =piese, *adj.* utopian. **u·to·pis** =piste, *n.* utopian.

**uur** ure hour; **ag(t)/ens.** ~ eight/etc. hours; **baie ure** many hours; **binne** 'n ~ within an hour; within the hour; **by** die ~ by the hour, hourly; **die** ~ the time of the day; **ter elfder** ure at the eleventh hour *(or last minute/moment);* **elke** ~ every hour; at intervals of an hour; **nie aan die** ~ **gebonde** nie not tied to time; **'n goeie/ronde** ~ well over an hour; **iets in** 'n ~ **voltooi** complete s.t. in an hour; **op die kop tienuur/ens.** at ten/etc. o'clock sharp; **dit is op die kop tienuur/ens.** it is just ten/etc. o'clock; **weens die laat** ~ because of the lateness of the hour; **'n ure lang(e) onderhoud** an interview that goes on for hours; **'n ~ lang(e) program** a one-hour *(or an hour-long)* programme; **ure (lank/aaneen)** for hours; **vyf/ens.** ~ **(lank/aaneen)** for five/etc. hours; **die ure ná middernag** the small hours *(of the morning);* **om vieruur/ens.** at four/etc. o'clock; **iets gebeur om die** ~ s.t. happens every hour; **om en by** *(of* **omstreeks)** **ag(t)uur/ens.** about eight/etc. o'clock; **iets sal oor** 'n ~ **gebeur** s.t. will happen in an hour('s time); **die busse vertrek op die** ~ the buses depart on the hour; **teen 120 kilometer per** ~ **ry** do *(or travel at)* 120 kilometres an hour; **per** ~ an/per hour; by the hour; **dit is presies tienuur/ens.** it is just ten/etc. o'clock; **'n ronde/volle** ~ **(lank) wag/ens.** wait/etc. for a solid/full hour; **die klok slaan die ure** the clock strikes the hours; **tot op die** ~ (up) to the hour/moment; **van** ~ **tot** ~ from hour to hour. ~glas hourglass, sandglass. ~loon hourly wage/pay, wage per hour. ~sirkel declination circle, hour circle. ~staat time sheet. ~werk clockwork; clock, timepiece, timekeeper; movement, works of a clock/watch. ~werkmakery horology. ~wys(t)er =sers, =ters hour/short hand *(of a clock).*

**u·vu·la** =las, *(anat.)* uvula. **u·vu·lêr** =lêre, *n., (phon.)* uvular consonant, uvular. **u·vu·lêr** =lêre, *adj.* uvular. **u·vu·li·tis** *(pathol.)* uvulitis.

**u·we** *poss. pron., (fml.)* yours; →U²; **die** ~ yours faithfully/truly; **geheel die** ~ yours sincerely; **hoogagtend die** ~ yours respectfully, yours very truly.

**U·zi(-hand·ma·sjien·ge·weer)** Uzi (sub-machine gun).

# Vv

**v** *v's,* **V** *V's, (22nd letter of the alphabet)* v, V; *(Rom. numeral 5)* V. **V-formasie** V-formation. **V-hals** V-neck. **V-halstrui** V-neck(ed) jersey. **V-teken** *(gesture of victory/peace)* V-sign. **v'tjie** little v. **V-vormig** =*mige* V-shaped.

**vaag** *vae vaer vaagste, adj.* vague *(idea, answer);* hazy, indistinct, shadowy, blurred, nebulous, fuzzy, faint; indefinite; distant; indecisive; sketchy; *nie die* =*ste benul van iets hê nie* not have the faintest notion of s.t.; *in vae terme* in general terms; *vae logika, (comp.)* fuzzy logic; ~ *oor iets* vague about s.t.; *vae vermoede* lurking suspicion. **vaag·heid** vagueness; fuzziness; generality. **vaag(weg)** *adv.* vaguely; dimly.

**vaak** *n.* sleepiness, drowsiness, somnolence, somnolency; sleep *(in s.o.'s eyes);* dood *van die* ~ very/dead sleepy. **vaak** ~ *vaker vaakste, adj.* sleepy, drowsy; ~ *wees/word* be/become/get sleepy. ~**siekte** *(med.: encephalitis lethargica)* sleepy sickness. ~**sug** *(med.)* narcolepsy.

**vaak·heid, vaak·te** sleepiness, somnolence, somnolency.

**vaal** ~ *valer vaalste* pale, faded, drab, dull *(colour);* pale, dull *(light);* ashen, ash-coloured; sallow, ashen, pallid *(s.o.'s complexion);* buff, dun *(horse);* grey(ish); wan, mous(e)y, plain; *(infml., pej.)* wimpish, nerdish, nerdy; *(fig.)* lacklustre; fallow; →VALE; ~ *geskrik* wheyfaced; ~ *van die honger* famished, famishing; ~ *lyk* look seedy; ~ *papier* brown paper; *'n* ~ *persoonlikheid* a colourless personality; *jou* ~ *skrik* be frightened out of one's wits. ~**bleek** greyish, sallow, ash-coloured, ashen, pallid. ~**blond** =*blonde* ash blonde. ~**blou** blue dun, greyish blue. ~**boskat** African wild cat. ~**bruin** buff, dun, fallow, greyish brown, fawn. ~**doring** grey camel thorn. **V~driehoek:** *die* ~, *(SA, geog.)* the Vaal Triangle. ~**geel** fallow, buff, sallow. ~**grys** greyish, dull grey, dun-coloured. ~**haarnooi** (ash) blonde. ~**japie** *(SA, infml.: cheap/new/rough wine)* vaaljapie. ~**ribbok** grey rhebok. **V~(rivier): (die)** ~ the Vaal (River). ~**verrotting,** ~**vrot** fungal rot, botrytis.

**vaal·heid** tawniness; sallowness; fadedness; dowdiness, drabness.

**vaal·te** =*tes* barrenness, drabness; *(lit. & fig.)* drab patch.

**vaam** *vame, (also vadem)* fathom; *5* ~ *diep* 5 fathoms deep. ~**hout** *(forestry)* cordwood. ~ ~**maat** fathomage.

**vaan·del** =*dels* flag, standard, banner, colours; *met vlieënde* ~*s* with flying colours; *met vlieënde* ~*s deurkom* sail through *(infml.).* ~**parade** trooping the colour(s). ~**stok** flagstaff. ~**wag** colour guard.

**vaar¹** *vaars, n., (male parent of a horse etc.)* sire.

**vaar²** *ge-, vb.* sail, cruise, steam, fare, navigate, voyage; *beter* ~ do better; *goed* ~ do fine/well, make a good showing; *alles laat* ~ give up everything, *(infml.)* chuck it all; *iets laat* ~ give s.t. up; cut s.t. out *(infml.);* throw s.t. up *(a job etc.);* abandon s.t. *(hope);* drop/dismiss/quit s.t.; *iem. laat* ~ leave s.o. to him-/herself, leave s.o. to his/her own devices; *die skip* ~ *na* ... the ship plies to ... *(Eng. etc.);* *sleg* ~ do badly; have bad luck; *swak* ~ make a poor showing; *teen die stroom op* ~ sail upstream; *tussen Kaapstad en Robbeneiland* ~ ply between Cape Town and Robben Island; *vinnig* ~ travel fast; *wat het in jou ge~?* what has come over you?; what possessed you?. ~**boom** pole, punt(ing)/barge pole. ~**diepte** draught, (navigable) depth *(of a ship).* ~**geul** channel, water=, sea=, fairway, navigation/navigable/deep-water chan-

nel, sea lane. ~**lig** navigation/running light *(of a ship).* ~**stok punt(ing)** pole. ~**tuig** =*tuie* vessel, craft, ship, boat, keel. ~**water** water=, fairway, navigable water(s), shipping lane; *uit iem. se* ~ *bly* give s.o. a wide berth; *in iem. se* ~ *kom* thwart s.o., cross s.o.'s path. ~**weg** waterway.

**vaar·baar** =*bare* navigable. **vaar·baar·heid** navigability.

**vaar·der** =*ders* seafarer, navigator, sailor, voyager; vessel.

**vaar·dig** =*dige* skilful, efficient, skilled, deft, proficient, competent, fluent; clever; dext(e)rous; ready; ~ *met* ... deft with ...; ~ *met die pen wees* have a ready pen; *nogal* ~ *met iets* pretty useful at s.t.. **vaar·dig·heid** =*hede* skill, efficiency, deftness, proficiency, competence, fluency, prowess, virtuosity, know-how, expertise, expertness, ease, facility; cleverness; dexterity; readiness. **vaar·dig·heid·spel** game of skill. **vaar·dig·heids·toets** proficiency test, test of skill.

**vaart** *vaarte* speed; rate; pace; momentum; navigation; (shipping) trade; voyage; course, way; shipping service; velocity; impetus; haste; (ship's) run; *met 'n dolle/rasende/vlieënde/woeste* ~ at a breakneck pace/speed; *'n dolle* ~, *(also)* a fast track *(to nothingness etc.);* *'n skip se eerste* ~ a ship's maiden voyage; *met 'n groot* ~ at a great pace; *'n skip uit die* ~ *haal/neem* lay up *(or* pay off) a ship, withdraw a ship from service; ~ *hê* have (a fine/good turn of) speed; *met 'n hewige* ~ at a cracking pace *(infml.);* ~ *kry* gather *(or* pick up) speed; gather way; gain impetus, gain/gather momentum; ~ *loop, (naut.)* make way; *met 'n* ... ~ at a ... pace; *iem. in sy/haar* ~ *stuit* stop s.o. in his/her tracks *(infml.);* ~ *verloor* lose momentum; *(fig.)* run out of steam; ~ *verloor/verminder, (naut.)* lose way; ~ *verminder* slow down/up/off; reduce/slacken speed; slacken the pace, ease down; throttle back/down; *(~) versnel* make *(or* put on) a spurt; *'n vinnige* ~ a smart/rattling/spanking pace; *'n vlieënde* ~ a tearing pace; *die* ~ *volhou* keep up *(or* stay) the pace; *in/met volle* ~ at full speed; at full throttle; in full career; flat out *(infml.);* *met 'n (groot)* ~ *wegspring* start at a great pace; ~ *om die wêreld* circumnavigation of the globe/world. ~**belyn(d)** =*lynde* =*lynder* =*lyn(d)ste* streamline. ~**meter** speed indicator. ~**vermindering** deceleration, speed reduction.

**vaar·wel** *n.* farewell, goodbye; valediction; *(aan/vir) iem.* ~ *sê* bid s.o. adieu/farewell, bid/say farewell to s.o., say/wave goodbye to s.o.; *(aan/vir) iets* ~ *sê* bid/say farewell to s.t.; ~ *sê* say/kiss goodbye; *iem.* ~ *toeroep* bid s.o. farewell; *die wêreld* ~ *sê* retire from the world. **vaar·wel** *interj.* farewell!, goodbye! ~**sêery** saying goodbye, bidding farewell.

**vaas** *vase* vase; urn.

**vaat** *ge-* vat. ~**bundel** vascular/conducting bundle. ~**kramp** vascular spasm, vasospasm, vasomotor spasm. ~**liggaampie** *(anat.)* glomerulus. ~**plant** vascular plant. ~**ryk** vascular. ~**senu(wee)** vasomotor/vascular nerve. ~**stelsel** vascular system. ~**vernouer** =*nouers* vasoconstrictor. ~**vernouing** vasoconstriction, vascular constriction. ~**verwydend** vasodilatory. ~**verwyder** =*ders* vasodilator. ~**verwyding** vasodilation, vasodilatation, vascular dilatation. ~**weefsel** vascular tissue.

**vaat·jie** =*jies, n. (dim.)* keg, little tub/barrel, *(hist.)* firkin; *(infml.)* potbelly; *(infml., derog., a pers.)* fatty, fatso; *'n* ~ *olie* a barrel of oil.

**va·bond** =*bonde* rogue, rascal, scamp, miscreant.

**va·dem** =dems →VAAM.

**va·de·me·kum** =kums, **va·de·me·cum** =cums, (<*Lat.*) vade mecum, handbook, guide, manual.

**va·der** =ders, =dere father; parent, genitor; master; *(horses etc.)* sire; *dankie* ~! thank heavens!; *die Hemelse V*~ the Heavenly Father; *V~ Krismis, (infml.)* Father Christmas; →KERS(FEES)VADER; *liewe* ~!, *(infml.)* oh dear!, dear me!; ~ *ons!, (infml.)* (good) heavens!; *die* ~ *van* ..., *(fig.)* the father of ... *(poet. etc.); die V*~ *weet, (infml.)* goodness/dear knows. **~dank(ie)bly** profoundly thankful/relieved. **~hand** fatherly/paternal hand. **~hart** father's/paternal heart, heart of a father. **~moord** patricide, parricide. **~naam** →VADERSNAAM. **~plig** paternal/ fatherly duty. **~reg** paternal right; patriarchy, patriarchate. **~regtelik** patriarchal. **~seën** paternal/fatherly blessing. **~trots** fatherly/paternal pride.

**va·der·land** fatherland, home country, native/mother country; native land, homeland; *die* ~, *(also)* the old country; *iem. se aangenome/tweede* ~ the country of s.o.'s adoption; *(o)* ~!, *(infml.)* good(ness) gracious!, my goodness!. **va·der·lan·der** =ders patriot, nationalist. **va·der·lands·lief·de** patriotism, love of (one's) country.

**va·der·lik** =like, *adj.* fatherly; paternal; ~*e sorg* paternalism. **va·der·lik** *adv.* like a father, paternally. **va·der·lik·heid** fatherliness.

**va·der·loos** =lose fatherless.

**va·ders : V~dag** Father's Day. **~kant** paternal/spear side; *aan/van* ~ on the father's side. **~naam** paternal name, patronymic; *om/in* ~! for heaven's sake!.

**va·der·skap** fatherhood, paternity; authorship *(of a book); ondersoek na die* ~ inquiry into the paternity *(of a child).* **~saak, ~(s)geding** *(jur.)* paternity suit. **~(s)toets** paternity test. **~(s)verlof** paternity leave.

**va·doek** =doeke dishcloth, (dish)rag, washcloth, =rag, washing rag.

**va·e·vuur** *(RC)* purgatory.

**vag** *vagte* fleece *(of a sheep);* jacket, coat *(of animals in gen.);* pelt; clipping. **~wol** fleece/wether wool.

**va·gi·na** =nas, *(anat.)* vagina. **va·gi·naal** =nale vaginal. **va·gi·ni·tis** vaginitis.

**va·gus·se·nu(wee)** vagus (nerve).

**vak** *vakke* compartment, pigeonhole; partition; section, division; *(chess)* square; panel; bay, pane *(of a wall);* pocket; branch; course, field; profession; craft, trade; span *(of a bridge);* '*n* ~ *beheers* be master *(or have mastery)* of a subject; *iets is/val buite iem. se* ~ s.t. is outside s.o.'s province; *oor jou* ~ *gesels* talk shop; '*n* ~ *hê/leer/ loop/studeer* take a subject *(at college etc.);* dit is nie *iem. se* ~ *nie* that is not in s.o.'s line; *jou* ~ *ken* know one's business; '*n* ~ *leer* learn a trade. **~arbeid** skilled labour. **~arbeider** craftsman, skilled labourer/worker. **~blad** →VAKTYDSKRIF. **~bond** →VAKBOND. **~gebied** subject, field of study, speciality, discipline. **~geheim** =heime trick of the trade, trade secret. **~geleerde** specialist, expert. **~inspekteur** *(educ.)* subject adviser. **~kennis** professional/expert knowledge/skill, expertise, know-how, specialised knowledge. **~kundig** =dige, *adj.* skilled, competent, expert; professional; ~*e beampte* professional officer; ~*e personeel* professional staff. **~kundige** =ges, *n.* expert; scholar, specialist. **~kundigheid** (professional) skill/competence/ability, expertise, expertness, proficiency, craftsmanship. **~leerling** →VAKLEERLING. **~literatuur** specialist/professional literature, scientific and technical literature. **~man** =manne expert, specialist, professional; wright, artificer, artisan, (skilled) tradesman, craftsman; *algemene* ~ handyman; millwright. **~manskap** workmanship, craftsmanship, expertise, (professional) skill. **~onderwyser** teacher of a special subject, subject teacher. **~opleiding** vocational/professional training. **~organisasie** trade organisation. **~rigting** discipline, subject, field of study. **~taal**

technical language/terminology; *(often pej.)* (technical/professional) jargon. **~tekene** technical drawing. **~term** technical term, specialist/professional term; term of art. **~terminologie** technical/professional/specialist terminology. **~tydskrif, ~blad** specialist/scientific/professional/technical/trade journal. **~unie** →VAKBOND. **~verbond** confederation of labour/trades, trade(s) union congress/federation. **~vereniging** →VAKBOND. **~vernuf** workmanship. **~werk** workmanship, craftsmanship; skilled work; *(archit.)* trussing; framework; bay work. **~werkbrug** framed/truss bridge. **~woord** technical/specialist term. **~woordeboek** technical/specialist dictionary.

**va·kan·sie** =sies holiday(s), vacation, time off; '*n dag* ~ a holiday; '*n* ~ *êrens deurbring* spend a holiday/vacation somewhere; *met/op* ~ *gaan* go on *(or take a)* holiday/vacation; ~ *hou* be on holiday/vacation; *gaan* ~ *hou* go on *(or take a)* holiday/vacation; *êrens (gaan)* ~ *hou* spend a holiday/vacation somewhere; *in die* ~ during the holidays; ~ *kry* get a holiday; *met/op* ~ on holiday; ~ *neem* take a holiday; *met/ op* ~ *wees* be on holiday/vacation. **~bonus** holiday/vacation/ leave bonus. **~dag** holiday. **~ganger** holidaymaker. **~huis** holiday home/house/cottage. **~oord** holiday resort. **~plaas** guest farm. **~reis** holiday tour. **~stemming** holiday mood/ spirit. **~tyd, ~seisoen** holiday season.

**va·kant** =kante vacant, void; empty; free; open; *die setel is* ~ the seat is vacant.

**va·ka·tu·re** =res vacancy, opening; *geen* ~*s hê nie* have no vacancies *(on a staff);* '*n* ~ *in die personeel* a vacancy on the staff; '*n* ~ *vir* ... a vacancy for ...; '*n* ~ *vul* fill a vacancy. **~lys** list of vacancies.

**vak·bond** *(also* vakunie, vakvereniging*)* trade(s)/labour union. **~beweging** trade unionism, trade union movement, labour movement; trade/labour unions. **~lid** trade/labour unionist, trade/labour union member. **~man** unionist. **~raad** trade(s) council. **~verteenwoordiger** shop steward, (trade) union representative.

**va·ke·rig** =rige drowsy, dozy, rather sleepy; →VAAK *adj.*. **va·ke·rig·heid** drowsiness, sleepiness.

**vak·kie** =kies pigeonhole, cubby(hole), division; *(comp.)* folder; square *(on paper);* compartment.

**vak·leer·ling** apprentice, trainee; *iem. by ('n)* ... *as* ~ *inskryf/ inskrywe* apprentice s.o. to (a) ... **~kontrak** apprenticeship contract, articles of apprenticeship. **~raad** apprenticeship board. **vak·leer·ling·skap** apprenticeship.

**vak·sien** =siene vaccine. **vak·si·na·sie** vaccination. **vak·si·neer** ge= vaccinate.

**va·ku·ool** =kuole, *(biol.)* vacuole.

**va·kuum** =kuums vacuum. **~fles** vacuum flask/bottle, (Dewar) flask, Thermos (flask) *(orig. trademark, also* t~*).* **~pomp** vacuum pump. **~tenk** vacuum tank. **~verpak** vacuum-packed.

**val¹** *valle, n.* fall; trip, fall *(off/from); (fig.)* (down)fall, collapse; fall, drop, slope, rake, grade; windfall *(of fruit);* descent; spill, tumble; surrender; overthrow; crash; *(mus.)* cadence; *iem. se* ~ *bewerk* bring about s.o.'s ruin; '*n* ~ *breek* break a fall; ... *tot 'n* ~ *bring* bring down ... *(a government etc.);* '*n ononderbroke* ~ a sheer drop; *die* ~ *van iem. veroorsaak, (fig.)* be the death *(or* downfall) of s.o.. **val** ge=, *vb.* fall, come/ go down, drop, tumble, take a fall/spill; fall (over), topple over; stumble, fall; fall *(in a battle),* be killed/slain; *(fig.)* fall, be a failure; slope (down); *(water)* subside; founder; prolapse; *agteroor* ~ fall back; *(lit.)* fall over backwards; *iets* ~ *binne (die perke van)* ... s.t. falls within ...; *hard* ~ fall heavily; *in iets* ~ fall in(to) s.t. *(a hole, water, etc.); inmekaar* ~ collapse; *op jou knieë* ~ go down on one's knees; *iets laat* ~ drop s.t., let s.t. drop/fall; bring s.t. down *(a government); (fig., infml.)* drop s.t., let s.t. drop/fall; *lankuit* ~ measure one's length with the ground; *lelik* ~ have a bad/nasty fall, have/

take a nasty spill/tumble; *oor* **mekaar** ~ fall over each other; *hulle* ~ *oor* **mekaar** *om te* ... they are overeager to ...; *oor* **mekaar** ~ *om iets te kry* scramble for s.t. *(places etc.); iets* ~ **onder** ... s.t. belongs/comes/falls under/within ...; *s.t. is governed by* ...; *dit* ~ *nie onder iem. nie* that is not s.o.'s concern/province; *in die oog* ~ catch the eye, be conspicu= ous; *oor iets* ~ fall over s.t.; *op* ... ~ fall (up)on ...; *Kersfees* ~ *vanjaar op 'n Sondag* Christmas falls on a Sunday this year; *plat* ~ fall flat; throw o.s. down; ~ *plat!* down!; *die prys laat* ~ lower the price; *die regering het ge~* the government fell (*or* was overthrown/defeated); *skerp* ~, *(prices etc.)* plum= met, plunge; *aan die slaap* ~ fall asleep; *op die slagveld* ~ be killed in action; *stukkend* ~ fall to pieces; *daar* ~ *weinig te sê* there is little to be said; *tot op* ... ~ drop to ...; *uit iets* ~ drop from s.t.; fall out of s.t.; spill out of s.t.; *uitmekaar* ~ fall apart; come apart; break up; come to pieces; fall to pieces; *van* ... ~ fall off ... *(a ladder etc.); vuishoue* ~ fists fly; *'n woord(jie) laat* ~ drop a hint. ~**boom** barrier, boom *(at a level crossing).* ~**brug** drawbridge. ~**byl** guillotine. ~**byl= pot** *(tennis)* tiebreak(er). ~**bylstryd** *(soccer)* penalty shoot-out. ~**duik** skydiving. ~**duiker** skydiver. ~**gordyn** drop curtain; blind; shutter. ~**hamer** drop hammer. ~**hek** portcullis, boom. ~**helling** slope of fall. ~**helm** (crash) helmet; *(hist., mil.)* casque. ~**hoed** hard hat *(of an equestrian etc.).* ~**hoogte** drop; height of drop. ~**hortjies** drop shutter(s). ~**hou** *(tennis)* drop shot, lob. ~**kant** dropside *(of a cot, truck, etc.).* ~**klep** drop= (ping) valve, trap/clamping valve, clack (valve), shutter. ~**knip** gravity catch. ~**landing** pancake landing. ~**lig** sky= light; drop/trunk light. ~**lyn** *(geol.)* fall line. ~**mes** guillotine. ~**skerm** →VALSKERM. ~**skerpte** precipitousness; escarpment. ~**skyf** disappearing target. ~**sluiter** drop shutter. ~**smee= ge=** drop forge. ~**smeestaal** drop-forged steel. ~**staaf** crash bar. ~**stroom** down draught. ~**toets** falling weight test, drop test. ~**toevoer** gravity/gravitation feed, feed by gravity. ~**toe= voertenk** gravity (feed) tank. ~**tregter** funnel, chute, shoot. ~**venster** drop window. ~**wind** fall/katabatic wind; gust of wind, squall.

**val²** *n.* flounce *(on a skirt, dress);* frill; valance, valence. **val∙le= tjie** *=tjies, n. (dim.)* frill; ruffle; valance; *(in the pl., also)* ruf= fling.

**val³** *n.* trap, gin, snare; *in 'n* ~ *loop* fall into a trap; *(reg) in 'n* ~ *loop, (also)* walk (right/straight) into a trap; *'n* ~ *stel* lay/ set a trap. ~**deur** trapdoor; scuttle; falling door. ~**deurspin= nekop** trapdoor spider. ~**kuil** trap hole/fall, pit, pitfall, game pit. ~**luik** trapdoor, fall trap; drop; hatchway; drop shutter; booby hatch. ~**strik** trap, snare, pitfall, net; frame= up *(infml.).*

**va∙le** *vales: werk/ens. vir die/'n* ~ (of *die* ~*s), (infml.)* work/etc. for all one is worth (*or* like mad/anything).

**Va∙len∙ci∙a(∙le∙moen)** *(also* v~*)* Valencia orange.

**va∙len∙sie** *=sies, (chem.)* valency, valence. ~~**elektron** *(chem., phys.)* valence electron. ~**getal** valency/valence number.

**Va∙len∙tyns=** *=dag (14 Feb.)* (St.) Valentine's day. ~**geskenk** valentine('s gift/present). ~**kaart(jie)** valentine, valentine('s) card. ~**meisie, ~nooi** valentine.

**va∙le∙ri∙aan** *(bot.)* valerian. ~**suur** valer(ian)ic acid.

**va∙le∙rig** *=rige* ashen, sallowish, greyish, dun; mous(e)y, plain; *(infml., pej.)* wimpish, nerdish, nerdy.

**va∙le∙ta** *(Sp., a ballroom dance in triple time)* veleta, valeta.

**va∙lien** *(biochem.)* valine.

**Va∙li∙um** *(trademark: a tranquilliser)* Valium.

**valk** *valke* hawk, falcon; *(fig.: a militarist)* hawk. **val∙ke∙jag** falconry, hawking. **val∙ke∙nier** *=niers* falconer, hawker. **valk= oog** hawk's eye, falcon's eye; *(fig.)* hawk-eye, eagle-eye; *(stone)* hawk's-eye, falcon's-eye, mixed crocidolite.

**val∙lei** *=leie* valley; glen; dell; dale, vale *(poet.).*

**vals** *vals(e) valser valsste, adj.* false, fake *(gold);* counterfeit, forged *(money);* bogus, forged, false *(identity document etc.);*

false *(teeth, hair, weights, bottom, note, profit, pride, alarm, etc.);* specious *(argument);* artificial; mock, imitation *(diamond etc.);* false, fake(d), phoney, bogus, *(infml.)* pseudo; false, spurious, fallacious *(doctrine etc.);* treacherous *(glare etc.); (mus.)* out of tune, off-pitch; vicious, mean, nasty *(look);* synthetic; double-dealing, lying, two-faced, untruthful *(pers.);* men= dacious; ~ **dobbelstene** loaded dice; *'n* ~(*e*) *eed aflê* perjure o.s.; ~(*e*) *getuienis* false evidence; ~(*e*) *klank* dissonance; ~ *kraam,* skynkraam false/spurious labour; ~(*e*) *nederigheid* false modesty; ~ *noot* counterfeit/false money; *(mus.)* off key; ~(*e*) *profeet* false/mock prophet; ~ *steen, (also)* syn= thetic gem; ~(*e*) *voorstelling* misrepresentation; ~*e voor= wendsel* false pretences; ~(*e*) *vriende n. (pl.), (also ling.)* false friends. **vals** *adv.* falsely; *iem.* ~ *beskuldig* frame s.o.; ~ *klink* ring false; ~ *sing* sing out of tune (*or* flat *or* off key); *iets* ~ *voorstel* misrepresent s.t.. **V~baai** *(geog.)* False Bay. ~**munter** coiner, counterfeiter. ~**muntery** counterfeit= ing. ~**speler** cardsharp(er).

**vals∙aard** *=aards* perfidious/false person, sneak.

**vals∙heid** falseness, falsity, spuriousness; treachery, fraud= (ulence), deception, deceitfulness, perfidy, duplicity, un= truthfulness, double-dealing, dishonesty; forgery, fraud; fal= lacy; nastiness, maliciousness; ~ *in geskrifte, (jur.)* forgery.

**val∙skerm** *=skerms* parachute; *voorrade/ens. met* ~*s afgooi* drop supplies/etc. by parachute, airdrop supplies/etc.; *met 'n* ~ *na ... daal* parachute (in)to ...; *iets met 'n* ~ *neerlaat* parachute s.t. down. ~**aflewering** *(mil.)* airdrop. ~**seil** *n.* parasailing. ~**seil** *ge=, vb.* parasail. ~**seiler** parasailer. ~**ski** *n.* paraskiing. ~**soldaat** paratrooper, parachutist, *(SA, in= fml.)* parabat. ~**springer** parachutist. ~**sprong** parachute jump/leap. ~**sweef** *n.* paragliding. ~**sweef** *ge=, vb.* paraglide. ~**swewer** paraglider. ~**troepe** paratroops. ~**vaar** *n.* paras= cending.

**vals∙lik** falsely.

**va∙lu∙eer** *ge=* estimate, value. **va∙lu∙a∙sie** *=sies* valuation.

**va∙lu∙ta** *=tas* currency; value, rate of exchange, exchange rate; *vreemde/buitelandse* ~ foreign exchange. ~**mark** foreign ex= change market.

**val∙vu∙li∙tis** *(med.: inflammation of the heart valves)* valvulitis.

**vam∙pier** *=piere, =piers* vampire; *(fig.)* bloodsucker. **vam∙pi= ris∙me** vampirism.

**van¹** *vanne, n.* surname, family/last name; *hoe/wat is jou* ~? what is your surname (*or* last name)?.

**van²** *prep.* of; from; with, for; by; ~ *Ma aan Jan* from Mother to John; ~ *dié/daardie dag af* from that day on; *pryse* ~ *R100 af* (of *vanaf R100*) prices from R100 (upward[s]); ~ *5 Mei (af)* from 5 May, (as) from the 5th of May; ~ *die beste* ... some of the best ...; ~ *daar (af)* from there; *dis nou* ~ *hom/ haar* that's just like (*or* typical of) him/her; *iem.* ~ *die dood red* save s.o. from death; *tien/ens. kilometer* ~ *die end/einde af* ten/etc. kilometres from the end; ~ *geboorte* by birth; *'n gedig/ens.* ~ ... a poem/etc. by ...; *'n gek* ~ *'n vent* a fool of a fellow; *geld* ~ *jouself hê* have private means; ~ *gister af* since yesterday; *groot* ~ *gestalte* of tall stature; ~ *hier tot daar* from here to there; ~ *hout gemaak* made of wood; *(party/sommige)* ~ *hulle* some of them; *beef/bewe* ~ *kwaad= heid* tremble with anger; ~ *vleis leef/lewe* live/feed on meat; *nie genoeg om* ~ *te leef/lewe* nie not enough to live upon; ~ *Londen/ens.* from London/etc.; *'n lys* (~) *boeke* a list of books; *'n man/vrou* ~ *sestig/ens. (jaar)* a man/woman of six= ty/etc. (years); *ver* ~ *mekaar* wide apart, far asunder; *'n menigte* ~ *visse* shoals of fish; *'n muur* ~ *twee/ens. meter (hoog)* a two/etc. metre (high) wall, a wall two/etc. metres high; ~ *die Kaap (af) na Johannesburg* reis travel from the Cape to Johannesburg; ~ *nature* by nature; *(party/som= mige)* ~ ... some of ... *(the people etc.);* ~ *pas* (of *vanpas*) appropriate, fitting, relevant, pat; *net* ~ *pas* (of *vanpas*) op= portune; *goed te/*~ *pas* (of *vanpas*) *kom* come in handy/use=

ful; *iets kom (goed) te/~ pas* (of *vanpas*) s.t. serves a good/ useful purpose; *iets kom iem. (goed) te/~ pas* (of *vanpas*) s.t. stands s.o. in good stead; *~ iets praat* talk of (or about) s.t., refer to (or mention) s.t.; *stil ~ skaamte* silent with shame; *daardie soort (~) mens* that kind of person; *~ die strate af* off the streets; *~ ... tot ... daal/styg* decrease/increase from ... to ...; *~ nege(-uur) tot vyf(uur) werk* work from nine to five (o'clock); *~ iets vertel/weet/droom* tell/know/dream of/about s.t.; *die trein vertrek ~ ... af* the train leaves from ...; *~ voor af* all over again; *'n vriend ~ iem.* a friend of s.o.; *~ waar* whence (or from where). ~**af** from; *Zeus donder ~ Olimpus* Zeus thunders from Olympus. ~**daar** consequently, as a result, hence; *~ al die moeilikheid* hence all the trouble, and that caused all the trouble. ~**(dat)** *conj.* since, from the time when. ~**mekaar** asunder, to pieces; *iets ~ skeur* tear s.t. asunder. ~**uit** from, out of, ex. ~**waar** why; whence.

**va·naand** tonight, this evening.

**va·na·di·um** *(chem., symb.:* V*)* vanadium.

**Van Al·len-(stra·lings-)gor·del** Van Allen (radiation) belt *(in the upper atmosphere).*

**van·daal** *-dale* vandal.

**van·daan** from; *waar kom jy ~?* where do you come from?; *(fig., infml.)* what planet are you (living) on?; *iem. kom ver/ vêr ~* s.o. has come a long way.

**van·dag** today, this day; *in ~ se dae* in this day and age; *~ is nie gister nie, (fig., infml.)* it's a different (or whole new) ball game (altogether); *~ hier en môre daar* here today and gone tomorrow; *(said of a pers.)* a rolling stone; *juis ~, en dit nogal ~* today of all days; *~ of môre* soon, at an early date; *nie ~ nie* not today; *~ nog* this very day, even today; *tot ~ toe* (up) to date, to this day; *van ~ af (aan)* from today, from this day forward; *wat is (dit) ~?* what day is today?; what is the date today?; *~ oor 'n week* today week, this day week.

**van·da·lis·me** vandalism; *~ pleeg* commit vandalism. **van· da·lis·ties** vandalistic.

**van·dees·jaar, van·dees·maand, van·dees·week** this year/month/week; in this year/month/week; *die eerste maand van vandeesjaar* the first month of this year.

**Van der Waals-krag·te** *n. (pl.), (chem., phys.)* van der Waals forces.

**van·di·sie** *-sies* →VENDUSIE.

**Van Dyck-bruin, van·dyck·bruin** Vandyke brown.

**van·ef·fe** a minute/moment ago, just now.

**vang** *vange, n.* catch; prehension. **vang** *ge-, vb.* catch; capture, take prisoner, arrest; overtake; hold; foul; net; land *(fish)*; *(rugby)* field; hunt down; trap, bag; catch up (with); get hold of, lay hold on; secure, pick up; catch (out); *(naut.)* secure, make fast; *eerste maal ge~, tweede maal bang* once bitten, twice shy; *deur 'n krokodil/ens. ge~* taken by a croco- dile/etc.; *jou nie laat ~ nie* not allow o.s. to be caught; *jou nie sommer laat ~ nie* not be caught so easily; *'n bal mis ~* (of *misvang*) miss a catch; *iem. onverhoeds ~* catch s.o. nap- ping *(infml.)*; *(raak) ~* (of *raakvang*) hold/make/take a catch. ~**arm** tentacle. ~**bak** catch basin. ~**dam** catch/storage dam. ~**gat** snare, pit(fall), trap. ~**haak** catching hook, grab. ~**haar** tentacle. ~**hok** (game) trap, cage trap; dipping pen. ~**hou** catch; *'n ~ slaan* hit/offer a catch. ~**kans** *(cr.)* chance; *'n ~ benut/gebruik* hold/make/take a catch; *'n ~ verbrou* miss a catch. ~**knip** catch bolt. ~**kraal** holding pen, corral. ~**lyn, ~tou** painter, mooring rope; life line. ~**riem** noose, lasso, lariat. ~**slag** *(cr.)* catch; *'n ~ hou/maak* hold/make/take a catch; *met die ~* in making the catch. ~**stok** noose; crook stick; *iets met 'n ~ vang* noose s.t., catch s.t. with a noose. ~**tand** fang. ~**toestel** grapple, trap. ~**tou** lasso, lariat, noose; painter. ~**wa** police van; squad car. ~**water** impounded water.

**van·ger** *-gers* catcher; grapple; captor.

**vangs** *vangste* catch; haul; capture; grab; *'n goeie ~ doen/*

*maak* make a good catch.

**va·niel·je, va·nil·la** vanilla. ~**geursel** vanilla essence. ~**roomys** vanilla ice cream.

**van·jaar, van·mid·dag, van·mô·re** *(also* vanmore*),* **van· og·gend** this year/afternoon/morning.

**van·me·le·we, vans·le·we** in the old days, of old, long ago, formerly, in days of yore; *~ se dae* the days of yore; *in ~ se dae/tyd* (in days) of yore; *~ se mense* the people of old.

**van·nag** tonight; last night; *iem. het ~ by ... geslaap/oorgebly* s.o. stayed with ... last night; *ek het ~ geen oog toegemaak nie* I did not sleep a wink last night; *~ sal dit reën* it will rain to- night.

**van·self** of one's own accord, of/by o.s., by itself, unbidden, unprompted, of one's own free will, spontaneously, auto- matically; naturally; obviously; involuntarily; as a matter of course, self-explanatory; *die deur gaan ~ toe* the door shuts automatically; *iets ~ doen* do s.t. of oneself; *dit sal ~ regkom* it will right itself. **van·self·spre·kend** *=kende, adj.* obvious, natural, self-evident; self-explanatory; *iets as ~ aanneem/aan- vaar/beskou* take s.t. for granted; *dit is ~* it goes without say- ing; it stands to reason; *iets ~s* a matter of course. **van·self· spre·kend** *adv.* obviously, (as a matter) of course, naturally, implicitly. **van·self·spre·kend·heid** obviousness, matter of course, spontaneity; naturalness, casualness.

**vans·le·we** →VANMELEWE.

**van·te·vo·re** before(hand); previously, formerly, in the past; →TEVORE; *die aand ~* the previous night.

**van·we·ë** on account of, owing/due to, over; through; at the hands of; because of, as a result of.

**va·po·ret·to** *-retto's, -retti, (It.)* vaporetto, public (canal) boat.

**va·rend** *-rende* sailing, navigating, cruising.

**va·ri·a** *(Lat.)* miscellany, miscellaneous; miscellanea *(pl.).*

**va·ri·ant** *-riante* variant, different type, different from; *(math.)* variable. **va·ri·an·sie** *-sies, (math.)* variance.

**va·ri·eer** *ge-* vary; fluctuate; *~ van drie tot tien jaar* range from three to ten years. **va·ri·a·sie** *-sies* variation; *spontane ~, (biol.)* mutation. **va·ri·ë·rend** *-rende* variable.

**va·ri·é·té** *-tés, (mus.)* variety (theatre), music hall. ~**konsert** variety concert.

**va·ri·ë·teit** *-teite, (biol., ling.)* variety. **va·ri·ë·teits-** varietal *(flavour, character, wine, etc.).*

**va·ring** *-rings, (bot.)* fern, bracken. ~**blaar** (fern) frond, fern leaf. ~**plant** pteridophyte. ~**studie** pteridology.

**va·ring·ag·tig** *-tige* ferny.

**va·ri·o·la** *(tech.)* variola.

**va·ri·o·me·ter** variometer.

**va·ri·o·rum·uit·gawe** variorum (edition) *(with commenta- tors' notes).*

**va·ris·tor** *(elec.)* varistor.

**vark** *varke* pig, swine, hog, *(infml.)* porker, *(infml.)* grunter; *baie ~e maak die spoeling dun* where the hogs are many the wash is poor; *jou soos 'n ~ gedra* make a pig of o.s.; *iem. (skiet nie net spek nie, maar) gooi (sommer met die hele ~, (infml.)* s.o.'s tall stories are real whoppers; *jou ~!, (derog.)* you pig/swine/beast!; *soos ~e saamboer, (infml.)* pig it; *nie 'n ~ kan vang nie* be bandy-legged; *so vet soos 'n ~, (derog.)* as fat as a pig. ~**afval** pig's trotters, pettitoes. ~**bak** swill tub. ~**beer** boar. ~**blad** shoulder of pork. ~**blom, ~lelie, ~oor,** arum (lily), pig lily. ~**boer** pig farmer/breeder. ~**boer- dery** piggery, pig farm; pig breeding/farming/raising. ~**bors** breast of pork. ~**borsel** hog's bristle. ~**boud** leg of pork. ~**draf, ~spoeling** *(waste food fed to pigs)* hogwash, pig's/hog's wash, (pig/hog)swill. ~**haar** pig/hog bristle, hog hair. ~**hok** pigsty, pigpen. ~**koors** swine fever. ~**kotelet** pork cutlet. ~**leer** pigskin. ~**lelie** →VARKBLOM. ~**oor** pig's ear; *(bot.)* → VARKBLOM; dog-eared fold. ~**oor(-)plakkie** *(bot.)* pig's ear(s). ~**papies** pig plague. ~**pes** swine fever. ~**pootjie** *-jies* pig's trotter; pig's knuckle; *(in the pl., cook.)* pettitoes. **~rib(betjie)** sparerib, rib of pork, pork rib. **~slaai** *(bot.)* narrow-leaved iceplant. **~sog** sow. **~spek** bacon. **~spoeling** →VARKDRAF. **~stert** pig's tail; *(hair)* pigtail; *(elec.)* pigtail; *(bot.)* pigtail plant. **~tande** pig's teeth; *(infml.)* overshot jaw. **~tjop** pork chop. **~trog** pig trough. **~vel** pigskin; crackling. **~vet** lard, pork fat. **~vleis** pork; *maer ~* lean pork. **~wang** jowl.

**vark·ag·tig** *-tige* piggish, piglike, piggy; porcine *(fml.);* dirty.

**var·kens·kos** mast, pig's food, pig's wash, pig-, hogwash; *(bot.)* purslane; pannage; portulaca.

**var·kie** *-kies* little pig, piggy, pigling, porkling; *(icht: Pomadasys olivaceum)* piggy; *(entom.: Lepisma saccharina)* fish/silver moth, silverfish; *iem. het nie al sy/haar ~s (in die hok) nie, (infml.)* s.o. is not all there, s.o. ought to have his/her head examined, s.o. has a screw loose; *iem. se bont ~ makeer* s.o. is dotty; *jou ~s kwytraak, (infml.)* go soft in the head.

**vars** *~ varser varsste, adj.* fresh *(meat, fruit, butter, milk, air, flowers, eggs, etc.);* new-laid *(eggs);* saltless *(food);* sweet *(milk);* warm *(tracks);* recent; *iets bly ~* s.t. keeps good; *~ brood* new bread; *~ koljanderblare, (Ind. cook.)* dhania; *iets ~ maak* freshen s.t.; *~ steenkool* green coal; *~ stoom* live steam; *~ uit die ...* hot from the ...; *~ water, (not saline)* fresh water; *~ wond* recent wound. **vars** *adv.* freshly, newly. **vars·heid** freshness.

**vars·wa·ter:** **~kreef** crawfish, freshwater crayfish. **~snoek** pike.

**vas¹** *n.* fast. **vas** *ge-, vb.* fast, observe a fast; *ophou ~* break the fast. **~dag** fast day, day of fasting. **~tyd** fast, time of fasting.

**vas²** *vaste vaster vasste, adj.* fast; firm *(conviction, belief, will, etc.);* rigid *(axle, stay);* fixed *(abode, asset, bridge, etc.);* standing *(order, rule);* permanent *(address, appointment, etc.);* regular *(customer, employment);* solid *(food, ground);* steady *(voice, hand);* stationary *(boiler, engine);* definite *(plans);* static; stock; unwavering, stable; established; positive; set *(purpose);* fixed, immov(e)able *(property);* secure *(foundation);* sound *(sleep); iets is aan ... ~* s.t. is attached to ...; *~te bewys(e)* hard evidence; *~te funksie, (comp.)* hard-wired function; *'n ~te hand* a steady hand; *met 'n ~te hand skryf/skrywe* write a firm hand; *nou het jy my ~!, (infml.)* you have me there!, there you have me!; *dit is ~ en seker* it is absolutely certain, it is a dead certainty; *'n ~te spyskaart* a set menu; *~ teen die muur/ens.* flush against the wall/etc.; *~te toestand, (phys.)* solid state; *vir ~* for certain, definitely; *~te vriend/kêrel/meisie/nooi* boyfriend, girlfriend; *'n ~te vriend/kêrel/meisie/nooi hê* go steady; *~ word* solidify. **vas** *adv.* firmly, fast; *~ van plan* firmly resolved, determined; *jy kan ~ daarop reken* you may depend on it, you may be quite sure; *~ sit, (fig.)* sit tight; *~ staan, (lit.)* stand firm; *een ding staan ~* one thing is sure. **~beslote** *~ meer ~ die mees ~* determined, resolved, resolute, adamant, intent, decided; *~ wees om iets te doen* be determined to do s.t.; be bent (up)on s.t.; be intent on doing s.t.; have one's mind set on s.t.; *~ wees om iets te kry* have one's mind set on s.t.. **~bind** *vasge-* tie (up), tie on, fasten (up), fix, strap (up), bind, lash, tag, rope up, truss up, knot; *iets aan ... ~* tie s.t. to ...; *dinge (aan mekaar) ~* tie things together. **~bout** *vasge-* bolt (up). **~brand** *vasge-, (food)* burn; *(an engine)* seize, *(bearings)* seize up, run dry; get stuck, be in financial/etc. difficulties, be unable to pay; be unable to manage *(or cope with work)*, be unable to get through. **~byt** *vasge-* seize with the jaws; grip; *(fig.)* grit one's teeth, dig one's heels/toes in, keep at it, stick it out/through, *(infml.)* hang (on) in there, hang tough. **~byter** diehard, stayer, *(infml.)* bulldog. **~draai** *vasge-* tighten (up) *(a nut);* screw up/down; lock; tie, fasten; belay; get stuck, get into difficulties; be unable to get through work. **~druk** *vasge-* squeeze (tight), press together/tight/firmly, hold tight; cramp; hug; *onder ... vasgedruk* pinned under ...; *iem. teen ... ~* pin s.o. against ...; *iem. teen jou ~* snuggle s.o. close to one; *tussen ... en ... vasgedruk word* be caught between ... and ...

**~genael:** *aan ... ~* riveted to ...; *~ voor die TV sit* be glued to the TV. **~gespe** *vasge-* buckle (up/together), clasp; strap. **~geys** *-ysde* frozen in/up. **~gord** *vasge-* buckle up; fasten; *jou ~* belt/buckle up. **~grendel** *vasge-* bolt (securely). **~groei** *vasge-* grow together *(or into one); aan ... ~* become attached to ... **~gryp** *vasge-* grip, grasp, clasp, clutch, seize, catch hold of, take a firm grip/hold of. **~haak** *vasge-* hook/hitch together/on/in/up; snag, get snagged; stick, catch; clasp, grapple; *aan iets ~* catch/snag *(or get caught)* on s.t.; hook on to *(or onto)* s.t.; *iets aan ... ~* hitch s.t. on to *(or onto)* ... **~heg** *vasge-* fix (down), fasten, attach; *jou aan ... ~* cling to ... *(a friend etc.).* **~hou** →VASHOU. **~keer** *vasge-* (drive into a) corner, (en)trap, hunt down; stump; stalemate; nail down; invest. **~ketting** *vasge-* chain, fetter, *(poet., liter.)* enchain; *aan ... vasgeketting* chained to ... **~klamp** *vasge-* clamp (down); cleat; cramp together; *iem./iets aan ... ~* chain s.o./s.t. to ... **~kleef, ~klewe** *vasge-, (lit.)* stick to; *(fig.)* stick (fast), adhere closely; *aan iets ~* stick to s.t.; cleave to s.t. *(a tradition etc.).* **~klem** *vasge-* hold tight; grip, clasp; clip; jam *(one's finger in a door).* **~klewing** sticking (fast), adhesion; matting. **~klou** *vasge-, vb.* cling/stick to, hang on to *(or onto)*, hug; *aan ... ~, (fig.)* cling to ... *(old ideas etc.);* stick to ...; hang on to *(or onto)* ... *(infml.); op/om lewe en dood ~* hang/hold on like grim death *(infml.).* **~knel** *vasge-* hold tight; pinch, jam *(one's finger);* tussen ... vasgeknel wedged (in) between ... **~knoop** *vasge-* tie (on), fasten; button up *(a coat); iets aan ... ~* tie/link/join s.t. to ...; *iets knoop agter vas* s.t. buttons at the back. **~koop** *vasge-: jou ~* make a bad purchase/deal. **~kop** *(rugby)* tight head. **~koppel** *vasge-* couple, fasten/link/tie/hook together; *(astronaut.)* dock. **~lê** →VASLÊ. **~kyk** *vasge-: teen ... ~* stand face to face with ... *(s.o.);* have one's view obstructed by ... *(s.t.).* **~loop** *vasge-, (a ship)* run aground, strand, get stranded; *jou in ... ~* walk into ... *(a blow etc.); jou ~* find one's way blocked, get stuck; come to the end of one's tether, be cornered, get into trouble; come off second-best, get/have the worst of it; *jy sal jou ~* you will find out your mistake; *teen ... ~, (lit.)* bump/bang/knock into *(or collide with)* ...; *jou teen ... ~, (fig.)* come up against ... **~lym** *vasge-* glue (together), bond, stick, paste, fasten with glue, glue on. **~maak** *vasge-* fasten (up), make fast, secure, attach, fix (down); hitch; tie (up), button up, do up, moor, berth, tie on/up; belay; pinion; *iets aan ... ~* fasten s.t. to ...; join s.t. to ... **~maaktou** picketing rope; tether; stern fast/line/rope. **~maker** fastener, fastening; tier, tyer. **~meer** *vasge-* moor (up), tie up, dock, wharf *(a ship);* make fast; *die skip lê vasgemeer* the ship lies at her moorings. **~pak** *vasge-* pack firmly; catch; jam; grip, grasp, grab, clasp. **~parkeer** *vasge-* park in; *iem. ~* park s.o. in. **~pen** *vasge-* peg (down); pin down; stake; spike; hold down, corner; *onder ... vasgespen* pinned under ... **~plak** *vasge-* stick/paste/glue (together); *iets (met kleefband/-lint) ~* tape s.t. down. **~praat** *vasge-: jou ~* talk o.s. into a corner. **~prop** *vasge-* plug. **~raak** *vasge-* become entangled, get stuck/caught/jammed; *(a ship)* run aground. **~reën** *vasge-* be held up *(or detained)* by rain. **~rits** *vasge-* zip (up). **~roes** *vasge-* rust, become rusted; *iets is/het vasgeroes* the rust causes s.t. to stick; *in jou gewoontes vasgeroes* unable to change one's habits *(or get out of a rut).* **~ry** *vasge-: in ... ~* drive right into ...; *teen ... ~* collide with ..., knock/crash into ... **~ryg** *vasge-* lace (up), baste; tack on; *iets aan ... ~* tack s.t. onto *(or on to)* ... **~sit** *vasge-* adhere, stick (fast); be/get stuck, be fixed; *(capital)* be locked up; seize (up); be embedded *(in a surrounding mass);* bog down, be bogged down; be tied up; stick, fasten, fix (down), secure; chock, bed; *(infml.)* have a quarrel/barney, cross swords; *aan ... ~* adhere to ...; stick to ...; cling to ... *(soil to one's fingers etc.); in iets ~* stick in s.t., get stuck in s.t. *(mud etc.),* be embedded in s.t; *iets laat ~* make s.t. stick; *met iem. ~, (infml.)* be at odds with s.o.. **~skop** *vasge-* dig in one's heels/toes, make a stand; *teen iets ~* hold out against s.t.. **~skroef, ~skroewe** *vasge-* screw down/on/tight/

together, bolt. **~slaan** *vasge=* hammer in, nail down/in/to=
gether/on; *(gears etc.)* jam, lock; *(soil)* consolidate; batten;
*iets aan ... ~* nail s.t. on(to)/to ... **~speld** *vasge=* pin (up/to=
gether/down); *iets aan ... ~* fasten s.t. on ..., pin s.t. onto (*or*
on to) ...; clip s.t. onto (*or* on to) ... **~spyker** *vasge=* nail
(down/together); fix (down); tack (on), spike; fasten down;
*iets aan ... ~* nail s.t. on/to/onto (*or* on to) ... **~staan** *vasge=*
stand firm(ly), stand fast; sit tight; *iets staan by iem. vas* s.o.
is convinced (*or* quite sure/certain) of s.t.; *dit staan vas* it is
certain/definite, it is a fact; *~ teen ...* stand out against ...
**~staande** fixed, firm; firmly based; cast-iron; solid; hard
(and fast), firm; sure, certain, indisputable, self-evident, con=
clusive, final, definite; recognised, established *(fact);* stand=
ing *(rule).* **~stamp** *vasge=* ram down, ram home, pound
(home), tamp (in), firm, puddle *(concrete),* pun. **~steek** *vasge=*
fasten, pin (on/together); halt, stop (dead/short); ba(u)lk;
boggle; stick, get stuck; tie back; *by ... ~* stop short at/of ...;
*hier steek ek vas* this is where I draw the line; *skielik ~* stop
dead/short. **~stel** *vasge=* fix *(a price, date, etc.);* determine *(a
date);* settle, fix, nominate, name *(a day);* decide (on), decree;
find out, ascertain; establish *(a fact);* appoint, assign *(a place
etc.);* stipulate, enact, ordain; lay down *(a rule);* locate; *geen
vasgestelde reël (nie)* no fixed (*or* hard and fast) rule; *die vas=
gestelde tyd* the appointed time; the scheduled time. **~stel=
ling** fixing; determination; establishment; settlement; assign=
ment; enactment; conclusion. **~stik** *vasge=* stitch (on). **~sweis**
*vasge=: iets aan ... ~* weld s.t. onto (*or* on to) ... **~trap** *=trappe,
n., (trad. dance)* vastrap. **~trap** *vasge=, vb.* tread/stamp down;
steady o.s.; *(fig.)* be unwavering, stand firm/fast/pat, make a
stand; hold/keep/stand one's ground; corner, catch *(s.o.);* give
*(s.o.)* a dusting/thrashing; *iem. ~, (fig.)* bring s.o. to book; *iets
~* tramp/tread s.t. down; *iets (in die grond) ~* tread s.t. in.
**~trapplek** foothold, footing, toehold, purchase; jumping=
off place; *(mil.)* bridgehead. **~trek** *vasge=* pull tight; *(fig.)*
(drive into a) corner; bring to book; swindle, take in, do
*(s.o.)* down; *iem. met geld ~, (infml.)* swindle money out of s.o.,
swindle s.o. out of money. **~val** *vasge=* stick, get stuck; get
bogged (down), be bogged down, be trapped; clinch; be=
(come) ensnared *(in a traffic jam);* in iets ~* get stuck in s.t.
*(mud, traffic, etc.).* **~vang** *vasge=, (fig.)* encapsulate; *in iets vas=
gevang* caught up in s.t. *(the traffic etc.);* in iets vasgevang raak*
get snarled up in s.t. *(the traffic); tussen ... en ... vasgevang*
caught between ... and ... **~vat** *vasge=* grip, take a firm grip/
hold *(of/on);* tackle; *iem. ~, (fig.)* clamp down (*or* put a clinch)
on s.o.. **~vra** →VASVRA. **~vries** *vasge=* be/become frozen in;
get/become ice-bound. **~werk** *vasge=* sew on/together, stitch
up; suture. **~woel** *vasge=* fasten, tie, belay, lash, secure. **~ys**
*vasgeys* freeze in/up.

**va·sal** *=salle,* **va·saal** *=sale, (hist.)* vassal. **~staat** vassal state;
client state.

**vas·be·ra·de** *~ meer ~ die mees ~* determined, resolute, firm,
strong-, tough-minded, purposeful, dogged, deliberate. **vas=
be·ra·den·heid** determination, resoluteness.

**va·sek·to·mie** *(surg.)* vasectomy.

**Va·se·line** *(trademark for petrolatum)* Vaseline.

**vas·hou** *vasge=* hold *(s.o., s.t.);* hold fast/tight; hang on; per=
sist; constrain; *aan iets ~* hold onto (*or* on to) s.t.; abide by
s.t., adhere to s.t., keep to s.t., stand by s.t., stick by/to s.t.
*(principles); hou vas!* don't let go!, *(infml.)* hang on!; *(teleph.)*
hang on!, hold the line!. **vas·hou·dend** *=dende* dogged, te=
nacious, persistent; retentive; conservative. **vas·hou·er** holder;
fastener, fastening; holdfast; detainer. **vas·hou·e·ry** *(rugby
etc.)* holding. **vas·hou·plek** purchase, handhold, grasp.

**vas·ku·lêr** *=lêre* vascular. **vas·ku·la·ri·sa·sie** *(med.)* vascu=
larisation. **vas·ku·la·ri·seer** *ge=* vascularise.

**vas·lê** *vasge=* be fastened; be tied up/down; *(a ship)* be moored;
lie firm; tie up; pin/hold down; *(capital)* be locked up; fix,
settle, determine; stipulate; establish, lay down; mark *(an
event); (comp.)* key, capture *(data);* in ... vasgelê* embedded in
...; enshrined in ... *(legislation etc.).* **vas·leg·ging** fixing, fixa=

tion; determination; *(comp.)* capture *(of data).*

**va·so·mo·to·ries** *=riese* vasomotor.

**Vas·te** *(RC): die ~/Vastyd* Lent, Quadragesima.

**vas·te·: ~draad** *(elec., comp.)* hard-wired *(mach., smoke detec=
tor, etc.).* **~~inkomsteannuïteit** fixed-income annuity. **~rente=
draend** *=draende* fixed-interest bearing.

**vas·te·land** continent; mainland; *op die ~* on the continent.
**vas·te·lands** *=landse* continental; mainland; *(V~)* Continental.

**vas·ter** *=ters, n.* faster; →VAS[1] *vb..*

**vast·heid** firmness, fixity, fixedness; solidity, compactness;
invariability, permanence; strength, steadiness, fixity, stabili=
ty; rigidity; consistency; certainty; lastingness; fastness *(of
colour);* poise.

**vas·tig·heid** certainty, security; fixture; *geen ~ hê nie* have
nothing to go by/on; be a rolling stone; *geen ~ onder jou
voete hê nie, (fig.)* be on shaky ground.

**vas·voe·tig** *=tige, (lit.)* sure-footed.

**vas·vra** *=vrae, n.* quiz (contest). **vas·vra** *vasge=, vb.* quiz;
stump; corner. **vas·vra·er** quizmaster. **vas·vra·e·ry** quiz(zing).
**vas·vra·pro·gram** *(rad., TV)* quiz show.

**vat[1]** *n.* grip, hold; handle; holdfast; *geen ~ op iem. hê nie* have
no hold on s.o., make no impression (*or* be lost) on s.o.; *jou
argumente het geen ~ op iem. nie* s.o. remains impervious/
deaf to one's arguments; *op iem. ~ kry* get a hold on s.o.;
*('n) mens kan nie ~ aan iem. kry nie* one cannot make s.o.
out; *geen ~(plek) aan iem. kry nie, (also, infml.)* s.o. is a slip=
pery customer; *iets kry hoe langer hoe meer ~ op iem.* s.t.
grows on s.o.. **vat** *ge=, vb.* take; seize, catch; grasp, under=
stand, see *(the point);* comprehend, catch *(meanings);* take
in; *(a motor)* start; conceive; *aan iem./iets ~* touch s.o./s.t.;
*iem./iets aan ... ~* take s.o./s.t. by ... *(the arm);* iets ~ aan
iem.* s.t. affects s.o. deeply; *die snelheid/totaal het aan ... ge=,
(infml.)* the speed/total nearly reached ...; *alles ~* clean up
*(infml.); ~ hier!* here you are!; *jy sal maar moet ~ wat jy kry*
one will just have to like it or lump it *(infml.); laat ~, (in=
fml.: depart)* skedaddle, scoot; *~ dit maar vir jou* you may
have it, you are welcome to it; *iets mis ~* miss s.t. *(a ball etc.);*
fail to catch/grasp/take s.t.; not get hold of s.t.; →MISVAT *vb.;
~ so!, (infml.)* shake hands!; *iets stywer/vaster ~* tighten
one's grip on s.t.. **~lap** potholder; oven cloth. **~plek** hold;
handhold; holdfast; key; purchase; toehold; tooth; *~ aan/op
... kry* get/obtain a purchase on ...

**vat[2]** *vate, n.* barrel, cask, tun; vat; butt; tub; drum; *(anat.)*
vessel; *in die ~, (wine)* in the wood; *leë vate maak die meeste
geraas/lawaai* empty vessels make the most sound/noise; *'n
~ olie/ens.* a barrel of oil/etc.; *'n ~ vol* a barrelful. **~bier**
draught beer. **~maker** cooper. **~werk** casks, tubs.

**vat·baar** *iem. ~ maak vir ...* predispose s.o. to ...; sensitise
s.o. to ...; *vir ... ~* amenable to ... *(advice, discipline, etc.);* ca=
pable of ... *(an interpretation);* open to ... *(conviction etc.);*
prone to ...; subject to ... *(diseases);* susceptible to ... *(colds
etc.);* vulnerable to ... *(flattery etc.);* liable to ... **vat·baar·heid**
capacity; susceptibility; amenability; liability; receptivity; pre=
disposition; vulnerability; sensibility. **vat·baar·ma·king** sen=
sitisation.

**Va·ti·kaan: *die ~* the Vatican. **~staat:** *die ~* the Vatican State.
**~stad:** *(die) ~* (the) Vatican City.

**Va·ti·kaans** *=kaanse* Vatican.

**vat·te·rig** *=rige* fond of touching *(persons);* flirtatious, *(infml.)*
fresh; *'n ~e ou man, (also, infml.)* a dirty old man; *moenie so
~ wees nie* don't paw me (about).

**vat·tig·heid:** *('n) mens kry nie ~ aan iem. nie, (infml.)* one
cannot make s.o. out; →VAT[1] *n..*

**vat-vat:** *net aan 'n onderwerp ~* merely touch (on) a subject.

**vat·vor·mig** *=mige* vasiform.

**vau·de·ville** *(variety entertainment)* vaudeville.

**Ve·da** *=das* Veda. **Ve·dies** *=diese, (also v~)* Vedic.

**Ve·dan·ta** *(Hind. philos.)* Vedanta. **Ve·dan·ties** *tiese* Vedantic.

**vee**[1] *n.* (live)stock; cattle. ~**arts** veterinary surgeon, *(infml.)* vet. ~**artsenykunde** veterinary science/medicine. ~**artsenykundige** *-ges* veterinary surgeon, *(Am.)* veterinarian. ~**boer** cattle/stock farmer, stockbreeder, grazier; *groot* ~ rancher *(esp. in N.Am.)*. ~**boerdery** stock farming/raising, farming of animals. ~**dief** stock thief, cattle stealer/lifter/rustler. ~**diefstal** stock theft, cattle stealing, sheep/cattle lifting. ~**kraal** cattle kraal/pen; (auctioneer's) stockyard. ~**mark** cattle/livestock market. ~**pes** cattle plague, rinderpest, murrain. ~**plaas** stock farm. ~**reier** *(orn.)* cattle egret. ~**siekte** stock disease; cattle disease. ~**stapel** livestock, stock *(of animals)*, herd(s). ~**teelt** stockbreeding, stock raising, animal husbandry. ~**teler** stockbreeder. ~**vandisie**, ~**vendusie**, ~**veiling** stock fair. ~**voer** forage, fodder, stock/animal feed. ~**wagter** shepherd, cattle herd, herdsman, herder; *berede* ~ stock rider; *die V*~, *(astron.)* the Herdsman, Boötes.

**vee**[2] *ge-, vb.* sweep; wipe. **ve·ër** *veërs* sweeper; wiper; rubber; duster, brush. **ve·ë·ry** sweeping; wiping.

**veeg** *veë* wipe; swish *(of a tail)*; whisk *(of a whip, tail, etc.)*; slap, cuff *(on the ear)*; smear; smirch; swipe. ~**hou** *(cr.)* sweep (shot), sweeping shot; swipe. ~**kaart** swipe card. **veeg·sel** *-sels* sweeping.

**veel**[1] *ge-, vb.* stand, bear, endure, abide, tolerate; stand, take; like; *iem./iets nie kan* ~ *nie* not be able to bear/stand (the sight of) s.o./s.t.; *hulle kan mekaar nie* ~ *nie, (also)* there is no love lost between them.

**veel**[2] ~, *vele meer die meeste, adj. & adv., (indicating number)* many; *(indicating mass)* much; often, frequently; *alte* ~ *ywer/ ens.* an excess of zeal/etc.; *besonder* ~ very much; *iem. ... beteken iem./iets nie* ~ *nie* s.o./s.t. is not much of a ...; *dit beteken nie* ~ *nie* it is nothing much; it is not up to much *(infml.)*; *iets is vir iem.* '*n bietjie (of bietjies) te* ~ s.t. is a bit much for s.o. *(infml.)*; *nie so danig* ~ *nie* not all that much; *iem. kan nie* ~ *daaraan doen nie* there isn't much (or there is little) s.o. can do about it; *een te* ~ one too many; */baie eerder* much rather; *ewe* ~ as much; the same; *ewe* ~ *as ...* as much as ...; ~ *gebruik* much used; *dit is 'n bietjie (of is bietjies) te* ~ *gevra/geverg* that's a bit (or pretty) stiff/steep *(infml.)*; ~ *groter* much/far bigger; *dit sal* ~ *help om ... it* will go far to ...; *nog te* ~ *kind wees* be still too much of a child; ~ *liewer* much rather; ~ *meer* much/many more; *te* ~ *op jou neem* overreach o.s.; *nie* ~ *nie* not much; *te* ~ *om op te noem* too numerous to mention; *nie* ~ *te sê nie* not much to say; *daar is* ~ *voor te sê* there is a good case for it, a good case may be made out for it; *te* ~ too much *(money etc.)*; too many *(people etc.)*; *dit was vir iem. eens te* ~ that was too much for s.o.; *veels te* ~ far too many; far too much; much too much; ~ *voorkomende vrae* frequently asked questions *(abbr.:* FAQs*)*; *nog nie* ~ *van ... (af) weet nie, (also)* be new to ... . ~**al** *(fml.)* often, usually, as a rule; mostly, for the most/greater part. ~**barend** *-rende, (med., zool.)* multiparous. ~**begeerde** coveted. ~**belowend** *-wende* promising, auspicious, favourable, full of promise. ~**berese**, ~**bereisde** much-, well-travelled, (widely) travelled *(pers.)*. ~**besproke** much/ widely discussed/debated, much talked-of *(book, project, plans, etc.)*, celebrated. ~**betekenend** *-nende, adj.* significant, meaning(ful); suggestive; portentous. ~**betekenend** *adv.* meaningly, significantly; *iem.* ~ *aankyk* give s.o. a meaning look. ~**bewoë** eventful, chequered *(life)*; stirring, turbulent, troubled *(times)*. ~**eer** *(fml.)* rather, sooner. ~**eisend** *-sende* exacting, demanding, taxing, challenging; gruelling, punishing; imposing, exigent; fastidious, fussy, hard to please, particular (about/over). ~**funksionele**, ~**funksie** multifunction(al) *(information system etc.)*. ~**gelese** widely read, esteemed. ~**geprese** boasted, vaunted. ~**godedom**, ~**godery** polytheism. ~**kultureel** *-rele* multicultural. ~**luik** *(fine arts)* polyptych. ~**omvattend** *-tende* comprehensive, extensive; wide

*(knowledge)*, exhaustive, sweeping. ~**party** multiparty *(democracy etc.)*. ~**poot** *(zool.)* myriapod. ~**rigting** multidirectional. ~**skaarploeg** multiple plough. ~**skrywer** prolific/ voluminous writer, hack. ~**skrywery** hack writing. ~**term** *terme* polynomial, multinomial. ~**toegang(s)** *(comp.)* multiaccess *(server, device, etc.)*. ~**verbinding** *(gram.)* polysyndeton. ~**verdieping** multistorey *(building etc.)*. ~**vraat** *(pers.)* glutton; *(animal)* wolverine. ~**weg** *(elec.)* multiway *(plug etc.)*.

**veel·blom·mig** *-mige* multiflorous, multiflowered, multibloomed.

**veel·de·lig** *-lige* multipartite, polymerous.

**veel·doe·lig** *-lige* multipurpose, all-purpose.

**veel·dui·dig·heid** multiplicity of meaning.

**veel·fa·sig** *-sige* multiphase.

**veel·heid** multitude, a large number; abundance, multiplicity; diversity, variety; complexity.

**veel·hoek** *(geom.)* polygon. **veel·hoe·kig** *-kige* polygonal, mult(i)angular, many-angled.

**veel·hoof·dig** *-dige* many-headed; ~*e regering* polyarchy.

**veel·ja·rig** *-rige* of many years *(pred.)*, many years' *(attr.)*; perennial.

**veel·kan·tig** *-tige* many-sided; many-faceted.

**veel·keu·si·ge**, **veel·keu·se** multiple-choice *(questions etc.)*.

**veel·kleu·rig** *-rige* many-coloured, -hued, colourful, multicoloured, variegated, varicoloured, particoloured, polychrome, gaudy; pleochroic *(crystal etc.)*. **veel·kleu·rig·heid** variegation; polychrome.

**veel·kop·pig** *-pige* many-headed; hydra-headed.

**veel·le·dig** *-dige* multipartite; *(alg.)* multinomial.

**veel·let·ter·gre·pig** *-pige* polysyllabic.

**veel·man·ne·ry** polyandry.

**veel·man·nig** *-nige* polyandrous.

**veel·na·mig** *-mige* multinominal; *(math.)* polynomial.

**veel·o·gig** *-gige* multocular.

**veel·ras·sig** *-sige* multiracial, racially mixed. **veel·ras·sigheid** multiracialism.

**veel·re·ë·lig** *-lige* of many lines.

**veels**: ~ *geluk!* (hearty) congratulations!, many happy returns (of the day)!.

**veel·seg·gend** *-gende* significant, meaning(ful), knowing; expressive; *'n* ~ *e glimlag* a meaningful/telltale smile; *'n* ~ *e uitspraak* a pregnant statement. **veel·seg·gend·heid** significance, pregnancy.

**veel·sel·lig** *-lige, (biol.)* multicellular.

**veel·sin·nig** *-nige* ambiguous. **veel·sin·nig·heid** ambiguity.

**veel·sna·rig** *-rige* multi-stringed.

**veel·soor·tig** *-tige* manifold, multifarious, omnifarious, varied, multiform, miscellaneous, multiple, diverse. **veelsoor·tig·heid** multifariousness, multiplicity, variety.

**veel·stem·mig** *-mige* many-voiced; polyphonic, polyphonous. **veel·stem·mig·heid** polyphony.

**veel·sy·dig** *-dige* versatile *(pers.)*; many-sided; multilateral; multifaceted; encyclop(a)edic; miscellaneous; all-round *(sportsman, -woman)*; multilateral; ~*e smaak* catholic taste. **veelsy·dig·heid** many-sidedness, versatility, variety, miscellaneousness, universality.

**veel·ta·lig** *-lige, adj.* polyglot, multilingual. **veel·ta·li·ge** *-ges, n.* multilingualist. **veel·ta·lig·heid** polyglottism, multilingualism.

**veel·tal·lig** *-lige* polymerous, multitudinous.

**veel·ton·gig** *-gige* many-tongued.

**veel·vlak** *(geom.)* polyhedron. **veel·vlak·kig** *-kige* multilevel *(building etc.)*; multifaceted *(structure etc.)*; *(geom.)* polyhedral. **veel·vlaks·hoek** polyhedral angle.

**veel·vol·kig** *-kige* multinational, -ethnic.

**veel·vor·mig** *-mige* varied in shape (and form), variously shaped; *(biol., sc.)* polymorphic, polymorphous; multiform; variform, protean, variable. **veel·vor·mig·heid** multiformity; *(biol., sc.)* polymorphism.

**veel·voud** *-voude, n.* multiple; *kleinste gemene ~, (math.)* lowest/least common multiple; *'n ~ van ...* a multiple of ... **veel·vou·dig** *-dige* multiple, multiplex; *(also veelvuldig)* multiple, frequent, repeated, manifold; varied; *~e ster, (astron.)* multiple star; *~e verwerker, (comp.)* multiprocessor.

**veel·vul·dig** *-dige* frequent, often; →VEELVOUDIG; *~e letsels* multiple injuries. **veel·vul·di·ge·keu·se** *comb.* multiple-choice *(questions etc.).* **veel·vul·dig·heid** multiplicity, frequency, multifariousness, manifoldness, numerousness.

**veel·waar·dig** *-dige, (math.)* many-valued; *(med., chem.)* multivalent; *(chem.)* polyvalent.

**veel·we·tend** *-tende* polymathic. **veel·we·tend·heid** polymathy.

**veel·we·ter** *-ters* person of wide knowledge, mine of information, polymath; *(pej.)* know-(it-)all, pedant.

**veel·wy·wer** *-wers* polygamist. **veel·wy·we·ry** polygamy, polygyny.

**veel·wy·wig** *-wige* polygamous, polygynous.

**veen** *vene* peat. **~grond** peat. **~land** peat bog/moor. **~mos** peat/bog moss. **~vlei** peat bog.

**veer¹** *vere, n.* feather; *(bot.)* pinna; *(carp.)* slip (feather); quill; *met geleende vere* in/with borrowed plumes; *iem. lê nog in die vere, (infml.)* s.o. is still between the sheets *(or in bed); jou vere regskud* get ready, make preparations; *sonder vere* unfledged, bald; *uit die vere kom* get up, rise (from bed); *vere verloor* moult feathers; *vere vir iem./iets voel, (infml.)* not care less about s.o./s.t.; *die vere maak die voël* fine feathers make fine birds; *vroeg uit die vere, (infml.)* up (and about) early. **veer** *ge=, vb.* feather, hackle, fledge. **~bal** shuttlecock. **~dahlia** *(bot.)* aster/cactus dahlia. **~gewig** *(boxing)* featherweight. **~gewigbokskampioen** featherweight boxing champion. **~lig** feather-light. **~pen** quill. **~poot(hoender)** rough-footed/-legged fowl. **~pyl** dart. **~wolk** *(meteorol.)* cirrus cloud.

**veer²** *vere, n.* spring *(of a car, chair, watch, etc.).* **~anker** spring anchor. **~balans** spring balance. **~bout** shackle bolt. **~klem** spring/bulldog clip. **~knip** spring catch. **~knipmes** switch knife, switchblade (knife). **~krag** springiness; buoyancy; *(lit. & fig.)* elasticity, resilience; kick; snap, bounce; *geen ~ hê nie* have no spring. **~kragtig** *-tige* springy; elastic, resilient *(lit. & fig.)*, buoyant, flexible. **~passer** spring (bow) compasses, spring bows, bow compasses. **~slot** spring/clasp lock, snap lock/bolt. **~werking** spring action.

**veer·:** **~boot** ferry boat. **~diens** ferry service. **~man** ferry=, waterman. **~pont** ferry boat.

**ve·ër, ve·ë·ry** →VEE² *vb..*

**veer·tien** fourteen; *~ dae* fourteen days, a fortnight; *vandag oor ~ dae* today fortnight. **veer·tien·daags** *-daagse* fortnightly, biweekly, half-monthly; two-week, fourteen-day *(tour, course, etc.).* **veer·tien·de** fourteenth; *~ eeu* fourteenth century. **veer·tien·de-eeus** *-eeuse* fourteenth-century.

**veer·tig** *-tige, -tigs* forty; *in die ~* in one's forties; *dit het in die jare ~ gebeur* it happened in the forties/Forties. **veer·ti·ger** *-gers* person of forty years, forty-year-old; *(Afr. liter. etc.,* V*~)* writer/etc. of the forties/Forties. **veer·ti·ger·ja·re** forties; *in jou ~* in one's forties; *dit het in die ~ gebeur* it happened in the forties/Forties. **veer·tig·ja·rig** *-rige, adj. (attr.)* forty-year-old, forty years'; *(pred.)* of forty years. **veer·tig·ja·ri·ge** *-ges, n.* forty-year-old. **veer·tig·ste** fortieth. **veer·tig·tal** (about/roughly) forty. **veer·tig·voud** multiple of forty. **veer·tig·vou·dig** *-dige* fortyfold.

**veer·tjie¹** *-tjies* little feather; *so lig soos 'n ~* as light as a feather.

**veer·tjie²** *-tjies* little spring.

**veg** *ge=* fight; contend *(against/for/with),* struggle *(against),* fight/battle *(for/against),* combat; strive *(for); ~ soos 'n besetene* fight like one possessed; *gaan ~* go into combat; *met iem. ~* fight with s.o.; *om iets ~* fight for s.t. *(position etc.); saam met ... ~* fight with/under ...; *teen ... ~* battle against ...; fight (against) ...; strive against ... *(temptation etc.);* struggle against ...; *vir iets ~* fight for s.t. *(freedom, survival, etc.).* **~bui** fighting mood. **~eenheid** fighting unit. **~gees** fight(ing spirit); morale. **~geleide** *(mil.)* fighter escort. **~generaal** *(chiefly hist.)* field general; combat general. **~gereed** fighting fit. **~haan** gamecock, fighting cock. **~knoper** *-pers* boxing promoter, matchmaker. **~kuns** art of war/fighting. **~linie** front/fighting line, line of fighting. **~lus** fighting spirit; combativeness, pugnacity; truculence; militancy; *vol ~* full of fight. **~lustig** *-tige* pugnacious, combative, militant, bellicose, in a fighting mood. **~moed** morale. **~terrein** battlefield, combat zone. **~troepe** fighting troops/forces. **~vlieënier** fighter pilot. **~vliegtuig** fighter (aircraft/plane), chaser, pursuit aircraft/plane.

**ve·ga·nis** *-niste* vegan, strict vegetarian. **ve·ga·nis·me** veganism.

**ve·ge·taal** *-tale* vegetal.

**ve·ge·ta·ri·ër** *-riërs, n.* vegetarian. **ve·ge·ta·ries** *-riese, adj.* vegetarian; *'n streng ~e dieet* a vegan (or strict vegetarian) diet. **ve·ge·ta·ris·me** vegetarianism.

**ve·ge·ta·sie** *-sies* vegetation, flora. **ve·ge·ta·tief** *-tiewe* vegetative. **ve·ge·teer** *ge=* vegetate.

**ve·gie** *-gies* little sweep/rub.

**vegs·man** *-manne* fighting man, warrior, fighter.

**veg·ter** *-ters* fighter, combatant; contender; fighter pilot; fighter (aircraft/plane); puncher, scrapper; *(fig.)* fighter, survivor. **veg·ters·kans** fighting chance. **veg·te·ry** fight, scuffle, tussle; fighting.

**vei·lig** *-lige, adj.* safe, secure; unscathed; sure; *alles (is) ~* the coast is clear; *~e belasting, (elec.)* permissible load; *~e hawe* safe haven; *~e huis/hawe/plek* safe house *(for abused women and children); so ~ as kan kom* as safe as houses; *dit is vir iem. ~ om te ...* it is safe for s.o. to ...; *~e seks* safe sex; *~e setel, (pol.)* safe seat; *~ teen ...* safe from ...; secure against/from ... *(attack etc.).* **vei·lig** *adv.* safely, securely; *~ deurkom* weather the storm; *iem. kan dit ~ doen* s.o. may safely do it.

**vei·lig·heid** safety, safeness, security; safekeeping; *iem./iets na/in ~ bring* remove/take s.o./s.t. to safety; *in ~, (also)* out of harm's way; *in ~ kom* reach safety; *iets in ~ stel* make s.t. safe, secure s.t.. **~sein** safety signal, all clear (signal); *die ~ gee* give the all clear. **~skakelaar** safety switch. **~skeermes** safety razor. **~slot** safety/stop/detector lock. **~streek** safety zone/belt.

**vei·lig·heids·:** **~diens** security forces; intelligence service/department. **~faktor** safety factor, factor of safety. **~gebied** safety/security area/zone. **~glas** safety/shatterproof glass. **~gordel** safety/seat belt. **~grendel** safety catch. **~grens** safety limit, margin of safety; leeway. **~halwe** for safety's sake, for reasons of safety/security; just in case. **~harnas** safety harness. **~hek** security gate. **~helm** hard hat *(of a constr. worker).* **~hok, ~raam** *(mot. etc.)* safety cage. **~ketting** safety/guard chain. **~klep** safety valve. **~knip** safety catch. **~kontrole(ring)** security check. **~maatreël** precautionary measure, precaution, safety/security measure, safeguard. **~oord** place of safety. V**~raad** *(int. pol.)* Security Council. **~raam** →VEILIGHEIDSHOK. **~reling** guardrail. **~toestel** safety device. **~troepe** security forces. **~voorsorg** safety precaution. **~wag** security guard/man. **~wet** safety law, law on/concerning public safety/security.

**vei·ling** *-lings* auction, public sale, sale by auction; *iets op 'n ~ koop* buy s.t. at an auction; *openbare ~* public auction; *iets by ('n) openbare ~ verkoop* sell s.t. at/by public auction.

**veins** *ge=* simulate, feign, fake, sham, pretend (to be); dis=

simulate, *(fml.)* dissemble; *vriendskap* ~ feign friendship, feign to be a friend; *ge~de vriendskap* false friendship. **veins·aard** =*aards* hypocrite, *(fml.)* dissembler, double-dealer, sham(mer). **vein·se·ry** =*rye* pretence, dissimulation, sham, insincerity, hypocrisy, dissembling, double-dealing, duplicity. **vein·sing** simulation, shamming, pretence.

**vek·tor** =*tore, =tors, (math., vet.)* vector. **vek·to·ri·aal** =*riale, adj.* vectorial. **vek·tor·veld** vectorial field.

**vel¹** *velle, n.* skin *(of a pers., an animal);* hide, pelt *(of an animal);* fur; sheet *(of paper);* scum *(on milk); (biol.)* integument; cuticle; membrane; kip *(of a young animal); (net)* ~ *en been, (infml.)* a bag of bones, (reduced to) skin and bone(s); *'n dik* ~ *hê* be thick-skinned, have a thick skin; *'n gevoelige* ~ a tender skin; *in los* ~*le, (paper)* in sheets; *uit jou* ~ *spring (van blydskap), (infml.)* jump/leap out of one's skin (with joy), be beside o.s. (with joy); *die* ~ *verkoop voor die beer geskiet is* count one's chickens before they are hatched. ~**af** bruised, grazed, skinned; *jou* ~ *val* be bruised by a fall. ~**broek** buck= skins, leather trousers. ~**handel** furriery. ~**kanker** skin can= cer. ~**karos** (skin) kaross. ~**kleur, huidkleur** colour of the skin, skin colour; complexion. ~**klier** cutaneous gland. ~**kwaal** skin complaint. ~**(le)handelaar, ~koper** fellmonger, buyer of skins/hides. ~**ontsteking, huidontsteking** inflammation of the skin, dermatitis. ~**oorplanting** skin graft(ing). ~**plooi, huidplooi** skin crease, fold of the skin. ~**room** skin cream. ~**siekte, huidsiekte** skin/cutaneous disease, dermatosis. ~**skoen** vel(d)skoen, veld/rawhide shoe. ~**sorg, ~versor= ging** skincare. ~**spesialis** skin specialist. ~**tering** lupus. ~**toets** *(med.)* skin test. ~**uitslag** rash, eruption (of the skin). ~**versorging** skin care.

**vel²** *ge=, vb.* cut/hew/chop down, fell *(a tree);* couch *(a spear);* leather, hide, flog, lick; *'n oordeel* ~ pass/pronounce/impose sentence, judge; *met ge=de bajonet* with fixed bayonet(s).

**ve·laar** =*lare, n., (phon.)* velar. **ve·la·ri·seer** *ge=* velarise. **ve·la·ri·se·ring** velarisation.

**veld** *velde* veld; field; grazing, pasture; vegetation; (open) country/fields; hunting ground; *(chess)* square; pitch; *die* ~ *behou* hold/keep the field; *'n groot* ~ *bestryk* cover much (or a lot of) ground; ... *in die* ~ *bring* put ... in the field *(personnel, equipment, also fig.); op die* ~ *gaan, (sport)* turn out, take the field; *'n groot/ruim* ~ *dek* cover a wide field; *in die* ~ in the field; on/in the veld; *op die* ~ on the field; wide scope; *ruim* ~ *bied* offer a wide scope; *iets slaan iem. uit die* ~ s.t. disconcerts s.o., s.t. puts s.o. out, s.t. takes s.o. aback; *op die* ~ *stap, (sport)* take the field; *te* ~*e* the field; *(mil.)* on active service; *te* ~*e trek* take the field; be/go on the warpath; *teen ... te* ~*e trek* launch/make an attack on ...; ~ *verloor* lose ground; ~ *wen* gain/make ground. ~**ambu= lans** field ambulance. ~**artillerie** field artillery/ordnance. ~**atleet** field athlete. ~**band,** *(infml.)* **boendoeband** off= road tyre, *(sl.)* knobbly. ~**bed** (camp) stretcher, camp/fold= ing bed. ~**blom** wild flower. ~**brand** veld/grass/brush fire; *soos 'n* ~ *versprei* spread like wildfire. ~**fiets** →VELD(MOTOR)= FIETS. ~**fiets(wed)ren** motocross. ~**fles** water/case bottle, flask. ~**fliek** *(infml.)* drive-in (cinema). ~**geskut** field artillery/ ordnance/guns. ~**gewas** *(agric.)* field crop. ~**gids** field guide *(for the identification of plants, birds, etc.).* ~**god** *(Rom. myth.)* faun. ~**heer** general; strategist. ~**heerskap** generalship. ~**hoed** bush/jungle hat. ~**hospitaal** field hospital. ~**in** into the veld. ~**kanon** *(mil., hist.)* field gun, galloper, field piece, falcon. ~**kennis** veld lore; bushcraft. ~**kombuis** *(mil.)* field kitchen. ~**kornet** =*nette, (chiefly hist.)* field cornet. ~**kornet= skap** =*skappe* field cornetcy. ~**kos** veld foods, edible wild plants. ~**kuns, ~vernuf** fieldcraft, bushcraft. ~**leër** field army. ~**lewe** wildlife. ~**maarskalk** *(mil.)* field marshal. ~**mag= neet** field magnet. ~**(motor)fiets** scrambler, dirt/trail bike, off-road motorcycle. ~**motoren** autocross. ~**muis** field mouse, field vole. ~**navorsing** field study. ~**nommer** *(athl.)* field event. ~**pou** Denham's bustard, *(obs.)* Stanley's bustard. ~**prediker**

(army) chaplain, *(infml.)* padre. ~**rantsoen** field rations. ~**roos** wild rose. ~**ry** *n.* off-roading. ~**ryer** off-roader. ~**slaai** *(bot.)* field/corn salad, lamb's lettuce. ~**slag** (pitched) battle. ~**spaat** *(min.)* fel(d)spar. ~**sport** field sports. ~**sterkte** *(mil., rad., TV)* field strength; *(phys.)* field intensity. ~**stoel(tjie)** camp stool. ~**studie** field study. ~**stuk** field piece, field gun. ~**teken** standard; *(mil.)* field badge. ~**telefoon** *(mil.)* field/ portable telephone. ~**tent** (army) tent; *groot* ~ marquee. ~**tenue** battle dress. ~**toets** *(mot.)* field trial. ~**tog** campaign, expedition; campaign *(against); 'n* ~ *meemaak* serve in a cam= paign; *'n* ~ *teen ... voer* campaign against ... ~**togsplan** plan of campaign. ~**troepe** field troops. ~**tydren** motocross, rally= cross. ~**uitrusting** field equipment/kit; battle dress/kit/gear. ~**vernuf** →VELDKUNS. ~**voertuig** all-terrain/off-road/cross- country vehicle. ~**vrug** wild fruit. ~**wagter** ranger. ~**wed= loop** cross-country race. ~**werk** *(cr.)* fielding; fieldwork *(of a researcher);* field operations; ~ *doen, (cr.)* field. ~**werker** *(cr.)* field(er), fieldsman; *(baseball)* baseman; fieldworker. ~**werk= toer** field trip.

**ve·le** many *(people).* **ve·ler·lei** many, all kinds of, a variety of, various, multifarious.

**ve·lêr** =*lêre, adj.* velar; →VELAAR *n.*.

**vel·le·tjie** =*tjies* (little) skin; pellicle; tunicle; fur; skin *(of fruit);* film *(on liquid);* small sheet *(of paper);* cuticle.

**vel·ling** =*lings, (mot.)* rim, *(hist.)* felloe, felly.

**ve·lo·ci·rap·tor** =*tors, (palaeontol.)* velociraptor.

**ve·loer** *(text.)* velour(s).

**ve·lou·té(·sop), ve·lou·té(·sous)** *(Fr. cook.)* velouté (soup/ sauce).

**velt** →VILT.

**ve·lum** =*lums, (bot., zool.)* velum; *(anat.)* velum, soft palate; *(anat., bot.)* veil.

**ve·lyn** vellum. ~**papier** wove paper, vellum paper, satin pa= per, wire-wove paper.

**Ven·da** =*das, Bavenda, (member of a people)* Venda; *(no pl.), (lang.)* Venda.

**ven·det·ta** vendetta; *'n* ~ *teen iem. voer* carry on *(or con=* duct) a vendetta against s.o..

**ven·du·sie, van·di·sie** =*sies* auction (sale), public sale, sale by auction; ~ *hou* hold an auction; *van iets* ~ *hou* auc= tion (off) s.t.. ~**lokaal** auction room/mart, saleroom. ~**lys, ~rol** auction list. ~**rys** *(SA cook., infml.)* yellow rice.

**ve·ne·ries** =*riese* venereal *(disease).* **ve·ne·re·o·lo·gie** vene= reology.

**Ve·ne·si·ë** *(geog.)* Venice. **Ve·ne·si·ër** =*siërs,* **Ve·ne·si·aan** =*siane, n.* Venetian. **Ve·ne·si·aans** =*aanse,* **Ve·ne·sies** =*siese, adj.* Vene= tian.

**ve·neus** =*neuse* venous.

**Ve·ne·zu·e·la** *(geog.)* Venezuela. **Ve·ne·zo·laan** =*lane, n.* Ve= nezuelan. **Ve·ne·zo·laans** =*laanse, adj.* Venezuelan.

**Venn·di·a·gram** *(math.)* Venn diagram.

**ven·noot** =*note* partner, associate; *as* ~ *van iem., met iem. as* ~ in partnership with s.o.; *hulle is* ~*note* they are partners, they are in partnership; *'n rustende/stil(le)* ~ a sleeping/si= lent/passive/dormant partner. **ven·noot·skap** =*skappe* part= nership; *'n* ~ *met iem. aangaan* enter into a partnership with s.o..

**ven·ster** =*sters* window; glass; *jou eie* ~*s stukkend gooi* cut off one's nose to spite one's face. ~**bak** window box. ~**bank** window sill; window seat/ledge. ~**blinding** (window) blind. ~**glas** window glass; sheet glass, glazing; plate glass. ~**haak** casement hook; window fastener. ~**koord** sash cord/line. ~**kosyn** window frame. ~**lood** sash weight; glazier's/sash/ window lead. ~**luik** window shutter, sun blind. ~**omgewing** *(comp.)* windowing environment. ~**raam** window frame/sash, sash (frame). ~**roei** mullion; window/sash bar. ~**ruit** window= pane. ~**stelsel** *(comp.)* windowing system. ~**uitstalling** win= dow display. ~**verdeling** fenestration.

**ven·ster·tjie** =tjies, n. (dim.) little window; peephole; box (in a newspaper).

**vent** vente, n., (infml.) fellow, chap, bloke, guy; die **arme/ stomme** ~ the poor beggar/devil (infml.); **gelukkige** ~! lucky dog! (infml.); 'n **gemene** ~ a blackguard/skunk, (infml.) a nasty piece/bit of work; 'n **nare** ~ a nasty customer (infml.); 'n **ongure** ~ an unsavoury fellow (infml.); 'n **snaakse** ~ a queer fish (infml.); ek kan die ~ nie **veel** nie I can't stand the blighter. **vent·jie** =jies, n. (dim.) little fellow/chap/man, ur= chin, whippersnapper.

**ven·ter** =ters pedlar, hawker, (street) vendor. **ven·te·ry** ped= dling, hawking.

**ven·tiel** =tiele (air) valve; (mus.) ventil (of an organ); stop, valve, ventil (of a trumpet etc.).

**ven·ti·leer** ge= ventilate, air. **ven·ti·la·sie** ventilation. **ven·ti· la·sie·skag** (min.) upcast. **ven·ti·la·tor** =tors ventilator, fan.

**ven·traal** =trale ventral.

**ven·tri·kel** =kels, (anat.) ventricle.

**Ve·nus** (Rom. myth., astron.) Venus. **v~(haar)varing** (bot.: Adiantum spp.) maidenhair (fern).

**ve·nyn** malice, spite, rancour, venom, poison, gall. **ve·ny·nig** =nige, adj. venomous (fig.); vicious, malignant, bitter, viru= lent, sharp(-tongued) nasty, malicious; spiteful. **ve·ny·nig** adv. viciously, bitterly, virulently, sharply, spitefully. **ve·ny· nig·heid** spitefulness, nastiness, maliciousness, malevolence, virulence, malignity, viciousness, bitterness.

**ver, vêr** ~, verre verder/vêrder verste/vêrste, adj. & adv. far, distant, remote, far-off, far-away (countries); A staan ~ **ag= ter** by B B leaves A far behind; ~ **bo** die vyftig (jaar) well past fifty; ~ **daarvan** om te sê dat ... far from saying that ...; **dit is** ~ (weg) it is a long way off; **ewe** ~ van ... equidistant from ...; iem. sal nog ~ **gaan** s.o. will achieve much; s.o. will go far; ~ **gevorder(d)** well advanced; ~s **gevorderde** most advanced; **hoe** ~ het jy gekom? how far did you get?; **hoe** ~ is jy (met die werk)? how far have you got (with the work)?; 'n **kilometer** ~ a kilometre away; daarmee sal jy nie ~ **kom** nie that won't bring you far; ~ **langs** distantly; dis glad nie ~ nie it is not far (or no distance) at all; dis **nie** meer ~ nie it is not much further; ~ **padgee** vir iem. give s.o. a wide berth; die ~re **toekoms** the distant/remote future; **van** ~ (af) from afar; **van** ~ (weg) from far; ~ **van** ... far/remote from ...; far removed from ...; ~ **voor** miles ahead (infml.); ~ **weg** far away; dit is ~ (weg) it is a long way (off); ~ **wen** win hands down; leave (one's competitors) far behind. ~**af** far, far distant/ away/off, distantly, a long way off/away. ~**afgeleë** faraway (attr.), (far) distant, remote. ~**draend** =draende long-range (artillery); carrying, penetrating (sound). ~**gaande** drastic, sweeping, far-reaching, extreme. ~**geleë** remote, far-off, distant. ~**gesig** =sigte prospect; vista; (panoramic/wide) view, panorama. ~**gesog** =sogte, =sogde far-fetched; contrived. ~**regs** =regse, adj. ultraright. ~**regse** =ses, n. ultrarightist. ~**reikend** =kende meer ~ die mees =kende far-reaching, sweeping, com= prehensive. ~**strekkend** =kende far-reaching (consequences), sweeping, consequential.

**ver·aan·ge·naam** het ~ make more pleasant/comfortable, sweeten, add/give zest to.

**ver·a·de·ming** relief, respite, reprieve, breath of fresh air.

**ver·af·go(o)d** het ~ idolise, adore. **ver·af·go·ding** idolisa= tion, idolatry, hero worship.

**ver·a·fri·kaans** het ~, vb., (philol.) Afrikaansify; become Afrikaans(-speaking). **ver·a·fri·kaans** =kaanste, adj. Afri= kaansified. **ver·a·fri·kaan·sing** (philol.) Afrikaansification; becoming Afrikaans.

**ver·af·sku** het ~ loathe, detest, abhor, abominate. **ver·af·sku· wing** abhorrence, abomination, disgust, execration, loathing.

**ver·ag** het ~ despise, scorn, disdain, look down upon, hold (s.o., s.t.) in contempt, spurn, minimise, hold in derision, hold cheap. **ver·ag·te·lik** =like despicable, contemptible, vile;

contemptuous, scornful. **ver·ag·te·lik·heid** sordidness, vile= ness; contemptuousness, scornfulness. **ver·ag·tend** =tende scornful, contemptuous. **ver·ag·ting** contempt, scorn, dis= dain, despite, derision; ... met ~ **behandel**, (also) flout ... (rules etc.).

**ver·ag·ter** het ~ decline, deteriorate, lag/fall behind, (s.o.) go to pieces. **ver·ag·ter(d)** =terde backward, retrograde; run= down; deprived (child). **ver·ag·te·ring** falling/lagging behind, backwardness, deterioration, decline; deprivation.

**ver·ag(t)·vou·dig** het ~, vb. octuple. **ver·ag(t)·vou·dig** =digde, adj. octupled.

**ver·al** especially, particularly, chiefly, above all, mainly, no= tably, principally, in particular; let ~ **op** ... pay special atten= tion to ...; dit moet jy ~ nie doen nie on no account must you do this/that; dit moet ~ jy nie doen nie you of all people should not do that.

**ver·al·ge·meen** het ~ generalise. **ver·al·ge·me·ning** =nings, =ninge generalisation; sweeping statement.

**ver·a·me·ri·kaans** het ~, vb. Americanise. **ver·a·me·ri· kaans** =kaanste, adj. Americanised. **ver·a·me·ri·kaan·sing** Americanisation.

**ve·ran·da** =das veranda(h), porch, (It.) loggia.

**ver·an·der** het ~ change (clothes, relig., opinion, course, etc.); alter (a punishment, one's voice, etc.); change, switch (sides); turn, change; alter, change, modify (a situation); move, shift (a scene); vary; transform, convert, turn (into); transmute; transmogrify; van **gedaante/vorm** ~ transubstantiate; **in** ... ~ change into ...; turn into ...; iets **in** ... ~ change s.t. to ...; change/turn s.t. into ...; iem./iets het nog **niks** ~ nie s.o./ s.t. is the same as always; iets **van** ... in/tot ..., (also) con= vert s.t. from ... (in)to ...; **water** in **wyn** ~ turn water into wine. **ver·an·der·baar** =bare adjustable, alterable; converti= ble; variable; transformable; transmutable; modifiable; com= mutable. **ver·an·der·baar·heid** adjustability; convertibility; variability. **ver·an·de·rend** =rende changing, alterative, vary= ing. **ver·an·de·ring** =rings, =ringe change, alteration, conver= sion; variation, variety; amendment; transformation, modi= fication; mutation; 'n ~ **aanbring** effect a change; ~ **bring** in ... change/alter ...; 'n ~ **in** ... a change in ...; 'n ~ **instel** introduce a change; 'n ~ **maak** make a change; 'n ~ **on= dergaan** undergo a change/transformation; **spontane** ~s, ~s wat **vanself** plaasvind, (biol., med., tech.) autogenous changes; 'n ~ **teweegbring** (of teweeg bring) work a change; **vir** die ~ for a change; by **wyse** van ~ for a change. **ver· an·de·rings·tem·po** rate of change. **ver·an·der·lik** =like, adj. changeable, fickle, unreliable, inconstant (pers.); variable (wind, star, etc.); unsettled (weather); fluid (situation); un= steady (conditions); fitful; protean; ~e **grootheid** variable quantity/magnitude; ~e **groothede** variables. **ver·an·der·li·ke** =kes, n. variable. **ver·an·der·lik·heid** changeableness, fickle= ness, instability; variability.

**ver·an·ker** het ~ anchor; stay, hold down; tie, secure; (fig.) embed, anchor, establish. **ver·an·ke·ring** trussing; staying; bracing; (mech.) anchorage; (fig.) embedding, anchoring, establishing.

**ver·ant·woord** het ~, vb. justify (o.s., one's conduct); account for (money etc.); answer/vouch for; veel te ~ hê have much to answer for. **ver·ant·woord** =woorde, adj. justified, re= sponsible, well grounded/founded (pred.). **ver·ant·woor·de· lik** =like responsible (to s.o. for s.t.); answerable; accountable; liable; amenable; **aan** iem. ~ **vir** iets answerable to s.o. for s.t.; **aan** ... ~ **wees**, (also) report to ...; ~e **amp** position of trust; ~e **amptenaar/offisier** official/officer in charge; ~e **betrekking** responsible post; iem. ~ **hou** hold s.o. liable; **teenoor** ... ~ responsible to ...; iem. is **vir** iets ~ s.o. is re= sponsible for s.t., s.t. is s.o.'s responsibility; s.o. is in charge of s.t.. **ver·ant·woor·de·lik·heid** responsibility, accountabil= ity; onus; (jur., fin.) liability; die ~ van jou **afskuif/afskuiwe**

shirk responsibility; *die* ~ *berus by ... ...* is responsible; *iem.*
*dra die* ~ *vir iets* s.t. is s.o.'s responsibility, s.o. bears re=
sponsibility for s.t.; *op eie* ~ on one's own responsibility;
*iets op eie* ~ *doen* do s.t. off one's own bat *(infml.); iem. op*
*eie* ~ *vrylaat, (jur.)* release s.o. on his/her own responsibility/
recognisance(s); *dis my* ~ the buck stops here *(fig.); die* ~
*op jou neem* take/shoulder the responsibility. **ver·ant·woor·**
**de·lik·heids·ge·voel,** =be=sef sense/feeling of responsibility.
**ver·ant·woor·ding** account; responsibility; justification; *aan*
*iem.* ~ *doen van iets* account/answer to s.o. for s.t.; *op eie* ~
on one's own account; on one's own; in one's own right;
*iem. oor iets tot* ~ *roep* call s.o. to account for s.t..

**ver·arm** *het* ~ impoverish, pauperise; become poor/impov=
erished/pauperised; weaken, impair *(lang.);* deteriorate *(in*
*quality)*. **ver·arm(d)** =armde impoverished; ~armde uraan
depleted uranium. **ver·ar·ming** impoverishment, pauperi=
sation; deterioration.

**ver·as** *het* ~, *vb.* cremate *(a corpse);* incinerate; *(chem.)* cal=
cine. **ver·as** =veraste, adj. cremated *(corpse);* incinerated;
*(chem.)* calcined. **ver·as·ser** =sers incinerator. **ver·as·sing**
cremation *(of a corpse);* incineration; *(chem.)* calcination.

**ver·as·su·reer** *het* ~ = VERSEKER *vb..*

**ver·baal** =bale, *(gram.)* verbal. **ver·ba·li·seer** ge= verbalise.

**ver·baas** *het* ~, *vb.* surprise, astonish, astound, amaze, star=
tle; *dit sou my nie* ~ *nie* I shouldn't be surprised; *jou oor ...* ~
be astonished/surprised at/by *(or* marvel at) ...; *iets* ~ *jou*
*van ...* be surprised at ... **ver·baas** =baasde, adj. surprised,
astonished, astounded, amazed; wide-eyed; wonder-struck,
wonder-stricken; wondering; ~ *oor iets* astonished/surprised/
amazed at/by s.t.; ~ *om iets te hoor/ens.* surprised to hear/etc.
s.t.. **ver·baasd·heid** astonishment, amazement, surprise.

**ver·ban** *het* ~ banish, exile; expel, cast out; expatriate, de=
port; proscribe; *(fig.) 'n idee uit jou gedagte* ~ banish
an idea from one's thoughts, put an idea (right) out of
one's mind/head; *iem. uit ... na ...* ~ exile s.o. from ... to ...;
*iem. uit 'n land* ~ banish s.o. from a country; *iets uit skole* ~
ban s.t. from schools. **ver·ban·ning** exile, banishment; ex=
pelling, expulsion; proscription; deportation, expatriation.
**ver·ban·nings·oord** place of exile.

**ver·band** =bande connection, link, nexus, tie-in; relation=
(ship), association, tie-up; *(gram.)* coherence, cohesion; con=
text; correlation; *(mech.)* joint; bandage, sling; dressing *(of a*
*wound, sore, etc.);* (brickwork) bond(ing), overlapping; liga=
ture *(of an artery);* bond, hypothec *(on a property);* mort=
gage; *(jur.)* security, surety; *jou arm in 'n* ~ *hê/dra* have
one's arm in a sling; *iem. met ... in* ~ *bring* link s.o. with ...;
*iets met ... in* ~ *bring* relate s.t. to/with ...; *buite (die)* ~ out
of context; *in daardie* ~ in that connection; in that context;
*in* ~ *daarmee* in that connection; *nie die geringste* ~ *met*
*mekaar hê nie* not be remotely connected; *'n* ~ *met ... hê* be
connected with ...; have affiliations with ...; *met iets* ~ *hou*
relate to s.t.; bear (up)on s.t., have a bearing on s.t.; be
connected with s.t.; *in* ~ *met ...* in connection with ...; in/
with regard to ...; relating to ...; relative to ...; on the subject
of ...; regarding ...; *in (sy/hul)* ~ in context; *'n* ~ *op iets*
*neem* take out a mortgage on s.t.; *iets staan in noue* ~ *met*
*...* s.t. is closely connected with *(or* related to) ...; *die eien=*
*dom is onder* ~ the property is bonded/mortgaged; *iem. se*
*politieke* ~ s.o.'s party/political affiliation(s); *iets/dinge uit*
*(sy/hul)* ~ *ruk* take s.t./things out of its/their context, get
things out of proportion; *iets/dinge heeltemal uit* ~ *ruk* blow/
get s.t./things all out of proportion; *met ... in* ~ *staan* be
connected with ...; be tied up with ...; *die* ~ *tussen twee*
*dinge* the connection between two things; the relationship
between two things; the relation between two things. ~**akte**
mortgage deed/bond, deed of hypothecation/mortgage. ~**gaas**
gauze. ~**gewer** =wers mortgagor. ~**houer,** ~**nemer** mortga=
gee, bondholder, hypothecary. ~**kis(sie)** first-aid box, dress=
ing case. ~**koers** mortgage rate. ~**lening** mortgage loan.

~**linne** lint; (roller) bandage. ~**materiaal** dressing material,
dressings, bandages, materials for dressing wounds. ~**steen**
bonding brick.

**ver·ba·send** =sende =sender =sendste, adj. surprising, amaz=
ing, astonishing, astounding, flabbergasting, stupendous;
startling; marvellous *(memory);* →VERBAAS *vb. & adj..* **ver·**
**ba·send** *adv.* surprisingly, amazingly; *nie* ~ *nie* not sur=
prising, unsurprising.

**ver·ba·sing** surprise, amazement, astonishment, wonder;
stupor; *met* ~ in/with amazement/astonishment; *iem. se* ~
*oor iets* s.o.'s amazement/astonishment at s.t.; *met stomme*
~ in mute amazement/astonishment, in silent wonder; *tot*
*iem. se* ~ to s.o.'s surprise/amazement/astonishment; *uit* ~
out of astonishment; ~ *uitspreek* express surprise; ~ *wek*
cause surprise/amazement/astonishment. **ver·ba·sing·wek·**
**kend** =kende astonishing, surprising, amazing, astounding,
stunning.

**ver·bas·ter** *het* ~ hybridise, interbreed; mongrelise; degen=
erate. **ver·bas·te·ring** hybridisation, interbreeding; mongreli=
sation; miscegenation; degeneration.

**ver·beel** *het* ~: *jou* ~ *jy is ...* fancy o.s. as ...; *jou iets* ~ imagine
s.t.; *jou* ~ *jy ...* flatter o.s. that one ...; ~ *jou, ... ...* of all
things; ~ *jou!* just fancy/imagine (that)!, just think!; *jou*
*(nogal) wat* ~ be conceited, be full of o.s., think o.s. some=
thing, give o.s. airs, put on airs, *(infml.)* think one is the cat's
whiskers/pyjamas; *wat* ~ *jy jou?* who do you think you are?,
*(infml.)* I like your cheek!.

**ver·beeld** *het* ~ give shape to; ideate; figure, represent.

**ver·beel·ding** =dings, =dinge imagination, fancy, illusion; vi=
sion; conceit(edness); representation, image; imagery; *(also*
verbeeldings*)* conceit(edness), fancy, caprice, whims; *die* ~
*aangryp/(beet)pak* capture/catch/stir the imagination; *iem.*
*se* ~ *is op hol* s.o.'s imagination is running riot; *in jou* ~ in
one's mind's eye; *'n lewendige/sterk* ~ *hê* have a vivid im=
agination; *dis net/pure* ~ it's all in s.o.'s mind *(or* a figment
of s.o.'s imagination); *vol* ~ full of imagination; *vol* ~*s wees*
give o.s. airs, put on airs, be full of conceit; be capricious;
be hypochondriacal. **ver·beel·ding·loos** =lose unimaginative.
**ver·beel·ding·ryk** =ryke imaginative, fanciful.

**ver·beel·dings·:** ~**krag,** ~**vermoë** power(s) of imagina=
tion, imaginative power; (power of) fantasy; vision. ~**vlug**
flight of fancy *(or* the imagination). ~**wêreld** world/realms
of the/one's imagination, imaginary world.

**ver·been** *het* ~ ossify. **ver·be·ning** ossification.

**ver·be·na** =nas, *(bot.)* verbena, vervain.

**ver·berg** *het* ~ hide, conceal, screen, veil, mask, mantle, dis=
guise, secrete, cover up; obscure; →VERBORGE; *jou* ~ hide;
*iets* ~ *vir ...* conceal/hide s.t. from ... **ver·ber·ging** conceal=
ment, hiding, secretion; cover-up.

**ver·be·te** pent-up *(rage);* bottled-up *(feelings);* grim, deter=
mined, dogged, fierce, intense; obstinate *(resistance);* hard-
fought *(battle);* do-or-die *(effort).* **ver·be·ten·heid** grimness,
doggedness, obstinacy.

**ver·be·ter** *het* ~ improve; (make/get) better; brush up; im=
prove, raise *(quality);* upgrade; mend; come on, pick up;
correct *(proofs etc.);* rectify *(an error);* emend *(a text);* revise
*(an edition);* reform; amend; ameliorate; get better; reclaim
*(a sinner);* beat, break *(a record); kan jy dit* ~? can you im=
prove on that?; *jou* ~ reform, mend one's ways, turn over a
new leaf; ~ *op ...* improve on ... **ver·be·te·raar** =raars im=
prover; corrector; amender. **ver·be·ter·baar** =bare amenda=
ble; improvable; correctable; corrigible.

**ver·be·te·ring** =rings, =ringe improvement; reform; improve=
ment/advance/change for the better; correction; rectifica=
tion; emendation; amendment; betterment; reformation; *'n*
~ *aanbring* make a correction; *'n enorme* ~ a vast im=
provement; ~ *toon* do better; improve; *op weg na* ~ on the
mend. ~**skool, verbeterskool** reformatory; reform school,
penitentiary.

**ver·be·te·rings :** ~fonds betterment/improvement fund. ~gebied betterment area, improvement district.

**ver·beur** *het* ~ forfeit *(a right)*, lose; estreat *(bail)*. **ver·beurd** *=beurde* confiscated; *iets* ~ *verklaar* declare s.t. forfeit; estreat s.t. *(s.o.'s bail)*. **ver·beurd·ver·kla·ring** confiscation, seizure; sequestration; estreatment, forfeiture; secularisation *(of church property)*. **ver·beu·ring** forfeit(ure); *(jur.)* estreatment *(of bail)*.

**ver·beu·sel** *het* ~ waste, trifle *(time, money, etc.)*; fritter/idle/dally/linger/potter away *(time)*; wear away *(one's youth)*.

**ver·bied** *het* ~ forbid, prohibit, bar; place a ban on, suppress, ban *(a book etc.)*; *(jur.)* interdict, injunct, inhibit; *iem.* ~ *om iets te doen* forbid s.o. to do s.t.; prohibit s.o. from doing s.t.; ban s.o. from doing s.t.. **ver·bie·dend** *=dende* prohibitive, prohibitory, proscriptive, interdictory, inhibitory, inhibitive.

**ver·bind** *het* ~ join (together), unite, combine *(with)*; connect (up), associate, link *(places etc.)*; ally; associate; confederate; link (up) *(to/with)*; *(teleph.)* connect *(with)*, put through *(to)*; dress *(a wound)*; bandage, tie/strap up *(with a bandage)*; bind (up); bind together; commit/tie o.s. *(to)*; undertake, agree *(to do s.t.)*; compound; *(chem.)* combine (together), unite; *iets aan* ... ~ connect s.t. to ...; *jou aan* ... ~ plight/pledge o.s. to ...; *jou* ~ commit o.s., make a commitment; *iets met* ... ~ join s.t. to ..., link s.t. up with ...; *iem. met* ... ~, *(teleph.)* put s.o. through to ...; *jou* ~ *om iets te doen* undertake to do s.t.; *iets stewig* ~ strap s.t. up *(a wound etc.)*; *jou tot iets* ~ bind/commit/pledge o.s. to s.t.. **ver·bind** *=binde,* adj. bandaged. **ver·bin·dend** *=dende* connecting, linking; obligatory, mandatory; connective; conjunctive. **ver·bin·der** *=ders* connector; *(med.)* dresser.

**ver·bin·ding** *=dings, =dinge* connection, link; combination; joint; joining, junction; linking (up), link-up; bandaging, dressing *(of a wound)*; *(rly., telegr.)* communication; linkage; *(gram.)* nexus; union; *(chem.)* compound, combination; *(gram.)* conjugation; conjunction; relation, association; *(teleph.)* connection; ~ *met* ... *bewerkstellig* establish liaison with ...; *met* ... *in* ~ *bly* keep in touch with ...; maintain liaison with ...; *met* ... *in* ~ *kom/tree* get in touch with ...; *weer met* ... *in* ~ *kom/tree* reconnect with ... *(long-lost friends etc.)*; *iem. met* ... *in* ~ *stel* put s.o. in touch with ...; *met* ... *in* ~ *wees* be in touch with ...; communicate *(or* be in communication*)* with ...; *die* ~ *tussen hulle is verbreek, (telecomm.)* they were disconnected *(or* cut off*)*. ~stelsel system of communications; *(mot.)* hook-up wire. ~stuk connecting/junction piece, connection; *(chem.)* joint.

**ver·bin·dings :** ~boot tender. ~deur communicating/interleading/connecting door. ~gang connecting passage. ~kanaal connecting/linking canal/duct; *(fig.)* channel of communication. ~lyn connecting line; *(mil., also* verbindingslinie*)* line of communication. ~middel *=dele, =dels* means of communication; *(in the pl., also)* communications. ~pad connecting/link road. ~punt join, junction, point of junction/meeting; connecting point. ~pyp connecting/connective tube, joint pipe; communication pipe. ~teken hyphen. ~vlug connecting flight. ~weg *=weë* connecting road; line/channel of communication; *(in the pl., also)* communications.

**ver·bin·te·nis** *=nisse* union; alliance, bond; association, relationship; agreement, contract; engagement, commitment, undertaking; tie(-up); committal; obligation; *iem. se* ~ *met* ... s.o.'s association with ...; *jou* ~ *met* ... *verbreek* break off one's association with ...

**ver·bit·ter** *het* ~ embitter *(one's life)*; gall, (turn) sour, envenom, exacerbate. **ver·bit·ter(d)** *=terde* embittered *(at/by)*, sour, bitter *(about)*. **ver·bit·terd·heid** bitterness, embitterment, exasperation. **ver·bit·te·ring** embitterment, exacerbation, exasperation, animosity, irritation.

**ver·bleek** *het* ~, *vb.* pale, turn/grow pale, go pale/white; fade, lose colour; blanch; *(fig.)* fade, grow dull/dim. **ver·bleek** *=bleekte,* adj. pale, blanched. **ver·ble·king** fading, paling, waning, whitening; etiolation.

**ver·bleik** *het* ~ fade; blanch; discolour, bleach; tarnish. **ver·blei·king** fading. **ver·bleik·te** adj. *(attr.)* washed-out *(colour)*; faded *(article etc.)*.

**ver·blind** *het* ~, *vb., (lit. & fig.)* blind, dazzle; *iets* ~ *iem. vir* ... *s.t.* blinds s.o. to ... *(a friend's faults etc.)*. **ver·blind** *=blinde,* adj. blinded, dazzled, dazed. **ver·blin·dend** *=dende* glaring, dazzling, glary; garish, harsh *(light)*. **ver·blin·ding** blinding; blindness.

**ver·bloem** *het* ~ disguise, gloss over *(facts)*, palliate, veneer, veil, camouflage, cover up. **ver·bloe·mend** *=mende* palliative, euphemistic. **ver·bloe·ming** concealment, dissimulation, palliation, euphemism.

**ver·bluf** *het* ~, *vb.* dumbfound, nonplus, flabbergast, obfuscate. **ver·bluf** *=blufte,* adj. stunned, staggered, dumbfounded, nonplussed; *iem.* ... *laat staan* confound s.o.. **ver·bluf·fend** *=fende =fender =fendste* *(of meer* ~ *die mees =fende)* staggering, astounding, astonishing, startling, amazing. **ver·bluft·heid** amazement, confusion.

**ver·bly** *het* ~ gladden, delight, gratify, make happy, rejoice, hearten; *jou oor* ... ~ rejoice at/over ..., be delighted with ..., be elated at ..., be glad about/of ... **ver·blyd** adj. & adv. joyful(ly), glad(ly), happy, happily, delighted. **ver·bly·dend** *=dende =dender =dendste* *(of meer* ~ *die mees =dende)* gladdening, cheerful, joyful, joyous; hopeful *(sign)*. **ver·bly·ding** joy(ousness), rejoicing, elation.

**ver·blyf** *=blywe,* n. residence, residency, *(fml.)* abode, lodging(s); accommodation; *(also, mil.)* quarters; *(fml.)* sojourn; stay(ing); domicile; haunt, habitat; living conditions; stopover; *(aan) iem.* ~ *gee* put up s.o.; *sonder vaste* ~ of/with no fixed abode. ~koste accommodation expenses. ~permit residence/resident's/residential permit. ~plek (place of) residence, dwelling place; lodging(s), *(fml.)* abode, residence; whereabouts. ~toelaag, ~toelae subsistence allowance/money, residential allowance, lodging money.

**ver·bod** *verbiedings, verbiedinge* ban *(on a book, film, etc.)*; prohibition *(fml.)*; banning; embargo *(on ships etc.)*; suppression; bar; taboo; veto; don't *(infml.)*; *(jur.)* injunction; *(chiefly relig.)* interdict(ion); *geregtelike* ~ interdict, injunction; *'n* ~ *op iets lê/plaas* ban/prohibit s.t.; impose/lay/place/put an embargo on s.t.; *'n* ~ *op iets, (also)* a prohibition against/on s.t., a ban on s.t.; *die* ~ *op iets ophef* lift a ban from *(or* unban*)* s.t. *(a book etc.)*; lift/remove the embargo from s.t.. **ver·bods·be·pa·ling** *(jur.)* prohibition, prohibitory clause. **ver·bod·te·ken** prohibitive sign.

**ver·bo·de** *(strong p.p. of* verbied*)* prohibited, forbidden, illicit, off-limits *(attr.)*, under-the-counter *(magazine etc.)*, taboo; contraband; ~ *boek* banned book; *iets is* ~ *(gebied/terrein)* s.t. is out of bounds *(or* off limits*)*; ~ *gebied* restricted area, no-go area; *iets is* ~, *(also)* s.t. is a no-no; *dit is* ~ *om iets te doen* it is forbidden to do s.t..

**ver·bo·ë** *(strong p.p. of* verbuig*), (gram.)* inflected, declined, conjugated.

**ver·bond** *=bonde,* n. alliance, union, league, coalition; federation; bond; agreement; *(Bib.)* covenant; treaty, pact; *die Ou/Nuwe V*~ the Old/New Testament. **ver·bon·de** adj. *(strong p.p. of* verbind*)* associated; tied up; allied *(powers)*; attached; adherent; *iem. is aan 'n skool/ens.* ~ s.o. is on the staff of a school/etc.; ~ *aan* ..., *(also)* incident to ...; *met* ... ~ connected with ...; tied up with ... **ver·bon·den·heid** solidarity *(with)*, (close) connection, alliance *(with)*, association, connectedness; *iem. se* ~ *tot* ... s.o.'s commitment to ... *(a cause etc.)*.

**ver·bonds :** ~ark Ark of the Covenant/Testimony. **V**~god God of the Covenant. ~volk people of the covenant, chosen/covenanted people.

**ver·bor·ge** *(strong p.p. of* verberg*)* concealed, hidden; undercover; secret *(sin)*; latent *(qualities)*; *(also, med.)* occult; ulterior; *iets bly* ~ s.t. remains a secret. **ver·bor·ge·ne:** *die* ~ the occult; *in die* ~ secretly, in secret. **ver·bor·gen·heid** *-hede* secrecy; mystery; mysteriousness; concealment.

**ver·bou** *het* ~ cultivate, grow *(crops)*; reconstruct, renovate, convert, rebuild, alter *(a house etc.)*. **ver·bou·baar** *-bare* cultivable. **ver·bou·er** *-ers* grower, cultivator. **ver·bou·ing** *-ings, -inge* cultivation, growing *(of crops)*; (structural) alteration(s) *(to a building)*, rebuilding, conversion, renovation.

**ver·bou·e·reer** *het* ~ *-bouers* bewilder, bluff, flurry, fluster; perplex. **ver·bou·e·reerd** *-reerde meer* ~ *die mees -reerde* bewildered, dazed, flurried, flustered, nervous; embarrassed, mortified; nonplussed, perplexed, taken aback; *iem.* ~ *maak* fluster/disconcert s.o., put s.o. off; ~ *raak* get flurried/flustered/rattled; lose one's nerve. **ver·bou·e·reerd·heid** bewilderment, flurry, fluster; embarrassment.

**ver·brand** *het* ~, *vb.* burn; burn down; burn (to death); scorch; ash; scald, sear; cremate *(a body)*; incinerate *(refuse)*; be burnt, be consumed by fire, go up in flames; bronze; *tot as* ~ incinerate; *erg/lelik* ~, *(a sunbather)* burnt to a frazzle; *swart* ~ burnt to a cinder. **ver·brand** *-brande, adj.* burnt; *(attr.), (infml.)* blooming, damn; *so 'n ~e ...!* darn/damn/blast the/this ...!. **ver·bran·ding** burning; cremation *(of a corpse)*; *(chem.)* combustion; incineration *(of refuse)*.

**ver·bran·dings:** ~**kamer** combustion chamber. ~**oond** incinerator, combustion furnace, cremator, destructor. ~**proses** combustion process, process of combustion.

**ver·brands** *interj.* dash it (all)!, blast/damn (it)!; drat!, confound it!; *dit is* ~ *koud* it is damn/darn(ed) cold.

**ver·breed** *het* ~, *vb.* broaden, widen, extend; *(fig.)* broaden *(one's view)*. **ver·breed** *-brede, adj.* broadened, widened. **ver·bre·ding** *-dings, -dinge* broadening, widening.

**ver·breek** *het* ~, *vb.* break *(a promise, treaty, etc.)*; sever *(a connection)*; disrupt; violate *(an oath, the law, etc.)*; make extensive alterations to *(a building)*; infringe. **ver·breek** *-breekte, adj., (lit.)* broken (up); *(fig.)* broken *(promises etc.)*. **ver·bre·ker** breaker; violator. **ver·bre·king** breaking, violation; disruption; rupture; *(fig.)* severance, interruption; *'n* ~ *van ...* a breach of ...

**ver·brei** *het* ~, *(fml.)* spread *(a rumour)*; circulate; disseminate *(a doctrine)*, propagate; distribute. **ver·brei·ding** spread(ing); dissemination *(of a doctrine)*, propagation; distribution.

**ver·broe·der** *het* ~ fraternise; reconcile, bring together; *met iem.* ~ fraternise with s.o..

**ver·bro·ke** *(strong p.p. of* verbreek*), (fig.)* broken *(promise etc.)*.

**ver·brok·kel** *het* ~, *(lit. & fig.)* crumble (to pieces); weather; disintegrate; break (up); crack up; go down the drain. **ver·brok·ke·ling** crumbling; disintegration, break-up.

**ver·brons** *het* ~, *vb.* bronze, braze. **ver·brons** *-bronsde, adj.* bronzed. **ver·bron·sing** bronzing.

**ver·brou** *het* ~ make a mess/hash of, spoil, garble, botch, bungle; *(golf)* duff, dub *(a shot)*; *jy het alles mooi* ~ you have made a nice/pretty mess of things *(infml.)*; *werk* ~ bungle/botch work.

**ver·bruik** *n.* consumption, spending, (consumptive) use; waste; expenditure. **ver·bruik** *het* ~, *vb.* consume, use (up); exhaust *(a supply)*; waste, expend. **ver·bruik·baar** *-bare* consumable, expendable. **ver·brui·ker** *-kers* consumer. **ver·brui·ke·ris·me** *(often pej.)* consumerism.

**ver·brui·kers:** ~**beskerming** consumer protection. ~**boikot** consumer boycott. ~**gemeenskap** consumer society. ~**goedere, ~ware, verbruiksgoedere, verbruiksware** consumer goods, commodities. ~**krediet** consumer credit. ~**prys** consumer price. **V~raad** Consumer Council. ~**vertroueindeks** *(abbr.:* VVI*)* consumer confidence index *(abbr.:* CCI*)*. ~**vraag** consumer demand. ~**vriendelik** consumer-friendly. ~**weerstand** consumer resistance.

**ver·bruiks:** ~**artikel** consumption article, commodity, consumable/expendable item. ~**besteding** consumption expenditure/outlay/spending.

**ver·bruin** *het* ~ brown; bronze, tan.

**ver·bry·sel** *het* ~ shatter, smash, crush, smash (in)to smithereens/smithers, break to pieces; break *(s.o.'s heart)*; *(med.)* comminute.

**ver·buig** *het* ~ bend, twist; buckle; warp; *(gram.)* decline, inflect, conjugate; →VERBOË. **ver·bui·ging** *-gings, -ginge* bending; buckling, buckle; warp(ing); *(gram.)* declension; *(gram.)* (in)flexion, inflection. **ver·bui·gings·vorm** *(gram.)* inflection, flectional form.

**ver·bum** *verba, (gram.)* verb.

**ver·bur·ger·lik** *het* ~ demilitarise.

**ver·by** *adv.* past; over, finished, done (with); at an end; gone; *dis* ~ *ag(t)uur* it is past eight; *dit is (alles)* ~ it is all over; *by die kerk* ~ past/beyond the church; *die jaar is* ~ the year is out; *dis nou* ~ and that's *(or* that is) that; *iem. se tyd is* ~ s.o. is a spent force; ~ *iem./iets vlieg* fly past s.o./s.t.; *wat* ~ *is* that which has been; *wat* ~ *is, is* ~ it is no use crying over spilt milk, let bygones be bygones, one cannot undo the past. ~**dreun** *verbyge-, (a train etc.)* rumble past. ~**flits** *verbyge-* flash/streak past. ~**gaan** →VERBYGAAN. ~**glip** *verbyge-* slip past/by, shave, dodge; *by ...* ~ slip past ... *(the guards etc.)*. ~**gooi** *verbyge-* throw past; *(cr.)* overthrow. ~**groei** *verbyge-;* *(by) iem./iets* ~ outgrow s.o./s.t. ~**hardloop** *verbyge-* run past; *by ...* ~ run past ... *iem.* ~ outstrip/outrun/outpace s.o.. ~**hou** *(cr.)* passing stroke; *(tennis, cr.)* passing shot. ~**ja(ag)** race/speed past. ~**kom** *verbyge-* pass (by), come past/by; *by iets* ~ get past s.t.; get round s.t.; *daar kom jy nie verby nie* you cannot get past that; that cannot be argued away. ~**loop** *verbyge-* walk past, pass (by); *by ...* ~ walk past ... ~**mars** march past/by. ~**pad** bypass, road leading past *(a place)*. ~**praat** *verbyge-: by mekaar* ~ be at cross purposes. ~**ry** *verbyge-* pass (by); outride; overtake; *by ...* ~, *(by car)* drive past *(or* pull ahead of) ...; *(on a bicycle etc.)* ride past/by ... ~**skiet** *verbyge-* dash/shoot past; overshoot *(the mark)*. ~**skuur:** *by ...* ~ brush past ... ~**smokkel:** *iets by ...* ~ smuggle/slip s.t. past ... ~**snel** *verbyge-* rush/fly/shoot past by, *(infml.)* whizz past/by; *by ...* ~ rush past ... ~**spring** *verbyge-* jump past; sidestep, swerve. ~**stap** *verbyge-* walk/sweep past, walk by, pass; *by ...* ~ walk past ... ~**steek** *verbyge-* pass, overtake, pull ahead of; bypass; surpass, exceed. ~**stroom** *verbyge-* stream/flow past. ~**stuur** *verbyge-* steer clear of. ~**trek** *verbyge-* trek past; march past; fly/whizz past; pass; *(clouds, weather)* blow over. ~**vaar** *verbyge-* pass; sail past/by. ~**vlieg** *verbyge-* fly past; fly/slip (by); rush/whizz past; *by iem./iets* ~ fly past s.o./s.t.; *die tyd vlieg verby* time flies. ~**vlug** *n.* flypast, flyby.

**ver·by·gaan** *n.: in die* ~ in passing; perfunctorily, casually, by the way. **ver·by·gaan** *verbyge-, vb.* pass, pass/go by; go past; *(feelings)* pass (off), wear/work off; outdistance, outpace, outrun; *(time)* pass, elapse, slip by, roll by/away; pass over, omit, leave out *(s.o.)*; pass away, come to an end; give a miss; *by iem./iets* ~ pass by s.o./s.t.; *iets laat* ~ let s.t. go by default; let s.t. slip (through one's fingers); *(infml.)* give s.t. a miss; *ongemerk* ~, *(time etc.)* slip by; *nie onopgemerk by iem.* ~ *nie* not escape s.o.'s attention/notice; *rakelings by ...* ~ brush by/past ...; *dit sal* ~ it will pass; it will work off. **ver·by·gaan·de** passing; temporary, momentary; transitory, impermanent, transient, *(fml.)* evanescent, fugitive, ephemeral, short-lived; ~ *aard* temporariness; *'n* ~ *gril* a passing whim; ~ *klante* passing trade; *vinnig/snel* ~ fleeting. **ver·by·gan·ger** *-gers* passer-by.

**ver·bys·ter** *het* ~ perplex, bewilder, amaze, baffle, confuse, dazzle, confound, bemuse, stun, daze, stupefy, obfuscate. **ver·bys·ter(d)** *-terde* perplexed, bewildered, amazed, distraught, distracted; baffled, dazed, stunned, dumbfounded, stupefied, flabbergasted, bemused. **ver·bys·te·rend** *-rende meer* ~ *die mees -rende* perplexing, bewildering, amazing, baf

fling, dazzling, puzzling, *(infml.)* mind-boggling; electrify=
ing *(speed)*. **ver·bys·te·ring** perplexity, bewilderment, amaze=
ment, puzzlement, bafflement, confusion, daze, distraction,
dismay.

**ver·chroom** *het* ~ chrome, chromium-plate.

**ver·daag** *het* ~, *vb.* adjourn; defer, postpone; *(mil.)* dismiss;
recess; *(jur.)* remand; *(parl.)* prorogue; '*n vergadering tot 'n
week later* ~ adjourn a meeting for a week. **ver·daag** *-daagde,
adj.* adjourned. **ver·da·ging** *-gings, -ginge* adjournment; de=
ferment, postponement; prorogation; '*n voorstel tot* ~ a mo=
tion for adjournment.

**ver·dag** *-dagte meer* ~ *die mees -dagte* suspicious; suspected
*(pers., place, etc.)*; suspect *(statement etc.)*; questionable *(ac=
tion)*; sinister *(appearance)*; shady *(characters)*; fishy *(business)*;
*iets kom* ~ *voor* there is s.t. suspicious/fishy about s.t.; *iem.*
~ *maak* cast/throw suspicion on s.o.; *~te omstandighede*
suspicious circumstances; *~te persoon* suspect, suspected
person. **ver·dag·ma·ke·ry, ver·dag·ma·king** imputation, in=
sinuation, casting of suspicion, reflection, reflexion, impeach=
ment. **ver·dag·te** *-tes* suspected person, suspect; *(jur.)* ac=
cused, defendant; '*n hoogs* ~ a prime suspect. **ver·dagt·heid**
suspiciousness, dubiousness, shadiness, *(infml.)* fishiness.

**ver·damp** *het* ~ evaporate; vaporise; volatilise; *(fog)* dissi=
pate; *(infml.)* disappear. **ver·dam·per** *-pers* evaporator, va=
poriser, humidifier. **ver·dam·ping** evaporation; vaporisa=
tion; volatilisation; dissipation; exhalation. **ver·dam·pings·
toe·stel** evaporator, vaporiser, humidifier.

**ver·de·dig** *het* ~ defend; stand up for *(s.o.)*; uphold *(one's
interests)*; speak out for; defend, appear for *(s.o. in court)*;
(try to) justify *(o.s.)*; defend, uphold *(a thesis)*; vindicate;
champion; *aan die* ~ on the defensive; *die doel* ~ keep
goal; *jou* ~ defend o.s.; fight back; *jouself* ~ conduct one's
own defence *(in a court)*; *kan jy jou nie* ~ *nie?* have you (or
do you have) nothing to say for yourself?; *iem./iets teen ...*
~ defend s.o./s.t. against ... **ver·de·dig·baar** *-bare* defensible;
justifiable, valid, arguable, vindicable, tenable; *(jur.)* sus=
tainable. **ver·de·dig·baar·heid** defensibility; justifiability, jus=
tifiableness; supportability. **ver·de·di·gend** *-gende* defensive;
~ *ingestel wees,* ~ *optree* be on the defensive. **ver·de·di·ger**
*-gers* defender; supporter; upholder; justifier, vindicator; *(jur.)*
counsel (for the defence), defending counsel, defender;
*(sport)* defender, back; ~ *van ...* apologist for ... **ver·de·di·
ging** defence; vindication; plea; *(jur.)* counsel (for the de=
fence), defence; *(sport)* defence; *jou eie* ~ *behartig* defend
o.s. *(in a court)*; *in/op die* ~ on the defensive; *in staat van* ~
in a state of defence; *ter* ~ *van ...* in defence of ...; *vir die*
*verskyn* appear for the defence.

**ver·de·di·gings :** V~**hoofkwartier** Defence Headquarters.
~**linie** line of defence. ~**mag** defence force. ~**wapen** de=
fensive weapon.

**ver·deel** *het* ~ divide; divide/split up; distribute; assign
*(parts)*; apportion *(water)*; separate; distribute, spread *(costs)*;
allocate *(tasks)*; dismember; *(a river)* fork; *iets in twee dele* ~
divide s.t. into two parts; *mense/dinge in groepe* ~ split up
people/things into groups; '*n land* ~ partition a country;
*hulle* ~ *dit onder mekaar* they share it between them; *iets
onder/tussen mense* ~ divide s.t. among/between people;
apportion s.t. among/between people; *rolle* ~ cast; *in sen=
timeters* ~, *(a ruler etc.)* marked in centimetres; *werk* ~,
*(also)* split the job. ~**bord** *(elec.)* distribution/distributing/
branching/service board. ~**klep** *(mot.)* distribution valve.
~**kop** distributor/dividing head. ~**net** *(elec.)* distribution net=
work. ~**passer** dividing compasses, (pair of) dividers. ~**pyp,**
~**stuk** manifold; distributing pipe.

**ver·deel·baar** *-bare* divisible; distributable, available for dis=
tribution.

**ver·deel(d)** *-deelde* divided, disunited; *onderling* ~ divided
among(st) themselves; divided against itself; *oor iets* ~ di=
vided over s.t.; *~e skerm, (comp.)* split screen; *skerp* ~

deeply divided. **ver·deeld·heid** division, disagreement; dis=
cord, schism, disunity, dissension; cleavage; ~ *bring* create
strife; ~ *saai* sow (the seeds of) dissension/disruption.

**ver·dek·sels** *-selse, adj. & adv.* damn(ed), darn(ed), bloom=
ing, flaming, flipping. **ver·dek·sels** *interj.* damn (it [all])!,
blast (it)!.

**ver·de·lend** *-lende* dividing; divisive, schismatic; distribu=
tive; partitive.

**ver·de·ler** *-lers* divider; *(elec.)* distributor; disrupter, schis=
matic.

**ver·delg** *het* ~, *vb.* destroy, exterminate, extirpate, massacre,
eradicate, wipe off/from the face of the earth. **ver·delg**
*-delgde, adj.* destroyed. **ver·del·ger** *-gers* destroyer, extermi=
nator, extirpator. **ver·del·ging** destruction, extermination.
**ver·del·gings·oor·log** war of extermination.

**ver·de·ling** *-lings, -linge* division; *(stat.)* distribution; gradu=
ation; *(chem., math.)* partition; segmentation; section; ap=
portionment; comminution; dismemberment; parcelling;
splitting; ~ *in tydvakke, (hist.)* periodisation; ~ *van belasting*
incidence of tax; ~ *van lading* disposition of load.

**ver·de·lings :** ~**punt, deelpunt** point of division. ~**reke=
ning** distribution account. ~**verdrag** treaty of partition, par=
tition treaty.

**ver·den·king** *-kings, -kinge* suspicion, distrust; *bo* ~ *staan/
wees* be above/beyond reproach; *be* above suspicion; *iem.
in/onder* ~ *bring* cast/throw suspicion on s.o.; *in/onder ...
kom* incur suspicion; *onder* ~ *staan/wees* be under suspi=
cion; be under a cloud; *onder* ~ *van ...* on suspicion of ...
*(murder etc.)*; ~ *saai* sow suspicion.

**ver·der, vêr·der** *-dere, adj. & adv.* farther; further, addi=
tional, subsequent; remaining, further *(details)*; beyond; on=
wards; furthermore, moreover, in addition; *al hoe* ~ further
and further; ~ *as ...* farther than ...; beyond ...; *die saak* ~
*bespreek* continue the discussion; *iem. sal dit nooit* ~ *bring
nie* s.o. will never advance further; *en* ~ *...* what's (or what
is) more, ...; ~ *gaan* go further, go one better; proceed; ~
*(as dit) gaan ek nie* this is where I draw the line; ~ *wil hy/sy
niks hê nie* he/she wants nothing else; *drie huise* ~ three
doors off; *vyftig kilometer* ~ fifty kilometres further on;
*nie* ~ *kan kom nie* be stranded; ~ *lees* read on, go on read=
ing; *niks* ~ *nie* no further; ~ *op* farther along/on; ~ *van ...*
further from ...; *~e verrigtinge* subsequent proceedings;
*iets* ~ *voer* follow up s.t.; pursue s.t.; *die oorlog/stryd* ~ *voer*
fight on.

**ver·derf, ver·der·fe·nis** *n.* destruction, ruin; bane, blight,
contagion; perdition; *(fig.)* rot; *iem. in die* ~ *bring* bring s.o.
to ruin; *na die* ~ *gaan* go to rack and ruin; *iem. na die* ~ *lei*
lead s.o. to destruction/perdition; *op pad na die* ~ on the
road to perdition; heading/riding for a fall. **ver·derf·lik** *-like*
pernicious, ruinous; poisonous *(reading matter)*, iniquitous,
noxious, pestilent; wicked, perverse *(habit)*; unwholesome,
wicked *(company)*. **ver·derf·lik·heid** perniciousness, iniquity.

**ver·dien** *het* ~ earn *(a salary, living, etc.)*; deserve *(censure,
praise, honour, etc.)*; merit *(reward)*; be deserving of; make
money; *baie* ~ make much; *iets beters van iem.* ~ deserve
better of s.o.; *iem.* ~ *niks beters nie* s.o. does not deserve
any better, s.o. has got his/her deserts; *iem.* ~ *dit* s.o.'s got
(or so. has) it coming *(infml.)*; *dit het hy/sy ~!* that serves
him/her right!; *iem.* ~ *niks daarby nie* s.o. gains nothing by
it; *daar is niks aan/op te* ~ *nie* there is no money in it; *iets
volkome* ~ richly deserve s.t.. **ver·dien(d)** *-diende* earned,
deserved; condign; *~diende inkomste* earned income; *dit is
jou ~diende loon* it serves you right, you have got your
deserts; *dit sal iem. se ~diende loon wees* s.o.'s got it coming;
*suur/swaar ~diende ...* hard-earned ...; *volkome* ~ richly
deserved. **ver·die·ner** *-ners* earner. **ver·dien·ver·mo·ë** earn=
ing power.

**ver·dien·ste** *-stes* wages, pay, earnings; salary; profit; merit, meritoriousness, virtue, worth; *na ~ beloon* rewarded according to merit (*or* one's deserts); *bo ~ beloon* better rewarded than one deserved; *'n goeie ~ hê* earn/get a good wage/salary; *op grond van ~* on merit; *van groot ~* of great merit; *na/volgens ~* on (*or* according to) merit, deservedly; *iem. is sonder ~* s.o. has no income; *iem./iets is nie sonder ~ nie* s.o./s.t. is not without merit; *'n vaste ~ hê* have regular employment. **ver·dien·ste·lik** =*like* meritorious, worthy, worthwhile, creditable, worthy of merit; deserving (*pers.*); reasonable, fair (*attempt*). **ver·dien·ste·lik·heid** merit(oriousness), worthiness, deservingness, praiseworthiness.

**ver·diep** *het ~* deepen; sink (*tr.*); intensify; (*woodw.*) rout; (*fig.*) deepen, broaden; *jou in iets ~* immerse/saturate/soak/steep o.s. in s.t. (*a subject*); apply one's mind to s.t.; be engrossed/absorbed in s.t.; *in iets ~ raak* become absorbed/engrossed (*or* lose o.s.) in s.t., bury o.s. in s.t (*a book*); *in iets ~ wees* be absorbed/engrossed in s.t.; be caught up in s.t.; be immersed in s.t. (*work*); be plunged in s.t. (*thoughts, work*); be intent (up)on s.t.; pore over s.t.; *jou in die werk ~* plunge into work. **~skaaf** router/routing/grooving plane, router. **~werk** routing.

**ver·die·ping** =*pings*, =*pinge* floor, storey, story; level (*in a mine*); deck (*of a bus*); deepening (*of insight*); tier; layer; *op die boonste ~* on the top floor; *boonste ~*, (*fig.*, *infml.*) upper storey/works; *die eerste/ens. ~* the first/etc. floor; *die onderste ~* the ground flour; *die gebou het twintig ~s* the building has twenty storeys. **~bus** double-decker (bus). **~huis** double-storey(ed) (*or* two-storey[ed]) house. **~steier** stage scaffolding. **~woonstel** duplex apartment/flat.

**ver·dier·lik** *het ~*, *vb.* bestialise, brutalise, animalise, debase, dehumanise; become brutal (*or* a brute). **ver·dier·lik** =*likte*, *adj.* brutish, bestial, brutalised, bestialised. **ver·dier·li·king** brutalisation, bestiality, dehumanisation.

**ver·dig**[1] *het ~*, *vb.* invent (*a story*); fabricate (*lies*). **ver·dig** =*digte*, *adj.* fictitious, fictional, invented, assumed. **ver·dig·sel** =*sels* fiction; invention; figment (*of the imagination*); fabrication; fable, story.

**ver·dig**[2] *het ~*, *vb.*, (*steam*) condense; (*biol.*) inspissate; (*soil*) compact; solidify; (*gas*) compress; thicken. **ver·dig** =*digte*, *adj.* condensed; inspissated; *~te beton* compact concrete. **ver·dig·ter** =*ters* condenser, compressor. **ver·dig·ting** condensation, compression; compaction, compacting; (*urban planning*) densification; narrowing-down (*of a meaning*).

**ver·dig·tings**: **~graad** degree of compression. **~punt** condensation point, point of condensation; point of accumulation; (*math.*) cluster.

**ver·dik** *het ~*, *vb.* thicken, become thicker; congeal, coagulate; concrete. **ver·dik** =*dikte*, *adj.* thickened. **ver·dik·ker** =*kers* thickener; condenser. **ver·dik·king** thickening; swelling; bulge; (*anat.*) inspissation; slub; fixation.

**ver·dik·kings**: **~laag** thickening layer. **~middel** =*dels*, =*dele* thickening agent, thickener.

**ver·ding·lik** *het ~* reify. **ver·ding·li·king** reification.

**ver·dink** *het ~* suspect, mistrust; *iem. daarvan ~ dat hy/sy iets gedoen het* suspect s.o. of having done s.t.; *van ... ~ word* be suspected of ... (*murder etc.*).

**ver·dis·kon·teer** *het ~*, (*econ.*) negotiate, discount (*a bill*). **ver·dis·kon·teer·baar** =*bare* negotiable, discountable. **ver·dis·kon·teer(d)** =*teerde* negotiated, discounted; *~teerde waarde* present/cash/discounted value. **ver·dis·kon·te·ring** negotiation, discounting.

**ver·doel** *het ~*, *vb.*, (*rugby*) convert, goal (*a try*). **ver·doel** =*doelde*, *adj.* converted (*try*).

**ver·doem** *het ~*, *vb.* damn, curse; doom. **ver·doem** =*doemde*, *adj.* damned; doomed. **ver·doe·mend** =*mende* damnatory, condemnatory; damning. **ver·doe·me·nis** damnation; (*Chr. theol.*) perdition. **ver·doe·ming** damning, reprobation; damnation. **ver·doem·lik** =*like* damnable.

**ver·doe·sel** *het ~* obscure, blur (out), obfuscate; disguise, cover up, camouflage; gloss over; conceal, hide; *'n geskilpunt ~* cloud the issue. **ver·doe·se·ling** blurring, obfuscation, obscuring; glossing over; concealment.

**ver·dof** *het ~*, *vb.* tarnish; become faint; dim (*a light*); deaden (*sound*); fade (*an image*); obscure, blur, fade out; bedim; dull, muzz (*sound*); (*rad.*) fade; overcloud. **ver·dof** =*dofte*, =*dofde*, *adj.* tarnished; dimmed; deadened. **~skakelaar** dim(mer)/dimming switch.

**ver·dom·de** *adj.*, (*coarse*) damned, accursed, blasted. **ver·domp** *adv.*, (*coarse*): *ek sal dit ~ nie doen nie!* I'll be damned/hanged if I do (it)!; *dis ~ koud!* it's damn/flipping cold!. **ver·domp** *interj.*, (*coarse*) damn!; damn it!, dammit!, blast (it)!.

**ver·don·ker** *het ~* darken, obscure, cloud, dim; black out, shade. **ver·don·ke·ring** blackout, obscuration.

**ver·doof** *het ~*, *vb.* dull, deaden (*sound*); tarnish; (*med.*) anaesthetise; sedate; drug, stupefy; stun; (*fig.*) fade; →VERDOWING. **ver·doof** =*doofde*, *adj.* dopey, drugged; dulled; anaesthetised; stupefied.

**ver·dor** *het ~* wither, parch, shrivel (up), scorch. **ver·dor(d)** =*dorde* =*dorde* withered, parched, shrivelled (up), scorched. **ver·dor·ring** withering, shrivelling (up).

**ver·dor·we** =*meer ~ die mees ~*, (*strong p.p. of* verderf) perverted, depraved, corrupt, warped; debauched, debased. **ver·dor·wen·heid** perversion, depravation, corruption, corruptness, turpitude, low life; depravity, perversity.

**ver·do·wend** =*wende* stupefacient; narcotic, an(a)esthetic; opiate.

**ver·do·wing** an(a)esthesia, narcosis; stupefaction, stupor; torpor; *onder ~* under sedation; *plaaslike ~ toedien* administer a local anaesthetic.

**ver·do·wings**: **~middel, doofmiddel** =*dels*, =*dele*, (*med.*) an(a)esthetic, narcotic; opiate; hypnotic, drug, stupefier, stupefacient. **~pyl** tranquilliser dart.

**ver·dra** *het ~* endure, suffer (*hunger etc.*); tolerate (*med. etc.*); bear, stand (*pain, nonsense, etc.*); take (*infml.*), stand, face (*cold, heat, etc.*); *iets geduldig ~* bear s.t. patiently; sit down under s.t.; *iets gedwee ~* take s.t. lying down; *geen ... ~ nie* not tolerate/take any ...; *iem. kan ... nie ~ nie* s.o. cannot bear/stomach ...; *s.o. is intolerant of ...*; s.o. has no time for ... (*infml.*); s.o. cannot stand (for) ...; (*rich food*) ... does not agree with s.o.; *iem. kan iem. anders nie onder/voor sy/haar oë ~ nie* s.o. hates (*or* can't bear/stand) the sight of s.o. else; *meer as wat 'n mens kan ~* more than flesh and blood can bear; *hulle kan mekaar nie ~ nie* they cannot bear/stand (the sight of) each other, there is no love lost between them; *iets moedig ~* take s.t. on the chin (*infml.*).

**ver·draag·lik** =*like* bearable, endurable, sufferable, tolerable, liv(e)able with.

**ver·draag·saam** =*same* tolerant, forbearing, permissive (*often pej.*); meek. **ver·draag·saam·heid** tolerance, forbearance; comprehension; permissiveness (*often pej.*).

**ver·draai** *het ~* twist, wrench (*an arm, a knee*); contort (*one's face*); twist (*words*); wrest (*the law, facts, words*); disguise, mask (*one's voice*); wrench, force (*a lock*); stretch, strain, distort (*the truth*); misrepresent; misstate; pervert; garble, mangle, warp. **ver·draai(d)** =*draaide* twisted, distorted, warped, contorted, jaundiced, wry, disguised; *~draaide inligting*, (*comp.*) garbled information. **ver·draaid·heid** distortion, distortedness, wryness. **ver·draai·er** =*draaiers* distorter, twister; contortionist. **ver·draai·ing** =*ings*, =*inge* twist(ing); distortion, misrepresentation, perversion, twisting, wresting, wrenching.

**ver·drag** =*drae* treaty, agreement, (com)pact, convention; concordat; *ingevolge/kragtens die ~* under the treaty; *iets met ~ doen* do s.t. gradually (*or* by easy stages); *'n ~ opsê* denounce a treaty; *'n ~ sluit/aangaan* conclude (*or* enter into) a treaty.

**ver·dra·ging** tolerance; →VERDRA; *jou ~ van/teenoor* ... one's tolerance of ...

**ver·drie·dub·bel, ver·drie·vou·dig** *het* ~ treble, triple, triplicate.

**ver·driet** sorrow, distress, grief, sadness, chagrin; *jou ~ ver= drink* drown one's sorrows. **ver·drie·tig** *-tige* sorrowful, sad, distressed, dismal, rueful, grieved; mournful, sad, woeful *(look)*; sad, distressing *(message)*; heartbroken. **ver·drie·tig= heid** sorrow, sadness, distress, ruefulness.

**ver·dring** *het* ~ push aside/away, jostle *(each other)*, elbow out/through, crowd out, throng, overcrowd; oust, supplant, supersede, push out; displace; suppress; repress *(impulses)*; shut out; *iem. (uit sy amp) ~* usurp s.o.'s position. **ver·drin= ger** *-gers* supplanter, usurper. **ver·drin·ging** pushing, jostling; dislodg(e)ment, displacement, ousting, supplanting, super= session; suppression; repression *(of impulses)*. **ver·dron·ge** *(strong p.p. of* verdring*)* supplanted; *(psych.)* repressed *(im= pulse etc.)*.

**ver·drink** *het* ~ drown; be drowned; *(fig.)* drown *(cares, sor= row, etc.)*; *al jou geld ~* drink/booze all one's money away, spend all one's money on drink; *iem. het ~* s.o. (was) drowned. **ver·drin·king** *-kings, -kinge* drowning. **ver·dron·ke** *(strong p.p. of* verdrink*)* drowned, submerged *(valley)*.

**ver·droog** *het* ~, *vb.* dry up, parch; desiccate; wither. **ver= droog** *-droogde, adj.* parched, dried up, shrivelled (up); withered. **ver·dro·ging** drying up, desiccation.

**ver·droom** *het* ~ dream/moon away.

**ver·druk** *het* ~ grind, oppress, repress, persecute, hold un= der; bear down on, dragoon; *mekaar ~* push/crowd/jostle each other. **ver·druk·ker** *-kers* oppressor, tyrant, wringer. **ver·druk·king** *-kinge* oppression, thral(l)dom. **ver·druk·te** *-tes* oppressed person, underdog.

**ver·dryf, ver·dry·we** *het* ~ drive away/out, chase away/out; expel *(s.o. from a place)*, eject, oust, turn out, dislodge; pass, while away, beguile *(time)*; cheat *(the time)*; dissipate, banish; dispel; disperse; *(math.)* eliminate; *(jur.)* evict. **ver·dry·wing** driving away; expulsion, ejection, dislodging *(of an enemy)*; dispelling; elimination; dislodg(e)ment.

**ver·dub·bel** *het* ~, *vb.* double *(a quantity)*; geminate; dupli= cate; double up; redouble *(efforts)*; *iets ~* double up s.t.. **ver= dub·bel** *-belde, adj.* doubled; *met -de krag* with redoubled strength. **ver·dub·be·lend** *-lende* reduplicative. **ver·dub·be= ling** doubling; redoubling *(of efforts)*; overlapping *(of func= tions)*; twinning; *(min., embryol.)* (re)duplication; gemination.

**ver·dui·de·lik** *het* ~ explain, clarify, expound, explicate, *(fml.)* elucidate; illustrate, exemplify. **ver·dui·de·li·king** *-kings, -kinge* explanation, clarification, explication, elucidation; il= lustration, exemplification; *ter ~ van* ... in explanation of ...

**ver·duis·ter** *het* ~ darken, obscure, dim, black out; grow/ get/become dark; embezzle, convert *(money)*; obscure *(the mind)*; obfuscate *(fml.)*; darken, cloud, becloud, overcloud; *(astron.)* eclipse, occult. **ver·duis·te·raar** *-raars* embezzler, defaulter. **ver·duis·te·ring** darkening; clouding, obscuration; *(astron.)* eclipse, occultation; obfuscation *(fml.)*; embezzle= ment.

**ver·dui·wels** *-welse,* **ver·dui·weld** *-welde, adj. & adv.* devilish(ly), blasted, damn(ed), darn(ed), bloody; *ek sal dit ~ nie doen nie!, (infml.)* I'll be damned if I do!; *'n ~e ge= mors* a hell of a *(or, infml.* helluva*)* mess; *~ haastig* in a devil of a hurry; *dit kan my ~ min skeel* I don't care a damn/ fig. **ver·dui·wels, ver·dui·weld** *interj.* (cor) blimey!; damn (it)!, dammit!.

**ver·dun** *het* ~ thin, make thin; thin out; thin down; water, weaken, dilute *(liquids)*; attenuate; rarefy *(air)*. **ver·dun(d)** *-dunde* thinned, diluted, attenuated; rarefied *(air)*; watered= down. **ver·dun·ner** *-ners,* **ver·dun(·nings)·mid·del** *-dels, -dele* thinner, diluting/thinning agent, diluent. **ver·dun·ning** thin= ning; dilution *(of liquids)*; rarefaction, rarefication *(of air)*; attenuation *(of thickness)*.

**ver·duur** *het* ~ endure, bear, suffer, tolerate, sustain, take, stand (up under), put up with. **ver·du·ring** enduring, en= durance, bearing. **ver·du·rings·grens** endurance limit.

**ver·dwaal** *het* ~, *vb.* lose the/one's way, get lost, wander, miss one's way, lose o.s.; *(lit. & fig.)* stray, go astray. **ver= dwaal** *-dwaalde, adj.* stray *(animal, bullet, etc.)*; strayed, lost *(animal, pers.)*; *~ raak* lose one's way, get lost. **ver·dwaald= heid** state of being lost.

**ver·dwaas** *het* ~ astonish, astound, bewilder, confuse, stag= ger, stun, *(infml.)* bowl over. **ver·dwaas(d)** *-dwaasde* as= tounded, speechless, stunned, taken aback, thrown, *(infml.)* flabbergasted, *(infml.)* knocked sideways, *(sl.)* gobsmacked. **ver·dwaasd·heid, ver·dwa·sing** amazement, bewilderment, confusion, speechlessness.

**ver·dwe·ne** *(strong p.p. of* verdwyn*)* vanished.

**ver·dwerg** *het* ~, *vb.* dwarf; miniaturise. **ver·dwerg** *-dwerg= de, adj.* dwarfed; miniaturised. **ver·dwergd·heid** dwarfism. **ver·dwer·ging** dwarfing; miniaturisation.

**ver·dwyn** *het* ~ disappear, vanish, go; make o.s. scarce; fade away; wear off; dissolve; *uit die oog ~* pass out of sight. **~kuns, ~kunsie** vanishing act/trick. **~punt** vanishing point.

**ver·dwy·nend** *-nende* disappearing, vanishing; evanescent.

**ver·dwy·ning** *-nings, -ninge* disappearance, vanishing; fad= ing (away), fade-out; dissipation; dissolution; evaporation.

**ve·re·:** **~bed, veerbed** feather bed/mattress; *(fig.)* bed of roses. **~drag** plumage. **~kleed** plumage. **~kombers** eiderdown (quilt). **~stoffer** feather duster.

**ver·e·del** *het* ~ improve *(plants)*; upgrade, grade up *(cattle)*; refine *(metals, lang., taste)*; elevate, ennoble *(a pers.)*; *(min.)* beneficiate *(ores)*. **ver·e·del(d)** *-delde* improved; upgraded; refined. **ver·e·de·ling** improvement, grading up *(of stock)*; refining, refinement *(of metals)*; *(min.)* beneficiation; enno= blement, elevation; culture.

**ver·eelt** *het* ~, *vb.* make/become callous(ed)/hard/horny, callous, harden; *(fig.)* grow/become unfeeling. **ver·eelt** *-eelte, adj.* callous(ed), hardened, horny *(hands)*.

**ver·een·saam** *het* ~ become/grow lonely.

**ver·een·sel·wig** *het* ~ identify; associate; *jou met* ... ~ as= sociate o.s. with ...; identify o.s. with ...; *jou met iem. ~, (also)* align o.s. with s.o.. **ver·een·sel·wi·ging** identification.

**ver·een·vou·dig** *het* ~, *vb.* simplify *(a matter, spelling, etc.)*; *(fig.)* streamline; *(math.)* reduce *(a fraction)*; predigest *(a book)*. **ver·een·vou·dig** *-digde, adj.* simplified; *(fig.)* stream= lined; reduced. **ver·een·vou·di·ging** simplification; *(fig.)* streamlining; *(math.)* reduction.

**ver·eer** *het* ~ honour, venerate, reverence, revere; worship, idolise, adore, deify; →VEREREND, VERERING. **ver·eer·der** *-ders* worshipper, adorer, admirer, votary, venerator, idolater.

**ver·eers** →VIR EERS.

**ver·ef·fen** *het* ~ settle, pay (off) *(an account)*; square *(a bill, dispute)*; adjust, settle *(a matter, dispute, etc.)*; wind up, liqui= date *(an estate)*; clear *(one's debts)*; equalise; balance. **ver= ef·fe·ning** *-nings, -ninge* settlement, payment *(of an account)*; adjustment; winding up; balancing.

**ver·eis** *het* ~, *vb.* demand, require, call for, take, need, ne= cessitate; *~ dat iem. ... sal wees* expect s.o. to be ...; *dit ~ tyd* it takes time; *iets ~ ... van iem.* s.t. demands ... from/of s.o. *(time, dedication, etc.)*; *iets van iem. ~* expect s.t. of s.o.; re= quire s.t. of s.o.. **ver·eis** *-eiste, adj.* necessary, required, needed. **ver·eis·te** *-tes, n.* requirement, (pre)requisite; stand= ard; essential; qualification; desideratum; precondition; nec= essary; qualification *(for a position)*; demand; *(infml.)* must; *'n eerste/onmisbare ~ vir* ... a prerequisite for ...; *iets is 'n ~* s.t. is essential *(or, infml.* a must*)*; *~s nakom* conform to requirements, meet/satisfy requirements; *aan die ~s voldoen* satisfy the conditions; conform to requirements, meet/satis= fy requirements, come up to requirements.

**ve·rend** -rende springy, bouncy (mattress); resilient; elastic; shock-absorbing; well-sprung (cars); flexible; →VEER² n.; ~e wiel (well-)sprung wheel.

**ver·eng** het ~, vb., (lit. & fig.) narrow; constrict (a road); limit. **ver·eng** -engde, adj. narrowed; constricted (road); (fig.) narrow-minded; cramped; limited.

**ver·en·gels** het ~, vb. anglicise; become anglicised/English. **ver·en·gels** -gelste, -gelsde, adj. anglicised. **ver·en·gel·sing** anglicisation.

**ver·e·nig** het ~, vb., (societies) unite, merge, amalgamate, combine; incorporate (in one body); join; coalesce; integrate; **met** ... ~ unite with ...; amalgamate with ...; join (forces with) ...; iets **met** ... ~ reconcile s.t. with ...; jou **met** iets ~ concur in s.t. (a proposal etc.); jou **nie** met iets ~ nie not approve of s.t.; baie **stemme** op jou ~ poll/draw/receive many votes. **ver·e·nig** -nigde, adj. united; amalgamated, combined, corporate, conjoint, conjunct, collective; V~de **Arabiese Emirate**, (geog.) United Arab Emirates; deur die **huwelik** ~ joined/united in marriage; V~de **Koninkryk**, (geog.) United Kingdom; V~de **Nasies**, (abbr.: VN) United Nations (abbr.: UN); V~de **State** (van Amerika), (geog.) United States (of America). **ver·e·nig·baar** compatible, reconcilable, consistent, consonant (with). **ver·e·nig·baar·heid** compatibility, reconcilability, consonance, consistency. **ver·e·ni·ging** -gings, -ginge union; amalgamation, combination; association, society, union; club; guild; coalition; (con)junction; joining; reg van ~/assosiasie right of association.

**ver·erd** het ~, vb. enamel. **ver·erd** -erde, adj. enamelled; ~e goed enamelware.

**ver·e·rend** -rende honouring, venerating, worshipping, adoring; flattering.

**ver·erf, ver·er·we** het ~ inherit, pass/devolve (by inheritance); iets ~ op iem. s.t. passes/descends to s.o. by inheritance.

**ver·erg** het ~, vb. annoy, irritate, vex, ruffle, exasperate, make angry, give umbrage, nettle, irk, chagrin; iem. ~ hom/ haar bloedig s.o.'s blood boils; s.o. sees red; jou oor iets ~ become/get annoyed about/at/by s.t.; be irritated at s.t.; take offence at s.t.; jou vir iem. ~ become/get annoyed/exasperated with s.o.. **ver·erg** -ergde, adj. angry, irate, chagrined, annoyed, peeved, vexed, irritated. **ver·ergd·heid** annoyance, irateness, irritation, chagrin, pique.

**ver·er·ger** het ~ worsen, grow/become worse, change for the worse, deteriorate; worsen, make worse, intensify, aggravate, escalate, exacerbate, heighten, compound, inflame; accentuate. **ver·er·ge·rend** -rende aggravating, exacerbating; worsening; ~e resessie deepening recession. **ver·er·ge·ring** aggravation, exacerbation, worsening, deterioration, change for the worse; exasperation.

**ver·e·ring** -rings, -ringe worship(ping), veneration, reverence, idolatry; (relig.) devotion, cult.

**ver·erts** het ~ mineralise. **ver·ert·sing** mineralisation.

**ver·eu·ro·pees** het ~, vb. Europeanise; become Europeanised. **ver·eu·ro·pees** -peeste, adj. Europeanised. **ver·eu·ro·pe·sing** Europeanisation.

**ve·re·wa, veer·wa** spring(ed) wag(g)on/cart; →VEER² n..

**ver·e·wig** het ~ immortalise, eternalise, perpetuate. **ver·e·wi·ging** immortalisation, perpetuation.

**verf** verwe, n. paint; ~ aan iets smeer daub s.t.; 'n laag ~ a coat of paint; 'n smeerseltjie ~, (infml.) a lick of paint. **verf** ge-, vb., (also verwe) paint; colour; coat. ~**bal** (a war game) paintball. ~**doos** paintbox, colour box, box of paints/colours. ~**handelaar** paint dealer, dealer in paints. ~**kwas** paintbrush. ~**laag** coat/layer of paint. ~**pot** paint pot. ~**roller** paint roller. ~**spatsel** paint spot. ~**spuit** spray gun, paint spray(er); airbrush. ~**stof** paint; colour(ing); pigment. ~**stok** paintstick. ~**streep** paint mark; painted line. ~**stroper, ~verwyderaar** paint stripper. ~**vlek** paint stain. ~**ware**

(dry) colours; (mixed) paints. ~**werk** paintwork; painting job. ~**winkel** paint shop/store.

**verf·baar** -bare paintable (surface etc.).

**ver·film** het ~ film, make/turn into a film/movie. **ver·fil·ming** -mings, -minge filming, making a film/movie of; screen/film version.

**ver·flen·ter** het ~ tear; become tattered/torn. **ver·flen·ter(d)** -terde tattered, torn, ragged.

**ver·flou** het ~, (sound) grow/become faint; (wind) abate; (colour) fade; (energy) weaken; (interest etc.) abate, flag, dwindle; (the market, prices) ease (down/off); (econ.) slacken; (prices) soften; cool down; diminish, die down, wane. **ver·flou·ing** fading; abatement, abating, flagging, dwindling (of interest etc.); weakening; (econ.) slackening.

**ver·foei** het ~ detest, loathe, abominate, abhor, execrate, despise. **ver·foei·ing** detestation, loathing, abomination, execration, disgust. **ver·foei·lik** -like detestable, abominable, abhorrent, loathsome, repugnant, sickening, odious, execrable, heinous, ugly. **ver·foei·sel** -sels abomination, horror.

**ver·foe·lie** het ~ silver; (tin)foil.

**ver·foes** het ~, vb., (infml.) spoil, make a mess of, mess up, bungle, muddle. **ver·foes** -foesde, -foeste, adj. spoiled, bungled, messed up.

**ver·fom·faai, be·fom·faai, ver·fonk·faai, be·fonk·faai** het ~, (infml.) mess up, muddle, confuse, throw into disarray. **ver·fom·faai(d), be·fom·faai(d), ver·fonk·faai(d), be·fonk·faai(d)** -faaide, (infml.) messed up, muddled, confused, in disarray.

**ver·fraai** het ~ embellish, adorn, decorate, beautify, ornament. **ver·fraai·er** -fraaiers beautifier. **ver·fraai·ing** embellishment, adornment, decoration, beautification; face-lift (infml., joc.).

**ver·frans** het ~, vb. Gallicise; Frenchify (infml., sometimes pej.); become Gallicised/French(ified), go French. **ver·frans** -franste, -fransde, adj. Gallicised; Frenchified (infml., sometimes pej.). **ver·fran·sing** Frenchification.

**ver·fris** het ~, vb. refresh, invigorate; freshen up; exhilarate. **ver·fris** -friste, -frisde, adj. refreshed, exhilarated. **ver·fris·send** -sende -sender -sendste (of meer ~ die mees -sende) refreshing, invigorating; exhilarating. **ver·fris·ser** -sers refresher; toner (for the skin). **ver·fris·sing** refreshment (in the abstract). **ver·fris·sin·kie** -kies, n. (dim.) refresher.

**ver·from·mel** het ~ crumple (up), screw up, crush (a piece of paper etc.); rumple; tousle.

**ver·fyn** het ~ refine, fine-tune (a policy etc.); hone (skills); calcine; fine down. **ver·fyn(d)** -fynde, (fig.) refined, genteel, polished; sophisticated (pleasures). **ver·fynd·heid, ver·fy·ning** refinement, (fig.) polish, elegance; sophistication.

**verg** ge- demand, require, ask, call for, need, take toll of, exact, take; baie/veel van ... ~, (also) be a heavy tax (up)on ... (s.o.); be a drain on ... (s.o's resources etc.); iets ~ ... van iem. s.t. demands ... from/of s.o..

**ver·gaan** het ~, vb. perish, decay, waste away, rot, decompose, moulder (away), putrefy; biodegrade; pass away; (a ship) sink, be wrecked/lost; van ... ~ be consumed with ... (pride etc.); perish with ... (cold, hunger, etc.); iem. het gedink die wêreld ~ s.o. thought the world had come to an end. **ver·gaan** -gane, adj. passed (away); decayed, decomposed; lost, wrecked (ship); perished (fabric, tyre, etc.); ~gane glorie lost/faded glory, past glories. **ver·gaan·baar** -bare biodegradable. **ver·gaan·baar·heid** biodegradability.

**ver·gaap:** jou ~ aan ... gape at ...

**ver·gaar** het ~, (dated) collect, gather, accumulate; amass (money); treasure (up), store up, hoard; aggregate. **ver·gaar·der** -ders gatherer; hoarder, amasser. **ver·gaar·bak** receptacle, receiver; cistern, reservoir, (collecting) tank; catch-all.

**ver·ga·der** het ~ collect, gather, accumulate (objects); meet, assemble, gather, come/gather together, convene, *(fml.)* foregather; sit, be in session; mass, congregate. **~lokaal** conference/committee room. **~plek** meeting place, venue, rendezvous, rallying point. **~saal** meeting hall, assembly/conference hall.

**ver·ga·de·ring** *-rings, -ringe* meeting, assembly; conference; gathering; session, sitting; *'n ~ belê/byeenroep* call/convene a meeting; *'n ~ hou* hold a meeting; *'n ~ lei* be in the chair, chair a meeting; *'n ~ op 'n ~ at* a meeting; *reg van ~* freedom of assembly; *'n ~ sluit* close a meeting; *'n ~ toespreek* address a meeting.

**ver·gal** *het ~* gall; embitter *(s.o.'s life)*; spoil *(the fun)*; mar *(s.o.'s life, pleasure, etc.)*; envenom. **ver·gal·ling** embitterment. **ver·gal·ste** *(infml.)* confounded *(nonsense)*.

**ver·gank·lik** *-like* perishable *(goods)*; transient, transitory *(life)*; impermanent; passing, fleeting *(beauty)*; frail; deciduous; short-lived, brittle, ephemeral *(fame)*; mortal *(man)*; *alles is ~* all things shall pass away, nothing lasts. **ver·gank·lik·heid** transitoriness, transience, evanescence, frailty; mortality; *(bot.)* caducity.

**ver·gas¹** *het ~, vb.* treat; *iem. op iets ~* treat s.o. to s.t.; entertain s.o. with s.t.; regale s.o. with s.t..

**ver·gas²** *het ~, vb.* gasify; vaporise; *(way of killing)* gas; *jou self/iem. ~ gas* o.s./s.o.. **ver·gas** *-gaste, -gasde, adj.* gasified; vaporised; gassed. **ver·gas·ser** *-sers, (mot.)* carburettor; vaporiser. **ver·gas·sing** gasification, vaporisation; *(mot.)* carburation; gassing.

**ver·geef** *het ~, vb.* →VERGEWE *vb..* **ver·geef·lik** *-like -liker -likste* (of *meer ~ die mees -like)* pardonable, forgivable, excusable; venial *(sin, fault)*; forgiving.

**ver·geefs** *-geefse* vain, useless, unavailing, futile, fruitless, idle, ineffective; *-e moeite* wasted effort; *~e poging* abortive/vain/useless/futile/fruitless attempt.

**ver·geel** *het ~, vb.* yellow. **ver·geel** *-geelde, adj.* yellowed *(leaves etc.)*.

**ver·gees·te·lik** *het ~* spiritualise; etherealise; sublimate; become spiritualised/etherealised. **ver·gees·te·li·king** spiritualisation; sublimation.

**ver·geet** *het ~, vb.* forget; omit, overlook, pass by/over; put behind one, shake off, put out of one's mind; unlearn; leave behind, *(SA)* forget; escape *(one's mind)*; *iets by die huis ~* leave s.t. at home; *~ dat ...* forget that ...; *die hele ding ~* forget all about it; *iem. het iets glad/heeltemal/skoon ~* s.o. has clean/completely forgotten s.t.; *iem. iets laat ~* take s.o.'s mind off s.t.; *('n) mens ~ dit maklik/lig* one is apt to forget it; *moenie ~ nie, ...* mind you, ...; *moenie ~ om te ... nie!* don't forget to ...!, be sure to ...!; *~ om iem. iets te sê* forgot to tell s.o. s.t.. **ver·geet** *adv., (also* vergete*): iem. het dit ~ al gedaan, (infml.)* s.o. did it ages ago. **~al** *-alle* forgetful person. **~boek:** *in die ~ raak, (idm.)* fall/sink/pass into oblivion, be forgotten. **~-my-nietjie** *-tjies, (bot.: Myosotis* spp.*)* forget-me-not, myosotis.

**ver·geet·ag·tig** *-tige* forgetful, absent-minded, oblivious; *(baie) ~ wees, (also, infml.)* have a head/memory/mind like a sieve. **ver·geet·ag·tig·heid** forgetfulness, absent-mindedness.

**ver·geet·lik** *het ~* unmemorable.

**ver·geld** *het ~* repay, pay back/out, pay off, requite; take revenge on; compensate; *kwaad met goed ~* return/render good for evil, reward evil with good. **ver·gel·dend** *-dende* retaliatory, retaliative; revanchist. **ver·gel·ding** reward, recompense, requital; retribution; revenge, *(infml.)* payback; reprisal; retaliation; *as ~* in retribution; *die dag van ~* the day of reckoning.

**ver·gel·dings·:** *~maatreël* reprisal, retaliatory measure/action. **~politiek** revanchism.

**ver·ge·le·ke** *(strong p.p. of* vergelyk*): ~ met/by ...* in comparison with ..., (as) compared to/with ...

**ver·ge·lyk** *-lyke, n.* compromise; agreement, settlement, compromise; *(jur.)* settlement, compromise; *met iem. tot 'n ~ kom* come to terms with s.o.; come to a compromise *(or an agreement)*. **ver·ge·lyk** *het ~, vb.* compare; collate; equate; check (up); liken; *dit kan goed daarmee ~ word* it compares well with that; *X en Y ~* compare X and Y; *X met Y ~* compare X to Y; compare X with Y; *nie met ... te ~ wees nie* not be comparable *(or* to be compared*)* to/with ...; pale beside/before ...; not be a patch on ... *(infml.)*; *hulle is nie te ~ nie* there is no comparison between them; they are beyond comparison; *syfers ~* check figures. **ver·ge·lyk·baar** *-bare* comparable; commensurable; analogous; matchable; *met ... ~* comparable to/with ... **ver·ge·lyk·baar·heid** comparability. **ver·ge·ly·kend** *-kende* comparative. **ver·ge·ly·ken·der·wys, ver·ge·ly·ken·der·wy·se** comparatively; by/in comparison. **ver·ge·ly·ker** *-kers* collator. **ver·ge·ly·king** *-kings, -kinge* comparison; parallel; analogy; *(liter.)* simile, comparison, metaphor; *(math.)* equation; collation; (chemical) equation; *die ~ met ... deurstaan* bear/stand comparison *(or* compare well*)* with ...; *in ~ met ...* (as) compared to/with ..., in comparison with ...; *'n ~ tussen ... en ... maak/tref/trek* draw a comparison between ... and ...; draw a parallel between ... **ver·ge·ly·kings·ba·sis, ver·ge·ly·kings·norm** standard of comparison.

**ver·ge·mak·lik** *het ~* simplify, make easy/easier, ease, facilitate; *dit sal die saak ~* it will simplify matters; *om die lewe te ~* to make life easier *(or* more pleasant*)*.

**ver·ge·noeg(d)** *-noegde* contented, satisfied. **ver·ge·noegd·heid** contentment, satisfaction.

**ver·ge·sel** *het ~* accompany, keep s.o. company, attend; consort; squire; *deur/van ... ~* accompanied by ... *(people, things)*; *iem. huis toe ~* see s.o. home; *iem. na ... ~* accompany s.o. to ...

**ver·ge·stalt** *het ~* embody. **ver·ge·stal·ting** embodiment.

**ver·ge·te** *~, adj.* forgotten, unremembered. **ver·ge·tel·heid** oblivion; *iem./iets aan die ~ ontruk* save s.o./s.t. from oblivion; *in (die) ~ raak* fall/sink into oblivion, be forgotten. **ver·ge·te·ne** *-nes, n.* forgotten one.

**ver·ge·we, ver·geef** *het ~, vb.* forgive, pardon; excuse; absolve; *iem. ~ dat hy/sy iets gedoen het* forgive s.o. for doing s.t.; *iem. iets ~* forgive s.o. s.t.; *~ en vergeet* forgive and forget. **ver·ge·we, ver·geef** *adj. (usu. pred.)* forgiven. **ver·ge·wens·ge·sind** *-sinde* forgiving, lenient, merciful, placable, quick to forgive. **ver·ge·wens·ge·sind·heid** forgiving/lenient/merciful nature, placability.

**ver·ge·wis** *jou ~ van ...* make certain/sure of ..., satisfy o.s. as to ..., ascertain ..., check on ...

**ver·giet** *het ~* shed *(blood, tears, etc.)*, spill. **ver·gie·ter** *-ters* shedder *(of blood)*, spiller. **ver·gie·ting** shedding; *~ van bloed* bloodshed.

**ver·giet·tes** *-tesse, (cook.)* strainer, colander, drainer.

**ver·gif** *het ~* = VERGIFTIG.

**ver·gif·nis, ver·gif·fe·nis, ver·ge·wing** *(relig. etc.)* forgiveness; *(also jur.)* pardon; *(chiefly relig.)* remission, condonation; absolution; *iem. ~ skenk* forgive s.o.; *iem. (om) vra/smeek* ask/beg s.o.'s forgiveness; *~ van sonde* forgiveness/remission of sins.

**ver·gif·tig** *het ~, vb.* poison *(food, a weapon, etc.)*; envenom *(a weapon, s.o.'s feelings)*; ulcerate; *iem. se denke/gedagtes oor iem./iets ~* poison s.o.'s mind against s.o./s.t.. **ver·gif·tig** *-tigde, adj.* poisoned, envenomed. **ver·gif·ti·ger** *-gers* poisoner. **ver·gif·ti·ging, ver·gif·ting** poisoning.

**ver·gis** *het ~* be mistaken, make a mistake, err; *as ek my nie ~ nie* if I remember right(ly); *jou ~* make a mistake, be mistaken, err, miss the mark; be out in one's reckoning; *jou in ... ~* be mistaken in ...; be wrong/mistaken in one's opinion of ...; *ek het my ~, (also)* I stand corrected. **ver·gis·sing** *-sings, -singe* mistake, error; oversight; slip(-up), lapse; miscalculation; *by ~* by mistake, mistakenly, in error, wrongly, by an oversight; *'n growwe ~* a bad mistake.

**ver·glaas** *het ~, vb., (give a glassy surface)* glaze; *(convert into glass)* vitrify. **ver·glaas** *=glaasde, =glaaste, adj.* glazed; vitrified, vitreous. **ver·gla·ser** *=sers* glazer. **ver·gla·sing** glazing; vitrification, vitrescence.

**ver·glans** *het ~, vb.* glaze, gloss, glacé. **ver·glans** *=glansde, =glanste, adj.* glazed, glossy.

**ver·god·de·lik** *het ~* deify; idolise, worship; →VERAFGO(O)D. **ver·god·de·li·king** deification.

**ver·goed** *het ~, vb.* make good *(a loss, an expense, etc.);* compensate *(s.o. for s.t.);* recoup, indemnify *(s.o. for loss, expenses, etc.);* make it up to *(s.o.);* refund, repay, reimburse *(expended money to s.o.);* make amends/up for, offset, balance; gratify; *iem. iets ~* make amends to s.o. for s.t.; *ryklik/ruimskoots ~ word* be rewarded abundantly; *iem. vir dienste ~* pay/remunerate s.o. for services. **ver·goe·dend** *=dende* compensating, compensative, compensatory. **ver·goe·ding** compensation, indemnification, indemnity, reparation, payback; *(jur.)* solatium; recoupment, repayment, reimbursement; consideration, fee, pay(ment), remuneration, honorarium; allowance; *as ~ vir ...* in payment for ... *(services);* in consideration of ...

**ver·goe(i)·lik** *het ~* excuse *(behaviour);* gloss/smooth over; extenuate, palliate, condone *(an offence); (pol., infml.)* whitewash. **ver·goe(i)·li·king** glossing/smoothing over, extenuation, condonation, palliation; *ter ~ van ...* in extenuation of ...

**ver·go·te** *(strong p.p. of vergiet)* shed, spilt, spilled *(blood).*

**ver·grieks** *het ~, vb.* Gr(a)ecise, Hellenise. **ver·grieks** *=griekste, adj.* Gr(a)ecised, Hellenised.

**ver·groei** *het ~* grow out of shape; grow into one; intergrow; outgrow, get rid of *(an ailment); (a scar)* disappear, cicatrise; grow together, coalesce; grow crooked, become bent. **ver·groei(d)** *=groeide* gnarled, crooked; intergrown; *(bot.)* fasciated; *(biol.)* coalescent. **ver·groeid·heid** coalescence. **ver·groei·ing** *=ings, =inge* growing out of shape; growing into one; outgrowing; intergrowth; concretion, coalescence; *(biol.)* concrescence; disappearance, cicatrisation *(of a scar); (med.)* adhesion; *(med.)* curvature; deformity.

**ver·groen** *het ~, vb.* green *(a city etc.).* **ver·groe·ning** greening *(of cities etc.).*

**ver·grof** *het ~, vb.* coarsen, become coarse. **ver·grof** *=grofde, =grofte, adj.* coarsened. **ver·grow·wing** coarsening.

**ver·groot** *het ~, vb.* enlarge *(a portrait);* increase *(wealth); (mus.)* augment; scale up; magnify; add to, extend; exaggerate; swell; enhance; extend; expand; intensify; escalate *(problems); (lit. & fig.)* blow up *(photos).* **ver·groot** *=grote, adj.* enlarged; increased; magnified; extended; *'n ~grote foto* an enlargement. *~glas* magnifying glass; *deur 'n ~ na iets kyk* use a magnifying glass to view *(or look at)* s.t.; magnify/exaggerate s.t.. **ver·gro·tend** *=tende* enlarging; increasing; swelling; expanding. **ver·gro·ter** *=ters* enlarger, magnifier, amplifier. **ver·gro·ting** *=tings, =tinge* enlargement; addition, extension; increase; magnifying power; magnifying, magnification; exaggeration; *(physiol.)* hypertrophy; *(med.)* dilation *(of a pupil).* **ver·gro·tings·ver·mo·ë** magnifying power.

**ver·gruis** *het ~, vb.* crush, pulverise, pound; shatter, smash, break to bits; granulate, grind; spall; mill; bray; triturate. **ver·gruis** *=gruisde, =gruiste, adj.* crushed, pulverised; shattered; ground. **ver·grui·ser** pulveriser; *(med.)* lithotripter. **ver·grui·sing** crushing, pulverisation, shattering, pounding; comminution.

**ver·gryp** *=grype, n.* offence, transgression *(of the law);* misdemeanour, delict; misdeed; error; delinquency; solecism; outrage; *'n ~ teen ...* an outrage against ...; a breach of ...; a lapse from ... *(good manners etc.); 'n ~ teen ...* a breach of ...

**ver·gryp** *het ~, vb.: jou aan ... ~* violate/break/infringe/transgress ... *(the law);* commit an offence against ...; *jou ~* binge, *(infml.)* max out.

**ver·grys** *het ~, vb.* become grey. **ver·grys** *=grysde, =gryste, adj.* aged, grown grey.

**ver·guis** *het ~, vb.* abuse, malign, revile, decry, vilify, vituperate, denigrate. **ver·guis** *=guisde, =guiste, adj.* vilified, reviled, abused. **ver·gui·sing** abuse, vituperation, vilification.

**ver·guld** *het ~, vb.* gild; gold-plate. **ver·guld** *=gulde, adj.* gilt, gilded; gold-plated; *~e raam/lys* gilt frame; *~e silwer* vermeil. **ver·gul·ding** gilding. **ver·guld·sel** *=sels* gilt, gilding, plating, tinsel.

**ver·gun** *het ~* permit, allow; accord, grant *(a favour etc.),* vouchsafe; *~ my om te ...!* allow me to ...! **ver·gun·ning** *=nings, =ninge* permission; leave; concession; permit; licence; tolerance; act of grace; indulgence; *~ gee* grant permission; *met ~ van ...* by arrangement/agreement with ...; *met vriendelike ~ van ...* by courtesy of ...; *sonder ~* without permission.

**ver·haal¹** *=hale, n.* story, narrative, tale, yarn, account; fiction; history; recital; report; saga; *'n aangrypende/spannende ~* a stirring tale; *'n boeiende/pakkende/spannende ~* a gripping story; *'n kwaai/ongelooflike ~, (infml.)* a tall story; *die ~ lui dat ...* the story goes that ...; *'n ~ opdis, (infml.)* spin a yarn; *die ~ van ...* the story of ...; *aan/vir iem. 'n ~ vertel* tell a story to s.o., tell s.o. a story; *'n waar/ware ~* a true story; *die ware ~, (also)* the inside story. **ver·haal** *het ~, vb.* tell, narrate, recount, relate. *~trant* narrative style. **ver·ha·lend** *=lende* narrative; epic *(poetry); ~e literatuur* fiction. **ver·ha·ler** *=lers* narrator, relater, relator, storyteller.

**ver·haal²** *n.* redress, remedy; *(jur.)* recourse; *iem. het geen ~ nie, (fml.)* s.o. has no redress; s.o. cannot recover *(s.t. from s.o.);* tot *~ kom* recover, recuperate; get one's breath back; *iem. ('n) kans gee om tot ~ te kom* give s.o. a breathing-space; *sonder ~* without redress; without recourse. **ver·haal** *het ~, vb.* recover, recoup; *iets op/van iem. ~* recover s.t. from s.o.. **ver·haal·baar** *=bare* recoverable; *iets is op/van iem. ~* s.t. is recoverable from s.o.. **ver·haal·reg:** *~ op ...* right of recovery/recourse/remedy against ... **ver·ha·ling** recovery, recoupment.

**ver·haar** *het ~, (a horse etc.)* shed/lose hair, change/renew its coat, (be in) moult, mew.

**ver·haas** *het ~, vb.* hasten, precipitate *(a crisis);* expedite, accelerate *(a process);* speed up *(work).* **ver·haas** *=haasde, =haaste, adj.* hastened; accelerated.

**ver·han·del** *het ~* negotiate *(a bill);* deal/trade in; barter (away), market, merchandise, dispose of; discuss; *iets word ~* s.t. changes hands; *iets vir ... ~* barter s.t. for ... *(s.t. else).* **ver·han·del·baar** *=bare* negotiable; saleable; transferable; marketable, merchantable; trad(e)able *(goods).* **ver·han·del·baar·heid** negotiability, trad(e)ability; marketability. **ver·han·de·ling** *=lings, =linge* disposal (of), negotiation; trading; merchandising; dissertation, paper, treatise, essay, discourse, disquisition; lecture.

**ver·hang** *het ~* rehang *(pictures);* hang otherwise/differently; *die bordjies/hekke is ~, (fig.)* the tables are turned.

**ver·hard** *het ~, vb., (lit. & fig.)* harden; *(cement)* set; *(glue)* dry; toughen; *(sc.)* indurate; petrify; steel; surface, compact *(a road);* congeal; temper *(steel);* become/make callous; *(fig.)* ossify; *jou hart ~* harden/steel one's heart. **ver·hard** *=harde meer ~ die mees =harde, adj.* hardened, callous, obdurate, hard-hearted; incorrigible; set; toughened; indurate; *(med.)* scirrhous; *(med.)* sclerosed; *(anat., pathol.)* sclerous; *in ... ~* steeped in ... *(crime etc.); ~e staal* hardened/tempered steel. **ver·hard·heid** hard-heartedness, obduracy, callousness; incorrigibility. **ver·har·ding** hardening; setting *(of cement);* drying *(of glue);* concretion; toughening; callosity; metalling, compacting *(of a road);* induration; *(med.)* sclerosis; *(fig.)* steeling.

**ver·ha·ring** shedding/losing hair, changing/renewing of coat/hair, moulting; →VERHAAR.

**ver·has·pel** *het ~* spoil, make a mess of, botch, garble *(a message etc.);* fluff *(on stage);* mangle.

**ver·heer·lik** *het ~* glorify, extol; praise, laud; worship; trans-

figure; beatify; exalt; celebrate. **ver·heer·li·king** glorifica=
tion; exaltation; idealisation; transfiguration; apotheosis.

**ver·hef** *het* ~ lift *(a hand);* raise *(one's voice, eyes, etc.);* lift up
*(one's voice, heart, etc.);* elevate *(one's voice, eyes, etc., s.o. mor=
ally);* extol *(s.o. to the skies);* heighten; *(fig.)* sublime; enhance;
aggrandise; exalt; *(math.)* raise; *jou stem teen ... ~* inveigh/
protest *(or raise one's voice)* against ...; *iem. tot ... ~* raise
s.o. to ...; elevate s.o. to ...; exalt s.o. to; *op/tot die troon ~*
place/put on the throne, make king, enthrone. **ver·hef·fend**
*-fende* elevating, edifying, uplifting, ennobling, soulful. **ver·**
**hef·fing** *-fings, -finge* raising; exaltation; eminence; uplift;
rise; *(lit. & fig.)* elevation; ~ *tot die troon* enthronement.

**ver·heid, vêr·heid** remoteness, distance.

**ver·hei·den** *het --* paganise; become pagan(ised).

**ver·hel·der** *het ~, (s.o.'s eyes, face, etc.)* brighten (up), light
up; *(weather)* clear (up); make clear/bright; highlight *(text
on a comp. screen etc.); (s.o.'s eyes, the sky, etc.)* lighten; *(liquids,
s.o.'s mind, etc.)* clarify; clear *(the mind);* clarify, elucidate; il=
lustrate. **ver·hel·de·rend** *-rende* illuminating, clarifying. **ver·**
**hel·de·ring** brightening; clearing; clarification. **ver·hel·de·**
**rings·mid·del** *-dels, -dele* clarifier.

**ver·help** *het ~* remedy, rectify, put right, repair; cure; obviate;
*dit kan nie ~ word nie* there is no help for it, it can't be helped,
*(infml.)* that's/it's too bad.

**ver·he·mel·te** *-tes* palate, roof of the mouth; *harde ~* hard/
bony palate; *gesplete ~* cleft palate; *sagte ~* soft palate; →VE=
LUM.

**ver·heug** *het ~, vb.* gladden, make glad/happy, delight, grati=
fy, please, elate; *jou ~* rejoice, be glad/delighted; *dit ~ ('n)
mens om dit te hoor* one is glad/delighted to hear it, it gives
one joy; *jou oor iets ~* rejoice at/over s.t.. **ver·heug** *-heugde,
-heugte meer ~ die mees -heugde/-heugte, adj.* pleased, glad,
rejoicing, happy; ~ *met ...* pleased with ... *(a present);* oor iets
~ *wees* be pleased at s.t., rejoice at/over s.t.. **ver·heu·ging**,
**ver·heu·ge·nis** rejoicing, joy, happiness, bliss, pleasure.

**ver·he·we** ~ *-wener -wenste* (of *meer ~ die mees ~), (strong p.p.*
*of* verhef) raised; elevated *(spot);* embossed, in relief *(sculp=
ture);* swollen *(body part);* high *(thoughts);* lofty, exalted, ele=
vated *(aim etc.);* fine, splendid, sublime, supernal; *(fig.)* above,
superior; *bo iets ~ wees* rise above s.t.; be superior to s.t.; ~
*druk* embossed printing, embossing. **ver·he·we·ne** *n.: van
die ~ tot die belaglike* from the sublime to the ridiculous.
**ver·he·wen·heid** loftiness *(of style),* sublimity, elevation; emi=
nence, rising ground, rise; relief.

**ver·he·wig** *het ~* intensify, build/step up, mount, *(infml.)* hot
up; *(problems, war, etc.)* escalate; *(feelings)* deepen; *(tension)*
heighten. **ver·he·wi·ging** intensification, escalation.

**ver·hin·der** *het ~* prevent, stop, hinder, foil, avert, debar,
preclude; bar, foreclose; inhibit; *iem. ~ om iets te doen* pre=
vent/restrain/stop s.o. from doing s.t.; preclude s.o. from
doing s.t.. **ver·hin·de·rend** *-rende* preventive, obstructive.
**ver·hin·de·ring** hindrance, obstacle; prevention, preventing;
obstruction, impediment; ban.

**ver·hit** *het ~, vb.* heat *(metals etc.); (fig.)* inflame *(with pas=
sion); (tech.)* furnace. **ver·hit** *-hitte, adj.* hot; *(fig.)* inflamed,
heated; flushed *(with wine).* **ver·hit·ting** heating.

**ver·hoed** *het ~* prevent, obviate *(an evil);* save *(a goal etc.);*
avert, ward/head off; stop.

**ver·ho·ging** *-gings, -ginge* heightening; mark-up; elevation;
eminence; preferment; promotion *(to a higher rank);* incre=
ment, rise, increase *(in salary);* rise *(in price, temperature, etc.);*
hike *(in price);* cant *(of rails);* raising *(of boiling point);* up=
grading *(of quality); 'n ~ kry* get a raise/rise.

**ver·hon·ger** ~ starve, famish; die of hunger/starvation;
go hungry; *iem. laat ~* starve s.o.. **ver·hon·ger(d)** *-gerde* starv=
ing, starved, famished. **ver·hon·ge·ring** starvation, starving.

**ver·hoog** *-hoë, n.* platform; dais; stand; podium; rostrum;
*(archit.)* pace; stage; *op die ~* on the platform; on (the) stage,

onstage; *van die ~ af* offstage. **ver·hoog** *het ~, vb.* heighten,
make higher; raise, increase *(temperature, price, tone, etc.);* el=
evate; upgrade; promote *(to a higher rank);* enhance *(power,
qualities, value);* add to *(s.o.'s beauty);* intensify *(quality);* put
up; step up; scale up; enrich; *(mus.)* raise; *jou ~* exalt o.s.;
*'n pad ~* build up a road; *iets van ... tot ... ~* increase s.t.
from ... to ...; raise s.t. from ... to ...; *die waarde van effekte
~* uprate stocks. **ver·hoog** *-hoogde, -hoogte, adj.* raised, el=
evated; *~de/~te bloeddruk* hypertension; *~de/~te vloer, (ar=
chit.)* access floor; footpace *(before an altar).* **~bestuurder**
stage manager; *(TV)* floor manager. **~kuns** art of enter=
tainment, *(infml.)* show business. **~kunstenaar** stage/per=
formance artist, entertainer, performer. **~persoonlikheid**
stage personality. **~stuk** stage play. **~vermaak** live enter=
tainment. **~vrees** stage fright/fever.

**ver·hoor** *-hore, n.* hearing, trial, examination; *hangende die
~* pending the trial; *onder ~* on trial. **ver·hoor** *het ~, vb.*
answer, hear *(a prayer);* fulfil *(a wish);* try *(an accused);* hear
*(a case);* examine, interrogate, question *(a witness);* weens ...
~ *word* be tried *(or* on trial) for ..., stand trial for ...; ~ *word,
(also), (s.o.)* go on trial; *(a case)* go to trial. **~afwagtend**
*-tende* awaiting trial; *~e gevangene* awaiting-trial prisoner. **ver·**
**hoor·der** answerer *(of prayers);* trier; interrogator; examiner;
cross-examiner. **ver·ho·ring**[1] *-rings, -ringe, n.* hearing, an=
swering *(of a prayer).*

**ver·ho·ring**[2] *het ~, vb.* keratinise.

**ver·hou·ding** *-dings, -dinge* relation, relationship *(between
persons/things);* (love) affair, (illicit) romance, liaison; pro=
portion; ratio *(of numbers);* bearing; *(in the pl., also)* dimen=
sions, proportions *(of a building); 'n ~ met iem.* **aanknoop**
start an affair with s.o.; *buite ~ tot ...* out of proportion to
..., disproportionate to ...; *buite (alle) ~ tot ...* out of (all)
proportion to/with ...; *'n gespanne ~* strained relations;
*met iem. 'n ~ hê* have an affair with s.o.; go steady with s.o.;
*in ~ tot ...* in proportion to ...; in relation to ...; *in die ~ 3
tot 10* in the ratio of 3 to 10; *in die ~ van ... tot ...* in the
proportion of ... to ...; *jou ~ tot jou kollegas* one's relation=
ship/relations with one's colleagues; *jou ~ met God herstel*
reconnect with God; *na ~* in proportion, proportionally;
relatively, comparatively; *in omgekeerde ~ tot ...* in inverse
proportion *(or* inversely/indirectly proportional) to...; *die
regte ~ tussen ... en ... bewaar* strike the right balance between
... and ...; *daar is glo 'n romantiese ~ tussen hulle* they are
romantically linked; *die ~ van iets tot ...* the relationship of
s.t. to ...; *die ~ tussen twee mense* the relations between two
people; the relationship between two people; *iets na ~ ver=
groot/verklein, iets na ~ verhoog/verlaag* scale up/down
s.t.; *wetlike ~, (jur.)* privity. **ver·hou·dings·ge·tal** ratio. **ver·**
**hou·ding·skaal** proportional/proportionate *(or* pro rata) scale.

**ver·huis** *het ~, vb.* move *(to another house);* move in; remove;
shift *(one's lodging);* (birds) migrate; emigrate *(to another coun=
try); (euph.)* pass away. **ver·huis** *-huisde, adj.* removed.
**ver·hui·ser** *-sers* migrant; removal contractor, (furniture)
remover, moving man. **ver·hui·sing** *-sings, -singe* moving
(house); removal; move; migration *(of birds);* emigration;
shifting; transmigration; furniture removal/removing.

**ver·hui·sings·:** **~koste** removal/moving expenses. **~maat=**
**skappy, ~onderneming** mover, removal firm.

**ver·hu·ring** letting, hiring out; leasing *(of a farm).*

**ver·huur** *het ~, vb.* let, rent *(a house);* let/rent out *(a room);*
hire out *(s.t. for temporary use);* lease *(a farm); iets aan iem. ~*
lease (out) s.t. to s.o.; *iets weer ~* relet s.t.. **ver·huur** *-huurde,
adj.* let, leased, rented. **ver·huur·baar** *-bare* rentable, hireable,
leasable, tenantable. **ver·huur·der** *-ders* lessor, letter; land=
lord, -lady; *elders wonende ~, ~ in absentia* absentee landlord.

**ve·ri·fi·eer** *ge-* verify, check; audit *(accounts);* prove; adjust;
*'n testament ~* prove/probate a will. **ve·ri·fi·eer·baar** *-bare*
verifiable; provable. **ve·ri·fi·ka·sie, ve·ri·fi·ë·ring** verifica=
tion, check(ing); audit(ing); examination; adjustment; proof;
~ *van 'n testament* probate.

**ve·ring** =rings, =ringe spring action, springing, suspension; springs. ~stelsel *(mot.)* suspension (system).

**ver·in·heems** *het* ~ indigenise. **ver·in·heem·sing** indigenisation.

**ver·in·ner·lik** *het* ~ deepen, spiritualise; *(psych., sociol.)* internalise; give depth to *(one's life)*. **ver·in·ner·li·king** deepening, spiritualisation; internalisation.

**ver·in·nig** *het* ~ make/become more intimate; intensify. **ver·in·ni·ging** intensification *(of friendship)*.

**ver·jaag, ver·ja** *het* ~ drive/frighten/chase/scare away; dislodge, drive out *(the enemy)*; disperse, dispel, banish *(worries, gloomy thoughts)*; drive off, shoo away *(mosquitoes etc.)*. **ver·ja·ging** chasing/driving/frightening away; expulsion; dispelling; dislodg(e)ment; dissipation.

**ver·jaar** *het* ~ celebrate one's birthday; *(jur.)* become superannuated, *(jur.)* become prescribed *(or* [statute-]barred); lapse, be precluded by the lapse of time; *iem.* ~ *môre* it is s.o.'s birthday tomorrow. **ver·jaar·de** *adj. (attr.)* prescribed, prescriptive, statute-barred *(debt)*; stale *(cheque)*; superannuated *(judgement)*.

**ver·jaar(s)·dag** birthday, anniversary; *veels geluk met jou* ~*!* happy birthday!, many happy returns of the day!; *op iem. se* ~ at/on s.o.'s birthday. ~geskenk, ~present birthday present/gift. ~kaart(jie) birthday/greeting card. ~party(tjie) birthday party.

**ver·ja·ring** anniversary; *(jur.)* prescription *(of a debt)*; superannuation *(of a judgement)*; *verkryging deur* ~ acquisition by prescription.

**ver·ja·rings·:** ~reg *(jur.)* prescriptive right. ~termyn period of superannuation, period of prescription, prescriptive period. ~wet prescription act.

**ver·jong** *het* ~ rejuvenate, make/become young again; regenerate. **ver·jon·gend** =gende juvenescent. **ver·jon·ging** =gings, =ginge rejuvenation, rejuvenescence, juvenescence; *(biol.)* replacement; facelift(ing); regeneration. **ver·jon·gings·kuur** rejuvenating cure, rejuvenation.

**ver·kalk** *het* ~, *vb.* calcify, calcine, harden, ossify. **ver·kalk** =kalkte =kalkter =kalkste (of *meer* ~ *die mees* =kalkte), *adj.* calcified. **ver·kal·king** calcification, calcination, hardening, ossification; ~ *van die are* arterial sclerosis, arteriosclerosis, hardening of the arteries.

**ver·kan·ker** *het* ~ become cancerous, be eaten away with *(or* riddled/consumed by) cancer.

**ver·kas** *het* ~, *(infml.)* push off/on/along, make a move, go, leave, *(infml.)* split.

**ver·keer** *n.* traffic; (social) intercourse; (tele)communication(s); movement; commerce; →VERKEERS=; *druk* ~ heavy traffic; *gesellige* ~ mingling, mixing, socialising, general conversation; *die* ~ *hoop op* there is a traffic jam; *die* ~ *reël* control the traffic; be on point duty. **ver·keer** *het* ~, *vb.* be *(in a certain position, in good/bad company)*; *gesellig* ~ mingle/mix (with one another), socialise; *in 'n gevaarlike toestand* ~ be *(or* find o.s.) in a dangerous condition/position; *met ...* ~ mingle/mix with ...; *associate with ...* ~sein traffic/road signal. ~sirkel traffic circle. ~statistiek(e) traffic returns. ~streep traffic line. ~stroom stream/flow of traffic.

**ver·keerd** =keerde =keerder =keerdste, *adj.* wrong, erroneous, incorrect; false; inaccurate; troublesome, unreasonable, wrong-headed, contrary; untoward; wayward; *'n* =*e antwoord* a wrong answer; a rude answer; *dis heeltemal* ~ it's all wrong; *dit heeltemal/ver/vêr* ~ *hê* be wide of the mark; *iem. het dit* ~ s.o. is wrong; *dit is* ~ *om te ...* it is wrong to ...; *die* =*e pad* the wrong road; *iem. op die* =*e pad bring, (fig.)* lead s.o. astray; *op die* =*e pad/weg beland, die* =*e pad/weg inslaan, (fig.)* go astray; *iem. tree* ~ *op deur* (of *dit is* ~ *van iem. om)* *iets te doen* s.o. is wrong in doing s.t., it is wrong of s.o. *(or* s.o. is wrong) to do s.t.; *(nie) ver/vêr* ~ *(nie)* (not) far out;

*'n* =*e woord* a wrong word; a harsh word. **ver·keerd** *adv.* wrong, wrongly, at fault; ~ *beoordeel* misjudge; ~ *doen* do wrong; ~ *handel* act wrongly; ~ *hoor* mishear; *iem.* ~ *inlig* misinform s.o.; ~ *lees* misread; *iets* ~ *s.t.* goes wrong; s.t. goes awry, s.t. miscarries; ~ *loop/ry* take the wrong road/turning; *iem./iets* ~ *noem* misname/mistitle s.o./s.t.; *iets* ~ *opneem* take s.t. amiss; ~ *raai* guess wrong; *iets* ~ *vertolk* misinterpret s.t.; *iets* ~ *voorstel* misrepresent s.t.; ~ *te werk gaan* go the wrong way about it. **ver·keer·de·lik** wrongly, erroneously, in error, mistakenly, improperly, incorrectly, wrongfully. **ver·keer·de·veer·hoen·der** frizzle, cross-feathered hen. **ver·keerd·heid** wrongness; inaccuracy; incorrectness; wrong-headedness, contrariness, cussedness; perversity; impropriety; evilness; faultiness; obliquity. **ver·keerd·om** (the) wrong way round; inside out.

**ver·keers·:** ~baan traffic lane. ~beampte traffic officer. ~brug road bridge. ~diens traffic/point duty; ~ *doen* be on traffic/point duty. ~digtheid traffic density. ~drukte rush of traffic, heavy traffic, (amount of) traffic. ~eiland traffic island. ~hof *(jur.)* traffic court. ~hoof traffic chief. ~inspekteur traffic inspector. ~knoop, ~op(een)hoping traffic jam/snarl/congestion, *(Am.)* gridlock. ~konstabel, ~man, ~vrou traffic constable/policeman/=woman, *(infml.)* speed/traffic cop; pointsman, =woman. ~leiding traffic control; *(av.)* air-traffic *(or* ground) control. ~lig traffic light, *(SA)* robot; *deur die* ~ *ry, teen die* ~ *deurry/-ja(ag)* jump the red light *(or* the [traffic] lights). ~ongeluk traffic/road accident. ~oortreding traffic offence. ~polisie traffic police. ~reëling =lings regulation of traffic, traffic control; *(in the pl.)* traffic arrangements. ~taal common/contact language, lingua franca; common parlance, language of daily intercourse. ~teken traffic/road sign; traffic signal. ~toring control tower. ~tregter bottleneck. ~veiligheid road/traffic safety. ~verordening traffic bylaw. ~versperring traffic block. ~vry traffic-free *(area, zone, street, etc.)*; *'n straat* ~ *maak* pedestrianise a street. ~wisselaar traffic interchange.

**ver·ken** *het* ~ scout, reconnoitre, spy out, explore, investigate. **ver·ken·nend** =nende exploratory, explorative *(talks etc.)*. **ver·ken·ner** =ners scout, pathfinder; air scout, scouting plane.

**ver·ken·ning** =nings, =ninge scout(ing), reconnoitring; reconnaissance; exploring; exploration; investigation; *(naut.)* sighting of land; *op* ~ *uitgaan* make a reconnaissance, go out scouting, go exploring. ~soldaat *(mil.)* reconnaissance man/soldier, *(infml.)* recce.

**ver·ken·nings·:** ~korps (body of) scouts, intelligence corps. ~patrollie scout/reconnaissance patrol. ~tog reconnaissance, reconnoitring/scouting expedition, exploration; *op 'n* ~ *uitgaan* go on a reconnoitring/scouting expedition; go out to explore, go exploring. ~troepe (body of) scouts. ~tuig =tuie, *(aeron.)* space probe. ~vliegtuig scouting/spy plane, scout aircraft, spotter, reconnaissance plane/aircraft. ~vlug reconnaissance flight.

**ver·kies** elect, choose; return *(s.o. to parl.)*; prefer; opt for; *iem./iets bo iem./iets anders* ~ prefer s.o./s.t. to s.o./s.t. else; *doen/maak soos jy* ~ have it your own way, do what you like, do as you choose; *hoe* ~ *jy dit?* how do you like it? *(food, drink)*; *iem. in 'n raad/ens.* ~ elect s.o. to a council/etc.; ~ *om iets te doen* elect/prefer to do s.t.; *net soos jy* ~ (just) as you like; *soos jy* ~*!, (also)* suit yourself!; *iem. tot voorsitter* ~ elect s.o. (as) chairman; *wat* ~ *jy?* what would you like?, what/which do you prefer?. **ver·kies·baar** =bare eligible; electable, qualified (to be elected); *jou* ~ *stel* make o.s. available *(or* stand) for election, seek election; *jou teen X* ~ *stel* stand against X. **ver·kies·baar·heid** eligibility.

**ver·kie·sing** =sings election(s) *(by vote)*; wish, choice; return *(to parl.)*; *by die* ~ *at/in the election(s)*; *aan 'n* ~ *deelneem* contest an election; *('n)* ~ *hou* hold an election; *iem. se* ~ *in ...* s.o.'s election to ...; *'n onbetwiste* ~ an unopposed election; *'n spoedige* ~ an early election; *'n* ~ *uitskryf/*

=*skrywe* call an election, go to the country; *'n ~ verloor/wen* lose/win/carry an election. **~stryd** election contest, hustings; *in 'n ~* at/on the hustings; *'n ~ voer* fight an elec= tion. **~studie** psephology.

**ver·kie·sings=:** **~agent** election agent; canvasser. **~beamp= te** electoral/polling officer; returning officer. **~belofte** elec= tion promise/pledge. **~dag** election/polling day; *op die ~* on the day of the poll. **~kantoor** electoral office; election office. **~mandaat** election mandate. **~manifes** election manifesto. **~monitering** election monitoring. **~propaganda** election= eering. **~uitslag** election result, outcome/result of the/an election (*or a poll*). **~veldtog** election campaign.

**ver·kies·lik** =*like* preferable; desirable, eligible; *bo* ... *~* pref= erable to ...

**ver·kil** *het ~, vb.* chill. **ver·kil** =*kilde, adj.* iced (*coffee, tea*). **ver·kil·ling** chilling.

**ver·kla** *het ~, vb.* report, accuse, inform against, (*infml.*) split on; bring/lay a charge against, lodge a complaint against; (*infml.*) squeak, squeal; *iem. by* ... *~* report s.o. to ... **ver·kla** =*klaagde, adj.* accused. **ver·kla·er** =*klaers* informant.

**ver·klaar** *het ~* explain (*a meaning*), make clear, elucidate, explicate, interpret, define, construe; state, declare, announce; testify, certify; profess; clear, brighten (up), light up, trans= figure; pronounce; *dit ~ alles* that explains everything; *~ dat* ... declare/state that ...; *jou ten gunste van* ... *~* come out for ...; *hiermee ~ ek dat* ... I hereby certify that ...; *hoe ~ jy dit?* how do you explain that?; *jou ~* declare o.s.; ex= plain o.s.; *maklik om te ~* easy to explain; *in die openbaar ~ dat* ... declare in public (*or go on record as saying*) that ...; *plegtig ~ dat* ... solemnly declare/state (*or testify*) that ...; *iem. skuldig ~* find s.o. guilty; *jou teen* ... *~* come out against ...; *iets tot* ... *~* declare s.t. ...; designate s.t. as ... **ver· klaar·baar** =*bare* explicable; accountable; interpretable; de= clarable, explainable; *om ~bare redes* for obvious reasons; *wat gebeur het, is moeilik ~* what happened is difficult/hard to explain; what happened is difficult to account for. **ver· klaar·baar·heid** accountability. **ver·klaar(d)** =*klaarde, adj.* declared, avowed. **ver·klaar·der** =*ders* explainer, elucidator; declarer, declarant, stater; (*jur.*) deponent; expositor, inter= preter (*of the law, Scripture, etc.*); commentator; (*jur.*) attes= (ta)tor; annotator. **ver·kla·rend** =*rende* explanatory, exposi= tory, explicative, explicatory, elucidative, elucidatory; herme= neutic, exegetic (*of the Scripture*); declaratory; glossarial; *~e aantekeninge* explanatory notes; *~e bevel* declaratory order; *~e woordeboek* explanatory dictionary.

**ver·klank** *het ~* express in sound; voice, interpret; give voice to.

**ver·klap** *het ~* let out; betray, divulge, tell, give away; (*infml.*) blab, blurt out, spill; *iem. ~* give s.o. away, (*infml.*) split/tell on s.o.; *die spul ~,* (*infml.*) give the show away. **ver·klap·per** =*pers* telltale, taleteller, informer; (*infml.*) blabber(mouth); blab. **ver·klap·ping** letting out (*a secret*); (*infml.*) blabbing.

**ver·kla·ring** =*rings, =ringe* explanation, elucidation; com= mentary; gloss; exegesis; key; statement, declaration; certi= fication; evidence, testimony, deposition; account, inter= pretation; *'n beëdigde ~ aflê* make/swear/take an affidavit; *skriftelike ~* written statement; certificate; *~ van regte* declaratory order; *ter ~ van* ... in explanation of ...; *'n ~ uitreik* issue a statement.

**ver·klee** *het ~* change; dress; dress up; *jou ~* change (one's clothes).

**ver·kleef** =*kleefde, adj.* (*usu. pred.*) devoted, attached (*to a pers. etc.*); addicted (*to drink etc.*). **ver·kleefd·heid** devotion, at= tachment.

**ver·klein** *het ~, vb.* make smaller, diminish; scale down, nar= row; downsize (*a company etc.*); reduce (*a fraction, scale*); (*math.*) cancel; decrease, lessen; take in (*a garment*); dispar= age, belittle, understate, minimise, derogate, extenuate (*guilt*).

**ver·klein** =*kleinde, adj.* reduced (scale), diminished. **ver· klein·baar** =*bare* reducible. **ver·klein·woord** (*gram.*) diminu= tive.

**ver·klei·neer** *het ~,* **klei·neer** (*ge*)= belittle, disparage, play/ cry down; slight, decry, trivialise, minimise, detract, dero= gate. **ver·klei·ne·rend, klei·ne·rend** =*rende* disparaging, pe= jorative; derogatory, belittling, detracting. **ver·klei·ne·ring, klei·ne·ring** disparagement; belittlement, depreciation, slight, derogation, detraction.

**ver·klei·ning** =*nings, =ninge* reduction; diminution; dimin= ishing; downsizing; lessening; simplification; disparagement.

**ver·klei·nings=:** **~uitgang** (*gram.*) diminutive suffix. **~vorm** (*gram.*) diminutive (form).

**ver·kleur** *het ~* fade, lose colour, become discoloured; change (its) colour; discolour, decolourise; tarnish. **ver·kleur(d)** =*kleurde* faded, discoloured; shopworn, shop-soiled. **ver· kleu·ring** fading, discolouring, discolouration; paling. **ver· kleur·man·ne·tjie** (*lit. & fig.*) chameleon; (*fig.*) turncoat, time= server, trimmer.

**ver·kle·wing** cleaving together, cohering, cohesion, agglu= tination; (*bot.*) cementation, cementing.

**ver·klik** *het ~* let out, (*infml.*) blab (*a secret*); tell (tales); give away (*a secret, pers., etc.*); inform against (*s.o.*); (*infml.*) squeal; *iem. ~* give s.o. away, (*infml.*) split/tell (*or, SA sl.* pimp) on s.o.. **ver·klik·ker** =*kers* telltale, talebearer; informer, (*SA sl.*) pimp, (*derog.*) rat; (*infml.*) squeaker, squealer; telltale (*of an air pump*); detector, indicator, warning instrument; vacuum gauge; (*elec.*) annunciator. **ver·klik·lamp** pilot lamp, blinker.

**ver·kloon** *het ~,* (*biol.*) clone; →KLOON *vb.*. **ver·klo·ning** cloning.

**ver·kluim** *het ~, vb.* freeze (to death), be freezing; die of exposure/cold; be chilled (to the bone/marrow); be pinched with cold; grow numb (*or be perished*) with cold. **ver·kluim** =*kluimde, adj.* benumbed, numb with cold; dead (*fingers*).

**ver·kneg** *het ~, vb.* enslave, subjugate, hold under. **ver· kneg** =*knegte, adj.* enslaved, downtrodden. **ver·kneg·ting** enslavement.

**ver·kneu·kel:** *jou ~* chuckle, chortle; rub one's hands with joy; *jou oor iets ~* chuckle/gloat over s.t..

**ver·knies:** *jou ~* fret, mope, eat one's heart out; *jou lewe ~* fret/mope away one's life; *moenie jou ~ (en verknors) nie* don't sit there moping; *moenie jou daaroor ~ nie* don't let it bug you.

**ver·knip** *het ~* cut up; spoil in cutting.

**ver·knoei** *het ~* spoil, make a mess/hash of, bungle, mud= dle, botch (up), corrupt, bedevil, mess/foul (up); demoralise; waste/trifle/fritter away (*time*). **ver·knoei(d)** =*knoeide* spoiled, botched, messed up, bungled. **ver·knoei·er** =*knoeiers* bun= gler, muddler, botcher.

**ver·knog** =*knogte =knogter =knogste* (of *meer ~ die mees* =*knogte*) devoted/attached to; (*jur.*) related, connected; *aan jou eie in= sigte/menings ~* wedded to one's opinions.

**ver·knor·sing** sorry plight, fix, quandary, predicament; *uit die ~ kom,* (*infml.*) get off the hook; *in die/'n ~ sit/wees,* (*infml.*) be in a fix/jam/pickle, be in the soup, be up against it; be in a tight spot/corner; be in a predicament.

**ver·koel** *het ~,* (*lit. & fig.*) cool (down), chill; refrigerate; ice; *hul(le) vriendskap het ~* they have grown cool towards one another. **ver·koe·lend** =*lende* cooling, refreshing (*drink*). **ver· koe·ling** (*lit. & fig.*) cooling; coolness; chilling, refrigeration.

**ver·koe·ler** =*lers,* (*mot.*) radiator. **~dop** radiator cap. **~roos= ter** radiator grid/grill.

**ver·ko·ling** carbonisation; charring (*of wood*); →VERKOOL.

**ver·kon·dig** *het ~* propound, lay down, put forth/forward, voice, ventilate, state, declare; offer (*one's opinion*); preach, proclaim (*the Gospel*); proclaim (*the glory of the Lord*); ex= pound (*a doctrine*); enunciate (*a theory*); advocate (*a policy*);

sound; state, peddle *(untruths)*; sing *(s.o.'s praises)*; 'n mening ~ argue. **ver·kon·di·ger** *-gers* preacher, proclaimer. **ver·kon·di·ging** preaching *(of the Gospel)*; proclamation.

**ver·kooks** *het* ~, *vb.* coke. **ver·kooks** *-kookste, adj.* coked. **ver·kook·sing** coking.

**ver·kool** *het* ~ carbonise; char *(wood)*; become carbonised. ~**wol** carbonising wool.

**ver·koop** *-kope, n.* sale, disposal; sale(s); *druk* ~*kope* heavy selling; *die* ~ *verbeter* sales are picking up. **ver·koop** *-koopte, adj.* sold. **ver·koop** *het* ~, *vb.* sell, hawk, peddle; dispose of; *(jur.)* vend; market; bring under the hammer; tell *(tales)*; *alles* ~ sell out; *grappe* ~ crack jokes; *jou* ~ sell o.s.; *iets vir dieselfde prys* ~, *(fig., infml.)* tell s.t. for what it is worth, merely repeat what one has heard; *iets voetstoots* ~ sell s.t. as is; *iets word* ~, *(also)* s.t. changes hands. ~**opsie** *(fin.)* put option. ~**puntuitstalling** point-of-sale display. ~**som** selling price. ~**syfers** *n. (pl.)* sales figures.

**ver·koop·baar** *-bare* sal(e)able, marketable, vendible, sellable, disposable; acceptable. **ver·koop·baar·heid** sal(e)ability, disposability; sales performance *(of a product)*.

**ver·koop(s)·:** ~**afdeling** sales department. ~**agent** sales agent. ~**akte** deed of sale. ~**belasting** sales tax; *algemene* ~ general sales tax. ~**dame** saleswoman, -lady. ~**klerk** shop assistant, salesman, -woman. ~**kuns** (art of) selling, salesmanship; merchandising. ~**nota** sales/sold note. ~**omset** sales turnover, volume of sales. ~**personeel** sales staff/force. ~**persoon** salesperson. ~**praatjies** *(infml.)* sales talk/pitch/patter. ~**prys** selling/retail price. ~**punt** (sales) outlet, point of sale. ~**rekening** sales account. ~**veldtog** sales campaign/drive. ~**verteenwoordiger** sales representative, *(infml.)* sales rep. ~**voorwaardes** terms and conditions of sale. ~**waarde** market/selling value.

**ver·ko·per**[1] *-pers, n.* seller; vendor; salesman, -woman; shop assistant; sales representative; *(chiefly jur.)* vendor; hawker; marketer.

**ver·ko·per**[2] *het* ~, *vb.* copper, sheathe with copper, copperplate; brass. **ver·ko·per(d)** *-perde* coppered, copperplated; brassed. **ver·ko·pe·ring** coppering, copperplating.

**ver·ko·pers·:** ~**aandeel** vendor's share. ~**mark** seller's/sellers' market.

**ver·ko·ping** *-pings, -pinge* (public) sale, auction.

**ver·ko·re** *(liter.)* chosen *(people)*; →VERKIES.

**ver·kor·rel** granulate; grain, corn. **ver·kor·re·ling** granulation.

**ver·kort** *het* ~, *vb.* shorten, make shorter, curtail; abbreviate *(a word)*; abridge *(a book)*; condense *(a story, book)*; epitomise; while away *(the time)*; reduce. **ver·kort** *-korte, adj.* shortened, curtailed; abbreviated *(word, edition, etc.)*; contracted *(multiplication)*; *(perspektiwies)* ~ foreshortened; ~*e titel* short/catch title; ~*e werktyd* short time. **ver·kor·ting** *-tings, -tinge* shortening; reducing; abridg(e)ment, abridged edition; curtailment; contraction.

**ver·ko·se** *(strong p.p. of verkies)* elected, chosen; elective *(office)*; ~ *kandidaat* successful candidate; *die pas* ~ *president/ens.* the newly elected president/etc.; ~ *president* president elect; *iem. (behoorlik)* ~ *verklaar* declare s.o. (duly) elected. **ver·ko·se·ne** *-nes* chosen/elected one.

**ver·kou·e** *-koues, n.* cold, chill; *gewone* ~ common cold; *('n)* ~ *hê* have a cold; *('n)* ~ *kry/opdoen* catch/contract/get *(or* pick up) a cold, catch a chill. **ver·kou·e** *adj. (pred.)* suffering from a cold; *effe(ns)/effentjies* ~ *wees* have a slight cold; ~ *raak* catch/get a cold.

**ver·krag** *het* ~, *vb.* rape, sexually assault, violate *(s.o.)*; violate *(the law, one's conscience, etc.)*; *iem. om die beurt* (of *[die] een na die ander)* ~ gang-rape s.o.; *deur 'n bende* (of *'n groep mans)* ~ *word* be gang-raped. **ver·krag** *-kragte, adj.* violated. **ver·krag·ter** *-ters* rapist. **ver·krag·ting** *-tings, -tinge* rape, violation; *(jur.)* indecent assault; violation *(of the law, rights, etc.)*; desecration *(of a lang.)*.

**ver·kramp** *-krampte -krampter -krampste, adj.* bigoted, ultraconservative, reactionary, hidebound, narrow-minded, old-style *(communist etc.)*. **ver·kramp·te** *-tes, n.* reactionary, ultraconservative. **ver·kramp·theid** narrow-mindedness, mean-spiritedness, obscurantism, ultraconservatism, bigotry, parochialism.

**ver·kre·ë** *(strong p.p. of* verkry) vested *(rights)*; granted; acquired, gained; *iem. se swaar* ~ ... s.o.'s dearly won ... *(liberty etc.)*.

**ver·kreu·kel** *het* ~ crumple (up), crease, wrinkle, rumple, crush.

**ver·krimp** *het* ~, *vb.* shrink. **ver·krimp** *-krimpte, adj.* shrunken. **ver·krim·ping** shrinking, shrinkage.

**ver·krom·ming** curvature *(of the spine)*; bend, twist(ing).

**ver·krop** *het* ~, *vb.* swallow, digest, put up with *(an affront)*; bottle up *(resentment)*; →OPKROP; stomach, pocket *(an insult)*; restrain *(feelings)*; suppress; *iem. kan iets nie* ~ *nie* s.t. sticks in s.o.'s gizzard *(infml.)*. **ver·krop** *-kropte, adj.* pent-up *(feelings)*.

**ver·krum·mel** *het* ~ crumble; *(rocks)* weather. **ver·krum·me·ling** crumbling.

**ver·kry** *het* ~ obtain, get, acquire, secure, procure; gain *(reputation)*; win *(fame, honour)*; receive; *te* ~ obtainable. **ver·kry(g)·baar** *-bare* available, obtainable, procurable; to be had; on sale; *iets is by* ... ~ s.t. is obtainable *(or* may be obtained) from ...; *nie meer* ~ *nie* out of stock; out of print; *iets is oral* ~ s.t. is generally available. **ver·kry·ging** obtaining, getting, acquisition, acquiring, purchase, procuring.

**ver·kwa·lik** *het* ~ blame, take amiss, resent.

**ver·kwan·sel** *het* ~ barter/bargain/chaffer away; throw/fritter away *(money)*; squander.

**ver·kwik** *het* ~, *vb.* refresh; invigorate; *jou* ~ refresh o.s.; *Hy* ~ *my siel, Hy gee my nuwe krag, (OAB/NAB, Ps. 23:3)* he restoreth/restores my soul *(AV/NIV)*. **ver·kwik** *-kwikte, adj.* refreshed; uplifted *(fig.)*. **ver·kwik·kend** *-kende* refreshing *(shower)*; comforting *(news)*; brisk *(walk)*; bracing *(climate)*; uplifting *(theatrical experience etc.)*. **ver·kwik·king** *-kings, -kinge* refreshment; *(fig.)* solace, comfort, relief. **ver·kwik·lik** *-like -liker -likste* (of *meer* ~ *die mees -like)* refreshing; edifying; comforting; exhilarating.

**ver·kwis** *het* ~, *vb.* waste *(time, money)*; squander, splurge, blue, trifle away, dissipate *(money)*; fritter away *(energy)*; *iets* ~ *aan* ... waste s.t. on ... **ver·kwis** *-kwiste, adj.* wasted *(opportunity, time, etc.)*. **ver·kwis·tend** *-tende* wasteful, unthrifty, extravagant, spendthrift, wasting, uneconomical, improvident; profligate; prodigal *(of)*. **ver·kwis·ter** *-ters* spendthrift, squanderer, waster, prodigal, profligate, spend-all. **ver·kwis·ting** waste *(of time, money, etc.)*; unthriftiness, wastefulness, extravagance, prodigality, improvidence, squandering.

**ver·kwyn** *het* ~ pine/waste/wither away, decline, languish, peak and pine. **ver·kwy·ning** pining/wasting/withering away, languishment.

**ver·kyk** *het* ~: *jou* ~ *aan* ... stare/gaze/gape at ..., feast one's eyes on ...

**ver·ky·ker, vêr·ky·ker** *-kers* binoculars, field glasses, spyglass.

**ver·laag** *het* ~ lower *(a price, standard, the intensity, pitch)*; drop *(the hemline, waist, etc. of a garment)*; cut, slash, mark down *(prices)*; lower, reduce, decrease *(pressure)*; bring down, lower *(tension)*; lower, debase, disgrace, degrade; demote *(in rank)*; demean; vulgarise; *(mus.)* flatten, lower *(a note)*; *jou* ~ lower *(or, fig., beg)* o.s.; *jou* ~ *tot* ... descend to ...; stoop to ...; *iets* ~ *met* ... reduce s.t. by ...; *iets* ~ *tot* ... reduce s.t. to ... **ver·laag·de** lowered; cut, slashed, marked down; reduced. **ver·la·gend** *-gende* degrading, humiliating, debasing. **ver·la·ging** *-gings, -ginge* lowering, reduction *(of prices)*; cutback, slump *(in investment)*; depression; degradation, debasement; demotion; depreciation *(of the currency)*. **ver·la·gings·trans·for·ma·tor** step-down *(or* reducing) transformer.

**ver·laat** *het* ~ leave; desert, quit *(a place, ship, post, etc.)*; ditch *(a car etc.)*; abandon *(a post)*; forsake, desert *(s.o.)*; retire from; leave, get off *(the train etc.)*; clear *(the harbour)*; *jou op* ... ~ depend/rely (up)on ...; trust in ...; trust to ...; *die kamer* ~ leave the room; *(euph.)* go to the toilet; *iem. se krag het hom/haar* ~ s.o.'s strength failed him/her; *iem. moet hom/haar op* ... ~ s.o. is thrown back (up)on ...; *die passasiers* ~ *die skip in* ... passengers disembark at ...; *rotte* ~ *'n sinkende skip* rats leave a sinking ship; *die wêreld* ~ renounce the world; depart this life.

**ver·lak** *n.* lacquer, japan, varnish. **ver·lak** *-lakte, adj.* lacquered, japanned, varnished; *~te leer* (of *lakleer*) patent leather. **ver·lak** *het* ~, *vb.* lacquer, japan, varnish.

**ver·lam** *het* ~, *vb., (lit. & fig.)* paralyse; *(fig.)* cripple *(an organisation)*, render powerless, hamstring, numb. **ver·lam** *-lamde, adj.* paralysed, palsied; unstrung. **ver·lam·mend** *-mende* crippling, paralysing; debilitating *(debts etc.)*; stultifying *(effect)*; nerve-shattering *(horror)*. **ver·lam·ming** paralysis, palsy, paralytic stroke; crippling *(of an organisation)*.

**ver·lang** *het* ~ long, be longing, yearn, hanker, crave; desire, want; exact; require; *alles wat ('n) mens kan* ~ all that can be desired, all that one can wish for; *as dit* ~ *word* if required; *daarna* ~ *om iem. te sien* long to see s.o.; *van iem.* ~ *dat* ... want/expect s.o. to ...; *huis toe* ~ long for home; be homesick; *na* ... ~ long for ...; yearn for ...; sigh for ... **ver·lang·de** *adj. (attr.)* desired; required; *die* ~ *prys* the asking price. **ver·lan·ge** *-gens* longing, desire; hankering, wish; craving, hunger, yearning *(for)*; homesickness; *brand van* ~ *om te* ... yearn to ...; *siek van* ~ sick with longing. **ver·lan·gend** *-gende* longing, yearning, desirous, eager, solicitous, hankering; nostalgic; wishful; ~ *na iets* longing/yearning for s.t.; eager after/for s.t.. **ver·lang·lys, -ly·sie** *(infml.)* wish list, list of suggested gifts, list of gifts wanted.

**ver·lang·saam** *het* ~ slow down/up, decelerate. **ver·langsa·ming** deceleration, slowdown.

**ver·la·te** ~ *-tener -tenste* (of *meer* ~ *die mees* ~) deserted *(house)*; desolate *(neighbourhood)*; lonely *(spot, pers., etc.)*; abandoned *(child, goods, house, workings, etc.)*; derelict *(ship, goods, land)*; waste; unfrequented *(place)*; forsaken *(by God)*; destitute *(pers.)*; forlorn; →VERLAAT; *'n* ~ *eiland* a desert island. **ver·la·ten·heid** loneliness, forlornness, desolateness, desolation; forsakenness, abandonment, desertion; solitude, solitariness. **ver·la·ter** *-ters* leaver. **ver·la·ting** desertion, abandonment, abandoning, dereliction; forsaking.

**ver·la·tyns** *het* ~, *vb.* Latinise. **ver·la·tyns** *-tynste, adj.* Latinised.

**ver·lê** *het* ~, *vb.* shift, remove, transfer; move, redeploy *(troops)*; relay; reposition, place differently; misplace; mislay; divert *(a road)*; →VERLEGGING; *jou nek* ~ have a crick in the neck (from lying down). **ver·lê** *verlegde, adj.* diverted; shifted; moved; relayed.

**ver·le·de** *n.* past; *iets behoort tot die* ~ s.t. is a thing of the past; *dit behoort tot die* ~, *(also)* that is history now; it is past and gone; it is water under the bridge; *in die gryse* ~ in the dim/remote past; *in die* ~ *leef/lewe* live in the past; put/set/ turn the clock back; *iem. met 'n* ~ s.o. with a history; *'n swak* ~ *hê* have a bad record; *iem. se* ~ *tel teen hom/haar* s.o.'s record is against him/her; *vergeet die* ~! let bygones be bygones!. **ver·le·de** *adj. (attr.)* past, last; ~ *deelwoord, (gram.)* past participle; ~ *maand/week* last month/week; ~ *tyd, (gram.)* past tense.

**ver·le·ë** ~ *meer* ~ *die mees* ~ shy, timid, bashful, self-conscious; embarrassed, perplexed, confused, distressed; sheepish, shamefaced; in need/want of, pressed for; *oor iem.* ~ *wees* need s.o.'s help, need s.o. to do one a favour; *iem. se* ~ *maak* embarrass s.o., put s.o. out of countenance; *nooit om* ... ~ *nie* never at a loss for ... *(an answer etc.)*; ~ *wees om/oor iets* be in need of s.t., need s.t. badly; ~ *oor iets, (also)* embarrassed by s.t..

**ver·leen** *het* ~ give, grant, favour with *(permission, a favour, a right, aid)*; render *(assistance)*; bestow, confer *(a favour, title)*; lend *(dignity, enchantment, lustre)*; extend *(credit)*; *iets aan iem.* ~ bestow s.t. (up)on s.o.; extend s.t. to s.o. *(help, credit, etc.)*; *mag aan iem.* ~ vest s.o. with powers; *'n toelae/toelaag* ~ make/award a grant, grant a subsidy.

**ver·leent·heid** shyness, timidity, bashfulness, self-consciousness, sheepishness; perplexity, embarrassment, confusion; trouble, quandary, difficulty; *iem. in (die)* ~ *bring* embarrass s.o.; put s.o. in the wood; *iem. uit die/'n* ~ *help* help s.o. out of trouble *(or a difficulty/fix/quandary or the wood)*; *in (die)* ~ in trouble, in a quandary, *(infml.)* in a fix/stew; *iets is vir iem. 'n* ~ s.t. is embarrassing *(or an embarrassment)* to s.o..

**ver·leer** *het* ~ unlearn *(a habit)*; forget.

**ver·leg·ging** *-gings, -ginge* deviation, (road) detour, diversion; *(rly.)* regrading; misplacement, mislaying; re-routing; *(geol.)* shift.

**ver·lei** *het* ~ lead astray, delude; seduce *(s.o.)*; tempt, entice; betray *(a woman)*; deceive; inveigle; *iem.* ~ *om iets te doen* tempt/entice/seduce s.o. into doing *(or to do)* s.t.. **ver·lei·de·lik** *-like* tempting, enticing, seductive, inviting, alluring, beguiling, sexy. **ver·lei·de·lik·heid** allure, seductiveness. **ver·lei·ding** *-dings, -dinge* temptation; seduction; enticement; perversion; *die* ~ *weerstaan* resist temptation. **ver·leid·ster** *-sters, (fem.)* temptress, seductress, enslaver, vamp(ire), siren, enchantress. **ver·lei·er** *-leiers* tempter; seducer, betrayer; enticer, deceiver, corrupter.

**ver·lek·ker:** *jou in iets* ~ delight *(or* take pleasure/delight*)* in s.t. *(s.o.'s misfortune etc.)*.

**ver·le·lik** *het* ~ become ugly; uglify.

**ver·leng** *het* ~ lengthen, make longer; continue; protract *(a visit)*; prolong, extend *(an amnesty etc.)*; produce *(a line)*; renew *(a bill)*; elongate; *iets na* ... ~ extend s.t. *(a rly. etc.)* to ...; *iets tot* ... ~ extend s.t. *(a period etc.)* to ... **ver·leng·baar** *-bare* extendible, extensible, extensile; renewable *(passport etc.)*; expandable; protractile. **ver·len·ging** *-gings, -ginge* lengthening; producing; elongation; projection; protraction; extension; *(econ.)* roll-over *(of a loan)*; prolongation; renewal; continuation *(of a line, section)*; *(elec.)* lead. **ver·leng·stuk** extension; extension/lengthening piece; process; lengthening bar *(of compasses)*; elongation.

**ver·le·ning** granting; rendering; lending; grant, conferment, conferral; extension; →VERLEEN.

**ver·lep** *het* ~, *vb.* fade, wilt, wither, shrivel. **ver·lep** *-lepte meer* ~ *die mees -lepte, adj.* faded, wilted, withered; *iem. lyk* ~ s.o. looks pale *(or* washed out*)*; ~*te oë* dull/filmy eyes; ~*te vrugte* shrivelled fruit. **ver·lept·heid** fadedness, wiltedness, witheredness.

**ver·le·wen·dig** *het* ~ revive *(hope etc.)*; *(trade)* pick up, revive, quicken; enliven *(a pers., trade, etc.)*; animate, vivify, kindle, stimulate, vitalise; juice up *(infml.)*. **ver·le·wen·di·ging** quickening, stimulation; revival *(of trade)*.

**ver·lief** *-liefde, adj.* amorous, in love, infatuated, bitten; ~*de blikke* amorous glances/looks; *dol* ~ *op iem. wees* love s.o. to distraction, be besotted with s.o., be/become infatuated with s.o.; *so* ~ *dat jy iets kan oorkom* deeply/desperately/ madly in love; ~ *op iem.* in love with s.o.; *'n* ~*de paar(tjie)* a couple in love, *(infml.)* lovebirds; *op iem.* ~ *raak* fall in love with s.o., lose one's heart to s.o.; *'n* ~*de seun/meisie* a lovesick boy/girl. **ver·lief·de** *-des, n.* lover; *die twee* ~*s* the lovers. **ver·lief·de·rig** *-rige* amorous, spoony, sentimental, lovey-dovey; *iem.* ~ *aankyk* ogle s.o.. **ver·liefd·heid** amorousness, lovesickness, infatuation, (being in) love; crush.

**ver·lies** *-liese* loss; bereavement; casualty; decrement; deprivation; *(in the pl., also)* casualties; ~ *aan warmte* dissipation of heat; *jou* ~ *afskryf/afskrywe (en opnuut begin)* cut one's loss(es); *'n gevoelige/groot/swaar* ~ a severe loss; *iets lei tot swaar* ~*e onder* ... s.t. takes a heavy toll on ...; *'n* ~ *ly* make/suffer/sustain a loss; *swaar ~e* **ly** suffer heavy losses; *enorme/oplopende ~e* **ly**, *(also)* rack up huge/mounting losses; **met groot** ~ at a sacrifice; **sonder** ~ without loss; *iets teen 'n* ~ *verkoop* sell s.t. at a loss; ~ *van jou oë* loss of one's eyesight; *met 'n* ~ **werk** show a loss; be in the red.

**ver·lig¹** *het* ~, *vb.* light (up) *(a room, street)*; illuminate *(a city)*; brighten; illumine, illume *(poet., liter.)*; *(fig.)* enlighten *(the people)*; irradiate. **ver·lig** *=ligte =ligter =ligste* (of *meer* ~ *die mees =ligte*), *adj.* lighted/lit up, alight; *(fig.)* enlightened *(pers.)*; benevolent *(despotism)*; *helder* ~ ablaze with light. **ver·lig·te** *=tes, n.* enlightened/broad-minded person, liberal. **ver·ligt·heid** enlightenment. **ver·lig·ting¹** lighting, illumination; enlightenment *(of the people)*. **ver·lig·tings·bron, =mid·del** illuminant.

**ver·lig²** *het* ~, *vb.* lighten *(a burden)*, disburden; make easier *(work)*; alleviate *(distress)*; ease, alleviate, relieve *(pain, suffering, etc.)*; *(pain etc.)* ease, abate; mitigate *(pain)*; palliate; appease *(grief)*. **ver·lig** *=ligte meer* ~ *die mees =ligte, adj.* relieved; *hoogs* ~ *wees/voel* be/feel profoundly relieved; *iem. voel baie* ~, *(also)* it is a load/weight off s.o.'s mind; *iets laat iem.* ~ *voel* s.t. is a relief to s.o.. **ver·lig·ting²** lightening *(of a burden)*; alleviation, relief *(of pain etc.)*; comfort; mitigation; ~ *gee, (med. etc.)* bring relief; ~ *kry van ...* get relief from ... *(pain etc.)*; *tot iem. se* ~ to s.o.'s relief; *iets is vir iem. 'n* ~ s.t. is a relief to s.o..

**ver·lo·ën** *het* ~ deny *(God, one's parents, etc.)*; go back on, repudiate, disown, renounce, *(fml.)* abjure; *jou* ~ deny o.s.; belie o.s. *(or one's nature)*. **ver·lo·ë·ning** denial, repudiation, renouncement, renunciation, *(fml.)* abjuration.

**ver·lof** leave, permission, *(infml.)* OK, okay; sanction; leave *(of absence)*; *(mil.)* furlough; leave *(of an official)*; sabbatical; holiday; ~ *(aan)vra* apply *(or* put in) for leave; ~ *tot afwesigheid* leave of absence; ~ *tot appèl* leave to appeal; *met/op* ~ *gaan* go on leave; take time off; ~ *gee* give/grant permission; *iem. se* ~ *intrek* cancel s.o.'s leave; ~ *kry om iets te doen* get *(or* be granted) permission to do s.t.; *iem. se* ~ *vir iets kry* get s.o.'s permission for s.t., *(infml.)* get s.o. to OK/okay s.t.; *met* ~ *van ...* by *(or* with the) permission of ...; *met/op* ~ on leave; *(mil.)* on furlough; ~ **neem** take leave; *onbetaalde/onbesoldigde* ~ unpaid leave, leave without pay; *met/op* ~ *weens siekte* on sick leave; *sonder* ~ *van die eienaar* without the owner's consent; ~ *vra om te ...* ask permission to ...; *beg leave to ...* ~**brief** permit. ~**dag** day off, day of leave, free day. ~**tyd** (period of) leave; *(mil.)* furlough.

**ver·lok** *het* ~ tempt, allure, entice, seduce; lead astray; inveigle; decoy. **ver·lok·king** *=kings, =kinge* temptation, enticement, allurement, lure, blandishments; seduction; soliciting. **ver·lok·lik** *=like* tempting, enticing, alluring, seductive, glamorous. **ver·lok·lik·heid** seductiveness; allure.

**ver·lood** *het* ~ (cover with) lead, coat with lead.

**ver·loof** *het* ~, *vb.* become engaged; →VERLOWING. **ver·loof** *=loofde, adj.* engaged; *aan iem.* ~ engaged (to be married) (to s.o.); *hulle is* ~ they are engaged (to each other); ~*de paar(tjie)* engaged couple; ~ *raak* become/get engaged. **ver·loof·de** *=des* fiancé *(masc.)*, fiancée *(fem.)*. **ver·loof·ring** engagement ring.

**ver·loop** *n.* course *(of time, a disease, etc.)*; progress *(of a disease)*; course, run *(of events)*; expiry, elapse *(of a period)*; passage, march, lapse *(of time)*; diminution *(of thickness)*; trend; *iets het die gewone* ~ s.t. takes the usual course, s.t. follows the usual pattern; *die* ~ *van 'n saak vertel/meedeel* give particulars of the case/matter; tell the ins and outs of the matter, tell what happened *(or* took place); *die* ~ *van sake dophou* see how things shape; *met/ná* ~ *van tyd* in (the course of) time, as time goes/went on, in course/process of time.

**ver·loop** *het* ~, *vb.*, *(time)* pass, (e)lapse, go by; *(a period)* expire; taper, diminish; reduce; adapt; *iets* ~ *goed* s.t. goes off well; *iets* ~ *seepglad* s.t. goes like clockwork; *iets* ~ *vlot*

s.t. goes off without a hitch; *dit* ~ *heeltemal vlot, (also)* it goes with a swing. ~**kaart** flow sheet. ~**sok** reducing/diminishing socket.

**ver·loop·te** *adj.* runaway, vagabond; dissipated *(fellow)*.

**ver·loor** *n.*: *aan die* ~ *bly* be on a losing streak. **ver·loor** *het* ~, *vb.* lose *(property, a battle, etc.)*; shed, cast *(leaves)*; go down; *daar is geen tyd te* ~ *nie* there is no time to lose; *hare* ~ shed hair; *jou* ~ *in ...* lose o.s. *(or* be lost) in ...; *iem. kan* ~ *s.o.* may lose; *ver/vêr* ~ be badly beaten; *nie kan verdra om te* ~ *nie* be a bad loser. ~**kant** losing side; *aan die* ~ *wees* be on the losing side; play a losing game; fight a losing battle. ~**situasie** no-win situation.

**ver·loor·der** *=ders* loser.

**ver·lo·re** ~ lost, missing; doomed; forlorn; *iem./iets as* ~ *be= skou* give s.o./s.t. up for lost; *'n* ~ *dier* a stray; *iets gaan* ~ s.t. is wasted, s.t. goes to waste; s.t. is lost; *iets laat* ~ *gaan* lose s.t., throw s.t. away *(a chance etc.)*; *daar gaan te veel tyd* ~ there is too much waste of time; *'n* ~ *geslag/generasie* a lost generation; ~ *moeite* labour lost; *onherroeplik* ~ irretrievably lost; beyond/past reclaim; ~ *raak* go astray; *in iets* ~ *raak* lose o.s. in s.t.; ~ *ruimte* waste space; *die* ~ **seun,** *(NT)* the prodigal son; ~ *tyd inhaal* make up for lost time; *iets is vir iem.* ~ s.t. is lost to s.o.. **ver·lo·re·ne** *=nes* lost one; *die* ~*s* the lost. **ver·lo·ren·heid** forlornness.

**ver·los** *het* ~, *vb.* save, (set) free, release, liberate; rescue; *(relig.)* redeem; *(also obst.)* deliver; disencumber; disburden; dispossess; *(theol.)* ransom; *iem. van iets* ~ deliver s.o. from s.t.; disembarrass s.o. from s.t.; *van ...* ~ delivered of ... *(a nuisance etc.)*. **ver·los** *=loste, adj.* saved; released; rescued.

**ver·los·kun·de** midwifery, obstetrics. **ver·los·kun·dig** *=dige* obstetric(al). **ver·los·kun·di·ge** *=ges* obstetrician; midwife.

**ver·los·ser** *=sers* deliverer, saviour, rescuer, liberator; *die V=* the Redeemer/Saviour. **ver·los·sing** *=sings, =singe* deliverance, liberation, rescue, release; *(theol.)* salvation, redemption *(from sin)*; *(obst.)* delivery, birth; *iem. se* ~ *van iets* s.o.'s deliverance from s.t.. **ver·los·te** *=tes, n., (usu. relig.)* one saved/redeemed, saved soul; *die* ~*s* the saved/redeemed.

**ver·lo·wing** *=wings, =winge* engagement; *die* ~ *is uit/af* the engagement is off; *'n* ~ *uitmaak/(ver)breek* break (off) an engagement. **ver·lo·wings·kaart·jie** engagement card.

**ver·lug¹** *het* ~, *vb.* ventilate, air *(a room)*. **ver·lug·ting¹** ventilation, airing *(of a room)*.

**ver·lug²** *het* ~, *vb.*, *(print.)* illuminate *(a manuscript)*; blazon. **ver·lug** *=lugte, adj.* illuminated *(manuscript)*; historiated. **ver·lug·ter** *=ters* illuminator *(of a manuscript)*. **ver·lug·ting²** illumination *(of a manuscript)*.

**ver·luis·ter** *het* ~: *jou* ~ *aan 'n storie/ens.* be (held) spellbound by/with a story/etc..

**ver·lus·tig** *het* ~ amuse, entertain; *jou in iets* ~ delight *(or* take a delight *or* take pleasure *or* revel) in s.t.; exult over s.t.; gloat over s.t.. **ver·lus·ti·ging** pleasure, amusement, entertainment, delight; *met* ~ gloatingly.

**ver·ly** *het* ~, *(jur.)* draw up, execute. **ver·ly·ding** *=dings, =dinge* execution *(of a deed)*.

**ver·maak** *=make, n.* pleasure, amusement, enjoyment, entertainment, fun, delight; diversion, pastime, recreation; *iem.* ~ **bied** provide entertainment for s.o.; ~ *vind/skep* **in** ... find pleasure *(or* delight) in ...; *ek is nie V=* *se* **kind** *nie, (infml.)* ... won't spite me; I can get on without ...; ... won't put me off; *tot* ~ *van ...* to the amusement of ...; for the entertainment of ... **ver·maak** *het* ~, *vb.* amuse, entertain, divert; tease, spite, make *(s.o.)* jealous; →VERMAKER; *jou* ~ *deur te ...* amuse o.s. by ...; *ek laat my nie* ~ *nie* I won't be spited; I can get on without ...; *iem. met iets* ~ entertain s.o. with s.t.; *(try to)* make s.o. envious of s.t.. **ver·maak·lik** *=like* amusing, entertaining, diverting, funny; *iets* ~ *vind* find s.t. amusing, be amused at/by s.t.. **ver·maak·lik·heid** *=hede* funniness; amusement, entertainment, attraction; pleasure.

**ver·maak·lik·heids·:** ~**bedryf** show business, *(infml.)* show biz, entertainment (industry). ~**kunstenaar** entertainer. ~**plek** place of amusement. ~**waarde** entertainment value.

**ver·maal** *het* ~ grind, crush, triturate.

**ver·maan** *het* ~ admonish, warn, exhort, caution, sermon; *iem. oor iets* ~ admonish s.o. for s.t., remonstrate with s.o. about s.t., expostulate with s.o. about/on s.t.. **ver·ma·nend** =*nende* exhortative, exhortatory, reproving, admonitory, monitorial. **ver·ma·ning** =*nings,* =*ninge* admonition, exhorta= tion; telling-off, talking to, warning; caution; monition.

**ver·maard** =*maarde* =*maarder* =*maardste* (of *meer* ~ *die mees* =*maarde)* renowned, famous, illustrious, celebrated, famed, noted. **ver·maard·heid** fame, renown; celebrity.

**ver·ma·er** *het* ~, *vb.* lose weight, become/get lean/thin(ner), slim, get one's weight down; make thin/lean, reduce weight, macerate. **ver·ma·er** =*maerde, adj.* emaciated, wasted, washed out. **ver·ma·e·ring** losing weight, loss of weight, ema= ciation; *(med.)* marasmus; (weight) reducing, slimming, weight reduction; attenuation.

**ver·mag** *het* ~ be able (*or* in a position) to, have the power to; *baie* ~ (manage to) do a lot; *min* ~ not (manage to) do much; *niks teen ...* ~ *nie* be powerless against ...

**ver·ma·ker** entertainer. **ver·ma·ke·rig** =*rige* teasing, spite= ful, frivolous, derisive, derisory.

**ver·ma·le·dy·de** *(fml.)* cursed, damned, confounded.

**ver·meen·de** supposed, reputed, alleged *(brother etc.)*; sup= positious; fancied; putative *(father)*.

**ver·meer·der** *het* ~ increase, augment, compound, multi= ply; accrue; swell; step up; enrich; accumulate; *(biol.)* repro= duce; elevate; enhance; *getalle/moeilikhede* ~ increase (*or* add to) numbers/difficulties; ~ *tot ...* increase to ...; *iets* ~ *van ... tot ...* s.t. increases from ... to ... **ver·meer·der** =*derde, adj.* increased, augmented; ~*de uitgawe* enlarged edition; ~*de uitgawe(s)* increased expenditure. **ver·meer·de·ring** =*rings,* =*ringe* increase (in numbers), addition (to), augmentation (of); increment, cumulation.

**ver·meer·vou·di·ger** multiplexer.

**ver·meld** *het* ~, *vb.* mention, refer to, state, record, specify; *dit behoort ...* ~ *te word* that should be mentioned; *soos hier= bo* (of *hier bo)* ~ as specified above; *jou naam/besonder= hede* ~ state one's name/particulars; *tensy anders* ~ unless otherwise stated. **ver·meld** =*melde, adj.* referred to, men= tioned; stated, specified. **ver·mel·ding** mention; statement, record; entry *(in a directory)*; listing; *die blote* ~ *van die feit* the very mention of the fact; *die eerste* ~ *van ...* the first record of (*or* reference to) ...; *geen* ~ *van ... nie* no mention of ...; ~ *werd* worth mentioning/stating.

**ver·meng** *het* ~, *vb.* mix; *(tech.)* admix; amalgamate; blend *(coffee etc.)*; commix, (inter)mingle, interweave; mix, inter= breed; scramble *(a broadcast)*. **ver·men·ger** =*gers* blender. **ver·men·ging** =*gings,* =*ginge* mixing, blend(ing), amalgama= tion, interspersion, intermixture; mingling; mixture; cross= breeding, hybridisation, mix; confusion, commixture *(of liquids)*.

**ver·me·nig·vul·dig** *het* ~, *(also math.)* multiply; *(biol.)* pro= liferate; accumulate; duplicate, manifold; reproduce; com= pound; *iets met ...* ~ multiply s.t. by ... ~**tal** multiplicand. ~**teken** multiplication sign.

**ver·me·nig·vul·di·ger** =*gers, (math.)* multiplier.

**ver·me·nig·vul·di·ging** =*gings,* =*ginge* multiplication; pro= liferation; copying.

**ver·me·nig·vul·di·gings·:** ~**faktor** multiplying factor. ~**ta= fel** multiplication table.

**ver·mens·lik** *het* ~ humanise. **ver·mens·li·king** humanisa= tion; anthropomorphism.

**ver·me·tel** =*tel(e)* =*teler* =*telste* audacious, temerarious, rash, bold, daring; reckless, foolhardy; presumptuous, brash, im=

pudent; *so* ~ *wees om ...* have the cheek/impudence/nerve to ... **ver·me·tel·heid** audacity, temerity, rashness, boldness, daring; recklessness, foolhardiness; presumption, *(infml.)* brass, nerve, effrontery, presumptuousness, gall, impudence, (cool) cheek, brashness; *dit is niks anders as* ~ *nie* it is sheer impudence; *dis vir jou* ~*!* of all the cheek!, the cheek of it!, what (a) cheek!, what a nerve!; *die* ~ *hê om te ...* have the audacity to ...; have the cheek/impudence/nerve to ...; *dit is skaamtelose* ~ it is bare-faced effrontery.

**ver·mi·cel·li** *(cook.)* vermicelli.

**ver·mi·kro·fil·ming, mi·kro·ver·fil·ming** =*minge,* =*mings* microfilming.

**ver·mil·joen** *n., (min.)* vermil(l)ion. **ver·mil·joen(·kleu·rig)** *adj.* vermil(l)ion, cinnabar.

**ver·min·der** *het* ~ decrease, diminish, lessen, cut back, re= duce *(numbers, a price, staff, etc.)*; lower, bring down *(the price)*; cut (down) *(expenses)*; *(numbers)* fall off; slacken *(speed)*; *(wind)* abate; *(pain)* remit; detract from *(merits)*; extenuate; dwindle, wane, tail off; *aan die* ~, *(also)* on the wane; *skuld* ~ *kry* compound a debt; *tot ...* ~ dwindle (away) to ...; *iets tot ...* ~ reduce s.t. to ...; narrow s.t. down to ...; *dit* ~ *die waarde* that takes off from the value. **ver·min·de·ring** =*rings,* =*ringe* decrease, diminution, lessening, reduction, decline, drop *(in price, temperature, etc.)*; cut *(in salary, price, etc.)*; falling off; remission *(of pain, sentence, etc.)*; regression *(of fever)*; *die* ~ *van ...* the decrease in ...

**ver·mink** *het* ~, *vb.* mutilate, maim, cripple, disable, disfig= ure; *(fig.)* mutilate, mangle, deface, mar, disfigure; garble *(a statement)*. **ver·mink** =*minkte* =*minkter* =*minkste* (of *meer* ~ *die mees* =*minkte), adj.* mutilated, maimed, crippled; garbled *(statement, facts, report)*; disabled. **ver·min·king** =*kings,* =*kinge* mutilation *(of a pers., book, report, etc.)*; crippling, disable= ment, defacement, disfigurement, disfiguration, deforma= tion; *(jur.)* maim, mayhem; garbling; corruption. **ver·mink= te** =*tes, n.* mutilated/maimed person; cripple.

**ver·mis** =*miste, adj.* missing, lost; *as* ~ *aangegee* word be reported/posted missing; ~*te goedere* lost property; *die* ~*te persoon* the missing person; ~ *raak, (people)* go missing; ~ *word* be missing. **ver·mis·te** =*tes, n.* missing person.

**ver·mo·ë** =*moëns* power *(of a pers., mach., etc.)*; capacity, output *(of a mach.)*; *(mil.)* capability; ability; faculty; poten= cy, potential; property, assets, riches, wealth, fortune, sub= stance, patrimony, means; →VERMOËND; *alles in jou* ~ *doen* do all in one's power; *iem. het alles in sy/haar* ~ *gedoen om te ..., (also)* s.o. did/tried all he/she knew to ...; *iem. se* ~ *om besluite te (kan) neem* s.o.'s decision-making ability; *na jou beste* ~ to the best of one's ability; *na jou beste* ~ *presteer* make the best of o.s.; *iets is binne/buite iem. se* ~ s.t. is within/beyond s.o.'s capabilities/capacity; *binne iem. se* ~, *(also)* within s.o.'s means; *bo iem. se* ~ beyond s.o.'s power(s); *die* ~ *hê om te ...* have the ability (*or* be able) to ...; be in a position to ...; be capable of (*or* have the capability to) ...; have a capacity for ...; *na* ~ according to ability/capacity; *verstandelike* ~*ns* intellectual capacity/faculties; *jou* ~ *wys* prove o.s.; ~**toets** ability test.

**ver·moed** *het* ~, *vb.* suspect; presume, suppose, infer, sur= mise; divine, conjecture; scent *(treachery)*; ~ *dat ...* suspect (*or* have an idea) that ...; have a suspicion that ...; ~ *dat iem. iets sal doen* expect s.o. to do s.t.. **ver·moe·de** =*de(n)s* suspi= cion; presumption, supposition, surmise, conjecture, as= sumption; feeling; inkling; *'n* ~ *hê (dat ...)* have a hunch/ suspicion (that ...); *'n nare* ~ *hê dat ...* have a sneaking sus= picion that ...; *in die* ~ *dat ...* surmising that ...; *'n* ~ *van iets hê* have an inkling of s.t.; *geen* ~ *van iets hê nie* have no inkling of s.t.. **ver·moe·de·lik** =*like, adj.* probable, presump= tive, presumable, supposed, presumed, inferred, suspected, suppositional, conjectural; ~*e vader* putative father. **ver= moe·de·lik** *adv.* probably, presumably, apparently; ~ *dood* presumed/feared dead; ~ *gesneuwel* believed killed.

**ver·moei** *het* ~, *vb.* tire (out), fatigue, weary, exhaust; harass; fag; *jou* ~ tire o.s. (out); *jou te veel* ~ overdo it. **ver·moei(d)** =*moeide, adj.* tired, fatigued, weary, way-worn, jaded. **ver= moeid·heid** tiredness, fatigue, weariness, lassitude; fatigue *(of metals).* **ver·moeid·heids·grens** fatigue limit. **ver·moei= end** =*moeiende* tiring, fatiguing; wearisome, trying, weary= ing, wearing, tedious, tiresome; exhausting, gruelling, stren= uous; *'n ~e mens* exhausting company *(or* to be with). **ver= moei·e·nis** =*nisse* fatigue, weariness, tiredness; languor, las= situde. **ver·moei·e·nis·toets** fatigue test. **ver·moei·ing** fatigue, weariness, exhaustion.

**ver·mo·ënd** =*moënde* rich, wealthy, well-to-do, opulent, moneyed; substantial, influential, powerful; ~*e persoon* per= son of substance/means.

**ver·mo·ëns·:** ~*belasting* property/wealth tax; ability/fac= ulty tax. ~**reg** proprietary right.

**ver·moet** *(wine)* vermouth.

**ver·molm** *het* ~, *vb.* moulder/rot (away), decay. **ver·molm** =*molmde, adj.* mouldered, mouldy. **ver·mol·ming** moulder= ing (away), dry/wood rot.

**ver·mom** *het* ~, *vb.* disguise, mask, conceal, camouflage, masquerade; *as 'n ...* ~ disguised as a ...; *effens/effe(ntjies)* ~ thinly disguised; *jou* ~ disguise o.s.. **ver·mom** =*momde, adj.* disguised, masked; *'n ~de (man ens.)* a masquerader; *'n ~de (speler)* a mummer. **ver·mom·ming** =*mings, =minge* dis= guise, mask(ing), camouflage, masquerade, mummery; *'n skrale/swak* ~ a thin disguise.

**ver·moor** *het* ~ murder, kill, slay, slaughter, assassinate. **ver·moor·de** =*des* murder victim, murdered person.

**ver·mors** *het* ~, *vb.* waste *(time, food, etc.);* squander *(money, one's talents, etc.);* consume; fritter away. **ver·mors** =*morste, adj.* wasted *(opportunity etc.).* **ver·mor·sing** waste *(of time, money, food, etc.);* squandering; wastage, dissipation; *moeds= willige* ~ wanton waste.

**ver·mor·sel** *het* ~ crush, pulverise, smash (up), knock into a pulp, demolish. **ver·mor·se·ling** crushing, pulverisation, smashing.

**ver·mur·we** *het* ~ soften, become soft; make soft, mollify; *iem.* ~ get s.o. round. **ver·mur·wing** softening, mollification.

**ver·my** *het* ~ avoid, shun, skirt, shirk, obviate, ware; eschew *(a confrontation etc.);* steer/stay clear of *(s.o., s.t.);* dodge; evade; miss; flee; *iem./iets soos die pes* ~ avoid s.o./s.t. like the plague. **ver·my·baar** =*bare,* **ver·my·de·lik** =*like* avoidable, preventable. **ver·my·baar·heid** preventability. **ver·my·ding** avoidance, avoiding, evasion.

**ver·naam** =*name* =*namer* =*naamste, adj.* important, major; prominent, notable, high-class, -powered *(pers., place, etc.);* aristocratic, lordly; distinguished; fashionable; honourable; pompous; swell; distinctive; *jou* ~ *hou,* *(infml.)* give o.s. *(or* put on) airs. **ver·naam·heid** importance; prominence, dis= tinction, distinctiveness, lordliness; grandeur. **ver·naam·lik** *adv.* especially, particularly, notably; mainly, chiefly, prin= cipally. **ver·naam·ste** chief, primal, pivotal, cardinal, head, premier, prime, primary, principal, leading; paramount; *die* ~ *is ...* the (important) thing is ...; ~ *kenmerk* outstanding characteristic; ~ *mense* leading people; ~ *produk* staple; ~ *punte* chief/main/principal points; ~ *steun* mainstay.

**ver·ne·der** *het* ~ humble, humiliate, degrade, cast down, de= base, demean, abase; *jou* ~ abase/humble o.s.; *jou tot ...* ~ stoop to ... **ver·ne·der(d)** =*derde* humiliated, debased, de= graded. **ver·ne·de·rend** =*rende* humiliating, degrading. **ver= ne·de·ring** =*rings, =ringe* humiliation, mortification, loss of face; indignity, prostration, degradation; ~*s ondergaan/ver= duur* suffer indignities; *'n* ~ *verduur, (also)* eat humble pie.

**ver·neem** *het* ~ hear, understand, learn, gather; inquire, enquire; ~ *dat* ... hear/understand that ...; *iem.* ~ *dat* ..., *(also)* it has come to s.o.'s attention that ...; *ons het* ~ *dat* ..., *(also)* we had the news that ...; *ek* ~ *dat* ..., *(also)* I am told that ...;

*na ...* ~ ask about/after/for ...; inquire/enquire after ...; *na iem. (se gesondheid)* ~ ask after s.o.('s health); *van iem.* ~ *dat ...* understand from s.o. that ...; *van 'n gebeurtenis* ~ hear of an event; *daar word* ~ *dat ...* it is understood that ...

**ver·neuk** *het* ~, *(infml., rather coarse)* cheat, take in, take for a ride, swindle, defraud, trick; double-cross; *iem. met geld* ~ swindle money out of s.o., swindle s.o. out of money; *nou het jy jou* ~ now you're caught; *jou met iem.* ~ misjudge/ underestimate s.o.; *iem. uit iets* ~ cheat s.o. out of s.t.. ~*beentjie* funny bone. ~**myn** booby trap, trap mine. ~**slag** trick.

**ver·neu·ker** =*kers* cheat, swindler, fraud, chiseller, double-dealer, -crosser, bamboozler, trickster. **ver·neu·ke·ry** =*rye* cheating; swindle, fraud, trickery, *(infml.)* sharp practice.

**ver·niel** *het* ~ destroy, ruin, wreck, spoil, devastate, demol= ish, smash (up), vandalise; ill-treat, overwork. **ver·niel·baar** =*bare* destructible. **ver·nie·lend** =*lende* destructive. **ver·nie= ler** =*lers* destroyer, wrecker, vandal, devastator, smasher. **ver·nie·le·ry** destroying, destruction, wrecking, vandalism. **ver·nie·ling** destruction, wrecking; *moedswillige* ~ wanton destruction. **ver·niel·sug** vandalism, destructiveness, love of destruction. **ver·niel·sug·tig** =*tige* =*tiger* =*tigste* (of *meer* ~ *die mees* =*tige)* destructive; vandalistic.

**ver·nie·lings·:** ~**lading** demolition charge. ~**werk** work of destruction.

**ver·nier** =*niers, (graduated scale)* vernier. ~**vuurpyl** *(aeron.)* vernier rocket, thruster.

**ver·niet** free (of charge), for nothing, gratis, complimentary; gratuitous(ly); in vain; *alles* ~ all in vain, all to no purpose; *dis* ~ *om te redeneer* it is no use arguing; *dit is* ~ there is no charge; *iets* ~ *kry* get s.t. (for) free; *dis nou net* ~ *of iem. wil verstaan* no matter what you do, s.o. refuses to understand; *nie* ~ *... doen nie* not do ... for nothing *(or* without reason/ purpose) *(work hard etc.); nie* ~ *so ... nie* ... for a reason/ purpose *(friendly, smartly dressed, cautious, etc.); dit is* **pure** ~ nothing doing *(infml.);* ~ *(op ...)* **saamry** get a free ride (on ...).

**ver·nie·tig** *het* ~ destroy, stamp/wipe out, demolish, wreck, ruin, shatter, annihilate; declare invalid *(or* null and void), invalidate, make invalid, annul, nullify, cancel, quash, re= verse, set aside *(a decree, verdict);* frustrate *(plans);* dash *(hope); homself* ~, *(a missile etc.)* autodestruct. **ver·nie·tig= baar** =*bare* destructible; *(jur.)* defeasible, voidable. **ver·nie= ti·gend** =*gende* destructive *(fig.)* slashing, devastating *(criti= cism, look); (fig.)* scathing *(indictment, sarcasm, ridicule, etc.); (fig.)* withering *(look); (fig.)* crushing *(retort);* annihilating. **ver·nie·ti·ger** =*gers* destroyer, annihilator, wrecker. **ver·nie= ti·ging** destruction, wiping out, wipeout, annihilation, demo= lition, ruin; nullification, annulment; cessation, quashing; disposal; cancellation; reversal.

**ver·nie·ti·gings·:** ~**meganisme** destruct mechanism. ~**oor= log** war of extermination.

**ver·nieu** *het* ~, *vb.* →VERNU(WE). **ver·nieu** *adj.* →VERNU *adj.*.

**ver·nik·kel** *het* ~ nickel-plate. **ver·nik·ke·ling** nickel plating.

**ver·nis** =*nisse, n.* varnish; *(fig.)* veneer. **ver·nis** =*nis, vb.* varnish, lacquer, glaze, finish; shellac; *(fig.)* veneer. **ver·nis** =*niste, adj.* varnished; veneered; ~*te koperware* lacquered brass. ~**laag** coat of varnish.

**ver·noem** *het* ~, *vb.* rename; name after; *'n kind na iem.* ~ name a child after/for s.o.; *iem./iets (tot) ...* ~ change s.o.'s/ s.t.'s name to ..., rename s.o./s.t. ... **ver·noem(d)** =*noemde, adj.* eponymous; *na iem.* ~ named after/for s.o.. **ver·noem= de** =*des, n.* eponym. **ver·noe·ming** =*mings, =minge* renaming, naming *(a child after s.o.).*

**ver·nou** *het* ~ narrow; constrict; take in *(a garment).* **ver= nou·end** *(physiol.)* systatic. **ver·nou·ing** =*ings, =inge* narrow= ing, contraction; constriction; restriction; *(med.)* stenosis, stricture; intake; *(anat.)* isthmus; *(fig.)* bottleneck. **ver·nou= spier** *(anat.)* constrictor (muscle).

**ver·nu** *het ~, vb.* →VERNU(WE). **ver·nu** *=nude,* **ver·nieu** *=nieude, adj.* renewed; reconditioned; renovated; regenerated.

**ver·nuf** ingenuity, craft, expertise, know-how, acumen, discernment; genius; inventiveness; wit. **~spel** *=spele* game of skill. **ver·nuf·tig** *=tige* ingenious, acute, discerning; inventive, clever, full of resource, resourceful; witty; *~ met ...* a great hand at ... **ver·nuf·tig·heid** ingenuity, inventiveness, cleverness, resourcefulness.

**ver·nu(·we), ver·nieu** *het ~* renew; recondition; renovate, rebuild, *(infml.)* revamp, update; regenerate; *(biol.)* replace; novate *(a debt).* **ver·nu·wend** innovative, innovatory, revolutionary. **ver·nu·wer** *=wers* renewer; renovator; innovator. **ver·nu·wing** *=wings, =winge* renewal; reconditioning; instauration; renovation, rebuilding, revamping, regeneration, renascence; *(biol.)* replacement; novation *(of a debt); reform.

**ver·on·aan·ge·naam** *het ~* make unpleasant.

**ver·on·der·stel** *het ~, vb.* suppose; assume; conjecture; believe; imply; presume; hypothesise, (pre)suppose; take for granted, expect; *~ dat ...* assume/imagine/suppose that ...; *~ dat iem./iets ... is* imagine s.o./s.t. to be ...; *ek ~ dat ..., (also)* I take it that ...; *daar word ~ dat ...* the assumption/ supposition is that ... **ver·on·der·stel(d)** *=stelde* supposed; assumed, presumed, putative, hypothetical. **ver·on·der·stel·ling** *=lings, =linge* supposition, assumption, impression, belief, premise, presumption, postulation; (pre)supposition, hypothesis; *in die ~ dat ...* on the assumption/premise/supposition that ...; *natuurlik in die ~ dat ...* always supposing that ...; *van die ~ uitgaan dat ...* go/proceed/work on the assumption that ...; work on the basis that ...; act on the presumption/supposition that ...

**ver·on·ge·luk** *het ~* die *(or* be killed) in an accident; *(a ship, train, etc.)* be wrecked; meet with disaster, come to grief; *(a ship)* be lost; *(a plan, business, etc.)* fail, fall through *(or* to the ground), come to nought, miscarry, crash; *(fig.)* wreck *(a scheme);* foil, frustrate, thwart *(a plan); iets laat ~* wreck s.t. *(a train, an undertaking, etc.); die (hele) spul ~, (fig., infml.)* upset the apple cart.

**ver·on·reg** →VERON(T)REG.

**ver·on(t)·ag·saam** *het ~* neglect *(s.o., a duty, etc.);* slight *(s.o.);* flout; omit; forget; ignore, disregard. **ver·on(t)·ag·sa·ming** neglect, disregard, slighting; inobservance, ignoring; *met volkome ~ van ...* in complete disregard of ... **ver·on(t)·ag·sa·mings·veld·tog** *(pol.)* defiance campaign.

**ver·ont·hei·lig** *het ~* = ONTHEILIG.

**ver·on(t)·reg** *het ~, vb.* wrong, do injustice to, injure, victimise. **ver·on(t)·reg** *=regte, adj.* aggrieved, injured, victimised; *(jou) deur/oor iets ~ voel* feel aggrieved at/over/by s.t.. **ver·on(t)·reg·ting** injustice, wrong, injury.

**ver·ont·rei·nig** *het ~* pollute, contaminate, defile, foul, soil, vitiate. **ver·ont·rei·ni·ging** pollution, contamination, viatiation, defilement, fouling.

**ver·ont·rief** *het ~* inconvenience, bother, disrupt, disturb, put out, (put to) trouble.

**ver·ont·rus** *het ~, vb.* alarm, disturb, agitate, worry, distress, perturb, unsettle, discompose, disquiet; *deur iets ~ word* be alarmed *(or* take alarm) at s.t.. **ver·ont·rus** *=ruste, adj.* alarmed, worried, upset, concerned; *oor iets ~ wees* be/take alarm at s.t.. **ver·ont·rus·tend** *=tende* alarming, disturbing, disquieting, perturbing, distressing, unsettling, worrying. **ver·ont·rus·ting** alarm, anxiety, perturbation, disquiet, uneasiness, unease, discomposure, disturbance, worry, agitation.

**ver·ont·skul·dig** *het ~* excuse, pardon *(a pers., s.o.'s conduct);* exculpate *(fml.);* exonerate; whitewash; *jou ~* excuse o.s., apologise; *nie te ~ nie* inexcusable. **ver·ont·skul·di·gend** *=gende, adj.* apologetic, palliative, exculpatory, deprecating, deprecative, excusatory. **ver·ont·skul·di·gend** *adv.* apologetically. **ver·ont·skul·di·ging** *=gings* excuse, pardon; apology; exoneration; justification; *~s aanbied* apologise, offer one's

apologies; *~s maak* make excuses; *ter ~ van ...* in extenuation of ...

**ver·ont·waar·dig** *=digde* indignant; up in arms; outraged, disgusted; incensed, hot under the collar; *erg ~* scandalised, outraged, shocked; *hoogs ~ oor iets* outraged by s.t.; *oor iets ~ indignant* about/at/over s.t.. **ver·ont·waar·di·ging** indignation, dudgeon; outrage, outcry; *kook van ~* be bursting with indignation; *tot iem. se ~* to s.o.'s indignation; *uiting gee aan jou ~ oor iets* express (one's) indignation/outrage at s.t..

**ver·oor·deel** *het ~* condemn, censure, disapprove, denounce, *(infml.)* slam; *(jur.)* sentence, convict, give jugd(e)ment against; *iem. ter dood ~* condemn/sentence s.o. to death; *jouself ~* stand self-condemned; *iem. tot gevangenis=/tronkstraf ~* condemn/sentence s.o. to imprisonment; *iem. tot vyf jaar tronkstraf ~* sentence s.o. to five years. **ver·oor·deel·de** *=des* convict, condemned person, person under sentence; *voor= heen ~* previous offender. **ver·oor·de·lend** *=lende* denunciatory, condemnatory, damnatory, damning, judg(e)mental. **ver·oor·de·ling** *=lings, =linge* condemnation, denunciation, censure, disapproval; conviction, sentence, indictment, proscription; commitment.

**ver·oor·loof** *het ~, vb.* permit, allow; afford; *jou iets ~* allow o.s. s.t.; indulge in s.t.; *jou ~ om te ...* allow o.s. to ... **ver·oor·loof** *=loofde, adj.* allowed, permitted; permissible.

**ver·oor·saak** *het ~* cause, give rise to, occasion, provoke *(problems);* bring about *(damage);* call forth, generate, bring to pass, trigger off. **ver·oor·sa·kend** *=kende* causative. **ver·oor·sa·king** causing, causation, bringing about; inducement.

**ver·oot·moe·dig** *het ~* humble, mortify, humiliate; *jou ~* humble o.s.. **ver·oot·moe·di·ging** humiliation, mortification; *dag van ~* day of humiliation; day of prayer.

**ver·or·ber** *het ~* consume, eat up, put away, polish off *(food); jou kos (haastig) ~* bolt down one's food.

**ver·or·den** *het ~* ordain, decree, order, enact, prescribe; *~ dat ...* decree that ... **ver·or·de·ning** *=nings, =ninge* regulation(s), order; rule(s); by-law, bye-law; edict, decree, ordinance; *'n ~ uitvaardig* issue/promulgate a decree. **ver·or·di·neer** *het ~* ordain, order, rule, decree, prescribe, institute.

**ver·ou·der** *het ~, (s.o.)* age, grow/get/become old; *(wine)* mature; date, get/go out of date, become antiquated. **ver·ou·derd** *=derde* obsolete *(word),* archaic *(expression);* discarded *(belief, theory, etc.);* exploded *(theory);* outdated, outmoded, behind the times, out of date, antiquated, rusty, old-fashioned; inveterate *(ailment);* stale *(cheque);* dated, passé; *~ raak* become dated. **ver·ou·de·rend** *=rende* obsolescent; ag(e)ing. **ver·ou·de·ring** ag(e)ing, growing/getting old *(of a pers.); (med.)* senescence; obsolescence, getting/becoming out of date *(or* old-fashioned); maturation *(of wine);* dating.

**ver·o·wer** *het ~* conquer, capture; win *(s.o.'s heart); gebied van 'n land ~* win territory from a country; *iem./iets stormen= derhand ~* take s.o./s.t. by storm. **ver·o·we·raar** *=raars* conqueror, captor, victor; *(infml.)* seducer, Don Juan, womaniser. **ver·o·we·ring** *=rings, =ringe* conquest, capture, taking, win(ning); catch.

**ver·pag** *het ~, vb., (usu. hist.)* lease/let (out), rent out, put *(land)* out to lease; farm out. **ver·pag** *=pagte, adj.* leased.

**ver·pak** *het ~* pack, wrap, package; repack. **ver·pak·ker** *=kers* pack(ag)er. **ver·pak·king** *=kings* packing, wrapping; packaging; baling.

**ver·pand** *het ~, vb.* pawn, pledge *(furniture);* mortgage, bond *(a house);* pledge *(one's life, word, honour);* plight *(one's word);* hypothecate; *aan ... ~* in pawn to ... **ver·pand** *=pande, adj.* pawned; mortgaged; pledged. **ver·pan·ding** *=dings, =dinge* pawn(ing); pledging; mortgage, mortgaging, hypothecation.

**ver·pas** *het ~* miss *(a train etc.).*

**ver·per·soon·lik** *het ~, vb.* personify; personalise; imper= sonate; incarnate, embody, epitomise. **ver·per·soon·lik** *=likte, adj.* personified; *~ deur/in ...* personified by/in ...; *die*

~*te onskuld* innocence personified. **ver·per·soon·li·king** personification, embodiment, epitome; impersonation.

**ver·pes** *het ~, vb.* infect *(the air, s.o. with one's opinion)*; infest; contaminate, corrupt, poison; canker; *iem.* ~ *iets s.o.* hates s.t.; *iem. se lewe* ~ plague/pester s.o.. **ver·pes** -*peste, adj.* infected; infested; corrupted, contaminated. **ver·pes·te·lik** =*like* pestilential, *(infml.)* pesky. **ver·pes·tend** =*tende* noxious, pestilential; pernicious. **ver·pes·ting** =*tings* infection, contamination, corruption; infestation; pestering; pest.

**ver·piep** *het ~, vb.* pamper, coddle, cosset. **ver·piep** -*piepte* =*piepter* =*piepste, adj.* pampered, coddled, cosseted; frail, unmanly, weak(ly), sickly.

**ver·plaas** *het ~, vb.* shift, displace, move, relocate, transpose; remove; switch; *(geol.)* offset; translate *(a bishop)*; transfer *(s.o. to another post)*; manoeuvre; translocate; *jou in iem. anders se toestand* ~ put o.s. in s.o. else's position/place/ shoes; *jou* ~ project o.s.. **ver·plaas** -*plaaste, adj.* transferred; shifted, moved; relocated. **ver·plaas·baar** =*bare* mov(e)able, mobile, removable; portable; transferable. **ver·pla·sing** shift, shifting, movement; displacement; transfer; translation; transposition. **ver·pla·sings·ak·ti·wi·teit** *(psych., zool.)* displacement activity.

**ver·plant** *het ~* transplant, plant out, repot. **ver·plant·baar** =*bare* transplantable.

**ver·pleeg** nurse; care for, look after, tend. ~**diens** nursing service. ~**inrigting** nursing home. ~**kunde** nursing. ~**kundige** =*ges* nurse. ~**suster** nursing sister.

**ver·pleeg·ster** =*sters* nurse. **ver·pleeg·sters·raad** nursing council.

**ver·ple·ër** =*pleërs* male nurse; assistant/attendant in hospital.

**ver·pleet** *het ~, vb.* electroplate. **ver·pleet** -*plete, adj.* electroplated.

**ver·ple·ging** nursing, tending, care.

**ver·plet·ter** *het ~, (lit. & fig.)* crush, shatter, smash; quash; pulverise; overwhelm. **ver·plet·te·rend** =*rende* crushing, smashing *(defeat, reply, blow, etc.)*; overwhelming *(majority)*; shattering, devastating *(news)*; '*n ~e neder-/neerlaag met/van 5-0 ly* (of *op die lyf loop)* suffer a 5-0 whitewash; '*n ~e slag/ hou* a staggering blow.

**ver·plig** *het ~, vb.* force, compel, oblige, constrain, make; pledge, commit; necessitate; *jou* ~ pledge/bind o.s.; ~ *iem. om te ... s.t.* compels s.o. to ...; *s.o. is under an obligation to ...* **ver·plig** -*pligte, adj.* obliged, compelled; compulsory *(subject, school attendance, etc.)*; obligatory; *(jur.)* mandatory; in duty bound; ~ *wees en verkoop/ens.* be forced to sell/etc.; *iets ~(tend) maak* make s.t. compulsory; *iem. is* ~ *om iets te doen* s.o. has to do s.t.; s.o. is compelled/forced/ obliged to do s.t.; it is incumbent (up)on s.o. to do s.t.; s.o. is in duty bound to do s.t.; s.o. is reduced to doing s.t.. **ver·plig·ba·re ge·tui·e** *(jur.)* compellable witness. **ver·plig·tend** =*tende* compulsory, obligatory, binding. **ver·plig·ting** =*tings,* =*tinge* obligation; engagement, commitment; liability; duty, burden; undertaking; compulsion, necessity; '*n* ~ **aangaan** make a commitment; *jou ~e* **nakom** discharge/fulfil(l)/meet one's obligations; *die* ~ *op jou* **neem** *om ...* undertake to ...; *die* ~ *rus op jou om dit te doen* it is incumbent (up)on you (or your duty) to do it; *sonder* ~ without obligation; *iem. onder* ~ *stel* place/put s.o. under an obligation.

**ver·poei·er** *het ~* powder; pulverise; *(paint)* chalk; *(chem.)* triturate.

**ver·po·li·ti·seer** *het ~* politicise. **ver·po·li·ti·seer(d)** =*seerde* politicised; rotten/besotted with politics.

**ver·poos** *het ~* rest. **ver·po·sing** =*sings,* =*singe* relaxation, recreation, rest, break, pause.

**ver·pot** *het ~, vb.* plant in *(or* put into*)* another pot, repot. **ver·pot** -*potte, adj.* feeble, stunted, poor *(specimen)*; stunted *(tree)*; repotted *(plant)*.

**ver·pulp** *het ~* pulp. **ver·pul·ping** pulping.

**ver·raad** *(jur.)* treason; treachery, betrayal; perfidy; sell-out; ~ *pleeg* commit treason, turn traitor, sell the pass; ~ *teen ... pleeg* betray ... **ver·ra·der·lik** =*like* treacherous, traitorous, perfidious; unpredictable; treasonable; insidious *(disease)*; false(-hearted). **ver·ra·der·lik·heid** treacherousness, perfidy, treachery; insidiousness.

**ver·raai** *het ~* betray; reveal; double-cross, sell out; commit treason; split (on), *(SA sl.)* pimp on; '*n geheim* ~ betray/reveal *(or* give away*)* a secret; *jou* ~ give o.s. away. **ver·raai·er** =*raaiers* traitor, betrayer, double-crosser, Judas; *(infml.)* squealer; quisling; ~ *word* turn traitor. **ver·raai·ers·kus** Judas kiss. **ver·raai·e·ry** =*rye* treachery, treason, betrayal; double-dealing.

**ver·ras** *het ~, vb.* surprise, take unawares *(or* by surprise*)*, catch unawares, startle; spring a surprise; ~ *deur ...* surprised by/at ... **ver·ras** =*raste, adj.* surprised, caught unawares. **ver·ras·send** =*sende, adj.* surprising, startling; amazing; unexpected. **ver·ras·send** *adv.* refreshingly, surprisingly, startlingly. **ver·ras·sing** =*sings,* =*singe* surprise; taking by surprise; *dis 'n groot ~!* what a surprise!; *iets is vir iem. 'n* ~ s.t. comes as a surprise to s.o..

**ver·ras·sings·:** ~**aanval** swoop, surprise *(or, infml.* sneak*)* attack. ~**pakkie** lucky packet, surprise packet. ~**party(tjie)** surprise party. ~**toets** spot check.

**ver·re** far; ~ *daarvan(daan)!* far from it!; ~ *daarvan dat ...* far from ...; *op* ~ *na nie* not by far, not by a long way/chalk/ shot. **V~-Noord-** Far Northern. **V~-Noorde:** *die* ~ the Far North. **V~-Ooste:** *die* ~ the Far East. **V~-Oosters** Far Eastern.

**ver·re·gaan·de, ver·re·gaan·de** extreme *(folly)*; far-reaching, outrageous, radical, unheard-of, scandalous, blatant, monstrous, preposterous; ~ *nalatigheid* gross negligence; ~ *veranderinge* sweeping changes. **ver·re·gaand·heid, ver·re·gaand·heid** outrageousness, scandalousness; monstrousness.

**ver·rei·kend, vêr·rei·kend** →VER *adj. & adv.*.

**ver·rek** *het ~, vb.* strain, wrench *(an arm, a leg)*; sprain, twist *(an ankle)*; pull, strain *(a muscle)*; strain, crick, rick *(one's neck/ back)*; stretch *(a tendon)*; *jou* ~ strain o.s., overreach. **ver·rek** =*rekte, adj.* pulled, strained *(muscle)*; sprained, twisted *(ankle etc.)*. **ver·rek·king** =*kings,* =*kinge* strain(ing), spraining, wrenching, twisting; permanent elongation.

**ver·re·ken** *het ~* clear *(cheques)*; set/trade off *(amounts)*; collate *(debts)*; exchange *(a money order)*; miscalculate; *jou* ~ miscalculate, calculate wrongly. **ver·re·ke·ning** clearing, clearance *(of cheques)*; set-off, setting off; settlement; adjustment; miscalculation.

**ver·re·ke·nings·:** ~**bank** clearing bank. ~**bewys** adjustment voucher. ~**dag** *(comm.)* settling day. ~**huis,** ~**kantoor** clearing house. ~**merk** crossing *(on a cheque)*.

**ver·re·se** *(strong p.p. of* verrys*)* risen, resurrected. **ver·re·se·ne:** *die V~, (Chr. theol.)* the Risen One.

**ver·re·weg** by far, far and away, ever so much; ~ *die beste/ ens.* by far the best/etc., far/out and away the best/etc.; ~ *nie* not by a long way/chalk/shot; ~ *nie so ... nie, (also)* not nearly so ...

**ver·rig** *het ~, vb.* do, perform, execute; work *(wonders)*; accomplish, achieve; conduct; engineer; ply. **ver·rig** =*rigte, adj.* completed *(task etc.)*. **ver·rig·ting** =*tings,* =*tinge* execution, performance; transaction; deed; *(in the pl., also)* proceedings, meeting, function.

**ver·rim·pel** *het ~* wrinkle. **ver·rim·pel(d)** =*pelde* wrinkled, wrinkly, wizened, puckered, lined.

**ver·rin·ne·weer** damage, spoil.

**ver·roer** *het ~* stir, move, budge, shift; *jou nie ~ nie* not budge (an inch); sit tight.

**ver·roes** *het ~, vb.* rust, grow/get rusty; rust away; corrode. **ver·roes** =*roeste, adj.* rusty, rusted, corroded; *(fig.)* crusted. **ver·roest·heid** rustiness *(of a sports team etc.)*. **ver·roes·ting** rustiness, rust(ing), corrosion.

**ver·ro·mer** creamer *(for coffee etc.).*

**ver·rooms** *het ~, vb.* catholicise. **ver·rooms** =roomste, adj. catholicised.

**ver·rot** *het ~, vb.* rot, decay, putrefy, decompose, fester. **ver·rot** =rotte, adj., (lit. & fig.) rotten; bad, corrupt; decayed, perished; putrid, putrefied; *deur en deur ~* rotten to the core. **ver·rot·tend** =tende decaying, putrefactive, putrefying, putrescent; carious *(tooth).* **ver·rot·ting** decay, putrefaction, rot(ting), putrescence, decomposition.

**ver·rot·tings=:** ~proses process of decay, decomposition. ~vry rot-proof.

**ver·ruil** *het ~* (ex)change, interchange, swap, barter, trade. **ver·ruil·baar** =bare exchangeable. **ver·rui·ling** =lings, =linge exchange, interchange, swap, trade, barter.

**ver·ruim** *het ~* widen, enlarge, extend; broaden, liberalise *(the mind, one's outlook).*

**ver·ruk** *het ~, vb.* enrapture, enchant, delight, ravish, thrill. **ver·ruk** =rukte, adj. enraptured, enchanted, delighted, rapturous, spellbound, ecstatic, elated, overjoyed, jubilant; *~ van ...* transported with ... *(joy etc.).* **ver·ruk·kend** =kende enchanting, delightful, thrilling. **ver·ruk·king** =kinge rapture, joy, ecstasy, enchantment, delight, exaltation, entrancement, bliss, pleasure; *iem. in ~ bring* enchant/ravish s.o.. **ver·ruk·lik** =like enchanting, entrancing, delectable, delightful, gorgeous, exquisite, divine, ravishing, delicious. **ver·ruk·lik·heid** delightfulness, deliciousness.

**ver·ryk** *het ~, vb.* enrich; *jou ~* enrich o.s.. **ver·ryk** =rykte, adj. enriched. **ver·ry·kend** =kende enriching. **ver·ry·king** enrichment, aggrandisement.

**ver·rys** *het ~* rise, emerge; spring/shoot up *(like mushrooms),* mushroom; come into being; arise *(from the dead);* →VERRESE. **ver·ry·se·nis** resurrection, rising. **ver·ry·sing** emergence.

**vers**[1] verse, *n.* verse; stanza, stave; poem, rhyme; *in ~* in verse; *~ en kapittel (vir iets) noem, iets met ~ en kapittel bewys* give/quote chapter and verse (for s.t.); *~e van ...* poems by ... ~boek, ~bundel →VERSEBOEK. ~bou metrical structure/composition, versification. ~kuns (art of) poetry, poetics, versification. ~leer prosody, metrics, poetics. ~maat metre, movement. ~reël line of poetry. ~ritme verse rhythm. ~soort kind of poetry/verse, metre. ~voet metrical foot.

**vers**[2] verse, *n.* heifer. ~kalf female/cow/heifer calf.

**vers**[3] adv.: ~ gevorderde →VER adj. & adv..

**ver·saag** *het ~* saw up; saw badly/wrongly, spoil by sawing.

**ver·saak** *het ~* forsake, desert, betray *(a friend etc.);* renounce *(the world);* neglect *(a duty);* abandon; →VERSAKING.

**ver·sa·dig** *het ~, vb.* satisfy, satiate *(an appetite);* fill; *(chem.)* saturate; *iets met ... ~* impregnate s.t. with ...; *jou ~* eat one's fill, satisfy one's appetite; *... (ten volle) ~* satiate ...; glut ... *(the market).* **ver·sa·dig** =digde =diger =digste, adj. replete; ~de mark saturated market; ~de oplossing saturated/concentrated solution; *iem. is ~ van ...* s.o. is replete/sated/satiated with ...; ~de vet saturated fat. **ver·sa·dig·baar** =bare satisfiable, satiable; *(chem.)* saturable. **ver·sa·digd·heid** satiety, repletion; *(chem.)* saturation. **ver·sa·di·gend** =gende satisfying *(food, meal).* **ver·sa·di·ging** satiation, repletion; *(chem.)* saturation.

**ver·sa·di·gings=:** ~graad degree of saturation. ~punt saturation point.

**ver·sag** *het ~* soften, make soft(er) *(the heart);* ease, relieve *(pain);* alleviate, mitigate *(pain, grief, punishment, etc.);* soothe, salve, allay; modify *(an expression);* tone down, temper, understate; moderate *(a law);* cushion *(an impact);* commute *(a sentence, punishment, etc.).* ~middel softener *(for washing etc.).* **ver·sag·tend** =tende softening, alleviating, mitigating; lenitive; bland *(liquid);* ~e middel, *(pharm.)* palliative, emollient, demulcent, lenitive; ~e omstandighede extenuating circumstances; ~e uitdrukking euphemism. **ver·sag·ter** =ters

alleviator, mitigator, emollient. **ver·sag·ting** =tings, =tinge softening; alleviation, mitigation; euphemism; commutation *(of punishment); ter ~* in mitigation. **ver·sag·tings·middel** =dels, =dele, *(pharm.)* lenitive, emollient, palliative, demulcent.

**ver·sak** *het ~* sink, sag, slump, subside, settle, give (way), cave in. **ver·sak·king** =kings, =kinge sinking, subsidence; sagging; settlement; *(med.)* prolapse; *(med.)* ptosis; cave-in; sag.

**ver·sa·king** =kings, =kinge forsaking, desertion; neglect, dereliction *(of duty);* renouncing, renunciation, renouncement; betrayal.

**ver·sa·mel** *het ~, vb.* collect *(books, stamps, thoughts, courage, etc.);* gather *(things, strength);* muster up *(courage);* assemble, congregate, come together, gather (together); muster, raise *(an army);* amass, accumulate *(riches);* compile *(a volume of stories);* hive; muster; glean; store/treasure up, save *(for future use).* **ver·sa·mel** =melde, adj. collected *(works etc.).* ~drang acquisitive instinct. ~lens condenser lens. ~naam *(gram.)* collective noun; collective/generic term/name, umbrella term. ~plek meeting place/point, assembly point, point of assembly, rendezvous, trysting place; haunt. ~punt assembly point, point of assembly. ~stuk collectable, collectible, collector's item/piece. ~term catchall/umbrella term. ~voël *(Philetairus socius)* sociable weaver. ~werk collection, collective work, anthology.

**ver·sa·me·laar** =laars collector, gatherer, accumulator; compiler.

**ver·sa·mel·baar** =bare collectable, collectible.

**ver·sa·me·lend** =lende collective.

**ver·sa·me·ling** =lings, =linge collection *(of books, stamps, etc.);* gathering, collecting; assemblage, assembly, congregation; assortment, array; compendium, digest; congeries; conglomeration; corpus *(Lat.);* compiling; compilation; accumulation; *(math.)* set. **ver·sa·me·lings·leer** set theory.

**ver·sand** *het ~, vb.* silt up; *(fig.)* get bogged down. **ver·sand** =sande, adj. silted up, choked with sand. **ver·san·ding** silting up.

**ver·sap** *het ~* press juice out of. **ver·sap·per** =pers juicer; blender.

**ver·se·boek** *(also versboek, versbundel, versebundel)* book/volume of poetry/poems/verse.

**ver·se·ël** *het ~, vb.* seal (up), put a seal on; cap *(a gas/oil well).* **ver·se·ël** =seëlde, adj. sealed. **ver·se·ë·laar** =laars, **ver·se·ël·mid·del** =dels sealer, sealant. **ver·se·ë·ling** sealing (up).

**ver·seg** *het ~* refuse flatly/bluntly/point-blank *(or out of hand); ek ~ (dit)!* over my dead body!.

**ver·se·ker** *het ~, vb.* assure, guarantee; ensure, make sure/certain, ascertain; insure *(against risks);* secure *(one's future);* underwrite *(a loan, an issue); ~ dat ...* make certain/sure that ...; *iem. ~ dat ...* assure s.o. that ...; *dit kan ek jou ~* I/I'll warrant (you); *daarvan kan ek jou ~, (also)* you can/may take my word for it; *iem./iets teen ... ~* insure s.o./s.t. against ...; *jou van iets ~* make certain/sure of s.t.. **ver·se·ker** adv. →VIR SEKER. **ver·se·ker(d)** =kerde, adj. assured; guaranteed; ensured; insured; *~ van iets* sure of s.t.; *teen iets ~* insured/covered against s.t. *(fire, theft, etc.).* **ver·se·ke·raar** =raars insurer, assurer; *(marine property)* underwriter. **ver·se·ker·baar** =bare insurable; securable. **ver·se·ker·de** =des, *n.* assured, insured (party), party insured. **ver·se·kerd·heid** assurance; security; positiveness, positivity. **ver·se·ke·ring** =rings assurance, guarantee; asseveration; insurance; underwriting; warranty.

**ver·se·ke·rings=:** ~agent insurance agent. ~dekking insurance cover(age)/protection. ~maatskappy insurance company. ~makelaar assurance/insurance broker/consultant. ~plan insurance scheme. ~polis insurance policy. ~premie insurance premium. ~reg insurance law, law of insurance. ~tarief insurance rates. ~termyn insurance period/term,

term of insurance. ~**wese** insurance (business), world of insurance. ~**wiskunde** actuarial mathematics.

**ver·se·ma·ker** versifier, rhymester; →VERSIEMAKER.

**ver·send** *het* ~ send off, mail, dispatch, consign *(goods);* transmit *(a parcel, dispatch);* forward *(goods, a letter);* →VER= SKEEP. **ver·sen·der** =*ders* sender, consignor; shipper; for= warding agent. **ver·sen·ding** =*dings* sending, mailing, dis= patch; shipping; transmission; forwarding; consignment, shipment *(of goods);* remittance.

**ver·sen·dings=:** ~**instruksies** *n. (pl.)* forwarding instruc= tions *(for goods).* ~**klerk** forwarding/shipping clerk. ~**koste** forwarding charges; shipping costs.

**ver·seng** *het* ~, *(poet., liter.)* singe, sear, scorch; blight. **ver= sen·gend** =*gende* torrid; ~*e* *hitte* raging/scorching/searing/ stupefying heat.

**ver·set** *n.* opposition, contestation, resistance, revolt, pro= test; ~ *aanteken* protest; *oor iets* **in** ~ *wees* resist s.t.; be up in arms about/over s.t. *(infml.);* *teen ... in* ~ *kom* rebel/ revolt/rise against ...; resist ...; react against ...; ~ *teen* ... re= sistance to ...; opposition to ... **ver·set** *het* ~, *vb.:* *jou* ~ re= sist, offer resistance; fight back; show fight; be refractory, not take *(s.t.)* lying down; *jou teen* ... ~ resist/oppose ...; kick/rebel against ... *(treatment etc.);* make a stand against ... *(a principle etc.);* strive against ... *(difficulty etc.);* bear up against ... *(sorrow etc.).* ~**beweging** resistance movement.

**ver·se·we·vou·dig** *het* ~ septuple, multiply by seven.

**ver·sie¹** =*sies, n. (dim.)* little poem/verse, verse(let), versicle, bit of poetry; stanza. ~**maker** =*kers* rhymester; *(derog.)* poetaster.

**ver·sie²** =*sies, n. (dim.)* little heifer; →VERS² *n..*

**ver·sie³** =*sies, n.* version.

**ver·sien** *het* ~ service, renew, renovate, repair; *'n voertuig laat* ~ take a vehicle in for a service. **ver·sie·ning** renova= tion, repair(ing); service, servicing *(of a vehicle).*

**ver·sien·de** *(med.)* long-sighted, far-sighted, hyperopic, hypermetropic; *(fig.)* far-seeing, long-, far-sighted; ~ *blik* fore= sight. **ver·siend·heid** *(med.)* long-sightedness, far-sightedness, hyper(metr)opia, long sight (vision); *(fig.)* far-sightedness, foresight.

**ver·sier** *het* ~ decorate, adorn; beautify; embellish *(a story);* ornament; trim *(a dress etc.);* set off; garnish; blazon; *iets met ...* ~ adorn s.t. with ...; decorate s.t. with ...; embellish s.t. with ...; garnish s.t. with ...; *'n koek* ~ decorate a cake; ice/frost a cake. ~**sak** *(cook.)* piping bag. ~**suiker** icing (sugar).

**ver·sier(d)** =*sierde* adorned, ornate, garnished, decorated; (hi)storiated; *met ...* ~ adorned with ...; decorated with ...; garnished with ...; decked out in ...; decked with ... *(flags etc.);* trimmed with ... *(lace etc.).*

**ver·sier·der** =*ders* decorator; trimmer.

**ver·sie·ring** =*rings* decoration, decorating; ornamentation; ornament, adornment; enrichment; embellishment; garnish= ment, garniture; trimming; icing, frosting *(of a cake);* *(in the pl., also)* trappings; *(mus.)* grace. **ver·sie·rin·kies** *n. (pl.)* trin= ketry.

**ver·sier·sel** =*sels* decoration, ornament; trimming; icing, frosting *(on a cake);* sprig; jewel; *(in the pl., mus.)* grace notes.

**ver·si·fi·ka·sie** versification.

**ver·sig·tig** =*tige, adj.* careful, cautious, canny, prudent, wary, circumspect(ive), discreet, guarded, mindful, pussyfooted, scrupulous, considerate; ~ *wees, (also)* take care; ~ *met iets* careful with s.t.. **ver·sig·tig** *adv.* carefully, with care; war= ily, cautiously, guardedly, cagily; *iets* ~ *doen/hanteer* do/han= dle s.t. with care; ~ *optimisties* guardedly optimistic; ~ *ry* drive safely. **ver·sig·tig·heid** care, carefulness, caution, cau= tiousness, wariness, prudence, caginess, canniness, circum= spection, discretion; ~ *is die moeder van die wysheid* discre=

tion is the better part of valour, prudence is the mother of wisdom. **ver·sig·tig·heids·hal·we** for safety's sake, by way of (*or* as a) precaution, to be on the safe side.

**ver·sil·wer** *het* ~ (plate with) silver; silver-plate.

**ver·sin** *het* ~ fabricate, invent, concoct *(a story);* contrive, make/think/dream up, devise, coin, *(infml.)* cook up. **ver·sin= ner** =*ners* inventor, fabulist, fabler, coiner, forger, deviser. **ver·sin·sel** =*sels* fabrication, concoction, figment, invention, coinage, fable, concocted story, fiction, contrivance.

**ver·sink¹** *het* ~, *vb.* countersink, sink; recess; merge; sub= merge; *(fig.)* sink (down/away), be absorbed. **ver·sink** =*sinkte, adj.* = VERSONKE *adj..* **ver·sin·king¹** sinking; countersink(ing), recessing.

**ver·sink²** *het* ~, *vb.* (coat with) zinc, galvanise. **ver·sink** =*sinkte, adj.* galvanised *(sheet etc.).* **ver·sin·king²** coating with zinc, galvanisation.

**ver·sin·ne·beeld** *het* ~ symbolise, emblematise.

**ver·sin(·ne)·lik** *het* ~ sensualise, materialise, render per= ceptible to the senses.

**ver·sit** *het* ~ move, shift, displace; *(fig.)* remove *(mountains);* shift/move (up); move/change one's seat.

**ver·skaf** *het* ~ provide *(s.o. with s.t.),* furnish, give *(an oppor= tunity);* purvey, make available, supply, afford; serve; cater *(to/for);* *iets aan iem.* ~ provide/supply s.o. with s.t., supply s.t. to s.o.; make s.t. available to s.o.. **ver·skaf·fer** =*fers* pro= vider, purveyor, procurer, supplier, victualler. **ver·skaf·fing** provision, furnishing; serving; supply; procuration.

**ver·skans** *het* ~ entrench, barricade, fortify, stockade; *(fin.)* hedge; *jou* ~ barricade o.s. in. **ver·skan·sing** =*sings, =sing* entrenchment; rampart, earthwork; bulwark; barricade, for= tification; *(mil.)* retrenchment; zariba, stockade; *(in the pl., also)* defensive works; *(fin.)* hedging.

**ver·skeep** *het* ~ ship; transship, tranship; boat. **ver·ske·per** =*pers* shipper.

**ver·skei·den·heid** =*hede* variety, diversity; assortment, mixed bag; range; medley; *'n groot* ~ *(van)* ... a wide choice/selec= tion of ...; a wide range of ...; a wide variety of ... **ver·skei= den·heids·kon·sert** variety concert.

**ver·skei·e** several, various, multiple; ~ *kere* several times, more than once.

**ver·ske·ne** *(strong p.p. of* verskyn*)* published; *'n pas* ~ *(of pas= verskene) boek* a recently published book, a book just pub= lished.

**ver·ske·ping** =*pings* shipment, shipping.

**ver·ske·pings=:** ~**hawe** port of shipment. ~**koste** ship= ping costs/charges. ~**onderneming** shipping business.

**ver·skerp** *het* ~, *(lit. & fig.)* sharpen; become sharp(er) (*or* more intense); intensify, heighten, accentuate; make stricter, tighten/sharpen (up); worsen, escalate, intensify; *jou aanval op iets* ~ escalate/intensify one's attack on s.t.. **ver·sker·ping** =*pings* sharpening, intensification; tightening up; escalation.

**ver·skeur** *het* ~ tear (to pieces), tear up/apart; rip up, shred; mangle; savage; lacerate; *(fig.)* rend *(one's heart);* disrupt; di= vide, pull/tear apart *(a country etc.).* **ver·skeur(d)** =*skeurde* torn, tattered; savaged; *'n* ~*skeurde samelewing/gemeenskap* a deeply divided society; ~ *deur* ... torn by ... **ver·skeurd= heid** laceration; disruption; affliction. **ver·skeu·rend** =*rende* tearing apart/up; lacerating; *(fig.)* violent *(pain).* **ver·skeu= ring** tearing (up), rending; laceration; disruption.

**ver·skiet¹** *n.* distance; *(drawing)* perspective; view, vista; prospect; *in die* ~ in the distance; on the horizon; *dit lê nog vyf jaar in die* ~ it is still five years away.

**ver·skiet²** *het* ~, *vb.* spend, use up *(cartridges);* change col= our, fade, pale, lose colour, discolour; *(a star)* shoot; *(pain)* stop suddenly, shift; ~*ende ster* meteor, falling/shooting star.

**ver·skil** =*skille, n.* difference *(of opinion, in math.);* disparity *(in age);* dissimilarity, contrast, distinction; discrepancy;

variance; dispute, disagreement; *dit maak 'n aansienlike ~* it makes a good deal of difference; *die ~ deel* split the difference; *daaroor bestaan geen ~ nie* that is common ground; *dit maak geen ~ nie* it makes no difference; it does not matter; *geen ~ sien nie* not see any difference; *'n ~ met iem. hê oor iets* have a difference with s.o. about/on/over s.t.; *die ~ in ...* the difference in ...; *'n ~ maak* make a difference; *watter ~ maak dit?* what (does it) matter?; *'n ~ maak tussen ... en ...* treat ... and ... differently; discriminate between ... and ...; *die ~ tussen ... en ...* the difference between ... and ... **ver·skil** *het ~, vb.* differ, vary; *hier ~ ek* on this I disagree, this is where I join issue; *hulle ~ van mekaar* they are different/unlike; they are distinct from each other; *met 5 mm ~* differ by 5 mm; *oor iets mot/van iem. ~* disagree with s.o. about/on/over s.t.; *oor iets ~* differ about/on/over s.t.; *van ... ~* differ (*or* be different) from ...; be dissimilar to ...; be distinct from ...; *vriendskaplik met/van mekaar ~* agree to differ. **ver·skil·lend** *-lende* different, contrasting; dissimilar, unlike; distinct; divergent; various, varied, sundry, multifarious; *baie ~ wees* differ widely; *~e kere* on various/several occasions; *iets/iem. is ~ van iets/iem. anders* s.t./s.o. is different from s.t./s.o. else. **ver·skil·punt** point of difference; dissimilarity; controversial point.

**ver·skim·mel** *het ~* become/turn/grow/go mouldy.

**ver·sko·ning** *-nings, n.* excuse; pardon, apology; exemption; condonation; justification; *iem. 'n ~ aanbied* offer s.o. an apology; *'n ~ aanvaar* accept an apology; *allerhande ~s hê* make a thousand and one excuses; *'n flou ~* a flimsy/lame/poor/sorry/thin excuse; *dit is geen ~ nie* it is no excuse; *~ maak* apologise, offer an apology; *(by) iem. (om) ~ vra vir iets* apologise to s.o. (*or* make one's apologies to s.o. *or* offer s.o. an apology) for s.t.; *(om) ~ vra* excuse o.s.; *vir iem. ~ vra* apologise for s.o.; *'n wettige ~* a valid excuse.

**ver·skoon** *het ~* excuse, condone, overlook, pardon, justify; *iem. iets ~* excuse s.o. for s.t.; *jou ~* excuse o.s.; *~ my!* excuse me!; pardon me!; (I'm) sorry!; *~ my, asseblief!* please excuse me!; *vra om ~ te word* excuse o.s., beg to be excused. **ver·skoon·baar** *-bare* pardonable, justifiable, excusable, permissible.

**ver·skop** *het ~* kick away; (*fig.*) spurn, reject, cast out.

**ver·skraal** *het ~* attenuate; become/grow poorer/scantier/leaner, become attenuated; (*fig.*) slim down (*an organisation etc.*).

**ver·skree(u)** *het ~* shout/scream/yell at.

**ver·skrik** *het ~, vb.* frighten, startle, terrify, scare, daunt, appal, horrify, alarm, intimidate, panic. **ver·skrik** *-skrikte, adj.* frightened, awe-struck, awe-stricken, fear-stricken, panic-stricken, panic-struck, startled, terrified, scared, panicky; *~ oor iets* terrified at s.t.. **ver·skrik·king** *-kings, -kinge* terror, horror. **ver·skrik·lik** *-like, adj.* terrible, dreadful, awful, horrible, devastating, frightening, dire, appalling, horrendous, disgusting, sickening, astonishing, stupefying; raging (*thirst*); shattering (*effect etc.*); excruciating, searing (*pain*). **ver·skrik·lik** *adv.* very (much); terribly, dreadfully, horribly, appallingly; astonishingly; excruciatingly; *~ ernstig* deadly serious; *~ teleurgestel(d)* bitterly/deeply disappointed; *~ vervelig* crashingly/excruciatingly dull, (as) dull as dishwater/ditchwater, (as) dry as dust. **ver·skrik·lik·heid** terribleness, horribleness. **ver·skrikt·heid** terror, fear, apprehension.

**ver·skroei** *het ~, vb.* scorch, singe, char, sear, blister, parch. **ver·skroei** *-skroeide, adj.* scorched (*earth etc.*).

**ver·skrom·pel** *het ~* shrivel (up), wrinkle, wither, shrink; (*plants*) wilt. **ver·skrom·pel(d)** *-pelde* shrivelled (up), wizened (*face etc.*). **ver·skrom·pe·ling** cirrhosis.

**ver·skry·wing** *-wings, -winge* clerical error, slip of the pen.

**ver·skuif, ver·skui·we** *het ~, vb.* shift, (re)move, shove along/away, slide; slew; postpone, defer, put off, extend (*a*

date); transfer (*to another post*); resite; (*geol.*) fault; displace, dislocate. **ver·skuif** *-skuifde, adj.* shifted; postponed; transferred; displaced. **ver·skuif·baar** *-bare* (re)movable; postponable. **ver·skui·wing** *-wings, -winge* shift(ing), (re)moving, sliding; (*geol.*) displacement; (*geol.*) fault, faulting, shift; dislocation; putting off, postponement, deferment; shift, transfer (*to another post*); reshuffle (*of posts*); swing (*of votes*); (*med.*) prolapse.

**ver·skuil** *het ~, vb.: jou ~* hide (o.s.), conceal o.s.. **ver·skuil** *-skuilde, adj.* concealed (*piping, tubing, gutter, etc.*).

**ver·skul·dig** *-digde* due, indebted, owing, owed, payable, incoming; *baie/veel aan iem. ~ wees* be deeply/greatly in s.o.'s debt (*or* indebted to s.o.), owe s.o. much; *die ~de bedrag betaal* pay all that was owing (*or* the amount due).

**ver·skyn** *het ~* appear; put in (*or* make) an appearance, turn out/up, show up; present o.s., attend; manifest; (*a book*) be published, appear, come out; surface, emerge; *die boek het by ... ~* the book was published by ...; *in druk (of gedrukte vorm) ~* appear in print; *'n kort rukkie ~* appear briefly, make a brief appearance; *vir iem. ~* appear for s.o. (*in a court*); *voor iem. ~* appear/go before s.o.. **ver·sky·ning** *-nings, -ninge* appearance; emergence, coming out; apparition, phantom, sprite, ghost; manifestation; publication (*of a book*); apparition; *jou ~ maak* make an appearance, put in an appearance. **ver·sky·nings·dag** day/date of publication, publication day (*of a book*); (*jur.*) return day, date of summons. **ver·skyn·sel** *-sels* phenomenon; manifestation; feature; symptom; sign.

**ver·slaaf** *het ~, vb.* enslave; *~ raak aan ...* become addicted (*or* a slave) to ... **ver·slaaf** *-slaafde, adj.* enslaved, addicted, dependent (*on*); devoted; (*infml.*) hooked (*on*); *~ aan ...* addicted to ..., given over to ..., a slave to ... (*drink etc.*). **ver·slaaf·de** *-des, n.* (drug) addict, dope fiend; alcoholic; (*infml.*) junkie, junky. **ver·slaafd·heid** addiction, enslavement; (drug) dependence; *iem. se ~ aan ...* s.o.'s addiction to ... **ver·slaaf·mid·del** *-dels, -dele* habit-forming/hard drug.

**ver·slaan** *het ~, vb.* beat, defeat, worst, overthrow, conquer; quench (*thirst*); go/turn flat/stale, evaporate; *iem. behoorlik/deeglik ~* beat s.o. soundly. **ver·slaan** *-slaande, -slane, adj.* beaten, defeated; stale, flat (*beer*); *~slane vyand* defeated enemy.

**ver·slaap** *het ~* oversleep; sleep/slumber away (*the hours*); *die ontbyt ~* sleep too late for breakfast.

**ver·sla·e** *~ -slaener -slaenste (of meer ~ die mees ~)* dismayed, dumbfounded, at a loss; depressed, downcast, cast down, low-spirited, despondent, dejected, downhearted; *iem. het ~ gelyk* s.o.'s face fell; *~ oor iets* dismayed at s.t.. **ver·sla·en(t)·heid** dismay, dejection, depression, melancholy, despondency.

**ver·slag** *-slae* report, record, account; story; coverage; *van iets ~ doen/gee* report (on) s.t. (*a meeting*); give an account of s.t.; *vir ... ~ doen/gee* report for ... (*a newspaper etc.*); *'n ~ oor ...* a report on ... (*a problem etc.*); *~ oor ... uitbring* report on ... (*a problem etc.*); *'n ~ van ...* a report of ... (*a meeting*). **ver·slag·ge·wer** *-wers, (fem.)* **ver·slag·geef·ster** *-sters* reporter, journalist; correspondent. **ver·slag·ge·wing** press coverage, reporting, reportage. **ver·slag·jaar** year under review.

**ver·slank** *het ~* slim (down), reduce (weight), slenderise. **ver·slan·ker** slimmer. **ver·slan·king** slimming.

**ver·slan·kings-:** *~dieet* slimming/reducing diet. *~kuur* slimming course.

**ver·slap** *het ~* relax (*muscles, efforts*); unclench (*one's grip*); (*a rope etc.*) slacken; (*a pulse*) become weaker; (*interest etc.*) flag, wane, diminish, dwindle; ease; (*fig.*) wilt; enfeeble; enervate. **ver·slap·ping** slackening, relaxation, relaxing, weakening; easing; flagging, waning, dwindling, sag; depression; enervation; dwindling; remission.

**ver·sla·we** →VERSLAAF *vb.*. **ver·sla·wend** *-wende* addictive; *~e dwelm(middel)* habit-forming/hard drug. **ver·sla·wing** enslavement, thraldom; addiction, drug dependence; *iem. se ~ aan ...* s.o.'s addiction to ...

**ver·sleg** *het ~, vb.* make/grow/get worse; worsen; degenerate; go to pieces; go to the bad/dogs; degrade; deteriorate; become feeble/weak. **ver·sleg** *-slegte, adj.* degenerate, degraded, depraved; enfeebled. **ver·sleg·ting** deterioration; degeneration; degradation, depravation; enfeeblement; downswing.

**ver·sle·te** *~ meer ~ mees ~* well-worn *(quotation);* hackneyed, trite, commonplace *(expression);* time-worn *(joke); (also* verslyt*)* threadbare, worn-out, shabby, well-worn *(clothes);* worn-out *(brush); erg ~/verslyt* badly worn *(clothes etc.)*.

**ver·slib, ver·slik** *het ~, vb.* silt up, fill up with mud/silt/sludge. **ver·slib** *-slibte,* **ver·slik** *-slikte, adj.* silted up.

**ver·slind** *het ~* devour *(food, a book, etc.);* swallow up, gorge, wolf; consume, use up; *iem. met jou oë ~* devour s.o. with one's eyes, gloat over s.o..

**ver·slons** *het ~, vb.* spoil; ruin. **ver·slons** *-slonste, adj.* slovenly, untidy, bedraggled, frumpish, frumpy. **ver·slonst·heid** slovenliness, slatternliness, sluttishness.

**ver·slui·er** *het ~* veil, obscure; hide, conceal; *(fig.)* disguise.

**ver·sluk:** *jou (aan iets) ~* choke (on s.t.), swallow the wrong way.

**ver·slyt** *het ~, vb.* wear out/away/off; become threadbare; while away *(time)*. **ver·slyt** *-slyte, adj.* threadbare *(clothes);* worn (away/off), worn-out, well-worn, the worse for wear; →VERSLETE.

**ver·smaai** *het ~* scorn, slight, spurn, despise, disdain, treat with contempt, be scornful of; *nie te ~ nie* not te be sneezed at *(infml.)*.

**ver·smag** *het ~* languish; waste/pine away; swelter; *~ van (die) honger* starve, be famished/starving.

**ver·smal** *het ~* narrow, become narrow(er).

**ver·smelt** *het ~* melt; smelt *(ore);* fuse *(metal);* blend; melt down/away; *(the heart, a colour, sound, etc.)* melt; *(fig.)* dissolve; *(colours)* blend. **ver·smel·ting** fusion.

**ver·smoor** *het ~* smother, stifle, asphyxiate, suffocate; throttle. **ver·smo·rend** *-rende* suffocating, asphyxiant; stultifying *(heat)*. **ver·smo·ring** smothering, stifling, asphyxiation, anoxia, suffocation.

**ver·sna·pe·ring** *-rings, -ringe* snack; titbit, delicacy, dainty; *(in the pl.)* refreshments.

**ver·sne·de** *(strong p.p. of* versny*)* blended *(wine);* →VERSNIT·WYN.

**ver·snel** *het ~, vb.* accelerate, speed up, quicken *(one's pace etc.); (intr.)* pick up, accelerate; step up; precipitate; *vaart ~* spurt. **ver·snel** *-snelde, adj.* accelerated; *met ~de pas* at the double, in double-quick time. ~**jaer** drag racer. ~**klep** *(mot.)* throttle (valve). ~**motor** drag racer; dragster. ~**vermoë, versnellingsvermoë** pickup, accelerating/acceleration power/ability. ~**wedren** *-renne* drag race; *(in the pl., also)* drag racing.

**ver·snel·lend** *-lende* accelerative, quickening; soaring *(inflation)*.

**ver·snel·ler** *-lers* accelerator; throttle *(of an aeroplane etc.)*.

**ver·snel·ling** *-lings, -linge* acceleration, quickening, speed(ing)-up, spurt; gear *(of a vehicle);* speed *(of a bicycle); eerste/laagste ~, (mot.)* first gear; *(na 'n hoër ~)* opskakel gear up; *in die hoogste ~* in top gear; *(na 'n laer ~)* terugskakel gear down.

**ver·snel·lings·:** ~**meter** accelerometer. ~**middel** *-dele, -dels* accelerator; *(phot.)* activator. ~**rat** (acceleration) gear. ~**vermoë** →VERSNELVERMOË.

**ver·snip·per** *het ~* cut into pieces/bits; fritter away *(energy, time, etc.);* disintegrate. **ver·snip·pe·raar** *-raars* shredding

machine. **ver·snip·pe·ring** cutting up; frittering away, dispersion *(of strength)*.

**ver·snit·wyn** blended wine.

**ver·sny** *het ~, vb.* cut up, dissect, cut in pieces; spoil/ruin in cutting; blend *(wine)*. **ver·sny** *-snyde, adj.* blended; →VERSNEDE. **ver·sny·ding** cutting up; offset, set-off *(of a wall); (bricklaying)* intake; blending *(of wine)*.

**ver·so·ber** *het ~* sober down, become sober; economise, retrench, cut back/down. **ver·so·be·ring** austerity, retrenchment, economising, economisation.

**ver·soek** *-soeke, n.* request, appeal, suit, prayer, bidding; petition; *'n ~ om ... doen* make a request for ...; *op eie ~* at one's own request; *iem. se ~ van die hand wys* turn down s.o.'s request, refuse s.o.; *op 'n ~ ingaan, 'n ~ oorweeg* consider/entertain a request; *iem. met 'n ~ nader* approach s.o. with a request; *op ~* by request; *op ~ van ...* at the request of ...; *at the behest/instance of ...; 'n ~ tot iem. rig* address a request to s.o.; *'n ~ toestaan, aan 'n ~ voldoen* grant *(or* accede to *or* comply with) a request; *'n ~ weier* refuse/reject a request. **ver·soek** *het ~, vb.* request; pray; desire; ask, invite; solicit, beg; tempt; *~ word om ...* be requested to ... ~**program** *(rad.)* request programme. ~**skrif** petition; appeal; supplication; memorial; *'n ~ indien* present a petition.

**ver·soe·ker** *-kers* requestor; applicant; tempter; petitioner; suitor.

**ver·soe·king** *-kings, -kinge* temptation; enticement; *iem. in die ~ bring om iets te doen* tempt s.o. into (doing) s.t.; *iem. in ('n) groot ~ bring* tempt s.o. strongly; *in die ~ wees/kom om te ...* be/feel tempted to ...; *in ~ kom* get into temptation; *lei ons nie in ~ nie, laat ons nie in ~ kom nie, (OAB/NAB, Mt. 6:13 etc.)* lead us not into temptation *(AV/NIV); teen die ~ stry* fight against temptation; *in sware ~* sorely tempted; *vir die ~ swig* fall/yield to the temptation; *die ~ weerstaan* resist the temptation.

**ver·soen** *het ~* reconcile, conciliate; pacify, placate, propitiate, atone; accommodate; *(met mekaar) ~* reconciled; *iem. met iem. anders ~* reconcile s.o. with s.o. else; *met iets ~* reconciled to s.t.; *jou met iets ~* make the best of s.t.; *met iem. ~ raak* make it up *(or* make one's peace) with s.o.; *iets kan met ... ~ word* s.t. is reconcilable *(or* squares) with ... **ver·soen·baar** *-bare* reconcilable, placable, compatible; *met ... ~* reconcilable with ...; *(comp.)* compatible with ... **ver·soen·baar·heid** reconcilability; placability, compatibility. **ver·soe·nend** *-nende* placatory, propitiatory, expiatory, conciliatory; compensatory, balancing. **ver·soe·ning** (re)conciliation, reconcilement; pacification, placation, expiation, conciliation; redemption.

**ver·soe·nings·:** ~**beleid** policy of appeasement. **V~dag** *(SA, 16 Dec.)* Day of Reconciliation. ~**gesind** *-sinde* conciliatory. ~**raad** conciliation board.

**ver·soet** *het ~, vb.* sweeten; *(poet., liter.)* dulcify. **ver·soet** *-soete, adj.* sweetened *(condensed milk etc.)*. **ver·soe·ter** *-ters* sweetener. **ver·soe·ting** sweetening; *(viticulture)* dose. **ver·soe·tings·mid·del** *-dels, -dele* sweetening agent.

**ver·so·ling** resoling; retreading.

**ver·som·ber** shade, gloom, cloud (over).

**ver·son·dig** *het ~* irritate, annoy, harass, plague, bother, pester, tease. **ver·son·di·ging** irritation, annoyance.

**ver·son·ke** *~, adj., (stong p.p. of* versink*)* absorbed, lost; sunk; countersunk; immersed; *~ in ...* absorbed/plunged/wrapped/lost/sunk/deep in ... *(thought etc.); ~ bad* sunken bath; *~ kop/skroef* countersunk head/screw. **ver·son·ke·ne** *-nes, n., (poet., liter.)* derelict, outcast, wastrel.

**ver·son·ne** *(strong p.p. of* versin*)* made-up, invented, concocted, fictitious, fabricated *(story)*.

**ver·sool** *het ~, vb.* (re)sole; retread *(tyres);* reline *(brakes)*. **ver·sool** *-soolde, adj.* retreaded *(tyre etc.)*. ~**werk** resoling; retreading.

**ver·sorg** *het ~, vb.* care/provide for, attend to, look after, take care of, mind, tend; manage; nurse; cherish; groom; service *(a mach.);* manicure *(nails);* condition *(skin);* make up, produce *(a book etc.);* edit *(a manuscript).* **ver·sorg** *=sorgde, adj.* well-kept; well-groomed; well-finished, -trimmed; polished *(style);* '*n goed ~de boek* a well-produced book; *goed ~* well cared for; well groomed; well turned out. **ver·sorgd= heid** neatness, well-kept appearance; polish. **ver·sor·ger** *=gers* provider; minder; custodian *(of children);* maintainer; tender; *(social welfare)* carer; *die ~ van kinders wees* care/ provide for *(or look after)* children. **ver·sor·ging** care, provision; grooming; tending; nurture; upkeep; conditioning; maintenance; nursing; *met die ~ van ... belas wees* have the care of ...

**ver·sor·gings=:** *~beroep* caring profession. *~etiket* care label. *~oord* crèche *(for toddlers);* nursing home *(for the aged).* *~pligte n. (pl.)* custodial duties.

**ver·sot:** *op ... ~ wees* be infatuated/besotted with ...; dote on ... *(s.o.);* be keen on ...; be mad/crazy about ... *(s.o., s.t.).* **ver·sot·heid** keenness, (over)fondness; infatuation.

**ver·sout** *het ~* salinise. **ver·sou·ting** salinisation.

**ver·speel** *het ~, vb.* gamble/trifle away, lose, blow, forfeit *(a fortune etc.);* waste *(time);* '*n kans ~* lose a chance, miss an opportunity. **ver·speel** *=speelde, adj.* lost, missed *(opportu= nity).*

**ver·sper** *het ~* obstruct; bar, block, barricade, block/close off *(a street).* **ver·sper·rend** *=rende* obstructive, interceptive; *(med.)* obstruent. **ver·sper·ring** *=rings* obstruction; blocking; bar; barrier; barricade; roadblock; entanglement; *~s oprig* put up barriers. **ver·sper·rings·punt** fouling point.

**ver·spied** *het ~* scout, spy out, explore. **ver·spie·der** *=ders* spy, secret agent; scout. **ver·spie·ding** spying, espionage; scouting.

**ver·spil** *het ~, vb.* waste *(time, money, words);* squander *(money, one's talents, etc.);* dissipate *(money, energy, etc.);* trifle away *(energy).* **ver·spil** *=spilde, adj.* wasted *(opportunity, time).* **ver·spil·ler** *=lers* waster, squanderer, spendthrift. **ver·spil= ling** waste, squandering, dissipation.

**ver·splin·ter** *het ~* splinter, shiver, break into shivers/splin= ters, sliver, shatter; fragment. **ver·splin·te·ring** splintering, shivering, shattering; disintegration; fragmentation; break= up *(of a pol. party).*

**ver·spoel** *het ~* wash away; erode. **ver·spoe·ling** *=lings, =linge* washing away; water erosion.

**ver·spot** *=spotte* silly, foolish, inane, ridiculous, stupid, fatu= ous, clownish, cockeyed, corny, derisory, goofy, ludicrous; *~ lyk* look silly; *effens/effe(ntjies) ~* faintly ridiculous; *moenie ~ wees nie!* don't be silly!. **ver·spot(·tig)·heid** silliness, fool= ishness, inanity.

**ver·spreek:** *jou ~* make a slip of the tongue; drop a brick, put one's foot in it, let the cat out of the bag; trip over a word. **ver·spre·king** *=kings, =kinge* slip (of the tongue), blun= der, mistake.

**ver·sprei** *het ~* spread *(a rumour, news, etc.);* diffuse *(light, heat, a rumour, knowledge, etc.);* scatter *(seed);* propagate *(a belief);* disseminate *(sedition);* circulate *(papers);* distribute *(goods);* disperse; issue; effuse; pervade; *na ... ~* spread to ...; *ongehinderd ~* spread unchecked; *soos 'n veldbrand ~* spread like wildfire. **ver·sprei·baar** *=bare* diffusible. **ver= sprei(d)** *=spreide, adj.* spread; scattered *(villages, huts);* thinly scattered, sparse, dotted about *(population);* straggling; spo= radic, dispersed; diffuse(d); *~spreide las* distributed load; *~spreide lig* diffused light; *~spreide (reën)buie* scattered showers; *~spreide sklerose, (pathol.)* multiple/disseminated sclerosis. **ver·sprei(d)** *adv.* sporadically; *~ loop* straggle. **ver·sprei·dend** *=dende* spreading *(fire etc.);* invasive *(disease).* **ver·sprei·der** *=ders* spreader; distributor; disseminator; dif= fuser. **ver·spreid·heid** diffuseness.

**ver·sprei·ding** spreading, scattering; distribution *(of plants);* dissemination; diffusion *(of light, heat, knowledge);* spread= (ing) *(of a disease);* dispersion, dispersal; occurrence, inci= dence; suffusion; circulation *(of a paper, book, etc.);* *(also stat.)* scatter. *~stroom* distributary.

**ver·sprei·dings=:** *~gebied* area/range of distribution. *~net= werk* distribution network. *~profiel* scattergram. *~reg: die ~ vir iets hê* hold the franchise for s.t.. *~regte n. (pl.)* distri= bution rights.

**ver·spring[1]** *het ~, vb.* jump, spring; shift, move, leap; sprain *(one's foot)* (in jumping). **ver·sprin·gend** *=gende* staggered. **ver·sprin·ging** jumping, springing; shift; staggering.

**ver·spring[2]**, **vêr·spring** *n., (athl.)* long jump(ing). **ver= spring, vêr·spring** *verge=, vêrge=, vb.* do the long jump. **ver·sprin·ger, vêr·sprin·ger** *=gers, (athl.)* long jumper.

**ver·staan** *het ~* understand, comprehend, see, gather, *(in= fml.)* get the hang of, grasp; perceive; *aan/van iem. ~ dat ...* understand from s.o. that ...; *iem. begin iets ~* s.o. is getting the idea; *ek ~!* I see!; *iem. te ~ gee dat ...* give s.o. to under= stand that ...; *iem. iets duidelik te ~ gee* make s.t. plain to s.o.; *hoe ~ jy dit?* what do you make of that?; *~ jy?* (do you) see?; *iem. laat ~ dat ...* give s.o. to understand that ...; convey the impression that ...; *mekaar ~* understand each other *(or* one another); *mekaar mis ~* be at cross-purposes; *wat ~ jy onder ...?* what do you understand by ...?; *iem./iets reg ~* understand s.o./s.t. properly; get s.o./s.t. right; *as ek jou reg ~, (also)* if I catch/get your drift *(infml.);* *geen/g'n snars daarvan ~ nie* not understand a thing about it; *dit is te ~* it stands to reason; *iem. verkeerd ~* misunderstand s.o., get s.o. wrong; *moenie my verkeerd ~ nie* don't get me wrong. **ver·staan·baar** *=bare* intelligible, comprehensible, plain, understandable; popular; negotiable; *jou ~ maak* make o.s. understood; *~ vir iem.* intelligible to s.o.. **ver·staan= baar·heid** intelligibility, comprehensibility.

**ver·stand** brain(s), wit(s); intelligence, intellect, mind, sense, head; wisdom; *iem. is van sy/haar ~ beroof* s.o. is out of his/ her senses; *bo iem. se ~ wees, iem. se ~ te bowe gaan* pass *(or* be above/beyond) s.o.'s comprehension/understanding; *iem. se ~ staan botstil* as dit by ... kom s.o. has a mental block about ...; *iem. iets aan die ~ bring* explain s.t. to s.o., get s.t. across/through to s.o. *(or* into s.o.'s head); bring/ hammer s.t. home to s.o., make s.o. realise s.t., bring/get s.o. to understand s.t.; *jou ~ gebruik* be sensible, use one's brains; *genoeg ~ hê om te ...* be sensible *(or* have wit) enough to ...; *gesonde ~* common sense; *geen greintjie ~ hê nie* have no sense whatsoever; *~ hê* have brains; *die ~ hê om iets te doen* have the good sense to do s.t.; *~ van iets hê, (infml.)* have knowledge *(or* be a good judge) of s.t.; *geen/g'n jou (malle) ~!, (sl.)* go to blazes *(or* the devil)!; *met ~* intelli= gently; *jou (malle) ~ af praat, (infml.)* talk until one is blue in the face; *van jou ~ af raak* lose one's mind, take leave of one's senses, go off one's head; *'n skerp ~* a keen/sharp in= tellect; *'n skerp ~ hê, (also)* have quick/sharp wits; *sonder ~* without understanding; *('n) mens se ~ staan stil* the/one's mind boggles, it boggles the mind; ... *wat jou* (of *'n mens se) ~ laat stilstaan, (infml.)* mind-boggling ... *(information etc.);* *van jou ~ af wees* be out of one's mind, *(infml.)* be off one's head, have lost one's reason; *is jy van jou ~ af?* are you out of your mind?; *jou ~ verloor* lose *(or* go out) of one's mind; *by jou volle ~* in possession of all one's faculties, in one's right *(or* of sound) mind; *nie by jou volle ~ nie* not right in one's head, of unsound mind. *~(s)tand* wisdom tooth.

**ver·stan·de:** *met dien ~ dat ...* on condition *(or* provided *or* with the proviso) that ...

**ver·stan·de·lik** *=like, adj.* intellectual, mental, intelligential; cerebral; noetic; *~e gestremdheid* mental handicap; *~e leef= tyd, (psych.)* mental age; *~e vermoë* mental power. **ver·stan= de·lik** *adv.* intellectually, rationally, reasonably, mentally; *~ afwykend* mentally deviant; *~ gestrem(d)* (mentally) handi=

capped; ~ *verswak* mentally frail. **ver·stan·de·lik·heid** intel= lectuality, intellectualism, rationality.

**ver·stand·hou·ding** understanding; *'n goeie ~ met iem. hê* be in rapport with s.o.; *hulle* **het** *'n ~* they have an under= standing; *tot 'n ~* **kom** come to an understanding; *iets doen* **met/onder** *die ~ dat ...* do s.t. on the understanding that ...

**ver·stan·dig** =*dige* =*diger* =*digste, adj.* sensible, wise, clever, reasonable, prudent, sage; intelligent; *~e* **benadering** com= mon-sense approach; *~* **genoeg** *wees om nie te ... nie* know better than to ...; be sensible enough (*or* have enough sense) to ...; *dit is ~ om te ...* it makes sense to ...; *so ~ wees om iets te doen* have the good sense to do s.t.; *dit sou ~ van jou wees om te ...* one would do well to ...; one would be well-advised to ...; *dit sou nie ~ wees nie* it would not be wise; *twyfel of dit ~ is om iets te doen* doubt the wisdom of doing s.t.; *dit was ~ van iem.* it was wise of s.o.; *die ~ste sou wees om te ...* the wisest course would be to ... **ver·stan= dig** *adv.* sensibly, wisely; intelligently; *iem. sou ~* **optree** *deur te ...* s.o. would do well to ...; s.o. would be well- advised to ...; *baie ~* **optree** *deur iets te doen* show great wis= dom by doing s.t.; *iem.* **tree** *~ op deur te ...* s.o. is wise (*or* it is wise of s.o.) to ...; *~ te* **werk** *gaan* act wisely. **ver·stan= dig·heid** good sense, sensibleness, prudence, wisdom, judi= ciousness, level-headedness, policy, sanity.

**ver·stands=:** *~***gimnastiek** intellectual/mental gymnastics. *~***leer** noetics. *~***meting** measurement of intelligence. *~***ont= wikkeling** intellectual/mental development. *~***ouderdom** *(psych.)* mental age. *~***vermoë** intellect(uality), brainpower.

**ver·star** *het ~* make rigid, rigidify, stiffen, petrify; become/ grow rigid/set, rigidify; freeze; become callous. **ver·star(d)** =*starde* inflexible, rigid, hidebound. **ver·star·ring** harden= ing, setting, petrifaction; stagnation.

**ver·ste·de·lik** *het ~, vb.* urbanise. **ver·ste·de·lik** =*likte meer ~ die mees* =*likte, adj.* urbanised; citified. **ver·ste·de= li·king** urbanisation.

**ver·steek** *het ~, vb.* conceal; hide; *jou ~* hide (o.s.); *jou op 'n skip ~* stow away. **ver·steek** =*steekte, adj.* concealed, hidden; *~te pad* concealed road; *~te skarnier* invisible/blind hinge. **ver·ste·ke·ling** =*linge* stowaway.

**ver·steen** *het ~* petrify; become fossilised; mineralise; *(fig., esp. the heart)* harden, turn to stone. **ver·steen(d)** =*steende* petrified; fossil(ised); *(fig.)* frozen (up), rigid; *(fig.)* stiff, numb *(with cold); ~steende bome/insekte/ens.* petrified trees/ insects/etc.; *'n ~steende hart hê* have a heart of stone, be hard-hearted; *~ van (die) skrik* petrified (with fear). **ver= ste·ning** petrifaction, petrification; mineralisation.

**ver·stek¹** *n.* default; *by/in ~* by/in default. *~***instelling** *(esp. comp.)* default setting. *~***saak** undefended action/case. *~***vonnis** judg(e)ment by default, default judg(e)ment.

**ver·stek²** *n., (carp., needlework)* mitre. **ver·stek** *het ~, vb.* mitre. *~***bak** mitre box. *~***hoek** mitre corner; mitre angle. *~***las** diagonal joint. *~***saag** mitre saw, saw for mitre cut= ting. *~***steen** mitre brick. *~***voeg** mitre(d) joint. *~***werk** mitring.

**ver·stel** *het ~* (re)adjust; set; move, shift; change, alter, make over, mend, repair, patch (up) *(clothes); rat(te) ~* change/ shift gear(s). *~***skroef** adjustment screw. *~***werk** mending (work).

**ver·stel·baar** =*bare* adjustable, variable; mendable, repair= able; mov(e)able; *~bare* **lugskroef** adjustable-pitch propel= ler; *~bare* **reistas** expanding suitcase; *'n stoel met 'n ~bare* **rugleuning** a reclining seat; *~bare* **weerstand,** *(elec.)* rheo= stat. **ver·stel·baar·heid** adjustability.

**ver·stel·ler** =*lers* setter; mender, patcher; adjusting/adjust= ment device, adjuster.

**ver·stel·ling** =*lings,* =*linge* (re)adjustment; changing/shift of gears/levers; mending, alteration *(of clothes);* renovation, making over; control *(of a mach.); ~s aan iets maak* make adjustments to s.t..

**ver·ste·ning** →VERSTEEN.

**ver·sterf** *n.* death; necrosis; →VERSTERWING; *erfopvolging by ~* intestate succession.

**ver·sterk** *het ~, vb.* strengthen; invigorate, tone up *(s.o.);* boost; fortify *(s.o., o.s., liquor with alcohol, etc.); (mech.)* brace, truss; reinforce *(a fortress, an army, an argument; s.o.'s health, etc.); (chem.)* concentrate; amplify *(sound);* enrich *(food);* con= firm *(an opinion);* intensify *(sound);* thicken *(a heel);* stiffen. **ver·sterk** =*sterkte, adj.* strengthened; fortified; backed; bonded; *~te glas* reinforced glass; *~te stad* fortified town; *~te vorme* intensive forms, intensives. *~***drank** cordial. *~***(ings)middel** =*dels,* =*dele* restorative, tonic, invigorator, stimulant, cordial. *~***water** spirits; *iets op ~ sit/hou* put/keep s.t. in formalin.

**ver·ster·kend** =*kende* strengthening, invigorating, bracing, recuperative; *~e middel* restorative, tonic, cordial, stimulant.

**ver·ster·ker** =*kers* strengthener; stiffener; *(elec.)* amplifier; *(elec.)* magnifier; *(phot.)* intensifier; multiplier; *(elec.)* (power) booster; *(med., chem.)* booster; tonic; invigorator.

**ver·ster·king** =*kings,* =*kinge* strengthening; reinforcement; bracing; *(mil.)* fortification; *(elec., phot.)* amplification; back= ing; boosting; increase.

**ver·ster·kings=:** *~***kuns** (science of) fortification. *~***leër** reinforcements. *~***troepe** reinforcements. *~***werke** fortifica= tions.

**ver·ster·wing** death; mortification; necrosis, →VERSTERF *n.*.

**ver·steur, ver·stoor** *het ~* disturb, disrupt, disorder, up= set, intrude upon *(s.o.'s privacy etc.);* unsettle; interfere; an= noy, vex, perturb; *(rad.)* jam; ruffle; unfix. **ver·steur(d)** =*steurde,* **ver·stoor(d)** =*stoorde, adj.* disturbed, deranged; an= noyed, vexed; *geestelik ~* mentally disturbed/deranged. **ver= steur·de** =*des, n.* (mentally) disturbed person, *(pej.)* lunatic, *(sl.)* nutcase. **ver·steurd·heid, ver·stoord·heid** derange= ment; exasperation, crossness, annoyance, displeasure, vexa= tion, perturbation. **ver·steu·ring, ver·sto·ring** =*rings,* =*ringe* disturbance, upset, perturbation; perversion.

**ver·ste·wig** *het ~* strengthen, consolidate, fortify, stay, stiffen, give firmness to, harden; brace, *(infml.)* beef up. **ver·ste·wi= ging** strengthening, firming, consolidation, stiffening, for= tification.

**ver·stik** *het ~* stifle, suffocate, choke, smother, strangle, as= phyxiate; *aan iets ~* choke on s.t. *(food etc.)*. **ver·stik·kend** =*kende* suffocating, stifling, choking, asphyxiant; oppres= sive.

**ver·stok** =*stokte* hardened *(sinner);* confirmed, inveterate, obdurate *(bachelor, gambler, etc.);* incorrigible, impenitent, unrepentant; dyed-in-the-wool *(traditionalist); ~ in ...* steeped in ... *(crime etc.)*. **ver·stokt·heid** obduracy, hard-heartedness; callousness, impenitence.

**ver·sto·ke** *(strong p.p. of* versteek*): van iets ~* deprived of s.t..

**ver·stom** *het ~, vb.* render speechless, strike dumb; take one's breath away, stun, stagger; dumbfound, stupefy; be speechless/silenced/hushed; fall/become/grow silent; *iets ~ iem., iem. ~ hom/haar oor iets* s.t. amazes s.o., s.t. takes s.o.'s breath away, s.o. blinks at s.t.. **ver·stom** *adj. & adv.: ~ om iets te hoor* amazed to hear s.t.; shocked to hear s.t.. **ver= stom·mend** =*mende* =*mender* =*mendste* (of *meer ~ die mees* =*mende)* shocking, staggering, flabbergasting, stupefying, bewildering, perplexing; amazing, *(infml.)* mind-boggling; *(infml.)* sickening; electrifying *(speed)*. **ver·stom·ming** stu= pefaction, bewilderment; perplexity.

**ver·stomp** *het ~* blunt, dull, deaden. **ver·stom·ping** blunt= ing, dulling.

**ver·stook** *het ~* burn (as fuel), use up, consume; *wyn ~* distil(l) wine.

**ver·stoor** →VERSTEUR.

**ver·stoot** *het* ~ cast off/out/away; repudiate; disown *(a child);* spurn; ostracise.

**ver·stop** *het* ~, *vb.* stop (up), clog, *(infml.)* bung up; choke (up); block; occlude, plug; engorge; oppilate; conceal, hide; constipate. **ver·stop** *=stopte, adj.* stopped (up); clogged, choked up; plugged; constipated, costive; stuffy, stuffed up *(s.o.'s nose);* ~*te oor, (med.)* glue ear. **ver·stop·ping** *=pings, =pinge* obstruction; clog(ging); choking (up), stoppage; constipation, costiveness; occlusion.

**ver·sto·ring** →VERSTEURING.

**ver·stor·we** *(strong p.p. of* versterf*)* necrotic; ~ *weefsel, (med.)* infarct.

**ver·sto·te** *adj.* outcast, cast out, unwanted; →VERSTOOT. **ver·sto·te·ling** *=linge,* **ver·sto·te·ne** *=nes, n.* outcast, castaway, orphan, pariah; unwanted one; outcaste *(in Hind. society).* **ver·sto·ten·heid** neglect.

**ver·stout** *het* ~ make bold, dare, *(fml.)* embolden; *jou* ~ *om met/van iem. te verskil* venture to differ from s.o.; *jou* ~ *om te sê* make so bold as to say.

**ver·strak** *het* ~, *vb., (a face)* become tense; set; *(an expression)* harden. **ver·strak** *=strakte, adj.* tensed; set; hardened.

**ver·stram** *het* ~ make/become rigid/stiff, rigidify, stiffen. **ver·stram·ming** stiffening.

**ver·strek** *het* ~ furnish, supply, provide, give *(details, information, etc.); hulp aan iem.* ~ assist s.o., render assistance to s.o.. **ver·strek·king** provision, furnishing.

**ver·stre·ke** *(strong p.p. of* verstryk*; chiefly pred., when attr. also* verstrykte*)* expired, elapsed; *die tyd is* ~ *(of het verstryk)* time is up *(or* has expired*).*

**ver·stren·gel** *het* ~ entwine, intertwine, entangle, enlace, interweave, knot. **ver·stren·gel(d)** *=gelde* entwined, intertwined, entangled. **ver·stren·ge·ling** intertwinement.

**ver·strik** *het* ~ ensnare, entangle, (en)trap, enmesh; *in iets* ~ *wees/raak* be/become enmeshed in s.t.; be/become/get (en)tangled in s.t.; be/become/get snarled up in s.t.. **ver·strik·king** trapping, entrapment, entanglement, ensnarement.

**ver·strooi** *het* ~ scatter, disperse; diffuse; *die skare het hom* ~ the crowd scattered/dispersed; *'n leër* ~ scatter/rout an army. **ver·strooi(d)** *=strooide* dispersed, scattered; diffused; absent-minded, preoccupied, abstracted, distracted. **ver·strooid·heid** absent-mindedness, preoccupation, abstraction, absence (of mind), forgetfulness, stargazing. **ver·strooi·ing** scattering, dispersion, dispersal; diffusion; dissipation; diversion, recreation; absent-mindedness, forgetfulness, woolgathering; *die Jode in die* ~ the Diaspora.

**ver·stryk** *het* ~ elapse, expire, fall due; go by; *(an ins. policy)* lapse; *(a lease)* run out; terminate. **ver·stry·king** expiration, expiry *(of a term);* lapse *(of a period);* termination.

**ver·stuif, ver·stui·we** *het* ~, *vb.* atomise, pulverise, nebulise; vaporise; spray; be scattered, be blown up/away; *(sand)* drift, shift. **ver·stuif** *=stuifde, adj.* atomised; vaporised; blown *(sand).* **ver·stui·wer** *=wers* atomiser, (air) spray, vaporiser, nebuliser; pulveriser; damping/dewing machine; aerosol. **ver·stui·wing** scattering, dispersion; atomisation, vaporisation, spraying; damping, dewing; shifting, drifting, movement *(of sand).* **ver·stui·wings·toe·stel** atomiser, vaporiser, nebuliser; pulveriser.

**ver·stuit** *het* ~ sprain, twist, turn; *(med.)* dislocate, luxate; wrench *(a wrist, an ankle, etc.); (vet.)* splay. **ver·stui·ting** *=tings, =tinge* sprain; *(med.)* dislocation, luxation; wrench.

**ver·styf, ver·sty·we** *het* ~, *vb.* stiffen; go/grow numb, benumb; freeze; curd(le); grow stiff/rigid, rigidify; set, congeal, jelly; thicken. **ver·styf** *=styfde, adj.* numb, torpid. **ver·styf·mid·del** *=dels, =dele* stiffening (agent). **ver·sty·wer** *=wers* stiffener, thickener. **ver·sty·wing** stiffening; benumbing; congelation, congealment; torpor; *(psych.)* catalepsy; *(physiol.)* erection; setting.

**ver·suf** *=sufte, adj.* dull; stupefied, dazed, dizzy; doting; *'n* ~*te ou man* a doting old man. **ver·suft·heid** stupor, stupefaction, wooziness, dullness (of mind); dotage.

**ver·sug·ting** *=tings, =tinge* prayer; wish; *(poet., liter.)* sigh.

**ver·sui·ker** *het* ~, *vb., (fruit, honey, etc.)* crystallise; glaze *(fruit); (jam, honey, etc.)* grain; *(fig.: a situation etc.)* fudge; *(lit. & fig.)* sugar-coat. **ver·sui·ker** *=kerde, adj.* crystallised; candied *(peel).* **ver·sui·ke·ring** sugaring; crystallisation *(of fruit);* graining *(of jam, honey, etc.).*

**ver·suim** *=suime, n.* failure *(to do s.t.);* omission; neglect; negligence; delay; oversight; remissness; default; *'n* ~ *goedmaak* repair/rectify an omission; *sonder* ~ without delay; on the spot. **ver·suim** *het* ~, *vb.* neglect *(one's work, duty, etc.);* miss *(a chance);* be remiss; fail *(to do s.t.);* stop, stay, delay, wait; ba(u)lk; default; avoid; evade.

**ver·suip** *het* ~, *vb., (animals, plants)* drown; be drowned; flood; booze away *(a fortune);* soak *(o.s.)* to death. **ver·suip** *=suipte, adj.* drowned; waterlogged *(ground).*

**ver·suk·kel(d)** *=kelde meer* ~ *die mees =kelde* worn-out, decrepit, in poor condition.

**ver·sus** versus.

**ver·suur** *het* ~, *(lit. & fig.)* sour; turn/become sour; acidify; embitter; *iem. se lewe* ~ plague s.o., be the bane of s.o.'s life. **ver·su·ring** souring; acidification. **ver·suur(d)** *=suurde* soured.

**ver·swaar** *het* ~, *vb.* make/become heavier; load, weight; reinforce, strengthen; aggravate *(a burden, an offence, etc.);* increase; *'n vonnis* ~ increase a sentence. **ver·swaar** *=swaarde, adj.* weighted *(silk etc.);* aggravated. **ver·swa·rend** *=rende* aggravating; ~ *e omstandighede* aggravating circumstances. **ver·swa·ring** weighting, loading; strengthening, reinforcement; aggravation.

**ver·swak** *het* ~, *vb., (one's eyes, heart, etc.)* weaken, grow/become weaker; wane; stale; grow dim/faint; enfeeble; enervate, debilitate, attenuate; impair, sap; mitigate; decrease; *(phot.)* reduce; lower; impair; degrade; devitalise. **ver·swak** *=swakte, adj.* weakened; stale; enfeebled; impaired. **ver·swak·king** weakening, debilitation, enervation, enfeeblement.

**ver·swart** *het* ~ go black. **ver·swar·ting** blackening.

**ver·swe·ë** *(strong p.p. of* verswyg*)* tacit; suppressed, undeclared, unexpressed, unvoiced; undisclosed; voiceless; ~*/ verswygde inkomste* undeclared income.

**ver·sweer** *het* ~ fester, suppurate, go septic, form an abscess, ulcerate. **ver·swe·ring** *=rings, =ringe* festering, ulceration, abscess, suppuration.

**ver·swelg** *het* ~ devour, guzzle, gobble up, wolf (down), swallow; *(fig.)* swallow up, engulf, swamp; gorge down. **ver·swel·ging** swallowing (up), gorging down, engulfing.

**ver·swik** *het* ~ sprain, twist, dislocate, turn *(an ankle).*

**ver·swyg** *het* ~, *vb.* keep secret/back, withhold, keep silent about; suppress *(news);* conceal; *iets* ~ keep s.t. quiet, keep quiet about s.t.. **ver·swyg** *=swygde, adj.* →VERSWEË. **ver·swy·ging** keeping a secret, suppression, concealment *(of facts); (rhet.)* aposiopesis.

**ver·sy·fer** *het* ~ quantify; *(comp.)* digitise. **ver·sy·fe·raar** *=raars, (comp.)* digitiser. **ver·sy·fe·ring** *(comp.)* digitisation.

**ver·taal** *het* ~ translate, render; *iets in ...* ~ translate/put/render/turn s.t. into ...; *iets uit een taal in 'n ander* ~ translate s.t. from one language into another. ~**kuns** art of translation. ~**reg** *=regte* right of translation; *(in the pl., also)* translation rights. ~**werk** translation (work).

**ver·taal·baar** *=bare* translatable; interpretable.

**ver·tak** *het* ~, *vb.* branch (out), ramify; furcate, fork; divaricate; *(elec.)* (sub)divide. **ver·tak** *=takte, adj.* branched; ramified; forked *(lightning);* furcate(d). **ver·tak·king** *=kings, =kinge* branching, ramification, furcation; filiation; arm; (sub)division.

**ver·ta·lend** *=lende* translational; ~*e woordeboek* bilingual dictionary.

**ver·ta·ler** *=lers* translator.

**ver·ta·ling** *=lings, =linge* translation, rendering; transcrip=tion; key; *'n getroue/noukeurige* ~ a close translation; *'n ~ uit die Frans van* ... a translation from the French of ...

**ver·tand** *het ~, vb.* tooth, cog, gear, serrate. **ver·tand** *=tande, adj.* toothed *(wheel etc.).* **ver·tan·ding** toothing, cog=ging; serration.

**ver·te, vêr·te** *=tes* distance; *in die* ~ in the distance; *uit die* ~ from afar, from a distance; *in die* ~ *verdwyn* disappear into the distance; *nie in die verste/vêrste* ~ *nie* not in the least.

**ver·te·braat** *=brate, n.* vertebrate.

**ver·te·der** *het ~, (s.o.'s heart)* soften, mollify, melt. **ver·te·derd** *=derde, (fig.)* melting.

**ver·teen·woor·dig** *het ~* represent, be the member for *(or* representative of); stand for; constitute; act for; *'n kiesafde=ling in die Parlement* ~ represent a constituency in Parlia=ment. **ver·teen·woor·di·gend** *=gende* representative, typical *(of);* ~ *van/vir* ... representative of ... **ver·teen·woor·di·ger** *=gers* representative; deputy, envoy; exponent; delegate; sales=person, agent, *(infml.)* rep; nominee; ambassador; *Raad van V~s, (Am., Austr., etc.)* House of Representatives. **ver·teen·woor·di·ging** representation; delegation.

**ver·teer** *het ~* consume, use up; spend *(money);* digest, as=similate; waste away; *vandag* ~, *môre ontbeer* wil(l)ful waste makes woeful want. **ver·teer·baar** *=bare* digestible; consum=able; *(also fig.)* palatable, acceptable. **ver·teer·put** septic tank. **ver·te·rend** *=rende* consuming, devouring, wasting; fervent, fervid *(hatred);* consumptive. **ver·te·ring** consumption; wast=ing/eating away; mouldering (away); decay; digestion *(of food).*

**ver·te·ken** *het ~* misrepresent. **ver·te·ke·ning** distortion.

**ver·tel** *het ~* tell, relate, recount, report, narrate; *iets aan/vir iem.* ~, *iem. iets* ~ tell s.o. s.t., tell s.t. to s.o.; relate s.t. to s.o.; ~ *my daarvan* tell me about it; *gaan* ~ *dit vir die man in die maan, (infml.)* pull the other one(, it's got bells on); *ek laat my nie* ~ *dat ... nie* I won't believe that ...; *die mense* ~ *dat* ... it is said *(or* the story) goes that ...; *so word* ~ *so they say; iem. weet te* ~ *dat* ... s.o. alleges that ... ~**kuns** storytell=ing, narrative art. **ver·tel·ler** *=lers* narrator, relator, teller; storyteller. **ver·tel·ling** *=lings, =linge* story, narrative, tale.

**ver·ti·kaal** *=kale, n.* perpendicular. **ver·ti·kaal** *=kale, adj.* vertical, perpendicular, plumb; upright; ~*kale denke* verti=cal thinking; ~*kale deursnee* profile.

**ver·tin** *het ~* tinplate, (plate/coat with) tin.

**ver·toef** *het ~* stop (over), stay, sojourn; wait, linger, tarry, delay.

**ver·toi·ing** *=toiingde* damaged; tattered, in rags; ~*de pop* battered doll.

**ver·tolk** *het ~* interpret; *(theatr.)* act out, play, perform; con=vey, capture *(the spirit);* construe, put a construction (up)on; *(mus.)* execute, render; express, voice *(feelings);* (im)perso=nate; *'n karakter* ~ impersonate a character; *'n musiekstuk* ~ interpret/render a piece of music; *'n rol* ~ play a role; *die rol van die onderwyser/ens.* ~ play the teacher/etc.; *iets ver=keerd* ~ misinterpret s.t.. **ver·tol·ker** *=kers* interpreter; ex=ponent *(of mus., a doctrine, etc.);* expositor. **ver·tol·king** *=kings, =kinge* interpretation; *(mus.)* rendering, rendition, perform=ance; construction *(of a meaning);* voicing, expression *(of feelings).*

**ver·to·ner** *=ners* exhibitor, shower; showman. **ver·to·ne·rig** *=rige* showy, flashy, flamboyant, ostentatious, pompous, vain=glorious.

**ver·to·ning** *=nings, =ninge* show(ing), display, exhibition; show, production; performance; release *(infml.);* pageant; spectacle; demonstration; screening; presentation; *'n dwase* ~ *maak* look a fool; *'n goeie* ~ *maak* make a fine show *(infml.),* put on a good show *(infml.);* put up *(or* turn in) a good

performance; show up well; *'n mooi* ~ *maak* present a fine sight, look pretty; give a good account of o.s.; *net om 'n* ~ *te maak* just for show; *'n slegte* ~ *maak* show up badly.

**ver·toog** *=toë, n. (usu. in the pl.)* representation, remon=strance, protest; expostulation; disquisition; *vertoë lewer* make representations.

**ver·toon** *n.* show, display; exhibition; presentation; sight; showmanship; ostentation, flamboyance; pomp; *'n groot* ~ *maak* make a splash *(fig.);* ~ *maak* show off *(infml.);* *'n (groot)* ~ *van iets maak* make a (great) display of s.t.; *op* ~ *betaalbaar* payable at sight *(or* on demand/presentation); *op* ~ *van* ... on presentation/production of ...; *(uiterlike)* ~ trappings. **ver·toon** *het ~, vb.* show *(one's badge, no sign of joy, etc.);* exhibit, display; screen, present; release *(a film);* feature; flaunt; sport; *iets goed laat* ~ set off s.t. to advan=tage; *goed/sleg/swak* ~ make a good/poor show(ing); show up well/badly; *jou* ~ show o.s.; appear; present o.s.; put in an appearance; *'n kaartjie* ~ show/produce a ticket; ~ *word* be on show; be on *(in the cinema).* ~**eenheid** *(comp.)* display unit, visual display unit *(abbr.:* VDU). ~**kas, toon=kas** showcase; display cabinet. ~**kuns** showmanship; per=formance art. ~**kunstenaar** performance artist. ~**stuk, toon=stuk** showpiece, exhibit; sample; set piece. ~**sug** showing-off, love of display, showiness, ostentation. ~**verhoor** show trial. ~**vlug** exhibition flight.

**ver·toon·baar** *=bare* presentable; performable.

**ver·traag** *het ~, vb.* delay; retard, hold up; defer; drag; seize (up); slacken; slow (down/up/off); decelerate; *iem./iets dae/ure (lank)* ~ delay s.o./s.t. for days/hours. **ver·traag** *=traag=de meer* ~ *die mees* =*traagde, adj.* delayed; retarded; deferred; belated; mentally retarded; *(infml., derog.)* lamebrained; ~*de aksie* delayed action; *in* ~*de aksie, (cin. etc.)* in slow mo=tion; ~*de ontwikkeling* arrested development; *in* ~*de tem=po* in slow motion. **ver·traagd·heid** backwardness.

**ver·tra·ging** *=gings, =ginge* delay; retardation, retardment; deceleration; retard, drag, (time) lag; slowdown, hold-up; slackening; breakdown; detention; stall; ~ *hê/ondervind* be delayed. ~**sluiterontspanner** *(phot.)* delayed-action shutter release.

**ver·tra·gings·:** ~**aksie** *(mil.)* delaying action; *(parl.)* dilato=ry action, stall. ~**taktiek** delaying tactics. ~**tyd** down time.

**ver·trap** *het ~* trample (up)on/down, tread underfoot/down/on, crush; override; overgraze *(a pasture).* **ver·trap·ping** trample, trampling upon, treading underfoot; overgrazing.

**ver·trek¹** *=trekke, n.* room; chamber.

**ver·trek²** *n.* departure; *by iem. se* ~ (up)on s.o.'s departure; *op* ~ *staan* be on the point of going/departure. **ver·trek** *=trekte, adj.* twisted, distorted *(face).* **ver·trek** *het ~, vb.* de=part, leave, go (away), go forth, set out, take one's depar=ture, exit, get going; quit; *(a ship)* sail, set off; *(s.o.'s face)* dis=tort, twist, crunch up; shift, pull away; *(a train)* draw out; *(a plane)* fly out; *haastig/inderhaas* ~ leave in a hurry, make a hasty departure/exit, hurry away/off; *na* ... ~ leave/start for ..., take off for/to ... *(a place); per skip na* ... ~ embark/sail for ...; *iem./iets moet om* ... ~ s.o./s.t. is scheduled to leave at ...; *op* ... ~ start off on ... *(a journey etc.); van* ... ~ depart from ... *(a place).* ~**dag** departure day, day of depar=ture. ~**datum** departure date, date of departure. ~**permit, ~visum** exit permit/visa. ~**punt** place/point of departure. ~**saal** departure hall/lounge, passenger lounge. ~**toonbank** departure/check-in counter *(at an airport).* ~**tyd** departure time, time of departure; starting time; sailing time.

**ver·troe·bel** *het ~* become/get muddy/turbid/clouded; be=fog *(an issue);* confuse, darken; disturb; overcloud; muddy, make turbid/muddy; impair, cloud, obscure; bedevil. **ver·troe·be·ling** confusion, confusing, obscuring; turbidity; blush=ing *(of paint); (fig.)* disturbance.

**ver·troe·tel** *het ~, vb.* pamper, spoil, baby, cosset; *(pej.)* (molly)coddle. **ver·troe·tel** *=telde, adj.* pampered.

**ver·troos** *het* ~, *vb.* comfort, solace, console. **ver·troos** =*trooste, adj.* comforted, consoled. **ver·troos·ter** =*ters* com= forter. **ver·troos·ting** =*tings* comfort, consolation, solace, relief.

**ver·trou** *het* ~ trust; believe; confide in; rely, bank *(on)*; ... *geheel en al* ~ pin one's faith on ...; *op jou* **geheue** ~ trust to one's memory; *op* **God** ~ trust in God; *iem.* ~ trust s.o., put one's trust in s.o.; *('n) mens kan* ... *nie* ~ *nie* ..., is not to be trusted; *op* ... ~ rely *(or* place reliance) (up)on ..., trust in ...; *volkome op iem./iets* ~, *(also)* swear by s.o./s.t.. **ver· trou·baar** =*bare* reliable, dependable, *(infml.)* sure-fire, trust= worthy, trusty. **ver·troud** =*troude* =*trouder* =*troudste* (of *meer* ~ *die mees* =*troude*) reliable, trustworthy, trusted; fiduciary; confidential; familiar, *(Fr.)* au fait; *met iets* ~ *raak* become familiar with s.t.; get the feel of s.t.; become conversant with s.t. *(a subject);* ~ *met iets* familiar with s.t.; at home in s.t.; au fait with s.t.. **ver·troud·heid** familiarity, conversance *(with);* rapport. **ver·trou·e** confidence, faith, trust, credence; *iem. se* ~ *in* ... *is* **geskok** s.o.'s confidence/faith in ... has been shaken; ~ *in* ... *hê* have confidence/faith in ...; place reliance (up)on ...; *die* ~ *in* ... **herstel** restore confidence in ...; *in* ~ in confidence, confidentially, sub rosa; between ourselves, between you and me; *iem. iets in* ~ *meedeel* tell s.o. s.t. confidentially; *met* ~ confidently, with confidence; *iem. in jou* ~ **neem** take s.o. into one's confidence, confide in s.o.; *jou* ~ *in* ... **stel** trust *(or* place confidence *or* place/ put one's trust) in ...; *jou* ~ **vestig** *op* ... put one's faith in ...; *vol* ~ trustful, trusting, confiding; confident; *volkome* ~ *in* ... *hê* have/put implicit faith in ...; *volle* ~ *in* ... *stel* pin one's faith on ...; *(in)* **vol(le)** ~ *dat* ... having full confidence that; ~ **wek** create confidence; *iem. se* ~ **wen** gain/win s.o.'s confidence. **ver·trou·e·ling** =*linge* confidant *(masc.),* confi= dante *(fem.),* intimate. **ver·trou·lik** =*like, adj.* confidential; intimate; private; personal; =*e gesprek/brief* confidential conversation/letter; =*e inligting* confidential *(or, fml.* pro= prietary) information. **ver·trou·lik** *adv.* confidentially, in confidence; familiarly, intimately; ~ *met iem. omgaan/wees* be intimate with s.o.. **ver·trou·lik·heid** confidentiality, trust= fulness; familiarity, intimacy.

**ver·trou·ens·:** ~**pos,** ~**posisie** position of trust/confidence; *'n* ~ *beklee* be in a position of trust. ~**waardig** =*dige* trusty, trustworthy.

**ver·twy·feld** =*felde* disconcerted, perturbed, bewildered; desperate, despairing.

**ver·twy·fe·ling** desperation, despair, desolation.

**ver·ui·ter·lik** *het* ~ externalise.

**ver·vaag** *het* ~, *vb.* grow faint/dim, become faint/blurred, blur, darken, dim, fade (away). **ver·vaag** =*vaagde, adj.* dim, faded, blurred. **ver·va·ging** dimming, blurring, fading.

**ver·vaard** =*vaarde* =*vaarder* =*vaardste* alarmed, frightened, fraught; awe-stricken, awe-struck; bewildered; precipitate.

**ver·vaar·dig** *het* ~ manufacture, make, produce, prepare, construct, fabricate; *in Suid-Afrika* ~ made in South Africa; *iets van* ... ~ make s.t. of ... **ver·vaar·di·ger** =*gers* manufac= turer, maker, producer. **ver·vaar·di·ging** manufacture, manu= facturing, making, producing, production, confection, fab= rication, preparation, construction.

**ver·vaar·di·gings·:** ~**proses** manufacturing process. ~**reg** *(comm.)* franchise.

**ver·val** *n.* decline, decay, break-up, degeneration, deteriora= tion; disrepair, dilapidation *(of a house);* decadence; decrep= itude; desuetude; maturity *(of a bill); in* ~, *(a house etc.)* di= lapidated, in a state of dilapidation; *in* ~ *raak* fall into de= cay. **ver·val** *het* ~, *vb.* decline, decay, break up; *(a building)* become dilapidated, fall into disrepair; *(a bill)* mature, be= come/fall due; *(a right etc.)* lapse; *(a lease)* expire; *(a law)* be abrogated; *(a proposal etc.)* fall away, be dropped; *in iets* ~ drop/get into s.t. *(a habit);* slide into s.t. *(sin); weer in* ... ~

relapse into ...; *weer in jou ou gewoontes* ~ slip back into one's old ways *(or* old ways of behaving); **onder** ... ~ fall among ... *(criminals etc.); tot* ... ~ lapse into ... ~**datum,** ~**dag** date/day of maturity, maturity date/day, settlement date/day; renewal date/day; expiry date/day; due date; sell-by date; eat-by date; *die* ~ *van iets het (lankal) verstryk* s.t. is (long) past its sell-by date. ~**tyd** (date of) maturity *(of a cheque).*

**ver·val·le** ~ =*lener* =*lenste* (of *meer* ~ *die mees* ~) decayed; ramshackle, dilapidated *(house);* ruinous *(building);* tumble= down, rundown; emaciated, decrepit, worn-out *(pers.);* shrunken *(figure);* pinched, ravaged, wasted *(face);* expired *(lease);* lapsed *(ins. policy);* due, mature *(bill).* **ver· val·len·heid** dilapidation; decrepitude; dereliction; low life.

**ver·vals** *het* ~, *vb.* falsify *(a document);* forge *(a signature etc.);* counterfeit *(a coin etc.);* adulterate *(wine);* tamper with *(a will etc.);* debase, denature; cook, massage *(stat. etc.);* salt *(books).* **ver·vals** =*valste, adj.* counterfeit(ed), forged, spu= rious. **ver·vals·baar** =*bare* falsifiable; forgeable. **ver·val·ser** =*sers* forger; faker, adulterator; counterfeiter; cooker *(infml.).* **ver·val·sing** =*sings,* =*singe* forgery, counterfeiting, falsifica= tion, forging, fraud.

**ver·vang** *het* ~ replace, supersede; take the place of; substi= tute *(for);* relieve; deputise; do duty for; *(jur., ins.)* subrogate; *iem./iets deur/met iem./iets anders* ~ replace s.o./s.t. with/by s.o./s.t. else; substitute s.o./s.t. for s.o./s.t. else; *iets deur/met* ... ~, *(also)* exchange s.t. for ...; *deur/met* ... ~ *word, (also)* give way to ..., make way for ... **ver·vang·baar** =*bare* re= placeable; commutable, commutative; interchangeable; *(jur.)* fungible; removable; expendable. **ver·van·gend** =*gende* substitutive. **ver·van·ger** =*gers* substitute, understudy; *(chem.)* substituent. **ver·van·ging** =*gings,* =*ginge* substitution; replac= ing, replacement; superseding, supersession; interchange; *(jur., ins.)* subrogation; ~ *deur* ... replacement with/by ...; *ter* ~ *van* ... in (the) place of ..., in substitution for ... **ver· vang·stel** kit.

**ver·van·gings·:** ~**middel, vervangmiddel** =*dels,* =*dele* re= placement, substitute, surrogate, alternate. ~**waarde** replace= ment value.

**ver·vat** *het* ~ change one's grip; resume, begin/start again/ anew; take up, continue *(a narrative);* take up the thread; contain, include; *iets is in* ... ~ s.t. is contained in ...; s.t. is included in ...; s.t. is wrapped up in ...

**ver·veel** *het* ~ bore; tire; weary; irk; *iem.* **dodelik/gruwe= lik/vreeslik** (of *tot die dood toe)* ~ bore s.o. silly/stiff *(or* to death/tears); *jou* ~ feel/be bored, kick/cool one's heels; *jy* ~ *jou nooit* never a dull moment; *deur* ... ~ *word* be bored with ... **ver·veeld** =*veelde* =*veelder* =*veeldste* bored; *dodelik/ gruwelik/vreeslik* ~, *tot die dood toe* ~ bored stiff. **ver·veeld· heid** boredom, ennui.

**ver·veel·vou·dig** *het* ~ multiply.

**ver·veer** *het* ~, *(birds)* moult, shed/throw feathers.

**ver·vel** *het* ~ change/cast/shed/throw the skin, peel; *(a snake)* slough; moult; *(zool.)* exuviate. **ver·vel·ling** casting of the skin, sloughing, ecdysis *(of reptiles);* peeling; moult(ing); *(med.)* desquamation.

**ver·ve·lend** =*lende* boring, dull; colourless, uninteresting; infuriating, annoying; *'n uiters* =*e vent* an unspeakable bore. **ver·ve·lens:** *tot* ~ *toe* ad nauseam; over and over (again).

**ver·ve·lig** =*lige* boring, wearisome, dull, tedious; pedestrian; annoying; monotonous, dreary; prosy; colourless; mortal; heavy. **ver·ve·lig·heid** tediousness, tedium, dullness, unin= terestingness, drabness, monotony. **ver·ve·ling** boredom, tediousness, tedium, ennui.

**ver·ver·sing** =*sings,* =*singe* refreshment; ~*s rondbring/aan= bied/verskaf* serve refreshments.

**ver·ver·sings·:** ~**bedryf** catering trade/business. ~**lokaal** canteen. ~**pos** refreshment station, victualling station.

**ver·vet** *het* ~ turn (in)to fat. **ver·vet·ting** fatty degeneration.

**ver·vier·vou·dig** *het* ~ quadruple.

**ver·vies** *het* ~: *jou oor iets* ~, *(infml.)* become/get annoyed about/at/by s.t.; be irritated at s.t.; take offence at s.t.; *jou vir iem.* ~, *(infml.)* become/get annoyed/exasperated with s.o.; s.o. irritates one; *ek* ~ *my so wanneer* ..., *(infml.)* it gets me when ...

**ver·vlak** *het* ~ shallow, become shallow/superficial, lose (in) depth. **ver·vlak·king** shallowing, becoming shallow/superficial; superficiality.

**ver·vlaks** *interj., (infml.)* dash it!, drat!, dammit!, blast (it)!; *ek sal dit* ~ *nie doen nie!* I'll be damned if I do!. **ver·vlaks** *adv.* darned, flipping, blinking. **ver·vlaks·te** *adj. (attr.)* confounded, blooming, blessed, dratted, darned, flaming; *so 'n* ~ ...! blast this ...!.

**ver·vleg** *het* ~, *vb.* entwine, entangle; intertwine, interweave, interlace. **ver·vleg** *=vlegte, adj.* interlaced, intertwined. **ver·vleg·ting** intertwinement, interlacement, entanglement.

**ver·vlieg** *het* ~, *(time)* fly; *(hope etc.)* vanish. **ver·vlo·ë** *(strong p.p. of* vervlieg) gone by; ~ *dae* days/time gone by, bygone days, days of old/yore.

**ver·vloei** *het* ~ flow away; *(colours)* melt; *(paint)* run; vanish, pass/fade away; liquefy, deliquesce; *(a TV image)* muzz. **ver·vloei·ing** flowing away; melting *(of colours);* vanishing; liquefaction, deliquescence.

**ver·vloek** *het* ~, *vb.* curse, damn; execrate; excommunicate; anathematise; ban; blast. **ver·vloek** *=vloekte, adj.* cursed, damned; confounded, blasted; accursed. **ver·vloeking** *=kings, =kinge* curse, imprecation, execration, malediction, malison, commination; anathema; thunderbolt. **ver·vloeks** *interj.* damn (it)!, damn it (all)!, dammit!, blast (it)!. **ver·vloeks·te** damned, confounded, blasted, wretched, bloody; *so 'n* ~ *kêrel/vent!, (sl.)* curse him!.

**ver·vlug·tig** *het* ~ evaporate, volatilise, etherealise, fade.

**ver·voeg** *het* ~, *(gram.)* conjugate. **ver·voe·ging** *=gings, =ginge* conjugation.

**ver·voer** *n.* transport(ation), carriage, conveyance; traffic; portage, cartage, haulage. **ver·voer** *het* ~, *vb.* transport, convey, carry, haul. ~**band** conveyor (belt), belt conveyor, carrying band. ~**bedryf** transport industry. ~**koste** carriage, cost of conveying/transport, haulage. ~**middel** *=dels, =dele* (means of) transport, transportation, conveyance, vehicle. ~**stelsel** transport system. ~**wese** transport industry, transport(ation).

**ver·voer·baar** *=bare* (trans)portable; mov(e)able.

**ver·voer·der** *=ders* transporter, carrier; haulier, hauler; *(mech.)* conveyor.

**ver·voe·ring** rapture, ecstasy, transport, entrancement, exaltation; *iem. in* ~ *bring* enrapture/entrance s.o., stir s.o.'s pulse; *die gehoor in* ~ *bring,* (also) bring the house down; *in* ~ enraptured, entranced, in raptures; *oor ... in* ~ *wees* be ecstatic about ..., be in ecstasies over ..., *(infml.)* rave about ...; be entranced at/by/with ..., be enraptured by/with ...; *in* ~ *raak* go into ecstasies/raptures; be/get carried away.

**ver·volg** *=volge, n.* continuation, sequel; future; *in die* ~ in future, from now on, after this, henceforth; *die* ~ *op* ... the sequel to ... **ver·volg** *het* ~, *vb.* continue *(a narrative);* persecute *(heretics); (jur.)* prosecute, institute legal proceedings (against), bring action (against); haunt; plague, pester; pursue *(the enemy);* hound (down); follow (up); proceed; *weens* ... ~ *word* be prosecuted for ...; suffer persecution for ...; *word* ~ to be continued; *iem. wraaksugtig* ~ carry on (or conduct) a vendetta against s.o.. ~**sug** vindictiveness, spirit of persecution. ~**verhaal** serial (story). ~**werk** sequel, supplement; serial publication.

**ver·volg·baar** *=bare* liable to prosecution/indictment/suit, prosecutable, indictable, suable; actionable; impeachable.

**ver·vol·gens** then, thereupon, subsequently, next, thereafter, consequently.

**ver·vol·ger** *=gers* persecutor; prosecutor; pursuer. **ver·vol·ge·ry** persecution; *(fig.)* witch-hunt(ing).

**ver·vol·ging** *=gings, =ginge* persecution; prosecution; pursuit, chase; legal action/proceedings; hounding; vendetta; *'n* ~ *teen iem. instel* prosecute s.o., bring/institute an action against s.o..

**ver·vol·gings·:** ~**reg** right of prosecution. ~**waan** *(psych.)* persecution complex. ~**waansin** persecution mania, paranoia.

**ver·vol·maak** *het* ~ (make) perfect, make complete; integrate.

**ver·vorm** *het* ~ transform, remodel, reform; deform; disfigure; contort; change; corrupt; distort; strain; *tot* ... ~ transform into ... **ver·vorm·baar** *=bare* transformable; plastic; ductile; deformable. **ver·vor·mer** *=mers, (elec.)* transformer. **ver·vor·ming** *=mings, =minge* transformation; deformation, distortion; strain; changing. **ver·vor·mings·me·ter** strain gauge.

**ver·vreem** *het* ~ estrange *(s.o.);* alienate, dispose of *(a property);* become estranged/alienated; *iem. van ...* ~ alienate s.o. from ...; *jou van ...* ~ estrange o.s. from ..., become a stranger to ... **ver·vreem(d)** *=vreemde* estranged; alienated; *twee mense is (van* **mekaar**) ~ two people are estranged; *(van mekaar)* ~ **raak**, (also) draw/drift/grow apart (from one another); *van ...* ~ **raak** become estranged from ...; become alienated from ...; *van ...* ~ estranged from ...; alienated from ... **ver·vreem·ding** estrangement; alienation; disposal. **ver·vreem·dings·ef·fek** *(theatr.)* alienation effect.

**ver·vroeg** *het* ~, *vb.* move/put/bring forward, make earlier, fix at an earlier date/time/hour, anticipate, advance, move up *(a date).* **ver·vroeg** *=vroegde, adj., (also)* premature; ~*de sluiting* early closing; *'n vergadering/ens. van ... tot ...* ~ advance a meeting/etc. from ... to ... **ver·vroe·ging** advance, acceleration, anticipation; *(med.)* advancement; *(hort.)* forcing.

**ver·vro·lik** *het* ~ cheer up, enliven.

**ver·vrou·lik** *het* ~ feminise; become (more) feminine.

**ver·vuil** *het* ~, *vb.* become/grow/render filthy/dirty; pollute; contaminate; run wild, overrun; spread (as a weed); become choked with weeds, become weedy; proliferate, teem; infest; *van ...* ~ infested with ... *(fleas etc.);* overrun with ... *(weeds etc.).* **ver·vuil** *=vuilde, adj.* filthy, dirty, rank, weedy, choked/infested with weeds, weed-grown. **ver·vui·ling** dirtiness, filthiness; pollution; weediness; infestation; proliferation; becoming choked with weeds; contamination.

**ver·vul** *het* ~, *vb.* fill *(a position);* play, sustain *(a part, role, etc.);* fulfil *(a promise etc.);* do, discharge *(a duty);* perform *(a task etc.);* grant *(a wish);* carry out *(a task);* occupy *(a post);* satisfy *(a need);* realise *(a dream);* ~ *met die Heilige Gees* filled with the Holy Spirit; *iem. met iets* ~ instil s.t. in(to) s.o.; ~ *van iets* intent on s.t.; engrossed in s.t.; possessed by/with s.t. *(a thought etc.);* imbued with s.t. *(hate etc.).* **ver·vul** *=vulde, adj.* fulfilled *(promise);* granted *(wish);* realised *(dream);* ~ *met* ..., *(also)* informed with ... **ver·vul·lend** *=lende* satisfying *(experience etc.).* **ver·vul·ling** fulfil(l)ment; realisation; discharge *(of duties);* performance; execution.

**ver·vyf·vou·dig** *het* ~ quintuple.

**ver·waai** *het* ~ blow about, tousle, ruffle; blow away; be blown away. **ver·waai(d)** *=waaide* blown about; dishevelled, ruffled, tousled, windswept, =blown.

**ver·waand** *=waande =waander =waandste* arrogant, vain, conceited, cocky, presumptuous, self-important, big-headed; supercilious, snooty; ~*e mens* egotist; upstart; prig. **ver·waand·heid** conceit(edness), arrogance, self-importance, pomposity, vanity, cockiness.

**ver·waar·loos** *het* ~, *vb.* neglect, be neglectful of; ignore; *jou* ~ let o.s. go; *iets laat* ~ let s.t. fall into (a state of) neglect; ~ *raak* fall into neglect; go/run to seed *(fig.).* **ver**

**waar·loos** =loosde, adj. neglected; uncared-for; unkept, in bad repair, unkempt, untended, desolate, dilapidated; ~de kind, (also) stray, waif, deprived child. **ver·waar·lo·sing** neglect; dereliction, negligence; (sociol.) deprivation; waste, disrepair; dilapidation.

**ver·wag** het ~ expect; look for, await; anticipate, foresee, believe; 'n baba ~ expect a baby; ~ dat iem. ... expect s.o. to ...; ~ dat iets sal gebeur expect s.t. to happen; meer as wat iem. ~ het, (also) more than s.o. bargained for/on; van iem. ~ om iets te doen expect s.o. to do s.t.; iets van iem. ~ expect/ask s.t. of s.o.; te veel van iem. ~ expect too much from/of s.o.; iem./iets word om ... ~ s.o./s.t. is expected at ...; s.o./s.t. is scheduled to arrive at ...; eers ... ~ word not be expected before/until ...; eers ná ... ~ word not be expected until after ... **ver·wag·te** expected; estimated; foreseen, anticipated; dit is te ~ it is to be expected. **ver·wag·tend** =tende expecting, expectant; ~e moeder expectant mother, mother-to-be. **ver·wag·ting** =tinge, =tings expectation, prospect, hope, outlook; aan die ~(e) beantwoord/voldoen come up to (or realise) expectations; nie aan die ~(e) beantwoord/voldoen nie be found lacking; bo ~ beyond (all) expectation(s); groot/hoë ~e van ... hê/koester have/cherish great/high expectations (or have high hopes) of ...; die ~e loop hoog expectations are at a high pitch; in die ~ dat ... in the expectation that ...; na ~ sal dit ... it is expected that it will ...; alle ~e oortref exceed all expectations; dit oortref jou hoogste/stoutste ~e not in one's wildest dreams did one expect it; teen die ~ (in) contrary to expectation (or all expectations); iem. se ~e is verydel s.o.'s hopes were dashed; (hoë) ~e wek raise (great/high) expectations/hopes.

**ver·want** =wante, n. relative, relation; (jur.) agnate, cognate; (in the pl., also) kin. **ver·want** =wante, adj. related; kindred, allied; consanguineous; cognate (lang.); congenial; (a)kin (pred.); conjugate(d); die feite ~ aan die saak the facts relative to the matter; aan/met iem. ~ related/kin to s.o.; aan/met iets ~ related to s.t. (a lang.); connected with s.t.; allied to s.t.; ~e maatskappy associated company; van moeders=kant ~ cognate; na ~, (people) closely related; nou ~ aan ... germane to ... (a subject); nou ~, (things) closely related; ons/hulle is ~ we/they are related/kin; ons/hulle is nie ~ nie we/they are not related, we/they are no kin; ~e siele kindred spirits; van vaderskant ~ agnate; ~e vakke related subjects; verlangs/vêrlangs ~ distantly/remotely related. **ver·want·skap** =skappe relation(ship), relatedness, kinship; affinity (between persons, plants, languages, etc.); congeniality; (tech.) propinquity; filiation; agnation; alliance; (anthr.) sib; ~ aan ... kinship with ...; hoegenaamd geen ~ nie no connection whatsoever; die ~ van iem. met iem. anders the relationship of s.o. to s.o. else; die ~ tussen ... the relationship between ... (two people); the affinity between ... (two languages).

**ver·want·skaps·** ~band family tie. ~(krediet)kaart affinity (credit) card.

**ver·war** het ~ confuse, mix up, make a muddle of, muddle up, snarl; bewilder, disorientate; puzzle; scramble (speech); addle (joc.); fluster; perplex; throw; unsettle; disarrange; tangle; ... met mekaar ~ mix ... up, confuse ...; iem./iets met iem./iets anders ~ confuse s.o./s.t. with s.o./s.t. else; iem. met iem. anders ~, (also) mistake s.o. for s.o. else. **ver·war(d)** =warde =warder =wardste (of meer ~ die mees =warde) confused, muddled (ideas etc.); perplexed, dazed, bemused, bewildered, nonplussed, mixed-up; delusional; intricate; addle-headed; (en)tangled; disarranged, disordered; ~de beeld=spraak mixed metaphor; 'n totaal ~de kind a crazy mixed-up kid; in ... ~ raak become entangled in ... **ver·ward·heid** confusion, disorientation, fuzziness; (psych.) confusion. **ver·war·rend** =rende confusing, bewildering, disconcerting, perplexing, unsettling. **ver·war·ring** =rings, =ringe entanglement; confusion, disorder, turmoil, mix-up, disarray, muddle;

perplexity, bewilderment, puzzlement; Babelse ~ confusion of tongues; iem./iets in ~ bring confuse s.o.; turn s.t. upside down; ~ stig cause/create confusion.

**ver·warm** het ~ warm; heat (food, a room, swimming pool, etc.); jou ~ warm o.s.. **ver·war·mer** =mers heater, warmer; elektriese ~ electric heater.

**ver·war·ming** warming; heating; sentrale ~ central heating. ~stelsel heating/heater system.

**ver·war·mings·:** ~apparaat heating apparatus. ~toestel heating appliance/device, heater.

**ver·wa·ter** het ~ dilute (too much); (fig.) dilute, water down, weaken; erode. **ver·wa·ter(d)** =terde watery, weak; (fig.) watered-down, watered; (fig.) dilute(d). **ver·wa·te·ring** (also fig.) watering (down), dilution.

**ver·wed** het ~ bet, punt, wager; bet/gamble away (all one's money); iets op ... ~ stake/wager s.t. on ...; geld op 'n perd ~ put money on a horse; R100 op 'n perd ~ bet R100 on a horse.

**ver·weef** het ~, vb. interweave, intertwine, entwine, interlace, interlink. **ver·weef** =weefde adj. interwoven, intertwined, entwined (with); nou ~, (interests etc.) closely knit. **ver·weefd·heid** interwovenness.

**ver·weer**[1] =were, n. defence; resistance; plea; jou eie ~ behartig defend o.s. (in a court). **ver·weer** het ~, vb. defend; resist; speak up for o.s.; put up a fight; jou ~ defend o.s.; fight back. ~skrif (jur.) (written) defence, plea. **ver·weer·der** =ders defendant (in court); defender.

**ver·weer**[2] het ~, vb., (geol.: rocks) weather, disintegrate; decay, wear away, erode. **ver·weer** =weerde, adj. disintegrated, weathered (rocks); weather-beaten (face); weather-bitten (wall etc.). **ver·we·rend** =rende erosive. **ver·we·ring** (geol.) disintegration, weathering (of rocks); decay, ag(e)ing; erosion. **ver·we·rings·laag** patina.

**ver·wek** het ~ father, procreate, beget, breed, sire (children); generate; engender; call into being; cause (dissatisfaction); raise (a storm, laugh, etc.); stir up (mutiny, sedition, etc.); provoke (indignation, a storm, etc.); excite, rouse, evoke (feelings); produce (a sensation). **ver·wek·ker** =kers father, sire, begetter, genitor, procreator; breeder; cause; originator. **ver·wek·king** procreation, begetting, breeding; stirring up, provoking, raising, causing.

**ver·welk** het ~, vb., (also fig.) fade, wither, wilt. **ver·welk** =welkte meer ~ die mees =welkte, adj. faded, withered, wilted; flaccid; ~te skoonheid withered beauty. **ver·wel·king** withering, fading, wilting.

**ver·wel·kom** het ~ (bid) welcome, greet, hail; iem. op 'n dorp (of in 'n stad) ~ welcome s.o. to a town/city; geesdriftig ~ word receive an enthusiastic welcome; iem. hartlik ~ give s.o. a warm welcome, extend a warm welcome to s.o.; luidrugtig ~ word receive a tumultuous welcome. **ver·wel·ko·mend** =mende welcoming (atmosphere, arms, etc.). **ver·wel·ko·ming** =mings, =minge welcome, reception, hail.

**ver·wel·ko·mings·:** ~komitee welcoming committee. ~toespraak, ~rede welcoming address/speech.

**ver·wen** het ~, vb. spoil, baby (a child); overindulge; pamper, cosset, (molly)coddle, indulge. **ver·wen** =wende, adj. spoilt (child); pampered. **ver·wen·ning** spoiling, pampering, indulgence.

**ver·wens** het ~, vb. curse. **ver·wens** =wenste, adj. cursed. **ver·wen·sing** =sings, =singe curse, oath; execration, imprecation; malediction.

**ver·wer** =wers painter; decorator (of a house). **ver·we·ry** =rye painting, paintwork; →VERF vb..

**ver·wer·dig** het ~ condescend, deign, vouchsafe; jou ~ om ... condescend/deign/stoop to ...; jou nie ~ om te ... nie not deign to ..., disdain to ...

**ver·wê·reld·lik** het ~ secularise. **ver·wê·reld·li·king** secularisation.

**ver·we·rend** =rende →VERWEER² vb..

**ver·werf** het ~, vb. gain, win (honour, fame); acquire, earn, achieve, obtain; 'n graad ~ take/obtain a degree; kennis ~ gain knowledge. **ver·werf** =werfde, adj. gained; acquired, earned; →VERWORWE.

**ver·we·ring** →VERWEER² vb..

**ver·werk** het ~, vb. process; work up, elaborate, work (out); assimilate, digest (knowledge); adapt (a book); (mus., rad.) ar= range; convert; elaborate; rewrite; iets vir ... ~ adapt s.t. for ...; ~ tot ... adapt as ...; elaborate into ... **ver·werk** =werkte, adj. processed; assimilated; adapted; ~te kaas processed cheese; ~ van ... adapted from ... **ver·werk·baar** =bare adapt= able; workable, machinable. **ver·werk·baar·heid** adaptabil= ity; machinability. **ver·wer·ker** adaptor; processor; (comp.) processing unit.

**ver·wer·king** =kings, =kinge processing; treatment, working up, elaboration, working (out); assimilation, digestion; adap= tation (of a play etc.); (min.) beneficiation; (mus., rad.) arrange= ment. ~**spoed** processing speed.

**ver·wer·kings**: ~**aanleg** processing plant. ~**eenheid** (comp.) processing unit.

**ver·werk·lik** het ~ realise, actualise; materialise; fulfil(l). **verwerk·li·king** realisation, actualisation; materialisation; fruition.

**ver·werp** het ~, vb. reject, quash (a proposal, motion, etc.); repudiate (accusations); vote down (a measure); veto; dis= own; disclaim; turn down; negative; reprobate; iets voor die voet (of sonder meer) ~ reject s.t. out of hand; die voorstel is ~ the motion was lost/defeated. **ver·werp** =werpte, **ver= wor·pe** adj. rejected; cast out; cast-off; depraved; casta= way; outcast. **ver·wer·ping** rejection; voting down; repudia= tion; disallowance; veto. **ver·werp·lik** =like =liker =likste (of meer ~ die mees =like) objectionable, unacceptable, untena= ble, rejectable, condemnable. **ver·werp·lik·heid** objectiona= bleness.

**ver·wer·wing** acquisition, acquirement, gaining, winning, obtaining; →VERWERF vb..

**ver·we·se** ~ meer ~ die mees ~ dazed, stunned, bewildered, stupefied, dumbfounded. **ver·we·sen·heid** bewilderment.

**ver·we·sen(t)·lik** het ~ realise, actualise; implement, ef= fect; materialise, come true; fulfil(l); achieve. **ver·we·sen(t)= li·king** realisation, actualisation; materialisation; fulfil(l)ment, accomplishment.

**ver·wes·ters** het ~, vb. westernise, occidentalise. **ver·wes= ters** =terste meer ~ die mees =terste, adj. westernised, occi= dentalise. **ver·wes·ter·sing** westernisation.

**ver·wik·kel** het ~ complicate; implicate, entangle; involve; enmesh; knot. **ver·wik·kel(d)** =kelde complicated, involved, intricate; in iets ~ raak become embroiled in s.t.. **ver·wik= keld·heid** intricacy. **ver·wik·ke·ling** =lings, =linge complica= tion; involution, involvement, embroilment; (liter.) plot; (in the pl., also) trouble.

**ver·wil·der** het ~ run/grow wild; chase/drive/frighten/scare away. **ver·wil·der(d)** =derde wild; dazed(ly); haggard; thickly overgrown, uncultivated, neglected; unkempt, uncombed, dishevelled; wild-eyed. **ver·wil·de·ring** running/growing wild; degeneration; bewilderment.

**ver·wis·sel** het ~ change; interchange, exchange, change round; commute; alternate; permute; van klere ~ change one's clothes; iets vir ... ~ exchange s.t. for ... **ver·wis·sel= baar** =bare interchangeable, commutable, convertible. **ver= wis·sel·baar·heid** interchangeability, convertibility. **ver·wis= se·ling** =lings, =linge change; interchange, exchange, alterna= tion; transposal; commutation.

**ver·wit·tig** het ~ inform, notify; iem. van iets ~ inform/no= tify s.o. of s.t.. **ver·wit·ti·ging** notice, notification, inform= ing.

**ver·woed** =woede =woeder =woedste (of meer ~ die mees =woede)

fierce, furious, wild, outraged. **ver·woed·heid** fierceness, fury.

**ver·woes** het ~, vb. destroy; shatter, wreck, ruin (hopes, health, life, etc.); devastate, ravage, lay waste (a country); wreck, lay in ruins (a building etc.); deur 'n aardbewing ~ destroyed by an earthquake. **ver·woes** =woeste, adj. devastated; destroyed, wrecked, ruined. **ver·woes·baar** =bare destructible. **ver= woes·tend** =tende destructive; ravaging; devastating; shat= tering. **ver·woes·ter** =ters devastator, wrecker, destroyer, vandal; harrier. **ver·woes·ting** havoc, devastation, ravage, depredation; destruction; ~ aanrig cause destruction/devas= tation; (a storm) cause/wreak havoc.

**ver·woes·ty·ning** desertification.

**ver·wond** het ~, vb. wound, injure, traumatise; hurt. **ver= wond** =wonde, adj. wounded, injured; hurt. **ver·won·ding** =dings, =dinge wounding, traumatisation; wound, injury.

**ver·won·der** het ~ astonish, amaze, surprise; dit ~ iem. (nie) s.o. is (not) surprised; jou oor ... ~ be amazed/astonished at/by ...; marvel/wonder at ...; jou altyd oor iets ~ never cease to wonder at s.t.. **ver·won·der(d)** =derde surprised, as= tonished, amazed; oor iets ~ wees be amazed/astonished/ surprised at/by s.t., blink at s.t.. **ver·won·de·ring** surprise, astonishment, amazement, wonder(ment); stupefaction; met ~ in/with amazement/astonishment; iem. se ~ oor iets s.o.'s amazement/astonishment at s.t.; tot iem. se ~ to s.o.'s amaze= ment/astonishment; dit wek geen ~ nie it is not surprising (or to be wondered at).

**ver·woord** het ~ put into words, word, express, phrase; ar= ticulate **ver·woor·ding** expression; articulation.

**ver·word** het ~ degenerate, deteriorate, decay; change for the worse. **ver·wor·de** depraved, degenerate, perverse; changed for the worse. **ver·wor·ding** degeneration, deterioration, cor= ruption, decay, decadence; depravity, perversion.

**ver·wor·pe** adj. →VERWERP adj.. **ver·wor·pe·ling** =linge, **ver= wor·pe·ne** =nes outcast, castaway, derelict, (moral) leper, pariah. **ver·wor·pen·heid** depravity; rejection, abjectness.

**ver·wor·we** (strong p.p. of verwerf) gained, acquired; ~ im= muniteitsgebreksindroom, (med., acr.: vigs) acquired immuno= deficiency (or immune deficiency) syndrome (acr.: Aids, AIDS). **ver·wor·wen·heid** =hede acquisition, acquirement, attainment, achievement.

**ver·wring** het ~ twist, distort; contort, writhe, wrench; van pyn ~ twisted up with pain; woorde ~ twist/pervert words. **ver·wrin·ging** twisting, distortion, contortion; misrepresen= tation. **ver·wron·ge** meer ~ die mees ~ twisted, distorted; contorted; deformed; warped; ~ raak, (s.o.'s judgement) be= come warped; ~ styl involved style. **ver·wron·gen·heid** dis= tortedness, distortion.

**ver·wurg** het ~ strangle, throttle; gar(r)otte; choke (tr., intr.). **ver·wur·ging** strangulation, throttling; gar(r)otting.

**ver·wyd** het ~ widen; dilate; let out (clothes); (archit.) ream; broaden, enlarge. **ver·wy·ding** widening; dilation, dilatation; broadening.

**ver·wy·der** het ~ remove; move/take/clear away; clean off; get rid (or dispose) of; eliminate; obviate; side-line (s.o. from decision-making etc.); jou ~ leave, withdraw, go away, depart, retire; iem./iets laat ~ have s.o./s.t. removed; die perk op iets ~ uncap s.t. (interest rates etc.); mense uit 'n plek ~ turn peo= ple out of a place; evacuate people from a place; iets uit ... ~ take s.t. out of ...; iets van ... ~ remove s.t. from ...; vullis ~ dispose of refuse. **ver·wy·der(d)** =derde remote, far-off, distant, removed (places). **ver·wy·de·raar** =raars remover. **ver= wy·der·baar** =bare removable. **ver·wy·derd·heid** remote= ness. **ver·wy·de·ring** removal, disposal; estrangement, sep= aration; elimination; excision; obviation; withdrawal; ~ tus= sen twee mense bring come between two people; die ~ tussen twee mense the estrangement between two people. **ver·wy= de·rings·be·vel** removal order.

**ver·wyf** *het* ~ make/become effeminate. **ver·wyf(d)** *=wyfde =wyfder =wyf(d)ste* (of *meer* ~ *die mees =wyfde*), (*usu. derog.*) effeminate, womanish, sissified; camp; *~wyfde man* dandy, fop, pretty boy. **ver·wyfd·heid** effeminacy, unmanliness, womanishness.

**ver·wyl** *n.* delay; *sonder* ~ without delay. **ver·wyl** *het ~, vb.* stay; linger; sojourn; ~ *by* ... dwell/dilate/expatiate on ... (*a subject*).

**ver·wys** *het* ~ refer (*a matter to a committee, a pers. to s.o. else*); relegate (*to*); (*jur.*) commit; *na* ... ~ refer (*or* make [a] reference) to ...; allude (*or* make an allusion) to ...; *sydelings na* ... ~ refer obliquely (*or* make an oblique reference) to ...; *'n saak vir vonnis ~*, (*jur.*) commit a case for sentence. **ver·wy·sing** *=sings* reference; relegation; referral; committal; (cross-)reference; *'n ~ na* ... maak refer (*or* make [a] reference) to ...; *met* ~ *na* ... with reference to ...; referring/further to ...; *'n sydelingse* ~ an oblique reference.

**ver·wy·sings·:** *~nommer* reference number. *~punt* point of reference, reference point. *~pyn* referred pain. *~raam werk* frame of reference. *~veld* field of reference.

**ver·wyt** *=wyte, n.* reproach, reproof, blame, taunt, slur; (*in the pl., also*) finger pointing; *iem. die* ~ *maak dat hy/sy* ... reproach s.o. for ...; *iem. 'n* ~ *van iets maak* blame s.o. for s.t.; lay s.t. at s.o.'s door; *iem. =e toeslinger* heap reproaches on s.o.. **ver·wyt** *het ~, vb.* reproach, blame, upbraid, taunt; *jou* ~ *dat jy* ... reproach o.s. for ...; *jou niks te* ~ *hê nie* have no regrets; have nothing to reproach o.s. for/with, have no cause for self-reproach. **ver·wy·tend** *=tende* reproachful, reproving, objurgatory.

**ver·y·del** *het* ~ frustrate, upset, foil (*a plan*); disappoint, shatter, dash (*s.o.'s hopes*); ba(u)lk, nullify, defeat, counteract, confound; thwart, foil (*an attempt*). **ver·y·de·lend** *=lende* baffling, frustrating, upsetting, foiling. **ver·y·de·ling** frustration, disappointment, thwarting, foiling, defeat, demise.

**ver·yl** *het* ~ become rarefied. **ver·y·ling** rarefaction.

**ver·ys** *het ~, vb.* freeze (over/up), (turn [in]to) ice. **ver·ys** *=ysde, adj.* frozen; iced over glaciated. **ver·y·sing** freezing, icing, gelation.

**ve·sel** *=sels* fibre, filament, thread, grain. **~bord** sliver. **~bord** fibreboard, hardboard, beaverboard. **~gehalte** fibre content. **~glas, glasvesel** fibreglass, spun glass. **~plant** fibrous plant, fibre-yielding plant. **~ryk** high-fibre (*diet, food*). **~skub** scale, serration, barb (*of wool*). **~staal** stranded steel.

**ve·sel·ag·tig** *=tige,* **ve·se·lig** *=lige,* **ve·sel·rig** *=rige* fibrous; fibrillar, filamentous; stringy, thready.

**ve·sel·tjie** *=tjies, n.* (*dim.*), (*tech.*) fibril(la); filament.

**ves·per** *=pers,* (*Anglican church*) evening prayer, vesper; (*RC*) vespers, evensong. **~klok** vesper bell. **~tyd** vesper hour.

**Ves·taals** *=taalse,* (*Rom. myth., also* v~) vestal; *~e maagd* vestal virgin (*also with caps.*).

**ves·ti·bu·le** *=les* vestibule, hall, lobby. **ves·ti·bu·lum** *=lums,* (*anat.*) vestibule.

**ves·tig** *ge=* establish, found, set up (*a business*); direct, focus (*one's hopes*); house, install; settle; *in* ... *ge=* wees live (*or* be domiciled) in ...; inhere (*or* be inherent) in ...; *jou* ~ settle (down), get settled, settle in; establish o.s.; *op* ... *ge=* wees live (*or* be domiciled) at ...; centre in/on/upon ...; rest on/upon ...; *jou op/in X* ~ settle in X, make one's home at X, take up residence at/in X. **ves·ti·ging** *=gings, ginge* settlement; establishment, start-up; vesting. **ves·ti·gings·pro·ble·me** teething troubles/problems.

**ves·ting** *=tings, =tinge* fortress, fort, stronghold, citadel, bastion, keep, fastness; (*fig.*) bastion; *'n ~ in besit neem, 'n ~ (in)neem* carry/seize a fortress. **~bolwerk** bastion. **~bou** fortification; fortress building/construction. **~geskut** (*mil.*) garrison ordnance. **~muur** (*mil.*) fortress wall; (*archit.*) embattled wall. **~oorlog** siege war. **~stad** fortified town/city. **~werk** fortification.

**Ve·su·vi·us** (*volcano*) Vesuvius.

**vet** *vette, n.* fat; lard; oil; grease; sebum; dripping; tallow; ~ *aansit* put on fat/weight; *die* ~ *van die aarde geniet,* (*infml.*) live off/on the fat of the land, be/live in clover; *iem. se* ~ *sal braai,* (*infml.*) s.o.'s chickens will come home to roost; murder will out; *gee ~!,* (*infml.*) step on the gas!, step on it!, let her/it rip!; *so goed as* ~ *op 'n warm klip* like water off a duck's back; *iem. in sy eie* ~ *laat gaar kook,* (*infml.*) let s.o. stew in his/her own juice; *iem.* ~ *om die oë smeer,* (*infml.*) pull the wool over (*or* throw dust in*) s.o.'s eyes, hoodwink s.o., (*infml.*) pull a fast one on s.o; *in* ~ *oplosbaar* fat-soluble.

**vet** ~ *vetter vetste, adj. & adv.* fat (*pers., animal, coal, clay, profit, year, etc.*); obese, corpulent (*pers.*); rich (*concrete, clay*); fatty (*food*); greasy (*hands*); ~ *gedruk* (printed) in bold(-faced) type; ~ *grond* rich/fertile/fat soil; ~ *letter* bold letter, heavy type; *sjokolade/ens.* **maak** ~ chocolate/etc. is fattening; *appels/ens.* **maak** *nie* ~ *nie* apples/etc. are non(-)fattening (*or* not fattening); *diere* ~ **maak/voer** feed up animals; *so* ~ *soos 'n vark* as fat as a pig; ~ *word* get/grow fat; put on weight/flesh, lose one's figure. **~afsuiging** (*med.*) liposuction. **~derm** rectum. **~dig** *=digte* greaseproof. **~gat** (*derog. sl.*) fatso, (*Am. sl.*) lardass; →VETSAK. **~gehalte** fat content; percentage of fat. **~geswel, ~gewas** wen, fatty tumour, lipoma. **~kalk** fat/hot/calcium lime. **~kers** tallow candle, dip (candle). **~klier** sebaceous/adipose/fat gland; oil gland (*in birds*). **~koek** (*SA*) vetkoek. **~kol, ~vlek** grease spot/stain/mark. **~kop** (*icht.*) fathead. **~kousie** (*bot.*) vetkousie. **~kruid** (*bot.*) butterwort, moneywort, stonecrop. **~kryt** (wax) crayon. **~laag** layer of fat, adipose layer; layer of grease. **~lam** fat(ted) lamb, fatling. **~maakbeeste** feeder cattle. **~maakdier** fatling. **~maakkos** fattening food. **~muis** (*Steatomys* spp.) fat mouse. **~oplosmiddel** *=dels, =dele* grease solvent. **~papier** grease paper, greaseproof paper. **~plant** succulent. **~pot** dripping pot, grease cup. **~puisie** blackhead; acne. **~rol** roll of fat. **~rolletjies, vetjies** *n.* (*pl.*), (*infml., joc.*) flab; *'n stryd teen die* ~ *voer, van die oortollige* ~ *ontslae (probeer) raak, die* ~ (*probeer*) *afskud* fight the flab. **~sak, vettie** (*infml., usu. derog.*) fatty, roly-poly, fatso, fat guts; (*icht.: Kyphosus* spp.) chub. **~smeer** *vetge=* grease, tallow, smear with fat; *iem. sal sy/haar lyf moet* ~ s.o. will have to keep his/her weather eye open; *jy kan maar jou lyf* ~ there is a rod in pickle for you, prepare (yourself) for a hiding; *vetgesmeerde blits* greased lightning. **~stertskaap** fat-tailed sheep, broad-tail (sheep). **~stof** (*biochem.*) lipid(e). **~suur** *=sure,* (*chem.*) fat(ty) acid. **~sweet** yolk, wool oil. **~talk** tallow. **~vanger** grease trap. **~vlek** →VETKOL. **~vreter** (*zool.*) solifuge, solpugid (spider). **~vry** fat-free, fatless, non(-)fat (*dairy products etc.*); greaseless. **~weefsel** fatty/adipose tissue. **~wol** grease/greasy wool, wool in the grease. **~wolskaap** grease-wool sheep.

**vet·ag·tig** *=tige* fatty, fattish; (*chem.*) lipoid(al); (*biol.*) sebaceous; greasy; *~e weefsel* adipose/fatty tissue.

**ve·te** *=tes* feud, vendetta, quarrel, enmity; *'n persoonlike* ~ a private war.

**ve·ter** *=ters* bootlace, shoelace; string. **~gaatjie, ~gat** eyelet. **~punt** tag, tab. **~ringetjie** eyelet. **~skoen** lace-up (shoe). **~werk** lacing.

**ve·te·raan** *=rane* veteran, old-timer, (*fig., infml.: s.o. with experience*) old soldier/stager; old campaigner, (old) warhorse; (*sport*) veteran, master. **~motor** veteran car.

**ve·te·ri·nêr** *=nêre* veterinary.

**vet·heid** fatness, fleshiness; fattiness, richness; greasiness; corpulence, obesity, adiposity; fat content; *tot* ~ *geneig wees* run to fat.

**vet·hou·dend** *=dende* adipose.

**vet·jies** →VETROLLETJIES.

**vet·lok** *=lokke,* (*joint in a quadruped's leg*) fetlock.

**ve·to** *=to's, n.* veto; *reg van* ~ veto power, right of veto; *'n* ~

*uitoefen* exercise a veto; *die ~ oor 'n voorstel uitspreek* veto (*or* put a veto on) a proposal. **ve·to** *ge*, *vb.* veto; blackball. **~reg** veto, right/power of veto.

**vet·sug** obesity, adiposity, fatty degeneration. **vet·sug·tig** *tige* obese, adipose.

**vet·te·rig** *rige* fat(ty); fattish; greasy; lardy; unctuous; sebaceous, oily; pinguid; tallowy; adipose; oleaginous; pinguid; rich; yolky. **vet·te·rig·heid** fat(ti)ness; greasiness.

**vet·tie** →VETSAK.

**vet·tig·heid** fat(ness); *die ~ van die aarde geniet, (infml.)* live off/on the fat of the land, be/live in clover.

**vi·a** via, by way of, through, by means of. **vi·a·duk** *dukte* viaduct.

**vi·bra·foon** *fone*, *(mus.)* vibraphone. **vi·bra·fo·nis** *niste* vibraphonist.

**vi·bra·sie** *sies* vibration.

**vi·breer** *(ge)* vibrate, quaver, trill. **vi·bre·rend** *rende* vibratory *(effect etc.)*; vibrant *(voice, tonality, etc.)*; *(biol.)* vibratile *(cilia etc.)*.

**vi·chys·soise** *(Fr. cook.: a creamy soup)* vichyssoise.

**vi·chy·wa·ter** vichy (water) *(sometimes V~)*.

**Vic·to·ri·a** *(geog.)* Victoria. **~baars, Nylbaars** *(icht.)* Victoria perch, Nile perch. **~kruis** Victoria Cross. **~waterval** Victoria Falls.

**Vic·to·ri·aan** *riane*, *n.*, *(also v~)* Victorian. **Vic·to·ri·aans** *aanse*, *adj.*, *(also v~)* Victorian. **Vic·to·ri·a·na** *n. (pl.)* Victoriana.

**vic·tor lu·do·rum** *(masc.)*, **vic·trix lu·do·rum** *(fem.)*, *(Lat., sport: overall champion)* victor/victrix ludorum.

**vi·de·o·:** **~aanbieder** veejay. **~band** video tape. **~(band) opname** video (tape) recording. **~kamera** video camera. **~kasset** video cassette. **~konferensie** *sies* videoconference; *die hou van ~s* videoconferencing. **~~opname** video recording. **~~opnemer** video recorder. **~spel(etjie)** video game. **~speletjiesplek, ~lokaal** video (game) arcade, gaming arcade. **~winkel** video shop.

**vi·de·o·gra·fie** videography. **vi·de·o·graaf** *grawe* videographer.

**vier¹** *ge*, *vb.* celebrate *(an event, a festival, pers., etc.)*; observe *(the Sabbath)*; keep *(a ceremony, the Sabbath, etc.)*; mark, commemorate *(an event)*; fête *(a pers.)*; solemnise *(a wedding)*; ease off, slack(en), veer, pay out *(a rope)*; *iets moet ge~ word* s.t. calls for a celebration.

**vier²** *viere, viers, n., (cr. etc.)* four; *'n ~ teen/van 'n bouler slaan, (cr.)* hit a bowler for four, hit a four off a bowler. **vier** *num.* four; *~ maal/keer* four times; *~ miljoen, (also* viermiljoen*)* four million; *onder ~ oë* privately, in private, tête-à-tête; *~ uur* four hours. **~bal(spel)** *(golf)* four-ball. **~beenpasser** double cal(l)ipers. **~blaarpatroon, ~blad** *(chiefly her., archit.)* quatrefoil. **~dimensioneel** *nele* four-dimensional. **~draadwol** four-ply wool. **~dubbel** fourfold, quadruple; four times over. **~~en-twintig-uur(-)versorging** round-the-clock/twenty-four-hour care. **~gangratkas** four-speed gearbox. **~honderdjarige** *adj. (attr.)* four-hundred-year-old, four hundred years', of four hundred years *(pred.)*. **~(hou)** *(cr.)* boundary, four; *'n ~ slaan, (cr.)* hit a four. **~jaarliks, ~jaarliks** *likse* four-yearly, quadrennial. **~kamp** *(athl.)* tetrathlon. **~klawer** four-leaf clover. **~kleurdruk** four-colour printing. **~kopspier** quadriceps muscle. **~laag** four-ply. **~letterwoord** tetragram. **~manskap** *skappe* quadrumvirate. **~rigtingkruising, ~rigtingstopstraat** four-way crossing/stop. **~skaar** *skare*, *(poet., liter.)* tribunal; judgement seat; court of justice; *die ~ span oor ...* sit in judgement on ...; *iem. voor die ~ daag* summon s.o. before the judgement seat; *voor die ~ van die geskiedenis* at the bar of history. **~slag-enjin** four-stroke engine. **~spel** *(golf)* four-ball (match), foursome; *(bowls)* fours. **~sterhotel** four-star hotel. **~stuk-battery** *(mil.)* four-gun battery. **~stuks** foursome. **~syfer**

**getal** four-figure number. **~tal** (group/set of) four, foursome, quartet; *(math.)* quaternion; tetrad; quaternary; quadruplet. **~trek(voertuig), ~-by-vier, 4x4** four-by-four, 4x4. **~uur** four o'clock; *~ hou* have afternoon coffee/tea. **~uurtjie** *tjies* (afternoon) tea, four o'clock tea (break); *(bot.)* afternoon lady, four o'clock (plant), marvel of Peru *(or the world)*. **~vors** *(hist.)* tetrarch. **V~woudstedemeer** Lake of Lucerne.

**vier·be·nig** *nige* four-legged.

**vier·bla·rig, vier·bla·rig** *rige*, *(bot.)* tetraphyllous, four-leaved, quadrifoliate.

**vier·daags** *daagse* four days', of four days, four-day.

**vier·de** *des* fourth, quarter; *~ deel* quartan *(of a measure)*; *die ~ dimensie* the fourth dimension; *~ mag, (math.)* quartic, biquadrate; *~ man, (bridge)* fourth hand; *'n ~* a fourth/quarter; *ten ~* fourthly, in the fourth place; *V~ Wêreld, (poorest, least-developed countries)* Fourth World. **vier·de·daags** *daagse* quartan; *~e koors/malaria* quartan fever/malaria. **vier·de·ge·slag·re·ke·naar** fourth-generation computer. **vier·de·mags·ver·ge·ly·king** *(math.)* biquadratic equation, quartic. **vier·dens** fourthly. **vier·de·rangs** *rangse* fourth-rate.

**vier·de·lig, vier·de·lig** *lige* consisting of four parts, tetrameric, tetramerous, quadripartite, quaternary; in four volumes, four-volume.

**vier·de·si·ma·lig** *lige* four-figure *(logarithm, table, etc.)*.

**vie·ren·deel** *ge* quarter, divide in(to) four (parts); *(hist. execution method)* draw and quarter *(s.o.)*. **vie·ren·de·ling** quartering; quarter sawing; *(hist.)* drawing and quartering.

**vier·fa·sig, vier·fa·sig** *sige* four-phase.

**vier·han·dig, vier·han·dig** *dige*, *(zool.)* four-handed, quadrumanous *(monkey, ape)*; *(mus.)* for four hands; *~e duet* duet for two pianos.

**vier·hoek** quadrangle, quadrilateral. **vier·hoe·kig, vier·hoe·kig** *kige* quadrangular, quadrilateral, tetragonal.

**vier·hoof·dig, vier·hoof·dig** *dige* four-headed.

**vie·ring** *rings, ringe* celebration(s); commemoration; observance *(of the Sabbath)*; *ter ~ van ...* in celebration of ...

**vier·ja·rig, vier·ja·rig** *rige*, *adj. (attr.)* four-year-old, four years'; *(pred.)* of four years.

**vier·kant** *kante, n.* square, quadrangle; *(math.)* square; *(baseball)* diamond; *(ecol.)* quadrat; quadrate; *twee meter in die ~* two metres square. **vier·kant** *kante, adj.* square; quadrate, quadratic; broad; *~e getal* quadrate number; *twee/ens. ~e meter* two/etc. square metres. **vier·kant** *adv.* squarely; flatly; outright; four-square; *~ op die aarde staan* have/keep both/one's feet (set/planted firmly/squarely) on the ground; *~ teen iets gekant* dead against s.t.; *iem. ~ die waarheid sê* tell s.o. some home truths; *~ teenoor mekaar staan* be diametrically opposed to each other, be poles apart; *jou ~ verset teen iets* oppose s.t. with all one's might; *~ weier* flatly refuse. **vier·kant** *ge*, *vb.* square. **~been** *(zool.)* quadrate (bone) *(in reptiles and birds)*. **~tuig** *(naut.)* square rig *(of a sailing ship)*.

**vier·kan·tig** *tige* square; quadrate, quadratic; *~e baard* spade beard; *~ getuigde seilskip* tall ship; *~e hakie* square bracket; *'n ~e persoon* a square-built/square-shouldered person. **vier·kan·tig·heid** squareness.

**vier·kants·:** **~getal** *(math.)* square number. **~vergelyking** *(math.)* quadratic (equation). **~wortel** *(math.)* square root.

**vier·le·dig, vier·le·dig** *dige* quadripartite, four-part; *(pred.)* consisting of/in four parts.

**vier·ling** *linge* quadruplets; *(pl.)* sets of quadruplets; *hulle is 'n ~* they are quadruplets.

**vier·mas·ter** *(naut.)* four-master, four-masted ship.

**vier·mo·to·rig, vier·mo·to·rig** *rige* four-engine(d).

**vier·per·de·:** **~kar** cart drawn by four horses; *~ ry* drive four-in-hand. **~sweep** four-horses whip. **~wa** wag(g)on drawn by four horses; bridal coach; drag.

**vier·poot** tetrapod. **vier·po·tig, vier·po·tig** =tige, adj. four-legged, four-footed; (zool.) tetrapod(ous). **vier·po·ti·ge, vier·po·ti·ge** =ges, n. four-legged animal, tetrapod.

**vier·re·ë·lig, vier·re·ë·lig** =lige of four lines, four-line(d); ~e vers, (pros.) quatrain, tetrastich.

**vier·stem·mig, vier·stem·mig** =mige four-part, for four voices.

**vier·styl** n., (archit.) tetrastyle. **vier·sty·lig** =lige, adj. tetra=style.

**vier·sy·dig, vier·sy·dig** =dige quadrilateral, tetrahedral, four-sided.

**vier·ter·mig, vier·ter·mig** =mige, (math.) quadrinomial.

**vier-vier** by/in fours, four by four.

**vier·vin·ge·rig, vier·vin·ge·rig** =rige four-fingered.

**vier·vlak** tetrahedron. **vier·vlak·kig, vier·vlak·kig** =kige tet=rahedral.

**vier·voet:** die pers ~ vasbind hog-tie the press; ~ vassteek stand stock-still; refuse to budge; dig in one's heels. **vier·voe·ter** =ters quadruped, tetrapod. **vier·voe·tig, vier·voe·tig** =tige four-footed, quadruped; (pros.) tetrameter; ~e dier quadru=ped, four-legged animal; ~e versreël, (pros.) tetrameter.

**vier·voud** =voude quadruple; in ~ in quadruplicate. **vier·vou·dig, vier·vou·dig** =dige fourfold, quadruple.

**vier·waar·dig, vier·waar·dig** =dige, (chem.) tetravalent, quadrivalent.

**vier·wiel·:** **~aandrywing** four-wheel drive. **~rem** four-wheel brake. **~voertuig** four-wheeled vehicle.

**vier·wie·ler** =lers four-wheeler.

**vier·wie·lig, vier·wie·lig** =lige four-wheel(ed).

**vies** vies(e) vieser viesste, adj. & adv. annoyed, disgusted; of=fensive, nasty; iets maak iem. ~, (infml.) s.t. annoys/disgusts/peeves s.o.s, s.t. gets s.o.'s goat; iem ~ voel/wees, (infml.) be annoyed about/at/by s.t., be/feel sore about s.t., be dis=gusted at/by s.t.; be displeased at s.t.; ~ vir iem., (infml.) an=noyed/cross/displeased with s.o., disgusted with s.o., fed up (to the back teeth or to the gills) with s.o.. **vies** ge=, vb: jou vir ... ~, (infml.) be disgusted with ... **vie·se·rig** =rige rather/somewhat annoyed/disgusted. **vies·heid** annoyance, disgust, crossness, peevishness. **vies·lik** =like filthy, dirty, nauseating, (infml.) icky, yucky; disgusting, loathsome, (Am. sl.) gross; nasty; foul (weather); smutty, (sl.) raunchy; (infml.) cruddy, (coarse) shitty. **vies·lik·heid** filthiness, loathsomeness, dirti=ness, (sl.) crud; smut(tiness).

**Vi·ët·nam** (geog.) Vietnam. **Vi·ët·na·mees** =mese, n. & adj. Vietnamese.

**viets** viets(e) vietser vietsste smart, spruce, dapper, snappy, nifty, snazzy; trim.

**vigs** (acr.: verworwe immuniteitsgebreksindroom) Aids, AIDS (acr.: acquired immune deficiency [or immunodeficiency] syndrome); volskaalse/volwaardige ~ full-blown Aids. **~lyer, ~slagoffer** Aids victim. **~verwant** =wante Aids-related; ~e kompleks Aids-related complex. **~virus** Aids virus. **~wesie** Aids orphan.

**vi·ka·ri·aat** =riate, (RC) vicariate, vicarship, vicarage.

**vi·ka·ris** =risse, (RC) vicar; apostoliese ~, (RC) vicar apostolic. **~-generaal** =risse-generaal vicar-general, provisor. **~woning** vicarage.

**Vi·king** =kings, **Vi·kin·ger** =gers, (Scand. seafaring raiders, 8th-11th cent.) Viking, Norseman, Northman.

**vi·koen·ja** =jas, (zool.) vicuña; vicuña cloth.

**vi·let** =lette, (bot.) (stock) gillyflower.

**vil·la** =las villa.

**vilt, velt** n. felt. **vilt, velt** ge=, vb. felt. **~hoed** felt hat. **~punt=pen** felt-tip(ped) pen, koki (pen).

**vilt·ag·tig, velt·ag·tig** =tige felty, feltlike; felted.

**vin** vinne fin; (biol.) pinna; feather (of a tyre). **~haai** dogfish. **~poot** flipper. **~(rug)walvis, rorkwal** fin(back) whale, rorqual.

**vi·nai·gret·te(·sous)** (Fr. cook.) vinaigrette (sauce).

**vind** ge= find; discover; locate; come across, meet with; strike; consider, think, deem; ek ~ dit ... I think it (is) ...; I find it ... (difficult etc.); iem. ~ iets grappig s.t. strikes s.o. as funny; hoe ~ jy dit? how do you like it?; hoe het jy dit ge~?, (also) what was it like?; jouself ~ find o.s.; hulle kan mekaar nie ~ nie they can't agree; they don't hit it off (infml.); dit nood=saaklik ~ consider it necessary; iets is êrens te ~ s.t. is to be found somewhere; vir iets te ~e wees be in favour of s.t., go along with s.t.; be game for s.t.; iets/iem. was nêrens te ~e nie s.t./s.o. could not be found anywhere, s.t./s.o. was no=where to be found. **vind·baar** =bare findable, traceable, dis=coverable. **vin·der** =ders finder. **vind·plek** locality, location, site, occurrence; repository; habitat (of a plant); home; (min.) deposit; belangrikste ~, (archaeol.) type site.

**vin·di·keer** ge= vindicate. **vin·di·ka·sie** =sies vindication.

**vin·ding** =dings, =dinge invention, conception, discovery; de=vice, gadget, contraption; →UITVINDING. **vin·ding·ryk** =ryke =ryker =rykste ingenious; resourceful, inventive, tricky, full of resource, imaginative. **vin·ding·ryk·heid** ingenuity, ingen=iousness; resourcefulness, inventiveness, (power of) inven=tion.

**vin·ger** =gers finger (of a hand/glove); (zool.) digit; iem. om jou ~/pinkie draai twist/wind s.o. round one's (little) finger; jou ~ dreigend ophou wag one's finger; gee iem. die ~/pinkie dan neem hy/sy die hele hand give s.o. an inch and he/she will take an ell; iets deur jou ~s laat glip let s.t. slip through one's fingers (an opportunity etc.); jou ~s oor iets laat gly run one's fingers over s.t.; iem. se ~s jeuk om te ..., (infml.) s.o. has an itch to ...; (met) jou ~s klap snap one's fingers; nie jou ~ op iets kan lê be unable to lay/put one's finger on s.t.; iem. (goed/hard) oor/op die ~s raps/tik rap s.o. over (or give s.o. a rap on/over) the knuckles, slap s.o. (or give s.o. a slap) on the wrist, give s.o. a (severe) ticking-off; iets deur die ~s sien turn a blind eye to s.t., wink/connive at s.t.; ('n) mens kan ... op jou ~s tel one can count ... on your fingers; jou ~s (sit en) tel have nothing to do; jou ~s verbrand, (fig.) burn one's fingers, get one's fingers burnt; geen ~ verroer/uitsteek om te ... nie not lift/raise/stir a finger to ...; die ~ op die wond lê put one's finger on the spot; met die ~ na iem. wys point the finger (of scorn) at s.o.. **~afdruk** =drukke fin=gerprint; iem. se ~ke neem take s.o.'s (finger)prints, finger=print s.o.. **~alleen** all by o.s., all alone, lonesome. **~bakkie, ~kommetjie** finger bowl/glass. **~beskuitjie** finger biscuit. **~breedte** finger's breadth, digit. **~ete, ~maal** finger lunch/supper. **~happies** finger food. **~hoed** (sewing) thimble. **~lek=lekker** finger-licking (good). **~lit** finger joint. **~merk** fin=germark, fingerprint. **~oefening** finger exercise/drill. **~plaat** fingerplate, push plate (of a door). **~plektrum** (mus.) finger=pick. **~pop(pie)** finger puppet. **~punt** fingertip, finger end. **~skerm** finger guard. **~taal** finger language/alphabet, sign language, manual alphabet. **~trek** (game) finger hooks, fin=ger tugging. **~verband** finger dressing. **~verf** n. finger paint; finger painting. **~verf** ge=, vb. finger-paint. **~wysing** =sings, =singe indication, hint, clue, pointer; cue; warning; iets is 'n ~ van ... s.t. is a pointer to ...

**vin·ger·ling** =linge fingerstall; fingertip; fingerling.

**vin·ger·loos** =lose fingerless.

**vin·ger·vor·mig** =mige finger-shaped.

**vi·niel** vinyl.

**vin·jet** =jette vignette, tailpiece.

**vink** vinke, (orn.), (Ploceus spp.) weaver; (Euplectes spp.) bishop; (Amadina spp.) finch. **~eier** finch's egg. **~nes** finch's nest.

**vin·kel** (bot.) fennel; dis ~ en koljander (die een is soos die an=der), (infml.) it is six of one and half a dozen of the other, it is much of a muchness; *hulle is ~ en koljander, (infml.)* there is nothing to choose between them.

**vin·nig** *=nige =niger =nigste, adj. & adv.* fast, quick, swift, rapid, speedy, fleet, nimble, high-speed, fleet-footed, bold; expeditious; cutting *(retort);* sharp, biting *(words);* short-tempered; cross, angry; *~ agterna* in hot pursuit; *~e antwoord* comeback; *~e baan, (mot.)* fast lane; *'n boek/ens. ~ (deur)lees* scan a book/etc.; *~e geld(jie)* easy money; *~er maak/word* quicken; *~ met ...* quick at ... *(figures etc.); ~e oogbewegings* rapid eye movement; *~ werk* work fast, be a fast worker; *(so ~) soos die wind gaan* go like the wind. **vin·nig·heid** speed, speediness, quickness; sharpness.

**vi·o·la** *-las, (mus. instr.)* viol; viola. **~speler** viola player, violist.

**vi·o·let** *-lette, n., (bot.)* violet. **vi·o·let** *-lette, adj.* violet *(colour).* **vi·o·let·kleur** violet. **vi·o·let·kleu·rig** violet-coloured.

**vi·o·lis** *-liste* violinist, violin player. **vi·o·lis·te** *-tes, (fem.)* violinist.

**vi·ool** *viole* violin; fiddle; *~ speel* play the violin; *tweede ~ speel (by iem.), (fig.)* play second fiddle (to s.o.). **~harpuis, ~hars** violin rosin. **~kas** body of a violin. **~konsert** violin concerto; violin recital. **~solo** violin solo. **~spel** violin playing. **~stuk** piece for the violin. **vi·ool·tjie** *-tjies, (bot.)* violet. **vi·ool·vor·mig** *-mige* violin-shaped.

**vir** for; to; unto; toward(s); with; from; in consideration of; *dit gaan ~ my (as)of ...* it sounds to me as if ...; *dit is ~ my (as)of ...* it seems to me as if ...; *bekend/beroemd ~ ...* noted/famed for ...; *iem. is/gaan ~ 'n dag huis toe* s.o. has gone *(or* is going) home for a day; *~ een jaar tronk toe* sentenced to a year (in jail); *dis nou ~ jou te sê!* well, well!; *dit was ~ jou 'n gedoente* what a commotion/furore/fuss/rumpus/to-do/uproar it/that was; *'n kamer ~ jou alleen* a room to o.s.; *iem. ~ 'n kuier nooi* invite s.o. for a visit; *kyk ~ ...! look* at ...!; *~ die laaste maal/keer* finally, for the last time; *'n goeie ouer ~ jou kinders wees* be a good parent to one's children; *nie meer ~ iem. sien nie* not see s.o. any more; *skaam (~) jou!* shame on you!, for shame!; *wie nie ~ ons is nie, is teen ons* who is not with us, is against us; *iem. ~ 'n ete vra* invite s.o. to a meal; *~ iem. vrees* fear for s.o.; *dis warm ~ 'n winter(s)dag* it's warm for a winter day; *~ wat?* what for?; *~ 'n graad werk/studeer* study/read for a degree.

**vir·gi·naal** *-nale, (mus. instr.)* virginal.

**Vir·gi·ni·a** *(geog., SA)* Virginia.

**Vir·gi·ni·ë** *(geog., USA)* Virginia. **Vir·gi·nies** *-niese, adj.* Virginian; *~e tabak* Virginia tobacco *(also v~).*

**vi·riel** *-riele -rieler -rielste* virile; *(oordrewe) ~* macho. **vi·ri·li·teit** virility.

**vi·ro·lo·gie** *(med.)* virology. **vi·ro·lo·gies** *-giese* virological. **vi·ro·loog** *-loë* virologist.

**vir·tu·eel** *-tuele* virtual; *~tuele werklikheid/realiteit, (comp.)* virtual reality.

**vir·tu·oos** *-tuose, n. & adj.* virtuoso. **vir·tu·o·si·teit** virtuosity.

**vi·rus** *-russe, (also comp.)* virus. **~bestand** *(comp.)* immune (to [computer] viruses). **~kunde** virology. **~kundige** *-ges* virologist. **~lading** viral load *(in the blood).* **~siekte** virus disease. **vi·rus·we·rend** *-rende* antiviral.

**vis** *visse, n.* fish; *(astrol.,* V~) Pisces; *baie ~* lots of fish; *baie ~se* many fish; many kinds of fish; *die* V~*se, (astron.)* the Fishes, Pisces; *soos 'n ~ op droë grond* like a fish out of water; *klein ~sie* *(in 'n groot dam), (infml.)* small fry; *die ~ loop* the fish are running; *~ en tjips/skyfies* fish and chips; *'n ~ laat uitspook* play a fish; *(nóg) ~ nóg vlees* neither fish nor flesh (nor good red herring). **vis** *ge-, vb.* fish, angle; *op droë grond ~* fish on dry land; *na iets ~* angle for s.t. *(compliments);* fish for s.t. *(information).* **~aas** fish bait, *(Am.)* chum. **~afval** fish offal, pomace. **~arend** (African) fish eagle. **~bak** fishbowl. **~bedryf** fishing industry. **~bek** fish's mouth; fish jaw, undershot jaw, fish mouth; *(carp.)* foot-

plate/seat cut, bird's mouth. **~blik** fish tin; *jou voet in 'n ~!* get lost!, go jump!. **~bord** *(crockery)* fish plate. **~bredie** chowder. **~dam(metjie)** fish pond. **~eiers** (fish) roe, spawn. **~etend** *=tende* fish eating, ichthyophagous, piscivorous. **~fabriek** fish factory. **~fossiel** ichthyolite. **~fuik** fish trap/pot. **~gebied** fishing area/waters. **~gereedskap, ~gerei** fishing tackle/gear. **~gereg** fish course/dish. **~graat** fishbone. **~haak** gaff; fish-hook. **~handelaar** fishmonger, fish dealer. **~hawe** fishing port/harbour. **~hoek** fish-hook. **~horing** fish horn. **~jag** spear-fishing. **~jagter** spear fisherman. **~kastrol** fish kettle. **~kenner** ichthyologist. **~kierie, ~knuppel** fish club. **~koekie** fish cake/ball. **~kop** fish('s) head. **~koper** fishmonger. **~kos** fish food. **~kundige** *-ges* ichthyologist. **~leer** fish ladder *(for migrating fish to ascend a dam).* **~lewer** fish liver. **~lewerolie** fish-liver oil. **~lyn** fishline, fishing line. **~mandjie** creel. **~mark** fish market. **~meel** fishmeal. **~mes** fish knife; fish slice. **~moot(jie)** fish fillet/steak. **~mot** *(entom.)* silverfish, fish/silver moth. **~net** fishnet, fishing net. **~netkouse** *n. (pl.)* fishnet stockings. **~olie** fish oil, train oil. **~oog** fisheye. **~ooglens** *(phot.)* fisheye lens. **~pastei** fish pie. **~reuk, ~ruik** fishy/fishlike smell. **~ryk** *~ryke* abounding/rich in fish. **~rykdom** abundance of fish. **~skietery** spear-fishing. **~skottel** fish dish. **~skub** fish scale. **~smaak** fishy taste/flavour of fish, fishy taste/flavour. **~smeer** fish paste. **~soort** *=soorte* kind of fish; *baie ~e* many fishes. **~sop** fish soup. **~stalletjie** fish stall. **~stert** fishtail. **~stok** fishing/angling rod. **~teelt** pisciculture, fish breeding/farming/culture. **~teler** fish breeder, pisciculturist. **~telery** fish hatchery; fish breeding, pisciculture. **~tenk** fish tank. **~trek** draught. **~tyd, hengelseisoen** fishing season. **~uil** (Pel's) fishing owl. **~valk** osprey. **~vang** → VISVANG. **~vergiftiging** fish poisoning. **~verkoper** fishmonger. **~vinger** *(cook.)* fish finger. **~vrou** (female/woman) fish seller; →VISWYF. **~vywer** fish pond, piscina. **~water** fishing ground(s)/water(s). **~winkel** fish-and-chip shop; fish shop. **~wyf** *(derog.)* fishwife. **~wywetaal** obscene/abusive language.

**vi·sa** →VISUM.

**vis·ag·tig** *-tige* fishy, fishlike, ichthyoid, piscine.

**vis-à-vis** *n. & adv., (Fr.)* vis-à-vis.

**vi·se-** **~admiraal** vice-admiral. **~kanselier** vice-chancellor, pro-chancellor. **~president** vice-president. **~presidentskap** vice-presidency.

**vi·sen·teer** *ge-* search, inspect; *iem. (fisiek) ~* frisk/body-search s.o.; *iem. kaal* (of *sonder klere) ~* strip-search s.o.; *iem. ~ op soek na iets* search s.o. for s.t. *(weapons etc.).* **vi·sen·te·ring** search, inspection, frisking.

**vi·sen·te·rings-** **~lasbrief** search warrant. **~reg** *(jur.)* right of search.

**vi·sie** *=sies* vision.

**vi·sier**[1] *=siere, =siers, (hist.: a high official)* vizier.

**vi·sier**[2] *=siere, =siers* visor *(of a helmet);* (back)sight, rear/hind sight *(of a gun);* met *hoë ~ skiet* draw the/a long bow; *jou ~ hoër/laer stel, (fig.)* raise/lower one's sights; *iets in die ~ kry* sight s.t.; *jou ~ op ... stel* target ... **~keep, ~kerf** hind sight. **~kyker** telescopic sight. **~lyn** line of sight.

**vi·si·oen** *-sioene* vision. **vi·si·oe·nêr** *-nêre, n. & adj.* visionary.

**vi·si·te·kaart(·jie)** visiting/calling/business card.

**vis·keus** *-keuse, adj.* viscous, viscid. **vis·ko·se** *n.* viscose. **vis·ko·si·teit** *(phys.)* viscosity, viscidity.

**vis ma·jor** *(Lat., jur.)* vis major, *(Fr.)* force majeure.

**vis·ser** *-sers* fisherman; fisher; *~s van mense, (evangelists)* fishers of men; *~ in 'n skuit* punter. **~man, visterman** fisherman. **~skuit** fishing boat/smack.

**vis·sers-** **~bedryf** fishing industry, fishery; fisherman's trade. **~boot** fishing boat. **~dorp** fishing village. **~hawe** fishing harbour/port. **~huisie** fisherman's cottage. **~knoop** fisherman's knot. **~lewe** fisherman's life. **~volk** nation of fishermen; fisher people. **~vrou** fisherman's wife.

**vis·se·ry** *=rye* fishery, fisheries, fishing.

**vis·ter·man** *=manne* →VISSERMAN.

**vi·su·eel** *=suele* visual. **vi·su·a·li·seer** *ge=* visualise.

**vi·sum** *visums, visa* visa.

**vis·vang** *visge=* fish, angle, catch fish, troll; *gaan* ~ go fish=ing. **~regte** *n. (pl.)* fishing rights. **~sone** fishing zone.

**vis·van·ger** *=gers* fisherman; *(orn.)* kingfisher. **vis·van·ge·ry** fishing.

**vis·vangs** *=vangste* catch *(of fish); (no. pl.)* fishing.

**vit** *ge=* find fault, cavil, carp, be censorious, niggle, nit-pick; *op iem./iets* ~ find fault with s.o./s.t.; *op iets* ~, *(also)* carp/cavil at s.t.; niggle about/over s.t.. **vit·ter** *=ters* fault-finder, caviller, carper, hair-splitter, nit-picker, *(infml.)* knocker. **vit·te·rig** *=rige* fault-finding, captious, censorious, cavilling, carp=ing, cantankerous, niggling, nit-picking, schoolmarmish. **vit·te·rig·heid** captiousness, censoriousness. **vit·te·ry** *=rye* fault-finding, censoriousness, captiousness, carping criticism, nagging, nit-picking.

**vi·taal** *=tale* vital. **vi·ta·lis** *=liste* vitalist. **vi·ta·lis·me** vitalism. **vi·ta·lis·ties** *=tiese* vitalist(ic). **vi·ta·li·teit** vitality, vigour, zest, verve, *(infml.)* pizzazz.

**vi·ta·mien** *=miene* vitamin. ~ **A**, **retinol** vitamin A, retinol. ~ **B-kompleks** vitamin B complex. ~ **D** vitamin D. **~pil** vi=tamin pill. **~tekort**, **~gebrek** vitamin deficiency, lack/defi=ciency of vitamins; avitaminosis. **~verryk** *=rykte* vitamin=ised.

**vi·ta·mi·neer** *ge=* vitaminise.

**vi·tel·lien** *(biochem.)* vitellin.

**vi·ti·li·go** *(med.)* vitiligo, leucoderma.

**vi·tri·oel** vitriol.

**vi·va** *interj., (It., Sp.)* viva!, long live! *(the President etc.).*

**vi·va·ce** *adv., (It., mus.: brisk and lively)* vivace.

**vi·vi·paar** *=pare, (bot., zool.)* viviparous.

**vla** custard. **~poeier** custard powder. **~sous** custard (sauce), pouring custard. **~tert** custard pie/tart.

**vlaag** *vlae* gust *(of wind);* shower, drift *(of rain);* flurry *(of wind etc.);* fit *(of rage, illness);* paroxysm *(of rage);* blaze; spasm, gush, spurt; blaze *(of passion);* bout; flash; upsurge; *in/met vlae* in gusts *(of wind);* by fits and starts, intermit=tently; in spurts; ~ **reën** shower of rain; *'n* ~ *van* ... a wave of ... *(burglaries etc.);* a rash of ... *(criticism etc.);* in *'n* ~ *van* ... in a frenzy of ... *(despair);* in a transport of ... *(rage);* in a burst of ... *(fury).* **vla·e·rig** *=rige* gusty, squally. **vla·gie** *=gies, n. (dim.)* small shower/gust; slight gust *(of wind).*

**Vlaams** *n., (dial.)* Flemish. **Vlaams** *Vlaamse, adj.* Flemish.

**Vlaan·de·re** Flanders.

**vla·e : V**=**berg**, **Seinheuwel** *(Cape Town)* Signal Hill. **~spraak** flag signalling.

**vlag** *vlae* flag, ensign; banner; colours; vane, web *(of a feather); (bot.)* vexillum, standard *(of a flower); die* ~ *dek nie die la=ding nie* the flag does not cover the cargo; *'n* ~ *hys* hoist (*or* put/run up *or* raise) a flag; fly a flag; *'n* ~ *ontplooi* unfurl a flag; *rooi* ~ red flag; *die* ~ *stryk* haul/take down (*or* lower/strike) one's flag; strike one's colours; *die* ~ *swaai* flag, wave the flag, start flag-waving; *iets met vlae tooi* decorate s.t. with bunting; *onder 'n valse* ~ *vaar* sail under false colours; *'n* ~ *voer* fly a flag; wear a flag; *'n* ~ *laat waai/wapper* fly a flag; *die wit* ~ the white flag, the flag of truce; *die wit* ~ *opsteek* hoist the white flag. **~doek**, **~stof** *(text.)* bunting. **~hysing** flag hoisting (ceremony). **~lengte** fly. **~man** *=manne* linesman; flagman; standard bearer. **~offisier** flag officer. **~paal** flagpole, flagstaff; *(golf)* pin. **~saluut** dip. **~sein** flag sign(al); flag-signalling. **~seiner** flag signaller, flagman. **~skip** *(lit. & fig.)* flagship. **~soom** fly. **~stok** flagstaff; jackstaff; *(golf)* pin. **~stryking** *(mil.)* hauling down the flag; retreat (ceremony). **~swaaier** flag-waver. **~tou** *(naut.)* flag line, halyard. **~versiering** bunting. **~vertoon** showing (of) the flag, flag-showing.

**vlag·gie** *=gies, n. (dim.)* small flag; pennon, pennant; tab; *(mus.)* hook.

**vlak** *vlakke, n.* level *(of the sea); (geom.)* plane; face *(of an ob=ject);* facet *(of a gem);* surface; plain, flat(s); sheet *(of water etc.);* flat *(of the hand);* floor, storey; area, sphere, field; *op die hoogste* ~ at the highest level, at top level; at the summit; *plat* ~ plane surface. **vlak** *vlak(ke) vlakker vlakste, adj.,* shallow *(water);* superficial; near-surface; flat; level; ~ *plooi, (geol.)* open fold; ~ *water, (also)* shoal; ~ *wortel* surface root. **vlak** *adv.* flatly; ~ *staande agterlyn, (rugby)* shallow-lying backs; ~ *by* close/near/fast/hard by; →VLAKBY; *die rivier loop* ~ the river has little water; ~ *voor* right in front of; just before. **vlak** *ge=, vb.* flatten, level; face *(a wall).* **~afme=tings** superficial/face dimensions. **~beitel** flat chisel/tool, facing tool; smoothing chisel. **~by** *(cr.)* silly mid-on. **~byfoto**, **~byopname** *(also* vlakby foto/opname) close-up. **~druk** *(print.)* offset (printing). **~druk=masjien** offset machine. **~element** planar element. **~haas** Cape hare. **~hamer** facing/face hammer, flattener. **~hoekig**, **~hoekig** *=kige* low-angle(d). **~hol** planoconcave. **~klink=werk** flush riveting. **~meetkunde** planimetry, plane geom=etry. **~polarisasie** plane polarisation. **~reliëf**, **bas-reliëf**, **laagreliëf** low relief, bas-relief; *(carp.)* flat carving. **~skaaf=masjien** surfacer, surfacing machine, surface planing ma=chine. **~skyf** faceplate *(of a lathe).* **~slot** flush lock. **~slyper** surface grinder, surfacer. **~vark** warthog. **~varkbeer** wart=hog boar. **~varksog** warthog sow. **~vet-braai** shallow fry=ing. **~vyl** stub file.

**vlak·heid** shallowness; flatness.

**vlak·te** *=tes* plain; flat(s), stretch; field; *kaal* ~ heath. **~land** steppe. **~maat** surface measure(ment); superficial measure. **~meter** planimeter. **~meting** planimetry. **~sebra**, **bontse=bra** plains zebra.

**vlam** *vlamme, n.* flame; blaze; grain, figure, vein *(in wood, marble, etc.); 'n oop* ~ a naked flame; *in ~me opgaan* go up in flames; *'n ou* ~ *(van iem.)* an old flame (of s.o.); *'n see van ~me* a sea of flames; *~me skiet, (s.o.'s eyes)* blaze; *die ~me smoor* smother the flames; *in ~me staan* be in flames (*or* ablaze); *in ~me uitbars* burst into flames; ~ *vat, (lit.)* catch/take fire; *(fig., infml.)* flare up, fly off the handle; ... *(weer) laat* ~ *vat, (also, fig.)* kick-start ..., give ... a kick-start *(s.o.'s career etc.).* **vlam** *ge=, vb.* flame, kindle; *(fig., s.o.'s eyes)* flame, blaze, flash fire. **~blom** torch lily, red-hot poker; phlox. **~dig** flameproof *(material etc.).* **~glas** blazoned glass. **~klim=op** *(bot.)* burning bush, flame creeper. **~punt** flash(ing)/ig=nition/burning/fire point, ignition temperature, point of ig=nition/combustion. **~siekte** *(vine disease)* bacterial blight. **~skilder** *ge=* grain. **~werper** flame-thrower.

**vlam·baar** *=bare* (in)flammable, ignitable, ignitible.

**Vla·ming** *=minge* Fleming.

**vlam·kleur** flame colour. **vlam·kleu·rig** *=rige* flame-coloured, igneous.

**vlam·me·:** **~dood** fiery death. **~see** sea of flames.

**vlam·mend** *=mende* flaming, firing, burning; *(fig.)* flaming, burning; blazing; flamboyant.

**vlam·me·tjie** *=tjies, n. (dim.)* little flame; light *(for a cigarette).*

**vlas** *(bot.)* flax; tow. **~baard** flaxen beard. **~blond** *=blonde* flaxen(-haired). **~hare** flaxen/tow-coloured hair. **~kruid** flax=weed, toadflax. **~saad** flax=, linseed. **~vesel** *=sels* flax fibre; *(in the pl., also)* tow.

**vlas·ag·tig** *=tige* flaxy, flaxen, flax-like; flaxen *(hair).*

**vlas·kleu·rig** *=rige* flaxen, tow-coloured.

**vle·ël** *vleëls, (hist. threshing tool)* flail.

**vlees** flesh, meat; flesh, pulp *(of fruit);* →VLEIS; *iem. se eie* ~ *en bloed* s.o.'s own flesh and blood; *in die* ~, *(also)* incarnate; *die sondes van die* ~ the sins of the flesh. **vlees·ge·wor·de** incarnate. **vlees·kleur** flesh colour. **vlees·kleu·rig** *=rige* flesh-coloured, nude, incarnate; *~e tinte* flesh tints. **vlees·lik** *=like* fleshly, carnal, sensual; ~e gemeenskap, (dated, fml.) sexual intercourse; ~e luste lusts/desires of the flesh, carnal desires, carnality, prurience. **vlees·lik·heid** carnality, sensuality. **vlees·wor·ding** incarnation.

**vleet** *vlete* herring net; *(icht.)* (common grey) skate.

**vleg** *vlegte, n., (anat.)* plexus; stranding; →VLEGSEL. **vleg** *ge=, vb.* plait *(hair, straw);* twist, strand *(a rope);* wreathe *(a garland);* make, weave *(a basket);* weave *(a mat);* introduce, weave *(details into a story); (plants)* twine; interlace; braid; weave *(through traffic); deur die ... ~* weave in and out of the ... ~**mat** braided rug. ~**riet** wicker. ~**werk** wicker(work), basketry, basketwork, chair caning, wattle (work); plaiting; braiding; *(hydraulics)* mattress.

**vleg·sel** *=sels* plait, tress, braid *(of hair);* pigtail; twist.

**vlei¹** *vleie* hollow, marsh, swamp, bog, moor(land); (small) lake, *(Afr.)* vlei. ~**blom** marsh flower. ~**disa** vlei disa. ~**gras** dropseed (grass), sweetgrass, tussock grass; smut grass. ~**grond** bog, marshy ground, marshland, swampy soil/ground. ~**kuiken** flufftail. ~**loerie** coucal. ~**sanger** *(orn.):* *Europese ~* sedge warbler; *Kaapse ~* little rush warbler. ~**uil** marsh owl.

**vlei²** *ge=* flatter, wheedle, cajole, butter (up), fawn, soft-soap, coax; *deur ... ge~ voel* feel flattered by ...; *iets ~ iem., (a hat, photo, etc.)* s.t. flatters s.o.. **vlei·end** *vleiende* flattering, complimentary, becoming, coaxingly, honeyed, smooth; ~e *resensie* appreciative review. **vlei·er** *vleiers* flatterer, coaxer, wheedler; sweet talker. **vlei·e·rig** *=rige* flattering, wheedling, coaxing, sugary; smooth-tongued. **vlei·e·ry** *=rye* flattery, cajolery, coaxing, unction, blandishment, blarney, *(infml.)* sweet talk; *vatbaar vir ~* susceptible to flattery. **vlei·taal** flattery, soft soap, flattering words, smooth talk, flummery; *~ sal jou niks help nie* flattery will get you nowhere.

**vlei·ag·tig** *=tige,* **vlei·e·rig** *=rige* marshy, swampy, boggy.

**vleis** meat; flesh; pulp *(of fruit);* →VLEES; *gemaalde ~* minced meat, mince; *'n snit ~* a cut of meat; *sny* carve; *'n maaltyd sonder ~* a meatless/meat-free meal. ~**afval** offal of meat. ~**bedryf** meat industry. ~**bees** *=beeste* beefer; *(in the pl., also)* beef cattle. ~**beesras** beef-cattle breed. ~**blok** chopping/butcher's/meat block. ~**blokkies** cubed meat. ~**braaiaand** barbecue. ~**braai(ery)** barbecue, braai(vleis). ~**braaiplek** barbecue. ~**bredie** goulash. ~**brood** meat loaf. ~**broodjie** hamburger, (beef)burger. ~**byl** meat/butcher's chopper, (meat) cleaver. ~**byltjie** meat chopper. ~**ekstrak** meat extract, stock. ~**etend** *=tende* carnivorous, flesh-eating; *'n ~e dier/plant* a carnivore. ~**eter** meat eater, carnivore. ~**frikkadel** meatball. ~**gereg** meat dish/course. ~**hamer** meat bat/mallet. ~**handel** meat trade. ~**kant** flesh side. ~**koekie** (meat) patty. ~**meel** tankage. ~**mes** carving knife; butcher's knife. ~**meul(e)** mincing machine, mincer. ~**paleis** *(sl.)* hunk (of a man), beefcake. ~**pastei** meat pie. ~**pen** skewer. ~**plank** meat board. ~**pot** *=potte* meat pot; fleshpot; *die ~te van Egipte* the fleshpots of Egypt. ~**ras** beef breed; mutton breed; pork breed. ~**repie** meat strip. ~**rol** beef roll. ~**rolletjie** beef olive. ~**saag** meat saw. ~**sap** meat juice; pot liquor. ~**skaap(ras)** mutton breed. ~**skottel** meat dish/platter. ~**smeer** meat spread, meat paste. ~**snit** cut of meat. ~**sop** consommé, meat soup. ~**sous** (meat) gravy. ~**stuk** joint; cut of meat. ~**vark** porker. ~**vrat(jie)** caruncle. ~**vurk** meat fork; carving fork. ~**wond** flesh wound.

**vleis·ag·tig** *=tige* fleshy, meaty.

**vleis·loos** *=lose* meatless, meat-free.

**vlek¹** *vlekke, n.* stain, spot, smudge, smut *(of soot);* stigma, blot, stain, blemish, bruise, speck; slur *(on s.o.'s character);* fleck, blotch; freckle; patch; macula; gout; *iets laat 'n ~ agter* s.t. leaves a stain; *'n ~ verwyder* remove (or take out) a stain; *vol ~ke* covered with stains. **vlek** *ge=, vb.* stain, spot, soil, smudge, blotch, smirch, tarnish, blemish, maculate; *iets ~ gou* s.t. soils easily. ~**bestand** stain-resistant,

-resisting. ~**tifus** typhus (fever), spotted/famine/jail fever. ~**verwyderaar** stain/spot remover. ~**verwydering** stain removal. ~**vry** *=vrye* spotless; non(-)staining, stain-resistant; stainless *(steel).*

**vlek²** *ge=, vb.* flay, gut, fleck *(fish).* ~**ploeg** butting plough.

**vlek(·ke)·loos** *=lose* stainless, spotless, unsullied, untainted, untarnished, unblemished, immaculate; impeccable, blameless; flawless; *(infml.)* squeaky clean *(s.o.'s image etc.).* **vlek(·ke)·loos·heid** spotlessness; blamelessness.

**vlek·ke·rig** *=rige* blotchy, blotched, spotty, spotted, smudgy; patchy; easily spotted/stained, susceptible to spots/stains.

**vlerk** *vlerke* wing; outrigger *(of a boat); (av.)* aerofoil, airfoil, wing *(of an aircraft);* aisle *(of a church);* pinion; vane, wing *(of a mill); die voël klap met sy ~e* the bird beats/flaps its wings; *iem. se ~e knip* clip s.o.'s wings; *iem. onder jou ~e neem* take s.o. under one's wing; *hoër vlieg as wat jou ~e lank is* live beyond one's means; bite off more than one can chew. ~**dak** *(archit.)* single-pitch roof. ~**klap** wing flap. ~**prou** outrigger (boat/canoe). ~**punt** wing tip. ~**skild** *(entom.)* wing cover/case/shell, elytron, shard. ~**sleep** *vlerkge=* pay amorous attentions, woo; *by 'n meisie ~, (infml.)* court a girl. ~**span(ning)** wingspan, =spread. ~**sweef** = HANGSWEEF. ~**tuig** bird plane. ~**veer** wing feather. ~**wydte** wingspan, =spread.

**vler·kie** *=kies, n. (dim.)* winglet; *(in the pl.)* (airman's) wings.

**vlerk·loos** *=lose* wingless; *(entom.)* apterous.

**vlerk·vor·mig** *=mige* wing-shaped.

**vler·muis** bat. ~**mis** bat guano. ~**mou** batwing sleeve. ~**valk** bat hawk.

**vle·sig** *=sige* fleshy; meaty; pulpy *(fruit);* succulent *(plant);* → VLEES, VLEIS. **vle·sig·heid** fleshiness; pulpiness; meatiness.

**vlet** *vlette, (a flat-bottomed boat)* punt.

**vleu·el** *vleuels* wing *(of a bird, building, an army, etc.);* vane, blade, wing *(of a windmill); (mil.)* flank; leaf *(of a door);* grand piano; *(sport)* wing player, winger; *(biol.)* ala; *op die ~, (sport)* on the wing; *(op die) ~ speel* play (on the) wing. ~**deur** gullwing/butterfly door. ~**(klavier)** grand piano. ~**klep** butterfly valve. ~**kolom** two-way column. ~**kraan** butterfly cock. ~**neut** samara. ~**skroef** *(tech.)* wing screw/bolt, thumbscrew. ~**slag** wing beat/stroke. ~**spel** wing play. ~**speler** wing(er). ~**wiel** vane wheel.

**vleu·el·loos** *=lose* wingless.

**vlie·ë·:** ~**gaas** fly screen, wire gauze, screen(ing). ~**gif** fly poison. ~**papier** flypaper. ~**plaag** fly plague. ~**plak, ~slaner** fly swat(ter). ~**skerm** fly screen. ~**swam** fly agaric. ~**vanger** *(orn.)* flycatcher; *(bot.)* sundew. ~**vuil** flyspeck, =spot.

**vlie·ënd** *vliëende* flying, volant; →VLIEG² *vb.;* ~e *brug* flying bridge *(on a ship);* ~e *dokter* flying doctor; *V~e Perd, (astron.)* Pegasus; ~e *vis* flying fish; ~e *voëls* birds on the wing.

**vlie·ë·nier** *=niers* pilot, air(craft) pilot, airman, flyer, *(dated)* aviator.

**vlie·ër** *vliëers, (toy)* kite; flying locust; *'n ~ oplaat* (of *laat opgaan), (lit. & fig.)* fly a kite. ~**ballon** kite balloon. ~**brandery** kite surfing. **vlie·ë·ry** flying.

**vlieg¹** *vliëe, n., (entom.)* fly; *geen ~ kwaad (aan)doen nie* not harm/hurt a fly; *'n ~ in die salf* a fly in the ointment; *twee vliëe met/in een klap slaan/vang* kill two birds with one stone; *sit en vliëe vang, (infml.)* sit doing nothing; sit with one's mouth open. ~**eier** flyblow. ~**gewig** *(boxing)* flyweight. ~**vry** *=vrye* fly-proof.

**vlieg²** *n.: in die ~* in flight. **vlieg** *ge=, vb.* fly; aviate; convey by air, fly; career; flit, scud, soar; *begin ~* take wing; *blomme word na Europa ge~* flowers are flown to Europe; *deur ... ~, (also)* breeze through ... *(a book etc.); goedere/passasiers ~* fly goods/passengers; *'n Harvard ~* fly a Harvard; *hoog ~* soar; *te hoog wil ~* try to fly too high; *met instrumente ~* fly blind; *in die lug ~, (also)* blow up, explode;

*met die Suid-Afrikaanse Lugdiens/ens.* ~ fly South African Airways/etc.; *oor* ... ~ overfly ...; *deur die strate* ~ fly/tear/ rush through the streets. ~**afstand** flying distance. ~**baad= jie** bomber jacket. ~**baan** flight path. ~**basis** air base. ~**beeld** flight pattern. ~**bereik** range (of aircraft), flying range, ra= dius. ~**boot** flying boat, floatplane; seaplane. ~**dek** flying/ flight deck. ~**dekskip** (aircraft) carrier. ~**diens** flight/fly= ing/air service; flight duty; flying duties. ~**eskader** air squad= ron. ~**helm** flying helmet. ~**hoogte** altitude, flight level. ~**instrukteur** flying/flight instructor. ~**kaart** aeronautical map. ~**kaartjie** air ticket. ~**klub** aero/flying club. ~**kuns** avia= tion, aeronautics, (art of) flying, aerobatics. ~**lengte** action radius, radius of action, cruising range, range of flight. ~**les** flying lesson, flight instruction. ~**lisensie**, ~**bewys** pilot's licence/certificate, flying licence; *jou* ~ *kry* get one's wings. ~**oefening** flying practice. ~**offisier** flying officer. ~**onderrig** flying/flight instruction. ~**ongeluk** plane/air crash, flying accident, aeroplane crash. ~**personeel** flight crew. ~**ramp** air disaster/crash, aviation disaster, plane crash. ~**skool** flying school. ~**skou** airshow, air/aerial display, air pageant; air-force/aerial review. ~**snelheid** flying speed; airspeed. ~~**spersone** no-fly zone. ~**sport** aviation, flying. ~**terrein** airfield, aerodrome, flying ground. ~**toets** flight test. ~**tyd** flying/flight time *(of an aircraft).* ~**veilig** =*lige* safe for flight. ~**veld** airport, aerodrome, airfield, flying field; *(mil.)* air base. ~**vertoning** flying/air/aeronautical display. ~**wed= stryd** aeroplane/aerial/airplane/aircraft competition. ~**weer** flying weather; flight/flying conditions.

**vlie·gie** =*gies, n. (dim.)* little fly, gnat.

**vlieg·tuig** (aero)plane, aircraft, airplane; *per* ~ *aankom* ar= rive by air, fly in; *per* ~ *(reis)* (travel) by air; *per* ~ *vertrek* leave by air, fly out. ~**brandstof** aviation spirit/fuel. ~**enjin** aircraft/aero engine. ~**fabriek** aircraft factory. ~**kaper** sky= jacker. ~**loods,** ~**skuur** hangar, shed for aircraft. ~**motor** aircraft engine. ~**ongeluk** = VLIEGONGELUK. ~**vrag** planeload.

**vlies** *vliese* film *(over the eyes); (biol.)* membrane *(in the body);* pellicle, thin skin; *(anat.)* tympanum; cuticle; velum; integu= ment; skin *(on milk);* scum; *die Goue V~, (Gr. myth.)* the Golden Fleece. ~**stof** fleece. ~**wolk** fleece cloud.

**vlies·ag·tig** =*tige,* **vlie·se·rig** =*rige,* **vlie·sig** =*sige* fleecy, filmy, membranous, membraneous, membranaceous, mem= brane-like.

**vlie·sie** =*sies, n. (dim.)* thin film/membrane; cuticle, pellicle.

**vlies·vler·kig** =*kige,* **vlies·vleu·e·lig** =*lige, adj.* hymenop= teran, hymenopterous. **vlies·vler·ki·ge,** **vlies·vleu·e·li·ge** =*ges, n.* hymenopteran; *(in the pl., also)* Hymenoptera.

**vlies·vor·mig** =*mige* membranous.

**vlie·tend** =*tende* fleeting.

**vlin·der** =*ders, (entom.)* butterfly. ~**effek** *(infml., fig.)* butter= fly effect. ~**kaftan** butterfly kaftan. ~**net** butterfly net. ~**slag** butterfly stroke. ~**strikkie** butterfly tie. ~**vis** butterfly fish.

**vlin·der·ag·tig** =*tige* butterfly-like; *(bot.)* papilionaceous.

**vloed** *vloede* flood; flood tide; torrent, flow; flood, spate *(of words, tears, etc.); (med.)* menorrhagia; *(phys.)* flux. ~**deur** floodgate. ~**gety** flood tide. ~**golf** tidal/tide wave, bore, ea= gre; *(<Jap.)* tsunami; *(fig.)* spate; *'n* ~ *(van)* ..., *(infml.)* a rash of ... *(criticism).* ~**hawe** tidal harbour. ~**hoogte** flood level. ~**lyn** flood mark, high-water mark. ~**ramp** flood disaster. ~**regulering** flood control. ~**riool** storm-water drain. ~**strand** foreshore. ~**vlakte** flood plain. ~**water** floodwater(s), storm water. ~**waterdreinering** storm-water drainage. ~**water= riool** storm(-water) sewer.

**vloei** *n.* flow; yield *(of a borehole etc.).* **vloei** *ge=, vb.* flow, run, stream; *(ink)* blot; *(colours)* run; course; dribble; men= struate. ~**kaart**, ~**diagram** flow chart/diagram/sheet. ~**laag** flow layer. ~**lyn** flow line. ~**lys** ogee moulding. ~**middel** =*dels, =dele* flux; flow control agent. ~**papier** blotting paper; unsized paper. ~**punt** pour(ing)/yield point. ~**reëling** flow

control. ~**rug** *(mot.)* fastback. ~**seep** liquid soap. ~**spaat** fluor(spar). ~**spaatsuur** hydrofluoric acid. ~**staal** ingot steel. ~**stof** →VLOEISTOF. ~**struktuur** flow/fluxion/fluidal structure. ~**tempo** rate of flow. ~**traag** viscous, viscose, viscid. ~**weer= stand** water resistance.

**vloei·baar** =*bare* liquid, fluid; mobile; runny; ~*bare gas* liq= uid gas; ~*bare laag* magma; *iets* ~ *maak* liquefy/liquidise s.t.; ~*bare salf* liniment; ~*bare suurstof* liquid oxygen, *(abbr.)* lox. **vloei·baar·ma·king** liquefaction. **vloei·baar·wor= ding** liquefaction.

**vloei·end** *vloeiende* flowing; liquid; fluent *(style, speech, speaker, etc.);* smooth *(style, verse);* flowing, easy *(style);* round *(style);* glib; facile; clean *(lines);* facile.

**vloei·ing** flow(ing); flux; streaming; fluxion; *(med.)* menor= rhagia; *(med.)* gleet. **vloei(·ings)·leer** *(phys.)* rheology.

**vloei·stof** liquid; steep; fluid; wash. ~**kristal** liquid crystal. ~**kristalvertoon** *(also* vloeikristalvertoon*)* liquid-crystal dis= play *(abbr.:* LCD*).* ~**maat** liquid measure. ~**menging** diffu= sion. **vloei·stow·we·leer** hydraulics.

**vloek** *vloeke, n.* curse; malediction, swear word, oath, curse, imprecation, expletive, cuss; *(fig.)* bane, curse; *(derog.: despi= cable pers.)* scumbag *(sl.); in 'n* ~ *'n sug, met* twee ~*e en 'n drafstap* in a jiffy, in two shakes of a lamb's/duck's tail; *jou* ~*!, (sl.)* damn you!; *die* ~ *van die land* the curse of this country; *daar rus 'n* ~ *op iets* a curse rests (up)on s.t., s.t. is under a curse; *'n stortvloed van* ~*e* a torrent of abuse; *'n* ~ *oor iem. uitspreek* put a curse (up)on s.o.; call down curses upon s.o.. **vloek** *ge=, vb.* swear, curse, cuss, blas= pheme, use bad language; damn; ~ *soos 'n ketter/matroos* swear like a bargee/lord/trooper; *iets* ~ *met/teen* ... s.t. jars with ...; *(op) iem.* ~ curse s.o., swear at s.o., revile s.o.; ~ *en skel* rant and rave. ~**hout** *(the Cross)* cursed tree. ~**skoot** fluke, flash in the pan, good luck; lucky shot/hit. ~**taal** → VLOEKERY. ~**woord** oath, curse, swear word, expletive; *fe= deralisme/ens. as 'n* ~ *beskou* consider federalism/etc. as a dirty word; *'n* ~ *uit(er)* curse, utter an oath.

**vloe·ker** =*kers* swearer, curser, blasphemer. **vloe·ke·ry, vloek= taal** swearing, profanity, blasphemy, bad/profane language.

**vloer** *vloere* floor; flooring; threshing floor; *(min.)* footwall, pavement; bottom, floor; ~ *van die hofsaal* well of the court. ~**balk** floor beam/bearer/joist, flooring joist. ~**bedekking** rugging, matting. ~**bestuurder** floor manager. ~**dweil** → VLOERMOP. ~**grond** *(min.)* seat clay/earth; underlay. ~**hoogte** floor level. ~**klip** flooring stone; *(geol.)* seat rock/stone. ~**kus= sing** pouf(fe) *(Fr.).* ~**lap** floorcloth. ~**lys** skirting (board), baseboard. ~**mat** floor mat/rug, doormat; *iem. vir 'n* ~ *ge= bruik* use s.o. as a doormat. ~**materiaal** flooring. ~**mop,** ~**dweil** (floor) mop. ~**oefening** *(gym.)* floor exercise. ~**plan** floor plan. ~**plank** =*planke* floorboard, flooring board; *(in the pl., also)* flooring. ~**poleerder, ~vrywer** floor polisher. ~**politoer** floor polish. ~**ruimte** floor space. ~**spyker** (floor) brad, casing/floor nail. ~**steen** paving stone, flagstone. ~**teël** floor tile, (paving) tile/stone.

**vlok** *vlokke, n.* flake; villus; *(anat.)* cotyledon; tuft, lock; flock; floccus; floccule. **vlok** *ge=, vb.* flake, flocculate; coagulate. **vlok·ag·tig** =*tige* flocculent, floccose. **vlok·ke·rig** =*rige* flocked; flocky; flaky. **vlok·kie** =*kies* small flake, fluff; flock *(of wool);* villus; *(comp.)* chip. **vlok·kig** =*kige* flaky, flocky; fleecy; fluffy; flocked; *(bot.)* floccose, flocculent; ~*e neerslag* flocculent precipitate, flock. **vlok·king** flaking; flocculation. **vlok·mid= del** =*dels, =dele* flocculent, flocculating agent.

**vlooi** *vlooie* flea; *as die* ~*e byt, moet jy krap, (fig., infml.)* needs must when the devil drives; *so lastig soos 'n* ~ *(in 'n wol= kombers)* as troublesome as a flea; *van die* ~*e vervuil* infest= ed with fleas. ~**band** flea collar. ~**byt** fleabite. ~**fliek** *(infml., derog.)* café-bio(scope), fleapit, bughouse. ~**kruid** *(bot.)* flea= bane, fleawort; persicaria, lady's-thumb. ~**mark** flea market. ~**poeier** flea powder. ~**sak** *(a dirty animal)* fleabag. ~**sirkus** flea circus.

**vloot** *vlote* fleet, navy, marine; fleet *(of trucks, aircraft, etc.).* ~**admiraal** admiral of the fleet, fleet admiral. ~**akademie** →VLOOTKOLLEGE. ~**basis** naval base. ~**blou** navy blue. ~**bou** naval construction. ~**gimnasium** →VLOOTKOLLEGE. ~**kadet** naval cadet. ~**oefening** *=ninge, =nings* naval exercise. ~**offi= sier** naval officer. ~**kollege, ~akademie, ~gimnasium** na= val academy. ~**skou** naval review. ~**staf** naval staff. ~**steun= punt** naval base. ~**werf** naval yard.

**vloot·jie** *-jies, (dim.)* flotilla.

**vlos** *n.* floss. **vlos** *ge=, vb.* floss; *jou tande* ~ floss one's teeth. **vlos·sig** *-sige* flossy. **vlos·sy** floss silk; floret silk.

**vlot** *vlotte, n.* raft, float. **vlot** ~ *vlotter vlotste, adj.* afloat, adrift; easy, ready; voluble; expeditious; fluent *(speech, style),* smooth, flowing, facile; '*n* ~ *spreker* a fluent speaker; '*n* ~ *styl* a flowing style; '*n* ~ *pen, (usu. fig.)* a ready/facile pen. **vlot** *adv.* fluently, facilely; smoothly; *iets gaan* ~ s.t. goes swimmingly *(or without a hitch); iets gaan* ~ *van die hand* s.t. sells like hot cakes; *iets* ~ *hou* keep s.t. afloat *(a boat etc.);* ~ *praat* speak fluently. **vlot** *ge=, vb.* go smoothly/swim= mingly, go without a hitch *(or any hiccups/hiccoughs); goed* ~ go off well; *iets wil nie* ~ *nie, (work etc.)* s.t. isn't making headway/progress; *(a conversation etc.)* s.t. drags. ~**boot** cata= maran. ~**brug** floating bridge. ~**hout** driftwood; raftwood. ~**vaart** rafting.

**vlot·baar** *=bare* floatable.

**vlot·heid** fluency, facility, ease, smoothness, readiness, slick= ness, volubility, glibness.

**vlot·tend** *=tende* floating; ~*e bate(s), (fin.)* floating assets; ~*e bevolking* floating population; ~*e kapitaal/middele, (fin.)* liquid capital; mobile/circulating/floating capital; ~*e skuld* floating/unfunded debt; ~*e stem* floating vote.

**vlot·ter** *-ters* raftsman, rafter; float; floater; float gauge. ~**klep** float(er) valve, ball valve.

**vlug** *vlugte, n.* flight, escape; flight *(of a bird, an aircraft, a projectile);* wingspread *(of a bird);* wingspan *(of an aeroplane);* flock *(of birds);* flight, covey *(of partridges); (air force unit)* flight; travel *(of a crane); dolle* ~ stampede; *in die* ~/*vlieg* in flight; on the wing; *iem. op die* ~ *ja(ag)* put s.o. to flight; put s.o. to rout; *op die* ~ in flight; on the run; *in die* ~ *slaan,* (tennis) volley (a ball); *op die* ~ *slaan* take (to) flight; ~ *van die verbeelding* flight of the imagination. **vlug** *vlugge vlug= ger vlugste, adj.* fast, quick; swift, nimble, agile, spry *(fingers, mind, etc.);* expeditious; brisk *(movement, pace);* smart *(child, retort, walk);* ~ *van begrip wees* be quick (to understand *or* on the uptake), be nimble-witted/quick-witted/sharp-witted/ smart, be quick of apprehension, have quick wits; ~ *van voet* quick-footed. **vlug** *adv.* quick(ly), swiftly, briskly, rap= idly. **vlug** *ge=, vb.* flee, escape, fly, take to flight, run away, scuttle, make a/one's getaway; *uit 'n land* ~ flee (from) a country, fly a country; *vir iem.* ~ flee from s.o. ~**baan** flight path, path of projectile. ~**bal** volleyball. ~**flou, ~voos, ~tam** jet-lagged. ~**flouheid, ~voosheid, ~tamheid, reisroes** jet lag. ~**hou** *-houe* volley; ~*e slaan* volley ~**houspeler** *(tennis)* volleyer. ~**kapitaal** flight capital, hot/funk money. ~**kelner** flight attendant. ~**lees** scan *(a book, newspaper, etc.).* ~**na= bootser** flight simulator. ~**oord** place of refuge. ~**opnemer** flight recorder, black box. ~**plan** *(av.)* flight plan. ~**sand** quicksand(s), shifting sand. ~**skrif** pamphlet, brochure; leaf= let, flysheet, flying sheet, flyer, flier, broadsheet. ~**sout** sal volatile, smelling salts, ammonium carbonate. ~**tam** → VLUGFLOU. ~**tyd** *(aeron.)* flying time. ~**tydskrif** in-flight maga= zine. ~**vermaak** in-flight entertainment. ~**voos** →VLUGFLOU.

**vlug·heid** quickness, swiftness, readiness, nimbleness, smart= ness; celerity; expedition.

**vlug·te·ling** *=linge* fugitive; refugee; émigré *(Fr.);* runaway. ~**kamp** refugee camp.

**vlug·tig** *-tige, adj.* volatile *(salt); (comp.)* volatile *(memory);* cursory *(inspection);* casual *(glance);* flying *(visit);* fleeting,

passing, fugitive, evanescent, transitory, transient, brief, quick; hurried, rough *(sketch);* superficial; slight *(acquaintance);* summary; perfunctory; ~*e blik, (also)* once-over; *iets* ~ *(deur)lees* scan *(or* skim [through]) s.t. *(a book, newspaper, etc.);* ~*e olies* volatile/ethereal/essential oils. **vlug·tig** *adv.* cursorily; hurriedly; briefly; ~ *na ... kyk* glance at ...; ~ *ver= skyn* appear briefly. **vlug·tig·heid** volatility; cursoriness, hasti= ness; evanescence, transitoriness. **vlug·tig·ma·king** volatili= sation.

**vlug·voe·tig** *-tige* wing-footed, *(infml.)* twinkled-toed.

**vly** *ge=* lay down, arrange; *jou teen ...* ~ nestle close to ... *(s.o.).*

**vlym** *vlyme, n.* lancet. **vly·mend** *=mende* acute, shooting *(pain),* sharp; poignant *(grief);* scathing *(sarcasm);* stinging, biting; keen *(satire);* trenchant; piercing *(wit);* stabbing. **vlym·skerp** razor-edged, razor-sharp, razor-keen, razor-like, needle- sharp.

**vlyt** diligence, assiduity, industry, studiousness, sedulity, ap= plication. **vly·tig** *=tige* diligent, assiduous, industrious; stu= dious, sedulous; hard-working; ~*e Liesbet, (bot.: Impatiens spp.)* busy Lizzie; ~*e mier(tjie), (infml., sometimes derog.)* ea= ger beaver.

**vod** *vodde, vodde(n)s* rag; *(in the pl., also)* duds, tatters; *in ~de hang* be in rags, be tattered and torn; *'n* ~ *van 'n boek* a trashy book; *'n* ~ *van 'n koerant* a rag. **vod·de** *adj., (infml.)* clapped out *(pred.),* clapped-out *(attr.),* whacked/pooped/ zonked (out), dead (beat/tired), ready to drop, wasted. **vod= de·wol** shoddy (wool), softs. **vod·jie** *-jies* rag, scrap; *'n* ~ *papier* a scrap of paper.

**vod·ka** →WODKA.

**voed** *ge=* feed *(s.o., a reservoir, fire, mach., pump, etc.);* nourish *(s.o., hatred, etc.);* suckle, nurse *(a child);* cherish, entertain *(hope);* foster; nurture; *karig ge~* scantily fed; *jou met ...* ~ feed on ...; *'n slang in jou boesem* ~ cherish a snake in one's bosom. **voe·dend** *-dende* nourishing, alimentary, nutrient. **voe·der** *-ders* feeder, nourisher, host.

**voe·ding** feeding, nourishing, nutrition, nurture; food, nour= ishment, nutriment; nursing *(of a child);* feed; fosterage; ~ *op aanvraag, (paediatrics)* demand feeding. ~**kundige** *-ges* nutritionist, nutrition expert. ~**skema** feeding scheme. ~**stof** *=stowwe* nutritious substance, nutrient, nutriment; *(in the pl., also)* nutritive material, nutrient matter.

**voe·dings:** ~**bodem** breeding ground *(for diseases);* (cul= ture) medium *(for bacteria);* matrix *(for fungi);* substratum; nutrient medium; *(fig.)* fertile soil. ~**gebrek** →VOEDINGSTE= KORT. ~**kanaal** alimentary canal; feeder *(of the main canal).* ~**ketting** →VOEDSELKETTING. ~**krag** nutritiousness, good= ness, nutritive power. ~**leer** dietetics, science of nutrition, sit(i)ology. ~**middel** *-dele, -dels* food (product), article of food; *(in the pl., also)* foodstuffs. ~**tekort, ~gebrek** nutri= tional deficiency. ~**waarde** nutritional/nutritive value, food/ dietary value, sustenance. ~**wurm** *(tech.)* auger *(in a mach.).*

**voed·saam** *=same* nutritious, nourishing, nutritive, nutri= ent, body building, substantial. **voed·saam·heid** nutritious= ness.

**voed·sel** *=sels* food; nutriment, nourishment; nurture; vict= uals, viand(s), provender. ~**bestraling** food irradiation. ~**bron** source of food. ~**bry** *(physiol.)* chyme. ~**bymiddel** food ad= ditive. ~**gebrek** food shortage. ~**ketting, voedingsketting** food chain *(in nature).* ~**kruie** kitchen herbs. ~**opneming** ingestion. ~**pakket** food parcel. ~**sekuriteit** food security. ~**skaarste** food scarcity. ~**soort** *-soorte* (kind of) food; *(in the pl., also)* foods. ~**tegnologie** food technology. ~**tekort** food shortage, shortage/lack of food. ~**vergiftiging** food poisoning, botulism. ~**verwerker** food processor. ~**verwer= king** food processing. ~**vesel** dietary fibre, roughage. ~**voor= raad** food supply/stock, provisions. ~**voorsiening** food sup= ply, victualling. ~**ware** foods, foodstuffs. ~**web** food cycle/ web. ~**wetenskap** food science.

**voed·ster** =sters wet nurse, foster mother; nurse; host (plant).

**voeg** voeë, n. joint, seam; shut; join(ing); juncture; (anat.) commissure; (elec.) sweep; voeë dek, (tech.) flash; voeë stryk/vul point; iets uit die voeë ruk put s.t. out of joint. **voeg** ge=, vb. add; join, weld, seam, mortise, piece together; grout; (masonry) point; (carp.) joint; frame; iets ~ by … add s.t. to …; jou by iem. ~ join s.o.; jou na … ~ accede to …, comply with …, conform to … (wishes etc.). ~**bry** grout. ~**kalk** pointing lime. ~**lood** flashing. ~**loodgroef** raggle. ~**saag** joiner/bench saw. ~**stryking**, ~**werk** (brickwork) pointing; jointing. ~**troffel** pointing trowel. ~**vulling** (brickwork) pointing.

**voe·ging** =gings, =ginge joining; (jur.) joinder; (anat.) symphysis.

**voeg·sel** =sels joint, jointing.

**voeg·woord** conjunction. **voeg·woor·de·lik** conjunctional.

**voel** ge= feel; be aware/sensible of; sense; intuit; **aan** iets ~ touch s.t.; koud om **aan** te ~ cold to the touch; (nie) **daarna** ~ (nie) (not) feel like it; iem. ~ **daarvoor** s.o. is in favour of it, s.o.'s sympathies lie that way; niks **daarvoor** ~ nie, (infml.) have no time for it; iem. ~ nie veel **daarvoor** nie it does not appeal to s.o., s.o. does not sympathise with it (another's sentiments etc.); **gesond** ~ feel well; **goed** ~ feel well; **hoe** ~ jy oor hom/haar? how do you like him/her?; vir **iem.** ~ be partial to s.o.; **na** … ~ feel for …; dit ~ **na** … it feels like …; iets ~ **sag** s.t. is soft to the touch; soos 'n splinternuwe **siks·pens** ~ feel like a new person; **sleg** ~ feel ill; in **staat** tot … ~ feel up to …; **sterk** oor iets ~ feel strongly (or have strong feelings) about s.t.; ('n) mens (of 'n blinde) kan dit met 'n **stok** ~ it is as plain as a pikestaff; **vir** iets ~ be in favour of s.t.; iem. ~ **baie** warm vir … s.o.'s heart beats warmly for … ~**haar** sensory/tactile hair; barbel (of fish). ~**horing** feeler, tentacle, antenna, horn. ~**orgaan** tactile organ. ~**pen** (med.) probe. ~-**voel** adv. gropingly. ~-**voel** ge=, vb. grope; jou pad deur toe ~ feel/grope one's way to the door.

**vo·ël** voëls bird; (coarse: penis) prick, cock, dick; een ~ in die **hand** is beter as tien in die lug a bird in the hand is worth two in the bush; elke ~ prys sy eie **nes**, al is 'n duif s'n maar 'n stokkie of ses every bird likes its own nest best; 'n ~ **ring** band/ring a bird; elke ~ **sing** soos hy gebek is dogs bark as they are bred, and fawn as they are fed; iem. is 'n ~ op 'n **tak**, (infml.) s.o. is a bird of passage (or a rolling stone); s.o. is here today and gone tomorrow; hulle is ~s van eenderse/enerse **vere** they are birds of a feather (or tarred with the same brush); soos 'n/die ~ **vlieg** as the crow flies. ~**afval** giblets. ~**bad**, ~**bak** birdbath. ~**bekdier** duckbill, duck-billed platypus. ~**eier** bird's egg. ~**ent** (bot.: Viscum spp.) mistletoe; birdlime. ~**gesang** birdsong, singing of birds. ~**handelaar** bird fancier/seller. ~**hok** aviary; (also voëlhokkie) birdcage. ~**huis** aviary. ~**jag** bird shooting, fowling. ~**kenner** ornithologist. ~**kou(tjie)** birdcage. ~**kunde** ornithology. ~**kundig** =dige, adj. ornithological. ~**kundige** =ges, n. ornithologist. ~**kyker**, ~**waarnemer** birdwatcher; (infml.) twitcher. ~**kyk(ery)**, ~**waarneming** birdwatching. ~**lewe** bird life. ~**liefhebber** bird lover. ~**lym** birdlime. ~**mis** bird dung; guano. ~**nes** bird's nest. ~**net** trammel net. ~**opstopper** bird stuffer, taxidermist. ~**park**, ~**reservaat**, ~**paradys** bird sanctuary. ~**pastei** (cook.) game-bird pie. ~**perspektief** bird's-eye view. ~**rek(ker)** catapult, sling(shot). ~**roep** bird call. ~**saad** birdseed, true millet. ~**sang** birdsong, song of birds, warbling. ~**slang** bird snake, twig snake. ~**teelt**, ~**boerdery** aviculture, bird-breeding. ~**val** bird trap. ~**vanger** bird catcher, fowler. ~**verskrikker** scarecrow; soos 'n ~ lyk, (infml.) look a fright, be/look a sight. ~**vlug** bird's-eye view; 'n ~ oor … an overview of … ~**vry** outlawed; iem. ~ verklaar outlaw s.o.. ~**vryverklaarde** =des outlaw, bandit. ~**waarnemer** →VOËLKYKER. ~**waarneming** →VOËLKYK(ERY). ~**wig·gelaar** augur. ~**wiggelary** augury. ~**wip** bird trap.

**voel·baar** =bare perceptible, sensible; tangible, palpable, touchable; tactile (impression). **voel·baar·heid** perceptibility; tangibility, palpability; tactility.

**voe·lend** =lende feeling; sentient; ~e wese sentient being, sentient.

**voe·ler** =lers feeler; (biol.) tentacle, antenna, feeler; palp; feeler (gauge); ~s uitsteek, (infml., fig.) put/throw out feelers (or a feeler), feel one's way; make overtures.

**voe·ling** feeling, touch; contact; **buite** ~ met … out of touch with …; **geen** ~ meer met … hê nie be out of touch with …; met … ~ **hou** keep in touch with …; **in/uit** ~ met … in (or out of) touch with …; (infml.) in (or out of) sync(h) with … (s.o.); ~ met iem. **verloor** lose contact/touch with s.o..

**vo·ël·tjie** =tjies, n. (dim.) little bird, birdie; (infml., children's lang.) dick(e)y(bird); (golf) birdie; iem. het 'n ~ hoor fluit, (fig., infml.) a little bird told s.o.; 'n ~ hoor fluit dat …, (infml.) hear a (vague) rumour that …

**voer**[1] voere, n. feed, forage, food, fodder, feedstuff(s); bait (for fish); ~ soek, (an animal) forage. **voer** ge=, vb. feed, fodder (animals); feed (a child); 'n dier vet ~ feed up an animal, fatten (up) an animal. ~**bak** feeding/food trough, manger; hopper (feed), feeder. ~**gat** =gate feed hole. ~**gewas** fodder/forage crop/plant. ~**graan** feed grain. ~**hok** feeding paddock/pen; self-feed(er). ~**kuil** (pit) silo. ~**man** =manne feeder (at threshing). ~**pyp** feed pipe. ~**rak** stable rack, heck. ~**rol** feed roll(er). ~**sak** nosebag; forage bag. ~**soeker** forager. ~**straal** radius vector. ~**toring** silo. ~**trog** feeding trough. ~**tyd** feeding time (in a zoo etc.). ~**vark** store pig, baconer, porker. ~**wiek** (bot.) tare, vetch.

**voer**[2] ge=, vb. lead, conduct, take, bring; transport; make, wage (war); carry on (a conversation); maintain (correspondence); 'n **kampanje** ~ conduct a campaign; iets verder/vêrder ~ follow up s.t.; wat ~ iem. in die skild? what is s.o. up to (or after or driving/aiming at)?, what is s.o.'s game?; die **woord** ~ speak. ~**band** belt conveyor, conveyor (belt). ~**man** =manne wag(g)oner; teamster, carter. ~**taal** medium/language of instruction/communication, language medium; met Engels/ens. as ~ through the medium of English/etc., in the English/etc. medium. ~**taalvraagstuk** (language) medium question. ~**tuig** =tuie, (lit. & fig.) vehicle; carriage. ~**tuigenjin** automotive engine. ~**tuigpark** vehicle depot.

**voer**[3] ge=, vb. line; →UITVOER[2]; iets met … ~ line s.t. (a garment) with … (silk etc.).

**voer·der** =ders, n. feeder, feed mechanism, hopper; (elec., min.) feeder.

**voe·ring** =rings lining; liner; casing; sleeve (in a cylinder); shell (in a bearing); gasket. ~**linne** scrim. ~**materiaal**, ~**stof** lining. ~**pleister** pargeting (of a chimney).

**voert** interj., (said to dogs) scram!, go/get away!, out of my sight!. **voert·sek** interj., (derog.) voetsak!, (Ngu.) hamba!, (coarse) piss off!.

**voet** voete foot (of a pers., ladder, etc.); toe, bottom (end), base, foot; footing, foothold; footprint; (pros.) foot; aan die ~ van … at the bottom of … (a staircase etc.); at the foot of … (a mountain etc.); aan iem. se ~e at s.o.'s feet; met die verkeerde ~ uit die **bed** klim get out on the wrong side of the bed; op jou ~e **beland** fall/land on one's feet; jou **beste** ~ voor sit put one's best foot/leg forward, be on one's best behaviour; geen ~ **buite** die deur sit nie not stir out of the house; op **dié** ~ at that/this rate; op **dieselfde** ~ on the same footing; jou ~ **dwars sit** refuse to allow s.t.; te ~ **gaan** go on foot; iets het ~e **gekry**, (infml.) s.t. has been swiped (or gone walkies); op **gelyke** ~ on an equal basis/footing, on the same footing, on equal terms; share and share alike; op **gelyke** ~ meeding, (fig.) compete on a level playing field; hulle staan/leef/verkeer op **gespanne** ~ relations are strained between them, they are at variance/loggerheads (or daggers drawn); die **getrippel** van ~e the patter of feet; op **goeie** ~ met iem. wees/staan be on good terms (or in) with s.o.; op **goeie** ~ met iem. bly, (also, infml.) keep in with s.o.; op **goeie** ~ met iem. kom, (also, infml.) get in with s.o; ~ in die **hoek** sit, (infml.: accelerate) step on the gas; *iem. se ~e jeuk om te ...,* (infml.) s.o. has an itch to ...; *jou ~ (in 'n visblik)!,* (infml.) get along (with you)!, go jump in the lake!; *~e van klei hê* have feet of clay; *jou uit die ~e maak,* (infml.) run away, take to one's heels, make o.s. scarce; *jou ongemerk uit die ~e maak,* (infml.) do a/the disappearing act/trick; *iem. se ~e moor hom/haar,* (infml.) s.o.'s feet are killing him/her; *onvas op jou ~e* unsteady on one's feet; *die ~e hoog oplig/optel* step high; *jou ~e laat rus* put one's feet up (infml.); *... se ~!,* (infml.) ... my foot!; *ses ~ onder die grond lê/wees,* (infml.) push (or be pushing) up the daisies; *nie 'n ~ uit die huis/ens. sit* nie not stir from the house/etc.; *skuif/skuiwe met jou ~e* scrape one's feet; *jou ~e heen en weer skuif/skuiwe, met jou ~e skuifel* shuffle one's feet; *op slegte ~ met iem. wees/staan* be on bad terms with s.o.; *op staande ~* there and then, then and there; at a moment's notice; at once; *~ by stuk hou* stand/stick to one's guns, remain/stand firm, not budge; *te ~* on foot; *iem. se ~e onder hom/haar uitslaan* carry s.o. off his/her feet, (infml.) knock/blow s.o.'s socks off; cut the ground from under s.o.'s feet; *vas op jou ~e* sure-footed; *vaste ~ kry* get a foothold, gain a footing; *iem. op die verkeerde ~ betrap* catch s.o. off (his/her) guard, catch/take s.o. unawares; catch s.o. on the wrong foot (or off balance), wrong-foot s.o.; *sonder om 'n ~ te versit* without stirring a foot; *iem. kan geen ~ versit nie* s.o. cannot move a foot (or stir); *iets met die ~e vertrap* trample/tread s.t. underfoot (or under foot); *voor die ~* without exception; at random, indiscriminately; *voor die ~ skiet* shoot at/on sight; *iets voor die ~ verwerp* reject s.t. out of hand; *op vrye ~* be at large/liberty, be on the loose; *~ aan wal sit* set foot ashore; *~ in die wind slaan,* (infml.) take to one's heels, show a clean pair of heels. ~**afdruk** footprint, footmark, footstep; →VOETSPOOR. ~**bad** *=badde(ns)* footbath. ~**bal** →VOETBAL. ~**bank(ie)** footstool; foot rail, footrest; stretcher *(in a boat).* ~**behandeling** pedicure. ~**boei** fetter, anklet, hobble, foot shackle, leg-iron. ~**boog** crossbow. ~**boogskutter** crossbowman. ~**breed(te):** *geen* (of *nie 'n)* ~ *(af)wyk nie* not budge/give/yield/move an inch. ~**fout** *(sport)* foot fault. ~**ganger** →VOETGANGER. ~(**e)gestamp** stamping of feet. ~**heelkunde** chiropody, podiatry, pedicure. ~**heelkundige,** (infml.) ~**dokter** chiropodist, podiatrist, pedicure. ~**jig** *(med.)* gout in the foot, podagra. ~**konstabel** foot/dismounted constable. ~**kussing** hassock. ~**lig** *=ligte* footlight; *voor die ~(te) verskyn/kom,* (theatr.) appear before the footlights (or on the boards); *(fig.)* make a public appearance; *... voor die ~(te) bring,* (theatr.) produce/ stage ...; put ... on the stage *(a play);* bring ... out into the open/limelight. ~**maat** foot measure; shoe/foot size; footage. ~**mat(jie)** doormat. ~**noot** footnote. ~**oorgang** pedestrian crossing, crosswalk. ~**pad** footpath, footway, bridle path; pathway; hiking path/trail/way; horse track, trackway. ~**patrollie** foot patrol. ~**plaat** *(rly.)* footplate; base plate. ~**punt** tip of the toes; *(math.)* foot *(of a perpendicular); (astron.)* nadir. ~**reis** journey on foot, walking trip/tour, hike, hiking tour, tramp. ~**rem** foot brake, service brake. ~**rus** footrest; foot rail. ~**seer** *adj.* footsore, with sore feet. ~**skerm** foot guard. ~**skimmel** *(med.)* athlete's foot. ~**skraper** door scraper, foot scraper, boot/shoe scraper. ~**skrif** *(math., comp.)* subscript. ~**slaan** *voetge=* walk (it), (infml.) foot/hoof/ leg it, hike, tramp. ~**slaanpad** hiking trail/path/route. ~**slaner** footslogger, hiker. ~**slepery** dragging (the feet). ~**soldaat** infantryman, footman, foot soldier. ~**sool** sole, foot sole, pad. ~**soolvlak:** *op ~* at grass-roots level. ~**sorg** pedicure. ~**spoor** *=spore* footprint, footmark, track, trail; *iem. se ~ volg, in iem. se ~spore stap* follow/tread in s.o.'s footsteps; *op jou ~spore teruggaan* retrace one's steps; *in die ~spore van ... in* the wake of ..., behind ... ~**stap** *=stappe* footstep, tread; footstep, footfall; footprint, footmark; *in iem. se ~pe volg* follow/tread in s.o.'s footsteps. ~**stuk** pedestal; base; support; *(archit.)* stand; sill, socle, plinth, foot (piece); *iem. op 'n ~ plaas* place/put/set s.o. on a pedestal; *iem. van sy/haar*

~ *stoot* knock s.o. off his/her pedestal/perch. ~**val** genuflec= tion; prostration; kowtow *(Chin., hist.);* obeisance; footfall, footstep; footstep, tread; *voor iem. 'n ~ doen* go down on one's knees before s.o., throw o.s. at s.o.'s feet. ~**versorger** pedi= cure. ~**versorging** pedicure. ~**volk** foot soldiers, infantry, footmen; the masses. ~**werk** *(no pl.)* footwork; *dit kos/verg/ vereis fyn ~* (of *fyn ~ is nodig) om te ...,* *(fig.)* it's a juggling act to ... ~**wortel** *(anat., zool.)* tarsus, tarsal.

**voet·bal** *(soccer, rugby, etc.: game and ball)* football. ~**boef** football hooligan. ~**klere** football togs. ~**speler** football player, footballer. ~**unie** football union. ~**veld** football field/ ground/pitch. ~**wedstryd** football match.

**voe·ten·ent** foot (end) *(of a bed); by die ~ van die ...* at the foot of the ... *(bed).*

**voet·gan·ger** *=gers* pedestrian; wayfarer; foot soldier; *(in the pl., also)* infantry. ~**(sprinkaan)** *(entom.)* hopper. ~**ver= keer** pedestrian traffic.

**voet·gan·gers·:** ~**brug** *(also voetbrug)* footbridge, pedes= trian bridge. ~**gebied** pedestrian area/precinct; *iets in/tot 'n ~ omskep* pedestrianise s.t..

**voet·jie** *=jies, n. (dim.)* little foot; foot *(in a mach.);* peduncle; *~ vir ~* inch by inch; step by step; at a snail's pace; cau= tiously, reluctantly; *~ vir ~ loop* inch one's way. ~**-voetjie:** *met iem. ~ speel,* (lit., infml.) play footsie with s.o..

**voet·stoots** as is; *(jur.)* voetstoots, as it is/stands, without warranty; at the buyer's risk; offhand; without questioning; *iets ~ verkoop* sell s.t. as is.

**vog** liquid, fluid; moisture, damp; *(geol.)* liquor; sap *(of a plant).* ~**bewaring** moisture retention. ~**dig** damp-proof, moisture-proof. ~**digting** damp-proofing. ~**gehalte** mois= ture content, humidity; condition *(of wool).* ~**houvermoë** hygroscopicity. ~**laag** *(archit.)* damp(-proof) course. ~**me= ter, vogtigheidsmeter** hydrometer. ~**middel, bevogti= gingsmiddel** moisturiser. ~**spanning** *(chiefly bot.)* turgor. ~**trekkend** *=kende* moisture absorbing, hygroscopic. ~**vry** *=vrye,* **vogwerend** *=rende* damp-proof, damp resisting.

**vog·tig** *=tige* moist, damp; clammy, dank; humid; watery *(eyes);* wet; drippy *(climate);* oozy; *~ word* become moist/ damp, moisten. **vog·tig·heid** moistness, damp(ness); hu= midity.

**voile** *(text.)* voile.

**vo·kaal** *=kale, n., (ling.)* vowel, vocal; →KLINKER; *(phon.)* vo= calism; *(phon.)* monophthong; *(gram.)* vocable. **vo·kaal** *=kale, adj.* vocal. ~**teken** vowel point. **vo·ka·lies** *=liese, (phon.)* vocalic. **vo·ka·lis** *=liste* vocalist. **vo·ka·li·sa·sie** vocalisation. **vo·ka·li·seer** *=seer* vocalise, vowelise.

**vo·ka·tief** *=tiewe, n. & adj., (gram.)* vocative.

**vol** *vol(le) voller volste, adj. & adv.* full *(cup, stomach, speed, length);* filled; crowded; full-bodied *(wine);* rich *(tone);* fully, completely; deep, rich, intense *(colour);* full, rich *(sound); ~le besit,* *(jur.)* freehold; *in ~le besit* wholly owned; *blad= sye ~ skryf* write pages and pages; *~ bloed* full of blood; *in ~le* (of *~ in die) bloei staan* be in full bloom; *~le broer/ suster* full/own brother/sister; *drie ~le dae* three whole/ clear days; *'n ~le dag* a whole day; *twee ~ eetlepels, twee eetlepels ~* two tablespoonfuls; *in ~le erns* in all serious= ness; *'n ~ figuur* a full (or well-rounded) figure; *'n ~le galop* full (or flat-out) gallop; *'n ~le drie/ens. jaar gelede* fully three/etc. years ago; *'n ~le generaal* a full general; *'n ~ ge= sig* a plump face; *~le gewig* full weight; *heeltemal ~* full up; *elke ~le honderd* every complete/full hundred; *die boom is/sit ~ vrugte* the tree is laden with fruit; *'n ~ klank* a rich/full tone *(of an instr.); ~ in die kol* dead on target; *'n ~(le) lading/vrag* a full/complete load; *die ~le lig het daarop geval* the light fell full on it; *iets ~ maak* (of *laat loop)* fill s.t.; *maak ~!* fill (her) up! *(the tank of a car); dit maak ('n) mens gou ~* it is very filling; *'n ~le ... all of ... (a week etc.); ~le neef/niggie* first/full/own cousin; *'n ~le pro=*

*fessor* a full professor; *'n ~ program* a full/varied pro=
gramme; *die ~le prys betaal* pay full (*or* the whole) price;
*'n saal van hoek tot kant ~ sit* pack out a hall; *~ sand/ens.*
filled with sand/etc.; *(infml.)* covered with sand; *jou plek ~
staan* pull one's weight; *'n plek ~ staan* take up all the
standing room; *ten ~le* in full; to the full; completely; abso=
lutely; *ten ~volgeklee(d)* fully dressed; *~ van iets* full of s.t.
(*the news, a subject, etc.*); obsessed by/with s.t.; replete with
s.t.; rife with s.t.; *iem. is (tot hier) ~ vir ...,* (*infml.*) s.o. has
had more than enough of ...; *~ water/ens.* full of water/
etc.; *iem. word ~* s.o. fills out; *iets word ~* s.t. fills up.
~**baard** full beard. ~**bal** (*cr.*) full toss. ~**bek** (*stockbreeding*)
full-mouthed. ~**bladadvertensie** full-page advertisement.
~**filiaal** wholly-owned subsidiary. ~**gesigvalhelm** full-face
(crash) helmet. ~**geurig** *=rige* full-bodied (*wine*). ~**graan=
beskuitjie,** *=koekie* digestive. ~**kleurafdruk** full-colour re=
production. ~**koring** whole wheat. ~**koringbrood** whole-
wheat/wholemeal bread. ~**koringmeel** whole-wheat flour.
~**maan** full moon; *dis ~* there is a full moon, the moon is
full. ~**maangesig** moon/pudding face. ~**melk** whole/full(-
cream) milk. ~**melkkaas** full-cream/whole-milk cheese. ~**op=
betaal(d)** *=taalde* paid-up fully, paid in full (*assurance*). ~**ou=
tomaties** *=tiese* fully automatic. ~**partituur** (*mus.*) full score.
~**prop** *volge=* stuff, pack, cram (into/down); crowd; en=
gorge; glut; *iets met ... ~* stuff s.t. with ...; *iem. met iets ~*
stuff s.o. with s.t.; *met ... volgeprop* stuffed/bulging with ...
~**prys** full price. ~**punte** full marks; *iem. ~ gee* give s.o. full
marks. ~**rond** *=ronde* curvaceous, (*infml.*) curvy (*figure etc.*);
well-rounded (*wine*); (*mus.*) liquid (*notes*); *'n ~e wyn/geur* a
well-rounded wine/flavour. ~**roommelkpoeier** full-cream
milk powder. ~**ryp** full ripe, fully ripe(ned)/matured. ~**ryp=
heid** full ripeness/maturity. ~**sin** sentence; (*rhet.*) period.
~**staan** *het ~* suffice; *met ... ~* content o.s. with ...; *ek kan ~
met (of laat ek ~ deur) te sê ...* suffice it to say ... ~**stoom**
(at) full steam; *dit is ~ voort met ...* it is full steam/speed
ahead with ...; *~ (vorentoe)* full steam (ahead). ~**stop** *volge=*
stuff, cram; pack (*a jury etc.*); *iem. met ... ~* ply s.o. with ...,
(*coarse*) stuff s.o. with ... (*food, drink, etc.*). ~**stort** *volge=* pay
up (fully), pay in full; *volgestorte kapitaal* (fully) paid-up
capital. ~**suig** *volge=* suck full; engorge. ~**teken** *het ~, vb.*
fill up (*a loan*); fully subscribe (*capital, securities*). ~**teken**
*=kende, adj.* fully subscribed; *nie ~ nie* undersubscribed.
~**treffer** direct hit, smash (hit). ~**uit** in full; full-length, at
full length/speed/force; flat out; (*print.*) in full; *naam ~* full
name; *iets ~ skrywe* write s.t. in full; *~ wen* win outright. ~**vet=
jogurt** full-fat yog(h)urt. ~**vloertapyt** wall-to-wall carpet.
**vol·aar·de, vol·lers·aar·de** fuller's earth.
**vol-au-vent** (*Fr. cook.: a savoury pastry*) vol-au-vent.
**vol·bloed** *=bloede, n.* thoroughbred (horse). **vol·bloed** *adj.*
thoroughbred (*animal*); full-blooded (*nationalist etc.*). **vol=
bloe·dig** *=dige* full-blooded; (*med.*) plethoric. **vol·bloe·dig=
heid** gusto, full-bloodedness; (*med.*) plethora, hyperaemia,
hypostasis. **vol·bloed·perd** thoroughbred horse, blood horse.
**vol·bring** *het ~* fulfil(l), accomplish, perform, complete,
execute, achieve; *dit is ~,* (*John 19:30*) it is finished. **vol=
brin·ging, vol·bren·ging** fulfil(l)ment, accomplishment, per=
formance, execution.
**vol·daan** *=dane, (strong p.p. of* voldoen*)* content, satisfied, ful=
filled, complacent; paid, settled. **vol·daan·heid** content=
ment, satisfaction, contentedness; *'n uitdrukking van ~ hê*
have an air of satisfaction.
**vol·doen** *het ~* satisfy, please, gratify, give satisfaction (*to*);
→VOLDAAN; *aan iets ~* meet/satisfy s.t. (*conditions etc.*); ac=
cede to (*or* comply with) s.t. (*a request etc.*); come/measure/
match up to s.t. (*expectations etc.*); comply with s.t. (*stand=
ards etc.*); meet (*or* conform to) s.t. (*the requirements etc.*);
fulfil(l) s.t. (*a duty*). **vol·doen·de** sufficient, adequate, enough;
satisfactory (*answer*); *dit is ~* that will suffice; it meets the
case; *dit is ~ om te sê ...* suffice it to say ...; *vir ... ~ wees* do

for ... **vol·doend·heid** sufficiency. **vol·doe·ning** satisfaction,
pleasure; payment, settlement; *~ gee* give satisfaction; *iem.
probeer ~ gee* s.o. aims to please; *ter ~ aan ...* in compli=
ance with ...; *ter ~ van ...* in satisfaction of ...; in settle=
ment/payment of ... (*an account*); *~ vind in iets* find satis=
faction in s.t., take satisfaction from s.t..
**vol·don·ge:** *'n ~ feit* an accomplished fact, fait accompli.
**vol·dra·e** mature.
**vol·ein·der:** *V~ van die geloof,* (*OAB/NAB: Heb. 12:2*) fin=
isher/perfecter of our faith (*AV/NIV*).
**vol·ein·dig** *het ~,* (*fml.*) accomplish, complete, finish, achieve.
**vol·ein·di·ging** accomplishment, completion, finishing.
**vol·ein·ding** end (of the world); *in die ~ van die tye* in the
ful(l)ness of time.
**volg** *ge=* follow (*s.o., a way, river, command, etc.*); pursue (*a
course, way, etc.*); succeed; shadow; flock after; ensue; go af=
ter (*s.o.*); *as/soos ~* as follows; *brief ~* letter to follow;
*daaruit ~ dat ...* it follows that ...; *die een slag ~ op die
ander* blow follows blow; (*en*) *hier ~ die nuus* here is (*or*
now for) the news; *~ jy my?* do you follow (me)?, are you
with me?; *iets op iets anders laat ~* follow up s.t. with s.t.
else; *alles noukeurig ~* take in everything; *iets ~ op iets an=
ders* s.t. follows (up)on s.t. else; s.t. is sequential to/upon
s.t.; s.t. succeeds s.t. else; *dit het onmiddellik op ... ge=* it fol=
lowed in the wake of ...; *iets ~ uit ...* s.t. ensues from ...;
*vinnig op mekaar ~* come thick and fast; *~ wat gebeur* fol=
low/understand (*or* take in) what is happening; *en wat
daarop ~* and all that; *wie ~?* who's next?; *deur ... ge~
word,* (*also*) give place to ... ~**afstand** following distance.
~**nommer, vervolgnommer** serial number; consecutive
number; progression number. ~**stroom** (*air*) slipstream;
wash (*of a ship*); wake (*of a ship, an aircraft*). ~**toestel** track=
ing device.
**vol·ge·hou·e** sustained; continuous, continued; consistent;
continuing (*discussions, discrimination, etc.*); →VOLHOU.
**vol·ge·ling** *=linge* follower, supporter, adherent, votary; (*re=
lig., philos.*) disciple.
**vol·gen·de** following, next, (sub)sequent, succeeding; *~
(asseblief)!* next (please)!; *die ~ sal jou in staat stel om ...*
what follows (*or* the following) will enable you to ...; *die ~
op die lys* next on the list; *~ Sondag/ens.* Sunday/etc. next,
next Sunday/etc..
**vol·gens** according to (*a system*), (*Fr.*) à la; in accordance
with; by (*law, appearance*); *~ 'n berig* (*of berigte*) *sal iem. kom*
s.o. is reported to be coming; *~ die laaste berigte* accord=
ing to the latest reports; *~ 'n gerug* (*of gerugte*) *sal iem. kom*
s.o. is rumoured to be coming; *~ die horlosie/oorlosie/
klok* by the watch/clock; *~ iem. ...,* (*also*) s.o. is/was quoted
as saying (that) ...; *~ die mode (van ...)* in the fashion (of
...); *~ iem. se raad handel* act on s.o.'s advice; *~ wat iem. sê*
from what s.o. says; *~ skedule* as per schedule.
**vol·ger** *=gers* follower; shadower; shadow, tail.
**volg·or·de** order, sequence; *in dié/daardie ~* in that or=
der; *in ~* in order; in sequence; seriatim; *logiese ~* logical
sequence; *in ~ van verdienste* in order of merit. ~**bepaler**
(*biochem.*) sequencer.
**vol·groei(d)** *=groeide* full-grown, mature; (full-)fledged;
adult.
**vol·hard** *het ~* persevere; persist; keep up, stand out, stick
it out, stick at/to it; *daarmee ~* keep it up; *in iets ~* hold by/
to s.t. (*principles etc.*); keep to s.t.; stand by s.t. (*a policy etc.*);
*in/met ... ~* persist in/with ...; keep up ...; persevere in/with
... **vol·har·dend** *=dende* persevering, persistent, pertinacious,
tenacious, patient, dogged. **vol·har·der** *=ders* trier, sticker.
**vol·har·ding** perseverance, persistency, persistence, perti=
nacity, tenacity, doggedness, perseveration; *taai ~* dogged
persistence. **vol·har·dings·ver·mo·ë** perseverance, tenacity,
staying power, power of endurance.

**vol·heid** ful(l)ness; plenitude; satiety; body *(of hair etc.)*; abundance; amplitude; repletion; *in die* ~ *van jou mag* in the plenitude of one's power(s); ~ *van stem* volume of voice; ~ *van wyn* (full) body of wine.

**vol·hou** *volge=* maintain *(a war, contest, statement, etc.)*; hold; keep up, continue *(the pace, a struggle)*; sustain *(a part, char= acter, statement, etc.)*; persevere, persist, hold/last out, stay; *daarmee* ~ keep it up; *iem. hou vol dat* ... s.o. insists that ...; *s.o.'s contention is that* ...; *s.o. will have it that* ...; *dit* ~ last the pace; *met iets* ~ persevere/persist in/with s.t.; stick to s.t.. **vol·hou·baar** *=bare* sustainable *(economic development etc.)*. **vol·hou·er** *=houers* sticker, stayer, trier.

**volk** *volke(re)* people, nation; people, populace, (the) masses; people, tribe; *die* ~ *laat beslis* go to the people; *die* ~, *(also)* the masses; *die gewone* ~ the common people; *die uitver= kore* ~ the chosen people. ~**sang** national songs; commu= nity singing. ~**spele** folk dances/games. ~**staat** nation state. ~**stem** voice of the people; popular vote. ~**stemming** ref= erendum, plebiscite; public feeling.

**vol·ke·:** ~**gemeenskap** family of nations. ~**kunde** ethnolo= gy. ~**kundig** *=dige, adj.* ethnologic(al). ~**kundige** *=ges, n.* ethnologist. ~**reg** (public) international law, law of nations.

**vol·ke·re·stryd** struggle between nations.

**vol·ko·me** *adj.* perfect; complete, full; absolute; quintessen= tial; thorough; utter; total; plenary; clear; ~ *ne(d)erlaag/oor= winning* outright defeat/win. **vol·ko·me** *adv.* perfectly, com= pletely, absolutely, quite; outright; utterly, fully, entirely; ~ *met iem. eens wees* be in perfect agreement, agree with s.o. absolutely; ~ *gelyk hê* be quite right; ~ *juis* true enough; ~ *plat* dead flat; *iem.* ~ *verslaan* defeat s.o. utterly. **vol·ko= men·heid** perfection, completeness, wholeness.

**volks** *volkse* national; popular, folksy; common, vulgar. ~**aard** national character. ~**bank** people's bank. ~**belang** national/ public interest. ~**beskrywing** ethnography. ~**besluit** plebi= scite. ~**besteding** national expenditure. ~**bewussyn** na= tional/public consciousness. ~**blad** popular/people's paper. ~**boukunde**, ~**boukuns**, ~**argitektuur** vernacular architec= ture. ~**dans** *=danse* national/folk dance; *(in the pl.)* folk dancing. ~**danser** folk dancer. ~**demokrasie** people's de= mocracy. ~**diens** service(s) to the people. ~**digter** popular poet; national poet. ~**drag** national dress/costume; tradi= tional dress/costume. ~**eie** ethnic/national identity; national character/customs/tradition. ~**etimologie** popular/folk ety= mology. ~**fees** national/popular festival/feast(day); popular celebration, people's festival. ~**gees** national spirit/mind, spirit of the people. ~**geloof** popular belief/superstition. ~**geneeskunde** folk medicine. ~**genoot** compatriot, fellow citizen/countryman/=woman. ~**geskiedenis** national history. ~**gesondheid** public/national health. ~**gevoel** national sen= timent; nationalism; popular feeling. ~**groep** population group, section of the public/community, part of the nation; ethnic(al) group/unit. ~**held** national/folk hero. ~**hof** peo= ple's court. ~**huishouding** national economy. ~**idioom** *(no pl.)* vernacularism. ~**inkomste** national income. ~**karakter** national character. ~**kunde** folklore. ~**kundig** *=dige, adj.* folkloristic. ~**kundige** *=ges, n.* folklorist. ~**kuns** folk/popular art. ~**leër** national army; citizen army; people's army. ~**lei= er** leader of the people, national/popular leader. ~**lied** na= tional anthem. ~**liedjie** popular/folk song. ~**mag** people power, power of the people. ~**mond:** *in die* ~ in popular parlance/speech, in the vernacular, colloquially. ~**moord** genocide. ~**musiek** folk music. ~**naam** popular/common/ everyday name; non(-)scientific name *(of plants etc.)*. ~**oor= lewering** *=ringe, =rings* popular tradition/legend, folk mem= ory; *(in the pl.)* folklore. ~**opera** folk opera. ~**oproer** popu= lar rising. ~**party** people's party. ~**planter** settler, colonist, planter; founder of a nation. ~**planting** (permanent) settle= ment, colony. ~**plantkunde** ethnobotany. ~**poësie** popular/ folk poetry. **V~raad** *(SA, hist.)* House of Assembly; *(gen.)*

national council, legislative assembly. **V~raadslid** *(SA, hist.)* member of Parliament *(or* the House of Assembly). ~**regering** government by the people, democracy, people's/ popular government. ~**republiek** people's republic. ~**tel= ling** (population) census. ~**trots** national pride. ~**uitdruk= king** popular expression. ~**universiteit** peoples' university; adult education centre; night school. ~**vader** father of the people/nation, patriarch. ~**vergadering** national assembly; (large) public gathering/meeting, *(Zu.)* imbizo, *(So.)* kgotla, pitso. ~**verhaal** folk tale, popular legend/story. ~**verhuising** migration of the nations; folk migration; mass migration. ~**verteenwoordiger** representative/delegate of the people. ~**verteenwoordiging** representation of the people; national assembly. ~**vyand** enemy of the people; public enemy. ~**wel= syn** public welfare; social welfare. ~**wysheid** popular wis= dom. ~**wysie** popular air/tune.

**volks·heid** national character; folksiness.

**vol·le·dig** *=dige* full *(account, particulars, payment, service)*; complete *(set of Shakespeare's works etc.)*; unabridged *(book)*; comprehensive, exhaustive; entire; integrated; full-length; total; complete, outright; ... ~ *maak, (also)* integrate ...; *~e naam* full name, name in full; *die ~e program* the full/ complete programme, the programme in full; *~e span* team at full strength; ~ *toegerus* well-appointed. **vol·le·dig= heid** completeness, fullness, comprehensiveness. **vol·le·dig= heids·hal·we** for the sake of completeness.

**vol·leerd** *=leerde* accomplished, finished, well-trained, full-fledged, consummate; fully qualified; ~ *in* ... adept at ...; *iem. is* ~ s.o. has completed/finished his/her education. **vol= leerd·heid** adeptness.

**vol·maak**[1] *het* ~, *vb.* perfect. **vol·maak** *=maakte =maakter =maakste, adj.* perfect, consummate, finished, complete, fault= less, impeccable; *hul(le) geluk was* ~ their happiness was com= plete; *'n ~te landing* a perfect/copybook landing. **vol·maak** *adv.* perfectly, wholly, fully, completely; ~ *teenwoordige tyd, (gram.)* present perfect. **vol·maakt·heid** perfection, com= pleteness; ~ *bereik* attain perfection.

**vol·maak**[2] *volge=* fill; *iets tot oorlopens toe* ~ fill s.t. to the brim.

**vol·mag** *=magte* power of attorney; mandate; (sole) author= ity; full powers, plenary power(s); warrant(y), authorisa= tion; *(jur.)* procuration; brief; commission; delegacy; depu= tation; faculty; proxy; *by* ~, *(vote, marry, etc.)* by proxy; *aan iem.* ~ *gee/verleen* give s.o. power of attorney, authorise/ commission s.o.; make s.o. one's proxy; ~ *hê* have power of attorney. ~**gewer** warranter, warrantor. ~**stem** proxy vote. ~**vorm** form of proxy.

**vol·mag·tig** *ge=* authorise, give power of attorney; *ge~de minister* minister plenipotentiary.

**vol·mon·dig** *=dige, adj.* frank, full, unhesitating, whole= hearted; unqualified. **vol·mon·dig** *adv.* frankly, candidly; wholeheartedly; ~ *saamstem* agree wholly/completely.

**vol·op** *=volopper volopste, adj.* abundant, plentiful, plente= ous, ample; teeming; hearty, superabundant; copious; com= mon; ~ *geld* pots/lots/plenty of money, money galore; *hier is* ~ here is/are plenty (of it/them); ... *is* ~ *in die Karoo* ... are common in the Kar(r)oo; ~ *tyd* plenty of time, all the time in the world. **vol·op** *adv.* freely, abundantly, plenti= fully, copiously, in plenty; *iets* ~ *geniet* enjoy s.t. to the full; ~ *voorsien van* ... flush with ... **vol·op·heid** abundance, plenty, profuseness.

**vol·pre·se:** *nooit* ~ unsurpassed; never given its due; never fully appreciated.

**vol·sla·e** *adj.* complete, absolute *(fool, nonsense)*; complete, unqualified *(success)*; full-scale; total; perfect, utter *(fool, mis= ery, darkness)*; arrant *(nonsense)*; blatant, blithering *(idiot)*; sworn *(enemies)*; pure *(coincidence)*; profound *(ignorance)*; downright; *'n* ~ *verlies* a dead loss *(infml.)*. **vol·sla·e** *adv.* completely, utterly, quite, totally, thoroughly.

**vol·strek** *=strekte, adj.* absolute *(power);* utter; *(jur.)* peremptory; perfectly; sheer; *~te sekerheid* dead certainty. **vol·strek** *adv.* absolutely, quite, perfectly; *~ geen parkering* strictly no parking; *~ die laaste* positively the last; *~ nie* on no account, certainly/absolutely/emphatically not, by no means, not by any means, (in) no way, not in any way, not by a long shot; *iem. wil iets ~ nie hê* nie s.o. won't have s.t. on any account, s.o. simply won't hear of s.t.; s.o. absolutely refuses to take s.t.. **vol·strekt·heid** absoluteness.

**vol·struis** *=struise* (common) ostrich. *~benadering* ostrich-(like) approach. *~boer* ostrich farmer. *~eier* ostrich egg. *~kuiken* ostrich chick. *~leer* ostrich leather. *~mannetjie, mannetjiesvolstruis* male ostrich. *~politiek* ostrich policy. *~skop* ostrich's kick; *(wrestling)* mule-kick. *~veer* ostrich feather. *~wyfie, wyfievolstruis* female ostrich.

**vol·struis·ag·tig** *=tige* ostrichlike.

**volt** *volt(s), (elec., abbr.:* V) volt; *honderd ~* a hundred volts. *~(-)ammeter, ~(-)ampèremeter* voltammeter. *~(-)ampère (abbr.:* VA) volt-ampere. *~meter* voltmeter.

**vol·tal** maximum, possible. **vol·tal·lig** *=lige* full, complete; up to strength; fully attended *(meeting);* plenary *(assembly); ons is nou ~* we are all here/present now; *iets ~ maak* make up s.t.; bring s.t. up to strength. **vol·tal·lig·heid** completeness.

**vol·te** ful(l)ness; crowd; plenum.

**vol·tooi** *het ~* finish, complete; accomplish; consummate; fulfil(l); *'n vlug nie ~ nie* abort a flight. **vol·tooid** *=tooide* finished, complete, *(infml.)* in the can; *~e deelwoord, (gram.)* past participle. **vol·tooi·ing** completion, finishing, perfection; accomplishment; consummation; finalisation; *by die ~ van ...* on completion of ...; *die werk nader (sy) ~* the work is nearing completion.

**vol·trek** *het ~, vb.* execute, carry into effect *(a sentence);* carry out; solemnise *(a marriage);* perform *(a ceremony);* consummate; execute *(a sentence).* **vol·trek** *=trekte, adj.* executed; carried out; solemnised. **vol·trek·ker** executor *(of a project);* performer. **vol·trek·king** execution; solemnisation, solemnising; consummation.

**vol·tyds** *=tydse* full-time.

**vo·lu·me** *=mes* volume; capacity; volume *(of a book).* *~-een·heid* unit of volume. **vo·lu·me·tries** *=triese* volumetric.

**vo·lun·ta·ris·me** *(philos.)* voluntarism, voluntaryism.

**vo·luut** *=lute, (archit.)* volute.

**vol·voer** *het ~* fulfil(l), accomplish, perform, complete, execute, carry out; *'n huwelik ~* consummate a marriage. **vol·voer·der** *=ders* accomplisher. **vol·voe·ring** fulfil(l)ment, accomplishment; *~ van 'n huwelik* consummation of a marriage.

**vol·waar·dig** *=dige* full (and equal), of full value, full(y)-fledged, complete, full(-blown); mature; *'n ~e taal* a language in its own right. **vol·waar·dig·heid** full status; full value; maturity.

**vol·was·se** *~, adj.* adult, grown(-up), mature; full(y)-grown, fully-developed, ripe *(plants).*

**vol·was·se·ne** *=nes, n.* adult, grown-up (person); *'n rolprent vir ~s, (euph.)* an adult film. *~onderrig* adult education. *~stemreg* adult suffrage.

**vol·was·sen·heid** adulthood, maturity.

**vo·meer** *(ge)=* vomit, be sick, throw up. *~middel* *=dels, =dele* emetic. *~sakkie* sick bag.

**vo·meer·sel** vomit.

**vo·me·ring** vomiting; *(med.)* emesis.

**von·de·ling** *=linge* foundling, abandoned child.

**vonds** *vondste* find(ing); discovery, strike; trove; *(fig.)* invention; *'n ~ doen/maak* make a find/discovery; *'n ryk ~ doen/maak* strike it rich.

**vonk** *vonke, n.* spark, *(infml.)* pizzazz; *~e afgee* give/throw off *(or emit)* sparks; *~e voor jou oë sien, (fig.)* see stars; *~e*

skiet sparkle, scintillate; *(s.o.'s eyes)* flash fire; *die ~e spat, (fig.)* sparks are flying; *die ~e laat spat, (fig.)* make the sparks fly. **vonk** *ge=, vb.* spark(le), fire, scintillate, shoot sparks/fire. *~draad* ignition wire. *~ontsteking* spark ignition, ignition by spark. *~prop* spark(ing)/ignition plug. *~stelling* timing. *~stelsel* ignition system. *~stok* *(fireworks)* sparkler. *~vanger (elec.)* spark arrester/deflector. *~verdeler* ignition distributor. *~vry* sparkless.

**von·kel** *ge=* sparkle, glitter, twinkle, scintillate, flash; *van ... ~* sparkle with ... *~wyn* sparkling wine. *~(wyn)ontbyt* champagne breakfast.

**von·ke·lend** *=lende* sparkling, glittering, glittery, scintillating.

**von·ke·ling** *=linge* sparkle, glitter, twinkle, twinkling, scintillation; *'n ~ in die oog* a twinkle in the eye.

**von·kie** *=kies, n., (dim.)* spark, twinkle; scintilla; *geen ~ lewe nie* not a spark of life.

**von·nis** *=nisse, n.* sentence, judgement; decree; adjudication; *'n ~ ontvang* draw a sentence; *iem. 'n ~ oplê, 'n ~ aan iem. oplê* impose a sentence on s.o.; *'n ~ uitdien/uitsit* serve a sentence; *'n ~ oor iem. vel/uitspreek* pass sentence on s.o.; *die ~ vel/uitspreek, (also)* pronounce sentence; *'n ~ voltrek* execute *(or carry out)* a sentence; *vorige ~se* previous convictions; *~ weens ...* judgement for ... **von·nis** *ge=, vb.* sentence, condemn; *iem. is al ge= s.o.* has a (criminal/police) record; *iem. is nog nooit ge= nie* s.o. has no (criminal/police) record; *iem. tot vyf jaar tronkstraf ~* sentence s.o. to five years.

**vont** *vonte* font *(for baptismal water).*

**voog** *voogde, (jur.)* guardian; *(jur.)* curator; parent; tutor; warden. **voog·dy** guardianship, tutelage; trusteeship; ward-(ship). **voog·dy·raad** board of guardians. **voog·dy·skap** *=skappe* guardianship; trusteeship; tutelage; ward(ship).

**voor**[1] *vore, n.* furrow; trench; ditch, run, gutter; *(fig.)* deep wrinkle, furrow, line.

**voor**[2] *n.: die ~ en teë/teen* the pros and cons, the merits and demerits. **voor** *adv.* in front, ahead, in the lead; upfront, up front; in favour, for; forward of; *van ~ af* from the beginning; *van ~ af (aan)* (all) over again; *~ en agter* before and behind; *van ~ tot agter* from cover to cover; from stem to stern; right through; *dit was oom ~ en oom agter, (infml., somewhat dated: said of an obsequious younger pers.)* s.o. was bowing and scraping, s.o. was all over s.o. else *(an older man); iem. een ~ wees* be one up on s.o.; outguess s.o.; *effens/effe(ntjies) ~ wees* have/hold a slender lead; *(a watch)* be a little fast; *iem. ~ wees* be ahead of s.o.; forestall s.o.; *~ in* at the *(or* in) front; *~ in die gebou* in the front part of the building; *~ in die boek staan iem. se naam* s.o.'s name is written on the flyleaf; *die syfers is ~ by verlede maand s'n* the figures are ahead of last month's; *~ kom* get ahead; go into the lead; *(dadelik) los ~ wees* get/have a head start; *reg ~* right in front; right ahead; *reg van ~ bots* collide head on; *~(aan) sit* sit in front, take a front seat; *te staan kom ~ ...* be up against ...; *punte ~ en teen* points for and against; *van ~* from in front; *van ~ tot agter* from front to back/rear; *~ op die wa sit* sit on the front seat of the wag(g)on; *~ op die wa, (fig.)* forward, uppish, presumptuous; *~ wees* lead, be ahead, be senior to; *wie is ~?* who is leading?; *met die wind van ~* upwind. **voor** *prep.* before *(dinner, the judge, Christmas, etc.);* in front of *(the church, school, etc.);* ahead of *(a schedule);* at *(the door, window, piano, wicket, etc.); iets staan ~ die deur, (fig.)* s.t. is imminent; *iets ~ iem. doen* do s.t. in front of s.o.; do s.t. in view of s.o.; *~ iem. wees* be ahead of s.o.; have a lead over s.o.; *~ jou kyk* look in front of one; *nie ~ tienuur nie* not till ten o'clock; *~ of op 1 Mei* on or before *(or* by *or* not later than) May 1, on May 1 at the latest; *vyf (minute) ~ tien* five (minutes) to ten. **voor** *conj.* = VOORDAT.

**voor·aan** in front; in the forefront/van/lead, at the head, ahead; ~ *staan/wees* be in the lead, be at the head. ~**sig** front(al) view, front elevation, front(al) aspect, facade, face, front. ~**staande** ~ *meer* ~ *die mees* ~ leading, prominent, notable, important, distinguished, outstanding, top(-drawer), upper-class. ~**voeging** *(gram.)* prefixion.

**voor·aand** eve; *aan die* ~ *van ..., (fig.)* on the eve of ...; in the run-up to ...; on the verge of ...; *in die* ~ early in the evening.

**voor·aan·kon·di·ging** advance notice *(of a new book etc.).*

**voor·af** beforehand, previously, in advance; *'n* ~ *bepaalde prys/ens.* a predetermined price/etc.; *iets* ~ *giet* precast s.t.; *iets* ~ *instel* preset s.t.; *iem.* ~ *kennis gee* (of *in kennis stel*) *van iets* give s.o. advance notice of s.t.; ~ *vir iets kwalifiseer* pre-qualify for s.t.; ~ *wil ek sê* ... to begin with I wish to say ...; *iets* ~ *was* pre-wash s.t.; *iets* ~ *week* presoak s.t.; *woord* ~ foreword, preface. ~**betaalstelsel** pay-as-you-go scheme. ~**gaan, vorafgaan** *voorafge=* precede, go/come before, go/come in front (of); lead, head; *iets deur ... laat* ~ preface s.t. with ... ~**gaande, vorafgaande** preceding *(sentence)*; foregoing; preliminary; prefatory; ~ *aan* ... preceding ..., precedent to ...; ~ *stelling* premise. ~**kennisgewing** advance notice. ~**skadu, vorafskadu** *voorafge=* foreshadow, adumbrate; prefigure. ~**skaduwing, vorafskaduwing** foreshadowing, *(fig.)* pre-echo; prefiguration. ~**vervaardig** *=digde, (also* vooraf vervaardig*)* prefabricated. ~**vervaardiging** prefabrication.

**voor·ar·beid** preparatory/preliminary work, spadework.

**voor·arm** forearm. ~**dryfhou** *(tennis)* forehand drive. ~**hou** *(tennis)* forehand (shot/stroke). ~**spel** *(tennis)* forehand (play).

**voor·ar·res** remand, custody, detention; *iem. in* ~ *hou/terugstuur* remand s.o. in custody; *gevangene in* ~ awaiting-trial prisoner; *in* ~ in custody; awaiting trial.

**voor·baan** *(tennis)* forecourt; front panel/piece.

**voor·baat** *by* ~ in anticipation; upfront, up front; in advance; *met dank by* ~, *by* ~ *dank(ie)* thanking you in anticipation.

**voor·band** front tyre; front band.

**voor·bank** front seat/bench; front row. **voor·ban·ker** *=kers, (parl.)* frontbencher.

**voor·ba·rig** *=rige* arrogant, forward, audacious, saucy, previous, presumptuous, *(infml.)* pushy, impertinent; premature, rash, untimely, hasty *(decision).*

**voor·be·dag** *=dagte* premeditated, deliberate, calculated; malicious; witting; *met* ~*te rade* premeditated(ly), deliberately, advisedly, with deliberation, on purpose, of set purpose, wil(l)fully; *(jur.)* of malice prepense. **voor·be·dag·te·lik** with premeditation, designedly; *(jur.)* of malice prepense. **voor·be·dagt·heid** premeditation, forethought, deliberateness.

**voor·be·de** intercession; invocation.

**voor·beeld** *=beelde* example; sample; model; illustration, instance; specimen *(of s.o.'s skill, generosity, etc.)*; copy; *as* ~ by way of example; *'n goeie* ~ a good example; a case in point; *iets na die* ~ *van ... maak* model s.t. after/on ...; fashion s.t. after ...; *'n navolgenswaardige* ~ an example worth following; *iem. tot* ~ *neem* model o.s. on s.o.; take a leaf out of s.o.'s book; *'n* ~ *stel/wees* set an example; *iets met* ~*e toelig* illustrate/exemplify s.t.; *iets is vir iem. 'n* ~ s.t. serves as an example to s.o.; *'n* ~ *vir iets wees* establish/set a pattern for s.t.; *'n* ~ *volg* follow an example; ... *as* ~ *voorhou* hold ... up as an example; *by wyse van* ~ by way of example. **voor·beel·dig** *=dige* exemplary, model, ideal; *iem. is 'n* ~*e kind* the child is an example to others. **voor·beel·dig·heid** exemplariness.

**voor·been** foreleg, front leg.

**voor·be·han·del** *het* ~ pretreat. **voor·be·han·de·ling** pre-treatment, preliminary treatment.

**voor·be·hoe·dend** *=dende* preventative, preventive; prophylactic; contraceptive; pre-emptive.

**voor·be·hoe·ding** prevention; prophylaxis; contraception.

**voor·be·hoed·mid·del** *=dels, =dele* contraceptive; prophylactic; precaution; preventive, preventative; preservative.

**voor·be·hou** *het* ~ reserve; *'n oordeel* ~ suspend judgement; *(jou) die reg* ~ reserve (to o.s.) the right; *iets vir ...* ~ reserve s.t. to ... **voor·be·houd** *=houde* reserve, reservation; caveat *(Lat.); (jur.)* salvo; restriction; proviso; condition; ~ *aanteken* enter a caveat; *'n* ~ *maak/stel* make (*or* put in) a proviso; *met hierdie* ~ with this qualification; *onder alle* ~ with all reserve; *onder* ~ *dat* ... provided (that) ..., with the proviso that ...; *sonder* ~ unconditionally; without restriction; without reserve. **voor·be·houds·be·pa·ling** *=lings, =linge* saving clause.

**voor·be·kap** *=kapte* rough-hewn *(stone, timber, etc.).* **voor·be·kap·ping** wasting.

**voor·be·las·te** *adj. (attr.)* pre-tax *(income, profit, etc.).*

**voor·be·rei** *het* ~ prepare; make; prime; condition; predispose; coach; groom; ready; *jou op ...* ~ prepare o.s. for ...; brace o.s. for ... *(bad news etc.)*; steel o.s. against/for ...; *jou vir iets* ~ prepare o.s. for s.t. **voor·be·rei·dend** *=dende* preparatory, preparative, preliminary; exploratory, explorative; ~*e werk* preliminary work; spadework.

**voor·be·rei·ding** *=dings, =dinge* preparation; planning; *as* ~ *vir ...* in preparation for ...; *in* ~ in (course of) preparation; in hand; on the stocks. ~**skool** prep(aratory) school.

**voor·be·rei·dings=** ~**diens** preparatory service, service preparatory to Holy Communion. ~**klas** preparatory class. ~**werk** preparatory/preliminary work, groundwork.

**voor·be·reid·sel** *=sels* preparation, preparative; preliminary; *(in the pl., also)* preliminaries, dispositions; *vir ...* ~*s tref* make preparations for ...

**voor·be·sig·ti·ging** preview, private view.

**voor·be·skik, voor·be·stem** *het* ~, *vb.* predispose; predestine; *(theol.)* predestinate, foreordain, preordain. **voor·be·skik** *=skikte, adj.* predestined, fated; predoomed; destined. **voor·be·skik·king** predestination, foreordination, predetermination. **voor·be·skikt·heid** predisposition.

**voor·be·skou·ing** preview, forecast.

**voor·be·spre·king** advance booking; preliminary/preparatory talk.

**voor·be·staan** pre-existence, previous existence.

**voor·be·stem** *het* ~ →VOORBESKIK *vb..* **voor·be·stem(d)** *=stemde* predestined; *iem./iets was* ~ *om te ...* s.o./s.t. was destined to ...; ~*de man/vrou* man/woman of destiny.

**voor·be·wus** *=wuste, adj., (psych.)* preconscious. **voor·be·wus·te** *n.* preconscious. **voor·be·wust·heid** preconsciousness.

**voor·bid** *voorge=* lead in prayer. **voor·bid·der** intercessor, mediator; prayer leader. **voor·bid·ding** intercession *(by prayer); vir iem.* ~ *doen* pray for s.o..

**voor·blad** front page. ~**artikel** front-page article; *(also* voorbladstorie*)* cover story. ~**nuus** front-page news. ~**prys** cover price *(of a magazine, newspaper, etc.).*

**voor·bly** *voorge=* maintain/hold a/the lead, stay/keep ahead.

**voor·bo·de** precursor, forerunner, augury, foretoken; portent, presage, *(fig.)* omen, foreshadowing, pre-echo; *'n* ~ *van siekte* a prodrome.

**voor·bok** bell goat, leading goat; (pack) leader, ringleader, moving spirit; sachem.

**voor·brand** *n.* firebreak, fire belt/path/screen; *teen iets* ~ *maak* take precautions against s.t.; *vir iets* ~ *maak* pave the way *(or* do the spadework) for s.t.. **voor·brand** *voorge=, vb.* make a firebreak. **voor·brand·ma·ke·ry** publicity, *(infml.)* (media) hype.

**voor·breed·te** frontage.

**voor·bring** *voorge=* bring up, arraign, bring to trial, put/place on trial; propose, put forward; advance; *'n saak* ~

bring a matter up, broach a subject; *'n getuie ~* produce a witness.

**voor·chris·te·lik, voor-Chris·te·lik** *-like* pre-Christian.

**voor·dag** before dawn, predawn.

**voor·dans** *voorge-* lead the dance; show how to dance, demonstrate a dance. **voor·dan·ser** *-sers* leader of the dance; *een van die ~s* one of the leading/expert dancers.

**voor·dat** *conj.* before, preparatory to.

**voor·deel** *-dele* advantage, benefit, profit; *(tennis)* advantage; *(pecuniary)* gain; plus (point); *(in the pl., also)* spoils, pickings; *iets tot jou ~ aanwend* turn s.t. to account; *'n ~ behaal* gain/get an advantage; *tot eie ~* for personal advantage; *tot die grootste/meeste ~* to the best advantage; *'n ~ bo iem. hê* have an advantage over s.o.; have the advantage of s.o., have s.o. at a disadvantage; have a lead over s.o.; *lang spelers het in lynstane die ~, (rugby)* tall players have the edge in line-outs; *die meeste ~ uit iets probeer trek* make the most of s.t.; *met ~* profitably, to advantage; to good/some purpose; *met min/weinig ~* to little purpose; *die ~dele en nadele* the pros and cons; *dit het sy ~dele en nadele* it cuts both ways; *daar steek geen ~ in nie* there's no percentage in it; *iets strek iem. tot ~* s.t. is to s.o.'s advantage; s.t. is in s.o.'s favour; *ten ~dele van ..., tot ~ van ...* in favour of ...; for the benefit/good of ...; *tot iem. se ~* to s.o.'s advantage; for s.o.'s benefit; *~ uit iets trek* profit by/from s.t.; benefit from/by s.t., derive benefit from s.t.; take advantage of s.t. *(the circumstances etc.)*; turn s.t. to advantage, *(infml.)* cash in on s.t.; *iem. die ~ van die twyfel gee* give s.o. the benefit of the doubt; *'n ~ uitbuit* press (home) an advantage; *watter ~ het dit vir my?* what is in it for me?, where do I come in?. **~lyn** *(rugby)* advantage line. **~pot, ~spel** *(tennis)* advantage game. **~reël** *(sport)* advantage rule/law. **~stel** *(tennis)* advantage set. **~trekker** gainer, beneficiary.

**voor·dek** forward deck, foredeck *(of a ship)*.

**voor·de·lig** *-lige -liger -ligste, adj.* profitable, advantageous, lucrative, remunerative; beneficial; gainful, paying; (all) to the good; expedient; frugal; salutary; *op die ~ste* to the best advantage; *~e saldo* credit balance. **voor·de·lig** *adv.* profitably, to advantage, advantageously; economically; *iets ~ verkoop* sell s.t. at a profit. **voor·de·lig·heid** profitability.

**voor·deur** front door, street door. **~sleutel** front door key.

**voor·doen** *voorge-* show; pretend; *(difficulties etc.)* arise, occur, come/turn/crop up; act, appear, pose; *jou as ... ~* pose/posture/masquerade *(or* pass o.s. off) as ...; profess/pretend to be ...; set o.s. up as ...; *... doen hom voor, (a chance, an opportunity)* ... offers itself; *(a question etc.)* ... arises; *jou vriendelik ~* put on a semblance of friendliness.

**voor·dra** *voorge-* recite *(a poem)*; give a recitation; declaim; perform; deliver *(a lecture etc.)*; render, execute *(a mus. composition)*; do a turn *(in a mus. hall)*; propose, nominate, recommend *(a candidate)*; put, present *(the case of)*; expound *(a theory)*. **voor·dra·er** reciter, elocutionist; *(mus.)* performer.

**voor·drag** *-dragte* recitation; recital *(of a mus. composition, poem, etc.)*; lecture, address, talk; presentation, presentment *(of a case)*; *(good/bad)* delivery, elocution, diction; declamation; proposal, nomination, recommendation. **~aand** poetry/etc. reading evening. **~kuns** elocution. **~kunstenaar** elocutionist. **~wedstryd** elocution/recitation competition/contest.

**voor·ek·sem·plaar** advance copy.

**voor·ent** forepart, forefront; *reg op die ~* right in front.

**voor·gaan** *voorge-* walk/go in front of, precede; lead (the way); take precedence, come first; officiate; give a lead, take a lead; usher; *dié wat ons na 'n beter wêreld voorgegaan het* those who have gone before us; *jou broers/ens.* be/set an example to your brothers/etc.; *gaan voor!* after you!; lead the way!; *jou gesin gaan voor* one's family comes first; *iem. laat ~* give precedence to s.o.. **voor·gaan·de** preceding,

last, previous, former; *die ~* the foregoing; *~ term/sinsdeel, (gram.)* antecedent. **voor·gan·ger** *-gers* predecessor; leader, foregoer; precursor; parson, minister; officiator.

**voor·ge·bed** opening prayer, prayer before the sermon; collect.

**voor·ge·berg·te** promontory, headland, cape, bluff, ness.

**voor·ge·boor·te : ~behandeling** antenatal treatment. **~kliniek** antenatal/prenatal clinic. **voor·ge·boor·te·lik** *-like* prenatal, antenatal.

**voor·gee** *-geë, n.* start; *(golf)* handicap; odds; *(sport)* law *(in a race)*; *(fig.)* play-act. **voor·gee** *voorge-, vb.* give a start; give odds; profess (to be), pretend, claim, assume, fake, give out, make believe, simulate, *(fml.)* feign, pose, make out; handicap; maintain; *~ dat iets ... is* pass/palm s.t. off as ...; *~ dat jy ... is* represent o.s. as ..., purport/claim/profess to be ...; pretend to be ...; *nie ~ om ... te wees nie* make no claim to be ... **voor·ge·ër** *-geërs* handicapper. **voor·gee·wed·ren** handicap race. **voor·ge·ge·we** pretended.

**voor·ge·go·te** precast *(concrete walls etc.)*.

**voor·ge·meld** *-melde* →VOORMELDE.

**voor·ge·noem·de, (fml.)** **voor·noem·de** aforesaid, abovementioned, foregoing.

**voor·ge·no·me** *(strong p.p. of* voorneem*)* proposed, planned, intended, contemplated, envisaged, envisioned, prospective, projected; *~ optrede* proposed action; *~ reis* intended journey.

**voor·ge·reg** *(cook.)* starter; hors d'oeuvre, relish; entrée *(Fr.)*; antipasto *(It.)*.

**voor·ge·skie·de·nis** previous history; past history, ancestry; *(of prehistoric times)* prehistory; *(med.)* anamnesis; *(med.)* case history.

**voor·ge·skre·we** *(strong p.p. of* voorskryf*)* prescribed, set *(book, piece)*; prescriptive; formulary.

**voor·ge·slag** ancestry, ancestors, forefathers.

**voor·ge·span·ne** prestressed *(concrete)*.

**voor·ge·stel·de** *-des* nominee; presentee.

**voor·ge·stoel·te** front seat(s), front bench(es); *in die ~* in the front seats; in the seats of the mighty; *graag in die ~ wees* like to be in the limelight.

**voor·ge·voeg** *-voegde, (gram.)* prepositive, prothetic.

**voor·ge·voel** premonition, presentiment, foreboding, hunch, divination, presage, prescience.

**voor·ge·wel** front gable; forefront, front aspect, frontispiece, frontal, facade, frontage.

**voor·ge·wend** *-wende* pretended, professed; feigned, fictitious, assumed, make-believe, ostensible, simulated, sham, mimic, bogus, fake(d); *~e siekte* sham illness.

**voor·graads** *-graadse* undergraduate; *~e student* undergraduate (student), *(infml.)* undergrad.

**voor·grond** *(lit. & fig.)* foreground; forefront; fore; *op die ~ beweeg* have a high profile; *iets op die ~ bring* give prominence to s.t.; put forward s.t.; feature/headline s.t.; *jou op die ~ dring* thrust o.s. forward; make o.s. conspicuous; steal the limelight; *op die ~ kom/tree* acquire/gain *(or* come into) prominence, come to the fore; loom large; *op die ~, (lit.)* in the foreground; in the forefront; upfront, up front; *(fig.)* in the limelight; *op die ~ wees, (fig.)* in the forefront; be in the public eye *(or* in the limelight/spotlight), have a high profile; be much in evidence; bulk large; *iets op die ~ stel* give s.t. a high profile; *jou op die ~ stel* put o.s. forward.

**voor·haak** *voorge-* hitch on. **voor·ha·ker** mechanical horse; articulated truck, *(Am.)* semi(-trailer); rig.

**voor·hal** (front/entrance) hall, foyer, lobby, vestibule.

**voor·ha·mer** sledge(hammer).

**voor·hand** *(tennis)* forehand; front part of the hand; *(cards)* elder hand. **voor·han·de** in stock/store, on hand, available, extant, existent; *geen geld meer ~ nie* no more money available; *iets* ~ *hê* have s.t. in stock; *nie meer* ~ *nie* sold out, out of stock.

**voor·hang** *n.* veil, curtain *(of a temple).* **voor·hang** *voorge=, vb.* hang in front of. **voor·hang·sel** *=sels* veil, curtain *(of a temple).*

**voor·heen** formerly, in the past, in former days; sometime, previously; until then.

**voor·hek** front gate.

**voor·his·to·ries** *=riese* prehistoric.

**voor·hoe·de** *=des, (mil., fig.)* van(guard), advance guard/party; forefront; *(rugby)* forwards, forward line; *(fig.)* vanguard, spearhead.

**voor·hoek** advancing angle.

**voor·hof** *(Bib.)* court; forecourt; *(archit.)* propylaeum; *(bot.)* crypt; *(anat.)* vestibule *(of the ear, nose, etc.);* atrium.

**voor·hoof** *(fml.)* forehead, brow(s).

**voor·hou** *voorge=* hold before/up; proffer; *dit word (vir) die kinders voorgehou dat ...* it is impressed on the children that ...

**voor·huid** *(anat.)* foreskin, *(tech.)* prepuce.

**voor·huis** front room; dining room; living room; sitting room, lounge.

**voor·hu·we·liks** *=likse* premarital *(sex etc.),* prenuptial, antenuptial *(contract etc.).*

**voor·in·gang** front entrance.

**voor·in·ge·no·me** *(fml.)* prejudiced, bias(s)ed, partial. **voor·in·ge·no·men·heid** *(fml.)* prejudice, bias, partiality.

**voor·jaar** spring; →LENTE.

**voor·kaak** *(entom.)* mandible.

**voor·ka·mer** front room; drawing/sitting room, lounge; hall, reception room; anteroom, antechamber; *(anat.)* atrium; *(anat.)* auricle.

**voor·kant** front (side/aspect); face; facade; facing; front end, forefront; frontage; frontal; recto; obverse; *aan die* ~ at the front; *met die* ~ *na onder* face down(wards); ~ *toe, (infml.)* in the future.

**voor·kas·teel** *(naut.)* forecastle, fo'c's'le.

**voor·keer** *voorge=* stop *(s.o. in the street etc.),* bar/block the way, obstruct *(the way);* dam up *(water);* head off, turn back *(sheep);* collar; flag; intercept; *deur ... voorgekeer word* be confronted by ...

**voor·ken·nis** prescience, (fore)knowledge; precognition; prevision.

**voor·keur** *=keure* preference; (first) choice; favour, like, liking; precedence; predilection; preference; *(biol.)* prepotency; priority; *by* ~ preferably, by/for choice; *(die)* ~ *aan ... gee* prefer ..., give preference to ...; lean toward(s) ...; prioritise ...; *iem. gee die* ~ *aan A bo B* s.o. prefers A to B; *(die)* ~ *geniet* be preferred; have preference; *'n* ~ *vir ... hê* prefer ..., have a preference for ...; *(die) bo ... hê* come before ..., have priority over ...; *die* ~ *kry* be given preference. **~aandeel** preference/preferred share. **~aankope** preferential procurement/buying. **~behandeling** priority treatment; ~ *aan iets gee* prioritise s.t.. **~bieër** preferred bidder. **~pos** priority mail. **~reg** preferential right. **~stem** preferential vote. **~tarief** preferential rate/tariff. **~vorm** preferred form.

**voor·keu·se** preselection.

**voor·kis** (front) box, box seat *(of a wag[g]on);* coach box.

**voor·kom¹** *voorge=* come to the front; gain the lead, get/draw ahead; appear in court, be brought up, come up for trial; be found, occur, be met with; appear, seem; *iets kom algemeen voor* s.t. is common; *dit wil* ~ *(as)of ...* it would appear/seem as if *(or* seem that) ...; *baie* ~, *(corruption etc.)* be rife; *by die Grieke kom dit nie voor nie* one does not find it among the Greeks; *weens diefstal* ~ be up for theft; *dikwels* ~ occur frequently, be of frequent occurrence; be quite common; *iem. kom in iets voor* s.o. figures in s.t.; *dit*

*kom my voor ...* it seems to me ...; *iets kom iem. oordrewe/ens. voor* s.t. strikes s.o. as exaggerated/etc.; *oral(s)* ~, *(plants etc.)* be found everywhere; *wanneer kom iem. se saak voor?* when does s.o.'s case come up (for hearing)?, when has s.o. to appear in court?; *... en ... kom saam voor ...* and ... go together; *selde* ~ occur rarely, be of rare occurrence; *net wat* ~ any old thing *(infml.).* **voor·koms** (personal) appearance, look(s), complexion; bearing, aspect, air, semblance; mien; physiognomy; occurrence, incidence; prevalence; *(mus.)* signature; existence; turnout; *dit gee die saak 'n ander* ~ that alters the case; *iem. van edel(e)* ~ s.o. of noble presence; *die* ~ *van ... hê* have an air of ...; bear the semblance of ...; *iets 'n nuwe* ~ *gee* give s.t. a face-lift; *na iem. se* ~ *te oordeel* from s.o.'s looks. **voor·koms·syfer** incidence, prevalence, occurrence.

**voor·kom²** *het* ~ prevent; ward off *(danger);* obviate *(danger, difficulty);* avert *(an accident).* **voor·kom·baar** *=bare* preventable. **voor·ko·mend** *=mende* preventive. **voor·ko·ming** prevention; anticipation; obviation; preclusion; *ter* ~ *van ...* for the prevention of ... **voor·ko·mings·werk** preventive work.

**voor·koop** *(jur.)* pre-emption. **~reg** *(jur.)* (first) refusal, right of pre-emption, pre-emptive/pre-emption right.

**voor·kop** forehead.

**voor·kwart** forequarters *(of a slaughtered animal).*

**voor·laai·er** *(truck)* front-end loader; *(also* voorlaaiwasmasjien*)* front loader; *(hist., also* voorlaaiergeweer*)* muzzle-loader, muzzle-loading gun/rifle.

**voor·laas·te** second-last, last but one, the last save one; penultimate *(syllable).*

**voor·lamp** headlight, front lamp.

**voor·land** *(geog.)* foreland, headland; fate, destiny; *iets is iem. se* ~ s.t. is/lies in store for s.o.; *'n loesing/ens. is iem. se* ~ s.o. is sure to be walloped/etc.; *sak/dop is iem. se* ~, *(infml.)* s.o. is sure to fail (the exams).

**voor·langs** along the front (of s.t.), across in front (of s.t.), across the front.

**voor·lê¹** *voorge=* await; ambush, waylay; be on the horizon *(fig.);* *iem.* ~ lie in wait/ambush for s.o.; lay an ambush for s.o.; *daar lê nog ... kilometer voor* there are ... kilometres to go; *iets lê vir iem. voor* s.t. lies ahead for s.o., s.t. lies before s.o..

**voor·lê²** *voorge=* put before, propound, submit *(a plan etc.),* lay *(facts etc.)* before *(s.o.);* *(jur.)* produce *(a document);* put *(a question)* to; present, state *(a case);* weer *iets* ~ resubmit s.t.. **voor·leg·ging** submission, production *(of a document);* presentation; *'n* ~ *doen* make a submission.

**voor·lees** *voorge=* read (aloud *or* out loud); read to *(s.o.);* read back; call over; dictate. **voor·le·ser** reader; prelector; gospeller; *(RC)* lay reader. **voor·le·sing** reading; lecture; speech; *'n* ~ *hou* deliver/present/read a paper.

**voor·let·ter** initial.

**voor·lief·de** predilection, preference, liking, like, partiality, bias, propensity; taste; *'n* ~ *vir iets hê* be partial to s.t., have a penchant/predilection for s.t..

**voor·lig** *n.* headlight. **voor·lig** *voorge=, vb.* light (the way); illuminate; beacon; direct, instruct; enlighten, guide, inform, brief, counsel; educate; *iem. oor iets* ~ brief s.o. (*or* give s.o. a briefing) about/on s.t.; give s.o. guidance about s.t.. **voor·lig·ting** enlightenment, instruction, guidance, counselling, information, education, briefing, direction; illumination; ~ *gee* give guidance.

**voor·lig·tings·:** **~beampte** (agricultural) extension officer; information officer. **~diens** information service; public relations; extension service. **~kantoor** information office; public relations office; extension office.

**voor·loop** *n.* first flow, faints, feints *(in the distillation of whisk[e]y).* **voor·loop** *voorge=, vb.* walk in front, be ahead, be in front, be in the lead, be at the head; lead (the way); *(a watch)* be fast, gain; →VOOR[2] *adv.; effens/effe(ntjies)* ~ have/hold a slender lead. **voor·lo·per** *-pers* leader *(of a team);* forerunner, front runner, precursor, herald, harbinger; jack plane; prototype; *(med.: early symptom)* prodrome; ancestor, predecessor, progenitor; trailblazer, pioneer.

**voor·lo·pig** *-pige, adj.* provisional; interim; temporary; preliminary; tentative; makeshift; *~e belastingbetaler* provisional taxpayer; *~e berigte* first reports; *~e ondersoek* preliminary examination. **voor·lo·pig** *adv.* for the present/moment, for the time being, for now; temporarily; provisionally; as yet.

**voor·lyf** front part of the body; forequarters; forehand *(of a horse).*

**voor·ma·lig** *-lige* former, one-time, sometime, late; *die ~e president* the ex-president.

**voor·man** *-manne* leader; head, foreman, *(Br., infml.)* gaffer, gang boss; master hand; overman; work master.

**voor·mel·de, voor·ge·mel·de** *(fml.)* abovementioned, aforementioned, aforesaid, cited.

**voor·melk** colostrum, beestings.

**voor·meng·sel** premix.

**voor·mid·dag** *(abbr.: vm.)* morning, forenoon; ante meridiem *(Lat., abbr.: a.m.); in die ~* in the morning. **~tee** eleven o'clock tea, morning tea break.

**voor·naam** Christian name, first/given name, forename; *iem. op sy/haar ~ noem* call s.o. by his/her first name; be on first-name terms with s.o.. **~woord** pronoun; *aanwysende/betreklike/vraende ~, (gram.)* demonstrative/relative/interrogative pronoun.

**voor·nag** first/early part of the night, (late) evening. **~slaap** beauty sleep.

**voor·neem** *voorge-: jou iets ~* set one's heart/mind (*or* have one's heart/mind set) on s.t.; *jou ~ om te ...* make up one's mind to ...; *jou heilig ~ om te ...* vow that one would ... *(stop smoking etc.).* **voor·ne·me** *-mens* intent(ion), resolution, resolve, plan, purpose, scheme, thought; *van ~ wees om iets te doen* intend to do s.t.; *van ~ wees om te ..., (also)* propose to ...; *iem. se vaste ~ om iets te doen* s.o.'s determination to do s.t.. **voor·ne·mend** *-mende* prospective; potential; *~mende koper* suitor *(of a company).* **voor·ne·mens:** *~ wees om iets te doen* intend to do s.t.; have s.t. in mind; *~ wees om te ..., (also)* propose to ...

**voor·on·der·soek** preliminary examination/inquiry/investigation.

**voor·on·der·stel** = VOORVERONDERSTEL.

**voor·ont·ste·king** *(tech.)* pre-ignition.

**voor·oor** forward, leaning/bending forward; *~ buk* stoop; *~ hel* lean forward/over; incline forward; *~ lê* lay prostrate; lie on one's face, lie prostrate/prone; *~ sit* lean/bend forward; *~ staan* stoop.

**voor·oor·deel** *-dele* prejudice, bias; prejudgement; preconception; preoccupation; prepossession; *'n kwaai ~ aan die dag lê* show a strong bias; *'n ~ teen ... hê* have a prejudice against ...; *sonder ~ wees* be without prejudice, be unprejudiced, have an open mind.

**voor·oor·lig·gend** *(bot.)* procumbent, prone.

**voor·oor·logs** *-logse* pre-war.

**voor·op, voor·op** in front, in the van, in the lead. **~gaan** *vooropge-* head, lead the way, go in front (*or* at the head). **~geset** *-sette* preconceived *(opinion); 'n ~te mening* a preconception, a set idea. **~staan** *vooropge-* be in the forefront, be of prime importance. **~stel** *vooropge-* place/put first/foremost; emphasise; assume, postulate, premise, posit; prioritise; *vooropgestelde mening* preconceived notion. **~stelling** prioritisation.

**voor·os** front ox, leader; *(rugby, infml.)* forward.

**voor·ou·er** *-ouers* ancestor. **~gees** ancestral spirit. **voor·ou·er·lik** *-like* ancestral.

**voor·pant** front (pancl).

**voor·perd** front/leading horse, leader; *(fig.)* leading runner/ etc.; *(fig.)* (ring)leader, bellwether, leading light, pack leader; right-fore horse, right front horse.

**voor·plein** front yard/court/square, forecourt; parvis *(of a church);* esplanade.

**voor·poot** forepaw; forefoot; foreleg, front leg, pud; hand.

**voor·por·taal** porch, lobby, foyer, vestibule, entrance hall, hallway; galilee *(of a church).*

**voor·pos** outpost; picket.

**voor·praat** *voorge-* stick up for, take the part/side of; prompt.

**voor·prent** supporting film; trailer, preview.

**voor·pro·duk·sie** pre-production.

**voor·pro·gram** *(theatr. etc.)* supporting programme, curtain-raiser. **voor·pro·gram·meer** *ge-, (comp.)* preprogram.

**voor·pu·ber·teit** preadolescence.

**voor·punt** *(also voorspits)* front; point; van(guard), fore-(front); foible *(of a sword);* head; lead; *(fig.)* cutting/leading edge, sharp end; *aan/op die ~ wees* be in front, be ahead, be in the lead, lead the field/way; be in the forefront, be at the cutting edge; be at the head; *aan/op die ~ van ...* at the head of ...; in the van (*or* at the leading edge) of ...; in the front line of ...; *aan/op die ~ van ontwikkeling* in the vanguard of development. **~tegnologie** state-of-the-art technology.

**voor·raad** *-rade* supply, store, stock; pool; fund; hoard; provisions; budget; holdings; reserves; reservoir; *~ aanhou* carry stocks; *... se -rade aanvul* resupply ...; *nie meer ~ hê nie, (s.o.)* be sold out; *iets in ~ hou* keep s.t. in stock; *iets is in ~* s.t. is in stock (*or* on hand); *iets nie in ~ hê nie, (s.o.)* be out of stock; *iets in ~ neem* lay in s.t.; *'n onuitputlike ~* an inexhaustible supply; *~rade ophoop/opgaar/stapel* stockpile; *(die) ~ opneem* take stock; *~ opruim* clear stocks. **~boek** stock book. **~depot** *(usu. mil.)* supply/supplies store. **~kamer** storeroom, storage room; stockroom; pantry. **~klerk** stockman. **~lys** stores list. **~magasyn** storeroom. **~opname** stocktaking. **~opnemer** stocktaker. **~skip** supply ship, tender. **~stapel** stockpile. **~stapeling** stockpiling. **~tenk** reservoir tank. **~verlies** *(econ.)* shrinkage.

**voor·rand, voor·rant** front edge; *(tech.)* leading edge *(of a wing etc.).*

**voor·rang** priority, precedence; preference; right of way *(in traffic); (psych.)* primacy; antecedence; anteriority; dominance; pre-eminence; priority; seniority; superiority; *die ~ aan iets gee/verleen* give priority to s.t.; give pride of place to s.t.; *iets geniet ~* s.t. gets priority; s.t. is high on the list; *(die) ~ hê* come first; *die ~ bo ... hê* have/take precedence over ...; have/take priority over ...; *aan iem. die ~ verleen* give precedence to s.o.. **~lys** order of precedence/rank, table of precedence. **~teken** yield sign.

**voor·rede** preface, foreword, introduction; preamble; prologue; proem *(fml.); die ~ by ...* the preface to ...; *iets van 'n ~ voorsien* preface s.t..

**voor·reg** *-regte* privilege, right, freedom; prerogative; privilege, honour; *(in the pl., also)* perquisites; *~te geniet* enjoy privileges; *die ~ hê om iets te doen* be privileged to do s.t.; have the prerogative of doing s.t.; *dit is 'n ~ om te ...* it is a privilege to ...

**voor·ruit** windscreen, windshield *(of a vehicle).*

**voor·ry** front rank/row. **~man** *(rugby)* front ranker; *(forward)* prop.

**voor·ry·er** postil(l)ion; leading rider/driver, leader; outrider; pilot vehicle.

**voor·saal** front hall; foyer.

**voor·saat** *-sate* ancestor, forefather, for(e)bear, progenitor.

**voor·san·ger, voor·singer** precentor; chanter, cantor; *~ wees* lead the singing.

**voor·sê** *voorge=* prompt, tell *(s.o.)* how to say it (*or* what to say); say aloud; dictate; *vir mekaar ~* prompt (*or* whisper to) one another. **voor·sê·er** *=sêers* prompter.

**voor·sei·soen** preseason. **voor·sei·soens** *=soense* preseasonal.

**voor·set·sel** *=sels, (gram.)* preposition. ~**stuk** prepositional phrase.

**voor·sien** *het ~* foresee; provide, supply; *in ... ~* make provision for ...; *iem. van die nodige ~, (also)* support s.o.; *dit was te ~/verwagte* it was foreseeable; *iem. van iets ~* provide/supply s.o. with s.t., supply s.t. to s.o.; equip s.o. with s.t.; *van ... ~* provided/furnished with ... **voor·sie·ning** provision; supply *(of a demand)*; *vir ... ~ maak* make provision for ...; budget for ...; *~ in 'n behoefte* filling a need/want. **voor·sie·nings·fonds** provident fund.

**Voor·sie·nig·heid:** *die ~, (Chr.)* Providence.

**voor·sing** *voorge=* sing; lead the singing (*or* in song); be the precentor; sing *(a tune)* to *(s.o.)*. **voor·sin·ger** →VOORSANGER.

**voor·sit**[1] *voorge=* serve, dish up *(food)*; put forward.

**voor·sit**[2] *voorge=* preside, take (*or* be in) the chair; *op 'n vergadering ~* preside at/over a meeting. **voor·sit·ster** *=sters, (fem.)* chairwoman; lady president. **voor·sit·tend** *=tende* presiding. **voor·sit·ter** chairman; chairwoman; chairperson; *die ~ aanspreek* address the chair; *jou op die ~ beroep* appeal to the chair; *(eerste) ~* president; *geagte ~* Mr Chairman; Madam Chair; *as ~ optree* be in the chair; *die ~ van 'n vergadering wees* preside at/over a meeting; *iem. tot ~ verkies* vote s.o. into the chair. **voor·sit·ter·skap** chairmanship, =personship, presidency; *onder ~ van ...* under the chairmanship/=personship of ...; *die ~ beklee* be in (*or* take/fill) the chair; preside (at/over a meeting). **voor·sit·ter·stoel** (presidential) chair; *die ~ beklee/inneem* be in the chair, preside (at/over a meeting); *die ~ inneem* take/fill the chair.

**voor·sit·ters=:** ~**hamer** gavel. ~**rede** chairman's/=person's speech/address, presidential address. ~**verslag** chair(man/=person)'s statement.

**voor·skiet** *voorge=* advance, lend, loan *(money)*. **voor·skie·ter** moneylender.

**voor·skools** *=skoolse* pre-school; *~e kind* preschooler, preschool child.

**voor·skoot** *=skote* apron. ~**rok** pinafore dress; dungaree skirt.

**voor·skot** *=skotte* loan, advance; *(comm.)* accommodation; disbursement; advance payment; (up)front money; *(aan) iem. 'n ~ gee* make s.o. an advance; *'n ~ op iets gee/kry* give/get an advance on s.t. *(one's salary etc.)*; *op ~* in advance; *~ op die begroting, (government)* part appropriation. ~**bank** loan bank. ~**nota** advance note. ~**wissel** accommodation bill.

**voor·skou** *=skoue* preview, private view; forecast; *spesiale ~* sneak preview *(of a film)*.

**voor·skrif** *=skrifte, (med.)* prescription, *(infml.)* script; prescript; instruction, direction; directive; regulation; formula; precept, rule; dictate, dictation; observance; provision; requirement; *'n ~ berei, (med.)* fill/prepare (*or* make up) a prescription; *op ~* on prescription; *medisyne sonder ~* over-the-counter drugs; *volgens ~* as prescribed. ~**medisyne** ethical drug. **voor·skrif·te·lik** prescriptive.

**voor·skryf, voor·skry·we** *voorge=* prescribe *(med., rest, etc.)*; lay down the law, enact, dictate, prescribe, instruct, enjoin; impose; order; provide; require; →VOORGESKREWE; *aan iem. ~* dictate to s.o.; *boeke ~* prescribe/set books *(to be studied)*; *medisyne ~* medicate, prescribe medicine; *te veel medisyne ~, medisyne in oormaat (of te groot dosisse) ~* overprescribe medicine; *iets vir ... ~* prescribe s.t. for ... **voor·skry·wend** *=wende* prescriptive.

**voor·skyn** *iets te ~ bring* bring forth/out s.t.; bring s.t. to light; *die ... in iem. te ~ bring* bring out the ... in s.o.; *iets te ~ haal* produce (*or* take out) s.t.; *te ~ kom* appear; come

forth/out; show/turn up; *met iets te ~ kom* come out/up with s.t.; *uit iets te ~ kom* emerge from (*or* out of) s.t.; *iets te ~ roep* bring/call s.t. into play; call s.t. forth/up; reveal s.t.; *te ~ tree* appear, come into the open.

**voor·slag** (whip)lash, thong; *(fig.)* live wire, ball of fire, go-getter.

**voor·sla·ner** striker, hammersmith *(at a forge)*.

**voor·smaak** (fore)taste; taster *(infml.)*; anticipation; earnest; pre-echo *(fig.)*; *'n ~ van iets gee/kry* give/get a foretaste of s.t..

**voor·sny** *voorge=* carve (up); cut in ahead *(of s.o.)*. ~**mes** carving knife, carver. ~**restaurant, ~restourant** carvery. ~**stel** carving set. ~**tafel, ~buffet** carvery. ~**vurk** carving fork.

**voor·sny·er** carver.

**voor·so·mer** early (part of) summer.

**voor·sorg** provision, precaution, safeguard, security, providence, forethought, =sight; *vir iets ~ maak* provide for s.t. *(one's old age etc.)*; *~ voorkom nasorg* prevention is better than cure; *~ tref/neem* take precautions; *~ teen iets tref/neem, (also)* provide against s.t.. ~**fonds** provident fund. ~**maatreël** *=reëls* precautionary/safety measure, precaution; *~s teen iets tref/neem* take precautions (*or* provide) against s.t..

**voor·span** *voorge=* put *(the horses)* to *(the cart)*, hitch up *(a horse)*. ~**motor** mechanical horse, truck tractor.

**voor·speel** *voorge=* play to *(s.o.)*; *(mus.)* state; *'n opname ~* play a recording.

**voor·spe·ku·lant** *(stock exch.)* stag.

**voor·spel**[1] *=spele, n., (mus.)* overture, prelude; introduction, prologue; forerunner; curtain-raiser; voluntary *(before a church service)*; foreplay; *die ~ tot ..., (mus. or fig.)* the prelude to ...; *die ~ tot/uit ..., (mus.)* the overture to ...; *die ~ van ...* the prologue to ...

**voor·spel**[2] *n., (sport)* forward play. **voor·spe·ler** *=lers, (sport)* forward; *(in the pl., rugby)* forward line.

**voor·spel**[3] *het ~, vb.* foretell, prophesy, prognosticate, portend, forecast, predict, divine; spell *(ruin)*; bode *(well, ill)*; foreshadow; *~ dat ...* forecast/predict/prophesy that ...; *iets ~ niks goeds nie* s.t. is a bad (*or* an ill) omen. **voor·spel·baar** *=bare* foreseeable, predictable, predicable. **voor·spel·lend** *=lende* prognostic(atory). **voor·spel·ler** *=lers* prophet, predictor, forecaster, prognosticator, diviner; fortune teller. **voor·spel·ling** *=lings, =linge* prophecy, prediction, forecast, (fore)boding, prognostication, augury; divination; *'n ~ word bewaarheid* a prediction/prophecy comes true; *'n ~ oor iets doen/maak* make a forecast/prediction/prophecy about s.t.; *die ~ het uitgekom* the prediction/prophecy came true.

**voor·spoed** prosperity, prosperousness; (good) fortune, success, welfare; sunshine *(fig.)*; *alle ~!* good luck!; *dae/jare van ~* days/years of prosperity; *~ geniet* enjoy prosperity, have good times; *voor- en teen=/teëspoed* the bitter and the sweet, prosperity and adversity; *in voor- en teen=/teëspoed* for better or (for) worse; in rain or shine *(fig.)*; *iem. ~ toewens* wish s.o. success; *~ in/met jou werk!* success in your task!. ~**golf** boom. **voor·spoe·dig** *=dige* prosperous, thriving, flourishing, fortunate, successful, palmy; *~ wees* do well, prosper. **voor·spoe·dig·heid** prosperousness, prosperity; successfulness.

**voor·spook·sel** *=sels* foreboding, ill/bad omen; *(also)* good omen; *moenie ~s maak nie!* don't meet trouble halfway!; *~s sien* be troubled by forebodings.

**voor·spraak** *=sprake* mediation, intercession, advocacy; mediator, intercessor, vindicator; *by ... doen/maak vir iem.* intercede with ... for s.o.; plead for s.o. with ...

**voor·spring** *voorge=* forestall, anticipate, steal a march on, get the start of; scoop, beat.

**voor·sprong** (head) start, lead, jump; advantage; gain; law *(given to a competitor in a race etc.); met 'n ~ **begin** get/have* a head start; *'n ~ op iem. **behaal/kry** get a start on s.o.; gain (up)on s.o., gain ground upon s.o., draw ahead of (or away from) s.o.; jou ~ **behou** retain one's lead; 'n ~ **benut** follow up an advantage; iem. 'n ~ **gee** give s.o. a start; 'n **groot** ~ a wide lead; 'n ~ op iem. **hê** have a start on/over* s.o.; have a lead over s.o.; have the advantage of s.o.; have the/an edge on/over s.o.; *vyftig meter* ~ fifty metres start.

**voor·staan** *voorge=* advocate, champion, uphold, propagate, preach, favour, espouse, defend *(a cause);* stand for *(equality);* sponsor; go for; waylay; *iets staan iem. nog duidelik/helder voor* s.o. has a vivid recollection of s.t.; s.o. remembers s.t. clearly *(or* quite well). **voor·stan·der** *=ders* advocate, supporter, upholder, proponent, champion, promoter, subscriber, adherent, partisan, stickler *(for);* 'n ~ *van iets wees* stand for s.t., be an advocate of s.t. *(a policy etc.);* 'n groot ~ *van ...,* (also) a great believer in ...; 'n ~ *van vroueregte* a champion of women's rights.

**voor·stad** suburb. **~bewoner** suburbanite. **voor·ste·de·lik** *=like* suburban.

**voor·ste** first, foremost, initial; *(lit. & fig.)* most advanced; forward; front *(seat etc.);* anterior; *(chiefly naut.)* headmost; high-profile *(politician etc.);* leading(-edge) *(company etc.);* state-of-the-art, frontline *(technol.);* top-drawer *(club);* ~ *af= deling* vanguard; 'n land se ~ *jong* **atlete** the cream of a country's young athletic talent; ~ *gelid/geledere* forefront; ~ *skip* leading ship.

**voor·stei·er** *(constr.)* falsework.

**voor·stel** *=stelle, n.* proposal, proposition; suggestion; resolution, motion; offer(ing); *(mot.)* fore-carriage *(of a vehicle);* limber; 'n **aanloklike** ~ an attractive proposition; 'n ~ **aan= neem** adopt/carry a motion; accept/adopt a proposal; pass a resolution; 'n **aanneemlike** ~ an acceptable proposal; *van* 'n ~ **afstap** abandon a resolution; 'n ~ **doen/maak** make *(or* put forward) a proposal; *iem.* 'n ~ **doen/maak** make s.o. a proposition; 'n ~ **indien** introduce a motion; move a resolution; put down a resolution; *met* 'n ~ **kom** put forward *(or* advance) a proposal/suggestion; *op iem. se* ~ at s.o.'s suggestion; *oor* 'n ~ **praat** speak to a motion; 'n ~ *tot* **stemming** bring put a motion; 'n ~ **terugtrek** withdraw a motion; *die* ~ **verval** the motion falls away; 'n ~ **verwerp** defeat a motion; *die* ~ *is* **verwerp** the motion was defeated/lost. **voor·stel** *voorge=, vb.* introduce *(one pers. to another);* present *(at court);* represent *(a scene, s.t. by metaphor);* play the part of, act *(Othello etc.);* suggest; propose; move *(an adjournment);* confirm *(in a church);* propound, put forward; vote; (im)personate; fig= ure as; imagine; *jou **aan** iem.* ~ introduce o.s. to s.o.; *mag ek jou/u **aan** ... ~?* may I introduce you to ...?, meet ...!; *iets as ...* ~ pass s.t. off as ...; make s.t. out to be ...; *jou iets as ...* ~ conceive of s.t. as ...; *jou iem. **as** ... ~* visualise s.o. as ...; ~ *dat ...* propose that ...; move that ... *(a matter be dropped etc.); iem. stel voor **dat** ...* s.o. suggests that ...; *jou iets nog* **helder/ lewendig** ~ have a vivid recollection of s.t.; *jou iets* ~ form an idea of s.t.; conceive of s.t. *(a certain situation etc.); stel jou **voor**!* just fancy/imagine (that)!; *jy **kan** jou dit* ~ one can picture it to o.s.; *('n) mens **kan** jou nie ~ wat ... nie* one cannot imagine what ...; *mense aan **mekaar** ~* introduce people; *wat **stel** dit voor?* what does this stand for *(or* repre= sent/signify)?. **voor·stel·ler** *=lers* proposer, mover, introducer; nominator, proponent; presenter. **voor·stel·ling** *=lings, =linge* representation, portrayal, prefiguration, personation; intro= duction; show, performance, production; confirmation *(in church);* impression, concept(ion), visualisation, idea; ~ *van* **feite** presentation of facts; *jou* 'n ~ **maak** *van iets* picture/ imagine/visualise *(or* form an idea of) s.t.; 'n **skewe** ~ a misrepresentation; 'n **valse** ~ a false representation.

**voor·stel·lings=:** **~diens** confirmation service. **~parade** passing-out parade. **~vermoë** imagination, imaginative pow=

ers. **~wyse** method of representation, way of representing things.

**voor·ste·we** *=we(n)s, (naut.)* stem, prow, forepart, =foot, bow(s) *(of a ship).*

**voor·stoep** front veranda(h)/stoep.

**voor·strand** foreshore.

**voor·stu·die** preliminary/preparatory study.

**voor·stuk** front (piece), forepart; face piece; curtain-raiser; vamp *(of a shoe).*

**voort** forward, on(wards), forth, along.

**voor·taan** from now on, in future, henceforth, hereafter.

**voor·tand** front tooth, incisor; nipper *(of a horse).*

**voort·babbel** *voortge=* babble away/on.

**voort·be·staan** *n.* survival, life, (continued) existence. **voort·be·staan** *het ~, vb.* survive, continue to exist, live, persist, abide; *iets laat* ~ allow s.t. to exist.

**voort·be·weeg** *het* ~ move (on/forward); propel; impel; *jou* ~ move.

**voort·bou** *voortge=* go on *(or* continue) building; build; *op iets* ~, *(fig.)* build on s.t.. **voort·bou·ing** building on; *(geol.)* progradation.

**voort·bring** *voortge=* produce, yield, bring forth, induce; bear; spawn, generate, create; elaborate; emit *(sound);* in= duce; originate; procreate. **voort·bren·ging** production; creation; procreation; generation.

**voort·dryf, voort·dry·we** *voortge=* drive/spur/urge on; float along; propel; impel. **voort·dry·wend** *=wende* propulsive, propellent; projectile. **voort·dry·wing** propulsion.

**voort·duur** *voortge=* last, continue, endure, drag/go on; pro= ceed; *die saak duur voort* the case is proceeding; the hearing continues. **voort·du·rend** *=rende, adj.* continuous, continu= ing, lasting, continual, unceasing, unremitting, incessant, unremitting, endless, eternal; constant *(joy);* permanent; non-stop; progressive. **voort·du·rend** *adv.* continuously; continually; steadily, constantly; progressively; forever, for ever, always, evermore; insistently; at all hours (of the day and/or night). **voort·du·ring** continuation; continuance, du= ration; incessancy, incessantness.

**voor·te·ken** *n.* omen, augury, sign, portent, presage, fore= runner, =token, advance notice; (premonitory) symptom *(of a disease);* 'n gelukkige ~ a good omen; 'n slegte ~ a bad *(or* an ill) omen.

**voort·gaan** *voortge=* continue, go/move on, proceed; ad= vance, progress; go ahead, make one's way; *gaan voort!* go on!; *gaan (so) voort!* carry on!; *haastig met iets* ~ press ahead/on with s.t.; *van hier* ~ take it from here; *iem. kan nie ~ nie* s.o. has reached *(or* come to) the end of the line/ road; *met iets* ~ carry/proceed *(or* go on) with s.t.; go through with s.t.; pursue s.t.. **voort·gaan·de** progressional; progressive; proceeding; continuing *(debate etc.);* ongoing *(process etc.).* **voort·gang** progress, headway; process; con= tinuation, advancement; ~ *maak* proceed; ~ *rapporteer* re= port progress.

**voort·ge·sels** *het ~,* **voort·praat** *het voortge=* talk on.

**voort·ge·set** *=sette, adj. (usu. attr.)* continued, further; → VOORTSIT; ~*te navorsing/steun/ens.* ongoing research/assist= ance/etc.; ~*te onderwys* further/continued/continuous edu= cation; lifelong education.

**voort·haas:** *jou* ~ hurry along/on.

**voort·help** *voortge=* help on/along/forward; push; expedite; promote, further; facilitate.

**voort·ja(ag)** *voortge=* hurry on/along.

**voor·tjie** *=tjies, n. (dim.)* small furrow; (seed) drill; gull(e)y.

**voort·kom** *voortge=* issue, arise, emanate, stem, flow, follow, spring, originate *(from);* get along, make progress; *uit ...* ~ issue/originate/result/proceed from ... **voort·ko·mend** *=mende* emergent.

**voort·kruip** *voortge-* crawl along, creep on.

**voort·leef, voort·le·we** *voortge-* survive, live on; persist.

**voor·tou** leading thong; lead; *die ~ neem* pull ahead; *die ~ by/van iem. oorneem* take over the lead from s.o. *(in a competition).*

**voort·plant** *voortge-* propagate *(a disease, plant, belief, etc.);* procreate, multiply; reproduce *(a race);* transmit *(a disease, sound, light);* breed; proliferate. **voort·plan·tend** *-tende* procreative, progenitive, propagative. **voort·plan·ter** propagator; *(biol.)* reproductive; transmitter; procreator.

**voort·plan·ting** reproduction, breeding, propagation *(of a race);* procreation; generation; transmission *(of sound);* proliferation. ~**sel** *-selle* reproductive/generative cell.

**voort·plan·tings-:** ~**orgaan** reproductive organ. ~**vermoë** reproductive power.

**voort·ploe·ter** *voortge-* plod along/on, grind on, muddle along/on.

**voort·ram·mel** *voortge-, (a speaker)* grind on.

**voor·tref·lik** *-like* excellent, first-class, -rate, (pre-)eminent, supereminent, signal, exquisite, outstanding, superb, admirable, distinguished, exceptional, fine, masterly, superior, superlative; *(infml.)* ace, tops, swell; *'n ~e ... wees, (also)* excel as a ... *(cook etc.).* **voor·tref·lik·heid** excellence, goodness, transcendence, superbness, supereminence.

**voor·trek** *voorge-, vb.* favour *(a child);* prefer; give preference to; be partial to; differentiate; have a higher opinion of. **voor·trek·ke·ry** favouritism, partiality, nepotism, cronyism.

**voor·trek·ker** pioneer; *(hist., youth movement, V~)* Voortrekker.

**voort·rol** *voortge-* roll along/on, tool along.

**voort·ry** *voortge-* ride/drive on/along.

**voorts** further(more), besides; *~ het iem. gesê* proceeding, s.o. said.

**voort·set·ting** *-tings, -tinge, (jur., fin., etc.)* continuation; continuance, prosecution, pursuance, pursuit.

**voort·set·tings-:** ~**komitee** continuation committee. ~**werk** follow-up.

**voort·sit** *voortge-* continue *(studies, a story, etc.);* pursue *(an inquiry, studies, etc.);* proceed on *(a journey);* carry on *(work);* follow up/out; proceed *(with a game etc.);* push ahead/forward/on; prosecute *(studies);* resume *(a discourse);* →VOORT-GESET; *die oorlog/stryd ~* fight on.

**voort·sleep** *voortge-* drag along; *(existence)* drag on; *(negotiations)* drag by; *(winter, war, etc.)* grind on; *(war etc.)* linger on; trail/trog along; slog along/on. **voort·sle·pend** *-pende* ongoing *(war, feud, etc.).*

**voort·slen·ter** *voortge-* saunter/trog along, *(infml.)* mosey along/on.

**voort·sleur** *voortge-* drag on/along.

**voort·sluip** *voortge-* sneak along.

**voort·snel** *voortge-* hurry/hasten/race on/along, *(infml.)* bomb/breeze/rip/speed/streak/sweep/zip along, speed on, rocket, rush.

**voort·speel** *voortge-* play on.

**voort·spoed** *voortge-* speed on, hurry along/on.

**voort·spruit** *voortge-* originate, issue, accrue, rise; *iets spruit uit ... voort* s.t. arises from ...; s.t. flows from ...; s.t. grows out of ...; s.t. issues from ...; s.t. results from ...; s.t. has its roots in ...; s.t. stems from ... **voort·sprui·tend** *-tende: ~e uit ..., (also)* consequent (up)on ...

**voort·stap** *voortge-* walk on, stride along.

**voort·stoom** *voortge-* steam ahead.

**voort·stoot** *voortge-* push along/forward; frogmarch; propel.

**voort·storm** *voortge-* rush along/on, *(infml.)* power ahead.

**voort·strom·pel** *voortge-* hobble/stumble/trog along, trudge; muddle along/on.

**voort·stry** *voortge-* struggle on; soldier on.

**voort·stu** *voortge-* drive on/forward, propel, push along. **voort·stu·wend** *-wende* impulsive, propulsive, propellent. **voort·stu·wing** propulsion, advance.

**voort·suk·kel, voort·swoeg** *voortge-* struggle/plod/toil/drudge/jog/muddle along/on; scratch/worry/bumble along; trudge; crawl, creep; grind on; pound along/away; *~ aan iets* slog/plod/beaver away at s.t..

**voort·teel** *voortge-* breed, multiply, procreate, propagate.

**voor·tuin** front garden.

**voort·vaar** *voortge-* sail along/on; continue. **voort·va·rend** *-rende -render -rendste* (of *meer ~ die mees -rende)* impetuous, rash, impulsive; forward; pushing, energetic, go-ahead, pushy; dashing; gung-ho *(infml.);* gonzo *(Am. sl.);* vehement. **voort·va·rend·heid** impetuosity, impetuousness, rashness; push, drive, energy, go, *(infml.)* zip; forwardness.

**voort·veg, voort·ba·klei** *voortge-* fight on.

**voort·vloei** *voortge-* flow along/on; ensue, eventuate; *iets vloei uit ... voort* s.t. arises from ...; s.t. ensues from ...; s.t. flows from ...; s.t. results from ...; *hieruit vloei voort ...* from this follows ... **voort·vloei·end** *-vloeiende* consequential *(damage etc.).* **voort·vloei·sel** *-sels* result, consequence.

**voort·vlug·tig** *-tige, adj.* fugitive, on the run, runaway; *~e skuldenaar* absconding debtor. **voort·vlug·ti·ge** *-ges, n.* fugitive, prison-breaker.

**voort·werk** *voortge-* work on; work harder/faster.

**voort·woed** *voortge-* continue raging, rage on.

**voort·woe·ker** *voortge-* spread (insidiously *or* like a cancer), fester.

**voor·tyd** prehistoric times/era; *in die ~* in the dim past, in prehistoric times; *geskiedenis van die ~* prehistory. **voor·ty·de·lik** prehistoric. **voor·ty·dig** premature; *(med.)* preterm; untimely.

**voor·uit** in front of, before; ahead, forward(s); beforehand, in advance; in anticipation; onward(s); previously; upfront, up front; *~ en agteruit* back and forth; *iem. kan nie ~ of agteruit nie* s.o. is stuck, s.o. can't move; *iets ~ dateer* post-date s.t. *(a cheque etc.);* ~ *dink* think ahead; ~ *dryf/drywe* drive on/forward, impel; *iets ~ hê* receive/have s.t. in advance; ~ *ja(ag)* hurry on before; shoot ahead of; *iets ~ koop* pre-empt s.t.; ~ *skat* forecast; ~ *stoot* push along/forward; propel; punt, pole *(a dugout etc.);* iem./iets ~ *stuur* send s.o./s.t. on/ahead *(or* in advance); *iem. ~ veroordeel* prejudge s.o.; ~ *vlieg* fly on ahead; dart/shoot/jump forward; *iets ~ weet* know s.t. beforehand, have foreknowledge of s.t.. ~**betaling** payment in advance, prepayment, front money. ~**beur** *vooruitge-, (also* vooruit beur) go ahead, advance; press forward; win one's way; slog/struggle on/away; power ahead. ~**bring** *vooruitge-, (also* vooruit bring) carry on s.t.. ~**gaan** *vooruitge-, (also* vooruit gaan) go on before, go first; get on, make progress, make head(way), get ahead, do well, prosper; advance, gain; improve. ~**gang** progress, getting on; advance(ment), headway; growth, progression; betterment; prosperity; ~ *in die wetenskap* advances in science. ~**help** *vooruitge-, (also* vooruit help) help along/forward/on; promote. ~**kom** *vooruitge-* get on, make progress/headway, advance, forge ahead, thrive, come on, gain. ~**kyk** *vooruitge-* look ahead. ~**loop** *vooruitge-, (also* vooruit loop) walk on ahead of; go first; *(fig.)* anticipate; *(op) 'n beslissing ~* anticipate a decision; *dinge ~* run ahead of things; *die tyd ~* anticipate events. ~**sig** *-sigte* prospect, outlook; perspective; picture; *'n droewe/droewige/slegte ~* a bleak outlook/prospect; *daar is geen ~ op ... nie* there's no hope/prospect of ...; *goeie ~te hê* have a future; have good prospects; *in die ~* in prospect; *mediese ~* prognosis; *hierdie betrekking/werk is sonder ~te* this job has no prospects *(or* is a blind alley); *die ~ staan jou nie aan nie* one does not relish the prospect; *iets in die ~ stel* hold out the prospect of s.t., envisage s.t.; *vir iem. iets* *in die* ~ *stel* envisage s.t. for s.o., *(infml.)* dangle s.t. in front of *(or* before) s.o.. ~**skatting** forecast. ~**skiet** *vooruitge=* shoot forward/ahead. ~**skuif,** ~**skuiwe** *vooruitge=, (also* voor= uit skuif/skuiwe) push/move/shove forward/along; advance. - **snel** *vooruitge= (also* vooruit snel) rush ahead; rush for= ward/ahead *(with plans etc.).* ~**stekend** *=kende* jutting/stick= ing out; prominent *(chin);* prognathous *(jaw);* beetling *(brows).*

**voor·uit·sien** *vooruitge=* look ahead/forward; foresee; spot *(questions); na iets* ~ look forward to s.t.. **voor·uit·sien·de** far-seeing *(fig.),* clear-sighted, long-sighted *(fig.),* prescient. **voor·uit·siend·heid** prescience, *(fig.)* far-sightedness, *(fig.)* clear-sightedness, foresight.

**voor·uit·streef, voor·uit·stre·we** *vooruitge=* strive (to get on), forge ahead. **voor·uit·stre·wend** *=wende =wender =wendste* (of *meer* ~ *die mees =wende)* progressive, forward-looking, advanced, go-ahead, revolutionary; ambitious, as= piring, up-and-coming. **voor·uit·stre·wend·heid** progres= siveness; ambitiousness; forwardness.

**voor·va·der** *=ders, =dere* forefather, ancestor, for(e)bear, pro= genitor. **voor·va·der·lik** *=like* ancestral.

**voor·val** *=valle, n.* incident, occurrence, event, episode, hap= pening, occasion. **voor·val** *voorge=, vb.* happen, occur, take place, transpire.

**voor·veg·ter** champion, advocate, protagonist.

**voor·ver·eis·te** prerequisite, precondition; *'n* ~ *vir* ... a prerequisite for ...

**voor·ver·hit** *het* ~, *vb.* preheat. **voor·ver·hit** *=hitte, adj.* preheated *(oven etc.).* **voor·ver·hit·ting** preheating.

**voor·ver·hoog** *(theatr.)* apron (stage), downstage.

**voor·ve·ring** front suspension.

**voor·ver·koop** advance booking/sale(s); *behoudens* ~ sub= ject to prior sale.

**voor·ver·on·der·stel** *het* ~ presuppose; premise. **voor·ver· on·der·stel·ling** presupposition; premise.

**voor·ver·ster·ker** preamplifier, *(infml.)* preamp.

**voor·ver·to·ning** preview, private view; preliminary show.

**voor·ver·trek** front room; antechamber; anteroom; lounge; sitting/drawing room.

**voor·ver·werk** *(comp.)* preprocess. **voor·ver·wer·ker** *(comp.)* preprocessor, front-end processor.

**voor·vin·ger** forefinger, first finger, index (finger).

**voor·vlak** face; front face.

**voor·vlerk** forewing *(of an insect).* ~**veer** *(orn.)* remex.

**voor·voeg** *voorge=* prefix. **voor·voe·ging** prefixing; *(gram.)* pro(s)thesis, prefixion. **voor·voeg·sel** *=sels* prefix.

**voor·voer** *voorge=* prime. **voor·voer·der** *(mot.)* primer.

**voor·vrou** *(rare)* forewoman; prominent/leading woman, *(in= fml.)* queen bee.

**voor·waar** indeed, truly; ~ *Ek sê vir jou/julle, (OAB), dit verseker Ek jou/julle, (NAB)* verily I say unto you *(AV),* I tell you the truth *(NIV).*

**voor·waar·de** *=des* condition, stipulation, term *(of a treaty);* precondition; proviso, provision; *op* ~ *dat* ... on condition that ..., provided/providing (that) ..., conditional (up)on ...; *op dié* ~ on this condition/understanding; *op één* ~, *dat* ... on one condition, that ...; *onder geen* ~*s nie* not on any terms; *daar is geen* ~*s aan verbonde nie* there are no strings at= tached to it; *die* ~*s nakom* abide by the terms *(of a contract, treaty, etc.);* **nuwe** ~*s stel* move/shift the goalposts *(fig., in= fml.);* ~*s stel* impose/make conditions; *as* ~ *stel dat* ... make it a condition that ...; *op die uitdruklike* ~ *dat* ... on the distinct understanding that ...; *aan die* ~*s voldoen* satisfy the conditions. **voor·waar·de·lik** *=like* conditional; qualified; contingent; provisory; ~*e laste* contingent liabilities; ~*e oor= gawe* conditional surrender; ~*e vrylating* probation.

**voor·waarts** *=waartse, adj.* forward, onward, frontward. **voor·waarts** *adv.* forward(s), onward(s), frontward(s); ~ *mars!* forward march!, quick march!.

**voor·was** *n.* pre-wash. **voor·was** *voorge=, vb.* pre-wash. ~**siklus** pre-wash cycle *(of a washing mach.).*

**voor·wed·stryd** curtain-raiser; preliminary competition/ match/game/round.

**voor·wend** *voorge=* pretend, simulate, sham, feign, dissem= ble, assume; *siekte* ~ malinger. **voor·wend·sel** *=sels* pretext, pretence, subterfuge, pretension, make-believe, simulation, sham, dissimulation, affectation, blind, feint, fake, excuse, cover story *(fig.);* disguise, mask, guise; *onder valse* ~*s* by/ under false pretences; *onder* ~ *van* ... under the pretence *(or* colour) of ..., under/(up)on the pretext of ...; under the guise of ... *(friendship etc.).*

**voor·wê·reld** prehistoric world. **voor·wê·reld·lik** *=like,* **voor· wê·relds** *=reldse* prehistoric, prim(a)eval.

**voor·werk** *n.* outwork; facing (work); introduction, front matter, preliminary pages, *(infml.)* prelims *(of a book);* spade= work, rough work; roughing, preliminary work; preliminar= ies. **voor·werk** *voorge=, vb.* work in front, lead *(workmen).* ~**klip** facing/face stone.

**voor·werp** *=werpe, n., (also, gram.)* object; article, thing; mat= ter; *'n* ~ *van spot/bespotting* a figure of fun. ~**lens** *(opt.)* ob= ject glass, object (lens). ~**sin** *(gram.)* objective clause.

**voor·werps·:** ~**kuns** representational art. ~**naam** name of an/the object. ~**naamval** *(gram.)* objective case.

**voor·wiel** front wheel; limber wheel *(of a gun carriage);* nose wheel *(of an aircraft).* ~**aandrywing** front-wheel drive. ~**aan= gedrewe** *adj. (attr.)* front-wheel-drive. ~**naaf** front hub.

**voor·winter** early (part of) winter, beginning of winter.

**voor·woord** foreword, preface, proem; *die* ~ *by* ... the pref= ace to ...

**voos** ~ *voser voosste* perished, rotten; hollow, unsound; *(pred.)* clapped out, *(attr.)* clapped-out *(vehicle etc.);* spongy; *op 'n* ~ *kol afkom* strike a bad patch; ... ~ *slaan* beat ... to a pulp.

**vor·der** *ge=* advance, get on, gain, (make) progress, make headway, move forward; demand, claim, ask, expect; call for; *iets* ~ *goed* s.t. comes along/on nicely; *iem.* ~ *goed* s.o. is doing nicely; *hoe* ~ *jy?* how are you getting on?; *tot* ... ~ advance to ...; graduate to ...; rise to ...; *iets van iem.* ~ claim/demand s.t. from s.o. *(damages, payment, etc.);* *iem. het ver/vêr ge=* s.o. has come a long way *(fig.).* **vor·der·baar** *=bare* claimable, chargeable; payable, due. **vor·de·ring** *=rings, =ringe* progress(ion); headway, advance(ment), gain; im= provement *(of a patient); (jur.)* action, demand, claim; *(jur.)* vindication; charge; *(ins.)* claim; exaction; levy; *'n* ~ *teen 'n boedel* a charge against an estate; *goeie* ~ *maak* make good progress; make great strides; be going strong; *'n* ~ *hê op* ... have a claim (up)on ...; *'n* ~ *instel* claim, advance *(or* send in) a claim; ~*rapporteer* report progress. **vor·de·rings·ver= slag** progress report.

**vo·re:** *iets na* ~ *bring, (lit.)* advance s.t., move s.t. forward; bring out s.t., bring s.t. to the fore, give prominence to s.t., stress/highlight s.t.; *na* ~ to the front; *na* ~ *tree* stand out.

**vo·ren·dag:** ~ *kom, (s.t.)* come to light; *(s.t.)* crop up; show up *(infml.),* make one's appearance; *met iets* ~ *kom* come out with s.t.; bring s.t. forward; pitch in with s.t..

**vo·ren·toe** *adj.* forward *(pass);* progressive *(farmer etc.);* smart, fine *(girl etc.);* first-class, first-rate. **vo·ren·toe** *adv.* forward(s); to the fore; onward(s); ahead; *(theatr.)* down= stage; frontward(s); ~ *en agtertoe* hither and thither; *nie* ~ *of agtertoe kan nie* be stuck; *nie* ~/*vooruit of agtertoe/ agteruit weet nie, (infml.)* not know which way to turn; be at a loss, be in a quandary; ~ *gaan* go/step forward, go to the front; go up front; get on, (make) progress; ~ *tree* step forward; step up; *verder/vêrder* ~ further on. ~**aangee** *=geë, (rugby)* forward pass.

**vo·ri·ge** former *(husband, times, etc.);* earlier *(stage etc.);* last, previous, past *(week, year);* preceding *(page etc.);* late; some= time; *die* ~ *vergadering* the last meeting.

**vorm** *n., (pl.: vorms)* form, shape; *(pl.: vorms)* figure, frame; block; *(pl.: vorme)* mode; *(pl.: vorme)* form *(of a word);* version; style; mould *(for a cake);* matrix *(for type); (print.)* forme; *(gram.: active/passive)* voice; ceremony, formality, form; conformation; *(a document)* form; cast *(for an injured limb);* ~ **aanneem/kry** take shape; shape up; *die ~ in ag neem* observe the proprieties; *(aan) iets ~ gee* give shape to s.t.; lick/put/throw s.t. into shape; *'n ~ invul* complete a form, fill in/out a form; *vir die ~* for form's sake, as a matter of form. **vorm** *ge-, vb.* form *(a word, character, company, government, committee, idea, judgement, etc.);* constitute *(a threat, an exception, etc.);* make; *(lit. & fig.)* mould, cast; shape, fashion; frame *(a theory, words, etc.);* throw *(pottery);* grade *(a road);* educate, train; *iets na ... ~* model s.t. after/on ...; pattern s.t. after/on ...; *iets in/tot ... ~* form s.t. into ...; *'n ... uit iets ~* shape s.t. into a ... **~afdruk** cast. **~afwyking** variety. **~bank** moulder's bench. **~bepaling** figuration. **~blok** swage/forming block, former. **~boom** topiary. **~diens** formalism. **~drag** corsetry, foundation garments. **~gebrek** formal defect. **~getrou** conformable. **~gewer** stylist. **~gewing** shaping; styling, design. **~giet** *ge-, vb.* die-cast. **~gieter** moulder. **~gieting** die-casting. **~gietstuk** die-casting. **~gips** sculptor's plaster. **~hout** template. **~kas** *-kaste* moulding/casting box. **~klei** modelling/moulding clay. **~koekie** cupcake. **~krag** creative power; *(philos.)* entelechy. **~lading** *(mil.)* shaped charge. **~leer** *(biol., gram.)* morphology; *(archit.)* theory of form(s). **~plank** modelling/moulding board; *(brickwork)* stock board. **~smee** *gevorm-* swage. **~staal** shaped steel. **~stryktroffel** smoothing trowel, slicker. **~vas** *-vaste* form-retaining, shape-retaining. **~verandering** change of form; transformation, metamorphosis; deformation; metastasis; strain. **~werk** moulding. **~wisseling** transmutation. **~yster** mandrel.

**vorm·baar** *-bare* mouldable, pliable, plastic, fictile, shap(e)able.

**vor·mend** *-mende* forming, formative; edifying, improving, educative; creative.

**vor·mer** *-mers* former, moulder; framer, maker, shaper.

**vor·ming** *-mings, -minge* forming, formation; shaping, fashioning, moulding; education, training, development; contraction *(of a habit);* creation. **vor·mings·wy·se** *(biol.)* morphosis.

**vorm·lik** *-like* formal(istic), conventional; ceremonial; ceremonious. **vorm·lik·heid** formality, formalism, conventionality, ceremony.

**vorm·loos** *-lose* formless, unformed, unstructured; shapeless, amorphous; undigested. **vorm·loos·heid** formlessness; shapelessness, amorphousness; dumpiness.

**vors**[1] *vorste, n., (archit.)* (roof) ridge, saddle, top *(of a roof).* **~pan** ridge tile.

**vors**[2] *vorste, n.* monarch, sovereign; prince; potentate; *'n ~ onder die mense* a king among men.

**vors**[3] *ge-, vb., (rare)* do research (work). **vors** *vorsende, adj.* searching *(glance).*

**vor·ste·:** **~dom** *-domme* principality, princedom, princely state. **~huis** dynasty, royalty, royal/reigning house. **~seun** prince, royal son.

**vor·ste·lik** *-like, adj.* princely, lordly; royal; imperial; kinglike, kingly; queen-like, queenly; regal; monarch(i)al, monarchic(al); palatial; *~e besoek* royal visit; *die ~e huis* the royal family; the reigning house; *~e persoon/persone* royalty. **vor·ste·lik** *adv.* royally; *~ betaal* pay handsomely/royally. **vor·ste·lik·heid** princeliness, royalty, lordliness.

**vors·tin** *-tinne, (fem.)* queen, empress, (female) sovereign/monarch/ruler; princess; sovereign's/ruler's wife.

**vort** *adj.* gone, away; *iem. is ~* s.o. has left. **vort** *interj.* get/clear out!, get away!, beat it!. **~gaan** *vortge-* leave, go away.

**vos** *vosse, n.* fox; sorrel/chestnut/bay (horse); *(fig.)* rascal. **vos**

*adj.* bay, sorrel; light blonde; reddish *(hair).* **~aap** *(zool.)* lemur. **~kat** ginger cat. **~kop** light blonde; redhead. **~perd** bay/chestnut/sorrel horse. **~skimmel** strawberry/chestnut roan.

**vos·ag·tig** *-tige* vulpine.

**vos·se·jag** fox-hunt(ing); *op die ~ gaan* ride to hounds.

**vo·tief** *-tiewe* votive. **~mis** *(RC)* votive Mass.

**vo·tum** *-tums, (relig.)* (hallowing) introduction.

**vou** *voue, n.* fold; crease, crinkle; turning; *(anat., bot.)* plica; cockle; pleat; ply; pucker; ruck(le). **vou** *ge- vb.* fold; crease, pucker; fashion; enfold; pleat; ply; ruck(le); rumple; cockle; *met ge~de arms* with folded arms; *dubbel ~* curl up; *met ge~de hande* with clasped/folded hands; *met ge~de hande sit, (also, infml.)* sit on one's hands, not do anything. **~biljet, ~blaadjie, ~blad** folder, pamphlet. **~deur** folding door(s), extension door(s). **~kap** folding hood. **~lyn** *-lyne* crease; hemline; *met ~e* creased. **~masjien** folding machine, folder. **~skerm** folding screen. **~stoel** camp stool/chair, folding/collapsible chair, deck chair. **~tafel** folding/collapsible table.

**vou·baar** *-bare* folding, foldable; collapsible; pliable. **vou·baar·heid** collapsibility; pliability.

**vou·er** *(comp.)* folder.

**vou·ing** folding, plication.

**vo·yeur** *(<Fr.)* voyeur. **vo·yeu·ris·me** voyeurism. **vo·yeu·ris·ties** *-tiese* voyeuristic.

**vra** *ge-* ask; ask for, request; question, interrogate; enquire, inquire; demand; solicit; charge *(a price);* invite *(applications);* ask to marry, propose to; *(cards)* bid, call out *(trumps); jy ~ jou af* one asks o.s.; *wat doen jy, as ek mag ~?* what are you doing, if I may ask?; ~ *(hier) binne* inquire/enquire within; *iets by/van iem.* ~ ask s.o. for s.t.; *jy moet hom/haar daarna* ~ you must ask him/her about it; ~ *dit!, (infml.)* one/you may well ask!, that's a good question!; ask me another!; ~ *(maar) gerus!* ask away!; *jy hoef net te ~* it is yours for the asking; *ek ~ jou* I put it to you; *iets op die man af* ~ ask a straight question; *moenie vir my ~ nie!, (infml.)* don't ask me!, search me!, ask me another!; *na ... ~* ask about/after/for ...; inquire/enquire after ...; *iem. na iets* ~ ask s.o. about s.t.; *iem. na 'n byeenkoms* ~ invite s.o. to a function; *uitdruklik na iets* ~ ask for s.t. by name; *iem. ~ na jou* you are wanted; *nou ~ jy!* that's a good question; ~ *of ...* ask whether ...; *(om) iets* ~ ask for s.t.; call for s.t. *(volunteers etc.);* cry for s.t.; *iem. om/vir iets* ~ ask s.o. for s.t.; solicit s.o. for s.t. *(or s.t. of s.o.); iem. ~ om* oor te kom ask s.o. over/round; ~ *om die bestuurder te spreek* ask to see the manager; *iem. ~ om iets te doen* ask s.o. to do s.t.; *'n onderhoud* ~ request an interview; *dit ~ baie tyd* it takes up much time; *iem. ~ om saam met jou uit te gaan* invite s.o. out; *R100 vir iets* ~ charge R100 for s.t.; ~ *is vry (en weier daarby)* one is free to ask (and to be refused).

**vraag** *vrae, n.* question; query; demand *(for a commodity);* problem, issue, doubtful point, question; question, assignment; request; inquiry, enquiry; ~ *en aanbod* supply and demand; *skielik met 'n ~ op iem. afkom* spring a question on s.o.; *die spreker sal vrae beantwoord* the speaker will answer/take questions; *'n uiters belangrike ~* a vital question; *dis 'n (ander) ~* that is another question; *dit is (nog) die groot* ~ it/that is (still) a big if; *daar is 'n groot/sterk ~ na iets* s.t. is (much) in demand; s.t. is in great demand; s.t. is at a premium; s.t. is sought after; *die ~ is hoe om dit te doen* the problem is how to do it; *die ~ is ...* the thing is ...; *die ~ kom op of ...* the question arises whether ...; *'n kwaai ~* a tough question; *dit is nie die ~ nie* that is not the point/question; *dit is nog die* ~ it remains to be seen; *dit is 'n ~ of ...* it is an open question whether ...; it is debatable whether ...; *die ~ ontstaan of ...* the question arises whether ...; *die ~ het ontstaan/opgekom of ...* the question has arisen whether ...; *'n ~ opper/opwerp* raise a question; *sonder* *allerlei vrae* no questions asked *(infml.);* '*n ~ **stel/vra*** put/ ask a question; *die ~ **vermy*** dodge/evade the issue. **~be‑ stuur** demand management. **~punt** point of discussion, ques‑ tion/point (at issue), point in question, query, moot point. **~sin** *(gram.)* interrogative sentence. **~stuk** question, prob‑ lem, issue; assignment; '*n ~ (aan)pak* tackle a problem; '*n uiters belangrike ~* a vital question; '*n brandende ~* a burn‑ ing question; '*n ~ hanteer* address a problem; '*n netelige ~* a thorny problem; '*n ~ oplos* solve a problem. **~teken** interrogation mark, question mark; '*n ~ agter/by iets sit* query s.t. *(a statement); daar hang '*n ~ *oor iets* s.t. is uncertain. **~woord** interrogative word.

**vraat** *vrate* glutton, gourmand, gourmandiser, gobbler; coarse/ gross feeder; guzzler. **vraat·sig** *·sige* gluttonous. **vraat·sig‑ heid** gluttony. **vraat·sug** gluttony, voracity, voraciousness. **vraat·sug·tig** *·tige* gluttonous, voracious, ravening; *(zool.)* polyphagous; →VRATERIG.

**vra·e‑:** **~lys** questionnaire, question/inquiry/enquiry form, query sheet; list of questions. **~stel** question/examination paper; '*n ~ opstel* set a paper. **~steller** questioner; quizmas‑ ter; heckler; inquirer, enquirer; interviewer; interrogator. **~tyd** question time; *met ~* at question time.

**vra·end** *vraende, adj.* questioning, inquiring, enquiring, querying, wondering; *(gram.)* interrogative; *~e voornaam‑ woord, (gram.)* interrogative pronoun. **vra·end** *adv.* enquir‑ ingly; quizzically; *~ na iem. kyk, iem. ~ aankyk* give s.o. a questioning/quizzical look, look at s.o. quizzically; *jou skou‑ ers ~ ophaal/optrek* shrug quizzically; '*n wenkbrou ~ lig* raise an eyebrow (*or* a brow) enquiringly, arch a quizzical (eye) brow. **vra·en·der·wys, vra·en·der·wy·se** questioningly, in‑ terrogatively, enquiringly.

**vra·er** *vraers* questioner, interrogator; inquirer, enquirer; in‑ terviewer; →VRAESTELLER. **vra·e·rig** *·rige* inquisitive, nos(e)y. **vra·e·rig·heid** inquisitiveness. **vra·e·ry** questioning.

**vrag** *vragte* load(ing) *(on a wag[g]on); (naut.)* cargo, ship‑ ment; *(by water)* freightage; *(by land)* carriage, freight, por‑ tage, cartage; bulk; burden; *(horse racing)* impost; lading. **~agent** freight agent. **~brief** *(rly.)* consignment note, way‑ bill; *(naut.)* bill of lading; delivery/forwarding note; *(jur.)* bill of carriage. **~diens** cargo/freight service; carrier service. **~draend** cargo‑carrying. **~geld** freightage; *(by land)* car‑ riage; *(rly.)* railage, haulage; freight. **~kontrak** charter party. **~lys** freight list; *(naut.)* manifest; *(by land)* waybill. **~motor** truck, lorry. **~motorbestuurder,** *(infml.)* **tr**ok**drywer** truck/ lorry driver, *(Am.)* teamster. **~skip** freighter, cargo ship/ boat. **~skuit** cargo boat, barge. **~stuk** *·stukke* piece/item of freight, parcel, packet; *(in the pl., also)* freight. **~tarief** freight‑ age; carriage rate; freight rate/tariff; goods rate, haulage. **~trein** goods train. **~vaarder** cargo ship, freighter; (sea) carrier. **~vaart** carrying trade. **~vermoë** cargo/carrying ca‑ pacity. **~vervoer** freight/goods traffic, cargo transportation, freightage; haulage; cartage; goods carriage. **~vliegtuig** cargo/ freight plane, air freighter. **~wa** truck, lorry; transport wag(g)on; loaded wag(g)on.

**vrank** *~ vranker vrankste* acrid, acid, tart, harsh, astringent, acerbic, acidulous, sour(ish) *(taste);* rough *(wine).* **vrank·heid** tartness, harshness, astringency, acerbity, acridity, acidity.

**vrat** *vratte* wart; *(pathol.)* verruca; scab *(in timber);* knot. **vrat‑ ag·tig** *·tige* warty; verrucose, verrucous. **vrat·jie** *·jies, n. (dim.)* (little) wart; pustule; tubercle. **vrat·te·rig** *·rige* warty; tuberculate(d), tubercular; verrucose, verrucous; nutty.

**vra·te·rig** *·rige* gluttonous, piggish.

**vre·de** peace; calm, quiet(ude), quietness; *die bewaring/ handhawing van ~* peacekeeping; *ek het '*n ~ *daarmee, (in‑ fml.)* I couldn't care less; *in ~ at peace; iem. met ~ laat* leave s.o. in peace (*or* alone); *in ~ met iem. leef/lewe* live in/at peace with s.o.; *met iem. ~ maak* make peace with s.o.; *~ sluit* conclude/make peace; *~ tussen* ... peace between ...;

*die ~ verbreek* break the peace; '*n verbreking van die ~* a breach of the peace; *iem. vertrou die ~ nie* s.o. is suspicious about s.t.. **~bewaarder, ~bewaker, ~houer, ~beskermer** peacekeeper. **~bewaring, ~handhawing** peacekeeping. **~ma‑ ker** peacemaker, pacifier. **~offer** peace offering. **~same‑ sprekings, ~samesprekinge** *n. (pl.)* peace talks. **~simbool** symbol/figure of peace. **~stigter** peacemaker, pacifier, con‑ ciliator. **~stryder** peace campaigner. **~vors** peacemaking/ peace‑loving/peaceful prince/ruler.

**vre·de·lie·wend** *·wende* peace‑loving, peaceful, peaceable, pacific. **vre·de·lie·wend·heid** peacefulness, love of peace, peaceableness, pacifism.

**vre·des‑:** **~artikels** articles of peace. **~beweging** peace move‑ ment. **~dividend** peace dividend. **~duif** peace dove. **~engel** angel of peace. **~gebruik** peaceful use. **~gesant** peace en‑ voy. **~inisiatief** peace initiative. **~konferensie** peace con‑ ference. **~kus** kiss of peace. **~mag** peacekeeping force. **~mars** peace march. **~naam:** *in/om ~* for peace' sake; *(in‑ fml.)* for goodness'/heaven's sake. **~offensief** peace offensive. **~onderhandelaar** peace negotiator. **~onderhandelinge, ~on‑ derhandelings** peace negotiations/talks. **~onthalwe** for the sake of peace, for peace' sake. **~party** peace party. **~pyp** pipe of peace, peace pipe, calumet. **~teken** peace sign. **~tempel** temple of peace. **~troepe** peacekeeping troops. **~tyd** peacetime, time of peace. **~veldtog, ~aksie** peace campaign. **~verdrag** peace treaty, treaty of peace. **~voet:** *die weermag op ~ bring* put the defence force on a peace footing (*or* peacetime basis). **~voorstander** pacifist. **~voor‑ stel** peace proposal, proposition of peace. **~voorwaardes** conditions/terms of peace, peace terms. **~wil:** *om ~* for peace' sake; *(infml.)* for goodness'/heaven's sake.

**vre·dig** *·dige* peaceful; halcyon *(poet., liter.).*

**vreed·saam** *·same* peaceful, peaceable, quiet, placid, pa‑ cific; non(‑)violent.

**vreemd** *vreemde vreemder vreemdste, adj.* strange *(pers., dog, etc.); (from a foreign country)* foreign; unfamiliar; strange, queer, odd, quaint, singular, peculiar, puzzling, bizarre, un‑ usual, weird, *(sl.)* freaky; alien, unfamiliar; exotic *(words, fashions, plants); dis vir my ~ dat iem./iets nie ... nie* I wonder why s.o./s.t. doesn't ...; *dit is ~* this is queer/funny/strange; *~ genoeg* strangely/funnily enough, strange to say, astonish‑ ingly (enough); for a wonder; *~e geur* odd/strange smell/ aroma, taint; *êrens heeltemal ~ wees* be a complete/perfect stranger somewhere; *iets is ~ aan iem. se lewenswyse* s.t. is alien to s.o.'s way of life; '*n ~e skepsel, (infml.)* an oddball, an odd bod/fish, a queer fish; *~e taal/woord* foreign lan‑ guage/word; *~e valuta* foreign exchange/currency; *iets is vir iem. ~* s.o. is strange to s.t. *(work etc.);* s.t. is foreign to s.o.; s.t. is new to s.o.; s.o. is a stranger to s.t. *(fear etc.);* *~e voorwerp, (med.)* foreign/extraneous body; '*n ~e vlieënde voorwerp* an unidentified flying object; *wonderlik ~* weird and wonderful. **vreemd** *adv.* strangely; oddly; surprisingly.

**vreem·de** *·des, n.* stranger; foreigner; alien; stranger, out‑ sider; *in die ~* abroad, in foreign parts/countries, in a for‑ eign country; *die ~ daarvan is ...* the strange thing about it is ... **~legioen, vreem**delingelegioen** foreign legion. **~taal‑ onderrig** foreign‑language teaching.

**vreem·de·ling** *·linge* stranger; foreigner, *(Xh.)* ikwerekwere; alien; '*n volslae ~* a complete/perfect stranger. **vreem·de‑ ling·skap** alienage; *in ~* in exile.

**vreem·de·lin·ge‑:** **~haat** *(psych.)* xenophobia, hatred for foreigners/strangers. **~hater** *(psych.)* xenophobe, xenopho‑ bic person.

**vreemd·heid** strangeness; queerness, oddness, oddity, fun‑ niness, peculiarity; foreignness; extraordinariness.

**vreemd·soor·tig** *·tige* strange, odd, queer, weird, peculiar; outlandish; nondescript; heterogeneous, motley.

**vrees** *vrese, n.* fear, fright, dread, terror; apprehension, mis‑

giving; funk; scare; intimidation; anxiety; *met ~/vrese en be=* *wing* in fear and trembling; *die ~ bestaan dat* ... there is a fear that ...; *'n ewige ~ vir ... hê* go/live in dread of ...; *~ vir honde* fear of dogs; *~ by iem. inboesem* inspire fear in s.o.; *geen ~ ken nie* not know (the meaning of) fear, be a stranger to fear; *~ vir ... koester* fear (*or* be afraid of) ...; *onge= gronde ~* groundless fear; *sonder ~* without fear, devoid of fear; *~ toon* register fear; *uit ~* from fear; *uit ~ dat* ... for fear that ... *(s.t. is going to happen etc.); uit ~ vir* ... for fear of ...; *iem. (se hart) met ~ vervul* strike fear/terror into s.o.('s heart); *iem. se ~ vir* ... s.o.'s fear of ...; *~ vir rekenaars* cyberphobia. **vrees** *ge=, vb.* fear, dread, be afraid/fright= ened *(of);* apprehend; *~ dat* ... fear (*or* be afraid) that ...; *daar word ge~ dat iem./iets* ... is s.o./s.t. is feared to be ...; *die dood ~* fear death; *~ wat met iem. kan gebeur* be afraid for s.o.; *ek ~ dit is so* I'm afraid so. **vrees·aan·ja·end** *-jaende* terrifying, frightening, intimidating, intimidatory, alarming, fearsome, appalling, frightful, *(sl.)* hairy. **vrees·aan·ja·ging** intimidation. **vrees·be·van·ge** fearful, petrified (with fear), fear-stricken, fear-ridden, terror-stricken, terror-struck, panic-stricken, white-knuckled; *~ raak, (also, infml.)* freak (out).

**vrees·lik** *-like -liker -likste, adj.* terrible, awful, dreadful, fright= ful, frightening, fearsome, fearful, fierce, horrible, appalling, grim, grisly, devilish; excruciating; mega *(infml.);* raging *(thirst); die ~ste rusie, (also, infml.)* the mother of all argu= ments/rows. **vrees·lik** *adv.* terribly, dreadfully, horribly; abominably; desperately; enormously, extremely, mega *(in= fml.); ~ groot* immense. **vrees·lik·heid** terribleness, dread= fulness.

**vreet** *ge=, (an animal)* eat, feed (on); *(s.o., coarse)* gorge, gob= ble, guzzle, gluttonise, devour; forage; *(fig.)* fester; *(fig.)* ran= kle; →VRETER; *iets ~ aan iem.*, *(doubts etc.)* s.t. gnaws at s.o.; *die suur ~ in die metaal (in)* the acid eats away (into) the metal (*or* corrodes the metal). ~**middel** *-dels, -dele* corrosive. ~**sak** glutton.

**vrek**[1] *vrekke, n., (infml., derog.)* miser, cheapskate, penny-pincher, Scrooge, skinflint, niggard, money-grubber. **vrek= ke·rig** *-rige,* **vrek·kig** *-kige* stingy, miserly, niggardly, mean, close-fisted, penny-pinching. **vrek·ke·rig·heid**, **vrek·kig·heid** stinginess, miserliness, avarice, churlishness.

**vrek**[2] *ge=, vb., (animals)* die; *skree(u)/ens. dat dit ~, (infml.)* howl/etc. like mad/hell; *hardloop dat dit ~, (also)* run for dear life. **vrek** *adv., (infml., coarse)* extremely, hellish; *~ koud* flipping cold; *iem. ~ skiet* shoot s.o. to hell and gone; *dit is ~ ver/vêr* it is a hang of a distance. **vrek·sel** *-sels* scoundrel, scumbag, son of a bitch, lousy creature. **vrek·te** *-tes* mor= tality *(of animals); die ~ hê* be more dead than alive.

**vre·ter** *-ters* (gross) feeder; glutton; →VRAAT. **vre·te·rig** *-rige* gluttonous; →VRAATSUGTIG. **vre·te·rig·heid** gluttony; →VRAAT= SUG. **vre·te·ry** gorging.

**vreug·de** *-des* joy(ousness), delight, pleasure, bliss, elation, gladness, enjoyment, exhilaration; merriment; cheer, rejoic= ing; *dol van ~* delirious with joy; *in ~ leef/lewe* live in re= joicing; *uit louter ~* for very joy; *oorstelp (of buite jouself) van ~* beside o.s. with joy, like a dog with two tails; *~ skep in die lewe* enjoy life; *tot iem. se ~* to s.o.'s delight/joy; *die ~ en trots van iem.* s.o.'s pride and joy; *jou ~ uitskree(u)* shout for joy.

**vreug·de·:** ~**betoon** rejoicing(s), merriment, jubilation. ~**fees** festival, festivity, feast, revel(ry). ~**kreet** *-krete* shout/cry of joy; *(in the pl., also)* cheers. ~**lied, vreugdeslied** paean, song of joy, carol. ~**skote** (festive) salute. ~**traan** tear of joy. ~**vol** *-volle* joyful, full of joy, joyous, merry, gleeful. ~**vuur, vreug= desvuur** bonfire.

**vreug·de·loos** *-lose* cheerless, joyless.

**vriend** *vriende* friend; boyfriend; chum, *(Am.)* buddy, pal, companion; ally; *jou ~e behou* keep one's friends; *goeie ~e met ... wees* be friends (*or* on good terms) with ...; *groot ~e*

wees be great friends; *hulle is die grootste ~e* they are the best of friends; *iem. as ~ hê* be friends with s.o.; *invloed= ryke ~e hê* have friends at court; be well connected; *hulle is ~e* they are friends (of each other); *iem. aan sy ~e ken* know s.o. by the company he/she keeps; *met iem. ~e maak* make friends with s.o.; *iem. tot jou ~ maak* make a friend of s.o.; *'n ~ in nood* a friend in need (is a friend indeed); *'n ~ van ... maak a friend of* ...; *weer ~e word* make up. **vrien·de·kring** cir= cle of friends; *'n breë ~* a wide circle of friends. **vrien·de·lik** *=like, adj.* friendly, kind, amicable; amiable; affectionate, af= fable, pleasant, good-natured, congenial; welcoming *(smile etc.); dis baie ~ van jou* it's very kind of you; *met ~e groete* with kind regards; *so ~ wees om te* ... be so kind as (*or* kind enough) to ...; *sal jy so ~ wees om my te sê/ens.?, (also)* would you mind telling/etc. me?; *~ teenoor iem. wees* be friendly/ nice to s.o.; be kind (*or* show kindness) to s.o.. **vrien·de·lik** *adv.* kindly, in a friendly way; *~ gegroet* kind regards. **vrien= de·lik·heid** *=hede* kindness, friendliness, amicability, amica= bleness, good nature, civility, congeniality; benignity; pleas= antness; affability; amiableness, amiability; considerateness; *deur die ~ van* ... through the good offices of ...; *(die) ene ~ wees* be all smiles; *oorloop van ~* ooze (*or* turn on the) charm; *iem. is die ~ self* s.o. is friendliness itself. **vrien·de= loos** *-lose* friendless, unfriended. **vrien·de·loos·heid** friend= lessness. **vrien·din** *-dinne, (fem.)* (lady) friend, girlfriend. **vriend·jie** *=jies, (masc.),* **vrien·din·ne·tjie** *=tjies, (fem.)* little friend.

**vriend·skap** *-skappe* friendship, comradeship, fellowship, amity; favour; *'n ~ met iem. aanknoop* strike up a friend= ship with s.o.; *'n ~ met iem. beëindig* break with s.o.; *~ teen= oor iem. betoon* show kindness to s.o.; *iem. 'n ~ bewys* do s.o. a good turn; *'n hegte/troue ~* a fast/firm friendship; *in ~ met* ... in amity with ...; *met iem. sluit* make friends (*or* form a friendship) with s.o.; *~ soek* cultivate a friendship; *uit ~* in friendship; *iets uit ~ vir iem. doen* do s.t. as a favour to s.o.. **vriend·skap·lik** *=like, adj.* friendly, well-disposed, ami= cable; neighbourly; *~e wedstryd* friendly match. **vriend= skap·lik** *adv.* in a friendly way, amicably, on a friendly foot= ing; *~ met iem. omgaan* be friendly with s.o.. **vriend·skap= lik·heid** friendliness, amicability, amicableness, amity.

**vriend·skaps·:** ~**band** tie/bond of friendship. ~**betrekking** *=kinge* friendly relation. ~**betuiging** expression/protestation/ profession of friendship. ~**bewys** token of friendship. ~**ver= drag** treaty/pact of friendship.

**vries** *ge=* freeze, congeal, ice. ~**brand** frostbite. ~**kas** *-kaste* deep freeze, (deep) freezer; *iets in die ~ sit* deep-freeze s.t.. ~**punt** freezing/congealing/ice point, zero; *ses grade bo/on= der ~* six degrees above/below freezing point; *onder ~, (also)* sub-zero; *twee grade onder ~, (also)* two degrees of frost/ cold; *op ~* at freezing point. ~**vak** freezing compartment, freezer. ~**weer** frosty weather, *(infml.)* freeze-up. ~**weer= middel** *=dels, -dele, (also* vrieswering*)* antifreeze (mixture).

**vroed·vrou** midwife, maternity nurse.

**vroe·ë·:** ~**musiekensemble** early-music ensemble. ~**pam= poen** vegetable marrow. ~**waarskuwingstelsel** early warn= ing system.

**vroe·ër** *vroeër(e), adj.* earlier; past, former *(years);* bygone *(days);* previous; pristine; prior; *(in) ~ jare* in former times/ days. **vroe·ër** *adv.* formerly, in former/bygone days; before/ere now; previously; prior; *~ begin* start earlier/sooner; *~ of later* sooner or later. **vroe·ë·rig** *=rige* →VROEGERIG.

**vroeg** *vroeë vroeër vroegste, adj.* early; *(bot.)* early-flowering, -bearing; timely; abortive; precocious; *vroeë aftrede/aftre= ding* early retirement; *'n vroeë dood* a premature/untimely/ early death; *Vroeë Moderne Engels* Early Modern English; *vroeë musiek* early music; *in die vroeë oggendure* in the early hours; *op die/sy ~ste* at the earliest; *vroeë perskes* early peaches; *Vroeë Steentyd(perk), (archaeol.)* Early Stone Age, Eolithic; *die vroeë tagtigerjare* the early eighties; *vroeë waar=*

*skuwing* early warning. **vroeg** *adv.* early; at an early hour; ahead of schedule; ~ *aftree* take early retirement; *al* ~ early on; *baie* ~ bright and early; *'n bietjie* ~ somewhat/rather early; *te* ~ *gebore word* be born prematurely/preterm; ~ *gestorwe* prematurely deceased; ~ *en laat* at all hours; *van* ~ *tot laat* from dawn till dark; ~ *in die môre/more* early in the morning; *môre/more* ~ (early) tomorrow morning; ~ *gaan slaap, (also)* keep early hours; have an early night; *te* ~ *sterf* die before one's time; *dis nog te* ~ *om te praat* it's early days (yet); *'n uur te* ~ *aankom* arrive an hour early; *'n paar minute te* ~ a few minutes early (*or* before time); *van* ~ *af* from an early hour. ~**aand** early in the evening. ~**be**jaardheid *(med.)* progeria. ~**dag** early in the morning. ~**ge**boorte** premature/preterm birth. ~**gebore** prematurely born; ~ *baba* premature/preterm baby, *(infml.)* premmie. ~**oggend** early (*or* first thing) in the morning. ~**opstaner** early riser/bird; live wire. ~**ryp** early *(fruit);* precocious, forward. ~**ryp**heid** precocity. ~**selfstandig** *-dige, (orn.)* precocial. ~**tydig** *-dige, adj.* early. ~**tydig** *adv.* early, in good time.

**vroeg·e·rig, vroe·ê·rig** *-rige* earlyish, somewhat/rather early.

**vroegs:** *op die* ~ *moontlike oomblik* at the earliest possible moment, as soon as possible.

**vroeg·te** earliness; fresh; *in die* ~ early in the morning.

**vroeg-vroeg** very early, in the small hours; ~ *môreoggend/moreoggend* first thing (*or* early) tomorrow morning.

**vroe·tel** *ge-, (a child)* wriggle, fiddle, fidget; *(pigs)* root, rout, turn up the ground, grub; burrow; nuzzle; *in/tussen iets* ~ rummage in s.t.. ~**pappie** dirty old man, sugar daddy.

**vro·lik** *-like -liker -likste* merry, cheerful, jolly, joyous, convivial; jovial, frolicsome, sportive, playful; happy, tipsy; bustling; *jou* ~ *maak oor ...* make merry over ...; ~ *word* become cheerful, cheer up. **vro·lik·heid** cheerfulness, gaiety, mirth, hilarity, merriment; jollification; *ná* ~ *kom olikheid* after pleasure comes pain.

**vroom** *~, vrome vromer vroomste, adj.* pious, devout, godly, prayerful, devotional, religious; sanctified; sainted, saintlike, saintly; ascetic(al). **vro·me** *-mes, n.* pious person; pietist. **vroom·heid** devoutness, piety, godliness; devotion.

**vrot** *~ vrotter vrotste, adj.* rotten, putrid, decayed; feeble, inefficient; rotten, *(infml.)* grotty; bad; ~ *van die ... wees, (infml.)* be riddled with ... *(a disease);* have a bad/heavy/nasty/severe ... *(cold);* ~ *word* rot; go bad. **vrot** *ge-, vb.* rot, decay, putrefy, go bad; moulder; *(fabrics)* perish; →VERROT *vb..* ~**appel** *(fig.: corrupt pers.)* rotten apple. ~**pootjie** root rot, blackleg *(in potatoes); (bot.)* whiteheads; *(bot.)* eelworm disease; *(vet.)* foot rot; take-all *(in wheat);* foot rot *(in onions).*

**vrot·heid** rottenness.

**vrot·sig** *-sige* rotten, silly, stupid, feeble *(idea);* clumsy, incompetent *(fellow);* worthless *(stuff);* beastly, lousy, crummy. **vrot·sig·heid, vrot·tig·heid** rottenness, worthlessness; incompetence; clumsiness.

**vrot·terd** *-terds* stinker, no-good, wretch.

**vrou** *vroue(ns)* woman; female; wife, spouse; *(cards)* queen; mistress, lady; *'n* ~ *sit daaragter* there's a woman in it; *deur en deur* ~ all woman; *die* ~ *van die huis* the lady/mistress of the house; *... tot* ~ *neem* make ... one's wife; *'n ongetroude* ~ a single woman; *my ou* ~, *(infml.)* my old lady/woman/girl/missus; ~ *vat, (infml., said of a man)* marry. ~**lief** (my) dear wife. ~**mens** *-mense* female, woman; *(derog.)* skirt, cow; *(in the pl., also)* womenfolk; *'n skaamtelose* ~ a brazen/shameless hussy.

**vrou·e·:** ~**besnyding** →VROULIKE BESNYDING. ~**bevryding** women's liberation *(often* W → L~), women's lib *(infml.).* ~**beweging** women's/feminist movement, movement for women's rights. ~**blad** women's magazine; women's page. ~**bors** (woman's/female) breast/bust. ~**deel** *-dele* female organ. ~**dokter** gyn(a)ecologist; female doctor. ~**drag** women's wear/clothing. ~**dubbelspel,** ~**dubbels** *(tennis)* women's doubles.

~**-enkelspel,** ~**-enkels** *(tennis)* women's singles. ~**figuur** female figure, figure of a woman; *(liter.)* female character. ~**gek** philanderer, ladies' man, womaniser. ~**grootte** woman's size. ~**haarvaring** maidenhair (fern). ~**haat** misogyny, hatred of women. ~**hand** woman's hand; woman's/feminine handwriting. ~**handel** woman trafficking, female slavery. ~**handelaar** woman trafficker. ~**hater** woman-hater, misogynist. ~**jagter** (skirt) chaser, womaniser, wolf. ~**kampioen** women's champion. ~**klere** women's wear; ~ *dra, (a man)* cross-dress. ~**klub** women's club. ~**kondoom** →VROULIKE KONDOOM. ~**konstabel, vroulike konstabel** policewoman. ~**koor** female/ladies'/women's choir, choir for female voices; women's chorus. ~**kwaal** women's/female/gyn(a)ecological complaint. ~**logika** feminine/female/women's logic. ~**naam** feminine/woman's name. ~**nabootser** *(theatr.)* female impersonator. ~**partytjie** ladies' party, hen party. ~**portret** female portrait, portrait of a woman/lady. ~**raad** woman's advice; council of women. ~**redakteur** editor (of a women's page/section/magazine/etc.). ~**regte** *n. (pl.)* women's rights/lib; *(kamp)vegter vir* ~ liberationist, *(infml., often derog.)* (women's) libber. ~**saal**[1] *(horse riding)* side saddle; lady's saddle *(of a bicycle).* ~**saal**[2] women's ward *(in a hospital).* ~**slaner** wife beater. ~**span** women's team. ~**stem** woman's voice; women's vote. ~**stemreg** female/women's suffrage. ~**tydskrif** women's magazine.

**vrou·lik** *n., (gram.)* feminine. **vrou·lik** *-like, adj.* feminine; female *(opp. male);* feminine *(gender);* womanly *(ways);* wifelike, wifely; ladylike; *(bot.)* anandrous; ~*e besnyding, vroue*besnyding** female circumcision; ~*e blom* pistillate flower; ~*e dokter* woman/female/lady doctor; ~*e geslag* female sex; *(gram.)* feminine (gender); *aan die* ~*e kant* on the distaff side; ~*e kondoom, vrouekondoom* female condom; ~*e konstabel* →VROUEKONSTABEL; *in die* ~*e linie* matrilineal. **vrou·lik·heid** femininity, womanliness, feminality, femaleness, womanhood.

**vrou·tjie** *-tjies, n. (dim.)* little woman/wife; *ou* ~ little old lady, *(infml.)* old dear.

**vrug** *vrugte* fruit; embryo, fetus; *(fig.)* fruit(s), result(s), reward(s); *die* ~ *afdryf/afdrywe* cause an abortion; ~*te dra* bear fruit, fructify; *met* ~ to/with advantage, advantageously, profitably, successfully, usefully; *die* ~*te pluk* reap the fruits; *sonder* ~ fruitless(ly), in vain, without avail; ~ *van die ver*beelding** child of the imagination; *verbode* ~*te* forbidden fruit; *die boom is/sit vol* ~*te* the tree is laden with fruit; *iets werp* ~*te af, (fig.)* s.t. pays dividends; *die wrange* ~*te pluk* reap the bitter fruits, bear/face/suffer/take the consequences. ~**afdrywend** *-wende* abortifacient, abortive; ~*e middel* abortifacient. ~**afdrywer** abortionist. ~**afdrywing** abortion, expulsion of the/a fetus. ~**bed** *(bot.)* stroma. ~**beginsel** *(bot.)* ovary; *(biol.)* germen. ~**blaar** *(bot.)* carpel. ~**draend** *-draende* fruit-bearing; *(fig.)* fruitful, bearing fruit; fructuous. ~**gebruik** *(Rom. law): (reg van)* ~ usufruct. ~**gebruiker** usufructuary. ~**hulsel** husk. ~**knop** fruit bud. ~**pluis** pappus. ~**reg** *(fin.)* royalty. ~**vlees** flesh/pulp of fruit. ~**vlies** chorion, fetal envelope/membrane; amnion. ~**vorming** fructification, setting (of fruit), fruiting. ~**wand** pericarp, fruit wall. ~**water** amniotic fluid, *(infml.)* water(s). ~**waterondersoek,** ~**watertoets** *(med.)* amniocentesis.

**vrug·baar** *-bare* fertile *(egg, soil, imagination);* fruitful, productive *(year, investigation);* prolific *(author, child-bearer);* fecund; generative; mellow *(soil);* rich; pregnant; voluminous *(author);* ~ *in ...* fertile/fruitful in ...; *van* ~*bare leeftyd* of child-bearing age; ... ~ *maak* make ... fertile, fertilise/fructify ... **vrug·baar·ma·king** fertilisation.

**vrug·baar·heid** fertility, fruitfulness, productivity; fecundity; *(fig.)* fatness (of the land); prolificacy. ~**simbool** fertility symbol.

**vrug·baar·heids·:** ~**koers** fertility rate. ~**middel** fertility drug.

**vrug·gie** *=gies, n. (dim.)* small fruit.

**vrug·loos** *-lose* without fruit.

**vrug·te·:** ~**bak** fruit bowl. ~**blatjang** fruit chutney. ~**boer** fruit farmer/grower, fruiter. ~**boerdery** fruit farming/grow= ing. ~**boom** fruit tree. ~**boor** corer. ~**boord** orchard. ~**brood** fruit loaf. ~**drank** fruit drink/cordial, sorbet, sherbet, crush. ~**fles** fruit jar, canned-fruit/canning bottle. ~**gommetjie** fruit gum. ~**handelaar** fruit dealer, fruiterer. ~**kelk(ie)** fruit cocktail/cup. ~**kenner** pomologist. ~**kissie** fruit tray/box. ~**klontjie** fruit drop. ~**koek** fruitcake. ~**kunde** pomology. ~**kweker** fruit grower/farmer/gardener, orchardist. ~**kwe= kery** fruit growing/farming, pomiculture; fruit farm. ~**li= keur** fruit liqueur. ~**mandjie** fruit basket. ~**mes** fruit knife. ~**moer** marc. ~**moes** fruit pulp/purée, pulp (of fruit). ~**(-)oes** fruit crop. ~**pakker** fruit packer. ~**pit** pip. ~**room= ys** tutti-frutti. ~**sap** fruit juice. ~**slaai** fruit salad. ~**smous,** ~**venter** fruit seller/hawker. ~**sout** fruit salt. ~**stafie** fruit bar. ~**stalletjie** fruit stall. ~**stellasie** drying/fruit tray. ~**stroop** fruit syrup/cordial. ~**suiker** fructose, fruit sugar. ~**tyd** fruit season. ~**vlermuis** fruit bat, flying fox. ~**vlieg** fruit fly. ~**vlieg= (ie)** drosophila.

**vrug·te·loos** *-lose, adj., (fig.)* fruitless, useless, futile, vain, unsuccessful, unavailing, purposeless, ineffectual, ineffec= tive, unavailing, unlucky, idle. **vrug·te·loos** *adv.* in vain, fruitlessly, futilely, to no purpose, without avail/result, of/to no avail, unsuccessfully, ineffectually, ineffectively, unavail= ingly. **vrug·te·loos·heid** futility, fruitlessness, ineffectuality, ineffectualness, ineffectiveness, idleness, vanity.

**vrug·vor·mig** *=mige* fructiform.

**vry¹** *ge=, vb.* (kiss and) cuddle; *(infml.)* canoodle, smooch, pet, neck; make love, *(sl.)* bonk; *met iem.* ~ neck with s.o. *(infml.);* dally with s.o.; *na iem.* ~ woo/court s.o.; try to win s.o. over *(also voters etc.);* **na iets** ~ make a play for s.t. *(a position etc.); kliphard* **na** *iem.* ~, *(infml.)* make a big play for s.t.; *na 'n* **persoon** ~ *(om 'n guns)* ingratiate o.s. with s.o., try to get in s.o.'s good books. ~**lustig** *=tige* amorous. ~**party(tjie)** petting party. ~**plek** courting place/spot.

**vry²** *vrye vryer vryste, adj.* free *(day, translation, will, love, style, verse, etc.);* free, unengaged, available; disengaged, at leisure, off (duty); free *(admission);* gratis, complimentary; free, uninhibited; gratuitous; empty, vacant *(seat);* clear, open, unobstructed, unrestricted; emancipated; ~**(e) arbeid(ers)** free labour; ~**(e) assosiasie,** *(psych.)* free association; ~ **ba= gasie** free luggage; ~ *aan* **boord,** *(abbr.:* v.a.b.*)* free on board *(abbr.:* f.o.b.*);* ~ *(van* **diens***)* off duty; ~ *(van)* **ekonomie** free economy; ~ **elektron,** *(phys.)* free electron; ~**e energie** free energy; **geheel** *en al* ~ under no restraint; *die* ~**e hemel** the open sky; *'n dag* ~ **hou** keep a day open; *'n dag* ~ **kry** get a day free/off; *'n lesuur* ~ **hê** have a free period; have a period off; ~**e liefde** free love; ~**e losies** *en inwoning* free board and lodging; ~**e mark** free market; *'n dag/ens.* ~ **neem** take a day/etc. off; *so* ~ **wees om** met/van iem. te verskil venture to differ from s.o.; ~ *en* **ongebonde** footloose and fancy-free; ~ **radikaal,** *(phys.)* free radical; ~ *van* **regte** duty-free; ~ **(rond)loop** run wild; *(an escaped animal etc.)* be on the loose; *so* ~ **soos** *'n voël in die lug* (as) free as air, footloose and fancy-free; ~**e staat/stad** free state/city; ~**e stemming,** *(pol.)* free vote; *boeke/ens. waartoe daar* ~**e toegang** *is* books/etc. on the open shelves; ~**(e) tyd** spare time, leisure (time), time off; *'n* ~**e uitsig** a free/unobstructed view; ~**(e) ure** leisure hours; ~**e val** free fall; ~ *van iets* free from s.t. *(a disease etc.);* clear of s.t.; immune from s.t.; void of s.t.; ~ *van be= lasting* tax-free; ~**e geslagtelike verkeer** promiscuity; ~**e ver= kiesing** free election; ... ~ **verklaar** declare ... free *(s.o., a nation, etc.);* ~**e verse** free verse, *(Fr.)* vers libre; *mag ek so* ~ **wees?** may I take the liberty?; *die V~e* **Wêreld,** *(hist., non- Communist countries collectively)* the Free World; ~ *e* **wil** self- determination. **vry** *adv.* freely. ~**beurt** *(sport)* bye. ~**blywend** *=wende* without (*or* free of) obligations; non(-)committal;

~**e wette** permissive legislation. ~**boord** freeboard. ~**buiter** freebooter, buccaneer, pirate. ~**buitery,** ~**buitery** freeboot= ing, piracy, buccaneering. ~**denkend** *=kende,* ~**geestig** *=tige* freethinking. ~**denker,** ~**gees** free thinker. ~**denkery,** ~**den= kery,** ~**geestigheid** freethinking, free thought. ~**draai** *vryge=, (mot.)* idle. ~**draend** *=draende:* ~*e balk* cantilever; ~*e brug/ dak* cantilever bridge/roof; ~*e trap* overhanging stair. ~**draer** cantilever. ~**drywend** *=wende* free-floating *(plant etc.).* ~**dui= ker** freediver. ~**gebore** *adj.* freeborn. ~**geborene** *=nes, n.* free(born) man/woman, freeman. ~**gee** *vryge=* give off *(a day, time).* ~**gees** →VRYDENKER. ~**geestig** *=tige* →VRYDEN= KEND. ~**geestigheid** →VRYDENKERY. ~**gelaat** *=late, adj.* freed, released. ~**gelatene** *=nes, n.* freed man/woman; *(hist.)* freed= man. ~**geleide** safe conduct, escort; free pass. ~**gesel** *=selle* bachelor, celibate; single/unmarried man; *'n verstokte* ~ a confirmed bachelor. ~**gesellin** bachelor girl, spinster. ~**ge= sproke** *adj.* acquitted. ~**gesprokene** *=nes, n.* acquitted per= son. ~**gestel** *=stelde* exempt; *voorwaardelik* ~*de gevangene* paroled prisoner, conditionally released prisoner. ~**gewes** *(hist.)* dominion. ~**geword** *=worde* liberated. ~**handel** →VRY= HANDEL. ~**handtekening** freehand drawing/sketch. ~**hawe** free port. ~**hoogte** headroom, clearance, clear/free height. ~**hou** *vb., vryge=* keep free *(an evening);* reserve; set aside; keep open/clear; keep ready/handy *(or* within reach*).* ~**kaart= jie** complimentary/free ticket; free pass. ~**kamer** spare (bed) room, guest/visitors' room. ~**kom** *vryge=* escape; get off, be released; go/escape *(or* get off*)* scot-free; become vacant. ~**koop** *vryge=* ransom, buy/pay off, redeem. ~**laat** →VRY= LAAT. ~**lewend** free-living. ~**loop** *vryge=* get off, escape; *(mot.)* idle, coast, free, freewheel; overrun. ~**maak** →VRY= MAAK. ~**magtig** *=tige* all-powerful. ~**magtigheid** all-power= fulness. ~**moedig** *=dige* frank, open(-hearted), outspoken, (over)bold, unabashed, candid, uninhibited, free(-spoken), not (in the least) shy, unaffected, unselfconscious, confi= dent. ~**moedigheid** frankness, boldness, outspokenness, un= reservedness; unselfconsciousness, freeness, confidence; free= dom; *die* ~ *hê om iets te doen* feel free *(or* at liberty*)* to do s.t.; *nie die* ~ *hê om ...* not have the nerve/courage *(or* feel at liberty*)* to ... ~**passing** clearance fit. ~**pleit** *vryge=* get *(s.o.)* off, obtain *(s.o.'s)* acquittal/discharge, exonerate. ~**ry** *vryge=* freewheel. ~**skaats** free skating. ~**skop** *(sport)* free kick. ~**skut=** freelance *(journalist, designer, etc.).* ~**skutwerk** free= lancing. ~**slag** *(swimming)* free style. ~**spraak** acquittal, dis= charge, exoneration, exculpation; *(relig.)* absolution. ~**spreek** *vryge=* acquit, discharge, find not guilty *(of),* exonerate, ex= culpate, clear *(of a charge),* pardon, whitewash; *iem.* ~ ab= solve s.o. from guilt; *iem. van iets* ~ acquit s.o. of s.t.; clear s.o. of s.t.; exculpate s.o. from s.t.; exonerate s.o. from s.t.; *iem. van ('n aanklag op) moord/ens.* ~ acquit s.o. (on a charge) of murder/etc.. ~**spring** *vryge=* get off/away, escape, dodge, evade, avoid; *iets* ~ get by s.t.. ~**staan** *vryge=* be permitted/ allowed; be detached, stand apart *(from); (sport)* be unmarked, not be covered; *dit staan iem. vry om iets te doen* s.o. is free *(or* at liberty*)* to do s.t., it is open to s.o. to do s.t.; *dit staan jou vry om te ...!, (also)* you are welcome to ...!. ~**staande** detached *(house);* independent *(crane);* self-supporting *(wall);* stand-alone *(computer).* ~**staanoefening** free-standing exer= cise. ~**stel** *vryge=* exempt, let off, excuse; release, free *(a pris= oner);* emancipate *(a slave);* discharge, set at liberty; *(relig.)* give/grant dispensation; *iem. uit ...* ~ release s.o. from ... *(custody etc.); iets weer* ~, *(mus.)* relaunch s.t. *(an album); iem. van iets* ~ excuse s.o. from s.t.; exempt s.o. from s.t.. ~**stel= ling** release, freeing, liberation, exoneration, indemnity, ac= quittal; release, launch(ing) *(of a new film etc.);* exemption, dispensation, waiver. ~**stellingsbewys** certificate of exemp= tion. ~**stoei** freestyle wrestling. ~**uit** freely, frankly, openly, ungrudgingly. ~**val** →VRYVAL. ~**veg** *vryge=: jou* ~ liberate o.s., obtain liberty by fighting. ~**verklaring** release; emancipa= tion. ~**wel** *(liter.)* virtually, practically, more or less, well- nigh; ~ *eenders* (pretty) much the same; *die werk is* ~ *klaar* the work is as good as completed. **~wiel** freewheel; ~ *ry* freewheel. **~wording** liberation; emancipation.

**vry·a·sie** *=sies, (infml.)* wooing, courting; amour, (love) af= fair; flirtation.

**vry·brief¹** *(infml.)* love letter.

**vry·brief²** safe conduct; licence, permit.

**Vry·dag** Friday; *Goeie* ~ Good Friday.

**vry·e** *vryes* freeman; free one/person; *in die* ~ in the open. **~markstelsel** free-market system. **~tydsbesteding** leisure(- time) activities, use of leisure.

**vry·e·lik, vry·lik** freely, without restraint.

**vry·er** *vryers* lover, sweetheart; *(dated)* wooer, suitor. **vry·e· rig** *=rige* amorous, flirtatious, flirty; horny *(sl.);* ~ *raak met iem.* make advances to s.o., *(infml.)* get fresh with s.o.. **vry· e·rig·heid** amorousness, flirtatiousness. **vry·e·ry** *=rye* neck= ing, petting, smooching, *(Br.)* snogging; love-making, *(infml.)* nooky; flirting, flirtation; *(dated)* wooing.

**vryf** *ge=, (also* vrywe*)* rub; chafe; massage; polish, burnish, scour; exfoliate; *iets blink* ~ polish s.t. up, make s.t. shine; *jou hande* ~ rub one's hands. **~afdruk** rubbing. **~doek, ~lap** rubbing/polishing cloth. **~las** *=lasse, (tech.)* rub(bed)/squeezed joint. **~plank** float, hawk *(of a mason).* **~prent** *=prente,* **vryf= sel** *=sels* (brass) rubbing. **~steen** rubstone; muller *(for paint= work etc.).*

**vry·ge·wig** *=wige* generous, liberal, large, open-handed, big- hearted, charitable, free-handed, munificent, profuse, un= sparing; *alte* ~ *wees* be a soft *(or* an easy*)* mark/touch *(in= fml.);* ~ *met iets* extravagant/free/liberal with s.t. *(praise etc.).* **vry·ge·wig·heid** generosity, open-handedness, liberality, mu= nificence, freeness, charity, prodigality, largesse.

**vry·han·del** free trade. **~stelsel** system of free trade.

**vry·han·dels=** : **~beleid** open-door policy. **~gebied** free trade area/zone.

**vry·heid** *=hede* freedom, liberty; independence; immunity; scope; latitude; privilege, right, prerogative; ~ *van aanbid= ding* freedom of religion/worship, religious freedom; ~ *van beweging* freedom of movement; ~ *van denke* freedom of thought; ~ *van gebreke* soundness; *iem. meer* = *laat* allow s.o. more scope; *die* ~ *neem om te ...* take the liberty of ...; make/be so bold as to ...; *~hede met iets neem* make free with s.t.; *oorgenoeg* ~ ample scope; ... *in* = *stel* release ..., (set) free ..., set ... at liberty; *jou* ~ *terugkry* be released *(or* set free*);* ~ *van iets* freedom from s.t.; *jou* ~ *verkry/ verwerf* gain one's freedom; *jou ~hede met ... veroorloof* take liberties with ... **~sin** spirit/love of freedom. **V~stand= beeld, Vryheidsbeeld** *(Am.)* Statue of Liberty. **~stryd** strug= gle for liberation/freedom, fight for independence.

**vry·heids=** : **V~beeld** →VRYHEIDSTANDBEELD. **~beperking** re= straint, restriction of freedom. **~berowing** deprivation *(or* taking away*)* of liberty/freedom; detention, forcible restraint. **~beweging** freedom movement. **V~dag** *(SA: 27 April)* Free= dom Day. **~gees** spirit of freedom/liberty. **~graad** *(chem., phys., stat.)* degree of freedom, variance. **~liefde** love of freedom/liberty. **V~manifes** Freedom Charter. **~mus** lib= erty cap, Phrygian cap. **~oorlog** war of independence/lib= eration; *Eerste V~, (SA hist.)* First Boer War; *Tweede V~, (SA hist.)* (Anglo-)Boer War, South African War. **~vegter** free= dom fighter.

**vry·heids·ge·sind** *=sinde, adj.* libertarian. **vry·heids·ge= sin·de** *=des, n.* libertarian.

**vry·heid(s)·lie·wend** *=wende* freedom-loving, liberty loving.

**vry·laat** *vryge=* release, remand, let go/off, (set) free, set loose, set at liberty, discharge *(a captive);* liberate, emancipate *(a slave);* absolve; leave *(s.o.)* a free hand, allow *(s.o.)* to use his/ her own discretion; *iem. uit ...* ~ release s.o. from ... *(custody etc.); iem. van iets* ~ excuse s.o. from s.t.. **vry·la·ting** release *(of captives);* emancipation *(of slaves);* emission.

**vry·lik** →VRYELIK.

**vry·maak** *vryge=* (set) free; disengage, unfetter; emancipate *(a slave);* liberate; clear *(a line);* disentangle; unbar; unpeg; *(fig.)* unshackle; *jou van ,.. * ~ rid/free o.s. of ... **vry·ma·ker** emancipator, liberator. **vry·ma·king** freeing, liberation; eman= cipation; *(relig.)* redemption; clearing.

**Vry·mes·se·laar** Freemason.

**Vry·mes·se·laars=** : **~losie** Masonic lodge. **~orde** Order of Freemasons.

**Vry·mes·se·la·ry:** *die* ~ Freemasonry.

**vry·pos·tig** *=tige* bold(-faced), overbold, uppish, audacious, pert, forward, presumptuous, fresh, (over)free, uninhibited, brash, familiar, impertinent, precocious, saucy, upstart. **vry· pos·tig·heid** boldness, presumption, presumptuousness, brash= ness, forwardness, freeness.

**vry·set·ting** disengagement; liberation.

**vry·sin·nig** *=nige, adj.* liberal(-minded), broad-minded. **vry· sin·ni·ge** *=ges, n.* liberal. **vry·sin·nig·heid** liberalism, broad= mindedness.

**vry·skeld** *vryge=* exempt, excuse; let off; *iem. die skoolgeld* ~ exempt s.o. from paying class fees. **vry·skel·ding** exemption; *iem.* ~ *toestaan* grant s.o. exemption.

**Vry·staat** *n., (SA, geog.)* Free State; *die Oranje-~, (SA, hist.)* the Orange Free State. **Vry·staat** *interj.* bravo!; attaboy!. **Vry= staats** *=staatse* (of the) Free State. **Vry·sta·ter** *=ters* Free Stater.

**vry·val** *n.* free fall; skydiving. **vry·val** *ge=, vb.* skydive. **~for= masie** free-fall formation. **~kunstenaar** skydiver.

**vry·waar** *ge=* indemnify, secure; (safe)guard, protect; guar= antee; *iem. teen iets* ~ indemnify s.o. against s.t.; safeguard/ protect s.o. against s.t. *(a loss etc.); teen iets ge~* guaranteed against s.t.; safe from s.t.; *van ... ge~* immune from ... *(pros= ecution etc.).* **vry·wa·ring** *=rings, =ringe* safeguard, security, protection; indemnity, indemnification; warranty; privilege; ~ *teen iets* indemnity against s.t.; protection against s.t. *(loss etc.).* **vry·wa·rings·wet** indemnity act.

**vry·we** *ge=* →VRYF. **vry·wing** rub(bing); trituration; scour.

**vry·wil·lig** *=lige, adj.* voluntary, facultative, freely, non(-)ob= ligatory, spontaneous. **vry·wil·lig** *adv.* freely, voluntarily, of one's own volition *(or* free will*); jou* ~ *aanbied* volunteer. **vry·wil·lig·heid** voluntariness.

**vry·wil·li·ger** *=gers* volunteer; *om ~s vra* call for volunteers. **~stelsel** volunteer system.

**vry·wil·li·gers=** : **~korps** volunteer corps. **~reserwe** volun= teer reserve.

**vuil** *n.* dirt, filth, grime, muck. **vuil** *vuil(e) vuiler vuilste, adj. & adv.* dirty *(hands, clothes, water, weather, joke, work, nuclear weapon);* filthy *(hands, lang., story, etc.);* smutty, obscene *(joke);* ribald, smutty *(talk, stories);* foul *(linen, blow, weather);* soiled *(linen);* scurvy *(treatment);* sordid *(case);* grimy; unclean; squalid; slovenly; scurrilous; low, mean; *iets* ~ *smeer* soil s.t.; ~ *speel* commit a foul; ~ *spel* foul/dirty play, fouling; ~ *water,* (also) slop (water), slop(s), swill; bilge/ditch water; *die* ~ *werk doen* do the dirty work. **~baard** *(infml.)* lion. **~bek** curser, *(infml.)* cusser, *(vet.)* orf. **~bekkig, ~bekkig =kige** foul-mouthed/-tongued; coarse, vulgar. **~bekkigheid** cursing, *(infml.)* cussing, swearing, foul language; coarse= ness, vulgarity. **~gat** *(infml., derog.), (a filthy pers.)* slob, scruff, pig, lout; slut; *(a despicable pers.)* scumbag, swine, stinker. **~maak** *vuilge=* dirty, soil, foul, pollute; *jou* ~, dirty o.s., mess *(or, coarse* crap*)* in one's pants; *(infml.: get a big fright)* (nearly) crap/shit o.s. **~put** cesspool, cesspit. **~pyp** cesspipe, soil pipe. **~riool** sewer, soil(-water) drain. **~siekte** *(med.)* syphilis, *(infml.)* pox, dose. **~wit** dirty/greyish white, off-white; *(biol.)* sordid.

**vui·le·rig** *=rige* scruffy, tatty, tacky, dingy.

**vuil·goed** *n. (pl.)* dirt, muck, filth, grime; mire; garbage, refuse, litter, rubbish; weed(s); pus *(in a wound);* →VULLIS; *(fig., derog.)* meanie, *(sl.)* scumbag, dog; →VUILIS; *jou ~!* you dirty skunk/swine!, you piece of dirt!; *hulle is twee* ~ they are two scoundrels. ~**man**, ~**verwyderaar** garbage collector/man. ~**sak** refuse/garbage bag.

**vuil·heid** dirt(iness), filth(iness); squalor; nastiness, smut=(tiness), obscenity.

**vui·lig·heid** dirt(iness), grime; mire; smut(tiness); filth, muck, *(infml.)* gunge.

**vui·lis** =*lisse* grunge, muck; →VULLIS; *(infml.)* dirty swine/skunk; →VUILGOED.

**vuil·kleu·rig** =*rige*, *(biol.)* sordid.

**vuil·wa·ter·:** ~**bak** slop sink. ~**emmer** slop bucket/pail. ~**pyp** waste(-water) pipe. ~**riool** waste drain.

**vuis** *vuiste* fist; *jou* ~ *bal* double/clench one's fist; *uit die* ~ *dink* think on one's feet; *die* ~ *gebruik* strike out; ~ *inlê*, *(infml.)* use/wield one's fists; *iem. met die kaal* ~ *bydam* tackle s.o. with bare fists; go for s.o. hammer and tongs *(infml.)*; *iem./mekaar met die kaal* ~ *pak* take off the gloves; ~ *maak* double/clench one's fist; *vir iem.* ~ *maak/wys* shake one's fist at s.o.; *met die* ~ *slaan* fight with fists, punch, have a fist fight; →VUISSLAAN; *met jou* ~ *op die tafel slaan* hit/thump the table with one's fist; *uit die* ~ *(uit)* off the cuff *(infml.)*; off the top of one's head *(infml.)*; out of hand; *'n toespraak uit die* ~ *(uit) hou* make an impromptu speech; *uit die* ~ *(uit) praat* speak without notes; *dit met die* ~ *uitmaak* step outside *(infml.)*; *'n* ~ *vol* a handful. ~**geveg** fist fight, brawl, spar, fisticuffs; prizefight; boxing match. ~**handskoen** mitt, mitten. ~**hou** =*houe* blow, hit (with the fist), punch; *'n* ~ *slaan* swing/throw a punch; ~*e val* fists fly; ~*e wissel* exchange blows, *(infml.)* trade punches. ~**reg** club law, law of the jungle; right of revenge. ~**slaan** *vuisge*= fight (with fists), indulge in fisticuffs/brawling, *(infml.)* mix it; *iem. kan goed* ~ s.o. is handy with his/her fists; *hulle het vuisgeslaan* fists flew. ~**slaner** fist fighter, puncher; pugilist. ~**slanery** fist-fight(ing), punch-up. ~**voos** punch-drunk, clapped-out *(boxer)*.

**vul**[1] *vullens*, *n.* foal; colt *(masc.)*, filly *(fem.)*; *'n* ~ *gooi/werp* foal, drop/throw a foal. **vul** *ge*=, *vb.* foal. **vul·le·tjie** =*tjies*, *n. (dim.)* (little) foal; *toe iem. nog 'n* ~ *was*, *(fig., infml.)* when s.o. was a kid.

**vul**[2] *ge*=, *vb.* fill *(a bottle, glass, etc.)*; fill (up) *(time)*; flush *(a cistern)*; full; *(sails)* swell; crowd *(a hall)*; inflate, blow up *(with air)*; fill, glut *(one's stomach)*; *iets met ...* ~ fill s.t. with ...; imbue s.t. with ... ~**dop** filler/filling cap. ~**pen** fountain pen. ~**pyp** filler pipe. ~**stasie** petrol/filling/refuelling station, *(Am.)* gas station. ~**stof** filling material, filler, filling(s), stuffing; *(archit.)* infill(ing).

**vul·gêr** =*gêre* =*gêrder* =*gêrste* vulgar, common, rude, coarse; lavatorial *(humour etc.)*; lecherous, *(infml.)* raunchy. **vul·ga·ris·me** =*mes* vulgarism. **vul·ga·ri·teit** =*teite* vulgarity, commonness, cheapness.

**vul·kaan** =*kane* volcano; *die* ~ *bars uit* the volcano erupts; *'n uitgebrande/uitgewerkte* ~ an extinct volcano; *'n werkende* ~ an active volcano. **vul·ka·nies** =*niese* volcanic, igneous; ~*e as*, *vulkaanas* volcanic ash. **vul·ka·nis·me** *(geol.)* volcanism, volcanicity. **vul·ka·no·lo·gie** volcanology. **vul·ka·no·loog** =*loë* volcanologist.

**vul·ka·niet** vulcanite, ebonite, hard rubber. **vul·ka·ni·seer** *ge*= vulcanise. **vul·ka·ni·se·ring** vulcanisation.

**Vul·ka·nus, Vul·ca·nus** *(Rom. myth.)* Vulcan.

**vul·ler** =*lers* filler.

**vul·le·tjie** =*tjies*, *n. (dim.)* →VUL[1] *n.*.

**vul·ling** =*lings*, =*linge* stopping; fill, filling, fill-up; refill; packing; bilge; *(archit.)* infill(ing). **vul·lings·graad** volumetric efficiency.

**vul·lis** dirt, dust, filth, muck, grunge; garbage, refuse, rubbish, litter; sullage; offscourings; →VUILGOED, VUILIS; ~ *verwyder* remove refuse. ~**blik** dustbin, rubbish/dirt bin. ~**(blik)sak** bin bag/liner. ~**hoop**, **vuilgoedhoop** rubbish/garbage dump, refuse dump/heap; tip. ~**verwyderaar** garbage/refuse/rubbish collector/man. ~**verwydering** refuse/rubbish/garbage removal/collection. ~**wa** refuse/garbage truck.

**vul·sel** =*sels* stuffing *(of a turkey)*; filling *(of a tooth etc.)*; dressing; gasket *(in machinery)*; padding; stopping; stuffing; filling material; *(constr.)* fill, (in)filling; filler; refill.

**vu·rig** =*rige*, *adj.* fiery *(pers., horse, looks, etc.)*; ardent *(pers., feeling, wish)*; burning *(desire)*; fervent *(appeal, hatred)*; consuming *(interest)*; passionate, impassioned; mettlesome *(horse)*; *(fig.)* red-hot; inflamed; high-spirited *(horse)*; zealous, enthusiastic *(supporter)*; sanguine; fervid *(desire)*; hot-blooded, passionate *(lover)*; keen; warm *(supporter)*; ~*e blos* hot blush. **vu·rig** *adv.* ardently, fervently, fierily, forcefully. **vu·rig·heid** fieriness; fervour, fervency, ardour, passion; fire; *(med.)* inflammation. **vu·rig·lik** = VURIG *adv.*.

**vurk** *vurke*, *n.* fork; prong; pitchfork; bifurcation; *(mot.)* clevis; crotch *(in a tree)*; *(cards)* tenace; *(chess)* fork; *weet hoe die* ~ *in die hef steek* know the ins and outs of s.t.; know what's what *(infml.)*. **vurk** *ge*=, *vb.* pitchfork; bifurcate; divaricate; fork. ~**beentjie** wishbone; *(zool.)* furcula. ~**hyswa** forklift (truck). ~**kraan** forklift. ~**pootjie** swimmeret.

**vuur** *vure*, *n.* fire; flame, heat; firing; *(fig.)* furore; zeal; vehemence; verve; ardour, fervour, zest, zeal, zing, mettle, gusto; shooting; glow, sparkle, shine; pizzazz; *die* ~ *aanblaas/aanwakker*, *(fig.)* fan the embers/flames; *'n* ~ *aanlê/aanpak* lay/make/build a fire; *'n* ~ *aansteek* light a fire; *die vyand se* ~ *beantwoord* answer the enemy's fire; *'n* ~ *blus/doodmaak/doof* put out a fire; *hulle sit nie langs dieselfde/een* ~ *nie* they don't hit it off *(infml.)*; there is no love lost between them; *die* ~ *is dood/uit* the fire is out; *in die* ~, *(mil.)* under fire; *'n knetterende* ~ a roaring fire; *onder* ~ *kom* come under fire; see action; *vir iem. deur die* ~ *loop* go through fire and water for s.o.; *soos 'n lopende* ~ like wildfire; *('n)* ~ *maak* make a fire; light a fire; start a fire; ~ *maak onder iem.*, *(infml.)* shake s.o. up; urge s.o. on; *die naaste aan die* ~ *sit*, *(fig.)* sit nearest to the fire, be in a privileged position; *onder* ~ *wees* be under fire; see action; *kwaai onder* ~ *kom oor iets* get (or come in for) a lot of fla(c)k; *op die* ~ over the fire; ~ *uit ... slaan* strike fire from ...; *met* ~ *speel* play with fire; ~ *spoeg/spu(ug)* spit fire; *die* ~ *staak*, *(mil.)* cease fire; ~ *en swa(w)el* fire and brimstone; ~ *terughou* hold fire; *tussen twee vure sit* be between two fires; *tussen twee vure*, *(also, infml.)* between the devil and the deep (blue) sea; ~ *vat*, *(lit. & fig.)* catch fire; ~ *en vlam oor iets* on fire *(or very enthusiastic)* about s.t.; *vol* ~ (as) keen as mustard; full of verve *(or, infml.* pep). **vuur** *ge*=, *vb.* fire, shoot; *op/na ...* ~ fire at ... ~**aanbidder** fire worshipper; fire lover. ~**aansteker** firelighter. ~**bak** chauf(f)er. ~**baken** beacon light, flare. ~**blik** brazier. ~**bal** *(lit.)* ball of fire, fireball; *(astron.)* bolide, fireball, (luminous) meteor. ~**dood** death by fire; death at the stake. ~**doop** baptism of fire, maiden engagement. ~**doring** *(bot.)* firethorn, pyracantha. ~**eter** fire-eater *(in a circus)*. ~**gang** flue *(passage)*, boiler flue. ~**gees** fire spirit; *(occult philos.)* salamander. ~**geveg** *(mil.)* firefight. ~**gloed** glare, fire glow, glow of a fire, firelight. ~**god** fire god. ~**herd** hearth, fireplace, ingle, fireside, furnace; → KAGGEL. ~**houtjie** =*jies* match(stick), light; (safety) match; *'n* ~ *trek* strike a match; strike a light; *'n uitgebrande* ~ a spent match. ~**houtjiedooshuis(ie)**, ~**houtjiebokshuis(ie)** *(SA, fig.)* matchbox house. ~**kas** boiler furnace, firebox. ~**kis** firebox. ~**kolom** *(also Bib.)* pillar/column of fire. ~**konka** brazier. ~**krag** fire power. ~**leiding** *(mil.)* fire control. ~**lelie** *(bot.)* fire lily. ~**linie** firing line, line of fire; *in die* ~ in the firing line. ~**loper** fire walker. ~**lyn** *(mil.)* firing line, line of fire; frontline, combat zone. ~**mond** gun, cannon, piece of ordnance; muzzle; stokehole *(of an oven)*. ~**oond** furnace. ~**peloton** =*tons*, =*tonne* firing party/squad. ~**plaat** furnace/hearth plate; grate. ~**poel** sea of fire, hell, inferno. ~**proef** *(fig.)* acid/crucial test, crucible; *die* ~ *deurstaan* come through the ordeal successfully, stand the test. ~**pyl** rocket; *(bot.)* red-hot poker, kniphofia. ~**pyllanseergebied** rocket range. ~**pylmotor** rocket engine/motor. ~**reën** rain/volley of fire.

**~rooi** fiery red, flaming (red); ~ *word, (s.o.)* turn crimson/ scarlet. **~see** sea of fire, sheet of flames, blaze. **~skerm** *(mil.)* fire screen; fireguard, fire screen *(in a room).* **~skop** forge slice. **~slag** *(hist.)* flint (and steel), fire steel, lighter; *(fig.)* live wire. **~slaner, brandslaner** firefighter, (fire) beater. **~slui er** *(mil.)* fire screen. **~spuwend** *-wende* erupting *(volcano);* fire-spitting, fire-breathing; *~e berg* volcano. **~staking** cessation of fire/firing. **~steen** flint(stone), firestone, whin= (stone). **~storm** firestorm. **~straal** flash of fire; jet of flame; *(mil.)* liquid fire. **~tang** (pair of [fire]) tongs. **~toring** light= house, beacon. **~toringwagter** lighthouse keeper. **~vas** *-vaste* fireproof, fire resistant/resisting, heat resistant, flame-resistant; incombustible; *(tech.)* refractory; ovenproof; *~te* **bakke** ovenware; *~te* **deur** armoured door; *~te* **glas** refrac= tory glass; *~te* **klei** fire/refractory clay; *~te* **oondskottel/ kasserol** oven-to-table casserole; *~te* **teël** fire tile. **~vast heid** fire resistance; refractoriness. **~vermoë** *(mil.)* fire power. **~vlam** flame of fire, raging fire, flaming fire, fiery flame. **~vlieg(ie)** firefly. **~vonk** spark of fire. **~vreter** *(fig.)* fire-eater, hothead, martinet, firebrand, extremist, swashbuckler; *(myth. reptile)* salamander. **~wapen** firearm, gun, *(infml.)* piece; *iem. met 'n ~* **aanhou** hold s.o. at gunpoint; *'n ~* **afvuur** dis= charge a firearm; *'n ~ op iem.* **gerig** hou keep s.o. covered; *'n ~ op iem.* **rig** point a firearm at s.o.. **~warm** (boiling) hot *(water);* red-hot *(stove, action, etc.);* piping hot *(food);* sizzling *(sex scene etc.);* heated *(discussion etc.);* overheated *(argument);* ~ *wees* see red, be wild. **~water** *(infml.: alcohol)* firewater. **~werk** firework; fireworks; firework/pyrotechnic display, dis= play of fireworks, pyrotechnics. **~werker** fire worker, pyro= technist; forger; artillery artificer. **~werkvertoning** firework/ pyrotechnic display. **~yster** firing iron, firedog, poker.

**vuur·kleur** fire colour. **vuur·kleu·rig** *-rige* fire-coloured.

**vuur·maak:** **~goed** firing, fuel. **~hout** firewood, kindling. **~plek** fireplace, hearth; … *is bo(kant) iem. se ~, (infml.), (a problem etc.)* … is above/over s.o.'s head *(or above/beyond s.o.'s comprehension); (a discussion etc.)* … is lost (up)on s.o.; *(a question etc.)* … stumps s.o.; *(a task, challenge, etc.)* … is beyond s.o.'s capabilities, … presents more than s.o. can handle; *dit is/raak nou bo(kant) iem. se ~, (also, infml.)* s.o. is (getting) out of his/her depth.

**vuur·ma·ker** firelighter.

**vu·vu·ze·la** *-las, (<Zu.: a soccer fan's horn)* vuvuzela.

**vy** *vye* fig; →VYE; *laat ~e* late figs.

**vy·and** *vyande* enemy, antagonist, adversary; **geswore/vol= slae** *~e* sworn enemies; *(vir jou) ~e* **maak** make enemies; *iem. se ~, 'n ~* **van** iem. an enemy of/to s.o.; *~e* **wees** be en= emies *(of each other).* **vy·an·de·lik** *-like* enemy, hostile *(forces);* inimical; adverse; *die ~e aanval weerstaan* resist the enemy's attack. **vy·an·de·lik·he·de** hostilities. **vy·an·dig** *-dige -diger -digste, adj.* hostile, antagonistic, unfriendly, inimical, ad= verse, malevolent; *~e* **houding** hostile attitude, hostility; *~e* **oorname,** *(econ.)* hostile takeover; *~e* **opset** hostile intent; ~ **teenoor** iem. antagonistic to(wards) s.o.; hostile to s.o.. **vy·an·dig** *adv.* inimically, in a hostile way, hostilely. **vy·an= dig·ge·sind:** *iem. ~ wees* regard s.o. with animosity; *iem. nie ~ wees nie* bear s.o. no enmity. **vy·an·dig·heid** hostility, ani= mosity, antagonism, enmity, malevolence, ill will/feeling; needle; ~ **teenoor** … animosity against/towards …; antago= nism to(wards) …; ~ **tussen** … enmity against/towards …; ~ *tussen* … animosity/antagonism/antipathy between …

**vy·ands·:** **~eiendom** enemy property. **~hande:** *in ~* in en= emy hands. **~land** enemy country.

**vy·and·skap** enmity, hostility, antagonism, animosity, odi= um, feud, hatred, ill feeling/will, rancour; ~ **aanblaas** stir up animosity; *jou iem. se ~ op die* **hals** haal incur s.o.'s en= mity; *in ~ met mekaar* **leef/lewe** be at daggers drawn; *iets* **wek** iem. se ~ s.t. arouses s.o.'s antagonism.

**vy·e·:** **~blaar** *-blare* fig leaf. **~boom** fig tree. **~konfyt** fig jam.

**vyf** *vyfs, vywe, n.* five. **vyf** *det.* five; ~ *maal* five times; ~ *uur*

five hours; →VYFUUR. **~blaarpatroon** *(art)* cinquefoil. **~dae= (werk)week** five-day week. **~dubbel(d)** *-belde* fivefold, five times over. **~eeue-fees** quincentenary. **~gangratkas, ~spoed= ratkas** five-speed gearbox. **~hoek** pentagon. **~hoekig, ~hoekige** *-kige* pentagonal, five-angled; *~e ster* pentagram. **~honderdjarig** *-rige* quincentenary. **~jaarliks, ~jaarliks** *-likse* five-yearly, quinquennial. **~jaarplan** five-year plan. **~kamp** pentathlon. **~kampatleet, ~kamper** pentathlete. **~kantig, ~kantig** *-tige* five-sided, pentagonal. **~kegelspel** fivepin bowling, fivepins. **~punt** quincunx. **~randmunt** five-rand coin. **~spoedratkas** →VYFGANGRATKAS. **~sterhotel** five-star hotel. **~uur** five o'clock; →VYF UUR. **~yster** *(golf)* no. 5 iron.

**vyf·daags** *-daagse* five-day, five days'.

**vyf·de** *-des* fifth; *V~ Laan/Straat, Vyfdelaan/-straat* Fifth Av= enue/Street; *ten ~* fifthly, in the fifth place. **vyf·dens** fifthly. **vyf·de·rangs** *-rangse* fifth-rate.

**vyf·de·lig, vyf·de·lig** *-lige* five-volume, in five volumes.

**vyf·ja·rig, vyf·ja·rig** *-rige* five-year-old *(attr.);* five years old; five year(s') of five years *(pred.);* quinquennial; five-yearly; *~e kind* child of five (years), five-year-old child; *~e tydperk* quinquennium.

**vyf·le·dig, vyf·le·dig** *-dige* fivefold, quinary.

**vyf·let·ter·gre·pig, vyf·let·ter·gre·pig** *-pige* five-sylla= bled, of five syllables.

**vyf·ling** *-linge* quintuplets; *een van 'n ~* quintuplet; *hulle is 'n ~* they are quintuplets.

**vyf·re·ë·lig, vyf·re·ë·lig** *-lige* five-lined, of five lines.

**vyf·sna·rig, vyf·sna·rig** *-rige* five-stringed; *~e instrument* pentachord.

**vyf·stem·mig, vyf·stem·mig** *-mige* for five voices.

**vyf·sy·dig, vyf·sy·dig** *-dige* five-sided.

**vyf·tal** (group of) five; *(mus.)* quintet(te); pentad; quintu= plet. **vyf·tal·lig, vyf·tal·lig** *-lige* quinary *(system); (bot.)* quinate.

**vyf·tien** fifteen. **vyf·tien·de** fifteenth; *die ~ eeu* the fifteenth century. **vyf·tien·de-eeus** *-eeuse* fifteenth-century. **vyf·tien= ja·rig, vyf·tien·ja·rig** *-rige* fifteen-year-old *(attr.);* of fifteen years *(pred.);* fifteen years old; fifteen year(s'). **vyf·tien·tal** *(rugby)* fifteen; *'n ~,* (also) (about) fifteen. **vyf·tien·voud** *-voude, n.* multiple of fifteen. **vyf·tien·voud** *adv.* fifteen times. **vyf·tien·vou·dig, vyf·tien·vou·dig** *-dige* fifteenfold.

**vyf·tig** *-tigs* fifty; *in die ~* in one's fifties; *dit het in die jare ~ gebeur* it happened in the fifties/Fifties. **~persentkans:** *'n ~ hê om te …* have/stand a fifty-fifty chance of … *(winning etc.).* **~tal** (about) fifty.

**vyf·ti·ger** *-gers* person of fifty, fifty-year-old; a person of the fifties/Fifties; *(Afr. liter. etc.,* V~) writer/etc. of the fifties/ Fifties. **~jare** fifties, Fifties; *in jou ~, in die vyftig* in one's fifties; *dit het in die ~ gebeur* it happened in the fifties/Fifties.

**vyf·tig·ja·rig** *-rige* fifty-year-old *(attr.);* of fifty years *(pred.);* fifty years old; fifty year(s').

**vyf·tig·ste** fiftieth; ~ *gedenkdag* (golden) jubilee.

**vyf·tig·voud** *-voude, n.* multiple of fifty. **vyf·tig·voud** *adv.* fifty times, fiftyfold. **vyf·tig·vou·dig** fiftyfold.

**vyf·vlak** pentahedron. **vyf·vlak·kig, vyf·vlak·kig** *-kige* penta= hedral.

**vyf·voe·tig, vyf·voe·tig** *-tige* five-footed; *~e (vers)reël, (pros.)* pentameter.

**vyf·voud** *-voude, n.* quintuple. **vyf·voud** *adv.* five times, fivefold. **vyf·vou·dig, vyf·vou·dig** *-dige* fivefold, quintuple.

**vyf·waar·dig** *-dige, (chem.)* pentavalent.

**vy·gie** *-gies, (SA, bot.)* vygie, mesembryanthemum.

**vyl** *vyle, n.* file. **vyl** *ge-, vb.* file; *glad ~* file down. **~blok** filing block. **~saag** slitting saw. **~vis** filefish.

**vyl·sel** *-sels* filing; *(in the pl., also)* filings, file dust.

**vy·sel** *-sels, (cook., pharm.)* mortar; pounder; ~ *en stamper* pestle and mortar. **~kop** *(min.)* die. **~stamper** pestle.

**vy·wer** *-wers* ornamental lake, pond.

# Ww

**w** *w's,* **W** *W's, (23rd letter of the alphabet)* w, W. **w'tjie** *=tjies* little w.

**wa** *waens* wag(g)on; van, truck; (railway) carriage, coach; (tram)car; chariot; carriage *(of a typewriter);* **die (Groot)** *W~, (astron.)* the Plough, the Great Bear; **krakende** *~ens loop die langste, (idm.: sickly people are tough)* creaking doors hang the longest, the cracked pitcher goes longest to the well; *die ~ voor die* **osse** *span* put the cart before the horse; *voor op die ~* forward, cheeky, pushy, precocious. **~-as** axletree. **~band** tire/hoop of a wag(g)on wheel. **~boom** *(Protea nitida)* waboom. **~drywer** wag(g)on driver, wag(g)oner. **~kap** →WATENT. **~kis** wag(g)on chest, coach box. **~laer** laager of wag(g)ons. **~maker** wag(g)on builder, coachbuilder, coach maker, cartwright, wainwright. **~makery** wag(g)on builder's shop, cartwright's shop; wag(g)on building. **~smeer** axle grease. **~tent, ~kap** wag(g)on tilt/hood. **~tentdak** tilt roof, wag(g)on roof. **~vrag** wag(g)onload; lorry load. **~wiel** *=wiele* wag(g)on wheel; *~e doen/maak* turn cartwheels. **~wielore** ears like cartwheels. **~wyd:** *die kompetisie is ~ oop* the competition is wide open; *'n venster/deur/ens. wat ~ oop staan* a wide-open window/door/etc.; *~ wakker* wide awake.

**waad** *ge=, (poet., liter.)* wade, ford. **~voël** wading bird, wader.

**waag** *ge=* risk, venture, hazard; dare, chance, stake; gamble; *iets aan ... ~* risk s.t. on ...; *jou aan iets* ~ try s.t.; *baie ~* take a big risk; take chances; *jou* **buite(kant)** *~* venture out; *dit ~* take a chance, chance it; take the plunge; try one's luck; chance one's arm *(infml.); ~ dit!* take a chance!; be a devil! *(infml.); iets (of 'n kans) ~* take a chance; *jou in die water ~* venture into the water; *iem.* **kan** *dit nie ~ om ... nie* s.o. can't trust him=/herself to ...; *jou lewe ~ om iets te doen* risk one's life to do s.t., do s.t. at the peril of one's life; *nie/niks ~ nie* not take any chances; play (it) safe; *dit ~* **om** *iets te doen* dare (to) do s.t., take the risk of doing s.t., venture to do s.t.; *~ dit net om te ...!* don't you dare ...!; *te veel ~* take too big a risk; take too many risks; overplay one's hand; push one's luck (too far) *(infml.); wie ~, die* **wen** fortune favours the bold/brave; *wie nie ~ nie, sal nie* **wen** *nie* nothing ventured, nothing gained. **~arties** stunt man. **~kapitaal** risk(-bearing) capital, venture capital. **~(kapitaal)finansiering** corporate venturing. **~spel** game of chance/hazard; venture. **~stuk** risky thing, hazardous undertaking, venture, gamble, *(infml.)* long shot; adventure, daring deed/feat; *'n ~ aanvang/onderneem* perform a daring feat; *dis 'n ~ om te ...* it is dangerous/risky *(or* a hazardous undertaking) to ...

**waag·hals** daredevil; stunt man; chancer. **waag·hal·sig** *=sige* daredevil, reckless, venturesome, audacious, foolhardy, *(infml.)* devil-may-care, intrepid, daring. **waag·hal·sig·heid** daredevil(t)ry, foolhardiness, temerity, recklessness, audacity, intrepidity.

**waag·moed** pluck, daring, audacity, intrepidity. **waag·moedig** *=dige, adj.* daring, audacious, intrepid, *(infml.)* plucky. **waag·moe·di·ge** *=ges, n.: die ~s* the daring/intrepid (ones).

**waag·saam** *=same* risky; audacious, adventurous, venturesome, intrepid.

**waai¹** *waaie, n.* bend, crook; *~ van die arm* crook of the arm; *~ van die been* bend/hollow of the knee, ham; *~ van 'n buigstuk* inside of a bend.

**waai²** *waaie, n.* wave. **waai** *ge=, vb., (a flag etc.)* blow, float, flutter, fly; wave; fan; go flying; winnow; *iem. slaan/stamp dat hy/sy so ~, (infml.)* knock/send s.o. flying; *jou koel ~* fan o.s.; *kom ons ~!, (infml.)* let's move/split *(or* get going *or* get out of here *or* make tracks)!; *laat ~!, (infml.)* let rip!, go for it!; *die* **regering/ens.** *moet ~, (infml.)* the government/etc. must go *(or* be thrown/chucked out); *vir iem. ~* give s.o. a wave, wave (one's hand) to s.o.; *~ soos 'n* **vrot** *vel, (infml.)* be knocked/sent flying; *daar ~ 'n koel* **windjie** there is a cool breeze blowing. **waai** *interj., (infml.)* off with you!, shove/bugger off!, get lost!. **~gras, kleinrolgras** *(Trichoneura grandiglumis)* small rolling grass; *(poet.)* waving/tall grass. **~hoek** windy corner. **~sand** (wind)blown/drift/aeolian sand. **~sandduin** shifting dune. **~skuim** spindrift. **~sneeu** spindrift.

**waai·er** *=ers, n.* fan; *(zool.)* flabellum; *'n ~ uitsprei* unfurl a fan. **waai·er** *ge=, vb.* fan. **~band** fan belt. **~blad** fan blade. **~dans** fan dance. **~gewelf** fan vault. **~kap** fan cowl, radiator cowl/scuttle/shroud. **~oond** thermofan oven, circotherm oven. **~palm** *(gen.)* fan palm; *(Borassus flabellifer)* palmyra; *(Corypha umbraculifera)* talipot (palm). **~stert** fantail. **~stert(-)grondeekhoring** *=rings, (Xerus inauris)* Cape ground squirrel. **~stertmuis** *=muise, (Graphiurus spp.)* dormouse. **~venster** fan window. **~verwarmer** fan heater. **~vlerk** fan blade. **~wurm** *(zool.)* fan worm.

**waai·er·ag·tig** *=tige* fan-like, *(zool.)* flabellate.

**waai·er·ner·wig** *=wige, (bot.)* fan-nerved.

**waai·er·vor·mig** *=mige* fan-shaped; *(biol.)* flabellate, flabelliform.

**waak** *wake, n.* watch, vigil. **waak** *ge=, vb.* watch, be awake; take care of; keep vigil; *oor iem. se* **belange** *~* look after *(or* watch over) s.o.'s interests; *~ en bid* watch and pray; *by iem. ~* sit/stay up with s.o. *(a sick pers.); oor iem. ~* watch over s.o.; keep watch over s.o.; *teen iets ~* guard against s.t.. **~eenheid, ~saal** *(med.)* intensive care unit.

**waak·saam** *=same* watchful, vigilant, wakeful, wide awake, open-eyed, unsleeping, unwinking; *nie ~ nie* unwatchful. **waak·saam·heid** watchfulness, vigilance, wakefulness.

**waak·saam·heids·:** **~komitee** vigilance committee. **~opdrag** *(jur.)* watching brief.

**Waal** *Wale, (Fr.-speaking Belgian)* Walloon. **Waals** *n., (dial.)* Walloon. **Waals** *Waalse, adj.* Walloon; *=e* **Kerk**, *(Fr. Huguenot church)* Walloon Church.

**waan** *n.* delusion, (idle) fancy, illusion, error, erroneous/mistaken/false idea/notion/belief; mirage; hallucination; *iem. in/onder die ~ bring dat ...* lead s.o. to believe that ...; *in/onder die ~ verkeer/wees dat ...* be/labour under the delusion that ...; be under the illusion that ...; *iem. in/onder die ~ laat dat ...* leave s.o. under the impression that ... **~beeld** phantasm; delusion, fantasy; pipe dream. **~voorstelling** hallucination, delusion.

**waan·sin** madness, insanity, lunacy, dementia, frenzy, mania, delirium. **waan·sin·nig** *=nige, adj. & adv.* insane(ly); demented(ly), deranged, delusional; crazed, crazily, mad(ly); frenzied, raving, frantic, frantic(al)ly; maniacal(ly); delirious(ly); *iem. ~* **liefhê** love s.o. to distraction; be madly in love with s.o.; *iem. ~ maak* drive s.o. crazy, dement s.o.; *~*

*van* ... in a frenzy of ... *(hate etc.)*. **waan·si̲n·ni·ge** *-ges, n.* lunatic, maniac, madman, madwoman.

**waar¹** *~, ware waarder waarste, adj.* true; real; actual; veritable; unfeigned, veracious; truthful; genuine; *iets is maar alte* ~ s.t. is only too true; *as dit* ~ *is, (also)* if so; *dis baie* ~ that's very true, that's no lie; *iets bly* ~ s.t. holds good; *so* ~ *as God* as true as God; by God; *daar is iets van* ~ *(of iets ~s in)* there is s.t. *(or some truth)* in that; *dit kan nie* ~ *wees nie!* I don't believe it!, *(infml.)* that can't be true; *'n ware las* a regular nuisance; *so* ~ *as ek leef/lewe* as true as God *(or, SA, infml.* Bob), as true as I live; *jy het dit geskrywe, nie* ~ *nie?* you wrote it, didn't you?; *dis nie groot genoeg nie, nie* ~ *nie?* that is not big enough, is it?; *dis voldoende, nie* ~ *nie?* that is sufficient, isn't it *(or I suppose)?; ware noorde* geographical/true north; *so* ~ *as padda* manel dra (of *in die water spring), so* ~ *as vet/wragtig, (infml.)* as sure as death/fate/nails *(or a gun)*, as sure as eggs are eggs, as true/sure as God made little apples; *dit is* ~ *van* ... it is true of ...; it holds true for ...; it goes for ...; *dis ook weer* ~ true enough, so it is; *daar is geen woord van* ~ *nie* there is no word of truth in it; *iets word* ~ s.t. comes true.

**waar²** *adv. & conj.* where; *dit kom nie daarop aan* ~ *nie* no matter where; *die plek* ~ *iem. gebore is* the place where s.o. was born; *dit kon (wie weet)* ~ *gehoor word* it could be heard ever so far (away); ~ *gaan jy heen?* where are you going (to)?; ~ *moet dit heen?* what are we *(or* is the world) coming to?; *ongeag* ~ no matter where; ~ *ongeveer/omtrent het jy dit gevind?* whereabout(s) did you find it?; ~ *ook al* anywhere; wherever; ~ *is jy tuis?* where are you staying?; ~ *was ek?* where was I?, where did I leave off?; *nie weet* ~ *jy is nie* not know where one is; *nie weet* ~ *jy staan nie,* (fig.) not know where one stands, be unsure of one's position; *net* ~ *jy wil* anywhere/wherever you wish; in any old place *(infml.)*.

**waar³** *conj.* whereas, since; ~ *die pryse nou so gedaal het* ... as/since prices have fallen so much ...

**waar·aan** *interr. pron.* of/by/in/etc. what?; ~ *herinner dit jou?* what does it remind you of?; ~ *glo jy?* what do you believe in?; ~ *het jy dit herken?* what did you recognise it by?. **waar·aan** *rel. pron.* of/by/in/on/etc. which; *die kleur/ens.* ~ *iem. dink* the colour/etc. s.o. is thinking of *(or* of which s.o. is thinking); *nie weet* ~ *dit lê nie* not know what the cause of it is *(or* what it is caused by); not know where the fault lies.

**waar·ag·ter** *interr. pron.* behind what?; ~ *skuil hy/sy?* what is he/she hiding behind?; ~ *is hy/sy nou weer?* what is he/she after now?. **waar·ag·ter** *rel. pron.* behind which; *die muur/ens.* ~ *iem. skuil* the wall/etc. s.o. is sheltering behind *(or* behind which s.o. is sheltering).

**waar·ag·tig** *-tige, adj.* true, veritable, real; *die* ~ *e waarheid* the absolute truth, the gospel truth, God's truth; *die* ~ *e geloof* the true religion. **waar·ag·tig** *adv.* truly, really, (most) definitely; upon my soul/word; →WRAGTIG; *hy/sy het* ~ *ge·lyk gehad* he/she was actually right after all; *dit is* ~ *waar* it is genuinely true *(or* the gospel truth); *hy/sy weet* ~ *alles* there's not a thing he/she doesn't know; *ek weet dit* ~ *nie* I'm blessed if I know, I'm sure I don't know. **waar·ag·tig·heid** trueness; veracity; truth; genuineness.

**waar·bin·ne** within which, by which.

**waar·bo** *interr. pron.* above/over what?; ~ *vlieg die straler nou?* what is the jet flying over now?. **waar·bo** *rel. pron.* above/over which; *'n vlak* ~ *die hoogspringer nie kon kom nie* a level above which the high jumper could not reach.

**waar·borg** *-borge, n.* guarantee, guaranty, warrant, warranty, surety, security; safeguard; guarantor; underwriting; *as* ~ *vir* ... in security for ...; *'n* ~ *gee* give a guarantee; *'n* ~ *gestand doen* make good a guarantee; *iets is nog onder* ~ s.t. is still under guarantee/warranty; *vir 'n jaar onder* ~ guaranteed for a year; *'n* ~ *teen iets* a guarantee against s.t..

**waar·borg** *ge-, vb.* guarantee, warrant, safeguard, vouch for, underwrite; *iets teen* ... ~ guarantee s.t. against ... ~**fonds** fidelity/guarantee fund. ~**kapitaal** guarantee capital. ~**som** caution money, security, deposit. ~**stempel** hallmark. ~**versekering** fidelity insurance/assurance.

**waar·bor·ger** *-gers* warrantor, guarantor.

**waar·by** *interr. pron.* to/near/by/etc. what?; ~ *moet ek die sout/ens. voeg?* to what must I add the salt/etc.?, what must I add the salt/etc. to?; ~ *is hy/sy betrokke?* what is he/she involved in?. **waar·by** *rel. pron.* near/by/etc. which; whereby; *die artikel* ~ *bepaal word* ... the section which provides ...; ~ *'n CD-geskenkpak* including a CD gift pack; *die ge·leentheid* ~ *iem. gepraat het* the occasion on which s.o. spoke; ~ *ingeslote* ... enclosed with which ...

**waard** *waarde, (hist.)* landlord, innkeeper. **waar·din** *-dinne, (fem.)* hostess; landlady; stewardess.

**waar·da·sie** *-sies* assessment, valuation, appraisal, appraisement, estimate. ~**hof** *-howe* valuation court.

**waar·de** *-des, n.* value, quality, worth; denomination; price; calibre; *die* ~ *van iets bepaal* determine the value of s.t.; put a price on s.t.; assess/evaluate/appraise s.t.; *geen* ~ *vir iem. hê nie, van geen* ~ *vir iem. wees nie* be of no value to s.o.; *(goeie)* ~ *vir jou geld kry* get (good) value for (one's) money; *have a (good) run for one's money*; ~ *hê* be of value, be valuable; ~ *aan iets heg* attach importance to s.t.; attach value to s.t.; set/put store by/on s.t.; hold s.t. dear; *'n* ~ *aan iets heg/toeken* place/put/set a value (up)on s.t.; *iets is van nul en gener* ~ s.t. is worthless; s.t. is null and void; *vir* ~ *ontvang/genote* for value received; ~ *in rekening* value in account; *iets na (of op die juiste)* ~ *skat* estimate/rate s.t. in its true/proper value; *iem. nie na* ~ *skat nie, (also)* sell s.o. short; *ter* ~ *van* ... to the value of ...; to the tune of ... *(infml.); van* ~ of value, valuable; *iets verminder in* ~*, die* ~ *van iets verminder* s.t. depreciates; *iets verminder die* ~ *van* ... s.t. lessens the value of ...; *volgens* ~ ad valorem; *iets wys sy* ~ s.t. proves itself. ~**begrip** sense of values. ~**bepaling** assessment of value, evaluation, estimation. ~**daling** depreciation. ~**oordeel** value judgement, judgement of value. ~**papier** *(jur.)* security; negotiable instrument. ~**skatting** estimation of value, appraisement; (e)valuation, rating. ~**soort** denomination. ~**stelsel** *-sels,* ~**sisteem** *-sisteme* value system, ethic, moral principles. ~**styging** appreciation, rise in value. ~**verhoging** appreciation; revalorisation *(of coinage)*. ~**verhouding** ratio of values; parity. ~**vermeerdering** increase/rise in value, appreciation. ~**vermindering** depreciation, fall in value; devaluation; dilapidation. ~**virgeld-motor/wyn/ens.** value-for-money car/wine/etc.. ~**vol** *-volle -voller -volste* valuable, worthwhile; *iem. se* ~*ste besitting* s.o.'s most prized possession.

**waar·deer** *(ge)-* appreciate, esteem, estimate, value, rate, cherish, be appreciative of; assess, appraise *(official value); iets hoog* ~ set a high value (up)on s.t.; *iets op/teen* ... ~ value s.t. at ...; assess s.t. at ...; *iets ten seerste* ~ appreciate s.t. deeply/greatly. **waar·deer·baar** *-bare* appraisable. **waar·deer·der** *-ders* valuer, valuator, appraiser, assessor.

**waar·de·loos** *-lose* worthless, valueless; nugatory; of no consequence; piffling *(infml.); iets* ~ *ag* hold s.t. cheap. **waar·de·loos·heid** worthlessness; expendability.

**waar·de·ring** *-rings* appreciation *(of s.o.'s worth etc.)*; valuation, appraisement, appraisal, assessment, estimate *(by a valuer)*; appreciativeness; *blyk van* ~*, (also: tribute for services/ achievements)* testimonial; ~ *vir iets hê* be appreciative of s.t.; *uit* ~ *vir* ... in appreciation of ...; ~ *vir/oor iets uitspreek* express appreciation of s.t..

**waar·de·rings·: ~koste** valuation charges; cost of valuation. ~**vermoë** faculty/ability/power of appreciation.

**waar·deur** *interr. pron.* through what?; ~ *het dit gekom?* what was it caused by?. **waar·deur** *rel. pron.* through/by which; whereby; *die hek ~ jy die tuin binnekom* the gate through/by which one enters the garden.

**waar·dig** *-dige, adj.* worthy; dignified; stately; *(chem.)* valent; *die opvoering/ens. was die geleentheid ~* the performance/ etc. was worthy of *(or* fitted) the occasion; *die eer/ens. is iem. ~* the honour/etc. is worthy of s.o., s.o. is deserving of the honour/etc.; *'n ~e opvolger* a worthy successor; *iem. se ywer is 'n beter saak ~, (fml.)* s.o.'s efforts are deserving/ worthy of a nobler cause; *jou die geleentheid ~ toon, (fml.)* be equal *(or* rise) to the occasion. **waar·dig** *adv.* in a dig= nified manner; worthily. **waar·dig·heid** dignity; worthiness; function; *iets is benede iem. se ~* s.t. is beneath s.o.'s digni= ty; *op jou ~ gesteld wees* stand on one's dignity; *van jou ~ ontdaan/ontdoen* stripped of one's dignity; *~ aan ... verleen* lend dignity to ... **waar·dig·heids·be·kle·ër** digni= tary.

**waar·din** →WAARD.

**waar·ge·no·me** *(strong p.p. of* waarneem*)* observed.

**waar·heen** *interr. pron.* where?, where ... to?, to what place?; which way?, whither?; *~ gaan jy, waar gaan jy heen?* where are you going (to)?. **waar·heen** *rel. pron.* where, where ... to; *die plek ~ iem. (of waar iem. heen) gegaan het* the place s.o. went to *(or* where s.o. went); *weet ~ jy wil* have a mind of one's own.

**waar·heid** *-hede* truth, verity, veracity; *agter die ~ kom* get to/at *(or* find out) the truth; *die eenvoudige ~ vertel* tell the simple truth; *die ~ het geseëvier* truth prevailed; *die ~ geweld aandoen* violate the truth; stretch the truth; *geen greintjie ~ nie* not an atom of truth; *vir die ~ van iets in= staan* vouch for the truth of s.t.; *die ~ is dat ...* the fact of the matter is that ...; *dis 'n ~ soos 'n koei, (infml.)* it is stat= ing the obvious; *die ~ te kort doen* (of *te na kom*) strain *(or* trifle with) the truth; *die loutere/naakte/ronde ~* the bare/ naked/plain/round truth; *na ~* truthfully, in truth; *naby* (of *na aan) die ~* near *(or* close to) home *(or* the mark) *(fig.); die (volle) ~ oor iets ontbloot* blow/lift/take the lid off s.t. *(in= fml.); die oomblik van ~* the moment of truth; *die ~ praat* tell the truth; *dit is die reine ~* it is God's truth; *om die ~ te sê* as a matter of fact, in (point of) fact, in truth; (quite) frankly, to tell the truth, truth be told; *om die ~ te sê, (of as ek die ~ moet sê,)* moet ek lieg I really don't know; *iem. (goed) die ~ sê/vertel, (infml.)* dress s.o. down, give s.o. a dressing- down/talking-to/telling-off/ticking-off *(or* an earful *or* a bit/ piece of one's mind), *(infml.)* tell s.o. a few home truths; *daar sit/steek ~ in wat iem. sê* there is reason in what s.o. says; *'n skyn van ~ aan ... gee* add/give/lend colour to ... *(a story etc.); iem. wat die ~ spaar* a stranger to the truth; *'n uitgemaakte ~* an established truth; *met die ~ uitkom* own up; come clean *(infml.); met die ~ oor iets uitkom, (also)* make a clean breast of s.t.; *ver/vêr van die ~* wide of the truth; *tussen ~ en verdigsel onderskei* distinguish/separate fact from fiction; *die ~, die volle ~ en niks anders as die ~ nie* the truth, the whole truth and nothing but the truth. *~serum* truth drug, truth serum.

**waar·heids·: W~-en-versoeningskommissie** *(abbr.:* WVK*),* **Kommissie vir Waarheid en Versoening** *(SA pol.)* Truth and Reconciliation Commission *(abbr.:* TRC*),* Commission for Truth and Reconciliation. *~getrou* truthful. *~liefde* love of truth, veracity, veraciousness, truthfulness.

**waar·heid(s)·lie·wend** *-wende* truthful, truth-loving, -speaking, -telling, veracious, veridical.

**waar·in** *interr. pron.* in what?; wherein?; *~ lê die moeilikheid?* where does the difficulty lie?, what is the trouble?; *~ glo jy?* what do you believe in?. **waar·in** *rel. pron.* in which; *die huis ~ iem. woon* the house s.o. lives in; *die tydperk ~ ...* the period during which ...

**waar·krag·tens** under which, by virtue *(or* on the strength) of which.

**waar·langs** *interr. pron.* which way?, along/past *(or* next to) what?; whereabouts?. **waar·langs** *rel. pron.* along/past *(or* next to) which; *die pad ~ iem. geloop het* the road along which s.o. walked.

**waar·lik** truly, really, upon my word; actually; indeed; veri= ly; (to be) sure; *jou ~ ... ...* of all people/things; *jou ~ in ...* in ... of all places; *en jou ~ ...* and sure enough ... *(infml.); so ~!* lo and behold!. *~waar* actually, really; really and truly; honestly.

**waar·maak** *waarge-* verify, prove, make good.

**waar·mee** *interr. pron.* with what?; *~ sal ek dit vergelyk?* to what shall I compare it?, what shall I compare it with?. **waar·mee** *rel. pron.* with which, wherewith; *die probleem ~ iem. te kampe het* the problem s.o. has to contend with *(or* with which s.o. has to contend).

**waar·merk** *-merke, n.* stamp, hallmark *(of gold etc.).* **waar· merk** *ge-, vb.* stamp, authenticate, attest, validate, certify, hallmark *(gold etc.);* witness *(a document); 'n ge~te afskrif* a certified copy. **waar·mer·king** stamping, hallmarking, cer= tification, witnessing.

**waar·na** *interr. pron.* after what?; at/to/etc. what?; *~ het jy gemik?* what did you aim at?. **waar·na** *rel. pron.* after which, whereupon, whereafter; at/to/etc. which; *die dorp ~ hierdie pad lei* the village to which this road leads.

**waar·naas** *interr. pron., (fml.)* next to what?. **waar·naas** *rel. pron., (fml.)* next to which.

**waar·na·toe** *interr. pron.* where?, where ... to?, to what place?, whither?, which way?; *~ gaan jy?* where are you go= ing (to)?. **waar·na·toe** *rel. pron.* to which; *die plek ~ hy/sy gegaan het* the place he/she went to *(or* to which he/she went).

**waar·neem** *waarge-* perceive; *(astron. etc.)* observe, watch, sight; eye; notice; spot; seize *(a chance);* make use of, avail o.s. of *(an opportunity);* perform, attend to *(one's duty);* take *(the salute);* hold an acting *(or* a temporary) appointment, stand in, deputise, act in a temporary capacity; *iets met die blote oog ~* perceive s.t. with the naked eye; *vir iem. ~* act for s.o.; stand in for s.o.; deputise for s.o.. **waar·neem·baar** *-bare* observable; perceptible, cognisable; discernible; ap= preciable; sensible *(temperature); (philos.)* phenomenal, sen= sible. **waar·neem·baar·heid** perceptibility. **waar·ne·mend, waar·ne·mend** *-mende* acting, temporary, interim; percipi= ent, sentient; *~e regter* X Mr(s) Acting Justice X; *die ~e voorsitter* the deputy/acting chairman. **waar·ne·mer** *-mers* observer, watcher; substitute, deputy, locum tenens *(of a doctor etc.); 'n ~ van ...* an observer of ...; a student of ... *(the weather etc.).* **waar·ne·ming** *-mings, -minge* perception; observation, sighting; sight; locum tenency; *die behoorlike ~ van jou pligte* the due performance of one's duties; *vir ~ in 'n hospitaal opgeneem word* be admitted to a hospital for ob= servation.

**waar·ne·mings·** *~fout* error in/of observation. *~hoek* an= gle of sight; ground angle. *~inhoud* percept. *~pos* obser= vation post. *~vermoë* perceptive faculty, perceptivity; sen= tience; power(s) of observation.

**waar·om**[1] *-oms, n.: die ~(s)* the why and (the) wherefore, the whys and wherefores. **waar·om** *adv. & conj.* why; *dit is ~ ...* that is why ...; *dit maak nie saak ~, hoe, ongeag ~* no matter why. **waar·om** *interr. pron.* why?, what for?; *~ dan tog?, maar ~ dan?* whatever for? *(infml.); ~ nie?* why not?; what if it is so?, what of it?; *en ~ nie?* so what? *(infml.); ~ presies ...?* just why ...?; *~ nog probeer/ens.?* what's the point of trying/etc.?.

**waar·om**[2] *rel. pron.* round which; *die vinger ~ die kleefpleis= ter gedraai is* the finger round which the plaster is wound.

**waar·om·trent** *rel. pron.* about which; *die saak ~ ek gepraat het* the matter I spoke about.

**waar·on·der** *interr. pron.* under/beneath/among what?; *~*

*het jy dit gekry?* beneath what did you find it?. **waar‑on‑der** *rel. pron.* under/beneath/among which, including.

**waar‑oor** *interr. pron.* over/across/about/etc. what?; ~ *het hulle gepraat?* what did they talk (*or* were they talking) about?; ~ *huil jy?* what are you crying for/about?; ~ *is jy kwaad?* what are you angry about?; why are you angry?; ~ *lag jy?* what are you laughing at?. **waar‑oor** *rel. pron.* over/across/about/etc. which; of/about which; *die saak ~ hulle praat* the matter they are talking about (*or* speaking of).

**waar‑op** *interr. pron.* (up)on what?; ~ *staan hy/sy?* what is he/she standing on?; ~ *wag jy?* what are you waiting for?. **waar‑op** *rel. pron.* (up)on which; whereupon; *die klip ~ iem. sit* the stone (that) s.o. sits on (*or* on which s.o. sits), the stone on which s.o. is sitting.

**waar‑sê‑er** *-ers, (fem.)* **waar‑seg‑ster** *-sters* fortune teller, diviner, soothsayer. **waar‑sê‑e‑ry** fortune telling, soothsaying, divination; geomancy.

**waar‑sku** *ge-* warn, caution, admonish; notify; remind; exhort; give notice; *iem. oor iets ~* caution s.o. about s.t.; *iem. teen iets ~* warn s.o. against/about/of s.t.; caution s.o. against s.t.. **waar‑sku‑wend** *-wende* cautionary, warning, admonitory; *'n ~e stem laat hoor* sound/strike a warning note.

**waar‑sku‑wing** *-wings, -winge* warning, caution, admonition, caveat; demand note, (warning) notice; reminder; premonition *(of a disease etc.);* met 'n ~ *daarvan* **afkom** get off with a caution; *op 'n ~* **ag** *gee/slaan* heed a warning; *'n ~* **gee** give/issue a warning, *(fml.)* enter (*or* put in) a caveat; *'n ~ ter* **harte** *neem* take warning from s.t., take s.t. as a warning; **laaste** ~ final notice *(of demand);* final warning. ~**sein** warning signal, siren. ~**skoot** warning shot.

**waar‑sku‑wings‑: ~bord** caution signboard, warning board. ~**klok** warning bell. ~**lig** warning light; pilot light/lamp. ~**teken** warning sign; danger signal.

**waar‑skyn‑lik** *-like -liker -likste, adj.* probable, likely, prospective; verisimilar; *dit lyk baie ~ dat ...* it's (*or* it is) a racing certainty (that) ...; *die ~ste is dat ...* the best bet is that ...; the weight of probabilities is that ...; *hoe ~ is dit dat dit sal gebeur?* what is the likelihood of it happening?; *dit* **is** ~, *(also)* it is on the cards. **waar‑skyn‑lik** *adv.* probably, doubtless, no doubt; *iem.* **kom/ens.** ~ s.o. is likely to come/etc., it is likely that s.o. will come/etc.; *iem. gaan* ~ *nie die paal haal nie* s.o. is unlikely (*or* not expected) to succeed, the chances are that s.o. will fail; ~ **sal** ... the probability is that ...; *dit* **sal** ~ ... it is likely to ...; *iem.* **sal** ~ *herkies word* s.o. is expected/likely to be re-elected, the chances are that s.o. will be re-elected; ~ **wel** probably (so), I suppose so. **waar‑skyn‑lik‑heid** *-hede* probability, likelihood; chance, odds; *na alle ~* in all probability/likelihood, most likely, by all odds.

**waar‑so** where?.

**waar‑son‑der** *interr. pron.* without what?. **waar‑son‑der** *rel. pron.* without which; *iets ~ iem. nie kan klaarkom nie* s.t. s.o. cannot do without.

**waar‑teen** *interr. pron.* against what?; ~ *leun hy/sy?* what is he/she leaning against?. **waar‑teen** *rel. pron.* against which; *'n standpunt ~ niks in te bring is nie* a standpoint against which nothing can be said.

**waar‑teen‑oor** *interr. pron.* opposite (to) what?; ~ *staan ...?* opposite (to) what is ... situated?, what faces ...?. **waar‑teen‑oor** *rel. pron.* opposite (to) which; ~ *te sê is dat ...* over and against which it can be argued that ...

**waar‑toe** *interr. pron.* to/for what?; whereto?. **waar‑toe** *rel. pron.* to which; *iets ~ iem. hom/haar nie sou verlaag nie* s.t. to which s.o. would not stoop, s.t. (that) s.o. would not stoop to.

**waar‑tus‑sen** *interr. pron.* between/among what?. **waar‑tus‑sen** *rel. pron.* between/among which.

**waar‑ty‑dens** during which.

**waar‑uit** *interr. pron.* out of (*or* from) what?; ~ *lei jy dit af?* what do you deduce that from?. **waar‑uit** *rel. pron.* out of/from which; *die land ~ iem. gekom het* the country (that) s.o. came from (*or* from which s.o. came).

**waar‑van** *interr. pron.* of/about/from/etc. what?; ~ *praat jy?* what are you talking (*or* [carrying] on) about?. **waar‑van** *rel. pron.* whose, of/about/from/etc. which/whom; whereof; *'n aangeleentheid ~ iem. bewus is* a matter of which s.o. is aware (*or* that s.o. is aware of).

**waar‑van‑daan** *interr. pron.* from where?, where from?, whence?. **waar‑van‑daan** *rel. pron.* whence, from where, from which; *die plek ~ iem.* (of *waar iem. vandaan) kom* the place (that) s.o. comes from.

**waar‑vol‑gens** *interr. pron.* according to what?. **waar‑vol‑gens** *rel. pron.* whereby, according to which.

**waar‑voor** *interr. pron.* for what?; what for?; wherefore?, whereto?, why?; ~ *is jy bang?* what are you afraid of?; ~ *dan tog?, maar ~ dan?* whatever for?; *(infml.);* ~ *lag jy?* what are you laughing at?. **waar‑voor** *rel. pron.* for/before/etc. which; *die huis ~ iem. stilgehou het* the house in front of which s.o. stopped.

**waas** haze *(in the air);* veil *(fig.);* film, mist *(before the eyes),* fog; bloom *(on fruit etc.).*

**waat‑le‑moen, waat‑le‑moen** watermelon. ~**stukke** mel on preserve.

**wa‑di** *-di's, (<Arab.: [dry] watercourse)* wadi.

**wa‑en‑huis** (cart) shed, coach house/shed, wag(g)on house. ~**deur** coach-house door.

**wa‑fel** *-fels* waffle; wafer. ~**pan**, ~**yster** waffle iron. ~**stof** honeycomb fabric, waffle cloth.

**waf‑fers** *-ferse:* glad *nie so ~ nie, (infml.)* not all that good, nothing to speak of; *iem./iets is nie juis 'n ~e ... nie, (infml.)* s.o./s.t. is not much of a ...; *nie te ~ nie, (infml.)* not up to much (*or* so hot), no great shakes; *niks ~ nie, (infml.)* nothing to write home about.

**wag** *wagte, n.* watchman; *(mil.)* sentry, guard, picket, sentinel; watch *(on board a ship);* duty; vigil; *die ~ aflos* relieve the guard; *(naut.)* relieve the watch; *'n ~ voor jou mond sit* set a watch before one's mouth; *op ~ staan* be on guard (*or* sentry duty), stand sentry; keep watch. **wag** *ge-, vb.* wait; stay; pause; tarry; ~ *('n) bietjie!*, ~ *net (gou of 'n rukkie/ oomblik)!* wait a bit/minute!, *(infml.)* just a sec!; hold (*or, infml.* hang) on!; hold your horses! *(infml.);* ~ *so 'n bietjie!, (teleph.)* hold the line!; *iem. kan nie ~ dat iets gebeur nie* s.o. cannot wait for s.t. to happen; *iem. moet eindeloos ~* has to wait for ages *(infml.);* iets kan ~ s.t. can wait; s.t. will keep; *iets laat ~* let s.t. stand over; *iem. laat ~* make s.o. wait, keep s.o. waiting; *nie op jou laat ~ nie* be quick about it, *(fig.)* be a fast worker; *iem. sal lank moet ~* s.o. will have a long wait; ~ *maar!* just you wait!; *moenie ~ nie!* don't delay!; *net ~ om te op te hou, (infml.)* watch the clock; *nie ~ om iets te doen nie* be quick to do s.t., lose no time in doing s.t.; *op/vir iem.* ~ wait for s.o.; *op/vir iets* ~ wait for s.t.; stand by for s.t.; stay for s.t. *(a reply etc.);* **staan** *en* ~ stand and wait; cool/kick one's heels *(infml.);* ~ *tot iem. terugkom* await s.o.'s return; *daar ~ 'n* **verrassing/ens.** *vir/op iem.* there is a surprise in store for s.o.; *iets ~ vir iem.* s.t. awaits s.o.. ~**beurt** period/spell/tour of duty. ~**diens** guard duty; watch *(at sea).* ~**hond** watchdog. ~**huis** guardhouse. ~**huisie** *n. (dim.)* watchman's hut; sentry box. ~**kamer** waiting room. ~**lokaal** guardroom. ~**lys** waiting list. ~**'n‑bietjie** *-tjies,* ~**'n‑bietjie(-)bos** *-bosse* wild asparagus. ~**parade** guard parade. ~**plek** waiting place, place of waiting, appointed place, trysting place. ~**pos** (watch) post, guard/sentry post, picket. ~**skip** guard ship. ~**toestand** *(comp.)* wait state. ~**toring** watchtower, barbican; conning tower *(of a submarine).* ~**tyd** waiting period. ~**woord** password; watchword; catchword; slogan; shibboleth.

**wag·gel** *ge=* totter, stagger, reel; *(a short-legged pers.; ducks, geese, etc.)* waddle; teeter, wobble; *(children)* toddle; shimmy. **wag·ge·laar** *=laars* totterer. **wag·ge·lend** *=lende* staggering, tottering, reeling; shambling *(gait)*. **wag·ge·ling** tottering; waddle; wobble, wobbling; stagger; *(mech. eng.)* run-out.

**wag·hou** *wagge=, (also* wag hou*)* be on guard, keep a look-out; →WAGSTAAN; *oor ... ~* watch over ...; keep guard over ...; keep watch over ...; *oor iem. ~, (also)* keep vigil over s.o.. **wag·hou·er** watchkeeper.

**wag·staan** *wagge=, (also* wag staan*)* be on guard *(or* sentry duty), stand sentry; keep watch; →WAGHOU; *oor ... ~* stand/ keep guard over ...; keep watch over ...

**wag·te:** *iets/iem.* **te** *~ wees* be expecting s.t./s.o.; *('n) mens kan dit* **te** *~ wees* it is to be expected; *iets staan iem.* **te** *~* s.t. is/lies in store for s.o.; *nog reën/ens.* **te** *~ wees* be in for more rain/etc. *(infml.); iem. kan 'n verrassing* **te** *~ wees* there is a surprise in store for s.o.; *iets nie* **te** *~ wees nie* not bargain for/on s.t.; *meer as wat iem.* **te** *~ was* more than s.o. bargained for/on.

**wag·ter** *=ters* watcher; watchman, keeper; warder; guard, guardian; herdsman.

**wag·te·ry,** *(infml.)* **wag·ge·ry** waiting, wait.

**wa·hoe** *=hoes, (icht.)* wahoo.

**Wais·ja** *(Hind. caste: merchants & farmers)* Vaisya.

**wa·kend** *=kende* wakeful, watchful, vigilant; →WAAK *vb.; 'n ~e oog hou op/oor ...* watch ..., keep a watchful eye on ...

**wa·ker** *=kers* watcher; vigilante.

**wak·ker** *~ =kerder =kerste, adj. & adv.* awake, wakeful, un-sleeping, unwinking; vigilant, watchful, alert, open-eyed; active, energetic, go-ahead, smart *(salesperson, events manager, etc.);* doughty *(fighter); ~* **bly** stay awake; sit up; *iem. ~* **hou** keep s.o. awake; keep s.o. up; *~* **lê** lie awake; *nie oor iets ~* **lê** *nie* not lose sleep over s.t. *(infml.); ~* **loop** be wide awake; look (a)round; *iem. ~* **maak** wake s.o. (up), awake s.o.; *... maak iets in iem. ~, (fig., infml.)* ... does s.t./things to s.o.; *(op en) ~* on the ball *(infml.); ~* **skrik** wake with a start, start from one's sleep; *(fig., infml.)* pull up one's socks; *~ skrik/word wat ... betref* wake up to ...; *iem. ~* **skud** shake s.o. awake; shake s.o. up, get s.o. moving; *iets weer ~* **maak** reawaken s.t. *(nationalism etc.); ~* **word** wake (up), awake; rouse o.s.; *(infml.)* wise up; *uit ... ~* **word** awake(n) from ...; **word** *~!, ~* **word!** wake up!, *(infml.)* wakey-wakey!. **wak·ker·heid** alertness, liveliness, briskness; vigilance; activity, vigour.

**waks** *n.* polish; blacking. **waks** *ge=, vb.* polish; black, shine *(boots etc.).*

**wal** *walle* bank; shore; coast; quay, embankment; rampart; dyke; mound, verge; *aan ~* on land; on shore; *iets aan ~* **bring** carry s.t. ashore, land s.t.; *aan ~* **gaan,** *(people)* go ashore; *van 'n skip aan ~* **gaan/stap** disembark from a ship; *teen iets ~* **gooi** try to prevent s.t.; *koste/prys ~, (econ.)* landed cost/price; *op die ~(le) van ...* on the bank(s) of ... *(a river); die* **rivier** *oorstroom* (of *loop oor) sy walle* the river overflows its banks; *iem. aan ~* **sit** put ashore s.o.; *van die ~ (af) in die* **sloot** *beland, (idm.)* jump out of the frying-pan into the fire; *na die ~ toe* **swem** swim ashore; *'n groot* **vis** *aan ~* **bring** make a good catch. *~* **kaptein** ship's husband. *~***rif** barrier reef. *~***verlof** shore leave.

**wald·ho·ring** *(mus.)* French horn.

**wal·dorf·slaai** *(Am. cook.)* Waldorf salad.

**walg** *n.* loathing, disgust, nausea; *'n ~ van iets hê* loathe (or be nauseated by) s.t.. **walg** *ge=, vb.* loathe *(s.t.);* nauseate, disgust, sicken *(s.o.)*; pall; *iem. ~ van iets, iets laat iem. ~* s.t. nauseates s.o., s.o. is nauseated by s.t.; s.t. makes s.o.'s gorge rise; s.o. is disgusted at/by s.t.; s.t. is repugnant to s.o.; s.o. revolts at/against/from s.t., s.t. revolts s.o., s.o. is re-volted by s.t.; s.t. makes s.o. sick, s.t. turns s.o.'s stomach; *tot ~ens toe* to satiety; ad nauseam. **wal·gend** *=gende* nause-

ating, disgusting. **wal·ging** loathing, nausea, disgust; surfeit; *iem.* **het** *'n ~ van iets* s.t. nauseates s.o., s.o. is nauseated by s.t.; *tot iem. se ~* to s.o.'s disgust; *iem. se ~ van ...* s.o.'s repugnance for/to(wards) ...; *iem. se ~* **vir/van** *iets* s.o.'s disgust at s.t..

**walg·lik** *=like, adj.* loathsome, nauseous, nauseating, disgusting, repulsive, revolting, sickening, fulsome, vile, offensive, *(infml.)* cruddy, *(infml.)* yucky; sordid; *iem. vind iets ~, iets is vir iem. ~* s.t. is revolting/repugnant to s.o.. **walg·lik** *adv.* disgustingly, revoltingly, nauseously, nauseatingly, sickeningly; *~ soet* cloying. **walg·lik·heid** loathsomeness, nauseous-ness; sordidness; crud *(sl.).*

**Wal·hal·la** *(Norse myth.)* Valhalla.

**Wal·ku·re** *=res, (Norse myth.)* Valkyrie.

**wal·la·bie** *=bies, (zool.)* wallaby. **wal·la·by** *=labies, (member of the Austr. rugby team)* Wallaby.

**wal·la·roe** *=roes, (zool.: a large kangaroo)* wallaroo.

**Wal·lis** *(Br. principality)* Wales; *die Prins van ~* the Prince of Wales. **Wal·lies** *n., (Celtic lang.)* Welsh. **Wal·lies** *=liese, adj.* Welsh; *~e herdershond* (Welsh) corgi. **Wal·lie·ser** *=sers* Welsh-man, *=woman.*

**walm** *walms, n.* dense smoke, smother, fume; reek. **walm** *ge=, vb.* fume; smoke.

**wal·rus** *=russe, (zool.)* walrus.

**wals**[1] *walse, n.* waltz. **wals** *ge=, vb.* waltz. *~***musiek** waltz music.

**wals**[2] *walse, n.* roller, mill. **wals** *ge=, vb.* roll, mill. *~***masjien** rolling machine. *~***meul(e)** rolling mill. *~***werk** rolling; mill-work.

**wal·vis** whale. **W~baai** *(geog.)* Walvis/Walfish Bay. *~***baard, ~been** baleen, whalebone. *~***bedryf** whaling industry. *~***been** whalebone. *~***boot** whaleboat, whaler. *~***bul** bull whale, whale bull. *~***haai** *(icht.)* whale shark. *~***jag** whaling, whale hunting/fishing. *~***jagter** whaler, whale fisher(man)/hunter; *(ship)* whale catcher. *~***kalf** whale calf. *~***koei** cow whale, whale cow. *~***olie, ~traan** whale oil. *~***seisoen** whaling season. *~***skip** whaler, whaling ship. *~***spek** blubber, speck. *~***vanger** whale catcher. *~***vangs** whale catching, whaling, whale fishery.

**wal·vis·ag·tig** *=tige* whale-like; cetacean.

**wan**[1] *wanne, n.* winnow, (winnowing) fan. **wan** *ge=, vb.* win-now, fan. *~***gaffel** winnowing fork. *~***meul** winnower. *~***vloer** winnowing floor.

**wan**[2] *adv.: dan en ~* now and then/again, occasionally.

**wan=** *comb.* mal=, mis=. *~***aangepas** *=paste, adj.* maladjusted. *~***aangepaste** *=tes, n.* (social) misfit. *~***aanpassing** maladjust-ment. *~***absorpsie** *(med.)* malabsorption. *~***administrasie** maladministration. *~***balans** imbalance. *~***begrip** fallacy, false/erroneous/mistaken idea/notion; misconception, mis-apprehension. *~***beheer** mismanagement, maladministra-tion; misgovernment. *~***benaming** misnomer. *~***besteding** misapplication. *~***bestee** *het ~* misapply *(funds).* *~***bestuur** misgovernment; mismanagement, maladministration. *~***be-taler** defaulter, defaulting debtor. *~***betaling** non(-)pay-ment, default, failure to pay; *by ~* in default of payment. *~***daad** misdeed, ill deed, outrage, atrocity, misdoing, felo-ny, malpractice. *~***funksionering** *(med.)* dysfunction. *~***ge-bruik** abuse. *~***gedra** *het ~: jou ~* misbehave. *~***gedrag** mis-behaviour, misconduct, bad conduct, misdemeanour. *~***ge-loof** misbelief. *~***geluid** dissonance; discord(ance); cacoph-ony. *~***gespoor(d)** *=spoorde* misaligned *(wheels).* *~***groei** stunted growth. *~***hoop** →WANHOOP. *~***indruk** erroneous impression. *~***klank** discordant sound, jarring note, discord(ance), dis-harmony, dissonance; *'n ~ veroorsaak* (of *laat hoor)* strike a discordant/false/jarring note. *~***klinkend** *=kende* dissonant, discordant, cacophonous, disharmonious, harsh-sounding. *~***orde** →WANORDE. *~***oriëntasie, ~oriëntering** disorienta-tion. *~***passing** *(dentistry)* malocclusion. *~***praktyk** malpractice, corrupt/sharp practice. **~prestasie** default, non(-) performance. **~presteerder** =ders defaulter. **~smaak** bad taste. **~sporing** misalignment *(of wheels)*. **~toepassing** misapplication. **~toestand** abuse, wrong. **~trou** →WANTROU. **~verdeling** maldistribution. **~verhoor** mistrial. **~verhouding** disproportion; discrepancy. **~vertolking** misinterpretation. **~voeding** malnutrition. **~voorstelling** misrepresentation, misdirection. **~vorming** *(med.)* dysplasia.

**wand** *wande* wall, side *(of a tube, cell, tent, etc.)*; side wall *(of a tyre)*. **~been** parietal bone. **~brok** *(min.)* horse. **~gesteente** wall rock. **~tapyt** tapestry, (wall) hanging.

**wan·del** *n.: in die* ~ popularly, commonly, in common parlance *(known as ... etc.)*. **wan·del** *ge=, vb., (liter.)* walk, take *(or* go for) a walk; promenade. **~dek** promenade deck. **~duin** *(geomorphol.)* barchan(e), bark(h)an. **~gang** lobby, foyer; arcade, covered walk. **~gangpolitikus** lobbyist. **~hal** *(archit.)* concourse. **~laan**, **~straat** pedestrian mall/precinct. **~pad** *(hiking)* walk, path. **~plein** esplanade. **~stok** walking stick, cane. **~weg** walk, promenade.

**wan·de·laar** =laars walker, stroller, promenader.

**wan·de·lend** =lende walking, wandering, peripatetic; ambulatory; *~e blaar, (entom.)* leaf insect, walking leaf; *'n ~e ensiklopedie, (infml., joc.)* a walking encyclop(a)edia; *~ jood, (bot.)* wandering Jew; *die W~e Jood, (med. myth.)* the Wandering Jew; *'n ~e nier* a floating/movable kidney; *~e tak, (entom.)* stick insect.

**wan·de·ling** =linge walk, stroll, ramble, promenade; *'n ~ maak* go for *(or* take) a stroll/walk. **wan·de·lin·kie** =kies, *n. (dim.)* short walk.

**wand·stan·dig** =dige, *(anat., biol.)* parietal.

**wang** *wange* cheek; jamb; chap; *~ aan ~* cheek to cheek; cheek by jowl; *die ander ~ aanbied* turn the other cheek; *iem. se ~e het hol geword* (of ingeval) s.o.'s cheeks have sunk. **~baard** (side) whiskers, sideburns. **~been** cheekbone, facebone, zygomatic bone. **~holte** buccal cavity. **~kuiltjie** dimple in the cheek. **~plooi** jowl. **~sak** cheek pouch. **~sakmuis** pouched mouse.

**wan·hoop** *n.* despair, desperation; desolation; gloom and doom, doom and gloom; *iem. tot ~ bring/dryf* drive/reduce s.o. to *(or* fill s.o. with) despair; *in diepe ~* in black despair; *in/uit ~* in despair/desperation. **wan·hoop** *ge=, vb.* despair, despond; *aan/vir iets* ~ despair of s.t.. **wan·ho·pig** =pige, *adj.* desperate, despairing; frantic; forlorn, hopeless; desolate; *iem. ~ maak* be the despair of s.o.; *~e pogings aanwend* try frantic(al)ly; *'n laaste ~e poging* a last-ditch attempt/effort. **wan·ho·pig** *adv.* desperately, despairingly, frantically. **wan·ho·pig·heid** desperation, despair; *in/uit pure ~* from sheer desperation.

**wan·hoops=**: **~daad** act of despair/desperation. **~gebaar:** *'n ~ maak* throw up one's arms/hands. **~kreet** cry of despair/desperation. **~middel** =dele, =dels desperate remedy. **~poging** forlorn hope. **~toestand** state of desperation.

**wan·kel** =kele =keler =kelste, *adj. & adv.* unstable, unsteady, uncertain, shaky, insecure, precarious, rickety, wobbly; *~e gesondheid* delicate/uncertain health; *~e saak* shaky business. **wan·kel** *ge=, vb.* totter, stagger, teeter; sway, reel; falter; waver, vacillate; *'n hou wat iem. laat ~* a staggering blow. **wan·kel·baar** =bare unstable, unsteady, changeable; labile; *~bare ewewig* unstable/labile equilibrium. **wan·kel·baar·heid** instability, unsteadiness, changeableness; lability. **wan·ke·lend** =lende frail, tottering, unsteady, unstable, wavering, shaky, tottering. **wan·ke·ling** =lings, =linge tottering; wavering, vacillation, faltering, irresolution. **wan·kel·moe·dig** =dige, *adj.* irresolute, wavering, vacillating, faint-hearted. **wan·kel·moe·di·ge** =ges, *n.* waverer, faint-heart. **wan·kel·moe·dig·heid** irresolution, wavering, vacillation, faint-heartedness. **wan·kel·rig** =rige wavering, unsteady, shaky; dodgy *(chair etc.)*; rubbery *(legs)*; wiggly *(legs etc.)*; *~e/wankelende treetjies* halting steps *(of a toddler)*.

**wan·neer, wan·neer** *adv. & conj.* when; by which/what time, by the time (that); if; *dit kom nie daarop aan ~ nie* no matter when; *ongeag ~* no matter when; *~ ook al* just any time *(infml.)*; *ek wag al van ~ af, (infml.)* I have been waiting since I don't know when; *net ~ jy wil* any time (you like). **wan·neer** *interr. pron.* when?; at which time?; *~ het dit gebeur?* when did it happen?; *~ is die wedstryd?* when does the match take place?; *sedert ~?, van ~ (af)?* from when?; *tot ~ kan jy bly?* till when can you stay?. **wan·neer, wan·neer** *rel. pron.* when, that; *die dag ~ iem. kom* the day (when) s.o. comes; *die eerste keer ~ dit weer gebeur* the first time (that) it happens again.

**wan·or·de** disorder, confusion; dishevelment, disarray; anarchy; mess; *iets in ~ bring* put/throw s.t. into disorder, disarrange s.t.; *die grootste ~* the wildest disorder/confusion; *in ~* in disarray; *(a meeting)* in uproar; *in (die uiterste) ~, (a room etc.)* in a shambles. **wan·or·de·lik** =like disorderly; irregular; deranged; disorganised; chaotic, *(infml.)* shambolic; *~e gedrag, (jur.)* disorderly conduct. **wan·or·de·lik·heid** =likhede disorderliness; *(in the pl., also)* disturbances, riots.

**wan·ska·pe** misshapen, deformed, malformed, monstrous. **wan·ska·pen·heid** deformity, malformation, monstrosity, misshapenness.

**wan·stal·tig** =tige misshapen, deformed, blubbery. **wan·stal·tig·heid** misshapenness, deformity, malformation.

**want**[1] *n., (naut.)* rigging.

**want**[2] *conj.* because, as, for; *iem. kan nie kom nie, ~ hy/sy is siek* s.o. cannot come because/as/for he/she is ill.

**wan·trou** *ge=* distrust, mistrust, suspect, be suspicious of. **wan·trou·e** distrust, mistrust; suspicion; *~ in iem. se eerlikheid* misgivings over s.o.'s honesty; *iem. se ~ in ...* s.o.'s distrust of ... **wan·trou·ig** =trouige distrustful, mistrustful, suspicious, untrusting. **wan·trou·ig·heid** mistrustfulness, suspiciousness.

**wants** *wantse, (entom.)* bug.

**wa·pen** =pens, *n.* weapon, arm; (coat of) arms; badge *(of a school etc.)*; *(in the pl., also)* arms, armament, war material; *~s dra* bear arms; *iets as ~ gebruik* use s.t. as weapon/lever; *(na) die ~(s) gryp, die ~(s) opneem* take up arms; rise up in arms; *met 'n ~, (her.)* crested; *die ~(s) neerlê* lay down one's arms. **wa·pen** *ge=, vb.* arm; gird; reinforce *(concrete)*; *jou ~* take up arms; *jou met ... teen ... ~* arm o.s. with ... against ... **~beheer** arms control. **~bord** escutcheon. **~broe(de)r** brother/companion/comrade in arms, fellow soldier. **~broederskap** comradeship in arms. **~draer** *(hist.)* armourbearer, musket/sword bearer. **~fabriek** arms factory, armament/(am)munition works. **~gekletter** *(poet., liter.)* clash/clang/din of arms. **~geweld** force of arms, *(fig.)* the mailed fist; *met ~* by force of arms. **~handel** trade/traffic in arms. **~handelaar** arms dealer. **~ingenieurswese** armament engineering. **~kamer** armoury. **~kreet** call to arms; battle/war cry. **~kunde** heraldry, armory, *(mil.)* knowledge of arms. **~kundig** =dige, *adj.* heraldic, armorial; versed/skilled in heraldry/armory. **~kundige** =ges, *n.* heraldist; (fire)arms expert. **~magasyn** arsenal, magazine. **~opslagplek:** *(geheime)* ~ arms cache. **~rusting** *(hist.)* (suit of) armour. **~skild** escutcheon, shield, (coat of) arms. **~skou** =skoue review (of troops), military review, muster. **~skoudag** =skoudae field day. **~smid** =smede armourer; gunsmith. **~smokkelaar** gunrunner. **~smokkelary** gunrunning. **~stilstand** armistice, truce, suspension/cessation of hostilities, cease-fire. **W~stilstandsdag** Armistice Day. **~stok** truncheon. **~tuig** weapons, arms, armament(s), weaponry. **~verbod** arms embargo. **~vervaardiging** armament industry. **~voorraad** arms supply, supply of weapons; weapons/arms stock(pile). **~wedloop** arms race.

**wa·pe·ning** arming, armament, equipment; reinforcing, reinforcement, armouring.

**wa·pi·ti** =ti's, **wa·pi·ti·hert** =herte, *(zool.)* wapiti, American elk.

**wap·per** ge=, *(flags, streamers, etc.)* flutter, float, fly (out), wave, flow, stream; *'n vlag laat ~* unfurl a flag; *dakke met ~ende vlae* roofs aflutter with flags. **~kant** fly (edge) *(of a flag).*

**war** *n.: iem. in die ~ bring* confuse/fluster/disturb/discompose s.o.; *in die ~, (s.o.)* confused, in confusion; *(s.o.)* in a muddle *(infml.); (totaal) in die ~, (s.o.)* (all) at sea; *in die ~ raak, (s.o.)* become/get confused, get flurried *(by haste, noise, etc.); (s.o., s.t.)* get into a muddle *(infml.); (ropes etc.)* foul up, get entangled; *iets in die ~ stuur* throw s.t. into confusion; upset s.t. *(s.o.'s plans etc.);* throw s.t. out of gear; play/wreak havoc with s.t.. **war** ge=, *vb., (a TV image etc.)* warp, become distorted. **~boel** confusion, muddle, tangle, jumble, chaos, mess, clutter, maze, *(infml.)* mix; *dit is 'n volslae ~* it is a (complete) shambles; it is confusion worse confounded. **~hoof**, **~kop** →WARKOP. **~taal** incoherent talk, gibberish, balderdash. **~toestel** *(teleph.)* scrambler.

**wa·re¹** *vb.: as't* (of *as 't*) ~ as it were.

**wa·re²** *n. (pl.)* goods, ware(s), commodities, merchandise.

**wa·rem·pel** *(infml.)* really, actually; *iem het jou ~ ...* would you believe it, s.o. ...

**warf** *warwe, (geol.)* varve.

**war·fa·rien** *(chem., med.)* warfarin.

**war·kop** =koppe, **war·hoof** =hoofde muddlehead, scatterbrain, crackpot. **war·kop·pig** =pige, **war·hoof·dig** =dige muddled, muddle-headed, scatterbrained, addle-headed, woolly(-headed/-minded).

**warm** ~ *warmer warmste, adj. & adv.* warm; hot; heated, fervent; generous *(colour);* caressing *(touch);* caring *(pers.);* welcoming *(smile etc.);* homely, cosy, *(infml.)* mumsy *(atmosphere); (infml.)* steamy *(movie scene etc.); iem. ~ aanbeveel* recommend s.o. warmly; *'n ~ bad* a hot bath; *~ dae/tydjie* hot spell; *'n ~ dag* a hot day; *'n lekker ~ dag* a warm day; *deksels ~, (infml.)* (as) hot as hell; *~ front, (meteorol.)* warm front; *gloeiend ~* red-hot *(metal etc.); 'n ~ handdruk* a warm handshake; *'n vraagstuk ~ hou* keep a question to the fore; *iets ~s* s.t. warm; s.t. hot; *~ katjie, (infml.)* sex kitten, nymphet; *~ kleure* warm colours; *kokend ~* scalding hot; *~ kry, (s.o.)* be hot; feel hot; *heerlik/lekker ~ kry* be as warm as toast, *(infml.)* feel all toasty; *lekker ~* nice and warm; *(the weather)* pleasantly warm; *die kamer word lekker ~* the room is warming up nicely; *'n enjin ~ loop* warm up an engine; *jou by die vuur ~ maak* warm o.s. at the fire; *iem. ~ maak, (lit. & fig.)* warm s.o. up; *iets ~ maak* warm s.t. up; *(infml.)* soup/hot s.t. up *(a vehicle, engine); iets te ~ maak* overheat s.t.; *dit vir iem. ~ maak, (infml.)* make things/it hot for s.o.; *dit is nogal/taamlik ~* it is quite warm; *daar ~pies in sit, (fig., infml.)* be well-to-do/well-heeled, be comfortably off, be on easy street *(sometimes E~ S~); skroeiend ~* broiling/sizzling hot; *stikkend ~* stiflingly/suffocatingly hot; *~ word* get hot; grow warm; heat/warm up; *(infml.)* become angry; *jy word/raak ~, (infml., in a finding game)* you are getting warm. **~as(sie)**, **brandas(sie)** *(entom.)* (biting) midge. **~bad** =baddens hot/thermal spring(s)/bath(s). **~bloedig** warm-blooded *(animal).* **~bloedig** hot-blooded *(pers.).* **~bloedigheid** hot-bloodedness *(of s.o.).* **~bloedperd** hot-blooded horse. **~borsel** styling brush. **~bron** *(also warm bron)* warm/thermal/hot spring. **~dompeling** hot dipping. **~droging** hot-air process. **~gemaak** =maakte, *(infml.)* souped-up *(vehicle [engine]).* **~loop** warmge= overheat; run hot. **~lugballon** hot-air balloon. **~patat** *(a game)* hiding-the-thimble. **~plaat** hotplate.

**war·me·rig**, **warm·rig** =rige warmish.

**warm·pies:** *daar ~ in sit* →WARM *adj. & adv..*

**warm·te** warmth; hot weather; heat, hotness; caloric; ardour; *~ afgee* emit heat, throw out heat; *eie ~, (thermodynamics)* caloricity; *~ gelei* conduct heat; *'n saak met ~ ver-*

*dedig* defend a matter with warmth/ardour. **~akkumulator** storage heater. **~behandeling** heat treatment; *(med.)* thermotherapy. **~bron** source of heat. **~-eenheid** thermal unit, therm, heat unit; unit of heat, calorie. **~geleiding** conduction of heat, thermal conduction. **~geleidingsvermoë** conductivity of heat. **~geleier** conductor of heat. **~gevoelige** heat-sensitive *(material, paper, cells, etc.); ~e kamera* heat-seeking camera. **~graad** temperature, degree of heat/warmth. **~kapasiteit** heat/thermal capacity. **~kussing** heating pad. **~leer** theory of heat. **~meter** calorimeter; thermometer. **~meting** thermometry. **~straling** heat radiation, radiation of heat. **~verlies** loss of heat, heat loss, calorific loss; *(med.)* thermolysis. **~vermoë** calorific power. **~verwekking** thermogenesis. **~waarde** calorific value, heat value.

**warm·te·ge·wend** =wende thermogenic, calorific.

**warm·te·wek·kend** =kende pyrogenetic.

**warm·te·we·rend** =rende heat resistant.

**warm·wa·ter:** **~bad** *(cook.)* bain-marie *(Fr.).* **~kraan** hot-water tap. **~sak** hot-water bottle. **~silinder** hot-water cylinder. **~tenk** boiler. **~toestel** water heater, hot-water installation, geyser.

**war·rel** ge= whirl, swirl; eddy; *dit ~ voor iem. se oë* things reel/swim before s.o.'s eyes. **~gebied** wake *(of an aircraft).* **~wind, dwarrelwind** whirlwind; *iem. is soos 'n ~ uit die huis uit* s.o. rushed headlong from the house. **~windtoer** whistle-stop tour.

**war·re·ling** =lings, =linge whirl(ing), swirl(ing); vortex, eddy.

**wars** *adj.* averse; *~ van ...* averse to ...

**War·skou** *(geog.)* Warsaw.

**was¹** *n.* wax. **~afdruk** impression/imprint in wax. **~beeld** =beelde wax figure; *(in the pl., also)* waxworks. **~beeldmuseum** waxworks. **~bes(sie)** waxberry. **~bleek** waxen, pallid. **~boetseerkuns**, =werk waxwork, wax modelling, ceroplastics. **~by** waxworker. **~doek** cerecloth, waxcloth; oilcloth, oilskin. **~heide**, **franschhoekheide** *(Erica ventricosa)* wax heath, Franschhoek heath. **~kers** wax candle, taper. **~kryt** (wax) crayon. **~laag** wax coating; waxy layer; bloom *(on fruit, leaves, etc.).* **~model** model in wax, wax model. **~museum** wax museum, waxworks. **~palm** *(Ceroxylon andicola)* wax palm. **~papier** waxed paper, wax paper, greaseproof paper; stencil paper. **~pit** (wax) taper, wax wick. **~plant** *(Hoya carnosa)* wax/honey plant. **~pop** wax doll; *so mooi soos 'n ~ wees* have a doll-like prettiness. **~skilderwerk** cerography. **~tafel** wax tablet. **~vel** stencil (sheet). **~vlies** *(orn.)* cere.

**was²** *vb.* was, were; has/have been; had been; →WEES *vb.;* ~ *dit (tog) maar anders!* would it were otherwise!; *as dit nie ~ dat ... nie* had it *(or* if it had) not been for ...; but for ...; *as iem. nie daar ~ nie* but for s.o.; *~ geteken A.Z.* signed A.Z.; *iem. ~ gister hier* s.o. was here yesterday; *iem. ~ (nog) nie terug nie* s.o. had not (yet) returned; *~ ek (tog) maar nie so onbedagsaam/ens. nie!* I wish I weren't so careless/etc.!; *toe ek daar kom, ~ die trein al weg* when I arrived the train had already left; *waar ~ ons (laas)?* where did I leave off?; *weer wees wat jy ~* be o.s. again.

**was³** ge=, *vb., (rare, the moon)* wax; *die maan is aan die ~* the moon is on the increase *(or* is waxing). **was·dom:** *volle ~ bereik* reach maturity; attain full growth. **was·send** =sende, *(rare)* waxing, growing; *die ~e maan* the crescent (moon), the waxing moon.

**was⁴** *n.* wash(ing), laundry; *hierdie materiaal bly/hou goed in die ~* this material washes *(or* will wash) well; *iets in die ~ gooi* put s.t. in the wash; *~ en stryk* laundry work. **was** ge=, *vb.* wash; wash up *(plates);* shuffle *(cards);* scour *(wool);* swab *(a wound); erts ~* wash ore, buddle; *loop ~ jou hande/ens.* go and wash your hands/etc., go and give your hands/etc. a wash; *jou ~* wash o.s., have/take a wash, give o.s. a clean-up; *het jy (jou) al ge~?* have you washed (yourself)?. **~bak**

washbasin; dolly tub, washing trough *(for ore);* (kitchen) sink; piscina *(in a church).* **~bakeenheid, ~bakkas** vanity unit. **~balie** washtub, washing/ablution/dolly tub. **~beer** raccoon. **~dag** washday, washing day. **~eg** *=egte* washable, washing; fast-dyed, colourfast; genuine; dyed in the wool; *is die stof ~?* will this material wash (well) *(or stand wash=* ing)?; *~te sy* washable silk. **~kamer** washroom, laundry. **~kuip** washtub, washing tub. **~lap** face cloth; washrag, washing rag. **~leer** wash leather, chamois. **~mandjie** laun= dry basket. **~masjien** washing machine. **~middel** *=dele, =dels* detergent, washing preparation; lotion. **~outomaat** coin= op *(infml.).* **~plank** laundry/washing board, washboard, scrubbing board. **~poeier** washing powder. **~seep** laundry soap. **~soda** washing soda, natron, sal soda, sodium car= bonate. **~tafel(tjie)** washstand, washing stand. **~trog** dolly, washing trough. **~vat** *(min.)* buddle. **~vertrek** laundry. **~vrou** washerwoman, laundress. **~water** washing water; slops.

**was·ag·tig** *=tige* waxy, waxen, waxlike, ceraceous.

**was·baar** *=bare* washable, washing. **was·baar·heid** washa= bleness.

**wa·sem** *=sems, n.* vapour, steam; breath; *(med.)* inhalation, inhalant; *vol ~ raak, (mirror, glasses, etc.)* fog up/over, steam up. **wa·sem** *ge=, vb.* steam, give off steam/vapour. **wa·se= mend** *=mende* vapoury. **wa·sem·rig** *=rige* vapourish.

**was·goed** washing, laundry; *(die ~)* was do the wash(ing). **~draad, ~lyn** clothesline, washing line. **~droër** clothes dryer/ drier. **~kamer** laundry. **~mandjie** laundry basket. **~penne= tjie** clothes peg. **~sak** soiled-linen bag, laundry bag, clothes bag.

**wa·sig** *=sige* hazy, vapoury; filmy, blurred, misty, fuzzy; *~ raak/word* haze over. **wa·sig·heid** haziness, fogginess; filmi= ness.

**Wasp, WASP** *(Am.)* Wasp, WASP *(acr.: white Anglo-Saxon Protestant).*

**was·ser**[1] *=sers* washer; launderer; scourer. **was·se·ry** (act of) washing. **was·se·ry, was·se·ry** *=rye* laundry (works); washery, washing plant *(on a mine).*

**was·ser**[2] *=sers,* **was·ter** *=ters* washer *(of metal, leather, rub= ber, etc.).*

**wat** *interr. pron.* what; *as ~?* in what capacity?; *en ~ daar= van?, (infml.)* and what of it?, so what?; who cares?; big deal!; *~ de/die ...?* what the ...?; *vir ~ doen jy so iets?* why do you do such a thing?; *~ nou gedaan/gemaak?* where do we go from here?; *~ gee hy/sy om?* what is that to him/ her?; *~ help/baat dit?* what use/good is it?; *(vir) ~ huil jy?, (infml.)* what are you crying/complaining about?; *~ kom dit daarop aan?* what does it matter?; *~ kom jy nog hier?, (infml.)* how can you still come here?; *(vir) ~ lag jy?, (infml.)* what are you laughing at?; *~ makeer?* what is the matter/ trouble?; *~ nou?* what next?; *is jy onnosel of ~?, (infml.)* are you stupid or something?; *~ sê jy?* what do you say?; what are you saying?; what do you think?, what's your opin= ion?; how dare you say that?; *~ kan dit hom/haar skeel?* what is that to him/her?; *het jy al ooit so ~ gehoor/gesien?* did you ever hear/see the like?; *~ van ...?* how about ...?; *vir ~?* why?; *~ weet ek wat hy/sy doen?, (infml.)* how should I know what he/she does?; *~ word van iem. as ...?* where will s.o. be if ...?. **wat** *rel. pron.* which; who; that; *al ~ jy kan doen* the only thing you can do; *dwaas ~ ek was* fool that I was; *..., na gelang van ~ die grootste/ens. is ...,* whichever is the larger/etc.; *ons land, ~ aan die suidpunt van Afrika geleë is* our country, which is situated at the southern tip of Africa; *al ~ Engels is* everything *(or all things)* English; *(infml.)* all the English; *al ~ kom, is hulle* they have still not turned up; *in vergelyking met ~ dit kon gewees het* to what it might have been; *hardloop (so) al ~ jy kan* run as fast as one can, run for all one is worth; *iem. het gesê hy/sy was aanwesig, ~ 'n leuen is* s.o. said that he/she was present, which is a lie;

*meer as ~ iem. kan bekostig* more than s.o. can afford; *al(les) ~ moontlik is* all that is possible, everything possible; *die leier ~ die volk vertrou* the leader (whom) the people trust; *~ was, ~ verby is* that which has been. **wat** *indef. pron.* something; whatever; *~ ook al* whatever *(infml.),* whatsoever *(liter.);* *en ~ ook al, en ~ nie al nie* and/or what have you *(in= fml.); en ~ nie al nie* and what not; *en ~ alles* or what have you *(infml.); van alles ~* something of everything; *~ ook al (mag) gebeur* whatever happens; come what may; *iem. sou wát wil gee om te ...* s.o. would give his/her right arm *(or* the world *or, infml.* his/her eyeteeth *or, infml.* his/her back teeth) to ...;* iem. sou wát wil gee vir ...* s.o. would give any= thing for ...; *~ hy/sy nie al gely het nie!* what he/she has suf= fered!; *dit kom nie daarop aan ~ nie* no matter what; *al kos dit ook ~* if it costs ever so much; *~ 'n wedstryd/ens.!* what a game/etc.!; *ongeag ~* no matter what; any old thing *(infml.); en dit wil ~ sê* and that's saying something *(infml.); so ~ is selde gesien* such a thing has seldom been seen; *so ~ van reën/ens.* so much rain/etc., rain/etc. like that/this; *'n week of ~* a week or so; *maak net ~ jy wil* do whatever one likes. **wat** *conj.* →DAT *conj.:* *elke keer ~ iem. dit doen, (infml.)* every time s.o. does it; *van die dag af ~ dit gebeur het, (infml.)* since the day (when) it happened. **wat** *interj.:* *ag ~!* oh well!; *daaraan is ek gewoond, ~* oh, I am used to that; *ja ~!* all right!; for sure!, of course!; *kom ons loop, ~!* come along, what!; *nee ~!* rather not!, not really; *toe ~!* please!, come on, man!; won't you, please?.

**wa·ter** *=ters, n.* water; fluid; urine, micturition; *(pathol.)* dropsy; *~ aanlê* lay on water; *~ aanwys* divine water, dowse; *~ absorbeer/trek, (a sponge etc.)* absorb *(or* take up) water; *~ afslaan, (infml.: urinate)* have/take a leak, widdle, have a widdle, *(coarse)* have a piss; *Gods ~ oor Gods akker laat loop* let things drift/slide; *bo ~* above water; *~ breek, (appear at the surface)* break water; *in diep ~ wees/raak* be/get out of one's depth; *deur diep ~s gaan* be sorely afflicted; *op 'n drup= pel ~ to* a T *(infml.); soos ~ op 'n eend se rug* like water off a duck's back; *in die ~ gaan, (a swimmer etc.)* take to the wa= ter; *diere ~ gee* water animals; *... in die ~ gooi, (infml.)* waste ..., play ducks and drakes with ... *(money); nie jou hande in koue ~ steek nie* not (have to) perform any menial tasks, have an easy life; *in die ~* in the water; *~ inkry, (a drowning pers.)* swallow water; *~ inneem, (a ship)* take in water, leak, make water; *die ~ keer* stem the flood; *~ kook* boil water; put the kettle on *(for coffee etc.); koue ~ op iem. omkeer* pour cold water on s.o.'s enthusiasm; *koue ~ op iets gooi, (lit. & fig.)* pour/throw cold water on/over s.t.; *'n skip te ~ laat* launch a ship; *deur die ~ loop* wade through; *vol ~ loop, (a ship)* founder; *~ loop/vloei* water runs/flows; *lo= pende ~* running water; *~ in 'n mandjie (probeer) dra* (try to) carry water in a sieve; *dit is ~ op iem. se meul* that is grist to s.o.'s mill; *onder (die) ~* under water; *iets onder ~ sit submerge/inundate/flood s.t.; *die hele vallei staan onder ~* the whole valley is under water, the whole valley is *(or* has been) flooded; *oor die ~ (heen)* over the water; *op die ~* on the water; *~ in die see dra* hold a candle to the sun, car= ry coals to Newcastle; *daar het baie ~ in die see geloop* a lot of water has flowed/passed/gone under the bridge; *daar sal nog baie ~ in die see moet loop voordat ...* a lot will have to happen before ...; *~ sout* salt water, saline water; *in die ~ spring* jump in the water; take to the water; have/take *(or* go for) a dip; *stille ~s diepe grond(, onder draai die duiwel rond), (idm.)* still waters run deep; *'n plant te veel ~ gee* overwater a plant; *in troebel ~ vis(vang)* fish in troubled waters; *in die ~ val* fall into the water; *(fig.: plans etc.)* fall through, fall to the ground, come to nothing, end in smoke. **wa·ter** *ge=, vb.* water; make water, urinate; *(horses etc.)* stale; *iem. se oë ~* s.o.'s eyes are watering. **~aanleg** irrigation scheme. **~afvoer** (storm-)water drainage, draining of wa= ter. **~bak** cistern, tank; water trough *(for sheep etc.).* **~basis:**

*verf/ens. met 'n* ~ water-based paint/etc.. **~behandeling** water treatment; water cure, hydropathy, hydrotherapy; balneotherapy. **~beker** ewer, water jug, pitcher. **~belasting** water rate. **~besem** squeegee. **~bewaring** water conservation. **~bewoner** aquatic (animal). **~biesie** sedge, bulrush. **~blaas** water bubble; blister; urinary bladder. **~blasie** water bubble; (water) blister; hydatid, tapeworm cyst. **~blommetjie** *-tjies, n. (usu. pl.)* Cape pondweed, water hawthorn. **~bobbejaan** *(myth.)* water monkey. **~bok** waterbuck. **~boor** water drill. **~boorder** water driller. **~boukunde** hydraulics, hydraulic engineering. **~buffel** water buffalo. **~bul** *(cook.)* plum pudding. **~bus** water bus, *(It.)* vaporetto. **~damp** water vapour, aqueous vapour. **~dier** aquatic animal. **~dig** *-digte* impermeable/impervious to water; rainproof, waterproof *(clothes);* watertight *(compartment); (fig.)* watertight *(alibi etc.); iets ~ maak* waterproof s.t.; *~te stof, (also)* coated fabric. **~digtheid** watertightness; impermeability/imperviousness to water. **~digting** waterproofing. **~dorp** marina *(SA).* **~draer** water carrier/bearer; *(geol.)* aquifer; *(male bee)* drone; *die W~, (astron., astrol.)* Aquarius, the Water Carrier; *die tydperk van die W~* the Age of Aquarius, the New Age. **~druk** water pressure; water gauge. **~drukhoogte** water head. **~druppel** drop of water. **~emmer** water bucket/pail. **~fees** aquatic festival, aquacade. **~fiets** pedal boat, pedalo. **~fiskaal** *(orn.: Laniarius* spp.*)* boubou. **~fles** water bottle, carafe. **~foltering, ~marteling** water torture. **~fontein** water fountain. **W~front:** *die ~, (Cape Town shopping precinct)* the Waterfront. **~gang** waterway. **~gat** *-gate* pool (of water), water hole. **~gebrek** water shortage. **~gees** water sprite, nix(ie), kelpie, water spirit. **~gehalte** water quality; water percentage, percentage water, water content. **~geneeskunde, ~geneeswyse** water cure, hydropathy, hydrotherapy. **~genesing** hydropathy. **~geswel** *(pathol.)* oedema; hydrocele. **~geut** gutter. **~glas** tumbler, drinking/water glass; *(chem.)* soluble/water glass; siliceous varnish. **~glybaan** water slide. **~god** water god, aquatic deity. **~godin** naiad, nereid. **~graf** watery grave. **~hiasint** water hyacinth. **~hond** water dog, water spaniel. **~hoof** *(pathol.)* hydrocephalus; *'n ~ hê* have water on the brain (*or* in the head). **~hoogte** water level. **~houer** reservoir. **~houvermoë** water(-retaining) capacity. **~inhoud** water content; water capacity. **~insek** aquatic insect. **~kan** (water) jug, ewer; *(of metal)* water can, canteen. **~kanon** water cannon. **~kant** waterside, waterfront, sea front; *aan die ~* on the seafront/waterfront. **~kar** water cart. **~kastaiing** *(bot.)* water chestnut. **~kering** weir, dam; barrage; groyne; *(archit.)* water run. **~kers** *(cook., bot.)* watercress. **~ketel** water kettle. **~klep** water valve. **~kloof** water gap. **~kolom** water column, column of water. **~kom** water basin. **~kraan** water tap/faucet/cock; water crane *(for steam locomotives).* **~kraffie** water bottle/decanter/carafe. **~krag** water power, *(infml.)* white coal. **~kringloop, ~siklus** water cycle. **~kruik** pitcher. **~kuil** pool (of water), water hole. **kultuur, ~kwekery, ~boerdery** hydroponics, aquaculture, water culture, soil-less agriculture, tray agriculture, tank farming. **~kuur** water cure, hydropathic cure. **~laag** water bed. **~land** watery country. **~leer** hydrology. **~lei** *waterge-* irrigate. **~leibuurt** rotating water right. **~leiding** *-dings, -dinge* waterworks; aqueduct; water conduit; *'n huis met ~* a house with water laid on. **~lelie** water lily. **~lelieblaar** lily pad. **~likkewaan** water/Nile monitor. **~long** *(zool.)* water lung. **~loop** watercourse; water run. **~loot** water shoot/sprout, tiller, sucker, unfertile shoot. **~lyn** *-lyne* water line; *(in the pl., also)* feint lines. **~lynpapier** laid/water-lined paper. **~man** waterman. **~massa** mass of water; body of water. **~merk** watermark. **~meter** water meter; hydrometer; water gauge. **~meul(e)** water mill; drainage mill. **~molekule** water molecule. **~nat** soaking/streaming/sopping wet, drenched, soaked (to the skin), wet through, wet all over. **~net** water reticulation. **~nimf** *(myth.)* water nymph, naiad, undine. **~nood** water shortage/scarcity; →WATERSNOOD. **~ont-**

**leding** *(chem.)* hydrolysis. **~onttrekking** dehydration; extraction of water. **~oog** *(pathol.)* rheumy, watery/watering eye. **~oplossing** *(chem.)* aqueous solution. **~opneming** water intake. **~peer** woodland waterberry. **~peil** water level; watermark, water line. **~peiler** water glass/gauge. **~pens** *(vet.)* dropsy. **~pistool** water pistol. **~plant** water plant, aquatic (plant), hydrophyte. **~plas** puddle. **~plek** drinking place; urinal; watering place *(for ships).* **~poel** pool of water. **~pokkies** chickenpox. **~polo** water polo. **~pomp** water pump. **~ponie** *-nies* jet ski; *op ~s* (of *'n ~) ry* jet-ski. **~poniery** *n.* jet-skiing. **~ponieryer** jet-skier. **~poort** water gate; water gap. **~porie** water pore. **~put** draw well. **~pyp** water pipe. **~reg** *-regte* water right; *(no pl.)* water law. **~riool** stormwater drain. **~rot** water rat, shaggy rat; *(fig.)* water dog. **~ryk** *-ryk(e), adj.* well-watered. **~skaarste, ~tekort** water shortage/famine. **~skade** water damage, damage by water. **~skeiding** watershed, drainage divide, water parting. **~ski** →WATERSKI. **~skilpad** terrapin. **~sku** *-sku(we)* afraid of water, hydrophobic. **~slag** water hammer/blow; valve slam; weathering; upper slag. **~slagplank** *-planke* weather-, clapboard; *(in the pl., also)* weatherboarding. **~slang** water snake, hydra; (water) hose. **~sloot** water furrow. **~sluis** water gate. **~soeker** water finder/diviner, dowser. **~sport** water sports, aquatics, aquatic sports. **~sportsentrum** aquadrome. **~sprong** water jump *(in steeplechase etc.).* **~stand** water level; height of the water/tide. **~stewel** *-wels* wading boot, wader, knee boot, wellington, *(infml.)* welly (boot); *(in the pl., also)* wellies *(infml.).* **~stof** *(chem., symb.: H)* hydrogen; *iets met ~ verbind* hydrogenate s.t.. **~stofbom** hydrogen bomb, H-bomb. **~stokkie** dowsing/divining rod, divining stick, dowdlebug. **~straal** jet/spurt/spirt of water. **~stroom** stream/current of water, race. **~suipplek** watering place. **~tand** *ge-: dit laat ('n) mens ~* it makes one's mouth water, it brings the water to one's mouth. **~tandlekker** finger-licking good. **~taxi** *-taxi's* water taxi. **~tenk** water tank. **~toevoer** water supply; water feed. **~trap** *waterge-* tread water. **~uitlaat** water outlet/escape. **~val** waterfall, cataract, cascade, force. **~vanger** water trap. **~vas** *-vaste* water-resistant. **~vat** water cask/butt; scuttlebutt, *-cask (on a ship).* **~verbruik** consumption of water. **~verf** →WATERVERF. **~verkeer** traffic by water. **~verkoeler** water cooler. **~verplasing** displacement (of water). **~versagmiddel, ~versagter** water softener. **~vervoer** water carriage, waterborne traffic. **~verwante siekte** waterborne disease. **~verwarmer** geyser, water heater. **~vlak** sheet/stretch/expanse of water; water level; water plane, water surface. **~vliegtuig** water plane, seaplane, hydroplane. **~vloed** (great) flood, inundation, deluge; *(pathol.)* incontinence. **~voël** *-voëls* aquatic bird, water bird; *(in the pl., also)* waterfowl. **~voor** water furrow; watercourse; sluice. **~voorraad** supply of water, water reserve. **~voorsiening** water supply; irrigation; water resource. **~vrees** *(psych.)* hydrophobia. **~vry** *-vrye* free from water; *(chem.)* anhydrous. **~weefsel** water tissue. **~weerstand, ~bestandheid** water resistance. **~weg** waterway, river, canal. **~werke** *n. (pl.)* waterworks. **~werking** water action. **~wese** water affairs. **~wet** water law. **~wiel** water wheel; paddle wheel. **~wilg** *-wilge, ~wilger* *-gers, ~wilge(r)boom* *-bome* osier, sallow. **~wyser** dowser, water diviner/finder. **~ys** sherbet; water ice.

**wa·ter·ag·tig** *-tige* watery; aqueous; serous.

**wa·ter·hou·dend** *-dende* hydrous; watery, water-bearing.

**wa·te·rig** *-rige* watery; washy *(food);* runny, rheumy *(eyes);* aqueous, hydrous; *~e sop/wyn/ens.* wash.

**wa·ter·lie·wend, wa·ter·lie·wend** *-wende* hydrophilic, hydrophytic *(plant);* aquatic *(animal, plant).*

**wa·ter·loos** *-lose* waterless.

**wa·ter·pas** *-passe, n.* spirit level, water level, levelling instrument, plumb level. **wa·ter·pas** *adj. & adv.* (dead) level, horizontal; true; *iets ~ maak* true s.t. up; *iets is ~ met ...* s.t. is (on a) level with ...; *iets is nie ~ nie* s.t. is out of level (or [the] true); *iem. ~ in die oë kyk* look s.o. straight in the eye (or squarely in the face). **wa·ter·pas** *ge=, vb.* level, grade, true up. **wa·ter·pas·sing** levelling, grading.

**wa·ter·ski** *=ski's, n.* water-ski. **wa·ter·ski** *ge=, vb.* water-ski. **wa·ter·ski·ër** water-skier. **wa·ter·ski·sport** water-skiing.

**wa·ter·snood** flood(s), inundation; →WATERNOOD.

**wa·ter·sug** *(pathol.)* dropsy, oedema. **wa·ter·sug·tig** *=tige* dropsical; oedematous.

**wa·ter·verf** watercolour(s); water paint; wash. ~**laag** wash. ~**skilder** watercolour painter, aquarellist. ~**skildery** water= colour, aquarelle, painting in watercolour(s). ~**tekening** wash drawing.

**wa·ter·we·rend** *=rende* water-repellent.

**wat·se** *interr. pron., (usu. infml.)* what kind of?; →WATTER; ~ *geraas is dit?* what noise is that?; what's all this noise?; ~ *mens is hy/sy?* what manner/sort of person is he/she?.

**wat·se·naam** *(infml.)* whatchamacallit, whatsit, whatsitsname; whatshisname *(masc.)*, whatshername *(fem.)*.

**watt** *watt(s)* watt, volt-ampere; *1000 ~* 1000 watts. ~**meter** wattmeter. ~**-uur** *~, -ure, (unit of energy)* watt-hour.

**wat·te** wadding; *(med.)* cotton wool; batting; *iem. in ~ toe= draai, (fig.)* feather-bed s.o.; *iets met ~ (uit)voer* wad/quilt s.t.. **wat·teer** *(ge=)* wad, quilt, pad. **wat·te·stok·kie** cotton bud; earbud. **wat·te· tjie** *=tjies, n. (dim.)* wad of cotton wool, piece of wadding, small swab.

**wat·tel·:** ~**bas** wattle (bark). ~**(boom)** *(Acacia spp.)* wattle (tree).

**wat·ter** what, which; →WATSE; ~ *boeke het jy gelees?* what books have you read?; *jy moet sê ~ fliek jy wil gaan kyk* you must say which movie you want to see; *iem. weet nie ~ moei= likhede vir hom/haar wag nie* s.o. does not know what trou= bles await him/her; ~ *onsin!* what nonsense!.

**wat·won·ders** *=derse, (usu.pej.):* glad nie so ~ nie not all that good; *dis nie/niks ~ nie* it's nothing much/particular/special (or out of the ordinary or to brag about or to write home about), *(infml.)* it's no big deal; *nie so 'n ~e vertoning/ens. nie* not such a wonderful performance/etc..

**wat·wo(u)** *interj., (infml.)* that'll be the day!, not on your life!; yeah, right!; no way(s)!; ~ *hy/sy 'n koek bak!* I'd like to see him/her (try and) bake a cake!.

**wê** *interj.* so there!; I told you so!; in your face!.

**web** *webbe* web; *die (Wêreldwye) W~, (Internet)* the (World Wide) Web. ~**bediener** *(Internet)* (web) server. ~**blad** *(In= ternet)* web page. ~**dagboek** blog; *'n ~ skryf/onderhou* blog. ~**leser** *(Internet)* (web) browser. ~**meester** *(Internet)* web= master. ~**soektog** *=togte, (Internet)* web search; *~te doen* surf the Net. ~**werf**, ~**tuiste**, ~**ruimte** *(Internet)* (web) site.

**we·ber** *(SI unit of magnetic flux)* weber.

**wed** *ge=* bet, (lay a) wager, stake money on; punt; gage; *alles wat jy het ~* bet one's shirt; *ek ~ (jou) ...!, (infml.)* I('ll) bet ...!; *ek ~ jou net wat jy wil* I bet you anything you like, I'll lay you any odds; *op iets ~* bet (or lay a bet) on s.t.; put (one's) money on s.t.; bank on s.t.; *op 'n perd ~* bet (or put money) on a horse, back a horse; *drie teen een ~* give/lay odds of three to one; *iem. vir R100 ~* bet s.o. R100; *wat ~ jy?* what's the bet?. ~**geld** stake. ~**kanse** odds. ~**kantoor** betting shop. ~**loop** →WEDLOOP. ~**prys** betting price. ~**ren** →WEDREN. ~**stryd** →WEDSTRYD. ~**syfer** odds. ~**vaart** sailing competition; boat/canoe race. ~**vlug** air race; flying contest. ~**vlugduif**, **renduif** racing pigeon, racer. ~**voorwaardes** odds.

**wed·den·skap** *=skappe* bet, wager; *'n ~ aangaan* make a bet; lay/make a wager; *'n ~ aanneem* accept a bet; *iem. se ~ aanneem* take s.o. on; *iets om 'n ~ doen* do s.t. for a bet; *'n ~ verloor/wen* lose/win a bet.

**wed·der** *=ders* better, bettor, betting man/woman, punter,

taker, backer; bookie. **wed·de·ry** betting, wagering, gaming, backing.

**we·de** *(Eur. bot.)* woad.

**we·der·diens** service in return, return service; *iem. 'n ~ bewys* return s.o.'s favour.

**we·der·doop** anabaptism *(also A~)*. **we·der·do·per, we= der·do·per** *=pers, n., (also W~)* anabaptist *(also A~)*. **we= der·do·pers** *=perse, adj.* anabaptist *(also A~)*. **we·der·do= pe·ry, we·der·do·pe·ry** anabaptism *(also A~)*.

**we·der·ge·bo·re, weer·ge·bo·re** *~, adj.* reborn, born again, regenerate, converted; *'n ~ Christen* a born-again Christian. **we·der·ge·boor·te, weer·ge·boor·te** rebirth, new/ second birth, renascence, regeneration, palingenesis. **we= der·ge·bo·re·ne, weer·ge·bo·re·ne** *=nes, n.* regenerate, con= vert.

**we·der·helf** *=helfte*, **we·der·helf·te** *=helftes* spouse, better half, helpmate; *jou ~, (infml.)* one's other half; *my ou ~, (infml.)* my old man/lady.

**we·de·rik** *(bot.)* loosestrife.

**we·der·ke·rend** *=rende, (gram.)* reflexive; recurrent, peri= odic.

**we·der·ke·rig** *=rige* mutual, reciprocal; reciprocating; *~e betrekking* correlation. **we·der·ke·rig·heid** reciprocity, mu= tuality.

**we·der·koms** return; second coming *(of Christ)*.

**we·der·om:** *(tot) ~!, (infml.)* see you again/later!, I'll be see= ing you!.

**we·der·op·stan·ding** resurrection.

**we·der·reg·te·lik** *=like, adj.* unlawful, illegal, wrongful; *~e toe-eiening* misappropriation, fraudulent conversion. **we= der·reg·te·lik** *adv.* unlawfully, illegally, wrongfully (and unlawfully). **we·der·reg·te·lik·heid** unlawfulness, illegality, wrongfulness.

**we·der·stre·wig, weer·stre·wig** *=wige* refractory, re= calcitrant.

**we·der·syds** *=sydse* mutual, on both sides; *~e begrip* mu= tual understanding; *~e betrekking* interrelation; *iets ~ deel* pool s.t.; *met ~e goedvinde* by mutual consent; *~e kennis= gewing* notice given on either side; *~e liefde* mutual affec= tion; *~e verbinding* two-way communication.

**we·der·va·ring** *=rings, =ringe* experience, adventure; *~s hê* experience adventures/fortunes, have experiences.

**we·der·vraag** counterquestion.

**we·der·woord** = WEERWOORD.

**wed·loop** (foot) race, running match; *aan die ~ om ... deel= neem* be in the race for ...; *in 'n ~ hardloop* run a race; *vir 'n ~ inskryf/=skrywe, jou vir 'n ~ laat inskryf/=skrywe* enter a race; *'n ~ om iets* a scramble for s.t.; *'n ~ met/teen die tyd* a race against time. **wed·lo·per** racer.

**wed·ren** *=renne* race; *(in the pl., also)* race meeting, racing competition, the turf; *aan 'n ~ deelneem* run a race; *na die =ne gaan* race, go racing; go to the races. ~**ganger** racegoer. ~**klub** turf/racing club. ~**program** book, card.

**wed·stryd** *=stryde* match, game; contest, competition; *'n be= slissende/deurslaggewende ~* a vital match/game; *aan 'n ~ deelneem* join in a contest; *'n ~ in ...* a contest/competi= tion in ... *(dog handling etc.)*; *'n (hewig) omstrede ~* a tight match/game; *'n ~ sal plaasvind* the match/game is on; *'n ~ staak* abandon a match/game; *'n taai ~* a hard game; *'n ~ uitskryf/=skrywe* organise a competition; *die ~ verloor/ wen* lose/win the match/game; *'n ~ (opsetlik) weggooi, (infml.)* throw a match/game. ~**datum** fixture. ~**lys** list of fixtures. ~**organiseerder** matchmaker. ~**plan** *(sport)* game plan. ~**punt** *(tennis)* match point.

**we·du·wee** *=wees* widow; *(jur.)* relict; dowager; *as ~ agterge= bly, 'n ~ word* be left a widow; *'n ~ agterlaat* leave a widow. ~**fonds** widows' fund. ~**(-)moeder** widowed mother. ~**pen=**

**sioen** widow's pension. **~verbranding** sati, suttee, widow burning.

**we·du·wee·skap** widowhood.

**wed·y·wer** *n.* competitive spirit, (spirit of) emulation. **wed= y·wer** *ge=, vb.* compete, vie; *met iem.* ~ compete/vie with s.o.; *iets ~ met die beste* s.t. ranks/compares with the best; *om iets ~* compete/scramble for s.t.. **wed·y·we·rend** *=rende* vying, emulative. **wed·y·we·rig** *=rige* competitive. **wed·y= we·ring** competition, rivalry, contention.

**wee** *weë, n., (poet., liter.)* woe, grief, pain; *wel en ~* weal and woe. **wee** *interj.* woe!; *~ die mens wat dit durf doen* woe be= tide the person who dares (to) do it; *~ my!* woe is me!; *o ~!* alas!.

**wee·blaar, weeg·bree** *(bot.)* plantain, ribwort.

**weef** *ge=* weave. **~garing** weaving yarn. **~kuns** textile art, (art of) weaving. **~spoel** shuttle. **~stoel** (weaver's) frame; small loom. **~stof** *=stowwe* textile, woven fabric, cloth; *(in the pl., also)* soft goods. **~toestel** loom; *meganiese* ~ power loom. **~werk** weaving.

**weef·sel** *=sels* tissue, texture; fabric, weave; web; *dooie ~, (physiol.)* slough. **~bank** *(med.)* tissue bank. **~bed** stroma. **~bloeding** *(pathol.)* suffusion. **~herstel** regeneration. **~kul= tuur** tissue culture. **~leer** histology. **~ontsteking** *(pathol.)* cellulitis. **~oorplanting** *(med.)* graft. **~soort, ~tipe** tissue type; *die ~ van ... toets/vasstel* tissue-type ... **~spanning** tissue tension, turgor. **~verharding** *(pathol.)* scleroma, scleriasis. **~vog** lymph.

**weeg** *ge=* weigh; scale; balance; *70 kilogram ~* weigh 70 kilo= grams; *10 kilogram meer/swaarder as ... ~* weigh 10 kilo= grams more (*or* be 10 kilograms heavier) than ..., outweigh ... by 10 kilograms; *iets ~ swaar by iem.* s.t. weighs with s.o., s.t. carries (great/much) weight with s.o., s.t. comes first with s.o.; *jou woorde ~* weigh/measure/choose/pick one's words. **~brug** *=brûe* weighbridge, platform scale. **~masjien, ~toe= stel** weighing machine. **~skaal** (pair of) scales, balance; *die W~, (astron., astrol.)* the Scales/Balance.

**weeg·baar** *=bare* weighable; ponderable.

**week¹** *weke, n.* week; *weke aaneen* for weeks; *aanstaande/ volgende ~* next week; *aanstaande/volgende ~ en Maan= dag* on Monday next week; *die afgelope ~* the last week; *by die ~ betaal* pay weekly (*or* on weekly terms); *binne 'n ~* inside (of) a week; *die ~ daarop* the next week; *dis weke dat ek ... laas gesien het, ek het ... in geen weke gesien nie* I have not seen ... for weeks; *dié ~* this week; *elke ~* every week; *weke gelede* weeks ago; *die hele ~* all week; *al die hele ~, die hele ~ al* all this week; *die hele ~ (deur)* throughout the week, the whole week; *in die ~* on weekdays; *die laaste ~* the last week (*of a period*); *'n ~ lang(e) ...* a week-long ...; *'n weke lange gesloer* delays that run into weeks, delays for weeks (on end); *weke lank* for weeks; *in minder as 'n ~* in= side (of) a week; *~ ná ~* week in, week out; *oor 'n ~* in a week's time; *Maandag oor 'n ~* Monday week; *vandag oor 'n ~* today (*or* this day) week; *oor/binne drie weke* in three weeks, in three weeks' time; *'n ~ ou/oud/oue ...* a week- old ...; *'n drie weke ou/oud/oue ...* a three-week-old ...; *'n paar weke gelede* some weeks ago; *R1000 per ~* R1000 a/ per week; *die ~ tevore* the previous week; *twee weke* a fort= night, two weeks; *'n baba van een ~* a week-old baby; *ver= lede ~* last week; *verlede ~ en Maandag* on Monday of last week; *vir 'n ~ huis toe gaan* go home for a week; *die vol= gende ~* the next week; *die vorige ~* the previous week. **~aand** →WEEKSAAND. **~blad** weekly publication. **~dag, weeksdag** weekday.

**week²** *n.: in die ~ wees/staan, (washing)* be in the soak; *iets in die ~ sit* soak s.t. *(washing)*. **week** *~, weke weker weekste, adj.* soft(hearted), tender; mawkish, sloppy, mushy, sugary; *... ~ maak* soften ... (up). **week** *ge=, vb.* soak, soften; steep; impregnate; sop; macerate; *iets laat ~* leave s.t. to soak

*(washing); brood in melk ~* soak/sop bread in milk. **~dier** mollusc. **~dierkunde** malacology. **~dierkundige** malacolo= gist. **~middel** *=dele, =dels* presoak *(for washing).*

**week·heid** softness; tenderness.

**wee·klaag** *ge=, (poet., liter.)* lament, wail; *~ oor ...* lament/ bewail/bemoan (*or* wail over) ... **wee·klag** *=klagte, (poet., liter.)* lamentation, lament, wailing, wail of woe, moan, plaint.

**week·liks** *=likse, adj.* weekly. **week·liks** *adv.* weekly, once a week, every week.

**weeks=** **~aand, weekaand** weekday evening, week night. **~dag** →WEEKDAG.

**weel·de** luxury; luxuriance, profusion, abundance, copi= ousness; wealth, affluence, opulence; luxuriousness; *in ~ leef/lewe* live in affluence, live well, live in (the lap of) lux= ury; *'n ~ van ...* a wealth/profusion (*or* an abundance) of ... *(flowers etc.);* a riot of ... *(colour);* a luxuriance of ... *(vege= tation); jou 'n ~ veroorloof* indulge in a luxury; *jou die ~ van 'n ... veroorloof* rather extravagantly buy o.s. a ... **~artikel** *=kels* article of luxury, fancy article; *(in the pl.)* lux= uries, fancy articles/goods. **~belasting** luxury duty. **~bus** luxury bus. **~hotel** luxury hotel.

**weel·de·rig** *=rige, adj.* luxurious, plush, opulent, exuber= ant, sumptuous, *(infml.)* ritzy; luxuriant; *'n ~e lewe* high liv= ing; *'n ~e lewe lei* lead a life of luxury. **weel·de·rig** *adv.* extravagantly *(furnished).* **weel·de·rig·heid** luxuriousness, sumptuousness; voluptuousness; flamboyance *(of a lifestyle);* luxury; luxuriance.

**wee·luis** *=luise, (entom.)* bedbug, house bug; *vol ~e* bug-rid= den *(hotel, mattress, etc.).*

**wee·moed** melancholy, sadness, wistfulness; *met ~ vervul* filled with melancholy. **wee·moe·dig** *=dige* melancholy, sad, wistful.

**ween** *ge=, (poet., liter.)* weep, shed tears, cry.

**Weens** →WENE.

**weens** on account of, because of, due to, owing to, as a re= sult of; for; *'n veroordeling ~ diefstal* a conviction for theft; *~ gebrek aan geld* for want of money; *~ ongesteldheid* on ac= count of (*or* because of *or* owing to) illness.

**weer¹** *n.* weather; rain; rain clouds; thunderstorm, thundery weather; lightning; →WEERS=; *aangename/sagte ~* mild weather; *bedompige/broeiende/drukkende/swoel ~* sul= try weather; *die ~ is belowend/mooi, (also)* it looks like rain; →*mooi; as die ~ daarna is* weather permitting; *deur die ~ doodgeslaan* killed by (a stroke of) lightning; *dreigende ~* threatening weather; *die ~ dreun* it thunders; *ellendige/ gure/onaangename/slegte ~* dirty/filthy/foul/nasty/ugly weather; *deur die ~ getref* struck by lightning; *as die ~ goed bly* if the weather holds; *as die ~ gunstig is* if the weather is favourable; *met/by gunstige ~* weather permitting; *guur/ gure ~* bleak weather; *die ~ klaar op* the weather is clear= ing (up); *mooi ~* fine weather; fair weather; *die ~ is mooi* the weather is fine; the weather is fair; →*belowend/mooi; onbestendige/onseker ~* changeable weather; *ongeag die ~* in all weathers, in all kinds/sorts of weather; *ongunstige ~* unfriendly/ungenial/unkind weather; *ontydige ~* unsea= sonable weather; *as die ~ saamspeel* if the weather is fa= vourable; *slegte ~* bad weather; *die ~ steek op* rain clouds are appearing/forming; a storm is brewing; *weens storm= agtige ~* under stress of weather; *swaar ~ =* SWAARWEER; *as die ~ dit toelaat* depending (up)on the weather; *die ~ trek oop* the weather is clearing (up); *triestige ~* dismal weath= er. **~aanbieder** *(rad., TV)* weather person. **~berig** weather report/message, meteorological report. **~bestand** *=bestande,* **~vas** *=vaste* weatherproof, =tight *(colour etc.);* all-weather *(fabric, court).* **~buro** *=buro's* weather bureau, meteorological office. **~diens** weather/meteorological service. **~glas** barom= eter, weather glass/gauge, rain glass; *die ~ sak/styg* the ba= rometer is falling/rising. **~haan** weathercock *(lit. & fig.);*

weather/wind vane *(lit.);* turncoat, time-server. **~kaart** weather chart/map, forecast. **~kenner** weather person, meteorologist. **~kunde** meteorology. **~kundig** =dige, adj. meteorological, weather-wise. **~kundige** =ges, n. meteorologist, weather person. **~profeet** weather prophet. **~stasie** weather/meteorological station. **~strook** weather strip. **~vas** → WEERBESTAND. **~voorspeller** weather forecaster, weather person. **~voorspelling** weather forecast(ing)/prediction. **~wys** =wyse weather-wise.

**weer²** ge=, vb., *(liter.)* avert; keep away/out/back; eschew; exclude; →WEERBAAR; *jou goed/fluks* ~ put up a good fight; give as good as one gets; *jou* ~ defend o.s., fight back; *iem. uit ... ~* keep s.o. out of ..., exclude s.o. from ..., prevent s.o. from joining ... *(a party, an organisation, etc.); iets uit ... ~* ban s.t. from ... *(cellphones from schools etc.); iets van jou ~* keep s.t. away from o.s. *(flies etc.).* **~krag** military strength. **~mag** →WEERMAG. **~man** =manne, *(mil.)* private (soldier), serviceman. **~middel** =dele, =dels means of defence.

**weer³** adv. again; *al* ~ once/yet again, once more; *al* ~ *'n ongeluk* yet another accident; *party drink koffie, ander* ~ *tee* some drink coffee, while others prefer tea; *(iem.)* ~ *bel* ring (s.o.) again; call/ring (s.o.) back; *dan* ~ at other times; *iets nie* ~ *doen* nie not do s.t. again *(or any more);* ~ *eens, weereens,* ~ *'n keer* once again/more; *nooit* ~ *nie* never again; *wat is dit nou* ~? what is it this time?; *wat was dit nou* ~? what did you say it was?, what was it again?; *toe ek* ~ *sien, hang die netwerk* all of a sudden the network hung; *jy moet sommer* ~ *kom* you must come back immediately/straight= away; *wanneer dit* ~ *... is* when ... comes round again *(Christmas etc.);* ~ *'n ... word* change back into ...

**weer·baar** =bare capable of bearing arms, able-bodied, fit, prepared, virile; (militarily) defensible *(fortress).* **weer·baar·heid** ability to bear arms, ability to defend o.s., preparedness; defensibility; *geestelike* ~ mental preparedness.

**weer·bars·tig** =tige unruly, rebellious, refractory, recalcitrant, obstreperous, intractable, stubborn, *(infml.)* stroppy. **weer·bars·tig·heid** unruliness, recalcitrance, refractoriness, rebelliousness, obstreperousness, *(infml.)* stroppiness.

**weer·eens** →WEER³ adv..

**weer·ga** equal, match, peer, fellow; *sonder* ~ *wees, (s.o.)* have no equal, be without peer/rival; *(s.t.)* be beyond/past/without compare; be without parallel; *sy/haar* ~ *is nie te vind nie* there is no one like him/her. **weer·ga·loos** =galose matchless, peerless, unequalled, without equal, unparalleled, unrivalled, incomparable, beyond compare; unprecedented; *~lose geesdrif* flaming passion.

**weer·galm** n. echo, reverberation. **weer·galm** het ~, vb. resound, echo, reverberate, peal; *van ... ~* (re-)echo/resound/ ring with ...; be resonant with ...

**weer·gawe** reproduction, replica; rendering, rendition; portrayal; account; playback *(of a recording); 'n juiste ~ van iets gee* give an accurate account of s.t..

**weer·ge·boor·te** →WEDERGEBOORTE.

**weer·gee** weerge= reproduce *(mus., the contents of a book, etc.);* render, interpret *(a passage in another lang., the conception of a composer, etc.);* capture *(the spirit of a work);* convey *(an impression);* portray; represent, express, reflect; echo *(s.t. heard).* **~gewende kuns** representational art.

**weer·haak** barb, barbed hook.

**weer·hou** het ~ restrain, keep/hold back, deter, check; *jou daarvan* ~ *om iets te doen* hold back from doing s.t.; refrain from doing s.t.; *iets* ~ *iem. daarvan om iets te doen* s.t. keeps s.o. from doing s.t.; s.t. inhibits s.o. from doing s.t.; *iem. daarvan* ~ *om iets te doen* restrain s.o. from doing s.t.; *jou deur niks laat* ~ *nie* nothing can deter one, stop at nothing; *'n stem* ~ abstain from a vote; *jou van sterk drank* ~ abstain from alcohol/drinking; *iem. van iets* ~ restrain s.o. from s.t.. **weer·hou·ding** restraint; abstention *(from voting).*

**weer·kaats** het ~, vb. reflect *(light, heat, sound, etc.);* re-echo *(sound);* mirror. **weer·kaats** =kaatste, adj. reflected; *~te weerlig* sheet lightning. **weer·kaats·baar** =bare reflexible. **weer·kaats·baarheid** reflexibility; reflectivity. **weer·kaat·send** =sende reflective; catoptric. **weer·kaat·ser** =sers reflector. **weer·kaat·sing** =sings, =singe reflection *(of light, heat, sound, etc.);* reverberation, re-echoing *(of sound).* **weer·kaat·sings·hoek** angle of reflection. **weer·kaats·strook** reflecting strip.

**weer·klank** echo, reverberation, resonance; response; *by iem. ~ vind* find an echo from s.o.; *die oproep het oral(s) ~ gevind* the appeal met with *(or* found) a wide response.

**weer·klink** het ~ (re-)echo, resound, reverberate, ring again, peal; *skote het aan alle kante ~* shots rang out on all sides; *van ... ~* (re-)echo/resound/ring with ...; be resonant with ...

**weer·lê** het ~ refute, disprove, rebut *(a presumption);* punch holes in, confute, controvert *(an argument);* dispose of, satisfy *(objections).* **weer·leg·baar** =bare refutable, rebuttable, controvertible, disprovable, falsifiable. **weer·leg·baar·heid** refutability. **weer·leg·ging** =gings, =ginge refutation, confutation, rebuttal; disproof; ~ *van bewys* rebuttal of evidence; *ter ~ van ...* in refutation of ...

**weer·lig** n. lightning; sheet lightning; *deur die ~ doodgeslaan* killed by (a stroke of) lightning; *deur die ~ getref* struck by lightning. **weer·lig** ge=, vb. lighten; *dit het ge= na die noorde* there was lightning in the north. **~afleier** lightning conductor/rod. **~bundel** sheet lightning. **~storm** electric storm. **~straal** flash/streak of lightning.

**weer·loos** =lose defenceless; *iem. ~ maak* disarm s.o.; ~ *teen ...* defenceless against ... **weer·loos·heid** defencelessness.

**weer·mag** defence force, armed forces, fighting services; *Suid-Afrikaanse Nasionale W~, (abbr.:* SANW) South African National Defence Force *(abbr.:* SANDF). **weer·mags=: ~basis** =sisse defence force base. **~hoofde** service chiefs. **~lid** =lede serviceman.

**weer·ont·moe·ting** = HERONTMOETING.

**weers=: ~gesteldheid, ~omstandighede, ~toestand** weather conditions/situation, state of the weather. **~verandering** weather change, change of/in the weather; *skielike ~* break in the weather. **~verskynsel** weather phenomenon.

**weer·sien** n. meeting again; *'n blye ~* a happy reunion; *tot ~s!* till we meet again!.

**weer·sin** aversion, repugnance, antipathy; *'n ~ in ... hê* loathe ..., have a loathing for ...; feel (a) repulsion for ...; have an aversion to/for ...; *iem. se ~ in ..., (also)* s.o.'s repugnance for/to(wards) ...; *'n ~ in ... kry* take an intense dislike to ...; *iets vervul iem. met ~* s.t. fills s.o. with loathing; *vol/met ~ na iets kyk* look at s.t. disgustedly *(or* in/with disgust). **weer·sin·wek·kend** =kende, adj. repugnant, repulsive, revolting, disgusting, nauseating, sickening; *iets is vir iem. ~* s.t. is repugnant/repulsive to s.o.. **weer·sin·wek·kend** adv. disgustedly, *(infml.)* sickeningly.

**weers·kant, weers·kan·te:** *aan ~* on both sides; on either side; *met ... aan ~* flanked by ...; with ... back to back; *dit slaan na ~* it cuts both ways *(fig.);* ~ *toe* both ways; ~ *van ...* on both sides of ...; *van ~* from both sides; *daar was wantroue van ~* the distrust was mutual.

**weer·skyn** n. reflection, reflex, lustre, bloom; *geel stof met 'n groen ~* yellow material shot with green. **~stof** changeable fabric. **~sy** shot silk.

**weer·slag** recoil, backlash; repercussion; return stroke; ~ *op ...* impact (up)on ...

**weer·span·nig** =nige, adj. recalcitrant, refractory, rebellious, wayward, fractious, insubordinate; *(infml.)* bolshie. **weer·span·ni·ge** =ges, n. rebel; recusant. **weer·span·nig·heid** recalcitrance, refractoriness, rebelliousness, fractiousness.

**weer·spie·ël** het ~ reflect, mirror. **weer·spie·ë·ling** =lings, =linge reflection, reflex.

**weer·spreek** *het* ~ contradict, gainsay; deny, controvert; belie; militate against; *'n gerug* ~ deny a rumour/report; *jou self* ~ contradict o.s.. **weer·spre·ker** gainsayer; denier; contradictor. **weer·spre·king** *-kings, -kinge* contradiction, denial, disclaimer, negation.

**weer·staan** *het* ~ resist, oppose, withstand; →WEERSTAND.

**weer·stand** *-stande* resistance, opposition, *(infml.)* fightback; stand; drag; *(device)* resistor, resistance; *(elec.)* rheostat; *(phys.)* resistivity; →WEERSTAAN; ~ *bied* fight back; put up resistance, offer resistance; make a stand; ~ *bied teen* ... set o.s. against ...; make a stand against ...; stand up to ...; hold/keep ... at bay; *die weg van die **minste** ~ kies* go for the soft option; ~ *ondervind* meet with resistance; *taai* ~ stiff/stout resistance. **weer·stand·bie·dend** *-dende* resistive; resistant. **weer·stand·loos** *-lose* unresisting. **weer·stand·spoel** resistance coil.

**weer·stands·:** ~**klos** rheostat. ~**koëffisiënt** drag coefficient. ~**vermoë** (power of) resistance, resisting power, (power of) endurance, tolerance, stamina, staying power; ~ *teen* ... tolerance of/to ...

**weer·wil:** *in* ~ *van* ... in spite of ..., notwithstanding/despite ...; *in* ~ *daarvan* ... nevertheless ...

**weer·wolf** werewolf; lycanthrope; ogre, bugbear; *soos 'n ~ lyk* look like a scarecrow.

**weer·woord** answer, reply, retort, *(infml.)* comeback; repartee; *as* ~ in retort.

**weer·wraak** retaliation, revenge; reprisal(s), victimisation; ~ *neem* retaliate; make reprisals; *op iem.* ~ *neem* get back at s.o. *(infml.); uit* ~ *vir* ... in retaliation for ...

**wees**[1] *wese, n.* orphan; *iem.* ~ *maak* leave/make s.o. an orphan. ~**fonds** orphans' fund. ~**heer** *(hist.)* orphan master. ~**huis** orphanage, children's home. ~**kind** *-kinders* orphan. ~**kindjie** *-jies, -kindertjies, n. (dim.)* little orphan. ~**kindertjies** *(bot.: Ixia scillaris)* squill-flowered ixia.

**wees**[2] *was ge-, vb. (inf.)* be; *laat dit so* ~ so be it; *laat dit* ~ *soos dit (wese) wil* be that as it may; *dat dit X **moes/moet** X* of all people; *ek sal daar* ~ I shall be there; *iem. sal 'n goeie dokter/ens.* ~ s.o. will make a good doctor/etc.; *was jy al daar ge~?* have you been there (already)?.

**weet** *ge-* know, have knowledge of, be aware of; be conscious of, be apprised; *almal* ~ *dit* it is common/general/public knowledge; it is no (*or* an open) secret; *die **beste** ~* know best; *van **beter** ~* know better (than that); *nie van **beter** ~ nie* not know any better; *goed van iets* ~ be well aware of s.t.; *baie goed* ~ *dat* ... know well enough (*or* full well) that ...; *ek sou **graag** wil* ~ *wat* ... I would be curious to know what ...; *haarfyn* ~ *hoe om iets te doen* know exactly how to do s.t., *(infml.)* have s.t. down to a fine art; *hoe* ~ *hulle dit?* how do they know?; how can they tell?; *hoe moet/sal ek* ~? search me! *(infml.);* ~ *jy, ...* (of ..., ~ *jy*) you know, ... (*or, infml.* ..., you know); *soveel van iets* ~ *soos 'n kat van saffraan* (of *'n **kraai** van Sondag/godsdiens), (infml.)* know nothing (*or* not have the faintest idea) about s.t.; *iem. laat* ~ let s.o. know; send word to s.o.; *('n)* **mens** ~ *nie wat/wie/wanneer* ... *nie* there is no saying/telling what/who/when ...; *ons* ~ *dit albei ewe **min*** your guess is as good as mine; *soos jy **miskien*** ~ as you may know; *dié/dit moet jy* ~! you can be sure of that!; *nie so **mooi/reg*** ~ *nie* not rightly know; *nie so **mooi*** ~ *nie, (also)* have one's doubts; *iem.* ~ *nie* s.o. doesn't know; *ek* ~ *nie, (also)* I wouldn't know; I cannot say; *ek* ~ *(dit) glad nie* I don't know at all, I'm sure I don't know; *nie dat ek* ~ *nie* not that I know (*or* am aware) of; *('n) mens kan dit nie* ~ *nie* there's no knowing; *dit kan niemand* ~ *nie* it's anybody's guess; *van **niks*** ~ *nie* know nothing (*about/of s.t.*); *hy/sy wil niks van iem.* ~ *nie* he/she will have none of (*or* nothing to do with) s.o., he/she won't hear of s.o.; *jy (of ['n] mens)* ~ *nooit (nie), jy (of ['n] mens) kan nooit* ~ *nie* one never can (*or* can never) tell, one never knows; there's no

knowing; *nou* ~ *ek!, (infml.)* I've got it!, it's just clicked!; *nou* ~ *jy dit!* now you know!; so there! *(infml.); nuuskierig wees om te* ~ be anxious to know; *nie* ~ *of* ... *nie* not know whether ...; *nie* ~ *wat jy **praat** nie* not know what one is talking about; *nie* ~ *wat om te sê nie* not know what to say, be at a loss for s.t. to say; *seker* ~ *dat* ... know for certain (*or* a certainty) that ...; *dit moet jy **self*** ~ that's for you to decide; *sonder dat iemand iets daarvan* ~ without anyone knowing; without anyone being any the wiser; *iets doen **sonder** om dit te* ~ do s.t. unknowingly/unwittingly (*or* without one's knowing it); *soos jy* ~ as you know; of course; *iets **teen** iem.* ~ have s.t. on s.o. *(infml.); dis vir my om te* ~ *en vir jou om **uit te vind**, (infml.)* that's for me to know and for you to find out (*or* I know, but I'm not going to tell you); *van iets* ~ know about/of s.t.; be aware of s.t.; *nie van wag/ens.* ~ *nie, (infml.)* never wait/etc.; *vir **vas*** ~ know for certain; *voor af/vooruit* ~ *dat* ... know beforehand that ...; *nie **voren toe/vooruit** of agtertoe/agteruit* ~ *nie, (infml.)* not know which way to turn; be in a quandary; be at a loss, *(infml.)* be in a fog; ~ *dat iets **waar** is* know s.t. to be true; ~ *jy **wat**, ..., (infml.)* (do) you know ...; *... soos ek* ~ *wat nie, (infml.: run, tell lies, spend, etc.)* ... like anything; *nie* ~ *wat jy aan iem. het* *nie* s.o. is an unknown quantity; *nie bra/mooi/reg* ~ *wat jy doen/sê nie* not quite know what one is doing/saying; *weinig* ~ *iem.* little does s.o.; *wie* ~, *môre wen jy die Lotto* for all you know you could win the Lotto tomorrow; *wie ~?* who knows?, who can tell?; *op **wie*** ~ *hoeveel plekke, (infml.)* in God knows how many places; *ek wag al **wie*** ~ *hoe lank, (infml.)* I have been waiting since I don't know when; *wie* ~ *hoe/waar/hoeveel* God knows how/where (*or* how many); *iets kan **wie*** ~ *waar gehoor word, (infml.)* s.t. can be heard a long way off; *iem. **wil*** ~ s.o. wants to know; s.o. demands to be told; ~ *wat jy **wil** (hê)* know one's own mind; have a mind of one's own; *self nie* ~ *wat jy **wil** nie* not know one's own mind; ~ *waarheen jy **wil*** know one's own mind; have a mind of one's own; *iem. **wil** nie* ~ *dat hy/sy siek/ens. is nie* s.o. won't admit (*or* face up to the fact) that he/she is ill/etc..

**weet·al** *-alle, (infml.)* wiseacre, know-(it-)all. **weet·baar** *-bare* knowable. **weet·gie·rig** *-rige* curious, inquisitive, eager to learn; ~ *wees, (also)* have an inquiring mind (*or* a thirst for knowledge). **weet·gie·rig·heid** curiosity, eagerness to learn, desire/thirst for (*or* love of) knowledge. **weet·lus** desire/thirst for knowledge, love of knowledge.

**weg**[1] *weë, n.* way, road; route; path; track; *die* ~ *(aan)wys* show the way *(fig.); 'n* ~ *baan* break a way; beat a path; *die* ~ *baan* blaze a/the trail; clear/pave/smooth the way; *die* ~ *tot ... baan, (also)* open the door to ... *(s.t. favourable); jou* ~ *baan* make one's way; hew one's way; *jou eie* ~ *baan* strike out for o.s. (*or* on one's own); *jou* ~ *(met geweld) baan* force one's way; *jou op* ~ *begewe, (poet., liter.)* set out; *die* ~ *vir ...* **berei** set the stage (*or* prepare the way) for ...; *'n beter* ~ *inslaan* change/mend one's ways; *jou **bose** weë verlaat* go straight *(fig.); die **breë*** ~, *(fig.)* the broad way, the primrose path; *dieselfde* ~ *opgaan, (fig.)* go the same way; *langs **diplo matieke*** ~ through diplomatic channels; *langs die **gebruik like*** ~ through the usual channels; *daar is/staan vir iem.* **geen ander** ~ *oop nie* s.o. has no alternative, there is no alternative for s.o.; *die **gewone/voorgeskrewe*** ~ the usual/proper channels; *die **goeie*** ~ *verlaat* go wrong; *'n* ~ *in slaan* adopt a course; *die **na** ... **inslaan*** take the way to(wards) ...; wend one's way to ...; *as niks in die* ~ */**pad** kom nie* if nothing intervenes; *oor die* ~ *kom* get along; manage; *met iem. oor die* ~ *kom* get along/on with s.o.; *lekker met iem. oor die* ~ *kom* get along/on famously with s.o.; *iem. sy/haar eie* ~ *laat gaan* allow s.o. to go his/her own way (*or* work out his/her own salvation); *langs hierdie* ~ in this way/manner, by these means, along these lines; *dit lê nie op iem. se* ~ */**pad** om te ... nie* it is not s.o.'s place/business (*or* up to s.o.) to ...; *die **maklikste*** ~ *volg* take the line of least resistance; *weë en* **middele** ways and means; *'n nuwe ~ in-slaan* turn over a new leaf; *op ~/pad* on one's/the way; *op ~ na ...* on the way (*or* en route) to ...; *die regte ~ bewandel,* (fig.) go straight; *iem. uit die ~ ruim* do away with s.o., get rid of s.o.; *iets uit die ~ ruim* clear away s.t.; break s.t. down *(resistance etc.);* lay s.t. to rest *(fears etc.);* smooth s.t. away *(difficulties etc.);* smooth s.t. out *(difficulties etc.);* sort s.t. out *(difficulties, problems, etc.);* hier **skei** *ons weë, hier loop ons weë* **uitmekaar** we have come to the parting of the ways; *die* **verkeerde** *~ opgaan,* (fig.) go wrong; *die ~/pad* **versper** bar/block the way; *iem. kan sy/haar ~* **vind** s.o. knows his/her way about; *die ~ van alle* **vlees** *gaan* go the way of all flesh; *'n ~* **volg,** (fig.) follow/pursue a course; *die weë van die* **Voor-sienigheid** the ways of Providence. ~**bereider** pioneer; forerunner. ~**wyser** guide; sign-, guide-, fingerpost.

**weg²** *adv.* away; gone; lost, missing, mislaid; distant; *baie ~ wees* be away often; *(infml.)* be clean gone, be nowhere to be found; *~ hier!, (infml.)* get out (of here)!, push off!; *iem.* **is** ~ s.o. has gone; s.o. went; *iets* **is** ~, *(s.o.'s pen etc.)* s.t. is lost/gone/mislaid; s.t. has gone walkies *(infml.);* ~ *met jou!* get away!, get along!; *~ is* **jy!,** *(infml.)* get away!, off you go!, be off!; run along!; *lank ~ wees* be (gone for) a long time; *iem. is* **lankal** ~ s.o. has gone long ago; s.o. has been missing for a long time; *~ met ...!, ... must go! (a minister, an act, etc.); ... moet ~ ...* must go; *ek/ons moet ~ (wees)* I'm/we're off, I/we must (*or* have to) go; *~ is* **ons!,** *(infml.)* we're off!, off we go!; *~ van ... (af)* away from ... *(home etc.);* clear of ... *(a hazard etc.);* off ... *(the beaten track).* **weg** *interj.,* (athl.) go!. ~**bêre** *wegge-* put/shut/store/stow away, *(infml.)* squirrel away; *kos* ~, *(infml.)* tuck in, eat heartily. ~**beur** (naut.) haul off; *van iem. ~* pull away from s.o. *(trying to kiss you etc.).* ~**blaas** *wegge-* blow away *(cigarette smoke etc.);* (draughts) huff. ~**brand** *wegge-* burn away/off. ~**bring** *wegge-* take away; *iem./iets na ... ~* take s.o./s.t. to ... ~**brokkel** *wegge-* crumble away. ~**buig** *wegge-* deflect. ~**buiging** deflection. ~**dink** *wegge-* think away, shut one's mind to; *iets probeer ~* try not to think of s.t.. ~**dra** *wegge-* carry away/off, bear away. ~**draai** *wegge-* turn away; turn aside/away; sheer off; *jou ~* turn away; *die pad draai weg na ...* the road branches off to ...; *van ... ~* turn from ...; sheer away from ... ~**draf** *wegge-* trot away/off. ~**drentel** *wegge-* saunter off. ~**dros** *wegge-* run away/off; abscond; desert. ~**druk** *wegge-* push away/aside. ~**dryf, ~dry-we** *wegge-* drive away, expel; float/drift away/off. ~**duik** *wegge-* dive/duck away; dive off; *agter iets ~* dive behind s.t.. ~**gaan** *wegge-* go (away), leave, depart, go off, withdraw; *ek/ons gaan nou weg* I'm/we're off; *stilletjies ~, (s.o.)* slip/steal away. ~**gee** *wegge-* give away *(lit.).* ~**glip** *wegge-* slip away; sneak off; *ongemerk ~* do/perform a/the vanishing act/trick *(fig., infml.).* ~**gly** *wegge-* slide away. ~**gooi** →WEGGOOI. ~**gryp** *wegge-* snatch away, whisk away/off. ~**haal** *wegge-* take away, fetch; *iets laat ~* have s.t. removed (*or* taken away *or* called for). ~**haas** *wegge-: jou ~* hurry away/off. ~**hardloop** *wegge-* run away/off, flee, fly, make away, bolt; *skoon vir iem. ~* clean outdistance s.o.; *van ... ~* run from ...; *vir iem. ~* run away from s.o.; show s.o. a clean pair of heels *(infml.).* ~**help** *wegge-* help to get away, assist in getting away, send on his/her way, help along, *(infml.)* see right, attend to; *'n vriend ~* see a friend through, assist a friend with money. ~**hou** *wegge-* keep away/off, hold off; *mense/dinge van mekaar ~* keep people/things apart. ~**ja(ag)** *wegge-, vb. (tr.)* chase away/off, drive away/off; *(infml.)* chivvy, shoo away; scare away; turn out; *(intr.)* speed away/off, *(infml.)* zoom off; *iem. ~, (also, infml.)* give s.o. the sack, fire s.o., send s.o. packing. ~**kal-we(r)** *wegge-* erode; nibble (away) at *(s.o.'s savings etc.).* ~**kam** *wegge-* comb back; *weggekamde hare* swept-back hair. ~**kant** (cr.) off side; *~ toe* to the off. ~**kap** *wegge-* chop/hew/hack/cut away. ~**keer** *wegge-* drive away; head off; divert; fend off, ward off; *~ en terugslaan,* (boxing etc.) counter. ~**knip** *wegge-: jou trane ~* blink away/back one's tears. ~**koes**

*wegge-* duck away, duck out of the way; *in ... ~* duck into ... ~**kom** *wegge-* get away, make good one's escape; *iem. kan nie ~ nie* s.o. can't get away; s.o. is unable to tear him-/herself away; *maak dat jy ~!, (infml.)* beat it!, buzz off!, clear off/out!, get along/away!, get out (of here)!, get lost!, (get) out of my sight!; *maak dat jy ~, (infml.)* make o.s. scarce, take o.s. off. ~**krimp** *wegge-* shrink away; *~ van pyn* writhe with pain. ~**kry** *wegge-* get away; *ek kon iem. nie ~ nie* I could not get s.o. to go/leave (*or* get rid of s.o.). ~**kwyn** *wegge-* pine/waste away, languish; die; *(med.)* atrophy; *(plant)* abort; ~**kwynend** atrophic. ~**kwyning** pining/wasting away; languishing, languishment; atrophy. ~**kyk** *wegge-* look away (*or* the other way); *iem. laat ~* stare s.o. down/out; *nie van die pad af ~ nie* keep one's eyes glued to the road; *van iets ~* take one's eyes off s.t.; *die huis kyk weg van ...* the house faces away from ... ~**lag** *wegge-* laugh off/away; pooh-pooh *(infml.).* ~**lei** *wegge-* lead away; *iem. van ... ~* lead s.o. away from ... ~**lok** *wegge-* lure/entice/woo away, decoy. ~**maai** *wegge-* mow down *(lit. & fig.);* decimate *(fig.).* ~**maak** *wegge-* do away with; dispose of; remove; off-load *(stocks etc.).* ~**pak** *wegge-* pack/put away; store (away), stow away; snatch away. ~**pen** (cr.) off stump. ~**pink** *wegge-* brush away *(tears).* ~**pluk** *wegge-* snatch away. ~**praat** *wegge-* explain away; pooh-pooh *(infml.).* ~**raak** *wegge-* get lost; be mislaid, go astray, go missing, vanish, disappear; stray, wander; lose consciousness, faint; *soos 'n groot speld ~* vanish into thin air; *stilletjies ~* sneak away/off, do/perform a/the vanishing act/trick *(fig., infml.).* ~**redeneer** *wegge-* explain/reason away, gloss (over); *('n) mens kan dit nie ~ nie* there is no getting away from it. ~**roep** *wegge-* call away; call off *(a dog).* ~**rol** *wegge-* roll away. ~**ruim** *wegge-* clear away (*or* out of the way); discard; dispel; dispose of; *(min.)* lash. ~**ruiming** clearing away, removal. ~**ruk** *wegge-* snatch/flick away; wrest from; *iets van ... ~* snatch s.t. from ...; *in die bloei van jou jare weggeruk word,* (rhet.) be cut off in the prime of one's life. ~**ry** *wegge-* ride/drive away/off; cart off/away; *~ van/vir iem.* outride s.o.; *vinnig ~* speed away/off. ~**sak** *wegge-* sink away, subside, cave in, slump. ~**sakking** subsidence; slump; *(min.)* submergence. ~**seil** *wegge-* sail away/off; slide away/off. ~**sien** *wegge-* see off. ~**sing** *wegge-* sing away *(one's cares etc.).* ~**sink** *wegge-* sink away, subside; submerge; *in ... ~* sink into ... ~**sinking** subsidence; submergence. ~**sit** *wegge-* put away; put aside; save up, lay away, squirrel away, *(infml.)* hoover up *(food).* ~**skeer** *wegge-* shave/shear off. ~**skeur** *wegge-* tear away; *iem. van ... ~* tear s.o. from ... *(a book, PC game, etc.).* ~**skiet** *wegge-* shoot away; dynamite/blast away; catapult. ~**skop** *wegge-* kick away; send flying. ~**skuif, ~skuiwe** *wegge-* push away; move/shove up/away. ~**skuil** *wegge-* hide (o.s.), keep out of sight, remain in hiding, go into hiding. ~**skuur** *wegge-* scrub away; erode; *(tyres)* scuff. ~**slaan** *wegge-* beat/knock away/off; *(infml.)* swallow, gobble *(food); iem. se* **asem** *(laat) ~* take s.o.'s breath away, stun s.o.; *'n drankie ~* toss back (*or* gulp down) a drink; *kos ~* tuck in, tuck into food; *die* **mas** *is weggeslaan* the mast was swept away; *hael het die oes weggeslaan* hail destroyed the crop. ~**sleep** *wegge-, vb. (tr.)* drag away; tow away; *(intr.)* w(h)oosh away; *iem. van ... ~* pull s.o. away from ... *(a wreckage etc.).* ~**sleep-sone** tow-away zone. ~**sleur** *wegge-* sweep away, drag away. ~**slinger** *wegge-* hurl away. ~**sluip** *wegge-* steal/sneak/slink away/off, sidle away, skulk off. ~**sluit** *wegge-* lock away; enshrine. ~**sluk** *wegge-* swallow, polish off, bolt, gulp down. ~**slyt** *wegge-* wear away/off. ~**smelt** *wegge-* melt away; deliquesce; *in trane ~* melt/dissolve in tears. ~**smyt** *wegge-, (infml.)* fling away, toss out; *dis net geld ~* it's pure waste of money. ~**snoei** *wegge-* prune away/off, prune back. ~**sny** *wegge-* cut away; whittle away; resect; *(archit.)* recess. ~**sny-ding** *-dings, -dinge* cutting away; resection; recess *(in a building).* ~**soen** *wegge-* kiss away *(tears).* ~**spoel** *wegge-* wash away; flush away; be washed away. ~**spoeling** washout, erosion. ~**staan** *wegge-* stand away/off/back; *(hair)* bush out; *van* ... ~ stand clear of ...; dissociate o.s. from ...; *van mekaar* ~ draw apart. **~staanboordjie** butterfly collar, wing collar. **~stamp** *wegge=* push away. **~stap** *wegge=* walk away/off, move off. **~sterf, ~sterwe** *wegge=* die away/down/out, fade away/out; decay; t(r)ail off. **~stoot** *wegge=* push away, fend off; jockey (out of position). **~stop** *wegge=* put away, conceal, hide, stuff away, pop away. **~stryk** *wegge=* push away; smooth away; march away. **~stuur** *wegge=* send away; send packing, turn away, pack off; discharge, dismiss; dispatch, send off; post off; evacuate; *iem.* ~ *uit* ... expel s.o. from ...; *van iets* ~ turn (*or* steer away) from s.t.. **~swaai** *wegge=* swing away/off; slew off. **~sweef, ~swewe** *wegge=* float away/off. **~sypel, ~syfer** *wegge=, (water etc.)* seep away; ooze away. **~teer** *wegge=* waste away, become emaciated. **~toor, ~tower** *wegge=* spirit/conjure away. **~trek** *wegge=* pull away; leave, trek away; start, drive off; move (away); *(mist, clouds)* roll away; move off; *(a train)* pull out; blast off; *iem./ iets van* ... ~ pull s.o./s.t. away from ...; *die son trek weg* the sun is disappearing. **~trekspier** abductor (muscle). **~vaar** *wegge=* sail away/off; career off. **~val** *wegge=* fall away, drop off; be omitted; go by the board; start (off); fall to *(a meal)*; *aan iets* ~, *(infml.)* tuck (*or* get stuck) into s.t. *(food)*; *iem. se eggenoot/ens. het weggeval* s.o.'s spouse/etc. passed away; *val maar weg!, (infml.)* tuck in!, fall to!, bon appétit!; *iem. se laaste steun het weggeval* s.o. lost his/her last support; *die een val teen die ander weg* the one cancels the other out. **~vat** *wegge=* take away; *iets van/by iem.* ~ take s.t. away from s.o.. **~vee** *wegge=* sweep away/off/up; wipe away/off; *alles voor jou* ~ sweep everything aside. **~vlieg** *wegge=* fly away/ off, wing away, take wing; dash away. **~vloei** *wegge=* flow away/off; ebb away; *iets laat* ~ drain away s.t.. **~vlug** *wegge=* flee (away); *(thieves etc.)* make a getaway; *voor die vyand* ~ flee before the enemy; *uit 'n stad* ~ flee from a town. **~waai** *wegge=, (wind)* blow away *(a hat etc.)*; blow (*or* be blown) away, be carried off by the wind; wave away. **~wend** *wegge=* divert. **~wending** diversion. **~werk** *wegge=* get rid of, clear away; smooth away; *(min.)* lash; fine away/down; reduce. **~werp** *wegge=* throw away, cast off, discard.

**weg·bly** *wegge=* stay away; stay clear, hold off, keep off/out; absent o.s. *(from school etc.)*; **lank** ~ be (gone for) a long time; *van iem.* ~ stay away from s.o.; give s.o. a wide berth *(infml.)*; *van iets* ~ stay away from s.t., absent o.s. from s.t. *(a meeting etc.)*; abstain from s.t., keep off s.t., leave s.t. alone *(drink etc.)*; keep away from s.t.; stay out of s.t. *(the bar etc.)*; steer clear of s.t.; *van die skool/ens. af* ~ stay off school/etc.. **~aksie** stay-away (action). **~stem** absentee voter; stay-away vote(r).

**weg·bly·er** absentee. **weg·bly·e·ry** staying away; absenteeism.

**weg·breek** *wegge=, vb. (tr.)* break away, pull down; *'n slag behoorlik* ~, *(intr.)* get away from it all; *van* ... ~ break away from ...; split off from ...; defect from ... *(a pol. party etc.)*. **~bal** *(cr.)* off-break. **~bouler** *(cr.)* off-break bowler. **~vakansie** getaway *(infml.)*.

**weg·doen** *wegge=* do away with, dispose of, scrap, discard, dispense with; *iem.* ~ do away with s.o., get rid of s.o.. **weg·doen·baar** *-bare* disposable. **weg·doe·ning** disposal; removal; putting away.

**we·ger** *=gers* weigher, scaler. **we·ge·ry** weighing.

**weg·gooi** *wegge=* throw away, cast off/away; discard; ditch *(an old manuscript etc.)*; dump; bin *(old shoes etc.)*; waste; scrap; toss aside/out, fling away; pour away; *'n kaart* ~ discard a card; *moet* ... *nie* ~ *nie!*, *moenie vir* ... ~ *nie!*, *(infml.)* don't underestimate ...! *(s.o., s.t.)*; *jouself nie* ~ *nie*, *(infml.)* think a lot of o.s.. **~doek** *=doeke* disposable (nappy). **~goed** rubbish, discards, cast-offs, trash. **~lam** castaway lamb. **~naald** disposable needle. **~spuit(jie)** disposable syringe.

**weg·gooi·baar** *-bare* discardable, disposable.

**weg·hol** *n.: die wilde* ~ *kry* rush away, stampede, panic.

**weg·hol** *wegge=, vb., (infml.)* run away/off, scurry off, scuttle, scram, take to flight (*or* one's heels), skedaddle, stampede. **~inflasie** galloping/runaway inflation. **~oorwinning, ~sege** landslide victory; *(infml.)* walkover, wipeout.

**weg·kruip** *wegge=* crawl/creep away; keep out of sight, hide o.s., go into hiding, hide away, hide/hole up; go underground; lie doggo *(infml.); op 'n skip* ~ stow away; *vir iem.* ~ hide from s.o.. **weg·krui·per·tjie** hide-and-seek; bo-peep; ~ *speel* play (at) hide-and-seek. **weg·kruip·plek** hide-out, hiding place, bolt/bolting hole, *(infml.)* lair.

**weg·laat** *wegge=* leave out, miss out, omit, cut (out), expunge, skip; *iets/iem. uit* ... ~ omit s.t./s.o. from ...; *iem. uit* ... ~, *(also)* cut s.o. from ... *(a will etc.);* drop s.o. from ... *(a team); iets uit* ... ~, *(also)* cut s.t. out of ... **weg·laat·baar** *-bare* omissible. **weg·la·ting** *=tings, =tinge* omission; cut; elision, expunction, ellipsis; suppression. **weg·la·tings·te·ken** caret; apostrophe; mark of omission, ellipse, ellipsis.

**weg·lê** *wegge=* put away/aside; lay aside; save up *(money); aan iets* ~, *(infml.)* tuck/dig (*or* get stuck) into s.t. *(food etc.); aan kos* ~, *(also, infml.)* dig in, *(sl.)* stuff one's face. **~hen** lay-away hen. **~snor** handlebar moustache.

**weg·loop** *wegge=* walk away/off; abscond, desert, run away, run off, flee; stray; elope; *met iem.* ~ run away/off with s.o.; elope with s.o.; *met al die pryse* ~ walk away/off with all the prizes; ~ *uit* ... run away from ... *(school etc.);* ~ *van* ... run away from ... *(abusive parents etc.).* **~dier** waif, stray. **~paar** eloping couple. **weg·lo·per** deserter, runaway, absconder, fugitive, bolter. **weg·lo·pe·ry** running off/away; desertion.

**weg·neem** *wegge=* take away; remove; obviate; allay *(pain);* whisk out of sight, whisk away, spirit away/off/out; *dit neem nie weg dat* ... *nie* that does not alter the fact that ...; *iem./iets laat* ~ have s.o./s.t. removed; *iets uit* ... ~ take s.t. out of ...; *iem./iets van* ... ~ take s.o./s.t. (away) from ...; *iets van iem.* ~, *(also)* strip s.o. of s.t.. **~eetplek, ~kafee, ~restaurant, ~restourant** takeaway (restaurant). **~ete, ~kos** takeaway (meal/food/etc.), *(infml.)* takeaways.

**weg·skram** *wegge=, (a bullet etc.)* ricochet, be deflected; *van iem.* ~ avoid s.o., give s.o. a wide berth; *van iem.* ~ sheer away from s.t.; shrink (*or* flinch [away]) from s.t.; shy (away) from s.t.; cop out of s.t. *(sl.);* steer away from s.t., avoid/dodge/evade s.t. *(a subject); (a horse)* jib at s.t. *(an obstacle).* **weg·skram·me·ry** cop-out *(sl.).*

**weg·spring** *n.* start; *met die* ~ from the start, at/from the outset. **weg·spring** *wegge=, vb.* jump away; start off, take off, dash off; bounce off, ricochet; *deelnemers laat* ~ start the participants; *met* ... ~ lead off with ...; *ongelyk/onklaar* (of *te gou*) ~, *(sport)* make a false start; beat the gun; *swak* ~, *(racing driver)* make a poor getaway. **~blok** starting block. **~hok** *(horse racing)* starting stall. **~plek** start, starting place; point of departure; take-off, springboard; *(fig.)* launch(ing) pad; *voorste* ~, *(mot.)* pole position.

**weg·steek** *wegge=* hide (away), conceal, keep out of sight, secrete; camouflage; shroud; cache; *geld* ~ salt away money; *iets vir iem.* ~ hide s.t. from s.o.; conceal s.t. from s.o.; keep s.t. (away) from s.o.; *niks vir iem.* ~ *nie* be open with s.o.; have no secrets from s.o.. **~goed** cache *(of provisions).* **~plek** hide, cache.

**weg·voer** *wegge=* lead away, carry/cart away, carry/cart off; transport; whisk off/away, abduct, spirit away, kidnap; raid. **weg·voe·ring** leading away, carrying off.

**weg·vreet** *wegge=* eat away; chew away; erode; corrode; scour; fret. **weg·vre·ting** eating away; erosion; corrosion.

**weg·wys** *wegge=* turn away; exclude; bar; disqualify; warn off; expel. **weg·wy·sing** exclusion; disqualification; warning off.

**wei¹** *n.* whey *(of milk).* **wei·ag·tig** *=tige* wheyey, wheyish. **wei·poei·er** whey powder, dry whey, skim(med) milk powder.

**wei²** *ge=, vb.* graze, feed, forage; browse; *jou oë laat* ~ *oor* ...

let one's eyes travel over ...; *vee laat* ~ graze stock; *(jur.)* agist. ~**geld** grazing fee. ~**gras** meadow grass. ~**kamp** graz= ing paddock. ~**lisensie** grazing licence. ~**plek** grazing area; *(fig.)* haunt, *(infml.)* hang-out, stamping ground. ~**reg** graz= ing right(s), herbage, pasturage. ~**veld** pasture(land), graz= ing land, pasturage, meadowland, grass.

**wei·ding** grazing, pasturage, pasture.

**wei·dings·** : ~**bestuur** pasture management. ~**gewasse** pas= turage.

**weids** *weidse* grand, stately; sumptuous; sweeping *(gesture).* **weids·heid** grandness, grandeur, splendour, stateliness.

**wei·er** *ge=* refuse, decline; deny, withhold, disallow; refuse (to act), fail (to act); baulk; misfire; *(comp.)* crash; *'n aan= bod* ~ refuse/decline (*or* turn down) an offer; *'n aanbod wat jy nie kan* ~ *nie* an offer one cannot refuse, *(infml.)* a godfa= ther offer; *(iets)* **botweg/vierkant/volstrek** ~ refuse (s.t.) bluntly/flatly/point-blank (*or* out of hand); *iem.* **iets** ~ refuse s.o. s.t.; *die* **pistool** *het ge=* the pistol misfired; *iem.* **word** *iets ge~, (also)* s.o. meets with a refusal. **wei·e·rend** *=rende* recusant; misfiring. **wei·e·ring** *=rings, =ringe* refusal, denial; misfire *(of a firearm);* failure *(of a mach.);* disobedience *(of a horse);* non(-)compliance; disclaimer; outage *(of an engine etc.); (comp.)* crash; *'n botte/direkte/volstrekte* ~ a blunt/flat/ point-blank refusal; *'n* ~ *sonder meer* a plain no.

**wei·fel** *ge=* waver, vacillate, hesitate, dither, teeter, be in two minds; pause; doubt. **wei·fe·laar** *=laars* waverer, vacillator, *(infml.)* don't know. **wei·fel·ag·tig** = WEIFELEND. **wei·fel·ag· tig·heid, wei·fel·ag·tig·heid** indecision, wavering, vacilla= tion, hesitation. **wei·fe·lend** *=lende* dubious, indecisive, in= conclusive, wavering, vacillating. **wei·fe·ling** *=lings, =linge* wavering, vacillation, hesitation, irresolution, pause, hesi= tancy; *sonder* ~ without hesitating/hesitation; without flinch= ing.

**Wei·ma·ra·ner** *=ners, (breed of dog, also* w~*)* Weimaraner.

**wei·nig** ~ *minder minste,* adj. little, few; small; scant; ~ *be= leef(d)* less than polite, hardly (*or* not exactly) polite; ~ *of geen* few if any, hardly any; ~ *meer/minder* little more/ less; ~ *of niks* little if anything, little or nothing. **wei·ni·ge** *=ges, n.: die* ~*s* the few.

**wek** *ge=* (a)wake, (a)waken, call, rouse; evoke, arouse; cause, create *(surprise);* excite *(curiosity);* raise *(hopes);* rouse *(in= dignation);* stir, call up *(memories);* create, give *(an impres= sion);* create, cause *(strife);* induce; *iem. uit ...* ~ arouse s.o. from ...; *iets weer* ~ reawaken s.t. *(interest etc.).* ~**roep** clarion call; reveille.

**we·king** soak(ing), steeping; impregnation; maceration; →WEEK[2] *vb.*.

**wek·ker** *=kers* alarm (clock); *daar lui/gaan die* ~ there goes the alarm (clock). ~**radio** clock radio.

**wel** *n.:* ~ *en wee* weal and woe. **wel** *beter beste,* adj. & adv. well; indeed; *alles* ~ *tuis?* all well at home?; ~, *ek* ... well, I ...; *ek* ~, *jy nie?* I do, don't you?; *en* ~ ... to wit ...; *as ek dit* ~ *het* if I am not mistaken; if (my) memory serves, if I re= member right(ly); *ons kan* ~ *sê* we may safely say; *dit kan* ~ *wees* that may be; *en* ~ *omdat* ... and that because ...; *iem. sal* ~ *kom* s.o. will certainly come; *iem. sal* ~*/seker moeg wees ná* ... s.o. will no doubt be tired after ...; *wat* ~ *van be= lang is* what does matter; ~ *voel* feel well, feel all right. **wel** *interj.* well!; ~ *dan!* now then!; ~, ~*!* well, well!. ~**aange= name:** *die* ~ *tyd, (rhet.)* the right time, the appropriate mo= ment. ~**af** rich, wealthy, affluent, prosperous, well-to-do, well-off, *(infml.)* well-heeled. ~**bedag** *=dagte* well considered, well advised; *iets* ~ *te raad/rade* advisedly. ~**begrepe** *adj. (attr.)* well-understood, rightly understood. ~**behaaglik,** ~**be= haaglik** *=like* comfortable, at one's ease; pleasant. ~**bekend** *=kende* well known, familiar, noted, famous, widely known; ~ *aan/by* ... well known to ...; *dit is* ~ *dat* ... it is common knowledge that ... ~**bemind** *=minde* well beloved, dearly be=

loved. ~**berese,** ~**bereisde** *adj. (attr.)* much-travelled, well-travelled, widely travelled *(pers.).* ~**beskou(d)** after all, all things considered. ~**bewus** *=wuste* deliberate; conscious; consciously, with full consciousness. ~**daad** →WELDAAD. ~**deeglik** thoroughly; ~ *van iets bewus* well aware of s.t.. ~**denkend** *=kende* right thinking/minded; fair-minded; well affected. ~**deurdag** *=dagte* well thought out, well consid= ered, weighty, measured, well planned; *'n* ~*te beleid/ens.* a well-thought-out policy/etc.. ~**deurdagtheid** thoroughness, profundity, deliberateness. ~**doener** *=ners* benefactor, *(fem.)* benefactress, philanthropist, well-doer; donor. ~**gedaan** *=dane* well done; *dankie, ek het* ~, *(after a meal)* I have done (very) well, thank you; ~, *jong man!* well done, young man!. ~**geleë** well situated; beautifully situated. ~**gemanierd** *=nierde* well mannered/behaved/bred, mannerly. ~**georden(d)** *=dende* well regulated/ordered/governed. ~**geskape,** ~**ge= vorm(d)** *=vormde* well formed/made/shaped/proportioned, shapely. ~**gesteld** *=stelde =stelder =steldste* (of *meer* ~ *die mees =stelde)* well-to-do, well off, moneyed, affluent, comfortably off; ~*e mens* person of means. ~**gesteldheid** affluence, easy circumstances, easy financial position. ~**gevoed** *=voede* well fed. ~**ingelig** *=ligte* well informed; *uit* ~*te bron* from a well-informed source. ~**oorwoë** (well) considered, deliberate, judicial, judicious, prudent; ~ *besluit/ens.* well-thought-out decision/etc.; ~ *risiko* calculated risk. ~**opgevoed** *=voede* well bred; well educated; well-brought-up *(attr.).* ~**stand** health; well-being, welfare; *in blakende* ~ *verkeer* be in the pink (of condition/health) *(infml.);* in goeie ~ in good health; *na iem. se* ~ *verneem* inquire after s.o.'s health. ~**tevrede** well-satisfied. ~**verdiend** *=diende* well deserved/earned, (well) merited; ~*e straf* condign punishment. ~**versorg** *=sorgde* well cared for, well tended, well groomed, immaculate, im= peccable. ~**voorsien** *=siene* well provided, well stocked.

**wel·daad** benefit, boon, kind action; mercy, bounty, bene= faction; *iem. 'n* ~ *bewys* confer a benefit upon s.o.. **wel·da= dig** *=dige* beneficial *(influence etc.);* bounteous, bountiful; benign; soothing *(warmth).*

**wel·dra** soon, presently, before long, shortly.

**wel·eer** formerly, of old; anciently, erstwhile, in the past; *van* ~ of yore; *glorie van* ~ pristine glory.

**welf, wel·we** *ge=* vault, arch, cove.

**wel·ge·sind** *=sinde* well disposed; *iem.* ~ *wees* be kindly dis= posed towards s.o..

**wel·ge·val:** *jou ... laat* ~ put up with ... **wel·ge·val·le** pleas= ure, liking; *na* ~ at your own pleasure, at will. **wel·ge·val·lig** *=lige =liger =ligste* (well) pleasing, agreeable.

**we·lig** *=lige,* adj. & adv. luxuriant(ly); lush(ly); rampant(ly), rank(ly), exuberant(ly); ~ *groei* flourish. **we·lig·heid** luxu= riance, lushness, rankness.

**we·lis·waar, we·lis·waar** indeed, (it is) true, to be sure, admittedly; ~ *het/is iem./dit* ... (it is) true, s.o./it has/is ...

**wel·ke** *interr. pron., (fml.)* what? *(of an indef. number);* which? *(of a definite number);* →WATTER; ~ *boeke het u gelees?* what books have you read?. **wel·ke** *rel. pron., (fml.)* which; that.

**wel·kom** *welkom(e) meer welkom(e) die mees welkome* wel= come; ~ *by iem.* welcome at s.o.; *iem.* ~ *heet* welcome s.o., bid s.o. welcome; *iem. hartlik* ~ *heet* give s.o. a warm wel= come, extend a warm welcome to s.o.; ~ *op* ...! welcome to ...!; ~ *tuis!* welcome home!; *iets is vir iem.* ~ s.t. is welcome to s.o.; *iets sal vir iem.* ~ *wees, (also)* s.o. could do with s.t..

**wel·koms·** : ~**groet** welcome. ~**lied** song of welcome. ~**woord** word of welcome; welcoming; welcoming speech.

**wel·le·wend** *=wende* well bred/mannered, courteous, ur= bane; welcoming *(host etc.).* **wel·le·wend·heid** good breed= ing, courtesy, good manners, urbanity.

**wel·lui·dend** *=dende =dender =dendste* melodious, sweet sounding, harmonious, euphonious, musical, tuneful. **wel· lui·dend·heid** melodiousness, euphony, musicality, tuneful= ness.

**wel·lus** =luste lust, voluptuousness, sensuality; lechery; in ~ swelg wallow in sensuality. ~prikkelend =lende, adj. aphrodisiac. **wel·lus·te·ling** =linge sensualist, lecher, debauchee, wanton, sybarite. **wel·lus·tig** =tige, adj. lustful, voluptuous, sensual, lascivious, lecherous, wanton, (infml.) pervy, (sl.) raunchy. **wel·lus·tig** adv. sexily (infml.). **wel·lus·tig·heid** lustfulness, voluptuousness, sensuality, lasciviousness, sensualism, (infml.) randiness.

**wel·me·nend** =nende =nender =nendste well meaning/intentioned; well wishing. **wel·me·nend·heid** goodwill, good intentions; well-wishing.

**wel·pie** =pies whelp; cub.

**wel·rie·kend** =kende =kender =kendste, (poet.) fragrant, sweet smelling/scented, odoriferous. **wel·rie·kend·heid** (poet.) fragrance.

**wel·sand, wil·sand** quicksand(s).

**wel·sla·e** success; ~ behaal succeed, achieve success; ~ met iets behaal make a success of s.t..

**wel·spre·kend** =kende =kender =kendste (of meer ~ die mees =kende) eloquent, well spoken, silver tongued. **wel·spre·kend·heid** eloquence, oratory.

**wel·syn** well-being, welfare, weal; health; na iem. se ~ verneem inquire after s.o.'s health; vir die algemene ~ for the common good.

**wel·syn(s)**: ~beampte welfare officer. ~diens welfare service. ~organisasie welfare organisation. ~werk welfare work. ~werker welfare worker.

**wel·ter·ge·wig** welterweight. ~bokskampioen welterweight boxing champion.

**wel·vaart** prosperity, welfare, weal; in ~ in easy circumstances. ~belasting, welvaartsbelasting wealth tax. ~skeppend wealth-creating. ~staat welfare state.

**wel·vaarts**: ~gemeenskap affluent society. ~peil standard of living.

**wel·va·rend** =rende =render =rendste (of meer ~ die mees =rende) prosperous, affluent, thriving; healthy, in sound/good health. **wel·va·rend·heid** prosperity; good health.

**wel·voeg·lik** =like becoming, proper, decent, seemly, decorous. **wel·voeg·lik·heid** propriety, decency, decorousness, seemliness, decorum; nie buite die perke van die ~ gaan nie observe the proprieties.

**wel·wil·lend** =lende =lender =lendste, adj. benevolent, obliging, kind, gracious, friendly, gentle, charitable. **wel·wil·lende** =des, n. well-wisher. **wel·wil·lend·heid** benevolence, goodwill, kindness, friendliness, graciousness, obligingness; iem. se ~ teenoor ... s.o.'s goodwill to(wards) ...; tyd van ~ season of goodwill.

**wel·wil·lend·heids**: ~besoek goodwill visit. W~dag (SA: 26 Dec.) Day of Goodwill.

**wel·wing** =wings vaulting; arching; curve; camber.

**wel·wit·schi·a** =schias, (bot.) welwitschia.

**we·mel** ge= swarm, teem, overrun; van die ... ~ he alive with ... (opera lovers etc.); teem with ..., abound in/with ... (game etc.); bristle with ... (errors etc.); crawl with ... (pickpockets etc.); be infested with ... (fleas etc.); be rife with ... (bogus diplomas etc.); swarm (or be swarming) with ... (tourists etc.); be thronged with ... (shoppers etc.); be overrun with ... (vermin etc.); (sl.) be lousy with ... (pirated DVDs etc.); van die muskiete ~ be mosquito-infested/-ridden. **we·me·ling** swarming.

**wen¹** ge=, vb.: jou aan ... ~ get accustomed/used to ..., accustom/habituate/condition/inure o.s. to ..., familiarise o.s. with ...; (jou) aan 'n klimaat ~ acclimatise (o.s.).

**wen²** n.: aan die ~ bly be on a winning streak. **wen** ge=, vb. win; gain; prevail, gain a/the victory; aan ... ~ gain in ...; alles ~ make a clean sweep, sweep the board; amper(tjies) ~ come within an ace of victory/winning (infml.); by/deur

iets ~ score by s.t.; iem. sal daarby/=deur/=mee ~ s.o. stands to benefit/gain by it; fluit-fluit ~ →maklik; daarmee is dit halfpad ge~ that's half the battle; iem. ~ beat/best/master/overcome/conquer s.o.; prevail against s.o.; win s.o. over; in ... ~ win in a time of ...; jy het ge~ it is your game; I concede; you came out on top; iem. kan ~ s.o. may win; iem. kan nog ~ s.o. can still win, s.o. is still in the game; die wedstryd is klaar ge~ the match is in the bag (infml.); maklik ~, met gemak ~, (infml.) fluit-fluit/loshand(e) ~ win easily, win with ease, (infml.) win hands down, have a walk-over; walk it (infml.); canter/romp home (infml.), win in a canter (or at a trot) (infml.); iets maklik ~, iets met gemak ~, (infml.) iets fluit-fluit/loshand(e) ~, (also) walk away/off with s.t. (infml.); met 9-6 (of nege punte teen ses) ~ win by 9-6 (or nine points to six); dié perd/span moet ~ this horse/team should win; naelskraap(s)/net-net ~ scrape home; win by a nose; niks daarby/=deur/=mee ~ nie benefit/gain nothing by it; oorgehaal om te ~ set to win; 'n meter op iem. ~ gain a metre (up)on s.o. (in a race); met punte ~ win on points; ... sal beslis ~ ... is a sure winner; 'n stel teen iem. ~, (tennis) take a set off s.o.; iets is te ~, (a prize) s.t. is to be won; teen ... ~ gain a victory over ...; met 'n uitklophou ~ win on a knock-out; iets van iem. ~ win s.t. from s.o.; win s.t. off s.o.; ver/vêr ~ win by a wide margin; of jy ~ of verloor, jy ... win or lose, you ...; iem. vir 'n saak ~ gain s.o.'s support for a cause; voluit ~ win outright; dié perd/span sal waarskynlik ~ this horse/team should win; wat ~ iem. daarby/=deur/=mee? what does s.o. benefit/gain by that?; 'n wedstryd ~ win a match. ~dam catch dam. ~drie (rugby) winning try. ~gees spirit of victory. ~hou (sport) winning stroke/shot, finishing stroke. ~kaart =kaarte: al die ~e hê, (fig.) hold all the aces. ~kans chance of winning, chance to win. ~kant winning side; aan die ~ winning, on the winning side, on top; sorg dat jy aan die ~ bly if you can't beat them, join them. ~paal finishing post; eerste by die ~ first home. ~paalkamera photo-finish camera. ~pad= op die ~ on the way to victory. ~punt match point. ~skoot winning stroke/shot; finishing stroke. ~span winning team/side. ~streep (athl. etc.) finish; finishing line.

**wen·ak·ker** (agric.) headland.

**wen·as, wind·as** windlass; winch; wheel and axle.

**wen·baar** =bare winnable.

**wend** ge= turn; (naut.) go about; cast/put about; (naut.) wear; tack; jou tot iem. om ... ~ turn to s.o. for ... (advice, help, etc.); jou tot iem. oor iets ~ approach s.o. about s.t.; jou tot ... ~ turn to ... **wend·baar** =bare manoeuvrable. **wen·ding** =dings, =dinge turn, twist; version; die gesprek 'n ander ~ gee change the subject; 'n ernstige ~ neem take a grave turn; take a turn for the worse; 'n ~ aan iets gee give a (new) turn to s.t.; daar het 'n ~ gekom the tide has turned (fig.); 'n ~ ten goede (of 'n gunstige) ~ neem take a turn for the better, take a favourable turn; 'n gunstige ~ an upturn; iets neem 'n ~ s.t. takes a turn.

**We·ne** (geog.) Vienna. **Weens** Weense, adj. Viennese; =e worsie Vienna sausage, wiener. **We·ner** =ners, n. Viennese.

**we·ning** weeping; →WEEN.

**wenk** wenke hint; tip(-off); sign, cue; suggestion; inkling; pointer; lead; 'n ~ aanneem take a tip; take a hint; 'n ~ begryp/vat take a hint; 'n duidelike ~ a broad hint; 'n ~ gee give a hint, throw out a hint/suggestion; iem. 'n ~ gee, (also) give s.o. a tip, tip s.o. off; iem. oor iets ~ gee, (also) give s.o. pointers on s.t.; op 'n ~ van iem. on a hint from s.o.; 'n ~ opvolg take a hint, act on a suggestion. ~kaart (TV) cue card. ~vraag leading question.

**wenk·brou** =broue eyebrow; jou ~e frons pucker up one's brows; met gefronste ~e with knitted brows/brow; iem. met opgetrekte ~e aankyk give s.o. a quizzical look, look at s.o. quizzically; jou ~e saamtrek pucker one's brows; jou ~e uitdun pluck one's eyebrows. ~potlood eyebrow pencil.

**wen·ner** =ners winner; gainer; *kort agter die ~ wees* be a good second; *die algehele ~* the overall winner; *die ~ kies* pick/spot the winner; *die moontlike ~* the hot favourite *(infml.); die ~ voorspel* tip the winner.

**wens** *wense, n.* wish, desire, pleasure, will; *beste ~e* best/good wishes; *met beste ~e* with best wishes; *iem. se ~e eerbiedig, jou by iem. se ~e neerlê* defer to s.o.('s wishes); *na ~(e)* as desired; at will; *alles gaan na ~(e)* everything is going well; *'n ~ om ...* a desire for ...; *teen die duidelike ~e van ... (in)* against the express wishes of ...; *iem. se uitdruklike ~* s.o.'s expressed wish; *'n ~ uitspreek* express a desire/wish; *iem. se ~ word vervul* s.o. gets his/her wish. **wens** ge=, *vb.* wish, desire; *iem. 'n aangename reis (toe)~* wish s.o. a pleasant journey; *~ dat/vir ...* wish that/for ...; *dit laat baie/veel te ~e oor* it leaves much to be desired. **~denkery** wishful thinking. **~vervulling** wish fulfilment.

**wens·lik** =like, *adj.* desirable; eligible; expedient. **wens·lik** *adv.* advisably. **wens·lik·heid** desirability; expediency.

**wen·tel** ge= revolve *(round the sun etc.);* rotate *(on its own axis);* spin; *in 'n baan ~* orbit; *die aarde ~ om sy* as the earth revolves on its axis; *die aarde ~ om die son* the earth revolves about/(a)round the sun; *iets ~ om die aarde, (also)* s.t. orbits the earth. **~as** axis of rotation/revolution. **~baan** orbit; *in 'n ~ beweeg* go into orbit; *in 'n ~* in orbit; *'n satelliet in 'n ~ plaas* put/launch/send a satellite into orbit; *die aarde se ~ om die son* the earth's orbit (a)round the sun. **~droër** spin-dryer, -drier; centrifuge. **~droog** *vb.* spin-dry. **~fonds** revolving fund. **~skuurder** orbital sander. **~trap** spiral/winding staircase/stairs, circular stair, helical/corkscrew stairs. **~tuig** orbiter.

**wen·te·ling** =lings, =linge spin(ning), revolution, rotation, circumvolution, gyration.

**werd** *adj.* worth; *iem. se mening is agting ~* s.o.'s opinion merits respect; *iets is baie/min ~* s.t. is worth (or counts for) much/nothing; *dit is dit ~* it is worth it; *iem. is ... nie nie* s.o. is not worthy of ... *(another's love etc.);* s.o. is not worth ... *(listening to etc.);* s.o. is undeserving of ... *(sympathy etc.); iets is niks ~ nie* s.t. is worth nothing; *iem. is niks ~ nie* s.o. is no good; *byna (of so te sê) niks ~ nie* worth peanuts *(infml.); vir iem. iets ~ wees* be worth s.t. to s.o.; *wat dit ook al ~ mag wees* for what it is worth.

**wê·reld** =relde world, universe; cosmos; *alleen op die ~* alone in the world; *die ander ~* the next/other world, the afterlife; *'n gedoente van die ander ~, (infml.)* a great to-do; *'n lawaai van die ander ~, (infml.)* an infernal din/noise *(or* unholy row); *dit is die (ou) ~ se beloop, so gaan dit in die (ou) ~* that/such is the way of the world; *die ~ raak vir iem. benoud* the heat is on *(infml.); die ~ vir iem. benoud (of,* infml. *warm) maak* make it hot for s.o. *(infml.),* turn on the heat *(infml.); die ~ bereis* see the world; *die beste ter (of in die) ~* the best in the world; *'n kind in die ~ bring* give birth to a child; *die ~ draai met iem.* s.o. is legless/tipsy *(infml.); iets laat die ~ voor iem. se oë draai* s.t. makes s.o.'s head spin; *'n droë ~* a dry region; *die geleerde/letterkundige ~* the learned/literary world; *dit doen iem. die ~ se goed* it does s.o. a world of good; *die hele ~* the whole (or all the) world; *die hele ~ deur, oor die hele ~* all over the world/globe, the world over, throughout the world; *(die (wye) ~ ingaan* go out into the world, set out in life; *iets die ~ instuur* put about (or spread) s.t. *(a rumour etc.);* publish s.t. *(a report* etc.); *iem. die (wye) ~ instuur* turn s.o. adrift; *aan die ander kant van die ~, (infml.)* at the back of beyond; *die ~ leer ken* see life; *die ~ het te klein vir iem. geword* s.o. had to get away in a hurry; *die ~ is (baie) klein* it's a small world, the world is a small place; *klaar met die ~, (infml.)* on one's last legs; *(infml., a car etc.)* on its last legs; *(clothes etc.)* worn out; *in die ~ kom* come into the world; *in die middel van die ~, (also)* at a loss; in a quandary; *die ~ vir iem. moeilik maak* make it lively for s.o.; lead s.o. a (merry/pretty) dance

*(infml.); my ~!, (infml.)* well I never!; *niks ter ~* nothing on earth; *dit vir niks ter ~ doen nie* not do it for (all) the world; *die ~ het vir iem. te nou geword* s.o. does not know which way to turn; *die Nuwe W~, (the Americas)* the New World; *die ~ is onderstebo, (infml.)* the world is *(or* has turned) topsy-turvy; *die ~ oor* all over *(or* throughout) the world, the world over; *oral(s) in die ~* throughout the world; *die Ou W~, (Europe, Asia and Africa)* the Old World; *dan is die ~ reg* then everything is all right; *die ~ skeur, (infml.)* run for dear life; *jou nie aan die ~ steur nie* go one's own *(sweet)* way; *die ~ is syne/hare* he/she is on top of the world *(infml.); ter ~* on earth; *man/vrou van die ~* man/woman of the world; *die ~ het verander* times have changed; *die ~ sal nie vergaan as ... nie, (fig.)* it wouldn't be the end of the world if ...; *die (hele) ~ vol* all over the place *(infml.); die ~ vol wees/lê* be/lie all over the place *(infml.); vooruitkom in die ~* make one's way in the world; *waar in die ~?* where on earth?; *wat in die ~?* what on earth?; *die hele ~ weet daarvan* it is all over the place *(infml.); wat word van die ~?* what are we *(or* is the world) coming to?; *die wye ~* the wide world. **W~bank** World Bank. **W~beker** *(sport)* World Cup. **~beroemd** =roemde world-famous, -famed, of worldwide fame. **~beroemdheid** world(wide) fame. **~beskouing** philosophy of life, view of *(or* outlook on) life, world-view; *iem. se ~* s.o.'s concept of the world. **~burger** citizen of the world, cosmopolitan. **~burgerskap** world citizenship, cosmopolit(an)ism. **~dorp(ie)** global village. **W~erfenisterrein** *(also w~)* World Heritage Site. **~formaat:** *van ~* of world standing. **~gebeure:** *die ~* world events. **W~gesondheidsorganisasie** World Health Organisation. **~handel** world/international trade. **~heerser** ruler of the world. **~kaart** map of the world. **~kampioen** world champion. **~kampioenskap** world championship. **~kampioenskapsbyeenkoms,** =toernooi, =gala, =(wed)ren, ens. world championship *(often pl.).* **~klas** world class; *'n speler van ~* a player of world class, a world-class player. **~kundig** =dige known all over the world, universally known; notorious; *iets ~ maak* make s.t. public. **~letterkunde, ~literatuur** world literature. **~mag** world power. **~musiek** world music. **~naam** international/world(wide) reputation. **~oorheersing** world domination. **~oorlog** world war; *die Eerste W~* the First World War, World War I, the Great War; *die Tweede W~* the Second World War, World War II. **~orde** world order. **W~raad:** *~ van Kerke* World Council of Churches. **~ranglys** world rankings. **~reis** =reise world tour; *(in the pl., also)* world travel(s). **~reisiger** world traveller, *(infml.)* globetrotter. **~rekord** world record. **~rekordhouer** world record holder. **~stad** metropolis, world city. **~stelsel** cosmic system. **~sukses** world(wide) success. **~taal** world language; universal language; international language. **~tentoonstelling** international/world/universal exhibition. **~titel** world title; *om die ~ meeding* compete for the world title. **~toneel** world stage, international scene. **~vrede** world/universal peace. **~vreemd** =vreemde out of the world; strange to the ways of the world, other-worldly. **~wonder** =ders wonder of the world; *die sewe ~s* the seven wonders of the world; *die/'n ag(t)ste ~, (idm.)* a nine days' wonder. **~wyd** =wye, *adj.* worldwide, global, mondial; *W~wye Web, (Internet, also w~ w~)* Worldwide Web. **~wyd** *adv.* globally. **~wys** =wyse worldly-wise; sophisticated. **~wysheid** worldly wisdom; sophistication.

**wê·reld·lik** =like worldly *(goods, wisdom, etc.);* temporal *(power);* secular *(drama, mus.);* mundane. **wê·reld·lik·heid** secularity.

**wê·relds** =reldse worldly *(matters);* worldly(-minded) *(men, women);* mundane *(affairs);* secular, temporal. **wê·relds·gesind** =sinde worldly(-minded). **wê·relds·ge·sind·heid** worldliness. **wê·relds·goed** worldly thing(s); worldly possessions. **wê·relds·heid** worldliness.

**werf[1]** *werwe, n.* yard; premises; farmyard; =stead; shipyard; dockyard; *op jou eie ~, (fig.)* in one's own backyard. **~geld**

yardage. **~grond** infield *(on a farm)*. **~joernaal** farmyard journal.

**werf²** *ge-, vb.* recruit, enlist, enrol; raise *(soldiers);* drum up, enlist *(support);* tout *(customers);* →WERWER, WERWING; *stemme ~* canvass (for) votes; *steun ~* lobby. **~agent** recruiting agent; canvasser.

**we·ring** prevention; exclusion; →WEER² *vb.*.

**werk** *werke, n.* work, labour, effort, exertion; task, job; work, deed, handiwork; work, creation; work, employment, job; duty, function, task, business; walk of life; work, office, place of employment; motion *(of the stomach, a mach., etc.);* works *(of a watch etc.);* →WERK(S); *aan die ~* working, at work; up and doing; *hard aan die ~* hard at work; *aan die ~!* go to it!; *~ aanneem* contract for work; *~ afskeep* botch/scamp one's work; *agterstevoor/verkeerd te ~ gaan* go the wrong way about it; *dit is alles sy/haar ~* it is all his/her doing; *aan die ~ bly* keep on working; work away; *by die ~* at work; on duty; *hoe om te ~ te gaan* how to proceed *(or go about it); reg/verkeerd met iets te ~ gaan* set about s.t. (in) the right/wrong way; *~ toe gaan* go to work; *~ gedaan kry* put in some work; *iem. ~ gee* give s.o. work, employ s.o.; *daar word ~ van gemaak* s.t. is being done about it; *hulle gesels/praat oor hul(le) ~* they talk shop; *met jou (gewone) ~ voortgaan* go about one's business; *goeie ~ doen/lewer* do good work, do a good job; *goeie ~e* good works; *halwe ~ doen* botch/scamp one's work; *dit is halwe ~* it has not been done properly; *baie/vele hande maak ligte ~* many hands make light work; *harde ~* hard work; *~ hê* have a job, be employed; *nie ~ hê nie* be out of work, be unemployed; *hope ~, (infml.)* stacks of work; *iem. uit die ~ hou* keep s.o. from his/her work; *dit is iem. se ~* it is s.o.'s business; *aan die ~ kom* settle down to work; *van die ~ af kom* come from work; come off duty; *~ kry* find/get work; *('n) ~ kry* find/get a job; *van iets ~ maak* attend/look to s.t., see about/to s.t., do s.t. about a matter; follow s.t. up; take s.t. up; *~ maak daarvan, (also)* make a point of it; *ná ~* after work/hours; *dis nie iem. se ~ om ...* it is not s.o.'s business to ...; *'n nuwe ~* a new job; *omsigtig/versigtig te ~ gaan* proceed cautiously; tread delicately/lightly; *onvoltooide ~* unfinished work; work on hand; *met ~ oorlaai* snowed under; *iem. met ~ oorlaai* break s.o.'s back *(infml.);* *openbare/publieke ~e* public works; *in jou ~ opgaan* be absorbed in one's work; *ophou met ~* stop work; *tot oor die/jou ore in die ~ wees/sit, onder die ~ toegegooi wees, (infml.)* be up to the/one's ears/elbows/eyes/eyebrows/neck in work; *iets is iem. se ~* s.t. is s.o.'s job/responsibility; *iem. aan die ~ sit* put s.o. to work; *slegte ~ doen* do a bad job; *slordige ~* sloppy work; *~ soek* look for work (*or* a job), seek employment; *sonder ~* out of employment/work (*or* a job), unemployed; *aan die ~ spring* start work(ing), fall/go/set to work; get down to it, get on with the job; *(infml.)* get cracking, knuckle down (to work); tackle a job; *die ~ staak* stop work; *geen steek ~ doen nie* not do a stroke of work; *iem. in die ~ steek* put s.o. to work; *alles in die ~ stel* employ/use every means; leave no stone unturned; exert o.s.; *'n stuk ~* a job (of work), a piece of work; *swaar ~* hard work; *die ~e van Brink/ens.* the works of Brink/etc.; *vaste ~ hê* have a permanent/regular job, have permanent/regular employment; *weens te veel ~* owing to pressure of work; *gedurig/kort-kort van ~ verander* job-hop; *iem. wat gedurig/kort-kort van ~ verander* a job-hopper; *'n verdienstelike ~* a work of merit; *jou in jou ~ verdiep* plunge into one's work; *750 mense het hul(le) ~ verloor* there were 750 job losses; *iem. se vuil ~ doen* do s.o.'s dirty work; *wat is sy/haar ~?* what work does he/she do?, what does he/she do for a living?; *watse ~ doen hy/sy?* what does he/she do?; *weer aan die ~* back to work (*or* the grindstone). **werk** *ge-, vb.* work, function; run, operate *(a mach.);* effervesce; *(s.o.'s bowels)* move; *(s.o.'s kidneys etc.)* function; *(a system)* be effective; *(yeast)* work; *(beer etc.)* ferment; *(med.*

*etc.)* act, take effect; *(a volcano)* be active; *aan iets ~* work on s.t.; work (away) at s.t.; *daar word aan ge~* it's in the works; *twee uur aaneen/aanmekaar ~* put in two hours of solid work; *aanhou ~* work on; *begin ~* start work(ing); *dit behoort te ~* it should work; *(infml.)* this ought to do the trick, this should do the job; *~ soos 'n besetene, (infml.)* be a demon for work; *by 'n winkel ~* work in a shop; *by/vir iem. ~* work for s.o., be in s.o.'s employ; *~ soos 'n esel* work like a horse; *gaan ~* go to work; *jou gedaan (of, infml. kapot* of, infml. *oor 'n mik) ~* work o.s. to a standstill, *(infml.)* work one's guts out, *(infml.)* run o.s. into the ground; *iets ~ goed, (a mach.)* s.t. runs well; s.t. functions well; *dit ~ ten goede (mee)* it is (all) to the good; *hard ~* work hard; *mense hard laat ~* drive people hard; *iem. te hard laat ~* work s.o. too hard; *hard ~ aan iets* work hard at s.t., put a lot of effort into s.t.; *hard ~ om te ..., (also, infml.)* work overtime to ...; *iets laat ~* work s.t. *(a mach. etc.); iem. ~ met ..., (also)* ... are the tools of s.o.'s trade; *met iets ~* work with s.t.; work s.t. *(a mach. etc.); mooi met iem. ~* treat s.o. gently; *iets ~ nadelig op ...* s.t. has an injurious effect (up)on ..., s.t. affects ... adversely; *iets ~ nie, (a mach., plan, etc.)* s.t. doesn't work; *(med. etc.)* s.t. has no effect; *onder ... ~* work under ... *(a manager etc.);* work among ... *(the needy etc.); ophou ~* stop work(ing); *sonder ophou ~* have/hold/keep one's nose to the grindstone; *iets ~ perfek, (infml.)* s.t. works perfectly *(or, infml.* like a charm/dream); *die rem wou nie ~ nie* the brake failed; *saam ~* work together; *saam met iem. ~* work with s.o.; *sleg met iem. ~* maltreat s.o.; *eers ~ en dan speel* duty before pleasure; *geen steek ~ nie* not do a stroke of work; *iets ~ teen ...* s.t. militates against ...; *iets ~ uitstekend* s.t. works like a charm/dream *(infml.); vir iem. ~by/vir; vir 'n graad ~* read/study/work for a degree; *vir 'n saak ~* work for a cause; *volgens ... ~* work to ... *(a timetable etc.); ywerig ~* work like a beaver. **~bank** workbench. **~beskrywing** job description. **~besnoeiing** →WERKVERMINDERING. **~bui** fit of energy. **~by** working bee, worker (bee), nurse. **~esel** drudge, slave, toiler, plodder, *(fig.)* workhorse; *'n regte ~* a devil/fiend/demon/glutton/etc. for work, *(fig.)* a willing horse. **~gang** *(min.)* stope. **~gees** working mood. **~geheue** *(comp.)* working storage, computing store. **~geselskap** work(ing) party. **~gewer** *-wers* employer; taskmaster; *~s en werknemers* employers and employed/employees. **~kolonie** labour colony. **~las** *-laste* working load, workload. **~lengte** travel *(of a jack etc.).* **~lewe** working life. **~loon** wage(s), pay. **~mier** worker (ant), nurse. **~nemer** employee. **~nemer-werkgewer-verhouding** *-dinge, -dings* employee-employer relationship. **~opsigter** overseer; clerk of works. **~peloton** fatigue party. **~permit** work permit. **~plaas** workshop; works; work/labour yard; workroom; factory. **~ruimte** → WERK(S)PLEK. **~sekerheid** job security. **~skaarste** underemployment. **~skepping** job creation. **~sku** *-sku(we) -sku(w)er -skuuste, adj.* work-shy. **~skuheid** work dodging. **~skuwe** *-wes, n.* work-shy fellow, work dodger, *(infml.)* won't-work, shirker. **~slaaf** workaholic. **~soeker** work seeker, job-hunter. **~soekery** work seeking, job-hunting. **~span** team/gang of workmen, working party. **~spanning** working stress; operating voltage. **~spasie** →WERK(S)PLEK. **~spoed** work rate. **~staker** striker. **~staking** strike; work stoppage. **~stasie** *(comp.)* work station. **~studie** work study. **~stuk** job, piece of work; *(math.)* problem; *(mech.)* workpiece; paper, essay; exercise. **~tafel** work table. **~tuig** →WERKTUIG. **~vermindering, ~besnoeiing** job cuts. **~verrigting** performance *(of a mach.);* function. **~verskaffing** provision of employment/work; relief work(s). **~verskaffingsagentskap** employment agency. **~verslawing** workaholism. **~~volgens-die-boek-protes/staking** work-to-rule. **~woord** →WERKWOORD.

**werk·baar** *-bare* practicable, feasible, viable; workable.

**wer·kend** *-kende* working; active; efficacious, effective; functioning, operative, on-stream; *'n langsaam ~e gif* a slow poison; *~e lid* active/effective member; *~e meisie* working girl; *~e vennoot* active partner; *~e vulkaan* active volcano.

**wer·ker** *-kers* worker, employee; hand, workman, operative; *die ~s, (also)* labour; the shop floor. **~stand** →WERKERSKLAS. **wer·ke·ry** working; activity.

**wer·kers·:** **W~dag** *(SA: 1 May)* Workers' Day; *(int. public holiday, usu. 1 May)* Labour Day. **~klas, werkerstand** working class; lower class(es). **~vereniging** workers'/employees' association. **~verteenwoordiger** shop steward.

**wer·kie** *-kies, n. (dim.)* little job, chore; small work *(of an artist etc.); los ~s* odd jobs.

**wer·king** *-kinge* working, operation; action; function(ing); activity; efficacy; effect; effervescence; *buite ~* out of order; out of action; out of commission; *die ~e van die (Heilige) Gees, (Chr.)* the workings of the (Holy) Spirit; *die ~e van die gees, (poet., liter.)* the workings of the mind; *in ~* in action; in effect; in force; in operation; *(a factory etc.)* on stream; *(a programme, comp. system, etc.)* up and running; *sonder ~ bly* be inefficient, have no effect; *iets buite ~ stel* put s.t. out of action; put s.t. out of commission; suspend s.t., render s.t. nugatory *(a regulation etc.); iets in ~ stel* put s.t. into execution; put s.t. into force; bring s.t. into action; *in ~ tree* come into action/operation/effect/force, become operative, take effect; *met ingang van ... in ~ tree* become effective from ... *(a date)*.

**werk·lik** *-like, adj.* real, actual, true, veritable; *~e pleger, (jur.)* principal offender; *~e waarde* intrinsic value. **werklik** *adv.* really, actually, truly, in reality, downright, honestly, in truth. **werk·lik·heid** reality; activity, bustle; substance, substantiality; *die harde/rou ~* the harsh reality; *'n hele ~* quite a job *(infml.); in ~* actually, really, in reality, in truth; as a matter of fact, in (point of) fact, in actual fact; in effect; as it is; *in die ~* in real life; *die ~ onder die oë sien* face facts, look facts in the face; *iem. na die ~ laat terugkeer* bring s.o. back/down to earth *(infml.); iets is ver/vêr van die ~* s.t. is divorced from reality; *~ word* become a reality. **werk·lik·heid·sin, werk·lik·heids·be·sef** realism, sense of reality. **werk·lik·waar** actually, in actual fact, really; really and truly; honestly.

**werk·loos** *-lose, adj.* out of work/employment, unemployed, workless, jobless. **werk·loos·heid** unemployment, joblessness; *omvang van ~* unemployment level. **werk·loos·heid·sy·fer** unemployment figure. **werk·lo·se** *-ses, n.* unemployed person; *die ~s* the jobless; the unemployed.

**werk·loos·heids·:** **~fonds** unemployment fund. **~koers** unemployment rate. **~uitkering** unemployment benefit/pay, dole. **~versekering** unemployment insurance. **~vlak** unemployment level.

**werk(s)·:** **~afbakening** job/work reservation, reservation of employment. **~bevrediging** job satisfaction. **~blad** → WERK(S)VLAK. **~boek** workbook. **~broek** working trousers; overall(s), dungarees. **~dag** workday, working day; weekday; *'n agtuur~* an eight-hour day. **~druk** operating pressure; working pressure, stress. **~ervaring** →WERK(S)ONDERVINDING. **~etiek** *(also* werk-etiek*)* work ethic. **~front** *(min.)* face. **~gebied** field of activity/operations. **~geleentheid** job opportunity. **~genot** joy in work. **~gereedskap** tools. **~groep** team, work(ing) group/party; workshop. **~kaart** work ticket; job card. **~kamer** workroom; studio. **~kamp** work/labour camp *(for seasonal workers, convicts, etc.).* **~kapitaal** working capital. **~klere** working clothes/kit; workwear. **~koste** operating costs. **~krag** *-kragte* working power, energy, capacity for work; workman, hand, labourer; actuating force; *(in the pl., also)* manpower, workforce, labour force, human resources. **~kring** *-kringe* field (of work), profession; department; employment, position, post; *in alle ~e* in all walks of life. **~lus** zest/passion for work. **~maat** workmate, *-fellow,* fellow worker/labourer. **~man** *-manne,*

*werk(s)mense, werk(s)lui, werk(s)liede* workman, working man, labourer, hand, operative; *(in the pl., also)* workpeople, working people; labour; *'n algemene ~* a man of all work. **~mandjie** work basket, mending basket; tidy, sewing basket. **~middagete** working lunch. **~omgewing** working environment. **~omstandighede** *n. (pl.)* working conditions. **~ondervinding, ~ervaring** work experience. **~pak** working suit/clothes/kit; overall(s), dungarees; fatigue dress *(for soldiers).* **~pas** work(ing) pace/rate/tempo. **~perd** workhorse, working horse, dray horse, dobbin. **~permit** work permit. **~plan** plan of work, working plan/scheme. **~plek** working place; place of work/employment, workplace; *(min.)* works; *(also* werkruimte *or* werkspasie*)* workspace; work station. **~rooster** timetable, work schedule. **~tekening** working drawing, blueprint. **~tempo** work rate. **~terrein** field of activity. **~tyd** → WERK(S)TYD. **~uur** *-ure* working hour; operating hour *(of a mach.); (in the pl., also)* working hours, hours of work. **~uurregister** timecard, time sheet. **~vakansie** working holiday, busman's holiday. **~verdeling** division of work. **~vermoë** power(s) of work, capacity for work. **~versuim** truancy. **~vertrek** workroom. **~vlak, ~blad** work(ing) surface, worktop, countertop; working plane. **~vloei** workflow. **~week** working week, workweek; *vyfdaagse ~* five-day week. **~weerstand** resistivity. **~winkel** workshop, shed. **~wyse** method (of work), procedure, modus operandi, *(infml.)* drill. **~ywer** zest/zeal/ardour/passion for work, diligence.

**werk·saam** *-same* laborious; operative, effective; *'n ~same aandeel in iets hê* take an active part in s.t.; *by ... ~* in the employ of ...; *~same lewe* working life; *iets ~ maak* activate s.t.; *by/in 'n fabriek ~ wees* work *(or* be employed) at a factory. **werk·saam·heid** *-hede* industry, activity; *(in the pl., also)* business, work, proceedings, operations; *weens drukke ~hede* owing to pressure of work; *tot die ~hede oorgaan, met die ~hede begin* proceed to business.

**werk·ster** *-sters, n. (fem.)* working woman, woman/female worker; charwoman.

**werk(s)·tyd** working time, working hours; office hours; company time; *werkers se ~ inkort* put workers on short time; *ná ~* after hours; *ná normale ~ beskikbaar, (a doctor etc.)* on call; *verkorte ~ hê* be/work (on) short time; *voor ~* before business/working. **~verkorting** short time.

**werk·tuig** *-tuie* tool, implement, instrument; *(fig.)* pawn, puppet, dupe, stooge; *(fig.)* vehicle; *iem. se ~, (fig.)* s.o.'s tool. **werk·tuig·kun·de** mechanics, mechanical engineering. **werk·tuig·kun·dig** *-dige, adj.* mechanical. **werk·tuig·kun·di·ge** *-ges, n.* mechanic(ian), (practical) engineer. **werk·tuig·lik** *-like, adj. & adv.* mechanical(ly); automatic(ally), involuntary, involuntarily; Pavlovian *(reaction, response, etc.).* **werk·tuig·lik·heid** mechanicalness. **werk·tuig·ma·ker** tool-maker.

**werk·woord** verb. **werk·woor·de·lik** *-like* verbal; *~e frase* verb phrase.

**werp** *ge-* throw, cast, hurl, fling; drop *(a calf, lamb, foal, etc.); anker ~* cast anchor; *jou in iets ~* fling o.s. into s.t. *(a task etc.); jou op jou knieë ~* go down on one's knees; *jou op ... ~* hurl o.s. at ... *(an opponent etc.);* pounce upon ... *(one's prey etc.);* fall upon ... *(the enemy etc.); jou aan iem. se voete ~* throw o.s. at s.o.'s feet. **~anker** kedge (anchor); stream anchor; grapnel. **~garing** woof. **~net** casting net. **~skyf** discus. **~spies** javelin. **~tou** warp.

**werp·sel** *-sels* litter; farrow *(of pigs); 'n ~ hondjies/katjies/ens.* a litter of puppies/kittens/etc..

**wer·skaf** *ge-* be busy, potter (about); *wat ~ jy?* what are you doing *(or, infml.* up to)?. **wer·skaf·fe·ry** to-do, business, fuss.

**wer·wel** *-wels, n.* vertebra *(of the backbone);* turn-button; swivel; screw bolt; eddy, vortex; *die deur is op ~* the door is on the latch; *'n verskuifde ~, (med.)* a slipped disc. **wer·wel** *ge-, vb.* whirl, swirl, eddy. **~dier** vertebrate (animal). **~ka**

**naal** vertebral canal. **~knope** vertebral ganglia. **~kolom** spinal/vertebral column, spine, rachis; vortex column. **~ont= steking** spondylitis. **~ring** vortex ring. **~skarnier** swivel joint. **~storm** cyclone, tornado. **~wind** whirlwind, twister.

**wer·we·lend** =*lende* vortical.

**wer·we·ling** =*lings,* =*linge* swirl, whirl, vortex, eddy.

**wer·wer** =*wers* recruiter, recruiting officer; canvasser; tout= er; barker; →WERF[2] *vb.*.

**wer·wing** =*wings,* =*winge* recruiting, recruitment, enlistment, enrolment; canvassing; touting; →WERF[2] *vb.*.

**wer·wings=: ~beampte** recruiting officer. **~kantoor** re= cruiting office/station. **~offisier** recruiting officer. **~rekla= me** recruitment advertising. **~veldtog** recruitment drive.

**wes**[1] *n.* west; →WESTE[1]; *reg* ~ due west; ~ *ten noorde/suide* west by north/south; ~ *van* ... (to the) west of ...; *die wind is* ~ the wind is westerly, the wind is (from/in the) west. **W~-Afrika** West Africa. **W~-Afrikaan** =*kane, n.* West African. **W~-Afrikaans** =*kaanse, adj.* West African. **W~-Australië** Western Australia. **~einde** west end. **~grens, westgrens** western border/boundary/frontier. **W~-Indië** the West In= dies. **W~-Indiër** *n.* West Indian. **W~-Indies** =*diese, adj.* West Indian; ~*e Eilande* the West Indies. **W~-Kaap** *n.* Western Cape. **W~-Kaapprovinsie** Western Cape Province. **W~- Kaaps** =*Kaapse, adj.* Western Cape. **W~-Kapenaar** =*naars* inhabitant of the Western Cape. **~kus** west(ern) coast, west= ern seaboard. **~noordwes** west-north-west. **~noordwes= telik** =*like* west-north-westerly. **W~oewer** *(geog.)* West Bank *(in the Middle East).* **W~-Rand** West Rand *(in Gauteng).* **~suidwes** west-south-west. **~suidwestelik** =*like* west-south- westerly. **W~-Virginië** West Virginia.

**wes**[2] *adj., (chiefly drug sl.)* stoned, wasted, spaced (out), bombed out of one's mind/skull.

**we·se** =*sens* being, creature; entity; nature, character; sub= stance; *(fig.)* core; being, existence; *iem./iets se diepste* ~ s.o.'s/s.t.'s unique inner nature, *(poet., liter.)* s.o.'s/s.t.'s in= scape; *in sy/haar diepste* ~ deep down; *die* ~ *van die dinge* the essence/root (*or* innermost nature) of things; *in* ~ basi= cally, essentially, in essence; in substance; at bottom; at the root; under the skin; *in sy* ~ from its very nature; *geen le= wende* ~ *nie* not a living thing; not a (living) soul; *in die* ~ *van die saak* essentially, in essence; *in* ~ *saamstem* agree in substance; *die* ~ *aan die skyn opoffer* sacrifice the sub= stance for the shadow; *die mens is 'n sosiale* ~ humans are social animals.

**we·sel** =*sels, (zool.: Mustela spp.)* weasel; *(M. erminea)* stoat; *Amerikaanse* ~, *(M. vison)* mink. **~bont** mink (fur). **~bont= jas** mink coat.

**we·sel·ag·tig** =*tige* musteline.

**we·sen·lik, we·sent·lik** =*like, adj.* real; essential, funda= mental, intrinsic, elemental, quintessential; substantial, ma= terial; *iets* ~ *maak* substantialise s.t.; *'n* ~*e onderskeid* a ma= terial difference; *die* ~*e van die saak* the essence of the mat= ter. **we·sen·lik, we·sent·lik** *adv.* essentially, in essence, quintessentially; basically; substantially, in substance; *dit het* ~ *betrekking daarop* it has a material bearing on it. **we· sen·li·ke** *n.: die* ~ *van* ... the essence of ... *(a matter).* **we· sen·lik·heid, we·sent·lik·heid** reality; essentiality; substance; materiality.

**we·sen·loos** =*lose* vacant, blank, expressionless, vacuous *(look, stare).* **we·sen·loos·heid** vacancy, blankness, lack of expression, vacuity.

**we·sens=: ~leer** ontology. **~trek** (essential) feature. **~ver= skil** basic/essential difference.

**we·sen·tjie** =*tjies, n. (dim.)* little creature.

**wesp** *wespe, (entom.)* wasp. **wesp·ag·tig** =*tige* waspish.

**wes·pe=: ~dief** *(orn.)* European honey buzzard. **~nes** wasps' nest; *(fig.)* hornets' nest.

**wes·te**[1] west; *die W~, (geog.)* the West, *(poet., liter.)* the Oc=

---

cident; *na die* ~ *gaan* go west; *in die* ~ in the west; *na die* ~ to(wards) the west, westward(s); *ten* ~ *van* ... (to the) west of ...; *uit die* ~ from the west; *van die* ~ from the west; *die wind kom uit die* ~ the wind is westerly, the wind is (from/ in the) west. **~kant** west(ern) side; *uit/van die* ~ from the west. **~wind** west wind; westerly wind.

**wes·te**[2]: *buite* ~ delirious, *(sl.)* (totally) out of it; *buite* ~ *raak* become delirious, lose one's head/bearings.

**wes·te·lik** =*like, adj. & adv.* westerly; westwardly; ~ *van die berge* (to the) west of the mountains; ~*e deklinasie, (nav.)* westing; ~*e front* west frontage; *die W~e Halfrond* the Western Hemisphere; *W~e Provinsie, (sport etc.)* Western Province; *die W~e/Libiese Woestyn* the Western/Libyan Desert. **wes·te·lik·ste** wester(n)most.

**wes·ter·leng·te** west(ern) longitude.

**Wes·ter·ling** =*linge* Westerner, *(poet., liter.)* Occidental.

**Wes·ters** =*terse* Western, *(poet., liter.)* Occidental; ~*e ge= neeskunde/medisyne* Western medicine; ~*e moondheid* West= ern power; ~ *word* become Westernised.

**wes·waarts** =*waartse, adj.* westward, westbound. **wes= waarts** *adv.* westward(s), to the west(ward), westwardly; ~ *gaan* go west; ~ *van* ... (to the) west of ...

**wet** *wette, n.* law; act (of parliament), statute, measure; en= actment; canon; *die* ~ *in ag neem* observe the law; *'n ar= tikel in die* ~ a section of the act; ... *by* ~ *bepaal* enact ... by statute; *die* ~ *bepaal dat* ... the act/law provides (*or* lays down) that ...; *die bepalings van 'n* ~ the provisions of an act; *by die* ~ *bly* keep the law; *buite die* ~ beyond the pale of the law; *by* ~ by statute; *by 'n* ~ by a law; *die* ~ *gehoor= saam* keep/obey the law; ~ *van gemiddeldes* law of aver= ages; *die* ~ *handhaaf/toepas/uitvoer* enforce the law; ad= minister justice; *'n* ~ *herroep* repeal a law; *jou aan die* ~*(te) hou* keep (within) the law; *ingevolge/kragtens/ooreen= komstig 'n* ~ under (*or* in terms of) an act; *kragtens/vol= gens die* ~ according to law; *die letter van die* ~ the letter of the law; *'n* ~ *teen* ... *maak* legislate against ...; *magti= gende* ~ enabling act; *'n* ~ *van die Mede en Perse, (idm.)* a law of the Medes and Persians; *W~ van Moses, Mosaïese* ~, *(OT)* Law of Moses, Mosaic Law; *die* ~ *nakom/naleef/ nalewe* keep/observe the law; *'n ongeskrewe* ~ an unwrit= ten law; *die* ~ *ontduik* evade the law; *'n* ~ *oortree* violate a law; *die* ~ *oortree/skend/verbreek* break the law; *binne die perke van die* ~ *bly* keep within the law; *onder die* ~ *staan* be under the law; *die uiterste strengheid van die* ~ the full rigour of the law; *in stryd (of strydig) met die* ~ against the law; *teen die* ~ against the law; *'n* ~ *teen iets* a law against s.t.; *'n* ~ *uitvaardig* enact a law; ~ *van X, (phys. etc.)* X's law; *volgens die* ~ in law; at law; by law; *volgens 'n* ~ by a law; *geldig volgens die* ~ valid in/at law; *voor die* ~ before (*or* in the eyes of) the law; *(die* ~*) aan iem. voor= skryf/voorskrywe* lay down the law to s.o.. **~boek** code (of law); statute book; codex; *iets in die* ~ *opneem* place s.t. in/on the statute-book. **~verbreker** →WETSVERBREKER. **=ver= breking** →WETSVERBREKING. **~verdraaiing** →WETSVERDRAAI= ING.

**we·te** knowledge; *na my beste* ~ to the best of my belief/ knowledge; *by/na my* ~ to my knowledge; *nie by/na my* ~ *nie* not that I know of, not to my knowledge/knowing; *iem. het te* ~ *gekom dat* ... it has come to s.o.'s knowledge that ...; *in die* ~ *dat* ... knowing (*or* in the knowledge) that ...; *iets te* ~ *kom* discover s.t., learn s.t., find out s.t., come to know s.t.; pick s.t. up *(information etc.); iets teen iem. te* ~ *kom* get s.t. on s.o. *(infml.); niks te* ~ *kom nie* be none the wiser; *met iem. se* ~ with s.o.'s knowledge/knowing; *te* ~ ... namely ..., viz. ..., to wit ... **we·tens** knowingly; *willens en* ~ knowingly and wilfully.

**we·ten·skap** =*skappe* science; knowledge; scholarship; *'n gebied van die* ~ a branch of knowledge; *'n man/vrou van* *die* ~ a scientist, a man/woman of science. **we·ten·skap·lik** =like, *adj. & adv.* scientific(ally); scholarly; ~ *bewese* scientifically proven. **we·ten·skap·li·ke** =kes, *n.* scientist. **we·ten·skap·lik·heid** scientific character; the scientific spirit.

**we·ten·skaps**= ~fiksie science fiction. ~leer theory of science; epistemology. ~roman =mans, ~verhaal =verhale science fiction novel; *(in the pl.)* science fiction.

**wet·ge·wend** =wende legislative, law-making; ~e *bevoegdheid* legislative power; ~e *mag* legislature; *W~e Vergadering* Legislative Assembly.

**wet·ge·wer** legislator, lawmaker, lawgiver; legislature.

**wet·ge·wing** legislation, law-making; *deur* ~ by legislation; by statute; ... *deur* ~ *bepaal* provide ... by statute/legislation; *iets in* ~ *vaslê* enshrine s.t. in legislation.

**wet·lik** =like legal *(proof etc.)*; statutory *(provisions etc.)*; 'n ~ *voorgeskrewe vergadering* a statutory meeting. **wet·lik·heid** legality.

**wet·ma·tig** =tige according to (scientific) law.

**wets**: ~bepaling =linge provision/stipulation of a law *(or an act)*. ~gehoorsaam =same law-abiding. ~geleerd =leerde, *adj.* versed in law; *(fig.)* knowing; precocious. ~geleerde =des, *n.* jurist, lawyer. ~getrou =troue law-abiding. ~ontduiking evasion of the law. ~ontwerp *(parl.)* bill, draft act, measure; 'n ~ *aanneem* pass a bill; 'n ~ *indien* introduce a bill; 'n ~ *opstel* draft a bill. ~oortreder lawbreaker, transgressor/violator of the law. ~oortreding breach/violation/transgression of a/the law. ~opsteller legal draftsman. ~uitleg(ging) interpretation of the law *(or laws)*, legal interpretation. ~verbreker, **wet**verbreker lawbreaker, violator of the law. ~verbreking, **wet**verbreking breach of (the) law. ~verdraaiing, wetverdraaiing perversion of the law. ~voorstel draft bill; legislative proposal. ~wysiging alteration/amendment of the law.

**wet·te·loos** =lose lawless. **wet·te·loos·heid** lawlessness.

**wet·ter** =ters, *(infml., derog.)* bastard, *(sl.)* scumbag, *(sl.)* son of a bitch, *(coarse)* arsehole.

**wet·te·reg** statute law. **wet·te·reg·te·lik** statutory.

**wet·ties** =tiese adhering to the letter of the law, legalistic, strict, rigid.

**wet·tig** =tige, *adj.* lawful, legitimate, legal, licit; ~e *eis* legal claim; ~e *kind* legitimate child; *iem. tot jou* ~e *man/vrou neem* take s.o. to be one's lawful(ly) wedded husband/wife; ~e *oorsaak* legitimate cause; *langs* ~e *weg* by constitutional methods/means. **wet·tig** *adv.* lawfully, legally, legitimately. **wet·tig** ge=, *vb.* legitimate, legalise; legitimatise *(a child)*; formalise; justify, warrant; *wie het jou ge= om dit te doen?* who authorised you to do it?. **wet·tig·heid** legitimacy, legality, lawfulness. **wet·ti·ging** legalisation, legitimation; justification.

**we·we·naar** =naars widower; *(bot.)* beggar's ticks, blackjacks.

**we·wer** =wers weaver; *(orn.)* weaver. **weef·ster** =sters, *(fem.)* weaver. **we·wers·gil·de** weavers' guild. **we·we·ry** =rye weaving; weaving mill, textile mill.

**wha-wha** *n., (mus.)* wah-wah. ~pedaal wah-wah pedal.

**whis·ky** whiskies, **whis·key** =keys (Scottish) whisky, (Irish/American/etc.) whiskey.

**wie** *interr. pron.* who, whom; ~ *anders?* who else?; ~ *wil* ... *hê?* who wants ...?, *(infml.)* who's for ...?; *en* ~ *is jy?* who may you be?; ~ *kan dit tog wees?* who ever can it be? *(infml.); met* ~ *het jy gedans?* who(m) did you dance with?; *jy en* ~ *nog?* you and who else?; ~ *praat?* who is speaking?; ~ *se kind is jy?* whose child are you?; *sê* ~?, *(infml.)* that'll be the day!, over my dead body!; ~ *van ons/hulle/julle* ...? which of us/them/you ...?; ~ *weet?*, *(also)* perhaps; ~ *in die wêreld kan dit wees?* who ever can it be? *(infml.)*; ~ *wil* ...? who wants to ...?, *(infml.)* who's for ...?. **wie** *indef. pron.* who; *dink jy is* ~, *(infml.)* think one is somebody *(or, infml.* the cat's whiskers/pyjamas), think o.s. something; ~ *dit doen*

... anyone who does that ...; *ongeag* ~ no matter who; ~ *ook al* whoever, *(liter.)* whosoever; *dit maak nie saak* ~ *nie* no matter who; *tot* ~ *weet waar* to goodness knows where. **wie** *rel. pron.* whom; *aan* ~ ... to whom ...; *die amptenaar aan* ~ *dit gestuur moet word* the official to whom it should be sent; *deur* ~ ... by whom ...; through whom ...; *met* ~ ... with whom ...; *onder* ~ ... under whom ...; *oor/van* ~ ... about whom ...; *sonder* ~ ... without whom ...; *teen* ~ ... against whom ...; *van* ~ ... from whom ...; of whom ...; *vir* ~ ... for whom ...; to whom ...

**wieg** *wiege, wieë, n.* cradle; *vir* ... *in die* ~ *gelê* destined for *(or* born to) ...; *van die* ~ *tot die graf* from the cradle to the grave. **wieg** ge=, *vb.* rock, jiggle, dandle; *iem. aan die slaap* ~ rock s.o. to sleep. **wie·ge·lied(·jie)** cradle song, lullaby. **wieg·stoel** rocking chair.

**wie·gel** ge= rock (gently), wiggle, jiggle.

**wie·gie** =gies, *n. (dim.)* cradle. ~dief *(infml., derog.)* baby/cradle snatcher. ~dood, wiegdood cot death.

**wiek** *wieke* wing *(of a bird)*; sail, wing, vane *(of a windmill)*; pinion; *op eie* ~e *drywe* paddle one's own canoe, shift for o.s.. ~wiel vane wheel.

**wie·ke** *n. (pl.), (bot.), (Vicia* spp.) vetch; *(Lathyrus* spp.) vetchling.

**wiel** *wiele* wheel; *agter die* ~ at the wheel; *die* ~ *het gedraai* the tables are turned; *groot* ~ big/Ferris wheel *(at a fairground etc.)*; 'n *huis/woning op* ~e a mobile home; *op* ~e on wheels; *hulle ry mekaar in die* ~e they are at cross-purposes; *iem. in die* ~e *ry* put a spoke in s.o.'s wheel, frustrate/cross/thwart s.o.; *iem. (se planne) in die* ~e *ry, (also)* queer the pitch for s.o., queer s.o.'s pitch; *die* ~e *smeer* oil the wheels; *die* ~e *spoor nie* the wheels are out of alignment. ~as wheel axle. ~band tyre. ~basis wheelbase. ~beslag wheel trim. ~dop hubcap, wheel cap. ~draaier wheel turner. ~holte *(mot.)* wheel well. ~klamp =klampe wheel clamp; 'n *voertuig met* 'n ~ *immobiliseer* clamp a vehicle. ~klap undercarriage fairing, wheel flap. ~las wheel load. ~maker wheelwright. ~moer wheel nut. ~naaf wheel hub/boss. ~nis wheel arch/house. ~rem wheel brake/stop. ~sleutel wheel spanner. ~slot wheel lock. ~spoor rut. ~sporing alignment (of wheels). ~stoomboot paddle steamer, paddler. ~stut wheel strut. ~velling wheel rim. ~vering wheel suspension. ~vlug (wheel) camber.

**wie·le·tjie** =tjies, *n. (dim.)* small wheel; caster, castor *(on a chair)*; rowel *(on a spur)*. **wie·le·tjies·blik** *(infml.)* wheelie bin.

**wie·le·waal** =wale, *(orn.)* (golden) oriole.

**wie·lie·wa·lie** *(game)* merry-go-round.

**wiel·vor·mig** =mige wheel-shaped; *(zool.)* trochal.

**Wie·ner schnit·zel** *(cook.)* Wiener/Vienna schnitzel.

**wier** *wiere, (plant-like protoctist)* alga. ~kunde algology, phycology.

**wie·rook** incense, frankincense; *iem.* ~ *toeswaai* praise/extol/laud s.o. to the skies. ~brander incense burner. ~offer incense offering. ~stokkie joss stick. ~vat censer, thurible, incensory.

**wig**[1] *wigte, (poet.)* baby, babe, child, bairn.

**wig**[2] *wîe, n.* wedge; quoin; *(archit.)* key; cleat; shim; spearhead; 'n ~ *tussen* ... *indryf* drive a wedge between ... **wig** ge=, *vb.* wedge; quoin. ~hak wedge heel. ~skrif cuneiform writing. ~stok *(golf)* wedge. ~stuk quoin.

**wig·ge·laar** =laars soothsayer, augur, diviner; dowser. **wig·ge·la·ry, wig·ge·la·ry** augury, divining; dowsing; juggling.

**wig·te:** ~ *en teenwigte/teëwigte* checks and balances.

**wig·vor·mig** =mige wedge-shaped; cuneate, cuneiform; sphenoid; ~ *been* sphenoid bone; ~e *blaar* cuneate leaf.

**wig·wam** =wams, *(Native Am. dwelling)* wigwam.

**wik** ge=, *(poet., liter.)* consider carefully, weigh; ~ *en weeg* weigh the pros and cons.

**wik·kel** *ge=* wrap, envelop, enfold, wind, swathe, swaddle; involve; jiggle, rock (slightly), wobble; waggle *(one's ears etc.); (infml.)* get a move on; skedaddle; hurry, hustle, *(infml.)* motor; *iem./iets in ... (toe)~* wrap/envelop/enfold s.o. in ... *(a blanket etc.);* swathe/swaddle s.t. in ... *(a bandage etc.);* wrap s.t. up in ... *(paper etc.); kom ons ~, (infml.)* let's get going; *iem. sal moet ~, (infml.)* s.o.'ll have to hurry/hustle *(or* get a move on); s.o. has his/her work cut out (for him/her); *iets om ... ~* wrap/wind s.t. (a)round ...; *jou uit ... (los)~* shuffle *(or, infml.* wiggle/wriggle) out of ... **~dans** go-go dancing. **~danseres** *=resse,* **~meisie** *=sies, (infml.)* **~doe die** *=dies* go-go girl/dancer.

**wik·ke·ling** *=lings, (elec.)* winding.

**wik·kel·rig** *=rige* wobbly, shaky.

**wiks** *ge=, (infml.)* slap, smack, beat, thrash; spank.

**wil** *(rare pl.: wille), n.* will, volition; wish, desire; conation; *iem. se ~ breek* break s.o.'s will; *teen ~ en dank* in spite of o.s.; *iets teen ~ en dank doen* do s.t. reluctantly; *'n eie ~ hê* have a will of one's own; *laat u ~ geskied, (OAB/NAB, Mt. 6:10 etc.)* thy/your will be done *(AV/NIV);* as *dit Gods ~ is* God willing; *iem. se laaste/uiterste ~* s.o.'s last will and testament; *die ~ om te leef* the will to live; *('n) mens se ~ is ('n) mens se lewe, (idm.)* my mind to me a kingdom is, the sweetest of dishes is that which one wishes, to be free to do as one wishes is to live; *jou aan die ~ van God onderwerp* submit to God's will; *jou ~ aan iem. opdring* bend s.o. to one's will; *'n ~ van staal, 'n stale ~* an iron will; *iem. ter ~le wees* oblige s.o.; *ter ~le (of terwille) van ...* on account of ...; in consideration of ...; for the sake of ...; *ter ~le (of terwille) van iem.* on s.o.'s account; for s.o.'s benefit; *ter ~le (of terwille) van ons albei* for both our sakes; *uit vrye ~* of one's own volition *(or* free will); *waar 'n ~ is, is 'n weg* where there's a will, there's a way; *met die beste ~ ter wêreld* with the best will in the world; *nie met die beste ~ ter wêreld nie, (also, infml.)* not for the life of me. **wil** *wou, vb.* want, wish, like; intend, be on the point of; *as iem. ~* if s.o. wants to; *God wou dat ...* God willed that ...; *doen (net) wat jy ~* do what(ever) one pleases/likes, please o.s.; *iem. ~ gaan/ens.* s.o. wants to go/etc.; *iem. ~ (graag) gaan/ens.* s.o. wishes to go/etc.; *iem. ~ graag ...* s.o. is anxious to ... *(help etc.);* s.o. desires to ...; s.o. would like to ...; *iem. ~ nie graag ... nie* s.o. doesn't care to ...; *iem. sou graag ~ ...* s.o. would like to ...; *wat wou jy hê moet ek doen?* what would you have me do?; *iem. wou juis iets doen* s.o. was just *(or* on the point of) doing s.t., s.o. was about to do s.t.; *~ jy ...?* do you want to ...?; would you care/like to ...?; *as jy ~* if you like; *wie ~, dié kan* where there's a will, there's a way; *iem. ~ liewer(s) dit doen* s.o. prefers *(or* would prefer) doing that, s.o. would rather do that; *jy wou mos!* there you have it now!, I told you so!, *(infml.)* now you've gone and done it!; *iem. ~ nie* s.o. doesn't want to; *iem. wou nie* s.o. did not want to (do s.t.); s.o. refused (to do s.t.); s.o. declined (to do s.t.); *iem. ~ nie dat iets gebeur nie* s.o. doesn't want s.t. to happen; *of iem. ~ of nie* whether s.o. wants to or not; *iem. sal dit moet doen of hy/sy ~ of nie* s.o. will have to do it anyhow; *~ nie meer nie, (infml., an engine etc.) ...* is giving in; *net soos iem. ~* in any way s.o. likes; *soos jy ~* as you please; *net soos jy ~!* (just) as you like!; suit yourself!; *(net) soos jy ~!* have it your own way!; *iem. sou (graag) ~ weet/ens.* s.o. would like to know/etc.; *die toeval wou dat ...* it so happened that ...; *dit ~ my voorkom ...* it rather seems to me ...; *waarheen wou jy gaan?* where were you going?; *net wanneer iem. ~* whenever s.o. likes; *... en wat jy ~ ...* and what have you; *weet wat/waarheen jy ~* know what one wants; *weet wat jy ~* have a will of one's own.

**wild¹** *n.* game; wildlife; venison; chase, quarry; →WILDS=. **~bewaarder** game warden. **~bewaring** game preservation. **~dief, ~stroper** poacher. **~diefstal, ~diewery, ~stropery** poaching. **~heining** gameproof fence. **~opsigter** game war=

den, game ranger; gamekeeper. **~plaas** game farm/ranch. **~ryk** *=ryke* abounding in game. **~smaak** taste, flavour of venison. **~tuin, ~reservaat, ~park** game reserve/park. **~wag ter** game ranger.

**wild²** *wilde wilder wildste, adj. & adv.* wild *(country, plant);* wild, feral, untamed *(animal);* savage *(beast, tribe);* barbarian; unruly, wild *(child);* shy *(bird etc.);* fierce *(passion);* violent *(patient);* voracious *(wolf etc.);* wanton; orgiastic *(reveller);* ungovernable; hectic; wildly; unmannerly; *~e beeste* wild cattle; *~e diere* wild/feral animals; *~ groei* run wild; *'n ~e hou* a swipe; *~e meisie* wild girl; tomboy; *'n ~e raaiskoot* a long shot; *~ reageer, (also)* shoot from the hip *(infml.); ~e skoot* wild shot; *~ (of 'n ~e hou) slaan (na iem.)* take a swipe (at s.o.); *~e smaak* foxy taste *(of wine); ~e sy* wild silk, tussore silk; *~ te kere (of tekere) gaan, ~ tekeregaan* run wild; *~e voël* wild bird; wildfowl, game bird; *~e voëls* wild-fowl; *die W~e Weste, (Am. hist.)* the Wild West; *van die W~e Weste* Western; *~ word* go wild. **~vreemd** *=vreemde, adj.* utterly/perfectly strange. **~vreemde** *=des, n.* complete/absolute stranger. **~vreemdheid** complete strangeness.

**wil·de** *=des, n.* savage.

**wil·de·:** **~agurkie** wild cucumber. **~als** African wormwood. **~appelkoos** oval kei apple. **~aster** Michaelmas daisy. **~balderjan** *(bot.)* Cape valerian. **~bees** gnu, wildebeest. **~dagga** wild dagga, minaret flower. **~eend** mallard. **~esel** wild ass. **~gans** greylag (goose), wild goose. **~gars** wild barley. **~hawer** wild oat(s). **~hond** *(Lycaon pictus)* wild dog; *Aus traliese ~, dingo, (Canis dingo)* dingo. **~kaneel** cassia. **~pok** wild cotton. **~kastaiing** Cape chestnut. **~kat** wildcat. **~kerwel** cow parsley. **~knoffel** *(Tulbaghia spp.)* wild garlic. **W~kus:** *die ~, (E Cape)* the Wild Coast. **~malva** pelargonium. **~mosterd** wild mustard. **~peper** wild pepper. **~perd** wild horse; *(icht.)* zebra. **~perske** wild peach. **~piesang** wild banana. **~pruim** wild plum. **~roos** dog rose. **~rys** Indian rice, wild rice. **~salie** wild sage. **~tee** *(bot.)* wild tea. **~vark** wild boar/sow. **~varkjag** pig-sticking. **~vis, springer** ladyfish, springer, Cape salmon, skipjack, *(infml.)* tenpound-er. **~vy** wild fig. **~weghol(stuipe)** panic. **~wragtig, ~wragtag** *(infml., joc.)* wild man; firebrand; bugaboo; Neanderthal *(sometimes* n~*).*

**wil·der·nis** *=nisse* wilderness, wilds, wasteland; *(infml.)* jungle, jumble, tangle *(of weeds etc.); die W~* the Wilderness; *in die ~* (out) in the wilds. **~gebied** wilderness area.

**wild·heid** wildness; savageness; ferocity.

**wilds·:** **~biltong** game biltong. **~bok** (wild) buck, antelope. **~boud** *(cook.)* leg of venison. **~pastei, wildpastei** game pie. **~vleis, wildvleis** venison, game.

**wilg** *wilge,* **wil·ger** *=gers,* **wil·ge(r)·boom** *=bome, (Salix spp.)* willow (tree).

**wil·ge(r)·:** **~bossie** osier-bed. **~groen** *(colour)* celadon. **~loot** withe, withy, wicker. **~tak** willow branch.

**wil·le:** *iem. ter ~ wees* →WIL *n.; ter ~ van ...* →WIL *n..*

**wil·le·keur** arbitrary power, arbitrariness, high-handedness; discretion; *na ~* arbitrarily, at will. **wil·le·keu·rig** *=rige, adj.* arbitrary; high-handed, despotic; random, indiscriminate; *'n ~e getal* any (given) number, any number you like; *~e spier, (anat.)* voluntary/striated muscle; *~e toegang, (comp.)* random/direct access. **wil·le·keu·rig** *adv.* arbitrarily, at will/random/pleasure, indiscriminately. **wil·le·keu·rig·heid** arbitrariness; high-handedness.

**wil·lens:** *iets ~ en wetens doen* do s.t. intentionally/deliberately *(or* on purpose).

**wil·lie** *=lies, (orn.)* greenbul; *gewone ~* sombre greenbul.

**wil·loos** *=lose, adj.* will-less; passive; involuntary. **wil·loos** *adv.* passively; involuntarily. **wil·loos·heid** passivity.

**wils·:** **~beskikking** testamentary disposition; *iem. se uiterste ~* s.o.'s last will and testament. **~daad** act of (the) will, (act of) volition. **~inspanning** effort of (the) will. **~krag** will=

power, strength/force/power of will; strong-mindedness; volition; *geringe ~* weakness of will; *deur louter ~* by sheer will= power; *stale ~* steely determination. **~kragtig** =*tige* strong-willed, strong=/tough-minded, *(infml.)* pushy. **~kragtigheid** strong-mindedness, *(infml.)* pushiness. **~uiting** expression of will/intention, act of volition. **~vryheid** free will.

**wim·pel** =*pels* pennant, pendant, pennon, streamer, banner, guidon. **~wolk** banner cloud.

**wim·per** =*pers* (eye)lash.

**win** *ge=* extract, recover; recover, win *(metals from ore);* mine, win *(minerals);* →WINNING, WEN[2] *vb..* **win·baar** =*bare, (min.)* recoverable; *in ~bare hoeveelhede* in commercial quantities.

**Win·ches·ter(·ge·weer)** *(trademark)* Winchester (rifle).

**wind**[1] *winde, n.* wind; wind, *(med.)* flatus, *(coarse)* fart; *(in the pl., also)* flatulence, winds; *die ~ het afgeneem* the wind fell; *die ~ van agter hê* have a following wind, go before/down the wind; *met die ~ van agter* before/down the wind; *dis alles/pure ~* it's all/mere gas/wind, it's all empty boasting; *die ~ bedaar* the wind abates/drops/sinks; *die ~ het bedaar, (also)* the wind fell; *bo die ~ van ... kom* get to windward of ...; *deur die ~, (infml.)* bewildered, confused, dazed; *die ~ draai* oos/ens. the wind shifts round to the east/etc.; *die ~ word fris* the wind freshens; *'n gunstige ~* a fair wind; *die heersende ~* the prevailing wind; *kyk hoe (of uit watter hoek) die ~ waai, (fig.)* see how the wind blows, find out how (*or* which way) the wind blows, explore/see (*or* find out) how the land lies, *(sl.)* suss things out; *die ~ waai uit 'n ander hoek* the wind blows from another quarter; *waai die ~ uit daardie hoek? (of van daardie kant?)* sits the wind there?, is that how the land lies?; *die ~ kom/steek op* the wind comes on; *'n ~ laat/los* break wind, *(coarse)* fart, let off a fart; *die ~ gaan lê* the wind abates/drops/falls/sinks; *die ~ het gaan lê, (also)* the wind failed; *van die ~ leef/lewe, (infml.)* live on air; *die ~ is noord/ens., die ~ kom uit die noorde/ens.* the wind is northerly/etc., the wind is (from/ in the) north/etc.; *onder die ~* under the lee; *onder(kant) die ~* down the wind; *'n ~ opbreek* belch; *die ~ het opge= kom/opgesteek* the wind is up; the wind rose; *in die ~ praat* talk idly/nonsense (*or* at random); *met die ~ in die rug, saam met die ~* down the wind; *met alle ~e saamwaai* trim one's sails to the wind; *die ~ uit iem. se seile haal* take the wind out of s.o.'s sails; steal s.o.'s thunder; *iets in die ~ slaan* disregard s.t., make light of s.t. *(advice, a warning, etc.); iem. is soos die ~ verby* s.o. passed like the wind; *iem. is soos die ~ waai* s.o. is a timeserver; *(so vinnig) soos die ~ gaan* go like the wind; *die ~ steek op* →KOM/STEEK; *'n sterk ~* a high/strong wind; *die ~ word sterker* the wind picks up (*or* is rising); *die ~ begin stoot* the wind freshens; *teen die ~ (in)* against/into the wind; in the teeth of the wind; *reg teen die ~ (in)* in the teeth of the wind; *vlak teen die ~ (in)* in the wind's eye; *(met die kop) teen die ~ (in)* up into the wind; *teen die ~ (op)* into the wind; *die boot word deur die ~ teen= gehou* the vessel is windbound; *iem. se ~ uitslaan* knock the wind out of s.o. *(lit.); die ~ van verandering* the wind(s) of change; *dit gaan voor die ~* things are going well; *dit gaan voor die ~ met iem., (also)* s.o. has a run of luck; *dit het met iem. steeds voor die ~ gegaan, (also)* s.o. has never looked back; *alles gaan vir iem. voor die ~, (also)* s.o.'s path is strewn with roses; *die ~ van voor kry* run into difficulties; *die ~ reg van voor hê* have the wind dead against one; *voor die ~ seil* sail/run before the wind; *voor die ~ (uit)* before/ down the wind; *die ~ waai* the wind blows; *die ~ waai sterk/hard* the wind is blowing hard; *~ en weer* wind and weather; *aan ~ en weer blootgestel* exposed to the wind and rain; *in ~ en weer* in all weathers, in all kinds/sorts of weather; *kinders vir ~ en weer laat grootword* allow children to run wild. **~af** *adj.* before/with the wind; down wind. **~barsie** *n. (dim.)* chap *(in the skin etc.);* check *(in paint);* surface crack *(in porcelain).* **~bestuif** =*stuifde* wind-pollinated. **~blom** anem=

one, windflower. **~buks** air rifle. **~dig** =*digte* wind-tight, -proof. **~droging** wind-drying. **~droog** wind-dried, air-dry; half dry; flash-dry; touch-dry. **~druk** wind/blast pressure. **~eier** wind-egg; softshell(ed) egg; farce, failure; *'n ~ lê, (fig., infml.)* lay an egg. **~energie** wind energy. **~erosie** wind erosion/corrosion. **~gat** air hole; *(derog.)* wind=, gas= bag, braggart. **~generator** aero generator. **~handel** gam= bling on the exchange, speculation in shares, stockjobbing, jobbery. **~harp** aeolian harp. **~hond** greyhound. **~hou, ~skoot** *(golf)* (fresh-)air shot. **~jekker** windcheater, =break= er, anorak. **~kant** wind(ward)/weather side. **~kei** *(geol.)* ventifact. **~klep** air valve, vent. **~klokkies** *n. (pl.)* wind chimes. **~kous** *(av.)* windsock, air sock, wind sleeve/cone, streamer, drogue. **~krag** *(mech.)* wind power; force of the wind. **~kragaanleg** wind farm. **~laning** windbreak. **~la= waai** *(infml.)* blusterer, blowhard; windbag, gasbag; *'n ~ wees, (infml.)* be full of hot air. **~meter** wind gauge, ane= mometer. **~meul** →WINDMEUL. **~op** *adv.* against the wind. **~orrel** wind organ *(lit.).* **~pomp** windmill. **~pyp** flue. **~rig= ting** direction of the wind, wind direction. **~roos** wind rose, compass card; *(bot.)* anemone. **~skade** damage caused by wind. **~skadu(wee)** lee (side); slipstream. **~skeef** *adj.* lop-sided, (a)skew, slanting, crooked (on one side); warped (on opposite sides). **~skerm** windscreen, windshield *(of a vehicle); (hedge)* windbreak. **~skoot** →SNELHEID velocity of the wind, wind speed. **~sterkte** wind force/in= tensity. **~stil** calm; windless. **~stilte** calm, lull, still air; *deur ~ oorval word* become becalmed. **~stiltestreek** belt of calms; *ekwatoriale ~* doldrums. **~stoot** gust (of wind), squall, blast, puff. **~streek** =*streke* point of the compass, rhumb; wind zone; *na alle ~streke verstrooi* scattered to the four winds. **~swa(w)el** *(orn.)* swift. **~tonnel** wind tunnel. **~uit** *adj.* winded, breathless. **~vaan** wind/weather vane. **~veer** =*vere* barge/verge board; *(in the pl., clouds)* mares' tails. **~(ver)koeling** *(meteorol.)* wind chill. **~(ver)koelings= faktor** *(meteorol.)* wind-chill factor. **~verwaai(d)** =*waaide* wind-blown; windswept; storm-beaten; flustered, in a flurry. **~vlaag** gust/blast of wind, squall, flurry. **~vry** sheltered. **~wolk** wind cloud. **~wyser** weathercock, weather vane; *(meteorol.)* anemoscope.

**wind**[2] *ge=, vb.* wind; swathe. **~as** =*asse* →WENAS. **win·ding** =*dinge, =dings* winding; whorl; convolution *(of a shell);* coil *(of a cable etc.);* turn; *met ~e/~s* convoluted. **wind·sel** =*sels* band= age, swathe, dressing; *(in the pl., also)* swaddling clothes.

**win·de** =*des, (bot.)* convolvulus, morning glory; *(Eur. icht.)* orfe.

**win·de·rig** =*rige* windy; squally; windswept; breezy, gusty *(weather);* flatulent. **win·de·rig·heid** windiness; flatulence.

**wind·jie** =*jies, n. (dim.)* breath/puff of air/wind; light breeze; zephyr; *'n fris/stewige/stywe ~* a fresh/stiff breeze; *'n sagte ~* a light breeze; *'n skraal ~* a bleak wind; *'n ~ hoor waai dat ..., (infml.)* hear a rumour that ...

**wind·loos** =*lose* windless.

**wind·ma·ker** =*kers, n.* braggart, wind=, gasbag, swank, show-off, swaggerer, boaster. **wind·ma·ker** *adj.* smart, posh, showy; *'n ~ kêrel* a smart/posh/flashy fellow; *'n ~ stap* a swagger. **wind·ma·ke·rig** =*rige, adj. & adv.* smart(ly), dap= per(ly), posh, swaggering(ly); flashy, flashily, showy, show= ily, foppish(ly), *(infml.)* spiffy, *(SA sl.)* larney; *~ aantrek* prank; *~ loop/stap* strut, swagger; *~ skeef* at a rakish angle; *~ wees* show off. **wind·ma·ke·rig·heid** brag, swank, show= (ing)-off, ostentation, foppishness. **wind·ma·ke·ry** showman= ship, bragging.

**wind·meul** =*meule,* **wind·meu·le** =*lens* windmill; *'n klap van die ~ weg hê, (infml., usu. derog.)* have a screw/tile loose, be a nutcase; *teen ~e(ns) veg* fight (*or* tilt at) windmills. **~be= stormer** *(fig.: impractical idealist)* Don Quixote. **~vlerk** wind vane, windsail.

**wind·meul·tjie** pinwheel.

**windsel** =sels →WIND² vb..

**win·gerd** =gerde vineyard; vinery; ~ plant plant vines. ~**boer** vine grower, winegrower, viticulturist. ~**bou** viticulture, vine growing. ~**kunde** viticulture. ~**loot** vine shoot. ~**prieel** =priële vine trellis. ~**rank** vine shoot. ~**ry** row of vines. ~**siekte** vine disease. ~**skêr** pruning shears. ~**stok** grape= vine. ~**stokkie** vine cutting; small vine.

**wink** winke, n. wave, wink, nod; beck; (vir) 'n taxi ~ flag down a taxi; vir iem. ~ om nader te kom wave s.o. nearer; ~ met die oog wink. **wink** ge-, vb. beckon; wave; signal; ogle; (vir) iem. ~ beckon (to) s.o., wave to s.o., wink at/to s.o.; 'n oorwinning/sege het vir ... ge~ ... could smell victory. ~**brou** = WENKBROU. ~**vlies** haw, third eyelid, nic(ti)tating mem= brane (of birds etc.).

**win·kel** =kels shop, store; (work)shop; ~(s) toe gaan go shop= ping; ('n) mens koop dit in die ~ vir ... it retails at ...; by 'n ~ koop deal at a shop; ~**s** kyk window-shop, do window= shopping; gaan ~**s** kyk go window-shopping; van ~ tot ~ loop shop around; ~ **toemaak** shut up shop. ~**arkade**, ~**gang** shopping arcade, galleria. ~**assistent** shop assistant/ hand, salesperson, salesman, =woman. ~**bakkery** in-store bakery. ~**besoeker** shopper. ~**dief** shoplifter. ~**diefstal** shop= lifting; ~ pleeg shoplift. ~**eienaar** shop owner. ~**haak** try square, (carpenter's) square; (L-shaped tear in cloth) trap= door, hedge tear; (golf) dog-leg; verstelbare ~ bevel (gauge). ~**inbraak** shop-breaking. ~**kaart** store card. ~**kompleks** shopping complex. ~**kykery** window-shopping, shop-gaz= ing. ~**mandjie** shopping basket. ~**pop** dummy. ~**promosie** in-store promotion. ~**prys** retail price; die ~ daarvan is ... it retails at ... ~**sak** checkout bag. ~**sentrum** shopping centre; shopping precinct. ~**speurder** store detective. ~**toebehore** shop fittings/fixtures. ~**trollie**, ~**waentjie** shopping troll(e)y/ cart. ~**uitstalling** shop (window) display. ~**ure** n. (pl.) shop= (ping)/business/opening hours, hours of opening. ~**venster** shop/show window. ~**voorraad** stock-in-trade. ~**wandelhal**, ~**promenade** shopping mall. ~**werker** shop worker.

**win·ke·lier** =liers merchant, shopkeeper, shop owner; trades= man.

**win·kel·tjie** =tjies small shop; kiosk.

**win·ning** winning, production, recovery, extraction, min= ing (of ore).

**wins** winste profit, gain, return; benefit; margin; winnings (at cards etc.); conquest; haul; ~ afwerp/oplewer return/ yield a profit; 'n behoorlike ~ a fair profit, an adequate re= turn; ~ ná belasting after-tax profit; ~te deel pool win= nings; ~ op iets maak make a profit on s.t.; 'n ~ uit iets maak, (also) make money on s.t. (a transaction); uit iets ~ maak, (also) do well out of s.t.; met 'n ~ at a profit; met 'n ~ van R... (of ...%) at a profit of R... (or ...%); die netto/ skoon ~ the net profit; onregmatige ~te ill-gotten gains; ~ op papier paper profit; ~ ná rente en voor belasting above-the-line profits; 'n bedrag skoon ~ maak clear a sum; op ~ uit working for a profit; iets met 'n ~ verkoop sell s.t. at a profit; sell s.t. at a premium; ~ van iets verwag stand to gain by s.t.; die firma werk met 'n ~ the firm shows a profit. ~**aandeel** share in the profit; dividend; rake-off. ~**bejag** profit-seeking, profiteering, greed of gain; sonder ~ not for gain/profit; 'n maatskappy/organisasie sonder ~ a non-prof= it(-making) company/organisation; uit ~ from motives of gain. ~**belasting** profits tax. ~**deling** profit/gain sharing, pool= ing; ~ tussen drie partye three-way profit split. ~**drempel**, **gelykbreekpunt** break-even point. ~~**en-verlies(-)rekening** =ninge, =nings profit and loss account. ~**grens**, ~**marge** mark-up, profit margin. ~**jagter** profit-seeker; profiteer. ~**koop** →WINSKOOP. ~**oogmerk**, ~**motief** profit motive; met 'n ~ with an eye to gain; sonder ~ not for gain. ~**ruimte** profit margin, margin of profit; mark-up. ~**saldo** undivided prof= its. ~**sentrum** profit centre. ~**slag** scoop. ~**uitkering** distri= bution of profits, share-out. ~**verdeling** appropriation of profits. ~**verdelingsrekening** appropriation account.

**wins·de·lend** =lende profit-sharing; ~e aandeel participat= ing share; ~e versekering participating/with-profit(s) insur= ance; ~e obligasie participating debenture.

**wins·ge·wend** =wende meer ~ die mees =wende profitable, paying, lucrative, profit-making, payable, remunerative; ~e erts pay ore; ~e grond, (agric. etc.) profitable land; iets ~ maak exploit s.t.. **wins·ge·wend·heid** profitability.

**wins·koop, wins·ko·pie** bargain (buy); →KOPIE¹. ~**jag** bargain-hunting. ~**jagter** bargain hunter. ~**toonbank**, ~**ta= fel** bargain counter.

**win·ter** =ters winter; in die hartjie van die ~ in the dead/ depth of winter; in die ~ in winter; 'n sagte ~ a mild win= ter; ~ en somer throughout the year; 'n strawwe/kwaai ~ a hard/severe winter. ~**aand** →WINTERSAAND. ~**akoniet** (bot.) wolfsbane; winter aconite. ~**aster** chrysanthemum. ~**be= handeling** dormant treatment. ~**drag, wintersdrag** winter wear. ~**gewas** winter crop. ~**graan** winter cereal(s). ~**groen** (bot.) wintergreen; wintergreen, green in winter. ~**groen= olie** wintergreen (oil), oil of wintergreen. ~**hande, winters= hande** chilblained hands. ~**hard** =harde hardy; ~e plant hardy annual. ~**hare** winter coat. ~**kers** (bot.) yellow rocket. ~**klere, wintersklere** winter clothes. ~**koninkie** (orn.) wren. ~**koue** cold of winter. ~**laken** winter sheet. ~**landskap** winter landscape. ~**lug, winterslug** winter/wintry sky; win= try air. ~**nag, wintersnag** winter night. ~**oggend** →WIN= TERSOGGEND. ~**pampoen** winter pumpkin. ~**reën** winter rain/rainfall. ~**reënstreek** winter rainfall area. ~**reënval** winter rainfall. ~**slaap** n. winter sleep, hibernation; die beer slaap sy ~ the bear hibernates; in die/'n/sy ~ torpid. ~**sla= per** hibernator. ~**son** winter/wintry sun. ~**sonstilstand** winter solstice, midwinter. ~**spanspek** winter/honeydew melon. ~**sport** winter sports. ~**sport(soort)e** winter sports. ~**storm** winter gale. ~**tyd** wintertime, =tide. ~**uitverkoping** winter sale. ~**vakansie** winter vacation/holidays. ~**voete, wintersvoete** chilblained feet. ~**weer** wintry weather.

**win·ter·ag·tig** =tige winterly, wintry. **win·ter·ag·tig·heid**, **win·ters·heid** wintriness.

**win·ters** =terse wintry, winter; in winter. ~**aand, winteraand** winter evening. ~**dag, winterdag** winter day; op 'n ~ on a winter's day. ~**hemp, winterhemp** winter shirt. ~**klere** →WINTERKLERE. ~**lug** →WINTERLUG. ~**nag** →WINTERNAG. ~**oggend, winteroggend** winter morning.

**win·tie** (infml.) braggart; →WINDGAT.

**wip** wippe, n. trap, snare, gin (for catching birds etc.); bascule (of a bridge); tilt; skip; (die) ~, (naut.) scend, send; 'n ~ stel lay/set a snare/trap. **wip** ge-, vb. see-saw; go up and down; jump up; wobble; tilt; whip, whisk; skip, hop; (naut.) scend, send; in/uit iets ~ hop into (or out of) s.t. (infml.); jou ~, (infml.) give o.s. airs, put on airs; take offence; die kar ~ the cart tilts; iets laat ~ tilt/tip s.t.; oor iets ~ skip across s.t.; ~ soos jy skrik jump with fright. ~**aangee** (basketball) bounce pass. ~**bak** tipper. ~**bal** (cr.) bumper. ~**deksel** flip top. ~**deur** tip door. ~**emmer** tipping bucket. ~**geut** tip chute. ~**haak** tipping hook. ~**kar** tilt/tip cart, dumpcart; tipper (truck). ~**mat** trampoline. ~**matjie** n. (dim.) rebounder. ~**neus** turned-up/upturned/pug/snub nose. ~**plank** see-saw; ~ ry see-saw, play on a see-saw; iets ry ~, (prices on the stock exch. etc.) s.t. see-saws. ~**prentboek** pop-up book. ~**rooster** pop-up toast= er; (tech.) dump/tipping grate. ~**sif** jig, jigger. ~**stert(jie)** (orn.: Cercotrichas spp.) scrub robin. ~**toestel** tipping gear. ~**(vrag)wa** tip truck/lorry, tipper (truck). ~**waentjie** roller coaster.

**wip·per** =pers wobbler; tipper; tipping gear; whip (and derry).
**wip·pe·rig** =rige wobbly; uppish, snobbish; 'n ~e stappie a jumpy gait. **wip·pe·rig·heid** wobbliness; uppishness. **wip·per= tjie** =tjies, n. (dim.) hopper (of a piano).

**wis¹** n.: vir die ~ en die onwis just in case. **wis** adj. & adv.: ~ en seker for a certainty, certainly, definitely; dis ~ en seker, (also) there is no doubt about it.

**wis²** *ge-, vb.* wipe; *iets uit ... ~* expunge s.t. from ...; *iets uit jou gedagtes ~* erase s.t. from one's mind. **wis·ser** *-sers* wiper, sponge; cleaning rod; eraser; pull through; squeegee.

**wis³** *vb. (p.t.), (rare)* knew; →WEET; *ek dag/dog jy ~ daarvan* I thought you knew (about it).

**wi·sent** *-sente, (zool.: Bison bonasus)* European bison.

**wis·kun·de** mathematics; *suiwer ~* pure mathematics; *toegepaste ~* applied mathematics. **~onderwyser** mathematics teacher. **wis·kun·dig** *-dige, adj. & adv.* mathematical(ly); *~ aangelê* numerate; *met ~e sekerheid* with mathematical certainty; *~e tabelle* mathematical tables. **wis·kun·di·ge** *-ges, n.* mathematician.

**wis·pel·tu·rig** *-rige -riger -rigste (of meer ~ die mees -rige)* fickle, freakish, inconstant, capricious, changeable, whimsical, variable, wayward, mercurial, squirrelly. **wis·pel·tu·rig·heid** fickleness, freakishness, inconstancy, capriciousness, changeability.

**wis·sel** *-sels, n., (econ.)* bill (of exchange), draft; *(rly.)* points, switch, crossover; *'n ~ aanbied, (econ.)* present a bill; *'n ~ aksepteer, (econ.)* accept a bill; *die ~s bedien, (rly.)* work the points; *'n ~ betaalbaar aan toonder, (econ.)* a bill payable to bearer; *oor die ~ gaan, (rly.)* pass through the points; *'n ~ honoreer, (econ.)* honour/meet a bill; *~s en kruisstukke, (rly.)* points and crossings; *~ ontvangbaar, (econ.)* bill receivable; *die ~ oorhaal/versit, (rly.)* shift/alter the points, throw points; *'n ~ op (ses maande) sig, (econ.)* a bill payable at (six months) sight. **wis·sel** *ge-, vb.* change, vary; exchange *(letters, views, looks, etc.)*; bandy, interchange *(words, compliments, jokes, etc.)*; change, give change for *(money)*; draw, cash *(a cheque)*; shed, cut *(teeth)*; convert *(money)*; *baie ~* vary greatly/widely; *van plekke ~* (inter)change places; *van ... tot ... ~* range from ... to ...; vary from ... to ...; *vuishoue/beledigings met iem. ~* trade punches/insults with s.o.. **~aflos(resies)** medley relay (race). **~bank** bank of exchange, discount bank. **~beker** floating cup, challenge cup. **~boek** bill-book. **~bou** *(agric.)* crop rotation, rotational cropping, rotary cultivation; *~ toepas* grow rotation crops. **~dans** Paul Jones (dance). **~diens** shuttle service. **~handel** bill brokerage, bill broking; bill business. **~handelaar** bill broker. **~hefboom** gear lever, gear shift, control lever, change speed lever; *(rly.)* switch lever. **~houer** holder of a bill. **~kantoor** exchange office. **~kind** *(myth.)* changeling, elf child. **~koers** (rate of) exchange, exchange rate. **~koerspariteit, wisselpariteit** exchange parity, par of exchange. **~koste** bill charges. **~kruising** (road/traffic) interchange. **~lam** hogget, shearling. **~lamwol** hogget wool, hoggets. **~makelaar** bill broker, discount broker; exchange broker. **~nemer** payee. **~noot** auxiliary note. **~ooi** maiden ewe. **~rat** change wheel, variable gear. **~reg** law/bills of exchange, law of negotiable instruments. **~ruiter** kite flyer. **~ruitery** kite flying, kiting, cross-accommodation. **~rym** alternate rhyme. **~seël** bill-stamp. **~skaal** sliding scale. **~slag** *(swimming)* medley. **~spelling** alternative spelling. **~spoor** switch rail; shunt line, siding, sidetrack. **~stang** (cross-)shift rod, control rod; *(rly.)* points rod. **~stroom** *(elec.)* alternating current. **~stroomdinamo, ~generator, ~masjien** alternator. **~tand** milk tooth, temporary tooth. **~trofee** floating trophy. **~vervalser** bill forger. **~vervalsing** forging of bills. **~vorm** *-vorme* alternative form, variant. **~wag(diens)** point duty. **~wagter** pointsman, switch man. **~wedloop** medley race. **~weiding** pasture rotation, rotational grazing, rotative grazing. **~werking** interaction, interplay (of forces); *(mech.)* reciprocal action.

**wis·se·laar** *-laars* money changer; record-changer; oscillator; gear lever; control lever; commutator.

**wis·sel·baar** *-bare* (ex)changeable; interconvertible; variable. **wis·sel·baar·heid** (ex)changeability.

**wis·se·lend** *-lende* changing, varying; variable, changeable; fitful; labile, fluid; occulting; *~e belasting* variable load; *~e loonskaal* sliding wage scale; *steeds ~* ever-changing.

**wis·se·ling** *-linge* change, variation, fluctuation; mutation; shift; shunt; gradation *(of vowels)*; exchange, interchange; *by die ~ van die eeu/jaar/maand* at the turn of the century/year/month; *~ van die jaargetye* succession of the seasons; *die ~e van die lot* the vicissitudes (or chops and changes or changes and chances) of fortune; *die ~ in die temperatuur* the variation in temperature.

**wis·sel·kleu·rig** *-rige* iridescent.

**wis·sel·val·lig** *-lige* uncertain, precarious, changeable, intermittent, erratic, unsteady, volatile *(market)*. **wis·sel·val·lig·heid** *-hede* uncertainty, changeability, precariousness, volatility *(of the market)*; unevenness *(within the economy)*; *die ~hede van die lewe* the vicissitudes (or the ups and downs) of life; *~ van marges, (econ.)* volatility of margins.

**wis·te·ri·a** *(bot.)* wisteria.

**wit** *n.* white; pith *(of an orange)*; *(shooting)* carton; *die ~ van 'n eier* the white of an egg; *die ~ van twee eiers* two egg whites, whites of two eggs; *die ~ geklee* dressed in white; *die ~ van die oog* the white of the eye; *die ~ van 'n skyf* the bull's-eye; *iem. wil iets swart op ~ hê* s.o. wants s.t. (put down) in black and white. **wit** *~ witter witste, adj.* white; *~ baard* white beard; *~ geruis, (rad., TV)* white noise; *~ heerskappy/oppermag* white supremacy; *~ heerssugtige* white supremacist; *~ heks* white witch, Wiccan; *~ Kersfees* white Christmas; *so ~ soos 'n laken* as white as a sheet; *~ lig* white light; *iets ~ maak* whiten s.t., blanch s.t.; *~ mens* white (person); *~ mense* whites, white people; *~ mielie* white mealie/maize; *~ nag, (summer night which never becomes completely dark)* white night; *~ papier* white paper *(lit.)*; *~ spasie, (typ.)* white space; *~ spiritus* white spirit; *~ streep* white line; *~ tafelwyn* white table wine; *~ troue/bruilof* white wedding; *~ verf* white paint; *~ vlag, (mil. or fig.)* white flag, flag of truce; *die ~ vlag hys/opsteek* (of *om-hoog hou)* hoist/raise the white flag; *~ word, (s.o.)* go/grow/turn white, turn pale. **wit** *ge-, vb.* whitewash, lime(wash); distemper. **~aalbessie** white currant. **~aasvoël** palmnut vulture. **~baard** *(infml.: an old man)* whitebeard. **~bier** white beer. **~biskop** *(icht.: Sparodon durbanensis)* white mussel-cracker. **~blits** *(home-distilled raw spirit)* witblits. **~bloedig** *-dige* white-blooded *(fish)*. **~bloedsel** *(physiol.)* leucocyte, white (blood) corpuscle. **~blond** *-blonde* white-blonde, platinum-blonde *(hair)*. **~bont** white-spotted, piebald. **~boord jiemisdaad** white-collar crime. **~bord** whiteboard. **~borsduifie** tambourine dove. **~borskraai** *(Corvus albus)* pied crow. **~botterblom** Cape daisy, rain daisy. **~brood** white bread. **~broodjie** *(fig., infml.)* favourite, pet, blue-eyed boy. **~dolfyn** white whale, beluga. **~doodshaai** great white (shark). **~doring(boom)** *(Acacia polyacantha)* whitethorn (tree). **~dulsies** *(folk remedy)* white dulcis. **~dwerg** *(astron.)* white dwarf. **~els** white alder. **~gat(boom)** *(Boscia albitrunca)* shepherd's tree. **~gatspreeu** pied starling. **~gekuif** *-kuifde* white-crested. **~gepleister(d)** *-terde* whitewashed; *~terde graf, (fig.)* whited sepulchre, plaster saint. **~gloeiend** *-ende* white-hot, incandescent. **~gloeihitte** white heat. **~goed** *n. (pl.),* (household linen) white goods. **~goedere** *n. (pl.), (washing machines, refrigerators, etc.)* white goods. **~goud** white gold. **~haak** *-hake,* **~haakboom** *-bome,* **haak-en-steek** *-steke, (Acacia tortilis)* umbrella thorn. **~haar** white-haired. **~halskraai** *(Corvus albicollis)* white-necked raven. **~hout** whitewood; white deal; *(Ilex mitis)* African holly. **W~huis:** *die ~, (official residence of the US president; the US presidency)* the White House. **~jas** *(infml., esp. cr.)* umpire. **~kalk** whitewash, limewash. **~keelsanger** *(orn.)* common whitethroat. **~klei** kaolin, terra alba. **~kneukelrit** *(infml.)* white-knuckle ride. **~kool** savoy, white cabbage. **~kop** grey head; white-headed person. **~kopnooi** blonde. **~koppie** little blonde; *(infml.: a pustule on the skin)* whitehead. **~kruisarend** *(Aquila verreauxii)* Verreaux' eagle, *(obs.)* black eagle. **~kuif** white-crested. **~kwas** lime/whitewash/whiting brush; white-tailed cow/etc.. **~leer** white leather, whitleather. **~lood** white lead, ceruse. **~lo(o)f** chicory *(as a vegetable)*, French/Belgian en= dive, witloof. **~luis** *(entom.: Pseudococcus spp.)* mealy bug. **~malgas** *(orn.)* Cape gannet. **~melkhout(boom)** *(Sideroxy= lon inerme)* white milkwood. **~metaal** *(alloy)* white metal. **~mier** *(infml.)* white ant. **~muis** white mouse. **~olienhout (boom)** *(Buddleja saligna)* witolienhout (tree), false olive (tree). **~oog** *(ophthalmology)* walleye. **~ooievaar** white stork. **~peper** white pepper. **~populier** white poplar, abele. **~reier** egret. **~renoster** white rhinoceros, square-lipped rhinoc= eros. **~roes** *(plant pathogen)* white rust. **~rot** white rat. **~rug= aasvoël** white-backed vulture. **W~-Rus** White Russian, B(y)elorussian. **W~-Rusland** White Russia, B(y)elorussia. **W~-Russies** *n. & adj.* White Russian, B(y)elorussian. **~se= der** *(bot.)* white cedar. **~seerkeel** *(pathol.)* diphtheria. **~sig** white-out. **~skimmel** light grey (horse). **~skrif** *(parl.)* white paper. **~sous** white sauce. **~steenbras** *(icht.: Lithognathus lithognathus)* white steenbras. **~stertmuis** white-tailed mouse. **~stinkhout** *(Celtis africana)* Camdeboo/white stinkwood. **~stof** *(anat.)* white matter *(of the brain and spinal cord)*. **~stompneus** *(icht.: Rhabdosargus globiceps)* white stump= nose. **~streep** whiting line. **~suiker** *(also* wit suiker*)* white sugar. **~tande:** **~** *lag* laugh contentedly/happily. **~vis** white fish. **~vissie** minnow. **~vleis** *(also* wit vleis*)* white meat. **~vloed** *(pathol.)* leucorrhoea, the whites. **~vrot** *(plant dis= ease)* white rot. **~was¹** *n.* white wax. **~was²** *witge=, vb., (fig.)* launder *(money)*. **~waterry** *n.* white-water rafting/etc.. **W~= watersrand, Rand:** *die* **~,** *(SA geog.)* the Witwatersrand/ Rand/Reef. **~wilg(er)** white willow. **~wortel** parsnip. **~wyn** *(also* wit wyn*)* white wine.

**wit·heid** whiteness.

**wit·jie** *-jies, (a butterfly, fam.* Pieridae*)* white, pierid.

**wit·sel** whiting, whitening, white cleaner; whitewash, lime= wash; white lime.

**wit·te** *-tes* white (one); *(bowls)* jack; *die/'n* ~ the/a white one; *die ~s, (people)* the whites; *(things)* the white ones. **wit·te·rig** *-rige* whitish, whit(e)y. **wit·te·tjie** *-tjies, n. (dim.)* little white one.

**wit·te·brood** honeymoon; *hulle bring hul* ~ *op … deur* they are honeymooning at …; *hulle hou* ~*, hulle is op hul* ~ they are on (their) honeymoon; *die* ~ *is verby, (fig., infml.)* the honeymoon is over.

**wit·te·broods:** **~paar** honeymoon couple, honeymooners. **~reis** honeymoon trip.

**wit·voet** white-footed horse/etc.. **~perd** trammelled horse.

**wit·voe·tjie:** *by iem.* ~ *soek, (infml.)* curry favour with s.o., fawn (up)on s.o., toady to s.o.. **~soekend** *-kende* fawning *(pers.).* **~soeker** toady.

**Wo·dan** *(Germ.),* **O·din** *(Norse), (myth.)* Wodan, Woden, Odin.

**wod·ka, vod·ka** *-kas* vodka.

**woed** *ge=* rage, thunder, storm, go wild; →WOEDEND; *teen …* ~ rage against …

**woe·de** rage, wrath, fury, ire, lividness; *iem. wil bars van* ~ s.o. boils over with anger; *bleek van* ~ livid with anger/ rage; *blind van* ~ in a blind rage; *buite jouself van* ~ beside o.s. with rage; *iets in jou* ~ *doen* do s.t. in anger *(or hot blood)*; *jou iem. se* ~ *op die hals haal* draw s.o.'s anger down upon o.s.; *jou* ~ *op … koel* vent one's anger/rage on …, wreak one's rage on …; *kook van* ~ seethe with rage, be absolutely flaming, be in a flaming temper, be flaming mad; *in 'n oomblik van* ~ in the heat of the moment; *iem. se* ~ *opwek* provoke/rouse s.o.'s anger; *rasend van* ~ in a tearing/towering rage; *rooi van* ~ flushed/red with anger/ rage; *rooi word van* ~ become/go purple with rage; *in* ~ *uitbars* explode with rage, fly into a fury; *in* ~ *verval* fall into a rage; *in 'n vlaag van* ~ in a burst of anger, in a trans= port of rage. **~aanval** rage, tantrum. **~bui** tantrum; *in 'n* ~ in a fit of anger.

**woe·dend** *=dende =dender =dendste, adj. & adv.* furious(ly), irate(ly), wrathful(ly), raging, outraged, enraged, incensed, fighting mad; *(infml.)* savage(ly), wild(ly); *iem.* ~ *aankyk* look daggers *(or* glare) at s.o.; *in 'n* ~*e bui* in a foul temper; *'n* ~*e gesig* a face like thunder; ~ *(kwaad)* in a (towering) rage; *iem.* ~ *maak* make s.o. furious/wild, enrage/infuriate s.o.; *iets maak iem.* ~ *s.t.* puts s.o. in(to) a passion, s.t. makes s.o. see red, s.t. gets s.o.'s blood up; ~ *oor iets* en= raged/incensed at/by s.t., infuriated about/at/over s.t.; out= raged by s.t.; *'n* ~*e storm* a raging storm; ~ *(kwaad) vir iem.* furious/infuriated with *(or* mad at) s.o.; ~ *word* be= come/get furious, fall/fly/get into a rage, fly into a fury, *(infml.)* see red.

**woef** *interj.* bow-wow!, woof!. **woe·fie** *-fies, n. (dim.), (infml.)* doggie.

**woe·ker** *n.* usury. **woe·ker** *ge=, vb.* practise usury; grow rank; proliferate; parasitise; *met jou talente* ~ make the most of one's talents, turn one's talents to the best advantage; *die onkruid* ~ weeds are growing rank. **~dier** parasite. **~handel** usurious trade, usury. **~huur** rack-rent. **~plant** parasitic plant, epiphyte. **~pot** totalisator jackpot, jackpot tote. **~rente** usurious interest, usury. **~vleis** proud flesh, granulation tissue *(covering a wound).* **~wet** usury act. **~wins** *=winste* profiteering, exorbitant profit, usurious profit; ~*(te) maak* profiteer. **~winsmaker** profiteer.

**woe·ke·raar** *=raars* usurer, profiteer.

**woe·ke·rend** *=rende* proliferating; usurious; *(bot.)* epiphytic.

**woe·ke·ring** *=rings, =ringe* proliferation; parasitic growth; *(med.)* vegetation.

**woel** *ge=* toss (about), turn and toss *(in one's bed)*; fidget (about); burrow, grub, root *(in soil)*; rummage *(in papers)*; wind (round), lash; *(infml.)* hurry up, bustle, hustle, get a move on, shake a leg; wriggle; *iem. sal moet ~ om te …, (infml.)* s.o.'ll have to hurry to … *(finish s.t. in time etc.); 'n draad om 'n paal* ~ wind a wire round a post; *iem.* ~*, (infml.)* give it s.o. hot. **~gees** turbulent fellow, stormy petrel, agi= tator. **~muis** vole. **~ploeg** trench plough, subsoil plough, subsoiler. **~water** *(infml.)* boisterous/rumbustious child, bus= tling/fidgety/restless child; live wire, go-getter, hustler.

**woe·le·rig** *=rige* restless, fidgety, wriggly *(child etc.).*

**woe·lig** *=lige =liger =ligste* restless, fidgety, wriggly, squirrelly *(child etc.);* lively *(meeting);* busy, bustling *(street);* turbulent *(times);* obstreperous; hustling; ~*e mens* fidget; ~*e see* lumpy/ choppy sea; ~*e water* broken water. **woe·lig·heid** restless= ness; liveliness, bustle, busyness, business; turbulence, fer= ment.

**woe·ling** *=lings, =linge* lashing; agitation; turbulence; *(in the pl., also)* riots; troubles; disturbances; commotion; unrest.

**woe·loeng·tee** oolong.

**woe·ma** *(infml.)* force, muscle, get-up-and-go, pizzazz, *(esp. mot.)* grunt. **~wiele** *(sl.: powerful sports car)* mean machine.

**Woens·dag** Wednesday. **~span** midweek team. **~wedstryd** midweek match.

**woeps** *interj.* whoops!, whoosh!, plop!.

**woer-:** **~vleël** *(noisemaker)* bullroarer. **~-woer** *=woere, =woers* whirligig.

**woerts** *interj.* whoosh!, whizz!.

**woes** *woeste woester woeste, adj. & adv.* desolate, desert *(re= gion, country, island);* waste *(land, grounds);* wild, savage *(scenery);* fierce, furious, ferocious, ravening *(wolf etc.);* sav= age *(looks, struggle);* raging *(sea, river); iem.* ~ *aankyk* glare at s.o.; *dit gaan* ~ it's a terrible rush; ~*te gedrag* savage/ unruly conduct; ~*te landstreek* savage region; *iem.* ~ *maak* infuriate s.o.; ~ *ry* ride/drive recklessly; ~ *te kere gaan* (*of tekere gaan* of *tekeregaan*) behave riotously; ~ *begin word* become violent. **woes·aard** *=aards,* **woes·te·ling** *=linge* brute, yahoo, rough, tough, savage, Tartar, desperado, ruf= fian. **woes·te·ny** *=nye, (lit. & fig.)* wilderness, waste(land), desolate/desert tract; *'n huilende* ~ a howling wilderness. **woest·heid** wildness, desolateness; fierceness, savagery, savageness, ferocity; tumultuousness.

**woes·tyn** *-tyne* desert; waste (land); *in die (politieke)* ~ in the (political) wilderness. ~**bewoner** inhabitant of the desert. ~**plant** xerophyte, xerophytic/drought-resistant plant. ~**skip** *(fig.: a camel)* ship of the desert. ~**springmuis** jerboa. ~**vorming** desertification. ~**wind** desert wind, simoom.

**woes·tyn·ag·tig** *-tige* desert-like, arid, barren.

**wok** *(Chin. cook.: bowl-shaped frying pan)* wok.

**wol** wool; *'n baal* ~ a bale of wool; *'n bol* ~ a ball of wool; ~**dra** wear wool; *in die* ~ *geverf* dyed in grain (or the wool); *growwe* ~ mungo; *meer lawaai as* ~, *veel geskree(u) en weinig* ~ much ado about nothing. ~**afval** wool waste, noil. ~**bedryf** wool(len) industry. ~**beurs** wool exchange. ~**boer** wool farmer. ~**crêpe**, ~**kreip** wool crêpe. ~**distrik** wool district. ~**draend** *-ende* wool-bearing, woolled, laniferous. ~**fabriek** wool(len) mill/factory. ~**fluweel** plush. ~**gare**, ~**garing** wool yarn. ~**goed** woollens; woollen clothing. ~**haar**, ~**haarstorie** →WOLHAAR. ~**hakie** bale fastener. ~**handel** wool trade. ~**handelaar** wool merchant/dealer/stapler. ~**heffing** wool levy, levy on wool. ~**kaarder** wool carder. ~**kam** wool-comb(ing machine), teasel. ~**kammer** wool comber. ~**katoen** woolsey, win(cey). ~**klas** wool line. ~**klasseerder** wool classer. ~**klere** woollen clothes. ~**kombers** woollen blanket. ~**koper** wool buyer, woolman. ~**kundige** *-ges* wool expert. ~**makelaar** wool broker. ~**mark** wool market. ~**muis** chinchilla. ~**mus** tam-o'-shanter. ~**oes** wool crop, wool clip. ~**olie** yolk, wool oil. ~**onderbaadjie** waistcoat, cardigan. ~**onderklere** woollen underwear, woollies. ~**opbrengs** wool clip/production. ~**pak** wool(len) suit. ~**pakhuis** wool store/warehouse. ~**pers** wool press/baler, wool-baling machine. ~**produsent** wool producer. **W·raad** Wool Board. ~**sak** woolsack, ~**pack**; *(infml.)* jumbo, big clumsy person. ~**serp** woollen scarf. ~**skaap** woolled/wool-bearing sheep. ~**skeersel** wool clip. ~**skuur** wool shed. ~**soort** class of wool. ~**sorteerder** wool sorter/stapler. ~**spinnery** wool spinning; wool-spinning mill/factory. ~**stof** *-stowwe* wool(len) cloth/fabric/material; *(in the pl.)* woollens; *suiwer* ~ all-wool material. ~**veiling** wool auction, wool sale. ~**vesel** wool fibre, wool staple. ~**vet** wool grease/fat/wax, lanolin. ~**vleis(skaap)ras** woolled mutton breed. ~**vlokkie** (wool) flock. ~**was** wool wax. ~**wassery** wool washing/scouring; wool washery, (wool-)scouring mill. ~**wewer** wool weaver. ~**wewery** wool weaving; wool factory, woollen mill.

**wol·ag·tig** *-tige* woolly.

**wolf** *wolwe, (Canis lupus)* wolf; *(carp.: kind of dovetail)* lewis(son); *(mech.)* willow(ing machine); *(mech.: weaving)* devil, gin; *(metall.)* bloom; *(mus.)* wolf; *die W~, (astron.)* Lupus, the Wolf; *iem. vir die wolwe gooi* throw s.o. to the wolves; *'n* ~ *in skaapsklere* a wolf in sheep's clothing; *(van)* ~ *skaapwagter maak* set the wolf to keep the sheep, set the fox to keep the geese; *'n trop wolwe* a pack of wolves. ~**-en-jakkals(-)storie** fox and wolf (or wolf and fox) story. ~**hond** German shepherd (dog); wolfhound, wolf dog; *Ierse* ~ Irish wolfhound; *Russiese* ~ borzoi. ~**spinnekop** *(fam.* Lycosidae*)* wolf/hunting spider. ~**wyfie, wyfiewolf** she-wolf. ~**yster** wolf trap.

**wolf·ag·tig** *-tige* wolfish, lupine.

**wol·fie** *-fies, n. (dim.)* wolf cub/whelp.

**wolf·ram** *(chem., symb.:* W) tungsten, wolfram. ~**karbied** tungsten carbide. ~**staal** tungsten steel.

**wolf·ra·miet** *(min.)* wolframite.

**wolfs·** ~**boontjie, wolfboontjie** lupin. ~**bout** lewis bolt. ~**kruid** baneberry, herb christopher. ~**melk** *(bot.)* spurge, wolf's milk, milkweed. ~**tand** wolf's tooth; *(brickwork)* dog-tooth; gullet tooth *(of a saw)*; tooth ornament, dog-tooth. ~**vel** wolfskin. ~**wortel** wolfsbane.

**wol·haar** woolly hair. ~**hond** woolly dog, shaggy dog, shock-dog. ~**praatjies:** *(wilde)* ~ wild talk, wild and woolly words. ~**storie** *-ries* wild/rubbishy tale, tall story, shaggy-dog story; ~*s vertel, (infml.)* tell tall stories.

**wolk** *wolke, n.* cloud *(also fig.); in* ~*e* **gehul** cloud-capped *(mountain); in die* ~*e wees, (infml., fig.)* be delighted, tread/walk on air, be up in the air, be on a cloud, be in the seventh heaven, be over the moon; *in die* ~*e oor iets, (also, infml.)* jubilant/overjoyed at s.t.; *die* ~*e pak saam* the clouds gather, the sky clouds over; *agter die* ~*e skyn tog die son* every cloud has a silver lining; *in 'n* ~ *(van)* **stof** in a cloud of dust, clouded in dust; *uit die* ~*e val* drop from the skies/clouds; come down to earth with a bump; *iem. tot in die* ~*e verhef* laud/extol/praise s.o. to the skies. ~**bank, wolkebank** bank of clouds, stratus. ~**bou** cloud formation. ~**breuk** cloudburst, deluge. ~**dekking** cloud cover. ~**laag, wolkelaag** cloud layer, stratus. ~**vorming** cloud formation.

**wolk·ag·tig** *-tige* cloudy, cloud-like.

**wol·ke·:** ~**dak, wolkdak** cloud canopy. ~**gesig** cloudscape. ~**krabber** *-bers* skyscraper. ~**leer** nephology. ~**plafon** (cloud) ceiling. ~**skildering** skyscape. ~**stapel** cloud rack.

**wol·ke·loos, wolk·loos** *-lose* cloudless, unclouded, azure, clear *(sky).*

**wol·ke·rig** *-rige* cloudy, clouded; nebulous, vague, woolly *(fig.).* **wol·ke·rig·heid** cloudiness; woolliness, nebulosity *(fig.).*

**wol·le·rig** *-rige* woolly *(lit.);* lanate(d); fleecy. **wol·le·rig·heid** woolliness, fleeciness; *(fig.)* wooziness.

**wol·le·tjie** *-tjies* piece of fluff/fuzz; flock; *(in the pl., also)* fuzz.

**wol·lig** *-lige* fleecy, woolly; →WOLLERIG.

**wol·we·:** ~**-ent** hipped end *(of a roof).* ~**gat** wolf's lair. ~**gif** strychnine. ~**hoek, wolfhoek** hip *(on a roof).* ~**hok** wolf trap. ~**kos** *(bot.)* ink plant.

**wom·bat** *-bats, (Austr. zool.)* wombat.

**wond** *wonde, n.* wound; trauma; hurt, sore, injury; *'n* ~ **behandel/verbind** dress *(or* put a dressing on *or* apply a dressing to) a wound; *'n* ~ **heg/toewerk/toenaai** put in stitches; *jou* ~*e lek* lick one's wounds; *ou* ~*e oopkrap/oopmaak* (re)open old sores. **wond** *ge-, vb.* wound, injure, hurt, traumatise *(s.o.); swaar ge-* badly wounded; *ge-* word receive a wound, be/get wounded. ~**(heel)middel** *-dele, -dels* traumatic, vulnerary (remedy). ~**merk** *(med., bot.)* cicatrix. ~**roos** *(pathol.)* erysipelas, St. Anthony's fire, the rose. ~**salf** healing ointment/salve. ~**teken** stigma. ~**versorging, ~behandeling** dressing of wounds. ~**weefsel** *(bot.)* callus.

**wond·baar** *-bare* vulnerable.

**won·der** *-ders, (poet.) -dere, n.* wonder, marvel, miracle, prodigy; portent; ~ **bo** ~ miracle of miracles, wonder of wonders; *by a miracle (or* amazing good fortune) *(s.t. happened or did not happen); dis* **byna** *'n* ~ it is little short of a miracle/wonder; *dis 'n* ~ *dat ...* it's a wonder that ...; ~*s* **doen** work marvels/wonders, do/perform miracles; *en dit is* **geen** ~ *nie* and (it is) no wonder; *(dis)* **geen** ~ *dat ... nie* (it's) little/no/small wonder that ...; it's hardly/not surprising that ...; *die sewe* ~*s van die wêreld* (of wêreldwonders) the seven wonders of the world; *'n naam/ens. wat* ~*s* **verrig** a name/etc. to conjure with. **won·der** *ge-, vb.* wonder, marvel; ~ **of** ... wonder whether ...; ~ *oor iets* muse about/on/over s.t.; ~ *wat ...* wonder what ... ~**beeld** miraculous image. ~**boom(vy)** wonderboom (fig). ~**daad** miracle, wonder. ~**dier** prodigious beast, monster, monstrosity, freak. ~**doener** wonder-worker, miracle man/monger/worker, thaumaturgist. ~**dokter** medicine man; quack. ~**gat** sink (hole), swallow hole. ~**gawe** miraculous gift. ~**goed** *adv.* wondrously/superbly well. ~**gras** wonder grass. ~**jaar** year of wonders, annus mirabilis. ~**kind** child prodigy, wonder child, wunderkind. ~**krag** miraculous power. ~**kuur** miraculous cure, wonder cure. ~**lamp** wonderful/magic lamp;

Aladdin's lamp. **~land** wonderland. **~mag** miraculous pow=
er. **~mens** human wonder, prodigy, phenomenon, won=
derful person. **~middel** -dele, -dels, **~medisyne** miracle/
wonder drug, wonder remedy, panacea, heal/cure-all; quack
medicine/remedy. **~mooi** exquisite, exceedingly/marvel=
lously beautiful. **~peper** allspice, pimento, Jamaica pepper.
**~pil** (med., infml.) magic bullet. **~seun** boy wonder, wonder
boy. **~skoon** -skone wonderful, exquisite, exceedingly/mar=
vellously beautiful. **~spreuk** magic words, magic formula/
spell; paradox. **~sprokie** fairy tale. **~steen** wonderstone.
**~teken** miraculous sign, miracle. **~verhaal** -verhale mirac=
ulous story; teratology. **~water** medicinal water. **~wêreld**
wonder(ful) world. **~werk** -werke miracle, wonder; (in the
pl., also) mighty works; dis 'n absolute ~, dis niks minder as
'n ~ nie it's a real miracle; dit is 'n klein/taamlike ~ it is
something of a miracle (infml.); ~e verrig perform/work
miracles, work wonders. **~wiel** (toy) thaumatrope.

**won·der·baar·lik** -like miraculous, marvellous, wonderful,
wondrous.

**won·der·lik** -like -liker -likste, adj. (weird and) wonderful,
wondrous, miraculous, providential, marvellous, (sl.) awe=
some, (sl.) groovy; die ~ste daarvan is dat ... the marvel of
it is that ...; dit is ~ dat ... it is wonderful that ...; 'n ~e ding
a marvel; dink jy is ~ think one is the cat's whiskers/pyja=
mas (infml.); gewoonweg ~ perfectly wonderful; iets is ~,
(also, infml.) s.t. is a gas; dit is ~ om te ... it is wonderful to
... **won·der·lik** adv. wonderfully, gorgeously; ~ genoeg for
a wonder, strangely enough. **won·der·lik** interj. bully!
(infml.), cool! (sl.), sharp-sharp! (SA sl.). **won·der·lik·heid**
strangeness, queerness, oddness, wonderfulness.

**wo·ning** -nings dwelling, abode; residence, (private) house,
home; habitation; 'n gratis ~ hê have a house rent-free.
**~aanleg** housing project/scheme. **~nood, ~skaarste, ~te·**
**kort** housing shortage. **~verskaffing** housing.

**wo·ning·bou** housing, house-building; domestic architec=
ture. **~plan** housing scheme/project. **~program** housing
programme. **~projek** housing estate.

**wo·ning·loos** homeless.

**wo·nin·kie** -kies, n. (dim.) small house/dwelling, cottage,
maison(n)ette.

**won ton(-sop)** (Chin. cook.) won ton (soup).

**woon** ge- live, stay, reside, dwell; keep; be domiciled (fml.);
**alleen** ~ live alone, live on one's own; **by** ... ~ reside at/in ...
(an address); **by iem.** ~ live/stay with s.o.; make one's home
with s.o.; **op jou eentjie** ~ live alone, live by o.s.; **op/in** ...
**gaan/kom** ~ take up residence at/in ...; make one's home
at/in ...; in Durban/ens. **gaan** ~ settle in Durban/etc.; **in 'n**
**woonstel/ens.** ~ live in a flat/etc.; **in** ... ~ live/reside at/in ... (a
city, suburb); **op** ... ~ live/reside at/in ... (a town, village);
**saam met iem.** in/op ... gaan ~ settle with s.o. in ...; **waar** ~
**iem.?** where does s.o. live?; **weg van iem.** ~ live apart from
s.o.. **~adres** home address. **~arbeider** labour tenant. **bus·**
**(sie)** camper. **~buurt** -buurte residential quarter/suburb/
township/area. **~erf** residential erf/plot. **~gebied** residen=
tial area; habitat. **~gebou** residential building. **~huis** resi=
dence, (dwelling) house, homestead; mansion; tenement.
**~kamer** -mers living room; morning room; lounge; (in the
pl., also) quarters, lodging(s). **~plek** dwelling place, (place
of) residence, lodging(s), abode, home; domicile; habita=
tion; home town; sonder vaste ~ of no fixed abode; natuur=
like ~ habitat (of animals and plants). **~reg** right of occupa=
tion/possession. **~ruimte** living space; houseroom. **~stel** →
WOONSTEL. **~wa** caravan, (Am.) trailer. **~wapark** caravan
park, (Am.) trailer park. **~wyk** residential quarter.

**woon·ag·tig** (fml.) resident, living; op/in ... ~ wees live (or
be resident) at/in ...

**woon·baar** -bare inhabitable.

**woon·stel** -stelle flat, apartment; (na) 'n ~ soek be flat-hunt=

ing; gaan ~ soek, na ~le gaan kyk go flat-hunting. **~bewo·**
**ner** flat-dweller. **~blok, ~gebou** block of flats, apartment
block. **~maat** flatmate. **~soekery** flat-hunting.

**woon·stel·le·tjie** n. (dim.) small flat, flatlet.

**woord** woorde word; term; saying; speech; tidings, message;
(in the pl., also) lyrics (of a song); aan die ~ wees be speaking
(or holding the floor); (infml.) be up; jou ~e afbyt clip one's
words; op iem. se ~ (af)gaan take s.o. at his/her word; iets
uit iem. se ~e aflei understand s.t. from s.o.'s words; uit iem.
se ~e aflei dat ... understand from s.o. that ...; met ander ~e
in other words; that is to say ...; 'n goeie begrip/begryper
het 'n halwe ~ nodig a word to the wise is enough; bemoe=
digende ~e words of cheer; ('n) mens kan dit nie met ~e be=
skryf/beskrywe nie words cannot describe it; by jou ~ bly
stick to one's word; jou ~ breek/verbreek break (or go
back on) one's word; iets onder ~e bring put s.t. into words;
die daad by die ~ voeg suit the action to the word; met ~ en
daad in word and deed; iem. se ~e en dade stem ooreen s.o.
practises what he/she preaches; ~e in dade omsit translate
words into action; die ~ doen be (or act as) (the) spokes=
man/-woman/-person; iem. kan sy/haar ~ goed doen s.o. is a
good speaker; nie 'n dooie/enkele ~ sê nie not say a single
word; nie 'n dooie ~ nie, (infml.) not a peep; in/met een ~ in
a/one word, to be brief; dit is in een ~ ... it is downright (or
little/nothing short of) ... (disgraceful etc.); iem. se ~ is sy/
haar eer s.o.'s word is (as good as) his/her bond; op my ~
van eer on my word of honour; iem. se eie ~e s.o.'s very
words; met sy/haar eie ~e out of his/her own mouth; geen
enkele ~ nie not one word; iem. het sy/haar ~ teenoor ... ge=
breek/verbreek s.o. broke faith with ...; ek gee jou my ~
(van eer) you can/may take my word for it; jou ~ daarop gee
give one's word for it; geen ~ nie not a word; niemand het
'n ~ gesê nie no one raised his/her voice; die gesproke ~
the spoken word; jou ~ gestand doen keep one's word; geen
~ daarvan glo nie not believe a word of it; iem. op sy/haar ~
glo take s.o. at his/her word; Gods W~, die W~ van God the
Word (of God); 'n goeie ~ vir ... doen put in (or say) a
good word for ...; groot ~e big words; iem. het net 'n halwe
~ nodig s.o. can take a hint; harde/kwaai/streng ~e hard
words; die ~ hê have the floor; met iem. ~e hê/kry/wissel
have words with s.o.; ... het die ~, (also) I call upon ... to
speak; ek wil geen ~ van jou hoor nie! I don't want to hear a
peep out of you! (infml.); ~ hou keep (or stick to or be as
good as) one's word; teenoor iem. ~ hou, (also) keep faith
with s.o.; iem. aan sy/haar ~ hou hold s.o. to his/her word;
iem. se ~e indrink hang (up)on s.o.'s lips/words; jou ~e
sorgvuldig kies weigh one's words; aan die ~ kom take the
floor; iem. se ~e was nog nie koud nie, toe ... s.o. had hardly
spoken when ...; geen ~ uit iem. kry nie not get a word out
of s.o.; die laaste ~ hê/spreek have the final say; have the
last word; iem. se laaste ~e s.o.'s dying words; dit nie by ~e
laat nie follow up words with deeds; 'n lelike ~ a bad
word; let op my ~e! mark my words!; ~e maak coin words;
'n man/vrou van sy/haar ~ a man/woman of his/her word,
as good as one's word; 'n moeilike/swaar ~ a hard word;
iem. ~e in die mond lê put words into s.o.'s mouth; ~e ont=
breek my words fail me; iets in 'n paar ~e stel/sê put s.t. in
a nutshell; nou praat ek geen ~ meer nie! now I've seen it all!
(infml.); die/'n ~ tot iem. rig address s.o.; geen ~ sê not
say a word, keep completely silent; 'n paar ~e sê say a few
words; sonder om 'n ~ te sê without a/another word, word=
lessly; ~e soek search (or be at a loss) for words, struggle
to speak; iets met soveel ~e sê put it in so many words; iem.
het feitlik met soveel ~e gesê ... s.o. as good as told me ...
(infml.); iem. te ~ staan see someone, give/grant s.o. an in=
terview, listen to s.o., give s.o. a hearing; iem. aan die ~ stel
call (up)on s.o. (to speak); die volgende spreker aan die ~ stel
call on the next speaker; geen stomme ~ nie never a word;
oor jou ~e struikel, na ~e soek bumble, stumble; ~e te=

*rugtrek* withdraw words; *iem. sal sy/haar ~e moet terug= trek, (also)* s.o. will have to eat/swallow his/her words; *'n ~ tussenin kry* get a word in (edgeways); *iets in ~e uitdruk* put s.t. into words; *iem. kon geen ~ uitkry nie* s.o. could not utter a word; *geen ~ teenoor iem. laat val nie* not breathe a word to s.o.; *~e verdraai* twist words; *die ~e vergeet, (an actor)* forget the words, *(infml.)* dry up; *~e verspil (op iets)* waste words (on s.t.); *weer ~e vind* find one's voice; *ek kan geen ~e vind nie* words fail me; *~ vir ~* word for word, verbatim; *die ~ voer* do the talking; address a meeting; *die ~ vooraf by ...* the preface to ...; *daar is geen ~ van waar nie* there is not a word of truth in it; *iem. se ~ is wet* s.o.'s word is law, what s.o. says goes; *~e wissel, (also)* exchange words; *wyse ~e* words of wisdom. **~afbreking, ~skeiding** hyphe= nation, word division. **~afleiding** =dinge, =dings etymology, derivation of words. **~aksent** word accent/stress. **~beteke= nis** word meaning. **~betekenisleer** semantics. **~blind** word= blind. **~blindheid** word blindness, alexia. **~familie** family of words. **~gebruik** use of words, usage, wordage. **~getrou** word for word. **~groep** word group. **~herhaling** repetition of words; tautology. **~keuse** choice of words, phraseology. **~kuns** art of writing, literary art, creative writing. **~kunste= naar** literary artist, creative writer. **~misbruik** misuse of words, catachresis. **~ontlening** =ninge, =nings loan word; borrowing. **~orde** word order. **~raaisel** word puzzle; cha= rade. **~ryk, woorderyk** =ryke rich in words, with a large vo= cabulary; articulate; wordy, verbose, prolix, effusive. **~ryk= heid, woorderykheid** verbosity, wordiness, verbiage. **~sif= ter** quibbler, hair-splitter. **~siftery** quibbling, hair-splitting. **~skildering** word picture; word painting. **~smid** word= smith. **~soekspeletjie** wordsearch. **~soektog** wordsearch. **~soort** part of speech. **~spel, woordespel** play (up)on words, punning, quibbling; pun, quibble. **~speletjie** word game. **~speling** =lings pun, quibble, play (up)on words, wordplay; quip; *'n ~ maak* make a pun; *~s met ... maak* pun on ...; *'n ~ met ...* a pun on ... **~stam** stem. **~telling** *(comp.)* word count. **~towenaar** *(infml.)* spin doctor. **~uitgang** word ending. **~vaardig** articulate. **~verbinding** word combina= tion. **~verbuiging** declension. **~verdraaiing** distortion of words, word twisting. **~verklaring** explanation/definition of a word (*or* words), nominal definition. **~verwerker** word processor. **~verwerking** *(comp.)* word processing. **~~vir= woord-vertaling** one-to-one translation. **~voerder** =ders spokesperson, spokesman, =woman; *'n ~ van/vir ...* a spokesperson for ...; *~ van die/'n party* party spokesman/ =woman/=person. **~vorm** =vorme, =vorms form of a word, word form. **~vorming** word formation/building, formation of words.

**woor·de·:** **~boek** dictionary, lexicon; thesaurus; wordbook; *iem. het 'n ~ ingesluk (of is 'n wandelende) ~* s.o. has swal= lowed a dictionary; *iets in 'n ~ naslaan* look s.t. up in a dictionary; *'n ~ opstel* compile a dictionary; *'n ~ raad= pleeg* consult a dictionary. **~boekmaker, ~boekskrywer** dictionary-maker, lexicographer. **~lys** vocabulary, glossary, list of words, word list; spelling list; wordbook. **~skat** vo= cabulary, stock of words; *(ling.)* lexis. **~stryd** dispute, alter= cation, debate, disputation. **~tal** wordage. **~twis** dispute, slanging match. **~vloed, ~stroom** torrent/flow/spate of words, tirade, *(infml.)* spiel. **~wisseling** exchange (of words), altercation, dispute, argument; *(fig.)* sparring match; *'n ~ met iem. hê* have words (*or* an altercation *or, infml.* a brush) with s.o.; *'n skerp ~* a heated exchange; *'n ~ tussen ...* an al= tercation/exchange between ...

**woor·de·lik** =like, **woor·de·liks** =likse, *adj.* literal, word- for-word, verbal; verbatim *(report)*; *~e vertaling* one-to-one translation; metaphrase. **woor·de·lik, woor·de·liks** *adv.* literally, verbatim, word for word.

**woor·de·loos** =lose wordless, mute.

**woord·jie** =jies, n. (dim.) (little) word; *vir iem. 'n goeie ~*

*doen* say a good word for s.o., put in a (good) word for s.o.; *'n ~ op die hart hê* have a word to say; *mooi ~s in iem. se oor fluister* whisper sweet nothings in s.o.'s ear; *'n paar ~s Frans/ens. ken* have a smattering of French/etc.; *mag ek 'n ~ met jou praat?* may I have a word with you?; *'n ~ privaat* a word in s.o.'s ear; *'n ~ saampraat oor 'n saak* have a voice/say in a matter; speak from experience (*or* with au= thority) on a matter; *'n ~ te sê kry/hê* put in a word; *iem. sou ook graag 'n ~ wil sê* s.o. would also like to put in a word (*or* say a word or two); *nou en dan 'n ~ tussenin sê* throw in a word now and again; *'n ~ laat val* drop a hint.

**worces·ter·sous** Worcester(shire) sauce.

**word** ge=, *vb. (copula)* become, get *(angry, cold, dark, drunk, late, tired)*; grow *(old)*; go *(blind, mad)*; turn *(grey, pale, Demo= crat)*; fall *(due, dumb, silent, ill, in love)*; *(pass. auxiliary)* is, are, *(infml.)* get; *('n) advokaat ~* go to the bar; *dit ~ donker* it is getting dark; *iets ~ geel/ens.* s.t. turns yellow/etc.; ... *het vanjaar 10 ge~ ...* turned 10 this year; *honderd ~* live to be a hundred; *(op die ou end) iets ~* end up as s.t.; *kyk wat (daarvan) ~* see what happens; *('n) matroos ~* go to sea; *dit ~ moeiliker* it is becoming harder; *wat moet van iem. ~?* what is to become of s.o.?; *wat moet daarvan ~?* what is to become of it?; *iem. sal nooit 'n onderwyser/ens. ~ nie* s.o. will never make a teacher/etc.; *verwesen(t)lik ~* come true; *ys ~ water* ice becomes (*or* turns into) water; *iem. wil 'n ... ~ wanneer hy/sy groot is* s.o. wants to be a ... when he/she grows up. **~~gou-gesond-kaartjie** get-well card.

**wor·dend** =dende becoming; nascent; *~e volk* nation in the making.

**wor·ding** genesis, birth, origin, evolution; becoming, forma= tion; *in ~* emergent, nascent, in embryo; *'n ... in ~* a ... in the making.

**wor·dings·:** **~geskiedenis** genesis, evolution; *(biol.)* ontogen= esis. **~jare** formative years. **~leer** ontogeny; genetics. **~tyd** formative period/stage.

**wors** worse sausage; *~ maak van iem., (infml.)* make mince= meat of s.o. **~broodjie** hot dog. **~derm** sausage-casing, -skin. **~hond(jie)** *(breed of dog)* dachshund, *(infml.)* sausage dog. **~masjien** sausage machine. **~rolletjie** sausage roll. **~steek** bullion stitch. **~stopper** sausage-filler. **~vleis** sau= sage meat.

**wor·stel** ge= struggle, *(fig.)* wrestle; scuffle; tussle; *deur iets ~* wade through s.t. *(a report etc.)*; work one's way through s.t.; *met iets ~* grapple/struggle/tussle/wrestle with s.t. *(prob= lems etc.)*; come/get to grips with s.t.; *(poet.)* be in the grip of s.t. *(death etc.)*; *met iem. ~, (usu. fig.)* struggle with s.o.; *teen iets ~* battle against s.t., struggle with s.t.. **~jaar** year of struggle. **~stryd** struggle (for existence), contest.

**wor·ste·ling** =lings, =linge struggle, wrestle, tussle, scrim= mage, grappling, scuffle.

**wors·vor·mig** =mige sausage-shaped; *(biol.)* allantoid.

**wort** wort *(of malt)*.

**wor·tel** =tels, n. root *(of a plant, tooth, nail, etc.)*; carrot; *(math.)* simple proportion; *die ~ van alle kwaad* the root of all evil; *iets met ~ en tak uitroei* eradicate s.t., destroy s.t. root and branch, root s.t. out; *iets met ~(s) en al uitruk/~trek* pull/tear s.t. up by the roots *(a shrub etc.)*. **wor·tel** ge=, *vb.* (take) root; *ge~ in ...* rooted in ... **~blaar, ~blad** root/radi= cal/basal leaf. **~bodem** seat clay/earth. **~boom** mangrove. **~getal** *(math.)* root, surd, exponent. **~groente** root veg= etable(s). **~grootheid** *(math.)* radical quantity/value. **~haar** root/radical hair, fibril(la). **~kanaal** root canal *(of a tooth)*. **~kiem** radicle. **~loot** sucker. **~lowwe** carrot leaves/tops. **~nek** crown *(of a root)*, root neck/collar. **~skiet** wortelge=, *(also fig.)* (take/strike) root, put down roots, become estab= lished. **~skimmel** root rot. **~stok** (root)stock. **~teken** =kens, *(math.)* root sign, radical (sign). **~trekking** *(math.)* extrac= tion of roots, evolution. **~verrotting, ~vrot** root rot. **~woord** root word, radical (word).

**wor·tel·ag·tig** =tige root-like.

**wor·tel·loos** =lose rootless.

**wor·tel·po·ti·ge** =ges, (biol.) rhizopod.

**wor·tel·stan·dig** =dige, (bot.) radical.

**wor·tel·tjie** =tjies, n. (dim.) rootlet, radicle; small carrot.

**wou**[1] woue, n., (orn.) kite.

**wou**[2] vb. would; →WIL vb..

**woud** woude forest, wood. ~**apie, kleinrietreier** (orn.) little bittern. ~**bewoner** forest dweller. ~**groen** forest green. ~**kennis** woodcraft. ~**klimaat** forest climate.

**wraak** n. revenge, vengeance, (infml.) payback; retaliation; ~ **neem** take revenge, get/have one's revenge; op iem. ~ **neem** take revenge on s.o., take vengeance (up)on s.o., exact vengeance from s.o.; get back at s.o. (infml.); op iem. ~ **neem** vir iets, (also) avenge/revenge o.s. on s.o. for s.t.; get one's own back on s.o. for s.t. (infml.); iem. wil ~ **neem** vir iets s.o. seeks vengeance for s.t.; om ~ **roep** cry for revenge; die ~ is **soet** revenge is sweet; ~ **sweer** vow vengeance; uit ~ vir ... in revenge for ... **wraak** ge=, vb., (chiefly jur.) disapprove of, object (or take exception) to (a remark etc.); challenge (a juror); recuse (a judge); query (an item); ge~te woorde contentious/controversial words. ~**engel** avenging angel. ~**gevoel** (re)vengefulness, vindictiveness. ~**godin** =dinne avenging goddess, Nemesis; (in the pl.) Furies.

**wraak·baar** =bare, (chiefly jur.) objectionable; blameable; impeachable; challengeable (juror etc.).

**wraak·ne·ming** revenge, retaliation.

**wraak·sug, wraak·lus** thirst for revenge, vindictiveness, (re)vengefulness. **wraak·sug·tig, wraak·lus·tig** =tige, **wraak·gie·rig** =rige vindictive, (re)vengeful.

**wrag·tig, wrag·tie, wrag·gies** adv., (infml.) really, truly, actually, to be sure; ~ stout/ens. damn (or, sl. helluva) naughty/etc.. **wrag·tig** interj. I'll be damned!, of all things!. ~**waar** adv., (infml.) really and truly; dit het ~ gebeur it really did happen.

**wrak** wrakke, n. wreck, derelict, debris; die motor is 'n totale/volslae ~ the car is a write-off (or total loss). ~**goed** wreckage, flotsam and jetsam, salvage, floatage. ~**hout** wreckage, driftwood, flotsam. ~**stuk** =stukke piece of wreckage; (in the pl.) wreckage, flotsam and jetsam. ~**werf** scrapyard.

**wra·king** =kings, =kinge, (jur.) objection, challenging; censuring; impeachment; recusal (of a judge); challenge (of a juror); query (of an item).

**wrang** wrange wranger wrangste wry; bitter (fig.); ~e humor grim humour. **wrang·heid** wryness; bitterness.

**wreed** wrede wreder wreedste cruel, inhuman, barbarous, ferocious, (infml.) bloody-minded; severe; unmerciful, unfeeling, pitiless, inhumane; die wrede werklikheid grim reality. **wreed·aard** =aards brute, cruel person, ogre. **wreed·aar·dig** =dige cruel, inhuman, barbarous, ferocious, brutal, ogreish. **wreed·aar·dig·heid** cruelty, ferocity, inhumanity, barbarity, brutality. **wreed·heid** =hede cruelty, savagery, savageness, barbarity; tyranny; ~ met/teenoor ... cruelty to ...; ~hede pleeg, aan ~hede skuldig wees commit (or be guilty of) atrocities; skoonheid sonder ~ beauty without cruelty.

**wreek** ge= revenge; avenge (a pers., an insult, injury, etc.); wreak; 'n nederlaag ~ make up for a defeat; jou op iem. ~ vir iets avenge/revenge o.s. (or take/exact revenge or, infml. get one's own back) on s.o. for s.t.. **wre·ker** =kers avenger, revenger.

**wre·wel** =wels resentment, annoyance, spite, rancour, bitterness; 'n ~ teen iem. hê/dra be resentful of s.o.. **wre·wel·rig** =rige, **wre·we·lig** =lige resentful, spiteful, rancorous, bitter; peevish, irritable, crusty, testy; oor iets ~ raak chafe at/under s.t.; iem. vervolg met 'n ~e haat pursue s.o. with a bitter/consuming hatred. **wre·wel·rig·heid, wre·we·lig·heid** resentfulness, spitefulness, bitterness; peevishness, irritability.

**wrie·mel** ge= wriggle, writhe, squirm, squiggle; swarm, crawl, teem. **wrie·me·lend** wiggly, wriggly (worm etc.).

**wring** ge= wring (one's hands); wring (out), mangle (wet clothes); twist (s.o.'s arm); jou hande ~ wring one's hands; iets uit iem. se hande ~ wrest/wrench s.t. from s.o.; jou deur 'n opening ~ wriggle (or worm o.s.) through a hole. ~**garing** twist yarn. ~**krag** torque, torsion. ~**sleutel** torque/torsion wrench. ~**staaf** torsion bar. ~**vastheid** torsional strength.

**wrin·ging** twist(ing), wringing; (mech.) torsion.

**wroeg** ge= worry; struggle; oor iets ~ worry/agonise/fret (or be worried/apprehensive) about s.t.. **wroe·ging** =gings, =ginge remorse, compunction, contrition; deur ~ gekwel stricken/stung with remorse; die ~ van die gewete pangs/stings/qualms of conscience; ~ hê oor iets feel (or be filled with) remorse for s.t.; geen ~ hê nie be without remorse.

**wroem** interj. vroom!. ~**geluid** vroom (of a car engine etc.).

**wroet** ge=, (fig.) burrow, grub.

**wrok** wrokke, n. grudge, spite, rancour, resentment, animus; 'n ~ teen iem. hê/koester bear s.o. a grudge, have a grudge against s.o.; uit ~ out of malice; from spite, out of spite; uit ~ jouself skaad cut off one's nose to spite one's face. **wrok·kig** =kige rancorous, resentful, spiteful. **wrok·kig·heid** resentment, resentfulness.

**wrong** wronge coil, chignon, wreath (of hair).

**wron·gel** (cheese making) curd(s).

**wryf·aan·dry·wing** friction drive.

**wry·wing** =wings, =winge friction (also fig.). ~**spanning** frictional stress.

**wry·wings·: ~elektrisiteit** frictional/static electricity, triboelectricity. ~**hoek** angle of friction. ~**klank** (phon.) fricative, spirant. ~**krag** frictional force. ~**leer** tribology. ~**vlak** friction surface, working surface, friction plane; area of friction (fig.). ~**vry** =vrye frictionless; ~e laer antifriction bearing. ~**weerstand** frictional drag.

**wuif** ge= wave; beckon; undulate; met 'n sakdoek (of jou hand) ~ wave a handkerchief (or one's hand); vir iem. ~ wave to s.o.. ~**groet** ge= wave a greeting (at s.o.). **wui·wend** =wende undulant, undulating; undulate. **wui·wing** =wings, =winge undulation.

**wulf** wulwe, (naut.) transom. ~**balk** wing transom.

**wulk** wulke, (carnivorous marine gastropod) whelk.

**wulp** wulpe, (orn.: Numenius spp.) curlew; whimbrel.

**wulps** wulpse wulpser wulpsste, adj. sexy; voluptuous; lewd, lascivious, lustful, (infml.) saucy; ~e meisie nymphet (infml.). **wulps** adv. sexily. **wulps·heid** sexiness; voluptuousness; lewdness, lasciviousness, lustfulness, (infml.) sauciness.

**wurg** ge= strangle, throttle, choke; strangulate; (intr.) be strangled; choke; aan kos ~ get down food with difficulty; dit het ge~ om ... it was difficult (or a struggle) to ...; voel of jy wil ~ feel as if one is being strangled. ~**greep** deadly grip, stranglehold; 'n ~ op iem. hê have a stranglehold on s.o.; jou uit 'n ~ losruk break a stranglehold. ~**ketting** choke (chain); check collar. ~**knoop** strangling knot. ~**koord** strangling cord. ~**patat** (infml.) choke/white sweet potato. ~**peer** (infml.) choke pear. ~**siekte** croup. ~**stok** garrotte. ~**tang** crimping iron. ~**vy** strangler fig.

**wur·ger** =gers strangler, throttler; choker.

**wurm** wurms, n. worm; maggot, grub; helminth; (mech.) spiral conveyor/feeder. **wurm** ge=, vb. worm, wriggle, twist, corkscrew. ~**afdryfmiddel** =dele, =dels, ~**afdrywer** =wers vermifuge, (ant)helminthic. ~**besmetting** worm infestation. ~**doder, ~gif** vermicide. ~**frees** (mech.) hob. ~**gat, ~tonnel** (also sc. fiction) wormhole. ~**hopie** wormcast, =casting. ~**koekie** worm cake/tablet/lozenge. ~**kunde** helminthology. ~**middel** =dele, =dels, (med.) vermifuge, (ant)helminthic; vermicide, worm killer. ~**parasiet** intestinal worm, helminth. ~**perspektief** worm's eye view. ~**rat** worm wheel, worm gear. **~siekte** helminthiasis. **~(ver)drywend** *wende* vermifugal, (ant)helminthic.

**wurm·ag·tig** *tige* worm-like; vermicular; vermiform; vermian.

**wurm·pie** *pies, n. (dim.)* small worm; *die arme ~* the poor/ little mite *(fig.)*.

**wurm·vor·mig** *mige* vermiform, vermiculate(d).

**wy** *ge-* ordain *(a priest)*; consecrate *(a bishop, king, chapel, church, bread, wine, etc.)*; devote, dedicate; sanctify, hallow; *jou aan iets ~* devote/dedicate o.s. to s.t.; *moeite/tyd aan iets ~* devote effort/time to s.t.; *jou lewe aan ... (toe)~* consecrate one's life to ... **~biskop** suffragan (bishop). **~water** holy/ lustral water. **~waterbak(kie)** holy water font/basin, *(RC)* aspersorium.

**wyd** *wye wyer wydste, adj. & adv.* wide *(trousers, shoes, world, etc.)*; spacious, spac(e)y, roomy; ample, expansive; *wye* **draai/kromming** slow curve; *'n wye* **draai** *om iem. loop/ maak* give s.o. a wide berth; *'n wye* **gewete** an elastic conscience; *iets wyer* **maak** widen s.t.; *let s.t. out (a garment);* ream s.t. *(a hole); wye* **oop** *ruimtes* wide-open spaces; *'n venster/deur/ens. wat ~* **oop** *staan* a wide-open window/door/ etc.; *~* **oopgespreide** *bene* wide-open legs; *jou mond ~* **oopmaak** open your mouth wide; *die baadjie* **sit** *te ~* the coat fits too loosely; *~ en* **syd** far and wide/near; *~* **uitgestrek** vast; sprawling. **~gespreid(d)** *spreide* straggling *(branches, roots, etc.)*. **~gestrek** *strekte* wide spreading, far-flung. **~loper** *(cr.)* wide. **~strekkend** *kende* widespread(ing), extensive, farflung; wide, sweeping, sprawling, straggling; spreading *(tree)*. **~versprei(d)** *spreide* widespread, widely diffused/spread; sprawling. **~vertak** *takte* widespread; *'n ~te familie* a widely extended family.

**wyd·heid** wideness, broadness, roominess, spaciousness.

**wy·ding** *dinge, dings* consecration, ordination, sanctification, dedication; *(no pl.)* devotion; *(hoër) ~e* holy orders. **wydings·diens** service of dedication; consecration service.

**wyd·lo·pig** *pige* prolix, diffuse, lengthy, long-winded, circuitous, discursive, digressive, devious, wordy, verbose; *~e verhaal* rambling story. **wyd·lo·pig·heid** prolixity, diffuseness, long-windedness, discursiveness.

**wyds·been, wyds·be·ne** astride, astraddle, stride-legged; *~ ry* sit astride a horse; *(infml., joc.)* straddle a road *(when driving); ~ op ... sit* sit astride ...; *~ staan oor ...* straddle/bestride ...

**wyd·te** *tes* width, breadth; *(rly.)* gauge; calibre *(of a gun, tube, etc.)*; range; spread; deepness *(of a border, edge)*. **~wasser** *sers,* **~waster** *ters* gauge washer.

**wy·e·:** **~bekfles** wide-mouthed jar. **~doekformaat** widescreen format. **~hoeklens** wide-angle(d) lens. **~skerm-TV** wide-screen TV.

**wyf** *wywe, (derog.): kwaai ~* shrew, hag, vixen; *'n ou ~, (infml., derog.)* an old bag; *(said of a man)* an old woman. **wyf·ag·tig** *tige* shrewish, ill-natured *(woman)*.

**wy·fie** *fies* female *(animal); (orn.)* hen; mate. **~bobbejaan, bobbejaanwyfie** female baboon. **~haas** doe. **~jakkals, jakkalswyfie** vixen. **~kat, katwyfie** tabby (cat), queen. **~konyn** doe. **~pou** peahen, peafowl. **~swaan** pen. **~voël** hen. **~volstruis, volstruiswyfie** female/hen ostrich.

**wy·fies·:** **~mansmens** *(derog.)* effeminate man. **~varing** *(bot.)* lady fern.

**wyk¹** *wyke, n.* quarter, ward; beat *(of a policeman, woman, etc.)*; area. **~stelsel** ward system.

**wyk²** *n.: die ~ neem* flee; *met iets die ~ neem* make off with s.t.; *die ~ neem na 'n land* take refuge in a country. **wyk** *ge-, vb.* give way/ground, make way, yield, recede, fall back, withdraw, retire; *(danger)* recede; *(fever)* subside; *haastig ~* beat a hasty retreat; *~ende* **kleur** receding colour; *uit ... ~* retreat from ...; *voor ... ~* yield to ... *(superior numbers etc.)*.

**wyks·:** **~besoek** district visit; district/ward visiting. **~be-**

**soeker** district/ward visitor. **~bestuur** ward committee. **~meester** warden.

**wyl** *wyle,* **wy·le¹** *les, n., (fml.)* while, (short) time; *by wyle* at times.

**wy·le²** *adj.* late, deceased; *~ mnr. X* the late Mr X.

**wyn** *wyne* wine; *droë/ligte/rooi/soet/wit/ens. ~* dry/light/ red/sweet/white/etc. wine; *(goeie) ~* vintage; *~* **maak** vint; *~ in die* **man,** *wysheid in die kan* (when) wine (is) in, wit (is) out; *jy kan nie* **nuwe** *~ in ou leersakke gooi nie* you can't teach an old dog new tricks; *iem. op ~ onthaal* wine s.o.; *~ van oorsprong* wine of origin; *deur ~ verhit, (infml.)* flushed with wine; *vrugtige ~, met 'n vrugtegeur* fruity wine. **~asyn** wine vinegar. **~bedryf** wine industry. **~beker** wine cup, goblet. **~bessie** *(Dovyalis rhamnoides)* Cape cranberry, crown berry, wineberry; *(Rubus phoenicolasius)* wineberry; red currant. **~boer** winegrower, viticulturist. **~boerdery** winegrowing, viticulture. **~boks** →WYNDOOS. **~bottel** wine bottle. **~bou** winegrowing, viticulture, viniculture. **~bouer** viticulturist, winegrower, viniculturist. **~distrik** wine district. **~doos, ~boks** wine box. **~drinker** wine drinker. **~druif, ~druiwe** wine grape. **~fles** wine jar; *groot ~* jeroboam. **~gees** spirit(s) of wine, rectified spirit. **~glas** goblet, wineglass; *'n ~ (vol)* a wineglassful. **~handel** wine trade; wine house. **~handelaar, ~koper** wine merchant, vintner. **~jaar** wine year, (year of) vintage; *goeie ~* vintage year. **~joernalis** →WYN(RUBRIEK)SKRYWER. **~kaart** wine list. **~kan** wine jug/can; wine tankard. **~kelder** wine cellar, wine vault; winery. **~kelkie** wineglass. **~kelner** wine steward/waiter. **~kenner** wine connoisseur, oenophile. **~koelvat, ~koeler** wine cooler. **~koper** →WYNHANDELAAR. **~krafie** wine decanter. **~kroeg** wine bar. **~kruik** wine jar. **~kuip** wine vat. **~kunde** oenology. **~kundig** *dige, adj.* oenological. **~kundige** *ges, n.* oenologist. **~land** wine(-producing) country/region. **~liefhebber** oenophile, wine connoisseur. **~lug** winey/vinous smell. **~lys** wine list. **~maker** winemaker. **~makery** *rye* winemaking; winery. **~meter** *(instr.)* vinometer; *(pers.)* wine gauger. **~moer** wine lees/marc. **~oes** vintage. **~offer** wine offering, libation of wine. **~pers(bak)** winepress. **~produserend** *rende* wine-producing. **~proe** *proeë,* **~proewery** wine tasting. **~proewer** wine taster. **~roete** wine route. **~rooi** wine red, vinous, claret-coloured, vinaceous. **~(rubriek)skrywer, ~joernalis** wine writer. **~ruit** *(bot.)* rue. **~ruit(haakdoring)** *(Acacia mellifera)* black thorn, hook-thorn. **~sak** winebag, -skin, -bottle; *(infml.)* tippler, boozer, soak; *(tarred leather tankard/jug)* blackjack. **~smaak** vinous/winey taste, taste of wine. **~sous** wine sauce. **~steen** *(potassium hydrogen tartrate)* argol; (cream of) tartar. **~steensuur** tartaric acid. **~steensuursout** tartrate. **~stok** (grape)vine. **~streek** wine(-producing) region. **~vaatjie, ~vat** wine cask. **~vlek** wine stain. **~vlieg, ~suiper** *(infml.)* boozer, drunk, tippler. **~vlies** *(on old port etc.)* beeswing. **~vomitief** ipecacuanha (wine), ipecac.

**wyn·ag·tig** *tige* winey, vinous.

**wyn·kleu·rig** *rige* vinous, claret-coloured, vinaceous.

**wys¹** *wys(e) wyser wysste, adj. & adv.* wise, sensible, sage, sapient, prudent; *nie* **goed/reg** *~ wees nie, (infml.)* not be right in one's head, not be all there, have a screw loose (somewhere); *net so ~ as jy was* no wiser (than before), none the wiser, as much in the dark as ever; *hulle sal nooit ~er word nie* they will never learn wisdom; *~e* **raad** judicious advice; *~e* **spreuk** wise saying; *iets ~* **word** make s.t. out; *iets uit ... ~ word* make s.t. of ...; *iem. kan niks uit iets ~* **word** nie s.o. cannot make head or tail of s.t.; *('n) mens kan niks daaruit ~ word nie, (also)* it makes no sense, there is no sense in it. **~begeerte** philosophy.

**wys²** *ge-* show, point out; demonstrate, indicate, direct; *iets aan/vir iem. ~, iem. iets ~* show s.t. to s.o., show s.o. s.t.; *let s.o. see s.t.; alles ~ daarop dat ...* everything points to the fact that ...; *daarop ~ dat ...* point out that ...; *dit ~ net*

**dat** ... it/that goes to prove/show that ...; *~ wat jy kan* **doen** show one's paces; prove o.s.; *met 'n* **gebaar** *~* motion; *die* **huis** *~ noord* the house faces (to[wards] the) north; **na** ... *~* point at ...; point to ...; **na** *iets ~, (also)* point out s.t.; *iem. se* **onderrok** *~, (also fig.)* s.o.'s petticoat is showing; **op** *iets ~* point out s.t.; *iem.* **op** *iets ~* point out s.t. to s.o.; *daar is* **op** *gewys dat* ... it has been pointed out that ...; *die* **pyltjie** *~ (na) links/ens.* the arrow points (to the) left/etc.; *ek sal hom/ haar ~!* I'll show him/her (a thing or two)!; *die* **weerglas** *~ mooi weer* the barometer points to (*or* shows) fine weather. **~vinger** forefinger, index finger, first finger.

**wy·se¹** *wyse(s)* wise man, sage, *(Skt.)* rishi; *die W~(s) uit die Ooste, (NT)* the Wise Men of the East, the three Wise Men, the Magi.

**wy·se²** *wyses* manner, way, fashion; mode; tune; *(gram.)* mood; **by** *~ van dank* by way of thanks; *bywoord van ~, (gram.)* adverb of modality; *op* **dieselfde** *~* in the same way; by the same token; *op (die)* **een of ander** *~* somehow or other; *op* **geen** *~ nie* in no way; *op* **gelyke** *~* in like manner; *op* **generlei** *~* in no way/wise; *op* **geregtelike** *~* by due process (of law); *iets op* **hierdie** *~ doen* do s.t. this way; *by ~ van* **vergelyking** in (*or* by way of) comparison; *op die* **verkeerde** *~* (in) the wrong way; *die ~* **waarop** ... the way in which ...

**wy·ser** *=sers,* **wys·ter** *=ters* hand *(of a watch etc.)*; pointer *(of a balance etc.)*; needle *(of an instr.)*; *(comp.)* cursor; indicator; *(math.)* characteristic; diviner; stylus; *die* **kort/lang** *~* the short/long hand *(of a clock, watch)*; *met die ~s (saam),* **kloks**= *gewys* clockwise; *teen die ~s in, antikloksgewys* counter= clockwise, anticlockwise; *die ~s* **terugdraai,** *(fig.)* put/set/ turn the clock back. **~plaat** dial (plate), indicator dial; face, dial *(of a clock, watch, etc.)*.

**wys·geer** *=gere* philosopher, sage, *(Skt.)* rishi. **wys·ge·rig** *=rige* philosophical. **wys·ge·rig·heid** philosophic(al) spirit, philosophy.

**wys·heid** *=hede* wisdom; prudence, judiciousness, policy; *(in the pl., also)* witticisms; *meen jy het die ~ in pag* (think you) know all the answers.

**wy·sie** *=sies* tune, melody, air, strain; *'n* **ander** *~ sing, (fig.)* change one's tune, sing another (*or* a different) tune; *iem. van sy/haar ~* **bring,** *(fig.)* put s.o. off/out, fluster/unsettle s.o.; *die ~* **hou** sing in tune; *op die ~ van* ... to the tune of

...; *'n* **pakkende** *~* a catchy tune; *iem.* **raak** *van sy/haar ~ (af), (infml.)* s.o.'s mind becomes unhinged, *(infml.)* s.o. loses (*or* begins to lose) the plot; *van die ~ af* out of tune; *van jou ~ af, (infml.)* out of one's mind/head/senses, off one's head/rocker; *is jy* **van** *jou ~ af?, (infml.)* are you out of your mind?, have you taken leave of your senses?, *(infml.)* are you nuts?.

**wy·sig** *ge=* modify, alter, change; amend; adjust; adapt; vary; qualify; *iets ~ tot* ... alter/change s.t. to ...; *'n bevel ~, (jur.)* vary an order. **wy·sig·baar** *=bare* amendable, variable, mod= ifiable. **wy·si·ging** *=gings, =ginge* modification, alteration, change; variation; adjustment; adaptation; amendment; mu= tation; *'n ~ in iets* **aanbring** make an alteration in s.t.; *~s in 'n wet* **aanbring** amend (*or* make amendments to) an act; *~ van 'n* **bevel,** *(jur.)* variation of an order; *'n ~* **ondergaan** undergo a change, be modified/altered; be amended; *die ~ van iets* **tot** ... the alteration of s.t. to ...; *'n wetsontwerp* **tot** *~ van 'n wet* a bill to amend an act; *~ van die* **weersge**= **steldheid** weather modification.

**wy·si·gings·:** **~bevel** *(jur.)* variation order. **~wet** amend= ing act. **~wetsontwerp** amendment bill; *~ op die grondwet* constitution amendment bill.

**wys·lik** wisely; advisably.

**wys·maak** *wysge=:* **iem.** *iets ~* hoodwink s.o.; **jouself** *iets ~* delude o.s.; **jouself** *~ dat* ... make believe that ...; *dit* **kan** *jy (of laat ek) my nie ~ nie!* tell me another! *(infml.)*; *iem.* **laat** *hom/haar alles ~* anything will go down with s.o., s.o. will swallow anything, s.o. is very easily imposed upon; *jy moet jou* **niks** *laat ~ nie* don't let them fool you. **wys·ma·ker** bluffer. **wys·ma·ke·ry** bluff(ing), make-believe.

**wys·neus** *(derog.)* wiseacre, know-(it-)all, prig, pedant, *(infml.)* smarty-pants, *(Br., infml.)* clever dick, *(sl.)* smart= arse; *(klein) ~* punk. **wys·neu·sig** *=sige* conceited, pedantic, priggish, self-opinionated, *(infml.)* clever-clever. **wys·neu**= **sig·heid** conceit, pedantry, priggishness.

**wys·ter** →WYSER.

**wyt** *ge=* lay at the door of, accuse, blame; ... *aan iem./iets ~* blame ... on s.o./s.t.; *te ~e aan* ... due to ...; owing to ...; *dit aan jouself te ~e hê dat* ... have o.s. to blame for ...

**wy·ting** *(Eur. icht.)* whiting.

**wy·we·praat·jie** idle gossip; old wives' tale; →OUVROUE= PRAATJIE, OUWYWEPRAATJIE, WYF.

# Xx

**x** *x'e,* **X** *X'e, (24th letter of the alphabet)* x, X; *(Rom. numeral 10)* X. **~-as** X-axis. **X-chromosoom** *(genet.)* X chromo= some. **x'ie** *x'ies* little x.

**Xan·t(h)ip·pe** *(wife of Socrates)* Xant(h)ippe; *(a nagging woman, also x~)* Xant(h)ippe, xant(h)ippe.

**xan·tien** *(biochem.)* xanthine.

**xan·to·fil** *(biochem.)* xanthophyll.

**xan·toom** *(med.)* xanthoma.

**xe·no·fo·bie** xenophobia. **xe·no·fo·bies** *-biese* xenophobic.

**xe·no·liet** *-liete, (geol.)* xenolith.

**xe·non** *(chem., symb.:* Xe*)* xenon.

**xe·no·oor·plan·ting** xenotransplantation *(of tissue or or= gans between species).*

**xe·ro·fiel** *-fiele, (bot., zool.)* xerophilous.

**xe·ro·fiet** *-fiete, (bot.)* xerophyte, drought-resistant/drought-resisting plant. **xe·ro·fi·ties** *-tiese* xerophytic, drought-re= sistant; drought-resisting.

**xe·ro·se** *(med.)* xerosis.

**Xe·rox** *n., (trademark)* Xerox. **xe·rox** *ge=, vb., (rare)* Xerox, xerox.

**Xho·sa** *-sas, (member of a people)* Xhosa; *(no pl.), (lang.)* Xhosa.

**xi·fi·ster·num** *(anat., zool.)* xiphisternum, xiphoid pro= cess.

**xi·fo·ïed** *-iede, adj., (biol.)* xiphoid.

**xi·leem** *(bot.)* xylem.

**xi·leen** *(chem.)* xylene.

**xi·lo·foon** *-fone, -foons, (mus. instr.)* xylophone.

**xi·lo·gra·fie** xylography. **xi·lo·gra·fies** *-fiese* xylographic(al).

**xi·lo·karp** *-karpe, (bot.)* xylocarp. **xi·lo·kar·pies** *-piese* xylo= carpous.

**xi·lo·se** *(chem.)* xylose.

**Xi·tso·nga** →Tsonga.

**X-straal** *-strale, (also x~)* X-ray, roentgen ray; … *met ~-strale behandel* X-ray … **~foto** *-to's,* **~plaat** *-plate* X-ray (pho= tograph); *~'s/~plate* (of, infml. *plate) van … neem* X-ray … **~masjien** X-ray machine.

# Yy

**y** *y's*, **Y** *Y's*, *(25th letter of the alphabet)* y, Y; *lang* ~ *(letter)* y. **~-as** Y-axis. **Y-chromosoom** *(genet.)* Y chromosome. **Y-frontonderbroek** Y-fronts. **Y-pyp** Y-pipe, wye. **y'tjie** *y'tjies* little y. **Y-vormig** Y-shaped.

**ya·ku·za** *(Jap. criminal organisation or a member thereof)* yakuza.

**Yan·kee** *-kees*, **Yank** *Yanks, (a native of the US, often derog.)* Yankee, Yank.

**y·del** *ydel(e) ydeler ydelste* vain *(pers., endeavour, etc.)*; conceited *(pers.)*; idle *(words)*; empty *(talk, threat)*; vainglorious; *~(e) hoop* vain/fond hope; *dit is 'n ~(e) hoop* there is no hope of that. **y·del·heid** *-hede* vanity; vainglory; futility. **y·del·lik:** *'n naam ~ gebruik* take a name in vain.

**yk** *n.* gauge, verification *(or* stamping and verifying*)* of weights and measures. **yk** *ge-*, *vb.* gauge, stamp and verify, assize; hallmark; calibrate; →GEYK. **~gewig** standard weight. **~kantoor** weights and measures office, gauging/assize office. **~merk** assize stamp/seal.

**y·ker** *-kers* gauger; inspector of weights and measures; calibrator.

**y·king** calibration.

**yl**[1] *n.* haste; *in aller ~* in a (great) hurry, in great/hot haste, with all speed; at great/high speed. **yl** *ge-*, *vb.* hasten, hurry, rush. **y·lings** hurriedly, hastily, in hot haste.

**yl**[2] *ge-*, *vb.* be delirious; wander *(in one's mind)*; rave. **y·lend** *ylende* delirious; raving; *~e koors* delirium; delirious fever. **yl·hoof·dig** *-dige* light-headed, delirious. **yl·hoof·dig·heid** light-headedness; delirium. **y·ling** raving, delirium.

**yl**[3] *yl(e) yler ylste, adj.* thin *(air, beard)*; sparse; meagre; rare, rarefied *(atmosphere)*; tenuous *(air)*; elusive; *'n ~ baardjie* a straggling/straggly/wispy beard; *die koring staan baar ~* the wheat has come up very thinly/sparsely; *~ raak/word* rarefy. **~geweefde materiaal** open weave, open-weave fabric. **yl·heid** thinness, sparseness; rarity *(of atmosphere)*; tenuity, tenuousness.

**York·shire** *(geog.)* Yorkshire. **~terriër** *(also* y~*)* Yorkshire terrier.

**young·bes·sie** youngberry.

**yp·si·lon** *-lons, (20th letter in the Gr. alphabet)* upsilon.

**ys** *n.* ice; *(drug sl.: methamphetamine)* ice; *met ~ bedek* glaciated; *die ~ breek, (lit. & fig.)* break the ice; *jou op gladde ~ bogeef/begewe/waag, (fig.)* be skating/treading on thin ice; *met ~, (a drink)* with ice, *(infml.)* on the rocks. **ys** *ge-*, *vb.* shudder, shiver; *~ *as jy dink wat kon gebeur het* shudder at the thought of what might have happened; *dit het iem. laat ~* s.o.'s blood ran cold; *iets laat iem. ~ s.t.* makes s.o.'s blood run cold, s.t. makes s.o.'s flesh creep. **~afsetting** icing, ice formation, accretion of ice. **~baan** skating-rink, ice rink. **~ballet** ballet on ice. **~bank** ice shelf; ice bank; ice floe/float. **~beer** polar bear. **~berg** (ice)berg; *dis net die puntjie van die ~* it is just/only the tip of the iceberg. **~bergslaai** iceberg lettuce. **~bestryder** de-icer. **~blink** ice-, snowblink. **~blok** block of ice; ice floe/float. **~blokkie** ice cube. **~blou** ice-blue *(eyes etc.)*. **~breker** ice-breaker; iceboat. **~byl** ice axe. **~dek** ice sheet, ice cap; ice cover. **~emmer(tjie)** ice bucket. **~fabriek** iceworks, ice factory. **~glas** frosted glass. **~grond** permafrost. **~grot** ice cave. **~hokkie** ice hockey. **~kamer** refrigerating chamber. **~kap** ice cap. **~kas** refrig-

erator, fridge; cooler; →KOELKAS; *iets in die ~ sit, (fig.: postpone s.t.)* keep/put s.t. on ice, put s.t. on the back burner; *in die ~, (fig.: be postponed)* on ice, on the back burner. **~kastert** fridge tart. **~keël, ~kegel** icicle, ice spicule. **~kors** crust of ice; frost *(in a refrigerator)*. **~koud** *-koue, adj.* ice-cold, icy (cold), icily cold, freezing, gelid, frozen; *iets laat iem. ~ s.t.* leaves s.o. stone-cold; *~ word van iets* feel a chill down one's spine; *'n ~koue ontvangs* a wintry reception. **~koud** *adv.* icily. **~laag** ice sheet/stratum. **~man** *(infml., archaeol.)* iceman. **~masjien** ice/freezing machine, freezer. **~massa** ice pack, mass of ice. **~modder** sludge ice, slush. **~naald** ice needle/spicule, (thin) icicle. **~(naald)mis** ice fog. **~periode** ice age, glacial period. **~pik** ice pick. **~plaat** ice sheet. **~reën** sleet. **~ryp** glazed frost, glaze ice. **~see** polar sea, frozen ocean; *die Noordelike Y~* the Arctic Ocean; *die Suidelike Y~* the Antarctic Ocean. **~skaats** →YSSKAATS. **~skots** ice floe/float. **~slee** luge, ice-sledge. **~sopie** highball; swizzle. **~spoor** crampon. **~steen** *(chem., min.)* cryolite. **~stokkie** ice lolly/sucker. **~tyd(perk)** ice age, glacial period. **~val** icefall. **~veld** ice field/sheet; *drywende ~* ice isle. **~vertoning** ice show. **~vlakte** ice sheet. **~voël** *(Gr. myth.)* halcyon; *(orn.)* kingfisher. **~vorming** glaciation; icing (up), ice formation/accretion. **~vos** arctic fox. **~vrieskas** fridge-freezer. **~vry** ice-free; *~e water* open water. **~water** ice(d) water. **~werk** icework. **~wolk** ice cloud.

**ys·ag·tig** *-tige* icy.

**ys·been** aitchbone.

**y·se·re** iron *(fig.)*; *'n ~ gestel* an iron constitution.

**y·sig** *-sige, adj.* icy, (as) cold as ice; cutting; freezing; wintry; *~e koue* iciness; *'n ~e wind het gewaai* an icy wind blew, the wind blew icily. **y·sig** *adv.* icily; cuttingly; *~ koud* icily cold. **y·sig·heid** iciness.

**y·sing·wek·kend** *-kende* appalling, ghastly, gruesome, spine-chilling, hair-raising, terrifying.

**Ys·land** Iceland. **Ys·lan·der** *-ders* Icelander. **Ys·lands** *n., (lang.)* Icelandic. **Ys·lands** *-landse, adj.* Icelandic; Iceland. **ys·land·spaat** *(min.)* Iceland spar.

**ys·lik** *-like* huge, enormous, immense, tremendous, mammoth, *(attr.)* jumbo(-sized); *(infml.)* ginormous, mega; *~ groot* frightfully big; *'n ~e leuen* a spanking/thundering *(or* thumping [great]) lie, *(infml.)* a banger/whopper; *'n ~e ... a* great big ... *(stone etc.)*; *'n ~e getal stemme kry/ontvang/trek (of op jou verenig)* rack up a whopping number of votes; *met 'n ~e telling van 74-0 wen* rack up a 74-0 win. **ys·lik·heid** *-hede* enormousness.

**ys·skaats** *n.* ice skate; ice-skating. **ys·skaats** *ge-*, *vb.* ice-skate. **~baan** ice rink. **~dans** ice dance/dancing. **~vertoning** ice show.

**ys·skaat·ser** ice-skater.

**ys·ter** *-ters, (also* strykyster*)* iron; branding iron; (horse)shoe; runner *(of a sledge)*; *(golf)* iron; blade *(of a skate)*; *(no pl.), (chem., symb.: Fe)* iron; *'n (stuk) ~* a piece of iron; *smee die ~ solank dit warm is* strike while the iron is hot; *te veel ~s in die vuur hê, (fig.)* have too many irons in the fire *(or* balls in the air). **~aar** iron lode. **~beton** ferroconcrete; ferrous concrete. **~erts** iron ore. **~fabriek** ironworks. **~ghwano** basic slag. **~gietery** iron foundry, ironworks. **~glans** *(min.)* iron glance. **~goed** ironware. **~gordyn** *(hist., fig.)* Iron Curtain. **~grou, ~grys** iron grey. **~handel** iron trade. **~handelaar**

hardware shop/store. ~**hard** *=harde* (as hard as) iron. ~**hout** ironwood, coast assegai, wild olive. ~**katel** iron bedstead. ~**kleur** →YSTERKLEUR. ~**klip** ironstone; dolerite. ~**kruid** ver= bena. ~**long** iron lung. ~**man** *=manne* iron man. ~**myn** iron mine. ~**oksied** *(chem.)* ferric/iron oxide. ~**paal** iron post/ pole; fencing standard. ~**perd** *(infml.: motorcycle, locomotive)* iron horse. ~**plaat** iron plate; iron sheet, sheet of iron; hard ironstone. ~**plettery** iron mill. ~**pyp** iron tubing. ~**roes,** ~**smet** iron mould. ~**saag** metal-/iron-cutting saw, hack= saw. ~**skêr** iron cutter/shears. ~**skimmel** iron-grey (horse). ~**skroot** scrap iron. ~**slak** iron slag, dross. ~**smedery** (iron) forge, ironworks. ~**smeltery** iron-foundry. ~**smid** *=smede* blacksmith. ~**spaat** *(min.)* siderite. ~**staaf** iron bar; *(ru)*~ pig. ~**sterk** strong as iron; cast-iron; hard-wearing. ~**(stok)** *(golf)* iron. ~**sulfaat** *(chem.)* iron sulphate, copperas, green vitriol. ~**sulfied** *(chem.)* iron sulphide. **Y~tyd(perk)** *(archaeol.)* Iron Age. ~**vark** →YSTERVARK. ~**verbinding** iron compound. ~**vreter** fire-eater, swashbuckler. ~**vuis** iron fist; *met 'n ~ regeer* rule with an iron hand (*or* a rod of iron); *met 'n ~ vas= hou* hold with a grip of iron. ~**ware** hardware, ironware. ~**warewinkel** hardware shop. ~**werk** ironwork.

**ys·ter·ag·tig** *=tige* iron(-like); ferruginous, ferrous.

**ys·ter·hou·dend** *=dende* ferriferous; ferrous.

**ys·ter·kleur** iron grey. **ys·ter·kleu·rig** *=rige* iron-coloured, -grey.

**ys·ter·vark** *=varke, (zool.)* porcupine; *(naval)* hedgehog. ~**gat** porcupine burrow/hole. ~**mannetjie** male porcupine. ~**pen** porcupine quill. ~**wyfie** female porcupine.

**ys·ter·var·kie** *=kies, (cook.)* lamington.

**yt·ter·bi·um** *(chem., symb.:* Yb*)* ytterbium.

**yt·tri·um** *(chem., symb.:* Y*)* yttrium.

**yup·pie** *(infml., derog., also* jappie*)* yuppie *(acr.: young ur= ban professional).* **yup·pie·dom** yuppiedom. **yup·pie·fi·seer** *ge=* yuppify. **yup·pie·fi·ka·sie** yuppification. **yup·pie·griep** *(infml.: chronic fatigue syndrome)* yuppie flu/disease.

**y·wer** *n.* diligence, industry, industriousness; zeal, fervour, ardour, keenness, enthusiasm, drive, *(infml.)* get-up-and-go, efforts; *groot ~ aan die dag lê* show great zeal; *met onvermoei= de ~* with unflagging zeal; *met ~ werk* work with zeal. **y·wer** *ge=, vb.* be zealous; *vir 'n saak ~* work (*or* be zealous) for a cause. **y·we·raar** *=raars* keen partisan, zealous adherent, devo= tee, enthusiast; *~ vir ...* stickler for ...; champion of ... **y·we· rig** *=rige, adj. & adv.* diligent(ly), industrious(ly), keen(ly), zealous(ly), strenuous(ly), ardent(ly), assiduous(ly), fervent(ly); *~ besig met ...* intent (*or* busily engaged) on ..., keenly occu= pied with ... **y·we·rig·heid** diligence, industry, zeal, keenness.

# Zz

**z** *z's, z'e*, **Z** *Z's, Z'e, (26th letter of the alphabet)* z, Z. **z-staaf, z-stang** Z-bar. **z'tjie** *='tjies* little z. **z-yster** Z-iron.

**Za·ïre** *(geog., hist.: 1971-97)* Zaire; →KONGO.

**Zam·be·zi(·ri·vier)** Zambezi (River).

**Zam·bi·ë** *(geog.)* Zambia. **Zam·bi·ër** *=biërs, n.* Zambian. **Zam·bies** *=biese, adj.* Zambian.

**Zan·zi·bar** *(geog.)* Zanzibar; *van ~* Zanzibari. **Zan·zi·ba·ri** *=ri's, n.* Zanzibari.

**Za·ra·thoes·tra** →ZOROASTER.

**Zen-Boed·dhis·me, zen·boed·dhis·me** *(Jap. relig.)* Zen Buddhism. **Zen-Boed·dhis·ties, zen·boed·dhis·ties** *=tiese* Zen Buddhist.

**Ze·ner·di·o·de** *(electron.)* Zener diode.

**zep·pe·lin** *=lins* zeppelin *(also Z~)*.

**ze·ro** *=ro's* zero. **~-opsie** *(int. nuclear disarmament proposal)* zero option. **~(-)toleransie** *(policing)* zero tolerance. **~-uur** zero hour.

**Zeus** *(Gr. myth.)* Zeus.

**zig·goe·rat** *=rats* ziggurat.

**zil·joen** *=joene, (infml.)* zillion; *~e ...* zillions of ... **zil·joe·nêr** *=nêrs* zillionaire.

**Zim·bab·we** *(geog.)* Zimbabwe. **~-ruïnes** Zimbabwe ruins.

**Zim·bab·wi·ër** *=wiërs* Zimbabwean. **Zim·bab·wies** *=wiese* Zimbabwean.

**Zim·mer(·loop)·raam** *(trademark, also z~)* Zimmer (frame) *(for the infirm)*.

**zin·ni·a** *=nias, (bot.)* zinnia.

**zits** *ge=* whizz; blast.

**zlo·ty** *=tys, (monetary unit of Poland)* zloty.

**Zoe·loe** *=loes,* **Zu·lu** *=lu's, n., (member of a people)* Zulu; *(no pl.), (lang.)* Zulu.

**zoem** *n.* buzzing, humming, droning. **zoem** *ge=, vb.* buzz, hum, drone; zoom. **~lens** *(phot.)* zoom (lens). **~skoot** *(phot.)* zoom shot. **~toon** buzz(ing) tone.

**zoe·mer** *=mers* buzzer.

**zol** *zolle, (sl.: a cannabis cigarette)* joint, *(SA)* zol, reefer, spliff.

**zom·bie** *=bies* zombie.

**Zo·ro·as·ter, Za·ra·thoes·tra** *(Persian prophet)* Zoroaster, Zarathustra. **Zo·ro·as·tris** *=triste, (also z~)* Zoroastrian, Mazdaist. **Zo·ro·as·tris·me** *(also z~)* Zoroastr(ian)ism, Mazdaism. **Zo·ro·as·tris·ties** *=tiese, (also z~)* Zoroastrian, Mazdaist.

**Zu·lu** →ZOELOE.

**Zü·rich** Zurich.

# Afkortings
*Sien punt 10 op bl. xvi.*

---

**A**

**A** ampère • ampere(s) **A**

**Å** ångström • ångström(s), angstrom(s) **Å, A**

**a.** *annum* jaar • *annum* year **a.**

**a., art.** artikel • article **art.**; section **s., sect.**

**AA** Alkoholiste Anoniem • Alcoholics Anonymous **AA**

**AA** Automobiel-Assosiasie (van Suid-Afrika) • Automobile Association (of South Africa) **AA**

**a.a.** afskrif(te) aan • carbon copy/copies **cc, c.c.**

**AAB** Anti-Apartheidsbeweging • Anti-Apartheid Movement **AAM**

**aanh.** aanhaling • quotation **quot.**

**aanh.** aanhangsel • appendage **app.**

**aank.** aankoms • arrival **arr.**

**aans.** aansluiting • junction **junc.**

**aant.** aantekening • note **n.**

**aantt.** aantekeninge • notes **n.**

**aanw.** aanwysend(e); →DEM.; aanwyser • demonstrative; demonstrative **dem.**

**aardr.** aardrykskunde; aardrykskundig(e), • geography; geographic(al) **geog.**

**AAV** Amateuratletiekvereniging • Amateur Athletic Association **AAA**

**AB** afleweringsbrief • delivery note **DN**

**AB** Afrikanerbond • **AB**

**AB** Algemeen Beskaaf(de), algemeen beskaafd(e), Algemeenbeskaaf(de), algemeenbeskaafd(e) *(taal)* • standard *(speech)*

**a.b.** aan boord • on board **o.b.**

**a/b** afgebring • brought down **b/d**

**ABB** aktiewe bedienerbladsye • active server pages **ASP**

**ABC** alfabet • alphabet **ABC**

**ABC** Australiese Uitsaaikorporasie • Australian Broadcasting Corporation **ABC**

**ABM** antiballistiese missiel(stelsel) • antiballistic missile (system) **ABM**

**ABO** Anglo-Boereoorlog • Anglo-Boer War **ABW**

**ABS** sluitweerremstelsel • antilock braking system **ABS**

**ABSA, Absa** Amalgameerde Banke van Suid-Afrika • Amalgamated Banks of South Africa **ABSA, Absa**

**AC** *Anno Christi* in die jaar van Christus • *Anno Christi* in the year of Christ **AC**

**ACDP** • African Christian Democratic Party **ACDP**

**ACSV** Afrikaanse Christen-Studentevereniging • **ACSV**

**ACVV** Afrikaanse Christelike Vrouevereniging • **ACVV**

**AD** *Anno Domini* in die jaar van ons Here; →N.C. • *Anno Domini* in the year of our Lord **AD, A.D.**

**AD, adj.dir.** adjunkdirekteur • deputy director **dep. dir.**

**ad inf.** *ad infinitum* tot die oneindige • *ad infinitum* to infinity **ad inf.**

**ad val.** *ad valorem* volgens die waarde • *ad valorem* in proportion to the value **ad val., a.v., A/V**

**ad.** *adagio* stadig • *adagio* slow **ad.**

**adb.** adelbors • midshipman **Mid.**

**ADC** aide de camp, aide-de-camp • aid(e)-de-camp **ADC, a.d.c.**

**ADG** adjunk-direkteurgeneraal • deputy director-general **DDG**

**adj.** adjektief; adjektiwies(e); →B.NW. • adjective; adjectival **a., adj.**

**adj.** adjunk • deputy **dep.**

**adj.dir., AD** adjunkdirekteur • deputy director **dep. dir.**

**adj.min.** adjunkminister • deputy minister **dep. min.**

**adjt.** adjudant • adjutant **adj., adjt, adjt.**

**adm.** admiraal • Admiral **Adm.**

**admin.** administrasie; administratief, -tiewe; administrateur • administration; administrative; administrator **adm., admin.**

**ADT** aanbevole dieettoelaag • recommended daily/dietary allowance **RDA**

**adv.** advokaat • advocate **adv.**

**advt.** advertensie • advertisement **advt**

**advv.** advokate • advocates **advs.**

**AE** Algemene Era; →AD • Common Era **CE**

**aet.** *aetatis* oud, in die ouderdom van • *aetatis* at the age of, of the age **aet., aetat.**

**afd.** afdeling; →DIV. • division **div.**

**afk.** afkorting • abbreviation **abbr., abbrev.**

**afl.** afleiding • derivation; derivative **der.**

**AFP** • Agence France-Presse **AFP**

**Afr.** Afrika; Afrikaans(e); Afrikaans *(taaln.)* • Africa; African; Afrikaans *(lang.)* **Afr.**

**afs.** afsonderlik(e) • separate **sep.**

**AG** adjudant-generaal; administrateur-generaal; advokaat-generaal • Adjutant General; Administrator General; Attorney General **AG**

**agb.** agbare • Honourable **Hon.**; Venerable **Ven.**

**AGHS** aandag(s)gebrek-hiperaktiwiteitsindroom • attention deficit hyperactivity disorder **ADHD**

**AGOA, Agoa** • African Growth and Opportunity Act **AGOA, Agoa**

**AHI** Afrikaanse Handelsinstituut • **AHI**

**AJV** algemene jaarvergadering • annual general meeting **AGM**

**akk.** akkusatief, -tiewe • accusative **acc.**

**AKP(-state)** Afrika-, Karibiese en Pasifiese (state) • African, Caribbean and Pacific (States) **ACP (States)**

**al.** *alias* anders genoem • *alias* also known as **AKA, a.k.a., aka**

**al.** *alinea* reël • *alinea* line **l.**

**alg.** algebra; algebraïes(e) • algebra; algebraic **alg.**

**alg.** algemeen, -mene • general **gen.**

**allo.** *allegro* lewendig, vinnig • *allegro* at a brisk speed **allo**

**Am., Amer.** Amerika; Amerikaans(e) • America; American **Amer., Am.**

**AM** amplitudemodulasie • amplitude modulation **AM, am, am.**

**AMV** afwesig met verlof • absent with leave **AWL**

**ANC** • African National Congress **ANC**

**and.** *andante* in 'n matige tempo • *andante* at a moderately slow tempo **and.**

**anon.** anoniem(e) • anonymous **anon.**

**ANSI, Ansi** • American National Standards Institute **ANSI, Ansi**

**ANZUS, Anzus** • Australia, New Zealand, and the United States **ANZUS, Anzus**

**AO, ao.** adjudant-offisier • Warrant Officer **WO**

**AOO** algemene onderwys en opleiding • general education and training **GET**

**AP** • Associated Press **AP**

**APEX, Apex** vooruit betaalde ekskursie • Advance Purchase Excursion **APEX, Apex**

**APK** Afrikaanse Protestantse Kerk • **APK**

**APLA, Apla** • Azanian People's Liberation Army **APLA, Apla**

**app.** appellant • appellant **app.**

**Apr.** April • April **Apr.**

**arb.** arbeid • labour **lab.**

**art.** artillerie • artillery **art., arty.**

**As.** Angel-Saksies(e) • Anglo-Saxon **AS**

**as.** aanstaande; →PROX.

**ASA** Atletiek Suid-Afrika • Athletics South Africa **ASA**

**asb.** asseblief; →S.V.P. • please

**ASCII** Amerikaanse Standaardkode vir Inligtingsuitruiling • American Standard Code for Information Interchange **ASCII**

**ASEA, Asea** • African Stock Exchanges Association **ASEA, Asea**

**ass.** assosiaat • associate **assoc.**

**asst.** assistent • assistant **asst**

**assur.** assuransie • insurance **ins.**

**AST** Atlantiese Standaardtyd • Atlantic Standard Time **AST**

**astrol.** astrologie; astrologies(e) • astrology; astrological **astrol.**

**astron.** astronomie; astronomies(e) • astronomy; astronomical **astron., astr.**

**ASV** Afrikaanse Skrywersvereniging • **ASV**

**ASV** afwesig sonder verlof • absent without leave **AWOL, A.W.O.L.**

**ATA** Afrikaanse Taalatlas • **ATA**

**ATKB** Afrikaanse Taal- en Kultuurbond • **ATKB**

**ATKV** Afrikaanse Taal- en Kultuurvereniging • **ATKV**

**atl.** atletiek • athletics **athl.**

**atm.** atmosfeer; atmosferies(e) • atmosphere; atmospheric **atm.**

**ATP** Vereniging van Beroepstennisspelers • Association of Tennis Professionals **ATP**

**attr.** attributief, -tiewe • attributive **attrib.**

**AU** Afrika-unie • African Union **AU**

**Aug.** Augustus • August **Aug.**

**Austr.** Australië; Australies(e) • Australia; Australian **Aust.**

**AV** (Engelse) Statevertaling • Authorised Version (of the Bible) **AV**

**AVB** algemene verkoopbelasting • General Sales Tax **GST**

**avdp.** avoirdupois(gewig) • avoirdupois weight **av., avdp., avoir.**

**AWA** agterwielaandrywing • rear-wheel drive **rwd**

**AWACS, Awacs** lugwaarskuwing-en-beheerstelsel • airborne warning and control system **AWACS, Awacs**

**AWS** *Afrikaanse woordelys en spelreëls* • **AWS**

**AZAPO, Azapo** • Azanian People's Organisation **AZAPO, Azapo**

**AZASM, Azasm** • Azanian Students' Movement **AZASM, Azasm**

**AZT** asidotimidien • azidothymidine **AZT**

### B

**B** bel • bel(s) **B, b**

**b.** baie • very **v, v.**

**b.** breedte • breadth **B., b.**

**b., bn.** biljoen; →MILJ. • trillion

**b., geb.** gebou • bowled **b.**

**B.A.(Regte), BA(Regte)** Baccalaureus Artium in (die) Regte • Bachelor of Arts in Law **BA(Law)**

**B.A.Hons., BAHons, B.A.(Hons.), BA(Hons)** *Baccalaureus Artium-Honneurs, Baccalaureus Artium Honores/Honoris, Baccalaureus Artium cum Honoribus* Baccalaureus Artium (Honneurs), Honneursbaccalaureus Artium • Bachelor of Arts (Honours), Honours Bachelor of Arts **BAHons, BA(Hons)**

**bal.** balans • balance **bal.**

**BAP, Bap** Burgerlike Alliansie vir die Parlement • **BAP, Bap**

**bar.** bariton • baritone **barit.**

**bar.** barometer; barometries(e) • barometer; barometric **bar.**

**B.Arch., BArch** *Baccalaureus Architecturae* Baccalaureus in (die) Argitektuur • Bachelor of Architecture **BArch**

**BASA, Basa** • Business and Arts South Africa **BASA, Basa**

**BASIC** • Beginners' All-purpose Symbolic Instruction Code **BASIC**

**bat., bn.** bataljon • Battalion **Bn, bn**

**batt.** battery • battery **batt., btry**

**BAV** buitengewone algemene vergadering • extraordinary general meeting **EGM**

**BBB** bruto binnelandse besparing • gross domestic saving **GDS**

**BBB** bruto binnelandse besteding • gross domestic expenditure **GDE**

**BBC** Britse Uitsaaikorporasie • British Broadcasting Corporation **BBC**

**BBP** baie belangrike persoon • very important person **VIP**

**BBP** bruto binnelandse produk • gross domestic product **GDP**

**B.Com., BCom** *Baccalaureus Commercii* Baccalaureus in (die) Handel • Bachelor of Commerce **BCom**

**BD** besturende direkteur • Managing Director **MD**

**BD** bloeddruk • blood pressure **BP**

**BD, B.D.** *Baccalaureus Divinitatis* Baccalaureusgraad in (die) Godgeleerdheid • Bachelor of Divinity **BD**

**bd.** boulevard • boulevard **Blvd**

**bde., brig.** brigade • brigade **Bde, bde**

**bdr.** bombardier • bombardier **Bdr**

**BEBS** Beskermingseenheid vir Bedreigde Spesies • Endangered Species Protection Unit **ESPU**

**beeldh.** beeldhoukuns • sculpture **sculp.**

**Belg.** België; Belgies(e) • Belgium; Belgian **Bel., Belg.**

**BEO** Buro vir Ekonomiese Ondersoek • Bureau for Economic Research **BER**

**bep.** bepaald(e) • definite **def.**

**bep.** bepaling • definition **def.**

**BeS** bevare seeman • able(-bodied) seaman **AB**

**bes.** besending • consignment **cons.**

**bes.** besitlik(e) • possessive **poss.**

**best.** bestelling • order **ord.**

**best.** bestuurder • manager **Mgr**

**bet.** betaal(de), betaald(e) • paid **pd**

**bev.** bevelvoerder • commander **Cmdr**

**bev.** bevolking • population **pop.**

**bew.** bewerking • version n, **ver.**

**Bfn.** Bloemfontein • Bloemfontein **Bfn.**

**BG** bevelvoerende generaal • General Officer Commanding **GOC**

**b.g.** beurt gesluit • declared **dec.**

**BGV** Beroepsgholfspelersvereniging • Professional Golfers' Association **PGA**

**BHF** baie hoë frekwensie • very high frequency **VHF**

**bibl.** biblioteek • library **lib.**

**B.Ing., BIng** *Baccalaureus Ingeneriae* Baccalaureus in (die) Ingenieurswese • Bachelor of Engineering **BEng**

**biol.** biologies(e); biologie • biological; biology **biol.**

**BIOS, Bios** basiese invoer-/afvoer-stelsel • Basic Input/Output System **BIOS, Bios**

**BIS** bestuursinligtingstelsels • management information systems **MIS**

**BIV** Bank vir Internasionale Verrekening • Bank for International Settlement **BIS**

**BK** beslote korporasie • close corporation **CC**

**bk.** bank • bank **bk**

**bk.** boek • book **bk**

**b.k.** bokas, hoofletter • upper case, capital letter **u.c.**

**bl.** bladsy; →P. • page **p.**

**ble.** bladsye; →PP. • pages **pp.**

**BLF** baie lae frekwensie • very low frequency **VLF**

**BLO** Burgerlugvaartowerheid • Civil Aviation Authority **CAA**

**bls.** balansstaat • balance sheet **bs**

**B.M., BM** *Baccalaureus Medicinae* Baccalaureusgraad in (die) Medisyne • Bachelor of Medicine **BM**

**BMT** bus en minibustaxi • bus and minibus taxi **BMT**

**B.Mus., BMus** *Baccalaureus Musicae, Baccalaureus Musicologiae* Baccalaureus in (die) Musiek; →Mus.B., MusB • Bachelor of Music **BMus**

**BMX** • bicycle motocross **BMX**

**BNI** Brandstofnavorsingsinstituut • Fuel Research Institute **FRI**

**BNI** bruto nasionale inkomste • gross national income **GNI**

**BNP** bruto nasionale produk • gross national product **GNP**

**b.nw.** byvoeglike naamwoord; →ADJ. • adjective **a., adj.**

**BO** bevelvoerende offisier • Commanding Officer **CO**

**b.o.** blaai om • please turn over **PTO**

**b.o., b.&o.** bed en ontbyt • bed and breakfast **b. & b.**

**boekh.** boekhou; boekhouding • bookkeeping **bkk., bookk.**

**BOL** Beweging van Onverbonde Lande • Non-Aligned Movement **NAM**

**BOOV** basiese onderwys en opleiding vir volwassenes; → BVOO • basic education and training for adults **BETA**

**bosb.** bosbou • forestry **for.**

**Bot.** Botswana • Botswana **Bot.**

**bot.** botanie; botanies(e) • botany; botanical **bot.**

**B.Phil., BPhil** *Baccalaureus Philosophiae* Baccalaureus in (die) Filosofie • Bachelor of Philosophy **BPhil**

**BPI** besteebare persoonlike inkomste • disposable personal income **DPI**

**Bpk.** Beperk • Limited **Ltd**

**Bq** becquerel • becquerel **Bq**

**Br.** Brits(e); →BRIT. • British **Br., Brit.**

**br.** breedte(graad) • (degree of) latitude **lat.**

**br.** broeder, broer • brother **b., br., bro.**

**Bras.** Brasiliaans(e); Brasilië • Brazilian; Brazil **Braz.**

**brig.** brigadier • Brigadier **Brig.**

**brig.genl.** brigadier-generaal • Brigadier General **Brig. Genl.**

**br. in X** broeder in Christus • Brother in Christ **Bro. in X**

**Brit.** Brittanje; →Br. • Britain **Br., Brit.**

**bro., bt.** bruto • gross **gr., gro.**

**brs.** broeders, broers • brothers **bros.**

**BSA** Besigheid Suid-Afrika • Business South Africa **BSA**

**B.Sc., BSc** *Baccalaureus Scientiae* Baccalaureus in (die) Natuurwetenskappe • Bachelor of Science **BSc**

**BSE** • bovine spongiform encephalopathy **BSE**

**BSS** Britse standaardspesifikasie • British Standard(s) **BS**

**BSW** buitesintuiglike waarneming • extrasensory perception **ESP**

**Bt.** baronet • Baronet **Bart., Bt**

**BTW** belasting op toegevoegde waarde • value-added tax **VAT**

**BUVO, Buvo** Buro vir Universiteits- en Voortgesette Onderwys • **BUVO, Buvo**

**bv.** byvoorbeeld • for instance **f.i.**

**BVM** bruto voertuigmassa • gross vehicle weight **GVW**

**BVOO** basiese volwassene-onderwys en -opleiding • basic adult education and training **BAET**

**b.v.p.** been voor paaltjie • leg before wicket **l.b.w.**

**BW** betaalbare wissel(s) • bill(s) payable **BP, B/P**

**bw., byw.** bywoord; bywoordelik(e) • adverb; adverbial **adv.**

**Byb.** Bybel; Bybels(e) • Bible; Biblical **Bib.**

**byl.** bylaag, bylae • appendix **app.**; enclosure **enc., encl.**

**byv.** byvoegsel • supplement **supp., suppl.**

## C

**C** *centum* Romeinse 100 • *centum* Roman numeral 100 **C**

**C** Celsius • Celsius **C**

**C** coulomb • coulomb(s) **C**

**c** sent • cent **ct**

**c** sent • cent(s) **c, c.**

**c** sentiliter • centilitre(s) **c**

**c., ca.** *circa* ongeveer, omstreeks • *circa* about, approximately **c, c., ca, ca.**

**c., con.** *contra* teen • *contra* against **con.**

**CAD** rekenaargesteunde ontwerp • computer-aided design **CAD**

**CADCAM, Cadcam** rekenaargesteunde ontwerp en vervaardiging • computer-aided design and (computer-aided) manufacture **CADCAM, cadcam**

**CAF** Konfederasie van Afrika-sokker • Confederation of African Football **CAF**

**CAM, Cam** rekenaargesteunde vervaardiging • computer-aided manufacturing **CAM, Cam**

**cap.** *caput* hoofstuk; →HFST. • *caput* chapter **c., ch., chap.**

**cap., per cap.** *per capita* per hoof • *per capita* for each person **per cap.**

**CAT** gerekenariseerde aksiale tomografie • computerised axial tomography **CAT**

**cc** kubieke sentimeter • cubic centimetre(s) **cc**

**CD** *Corps Diplomatique* diplomatieke korps • *Corps Diplomatique* Diplomatic Corps **CD**

**cd** kandela • candela **cd**

**CD** kompakskyf, laserskyf • compact disc **CD**

**CD-ROM** kompakskyf-leesalleengeheue • compact disc read-only memory **CD-ROM**

**CDV** kompakskyfvideo • compact-disc video **CDV**

**cf.** *confer(atur)* vergelyk; →VGL. • *confer(atur)* compare **cf., cp.**

**CFK** chloorfluoorkoolstof • chlorofluorocarbon **CFC**

**cg** sentigram • centigram(s) **cg**

**CGH** Casteel de Goede Hoop-dekorasie • Castle of Good Hope Decoration **CGH**

**cgs** sentimeter-gram-sekonde • centimetre-gram-second **cgs**

**Ch.M., ChM** *Chirurgiae Magister* Meester in (die) Chirurgie • Master of Surgery **ChM**

**chem.** chemie; chemies(e); →SKEIK. • chemistry; chemical **chem.**

**Chin.** Chinees *(taaln.)*; Chinees, -nese • Chinese *(lang.)*; Chinese **Chin.**

**CHO** Christelike Hoër Onderwys • Christian Higher Education **CHE**

**Chr.** Christelik(e), christelik(e); Christus • Christian; Christ **Chr.**

**Ci** curie • curie **Ci**

**CIA** Amerikaanse Intelligensiediens • Central Intelligence Agency **CIA**

**CICR, IKRK** *Comité international de la Croix-Rouge* Internasionale Komitee van die Rooi Kruis • *Comité international de la Croix-Rouge* International Committee of the Red Cross **ICRC**

**CITES, Cites** Konvensie oor Internasionale Handel in Bedreigde Spesies van Wilde Fauna en Flora • Convention on International Trade in Endangered Species of Wild Fauna and Flora **CITES**

**cm** sentimeter • centimetre(s) **cm**

**CMR** Christelike Maatskaplike Raad • **CMR**

**CNN** • Cable News Network **CNN**

**CNO** Christelik-nasionale (*of* christelik-nasionale) onderwys • Christian National Education **CNE**

**COBOL, Cobol** • common business(-)oriented language **COBOL, Cobol**

**COD** • *Concise Oxford Dictionary* **COD**

**C of E** • Church of England **C of E**

**COMESA, Comesa** Gemeenskapsmark vir Oos- en Suider-Afrika • Common Market for Eastern and Southern Africa **COMESA, Comesa**

**cos** cosinus; →KOT • cosine **cos**

**COSAS, Cosas** • Congress of South African Students **COSAS, Cosas**

**COSATU, Cosatu** • Congress of South African Trade Unions **COSATU, Cosatu**

**cosec** cosecans; →KOSEK • cosecant **csc, cosec**

**cot** cotangens; →KOT • cotangent **cot**

**c.q.** *casu quo* in welke geval • *casu quo* in which case **c.q.**

**CSV** Christenstudentevereniging • Students' Christian Association **SCA**

**CV, cur.vit.** *curriculum vitae* • *curriculum vitae* **CV**
**cwt** sentenaar • hundredweight **cwt**

## D

**D** Romeinse 500 • Roman numeral 500 **D**
**D.** Duits; Duits(e); →Dɪ. • German *(lang.);* German
**d** desiliter • decilitre(s) **d**
**d.** dag • day **d.**
**d.** *denarius* pennie(s) • *denarius* penny, pennies **d.**
**d.** diesel • diesel **d.**
**d.** dogter • daughter **d, d.**
**DA** Demokratiese Alliansie • Democratic Alliance **DA**
**D/A, d.a.** dokumente teen akseptasie • documents against acceptance **D/A, d.a.**
**DALRO, Dalro** Dramatiese, Artistieke en Letterkundige Regte-organisasie • Dramatic, Artistic and Literary Rights Organisation **DALRO, Dalro**
**Dan.** Daniël • Daniel **Dan.**
**dat.** datief • dative **dat.**
**dat.** datum • date **d.**
**DAT** digitale oudioband • digital audio tape **DAT**
**D/b** debietbrief • debit note **D/N, d.n.**
**dB** desibel • decibel(s) **dB, db**
**DBA** dood by aankoms • dead on arrival **DOA**
**DBM** duikbootgelanseerde ballistiese missiel • submarine-launched ballistic missile **SLBM**
**DBMS** databasisbestuurstelsel • database management system **DBMS**
**Dbn.** Durban • Durban **Dbn.**
**DBV** Dierebeskermingsvereniging • Society for the Prevention of Cruelty to Animals **SPCA**
**DC** *da capo* herhaal van die begin af • *da capo* repeat from the beginning **DC**
**d.d.** *de dato* gedateer • *de dato* dated **d.d.**
**DDT** dichloordifenieltrichlooretaan • dichlorodiphenyltrichloroethane **DDT**
**De.** Deens *(taaln.);* Deens(e); Denemarke • Danish *(lang.)* **Dan.**; Danish **Dan.**; Denmark **Den.**
**DEAFSA, Deafsa** Dowe Federasie van Suid-Afrika • Deaf Federation of South Africa **DEAFSA, Deafsa**
**dekl.** deklinasie • declination **dec.**
**del.** *deleatur* skrap • *deleatur* delete **del.**
**Dem.** Demokraat; Demokraties(e) • Democrat; Democratic **Dem.**
**dem.** demonstratief, -tiewe; →AANW. • demonstrative **dem.**
**D en K** dilatasie en kurettering • dilatation and curettage **D and C**
**DENOSA, Denosa** • Democratic Nursing Organisation of South Africa **DENOSA, Denosa**
**dep.** deposito • deposit **dep.**
**dep.** depot • depot **dep.**
**dept.** departement; departementeel, -tele • department; departmental **dept**
**Des.** Desember • December **Dec.**
**Deut.** Deuteronomium • Deuteronomy **Deut.**
**DG** *Dei gratia* deur Gods genade • *Dei gratia* by the grace of God **D.G.**
**DG** *Deo gratias* God sy dank • *Deo gratias* thanks be to God **DG**
**DG, dir.genl.** direkteur-generaal • director-general **DG**
**dg** desigram • decigram(s) **dg, dg.**
**DH** departementshoof • Head of Department **HOD**
**DHN** Departement van Handel en Nywerheid • Department of Trade and Industry **DTI**
**DI** donorinseminasie • donor insemination **DI**
**Di.** Dinsdag • Tuesday **Tu., Tues.**
**d.i.** dit is; →D.W.S.; I.E. • *id est* that is; in other words **i.e.**
**dial.** dialek; dialekties(e) • dialect; dialectal, dialectical **dial.**
**diam.** diameter • diameter **di., dia., diam.**
**digk.** digkuns • poetry **poet.**

**dim.** *diminuendo* afnemend in toonsterkte • *diminuendo* decreasing in loudness **dim.**
**dim.** diminutief, -tiewe • diminutive **dim., dimin.**
**dipl.** diploma • diploma **Dip., dip.**
**dir.** direkteur • director **dir.**
**disk.** diskonto • discount **disc.**
**dist.** distrik • district **dist.**
**div.** diverse • miscellany **misc.**
**div.** dividend • dividend **div.**
**div.** divisie • division **div.**
**DKD** Departement van Korrektiewe Dienste • Department of Correctional Services **DCS**
**Dl.** Duitsland; →D. • Germany **Ger.**
**dl.** deel • volume **vol.**
**DM** *Deutsche Mark, Deutschmark* Duitse mark • German mark **DM**
**dm** desimeter • decimetre(s) **dm**
**dm** duim • inch(es) **in.**
**DMA** direkte geheuetoegang • direct memory access **DMA**
**DME** Departement van Minerale en Energie • Department of Minerals and Energy **DME**
**dnr.** dienaar • servant **serv.**
**DNS** deoksiribonukleïensuur • deoxyribonucleic acid **DNA**
**do.** *ditto* dieselfde • *ditto* the same **do.**
**DO** Direkteur van Onderwys • Director of Education **DE**
**Do.** Donderdag • Thursday **Th., Thurs.**
**dok.** dokument • document **doc.**
**dol.** *dolce* met sagte, soetklinkende toon • *dolce* with soft, sweet tone **dol.**
**dol.** dollar • dollar(s) **dol.**
**DOS** skyfbedryfstelsel • disk operating system **DOS**
**dos.** dosyn • dozen **doz.**
**DOW** Departement van Openbare Werke • Department of Public Works **DPW**
**DP** Demokratiese Party • Democratic Party **DP**
**dpa** • Deutsche Presse-Agentur **dpa**
**DPM, d/m** dele per miljoen • parts per million **ppm**
**dr.** debiteur • debtor **dr**
**dr.** dokter; doktor • Doctor **Dr**
**dr.** *(Gr. geldeenheid)* dragma, dragme • drachma(s) **dr.**
**dr.** *(gewig)* dragme • drachm(s), dram(s) *(weight)* **dr.**
**D/R, d.r.** depositorekening • deposit account **D/A, d.a.**
**DRK** Demokratiese Republiek Kongo • Democratic Republic of Congo **DRC**
**drs.** dokters; doktore • doctors **Drs**
**drs.** doktorandus • doctorand(us) **Drs**
**DStv** digitale satelliettelevisie • digital satellite television **DStv**
**dt.** debiet; debiteer • debit; debit **dt**
**d.t., DT** delirium tremens • delirium tremens **DTs, DT's**
**DTP** lessenaarsetwerk, kantoorpublikasie • desktop publishing **DTP**
**DUA** • Democrat Union of Africa **DUA**
**dupl.** duplikaat • duplicate **dup.**
**DV** *Deo volente* as die Here wil • *Deo volente* God willing **DV**
**dv.** dataverwerking • data processing **DP**
**DVD** Dekorasie vir Voortreflike Diens • Decoration for Meritorious Service **DMS**
**DVD** digitale videoskyf • digital video disk **DVD**
**DVDV** dank Vader dis Vrydag • thank God it's Friday **TGIF**
**dw.** deelwoord • participle **part.**
**dw.** dienswillig(e) • obedient **obdt**
**d.w.s.** dit wil sê; →D.I., I.E. • *id est* that is; in other words **i.e.**
**dwt** • pennyweight **dwt, dwt.**

## E

**E** ecstacy *(dwelmsl.)* • ecstacy **E**
**e.** eetlepel • tablespoon **tbs., tbsp.**
**e.** eeu • century **cent.**
**e.a.** en ander(e); →ET AL. • *et alii* and others **et al.**

**EARS, ears** ernstige akute respiratoriese sindroom • severe acute respiratory syndrome **SARS, Sars**

**EBBS** elektroniese bulletinbordstelsel • electronic bulletin board system **EBBS**

**EBHO** Europese Bank vir Heropbou en Ontwikkeling • European Bank for Reconstruction and Development **EBRD**

**ECU, Ecu, ecu** Europese geldeenheid • European Currency Unit **ECU, Ecu, ecu**

**Edms.** Eiendoms • Proprietary **Pty**

**EDV** elektroniese dataverwerking • electronic data processing **EDP**

**e.e.** *et alibi* en elders • *et alibi* and elsewhere **et al.**

**EEG** elektroënkefalogram, elektro-enkefalogram, elektroënse= falogram, elektro-ensefalogram • electroencephalogram **EEG**

**eerw.** eerwaarde • Reverend **Rev., Revd**

**Ef.** (Brief aan die) Efesiërs • (Epistle to the) Ephesians **Eph., Ephes.**

**EFO** elektroniese fondsoorplasing • electronic funds transfer **EFT**

**EFTPOS, Eftpos** elektroniese fondsoorplasing by verkoop(s)= punt • electronic funds transfer at point of sale **EFTPOS**

**e.g.** *exempli gratia* byvoorbeeld • *exempli gratia* for example **eg., e.g.**

**Egip.** Egipte; Egipties(e) • Egypt **E, Eg.**; Egyptian **E, Eg., Egypt.**

**EGWAS, Egwas** Ekonomiese Gemeenskap van Wes-Afrika-state • Economic Community of West African States **ECOWAS, Ecowas**

**EIEU** eerste in, eerste uit • first in, first out **FIFO**

**eil.** eiland • island, isle **I., Is.**

**eint.** eintlik(e) • proper **prop.**

**EKA** Ekonomiese Kommissie vir Afrika • Economic Com= mission for Africa **ECA**

**EKG** elektrokardiogram • electrocardiogram **ECG**

**ekon.** ekonomie; ekonomies(e) • economy; economic **econ.**

**Eks.** Eksellensie • Excellency **Exc.**

**Eks.** Eksodus • Exodus **Ex., Exod.**

**eksp.** eksperiment • experiment **exp.**

**EKT** elektrokonvulsiewe terapie • electroconvulsive therapy **ECT**

**ekv.** enkelvoud; →SING. • singular **s., sing.**

**elektr.** elektries(e); elektrisiteit • electric(al); electricity **elec., elect.**

**ELINT, Elint** elektroniese intelligensie • electronic intelli= gence **ELINT, Elint**

**ELK** Evangelies(-)Lutherse Kerk • Evangelical Lutheran Church **ELC**

**EM** Eerste Minister • Prime Minister **PM**

**EME, e.m.e.** elektromagnetiese eenheid • electromagnetic unit **EMU, e.m.u.**

**EMK, e.m.k.** elektromotoriese krag • electromotive force **emf, EMF**

**EMS** Europese Monetêre Stelsel • European Monetary System **EMS**

**EMU** Europese Monetêre Unie • European Monetary Union **EMU**

**Eng.** Engeland; Engels *(taaln.)*; Engels(e) • England; English *(lang.)*; English **Eng.**

**entom.** entomologie; entomologies(e) • entomology; ento= mological **entom., entomol.**

**EO** elektroniese oorplasing • electronic transfer **ET**

**e.o.** *ex officio* ampshalwe • *ex officio* by right of position/office **e.o., ex off.**

**EOK** Ekonomiese Ontwikkelingskorporasie • Corporation for Economic Development **CED**

**EOV** eensydige onafhanklikheidsverklaring • unilateral decla= ration of independence **UDI**

**EPNS** geëlektroplateerde nikkelsilwer • electroplated nickel silver **EPNS**

**EPROM** uitwisbare programmeerbare leesalleengeheue • erasable programmable read-only memory **EPROM**

**e.s.** en suite • en suite **e.s.**

**ESASOG** Ekonomiese Samewerking in die Asië-Stille Ose= aangebied • Asia-Pacific Economic Co(-)operation **APEC, Apec**

**ESB** Europese Sentrale Bank • European Central Bank **ECB**

**Eseg.** Esegiël • Ezekiel **Ezek.**

**esk.** eskader • squadron **sqn**

**ESSA** Engelssprekende Suid-Afrikaner • English-speaking South African **ESSA**

**Est.** Ester • Esther **Esth.**

**et al.** *et alii* en ander(e); →E.A. • *et alii* and others **et al.**

**et seq.** *et sequens* en die volgende; →E.V. • and the following (*sing.*) **et seq.**

**etc.** *et cetera* ensovoorts • *et cetera* and so forth **etc.**

**etim.** etimologie; etimologies(e) • etymology; etymological **ety., etym., etymol.**

**etnol.** etnologie; etnologies(e) • ethnology; ethnological **eth= nol.**

**EU** Europese Unie • European Union **EU**

**euf.** eufemisme; eufemisties(e) • euphemism; euphemistic **euph.**

**Eur.** Europa; Europees, =pese • Europe; European **Eur.**

**eV** elektronvolt • electronvolt **eV**

**e.v.** en volgende; →ET SEQ. • and the following **et seq.**, fol= lowing **ff.**

**EVHV** Europese Vryhandelsvereniging • European Free Trade Association **EFTA**

**EVP** elektroniese verkoop(s)punt • electronic point of sale **EPOS**

**Ex.** Exodus • Exodus **Exod., Ex.**

**ex.div.** *extra dividendum* sonder dividend • *extra dividendum* without dividend **ex div.**

## F

**F** Fahrenheit • Fahrenheit **F**

**F** farad • farad(s) **F**

**F** faraday • faraday(s) **F**

**F** fermi • fermi(s) **F**

**f** *forte* hard • *forte* loud **f**

**f., fem.** *femininum* vroulik(e); →V., VR. • feminine **f., fem.**

**f., fl.** floryn • guilder **f, fl.**

**f.** fyn • fine **f**

**FA** • Football Association **FA**

**FAK** Federasie van Afrikaanse Kultuurvereniginge • **FAK**

**fakt.** faktuur • invoice **inv.**

**fam.** familie • family **fam.**

**FAS, fas** fetale alkoholsindroom • f(o)etal alcohol syndrome **FAS, Fas**

**fb.** foutbal • no-ball **nb**

**FBI** Amerikaanse Federale Speurdiens • Federal Bureau of Investigation **FBI**

**FBS** finansiële bestuurstelsel • financial management system **FMS**

**FDA** • Food and Drug Administration **FDA**

**Feb., Febr.** Februarie • February **Feb.**

**fec.** *fecit* hy/sy het dit gemaak; *fecerunt* hulle het dit gemaak • *fecit* he/she made it; *fecerunt* they made it **fec.**

**FEDHASA, Fedhasa** • Federated Hospitality Association of South Africa **FEDHASA, Fedhasa**

**FEDSAL, Fedsal** Federasie van Suid-Afrikaanse Vakbonde • Federation of South African Labour Unions **FEDSAL, Fedsal**

**FEDSAW, Fedsaw** • Federation of South African Women **FEDSAW, Fedsaw**

**FEDUSA, Fedusa** • Federation of Unions of South Africa **FEDUSA, Fedusa**

**ff** *fortissimo* baie hard • *fortissimo* very loud **ff**

**fff** *fortississimo* so hard moontlik • *fortississimo* as loud as pos= sible **fff**

**FFK** Finansiële en Fiskale Kommissie • Financial and Fiscal Commission **FFC**

**FIDE, Fide** *Fédération Internationale des Éches* Internasionale Skaakfederasie • *Fédération Internationale des Éches* International Chess Federation **FIDE, Fide**

**FIFA, Fifa** *Fédération Internationale de Football Association* Internasionale Sokkerfederasie • *Fédération Internationale de Football Association* International Football Federation **FIFA, Fifa**

**fig.** figuur; figuurlik(e) • figure; figurative(ly) **fig.**

**Fil.** (Brief aan die) Filippense • (Epistle to the) Philippians **Phil.**

**Filem.** (Brief aan) Filemon • (Epistle to) Philemon **Philem.**

**filol.** filologie; filologies(e) • philology; philological **philol.**

**filos.** filosofie; filosofies(e) • philosophy; philosophical **phil.**

**Fin.** Finland • Finland **Fin.**

**fin.** *finitum* • *finitum* finish **fin.**

**FINA, Fina** *Fédération Internationale de Natation* Internasionale Swemfederasie • *Fédération Internationale de Natation* International Swimming Federation **FINA**

**fis.** fisies(e); fisika; →NAT. • physical; physics **phys.**

**fisiol.** fisiologie; fisiologies(e) • physiology; physiological **physiol.**

**FM** frekwensiemodulasie • frequency modulation **FM**

**fol.** folio • folio **fol.**

**fols.** folio's • folios **ff.**

**fonet.** fonetiek; fonetics(e) • phonetics; phonetic **phon., phonet.**

**fonol.** fonologie; fonologies(e) • phonology; phonological **phon., phonol.**

**fotogr.** fotografie; fotografies(e) • photography; photographic **photog.**

**Fr.** Frankryk; Frans *(taaln.)*; Frans(e) • France; French *(lang.)*; French **Fr.**

**fr.** frank • franc(s) **fr.**

**frekw.** frekwensie; frekwentatief • frequency; frequentative **freq.**

**Frk.** Frankies *(taaln.)*; Frankies(e) • Frankish **Frank.**

**FTSE** Financial Times Stock Exhange **FTSE**

**fur.** furlong • furlong(s) **fur.**

**fut.** *futurum* toekomende tyd • *futurum* future **fut.**

**FXI** • Freedom of Expression Institute **FXI**

# G

**G** gauss • gauss **G**

**g** gram • gram(s) **g**

**g., gall., gell.** gallon, gelling • gallon(s) **gal., gall.**

**Gal.** (Brief aan die) Galasiërs • (Epistle to the) Galatians **Gal.**

**gar.** garage • garage **gar.**

**GB** Groot-Brittanje • Great Britain **GB**

**GBO** gemeenskapsgebaseerde organisasie • community-based organisation **CBO**

**gcm** gram-sentimeter • centimetregram **cmg**

**geadr.** geadresseer(de), geadresseerd(e) • address(ed) **add.**

**geb.** gebore • born **b.**; *natus* born **n.**; née

**geb.** gebou • building **bldg**

**ged.** gedeelte • part **pt**

**gefr.** gefrankeer(de), gefrankeerd(e) • post-paid **PP, pp, ppd**

**geïll.** geïllustreer(de), geïllustreerd(e) • illustrated **ill., illus., illust.**

**Geïnk.** Geïnkorporeer • Incorporated **Inc.**

**gem.** gemiddeld(e) • average **av.**

**Gen.** Genesis • Genesis **Gen.**

**gen.** genitief • genitive **gen.**

**geneal.** genealogie; genealogies(e) • genealogy; genealogic(al) **geneal.**

**geneesk.** geneeskunde; geneeskundig(e) • medicine; medical, medicinal **med.**

**genl.** generaal • General **Gen.**

**genl.maj.** generaal-majoor • Major General **Maj. Gen.**

**geod.** geodeties(e); geodesie • geodesic, geodetic; geodesy, geodetics **geod.**

**geol.** geologie; geologies(e) • geology; geologic(al) **geol.**

**gep.** gepensioeneer(de), gepensioeneerd(e) • retired **ret., retd**

**gepat.** gepatenteer(de), gepatenteerd(e) • patented **pat.**

**Geref.** Gereformeer(de), Gereformeerd(e) • Reformed **Ref.**

**gereg.** geregistreer(de), geregistreerd(e) • registered **regd**

**Germ.** Germaans *(taaln.)*; Germaans(e) • Germanic *(lang.)*; Germanic **Gmc**

**Germ., germ.** Germanisme, germanisme; Germanisties(e), germanisties(e) • Germanism, Teuton(ic)ism; Germanistic, Teuton(ic) **Teut.**

**gesert.** gesertifiseer(de), gesertifiseerd(e) • certified **cert.**

**gesk.** geskiedenis; geskiedkundig(e) • history; historic(al) **hist.**

**gest.** gestorwe; →OB. • died **d.**

**get.** geteken(de) • signed **sgd**

**getr.** getroud • married **m.**

**GeV** giga-elektronvolt • giga-electronvolt(s) **GeV**

**gev., v.** gevang *(kr.)* • caught **c.**

**gev. en geb., v. en b.** gevang en geboul • caught and bowled *(cr.)* **c. and b.**

**gew.** gewig • weight **wt.**

**gew.** gewoon, gewone • ordinary **ord.**

**gew.** gewoonlik • usually **usu.**

**gew./vol.** gewig/volume • weight/volume **w/V**

**GG** gemeenskapsgesondheid • community health **CH**

**GG** geneesheer-generaal • surgeon-general **SG**

**GG** gigagreep • gigabyte(s) **Gb, GB.**

**GG** goewerneur-generaal • Governor General **GG**

**GGD** grootste gemene deler • greatest common devisor **gcd, g.c.d.**; greatest common factor **gcf, g.c.f.**; highest common factor **HCF, hcf, h.c.f.**

**GHK** groot hoofkwartier • General Headquarters **GHQ**

**GIFT** gameet-intrafallopiusoorplanting • gamete intrafallopian transfer **GIFT**

**GIGU, Gigu** gemors in, gemors uit • garbage in, garbage out **GIGO, Gigo**

**gimn.** gimnasium; gimnastiek; gimnasties(e) • gymnasium; gymnastics; gymnastic **gym**

**ginekol.** ginekologie; ginekologies(e) • gynaecology; gynaecological **gynaecol.**

**GIS** geografiese inligtingstelsel • geographic information system **GIS**

**GJ** gigajoule • gigajoule(s) **GJ**

**GK** Goewermentskennisgewing • Government Notice **GN**

**GKTV** geslotekringtelevisie • closed-circuit television **CCTV**

**GLA** • Gay and Lesbian Alliance **GLA**

**glos.** glossarium • glossary **gloss.**

**GM** genetiese manipulasie • genetical modification **GM**

**GM** grootmeester • grandmaster **GM**

**GMO** geneties gemodifiseerde organisme • genetically modified organism **GMO**

**goew.** goewerneur • governor **gov.**

**GOP** geïntegreerde ontwikkelingsplan • integrated development plan **IDP**

**GOS** Gemenebes van Onafhanklike State • Commonwealth of Independent States **CIS**

**GOS** geslagsoordraagbare siektes • sexually transmitted disease **STD**

**GOS** groei- en ontwikkelingstrategie • growth and development strategy **GDS**

**Got.** Goties *(taaln.)*; Goties(e) • Gothic *(lang.)*; Gothic **Goth.**

**GPK** geannualiseerde persentasiekoers • annual(ised) percentage rate **APR**

**GPS** globale posisioneringstelsel • global positioning system **GPS**

**GR** Geheime Raad • Privy Council **PC**

**GR** geoktrooieerde rekenmeester • chartered accountant **CA**

**Gr.** Griekeland; Grieks *(taaln.)*; Grieks(e) • Greece; Greek *(lang.)*; Greek **Gr.**

**gr** grein • grain(s) **gr.**

**gr.** graad • degree(s) **deg.**

**gr.** groot • large **L**

**gr.** grootte • size **sz.**

**GRA** Genootskap van Regte Afrikaners • **GRA**

**gram.** grammaties(e); grammatika; grammatikaal, -kale • grammatical; grammar; grammatical **gram.**

**GRS** Gesagsvereniging vir Reklamestandaarde • Advertising Standards Authority **ASA**

**GS** generale staf • general staff **GS**

**GS, gs.** gelykstroom • direct current **DC**

**GT** *gran turismo* • *gran turismo* **GT**

**GUI** grafiese gebruikerskoppelvlak • graphical user interface **GUI**

**GW** gigawatt • gigawatt(s) **GW**

**Gy** gray • gray(s) **Gy**

## H

**H** hardheid *(van potloodlood)* • hardness **H**

**H** henry *(elektron.)* • henry(s), henries **H**

**h** *hora* uur; →U. • *hora* hour **H., h., h**

**h.** honderd • hundred **H., h.**

**h.** honderdtal • century **c., cent.**

**h.** hoogte • height **H., h., hgt**

**ha** hektaar • hectare(s) **ha**

**Hab.** Habakkuk • Habakkuk **Hab.**

**Hag.** Haggai • Haggai **Hag.**

**HAT** *(Verklarende) Handwoordeboek van die Afrikaanse Taal* • **HAT**

**HBD** hoë bloeddruk • high blood pressure **HBP**

**HC** *Honoris Crux* Erekruis • *Honoris Crux* Cross of Honour **HC**

**h.c.** *honoris causa* eershalwe, as bewys van eer *(by die toekenning van eregraad)* • *honoris causa* honorary, for the sake of honour *(with the conferral of honorary degree)* **h.c.**

**HCD** Honoris Crux Diamant • Honoris Crux Diamond **HCD**

**HD** hoë druk, hoogdruk • high pressure **HP, h.p.**

**Hd.** Hoogduits *(taaln.)*; Hoogduits(e) • High German *(lang.)*; High German **HG**

**HDTV** hoëdefinisie-televisie • high-definition television **HDTV**

**Heb.** (Brief aan die) Hebreërs • (Epistle to the) Hebrews **Heb., Hebr.**

**Hebr.** Hebreeus *(taaln.)*; Hebreeus(e) • Hebrew *(lang.)*; Hebrew **Heb., Hebr.**

**H.Ed.** Hoogedele • Right Honourable **Rt Hon.**

**heelk.** heelkunde; heelkundig(e) • surgery; surgical **surg.**

**H.Eks.** Haar Eksellensie • Her Excellency **HE**

**her.** heraldies(e); heraldiek • heraldic; heraldry **her.**

**hers.** hersien(e); hersiener • revised; reviser, revisor **rev.**

**HF** hoë frekwensie • high frequency **HF, h.f.**

**hfst.** hoofstuk; →CAP. • chapter **c., ch., chap.**

**hg** hektogram • hectogram(s) **hg**

**HG** hoër graad • higher grade **HG**

**H.H., HH** Haar Hoogheid • Her Highness **HH**

**HH.KK.HH., HH KK HH** Hulle Koninklike Hooghede • Their Royal Highnesses **TRH**

**hhl** hektoliter • hectolitre(s) **hhl**

**Hi.** Hindoestani *(taaln.)* • Hindustani *(lang.)* **Hind.**

**HJS** Hoër Jongenskool • Boys' High School **BHS**

**HK** hoofkwartier • headquarters **HQ** *(mil.)*, **hdqrs**

**hk.** huurkoop • hire-purchase **HP, h.p.**

**H.K.H., HKH** Haar Koninklike Hoogheid • Her Royal Highness **HRH**

**H.K.M., HKM** Haar Koninklike Majesteit • Her Royal Majesty **HRM**

**H.M., HM** Haar Majesteit • Her Majesty **HM**

**hl.** hoofletter • capital letter **cap.**

**HM** • heavy metal *(mus.)* **HM**

**hm** hektometer • hectometre(s) **hm**

**HMS** Hoër Meisieskool • Girls' High School **GHS**

**HO** hoër onderwys • higher education **HE**

**H.O.D, HOD** Hoër Onderwysdiploma • Higher Education Diploma **HED**

**Hong.** Hongaars *(taaln.)*; Hongaars(e); Hongarye • Hungarian *(lang.)*; Hungarian; Hungary **Hung.**

**Hons., Hons** *Honores, Honoribus, Honoris* Honneurs • Honours **Hons.**

**Hoogl.** Hooglied (van Salomo) • Song of Songs/Solomon, Canticles **Cant.**

**HOP** Heropbou- en Ontwikkelingsprogram • Reconstruction and Development Programme **RDP**

**Hos.** Hosea • Hosea **Hos.**

**hosp.** hospitaal • hospital **hosp.**

**HOSPERSA, Hospersa** • Health and Other Service Personnel Trade Union of South Africa **HOSPERSA, Hospersa**

**HPK** hoofposkantoor • general post office **GPO**

**HR** hoofregter • Chief Justice **CJ**

**HRR** Heilige Romeinse Ryk • Holy Roman Empire **HRE**

**HS** Heilige Skrif • (Holy) Scripture **Script.**

**HS** hoë spanning, hoogspanning • high voltage **HV, h.v.**

**HSOD** Hoër Sekondêre Onderwysdiploma • Higher Secondary Education Diploma **HSED**

**HSS** hoër seunskool • boys' high school **BHS**

**hst.** hoofstad • capital **cap.**

**HTML** • hypertext markup language **HTML**

**HTTP** • hypertext transfer protocol **HTTP**

**HU** hefboomuitkoop • leveraged buyout **LBO**

**HUB** hoof(-) uitvoerende beampte • chief executive officer **CEO**

**h.v.** hoek van • corner **cor., cnr**

**HVT** hormoonvervangingsterapie • hormone replacement therapy **HRT**

**Hz** hertz • hertz **Hz**

## I

**I** Romeinse 1 • Roman numeral 1 **I**

**i.a.** *inter alia* onder andere, onder meer; →O.A.; O.M. • *inter alia* among other things, among others **i.a.**

**IAAF** Internasionale Vereniging van Atletiekfederasies • International Association of Athletics Federations **IAAF**

**IAEA** Internasionale Atoomenergieagentskap • International Atomic Energy Agency **IAEA**

**IAO** Internasionale Arbeidsorganisasie • International Labour Organisation **ILO**

**ib., ibid.** *ibidem* aldaar • *ibidem* in the same place **ib., ibid.**

**i.b.** in bevel (van) • in charge (of), in command **i/c**

**IBF** Internasionale Boksfederasie • International Boxing Federation **IBF**

**IBHO** Internasionale Bank vir Heropbou en Ontwikkeling (Wêreldbank) • International Bank for Reconstruction and Development (World Bank) **IBRD**

**IBLO** Internasionale Burgerlugvaartorganisasie • International Civil Aviation Organisation **ICAO**

**IBM, IKBM** interkontinentale ballistiese missiel • intercontinental ballistic missile **ICBM**

**IBMG** Internasionale Buro vir Mate en Gewigte • *Bureau International des Poids et Mesures* International Bureau of Weights and Measures **BIPM**

**i.c.** *in casu* in hierdie geval • *in casu* in this case **i.c.**

**id.** *idem* dieselfde • *idem* the same **id.**

**ID** identifikasie *(rek.)* • identification **ID**

**ID** identiteitsdokument • identification document **ID**

**IDASA, Idasa** Instituut vir Demokrasie in Suid-Afrika • Institute for Democracy in South Africa **IDASA, Idasa**

**IE** Indo-Europees *(taaln.)*; Indo-Europees, -pese • Indo-European *(lang.)*; Indo-European **IE**

**i.e.** *id est* dit is; dit wil sê; →D.W.S. • *id est* that is **i.e.**

**IFA** Internasionale Fonetiese Alfabet • International Phonetic Alphabet **IPA**

**IFK** Internasionale Finansiekorporasie • International Finance Corporation **IFC**

**IG, insp.genl.** inspekteur-generaal • inspector general **IG**

**ig.k.** ingeboude kas(te) • built-in cupboard(s) **b.i.c.**

**IK** intelligensiekwosiënt • intelligence quotient **IQ**

**IKD** Interne Klagtedirektoraat • Internal Complaints Direc=torate **ICD**

**IKK** Internasionale Kamer van Koophandel • International Chamber of Commerce **ICC**

**IKR** Internasionale Krieketraad • International Cricket Council **ICC**

**ILVV** Internasionale Lugvervoervereniging • International Air Transport Association **IATA, Iata**

**IMF** Internasionale Monetêre Fonds • International Monetary Fund **IMF**

**IMN** Instituut vir Mediese Navorsing • Institute for Medical Research **IMR**

**imp.** imperatief, =tiewe • imperative **imp., imper.**

**impf.** imperfektum, imperfek • imperfect (tense) **imp., imperf., impf.**

**incog.** *incognito* onbekend • *incognito* unknown **incog.**

**ind.** indeks • index **ind.**

**Ind.** Indië; Indies *(taaln.)*; Indies(e) • India; Indian *(lang.)*; Indian **Ind.**

**ind.** indikatief, =tiewe • indicative (mood) **ind., indic.**

**IND** *In Nomine Dei/Domini* in Naam van die Here • *In Nomine Dei/Domini* in the name of Jesus **IND**

**indust.** industrie; industrieel, =triële • industry; industrial **ind.**

**inf.** *infra* onder • *infra* below, further on **inf.**

**inf.** infanterie • infantry **Inf., inf.**

**inf.** infinitief • infinitive **inf.**

**inh.** inhoud • contents **cont.**

**inl.** inleidend(e); inleiding • introductory; introduction **intro., introd.**

**INRI** *Iesus Nazarenus Rex Iudaeorum* Jesus van Nasaret, koning van die Jode • *Iesus Nazarenus Rex Iudaeorum* Jesus of Nazareth, King of the Jews **INRI**

**insl.** insluitend(e) • including, inclusive **incl.**

**insp.** inspeksie; inspekteur • inspection; inspector **insp.**

**inst.** instituut • institute **inst.**

**instr.** instruksie; instrukteur • instruction; instructor **instr.**

**instr.** instrument • instrument **instr.**

**instr.** instrumentalis *(naamval)* • instrumental **instr.**

**int.** interes, rente • interest **int.**

**int.** interieur • interior **int.**

**int.** internasionaal, =nale • international **int.**

**int.** interval • interval **int.**

**Intelsat** Internasionale Telekommunikasiesatellietkonsortium • International Telecommunications Satellite Consortium **Intelsat**

**intens.** intensief, =siewe • intensive **intens.**

**Interpol** Internasionale Misdaadpolisie-organisasie • International Criminal Police Organisation **Interpol**

**intr.** intransitief, =tiewe; →ONOORG. • intransitive **intr., intrans.**

**IOK** Internasionale Olimpiese Komitee • International Olym=pic Committee **IOC**

**IOV** Internasionale Ontwikkelingsvereniging • International Development Association **IDA**

**IRK** Internasionale Rooi Kruis • International Red Cross **IRC**

**IRL** Ierse Republikeinse Leër • Irish Republican Army **IRA**

**IRR** Internasionale Rugbyraad • International Rugby Board **IRB**

**is.** insake • about, concerning, regarding, in respect of **i.r.o.**

**ISBN** Internasionale Standaardboeknommer • International Standard Book Number **ISBN**

**ISO** Internasionale Standaarde-organisasie • International Organisation for Standardisation **ISO**

**ISP** internetdiensverskaffer • Internet service provider **ISP**

**ISSN** Internasionale Standaardserienommer • International Standard Serial Number **ISSN**

**It.** Italiaans *(taaln.)*; Italiaans(e); Italië • Italian *(lang.)*; Italian; Italy **It.**

**IT** inligtingstegnologie • information technology **IT**

**i.t.** *in transito* gedurende vervoer • *in transito* in transit **i.t.**

**i.t.v.** in terme van • in terms of **i.t.o.**

**ITU** Internasionale Telekommunikasie-unie • International Telecommunication Union **ITU**

**I/U** inset/uitset • input/output **I/O**

**IU(K)A** intrauteriene (kontraseptiewe) apparaat • intrauter=ine (contraceptive) device **IU(C)D**

**i.v.** *in verbo/voce* by daardie woord • *in verbo/voce* under the word **i.v.**

**IVB** in vitro-bevrugting • in vitro fertilisation **IVF**

**IVM** Internasionale Vereniging vir Menseregte • International Society for Human Rights **ISHR**

**i.v.m.** in verband met; →M.B.T.; T.A.V. • about, concerning, re, regarding, in respect of **i.r.o.**

**IVP** Inkatha Vryheidsparty • Inkatha Freedom Party **IFP**

## J

**J** joule • joule(s) **J**

**j.** jaar • year **yr**

**J2K** die jaar 2000 • the year 2000 **Y2K**

**Jak.** Jakobus • James **Jas.**

**Jan.** Januarie • January **Jan.**

**Jap.** Japan; Japannees *(taaln.)*; Japannees, =nese, Japans(e) • Japan; Japanese *(lang.)*; Japanese **Jap.**

**J.C., JC** Jesus Christus • Jesus Christ **JC, J.C.**

**Jer.** Jeremia • Jeremiah **Jer.**

**Jes.** Jesaja • Isaiah **Is.**

**jg.** jaargang • volume **vol.**

**Jhb.** Johannesburg • Johannesburg **Jhb**

**jhr.** jongeheer • Master **M.**

**JOASA, Joasa** Vereniging van Regsprekende Beamptes van Suid-Afrika • Judicial Officers' Association of South Africa **JOASA, Joasa**

**joern.** joernalistiek; joernalistiek(e) • journalism; journalistic **jour.**

**Jos.** Josua • Joshua **Josh.**

**jr.** junior • junior **Jr, jr**

**J.Sir.** Jesus Sirag • Ecclesiasticus **Ecclus.**

**jt.** jaart • yard(s) **yd, yd.**

**Jud.** Judas • Judas **Jud.**

**JUDASA, Judasa** Junior Doktersvereniging van Suid-Afrika • Junior Doctors' Association of South Africa **JUDASA, Judasa**

**Jul.** Julie • July **Jul.**

**Jun.** Junie • June **Jun.**

**jur.** juridies(e) • legal **leg.**

## K

**K** kelvin • kelvin(s) **K**

**k.** kamer(s) • room(s) **rm(s)**

**k., kol.** kolom • column **col.**

**K., Kh.** Khoi *(taaln.)* • Khoi *(lang.)* **K., Kh.**

**kA** kiloampère • kiloampere(s) **kA**

**kal.** kaliber • calibre **cal.**

**kal.** kalorie(ë) • calorie(s) **cal.**

**Kan.** Kanada; Kanadees, =dese • Canada; Canadian **Can.**

**KANSA, Kansa** Kankervereniging van Suid-Afrika • Cancer Association of South Africa **CANSA, Cansa**

**KANU, Kanu** • Kenya African National Union **KANU, Kanu**

**kap.** kapitaal • capital **cap.**

**kapt.** kaptein • Captain **Capt.**

**kar., ct** karaat • carat(s) **car., ct**

**kar.** karaat • carat(s) **c.**

**kard.** kardinaal • Cardinal **Card.**

**kat.** katalogus • catalogue **cat.**

**kav.** kavalleris • cavalryman **cav.**

**k.a.v., KAV** koste, assuransie, vrag • cost, insurance, freight **CIF, c.i.f.**

**KB** kasboek • cash-book **C/B**

**KB** kredietbrief • letter of credit **L/C, l/c, lc**

**KB** kunsmatige bevrugting • artificial insemination **AI**

**k.b.a., KBA** kontant by aflewering • cash on delivery **COD, C.O.D.**

**KBE** Ridder van die Britse Ryk • Knight (Commander of the Order) of the British Empire **KBE**

**kc** kilocycle • kiloperiode **kp**

**kdr.** kommandeur • Commander **Cdr, Comdr**

**KG, Kg, kgreep** kilogreep • kilobyte **K, KB, Kb, kbyte**

**KG, kons.genl.** konsul-generaal • consul general **CG**

**kg** kilogram • kilogram(s) **kg**

**KGN, k.g.n.** kleinste gemene/gemeenskaplike noemer • low= est/least common denominator **LCD, lcd**

**KGV** kleinste gemene veelvoud • lowest/least common multi= ple **LCM, lcm**

**Kh., K.** Khoi *(taaln.)* • Khoi *(lang.)* **Kh., K.**

**kHz** kilohertz • kilohertz **kHz**

**KI** kunsmatige inseminasie • artificial insemination **AI**

**KI** kunsmatige intelligensie • artificial intelligence **AI**

**KIKS, Kiks** Kaapstadse Internasionale Konferensiesentrum • Cape Town International Convention Centre **CTICC**

**KIM** kunsmatige inseminasie (deur) man • artificial insemi= nation (by) husband **AIH**

**kJ** kilojoule • kilojoule(s) **kJ**

**KJA** Kerkjeugaksie • **KJA**

**KJV** Kerkjeugvereniging • **KJV**

**KK, kk.** kleinkas • petty cash **P/C, p/c, p.c.**

**kk.** kerskrag • candlepower **cp**

**KKK** Ku-Klux Klan • Ku Klux Klan **KKK**

**KKNK** Klein Karoo Nasionale Kunstefees • **KKNK**

**k*l*, k*l*** kiloliter • kilolitre(s) **k*l*, kl**

**kl.** klas • class **cl.**

**kl.** kleinletter • lower case **l.c., lc**

**Klaagl.** Klaagliedere • (Book of) Lamentations **Lam.**

**klass.** klassiek(al) • classic(al) **class.**

**KLM** Koninklijke Luchtvaartmaatschappij • Royal Dutch Airlines **KLM**

**km** kilometer • kilometre(s) **km**

**KM** kwartiermeester • quartermaster **Q., QM**

**k.m.b., KMB** kontant met bestelling • cash with order **CWO, c.w.o.**

**km/h** kilometer per hora/uur • kilometres per hour **km/h**

**km/l** kilometer per liter • kilometre(s) per litre **km/l**

**kmdmt.** kommandement • command **cmd., comd.**

**kmdt.** kommandant • Commandant **Comdt**

**KMR** kernmagnetiese resonansie • nuclear magnetic reso= nance **NMR**

**KNB** Kaapse Natuurbewaring • Cape Nature Conservation **CNC**

**Kol.** (Brief aan die) Kolossense • (Epistle to the) Colossians **Col.**

**kol.** kolonel • Colonel **Col.**

**koll.** kollege • college **coll.**

**koll.** kollektief, =tiewe • collective(ly) **coll.**

**kom.** komitee • committee **com., comm.**

**komb.** kombinasie • combination **comb.**

**KOMINT** kommunikasie-inligting • communications intelli= gence **COMINT**

**komm.** kommissaris; kommissie • commissioner; commis= sion **comm.**

**komm.** kommunikasie • communication **comm.**

**komp.** kompanie *(mil.)* • company **Coy.**

**komp.** komparatief, =tiewe • comparative **comp., compar.**

**Komsat** Kommunikasiesatelliet • communications satellite **Comsat**

**kon.** koninklik(e) • Royal **R.**

**Kons.** Konserwatief; Konserwatief, =tiewe • Conservative; Con= servative **Cons.**

**kons.** konsonant • consonant **cons.**

**konst.** konstabel • constable **const.**

**KONTRALESA, Kontralesa** Kongres van Tradisionele Leiers

van Suid-Afrika • Congress of Traditional Leaders of South Africa **CONTRALESA, Contralesa**

**koöp., ko-op.** koöperasie, ko-operasie; koöperatief, =tiewe, ko-operatief, =tiewe • co(-)operation; co(-)operative **coop., co-op.**

**kooph.** koophandel • commerce **comm.**

**kopp.** koppeling • connection **con.**

**Kor.** (Briewe aan die) Korint(h)iërs • (Epistles to the) Corin= thians **Cor.**

**korp.** korporasie • corporation **corp.**

**korr.** korresponden=sie; korrespondent • correspondence; cor= respondent **corr.**

**kosek** kosekans • cosecant **cosec**

**kot** kotangens • cotangent **cot**

**kp** kiloperiode • kilocycle **kc**

**KP** Konserwatiewe Party • Conservative Party **CP**

**kPa** kilopascal • kilopascal(s) **kPa**

**kpl.** korporaal • Corporal **Cpl, Corp.**

**k.p.s.** karakters per sekonde • characters per second **cps**

**KR, K/R** kapitaalrekening • capital account **CA, C/A**

**kr.** krona *(munt);* kroon, krone *(munt)* • krona; krone **kr.**

**KR** Krugerrand • Krugerrand **KR**

**krit.** kritiek • criticism **crit.**

**Kron.** Kronieke • Chronicles **Chron.**

**KRYGKOR, Krygkor** Krygstuigkorporasie van Suid-Afrika • Armaments Corporation of South Africa **ARMSCOR, Armscor**

**krygsk.** krygskunde • military science **mil. sc.**

**ks.** kragstuur • power steering **p.s.**

**ks.** kredietsaldo • credit balance **C/B, CB, c/b**

**kt.** krediet • credit **cr.**

**kt.rek.** kredietrekening • credit account **CA, C/A**

**kub.** kubiek(e) • cubic **cu.**

**kurs.** kursief, =siewe; kursivering; kursiveer • italic; italicisa= tion; italicise **ital.**

**kusek** kubieke voet per sekonde • cubic foot per second **cusec**

**k.v.a., KVA** kontant voor aflewering • cash before delivery **CBD, c.b.d.**

**KVBA** Kommissie vir Versoening, Bemiddeling en Arbitrasie • Commission for Conciliation, Mediation and Arbitration **CCMA**

**KVK** Kamer van Koophandel • Chamber of Commerce **C of C**

**kw.** kwadraat • square **sq.**

**kw.** kwart; kwartier *(mil.; v.d. maan);* kwartaal; kwartaalliks(e) • quarter; quarter; quarter; quarterly **q., quart.**

**kW** kilowatt • kilowatt(s) **kW**

**kwal.** kwaliteit • quality **qlty**

**kwant.** kwantiteit, **hoev.** hoeveelheid • quantity **qt., qty**

**KWB** kapitaalwinsbelasting • capital gains tax **CGT**

**kWh** kilowatt-uur • kilowatt-hour(s) **kWh**

**kwit.** kwitansie • receipt **rec.**

**KWV** Koöperatiewe Wynbouersvereniging • **KWV**

**KZN** KwaZulu-Natal • KwaZulu-Natal **KZN**

## L

**L, l., l, *l*** liter • litre(s) **l**

**L** Romeinse 50 • Roman numeral 50 **L**

**L.** lengtegraad • (degree of) longitude **long.**

**l.** lees • read **r.**

**l.** lengte • length **L., l., lgth**

**l.** links • left **L., l.**

**l.** lira • lira **l.**

**l.** lopie *(kr.)* • run **r.**

**l.** lyn • line **L., l.**

**LA** lugafweer= *(geskut ens.)* • anti-aircraft *(guns etc.)* **AA**

**lab.** laboratorium • laboratory **lab.**

**LAN** lokale-areanetwerk • local area network **LAN**

**landm.** landmeetkunde; landmeetkundig(e) • (land-)survey= ing; surveying **surv., survey.**

**Lat.** Latyn *(taaln.);* Latyns(e) • Latin *(lang.);* Latin **Lat.**

**Lat., lat.** Latinisme, latinisme; Latinisties(e), latinisties(e) • Latinism, latinism; Latinate, latinate **Lat.**

**LAW, l.a.w.** ligte afleweringswa • light delivery vehicle **LDV**

**LB** laaibrief *(lug, spoor, pad);* ladingsbrief *(sk.);* →VB, V/B • freight bill *(air, rail, road)* **FB, F/B;** bill of lading **BL, B/L**

**LB** leerlingbestuurder • learner driver **L**

**lb.** *libra* pond *(gewig)* • *libra* pound **lb, lb.**

**LBS** lopende betaalstelsel • pay as you earn **PAYE**

**l.c., loc.cit.** *loco citato* op die aangehaalde plek; →t.a.p. • *loco citato* in the place cited **lc, loc. cit.**

**LD** *Laus Deo* ere aan God • *Laus Deo* praise be to God **LD**

**LD** laagdruk, lae druk • low pressure **LP, lp.**

**LED** ligemissiediode • light-emitting diode **LED**

**LEP** Lid van die Europese Parlement • Member of the European Parliament **MEP**

**lett.** letterlik(e) • literal(ly) **lit.**

**lettk.** letterkunde, letterkundig(e) • literary; literature **lit.**

**Lev.** Levitikus • Leviticus **Lev.**

**LF** lae frekwensie • low frequency **LF**

**LGM** lug-(tot-)grond-missiel • air-to-surface missile **ASM**

**lh.** linkerhand • left hand **LH, lh**

**Lib.** Liberaal; Liberaal, -rale • Liberal; Liberal **Lib.**

**LIEU** laaste in, eerste uit; →EIEU • last in, first out **LIFO**

**ling.** linguistiek; linguisties(e); →TAALK. • linguistics; linguistic **ling.**

**lis.** lisensiaat • Licentiate **L.**

**lis.** lisensie • licence **lic.**

**Lit.** Litaue, Litoue; Litaus, Litous *(taaln.);* Litaus(e), Litous(e) • Lithuania; Lithuanian *(lang.);* Lithuanian **Lith.**

**Litt.D., LittD** *Litterarum Doctor* Doktor in die Lettere • Doctor of Letters/Literature **Lit(t)D**

**ll.** laaslede; →ULT. • last

**ll.** loslopie *(kr.)* • bye **b.**

**LL.B., LLB** *Legum Baccalaureus* Baccalaureus in (die) Regte • Bachelor of Laws **LLB**

**LL.D., LLD** *Legum Doctor* Doktor in (die) Regte • Doctor of Laws **LLD**

**LL.M., LLM** *Legum Magister* Meester in (die) Regte • Master of Laws **LL.M., LLM**

**lm** lumen • lumen(s) **lm**

**log.** logika; logies(e) • logic; logical **log.**

**lok.** lokatief, -tiewe • locative **loc.**

**LOP** lêeroordragprotokol • file transfer protocol **FTP, ftp**

**LPP** Lid van die Provinsiale Parlement • Member of the Provincial Parliament **MPP**

**LPW** Lid van die Provinsiale Wetgewer • Member of the Provincial Legislature **MPL**

**LR, l.r.** lopende rekening • current account **C/A**

**LS** langspeelplaat • long player, long-playing record **LP**

**LSD** lisergiensuurdiëtielamied, lisergiensuurdi-etielamied • lysergic acid diethylamide **LSD**

**lt.** luitenant • Lieutenant **Lt.**

**LUK** Lid van die Uitvoerende Komitee • Member of the Executive Committee **MEC**

**Luth.** Luthers(e) • Lutheran **Luth.**

**LV** lugverdediging • air defence **AD**

**LVB** lugverkeerbeheer • air-traffic control **ATC**

**LW** Let Wel/wel; →NB • note well **NB, N.B., nb, nb.**

**lw.** lidwoord • article **art.**

**lx** lux • lux(es) **lx**

## M

**M** mark *(geldeenheid)* • mark(s) **M**

**M** Romeinse 1000 • Roman numeral 1000 **M**

**M.** Majesteit • Majesty **M.**

**M., m.** Meer, meer • Lake, lake **L., l.**

**m** meter • metre(s) **m**

**m.** miljoen • million(s) **M**

**m.** monsieur • Monsieur **M, M.**

**m.** myl • mile(s) **m, mi.**

**m., min.** minuut • minute(s) **m, min.**

**m., ml.** manlik(e) • masculine **m., masc.**

**M.A., MA** *Magister Artium* Magister in (die) Lettere en Wysbegeerte • Master of Arts **MA**

**MA** mega-ampère • mega-ampere(s) **MA**

**Ma.** Maandag • Monday **Mon.**

**maatsk.** maatskaplik(e) • social **soc.**

**magn.** magnetisme; magneties(e) • magnetism; magnetic **mag.**

**maj.** majoor • Major **Maj.**

**maks.** maksimum • maximum **max.**

**Mal.** Maleagi • Malachi **Mal.**

**Mal.** Maleis *(taaln.);* Maleis(e) • Malay *(lang.);* Malay(an) **Mal.**

**masj.** masjien; masjinaal, -nale; masjineer; masjinerie • machine **mach.;** mechanical **mech.;** machine **mach.;** machinery **mach.**

**Matt.** Matteus, Mattheüs • Matthew **Matt., Mt**

**M.B., MB** *Medicinae Baccalaureus* Baccalaureus in (die) Medisyne • Bachelor of Medicine **MB**

**M.B.A., MBA** Magister in (die) Bedryfsadministrasie • Master of Business Administration **MBA**

**mbar** millibar • millibar(s) **mbar**

**m.b.t.** met betrekking tot; →I.V.M.; T.A.V. • with regard to **w.r.t.,** in respect of **i.r.o.**

**MC** megacoulomb • megacoulomb(s) **MC**

**M.D., MD** *Medicinae Doctor* Doktor in (die) Geneeskunde • Doctor of Medicine **MD**

**md.** maand • month **m., mo.**

**m.d.** maande na datum • months after date **m/d**

**MDMA** metileendioksimetamfetamien • methylenedioxymethamphetamine **MDMA**

**MDV** meerdoelvoertuig • multipurpose vehicle **MPV**

**ME** mialgiese enkefalomiëlitis/ensefalomiëlitis • myalgic encephalomyelitis **ME**

**Me.** Middeleeue; Middeleeus(e) • Middle Ages; Medi(a)eval **Med.**

**me., me** *(ekv.)* titel voor 'n vrouenaam; →MEE., MEE • title before a woman's name **Ms**

**med.** medium • medium **med.**

**mee., mee, mes., mes** *(mv.)* titel voor vrouename; →ME., ME • title before women's names **Mss**

**meetk.** meetkunde; meetkundig(e) • geometry; geometric(al) **geom.**

**meg.** meganies(e); meganika • mechanical; mechanics **mech.**

**mej.** mejuffrou; →MLLE. • Miss

**mejj.** mejuffroue

**Meng.** Middelengels *(taaln.);* Middelengels(e) • Middle English *(lang.);* Middle English **ME**

**metaf.** metafoor; metafories(e) • metaphor; metaphorical **metaph.**

**metafis.** metafisies(e); metafisika • metaphysical; metaphysics **metaph.**

**metal.** metallurgie; metallurgies(e) • metallurgy; metallurgic(al) **metal., metall.**

**meteor.** meteorologie; meteorologies(e); →WEERK. • meteorology; meteorological **met., meteor., meteorol.**

**meton.** metonimia, metonimie; metonimies(e) • metonymy; metonymical **meton.**

**mev.** mevrou; →MME. • Mistress **Mrs**

**mevv.** mevroue • Mistresses **Mrs, Mmes, Mesdames**

**MF** mediumfrekwensie • medium frequency **MF**

**m.f.** *mezzo forte* halfhard • *mezzo forte* moderately loud **mf**

**MG** masjiengeweer • machine gun **MG**

**MG** mediumgolf • medium wave **MW**

**MG** megagreep • megabyte **MB, mbyte**

**Mg** magnesium • magnesium **Mg**

**Mg** megagram • megagram(s) **Mg**

**mg** milligram • milligram(s) **mg**

**mgr.** monseigneur • Monsignor **Mgr**

**MGT** Middelbare Greenwichtyd • Greenwich Mean Time **GMT**

**m/h, m.p.u.** myl per hora/uur • miles per hour **mph**

**Mhd.** Middelhoogduits *(taaln.)*; Middelhoogduits(e) • Middle High German *(lang.)*; Middle High German **MHG**

**MHz** megahertz • megahertz **MHz**

**MI** Militêre Inligting • Military Intelligence **MI**

**MID** Misdaadinligtingsdiens • Crime Information Service **CIS**

**mil.** militêr(e) • military **mil.**

**milj.** miljard; →B., BN. • billion **bn**

**min.** minimum • minimum **min.**

**min.** minister • Minister **Min.**

**miner.** mineralogie; mineralogies(e) • mineralogy; mineralogical **min., mineral.**

**MIRV, Mirv** • multiple independently targeted re-entry vehicle *(mil.)* **MIRV, Mirv**

**M.I.V., MIV** menslike immuniteits-/immuno-/immuungebreksvirus • human immunodeficiency virus **HIV**

**m.i.v.** met ingang van • with effect from **w.e.f.**

**MJ** megajoule • megajoule(s) **MJ**

**mJ** millijoule • millijoule(s) **mJ**

**MK** Umkhonto weSizwe • Umkhonto weSizwe **MK**

**m*l*, ml** milliliter • millilitre(s) **m*l*, ml**

**mlle.** *mademoiselle* mejuffrou; →MEJ.; MEJJ. • *mademoiselle* Miss **Mlle**

**MM** Militêre Medalje • Military Medal **MM**

**m.m.** *mutatis mutandis* met die nodige veranderinge • *mutatis mutandis* with the necessary changes **mm**

**mm** millimeter • millimetre(s) **mm**

**MMB** minimum maatskappybelasting • minimum company tax **MCT**

**mme.** *madame* mevrou; →MEV.; MEVV. • *madame* Mistress **Mme**

**MMK, m.m.k.** magnetomotoriese krag • magnetomotive force **mmf**

**M.Mus., MMus** *Magister Musicae* Magister in (die) Musiek • Master of Music **MMus**

**MN** meganewton • meganewton(s) **MN**

**mN** millinewton • millinewton(s) **mN**

**m.n.** met name • especially **esp.**

**MNG** mononatriumglutamaat • monosodium glutamate **MSG**

**Mnl.** Middelnederlands *(taaln.)*; Middelnederlands(e) • Middle Dutch *(lang.)*; Middle Dutch **MD**

**MNR** Mediese Navorsingsraad • Medical Research Council **MRC**

**mnr.** meneer • Mister **Mr**

**mnre.** menere • Misters **Messrs**

**mntl.** moontlik(e) • possible, possibly **poss.**

**MO** magnetiese observatorium • magnetic observatory **MO**

**MO** mediese offisier • Medical Officer **MO**

**MO** *modus operandi* werk(s)wyse • *modus operandi* manner of working **MO**

**mod.** *moderato* matige tempo • *moderato* moderate tempo **mod.**

**mod.** modern(e) • modern **mod.**

**mol.** molekule, molekuul; molekulêr(e) • molecule; molecular **mol.**

**MP** militêre polisie • Military Police **MP**

**m.p.** *mezzo piano* halfsag • *mezzo piano* moderately soft **mp**

**m.p.g., m/g** myl per gelling • miles per gallon **mpg**

**M.Phil., MPhil** *Magister Philosophiae* Magister in (die) Wysbegeerte • Master of Philosophy **MPh, MPhil**

**MPLA** *Movimento Popular de Libertação de Angola* • *Movimento Popular de Libertação de Angola* Popular Movement for the Liberation of Angola **MPLA**

**m.p.s., m/s** meter per sekonde • metres per second **mps, m/s**

**Mpy., My.** Maatskappy • Company **Co.**

**MR** metropolitaanse raad • metropolitan council **MC**

**mrad** milliradiaal • milliradial(s) **mrad**

**MRB** magnetieseresonansiebeelding • magnetic resonance imaging **MRI**

**MRK** Menseregtekommissie • Human Rights Commission **HRC**

**Mrt.** Maart • March **Mar.**

**MS, m.s.** maande na sig • months after sight **MS, m.s., m/s**

**ms.** manuskrip; →MSS. • manuscript **MS, ms**

**ms.** motorskip • motor ship **MS**

**ms** millisekonde • millisecond(s) **ms**

**MS** multipele/verspreide sklerose • multiple sclerosis **MS**

**M.Sc., MSc** *Magister Scientiae* Magister in (die) Natuurwetenskappe • Master of Science **MSc**

**mskp.** manskap • private **priv.**

**mss.** manuskripte; →MS. • manuscripts **MSS, mss**

**MT** middelbare tyd • mean time **MT**

**MTB, m.t.b.** motor-torpedoboot • motor torpedo boat **MTB**

**mun.** munisipaal, -pale; munisipaliteit • municipal; municipality **mun.**

**mus.** musiek; musikaal, -kale • music; musical **mus.**

**Mus.B., MusB** *Musicae Baccalaureus* Baccalaureus in (die) Musiek; →B.MUS., BMUS • Bachelor of Music **MusB, MusBac**

**Mus.D., MusD** *Musicae Doctor* Doktor in (die) Musiek • Doctor of Music **MusD, MusDoc**

**m.u.v.** met uitsondering van • excluding **excl.**

**MV** megavolt • megavolt(s) **MV**

**MV** motorvaartuig • motor vessel **MV**

**m.v.** *mezza voce* met halwe stem • *mezza voce* with half voice **m.v.**

**mv.** meervoud • plural **pl.**

**MVD** Medalje vir Voortreflike Diens • Distinguished Conduct Medal **DCM**

**MW** megawatt • megawatt(s) **MW**

**mW** milliwatt • milliwatt **mW**

**Mx** maxwell • maxwell **Mx**

**mynw.** mynwese • mining **min.**

## N

**N** newton • newton(s) **N**

**N** normaal *(chem.)* • normal **n**

**N.** noord; noord(e); noordelik(e) • north; north; northern **N, No., Nor.**

**N.** Noors *(taaln.)*; Noors(e) • Norse **N.**, Norwegian **Norw.** *(lang.)*; Norse **N.**, Norwegian **Norw.**

**n.** neutrum; →O., ONS. • neuter **n., neut.**

**n.** nomen; →S.NW. • noun **n.**

**NAFCOC, Nafcoc** • National African Federated Chamber of Commerce and Industry **NAFCOC, Nafcoc**

**Nah.** Nahum • Nahum **Nah.**

**NALEDI, Naledi** Nasionale Arbeids- en Ekonomiese Ontwikkelingsinstituut • National Labour and Economic Development Institute **NALEDI, Naledi**

**N.Am., N.Amer.** Noord-Amerika; Noord-Amerikaans(e) • North America; North American **N.Am.**

**Nam.** Namibië; Namibies(e) • Namibia; Namibian **Nam.**

**Nas.** Nasionaal, -nale; Nasionalis • National; Nasionalist **Nat.**

**nas.** nasionaal, -nale • national **nat.**

**NASA, Nasa** • National Aeronautics and Space Administration **NASA, Nasa**

**nat.** natuurstudie; →FIS. • nature study

**n.a.v.** na aanleiding van • with reference to **w.r.t.**

**NAVIS, Navis** Nasionale Verkeersinligtingstelsel • National Traffic Information System **NATIS, Natis**

**NAVO, Navo** Noord-Atlantiese Verdragsorganisasie • North Atlantic Treaty Organisation **NATO, Nato**

**NB** net/knap betyds *(han.)* • just-in-time **JIT**

**NB** *nota bene* Let Wel/wel; →LW • *nota bene* note well **N.B., NB, n.b., nb**

**NBVV** Nasionale Beroepsveiligheidsvereniging • National Occupational Safety Association **NOSA, Nosa**

**n.C.** ná Christus; →AD • *Anno Domini* in the year of our Lord, of the Christian era **AD**

**NCW** • National Council of Women **NCW**

**Ndl.** Nederland; Nederlands *(taaln.)*; Nederlands(e) • Neth‑ erlands **Neth.**; Dutch *(lang.)* **Du.**; Dutch **Du.**

**NECSA, Necsa** Suid‑Afrikaanse Kernenergiekorporasie • South African Nuclear Energy Corporation **NECSA, Necsa**

**Ned.** Nederduits *(taaln.)*; Nederduits(e) • Low German *(lang.)*; Low German **LG**

**Ned.Geref., NG** Nederduitse Gereformeerd(e) • Dutch Reformed **DR**

**Ned.Herv., NH** Nederduitsch Hervormd(e) • **NH**

**NEDLAC, Nedlac** Nasionale Ekonomiese, Ontwikkelings‑ en Arbeidsraad • National Economic, Development and Labour Council **NEDLAC, Nedlac**

**NEF** Nasionale Ekonomiese Forum • National Economic Forum **NEF**

**neg.** negatief, ‑tiewe • negative **neg.**

**Neh.** Nehemia • Nehemiah **Neh.**

**nem.con.** *nemine contradicente* sonder teenstem/teëstem • *nemine contradicente* no‑one contradicting, unanimously **nem. con.**

**NEPAD, Nepad** Nuwe Vennootskap vir Afrika‑ontwikkeling • New Partnership for Africa's Development **NEPAD, Nepad**

**NER** Nasionale Energieraad • National Energy Board **NEB**

**nF** nanofarad • nanofarad(s) **nF**

**NF** Nasionale Forum • National Forum **NF**

**NF** Nasionale Front • National Front **NF**

**NGK** Nederduitse Gereformeerde Kerk • Dutch Reformed Church **DRC**

**NGKA** Nederduitse Gereformeerde Kerk in Afrika • Dutch Reformed Church in Africa **DRCA**

**NI** nasionale inkomste • national income **NI**

**NIA** Nasionale Intelligensieagentskap • National Intelligence Agency **NIA**

**NIBS, Nibs** nuwe inkomstebelastingstelsel • new income tax system **NITS, Nits**

**NICRO, Nicro** • National Institute for Crime Prevention and Reintegration of Offenders **NICRO, Nicro**

**NIKOK, Nikok** Nasionale Intelligensiekoördineringskomitee • National Intelligence Co(‑)ordinating Committee **NICOC, Nicoc**

**N.J.S., NJS** Nasionale Junior Sertifikaat • National Junior Certificate **NJC**

**NKHO** Nasionale Kommissie vir Hoër Onderwys • National Commission for Higher Education **NCHE**

**NKR** Nasionale Kwalifikasieraamwerk • National Qualifica‑ tions Framework **NQF**

**n.l.** *non licet* dit is ontoelaatbaar • *non licet* it is not permitted **nl**

**nl.** naamlik; →T.W. • *videlicet* namely **viz.**

**NLE** nasionale leksikografie‑eenheid • national lexicographi‑ cal unit **NLU**

**nm.** namiddag • *post meridiem* after noon **PM, P.M., pm, p.m.**

**nm** nanometer • nanometre(s) **nm**

**NMVS** nasionale misdaadvoorkomingstrategie • national crime prevention strategy **NCPS**

**N.Ndl., Nnl.** Nieu‑Nederlands • New Dutch **ND**

**NNO** noordnoordoos; noordnoordoostelik(e) • north‑north‑ east; north‑northeastern **NNE**

**NNP** Nuwe Nasionale Party • New National Party **NNP**

**NNS** Nasionale Navorsingstigting • National Research Foun‑ dation **NRF**

**NNW** noordnoordwes; noordnoordwestelik(e) • north‑north‑ west; north‑northwestern **NNW**

**NO** noordoos; noordooste; noordoostelik(e) • northeast; north‑ east; northeastern **NE**

**n.o.** *nomine officii* ampshalwe • *nomine officii* in his/her official capacity **n.o.**

**no., nr.** nommer • number **No., no.**

**NOK** Nywerheidsontwikkelingskorporasie • Industrial Development Corporation **IDC**

**NOKSA, Noksa** Nasionale Olimpiese Komitee van Suid‑

Afrika • National Olympic Committee of South Africa **NOCSA, Nocsa**

**nom.** nominal, ‑nale • nominal **nom.**

**nom.** nominatief • nominative (case) **nom.**

**Noorw.** Noorweë; Noorweegs(e), Noors(e) • Norway; Nor‑ wegian, Norse **Nor., Norw.**

**N.O.S., NOS** Nasionale Onderwyssertifikaat • National Edu‑ cation Certificate **NEC**

**nos., nrs.** nommers • numbers **Nos., nos.**

**Nov.** November • November **Nov.**

**NP** nuwe paragraaf • new paragraph **np**

**NPA** Nasionale Padagentskap • National Road Agency **NRA**

**NR** nuwe reël • new line **n.l.**

**NRO** nieregeringsorganisasie • nongovernmental organisation **NGO**

**NS** naamwoordstuk • noun phrase **NP**

**NS** Nieu‑Seeland; Nieu‑Seelands(e) • New Zealand; New Zealand **NZ, N. Zeal.**

**NS** Nuwe Styl • New Style **NS**

**Ns., NS** naskrif; →PS • *post scriptum* postscript **PS, ps.**

**ns** nanosekonde • nanosecond(s) **ns**

**NSA** Netbal Suid‑Afrika • Netball South Africa **NSA**

**NSC** Nasionale Sportraad • National Sports Council **NSC**

**NSL** Nasionale Sokkerliga • National Soccer League **NSL**

**NSRI** Nasionale Seereddingsinstituut • National Sea Rescue Institute **NSRI**

**NSW** Nieu‑Suid‑Wallis • New South Wales **NSW**

**NT** Nuwe Testament; Nieu‑Testamenties(e), Nuwe‑Testa‑ menties(e) • New Testament; New Testament **NT**

**NTLA** Nasionale Taalliggaam vir Afrikaans • Afrikaans Na‑ tional Language Body **ANLB**

**NUK** nasionale uitvoerende komitee • national executive committee **NEC**

**Num.** Numeri • (Book of) Numbers **Num.**

**n.u.n.** nie uit nie *(kr.)* • not out **n.o.**

**NVG** Nasionale Vervolgingsgesag • National Prosecuting Authority **NPA**

**NVT, n.v.t.** nie van toepassing nie • not applicable **n/a**

**NVVR** Nasionale Verkeersveiligheidsraad • National Road Safe‑ ty Council **NRSC**

**NW** *Nasionale Woordeboek* • **NW**

**NW** noordwes; noordwes(te); noordwestelik(e) • northwest; northwest; northwest(ern) **NW**

**NWU** Noordwes‑Universiteit • North‑West University **NWU**

**NY** New York *(stad en staat)* • New York **NY, N.Y.**

**NYC** • New York City **NYC**

## O

**O.** oos; ooste; oostelik(e) • east; east; east(ern) **E, E.**

**o., ons.** onsydig(e); →N. • neuter **n., neut.**

**o.a.** onder andere; →I.A. • *inter alia* among other things, among others **i.a.**

**o/b, ob.** oorgebring • brought forward **B/F, b/f**

**Ob.** Obadja • Obadiah **Obad.**

**ob.** *obiit* hy/sy is oorlede; →OORL. • *obiit* hc/shc died **ob.**

**OBE** Orde van die Britse Ryk • Officer (of the Order) of the British Empire **OBE**

**obj.** objek; objektief, ‑tiewe • object; objective **obj.**

**OBSA, Obsa** Ontwikkelingsbank van Suider‑Afrika • Devel‑ opment Bank of Southern Africa **DBSA**

**OE** Oudengels, Ou Engels *(taaln.)*; Oudengels(e) • Old Eng‑ lish *(lang.)*; Old English **OE**

**Oe** oersted • oersted **Oe**

**OED** • *Oxford English Dictionary* **OED**

**oef.** oefening • exercise **ex.**

**OESO, Oeso** Organisasie vir Ekonomiese Samewerking en Ontwikkeling • Organisation for Economic Cooperation and Development **OECD**

**o.f., OF** onvoldoende fondse • not sufficient funds **NSF, N/S/F**

**o.f., OF** oudiofrekwensie • audio frequency **AF**

**off.** offisier • officer **off.**

**OFK** outomatiese frekwensiekontrole • automatic frequency control **AFC**

**OFr.** Oudfrans *(taaln.)*; Oudfrans(e) • Old French *(lang.)*; Old French **OF**

**OG, oudit.genl.** ouditeur-generaal • auditor general **AG**

**OHD** Oudhoogduits, Ou Hoogduits *(taaln.)*; Oudhoogduits(e) • Old High German *(lang.)*; Old High German **OHG**

**OIB** offisier in bevel • officer commanding **OC**

**OIK** Organisasie van Islamitiese Konferensies • Organisation of Islamic Conferences **OIC**

**OIS** omgewingsimpakstudie • environmental impact assessment **EIA**

**OK, O-Kaap** Oos-Kaap • Eastern Cape **EC**

**OKD** Onafhanklike Klagtedirektoraat • Independent Complaints Directorate **ICD**

**OKH** optiese karakterherkenning • optical character recognition **OCR**

**OKOSA, Okosa** Onafhanklike Kommunikasieowerheid van Suid-Afrika • Independent Communications Authority of South Africa **ICASA, Icasa**

**o.kpl., okpl.** onderkorporaal • lance corporal **L/Cpl**

**OKT** ononderbroke/deurlopende kragtoevoer *(rek.)*; →UPS • uninterruptible power supply **UPS**

**Okt.** Oktober • October **Oct.**

**okt.** oktavo • octavo **oct., 8vo**

**OL** Oos-Londen • East London **EL**

**o.l.v.** onder leiding van • under direction of **u.d.o.**

**o.m.** onder meer; →I.A.; O.A. • *inter alia* among other things, among others **i.a.**

**OM** • Order of Merit **OM**

**ON** Oudnoors, Ou Noors *(taaln.)*; Oudnoors(e) • Old Norse *(lang.)*; Old Norse **ON**

**o.n.a.** of naaste aanbod • or near(est) offer **o.n.o.**

**onbep.** onbepaald(e) • indefinite **indef.**

**ondersk.** onderskeie; →RESP. • respective **resp.**

**onderv., o.voors.** ondervoorsitter, ondervoorsitster • vice-chair(man/woman) **VC**

**ondw.** onderwerp; →SUBJ. • subject **subj.**

**ong.** ongewoon, =wone • rare **r.**

**ONK** oor, neus en keel • ear, nose and throat **ENT**

**ONO** oosnoordoos; oosnoordoostelik(e) • east-northeast; east-northeast **ENE**

**onoorg.** onoorganklik(e); →INTR. • intransitive **intr.**

**onpers.** onpersoonlik(e) • impersonal **impers.**

**ontv.** ontvang • received **recd.**

**ontv.** ontvangs • receipt **rec.**

**onvolm.** onvolmaak(te) • imperfect **imp., impf., imperf.**

**oo.** onderoffisier • petty officer **PO**

**oordr.** oordrag • transfer **transf.**

**oorg.** oorganklik(e); →TR. • transitive **tr., trans.**

**oorl.** oorledene • deceased **dec., decd**

**oorspr.** oorsprong; oorspronklik; oorspronklik(e) • origin; originally; original **orig.**

**oortr.** oortreffend(e) • superlative **superl.**

**oortr.tr.** oortreffende trap • superlative (case) **superl.**

**OOV** ouer-onderwyservereniging, ouer-onderwysersvereniging • Parent-Teacher Association **PTA**

**op.** *opus* werk • *opus* work **op.**

**Op.** Openbaring • Revelation **Rev.**

**op.cit.** *opere citato* in die aangehaalde werk • *opere citato* in the work cited **op. cit.**

**OP** *Ordo Praedicatorum* Orde van Predikers • *Ordo Praedicatorum* Order of Preachers **OP**

**OP** Oostelike Provinsie • Eastern Province **EP**

**opg.** opgawe • return **ret.**

**opl.** opleiding • training **tng**

**opt.** optatief • optative (mood) **opt.**

**opt.** opsies(e); optika • optic; optics **opt.**

**OPUL, Opul** Organisasie van Petroleumuitvoerlande • Organisation of Petroleum Exporting Countries **OPEC, Opec**

**opv.** opvoedkunde; opvoedkundig(e) • education; educational **educ.**

**o.r.** op rekening • on account **on acc.**

**ord.** ordonnansie • ordinance **ord.**

**org.** organies(e) • organic **org.**

**org.** organisasie • organisation **org.**

**OS** Ou Styl • Old Style **OS**

**OS** Oudsaksies *(taaln.)*; Oudsaksies(e) • Old Saxon *(lang.)*; Old Saxon **OS**

**oseanogr.** oseanografie; oseanografies(e) • oceanography; oceanographical **oceanog.**

**OSO** oossuidoos; oossuidooste; oossuidoostelik(e) • east-southeast; east-southeast; east-southeast **ESE**

**OST** oostelike standaardtyd • Eastern Standard Time **EST**

**OT** Ou Testament; Ou-Testamenties(e) • Old Testament; Old Testament **OT**

**OTM** outomatiese tellermasjien • automated/automatic teller machine **ATM**

**OVK** Onafhanklike Verkiesingskommissie • Independent Electoral Commission **IEC**

**OVSE** Organisasie vir Veiligheid en Samewerking in Europa • Organisation for Security and Co-operation in Europe **OSCE**

**OW, o.w.** ontvangbare wissel(s) • bill(s) receivable **B/R, br**

**OXFAM, Oxfam** • Oxford Committee for Famine Relief **OXFAM, Oxfam**

**oz** *onza* ons • *onza* ounce(s) **oz, oz.**

# P

**P** parkering • parking **P**

**p** *piano* sag • *piano* softly **p**

**p.** *poco* effens • *poco* a little **p.**

**p.** paaltjie • wicket **w.**

**p.** per • per **p.**

**p.** pro • pro **p.**

**p.** *pagina* bladsy; →BL. • page **p.**

**PA, pers.asst.** persoonlike assistent • personal assistant **PA**

**Pa** pascal • pascal(s) **Pa**

**p.a.** per adres • care of **c/o**

**p.a.** *per annum* per jaar; →P.J. • *per annum* yearly **p.a.**

**PAC** • Pan Africanist Congress **PAC**

**PAGAD, Pagad** • People Against Gangsterism and Drugs **PAGAD, Pagad**

**PANSAT, Pansat** Pan-Suid-Afrikaanse Taalraad • Pan South African Language Board **PANSALB, Pansalb**

**PAP** Pan-Afrika-parlement • Pan-African Parliament **PAP**

**par.** paragraaf • paragraph **par.**

**parl.** parlement; parlementêr(e) • Parliament **Parl.**; parliamentary **parl.**

**pass.** passief, =siewe • passive **pass.**

**past.** pastoor • pastor **P.**

**pat.** patent • patent **pat.**

**patol.** patologie; patologies(e) • pathology; pathological **path., pathol.**

**PBI** persoonlike besteebare inkomste; →BPI • personal disposable income **PDI**

**PBL** Palestynse Bevrydingsleër • Palestine Liberation Army **PLA**

**PBO** Palestynse Bevrydingsorganisasie • Palestine Liberation Organisation **PLO**

**PD** *pro Deo* om Godswil • *pro Deo* for God's sake **PD**

**p.d.** *per diem* per dag • *per diem* per day **PD., pd**

**PE** Port Elizabeth • Port Elizabeth **PE**

**per pro., p.p.** *per procurationem* by volmag • *per procurationem* by procuration **per pro., pp**

**perf.** perfektum • perfect (tense) **perf.**

**Pers.** Persië; Persies *(taaln.)*; Persies(e) • Persia; Persian *(lang.)*; Persian **Pers.**

**pers.** persoon; persoonlik(e) • person; personal(ly) **pers.**

**Pet.** (Briewe van) Petrus • (Epistles of) Peter **Pet.**

**PETA, Peta** Mense vir die Etiese Behandeling van Diere • People for the Ethical Treatment of Animals **PETA, Peta**

**PGS** primêre gesondheidsorg • primary healthcare **PHC**

**Ph.D., PhD** *Philosophiae Doctor* Doktor in (die) Wysbegeerte • Doctor of Philosophy **PhD**

**pH** suur-, alkaligehalte • acidity, alkalinity **pH**

**PIN** persoonlike identifikasienommer • personal identification number **PIN**

**p.j.** per jaar; →P.A. • yearly **p.a.**

**PK** politieke korrektheid; polities korrek • political correctness; politically correct **PC**

**PK** Provinsiale Kennisgewing • Provincial Notice **PN**

**Pk.** poskantoor • Post Office **PO**

**pk.** perdekrag • horsepower **HP, h.p.**

**PM** posmeester • Postmaster **PM**

**p.m.** per minuut • per minute **p.m.**

**p.m.** *per mensem* per maand • *per mensem* per month **p.m.**

**PMG** posmeester-generaal • Postmaster General **PMG**

**PMS** premenstruele sindroom • premenstrual syndrome **PMS**

**PMS** premenstruele spanning • premenstrual tension **PMT**

**PO** posorder • postal order **PO, p.o.**

**POF** Padongelukfonds • Road Accident Fund **RAF**

**Port.** Portugal; Portugees *(taaln.)*; Portugees, -gese • Portugal; Portuguese *(lang.)*; Portuguese **Port.**

**posk.** poskaart • postcard **pc**

**p.p.** per persoon • per person **p.p.**, each **ea.**

**p.p., per pro.** *per procurationem* by volmag • *per procurationem* by procuration **p.p., per pro.**

**pp** *pianissimo* baie sag • *pianissimo* very quietly **pp**

**pp.** *paginas* bladsye; →BLE. • pages **pp.**

**PPI** produsenteprysindeks • producer price index **PPI**

**ppp** *pianisissimo* uitermate sag • *pianisissimo* extremely soft **ppp**

**p.p.p.d.** per persoon per dag • per person per day **p.p.p.d.**

**PPS** *post postscriptum* bykomende naskrif • *post postscriptum* additional postscript **PPS, pps**

**PR** persoonlike rekenaar • personal computer **PC**

**PR** poste restante • poste restante **PR**

**Pr., Prot.** Protestant; Protestants(e) • Protestant; Protestant **Prot.**

**p.r.** *pro rata* eweredig • *pro rata* in proportion **p.r.**

**Pred.** Prediker • Ecclesiastes **Eccl., Eccles.**

**pred.** predikaat; predikatief, -tiewe • predicate; predicative **pred.**

**pred.** predikant • Minister (of religion) **Min.**

**pref.** prefiks • prefix **pref.**

**prep.** preposisie, voorsetsel; preposisioneel, -nele; →VOORS., VS. • preposition; prepositional **prep.**

**pres.** president • President **Pres.**

**pres.** presens • present tense **pres.**

**Presb.** Presbiteriaans(e) • Presbyterian **Presb.**

**pret.** preteritum, onvoltooide verlede tyd • preterite **pret.**

**prim.** primêr(e) • primary **prim.**

**priv.rek.** privaat/private rekening • private account **PA**

**prof.** professor • Professor **Prof.**

**prok.** prokurasie • power of attorney **PA**

**prom.** promesse • promissory note **PN, P/N, pn**

**pron.** *pronomen* voornaamwoord; →VNW. • *pronomen* pronoun **pron.**

**prop.** propedeuties(e) • preliminary **prelim.**

**pro tem.** *pro tempore* tydelik • *pro tempore* for the time being **pro tem**

**prov.** provinsie; provinsiaal, -siale • province; provincial **prov.**

**prox.** *proximo* komende; →AS. • *proximo* in the next (month) **prox.**

**PS** *Post Scriptum* naskrif; →NS., NS • *Post Scriptum* postscript **PS, ps.**

**Ps.** Psalm • Psalm **Ps., Psa.**

**ps.** persent • per cent **pc, pct**

**ps.** pseudoniem • pseudonym **ps.**

**p.s.** privaat/private sak • private bag **PB, p.bag**

**psig.** psigologie; psigologies(e); →SIELK. • psychology; psychological **psych., psychol.**

**psigiat.** psigiatrie; psigiatries(e) • psychiatry; psychiatric **psych.**

**PSL** Premier Sokkerliga • Premier Soccer League **PSL**

**PST** Pasifiese Standaardtyd *(Am.)* • Pacific Standard Time **PST**

**PT** Pos- en Telekommunikasiewese • Posts and Telecommunications **PT**

**PT** postelegraaf • postal telegraph **PT**

**pt.** pint • pint(s) **pt.**

**pt.** punt • point **pt**

**Pta.** Pretoria • Pretoria **Pta**

**PTSV** posttraumatiese/posttroumatiese stresversteuring • posttraumatic stress disorder **PTSD**

**p.u.** per uur • per hour **p.h.**

**publ.** publiek(e) • public **pub.**

**pv.** plaasvervanger *(kr.)* • substitute **sub.**

**PV** potensiaalverskil • potential difference **pd**

**PVC** polivinielchloried • polyvinyl chloride **PVC**

**PVS** postvirale sindroom • postviral syndrome **PVS**

**PW** pariwaarde • par value **PV**

**PW** poswissel • money order **MO, m.o.**

**p.w.** per week • per week **p.w.**

**PWV** Pretoria, Witwatersrand, Vereeniging • Pretoria, Witwatersrand, Vereeniging **PWV**

## Q

**q.** kwintaal • quintal **q, ql**

**q.a.** *quod attestor* waarvan ek getuie is • *quod attestor* to which I am witness **q.a.**

**QANTAS, Qantas** • Queensland and Northern Territory Aerial Services **QANTAS, Qantas**

**QC** • Queen's Counsel **QC**

**q.e.** *quod est* wat beteken • *quod est* which is **q.e.**

**q.e.d.** *quod erat demonstrandum* wat te bewys was • *quod erat demonstrandum* which was to be demonstrated/proved/shown **QED, Q.E.D.**

**q.e.f.** *quod erat faciendum* wat te doen was • *quod erat faciendum* which was to be done **QEF, Q.E.F**

**q.l.** *quantum libet* soveel as wat 'n mens wil • *quantum libet* as much as you please **q.l.**

**q.s.** *quantum sufficit* soveel as wat nodig is • *quantum sufficit* as much as will suffice **qs, q.s.**

**qto** kwarto • quarto **qto, 4to**

**q.v., s.a.** *quod vide* sien aldaar *(ekv.)* • *quod vide* which see *(sing.)* **qv, q.v.**

## R

**R** rand • rand(s) **R**

**R** Réaumur • Réaumur **R**

**R** röntgen • röntgen **R**

**R., regt.** regter • judge **J.**

**r.** *recto* op die regterkant (van 'n boek) • *recto* on the right-hand page (of a book) **r.**

**r.** radius • radius **R., r.**

**r.** regs • right **R., r.**

**r.** rivier • river **R.**

**RAM** lees-en-skryf-geheue • random-access memory **RAM**

**RAU** Randse Afrikaanse Universiteit *(hist.)*; →UJ • Rand Afrikaans University **RAU**

**R&B** • rhythm and blues **R&B**

**rd.** roede • rod **rd**

**RDK** Regterlike Dienskommissie • Judicial Services Commission **JSC**

**rdl., rdsl.** raadslid • Councillor **Cllr, Cr.**

**red.** redakteur, redaktrise • editor **ed.**

**redupl.** reduplikasie; redupliserend(e) • reduplication; reduplicating **redupl.**

**ref.** referensie; referent • reference; reference **ref.**

**refl.** refleksief, =siewe; →WEDERK. • reflexive **refl.**

**reg.** regering • government **gov., govt**

**reg.** register; registrasie; registreer • register; registration; register **reg.**

**reg.** regulasie • regulation **reg.**

**regt.** regiment • Regiment **Regt**

**rek.** rekening • account **a/c, acc.**

**rek.** rekeningkunde; rekeningkundig(e) • accounting; accounting **acc.**

**rel.** relatief, =tiewe • relative **rel.**

**REM** vinnige oogbewegings • rapid eye movement **REM**

**Rep.** Republiek; Republikeins(e) • Republic **Rep.;** Republican **R., Rep.**

**resp.** respondent • respondent **resp.**

**resp.** respektieflik, respektiewelik; →ONDERSK. • respectively **resp.**

**RFD** Raad op Finansiële Dienste • Financial Services Council **FSC**

**RGN** Raad vir Geesteswetenskaplike Navorsing • Human Sciences Research Council **HSRC**

**RGO, RO** rekenaargesteunde onderrig • computer-aided education **CAE**

**RGV** rekenaargeïntegreerde vervaardiging • computer integrated manufacture **CIM**

**Rh.** resus, rhesus • rhesus **Rh**

**rh.** regterhand • right hand **RH, rh**

**RHO** Raad vir Hoër Onderwys • Board for Higher Education **BHE**

**RI** *Regina et Imperatrix* Koningin en Keiserin • *Regina et Imperatrix* Queen and Empress **RI**

**RI** *Rex et Imperator* Koning en Keiser • *Rex et Imperator* King and Emperor **RI**

**RI** *Romanum Imperium* Romeinse Ryk • *Romanum Imperium* Roman Empire **RI**

**Rig.** Rigters • (Book of) Judges **Judg.**

**RIP** *requiescat in pace* mag hy/sy/hulle in vrede rus; →RIV • *requiescat in pace* may he/she/they rest in peace **RIP**

**rit.** *ritardando* stadiger wordend • *ritardando* becoming slower **rit.**

**RIV** rus in vrede; →RIP • rest in peace **RIP**

**RK** respirasiekwosiënt, respiratoriese kwosiënt • respiratory quotient **RQ**

**RK** Rooi Kruis • Red Cross **RC**

**RK** Rooms-Katoliek • Roman Catholic **RC**

**R/kg** rand per kilogram • rand per kilogram **R/kg**

**RKIS** Regeringskommunikasie-en-inligtingstelsel • Government Communications and Information System **GCIS**

**RLE** rekenlogika-eenheid • arithmetic and logic unit **ALU**

**r/min., r.p.m.** revolusies/rewolusies per minuut • revolutions per minute **r/min., r.p.m., rpm**

**RNE** Regering van Nasionale Eenheid • Government of National Unity **GNU**

**RNG** Raad vir Nasionale Gedenkwaardighede • National Monuments Council **NMC**

**RNS** ribonukleïensuur • ribonucleic acid **RNA**

**ROM** lees(alleen)geheue • read-only memory **ROM**

**Rom.** (Brief aan die) Romeine • (Epistle to the) Romans **Rom.**

**rom.** romein *(lettertipe)* • roman *(type)* **rom.**

**ROO** Raad vir Onderwys en Opleiding • Board for Education and Training **BET**

**RP** *réponse payée* antwoord betaal(d) • *réponse payée* reply paid **RP**

**rpk.** remperdekrag • brake horsepower **bhp**

**r.p.s., r/s** revolusies/rewolusies per sekonde • revolutions per second **r.p.s., rps, r/s**

**r.r.** *reservatis reservandis* met die nodige voorbehoud • *reservatis reservandis* with the necessary reservations **r.r.**

**rr.** reëls • lines **ll.**

**RS, rs.** regterstuur • right-hand drive **RHD, rhd**

**RSA** Republiek van Suid-Afrika • Republic of South Africa **RSA**

**RSN** Raad vir Sosiale Navorsing • Council for Social Research **CSR**

**RSVP** *répondez, s'il vous plaît* antwoord asseblief • *répondez, s'il vous plaît* please reply **RSVP**

**RT** rekenaartomografie • computerised/computed (*or* computer-assisted) tomography **CT**

**RU** Rhodes-universiteit • Rhodes University **RU**

**Rus.** Rusland; Russies *(taaln.);* Russies(e) • Russia; Russian *(lang.);* Russian **Rus., Russ.**

**RV** • Revised Version (of the Bible) **RV**

**R&V, RV** reis- en verblyfkoste • subsistence and travelling/transport **S&T**

**RVK** rugbyvoetbalklub • Rugby Football Club **RFC**

## S

**S** siemens • siemens **S**

**S.** Saksies *(taaln.);* Saksies(e) • Saxon *(lang.);* Saxon **Sax.**

**S.** suid; suide; suidelik(e) • south; south; south(ern) **S, So.**

**s., sek.** sekundus • alternate **alt.**

**s, s., sek.** sekonde(s) • second(s) **s, sec.**

**s.** sjieling • shilling **S, s.**

**s.a.** *sine anno* sonder jaartal; →S.J. • *sine anno* without date **s.a.**

**Sa.** Saterdag • Saturday **S., Sat.**

**SA** senior advokaat • senior advocate **SA**

**SA** Suid-Afrika; Suid-Afrikaans(e) • South Africa; South African **SA**

**SAAAU** Suid-Afrikaanse Amateuratletiekunie • South African Amateur Athletic Union **SAAAU**

**SABEK, Sabek** Suid-Afrikaanse Besigheidskamer • South African Chamber of Business **SACOB, Sacob**

**SABS** Suid-Afrikaanse Buro vir Standaarde • South African Bureau of Standards **SABS**

**s.adm.** skout-admiraal • rear admiral **RA**

**SAFCOL, Safcol** Suid-Afrikaanse Bosboumaatskappy • South African Forestry Company **SAFCOL, Safcol**

**Sag.** Sagaria • Zechariah **Zech.**

**SAGD** Suid-Afrikaanse Geheimediens • South African Secret Service **SASS**

**SAGKN** Suid-Afrikaanse Gefedereerde Kamer van Nywerhede • South African Federated Chamber of Industries **SAFCI**

**SAIA** Suid-Afrikaanse Instituut van Argitekte • South African Institute of Architects **SAIA**

**SAID** Suid-Afrikaanse Inkomstediens • South African Revenue Service **SARS**

**SAIGR** Suid-Afrikaanse Instituut vir Geoktrooieerde Rekenmeesters • South African Institute of Chartered Accountants **SAICA**

**SAIIA** Suid-Afrikaanse Instituut vir Internasionale Aangeleenthede • South African Institute of International Affairs **SAIIA**

**SAIRV** Suid-Afrikaanse Instituut vir Rasseverhoudinge • South African Institute of Race Relations **SAIRR**

**SAISI, Saisi** Suid-Afrikaanse Instituut van Siviele Ingenieurs • South African Institute of Civil Engineers **SAICE, Saice**

**SAKO, Sako** Suid-Afrikaanse Kwalifikasieowerheid • South African Qualifications Authority **SAQA**

**SAKU, Saku** Suid-Afrikaanse Krieketunie • South African Cricket Union **SACU, Sacu**

**SAKV** Suid-Afrikaanse Kunsvereniging • South African Association of Arts **SAAA**

**SAL** Suid-Afrikaanse Lugdiens • South African Airways **SAA**

**SALGA, Salga** • South African Local Government Association **SALGA, Salga**

**SALM** Suid-Afrikaanse Lugmag • South African Air Force **SAAF**

**Sam.** Samuel • Samuel **Sam.**

**S.Am., S.Amer.** Suid-Amerika; Suid-Amerikaans(e) • South America; South American **SA, S.Am.**

**samest.** samesteller • compiler **comp.**

**SANAB, Sanab** Suid-Afrikaanse Narkotikaburo • South African Narcotics Bureau **SANAB, Sanab**

**SANAE, Sanae** Suid-Afrikaanse Nasionale Antarktiese Ekspedisie • South African National Antarctic Expedition **SANAE, Sanae**

**SANB** Suid-Afrikaanse Nasionale Bibliografie • South African National Bibliography **SANB**

**SANEF, Sanef** Suid-Afrikaanse Nasionale Redakteursforum • South African National Editors' Forum **SANEF, Sanef**

**SANK** Suid-Afrikaanse Nasionale Kunsmuseum • South African National Gallery **SANG**

**SANKUB, Sankub** Suid-Afrikaanse Nasionale Stigting vir die Beskerming van Kusvoëls • South African National Foundation for the Conservation of Coastal Birds **SANCCOB, Sanccob**

**SANLAM, Sanlam** Suid-Afrikaanse Nasionale Lewensassuransiemaatskappy • **SANLAM, Sanlam**

**SANOK, Sanok** Suid-Afrikaanse Nasionale Olimpiese Komitee • South African National Olympic Committee **SANOC, Sanoc**

**SANRA, Sanra** Suid-Afrikaanse Nasionale Raad vir Alkoholisme en Afhanklikheid van Verdowingsmiddels • South African National Council on Alcoholism and Drug Dependence **SANCA, Sanca**

**SANRB** Suid-Afrikaanse Nasionale Raad vir Blindes • South African National Council for the Blind **SANCB**

**SANRKS** Suid-Afrikaanse Nasionale Raad vir Kindersorg • South African National Council for Child Welfare **SANCCW**

**SANS** Suid-Afrikaanse Natuurstigting • South African Nature Foundation **SANF**

**SANTAM, Santam** Suid-Afrikaanse Nasionale Trust en Assuransiemaatskappy • **SANTAM, Santam**

**SANW** Suid-Afrikaanse Nasionale Weermag • South African National Defence Force **SANDF**

**SAOG** Suider-Afrikaanse Ontwikkelingsgemeenskap • Southern African Development Community **SADC**

**SAPA, Sapa** Suid-Afrikaanse Pers-Assosiasie • South African Press Association **SAPA, Sapa**

**SAPD** Suid-Afrikaanse Polisiediens • South African Police Service **SAPS**

**SARB** Suid-Afrikaanse Reserwebank • South African Reserve Bank **SARB**

**SARK** Suid-Afrikaanse Raad van Kerke • South African Council of Churches **SACC**

**SARVU, Sarvu** Suid-Afrikaanse Rugbyvoetbalunie • South African Rugby Football Union **SARFU, Sarfu**

**SAS** Suid-Afrikaanse skip • South African Ship **SAS**

**SASM** Suid-Afrikaanse Staande Mag • South African Permanent Force **SAPF**

**SASOL, Sasol** Suid-Afrikaanse Steenkool-, Olie- en Gaskorporasie • South African Coal, Oil and Gas Corporation **SASOL, Sasol**

**SAST** Suid-Afrikaanse Standaardtyd • South African Standard Time **SAST**

**SASV** Suid-Afrikaanse Sokkervereniging • South African Football Association **SAFA**

**SATA** • South African Teachers' Association **SATA**

**SAUK** Suid-Afrikaanse Uitsaaikorporasie • South African Broadcasting Corporation **SABC**

**SAV** Suid-Afrikaanse Vloot • South African Navy **SAN**

**SAVD** Suid-Afrikaanse Vervoerdienste • South African Transport Services **SATS**

**SAVF** Suid-Afrikaanse Vrouefederasie • South African Women's Federation **SAWF**

**SAVI, Savi** Suid-Afrikaanse Vertalersinstituut • South African Translators' Institute **SATI, Sati**

**SAVV** Suid-Afrikaanse Verpleegstersvereniging • South African Nursing Association **SANA**

**sb** stilb • stilb(s) **sb**

**SBA** Stigting vir die Bemagtiging deur Afrikaans • **SBA**

**SBF** sonbeskermingsfaktor • sun protection factor **SPF**

**SBM** sekondêre belasting op maatskappye • secondary tax on companies **STC**

**S.Br.** suiderbreedte • south latitude **S.lat.**

**sc.** *scilicet* te wete, naamlik • *scilicet* namely **sc.**

**sc.** *sculpsit* hy/sy het dit gebeeldhou/gegraveer • *sculpsit* he/she carved it **sculp., sculpt.**

**SC** *Senior Consultus* senior advokaat • *Senior Consultus* Senior Counsel **SC**

**SCM** • Student Christian Movement **SCM**

**scr.** *scripsit* hy/sy het dit geskryf/geskrywe • *scripsit* he/she wrote it **scr.**

**s.d.** *sine die* vir onbepaalde tyd • *sine die* indefinitely **sd, s.d.**

**SDG** *soli Deo gloria* aan God alleen die eer • *soli Deo gloria* to God alone be the glory **SDG**

**SDP** Sosiaal-Demokratiese Party • Social Democratic Party **SDP**

**SDR** streekdiensteraad • Regional Services Council **RSC**

**S.Ed.Agb.** Sy Edelagbare • His Honour **His Hon.**

**S.Em.** Sy Eminensie • His Eminence **HE**

**Sef.** Sefanja • Zephaniah **Zeph.**

**SEF** Sentrale Energiefonds • Central Energy Fund **CEF**

**sek** sekans • secant **sec**

**sekre.** sekretaresse • secretary **sec., secy, sec'y**

**selfst.** selfstandig(e) • independent **ind.**

**SEM** skandeerelektronmikroskoop • scanning electron microscope **SEM**

**sen.** senaat; senator • senate; senator **Sen., sen.**

**Sep., Sept.** September • September **Sep., Sept.**

**Sep., Sept.** Septuagint(a) • Septuagint **Sep., Sept.**

**seq.** *sequens* wat volg *(ekv.)* • *sequens* the following (one) *(sing.)* **seq.**

**seqq.** *sequentes* wat volg *(mv.)* • *sequentes* the following (ones) *(pl.)* **seqq.**

**sers.** sersant • Sergeant **Sgt**

**sert.** sertifikaat • certificate **cert.**

**SESA, Sesa** • Standard Encyclopaedia of Southern Africa **SESA, Sesa**

**SETI, Seti** • Search for Extraterrestrial Intelligence **SETI, Seti**

**sfz.** *sforzando, sforzato* aanswellend • *sforzando, sforzato* with sudden emphasis **sf, sf., sfz, sfz.**

**SG, sekr.genl.** sekretaris-generaal • Secretary General **SG**

**SG** Standaardgraad • Standard Grade **SG**

**s.g.** soortlike gewig • specific gravity **sg, sp. gr.**

**SGM, s.g.m.** so gou (as) moontlik • as soon as possible **a.s.a.p., ASAP**

**SGML** • standard generalized mark-up language **SGML**

**SGO** superintendent-generaal van onderwys • superintendent-general of education **SGE**

**SH** Sy Heiligheid • His Holiness **HH**

**SI** *Système International (d'Unités)* • **SI**

**SIBW** standaardinkomstebelasting op werknemers • standard income tax on employees **SITE**

**sielk.** sielkunde; sielkundig(e); →PSIG. • psychology; psychological **psych., psychol.**

**sill.** sillabus • syllabus **syl., syll.**

**sill.** sillabe; sillabies(e) • syllable; syllabic **syl., syll.**

**sin.** sinoniem; sinonimies(e) • synonym; synonymous **syn.**

**sin** sinus • sine **sin**

**sing.** *singularis* enkelvoud; →EKV. • singular **s., sing.**

**SJ** *Societas Jesu* Genootskap van Jesus • *Societas Jesu* Society of Jesus **SJ**

**s.j.** *sub judice* nog onbeslis • *sub judice* still undecided **s.j.**

**s.j.** sonder jaartal • no date **N.D., n.d.**

**SJAB** St. John-ambulansbrigade • St John Ambulance Brigade **SJAB**

**SJAV** St. John-ambulansvereniging • St John Ambulance Association **SJAA**

**SK** Staatskoerant • Government Gazette **GG**

**sk.** skeidsregter • referee **ref.**

**sk.** skuilnaam • pseudonym **pseud.**

**Skand.** Skandinawië; Skandinawies(e) • Scandinavia; Scandinavian **Scan., Scand.**

**SKE** swewendekoers-effek • floating-rate note **FRN**

**skeik.** skeikunde; skeikundig(e); →CHEM. • chemistry; chemical **chem.**

**skiereil.** skiereiland • peninsula **pen.**

**SKM** seegelanseerde kruismissiel • sea-launched cruise missile **SLCM**

**skr., sktr.** skutter • gunner **gnr.**

**Skt.** Sanskrit *(taaln.)*; Sanskrities(e) • Sanskrit *(lang.)*; Sanskritic **Skr., Skt**

**Slaw.** Slawies *(taaln.)*; Slawies(e) • Slavic, Slavonic *(lang.)*; Slavic, Slavonic, Slavonian **Slav.**

**SM, sers.maj., s.maj.** sersant-majoor • sergeant major **Sgt Maj., SM**

**sm.** seemyl • nautical mile **nm**

**SM** seremoniemeester • master of ceremonies **MC**

**SM** Staande Mag • Permanent Force **PF**

**SM** stasiemeester • stationmaster **SM**

**SM** Suiderkruismedalje • Southern Cross Medal **SM**

**SMS** kortboodskapdiens • short message service **SMS**

**sn.** seun • son **sn.**

**SNA** sisteemnetwerkargitektuur • system network architecture **SNA**

**SNOBOL, Snobol** • String Oriented Symbolic Language **SNOBOL, Snobol**

**SNV** sportnutsvoertuig • sports utility vehicle **SUV**

**s.nw.** selfstandige naamwoord; →N. • noun **n.**

**So.** Sondag • Sunday **S., Sun.**

**So.** Sotho *(taaln.)* • Sotho *(lang.)* **So.**

**SO** suidoos(te); suidoostelik(e) • southeast; southeast(ern) **SE**

**SOAVO** Suidoos-Asiatiese Verdragsorganisasie • South-East Asia Treaty Organisation **SEATO, Seato**

**SOF** Strategiese Oliefonds • Strategic Oil Fund **SOF**

**soöl.** soölogie; soölogies(e) • zoology; zoological **zool.**

**SOOO** Sektorale Onderwys- en Opleidingsowerheid • Sectoral Education and Training Authority **SETA, Seta**

**sopr.** sopraan • soprano **sop.**

**SOS** *save our souls* noodsein • *save our souls* distress signal **SOS**

**SOS** seksueel oordraagbare siekte • sexually transmitted disease **STD**

**sos.** sosialis • socialist **soc.**

**sosiol.** sosiologie; sosiologies(e) • sociology; sociological **sociol.**

**SOWT** Stigting vir Onderwys, Wetenskap en Tegnologie • Foundation for Education, Science and Technology **FEST, Fest**

**Sp.** Spaans *(taaln.)*; Spaans(e); Spanje • Spanish *(lang.)*; Spanish; Spain **Sp.**

**sp.** spesie • species **sp.**

**SP** Staatspresident • State President **SP**

**spes.** spesiaal, -siale • special **spec.**

**spoorw., spw.** spoorweë, spoorweg • railway(s) **rly.**

**SPQR** *Senatus Populusque Romanus* Senaat en Volk van Rome • *Senatus Populusque Romanus* Senate and People of Rome **SPQR**

**Spr.** Spreuke • (Book of) Proverbs **Prov.**

**s.p.s., s/s** siklusse per sekonde • cycles per second **cps**

**SPW** sonder pariwaarde • no par value **NPV**

**s.q.** *status quo* soos dit was, onveranderd • *status quo* the pre-existing state of affairs **sq**

**s.q.n.** *sine qua non* noodsaaklike vereiste • *sine qua non* an indispensable condition **s.q.n.**

**sr.** senior • senior **Sen., Snr, Sr**

**SR** Studenteraad • Students' Representative Council **SRC**

**SRS** satellietradarstasie • satellite radar station **SRS**

**ss.** samestelling • compound **comp.**

**ss.** stoomskip • steamship **SS**

**SSA** Statistieke Suid-Afrika • Statistics South Africa **Stats SA**

**SSA** Ster van Suid-Afrika • Star of South Africa **SSA**

**s.sers.** stafsersant • staff sergeant **SSgt, S.Sgt**

**SSG** sentrale sakegebied • central business district **CBD**

**SSO** suidsuidoos; suidsuidoostelik(e) • south-southeast; southeast(ern) **SSE**

**S.So.** Suid-Sotho *(taaln.)* • South Sotho *(lang.)* **S.So.**

**s.str.** seestraat • strait **St., str.**

**SSW** suidsuidwes; suidsuidwestelik(e) • south-southwest; southwest(ern) **SSW**

**st.** gestonk *(kr.)* • stumped **st.**

**st.** standaard • standard **std**

**St.** Sint (Heilige) • Saint **St**

**sta.** stasie • station **sta.**

**staatk.** staatkunde; staatkundig(e) • politics; political **pol.**

**statist.** statistiek; statisties(e) • statistics; statistical **stat.**

**STD** standaardtemperatuur en -druk • standard temperature and pressure **STP;** normal temperature and pressure **NTP**

**sterrek.** sterrekunde; sterrekundig(e) • astronomy; astronomical **astr., astron.**

**stg.** sterling • sterling **stg**

**str.** straat • street **st., str.**

**STR** spesiale trekkingsreg • special drawing right **SDR**

**stud.** student • student **stud.**

**SU** standaarduitspraak • Received Pronunciation **RP**

**subj.** subjunktief, -tiewe • subjunctive **subj.**

**subj.** subjek; →ONDW.; subjektief, -tiewe • subject; subjective **subj.**

**subs.** subskripsie • subscription **sub.**

**suff.** suffiks • suffix **suff.**

**sup.** *supra* hierbo • *supra* above **sup.**

**supt.** superintendent • superintendent **supt.**

**Sv** sievert • sievert **Sv**

**s.v.** *sub verbo, sub voce* onder/by die woord • *sub verbo, sub voce* under the word/voice **sv**

**SVE, CPU** sentrale verwerk(ings)eenheid • central processing unit **CPU**

**SVE** selfverdedigingseenheid • self-defence unit **SDU**

**SVG** stadsverbeteringsgebied • city improvement district **CID**

**s.v.p.** *s'il vous plaît* asseblief; →ASB. • *s'il vous plaît* if you please **s.v.p.**

**SVR** spesiale vrederegter • special justice of the peace **SJP**

**SW, s.w.** soortlike/spesifieke warmte • specific heat **sp. ht**

**sw.** sigwissel • sight draft **SD**

**sw.** swak • weak **wk**

**SW** suidwes(te); suidwestelik(e) • southwest; southwest(ern) **SW**

**swamk.** swamkunde; swamkundig(e) • mycology; mycological **mycol.**

**SWAPO, Swapo** • South West Africa People's Organisation **SWAPO, Swapo**

**Swaz.** Swaziland • Swaziland **Swaz.**

**SWD** Suidwestelike Distrikte • Southwestern Districts **SWD**

**SWOT** sterk punte, swakhede, geleenthede en bedreigings • strengths, weaknesses, opportunities and threats **SWOT**

# T

**T** absolute temperatuur • absolute temperature **T**

**T** tesla • tesla(s) **T**

**t** metriese ton • metric ton(s), tonne **t**

**t.** tarra • tare **t.**

**t.** teelepel • teaspoon **t., tsp.**

**t.** teen; →V., VS. • *versus* against **v., vs., vs**

**t.** tempo • tempo **t.**

**t.** ton • ton(s) **t.**

**t.** tyd • time **T.**

**taalk.** taalkunde; taalkundig(e); →LING. • linguistics; linguistic **ling.**

**tab.** tabel • table(s) **tab.**

**tan** tangens • tangent **tan**

**tandh.** tandheelkunde; tandheelkundige; tandheelkundig(e) • dentistry; dentist; dental **dent.**

**t.a.p.** ter aangehaalde plaatse, op die aangehaalde plek; → L.C., LOC.CIT • *loco citato* in the place cited **lc, loc. cit.**

**t.a.v.** ten aansien van; →I.V.M.; M.B.T. • in respect of **i.r.o.**

**TB** tuberkulose • tuberculosis **TB, tb**

**teenst.** teenstelling • opposite **opp.**

**teenw.** teenwoordig(e) • present **pres.**

**tegn.** tegniek; tegnies(e); tegnikus • technique; technical; technician **tec., tech.**

**tegnol.** tegnologie; tegnologies(e) • technology **tech., technol.**; technological **technol.**

**tel.** telefoon • telephone **tel.**

**telegr.** telegrafie; telegrafies(e); telegram • telegraphy **teleg.**; telegrafic **tel., teleg.**; telegram **tel., teleg.**

**telekom.** telekommunikasie • telecommunication **telecom**

**telw.** telwoord • numeral **num.**

**temp.** temperatuur • temperature **temp.**

**ten.** tenoor • tenor **t., ten.**

**teol.** teologie; teologies(e) • theology; theological **theol.**

**tes.** tesourier • treasurer **treas.**

**Tess.** (Briewe aan die) Tessalonisense • (Epistles to the) Thessalonians **Thess.**

**TGG** transformasioneel-generatiewe grammatika • transformational-generative grammar **TGG**

**Th.D., ThD, Theol.D., TheolD** *Theologiae Doctor* Doktor in (die) Teologie • Doctor of Theology **ThD**

**Thos.** Thomas • Thomas **Thos.**

**Tim.** (Briewe aan) Timoteus • (Epistles to) Timothy **Tim.**

**Tit.** (Brief aan) Titus • (Epistle to) Titus **Tit.**

**TJ** terajoule • terajoule **TJ**

**TK** Taalkommissie • **TK**

**TKW** temperatuurkoëffisiënt/temperatuurko-effisiënt van weerstand • temperature coefficient of resistance **TCR**

**TM** transendentale meditasie • transcendental meditation **TM**

**TNT** trinitrotolueen • trinitrotoluene **TNT**

**TO** telegrafiese oorplasing • telegraphic transfer **TT**

**Tr.** Transkei; Transkeis(e) • Transkei; Transkeian **Tr.**

**tr.** transitief, -tiewe; →OORG. • transitive **tr., trans.**

**trig.** trigonometrie; trigonometries(e) • trigonometry; trigonometric(al) **trig.**

**trs.** transponeer • transpose **trs.**

**TSA** Technikon Suid-Afrika • Technikon South Africa **TSA**

**TSA** Tennis Suid-Afrika • Tennis South Africa **TSA**

**Tsw.** Tswana *(taaln.)* • Tswana *(lang.)* **Tsw.**

**TT** tegniese tekene • technical drawing **TD**

**t.t.** *totus tuus* geheel die uwe • *totus tuus* faithfully yours **t.t.**

**TTV** totale toelaatbare (vis)vangs • total permissible catch **TPC**

**TUH** tegniese uitklophou • technical knockout **TKO**

**tuinb.** tuinbou • horticulture **hort.**

**TV** televisie • television **TV**

**TW** terawatt • terawatt **TW**

**tw.** tussenwerpsel • interjection **interj.**

**t.w.** te wete; →NL. • *videlicet* namely **viz.**

## U

**u.** uur; →H. • *hora* hour **H., h., h**

**UGO** uitkomsgebaseerde/uitkomsgerigte onderwys • Outcomes-based Education **OBE**

**UH** uitklophou • knockout **KO, k.o.**

**UHF** ultrahoë frekwensie • ultrahigh frequency **UHF**

**UHT** ultrahoë temperatuur • ultra heat treated **UHT**

**uitbr.** uitbreiding • extension **ext.**

**uitg.** uitgawe • edition **ed.**

**uitg.** uitgewer • publisher **publ.**

**uitr.** uitroep • exclamation **excl.**

**uits.** uitsondering • exception **ex., exc.**

**uitspr.** uitspraak • pronunciation **pron.**

**UJ** Universiteit van Johannesburg • University of Johannesburg **UJ**

**UK** uitvoerende komitee • executive committee **Exco**

**UK** Universiteit van Kaapstad • University of Cape Town **UCT**

**ult.** *ultimo* van die vorige maand; →LL. • *ultimo* in/during the previous month **ult.**

**UN** Universiteit van Natal • University of Natal **UN**

**UNESCO, Unesco** Verenigde Nasies se Opvoedkundige, Wetenskaplike en Kulturele Organisasie • United Nations Educational, Scientific and Cultural Organisation **UNESCO, Unesco**

**UNICEF, Unicef** Verenigde Nasies se Kinderfonds • United Nations Children's Fund **UNICEF, Unicef**

**UNIDO, Unido** Verenigde Nasies se Nywerheidsontwikkelingsorganisasie • United Nations Industrial Development Organisation **UNIDO, Unido**

**UNIN** Universiteit van die Noorde • University of the North **UNIN**

**UNISA, Unisa** Universiteit van Suid-Afrika • University of South Africa **UNISA, Unisa**

**UNITA, Unita** *União Nacional para a Independencia Total de Angola* Nasionale Unie vir die Algehele Onafhanklikheid van Angola • *União National para a Independencia Total de Angola* National Union for the Total Independence of Angola **UNITA, Unita**

**univ.** universeel, -sele • universal **univ.**

**univ.** universiteit • university **univ.**

**UP** • United Press **UP**

**UP** Universiteit van Pretoria • University of Pretoria **UP**

**UPS** ononderbroke/deurlopende kragtoevoer *(rek.)* • uninterruptible power supply **UPS**

**URL** bronadres *(rek.)* • universal resource locator **URL**

**US** Universiteit van Stellenbosch • University of Stellenbosch **US**

**u.s.** *ut supra* soos hier bo • *ut supra* as above **u.s.**

**USAid** Amerikaanse Agentskap vir Internasionale Ontwikkeling • United States Agency for International Development **USAid**

**UT** universele tyd • universal time **UT**

**UV** Universiteit van die Vrystaat • University of the Free State **UFS**

**UVSA** Uitgewersvereniging van Suid-Afrika • Publishers Association of South Africa **PASA**

**UW, Wits** Universiteit van die Witwatersrand • University of the Witwatersrand **UW, Wits**

**UWK** Universiteit van Wes-Kaapland • University of the Western Cape **UWC**

**UZ, UNIZUL, Unizul** Universiteit van Zululand/Zoeloeland • University of Zululand **UZ, UNIZUL, Unizul**

## V

**V** Romeinse 5 • Roman numeral 5 **V**

**V** volt • volt **V**

**v.** *vide, videatur* kyk, sien • *vide, videatur* see **v.**

**v.** van • of; from **fr.**

**v.** verso • verso **v.**

**v., vert.** vertrek • room **rm**

**v., vr.** vroulik(e); →F., FEM. • feminine **f., fem.**

**v., vs.** vers • verse **v.**

**v., vs.** *versus* teen; →T. • *versus* against **v., vs., vs**

**VA** voltampère • volt-ampere(s) **VA**

**VAB, v.a.b.** vry aan boord • free on board **FOB, f.o.b.**

**VAE** Verenigde Arabiese Emirate • United Arab Emirates **UAE**

**val.** valuta • currency **cur.**

**VAR** Verenigde Arabiese Republiek • United Arab Republic **UAR**

**VB, V/B** vragbrief • bill of lading **BL, B/L**

**vb.** voorbeeld • example **ex.**

**VBOO** volwassene(-) basiese onderwys en opleiding • adult basic education and training **ABET, Abet**

**v.C.** voor Christus • before Christ **B.C., BC**

**V.D.O.,VDO** Verdere Diploma in die Onderwys • Further Diploma in Education **FDE**

**veearts.** veeartsenykunde; veeartsenykundig(e) • veterinary science; veterinary **vet.**

**veldm.** veldmaarskalk • field marshal **FM**

**ver.** vereniging • society **soc.**

**verb.** verbuiging *(gram.)* • declension **dec., decl.**

**verb., v.** *verbum* werkwoord; →ww. • *verbum* verb **v., vb., vb**

**verbet.** verbetering • correction **corr.**

**verd.** verdieping • floor **fl.**

**verg.** vergadering • meeting **mtg**

**verl.dw.** verlede deelwoord • past participle **pp**

**verlosk.** verloskunde; verloskundig(e) • obstetrics; obstetric(al) **obstet.**

**vermin.** verminder • decrease **dec.**

**veroud.** verouderd(e) • obsolete **obs.**

**versk.** verskil; verskillend(e) • difference; different **diff.**

**vert.** vertaal(de); vertaler; vertaling • translate(d); translator; translation **trans., transl.**

**vert.** verteenwoordig; verteenwoordigend(e); verteenwoordiging • represent; representative; representation **repr.**

**verv.** vervoeging • conjugation **conj.**

**verv.** vervolg • continued **cont.**

**verw.** verweerder • defendant **def.**

**verw.** verwerk; verwerker; verwerking • process; processor; processing **proc.**

**verw.** verwysing • reference **ref.**

**VF** Vryheidsfront • Freedom Front **FF**

**VG** vikaris-generaal • Vicar General **VG**

**VGA** • video graphics array **VGA**

**VGK** Verenigende Gereformeerde Kerk • Uniting Reformed Church **URC**

**VGKSA** Verenigende Gereformeerde Kerk in Suider-Afrika • Uniting Reformed Church in Southern Africa **URCSA**

**vgl.** vergelyk; →CF. • *confer(atur)* compare **cf., cp.**

**vgw., voegw.** voegwoord • conjunction **conj.**

**VHJ** voor die huidige jaartelling • Before the Common Era **BCE**

**VHK** Verdedigingshoofkwartier • Defence Headquarters **DHQ**

**VHS** • video home system **VHS**

**VIGS, vigs** verworwe immuniteitsgebreksindroom/immuno-gebreksindroom/immuungebreksindroom; →M.I.V., MIV • acquired immune deficiency syndrome **AIDS, Aids**

**vk.** vierkant; vierkantig(e) • square; square **sq.**

**VK** Verenigde Koninkryk • United Kingdom **UK**

**VK** visekanselier • Vice Chancellor **VC**

**VK** visekonsul • Vice Consul **VC**

**VK** voetbalklub • Football Club **FC**

**VKO** videokassetopnemer • video cassette recorder **VCR**

**VKRSA** Verenigde Kriekateraad van Suid-Afrika • United Cricket Board of South Africa **UCBSA**

**VKVSAU** Visekanseliersvereniging van Suid-Afrikaanse Universiteite • South African Universities Vice-Chancellors' Association **SAUVCA, Sauvca**

**Vl.** Vlaams *(taaln.)*; Vlaams(e); Vlaandere • Flemish *(lang.)*; Flemish; Flanders **Fl.**

**vlg.** volgende • following **ff., fol., foll.**

**v.l.n.r.** van links na regs • left to right **l. to r., l.t.r.**

**vm.** voormiddag • *ante meridiem* before noon **a.m.**

**v/m, v.p.m.** voet per minuut • feet per minute **ft/min., FM, fpm**

**VN** Verenigde Nasies • United Nations **UN**

**VNHKV** Verenigde Nasies se Hoëkommissariaat vir Vlugte=linge • United Nations High Commissioner for Refugees **UNHCR**

**vnw.** voornaamwoord; voornaamwoordelik(e); →PRON. • pro=noun; pronominal **pron.**

**voëlk.** voëlkunde; voëlkundig(e) • ornithology; ornithological **ornith., ornithol.**

**vok.** vokatief, =tiewe • vocative (case) **voc.**

**vol.** volume • volume **vol.**

**volm.** volmaak(te) • perfect **perf.**

**voors.** voorsitter • president **pres.**

**voors., vs.** voorsetsel; →PREP. • preposition **prep.**

**voorw.** voorwoord • preface **pref.**

**VP** visepresident • vice(-)president **VP, V. Pres.**

**VP, vp.** vriespunt • freezing point **FP, fp**

**VPG** vloeibare petroleumgas • liquefied petroleum gas **LPG, LP Gas**

**VPI** verbruikersprysindeks • consumer price index **CPI**

**VR** vrederegter • Justice of the Peace **JP**

**V/R,VR** verkope op rekening • account sales **A/S**

**Vr.** Vrydag • Friday **Fri.**

**vr.** vader *(relig.)* • Father **Fr.**

**v.r.n.l.** van regs na links • right to left **r. to l.**

**VSA** Verenigde State van Amerika • United States of America **USA**

**VSAN** Vereniging van Suidoos-Asiatiese Nasies • Association of Southeast Asian Nations **ASEAN**

**VSO, v.s.o.** verskeper se sertifikaat van ontvangs • shipper's certificate of receipt **SCR**

**VSSVSA** Verenigde Skolesportvereniging van Suid-Afrika • United Schools Sports Association of South Africa **USSASA, Ussasa**

**vt.** voet • foot, feet **ft.**

**VT** verwys na trekker • refer to drawer **RD, rd**

**vulg.** vulgêr(e) • vulgar **vulg.**

**vv.** vragvry • carriage paid **carr. pd.**

**v.v.** *vice versa* omgekeerd • *vice versa* with the order/meaning reversed **v.v., vv**

**v.v.** *viva voce* mondelings • *viva voce* by word of mouth **v.v.**

**VVV** vreemde vlieënde voorwerp • unidentified flying object **UFO**

**VWA** vierwielaandrywing • four-wheel drive **FWD, f.w.d.**

## W

**W** watt • watt(s) **W**

**W.** wes; weste; westelik(e) • west; west; westerly, western **W**

**W.** wissel • bill of exchange **BE, B/E**

**w.** week • week **w.**

**WAG** *Woordeboek van Afrikaanse Geneeskundeterme* • **WAG**

**WAN** wyearea-netwerk • wide area network **WAN**

**WAP** koordlosetoegangsprotokol • wireless application proto=col **WAP**

**WAT** *Woordeboek van die Afrikaanse Taal* • **WAT**

**Wb** weber • weber(s) **Wb**

**WB** Wêreldbank • World Bank **WB**

**WB** Wêreldbeker • World Cup **WC**

**wbl.** weekblad • weekly (publication) **wkly (pub./publ.)**

**WBR** Wêreldboksraad • World Boxing Council **WBC**

**WBV** Wêreldboksvereniging • World Boxing Association **WBA**

**wd.** woord • word **wd**

**wdb.** woordeboek • dictionary **dict.**

**wederk.** wederkerend(e); →REFL. • reflexive **refl.**

**W.Ed.Hr.** Weledele Heer • esquire **Esq.**

**weerk.** weerkunde; weerkundig(e); →METEOR. • meteorology; meteorological **met., meteor., meteorol.**

**W.Eerw.** Weleerwaarde • Right Reverend **RR**

**wetb.** wetboek • statute(s) **stat.**

**WGK, w.g.k.** wortel van die gemiddelde kwadraat • root mean square **rms**

**WGO** Wêreldgesondheidsorganisasie • World Health Organisation **WHO**

**WHO** Wêreldhandelsorganisasie • World Trade Organisation **WTO**

**WI** Wes-Indië; Wes-Indies(e) • West Indies; West Indian **WI**

**WIPO, Wipo** Wêreldorganisasie vir Intellektuele Eiendom • World Intellectual Property Organisation **WIPO, Wipo**

**wisk.** wiskunde; wiskundig(e) • mathematics; mathematical **math.**

**Wits, UW** Universiteit van die Witwatersrand • University of the Witwatersrand **Wits, UW**

**WK** wisselkoers • exchange rate **XR, ER, exch. rate**

**WK, wk.** waterkloset • water closet **WC, wc.**

**WKPA** Wes-Kaapse Provinsiale Administrasie • Provincial Administration Western Cape **PAWC**

**w/m, w.p.m.** woorde per minuut • words per minute **wpm**

**wmn., wrn.** weerman • private **Pte**

**WMO** Wêreld Meteorologiese Organisasie • World Meteorological Organisation **WMO**

**WNNR** Wetenskaplike en Nywerheidnavorsingsraad • Council for Scientific and Industrial Research **CSIR**

**WNT** *Woordenboek der Nederlandsche Taal* • **WNT**

**WNW** wesnoordwes; wesnoordwestelik(e) • west-north-west; west-north-west **WNW**

**Wo.** Woensdag • Wednesday **Wed.**

**WO** Wêreldoorlog • World War **WW**

**WP** Westelike Provinsie • Western Province **WP**

**WPU** Wêreldposunie • Universal Postal Union **UPU**

**WS, ws.** wisselstroom • alternating current **AC, ac**

**WS/GS, ws./gs.** wisselstroom/gelykstroom • alternating current/direct current **AC/DC**

**wsk.** waarskynlik(e) • probable, probably **prob.**

**WSW** wessuidwes; wessuidwestelik(e) • west-south-west; west-south-westerly **WSW**

**wv.** wisselvorm • variant **var.**

**WV** woordverwerker • word processor **WP**

**WVF** Werkloosheidversekeringsfonds • Unemployment Insurance Fund **UIF**

**ww.** werkwoord; werkwoordelik(e); →V., VERB. • verb **v., vb., vb;** verbal **vb., vb**

**WWF** Wêreld-Natuurfonds • Worldwide Fund for Nature **WWF**

**WWW, www** Wêreldwye Web, wêreldwye web • World Wide Web **WWW**

**WYSIWYG** wat jy sien, is wat jy kry *(rek.)* • what you see is what you get **WYSIWYG**

### X

**X** Romeinse 10 • Roman numeral 10 **X**

**Xh.** Xhosa *(taaln.)* • Xhosa *(lang.)* **Xh.**

### Y

**YMCA** Young Men's Christian Association • Young Men's Christian Association **YMCA**

**YWCA** Young Women's Christian Association • Young Women's Christian Association **YWCA**

### Z

**Z.** Zoeloe, Zulu *(taaln.)* • Zulu *(lang.)* **Z.**

**Zam.** Zambië; Zambies(e) • Zambia; Zambian **Zam.**

**ZAPU, Zapu** • Zimbabwe African People's Union **ZAPU, Zapu**

**Zim** Zimbabwe; Zimbabwies(e) • Zimbabwe; Zimbabwean **Zim**

# English • Afrikaans

# Aa

**a¹, A** *a's, A's, As, n., (eerste letter v.d. alfabet)* a, A; *from A to Z* van A tot Z, van (die) begin tot (die) end; *little a* ~ a'tjie; *small a* klein a. **A1, A-1, A-one** eersteklas, uitstekend, puik, agter= mekaar. **A1, A2, A3,** *etc., (papiergrootte)* A1, A2, A3, ens.; *A4 paper* A4-papier. **A-bomb** atoom=, kernbom. **A flat** *(mus.)* A= mol. **A-frame house** A-raam-huis. **A level** *(Br., opv.)* post= matriekvlak; *have three* ~ ~s (in) drie vakke op postmatriek= vlak slaag. **A-line skirt** A-lyn-romp. **A-OK, A-okay** *adj., (infml.)* dooddollies, piekfyn, uitstekend, doodreg. **A sharp** *(mus.)* A-kruis.

**a²** *lw.* 'n; →AN; *become* ~ *dentist* ('n) tandarts word; ~ *(certain) Col. X* ene kol. X; *R100* ~ *day* R100 per/'n *(of* op 'n) dag; *R3,65* ~ *kilo* R3,65 per/'n/die kilo; *R500* ~ *month/week* R500 per/'n *(of* in die) maand/week; *19 out of* ~ *possible 20 points* 19 uit die 20 moontlike punte; *two* ~ *rand* twee vir 'n rand.

**aard-:** ~**vark** erdvark. ~**wolf** *(Proteles cristatus)* aardwolf, maan= haarjakkals.

**a·back:** *taken* ~ verbaas, verstom, oorbluf, uit die veld geslaan; ontsteld, onthuts.

**ab·a·cus** *=cuses, =ci* telraam, abakus.

**ab·a·lo·ne** *(soöl.)* perlemoen.

**a·ban·don** *n.* oorgawe; losheid, vryheid; uitbundigheid, uitge= latenheid; *do s.t. with* ~ iets uitbundig/uitgelate *(of* met oorgawe) doen. **a·ban·don** *ww.* verlaat *('n plek);* aan sy lot oorlaat *(iem., 'n dier);* verlaat, agterlaat, in die steek laat *(iem. ens.);* weggooi, te vondeling lê *('n kind);* versaak *('n vriend);* laat staan *('n motor, gewoonte);* afstand doen van *(besittings);* oorboord gooi *(begin= sels);* afsien van, opgee, laat vaar *('n plan);* afsien van *('n eis);* terugtree uit *('n kontrak);* ~ *all hope* alle hoop opgee *(of* laat vaar); ~ *play* (or *a game)* die spel *(of* 'n wedstryd) staak; ~ *a resolution* 'n voorstel/beskrywingspunt afstap; ~ *o.s. to* ... jou aan ... oorgee; *s.o.* ~ *s.t.* **to** ... iem. gee iets aan ... prys. **a·ban·doned** verlate; in die steek gelate; uitbundig, uitgelate; ~ *child* weggooikind; ~ *goods* prysgegewe/geabandonneerde goedere. **a·ban·don·ment** verlating, agterlating; afstanddoe= ning, prysgewing, *(jur.)* abandonnement; verlatenheid; uitbun= digheid, uitgelatenheid; onverskilligheid.

**a·bashed** verleë, skaam; *be/feel* ~ *at s.t.* oor iets verleë/skaam *(of* in verleentheid) wees, jou oor iets skaam; *be* ~ *by s.t.* jou deur iets van stryk laat bring.

**a·bate** *(wind)* gaan lê; *(storm)* bedaar; *(pyn)* afneem, *(koors)* daal, afneem; *(ywer, belangstelling)* verflou; *(woede, lawaai)* afneem; verlaag *(belasting);* verlig *(pyn);* verlaag, verminder *(prys);* ver= minder *(skuld);* ~ *a nuisance, (jur.)* 'n hinder verwyder/beëin= dig. **a·bate·ment** vermindering; bedaring; verflouing; verlaging, vermindering, afslag, korting *(op belasting).*

**ab·at·toir** *=toirs* abattoir, slagplaas, *(infml.)* slagpale. ~ *fees* slag= geld.

**ab·bey** abdy; kloostergemeenskap. ~ **(church)** abdykerk.

**ab·bot** ab, kloostervader.

**ab·bre·vi·ate** afkort *(woord ens.);* verkort *(boek, toespraak, ens.);* inkort *(vakansie ens.);* ~ *s.t. to* … iets afkort tot …

**ab·bre·vi·a·tion** afkorting; verkorting; inkorting; *s.t. is the* ~ *for* … iets is die afkorting van … ~ **mark** afkort(ings)teken.

**ABC** *(alfabet)* ABC; *(fig.)* ABC, eerste beginsels, grondbeginsels; *it's as easy as* ~ dis doodmaklik/kinderspeletjies.

**ab·di·cate** *(koning, koningin)* abdikeer; *(pous)* sy amp neerlê; ~ *one's responsibilities* jou verantwoordelikhede van jou afskuif/af=

skuiwe; ~ *one's rights* afsien van jou regte, jou regte prysgee; ~ *(the throne)* abdikeer, afstand doen van die troon. **ab·di·ca·tion** abdikasie, troonsafstand, afstanddoening van die troon; neerlegging; prysgewing. **ab·di·ca·tor** troonverlater.

**ab·do·men, ab·do·men** *(anat.)* abdomen *(fml.),* buik, onder= lyf; agterlyf *(v. insek); lower* ~ onderbuik. **ab·dom·i·nal** abdomi= naal, buik=; ~ *breathing* buikasemhaling; ~ *cavity* buikholte; ~ *hernia* buikbreuk; ~ *muscle* buikspier; ~ *region* buikstreek; ~ *wall* buikwand.

**ab·duct** ontvoer, skaak, wegvoer. **ab·duc·tion** ontvoering, ska= king, wegvoering.

**ab·duc·tor** ontvoerder, skaker. ~ **(muscle)** wegtrekspier, *(fml.)* abduktor(spier).

**Ab·er·deen** *(geog.)* Aberdeen. **Ab·er·do·ni·an** *n.* Aberdeen. **Ab·er·do·ni·an** *adj.* Aberdeens.

**ab·er·rant** afwykend, abnormaal. **ab·er·rance, ab·er·ran·cy** afwyking.

**ab·er·ra·tion** afwyking, abnormaliteit; afdwaling, misstap, fout; *(rek.)* storing; *(mental)* ~ afwesigheid (van gees).

**a·bet** *=tt=* aanmoedig, aanspoor; help, steun; *aid and* ~ *s.o.* iem. aanmoedig/bystaan, met iem. medepligtig wees *(aan 'n misdaad).* **a·bet·ment** aanmoediging, aansporing; steun, hulp, bystand. **a·bet·tor, a·bet·ter** aanhitser, aanspoorder; handlanger *(by misdaad).*

**a·bey·ance** stilstand, opskorting; afwagting; *be in* ~, *(gebruik)* in onbruik wees; *(reël, wet)* opgeskort *(of* tydelik kragteloos) wees; *(saak)* hangende/onbeslis/onuitgemaak wees; *fall into* ~ in onbruik raak; *(reël, wet)* kragteloos word; *hold s.t. in* ~ iets vir 'n onbepaalde tyd uitstel; *keep s.t. in* ~ iets agterweë hou; *leave s.t. in* ~ iets laat oorstaan *(of* hangende laat); *remain in* ~ agterweë bly.

**ab·hor** *=rr=* verafsku, verag, verfoei, 'n afsku/afkeer hê van, gru vir. **ab·hor·rence** afsku, verafskuwing, veragting; gruwel; *have an* ~ *of s.t.* 'n afsku van iets hê; *hold s.o./s.t. in* ~ iem./iets ver= afsku/verfoei, van iem. 'n afsku hê. **ab·hor·rent** afskuwelik, ver= foeilik, haatlik, afstootlik, weersinwekkend, walglik; vol afsku; *s.o. finds s.t.* ~, *s.t. is* ~ *to s.o.* iem. vcrafsku iets, iets is vir iem. afskuwelik.

**a·bide** *abides abiding abided/abode* verdra, uitstaan, veel; ~ *by* … … hou/nakom *(belofte);* … nakom *(reëls, voorwaardes);* jou neerlê by *(of* berus in) … *('n besluit);* … dra *(gevolge);* … aanvaar *(uitslag);* jou onderwerp aan … *('n uitspraak);* … aan … vashou, by … bly *(beginsels, 'n oortuiging, 'n standpunt, ou gebruike);* ~ *by the law* die wet nakom/gehoorsaam, by die wet bly, jou aan die wet hou; *I* ~ *by what I said* ek bly by wat ek gesê het. **a·bid·ing** bly= wend, bestendig, durend, vas.

**a·bil·i·ty** *=ties* bekwaamheid, vermoë, bevoegdheid, geskiktheid; knapheid; kundigheid; *to the best of s.o.'s* ~ na iem. se beste ver= moë, so goed (as [wat]) iem. kan, so goed moontlik; *have the* ~ *to* … die vermoë hê om te … **test** vermoëtoets.

**ab·ject** ellendig, rampsalig, jammerlik; kruiperig, onderdanig; veragtelik, gemeen, laag; *an* ~ *apology* 'n kruiperige veront= skuldiging; *in* ~ *misery* in die diepste ellende; ~ *obedience* slaafse gehoorsaamheid; *in* ~ *poverty* in volslae armoede.

**ab·laut** *(D., ling.)* ablaut, vokaal=, klinkerwisseling.

**a·blaze** aan die brand; glansend, skitterend; *be* ~ aan die brand wees, in vlamme *(of* in ligte laaie) staan; *be* ~ *with light* helder verlig wees; **set** *s.t.* ~ iets aan die brand steek; iets helder laat brand *(of* laat opvlam); *be* ~ **with** ... gloeiend van ... wees *(op=winding, woede, ens.).*

**a·ble** bekwaam, knap, bevoeg; *be* ~ *to do s.t.* iets kan doen, tot iets in staat wees; *be* ~ *to* ..., *(ook)* by magte wees om te ...; die geleentheid hê om te ...; *be* ~ *in body and mind* gesond van lig= gaam en gees wees. **~-bodied** sterk/fris (gebou[d]), gesond, liggaamlik geskik, weerbaar. **~(-bodied) seaman** bevare see= man. **a·bled** niegestrem(d). **a·bl(e)·ism** diskriminasie teen gestremdes. **a·bly** knap, behendig.

**ab·lu·tion** was(sing); *perform one's ~s, (infml.)* jou was. ~ **block** waskamers, ablusieblok, -gebou.

**ab·nor·mal** abnormaal, onreëlmatig, afwykend; buitengewoon; wanvormig, gebreklik, misvorm(d); ~ *psychology* abnormale sielkunde. **ab·nor·mal·i·ty** abnormaliteit, onreëlmatigheid, af= wyking; misvorming, misvormdheid, gebreklikheid; *cardiac* ~ hartafwyking.

**a·board** aan boord; *all* ~*!* opklim!, instap!; ~ *the* ... aan boord van *(of* op) die ... *(skip, vliegtuig),* in die ... *(trein, bus).*

**a·bode** *n., (fml., ret.)* woon-, blyplek, verblyf(plek), woning, tuiste; *of/with no fixed* ~ sonder vaste adres/verblyf; *a humble* ~ 'n nederige woning, 'n pondok; *take up one's* ~ *somewhere* êrens jou intrek neem.

**a·bol·ish** afskaf; ophef; herroep. **a·bol·ish·er** afskaffer, vernie= tiger. **ab·o·li·tion, a·bol·ish·ment** afskaffing; opheffing; her= roeping. **ab·o·li·tion·ist** afskaffer *(v.d. slawehandel ens.).*

**a·bom·i·na·ble** afskuwelik, verfoeilik, gruwelik; *A~ Snow=man* →YETI. **a·bom·i·na·ble·ness** afskuwelikheid, verfoeilik= heid. **a·bom·i·na·bly** verskriklik, vreeslik, aaklig, afgryslik, af= skuwelik; ~ *rude* uiters/verskriklik onbeskof.

**a·bom·i·na·tion** verafskuwing, verfoeiing; afskuwelikheid; gruwel; *have an* ~ *of s.t.,* hold *s.t. in* ~ iets verafsku, 'n afsku van iets hê; *be an* ~ *to s.o., be held in* ~ *by s.o.* vir iem. 'n gruwel *(of* 'n voorwerp van afsku) wees.

**Ab·o·rig·i·nal, Ab·o·rig·i·ne** *n.* Australiese inboorling. **Ab·o·rig·i·nal** *adj.* met betrekking tot *(of* van) die Australiese inboorlinge.

**ab·o·rig·i·nal** *adj.* oorspronklik, inheems; ~ *race* stamvolk.

**ab·o·rig·i·ne** *n.* inboorling, oorspronklike bewoner, eerste in= woner, oerinwoner.

**a·bort** *(meisie, vrou)* 'n miskraam hê, aborteer; *(vrug)* afkom; *(fig.)* misluk, tot 'n ontydige einde kom, skipbreuk ly, op niks uitloop nie; *(med.)* afdryf *(vrug); (fig.)* (voortydig) beëindig *(sen= ding ens.); (lugv.)* afbreek, nie voltooi nie *(vlug); (rek.)* skrap *(teks op skerm); (rek.)* staak *(program).*

**a·bor·tion** aborsie, vrugafdrywing, abortus; miskraam, onty= dige bevalling, misgeboorte; misgewas, misbaksel, monster; *complete* ~ volledige miskraam; *brucellose (by diere); conta=gious* ~ besmetlike misgeboorte; *incomplete* ~ onvolledige/ verborge miskraam; *induced* ~ kunsmatige miskraam; *pro=cure* ~ vrugafdrywing bewerk, die vrug afdryf; *septic* ~ sep= tiese miskraam; *spontaneous* ~ spontane miskraam; *threat=ened* ~ dreigende miskraam. ~ **clinic** aborsiekliniek. ~ **pill** aborsiepiel.

**a·bor·tion·ist** vrugafdrywer, aborteur.

**a·bor·tive** abortief, onvoldrae; vrugafdrywend; ontydig, vroeg; misluk, vrugteloos.

**a·bound** volop/oorvloedig wees, in oorvloed *(of* groot getalle) voorkom; ~ *in/with* ... ryk aan ... wees, vol ... wees; oorvloei van ...; krioel/wemel van ...

**a·bout** *adv.* ongeveer, byna, amper, omtrent, naaste(n)by, min of meer; rond, rondom; om; *be* ~ (al) op wees; hier êrens/ iewers/rond wees, in die rondte/omtrek wees; *be early* ~ vroeg opstaan; ~ *here* hier rond, hier in die buurt/omtrek; omtrent *(of* min of meer) hier; *just as s.o. was* ~ *to* ... net toe iem. wou ...; ~ *10 kilograms* ongeveer *(of* 'n stuk of) 10 kilogram; ~ *ten o'clock* omtrent *(of* om en by) tienuur; *at* ~ *ten o'clock* (so) teen tienuur, teen tienuur se kant; ~ *there* daar rond;

omtrent *(of* min of meer) daar; *be* ~ *to* ... op die punt staan/ wees om te ...; *be* ~ *to leave for* ... binnekort *(of* een van die dae) na ... *(of* ... toe) vertrek; *it's* ~ *to rain* dit gaan netnou/nou-nou reën; *we are* ~ *to run out of sugar* die suiker is amper op. **a·bout** *prep.* om, rondom; omheen; *ask* ~ ... na ... verneem/vra; *do s.t.* ~ *a matter* iets aan 'n saak doen, werk maak van iets; *there is no doubt* ~ *it* daar is geen twyfel aan nie, dit ly geen twyfel nie; *dream* ~ *s.o.* van iem. droom; *it was* ~ *here* dit was omtrent hier; ~ *the house* (rond)om die huis; *how* ~ ...? hoe lyk dit met ...?; *that's just* ~ *it* so is dit ongeveer/naaste(n)by; *what I like* ~ *him/her* wat my by/in hom/haar trek; *read all* ~ *it!* lees alles daarvan!; *read/talk* ~ *s.t.* van/oor iets lees/praat; ~ *town* in die stad (rond); *what* ~ *it?* wat daarvan?; *what is it* ~? waar= oor gaan/handel dit?; *what is it all* ~? wat beteken dit alles?; ~ *which* waaroor, waarvan; *while you're* ~ *it* terwyl jy (tog) daarmee besig is; sommer terselfdertyd; ~ *whom* oor/van wie. **~-turn,** *(Am.)* **~-face** *n., (mil.)* regsomkeer; *(fig.)* regsomkeer, om(me)keer, om(me)swaai; *do an* ~, *(mil.)* omkeer; *(fig.)* 'n regsomkeer maak, bol(le)makiesie slaan, heeltemal van deun= tjie/standpunt verander, (kort) omspring, omswaai. **~-turn,** *(Am.)* **~-face** *ww., (mil.)* omkeer; *(fig.)* 'n regsomkeer maak, bol(le)makiesie slaan, heeltemal van deuntjie/standpunt ver= ander, (kort) omspring, omswaai. ~ **turn,** *(Am.)* ~ **face** *tw., (mil.)* omkeer!.

**a·bove** *adj. (attr.)* bogenoemde, bostaande. **a·bove** *adv.* om= hoog, bo, bokant, bo-op, bo-oor; hier bo, hierbo; *from* ~ van bo *(af),* van omhoog. **a·bove** *prep.* bo, (bo-)oor; (bo-)op, bo= (kant); meer as; ~ *all* veral, bowe(n)al, in die eerste plek/ plaas; *be* ~ *board* eerlik/reguit wees, bo (alle) verdenking staan/wees; oop kaarte speel; *not be* ~ *board* onderduims wees; *be* ~ *ground* bogronds *(of* bo die grond) wees; *that's* ~ *me (of* my *head)* dis bo(kant) my vuurmaakplek, dis bo my begrip; *be* ~ *meanness* bo gemeenheid verhewe wees; ~ *wa=ter* bo water; *honour* ~ *wealth* eer bo rykdom. **~board** *adj. (attr.)* eerlike, openhartige, reguit; billike. **~ground** *adj. (attr.)* bogrondse. **~mentioned, ~named, ~said** *adj. (attr.)* boge= noemde, bostaande, bovermelde, bogemelde, hiervoor *(of* hier voor) genoemde. **~-the-line** *adj. (attr.):* ~ *advertising* media= reklame; ~ *profits* wins na rente en voor belasting.

**ab·ra·ca·dab·ra** *tw.* abrakadabra.

**a·brade** (af)skaaf, (af)skawe; (af)skuur; afvryf, afvrywe, af= slyp.

**a·bra·sion** afskawing, (af)slyting, afslyping, afskuring; skaaf= wond, skaaf-, skuurplek.

**a·bra·sive** *n.* skuur-, slypmiddel. **a·bra·sive** *adj.* (af)sku= rend, (af)skawend, afslytend, afslypend, skuur-, slyp-; ~ *per=sonality* hoekige/kwasterige persoonlikheid.

**a·breast** langs/naas mekaar, op 'n ry, in gelid; *be/keep* ~ *of s.t.* op (die) hoogte van iets wees/bly; *come* ~ *of s.o./s.t.* met iem./iets gelyktrek; ~ *of s.o./s.t.* langs iem./iets.

**a·bridge** verkort, afkort; *(fig.)* inkort, beperk *(regte, voorregte, ens.); an ~d edition* 'n beknopte uitgawe. **a·bridg(e)·ment** ver= korting, afkorting; inkorting, beperking; uittreksel, kortbe= grip.

**a·broad** *adv.* in die buiteland, buite(ns)lands; van huis; *(fig.)* in omloop; *back from* ~ terug uit die buiteland/vreemde; *there is a dangerous spirit* ~ daar heers 'n gevaarlike gees; *from* ~ uit die buiteland; *get* ~, *(fig.)* rugbaar word; *go* ~ na die bui= teland gaan; *at home and* ~ binne(ns)- en buite(ns)lands; *there is a rumour* ~ 'n gerug doen die rond(t)e *(of* is in om= loop), 'n gerug lê rond.

**ab·ro·gate** herroep, intrek, ophef, afskaf. **ab·ro·ga·tion** her= roeping, intrekking.

**ab·rupt** kortaf, abrup, bruusk; skielik, plotseling, onverwags; steil. **ab·rupt·ly** kortaf; skielik. **ab·rupt·ness** kortheid, abrupt= heid; oorhaastigheid; skielikheid.

**ab·scess** sweer, verswering, abses.

**ab·scis·sa** -sas, -sae, *(wisk.)* absis.

**ab·scis·sion** afsnyding; afsnoering; afskeuring; skeiding.

**ab·scond** vlug, wegloop, dros, verdwyn, op die vlug gaan/slaan, laat spat, die wyk neem; *~ing debtor* voortvlugtige skuldenaar. **ab·scond·er** wegloper, droster.

**ab·seil** *ww.*, *(D.: met 'n tou afsak)* abseil.

**ab·sence** afwesigheid; gebrek; *(jur.)* ontstentenis; verstrooidheid; *~ makes the heart grow fonder* afwesigheid maak meer bemind *(of versterk die liefde); do s.t. in s.o.'s ~* iets in iem. se afwesigheid doen; *in the ~ of* ... by afwesigheid van ... *(iem., iets);* by gebrek aan ... *(iets);* by gemis aan/van ... *(iets); ~ without leave* afwesigheid sonder verlof, ongemagtigde afwesigheid; *~ of mind* verstrooidheid, afgetrokkenheid.

**ab·sent** *adj.* afwesig; verstrooid, afgetrokke; *be ~ from* ... van ... afwesig wees; *be ~ without leave* sonder verlof afwesig wees; *be ~ from town* uitstedig wees. **ab·sent** *ww.: ~ o.s. from* ... van ... wegbly *(of afwesig wees).* **~-minded** verstrooid, ingedagte, afgetrokke; vergeetagtig; in 'n dwaal. **~-mindedness** verstrooidheid.

**ab·sen·tee** afwesige; tuis-, wegblyer. *~ landlord* elders wonende verhuurder/eienaar.

**ab·sen·tee·ism** afwesigheid, absenteïsme; tuis-, wegblyery.

**ab·sent·ly** ingedagte.

**ab·sinth(e)** *(bot.)* als, alsem(kruid), absint; *(likeur)* absint.

**ab·so·lute** volslae, volstrek, volkome, suiwer, skoon; onvoorwaardelik, onbeperk; totaal, absoluut; *~ magnitude, (astron.)* absolute helderheid; *~ majority* volstrekte meerderheid; *~ pitch, (mus.)* absolute gehoor/toonhoogtesin; absolute toonhoogte; *~ ruler* alleenheerser; *~ temperature* absolute temperatuur; *~ zero, (chem., fis.: -273.15°C, -459.67°F)* absolute nulpunt. **ab·so·lute·ly** volstrek, beslis *(weier);* volkome *(saamstem);* ten volle *(vertrou);* regtig *(waar);* streng *(verbode);* heeltemal *(gek, mal);* ten sterkste *(ontken);* absoluut *(onmoontlik);* vas *(glo);* werklik *(aaklig, pragtig).* **ab·so·lute·ness** volstrektheid, onbeperktheid, absoluutheid; onbeperkte mag; willekeur. **ab·so·lut·ism** absolutisme, alleenheerskappy. **ab·so·lut·ist** *n.* absolutis. **ab·so·lut·ist** *adj.* absolutisties.

**ab·solve** vergeef, vergewe; vryspreek; kwytskeld *(v. sonde),* onthef *(v. blaam),* ontslaan. **ab·so·lu·tion** *(relig.)* absolusie, vergif(fe)nis; vryspraak; kwytskelding. **ab·sol·u·to·ry** vrysprekend, kwytskeldend.

**ab·sorb** absorbeer, opsuig, opneem; insluk, verslind; in beslag neem *(tyd);* demp *(geluid);* dra *(koste); be ~ed in* ... in ... verdiep wees *('n boek ens.),* in ... opgaan *(jou gesin/werk/ens.),* in ... verdiep/versonke wees *(gedagtes ens.); be ~ed by/into the crowd* deur die skare verswelg word. **ab·sorb·a·ble** opsuigbaar. **ab·sorb·en·cy** absorpsievermoë. **ab·sorb·ent** *n.* absorbeer-, opsuigmiddel, absorbeerstof. **ab·sorb·ent** *adj.* absorberend, opsuigend. **ab·sorb·ing** absorberend; interessant, meevoerend. **ab·sorp·tion** absorpsie, opsuiging, absorbering; verdieptheid; demping *(v. geluid); power of ~* suigkrag, absorpsievermoë. **ab·sorp·tive** absorberend, opsuigend; *~ capacity* absorpsie-, opneem-, opnemings-, opsuigvermoë; *~ power* suigkrag.

**ab·stain** jou onthou; *~ from alcohol/drinking* nie drink *(of sterk drank gebruik)* nie, *(infml.)* van sterk drank wegbly, *(fml.)* jou van alkohol(gebruik) *(of sterk drank)* onthou; *kindly ~ from* ... moet asseblief nie ... nie; *~ (from voting)* buite stemming bly. **ab·stain·er** afskaffer, onthouer; *total ~* geheelonthouer. **ab·sten·tion** onthouding.

**ab·ste·mi·ous** onthoudend, matig. **ab·ste·mi·ous·ness** onthouding.

**ab·sti·nence** onthouding; matigheid; *total ~* geheelonthouding, afskaffing. **ab·sti·nen·cy** onthouding, soberheid. **ab·sti·nent** onthoudend, sober.

**ab·stract** *n.* uittreksel; opsomming, samevatting, kortbegrip; afgetrokkenheid, abstraksie; abstrakte skildery; *in the ~* op sigself beskou. **ab·stract** *adj.* afgetrokke; diepsinnig; abstrak; *~ number* onbenoemde getal. **ab·stract** *ww.* abstraheer; abstrak dink *(oor);* ekserpeer, 'n uittreksel maak; *(teg.)*

onttrek, aftrek, uittrek; win *(erts); ~ s.t. from* ... iets uit ... haal/trek. **ab·stract·ed** verstrooid, ingedagte, afgetrokke, in gedagtes verdiep/versonke; *an ~ stare* 'n afwesige blik. **ab·stract·ed·ly** ingedagte. **ab·stract·ed·ness** verstrooidheid. **ab·strac·tion** verstrooidheid; abstrahering; abstraksie; abstrakte begrip/term; abstrakte kunswerk; *(teg.)* onttrekking. **ab·strac·tion·ism** abstraksionisme. **ab·stract·ness** abstraktheid.

**ab·struse** duister, verborge; moeilik verstaanbaar; obskuur, esoteries. **ab·struse·ness** duisterheid; onverstaanbaarheid; obskuriteit.

**ab·surd** absurd, onsinnig, belaglik, dwaas, ongerymd; *theatre of the ~* absurde teater. **ab·surd·ism** *(filos.)* absurdisme. **ab·surd·ist** *n.* absurdis. **ab·surd·ist** *adj.* absurdisties. **ab·surd·i·ty, ab·surd·ness** absurditeit, onsinnigheid; onding.

**a·bu·li·a, a·bou·li·a** *(psig.: [sieklike] willoosheid/besluiteloosheid)* ab(o)ulie.

**a·bun·dance** oorvloed, rykdom, menigte, volheid, veelheid; volopheid, volopte; weligheid *(v. plantegroei);* weelde *(v. blomme);* ... *in* ..., *an ~ of* ... volop ..., ... in oorvloed; 'n weelde van *(of* 'n rykdom aan) ...

**a·bun·dant** oorvloedig, ryk(lik), volop; ruim. **a·bun·dant·ly** ryklik, ruimskoots; *make it ~ clear that* ... dit onomwonde *(of baie duidelik)* stel dat ...

**a·buse** *n.* misbruik, wangebruik; (seksuele) mishandeling; belediging, geskel, (uit)skellery; skel(d)taal; wanpraktyk; *heap ~ on/upon s.o.* beledigings op iem. laat reën; *s.t. is open to ~* iets leen hom tot misbruike; *shout ~ at s.o.* iem. beledigings toeskree(u)/toeslinger; *term of ~* skel(d)woord; *a torrent of ~* 'n stortvloed van vloeke; *vulgar ~* skel(d)taal. **a·buse** *ww.* misbruik *(jou posisie, iem. se vertroue, ens.);* slegte gebruik maak *(v. bronne ens.);* mishandel; uitskel, *(infml.)* uitvreet; *~ one's health* jou gesondheid benadeel; *~ s.o.* iem. (seksueel) mishandel. **a·bus·er** misbruiker; belediger. **a·bu·sive** beledigend, vernederend, krenkend, lasterend; verkeerd, onregmatig; korrup; *become/get ~ with s.o.* (op) iem. begin skel; *~ language* skel(d)taal, geskel, skel(d)woorde. **a·bu·sive·ly** beledigend, skeldend; verkeerdelik. **a·bu·sive·ness** geskel, (uit)skellery, skel(d)taal.

**a·but** *-tt-: ~ on/against* ... aan ... raak; *(plaas ens.)* aan ... grens; *(huis ens.)* teen ... gebou wees; *two plots that ~ each other* twee aangrensende persele.

**a·but·ment** grens; begrensing; *(bouk.)* steunsel, stut, dra(ag)vlak; eindsteun *(v. 'n boog);* sluitrand *(v. 'n skoorsteen/dakpan);* brug-, landhoof *(v. 'n brug); (mynb.)* steunmuur; *(mynb.)* steunvlak. *~ pier* landhoof.

**a·but·ting** aangrensend.

**a·buzz** *adj. (pred.)* aan die gons; gonsend; *be ~ with* ... gons van die ... *(snelbote ens.);* gons oor ..., in beroering *(of* in rep en roer) wees oor ... *(nuus ens.).*

**a·bys·mal** *(infml.)* hopeloos, treurig, ellendig. **a·bys·mal·ly** power, treurig, pateties *(in iets vaar ens.); fail ~* klaaglik misluk.

**a·byss** afgrond; peillose diepte *(v.d. see ens.); (fig.)* afgrond, bodemlose put; *(fig.)* hel. **a·bys·sal** abissaal, diepsee-; *(geol.)* plutonies.

**a·ca·cia** *(bot.)* akasia.

**ac·a·deme:** *the grove(s) of A~* die akademiese wêreld/omgewing.

**ac·a·dem·i·a** akademiese wêreld/omgewing.

**ac·a·dem·ic** *n.* akademikus, geleerde. **ac·a·dem·ic** *adj.* akademies; teoreties, abstrak; intellektueel; *~ staff* doserende personeel, dosente. **ac·a·dem·i·cal·ly** akademies; *be ~ gifted* intellektueel begaaf(d) wees.

**a·cad·e·mi·cian** akademielid.

**ac·a·dem·i·cism, a·cad·e·mism** akademisme.

**a·cad·e·my** *-mies* akademie; hoër skool, hoërskool. **A~ Award** Akademietoekenning.

**a cap·pel·la** *adj. & adv., (mus.)* a cappella, in kapelstyl, sonder instrumentale begeleiding; ~ ~ *choir* a cappella-koor.

**ac·a·rid, a·car·i·dan** *(soöl.)* miet, myt, akarus; jeukmiet, =myt. **ac·a·ri·a·sis** akariase, miet=, mytbesmetting, *(infml.)* lekkerjeuk. **a·car·i·cide** miet=, mytdoder.

**ac·cede** *(fml.)* toestem, instem, aanvaar, inwillig; ~ *to s.t.* iets aanvaar *(voorwaardes);* aan iets voldoen *(of* gehoor gee), iets toestaan *('n versoek);* iets bestyg *(d. troon);* tot iets toetree *('n verdrag).*

**ac·cel·er·an·do** *(It., mus.)* accelerando.

**ac·cel·er·ate** versnel; bespoedig, vervroeg; vinniger ry, *(infml.)* vet gee. **ac·cel·er·at·ing:** ~ *force* versnelkrag; ~ *power* versnelvermoë.

**ac·cel·er·a·tion** versnelling; bespoediging, vervroeging; ~ *of free fall,* ~ *of* (or *due to) gravity* vryval=, swaartekrag=, gravitasieversnelling. ~ **power** versnelvermoë.

**ac·cel·er·a·tive** versnellend.

**ac·cel·er·a·tor** versneller; versnellingsmiddel; *(fis.)* (kern)= versneller. ~ **lever** versnellingshefboom.

**ac·cel·er·om·e·ter** *(fis.)* versnellingsmeter.

**ac·cent** *n.* aksent, nadruk, klem(toon); klemteken, aksent, uitspraak; *(dikw. mv.)* spraak, taalgebruik; *a heavy/strong/thick* ~ 'n sterk aksent; *the* ~ *is on* ... die klem val op ... *(gehalte ens.); place/put the* ~ *on s.t., (fig.)* iets beklemtoon/benadruk. **ac·cent** *ww.* beklemtoon, klem/nadruk lê op, benadruk, aksentueer; *the last syllable is* ~*ed* die klem(toon) val op die laaste lettergreep. ~ **mark** aksent(teken). **ac·cen·tu·al** aksents=, klem=. **ac·cen·tu·ate** beklemtoon, klem/nadruk lê *(op),* benadruk, aksentueer; na vore *(of* op die voorgrond) bring; verhewig, verskerp, vererger, verhoog. **ac·cen·tu·a·tion** beklemtoning, verskerping, aksentuasie, aksentuering.

**ac·cept** aanneem, aanvaar *(geskenk, uitnodiging, aanbod, voorstel, ens.);* jou berus in *('n toestand, jou lot);* akspteteer *(wissel ens.);* ~ *a chance* van 'n kans gebruik maak; ~ *the consequences of one's actions* die gevolge van jou dade aanvaar/dra, die wrange vrugte van jou dade pluk; ~ *s.o.'s hand (in marriage), (fml.)* iem. die jawoord gee; ~ *s.t. without reserve* iets onvoorwaardelik *(of* sonder voorbehoud) aanneem.

**ac·cept·a·ble** aanneemlik, aanvaarbaar; geskik; *socially* ~ fatsoenlik, vertoonbaar. **ac·cept·a·bil·i·ty, ac·cept·a·ble·ness** aanneemlikheid.

**ac·cept·ance** aanneming, aanvaarding; aanname, ontvangs, inontvangsneming; byval, instemming, waardering; *(han.)* geakspteerde wissel, aksep; akseptasie *(v. wissel); (vir wedren); find/win/gain* ~ ingang/inslag vind; *meet with general* ~ algemene byval vind. ~ **test** aanneemtoets.

**ac·cep·ta·tion** (algemeen aanvaarde) betekenis *(v. 'n woord ens.).*

**ac·cept·ed** erken(d), (algemeen) aangenome; gangbaar, geldend; ~ *bill* aksep, geakspteerde wissel; *it is generally* ~ *that* ... daar word algemeen aangeneem dat ...

**ac·cep·ter** aannemer; begunstiger.

**ac·cept·ing house** aksepbank.

**ac·cep·tor** *(han.)* aksptant *(v. wissel); (chem., elektron.)* akseptor, ontvanger.

**ac·cess** *n.* toegang; *easy of* ~ (maklik) toeganklik; *gain/obtain/get* ~ *to* ... toegang tot ... verkry; *give* ~ *to* ... na ... lei, in/ op ... uitloop, op ... uitkom; *have* ~ *to* ... toegang tot ... hê. **ac·cess** *ww., (rek.)* toegang verkry/verskaf. ~ **door** toegangsdeur. ~ **eye** inspeksieoog. ~ **road** toegangspad. ~ **time** *(rek.)* toegangstyd.

**ac·ces·si·ble** bereikbaar *(fig.)* toeganklik; vatbaar, ontvanklik; *less* ~ meer afgeleë; *make s.t.* ~ iets oopstel; ~ *to praise/ etc.* gevoelig vir lof/ens.; *be* ~ *to s.o.* vir iem. toeganklik wees. **ac·ces·si·bil·i·ty** bereikbaarheid; toeganklikheid; vatbaarheid; *the* ~ *of s.t. to s.o.* die toeganklikheid van iets vir iem..

**ac·ces·sion** aanvaarding; toetreding; toestemming; toevoe=

ging, aanwins; vergroting, vermeerdering, uitbreiding; *s.o.'s* ~ *to office* iem. se ampsaanvaarding; *s.o.'s* ~ *to the throne* iem. se troonsbestyging.

**ac·ces·so·ry** *n., (dikw. mv.)* onderdeel, toebehoorsel *(v. 'n fiets ens.); (dikw. mv., mode)* bykomstigheid; *(jur.)* begunstiger; *(jur.)* medepligtige; *be an* ~ *to s.t., (ook)* aan iets aandadig wees *('n misdaad ens.).* **ac·ces·so·ry** *adj.* bykomstig, bykomend, bybehorend; medepligtig, aandadig. **ac·ces·so·rise, ·rize** uitrus, van onderdele/toebehore/bykomstighede voorsien.

**ac·ci·dent** ongeluk, ongeval; toeval, toevalligheid; bykomstigheid; *by* ~ per ongeluk; per/by toeval, toevallig; *a chapter of* ~*s* 'n reeks teenslae; *it was more by* ~ *than by design* dit was meer geluk as wysheid; *have* (or *meet with) an* ~ 'n ongeluk hê/kry/maak/oorkom; *a mere* ~ 'n blote ongeluk. ~**-free** ongeluk(s)vry. ~ **insurance** ongevalleversekering. ~**-prone** ongeluksvatbaar, geneig tot ongelukke; *s.o. is very* ~ iem. is 'n regte ongeluksvoël, die ongeluk ry iem.. ~ **proneness** ongeluksvatbaarheid. ~ **rate** ongeluksyfer.

**ac·ci·den·tal** *n.* toevalligheid; bysaak, bykomstigheid; *(mus.)* byteken. **ac·ci·den·tal** *adj.* toevallig, onvoorsien; ~ *colour* nakleur; ~ *colours* aanvullingskleure, komplementêre kleure; ~ *death* dood deur 'n ongeluk. **ac·ci·den·tal·ly** toevallig(erwys[e]), per/by toeval; per ongeluk/abuis.

**ac·claim** *n.* toejuiging, byval, goedkeuring. **ac·claim** *ww.* toejuig, prys, loof, goedkeur; ~ *s.o. king/etc.* iem. tot koning/ ens. uitroep. **ac·cla·ma·tion** toejuiging, byval, applous; *pass s.t. by* ~ iets by akklamasie aanneem; *greet s.t. with* ~ iets met toejuiging begroet. **ac·clam·a·to·ry** toejuigend, byvals=, van byval.

**ac·cli·ma·tise, ·tize** *(lett. & fig.)* akklimatiseer; ~ *(o.s.)* (or *get/become* ~*d) to* ... (jou) aanpas aan/by ..., gewoond raak aan ... *('n nuwe omgewing ens.);* jou akklimatiseer/aanpas in ... *('n land);* be ~*d* geakklimatiseer *(of* teen die klimaat gehard) wees. **ac·cli·ma·ti·sa·tion, ·za·tion** aanpassing aan/by 'n klimaat, akklimatisasie, =sering.

**ac·co·lade** lofbetuiging, eerbetoon; ridderslag.

**ac·com·mo·date** huisves, herberg, inneem, ontvang; plek hê *(vir),* bevat, hou; tegemoetkom, help *(iem.);* bystand verleen *(aan iem.); s.t. can* ~ ...,... *can be* ~*d in s.t.* iets het plek vir ...; ~ *o.s. to* ... jou by ... aanpas, jou na ... skik, jou met ... versoen *(omstandighede ens.);* ~ *s.t. to s.t.* iets by iets aanpas, iets met iets versoen; ~ *s.o. with s.t.* iem. van iets voorsien, iem. met iets help. **ac·com·mo·dat·ing** inskiklik, toegeeflik, toeskietlik, tegemoetkomend; ruim *(gewete);* ~ *faith* lekkergeloof; ~ *spirit* tegemoetkoming.

**ac·com·mo·da·tion** losies, huisvesting, verblyf(plek), kamers, slaapplek; (berg)ruimte; aanpassing; skikking; *(med.)* instelling *(v.d. oog);* gerief; *(han.)* lening; *reach* (or *come to) an* ~ *with* ... tot 'n ooreenkoms/vergelyk met ... kom, 'n ooreenkoms/vergelyk/skikking met ... tref. ~ **bill** akkommodasie=, ruiter=, voorskotwissel, pro forma-wissel. ~ **bridge** hulpbrug. ~ **density** woondigtheid. ~ **ladder** *(sk.)* valreepleer; valreeptrap. ~ **road** tydelike pad.

**ac·com·pa·ny** vergesel, saamgaan met; gepaardgaan/saamgaan met; ~ *s.o. at/on the piano* iem. op die klavier begelei; ~ *s.o. to* ... met iem. saamgaan na ..., iem. na ... vergesel. **ac·com·pa·nied:** *be* ~ *by* ... van ... vergesel wees *(mense, dinge);* met ... gepaardgaan *(dinge); (mus.)* deur ... begelei word; ~ *with* ... gepaard/tesame met ... **ac·com·pa·ni·er** metgesel. **ac·com·pa·ni·ment** *(ook mus.)* begeleiding; bykomstigheid; bygereg; bykos; *(i.d. mv.)* bybehore, toebehore. **ac·com·pa·nist** *(mus.)* begeleier. **ac·com·pa·ny·ing** bygaande, ingeslote *(stukke, brief, foto's);* newegaande *(foto's).*

**ac·com·plice** medepligtige, handlanger, mededader.

**ac·com·plish** verrig, doen, uitvoer, uitrig, regkry, volvoer, voltooi; tot stand bring; ~ *nothing* niks uitvoer nie. **ac·complished** bekwaam, knap, bedrewe, vaardig; talentvol, begaaf(d); welopgevoed, verfyn(d); volmaak; ~ *in* ... bedrewe in ...; volleerd in ... **ac·com·plish·er** verrigter. **ac·com·plish= ment** prestasie; verrigting, uitvoering, voltooiing; totstand= brenging; bekwaamheid, vaardigheid; talent; kundigheid.

**ac·cord** *n.* ooreenstemming, eensgesindheid; akkoord, skik= king, ooreenkoms, verdrag; *be in (full)* ~ dit (volkome) eens wees; *be in* ~ *with* ... met ... ooreenstem *(of* in ooreenstem= ming wees); *do s.t. with one* ~ iets eenparig *(of* soos een man) doen; *of one's own* ~ vanself, uit eie beweging, uit jou eie; op cie houtjie; *reach an* ~ *with s.o.* 'n ooreenkoms met iem. tref/ aangaan. **ac·cord** *ww.* ooreenstem, ooreenkom; toestaan, verleen, toeken, vergun; ~ *support to* ... hulp/steun aan ... ver= leen; ~ *s.o. a welcome* (or *a welcome to s.o.), (fml.)* iem. verwel= kom; ~ *with* ... ooreenstem/ooreenkom/strook met ... **ac·cord= ance** ooreenstemming; *in* ~ *with* ... ingevolge/ooreenkomstig *(of* in ooreenstemming met) ... *(d. wet ens.);* kragtens/volgens ... *('n verdrag ens.);* volgens ... *(opdrag ens.); be in* ~ *with* ... met ... ooreenkom/ooreenstem/strook *(d. feite ens.).* **ac·cord·ing:** ~ *to* ... volgens ... *(plan ens.);* volgens/luidens ... *('n berig ens.);* na gelang van ... *(omstandighede ens.);* ooreenkomstig ... *(bepalings ens.).* **ac·cord·ing·ly** dienooreenkomstig; dus, aldus, gevolg= lik, dan ook.

**ac·cor·di·on** akkordeon, trekklavier. ~ **pleat** konsertina= plooi.

**ac·cor·di·on·ist** akkordeonis, akkordeon=, trekklavierspeler.

**ac·cost** aanspreek; bydam.

**ac·count** *n.* rekening; rekenskap; verklaring; berig; verslag, be= skrywing, op=, weergawe, verhaal, mededeling, relaas; *give an accurate/etc.* ~ *of s.t.* 'n juiste/ens. weergawe van iets gee; *bal= ance an* ~ 'n rekening afsluit; *an* ~ *balances* 'n rekening klop; *bring s.o. to* ~ *for s.t.* iem. vir iets laat boet; *buy on* ~ op rekening koop; *call s.o. to* ~ *for s.t.* van iem. rekenskap van iets eis/vra; *charge s.t. to an* ~ iets op 'n rekening skryf/skrywe; *clear an* ~ 'n rekening afbetaal/vereffen; *close an* ~ 'n reke= ning sluit; *credit an* ~ 'n rekening krediteer; *give a detailed* ~ 'n uitvoerige beskrywing gee; 'n gespesifiseerde rekening ver= skaf; *for* ~ *of* ... vir rekening van ...; *give a good* ~ *of o.s.* jou goed van jou taak kwyt; *give an* ~ *of s.t.* van iets verslag doen/ gee; *of great/little* ~ van groot/min belang/betekenis; *keep* ~s boekhou; *leave s.t. out of* ~ iets buite rekening laat; *of no* ~ van geen belang/betekenis nie; *on no* ~, *not on any* ~ volstrek nie, in/onder geen omstandighede nie; *on* ~ op rekening/af= betaling; *on* ~ *of* ... weens/vanweë *(of* as gevolg van) ...; *on s.o.'s* ~ ter wille van iem., om iem. se onthalwe/ontwil; *on this/ that* ~ daarom, om dié rede; *an open* ~ 'n lopende/oop re= kening; *open an* ~ 'n rekening open; *pay an* ~ 'n rekening be= taal/vereffen; *pay s.t. into an* ~ iets op 'n rekening stort; *pay* ... *on* ~ *for s.t.* ... op iets afbetaal; *as per* ~ volgens rekening; *put it down to s.o.'s* ~ plaas/sit dit op iem. se rekening; *render an* ~ 'n rekening lewer/indien; verslag doen/gee, rekenskap gee; *to* ~ *rendered* aan/vir gelewerde goedere/rekening; *run= ning* ~ lopende/oop rekening; *run up* ~s op rekening koop; *settle an* ~ 'n rekening betaal/vereffen; *settle/square* ~s *with s.o., (lett. & fig.)* met iem. afreken; *take* ... *into* ~, *take* ~ *of* ... met ... rekening hou, ... in aanmerking neem, op ... let; *turn s.t. to* ~ die beste/volste gebruik van iets maak, iets tot jou voor= deel aanwend. **ac·count** *ww.:* ~ *for* ... van ... rekenskap gee, ... verantwoord; ... verklaar *(iets);* ... vir jou rekening neem, vir ... verantwoordelik wees; met ... afreken *(iem.);* aan ... 'n end maak *(iem., iets);* ... verydel *(of* tot niet maak); ... plat skiet *(dier, vyand, ens.); ask s.o. to* ~ *for s.t.* van iem. rekenskap van iets eis/vra; *they are all* ~ed *for* dit is bekend waar hulle almal is; ~ *o.s. lucky/etc. to* ... jou gelukkig/ens. ag om te ...; ~ *to s.o.* aan iem. verantwoording doen. ~ **sales** verkope op rekening, reke= ningverkope.

**ac·count·a·ble** verantwoordelik, aanspreeklik, toerekenbaar *(daad),* toerekeningsvatbaar *(dader),* rekenskapskuldig; reken= pligtig; verklaarbaar; *hold s.o.* ~ *for* ... iem. vir ... aanspreeklik hou; *be* ~ *to s.o. for s.t.* aan iem. rekenskap verskuldig wees van iets. **ac·count·a·bil·i·ty** verantwoordelikheid, toereken=

baarheid, aanspreeklikheid; rekenpligtigheid; verklaarbaar= heid.

**ac·count·an·cy** rekeningkunde, reken(ing)wese, rekening= wetenskap; rekenmeestersvak, =beroep.

**ac·count·ant** rekenmeester; rekeningkontroleur.

**ac·count·ing** *n.* rekeningkunde, reken(ing)wese; afrekening. **ac·count·ing** *adj.* rekeningkundig. ~ **date** rekenpligtige da= tum. ~ **department** rekening(e)afdeling. ~ **officer** reken= pligtige amptenaar. ~ **period** rekeningkundige tydperk.

**ac·counts:** ~ **clerk** reken(ing)klerk. ~ **department** reke= ning(e)afdeling.

**ac·cou·tre·ment,** *(Am.)* **ac·cou·ter·ment** *(gew. mv.)* uit= rusting, uniform; kleding; *(mil.)* toebehore.

**ac·cred·it** akkrediteer *(ambassadeur, gesant);* magtig, goed= keur; amptelik erken; erken, erkenning verleen *(aan);* aansien/ krediet verskaf; geloof/vertroue skenk *(aan);* ~ *s.t. to s.o., ~ s.o. with s.t.* iets aan iem. toeskryf/toeskrywe; *be* ~*ed to* ... by ... ge= akkrediteer wees. **ac·cred·i·ta·tion** akkreditering; *letters of* ~ geloofsbriewe.

**ac·crete** saamgroei, opneem; aanslib, aanslik. **ac·cre·tion** aan= was, aangroei(ing); groei(ing), gewas; aanpaksel; afsetting; aanslikking, aanslibbing; vermeerdering.

**ac·crue** groei, toeneem, vermeerder; *(bates)* aangroei; *(rente)* oploop; *(regte op aandele)* toeval; ingereken word; voortspruit; *amounts* ~*d to s.o.* bedrae aan iem. toegeval; ~*d interest* op= geloopte/opgelope rente; *s.t.* ~*s to s.o.* iets val iem. toe. **ac= cru·al, ac·crue·ment** aangroeiing *(v. bates);* oploping *(v. rente);* toevalling *(v. regte op aandele);* aanwas, opgeloopte/op= gelope bedrag. **ac·cru·al date** toevaldatum.

**ac·cul·tur·ate** akkultureer. **ac·cul·tur·a·tion** akkulturasie.

**ac·cu·mu·late** ophoop, op(een)stapel, akkumuleer; opgaar, oppot; byeenbring; versamel, vergaar; aangroei, vermeerder, oploop, vermenigvuldig; ~*d leave/profit/etc.* opgeloopte/opge= lope verlof/wins/ens... **ac·cu·mu·la·tion** ophoping, op(een)= stapeling, akkumulasie; hoop; stapel; opgaring. **ac·cu·mu·la= tive** opstapelend, toenemend, oplopend, ophopend, akkumu= latief; ~ *leave* oplopende verlof. **ac·cu·mu·la·tor** versamelaar; geldmaker, oppotter; *(elek.)* akkumulator, opgaarbattery.

**ac·cu·rate** noukeurig, korrek, presies, sekuur, akkuraat; nou= geset, stip; trefseker; trou. **ac·cu·ra·cy** =*cies* noukeurigheid, korrektheid, presiesheid, sekuurheid, akkuraatheid; nougeset= heid, stiptheid; sekerheid.

**ac·cuse** beskuldig, betig, ten laste lê; aankla, verkla; *be* ~*d of* ... van ... beskuldig word/staan, daarvan beskuldig word dat ...; van/weens ... aangekla word *(b.d. gereg);* ~ *s.o. of s.t.* iem. van iets beskuldig; iem. van/weens iets aankla *(b.d. gereg).* **ac·cu= sa·tion, ac·cus·al** beskuldiging, aanklag(te), aantyging; *bring an* ~ *of* ... *against s.o.* 'n beskuldiging van ... teen iem. inbring; *make an* ~ 'n aanklag maak, 'n aanklag/beskuldiging inbring/ indien. **ac·cu·sa·tive** *n. & adj., (gram.)* akkusatief. **ac·cu·sa= to·ri·al** *(jur.)* akkusatories. **ac·cu·sa·to·ry** beskuldigend, ver= wytend; *(jur.)* akkusatories. **ac·cused** beskuldigde(s), aange= kla(ag)de(s). **ac·cus·er** beskuldiger, aanklaer. **ac·cus·ing** be= skuldigend.

**ac·cus·tom** gewoond maak, wen; ~ *o.s. to s.t.* aan iets gewoond raak, jou aan iets wen; ~ *s.o. to s.t.* iem. aan iets gewoond maak. **ac·cus·tomed** *adj.* gebruiklike, gewone, vertroude. **ac·cus= tomed** *volt.dw.: become/get/grow* ~ *to s.t.* (aan) iets gewoond raak; *be* ~ *to s.t.* (aan) iets gewoond wees.

**ace** *n., (kaartspel)* aas, een; bobaas, uitblinker, uithaler; bo= baasspeler; baasjaer; *(tennis)* kishou, =afslaan; aks(ie), geringe mate; *hold all the* ~s, *(fig.)* al die wenkaarte hê; *be an* ~ *at maths/etc.* 'n uitblinker in wiskunde wees; *be an* ~ *at tennis/ etc.* 'n uithaler=/(bo)baastennisspeler wees; ~ *of clubs/diamonds/ hearts/spades* klaweraas, ruite(ns)aas, harte(ns)aas, skoppens= aas; *play one's* ~, *(fig.)* jou troefkaart speel; *serve an* ~, *(tennis)* 'n kishou slaan; *have/keep an* ~ *up one's sleeve, (fig.)* 'n troef agter jou hand hê/hou; *s.o. came/was within an* ~ *of victory/*

*defeat, (infml.)* dit was so hittete of iem. het gewen/verloor, iem. het amper(tjies)/net-net/naelskraap(s) gewen/verloor; *s.o. was* **within** *an ~ of drowning, (infml.)* iem. het so amper-amper/ byna-byna verdrink. **ace** *adj., (infml.)* knap, uitstekend, uit= muntend, voortreflik, bobaas-, uithaler-, top=; *~ service/shot, (tennis)* kisafslaan, kishou. **ace** *ww., (tennis)* 'n kishou slaan; *(gholf)* 'n kolhou slaan.

**a·ceph·a·lous** *(soöl.)* asefaal, koploos; leierloos.

**a·cer·bic** vrank, bitter(agtig). **a·cer·bi·ty** *-ties* vrankheid, bit= terheid; bitsigheid, skerpte.

**ac·e·tate** asetaat, asynsuursout. *~ film* asetaatfilm.

**a·ce·tic** *(chem.)* asyn=; *~ acid* asynsuur. **a·cet·i·fy** in asyn ver= ander; suur word, versuur. **ac·e·tone, pro·pa·none** *(chem.)* ase= toon, propanoon. **ac·e·tous, ac·e·tose** asynagtig; asynhou= dend.

**ac·e·tyl** *(chem.)* asetiel. **a·cet·y·lene** asetileen. **ac·e·tyl·sal·i·cyl= ic:** *~ acid, (aspirien)* asetielsalisielsuur.

**a·char, a·chaar** *(Ind. kookk.)* atjar.

**ache** *n.* (voortdurende) pyn; smart; *be full of ~s and pains* vol skete wees. **ache** *ww.* pyn, seer wees; *my head ~s* my kop is seer, ek het hoofpyn; *~ for s.t.* na iets hunker; *s.o.'s heart ~s for s.o.* iem. het medely(d)e met iem.. **ach·ing** seer, pynlik, skry= nerig.

**a·chieve** uitvoer, verrig; volbring; bereik, verwerf, presteer; behaal; *~ one's end* jou doel bereik; *~ success* sukses behaal; op= gang maak. **a·chiev·a·ble** uitvoerbaar; bereikbaar.

**a·chieve·ment** prestasie, kordaatstuk, sukses; verrigting, uit= voering, daad; wapenskild.

**a·chiev·er** presteerder, uitblinker.

**A·chil·les** *(Gr. mit.)* Achilles, Agilles. *~ heel (fig.)* Achilles-, Agilleshiel.

**ach·ro·mat** achromatiese lens; achromaat, kleurblinde (per= soon). **ach·ro·mat·ic** kleurloos, achromaties. **a·chro·ma·tism, a·chro·ma·tic·i·ty** kleurloosheid, achromatisme.

**ac·id** *n.* suur; *(dwelmsl.)* LSD. **ac·id** *adj.* suur, vrank; skerp, bitsig. *~ drop* suurklontjie. *~ freak, ~head (dwelmsl.)* LSD= slaaf. *~ indigestion* sooibrand. *~ jazz (mus.)* acid jazz. *~proof* suurvas, =bestand. *~ rain* suurreën. *~ rock (mus.)* acid rock, psigedeliese rock(musiek). *~ test (chem.)* suurtoets; *(fig.)* vuur= proef.

**a·cid·ic** suurvormend, aansurend.

**a·cid·i·fy** suur maak/word; aansuur, versuur. **a·cid·i·fi·ca·tion** suurvorming, aansuring, versuring.

**a·cid·i·ty** suurheid; suurgehalte, suur(heids)graad, asiditeit; bitsigheid, skerpte; wrangheid; vrankheid.

**ac·id·ly** smalend.

**ac·knowl·edge** erken, toegee; bedank vir; beantwoord *('n sa= luut);* beken *(sonde); ~ defeat* die stryd gewonne gee; *~ a greet= ing* teruggroet. **ac·knowl·edg(e)·ment** erkenning; bewys van erkentlikheid; erkenning, dankbetuiging, bedanking *(in boek);* berig van ontvangs; beantwoording *(v. groet); ~ of debt* skuld= bewys, =bekentenis; erkenning van verskuldigdheid; *~ of guilt* skuldbekentenis; *in ~ of* ... ter erkenning van ...; *~ of receipt* ontvangserkenning; *with ~s to* ... met erkenning van *(of er= kentlikheid aan)* ...

**ac·me** top=, hoogte=, glanspunt; keerpunt, krisis.

**ac·ne** *(med.)* aknee, smeerklierontsteking; (vet)puisies.

**ac·o·lyte** *(relig.)* akoliet, altaardienaar, misdienaar; *(fig.)* vol= geling, aanhanger; helper, trawant.

**ac·o·nite, ac·o·ni·tum** *(bot.)* akoniet, monnikskap.

**a·corn** akker, eikel.

**a·cot·y·le·don** *(bot.)* onsaadlobbige plant, akotiel. **a·cot·y·le· don·ous** onsaadlobbig, akotiel, ongelob.

**a·cous·tic** akoesties, akoestiek=, geluids=, gehoor(s)=; *~ ceil= ing* akoestiekplafon; *~ coupler, (rek.)* akoestiese koppel=/ver= bindingstuk; *~ filter* akoestiese filter; *~ guitar* akoestiese ghi= taar/kitaar; *~ nerve* gehoorsenu(wee); *~ wave* klankgolf.

**a·cous·ti·cal** akoesties, akoestiek=, geluids=, gehoor(s)=. **a·cous= ti·cian** geluidkundige, akoestikus. **a·cous·tics** akoestiek *(v. 'n saal);* akoestika, geluidsleer; geluidstegniek.

**ac·quaint** bekend maak, bekendmaak, in kennis stel, mee= deel; *be ~ed with* ... met ... bekend wees, ... ken; *become/get (better) ~ed with* ... (nader) met ... kennis maak; *~ o.s. with s.t.* jou op (die) hoogte van/met iets stel.

**ac·quaint·ance** kennis, bekende; bekendheid; kennismaking; *among all my ~(s)* onder al my kennisse; *on/upon closer ~* by nader(e) kennismaking; *make s.o.'s ~,* **make** *the ~ of s.o.* met iem. kennis maak; *have a nodding ~ with ..., (infml.)* op 'n afstand *(of* oppervlakkig) ken *(iem.);* ... oppervlakkig ken *(iets); pick up an ~ with* ... toevallig met ... kennis maak; *have a speaking ~ with s.o.* iem. oppervlakkig ken. *~ rape* verkrag= ting deur 'n bekende.

**ac·quaint·ance·ship** bekendheid, kennis.

**ac·qui·esce** *~ in* ... in ... berus, jou by ... neerlê, ... vir lief neem; in/tot ... toestem, jou in ... skik; met ... instem. **ac·qui= es·cence** berusting, gelatenheid; instemming. **ac·qui·es·cent** berustend, toestemmend, instemmend; meegaande.

**ac·quire** kry, verkry, bekom; verwerf *(kennis, roem, lof);* aan= skaf, koop *(voorwerpe);* aanleer *(smaak, gewoonte, aksent);* op= doen *(ondervinding, kennis); ~d behaviour* aangeleerde gedrag; *~d characteristics* verworwe eienskappe; *~d hernia* verwor= we breuk; *~d immune deficiency (or immunodeficiency) syndrome* verworwe immuniteitsgebreksindroom, →AIDS; *~d reflex* aangeleerde refleks; *~d taste* aangeleerde smaak. **ac·quire·ment** verwerwing, verworwenheid; aanwins; besit.

**ac·qui·si·tion** verkryging; verwerwing, aanskaffing; aanwins; aanlering; verworwenheid; *be a valuable ~ to* ... 'n waarde= volle aanwins vir ... wees.

**ac·quis·i·tive** hebsugtig, inhalig; *~ instinct* versameldrang; *~ society* materialistiese samelewing/maatskappy/gemeenskap. **ac·quis·i·tive·ness** inhaligheid.

**ac·quit** *-tt-* vryspreek, onskuldig bevind; ontslaan *(v. regsver= volging);* onthef *(v. skuld); ~ a debt* 'n skuld betaal; *~ s.o. of s.t.* iem. van iets vryspreek; *~ s.o. on a charge* iem. van 'n aanklag vryspreek; *~ o.s. well (of a task)* jou goed van 'n taak kwyt; jou nie onbetuig laat nie. **ac·quit·tal** vryspraak, ontslag, onskuldig= bevinding; kwytskelding, bevryding, vrystelling; voldoening, vervulling; *obtain ~* vrypleit. **ac·quit·tance** skuldbetaling; kwytskelding; kwitansie, kwitering; *forbearance is no ~* uitstel is geen afstel nie. **ac·quit·ted** vrygesproke, vrygespreek; *those ~ die* vrygesprokenes.

**a·cre** *(grondmaat)* acre; stuk grond, veld; *~s (and ~s) of ..., (infml.)* heelwat ... **a·cre·age** oppervlakte/grootte (in acres), acreoppervlakte.

**ac·rid** bitter, vrank; skerp, bitsig. **a·crid·i·ty, a·crid·ness** bit= terheid, vrankheid; skerpte, bitsigheid.

**ac·ri·mo·ny** bitterheid, bitsigheid, venyn, stekel(r)igheid. **ac·ri·mo·ni·ous** bitter, bitsig, venynig, stekel(r)ig.

**ac·ro·bat** akrobaat; *(fig.)* iem. wat maklik van standpunt ver= ander, opportunis. **ac·ro·bat·ic** akrobaties. **ac·ro·bat·ics** akro= batiese toere, akrobatiek.

**ac·ro·nym** akroniem, letterwoord, letternaam.

**ac·ro·phobe** akrofoob, hoogtevreeslyer. **ac·ro·pho·bi·a** hoog= tevrees, akrofobie.

**a·crop·o·lis** akropolis, rotsvesting, (stads)burg, sitadel.

**a·cross** *adv.* dwars, oordwars, in die dwarste; anderkant toe, oorkant toe; oorkruis; *with arms ~* met arms oormekaar/ oorkruis; *~ from ..., (Am.)* regoor/teenoor ...; *two metres ~* twee meter breed *(of* in deursnee/deursnit *of* in die breedte); *right ~* ... dwarsoor ... **a·cross** *prep.* oor, dwarsoor; oor= kant, anderkant; deur; oorheen; *~ back measurement* rug= breedte; *~ country* deur die veld; *~ the country* oor die land (heen); oor die hele land; *~ the face* (dwars) oor die gesig; *~ the grain* dwarsdraads; *swim ~ the river* oor/deur die rivier swem; *they live ~ the street from us* hulle woon oorkant ons. *~~the-board (attr.)* algemene.

**a·cros·tic** *n.* naamdig, naam-, lettervers, akrostigon.

**a·cryl·ic** *n.* akrielvesel; akrielhars; akrielverf. **a·cryl·ic** *adj.* akriel-; ~ *paint* akrielverf.

**act** *n.* handeling, daad; bedryf *(v. toneelstuk);* akte, (geregte= like) stuk; *A~s (of the **Apostles**)* Handelinge (van die Apostels); *catch/surprise/take s.o. in the ~ (of doing s.t.)* iem. op heter daad *(of* heterdaad) betrap; *clean up one's ~, (infml.)* jou reg= ruk; ~ *of commission, (mil.)* (akte van) kommissie; ~ *of courage* moedige daad; ~ *of despair/desperation* wan= hoopsdaad; ~ *of faith* geloofsdaad; *get in on the ~, (infml.)* in die aksie deel; 'n aandeel in iem. se prestasie verkry; *get one's ~ together, (infml.)* jou sake agtermekaar *(of* in orde) kry; ~ *of God* natuurkrag, -ramp; ~ *of grace* genadeblyk, =bewys; *it's a hard ~ to follow* dit wil gedoen wees/word; *s.o. will be a hard ~ to follow* ('n) mens sal iem. dit moeilik kan nadoen; ~ *of heroism* heldedaad; *be in the ~ of doing s.t.* met iets besig wees; ~ *of incorporation* akte van oprigting; ~ *of mercy* genadedaad; ~*s and omissions* dade en versuime; ~ *(of par= liament)* (parlementêre) wet; *the ~ provides* (or *lays down) that ...* die wet bepaal dat ...; *the provisions of an ~* die bepa= lings van 'n wet; *put on an ~, (infml.)* toneelspeel; *a section/ clause of an ~* 'n artikel/klousule in 'n wet; ~ *of state* ower= heidsdaad; *in terms of* (or *under) an ~* ingevolge/kragtens/ ooreenkomstig 'n wet; ~ *of war* oorlogsdaad. **act** *ww.* op= tree, handel, reageer, iets doen; te werk gaan; (jou) gedra; ageer, waarneem; toneelspeel; stappe doen; ~ *accordingly* dienooreenkomstig handel/optree; ~ *as ...* as ... fungeer; as ... optree/dien *(voorsitter ens.); decline to ~* weier om handelend op te tree; ~ *for s.o.* vir iem. waarneem, iem. se amp waar= neem; vir iem. optree; *know how to ~* weet wat om te doen; ~ *like a fool* jou soos 'n gek/dwaas gedra; ~ *on/upon ...* 'n uitwerking op ... hê; aan ... uitvoering gee *('n voorstel ens.);* ~ *out, (teat.)* dramatiseer, uitbeeld; *(teat.)* vertolk *(rol ens.); (psig.)* uitspeel *(fantasieë ens.);* ~ *a part* 'n rol speel; ~ *in a play* in 'n toneelstuk optree/speel; ~ *quickly* gou optree; (gou) spring; ~ *together* saamwerk; ~ *up, (infml.: masjien ens.)* lol, las/ moeilikheid gee; *(kind)* lastig/moeilik wees, hom/haar sleg ge= dra; ~ *up to one's promise* ooreenkomstig/volgens jou belofte handel. **act·ing** *n.* (toneel)spel; toneelspelery. **act·ing** *adj.* han= delend; diensdoende; waarnemend; werkend; fungerend; *in an ~ capacity* in waarnemende hoedanigheid; ~ *chairman* waarnemende/tydelike voorsitter.

**ac·tion** handeling, daad, optrede; (in)werking; reaksie; proses, (regs)geding; *(jur.)* vordering; meganiek; geveg; aksie; *bring/ institute an ~ against s.o.* 'n (hof)saak teen iem. maak, iem. vervolg, iem. laat dagvaar, 'n aksie/geding/vervolging teen iem. instel; *come into ~* in werking tree; *concerted ~* gesament= like optrede; *follow/pursue/take a course of ~* 'n handel(s)wy= se/gedragslyn volg; *take drastic ~* streng optree; *take evasive ~* iets ontwyk; *firm ~* besliste/ferm/kragtige optrede; *take firm ~* beslis/ferm/kragtig optree; *full of ~, (toneelstuk ens.)* vol aksie/handeling; *galvanise s.o. into ~* iem. tot aksie aanspoor; *go into ~* tot handeling *(of* die daad) oorgaan; tot die aanval oorgaan, die stryd aanbind/aanknoop; in die geveg tree; *the ~ of a gun/etc.* die meganisme van 'n geweer/cns.; *be in ~* in aksie wees; in werking wees; aan die gang wees; *industrial ~* werkersoptrede; *s.o. was killed in ~* iem. het gesneuwel; *a man/woman of ~* 'n man/vrou van die daad; *out of ~* buite aksie; buite geveg; buite werking; *get a piece/slice of the ~, (infml.)* 'n hap uit/van die koek kry; *put ... out of ~* ... buite geveg stel *(iem.); ... buite werking stel (iets); radius of ~* vlieg= lengte, aksieradius; *be ready for* ~ slaggereed/slagvaardig wees; *get ready for* ~ jou slaggereed maak; *see* ~ onder vuur wees/ kom, aan gevegte deelneem; *swing into* ~ in aksie kom, aan die werk spring, tot aksie oorgaan; tot die aanval oorgaan; *take* ~ stappe doen, (handelend) optree, tot die daad oorgaan; tot handeling/aksie oorgaan; ingryp; 'n aksie instel; *take* ~ *against s.o./s.t.* teen iem./iets optree; *the* ~ *of the play takes place in ...* die stuk speel in ... af; *where the* ~ *is, (infml.)* waar die dinge

gebeur; *suit the* ~ *to the word* die daad by die woord voeg; ~*s speak louder than words* woorde wek, (maar) voorbeelde trek; baie myle lê tussen doen en sê, sê en doen is twee. ~ **commit= tee,** ~ **group** taakgroep. ~**-packed** aksiebelaai, aksievol. ~ **plan,** ~ **sheet** aksieplan. ~ **stations** *(mv.), (mil.)* gevegsposte; ~ ~! op julle poste!; *be at* ~ ~ gevegsklaar wees.

**ac·tion·a·ble** vervolgbaar, aksionabel, strafbaar; ~ *claim* af= dwingbare eis.

**ac·ti·vate** aktiveer, aan die gang sit, laat loop/werk, aansit, aan= skakel. **ac·ti·va·tion** aktivering. **ac·ti·va·tor** opwekker, aktiveer= middel.

**ac·tive** aktief, bedrywig, druk, werksaam, doenig; lewendig, fluks, wakker; werkend, effektief, groeiend; ~ *bidding* lewen= dige bieëry; ~ *interest* lewendige/daadwerklike belangstel= ling; ~ *member/partner* werkende lid/vennoot; *take an ~ part in s.t.* 'n daadwerklike aandeel in iets hê; *on ~ service, (mil.)* in aktiewe diens, in krygsdiens, aan die front; ~ *vocabu= lary* aktiewe woordeskat; ~ *voice, (gram.)* bedrywende vorm; ~ *volcano* aktiewe/werkende vulkaan. **ac·tive·ness** bedry= wigheid; lewendigheid. **ac·tiv·ism** aktivisme. **ac·tiv·ist** *n.* ak= tivis. **ac·tiv·ist, ac·tiv·is·tic** *adj.* aktivisties. **ac·tiv·i·ty** -ties be= drywigheid, besigheid, werksaamheid, werking; drukte, doe= nigheid, aktiwiteit; *a burst of* ~ 'n skielike groot bedrywig= heid; *it buzzes/hums with* ~, *(infml.)* dit gons van die bedry= wigheid; *field/sphere of* ~ arbeidsveld, werkgebied, -terrein, =kring; *s.o.'s activities* iem. se doen en late.

**ac·tor** (toneel)speler, akteur.

**ac·tress** *(vr.)* toneelspeelster, aktrise.

**ac·tu·al** werklik, wesen(t)lik, feitelik, aktueel, waar; *in ~ fact* eintlik, in werklikheid; ~ *output* werklike produksie; nuttige effek; ~ *size* ware grootte. **ac·tu·al·i·sa·tion, -za·tion** realise= ring, verwesen(t)liking. **ac·tu·al·ise, =ize** realiseer, verwe= sen(t)lik, bewerkstellig. **ac·tu·al·ly** eintlik, inderdaad, regtig/ werklik/waarlik (waar), in werklikheid, sowaar.

**ac·tu·al·i·ty** werklikheid, realiteit, bestaande situasie/toestand, aktualiteit, feit. ~ **programme** aktualiteitsprogram.

**ac·tu·ar·y** -ies aktuaris. **ac·tu·ar·i·al** aktuarieel; ~ *mathematics/ science* versekeringswiskunde.

**ac·tu·ate** (aan)dryf, aansit, roer, in werking/beweging bring; aanspoor, aanvuur, beweeg, besiel. **ac·tu·a·ting:** ~ *force* werk= krag; ~ *gear* werkrat, =stel; ~ *shaft* werk=, dryfas. **ac·tu·a·tion** aandrywing.

**a·cu·i·ty** skerpte, skerpheid; helderheid, duidelikheid; akuut= heid; noukeurigheid; ~ *of hearing* gehoorskerpte; ~ *of vision* ge= sigskerpte.

**ac·u·men, ac·u·men** skerpsinnigheid, insig, vernuf, speur= sin.

**ac·u·pres·sure** →SHIATSU.

**ac·u·punc·ture** *(med.)* akupunktuur.

**a·cute** *n., (fonet.)* akuutteken. **a·cute** *adj.* skerp; fyn, skerp= sinnig, gevat; skerppuntig; skerpsiende; hewig; akuut; nypend; ~ *accent, (ling.)* akuutaksent; ~ *angle* skerp hoek; ~ *pain* he= wige/skerp pyn. ~**-angled** skerphoekig.

**a·cute·ly** akuut; uiters *(moeilik, verleë, ongelukkig, ongemaklik, ens.);* intensief *(voel);* noukeurig *(waarneem);* skerp *(kritiseer);* dringend *(behoefte aan iets hê); be ~ aware of s.t.* deeglik/pynlik bewus van iets wees; *be ~ ill with pneumonia* akute longont= steking hê.

**a·cute·ness** skerpte; skerpsinnigheid; hewigheid.

**ad** *n., (infml., afk.:* advertisement*);* ~**-person** reklame=, adver= tensiemens.

**ad·age** spreekwoord, spreuk, gesegde; *(jur.)* regspreuk.

**a·da·gio** =gios, *n., (It., mus.)* adagio(-deel)/passasie). **a·da·gio** *adj. & adv.* adagio, stadig.

**Ad·am** *(OT)* Adam; *not know s.o. from* ~ iem. van geen/g'n (Adams)kant af *(of* glad/hoegenaamd nie) ken nie; *be as old as* ~ uit die *(of* uit Noag se) ark kom, stok-/oer-/horingoud (*of* so oud soos die berge) wees; *put off* (or *lay aside*) *the old* ~ die ou Adam aflê; *since* ~ *was a boy* van toeka (se dae/tyd) af, al/reeds donkiejare (lank). **Ad·am's:** ~ *apple* adamsappel, keel= knop.

**ad·a·mant** hardnekkig, halsstarrig, onversetlik; vasberade, vas= beslote, beslis; hardvogtig, ontoegeeflik, onversetlik, onbuig= saam, onwrikbaar; klip(steen)hard; *be* ~ *that* ... daarop aan= dring/staan dat ...

**a·dapt** (jou) aanpas *(by/aan)*, gewoond raak *(aan);* geskik maak; verander, wysig; verwerk; verbou *(gebou);* ombou *(voertuig); one's eyes slowly* ~ *to the dark* jou oë raak stadig aan die donker gewoond; ~ *s.t.* **for** ... iets vir ... verwerk *('n roman vir verfilming ens.); be* ~*ed* **from** ... van ... verwerk wees; met wysiging aan ... ontleen wees; *be* ~*ed* **from** *the French/etc.* uit Frans/ens. ver= taal en verwerk wees; ~ *(o.s.)* **to** ... jou by ... aanpas *('n klimaat);* jou na ... skik *(omstandighede, reëls);* ~ *s.t.* **to** ... iets vir ... geskik maak *('n gebou vir gestremdes ens.);* iets na ... inrig *(jou lewe n.d. wens v. ander ens.); be* ~*ed* **to** ... vir ... geskik wees; by ... aan= gepas wees. **a·dapt·a·bil·i·ty** aanpassingsvermoë, buigsaam= heid, plooibaarheid; aanpasbaarheid; geskiktheid; verwerk= baarheid. **a·dapt·a·ble** aanpasbaar; verstelbaar; bruikbaar, geskik; verwerkbaar; buigsaam, plooibaar; *an* ~ *plant* 'n plant wat oral(s) groei/gedy *(of* hom oral[s] aanpas). **ad·ap·ta·tion** aanpassing; geskiktheid; verwerking; verandering, wysiging; aangepastheid; aanpassingsproses; ~ *to* ... aanpassing by/aan ... **a·dap·tive** aanpassings=, adaptief. **a·dap·tive·ness** aanpas= singsvermoë. **a·dap·tor**, **a·dapt·er** verwerker; aansluit=, ver= loop=, verbindingstuk, aansluiter; *(elek.)* aftakker, aansluitprop; pasring; aanpasser, passtuk; *double* ~ dubbelpasstuk.

**add** byvoeg; bysê, byvoeg; optel; bytel; toevoeg, aanvoeg; aan= sit; laat volg; bylas; *(chem.)* addeer; ~*ed* ... bykomende ... *(on= koste ens.);* ~ *s.t.* **in** iets byvoeg; iets insluit; ~ *s.t.* **on** iets by= tel/byreken *(bedrag ens.);* iets byvoeg *(opmerkings, twee weke, ens.);* iets aanbou *(verdieping, vertrek, ens.);* ~ *to* ... tot ... bydra *(kennis);* ... vererger *(krisis);* ... verswaar *(moeilikhede);* ~ *s.t.* **to** ... iets tot ... byvoeg, iets aan ... toevoeg; iets by ... inreken; iets by ... aanlas; ~ 5 *to* 8 5 by 8 tel; ~ *the eggs to the sugar* voeg die eiers by die suiker; ~ *to the funds* die kas stywe; ~ *a name to a list* 'n naam in 'n lys opneem; ~ *a wing to a building* 'n vleuel by 'n gebou aanbou; ~ *wood to a fire* hout op 'n vuur gooi; ~ ... **together** ... bymekaartel; ... bymekaarsit; ~ *s.t.* **up** iets optel/ bymekaartel *(syfers); it* ~*s* **up**, *(infml.)* dit maak sin, dis logies; *it* ~*s* **up** *to* ... dis altesaam/altesame *(of* dit kom uit op) ... *(getal); (infml.)* dit beteken *(of* kom neer op *of* staan gelyk aan) met) ... *(afpersing ens.); it doesn't* ~ **up** *to much* dit is nie veel nie. ~**-on** *n., (rek.)* randtoestel. ~**-on** *adj. (attr.)* bytel= *(koers ens.).*

**ad·dax** *(soöl.: wildsbok)* addaks.

**ad·den·dum** *-da* addendum, bylaag, bylae, aanhangsel, toe= voegsel.

**ad·der** adder; slang.

**ad·dict** verslaafde *(aan),* slaaf *(van); (fig.)* fanatikus, entoesias, liefhebber; *drug* ~ dwelmslaaf; *football* ~ voetbalfanatikus; *TV* ~ TV-slaaf. **ad·dict·ed:** *be* ~ *to sport* sportmal wees; *be* ~ *to cocaine/etc.* aan kokaïen/ens. verslaaf wees; *become* ~ *to drugs/etc.* aan dwelm(middel)s/ens. verslaaf raak. **ad·dic·tion** verslawing, verslaafdheid *(aan); it can become an* ~ ('n) mens kan daaraan verslaaf raak; *have an* ~ aan iets verslaaf wees. **ad= dic·tive** verslawend; *be* ~ verslawend wees.

**Ad·dis Ab·a·ba** *(geog.)* Addis Abeba.

**ad·di·tion** toevoeging, vermeerdering; optel(ling); optelsom= (me); byvoeging; byvoegsel, toevoegsel, aanhangsel; *in* ~ bui= tendien, boonop, daarby; *in* ~ *to* ... (buite en) behalwe ..., bui= ten ...; *in* ~ *to that* daarbenewens; boonop, daarby, op die koop toe; *an* ~ *to* ... 'n aanbousel by ...; 'n toevoegsel/byvoe= ging by/tot ..., 'n toevoeging aan/tot ... **ad·di·tion·al** byko= mend, aanvullend, ekstra, addisioneel; toegevoeg, bygevoeg; ~ **estimates,** *(parl.)* aanvullende begroting; ~ **information** verdere inligting; ~ **members** *(of the committee)* gewone be= stuurslede, toegevoegde lede; ~ *to that* behalwe dit; *it is* ~ *to*

*the* ... dit kom by die ... **ad·di·tion·al·ly** daarby, boonop, daar= benewens, buitendien, bowendien.

**ad·di·tive** bymiddel, =mengsel; toevoegsel; *free from artificial* ~*s* sonder kunsmatige bymiddels.

**ad·dle** *(gew. skerts.)* verwar; *('n eier)* bederf, vrot (word), verrot; ~ *s.o.'s mind/brain* met iem. se kop smokkel, iem. se kop laat draai. ~**-brained,** ~**-headed** deurmekaar, verward, deur die blarc/mis/wind.

**ad·dled** deurmekaar, verwar(d); leeg *(kop);* benewel(d) *(ver= stand);* bedorwe, vrot, verrot.

**ad·dress** =*dresses, n.* adres *(op brief, koevert, ens.); (rek.)* adres, posisie; toespraak, rede(voering); voordrag; *at an* ~ by 'n adres; *deliver/give an* ~ 'n rede hou, 'n toespraak hou/lewer; *of/with no* **fixed** ~ sonder vaste adres; *form of* ~ aanspreek= vorm; **main** ~ hoofrede; *what's your* ~? waar woon jy?. **ad= dress** *ww.* adresseer *(brief ens.);* toespreek *(gehoor);* aanspreek *(iem.); (rek.)* adresseer; ~ *s.o.* **as** ... iem. as ... aanspreek; ~ *a* **ball,** *(gholf)* op 'n bal aanlê; ~ *an* **issue** 'n kwessie aanpak/ aanroer; *in* ~*ing the* **meeting** *he/she said* ... in sy/haar toe= spraak het hy/sy gesê ...; ~ *complaints to* ... klagte(s) aan ... rig; ~ *a letter to s.o.* 'n brief aan iem. adresseer; ~ *o.s.* **to** *s.o.* jou tot iem. rig; ~ *a remark to s.o.* iem. iets toevoeg. ~ **book** adresboek(ie). ~ **bus** *(rek.)* adresbus, hooflyn. ~ **label** adres= etiket. ~ **space** *(rek.)* adresruimte.

**ad·dress·a·ble** *(rek.)* adresseerbaar.

**ad·dress·ee** geadresseerde.

**ad·duc·tor (mus·cle)** *(anat.)* adduktor(spier), bytrekspier.

**Ad·e·laide** *(geog.)* Adelaide.

**A·den** *(geog.)* Aden; *Gulf of* ~ Golf van Aden.

**ad·e·nine** *(biochem.)* adenien.

**ad·e·no·car·ci·no·ma** klierkanker.

**ad·e·noid** *adj.,* **ad·e·noi·dal** *adv.* adenoïed, neuskeelman= gel=; klieragtig; kliervormig; ~ *tissue* adenoïede/limfatiese weef= sel, limfklierweefsel. **ad·e·noids** *n. (mv.)* adenoïede, neuskeel= mangels.

**a·dept** *n.* kenner, deskundige, ingewyde, meester, bedrewene. **a·dept** *adj.* ervare, bedrewe, deskundig, ingewy, gekonfyt; *be* ~ *at/in s.t.* in iets bedrewe wees *(of* uitblink), 'n aanleg/ gawe/talent vir iets hê. **a·dept·ness** bedrewenheid, ervaren= heid.

**ad·e·quate** voldoende, genoeg; bevredigend, genoegsaam, toereikend, afdoende; gepas, geskik, doelmatig; adekwaat. **ad·e·qua·cy** voldoendheid; toereikendheid; gepastheid, geskikt= heid.

**ad·here** (vas)kleef, (vas)klewe, vassit; aankleef, =klewe, aan= hang; ~ *to* ..., *(lett.)* aan ... kleef/klewe/vassit; *(fig.)* ... aan= kleef/=klewe/aanhang, aan ... trou bly *(of* vashou), by ... bly *(beginsels, 'n leier, ens.).* **ad·her·ence** nakoming *(v. belofte, oor= eenkoms, reël, besluit);* lojaliteit *(teenoor),* ondersteuning *(v. party, leier, beleid);* vasklewing *(aan tradisie).* **ad·her·ent** aanhanger, voorstander, volgeling, navolger.

**ad·he·sion** (vas)klewing, saamklewing; hegsterkte *(v. rubber); (med.)* adhesie, vergroeiing; *area of* ~ kleefvlak. ~ **force** kleef= krag.

**ad·he·sive** *n.* kleefstof, =middel, lym. **ad·he·sive** *adj.* kle= wend, kleef=; ~ *plaster* heg=, kleefpleister; ~ *powers/strength* kleef=, adhesiekrag; kleef=, adhesievermoë; ~ *tape* kleeflint, kleef=, plakband. **ad·he·sive·ness** kleefvermoë.

**ad hoc** *(Lat.)* ad hoc, vir hierdie saak *(of* besondere doel); ~ ~ *committee* ad hoc-komitee.

**ad in·fi·ni·tum** *(Lat.)* ad infinitum, tot in die oneindige.

**a·di·os** *tw., (Sp.)* adios, tot siens, totsiens.

**ad·i·pose** vet; vetterig; ~ *gland* vetklier; ~ *layer* vetlaag; ~ *tissue* vetweefsel.

**ad·ja·cent** aangrensend, aanliggend; naburig, nabygeleë, om= liggend; ~ *angle, (wisk.)* aangrensende/aanliggende hoek; *be* ~ *to* ... aan ... grens, langs ... lê/wees.

**ad·jec·tive** *n.* byvoeglike naamwoord, adjektief. **ad·jec·tive** *adj., (gram.)* byvoeglik, adjektiwies.

**ad·join** grens aan; aan mekaar grens, langs mekaar lê; *the ~ing erf* die aangrensende erf; *the room ~ing mine* die kamer langs myne; *in the ~ing room* in die kamer langsaan.

**ad·journ** verdaag; uitstel; verskuif, verander van vergaderplek; uiteengaan; onderbreek; op reses gaan; *~ for lunch* vir mid= dagete uiteengaan/verdaag; *~ a meeting for a* (or *till/until the following) week* 'n vergadering tot 'n week later verdaag; *~ a meeting to another place* 'n vergadering na elders (*of* 'n ander plek) verskuif. **ad·journ·ment** verdaging; uitstel; verskuiwing, verandering van vergaderplek; onderbreking; reses; *a motion for ~* 'n voorstel tot verdaging.

**ad·judge** verklaar; bevind; beslis, oordeel.

**ad·ju·di·cate** uitspraak doen, 'n oordeel vel, beoordeel, beslis, bereg; verklaar; *~ in a competition* beoordelaar wees in 'n kom= petisie; *~ on a claim* oor 'n aanspraak/vordering beslis; *~ (on) a matter* 'n saak bereg, oor 'n saak uitspraak doen. **ad·ju·di· ca·tion** uitspraak, oordeel, bevinding, beslissing, beregting; beoordeling; toewysing, toekenning; *~ in bankruptcy* ban= krot=, faljietverklaring. **ad·ju·di·ca·tor** beoordelaar; beregter; beslisser; skeidsregter.

**ad·junct** *n.* by=, toevoegsel, bykomstigheid, aanhangsel; heg= stuk; hoedanigheid; *(gram.)* bepaling; adjunk. **ad·junct** *adj.* bygevoeg, toegevoeg, bykomend, adjunk=, hulp=, by=; *~ clause* bysin.

**ad·just** (jou) aanpas; skik, reël, reguleer; stel, instel, verstel, regstel; verander, wysig; *~ an account* 'n rekening aanpas/ aansuiwer; *~ brakes* remme stel; *~ coordinates* koördinate aanpas; *~ o.s. to* ... jou aan/by ... aanpas.

**ad·just·a·bil·i·ty** stelbaarheid, verstelbaarheid; veranderbaar= heid; reëlbaarheid; aanpasbaarheid.

**ad·just·a·ble** stelbaar, verstelbaar; veranderbaar; reëlbaar; aanpasbaar; *~ screw* stelskroef; *~ spanner/wrench* skroefsleutel, stelbare sleutel; *~ square* steldriehoek, stelwinkelhaak. *~-pitch propeller* verstelbare skroef.

**ad·just·er** reëlaar, reguleerder; (ver)steller; *(versek.)* bemid= delaar *(by eise).*

**ad·just·ing** stel=; *~ arm* stelarm; *~ gear* stelrat; *~ lever* stel= hefboom; *~ pin* stelpen; *~ spanner* stelsleutel, moerhamer.

**ad·just·ment** skikking, reëling; aansuiwering *(v. rekening)*; ver= stelling; instelling; wysiging; inspeling; afslag; verrekening, vereffening; regstelling; aanpassing; *coarse ~* grofstelling; grofstelskroef; *fine ~* fynstelling; fynstelskroef; *make ~s to s.t.* iets aanpas/verstel; verstellings aan iets maak; *out of ~* sleg gestel. *~ voucher* eisstrook, verrekeningsbewys.

**ad·ju·tan·cy** adjudantskap; hulp.

**ad·ju·tant** adjudant, stafoffisier; hulp.

**ad·ju·vant** *n., (med.)* hulp, steun; hulpmiddel. **ad·ju·vant** *adj.* hulp=; behulpsaam; bykomend.

**ad lib** *adj. & adv., (Lat., afk.:* ad libitum*)* onvoorbereid, geïm= proviseer(d); na (eie) keuse. **ad-lib** =bb=, *ww.* onvoorbereid praat, improviseer.

**ad·min** *(infml., afk.)* = ADMINISTRATION.

**ad·min·is·ter** bestuur, beheer, administreer; uitvoer; toepas; beredder *(boedel)*; *~ justice* regspreek; *~ s.t. to s.o.* iets aan iem. toedien *(medisyne)*; iets van iem. afneem *('n eed)*; iets aan iem. bedien *(sakramente).* **ad·min·is·tra·tion** bestuur, beheer, ad= ministrasie; regering, bewind; toediening; toepassing; *~ (of the country)* landsbestuur; *~ of justice* regspraak, regspleging, =bedeling; *(public) ~* bestuurskunde. **ad·min·is·tra·tive** admi= nistrasie=, administratief, bestuurs=, besturend; *~ law* admi= nistratiewe reg, bestuursreg; *~ official* bestuursamptenaar. **ad· min·is·tra·tor** administrateur; bestuurder; regeerder; be= windhebber, =voerder; beredderaar *(v. boedel)*; *church ~* saak= gelastigde.

**ad·mi·ral** admiraal; vlagskip; *~ of the fleet, fleet ~* vlootadmiraal, =voog.

**ad·mi·ral·ty** admiraalskap; admiraliteit; admiraliteitsgebou. **A~ House** Admiraalswoning.

**ad·mire** bewonder, vereer, admireer; *~ s.o. for s.t.* iem. om iets bewonder. **ad·mi·ra·ble** bewonderenswaardig; voortreflik, uit= stekend. **ad·mi·ra·tion** bewondering, verering; *be filled with ~ for* ... vol bewondering vir ... wees, met bewondering vir ... vervul wees; *be lost in* (or *struck with) ~ for* ... met bewonde= ring vir ... vervul wees; *in ~ of* ... uit bewondering vir ...; *be the ~ of all* deur almal bewonder word; *be the ~ of s.o.* die voorwerp van bewondering by iem. wees, deur iem. bewon= der word. **ad·mir·er** bewonderaar, vereerder. **ad·mir·ing** *adj.,* =ing·ly *adv.* bewonderend, vol bewondering.

**ad·mis·si·ble** toelaatbaar, aanneemlik, geoorloof. **ad·mis·si· bil·i·ty** toelaatbaarheid, aanneemlikheid.

**ad·mis·sion** toelating, aanneming; toegang; toegangsprys, =geld; erkenning; legitimasie *(v. predikant); gain ~ to* ... toe= gang tot ... verkry; *~ of guilt, (jur.)* skulderkenning, =bekente= nis; *pay an ~ of guilt* 'n afkoopboete betaal; *make an ~* iets erken; *by/on s.o.'s own ~* he/she ... iem. het (self) erken dat hy/ sy ...; *refuse s.o. ~* iem. wegwys, toegang aan iem. weier. *~ fee* toegangsprys, =geld. *~ pipe* toevoerpyp. *~ ticket* toegangs= kaart(jie).

**ad·mit** =tt= toelaat; aanneem; erken, toegee; toestaan; toegang verleen; *(relig.)* legitimeer; *~ s.o. to the bar* iem. as advokaat (*of* tot die balie) toelaat; *not mind ~ting that* ... geredelik erken dat ...; *I must ~ that* ... ek moet erken/toegee dat ...; *it must be ~ted that s.o. is* ... weliswaar is iem. ...; *that I ~* daar gee ek jou/u gelyk, daar het jy/u gelyk/reg; *~ s.o. to* ... iem. in ... toe= laat *('n plek)*; iem. in/op ... toelaat *('n skool)*; iem. tot ... toelaat *('n eksamen)*; iem. in ... opneem *('n hospitaal).* **ad·mit·tance** toegang; toelating, aanneming; *gain ~ to* ... toegang tot ... ver= kry; *no ~* geen toegang, toegang verbode. **ad·mit·ted·ly** welis= waar, soos toegegee/erken word, volgens erkenning.

**ad·mix** *(hoofs. teg.)* meng, vermeng; byvoeg, bymeng.

**ad·mon·ish** vermaan, aanmaan; (aan)raai; waarsku; bestraf, maan, teregwys; herinner *(aan)*; *~ s.o. against s.t.* iem. teen iets waarsku; *~ s.o. for s.t.* iem. oor iets aanspreek/berispe, *(infml.)* met iemand oor iets praat/gesels. **ad·mon·ish·er, ad·mon·i· tor** vermaner. **ad·mon·ish·ment, ad·mo·ni·tion** vermaning, waarskuwing, teregwysing, berisping. **ad·mon·i·to·ry** verma= nend, teregwysend.

**ad nau·se·am** *(Lat.)* tot vervelens (toe).

**a·do** ophef, gedoente, bohaai, drukte; rompslomp; *much ~ about nothing* 'n groot geraas/bohaai oor niks, meer lawaai as wol, veel geskree(u) *(of* groot lawaai) en weinig wol; *without further/more/much* (or *with no further) ~* sonder meer, som= merso, sonder verdere/vêrdere omslag/pligpleging; *op stel en sprong (iets wil doen)*; *ewe getroos ('n opdrag uitvoer).*

**a·do·be** rousteen; rousteengebou; kleisteen.

**ad·o·les·cent** *n.* adolessent, tiener, tienderjarige, jeugdige (persoon). **ad·o·les·cent** *adj.* adolessent, jeugdig, opgesko= te. **ad·o·les·cence** adolessensie, tiener=, rypwordings=, jeug= jare.

**A·do·nis** *(Gr. mit.)* Adonis; *(fig.: aantreklike jong man)* adonis.

**a·dopt** aanneem *(houding)*; oorneem; opneem; kies; inneem *(standpunt)*; in besit neem; ontleen *(woorde)*; goedkeur *(notule)*; *~ a line (of reasoning)* 'n redenering volg; *~ a motion by ... votes to ...* 'n voorstel met ... stemme teen ... aanneem; *~ a tone* 'n toon aanslaan. **a·dopt·a·ble** aanneembaar. **a·dopt·ed** aange= nome *(kind).* **a·dop·tion** aanneming; opneming; oorneming; ontlening; goedkeuring; *a South African etc. by ~* 'n Suid-Afrikaner/ens. deur/uit eie keuse; *s.o.'s country of* (or *the coun= try of s.o.'s) ~* iem. se nuwe vaderland; *put up a child for ~* 'n kind laat aanneem. **a·dop·tive** aannemend; *~ parent* aanneem= ouer.

**a·dore** aanbid, vereer; verafgo(o)d; dol (verlief) wees op. **a·dor· a·ble** aanbiddelik, beminlik. **ad·o·ra·tion** aanbidding, vere= ring; *in mute ~* in stille aanbidding. **a·dor·er** aanbidder, ver=

eerder, bewonderaar. **a·dor·ing** *adj.,* **-ing·ly** *adv.* bewonde-
rend, vererend, liefdevol.

**a·dorn** versier, verfraai, (op)tooi, opsmuk; *(fig.)* 'n sieraad wees
vir; ~ *s.t. with* ... iets met ... versier. **a·dorn·ment** versiering,
verfraaiing.

**ad·re·nal:** ~ *gland* bynier. **a·dren·a·lin(e)** adrenalien, bynier-
stof; *get the ~ going/flowing* die adrenalien laat pomp/vloei.

**A·dri·at·ic:** *the ~ (Sea)* die Adriatiese See.

**a·drift** (los)drywend, stuurloos; doelloos, hulpeloos; *be ~* dryf;
*cast s.t. ~* iets losgooi, iets laat dryf/drywe *('n boot); cast/cut/
turn s.o. ~* iem. aan sy/haar lot oorlaat; *come ~* losraak; *go ~,
(fig.)* skeefloop, misluk.

**a·droit** handig, behendig, knap, bekwaam; skerp *(verstand).*
**a·droit·ness** handigheid, behendigheid.

**ad·sorb** adsorbeer. **ad·sorp·tion** adsorpsie.

**ad·u·late** ophemel, verheerlik; vlei, flikflooi. **ad·u·la·tion** op-
hemeling, verheerliking; vleiery, flikflooiery. **ad·u·la·tor** vleier,
kruiper.

**a·dult, a·dult** *n.* volwassene, grootmens. **a·dult, a·dult** *adj.
(attr.)* volwasse, uitgegroeide, volgroeide; ~ *film* rolprent vir
volwassenes, pornografiese film/(rol)prent, pornofilm, -fliek.
~ *age* volwassenheid, mondigheid. ~ *education* volwassene-
onderrig, volwasseneonderwys, onderwys vir volwassenes. ~
**suffrage** volwassenestemreg.

**a·dul·ter·ate** *ww.* vervals, knoei met; verdun, meng; ~ *milk
with water* melk verwater. **a·dul·ter·ant** vervalsingsmiddel;
verdunningsmiddel. **a·dul·ter·a·tion** vervalsing, vervalstheid.
**a·dul·ter·a·tor** vervalser.

**a·dul·ter·y** *-ies* egbreuk, ontug; *(Byb.)* afgodery; *commit ~* eg-
breuk pleeg. **a·dul·ter·er** egbreker. **a·dul·ter·ous** buite-egtelik.

**a·dult·hood** volwassenheid, mondigheid, meerderjarigheid,
selfstandigheid. **a·dult·ness** volwassenheid, rypheid.

**ad va·lo·rem** *(Lat.)* ad valorem, na/volgens waarde.

**ad·vance** *n.* vooruitgang, vordering, voortstuwing; nadering;
opmars, oprukking; aantog; styging; bevordering, verhoging;
voorskot; voorhaaksel; vervroeging; *in* ~ vooruit, by voorbaat;
as voorskot; *in* ~ *of* ... voor ... *(i.d. tyd); be in* ~ *of one's time* jou
tyd vooruit wees; *make s.o. an* ~ (aan) iem. 'n voorskot gee;
*make* ~*s to s.o.* by iem. aanlê, vryerig met iem. raak; toenade-
ring tot iem. soek; *pay in* ~ vooruitbetaal; *well in* ~ lank voor-
uit. **ad·vance** *ww.* vooruitkom, -gaan, vorder; nader; styg
*(pryse);* vooruitbring; uitsteek; vervroeg, verhaas; bevorder,
verhoog; *(sport)* vorentoe beweeg; opruk, aanruk, voortskry;
laat aanruk; aanvoer *(argumente);* opgee *(rede);* opper *(mening);*
voorskiet *(geld);* ~ *s.t. from* ... *to* ... iets van ... tot ... vervroeg *('n
vergadering);* ~ *on/upon/towards* ... op ... aanruk, na ... opruk
*(vyandelike stellings);* dreigend na ... toe aankom *(iem.);* ~ *an
opinion* 'n mening opper; ~ *in years* ouer word. ~ **approval**
goedkeuring by voorbaat, voorkeuring. ~ **booking** voorbe-
spreking. ~ **copy** vooreksemplaar. ~ **guard** *(mil.)* voorhoede.
~ **mechanism** vervroeger. ~ **note** voorskotnota. ~ **notice**
voorafkennisgewing *(v. krygsoefeninge ens.);* vooraankondi-
ging *(v. nuwe boek ens.);* voorteken *(v. iets ongunstigs); give s.o.
~ ~ of s.t.* iem. vooraf kennis van iets gee *(of* van iets in kennis
stel).* ~ **party** *(mil., fig.)* voorhoede. ~ **payment** vooruitbetaling.

**ad·vance·a·ble** verskuifbaar, vervroegbaar.

**ad·vanced** (ver/vêr) gevorder(d); vooruitstrewend, modern;
~ *ideas* progressiewe idees/ideë; *the most ~* die voorste (lett. &
fig.);* die vers(te)/vêrs(te) gevorderde; ~ *in years* bejaard.

**ad·vance·ment** vordering, vooruitgang; bevordering, pro-
mosie; *(med.)* vervroeging.

**ad·vanc·ing:** ~ *age* klimmende jare; ~ *angle* voorhoek; *the
army is* ~ die leër is in aantog; ~ *colour* voorkleur.

**ad·van·tage** *n.* voordeel; voorsprong; gewin; *to the best ~* op
die voordeligste, tot die grootste/meeste nut/voordeel; *follow
up an ~* 'n voorsprong benut; *gain/get an ~* 'n voordeel be-
haal; *get/have the ~ of s.o.* 'n voorsprong op iem. behaal/kry/

hê, 'n voordeel bo iem. kry/hê, iem. die loef afsteek; *it has ~s*
daar is voordele aan verbonde; *have an ~ over s.o., (ook)* 'n
voordeel bo iem. hê; *seek personal ~* eie voordeel soek, op eie
voordeel bedag wees; *press (home) an ~* 'n voordeel uitbuit;
*take ~ of s.o.* van iem. misbruik maak, iem. uitbuit; iem. fop/
uitoorlê; iem. verlei; *take ~ of s.t.* munt uit iets slaan, voor-
deel uit iets trek, iets uitbuit *(omstandighede ens.);* van iets ge-
bruik maak, iets benut *('n geleentheid);* van iets misbruik maak;
*to ~* met vrug/voordeel; *be to s.o.'s ~* tot/in iem. se voordeel
wees; *turn s.t. to the best ~* met iets woeker; *with ~* met vrug.
**ad·van·tage** *ww.* bevoordeel, bevorder, baat. ~ **game** *(ten-
nis)* voordeelpot, -spel. ~ **law/rule** *(sport)* voordeelreël. ~ **line**
*(rugby)* voordeellyn. ~ **set** *(tennis)* voordeelstel.

**ad·van·ta·geous** voordelig, bevorderlik, gunstig. **ad·van·ta-
geous·ly** voordelig, met vrug. **ad·van·ta·geous·ness** voor-
deligheid.

**ad·vec·tion** adveksie, horisontale lugtoevoer.

**Ad·vent** Advent(styd). ~ **calendar** Adventskalender. ~ **Sun-
day** Adventsondag.

**ad·vent** aankoms, koms, nadering.

**ad·ven·ti·tious** toevallig, bykomstig; ~ *root* bywortel. **ad-
ven·ti·tious·ness** toevalligheid, bykomstigheid.

**ad·ven·ture** *n.* avontuur; ondervinding, ervaring, belewenis;
waagstuk, risiko; *s.t. is high ~* iets is 'n groot avontuur; *a life of
~* 'n avontuurlike lewe; *love/spirit of ~* avontuurlus. ~ **game**
*(rek.)* avontuurspeletjie. ~ **playground** avontuurpark.

**ad·ven·tur·er** geluk-, fortuinsoeker, avonturier; waaghals.

**ad·ven·tur·ism** waagsaamheid.

**ad·ven·tur·ous, ad·ven·ture·some** avontuurlik; waag-
halsig; gewaag(d), waagsaam. **ad·ven·tur·ous·ness** avontuur-
likheid; gewaagdheid; avontuurlus.

**ad·verb** *(gram.)* bywoord. **ad·ver·bi·al** bywoordelik.

**ad·ver·sar·y** *-ies* teen-, teëstander, vyand, opponent, teen-, teë-
party.

**ad·verse** vyandig, antagonisties; nadelig, ongunstig; afbre-
kend *(kritiek);* negatief *(reaksie);* afwysend *(antwoord);* nadelig
*(balans, saldo);* ~ *costs, (jur.)* koste van die teen-/teëparty; *have
an ~ effect on/upon* ... ... aantas; ... benadeel, vir ... nadelig wees;
... ongunstig beïnvloed; ~ *wind* teenwind, wind van voor. **ad-
verse·ly** nadelig; *affect ~* benadeel, aantas; *criticise ~* afkeur.
**ad·ver·si·ty** teen-, teëspoed, swaar(kry), ongeluk, rampspoed;
*in the face of ~* in teen-/teëspoed; *meet with ~/adversities* teen-/
teëspoed kry; *overcome ~/adversities* teen-/teëspoed te bowe
kom.

**ad·vert** *n., (infml., afk.)* = ADVERTISEMENT.

**ad·ver·tise, ** *(soms, Am.)* **-tize** adverteer, reklame maak; aan-
kondig, bekend maak, bekendmaak; te koop loop met; ~ *s.t.*
vir iets reklame maak; *be widely ~d* alom geadverteer word.
**ad·ver·tise·ment, ** *(soms, Am.)* **-tize·ment** advertensie, reklame;
aankondiging, bekendmaking; *classified ~* geklassifiseerde/
klein advertensie, soekertjie. **ad·ver·tis·er, ** *(soms, Am.)* **-tiz·er**
adverteerder; advertensieblad; reklamebord.

**ad·ver·tis·ing, ** *(soms, Am.)* **-tiz·ing** reklame, publisiteit; ad-
vertensie-, reklamewese; *above-the-line ~* mediareklame; *below-
the-line ~* promosiereklame. ~ **agency** advertensie-, reklame-
agentskap.

**ad·ver·to·ri·al** promosieartikel.

**ad·vice** raad, advies; raadgewing; kennisgewing, advies; ~ *of
delivery* afleweringsadvies; *give s.o. ~* iem. raad gee *(of* van
raad dien); *offer ~* raad aanbied; *seek ~* raad soek, raad/advies
vra/inwin; *take ~* raad aanneem, na raad luister; *take legal ~*
'n advokaat raadpleeg, regsadvies *(of* 'n regsmening) inwin/
verkry; *take my ~!* volg my raad!; *a word of ~* 'n bietjie/stuk-
kie raad; *if I may offer a word of ~* as ek jou raad skuldig is. ~
**note** adviesbrief.

**ad·vis·a·ble** raadsaam, gerade, gewens. **ad·vis·a·bil·i·ty** raad-
saamheid. **ad·vis·a·bly** raadsaam, wenslik, verstandig.

**ad·vise** raad gee, adviseer, van raad dien; aanraai, aanbeveel;

inlig, in kennis stel, meedeel; ~ *s.o. against s.t.* iem. afraai om iets te doen; ~ *s.o. of s.t.* iem. van iets in kennis stel (*of* kennis gee), iem. iets meedeel; ~ *s.o. on s.t.* iem. oor iets raad gee (*of* adviseer). **ad·vised** oorwoë; (goed) ingelig, op (die) hoogte; *you would be well* ~ *to ...* dit sou verstandig/raadsaam wees om te ... **ad·vis·ed·ly** verstandig, wyslik; opsetlik, met voorbe= dagte rade. **ad·vis·er, ad·vi·sor** raadgewer, adviseur. **ad·vis·ing:** ~ *bank* adviserende bank. **ad·vi·so·ry** raadgewend, adviserend; ~ *board/council* adviesraad; *in an* ~ *capacity* as raadgewer/ad= viseur.

**ad·vo·caat** *(likeur)* advokaat, eierbrandewyn.

**ad·vo·ca·cy** advokatuur, advokaatskap; bepleiting, aanbeve= ling; voorspraak.

**ad·vo·cate** *n.* advokaat; verdediger, voorstander, kampveg= ter, voorspraak, pleitbesorger *(vir); (i.d. mv. ook)* die advoka= tuur; *brief an* ~ 'n advokaat opdrag gee; *be an* ~ *of s.t.* 'n voor= stander van iets wees. **ad·vo·cate** *ww.* verdedig, bepleit, voorstaan, aanbeveel, verkondig. **~-general** *advocates-general* advokaat-generaal.

**adze,** *(Am.)* **adz** dissel.

**Ae·ge·an:** *the* ~ *(Sea)* die Egeïese See.

**ae·gis,** *(soms, Am.)* **e·gis** *(Gr. mit.)* skild *(v. Zeus); (fig.)* besker= ming.

**Ae·ne·id** *(heldedig)* Aeneïde, Eneïde.

**ae·o·li·an** *(geol.)* eolies, waai-, wind-; ~ *sand* waaisand; ~ *harp* wind-, eolusharp.

**ae·on,** *(Am.)* **e·on** *(fig.)* ewigheid, eeu; *(geol.)* eon.

**aer·ate** belug; deurlug; met lug/koolsuur versadig. **aer·a·tion** belugting, lugverryking, lugbelading, deurlugting.

**aer·i·al** *n.* lugdraad, antenne, antenna. **aer·i·al** *adj.* van (die) lug, lug-; eteries, onwesenlik, denkbeeldig. ~ *survey* lugop= neming. ~ *tower* antennetoring, -mas, -paal, antennatoring, -mas, -paal.

**ae·rie** →EYRIE.

**aer·o** *adj. (attr.)* aëro-, lug-; vlieg-; ~ *club* vliegklub; ~ *engine* vliegtuigenjin; ~ *generator* windgenerator; ~ *hydroplane* vliegboot; ~ *motor* aëro-, lugmotor.

**aer·o-** *komb.vorm* aëro-, lug-; vlieg-.

**aer·o·bat·ic** *adj.* aërobaties, lugakrobaties; ~ *pilot* kunsvliee= nier. **aer·o·bat·ics** *n. (mv.)* kunsvlieëry, aërobatiek, lugtoer= tjies.

**aer·o·bic** *adj.* aërobies.

**aer·o·bics** *n. (mv.)* aërobiese oefeninge. ~ *class* aërobiese klas.

**aer·o·bi·ol·o·gy** lugbiologie.

**aer·o·drome,** *(Am.)* **air·drome** vliegveld, lughawe.

**aer·o·dy·nam·ic** *adj.* aërodinamies. **aer·o·dy·nam·i·cist** aëro-, lugdinamikus. **aer·o·dy·nam·ics** *n. (mv.)* aëro-, lugdinamika.

**aer·o·foil,** *(Am.)* **air·foil** *(lugv.)* dra(ag)vlak; stroomblad; (vliegtuig)vlerk.

**aer·o·lite** meteoorsteen, steenmeteoriet, aëroliet.

**aer·o·naut** lugvaarder, aëronout. **aer·o·nau·ti·cal** lugvaart= kundig; lugvaart-; ~ *engineering* vliegtuigboukunde; ~ *meteor= ology* lugvaartweerkunde. **aer·o·nau·tics** lugvaart(kunde).

**aer·on·o·my** *(studie v. hoë luglae)* aëronomie.

**aer·o·phobe** *(psig.: iem. met vliegvrees)* aërofoob. **aer·o·pho= bi·a** aërofobie, vliegvrees.

**aer·o·plane,** *(Am.)* **air·plane** vliegtuig.

**aer·o·sol** *(chem.)* aërosol. ~ *(can)* spuitkan(netjie).

**aer·o·space** lugruim. ~ *industry* ruimtevaartbedryf. ~ *re= search* ruimtenavorsing.

**aer·o·stat** *(lugvaartuig ligter as lug)* aërostaat. **aer·o·stat·ic, aer·o·stat·i·cal** aërostaties. **aer·o·stat·ics** aërostatika, leer van die ewewig van gasse.

**aer·o·train** lugkussingtrein.

**aes·thete,** *(Am.)* **es·thete** esteet.

**aes·thet·ic,** *(Am.)* **es·thet·ic, aes·thet·i·cal,** *(Am.)* **es· thet·i·cal** *adj.* esteties, skoonheids-. **aes·the·ti·cian,** *(Am.)* **es·the·ti·cian** estetikus. **aes·thet·i·cism,** *(Am.)* **es·thet·i·cism** estetisisme. **aes·thet·ics,** *(Am.)* **es·thet·ics** *n. (mv.)* skoonheids= leer, estetiek, estetika.

**aes·ti·val,** *(Am.)* **es·ti·val** somers, somer-. **aes·ti·vate,** *(Am.)* **es·ti·vate** die somer deurbring; *(soöl.)* in die somer slaap, in 'n somerslaap wees. **aes·ti·va·tion,** *(Am.)* **es·ti·va·tion** *(soöl.)* estivasie, somerslaap; *(bot.)* estivasie, knopligging.

**ae·ti·ol·o·gy,** *(Am.)* **e·ti·ol·o·gy** *-gies, (filos.)* etiologie, oor= saakleer; *(med.)* siekteoorsake. **ae·ti·o·log·i·cal,** *(Am.)* **e·ti·o= log·i·cal** etiologies.

**a·far** *(poët.)* ver, vêr, in die verte/vêrte; *from* ~ van ver/vêr (af), uit die verte/vêrte.

**af·fa·ble** vriendelik, minsaam, innemend. **af·fa·bil·i·ty** vrien= delikheid, minsaamheid, innemendheid.

**af·fair** saak, aangeleentheid; *(infml.)* besigheid, affère, gedoente, petalje; *current* ~*s* sake van die dag; *foreign* ~*s* buitelandse sake; ~*s of government/state* staatsaangeleenthede, landsake; *have an* ~ *with s.o.* 'n (liefdes)verhouding/affair met iem. hê; ~*s of the heart* hartsake; *internal/domestic* ~*s* binnelandse sake; *(love)* ~ (liefdes)verhouding, affair, romanse; *meddle in s.o.'s* ~*s* jou met iem. se sake bemoei; *the Profumo* ~ die Profumoskandaal; *settle one's* ~*s* jou sake in orde bring; *the state of* ~*s* die stand/toedrag van sake; *in the present state of* ~*s* in die huidige omstandighede/situasie.

**af·fect**[1] *n., (psig.)* affek. **af·fect** *ww.* (ont)roer, aangryp, raak, tref; beïnvloed, invloed uitoefen (*of* 'n uitwerking hê *of* in= werk) op ...; aantas; benadeel, skaad; ~ *s.t. adversely* iets aan= tas/benadeel, iets ongunstig beïnvloed, nadelig op iets inwerk; *s.t.* ~*s s.o. deeply* iets tref iem. diep; *it does not* ~ *me* dit raak my nie. **af·fect·ed**[1] aangedaan, ontroer(d), geroer(d), getref; aan= getas *(deur kanker ens.); be deeply* ~ *by s.t.* diep deur iets getref wees. **af·fect·ing** treffend; aandoenlik, aangrypend, (hart)= roerend. **af·fect·ing·ly** roerend. **af·fec·tive** affektief, emosio= neel, gemoeds-; ~ *disorder, (psig.)* affektiewe versteuring.

**af·fect**[2] *ww.* voorgee, maak asof, speel, veins, voorwend; *(fml.)* jou voordoen as; ~ *flashy clothes* 'n voorliefde vir opvallende klere hê; ~ *illness* siekte veins; ~ *the rich man* jou as 'n ryk man voordoen. **af·fec·ta·tion** aanstellery, gekunsteldheid, aanstel= lerigheid, gemaaktheid, geaffekteerdheid; voorwendsel. **af·fect= ed**[2] aanstellerig, geaffekteer(d), gekunsteld, gemaak, onnatuur= lik; ~ *politeness* geveinsde beleefdheid. **af·fect·ed·ly** geaffek= teer(d), aanstellerig. **af·fect·ed·ness** aanstellerigheid, gemaakt= heid.

**af·fec·tion** teerheid, liefde, liefderikheid, toegeneentheid; *(dikw. mv.)* emosie, gevoel; invloed, beïnvloeding; *gain/win s.o.'s* ~ iem. se toegeneentheid verkry; *have* ~ *for* (or *feel* ~ *towards*) *s.o.* iem. toegeneë wees, (toe)geneentheid vir/teenoor/tot iem. voel; *s.o. is held in great* ~ iem. is bemin(d)/gelief; *the object of s.o.'s* ~ die een wat iem. liefhet; *have a special place in s.o.'s* ~*s* 'n spesiale plekkie in iem. se hart inneem; *play on s.o.'s* ~*s* op iem. se gevoel speel. **af·fec·tion·ate(·ly)** toegeneë, liefheb= bend, liefderik; aandoenlik; minsaam, beminlik; vriendelik; liefies; *be affectionate towards s.o.* liefderik teenoor iem. wees; *yours affectionately* hartlike groete, met liefdegroete; jou lief= hebbende.

**af·fer·ent** *(fisiol.)* aanvoerend, toevoerend, afferent.

**af·fi·da·vit** *(jur.)* beëdigde verklaring; *evidence on* ~ getuienis by wyse van beëdigde verklaring; *take an* ~ *from s.o.* iem. 'n beëdigde verklaring laat aflê; *make/swear/take an* ~ 'n beëdig= de verklaring aflê.

**af·fil·i·ate** *n.* geaffilieerde; sustermaatskappy. **af·fil·i·ate** *ww.* aanneem *(as lid);* erken *(as kind);* aansluit; affilieer; *a child to s.o., (jur.)* iem. as vader van 'n kind aanwys. **af·fil·i·a·ted** aan= geslote, geaffilieer(d); *be* ~ *with/to ...* by ... geaffilieer wees.

**af·fil·i·a·tion** aanneming; erkenning; aansluiting, affiliasie; sus= terverenging; *(jur.)* vasstelling van vaderskap, affiliasie; *have*

~s with ... bande (of 'n verband) met ... hê; *s.o.'s party/political ~(s)* iem. se partyverband (of politieke verband); *s.o.'s ~ with* ... iem. se affiliasie/aansluiting by ... ~ **order** (jur.) affiliasie= bevel.

**af·fin·i·ty** =ties verwantskap, ooreenkoms; aantrekking; (jur.) aanverwantskap, huweliksverwantskap, affiniteit; (chem.) affi= niteit; *there is (a) close ~ between A and B* daar is 'n nou(e) verwantskap tussen A en B; daar is 'n sterk ooreenkoms tussen A en B; *have an ~ for s.t.* deur iets aangetrek word; *the ~ of salt for water* die affiniteit van sout tot water; *have/feel an ~ for/to s.o./s.t.* (jou) tot iem./iets aangetrokke voel; *be related by ~,* (jur.) aanverwant/aangetroud wees; *feel an ~ with s.t.* by iets aansluiting vind; *have/show close affinities with* ... sterk oor= eenkomste met ... toon; *s.o.'s ~ with s.o.* iem. se verwantskap met iem.. ~ **(credit) card** verwantskaps(krediet)kaart.

**af·firm** bevestig, beaam, verseker, bekragtig; (jur.) (plegtig) ver= klaar *(i.p.v. 'n eed aflê)*. **af·fir·ma·tion** bevestiging, versekering, bekragtiging; (jur.) (plegtige) verklaring *(i.p.v. eed)*. **af·firm·a·tive** n., (fml.) bevestigende antwoord; *answer in the ~* bevesti= gend antwoord; *the answer is in the ~* die antwoord is ja. **af·firm·a·tive** adj. bevestigend; ~ *action* regstellende aksie/optre= de/stappe, regstelling/uitwissing van agterstande; ~ *vote* stem ten gunste. **af·firm·a·tive·ly** bevestigend. **af·firm·a·to·ry** beves= tigend.

**af·fix** n., (ling.) affiks, formans, formant; toevoeging, toevoeg= sel, aanhangsel. **af·fix** ww. aanheg, aanbring; byvoeg; ~ *one's stamp/seal on/upon s.t.* jou stempel/seël op iets druk; ~ *one's signature to s.t.* iets onderteken; ~ *s.t. to* ... iets aan ... heg; iets op ... plak.

**af·flict** pla; kwel, teister, beproef; *be ~ed by doubts* met onse= kerheid/twyfel vervul wees; *be ~ed by/with* ... aan ... ly, deur ... aangetas wees *(siekte ens.)*; *be deeply ~ed* swaar beproef/ge= tref wees; diep bedroef wees; *be ~ed with rheumatism* met ru= matiek gepla word; *be ~ed with shyness* pynlik skaam wees. **af·flic·tion** pyn(iging), leed, smart, droefnis; kwelling, teiste= ring, beproewing; las; nood, ramp; *bodily ~s* liggaamlike ge= breke; *~s of old age* ouderdomskwale; *people in ~* mense in nood; *suffer an ~* aan iets ly.

**af·flu·ence** oorvloed, weelde, rykdom, welvaart; *live in ~* in weelde leef/lewe. **af·flu·ent** adj. ryk, welgesteld, gegoed, wel= varend; oorvloedig; *in ~ circumstances* in weelde; *the ~ society* die welvaartsgemeenskap/welvaartsamelewing.

**af·ford** bekostig; (fml.) verskaf, gee; oplewer; *s.o. can ~ to* ... iem. kan (dit) bekostig om te ...; iem. kan hom/haar dit (of die weelde) veroorloof om te ...; *I cannot ~ it* ek kan dit nie bekostig/bybring nie; *s.o. cannot ~ to* ... iem. kan dit nie be= kostig om te ... nie *(bedank ens.); ~ compensation to* ..., (fml.) skade aan ... vergoed; *s.o. can ill ~ s.t.* iem. kan iets beswaar= lik/kwalik bekostig; *you can't ~ to miss* ... jy mag ... nie mis= loop nie; ~ *s.o. an opportunity to* ..., (fml.) iem. geleentheid gee/bied om te ...; *it ~s me pleasure to* ..., (fml.) dit doen/ver= skaf my genoeë om te ...; *can you ~ the time?* het jy die tyd (daarvoor)?, laat jou tyd jou dit toe?.

**af·for·est** bebos. **af·for·est·a·tion** bebossing, bosaanplanting.

**af·fri·cate** n., (ling.) affrikaat.

**af·front** n. belediging, afjak, affrontasie; *be an ~ to s.o./s.t.* 'n belediging vir iem./iets wees; *offer an ~ to s.o.* iem. beledig; *suffer an ~* beledig word. **af·front** ww. beledig, afjak, affron= teer; *be/feel ~ed by* ... beledig/geaffronteer wees/voel deur ...

**Af·ghan** n., (taal) Afg(h)aans; afg(h)aan, Afg(h)aanse (wind)= hond. **Af·ghan, Af·ghan·i** n., (inwoner) Afg(h)aan. **Af·ghan** adj. Afg(h)aans; ~ *hound* Afg(h)aanse (wind)hond, afg(h)aan. **af·ghan** n. (gebreide/gehekelde) wolkombers/=sjaal; Afg(h)aanse jas. **Af·ghan·i·stan** (geog.) Afg(h)anistan.

**a·fi·cio·na·do** =dos, (Sp.) liefhebber.

**a·field** in die veld; op die slagveld, te velde; *far ~* ver/vêr weg.

**a·flame** aan die brand, in vlamme (gebou ens.); vlammend, gloei= end *(van woede, hartstog, ens.); set s.t. ~* iets aan die brand steek.

**a·float** vlot, drywend; op/ter see; aan boord; oorstroom, onder water; onseker, onvas, stuurloos; sonder skuld, solvent; *be ~* vlot wees; oorstroom wees; *get a boat ~* 'n boot vlot maak; *get a business ~* 'n besigheid/onderneming/saak begin; *set a ship ~* 'n skip te water laat; *stay ~* kop bo water hou.

**a·flut·ter** adj. (pred.) & adv. opgewonde; senu(wee)agtig, gespanne; *s.o.'s heart was all ~* iem. se hart het in sy/haar keel geklop/gesit; *s.o.'s nerves were all ~* iem. se senuwees was op hol.

**a·foot** te voet; op die been; aan die gang; in die maak; op tou; *there are plans ~ to* ... daar is planne om ...; *there's trouble ~* daar is moeilikheid op hande.

**a·fore·men·tioned, a·fore·said** adj. (attr.) bogenoemde, voor(ge)noemde, voor(ge)melde.

**a·fore·thought:** *with malice ~,* (jur.) met opset, met voorbe= dagte rade.

**a·foul** adj. (pred.) & adv., (Am.) verstrik; *fall/run ~ of s.t.* in iets verstrik raak; (lett.) teen iets bots; (fig.) met iets bots (of in bot= sing kom) *(d. gereg ens.);* met iets oorhoop(s) wees/lê *(d. rege= ring ens.).*

**a·fraid** bang, angstig, bevrees; lugtig, skrikkerig, sku; *I'm ~ I cannot* ... tot my spyt kan ek nie ... nie; *be ~ for s.o.* vrees wat met iem. kan gebeur; *I'm ~ not* ongelukkig nie; *s.o.'s not ~ to say* ... iem. skroom nie om te sê ... nie; *be ~ of* ... bang wees vir ..., ... vrees; *I'm ~ so* ek vrees dit is so; *I'm ~ that* ... ek vrees *(of* is bevrees) dat ...; *be ~ to* ... bang wees om te ...; *be ~ of work* werksku wees.

**a·fresh** opnuut, van voor af, weer.

**Af·ri·ca** (geog.) Afrika.

**Af·ri·can** n. Afrikaan. **Af·ri·can** adj. van Afrika, Afrika=, Afri= kaans; ~ *elephant* Afrika(-)olifant; ~ *languages* Afrikatale, tale van Afrika; ~ *linguist* Afrikanis; ~ *studies* Afrikanistiek; ~ *violet* usambaraviooltjie. **~-American** n. Afro-Amerikaner. **~-American** adj. Afro-Amerikaans. ~ **National Congress** (afk.: ANC) African National Congress. ~ **Union** (afk.: AU) Afrika= unie (afk.: AU).

**Af·ri·ca·na** Africana, Afrikana.

**Af·ri·can·ise, ·ize** afrikaniseer. **Af·ri·can·i·sa·tion, ·za·tion** afrikanisering.

**Af·ri·can·ism** Afrikanisme. **Af·ri·can·ist** Afrikanis.

**Af·ri·kaans** n. Afrikaans. **Af·ri·kaans** adj. Afrikaans(talig). **~-language** Afrikaanstalig. **~-medium** Afrikaanstalig, met Afrikaans as voertaal. ~ **speaker** Afrikaanssprekende. **~-speaking** Afrikaanssprekend.

**Af·ri·kaans·i·fy** (filol.) verafrikaans. **Af·ri·kaans·i·fi·ca·tion** (filol.) verafrikaansing.

**Af·ri·kan·der, Af·ri·can·der** afrikaner(bees); afrikaner= (skaap). ~ **bull/calf/cow/ox/sheep** afrikanerbul/=kalf/=koei/ =os/=skaap.

**Af·ri·ka·ner** (lid v. bevolkingsgroep) Afrikaner. ~ **identity** Afri= kanerskap. ~ **nation** Afrikanervolk.

**af·ri·ka·ner** (bot.) afrikaner.

**Af·ri·ka·ner·dom** Afrikanerdom.

**Af·ri·ka·ner·ise, ·ize** verafrikaans. **Af·ri·ka·ner·i·sa·tion, ·za·tion** verafrikaansing.

**Af·ri·ka·ner·ism** (pol.) Afrikanerisme; (filol.) Afrikanisme.

**Af·ro** =ros, n. Afro(haarstyl).

**Af·ro-A·mer·i·can** n. Afro-Amerikaner. **Af·ro-A·mer·i·can** adj. Afro-Amerikaans.

**Af·ro-A·sian** adj. Afro-Asiaties.

**Af·ro-cen·tric** Afrosentries. **Af·ro-cen·trism** Afrosentrisme.

**aft** adv., (sk.) agteruit, agter, op die agterdek/agterskip; (lugv.) agterin, in die stert.

**af·ter** adj. later; agter=, na=; *in ~ years* in later(e) jare. **af·ter** adv., prep., voegw. na, ná; agter; nadat, na, ná; ~ *all* op die ou end, ten slotte, op stuk van sake, per slot van rekening, alles in aanmerking/ag geneem/genome, agterna beskou; *so it did rain*

~ *all* dan het dit tog (nog) gereën; *ask/inquire* ~ *s.o.* na iem. vra/verneem; *be* ~ *s.o.* iem. soek, na iem. op soek wees; *be* ~ *s.t.* iets wil hê; iets naja(ag) *(plesier ens.)*; agter iets aan wees *(geld ens.)*; op iets uit wees *('n betrekking ens.)*; ~ *church* ná kerk(tyd); ~*Johannesburg Cape Town is our largest metropolis* naas Johannesburg is Kaapstad ons grootste metropool; *lie* ~ *lie, one lie* ~ *the other* die een leuen na/op die ander; *long* ~ ... lank ná ...; ~ *the* *meeting* ná (afloop van) die vergadering; ~ *ten (o'clock)* na tien; ~ *Rembrandt/etc.* na ('n skildery van) Rembrandt/ens.; *right* ~, *(adv.)* dadelik/onmiddellik daarna; *right* ~ ..., *(prep.)* dadelik/onmiddellik na ...; *run* ~ *s.o./s.t.* agter iem./iets aanhardloop; *shortly/soon* ~, *(adv.)* kort daarna; *shortly/soon* ~ ..., *(prep.)* kort na ...; *five* ~ *ten, (Am.)* vyf oor tien; ~ *that* daarna; *well* ~ ... geruime tyd ná ...; ~ *what?* waarna?; ~ *which* waarna; *place a comma* ~ *this word* plaas 'n komma agter/ná dié woord; ~ *a year* 'n jaar daarna/later; ~ *you!* gaan (jy/u) voor!. ~**birth** nageboorte. ~**burner** *(teg.)* na(ver)brander. ~**care** nasorg. ~**crop** naoes, tweede oes, nadrag, napluk(sel). ~**deck** *(sk.)* agterdek. ~**dinner** *adj. (attr.)* na die ete/maaltyd *(pred.)*; ~*speaker* tafelredenaar. ~**effect** nawerking, gevolg; *(i.d. mv. ook)* nawerking *(v. 'n pil)*; nadraai *(v. 'n siekte)*; nasleep, (onaangename/pynlike) gevolge *(v. 'n oorlog)*. ~**growth** nagewas. ~**hold** agterruim. ~**image** nabeeld. ~**life** later(e) lewe; lewe na die dood, hiernamaals. ~**mast** agtermas. ~**math** nasleep, nadraai, nawerking, naweë; naoes, nagroei, nagras; *in the* ~ *of s.t.* na iets; *the* ~ *of the war* die nasleep van die oorlog. ~**most** agterste. ~**sales** *adj. (attr.)*: ~ *service* naverkoopdiens. ~**sensation** nagevoel. ~**shave (lotion)** naskeermiddel. ~**shock** naskok, nabewing. ~**taste** nasmaak. ~**tax** *adj. (attr.)*: ~ *profit* wins na belasting. ~**thought** nagedagte; later(e) toevoeging; *(infml.)* laatlammetjie; *as an* ~ as 'n nagedagte, agterna. ~**word** nawoord. ~**world** hiernamaals.

**af·ter·noon** *n.* middag, namiddag, agtermiddag; *all* ~ die hele middag, heelmiddag; *Friday* ~Vrydag(na)middag; *good* ~! goeiemiddag!; *in/during the* ~ in die (na)middag/agtermiddag; smiddae, smiddags; ná die middag; *s.t. happened one* ~ iets het een *(of* op 'n [sekere] middag gebeur; *this* ~ vanmiddag; *tomorrow* ~ môre-, moremiddag; *yesterday* ~ gistermiddag. **af·ter·noon** *adj.* (na)middag-.

**af·ter·ward(s)** later, agterna, naderhand, daarna.

**A·ga** *(handelsnaam: houtstoof)* Aga(-stoof).

**a·gain** *adv.* weer, nogmaals, nog eens, andermaal, van nuuts af, opnuut; verder, vêrder; daarenteen, daarenteë, aan die ander kant; ~ *and* ~, *time and (time)* ~ herhaaldelik, keer op keer, telkens (weer); *till we* *meet* ~ tot weersiens; *as* *much* ~ dubbel *(of* twee maal/keer *of* nog 'n maal/keer) soveel; *half as* *much* ~ anderhalf *(of* een en 'n half) maal/keer soveel; *never* ~ nooit weer nie; *once/yet* ~ nog 'n keer/maal/slag, nogmaals, nog eens, nogeens, weer (eens), weereens, weer 'n keer, opnuut; al weer; *(the) same* ~ dieselfde as tevore/netnou; *then* ~ ... aan die ander kant ...

**a·gainst** *prep.* teen; teë; tot nadeel van; strydig met; jeens; *s.o.'s* *age is* ~ *him/her* iem. se jare/ouderdom tel teen hom/haar; *as* ~ ... teenoor ..., in teen-/teëstelling met ...; *as* ~ *that/this* daarteenoor/hierteenoor; ~ *a dark* *background* teen 'n donker agtergrond; *be (dead)* ~ *s.t.* (sterk) op iets teë wees; (heeltemal) teen iets gekant wees; *everybody's* ~ *me!* almal is teen my!; *fight* ~ ... veg teen ...; *have s.t.* ~ *s.o./s.t.* iets teen iem./iets hê; *I am* ~ *it* ek is daarteen; ~ *the law* onwettig, teen die wet, strydig *(of* in stryd) met die wet; *s.o.'s name* agter iem. se naam; *(over)* ~ ... teenoor/jeens ...; oorkant ...; ~ *registration of transfer* by registrasie van die transport; *right up* ~ ... teenaan ...; *all sorts of things are said* ~ *s.o.* allerhande dinge word van iem. gesê; ~ *the stream* stroomop; *those* ~ die teen-/teëstemmers; ~ *the wind* windop, teen die wind (in); *have the* *wind* ~ *one* die wind van voor hê.

**ag·a·ma, ag·a·ma** *(soöl.)* koggelmander.

**ag·a·pan·thus** *(bot.)* agapant, kandelaar, bloulelie.

**a·gape**[1] *adj. & adv.* oopmond, verbaas, verstom.

**a·ga·pe**[2] *(Chr. teol.)* agape, liefdesmaal(tyd); agape, Christelike liefde.

**a·gar(-a·gar)** *(Mal.)* agar(-agar), seewierjellie.

**ag·ate** *(min.)* agaat.

**a·ga·ve** *(bot.)* garingboom, agawe; sisalplant.

**age** *n.* ouderdom, leeftyd; eeu, tyd(perk); *at an* *advanced* ~ op gevorderde leeftyd; *the afflictions of old* ~ die kwale/kwellings van die ouderdom; ~*s ago, (infml.)* lank gelede; *people of* *all* ~*s* mense van elke ouderdom/leeftyd; *at his/her* ~ op sy/ haar leeftyd/ouderdom; *at the* ~ *of sixty* op sestig, op sestigjarige ouderdom/leeftyd, op die ouderdom van sestig, toe iem. sestig (jaar oud) was; *s.o. has died at the* ~ *of* ... iem. is in die ouderdom van ... oorlede; *bear one's* ~ *well* jou jare goed dra; ~ *before* *beauty* eers grootmense, dan langore; *come of* ~ mondig word; *coming of* ~ mondigwording; mondigheid; *down* *the* ~*s* deur die eeue (heen); *feel one's* ~ jou jare voel; *be big/ etc. for one's* ~ groot/ens. vir jou leeftyd/ouderdom wees; *for* ~*s (and* ~*s), (infml.)* eeue lank; *I have known him/her for* ~*s, (infml.)* ek ken hom/haar al van toeka se dae/tyd (af) *(of* van toeka af); *I haven't seen him/her for* ~*s* ek het hom/haar eeue laas gesien *(of* in geen jare gesien nie); *the golden* ~ die goue/ gulde eeu, die bloeityd; *improve with* ~ met die jare verbeter; *live to a great* (or *ripe old)* ~ 'n hoë leeftyd/ouderdom bereik; *look one's* ~ jou ouderdom wys, lyk so oud soos jy is; *in middle* ~ op middelbare leeftyd; *be of* ~, *(jur.)* mondig/meerderjarig wees; *ten/etc. years of* ~ tien/ens. jaar (oud); *in s.o.'s* *old* ~ op iem. se oudag; *at a* *ripe* ~ op ryp leeftyd; *they are of the* *same* ~ hulle is van dieselfde leeftyd, hulle is ewe oud; *they are nearly of the* *same* ~ hulle is amper/byna ewe oud; *s.t. takes* ~*s, (infml.)* iets duur 'n ewigheid; *s.o.* *takes* ~*s over s.t., (infml.)* iem. het 'n ewigheid nodig om iets te doen; *at a* *tender* ~ in sy/ haar prille jeug; *be of a* *tender* ~ bloedjonk wees; *be under* ~ minderjarig/onmondig wees; te jonk wees; *be* *under the* ~ onder die jare/leeftyd/ouderdom wees; *have to* *wait for* ~*s (for ...)* eindeloos (vir/op ...) moet wag; *what is your* ~? hoe oud is jy?; *be worn with* ~ afgeleef wees. **age** *ww.* oud/ouer word, verouder; oud maak; (laat) verouder *(wyn)*; ryp (laat) word *(kaas); (rok, haarstyl)* oud laat lyk; *s.o. has* ~*d* iem. het oud geword. ~ **band,** ~ **bracket** ouderdomsgroep, -kategorie, leeftydsgroep, -kategorie. ~ **difference,** ~ **gap** ouderdoms-, leeftydsverskil. ~ **discrimination** ouderdomsdiskriminasie, diskriminasie op grond van ouderdom. ~ **group,** ~ **set** ouderdoms-, leeftydsgroep. ~ **limit** ouderdoms-, leeftydsgrens. ~**-long** *adj. (attr.)* eeue lang(e) (geskil ens.). ~**-old** *adj. (attr.)* eeue ou(e) *(tradisie ens.)*.

**a·ged** *n.: the* ~ die bejaardes. **a·ged** *adj. (attr.): an* ~ *person* 'n ou/bejaarde mens. **aged** *adj. (pred.)* oud, bejaard; *(attr. of pred.)* verouderd *(wyn ens.);* ryp, beleë *(kaas);* be ~ *three* drie (jaar oud) wees; *a child* ~ *three* 'n driejarige kind.

**ag(e)·ing** *n.* veroudering(sproses); verwering; ~ verharding. **ag(e)·ing** *adj.* ouerig; verouderend.

**ag(e)·ism** ouderdomsdiskriminasie, diskriminasie teen bejaardes, diskriminasie op grond van ouderdom. **ag(e)ist** ouderdomsdiskriminerend.

**age·less** tyd(e)loos, ewig(durend), blywend, onverganklik; *s.o. seems* ~ dit lyk of iem. nie oud word nie; *an* ~ *truth* 'n ewige waarheid. **age·less·ness** tyd(e)loosheid.

**a·gen·cy** agentskap; *through/by the* ~ *of s.o.* deur bemiddeling/ toedoen *(of* die tussenkoms) van iem.; *through/by the* ~ *of s.t.* met behulp *(of* deur die inwerking) van iets.

**a·gen·da** agenda, ordelys, sakelys; *have a hidden* ~ 'n geheime/verskuilde agenda hê; *a point on the* ~ 'n punt op die agenda; *put s.t. on the* ~ iets in die agenda opneem.

**a·gent** agent; verteenwoordiger; ge(vol)magtigde; werktuig, instrument; middel; *(chem.)* agens; *(not) be a free* ~ (nie) jou eie baas wees (nie).

**a·gent pro·vo·ca·teur** agents provocateurs, *(Fr.)* agent provocateur.

**ag·glom·er·ate** *n.* opeenhoping, versameling. **ag·glom·er-**

**ate** *ww.* opeenhoop; koek. **ag·glom·er·ate** *adj. (attr).* op=
eengehoopte. **ag·glom·er·a·tion** opeenhoping, versameling,
hoop.

**ag·glu·ti·nate** saamkleef, =klewe, verkleef; bind; *(ling.)* agglu=
tineer. **ag·glu·ti·nat·ed** saamgekleef, saamklewend. **ag·glu·ti·
na·tion** saamklewing, binding; *(ling.)* agglutinasie. **ag·glu·ti·
na·tive** saamklewend; ~ *language* agglutinerende taal.

**ag·gran·dise, ag·gran·dise, -dize** vergroot, uitbrei; ver=
hoog, verhef; verheerlik; verryk. **ag·gran·dise·ment, -dize=
ment** vergroting, uitbreiding; verheerliking; verryking; *do s.t.
for personal* ~ iets ter wille van selfverheerliking doen; *seek per=
sonal* ~ op selfverheerliking uit wees.

**ag·gra·vate** vererger, verswaar; *(infml.)* pla, treiter, terg, tart,
irriteer; ~*d assault* swaar aanranding; *be* ~*d by s.t.* jou (hewig)
oor iets vererg. **ag·gra·vat·ing** verswarend, verergerend; er=
gerlik, tergend; ~ *circumstances* verswarende omstandighede.
**ag·gra·vat·ing·ly** ergerlik, tergend. **ag·gra·va·tion** verswaring,
verergering; getreiter, tarting; ergernis, irritasie.

**ag·gre·gate** *n.* versameling; totaal; geheel; massa; *in the* ~
oor die geheel, globaal (geneem). **ag·gre·gate** *adj. (attr.)* ge=
samentlike, totale, globale, saamgestelde, samegestelde, ver=
samelde, kollektiewe. **ag·gre·gate** *ww.* versamel, byeen=
bring, saamvoeg; bedra, beloop, te staan kom op. **ag·gre·ga=
tion** aggregasie, versameling, saamvoeging, samevoeging.

**ag·gres·sion** aggressie; aanval, aanranding.

**ag·gres·sive** aggressief; bakleierig, veglustig, strydlustig, mili=
tant; *(sport)* aanvallend; dinamies, opdringerig *(handelaar, sake=
man).* **ag·gres·sive·ness** aggressiwiteit.

**ag·gres·sor** aanvaller, aggressor.

**ag·grieve** grief, krenk, benadeel, veron(t)reg, onreg aandoen;
bedroef. **ag·grieved** gegrief, gekrenk, benadeel, veron(t)reg;
bedroef; *feel* ~ *at/over/by s.t.* (jou) deur/oor iets veron(t)reg
voel.

**a·ghast** ontsteld, geskok, met afgryse vervul; *be/stand* ~ *at s.t.*
oor iets ontsteld wees/staan.

**ag·ile** rats, lenig, behendig. **a·gil·i·ty** ratsheid, lenigheid, behen=
digheid.

**ag·i·tate** skud, beweeg; (om)roer; opwek; in beroering bring,
verontrus; opstook, kwaad stig/steek/stook; agiteer; ~ *for/
against s.t.* om/vir/teen iets agiteer. **ag·i·tat·ed** gejaag(d), ont=
huts, ontsteld, onrustig; *be* ~ *about s.t.* oor iets ontsteld wees.
**ag·i·ta·tion** skudding, beweging; (om)roering; beroering, ver=
ontrusting; oproerigheid; opstoking, opstokery, kwaadsto=
kery; agitasie; gejaagdheid. **ag·i·ta·tor** ophitser, opstoker, op=
ruier, onrusstoker, onlusstoker, onrussaaier, oproermaker, agi=
tator, opsweper.

**a·glow** *(poët., liter.)* gloeiend; blosend.

**ag·nos·tic** *n.* agnostikus, niegelowige. **ag·nos·tic** *adj.* agnos=
ties, niegelowig. **ag·nos·ti·cism** agnostisisme.

**Ag·nus Dei** *(Lat., Chr.)* Agnus Dei, Lam van God.

**a·go** gelede; *days/etc.* ~ dae/ens. gelede.

**a·gog** *(vero., skerts.)* opgewonde, vol verwagting; *be all* ~ *at s.t.* in
rep en roer oor iets wees; *be* ~ *with curiosity* bars van nuus=
kierigheid; *be all* ~ *with excitement* dol van *(of* die ene) opge=
wondenheid wees.

**ag·o·nise, -nize** kwel; worstel; ~ *about/over s.t.* jou oor iets
(bly) kwel, jou kop oor iets breek. **ag·o·nised, -nized** angs=
vol, beangs, benoud, gekwel. **ag·o·nis·ing, -niz·ing** kwellend.

**ag·o·ny** (ondraaglike) pyn; beklemming, (doods)angs;
worsteling; *death/last* ~ doodstryd; *go through* ~, *suffer ago=
nies* ondraaglike pyn verduur; groot angs uitstaan; *be in* ~ baie
pyn verduur; beangs wees; *put s.o. out of his/her* ~, *(lett.)* iem.
van sy/haar lyding verlos; *(fig.)* iem. nie langer in spanning hou
nie; *prolong the* ~, *(fig.)* iem. onnodig laat ly, iem. onnodige
wroeging veroorsaak; *unspeakable* ~ naamlose/namelose/on=
uitspreeklike lyding. ~ *aunt* troostante, =tannie, raadrubriek=
skryfster. ~ **column** troosrubriek, hartseerhoekie.

**a·grar·i·an** landelik, boere=, grondbesitters=, landbou=, plat=
telands, agraries.

**a·gree** saamstem, dit eens wees, saamgaan; ooreenstem, oor=
eenkom; instem, inwillig; erken, toegee; aanvaar, goedkeur; af=
spreek; te vinde wees (vir); *(twee of meer mense)* met mekaar
klaarkom *(of* oor die weg kom); ~ *about s.t.* oor iets saam=
stem; ~ *to differ/disagree* besluit om dit daarby te laat, vriend=
skaplik met/van mekaar verskil, dit in vrede met mekaar on=
eens wees; ~ *to do s.t.* instem/inwillig om iets te doen; besluit
om iets te doen; *I couldn't* ~ *more* ek stem volmondig saam;
~ *on/upon s.t.* oor iets saamstem, dit oor iets eens wees/word;
oor iets ooreenkom; ~ *to s.t.* in/tot iets toestem/inwillig, met
iets instem/saamgaan *(of* akkoord gaan); ~ *with s.o.* met iem.
saamstem, dit met iem. eens wees; met iem. ooreenkom *(oor
iets); s.t.* ~*s with s.t. else* iets rym/strook met iets anders, iets
kom/stem met iets anders ooreen; *s.t. does not* ~ *with s.o.* iets
akkordeer nie met iem. nie, iem. kan iets nie verdra nie; *the
climate does not* ~ *with s.o.* iem. kan nie hier/daar aard nie.
**a·gree·a·ble** aangenaam, welgevallig; smaaklik; simpatiek; ge=
skik, ooreenkomstig; *be* ~ *to s.t.* tot iets bereid wees; met iets
instem, iets goedvind. **a·greed** ooreengekome; afgesproke;
*agreed!* akkoord!, top!, afgespreek!; *as* ~ *(upon)* volgens af=
spraak; *it is hereby* ~ ... hiermee word ooreengekom ... **a·gree=
ment** ooreenstemming, ooreenkoms, akkoord, afspraak; ver=
drag, kontrak, skikking, vergelyk, verbintenis; *according to* ~
volgens afspraak; *break an* ~ 'n ooreenkoms verbreek; *by* ~
*with* ... met vergunning/toestemming van ...; *come to* (or
*reach* or *arrive at) an* ~ tot 'n ooreenkoms kom/geraak; *en=
ter into an* ~ 'n ooreenkoms aangaan/bereik/tref/sluit, 'n ver=
bintenis aangaan; *(general)* ~ eenstemmigheid, eenparigheid;
*they have an* ~ hulle het 'n ooreenkoms/verstandhouding;
*they are in* ~ hulle is dit (met mekaar) eens; *be in* ~ *with s.o.*
met iem. saamstem, dit met iem. eens wees; *be in* ~ *with what
s.o. is saying* saamstem met wat iem. sê; *s.t. is in* ~ *with s.t. else*
iets is in ooreenstemming met iets anders, iets rym/strook met
iets anders; *s.t. is not in* ~ *with s.t. else, (ook)* iets is strydig met
iets anders; *make/reach/strike an* ~ 'n ooreenkoms aangaan/
bereik/tref/sluit; *they are in perfect* ~ hulle is dit roerend eens.

**ag·ri·busi·ness** grootlandbou.

**ag·ri·cul·ture** landbou (en veeteelt), boerderybedryf; land=
boukunde, akkerbou. **ag·ri·cul·tur·al** landboukundig, land=
bou=; ~ *bank* landboubank; ~ *credit* landboukrediet; ~ *farm*
saaiplaas; ~ *holding* landbouhoewe, =grond; ~ *industry* land=
boubedryf; ~ *interests* landboubelange; ~ *society* landbou=
genootskap. **ag·ri·cul·tur(·al)·ist** landboukundige; landbouer,
(graan)boer.

**ag·ri·prod·uct** landbouproduk.

**ag·ro·for·est·ry** agrobosbou.

**ag·ro·nom·ics** landbou-ekonomie.

**a·gron·o·my** landboukunde, akkerbou, agronomie. **ag·ro·
nom·ic, ag·ro·nom·i·cal** landboukundig, akkerboukundig,
agronomies. **a·gron·o·mist** landboukundige, akkerboukun=
dige, agronoom.

**a·ground** *(sk.)* gestrand; op die grond; *be* ~ vassit, gestrand
wees; *go/run* ~ strand, skipbreuk ly; *be hard* ~ rotsvas sit.

**A·gul·has** *Cape* ~ Kaap Agulhas, Naaldekaap.

**ah** *tw.* a, ag.

**a·ha** *tw.* aha, ag/o so, oho.

**a·head** vooruit, voor, vooraf, voorop, vorentoe, vooraan; ver=
der, vêrder; *be* ~ voorloop; *bridge 2 km* ~ brug 2 km ver=
der/vêrder; *danger* ~ gevaar voor *(of* op die pad); *freeway* ~
snelweg voor; *get* ~ voor kom; *go* ~ voortgaan; vooruitgaan,
vorder, vorentoe kom; *go* ~! gaan jou gang!; *keep* ~ *of* ...
voor ... bly; *be* ~ *of s.o.* voor iem. wees; iem. voor wees; beter
as iem. wees; *straight* ~ reg vorentoe; ~ *of time* vroeg, voor
die gestelde tyd; *be* ~ *of one's time* jou tyd vooruit wees.

**a·his·tor·i·cal, a·his·tor·ic** ahistories.

**aid** *n.* hulp, bystand, ondersteuning, steun, onderstand; hulp=

middel; helper; ***come/go*** *to s.o.'s* ~ iem. (kom/gaan) help, iem. te hulp kom/snel; ***educational*** *~s* leermiddele, =middels; *ad=minister/give **first*** ~ noodhulp/eerstehulp toepas/verleen; ***give*** ~ *to s.o.* (aan) iem. hulp gee/verleen, iem. help; *in* ~ *of* ... ten bate/behoewe van ... *('n saak, fonds, vereniging, ens.); what's (all) this **in** ~ of?, (infml.)* wat is die nut hiervan?; ***lend*** ~ hulp verleen; ***memory/study*** ~ eselsbrug; ***seek*** ~ hulp soek; ***seek*** *s.o.'s* ~ by iem. hulp vra *(of* om hulp aanklop), iem. se hulp in=roep, hulp van iem. verlang, jou toevlug tot iem. neem; ***with*** *the* ~ *of s.o.,* ***with*** *s.o.'s* ~ met die hulp van iem., met iem. se hulp, met steun van iem.; ***with*** *the* ~ *of s.t.* met behulp van iets.
**aid** *ww.* help, bystaan; bystand verleen; bydra tot, bevorder, (onder)steun. ~ **fatigue** skenker=, skenkingsmoegheid, sken=ker(s)uitputting.

**aide** helper, assistent, hulp. ~**-de-camp, aid-de-camp** *aid(e)s-de-camp, (Fr.)* aide de camp, (persoonlike) adjudant. ~**-mé=moire** *aides-mémoire, (Fr.)* aide-mémoire, memorandum, (kort) nota.

**aid·er** helper, ondersteuner; handlanger; *~s and abettors* ge=sante en trawante, medepligtiges.

**AIDS, Aids** *(patol., akr.:* acquired immune deficiency [*or* im=munodeficiency] syndrome*)* vigs, VIGS *(akr.:* verworwe im=muniteitsgebreksindroom*); full-blown* ~ volskaalse/volwaar=dige vigs. ~**-related complex** vigsverwante kompleks. ~ **vic=tim** vigslyer, =slagoffer. ~ **virus** vigsvirus.

**ai·kid·o** *(Jap. gevegskuns)* aikido.

**ai·ko·na, hai·ko·na** *tw., (SA infml.)* (h)aikôna.

**ail** siek wees; *what ~s him/her?* wat skeel/makeer hom/haar?, wat makeer hy/sy?. **ail·ing** sieklik, siekerig, sukkelend, klaend, sukkelrig; *(fig.)* sieklik, kwynend. **ail·ment** siekte, kwaal, aan=doening, ongesteldheid.

**aim** *n.* doel(wit), oogmerk, mikpunt; strewe; ***achieve*** *one's* ~ jou doel bereik; ***defeat*** *one's/its own* ~ die doel verydel; ***keep*** *a steady* ~ korrel hou; ***make*** *it one's* ~ *to* ... jou (dit) ten doel stel om te ...; *~s of the **society*** oogmerke van die genootskap; *s.o.'s* **stated** ~ iem. se uitgesproke/verklaarde doel; ***take*** ~ *at* ... na ... korrel (vat) *(of* mik), op ... aanlê *(met 'n vuurwapen); s.o.'s* ~ *is to* ... iem. se doel is om te ...; *with **unerring*** ~ trefseker. **aim** *ww.* mik, korrel (vat), rig, aanlê; beoog; najaag; *s.t. is ~ed at s.o.* iets is op iem. gemik/gemunt *('n skimp ens.); s.o. ~ at/for s.t.* na/op iets mik, na iets korrel (vat); na iets streef/strewe; op iets aanstuur; ~ **high,** *(fig.)* hoog mik, ambisieus wees, hoë aspi=rasies hê; ~ *to do s.t.* beoog om iets te doen, van plan wees *(of* jou voorneem) om iets te doen; ~ *to please* probeer tevrede stel *(of* voldoening gee). **aim·less** doelloos.

**ain't** *(infml., sametr.)* = AM/IS/ARE NOT; HAS/HAVE NOT.

**aï·o·li** *(kookk.)* knoffelmayonnaise.

**air** *n.* lug; windjie; houding, gedrag; wysie, deuntjie, melodie; aria; lied; ***assume*** *an* ~ *of* ... jou ... hou *(onskuldig ens.); have too many **balls** in the* ~, *(fig.)* te veel ysters in die vuur *(of* hooi op jou vurk *of* borde aan die draai) hê; *be (like) a **breath** of fresh* ~, *(fig.)* (soos) 'n vars briesie wees; *get a **breath*** *of* ~ 'n luggie skep; ***by*** ~, *(reis)* per vliegtuig; *(brief)* per lugpos; ***clear*** *the* ~, *(lett.)* die lug suiwer; *(fig.)* helderheid bring; 'n misverstand uit die weg ruim; ***give*** *o.s. (or* put on) *~s* aanstel, aanstellerig *(of* vol aanstellings/airs/houdings/verbeeldings) wees, jou (nogal) wat verbeel, jou vernaam hou; ***go*** *on the* ~, *(rad., TV)* uitsaai; *~s and **graces*** aanstellings; ***have*** *an* ~ *of* ... 'n air van ... hê, na ... lyk, die voorkoms van ... hê; ***hot*** ~, *(lett.)* warm lug; *(fig., infml.)* grootpratery; *in the* ~ in die lug; *there are rumours in the* ~, *(infml.)* gerugte doen die ronde; *there's s.t. in the* ~ daar's iets aan die broei/kom, daar broei iets; ***live*** *on* ~, *(infml.)* van die wind leef/lewe; ***off*** *the* ~, *(rad., TV)* nie aan die uitsaai nie, stil; *be **on** the* ~, *(rad., TV)* aan die uitsaai wees; uitge=saai word; *hear s.t. **on** the* ~ iets oor die radio hoor; ***take*** *the* ~ (vars) lug skep, 'n luggie skep; *disappear/melt/vanish into thin* ~, *(infml.)* in die niet verdwyn, totaal verdwyn; ***tread/walk*** *on* ~, *be **up** in the* ~, *(infml.)* in die wolke *(of* baie bly *of* opge=

toë) wees; *it is still **up** in the* ~, *(infml.)* dit hang nog in die lug, dit is nog onseker *(planne ens.); s.o. went **up** in the* ~ *when* ... iem. het ontplof *(of* in woede uitgebars) toe ... **air** *ww.* lug; droogmaak; belug; lug gee aan; uitlug, uitdamp; ~ *grievances/views* griewe/opinies lug; ~ *one's knowledge* jou kennis lug, met jou kennis te koop loop; ~ *o.s.* lug skep. ~ **bag** lugkussing. ~ **balloon** lugballon. ~ **base** lug(mag)basis, lugmagsteunpunt; vliegveld. ~ **bed** lugbed; lugmatras. ~ **bladder** lug=, swem=blaas. ~**borne** in die lug; deur die lug vervoer/versprei; aan boord van 'n vliegtuig; ~ *troops* lugtransporttroepe. ~ **brake** lugrem. ~**brick** ventilasiesteen, gaatsteen. ~ **bridge** lugbrug. ~**brush** spuitkwas, verf=, tekenspuit. ~**bus** lugbus. ~**-condi=tioned** lugversorg(d), met lugversorging. ~ **conditioner** lug=versorger. ~ **conditioning** lugversorging. ~**-cooled** lugver=koel(d), =gekoel(d), met lugkoeling. ~ **cooling** lug(ver)koe=ling. ~ **corridor** lugkorridor. ~ **crash** vlieg(tuig)=, lugonge=luk. ~**crew** vlieg(tuig)personeel, lugbemanning. ~ **cushion** lugkussing. ~**drop** *n., (mil.)* valskermaflewering. ~**drop** *ww.* met valskerms afgooi. ~**field** vliegveld. ~ **fighter** jagvliegtuig, jagter. ~**flow** lugstroming. ~**foil** →AEROFOIL. ~ **force** lugmag. ~**frame** vliegraam. ~ **freight** lugvrag; lugvraggeld. ~ **fresh=ener** lugverfrisser. ~**glow** luggloed. ~ **gun** windbuks; lug=spuit. ~**head** *(mil.)* lughoof, =eiland; *(sl.)* dom=, klip=, pam=poen=, skaapkop. ~ **hole** luggat; keldergat; wak *(in ys); (lugv.)* = AIR POCKET. ~ **hostess** lugwaardin. ~ **hunger** asemnood. ~ **lane** lugkorridor, lugweg. ~ **letter** lug(pos)brief. ~**lift** *n.* lug=brug; lugvervoer; *(mynb.)* lugligter. ~**lift** *ww.* per lugbrug ver=voer; deur die lug vervoer. ~**line** lugredery, lugdiens; lug=(vaart)lyn; *(elek.)* lugleiding. ~**liner** passasiers=, verkeers=, lyn=vliegtuig. ~**lock** lugprop, =verstopping, =versperring. ~**mail** lugpos; *by* ~ per lugpos. ~**mail letter** lug(pos)brief. ~**man** lugman, lid van die lugmag; vlieënier, lugvaarder. ~**manship** vliegkuns, =vaardigheid. ~ **mapping** lugkartering. ~ **mattress** lugmatras. ~ **mechanic** lugwerktuigkundige, lugmeganikus, vliegtuigmonteur. ~ **miss** amperse lugbotsing. ~ **pillow** lug=kussing. ~ **pilot** vlieënier. ~ **pipe** lugpyp. ~ **pipeline** lugpyplei=ding. ~ **piracy** lugkapery, =rowery. ~**plane** *(Am.)* →AERO=PLANE. ~ **plant** *(bot.)* lugplant, epifiet; kanniedood. ~**play** lug=tyd (oor die radio), blootstelling oor die radio. ~ **pocket** *(lugv.)* lugholte, =knik, =sak; *(teg.)* lugblaas *(in 'n pyp ens.); (bouk.)* lug=holte. ~**port** lug=, vlieghawe. ~ **power** lugslaankrag; lugvuis. ~ **pump** lugpomp. ~ **raid** lugaanval. ~**-raid shelter** bom=skuiling. ~**ready** vliegvaardig. ~ **review** vliegskou, =vertoning. ~ **rifle** windbuks. ~ **sac** lugsak(kie). ~**screw** (lug)skroef *(v. vliegtuig).* ~**-sea rescue** lug-see-redding, seereddingsope=rasie/=aksie (van)uit die lug. ~**ship** lugskip, zeppelin. ~ **shot** *(gholf)* windhou. ~**show** vliegskou. ~**sick** lugsiek. ~**sickness** lugsiekte. ~ **sock** windkous, =sak. ~**space** lugruimte. ~**speed** lugsnelheid. ~ **stewardess** lugwaardin. ~**stream** lugstroom. ~**strip** landingstrook. ~ **taxi** lugtaxi, huurvliegtuig. ~ **termi=nal** lugeindpunt. ~ **ticket** vliegkaartjie, lugreiskaartjie. ~**tight** lugdig. ~**time** *(rad., TV)* uitsaai=, sendtyd. ~**-to-** *adj. (attr.)* lug-tot-lug-; ~ *missile* lug-tot-lug-missiel; ~ *refuelling* brand=stofaanvulling in volle vlug. ~**-to-ground, ~-to-surface** *adj. (attr.)* lug-tot-grond-, lug-tot-oppervlak-. ~ **traffic** lugverkeer. ~**-traffic control** lugverkeer(s)leiding, lugverkeer(s)beheer. ~ **training** vliegopleiding. ~ **transport** lugvervoer, =trans=port; lugvervoermiddel(s). ~ **traveller** lugreisiger. ~ **truck** vragvliegtuig. ~ **tuck** pofopnaaisel. ~**waves** *(infml.)* eter. ~**way** lugroete, =weg, vliegroete; *(dikw. mv.)* lugdiens; *(teg.)* lugka=naal, =skag, =baan, =gang, =koker; *(med.)* luggang, =weg. ~**wor=thiness** lugwaardigheid. ~**worthy** lugwaardig, vliegveilig.

**air·craft** lugvaartuig, =tuie, vliegtuig, =tuie. ~ **accident** vlieg=(tuig)ongeluk. ~ **carrier** vliegdekskip. ~ **controls** *(lugv.)* stuur=middele, =middels, roere. ~ **engineering** vliegtuigboukunde, lugvaarttegniek. ~**man** lugwerktuigkundige, lugmeganikus. ~ **park** vliegpark. ~ **pilot** vlieënier.

**Aire·dale:** ~ **(terrier)** airedale(terriër).

**air·i·ly** lugtig; lig=, lughartig. **air·i·ness** lugtigheid; lig=, lughar=tigheid.

**air·ing** lug, verlugting *(v. klere, kamer, ens.); ri*t(jie); wandeling; uiting, bekendmaking; (openlike) bespreking; uitsending; *give s.t. an ~, (lett. & fig.)* (aan) iets lug gee; iets openlik bespreek; *take an ~* (vars) lug (*of* 'n luggie) skep.

**air·less** sonder lug; bedompig; windstil.

**air·y** lugtig *(vertrek);* winderig *(kus);* lig-, lughartig, oppervlak= kig, ongeërg, nonchalant; vaag *(belofte);* grasieus *(dans);* vlug= tig; yl; nietig, onbeduidend; (hoog) in die lug; hoog liggend, hoogliggend. **~-fairy** lig-, lughartig, oppervlakkig, noncha= lant; ondeurdag *(plan);* vaag, wollerig; *~ notions* visioene, droombeelde; *~ stories* wolhaarstories, kletspraatjies.

**aisle** gang, paadjie *(tuss. banke/stoele);* sygang; syskip, (sy)beuk *(v. kerk); they were rolling in the ~s* hulle het gebrul/gerol van die lag.

**aitch** (letter) h; *drop one's ~es* die *h* weglaat (*of* nie uitspreek nie), onbeskaaf(d) praat. **~bone** stertstuk, stuit(jie)stuk; ys= been, heupbeenstuk.

**a·jar** *adv.* op 'n skreef/skrefie/kier, halfoop; *leave a door ~* 'n deur op 'n skrefie laat staan (*of* ooplaat).

**AK47 ([as·sault] ri·fle)** AK47(-[aanvals]geweer).

**A·ke·la** *(infml.)* Akela, padvinderleier.

**a·kim·bo:** *stand with arms ~* hand (*of* met die hande) in die sy staan, kieliebak (*of* met die kieliebakke) in die wind staan.

**a·kin** verwant; *be ~ to s.o.* aan/met iem. verwant wees; *be ~ to s.t.* soortgelyk aan iets wees.

**a·ki·ta** *(honderas)* akita.

**Ak·kad** *(geog., hist.)* Akkad. **Ak·ka·di·an** *n.* Akkader, Akkadiër; *(taal)* Akkadies. **Ak·ka·di·an** *adj.* Akkadies.

**a·la** *-lae, (biol.)* vleuel. **a·lar** *adj.* vlerk-, vleuel-.

**à la** *prep., (Fr.)* à la, na, volgens; *~ ~ carte* à la carte; *an ~ ~ carte dinner* 'n à la carte-maaltyd; *~ ~ florentine* met spina= sie; *life ~ ~ Hollywood* die lewe soos in Hollywood; *chicken ~ ~ king* hoender à la koning, hoender in 'n sampioenroom= sous; *~ ~ mode* (hoog) in die mode, modieus; *(kookk.)* in wyn gesmoor; *(Am. kookk.)* met roomys; *~ ~ Rembrandt* in die styl van Rembrandt; *~ ~ russe* op die Russiese manier; in die Russiese styl.

**al·a·bas·ter, al·a·bas·ter** *n.* albas(ter). **al·a·bas·ter, al·a·bas·ter** *adj.* van albas(ter), albaster-; *~ sculpture* albaste beeld= houwerk, albasterbeeldhouwerk.

**a·lac·ri·ty** lewendigheid; graagte, gretigheid, bereidwilligheid.

**A·lad·din** *(karakter i.d. Duisend-en-Een Nagte)* Aladdin; *~'s cave, (fig.)* skatkamer; *~'s lamp, (fig.)* toor-, towermiddel; ge= lukbringer(tjie).

**a·lar** *adj.* →ALA.

**a·larm** *n.* alarm; waarskuwing(sein); wekker; onrus, onthut= sing, verontrusting; ontsteltenis, skrik; vervaardheid; *take ~ at s.t.* deur iets verontrus word; *beat/give/raise/sound the ~* alarm maak; *a false ~* 'n vals alarm; *there goes the ~ (clock)* daar lui/gaan die wekker. **a·larm** *ww.* skrikmaak, verskrik, verontrus, ontstel, ongerus maak; waarsku; *be ~ed at s.t.* deur iets verontrus word, oor iets verontrus wees. *~* **bell** alarm= klok. *~* **call**, *~* **note** alarmroep *(v. voël)*. *~* **(clock)** wekker. *~* **signal** alarmsein. *~* **watch** wekkerhorlosie.

**a·larm·ing** verontrustend, onrusbarend; angswekkend, skrik= barend; alarmerend.

**a·larm·ist** *n.* alarmis, onrusstoker, onrussaaier, alarmblaser, skrikaanjaer. **a·larm·ist** *adj.* skrikaanjaend.

**a·las** *tw., (poët., liter., skerts.)* helaas; o wee.

**A·las·ka** *(geog.)* Alaska; *baked ~, (kookk.)* gebakte Alaska. **A· las·kan** *n.* inwoner van Alaska. **A·las·kan** *adj., (gebruike, win= ter, ens.)* in Alaska; *(vis, produkte, ens.)* van Alaska, Alaska-.

**a·late, a·lat·ed** *(bot., entom.)* gevlerk, gevleuel(d).

**al·ba·core** *(igt.)* albakoor, halfkoord.

**Al·ba·ni·a** *(geog.)* Albanië. **Al·ba·ni·an** *n. & adj.* Albanees.

**Al·ba·ny** *(geog.), (Eng.,VSA)* Albany; *(SA hist.)* Albanie.

**al·ba·tross** *(orn.)* albatros, stormvoël; *(fig.)* swaar las, meul= steen; *(gholf)* albatros; *have an ~ (a)round one's neck* die skuld met jou saamdra.

**al·be·it** (al)hoewel, ofskoon.

**al·bi·no** *-nos* albino. **al·bi·nism** albinisme.

**al·bum** album; gedenkboek.

**al·bu·men** *(soöl.)* albumen, eiwit, wit van 'n eier; *(bot.)* kiem= wit; →ALBUMIN, ENDOSPERM.

**al·bu·min, al·bu·men** *(biochem.)* albumien, eiwit(stof). **al· bu·mi·noid** *n.* albuminoïed. **al·bu·mi·noid** *adj.* albuminoïed, eiwitagtig. **al·bu·mi·nous** albumineus, eiwitagtig; albumineus, eiwithoudend. **al·bu·mi·nu·ri·a** *(patol.)* albuminurie.

**al·che·my** alchemie. **al·chem·ic, al·chem·i·cal, al·chem·is· tic** alchemisties. **al·che·mist** alchemis.

**al·co·hol** alkohol; sterk drank. *~* **abuse** drankmisbruik. **~-free** alkoholvry, niealkoholies.

**al·co·hol·ic** *n.* alkoholis, dranksugtige. **al·co·hol·ic** *adj.* alkoholies; alkoholhoudend; *~ beverage/drink* sterk drank; *~ content/strength* alkoholinhoud, -gehalte; *~ poisoning* alkohol= vergiftiging. **A~s Anonymous** Alkoholiste Anoniem.

**al·co·hol·ism** alkoholisme, dranksug.

**al·co·tes·ter** alkoholtoetser.

**al·cove** alkoof.

**al·de·hyde** *(chem.)* aldehied.

**al den·te** *adj. (pred.), (It. kookk.)* al dente, gaar maar nog ferm, nie pap (*of* te sag) gekook nie.

**al·der** els(boom); elshout; *red ~* rooi-els; *white ~* witels.

**al·der·man** *-men* raadsheer.

**Al·dis lamp** *(draagbare morseseinlamp)* aldislamp.

**ale** *(Br.)* bier.

**a·lert** *n.* waarskuwing, alarmsein; *be on the ~* op jou hoede wees, 'n oog in die seil hou, op jou telle pas; *be on the ~ for ...* vir/teen ... op jou hoede wees. **a·lert** *adj.* waaksaam, wakker, gereed, op jou hoede; op en wakker; *be ~ to s.t.* vir/teen iets op jou hoede wees, op iets bedag wees. **a·lert** *ww.* waarsku; iem. sê om op sy/haar hoede te wees; op gereedheidsgrondslag plaas *(troepe); ~ s.o. to s.t.* iem. teen iets waarsku, iem. vir/teen iets op sy/haar hoede stel; iem. op iets wys (*of* attent maak), iem. se aandag op iets vestig. **a·lert·ness** waaksaamheid, wak= kerheid.

**Al·ex·an·der** Alexander; *~ the Great, (356-323 v.C.)* Alexan= der die Grote. *~* **Archipelago** *(geog.)* Alexanderargipel, -ei= landgroep. *~* **technique** alexandertegniek.

**Al·ex·an·dri·a** *(Egipte)* Aleksandrië, Alexandrië; *(SA)* Alexan= dria. **Al·ex·an·dri·an** Aleksandryns, Alexandryns, van Alek= sandrië/Alexandrië. **Al·ex·an·drine** *n., (inwoner)* Aleksandryn, Alexandryn. **Al·ex·an·drine** *adj.* Aleksandryns, Alexandryns, van Aleksandrië/Alexandrië.

**al·ex·an·drine** *n., (pros.)* aleksandryn. **al·ex·an·drine** *adj.* aleksandryns.

**a·lex·i·a** *(psig.)* aleksie, woord-, leesblindheid.

**al·fal·fa** *(bot.)* alfalfa, lusern.

**Al Fa·tah** *(Palestynse pol. en mil. organisasie)* Al Fatah.

**al·fres·co** *(It.)* in die buitelug; buitelug-, opelug-.

**al·ga** *-gae* wier, alg; *marine algae* seewiere. **al·gal** alge-.

**al·ge·bra** algebra. **al·ge·bra·ic, al·ge·bra·i·cal** algebraïes. **al· ge·bra·i·cal·ly** algebraïes. **al·ge·bra·ist** algebraïs.

**Al·ge·ri·a** *(geog.)* Algerië. **Al·ge·ri·an, Al·ge·rine** *n.* Algeryn. **Al· ge·ri·an, Al·ge·rine** *adj.* Algeryns. **Al·giers** *(hoofstad)* Algiers.

**al·gin·ic** *adj., (chem.)* algien-; *~ acid* algiensuur.

**Al·gol[1]** *(astron.)* Algol, Duiwelster.

**Al·gol[2]** *(rek., akr.)* algorithmic oriented language) Algol *(akr.:* algoritmies georiënteerde taal).

**al·gol·o·gy** *(bot.)* algologie, wierkunde. **al·go·log·i·cal** algolo= gies. **al·gol·o·gist** algoloog, wierkundige.

**al·go·rithm** *(rek., wisk.)* algoritme; Arabiese/tientallige stelsel;

*cipher in an* ~ nul. **al·go·rith·mic** algoritmies; ~ *language* rekentaal.

**a·li·as** *n.* alias, vals naam; *have/use an* ~ 'n alias hê/gebruik; *travel under an* ~ onder 'n vals naam reis. **a·li·as** *adv.* alias, anders genoem, oftewel, ofte wel.

**al·i·bi** alibi; *(infml.)* uitvlug, ekskuus; *have an* ~ *for* ... 'n alibi vir ... hê.

**Al·ice band** haarband.

**al·i·dad(e)** *(astron., landm.)* visierliniaal, diopterliniaal, al(h)i= dade.

**al·ien** *n.* vreemde(ling), uitlander, buitelander; boaardse wese, ruimtewese. **al·ien** *adj.* vreemd, uitlands, uitlandig; boaards; uitheems *(plantegroei)*; *s.t. is* ~ *to s.o.'s way of life* iets is vreemd aan iem. se lewenswyse. **al·ien·a·ble** vervreem(d)baar. **al·ien= age** vreemdelingskap. **al·ien·ate** vervreem; *(jur.)* aliëneer, 'n saaklike reg oordra; afkonkel, afrokkel; ~ *s.o. from* ... iem. van ... vervreem; ~ *people* mense van jou afstoot. **al·ien·a·tion** vervreemding; *(jur.)* aliënasie; afkonkeling, afrokkeling.

**al·i·form** vlerkvormig.

**a·light¹** *ww., (fml.)* afklim, uitklim, uitstap, afspring; gaan sit, land, neerstryk; ~ *from* ... van ... afklim *('n perd, bus, ens.)*; uit ... uitklim *('n motor)*; ~ *on/upon, (voël)* op ... gaan sit; *(vliegtuig)* op ... neerstryk/land; *(fig.)* op ... afkom, ... raakloop/teëkom/ teenkom; *(blik, oog)* op ... val; ~*ing point* afklimplek.

**a·light²** *adj.* aan die brand; opgesteek; verlig; *catch* ~ aan die brand raak/slaan; *set s.t.* ~ iets aan die brand steek; *s.o.'s eyes are* ~ *with* ... iem. se oë straal van ... *(vreugde ens.)*.

**a·lign** rig, op/in een lyn bring/stel, in lyn bring/stel; in ooreen= stemming bring; in gelid/rye staan; spoor *(wiele)*; rig, aligneer *(drukletters)*; ~ *o.s. with s.o.* jou met iem. vereenselwig, 'n bond= genoot van iem word. **a·lign·ment** rigting, riglyn; rigting(s= lyn); gerigtheid; (in)stelling, opstelling; groepering, verbond; *in* ~ gestel, gerig; gespoor *(wiele)*; *out of* ~ ongelyk gestel/ge= rig, skeef; uit sporing, verkeerd gespoor *(wiele)*; ontwrig *(wheel)* ~ wielsporing.

**a·like** *adj.* eenders, eners, gelyk(soortig); *be* ~ na/op mekaar lyk; eenders/eners wees. **a·like** *adv.* eenders, eners, gelyk, op die= selfde manier; ewe goed, ewe seer, eweseer. **a·like·ness** een= dersheid, enersheid.

**al·i·men·ta·ry** voedend, voedsaam, voedings=, alimentêr; ~ *canal* spys(verterings)kanaal, voedings=, maagdermkanaal.

**al·i·mo·ny** *(jur.)* onderhoud, alimentasie.

**al·i·phat·ic** *(chem.)* alifaties.

**a·lit·er·ate** *n.* trae/onwillige leser. **a·lit·er·ate** *adj.* leestraag.

**a·live** lewend, lewendig; *come* ~ lewendig word; *the greatest scoundrel* ~ die grootste skurk wat rondloop; *the greatest com= poser* ~ die grootste lewende komponis; *keep interest* ~ die be= langstelling gaande hou; *keep/stay* ~ aan die lewe bly, bly leef/lewe; *be* ~ *and kicking, (infml.)* springlewendig wees; *no man* ~ geen sterfling *(of lewende siel)* nie; *be* ~ *to* ... bewus van ... wees; gevoelig/vatbaar vir ... wees; *be very much* ~ springlewendig wees; *be* ~ *and well* fris en gesond wees; *be* ~ *with* ... van ... wemel *(insekte ens.)*, krioel van ... *(mense ens.)*.

**al·ka·li** =*li(e)s* alkali; loog(sout). **al·ka·li·fy** alkalies word; alka= liseer, alkalies maak. **al·ka·line** alkalies, alkali=; ~ *earth* aardal= kali; ~ *rock(s)* alkaliese gesteente. **al·ka·lin·i·ty** alkaliniteit.

**al·ka·loid** *n.* alkaloïed. **al·ka·loid·al** *adj.* alkaloïed.

**all** *pron.* almal; alles; al; *what's it* ~ *about?* waaroor gaan dit nou eintlik?; *above* ~ bo alles; veral, bowe(n)al, in die eerste plek/ plaas; *after* ~ op die ou end, ten slotte, op stuk van sake, per slot van rekening, alles in aanmerking/ag geneem/genome, agterna beskou; *s.o. did (not) come/etc. after* ~ iem. het toe (nie) gekom/ens. (nie); ... *and* ~, *(infml.)* met ... en al; ~ *of them are* ... hulle is almal ...; *at* ~ hoegenaamd, ook maar enigsins; ooit; in die geheel; *if at* ~ indien wel; indien ooit; *the best of* ~ die allerbeste; *the biggest of* ~ die allergrootste; *give one's for* ... alles ter wille van ... opoffer; *for good and* ~ eens en vir altyd; ~ *in* ~ alles tesaam/tesame, alles in aanmerking/ag ge=

neem/genome, in/oor die algemeen; *in* ~ altesaam, altesame; *take it* ~ neem (dit) alles; *my* ~ my alles; *not at* ~ glad/hoe= genaamd/heeltemal/volstrek nie; geensins; nie in die minste nie; *not at* ~! nie te danke nie!; *the joke is not at* ~ *funny* die grap is niks snaaks nie; ~ *of it* (dit) alles; ~ *of them/us/you* hulle/ons/ julle/u almal; *s.o.'s* ~ alles wat iem. besit; ~ *and sundry* die laaste een, elkeen en almal; almal voor die voet; *that is* (or *will be)* ~ dit is *(of* dis) al; *that's* ~ *there is to it* dis al wat gebeur het; dis die hele geskiedenis; en daarmee basta; ~ *told* altesaam, altesame, in totaal; *it was* ~ *s.o. could do to* ... iem. kon skaars ...; ~ *very well* alles goed en wel. **all** *adj.* alle, al die; heel, die hele; *in* ~ *cases* in alle gevalle; ~ *day* heeldag, die hele dag; *for* ~ *s.o.'s efforts* ... ondanks/nieteenstaande *(of* ten spyte van) al iem. se moeite ...; *for* ~ *that* nogtans, desnieteenstaande, nietemin, darem; *on* ~ *hands/sides* allersyds, van/aan alle kante; ~ *kinds/ sorts of* ..., ~ *manner of* ... alle soorte ..., allerhande (soorte) ..., allerlei ..., ~ van alle soorte; ~ *night* heelnag, die hele nag; *today of* ~ *days* (nou) juis vandag; *he/she of* ~ *people* en dit nogal hy/sy, dat dit hy/sy moes/moet wees, (nou) juis hy/sy; ... *of* ~ *places* nou juis ..., en dit nogal ...; ... *of* ~ *things* (so) wraggies/wragtie *(of* jou waarlik *of* sowaar/warempel) ...; ~ *the others* al die ander; ~ *people/etc.* alle mense/ens.; ~ *the peo= ple/etc.* al die mense/ens.; ~ *stations from* ... *to* ... elke stasie van ... tot ...; *not as bad as* ~ *that* nie heeltemal so erg nie; *is it as much as* ~ *that?* is dit regtig/werklik so baie?; *not* ~ *that much* nie so danig veel nie; ~ *that/this* dit alles; *be* ~ *things to* ~ *men* vir almal alles wees; ~ *three (the children)* al drie (kinders); ~ *three of them* hulle al drie; ~ *the world* die hele wêreld; ~ *(the) year (round)* heeljaar, die hele jaar (deur). **all** *adv.* heeltemal, geheel en al, totaal; ~ *but* ... byna/bykans/na= genoeg ..., (so) amper ...; *be* ~ *muddy* die ene modder wees; ~ *right* goed (so), nou maar goed, in die haak; toe maar!; gaan jou/jul gang!; redelik goed, *(infml.)* orra(a)it; *be* ~ *right* in orde wees, in die haak wees; niks makeer nie; gangbaar wees; *it is* ~ *right* dis in orde *(of* in die haak *of* agtermekaar); *s.o. will come* ~ *right* iem. sal kom so seker as wat; iem. sal wel kom; *are you* ~ *right?* is jy geholpe?; *are you (feeling)* ~ *right?* voel jy goed?; *the score is 2* ~ die telling is 2-2 *(of* twee elk); ~ *too soon* veels te gou, (maar) alte gou; ~ *the better/etc.* des/soveel te beter/ens.. ~**·absorbing** allesoorheersend, allesbeheersend. ~**·American** *adj.* (eksklusief) Amerikaans, deur en deur Ame= rikaans; tipies Amerikaans; ~ *team* beste span in die VSA. **A~ Blacks** All Blacks. ~**·bran** *adj. (attr.)* skoonsemel=. ~ **clear** vei= ligheidsein. ~ **comers** almal, enigeen. ~**·day** *adj. (attr.)* heel= da(a)gse; *it was an* ~ *meeting* die vergadering het die hele dag geduur; ~ *service* heeldagdiens, heelda(a)gse diens. ~**·elec= tric:** *an* ~ *house* 'n huis waarin alles elektries is. ~**·embracing** al(les)omvattend. ~**·important** van die (aller)grootste belang, allerbelangriks. ~**·in** *adj. (attr.)* al(les)omvattende, allesinslui= tende; ~ *policy* algemene polis; ~ *wrestling* rofstoei. ~**·inclu= sive** al(les)omvattend. ~**·in-one** *n.* eenstuk. ~**·knowing** alwe= tend. ~**·merciful** albarmhartig, algenadig *(God)*. ~**·metal** *adj. (attr.)* metaalbou=; ~ *aircraft* metaalbouvliegtuig. ~**·night** *adj. (attr.)* deurnag=; *there is an* ~ *bus service* die busse loop die hele nag deur; *an* ~ *café* 'n kafee wat heelnag *(of* die hele nag) oop is; *it was an* ~ *journey* ons/ens. het deur die nag gery. ~**·out** *adj. (attr.), (infml.)* volledige; hewige *(aanval)*; heelhartige *(on= dersteuning)*; uiterste *(poging)*; algehele, volskaalse *(staking)*. ~ **out** *adv.* met alle mag; *go* ~ ~ *for* (or *to do) s.t.* (alles) uithaal om iets te doen. ~**·over** *adj. (attr.)* allesbedekkende; algehele; *have an* ~ *tan* van kop tot tone bruin gebrand wees. ~**·party** *adj. (attr.)* algemene; ~ *conference* veelpartyberaad. ~**·perva= sive** aldeurdringend. ~**·powerful** almagtig. ~**·purpose** *adj. (attr.)* veelsydige, alsydige; meerdoelige. ~**·round** *adj. (attr.)* veelsydige, alsydige; *an* ~ *improvement* 'n verbetering in alle opsigte. ~**·rounder** *(sport)* veelsydige/alsydige speler. **A~ Saints' Day, A~ hallows** *(1 Nov.)* Allerheilige(dag). ~**·seeing** alsiende. **A~ Souls' Day** *(2 Nov.)* Allersiele(dag). ~**·spice, Ja= maica pepper, pimento** wonderpeper, jamaikapeper, piment, naelbol. ~**·star** *adj. (attr.):* ~ *cast* sterbesetting. ~**·steel** *adj.*

*(attr.):* ~ *body* (heel)staalbak. ~-**sufficient,** ~-**sufficing** alge= noegsaam. ~-**terrain bike** →MOUNTAIN BIKE. ~-**terrain vehi**= **cle** veldvoertuig. ~-**time** *adj. (attr.)* van alle tye *(pred.); be an* ~ *favourite* 'n tydlose treffer wees; ~ *high/low* absolute hoogte= punt/laagtepunt; ~ *record* onoortroffe rekord. ~-**weather** *adj. (attr.)* reën=, weervaste *(jas ens.).* ~-**wool** *adj. (attr.)* van suiwer wol *(pred.).*

**Al·lah** Allah.

**al·lan·to·is, al·lan·to·is** =*toïdes, (soöl.)* allantoïs. **al·lan·to·ic** allantoïese.

**al·lay** verminder; besweer *(vrees);* uit die weg ruim *(agterdog, twyfel);* verlig *(lyding);* versag *(leed);* matig, lenig *(smart);* stil *(honger);* les *(dors).*

**al·lege** beweer, aanvoer; weet te sê; aantyg; aanhaal *(voor= beeld).* **al·le·ga·tion** bewering; aantyging; (aan)klag(te); *an* ~ *about ...* 'n aantyging/bewering oor ...; *an* ~ *against ...* 'n aan= tyging/bewering teen ...; *make an* ~ 'n aantyging/bewering maak. **al·leged** sogenaamde, voorgegewe, vermeende *(dief ens.),* beweerde *(oorsaak ens.); he/she is* ~ *to have ...* na bewering het hy/sy ...; daar word beweer dat hy/sy ...; *he/she was* ~ *to have killed s.o.* daar is beweer dat hy/sy iem. doodgemaak het. **al**= **leg·ed·ly** volgens, na bewering, glo.

**al·le·giance** trou, getrouheid; *have no* ~ *to a party* geen party= verband hê nie; *owe* ~ *to ...* aan ... trou verskuldig wees; *swear* ~ *to ...* aan ... trou sweer.

**al·le·go·ry** =*ries* allegorie, sinnebeeldige voorstelling. **al·le·gor**= **i·cal, al·le·gor·ic** allegories, sinnebeeldig. **al·le·gor·i·cal·ly** al= legories, sinnebeeldig, op sinnebeeldige wyse. **al·le·go·rise,** =**rize** sinnebeeldig/allegories voorstel.

**al·le·gret·to** =*tos, n., (It., mus.)* allegretto(-deel/passasie). **al**= **le·gret·to** *adj. & adv., (mus.)* allegretto, taamlik vinnig en lewendig.

**al·le·gro** =*gros, n., (It., mus.)* allegro(-deel/passasie). **al·le·gro** *adj. & adv.* allegro, vinnig en lewendig.

**al·le·lu·ia** *n.* halleluja, loflied, lofsang. **al·le·lu·ia** *tw.* halleluja, loof die Heer/Here.

**al·ler·gy** =*gies, (med.)* allergie; *(fig.)* antipatie; *have an* ~ *to ...* 'n allergie vir ... hê. **al·ler·gen** allergeen, allergiewekker. **al·ler**= **gen·ic** allergeen. **al·ler·gic** allergies; *be* ~ *to ...* vir ... allergies wees. **al·ler·gist** allergis.

**al·le·vi·ate** verlig, versag, lenig; verminder. **al·le·vi·a·tion** ver= ligting, versagting, leniging; vermindering. **al·le·vi·a·tive, al·le**= **vi·a·to·ry** verligtend, versagtend, lenigend. **al·le·vi·a·tor** *(persoon)* versagter, leniger; pynstiller, versagtingsmiddel.

**al·ley**[1] steeg, stegie, gang(etjie), agterstraatjie, laan, deurloop, loopgang; *(Am., tennis)* gangetjie; wandellaan; *s.t. is (right) up s.o.'s* ~, *(infml.)* iets is (so reg) in iem. se kraal.

**al·ley**[2] *(groot albaster)* ghoen.

**al·li·ance, al·lied, al·lied** →ALLY.

**al·li·ga·tor** *(soöl.)* alligator, Amerikaanse krokodil; *(werktuig)* rotsbreker. ~ *clip (teg.)* kaaimans=, krokodilklem. ~ **(leather)** alligator=, krokodilleer.

**al·lit·er·ate** allitereer. **al·lit·er·a·tion** alliterasie, stafrym. **al·lit**= **er·a·tive** allittererend.

**al·lo·cate** toewys, toeken, aanwys, bestem; verdeel *(take ens.);* afsonder *(plek ens.);* ~ *s.t. to ...* iets aan ... toewys *(iem.);* iets vir ... toewys *('n saak ens.);* ~ *s.t. to/for ...* iets *(geld ens.)* vir ... be= stem; iets *('n gebied ens.)* vir ... aanwys. **al·lo·ca·tion** toewysing, toekenning, aanwysing; verdeling; afsondering; *make an* ~ *to ...* iets aan ... toewys *(iem.);* iets vir ... toewys *('n saak ens.).*

**al·loch·tho·nous** *(geol.)* allochtoon, allogtoon.

**al·lo·cu·tion** toespraak, redevoering.

**al·log·a·my** *(bot.)* allogamie, kruisbestuiwing, kruisbevrugting. **al·log·a·mous** allogaam, kruisbestuiwend, kruisbevrugtend.

**al·lo·path, al·lop·a·thist** *(med.)* allopaat. **al·lo·path·ic** allo= paties. **al·lop·a·thy** allopatie.

**al·lot** =*tt=* toewys, toeken, aanwys, toemeet, toedeel, toebedeel,

toebeskik; ~ *s.t. to ...* iets aan ... toeken/toewys. **al·lot·ment** toe= wysing, toekenning, aanwysing, toedeling; (lewens)lot; aan= deel; *(Br.)* perseel, erf, lappie grond. **al·lot·tee** begunstigde.

**al·lo·trope** *(chem.)* allotroop, allotrope vorm. **al·lo·trop·ic** allo= troop, allotropies. **al·lot·ro·py, al·lot·ro·pism** allotropie, allo= tropisme.

**al·low** toelaat, toestaan, veroorloof; duld; toegee, erken; in staat stel; (ver)gun; ~ *an appeal* 'n appèl handhaaf; ~ *s.t. to cool* iets laat afkoel; ~ *s.o. a discount* iem. ('n) korting gee/toestaan; *no dogs* ~*ed* geen honde nie; ~ *for ...* met ... rekening hou, ... in aanmerking/ag neem; ~*ing for ...* met inagneming/inag= name van ... *(belasting ens.);* gesien ... *(iem. se ouderdom ens.);* ~ *a goal/try* 'n doel/drie toeken; ~ *s.t. to happen* toelaat dat iets gebeur; ~ *s.o. in/out/past/through* iem. binne=/in=/buite=/uit= verby=/deurlaat; *s.o. is* ~*ed to do s.t.* iem. mag iets doen, iem. word toegelaat om iets te doen; ~ *me!* mag ek?; ~ *me to help you* laat ek/my jou help, kan/mag ek jou/u help?; *... is not* ~*ed ...* is verbode *(of* word verbied); ~ *o.s. s.t.* jou iets veroorloof; ~ *o.s. to be persuaded/etc.* jou laat ompraat/ens.; *not* ~ *o.s. any ...* jou geen/g'n ... gun nie; ~ *s.o. an hour to do s.t.* iem. 'n uur gee om iets te doen; ~ *s.o. s.t.,* ~ *s.o. to do s.t.* iem. toelaat om iets te doen, iem. verlof gee om iets te doen; *if time* ~*s* as daar genoeg tyd is. **al·low·a·ble** geoorloof, toelaatbaar. **al·low·ance** *n.* toelaag, toelae, toeslag; sakgeld; (aan)deel, porsie, rantsoen; afslag, korting, rabat; speling, speelruimte; verlof, vergunning, permissie; toegif, toegewing; *with due* ~ *for ...* met inagneming/ inagname van ...; ~ *get/have/receive an* ~ 'n toelaag/toelae kry; *make* ~*(s) for s.o.* toegeeflik/toeskietlik teenoor iem. wees; *make* ~*(s) for s.t.* iets in aanmerking/ag neem, met iets rekening hou; *monthly* ~ maandgeld, maandelikse toelaag/toelae.

**al·loy, al·loy** *n.* allooi, legering, metaalmengsel; *(fig.)* allooi, ge= halte, waarde, kwaliteit. **al·loy** *ww.* legeer, meng; gehalte ver= minder, versleg; temper, matig. ~ *metal* allooimetaal.

**al·lude:** ~ *to ...* na ... verwys; op ... sinspeel/skimp, ... bedoel. **al·lu·sion** sinspeling, toespeling, skimp; *make an* ~ *to s.t.* 'n toespeling op iets maak; na iets verwys. **al·lu·sive** sinspelend, vol toespelings; verwysend, aanhalend. **al·lu·sive·ly** indirek.

**al·lure** *n.* aantreklikheid, aantrekking(skrag), verleidelikheid, bekoring. **al·lure** *ww.* aantrek, aanlok, verlei. **al·lure·ment** aan= loklikheid, lokmiddel, bekoring, attraksie. **al·lur·ing** aanloklik, verleidelik.

**al·lu·vi·um** =*via, =viums, (geog.)* alluvium, spoelgrond, slikgrond, aanspoelsel, aanspoeling, aansliksel, aanslibsel. **al·lu·vi·al** aan= geslib, aangespoel, alluviaal; spoel=; ~ *coast* slibkus, aanslib= bingskus; ~ *deposit* aansliksel, aanslibsel; ~ *diamond* spoel= diamant; ~ *diggings* spoeldelwery.

**al·ly** =*lies, n.* bondgenoot, geallieerde; medestryder. **al·ly** *ww.* verbind, verenig, paar, allieer; ~ *o.s. with ...* 'n bondgenoot van ... word, 'n bondgenootskap met ... aangaan. **al·li·ance** ver= bond, bond(genootskap), alliansie; verdrag, ooreenkoms, ver= bintenis; verwantskap; huwelik; *conclude/form (or enter into) an* ~ *with ...* 'n bondgenootskap/alliansie met ... aangaan; *in* ~ *with ...* in bondgenootskap/alliansie met ... **al·lied, al·lied** ver= bonde; verwant; ~ *powers* verbonde moondhede, bondgenote, geallieerdes; *be* ~ *to ...* aan/met ... verwant wees; ~ *with ...* in bondgenootskap met ...; gepaard/verenig met ...

**al·ma ma·ter** *(dikw. A~ M~)* alma mater.

**al·ma·nac** almanak.

**al·might·y** almagtig; tamaai, kolossaal, yslik; *the A~* die Al= magtige/Almoëndheid.

**al·mond** *(bot.)* amandel(boom); *(vrug)* amandel. ~-**eyed** met amandelvormige oë. ~ **paste** amandelpasta, marsepein. ~- **shaped** amandelvormig.

**al·most** byna, amper, haas, bykans, nagenoeg, omtrent, onge= veer, so goed as.

**alms** *(mv.), (hist., fig.)* aalmoes, liefdegawe.

**al·oe** aalwyn, aalwee; *American* ~ garing=, gareboom, mak-aal= wyn; *(bitter)* ~*s, (med.)* aalwyn(sap), aalwee(sap), aalwyn=, aal=

weebitter, aloïen. **al·o·e·tic** aalwynagtig, aalweeagtig, aalwyn-, aalwee-.

**a·loft** bo, omhoog, hoog; na bo, in die hoogte.

**a·lo·ha** *tw., (Hawais)* hallo; tot siens, totsiens.

**a·lone** *adj. & adv.* alleen, eensaam; net, enkel; *all* ~ vinger-alleen; *go it* ~ alleen klaarkom; *quite* ~ stok(siel)alleen. **a·lone·ness** alleenheid.

**a·long** *adv.* aan, vooruit, deur; *all* ~ die hele tyd, heeltyd, deurentyd, voortdurend, almaardeur, al die tyd, aldeur; *s.o. will be* ~ *shortly* iem. sal nou-nou hier wees; ~ *with* ... saam/tesame met ... **a·long** *prep.* langs, langsaan, naas(aan); *walk all* ~ *the fence* al langs die heining loop; *walk* ~ *the corridor* in die gang af loop; *walk* ~ *the river bank* op die rivieroewer langs loop; *walk* ~ *the street* met die straat langs loop; ~ *one side of the street* aan een kant van die straat; *somewhere* ~ *the way* êrens/iewers langs die pad. ~**shore** langs die kus. ~**side** naas-(aan), langs, langsaan; *(sk.)* langssy.

**a·loof** op 'n afstand, apart, ver, vêr, opsy; afsydig, koel, kil, teruggetrokke, gereserveerd. **a·loof·ness** afsydigheid, teruggetrokkenheid, gereserveerdheid, afstand.

**al·o·pe·ci·a** *(med.)* alopesie, haarverlies, haarloosheid, kaalhoofdigheid.

**a·loud** hard(op), hoorbaar, luid.

**alp** bergtop; *the A~s* die Alpe. **Al·pine** Alpyns, Alpien, Alpe-. **al·pine** alpyns, alpien, alpe-. **al·pin·ist** alpinis, bergklimmer.

**al·pac·a** *(soöl.)* alpakka; alpakka(wol).

**al·pha** *(letter)* alfa; *the A~ and the Omega, (Byb.)* die Alfa en die Omega; *the* ~ *and omega, (fig.)* die alfa en (die) omega, die begin en die einde/end, die eerste en die laaste, die essensie. ~ **particle** *(fis.)* alfadeeltjie.

**al·pha·bet** alfabet, ABC. **al·pha·bet·i·cal, al·pha·bet·ic** alfabeties; *in alphabetical order* in alfabetiese volgorde. **al·pha·bet·i·cal·ly** alfabeties, in alfabetiese volgorde, volgens die alfabet.

**al·pha·nu·mer·ic, al·pha·mer·ic** alfanumeriek, alfa(nu)meries; ~ *code* alfanumerieke/alfa(nu)meriese kode.

**al·read·y** al, reeds, alreeds, nou al.

**Al·sa·tian** *(hondensos)* (Duitse) herdershond, wolfhond.

**al·so** ook; eweneens, insgelyks; tewens; verder, vêrder. ~**-ran** *(infml.)* flou perd; *(fig.)* verloorder, nul, agterblyer, agterbok.

**alt** *n., (mus.)* alt(register); alt(sleutel). **alt** *adj.* alt-. ~**horn** alt-horing.

**al·tar** altaar; *family* ~ huisaltaar; *lead s.o. to the* ~ iem. na die altaar/kansel lei, met iem. trou. ~ **boy** akoliet, altaar-, misdienaar. ~ **bread** offerbrood, Nagmaalsbrood, hostie. ~ **cloth** altaarkleed, -doek. ~ **wine** Nagmaal(s)wyn.

**al·ter** verander, wysig; verstel, vermaak *(klere)*; verbou, ombou *(huis)*; *it does not* ~ *the fact that* ... dit neem nie weg dat ...; *that* ~*s things* dit stel die saak in 'n ander lig, dit gee die saak 'n ander voorkoms/aansien; ~ *s.t. to* ... iets in/tot ... verander, iets tot ... wysig; *the date has been* ~*ed to* ... die datum is verander tot ... **al·ter·a·tion** verandering, wysiging; verstelling *(v. klere)*; ~*s (to a building)* 'n verbouing; *make an* ~ *in s.t.* 'n wysiging in iets aanbring; *the* ~ *of s.t. to* ... die wysiging van iets tot ...

**al·ter·ca·tion** woordewisseling, uitval, (woorde)twis, rusie, onenigheid; getwis, gekyf, gekibbel, kibbel(a)ry, gestry, stryery; *an* ~ *between* ... 'n woordewisseling/rusie tussen ...; *they had an* ~, *(ook)* hulle het rusie gemaak; *have an* ~ *with* ... 'n woordewisseling/rusie/uitval met ... hê.

**al·ter e·go** -*gos* alter ego.

**al·ter·nate, al·ter·nate** *n., (Am.)* plaasvervanger, substituut; *be the* ~ *to s.o.* die plaasvervanger van (*of* die substituut vir) iem. wees. **al·ter·nate** *adj.* afwisselend; wissel-; *(Am.)* plaas-vervangend; *on* ~ *days* (al) om die ander dag; ~ *member* plaas-vervangende lid. **al·ter·nate** *ww.* (mekaar) afwissel; (om) wissel, verwissel; mekaar volg; *A and/with B* A en/met B af-wissel; *s.o.'s work* ~*s between Johannesburg and Durban* iem. werk om die beurt in Johannesburg en Durban; *A* ~*s with B* A en B

wissel mekaar af, A wissel met B af. **al·ter·nate·ly** (af)wisselend, beurtelings, om die beurt, by afwisseling. **al·ter·nat·ing:** ~ *current* wisselstroom. **al·ter·na·tive** *n.* alternatief, keuse; *an* ~ *for/to* ... 'n alternatief vir ...; *have the* ~ *of (doing this or that)* die keuse hê om (dit of dat te doen); *there is no* ~ daar is geen ander uitweg nie; *s.o. has no* ~ iem. het geen keuse nie; daar is vir iem. geen ander uitweg (*of* weg oop) nie, daar bly vir iem. niks anders oor nie, iem. kan nie anders nie; *s.o. has* ~ *to going/etc.* (or *but to go/etc.)* iem. kan niks anders doen as gaan/ens. nie; *leave s.o. no* ~ *but to* ... vir iem. geen keuse laat as om te ... nie; *the* ~ *to peace is war* dis 'n keuse tussen vrede en oorlog. **al·ter·na·tive** *adj.* ander, tweede, alternatief; ~ *form* wis-selvorm; ~ *fuel* alternatiewe brandstof; ~ *medicine* alternatiewe geneeskunde; ~ *society* alternatiewe gemeenskap/kultuur, kontra-, teenkultuur; ~ *spelling* wisselspelling; ~ *technology* alternatiewe tegnologie. **al·ter·na·tive·ly** anders, so nie; of (anders). **al·ter·na·tor** *(teg.)* alternator, wisselstroommasjien, -dinamo, -generator.

**al·though** al, (al)hoewel, ofskoon.

**al·tim·e·ter, al·tim·e·ter** hoogtemeter, altimeter. **al·tim·e·try** hoogtemeting, altimetrie.

**al·ti·tude** hoogte; hoogtelyn *(v. driehoek); at an* ~ *of ... metres* op 'n hoogte van ... meter; *what is our* ~? hoe hoog is ons?. ~ **control** hoogtereëlaar; hoogtereëling. ~ **flight** hoogtevlug. ~ **sickness** hoogte-, bergsiekte.

**al·to** -*tos* alto(stem); kontralto(stem). ~ **clef** altsleutel. ~ **part** tweede stem. ~ **recorder, treble recorder** altblokfluit. ~**-re·lievo, ~-rilievo** -*vos* hoogreliëf. ~ **sax(ophone)** altsaksofoon, -saxofoon.

**al·to·geth·er, al·to·geth·er** altesaam, altesame; heeltemal; glad, glad en al, ten ene male; totaal, algeheel, geheel en al; *in the* ~, *(infml.)* poedelkaal, -naak, -nakend, in adams/-evasge-waad, sonder 'n draad klere (aan); *not* ~ ... nie heeltemal ... nie; ~ *too* ... glad/gans te ...

**al·tru·ism** altruïsme, onbaatsugtigheid, onselfsugtigheid. **al·tru·ist** altruïs, onbaatsugtige mens. **al·tru·is·tic** altruïsties, onbaatsugtig.

**al·um** *(chem.)* aluin.

**a·lu·min·i·um, (Am.) a·lu·mi·num** *(chem., simb.:* Al) aluminium. ~ **foil** aluminiumfoelie, bladaluminium.

**a·lum·nus** -*ni, (ml.),* **a·lum·na** -*nae, (vr.), (Am.)* alumnus *(ml.),* alumna *(vr.),* oudstudent.

**al·ve·o·lus, al·ve·o·lus** -*oli, (Lat.)* alveool, blasie, holte(tjie); tandkas; (long)alveool, longblasie; kliersakkie. **al·ve·o·lar, al·ve·o·lar** *n., (fonet.)* alveolaar, alveolêre konsonant. **al·ve·o·lar, al·ve·o·lar** *adj., (anat., fonet.)* alveolêr; ~ *abscess* alveolêre abses, tandkas-abses.

**al·ways** altyd, gedurig, voortdurend, aldag, deurentyd, steeds, immer; *as* ~ soos altyd/gewoonlik; *if s.o. misses the bus he/she could* ~ *walk* as iem. te laat kom vir die bus kan hy/sy (nog) altyd loop (*of* mos maar loop).

**Alz·hei·mer's (dis·ease)** *(med.)* Alzheimersiekte.

**am** is; word; →BE; ~ *I to* ...? moet ek ...?; *I don't know where I* ~ ek weet nie waar ek staan (*of* hoe ek dit het) nie.

**A·ma·bo·ko·bo·ko** *(mv.), (infml., SA nas. rugbyspan)* die Amabokoboko/Bokke/Springbokke.

**a·mal·gam** amalgaam, (ongelyksoortige) mengsel. **a·mal·gam·ate** *ww.* meng, verenig, saamsmelt, amalgameer; ~ *with* ... met ... saamsmelt. **a·mal·gam·a·tion** vereniging *(v. groepe ens.);* samevoeging *(v. departemente);* amalgamasie *(v. maatskappye);* samesmelting *(v. partye);* vermenging *(v. rasse);* mengsel *(v. idees);* ineensmelting *(v. metale).*

**a·ma·ndla** *n., (Xh.: mag)* amandla.

**am·a·ryl·lis** *(bot.)* amarillis, narsinglelie; amarillis, belladonna-, maartlelie.

**a·mass** ophoop, opstapel, vergaar, bymekaarmaak, versamel; opgaar; ~ *a fortune* 'n fortuin maak.

**am·a·teur** amateur; liefhebber, dilettant; beginner; amateur=
speler; ~ *dramatics/theatricals* amateurtoneel. **am·a·teur·ish**
amateuragtig, amateurs=, beginners=. **am·a·teur·ish·ness** ama=
teuragtigheid.

**a·maze** verbaas, dronkslaan, verstom, verwonder; *be ~d at/by*
... verbaas/verwonder(d) wees (*of* verstom staan) oor ...; *be ~d*
*to hear that* ... verstom wees om te hoor dat ...; *it ~s s.o. that/*
*how* ... dit slaan iem. dronk (*of* dit verstom iem. *of* iem. ver=
stom/verwonder hom/haar daaroor) dat ... **a·maze·ment** ver=
basing, verstomming, verwondering; *s.o.'s ~ at s.t.* iem. se ver=
basing/verwondering oor iets; *cause* ~ verbasing wek; *be*
*dumb with* ~ spraakloos/sprakeloos wees van verbasing; *ex=*
*press one's* ~ *at s.t.* jou verbasing/verwondering oor iets te
kenne gee; *listen to s.o. in* ~ verstom na iem. luister; *in/with* ~
met verbasing/verwondering; *in mute* ~ met stomme verba=
sing; *to s.o.'s* ~ tot iem. se verbasing/verwondering. **a·maz·ing**
*adj.*, **-ly** *adv.* verbasend, verbluffend; merkwaardig, indruk=
wekkend, uitsonderlik, buitengewoon.

**Am·a·zon** *(Gr. mit.)* Amasone; *the ~ (River)* die Amasone(ri=
vier). **Am·a·zo·ni·an** Amasone=.

**am·bas·sa·dor** ambassadeur; verteenwoordiger, (af)gesant.
**~-at-large** *ambassadors-at-large, (Am.)* ambassadeur met spe=
siale opdragte. ~ **extraordinary** buitengewone ambassadeur.
~ **plenipotentiary** gevolmagtigde ambassadeur.

**am·bas·sa·dor·i·al** ambassadeurs=, ambassade=; gesant=
(skap)s=.

**am·ber** *n.* amber(steen), barnsteen; amber(kleur), geelbruin.
**am·ber** *adj.* amberkleurig, geelbruin; geel, oranje *(verkeers=*
*lig).* **~-coloured** amberkleurig. ~ **oil** barnsteenolie.

**am·bi·dex·trous** ewehandig, dubbelhandig, regs- en links=
handig. **am·bi·dex·ter·i·ty, am·bi·dex·trous·ness** ewe=, dub=
belhandigheid.

**am·bi·ence, am·bi·ance** atmosfeer, *(Fr.)* ambiance.

**am·bi·ent** omringend; ~ *music* stemmingsmusiek.

**am·big·u·ous** dubbelsinnig; veel=, meerduidig; onduidelik,
vaag, duister. **am·bi·gu·i·ty** *-ties* dubbelsinnigheid, ambiguï=
teit; meerduidigheid; onduidelikheid, vaagheid.

**am·bit** omtrek; bestek, gebied, omvang; sfeer; grense *(v. iem.*
*se gesag, mag, vermoë, ens.); fall within the* ~ *of an act/etc.* binne
die trefwydte van 'n wet/ens. val; *fall outside the* ~ *of s.o.'s expe=*
*rience* buite iem. se ervaringsfeer lê; *within an* ~ *of ten metres*
binne 'n omtrek van tien meter.

**am·bi·tion** ambisie, eersug; doel, strewe, ideaal; *achieve/realise*
*one's* ~ bereik waarna jy streef/strewe, jou ambisie verwe=
sen(t)lik. **am·bi·tious** ambisieus, eersugtig; vooruitstrewend;
*be ~ for s.o.* ambisieuse planne vir iem. hê; *s.o. is* ~ *to* ... iem. se
ambisie is om te ...; ~ *undertaking* grootse/veeleisende onder=
neming. **am·bi·tious·ness** eersug; vooruitstrewendheid; groots=
heid.

**am·biv·a·lent** ambivalent; teenstrydig *(gevoelens).* **am·biv·a·**
**lence, am·biv·a·len·cy** ambivalensie; tweeslagtigheid; teen=
strydigheid.

**am·ble** *n.* slentergang, kuierpas *(v. mens);* pasgang(etjie), tel=
gang *(v. perd); at an* ~ op 'n stappie. **am·ble** *ww.* aankuier,
slenter, drentel; 'n pasgang(etjie)/telgang loop; *we are ambling*
*along, (infml.)* dit gaan so op 'n stappie; *ambling gait* telgang.

**am·bro·si·a** *(mit., fig.)* ambrosia, godespys; byebrood, brood=
heuning, *(bot.)* ambrosia. **am·bro·si·al, am·bro·si·an** ambro=
sies; hemels, goddelik; geurig, welriekend.

**am·bu·lance** ambulans. **~man, ~woman** ambulansman,
=vrou. ~ **service** ambulansdiens; ambulanswese.

**am·bu·la·to·ry** wandelend, (rond)trekkend, rondgaande, am=
bulant; verplaasbaar.

**am·bush** *n.* hinderlaag, val; verrassingsaanval; *be/lie/wait in*
~ in 'n hinderlaag lê; *draw s.o. into an* ~ iem. in 'n hinderlaag
lei/lok; *fall/run into an* ~ in 'n hinderlaag val/loop; *lay/set an*
~ *for s.o.* iem. voorlê, 'n hinderlaag vir iem. lê/opstel; *lie/wait*

*in* ~ *for s.o.* iem. voorlê. **am·bush** *ww.* in 'n hinderlaag lê; uit
'n hinderlaag aanval; in 'n hinderlaag lei/lok; ~ *s.o.* iem. voorlê.

**a·me·lio·rate** verbeter, versag, lenig. **a·me·lio·ra·tion** verbe=
tering, versagting, leniging.

**a·men** amen; *say ~ to s.t., (infml.)* (ja en) amen op iets sê, met
iets saamstem.

**a·me·na·ble** inskiklik, meegaande, handelbaar; vatbaar, ont=
vanklik; *be ~ to* ... vir ... vatbaar/ontvanklik wees *(raad, rede,*
*ens.);* aan ... onderworpe wees *('n wet ens.); be ~ to bribes* om=
koopbaar wees; *be ~ to justice* beregbaar wees. **a·me·na·bil**
**i·ty, a·me·na·ble·ness** inskiklikheid, meegaandheid; vatbaar=
heid, ontvanklikheid.

**a·mend** verander, wysig; verbeter, regstel; *bill to ~ an act* wets=
ontwerp tot wysiging van 'n wet; *~ed by Act no. 11* gewysig
deur/by Wet 11. **a·mend·a·ble** wysigbaar; verbeterbaar. **a·**
**mend·ing** wysigend; verbeterend; ~ *act* wysigingswet. **a·mend**
**ment** verandering, wysiging; amendement; verbetering, reg=
stelling; ~ *of a clause* wysiging van 'n artikel; *make ~s to the*
*constitution* wysigings in die grondwet aanbring; *give notice*
*of an* ~ van 'n amendement kennis gee; *an ~ to a motion* 'n
amendement op 'n voorstel.

**a·mends** vergoeding; *make ~ (for s.t.)* iets goedmaak; *make ~*
*to s.o. for s.t.* iem. (vir) iets vergoed, iets by iem. goedmaak.

**a·men·i·ty** *-ties* gerief, gemak; *close to all amenities* sentraal
geleë; *a house with every ~* 'n huis met alle geriewe; *the*
*amenities of life* die lewensgenietinge; *public amenities* open=
bare geriewe.

**A·mer·i·ca** Amerika. **A·mer·i·can** *n.* Amerikaner. **A·mer·i·can**
*adj.* Amerikaans; ~ *bowls* kegelspel; ~ *English* Amerikaanse
Engels; ~ *football* Amerikaanse voetbal; ~ *Indian* (Ameri=
kaanse) Indiaan; ~ *pit bull terrier* Amerikaanse vegbulterriër;
~ *plan, (Am. hotelbedryf)* volle losies; →EUROPEAN PLAN; ~ *sign*
*language, Ameslan* Amerikaanse gebaretaal. **A·mer·i·can·i·**
**sa·tion, ·za·tion** veramerikaansing, amerikanisasie, amerika=
nisering. **A·mer·i·can·ise, ·ize** veramerikaans, amerikaniseer.

**Am·er·in·di·an, Am·er·ind** *n.* Amerindiaan, Amerikaanse
Indiaan. **Am·er·in·di·an, Am·er·in·dic** *adj.* Amerindi=
aans.

**am·e·thyst** *n., (min.)* ametis; ametiskleur, ametisblou. **am·e·**
**thyst** *adj.* ametiskleurig, ametisblou.

**a·mi·a·ble** *adj.*, **-a·bly** *adv.* vriendelik, innemend, minsaam,
gaaf. **a·mi·a·bil·i·ty, a·mi·a·ble·ness** vriendelikheid, innemend=
heid, minsaamheid.

**am·i·ca·ble** vriendelik *(persoon),* vriendskaplik *(verhouding, be=*
*trekking),* rustig *(gesprek); (jur.)* minlik *(skikking); arrive at (or*
*come to) an ~ agreement* tot 'n vriendskaplike ooreenkoms kom/
geraak. **am·i·ca·bil·i·ty, am·i·ca·ble·ness** vriendelikheid,
vriendskaplikheid. **am·i·ca·bly** vriendskaplik; ~ *settled* minlik
*(of* in der minne) geskik.

**a·mid, a·midst** *(poët., liter.)* tussen, onder, te midde van.

**a·mi·no** *(chem.):* ~ *acid* aminosuur. ~ *alcohol* aminoalkohol.

**A·mish** *n.: the ~* die Amiese Doopsgesindes. **A·mish** *adj.*
Amies.

**a·miss** verkeerd, nie in die haak *(of* in orde) nie, skeef, onvan=
pas; *s.t. would not come/go* ~ iets sou baie welkom wees; iets
sou nie onvanpas wees nie; *take s.t.* ~ iem. iets kwalik neem,
iets verkeerd opneem/opvat, aanstoot aan iets neem; *there's*
*s.t.* ~ daar skort iets, alles/iets is nie pluis nie; *what's ~?* wat
makeer/skort?; *s.t. is* ~ *with s.o.* iem. makeer iets.

**am·me·ter** *(elek.)* ammeter, ampère=, stroommeter.

**am·mo·ni·a** *(chem.)* ammoniak(gas); *(aqueous/liquid)* ~, ~ *solu=*
*tion/water* ammoniumhidroksied, (bytende) ammonia. **am·mo**
**ni·ac** ammoniak=.

**am·mo·ni·um** *(chem.)* ammonium. ~ *carbonate* ammonium=
karbonaat, vlugsout. ~ *chloride* ammoniumchloried, salam=
moniak. ~ *hydroxide* ammoniumhidroksied, (bytende) am=
monia.

**am·mu·ni·tion** *(lett. & fig.)* ammunisie, skietgoed. **~ belt** pa=troonband. **~ dump** ammunisiestapel. **~ works** wapenfabriek.

**am·ne·si·a** geheueverlies, amnesie. **am·ne·si·ac, am·ne·sic** iem. wat aan geheueverlies ly.

**am·nes·ty** =ties amnestie, begenadiging; kwytskelding; *declare an ~* 'n amnestie afkondig; *grant (an) ~ to s.o.* amnestie aan iem. verleen; *release s.o. under a general ~* iem. ingevolge 'n algemene amnestie vrylaat. **A~ International** *(afk.: AI)* Amnestie Internasionaal.

**am·ni·on** *-nions, =nia, (soöl.)* amnion, lamsvlies, (binne[n]ste) vrugvlies/eiervlies. **am·ni·ot·ic** amnion=; *~ fluid* vrugwater.

**a·moe·ba,** *(Am.)* **a·me·ba** *-bae, =bas, (soöl.)* amebe. **~-like** amebeagtig. **a·moe·bic,** *(Am.)* **a·me·bic** amebies; amebe=; *~ abscess* amebe-abses; *~ dysentery* amebedisenterie, =buikloop. **a·moe·boid,** *(Am.)* **a·me·boid** ameboïed, amebeagtig.

**a·mok, a·muck** amok; *run ~* amok maak, woes word, tekere *(of* te kere*)* gaan, tekeregaan, handuit ruk, hand uitruk, op hol gaan.

**a·mong(st)** onder, tussen; by; uit; *be ~ the best players/etc.* onder die beste spelers/ens. tel; *~ the crowd* tussen die klomp mense, in die skare; *a doctor/etc. ~ doctors/etc.* 'n uitstekende dokter/ens.; *~ the Greeks/etc.* by die Grieke/ens.; *a village ~ the hills* 'n dorpie in die berge; *in ~ them* tussen hulle (in); *~ others* onder andere; *~ other things* onder meer/andere.

**a·mor·al** amoreel. **a·mor·al·ism** amoralisme. **a·mo·ral·i·ty** amoraliteit.

**am·o·rist** minnaar; skrywer van liefdesverhale/=gedigte.

**am·o·rous** verlief, verliefderig; vryerig; liefdes=; *make ~ advances to s.o.* by iem. aanlê; *~ passion* minnedrif; *~ poem* liefdesgedig. **am·o·rous·ness** verliefdheid, verliefderigheid; vryerigheid.

**a·mor·phous** *(fig.)* vormloos, struktuurloos, amorf; *(chem., geol., min.)* amorf. **a·mor·phous·ness, a·mor·phism** vormloosheid, amorfisme.

**a·mor·ti·sa·tion, =za·tion** (skuld)delging, aflossing, amortisasie. **~ fund** delgingsfonds.

**a·mor·tise, =tize** *(ekon.)* delg, aflos, amortiseer.

**A·mos** *(OT)* Amos.

**a·mount** *n.* bedrag, som; hoeveelheid, klomp; grootte; (volle) betekenis; *have any ~ of money* geld soos bossies hê; *no ~ of effort/money/etc.* geen poging/bedrag/ens., hoe groot ook al; *raise an ~* 'n bedrag byeenbring; *no ~ of talking* hoeveel ons ook al daaroor praat; *debt to the ~ of ...* skuld ten bedrae van ... **a·mount** *ww.: it ~s to ...* dit bedra/beloop ..., dit kom op ... uit *(of* te staan*)* *(onkoste, skuld, ens.); (fig.)* dit kom op ... neer, dit beteken ...; dis soveel as *(of* gelyk aan*)* ... *('n belediging ens.); s.o. will never ~ to anything/much* iem. sal nooit opgang maak *(of* dit nooit ver/vêr bring*)* nie; *what it ~s to is that ...* waarop dit neerkom, is dat ...

**a·mour** (licfdes)verhouding, affair, romanse; vryery, vryasie. **~-propre** *(Fr.)* trots, selfrespek, gevoel van eiewaarde.

**am·per·age** (elektriese) stroomsterkte.

**am·pere** ampère. **~meter** *(elek.)* ampèremeter, ammeter, stroommeter.

**am·per·sand** *(d. teken &)* ampersand.

**am·phet·a·mine** amfetamien. **~ sulphate** amfetamiensulfaat.

**Am·phib·i·a** *(mv.), (soöl.)* Amfibieë. **am·phib·i·an** *n., (soöl.)* amfibie, amfibiese/tweeslagtige dier; amfibiese vliegtuig, waterland-vliegtuig; amfibiese voertuig. **am·phib·i·an** *adj., (soöl.)* amfibies, tweeslagtig; *~ animal* amfibie, amfibiese/tweeslagtige dier. **am·phib·i·ous** *(biol., mil.)* amfibies.

**am·phi·bole** *(min.)* amfibool.

**am·phi·pod** *n., (soöl.)* amfipode. **am·phi·pod** *adj.* amfipodies.

**am·phi·the·a·tre,** *(Am.)* **am·phi·the·a·ter** amfiteater.

**am·pho·ra** =phorae, =phoras, *(kruik met twee ore)* amfoor, amfora.

**am·ple** ruim, wyd; breed(voerig); uitvoerig; oorvloedig, volop;

ryklik. **am·ple·ness** ruimheid; breedvoerigheid. **am·ply** ryklik, oorvloedig; volop, ruim, ruimskoots, dubbel en dwars.

**am·pli·fy** uitbrei, aanvul, toelig; versterk; vergroot; vervolledig; uitwei oor. **am·pli·fi·ca·tion** uitbreiding, aanvulling, toeligting, uitweiding, amplifikasie; *(elektron.)* klankversterking; *(elek., fot.)* versterking; *(fot.)* vergroting. **am·pli·fi·er** *(elektron.)* klankversterker; *(elek., fot.)* versterker; vergroter.

**am·pli·tude** wydte, grootte, omvang, uitgebreidheid; volheid; oorvloed(igheid), volopheid, volopte; *(astron.)* amplitude, môre=, morewydte, aandwydte; *(wisk.)* amplitude *(v. komplekse getal); (wisk.)* poolhoek; *(fis.)* amplitude, slingerwydte; *(elek.)* amplitude, kruinwaarde. **~ modulation** *(rad.)* amplitudemodulasie.

**am·poule,** *(Am.)* **am·pule** *(med.)* ampul.

**am·pul·la** *-lae, (anat.)* ampul; *(relig.)* ampul, skinkkan(netjie).

**am·pu·tate** afsit, afsny, amputeer. **am·pu·ta·tion** afsetting, (die) afsit, amputasie. **am·pu·tee** geamputeerde.

**Am·ster·dam** *(geog.)* Amsterdam. **Am·ster·dam·(m)er** Amsterdammer.

**a·muck** →AMOK.

**am·u·let** amulet, geluksteentjie, =bringer(tjie), talisman.

**a·muse** vermaak, amuseer; verlustig; besig hou; *be ~d at/by s.t.* deur iets geamuseer word, iets vermaaklik/amusant vind, lag kry oor iets; *~ o.s. by ...* jou besig hou *(of* jou vermaak/amuseer *of* die tyd verdryf/verdrywe*)* deur te ...; *be highly ~d* dik van die lag wees, groot lag kry; *we are not ~d* dis nie snaaks nie; *~ o.s. with s.t.* jou met iets besig hou.

**a·muse·ment** vermaak(likheid), tydverdryf, amusement; plesier, pret, genot; *get no ~ out of life* geen plesier uit die lewe kry nie, die lewe nie geniet nie; *seek ~* plesier naja(ag); *to s.o.'s great ~* tot iem. se groot vermaak; *to the ~ of ...* tot vermaak van ... **~ arcade** speletjiesarkade. **~ park** pretpark.

**a·mus·ing** vermaaklik, amusant, snaaks, onderhoudend, grappig.

**a·myg·da·line** amandel=, amandelagtig, amandelvormig; mangel=. **a·myg·da·loid** *n., (min.)* amandelsteen. **a·myg·da·loid** *adj.* amandelvormig.

**am·yl** amiel. **~ acetate** amielasetaat.

**am·yl·ase** *(biochem.)* amilase, styselensiem.

**am·y·loid** *n., (chem., patol.)* amiloïed. **am·y·loid** *adj.* amiloïed, styselagtig.

**an** 'n; →A; *~ 80-minute match* 'n wedstryd van 80 minute; *~ honour* 'n eer; *~ SOS* 'n noodsein.

**An·a·bap·tism** Anabaptisme, Wederdopery. **An·a·bap·tist** *n.* Anabaptis, Wederdoper. **An·a·bap·tist** *adj.* Anabaptisties.

**an·a·bat·ic** *(met.)* anabaties, stygend; *~ wind* anabatiese wind, stygwind.

**a·nab·o·lism** anabolisme. **an·a·bol·ic** *(biol., med.)* anabolies; *~ steroid* anaboliese steroïed.

**a·nach·ro·nism** anachronisme, anakronisme. **an·a·chron·ic, =i·cal** anachronisties, anakronisties. **a·nach·ro·nis·tic** anachronisties, anakronisties; ouderwets, verouderd.

**an·a·co·lu·thon** =tha, *(gram.)* anakoloet.

**an·a·con·da** *(soöl.)* anakonda.

**a·nae·mi·a,** *(Am.)* **a·ne·mi·a** *(med.)* bloedarmoede, anemie; bleeksiekte; *(fig.)* lusteloosheid; *equine infectious ~* aansteeklike bloedarmoede by perde, moeraskoors. **a·nae·mic,** *(Am.)* **a·ne·mic** bloedarm, anemies; bleeksiek; *(fig.)* lusteloos.

**an·aer·obe, an·aer·obe, an·aer·o·bi·um** =obes, =obia, *(biol.)* anaëroob. **an·aer·o·bic** anaëroob.

**an·aes·the·si·a,** *(Am.)* **an·es·the·si·a** anestesie; verdowing, narkose; gevoelloosheid; *general ~* algehele verdowing; *local ~* lokale/plaaslike verdowing. **an·aes·thet·ic,** *(Am.)* **an·es·thet·ic** *n.* verdowings=, narkosemiddel; *under an ~* onder narkose. **an·aes·thet·ic,** *(Am.)* **an·es·thet·ic** *adj.* verdowend, narkoties; narkose=; ongevoelig, gevoelloos; *~ room* narkosekamer. **an·aes·thet·ics** verdowings=, narkoseleer. **a·naes**

**the·tise,** =**tize,** *(Am.)* **a·nes·the·tize** verdoof, doodspuit, narko= tiseer, gevoelloos maak. **a·naes·the·tist** narkotiseur.

**an·a·gram** anagram, letterkeer.

**a·nal** *adj.* anaal, anus=.

**an·a·lep·tic** *n., (med.)* versterkmiddel. **an·a·lep·tic** *adj.* ver= sterkend, opwekkend.

**an·al·ge·si·a, an·al·gi·a** *(med.)* ongevoeligheid (vir pyn), analgesie, analgie. **an·al·ge·sic** *n.* pynstillende middel, pyn= stiller. **an·al·ge·sic** *adj.* pynstillend, =verdowend.

**an·a·log:** ~ **computer** analogierekenaar.

**a·nal·o·gy** =*gies* analogie, ooreenkoms, ooreenstemming, ge= lyksoortigheid; *draw an ~ between ... and ... 'n analogie tussen ... en ... tref.* **an·a·log·ic, an·a·log·i·cal** analogies, analoog, oor= eenkomstig, gelyksoortig; analogie=. **a·nal·o·gise,** =**gize** analo= giseer. **a·nal·o·gous** analoog, ooreenkomstig, gelyksoortig. **an· a·logue,** *(Am.)* **an·a·log** analogon, parallel; *(biol.)* analoë or= gaan; *(chem., voedseltegnol.)* analogon.

**an·al·pha·bet·ic** *n.* analfabeet, ongeletterde. **an·al·pha· bet·ic** *adj.* niealfabeties; analfabeet, ongeletterd.

**an·a·lyse,** *(Am.)* **an·a·lyze** ontleed, analiseer; noukeurig on= dersoek; oplos; ontbind. **an·a·lys·a·ble,** *(Am.)* **an·a·lyz·a·ble** ontleedbaar. **an·a·lys·er,** *(Am.)* **an·a·lyz·er** analisator, anali= seur, ontleder. **a·nal·y·sis** =*ses* ontleding, analise; oplossing; ont= binding; oorsig, opsomming; *in the final/last/ultimate ~* per slot van rekening, op stuk van sake. **an·a·lyst** ontleder, analis, ana= litikus; skeikundige. **an·a·lyt·ic, an·a·lyt·i·cal** analities, ontle= dend; skeidend; ~ *chemist* skeikundige ontleder; ~ *mask* ont= leedmasker.

**an·a·paest,** *(Am.)* **an·a·pest** *(pros.)* anapes. **an·a·paes·tic,** *(Am.)* **an·a·pes·tic** anapesties.

**a·naph·o·ra** *(ret.)* anafoor, anafora; *(gram.)* anaforiese woord= gebruik. **an·a·phor·ic** anafories.

**an·a·phy·lax·is** =*laxes, (med.)* anafilaksie. **an·a·phy·lac·tic** anafilakties.

**an·ar·chy** anargie, wette=, ordeloosheid; wanorde, chaos; re= geringloosheid. **an·ar·chic, an·ar·chi·cal** anargisties, oproerig, opstandig; orde=, wette=, regeringloos. **an·ar·chism** anargis= me, wetteloosheid. **an·ar·chist** anargis; oproermaker, onrus= stoker. **an·ar·chis·tic** anargisties, revolusionêr, rewolusionêr.

**a·nath·e·ma** =*mas* gruwel; anatema, banvloek, (kerk)ban. **a·nath· e·ma·tise,** =**tize** vervloek; in die ban doen, die banvloek uit= spreek oor.

**an·a·tom·i·cal** anatomies, ontleedkundig.

**a·nat·o·mise,** =**mize** ontleed, anatomiseer.

**a·nat·o·mist** ontleedkundige, anatoom.

**a·nat·o·my** =*mies* anatomie, ontleedkunde; (anatomiese) bou/ struktuur; anatomiehandleiding, =verhandeling; (anatomiese) ontleding, disseksie; *(fig.)* ontleding, analise; *(skerts.)* liggaam, lyf. ~ **lesson** anatomiese les, anatomieles.

**an·ces·tor** voorouer, voorvader; stamvader; oertipe; voorlo= per, prototipe. **an·ces·tral** voorvaderlik, voorouerlik; ~ *spirit* voorouergees. **an·ces·tress** stam=, voormoeder. **an·ces·try** =*tries* voorgeslag, voorouers, voorvaders; afkoms, afstamming, geboorte.

**an·chor** *n.* anker; steun, toevlug, toeverlaat; *be/lie/ride at ~* voor anker *(of geanker)* lê; *cast/drop* (or *come to) ~* anker gooi, die anker uitgooi *(of laat val),* voor anker gaan; *heave the ~* die anker lig; *weigh ~* (die) anker lig. **an·chor** *ww.* anker, voor anker gaan, anker gooi; veranker, vasmaak; *(rad., TV)* ('n program) koördineer/ko-ordineer. ~ **ice** grondys. ~ **leg** laaste skof *(v. afloswedloop).* ~**(man),** ~**(person),** ~**(woman)** *(rad.,TV)* programleier, ankerman, =persoon, =vrou; anker *(in toutrekspan);* laaste atleet *(in afloswedloop).*

**an·chor·age** ankergeld; ankerplek; verankering; steun, toe= vlug(soord), toeverlaat.

**an·cho·vy, an·cho·vy** ansjovis.

**an·cient** *n: the A~s* die Ou Volke; die Klassieke. **an·cient**

*adj.* oud, antiek, klassiek; uit die oertyd; *(skerts.)* baie oud, stokoud, oeroud, antiek, outyds, ouderwets; *A~ History, (tot d. jaar 476)* die Ou Geskiedenis; *that is ~ history* dit is ou nuus; *the A~ World* die Antieke Wêreld, die Oudheid. **an· cient·ly** van ouds, eertyds, oudtyds, weleer.

**an·cil·lar·y** *adj.* ondergeskik, bykomstig; aanvullend, hulp=, by=, aanvullings=; ~ *insurance* byversekering; ~ *subject* hyvak.

**and** en; *bigger* ~ *bigger* al hoe groter; *curry* ~ *rice* kerrie-en-rys; ~ *so forth/on* ensovoort(s), en so meer, en dergelike, en wat dies meer sy; *two* ~ *two* twee en/plus twee.

**an·dan·te** *n., (It., mus.)* andante(-deel/passasie). **an·dan·te** *adj. & adv.* andante, in 'n matige tempo. **an·dan·ti·no** =*nos, (mus.)* andantino.

**An·des:** *the ~* die Andes(gebergte). **An·de·an, An·de·an** Andes=; ~ *wolf* andeswolf.

**An·dor·ra** *(geog.)* Andorra. **An·dor·ran** *n. & adj.* Andorrees.

**An·drew** *(NT)* Andreas; *St ~'s cross* Andreaskruis.

**an·droe·ci·um** *(bot.)* meeldraadkrans, andresium.

**an·dro·gen** *(biochem.)* androgeen. **an·dro·gen·ic** *(biochem.)* an= drogeen.

**an·drog·y·ny** *(hermafroditisme, tweeslagtigheid)* androginie. **an· dro·gyne** *(hermafrodiet)* androgien. **an·drog·y·nous** *(herma= frodities, tweeslagtig)* androgien; *(bot.)* eenhuisig.

**an·droid** *n., (wetenskap[s]fiksie: kunsmens)* androïed. **an·droid** *adj.* androïed.

**an·ec·dote** verhaaltjie, staaltjie, anekdote. **an·ec·dot·age** (ver= sameling van) anekdotes; *(skerts.)* spraaksame kindsheid. **an· ec·do·tal, an·ec·dot·ic** anekdoties.

**a·ne·mo·** *komb.vorm* anemo=, wind=.

**a·ne·mo·graph** *(met.: selfregistrerende windmeter)* anemograaf.

**an·e·mom·e·ter** *(met.)* anemometer, wind(snelheids)meter. **an·e·mom·e·try** anemometrie, wind(sterkte)meting.

**a·nem·o·ne** *(bot.)* anemoon, windblom; *(neteldier)* (see)ane= moon, seeroos.

**an·er·oid** *adj.* aneroïed; ~ *barometer* aneroïedbarometer, doos=, metaalbarometer.

**an·es·the·si·a** →ANAESTHESIA.

**an·eu·rysm, an·eu·rism** *(med.)* aneurisme, (slag)aargeswel, verwyding van 'n (slag)aar.

**a·new** opnuut, van voor af, weer, nog eens, nogeens.

**an·gel** *(teol.)* engel; boodskapper; *(infml.)* skat, engel; *(infml.)* finansier *(v. teaterproduksie); (infml.)* onverklaarde radarsein; *(Hell's) A~, (lid v. motorfietsklub)* Hell's Angel; *it is enough to make the ~s weep* dit skrei ten hemel. ~ **dust** *(dwelmsl.:* fensi= klidien*)* PCP. ~**fish** =*fish(es)* engelvis. ~ **(food) cake** *(Am.* *kookk.)* silwersuikerbrood. ~**'s food** vrugteslaai. ~ **shark,** ~**fish** see-engel, engelhaai. ~**s-on-horseback** *(kookk.)* engelruiter= tjies, oester-en-spekvleis-rolletjies (op roosterbrood). ~ **wor· ship** engelediens, =verering.

**An·ge·le·no** =*nos* inwoner van Los Angeles.

**an·gel·ic** engelagtig; engele=.

**an·gel·ic·a** engelkruid, =wortel, angelika.

**an·ger** *n.* woede, kwaadheid, boosheid, gramskap, toorn; *s.o. boils over with* ~ iem. wil bars van woede; *in a burst of* ~ in 'n vlaag van woede; *draw s.o.'s* ~ *down upon o.s.* jou iem. se woede op die hals haal; *in a fit of* ~ in 'n woedebui, in 'n be= vlieging van woede; *be flushed/red with* ~ rooi wees van woe= de/kwaadheid, woedend kwaad wees; *do s.t. in* ~ iets in jou woede doen; *an outburst of* ~ 'n woedeaanval; *provoke/rouse s.o.'s* ~ iem. se woede opwek; *s.o.'s unbridled* ~ iem. se onbe= heerste woede; *vent one's* ~ *on s.o.* jou woede op iem. koel. **an·ger** *ww.* kwaad word; kwaad maak, vertoorn; *s.o. is ~ed by s.t.* iets maak iem. kwaad; *be easily ~ed* gou kwaad word; *s.o. is slow to* ~ iem. word nie gou kwaad nie; *s.o. is swift to* ~ iem. word gou kwaad.

**an·gi·na** *(med.: spasmodiese/versmorende/krampagtige pyntoe= stand)* angina, beklemming. ~ **pectoris** hartkramp, =beklem= ming.

**an·gi·o·gram** *(med.)* angiogram. **an·gi·og·ra·phy** *(med.)* angio=
grafie.

**an·gi·o·plas·ty** *(med.)* angioplastiek.

**an·gi·o·sperm** *(bot.)* angiosperm, bedeksadige (plant). **an=
gi·o·sper·mal, an·gi·o·sper·mic, an·gi·o·sper·mous** angio=
sperm(ies), bedeksadig.

**an·gle**[1] *n.* hoek; (hoekige) punt; hoekyster; gesigspunt, stand=,
oogpunt; hoekstand; *an acute/obtuse* ~ 'n skerp/stomp hoek;
*from all* ~s uit alle hoeke, van alle kante; *look at* (or *view*) *s.t.*
*from another* (or *a different*) ~ iets uit 'n ander gesigspunt/
oogpunt beskou; ~ *of approach, (lugv.)* naderings=, binne=
sweef=, aanvlieghoek; ~ *of ascent/climb, (lugv.)* styg=, klim=
hoek; *at an* ~ skuins(weg), skeef; *at an* ~ *of 45°* met 'n hoek
van 45°; ~ *at base* basishoek; ~ *at centre* middelpuntshoek; ~ *of*
*circumference* omtrekshoek; ~ *of continuation* gestrekte
hoek; ~ *of curvature* krommings=, buigingshoek; ~ *of depth*
dieptehoek; ~ *of descent* daalhoek; ~ *of deviation* afwyk=
(ings)hoek; ~ *of elevation* hoogte=, elevasiehoek; *figure all the*
~s, *(infml.)* iets van alle kante bekyk; *from an* ~ uit 'n hoek;
*from that* ~ uit dié/daardie gesigspunt/oogpunt; ~ *of impact*
trefhoek; ~ *of intersection* sny(dings)hoek, kruisingshoek; *an*
~ *on s.t.* 'n blik/kyk op iets, 'n beskouing oor iets, 'n opvatting
van iets; ~ *of reflection* weerkaatsings=, kaatshoek; ~ *of re=*
*fraction, refractive* ~ brekingshoek; *at right* ~s *with* ... reg=
hoekig op ...; ~ *of sight* waarnemingshoek; rig=, visierhoek; ~
*of vision* gesigsveldhoek. **an·gle** *ww.* (om)buig, draai; *(fig.)*
verdraai, kleur, skeef/verkeerd voorstel; *(sport)* skuins plaas
*(bal ens.)*; ~ *s.t. at/to/towards s.o.* iets vir iem. bedoel *(of* op iem.
mik) *(TV-program ens.)*; ~ *s.t. to the left/right* iets na links/regs
draai. ~ **bracket** *(druk.)* punthakie; *(teg.)* hoekstut. ~ **grinder**
hoekslyper, =slypmasjien. ~ **iron** hoekyster, =stuk. ~ **joint** hoek=
las, =voeg. ~ **parking** skuins parkering. ~ **shot** *(fot.)* hoek=
skoot; *(tennis, muurbal)* skuins hou.

**an·gle**[2] *ww.* hengel, visvang, vis; ~ *for s.o.'s attention* iem. se aan=
dag probeer trek; ~ *for compliments* na komplimente vis; ~ *for*
*an opportunity* 'n geleentheid soek.

**an·gled** hoekig; ~ *so that* ... met so 'n hoek dat ...

**an·gler** hengelaar.

**An·gli·can** *n.* Anglikaan. **An·gli·can** *adj.* Anglikaans; ~ *Church*
Anglikaanse Kerk. **An·gli·can·ism** Anglikanisme.

**an·gli·cise, =cize, an·gli·fy** verengels, angliseer. **an·gli·ci=**
**sa·tion, =za·tion, an·gli·fi·ca·tion** verengelsing, anglisering.

**An·gli·cism** Anglisisme; Engelsheid. **An·gli·cist, An·glist** An=
glis.

**an·gling** hengelary, hengelsport. ~ **fish** hengelvis. ~ **rod** vis=,
hengelstok.

**An·glo=** *komb.vorm* Anglo=, Angel=.

**An·glo-A·mer·i·can** *n.* Amerikaner van Engelse afkoms. **An=**
**glo-A·mer·i·can** *adj.* Engels-Amerikaans, Anglo-Ameri=
kaans.

**An·glo-Boer War** Engelse Oorlog, (Anglo-)Boereoorlog,
Tweede Vryheidsoorlog.

**An·glo-French** *n., (taal)* Anglo-Normandies. **An·glo-**
**French** *adj.* Engels-Frans; Anglo-Normandies.

**An·glo-In·di·an** *n.* Anglo-Indiër. **An·glo-In·di·an** *adj.*
Engels-Indies; Anglo-Indies.

**An·glo·ma·ni·a** Anglomanie. **An·glo·ma·ni·ac** Anglomaan.

**An·glo·phil(e)** *n.* Anglofiel, Engelsgesinde. **An·glo·phil(e)**
*adj.* Anglofiel, Engelsgesind. **An·glo·phil·i·a** Anglofilie, En=
gelsgesindheid.

**An·glo·phobe** Anglofoob, Engelsehater. **An·glo·pho·bi·a** An=
glofobie, Engelsehaat, anti-Engelse gevoel.

**An·glo·phone** *n.* Engelssprekende. **An·glo·phone** *adj.* En=
gelssprekend.

**An·glo-Sax·on** *n.* Angel-Sakser, Anglo-Sakser; Angel-Sak=
sies, Anglo-Saksies. **An·glo-Sax·on** *adj.* Angel-Saksies, An=
glo-Saksies.

**An·go·la** *(geog.)* Angola. **An·go·lan** *n. & adj.* Angolees.

**an·go·ra** *(soms A~), (wol, tekst.)* angora. ~ **cat** angorakat. ~
**goat** sybok, angorabok. ~ **rabbit** angorakonyn. ~ **wool** (sy)=
bokhaar; angora(konyn)wol.

**an·go·stu·ra** angostura. ~ **bitters** *(mv.)* angosturabitter.

**an·gry** =grier =griest kwaad *(pred.)*, ontstoke, boos, gebelg(d),
grimmig, toornig; dreigend *(wolke)*; onstuimig *(see)*; *be* ~ *at/*
*about s.t.* oor iets kwaad/boos wees; *be* ~ *at/with s.o.* vir iem.
kwaad wees; *get* ~ kwaad/driftig word; *make s.o.* ~ iem. kwaad
maak; *be* ~ *over nothing* kwaad wees oor niks; *an* ~ *young man*
'n rebel. **an·gri·ly** kwaad, toornig, grimmig, driftig. **an·gri·ness**
kwaadheid, boosheid, toornigheid.

**angst** *(D.)* angs(gevoel); lewensangs.

**an·guish** (siels)angs, (siel[e])smart, (siele)pyn, (siele)leed, ly=
ding, foltering; *be in* ~ *over* ... oor ... in angs verkeer; *suffer* ~
angs deurmaak/verduur. **an·guished** beangs, benoud; ~ *scream*
angskreet.

**an·gu·lar** hoekig, hoekvormig, met hoeke; kantig, met skerp
kante; hoek=; benerig, maer; styf, stug, stroef, ongemaklik. **an=**
**gu·lar·i·ty** hoekigheid, hoekvormigheid; kantigheid; hoekstand.
**an·gu·late, an·gu·lat·ed** hoekig, hoekvormig, gehoek; kantig;
*angulate tortoise* bontskilpad, duin(e)skilpad.

**an·hy·drous** *(chem.)* anhidries, watervry; ~ *compound* anhi=
driese/(kristal)watervrye verbinding. **an·hy·dride** *(chem.)* anhi=
dried. **an·hy·drite** *(min.)* anhidriet.

**an·il** *(bot., kleurstof)* anil, indigo. **an·i·line** *(chem.)* anilien; ~ *dye,*
*(hist.)* anilienkleurstof.

**an·i·ma** *(psig.)* anima.

**an·i·mal** *n.* dier; *(fig.)* bees, ondier; *political/social* ~ politieke/
sosiale wese; *there is no such* ~, *(infml.)* so iets bestaan nie. **an=**
**i·mal** *adj.* dierlik, dier(e)=, animaal; sin(ne)lik, vleeslik. ~ **com=**
**panion** geselskapsdier. ~ **fable** dierefabel. ~ **husbandry** vee=
teelt. ~ **kingdom** diereryk. ~ **lib(eration)** dieregte(beweging).
~ **liberationist** (kamp)vegter vir dieregte. ~ **lover** diere=
vriend. ~ **magnetism** dierlike magnetisme. ~ **nature** dierlik=
heid. ~ **rights** *(mv.)* dieregte. ~ **species** diersoort. ~ **tamer**
dieretemmer. A~ **Welfare Society** Dieresorgvereniging.

**an·i·mal·cule** =cules, **an·i·mal·cu·lum** =cula mikroskopies
klein diertjie.

**an·i·mal·ism** sin(ne)likheid; animalisme; dierlikheid. **an·i·mal=**
**ist** sensualis; aanhanger van die animalisme; diereskilder;
(kamp)vegter vir dieregte. **an·i·mal·is·tic** dierlik; animalis=
ties.

**an·i·mal·i·ty** dierlikheid; dierewêreld.

**an·i·mate** *adj.* lewend; lewendig, vrolik, opgewek. **an·i·mate**
*ww.* besiel, lewe gee aan; verlewendig, opvrolik; aanmoedig,
aanspoor, animeer; *(filmk.)* animeer. **an·i·mat·ed** lewendig, op=
gewek, geanimeer(d); beweeglik, in beweging; *(filmk.)* geani=
meer(d); *be* ~ *by* ... deur ... aangevuur word; *(~) cartoon* teken=,
animasie(rol)prent; ~ *market* lewendige mark. **an·i·ma·tion** be=
sieling; lewendigheid, opgewektheid, animo; aanmoediging,
aansporing; animasie, die maak van teken=/animasie(rol)prente;
teken=, animasie(rol)prent; *in* ~ in beweging. **an·i·ma·tor, an=**
**i·mat·er** animeerder, animasiekunstenaar.

**an·i·ma·tron·ic** *adj.* animatronies. **an·i·ma·tron·ics** *n.* ani=
matronika.

**an·i·mism** animisme. **an·i·mist** animis. **an·i·mis·tic** animis=
ties.

**an·i·mos·i·ty** =ties vyandigheid, vyandskap, animositeit; ~
*against/towards* ... vyandigheid teenoor ...; ~ *between* ... vy=
andigheid tussen ...; *regard s.o. with* ~ iem. vyandig(gesind)
wees, vyandig teenoor iem. wees; *stir up* ~ vyandskap aan=
blaas.

**an·i·mus** vyandig(gesind)heid, wrewel, teësin, vooroordeel;
dryfveer; bedoeling, oogmerk, opset; gees; *(psig.)* animus.

**an·i·on** *(chem.)* anioon.

**an·ise** *(bot.)* anys(plant); anys(saad).

**an·i·seed** anys(saad).

**an·i·sette** aniset, anyslikeur.

**an·kle** enkel; onderbeen; *twist one's* ~ jou enkel verstuit/verswik. ~**bone** talus, enkelbeen. ~~**deep** tot aan die enkels. ~ **guard** enkelskut. ~ **joint** enkelgewrig. ~~**length** *adj. (attr.)* tot op die enkels; tot oor die enkels. ~ **ring** enkelring. ~ **sock** enkelsokkie.

**an·klet** enkelring; enkelverband.

**an·ky·lo·saur** ankilosourus.

**an·nals** *(mv.)* annale, jaarboeke; annale, kronieke; annale, verslae; *in the* ~ in die annale. **an·nal·ist** kroniekskrywer, annalis.

**a(n)·nat·to** *-tos, (bot.)* orleaan(boom); *(kleurstof)* a(n)natto, orleaan.

**an·neal** *(teg.)* uitgloei, temper; *(fig.)* louter.

**An·nel·i·da** *(mv.)* Annelida, Ringwurms. **an·ne·lid, an·nel·i·dan** *n.* annelied, ringwurm, gesegmenteerde wurm. **an·ne·lid, an·nel·i·dan** *adj.* annelied.

**an·nex** *ww.* aanheg, byvoeg, toevoeg; annekseer, inlyf; ~ *s.t. to a letter* iets by 'n brief aanheg. **an·nexe,** *(Am.)* **an·nex** *n.* aanhangsel, bylaag, bylae; bygebou, anneks. **an·nex·a·tion** anneksasie, inlywing; aanhegting, byvoeging.

**an·ni·hi·late** vernietig, verdelg, uitwis, uitroei, annihileer. **an·ni·hi·la·tion** vernietiging, verdelging, uitwissing, uitroeiing; *war of* ~ verdelgings-, vernietigingsoorlog. **an·ni·hi·la·tor** vernietiger, uitroeier, verdelger; blustoestel.

**an·ni·ver·sa·ry** *-ries, n.* verjaar(s)dag; jaardag, verjaring, jaarfees; gedenkdag, herinneringsdag; *celebrate/commemorate/mark/ observe an* ~ 'n jaardag gedenk/vier; *do s.t. to mark an* ~ iets doen by geleentheid van 'n jaardag; *20th* ~ 20-jarige herdenking/bestaan. **an·ni·ver·sa·ry** *adj.* jaarliks.

**an·no Dom·i·ni** *adv., (Lat., afk.:* AD) Anno Domini, in die jaar van ons Heer/Here; ná Christus; *in (the year) 59* ~ ~ in (die jaar) 59 ná Christus.

**an·no·tate** van aantekeninge/verklarings voorsien, aantekeninge/verklarings skryf/skrywe (by), annoteer. **an·no·ta·tion** aantekening, verklaring, opmerking, annotasie. **an·no·ta·tor** annoteerder, annoteur.

**an·nounce** aankondig, bekend maak, bekendmaak, (aan)meld, meedeel; afroep; omroep. **an·nounce·ment** aankondiging, afkondiging, bekendmaking, (aan)melding, mededeling, kennisgewing; *make an* ~ 'n aankondiging/afkondiging doen. **an·nounc·er** aankondiger; (radio-)omroeper.

**an·noy** vies/kwaad maak, vererg, erger; pla, lastig val, versondig, irriteer, hinder, treiter, terg, omkrap; *be* ~*ed about/at/by s.t.* jou oor iets vererg/vervies, oor iets vies wees, jou vir iets vies; *be* ~*ed at/with s.o.* vir iem. vies/kwaad wees, jou vir iem. vererg/vervies; *get* ~*ed* vies/kwaad word, jou vererg. **an·noy·ance** ergernis, wrewel, misnoeë, verergdheid, kwaadheid; plaery, treitering, tergery, getergd; (oor)las, plaag, irritasie, hindernis, ergernis; *s.o.'s* ~ *at/over s.t.* iem. se ergernis oor iets; *cause* ~ ergernis gee; *be an* ~ *to s.o.* iem. tot ergernis wees; *to s.o.'s* ~ tot iem. se ergernis. **an·noy·ing** ergerlik, lastig, hinderlik.

**an·nu·al** *n.* jaarboek; jaarblad; eenjarige plant, jaarplant. **an·nu·al** *adj.* jaarliks, jaar-; eenjarig; ~ *congress* jaarlikse kongres; ~ *(general) meeting* (algemene) jaarvergadering; ~ *report* jaarverslag; ~ *salary* jaarlikse salaris.

**an·nu·i·ty** *-ties* annuïteit, jaargeld. ~ **bond** annuïteits-, jaargeldpolis. ~ **fund** annuïteits-, delgingsfonds. ~ **insurance** annuïteits-, jaargeld-.

**an·nul** *-ll-* ongeldig/nietig verklaar *(kontrak ens.)*; afskaf, ophef, herroep *(wet)*; tersyde *(of* ter syde) stel, vernietig *(uitspraak ens.)*; ontbind *(huwelik)*; annuleer. **an·nul·ment** ongeldig-, nietigverklaring; afskaffing, opheffing, herroeping; tersydestelling, vernietiging; ontbinding *(v. 'n huwelik)*.

**an·nu·lar** *(teg.)* ringvormig, ring-; ~ *eclipse* ringverduistering.

**an·nu·late, an·nu·lat·ed** *(soöl.)* ringvormig; gering(d), gesegmenteer(d). **an·nu·la·tion** ringvorming, ringvormige struktuur/bou.

**an·nu·let** *(argit.)* ringetjie.

**An·nun·ci·a·tion** Mariaboodskap.

**an·nun·ci·a·tor** *(elektroteg.)* verklikker.

**an·nus** *(Lat.):* ~ *horribilis, (mv.* anni horribiles*)* verskriklike/afgryslike jaar; ~ *mirabilis (mv.:* anni mirabiles*)* wonderjaar.

**an·ode** *(elek.)* anode. **an·od·al, an·od·ic** anodies, anode-. **an·o·dise, dize** anodiseer.

**an·o·dyne** *n., (med.)* pynstillende middel, pynstiller. **an·o·dyne** *adj.* pynstillend.

**a·noint** salf; invryf, (in)smeer. **a·noint·ed** *n.* gesalfde. **a·noint·ed** *adj.* gesalf. **a·noint·ment** salwing.

**a·nom·a·ly** *-lies* onreëlmatigheid, afwyking, ongerymdheid, anomalie. **a·nom·a·lous** onreëlmatig, afwykend, ongerymd, anomaal.

**an·o·mie, an·o·my** *(sosiol.)* anomie, wetteloosheid. **a·nom·ic** anomies, wetteloos.

**an·o·nym** naamlose, anonimus; skuilnaam, pseudoniem; naamlose publikasie. **an·o·nym·i·ty** naamloosheid, anonimiteit. **a·non·y·mous** naamloos, anoniem, ongenoem(d).

**a·noph·e·les (mos·qui·to)** malariamuskiet, anofeles.

**a·no·rak** anorak, windjak, -jekker, parka.

**an·o·rex·i·a** *(med.)* anoreksie, aptytverlies. ~ *nervosa (psig.)* anorexia nervosa.

**an·o·rex·ic, an·o·rec·tic** *n.* anoreksielyer; eetlusdemper. **an·o·rex·ic, an·o·rec·tic** *adj.* anorekties.

**an·oth·er** *adj.* 'n ander; nog 'n; ~ *cup of tea* nog 'n koppie tee; *for* ~ *ten years* nog tien jaar; *be of* ~ *opinion* anders dink; *s.o. of* ~ *opinion* 'n andersdenkende; ~ *Paul Adams* 'n tweede Paul Adams; *quite* ~ *matter* glad 'n ander saak; ~ *thing* iets anders; nog iets; *and* ~ *thing* ... en dan nog (dit) ...; *that is* ~ *thing altogether* dit is glad iets anders; *one thing and* ~ allerlei dinge; ~ *time* anderdag; *in* ~ *way* andersins. **an·oth·er** *pron.* iem. anders; 'n ander; nog een; *ask me* ~*!, (infml.)* moenie vir my vra nie!.

**an·ser·ine, an·ser·ous** gansagtig, ganse-; dom.

**an·swer** *n.* antwoord; oplossing; reaksie; *(jur.)* verdediging, verweer; *an early* ~ 'n spoedige antwoord; *have an* ~ *for every thing* altyd 'n antwoord klaar hê, op alles 'n antwoord hê; *find an/the* ~ *to s.t.* 'n/die oplossing vir iets vind; *there's only one* ~ *for* ... daar is net een middel teen ... *(depressie ens.)*; *give s.o. an* ~ iem. 'n antwoord gee; *in* ~ *to* ... in antwoord op ...; *a* ~ *to a letter* 'n antwoord op 'n brief; *have no* ~ iem. 'n/die antwoord skuldig bly; *a rude* ~ 'n dwars/skewe antwoord; *the stock* ~ die gereelde/geykte antwoord; *a straight* ~ 'n eerlike antwoord; *be stuck for an* ~ nie weet wat om te sê nie; *the* ~ *to* ... die antwoord op ... *('n vraag ens.)*; die oplossing van/vir ... *('n probleem ens.)*; die antwoord van ... *('n som)*; die verhoring van ... *(iem. se gebede)*; *wait for an* ~ vir/op 'n antwoord wag. **an·swer** *ww.* antwoord; beantwoord; oplos *(raaisel)*; verhoor *(gebed)*; deug; ~ *back* terugantwoord; teen-, teëpraat; ~ *the door(bell)* (die deur) oopmaak; ~ *fire* terugskiet, die vuur beantwoord; ~ *for s.o.* namens iem. antwoord; vir iem. instaan; ~ *(to s.o.) for s.t.* (aan iem.) verantwoording doen (of rekenskap gee) van iets; *have much to* ~ *for* baie/heelwat op jou boekie/gewete/kerfstok hê; ~ *a letter* 'n brief beantwoord, op 'n brief antwoord; ~ *me* antwoord my; ~ *the/s.o.'s purpose* aan die doel beantwoord, aan die (of iem. se) eise voldoen; ~ *the telephone* die telefoon antwoord; ~ *(to) a description* beantwoord aan (of ooreenkom/ooreenstem/klop met) 'n beskrywing; ~ *to one's name* antwoord wanneer jou naam uitgelees word; *my dog* ~*s to the name of* ... my hond se naam is ... ~ **paper** antwoordstel *(in eksamen)*.

**an·swer·a·ble** beantwoordbaar; verantwoordelik; aanspreeklik; *be* ~ *for s.t.* vir iets aanspreeklik wees; *be* ~ *to s.o. (for s.t.)* aan iem. verantwoordelik (of rekenskap verskuldig) wees (van iets).

**an·swer·er** antwoorder; verhoorder *(v. gebede)*.

**an·swer·ing:** ~ **machine, answerphone** (telefoon)antwoord=
masjien. ~ **service** (telefoon)antwoorddiens.

**ant** mier; *have ~s in one's pants, (infml.)* (rooi)miere hê. **~eater**
miervreter; *scaly* ~ ietermago(g), ietermagô. **~hill,** ~ **heap**
miershoop. **~lion** mierleeularwe. **~lion (fly)** mierleeu.

**ant·ac·id** teensuur, suurbinder.

**an·tag·o·nise, =nize** in die harnas *(of* die harnas in) ja(ag),
vyandig/opstandig maak, antagoniseer. **an·tag·o·nism** vyan=
digheid, vyandskap, antagonisme; teen=, teëstand, verset; *s.t.*
*arouses s.o.'s* ~ iets wek iem. se vyandskap; *the* ~ *between*
*them* die vyandigheid tussen hulle; *feel ~ for s.o.* vyandig wees
teenoor iem.; *s.o.'s* ~ *to(wards)* ... iem. se vyandigheid teenoor
... **an·tag·o·nist** teen=, teëstander, teen=, teëparty, opponent,
vyand, antagonis. **an·tag·o·nis·tic** vyandig, antagonisties; stry=
dig, teenstrydig *(standpunt);* teen=, teëwerkend *(spier); be ~ to=*
*(wards) s.o.* vyandig teenoor iem. wees, teen iem. gekant wees.

**Ant·arc·tic** *n.: the* ~, *the Antarctic Zone* die Suidpoolstreek/
=gebied. **Ant·arc·tic** *adj.* Antarkties, Suidpool=; ~ *Circle*
Suidpoolsirkel; ~ *expedition* Suidpoolekspedisie; ~ *Ocean*
SuidelikeYssee, Suidpoolsee. **Ant·arc·ti·ca** *(Suidpoolkontinent)*
Antarktika.

**an·te** *n., (pokerspel)* inset; *(infml.)* bydrae, aandeel; *raise/up the*
~, *(infml.)* die inset verhoog; die voorwaardes moeiliker maak.
**an·te** *ww., (pokerspel)* insit; ~ *(up), (Am. infml.)* opdok.

**an·te·ced·ent** *n.* antesedent, voorgaande term/sinsdeel; *(i.d.*
*mv.)* verlede, geskiedenis, antesedente. **an·te·ced·ent** *adj.*
voorafgaande; *be ~ to s.t.* iets voorafgaan.

**an·te·cham·ber** voorkamer, antichambre; wagkamer.

**an·te·date, an·te·date** terugdateer, vroeër dateer/dagte=
ken, antedateer; voorafgaan aan.

**an·te·di·lu·vi·an** *n.* stokou mens/ding, iets wat uit die *(of* Noag
se) ark kom; *(skerts.)* ouderwetse mens. **an·te·di·lu·vi·an** *adj.*
van voor die sondvloed, antediluviaans; *(skerts.)* uit die ou(e)
doos, ouderwets; stokoud.

**an·te·lope** *=lope(s)* wildsbok; *migratory* ~ trekbok.

**an·te me·rid·i·em** *(Lat., afk.:* a.m.) voormiddag *(afk.:* vm.).

**an·te·na·tal** voorgeboortelik, voorgeboorte=, (van) voor die
geboorte; ~ *care* swangerskapsorg; ~ *clinic* kliniek vir aanstaan=
de moeders, voorgeboortekliniek.

**an·ten·na** *=nae* voelhoring, voeler, tasorgaan, (voel)spriet,
antenne, antenna; *(mv.* =nas) lugdraad, antenne, antenna.

**an·te·nup·tial** voorhuweliks, (van) voor die huwelik; ~ *con=*
*tract* voorhuwelikse kontrak, huweliksvoorwaardekontrak; *mar=*
*ried by* ~ *contract* op huweliksvoorwaarde(s) getroud.

**an·te·ri·or** voor; voorste, voor=; vroeër, voorafgaande. **an·te**
**ri·or·i·ty** voorrang.

**an·te·room** voorkamer, =vertrek; wagkamer.

**an·them** lied, gesang, koorsang; lofsang; *national* ~ volkslied.

**an·ther** *(bot.)* helmknop(pie), anter. ~ **cell** helmhok(kie), an=
terhok, stuifmeelhok. ~ **dust** stuifmeel.

**an·thol·o·gy** *=gies* bloemlesing, antologie; (keur)versameling,
keur, keurbundel, antologie.

**an·thra·cite** antrasiet, glans=, smeulkool.

**an·thrax** *=thraces, (veearts.)* miltvuur, miltsiekte, antraks; *(med.)*
karbonkel, bloedvint, negeoog.

**an·thro·po·cen·tric** antroposentries.

**an·thro·poid** *n.* mensaap. **an·thro·poid** *adj.* antropoïed,
mensagtig, mens=.

**an·thro·pol·o·gy** antropologie; *social* ~ sosiale antropologie.
**an·thro·po·log·i·cal** antropologies. **an·thro·pol·o·gist** antropo=
loog.

**an·thro·po·mor·phic** antropomorf, mensvormig, mensagtig.

**an·thro·po·mor·phism** vermensliking, antropomorfisme.

**an·ti** *prep.* teen; *be ~ s.t.* teen iets (gekant) wees; 'n teen=/teë=
stander van iets wees.

**an·ti·a·bor·tion** *adj.* anti-aborsie=. **an·ti·a·bor·tion·ist** teen=/

teëstander van aborsie, aborsieteenstander, =teëstander, pro-
lewe-aktivis; *(i.d. mv. ook)* drukgroep teen aborsie.

**an·ti·air·craft:** ~ *defence* lugafweer; ~ *gun* lugafweerkanon.

**an·ti·bal·lis·tic** antiballisties *(missiel ens.).*

**an·ti·bi·ot·ic** *n., (med.)* antibiotikum, kiemstremmiddel. **an**
**ti·bi·ot·ic** *adj.* antibioties.

**an·ti·bod·y** *=ies, (med.)* teenliggaam(pie), teen=, antistof. ~
**positive** *adj.* teenliggaam-positief.

**an·ti·bur·glar:** ~ *wire* diefwering, diewedraad.

**an·ti·choice** *adj.* anti-aborsie=.

**An·ti·christ** *(NT)* Antichris; *(soms a~)* teen=/teëstander van
die Christendom, vyand van Christus.

**an·tic·i·pate** voorsien, verwag; vooruit oorweeg; vooruitloop
(op); voorspring, vooruit bestee/uitgee, vooruit beskik oor;
voor wees, voorkom; verhaas, vervroeg; antisipeer; ~ *payment*
voor die vervaldag betaal; *it is ~d that it will* ... na verwagting
sal dit ... **an·tic·i·pa·tion** (die) vooruitloop *(op);* voorkoming;
voorgevoel, verwagting; voorsmaak; antisipasie; *beyond* ~ bo
verwagting; *in* ~ by voorbaat, vooruit; *thanking you in* ~ by
voorbaat dank(ie), met dank by voorbaat; *in* ~ *of* ... in afwag=
ting van ...; *power of* ~ voorgevoel; *look forward to s.t.* **with**
**great** ~ gretig na iets uitsien. **an·tic·i·pa·to·ry, an·tic·i·pa·tive**
vooruitlopend; vervroeg; antisiperend; in afwagting.

**an·ti·cli·max** antiklimaks. **an·ti·cli·mac·tic** antiklimakties.

**an·ti·clock·wise, (Am.) coun·ter·clock·wise** *adj. & adv.*
teen die klok/horlosie/oorlosie/wysers in, links om.

**an·ti·co·ag·u·lant** *n.* anti-stolmiddel, stollingsteenmiddel.
**an·ti·co·ag·u·lant** *adj.* stollingwerend.

**an·ti·con·vul·sant** *(med.)* stuipwerende middel.

**an·ti·cor·ro·sive** *n.* roesteenmiddel, roeswerende middel. **an**
**ti·cor·ro·sive** *adj.* roeswerend.

**an·tics** *(mv.)* kaperjolle, manewales, mal streke, kaskenades;
*be up to one's old* ~ *again* al weer vol grille/nukke/streke wees;
*s.t. is up to its old* ~ *again* iets lol al weer; *perform* ~ kaperjolle
maak; manewales uithaal, spektakels maak/uithaal.

**an·ti·cy·clone** *(met.)* antisikloon, hoogdrukgebied. **an·ti·cy**
**clon·ic** antisiklonaal.

**an·ti·dan·druff sham·poo** skilfersjampoe, skilferwerende
sjampoe.

**an·ti·dazzle** *adj.* nieverblindend; skitterwerend; ~ *mirror, (mot.)*
skitterwerende truspieël.

**an·ti·de·pres·sant** *n., (med.)* antidepressant, gemoedsver=
ligter, =opheffer. **an·ti·de·pres·sant** *adj.* antidepressief, ge=
moedsverligtend, =opheffend, opkikkerend.

**an·ti·dote** *(med.)* teen=, teëgif, teen=, teëmiddel; *(fig.)* teen=, teë=
middel; *an* ~ *against/for/to* ... 'n teen=/teëgif/teen=/teëmiddel
teen/vir ...

**an·ti·e·met·ic** *(med.)* braakteenmiddel.

**an·ti·es·tab·lish·ment** *n.* anti-establishment. **an·ti·es·tab**
**lish·ment** *adj.* anti-establishment=.

**an·ti·freeze** *(gew. mot.)* vrieswering(smiddel), vriesteenmid=
del.

**an·ti·fric·tion** wrywingsvry; ~ *ball* loopkoeël; ~ *bearing* wry=
wingsvrye laer; ~ *hub* glynaaf; ~ *metal* wit=, laermetaal.

**an·ti·gen** *n., (chem.)* antigeen. **an·ti·gen·ic** *adj.* antigeen.

**an·ti·he·ro** *=roes* antiheld.

**an·ti·his·ta·mine** *(med.)* antihistamien.

**an·ti·knock** *n., (mot.)* klopwerende middel, klopweerder. **an**
**ti·knock** *adj.* klopwerend, klopvry; ~ *fuel* klopweerbrand=
stof.

**An·til·les:** *the (Greater/Lesser)* ~, *(geog.)* die (Groot/Klein) An=
tille. **An·til·le·an** *n.* Antilliaan. **An·til·le·an** *adj.* Antilliaans.

**an·ti·lock** *adj., (mot.)* sluitweer=; ~ *braking system* sluitweer=
remstelsel.

**an·ti·log·a·rithm** *(wisk.)* antilogaritme.

**an·ti·ma·cas·sar** stoelkleedjie, antimakassar.

**an·ti·mat·ter** *(fis.)* antimaterie.

**an·ti·mis·sile** *adj.* antimissiel= *(stelsel ens.).*

**an·ti·mo·ny** *(chem., simb.:* Sb) antimoon; *native* ~ spiesglans. **an·ti·mo·ni·al** antimoonhoudend, antimoon=.

**an·ti·nu·cle·ar** antinukleêr, antikern=; ~ *group* antikerngroep, protesgroep teen kernwapens/kernkrag.

**an·ti·pas·to** *-ti, -tos, (It.)* voorgereg.

**an·tip·a·thy** *-thies* teësin, renons, weersin, antipatie; *feel/have an* ~ *against/for/to(wards) s.o.* 'n teësin in *(of* afkeer van *of* anti= patie teen) iem. hê; ~ *between persons* vyandigheid tussen mense.

**an·ti·per·son·nel:** ~ *bomb* personeel=, kwesbom; ~ *mine* per= soneel=, kwesmyn.

**an·ti·per·spi·rant** *n.* sweetwerende middel, sweetweerder, antisweetmiddel. **an·ti·per·spi·rant** *adj.* sweetwerend.

**an·ti·pode** teen=, teëvoeter, antipode; teenoorgestelde. **an·tip·o·dal** teenvoeters=, teëvoeters=, van die teen=/teëvoeters; lynreg teengesteld; *(geog.)* antipodies *(kontinent, meridiaan, ens.); be* ~ *to* ..., *(geog.)* die antipode van ... wees; *(geog.)* regoor *(of* diame= traal teenoor) ... lê *(of* geleë wees); *(fig.)* die teen=/teëvoeter van ... wees; ~ *cell* antipodesel. **an·tip·o·des** *(mv., fungeer soms as ekv.), (geog.)* antipode(s); presies die teenoorgestelde; *the A*~, *(Australië en Nieu-Seeland)* die Antipodes.

**an·ti·pole** teenpool, teengestelde pool; teen(oor)gestelde.

**an·ti·py·ret·ic** *n., (med.)* koors(weer)middel. **an·ti·py·ret·ic** *adj.* koorswerend.

**an·ti·quar·i·an** *-ans,* **an·ti·quar·y** *-ies, n.* oudheidkundige, oudheidkenner, antikwaar. **an·ti·quar·i·an** *adj.* oudheidkun= dig, antikwaries; ~ *bookseller* antikwaar; ~ *bookshop* antikwa= riaat.

**an·ti·quat·ed** verouderd, ouderwets, uit die ou(e) doos.

**an·tique** *n.* ou kunswerk, antik(w)iteit; (stuk) antiek; *(i.d. mv. ook)* antiek(e). **an·tique** *adj.* oud, antiek; ouderwets. ~ **dealer** antikwaar, oudhede=, antiekhandelaar. ~ **shop** oudhede=, an= tiekwinkel, antikwariaat.

**an·tiq·ui·ty** *-ties* die Oudheid; ouderdom; antik(w)iteit; *(i.d. mv.)* oudhede; *in* ~ in die oudheid.

**an·ti·ret·ro·vi·ral** *n., (med., afk.:* ARV) antiretrovirale middel *(afk.:* ARM). **an·ti·ret·ro·vi·ral** *adj.* antiretroviraal *(middel, medisyne, behandeling, program, ens.).*

**an·ti·roll bar** *(mot.)* kanteldemper, teenkantelstaaf.

**an·ti·rust** roesweer=, roesweer=.

**an·ti·Sem·ite** anti-Semiet. **an·ti·Se·mit·ic** anti-Semities, anti= semities. **an·ti·Sem·i·tism** anti-Semitisme, antisemitisme.

**an·ti·sep·tic** *n.* ontsmettingsmiddel, ontsmettingstof, kiem= werende middel, kiemdoder, antiseptikum. **an·ti·sep·tic** *adj.* kiemwerend, ontsmettend, antisepties.

**an·ti·se·rum** *-sera* antiserum.

**an·ti·so·cial** antisosiaal, antimaatskaplik.

**an·ti·spas·mod·ic** *n.* krampmiddel, =weerder, =stiller. **an·ti· spas·mod·ic** *adj.* krampwerend, =stillend.

**an·ti·stat·ic** antistaties *(tekstiel ens.);* ~ *antenna* antisteurings= antenna, =antenne, steuringwerende antenna/antenne; ~ *chain* afleikketting.

**an·ti·sub·ma·rine:** ~ **patrol** duikbootjagpatrollie. ~ **vessel** duikbootja(gt)er.

**an·ti·tank:** ~ **missile** tenkafweermissiel.

**an·ti·ter·ror·ist** teenterreur=, antiterreur=; ~ *bill* wetsontwerp op terrorisme; ~ *measures* maatreëls teen terrorisme; ~ *squad/ unit* terreurbestrydingseenheid.

**an·ti·theft** *adj.* diefweer=; ~ *device* diefweertoestel.

**an·tith·e·sis** *-ses* teen=, teëstelling, antitese; teengestelde; *be the* ~ *of/to* ... 'n teen=/teëstelling met ... vorm.

**an·ti·trust** *adj. (attr.), (Am. pol.)* antitrust=.

**an·ti·vi·ral** *(med.)* viruswerend, antiviraal.

**an·ti·waste:** ~ **organisation** rommelbestrydingsorganisasie.

**ant·ler** *(sööl.)* horing, tak; *(set/pair of)* ~s horings, gewei *(v. takbok).* **ant·lered** met horings/gewei.

**an·to·nym** *(ling.)* antoniem, teen(oor)gestelde. **an·ton·y·mous** antoniem, teen(oor)gestel(d). **an·ton·y·my** antonimie, teen= (oor)gesteldheid.

**ant·sy** *-sier =siest* rusteloos, kriewelrig; *(Am. sl.)* katools, jags, seksbehep, wellustig.

**Ant·werp** *(geog.)* Antwerpen. ~ **dialect** Antwerps.

**a·nus** *(anat.)* anus, aars, aarsopening.

**an·vil** *(ook anat.)* aambeeld.

**anx·i·e·ty** *-ties* angs, benoudheid, vrees, onrus; besorgdheid, on= gerustheid, sorg, kommer; *s.o.'s* ~ *about/for* ... iem. se kommer oor ...; *cause s.o.* ~ iem. met angs/kommer vervul; *no cause for* ~ geen rede tot kommer nie; *s.t. causes* ~ iets wek kommer, iets baar/wek sorg, iets is kommerwekkend/sorgwekkend; *deep/ grave/great* ~ diepe kommer; *full of* ~ vol sorge; *relieve s.o.'s* ~ iem. gerusstel.

**anx·ious** besorg, bekommerd, ongerus; angstig, benoud, angs= vol; *be* ~ *about s.t.* oor iets bekommerd wees; *be* ~ *about/for s.o.* oor iem. besorg/ongerus wees/voel; *be* ~ *for s.o.'s return/etc.* verlangend na iem. se terugkoms/ens. uitsien; *be* ~ *that s.o. should* (or *for s.o. to)* do s.t. (dol)graag wil hê dat iem. iets doen; *be* ~ *to do s.t.* iets (dol)graag wil doen, gretig/begerig wees om iets te doen; *be* ~ *to know s.t.* nuuskierig wees om iets te weet; *be* ~ *to please* gretig/begerig wees om te behaag.

**an·y** enige; elke; *you can come* ~ *day* jy kan kom watter dag jy wil; *I cannot see* ~ *difference* ek kan geen verskil sien nie; *few if* ~ weinig of geen; ~ *fool knows that!* elke kind weet dit!; *as good as* ~ heeltemal goed genoeg; *hardly* ~ min/weinig of geen; *if s.o. has* ~ as iem. (daarvan) het, as iem. so iets het/besit; *have you* ~ *apples/etc.?* het jy appels/ens.?; *not have* ~ *apples/etc.* geen appels/ens. hê nie; *s.o. isn't having* ~, *(infml.)* iem. wil niks daar= van hoor nie; *is there* ~ *hope?* is daar nog (enige) hoop?; *if* ~ as daar is; *comment, if* ~, *I leave to you* enige kommentaar laat ek aan jou oor; *(for)* ~ *length of time* so lank as jy wil; *not* ~ *longer* nie langer/meer nie; *I bet you* ~ *money* ek wed jou vir wat jy wil; ~ *news of him/her yet?* al nuus oor hom/haar gehoor?; *not* ~ ... geen ... nie; ~ *number you like* 'n willekeurige getal; *have you* ~ *objection?* het jy enige beswaar?; *if it is done on* ~ *scale* as dit op aanmerklike/noemenswaardige skaal gebeur; *without* ~ sonder (enige).

**an·y·bod·y, an·y·one** elkeen, iedereen; enigiemand, enige iemand, wie ook al; enigeen, enige een; iemand; →ANYONE; *s.o.'ll never be* ~ iem. sal nooit iets word nie; ~ *but he/she* almal behalwe hy/sy; ~ *else?* nog iemand?; *everybody who is any= body was there* almal van belang was daar; *hardly/scarcely* ~ *came* byna niemand het gekom nie; *if* ~ ... as daar iem. is wat ...; *it's* ~'*s game/match/race/etc.* enige span/perd/ens. *(of* elkeen) kan wen; *just* ~ die eerste die beste; *not just be* ~ nie (sommer) 'n hierjy wees nie; *not* ~ niemand nie; *I can't see* ~ ek kan nie= mand sien nie; *has* ~ *seen him/her?* het iemand hom/haar ge= sien?; ~ *will tell you the same* almal sal vir jou dieselfde sê; *don't tell* ~ moenie vir iemand *(of* moet vir niemand) vertel nie; *(does)* ~ *want* ...? wil iemand ... hê?; ~ *who believes that is a fool* wie dit glo, is 'n dwaas.

**an·y·how** op 'n manier, sommerso, so-so; →ANYWAY; *s.o. will have to do it* ~ iem. sal dit in elk geval *(of* tog) moet doen, iem. sal dit moet doen of hy/sy wil of nie; *do it just* ~, *(infml.)* dit maak nie saak hoe jy dit doen nie; *do s.t. just* ~, *(infml.)* iets sommerso/so-so *(of* op 'n manier) doen, iets afskeep.

**an·y·one** elkeen, iedereen; enigiemand, enige iemand, wie ook al; enigeen, enige een; iemand; →ANYBODY; ~ *else* iemand an= ders; ~ *else?* nog iemand?; *not want to speak to* ~ *else* met nie= mand anders wil praat nie; *just* ~ die eerste die beste; *scarcely* ~ amper/byna niemand; ~ *who does that* wie dit doen, iem. wat dit doen.

**an·y·thing** alles; iets; al, wat ook al; ~ *but* ... alles behalwe ...; *I'll do* ~ *in my power to help you* ek sal alles in my vermoë doen om jou te help; *not for* ~ vir niks *(of* geen/g'n geld) ter wêreld nie; ~ *goes* alles is veroorloof; net wat jy wil; *hardly* ~ amper/byna niks (nie); *little* **if** ~ weinig of niks; *it is,* **if** ~, *better* dit is ewe goed of beter; ... **like** ~, *(infml.)* ... soos nog iets *(of* dat dit 'n naarheid/aardigheid is *of* dat dit help) *(lieg, spog, vloek, ens.)*; ... vir die vale *(hardloop ens.)*; ... dat dit (so) gons/klap *(leer, werk, ens.)*; *not* ~ **like** *as good/etc. as* ..., *(infml.)* glad nie so goed/ens. soos ... nie; ~ **which** ... al wat ...

**an·y·time:** *just* ~, *(infml.)* wanneer ook al.

**an·y·way, an·y·how** in elk/ieder/alle geval; tog, nogtans, nietemin, ewe(n)wel; eintlik, trouens; hoe dit (ook [al]) sy; *who cares,* ~? en wat daarvan?.

**an·y·where** oral(s); êrens *(in vraagsinne)*; waar ook al; *you can't* **buy** *it* ~ jy kan dit nêrens koop nie; ~ *else* op enige ander plek; *it won't* **get** *you* ~ jy sal niks daarmee bereik nie; *not be* **getting** ~ nie vorder nie; ~ *you* **go** waar jy ook al gaan; *not come* ~ **near** ... glad nie naby ... kom nie; *not* ~ nêrens (nie); *or* ~ of waar ook al.

**An·zac** *(WO I)* Anzacsoldaat; *(vandag)* Australiese/Nieu-Seelandse soldaat. ~ **Day** *(25 April)* Anzacdag.

**a·or·ta** -tas, -tae, *(anat.)* aorta, hoofslagaar. **a·or·tic, a·or·tal** aorta-.

**a·pace** *(poët., liter.)* vinnig, snel, hard; hand oor hand, met elke tree.

**A·pach·e** -e(s), *([lid v.] volk)* Apache.

**a·part** afsonderlik, apart, eenkant; alleen; opsy, weg; uitmekaar, vanmekaar; *far/wide* ~ ver/vêr uitmekaar/vanmekaar; ~ *from* ... afgesien van *(of* buiten) ..., (buite en) behalwe ..., op ... na; *be* ~ *from* ... van ... afgeskei wees; *live* ~ *from s.o.* weg van iem. woon.

**a·part·heid** apartheid.

**a·part·ment** *(Br.)* vertrek, kamer; *(Am.)* woonstel; ~*s to let* kamers te huur. ~ **block** *(Br.),* ~ **building** *(Am.)* woonstelgebou, woonstelblok.

**a·part·ness** apartheid, afsonderlikheid.

**ap·a·thy** onverskilligheid, ongevoeligheid, onbelangstellendheid, lusteloosheid, apatie, flegma; *be sunk in* ~ in lusteloosheid gedompel wees; *s.o.'s* ~ *towards* ... iem. se onverskilligheid omtrent/teenoor ... **ap·a·thet·ic** onverskillig, ongevoelig, apaties.

**ape** *n.* (stertlose) aap; *(fig.)* aap, domkop; lummel; *go* ~, *(sl.)* van jou trollie/wysie af raak, gek/mal word; uit jou vel spring, buite jouself raak, rasend van opgewondenheid word. **ape** *ww.* na-aap. ~**man** aapmens.

**a·pep·sia, a·pep·sy** *(med.)* apepsie, slegte spysvertering.

**a·pe·ri·od·ic** aperiodiek, aperiodies. **a·pe·ri·o·dic·i·ty** aperiodisiteit.

**a·pé·ri·tif** aperitief, aptytwekker, eetluswekker, lusmakertjie.

**ap·er·ture** opening, spleet, gleuf, gaatjie; kykspleet; *(fot.)* lensopening.

**a·pet·a·lous** *(bot.)* apetaal, sonder kroonblare, kroonblaarloos.

**a·pex** -pexes, -pices top(punt), hoogste punt, kruin, spits; *(fig.)* top-, hoogtepunt. ~ **beat** *(med.)* punt-, hartstoot.

**ap·fel·stru·del** *(D.)* = APPLE STRUDEL.

**a·pha·sl·a** *(psig.)* afasie, spraakverlies. **a·pha·sic** *n., (med.)* afasielyer, afaat. **a·pha·sic** *adj.* afaties.

**a·phid, a·phis** aphides plant-, bladluis.

**aph·o·rism** aforisme, (kern)spreuk, leer-, gedenkspreuk. **aph·o·ris·tic** aforisties.

**aph·ro·dis·i·ac** *n.* seksstimuleermiddel, geslagsdrifprikkel(middel), afrodisiakum. **aph·ro·dis·i·ac, aph·ro·di·si·a·cal** *adj.* wellusprikkelend.

**a·phyl·lous** *(bot.)* blaarloos.

**a·pi·an** bye-. **a·pi·ar·i·an** byekundig, bye-. **a·pi·a·rist** byeboer, -houer, -teler.

**a·pi·ar·y** -ies byehok, -kamp, byery. ~ **house** byehuis, -stal.

**ap·i·cal** top-; *(ling., bot.)* apikaal; ~ *cell* apikale sel.

**a·pi·cul·ture** byeteelt, -houery, -boerdery. **a·pi·cul·tur·ist** byeteler; byekundige.

**a·piece** (per) stuk, elk.

**ap·ish** aapagtig; dwaas, verspot. **ap·ish·ness** aapagtigheid.

**a·plen·ty** in oorvloed, volop, te kus en te keur.

**a·plomb** selfvertroue, selfversekerdheid, aplomb.

**a·poc·a·lypse** openbaring, apokalips. **a·poc·a·lyp·tic** apokalipties, openbarend.

**A·poc·ry·pha:** *the* ~ die Apokriewe (Boekc). **a·poc·ry·phal** apokrief; twyfelagtig, verdag, ongeloofwaardig, onaanneemlik.

**ap·o·dal, ap·o·dous** *(soöl.)* pootloos; sonder buikvinne.

**ap·o·gee** *(astron.)* apogee, apogeum; *(fig.)* top-, hoogtepunt.

**a·po·lit·i·cal** apolitiek, apolities.

**A·pol·lo** *(Gr. mit.)* Apollo. **Ap·ol·lo·ni·an** Apollinies; *(dikw. a~)* ewewigtig, beheers.

**a·pol·o·gy** -gies verskoning, verontskuldiging, ekskuus, apologie; regverdiging, verdediging, verweer; *this* ~ *for a visit/etc.* hierdie sogenaamde kuier/ens.; *make an* ~ *to s.o. for s.t.* (by) iem. (om) verskoning vra *(of* by iem. apologie aanteken/maak) vir iets; *offer an* ~ verskoning maak, ekskuus vra. **a·pol·o·get·ic** *adj.* apologeties, verskonend, verontskuldigend; verdedigend; *be* ~ *about s.t.* apologeties oor iets wees; *be* ~ *for doing s.t.* apologeties wees omdat jy iets gedoen het. **a·pol·o·get·i·cal·ly** verontskuldigend. **a·pol·o·get·ics** *n. (mv.)* apologetiek. **a·pol·o·gise, -gize** verskoning/ekskuus maak/vra, apologie maak/aanteken; jou verontskuldig; ~ *for s.o.* vir iem. verskoning vra; ~ *to s.o. for s.t.* (by) iem. (om) verskoning vra vir iets. **a·pol·o·gist** apologeet, verdediger.

**ap·o·plex·y** *(med.)* beroerte, apopleksie; *(infml.)* stilstuipe. **ap·o·plec·tic** *(med.)* apoplekties, beroerte-; *(infml.)* smoorkwaad, briesend.

**a·pos·ta·sy** -sies afval(ligheid) *(v. geloof, party, ens.)*; geloofsversaking, apostasie. **a·pos·tate** afvallige, geloofsversaker, renegaat, apostaat. **ap·o·stat·i·cal** afvallig. **a·pos·ta·tise, -tize** afval, afvallig word, jou geloof versaak.

**a pos·te·ri·o·ri** *adj. & adv., (Lat.)* a posteriori, induktief; aposteriories, empiries.

**a·pos·tle** *(lett. & fig.)* apostel; *the A~s' Creed* die Apostoliese Geloofsbelydenis. **a·pos·tle·ship** apostelskap.

**ap·os·tol·ic** apostolies.

**a·pos·tro·phe** *(gram.)* afkappingsteken, apostroof, weglatingsteken; *(ret.)* apostroof. **a·pos·tro·phise, -phize** *(ret.)* apostrofeer.

**a·poth·e·o·sis** -ses heiligverklaring, apoteose; vergoddeliking, vergoding, verheerliking; verhewe ideaal. **a·poth·e·o·sise, -size** vergoddelik, verheerlik.

**ap·pal,** *(Am.)* **ap·pall** -ll- ontstel, verskrik, ontset; *be* ~*led at s.t.* oor iets ontsteld wees. **ap·pal·ling** ontstellend, verskriklik, ontsettend, skokkend; gruwelik; uiters swak, baie sleg, vrot(sig), beroerd.

**ap·pa·ra·tchik** apparatsjik.

**ap·pa·rat·us** -us(es) apparaat, toestel, masjien; apparatuur, gereedskap, apparate, toestelle, toerusting; organisasie; *(med.)* organe; *the* ~ *of government* die staatsmasjien; *a piece of* ~ 'n stuk gereedskap, 'n toestel.

**ap·par·el** *n., (fml.)* klere, kleding, drag, mondering, gewaad; klerasie, kledingstukke.

**ap·par·ent** duidelik, klaarblyklik, kennelik, sigbaar; blykbaar, skynbaar, oënskynlik; *it soon became* ~ *that* ... dit was gou duidelik *(of* het gou duidelik geword) dat ...; ~ *death* skyndood; *from the documents it* **is** ~ *that* ... uit die dokumente blyk (dit) dat ...; ~ *length* skynlengte; *s.t. is more* ~ *than real* iets is meer skyn as werklikheid *(voordele ens.)*; ~ *truth* skynwaarheid. **ap·par·ent·ly** klaarblyklik, sigbaar; blykbaar, skynbaar, oënskynlik, vermoedelik, na alle skyn.

**ap·pa·ri·tion** verskyning, gees, spook, gedaante, spookgestalte.

**ap·peal** *n.* appèl; beroep, versoek, oproep, pleidooi, (smeek)bede; trefkrag, aantrekkingskrag; *allow/grant an* ~ 'n appèl toestaan/handhaaf, *~ny/dismiss/reject an* ~ 'n appèl afwys/

verwerp *(of* van die hand wys); *an ~ for contributions/help/etc.* 'n oproep om bydraes/hulp/ens.; *go to ~* appèl aanteken; *lodge an ~* appèl aanteken; *make an ~ against s.t.* teen iets appèl aan= teken; *make an ~ to s.o. for* (or *to do) s.t.* 'n beroep op iem. doen om iets te doen; *make an ~ to s.t.* jou op iets beroep; *note an ~, give notice of ~* appèl aanteken; *have the right of ~* die reg van appèl hê. **ap·peal** *ww.* appelleer, appèl aanteken, in (hoër) beroep gaan; 'n beroep doen; jou beroep; smeek; *~ against* ... teen ... appelleer; *~ to s.o. for s.t.* op iem. 'n beroep doen om iets; *it ~s to the imagination* dit spreek tot die verbeelding; *~ to public opinion* 'n beroep op die publiek doen; *s.t. ~s to s.o.* iem. hou van iets, iets vind by iem. ingang, iets slaan by iem. in, iets spreek tot iem., iets lok/trek iem. aan, iets val in iem. se smaak, iem. het sin in iets. *~ court, court of ~* appèlhof, hof van appèl.

**ap·peal·a·ble** *(jur.)* vatbaar vir appèl.

**ap·peal·ing** aantreklik, aanloklik, bekoorlik, lieflik, innemend, roerend; smekend.

**ap·pear** verskyn, voorkom; opdaag; optree; uitkom; te voor= skyn tree; skyn, lyk; blyk; *it ~s as if/though* ... dit lyk *(of* kom voor) (as) of ...; *~ for s.o., (jur.)* vir iem. verskyn *(in 'n hof); it ~s so, so it ~s* dit lyk so, so lyk dit; *it ~s that* ... dit blyk dat ...; blykbaar/vermoedelik ...; *it ~s to me* ... dit lyk (vir) my ..., dit kom my voor *(of* wil my voorkom) ...; *s.o./it ~s to be* ... iem./dis is blykbaar ...; *s.o./s.t. ~s to be* ... na dit skyn, is iem./iets ...; *s.o. ~s (to be)* ... iem. lyk ..., iem. kom ... voor *(moeg ens.); s.o./it ~s to have* ... iem./dit het blykbaar ...; *it would ~ as if* ... dit sou lyk (as)of ...; dit wil voorkom (as)of ...; *it would ~ to be* ... dit is blykbaar ...

**ap·pear·ance** verskyning; optrede; tevoorskynkoming; ver= skynsel; skyn; voorkoms, uiterlik(e); *to/by/from all (outward) ~s* skynbaar, oënskynlik, op die oog (af); *by ~, in/na/volgens* voorkoms; *~s are* (or *can be) deceptive/misleading* skyn be= drieg; *first ~* debuut; *judge s.o. by ~s* iem. op sy/haar baadjie takseer, iem. na/volgens die uiterlik(e) oordeel; *keep up* (or *save) ~s* die skyn bewaar/red, die fatsoen bewaar; *make* (or *put in) an ~* opdaag, verskyn, jou verskyning maak; *make a personal ~* self *(of* in lewende lywe) opdaag; in eie persoon op= tree; *make a public ~* in die openbaar optree; *s.o.'s personal ~* iem. se voorkoms/uiterlik(e); *~ and reality* skyn en waarheid/ wese; *for the sake of ~s, for ~s' sake* vir die skyn. *~ money* op= treegeld.

**ap·pease** kalmeer, tot bedaring bring, paai, sus, tevrede stel *(iem.);* stil *(honger);* les *(dors);* bevredig *(lus, nuuskierigheid, ver= lange);* versag *(leed);* verlig *(nood, smart);* temper *(woede).* **ap= pease·ment** kalmering, bedaring, gerusstelling; bevrediging; *policy of ~* versoenings=, paaibeleid. **ap·peas·er** paaier, ver= soener, vredemaker.

**ap·pel·lant** *n., (jur.)* appellant. **ap·pel·lant** *adj.* appellerend; smekend. **ap·pel·late** appèl=; *~ court* hof van appèl, appèlhof; *~ division* appèlafdeling. **ap·pel·la·tion** *(fml.)* benaming; titel; naam. **ap·pel·la·tive** *n.* benaming; titel; naam; *(gram.)* soort= naam. **ap·pel·la·tive** *adj., (fml.)* benoemend, naamgewend; *~ noun* soortnaam.

**ap·pend** byvoeg, toevoeg; *(rek.)* aanlas; *~ a seal to a document* 'n seël op 'n dokument druk, 'n dokument beseël; *~ one's sig= nature to a document* jou handtekening op 'n dokument aan= bring, 'n dokument onderteken; *~ s.t. to* ... iets aan ... heg; *(rek.)* iets by ... aanlas. **ap·pend·age** aanhangsel, byvoegsel, toevoeg= sel. **ap·pen·dant** *n., (fml.)* aanhangsel; afhanklike. **ap·pen·dant** *adj., (fml.)* bybehorend; bygevoeg; begeleidend.

**ap·pen·dix** =*dices,* =*dixes* bylaag, bylae; aanhangsel, byvoegsel, toevoegsel; *(anat.)* blindederm, appendiks. **ap·pen·dec·to·my, ap·pen·di·cec·to·my** =*mies, (patol.)* blindedermoperasie, appen= dektomie, appendisektomie. **ap·pen·di·ci·tis** *(med.)* blinde= dermontsteking, appendisitis. **ap·pen·dic·u·lar** *(anat.)* appen= dikulêr, blindederm=, appendiks=.

**ap·pe·tis·er,** =**tiz·er** aptytwekker, eetlus(op)wekker(tjie), lus= makertjie, opfrissertjie; aptyt=, southappie; →APÉRITIF.

**ap·pe·tis·ing,** =**ti·zing** aptytlik, smaaklik; aantreklik.

**ap·pe·tite** eetlus, aptyt; trek, neiging, sin, lus, sug, begeerte; *have an/no ~ for s.t.* (nie) aptyt/lus hê vir iets (nie), (geen) sin/ trek in iets hê (nie); *have a good/healthy/hearty/sound ~* 'n goeie/ gesonde/groot eetlus hê; *an ~ for knowledge* weetgierigheid, weetlus, 'n dors na kennis; *an ~ for revenge* wraaklus; *have a roaring ~* rasend honger wees; *satisfy one's ~s* jou drange be= vredig; *~ for sex* seksdrang, libido; *surrender to one's ~s* toe= gee aan jou luste. *~ suppressant, ~ suppressor, ~ suppresser* eetlusdemper.

**Ap·pi·an** *adj.: the ~ Way* die Appiese Weg.

**ap·plaud** toejuig, met applous begroet; prys, goedkeur; (hande) klap. **ap·plause** toejuiging, applous, handgeklap, byval; *a burst/ salvo of ~* dawerende toejuiging; *win loud ~* met groot applous begroet word; *a round of ~* 'n sarsie applous; *to ~* onder toe= juiging.

**ap·ple** appel; appel(boom); *a bad/rotten ~, (lett. & fig.)* 'n vrot appel; *the Big A~, (Am. sl.)* New York; *an ~ a day keeps the doctor away* 'n appel 'n/per dag laat die dokter wag; *~ of dis= cord* twisappel; *the ~ of s.o.'s eye* iem. se oogappel. *~cart* ap= pelkar; *upset s.o.'s ~, (infml.)* (al) iem. se planne omvergooi/ omvêrgooi/verydel/dwarsboom/fnuik; *upset the ~, (infml.)* die (hele) spul verongeluk, die (hele) boel omskop. *~ crumble* ap= pelfrummelpoeding. *~ green n.* appel=, liggroen. *~-green adj. (attr.)* appel=, liggroen. *~-jack (brandy)* appelbrandewyn. *~ pie* appeltert. *~-pie bed* vasskopbed. *~-pie order* piekfyn, agter= mekaar, in die haak. *~ strudel* appelstrudel. *~ whip* appel= skuim.

**ap·pli·ance** toestel, apparaat, werktuig, instrument; hulpmid= del; brandweerwa.

**ap·pli·ca·ble, ap·pli·ca·ble** toepaslik, toepasbaar; geskik, bruikbaar, doelmatig; *be ~ to* ... op ... van toepassing wees. **ap·plic·a·bil·i·ty, ap·pli·ca·ble·ness** toepaslikheid, toepasbaar= heid; geskiktheid, bruikbaarheid, doelmatigheid.

**ap·pli·cant** aansoeker, applikant; aanvraer *(om aandele ens.).*

**ap·pli·ca·tion** aanwending, toepassing, toediening, gebruik, applikasie; aanvraag; aansoek; vlyt, ywer, aandag, toewyding; *field of ~* gebruiksveld; *an ~ for* ... 'n aansoek om ... *('n betrek= king ens.);* 'n aanvraag om ... *(verlof, 'n lisensie, 'n patent, ens.); letter of ~* aansoekbrief; *make* (or *put in) an ~* aansoek doen, 'n aansoek instuur; *the ~ of* ... die aanwending van ... *(fondse, medisyne, ens.);* die toepassing van ... *('n beginsel, reël, ens.);* **on ~** op aanvraag; *an ~ to* ... 'n aansoek by ... *(d. hof ens.).* *~ form* aansoekvorm; inskrywingsvorm. *~ program (rek.)* toepassings= program. *~ software (rek.)* toepassingsprogrammatuur, =sag= teware. *~s package (rek.)* toepassingspakket

**ap·pli·ca·tor** toediener, aanbringer; (spons)kwassie.

**ap·plied** toegepas; *~ art* toegepaste kuns.

**ap·pli·qué** *n.* applikee, appliek(werk), oplegwerk. **ap·pli·qué** *ww.* applikeer, appliekwerk doen.

**ap·ply** aanwend, aanbring, aansit; toepas, gebruik (maak van), benut; aansmeer; oplê; aansoek doen, aanvra; rig *(tot),* wend *(tot); ~ the brakes* rem (trap); *~ to s.o. for* ... by iem. om ... aan= soek doen *('n betrekking ens.); ... by iem. 'n lisensie ens.);* by iem. om ... aanklop; *~ one's mind to s.t.* jou in iets verdiep; aandag aan iets bestee; *~ pressure to* ... druk op ... uitoefen; *~ing to* ..., *(ook)* aangaande ...; *~ o.s. to s.t.* jou op iets toelê *('n taak ens.); s.t. applies to* ... iets is op ... van toepassing, iets slaan op ...; *~ s.t. to* ... sit; iets aan ... smeer, ... met iets in= smeer/invryf/invrywe; *~ within* doen hier aansoek.

**ap·point** aanstel, benoem; bepaal, vasstel *(datum ens.);* aanwys *(plek ens.);* toerus, inrig, uitrus, meubileer; *~ s.o. as* (or *to be)* ... iem. as ... aanstel; *at the ~ed time and place* op die bestemde tyd en plek; *s.o.'s ~ed task* iem. se toegewese/opgelegde/aan= gewese taak; *~ s.o. to do s.t.* iem. aanwys om iets te doen; *~ s.o. to a post* iem. in 'n pos/amp aanstel, iem. tot 'n pos/amp be= noem. **ap·point·ee** benoemde, aangestelde (persoon). **ap= point·er** benoemer, aansteller. **ap·point·ment** afspraak; aan=

stelling, benoeming; bepaling, vasstelling; aanwysing; *(i.d. mv.)* toerusting, inrigting, uitrusting, meublement, meubels; *s.o.'s ~ as* ... iem. se aanstelling as ...; *break an ~* 'n afspraak nie hou/ nakom nie; *by ~* volgens afspraak; *cancel (or put off) an ~* 'n afspraak afsê/afstel; *get an ~* 'n afspraak kry; 'n aanstelling kry; *keep an ~* 'n afspraak hou/nakom; *make an ~* 'n afspraak maak; 'n aanstelling/benoeming doen; *take up an ~* 'n aanstelling aanvaar.

**ap·por·tion** toewys, toedeel, toebedeel; verdeel; uitdeel. **ap·por·tion·ment** toewysing, toedeling, toebedeling; (eweredige) verdeling.

**ap·po·site** geskik, gepas, toepaslik, passend; *an ~ answer* 'n gevatte antwoord; *be ~ to* ... op ... toepaslik wees. **ap·po·site·ness** geskiktheid, gepastheid. **ap·po·si·tion** naasmekaarstelling; *(gram.)* bystelling, apposisie; *(biol.)* apposisie.

**ap·praise** waardeer, waarde bepaal (van) *(eiendom ens.);* skat, takseer *(waarde, skade);* deurkyk *(situasie);* beoordeel *('n gedig ens.); an appraising look* 'n ondersoekende/takserende blik. **ap·prais·a·ble** waardeerbaar, takseerbaar, skatbaar. **ap·prais·al, ap·praise·ment** skatting, waardering, taksasie, taksering, waardebepaling. **ap·prais·er** taksateur, skatter, waardeerder.

**ap·pre·ci·ate** waardeer, dankbaar wees vir, op prys stel; besef (hê van), begryp, begrip hê vir, bewus wees van, insien; na waarde skat, waardeer; in waarde toeneem/styg, appresieer; opgaan, styg *(in prys); ~ s.t. deeply/greatly* iets hoog op prys stel; *s.o. has to ~ that* ... iem. moet besef dat ... **ap·pre·ci·a·ble** merkbaar, aansienlik, aanmerklik. **ap·pre·ci·a·bly** merkbaar, aansienlik, aanmerklik, heelwat. **ap·pre·ci·a·tion** waardering, erkenning; besef, begrip; (goeie) opinie/mening; waardevermeerdering, =styging; appresiasie *(v. geldeenheid ens.);* beoordeling, bespreking, kritiek; *express ~ of s.t.* waardering vir/oor iets uitspreek; *have little ~ of s.t.* weinig besef van iets hê *(probleme ens.); in ~ of* ... uit waardering vir ... **ap·pre·ci·a·tive** waarderend; begrypend; dankbaar; vleiend *(resensie); be ~ of s.t.* iets waardeer, waardering vir iets hê; begrip vir iets hê; dankbaar vir iets wees. **ap·pre·ci·a·tive·ly** waarderend, met waardering/ erkentlikheid; met dank, dankbaar. **ap·pre·ci·a·tive·ness** (gevoel van) waardering. **ap·pre·cia·to·ry** waarderend.

**ap·pre·hend** vang, in hegtenis neem, gevange neem, arresteer, aanhou. **ap·pre·hen·sion** vrees, besorgdheid, ongerustheid; inhegtenisneming, gevangeneming, arrestasie, aanhouding; *have ~s about s.t.* oor iets besorg/ongerus wees; *feel ~ for* ... bevrees vir ... wees *(iem. se veiligheid ens.);* ... vrees. **ap·pre·hen·sive** besorg, bang, lugtig, ongerus; *be ~ about s.t.* oor iets besorg/ongerus wees; *be ~ for s.t.* vir iets vrees; *be ~ of s.t.* iets vrees, bedug/bevrees/bang/lugtig vir iets wees. **ap·pre·hen·sive·ness** vrees, besorgdheid, ongerustheid.

**ap·pren·tice** *n.* vakleerling; leerling; leerlingjokkie; nuweling, beginner, groentjie. **ap·pren·tice** *ww.* as vakleerling inskryf/ =skrywe, 'n ambag laat leer; *be ~d to s.o.* by iem. as vakleerling ingeskryf/=skrywe wees, 'n ambag van iem. leer. **ap·pren·tice·ship** vakleerlingskap; leertyd, leerjare.

**ap·prise, ·prize** *(fml.)* in kennis stel, op (die) hoogte bring, meedeel, verwittig; *be ~d of s.t.* van iets kennis dra *(of* bewus wees*),* iets weet.

**ap·pro:** *on ~, (infml.)* op sig; →APPROVAL.

**ap·proach** *n.* nadering; aantog; metode; toegang(spad), oprit; *(dikw. mv.)* toenadering; benadering; *(lugv.)* naderingsbaan; *(gholf)* naderhou; *at the ~ of* ..., *(teenw.t.)* wanneer ... nader kom *(of* naderkom*), (verl.t.)* toe ... nader kom *(of* naderkom*); an easy ~ to maths/etc.* 'n maklike manier om wiskunde/ens. te leer; *s.o.'s ~ to life* iem. se lewensbeskouing/-opvatting; *make an ~ to s.o. for s.t.* iem. om iets nader *(hulp ens.); make ~es to s.o.* toenadering tot iem. soek; *the ~es to a place* die toegange na 'n plek; *s.o.'s ~ to* ... iem. se houding teenoor *(of* beskouing omtrent *of* opvatting van*)* ...; iem. se benadering van ..., die manier waarop iem. ... aanpak/benader. **ap·proach** *ww.* nader; nader kom, naderkom; in aantog wees; *(troepe)* opruk, aan=

ruk; aangevlieg kom; *na* ... *toe* kom/gaan; aanklop by, jou wend tot; op die drumpel staan van *(fig.);* naby ... kom; grens aan; toenadering soek tot; benader, aanpak; *~ s.o. about/for s.t.* iem. oor/ om iets nader, by iem. oor/om iets aanklop. **ap·proach·a·ble** toeganklik *(plek);* tocganklik, genaakbaar *(iem.).* **ap·proach·a·bil·i·ty** toeganklikheid; genaakbaarheid. **ap·proach·ing** naderend; aanstaande *(gebeurtenis).*

**ap·pro·ba·tion** aanbeveling; goedkeuring, bekragtiging, sanksie.

**ap·pro·pri·ate** *adj.* geskik, passend, paslik, gepas, van pas; toepaslik, tersaaklik, ter sake; betrokke; aangewese, juiste, korrekte, regte; doelmatig; in aanmerking komende; *the ~ amount* die nodige bedrag; *the ~ committee* die betrokke komitee; *be ~ for/to* ... vir ... gepas/geskik/paslik/passend wees. **ap·pro·pri·ate** *ww.* (jou) toe-eien, inpalm, neem, beslag lê op; bestem, toewys, afsonder, aanwys; bewillig, beskikbaar stel; aanwend, gebruik; *~ s.t. for* ... iets vir ... aanwys/afsonder/bestem/toewys; *~ funds/ money for* ... geld vir ... bewillig *(of* beskikbaar stel*).* **ap·pro·pri·ate·ly** passend; toepaslik.

**ap·pro·pri·a·tion** toe-eiening; bestemming, toewysing, afsondering, aanwysing; bewilliging, beskikbaarstelling; aanwending; *make an ~ for* ... 'n bedrag vir ... bewillig; *~ of profits* winsverdeling, =aanwending. *~ account* winsverdelings=, toewysings= rekening. *~ act* begrotingswet.

**ap·pro·pri·a·tive** toe-eienend.

**ap·prov·al** goedkeuring, instemming; byval; aanbeveling; bevestiging, bekragtiging; *give one's ~ to* ... ... goedkeur, jou goedkeuring aan ... gee/heg; *have the ~ of s.o.* iem. se goedkeuring hê/wegdra; *meet with ~* goedkeuring wegdra, byval vind; *on ~* op sig; *s.t. wins s.o.'s ~* iets dra iem. se goedkeuring weg; iets vind by iem. ingang; *with the ~ of* ... met die goedkeuring van ...

**ap·prove** goedkeur; aanbeveel; bevestig, bekragtig; onderskryf; *~d method* beproefde/erkende metode; *~ of s.o.* van iem. hou, baie van iem. dink; *~ of s.t.* iets goedkeur/goedvind.

**ap·prov·ing** *adj.* goedkeurend, instemmend.

**ap·prox·i·mate** *adj.* benader(d), geraamd, geskat. **ap·prox·i·mate** *ww.* benader, naby kom; naby bring; *s.t. ~s (to)* ... iets kom naby aan ... **ap·prox·i·mate·ly** ongeveer, naaste(n)by, omtrent, min of meer. **ap·prox·i·ma·tion** benadering; *(wisk.)* approksimasie; *s.t. is an ~ of/to* ... iets is min of meer *(of* naaste[n]by*)* ...

**a·pri·cot** appelkoos; appelkoos(boom). *~ (colour)* appelkooskleur.

**A·pril** April; *the month of ~* Aprilmaand. *~ fool* Aprilgek. *~ Fool's/Fools' Day (1 Apr.)* Gekkedag.

**a pri·o·ri** *(Lat.)* a priori. **a·pri·or·is·tic** aprioristies.

**a·pron** voorskoot; *(teat.)* voorverhoog; laaiblad *(op vliegveld);* vervoerband; skerm; vloer; skortbalk *(v. trap); (gholf)* soom *(v. setperk),* perkrand; borsplooi *(v. skaap);* kraagwol; *(leather) ~* skootsvel, leerskort *(deur ambagsmanne gedra). ~ string* voorskootband; *be tied to s.o.'s ~ ~s, (infml.)* aan iem. se rok(s)= bande vas wees.

**a·proned** met 'n voorskoot *(of* skort voor*).*

**a·pro·pos** *(Fr.)* apropos; *~ of* ... na aanleiding van ...

**apse** *(argit.)* apsis, apside, altaar=, koornis; *(astron.)* apsis, apside. **ap·si·dal** apsidaal, apsis=, apside=.

**apt** geskik, passend, paslik, gepas, toepaslik; raak *(beskrywing ens.);* gevat *(antwoord ens.);* treffend *(vergelyking ens.);* skrander, vlug, bekwaam; *be ~ at s.t.* goed in iets wees *(wisk. ens.); be ~ at doing s.t.* die gawe hê om iets te doen; *be ~ to do s.t.* iets gou/maklik doen, geneig wees om iets te doen *(vergeet ens.).*

**ap·ter·ous** *(entom.)* ongevleuel(d), sonder vlerke.

**ap·ti·tude** geskiktheid; neiging; aanleg, gawe, begaafdheid; *have an ~ for s.t.* aanleg vir iets hê, vir iets aangelê wees. *~ test* aanlegtoets.

**apt·ly** passend, paslik, gepas; raak; gevat.

**apt·ness** geskiktheid, gepastheid; gevatheid; geneigdheid, neiging; skranderheid.

**aq·ua** =uae,=uas, n. water. **aq·ua** adj., (afk. v. aquamarine) akwamaryn, seegroen.

**aq·ua** komb.vorm water=, akwa=.

**aq·ua·cul·ture, a·qui·cul·ture** waterkultuur, =boerdery.

**a·qua(e)r·o·bics** akwa-aërobiese oefeninge.

**aq·ua·lung** duiklong.

**aq·ua·ma·rine** (min.) akwamaryn; (kleur) akwamaryn, seegroen.

**aq·ua·naut** akwanout.

**aq·ua·pho·bia** (vrees vir water) akwafobie.

**aq·ua·plane** n. ski-plank. **aq·ua·plane** ww. ski-plank ry. **aq·ua·plan·er** ski-plankryer.

**aq·ua re·gi·a** (chem.) koningswater.

**aq·ua·relle** waterverftekening, =skildery, akwarel. **aq·ua·rel·list** akwarellis, waterverfskilder, =tekenaar.

**a·quar·i·um** =iums,=ia akwarium.

**A·quar·i·us** (astron.) Aquarius, die Waterman/Waterdraer.

**a·quar·o·bics** →AQUA(E)ROBICS.

**a·quat·ic** n. waterplant; waterdier, waterbewoner; (i.d. mv.) watersport. **a·quat·ic** adj. water=; waterliewend.

**aq·ua·tint** akwatint.

**aq·ua·tube** (swembadspeelding) waterwurm.

**aq·ua·vit, ak·va·vit** akwaviet.

**aq·ue·duct** waterleiding, akwaduk; (med.) watergang.

**a·que·ous** waterig, wateragtig, van water, water=; ~ cream akwaroom, waterige room.

**aq·ui·fer** (geol.) waterdraer, =klip.

**Aq·ui·la** (astron.) Aquila, die Adelaar/Arend.

**aq·ui·le·gi·a** (bot.) akelei.

**aq·ui·line** arends=; geboë, krom.

**A·ra** (astron.) Ara, die Altaar.

**a·ra** (soort papegaai) ara.

**Ar·ab** n. Arabier; Arabier(perd), Arabiese perd. **Ar·ab** adj. (attr.) Arabiese. **A·ra·bi·a** Arabië. **A·ra·bi·an** adj. Arabies. **Ar·a·bic** n. & adj. Arabies. **Ar·ab·ist** Arabis, kenner van Arabies.

**ar·a·besque** n. & adj. (ballet, mus., kuns) arabesk.

**a·ra·bi·ca** arabica. ~ **coffee** arabicakoffie.

**a·ra·ble** bewerkbaar, beboubaar, ploegbaar (grond, land). **ar·a·bil·i·ty** beboubaarheid.

**ar·a·chis oil** grondboon(tjie)olie.

**a·rach·nid** n., (soöl.) spinagtige (dier), aragnied. **A·rach·ni·da** (soöl.) Spinagtiges, Aragnides, (Lat.) Arachnida. **a·rach·noid** n., (anat.) aragnoïed, spinnerakvlies. **a·rach·noid** adj., (anat., bot.) aragnoïed, spinnerakagtig, spinnerak=; (soöl.) aragnoïed, spinagtig.

**ar·bi·ter** arbiter, beslisser, skeidsregter, skeidsman.

**ar·bi·trage** (han.) arbitrage. **ar·bi·tra·geur, ar·bi·trag·er** (han.) arbitrageur, arbitrageant.

**ar·bi·tral** arbitraal, skeidsregterlik.

**ar·bi·trar·y** adj., **ar·bi·trar·i·ly** adv. arbitrêr, willekeurig, na willekeur; eiemagtig, eiesinnig; despoties; wispelturig. **ar·bi·trar·i·ness** willekeurigheid, willekeur; eiemagtigheid, eiesinnigheid; despotisme; wispelturigheid.

**ar·bi·trate** arbitreer, as arbiter/skeidsregter optree, bemiddel; aan arbitrasie onderwerp.

**ar·bi·tra·tion** (jur.) arbitrasie; **by** ~ deur arbitrasie; **court of** ~ arbitrasiehof; ~ **of exchange,** (han.) wissel(koers)arbitrasie, =arbitrage; **go to** ~ na arbitrasie verwys word (geskil); hulle aan arbitrasie onderwerp (partye); **settle** s.t. **by** ~ iets deur arbitrasie besleg; **submit** s.t. **to** ~ iets aan arbitrasie onderwerp. ~ **award** arbitrasiebeslissing, arbitrasieuitspraak, skeidsregterlike beslissing/uitspraak.

**ar·bi·tra·tor** arbiter, beslisser, skeidsregter.

**Ar·bor Day** Boomplantdag.

**ar·bor·e·al** boomagtig, boom=; boombewonend.

**ar·bo·re·ous** boomryk, bebos; boomagtig.

**ar·bo·res·cent** boomagtig, vertak, boomvormig, boom=.

**ar·bo·re·tum** =ta, =tums, (Lat.) boomtuin, boomkwekery, arboretum.

**ar·bor·i·cul·ture** boomkwekery, =teelt. **ar·bor·i·cul·tur·al** boomkundig, boomkweek=, boom=. **ar·bor·i·cul·tur·ist** boomkweker, =kenner.

**ar·bour,** (Am.) **ar·bor** prieel, somerhuisie.

**ar·bu·tus** aarbeiboom.

**arc** n. boog; ~ of a circle sirkelboog. **arc** ww. 'n boog vorm; in 'n boog trek. ~ **lamp** booglamp.

**ar·cade** arkade, suilegang, suilegalery, booggang; (shopping) ~ (winkel)arkade, winkelgalery, =gang. **ar·cad·ed** met baie boë/bogies.

**Ar·ca·di·a** (geog.) Arkadië (in Gr.); Arcadia (in Tshwane); (ook, poët., Arcady) Arkadië. **Ar·ca·di·an** n. Arkadiër. **Ar·ca·di·an** adj. Arkadies.

**ar·cane** geheim(sinnig), misterieus, esoteries.

**arch**[1] n., (bouk.) boog, gewelf; (anat.) boog; fallen ~es platvoete; ~ of the foot voetvrug, voetboog. **arch** ww. buig; welf, welwe; 'n boog oor ... vorm; the cat ~ed its back die kat het sy rug krom gemaak. ~ **buttress** steunboog. ~ **support** steunsool. ~**way** boog; gewelfde gang, oorwelfde ingang/gang; gewelfde poort.

**arch**[2] adj., **arch·ly** adv. ondeund, skalks, guitig, oulik. **arch·ness** ondeundheid, ens..

**arch**= pref. aarts=.

**ar·chae·ol·o·gy,** (Am.) **ar·che·ol·o·gy** argeologie. **ar·chae·o·log·i·cal** argeologies. **ar·chae·ol·o·gist** argeoloog.

**ar·cha·ic** argaïes, verouderd (woord ens.); outyds, ouderwets. **ar·cha·ism** argaïsme, verouderde woord/uitdrukking. **ar·cha·is·tic** argaïsties.

**arch·an·gel** aartsengel; (bot.) engelkruid, =wortel, angelika; (orn.) engelduif. **arch·an·gel·ic** aartsengelagtig, van/soos 'n aartsengel.

**arch·bish·op** aartsbiskop. **arch·bish·op·ric** aartsbiskoplike rang; amp van 'n aartsbiskop; aartsbisdom.

**arch·dea·con** aartsdeken. **arch·dea·con·ry** =ries aartsdekenskap; aartsdekenswoning.

**arch·di·o·cese** aartsbisdom. **arch·di·oc·e·san** aartsbisdomlik.

**arch·duke** aartshertog. **arch·du·cal** aartshertogelik. **arch·duch·ess** aartshertogin. **arch·duch·y** aartshertogdom.

**arched** geboë, boogvormig, boog=; gewelf; ~ roof gewelf; boogdak; ~ tail sekelstert.

**arch·en·e·my** =mies aartsvyand.

**arch·er** boogskutter; the A~, (astrol.) die Boogskutter, Sagittarius. **arch·er·y** pyl-en-boog-skiet, boogskiet(ery); pyl(e) en boog/boë, boogskutterswapens; boogskutters.

**ar·che·type** grondvorm, oorspronklike vorm; oertipe; prototipe; (psig.) argetipe, oerbeeld. **ar·che·typ·al** oorspronklik; oer=; prototipies; argetipies; tipies, tiperend, kenmerkend.

**Ar·chi·me·des** Archimedes; ~'principle die wet van Archimedes; ~'screw,Archimedean screw Archimediese skroef, tonmeul(e). **Ar·chi·me·de·an** Archimedies, van Archimedes.

**ar·chi·pel·a·go** =go(e)s eilandese, argipel; eilandgroep, argipel.

**ar·chi·tect** argitek; (fig.) argitek, skepper, grondlegger; ~'s drawing argitekstekening; the ~ of one's own fate/fortune die maker van jou eie geluk; the ~ of victory die grondlegger van die oorwinning. **ar·chi·tec·ton·ic** argitektonies, boukundig. **ar·chi·tec·tur·al** argitektonies, boukundig; ~ style boustyl. **ar·chi·tec·ture** argitektuur, boukunde, boukuns; boustyl; Cape Dutch ~ Kaaps-Hollandse boustyl.

**ar·chive** argief; (i.d. mv.) argief, argiewe, geskiedrolle; (i.d. mv.) argiefgebou. **ar·chiv·al** argivaal, argivalies; ~ document argiefstuk; ~ records argiefstukke. **ar·chi·vist** argivaris, argiefbewaarder.

**arch·vil·lain** aartsskelm, =skurk.

**arc·ing** boogvorming; (oor)vonking.

**Arc·tic** *n.: the ~, the Arctic Zone* Arktika, die Noordpool= streek/-gebied. **Arc·tic** *adj.* Arkties, Noordpool-; ~ *Circle* Noordpoolsirkel; ~ *expedition* Noordpoolekspedisie; ~ *Ocean* Noordelike Yssee, Noordpoolsee, Arktiese Oseaan.

**arc·tic** *adj.* ysig, yskoud; ~ *fox* Arktiese vos, pool-, ysvos; ~ *tern* Arktiese seeswa(w)el/sterretjie.

**Ar·dennes** *(Fr.): the ~, (geog.)* die Ardenne. ~ **Offensive** *(WO II)* Ardenneoffensief.

**ar·dent** vurig, ywerig, hartstogtelik. **ar·den·cy** vurigheid, vuur, besieling, ywer, hartstog(telikheid), geesdrif.

**ar·dour,** *(Am.)* **ar·dor** vurigheid, vuur, besieling, ywer, harts= tog, geesdrif; *damp(en) s.o.'s* ~ 'n demper op iem. plaas/sit; *with undamped* ~ met onverminderde ywer; ~ *for work* werkywer, =lus.

**ar·du·ous** moeilik, swaar, veeleisend, inspannend; steil.

**are** *ww.* *(2e pers. ekv.; 1e, 2e & 3e pers. mv.)* is; →BE; *they ~ coming* hulle kom, hulle is aan die kom *(of* aan 't kom); *how much ~ the pears?* hoeveel kos die pere?.

**ar·e·a** oppervlakte, vlak, area; gebied, streek, buurt, omgewing, wyk, area; terrein, (oop) ruimte, plek; omvang; *it covers an ~ of ...* dit beslaan ...; ~ *of dispute* omstrede gebied; *a grey ~* 'n tussengebied; ~ *of jurisdiction* regsgebied; ~ *of sale* afsetge= bied; *over a wide* ~ oor 'n uitgestrekte gebied. ~ *code (telekom.)* gebiedskode. ~ **forecast** streekvoorspelling.

**a·re·na** arena, strydperk, kryt.

**aren't** *(infml., sametr. v.* are not*)* is nie; →BE; *they ~ here* hulle is nie hier nie; *I'm late, ~ I?, (sametr. v.* I am late, am I not?*)* ek is laat, nè *(of* nie waar nie)?.

**Ar·gen·ti·na** *(geog.)* Argentinië. **Ar·gen·tine, Ar·gen·tin·i·an** *n.* Argentyn. **Ar·gen·tine, Ar·gen·tin·i·an** *adj.* Argentyns; *Argentine ant* Argentynse mier.

**ar·gon** *(chem., simb.:* Ar*)* argon.

**ar·gu·a·ble** betwisbaar, onuitgemaak, aanvegbaar; twyfelag= tig, onseker; moontlik, denkbaar; *it is ~ that ...* ('n) mens kan redeneer dat ...; *it is ~ whether ...* dit is *(of* dis) 'n vraag of ... **ar·gu·a·bly** *adv.* stellig, bes moontlik; *this is ~ s.o.'s best book* dit is stellig *(of* bes moontlik) iem. se beste boek.

**ar·gue** stry, twis, argumenteer, redekawel; redeneer; aanvoer; betoog; *(jur.)* beredeneer, bepleit *('n saak); ~ about/over s.t.* oor iets stry/argumenteer; ~ *against s.t.* jou teen iets uitspreek, teen iets argumenteer; *the facts ~ against s.t.* die feite getuig teen iets; ~ *s.t. away* iets wegredeneer/wegpraat; *that cannot be ~d away* daar kom jy nie verby nie; ~ *in a circle* in 'n kring= (etjie) redeneer; *be closely ~d* logies beredeneer(d) wees; *don't ~ (with me)!* moenie teë-/teenpraat nie!; ~ *for* (or *in favour of) s.t.* vir iets pleit, redes vir *(of* ten gunste van) iets aanvoer, jou vir *(of* ten gunste van) iets uitspreek; ~ *s.o. into doing s.t.* iem. ompraat/oorreed om iets te doen; ~ *s.t. out* iets uitstry/-praat *(probleme, twispunte, verskille, ens.); ~ s.o. out of s.t.* iem. van iets laat afsien, iets uit iem. se kop praat; ~ *s.o. out of doing s.t.* iem. ompraat/oorreed om iets nie te doen nie; ~ *one's way out of s.t.* jou uit iets lospraat; ~ *s.t. out with s.o.* iets met iem. deurpraat; ~ *that ...* aanvoer/betoog/redeneer dat ...; ~ *with s.o.* met iem. stry; *there's no arguing with him/her* ('n) mens kan nie met hom/ haar redeneer nie; *you can't ~ with that, (infml.)* daaroor kan jy nie kla nie.

**ar·gu·ment** rusie, stryery, gestry, twis, getwis, onenigheid, re= dekaweling, woordewisseling, woordestryd; redenering; gedag= tewisseling, debat; bewys(grond), argument; argumentasie, be= wysvoering, beredenering, betoog; hoofinhoud, samevatting *(v. 'n boek ens.); (wisk.)* argument; *advance ~s* redes aantoon, argumente aanvoer; *an ~ against s.t.* 'n argument teen iets; *be beyond ~* onbetwisbaar/onaanvegbaar *(of* buite twyfel) wees; *develop an ~* 'n redenering ontplooi; *an ~ for* (or *in favour of) s.t.* 'n argument vir *(of* ten gunste van) iets; *have an ~ with s.o. about/over s.t.* met iem. oor iets stry; *pick an ~ with s.o.* 'n argument met iem. uitlok; *put forward* (or *raise) an ~* 'n argu=

ment aanvoer/opper; *for the sake of ~, for ~'s sake* arguments= halwe; *settle an ~* 'n meningsverskil oplos; *a solid/sound ~* 'n gegronde argument; *a specious ~* 'n vals(e) argument, 'n drog= rede(nasie); *that ~ is unanswerable* teen daardie argument kan jy niks inbring nie; *the ~ doesn't hold water* die argument gaan nie op *(of* is nie geldig) nie. **ar·gu·men·ta·tion** redene= ring, redenasie, bewysvoering, betoog, argumentasie; debat, geredetwis. **ar·gu·men·ta·tive** rusiemakerig, skoorsoekerig, twis= soekerig, twissiek, stryerig, teë-, teenpraterig; logies, berede= neerd. **ar·gu·men·ta·tive·ness** rusiemakery, skoorsoekery, twis= soekery, stryerigheid.

**a·ri·a** *(mus.)* aria.

**ar·id** dor, droog; onvrugbaar.

**a·rise** arose arisen ontstaan; *(probleem, vraag, ens.)* opduik; *(ge= leentheid)* hom voordoen; *(storm)* opsteek; *(son, wind)* opkom; opgaan, opstyg, (op)rys; *s.t. ~s from* (or *out of) ...* iets spruit (voort) *(of* vloei voort *of* ontstaan) uit ..., iets is die gevolg van ..., iets word veroorsaak deur ...; *matters arising (from the min= utes)* punte uit die notule; *should the need ~* sou dit nodig wees.

**a·ris·to·crat** aristokraat; *an ~ among wines* 'n superieure wyn. **ar·is·toc·ra·cy** aristokrasie; aristokrate. **a·ris·to·crat·ic** aristo= kraties, adellik, aristokrate-, adel-.

**Ar·is·to·tle** *(Gr. filosoof)* Aristoteles. **Ar·is·to·te·li·an** *n.* Aristo= teliaan. **Ar·is·to·te·li·an** *adj.* Aristoteliaans, Aristotelies.

**a·rith·me·tic** *n.* rekenkunde; *do ~* rekenkunde doen, somme maak; ~ *and logic unit, (rek.)* rekenlogika-eenheid; *mental ~* hoofrekene. **a·rith·me·tic, a·rith·met·i·cal** *adj.* reken= kundig, reken-; *arithmetic mean* rekenkundige gemiddeld(e); *arithmetic progression* rekenkundige reeks.

**ark** ark; toevlugsoord, skuilplek; *A~ of the Covenant* verbonds= ark; *Noah's ~* Noag se ark; *it comes (straight) out of the ~, (infml.)* dit kom uit die *(of* Noag se) ark, dit was saam met Noag in die ark, dit is stokoud; dit is ouderwets *(of* uit die ou[e] doos).

**arm¹** *n.* arm *(v. mens, dier, platespeler, ens.; ook fig.);* mou *(v. kle= dingstuk);* arm(leuning) *(v. stoel ens.); (mil.)* vertakking; *stand with ~s akimbo* hand in die sy staan; *chance one's ~, (infml.)* dit *(of* 'n kans) waag; *fling o.s. into s.o.'s ~s* jou in iem. se arms werp; *fold one's ~s* jou arms (oormekaar) vou; *with folded ~s* met die arms gevou/oormekaar *(of* oormekaar gevou); *walk ~ in ~* ingehaak loop; *s.t. cost s.o. an ~ and a leg, (infml.)* iets het iem. 'n boel/hoop geld gekos; *keep s.o. at ~'s length* iem. op 'n afstand hou; *link ~s with s.o.* by iem. inhaak; *with ~s linked* ingehaak, arm in arm, gearm(d); *a list as long as your ~* 'n elle= lang(e) lys; *s.o. has a long ~, (fig.)* iem. het 'n lang arm *(of* baie invloed), iem. se mag reik ver/vêr; *the long ~ of the law* die lang arm van die gereg; *on one's ~, ('n verband)* om jou arm; *('n kind)* op jou arm; *('n metgesel)* aan jou arm; *receive/welcome s.o. with open ~s* iem. met oop/ope arms *(of* hartlik/vriendelik) ont= vang; *s.o. would give his/her right ~ to ...* iem. sou wát wil gee om te ...; *take s.o. in one's ~s* iem. in jou arms neem/sluit; *throw one's ~s about* met jou arms swaai; *throw one's ~s about s.o.* iem. omarm/omhels; *throw one's ~s round s.o.'s neck* iem. om die hals val; *throw up one's ~s* 'n wanhoopsgebaar maak; *twist s.o.'s ~, (lett.)* iem. se arm draai *(of* 'n draai gee); *(fig., infml.)* iem. druk, druk op iem. uitoefen, iem. onder druk plaas; *within ~'s reach* binne handbereik. ~**band** armband; mouband. ~ **bone** armbeen. ~**chair** *n.* leun(ing)stoel, armstoel. ~**chair** *bep.:* ~ *critic* leunstoelkritikus, beterweter; ~ *politician* leunstoel-, amateurpolitikus; ~ *traveller* leunstoel-, tuisreisiger. ~**hole** mous= gat. ~**lock** *(stoei)* armklem. ~**pit** armholte, oksel, *(infml.)* kielie= bak. ~**rest** armleuning. ~ **sling** armslinger, (hang)verband, draagband. ~**-twisting** armdraaiery, druk; *with a bit of ~* met 'n bietjie armdraaiery/aanmoediging *(iron.); it didn't take much ~ to get s.o. to do s.t.* dit het nie veel druk gekos om iem. te oor= reed *(of* oor te haal) om iets te doen nie. ~ **wrestling** armdruk.

**arm²** *ww.* (be)wapen, van wapens voorsien *(troepe ens.);* wapen *(buis v. 'n projektiel ens.);* jou wapen; →ARMS; ~ *o.s. with ... against ...* jou met ... teen ... wapen.

**ar·ma·da** armada, oorlogsvloot.

**ar·ma·dil·lo** -los gordel-, pantserdier, armadil.

**Ar·ma·ged·don** (NT,fig.) Armageddon.

**ar·ma·ment** wapen-, krygs-, oorlogstuig; stryd-, krygsmag, strydkragte; bewapening.

**ar·ma·ture** (elek.) anker; (magneet)anker, sluitstuk; (biol.) pant-ser; (beeldhoukuns) stutraam.

**armed** gewapen(d), stryd-; gepantser(d); ~ force gewapende mag; wapengeweld; ~ forces/services strydkragte, weermag; go ~ gewapen(d) wees; be heavily ~ swaar gewapen(d) wees; ~ intervention gewapende ingryping/tussenkoms; ~ neu-trality gewapende neutraliteit; ~ response gewapende reak-sie; ~ struggle gewapende stryd; ~ to the teeth tot die tande (toe) gewapen(d); ~ with ... met ... gewapen(d).

**Ar·me·ni·a** (geog.) Armenië. **Ar·me·ni·an** n. Armeen, Armeniër; (taal) Armeens, Armenies. **Ar·me·ni·an** adj. Armeens, Armenies.

**arm·ful** -fuls arm vol, armvrag; send s.o. flowers by the ~ arms vol blomme aan iem. stuur.

**ar·mi·stice** wapenstilstand. **A~ Day** Wapenstilstandsdag.

**arm·less**[1] sonder arms, afarm-; mouloos.

**arm·less**[2] sonder wapens, ongewapen(d).

**ar·mour,** (Am.) **ar·mor** (hist.) harnas, wapenrusting, pantser; (mil.) pantser(ing); (mil.) pantservoertuie; (mil.) pantsertroepe; (biol.) pantser; in ~ geharnas; suit of ~ harnas, wapenrusting. ~-bearer (hist.) wapendraer, skildknaap. ~ plate pantserplaat. ~-plated gepantser(d), bepantser(d), pantser-; ~ glass gewa-pende glas. ~ plating bepantsering.

**ar·moured,** (Am.) **ar·mored** gepantser(d), bepantser(d), pantser-; geharnas; ~ car pantserwa-, motor-, kar; ~ concrete pantserbeton; ~ corps pantserkorps; ~ division pantserdivisie; ~ door pantserdeur, vuurvaste deur; ~ forces pantsertroepe; ~ glass pantserglas; ~ train pantsertrein.

**ar·moury,** (Am.) **ar·mory** -ies arsenaal, wapenmagasyn, -kamer; (Am.) drilsaal; (fig.) arsenaal; (Am.) wapenfabriek, -sme-dery, -smidswinkel; one of the strongest weapons in the British/ etc. ~ een van die sterkste Britse/ens. wapens.

**arms** (mv.) (oorlogs)wapens; bear ~ gewapen(d) wees; wa-pens dra, as soldaat dien; call a nation to ~ 'n volk onder die wapen(s) roep; (coat of) ~ wapen(skild), familiewapen; by force of ~ met wapengeweld; heavy ~ geskut, artillerie; in ~ gewa-pen(d), onder die wapens; lay down one's ~ die wapens neerlê, (jou) oorgee; present ~! presenteer geweer!; rise up in ~ in opstand kom, die wapen(s) opneem; take up ~ die wapen(s) opneem, (na) die geweer/wapen(s) gryp, jou wapen; to ~! te wapen!; have 50 000 men under ~ 50 000 man onder die wapen(s) hê; be up in ~ about/over s.t., (infml.) oor iets in opstand/verset wees; oor iets verontwaardig wees; (infml.) oor iets op jou agterpote wees. ~ cache (geheime) wapenopslag-plek; (geheime/verborge) wapenvoorraad. ~ control wapen-beheer. ~ embargo wapenverbod. ~ factory wapenfabriek. ~ industry wapenbedryf. ~ race wapenwedloop. ~ talks ont-wapeningsonderhandelings.

**ar·my** leër, landmag; (fig.) massa, menigte; an ~ of bees/locusts 'n groot swerm bye/sprinkane; join (or go into) the ~ by die leër aansluit, soldaat word; leave the ~ uit militêre diens tree. ~ ant, legionary ant swerfmier; African ~ ~ Afrikaanse swerfmier. ~ base leërbasis. ~ chaplain kapelaan, veldprediker. ~ chief of staff leërstafhoof. ~ command leërleiding; leërkomman-dement; militêre bestuur. ~ corps leërkorps. ~ life soldate-lewe. ~ officer leër-, krygsoffisier. ~ worm kommandowurm.

**ar·ni·ca** (bot.) arnika, valkruid.

**a·ro·ma** geur, aroma. **a·ro·mat·ic** geurig, aromaties.

**a·ro·ma·ther·a·py** aromaterapie. **a·ro·ma·ther·a·peu·tic** aro-materapeuties. **a·ro·ma·ther·a·pist** aromaterapeut.

**a·round** adv. rond; in die buurt; books/etc. lying all ~ boeke/ens. wat oral(s) rondlê; a house with gardens/etc. all ~ 'n huis om-ring deur/met tuine/ens., 'n huis met tuine/ens. reg rondom;

from all ~ uit alle rigtings; be ~ somewhere, (infml.) hier êrens/ iewers rond wees, in die buurt/omtrek/omgewing/rondte wees; I'll always be ~ ek sal altyd daar wees; s.o. will be ~, (infml.) iem. sal hier langs kom; s.o.'s been ~ a lot, (infml.) iem. is wêreld-wys, iem. het baie (lewens)ervaring; s.o./s.t. has been ~ for some time now iem./iets is al 'n hele ruk (of al 'n tyd lank) met ons; for miles ~, (fig.) myle ver/vêr (of in die omtrek), so ver/vêr (soos/as [wat]) die oog kan sien; (lett.) kilometers ver/vêr; there's a lot of money ~ daar's baie geld in omloop; turn right ~ heel-temal omdraai; a rumour is going ~ daar is/gaan/loop 'n gerug, 'n gerug doen die rond(t)e (of is in omloop). **a·round** prep. om, rondom; om en by; omstreeks; deur; they had their arms ~ each other hulle het mekaar omhels; be/stay ~ the house by die huis wees/bly; darkness closed in ~ us die donker het ons omsluit; ~ a hundred/etc. ongeveer/omtrent/sowat honderd/ ens., om en by die honderd/ens.; ~ it daar rondom; ~ eight/etc. o'clock om en by (of omstreeks of [so] teen) ag(t)uur/ens., teen ag(t)uur/ens. se kant; right ~ the country oor die hele land; right ~ the house/etc. reg rondom die huis/ens.; ~ the room/ etc. in die kamer/ens. rond; travel ~ a country deur 'n land reis/toer, in 'n land rondreis/rondtoer; travel ~ the world om die wêreld reis; wander ~ the city in die stad ronddwaal; ~ our way by ons rond/langs.

**a·rouse** wakker maak; (op)wek, uitlok, laat ontstaan; aanwak-ker, stimuleer, prikkel; aanspoor, aanpor; ~ s.o. from (or out of) ..., (fig.) iem. uit ... wek (of wakker skud); be sexually ~d by s.o./s.t. seksueel deur iem./iets geprikkel/gestimuleer word; ~ suspicion agterdog/wantroue/argwaan wek. **a·rous·al** (op)wek-king.

**ar·peg·gi·o** -os, (It., mus.) arpeggio.

**ar·rack, ar·ak** arak, rysbrandewyn.

**ar·raign** aankla, 'n aanklag(te)/klag(te) indien teen; beskuldig; ~ s.o. for ... iem. van/weens ... aankla (diefstal ens.); iem. van ... beskuldig. **ar·raign·ment** aanklag(te), klag(te); beskuldiging, aantyging.

**ar·range** orden, skik, opstel, in orde bring; organiseer; beplan; ooreenkom, afspreek; rangskik (boeke, blomme); reël (ontmoeting, partytjie, huwelik, lening, sake, ens.); maak (afspraak); belê (verga-dering); inrig (vertrek); (mus., rad.) verwerk; ~ for s.t. to be done reël (of reëlings tref) dat iets gedoen word; ~ for s.o. to do s.t. sorg dat iem. iets doen; ~ music for ... musiek vir ... bewerk; ~ to ... afspreek om te ... (ontmoet ens.); ~ s.t. with s.o., ~ with s.o. about s.t. iets met iem. afspreek/reël, met iem. oor iets oor-eenkom. **ar·range·ment** rangskikking, ordening, opstelling; in-rigting; reëling, skikking, akkoord; ooreenkoms, afspraak; in-deling; opset (mus., rad.) verwerking; by ~ volgens afspraak; by ~ with ... met toestemming/vergunning van ...; come to (or make) an ~ with s.o. 'n akkoord/ooreenkoms met iem. aangaan/sluit/ tref; 'n reëling met iem. tref, 'n afspraak met iem. maak. **ar·rang·er** rangskikker, organiseerder; (mus.) bewerker.

**ar·rant** adj. (attr.) deurtrapte (dief); opperste (skelm); volslae, louter(e), klinkklare (onsin); aarts- (bedrieër, dief, leuenaar); vol-slae (gek).

**ar·ras** muurtapyt, -behangsel; (tapyt)behangsel.

**ar·ray** n. versameling, reeks, ry, rits; (mil.) slagorde; gewaad; klere, kleding; (poët., liter.) tooisel, dos, opskik; (wisk.) skikking; (elektron.) opstelling, rangskikking; (jur.) jurielys; (rek.) ry, reeks. **ar·ray** ww. (op)tooi, (op)smuk, versier, uitdos; (in slagorde) opstel; (jur.) saamstel (jurie).

**ar·rears** (mv., soms ekv.) agterstand; agterstallige betalings/gelde, skuld(e); ~ of correspondence onbeantwoorde korrespon-densie; fall/get into ~ with s.t. met iets agterraak; be in ~, (iem.) agter wees, in die skuld wees; (betaling, paaiement) agterstallig wees; pay in arrear agterna betaal.

**ar·rest** n. inhegtenisneming, aanhouding, gevangeneming, ar-res(tasie); (jur.) beslagneming, beslag(legging); (jur.) inbeslag-neming (v. 'n skip); stuiting (v. 'n siekte/ens.); stilstand; be in close ~ in geslote arres wees; court ~ arrestasie uitlok; make an ~

iem. arresteer *(of* in hegtenis neem); *place/put s.o. under* ~ iem. in hegtenis neem *(of* arresteer); *be* **under** ~ in hegtenis/arres wees. **ar·rest** *ww.* in hegtenis neem, aanhou, gevange neem, vang, arresteer; in beslag neem, beslag lê op *(goedere);* stuit, keer, teëhou, stop(sit), tot stilstand bring; boei, aantrek, fassi= neer; ~ *s.o. for* ... iem. weens ... in hegtenis neem *(of* arresteer) *(moord ens.).* **ar·rest·ing** *adj.* boeiend, pakkend, treffend.

**ar·rhyth·mi·a** *(med.)* aritmie.

**ar·ris** =*ris(es), (bouk.)* skerp rand; *(geol.)* nok. ~ **beam** driehoeks= balk. ~ **gutter** V-geut.

**ar·ri·val** aankoms, koms; tuiskoms; aankomeling; inkomeling; vestiging; bereik *(v. 'n doel ens.);* verskyning *(v. lentebloeisels ens.); late* ~s laatkommers; *new* ~ nuweling *(i.d. uitgewersbedryf ens.);* iem. wat pas aangekom het, nuwe aankomeling/inkome= ling; groentjie, nuwe student; nuwe kollega; nuwe gesig *(op d. poptoneel ens.);* pasgeborene, pasgebore *(of* pas gebore) baba/ lammetjie/ens.; *on (s.o.'s)* ~ by (iem. se) aankoms; *time of* ~ aan= komstyd. ~s **hall** aankomssaal. ~ **time** aankomstyd.

**ar·rive** opdaag; *(baba ens.)* aankom, gebore word; *(dag, tyd, ens.)* aanbreek, kom; *(fig.: kunstenaar ens.)* arriveer, iets bereik, naam maak, jou naam vestig; ~ *at* ... by ... aankom *(d. huis ens.);* in ... aankom *('n stad);* op ... aankom *('n dorp, plaas);* om ... aan= kom *(13:30 ens.);* tot ... kom *('n gevolgtrekking, slotsom, besluit, ens.);* ... bereik *('n bestemming, doel, ouderdom, ens.);* op ... uitkom *('n prys);* ~ *home* tuiskom, by die huis kom; ~ *in* ... in ... aan= kom *('n stad); the time has* ~d *for* ... die tyd vir ... het aange= breek, die tyd is ryp vir ...; ~ *unexpectedly* onverwags opdaag.

**ar·ri·ve·der·ci** *tw., (It.)* tot (weer)siens, totsiens.

**ar·ro·gant** verwaand, arrogant, aanmatigend, hooghartig. **ar= ro·gance** verwaandheid, arrogansie.

**ar·ro·gate:** ~ *s.t. to o.s.* jou iets aanmatig; jou iets toe-eien; ~ *s.t. to s.o.* iets aan iem. toeskryf/=skrywe, iem. iets toedig. **ar·ro= ga·tion** aanmatiging; toe-eiening; aantyging.

**ar·row** pyl; *bow and* ~ pyl en boog; *shoot an* ~ 'n pyl afskiet. ~head pylpunt. ~headed characters pylskrif. ~ key *(rek.)* pyl= (tjie)toets. ~worm pylwurm.

**arse,** *(Am.)* **ass** *n., (vulg.)* gat, aars. **arse,** *(Am.)* **ass** *ww.:* ~ *about/around, (vulg.)* rondneuk, rondfok *(intr.).* ~**hole** *(vulg.)* (poep)hol. ~ **licker** *(vulg.)* gatkruiper, =lekker. ~-**licking** *(vulg.)* gatkruipery.

**ar·se·nal** *(mil.)* arsenaal, wapenmagasyn; wapenfabriek; *(fig.)* arsenaal.

**ar·se·nic** *n., (chem., simb.:* As) arseen. **ar·se·nic, ar·sen·i= cal** *adj.* arseenhoudend, arseen=; *arsenic acid* arseensuur. **ar·se= ni·ous, ar·sen·ous** arsenig=.

**ar·sine** *(chem.: 'n gifstof)* arsien.

**ar·son** brandstigting; *commit* ~ brand stig. **ar·son·ist** brand= stigter.

**art** *n.* kuns; vaardigheid, slag; →ARTS; *in* ~ in die kuns; *s.t. is state of the* ~, *(infml.)* iets is die allernuutste; ~ *of war* krygs= kuns; *a work of* ~ 'n kunswerk; *the world of* ~ die kunswêreld. **A~ Deco** *n.* Art Deco *(ook a~ d~).* **A~~Deco** *adj. (attr.):* ~ *build= ing* Art Deco-gebou, art deco-gebou. ~ **metalwork** edelsmee(d)= kuns; *(argit.)* siermetaalwerk. ~ **metalworker** edelsmid. **A~ Nouveau** *n.* Art Nouveau *(ook a~ n~).* **A~~Nouveau** *adj. (attr.):* ~ *mirror* Art Nouveau-spieël, art nouveau-spieël. ~ **paper** kuns= papier. ~ **print** kunsafdruk.

**ar·te·fact,** *(Am.)* **ar·ti·fact** artefak, kunsvoorwerp, =produk; *(biol., med.)* artefak.

**ar·ter·y** slagaar, arterie; kanaal; *(traffic)* ~ hoofverkeersweg, ver= keersaar. **ar·te·ri·al** slagaar=; ~ *blood* slagaarbloed; ~ *road* hoof= verkeersweg, verkeersaar. **ar·te·ri·al·ise,** =**ize** arterialiseer; ka= naliseer. **ar·te·ri·ole** arteriool, slagaartjie. **ar·te·ri·o·scle·ro·sis** =ses, *(med.)* arteriosklerose, slagaarverdikking, =verharding, =ver= kalking. **ar·te·ri·o·scle·rot·ic** *(med.)* arterioskleroties.

**ar·te·sian:** ~ *well* artesiese put.

**art·ful** kunstig, listig, geslepe, skelm; slim.

**ar·thri·tis** *(med.)* gewrigsontsteking, artritis. **ar·thrit·ic** *n.* ar= tritislyer, iem. met gewrigsontsteking. **ar·thrit·ic** *adj.* artrities.

**ar·thro·pod** *n., (soöl.)* geleedpotige, artropode. **ar·thro·pod, ar·throp·o·dal, ar·throp·o·dous** *adj.* geleedpotig.

**ar·thro·sis** =ses, *(med.)* artrose, gewrigsiekte, gewrigsaandoe= ning.

**Ar·thur** Artur; *King* ~ koning Artur; *not know whether one is* ~ *or Martha* nie weet of jy kom of gaan nie. **Ar·thu·ri·an** Artu= riaans, Artur=.

**ar·ti·choke** artisjok.

**ar·ti·cle** *n., (han.)* artikel; stuk; voorwerp; artikel, bydrae *(in 'n koerant, tydskrif, ens.); (gram.)* lidwoord, artikel; artikel, bepa= ling *(v. 'n wet ens.); (bot.)* lit; ~s *of* **agreement** kontrak, (skrif= telike) ooreenkoms; kontrakbepalings; ~s *of* **apprenticeship** opleidings=, leer=, vakleerlingkontrak; ~s *(of* **clerkship)** leer= kontrak *(by prokureur ens.);* ~ *of* **clothing** kledingstuk; **definite/ indefinite** ~, *(gram.)* bepaalde/onbepaalde lidwoord; ~ *of* **fur= niture** meubelstuk; **household** ~ gebruiksvoorwerp; **leading** ~ hoofartikel; *an* ~ **on** ... 'n artikel oor ...; ~s *of* **peace** vredes= artikels; **toilet** ~s toiletware; ~ *of* **value** voorwerp van waarde. **ar·ti·cle** *ww.* inskryf, =skrywe; kontraktueel (ver)bind; ~d *clerk* leer(ling)klerk, ingeskrewe klerk, leerling=; kandidaatproku= reur; leer(ling)klerk, ingeskrewe klerk, leerlingrekenmeester.

**ar·tic·u·lar** artikulêr, gewrigs=; ~ *bone* grendelbeen *(v. voël, rep= tiel).*

**ar·tic·u·late** *adj.* welsprekend, wel ter tale; woord(e)ryk; vlot, vloeiend; duidelik, helder; geartikuleer(d); *(anat.)* geleed; *(bot.)* gelit; *be* ~ jou goed/duidelik/helder kan uitdruk, welsprekend *(of* wel ter tale *of* 'n vlot prater) wees. **ar·tic·u·late** *ww.* dui= delik praat; artikuleer, duidelik uitspreek *(woorde);* (helder) ver= woord, uit(er), uiting gee aan *(gedagtes, gevoelens, ens.);* van 'n lit *(of* litte) voorsien; ~d *truck* voorhaker. **ar·tic·u·la= tion** duidelike uitspraak, artikulasie; (helder) verwoording; klank; verdeling in litte; gewrigsvorming, gewrigsverbinding, artikulasie; gewrig, lit, geleding; *(bot.)* knoop; verbinding.

**ar·ti·fice** lis(tigheid); (skelm)streek, slenter(slag); slim plan; (knap)handigheid, behendigheid, vaardigheid. **ar·tif·i·cer** vak= man, ambagsman, handwerksman; *(hoofs. mil.)* werktuigkun= dige, meganikus, tegnikus; uitvinder, maker; *(met A~)* Skep= per.

**ar·ti·fi·cial** kunsmatig, nagemaak, kuns=; gemaak, geaffek= teer(d), aanstellerig, gekunsteld, onnatuurlik, vals, oneg, aan= geplak; ~ **insemination** kunsmatige bevrugting/inseminasie; ~ **intelligence** kunsmatige intelligensie; ~ **person,** *(jur.)* regs= persoon; ~ **politeness** aangeplakte vriendelikheid; ~ **resin** kuns= hars; ~ **respiration** kunsmatige asemhaling; ~ **silk** kunssy; ~ **tears** krokodiltrane. **ar·ti·fi·ci·al·i·ty** kunsmatigheid; gekuns= teldheid, gemaaktheid.

**ar·til·le·ry** artillerie, geskut; *heavy* ~ grofgeskut, swaar geskut; *light* ~ ligte geskut; *a piece of* ~ 'n stuk geskut. ~**man** =men ar= tilleris, kannonnier.

**ar·i·ness** artistiekerigheid, gekunsteldheid.

**ar·ti·san, ar·ti·san** ambagsman, vakman, handwerksman.

**art·ist** kunstenaar, *(vr.)* kunstenares, tekenaar, skilder; ~*'s im= pression* skets(tekening); ~*'s materials* kuns=, skildergerei, skil= dersbehoeftes. **ar·tiste** arties. **ar·tis·tic** kunstig, kunsvol, artis= tiek, artisties, kunsryk; kunssinnig; ~ *feeling/sense* kunsgevoel, kunssin. **art·ist·ry** kunsgevoel, kunssin, artistisiteit; kunstig= heid; kunstenaarstalent.

**art·less** onskuldig; ongekunsteld, natuurlik, eenvoudig; pre= tensieloos; kunsteloos. **art·less·ness** onskuld; ongekunsteld= heid; kunstelooshed.

**arts:** ~ *and crafts* (kuns en) kunsvlyt; kunshandwerk; kunsny= werheid; *faculty of* ~ fakulteit of lettere; *the* **performing** ~ die uitvoerende kunste; *the* **plastic** ~ die beeldende kunste. ~ **block,** ~ **building** letteregebou. ~ **degree** graad in die lettere.

**art·y** =ier =iest kunstenaars=; artistiekerig, gekunsteld; →ARTINESS; *be an* ~ *type* 'n kunstenaarstipe wees. ~-**crafty,** *(Am.)* **artsy-**

**craftsy** artistiekerig, gekunsteld, pretensieus. **~-farty** *(neerh., skerts.)* = ARTY-CRAFTY.

**ar·um** *(bot.:Arum spp.)* aronskelk. **~ (lily)** varkblom, =oor, =lelie, aronskelk, kalla.

**as** *adv., prep., voegw., betr.vnw.* as; (net) soos; terwyl, onderwyl; toe; namate, na gelang; daar, aangesien, omdat; hoe ... ook (al); **~ against** ... teenoor *(of in teen=/teëstelling met)* ...; **~ against** *that* daarteenoor; **~ against** *this* hierteenoor; **~** *s.o. does, so is he/she done by* na jy handel, sal jy behandel word; **even ~** ... net soos ...; onderwyl ...; **~ for** ... wat ... (aan)betref/aan= gaan; **~ for** *me* wat my (aan)betref/aangaan; **~ from** ... vanaf ..., van ... af, met ingang van ..., ingaande op ... *('n datum);* **~ if** ... (as)of ...; **look ~ if** ... lyk (as)of ...; **~ in** ... soos in ... *(Engels ens.);* **sell** *s.t.* **~ is** iets voetstoots verkoop; **~ it is** in werklik= heid, reeds; *it's bad enough* **~ it is** dis al/klaar/reeds erg genoeg; *leave it* **~ it is** laat dit so staan/lê=bly, los dit net so; **~ it were** as 't *(of* as 't) ware, so te sê, jy kan maar sê; **just ~** ... nes *(of* net soos) ...; **just ~** *you are* sommerso; **~ of** ... vanaf ..., van ... af, met ingang van ...; *the position* **~ on** ... die stand van sake op ... *('n datum);* **rich/etc.** **~** *s.o. is* hoewel/ofskoon iem. ryk/ens. is; *your ... is the same* **~** *mine* jou ... is dieselfde as myne; **~** *they* **say** na hulle sê; **starring ~** *Romeo/etc.* in die rol van Romeo/ ens.; **~ though** ... (as)of ...; **~ to** ... aangaande ..., wat ... (aan) betref/aangaan; *an indication* **~ to** *how/what/when* ... 'n aan= duiding van hoe/wat/wanneer ...; *we'll select our team* **~ and when** *we qualify* ons sal ons span kies wanneer/as/indien ons kwalifiseer; *more paper will be provided* **~ and when** *required* nog papier sal voorsien word na gelang van die behoefte; *s.o.* **whistles** *~/while he/she works* iem. werk al fluitende *(of* fluit= fluit); **young/etc.** **~** *s.o. is* so jonk/ens. soos iem. is, hoe jonk/ ens. iem. ook (al) is; **~** *you were* soos voorheen; **~** *you were!*, *(mil.)* herstel!.

**as·a·foet·i·da**, *(Am.)* **as·a·fet·i·da** *(bot.)* duiwelsdrek.

**as·bes·tos** asbes; *blue* **~** blouasbes, krosidoliet. **~ cement** as= bessement, eterniet. **~ roofing** dak-asbes.

**as·bes·to·sis** *(med.)* asbestose.

**as·ca·rid** *(soöl.)* askaried, spoelwurm.

**as·cend** styg, opgaan, boontoe gaan; *(per motor)* opry; *(vlieg= tuig ens.)* opstyg, rys, klim; *(Christus)* opvaar; *(mis ens.)* opkom; *(pad ens.)* oploop; *(mus.: toon ens.)* styg; *(druk.)* 'n bosteel/kop/ stok hê; opklim *(trap, leer);* (be)klim, uitklim *(berg);* bestyg *(troon).* **as·cend·an·cy, as·cend·en·cy, as·cend·ance, as·cend·ence** oorwig, oorhand, oorheersing, dominansie. **as·cend·ant, as= cend·ent** *n.* oorwig, oorheersende invloed, oorheersing, domi= nansie; *(astrol., soms A~)* assendant, assendent, oostelike hori= sonpunt; *be in the* **~**, *(astrol.)* aan die opkom *(of* in opkoms) wees; *(fig.)* oorheersend wees; toeneem, aan die toeneem wees, op= gang maak. **as·cend·ant, as·cend·ent** *adj.* (op)stygend, ry= send, (op)klimmend, opgaande/oorheersing, dominant; *(astrol.)* opkomend; *(bot.)* stygend, opgebuig, klimmend. **as·cend·er** *(druk.)* bosteel=, stokletter. **as·cend·ing** (op)stygend, rysend, (op)klimmend, opgaande; *(bot.)* stygend, opgebuig, klimmend; **~ letter,** *(druk.)* bosteel=, kop=, stokletter. **as·cen·sion** (op)sty= ging; (be)klimming; oprit; opvaring, opvaart. **As·cen·sion** *(geog.)* Ascension; *(NT)* hemelvaart; **~** *Day* Hemelvaart, Hemelvaart(s)= dag. **as·cent** (op)styging; klim, beklimming, bestyging; op= gang, opkoms; helling; steilte; opdraand(e), bult.

**as·cer·tain** vasstel, bepaal, uitmaak; agterkom, uitvind, te wete kom; nagaan, jou vergewis; *as far as s.o. can* **~** vir sover/sovêr iem. kan nagaan. **as·cer·tain·a·ble** bepaalbaar, vas te stel. **as= cer·tain·ment** vasstelling; vergewissing; bevestiging, konsta= tering.

**as·cet·ic** *n.* askeet. **as·cet·ic, as·cet·i·cal** *adj.* streng, vroom; ingetoë, selfverloënend, asketies. **as·cet·i·cism** askese, selfver= loëning, selftug, selfkastyding; *(leer)* asketisme; *a life of* **~** 'n asketelewe.

**as·cid·i·an** *(soöl.)* sakpyp.

**AS·CII** *(akr.:* American Standard Code for Information Inter= change*):* **~ file** *(rek.)* ASCII-lêer.

**a·scor·bic ac·id, vit·a·min C** askorbiensuur, vitamien C.

**as·cribe** toeskryf, =skrywe; **~** *s.t. to* ... iets aan ... toeskryf/=skry= we. **as·crib·a·ble** toe te skryf/skrywe *(aan).* **as·crip·tion** toe= skrywing.

**a·sep·sis** *(med.)* kiemvryheid, asepsie, asepsis. **a·sep·tic** *n.* steriele stof; ontsmet(tings)middel. **a·sep·tic** *adj.* kiemvry, asep= ties, steriel; *(fig.)* steriel.

**a·sex·u·al** *(biol.)* aseksueel, geslag(s)loos *(organisme);* aseksueel, ongeslagtelik *(voortplanting);* *(fig.)* aseksueel *(persoon),* niegeslag= telik *(verhouding).*

**ash[1]** **~-es,** *n.* as *(v. 'n sigaret, vulkaan, ens.);* *(i.d. mv.)* as *(v. 'n ver= brande lyk);* **burn/reduce** *s.t. to* **~es** iets afbrand, iets tot as verbrand; *(in 'n oorlog)* iets in die as lê; **cigarette ~** sigaret-as; **drop ~(es)** as laat val; *be in* **~es** (tot as) verbrand wees, afge= brand wees; **rise from the ~es,** *(fig.)* uit die as verrys; *the A~es, (kr.)* die As; **~es to ~es** stof tot stof. **ash** *ww.* verbrand, veras; met as bestrooi. **~ blond** as=, silwerblond; **~-blond hair** as=/sil= werblonde hare. **~ blonde** *(vr.)* as=, silwerblondine. **~ concrete** sintelbeton. **A~ Wednesday** *(RK)* As(woens)dag.

**ash[2]** *n., (Fraxinus* spp.*)* es(boom); *Cape* **~**, *(Ekebergia capensis)* (Kaapse) esse(n)hout, essenboom, eshout; *red* **~**, *(Trichilia emeti= ca)* (rooi-)esse(n)hout, basteresse(n)hout.

**a·shamed** skaam, skamerig, verleë, beskaamd; *be* **~** skaam kry; *be/feel* **~** *of* ... skaam wees vir ...; jou skaam oor/vir ..., skaam kry oor ...; *you ought to be* **~** *(of yourself)* jy behoort jou te skaam, skaam jou; *I'm* **~** *to (have to) say/admit that* ... ek moet tot my skande erken/toegee dat ...

**A·shan·ti** *(geog.)* Asjanti.

**ash·en[1]** asvaal, doodsbleek; as=, van as; askleurig, (as)vaal, (lig)= grys; →ASH[1] *n.; turn* **~** asvaal word. **~-faced** doodsbleek.

**ash·en[2]** esse=, es=, esse(n)hout=, eshout=; →ASH[2] *n..*

**Ash·ke·na·zi** =zim, *(Sentraal-/O.Eur. Jood)* Asjkenasi; → SEPHARDI.

**a·shore** aan wal, aan land; *come* **~** aan land kom; *go* **~**, *(mense)* aan land/wal gaan; *('n skip)* strand; *put s.o.* **~** iem. aan land sit; *run* (or *be driven)* **~**, *('n skip)* strand, op die strand loop; *swim* **~** strand toe swem; *be washed* **~** uitspoel.

**ash·y** asagtig, met as bedek, as=; asvaal, doodsbleek.

**A·sia** Asië; **~** *Minor* Klein-Asië. **A·sian, A·si·at·ic** *n.* Asiaat. **A·sian, A·si·at·ic** *adj.* Asiaties.

**a·side** *n., (teat.)* tersyde; terloopse opmerking; *mention s.t. as an* **~** iets terloops *(of* in die verbygaan) noem; *say s.t. in an* **~** iets tersyde *(of* ter syde) sê. **a·side** *adv.* opsy, eenkant, uit die pad; sywaarts; tersyde, ter syde; **~** *from* ..., *(Am.)* afgesien van *(of* buiten) ...; *jump/leap* **~** uit die pad spring; 'n sysprong maak.

**as·i·nine, as·i·nin·i·ty** →ASS[1].

**ask** *n., (hoofs. Am., fin.)* verlangde prys, verkopers=, vraagprys; *be a big* **~**, *(Austr., infml.)* 'n groot/moeilike/strawwe opdrag wees, geen kleinigheid wees nie. **ask** *ww.* vra; versoek; (uit)= nooi; eis, vereis, verg, verlang; vra, stel *(vraag, raaisel);* **~** *s.o.* **about** *s.t.* iem. na iets vra; **~** *about/after/for* ... na ... vra/ verneem; **~** *s.o. for* **advice** iem. om raad vra; **~** *s.o.'s* **advice** *on s.t.* iem. se raad oor iets vra; **~** *after s.o.('s health)* na iem. (se gesondheid) vra/verneem; **~** *around* rondvra; oornooi, oor= vra; **~** *s.o. to do s.t.* iem. vra om iets te doen; **~** *s.o. a* **favour,** **~** *a favour of s.o.* iem. 'n guns vra; **~** *s.o.* na iem. vra; **~** *for s.t.* (om) iets vra; **~** *for* **trouble,** *(infml.)* moeilikheid soek; **~** *s.o. for s.t.* iets by/van iem. vra, iem. om iets vra; by iem. om iets aan= klop; **~** *s.o. for* **lunch/etc.** iem. vir middagete/ens. (uit)nooi/vra; *how much is s.o. ~ing* **for** *s.t.?* hoeveel vra iem. vir iets?, hoeveel wil iem. vir iets hê?; *s.t. is to be had* **for** *the ~ing* ('n) mens hoef net (daarom) te vra; *s.t.* **~s** *for* ... iets (ver)eis/verg ... *(aandag ens.);* **s.o. is** *~ing* **for** *it,* *(infml.)* iem. maak/soek daarna; **~** *s.o.* **in** iem. innooi/binnenooi; *if you* **~** *me* ... as ek moet sê ..., volgens my ...; *that's ~ing too* **much** dis te veel gevra; *I* **~** *myself whether* ... ek vra my af of ...; **~** *s.o. his/her* **name** iem. vra wat sy/haar naam is, iem. sy/haar naam vra; **~** *a lot of s.o.* baie van iem. ver= wag; **~** *s.t. of s.o.* iets vra; iets van iem. verwag; **~** *s.o. his/her* **opinion** iem. om sy/haar mening vra; **~** *s.o.* **out** iem. nooi/vra

om saam met jou uit te gaan; ~ *s.o.* **over/round** iem. nooi/oor=
vra, iem. vra om aan/oor te kom; ~*ing* **price** vraprys, verlangde
prys; ~ *s.o.* **the time** iem. vra hoe laat dit is; ~ *s.o.* **to** *a party*
iem. na 'n partytjie (uit)nooi/vra; ~ *s.o.* **to tea** iem. vir tee (uit)=
nooi/vra; ~ *to see the manager* vra om die bestuurder te spreek;
~ *whether* ... vra of ...; *I ~ you!*, (*infml.*) bid jou aan!, wil jy glo!,
kan jy nou meer!.

**a·skance, a·skant** skeef, skuins, tersluiks; agterdogtig, wan=
trouig, wantrouend, skepties, ongelowig; *look ~ at s.o.* iem.
skeef/skuins/agterdogtig aankyk.

**As·ka·ri** *(SA, hist.)* Askari.

**a·skew** skeef, skuins; windskeef.

**a·slant** skuins/dwars oor.

**a·sleep** *adj.* (*pred.*) aan die slaap; *be ~* slaap, (*ook fig.*) aan die
slaap wees; *fall ~* aan die slaap raak; *be fast/sound ~* vas aan
die slaap wees; *s.o. is half ~* iem. is (half) deur die slaap.

**a·so·cial** asosiaal, niesosiaal; asosiaal, onmaatskaplik.

**asp** *(soöl.)* aspis, Egiptiese kobra.

**as·par·a·gus** aspersie(s). ~ *fern* (*bot.*) katstert.

**as·pect** kenmerk, eienskap; (*fig.*) kant, aspek, faset, sy; gesigs=
punt, oogpunt; uitdrukking, gesigs=, gelaatsuitdrukking; voor=
koms, uiterlik(e); aansig; uitsig; (*astrol., gram.*) aspek; *consider*
(or *look at*) *a matter from every ~* 'n saak van alle kante (af) be=
kyk; *consider* (or *look at*) *every ~ of a matter* al die aspekte
van 'n saak bestudeer; *have a good ~ of* ... 'n mooi uitsig op ...
hê (*'n dorp ens.*); *shed/throw light* (*up*)*on another ~ of a question*
'n ander faset/sy/kant van 'n saak belig; *have a southern/etc.*
~ suid/ens. kyk/wys; *the southern ~ of a building* die suidekant
van 'n gebou. **as·pec·tu·al** (*gram.*) aspekties.

**as·pen** *n.*, (*bot.*) trilpopulier, esp(eboom). **as·pen** *adj.* van es=
pehout, espe=.

**as·per·i·ty** -*ties* ruheid; oneffenheid; felheid, skerpheid, skerpte;
wrangheid, bitterheid; strengheid, hardheid; hewigheid; *speak
with ~ about* ... jou skerp oor ... uitlaat.

**as·per·sion** belastering, beswaddering, beskindering; laster,
naamskending, skindertaal.

**as·phalt** *n.* asfalt; (*pad*)teer. **as·phalt** *ww.* teer, asfalteer. ~
**jungle** groot stad. ~ **paving** asfaltplaveisel.

**as·pho·del** (*bot.*) asphodelus; affodil; (*Gr. mit.*) onverganklike
blom, narsing.

**as·phyx·i·a** (*med.*) verstikking, versmoring, asfiksie. **as·phyx·
i·ant** *n.* asfikseerder. **as·phyx·i·ant** *adj.* verstikkend, versmo=
rend. **as·phyx·i·ate** verstik, versmoor; laat verstik, asfiksieer.
**as·phyx·i·a·tion** verstikking, versmoring, asfiksie.

**as·pic** (*kookk.*) aspiek.

**as·pi·dis·tra** (*bot.*) aspidistra.

**as·pire** streef, strewe, aspireer, verlang, begeer; opstyg; ~ *to/
after s.t.* na iets streef/strewe, iets nastreef/nastrewe. **as·pir·ant,
as·pir·ant** *n.* aspirant, kandidaat; aanspraakmaker; *an ~ to* ...
'n aspirant na ...; ~ *to the presidency* presidentskandidaat; ~ *to
the throne* aanspraakmaker op die kroon/troon. **as·pir·ant, as·
pir·ant** *adj.* aspirant=. **as·pi·rate** *n.*, (*fonet.*) aspiraat; geaspi=
reerde konsonant, *h*-klank. **as·pi·rate** *ww.*, (*fonet.*) aspireer,
met 'n *h*-klank uitspreek; inasem; (*med.*) aspireer, opsuig, insuig,
uitsuig; *aspirating action* suigwerking. **as·pi·rate, as·pi·rat·ed**
*adj.* geaspireer(d). **as·pi·ra·tion** begeerte, ambisie, strewe, as=
pirasie; ambisieuse doel; inaseming; (*fonet.*) aspirasie; (*fonet.*)
geaspireerde konsonant; (*med.*) aspirasie, op=, in=, uitsuiging;
*have ~s to* ... na ... streef/strewe; daarna streef/strewe om te ...
**as·pi·ra·tor** aspirator, suigtoestel, suigpomp. **as·pir·ing** voor=
uitstrewend, ambisieus; eersugtig.

**as·pi·rin** =*rin(s)*, (*asetielsalisielsuur*) aspirien.

**a·squint** *adj.* (*pred.*), *adv.* tersluiks, onderlangs, uit die hoek van
jou oog.

**ass**[1] esel, donkie; (*fig.*) esel, domkop; *make an ~ of o.s.*, (*infml.*) jou
belaglik maak; *make an ~ of s.o.*, (*infml.*) iem. vir die gek hou,
iem. ore aansit. **as·i·nine** eselagtig, esels=; (*fig.*) dom, dwaas.
**as·i·nin·i·ty** eselagtigheid.

**ass**[2] *(Am. sl.)* →ARSE.

**as·sail** aanval, (be)storm, aanrand; oorweldig, oorval; (aan)=
pak, aandurf; *be ~ed by doubts* deur twyfel oorval word; *s.t. ~s
one's ears* iets laat ('n) mens se ore seerkry; ~ *s.o. with insults*
beledigings na iem. slinger; ~ *s.o. with questions* iem. met vrae
bestook. **as·sail·a·ble** kwesbaar; aantasbaar, aanvegbaar. **as·
sail·ant** aanvaller, aanrander.

**as·sas·sin** (sluip)moordenaar, huurmoordenaar. **as·sas·si·
nate** vermoor, sluipmoord pleeg (op); ~ *s.o.'s character* iem.
se goeie naam skend. **as·sas·si·na·tion** (sluip)moord.

**as·sault** *n.* aanval; (*mil.*) bestorming, stormaanval; aanslag (*op
'n berg ens.*); aanranding, verkragting; ~ *and battery*, (*jur.*) aan=
randing; *common ~* (gewone) aanranding; *be an ~ on one's
ears* ('n) mens se ore laat seerkry; ~ *with intent to* ... aanran=
ding met die opset om te ...; *make an ~ on s.o.('s life)* 'n aan=
slag op iem. (se lewe) doen/maak; *make* (or *carry out*) *an ~
on s.t.* 'n aanval op iets doen/maak; *take s.t. by ~* iets stormen=
derhand verower. **as·sault** *ww.* aanval, te lyf gaan; bestorm,
stormloop; aanrand, verkrag. ~ **course** stormbaan; stormkur=
sus. ~ **craft, ~ ship** (*mil.*) aanvalsvaartuig. ~ **troops** storm=
troepe.

**as·sault·er** aanrander, verkragter.

**as·say** *n.* ontleding, analise, toets, proef, keuring, ondersoek,
bepaling/vasstelling van gehalte; (*metaaltoets*) essa(a)i; gradeer=
analise (*v. steenkool*). **as·say** *ww.* toets, keur, ondersoek, beproef;
essaieer (*metaal, erts*). ~ **balance** justeerbalans. ~ **gold** proef=
goud.

**as·say·er** toetser, keurder; essaieur, keurmeester.

**as·say·ing** essaiëring, keuring (*v. metale*).

**as·se·gai, as·sa·gai** as(se)gaai.

**as·sem·blage** vergadering, samekoms, versameling; same=
voeging; groep; (*teg.*) montasie; (*rek.*) samestelling; driedimen=
sionele kunswerk.

**as·sem·ble** vergader, saamkom, byeenkom, bymekaarkom,
versamel; byeenbring, bymekaarbring, versamel, saamvoeg;
(*teg.*) inmekaarsit, monteer, opstel; (*rek.*) saamstel. **as·sem·bler**
(*teg.*) monteur; (*rek.*) samesteller, saamstelprogram; (*rek.*) saam=
steltaal. **as·sem·bling** inmekaarsit, montering, montasie, mon=
teer(werk), opstelling; samestelling.

**as·sem·bly** vergadering, byeenkoms; samesyn; versameling,
samevoeging; inmekaarsit, montering, montasie; samestel=
ling; *at ~*, (*skool*) in die saal; *freedom of ~* vryheid van ver=
gadering; *Legislative A~* Wetgewende Vergadering; *National
A~*, (*SA*) Nasionale Vergadering; *point of ~* versamelpunt;
*right of ~* reg om te vergader; ~ **belt** monteerband, lopende
band, rolband. ~ **hall** vergadersaal. ~ **language** (*rek.*) saam=
steltaal. ~ **line** monteerbaan. ~ **plant** monteerfabriek.

**as·sent** *n.* toestemming, instemming, inwilliging; bekragtiging,
goedkeuring, aanvaarding; *by common ~* eenstemmig, met
algemene instemming; *by common ~ s.o. is* ... almal stem saam
dat iem. ... is; *give one's ~ to s.t.* jou toestemming tot iets gee,
jou goedkeuring aan iets heg; *s.o. nods ~* iem. knik instem=
mend; *with one ~* eenparig. **as·sent** *ww.* toestem, instem, in=
willig; bekragtig, goedkeur, aanneem, aanvaar, toestaan; ak=
koord gaan, saamgaan; ~ *to s.t.* tot iets toestem, iets goedkeur
(*'n wet ens.*), iets aanneem/aanvaar (*'n voorstel ens.*), iets toe=
staan (*'n versoek ens.*), met iets saamgaan (*of akkoord gaan*).

**as·sert** laat geld (*jou gesag*); staan op (*jou regte*); volhard in (*jou
eise*); beweer, aanvoer, verklaar, volhou; verdedig; handhaaf;
~ *one's innocence* volhou dat jy onskuldig is; ~ *o.s.* jou laat geld.
**as·sert·i·ble** verdedigbaar. **as·ser·tion** bewering, verklaring,
stelling; handhawing.

**as·ser·tive** beslis, seker; selfversekerd; positief; dogmaties, eie=
wys, beterweterig, aanmatigend, dominerend; bevestigend;
*be ~* jou laat geld, selfversekerd wees.

**as·ser·tive·ness** beslistheid, sekerheid, geldingsdrang; self=
versekerdheid; eiewysheid, aanmatiging. ~ **training** selfgel=
dingsopleiding.

**as·sess** waardeer, takseer, die waarde beraam/bepaal/vasstel *(van) ('n huis ens.);* bepaal, vasstel *(bedrag, skade, waarde);* skat, raam *(skade, waarde);* belas, aanslaan *(persoon, goed);* bereken *(inkomste, belasting);* beoordeel *(situasie ens.);* beboet, 'n boete oplê; ~ *property/damage/etc. at ...* eiendom/ens. op ... waardeer; skade/ens. op ... raam/skat; *~ing office* aanslagkantoor. **as·sess·a·ble** belasbaar; skatbaar; beoordeelbaar.

**as·sess·ment** waardering, waardebepaling; bepaling, vasstelling; raming, skatting; belasting, (belasting)aanslag; beoordeling, *in s.o.'s* ~ na/volgens iem. se mening/oordeel; *make an* ~ *of s.t.* iets waardeer/skat; 'n oordeel oor/omtrent iets vorm. ~ **rate** aanslag=, belastingkoers; eiendomsbelasting.

**as·ses·sor** skatter, taksateur, waardeerder; aanslaer, belastingberekenaar, =heffer; raadgewer, assistent, bysitter; *(jur., versek.)* assessor. ~ **member** assessorlid. **as·ses·sor·ship** assessoraat.

**as·set** bate, besitting; goeie/waardevolle/nuttige eienskap, deug; aanwins, voordeel, pluspunt; *(i.d. mv.)* bates, activa; *(i.d. mv.)* besittings, goed; *(i.d. mv.)* vermoë, rykdom; *be an* ~, *(ervaring ens.)* 'n pluspunt wees; ~s *and liabilities* bate(s) en laste; *be an* ~ *to ...* 'n aanwins vir ... wees; 'n waardevolle lid van ... wees. ~ **management** batebestuur. **~-stripper** *(han., dikw. neerh.)* batestroper.

**as·si·du·i·ty** =ties ywer, vlyt; toewyding, toegewydheid, oorgawe. **as·sid·u·ous** volhardend, aanhoudend; ywerig, vlytig, aandagtig, naarstig; toegewyd.

**as·sign** *n., (jur.)* regverkrygende, sessionaris. **as·sign** *ww.* aanstel, aanwys, benoem; toeken, toewys, toedeel, toebedeel; bepaal, vasstel *(dag, datum);* toeskryf, =skrywe, wyt; *(jur.)* oordra, oormaak, sedeer *(eiendom); (jur.)* afstaan *(regte);* aangee, opgee, aanvoer *(as rede/oorsaak); (mil.)* indeel *(by 'n kompanie);* ~ *s.o. to* **do** *s.t.* iem. aanwys/kies om iets te doen; ~ *a* **job/task** *to s.o.,* ~ *s.o. (to) a* **job/task** 'n taak aan iem. opdra; *(skool, univ.)* 'n taak/opdrag aan iem. gee; ~ *s.o. to a* **post** iem. in 'n pos aanstel; ~ *s.o.'s* **problems** *to ...* iem. se probleme aan ... toeskryf/ =skrywe; ~ *s.t. to s.o.* iets aan iem. toewys. **as·sign·a·ble** aanwysbaar; toekenbaar, toewysbaar; bepaalbaar; toeskryfbaar, toe te skryf/skrywe; oordraagbaar. **as·signed:** ~ *estate* afgestane boedel. **as·sign·ee** *(jur.)* gevolmagtigde, gemagtigde, prokurasiehouer; sessionaris, regverkrygende; kurator *(by bankrotskap);* ~ *of an estate* boedelberedderaar, =besorger. **as·sign·ment** opdrag, taak; aanstelling, aanwysing, benoeming; toekenning, toewysing, toedeling; bepaling, vasstelling; toeskrywing; *(jur.)* oordrag, oormaking, sessie; *(jur.)* afstand; opgawe *(v. redes);* ~ *of an estate* (akte van) boedelafstand; ~ *of a lease* oordrag van 'n huurkontrak. **as·sign·or** *(jur.)* aanwyser; oordraer, assignator, sedent; afstanddoener.

**as·sim·i·late** opneem *(voedingstowwe);* verwerk *(inligting);* opgeneem/verwerk word; (jou) aanpas; gelykstel; *(fonet., biol.)* assimileer; ~ *into/with* ... jou aanpas aan/by ...; *be* ~*d into/ with* ... deur ... opgeneem word; ~ *s.t. to s.t., (fonet.)* iets tot iets assimileer; ~ *s.t. to/with s.t.* iets met iets gelykstel *(of in ooreenstemming bring).* **as·sim·i·la·ble** opneembaar, assimileerbaar. **as·sim·i·la·tion** opname, opneming; verwerking; aanpassing; gelykstelling; assimilasie, assimilering.

**as·sist** help, bystaan, (onder)steun; assisteer; meehelp, bydra; saamwerk, meewerk; ~ *at* ... met iets help; ~ *in s.t.* saamwerk/meewerk aan iets; ~ *in an operation* by 'n operasie assisteer; ~ *s.o. in doing* (or *to do*) *s.t.* iem. help om iets te doen. **as·sis·tance** hulp, bystand, steun, ondersteuning; samewerking; *come to s.o.'s* ~ iem. te hulp kom; *give/render* ~ hulp/bystand verleen; *jump/spring to s.o.'s* ~ iem. te hulp snel; *can I be of* ~? kan ek help?; *be of* ~ *to s.o.* iem. behulpsaam wees, iem. tot/ van hulp wees. **as·sis·tant** *n.* helper, handlanger, hulp, assistent. **as·sis·tant** *adj.* helpend, hulp=; assistent=; behulpsaam; ~ *director* assistent=, onderdirekteur; ~ *minister* hulpprediker; ~ *secretary* assistent=, hulpsekretaris, tweede sekretaris.

**as·so·ci·a·ble** verenigbaar, assosieerbaar.

**as·so·ci·ate** *n.* vennoot, deelgenoot; kollega, medewerker, ampsgenoot; maat, makker, kameraad; medepligtige; medelid; assosiaat. **as·so·ci·ate** *adj. (attr.)* mede=; verenigde, verbonde, verwante; geassosieerde; begeleidende, meegaande; ~ *member* assessorlid, meegaande lid; ~ *professor* mede=, assessor= professor. **as·so·ci·ate** *ww.* assosieer, verbind, in verband bring; omgaan, verkeer; lid word, aansluit; *(han.)* vennoot word; vereenselwig; ~*d* **company** verwante/geassosieerde maatskappy; ~ *o.s. with* ... van ... lid word, tot ... toetree *('n vereniging ens.);* jou by ... aansluit *('n beweging); (han.)* van ... ('n) vennoot word, met ... 'n vennootskap aangaan, jou met ... assosieer; jou aansluit by ...; ~ *onderskryf/-skrywe ('n mening ens.);* ~ ... *with* ... ... met ... assosieer/verbind *(of* in verband bring), ... laat jou aan ... dink; ~ *with s.o.* met iem. omgaan/verkeer; *(pej.)* jou met iem. ophou; *be* ~*d with* ... met ... verbind *(of* in verband gebring) word, met ... verband hou *(of* in verband staan *of* saamhang); *by* ... betrokke wees. **as·so·ci·ate·ship** socius-lidmaatskap.

**as·so·ci·a·tion** vereniging, genootskap, geselskap, bond; deelgenootskap; verbinding, assosiëring; samewerking; omgang, verkeer, kontak; band; verbintenis; verband; *(psig., chem., ekol.)* assosiasie; *a close* ~ *between A and B* 'n noue band tussen A en B; *break off one's* ~ *with* ... jou verbintenis met ... verbreek; *s.t. has unpleasant* ~*s for s.o.* iets roep onaangename herinnerings by iem. op; *articles of* ~ statute *(v. mpy.); memorandum of* ~ akte van oprigting; *have a long* ~ *with a party/etc.* 'n lang verbintenis met 'n party/ens. hê; *in* ~ *with* ... saam *(of* in oorleg) met ...; met (die) medewerking van ...; *(han.)* in deelgenootskap met ... *('n ander firma); s.o.'s* ~ *with* ... iem. se verbintenis met ...; iem. se samewerking met ...; iem. se kontak met ... ~ **football** *(fml., Br.)* sokker.

**as·so·ci·a·tive** *adj., (ook wisk.)* assosiatief.

**as·so·nance** *(pros.)* assonansie, half=, klinkerrym; klankooreenkoms; vae ooreenkoms. **as·so·nant** *n.* assonant, assonerende rym/klank. **as·so·nant** *adj.* assonerend, gelykluidend, eenders=, enersklinkend. **as·so·nate** assoneer.

**as·sort** *(genet.)* versprei *(gene);* van 'n verskeidenheid (van) goedere voorsien; saamvoeg wat saamhoort, soort by soort sit; ~ *with* ... groepeer/indeel by ...; pas by ... **as·sort·ed** *adj. (attr.)* gemengde *(lekkers ens.),* allerhande, verskillende, 'n verskeidenheid (van). **as·sort·ment** versameling, keuse, verskeidenheid; ordening, klassifisering, groepering, sortering; *a large* ~ 'n groot/wye/ruim keuse, 'n groot/wye verskeidenheid.

**as·suage** versag, verlig, lenig, matig *(leed, pyn, smart);* temper *(droefheid);* stil *(woede, verlange);* besweer *(vrees).*

**as·sume** aanneem, aanvaar, veronderstel; aanvaar, op jou neem *(verantwoordelikheid);* aanvaar *(amp, pos, diens, pligte);* jou toeeien *(titel);* veins, voorgee, voorwend; aanneem *(gedaante, d. rol v. weldoener/ens.);* ~ *an air of innocence/etc.* 'n onskuldige/ ens. houding aanneem; ~ **command/control** *of* ... die bevel/ beheer oor ... oorneem; ~ **ignorance** jou dom hou; ~ *increasing importance* van groter belang word; ~ **indifference** maak asof *(of* voorgee dat) jy nie omgee nie, jou onverskillig hou/ voordoen; *let's* ~ *that* ... kom ons aanvaar *(of* neem aan *of* veronderstel) dat ...; ~ *a strange/etc.* **look** 'n vreemde/ens. uitdrukking kry; ~ *another* **name** 'n ander naam aanneem; ~ *a* **position** 'n standpunt inneem; ~ **power** die mag gryp; ~ *gigantic* **proportions** reusagtige afmetings aanneem; *you can safely* ~ *that* ... jy kan gerus *(of* met gerustheid) aanneem dat ... **as·sumed** aangenome; voorgewend, geveins; toegeëien; ~ *name* vals naam; skuilnaam; *s.o./s.t. was* ~ *to be* ... daar is aangeneem dat iem./iets ... is. **as·sum·ing** aanmatigend, arrogant; ~ *that* ... gestel *(of* laat ons aanneem) dat ...; aangenome dat ... **as·sump·tion** aanname, aanvaarding, veronderstelling, vermoede; toe-eiening; aanneming; oorname; ~ *of* **duty** diensaanvaarding; *make an* ~ iets veronderstel; ~ *of* **office** amps= aanvaarding; *on the* ~ *that* ... in die veronderstelling dat ...; *act/ go/proceed/work on the* ~ *that* ... van die veronderstelling uitgaan dat ...; ~ *of* **power** magsoorname.

**as·sure** verseker, die versekering gee; gerusstel; oortuig; *(versek.)*

verseker; ~ *o.s. of s.t.* jou van iets verseker/vergewis/oortuig; ~ *s.o. of s.t.* iem. iets toesê *(hulp, steun, ens.);* ~ *s.o. that* ... iem. ver= seker dat ... **as·sur·ance** versekering; gerusstelling; sekerheid, vertroue; selfvertroue; *(versek.)* versekering, assuransie; *give s.o. the* ~ *that* ... iem. verseker *(of* die versekering gee) dat ...; *I can give you no* ~ *that* ... ek kan jou nie beloof/belowe dat ... nie; *do s.t. with* ~ iets vol selfvertroue doen. **as·sured** *n.* verse= kerde. **as·sured** *adj.* verseker(d); selfversekerd, vol selfver= troue; *be* ~ *of s.t.* van iets seker wees, sekerheid omtrent iets hê; *s.o. can rest* ~ *that* ... iem. kan gerus/seker wees dat ... **as= sur·ed·ly** beslis, bepaald, vir seker, verseker, gewis, stellig, wis en seker. **as·sur·er** versekeraar; versekerde.

**as·ta·tine** *(chem., simb.:* At*)* astaat.

**as·ter** *(bot.)* aster, sterblom, krisant. ~ **dahlia** veerdahlia.

**as·ter·isk** sterretjie, asterisk.

**a·stern** op die agterskip, agterskeeps; agter; agteruit; agtertoe; *full speed* ~ met volle krag agteruit.

**as·ter·oid** *n., (astron.)* asteroïed, planetoïed, klein planeet. **as= ter·oid, as·ter·oi·dal** *adj., (astron.)* stervormig, asteroïed, planetoïdaal.

**asth·ma** *(med.)* asma; aamborstigheid. **asth·mat·ic** *n.* asmalyer. **asth·mat·ic** *adj.* asmaties, asma=; kortasem(rig); aamborstig.

**a·stir** *adj. (pred.)* op die been, op, wakker, aan die/'t roer; in beroering, opgewonde; in beweging; *set s.t.* ~ iets in beroering bring.

**a·ston·ish** verbaas, verwonder, verstom, dronkslaan; *be ~ed at/by s.t.* verbaas/verwonder(d)/dronkgeslaan wees oor iets, verstom staan oor/voor iets, jou oor iets verbaas/verwonder; *be ~ed to hear/learn that* ... verbaas/verstom wees om te hoor dat ...; *it ~es me that* ... dit verbaas/verstom my *(of* slaan my dronk) dat ... **a·ston·ish·ing** verbasend, verstommend. **a·ston= ish·ing·ly** verbasend; ~ *(enough)* vreemd/snaaks genoeg. **a·ston= ish·ment** verbasing, verbaasdheid, verwondering; *s.o.'s* ~ *at s.t.* iem. se verbasing/verwondering oor iets; *cause* ~ verbasing wek; *express one's* ~ *at s.t.* jou verwondering oor iets te kenne gee; *in/with* ~ met verbasing, verbaas, verwonder(d); *to s.o.'s* ~ tot iem. se verbasing/verwondering.

**a·stound** verstom, dronkslaan, verbyster, uit die veld slaan, skok; *be ~ed at s.t.* verstom staan oor/voor iets, verbyster(d)/ geskok wees deur/oor iets, baie/hoogs verbaas *(of* dronkge= slaan *of* uit die veld geslaan) wees oor iets. **a·stound·ing** ver= basend, verstommend, verbysterend, skokkend.

**as·tral** astraal, ster=; *(biol.)* stervormig.

**a·stray** *(hoofs. fig.)* op 'n dwaalspoor *(of* op die verkeerde pad); *be* ~, *(iem.)* van die pad/spoor af wees, die pad/spoor byster/ kwyt wees, die/jou koers kwyt wees, op 'n dwaalspoor *(of* op die verkeerde pad) wees; *(iets)* soek/verlore/weg wees; *go* ~, *(iem.)* die/jou koers kwytraak, 'n verkeerde koers inslaan, van die regte koers/pad afdwaal/afwyk, op 'n dwaalspoor *(of* op die verkeerde pad) beland; *(iets)* wegraak, verdwyn, soek/vermis raak, voete kry; *lead s.o.* ~ iem. verlei, iem. op 'n dwaalspoor bring/lei *(of* laat beland), iem. op die verkeerde pad bring *(of* laat beland).

**a·stride** *adv. & prep.* wydsbeen; oor; *sit* ~ *s.t.* wydsbeen op iets sit; *stand* ~ *s.o./s.t.* wydsbeen oor iem./iets staan.

**as·trin·gent** *n., (med.)* saamtrekmiddel, a(d)stringerende mid= del; stelpmiddel, (bloed)stelpende middel. **as·trin·gent** *adj.* streng, kwaai, nors *(iem.);* skerp *(reuk, kritiek);* vrank, bitter, skerp *(smaak);* suur *(vrugte, wyn);* bitsig, bytend, kwetsend, kras *(aanmerking, opmerking);* venynig, skerp *(aanval);* wrang *(humor);* *(med.)* saamtrekkend, a(d)stringerend; *(med.)* (bloed)stelpend. **as·trin·gen·cy, as·trin·gence** strengheid, kwaaiheid, norsheid; skerpte; vrankheid, bitterheid; suurheid; bitsigheid, krasheid; venynigheid; wrangheid; saamtrekkende werking.

**as·trol·o·gy** astrologie, sterrewiggelary. **as·trol·o·ger, as·trol·o= gist** astroloog, sterrewiggelaar. **as·tro·log·i·cal** astrologies.

**as·tro·naut** ruimtevaarder, =reisiger.

**as·tron·o·my** sterrekunde, astronomie. **as·tron·o·mer** ster=

rekundige. **as·tro·nom·i·cal** sterrekundig, astronomies; ~ *chart/ map* astronomiese kaart, sterre=, hemelkaart; ~ *day/year* astro= nomiese dag/jaar, sterredag, =jaar; ~ *distance/etc., (fig.)* enorme/ astronomiese afstand/ens..

**as·tro·phys·ics** astrofisika. **as·tro·phys·i·cal** astrofisies. **as= tro·phys·i·cist** astrofisikus.

**As·tro·turf** *(handelsnaam)* kunsgras. ~ **pitch** kunsgrasveld.

**as·tute** slim *(sakeman);* uitgeslape *(prokureur);* geslepe *(politi= kus);* oulik *(kind);* skerp *(verstand);* skerpsinnig *(opmerking, waar= neming).* **as·tute·ness** slimheid; uitgeslapenheid; geslepenheid; oulikheid; skerpte, skerpsinnigheid.

**a·sun·der** *adj. (pred.), adv., (poët., liter.)* stukkend, aan/in stukke; *come* ~ uitmekaar val, stukkend raak; *far* ~ ver uit=/vanmekaar; *rend/tear s.t.* ~ iets stukkend/uitmekaar skeur *(of* aan/in stukke) skeur.

**a·sy·lum** *(jur.)* asiel; toevlugsoord, skuilplek, (veilige) hawe; toe= vlug, beskutting, beskerming; *ask/apply for (political)* ~ om (politieke) asiel vra *(of* aansoek doen); *grant s.o. (political)* ~ aan iem. (politieke) asiel verleen; *right of* ~, *(jur.)* asielreg; *seek (political)* ~ (politieke) asiel soek.

**a·sym·me·try** asimmetrie, ongelykmatigheid. **a·sym·met·ric, a·sym·met·ri·cal** asimmetries, ongelykmatig; ~ *digital sub= scriber line, (telekom., afk.:* ADSL*)* asimmetriese digitale in= tekenaarlyn; ~ *warfare* asimmetriese oorlogvoering.

**as·ymp·tote** *(wisk.)* asimptoot. **as·ymp·tot·ic, as·ymp·tot·i= cal** asimptoties.

**at** by; in, op, te; aan; na; met; om; teen; ~ *16:00* om 16:00; ~ *R5 a kilo* vir/teen R5 die/'n/per kilo; ~ *fifteen (years of age),* ~ *(the age of) fifteen* op vyftien(jarige ouderdom), op die ouder= dom van vyftien; ~ *my aunt's/etc.* (or the *dentist's/etc.)* by my tante/ens. *(of* die tandarts/ens.); ~ *180 °C* by 180 °C; ~ *Cape Town/etc.* in Kaapstad/ens.; ~ *Cathcart/etc.* op/in Cathcart/ ens.; ~ *the entrance* by die ingang; *be* ~ *it again, (infml.)* weer aan die gang/werk wees; weer aan die baklei/twis wees; *while you are* ~ *it, (infml.)* terwyl jy (daarmee) besig is, terwyl jy aan die gang is; *be hard* ~ *it, (infml.)* hard werk; ~ *120 km/h* teen 120 km/h; ~ *a speed of 120 km/h* met 'n snelheid van 120 km/h; ~ *a place/point* op 'n plek/punt; *be situated* ~ ... te ... geleë wees; *be* ~ *s.o., (infml.)* druk op iem. uitoefen; aan iem. torring *(oor iets);* met iem. rusie maak; iem. aanval.

**at·a·vism** atavisme, terugaarding, terugslag. **at·a·vis·tic** atavis= ties, terugslaande.

**a·the·ism** ateïsme. **a·the·ist** ateïs. **a·the·is·tic, a·the·is·ti·cal** ateïsties.

**Ath·ens** *(geog.)* At(h)ene. **A·the·ni·an** *n.* At(h)ener. **A·the·ni·an** *adj.* At(h)eens.

**ath·er·o·scle·ro·sis** *(med.)* aterosklerose.

**ath·lete** atleet; ~*'s foot, (med.)* atleetvoet, voetskimmel, derma= tofitose; ~*'s heart, (med.)* atleethart. **ath·let·ic** atleties, atletiek=, sport=; atleties, sterk, gespier(d); ~ *club* atletiekklub; sportklub. **ath·let·i·cism** atletiese vermoëns.

**ath·let·ics** atletiek; sport. ~ **meeting** atletiekbyeenkoms.

**a·tish·oo** *tw.* atiesjoe.

**At·lan·tic** *n.: the* ~ die Atlantiese Oseaan. **At·lan·tic** *adj.* At= lanties; ~ *Ocean* Atlantiese Oseaan; ~ *salmon* Europese salm.

**At·las** *(Gr. mit.)* Atlas. ~ **Mountains** *(geog.)* Atlasgebergte.

**at·las** =lases, *(boek)* atlas; *(anat.)* atlas, drawerwel, boonste/eerste nekwerwel.

**at·mos·phere** atmosfeer, dampkring; lug *(in 'n vertrek); (fig.)* atmosfeer, stemming; *full of* ~ stemmingsvol; *in the thin* ~ in die yl atmosfeer. **at·mos·pher·ic** *adj.* atmosferies, lug=; stem= mingsvol; ~ *density* lugdigtheid; ~ *oxygen* lugsuurstof, atmos= feriese suurstof; ~ *poem* stemmingsvers, =gedig; ~ *pressure* lugdruk, atmosferiese druk. **at·mos·pher·ics** *n. (mv.)* atmos= feriese steurings, lugsteurings.

**at·oll** *(geog.)* atol, ringeiland, lagunerif, ringrif.

**at·om** *(fis.)* atoom; *(fig.)* greintjie, krieseltjie, sweempie; *smash s.t. to ~s* iets fyn en flenters breek/slaan; *split an* ~ 'n atoom splyt; *there isn't an ~ of truth in* ... daar is/steek nie 'n greintjie waarheid in ... nie. *~* **bomb, atomic bomb** atoom=, kernbom.

**a·tom·ic** atoom=, atomêr, atomies; *~ age* atoomeeu; *~ disinte= gration* atoom=, kernverval; *~ energy* atoom=, kernenergie; *~ nucleus* atoomkern; *~ number* atoomgetal; *~ power* atoom=, kernkrag; *~ structure* atoombou, =struktuur; *~ theory* atoom= teorie; *~ weapon* atoom=, kernwapen; *~ weight* atoomgewig.

**at·om·ise, ·ize** atomiseer, in atome splits; versplinter; verstuif, verstuiwe. **at·om·i·sa·tion, ·za·tion** atomisering; versplintering; verstuiwing. **at·om·is·er, ·iz·er** verstuiwingstoestel, verstuiwer; newelspuit.

**a·ton·al** *(mus.)* atonaal. **a·ton·al·ism** *(mus.)* atonalisme. **a·to· nal·i·ty** *(mus.)* atonaliteit.

**a·tone** boet, boete doen, (weer) goedmaak, vergoed, vergoeding doen; *~ for s.t.* vir iets boet *(of* boete doen), iets (weer) goed= maak, vir iets vergoed *(of* vergoeding doen). **a·tone·ment** boe= te(doening), vergoeding; *blood of ~* soenbloed, versoenings= bloed; *Day of A~* →YOM KIPPUR; *sacrifice of ~* soenoffer.

**a·ton·ic** *n., (fonet.)* onbeklem(toon)de sillabe/woord/ens.. **a·ton· ic** *adj., (fonet.)* onbeklem(d), onbeklemtoon(d); *(med.)* atonies, slap. **at·o·ny** *(med.)* atonie, (spier)verslapping; *(fonet.)* onbe= klemdheid, toonloosheid.

**a·tri·um** atria, atriums, *(Rom. bouk.)* atrium, binnehof *(v. huis);* *(Me. bouk.)* voorhof *(v. kerk); (anat.)* atrium, voorkamer.

**a·tro·cious** wreed(aardig), barbaars, monsteragtig; afskuwe= lik, afgryslik, gruwelik, verskriklik, aaklig.

**a·troc·i·ty** =ties wreed(aardig)heid; afskuwelikheid, afgryslik= heid; gruwel(daad), wandaad; *commit* (or *be guilty of) atrocities* gruweldade/gruwele/wreedhede pleeg, aan gruweldade/gru= wele/wreedhede skuldig wees; *the atrocities of war* die gruwele van oorlog.

**at·ro·phy** =phies, *n., (med.)* atrofie, wegkwyning, verskrompeling *(v. selle, weefsels, organe); (fig.)* verval, agteruitgang, ontaarding, verwording. **at·ro·phy** *ww.* wegkwyn, wegteer, verskrompel, atrofieer. **a·troph·ic** wegkwynend, wegterend, atrofies.

**at·ta·boy** *tw., (Am. sl.)* ditsem, ditsit.

**at·tach** aanheg, vasheg, vasmaak, vasbind, aanbring, aansit; aanhaak *(sleepwa ens.);* meebring; toeskryf, =skrywe; *(jur.)* be= slag lê op, in beslag neem *(goedere); ~ ... to s.t.* ... aan iets heg; *~ blame to s.o.* skuld aan iem. gee, blaam op iem. werp; *no blame ~es* (or *can ~) to s.o.* iem. dra geen skuld nie, daar rus geen blaam op iem. nie; *~ importance to* ... waarde/gewig aan ... heg; *~ s.o. to* ..., *(mil.)* iem. by ... indeel *('n eenheid ens.).*

**at·tach·a·ble** aanhegbaar; *(jur.)* vatbaar vir beslaglegging; *be ~ to s.t.* aan iets geheg kan word; aan iets toe te skryf/skrywe wees.

**at·ta·ché** attaché. *~* **case** aktetas.

**at·tached:** *please find ~* ... hierby aangeheg is ...; *be ~ to* ... aan ... verbonde wees *('n organisasie ens.); (mil.)* by ... ingedeel wees *('n eenheid ens.); be deeply ~ to s.o.* innig aan iem. geheg/verknog wees; *s.t. is ~ to* ... iets is aan ... vas; *the benefits ~ to a job/post* die voordele aan 'n pos gekoppel; *become ~ to* ... aan ... vas= groei; aan ... geheg raak; *a house with a garage ~* 'n huis met 'n aangeboude garage/motorhuis.

**at·tach·ment** gehegtheid, verknogtheid, band; heg=, koppel= stuk; bybehoorsel, toebehoorsel, aanhegsel, aanhegting; *(jur.)* beslag(legging), inbeslagneming; *(i.d. mv.)* bybehore, toebe= hore; *~ of debt* skuldbeslag; *have an ~ for s.o.* aan iem. geheg wees; *~ of goods* beslaglegging op *(of* inbeslagneming van) goedere; *party ~* partyverband; *point of ~* aanhegtingspunt *(v. spiere);* bevestigingspunt *(v. kabels); s.o.'s ~ to* ... iem. se ge= hegtheid/verknogtheid aan ... *('n persoon),* iem. se toewyding aan ... *('n saak).* *~* **pin** hegpen. *~* **screw** hegskroef.

**at·tack** *n.* aanval, aanslag, bestorming; aanranding; *a bad/se= vere ~* 'n ernstige/hewige/kwaai aanval *(v. siekte);* aanval *(of* repel) *an ~* 'n aanval afslaan/afweer; *conduct an ~* 'n aanval lei/aanvoer; *~ is the best form of defence* aanval is die beste ver= dediging; *go over* (or *proceed) to the ~* tot die aanval oorgaan;

*launch an ~* tot die aanval oorgaan; *launch/make an ~ on* ... 'n aanval op ... doen/loods; *(fig.)* teen ... te velde trek; *have an ~ of fever* (or *hay fever etc.)* 'n koorsaanval *(of* 'n aanval van hooikoors ens.) hê; *have an ~ of the giggles* die lagsiekte hê; *have an ~ of nerves* senu(wee)agtig word; *an ~ on s.o.'s life* 'n aan= slag op iem. se lewe; *be on the ~* aanval, aanvallend optree, aan die aanval wees; *point of ~* aanvalspunt; *return to the ~* die aanval hernieu/hernu(we), weer/opnuut tot die aanval oorgaan; *a slight ~* 'n ligte aanval *(v. siekte); sound the ~* tot die aanval oproep; *make a spirited ~ on s.t.* iets met vuur aanpak; *stage an ~* 'n aanval onderneem; *be/come under ~, (ook fig.)* aange= val word, onder skoot/vuur kom. **at·tack** *ww.* aanval, be= storm, te lyf gaan, byloop; aanpak *(werk, probleem);* inklim, in= vlieg, roskam, slegsê; inwerk op, aantas; aanrand. **at·tack·er** aanvaller.

**at·tain** verkry, bekom; bereik *(doel, hoë ouderdom, volmaaktheid);* verwerf *(kennis, rykdom);* in die hande kry *(mag);* vind *(geluk);* vervul, verwesen(t)lik *(hoop, wense, verwagtinge); ~ to ... ... be= reik/verwerf/behaal *(sukses ens.).* **at·tain·a·bil·i·ty** haalbaarheid, bereikbaarheid; verkry(g)baarheid. **at·tain·a·ble** verkry(g)= baar; bereikbaar, haalbaar. **at·tain·ment** verkryging; bereiking; vervulling, verwesen(t)liking; *(gew. mv.)* kundigheid, vaardig= heid, bekwaamheid; prestasie; *~ of independence* onafhanklik= wording.

**at·tempt** *n.* poging, probeerslag; aanslag; *make an all-out* (or *a concerted) ~* 'n bewuste poging aanwend; *an ~ at* ... 'n po= ging tot ... *(moord ens.); an ~ at suicide* 'n selfmoordpoging; *an ~ fails* 'n poging misluk; *a feeble ~* 'n swak poging; *foil/thwart an ~* 'n poging verydel; *a half-hearted ~* 'n flou poging; *make no ~* geen poging aanwend nie, niks doen nie; *make an ~ on s.o.'s life* 'n moordaanslag op iem. doen/maak, 'n aanslag op iem. se lewe doen/maak, iem. om die lewe probeer bring; *make an ~ on a record* 'n rekord probeer verbeter/slaan/breek, 'n aanslag op 'n rekord maak; *succeed in an ~ to* ... slaag in 'n poging om te ...; *a successful ~* 'n geslaagde poging; *a vain ~* 'n vergeefse poging. **at·tempt** *ww.* probeer, poog, trag; be= proef; *~ed murder* 'n poging tot moord; *s.o. ~s to skate/etc.* iem. probeer (om te) skaats/ens..

**at·tend** bywoon *(vergadering, klasse, lesse, begrafnis, troue, ens.);* besoek *(kerk, skool, teat., ens.); (lede)* aanwesig/teenwoordig wees; versorg, sorg vir, oppas, verpleeg *(sieke ens.); (dokter)* behan= del *(pasiënt);* oplet, luister; gepaardgaan met; begelei, vergesel; bedien *(masj.); ~ church regularly* gereeld kerk toe gaan, die kerk getrou besoek, 'n getroue kerkganger wees; *~ school* skool gaan; *~ to s.o.* iem. versorg; iem. bedien/weghelp; na iem. luis= ter; *~ to s.t.* op iets let, na iets kyk; aandag aan iets gee/skenk/ wy, ag gee/slaan op iets; iets doen aan iets, van iets werk maak *('n saak, probleem);* iets behartig/besorg, omsien na iets *(belange, sake); ~ to one's work* jou aandag by jou werk bepaal.

**at·tend·ance** bywoning, besoek; aanwesigheid, teenwoordig= heid; versorging, verpleging; behandeling; begeleiding; bedie= ning; opkoms; *s.o.'s ~ at school/etc.* iem. se bywoning van die skool/ens.; *dance ~ (up)on s.o.* iem. na die oë kyk, iem. agter= na loop; *in close ~* in die onmiddellike nabyheid; *be in ~ at s.t.* by iets aanwesig/teenwoordig wees; *be in ~ on s.o.* iem. bedien/ behandel/oppas/versorg *(pasiënt ens.); hours of ~* diens=, kan= toorure. *~* **book,** *~* **list,** *~* **record,** *~* **register** (bywonings)re= gister; presensielys; *have a poor* (or *not have a very good) ~ record* dikwels afwesig wees. *~* **fee** presensiegeld. *~* **officer** skoolbe= soekbeampte.

**at·tend·ant** *n.* bediende, dienaar, kneg; opsigter *(by openbare geriewe, in museums, ens.);* kamerdienaar, lyfbediende *(v. iem. v. hoë rang);* lid van 'n gevolg; *(i.d. mv.)* gevolg; *(i.d. mv.)* aan= wesiges. **at·tend·ant** *adj.* diensdoende; begeleidend, vergesel= lend; aanwesig; gepaardgaande; *~ circumstances* omstandig= hede op daardie oomblik/tydstip; *be ~ (up)on s.t.* met iets gepaard= gaan.

**at·tend·ed:** *be ~ by* ..., *(iem.)* deur ... vergesel wees *(of* begelei word); *(iets)* met ... gepaardgaan, van ... vergesel gaan; *the meet=*

*ing/etc. was **poorly/well** ~ die vergadering/ens. is swak/goed bygewoon, daar was 'n swak/goeie opkoms by die vergadering/ens.; s.t. is being ~ to iets geniet aandag; have you been ~ to?* is jy/u al gehelp?; *have s.t. ~ to iets laat behandel ('n wond ens.).*

**at·ten·tion** aandag, oplettendheid, opmerksaamheid; attensie; *(mil., as tw.)* aandag!; *be all* ~ die ene ore/aandag wees, aandagtig luister; ***attract/catch** s.o.'s* ~ iem. se aandag trek; ***bring/call** s.t. to s.o.'s* ~ iets onder iem. se aandag bring; ***call** to* ~, *(mil.)* tot aandag roep; ***call/direct/draw** s.o.'s* ~ *to s.t.* iem. se aandag op iets vestig, iem. op iets attent maak; ***come** to* ~, *(mil.)* op aandag gaan staan; ***devote** ~ to s.t.* aandag aan iets bestee/skenk/wy; 'n studie van iets maak; ***distract** s.o.'s* ~ *from s.t.* iem. se aandag van iets aftrek; ***draw** ~ to s.t.* die aandag op iets vestig; iets onder die aandag bring; aandag vir iets vra; *s.t. has **escaped** s.o.'s* ~ iets het iem. se aandag ontglip, iem. het iets nie opgemerk nie; ***fix** one's* ~ *(up)on ...* jou aandag op ... toespits; *(for the)* ~ *(of) ...* (vir die) aandag (van) ... *(me. Abrahams ens.)*; *give one's **full/undivided** ~ to ...* jou volle/onverdeelde aandag aan ... gee/skenk/wy; ***keep** one's* ~ *on ...* jou aandag by ... bepaal; *s.t. **needs** ~* iets verg sorg; ***pay** ~!* let op!; ***pay** ~ to s.o./s.t.* aandag gee/skenk/wy aan (of ag gee/slaan op) iem./iets; ***receive** ~* aandag geniet/kry/ontvang; *(pasiënt, wond, ens.)* behandel word; *s.t. **requires** all s.o.'s* ~ iets vra al iem. se aandag; ***seek** ~* (die) aandag probeer trek; ***spring** to* ~ flink op aandag kom; ***stand** at/to* ~, *(mil.)* op aandag staan; ***turn** one's* ~ *to ...* aan ... aandag gee/skenk/wy. ~ **deficit disorder** *(afk.:* ADD) aandag(s)gebrek(sindroom). ~**-seeking** aandagsoekery, =trekkery. ~ **span** aandagspan, aandagsomvang.

**at·ten·tive** oplettend, aandagtig; opmerksaam; beleef(d), hoflik, galant, bedagsaam, sorgsaam, gedienstig, attent; *an ~ host= (ess)* 'n bedagsame gasheer/-vrou; *be ~ to ...* let op *(of* gevoelig wees vir) ... *(besonderhede, kleinighede)*; ... in ag neem *('n waarskuwing)*; luister na ... *(raad)*; ingestel wees op ... *(iem. se behoeftes)*; hoflik/galant wees teenoor ... *(iem.).* **at·ten·tive·ness** aandag, oplettendheid; opmerksaamheid; beleefdheid.

**at·ten·u·ate** *adj.* dun, maer; swak; verdun(d). **at·ten·u·ate** *ww.* verswak, swakker word; verdun, dun(ner) maak/word; vermaer, verslank, verskraal; verminder; versag *(skok ens.)*; ver= laag *(elektriese spanning ens.)*; demp *(klank, geluid); (herinnerings)* vervaag. **at·ten·u·a·tion** verswakking; verdunning; verminde= ring, afname; versagting; verlaging; demping.

**at·test** *ww.* getuig, verklaar; bekragtig; beëdig, onder eed be= vestig; as getuie teken; waarmerk; getuig *(van);* (aan)toon, be= wys; ~ *to ...* van ... getuig. **at·test·ant**, **at·test·er**, *(jur.)* **at·testor**, *(jur.)* **at·tes·ta·tor** getuie, verklaarder; bekragtiger; beëdi= ger; waarmerker. **at·tes·ta·tion** getuienis, verklaring; bekrag= tiging; bevestiging; beëdiging, eed, eedaflegging; getuigskrif; getuienis, bewys; *(jur.)* attestasie, ondertekening as getuie; wet= tiging. **at·test·ed** deur getuie(s) gestaaf; *duly* ~ behoorlik gestaaf.

**At·tic** *n. & adj.* Atties; ~ *salt/wit, (fig.)* Attiese sout, gevatheid, spitsvondigheid.

**at·tic** dakkamer(tjie), solderkamer(tjie), solder; *in the* ~ op (die) solder.

**At·til·a** *(406?-453)* Attila, ~ *the Hun* Attila die Hunnekoning *(of* Attila, die koning van die Hunne).

**at·tire** *n., (fml.)* drag, kleding; gewaad; tooi(sel). **at·tire** *ww., (fml.)* klee; (op)tooi, uitdos; ~ *o.s. in ...* jou in ... uitdos; *~d in a black cloak in* 'n swart mantel gehul.

**at·ti·tude** houding; instelling, ingesteldheid; kyk, siening, siens= wyse, standpunt, opvatting, beskouing; (liggaams)houding, postuur; stand; *(lugv.)* posisie; *(ballet)* attitude; *adopt* (or *take up) an* ~ 'n houding aanneem; 'n standpunt inneem; ~ *of mind, mental* ~ denkwyse, (geestes)houding, geestesgesteldheid; *s.o.'s* ~ *to(wards) ...* iem. se houding teenoor/jeens ... *(iem.),* iem. se houding insake *(of* met betrekking tot) ... *(iets);* iem. se in= stelling teenoor *(of* kyk op *of* opvatting van) ... *(d. lewe);* iem. se ingesteldheid teenoor ... *(sy werk ens.);* iem. se standpunt oor

... *(aborsie ens.).* **at·ti·tu·di·nise**, =**nize** poseer, vol aanstellings wees.

**at·tor·ney** prokureur; saakwaarnemer, gevolmagtigde; *(Am.)* advokaat; *have power of* ~ prokurasie/volmag hê. ~ **general** ~*s general,* ~ *generals, (dikw. A~ G~)* prokureur-generaal; *(i.d. VS ens.)* Minister van Justisie. **at·tor·ney·ship** prokureurskap.

**at·tract** *(fis.: magneet ens.)* aantrek; aanlok, aantrek, bekoor; lok *(kapitaal, skare, klante, ens.);* uitlok *(kritiek);* trek *(aandag);* wek *(belangstelling);* werf *(nuwe lede); be ~ed by ...* aangetrek word deur ... *(iem. se skoonheid ens.);* aangelok word deur ... *('n reuk, goedkoop pryse, ens.);* ~ *s.o./s.t. to ...* iem./iets na ... aanlok; *be/feel ~ed to s.o.* tot iem. aangetrokke wees/voel. **at·trac·tion** aantrek= king(skrag); aantreklikheid, bekoring, attraksie; trekpleister; *beach ~s* strandattraksies; *the **centre** of* ~ die middelpunt van belangstelling; ~ *of **gravity*** swaartekrag; *lose one's/its* ~ jou/sy aantrekkingskrag verloor; *next* ~ volgende aanbieding/attrak= sie; *feel an ~ **to** s.o.* tot iem. aangetrokke voel. **at·trac·tive** aan= treklik, mooi, bekoorlik, innemend; aanloklik *(aanbod, voorstel, ens.);* ~ *force/power* aantrekkingskrag; *be ~ to s.o.* vir iem. aan= treklik wees. **at·trac·tive·ness** aantreklikheid, aanloklikheid, aantrekkingskrag.

**at·trib·ute** *n.* eienskap, kenmerk, hoedanigheid; simbool; *(gram.)* byvoeglike bepaling, attribuut; *(gram.)* attributiewe byvoeg= like naamwoord, attribuut; *(log.)* attribuut. **at·trib·ute** *ww.* toe= skryf, =skrywe, dank, wyt; *s.t. can be ~d to ...* iets is toe te skryf/ skrywe *(of* te danke) aan ... *(iets gunstigs soos goeie raad);* iets is toe te skryf/skrywe *(of* te wyte) aan ... *(iets ongunstigs soos luiheid).* **at·trib·ut·a·ble** toe te skryf/skrywe, te danke *(aan iets gunstigs);* toe te skryf/skrywe, te wyte *(aan iets ongunstigs);* toeskryfbaar, toedeelbaar *(wins aan aandeelhouers ens.).* **at·trib·u·tion** toeskry= wing, toerekening, attribusie; eienskap, attribuut. **at·trib·u·tive** *n., (gram.)* attributiewe woord, attribuut. **at·trib·u·tive** *adj., (gram.)* attributief.

**at·tri·tion** (af)slyting, afskuring; uitputting; *(teol.)* attrisie, berou uit vrees vir straf; *reduce the size of the workforce by* ~ die wer= kerskorps deur natuurlike uitvloei verminder; *war of* ~ uitput= tingsoorlog.

**at·tune** gewoond laat raak, laat aanpas; in ooreenstemming bring; *(mus.)* stem; ~ *o.s. to ...* jou instel op ... *(nuwe denkwyses ens.); be ~d to ...* op ... ingestel wees; ... aanvoel, aanvoeling hê vir ... *(jazz ens.); become ~d to ...* gewoond wees/raak aan ..., (jou) aanpas aan/by ... *(d. hoogte ens.).*

**a·typ·i·cal** atipies, onreëlmatig, afwykend, abnormaal.

**au·ber·gine,** *(Am., Austr.)* **egg·plant** eiervrug, brinjal; eier= plant; persblou kleur.

**au·burn** goud-, rooi-, kastaiingbruin.

**auc·tion** *n.* veiling, vandisie, vendusie; *buy s.t. at an* ~ iets op 'n veiling/vandisie/vendusie koop; *hold an* ~ vandisie/ven= dusie hou; *put s.t. up for* (or *sell s.t. by)* ~ iets (laat) opveil, iets op 'n veiling/vandisie/vendusie (laat) verkoop; *be **up** for* ~ op= geveil word, onder die hamer kom. **auc·tion** *ww.* opveil, van= disie/vendusie hou; ~ *s.t. (off)* iets opveil, van iets vandisie/ven= dusie hou. ~ **bridge** (gewone) brug(spel). ~ **sale** veiling, van= disie, vendusie.

**auc·tion·eer** *n.* afslaer. **auc·tion·eer** *ww.* opveil, vandisie/ vendusie hou.

**auc·to·ri·al** ouktorieel, skrywers=.

**au·da·cious** waaghalsig, gewaag(d), roekeloos; vermetel, as= trant, verwaand, vrypostig, voorbarig, onbeskof. **au·da·cious· ness, au·dac·i·ty** waaghalsigheid, waagmoed, gewaagdheid, roekeloosheid; vermetelheid, astrantheid; *have the audacity to do s.t.* die vermetelheid hê om iets te doen.

**au·di·ble** hoorbaar. **au·di·bil·i·ty** hoorbaarheid.

**au·di·ence** gehoor; publiek; lesers(kring/publiek) *(v. skrywer, boek); (teat., TV)* kykers(publiek), toeskouers; *(rad.)* luisteraars, luisterpubliek; toehoorders *(v. spreker);* oudiënsie; *address an* ~ 'n gehoor toespreek; *grant s.o. an* ~ aan iem. oudiënsie ver= leen; *request an* ~ *with ...* 'n oudiënsie by ... aanvra; *a **thin** ~*

'n klein/skraal gehoor/opkoms; *have an ~ **with** ...* deur ... te woord gestaan word.

**au·di·o** *n.*, **au·di·o-** *komb.vorm* oudio-, geluids-, gehoor-. ~ **book** oudio-, luisterboek. ~ **frequency** oudio-, gehoorfrekwensie. ~**gram** oudiogram. ~**typing** oudiotik. ~**visual** oudiovisueel; ~ *aids* oudiovisuele hulpmiddels/-middele; ~ *teaching methods* oudiovisuele onderwysmetodes.

**au·di·ol·o·gy** oudiologie, gehoorleer, gehoorkunde. **au·di·ol·o·gist** oudioloog, gehoorkundige.

**au·di·om·e·ter** oudiometer, gehoormeter. **au·di·om·e·trist** oudiometris. **au·di·om·e·try** oudiometrie, gehoormeting.

**au·dit** *n.* oudit, oudietring, die nasien van boeke/rekenings, rekeningkontrole. **au·dit** *ww.* ouditeer, (boeke/rekenings) nasien/kontroleer. **A~ Bureau of Circulations** Sirkulasieburo. ~ **report** ouditeursverslag. ~ **trail** *(rek.)* ouditspoor.

**au·di·tion** *n.* oudisie, proefoptrede; gehoor; *give s.o. an* ~ iem. 'n oudisie laat aflê/doen; *have an* ~ 'n oudisie aflê/doen. **au·di·tion** *ww.* 'n oudisie aflê/doen; ~ *for a part* 'n oudisie vir 'n rol aflê/doen.

**au·di·tor** ouditeur; toehoorder, luisteraar; ~*'s report* ouditeursverslag. ~ **general** ouditeur-generaal.

**au·di·to·ri·um** -*riums*, -*ria* gehoorsaal, ouditorium, aula, oula.

**au·di·to·ry**, **au·di·tive** ouditief, gehoor-; *auditory acuity* gehoorskerpte.

**au fait** *(Fr.)* op (die) hoogte, vertroud, ingewy.

**au·ger** *(teg.)* awegaar(boor), swik-, skroef-, grootboor; voedingswurm *(v. masjien)*. ~ **beetle** boorkewer. ~ **bit** awegaarboor.

**aug·ment** vermeerder, vergroot, versterk, uitbrei, (laat) toeneem; *(mus.)* vergroot; *(gram.)* voorvoeg. **aug·men·ta·tion** vermeerdering, vergroting. **aug·men·ta·tive** vermeerderend, vergrotend; *(gram.)* augmentatief, ougmentatief. **aug·ment·ed** *adj. (attr.)*, *(mus.)* vergrote *(orkes, interval, sewende akkoord, ens.)*.

**Au·gra·bies:** *the ~ Falls* die Augrabieswaterval.

**au gra·tin** *adj. (pred.)*, *(Fr., kookk.)* gegratineer.

**au·gur** *n.*, *(hist.)* augur, ougur; waarsêer, siener, (voël)wiggelaar. **au·gur** *ww.* voorspel, waarsê; *it* ~*s ill/well for* ... dit hou niks/veel goeds vir ... in (nie), dit beloof/belowe sleg/weinig/goed/veel vir ..., dis 'n slegte/goeie voorteken vir ... **au·gu·ry** waarsêery, (voël)wiggelary, voorspelling; (voor)teken, voorbode.

**Au·gust** *n.* Augustus; *the month of* ~ Augustusmaand.

**au·gust** *adj.* hoog, verhewe, groots, deurlugtig.

**Au·gus·tin·i·an**, **Au·gus·tine** *n.* Augustyn(er), Augustynse monnik. **Au·gus·tin·i·an** *adj.* Augustyns.

**Au·gus·tus** *(keiser)* Augustus; ~ *the Strong* Augustus die Sterke. **Au·gus·tan** *n.* Augusteër. **Au·gus·tan** *adj.* Augusteïes; *(relig.)* Augsburgs; ~ *Age* eeu van Augustus, klassiek-Latynse tydperk; Klassisistiese tydperk *(in Eng.)*; tydperk van Lodewyk XIV *(in Fr.)*; ~ *age* bloeityd, goue eeu; ~ *Confession* Augsburgse Geloofsbelydenis.

**auk** *(orn.)* alk.

**au·la** -*las*, -*lae* aula, oula, gehoorsaal, ouditorium.

**aunt** tante; ~ *Annie/etc.* tant Annie/ens.. **aunt·ie**, **aunt·y** *vkw.*, *(infml.)* tannie.

**au pair** *(<Fr.): ~* **(girl)** au pair(-meisie).

**au·ra** -*ras*, -*rae* uitstraling, waas, aura; geur *(v. blomme ens.)*; *(med.)* aura, gewaarwording; *(parapsig.)* aura; *give s.t. an ~ of respectability* iets fatsoenliks *(of* 'n sweem van fatsoenlikheid) aan iets verleen; *have an ~ of calm/happiness/etc. (about one)* kalmte/geluk/ens. uitstraal, 'n aura van kalmte/geluk/ens. omgeef iem..

**au·ral** oor-, gehoor-; ouditief; ~ *impressions* ouditiewe indrukke; ~ *infection* oorontsteking; ~ *nerve* gehoorsenuwee. **au·ral·ly** deur die ore.

**au·re·ole**, **au·re·o·la** oureool *(om figuur v. 'n heilige)*; stralekrans, stralekroon, ligkrans, oureool *(om hoof v. 'n heilige)*; *(astron.)* korona, stralekrans *(om son)*.

**au re·voir** *(Fr.)* tot (weer)siens.

**au·ri·cle** *(anat.)* voorkamer, hartboesem, ourikel, atrium; *(anat.)* ourikel, atriumoor(tjie); *(anat.)* oorskulp, uitwendige oor; *(biol., bot.)* oortjie. **au·ric·u·lar** oor-, gehoor-; oorvormig; ourikulêr, voorkamer-, atrium-; atriumoor-.

**au·rif·er·ous** goudhoudend; goud-.

**Au·ri·ga** *(astron.)* Auriga, die Koetsier.

**au·rist** oorspesialis, -dokter, -arts.

**au·rochs** *(soöl.)* oeros; Europese bison, wisent.

**au·ro·ra** -*ras, -rae*, *(met.)* aurora, ourora; *(poët.)* oggendrooi, dagbreek, rooidag, daglumier, daeraad; ~ *australis* suiderlig; ~ *borealis* noorderlig; ~ *polaris* poollig. **au·ro·ral** aurora-, ourora-; stralend, skitterend, glansend.

**aus·pice** -*pices*, *(gew. mv.)* beskerming; *under the ~s of* ... onder beskerming van ... **aus·pi·cious** gunstig; veelbelowend; *on this ~ occasion* by hierdie heuglike geleentheid. **aus·pi·cious·ness** gunstigheid, goeie vooruitsig.

**Aus·sie** *n.*, *(infml.:Australiër)* Aussie. **Aus·sie** *adj.* Aussie-.

**aus·tere** streng, hard(vogtig), kwaai; ernstig, somber; asketies; eenvoudig, sober; onbuigsaam. **aus·ter·i·ty** -*ties* strengheid, hard(vogtig)heid; (streng[e]) eenvoud; soberheid; *(relig.)* askese, selfverloëning; spaarsaamheid; *(i.d. mv.)* ontberings; *practise* ~ spaarsaam lewe. ~ **measures** besuinigingsmaatreëls.

**aus·tral** suidelik, oustraal; ~ *wind* suidewind.

**Aus·tral·a·sia** Australasië. **Aus·tral·a·si·an** *n.* Australasiër. **Aus·tral·a·si·an** *adj.* Australasies.

**Aus·tral·i·a** Australië. **Aus·tral·i·an** *n.* Australiër; *(taal)* Australies. **Aus·tral·i·an** *adj.* Australies.

**Aus·tri·a** Oostenryk. **Aus·tri·an** *n.* Oostenryker. **Aus·tri·an** *adj.* Oostenryks.

**Aus·tro-**[1] *komb.vorm* Austraal-, Suider-. ~**-Asiatic** Austraal-Asiaties.

**Aus·tro-**[2] *komb.vorm* Oostenryks-. ~**-Hungarian** Oostenryks-Hongaars.

**au·tar·chy** outokrasie; outargie, selfbestuur. **au·tar·chic**, **au·tar·chi·cal** outargies.

**au·tar·ky** outarkie, geslote staatshuishouding; selfvoorsiening, ekonomiese onafhanklikheid; outarkiese land. **au·tar·kic**, **au·tar·ki·cal** outarkies, ekonomies onafhanklik. **au·tar·kist** outarkis.

**au·teur** *(Fr.)* filmregisseur.

**au·then·tic** eg *(handtekening ens.)*, oorspronklik *(kunswerk)*, onvervals *(aksent)*, outentiek; betroubaar, geloofwaardig *(beskrywing ens.)*; regsgeldig *(akte)*; *(mus.)* outentiek *(modus)*, volmaak *(kadens)*. **au·then·ti·cate** eg/outentiek verklaar, die egtheid/outentisiteit bewys van; staaf *(jou reg op iets)*, bekragtig *(testament)*, waarmerk *(afskrif)*; wettig, legaliseer *(akte)*; *(notaris)* outentiseer. **au·then·ti·ca·tion** egverklaring; stawing, bekragtiging, waarmerking; wettiging, legalisasie; verifikasie. **au·then·tic·i·ty** egtheid, onvervalstheid, outentisiteit; betroubaarheid, geloofwaardigheid; regsgeldigheid.

**au·thor** skrywer, outeur; *(vr.)* skryfster; ontwerper *(v. 'n wet)*; opsteller *(v. 'n dokument/plan)*; vader *(v. 'n uitvinding)*; bron *(v. 'n gerug)*; ~*'s copy* outeurs-, skrywerseksemplaar. **au·tho·ri·al** *(liter.)* ouktorieel, skrywers-. **au·thor·ship** outeurskap, skrywerskap; *of unknown* ~ skrywer onbekend.

**au·thor·ise**, **-ize** magtig, volmag gee/verleen, die reg gee, outoriseer; goedkeur, sanksioneer; toelaat, veroorloof, wettig; ~ *s.o. to do s.t.* iem. magtig om iets te doen. **au·thor·i·sa·tion**, **-za·tion** magtiging, volmag, outorisasie; goedkeuring; vergunning. **au·thor·ised**, **-ized:** *be ~ by* ... deur ... gemagtig wees; ~ *deduction* geoorloofde aftrekking; ~ *person* bevoegde (persoon); ~ *representative* gevolmagtigde verteenwoordiger; *be ~ to* ... gemagtig wees *(of* volmag hê) om te ...; *A~ Version* (Engelse) Statevertaling *(v.d. Bybel)*.

**au·thor·i·tar·i·an** outoritêr; ~ *state* gesagstaat. **au·thor·i·tar·i·an·ism** outoritarisme.

**au·thor·i·ta·tive** gesaghebbend, betroubaar *(bron, berig, ens.);* gebiedend, bevelend, uit die hoogte, outoritêr; amptelik *(verbod, bevel, ens.); take ~ action* met gesag optree. **au·thor·i·ta·tive·ly** gesaghebbend, met gesag; betroubaar; amptelik; gebiedenderwys(e).

**au·thor·i·ty** *-ties* gesag, mag; bevoegdheid; bestuur; owerheid, bewind; instansie; magtiging, volmag; toestemming; gesag, invloed, (persoonlike) aansien; gesaghebbende, kenner, deskundige, outoriteit; geloofwaardigheid; bron; *(jur.)* bewysplaas; *(i.d. mv., jur.)* kenbronne *(v.d. reg); by* (or *on the) ~ of* ... op gesag van ...; *by/on whose ~ did you do that?, who gave you the ~ to do that?* wie het jou gemagtig *(of* die reg gegee) om dit te doen?; *by/under what ~?* op wie se gesag?; *on good ~* op goeie gesag, uit gesaghebbende bron, van gesaghebbende kant; *have ~ over* ... seggenskap oor ... hê; *be in ~* aan die hoof wees, die hoof/baas wees, die gesag dra/hê; *mine authorities* mynbestuur; *a man/woman of ~* 'n man/vrou van gesag; *be an ~ on* ... 'n kenner *(of* gesaghebbende op die gebied) van ... wees; *on one's own ~* op eie gesag, sonder magtiging; *do s.t. on s.o.'s* iets in opdrag van iem. doen; *on whose ~ do you have that?* wie is jou/u informant *(of* bron van inligting)?; *the authorities* die owerheid; *be under s.o.'s ~* onder iem. se gesag staan.

**au·tism** *(psig.)* outisme. **au·tis·tic** outisties.

**au·to-** *komb.vorm* outo-, self-.

**au·to·bahn** *(D.)* snelweg.

**au·to·bank** outo-, kitsbank, bank-, geldoutomaat.

**au·to·bi·og·ra·phy** *-phies* outobiografie. **au·to·bi·og·ra·pher** outobiograaf. **au·to·bi·o·graph·i·cal** outobiografies.

**au·to·cade** *(Am.)* = MOTORCADE.

**au·toch·thon** *-thon(e)s* inboorling, oerbewoner, outochtoon, outogtoon; inheemse dier/plant. **au·toch·tho·nous, au·toch·thon·ic, au·toch·tho·nal** outochtoon, outogtoon, inheems.

**au·to·crat** outokraat, alleenheerser. **au·toc·ra·cy** outokrasie, alleenheerskappy; eiegeregtigheid. **au·to·crat·ic** outokraties, eiemagtig, eiewillig, eiegeregtig.

**au·to·cross** veldmotorren.

**au·to·de·struct** *ww., (missiel ens.)* homself vernietig. **au·to·de·struct, au·to·de·struc·tive** *adj.* selfvernietigend. **au·to·de·struc·tion** selfvernietiging.

**au·to·di·dact** outodidak.

**au·to·fo·cus** *n., (fot.)* outo-, selffokus.

**au·tog·e·nous** *(biol., med., teg.)* outogeen; *~ changes* spontane veranderings, veranderings wat vanself plaasvind.

**au·to·gi·ro, au·to·gy·ro** *-ros* meul-, girovliegtuig, outogiro.

**au·to·graph** *n.* outograaf; oorspronklike manuskrip; handtekening, outogram. **au·to·graph** *ww.* outografeer, (onder)teken; eiehandig skryf/skrywe. **au·to·graph·ic** outografies. **au·tog·ra·phy** die eiehandig skryf/skrywe; eiehandig geskrewe stuk; *(druk.)* outografie.

**au·to·ig·ni·tion** selfontsteking, -ontbranding.

**au·to·im·mune** *(med.)* outo-immuun, selfgesout; *~ disease* outo-immuunsiekte. **au·to·im·mu·ni·sa·tion, -za·tion** *(med.)* selfimmunisering, selfsouting. **au·to·im·mu·ni·ty** *(med.)* outoimmuniteit, selfgesoutheid.

**au·to·in·tox·i·ca·tion** *(med.)* selfvergiftiging.

**au·to·mat** (munt)outomaat; *(Am.)* outomaatkafee.

**au·to·mate** outomatiseer. **au·to·mat·ed** outomaties. **au·to·ma·tion** outomatisasie, outomatisering.

**au·to·mat·ic** *n.* outomatiese wapen; outomatiese motor; outomaat. **au·to·mat·ic** *adj.* outomaties, onwillekeurig, werktuiglik, meganies, sonder om te dink; outomaties, selfwerkend; *~ ignition* selfontsteking; *~ pilot, autopilot* stuuroutomaat; *~ rifle* outomatiese geweer, selflaaier; *~ teller (machine), autoteller* outomatiese tellermasjien, outoteller, -kassier; *~ transmission, (mot.)* outomatiese ratkas; *(rek.)* outomatiese transmissie/oorsending. **au·to·mat·i·cal·ly** outomaties; onwillekeurig, werktuiglik, meganies, vanself. **au·tom·a·ti·sa·tion, -za·tion**

outomatisasie, outomatisering. **au·tom·a·tise, -tize** outomatiseer.

**au·tom·a·tism** *(psig.)* outomatisme, outomatiese/onwillekeurige/werktuiglike handeling; werktuiglikheidsleer.

**au·tom·a·ton** *-tons, -ta, (ook fig.)* outomaat, robot.

**au·to·mo·bile** *n., (Am.)* motor, kar, motorkar, motorvoertuig.

**au·to·mo·tive** selfbewegend; motor(voertuig)-; *~ engineering* motorboukunde, motoringenieurswese.

**au·ton·o·my** outonomie, selfregering, selfbestuur; outonomie, selfstandigheid, onafhanklikheid. **au·to·nom·ic** outonoom, onwillekeurig; *(bot.)* outonoom; *~ nervous system* outonome senu(wee)stelsel. **au·ton·o·mous** outonoom, selfregerend, selfbesturend; selfstandig, onafhanklik, vry; *(bot.)* outonoom.

**au·to·pi·lot** *(afk.)* →AUTOMATIC PILOT.

**au·top·sy, au·top·sy** *-sies, (med.)* lykskouing, nadoodse ondersoek, outopsie; persoonlike waarneming; kritiese ontleding/analise.

**au·to·sug·ges·tion** *(psig.)* outo-, selfsuggestie.

**au·to·tel·ler** →AUTOMATIC TELLER (MACHINE).

**au·to·tim·er** outomatiese tydreëlaar.

**au·to·type** outotipe; faksimilee. **au·to·typ·y** outotipie.

**au·tumn** herfs, najaar; *in ~* in die herfs/najaar. **au·tum·nal** herfs-, herfsagtig; *~ equinox* herfsnagewening.

**aux·il·ia·ry** *-ries, n.* helper, hulp, assistent, ondergeskikte; hulpmiddel; hulpstuk; *(i.d. mv.)* hulptroepe; (onder)afdeling *(v. vereniging ens.).* **aux·il·ia·ry** *adj.* aanvullend, bykomend; sekondêr; hulp-, reserwe-, steun-; by-, newe-; *~ note, (mus.)* wisselnoot; *~ service(s)* hulpdiens(te); *~ verb* hulpwerkwoord.

**aux·in** *(bot.)* ouksien, groeistof.

**a·vail** *n.* nut, voordeel, baat; *of/to no ~* nutteloos, (te)vergeefs, verniet, vrugteloos; *without ~* sonder sukses/welslae. **a·vail** *ww.* baat, help; *~ o.s. of ... ...* aangryp/benut/gebruik/waarneem, van ... gebruik maak *(d. geleentheid ens.).*

**a·vail·a·ble** beskikbaar; verkry(g)baar, bekombaar, *be ~ for* ... beskikbaar wees vir ...; *make o.s. ~ for election* jou verkiesbaar stel; *s.t. is generally ~* iets is oral(s) verkry(g)baar; iets is gewoonlik verkry(g)baar; *have s.t. ~* iets beskikbaar *(of* tot jou beskikking) hê; *be ~ to s.o.* vir iem. beskikbaar wees, tot iem. se beskikking staan/wees; *make s.t. ~ to s.o.* iets aan iem. beskikbaar stel *(of* verskaf), iets tot iem. se beskikking stel. **a·vail·a·bil·i·ty** beskikbaarheid; verkry(g)baarheid, bekombaarheid.

**av·a·lanche** sneeustorting, lawine; grondstorting; rotsstorting; *(fis.)* lawine; *(fig.)* vloed(golf), stortvloed *(v. woorde ens.).*

**a·vant-garde** *n.* avant-garde, voorlopers *(in kuns).* **a·vant-garde** *adj.* avant-garde-, avant-gardisties; *~ theatre* avant-garde-toneel. **a·vant-gard·ism** avant-gardisme. **a·vant-gard·ist** avant-gardis.

**av·a·rice** hebsug, (geld)gierigheid, inhaligheid, begerigheid. **av·a·ri·cious** hebsugtig, (geld)gierig, inhalig, begerig; *~ for power* magsugtig.

**av·a·tar** *(Hind.)* inkarnasie; openbaring.

**A·ve Ma·ri·a** *(RK gebed)* Ave Maria.

**a·venge** wreek, wraak neem; *avenging angel* wraakengel; *~ s.o.'s murder/etc.* iem. se moord/ens. wreek. **a·veng·er** wreker.

**av·ens** *(bot.)* naelkruid.

**av·e·nue** *(breë straat)* boulevard; laan *(in 'n beboude gebied);* laning *(na 'n landgoed ens.); (fig.)* weg, middel, metode, manier, wyse; *an ~ of approach to a problem* 'n manier om 'n probleem te benader; *explore every ~* alle moontlikhede ondersoek; *several ~s are open to us* ons het verskeie keuses.

**a·ver** *-rr-, (fml., jur.)* betuig, verseker; beweer, weet te vertel; bewys.

**av·er·age** *n.* gemiddeld(e), deursnee, deursnit, middelmaat; (rekenkundige) gemiddeld(e); *(jur., sk., versek.)* awery; *above* (or *better than) ~* bogemiddeld, bo die gemiddeld(e); *below ~*

onder die gemiddeld(e); **general** ~, *(statist.)* algemene gemid-
deld(e); *(jur., sk.)* algemene awery; *the law of* ~s die wet van die
gemiddelde; *by the law of* ~s na alle waarskynlikheid; **on** *(the/an)*
~ gemiddeld; gewoonlik, oor/in die algemeen, in die reël, deur
die bank; **particular** ~, *(jur., sk.)* besondere awery, awery par-
tikulier. **av·er·age** *adj.* gemiddeld *(opbrengs, temperatuur,
ens.)*; gewoon, deursnee-, deursnit-, middelslag-; middelmatig;
*the* ~ **citizen** die gewone burger; *a person of* ~ **height** 'n per-
soon van gemiddelde lengte; *the* ~ **person** die deursneemens;
*a house of* ~ **size** 'n middelslaghuis. **av·er·age** *ww.* die gemid-
deld(e) bereken/bepaal, 'n gemiddeld(e) bereik; gemiddeld
kos; gemiddeld opbring; ~ *s.t. out* die gemiddeld(e) van iets
bereken; *it* ~*s out at* ... dit kom uit op gemiddeld ... ~ **adjuster**
*(jur., sk.)* aweryassessor, -berekenaar. ~ **adjustment** *(jur., sk.)*
aweryreëling.

**a·verse** *adj.* *(pred.)* afkerig, ongeneë, onwillig; *be* ~ *to s.t.* van iets
afkerig wees; wars wees van iets; ongeneë wees tot iets; *be* ~ *to
doing s.t.* ongeneë/onwillig wees om iets te doen. **a·verse·ness**
afkerigheid, onwilligheid.

**a·ver·sion** afkerigheid; *have/take an* ~ *to/for* ... 'n afkeer hê/kry
van ..., 'n hekel hê/kry aan ..., 'n teësin/teensin/renons hê/kry
in ..., 'n weersin hê/kry in/teen ...; *s.t. is s.o.'s pet* ~ iem. kan iets
nie verdra nie, iets is iem. se doodsteek, iem. het aan iets 'n
broertjie dood. ~ **therapy** *(psig.)* aversieterapie.

**a·vert** afwend *(jou oë, blik)*; afkeer, afweer *(hou ens.)*; verhoed,
voorkom *(ongeluk, ramp, ens.)*; keer *(kwaad)*; ~ *one's eyes from s.t.*
van iets wegkyk; jou oë/blik van iets afwend *(fml.)*; ~ *one's face*
jou gesig wegdraai. **a·vert·a·ble, a·vert·i·ble** afwendbaar.

**a·vi·an** *adj., (soöl.)* voël-.

**a·viar·y** voëlhuis, -hok.

**a·vi·a·tion** lugvaart, vliegwese; vliegkuns; vliegsport; lugvaart-
kunde. ~ **beacon** lugbaken. ~ **fuel** vlieg(tuig)brandstof.

**a·vi·a·tor** *(vero.)* vlieënier, lugvaarder.

**av·id** gretig, geesdriftig, entoesiasties; ywerig *(leser ens.)*; vurig
*(ondersteuner)*; lewendig *(belangstelling)*; *be* ~ *for revenge* wraak-
sugtig wees; *be* ~ *for news of* ... gretig wag op/vir nuus/tyding
van/oor ... **a·vid·i·ty** begeerte; gretigheid; gierigheid, hebsug.

**a·vi·on·ics** avionika.

**av·o** *avos, (SA, infml.)* = AVOCADO (PEAR).

**av·o·ca·do** -dos: ~ **(green)** avokado(groen). ~ **(pear)** avokado-
(peer).

**a·void** vermy, ontwyk *(pers., gevaar)*; omseil *(moeilikheid)*; weg-
skram *(v. probleem)*; versuim *(plig)*; voorkom *(ongeluk)*; vry-
spring *(straf)*; *(jur.)* onwettig/ongeldig verklaar; *I could not* ~
*looking* ek kon nie anders as kyk nie; *do s.t. to* ~ *recognition* iets
doen om nie herken te word nie. **a·void·a·ble** vermybaar, ver-
mydelik, te vermy. **a·void·ance** vermyding, ontwyking, om-
seiling; *(jur.)* vernietiging; *(jur.)* teen-, teëwerping. **a·void·ing**
vermydend, uitwykend.

**av·oir·du·pois (weight)** *(Eng. gewigstelsel)* avoirdupois(ge-
wig), grofgewig; (liggaams)gewig.

**a·vow** *(fml.)* erken, toegee; verklaar *(liefde)*; bely *(geloof)*; uit-
spreek *(oortuiging)*. **a·vow·al** erkenning, bekentenis; belyde-
nis. **a·vow·ed·ly** volgens eie erkenning.

**a·vun·cu·lar** van/soos 'n oom; vaderlik; vriendelik.

**aw** *tw., (Am.)* o, ag.

**a·wait** wag *(vir, op)*; inwag; afwag; voorlê *(vir)*; voor die deur
staan *(vir)*, te wagte staan; uitsien *(na)*; *to* ~ *arrival, (pakkie)*
word afgehaal; ~*ing a reply* in afwagting van 'n antwoord. ~**ing-
trial prisoner** verhooraangewagte gevangene.

**a·wake** *adj., (lett. & fig.)* wakker; waaksaam, op jou hoede; *be/lie/
stay* ~ wakker wees/lê/bly; *keep s.o.* ~ iem. uit die slaap hou; *be*
~ *to s.t.* iets besef, van iets bewus wees; op jou hoede vir/teen
iets wees; *be* **wide** ~ helder/nugter/wawyd wakker wees; op
en wakker wees; waaksaam *(of* op jou hoede) wees; uitgeslape
wees. **a·wake** *awoke* awoken, *ww.* wakker word, *(liter.)* ont-
waak; wakker maak, wek. **a·wake, a·wak·en** *ww.* bewus
word, besef; bewus maak, laat besef; (op)wek *(gevoelens ens.)*;

~ *to s.t.* van iets bewus word, iets besef; in iets begin belangstel
*(of* belang stel); ~ *s.o. to s.t.* iem. van iets bewus maak, iem. iets
laat besef, iets by iem. wakker maak. **a·wak·en·ing** ontwaking;
bewuswording; bewusmaking; opwekking; *a rude* ~ 'n wrede
ontnugtering.

**a·ward** *n.* toekenning *(vir dapperheid, skadevergoeding, ens.)*; prys
*(vir argit., 'n film, ens.)*; beloning, bekroning; *(jur.)* arbitrasie-
beslissing, *gain an* ~ 'n prys verwerf/wen; *grant/make/present an*
~ *to s.o.* 'n prys aan iem. toeken, 'n toekenning aan iem. doen;
*receive/win an* ~ 'n toekenning kry; 'n prys wen/verwerf. **a·ward**
*ww.* toeken *(prys, medalje, beurs, kontrak, skadevergoeding, straf-
skop, ens.)*; toewys *(kontrak)*; uitdeel, uitreik *(prys, medalje, ens.)*;
~ *the father/mother custody of a child* die toesig oor 'n kind aan
die vader/moeder toeken, 'n kind aan die vader/moeder toe-
wys; *be* ~*ed a gold medal* met goud bekroon word; *be* ~*ed a
prize* (met 'n prys) bekroon word. ~~**winning** *adj. (attr.)* be-
kroonde *(roman ens.)*.

**a·ware** *adj. (pred.)* bewus; (goed) ingelig, op (die) hoogte; *as
far as I am* ~ sover/sôver *(of* so ver/vêr) ek weet, na my wete;
*be/become* ~ *of s.t.* van iets bewus wees/word, van iets weet
*(of* kennis dra), iets besef/agterkom/merk/gewaar; *ecologi-
cally/environmentally* ~ omgewingsbewus; *not that I am* ~
*(of)* nie sover/sôver *(of* so ver/vêr) ek weet nie, na na my wete
nie; *politically* ~ politiek bewus; *try to remain* ~ *of* ... pro-
beer om op (die) hoogte te bly van ... *(wêreldgebeure ens.)*; *be
well* ~ *of s.t.* deeglik van iets bewus wees, goed van iets weet.
**a·ware·ness** bewustheid; wakkerheid.

**a·wash** *adj. (pred.)* onder water, oorstroom, oorspoel; *be* ~, *(kel-
der ens.)* onder water staan, oorstroom wees; *the deck was* ~ die
water het oor die dek gestroom/gespoel; *be* ~ *with* ..., *(fig.)* oor-
stroom/oorspoel word met ... *(dollars ens.)*; swem in ... *(d. geld)*;
toe wees onder ... *(d. Kerspos ens.)*.

**a·way** weg, vort; *ask* ~! vra (maar) gerus!; *dance the night* ~
die nag omdans; *s.o. will be* ~ *for* ... *days/etc.* iem. sal ... dae/ens.
weg wees; ~ *from* ... weg van ...; ~ *from home* van huis, van die
huis af (weg); *s.t. is ten kilometres* (or *10 minutes' walk*) ~ *from*
... iets is tien kilometer *(of* tien minute te voet) van ... af; ~ *we
go!* weg is ons!; *a kilometre* ~ 'n kilometer ver/vêr; ~ *match,
(sport)* wegwedstryd; *right/straight* ~ dadelik, onmiddellik;
*talk* ~ lekker sit en gesels; *they're* ~!, *(perde ens.)* daar gaan/
trek hulle!; *Christmas is only five weeks* ~ dis oor vyf weke al
Kersfees, dis nog net vyf weke voor Kersfees; ~ *with it!* vat
dit weg!, weg daarmee!; ~ *with s.o.!* weg met iem.!, neem iem.
weg!; ~ *with you!* weg is jy!, maak dat jy wegkom!, loop!, trap!,
skoert!; *be writing* ~ hard aan die/'t skryf/skrywe wees; *s.t. is
still five years* ~ iets lê nog vyf jaar in die toekoms.

**awe** *n.* ontsag, eerbied, respek; vrees; *be/stand in* ~ *of s.o.*, *hold
s.o. in* ~ ontsag vir iem. hê/toon/voel, groot respek vir iem. hê/
koester; *s.t. fills s.o. with* ~ iets boesem ontsag by iem. in, iets
vervul iem. met ontsag; *strike s.o. with* ~, *strike* ~ *into s.o.'s heart*
iem. met ontsag vervul; iem. (se hart) met vrees vervul. **awe**
*ww.* ontsag inboesem; vrees inboesem; bang maak; *be* ~*d by
s.t.* deur iets oorweldig wees; *be* ~*d into silence* verstom/spraak-
loos/sprakeloos staan; *in an* ~*d voice* met 'n stem vol ontsag;
met 'n verskrikte stem. ~~**inspiring** ontsagwekkend; skrikwek-
kend. ~~**stricken**, ~~**struck** vol ontsag, met ontsag vervul; ver-
skrik; verstom, spraak-, sprakeloos.

**awe·some** ontsagwekkend; ontsaglik; verskriklik, vreeslik, aak-
lig; *(sl.)* fantasties, wonderlik, ongelooflik, asemrowend. **awe·
some·ness** aakligheid.

**aw·ful** verskriklik *(ramp, nuus, ens.)*; aaklig *(medisyne ens.)*; lelik
*(ongeluk)*; naar, ellendig, miserabel *(weer)*; aaklig, skrikwekkend
*(ondervinding)*; geweldig, ontsettend *(skok)*; *an* ~ **business** iets
verskrikliks; *feel* ~ *about s.t.* (baie) sleg oor iets voel; *an* ~ *lot
of money/people/etc.*, *(infml.)* ontsaglik baie geld/mense/ens.; *it
was something* ~ dit was iets verskrikliks; *too* ~ *for words*
onbeskryflik sleg. **aw·ful·ly** *(infml.)* verskriklik, vreeslik; ~ *little*
bitter min, bloedmin, -weinig; ~ *nice* vreeslik/alte gaaf. **aw·ful·
ness** verskriklikheid; ontsaglikheid.

**awk·ward** onbeholpe, lomp, onhandig; onprakties, onhandig; onaangenaam; verleë, ongemaklik; ongeleë *(tyd)*; lastig, netelig; gevaarlik; moeilik, ongemaklik *(iem.)*; *be at an ~ age* op 'n moeilike leeftyd wees. **awk·ward·ness** onbeholpenheid, lompheid, onhandigheid; onaangenaamheid; verleentheid; lastigheid.

**awl** els; priem.

**awn·ing** sonskerm, -kap, weerskerm *(bokant 'n deur/venster)*; tent *(op 'n skip; v. 'n wa, kar, woonwa, ens.)*.

**AWOL, awol** *adj., (mil., akr.:* absent without leave*)* afwesig sonder verlof; *go ~ , (infml.)* jou basis sonder toestemming verlaat. **AWOL, awol** *ww., (mil., infml.)* sonder verlof (van jou basis) afwesig wees, jou basis sonder toestemming verlaat.

**a·wry** skeef, skuins; verkeerd; *s.t. goes ~* iets loop skeef/verkeerd *(of* misluk).

**axe,** *(Am.)* **ax** *n.* byl; *apply the ~ to* (or *wield the ~ on) s.t., (fig.)* iets (drasties) besnoei/inkort/verminder, (drasties) op iets besuinig; *the ~ has fallen on s.t.* iets is gekanselleer; *get the ~, (infml.)* die trekpas kry, in die pad gesteek word, afgedank/ontslaan word; gekanselleer word; *give s.o. the ~, (infml.)* iem. die trekpas gee *(of* in die pad steek), iem. afdank/ontslaan; *have an ~ to grind, (fig.)* bybedoelings hê; 'n grief hê/koester. **axe,** *(Am.)* **ax** *ww.* (drasties) besnoei/besuinig; kanselleer, afskaf; afdank, ontslaan. ~ **handle** bylsteel. ~ **head** bylkop. ~**man** -men houtkapper; *(infml.)* besnoeier *(v. begroting ens.)*. ~**-shaped** bylvormig.

**ax·i·al** aksiaal, as-; ~ *angle* ashoek; ~ *centre, (wisk.)* magpunt; ~ *distance* aksiale afstand; ~ *line* as-, middellyn; ~ *load* aksiale las; ~ *plane* as(se)vlak; ~ *spring* lengteveer.

**ax·i·om** aksioma, aksioom, grondstelling, grondwaarheid, onomstootlike waarheid. **ax·i·o·mat·ic** aksiomaties.

**ax·is** *axes* as(lyn), spil; *(anat.)* draaier, draaiwerwel, tweede nekwerwel; ~ *of the earth, earth's ~* aardas, wêreldas, -spil; *major ~, (wisk.)* langas; *minor ~, (wisk.)* kortas; *pair of axes, (wisk.)* assekruis, -paar; *pivotal ~* draai-, spilas; *principal ~* hoofas; *the earth revolves on its ~* die aarde draai/wentel om sy as; ~ *of rotation* rotasieas. **A~ powers** *(hist.)* Spilmoondhede.

**ax·le** as. ~ **arm** asarm. ~ **base** asafstand. ~ **bearing** aslaer. ~ **bed,** ~ **seat(ing)** asbedding, -bodem. ~ **body** aslyf. ~ **box** askas. ~ **cap** naafdop. ~ **casing,** ~ **housing** ashulsel. ~ **grease** assmeer, -ghries; wasmeer, -ghries. ~ **lining** asvoering. ~ **load** aslas, -belasting. ~ **pin** luns(pen). ~ **shaft** halfas. ~ **strap** lunsriem. ~**tree** wielas. ~ **tube** askoker.

**a·ya·tol·lah** ajatolla.

**aye, ay** *n.* ja; jastem, voorstemmer; *the ~s* dié daarvoor, die voorstemmers; *the ~s have it!, (parl.)* die ja's is in die meerderheid!, die meerderheid is daarvoor!, die voorstel is aangeneem!. **aye, ay** *tw., (by stemmery, arg., dial.)* ja; *aye, aye, Sir!, (sk.)* goed, Kaptein!/Luitenant!/ens..

**a·zal·ea** *(bot.)* asalea.

**A·za·ni·a** *n.* Azanië. **A·za·ni·an** *n.* Azaniër. **A·za·ni·an** *adj.* Azanies.

**A·zer·bai·jan** *(geog.)* Azerbeidjan. **A·zer·bai·ja·ni** -ni(s), *n.* Azerbeidjanner. **A·zer·bai·ja·ni** *adj.* Azerbeidjans.

**az·i·muth** *(astron., nav., landm.)* asimut. **az·i·muth·al** asimutaal, asimut-; ~ *projection* asimutprojeksie.

**A·zores** *(geog.): the ~* die Asore(-eilande). **A·zor·e·an** *n.* Asoriër. **A·zor·e·an** *adj.* Asories.

**Az·tec** *n.* Asteek; Asteeks, die Asteekse taal. **Az·tec** *adj.* Asteeks.

**az·ure** *adj. & n.* asuur, hemelsblou; *(poët.)* blou, onbewolkte/wolk(e)lose hemel, asuur.

# Bb

**b, B** *b's, B's, Bs, (tweede letter v.d. alfabet)* b, B; *little b* b'tjie; *small b* klein b. **B flat** *(mus.)* B-mol. **B sharp** *(mus.)* B-kruis.

**Baath, Ba'ath** *(Arab. pol.)* Baath. ~ **Party** Baathparty.

**Baa·thist, Ba'a·thist** van die Baathparty *(pred.);* Baathisties.

**bab·ble** *n.* brabbeltaal, kindergeluide; gebabbel; geklets; gekabbel, gemurmel, murmeling. **bab·ble** *ww.* brabbel, kindertaal praat; babbel; klets; klik, verklap; kabbel, murmel; ~ *away/on, (baba)* babbel; *(pers.)* aanmekaar/aanhoudend/aaneen/onafgebroke *(of* een stryk deur*)* babbel/klets/rammel; voortbabbel; ~ *out … …* uitlap/verklap/uitblaker *(geheim).* **babbler** brabbelaar, babbelaar; praatjiesmaker; *(orn.)* katlagter. **bab-bling** gekabbel.

**babe** *(poët., liter.)* suig(e)ling, (klein) kindjie; (onskuldige) kind; *(infml.)* mooi meisie; *a* ~ *in arms* 'n suig(e)ling, 'n kind op die skoot; *be a* ~ *in the woods, (infml.)* (soos) 'n groot kind wees, 'n naïweling *(of* naïef*)* wees.

**Ba·bel** *(OT)* Babel; *(dikw. b~)* lawaai, geraas, verwarring, deurmekaarspul; ~ *of tongues* spraakverwarring; *Tower of* ~ toring van Babel.

**ba·boon** bobbejaan. ~ **spider** bobbejaanspinnekop.

**ba·bush·ka** *(Rus.)* baboesjka, oumatjie, ou vroutjie, ouvroutjie.

**ba·by** *n.* suig(e)ling, (klein) kindjie, baba(tjie); *(infml.)* papperd, papbroek, bangbroek; *(infml.)* liefling, hartedief; *throw the* ~ *out/away with the* **bath water**, *(fig.)* die kind/baba met die badwater uitgooi; *expect a* ~ 'n kind verwag; *have a* ~ 'n kind kry; *be left* **holding** *the* ~, *(fig.: i.d. steek gelaat wees)* met die gebakte pere bly sit, met iets opgeskeep sit/wees; *s.t. is s.o.'s* ~, *(infml.)* iets is iem. se verantwoordelikheid. **ba·by** *ww.* soos 'n baba behandel, oppiep. ~ **batterer** babaslaner. ~ **battering** baba-, kindermishandeling. ~ **blues** *(infml.)* nageboortelike depressie, nageboortedepressie, bababedruktheid. ~ **boom** geboortegolf, baba-, geboorteontploffing. ~ **boomer** naoorlogse baba/kind. ~ **bottle** bababottel. ~ **boy** (baba)seuntjie. ~ **buggy** stootwaentjie, -karretjie, baba-, kinderwaentjie. ~ **chair** kinderstoel(tjie). ~**-face** babagesig(gie). ~ **fat** jeugvet. ~ **food** babakos, -voedsel. ~ **girl** (baba)dogtertjie. ~ **grand (piano)** klein vleuel(klavier). **B~gro** *-gros, (handelsnaam),* ~**grow** *-grows* groeipakkie. ~**-like** babaägtig, baba-agtig. ~ **linen** luiers, doeke. ~**-minder** babawagter, -oppasser, -oppaster. ~ **powder** babapoeier. ~**'s car seat** reisstoeltjie. ~ **show** babaskou. ~**-sit** kinders/babas oppas/bewaak, wiegwag. ~**-sitter** baba-, kinderwagter, -oppasser, -oppaster, kroosrooster, wiegwagter. ~**-sitting** babawagting, wiegwag. ~**-snatcher** babadief; *(infml.: ouerige man/vrou met 'n jong nooi/kêrel)* wiegie-, kuikendief. ~ **talk** baba-, kleutertaal. ~ **tooth** melktand. ~**-walker** loopring.

**ba·by·hood** klein(kinder)tyd, suig(e)lingsjare.

**ba·by·ish** kinderagtig.

**Bab·y·lon** *(geog., hist.)* Babilon; *(fig.)* ballings-, verbanningsoord; *(neerh.)* verdorwe/dekadente plek/stad/ens.. **Bab·y·lo·ni·an** Babilonies.

**Bac·chus** *(Gr. mit.)* Bacchus. **bac·cha·nal** *n.* Bacchusfees, swelgparty, bacchanaal. **bac·cha·nal** *adj.* Bacchus-; bacchanties. **bac·cha·na·li·a** *(mv.)* swelgparty(e). **bac·cha·na·li·an** *adj.* bacchanties, losbandig.

---

**bach·e·lor** vrygesel, jonkman, jongkêrel; baccalaureus; *B~ of* **Arts** Baccalaureus Artium; *old* ~ oujongkêrel; ~*s'* **quarters** enkelkwartier(e); eenpersoonskamers; *B~ of* **Science** Baccalaureus Scientiae. ~ **flat** enkelwoonstel, eenpersoons-, eenvertrekwoonstel. **bach·e·lor·hood** vrygesellelewe, jonkmanskap, oujongkêrelskap.

**ba·cil·lus** *-cilli, (soöl.)* basil, staafdiertjie. **ba·cil·lar·y, ba·cil·lar** basillêr, basil-; staafvormig, stafies-. **ba·cil·li·form** basilvormig, stafievormig.

**back** *n.* rug; rug-, agterkant; keersy; agterpant; agtervlak; agterspeler; rugleuning; agterstel; *at the* ~ agter; *at the* ~ *of …* agter …; agter in … *(d. saal, kar, ens.);* *do s.t.* (*or go*) **behind** *s.o.'s* ~, *(fig.)* iets agter iem. se rug (om) *(of* op 'n agterbakse/onderduimse manier*)* doen; *talk* **behind** *s.o.'s* ~ agter iem. se rug van hom/haar praat; *break the* ~ *of s.t.* oor die hond (se rug/stert) kom, iets baasraak; *break s.o.'s* ~, *(infml.)* iem. met werk oorlaai; *break one's* ~ *to …, (infml.)* hard spook/werk *(of* jou afsloof*)* om te …; *have a* **broad** ~, *(fig.)* 'n breë rug hê; *fall on one's* ~ *(with surprise)* verstom staan; *s.o. has fallen* **flat** *on his/her* ~, *(ook)* iem. lê plat op sy/haar rug, iem. lê bene *(of* vier stewels*)* in die lug; *lie* **flat** *on one's* ~ op die naat van *(of* plat op*)* jou rug lê; ~ *to* **front** agterstevoor; *get off s.o.'s* ~, *(infml.)* iem. met rus laat; *get/put s.o.'s* ~ *up, (infml.)* iem. die harnas in ja(ag), iem. kwaad *(of* die hoenders in*)* maak; ~ *of the* **hand** handrug; ~ *of the* **head** agterkop; *in the* ~ in die rug; agter in; *be/lie on one's* ~ op jou rug lê; bedlêend/siek wees; *on the* ~ *of s.t.* agterop iets; *have s.o. on one's* ~, *(infml.)* iem. staan agter jou *(of* hou jou dop*)*; iem. klim op jou af; *pat s.o./o.s. on the* ~, *(lett.)* iem. op die rug klop; *(fig.)* iem./jouself op die skouer klop; *play* ~ agter speel; *put s.o.'s* ~ *up →get/put;* *right at the* ~ heel agter; *round the* ~ agter om; *you* **scratch** *my* ~ *and I'll scratch yours* krap jy my rug, dan krap ek jou(n)e, die een hand was die ander; *be glad/pleased to* **see** *the* ~ *of s.o., (infml.)* bly wees om van iem. ontslae te wees; *short* ~ *and sides, (infml.)* kort in die nek en bo die ore geskeer; kort geskeerde hare; *stab s.o. in the* ~, *(lett.)* iem. in die rug steek; *(fig.)* iem. verraai *(of* in die rug steek*)*; *to the* ~ agtertoe; ~ *to* ~ rug aan/teen rug; weerskante; *turn one's* ~ omdraai, jou rug draai; *turn one's* ~ *on s.o.* jou rug na/vir iem. draai *(lett. & fig.),* iem. die rug toekeer, jou rug vir iem. wys; *s.o.'s* ~ *is* **turned** *to …* iem. staan met sy/haar rug na …; *as soon as s.o.'s* ~ *was* **turned** net toe iem. anderkant toe kyk *(of* weg is*)*; *have one's* ~ *to the* **wall**, *(fig.)* met die rug teen die muur staan, in die laaste loopgraaf wees, in die knyp/noute sit/wees, in 'n hoek geja(ag)/gedryf/gedrywe wees. **back** *adj.* agter-, agterste; agterstallig; agterweë. **back** *adv.* terug, agteruit; agtertoe; agteroor; *as* **far** ~ *as 1900* reeds in 1900; ~ *and* **forth** heen en weer; ~ *from …* van … terug wees; *be* ~ *from the war* uit die oorlog terug wees; ~ **home** tuis; weer tuis; *s.o. will be* **right** ~ iem. kom dadelik terug; ~ **soon**, *(briefie op deur)* nou-nou weer terug; **soon** *s.o. was* ~ iem. was gou/spoedig terug, nie te lank nie of iem. was terug; ~ *to the* **land** terug plaas toe, terug na die platteland; ~ *to* **nature** terug na die natuur; **way** ~, *(infml.)* heeltemal agtertoe; lank gelede; **way** ~ *in 1945* doer in 1945 al; **years** ~ jare gelede; *some* **years** ~ 'n paar jaar gelede. **back** *ww.* (rug)steun, (onder)steun; stut, versterk; beklee; wed op; agteruit ry/vaar, tru; agteruit stoot *(of* laat gaan); *(mus.)* begelei *(sanger ens.)*; ~ *away from* ... van ... terugstaan/terugtree; vir ... terugdeins; ~ *down* toegee; ~ *into s.t.* agteruit teen iets vasloop/vasry; ~ *off* padgee, terugwyk; terugdraai; agteruit ry; *the house* ~s *on to* ... die agterkant van die huis is teenoor ...; ~ *a car out of* ... met 'n motor agteruit uit ... ry; ~ *out of s.t.* uit iets kop uittrek, jou uit iets terugtrek; ~ *up* agteruit beweeg; *(water)* opstoot; *(rek.)* rugsteun, 'n rugsteun/reserwekopie maak; ~ *s.o.* *up* vir iem. opkom, iem. (rug)steun/ondersteun/bystaan; ~ *s.t.* *up* iets bevestig/staaf; ~ *the wrong horse*, *(fig.)* die verkeerde perd opklim/opsaal/ry. ~**ache** rugpyn. ~**beat** *(mus.)* backbeat. ~ **bench** agterbank. ~**bencher** *(parl. ens.)* agterbanker. ~**biter** kwaadprater, skinderaar. ~**biting** skinderpraatjies. ~**board** rugplank, -leuning; muurplank. ~**bone** ruggraat; pit, beginselvastheid; *have* **no** ~ geen ruggraat hê nie; *be the* ~ *of an enterprise/etc.* die ruggraat van 'n onderneming/ens. wees; *to the* ~ in murg/merg en been, deur en deur; *a patriot to the* ~ 'n volbloedpatriot; *s.o. without* ~ iem. sonder ruggraat; 'n papbroek/lamsak. ~**breaking** uitputtend. ~ **burner** *(lett.)* agterste plaat *(v. stoof)*; *put s.t. on the* ~ ~, *(fig.: iets uitstel)* iets in die louoond/yskas/koelkas sit, iets op die lange baan skuif. ~**chat** *n., (infml.)* teenpratery, teenspraak, astrantheid, parmantigheid, slimpraatjies, *(infml.)* bek. ~ **copy** ou nommer/uitgawe *(v. koerant, tydskrif)*. ~**court** *(tennis)* agterbaan. ~**current** teenstroom, terugstroming. ~**date** *ww.* vroeër dateer, vervroeg; van terugwerkende krag maak; ~*d to* ... met terugwerkende krag tot ... ~ **door** *n.* agterdeur; *(fig.)* skuiwergat. ~**door** *adj. (attr.)* geheime, agterbakse, skelm; ~ *listing*, *(effektebeurs)* agterdeur-, skuiwergatnotering. ~**drop** agterdoek; *(fig.)* agtergrond. ~ **elevation** agteraansig. ~ **end** agterste ent; *at the* ~ ~ *of the year* teen die einde/end *(of* in die laaste gedeelte/maande) van die jaar; *look like the* ~ ~ *of a bus*, *(infml.)* terug op die brug lyk, skree(u)lelik/hondlelik *(of* so lelik soos die nag) wees. ~ **exit** agteruitgang. ~**fire** *ww., (mot.)* terugplof, terugslaan, kets; *(plan ens.)* boemerang; *s.t.* ~s *on s.o.* iets boemerang teen iem.. ~**flip** *n.* agteroorsalto. ~**flow** terugvloeiing. ~ **formation** teruggryping. ~**gammon** *(bordspel)* backgammon. ~**ground** *n.* agtergrond; opvoeding; *against a dark/etc.* ~ teen 'n donker/ens. agtergrond; *against the* ~ *of* ... teen die agtergrond van ...; *keep in the* ~ op die agtergrond bly; agterweë hou, terughou; *s.o. comes from a* **poor** ~ iem. kom uit 'n arm huis *(of* het arm grootgeword). ~**ground** *adj. (attr.)*: ~ *information* agtergrondinligting; *the* ~ *information on s.t.* die agtergrond van iets, inligting oor/omtrent iets; ~ *music* agtergrondmusiek; ~ *noises* geluide/geraas/lawaai op die agtergrond; *(filmk., rad., TV)* byklanke; ~ *program*, *(rek.)* agtergrondprogram. ~**hand** handrug; (hand)rughou. ~**handed** handrug-; ~ *compliment* dubbelsinnige kompliment; ~ *stroke* (hand)rughou. ~**hander** handrugspeler; (hand)rughou; onverwagte opstopper; ekstratjie; omkoopgeld. ~**heel** *n., (sokker)* terughaakskop. ~**heel** *ww.* terughaak *(bal)*. ~**lash** weerslag, trugolf; (ongunstige) reaksie, teenreaksie. ~**lift** *(sport)* terugswaai *(v. been, kolf, ens.)*. ~**lighting** *(fot.)* agtergrondverligting; teenverligting. ~**liner** *(rugby)* agter(lyn)speler. ~**list** *n.* fondslys, fondskatalogus *(v. uitgewer)*. ~**lit** *adj.* van agter belig. ~**log** agterstand, ophoping. ~ **marker** *(sport)* agteros, agterloper; *(i.d. mv.)* agterhoede, agterosse, agterlopers. ~**most** agterste. ~ **number** ou/vroeër(e) nommer; agterblyer; *be a* ~ ~ uitgedien(d) wees. ~ **order** (bestelling) vir nasending, teruggehoue/agterstallige bestelling. ~**pack** rugsak, rugpak. ~**packer** rugsakstapper. ~ **pay** agterskot, agterstallige betaling/loon/salaris. ~~**pedal** *ww.* terugtrap; terugkrabbel. ~~**pedal brake** terugtraprem. ~ **pressure** teendruk. ~ **projection** *(fot.)* agter-,keersyprojeksie. ~ **rest** rugleuning. ~ **room** agterkamer. ~~**room boy** planmaker; uitvinder; stille werker. ~ **saw** rug-, kapsaag. ~**scratcher** rugkrapper; flikflooier; rugkam. ~**scratching** flikflooiery, vleiery. ~ **seat** agterbank; *take a* ~ op die agtergrond bly. ~~**seat driver** dwarskyker, mondryer, *(infml.)* bekdrywer. ~**set** teenslag; teenstroom. ~**side**

agterste, agterstel, agterent, agter-, sitwêreld, sitvlak. ~**sight** visier; teruglesing. ~**slapper** rugklopper. ~**slash** *(d. teken* \) trusolidus. ~**slide** *ww.* terugval, afvallig word. ~**slider** afvallige, versaker, oorloper. ~**sliding** terugval, afval(ligheid). ~**space, ~spacer, ~space key** *n.* trutoets *(op tikmasjien)*. ~**space** *ww., (tik)* 'n spasie teruggaan; *(rek.)* (die loper/merker/wyser) terugskuif/-skuiwe/terugstel. ~**space character** *(rek.)* terugstelteken. ~**spin** terugkrul, terug-, trutol. ~**stab ber** *(fig.)* rugsteker. ~**stage** agter die skerms. ~**stairs** *(mv.)* agtertrap. ~**stairs politics** smouspolitiek, knoeiery, onderduimse politiek; →BACKDOOR *adj.*. ~ **straight** *(sport)* agterste pylvak. ~**street** *n.* agterstraat, agteraf straat. ~**street** *adj. (attr.)* agterstraat-, agterstraatse, onwettige; ~ *abortion* agterstraataborsie, onwettige aborsie. ~**stroke** terughou; handrughou; rugslag. ~**swing** *(sport)* terugswaai. ~~**to-~** *adj.* rug aan rug, *(infml.)* opeenvolgend. ~ **tooth** agtertand, kiestand; *to the* ~ ~, *(fig.)* buikvol. ~**track** agteruit ry, tru; terugkrabbel; *(rek.)* terugwerk, op jou spoor terugloop. ~**up** *n.* bystand, hulp; *(rek.)* rugsteun, reserwekopie; *make a* ~, *(rek.)* 'n reserwekopie/rugsteun maak. ~**veld** agterveld, gramadoelas, die gopse. ~**velder** agtervelder, takhaar, tor. ~ **view** agteraansig. ~**wash** *n.* (terug)spoeling, terugtrek(king), trek, terugloop *(v. golwe, water)*; boegstroom, -stroming, terugstroming, teenstroom; lugsuiging *(v. vliegtuig)*. ~**washing** nawas. ~**water** kielwater; dooie water; boegwater; stuwater; opdamwater; stil buurt; dooierige/agterlike plek. ~ **way** agterpaadjie; kortpaadjie; *the* ~ ~ *about, round the* ~ ~ agter om. ~**woods** *(mv.)* agterveld, wilde wêreld, gramadoelas. ~**woodsman** agtervelder, takhaar, grensboer; uiterste konserwatief. ~**yard, ~ yard** agterplaas; ~ *mechanic* tuiswerktuigkundige; *in one's own* ~, *(fig.)* op jou eie werf/turf; in jou eie land.

**backed** *adj.* met 'n rug(leuning).

**back·er** ondersteuner; wedder; *(han.)* geldskieter, borg, finansier.

**back·ing** *n.* steun, rugsteun, ondersteuning; ondersteuners; weddery; rugstuk; rugmateriaal *(v. 'n boek ens.)*; versterking; agterwerk; *(mus.)* begeleiding, agtergrond(musiek); *get powerful/strong* ~ *from s.o.* kragtige/sterk ondersteuning/rugsteun van iem. kry. **back·ing** *adj. (attr.)*: ~ *group* begeleidingsgroep; ~ *plate* steunplaat; ~ *sheet* rugblad; ~ *singer* agtergrond-, steunsanger; ~ *store*, *(rek.)* by-, bergingsgeheue, sekondêre geheue; ~ *tape* begeleidingsband; ~ *vocals* agtergrondstemme.

**back·less** sonder rug, rugloos; *(rok ens.)* met 'n lae rug.

**back·ward** *adj.* agterwaarts, tru-; agterlik, traag, onontwikkeld; agteraf; *be* ~ agterbly; *be* ~ *in coming forward*, *(infml.)* terughoudend wees; ~ *step* agterwaartse beweging; *be* ~ *to* ... in gebreke bly om te ... **back·ward, back·wards** *adv.* agteruit, agterwaarts, terug; rugwaarts; van agter na voor; agteroor; agtertoe, na agter; na die verlede; ~ *and forward(s)* heen en weer, voor- en agteruit; oor en weer; *know s.t.* ~ iets deur en deur *(of* op jou duimpie) ken.

**back·ward·a·tion** effektehuur; laat lewering; →CONTANGO.

**back·ward·ness** agterlikheid, veragtering; traagheid; vertraagdheid, onontwikkeldheid.

**ba·con** (vark)spek, spekvleis; rookspek, ontbytspek; *bring home the* ~, *(infml.)* die broodwinner wees; ~ *and eggs* eiers met spek; *save one's* ~ die situasie *(of* jou bas) red, heelhuids daarvan afkom. ~ **rind** swoerd. ~ **roll** spekrolletjie, spekvleisrol.

**bac·te·ri·a** *(mv. v. bacterium)* bakterieë, bakteries, staafdiertjies. **bac·te·ri·al** bakterieel, bakteries; ~ *blight, (soort wingerdsiekte)* vlamsiekte; ~ *count* bakterietelling; ~ *disease* bakteriesiekte.

**bac·te·ri·ol·o·gy** bakteriologie, bakterieleer. **bac·te·ri·o·log·i·cal** bakteriologies; ~ *warfare* bakteriologiese oorlogvoering. **bac·te·ri·ol·o·gist** bakterioloog.

**bac·te·ri·um** *(ekv. v. bacteria)* bakterie, staafdiertjie.

**Bac·tri·an cam·el** *(soöl.)* Baktriese/tweebultige kameel, tweebultkameel.

**bad** *n.* slegte; *take the ~ with the good* die slegte nes die goeie aanvaar; *be R500 to the ~* R500 verloor, 'n verlies/tekort van R500 hê; *from ~ to worse* van kwaad tot erger; hoe later hoe kwater; *go from ~ to worse, (ook)* al hoe erger word; die kreeftegang gaan. **bad** *worse worst, adj.* sleg *(smaak, pad, skuld, ens.);* erg; stout *(kind);* nadelig; naar *(verkoue, droom, ongeluk, ens.);* (ernstig) siek; swaar *(verkoue ens.);* swak; ongunstig; vals, nagemaak *(munt, geld, ens.);* bederf, bedorwe, verrot, vrot; grof *(fout);* kwaai *(aanval, verkoue, ens.);* lelik *(hoes, pad, ongeluk, ens.);* uit die bose; →BADLY, WORSE, WORST; *be ~ at maths* swak in wiskunde wees; *be ~ at tennis* 'n swak tennisspeler wees; *~ attack* ernstige/hewige/kwaai aanval *(v. siekte); ~ bargain* miskoop; onvoordelige akkoord; *~ blood* slegte/haatlike gevoel; *it is a ~ business* dis baie jammer; dis 'n ellende; *do ~ business* agteruitboer; *~ buy* miskoop; *~ case* iem. se saak staan sleg/swak; *it is a ~ case, (ook)* dit is 'n ernstige geval *(v. siekte); a ~ day* 'n dag waarop alles skeefloop; *have a ~ effect on ...* nadelig wees vir ...; *~ faith* kwade trou; *in ~ faith* te kwader trou; *feel ~ about s.t., (infml.)* naar voel *(of* spyt wees) oor iets; *~ feeling* onmin, kwaadgesindheid; *be ~ for ...* sleg wees vir ... *(jou gesondheid ens.); ~ form* sleg te maniere; *it is ~ form* dit is ongemanierd/onfyn; *~ fortune/luck* ongeluk(kigheid), teen-, teëspoed, teenslag, teleurstelling; *~ friends* kwaaivriende; *go ~* bederf, verrot; vrot (word), tot niet gaan; *~ harvest* misoes; *~ language* vloekery, lelike taal, skel(d)taal, vloektaal, -woorde; *be ~ last* ver/vêr agter die voorlaaste wees; *in ~ law* regtens ongegrond; *~ luck* teen-, teëspoed, →fortune/luck; *not all that ~* (or *as ~ as all that), (infml.)* nie heeltemal so sleg nie; nie heeltemal so erg nie; *not ~ at all* (or *at all ~), (infml.)* glad/lank nie sleg nie, (glad) nie onaardig nie; *not (half/so) ~, (infml.)* nogal/taamlik goed, (glad) nie onaardig nie; *a ~ one* 'n slegte; 'n slegte mens; *the ~ ones* die slegtes; *shockingly/terribly ~* beroerd, bitter sleg; *~ shot!* mis (geskiet/geraai)!; *be a ~ shot* 'n slegte/swak skut wees, sleg skiet; *make a ~ showing* swak presteer; *be in a ~ temper* in 'n slegte bui/luim wees; *is it that ~?* is dit so sleg?; *that's ~* dis alte jammer, hoe jammer (tog)!, dit is ongelukkig/spytig; daar is niks aan te doen nie, dit kan nie verhelp word *(of* is nie te verhelp) nie; *it is too ~ about ...* dis alte jammer van ...; *~ turn* ondiens; *s.o. is very ~ today* iem. is vandag erg siek; *it is very ~, (ook)* dis baie jammer; *s.o. is in a ~ way* dit gaan sleg *(of* dit is sleg gesteld) met iem.; *~ weather* onweer, slegte weer. **~-humoured** sleg gehumeurd, kwasterig, kwaai. **~-lands** *(mv.)* dongaveld; gram(m)adoelas. **~-looking** lelik. **~-mannered** ongemanierd, onmanierlik, ongepoets, onbeskof, onbeleef(d). **~-mouth** *ww., (Am. sl.): ~ s.o.* iem. uitskel/inklim/invlieg/sleg sê; iem. afkraak/slegmaak/(ver)kleineer. **~-tempered** kwaai, humeurig.

**bad·die, bad·dy** *(infml.)* slegte mens.

**bad·dish** slegterig, sleggerig.

**badge** ordeteken, onderskeidingsteken; kenteken; merk, kenmerk; wapen; plakket; skild.

**badg·er** *n.* (Europese) das. **badg·er** *ww.* pla, lastig val, treiter, kwel; agtervolg; *~ s.o. for s.t.* by iem. oor iets aanhou/neul.

**bad·ly** *worse worst* sleg; erg *(beseer, geslaan, ingelig);* hard; baie; gevaarlik; swaar *(beseer, gewond); ~ bred wool* swakteeltwol; *need/want ... ~ ...* hoog/bitter nodig hê; baie graag *(of* dol graag) ... wil hê; sterk verlang na ...; *~ needed* broodnodig; *be ~ off* sleg daaraan toe wees, arm wees.

**bad·min·ton** pluimbal(spel).

**bad·ness** slegtheid, slegtigheid; erns, gevaarlikheid; v(er)rotheid, verdorwenheid.

**Ba·fa·na Ba·fa·na** *(mv.), (SA nas. sokkerspan)* Bafana Bafana.

**baf·fle** *n.* skot. **baf·fle** *ww.* dronkslaan, verbyster; uitoorlê; verydel. *~ board, ~ plate* skot(plaat), keer-, skermplaat; leiplaat; smoorplaat; brandplaat; terugslagplaat.

**baf·fle·ment** verbystering.

**baf·fling** verbysterend; raaiselagtig; *~ winds* veranderlike winde.

**bag** *n.* sak; tas(sie); handtas(sie); (reis)koffer; *(with) ~ and baggage* (met) sak en pak; *let the cat out of the ~* die aap uit die mou laat; *be left holding the ~, (fig.)* met die gebakte pere (bly) sit; *it's in the ~, (infml.)* dis 'n uitgemaakte saak; dis feitlik afgehandel; dis suksesvol; dis 'n seker oorwinning, ons het dit!; *a ~ of flour/etc.* 'n sak meel/ens.; *an old ~, (neerh.)* 'n ou wyf/tang/slons; *the whole ~ of tricks* die hele pakkaas, huitjie en muitjie. **bag** *-gg-, ww.* in die/'n sak gooi/stop; in sakke gooi; skiet; vang; in die hande kry; pak, inpalm; slap hang; dik staan; knieë maak; sakkies maak; sakkerig wees/word. **~-in-box** *bags-in-boxes* tapsak. *~ lady, shopping ~ lady* -*dies* boemelvrou. *~ net (visvang)* saknet. *~ people* trekvoëls, straatswerwers. *~ person* trekvoël, straatswerwer. **~-piper** doedelsakspeler. **~-pipe(s)** doedelsak. **~-snatcher** grypdief, -rower.

**bag·a·telle** bakatel(letjie), kleinigheid; *(spel)* bagatel, bakatel.

**ba·gel** *(Jidd.)* bagel; *(SA infml.)* bagel, bedorwe pokkel.

**bag·ful** *-fuls* sak (vol) *(kruideniersware ens.).*

**bag·gage** bagasie, reisgoed.

**bag·gies** *(mv.), (infml.)* flodderbroek.

**bag·gy** sakkerig; flodderig; sleg passend; *~ cheeks* hangwange; *~ trousers* flodderbroek.

**Bag(h)·dad, Bag(h)·dad** *(geog.)* Bagdad.

**bah** *tw.* sies!, foei!, ga!.

**Ba·ha·mas, Ba·ha·ma Is·lands** Bahama-eilande. **Ba·ha·mi·an** *n.* Bahamaan. **Ba·ha·mi·an** *adj.* Bahamaans.

**bail**[1] *n.* borg, borgtog, borgstelling; *deny/refuse s.o. ~* iem. borg(tog) weier; *forfeit one's ~, (fml.)* jou borgtog verbeur; *free s.o. on ~* iem. op borg(tog) *(of* onder borgstelling) vrylaat; *go ~ for s.o., (fig.)* vir iem. instaan; *grant s.o. ~* iem. borg(tog) toestaan; *jump/skip (one's) ~, (infml.)* onder borgtog verdwyn; *be (out) on ~* op borgtog uit (die tronk) wees; *be set free on R20 000 ~* op borgtog van R20 000 vrygelaat wees/word; *stand ~ for s.o.* vir iem. borg staan. **bail** *ww.* borg staan; onder borgtog uitlaat; *~ s.o. out* borg staan vir iem.. **~-out** *n.* (finansiële) reddingsaksie, finansiële inspuiting.

**bail**[2], **bale** *ww.* uitskep; *~ out* (met 'n valskerm) uitspring; *~ out a boat* 'n boot leeg skep *(of* uitpomp).

**bail**[3] *n., (kr.)* (dwars)balkie; balk; (stal)dwarspaal.

**bail·er, bal·er** (uit)skepper; skepding, -bak(kie), -lepel, -buis; skepmasjien.

**bail·iff** balju; geregsbode; rentmeester, saakwaarnemer.

**bain-ma·rie** *bains-marie, (Fr. kookk.)* bain-marie, pan kookwater *(of* warm water); dubbele kastrol; (warm)waterbad.

**bait** *n.* (lok)aas; verversing; *rise to (or swallow/take) the ~, (lett.)* aan die aas byt; *(fig.)* in 'n val loop. **bait** *ww.* terg, pla, treiter; aanval; voer gee; afsaal; lok; aas aansit. **bait·er** terger.

**baize** baai, groenlaken; biljartstof.

**bake** bak; *~d apple* bakappel, gebakte appel; *~d beans* sousbone; *freshly ~d* vars uit die oond; *~ s.t. through* iets deurbak; *~ well* uitbak.

**bak·er** bakker; *~'s dozen* boeredosyn, stuk of twaalf. **bak·er·y** bakkery.

**bak·ing** bakkery, bakwerk; baksel; gebak. *~ aid* bakmiddel. *~ cup* bakvormpie. *~ pan* koekpan; bakpan. *~ powder* bakpoeier. *~ soda* koeksoda. *~ strength* bakvastheid.

**bak·kie** *(Afr.)* bakkie; →PICKUP.

**bak·la·va, bac·la·va** *(Turk. kookk.)* baklava.

**bal·a·cla·va** balaklawa.

**bal·a·lai·ka** *(Rus. mus.)* balalaika.

**bal·ance** *n.* (weeg)skaal; balans; vliegwiel; ewewig; ewewigtigheid; (batige/nadelige) saldo; oorskot, res(tant); *the Balance, (astron.)* die Weegskaal, Libra; *be/hang in the ~, (uitslag ens.)* nog onbeslis wees; *(iem. se lewe)* aan 'n draadjie hang; op die spel staan; *keep one's* ~ jou ewewig/balans behou; *lose one's* ~ jou ewewig/balans verloor; ~ *of payments* betalingsbalans; ~ *of power* magsewewig; *hold the* ~ *of power* die deurslag (kan) gee; *the* ~ *of probabilities* die waarskynlikste; *on a* ~ *of probabilities* wanneer die twee teen mekaar opgeweeg word; *strike the right* ~ *between ... and ...* die goue/gulde middeweg tussen ... en ... vind; die regte verhouding tussen ... en ... be= waar; ~ *of trade, visible* ~ handelsbalans; *s.t. trembles in the* ~ iets hang aan 'n draadjie. **bal·ance** *ww.* balanseer, in ewewig wees/hou; weeg, vergelyk; teen mekaar opweeg; ver= goed; skommel, slinger, weifel; afsluit, vereffen *(rekening)*; *(rekening)* sluit, klop; laat klop; ~ *the books* die balans opmaak; ~ *each other out* teen mekaar opweeg. ~ **sheet** balansstaat. ~**-sheet item** balanspos. ~ **spring** balans-, onrus-, haar-, spi= raalveer *(v. horlosie)*. ~ **weight** balanseergewig. ~ **wheel** onrus *(in horlosie)*; skakelrat; reguleerwiel *(v. naaimasjien)*.

**bal·anced:** ~ *diet* gebalanseerde dieet; ~ *judg(e)ment* ewewig= tige oordeel.

**bal·anc·er** koorddanser(es), ekwilibris; stabilisator.

**bal·anc·ing:** ~ *act (lett. & fig.)* koorddans. ~ **mechanism** ewe= wigsmeganisme. ~ **pole** balanseerstok, balansstang.

**bal·co·ny** balkon; omloop; galery *(in teat.)*. ~ **guard** balkon= skut.

**bald** kaal; kaalkop; kaalhoofdig; naak, haarloos; naak *(feite)*; glad *(band)*; onopgesmuk, platvloers *(styl)*; sonder vere; bles; *become* ~ bles word, deur jou hare groei; *be (as)* ~ *as a coot*, *(infml.)* pankop wees. ~**head**, ~**pate** pan-, bleskop. ~**headed:** *go* ~ kaalkop loop. ~**headedness** kaalhoofdigheid.

**bal·der·dash** *(infml.)* twak(praatjies), kaf(praatjies), bog= (praatjies), onsin, nonsens, nonsies.

**bald·ing** bles, half kaalkop.

**bald·ly** *adv., (fig.)* reguit, ronduit, rondborstig, sonder doe= kies omdraai, onomwonde, kaalkop; *to put it* ~ om padlangs/ reguit te praat, kort en klaar.

**bale** *n.* baal. **bale** *ww.* in bale verpak, baal.

**ba·leen** balein, walvisbaard. ~ **whale** balein-, baardwalvis.

**bale·ful** onheilspellend, heilloos, noodlottig, verderflik. **bale= ful·ness** heilloosheid.

**bal·er** baalpers, -masjien.

**Ba·li** *(geog.)* Bali. **Ba·li·nese** *n. & adj.* Balinees.

**balk** →BAULK.

**Bal·kan** *adj., (geog.)* Balkan-; *the* ~ *Mountains* die Balkan; ~ *Peninsula* Balkanskiereiland. **Bal·kan·i·sa·tion, -za·tion** balka= nisering. **Bal·kan·ise, -ize** balkaniseer. **Bal·kans** *n.: the* ~ die Balkan.

**ball¹** *n.* bal; bol; koeël; bal *(v.d. hand/voet)*; *(teel)*bal; *(groot)* pil; *the* ~ *is in your court, (fig.)* dis jou skuif; dis nou jou beurt (om te ...); *keep one's eye on the* ~, *(fig.)* jou oë oophou, op jou hoede wees; *have the* ~ *at one's feet, (fig.)* welslae vir die gryp hê, op die punt staan om te slaag; *on the* ~, *(infml.)* (op en) wakker, *(infml.)* op jou kop; *play* ~ met 'n bal speel; *(fig., infml.)* saamgaan, -speel, -werk, saam-, meedoen; *play the* ~, *not the man!* speel die bal, nie die man nie!; *keep the* ~ **roll= ing** die bal aan die rol hou, die saak aan die gang hou; *set the* ~ **rolling** die bal aan die rol sit, iets aan die gang sit, iets op tou sit, die eerste stap doen, die eerste stoot gee; *run with the* ~, *(fig.)* jou kans(e) benut; *have too many* ~*s in the air, (fig.)* te veel ysters in die vuur *(of* hooi op jou vurk) hê. **ball** *ww.* (in 'n bol) opdraai, tot 'n bol vorm; 'n pil ingee. ~**-and-claw foot** bal-en-klou-poot. ~**-and-socket joint** koeëlge= wrig. ~ **bearing** koeëllaer; koeëltjie. ~**(-bearing) race** koeël= baan. ~ **boy** *(sport)* baljoggie. ~ **control** *(sport)* balbeheer. ~ **game** balspel; bofbalwedstryd; *it's a different* (or *whole new*) ~ ~ *(altogether), (fig., infml.)* die spelreëls het (aansienlik/heel= temal) verander, vandag is nie gister nie; dis 'n perd van 'n ander kleur. ~ **joint** koeëlgewrig. ~ **lightning** bolweerlig. ~**park** *n., (Am.)* bofbalstadion; *be in the right* ~, *(fig.)* redelik akkuraat wees; na aan die kol wees; *not be in the right* ~, *(fig.)*

die bal heeltemal mis slaan, dit ver/vêr mis hê, ver/vêr/heel= temal verkeerd wees. ~**park** *adj.* onnoukeurig, ru; ~ *estimate/ guess* ruwe skatting; ~ *figure* benaderde/geraamde/geskatte bedrag. ~**point (pen)** bol(punt)pen, rolpen. ~**-tampering** *(kr.)* balpeutery, peutery met die bal, baldoktery.

**ball²** *n.* bal, dansparty; *give a* ~ 'n bal gee; *have a* ~, *(infml.)* dit gate uit geniet. ~**room** bal-, danssaal. ~**room dancing** gesel= skaps-, baldans(e).

**bal·lad** ballade, lied. **bal·lad·eer**, **bal·lad·er** liedjiesmaker, bal= ladeskrywer; liedjie-, balladesanger.

**bal·last** *n.* ballas; grondslag; betonklip, bougruis. **bal·last** *ww.* ballas inlaai; fondament gee.

**bal·le·ri·na** ballerina, (beroeps)danseres.

**bal·let, bal·let** ballet, toneeldans; ~ *on ice* ysballet; *perform a* ~ 'n ballet uitvoer/dans. ~ **company** balletgeselskap. ~ **dancer** balletdanser; balletdanseres. ~ **pump**, ~ **shoe**, ~ **slip= per** balletskoen. ~ **skirt** balletrompie, tutu.

**bal·let·o·mane** balletliefhebber, balletomaan.

**bal·lis·tic** ballisties. **bal·lis·tics** ballistiek.

**bal·loon** *n.* (lug)ballon; *go down like a lead* ~, *(fig.)* heeltemal platval; op 'n fiasko uitloop; *when the* ~ *goes up, (fig.)* as die poppe begin dans, as die bom bars, wanneer die storm los= bars. **bal·loon** *ww.* ballonneer, ballonvlieg; opbol, opblaas, stulp. **bal·loon·ing** ballonvaart. **bal·loon·ist** ballonvaarder.

**bal·lot** *n.* (geheime) stembrief(ie); stemmetal; stemming; lo= ting; *cast one's* ~ jou stem uitbring; *hold/take a* ~ *about s.t.* oor iets laat stem; *second* ~ herstemming; *voting by secret* ~ geheime stemming. **bal·lot** *ww.* (met briefies) stem; loot. ~ **act** kieswet. ~ **box** stembus. ~ **paper** stembrief(ie).

**bal·lot·ing** (geheime) stemming.

**balls** *(mv.), (vulg.: testikels)* balle, ballas, (bal)sak, knaters, eiers; *(plat)* twak, snert, kaf, strooi, kak *(vulg.)*, stront *(vulg.)*; *(plat)* ruggraat, murg in jou pype, moed, durf; *have s.o. by the* ~, *(vulg.: iem. in 'n magtelose posisie hê)* iem. aan die kort hare *(of* aan sy knaters) beethê. ~**-up** *n., (plat)* gemors, deurme= kaarspul; ramp, fiasko; *make a complete* ~ *of s.t.* iets heeltemal opfoeter/opdonder.

**bal·ly·hoo** *(infml.)* bohaai, hoe(i)haai, reklamelawaai.

**balm** *n.* balsem, salf; sitroenkruid; troos. **balm** *ww.* balsem. **balm·i·ness** sagtheid, soelheid *(v. weer)*. **balm·y** geurig, sag, soel *(weer)*; kalmerend.

**bal·ne·ol·o·gy** badgeneeskunde, balneologie.

**ba·lo·ney, bo·lo·ney** *(infml.)* onsin.

**bal·sa** balsaboom; balsahout.

**bal·sam** balsem; smeergoed; *(bot.)* balseminie; ~ *of Peru* perubalsem; ~ *of Tolu* tolubalsem. **bal·sam·ic** *adj.* balsem= agtig; balsemiek; ~ *vinegar* balsemasyn, balsemieke asyn.

**Balt** *(inwoner v. een v.d. Oosseestate)* Balt. **Bal·tic** Balties; *the* ~ *(Sea)* die Oossee; ~ *States* Oosseestate.

**bal·us·ter** styl *(v. trapleuning)*, relingstyl; kolommetjie, balus= ter; *(i.d. mv.)* trapleuning. **bal·us·trade, bal·us·trade** leu= ning, reling; balustrade.

**bam·boo** *n.* bamboes, bamboesriet. ~ **shoot** bamboessspruit, -loot.

**bam·boo·zle** *(infml.)* bedrieg, kul, fop; mislei, om die bos lei. **bam·boo·zler** verneuker, kuller, fopper; misleier.

**ban** *n.* ban, banvloek; verbod, beletting; uitsluiting, uitsetting; *lift the* ~ *on s.t.* die verbod op iets ophef; ~ *on a book* verbod op 'n boek; *place/put a* ~ *on s.t.* iets verbied. **ban** =*nn-*, *ww.* vervloek; ban, in die ban doen, die banvloek uitspreek oor; verbied, belet; inperk *(iem.)*; uitsluit, belet *(iem.)*; verbod plaas op; afkeur; uitsluit; ~*ned book* verbode boek; ~*ned leader* in= geperkte leier.

**ba·nal** banaal, alledaags, afgesaag, platvloers. **ba·nal·i·ty** ba= naliteit, platvloersheid.

**ba·na·na** piesang; *wild* ~ wildepiesang. ~ **bat** piesangvler= muis. ~ **republic** *(infml., neerh.)* piesangrepubliek. ~ **skin** pie=

sangskil; *slip on a ~ ~, (fig., infml.)* 'n (groot) blaps/flater maak. **~ split** piesangroomys, roomys met piesang.

**ba·na·nas** *adj. (pred.), (sl.)* gek, mal; *be ~ about s.o.* gek/mal oor *(of* versot op) iem. wees; *drive s.o. ~* iem. gek/mal maak; *go ~* van jou trollie/wysie af raak, gek/mal word.

**band¹** *n.* bende; vereniging; afdeling; groep; *(mil.)* musiekkorps, orkes, kapel; ring. **band** *ww.* verenig; verbind; ring; koppel; *~ together* verenig; saamspan; 'n groep(ie) vorm. **~leader** orkesleier. **~master** orkesleier, kapelmeester. **~stand** orkesverhoog, musiekkoepel. **~wagon** musiekwa, reklamewa; *climb/get/jump on the ~* op die lawaaiwa klim, met die stroom meegaan.

**band²** *n.* band, lint; strook, reep; dryfriem; *(geol.)* band; streep *(v. ander kleur);* ring; windsel. **band** *ww.* 'n band omsit; verbind; ring; koppel; *~ a bird* 'n voël ring; *~ed* gestreep; gering(d); *~ed structure* streepstruktuur, gelaagde struktuur. **~box** hoededoos; lintdoos. **~pass filter** *(elektron.)* band(deurlaat)filter. **~saw** band, lintsaag. **~width** *(telekom.)* bandbreedte.

**band·age** *n.* verband, verbandlinne. **band·age** *ww.* verbind.

**Band-Aid** *n., (handelsnaam)* (heg), (kleef)pleister. **band-aid** *n., (fig.)* tydelike oplossing; tussentydse maatreël; lapmiddel. **band-aid** *adj., (fig.)* tydelik.

**ban·dan·(n)a** bandana; groot sakdoek; nekdoek.

**ban·di·coot** (Australiese) buideldas.

**band·ing¹** groepvorming, saamkom; *~ together* sameskoling, samerotting.

**band·ing²** gestreeptheid.

**ban·dit** dits (struik)rower. **ban·dit·ry** struikrowery.

**ban·dog** kettinghond.

**ban·do·lier, ban·do·leer** bandelier.

**bands·man** orkesspeler, musikant.

**ban·dy¹** *adj.* hoepelbeen, met hoepelbene. **~-legged** hoepelbeen, met hoepelbene; krombeen; **~ legs** hoepelbene, obene, bak, snyersbene.

**ban·dy²** *ww.* heen en weer kaats, wissel; *s.o.'s name is being bandied about* daar word met iem. se naam gesmous; *~ words with s.o.* met iem. stry/redekawel.

**bane** verderf, vloek; *be the ~ of s.o.'s life* iem. se lewe vergal/ versuur. **~berry** christoffel, wolfskruid. **~wort** galbessie, nagskade, nastergal.

**bang¹** *n.* slag, bons, knal; *a big/loud ~* 'n harde knal/slag; *go off with a ~, (infml.)* 'n reusesukses wees; *the door shut with a ~* die deur het toegeklap; *with a ~* met 'n slag. **bang** *ww.* slaan, bons; toeslaan, klap, smyt *(deur);* (uit)klop; knal; *(vulg. sl.: seks hê)* stoot; *~ s.t. down* iets neerplak; *~ into s.t.* teen iets vasloop. **bang** *adv.: go ~* bars, ontplof; toeklap; bankrot speel; *(fig.)* skipbreuk ly; *~ on, (infml.)* presies raak/reg; *~ on target, (fig., infml.)* in die kol. **bang** *tw.* boems!, kaplaks!.

**bang²** *n., (dikw. mv.)* gordyntjie(kop). **bang** *ww.* stomp sny; kort *('n stert).* **~tail** stompstert.

**bang·er** *(infml.)* wors(ie); (ou) tjor/rammelkas/skedonk; klapper; yslike leuen; klapsoen.

**Bang·la·desh** *(geog.)* Bangladesj. **Bang·la·desh·i** *n.* Bangladesji, Bangladesjer. **Bang·la·desh·i** *adj.* Bangladesji, Bangladesjies.

**ban·gle** armband; enkelring.

**ban·ish** verban, verdryf, uitsit, uitban. **ban·ish·ment** uitsetting, verbanning; ballingskap.

**ban·is·ter** baluster, styl *(v. trapleuning); (i.d. mv.)* trapleuning.

**ban·jo** jo(e)s banjo. **ban·jo·ist** banjospeler.

**bank¹** *n.* bank; wal; skuinste, glooiing; dyk; oewer; *on the ~(s) of ...* op die oewer van ... *('n rivier, meer, ens.);* op die wal(le) van ... *('n rivier).* **bank** *ww.* wal maak/gooi, opdam; opwal; oppak, opstapel; dwarshelling gee; skuins vlieg; afdek *(vuur);* *~ up* ophoop; *~ s.t. up* iets opbank *('n vuur).*

**bank²** *n.* bank; speelbank; pot; *break a ~* 'n bank bankrot laat raak; *~ of issue/circulation* uitgifte, note, sirkulasiebank. **bank** *ww.* in die bank sit, deponeer; geld in die bank hou; omsit in geld; banksake doen; *~ on ... op ...* staatmaak/reken. **~ acceptance, banker's acceptance** bankaksep. **~ account** bankrekening. **~ balance** banksaldo. **~ bill, ~ draft** bankwissel. **~ card, banker's card** bankkaart. **~ charges** bankkoste. **~ manager** bankbestuurder. **~note** banknoot; *issue ~s* banknote in omloop bring. **~ rate** bankkoers. **~ return, ~ statement** bankstaat. **~ transfer** bankoordrag.

**bank·a·ble** *(ekon.)* bankwaardig, bankbaar *(tjek ens.); (fig.)* betroubaar *(belofte ens.).*

**bank·er** bankier; boekhouer; geldhandelaar; finansier.

**bank·et, bank·et** banket, goudhoudende konglomeraat.

**bank·ing¹** opdamming, wal gooi; (dwars)helling, oorhelling; skuinsvlug.

**bank·ing²** bankwese; banksake, geldhandel. **~ business** banksake. **~ charges** bankkoste. **~ hall** banksaal. **~ hours** bankure. **~ services** bankdienste.

**bank·rupt** *n.* bankrotspeler, bankroetier. **bank·rupt** *adj.* bankrot, insolvent; *go ~* bankrot speel/raak/gaan; *be ~ of ...* (heeltemal) sonder ... wees, (glad) geen ... hê nie *(idees ens.).* **bank·rupt** *ww.* bankrot maak. **bank·rupt·cy** bankrotskap, insolvensie.

**ban·ner** banier, wimpel; vlag, vaandel; spandoek *(oor straat); under the ~ of ...* onder die banier van ... **~ cloud** wimpelwolk. **~ headline** *(joern.)* banierkop.

**ban·ning** uitsluiting, uitsetting; verbod; inperking. **~ order** uitsettingsbevel; inperkingsbevel.

**banns** (huweliks)gebooie, huweliksafkondiging; *ask/proclaim/ publish* (or *put up) the ~* die geboooie afkondig.

**ban·quet** *n.* feesmaaltyd, banket. **ban·quet** *ww.* 'n banket aanbied/gee; feestelik onthaal; feesvier; *~ing hall* banketsaal. **ban·quet·er** feesvierder, banketganger.

**ban·shee, ban·shee** doodsbode; *howl like a ~* soos 'n maer vark skree(u), 'n vreeslike keel opsit.

**ban·tam** kapokhoender, kapokkie, bantamhoender; *(fig.)* kapokhaan(tjie); pikkie, buksie. **~ cock** kapokhaan. **~weight** *(boks)* kapok, bantamgewig.

**ban·ter** *n.* gekskeerdery, skerts, korswel, korswil. **ban·ter** *ww.* skerts, gekskeer, die gek skeer, korswel, korswil; terg, pla; *~ with s.o.* met iem. korswel/korswil/skerts/skoor. **ban·ter·er** gekskeerder, plaer, plaag, terggees. **ban·ter·ing** *adj.* skertsend, grapp(er)ig, snaaks; plaerig.

**Ban·tu** tu(s), *(taalgroep, sprekers)* Bantoe. **~ language** Bantoetaal.

**ban·yan (tree), ban·ian (tree)** baniaan(boom).

**ba·o·bab (tree)** kremetart(boom), baobab.

**bap** sagte broodrolletjie.

**bap·tise, tize** doop; onderdompel; naam gee. **bap·tism** doop, doop(s)bediening; *~ of fire* vuurdoop. **bap·tis·mal** doop; *~ ceremony* dooplegtigheid; *~ certificate* doopseel; *~ font* doopvont, bak; *~ name* doopnaam. **bap·tist** *n.* baptis, (weder)doper, doopsgesinde; *John the B~* Johannes die Doper. **bap·tist** *adj.* dopers, doopsgesind; *B~ Church* Baptistekerk.

**bar¹** *n.* staaf, stang, balk, tralie; *(metal.)* staaf, baar; slag, afsluitboom; *(mus.)* maat(streep); *(mil.)* balkie; toonbank; *(jur.)* regbank; *(jur.)* advokatuur, balie; verskaar; tapkas, buffet; (drank)buffet, drinkplek, tappery, tapkamer, kroeg, kantien; sandwal, bank; hindernis, beletsel; afsluiting, versperring; verbod; skoenbalkie; *(naaldw.)* balkie, trensie; steunsel *(aan perdepoot); (her.)* skuinsbalk; *(her.)* dwarsbalk; *admit/call s.o. to the ~* iem. tot die balie *(of* as advokaat) toelaat; *asymmetric ~s, (gimn.)* ongelyke trapbrug; *at the ~* aan die balie; *be behind ~s* agter (die) tralies sit/wees; *~ of gold* ('n) staaf goud; *gold in ~s* staafgoud; *horizontal ~, (gimn.)* rekstok; *medal and ~* medalje en balkie; *parallel ~s, (gimn.)* brug;

*private* ~ privaat/private kroeg; *public* ~ openbare kroeg; *read/study for the* ~ (in die) regte studeer; ~ *of soap* steenseep; *be a* ~ *to s.t.* 'n beletsel vir iets wees. **bar** =rr=, *ww.* afsluit; uitsluit, wegwys, weer; hinder, verhinder, versper, belet; ~ *s.o. from s.t.* iem. uit iets uitsluit; ~ *out ... ...* uitsluit; *the way* voorkeer. **bar** *prep.* buiten, behalwe; ~ *none* sonder uitsondering; ~ *one* op een na. ~**bell** staafgewig; *(gewigoptel)* stang. ~ **billiards** kroegbiljart. ~ **bit** stang. ~ **code** *(han.)* strepies=, staafkode. ~ **coding** strepies=, staafkodering, die aanbring van strepies=/staafkodes. ~ **copper** staafkoper. ~ **council** balieraad. ~**fly** *(infml.)* kroegvlieg, =kruiper, =loper. ~ **gold** staafgoud. ~ **graph**, ~ **chart**, ~ **diagram** staafgrafiek. ~**hop** *ww.* kroegkruip, =loop. ~ **iron** staafyster. ~**keep(er)** kroegbaas, =eienaar, =tapper, tapbaas, kroeg=, kantienhouer. ~**keeping** kroegbedryf; tappery. ~ **line** *(mus.)* maatstreep. ~ **lounge**, ~ **parlour**, ~ **room** dranksitkamer, buffetlokaal; tapkamer. ~ **magnet** staafmagneet. ~**maid** kroegmeisie, =vrou, =kelnerin. ~**man** =men, *(Am.)* ~**tender** kroegman, =kelner, tapper. ~ **soap** steenseep.

**bar²** *n., (fis., drukeenheid)* bar.

**barb** *n.* baard *(v. vis)*; weerhaak, pylpunt; angel; doring; prikkel; veselskub *(v. wol)*. **barb** *ww.* van weerhake voorsien.

**Bar·ba·dos** *(geog.)* Barbados. **Bar·ba·di·an** *n.* Barbadaan. **Barba·di·an** *adj.* Barbadaans.

**bar·bar·i·an** *n.* barbaar, onbeskaafde, wilde; *(i.d. mv.)* barbaredom. **bar·bar·i·an** *adj.* barbaars, onbeskaafd(e), wild. **bar·bar·ic** barbaars. **bar·ba·rise**, **=rize** barbariseer; barbaars word/maak. **bar·ba·rism** barbarisme, barbaarsheid. **bar·bari·ty** barbaarsheid, wreedheid. **bar·ba·rous** barbaars, wreed, onmenslik. **bar·ba·rous·ness** barbaarsheid.

**Bar·ba·ry ape** magot, Turkse aap.

**bar·be·cue** *n.* groot rooster; braaivleis; vleisbraaiery, braaivleisaand, vleisbraai-aand, braaiparty, braai-ete; vleisbraaiplek; vleisbraaiwaentjie; vleisbraaistel; droogvloer. **bar·becue** *ww.* (oor die kole) braai; heel braai; vleis braai.

**barbed:** ~ *hook* weerhaak; ~ *nail* weerhaakspyker; ~ *wire* doring=, prikkel=, hakiesdraad. ~**-wire** *adj.:* doringdraad=.

**bar·bel** *(igt.)* voeldraad; *(SA)* baber; *(Eur.)* barbeel; *(sea)* ~ baar.

**bar·ber** *n.* haarkapper, barbier, kapper, haarsnyer. **bar·ber** *ww.* skeer *(baard, hare)*. ~**shop** barbiers=, haarkapperswinkel. ~'s *itch*, ~'s *rash* baarduitslag.

**Bar·ber·ton dai·sy** gerbera, rooigousblom.

**bar·bet** *(orn.)* houtkapper.

**bar·bi·can** wagtoring; *(mil.)* buitewerk.

**Bar·bie doll** *(handelsnaam)* Barbiepop.

**bar·bi·tone,** *(Am.)* **bar·bi·tal** *(chem.)* barbital. **bar·bi·tu·rate** *(chem.)* barbituraat. **bar·bi·tu·ric ac·id** barbituursuur.

**bar·bule** baardjie, stekel.

**bar·ca·rol(l)e, bar·ca·rol(l)e** gondel=, bootlied, barcarolle.

**bar·chan(e), bar·k(h)an** *(geol.)* sekel=, wandelduin, barkaan.

**bard** *(arg., poët., liter.)* bard, sanger, digter; *the B~* Shakespeare.

**bard(e)** *n., (kookk.)* spek(vleis)=, bardeerreep. **bard(e)** *ww., (kookk.)* bardeer, met spek(vleis)repe bedek.

**bare** *adj.* kaal, naak, nakend; bloot; leeg; skraal; alleen; ~ *chance* heel geringe kans; *with* ~ *fists* kaalvuis, met die kaal vuis; *with (one's)* ~ *hands* kaalhand, met (jou) kaal hande; *lay* ~, *(fig.)* ontbloot, blootlê; ~ *majority* skrale meerderheid; blote/ gewone meerderheid; ~ *minimum* volstrekte minimum; *the* ~ *necessities of life* die allernodigste. **bare** *ww., (fig.)* ontbloot, blootlê; *(lett.)* ontbloot. ~**back(ed)** kaalrug; bloots, sonder saal. ~**back rider** blootsryer. ~**faced** onbeskaamd, skaamteloos; met onbedekte gesig. ~**fisted** kaalvuis. ~**knuckled** kaalvuis. ~**foot(ed)** kaalvoet. ~**handed** kaalhand; ongewapen(d). ~**headed** kaalkop. ~**-shouldered** met kaal skouers.

**bare·ly** openlik; enkel, alleen maar; skaars, ternouernood; skraps, nouliks, net-net.

**Bar·ents Sea** Barentsz-see.

**bar·gain** *n.* ooreenkoms, akkoord; (goeie) slag, kopie, winskoop; *make the best of a bad* ~ jou na die omstandighede skik; *get the best of the* ~ die beste daarvan afkom; *close a* ~ 'n koop (af)sluit; *find/get a* ~ 'n slag slaan; *drive a hard* ~ iem. duur laat betaal, iem. onbillik baie vra; 'n harde sakeman wees; *into the* ~ op die koop toe, boonop; *make/strike a* ~ 'n akkoord aangaan/maak, 'n ooreenkoms tref; *pick up a* ~ 'n kopie raakloop; *that's/it's a* ~! akkoord!, top!; *throw s.t. into the* ~ iets op die koop toegee; *get the worst of the* ~ die slegste daarvan afkom, aan die kortste ent trek/wees. **bar·gain** *ww.* onderhandel; ooreenkom; k(n)ibbel; afding; ~ *s.t. away* iets verkwansel; *s.o. did not* ~ *for/on s.t.* iem. het iets nie verwag (of was iets nie te wagte) nie, iem. het nie met iets rekening gehou (of het nie op iets gereken) nie; *more than s.o.* ~*ed for/on* meer as wat iem. verwag het (of te wagte was). ~ **basement** winskoop=, winskopieafdeling. ~ **buy** winskoop, =kopie, goeie kopie. ~ **counter** winskooptoonbank, =tafel, uitgooitafel. ~**offer** spesiale aanbod/aanbieding. ~**price** winskoop=, weggee=.

**bar·gain·er** onderhandelaar; *(hard)* ~ k(n)ibbelaar.

**bar·gain·ing** bedinging, onderhandeling; *collective* ~ gesamentlike bedinging; *hard* ~ k(n)ibbel(a)ry. ~ **chip**, ~ **counter** bedingingsmiddel, =faktor, =kaart. ~ **council** bedingingsraad. ~ **position** onderhandelingsposisie, bedingstand. ~ **power** beding(ings)vermoë, onderhandelingsbevoegdheid.

**barge** *n.* vrag=, trekskuit; barg. **barge** *ww.* stamp, bots; ~ *about/around* rondstommel; ~ *in* inbars, indruk; ~ *into ...* stamp teen ... ~**pole** skippersboom; *I wouldn't touch it with a* ~ ek sal nie met 'n tang daaraan raak nie; ek wil niks daarmee te doen hê nie.

**bar·gee,** *(Am.)* **barge·man** =men skuitvoerder, vragskipper; *swear like a* ~ vloek soos 'n matroos.

**bar·ite** *(min.)* bariet, swaarspaat.

**bar·i·tone** bariton.

**bar·i·um** *(chem., simb.: Ba)* barium.

**bark¹** *n.* bas, skors, skil; vel, huid. **bark** *ww.* (af)skaaf, =skawe *(vel)*; afskil *(boom)*; afmaak *(bas)*; *(leerlooiery)* afskuur *(vel)*; ('n) kors (vorm); ~ *one's shin* jou maermerrie stamp.

**bark²** *n.* blaf, geblaf; boggom, bôgom *(v. bobbejaan)*; *s.o.'s* ~ *is worse than his/her bite* hy/sy is nie so kwaai soos hy/sy lyk nie. **bark** *ww.* blaf; hoes; knal; ~ *at s.o., (hond)* vir iem. blaf; *(mens)* iem. toesnou; ~ *up the wrong tree* by die verkeerde adres wees. **bark·er** blaffer, keffer; reklameroeper, klantelokker.

**bar·ley** gars; gort *(vir menslike voedsel)*. ~ **broth** gortsop; sterk bier. ~**corn** garskorrel; gars. ~ **flour** garsmeel. ~ **sugar** bors=, draai=, garssuiker. ~ **water** gortwater. ~ **wine** sterk Engelse bier.

**barm** (bier)gis, biermoer; gisskuim, bolaaggis. **barm·y** =mier =miest moerderig, gisterig, gishoudend; skuimerig; *(infml.)* simpel, mal, gek, getik.

**Bar Mitz·vah** *(soms b~ m~)(Jud.)* barmitswa.

**barn** skuur. ~ **dance** boeredans. ~ **owl** nonnetjie(s)uil. ~**yard** plaaswerf. ~**yard fowl** *(mak)* hoender, skrophoender.

**bar·na·cle** eendmossel; *(fig.)* laspos; *(i.d. mv.)* neusknyper, neusband *(vir perd)*; *(i.d. mv.)* knypbril. ~ **goose** brandgans.

**bar·ney** *(infml.)* uitval; *have a* ~ 'n uitval hê, vassit.

**ba·rom·e·ter** *(met.)* weerglas, barometer *(ook fig.)*; *the* ~ *is falling/rising* die kwik/(weer)glas daal/sak/styg. **bar·o·met·ric, bar·o·met·ri·cal** barometries, barometer=. **ba·rom·e·try** barometrie.

**bar·on** baron; *(fig.)* magnaat; ~ *of beef* rugstuk van bees. **baron·age** baronskap; adel; baronne. **bar·on·ess** barones. **baron·et** baronet. **ba·ro·ni·al** van 'n baron, barons=. **bar·o·ny** baronie.

**ba·roque** *(dikw. B~)* barok (kuns/styl/tyd) *(dikw. B~)*.

**barque** (sk.) bark; (fig.) skuit, skip. **bar·quen·tine, bar·quan·tine** (sk.) klein bark, barkie, skoenerbark.

**bar·rack** n., (gew. i.d. mv.) barak; kasarm; (mil.) kaserne. **bar·rack** ww. kaserneer. ~ **square**, ~ **yard** kaserneplein, -werf.

**bar·ra·cou·ta** (igt.) snoek.

**bar·ra·cu·da** (igt.) barrakuda.

**bar·rage** stu-, keerdam, keerwal; (mil.) sper-, gordynvuur; be under a ~ of ... met ... bestook word.

**bar·ra·tor** baratteur, lastige prosedeerder, twissoeker. **bar·ra·try, bar·re·try** barratterie; (opstoking tot) prosedeerdery; simonie; goederevervalsing; commit ~ baratteer.

**barred** gestreep; uitgesluit, belet; gegrendel; no holds ~ (met) alles geoorloof.

**bar·rel** n. vat, vaatjie, ton; kuip; loop (v. geweer); buis, silinder; trommel (v. horlosie); romp (v. perd); midde(l)stel (v. skaap); ribbekas; keel (v. vergasser); breach a ~ 'n vat oopsteek/oopslaan; a ~ of oil 'n vat/vaatjie olie; have s.o. over a ~, (infml.) iem. in jou mag hê; scrape the (bottom of the) ~, (infml.) boomskraap wees. **bar·rel** -ll-, ww. in vate sit, inkuip. ~ **chest** breë bors(kas). ~-**chested** met 'n breë bors (pred.), breëbors-. ~ **organ** draaiorrel. ~ **vault** ton(nel)gewelf.

**bar·rel·ful** -fuls vat (vol).

**bar·ren** onvrugbaar; steriel; dor, bar, kaal; ~ **cow** kween, guskoei; ~ **ewe** gusooi, kween; ~ of ... sonder ... **bar·ren·ness** onvrugbaarheid; kaalheid, dorheid; vaalte.

**bar·ri·cade, bar·ri·cade** n. verskansing, hindernis, versperring, barrikade. **bar·ri·cade, bar·ri·cade** ww. verskans, versper; ~ o.s. in jou verskans; ~ s.t. off iets afsper ('n plek).

**bar·ri·er** n. slagboom; grenspaal; tolhek; (spw.) sluitpaal, val-, sper-, sluitboom; afsluiting, versperring, keermuur; barrière; hinderpaal; hindernis; break down ~s grense/skeidsmure afbreek; put up ~s versperrings oprig; be a ~ to ... in die pad na ... staan (vooruitgang ens.). **bar·ri·er** ww. afsluit, versper. ~ **cream** beskermende velroom, beskermroom. ~ **line** sperstreep. ~ **railing** sper-reling. ~ **reef** walrif; Great B~ R~ Groot Barrière-rif, Groot Koraalrif, Groot (Australiese) Walrif.

**bar·ring** met uitsondering van, behalwe, buiten, afgesien van, buite en behalwe, uitgesonderd, behoudens.

**bar·ris·ter** (Br.) advokaat; (i.d. mv.) die advokatuur.

**bar·row** kruiwa; handkar, stootkar(retjie).

**bar·ter** n. ruil, ruilhandel, ruilery. **bar·ter** ww. ruil, ruilhandel dryf; kwansel; verruil; smous; verhandel; ~ ... away ... verkwansel. ~ **agreement** ruilooreenkoms. ~ **expedition** ruiltog.

**bar·ter·er** kwanselaar, ruiler.

**bar·ter·ing** gekwansel, kwansel(a)ry, ruilery.

**Bar·thol·o·mew** (NT) Bartolomeus.

**bar·y·sphere** (geomorfol.) aardkern, barisfeer.

**ba·sal** basaal; bodemstandig; grondstandig, onderste.

**bas·alt** (geol.) basalt. **ba·sal·tic** basalties; ~ lava basaltlawa.

**base** n. grondslag, basis; bodem; fondament, voetstuk, voet; onderent; onderstuk; grondvlak; grondlyn; uitgangspunt; grondgetal; (chem.) basis, alkali; (mil.) steunpunt, basis; first/second/third ~, (bofbal) eerste/tweede/derde rus; not get to first ~ with s.o., (infml.) geen kans by iem. hê nie; return to ~ na die/jou basis terugkeer. **base** adj. sleg, gemeen, laag; minderwaardig; onedel; laaghartig, vals. **base** ww. grond, baseer; grondves, vestig; ~ s.t. on/upon ... iets op ... grond/baseer; be ~d on/upon ... op ... gegrond/gebaseer wees; op ... berus; op die lees van ... geskoei wees. ~ **angle** basishoek. ~ **coin** vals(e) munt. ~**line** grond-, basislyn; (tennis) agter-, voetlyn. ~ **metal** basismetaal; onedel(e) metaal. ~ **rate** (fin.) basiskoers. ~ **value** basiswaarde.

**base·ball** bofbal. ~ **bat** bofbalkolf. ~ **league** bofballiga. ~ **player** bofbalspeler.

**-based** komb. vorm met 'n -basis, met ... (as basis); computer-~ system/technology rekenaarstelsel, -tegnologie; London-~ company/etc. maatskappy/ens. met sy hoofkantoor/hoofkwartier/basis in Londen; rum-~ cocktail mengeldrankie met 'n rumbasis (of met rum [as basis]).

**base·less** ongegrond, sonder grond; quite/utterly ~ van alle grond ontbloot. **base·less·ness** ongegrondheid.

**base·ly** gemeen, laag, op 'n gemene/lae manier.

**base·ment** fondament; ondergrondse verdieping, kelderverdieping. ~ **house** kelderwoning. ~ **parking** kelderparkering. ~ **rock** oergesteente.

**base·ness** laagheid, gemeenheid; minderwaardigheid, onegtheid.

**bash** n. slag, hou; probeerslag; have a ~ at s.t., (infml.) iets ('n slag) probeer (doen). **bash** ww. slaan, moker; (in)duik; ~ s.t. down, (infml.) iets platmoker; ~ s.t. in, (infml.) iets inslaan ('n deur, venster, iem. se kop, ens.); ~ into s.t. teen iets bots/vasry; ~ ... up, (infml.) ... opdons (iem.); ... opfrommel (motor); I'll ~ you! ek foeter jou!.

**bash·ful** skaam, skamerig, verleë, bedees, beskaamd, sku, skugter, beskimmel(d). **bash·ful·ness** skaamte, skamerigheid, beskaamdheid, verleentheid.

**-bash·ing** komb. vorm, (infml.): Bible-~ godsdienstige fanatisme, Bybeldwepery; gay-~ gay-treitering; union-~ vakbondtreitering.

**ba·sic** adj. basies, fundamenteel, grond-; (chem.) basies, alkalies; ~ **difference** wesensverskil; ~ **error** grondfout; ~ **figure** grondsyfer; ~ **idea** grondgedagte; ~ **industry** hoofindustrie, grondbedryf; ~ **material** grondstof; ~ **number** grondgetal; ~ **pattern** grondpatroon; ~ **pay/wage** grondloon; ~ **principle** grondbeginsel; ~ **rate** grondtarief; ~ **right** grondreg; ~ **tax** insetbelasting; be ~ to s.t. aan iets ten grondslag lê; ~ **year** basisjaar (v. berekeninge). B~ **English** Basisengels.

**ba·si·cal·ly** in die grond, in wese, wesen(t)lik, fundamenteel, basies.

**ba·sics** n. (mv.) fundamentele feite; grondtrekke; basiese opleiding; get/go back to ~ tot die grondbeginsels terugkeer.

**bas·il** basilie-, basiel-, balsemkruid, basilikum, koningskruid.

**bas·i·lisk** basilisk, draak; kuif-, boomakkedis.

**ba·sin** kom; bekken; skottel; wasbak; stroom-, vanggebied. ~-**shaped** ketel-, komvormig. ~ **valley** keteldal, kaar.

**ba·sis** -ses grondslag, fondament; grondtal; steunvlak; voetstuk; basis; be paid on a daily ~ op die dag betaal word; on an equal ~ op gelyke voet; form the ~ of s.t. aan iets ten grondslag lê; on the ~ of ... op grond van ...; aan die hand van ...; in die lig van ...; on a ~ of reciprocity op voet van wederkerigheid; on the ~ that ... met die uitgangspunt dat ...; work on the ~ that ... van die veronderstelling uitgaan dat ...; on a trial (or an experimental) ~ by wyse van proefneming; ~ of operations operasiebasis.

**bask** ww.: ~ in ... bak in ... (d. son); jou koester in ... (d. son, iem. se guns, ens.).

**bas·ket** mandjie, korf; bak; a ~ of currencies 'n groep geldeenhede; a ~ of eggs/etc. 'n mandjie eiers/ens.; the pick of the ~ die allerbeste/-mooiste/-fynste; shoot a ~, (basketbal) 'n doel gooi; you ~!, (infml.) jou vloek!. ~**ball** korfbal(spel); American ~ basketbal, Amerikaanse korfbal. ~ **case** (infml.) hulpelose/hopelose geval; senu(wee)wrak; iem. wat (van lotjie) getik (of van sy/haar trollie/wysie af of in die/sy/haar bol gepik) is. ~ **clause** allesomvattende klousule. ~ **maker, ~ weaver** mandjiemaker. ~**ware, ~work** vleg-, mandjiewerk.

**bas·ket·ful** -fuls mandjie vol.

**bask·ing shark** koesterhaai.

**bas·ma·ti (rice)** basmati(rys).

**Basque** n. Bask; (taal) Baskies. **Basque** adj. Baskies.

**bas-re·lief** vlak-, laagreliëf; in ~ halfverhewe, in vlakreliëf.

**bass¹** bas(stem); bas(sanger); *double/string* ~ kontrabas. ~ **clef** bassleutel. ~ **drum** bas=, groottrom. ~ **guitar** baskitaar, =ghi= taar.

**bass²** *bass(es), (igt.)* baars.

**bas·set (hound)** basset, Franse dashond.

**bass·ist** kontrabasspeler; baskitaar=, basghitaarspeler.

**bas·soon** fagot. **bas·soon·ist** fagottis, fagotspeler.

**bas·so pro·fun·do** =dos, *(It., mus.)* basso profundo, diep bas, sanger met 'n diep basstem.

**bas·tard** *n., (infml.,neerh.)* bliksem, blikskottel, vloek(sel), wet= ter; *(vero., neerh.)* onegte/onwettige kind; baster. **bas·tard** *adj.* baster=; oneg, nagemaak; *(vero., neerh.)* oneg, onwettig, buite-egtelik.

**baste** *(kookk.)* bedruip *(met vet).*

**Bas·ter** *(Rehoboth)* Baster.

**bast·ing:** ~ **sauce** bedruip=, baksous. ~ **spoon** drup=, bedruip= lepel.

**bas·ti·on** bastion, vestingbolwerk; vesting.

**Ba·su·to** *(lid v. bevolkingsgroep)* Basotho. ~ **pony** Basoeto= ponie.

**bat¹** *n.* kolf; spaan; *be at* ~ kolf, aan die kolf wees; **carry** *one's* ~, *(kr.)* onoorwonne kolf/wees; *at* **full** ~, *(infml.)* in/met volle vaart; *go to* ~ *for s.o., (infml.)* iem. verdedig; *right* **off** *the* ~, *(infml.)* sonder aarseling, dadelik; *do s.t.* **off** *one's* **own** ~ iets op eie houtjie/inisiatief/verantwoordelikheid doen; *play with a* **straight** ~, *(infml.)* eerlik handel. **bat** =tt=, *ww.* slaan, kolf.

**bat²** *n.* vlermuis; *have* ~*s in the/one's belfry, (infml.)* (van lotjie) getik *(of* van jou trollie/wysie af) wees, nie al jou varkies (in die hok) hê nie; *like a* ~ *out of hell* of die duiwel agter jou is. ~- **eared fox** bakoorjakkals. ~ **guano** vlermuismis, =ghwano. ~ **hawk** vlermuisvalk.

**bat³** =tt=, *ww.* knipoog; *not* ~ *an eye(lid)* geen *(of* nie 'n) ooglid verroer nie, geen *(of* nie 'n) spier vertrek nie; *without* ~*ting an eye(lid), (ook)* sonder blik of bloos *(of* om te blik of te bloos).

**batch** *n.* baksel; klomp, bondel, stel, party; tros *(kinders);* klompie, groep(ie); trop; *(rek.)* bondel; *boiling* ~ kooksel; *brewing* ~ brousel; *distillation* ~ stooksel; *in* ~*es* klompe- klompe, klompies-klompies; groepsgewys(e); *melting* ~ smelt= sel; *in one* ~ tegelyk. **batch** *ww.* groepeer; *(rek.)* bondel. ~ **command** *(rek.)* bondelbevel. ~ **file** *(rek.)* bondellêer. ~ **processing** *(rek.)* bondelverwerking.

**batch·ing** groepering; *(rek.)* bondeling.

**bat·ed:** *with* ~ *breath* met ingehoue asem, met gespanne aan= dag.

**bat·e·leur (ea·gle)** berghaan, dassievanger, stompstert= arend.

**bath** *n.* bad; badkuip; badwater; badhuis; badplaas; *(i.d. mv.)* badhuis, =inrigting; *(i.d. mv.)* geneeskragtige bron, warmbad; *draw/run a* ~ 'n bad laat volloop, water in die bad laat in= loop; *go have/take a* ~ gaan bad; *have/take a* ~ bad, 'n bad neem; *Turkish* ~*(s)* Turkse badhuis; *take Turkish* ~*s* Turkse baaie neem. **bath** *ww.* bad; 'n bad gee; 'n bad neem. ~ **house** badhuis. ~ **mat** badmat. ~ **oil** badolie. ~ **room** badkamer. ~ **room cabinet** toiletkassie. ~ **towel** badhanddoek. ~ **tub** bad, bad= kuip.

**bathe** baai, swem; afspoel; bet, baai *(wonde); be* ~*d in tears* in trane swem/wees. **bath·er** baaier.

**bath·ing** baai(ery). ~ **cap** swempet. ~ **costume, ~ suit** baai= kostuum, swem=, baaipak. ~ **cubicle** aantrek=, badhokkie. ~ **pool** swemplek, =gat, =kuil, baaiplek. ~ **trunks** swem=, baai= broek(ie).

**ba·thos** batos, antiklimaks, banaliteit.

**Bath·she·ba** *(OT)* Batseba.

**bath·y·sphere** batisfeer, duikbol.

**ba·tik, bat·tik** *n. & ww.* batik.

**Bat Mitz·vah** *(soms b~ m~), (Jud.)* batmitswa.

---

**ba·ton** (maarskalk)staf; (dirigeer)stok, maatstok; polisiestok, knuppel; *(atl.)* staf(fie); *under the* ~ *of* ... gedirigeer deur ..., onder leiding van ... ~ **charge** knuppelaanval, =stormloop. ~ **round** plastiekkoeël.

**bats** *adj., (infml.)* (van lotjie) getik, van jou trollie/wysie af, in die/jou bol gepik, bossies.

**bats·man** =men, *(kr.)* kolwer; ~*'s crease* kolfstreep; kolfkampie. **bats·man·ship** kolf(werk), kolfvernuf, bedrewenheid as kol= wer.

**Ba·tswa·na** *(volk)* Batswana.

**bat·tal·ion** bataljon; *God is for the big* ~*s* mag is reg.

**bat·ten:** ~ *down the hatches, (sk.)* die luike vasskroef; *(fig.)* alles in veiligheid bring, alle voorsorg tref.

**bat·ter¹** *n., (bofbal)* kolwer.

**bat·ter²** *n., (kookk.)* beslag.

**bat·ter³** *ww.* slaan, moker, toetakel; hamer *(aan deur);* heftig aanval *(iem.,teorie,ens.);* bestook, beskiet; mishandel; ~ *against s.t.* (wild) teen iets slaan; ~ *s.o. to* **death** iem. doodslaan; ~ *s.t.* **down** iets platmoker; ~ *s.t. in* iets inslaan; ~ *s.t. to* **pieces** iets goed van iets maak, iets flenters slaan; ~ *s.o.'s face to a* **pulp** iem. se gesig pap slaan. **bat·tered** gehawend; geduik; mis= handel; ~ *baby/wife* mishandelde baba/vrou; ~ *hat* verslete/ verslyte hoed.

**bat·ter·ing** beskieting, bestoking; mishandeling; kwaai slae; *give s.o. a* ~ iem. erg/kwaai toetakel; *(sport)* iem. kwaai slae gee; *take a* ~ erg/kwaai toegetakel word; *(sport)* kwaai slae kry. ~ **gun** beleëringskanon. ~ **ram** stormram, rammei.

**bat·ter·y** battery; *(landb.)* lêbattery; *charge a* ~ 'n battery laai; *a* **dead/flat** ~ 'n pap battery; *a* ~ *of questions* 'n spervuur van vrae; *undergo a* ~ *of tests* 'n hele reeks toetse ondergaan; *re= charge a* ~ 'n battery herlaai; *recharge one's batteries, (infml.)* jou krag(te) herwin. ~ **cable** batterykabel. ~ **charger** gelyk= rigter; batterylaaier. ~ **farming** batteryboerdery. ~ **fire** *(mil.)* spervuur. ~ **hen** batteryhoender. ~-**powered** battery(aan)= gedrewe, met batteryaandrywing, battery=. ~ **terminal** pool= klem.

**bat·ting** *(kr.)* kolfwerk, kolf. ~ **average** kolfgemiddelde. ~ **crease** kolfstreep; kolfkampie. ~ **depth** kolfdiepte. ~ **order** kolflys. ~ **strength** kolfkrag.

**bat·tle** *n.* (veld)slag, geveg, stryd; *it's a* ~, *(infml.)* iem. kry swaar; *die/fall* (or *be killed) in* ~ sneuwel, val; *do/give/join* (or *go into)* ~ die stryd aanknoop, slaags raak *(met); fight a* ~ 'n slag lewer; 'n stryd voer; *that's half the* ~ daarmee is dit halfpad gewen; *in the heat of* ~ in die hitte van die stryd; *line of* ~ slagorde, =linie; *be locked in (a)* ~ in 'n oorlog gewikkel wees; *lose/win a* ~ 'n slag verloor/wen; *fight a losing* ~ aan die verloorkant wees, geen kans hê om te wen nie; *the B~ of Britain* die (lug)slag om Brittanje; *the* ~ *of Magersfontein/etc.* die slag by/van Magersfontein/ens.; *in order of* ~ in slag= orde; *fight one's own* ~*s* op jou eie bene staan, self die mas opkom, self sien om die mas op te kom; *ready for* ~ slagge= reed, slagvaardig; *a* ~ *royal* 'n stryd tot die bittere einde (toe); 'n titaniese/verbete stryd; *a running* ~ 'n eindelose stryd; ~ *of wits* vernufstryd. **bat·tle** *ww.* veg, stry; beveg, bestry; slag lewer; stryd voer; ~ *against* ... teen ... veg/worstel; ~ *for a living* 'n stryd om die bestaan voer; ~ *it out* dit uitspook/uit= veg. ~**axe** stryd=, slagbyl; hellebaard; *(infml.)* feeks, kwaai vrou, tierwyfie, ou draak. ~ **cry** strydkreet, leuse, krygsleuse, slagkreet. ~**dress** vegtenue. ~**field** slagveld, gevegsterrein. ~**front** gevegsfront. ~**ground** strydtoneel. ~ **order** slagorde; gevegsformasie; vegtenue. ~**ship** slagskip. ~ **song** krygslied. ~ **station** vegpunt. ~~**weary** oorlogsmoeg, =tam.

**bat·tle·ment** kanteel; *(i.d. mv.)* kantele, borswering.

**bat·ty** *(sl.)* (van lotjie) getik, van jou trollie/wysie af, in die/jou bol gepik, bossies.

**bau·ble** (kinder)speelgoed, speeldingetjie, tierlantyntjie; prul= (ding); narresepter.

**baud** *n., (rek.)* baud. ~ **rate** baud=, transmissiesnelheid.

**baulk, balk** *n.* wenakker; hindernis; streep *(op 'n biljarttafel);* balk. **baulk, balk** *ww.* versuim, ontwyk, wegvlieg, uit die pad spring; steeks wees; vassteek, weier; dwarsboom, in die pad staan; hinder, teen=, teëwerk; verydel; teleurstel; skrik= maak; ~ *at s.t.* teen iets rem/skop. **baulk·y, balk·y** steeks; skrikkerig. **baulk·i·ness, balk·i·ness** steeksheid.

**baux·ite** *(min.)* bauxiet, aluminiumerts.

**Ba·var·i·a** *(geog.)* Beiere. **Ba·var·i·an** *n.* Beier; *(dialek)* Beiers. **Ba·var·i·an** *adj.* Beiers; *the ~ Forest* die Beierse Woud.

**Ba·ven·da** *(volk)* Bavenda.

**bawd·y** vuilpraterig, liederlik; ontugtig, hoeragtig, onkuis; ~ *talk* vuil praatjies. **bawd·i·ness** ontugtigheid, liederlikheid.

**bawl** brul; hard skreeu, galm; grens; ~ ... *out* ... uitbulder/ uitskree(u) *(bevele ens.);* uit volle bors sing; ~ *s.o. out, (infml.)* iem. uitskel/uittrap/uitvreet/inklim/invlieg. **bawl·er** skreeuer, skree(u)=, raasbek.

**bay**[1] baai, inham, seearm. ~ *salt* growwe sout.

**bay**[2] lourier(boom), lourierstruik. ~ *leaf* lourierblaar; *(spese= ry)* lourier. ~ *rum* lourierwater. ~ *tree* lourierboom.

**bay**[3] *(argit.)* nis, erker, kom; uitbousel; losie; vak, veld, afdeling. ~ *window* komvenster, erker(venster).

**bay**[4] *n.* rooibruin perd; vosperd, sweetvos. **bay** *adj.* rooi= bruin, kastaiingbruin; vos(kleurig); ~ *horse* sweetvos.

**bay**[5] *n.* blaf, geblaf; *be at ~* in die noute sit/wees, vasgekeer wees; *hold/keep ... at ~* aan/teen ... weerstand bied; ... terug= hou *(of* op 'n afstand hou); ... in bedwang hou; *stand at ~* klaarstaan (om jou te verdedig), 'n verdedigende houding aanneem; *bring ... to ~* ... vaskeer; ... inhaal; ... inloop. **bay** *ww.* blaf.

**bay·o·net** *n.* bajonet. **bay·o·net** *ww.* met die/jou/'n bajonet (dood)steek. ~ *catch,* ~ *fitting (elek.)* bajonetsluiting. ~ *sock= et (elek.)* bajonetsok.

**ba·zaar, ba·zar** Oosterse mark; basaar *(vir liefdadigheid);* basaar, alleswinkel.

**ba·zoo·ka** *(mil., mus.)* bazooka.

**be** *was, has been; were, have been* wees, bestaan; staan; word; ver= keer; laat dit wees; *that cannot ~* dit kan nie; *it could well = so* heel moontlik is dit so; *s.o. is getting to ~ ...* iem. word ...; iem. is aan die ... word; *let s.t. ~* iets laat staan; *it was not to ~* dit sou nie gebeur nie; *the bride/etc. to ~* die aanstaande/toe= komstige bruid/ens.; *s.o. wants to ~ a ... when he/she grows up* iem. wil 'n ... word wanneer hy/sy groot is. **~-all** *(infml.)* al, alles; einddoel; wese; *his/her ~ sy/haar al; the ~ and end- all* die begin en die einde/end; *it is not the ~ and end-all* dit is nie alles nie.

**beach** *n.* strand; kus; wal; *on the ~* op die strand. **beach** *ww.* op die strand laat loop, laat strand; op die strand sleep/trek. ~ *attractions (mv.)* strandattraksies. ~ *buggy (infml.)* duine= besie, sandkat, strandwaentjie. ~ *cabin* strandhut. **~comber** lang golf; stranddelwer, strandjut(ter), stranddief; strandlo= per. ~ *flea* strand=, seevlooi. ~ *front* seekant. ~ *grass* helm= (gras); duingras. **~head** strandhoof. ~ *road* strand=, kusweg. ~ *umbrella* strand=, sonsambreel. **~wear** stranddrag.

**bea·con** *n.* baken; ligbaken; seinvuur; seebaken; vuurtoring; waarskuwing. **bea·con** *ww.* bebaken, bakens oprig; afba= ken; voorlig. ~ *light* ligbaken; bakenlig. ~ *point* bakenpunt.

**bead** *n.* kraal, kraletjie; knoppie; (water)belletjie; pêrel *(v. delfstof);* druppel; korrel; hiel, spanrand *(v. buiteband);* kraal= (lys) *(by houtwerk); draw a ~ on ...* op ... aanlê/mik, na ... kor= rel; *a string of ~s* 'n string krale; *thread ~s* krale (in)ryg. **bead** *ww.* (in)ryg; krale aansit; met krale versier; krale/druppels vorm, laat pêrel. ~ *test* pêreltoets. **~work** kraal=, kralewerk. ~ *yarn* kraletjiesgaring.

**bead·ed** gekraal(d); ~ *joint* kraalvoeg.

**bead·ing** kraal=, kralewerk; kraallys(werk); *(mot.)* spanrande; lyswerk, omlysting; inrygkant; kraling; ogiesleier. ~ *em= broidery* kraalborduurwerk.

**bea·dle** bode, pedel; (onder)koster.

**bead·y** kraal=; bedek met krale/druppels; ~ *eye* kraaloog.

**bea·gle** *(soort jaghond)* beagle.

**beak** bek, snawel; *(sl.)* haakneus; tuit; horing *(v. aambeeld); (sk.)* boegversiering. **beaked** gesnawel(d); gebek; met 'n krom neus; met 'n tuit; ~ *whale* snoetdolfyn.

**beak·er** *(vero., liter.)* (drink)beker; *(chem.)* beker(glas).

**beam** *n.* balk, dekbalk; ploegbalk; disselboom; straal; strale= bundel; breedte, dwarste *(v. skip ens.); (tekst.)* boom; *broad in the ~, (infml.)* breed gebou, breed van heupe/stuk, geset; *extreme ~* uiterste breedte; *the ~ in s.o.'s own eye* die balk in iem. se eie oog; *full/high/main ~, (mot.)* helder hoofligte; *low ~, (mot.)* gedompte hoofligte; *(way) off ~, (infml.)* (heeltemal) van koers af; die kluts (heeltemal) kwyt; *on the ~, (infml.)* op die regte spoor. **beam** *ww.* straal; breed glimlag; ~ *one's ap= proval for ... ...* glimlaggend goedkeur; ~ *forth* uitstraal; ~ *on ..., (meg.)* op ... instel; ~ *on/upon s.o.* iem. vriendelik toe= lag; *~ing smile* breë/stralende glimlag; ~ *with joy* straal van vreugde. **~-ends** sy, kant; *be on her ~, (skip)* op sy kant lê; *be on one's ~, (fig.)* platsak wees. ~ *indicator* skerpligklikker. ~ *radio,* ~ *wireless* (rig)straalradio. ~ *width (rad.)* straalbreed= te. ~ *wind* sywind.

**beam·er** *(kr., infml.)* lyfbal.

**bean** boon(tjie); *(i.d. mv.)* bone, boontjies; *every ~ has its black* elke gek het sy gebrek; *know how many ~s make five, (fig.)* nie onder 'n kalkoen/uil uitgebroei wees nie, ouer as tien/twaalf wees; *weet waar Dawid die wortels gegrawe het; be full of ~s, (infml.)* opgewek wees; op jou stukke wees; *not have a ~, (sl.)* nie 'n blou(e) duit hê nie, platsak wees; *old ~, (infml., vero.)* ou maat; *spill the ~s, (infml.)* die aap uit die mou laat, met die (hele) mandjie patats uitkom; *use one's ~, (infml.)* jou ver= stand gebruik; *not worth a ~, (infml.)* geen (of nie 'n) (blou[e]/ dooie) duit werd nie. **~bag** sakkie met bone/boontjies; *(LO)* boontjie=, bonesakkie; *(soort stoel)* sitsak. ~ *curd (kookk.)* so= jawrongel. **~feast** *(Br. infml.)* jaarlikse dinee/kantoorpartytjie; geselligheid, opskop, partytjie. **~-fed** met bone gevoer; *(fig.)* opgewek, op jou stukke. ~ *oil* sojaolie. ~ *plot* bone=, boon= tjieakker. ~ *pod* boontjiepeul. ~ *pole* boon(tjie)stok; *(infml.: lang, maer/skraal persoon)* slungel. ~ *salad* slaaibone, =boon= tjies; sousbone, =boontjies; boontjieslaai. ~ *sprout* boon= tjiespruit. **~stalk** bone=, boontjiestoel.

**bear**[1] *n.* beer; *(effektebeurs)* beer, daalspekulant; *(fig.)* brom= beer, brommerige kêrel, nors vent, buffel; *the B~, (infml., vero.)* Rusland; *the Great B~, (astron.: Ursa Major)* die Groot Beer; *Great B~ Lake* Groot Beremeer; *the Little/Lesser B~, (astron.: Ursa Minor)* die Klein Beer. **bear** *beared, ww.* op daling verkoop/spekuleer. ~ *account,* ~ *position (ekon.)* baisse. ~ *covering (effektebeurs)* beerdekking, daalspekulantdekking. ~ *cub* beerwelpie, (klein) beertjie. ~ *hug (stoei)* beergreep; *(stewige omhelsing)* (lekker) stywe druk; *(han.)* oornameaan= bod. *B~ Island* die Bere-eiland. ~ *market* beer=, daalmark. ~ *sales* beerverkope, daalspekulantverkope.

**bear**[2] *bore borne, ww.* dra; gedra; verdra, duld, uitstaan, veel; toedra; baar, voortbring; gee *(rente);* stut; voer *(naam);* ly *(ge= volge);* ~ *affection towards ...* (toe)geneentheid teenoor ... voel; ~ *away* wegdra; wegseil; wegswaai; *be borne away* meege= sleep word; *bring to ~* aanwend, laat geld; *s.o. cannot ~ ...* iem. kan ... nie verdra/uitstaan/veel nie; ~ *s.o./s.t. down* iem./ iets oorwin/verslaan; ~ *down on/upon ...* swaar op ... druk; op ... afkom/afstorm/afstuur/toesak; ~ *hard/heavily upon s.o.* swaar op iem. druk; iem. verdruk; ~ *o.s. like a ...* die hou= ding van 'n ... hê; *does ... ~ on/upon ...?* het ... betrekking op ...?; ~ *s.o. out* beaam/bevestig wat iem. sê; ~ *s.t. out* iets be= aam/bevestig/staaf; *my friend will ~ me out* my vriend sal dit beaam; ~ *a part in ...* 'n rol speel in ..., deelneem aan ...; ~ *reference/relation to ...* op ... betrekking hê, met ... ver= band hou; *it ~s repeating/repetition* dit kan gerus herhaal word; ~ *a share in ...* 'n aandeel in ... hê; ~ *to the left/right* links/regs draai/afslaan; ~ *up* uithou, moed hou; ~ *up against* ... uithou teen ..., die hoof bied aan ..., jou teë-/teensit/verset teen ...; ~ *o.s. well* jou goed gedra; ~ *with s.o.* geduldig wees met iem..

**bear·a·ble** draaglik, duldbaar, skaflik, nie te erg nie, leef= baar.

**beard** *n.* baard; angel; *(bot.)* naald, baard; breihaak; *grow a* ~ 'n baard kweek, jou baard laat groei; *sport a* ~ met 'n baard spog, baard dra. **beard** *ww.* trotseer, uitdaag; aan die baard pluk. **beard·ed** gebaard, bebaard; baard=; van baard/weer= hake voorsien; *(bot.)* genaald; ~ *corn* baardkoring; ~ *man* baardman, gebaarde/bebaarde man; ~ *seal* baardrob; ~ *vul= ture* baardaasvoël, lammergier. **beard·less** *adj.* baardloos, sonder 'n baard, glad geskeer; *(fig.)* jeugdig, onvolwasse, on= ervare; ~ *youth*, *(fig.)* melk-, vlasbaard.

**bear·er** draer, bringer; houer; toonder; lykdraer, baardraer; draagbalk; oorbringer; ~ *of good news* geluksbode; *pay ... or* ~, *(op tjek)* betaal ... of toonder. ~ **bill** toonderwissel. ~ **party** draersafdeling. ~ **share** toonderaandeel.

**bear·ing** (die) dra; houding, gedrag; ligging, rigting; peiling; draer, draagplek; draagstuk; (draag)laer; kussingblok; draag= gedeelte; strekking; betrekking, verband, verhouding; *(i.d.mv.)* rigting, posisie; *(i.d. mv.)* ligging; *consider ... in all its ~s ...* van alle kante beskou; *find/get/take one's ~s* vasstel waar jy is, jou posisie bepaal, jou oriënteer; *(fig.)* poolshoogte neem; *lose one's ~s* jou rigting kwytraak, verdwaal; die kluts kwyt wees; *have a ~ on s.t.* op iets betrekking hê, met iets ver= band hou; 'n invloed op iets hê/uitoefen; *take a ~* peil, 'n peiling maak *(met 'n kompas ens.)*. ~ **area** →BEARING SURFACE. ~ **block** dra(ag)blok; oplêblok; staanlaer. ~ **capacity** dra(ag)= vermoë. ~ **compass** peilkompas. ~ **housing** laerhuls, laer= (om)hulsel. ~ **race**, ~ **ring** laerring. ~ **rein** opsitleisel. ~ **strength** dra(ag)vermoë. ~ **surface**, ~ **area** dra(ag)vlak; laeroppervlak(te). ~ **wall** dra(ag)muur, oplegmuur.

**bear·ish** lomp, nors, brommerig; tot daling neigend; ~ *mar= ket* daalmark, dalende mark.

**beast** dier; bees; monster, dierasie, ondier; die dierlike *(i.d. mens)*; bees, beesagtige mens, slegterd, skurk, boef; *(i.d. mv.)* gedierte(s); *the B~* die Antichris; ~ *of prey* roofdier; *wild* ~ ongedierte. **beast·ie** diertjie; gogga. **beast·li·ness** beesag= tigheid. **beast·ly** beesagtig, dierlik; naar, beledigend, gemeen; *be ~ to s.o.*, *(infml.)* naar met iem. wees, iem. gemeen/stief be= handel.

**beat** *n.* slag; klop *(v.d. hart, pols)*; maatslag; slingerslag; swe= wing *(v. geluid)*; tik; rondgang, rond(t)e; wyk; dryfjag; *my heart missed a* ~ my asem het weggeslaan; *off* ~ uit die maat; →OFFBEAT; *to the* ~ *of ...* op die maat van ... **beat** *adj.* poot= uit, gedaan; verslae; *dead* ~ doodmoeg, stokflou, pootuit, (skoon) uitgeput, gedaan; *s.t. has s.o.* ~, *(infml.)* iets is bo= (kant) iem. se vuurmaakplek. **beat** *beat beaten, ww.* slaan; pak gee; stamp; wen, verslaan, klop, uitstof; wiks, uitlooi; klop *(me= taal, tapyte)*; klits, klop *(eiers, room)*; voorspring *(sein)*; afsoek, deursoek *(terrein)*; *(golwe)* klots; ~ *back*, *(sk.)* terug laveer; ~ ... *back* ... afslaan/terugslaan *('n aanval, aanvallers, ens.)*; *can you ~ that/it!*, *(infml.)* kan jy nou meer!, begryp jou aan!; ~ *s.o. down* iem. neerslaan/platslaan *(of* plat slaan); *the sun ~s down on the earth* die son skroei/verseng die aarde; *that ~s every= thing*, *(infml.)* dis nog die gekste; dit oortref alles, dis die top= punt; nou toe nou!; ~ *it!* skoert!, trap!, loop!, maak dat jy wegkom!, kry jou koers/ry!; *if you can't ~ them, join them* sorg dat jy aan die wenkant bly; *that ~s me* dit slaan my dronk, dis my oor; dis my einde/end; dis bo my vuurmaakplek; ~ *off ...* ... afslaan *('n aanval)*; ... verdryf/verdrywe *(aanvallers)*; ~ *out* ... ... uithamer/uitklop *(metaal ens.)*; ... uitklop *(tapyt ens.)*; ~ *s.o. soundly* iem. behoorlik/deeglik klop/verslaan; ~ *s.o. to it* iem. die loef afsteek; ~ *s.o. to s.t.* iets voor iem. bereik, voor iem. by iets wees; ~ *up*, *(sk.)* opkruis *(teen d. wind)*; ~ *up ...* ... opdons/afransel *(of* pap slaan); ... 'n pak slae gee; ... aan= rand; ... opja(ag) *(wild)*; ... klits *(eiers ens.)*, ... klop *(room ens.)*.

~**box** *(infml.)* tromsintetiseerder; *(draagbare radio-CD-speler)* blêrboks; *(kletsrymmus.)* beatbox(musiek). ~ **generation** *(ook B~ G~)*, *(Am.)* beatgeslag, verslae/uitgeputte/moeëgeslag *(v.d. jare 50)*. ~**up** *adj.* gehawend.

**beat·en** geslaan; verslaan; geklop, gehamer; geslae *(metaal)*; gedrewe *(metaal)*; geklits; gewen, oorwonne, geklop; platge= trap, vasgetrap; afgesaag, verslete; ~ *egg* geklitste eier; ~ *enemy* verslane vyand; *get* ~ ('n) pak kry, ('n pak) slae kry; ~ *gold* bladgoud; gedrewe goud; ~ *metal* dryfwerk, gedre= we metaal; ~ *path/track* gebaande/begane weg.

**beat·er** klopper; stamper, kloppik; drywer, aanjaer *(v. wild)*; brandslaner; klitser; *(i.d. mv. ook)* voettroep.

**be·at·i·fy** verheerlik; *(RK)* salig verklaar. **be·a·tif·ic** saligma= kend; geluksalig. **be·at·i·fi·ca·tion** verheerliking; *(RK)* salig= verklaring, saligspreking.

**beat·ing** pak/drag slae, loesing; getrommel; pulsering; ge= klots; ~ *of the heart* klop van die hart, hartklop; hartklop= ping(s); *a sound* ~ 'n afgedankste/deftige/gedugte pak (slae); *take a* ~ ('n) pak kry, ('n pak) slae kry; 'n/die ne(d)erlaag ly; (swaar) verliese ly; *s.o. will take a lot of* ~ dit sal moeilik wees om iem. te klop; *it takes some* (or *a lot of*) ~ jy sal nie maklik iets beters kry nie. ~**up** loesing, afranseling.

**be·at·i·tude** geluksaligheid; *the B~s* die Saligsprekinge.

**beat·nik** beatnik.

**beat·y** *adj.*, *(jazz ens.)* met 'n polsende ritme.

**beau** *beaux, beaus, (vero.)* kêrel, ou, minnaar.

**Beau·fort:** ~ *scale (met.)* beaufortskaal. ~ *Sea (geog.)* Beau= fortsee.

**beau·jo·lais** *(Fr.)(soms B~)(wyn)* beaujolais.

**beau·ti·cian** skoonheids(des)kundige.

**beau·ti·ful** pragtig, lieflik, beeldskoon, mooi, fraai; skitte= rend, heerlik; *too ~ for words* wondermooi.

**beau·ti·fy** mooimaak, verfraai, vermooi, versier. **beau·ti·fi· ca·tion** verfraaiing, vermooiing. **beau·ti·fi·er** verfraaier; skoon= heidsmiddel.

**beau·ty** mooiheid, skoonheid, fraaiheid, prag; pragstuk, prag= eksemplaar; skoonheid, mooi vrou, skone; knewel, grote; *what a ~!* dis 'n mooie!; *B~ and the Beast* Skoonlief en die On= dier; ~ *is in the eye of the beholder* elkeen weet wat vir hom/ haar mooi is; *that's the ~ of it* dis die mooiste daarvan; *a thing of* ~ iets moois. ~ **aid** kosmetiek, skoonheidsmiddel. ~ **com· petition**, ~ **contest** skoonheidswedstryd. ~ **consultant** skoon= heidskonsultant, kosmetis. ~ **queen** skoonheidskoningin. ~ **salon**, ~ **parlour** skoonheidsalon. ~ **sleep** *(infml.)* skoon= heidslaap, =slapie; eerste slaap, voornagslaap. ~ **spot** mooi plek(kie); skoonheidsvlekkie; moesie. ~ **treatment** skoon= heidsbehandeling, kosmetiese behandeling.

**bea·ver¹** *n.* bewer; *(vulg. sl.: vr. skaamdele)* poes. **bea·ver** *ww.:* ~ *away at s.t.* hard aan iets swoeg, hard/fluks/ywerig aan iets werk *(of* met iets besig wees), met iets voortswoeg. ~ **(hat)** *(hist.)* bewerhaarhoed, kastoor(hoed).

**bea·ver²** *(hist.)* kenstuk *(v. helm)*; visier *(v. helm)*.

**be·calm** stil maak; ~*ed* deur windstilte oorval; *the ship is ~ed* die skip lê stil.

**be·cause** omdat, oor(dat); want; ~ *of ...* weens/vanweë/oor *(of* omrede [van]) ...; ter wille van ...; ~ *of that/this* daarom/ hierom, daaroor/hieroor, derhalwe, om dié rede; *only* ~ ... net omdat ...

**bé·cha·mel (sauce)** *(Fr. kookk.: geurige witsous)* béchamel= (sous).

**beck:** *be at s.o.'s ~ and call* tot iem. se diens wees; altyd vir iem. regstaan; na iem. se pype dans.

**beck·on** wink, knik, roep, wuif, wuiwe, sein.

**be·come** =*coming* =*came* =*come* word; raak; pas, goed staan; be= taam, voeg; *it is becoming harder/etc.* dit word moeiliker/ens.; *s.t. ~s s.o.* iets staan iem. goed; *what is to ~ of s.o./s.t.?* wat moet van iem./iets word?. **be·com·ing** *adj.* gepas, passend; paslik, betaamlik, welvoeglik, voegsaam; vlieend; netjies.

**bed** *n.* bed; lêplek; mat *(v. draagbaar);* bed, bedding *(v. rivier, vir masj.);* bedding, beddinkie *(in tuin);* fondament; grond=laag; blad *(v. pad); (geol.)* laag; voetstuk *(v. visier);* ~ and **board** tafel en bed; kos en inwoning; *be separated from* ~ *and* **board** van tafel en bed geskei wees; ~ *and* **breakfast** bed en ont=byt, kamer/losies met ontbyt; *be* **confined** (or **keep**) *to one's* ~ in die bed (moet) bly/lê, bedlêend wees; *early to* ~ *and early to rise makes a man healthy, wealthy and wise* die môre=/morestond het goud in die mond; *get into* ~ in die bed klim; *get out of* ~ opstaan, uit die bed klim; *go to* ~ bed toe gaan, gaan slaap/lê; *go to* ~ *with s.o., (infml.)* by iem. slaap, seks met iem. hê, liefde met iem. maak; *in* ~ in die bed; *as you make your* ~, *so you must lie on/upon it, (sprw.)* soos jy jou bed maak, so sal jy gaan slaap; *make* (*up*) *a* ~ 'n bed opmaak; ~ *of nails* spykerbed; *(fig.)* netelige situasie/posisie, spykerbed; ~ *of pain* (pynlike) siekbed; *put s.o. to* ~ iem. in die bed sit; *ready for* ~ gereed om bed toe te gaan (*of* te gaan slaap); *a* ~ *of roses,* (fig.) 'n heerlike bestaan; *life isn't a* (or *is no*) ~ *of roses,* (fig.) die lewe is nie alles rosegeur en maanskyn nie; *seek one's* ~, (*fml.*) gaan slaap, die bed opsoek; ~ *of state* praalbed; *stay in* ~ in die bed bly; *take s.o. to* ~, *(infml.)* iem. bed toe sleep; *take to one's* ~ gaan lê; siek word; *to* ~ *with you!, (aan 'n kind gesê)* bed toe, jy!. **bed** *-dd-, ww.* laat slaap; bed toe gaan, gaan slaap; inbed, lê, vassit; inlaat; pasmaak; inslyp *(kleppe);* ~ *down* slaap; bed toe gaan; ~ *in* … … inbed/vassit; … pasmaak; ~ *out* … … uitplant (*of* in beddings plant); ~ *with s.o., (infml.)* by iem. slaap, met iem. seks hê, liefde met iem. maak; ~*ded,* (*ook*) gelaag. ~ **bath, blanket bath** bedbad; *give s.o. a* ~ ~ iem. in die bed was. ~**bug** weeluis, wandluis. ~**clothes** bed=degoed. ~**cover** (bed)deken; *(mil.)* matrasoortreksel; *(i.d. mv. ook)* komberse. ~**fellow** bed=, slaapmaat; *(i.d. mv., fig.)* bed=maats, karperde. ~**head** koppenent. ~**hop** *(infml.)* rondslaap. ~ **lamp** bed=, leeslamp. ~ **linen** bedlinne; *change the* ~ ~ 'n bed skoon oortrek. ~**pan** bedpan; bed(ver)warmer. ~**plate** grondplaat; onderlegplaat; bodemplaat. ~**post** bedstyl. ~**rest** rugsteun, =stut; *(med.)* (voorgeskrewe) bedrus. ~**ridden** bed=lêend. ~**rock** rotsbodem; vaste gesteente; *(fig.)* grond; *get* (*down*) *to* ~ tot die kern/grond/wese van die saak deurdring; ter sake kom. ~**roll** slaaprol. ~**room** →BEDROOM. ~**side** →BED=SIDE. ~**sit(ter),** ~**sitting room** sit-slaapkamer. ~**sore** bed=, drukseer. ~**spread** (bed)sprei, deken, oorsprei. ~**stead** bed (sonder matras). ~ **stone** fondamentklip; dra(ag)steen. ~**straw** bedstrooi. ~**table** bedtafel(tjie). ~**time** bed=, slaap=, slapens=tyd. ~**time story** slaaptydstorie, vaakstorie. ~**wetter** bednat=maker. ~**wetting** bednatmakery, bednatmaak.

**be·daz·zle** verblind.

**bed·da·ble** *(infml.)* seksueel aantreklik.

**bed·ding** beddegoed; kooigoed *(ook v. diere); (geol.)* gelaagd=heid, stratifikasie. ~ **plant** beddingplant.

**be·deck** (op)tooi, versier, opsmuk.

**be·dev·il** *-ll-* beduiwel, befoeter, bederf; belemmer, in die wiele ry, kortwiek, kniehalter; verwar, in die war stuur.

**bed·lam** opskudding, kabaal, lawaai; chaos, *(infml.)* malhuis.

**Bed·ou·in, Bed·u·in** *-in(s)* Bedoeïen, woestyn-Arabier. ~ **tribe** Bedoeïenestam.

**be·drag·gled** verfomfaai, gehawend, verslons, slonserig.

**bed·room** slaapkamer. ~ **suite** (slaap)kamerstel.

**bed·side** (sy van die siek)bed; *at s.o.'s* ~ by iem. se (siek)=bed. ~ **lamp** bed=, leeslamp. ~ **manner** dokterstakt, sieke=kamermaniere. ~ **table** bedkassie.

**bee** by; *(Am.)* byeenkoms; *have a* ~ *in one's bonnet about s.t., (infml.)* 'n by in die/jou baard hê, met iets behep wees; *a swarm of* ~*s* 'n swerm bye. ~**bread** broodheuning, byebrood. ~**eater** byevreter. ~**hive** →BEEHIVE. ~**keeper** byeboer. ~**keeping** bye=teelt, =houery, =boerdery. ~**line** reguit lyn; *make a* ~ *for* … (reguit) op … afpyl, (reguit) na … (toe) pyl. ~**s' nest** by(e)nes. ~ **sting** by(e)steek; by(e)angel.

**beech** beukeboom; beukhout. ~**nut** beukeneut. ~ **tree** beu=keboom. ~**wood** *(SA)* boekenhout(boom).

**beech·en, beech·y** van beukehout, beuke=.

**beef** *n.* beesvleis, bief; *(infml.)* spierkrag; *(mv. beeves)* slag=, vleisbees; *(mv. beefs, sl.)* klagte. **beef** *ww., (sl.)* tjommel, kla; ~ *s.t. up* iets verstewig/versterk. ~ **biltong** beesbiltong. ~**bur·ger** bief=, hamburger. ~**cake** *(infml.)* vleispaleis, spierman. ~ **cattle** slag=, vleisbeeste. ~~**cattle breed** vleisbeesras. ~**eater** *(Br.)* koninklike lyfwag; hellebaardier by die Londense Tower. ~ **olive** *(kookk.)* blinde vink, gevulde (vleis)rolletjie. ~ **roll** (bees)vleisrol. ~**steak** biefstuk. ~ **stew** bees(vleis)bredie, stoofbeesvleis. ~ **stroganoff** *(kookk.)* bief/beesvleis stroga=noff. ~ **tea** boeljon. ~**wood** kasuarishout.

**beef·y** soos beesvleis; fris gebou(d), gespier(d); bot.

**bee·hive** byekorf; byeswerm. ~ **(hairstyle)** byekorfhaarstyl, mossienes. ~ **oven** byekorfoond.

**been** gewees; →BE; *if it had* (or *had it*) *not* ~ *for* … as dit nie was dat … nie; *s.o. has* ~ *and gone* iem. is reeds weer weg; *s.o. hasn't* ~ iem. het nie gekom *(of* was nie hier) nie.

**beep** *n.* getoet(er); biep, pieptoon, toet-toet. **beep** *ww.* toet(er); biep, piep; ~, ~*!* toet, toet!; ~ *one's horn* (op) jou toeter blaas/druk. **beep·er** bieper, roeper.

**beer** bier; *a long* ~ 'n groot glas bier; *two* ~*s* twee biere; *life is not all* ~ *and skittles, (infml.)* die lewe is nie (net) 'n spele=tjie nie. ~ **belly,** ~ **gut** *(infml.)* bierpens, =maag, =magie. ~ **drinker** bierdrinker. ~ **garden** biertuin.

**beest·ings, biest·ings,** *(Am.)* **beast·ings** bies(melk), voormelk.

**bees·wax** byewas.

**beet** beet, rooibeet. ~**root** beet, beetwortel. ~**root salad** beet=slaai. ~ **sugar** beetsuiker.

**bee·tle**[1] *n.* kewer, tor; *(infml., mot., B~)* (Volkswagen) Kewer. **bee·tle** *ww., (infml.)* weghardloop. ~**crushers** *(mv.), (infml.: groot voete/skoene)* sandtrappers.

**bee·tle**[2] *ww.* oorhang, vooruitsteek; *beetling brows* ruie wenk=broue. ~~**browed** met ruie wenkbroue; nors, stuurs, fron=send, onvriendelik. ~ **brows** *(mv.)* ruie wenkbroue.

**be·fall** *befell befallen* gebeur; oorkom, wedervaar.

**be·fit** *-tt-* pas (by), betaam, voeg. **be·fit·ting** passend, gepas, betaamlik.

**be·fog** *-gg-* met mis bedek, in mis hul; *(fig.)* benewel; ~ *the issue* die saak vertroebel. **be·fogged** *(fig.)* benewel(d); ver=war(d).

**be·fore** *adv.* voor, voorop, vooruit; (van)tevore, voorheen; ~ *and behind* voor en agter; *the day* ~ die vorige dag; *go* ~ *s.o.* voor iem. verskyn; aan iem. voorgelê word; *go* ~ *s.t.* iets voorafgaan; *long* ~ lank tevore. **be·fore** *prep.* voor; in die teenwoordigheid van; ~ *church* voor kerktyd, voor die kerk= (diens); ~ *a judge* in die teenwoordigheid van 'n regter; *the night* ~ *last* eergisternag; ~ *long* binnekort, een van die (mooi) dae, eersdaags; kort voor lank, weldra; *next* ~ *next year* eers komende/aanstaande jaar eers; ~ *now* vroeër, eerder; ~ *one o'clock* voor eenuur; *shortly* ~ … kort voor …; ~ *that* voor=heen, (van)tevore; ~ *this* hiervóór, voorheen, tevore; *well* ~ … geruime tyd voor …; ~ *the wind* voor die wind, met die wind van agter; *the day* ~ *yesterday* eergister. **be·fore** *voegw.* voordat, voor, alvorens; *s.o. would die* ~ … iem. sou eerder sterf/sterwe as … ~**hand** (van)tevore, vooraf, vooruit; by voor=baat; *be* ~ *with* … met … voor wees; met … voorspring; *fix* … ~ … vooruitbepaal. ~**tax** *adj. (attr.):* ~ *income* inkomste voor belasting.

**be·foul** bevuil, besoedel; mis op.

**be·friend** vriendskap betoon *(of* guns bewys) aan, onder=steun, bystaan, tot vriend wees.

**be·fud·dle** *(fig.)* benewel.

**beg** *-gg-* bedel; smeek, soebat; mooipraat; vra, versoek; ~ *for s.t.* (om) iets bedel; om iets smeek/soebat; ~ *s.o. for s.t.,* ~ *s.t. of s.o.* iem. om iets smeek/soebat; ~ *from s.o.* by iem. bedel; ~ *(for) s.t. from s.o.* iets by/van iem. bedel; *s.t. goes* ~*ging* iets bly ongebruik; daar is geen aanvraag om/na nie; *~ leave to* ... verlof vra om te ...; *~ off* vra om verskoon te word; *~ s.o.'s* **pardon** iem. (om) verskoning vra; *I ~ your **pardon!*** ekskuus (tog)!; verskoon my(, asseblief)!; *that is ~ging the question* dit ontwyk die punt; dit neem aan wat bewys moet word, dit is sirkelredenering; *~ (of) s.o.* **to** *do s.t.* iem. smeek/ soebat om iets te doen; *I ~ you!* ek smeek jou!.

**be·get** *begot/begat begot(ten), (arg., poët., liter.)* verwek, genereer, voortbring. **be·got·ten** verwek, gegenereer, voortgebring; *only ~ Son, (Chr. teol.)* eniggebore Seun.

**beg·gar** *n.* bedelaar; rondloper, leeglêer; sukkelaar, drommel; vent, kêrel; *~s cannot be* **choosers** wie verleë is, kan nie kieskeurig wees nie; *little ~* klein vabond/rakker; *lucky ~, (infml.)* geluksvoël; *the poor ~!, (infml.)* (die) arme drommel!, (die) arme/stomme kêrel/vent!. **beg·gar** *ww.* arm maak, verarm, ruïneer; *it ~s belief* dis ongelooflik, dit gaan die verstand te bowe. *~* **child** bedelkind.

**beg·gar·ly** armoedig, armsalig, ellendig.

**beg·gar·y** bedelary; diepste armoede.

**beg·ging** *n.* bedelary, gebedel; gesoebat, soebattery. **begging** *adj.* bedel-, bedelend; smekend; *~ letter* bedelbrief.

**be·gin** *began begun* begin, aanvang; aan die gang sit; *~ again* weer begin; hervat; *~ anew* van nuuts/voor af begin; *~ at ...* by ... begin; *~ by (doing s.t.)* begin met (iets te doen); *~ doing* (or *to do*) *s.t.* iets begin (te) doen, begin om iets te doen; *~ning from ...* van ... af *(bv. Maandag, bl. 10)*; met ingang van ... *(1 Mei ens.)*; *~ on s.t.* (aan) iets begin *(bv. 'n taak)*; *it began to* **rain** die reën het uitgesak; *well begun is half done* goed begin is half gewin, 'n goeie begin is halfpad gewin; *~ with s.t.* by/met iets begin; *to ~ with* vir eers, om (mee) te begin; allereers, vooraf, in die eerste plek. **be·gin·ner** beginner, nuweling, groentjie. **be·gin·ning** *n.* begin, aanvang; *as a ~* vir eers, om (mee) te begin; *at the ~* eers, aanvanklik, by/aan die begin; *at/in the ~ of April* begin (of in die begin van) April; *from the ~* van die begin af; van voor/nuuts af, van meet af (aan); uit die staanspoor (uit), van die staanspoor (af); *from ~ to end* van die begin tot die einde/end, van A tot Z; *in the ~* in die begin; aanvanklik; *from small ~s* van 'n klein begin; *at the very ~* heel in die begin.

**be·gon·ia** *(bot.)* begonia.

**be·grudge** beny, misgun; *~ the time necessary to ...* jou nie die nodige tyd gun nie om ... **be·grudg·ing** *adj.,* *~ly adv.* teen-, teësinnig, onwillig.

**be·guile** mislei, bedrieg, fop; bekoor, verlei; *~ s.o. into doing s.t.* iem. daartoe verlei om iets te doen. **be·guil·ing** *adj.* verleidelik, bekoorlik; bedrieglik.

**be·half** behoewe, ontwil; *on/in ~ of ...* ten behoewe (of in die belang) van ...; ten bate van ...; namens *(of* uit naam van) ...; *for and on ~ of ...* namens ...; *on s.o.'s ~* om iem. se ontwil, ten behoewe van iem..

**be·have** jou gedra; soet wees, jou goed gedra; *~ (yourself)!* gedra jou!; *~ badly* jou sleg gedra; *~ badly to(wards) s.o.* iem. sleg behandel; *how s.o. ~s towards ...* hoe iem. hom/haar teenoor ... gedra; *well ~d* goed gemanierd, goedgemanierd, ordentlik, fatsoenlik.

**be·hav·iour,** *(Am.)* **be·hav·ior** gedrag, optrede, doen en late; houding; werkverrigting *(v. masj.)*; *bad ~* slegte gedrag, wangedrag; *be on one's* **best** *~* op jou beste beentjie/voet(jie) voorsit; *good ~* goeie gedrag; *s.o.'s ~* **to(wards)** *...* iem. se gedrag teenoor ... *~* **pattern** gedragspatroon. *~* **psychology** gedragsielkunde.

**be·hav·iour·al,** *(Am.)* **be·hav·ior·al** gedrags-; gedragswetenskaplik; *~ science* gedragswetenskap.

**be·hav·iour·ism,** *(Am.)* **be·hav·ior·ism** gedragsleer, behaviorisme. **be·hav·iour·ist** *n., (psig.)* behavioris. **be·hav·iour·ist, be·hav·iour·is·tic** *adj.* behavioristies.

**be·head** *(iem.)* onthoof, *(iem. se)* kop afkap.

**be·hind** *n.* agterste, agterstel, agterwêreld, agterent, sitvlak.

**be·hind** *adv.* agter, agteraan, agterna; agterop; van agter; agterweë; *fall/drop/lag/stay ~* agter raak, agterbly; *from ~* van agter; *s.o. is* **right** *~* iem. is heel agter; *be ~ with one's rent/ etc.* agterstallig wees met jou huurgeld/ens.. **be·hind** *prep.* agter; anderkant; *be ~ s.o., (lett.)* agter iem. wees; *(fig.)* agter iem. staan, iem. steun; *by iem.* agterstaan; *be ~ s.t., (lett.)* agter iets wees; *(fig.)* agter iets sit/skuil/steek; *close ~ ...* kort agter ...; *~* **each** *other* agter mekaar; *put s.t. ~ one, (fig.)* iets vergeet; *I have* **put** *... ~ me ...* is agter die rug; *be* **right** *~ s.o.* kort/reg agter iem. wees; *~ the* **scenes** agter die skerms/gordyne; *~* **time** (te) laat; *be ~ the* **times** ouderwets wees, verouderde opvattings hê; agterlik wees; *go ~ s.o.'s* **words** iets agter iem. se woorde soek. *~***hand** agter, agterstallig; agterlik, agteruit; *be/get ~ with ...* agter wees/raak met ...; *s.o. is not ~* iem. laat nie op hom/haar wag nie; iem. laat nie slap/sleg lê nie.

**be·hold** *beheld beheld, (arg., poët., liter.)* aanskou; *lo and ~!* so waarlik!; siedaar!. **be·hold·en** *be ~ to s.o. (for s.t.)* aan iem. dank verskuldig wees (vir iets).

**be·hove,** *(Am.)* **be·hoove** *(fml.)* pas, betaam; *it ~s s.o. to ...* dit betaam/pas iem. om te ...; iem. behoort te ...

**beige** beige; ongekleurde stof.

**Bei·jing** *(geog.)* Beijing.

**be·ing** *n.* bestaan; syn; wese; skepsel, kreatuur; *bring into ~* in die lewe roep; *come into ~* ontstaan, tot stand kom; oproep, verrys; *the* **coming** *into ~ of ...* die totstandkoming van ...; *the* **Supreme** *B~* die Opperwese. **be·ing** *part.* synde; →BE; *that ~ so* derhalwe, aangesien dit so is; *for the time ~* vir die oomblik, tydelik, voorlopig, vir eers.

**Bei·rut** *(geog.)* Beiroet.

**be·jew·el** *-ll-* met juwele behang. **be·jew·elled,** *(Am.)* **be·jew·eled** met juwele behang.

**be·la·bour,** *(Am.)* **be·la·bor** bewerk; bydam, opdons, toetakel, afransel; aanval, hewig kritiseer; *~ the* **point** die punt inhamer; 'n lang relaas lewer; op dieselfde aambeeld hamer.

**Bel·a·rus, Be·lo·rus·sia, Bye·lo·rus·sia** *(geog.)* Belarus. **Bel·a·ru(s)·sian, Be·lo·rus·sian, Bye·lo·rus·sian** *n.* Belarus. **Bel·a·ru(s)·sian, Be·lo·rus·sian, Bye·lo·rus·sian** *adj.* Belarussies.

**be·lat·ed** (te) laat; vertraag, (onderweg) opgehou. **be·lat·ed·ly** (te) laat, na die maal.

**bel can·to** *(It., mus.)* bel canto.

**belch** *n.* wind; uitbarsting. **belch** *ww.,* *(iem.)* 'n wind opbreek; uitbraak; *(vlamme)* uitbars.

**be·lea·guer** beleër, omsingel, insluit. **be·lea·guer·er** beleëraar.

**bel·em·nite** *(min.)* belemniet, vinger-, dondersteen.

**bel·fry** kloktoring; klokverdieping; klokhuis.

**Bel·gium** *(geog.)* België. **Bel·gian** *n.* Belg. **Bel·gian** *adj.* Belgies.

**Bel·grade, Bel·grade** *(geog.)* Belgrado.

**be·lie** *belying* loënstraf, weerspreek; as onwaar/vals bewys; verdraai, verkeerd/vals/skeef voorstel; teleurstel *(hoop)*.

**be·lief** *-liefs* geloof, oortuiging; mening, beskouing, siening, opvatting; *act in the ~ that ...* in die mening handel dat ...; *to the* **best** *of my ~* sover/sovêr *(of* so ver/vêr) ek weet, na my beste wete; *beyond/past ~* ongelooflik; *express the ~ that ...* die oortuiging uitspreek dat ...; *a* **firm/strong** *~* 'n vaste geloof/oortuiging; *do s.t. in the* **mistaken** *~ that ...* iets doen omdat jy verkeerdelik gedink het dat ...; *it is s.o.'s ~* **that** *...* iem. glo *(of* is [daarvan] oortuig) dat ...; *unshakeable ~* onwankelbare/onwrikbare geloof; *the ~ is* **widely held** *that ...* daar is 'n algemene mening/opvatting *(of* baie mense glo) dat ...

**be·lieve** glo; vertrou; meen, verwag; van mening wees, aanneem, veronderstel; *~d to be* (or *have been*) vermoedelik; *not ~ s.o. one (little) bit* iem. g'n stuk glo nie; *firmly ~ that ...* vas glo dat ...; *it is* **generally** *~d that ...* daar word algemeen aangeneem dat ...; *it is **hard** to ~ that* ... ('n) mens glo moeilik dat ...; *~ in a cause* in 'n saak glo; *~ in ghosts* aan (die bestaan van) spoke glo; *~ in God* in God glo; *I ~ he/she is* (or *he/she is ~d to be) rich* hy/sy is glo ryk; *~d **killed*** vermoedelik gesneuwel; *lead s.o. to ~ that* ... iem. laat glo dat ..., iem. onder die indruk bring dat ...; ***make** s.o. ~ s.t. (untrue)* iem. iets wysmaak; *make ~ that* ..., *(ook)* jouself wysmaak dat ...; *s.o. **makes** ~ that* ... iem. gee voor dat *(of* maak [as]of) ...; *~ it or **not*** glo dit as jy wil, dis raar maar waar; *~ s.t. **of** s.o.* glo dat iem. tot iets in staat is *(of* iets sou doen); *s.o. ~s **that*** ... iem. glo dat ...; *I ~ he/she is going to **win*** ek dink/meen (dat) hy/sy gaan wen; *I **won't** ~ that* ... ek weier om te glo dat ..., ek laat my nie vertel dat ... nie; ***would** you ~ it?* kan jy nou meer!, wil jy glo!. **be·liev·a·ble** geloofbaar, glooflik. **be·liev·er** gelowige; *iem. wat glo; s.o. is a great ~ in s.t.* iem. het 'n groot geloof in iets; iem. is 'n groot voorstander van iets. **be·liev·ing** gelowig.

**be·lit·tle** (ver)kleineer, afkam, afkraak; verklein.

**Be·lize** *(geog.)* Belize.

**bell** *n.* klok, bel; skel; blomkelk; klankbeker *(v. trompet ens.); the **clang** of ~s* die klokgelui/klokgebom; *there goes the ~* daar lui/gaan die klok; *a **peal** of ~s* 'n stel klokke; *the **peal(ing)** of ~s* die gebeier/gelui van klokke; *ring a ~* 'n klok lui; *it **rings** a ~, (infml.)* dit kom my (vaagweg) bekend voor; dit laat my aan iets dink, dit herinner my aan iets; *be **saved** by the ~, (fig.)* net-net daarvan afkom; *(bokser)*deur die klok van 'n uitklophou gered word; *(as) **sound** as a ~* volkome in orde; fris en gesond; *the ~ **tolls*** die klok lui (stadig); *~s and **whistles**, (infml.)* (tegniese) foefies; (bemarkings)foefies; tierlantyntjies, fieterjasies. **bell** *ww.* (uit)klok, die vorm van 'n klok hê; 'n klokvorm gee; 'n klok aanbind/aansit; van klokke voorsien; *~ the cat* die kat die bel aanbind. *~ **bottoms**, ~-**bottom(ed) trousers** klokbroek; matroosbroek. *~**boy**, (Am.)* ~**hop** hoteljoggie. *~ **buoy** bel-, klokboei. *~**founder** klokgieter. *~**foundry** klokgietery. *~ **glass** klokglas, -fles, (glas)stolp. *~ **goat** voorbok. *~**master** beiaardier, klok(ke)speler. *~ **metal** klokspys. *~ **pepper** (Am.)* soetrissie. *~ **pull** klok-, belkoord; trekbel; belknop. *~**push** bel-, drukknop; klokknoppie. *~-**ringer** beiaardier, klok(ke)speler; klokluier. *~-**ringing** klokgelui, klokluiery, klokkespel. *~-**shaped** klokvormig. *~ **skirt** klokromp. *~ **tower** kloktoring. *~**wether** leibok; *(fig.)* belhamel, voorbok.

**bel·la·don·na (lil·y)** maartlelie, belladonnalelie, misryblom.

**belle:** *the ~ of the ball* die mooiste meisie op die dansparty.

**belles-let·tres** *(Fr.)* bellettrie, skone/fraaie lettere.

**bel·li·cose** oorlogsugtig, krygsugtig; strydlustig, aggressief, veglustig, baklierig. **bel·li·cose·ness, bel·li·cos·i·ty** krygsug, oorlogsug(tigheid); strydlus(tigheid).

**bel·lig·er·ent** *n.* oorlogvoerende, krygvoerende. **bel·lig·er·ent** *adj.* oorlogvoerend; strydlustig, aggressief. **bel·lig·er·ence, bel·lig·er·en·cy** staat van oorlog; oorlogvoering; strydlus, aggressiwiteit.

**bel·low** *n.* gebrul, geloei, (ge)bulk; (ge)brul, gebulder. **bel·low** *ww.* bulk, loei; brul, bulder, dreun; *~ at s.o.* teen iem. bulder.

**bel·lows** blaasbalk; *organ ~* orrelblaasbalk; *pair of ~* blaasbalk. *~ **blower** blaasbalktrekker; orreltrapper.

**bel·ly** *n.* buik, pens; *(eet)*lus; holte; *(varkvleis)* lies en rib(betjie). **bel·ly** *ww.* opswel, uitstaan, bol staan. *~-**ache**, (infml.)* maag-, buikpyn. *~**ache** *ww., (sl.)* kerm, kla, sanik, tjommel. *~**acher** kerm-, klakous, bitterbek, tjommelaar. *~ **board** branderplankie. *~**button** *(infml.)* naeltjie. *~ **dance** buikdans. *~ **dancer** buikdanseres. *~**flop** pletterplons *(v. duiker); do a ~ ~* 'n pletterplons uitvoer. *~ **landing** buiklanding *(v. vliegtuig); do a ~ ~* 'n buiklanding doen. *~ **laugh** hartlike lag.

**bel·ly·ful** maagvol; *have had a/one's ~ of s.t., (infml.)* buik-/keelvol vir iets wees.

**be·long** behoort, hoort; tuishoort; *s.o./s.t. ~s in* ... iem./iets

(be)hoort in ...; *s.o. does **not** ~ here* iem. hoort nie hier (tuis) nie; *~ to a group* lid van 'n groep wees, tot/aan 'n groep behoort; *~ to s.o.* aan iem. behoort; *~ **together** bymekaar (be)hoort; *~ **under/in/within*** ... onder ... val/ressorteer, by ... (be)hoort. **be·long·ings** *(mv.)* besittings, eiendom; toebehore.

**be·lov·ed** *n.* geliefde, beminde, liefste. **be·lov·ed** *adj.* gelief(d), bemind; *~ by all* bemind by almal; *s.o.'s dearly ~* ... iem. se dierbare/teerbeminde ...

**be·low** *adv.* onder, onderaan, (aan die) onderkant, benede, omlaag; na onder; *complete the form ~* vul onderstaande vorm in; *from ~* van onder (af); *here ~* hier benede; *see ~* sien (hier)onder *(of* [hier] onder). **be·low** *prep.* onder, benede, onderkant, laer as; *~ standard* benede peil; *well ~* ... ver/vêr/heelwat onder ...

**belt** *n.* gordel; belt, lyfband; band; riem; koppelriem; dryfriem, -band; rand, strook, stuk, streep; streek; slag, hou; *hit below the ~, (boks)* te laag slaan; *(infml.)* gemeen baklei/veg; *~ of **calm water** stiltegordel, windstiltestreek; **tighten** (or **pull in**) one's ~, (infml.)* jou maag ingord, sonder kos bly; die gordel intrek *(of* stywer trek), spaarsaam/spaarsamer/ skraps/suinig leef/lewe; *have s.t. **under** one's ~, (infml.)* iets op jou kerfstok hê *(ondervinding ens.).* **belt** *ww.* (om)gord; 'n belt/gordel omsit; pak gee; *(sl.)* haas, ja(ag); *~ s.t. **out*** uitgalm; *~ a tree* 'n boom ring; *~ **up** vasgord; *(sl.)* stilbly. *~ **conveyor** (ver)voerband, lopende band, laaiband. *~ **drive** bandaandrywing. *~ **fastener** bandkoppeling, -hegting, katklou, -nael. *~ **feed** bandaanvoering.

**belt·ed** gegord, met 'n gord(el); gestreep, bandom; met 'n pantsergordel; *~ cattle* bandombeeste.

**be·lu·ga** beloega, witdolfyn; →WHITE WHALE.

**be·moan** bekla, betreur.

**be·mused** verbyster(d), verwar(d); *be ~ by/with all the questions/etc.* verbyster(d) wees deur al die vrae/ens..

**bench** *n.* bank, sitbank; draai-, skaafbank; regbank, regterstoel; regterskap; regter(s); *the B~* die regterlike mag/gesag; *appoint/raise s.o. to the ~* iem. as regter aanstel, iem. in die regbank *(of* tot regter) benoem, iem. regter maak; *~ of **judges** regbank; ... **will be on** the ~ in this case* ... sal die regter(s) in hierdie saak wees; ***serve** on the ~* op/in die regbank sit. *~ **clamp** klou. *~ **mark** (geol.)* hoogtemerk; beginpunt *(vir metings); (fig.)* maatstaf, standaard, norm, kriterium; *(rek.)* norm (toets); *~ **case** toonaangewende saak; *~ **price** standaardprys; *~ **test**, (rek.)* normtoets. *~ **saw** voegsaag. *~ **vice** bankskroef.

**bend** *n.* buiging; draai, kromming, bog; bog, draai, (elm)boog *(in rivier);* buig; buigstuk; knoop; *the ~s* borrelsiekte, duikkloksiekte; *round the ~* om die draai; *(infml.)* (van lotjie) getik; klaarpraat; *drive s.o. round the ~, (infml.)* iem. gek maak. **bend** *bent* bent, *ww.* buig; krom trek; span; buk; draai; knoop; *~ **back** terugbuig; omkrul; *~/draw a **bow*** 'n boog span; *~ **down** neerbuig, ombuig; (vooroor) buk; *on ~ed **knee(s)** knielend, gekniel(d), op jou knieë; *~ **over** buk, oorbuig; *~ **over backwards**, (infml.)* uiters tegemoetkomend wees, baie moeite *(of* jou allerbes) doen.

**bend·a·ble** buigbaar.

**bend·er** bui(g)er; *(sl.)* drinkery, drinkvlaag; *go on a ~, (infml.)* aan die drink/suip gaan/raak.

**bend·ing** kromtrekking. *~ **stress** buigspanning.

**be·neath** *adv.* (na) onder, benede, ondertoe, aan die onderkant. **be·neath** *prep.* onder(kant), benede; *~ contempt/criticism* nie werd om te verag nie, benede kritiek; *~ s.o.'s dignity* benede iem. se waardigheid.

**ben·e·dic·tion** seëning, seën; seën-, heilwens, seënbede; gebed; *pronounce the ~* die seën uitspreek. **ben·e·dic·to·ry** seënend, seën-.

**ben·e·fac·tion** weldaad; skenking.

**ben·e·fac·tor, ben·e·fac·tor** weldoener.

**be·nef·i·cence** liefdadigheid, weldadigheid. **be·nef·i·cent** liefdadig, weldadig; heilsaam; mild *(reën).*

**ben·e·fi·cial** voordelig, goed; heilsaam.

**ben·e·fi·ciar·y** *n.* bevoordeelde, begunstigde, voordeeltrek=
ker; bedeelde. **ben·e·fi·ciar·y** *adj.* benefisiêr, leenroerig.

**ben·e·fi·ci·ate** veredel *(erts, steenkool, asbes, ens.)*; benefisieer.
**ben·e·fi·ci·a·tion** veredeling; benefisiëring.

**ben·e·fit** *n.* voordeel, wins, nut; uitkering; weldaad; fondsin=
samelingsbyeenkoms, =geleentheid; *derive* ~ *from* ... voordeel
uit ... trek; *by* ... baat vind; *give s.o. the* ~ *of the doubt* iem.
die voordeel van die twyfel gee, aanneem dat iem. gelyk kan
hê; *for the* ~ *of* ... ten bate/behoewe van ..., ten voordele *(of
tot die voordeel) van* ...; *for s.o.'s* ~ tot iem. se nut/voordeel;
ten bate/behoewe van iem.; ter wille van *(of* met die oog op)
iem.; *s.o. has had the* ~ *of* ... iem. was bevoorreg om ... te hê;
*for personal* ~ vir eie gewin. **ben·e·fit** *-t-, ww.* bevoordeel,
tot voordeel wees, baat, goeddoen; ~ *from/by s.t.* by iets baat
vind; uit iets voordeel trek, van iets profiteer *(of* profyt trek).
~ *concert* fondskonsert. ~ *fund* bystandsfonds. ~ *match*
fondswedstryd. ~ *night*, ~ *performance (teat.)* fondsaand. ~
*society* onderstands=, bystandsvereniging, (onderlinge) hulp=
vereniging.

**Ben·e·lux** *(België, Nederland, Luxemburg)* Benelux.

**be·nev·o·lent** welwillend; weldadig, liefdadig; ~ *fund* lief=
dadigheids=, weldadigheidsfonds; uitkeringsfonds; ~ *society*
weldadigheidsgenootskap. **be·nev·o·lence** welwillendheid;
weldadigheid, liefdadigheid.

**Ben·gal** *n., (geog.)* Bengale; *Bay of* ~ Golf van Bengale. **Ben·**
**gal** *adj.* Bengaals; ~ *tiger* koningstier, Bengaalse tier. **Ben·**
**ga·lese, Ben·ga·li** *n., (inwoner)* Bengalees. **Ben·ga·lese, Ben·**
**ga·li** *adj.* Bengaals. **Ben·ga·li** *n., (taal)* Bengaals.

**be·night·ed** onkundig, oningelig, onwetend; naïef.

**be·nign** vriendelik, minsaam, goedhartig; sagmoedig, goed=
aardig, sagaardig; mild; weldadig, heilsaam; ~ *growth/tumour*
goedaardige gewas.

**Be·nin** *(geog.)* Benin. **Be·nin·e·an** *n.* Beniner. **Be·nin·e·an** *adj.*
Beninies.

**bent** *n.* neiging, trek, aanleg; *follow one's* ~ doen waarvan jy
hou; *have a* ~ *for s.t.* 'n aanleg vir iets hê, vir iets aangelê
wees; ~ *towards* ... neiging tot ..., hang na ... **bent** *adj.* ge=
buig(de), geboë, (ge)krom; gebukkend; inmekaar; *(fig., sl.)*
oneerlik, korrup; *(sl.: seksueel afwykend)* pervers, siek; ~
*cal(l)ipers* krompasser; *with* ~ *head* kop onderstebo, met
geboë hoof; *be* ~ *on/upon s.t.* vasbeslote wees om iets te
doen; daarop uit wees om iets te doen, op iets uit wees *(kat=
tekwaad, moord, plesier, ens.)*; ~ *pipe* kromsteelpyp; ~ *span·*
*ner/wrench* kromneksleutel, draaisleutel. ~*wood* buighout;
*Austrian* ~ *chair* Weense stoel(tjie).

**ben·thos, ben·thon** *(ekol.)* bentos, seebodemfauna en -flo=
ra. **ben·thic, ben·thal, ben·thon·ic** benties, bentaal, bento=
nies, seebodem=.

**ben·zene, ben·zene** *(chem.)* benseen.

**ben·zin(e), ben·zin(e)** *(chem.)* bensien.

**ben·zo·ate** *(chem.)* bensoaat, bensoësuursout.

**ben·zo·ic** ~ *acid, (chem.)* bensoësuur.

**ben·zyl** *(chem.)* bensiel.

**be·queath** bemaak, nalaat. **be·queath·er** bemaker. **be·quest**
erflating, erfporsie, bemaking.

**be·rate** raas met, uitskel, skrobbeer, slegsê, uitvreet, uittrap,
die kop was.

**Ber·ber** *n.* Berber; *(taal)* Berbers. **Ber·ber** *adj.* Berbers.

**ber·ceuse** *(Fr.)* wiegelied.

**be·reave** *bereaved bereaved, bereft bereft* beroof; ontneem; ~*d*
(diep) bedroef; *be* ~*d* 'n familielid verloor, iem. aan die dood
afgee; *the* ~*d parents* die bedroefde ouers. **be·reave·ment** be=
rowing; ontneming; ontvalling, sterfgeval, (swaar) verlies; ~
*in the family* sterfgeval in die familie. **be·reft** beroof; ~ *of one's*
*senses* van jou sinne beroof.

**be·ret** baret, mus.

**berg** ysberg; berg. ~ *tortoise* bergskilpad. ~ *wind* bergwind.

**ber·gie** *(SA infml.)* bergie.

**ber·i·ber·i** *(patol.)* berri(e)-berri(e).

**Ber·ing** *(geog.):* ~ *Sea* Beringsee. ~ *Strait* Beringstraat.

**ber·ke·li·um, ber·ke·li·um** *(chem., simb.: Bk)* berkelium.

**Ber·lin, Ber·lin** *n.* Berlyn; *(SA)* Berlin. **Ber·lin, Ber·lin** *adj.*
Berlyns. **Ber·lin·er** Berlyner.

**Ber·mu·da** *(geog.)* Bermuda; *(i.d. mv., ook)* bermuda(broek);
*the* ~*s* die Bermuda-eilande. ~ *shorts* bermuda(broek). ~
*Triangle* Bermudadriehoek.

**ber·ry** bessie;( koffie)pit; *be in* ~, *(kreef)* eiers hê. ~ *wax* bes=
siewas.

**ber·serk** *adj.* berserk, rasend, waansinnig; *go* ~ berserk raak,
rasend word, amok maak. **ber·ser·ker** berserker; woesteling.

**berth** *n.* (aan)lêplek, ankerplek; slaapbank *(in trein, skip)*; ka=
juit; *give s.o. a wide* ~, *(fig.)* iem. vermy, van iem. wegbly, uit
iem. se pad bly, 'n groot draai om iem. loop; *give s.t. a wide*
~, *(sk.)* wyd om iets hou; *(fig.)* iets vermy, van iets wegbly.
**berth** *ww.* vasmaak, aanlê, anker; lêplek gee.

**be·ryl·li·um** *(chem., simb.: Be)* berillium.

**be·seech** *besought besought, beseeched beseeched* smeek.

**be·set** *beset beset* omring, beleër, aanval; *be* ~ *with dangers/etc.*
vol gevare/ens. wees, deur gevare/ens. omring wees.

**be·side** naas, langs, digby; vergeleke *(of* in vergelyking) met;
~ *the fire* by die vuur; ~ *the house* langs die huis; *be* ~ *o.s.*
*with joy* uit jou vel spring van blydskap; ~ *the mark* glad
verby; ver/vêr verkeerd; *be* ~ *o.s.* rasend *(of* buite jouself [van
woede]) wees; ~ *the point/question* nie ter sake nie. **be·sides**
*adv.* buitendien, bowendien, boonop, daarbenewens, ewen=
eens, ook, daarby; *and R100* ~ en R100 boonop *(of* op die
koop toe). **be·sides** *prep.* (buite en) behalwe, buiten.

**be·siege** beleër, insluit, omsingel; ~ *s.o. with requests* iem.
oorlaai/bestorm met versoeke.

**be·smirch** besoedel, bevuil; beswadder, beklad.

**be·sot·ted** smoorverlief, dolverlief; *be* ~ *with s.o.* smoorver=
lief/dolverlief op iem. wees; *be* ~ *with s.t.* met iets behep wees.

**be·span·gle** (met blinkertjies) versier; optakel; besaai; ~*d*
*with stars* met sterre besaai(d).

**be·speak** *bespoke bespoke(n)* bespreek, vra, bestel; ooreen=
kom; getuig van, blyk(e) gee van. **be·spoke** *adj., (Br.)* op/na
maat gemaak; ~ *boots* maatskoene; ~ *tailor* maatsnyer.

**be·spec·ta·cled, spec·ta·cled** bebril(d), gebril(d).

**best** *n.* bes; beste; *to the* ~ *of one's ability/power* na jou beste
vermoë; ~ *of all* allerbeste; *all the* ~*!* alles van die beste!, dit
gaan jou goed!; *at* ~ op sy beste; hoogstens; in die gunstigste
geval; *be at one's* ~ op jou beste wees; *to the* ~ *of my belief/*
*knowledge* na my beste wete, sover/sovêr *(of* so ver/vêr) ek
weet; *it brings* out *the* ~ *in s.o., it gets the* ~ *out of s.o.* dit toon
iem. op sy/haar beste; *the* ~ *is yet to come* die beste lê nog
voor; *do/try one's* ~ jou bes doen; *the* ~ *ever* die allerbeste;
*(by) far the* ~ verreweg die beste; *it's all for the* ~ dis maar
goed so, dis alles ten goede; *it was (of* turned out) *for the* ~
dit was toe alles ten goede; *be the* ~ *of friends* die grootste
vriende wees; *get six of the* ~ ses houe/slae kry; *I give you*
~ ek gee my gewonne; *hope for the* ~ die beste hoop; *do s.t.*
*hoping* for the ~, *(ook)* iets op hoop van seën doen; *with the*
~ *(of) intentions* met die beste bedoelings; *do/try one's level/*
*very* ~ jou uiterste (bes) doen; *look one's* ~ op jou beste lyk;
*make the* ~ *of it* (or *of a bad job)* jou daarmee versoen, jou
daarby neerlê, dit vir lief neem, jou daarin (of in die onaan=
gename) skik; *he/she is one of the* ~ hy/sy is 'n puik kêrel/mei=
sie; *be past one's* ~ nie meer in/op jou fleur wees nie; *in one's*
*Sunday* ~ in jou kisklere/Sondag(s)klere; *the* ~ *of times*
op sy beste; *the very* ~ die allerbeste; *with the* ~ *(of them)*
saam met die bestes. **best** *adj.* beste; ~ *before* ..., *(op kosver=*
*pakking)* gebruik voor ...; ~ *boy, (filmk.)* hulpbeligter; ~
*clothes* kisklere; *put one's* ~ *foot forward* jou beste beentjie/

voet(jie) voor sit; *in s.o.'s ~ interest(s)* vir iem. se eie beswil, in iem. se eie belang; *in the ~ interest(s) of the country* in die landsbelang; *~ man* strooijonker; *~ possible* ... bes(te) moont= like ...; *make the ~ possible use of ... ...* ten beste gebruik; *the ~ way, (ook)* die kortste pad. **best** *adv.* liefs, die beste; *as ~ one can/may* so goed as ('n) mens kan, so goed moontlik; *it is ~ done this way* dit word die beste so gedoen; *s.o. had ~ do it* iem. moet dit maar (liewer/liewers) doen, iem. behoort dit te doen; *you know ~* jy weet die beste; *like ...* ~ die meeste van ... hou; *the ~ trained horse* die bes afgerigte perd. **best** *ww.* oortref; verslaan, oorwin, klop; uitoorlê, oortroef, koud= sit. **~-dressed** *(attr.)* bes geklede, besgeklede. **~seller** blits=, topverkoper, treffer(boek), suksesboek.

**bes·ti·al** beesagtig, dierlik, verdierlik. **bes·ti·al·i·ty** beesagtig= heid, verdierliking; bestialiteit.

**be·stir** -rr- roer; *~ o.s. to do s.t.* jou roer/inspan (*of* woel) om iets te doen.

**be·stow** (op)bêre; bestee *(aandag)*; skenk *(in huwelik)*; *~ s.t. on/upon s.o.* iets aan iem. skenk/verleen.

**bet** *n.* weddenskap; *accept a ~* 'n weddenskap aanneem; *s.o.'s best ~ is to ..., (infml.)* die beste wat iem. kan doen, is om te ...; *the best ~* die waarskynlikste; *be a better ~* 'n beter kans/ vooruitsig wees; *it's (or it is) a fair/good ~* dis *(of* dit is) heel waarskynlik; *do s.t. for a ~* iets om 'n weddenskap doen; *hedge one's ~s* op meer as een moontlikheid wed; *is it a ~?, (infml.)* wil jy wed?; *it's a ~!* top!; *lay a ~ on s.t.* op iets wed; *lose/win a ~* 'n weddenskap verloor/wen; *make a ~* wed, 'n weddenskap aangaan; *place ~s* wed; *it's (or it is) a safe ~ that ...* ('n) mens kan met sekerheid sê dat ...; *what's the ~?* wat wed jy?. **bet** *betting bet(ted), ww.* wed; *~ on a horse* op 'n perd wed; *~ R100 on a horse* R100 op 'n perd verwed; *I'll ~ ..., (infml.)* ek wed jou ...; *~ s.o. R100* iem. vir R100 wed; *~ on s.o., (ook)* op iem. staatmaak; *do you want to ~?, (infml.)* wil jy wed?; *you ~!, (infml.)* beslis!, vir seker!.

**be·ta** beta. *~ blocker (med.)* betablokker. **~carotene** *(chem.)* betakaroteen. *~ particles* betadeeltjies. *~ rays* betastrale. *~ test n., (rek.)* betatoets. *~ wave* betagolf *(v. brein).*

**Be·tel·geuse, Be·tel·geux** *(astron.)* Betelgeuse.

**Beth·le·hem** *(geog.)* Betlehem *(naby Jerusalem); (elders)* Beth= lehem.

**be·tide** *(poët., liter.):* woe *~ you* die hemel bewaar jou, wee jou (gebeente).

**bet·o·ny** *(bot.)* betonie.

**be·tray** verraai; in die steek laat; versaak; mislei; verlei (en in die steek laat) *('n meisie)*; verklap, uitbring *(geheim);* aan= dui; dui op, blyk(e) gee van; misbruik, skend *(vertroue).* **be= tray·al** verraad; troubreuk; misbruik; blyk, teken. **be·tray·er** verraaier; versaker; verleier.

**be·trothed** *n.* verloofde. **be·trothed** *adj.* verloof. **be·troth= al** verlowing.

**bet·ter**[1] *n.* meerdere; oorhand; *all* (*or so much*) *the ~* des/so= veel te beter; *be the ~ for s.t.* by iets baat vind; *get the ~ of s.o.* die oorhand oor iem. kry, iem. baasraak/ondersit/oorwin; iem. droogsit/koudsit/uitoorlê; *have the ~ of s.o.* die oorhand oor iem. hê, iem. oor wees; *be none the ~ for it* niks beter wees daarom nie; *our ~s* ons meerderes; *think all the ~ of s.o.* 'n des te hoër dunk van iem. hê/kry; *for ~ or (for) worse* in voor- en teen-/teëspoed, in lief en leed. **bet·ter** *adj.* be= ter; *~ and ~* al hoe beter; *get ~* beter (*of* weer gesond) word; verbeter; *s.o. is (feeling) ~* dit gaan beter met iem.; *much ~* baie/veel beter; *ever so much ~* oneindig beter; *it is no ~ than theft/etc.* dit is so goed as diefstal/ens.; *be ~ than ...* beter as ... wees; *be ~ than one's word* meer doen as belowe; *it would have been ~ if s.o. hadn't ...* iem. moes liewer(s) nie ... **bet·ter** *adv.* beter; liewer; *do ~* beter presteer, verbetering toon; iets beters lewer; beter word, aan die herstel wees; *go one ~* ver= der/vêrder gaan; iem. oortref/oortroef; *you had ~ do it* jy moet dit maar (liewer[s]) doen, jy behoort dit te doen; jy moet

sorg dat jy dit doen; *~ off* ryker; beter af, beter daaraan toe; *think ~ of it* van plan/gedagte verander. **bet·ter** *ww.* ver= beter; oortref; *~ o.s.* jou posisie verbeter.

**bet·ter**[2], *(Am.)* **bet·tor** wedder.

**bet·ter·ment** verbetering; bevordering; vooruitgang. *~fund* verbeteringsfonds.

**bet·ting** weddery. *~ man* (beroeps)wedder. *~ shop* wedkan= toor.

**be·tween** tussen; onder; *in ~* tussenin; *~ the two of them they can/have ...* hulle twee kan/het saam ...; *there were only two marks ~ them* hulle was net twee punte van/uit mekaar; *they share it ~ them* hulle deel dit onder/met mekaar.

**be·twixt** *(arg.): ~ and between, (infml.)* nóg die een nóg die an= der; so-so, tussen die boom en die bas.

**bev·el** *n.* skuinste, hoek; afskuinsing; skuinskant; *on ~* op die skuinste. **bev·el** *adj.* skuins, afgeskuins. **bev·el** -ll-, *ww.* skuins maak, afskuins, afkant. *~ gear* keëlrat, koniese rat. *~ (square)* swaaihaak, swei. *~ wheel* keëlwiel, koniese wiel.

**bev·el·ling** afskuinsing.

**bev·er·age** drank. *~ wine* tafelwyn.

**bev·y** klompie, troepie, troppie, aantal, geselskap, groep.

**be·wail** betreur, bejammer, treur oor.

**be·ware** *vb.* oppas, versigtig *(of* op jou hoede) wees; *~ of ...* oppas vir ..., vir/teen ... op jou hoede wees. **be·ware** *tw.* pas op!.

**be·wigged** met 'n pruik op; vol amptelike rompslomp.

**be·wil·der** verwar, verbyster, deurmekaar maak, in die war stuur, van stryk (af) bring; onthuts. **be·wil·dered** verwar(d), verbyster(d), van stryk (af). **be·wil·der·ing** verbysterend, ver= stommend, ontstellend. **be·wil·der·ment** (sins)verbystering, verwarring.

**be·witch** toor, beheks; paljas; bekoor, betower. **be·witch·ing** betowerend, bekoorlik.

**be·yond** *n.* oorkant; *the ~* die onbekende; die oorkant, die hiernamaals; *at the back of ~, (infml.)* aan die ander kant van die wêreld, in die verste/vêrste uithoek, in die gram(m)a= doelas. **be·yond** *adv.* verder, vêrder; anderkant, oorkant; *go ~ ...* verder/vêrder as ... gaan. **be·yond** *prep.* anderkant, oor= kant, verby; oor; buite(kant); bo(kant); bo en behalwe, buiten; verder/vêrder as; *grow ~ ...* verby ... groei; verby ... ontwikkel; ... ontgroei; *~ measure* bomate, bomatig, uitermate; *~ praise* bo alle lof verhewe; *~ the river* anderkant/oorkant die rivier; *that's ~ s.o.* dis buite iem. se vermoë; dit kan iem. nie nadoen nie.

**bez·el** skuins kant; groefie; gleufie; gleufring; kassie *(vir 'n edelsteen).*

**be·zoar** besoar, beeswart *(by herkouende diere).*

**bi·an·nu·al** *adj.,* **bi·an·nu·al·ly** *adv.* halfjaarliks, sesmaan= deliks.

**bi·as** *n.* skuinste; onewewigtigheid; oorhelling, neiging; voor= oordeel, partydigheid; *(rolbal)* swaai; *have a ~ against ...* teen ... bevooroordeel(d) wees; *cut s.t. on the ~* iets skuins *(of* op die skuinste) knip/sny. **bi·as** -s(s)-, *ww.* beïnvloed, bevoor= oordeel, partydig maak. *~ binding* skuinsband.

**bi·as(s)ed** bevooroordeel(d), partydig; *be ~ against ...* teen ... bevooroordeel(d) wees.

**bi·ath·lon** *(sport)* tweekamp.

**bi·ax·i·al** tweeassig.

**bib** borslap(pie); bef(fie); borsstuk(kie); moffelplaat.

**bib·ber** *(vero.)* drinkebroer, suiplap.

**Bi·ble** Bybel. *~ basher, ~ pounder, ~ thumper (infml., neerh.)* opwekkingsprediker, vuur-en-swa(w)el-prediker, oordeels= dagprediker. *~ oath* eed op die Bybel. *~ paper* dundruk= papier. *~ Society* Bybelgenootskap. *~ story* Bybelstorie, =ver= haal.

**bib·li·cal** *(ook B~)* Bybels, Bybel=.

**Bib·li·cist, Bib·list** Bybelkenner, Biblis; Biblisis.

**bib·li·og·ra·phy** bibliografie, literatuurlys; bibliografie, boek=
beskrywing. **bib·li·o·graph·ic, bib·li·o·graph·i·cal** bibliogra=
fies.

**bib·li·ol·o·gy** bibliologie, boekwese; *(dikw. B~)* Bybelkunde.

**bib·li·o·ma·ni·a** bibliomanie. **bib·li·o·ma·ni·ac** boekegek,
bibliomaan.

**bib·li·o·phil(e)** bibliofiel, boekeliefhebber, =vriend; boek(e)=
versamelaar.

**bi·cam·er·al** tweekamer=; ~ *system of government* tweeka=
merstelsel van regering.

**bi·car·bo·nate** bikarbonaat, dubbelkoolsuursout; ~ *of soda,*
*sodium* ~ koeksoda, natriumbikarbonaat.

**bi·cen·te·nar·y, bi·cen·ten·ni·al** *n.* tweede eeufees, twee=
honderdjarige gedenkdag. **bi·cen·te·nar·y, bi·cen·ten=**
**ni·al** *adj.* tweehonderdjarig; twee-eeue=.

**bi·ce·phal·ic, bi·ceph·a·lous** tweekoppig, =hoofdig.

**bi·ceps** biseps, tweekopspier; boarmspier.

**bick·er** kibbel, twis; kletter; flikker, glinster; ~ *about/over s.t.*
oor iets twis. **bick·er·ing** gekyf, gestry, stryery, gekibbel.

**bi·col·our(ed)** tweekleurig.

**bi·con·cave, bi·con·cave** bikonkaaf, dubbelhol.

**bi·con·vex, bi·con·vex** bikonveks, dubbelbol.

**bi·cus·pid** tweepuntig; tweeslippig.

**bi·cy·cle** *n.* fiets. **bi·cy·cle** *ww.* fiets, fietsry. **bi·cy·clist, bi·**
**cy·cler** fietsryer, fietser.

**bid** *n.* bod; poging; *make a ~ for s.t.* 'n bod op iets doen/maak,
op iets bie *(op 'n veiling);* iets probeer bereik/verkry; *raise the ~*
hoër bie. **bid** *bid bid, ww.* (aan)bied; bie; ~ *against s.o.* teen
iem. bie; *it ~s fair to ...* dit beloof/belowe om te ..., dit gee te=
kens dat ...; ~ *for s.t.* op iets bie *(op 'n veiling);* na iets streef/
strewe, iets probeer bereik/verkry; ~ *R500* R500 bie; *I'm ~*
*R500* daar is 'n bod van R500; ~ *(the price of) s.t.* **up** *to ...*
(die prys van) iets tot ... opbie. **bid·der** bieër. **bid·ding** bevel,
gebod, lasgewing; bieëry; bod; versoek; *do s.o.'s* ~ doen wat
iem. beveel/sê, iem. se bevele uitvoer; *without* ~ uit eie bewe=
ging.

**bid·dy** =dies, *(infml.)* oumatjie, tannie, ou vroutjie, ouvroutjie.

**bide** *(arg.):* ~ *one's time* jou tyd *(of* 'n kans) afwag.

**bi·det, bi·det** *(Fr.)* bidet, sitbad(jie).

**bi·en·ni·al** *n.* tweejarige plant. **bi·en·ni·al** *adj.* tweejarig;
tweejaarliks. **bi·en·ni·al·ly** tweejaarliks, (al) om die twee jaar.

**bier** (lyk)baar; draagbaar, dood(s)baar; *place ... on/upon a/*
*the* ~ ... opbaar.

**biff** *n., (sl.)* hou, klap, stamp, opstopper. **biff** *ww.* 'n hou/
opstopper gee, klap, stamp.

**bi·fid** *(biol.)* gesplete, tweespletig, gevurk, in twee gesplits.

**bi·fo·cal** bifokaal, dubbel=, tweebrandpuntig. **bi·fo·cals** *(mv.)*
bifokale bril.

**bi·fur·cate** *adj.* gevurk, gesplits, getak. **bi·fur·cate** *ww.*
vurk, splits, (af)tak. **bi·fur·ca·tion** vurk, mik, vertakking; twee=
deling, splitsing.

**big** groot; dik; ~*ger and* ~*ger* al hoe groter; *be too* ~ *for one's*
***boots*** verwaand *(of* te groot vir jou skoene) wees; jou lyf
grootmens hou; *be with child* swanger wees; *be ~ enough*
*to ...* groot/oud genoeg wees om te ...; *grow* ~*ger* groter word;
***how*** ~ *a dog/etc. was it?* hoe groot was die hond/ens.?; *it is*
~ *of s.o. to do s.t.* dit is grootmoedig van iem. om iets te doen;
*a/the* ~ *one* 'n/die grote; *the* ~ *ones* die grotes; *be* ~*ger than*
... groter as ... wees; *be twice as* ~ *as* ... twee maal so groot
as ... wees; *in a* ~ *way* op groot skaal; grootliks, in hoë mate;
met geesdrif. ~ **bang** ingrypende verandering, groot om=
wenteling; harde slag; *(kosmol.)* oerknal. ~**-bang theory** oer=
knalteorie. **B~ Ben** *(kloktoring v.d. Br. parl.)* Big Ben. ~
**brother** ouboet; *B~ B~, (totalitêre regering/diktator)* Groot
Broer. ~ **business** (wêreld van) groot sake. **B~ C** *(infml.:kan=*
*ker)* groot K. **B~ Chief, B~ Daddy** *(infml.)* grootbaas. **B~**
**Dipper** *(Am., astron.)* Groot Beer. ~ **dipper, roller coaster**

tuimeltrein. ~ **end** *(teg.)* grootkop. ~**-end bearing** grootkop=
laer. **B~ Five** *(grootwild)* Vyf Grotes. ~ **game** grootwild. ~**-**
**game hunter** grootwildjagter. ~ **gun** *(lett.)* groot/swaar kanon;
*(i.d. mv. ook)* grofgeskut; *(fig.)* grootmeneer, grootkanon.
~**head** verwaande mens; *(veearts.)* dikkop(siekte). ~**-hearted**
ruimhartig, vrygewig. ~**-league** *adj. (attr.), (sport)* topliga=,
hoofliga=; *(fig.)* eersteklas=, topklas=, groot, eersterangse. ~**-**
**mouthed** grootpraterig. ~ **name** *n.* groot naam *(in wêreld=*
*rugby ens.).* ~**-name** *adj. (attr.)* befaamde, vermaarde, gevier=
de. ~ **science** grootgeldnavorsing. ~ **shot,** ~ **noise** *(infml.)*
grootkop, grootkanon, (groot) kokkedoor, swaargewig. ~
**stick** *(infml.):* *use/wield the* ~ = die knuppel inlê; dreigemente/
dwang gebruik; 'n (militêre) magsvertoon maak. ~ **talk** groot=
pratery. ~ **time** *n., (infml.):* *make/hit the* ~ ~ bo uitkom, die
hoogste sport bereik. ~**-time** *adj. (attr.)* top=; invloedryke.
~**-timer** groot naam, invloedryke persoon, topatleet, =kuns=
tenaar=, =speler, ens.. ~**top** *(infml.)* (groot) sirkustent. ~ **wheel**
kermiswiel; *(sl.)* groot kokkedoor. ~**wig,** ~ **bug** *(infml.)* groot=
kop, grootkanon, (groot) kokkedoor, swaargewig.

**big·a·my** bigamie, tweewywery, tweemannery. **big·a·mist** bi=
gamis. **big·a·mous** bigaam, bigamies; ~ *marriage* bigamis=
tiese huwelik.

**bight** bog, baai; oog, lus *(v. tou);* bindgroep.

**big·ness** grootheid; grootte; omvang(rykheid).

**big·no·ni·a** trompetblom, bignonia.

**big·ot** dweper, (bekrompe) fanatikus. **big·ot·ed** dweepsiek,
onverdraagsaam; kleingeestig, bekrompe, verkramp. **big·ot=**
**ry** dweepsug, dwepery, onverdraagsaamheid; kleingeestig=
heid, bekrompenheid, verkramptheid.

**bike** *(infml.)* fiets; →BICYCLE; *on your* ~*!, (Br. sl.)* kry jou ry!,
maak dat jy wegkom!, skoert!. **bik·er** *(infml.)* fietsryer, fiet=
ser; motorfietsryer, motorfietser.

**bi·ki·ni** bikini. ~ **briefs** bikinibroekie. ~ **line** bikinilyn.

**bi·la·bi·al** *(ling.)* bilabiaal, tweelippig.

**bi·la·bi·ate** *(bot.)* dubbel=, tweelippig.

**bi·lat·er·al** tweesydig, weerskantig, bilateraal.

**bile** *(lett. & fig.)* gal; brommerigheid; *s.o.'s* ~ *was up* iem. se
gal het oorgeloop.

**bilge** *n.* buik *(v. vat);* *(sk.)* kim; *(infml.)* snert, twak, bog; *(i.d.*
*mv., sk.)* vullings. **bilge** *ww.* 'n lek kry; opswel. ~ **keel** kim=
kiel. ~ **water** ruimwater; rioolwater; vuil water, skottel(goed)=
water.

**bil·har·zi·a, bil·har·zi·a·sis, bil·har·zi·o·sis** *(med.)* bil=
harzia, bilharziase, bilharziose, rooiwater.

**bil·i·ar·y** galagtig; gal=.

**bi·lin·e·ar** bilinieêr, bilineêr.

**bi·lin·gual** *adj.* tweetalig; ~ *dictionary* tweetalige woorde=
boek. **bi·lin·gual·ism** tweetaligheid.

**bil·i·ous** galagtig, gal=; mislik, naar; brommerig. **bil·i·ous=**
**ness** galagtigheid; mislikheid.

**bilk** dwarsboom, verydel; bedrieg; betaling ontduik. **bilk·er**
bedrieër; betalingontduiker.

**bill¹** *n.* rekening; faktuur; staat; *(parl.)* wetsontwerp; *(fin.)* wis=
sel; program; *(Am.)* (bank)noot; plakkaat, aanplakbiljet; lys;
brief; bewys; *accept a* ~ 'n wissel aksepteer; ~ *of charges*
prystarief; *(Am.)* onkosterekening; ~ *of entry* inklaringsbrief;
~ *(of exchange)* wissel; ~ *of fare* spyskaart, =lys; program;
*fill/fit the* ~, *(infml.)* aan die vereistes voldoen, voldoende
wees, (aan die doel) beantwoord; *foot the* ~, *(infml.)* opdok;
vir die koste instaan; vir die gelag betaal; *introduce a* ~,
*(parl.)* 'n wetsontwerp indien; *make out a* ~ 'n rekening op=
maak; *pass a* ~, *(parl.)* 'n wetsontwerp aanneem; *pay/settle*
*a* ~ 'n rekening betaal/vereffen; *present a* ~ 'n rekening
lewer; 'n wissel aanbied; *(Am.)* beantwoord; ~ *of Rights* Handves/Verklaring
van Regte; ~ *of sale* koopbrief; *stick no ~s!* aanplak ver=
bode!. **bill** *ww.* aanplak, opplak; aankondig, adverteer, re=
klame maak (vir); 'n rekening stuur; ~ *s.o. for s.t.* iem. 'n re=

kening vir iets stuur; iem. vir iets laat betaal; *be ~ed* op die program staan; aangekondig word. **~board** aanplakbord; re=klamebord. **~ broker** wisselhandelaar, =makelaar. **~ charges** wisselkoste. **~poster, ~sticker** aanplakker, biljetplakker.

**bill²** *n., (orn.)* snawel, bek; *(geog.)* landpunt; *(sk.)* ankerlip. **bill** *ww.* met die bek streel, trekkebek; *~ and coo, (infml.)* vry, mekaar liefkoos. **billed** gesnawel(d); *~ fish* snawelvis.

**bil·la·bong** *(Austr.)* (stilstaande) rivierpoel, =vertakking.

**bil·let¹** *n., (mil.)* (huis)kwartier(ing), inkwartiering, leëring; inkwartieringsbevel; losiesplek; *(infml.)* pos, betrekking, baan=tjie. **bil·let** *ww.* inkwartier; leër, kwartier maak; plaas *'n betrekking).*

**bil·let²** *n.* houtblok; metaalstaaf, knuppel.

**bill·hook** kap=, snoeimes.

**bil·liard** *adj. (attr.)* biljart=; *~ cue* biljartstok, (biljart)keu; *~ rest* (biljart)bok. **bil·liards** *n. (mv.)* biljart; *game of ~* biljartspel.

**bill·ing** aankondiging *(van),* reklame *(vir); get top ~, (teat.)* bo=aan die program pryk/staan, die ster (van die aand/ens.) wees.

**bil·lion** *(duisend miljoen of* $10^9$*)* miljard; *(vero., hoofs. Br.: mil=joen miljoen of* $10^{12}$*)* biljoen. **bil·lion·aire** miljardêr. **bil·lionth** miljardste.

**bil·low** *n.* bol, wolk, kolom *(rook, stoom, stof, ens.); a ~ of smoke* 'n (groot) rookbol/=kolom. **bil·low** *ww., (rook ens.)* uitbol; *~ (out), (seil)* swel; *(seil, rok, ens.)* bol (staan).

**bil·low·y** golwend.

**bil·ly(·can)** *(Austr.)* kantien, kookblik, keteltjie.

**bil·ly (goat)** bokram.

**bi·lo·bate, bi·lobed, bi·lob·u·lar** twee=, dubbellobbig.

**bil·tong** *(Afr.)* biltong.

**bim·bo** =*bo(e)s, (infml., neerh.)* dowwe dolla, leëkoppie; dom=kop, pampoen(kop). **bim·bette** *(infml., neerh.)* dowwe dollie, leëkoppie.

**bi·me·tal·lic** *(metal.)* bimetaal=; *(ekon.)* bimetalliek. **bi·met=al·lism** *(ekon.)* bimetallisme.

**bi·month·ly** *n.* tweemaandelikse tydskrif; veertiendaagse/halfmaandelikse blad. **bi·month·ly** *adj. & adv.* tweemaan=deliks; veertiendaags, tweeweekliks, halfmaandeliks.

**bin** *n.* bak, kis; blik, bus; wolbak, =kis; mengbak; *storage ~* spens=bak. **bin** *ww.* weggooi; verwerp; *(rek.)* bêre, (op)berg, bewaar, stoor *(data).* **~ bag, ~ liner** vullis(blik)sak, asbliksak.

**bi·na·ry** *n.* tweelingster, dubbelster. **bi·na·ry** *adj.* binêr, twee=tallig; dubbel, tweeledig; *~ compound* binêre verbinding, twee-elemente-verbinding; *~ digit* binêre/tweetallige syfer; *~ meas=ure, (mus.)* tweeslagmaat.

**bi·nate** *(bot.)* paarsgewys(e).

**bind** *n., (mus.)* boog; *be in a ~, (infml.)* in die/'n verknorsing sit/wees. **bind** *bound bound, ww.* bind; vasmaak, heg; verbind; inbind; knel; strem; omboor; verplig; bekragtig; *~ ... (by con=tract) ...* (kontraktueel) verbind; *~ a book in leather* 'n boek in leer bind; *~ s.o. over to do s.t.* iem. verbind/verplig *(of* laat belowe) om iets te doen; *~ o.s. to s.t.* jou tot iets verbind; *~ s.o. to s.t.* iem. aan iets vasbind; iem. tot iets verplig, iem. laat beloof/belowe om iets te doen; *~ together* verbind; saam=bind, aanmekaarbind, aanmekaarheg; *~ up ... ...* opbind *(hare); ... verbind (wond).* **~weed** akkerwinde, klimop.

**bind·er** (bind)omslag, ringband; band, tou; *(med.)* binddoek; (boek)binder; binder, bindmasjien; *(jur.)* voorlopige (verse=kerings)kontrak; *(houtw.)* binder; *(bouk.)* bindsteen, bindbalk; bindmiddel *(vir verf); (chem.)* bindstof. **bind·er·y** (boek)bin=dery.

**bind·ing** *n.* binding; stremming; (boek)band; bindwerk; om=boorsel; stootband. **bind·ing** *adj.* verpligtend, bindend, gel=dig; *~ on ...* bindend vir ... *~ material* bindsel, bindmateriaal. **~ screw** klemskroef.

**binge** *n.* fuif, dronkes; *(go) on a/the ~, (infml.)* aan die fuif (gaan/raak). **binge** *ww.* fuif; jou vergryp; *~ on s.t.* jou aan iets vergryp.

**bin·go** =*gos, n.* bingo(spel). **bingo** *tw.* bingo; hoera.

**bin·na·cle** *(sk.)* kompashuis(ie), naghuisie.

**bin·oc·u·lar** *adj.* twee-ogig, vir twee oë, binokulêr. **bin·oc=u·lars** *n. (mv.)* verkyker, vêrkyker; *two pairs of ~* twee ver=kykers/vêrkykers.

**bi·no·mi·al** *n.* binoom, tweeterm. **bi·no·mi·al** *adj.* bino=miaal, binomies; *(wisk.)* binomiaal, tweetermig; *~ theorem* bi=nomiaalstelling, binomium *(v. Newton).*

**bi·nom·i·nal, bi·no·mi·al** *(takson.)* binomi(n)aal.

**bi·nu·cle·ar, bi·nu·cle·ate, bi·nu·cle·at·ed** *(biol.)* bi=nukleêr, tweekernig, met twee kerne/kerns.

**bi·o·chem·is·try** biochemie. **bi·o·chem·i·cal** biochemies. **bi·o·chem·ist** biochemikus.

**bi·o·de·grade** afbreek, vergaan. **bi·o·de·grad·a·ble** bioaf=breekbaar, vergaanbaar. **bi·o·de·grad·a·bil·i·ty** bioafbreek=baarheid, vergaanbaarheid. **bi·o·deg·ra·da·tion** bioafbreking.

**bi·o·di·ver·si·ty** biodiversiteit.

**bi·o·e·lec·tric·i·ty** bio-elektrisiteit.

**bi·o·en·gi·neer·ing** bio-ingenieurswese.

**bi·o·eth·ics** bio-etiek. **bi·o·eth·i·cal** bio-eties. **bi·o·eth·i·cist** bio-etikus.

**bi·o·feed·back** *(fisiol., psig.)* bioterugvoer.

**bi·o·gas** biogas.

**bi·o·gen·e·sis** biogenese. **bi·o·ge·net·ic** biogeneties.

**bi·o·ge·og·ra·phy** biogeografie.

**bi·og·ra·phy** biografie, lewensbeskrywing, lewensgeskiede=nis. **bi·og·raph·er** biograaf, lewensbeskrywer. **bi·o·graph·i=cal, bi·o·graph·ic** biografies.

**bi·o·haz·ard** lewensbedreiging, =gevaar. **bi·o·haz·ard·ous** lewensgevaarlik.

**bi·ol·o·gy** biologie, lewenswetenskap. **bi·o·log·i·cal** biolo=gies; *~ clock* biologiese/inwendige klok; *~ detergent* biowas=middel; *~ parent* biologiese ouer; *~ warfare* biologiese oor=logvoering. **bi·ol·o·gist** bioloog.

**bi·o·mass** *(biol.)* biomassa.

**bi·ome** bioom, groot ekologiese gemeenskap.

**bi·o·me·chan·ics** biomeganika.

**bi·o·met·rics, bi·om·e·try** biometrika, biometrie. **bi·o·met·ric, bi·o·met·ri·cal** biometries. **bi·o·me·tri·cian** biome=trikus.

**bi·on·ic** bionies. **bi·on·ics** bionika.

**bi·o·nom·ics** bionomie, ekologie. **bi·o·nom·ic** bionomies, ekologies.

**bi·o·phys·ics** biofisika. **bi·o·phys·i·cal** biofisies. **bi·o·phys=i·cist** biofisikus.

**bi·o·pic** *(infml.)* biofilm, biografiese film/(rol)prent.

**bi·op·sy** *(med.)* biopsie.

**bi·o·rhythm** bioritme. **bi·o·rhyth·mic** bioritmies. **bi·o·rhyth=mics** bioritmiek.

**bi·o·scope** *(SA)* bioskoop.

**bi·o·sphere** biosfeer.

**bi·o·syn·the·sis** biosintese.

**bi·o·ta** *(ekol.)* biota, fauna en flora *(v. 'n bep. gebied).*

**bi·o·tech·nol·o·gy** biotegnologie; ergonomie. **bi·o·tech=no·log·i·cal** biotegnologies; ergonomies. **bi·o·tech·nol·o·gist** biotegnoloog; ergonoom.

**bi·ot·ic, bi·ot·i·cal** bioties, lewens=; *~ factor* lewensfaktor.

**bi·o·tin** *(biochem.)* biotien.

**bi·par·ti·san** *~ policy* tweepartybeleid. **bi·par·ti·san·ship** tweepartydigheid.

**bi·par·tite** tweedelig, tweevoudig, tweeledig, tweesydig; bi=lateraal; *~ agreement* bilaterale ooreenkoms.

**bi·ped** tweevoetige dier, tweevoeter. **bi·ped·al** tweevoetig.

**bi·plane** tweedekker(vliegtuig).

**bi·pod** tweevoet(staander).

**bi·po·lar** tweepolig, bipolêr.

**bi·quad·rate** *(wisk.)* vierde mag. **bi·quad·rat·ic** *n.* vierde mag; vierdemagsvergelyking. **bi·quad·rat·ic** *adj.* van die vierde mag; ~ *equation* vierdemagsvergelyking.

**birch** *n.* berk(eboom); berkehout.

**bird** voël; *(infml.)* meisie, nooi, aster; *(pluimbal)* pluim(pie); **band/ring** *a* ~ 'n voël ring; *s.o. is an early* ~, *(infml.)* iem. staan vroeg op; iem. kom vroeg; *the early* ~ *catches the worm* die môrestond/morestond het goud in die mond; *be* ~*s of a feather* voëls van eenderse/enerse vere wees; ~*s of a feather flock together* soort soek soort; *the* ~ *has flown* die skelm is skoonveld; *(strictly) for the* ~*s, (infml.)* niks werd nie; onbenullig; *kill two* ~*s with one stone* twee vlieë met/in een klap/ slag slaan; *a little* ~ *told me* ek het 'n voëltjie hoor fluit; ~ *of paradise* paradysvoël; ~ *of prey* roofvoël. ~**brain** *(infml.)* domkop, pampoen(kop), uilskuiken. ~**cage** voëlkou(tjie), =hok(kie). ~ **call** voëlroep. ~ **fancier** voëlliefhebber, =kenner; voëlhandelaar. ~**lime** voëllym, voëlent. ~ **of paradise (flower)** *(Strelitzia spp.)* kraanvoëlblom. ~ **sanctuary** voëlpark, =reservaat, =paradys. ~**seed** voëlsaad. ~**'s-eye** *adj. (attr.):* ~ *fabric* voëloog=, voëlogiestof; ~ *view* algemene oorsig; ~ *view of the town* panoramiese gesig op die stad. ~**shot** donshael. ~**('s) nest** voëlnes(sie); *(sk.)* kraaines. ~**s'-nest fern** nesvaring. ~**('s)-nesting** (voël)neste plunder/uithaal. ~**'s-nest soup** voëlnes(sie)sop. ~**song** voël(ge)sang. ~**watcher** voëlkyker, =waarnemer. ~**watching** voëlkykery, =waarneming, voëls kyk.

**bird·ie** voëltjie *(ook in gholf).*

**bi·ri·a·ni** →BREYANI.

**birth** geboorte, bevalling; afkoms, stand; ontstaan, wording; *at* ~ by geboorte; *by* ~ van geboorte; *a citizen by* ~ 'n gebore burger; *an Angolan/etc. by* ~ 'n gebore Angolees/ens., van Angolese/ens. afkoms; *from* ~ van iem. se geboorte af; *give* ~ *to* ..., *(lett.)* die lewe aan ... skenk; ... in die wêreld bring; *(fig.)* ... tot stand bring; *new* ~, *(teol.)* we(d)ergeboorte; *strangle s.t. at* ~, *(fig.)* iets in die kiem smoor; *town of one's* ~ geboortestad, =dorp. ~ **certificate** geboortesertifikaat, =bewys. ~ **control** geboortebeperking. ~**mark** moedervlek, huidvlek. ~ **mother** biologiese ma/moeder. ~ **notice** geboorteberig. ~ **rate** geboortesyfer. ~**right** geboortereg; eersgeboortereg. ~ **roll** geboorteregister.

**birth·day** verjaar(s)dag; geboortedag; *at/on s.o.'s* ~ op iem. se verjaar(s)dag; *celebrate one's* ~ verjaar; *happy* ~! veels geluk met jou verjaar(s)dag!. ~ **cake** verjaar(s)dagkoek. ~ **gift, ~ present** verjaar(s)daggeskenk, =present. ~ **party** verjaar(s)dag=, verjaarsparty. ~**stone** geboortesteen. ~ **suit** *(infml.)* adamspak, =gewaad; evasgewaad.

**bi·ry·a·ni** →BREYANI.

**Bis·cay** *(geog.)* Biskaje; *Bay of* ~ Golf van Biskaje.

**bis·cuit** beskuitjie, (droë) koekie; beskuitkleur; biscuit, ongeglasuurde porselein/erdewerk. ~ **colour** beskuitkleur. ~**col-oured** beskuitkleurig.

**bis·cuit·y** beskuitjieagtig; beskuitjiekleurig.

**bi·sect** halveer, in twee deel, deursny. **bi·sec·tion** halvering, deling in twee. **bi·sec·tor** halveerder; ~ *of plane angle* halveerlyn.

**bi·sex·u·al** *n., (pers.)* biseksueel. **bi·sex·u·al** *adj., (psig.)* biseksueel; *(biol.)* twee=, dubbelslagtig, =geslagtelik, biseksueel, hermafrodities. **bi·sex·u·al·i·ty** *(psig.)* biseksualiteit; *(biol.)* twee=, dubbelslagtigheid, biseksualiteit, hermafroditisme.

**bish·op** biskop; *(skaak)* loper, raadsheer; *translate a* ~ 'n biskop oorplaas/verplaas. ~**(bird)** flap, vink.

**bish·op·ric** bisdom; biskopsamp.

**Bis·marck:** ~ **Archipelago** *(geog.)* Bismarck-argipel. ~ **herring** gekruide haring, rolmops.

**bis·muth** *(chem., simb.: Bi)* bismut.

**bi·son** bison bison, Amerikaanse buffel; *European* ~ oeros, wisent.

**bisque** *(Fr., kookk.)* bisk, bisque.

**bis·tro** =tros, *(Fr.)* bistro, restourantjie, restourantjie, kroegie.

**bit¹** *n.* hap, byt; happie; bietjie, stukkie, brokkie; krieseltjie; boor; boorpunt; gebit; stang; skaafmes, skaafbeitel; sleutelbaard; *a* ~ 'n bietjie; *be a* ~ ... 'n bietjie *(of* effens/effe[ntjies]/ enigsins) ... wees; *after a* ~ na 'n rukkie; ~ *by* ~ stukkie vir stukkie, stuksgewys(e); bietjie(s)-bietjie(s); stappie vir stappie; *s.o. doesn't care two* ~*s, (infml.)* iem. gee geen *(of* nie 'n) flenter om nie; *chafe/champ at the* ~, *(lett.)* op die stang byt/ kou; *(fig.)* ongeduldig wees; gretig wees; *do one's* ~, *(infml.)* jou deel(tjie) doen; *every* ~ elke stukkie, alles; heeltemal, volkome; *be every* ~ *as* ... net/presies *(of* in alle opsigte) so ... wees; *every* ~ *as much* ruim soveel; *rest for a* ~ 'n bietjie/ rukkie rus; *not the least* ~ glad (en geheel) nie; *a little* ~ 'n klein bietjie; *not a* ~ glad/heeltemal/hoegenaamd *(of* nie in die minste) nie; *not a* ~ *of good* glad nie goed nie; *not a* ~ *of it!* moenie glo nie!, glad (en geheel) nie!; *a* ~ *of* ... 'n bietjie ...; 'n stukkie ...; *be a* ~ *of a* ..., *(infml.)* nogal ... wees; *be a* ~ *of a coward, (infml.)* geen held wees nie; *be a* ~ *of a fool, (infml.)* maar dommerig wees; *a* ~ *of a problem, (infml.)* 'n probleempie, 'n bietjie moeilikheid; *not believe s.o. one (little)* ~ iem. g'n stuk glo nie; *not like s.t. one (little)* ~ (net [mooi]) niks van iets hou nie; ~*s and pieces* stukkies en brokkies; *stretch it a* ~, *(infml.)* tegemoetkomend wees; oordryf/oordrywe, te ver/vêr gaan; *tear s.t. to* ~ iets in stukkies skeur; *take the* ~ *between/in one's teeth, (fig.)* die stang vasbyt, jou eie kop volg; *wait a* ~! wag 'n bietjie/oomblikkie!. **bit** *ww.* die stang/toom aansit; in bedwang hou, beteuel. ~ **part** *(teat.)* klein rolletjie.

**bit²** *n., (rek.)* bis. ~**map** *(rek.)* bisbeeld, =kaart.

**bitch** *n.* teef, wyfie; *(neerh. sl.)* feeks, teef, katterige vroumens; slet. **bitch** *ww.* kerm, kla; haatlik wees; ~ *about s.t., (sl.)* oor iets kerm/kla. **bitch·i·ness** katterigheid. **bitch·y** katterig, venynig.

**bite** *n.* byt; hap; pik *(v. slang)*; kousel(tjie); greep, vat; pikantheid, pittigheid; raakheid; *there's a* ~ *in the air* dit is bytend koud; *not a* ~ *to eat* niks om te eet nie; *get a* ~ *(hengel)* iets byt; *have a* ~, *(infml.)* 'n stukkie eet; *a small* ~ 'n happie. **bite** *bit bitten, ww.* byt; *(slang)* pik; invreet; *(skroef)* vat, klou; (die) doel tref, doeltreffend wees; ~ *s.t. back, (infml.)* iets insluk *(woorde)*; ~ *into s.t.* in iets byt; ~ *s.t. off* iets afbyt; ~ *off more than one can chew, (infml.)* te veel hooi op jou vurk neem, jouself oorskat; ~ *on s.t.* (aan) iets byt; *what's biting you?* wat makeer jou/jy?. **bit·er** byter. **bit·ing** *adj.* bytend, snydend, skerp, bitsig; striemend *(woorde)*; invretend; ~ *retort* snydende/bitsige antwoord; ~ *wind* snydende/skerp wind. **bit·ten** gebyt; beenaf, verlief; *s.o.'s been* ~, *(infml.)* iem. is ingeloop; *once* ~, *twice shy* ('n) mens laat jou nie twee maal fop nie; 'n esel stamp hom nie twee maal teen dieselfde klip nie; *what's* ~ *you?, (infml.)* wat makeer jou/jy?, wat skort?.

**bit·ter** *n.* bitter; bitterbier; *the* ~ *and the sweet* lief en leed, voor- en teen-/teëspoed. **bit·ter** *adj.* bitter; skerp; griewend; verbitterd; snerpend; venynig; *be/feel* ~ *about s.t.* oor iets verbitter(d) wees; *to the* ~ *end* tot die bitter einde (toe); ~*fruits, (fig.)* wrange vrugte; *leave a* ~ *taste in the mouth* 'n bitter nasmaak agterlaat/hê. ~**ender** *(SA)* bittereinder, onversoenlike. ~**melon** karkoer. ~ **orange** bitterlemoen. ~ **pill** *(lett. & fig.)* bitter pil. ~**sweet** bittersoet. ~ **tonic** maagbitter. ~ **water** *(geol.)* bitterwater.

**bit·ter·ly** bitter, bitterlik.

**bit·tern** *(orn.)* grootrietreier, roerdomp; *little* ~ kleinrietreier, woudapie.

**bit·ter·ness** bitterheid, verbittering; wrangheid.

**bit·ters** *n. (mv.)* maagbitter; bitterbier; bitterwyn; *(chem.)* bit= terstof.

**bit·ty** onsamehangend, in stukkies en brokkies.

**bi·tu·men** bitumen; asfalt. **bi·tu·mi·ni·sa·tion, =za·tion** bitu= minering. **bi·tu·mi·nise, =nize** bitumineer. **bi·tu·mi·nous** bi= tumineus.

**bi·valve** *n.* tweekleppige (skaaldier); oester. **bi·valve** *adj.*, **bi·val·vu·lar** tweeskalig, tweekleppig.

**biv·ou·ac** *n., (<Fr.)* kamp, bivak; kampskof. **biv·ou·ac** *biv-ouacked, ww.* kampeer, bivakkeer.

**bi·week·ly** *n.* halfmaandelikse/tweeweeklikse/veertiendaagse tydskrif; halfweeklikse blad. **bi·week·ly** *adj. & adv.* halfmaandeliks, tweeweekliks, veertiendaags; halfweekliks, twee maal weekliks.

**bi·zarre** bisar, grillig, vreemd, wonderlik, buitengewoon. **bi·zarre·ness** bisarheid.

**blab** *n.* verklapper, (ver)klikker, nuusdraer. **blab** *-bb-, ww.* verklap, (ver)klik, uitlap, uitblaker, rondvertel; babbel. **blab·ber(·mouth)** verklapper, (ver)klikker, nuusdraer; babbelaar.

**black** *n.* swart; swartsel; swart verf; swart vlek; roet; swart klere, rou(klere); swarte, swart man; *in the* ~ sonder *(of uit die)* skuld; *be all in* ~ heeltemal in swart geklee(d) wees; *put (down) … in* ~ *and white …* op skrif stel, … swart op wit gee. **black** *adj.* swart; donker, somber; duister; *beat s.o.* ~ *and blue* iem. bont en blou *(of pimpel en pers)* slaan; *go* ~ verswart; *things look* ~, *(infml.)* dit lyk gevaarlik/dreigend; *a/the* ~ *one, (iets)* 'n/die swarte; *not as* ~ *as it is painted* nie so erg soos dit voorgestel word nie; *as* ~ *as pitch* pikswart; *a face as* ~ *as thunder* 'n woedende gesig; ~ *and white cattle* swart-bont beeste; ~ *and white drawing/photo* swart-wit tekening/foto. **black** *ww.* swart maak, swart smeer; ~ *out* flou word, jou bewussyn verloor; ~ *s.t. out* iets verdonker/verduister; iets uitvee/uitwis; ~ *up, (teat.)* (jou) swart grimeer. ~ **ant** *(Eur.)* swartmier. ~ **art** toorkuns, swart kuns. ~ **ash** *(chem.)* swartas. ~**-backed jackal** rooijakkals. ~**ball** *n.* (geheime) teen-, teëstem, veto. ~**ball** *ww.* afstem, uitsluit, veto, lidmaatskap weier. ~ **bear** swartbeer; *Asiatic* ~ ~ kraagbeer, Asiatiese swartbeer. ~**-bearded protea** swartbaardsuikerbos. ~ **belt** *(judo, karate)* (houer van 'n) swart gordel. ~**berry** braam(bessie). ~**bird** swartvoël, lyster; *European* ~ merel. ~**board** (skool)bord, skryfbord. ~**board duster** bordwisser. ~ **book** swart boek; strafregister. ~ **border** rourand. ~**-bordered** met 'n rourand. ~ **box** vlugopnemer; *(rek.)* toorkis. ~**-browed albatross** swartrugalbatros. ~**buck** *(Ind.)* swartbok. ~**cap** *(orn.)* swartkroonsanger. **B~ Circuit:** *the* ~ ~, *(SA hist.)* die Swart Ommegang. ~ **coffee** koffie sonder melk, swart koffie. ~ **comedy** swart komedie. ~ **consciousness** swart bewustheid. ~**currant** swart(aal)bessie. **B~ Death:** *the* ~ ~, *(Eur. hist.)* die Swart(e) Dood. ~ **economy** sluikekonomie. ~ **economic empowerment** *(afk.:BEE)* swart ekonomiese bemagtiging *(afk.:SEB)*. **B~ English** die Engels van Afro-Amerikaners. ~ **eye** blou oog; *give s.o. a* ~ ~ iem. blouoog slaan. ~**-eyed** swartogig, swartoog-; ~ *bean* swartbekboon(tjie), swartbekkie; ~ *Susan, (bot.)* thunbergia. ~**fin reef shark** swartvinrifhaai. ~ **flag** seerowersvlag. **B~ Forest:** *the* ~ ~ die Swart Woud. **B~ Forest cake/gateau** *(kookk.)* Swart Woud-(room)koek, Swart Woud-gâteau. **B~ Friar** *(kloosterling)* Dominikaan, Dominikaner. ~ **frost** swart-, skroeiryp. ~ **gold** *(infml.: olie)* swart goud. ~**guard** *n.* skobbejak, skurk, smeerlap. ~**guard** *ww.* (vir 'n skurk) uitskel; slegmaak, swartsmeer, beswadder. ~**guard** *adj.* gemeen, laag, skurkagtig. ~**-haired** swartharig, swarthaar-, swartkop-. ~**head** *(med.)* swartkoppie. ~**-headed heron** swartkopreier. ~**-headed (Persian) sheep** swartkopskaap, swartkoppersie. ~**-hearted** boos(aardig), kwaadaardig, kwaadgesind, van slegte/gemene inbors, sleg, verdorwe. ~ **hole** donker gat; *(astron.)* gravitasiekolk, swartgat, -kolk. ~**humour** swart humor. ~**ice** gladde ys. ~**jack** soort kaartspel; *(i.d. mv., bot.)* knapsekêrels. ~**lead** grafiet. ~**leg** *n.* onderkruiper *(by staking)*. ~**leg** *ww.* onderkruip *(in staking)*. ~**legging** onderkruiping. ~ **letter** vet letter; Gotiese letter. ~**-letter day** ongeluksdag. ~**list** *n.* swartlys. ~**list** *ww.* op die swartlys plaas. ~ **magic** swartkuns, nekromansie, nigromansie. ~**mail** *n.* afpersing, afdreiging. ~**mail** *ww.* afpers, afdreig. ~**mailer** afperser, afdreiger. ~ **man** swart man. ~ **mark** skandepunt, kruisie *(by iem. se naam)*. ~ **market** swart mark/

handel, sluikhandel. ~ **marketeer** sluikhandelaar. ~ **mass** swart mis, satansdiens. **B~ Monday** *(effektebeurs, infml.)* Swart Maandag. ~ **mood** neerslagtige bui. ~ **mould** swartskimmel. ~**-on-black** *adj.* ~ *violence* swart-teen-swart-; geweld(pleging). ~**out** verdonkering; beswyming, breinfloute; *news* ~ nuusverbod. **B~ Panther** *(Am. pol.)* Swart Panter/Luiperd. ~ **people** swart mense. ~ **pepper** swartpeper. **B~ Poll** *(beesras)* Swart Poenskop. **B~ Power** Swart Mag. ~ **pudding** bloedwors. ~ **rat** *(alg.)* swart rot; *(soortnaam)* swartrot. ~ **rhinoceros** swartrenoster. **B~ Rod** *(parl.)* Draer van die Swart Roede; ampswag van die Senaat *(of* Hoër Huis); *(SA)* ampswag van die Nasionale Raad van Provinsies. ~ **rot** *(plantsiekte)* swartvrot. ~ **rust** stamroes *(by graan)*; antraknose, swartroes *(in wingerd)*. **B~ Sash** *(SA)* Black Sash. **B~ Sea** Swart See. **B~ September** *(Palestynse terroristeorganisasie)* Swart September. ~ **sheep** *(fig.)* swart skaap. **B~shirt** *(hist., It. fascis)* Swarthemp. ~**-shouldered kite** *(orn.)* blouvalk. ~ **spot** swart kol; *(citrus, rose)* swartvleksiekte; swartmuf. ~ **squall** storm(wind)bui. ~ **swan** swart swaan. ~**tail** *(igt.)* dassie. ~ **tea** tee sonder melk, swart tee. ~ **tie** *n.* aanddrag, formele drag. ~**-tie** *adj. (attr.)* formele *(ete ens.)*. ~ **tit** *(orn.)* swartmees. ~**top (road)** *(Am.)* teerpad. ~ **type** vet druk/letter. ~**water** *(veearts.)* Texaskoors. ~**water fever** swartwaterkoors. ~ **widow (spider)** knopiespinnekop. ~ **wildebees(t)** swartwildebees. ~**-winged bishop** *(orn.)* vuurkopvink. ~**-winged stilt** *(orn.)* rooipoot-elsie. ~**wood** *(Acacia melanoxylon)* swarthout, stinkboon(boom). ~**wood maytenus** *(Maytenus peduncularis)* Kaapse swarthout.

**black·en** swart maak/smeer; beswadder, belaster, beklad; ~ *s.o.'s name* iem. beklad.

**black·ing** swartsel, swart skoenwaks.

**black·ish** swarterig, swartagtig.

**black·ness** swartheid; donkerte.

**black·smith** (grof)smid, ystersmid. ~ **lapwing** bontkiewiet(jie). ~**'s coal** smeekool. ~**'s forge** smidsoond. ~**'s hammer** smee-, smidshamer. ~**'s shop** smedery, smidswinkel. ~**'s tongs** smee-, smidstang.

**blad·der** *(anat.)* blaas; binnebal *(v. 'n voetbal ens.)*.

**blade** spriet(jie); blad; blaarskyf, halm; mes(sie), lem; vleuel *(v. windmeul)*; yster *(v. skaats)*; voet *(v. gholfstok)*; spaan; strook *(v. hortjies)*; *(afk. v. shoulder blade)* (skouer)blad; ~ *of grass* grashalm, grassie.

**blad·ed** met 'n lem; lemvormig.

**blad·ed** *komb. vorm* -blad-; met … lemme; *twin~ propeller* tweebladskroef; *two~ knife* mes met twee lemme.

**blah (blah)** *(infml.)* bog(praatjies), kaf(praatjies), twak(praatjies), snert, nonsens.

**blain** *(med.)* blein, blaar, sweer.

**blame** *n.* skuld, blaam; verwyt; *absolve s.o. from* ~ iem. van blaam onthef; *affix/attach* ~ *to …* skuld aan … gee, skuld op … werp; *apportion* ~ skuld uitdeel; *no* ~ *attaches to s.o.* iem. dra geen skuld nie, geen blaam rus op iem. nie; *bear the* ~ die skuld dra; *cast/lay/put the* ~ *for s.t. on …* die skuld van iets op … laai/pak/werp, … die skuld van iets gee; *the* ~ *lies with him/her* dit is sy/haar skuld. **blame** *ww.* beskuldig, blameer, betig; verwyt; kwalik neem, verkwalik; afkeur; ~ *s.o. for s.t.* iem. die skuld gee omdat iets gebeur het, iem. die skuld van iets gee; iem. iets kwalik neem *(of verkwalik)*; *he/she is to* ~ *for …* dis sy/haar skuld dat …, hy/sy dra die skuld dat …; *he/she has (only) himself/herself to* ~ *for …* dis sy/haar eie skuld dat …, hy/sy het dit aan homself/haarself te wyte dat …; ~ *s.t. on s.o.* iem. iets verwyt, iets aan iem. toeskryf/-skrywe, iem. die skuld gee omdat iets gebeur het, *(fig.)* iets op iem. se brood smeer; ~ … *on s.o./s.t., (ook)* … aan iem./iets wyt.

**blam(e)·a·ble** laakbaar, afkeurenswaardig.

**blame·less** onberispelik, onbesproke; onskuldig, sonder blaam.

**blame·wor·thy** laakbaar, berispelik, afkeurenswaardig.

**blanch** bleik, wit maak; verbleek, verbleik, wit word; blan=
sjeer; afskil, pel *(neute);* ~*ed almond* gepelde amandel; ~ *over*
… … verbloem.

**bland** oninteressant, vervelig, saai, vaal, eentonig; (dood)=
gewoon, middelmatig; karakterloos; droog, futloos; flou, laf,
smaakloos; neutraal, niksseggend; uitdrukkingloos; sag, mild
*(weer);* ~ *diet* dieet van sagte kos; ~ *food* smaaklose/lawwe kos;
~ *performance* futlose/flou vertoning.

**blan·dish·ments** *(mv., selde ekv.)* vleiery, flikflooiery, liewig=
heid; verlokking, verleidelikheid.

**blank** *n.* leegte, leemte; oop ruimte; lakune; blanko deel/do=
kument/ens.; weggelate woord; ('n) niet/nul *(in lotery);* ru=
stuk; kontrole; *(chem.)* toets; los kruit, loskruitpatroon; *draw*
*a* ~, *(infml.)* niks kry nie, bedroë/teleurgestel(d) (anderkant)
uitkom; *s.o.'s mind was a* ~ iem. se kop het toegeslaan, iem.
se verstand het stilgestaan; iem. se geheue was skoon weg.

**blank** *adj.* blank, blanko; onbeskrewe, oningevul(d); leeg;
sonder uitdrukking; wesenloos; ~ *cartridge* loskruitpatroon;
~ *cheque* blanko tjek; *give* ~ *credit* onbeperkte krediet gee;
~ *key* ru-sleutel; ~ *look* begriplose/onbegrypende blik; ~
*page* leë bladsy, onbeskrewe/onbedrukte blad; ~ *space* leë
ruimte; ~ *test* blindproef, kontroletoets; ~ *verse* rymlose/
blanke verse; ~ *wall* blinde muur; *come up against a* ~ *wall,*
*(fig.)* voor 'n klipmuur te staan kom. **blank** *ww., (infml.)* ig=
noreer; verhul, toemaak; ~ *off s.t.* iets afdig *(pype ens.);* ~ *out*
*s.t.* iets uitwis; *(teg.)* iets stans. **blank·ly** wesenloos, beteuterd;
volslae, geheel en al; ~ *deny s.t.* iets botweg ontken. **blank=**
**ness** wesenloosheid; onbeskrewenheid.

**blank·et** *n.* kombers; ~ *of secrecy* sluier van geheimhouding;
*be born on the wrong side of the* ~, *(infml.)* buite-egtelik gebore
wees. **blan·ket** *adj.* algemeen, omvattend, al(les)omvattend.
**blan·ket** *ww.* (met 'n kombers) toemaak/bedek/toedek; *(sk.)*
die loef afsteek. ~ **ban** volslae verbod. ~ **proclamation** ope
proklamasie. ~ **resolution** alles dekkende besluit. ~ **stitch**
kombersstaek. ~ **vote** kombersstem.

**blan·ket·ing** kombersstof.

**blare** *n.* gesketter, lawaai, gebrul, geskal. **blare** *ww.* sketter,
lawaai maak; brul; ~ *(out), (rad.)* (uit)blêr; *(trompet)* sketter;
*(motor)* skril toet(er); *(pers.)* (uit)skree(u), (uit)blaf *(bevele*
*ens.).*

**bla·sé** blasé.

**blas·pheme** laster, vloek, swets. **blas·phem·er** godslasteraar,
vloeker. **blas·phe·mous** (gods)lasterlik, godlasterend. **blas=**
**phe·my** (gods)lastering, vloektaal, geswets, lastertaal, vloe=
kery.

**blast** *n.* windstoot, windvlaag, rukwind; stoot *(op fluit);* ge=
sketter; dinamiet=, skietlading; ontploffing; plofpuin; gas=
straal; *(at) full* ~ met/op volle krag. **blast** *ww.* in die lug blaas,
laat spring, (met plofstof) skiet, opblaas *(rotse);* verskroei, ver=
woes, vernietig; ~ *off, (vuurpyl ens.)* afgevuur/gelan=
seer word; wegtrek. **blast** *tw., (infml.):* ~ *him/her!* hy/sy kan
gaan bars *(of* gaan doppies blaas)!; ~ *(it)!* verbrands!, ver=
vlaks!, vervloeks!, deksels!, verdomp!; ~ *this* …! so 'n ver=
brande/vervlakste/vervloekste …!; ~ *you!* jou blikskater!. ~
**effect** lugslag(werking). ~ **furnace** hoogoond. ~ **hole** boor=
gat *(vir plofstof).* ~**off** lansering *(v. vuurpyl).* ~ **pressure** wind=
druk.

**blast·ed** vervlakste, vervloekste, verduiwelde.

**blast·er** (dinamiet)skieter, skietwerker.

**blast·ing** skietery, skiet *(met plofstowwe),* skietwerk. ~ **agent,**
~ **material,** ~ **medium** plof=, skiet=, springstof, spring=, skiet=
middel. ~ **cap** slagdoppie. ~ **cartridge** springpatroon. ~ **cer=**
**tificate,** ~ **permit** skietsertifikaat. ~ **charge** skiet=, spring=
lading. ~ **compound** mynplofstof, =springstof. ~ **operations**
skietery, skietwerk.

**blas·to·cyst** *(embriol.)* kiemblaas, blastosist.

**blas·to·derm** *(embriol.)* kiemhuidjie, kiemskyf, blastoderm.

**bla·tant** openlik, onbeskaamd, skaamteloos, blatant; flagrant,

verregaande, skreiend; opvallend, ooglopend; ~ *lie* onbe=
skaamde/infame leuen. **bla·tan·cy** onbeskaamdheid; skreiend=
heid.

**blaze**[1] *n.* vlam; gloed; brand; opvlamming; uitbarsting; volle
lig; ~ *of colour* kleureglocd, =prag; ~ *of glory* roemrykheid;
*go to* ~*s!, (sl.)* gaan/loop bars/vrek!, gaan/loop/vlieg na die dui=
wel/maan!, loop in jou (malle) verstand!; *tell s.o. to go to* ~*s,*
*(ook)* iem. na die warm plek stuur; *in a* ~ in ligte laaie; *like*
~*s, (infml.)* soos blits; dat dit 'n aardigheid is, dat dit (so) gons;
verskriklik; ~ *of passion* bui/vlaag van woede/hartstog; *what*
*the* ~*s, (infml.)* wat d(i)e drommel/duiwel/ongeluk. **blaze**
*ww.* vlam; brand; opvlam, uitbars; skitter; ~ *away, (geweer,*
*vuur)* knetter; ~ *away at* …, *(soldate)* op … losbrand/vuur; ~
*down on* …, *(son)* op … neerbrand/neerbak/neerskroei; ~ *up*
opvlam, oplaai; opflikker.

**blaze**[2] *n.* bles. **blaze** *ww.* bles, 'n wit streep maak op; ~ *the*
*trail* die weg baan/aantoon/oopmaak; ~ *a tree* 'n boom rits/
merk.

**blaze**[3] *ww.* uitbasuin, rondvertel; ~ *s.t abroad* iets aan die groot
klok hang.

**blaz·er** kleur=, klub=, skool=, kollegebaadjie.

**blaz·ing** vlammend, gloeiend; ~ *day* snikhete dag; ~ *with in=*
*dignation* gloeiend van verontwaardiging; ~ *indiscretion*
skreiende onbedagsaamheid; ~ *wrath* hewige/heftige woede.

**bla·zon** versier, verlug; ~ *s.t. forth/out* iets aan die groot klok
hang, iets uitbasuin; ~*ed glass* vlamglas. **bla·zon·ry** kleure=
vertoon.

**bleach** *n.* bleikmiddel. **bleach** *ww.* bleik; (ver)bleik. **bleach=**
**er** bleiker; ongebleikte stof.

**bleach·ing** (die) bleik, bleiking, bleikwerk. ~ **agent** bleik=
middel. ~ **powder** bleikpoeier, bleik=, chloorkalk.

**bleak** kaal; guur; onbeskut, onherbergsaam; dooierig, onaan=
treklik; skraal; *a* ~ *outlook/prospect* 'n droewe/droewige/slegte
vooruitsig; ~ *weather* gure weer; ~ *wind* skraal windjie. **bleak=**
**ness** kaalte; skraalheid; onherbergsaamheid; guurheid; on=
aantreklikheid.

**blear·y** dof, vaag, onduidelik, wasig, glasig, betraan(d), vol
trane, waterig. ~~**eyed** met oë vol trane, met waterige oë, met
leepoë, leepoog=; met pap oë; *s.o. is* ~ iem. se oë lyk pap.

**bleat** *n.* geblêr; gekerm, getjank. **bleat** *ww., (skaap, bok)* blêr;
*(mens)* kerm, tjank.

**bleed** *bled bled* bloei, bloed stort; bloedlaat, bloed trek/tap;
uitsuig; ontspan, luglaat; aflaat, aftap; (uit)sweet; uitslaan;
*(wingerdstokke)* druppel, traan, huil; *(druk.)* bloei; ~ *to death*
doodbloei; ~ *freely* erg bloei.

**bleed·er** bloeier; bloedlater; uitsuier, parasiet; luglater; *(med.)*
bloeier, hemofilielyer. ~ **screw** luglaatskroef. ~ **valve** lug=
laatklep.

**bleed·ing** *n.* (die) bloei, bloeding; huil *(v. wingerd);* bloedla=
ting; luglating; kleurvloeiing. **bleed·ing** *adj.* bloeiend; *(infml.)*
verbrande, blikskaterse. ~ **heart** *(bot.)* gebrokehartjie.

**bleep** *n., (onom.)* bliep(geluid); piep(toon). **bleep** *ww.* bliep,
'n bliepgeluid maak; ~ *s.o., (infml.)* iem. (op)bliep, iem. oor sy/
haar blieper roep. **bleep·er** blieper, roeper, roepradio.

**blem·ish** *n.* vlek, klad, smet; gebrek, letsel, ontsiering; skaaf=
plek; *free from* ~*es* smet(te)loos. **blem·ish** *ww.* vlek, bevlek,
beklad, ontsier.

**blench** terugdeins, terugkrik; die oë sluit vir, ontken.

**blend** *n.* mengsel; soort; mengelstof; mengvorm. **blend** *ww.*
(ver)meng, berei; ineensmelt, versmelt, saamsmelt, in me=
kaar oorgaan; versny *(wyn);* ~ *in with* … met … saamsmelt; ~
*in well with* … goed by … pas. **blend·ed:** ~ *wine* versnede wyn.
**blend·er** menger, bereider, vermenger; mengmasjien, menger;
versapper; kombuismeul(e), fynmaker, krummelaar. **blend=**
**ing** (ver)menging; ineensmelting, samesmelting; versnyding
*(v. wyn).*

**bles·bok** *(mv. onveranderd)* blesbok.

**bless** *blessed blessed, blest blest* seën, loof; gelukkig maak; in=
seën; salig spreek. **bless·ed, bl̲essed** geseën(d), geluksalig;
*(infml.)* vervlakste, dekselse, verbrande; *the whole ~ **day*** die
hele goddelike dag, die godganse dag; *well I'm ~!* nou toe
nou!, my mastig/magtig!; *I'm ~ if I **know*** ek weet dit waar=
agtig nie; *it is more ~ to give than to receive* dit is saliger om
te gee as om te ontvang; *be ~ **with*** *s.t.* met iets geseën(d)
wees; met iets bedeel(d) wees; *not a ~ **word*** geen stomme/
dooie woord nie. **bless·ing** seën, seëning; (tafel)gebed; *ask
a ~* 'n seën vra; *om tafel bid, die seën vra; s.o. can **count**
his/her ~s* iem. kan van geluk praat/spreek; *a ~ in **disguise***
'n bedekte seën; *give s.t. your ~* iets jou seën gee, iets goed=
keur; *have s.o.'s ~* iem. se goedkeuring wegdra; *invoke a ~*
'n seën afbid; *be a **mixed** ~* 'n halwe seën wees; voor- en
nadele hê.

**blight** *n.* brand, roes, skimmel, skroeisiekte; vloek; klad, skand=
vlek; verderf, plaag, pes, kanker; *cast/put a ~ on s.t.* 'n ver=
nietigende uitwerking op iets hê. **blight** *ww.* (ver)skroei,
verseng; verderf, vernietig; verwoes, skend. **blight·er** vent;
swernoot, maaifoedie, skobbejak, lunsriem, swerkater.

**blimp** ballonskip, observasielugskip.

**blind** *n.* blinding *(voor venster);* (son)skerm; blinddoek; oog=
klap; *(fig.)* rookskerm, dekmantel, voorwendsel, oëverblin=
dery; *(jag.,Am.)* skuilplek, skuilte, skuilhut, skiethokkie; *the ~*
die blindes; *in the kingdom of the ~ the one-eyed man is king* in
die land van die blindes is eenoog koning. **blind** *adj.* blind;
verblind; *as ~ as a **bat/beetle/mole*** so blind soos 'n mol; *~
in one **eye*** blind in een oog; *turn a ~ **eye** to s.t.* jou oë vir iets
sluit/toemaak/toedruk, 'n ogie vir iets toemaak, iets deur die
vingers sien, iets oogluikend toelaat, iets kastig nie sien nie;
*go ~* blind word; *none so ~ as those who will not **see*** siende
blind; *be **stark** ~* stokblind wees; *be ~ **to** s.t.* vir iets blind
wees, iets nie wil raaksien nie; onverskillig wees omtrent iets;
ongevoelig wees vir iets; *~ to the **world*** smoor=, stomdronk.
**blind** *adv.* blindelings; *bake ~, (kookk.)* sonder vulsel bak;
*~ **drunk*** smoor=, stomdronk; *fly ~* met instrumente vlieg;
*swear ~* hoog en laag sweer. **blind** *ww.* blind maak, verblind;
blinddoek; bedrieg; *~ing light* verblindende lig; *s.t. ~s s.o. to
... iets verblind iem. vir ... (d.gebreke v. 'n vriend ens.).* ~ **alley**
doodloop=, omkeerstraatjie, cul-de-sac; *the job is a ~ ~* die
pos is sonder vooruitsigte. ~-**alley job** doodloopbaantjie. ~
**corner** blinde hoek. ~ **date** toe-oë-afspraak, afspraak met
'n onbekende; toe-oë-maat. ~ **door** blinde deur. ~**fly** blinde=
vlieg. ~ **flying** blind=, instrumentvlieg(kuns). ~ **fold** *n.* blind=
doek. ~**fold** *adj. & adv.* geblinddoek; *(fig.)* roekeloos, on=
deurdag, onnadenkend; blindelings. ~**fold** *ww.* blinddoek; *(fig.)*
mislei, 'n rat voor die oë draai, oogklappe aansit vir. ~**folded**
geblinddoek, met oogklappe. ~ **gut** sakderm. ~ **joint** dowwe
naat. ~ **landing** blindlanding. ~**man/woman** blinde. ~**man's
buff** *(speletjie)* blindemol(letjie). ~ **purchase** ongesiene koop.
~ **rise** blinde bult. ~ **shaft** doodloopskag, blinde skag. ~
**shell** onontplofte bom. ~ **side** *(rugby)* steelkant; swak kant;
*get on s.o.'s ~ ~* iem. van sy swak kant *(of* in sy swak) aan=
tas. ~ **spot** *(med.)* blinde vlek; *(mot., lugv.)* blinde kol; *(fig.)*
swak punt/kant/sy; *(rad.)* dooie kol. ~ **trial** blinde proef/toets.

**blind·er** oogklap; *play a ~, (infml.)* 'n barshou speel.

**blind·ly** blindelings, blindweg; roekeloos; *believe ~* op gesag
glo.

**blind·ness** blindheid; verblinding; *be stricken with ~* met
blindheid geslaan wees; *total ~* volslae blindheid.

**bling, bl̲ing bling** *n., (Am. sl.: goedkoop/oordadige juweliers=
ware)* blinkgoed, glansgoed. **bling, bl̲ing bling** *adj., (Am.
sl.)* glanssend, skitterend, glans=, skitter=.

**blin·i(s)** *(mv.), (Rus. kookk.)* blini(s).

**blink** *n.* knippering *(v.d. oog);* vlugtige blik; flikkering, flits,
glans, skynsel; ysblink; *in the ~ of an eye* in 'n oogwink/oog=
wenk, blitsvinnig; *on the ~, (infml.)* op die koffie, buite wer=
king. **blink** *ww.* (jou oë) knip(per); knipoog; met half toe=

geknypte oë kyk; flikker, flits; *~ at s.t., (fig.)* jou oë vir iets sluit/
toemaak; verbaas oor iets wees; *~ away/back one's tears* jou
trane wegknip.

**blin·ker** kniplig; verkliklig; *(infml., dikw. mv.)* oog; *(gew. mv.)*
oogklap; *(i.d. mv.)* skermbril; *wear ~s, (fig.)* oogklappe aanhê.
**blink·ered**: *be ~, (perd)* oogklappe dra/aanhê; *(fig.)* met oog=
klappe rondloop *(of* deur die lewe gaan).

**blink·ing** *adj. (attr.) & adv., (infml., euf.)* vervlaks, verbrands,
dekseils; *I don't ~ (well) care!* ek voel vere!, ek gee geen *(of* nie
'n) flenter om nie!; *what a ~ **cheek!*** watter vermetelheid!; ~
**fool** onnosele swaap; *a ~ **good** book/etc.* 'n dekseils goeie boek/
ens.; *be a ~ **nuisance*** 'n regte laspos wees.

**blintz, blin·tze** *blintzes, (Jidd., kookk.)* blintz(e).

**blip** *n.* bliep, piep; eggobeeld, stip *(op radarskerm);* opont=
houd, vertraging; probleempie; tydelike afwyking; kortston=
dige verskynsel. **blip** *ww.* bliep, piep.

**bliss** saligheid, geluk, heil, vreugde, gelukstaat, geluksaligheid.
**bliss·ful** gelukkig, (geluk)salig, heerlik. **bliss·ful·ly**: *be ~ peace=
ful* lieflik stil *(of* heerlik rustig) wees; *be ~ ignorant of s.t.* salig
onbewus van iets wees; *smile ~* geluksalig glimlag.

**blis·ter** *n.* blaar, blaas, blasie; (brand)blaar, =blaas; (water)=
blaas, =blasie; koorsblaar; koepel, uitstulping *(aan romp v.
vliegtuig).* **blis·ter** *ww.* blare trek; blasies vorm; blare/blase/
blasies op ... veroorsaak; inklim, slegsê. ~ **pack(aging), bub=
ble pack(aging)** borrel=, stolpverpakking.

**blis·ter·ing** *adj. (attr.)* versengende, bloedige *(hitte);* vinnige
*(pas).*

**blithe** ongeërg, sorg(e)loos, onverskillig; *(poët., liter.)* bly,
opgewek, opgeruimd, vrolik, lustig. **blithe·ly**: *~ ignore s.t.* iets
goedsmoeds ignoreer/veron(t)agsaam; *be ~ unaware of s.t.*
salig onbewus van iets wees. **blithe·ness** blyheid.

**blith·er·ing** babbelrig, kletserig, praatsiek; volslae, opperste,
aarts=.

**blitz** *n.* blitsaanval; blitsoorlog; skielike aanval/ingryping; (lug)
bombardement; *(fig., infml.)* intensiewe veldtog. **blitz** *ww.* 'n
blitsaanval doen; bombardeer *(uit d. lug).* ~**krieg** *(D.)* blitsoor=
log.

**bliz·zard** (hewige) sneeustorm.

**bloat** *n., (veearts.)* opblaas(siekte), trommelsug, =siekte, buik=
swelling. **bloat** *ww.* opblaas; opswel; sout en rook *(vis).* **bloat=
ed** opgeblaas; opgeswel; gerook; *(fig.)* opgeblase.

**blob** druppel; klad, blerts, kol, klodder; blasie, bobbel; klon=
tjie; flater.

**bloc** *(<Fr., pol.)* blok.

**block** *n.* blok, stomp; vorm; (katrol)blok; cliché, drukplaat,
=blok; blok *(huise);* ongevoelige mens; versperring, afsluiting,
hindernis; rem(ming) *(fig.);* opblokking; *(kr.)* kolfputjie; *knock
s.o.'s ~ off, (sl.)* iem. (op)foeter/opdons; *~ and tackle* takel=,
katrolstel. **block** *ww.* versper, afsluit; (ver)hinder, dwars=
boom, obstruksie pleeg; keer; verstop; toestop *(ore);* blokkeer;
toeblok; *(fin.)* blokkeer; fatsoeneer *(hoed);* *(kr.)* blok; *~ in s.t.*
iets ru skets; iets dwars skaaf; *~ off s.t.* iets afsluit/versper; *~
out s.t.* iets ru skets, iets ontwerp; *(fot.)* iets afdek; *(mynb.)* iets
uitblok; *~ up s.t.* iets versper; iets blok(keer)/toeblok/toe=
stop; iets toemessel; *find one's **way** ~ed* jou vasloop. ~**board**
rugplank. ~ **booking** groepbespreking. ~**buster** *(mil.)* blok=
bom; *(infml.)* dinamiese mens; *(infml.)* reuse=, super=, mega=
treffer; suksesstuk, lokettreffer; trefferboek, blitsverkoper. ~
**calendar** skeurkalender. ~ **diagram** blokdiagram. ~ **grant**
algemene toelae/toelaag/subsidie. ~**head** *(infml., neerh.)* dom=
oor, klipkop, swaap, domkop. ~**hole**: *bowl in the ~, (kr.)* 'n
streepbal boul. ~**house** blokhuis; balkhuis. ~ **lava** bloklawa.
~ **letter** blokletter. ~ **puzzle** raaiselblok. ~=**up** versperring.
~=**vote** 'n groepstem uitbring. ~ **writing** blokskrif.

**block·ade** *n.* blokkade, afsluiting, insluiting, versperring; *run
a ~* deur 'n blokkade breek. **block·ade** *ww.* blokkeer, af=
sluit, insluit. ~=**runner** blokkadebreker.

**block·ad·er** blokkeerder; blokkadeskip.

**block·age** versperring, opstopping; *mental* ~ blindheid *(fig.).*
**blog** *n. (rek., afk. v.* web log) blog, aanlyn-, webdagboek. **blog** *ww.* 'n aanlyn-/webdagboek skryf/onderhou. **blog·ger** blogger, blogskrywer.
**bloke** *(infml.)* ou, lat, kêrel, vent.
**blonde, (ml.) blond** *n.* blondine, blonde meisie, witkopmeisie; witkop, ligtekop; blonde kêrel/ens.. **blonde, (ml.) blond** *adj.* blond. **blond·ness** blondheid.
**blood** *n.* bloed; sap; familie; verwantskap; bloedvergieting; *be after* (or *out for* or *seek) s.o.'s* ~ agter iem. (aan) wees, op iem. wraak wil neem; *breed/set bad* ~ slegte gevoelens (ver)wek; *blue* ~ blou/adellike bloed; *s.o.'s* ~ *boils* iem. se bloed kook, iem. is woedend; *by* ~ van afkoms; *be (all) covered with* ~ (die) ene bloed wees; *the* ~ *rushes to s.o.'s face* iem. word skielik bloedrooi (in die gesig); *enough to freeze the* ~ *in one's veins* genoeg om die bloed in jou are te laat stol; *get s.o.'s* ~ *up* iem. se bloed laat kook, iem. woedend maak; *give* ~ bloed skenk; *in hot* ~ in drif/woede; *out for* ~ op wraak belus; *of royal* ~ van koninklike bloed/afkoms; *run in one's* ~ in jou bloed wees/sit, erflik wees; *shed* ~ bloed vergiet; *spit* ~ bloed opbring/opgooi/spoeg/spu(ug); *enough to make one spit* ~, *(infml.)* genoeg om jou 'n oorval te laat kry; *like getting* ~ *out of* (or *from) a stone* soos om bloed uit 'n klip te tap; *stop the* ~ die bloed stelp; *sweat* ~, *(fig.)* bloed sweet; *taste* ~, *(fig.)* bloed ruik; *be thirsting for* ~ na bloed dors; *s.o.'s* ~ *is up* iem. se bloed kook, iem. is woedend; *send the* ~ *rushing through one's veins* jou bloed laat bruis; ~ *is thicker than water* bloed kruip waar dit nie kan loop nie; *young* ~ jong bloed; nuwe bloed/lewe; die jeug.
**blood** *ww.* bloedlaat; bloed laat ruik/proe, aanhits; laat kennis maak met, inwy. ~ **bank** bloedbank. ~ **bath** bloedbad. ~ **brother** bloedbroer. ~ **cell,** ~ **corpuscle** bloedsel, bloedliggaampie. ~ **count** bloedtelling. ~**curdling** bloedstollend. ~ **disc,** ~ **disk** bloedskyfie. ~ **donor** bloedskenker. ~ **group,** ~ **type** bloedgroep. ~ **guilt,** ~**guiltiness** bloedskuld. ~ **heat** bloed-, liggaamswarmte. ~ **horse** rasperd, volbloed(perd). ~**hound** bloedhond. ~**letting** bloedlating, bloedaftapping. ~**line** bloedlyn. ~ **money** bloedgeld, =prys. ~ **orange** bloedlemoen. ~ **platelet** bloedplaatjie. ~ **poisoning** bloedvergiftiging. ~ **pressure** bloeddruk. ~ **pudding,** ~ **sausage** bloedwors. ~ **red** *n.* bloedrooi. ~**red** *adj. (dikw. attr.)* bloedrooi. ~ **relation,** ~ **relative** bloedverwant, eie familie. ~**shed** bloedvergieting, bloedstorting. ~**shot** bloedbelope, -deurlope, -gevul. ~ **sport(s)** jagsport. ~**stain** bloedvlek, =kol. ~**stock** volbloedperde; volbloedrenperde. ~**stone** bloedsteen, hematiet; heliotroop. ~**stream** bloedstroom. ~**sucker** bloedsuier; *(fig.)* bloedsuier, uitbuiter. ~ **sugar** bloedsuiker, glukose. ~**thirsty** bloeddorstig, moorddadig, moordlustig. ~ **transfusion** bloedoortapping. ~ **type** →BLOOD GROUP. ~ **vessel** bloedvat. ~~**warm** bloedwarm. ~**wood** bloed-, campêchehout. ~**worm** bloedwurm.
**blood·ed** opreg (geteel), volbloed.
**blood·i·ness** bloederigheid; bloeddorstigheid.
**blood·less** bloedarm, =loos, =leeg; bleek; ongevoelig.
**blood·y** *adj.* bloedig, bebloed, vol bloed; bloederig; rooi; wreed; *(infml.)* vervloekste, bleddie; *B~ Mary, (hist.)* Maria die Bloedige; *(drank)* vodka/wodka en tamatiesap; *give s.o. a* ~ *nose* iem. bloedneus slaan. **blood·y** *ww.* bloederig maak; laat bloei. ~~**minded** dwars(trekkerig), koppig, eiewys, stroomop; wreed; bloeddorstig.
**bloom** *n.* bloeisel; blom; bloei(tyd); fleur, krag; blos, gloed, glans; uitsweting, uitslag *(op mure);* aanslag *(op lens ens.);* blos, waslaag, dons *(op vrugte);* *(min.)* blom; *(ekol.)* algeskuim; *in (full)* ~ in (volle) bloei; *in the* ~ *of* ... in die fleur van ... *(iem. se lewe).*
**bloom·er**[1] blomplant.
**bloom·er**[2] *(infml.)* flater, blaps; *make an awful* ~ 'n yslike bok skiet, 'n groot flater begaan/maak.
**bloom·ers** *(mv.)* pofbroek, *(hist.)* kniebroek.

**bloom·ing** *adj. (attr.), (infml.)* bleddie, blerrie, dekselse, vervlakste.
**blos·som** *n.* bloeisel, blom, bloesem; bloei; belofte; *in full* ~ in volle bloei. **blos·som** *ww.* bloei, blom; ontwikkel; ~ *(out) into* ... (jou) ontpop as ... *('n suksesvolle akteur);* ontluik as ... *('n pragtige jong vrou);* ontwikkel tot ... *('n suksesvolle onderneming).*
**blot** *n.* klad, vlek; smet, skandvlek; *s.t. is a* ~ *on the landscape* iets ontsier die omgewing. **blot** =tt-, *ww.* (be)klad; bekrabbel; bekrap; *(ink, kleursel, ens.)* vloei; (met vloeipapier) droogmaak *(ink);* ~ *out s.t.* iets uitwis/uitdelg/vernietig; iets uitvee; iets verberg/belemmer *(uitsig).*
**blotch** *n.* vlek, klad, kol. **blotch** *ww.* vlek, klad. **blotched, blotch·y** vlekkerig, gevlek.
**blot·ter** vloei-, kladblok; stuk vloei-/kladpapier.
**blot·ting pa·per** vloei-, kladpapier.
**blot·to** *(infml.)* smoor-, papdronk, hoog in die takke, gaar.
**blouse** bloes(e); hempbaadjie.
**blow**[1] *n.* geblaas, gespuit; fluit; wind(vlaag), rukwind, (wind)storm, (storm)wind; vars lug; *(metal.)* blaas; *(geol.)* (uit)swelling; *(entom.)* eierlêery; vliegeiers; *(sl.)* dagga; *(sl.: kokaïen)* sneeu, koka. **blow** *blew blown, ww.* waai; blaas; huig; *(vlieë)* eiers lê; uitblaas *(eiers); (gloeilamp)* uitbrand; *(sekering)* deursmelt, uitbrand; ~ *away* ... ... wegblaas *(sigaretrook ens.); (wind)* ... wegwaai *(hoed ens.); (Am. sl.)* ... doodskiet; *(Am. sl.)* ... kafloop/kafdraf; *(Am. sl.)* ... platslaan/ruk/skok; *s.t.* ~*s down* iets waai om; iets blaas af; ~ *s.t. down* iets omwaai, iets laat afblaas; ~ *hot and cold* met/uit twee monde praat, besluiteloos wees; ~ *in* inwaai, binnewaai; *(iem., infml.)* aangewaai/ingewaai kom; ~ *it, (infml.)* 'n gemors (van iets) maak, droogmaak; ~ *s.o.'s mind, (sl.)* iem. verbyster; iem. onthuts; ~ *off, (gas, stoom, ens.)* ontsnap; *(vulg.)* 'n wind los; ~ *off s.t.* iets afblaas, iets laat ontsnap *(gas, stoom, ens.);* iets afblaas *(stof ens.); (wind)* iets afwaai *(dak, hoed, ens.); (bom ens.)* iets afruk *(hand ens.);* ~ *out, (kers ens.)* uit-, doodgaan; *(motorband)* bars; *(smeltdraad ens.)* uitbrand; *(storm)* (hom) uitwoed, bedaar; *(wind)* gaan lê, bedaar; *(olie-, gasbron)* uitbars; ~ *out s.t.* iets uit-/doodblaas *(kers ens.);* iets uit-/skoonblaas *(pyp ens.); (wind)* iets uitwaai *(ruite ens.); (ontploffing)* iets uitruk *(deure, vensters);* ~ *over* oorwaai; verbytrek; ~ *through* deurblaas; ~ *one's top, (infml.)* ontplof, uitbars, woedend word; ~ *up, (lett. & fig.)* ontplof; in die lug vlieg; *('n krisis ens.)* skielik ontstaan; ~ *up s.t.* iets opblaas *('n ballon ens.);* iets oppomp *('n motorband ens.);* iets opblaas, iets in die lug laat spring/vlieg *('n brug ens.);* iets vergroot *('n foto);* iets oordryf/oordrywe; *a storm is* ~*ing up* 'n storm steek op; ~ *you!* (jy kan) gaan bars *(of* gaan doppies blaas)!. ~**all** *(infml.)* op aarde niks. ~ **drier,** ~ **dryer** haardroër. ~~**dry** *n. & ww.* droogblaas. ~**fly** =flies brommer (vlieg). ~**gun** *(Am.)(wapen)* blaasroer, =pyp. ~**hard** *n., (infml.)* windlawaai, wintie, grootbek. ~**hard** *adj., (infml.)* windlawaaierig, grootbekkig. ~**hole** spuitgat; trekgat; gasholte; blaasgat; gietblasie; wak *(in ys).* ~ *job* *(vulg. sl.)* orale seks; *give s.o. a* ~ ~ iem. afsuig. ~**out** barsplek; uitbarsting, ontploffing; uitblasing; rusie; groot ete; fuif; *s.o. has a* ~ iem. se band bars. ~**pipe** blaaspyp; *(wapen)* blaasroer, =pyp; sweispyp. ~**pipe flame** steekvlam. ~**torch,** ~**lamp** blaaslamp. ~~**up** ontploffing; rusie; herrie; skrobbering; *(fot.)* vergroting.
**blow**[2] *n.* slag; klap; hou; raps; stamp, stoot; terugslag, skok, ramp; *at a* /one ~ in/met een slag, meteens; ~ *by* ~ hou vir hou; *deliver a* ~ 'n hou slaan; *exchange* ~*s* mekaar slaan, handgemeen raak; *a* ~ *with the fist* 'n vuishou; *get a* ~ *in* 'n hou plant; *suffer a grievous* ~ 'n knou weghê; *a heavy* ~ 'n gevoelige/harde/swaar slag; *land a* ~ 'n hou plant; *a* ~ *to s.o.'s pride* 'n knou vir iem. se trots; *rain* ~*s on/upon s.o.* iem. moker; *soften the* ~, *(fig.)* die skok versag; *strike a* ~ *for s.t.* iets 'n stoot (vorentoe) gee; *without striking a* ~ sonder slag of stoot; ~ *upon* ~ slag op slag. ~~**by-**~ haarfyn, gedetailleer(d), uitvoerig.

**blowed:** *(well,) I'll be* (or *I'm*) *~!* nou toe nou!.

**blow·er** blaser; blaaswaaier; orreltrapper; blaastoestel, =ma=sjien; windmotor *(v. orrel);* lugopening.

**blown** uitasem; gewaai; opgeswel; bederf; met maaiers be=smet; ~ *glass* geblaasde glas; ~ *horse* flou perd; ~ *oil* geok=sideerde olie; ~ *sand* waaisand; ~ *tin* bederfde/bedorwe blik.

**blows·y, blowz·y** bloesend, met 'n rooi gesig; verwaai(d), deurmekaar; onfris.

**blow·y** winderig.

**blub** =bb=, *(infml.)* huil, tjank, grens; *(pleister)* pof.

**blub·ber** *n.* walvisspek; oortollige vet; gegrens, getjank. **blub=ber** *ww.* grens, tjank, (snot en trane) huil; huil-huil praat; ~ *s.t. out* iets uitsnik *(of* huil-huil/snikkend vertel). **blub·ber·er** tjankbalie. **blub·ber·y** dik, vet; dik gehuil; mismaak, mis=vorm(d).

**bludg·eon** *n.* knuppel, (knop)kierie; knots. **bludg·eon** *ww.* knuppel, met 'n knuppel slaan, afransel; ~ *s.o. into submission* iem. met geweld onderdruk.

**blue** *n.* blou; asuur; die lug; die see; *out in the ~* buite in die veld; *out of the ~* uit die bloute, (totaal) onverwags, ewe skie=lik, sonder aanleiding; *appear out of the ~* uit die lug val. **blue** *adj.* blou; *(infml.)* smerig, pornografies; ~ *in the face* blou in die gesig; *till you are ~ in the face, (infml.)* tot jy blou word *(of* die perde horings kry); *feel ~, (infml.)* neerslagtig/bedruk voel; ~ *film* porno-, seksfliek; *things look ~* die vooruitsigte is donker/troosteloos; *the B~ Nile* die Blou Nyl; *a/the ~ one* 'n/die bloue; *the ~ ones* die bloues; *true ~* getrou; streng kon=serwatief. **blue** blu(e)ing, *ww.* blou maak. ~ **baby** blou baba. **B~beard** *(sprokieskarakter)* Bloubaard; bloubaard, vrouemoor=denaar, wreedaard. ~**bell** grasklokkie; pypie. ~**berry** =ries bos-, bloubessie. ~**bird** *(Am., orn.)* sialia. ~ **blood** blou/adel=like bloed. ~-**blooded** adellik. ~**bottle** (blou)koringblom; (blou) brommer; bloublasie. ~ **cheese** bloukaas. ~ **chip** prima aandeel, keuraandeel. ~-**chip** *adj. (attr.):* ~ *company* top=maatskappy; ~ *investment* veilige belegging; ~ *shares* prima aandele, keuraandele. ~-**collar worker** fabriekswerker, han=dearbeider. ~ **crane** *(orn.)* bloukraanvoël. ~-**eyed** blouogig; blouoog-, met blou oë; ~ *boy, (infml.)* oogappel, liefling; *(neerh.)* witbroodjie, troetelkind, mamma se seuntjie. ~-**green** blougroen. ~ **ground** kimberliet, blougrond. ~ **gum** bloe=komboom. ~**jeans** (blou) jeans, blou denim(broek). ~**mould** blouskimmel. ~ **pencil** *n.* blou potlood. ~-**pencil** *ww.* redi=geer, (drasties) korrigeer; sensureer; skrap. ~ **pointer** = MAKO. ~**print** *(bouk., druk.)* bloudruk; *(fig.)* konsep, plan, skema, ont=werp; *a ~ for disaster* 'n resep vir 'n ramp. ~-**sky** *adj. (attr.)* wat nog nie toepassing het nie, wat nie onmiddellik sal vrug=te afwerp nie *(pred.) (navorsing ens.).* ~**stocking** *(gew. neerh.)* bloukous, geleerde/intellektuele vrou. ~**stone** blouklip; blou=steen, koper-, blouvitrioel, kopersulfaat. ~ **streak** *(infml.):* *like a ~ ~* blitsvinnig, soos ('n vetgesmeerde) blits; *talk a ~ ~* jou ore van jou kop af praat. **B~ Train** *(SA)* Blou Trein. ~ **train** *(SA sl.: brandspiritus)* bloutrein, vlam. ~ **whale** blou=walvis. ~ **wildebees(t)** blouwildebees.

**blues** *(mv.):* *the ~, (infml.)* swaarmoedigheid, depressie, neer=slagtigheid, terneergedruktheid; *(mus.)* (die) blues; *get the ~* in depressie verval; *have (an attack* or *a fit of) the ~* in die put sit.

**blu·ey, blu·ish** blouerig, blouagtig.

**bluff¹** *n.* voorgebergte, breë kaap; rotswand, (steil) wal, steilte. **bluff** *adj.* stomp; steil; kortaf, plomp; rondborstig; hartlik.

**bluff²** *n.* oorbluffing, oordondering; grootspraak; bravade; bangmakery; wysmakery; uitoorlêery; *call s.o.'s ~* iem. se uit=daging aanvaar, iem. (uit)daag om sy/haar dreigement uit te voer. **bluff** *ww.* (oor)bluf, oordonder; uitoorlê; verboue=reer, bangmaak; wysmaak; ~ *s.o.* jouself bedrieg; ~ *s.o.* iem. om die bos lei, iem. iets wysmaak, iem. fop/bluf; ~ *one's way out of s.t.* jou uit iets lospraat. **bluff·er** bangmaker; wys=maker.

---

**blun·der** *n.* flater, fout, growwe vergissing, erge mistasting, dom fout; misslag; misgreep; *foolish ~* blaps; *make a ~* 'n flater maak/begaan. **blun·der** *ww.* struikel; mistas; jou ver=gis, 'n flater maak/begaan; ~ *away s.t.* iets verknoei/verspil; ~ *on/upon s.t.* oor iets struikel, op iets afkom.

**blun·der·buss** *(hist.: soort geweer)* donderbus; *(fig.)* bullebak.

**blun·der·er** knoeier, domkop, sukkelaar.

**blun·der·ing** *n.* taktloosheid; onhandigheid, onbeholpen=heid, lompheid; gesukkel; gestotter. **blun·der·ing** *adj.* takt=loos; onhandig, onbeholpe, lomp, lummelagtig; sukkelrig; stotterend; ~ *idiot* lompe lummel.

**blunt** *adj.* stomp; kortaf, bars, bot; reguit, ronduit, onom=wonde; *to be ~ about it* … om dit maar prontuit/reguit/ronduit te sê …; *tell s.o. the ~ truth* iem. kaalkop die waarheid sê/ver=tel. **blunt** *ww.* stomp maak; ongevoelig maak, verstomp. **blunt·ly** reguit, rondborstig, sonder doekies omdraai, rond=uit; *refuse ~* botweg weier. **blunt·ness** stompheid; barsheid, botheid; rondborstigheid, openhartigheid.

**blur** *n.* warreling; dowwe plek, onduidelikheid. **blur** =rr=, *ww.* onduidelik maak, verwar; uitwis, verdof, verdoesel. **blurred** onduidelik, verward, dof; vervaag, wasig; ~ *vision, (ook)* be=lemmerde uitsig. **blur·ry** vaag, onduidelik.

**blurb** aanprysing, reklameteks; klapskrif, klap-, flapteks *(op d. omslag v. 'n boek).*

**blurt:** ~ *s.t. out* iets uitblaker; (onverwags) met iets uitkom.

**blush** *n.* blos; gloed; *spare/save s.o.'s ~es* iem. nie laat skaam word nie; *without a ~* sonder om te blik of te bloos, onbe=skaamd. **blush** *ww.* bloos, rooi word. ~ **(wine)** pienk wyn, rosé(wyn).

**blush·er** *(grimeermiddel)* blosser.

**blus·ter** *n.* lawaai; geswets; dreigtaal; grootpratery. **blus·ter** *ww.* storm; bulder, lawaai, raas; swets, tier, uitvaar. **blus·ter·er** swetser; windlawaai, grootprater; bullebak. **blus·ter·ing, blus·ter·y** raserig, bulderend; swetsend; *(wind)* rukkerig, tie=rend.

**bo·a** boa. ~ **constrictor** luislang, boakonstriktor.

**boar** (vark)beer; *wild ~* wildevark. ~ **hunt** swynejag. **boar·ish** swynagtig; onbeskof.

**board** *n.* plank, deel; *(stofnaam)* bord; (skool)bord; telbord; karton, bordpapier; tafel; maaltyd, ete, kos, dis; losies; direk=sie, bestuur, raad, buro; boord; *right across the ~* deur die bank, deurgaans, algeheel, geheel en al; algemeen; ~ *of con=trol, control* beheerraad, raad van beheer; ~ *of directors* direksie; ~ *of examiners* raad van eksaminatore; ~ *of execu=tors* eksekuteurs-, boedelkamer; ~ *of governors, governing ~* beheerraad; ~ *and lodging* kos en inwoning, losies; ~ *of management, managing ~* bestuursraad; ~ *of officers* raad van offisiere; ereraad; *on the ~* op die planke/toneel; *on ~ (a) ship* aan boord (van 'n skip), op 'n skip; *go on ~* aan boord gaan; *be on the ~* in die raad/direksie dien/sit; *sweep the ~* alles wen; ~ *of trustees* raad van trustees/kuratore. **board** *ww.* beplank, met planke bedek; loseer, inwoon; eet; losies gee, kos/huisvesting gee, ete verskaf; aan boord gaan, instap, skeep=gaan; kartonneer; *be ~ed, (SA)* op mediese gronde van jou werk afgesit word, ongeskik vir diens verklaar word; ~*ed fence* plankheining; ~ *off s.t.* iets afskut; ~ *out* elders eet/loseer; ~ *a ship* aan boord van 'n skip gaan; 'n skip aanklamp; ~ *a train* in/op 'n trein klim; ~ *up a building* 'n gebou met planke toespyker; ~ *with s.o.* by iem. loseer. ~ **book** kartonboek. ~ **fence** plankheining. ~ **game** bordspel. ~ **meeting** raadsver=gadering; direksievergadering. ~**room** direksie-, bestuurs-, raadskamer. ~**sailing** →WINDSURFING. ~ **wages** kos en inwo=ning (as salaris); eetgeld *(as deel v. salaris).* ~**walk** *(Am.)* (hout)=promenade, plankpad.

**board·er** loseerder, kosganger; kosleerling; *(mil.)* aanklamper *(v. skip).*

**board·ing** losies; kosgeld; beplanking, plankwerk; plankhei=ning; *(mil.)* aanklamping *(v. skip).* ~ **card** instapkaart. ~ **house**

kos=, losieshuis. ~ **kennel** hondehotel. ~ **pass** instapkaart. ~ **point** beginpunt, opklimplek. ~ **school** kosskool.

**boast** *n.* spoggery, grootpratery; roem, trots; *make a ~ of ...* jou op ... beroem. **boast** *ww.* spog, grootpraat, roem op; spog met, trots wees op; jou lyf grootman hou; 'n groot mond hê; ~ *to s.o. about/of s.t.* teenoor iem. met/oor iets spog. **boast·er** grootprater, spogger, spogter, windmaker, pronker. **boast·ful** grootpraterig, spoggerig, windmaker(ig). **boast·ful·ness, boast·ing** grootpratery, spoggery, spogtery, gespog, windmakery, bravade.

**boat** *n.* skuit, boot; skip; stoomboot; souskom(metjie), =potjie; *burn one's ~s, (fig.)* die/jou skepe agter jou verbrand; *by ~* met 'n *(of* per) skip/boot; *launch a ~* 'n skuit in die water stoot; 'n skip/boot te water laat; *miss the ~, (lett.)* die boot mis *(of* nie haal nie); *(fig.)* die kans laat glip, die kans verspeel; *rock the ~, (infml.)* onaangenaamheid/onmin veroorsaak; die rus versteur/verstoor; *be in the same ~* in dieselfde skuitjie sit/ vaar, in dieselfde omstandighede verkeer. **boat** *ww.* roei, in 'n skuit vaar; met 'n skuit vervoer; in 'n skuit kry/trek. ~ **bridge** skipbrug. ~ **deck** bootsdek, sloep(e)dek. ~ **drill** oefening. ~ **excursion** bootekskursie. ~ **hire** boothuur; boothuursaak. ~**hook** bootshaak. ~**house** boothuis, =skuur. ~**load** bootvrag. ~**man** roeier; skipper; bootverhuurder. ~ **neck** boothals. ~ **people** bootbewoners; bootvlugtelinge. ~ **race** roeiwedstryd, bootre(i)sies. ~**-shaped** boot=, skuitvormig. ~ **song** bootlied. ~**swain** bootsman. ~**swain's mate** bootsmaat. ~ **trip** bootreis, =tog. ~**yard** bootwerf.

**boat·er** roeier, skipper, skuitvaarder; (harde) strooihoed.

**boat·ing** skuitvaar; roei. ~ **club** roeiklub.

**bob**[1] *n.* gewig *(v. 'n slinger, skietlood, ens.)*, slingergewig; (haar)bol, bolla; kortkop, kort hare; polkahare, =styl; pruik; stompstert. **bob** =*bb*-, *ww.* kort knip, in die nek afknip, polkaknip. ~**sled, ~sleigh** bobslee. ~**tail** stompstert. ~**tailed** stomp=, kortstert.

**bob**[2] *n.* buiginkie, knieknik, =buiging. **bob** =*bb*-, *ww.* dobber, duik; 'n buiginkie/knieknik maak; hap; ~ *up* op die op=pervlak(te) verskyn; opduik, te voorskyn kom; ~ *(up and down) in/on the water* op die water dobber.

**bob·bin** spoel, klos; tol. ~ **lace** kloskant.

**bob·ble** tosseltjie.

**bob·by** *(Br. infml.)* polisieman, konstabel. ~ **socks** enkelsok=kies.

**bod** *(Br. infml.)* mens; *be an odd ~* 'n eienaardige skepsel *(of* 'n snaakse entjie mens) wees.

**bode** *boded boded* voorspel; *it ~s ill for ...* dit beloof/belowe sleg vir ..., dit hou niks goeds vir ... in nie; *it ~s well for ...* dit beloof/belowe goed/veel vir ..., dit hou veel goeds vir ... in. **bod·ing** voorteken, =gevoel, voorspelling.

**bod·ice** lyfie; keurslyf. ~ **ripper** *(infml.: hartstogtelike liefdes=verhaal)* hygroman, korsetknakker.

**-bod·ied** *komb.vorm* ... gebou(d), ... van lyf; met 'n ... ligaam; met 'n ... lyf; *strong-~* sterk gebou(d); *wide-~ aircraft* vliegtuig met 'n breë romp, breërompvliegtuig.

**bod·i·less** onliggaamlik, sonder liggaam.

**bod·i·ly** *adj.* liggaamlik, lyflik; *grievous ~ harm* ernstige letsel/besering; *assault with intent to do/cause/inflict grievous ~ harm* aanranding met die opset om ernstig te beseer; ~ *presence* aan=wesigheid in lewende lywe. **bod·i·ly** *adv.* met geweld; lig=gaamlik, in lewende lywe, lyflik; heeltemal, in sy geheel, pens en pootjies; in sy/haar volle lengte, so lank soos hy/sy is.

**bod·kin** *(naaldw.)* rygpen, =naald, skuifnaald; *(druk.)* (druk=kers)els.

**bod·y** *n.* liggaam, lyf; lyk; inhoud; romp; hoofdeel; bak *(v. ry=tuig)*; huis *(v. klep)*; kern, hart *(v. skroef)*; skag *(v. bout ens.)*; mens, persoon; vereniging, liggaam, instansie; afdeling, mag, trop, bende, korps, massa; groep; volheid, lyf *(v. wyn ens.)*; lywigheid; taaiheid *(v. olie)*; kleedaanvoeling; stofbreedte; *the B~ of Christ* die liggaam van Christus; *dead ~* lyk; *over my*

*dead ~!, (infml.)* om die dood nie!, volstrek nie!, so nooit aste/ ofte nimmer!; ~ *of facts* feitemateriaal; *foreign ~* vreemde voorwerp/stof; *from the ~ of the hall* uit die (middel van die) saal; *heavenly ~* hemelliggaam; ~ *of horse* afdeling ruitery; *in a ~* gesamentlik; *in the ~* in die vlees, in lewende lywe; *lay out a ~* 'n lyk uitlê; ~ *of a letter* die eintlike *(of* hoof=deel van 'n) brief; ~ *of men* groep/troep manne; *sound in ~ and mind* gesond na liggaam en gees; ~ *of ore* erts=massa, =liggaam; *(in)* ~ *and soul* na liggaam en siel; *keep ~ and soul together* aan die lewe bly; *the student ~* die stu=dente(massa); *taken as a ~* in die geheel beskou; ~ *of thought* denkrigting; ~ *of a violin* vioolkas; ~ *of water* watermassa. **bod·y** *ww.* beliggaam. ~ **armour** *(koeëlvaste klere)* lyfpant=ser. ~ **bag** *(mil. ens.)* lyksak; slaapsak. ~ **blow** *(boks)* moker=hou; *(fig.)* kwaai terugslag. ~**board** lyfplank *(vir branderry)*. ~**boarder** lyfplankryer. ~**boarding** lyfplankry. ~ **build** lig=gaamsbou, gestel. ~ **builder** spierbouer. ~ **building** *n.* lig=gaams=,spierontwikkeling. ~**-building** *adj.* spierbouend; voed=saam. ~ **cavity** liggaamsholte. ~**check** *n., (sport)* liggaams=stuiting, liggaamsversperring. ~**check** *ww.* met jou liggaam keer/stuit/versper. ~ **clock** biologiese/inwendige klok. ~ **col·our** dekkleur; dekverf; binnekleur *(v. steen)*. ~ **conscious** lig=gaamsbewus. ~ **corporate** *(jur.)* korporatiewe liggaam, regs=persoon; liggaam met regspersoonlikheid. ~ **count** *(infml.)* dodetal. ~ **exercise** liggaamsbeweging. ~**guard** lyfwag. ~ **heat** liggaamswarmte. ~ **language** lyf=, liggaamstaal. ~**-line** *adj. (attr.), (kr.)* lyf=; ~ *bowler* lyfbouler; ~ *bowling* lyfboulwerk. ~ **lotion** lyfroom. ~ **mike** lapelmikrofoon. ~ **odour** *(infml., afk.: B.O.)* lyf=, liggaamsreuk. ~ **piercing** *(die maak/prik van gaatjies in die lyf.* ~ **politic** staatsgemeenskap, die staat/staats=bestel. ~ **search** *n.* visentering (van die persoon *of* van mense/besoekers/ens.). ~**search** *ww.* (fisiek) visenteer. ~ **shirt** lyf=hemp; kleefhemp. ~ **shop** *(mot.)* bakwerkwinkel. ~ **stock·ing** lyfkous. ~ **suit** kleefpak. ~**-surf** *ww.* sonder 'n plank bran=derry. ~**-surfing** *n.* branderry sonder 'n plank. ~ **swerve** *n., (sport)* swenkstappie. ~ **warmer** moulose kwiltbaadjie. ~ **wave** *n., (haarkappery)* volheidsgolwing. ~**work** bakwerk; *(i.d. mv.)* bakwerkfabriek.

**Boer** *Boers, n.* Boer; *(neerh.)* Afrikaner; *(neerh.)* polisieman; *(neerh.)* soldaat; *(Anglo-)~ War* Anglo-Boereoorlog, Tweede Vryheidsoorlog, Engelse Oorlog, Driejarige Oorlog; *First ~ War* Eerste Vryheidsoorlog. **Boer** *adj.* Boere=. ~ **farmer** Afri=kanerboer.

**boer:** boer(e). ~**bull** *(honderas)* boerboel. ~ **goat** boerbok. ~ **tobacco** boer(e)tabak.

**boere=:** ~**musiek** boeremusiek. ~**wors** boerewors.

**bof·fin** *(infml.)* kenner, deskundige, ekspert, foendie; uitvin=der; navorser.

**bog** *n.* moeras, vlei, vleigrond; *(Br. infml.)* kleinhuisie, toilet. **bog** =*gg*-, *ww.* in die modder dompel; ~ *down* in die mod=der versink/vassit, vasval, =steek; ~ *down in details* in beson=derhede vassteek. ~ **iron (ore)** moerasyster(erts).

**bo·gey**[1] *(gholf)* een (hou) oor (baan)syfer.

**bo·gey**[2], **bo·gy** spook; duiwel, skrikbeeld, *(infml.)* gogga. ~**(man)** *(ook)* paaiboelie.

**bog·gle** terugdeins; aarsel, weifel; ~ *at s.t.* vir iets terugdeins; *the mind ~s at ... ...* laat die verstand duisel; *it ~s the mind that* ... dit gaan ('n) mens se verstand te bowe dat ...; →MIND-BOG=GLING.

**bog·gy** vleierig, moerassig, moerasagtig; ~ *soil* vlei=, moeras=grond. **bog·gi·ness** moerassigheid, moerasagtigheid.

**bo·gie** draaistel, draaibare onderstel. ~ **cart** skamelkar. ~ **truck** draaistel=, skameltrok.

**bo·gus** vals, voorgewend, oneg, bedrieglik, kastig, kamma=, sogenaamd; ~ *company* swendelmaatskappy; ~ *wedding* skyn=huwelik.

**Bo·he·mi·a** *(geog.)* Boheme; die artistewêreld. **Bo·he·mi·an** *n.* Bohemer; *(ook b~)* Bohemer, bohémien; *(taal)* Boheems.

**Bo·he·mi·an** *adj.* Boheems; *(ook b~)* Boheems, artistiekerig, onkonvensioneel, ongebonde. **Bo·he·mi·an·ism** *(ook b~)* artiestelewe, =bestaan, swerwerslewe, =bestaan.

**boil**[1] *n.* kook; *bring to the ~* op kookpunt bring; *come to the ~, (lett. & fig.)* kook; *off the ~* van die kook af; *on the ~, (lett. & fig.)* aan die kook. **boil** *ww.* kook; afkook *(bene); the water has ~ed away* die water het weggekook; die ketel het drooggekook; *~ s.t. down, (kookk.)* iets laat wegkook; *(fig., infml.)* iets inkort, iets kort saamvat; *it ~s down to this, (infml.)* dit kom hierop neer; *when ~ed down, (ook)* in wese, in die kern; *~ dry* droogkook; *~ over, (lett.)* oorkook; *(fig., infml.)* uitbars, tot uitbarsting kom; *~ over (of be ~ing) with anger/rage* woedend/briesend/smoorkwaad *(of* rasend [van woede]) wees, kook van woede; *~ up s.t.* iets opkook.

**boil**[2] *n., (med.)* vint, bloedvint, pits(w)eer, furunkel.

**boiled** gekook; *(infml.)* dronk, poegaai; *~ milk* kookmelk; gekookte melk; *~ sweets* kooklekkers; *~ water* gekookte water.

**boil·er** kookpot; (stook)ketel, stoomketel; warmwatertenk; kookgroente; kookhoender; *double ~* dubbele kookpot. **~ma·ker** ketelmaker. **~plate** *(teg.)* ketelplaat; *(fig.)* standaardbepalings en -voorwaardes; *(fig.)* standaardbewoording; *(fig.)* konsepkontrak; *(fig.)* cliché(skrywery), clichétaal. **~ room** ketelkamer; ketelruim. **~ suit** ketelpak, langmou-oorpak.

**boil·ing** *n.* kokery, gekook; kooksel; *(i.d. mv. ook)* kooklekkers; *the whole ~* die hele sous. **boil·ing** *adj.* kokend; *(fig.)* briesend, siedend, smoorkwaad; *~ hot* kook=, vuurwarm *(stoom, water, ens.);* snikheet, bloedig warm *(dag, somer, ens.).* **~ point** kookpunt; *at ~* op kookpunt; *reach ~, (lett. & fig.)* kookpunt bereik. **~ water** kookwater.

**bois·ter·ous** onstuimig; uitbundig; luidrugtig, rumoerig, lawaaierig; ru; *~ person* rabbedoe.

**Bok** Boks, *n., (SA infml., sport)* Springbok; *the ~s* die Bokke/Springbokke.

**Bok·ke·veld** *(geog., SA): the Cold/Warm ~* die Koue/Warm Bokkeveld.

**bok·ma·kie·rie** *(orn.)* bokmakierie.

**Bo·land** *(geog., SA)* Boland.

**bold** dapper, moedig; vermetel; sterk; vrypostig, skaamteloos; skerp, duidelik; opsigtelik; kragtig, fors; *(tip.)* vet (gedruk); *as ~ as brass, (infml.)* onbeskaamd; *make/be so ~ as to ...* die vryheid neem *(of* dit waag) om te ...; *I make so ~ as to say ...* ek verstout my om te sê ... **~ deed** kordaatstuk. **~-faced** onbeskaamd, vrypostig; *~ type* vet letter. **~ type** vet letter; *in ~ ~* in vet druk.

**bold·ly** dapper, moedig, met waagmoed; vrymoedig, met vrymoedigheid; kragtig, sterk; skerp, duidelik.

**bold·ness** moed, durf, onversaagdheid.

**bole** *(bot.)* (hoof)stam.

**bo·le·ro** -ros, *(Sp., dans, kledingstuk)* bolero.

**Bo·liv·i·a** *(geog.)* Bolivia. **Bo·liv·i·an** *n.* Boliviaan. **Bo·liv·i·an** *adj.* Boliviaans.

**boll** (saad)bol. **~ weevil** katoenkewer, bolkalander.

**bol·lard** toupaal, bolder.

**bol·locks** *n. (mv.), (plat)* bog, kaf, twak, strooi, snert; *(vulg. sl.: testikels)* balle, ballas, knaters, eiers.

**bo·lo·gnese** *(It. kookk.: geurige vleissous)* bolognese; →SPAGHETTI.

**Bol·she·vik** *(hist.)* Bolsjewiek. **Bol·she·vism** Bolsjewisme. **Bol·she·vist** *n.* Bolsjewis. **Bol·she·vist, Bol·she·vis·tic** *adj.* Bolsjewisties.

**bol·ster** *n.* peul, bolster, onderkussing; stut; dwarshout, draer *(v. balk);* armstut, =leuning; skamel; gaatring. **bols·ter** *ww.* steun; opvul; *~ up s.t.* iets steun/stut/onderskraag; iets opknap/oplap; iets (kunsmatig) in stand hou.

**bolt** *n.* bout; knip, skuif, grendel; pyl; weerligstraal, blits; *~ of cloth* rol (kleding)stof, stuklengte; *make a ~ for ..., (infml.)* na ... toe hardloop; *make a ~ for it, (infml.)* vlug, weghard=

loop; *shoot a ~* 'n grendel toeskuif/-skuiwe. **bolt** *ww.* grendel, die knip opsit; vasskroef, (vas)bout; op loop gaan/sit, weghardloop, die loop neem, op hol gaan; dros; *~ s.t. (down)* iets inprop, iets (haastig) verorber, iets haastig wegsluk, iets vinnig (af)sluk *(kos);* iets wegslaan, iets vinnig (af)sluk, iets in jou keel afgooi *(drank);* ~ *s.o. in/out* iem. in=/uitsluit; *~ out of a shop* by 'n winkel uitstorm; *~ s.t. together/up* iets vasbout. **bolt** *adv.: ~ upright* pen=, kersregop, penorent. **~ chisel** ritsbeitel. **~ head** boutkop. **~ hole** ontsnapgat, ontsnappingstonnel; *(fig.)* wegbreekplek, toevlug(soord), wegkruipplek; *(fig.)* uitvlug, uitweg. **~ lock** grendelslot. **~ nut** moer.

**bolt·ed** gegrendel, op grendel.

**bolt·er** weglooper; droster, deserteur.

**bo·ma** *(Swah.)* kraal=, paalheining, skutting.

**bomb** *n.* bom; *it costs a ~, (infml.)* dit kos 'n fortuin; *defuse* (or *dispose of) a ~* 'n bom onskadelik maak; *a ~ explodes* 'n bom ontplof; *plant a ~* 'n bom plant/plaas/versteek. **bomb** *ww.* bombardeer, beskiet, bomme gooi/los; granate gooi/skiet; *(infml.: vinnig beweeg)* ja(ag), vlieg; *(infml.)* faal, misluk; *~ along* voortja(ag), voortsnel; *come ~ing along* aangeja(ag) kom; *~ off* wegja(ag); *be ~ed out* deur 'n bom *(of* bomme) verwoes word. **~ attack** bomaanval. **~ bay** bomruim *(v. vliegtuig).* **~ casing** bomdop. **~ crater** bomkrater, =tregter, =gat. **~ disposal** bomopruiming. **~ disposal squad** bomopruimingseenheid. **~ fuse** bombuis. **~ load** bomvrag, =lading. **~proof** bomvry, =vas, skootvry. **~ rack** bomrak. **~ raid** bomaanval. **~ scare** bomdreigement. **~shell** bom; *(fig.)* donderslag, groot skok, onaangename verrassing; *drop a ~, (fig.)* 'n bom los, almal verras, 'n onverwagte/verrassende aankondiging doen. **~ shelter** bomskuiling, skuilkelder, bomvrye/bomvaste skuiling/kelder. **~ site** bomtoneel. **~ splinter** bomskerf. **~ threat** bomdreigement.

**bom·bard** bombardeer, bomme gooi op, met bomme bestook; *~ s.o. with questions* iem. met vrae bestook/peper/bombardeer. **bom·bar·dier** bombardier. **bom·bar·dier (bee·tle)** plofkewer. **bom·bard·ing** bombardering. **bom·bard·ment** bombardement, bomaanval; *(fis.)* beskieting.

**bom·bast** bombasme, hoogdrawende taal, geswollenheid. **bom·bas·tic** bombasties, hoogdrawend, geswolle, opgesmuk *(taal).*

**Bom·bay** *(geog., hist.)* Bombaai; →MUMBAI.

**bombed** *(sl.: dronk)* gekoring, getrek, hoenderkop, geswa=(w)el(d); gedoepa, bedwelm(d); *~ out of one's mind/skull* smoor=, papdronk, hoog in die takke, lekker/behoorlik/goed gekoring/getrek; lekker gedoepa, in 'n dwelmdwaal/=waas, ver/vêr heen. **~-out** *adj. (attr.)* wat deur 'n bom *(of* deur bomme) verwoes is *(pred.).*

**bomb·er** *n., (vliegtuig)* bomwerper; *(pers.)* bomplanter, =gooier. **~ command** bomkommandement. **~ jacket** vliegbaadjie. **~ pilot** bomvlieënier. **~ squadron** bomeskader.

**bomb·ing** bomme gooi/los, bomwerpery; bombardering, bombardement, bomgooiery. **~ attack, ~ raid** bomaanval. **~ range** bomafstand.

**bon** *(Fr.): ~ mot* kwinkslag, geestigheid, bon-mot; *~ vivant* losbol, pretmaker, pierewaaier, bon-vivant; *~ voyage!* goeie reis!. **~ chrétien (pear)** bonchrétien=, oumens=, goeiechristenpeer.

**bo·na** *(Lat.): ~ fide* te goeder trou; *~ fides* goeie trou, bona fides, opregtheid.

**bo·nan·za** *(Am.)* ryk (erts)aar/myn/oliebron; *(fig.)* goudmyn; groot gelukslag/meevaller.

**bond** *n.* band; verbond; verband *(op eiendom);* verbandakte; skuldbrief; *(waardepapier)* obligasie; *(fin., Am.)* effek; pandbrief; verpligting, verbintenis; binding; *in ~s* in bande/kettings; *goods in ~* goedere in die doeanepakhuis; *take goods out of ~* goedere uit die doeanepakhuis los (deur die invoerregte te betaal); *security ~* borgakte; *s.o.'s word is his/her ~* iem. se woord is sy/haar eer. **bond** *ww.* verbind; verband neem op, onder verband plaas, (met 'n verband) beswaar, verpand; in entrepot plaas *(goedere)*. ~**holder** verbandhouer, =nemer; skuldbriefhouer; obligasiehouer; houer van effekte. ~ **issue** *(Am.)* obligasie-uitgifte.

**bond·age** knegskap, slawerny, lyfeienskap; gevange(n)skap; gebondenheid; onderworpenheid.

**bond·ed** (saam)gebind; versterk; verbind, verpand, onder verband; in entrepot (geplaas); ~ *debt*, *(Am.)* obligasieskuld; verbandskuld; ~ *factory* fabrieksentrepot; ~ *goods* goedere in entrepot; ~ *store/warehouse* entrepot, doeanepakhuis.

**bond·ing** (saam)binding; verpanding. ~ **agent**, ~ **material** bindmiddel, kit(middel). ~ **brick** verbandsteen.

**bone** *n.* been; graat; balein *(v. korset ens.); (i.d. mv.)* beendere, bene, gebeente, skelet; *(i.d. mv., fig.)* raamwerk; *(i.d. mv.)* dob= belstene; *be a bag of ~s, (infml.)* (net) vel en been wees; *the bare ~s* die belangrikste feite; *bred in the ~* ingebore; on= uitroeibaar; ~ *of contention* twisappel, twispunt; *feel it in one's ~s* dit (so) aan jou broek (se naat) voel; *work one's fin= gers to the ~* jou afsloof, werk dat jy die kromme note haal; *make no ~s about it, (infml.)* geen/nie doekies omdraai nie, kaalkop met die waarheid uitkom; *be near (or close to) the ~, (infml.)* pynlik wees; gewaag(d) wees; *pick a ~* 'n been afknaag/afeet; *have a ~ to pick with s.o.* met iem. 'n appeltjie te skil hê, 'n aksie teen iem. hê; *throw the ~s* dolos(se) gooi; *to the ~* geheel en al, deur en deur, in murg/merg en been. **bone** *adj.* been=, van been. **bone** *ww.* ontbeen, die bene uithaal; ontgraat, die grate uithaal; poleer; ~ *up on s.t., (Am. infml.)* hard aan iets leer; iets (be)studeer. ~**callus** beeneelt. ~ **cancer** beenkanker. ~ **china** beenporselein. ~**dry** kurk=, horingdroog. ~**head** *(sl.)* domkop, klipkop, skaap(kop)= stommerik. ~**headed** aartsdom. ~ **idle**, ~ **lazy** aartslui. ~ **marrow** beenmurg. ~ **meal** beenmeel. ~ **plate** beenplaat. ~**setter** beensettery. ~**setting** beensettery. ~ **splint** spalk. ~**thrower** dolosgooier. ~**throwing** dolosgooiery. ~**tired**, ~**weary** doodmoeg, stokflou.

**boned** *adj.* ontbeen *(vleis)*; ontgraat *(vis)*.

**bone·less** beenloos, sonder bene; graatloos, sonder grate; *(fig.)* slap, sonder ruggraat.

**bon·fire** groot vuur; (vreugde)vuur, segevuur.

**bon·go¹** =go(s), *(soöl.)* bos-eland, bongo.

**bon·go²** =go(e)s: ~ **(drum)** *(mus.)* bongotrom.

**bon·ho·mie** *(Fr.)* bonhomie, jovialiteit, hartlikheid, opgewekt= heid, gemoedelikheid, goedaardigheid, goedhartigheid, gul= hartigheid, minsaamheid, wellewendheid.

**bon·i·ness** benerigheid; →BONY.

**bo·ni·to** =tos, *(igt.)* bonito.

**bonk** *n., (sl.: seks)* knippie, knypie, gekafoefel, kafoefelry, ge= vry, vryery. **bonk** *ww., (sl.)* moker, klap, slaan; *(sl.)* kafoefel, vry; *(sl.)* 'n knippie/knypie gee, kafoefel/vry met, pomp, stoot.

**bon·kers:** *be/go ~, (infml.)* van jou kop af wees/raak; *stark rav= ing ~* stapelgek.

**Bonn** *n., (geog.)* Bonn. **Bonn** *adj. (attr.)* Bonnse.

**bon·net** hoed (met linte); masjienkap *(v. voertuig); (sun) ~* kappie.

**bon·ny** *(hoofs. Sk.)* mooi, pragtig, aantreklik, aanvallig; fraai, oulik.

**bon·sai** bonsai, (Japanse) dwergboom; dwergboomkwekery.

**bon·sel·la** *(<Z.), (infml.)* pasella, present.

**Bons·ma·ra** Bonsmara(bees) *(ook b~).*

**bon·te·bok** bontebok.

**bon·us** bonus, ekstra, premie. ~ **bond** bonusobligasie.

**bon·y** benerig; graterig; benig, langbeen=; maer; →BONINESS; ~ *fish* beenvis; ~ *palate* harde verhemelte.

**boo** *tw.* boe; *s.o. can't say ~ to a goose, (infml.)* iem. kan nie boe of ba *(of* pê/pruim) sê nie. **boo** *ww.* uitjou; bulk, loei, uitfluit. **boo·ing** geboe, uitjouery.

**boob¹** *n., (infml.)* blaps, flater, fout; bobbejaan, esel, uilskui= ken, mamparra, swaap, domkop. **boob** *ww., (infml.)* droog= maak, aanjaag, 'n blaps/flater maak/begaan.

**boob²** *n., (infml., dikw. mv.)* bors *(v. vrou).* ~ **tube** spantoppie; *(Am. infml.)* (kyk)kassie, TV.

**boo-boo** =boos, *(infml.)* blaps, flater.

**boo·by** bobbejaan, esel, uilskuiken, mamparra, swaap, dom= kop; *(orn.)* malgas. ~ **prize** poedelprys. ~ **trap** fop=, poetsval; foptoestel; fopmyn, verneukmyn.

**boo·dle** omkoopgeld; buit; spul, boel; →CABOODLE.

**boo·gie** *n., (mus.)* boogie. **boo·gie** =gied =gieing, *ww.* boogie. ~ **board** lyfplank. ~**boarder** lyfplankryer. ~**boarding** lyf= plankry. ~**woo·gie** *n., (mus.)* boogie-woogie.

**book** *n.* boek; geskrif, werk; teks, geskrewe woord; *accord= ing to the ~* volgens (die) reël; *be in s.o.'s bad/black ~s* in iem. se slegte boeke wees, by iem. sleg aangeskrewe staan/ wees, by iem. in onguns wees; *balance the ~s* die balans op= maak; *ban a ~* 'n boek verbied; *borrow a ~ from a library* 'n boek by 'n biblioteek uitneem; *bring s.o. to ~* met iem. af= reken; iem. aankeer/betrap/vaskeer/vastrap; iem. tot verant= woording roep; *s.o. has been brought to ~, (ook)* iem. het aan die pen gery; *a ~ by ...* 'n boek deur/van ...; *by the ~* volgens (die) reël; *be a closed/sealed ~ to s.o.* vir iem. 'n geslote boek wees; *consult a ~* 'n boek raadpleeg/naslaan; *in ~ form* in boekvorm; *go by the ~* volgens (die) reël handel/optree; *the good B~* die Bybel; *be in s.o.'s good ~s* in iem. se goeie boeke wees, by iem. goed aangeskrewe (*of* in die guns) staan/wees, in iem. se guns staan/wees; *in s.o.'s ~, (infml.)* na/volgens iem. se mening, volgens iem. se opvatting; *in my ~, (ook, infml.)* myns insiens; *keep ~s* boekhou; *the B~ of Genesis/etc.* die Boek Genesis/ens.; *a ~ on ...* 'n boek oor ...; *be on the ~s* in= geskryf/ingeskrewe (*of* op die lys) wees; *that is one for the ~s, (infml.)* dit moet ('n) mens opteken; *an open ~* geen geheim nie; *the ~ is out* die boek het verskyn (*of* is uit); *publish a ~* 'n boek publiseer/uitgee; *the ~ was published last week* die boek het verlede week verskyn; *read s.o. like a ~* weet 'n boek lees; *~ of reference*, reference ~ naslaanwerk; *a sealed ~* →*closed/sealed*; *speak without one's ~* buite jou boekie gaan, sonder gesag praat; volgens geheue praat; *s.t. suits s.o.'s ~* dit pas iem., dit pas in iem. se kraam, dit is net wat iem. wil hê; *throw the ~ at s.o., (infml.)* iem. sommer van alles aan= kla; iem. inklim, iem. (goed) die les lees; *unban a ~* die ver= bod op 'n boek ophef; ~ *of verse(s)* verseboek. **book** *ww.* inskryf, boek; (plek) bespreek; 'n kaartjie neem/gee; ~ *s.o. on a charge* iem. aankla; ~ *for ...* vir ... bespreek *('n op= voering ens.)*; na ... bespreek *('n plek)*; ~ *for s.t.* vir iets ingeskryf wees; iem. van iets aankla *('n oortreding ens.)*; *be fully ~ed* vol (*of* ten volle) bespreek wees; ~ *in* inteken *(by 'n ho= tel ens.)*; na die vertrektoonbank gaan *(op 'n lughawe)*; *be ~ed into a hotel* by 'n hotel tuis wees; ~ *s.o. off* iem. afboek; ~ *out, (hotelgas ens.)* uitteken; *be ~ed out/up* vol (*of* ten volle) bespreek wees. ~**binder** (boek)binder. ~**bindery** (boek)bin= dery. ~**binding** boekbindery. ~**case** boekkas, =rak. ~ **club** boekklub. ~ **cover** boekomslag. ~ **end** boekstut. ~ **fair** boe= keskou. ~ **jacket** stofomslag. ~**keeper** boekhouer. ~**keeping** boekhou; boekhouding. ~ **knowledge**, ~ **learning** boek(e)= kennis, boekgeleerdheid. ~**lined** met boeke teen die mure. ~**louse** stofluis. ~ **lover** boek(e)liefhebber, =vriend. ~ **lung** *(soöl.)* boeklong *(in 'n spinnekop ens.)*. ~**maker** boekmaker, be= roepswedder. ~**making** beroepsweddery. ~**mark(er)** boek= merk, lees=, bladwyser. ~ **muslin** boekmoeselien, neteldoek. ~**plate** ex libris, boekmerk, =teken. ~ **post** drukwerk=, boek= pos; *by* ~ as drukwerk. ~ **rack** boekrak. ~**seller** boekhan= delaar, =verkoper. ~**selling** boekhandel, =verkopery. ~**shelf** boekrak. ~**shop**, ~**store** bookwinkel. ~**stall** boekstalletjie. ~ **stock** boek(e)voorraad. ~**token** boekbewys. ~ **trade(r)** boek= handel(aar). ~ **value** boekwaarde. ~ **van** boekwa, bibliobus, mobiele/reisende biblioteek. ~**work** studie; *(druk.)* boekwerk. ~**worm** boekwurm *(lett. & fig.)*, lettervreter *(fig.)*.

**book·a·ble** bespreekbaar.

**book·ie** *(infml.)* beroepswedder, boekmaker.

**book·ing** (plek)bespreking; *make a ~* 'n bespreking doen, plek bespreek; ~ *starts tomorrow* die (plek)bespreking begin môre/ more. ~ **clerk** kaartjiesbeampte; besprekingsklerk. ~ **fee** besprekingsgeld. ~ **hours** loketure. ~ **office** loket, kaartjies= kantoor; besprekingskantoor.

**book·ish** geletterd, geleerd; boekagtig, boekerig, pedanties. **book·ish·ness** boekagtigheid, boekerigheid.

**book·let** boekie, brosjure.

**Bool·e·an al·ge·bra** algebra van Boole.

**boom**[1] *n.* gedreun, dreun(ing), gebulder; opbloei, oplewing, groot aanvraag/omset, voorspoedgolf; bloeityd, tyd van voor= spoed; (prys)styging. **boom** *ww.* dreun, bulder, dawer, don= der, galm; opleef, =lewe, sterk styg; sukses behaal/hê; floreer, bloei, gedy, van krag tot krag gaan; ~ *out* uitgalm, =basuin. ~ **price** opgejaagde prys. ~ **town** paddastoelstad.

**boom**[2] *n.* (hawe)boom, sperboom; valhek; val=, slag=, afsluit= boom, sluitpaal; *(sk.)* boom, spier. ~ **defence** boomversper= ring. ~ **(defence) vessel** sperboomvaartuig.

**boom·er·ang** *n.* boemerang. **boom·er·ang** *ww.* boeme= rang, soos 'n boemerang terugkeer, 'n boemerangeffek hê; ~ *on s.o.* teen iem. boemerang.

**boom·ing** gebulder, gegalm, dreun(ing).

**boom·slang** boomslang.

**boon** seën, voordeel; guns, geskenk.

**boon·docks** *(mv.): the* ~, *the boonies, (Am. sl.)* die gram(m)a= doelas.

**boor** lomperd, lummel, (gom)tor, onbeskofte vent, buffel, ghwar, hierjy, rouriem. **boor·ish** agterlik, boers, ongepoets, onopgevoed, onbeskof, kru, torrerig.

**boost** *n.* stoot; aanjaagdruk; aanprysing, opvyseling, reklame; *a* ~ *for* ... 'n hupstoot(jie) *(of* 'n stoot [vorentoe]) vir ...; *be a* ~ *for s.o./s.t.,* **give** *s.o./s.t. a* ~ iem./iets 'n hupstoot(jie) *(of* 'n stoot [vorentoe]) gee; *get a* ~ 'n hupstoot(jie) *(of* 'n stoot [vorentoe]) kry. **boost** *ww.* stoot; opstoot; opdryf; opvysel, ophemel, verhoog, verhewig, reklame maak vir, aanprys; aanjaag, aanstoot, opjaag, bekrag, ekstra krag gee aan; ver= sterk, verstewig; ~ *one's ego* jou eiedunk verhoog. **boost·ing** aanprysing; aanjaging; versterking; reklame.

**boost·er** aanjaer, bekragt(ig)er; versterker; blaser, gasduwer, (gas)verdigter; *(rad.)* opstoter; opjaer, hulpdinamo; *(med.)* skrager. ~ **fan** aanja(ag)waaier. ~ **injection** aanspoor=, aan= por-inspuiting. ~ **pump** aanja(ag)pomp. ~ **rocket** aanja(ag)= vuurpyl.

**boot**[1] *n.* stewel; bagasiebak, kattebak *(v. motor); (infml.)* skop; *(rek.)* selflaaiing; selflaaiprogram, selflaaier; ~*s and all* (met) pens en pootjies; *the* ~ *is on the other foot/leg* die bordjies is verhang; *get the* ~ die trekpas kry, in die pad gesteek word; uitgeskop word; *be in danger of getting the* ~ op die wip sit; *give s.o. the* ~ iem. in die pad steek; iem. uitskop; *his/her heart sank into his/her* ~*s* sy/haar hart het in sy/haar skoene gesak/ gesink, sy/haar moed het hom/haar begeef/begewe; *lick s.o.'s* ~*s* iem. lek, voor iem. in die stof kruip; *put the* ~ *in* iem. skop/ trap. **boot** *ww.* skop; ~*ed* gestewel(d); met stewels/kamaste aan; ~*ed eagle* dwergarend; ~ *it!* trap!; ~ *s.o. out* iem. in die pad steek; iem. uitskop; ~*ed and spurred* gestewel(d) en ge= spoor(d); ~ **(up),** ~*strap, (rek.), (pers.)* (die/'n bedryfstelsel) laai; *(rekenaar)* selflaai. ~**lace** skoenveter, =riem(pie); →BOOT= STRAP. ~**leg** *n.* stewelskag; smokkelware, =goed(ere), sluik= goed(ere), kontrabande; smokkel=, roofproduk(te); smokkel= drank; *(mus.)* roofopname. ~**leg** *adj.* smokkel= *(bedryf, drank, ens.);* roof= *(opname, plaat, prent, video, ens.);* ~ *(computer) software* roofprogrammatuur, =sagteware; ~ *joint* smokkel= huis, =hool, =nes; ~ *trousers* stewelpypbroek. ~**leg** *ww.* smok= kel; onwettig vervaardig/stook/verkoop/ens.. ~**legger** (drank)= smokkelaar. ~**legging** (drank)smokkelary. ~**lick** *(infml.)* lek, flikflooi, inkruip by. ~**licker** lekker, flikflooier, (in)kruiper. ~ **sale** kattebak=, bagasiebakverkoping. ~ **sector** *(rek.)* self= laaisektor. ~**strap** *n.* skoenlus; *pull/drag o.s. up by one's (own)* ~*s* sonder middele *(of* uit eie krag) opkom.

**boot**[2] *n.: to* ~ boonop, op die koop toe.

**boot·a·ble** *(rek.)* selflaaibaar.

**boot·ee** wol=, babaskoentjie; enkel=, halfstewel; (operasie)= stewel.

**booth** kraam(pie), stalletjie, kiosk; hut(jie); (kermis)tent; win= keltjie.

**boot·less** kaalvoet, sonder skoene.

**boo·ty** buit, roof.

**booze** *n., (infml.)* drank, drinkgoed, raas-, lawaaiwater; *be on the* ~ suip. **booze** *ww., (infml.)* drink, fuif; suip, bras; ~ ... *away* ... versuip/opsuip *('n erflating ens.).* ~ **party** fuifparty, dronknes. ~~**up** *n., (sl.)* suipsessie, strawwe drinksessie, fuif= party, gesuip, gefuif.

**booz·er** drinkebroer, fuiwer; suip=, dronklap, dronkie.

**booz·y** hoenderkop.

**bop**[1] *n.* hou, klap. **bop** *=pp=, ww.* 'n hou/klap gee.

**bop**[2] *(mus., dans)* bop. **bop·per** bopper.

**bo·ra·cic** boor=; ~ *acid* boorsuur; ~ *acid lotion/solution* boorsuuroplossing, boorwater; ~ *ointment* boorsalf; ~*pow= der* boorpoeier; ~ *soap* boorseep.

**bo·rax** boraks.

**Bor·deaux** *(geog.)* Bordeaux. ~ **(wine)** bordeaux(wyn).

**bor·del·lo** *=los* bordeel.

**bor·der** *n.* rand, kant; omranding; grens; soom; randakker; *astride the* ~ op die grens; *on the* ~ op die grens; aan die grens; *(ornamental)* ~ randstrook; *South Africa's* ~ *with Lesotho* die grens tussen Suid-Afrika en Lesotho. **bor·der** *ww.* grens aan; begrens; omrand, omsoom, omboor, omwerk; ~*ed cloth* randstof; ~ *on/upon* ... grens aan ... ~ **area** grens=, randgebied. **B~ collie** borderkollie, Skotse skaaphond. ~ **dispute** grensgeskil. ~ **edging** randversiering. ~ **guard** grens= wag; grenswagter. ~ **incident** grensvoorval. ~**line** grenslyn. ~**line case** grensgeval. ~**line situation** grenssituasie.

**bor·der·ing** omranding.

**bore**[1] *n.* boring; boorgat; boorwydte; binnemaat; kaliber *(v. vuurwapen);* siel(wand) *(v. vuurwapen).* **bore** *ww.* boor, hol maak; opsy druk; nek uitrek; ~ *for* ... na ... boor *(olie, water, ens.);* ~ *(out) s.t.* iets uitboor; ~*d stone* deurboorde klip; ~ *through s.t.* iets deurboor. ~ **core** boorkern. ~ **gauge** kali= bermaat.

**bore**[2] *n.* las(pos); droëlewer, droë bokkom, vervelende mens; vervelige iets; *s.t. is a* ~ *to s.o.* iets verveel iem.; *be a crashing* (or *an unspeakable)* ~ 'n uiters vervelende vent wees, onuit= staanbaar vervelend wees. **bore** *ww.* verveel; ~*d* verveeld; ~ *s.o. silly/stiff* (or *to death/tears)* iem. dodelik/gruwelik/vreeslik *(of* tot die dood toe) vervel; *be* ~*d with* ... deur ... verveel word; *feel* ~*d* jou verveel.

**bo·re·al** noordelik, noorder=, boreaal.

**bore·dom** verveling, verveeldheid; *utter* ~ gryse verveling.

**bore·hole** boorgat.

**bor·er** boor; boorder; boorinsek, boor=, houtwurm.

**bor·ing**[1] *adj.* vervelend, vervelig.

**bor·ing**[2] *n.* boorsel; boorgat; boring.

**born** *verl.dw.* gebore; *a* ~ *teacher/etc.* 'n gebore onderwyser/ ens.; ~ *again* we(d)ergebore; *be* ~ gebore word, aankom; ~ *and bred* gebore en getoë; *South African* ~ van Suid-Afrikaanse geboorte, gebore Suid-Afrikaner, Suid-Afrikaner/ Suid-Afrikaans van geboorte; *s.o. was* ~ *to s.t.* iem. is vir iets in die wieg gelê; *when were you* ~? wanneer is jy gebore?; *not* ~ *yesterday* nie onder 'n kalkoen/uil uitgebroei nie, ouer as tien/twaalf. ~~**again** *adj. (attr.)* we(d)ergebore *(Christen);* bekeerde *(roker, nasionalis, sosialis, ens.).*

**bo·ron** *(chem., simb.: B)* boor, borium.

**bor·ough** stad; munisipaliteit. ~ **council** stadsraad.

**bor·row** leen; ontleen, oorneem; ~ *s.t. from s.o.* iets by/van iem. leen; ~*ed time* respyt(tyd); uitstel van eksekusie; bese=

ringstyd *(fig., infml.); ~ed word* leenwoord. **bor·row·er** lener; *(jur.)* inlener. **bor·row·ing** lenery; ontlening, leenwoord; *(jur.)* inlening.

**borsch(t)** *(Rus.)* borsjt, Russiese beetsop.

**bor·zoi** borzoi, Russiese wolfhond/windhond.

**bo's'n** = boatswain.

**Bos·ni·a** *(geog., hist.)* Bosnië. **~-Herzegovina,** *(Am.)* ~ **and Herzegovina** *(geog.)* Bosnië-Herzegowina.

**Bos·ni·an** *n.* Bosniër. **Bos·ni·an** *adj.* Bosnies.

**bos·om** boesem, bors; hart; siel; skoot. ~ **friend** boesem=vriend(in). **bos·om·y** mollig, met groot borste; uitswellend.

**boss**[1] *n.* knop(pie), knobbel, bult, verhoging, verdikking; naaf; dekblok; kopstuk *(v. geweer).*

**boss**[2] *n.* baas; bobaas; leier. **boss** *ww.* baasspeel; aan die hoof staan; ~ *s.o. about/around* oor iem. baasspeel, iem. hiet en gebied.

**bos·sa no·va** *(Port., dans, mus.)* bossa nova.

**bos·sy** baasspelerig. **boss·i·ness** baasspelerigheid.

**bo·sun** = boatswain.

**bot** maaier, papie; *(i.d. mv. ook)* papies *(by perde).* ~**fly** =flies papievlieg.

**bot·a·ny** plantkunde, botanie. **bo·tan·ic, bo·tan·i·cal** bota=nies, plantkundig. **bot·a·nise,** =**nize** botaniseer, plante versa=mel. **bot·a·nist** plantkundige, botanikus, botanis.

**botch, botch-up** *n.* gemors, geknoei, knoeiwerk, =spul. **botch** *ww.* verbrou, (be)brou, (ver)knoei, verhaspel; droog=maak *(infml.);* ~ *ed work* brouwerk. **botch·er** (ver)knoeier, brouer, afskeper; droogmaker *(infml.).*

**both** albei, al twee, beide; ~ *to eat and to drink* om te eet so=wel as om te drink; ~ *man and beast* mens sowel as dier, sowel mens as dier, mens en dier; ~ *of them/us/you* hulle/ons/julle albei *(of* al twee); ~ *of these* ... al twee hierdie ...; *back a horse* ~ *ways* op die wen- en plekkans van 'n perd wed.

**both·er** *n.* geneul, neulery, gesanik; las, plaag, beslommernis, moeite, omslag; *(jur.)* hinder; *be a* ~ lastig wees, pla; *go to a lot of* ~ *to do s.t.* jou baie moeite getroos om iets te doen, baie moeite met iets doen; *no* ~ dis geen moeite nie; *a spot of* ~, *(infml.)* 'n las/gelol/gefoeter; *have a spot of* ~ *with s.t.,* *(infml.)* las met iets hê, met iets sukkel; *be in a spot of* ~, *(infml.)* in die moeilikheid sit/wees; *it is such a* ~ dit is baie lastig; *what a* ~! deksels!. **both·er** *ww.* hinder, kwel, pla; haper; lastig val, lol, sanik, neul; *not* ~ *(o.s. or one's head) about* ... jou nie oor ... bekommer nie; *no one will* ~ *about* ... iem. sal daarna kraai nie; ~ *s.o. about s.t.* iem. oor iets pla; *don't* ~! moenie moeite doen nie!; *can I* ~ *you for* ...? kan ek ... by jou kry?; kan jy die ... vir my aangee?; ~ *it!,* *(infml.)* deksels!; *not even* ~ *to* ... nie eens/eers die moeite doen om te ... nie; ~ *o.s.* omslag maak. **both·er·a·tion** *n.* geneul, neulery; ge=neuk, neukery. **both·er·a·tion** *tw.* vervlaks!. **both·er·some** lastig, vervelig, ergerlik, seurderig.

**Bot·swa·na** *(geog.)* Botswana.

**bot·tle** *n.* bottel; fles; *bring up a baby on the* ~ 'n baba met die bottel grootmaak; *broken* ~ bottelstuk; *be too fond of the* ~, *(infml.)* te veel van die bottel hou, te diep in die bottel kyk; *hit the* ~, *(infml.)* na die bottel gryp, (te veel) begin drink; *a* ~ *of wine/etc.* 'n bottel wyn/ens.; *be off the* ~, *(infml.)* nie meer drink nie; *(baba)* nie meer bottel drink nie; *be on the* ~, *(infml.)* (te diep) in die bottel kyk, aan drank verslaaf wees; *(baba)* bottel drink, bottelvoeding kry; *over a* ~ oor/agter 'n glas/sopie/biertjie. **bot·tle** *ww.* bottel(eer), in bottels tap; inmaak, inlê; ~*d gas* vloeibare gas, vloeistofgas, blikkie(s)gas; ~ *up* ... ... opkrop *(gevoelens);* ... insluit/vaskeer *(troepe ens.).* ~ **bank** bottelbank, glas-iglo(e). ~ **blonde** *(infml.)* bottel=blondine. ~**brush** bottelborsel; *(bot.: Callistemon* spp.) bottel=borsel; *(bot.: Greyia* spp.) baakhout. ~**feed** *ww.* bottelvoed, met 'n bottel voed; *be* ~*fed* bottelvoeding kry; ~*fed baby* bottelbaba; ~*fed calf/lamb* hanskalf, =lam. ~**neck** nek van 'n bottel, bottelnek; vernouing; nou deurgang; knelpunt, wurg=

plek, verkeerstregter, bottelnek. ~**nose(d) dolphin** stomp=neusdolfyn. ~**nose(d) whale** stompneuswalvis, butskop. ~**washer** bottelspoeler; handlanger, hansie-my-kneg.

**bot·tler** bottelaar, botteleerder.

**bot·tling** inmakery, inlêery; intapping, botteling, intappery, vullery.

**bot·tom** *n.* boom, bodem; grond; bodem, skip; boude, sit=vlak, agterwêreld; onderste; onderent; *(her.)* onderkant; lyf *(v. ploeg);* buik *(v. wa);* mat *(v. stoel);* kiel; sitting *(v. broek, stoel);* voet; *at* ~ in wese; in jou hart; *at the* ~ *of* onderaan ... *(d. bladsy);* onderin ... *(d. emmer);* aan die voet van ... *(d. trap);* op die boom/bodem van ... *(d. glas);* aan die onderent van ... *(d. tafel); be at the* ~ *of s.t.* agter iets sit/skuil/steek; *the* ~ *has dropped/fallen* out of s.t., *(infml.)* iets het in duie gestort/geval *(d. mark); get to the* ~ *of s.t.* agterkom/vasstel hoe iets inmekaar sit, iets grondig ondersoek; agterkom/vasstel wat agter iets sit/skuil/steek; *go to the* ~ sink, afsak, afgaan; *at the* ~ *of one's heart* in die grond van jou hart; *from the* ~ *of one's heart* uit die grond van jou hart; *knock the* ~ *out of s.t.,* *(infml.)* iets in duie laat stort/val, iets omvergooi/omvêrgooi; *right at the* ~ heel onder; *touch* ~ grond raak/voel, vaste grond onder jou voete kry; 'n laagtepunt bereik; ~ *up* onder=stebo; ~*s up!,* *(infml.)* gesondheid (in die rondheid)!, tjorts!; *what* is at the ~ *of it?* wat sit/skuil/steek daaragter? **bot·tom** *adj.* onderste; laa(g)ste; grond=, fundamenteel. **bot·tom** *ww.* 'n boom insit; mat *('n stoel);* teen die bodem/boom stoot; laat rus op, grond op; deurgrond; ~ *out, (resessie, pryse, ens.)* uit=vlak, sy/hul onderste draai maak, sy/hul/'n laagtepunt bereik. ~ **dollar** laaste sent. ~ **drawer** onderste laai; bêrelaai. ~ **edge** voetsnee *(v. boek).* ~ **gear** eerste/laagste rat. ~ **line** slotreël *(v. finansiële staat); (fig.)* minimum vereiste, fundamentele voor=waarde; *(fig.)* hoofsaak, essensie, kern van die saak; *(fig.)* die wesen(t)like/essensiële *(of* eintlike *ding); the* ~ ~ *is that ...,* *(ook)* op stuk van sake *(of* per slot van rekening) is ... ~**most** heel onderste. ~~**up** *adj. (attr.),* *(rek.)* onder-na-bo= *(benade=ring, ontleding, sinsontleding);* datagedrewe *(verwerking).*

**bot·tom·less** sonder boom; bodemloos, onpeilbaar.

**bot·u·lism** botulisme, voedselvergiftiging; (gal)lamsiekte *(by vee).*

**bou·bou** *(orn.)* waterfiskaal.

**bou·doir** *(Fr.)* sitkamertjie, damesvertrek, boudoir.

**bouf·fant** *(Fr.)* opgebol, opgepof, vol.

**bou·gain·vil·le·a, bou·gain·vil·lae·a** bougainvillea.

**bough** tak.

**bought** *verl.dw.* gekoop; →BUY.

**bouil·la·baisse** *(Fr. kookk.)* bouillabaisse.

**bouil·lon** *(Fr. kookk.)* boeljon.

**boul·der** groot klip, rots(blok), rolblok.

**boul·e·vard** boulevard, kringweg.

**bounce** *n.* terugslag, opslag, terugstoot, =stuit, =sprong; op=spring *(v. bal);* spring=, veerkrag; sprong; uitgelatenheid. **bounce** *ww.* opspring, opslaan, terugspring, =stuit; huppel; ~ *back, (bal)* terugspring, terugwip; *(maatskappy, sportman)* weer blink vertoon; *(geldeenheid)* herstel; *(politikus)* met me=ning (op die toneel) terug wees; *the cheque* ~*d* die tjek is (deur die bank) geweier; ~ *into a room* 'n kamer inhuppel; ~ *off s.t., (bal)* van iets terugspring/terugwip; *(radiogolwe)* deur iets teruggekaats word; ~ *ideas off other people, (fig., infml.)* jou idees aan ander mense toets.

**bounc·er** *(infml.)* uitsmyter; *(infml.)* vals tjek; *(kr.)* opslagbal, kaatser, spring=, wipbal; opslagskoot; huppelaar, springer.

**bounc·ing** veerkragtig, elasties; flink, stewig; windmaker(ig); groot, kolossaal.

**bounc·y** veerkragtig, springerig; lewendig.

**bound**[1] *n.* grens, grenslyn; *break* ~*s* wegloop; *exceed the* ~*s* die perke oorskry; *keep s.t. within* ~*s* iets binne die perke hou; *keep within* ~*s* binne die perke bly, jou beperk; *know no* ~*s* geen perke ken nie; *be out of ~s* verbode (gebied/terrein) wees; buite die perke wees; *(gholf)* in die buiteveld (*of* oor die grens) wees. **bound** *ww.* begrens, die grens vorm, afpaal, beperk; *it is ~ed by* ... dit grens aan ..., dit word deur ... begrens.

**bound²** *n.* sprong; opslag, terugkaatsing; *at a ~* met/in een sprong. **bound** *ww.* spring, opslag maak, terugkaats, ₌stuit; huppel.

**bound³** *adj · he ~ for* ... op pad ... toe wees, na ... onderweg wees; *(trein ens.)* na ... gaan; *London ~* met bestemming Londen; op pad Londen toe.

**bound⁴** *verl.dw.* gebind; gebonde, vas; verplig; omgeboor(d); →BIND; *agree to be ~ by* ... jou aan ... onderwerp; *I'll be ~* ek wed/sweer (*of* is seker); *s.o. is ~ to do s.t.* iem. moet iets doen, iem. is verplig om iets te doen; iem. sal stellig iets doen; *I am ~ to say* ... ek moet sê ...; *be (closely) ~ up with* ... (nou [*of* ten nouste]) met ... saamhang; nou (*of* ten nouste) by ... betrokke wees.

**bound·a·ry** grens, (grens)lyn; rand; skeiding; *(kr.)* grenshou. **~ condition** randtoestand. **~ dispute** grensgeskil. **~ fence** grensheining, ₌draad, lyndraad. **~ (hit)** *(kr.)* grenshou.

**boun·ti·ful** mild(dadig), weldadig, liefdadig; oorvloedig.

**boun·ty** beloning, prys; *(poët., liter.)* mild(dadig)heid, goedertierenheid; gif, gawe, weldaad. **~ hunter** losprysjagter.

**bou·quet, bou·quet** ruiker, bos blomme, boeket; geur, boeket *(v. wyn)*; *(fig.)* pluimpie. **~ garni** kruiesakkie.

**bour·bon** Amerikaanse whiskey.

**bour·geois, bour·geois** *n.* burger, bourgeois. **bour·geois, bour·geois** *adj.* burgerlik. **bour·geoi·sie** burgery, burger₌ stand, bourgeoisie.

**bourse** *(Fr.)* (effekte)beurs, aandelebeurs.

**bout** vlaag; pot(jie), beurt, rondjie; roes; aanval *(v. siekte)*; skermutseling; bokswedstryd, stoeiwedstryd.

**bou·tique** *n., (Fr.)* (mode)winkeltjie, boetiek. **bou·tique** *adj.* kleinskaals, kleinskaal₌.

**bou·vier (des Flan·dres)** *(honderas)* bouvier (des Flandres), beeshond, Vlaamse veedrywer.

**bou·zouk·i** boesoeki, Griekse mandolien.

**bo·vine** *n.* bees, rund, rund(er)agtige. **bo·vine** *adj.* rund₌ (er)agtig, osagtig, bees(te)₌; bot.

**bow¹** *n.* buiging; knik, groet; *make one's ~* debuteer, jou debuut maak; *take a ~* die applous in ontvangs neem. **bow** *ww.* buig; buk; neig; jou onderwerp; laat buig; onderwerp; *~ down to s.o.* voor iem. neerbuig; *be ~ed down with care* onder sorge gebuk gaan; *~ low* diep buig; *~ out* uittree; terugtree; *~ and scrape* knip en buig; *~ and scrape to s.o.* voor iem. kruip; *~ to s.o.* vir iem. buig.

**bow²** *n.* boog; strykstok; strik; strikdas; *~ and arrow(s)* pyl en boog; *draw the/a long ~, (fig.)* spekskiet; *draw/bend a ~* 'n boog span; *tie a ~* 'n strik maak. **bow** *ww.* stryk (*op* 'n viool). **~ compasses** nulpasser. **~head (whale)** Groen₌ landse walvis. **~legged** hoepelbeen₌, met hoepel₌/bakbene. **~man** boogskutter. **~saw** boog₌, beuelsaag, (soort) span₌ saag. **~shot** boog₌, pylskoot. **~ tie** strikdas; *(Chin. kookk.)* stroopstrik(kie). **~ window** koepel₌, komvenster, uitsprin₌ gende venster; boepens.

**bow³** *n., (sk.)* boeg; boegroeier; *on the ~* voor die boeg; *a shot across s.o.'s ~s* 'n waarskuwing. **~line** paalsteek; boeglyn. **~sprit** boegspriet. **~ wave** boeggolf; skokgolf.

**bow·el** ingewande, derm; *(i.d. mv., fig.)* binneste, hart; *in the ~s of* ... in die skoot van ... *(d. aarde)*; diep binne-in ... *('n skip ens.)*; *empty/move one's ~s* opelyf hê, (jou) ontlas, jou behoefte doen. **~ action, ~ movement** ontlasting, opelyf.

**bow·er¹** tuin₌, somerhuisie, prieel, skaduryke hoekie; *(liter.)* lushof. **~bird** *(orn.)* ereboogvoël.

**bow·er²:** **~ (anchor)** boeganker.

**bowl¹** *n.* kom; bak *(vir blomme, pap, ens.)*; beker, drinkbeker; drank; pypkop; blad *(v. lepel)*.

**bowl²** *n.* rolbal; kegelbal; bal; →BOWLS. **bowl** *ww., (kr.)* boul; laat boul; uitboul; bal gooi; rol; rolbal speel; *be clean ~ed, (kr.)* (uit)gebowl word; *~ s.o. out, (kr.)* iem. uitboul; *be ~ed over by* ..., *(infml.)* deur ... oorweldig wees; *~ s.o. over* iem. on₌ derstebo (*of* uit die aarde) loop; iem. spraakloos/sprakeloos laat; iem. van sy stryk (af) bring; 'n diep indruk op iem. maak.

**bowl·er¹** *(kr.)* bouler; rolbalspeler, ₌speelster.

**bowl·er²:** **~ (hat)** bolhoedjie, hardebolhoed, ₌keil(tjie), dop₌ hoed(jie); **~-hatted** met 'n bolhoedjie (op); *(sl.)* gedemobi₌ liseer.

**bowl·ing** *(kr.)* boul(werk); rolbal(spel); *(Am.)* kegelspel; rol, rolwerk. **~ alley** kegelbaan. **~ analysis** *(kr.)* boulontleding. **~ average** *(kr.)* boulgemiddelde. **~ crease** *(kr.)* boulstreep. **~ green** rolbalveld, ₌baan.

**bowls** rolbal(spel); kegelspel.

**bow-wow** *n., (kindert.: hond)* woef(-woef). **bow-wow** *ww., (blaf)* woef-woef.

**box¹** *n.* doos, dosie, boks; kis(sie); koffer; karton; *(teat.)* losie; bok, voorkis; afskorting; speelkampie; (jag)huisie; (naaf)bus; (geld)bus, (geld)koffer; venster(tjie) *(in koerant)*; *the whole ~ and dice* die hele spul/boksemdais/boksendais. **box** *ww.* in 'n kis/doos plaas/sit, in 'n boks sit; opsluit, wegbêre; af₌ skort; deponeer *(dokument)*; *~ in* ... ... inhok; ... inkoker; *~ off* ... ... afhok/afskort; *~ up* ... ... saamhok. **~ bed** opklap₌, alkoofbed. **~ jacket** regaf baadjie. **~ kite** kasvlieër, Ame₌ rikaanse vlieër. **~ number** posbusnommer. **~ office** loket, (teater)kas, besprekingskantoor; *s.t. is a failure/success at the ~ ~* iets misluk/slaag by die loket. **~-office hit, ~-office suc₌ cess** loket₌, kastreffer, suksesstuk. **~-office hours** loket-ure. **~ pleat** stolp₌, platplooi. **~room** pakkamer. **~-shaped** doos₌ vormig. **~ spanner, ~ wrench** pyp₌, steek₌, dopsleutel; sok₌ sleutel. **~ spring** kisveer.

**box²** *n.* klap. **box** *ww.* klap; 'n opstopper gee; boks; *~ s.o.'s ears* iem. 'n oorveeg/oorkonkel gee.

**box³** *n.:* **~ (tree)** buks₌, palmhoutboom, steekpalm.

**boxed** in 'n kis/doos/boks.

**box·er** bokser, vuisvegter; bokser(hond). **~ shorts** boksbroe₌ kie.

**box·ing** boks(sport), bokskuns. **~ glove** bokshandskoen. **~ match** boksgeveg, ₌wedstryd, vuisgeveg. **~ promoter** veg₌ knoper. **~ ring** bokskryt.

**Box·ing Day** Tweede Kersdag; →DAY OF GOODWILL.

**box·like** doosvormig.

**boy** *n.* seun(tjie); kêrel; *jobs for the ~s, (infml.)* baantjies vir boeties; *a little/small ~* 'n seuntjie; *old ~, (infml.)* ou kêrel; oudleerling *(v. skool)*; *one of the ~s, (infml.)* gewild by die manne. **boy** *ww.* sjoe, gits, heng; *(~) oh ~!* oe!, ai jai jai!, o gits!. **~friend** vriend, kêrel, vryer, *(infml.)* ou. **~-meets-girl** *adj. (attr.)* soetsappige (liefdesverhaal ens.). **B~ Scout** Boy Scout, Padvinder. **~ wonder** wonderseun.

**boy·cott** *n. & ww.* boikot.

**boy·hood** seunstyd, kinderdae, kindsdae.

**boy·ish** seunsagtig; *~ trick* kwajongstreek.

**boy·like** soos 'n seun, seunsagtig.

**boys':** **~ choir** seunskoor. **~ high school** hoër seunskool. **~ school** seunskool.

**bo·zo** ₌zos, *(Am. sl.)* vent, ou; swaap, doffel, onnosele vent.

**bra¹** *(afk. v. brassiere)* bra.

**bra²** *(SA townshipsl.)* (my/ou) bra/broer/tjom.

**braai** *n., (Afr.)* braai(vleis), vleisbraai(ery); braaiplek; braaier, braaitoestel; *have a ~* vleis (*of* [*infml.*] 'n vleisie) braai, ('n) braaivleis hou. **braai** *braaied braaiing, ww.* (vleis) braai. **~vleis** braai(vleis), vleisbraai(ery).

**brace** *n.* koppeling, klamp; koppel, paar, tweetal; stut; om₌ slag; gespe; spanstuk; anker; strop; skouerband; draagband; *(druk., mus.)* akkolade; *(skeepstou)* bras; *(i.d. mv. ook)* kruis₌

bande; ~ *and bit* boor en omslag; *splice the main ~, (fig.)* drank uitreik; 'n dop steek. **brace** *ww.* vasmaak, vastrek, stewig maak, verstewig, versterk; aantrek; bras; sterk, staal; span; verspan; ~*d arch* verspande boog; ~ *o.s. for* ... jou op ... voorberei *('n slegte tyding ens.).*

**brace·let** arm=, polsband; handboei.

**brac·er** opknappertjie, hartversterking.

**bra·chi·al** arm=; ~ *artery* boarmslagaar.

**bra·chi·o·pod** *n.* bragiopode, armvoetige, =potige. **bra·chi·o·pod, bra·chi·op·o·dous** *adj.* armvoetig, =potig.

**bra·chi·o·saur·us** bragiosourus.

**brach·y·ce·phal·ic, brach·y·ceph·a·lous** kortskedelig, =koppig, bragikefaal, =sefaal. **brach·y·ceph·a·ly** kortskedeligheid, =koppigheid.

**brac·ing** *n.* verankering; versterkstuk; verspanning; verspanstuk. **brac·ing** *adj.* verfrissend, opwekkend; versterkend; ~ *wire* verspandraad.

**brack·en** *(bot.)* adelaarsvaring.

**brack·et** *n.* rak(kie); steun, (draag)klamp, steunarm(pie), draagarm, skraag, skragie; steunraam, steunsel; kniestuk; hakie; knik *(v. skarnier);* klas; groep; *in* ~*s* tussen hakies; *round* ~ ronde hakie; *square* ~ tekshakie, vierkante hakie. **brack·et** *ww.* koppel, saamvoeg; tussen hakies plaas; op een lyn stel *(met);* ~ *s.t. (off)* iets tussen hakies plaas/sit; ~ *people/things (together)* mense/dinge saam groepeer; ~ *s.o./s.t. with s.o./s.t. else* iem./iets met iem./iets anders gelykstel. **brack·et·ing** same= koppeling; ~ *with* ... gelykstelling met ...

**brack·ish** brak, souterig; ~ *water* brak water.

**bract** *(bot.)* skutblaar, braktee. ~ **scale** dekskub.

**bract·e·al** skutblaaragtig.

**brac·te·ate** skutblaardraend, met skutblare.

**brad** vloerspyker, kleinkopspyker; skoenspykertjie. ~**awl** spy= kerels. ~ **punch** spykerpons.

**brad·y·car·di·a** *(patol.)* hartvertraging, bradikardie.

**brag** *n.* spoggery, spogtery, grootpratery, bluf(fery), windmakery; *(kaartspel)* blufspel. **brag** =*gg*=, *ww.* spog, grootpraat, bluf, windmaak; ~ *about s.t.* met/oor iets spog; *nothing to* ~ *about* niks watwonders nie; *s.o.* ~*s that* ... iem. spog dat ... **brag·gart, brag·ger** spogger, spogter, grootprater, grootbek, windmaker, *(fig.)* blaasbalk. **brag·ging** grootpratery, spoggery.

**Brah·man, Brah·min** *n.* Brahmaan; Brahmaan *adj.* Brah= maans; ~ *cattle* Brahmaanse beeste, bra(h)maanbeeste, bra(h)mane, seboes. **Brah·man·ism** Brahmanisme.

**braid** *n.* (haar)vlegsel; (haar)band, lint, galon, koord, om= boorsel, stoot=, sier=, kartelband; *(kantwerk)* veter. **braid** *ww.* vleg; omboor; inbind, opbind; omvleg; galonneer. ~**work** koord=, galonwerk.

**braid·ed:** ~ *cover* omvlegsel; ~ *rug* vlegmat.

**braid·ing** vlegwerk; galon; galonwerk.

**braille** braille(skrif), blindeskrif, blindedruk.

**brain** *n.* brein, harsings; verstand; *beat one's* ~*s out, (infml.)* jou suf dink; *beat/cudgel/rack one's* ~*s* jou kop breek/krap *(of* moeg maak); *blow one's* ~*s out, (infml.)* jou(self) voor die kop skiet; *a clear* ~ 'n helder kop; *dash s.o.'s* ~*s out* iem. se har= sings inslaan; *have* ~*s* verstand *(of* 'n goeie kop) hê, intel= ligent wees; *have s.t. on the* ~ aan iets bly dink, met iets be= hep wees; *pick/tap s.o.'s* ~*s* van iem. se kennis gebruik maak; *s.t. has turned s.o.'s* ~ iets het iem. se brein aangetas, iem. het iem. gek gemaak; *s.o.'s* ~ *turns* iem. se kop draai; iem. wil gek word. **brain** *ww.* die harsings/kop inslaan. ~**box** slim= kop. ~ **cavity** harsing=, breinholte. ~**child** *(infml.)* geestes= kind, (uit)vinding. ~ **damage** breinskade. ~**-damaged** met breinskade. ~**dead** breindood. ~ **death** breindood. ~ **disor-der** breinsteuring. ~ **drain** *(infml.)* breinerosie, uitvloei van kundigheid. ~ **fever** harsingkoors. ~**power** breinkrag, denk= krag, =vermoë, verstandsvermoë, intelligensie. ~ **scan** brein= skandering, =aftasting. ~ **scanner** breinskandeerder, =aftas=

ter. ~**stem** harsingstam. ~**storm** (heftige) harsingstoornis; *(infml.)* blink gedagte/idee; dinkskrum; *have a* ~, *(infml.)* (jou) kop verloor, die kluts kwytraak, knak; 'n blink gedagte/idee kry; 'n dinkskrum hou. ~**storming (session)** dinkskrum, ideëberaad. ~**(s)trust** breintrust, beraadspan; vraaggesprek, gedagtewisseling. ~**-teaser,** ~**-twister** *(infml.)* lastige pro= bleem, raaisel, moeilike vraag. ~ **tumour** breingewas. ~**wash** breinspoel. ~**washing** breinspoeling, geesverkragting, =ver= vorming. ~**wave** breingolf; *(infml.)* blink gedagte/idee.

**brain·less** harsingloos, sonder harsings, breinloos; onnosel.

**brain·y** *(infml.)* slim, knap, skrander, vernuftig. **brain·i·ness** skranderheid, slimheid.

**braise** smoor, braaistoof, =stowe; ~*d fish* smoorvis; ~*d steak* gesmoorde biefstuk.

**brake** *n.* rem, briek *(<Eng.); (i.d. mv. ook)* remtoestel; *act as a* ~ *on* ... 'n remmende uitwerking op ... hê; *adjust* ~*s* remme stel; *apply* (or *put on) the* ~*s, (lett.)* rem (trap), die rem aan= slaan; *(fig., infml.)* briek aandraai; *the* ~*s fail* die remme wei= er; *jam/slam on the* ~*s* hard rem (trap), die rempedaal weg= trap. **brake** *ww.* rem; ~ *hard* hard rem (trap). ~ **block** rem= blok. ~ **cylinder** remsilinder. ~ **disc** remskyf. ~ **drum** rem= trommel. ~ **failure** remweiering. ~ **fluid** remvloeistof. ~ **force** remkrag. ~ **gear** remwerk; remtuig. ~ **horsepower** rem= perdekrag. ~ **lever** handrem, remhefboom. ~ **lining** remsool, =voering. ~ **load** remlas. ~ **mechanism** remwerk. ~ **pad** rem= kussing. ~ **parachute** remvalskerm. ~ **pedal** rempedaal. ~ **power** remvermoë. ~ **shoe** remskoen. ~ **squeal** remge= skreeu.

**brak·ing** (die) rem(ming); remwerking. ~**effort,** ~**force** rem= krag. ~ **power** remvermoë.

**bram·ble** braambos.

**bran** semels. ~ **bread** semelbrood.

**branch** *n.* tak, vertakking; syrivier, sytak, takrivier; sypad, syspoor, ens.; tak, filiaal; vak, afdeling. **branch** *ww.* tak, af= tak, vertak; ~ *off* afdraai, aftak; vertak, takke (uit)skiet; van onderwerp verander; ~ *out* vertak, uitskiet; uitsprei; uitbrei; ~ *out on one's own* selfstandig word; jou eie onderneming begin. ~ **line** tak=, sylyn. ~ **manager** takbestuurder. ~ **office** filiaal, tak=, bykantoor. ~ **road** uitdraaipad, afrit.

**branched** vertak, getak.

**bran·chi·a** =*chiae* kieu, kief. **bran·chi·al** kieu=, kief=. **bran-chi·o·pod, bran·chi·op·o·dan** *n.* brangiopode, kieu=, kief= potige. **bran·chi·o·pod, bran·chi·op·o·dan, bran·chi·op·o-dous** *adj.* kieu=, kiefpotig.

**branch·let** takkie.

**brand** *n.* handelsmerk; handelsnaam; fabrikaat; soort, klas, gehalte, kwaliteit; brandmerk, stempel, skandteken; brand= yster; brandende hout. **brand** *ww.* inbrand, uitbrand; brand= merk; merk; inprent; skandvlek; ~ *s.o. as a* ... iem. vir 'n ... uitmaak/uitskel. ~ **awareness** (handels)merkbewustheid. ~ **image** merkbeeld, beeld wat verbruikers van 'n handelsmerk het. ~ **iron** brandyster. ~ **leader** tophandelsmerk. ~ **loyalty** (handels)merktrou. ~ **mark** brandmerk. ~ **name** merk=, han= delsnaam. ~**-new** splinter=, kraak=, vonkelnuut.

**brand·ed:** ~ *goods* handelsmerkgoedere.

**brand·ing** (handels)merkgewing; (die) brand/merk. ~ **fluid** merk(vloei)stof. ~ **iron** letteryster; brandyster; drievoet.

**brand·ish** *ww.* swaai, slinger.

**bran·dy** brandewyn; *French* ~ fransbrandewyn, konjak; ~ *and water* brandewyn met water, *(infml.)* dop en dam. ~ **ball** likeurlekker. ~ **snap** gemmerrolletjie. ~ **still** brandewyn=, stookketel.

**brash** *adj.* parmantig, astrant, vrypostig, vermetel. **brash-ness** parmantigheid, astrantheid, vrypostigheid, vermetel= heid.

**Bra·sil·ia** *(geog.)* Brasilia.

**brass** *n.* (geel)koper, messing; *(infml.)* onbeskaamdheid, as=

trantheid; *as bold as* ~ onbeskaamd; *memorial* ~ bronsge=
denkplaat; *the* ~, *(mus.)* die koperblasers. **brass** *adj.* koper=,
van koper; *not a* ~ *farthing* geen (bloue) duit nie; (net mooi)
niks (nie); ~ *section*, *(mus.)* koperblasers. **brass** *ww.* verko=
per. ~ **band** *(mil.)* blaaskorps, =orkes; oempaorkes. ~ **foil** kla=
tergoud. ~ **founder** koper=, bronsgieter. ~ **foundry** koper=,
geel=, bronsgietery. ~ **hat** *(infml.)* hoë offisier. ~ **plaque,** ~
**plate** (koper)naambord. ~ **rag** poetslap. ~**ware** kopergoed.
~ **wedding** koperbruilof. ~**works** kopergietery.

**bras·se·rie** *(Fr.)* biertuin; bierhuis.

**bras·siere** *n.*, *(vero., fml.)* →BRA[1].

**brass·y** *adj.* astrant, parmantig, koperagtig.

**brat** snuiter, stout kind, rakker; *spoilt* ~, *(infml.)* bedorwe brok=
kie. ~**pack** *(infml., neerh.)* supersnuiters. ~**packer** *(infml.,*
*neerh.)* supersnuiter.

**brat·wurst** *(D. kookk.)* braaiwors.

**bra·va·do** *-do(e)s, (<Sp.)* bravade.

**brave** *n.: the* ~ die dapperes. **brave** *adj.* dapper, moedig, on=
verskrokke; kranig, manhaftig; *be* ~, *(ook)* jou groot hou; *put*
*on a* ~ *face* jou sterk hou; ~ *new world* pragtige/grootse
nuwe wêreld; ~ *show* pragtige/swierige vertoning; pragver=
toning. **brave** *ww.* (uit)tart, trotseer, uitdaag, weerstaan; ~
*it out* dit die hoof bied; die/jou kop hoog hou. **brave·ness,**
**brav·er·y** (helde)moed, dapperheid, manmoedigheid, onver=
skrokkenheid.

**bra·vo, bra·vo** *tw.* mooi (so), uitstekend, bravo. **bra·vos** *n.*
*(mv.)* bravo's, toejuiging.

**bra·vu·ra** *(It.)* durf; *(mus.)* bravura, vernuf.

**brawl** *n.* rusie, (ge)twis, bakleiery, relletjie, opstootjie, vuis=
geveg. **brawl** *ww.* rusie maak, twis, baklei; lawaai (maak);
*(water)* bruis, ruis. **brawl·er** rusiemaker, twissoeker, bakleier.

**brawn** spier; (spier)krag; *(kookk.)* sult; *be all* ~ *and no brains*
(die) ene spiere sonder verstand wees; *brain(s) versus* ~ gees=
teen spierkrag. ~ **loaf** *(kookk.)* sultbrood. **brawn·y** gespier(d).

**bray** *n.* gebalk *(v. donkie, muil)*; geskree(u), gegil; gesketter,
geskal *(v. trompet)*. **bray** *ww., (donkie, muil)* balk; skree(u),
(uit)gil; *(trompet)* sketter, skal; ~ *with laughter* bulder/kraai/
skater van die lag.

**braze** (hard)soldeer, kopersweis, sweissoldeer.

**bra·zen** *adj.* koper=, van koper; brons=, van brons; hard, skel,
metaalagtig; parmantig, astrant, onbeskaamd, dikvellig, bru=
taal. **bra·zen** *ww.: s.t. out* kordaat deur iets kom. ~**-faced**
onbeskaamd, astrant, skaamteloos. **bra·zen·ly** astrant, on=
beskaamd, skaamteloos. **bra·zen·ness** astrantheid, onbe=
skaamdheid, skaamteloosheid.

**bra·zi·er**[1] kopergieter, =smid, =slaer.

**bra·zi·er**[2] konfoor, vuurblik, kolepan, vuurpan, =konka,
mpula.

**Bra·zil** *(geog.)* Brasilië. **b~ (nut)** Brasiliaanse neut, paraneut.
**b~ (wood)** brasielhout.

**Bra·zil·i·an** *n.* Brasiliaan. **Bra·zil·i·an** *adj.* Brasiliaans; ~
*rosewood* palissander(hout).

**bra·zing** sweissoldeerwerk, hardsoldering. ~ **alloy,** ~ **metal,**
~ **solder** sweissoldeersel. ~ **lamp** soldeerlamp. ~ **tongs** sol=
deertang.

**breach** *n.* breking; breuk; deurbraak; bres, gat; verbreking,
skending; oortreding; breuk, skeiding, vervreemding; rusie;
misbruik; sprong uit die water *(v. 'n walvis ens.)*; *close the* ~
in die bres tree; ~ *of contract* kontrakbreuk; ~ *of faith* trou=
breuk; *in* ~ *of* ... strydig *(of* in stryd) met ...; *make a* ~ *in*
... 'n bres in ... slaan; *be a* ~ *of* ... 'n verbreking van ... wees;
'n vergryp teen ... wees; met ... in stryd wees; ~ *of the peace*
rusverstoring; ~ *of promise (of marriage)* skending/verbre=
king van 'n (trou)belofte; ~ *of service* diensverlating; *step*
*into the* ~ in die bres tree. **breach** *ww.* deurbreek, 'n bres
skiet/slaan in; 'n gat maak deur; *(walvis ens.)* uit die water
opspring.

**bread** *n.* brood; *(sl.: geld)* pitte, malie; *want one's* ~ *buttered*
*on both sides* wil hê alles moet in jou skoot val; *a chunk of* ~
'n homp brood; *a crust of* ~ 'n broodkorsie; *our daily* ~
ons daaglikse brood; *a loaf of* ~ 'n brood; *half a loaf of* ~ 'n
halwe brood; *make one's* ~ jou brood verdien; *a slice of* ~ 'n
sny(tjie) brood; *how one wins one's* ~ hoe jy jou brood ver=
dien. ~**-and-butter** *adj. (attr.)* alledaagse; praktiese; ~ *edu*=
*cation* opvoeding vir 'n beroep; ~ *job* werk om jou brood en
botter te verdien *(of* om liggaam en siel aanmekaar te hou);
~ *player/etc.* betroubare speler/ens.; ~ *pudding* brood-en-
botter-poeding. ~ **and milk** broodpap. ~**basket** broodmand=
jie; *(sl.)* maag; *hit s.o. in the* ~ iem. op sy ete en drinke *(of* in
die maag) slaan. ~ **bin** broodblik, =bak. ~**board** broodbord,
=plank. ~ **corn,** ~ **wheat** broodkoring. ~**crumb** *n.* brood=
krummel; *(i.d. mv. ook)* paneermeel. ~**crumb** *ww.* paneer, met
broodkrummels bedek. ~ **crust** broodkorsie. ~ **cube** brood=
blokkie. ~ **(delivery) truck** broodwa. ~ **flour** broodmeel=
(blom). ~**fruit** broodvrug. ~**fruit (tree),** ~ **tree** = cycad. ~ **knife**
broodmes. ~**line** broodtou; bestaansminimum; *be on the* ~
baie arm wees; *live under the* ~ broodloos wees, onder die
armoedsgrens leef/lewe. ~ **roll** broodrol(letjie). ~**stick** stok=
brood. ~ **tin** broodblik; broodpan. ~**winner** broodwinner.

**bread·less** broodloos, sonder brood. **bread·less·ness** brood=
loosheid.

**breadth** breedte; *(v. binne)* wydte; strook, baan; ruimte, uit=
gestrektheid; omvang; ~ *of experience* wye ervaring; *to a*
*hair's* ~ op 'n haar; *five metres in* ~ vyf meter breed *(of* in
die breedte); ~ *of mind/outlook/vision* ruimdenkendheid.
**breadth·ways, breadth·wise** in die breedte.

**break** *n.* breuk; onderbreking; hiaat; afbrekingsteken; pouse,
verposing, rustyd; swenking, draai; *(kr.)* breekbal; *(tennis)*
deurbraak; *(biljart)* (stoot)serie; breekslag; ongeldige weg=
spring; gelukslag; ontsnapping; hapering *(in iem. se stem); bad*
~ ongeluk, teen= teëspoed; *have a bad* ~ teen=/teëspoed kry,
dit ongelukkig tref, ongelukkig wees; *at* ~ *of day* met dag=
breek; *during* ~ in die pouse; *get an even* ~, *(infml.)* 'n
billike/regverdige kans kry; *give s.o. an even* ~, *(infml.)* iem.
'n billike/regverdige kans gee; *give s.o. a* ~, *(infml.)* iem. 'n
kans gee; *have a good* ~ 'n gelukkie tref, 'n gelukskoot/ge=
lukslag/meevaller kry, gelukkig wees; *a lucky* ~ 'n geluk=
(slag); *make a* ~ *for it* probeer wegkom/ontsnap; ~ *in serv*=
*ice* diensonderbreking; *take a* ~ rus, blaas; ~ *in the weather*
skielike weersverandering; *without a* ~ onafgebroke, onon=
derbroke, eenstryk, een stryk deur, sonder onderbreking/op=
hou. **break** *broke broken, ww.* breek; aanbreek; afbreek, ver=
breek, stukkend breek; verbrysel; uitbreek; oortree, skend,
verbreek *(die wet)*; (ver)breek *('n eed, 'n belofte, jou woord)*;
breek, verbeter, slaan *('n rekord)*; verbreek *(stilte, betowering)*;
ontheilig *(die Sabbat)*; kleinmaak *(geld)*; oplos *(saak)*; ont=
syfer *(kode, geheimskrif)*; meedeel *(nuus)*; onderbreek *(reis)*; ont=
plooi *(vlag)*; oopmaak *([hael]geweer, windbuks)*; ontgin *(nuwe*
*terrein)*; demp, onderdruk *('n opstand)*; baan *('n weg)*; onklaar
wegspring, ~ *one's arm* jou arm breek; ~ *away, (ook)* weg=
spring; weghardloop; ~ *away from* ... van ... losbreek/weg=
breek; van ... afskei/afstig/afsplits; van ... afbreek/afbrokkel;
... verlaat *(pol. party)*; ~ *a blow/fall* 'n slag/val breek; *(the) day*
~s die dag breek; ~ *down* onklaar/defek/stukkend raak; bly
staan/steek; ontbind; (op)splits; in duie stort/val; in(een)=
stort, inmekaar sak; in trane uitbars; misluk; *(onderhandelings*
*ens.)* afspring; ~ *s.t. down* iets afbreek; iets uit die weg ruim
*(teenstand ens.)*; iets ontleed *(syfers ens.)*; iets oorwin *(voor*=
*oordele ens.)*; ~ *s.t. down into* ... iets in ... onderverdeel; ~
*and enter* inbreek; ~ *even* gelyk(op) speel/uitkom, sonder
verlies uitkom; ~ *forth* uitbars; lostrek; ~ *free* losruk, los=
breek; ~ *into a gallop* begin galop; ~ *s.t. gently to s.o.* iem.
iets versigtig meedeel; ~ *s.o.'s heart* iem. se hart breek; ~ *the*
*ice* die ys breek; ~ *in* inbreek; ~ *s.t. in* iets mak maak, iets
leer/tem *('n perd ens.)*; iets touwys maak *('n os ens.)*; ~ *into*
*s.t.* by iets inbreek *('n huis ens.)*; ~ *loose* losbreek, losruk; ~

854

*o.s. of s.t.* iets afleer; ~ *off* afbreek; ophou (praat); ~ *s.t. off* iets afbreek *('n tak ens.);* iets afbreek/staak *('n geveg ens.);* iets verbreek/uitmaak *('n verlowing ens.);* iets verbreek/afbreek *(betrekkinge);* iets onderbreek; ~ *it off with s.o.* met iem. uitmaak, 'n vriendskap *(of* jou verhouding) met iem. beëindig; ~ *open* oopbreek; *an order to* ~ 'n bevel om te (laat) los; ~ *out* uitbreek; ontvlug; *(uitslag op vel)* uitslaan; losbreek; losbars; ~ *s.t. out* iets losmaak; iets uithaal; ~ *out into spots* uitslaan, 'n uitslag kry; ~ *(the pack), (snoeker)* breek; ~ *prison/jail* uit die tronk (uit)breek; ~ *ranks* uit die gelid tree; ~ *the resistance* die verset breek; ~ *s.o.'s service, (tennis)* iem. se afslaan deurbreek; ~ *step* uit die pas marsjeer; *the storm ~s* die storm bars los; ~ *surface* opduik, opkom, bo kom; ~ *through* deurbreke, deurbars, deurslaan; *s.o. broke right through* iem. het heeltemal deurgebreek *(of* dwarsdeur gebreek); ~ *through s.t.* deur iets breek; *s.t. ~s in two* iets breek middeldeur; ~ *s.t. in two* iets middeldeur breek; ~ *up* uitmekaar val, verbrokkel, uiteenval; ontbind; verval; uiteengaan, uitmekaar gaan; *(skole ens.)* sluit; ~ *it up!* hou op!, basta!; ~ *s.t. up* iets verbreek, iets stukkend maak; iets sloop; iets afbreek; iets opbreek *('n kamp ens.);* iets versprei *('n versameling ens.);* iets uiteenja(ag) *('n vergadering ens.);* iets uitmekaar maak *('n bakleiery ens.);* iets fynmaak; *his voice is ~ing* sy stem breek/wissel *(of* slaan oor); ~ *s.o.'s will* iem. se wil breek; ~ *wind* 'n wind laat/los; ~ *with s.o.* met iem. uitmaak, 'n vriendskap *(of* jou verhouding) met iem. beëindig. ~**away** afsplitsing, afsplintering, afskeiding; uittreding; ontspanning. ~**away state** afgeskeie staat. ~**dance** *ww.* briekdans, die briekdans doen. ~ **dancer** briekdanser. ~ **dancing** briekdans. ~**even point** winsdrempel. ~**in** inbraak. ~**neck pace/speed** woeste/dolle/rasende/vlieënde vaart; *go at* ~ ore in die nek ja(ag)/loop/ry. ~**off** afbreking. ~**out** uitbraak, ontsnapping. ~ **point** *(tennis)* breekpunt. ~**point** *(rek.)* onderbreekpunt. ~**through** deurbraak; *make a* ~ 'n deurbraak maak. ~**up** *(fig.)* egskeiding; ontbinding *(v. 'n huwelik);* verbrokkeling *(v. 'n gesin);* beëindiging *(v. 'n verhouding, vriendskap);* skeiding *(v. minnaars);* verval *(v. 'n ryk);* versplintering *(v. 'n pol. party);* ontbinding *(v. 'n vergadering, vennootskap);* opbreking *(v. 'n vergadering deur belhamels); after their ~, ('n paartjie/egpaar)* na(dat) hulle uitmekaar is. ~**up value** *(han.)* likwidasiewaarde *(v. 'n mpy.);* sloopwaarde *(v. 'n aandeel).* ~**water** golfbreker, seebreker, *(infml.)* breekwater; *(SA)* keerwal.

**break·a·ble** breekbaar.

**break·age** (die) breek, brekasie, breekverlies, breekskade; slytasie.

**break·down** in(een)storting; *(chem.)* ontbinding; vertraging; oponthoud; steuring; bedryfsteuring; teen-, teëspoed, ongeluk; onklaarheid; mislukking; indeling, ontleding *(v. syfers);* splitsing; *s.o. has had a* ~ *on the road* iem. se motor het langs die pad onklaar geraak *(of* gaan staan). ~ **gang**, ~ **party** herstelspan. ~ **service** sleepdiens. ~ **truck**, ~ **van**, ~ **lorry** insleepvoertuig, -wa, nood-, herstel-, takelwa.

**break·er** (ver)breker; leerder, temmer; brander, golf; onderbreker; rotsbreker; sloper; *(i.d. mv. ook)* branding.

**break·fast** *n.* ontbyt; *at/after/before* ~ by/ná/voor ontbyt; *eat/have/take* ~ ontbyt eet/geniet/nuttig; *eat/have s.o. for* ~, *(sl.)* iem. vermorsel, die vloer met iem. vee; *have s.t. for* ~ iets vir ontbyt eet/hê. **break·fast** *ww.* ontbyt eet/geniet/nuttig, oggendete geniet/nuttig. ~ **cereal** ontbytgraan. ~ **nook** oethoekie. ~ **room** ontbytkamer. ~ **run** ontbytrit *(v. motorfietsryers).* ~ **television** ontbyttelevisie. ~ **time:** *at* ~ ~ teen ontbyttyd; met ontbyt.

**break·ing** (die) breek, brekery, breking; ~ *and entering* inbraak; ~ *in* inbraak; leer, mak maak, afrigting *(v. trekdiere);* ~ *off* afsegging; ~ *out* uitbraak *(uit polisiesel ens.);* ~ *up* verbrokkeling. ~ **point** breekpunt. ~ **strain**, ~ **stress** breekspanning. ~ **strength** breeksterkte. ~ **test** breektoets.

**bream** *(igt.), (SA)* kurper, tilapia; *(Eur.)* brasem; *bronze* ~ bruinhottentot.

**breast** *n.* bors; gemoed, hart; *make a clean* ~ *of s.t.* met die waarheid oor iets uitkom, alles erken/bely; ~ *of pork/etc.* varkbors ens.; *woman's* ~ vrouebors. **breast** *ww.* trotseer, die hoof bied; deurklief; ~ *the tape* die lint breek. ~**bone** borsbeen. ~ **cancer** borskanker. ~**-fed baby** borsbaba. ~**-feed** =fed =fed borsvoed, borsvoeding gee. ~**-feeding** borsvoeding. ~**-high** tot aan die bors, op borshoogte. ~**pin** dasspeld. ~**plate** borsplaat. ~ **pocket** borssak, bosak(kie). ~**stroke** borsslag. ~ **wall** keermuur. ~**work** borswering, borsskans.

**breath** *n.* asem; asemhaling, asemtog; luggie, windjie; wasem; *catch one's* ~ na jou asem snak; *take a deep* ~ diep asemhaal; *draw* ~ inasem, asemhaal; *draw one's first* ~ gebore word; *gasp/pant for* ~ na (jou) asem hyg/snak; *be gasping/panting for* ~, *(ook)* uitasem wees; *get one's* ~ *back* (weer) asem kry; tot verhaal kom; *hold one's* ~ (jou) asem ophou; *keep your* ~ *to cool your porridge* jy mors jou asem, hou (maar) liewer(s) jou mond, bly (maar) liewer(s) stil; *draw one's last* ~ jou (laaste) asem uitblaas, sterf, sterwe, die gees gee; *in the next* ~ net daarna; *have no* ~ *left* uitasem wees; *in one* ~ in een asem; *out of* ~ uitasem; *pant for* ~ → *gasp/pant; pause for* ~ asemskep; *recover one's* ~ (weer) asem kry; *in the same* ~ in een asem; *save one's* ~ jou mond hou; *save your* ~*!* jy praat verniet!, jy mors jou asem, hou (maar) liewer(s) jou mond, bly (maar) liewer(s) stil; *be short of* ~ kortasem wees; *not a* ~ *is stirring* daar trek geen luggie nie; *take* ~ asemskep, rus; *take a* ~ inasem, asemhaal; *s.t. takes s.o.'s* ~ *away* iets laat iem. se asem wegslaan, iets verstom iem.; *speak under one's* ~ fluister, sag(gies) praat; *waste one's* ~ jou asem mors, tevergeefs/verniet praat; *there isn't a* ~ *of wind* daar waai/trek nie eens 'n luggie nie. ~ **control** asembeheersing. ~**taking** asemrowend, -benemend, verruklik, verstommend. ~ **test** *n.* asemtoets. ~**-test** *ww.:* ~ *s.o.* (die alkoholinhoud van) iem. se asem toets; *be* ~*ed* 'n asemtoets ondergaan/doen/aflê.

**breath·a·lyse** (iem. se) asem toets. **breath·a·lys·er**, **-lyz·er** *(ook B~)* asemklikker, -toetser.

**breathe** asemhaal, asem; *(fig.)* adem; asemskep; blaas; fluister; laat blaas *(perd);* slaak; ~ *again* weer asemskep; ~ *deeply* diep asemhaal; ~ *more freely* ruimer asemhaal; ~ *in* inasem; ~ *one's last (breath)* jou (laaste) asem uitblaas, die gees gee, sterf, sterwe; ~ *out* uitasem; ~ *strife* haat en nyd adem; ~ *upon* ... ... beasem; *not* ~ *a word to anyone* geen woord teenoor enigiemand laat val nie.

**breath·er** oefening; rustyd(jie), ruspoos, blaaskans; verfrissende windjie; *give a horse a* ~ 'n perd laat blaas; *give s.o. a* ~, *(infml.)* iem. 'n blaaskans gee/gun; *have/take a* ~, *(infml.)* blaas, rus.

**breath·ing** asemhaling; *laboured* ~ swaar asemhaling; *shallow* ~ flou asemhaling. ~ **apparatus** asemhaalapparaat. ~ **control** asembeheersing. ~ **hole** luggat, -opening. ~ **space** rus(tyd), ruspoos, blaaskans, verademing; *give s.o. (a)* ~ ~ iem. 'n blaaskans gee/gun; iem. ('n) kans gee om asem te skep *(of* tot verhaal te kom); *give s.o. no* ~ ~ iem. opdreun.

**breath·less** asemloos, ingespanne; uitasem, amegtig. **breath·less·ness** asemloosheid.

**breath·y** ruiserig.

**breech** *n.* agterste; slot, agterstuk *(v. vuurwapen);* boud, broek *(v. dier);* →BREECHES. **breech** *ww.* die slot/agterstuk *(v. 'n vuurwapen)* insit. ~ **baby** baba wat in 'n stuitligging gebore word. ~ **birth**, ~ **delivery** stuitgeboorte. ~**block** sluitstuk. ~ **bolt** grendel. ~**-loader** agterlaaier. ~ **mechanism** sluitmeganiek. ~ **presentation** *(verlosk.)* stuitligging. ~ **wool** broekwol, agterste wol.

**breech·es** broek, kort broek; broekwol; *pair of* ~ broek; *wear the* ~ baasspeel, baas wees, die broek dra. **breech·less** sonder broek.

**breed** *n.* ras, soort; aanteel(t); *a* ~ *apart* ander soort mense; mense wat bo die norm uitstyg; *dying* ~ uitsterwende geslag;

~ *of people* geslag mense; *of pure* ~ raseg. **breed** *bred bred,* *ww.* voortplant, aanteel; kweek; uitbroei; verwek, teel; voort= bring, baar, veroorsaak; oplei, opvoed; ~ *in* inteel; in dieself= de familie trou; ~ *true* suiwer teel. ~ **society** rasgenootskap.

**breed·er** kweker; teler, veeboer; *(i.d. mv. ook)* aanteelvee, =goed. ~ **material** kweekstof. ~ **(reactor)** *(kernfis.)* kweek= reaktor.

**breed·ing** voortplanting; verwekking; kweking; teelt, (aan)= teling; telingsleer; opvoeding, beskawing, goedgemanierd= heid; *good* ~ goeie maniere, beskawing. ~ **animal** teeldier. ~ **bird** broeivoël. ~ **ewe** teelooi. ~ **ground** *(lett. & fig.)* teelaarde; voedingsbodem; paaigebied *(v. vis); (fig.)* broeiplek, =nes. **~-in** inteelt. ~ **line** teellyn. ~ **place** broeiplek. ~ **season** paartyd. ~ **stock,** ~ **cattle** aanteelvee, aanteelgoed.

**breeze** *n.* bries; windjie, luggie; *a* **fresh/stiff** ~ 'n fris/ste= wige/stywe bries/windjie; *it's a* ~, *(Am. infml.)* dis doodmak= lik/kinderspeletjies; *a* **light** ~ 'n sagte bries/windjie; **shoot** *the* ~ *with s.o., (infml.)* met iem. klets. **breeze** *ww.*: ~ **along** voortsnel; ~ **home** fluit-fluit wen; ~ **in,** *(infml.)* binnewaai, ingewaai kom; ~ **out** *of s.t.* by iets uitwaai; ~ **through** vlieg deur *('n boek);* dartel deur *(d. lewe).* **breez·i·ly** opgewek, lig=, lughartig. **breez·i·ness** opgewektheid, lig=, lughartigheid. **breez·y** winderig; lewendig, opgewek, opgeruimd, geani= meerd.

**Bret·on** *n.* Breton; *(taal)* Bretons. **Bret·on** *adj.* Bretons, Bretoens.

**brev·i·ty** kortheid; beknoptheid; kortstondigheid; ~ *is the soul of wit* kortheid is die kenmerk van vernuf; (wees) kort maar kragtig.

**brew** *n.* brousel, mengsel; treksel. **brew** *ww.* brou, meng; op= stook, aanrig, stig *(onheil, kwaad);* laat trek, 'n treksel maak; *a storm is* ~*ing* 'n storm steek op *(of* is aan die broei); ~ *up* maak *(tee ens.);* brou *(bier, mengsel, ens.);* uitbroei *(plan ens.);* aanwakker *(haat); (storm)* opsteek, aan die broei wees. **~house** brouery.

**brew·er** brouer; ~*'s grains* bostel, brouersgraan; ~*'s yeast* brouersgis. **brew·er·y** brouery.

**brey·a·ni, bi·ry·a·ni, bi·ri·a·ni** *(Ind. kookk.)* brijani.

**bribe** *n.* omkoopgeld, omkoopprys, =som; *accept/take* ~*s* jou laat omkoop, omkoopgeskenke aanneem. **bribe** *ww.* om= koop; ~ *s.o. to do s.t.* iem. omkoop om iets te doen; ~ *s.o. with s.t.* iem. met iets omkoop. **brib·a·ble** omkoopbaar. **brib·er·y** omkopery; *open to* ~ omkoopbaar.

**bric-a-brac** snuisterye.

**brick** *n.* (bak)steen; blok; *(infml.)* doring, staatmaker; *drop a* ~ 'n flater begaan/maak; jou mond verbypraat; *lay* ~*s* mes= sel; *come down on s.o. like a* **pile/ton** *of* ~*s, (infml.)* op iem. afklim, iem. verskriklik uittrap; *you can't make* ~*s without* **straw** jy kan nie yster met jou hande breek nie. **brick** *ww.* messel; ~ *s.t. in/up* iets toemessel. **~bat** stuk baksteen; *(infml.)* kritiek, onvriendelike aanmerking. **~-coloured** bak= steenkleurig. **~field** steenmakery. **~floor** steenvloer. **~house** (bak)steenhuis. **~kiln** steenoond. **~layer** messelaar. **~lay= ing** messelwerk. **~maker** steenbakker, =maker. **~making** steen= bakkery, =makery. ~ **red** *n.,* **~-red** *adj. (attr.)* (bak)steenrooi. ~ **wall** (bak)steenmuur. **~work** messel=, steenwerk. **~works,** **~yard** steenmakery, =bakkery.

**brid·al** trou=, bruids=; ~ *bed* bruidsbed; ~ *chamber* bruids= kamer; ~ *gown* bruidsrok, =tabberd; ~ *heath* Albertiniase heide; ~ *veil* bruidsluier.

**bride** bruid; ~ *to be* aanstaande bruid; ~ *and (bride)groom* bruid en bruidegom. **~groom** bruidegom. ~ **price,** ~ **wealth** bruids= prys, lobôla. ~*'s bushes (Pavetta* spp.*)* bruidsbosse. **brides= maid** strooimeisie, bruidsmeisie. **brides·man** strooijonker, bruidsjonker.

**bridge**[1] *n.* brug; vioolkam; brug *(v. bril); a* ~ *across a river* 'n brug oor 'n rivier; ~ *of boats* ponton=, skipbrug; *burn one's* ~*s, (fig.)* die brûe agter jou verbrand; *don't cross your* ~*s till/*

*until you come to them* moenie die bobbejaan agter die bult gaan haal nie; ~ *of the nose* neusrug; *throw a* ~ *across a river* 'n brug oor 'n rivier slaan. **bridge** *ww.* oorbrug; 'n brug lê oor; ~ *a gap* 'n gaping oorbrug. ~ **builder** brugbouer. **~-building** brugbou. ~ **engineer** brug(bou)-ingenieur. ~ **engineering** brugboukunde. **~head** *(mil.)* brughoof, vastrapplek.

**bridge**[2] *n., (kaartspel)* brug. ~ **drive** brugwedstryd. ~ **player** brugspeler.

**bridg·ing** *n.* oorbrugging; brugbou; brugmateriaal; stutting *(v. vloerbalke).* **bridg·ing** *adj.:* ~ *finance* tussentydse finan= siering; ~ *joist* stutbalk.

**bri·dle** *n.* (ry)toom; beteueling; breidel; *draw* ~ 'n perd in= hou; *give a horse the* ~ 'n perd die teuels gee; *turn* ~ om= draai. **bri·dle** *ww.* 'n toom aansit, optoom; beteuel, inhou, intoom, betoom, bedwing, breidel; ~ *at s.t.* aan iets aanstoot neem; ~ *up, (fig.)* kop in die nek gooi, geraak wees; vuur vat. ~ **hand** teuelhand, linkerhand. ~ **path** voetpad, rypaadjie, ruiterpaadjie. ~ **rein** toomteuel. **~shy** kopsku.

**Brie** *(geog.)* Brie; *(soort kaas)* brie.

**brief** *n.* opdrag *(aan advokaat);* saakbrief, saakskrif; instruk= sie; akte; volmag; *draw a* ~ 'n opdrag opstel; *hold a* ~ *for s.o.* onder opdrag van iem. handel, iem. se pleitbesorger wees; *in* ~ kortom, kortliks, kortweg; *obtain a* ~ 'n opdrag ont= vang; *speak to a* ~ volgens opdrag praat; *throw up a* ~ 'n opdrag laat vaar; *hold a* **watching** ~ *for s.o.* sake ten behoe= we van iem. dophou, 'n waarnemingsopdrag van iem. hê. **brief** *adj.* kort; beknop; kort (van duur), vlugtig, kortston= dig; *to be* ~ om kort te gaan, in/met een woord, om 'n lang storie kort te maak; *I'll be* ~ ek sal kort wees. **brief** *ww.* op= drag gee; inlig, voorlig, touwys maak; ~ *s.o. about/on s.t.* iem. oor iets inlig/voorlig; *be* ~*ed to* **appear** opdrag hê om te ver= skyn; ~*ed by* ... in opdrag van ...; ~ *s.o. in a case* 'n saak aan iem. opdra. ~ **case** aktetas, dokumentetas; advokaatstas. **brief= ing** opdrag; voorligting, instruksie; *get a* ~ finale opdragte kry; oor iets ingelig/voorgelig word; *give s.o. a* ~ *about/on s.t.* iem. finale opdragte oor iets gee; iem. oor iets inlig/voorlig. **brief·ly** kort; kortliks, in ('t) kort; (gedurende) 'n kort tydjie/ rukkie; *appear* ~ vlugtig verskyn. **brief·ness** kortheid; kort= stondigheid.

**bri·gade** brigade; afdeling; ~ *of artillery* artilleriebrigade, brigade artillerie; *fire* ~ brandweer.

**brig·a·dier** brigadier. ~ **(general)** brigadier-generaal.

**bright** helder, lig; sonnig; duidelik, skerp; lewendig; skrander, knap, intelligent; opgeruimd; ~ **blue/red/yellow/etc.** helder= blou/=rooi/=geel/ens., helder blou/rooi/geel/ens.; ~ *and* **breezy** ewe opgewek; ~ *and* **early** vroeg-vroeg, baie vroeg; ~ *future* rooskleurige toekoms; ~ *idea* blink gedagte/plan, ingewing, goeie inval; ~ *prospects* gunstige vooruitsigte; ~ *side* ligsy, blink kant; *look on the* ~ *side* die blink kant bo hou; ~ *spot* ligkol. **~-eyed** helderogig, blinkoog=; ~ *and bushy-tailed* stert in die lug.

**bright·en** verlig, verhelder, opklaar; opvrolik; (op)poets; op= helder; *s.o.'s face* ~*ed (up)* iem. se gesig het opgehelder; ~ *s.o. up* iem. opvrolik.

**bright·ly** *adv.* helder *(skyn, vonkel, ens.);* blink *(gepoleer);* hel= der *(verlig);* opgewek, opgeruimd, vrolik; stralend; ~ *coloured* helderkleurig.

**bright·ness** helderheid; glans; knapheid, skranderheid; op= geruimdheid.

**bril·liance, bril·lian·cy** skittering, glans, luister, helder= heid, glansrykheid; briljantheid, buitengewone knapheid.

**bril·liant** *adj.* skitterend; briljant, buitengewoon begaaf(d), geniaal; luisterryk, glansryk. **bril·liant·ly** *adv.* helder *(skyn, vonkel, ens.);* skitterend, briljant, uitstekend, uitmuntend *(to= neelspel ens.);* stralend *(glimlag);* helder *(verlig);* ~ *coloured* helderkleurig; *a* ~ *sunny day* 'n helder/stralende sonskyn= dag.

**brim** *n.* rand, kant, boord; *fill s.t. to the* ~ iets tot oorlopens toe volmaak/vul; *full to the* ~ tot oorlopens toe vol; ~ *of a hat* hoedrand. **brim** =*mm*-, *ww.* tot die rand toe volgooi/volmaak/vul; boorde(ns)vol wees, oorloop. **brim·ful** boorde(ns)vol, tot oorlopens toe vol, oorvol.

**-brimmed** *komb.vorm* =rand-; *broad-/wide-*~ *hat* breërand=hoed.

**brim·ming** boorde(ns)vol, oorlopens toe vol, oorlopend; ~ *with tears* betraan(d), vol trane.

**brim·stone** swa(w)el, sulfer.

**brin·dle(d)** bruin gestreep/gevlek.

**brine** *n.* pekel(water), soutwater, soutoplossing; seewater; trane. **brine** *ww.* pekel. **brin·y** pekel-, pekelrig, sout(water)=, souterig.

**bring** *brought brought* bring; saambring, meebring, veroorsaak; aanvoer; ~ *s.t.* ***about*** iets veroorsaak; iets bewerkstellig; iets tot stand bring; iets teweegbring; *help to* ~ *s.t.* ***about*** tot iets bydra; ~ *s.o./s.t.* ***along*** iem./iets saambring; ~ *s.o.* ***(a)round*** iem. saambring *(na 'n partytjie ens.)*; iem. oorhaal/omhaal/ompraat/oorreed *(om iets te doen)*; ~ *s.t.* ***back*** iets terugbring; *it* ~*s* ***back*** *s.t. (to memory)* dit roep iets voor die gees, dit herinner aan iets; ~ ***down*** ... ... afbring; ... neertrek/plattrek; ... neerskiet; ... verminder *(meerderheid ens.)*; ... verlaag *(pryse ens.)*; ... laat instort/neerstort; ... omstoot/omverwerp/omvêrwerp/omvergooi/omvêrgooi; ... laat val *(of* tot 'n val bring) *(regering ens.)*; ~ *s.t.* ***forth*** iets voortbring; iets te voorskyn bring; iets baar; ~ *s.t.* ***forward*** iets vervroeg; iets indien; iets voorbring, met iets vorendag *(of* voor die dag) kom; *(boekh.)* iets oorbring/oordra; ~ *s.o.* ***in*** iem. inbring/binnebring; iem. byhaal; ~ *s.t.* ***in*** iets inbring/binnebring; iets indien *(wetsontwerp)*; iets uitbring *(verslag)*; iets oplewer *(wins ens.)*; iets byhaal; ~ ... ***into*** *action* ... in werking stel, ... aan die gang sit; *s.t.* ~*s s.o.* ***low*** iets maak iem. siek; iets rig iem. te gronde; iets verneder iem.; ~ *s.t.* ***off*** iets regkry; iets uitvoer; ~ *s.t.* ***on*** iets teweegbring/veroorsaak, iets meebring, iets tot gevolg hê; iets te voorskyn bring; ~ *s.o.* ***on*** iem. laat optree/verskyn; *(kr.)* iem. laat boul; *you brought it* ***on/upon*** *yourself* jy het daarna gesoek, jy het dit oor jouself gebring; ~ *s.t.* ***out*** iets te voorskyn *(of* voor die dag *of* vorendag) bring; iets uitbring/uitdruk, iets duidelik maak; iets na vore bring, iets laat uitkom; iets onderstreep; iets uitgee/uitbring/publiseer *(boek ens.)*; ~ ***out** the ... in s.o.* die ... in iem. te voorskyn bring; ~ *s.o./s.t.* ***over*** iem./iets oorbring; iem. oorhaal/bekeer; ~ ... ***to** **pass*** ... veroorsaak, ... tot stand bring; ~ *s.o.* ***through*** iem. deurhaal, iem. in die lewe hou; ~ *s.o.* ***to*** iem. bybring; *s.o. cannot* ~ *him-/herself* ***to*** ... iem. kan dit nie oor sy/haar hart kry om te ... nie; ~ *people* ***together*** mense byeenbring/bymekaarbring; ~ ***up*** opbring, opgooi, vomeer, naar word; ~ *s.t.* ***up*** iets opbring/opgooi; iets aanroer/opper/voorbring, iets ter sprake bring; ~ *s.o.* ***up*** iem. grootmaak/opvoed; iem. voor die hof bring; ~ ***up** s.t.* ***against** s.o.* iets teen iem. aanvoer/inbring; ~ *s.o.* ***up** short* iem. tot stilstand bring; iem. meteens laat stilbly; ~ ... ***with** one* ... saambring.

**bring·er** bringer; ~ *of bad news* onheilsbode.

**brin·jal** = AUBERGINE.

**brink** rand, kant. **brink·man·ship** waagsaamheid, risikobeleid, randlopery.

**brin·y** →BRINE.

**brisk** *adj.* lewendig, vlug, wakker; opwekkend. **brisk** *ww.*, *(vero.)* rondwoel, beweeg; ~ *up* versnel; lewendig maak, opwek, opkikker. **brisk·ness** lewendigheid, wakkerheid.

**bris·ket** bors(vleis), borsstuk; beesbors.

**bris·tle** *n.* borsel, steekhaar, borselhaar, kwashaar; varkhaar; *set up s.o.'s* ~*s*, *make s.o.'s* ~*s rise* iem. vererg. **bris·tle** *ww.* stekel(r)ig maak; stekel(r)ig word; vererg raak; ~ *up* jou vererg, kwaad word; duidelik raak; ~ *with* ... van ... krioel/wemel, vol ... wees. **bris·tly** borselrig *(dier)*; borselrig, borselagtig, stekel(r)ig, stekelagtig *(snorbaard ens.)*; stoppel(r)ig *(ken)*; ~ *beard* stoppelbaard.

**Brit** *(infml.)* Brit.

**Brit·ain** →GREAT BRITAIN.

**Brit·i·cism, Brit·ish·ism** Brittisisme.

**Brit·ish** *adj.* Brits; ~ *Columbia* Brits-Columbië; ~ *Isles* Britse Eilande. **Brit·ish** *n.: the* ~ die Britte. **Brit·ish·ness** Britsheid.

**Brit·on** Brit.

**brit·tle** *n.* tameletjie; broslekker(s). **brit·tle** *adj., (lett.)* bros, breekbaar; *(fig.)* broos; *(wol)* bros. **brit·tle·ness** brosheid; brooseheid.

**broach** oopslaan *(vat)*; oopsteek; aanroer, opper, te berde *(of* ter sprake) bring *(onderwerp)*; ~ *s.t. to/with s.o.* iets by/teenoor iem. opper.

**broad** *n.* breedte; *(Am. sl.)* meisie, vrou. **broad** *adj.* breed; wyd, ruim; groot; globaal; uitgebrei(d); duidelik, openlik; reguit, rondborstig, vierkant; liberaal, vrysinnig; grof; dialekties, plat *(uitspraak)*; *in* ~ ***daylight*** in die volle daglig; helder oordag; *the* ~ ***facts** are these* die hooffeite is dit; in breë trekke is dit die feite; *a* ~ ***hint*** 'n duidelike wenk; *a* ~ ***joke*** 'n skurwe/growwe/onbetaamlike grap; *it's as* ~ *as it's **long*** dis so lank as (wat) dit breed is, dis om't/om 't *(of* om die) ewe; *in* ~ ***outline*** in breë trekke; *a* ~ ***smile/grin*** 'n breë glimlag; ~ ***support*** wye/ruim(e) steun. ~ ***arrow*** *(merk op tronkklere)* hoenderspoor. ~**band**, ~ **bandwidth** *(telekom.)* breëband, breë bandwydte. ~ **bean** boerboon(tjie). ~**brimmed** breedgerand, breërand=. ~**brush** *adj. (attr.)*, *(fig.)* algemene *(benadering, metode, waarneming, ens.)*; breë *(plan ens.)*; ruwe *(skatting)*; los(se) *(alliansie)*; globale *(oorsig)*. ~**cloth** lakenstof, swartlaken; breedstof, breeddoek. ~ **gauge** breë spoor. ~**leaf**, ~**-leaved** breedblarig, breëblaar=. ~**loom** *n.* breedgetou. ~**loom** *adj.* breedgeweef(de); ~ *carpet* breë tapyt, breedgeweefde tapyt. ~**-minded** ruim denkend, ruimhartig, liberaal. ~**-mindedness** ruimhartigheid, ruimheid van blik, onbekrompenheid, verdraagsaamheid, vrysinnigheid, liberaliteit. ~**sheet** planoblad, =vel; vlugskrif, pamflet; breëbladkoerant. ~**-shouldered** breedgeskouer(d), fris gebou(d); breed van stuk. ~**side** breedsy; *give s.o. a* ~, *fire a* ~ *at s.o.*, *(lett. & fig.)* iem. die volle laag gee. ~**sword** slagswaard.

**broad·cast** *n.* (radio-)uitsending; uitstrooiing *(v. saad)*; *a live* ~ 'n regstreekse uitsending. **broad·cast** *adj. & adv.* wyd en syd versprei(d). **broad·cast** *ww.* uitsaai; uitsend, omroep; uitbasuin; ~ *s.t. live* iets regstreeks uitsaai. ~ **application** *(bemesting)* saaitoediening. ~ **band** omroepband. ~ **talk** uitsaaipraatjie.

**broad·cast·er** omroeper, uitsaaier.

**broad·cast·ing** uitsaai(wese), uitsaaiery; uitsending; omroep; *written for* ~ vir die radio/televisie geskryf. ~ **station** uitsaaistasie, radiosender. ~ **time** sendtyd.

**broad·en** verbreed, verwyd; verruim; wyd/breed word; rek. **broad·en·ing** verbreding, verwyding, verruiming.

**broad·ly** breed; in/oor die algemeen, in die breë, naaste(n)by, globaal; openlik, duidelik; vierkant, reguit; plat, boers; dialekties; skurf, vulgêr; ~ *speaking* oor die algemeen.

**broad·ness** breedheid; grofheid, platheid.

**broad·ways, broad·wise** in die breedte.

**bro·cade** *(tekst.)* brokaat, goudlaken.

**broc·co·li** broccoli.

**bro·chure, bro·chure** brosjure, vlugskrif, pamflet.

**broe·kie·lace** *(SA argit.)* broekiekant.

**brogue**[1] tongskoen, (soort) velskoen, brogue.

**brogue**[2] swaar (Ierse/Skotse) aksent.

**broil** *ww.* (op 'n rooster) braai, rooster, panrooster; *(fig.)* bak, (ver)skroei *(i.d. son)*; *(fig.)* woedend/smoorkwaad wees; ~*ing pan* roosterpan.

**broil·er** braaihoender(tjie); rooster; roosteraar; braaier; roosteroond; skroeiend warm dag.

**broke** *adj., (infml.)* platsak, bankrot; →BREAK *ww.; flat/stony*

~ heeltemal/totaal platsak, boomskraap; *go* ~ bankrot gaan/ speel/raak; *go for* ~ alles op die spel plaas/sit.

**brok·en** *verl.dw.* gebreek, stukkend; gebroke *(kleure);* oneffe *(terrein ens.);* gebrekkig; →BREAK *ww.; the marriage has* ~ *down* die huwelik het verbrokkel; ~ *English* gebroke/krom/gerad= braakte Engels; ~ *home* gebroke/ontwrigte gesin; ~ *in* tou= wys *(dier);* ~ *line* onderbroke streep; gebroke lyn; ~ *money* kleingeld; ~ *number* breuk; ~ *promise* verbreekte belofte; ~ *time* verlore tyd; ~ *water* woelige water. ~**-down** gebroke; sieklik; lendelam; ongelukkig, ellendig; bouvallig. ~**hearted** ontroosbaar, verpletterd, gebroke (deur smart), met 'n ge= broke hart, diep bedroef. ~**-off engagement** gebroke ver= lowing. ~**-winded** flou, uitasem, kortasem(rig); dampig. ~**-winged** vleuellam.

**bro·ken·ly** onsamehangend, op 'n gebroke wyse.

**bro·ken·ness** gebrokenheid.

**brok·er** *n.* makelaar; tussenhandelaar, agent; tussenpersoon; ~*'s commission* makelaarsloon. **brok·er** *ww.* as makelaar optree. **brok·er·age** makelary; makelaarsloon; agentskoste. **brok·ing** makelary.

**brol·ly** *(infml.)* sambreel.

**bro·mate** *(chem.)* bromaat, broomsuursout.

**bro·mic:** ~ *acid* broomsuur; ~ *salt* broomsout.

**bro·mide** *(chem., fot.)* bromied; *(infml.)* gemeenplaas, banali= teit, afgesaagde uitdrukking; *(infml.)* vervelende mens/vent/ ens..

**bro·mine** *(chem., simb.:* Br*)* broom, bromium.

**bron·chi·a, bron·chi·al tubes** *(mv.), (anat.)* brongieë, brongiale buise, lugpypies.

**bron·chi·al** brongiaal, van die lugpyp/longpype; ~ *tube* → BRONCHIA.

**bron·chi·ole** *=oles,* **bron·chi·o·lus** *=oli* longpypie, long= pyptakkie, brongiool.

**bron·chi·tis** longpypontsteking, brongitis.

**bron·cho·di·la·tor** *(med.)* brongodilator, lugpyp=, brongus= verruimer.

**bron·cho·pneu·mo·ni·a** brongopneumonie, long-en-lug= pyp-ontsteking.

**bron·cho·scope** brongoskoop, longpypspieël.

**bron·chus** *=chi, n., (anat.)* long=, lugpyp, brongus.

**bron·co** *=cos,* **bron·cho** *=chos, n., (Mex. Sp.)* (half)wilde perd, bronco. **bron·co·bust·er** *(infml.)* perdetemmer.

**bron·to·sau·rus** brontosouriër, brontosourus.

**Bronx** *(geog.)* Bronx.

**bronze** *n.* brons; bronsfiguur, =beeld; bronskleur. **bronze** *adj.* brons=; brons(kleurig). **bronze** *ww.* brons, verbrons, brons= kleurig maak; verbruin, verbrand. **B~ Age** *n.* Bronstyd(perk). **B~-Age** *adj. (attr.):* ~ *man* die mens van die Bronstyd(perk). ~ **medal** bronsmedalje.

**bronz·ing** (die) bruinbrand; verbronsing; bronspoeier.

**brooch** borsspeld; doekspeld.

**brood** *n.* broeisel; gebroedsel, gespuis; *(henne)* toom. **brood** *ww.* broei, uitbroei; peins, mymer; knies; ~ *over/about s.t.* oor iets tob/pieker. ~ **cell** broei-sel. ~ **chamber** broeikas. ~ **stock** (aan)teel=, stoetvee.

**brood·er** broeikas, =hok; kunsmoeder; *(fig.)* tobber.

**brood·ing** gepieker, gepeins.

**brood·y** broeis, kloeks; ~ *hen* broeis hen.

**brook**[1] *n.* spruit, loop, beek, vliet.

**brook**[2] *ww.* verdra, uitstaan, veel, duld; *it* ~*s no delay* dit duld geen uitstel nie.

**broom** *n.* besem; *(bot.)* brem; *(bot.)* besembos; *new* ~*s sweep clean* nuwe besems vee skoon. **broom** *ww.* vee, besem. ~ **handle,** ~**stick** besemstok, =steel.

**broth** kragsop, dun sop.

**broth·el** bordeel. ~ **creepers** *(infml.: skoene met sagte sole)* bor= deelbekruipers.

**broth·er** *n.* broer, boet(ie); broeder; vriend, kameraad; ge= lyke; *(mv.:* brethren*)* broeders; ~ *in arms* strydgenoot, wa= penbroe(de)r; *little/youngest* ~ jongste broer, boetie, klein= boet; *quarrel between* ~*s* broedertwis; *XYZ B~s/Bros.* Ge= broeders/Gebrs. XYZ. **broth·er** *tw.* boeta!. ~**-in-law** broth= ers-in-law swaer, skoonbroer.

**broth·er·hood** broederskap.

**broth·er·ly** broederlik. **broth·er·li·ness** broederlikheid.

**brought** *(verl.t. & volt.dw.)* (het) gebring; →BRING; ~ *forward, (boekh.)* oorgebring, oorgedra.

**brow** wenkbrou; rand, top, kruin; *(ook, i.d. mv.)* voorkop, voor= hoof; oogbank; *knit one's* ~*s* frons. ~**beat** *=beat =beaten* oor= donder, intimideer.

**brown** *n.* bruin (kleur). **brown** *adj.* bruin; donker, swart; *the* ~ *one(s)* die bruine(s). **brown** *ww.* bruineer, bruin maak; bruin word; *be* ~*ed off about s.t., (sl.)* vies oor iets voel/wees. ~ **bread** bruinbrood. ~**-eyed** bruinoog=, bruinogig. ~ **hyena** strandjut, strandwolf. ~ **paper** pakpapier; bruin/vaal papier. ~ **rice** bruin/ongepoleerde rys. ~ **sauce** *(kookk.)* bruinsous. **B~ Shirt** bruinhemp, stormsoldaat *(in Nazi-Duitsland);* fascis. ~**stone** bruinsteen; huis van bruinsteen. ~ **study:** *in a* ~ ~ (diep) ingedagte, in gepeins (versink). ~ **sugar** bruinsuiker.

**Brown·i·an move·ment** *(chem.)* beweging van Brown.

**brown·ie** kabouter, aardmannetjie; *(i.d. mv., kookk.)* bruin= tjies. **B~ (Guide)** Brownie (Guide), junior Padvindster *(7-10 jaar oud).* ~ **point** sterretjie; *earn/get/score/win* ~ ~*s, (fig.)* reg= merkies verdien, jou aansien laat styg.

**brown·ing** bruinbak; bruinsel, bruineersel; bruinering.

**brown·ish, brown·y** bruinerig, bruinagtig.

**browse** *n.* jong lote, toppe; takvoer. **browse** *ww.* afvreet, afknabbel; wei; (rond)blaai, snuffel *(in 'n boek);* rondsnuffel, kuierkoop *(in 'n winkel);* *(rek.)* soektogte na ... doen, deur ... snuffel *(bv. inligting),* soektogte in ... doen *(bv. 'n elektroniese databank);* ~ *on s.t.* iets afvreet *(blare).* **brows·er** blaareter; *(rek.)* (deur)blaaier, snuffelaar.

**brrr** *tw.* s(j)oe!, sie!.

**bru·cel·lo·sis** brucellose, brusellose, besmetlike misgeboor= te *(by diere);* brucellose, brusellose, maltakoors *(by mense).*

**Bruges** *(geog.)* Brugge. ~ **lace** Brugse kant.

**Bruin** *(Ndl., ook b~)* Bruin(tjie) (die beer).

**bruise** *n.* kneusing, kneus(plek), stampplek. **bruise** *ww.* kneus, stamp, wond; induik; seermaak, fynmaak; grof maal. **bruis·er** vuisvegter, bokser. **bruis·ing** *adj., (fig.)* verbete, ver= woed, titanies *(stryd ens.).*

**brunch** laat ontbyt, vroeë middagete.

**bru·nette** *n.* brunet, donkerkop(meisie/vrou). **bru·nette** *adj.* brunet, donker(bruin) *(hare ens.).*

**brunt** skok; ergste aanval; die ergste/felste; toppunt; *the* ~ *of the battle* die hitte van die stryd; *bear the* ~ die spit afbyt; *bear the* ~ *of* ... die ergste van ... verduur.

**brush** *n.* borsel; (die) afborsel; besem(pie); kwas(sie); pen= seel; skilderkuns, skilderstyl; stertkwas; vos=, jakkalsstert; kreupelhout, ruigte; skermutseling, aanraking; botsinkie; *give s.t. a* ~ iets (af)borsel; *have a* ~ *with s.o.* 'n woordewisseling met iem. hê; 'n skermutseling met iem. hê. **brush** *ww.* (af)= borsel, afvee; afpoets; aanraak; langs skuur, buitekant langs (deur)gaan, langs stryk; aankap; *(kookk.)* bestryk *(met geklits= te eier ens.);* ~ *against* ... teen ... skuur; ~ *s.t.* **aside** iets op= sy stoot; geen notisie van iets neem nie; ~ *s.t.* **away** iets wegvee; ~ *s.t.* **back** iets agtertoe/agteroor borsel; ~ *by* ... langs ... skuur, rakelings by ... verbygaan; ~ *s.t.* **down** iets af= borsel; ~ *s.t.* **off** iets afborsel; iets wegvee; iets afslaan; ~ *s.o./ s.t.* **off,** *(fig.)* iem./iets afskud; ~ *s.t.* **over** ... iets oor ... stryk; iets oor ... verf; *(kookk.)* iets oor ... smeer, iets met ... bestryk/ smeer; ~ *past* ... by ... verbyskuur; rakelings by ... verbygaan; ~ *s.t.* **up** iets opborsel; iets oppoets; *(infml.)* iets opknap/op= fris *(kennis ens.).* ~**off** *n., (sl.)* afjak; *give s.o. the* ~ iem. afjak.

858

**~-up** *n.* opknapping; opfrissing; *have a wash and* ~ jou ('n) bietjie opknap. **~wood** kreupelhout, ruigte. **~work** *(kuns)* kwas=, penseelwerk; kwashale; kwas=, penseeltegniek.

**brushed** geborsel; ~ *nylon, (tekst.)* pluisnylon.

**brush·y** stekel(r)ig, ruig, borselagtig.

**brusque** kortaf, bruusk. **brusque·ly** kortaf. **brusque·ness** kortafheid, bruuskheid.

**Brus·sels** *(geog.)* Brussel. ~ **lace** Brusselse kant. ~ **sprouts** spruitkool, Brusselse spruitjies.

**bru·tal** dierlik; vleeslik; beesagtig, bruut, onmenslik, wreed (aardig); hardhandig; onbeskof; *the ~ facts* die naakte feite; *a ~ murder* 'n gruwelike moord. **bru·tal·i·ty** bruutheid, grofheid, dierlikheid; onmenslikheid, wreed(aardig)heid.

**bru·tal·ise, ize** verdierlik; ontaard. **bru·tal·i·sa·tion, za·tion** verdierliking; ontaarding.

**bru·tal·ism:** *(new)* ~, *(argit.)* brutalisme. **bru·tal·ist** brutalis.

**brute** *n.* dier; ondier; monster; bees, onmens, woestaard, wreedaard. **brute** *adj.* bruut, redeloos; dierlik, kru/grof sin(ne)lik; onmenslik, wreed(aardig), woes.

**brut·ish** onmenslik, bruut; woes, dierlik. **brut·ish·ness** bruutheid; woestheid.

**bry·ol·o·gy** moskunde, briologie.

**bry·o·ny** wildewingerd, brionie.

**bry·o·phyte** mos(plant), briofiet.

**bub·ble** *n.* blasie, bobbel; borrel; lugbel; hersenskim; windhandel; *blow* ~s belle blaas; *s.o.'s* ~ *has burst, (fig.)* iem. se doppie het geklap; *the* ~ *has burst* dit het soos 'n seepbel uiteengespat; *prick the* ~ *of s.t., (fig.)* die seepbel van iets prik; ~ *and squeak* kool-en-aartappel-bredie; hutspot. **bub·ble** *ww.* (op)borrel; bobbel; prut(tel); bruis; ~ *out/up* uitborrel; opwel, opbruis; ~ *over with* ... van ... oorloop *(geesdrif ens.)*; *uitgelate wees van* .... ~ *bath* badskuim; skuimbad. ~ **company** swendelmaatskappy. ~ **gum** borrelgom.

**bub·bly** *n., (infml.)* sjampanje. **bub·bly** *adj.* borrelend, vol bobbels/borrels.

**bu·bo** =boes kliergeswel. **bu·bon·ic** buile=; ~ *plague* builepes, pasteurellose.

**buc·cal** wang=; ~ *cavity* wang=, mondholte.

**buc·ca·neer** seerower, kaper, vrybuiter, boekanier; (gewetenlose) avonturier.

**Bu·cha·rest** *(geog.)* Boekarest.

**bu·chu** boegoe; *wild* ~ wildeboegoe.

**buck**[1] *n.* (wilde) bokram; wildsbok; mannetjiehaas, =konyn; boksprong; *buck, (mv.)* wild; *bucks, (ook)* ramwol; *old* ~ do-ring, ram(kat). **buck** *ww.* bokspring; vassteek, steeks wees; ~ *s.o. off* iem. afgooi; ~ *up, (infml.)* opskud; moed skep; ~ *s.o. up, (infml.)* iem. opvrolik; ~ *up!, (infml.)* komaan!; hou moed!. **B~ Bay vygie** bokbaaivygie. **~bean** boksboon, waterklawer. **~hound** jaghond. **~jump** *ww.* bokspring. ~ **knee(s)** holknie(ë). **~shot** bokhael, lopers. **~skin** bokvel; *(i.d. mv.)* velbroek. **~tooth** =teeth, *(neerh.)* uitstaantand. **~toothed** *adj.: be* ~ perde-/uitstaantande hê.

**buck**[2] *(SA infml.)* rand; *(Am. infml.)* dollar; *make a fast/quick* ~, *(infml.)* vinnig geld maak.

**buck**[3] *n.: pass the* ~, *(infml.)* die verantwoordelikheid afskuif/ =skuiwe; *the* ~ *stops here, (fig., infml.)* ek neem dit vir my rekening, dis my verantwoordelikheid.

**bucked** uitgelate, hoogs tevrede, in jou skik/noppies.

**buck·et** *n.* emmer; (vervoer)bak; hysemmer; skrop *(vir dam)*; suier(bak) *(v. pomp)*; houer; koker, stoksok *(vir visstok)*; sweepkoker; kolfsak *(v. geweer)*; skoen *(v. lans)*; *it's coming down in* ~s, *(infml.)* dit stort(reën); *kick the* ~, *(infml.)* lepel in die dak steek, bokveld toe wees; ~ *of water* emmer water; *weep* ~s baie huil. **buck·et** *ww.* skep; *(Br., infml.)* ja(ag), vinnig ry; ~ *about, (skip in storm)* rondskommel; *it's* ~*ing, the rain is* ~*ing (down), (infml.)* dit sous/giet behoorlik; ~ *out s.t.* iets met 'n emmer uitskep. ~ **measure** maatemmer. ~ **pump**

bakkiespomp. ~ **seat** holrug=, komstoel. ~ **shop** swendelmakelaar(sfirma), ongeregistreerde/ongemagtigde/onbetroubare makelary/wedkantoor; afslagwinkel; afslagreisagentskap. ~ **wheel** skeprat.

**buck·le** *n.* gespe; bcuel *(v. vere)*; knik; sprong *(in wiel)*. **buck·le** *ww.* (vas)gespe; aangord; verbuig, krombuig/trek, bak trek; knik; oplig; omkrul; vasbeuel *(vere)*; ~ *down to doing s.t., (infml.)* iets met mening aanpak; ~ *to, (infml.)* aan die werk spring; ~ *up* jou gordel vasmaak *(in 'n motor)*; ~ *s.t. up* iets toe=/vasgespe; iets vasgord. **buck·led** met 'n gespe *(skoen)*; verbuig *(wiel)*.

**buck·ling** verbuiging, kromtrekking; bultvorming. ~ **load** kniklas, =belasting. ~ **strength** kniksterkte.

**buck·wheat** bokwiet.

**bu·col·ic** *n.* herders(ge)dig; *(i.d. mv.)* herderspoësie. **bu·col·ic** *adj.* herderlik, landelik.

**bud** *n.* knop(pie), botsel, uitspruitsel; *in* ~ in die knop, aan die bot; *nip* ... *in the* ~ ... in die kiem smoor; *put/send forth* ~s bot, uitloop; *sleeping* ~ ogie. **bud** =dd=, *ww.* bot, uitloop, spruit, ontluik; okuleer.

**Bu·da·pest** *(geog.)* Boedapest.

**bud·ded** *(bot.)* geokuleerde.

**Bud·dha** Boeddha. **Bud·dhism** Boeddhisme. **Bud·dhist** *n.* Boeddhis. **Bud·dhist, Bud·dhist·ic** *adj.* Boeddhisties.

**bud·ding** *n.* botsel=, knopvorming; uitloping; okulasie, okulering. **bud·ding** *adj.* ontluikende; ~ *politician* politikus in die dop; ~ *sentiment* ontluikende gevoel. ~ **knife** okuleermes.

**bud·dy** =dies, *n., (Am. infml.)* vriend, maat, broer, tjom(mie). **bud·dy** *ww.* bystaan *(vigsslagoffer ens.)*; ~ *up with s.o.* met iem. maats maak *(of* bevriend raak)*. ~ **aid, ~ care** *(mil., infml.)* makkerhulp. **~-buddy** *adj.: be* ~ *with s.o.* groot maats met iem. wees, dik met iem. bevriend wees; *try to get* ~ *with s.o.* by iem. probeer inkruip. ~ **system** makkerstelsel.

**budge** verroer, beweeg; wyk, terugwyk; *not* ~ jou nie verroer nie; voet by stuk hou; *refuse to* ~ viervoet vassteek; geen poot wil versit nie.

**budg·er·i·gar,** *(infml.)* **budg·ie** *(orn.)* grasparkiet, budjie.

**budg·et** *n.* begroting; voorraad; *balance a* ~ 'n begroting laat klop; *municipal* ~ stads=, dorpsbegroting; *national* ~ landsbegroting; *do s.t. on a* ~ iets suinig doen. **budg·et** *adj.* goedkoop. **budg·et** *ww.* begroot, voorsiening maak, uittrek *(op d. begroting)*; raam; ~ *for* ... op ... begroot; op ... reken, ... verwag. ~ **account** begrotingsrekening; afbetaalrekening. ~ **sale** spaar-uitverkoop. ~ **shop** spaar=, afbetalingswinkel. ~ **speech** begrotingsrede.

**budg·et·a·ry** begrotings=.

**buff** *n.* buffelleer; geel beesleer; leerjas; afskuurder; fynskuurder; fynskuurskyf; *(Am. infml.)* liefhebber, entoesias; *in the* ~, *(infml.)* kaalbas, nakend. **buff** *adj.* dofgeel, dowwe geel, vaal(geel), vaalbruin; seemkleurig. **buff** *ww.* poleer, poets; afskuur; fynskuur; slyp. ~ **colour** seemkleur.

**buf·fa·lo** =lo, =lo(e)s buffel. ~ **grass** buffelsgras. ~ **thorn** blinkblaar-wag-'n-bietjie.

**buf·fer**[1] *n.* poleerder.

**buf·fer**[2] *n.* stootkussing, buffer; *(mot.)* buffer; *old* ~ ou kêrel/ sukkelaar. ~ **block** stootblok. ~ **cell** tussen-sel. ~ **state** bufferstaat.

**buf·fer·ing** bufferwerking.

**buf·fet**[1] *ww.* slaan, stamp, stoot.

**buf·fet**[2] *n.* buffet; (skink)toonbank, tapkas. ~ **meal** buffetete.

**buf·fet·ing** *(lugv.)* stertskud.

**buf·fing** afskuring; (fyn)polering. ~ **machine** poleermasjien.

**buf·foon** hanswors, harlekyn, grapmaker, nar; dwaas, stommerik. **buf·foon·e·ry** gekskeerdery, hanswors(t)ery, grapmakery, harlekynstreke, apespel.

**bug** *n.* insek, gogga; *(entom.)* wants; weeluis, wandluis; *(infml.,* *med.)* kiem, virus; *(infml.)* gier, bevlieging, obsessie; *(infml.)* fanatikus; *(rek., infml.)* gogga, fout *(in 'n stelsel ens.); (infml.: meeluisterapparaat)* luistervink; *have a* ~ *about s.t.* behep met iets wees, 'n obsessie oor iets hê; *there are a lot of* ~*s about* daar is baie kieme in die lug; *big* ~*, (infml.)* groot kokkedoor; *s.o.'s been bitten by* (or *s.o.'s got) the* ~ die gogga het iem. gebyt, die koors het iem. beet(gepak); *catch* (or *pick up) a* ~ 'n kiem kry; *get s.o.'s* ~ by iem. aansteek; *get the* ~ *to do s.t.* die gier/bevlieging kry om iets te doen. **bug** =*gg*=, *ww.* irriteer, kwaad maak, ontstel; kwel, pla; torring aan, treiter, iem. se siel versondig; 'n luistervink/meeluister=/afluisterapparaat in ... aanbring; afluister; *don't let it* ~ *you* moenie dat dit jou pla/ontstel nie; *what's* ~*ging you?* wat knaag aan jou?, wat makeer/skort?. ~**-eyed** *adj.* met uitpeuloë. ~**-ridden** *adj., (hotel ens.)* vol weeluise; *(programmatuur ens.)* vol goggas/foute.

**bug·a·boo, bug·bear** paaiboelie, skrikbeeld.

**Bu·gan·da** *(geog.)* Buganda.

**bug·ger** *n., (plat)* boggher, bokker, swernoot; *lucky/poor* ~ gelukkige/arme donder; *play silly* ~*s, (infml.)* gekskeer, die gek skeer, verspot wees; *you* ~*!* jou boggher/bliksem/blikskottel/blikslaer!. **bug·ger** *ww., (plat):* ~ *about/around* rondneuk, rondfoeter; ~ *s.o. about/around* iem. rondneuk; *be* ~*ed* gatvol/poegaai/pê wees; ~ *off* maak dat jy wegkom; *be* ~*ed (up)* in sy moer wees; ~ *up* ... ... opneuk. **bug·ger** *tw., (plat)* dêm, demmit, verdomp; ~ *it!* te hel daarmee!. ~ *all (plat)* boggherol, bokkerol.

**bug·ging** (elektroniese) afluistery. ~ **device** afluistertoestel.

**bug·gy¹** *adj.* vol insekte/goggas; vol weeluise.

**bug·gy²** *n., (infml.)* (oop) karretjie/tjorrie; baba=, stootwaentjie.

**bu·gle** *n., (mus.)* horing, beuel. **bu·gle** *ww.* op die/'n horing/beuel blaas. ~ **band** beuelkorps. ~ **call** horing=, beuelsinjaal; klinkende oproep. ~ **sound** horinggeskal. ~ **string** beuelkoord.

**bu·gler** horing=, beuelblaser.

**build** *n.* bou; liggaamsbou, =vorm; *be slight of* ~ tengerig/tingerig *(of* klein van persoon) wees. **build** *built built, ww.* bou, oprig; maak; aanpak *(vuur);* stapel; opwerp; messel; ~ *a house* 'n huis bou; ~ *in* ... ... inbou; ~ *onto* ~ *on* aanbou; ~ *on/upon s.t.* op iets bou; op iets voortbou; op iets reken/staatmaak/vertrou; ~ *s.t. onto s.t.* iets aan/by iets aanbou; ~ *up, (spanning ens.)* oplaai, styg, toeneem; *(wolke ens.)* saampak; *(verkeer ens.)* ophoop; ~ *s.t. up* iets hoër bou; iets verhoog *(pad ens.);* iets opbou, iets tot stand bring; iets toebou *(stuk grond ens.);* iets ophoop. ~**-up** opbou, versterking; opvyseling; aanloop *(tot 'n verkiesing ens.).*

**build·er** bouer; (bou)aannemer; boukundige; oprigter; bouheer; ~*'s gravel/grit* bougruis.

**build·ing** gebou; die bouvak; bouwerk, bou(ery), konstruksie; *group of* ~*s* geboukompleks; *put up* (or *raise) a* ~ 'n gebou oprig; *(science of)* ~ boukunde; *a small* ~ 'n geboutjie; *a tall* ~ 'n hoë gebou; ~ *of towns/cities* stedebou; *Union B*~*s* die Uniegebou. ~ **alteration** ombouing. ~ **block** boublok; *(fig.)* bousteen. ~ **contractor** bouaannemer. ~ **engineer** bou-ingenieur. ~ **industry** boubedryf. ~ **inspector** bou-inspekteur. ~ **land** bougrond. ~ **lime** messel=, boukalk. ~ **line** bougrens. ~ **material** boustof, =materiaal. ~ **operations** bouwerk. ~ **plot,** ~ **site** bou-erf, bouperseel, =terrein. ~ **regulation** bouregulasie, =verordening. ~ **society** bougenootskap, =vereniging. ~ **supervisor** bou-opsigter. ~ **surveyor** bourekenaar. ~ **timber** bouhout, groot timmerhout. ~ **trade** boubedryf.

**built** gebou(d); *be* ~ *on* aangebou wees; *be* ~ *on s.t.* op iets berus; *be slightly* ~ tengerig/tingerig (gebou) wees; *be* ~ *over/up* toegebou wees. ~**-in** ingebou(d); *(fig.)* inherent; ~ *support* steunstuk. ~**-up** opgebou(d); bebou(d); saamgestel(d); ~ *area* beboude gebied; ~ *road* verhoogde pad; ~ *shoes* opgeboude skoene; *(med.)* ortopediese skoene.

**bulb** bol; blombol; knol; hoefbal *(v. perd); electric (light)* ~

gloeilamp; *lift* ~*s* bolle uithaal. ~ **rot** bolvrot, =verrotting. ~ **scale** bolskub, =rok. ~ **tube** glaskolf, bolbuis.

**bulb·ar** *(anat.)* bulbêr.

**bulb·ous** bolagtig, bolvormig; ~ *nose* knopneus; ~ *plant* bolgewas, bolplant.

**bul·bul** *(orn.)* tiptol; Oosterse nagtegaal.

**Bul·gar·i·a** *(geog.)* Bulgarye. **Bul·gar, Bul·gar·i·an** *n.* Bulgaar; *(taal)* Bulgaars. **Bul·gar, Bul·gar·i·an** *adj.* Bulgaars.

**bulge** *n.* knop, bult, uitbolling, uitdying; bobbel; bog; uitsetting; ronding, buik *(v. 'n vat ens.);* ruim *(v. 'n skip).* **bulge** *ww.* uitstaan, (uit)bult, bol staan; opswel, uitpeul, opbol, uitsit; laat uitstaan, opstop; ~ *(out)* uitbol, opbol. **bulg·ing** *adj.* volgeprop, volgestop, (uit)bultend *(koffer ens.);* ~ *eyes* uitpeuloë; ~ *stomach* boep(maag), boepens, boepie. **bulg·y** uitstaande, uitpeulend, (op)bollend.

**bu·lim·i·a** *(med., psig.)* bulimie.

**bulk** *n.* vrag, lading; omvang, grootte; opdikking *(v. papier);* massa; stortgoed(ere); vulstof; merendeel, meerderheid, grootste deel/gedeelte; *break* ~ die voorraad aanbreek; begin aflaai; *cargo in* ~ stortlading; *grain in* ~ los graan, stortgraan; *in* ~ los, in losmaat, nie in sakke nie, by die massa, in massa; *sell in* ~ by die groot maat verkoop. **bulk** *ww.* vertoon, lyk; in massa pak; ~ *large* uitstaan; op die voorgrond wees. ~ **analysis** grootmaatanalise, =ontleding. ~ **buying** grootmaataankope. ~ **cargo** massavrag; losmaat=, stortvrag *(mielies ens.).* ~ **density** massadigtheid; hoopdigtheid; dompeldigtheid. ~ **handling** stortmaat=, losmaathantering. ~ **mail** massapos. ~ **sample** grootmonster. ~ **storage** bewaring in massa. ~ **storage tank** massaopgaartenk. ~ **supplies** grootmaat=, massa=, stortvoorraad. ~ **test** massatoets, grootmaattoets.

**bulk·head** (waterdigte) skot/afskorting *(in 'n skip);* kopruimte *(v. 'n trap).*

**bulk·y** groot, omvangryk, lywig, dik. **bulk·i·ness** lywigheid.

**bull¹** *n., (ml. dier by beeste, grootwild en seesoogdiere)* bul; stier; mannetjie; bulhond; *(effektebeurs)* bul, stygspekulant; kol; kolskoot; *the B*~, *(astron.)* die Stier, Taurus; *like a* ~ *in a china shop, (infml.)* soos 'n aap in 'n porseleinkas, soos 'n bul in 'n glashuis/=kas; *take the* ~ *by the horns, (infml.)* die bul by die horings pak; *a lone* ~, *(infml.)* 'n alleenloper. **bull** *ww.* op styging spekuleer. ~**bar** *(SA, Austr., mot.)* bosbreker. ~ **calf** bulkalf; stommerik. ~**dog** bulhond, boel(hond); *(fig.)* bittereinder, kanniedood, vasbyter. ~**dog clip** veer=, papierklem. ~ **elephant** olifantbul. ~**fight** stiergeveg. ~**fighter** stiervegter. ~**fighting** stiervegtery. ~**finch** goudvink. ~**frog** brulpadda. ~**-headed** koppig. ~ **holder** neusring, =knyper. ~**horn** *(Am.)* megafoon. ~ **market** *(effektebeurs)* bul=, stygmark. ~ **mastiff** kettingboel, bulbyter. ~**-necked** met die/'n dik nek. ~ **nose** *(argit.)* ronding. ~**-nosed plane** stompneusskaaf. ~ **pup** jong bulhondjie. ~ **ray** bulrog. ~**ring** arena *(vir stiergevegte);* neusring; boegring. ~**shit** *(plat)* stront, kak, kaf, onsin. ~ **terrier** bul=, boelterriër. ~ **trout** salmforel. ~**whip** ossweep.

**bull²** *n.* (pouslike) bul.

**bull³** *n., (infml.)* bog=, kaf=, twak(praatjies), snert, nonsens.

**bull·doze** stootskraap, gelyk/plat stoot; *(fig.)* stoomroller; *(fig.)* oorrompel, afknou, intimideer; ~ *s.t. through, (infml.)* iets met mag en geweld deurdryf/=drywe. **bull·doz·er** stootskraper, olifantskraper, =skrop; dwangmiddel; afknouer, bullebak.

**bul·let** koeël; *bite (on) the* ~, *(fig., infml.)* op jou tande byt; *put a* ~ *through s.o.* iem. 'n koeël deur die lyf ja(ag); *a spent* ~ 'n flou koeël; *stop a* ~, *(infml.)* 'n koeël in die lyf kry; *swishing* ~*s* fluitende koeëls. ~ **head** ronde kop; dikkop. ~**proof** koeëlvas, =dig. ~ **train** super(snel)trein, blitstrein. ~ **wound** koeël=, skietwond.

**bul·le·tin** bulletin, boeletien, mededeling. ~ **board** *(rek.)* bulletin=, boeletienbord; →NOTICE BOARD.

**bul·lion** muntmetaal; staafgoud; staafsilwer; ongemunte goud/silwer; goud=, silwerfraiing; glaskern, =kwas, =knoop. ~ **stitch** roos=, worssteek.

**bull·ish** bulagtig; stygend, tot styging neigend; ~ *market* stygende mark.

**bull·ock** jong os. ~ **cart** oskar.

**bull's-eye** kol; kolskoot; *(soort lekker)* toorballetjie, tieroog; lensvormige glas; dik glasruit; oog, windstiltesentrum *(v. storm)*; *hit the ~, (lett. & fig.)* die kol tref. ~ **target** kolskyf.

**bul·ly**[1] *n.* bullebak, (af)knouer; baasspeler; tiran; bakleier. **bul·ly** *ww.* (af)knou, karnuffel, treiter, mishandel, geniepsig wees; baasspeel oor. **bul·ly** *tw.* wonderlik, fantasies, *(sl.)* bak(gat); ~ *for you!, (iron.)* nou toe nou!, veels geluk! ~ **cana·ry** dikbekkanarie. **bul·ly·ing** baasspelery; karnuffelry, afknouery, mishandeling, treitering; geniepsig(heid).

**bul·ly**[2] *n. & ww., (hokkie)* instok, drietik.

**bul·ly (beef)** *(blikkiesvleis)* boeliebief.

**bul·rush** biesie, papkuil, palmiet; *(i.d. mv. ook)* matjiesgoed.

**bul·wark** bolwerk, verskansing, skans; hawehoof, golfbreker.

**bum**[1] *n., (infml.)* agterent, agterwêreld, sitvlak. ~ **bag** heupsak(kie).

**bum**[2] *n., (infml.)* leeglêer; boemelaar; skobbejak; parasiet, neklêer. **bum** *adj.* van swak gehalte; nutteloos. **bum** *-mm-, ww.* suip; leeglê; ~ *about/around* (vir kwaadgeld) rondloop; boemel; ~ *a cigarette/etc.* 'n sigaret/ens. bedel; *be/feel ~med out, (sl.)* ontsteld/omgekrap wees; miserabel voel.

**bum·ble**[1] oor jou woorde struikel, na woorde soek, sukkelend praat; ploeter, sukkel, struikel; knoei(werk doen), verknoei; rondpeuter; strompel, struikel; ~ *along* aansukkel, voortsukkel.

**bum·ble**[2] gons, zoem. ~**bee** hommel(by).

**bum·bler** knoeier.

**bum·bling** *adj.* sukkelend, ploeterend, struikelend; onsamehangend; beteuterd, bedremmeld; onbeholpe, onhandig.

**bumf, bumph** *(infml., neerh.)* spul dokumente/papiere/vorms/gemorspos/ens..

**bum·mer** *(sl.)* gatslag, ramp, fiasko, (groot) flop/mislukking/teleurstelling.

**bump** *n.* stamp, stoot, slag, botsing; knop, kneusplek; bult, knobbel, geswel, swelsel; lugknik; ~ *of locality* sin vir rigting/plekke, oriëntasievermoë. **bump** *ww.* stamp, stoot; bots; (op)spring, *(lugv., infml.)* na 'n ander vlug oorplaas; ~ *against* ... bots/stamp teen ...; aanstoot teen ...; ~ *into, (lett.)* teen iem. vasloop; *(fig.)* iem. raakloop *(of* op die lyf loop); ~ *into s.t.* teen iets vasloop; ~ *off* ... ... afstamp/afstoot; ~ *s.o. off, (infml.)* iem. van kant *(of* van die gras af) maak; ~ *s.t. up, (infml.)* iets opstoot *(pryse ens.)*. ~ **ball** *(kr.)* (vinnige) opslagbal, wipbal.

**bump·er** *n., (mot.)* buffer; *(kr.)* opslagbal; iets kolossaals; buitengewone oes, stampvol saal, ens.; ~ *to* buffer teen buffer. **bump·er** *adj.* stampvol, boorde(ns)vol; oorvloedig. ~ **car, Dodgem** stamp-en-stoot-kar. ~ **crop** buitengewoon ryk oes. ~ **sale** groot uitverkoop. ~ **sticker** bufferplakker.

**bump·kin** lomperd, (gom)tor, gawie, pampoen(kop), Jan Pampoen, (plaas)japie.

**bump·y** stamperig, hobbelrig, *(lugv.)* knikkerig; *(pad)* oneffe, riffelrig, bulterig; ~ *weather* onrustige (vlieg)weer. **bump·i·ness** stamperigheid, hobbelrigheid, ongelykheid.

**bun** bolletjie; *(hare)* bolla, haarwrong; *hot cross ~* paasbolletjie; *have a ~ in the oven, (skerts.: swanger wees)* verwag. ~ **fight** *(Br. infml.)* teeparty(tjie); makietie, opskop, jollifikasie.

**bunch** *n.* bos(sie), tros; bondel, trop; *the best/pick of the ~* die allerbeste; ~ *of fellows* klomp(ie) kêrels; *a ~ of flowers* bos(sie) blomme, ruiker; ~ *of grapes* tros druiwe, druiwetros; ~ *of keys* bos sleutels; *the whole ~ of them, (infml.)* hulle hele spul. **bunch** *ww.* (in) bossies maak; (saam)tros, koek, (saam)bondel, openhoop; ~ *one's fist* jou vuis bal; ~ *together/up* saambondel, saamdrom; ~ *s.t. up* iets saambol; iets opfrommel.

**bun·dle** *n.* bondel, bos, hoop; bundel *(ook biol.)*; gerf; rol, pak, pakket; ~ *of firewood* drag brandhout; *be a ~ of nerves, (infml.)* 'n senuweeorrel/senuweebol wees; ~ *of rays* stralebundel; *tie s.t. up in a ~* iets opbondel; *tie s.t. up in ~s* iets opbos, bondeltjies van iets maak. **bun·dle** *ww.* saambind, saampak; gerwe bind; op 'n hoop gooi; *people ~ into* ... mense klim op 'n bondel in ...; ~ *s.o. into* ... iem. in ... insmyt; ~ *people into* ... mense in ... instop; ~ *s.o. off to* ... iem. haastig na ... wegstuur; ~ *out* uitbondel; ~ *s.o. out* iem. uitboender/uitsmyt; ~ *up* jou warm aantrek; ~ *s.t. up* iets opbondel.

**bun·du** boendoe, agterveld, gram(m)adoelas. ~**-bash** *ww., (infml.)* deur die veld/bosse loop/ry. ~ **basher** *(pers.)* boendoetrapper; *(voertuig)* boendoebrekcr.

**bung** *n.* prop, tap *(in vat ens.)*; sponning. **bung** *ww.* toestop, toekurk; ~ *s.t. in, (infml.)* iets instop/inprop/indruk/ingooi/insit; ~ *s.t. up, (infml.)* iets toestop; iets verstop; *be ~ed up, (infml.), (neus)* toe wees; *(iem.)* hardlywig wees; *(iets)* verstop wees. ~**hole** swik-, sponning-, sponsgat.

**bun·ga·low** hut-, buitehuis; *seaside ~* strandhuis.

**bun·gee, bun·gie, bun·gy:** ~ **(cord/rope)** rukrek. ~ **jump** rek-, brugsprong. ~**jumper** rek-, brugspringer. ~**jumping** rek-, brugspring.

**bun·gle** *n.* misoes. **bun·gle** *ww.* knoei; verknoei, verfoes, verbrou; droogmaak *(infml.)*. **bun·gler** knoeier, sukkelaar; verknoeier; droogmaker *(infml.)*. **bun·gling** *n.* knoeiery, knoeiwerk, geknoei, knoeiboel, brouwerk. **bun·gling** *adj.* onbeholpe, sukkelrig.

**bun·ion** knokkeleelt, knokkeltoon, toon-, eeltknobbel.

**bunk**[1] *n.* kajuitbed, slaapbank. **bunk** *ww.* slaap, saamslaap; ~ *down somewhere* êrens slaapplek kry. ~ **bed** kajuitbed, slaapbank.

**bunk**[2] *n., (infml.): do a ~* dros, wegsluip, verdwyn; *s.o. has done a ~* iem. is skoonveld. **bunk** *ww., (infml.)* wegsluip, dros, verdwyn; ~ *a class* stokkiesdraai, 'n klas versuim.

**bunk·er** *n.* brandstofruim, bunker; *(mil.)* bunker; *(gholf)* (sand)kuil; *load* (or *take in*) ~s olie inneem. **bunk·er** *ww.* bunker, steenkool inneem. ~ **oil** bunkerolie, skeepsolie.

**bun·ny**[1]: ~ **(girl)** nagklubmeisie in 'n hasiepak. ~ **(rabbit)** *(kindert.)* hasie, konyntjie.

**bun·ny**[2]: ~ **chow** *(SA Ind. kookk.)* kerriebrood; →CURRY BUNNY.

**Bun·sen:** ~ **burner** bunsenbrander.

**bunt** stamp, stoot *(met kop/horings)*.

**bunt·ing**[1] dun-, vlagdoek, vlagstof; vlae, vlagversiering.

**bunt·ing**[2] *(orn.)* streepkoppie; *Cape* ~ rooivlerkstreepkoppie.

**buoy** *n.* boei, dryfton, dobber. **buoy** *ww.* beboei *(gevaar vir skeepvaart)*; ~ *s.o. up* iem. opbeur, iem. moed gee/inpraat/inboesem. **buoy·an·cy** dryfvermoë; veerkrag; stygkrag; hefvermoë; lig-, lughartigheid; lewendigheid *(v. pryse)*. **buoy·ant** drywend; veerkragtig; opgeruimd, lig-, lughartig; lewendig; bloeiend, florerend.

**bur** →BURR[1].

**bur·ble** *n.* gemompel. **bur·ble** *ww.* mompel; brabbel; klets, praatjies maak; borrel.

**bur·den** *n.* las, vrag; drag; druk; *bear a ~* 'n las dra; *beast of ~* pak-, lasdier; *be bowed down under a heavy ~* onder 'n swaar las gebuk gaan; ~ *of debt* skuld(e)las; *carry a heavy ~* 'n swaar las dra; 'n groot verantwoordelikheid dra; *be a ~ on s.o.* 'n las op/vir iem. wees; op iem. se nek lê; *place a ~ on/upon s.o.* 'n las aan iem. oplê; ~ *of proof, (jur.)* bewyslas; *shoulder the ~* die las op jou neem; ~ *of taxation* belastingdruk. **bur·den** *ww.* belas, belaai, bevrag, bedruk; ~ *s.o. with s.t.* iem. met iets opsaal; iem. met iets lastig val; *be ~ed with s.t.* met iets belas wees; met iets opgesaal sit/wees; onder iets gebuk gaan. **bur·den·some** drukkend, beswarend, swaar, lastig.

**bu·reau** ~reaus, ~reaux skryftafel; kantoor, diens, buro; *B~ for Technical Terminology* Vaktaalburo.

**bu·reau·crat** burokraat. **bu·reau·cra·cy** burokrasie, amptenaredom, amptenary. **bu·reau·crat·ic** burokraties.

**burg** burg, kasteel; (ommuurde) stad.

**bur·geon** knop, bot, ontluik, ontbloei.

**bur·glar** inbreker. ~ **alarm** dief=, inbraakalarm. ~ **bars** dief=wering. ~**proof** inbraak=, diefvry. ~-**proofing** diefwering.

**bur·gla·ry** inbraak; ~ *at* ... inbraak in/by ...

**bur·gle** inbreek (by/in).

**Bur·gun·dy** *(geog.)* Boergondië; *(ook b~)* boergonje(wyn).

**bur·i·al** begrafnis, teraardebestelling; begrawing. ~ **ground,** ~ **place** begraafplaas, kerkhof. ~ **plot** dodeakker. ~ **service** begrafnis=, lykdiens. ~ **society** begrafnisgenootskap.

**bur·ied** begrawe, begraafde; *be* ~ *under s.t.* onder iets begra=wees; *(fig.)* toe wees onder iets *(werk ens.).*

**bur·lesque** *n.* bespotting; klug; parodie; travestie; grappig=heid; variété; burleske; paskwil, spotskrif. **bur·lesque** *adj.* bespottend; klugtig, koddig, grappig, burlesk.

**bur·ly** fors, fris (gebou). **bur·li·ness** forsheid.

**Bur·ma** *(geog., hist.)* Birma; →MYANMAR.

**burn** *n.* brandwond, brandplek; *(siekte)* brand, roes. **burn** *burnt burnt, burned burned, ww.* brand; verbrand; aanbrand; bak; ontgloei; seng; *(kos)* vasbrand; gloei; sterk verlang; ~ *away* verbrand, uitbrand, wegbrand, voortbrand; ~ *one's boats/bridges* jou skepe *(of* die brûe) agter jou verbrand; *s.t. ~s down, ('n huis ens.)* iets brand af; *('n kers ens.)* iets brand korter; ~ *s.t. down* iets afbrand, iets plat brand; *my ears* ~ my ore tuit; ~ *one's fingers, (fig.)* jou vingers verbrand; ~ *in s.t.* iets inbrand; ~ *like a torch* soos 'n fakkel brand; ~ *low* flou brand; ~ *money* geld verkwis; *money* ~s *holes in s.o.'s pocket* geld brand in iem. se sak; ~ *off s.t.* iets afbrand/wegbrand; iets afskroei; iets lossmelt; ~ *out, (vlam)* doodgaan, uitgaan; ~ *out s.t.* iets verbrand/uitbrand; *the fire* ~s *itself out* die vuur brand uit; die brand woed (hom) uit; ~ *o.s. out, (fig.)* jou ooreis/oorwerk; *(sportman/-vrou ens.)* jou uitbrand; *be burnt/ burned out* ooreis/oorwerk wees; afgemat/uitgemergel wees; *(sportman/-vrou ens.)* uitgebrand wees; ~ *up s.t.* iets verbrand/ opbrand/uitbrand; ~ *with indignation* gloei van verontwaar=diging. ~**out** *n.* uitbranding; ooreising; matheid, (toestand van) uitmergeling.

**burn·ing** *n.* brand, verbranding. **burn·ing** *adj.* brandend, gloeiend; *be* ~ *to do s.t., (infml.)* brand/jeuk om iets te doen; *be* ~ *with s.t.* brand van iets *(nuuskierigheid, ongeduld, ens.).* ~ **bush** vlamklimop. ~ **glass** brandglas, =spieël. ~ **point** vlam=, brandpunt.

**bur·nish** poets, (blink) vryf, poleer, polys; bruineer.

**burnt** gebrand, verbrand; gerooster(d); *be* ~ *to ashes* tot as verbrand wees; tot op die grond afgebrand wees; *a* ~ *child dreads the fire* 'n esel stamp hom nie twee maal teen dieselfde klip nie; *be* ~ *to a cinder* verkool *(of* swart verbrand) wees; *a* ~*flavour* 'n brandsmaak; *be* ~ *to a frazzle, (infml.), (iets)* verkool *(of* swart verbrand) wees; *(iem. in die son)* gaar ge=brand wees. ~ **lime** ongebluste/gebrande kalk. ~ **offering** brandoffer; *(skerts.)* aangebrande kos. ~**out, burned-out** *adj. (attr.)* uitgebrande *(atleet, digter, ens.);* ~ *fabric* etsstof. ~ **sienna** gebrande siënna. ~ **sugar** karamel.

**burp** *n., (infml.)* wind, oprisping. **burp** *ww.* wind opbreek, oprisp. ~ **gun** *(Am. infml.)* outomatiese pistool/geweer.

**burr¹, bur** *n.* klits(gras); kwas, knoe(t)s *(v. 'n boom);* ruwe kant; *(metaalw.)* baard, braam; *(metaalw.)* rif, (giet)naat; *(tekst.)* nop; ruimyster; sirkelsagie; meulsteen; klein slypsteen. **bur, burr** *ww.* ontklits, afbaard. ~**stone** braamsteen. ~**weed** klits=gras; steekbos; boeteklits, boetebos(sie).

**burr²** *n., (fonet.)* bry; gezoem. **burr** *ww.* bry.

**bur·ri·to** =tos, *(Mex. kookk.)* burrito.

**bur·row** *n.* gat, hol, lêplek *(v. dier).* **bur·row** *ww.* (gate of 'n gat) grawe; (om)vroetel, woel; in 'n gat woon; beskutting soek; ~ *into s.o.'s affairs* jou neus in iem. se sake steek; ~ *deeper into a bed* dieper in 'n bed kruip; ~ *one's face into a pillow* jou gesig in 'n kussing druk; ~ *into one's pockets* in jou sakke grawe; ~ *into the sand* in die sand boor; ~ *through s.t.* deur

iets tonnel. **bur·row·ing** *adj.:* ~ *animal* graafdier, grawer; ~ *bee* graafby; ~ *insect* boorinsek, boorder.

**bur·ry** vol klitse; ~ *wool* klitswol.

**bur·sar** penningmeester, tesourier; beurshouer, stipendiaat.

**bur·sa·ry** (studie)beurs, stipendium; *gain/obtain a* ~ 'n beurs kry/ontvang/verwerf.

**burst** *n.* bars, skeur; breuk; uitbarsting, losbarsting; vlaag, op=welling; kragtige inspanning; sarsie; ~ *of anger* vlaag van woede; ~ *of laughter* geskater; ~ *of speed* skielike vaart. **burst** *burst burst, ww.* bars, spring; oopbreek; oopgaan, ontluik; laat bars; oopbars, uitbars; *an abscess* ~s 'n sweer breek oop; ~ *asunder* uiteenbars, =spat; ~ *away* wegspring, losruk; *a river* ~s *its banks* 'n rivier oorstroom sy walle; *s.o.* ~ *a blood vessel* 'n aartjie van iem. het gebars; *the boiler has* ~ die ke=tel het gespring; *a cloud* ~s 'n wolk breek; ~*forth* uitbars; te voorskyn spring; ~ *in* instorm, binnestorm, binnevlieg; ~ *into a room* 'n kamer binnestorm; ~ *into song* aan die sing gaan, met 'n lied lostrek; ~ *into tears* in trane uitbars, aan die huil gaan; ~ *in upon* ... ... oorval/oorrompel; *a storm* ~ *on s.o.'s head* 'n storm het oor iem. losgebars; ~ *open* oopbars, =spring; ~ *out* uitbars; losbreek, uitbreek; ~ *out crying* in trane uitbars, aan die huil gaan; ~ *out laughing* uitbars van die lag, aan die lag gaan; dit uitskater; ~ *through* deurbreek; *be* ~*ing to do s.t.* jeuk/brand om iets te doen; ~ *up* opbreek, uitmekaar spat; ontplof; bankrot speel; misluk; *be* ~*ing with* ... bars van ... *(trots);* oorstelp wees van ... *(vreugde, blydskap);* propvol ... wees *(idees);* oorloop van ... *(geesdrif, liefde, mense);* opgevreet wees van ... *(eiewaan);* kook *(of* uit jou vel kan spring) van ... *(verontwaardiging).*

**Bu·run·di** *(geog.)* Burundi.

**bur·y** begrawe, *(fml.)* ter aarde bestel, *(fml.)* ter ruste lê; be=dek; verberg; vergeet; verloor.

**bus** *n.* bus, omnibus; *catch a* ~ 'n bus haal; *go by* ~ per *(of* met die) bus gaan; *miss the* ~, *(lett.)* die bus mis *(of* nie haal nie); *(fig.)* die kans verspeel/verkyk *(of* laat glip), agter die net vis, na die maal wees; *take a* ~ per bus gaan, 'n bus neem. **bus** *bus(s)ed bus(s)ing, ww.* bus ry, per *(of* met die) bus gaan/ry; per bus vervoer; ~ *(it) to work* per *(of* met die) bus werk toe gaan/ry; ~ *children to school* kinders per bus aanry skool toe. ~ **driver** busbestuurder. ~ **fare** busgeld. ~**load** busvrag; *a* ~ *of children/etc.* 'n busvrag kinders/ens.; *by the* ~, *in* ~, *(infml.)* busse vol. ~**man** buswerker, busbestuurder; ~*'s holi=day, (fig.)* werkvakansie. ~ **route** busroete. ~ **service** bus=diens. ~ **shelter** bushokkie, =skuiling. ~ **stop** bushalte.

**bush¹** *n.* bos(sie); bosse, struike; bosveld, agterveld; haarbos; stert *(v. jakkals); beat about the* ~, *(infml.)* doekies omdraai, om iets heen praat, rondspring, uitvlugte soek; *without beating about the* ~, *(infml.)* sonder doekies omdraai, kort en klaar; *good wine needs no* ~ goeie wyn het geen krans nodig nie. **bush** *ww.:* ~ *out, (plant)* 'n bos vorm; *(hare)* wegstaan, wild/woes *(of* in alle rigtings) staan; *(stert)* pof staan; *(wenk=broue)* ruig wees. ~**baby** nagapie. ~**buck** bosbok. ~**country** boswêreld, bosveld. ~**craft** veldkennis, =kuns. ~ **fire** bos=brand. ~ **hat** veldhoed. ~ **jacket,** ~ **shirt** ru=, hempbaadjie, boshemp. ~ **pig** bosvark. ~ **rose** struikroos. ~ **shrike** *(orn.)* boslaksman; *gorgeous* ~ kongkoit; *grey-headed* ~ spook=voël. ~ **tea** bossiestee, heuning=, bergtee. ~ **telegraph** bos=telegraaf *(fig.);* bostelegrafie. **B~veld** Bosveld. ~**whacker** *(Am., Austr.)* boslanser. ~ **willow** vaar=, vaderlandswilg.

**bush²** *n., (meg.)* bus; naafbus.

**bushed** *(infml.)* pootuit.

**bush·el:** *hide one's light under a* ~ jou lig/lamp onder 'n maat=emmer verberg/wegsteek.

**bush·i·ness** ruigheid, bosagtigheid.

**Bush·man** =men, *(soms neerh.)* Boesman; *(taal)* Boesmans; →SAN. ~ **grass** boesman(s)gras. ~**land** (die) Boesmanland. ~ **painting** Boesmanskildery, =tekening.

**bush·y** bosagtig, bebos, ruig; struikagtig; ~ *eyebrows* ruie wenkbroue; ~ *tail* bossiestert, pluimstert. ~-**browed** met ruie wenkbroue. ~-**tailed mongoose** stokstertmuishond.

**busi·ness** bedryf, sake; besigheid; beroep; handel; firma, (sake)onderneming; bedryfslewe, sakelewe, sakewêreld; gedoente, affère, manewales; werskaffery; werksaamheid; plig; *no* **admittance** *except on* ~ toegang alleen vir bevoegdes; *away on* ~ weg vir sake; ~ *is bad* dit gaan nie goed met sake nie; *it's a bad/sad* ~ dis 'n ellende/ellendigheid/naarheid (*of* 'n nare gedoente); dis baie jammer; *at the close of* ~ by kantoorsluiting; by beurssluiting; ~ *of the day* (hoofpunt op die) agenda; *do* ~ *with s.o.* met iem. sake doen; *do one's* ~, (*infml.*) jou behoefte doen, jou ontlas; *funny* ~, (*infml.*) streke; *there being no further* ~ ... aangesien die agenda afgehandel was, het ...; *get down to* ~ ter sake kom; begin; 'n saak/taak met mening aanpak; *go about one's* ~ met jou gewone werk voortgaan; *go into* ~ sakeman word, tot die sakewêreld toetree; *go out of* ~ toemaak; *do good* ~ goeie sake doen; ~ *in hand* lopende saak; *in* ~ in die sakelewe/sakewêreld; *be in* ~ sake doen; sakeman/sakevrou wees; (*infml.*) aan die gang wees; in werking wees; ~ *is* ~ sake is sake; *know one's* ~ jou vak ken; *a line of* ~ 'n vak; 'n bedryf; 'n tak van die handel; *in the line of* ~ op sakegebied; *make it one's* ~ *to* ... vir ... sorg, aandag aan ... gee; *mean* ~, (*infml.*) erns maak (*met iets*), in erns wees, dit ernstig meen; *mind your own* ~, *it is* *no* ~ *of yours* (or *none of your* ~), (*infml.*) dit gaan jou nie aan nie; dit (t)raak jou nie, jy het niks daarmee uit te waai nie, bemoei jou met jou eie sake, vee voor jou eie deur, dis nie jou saak nie; *have no* ~ *here,* (*infml.*) niks hier te doen/maak/ soek hê nie; *have no* ~ *to* ..., (*infml.*) geen reg hê om te ... nie; *it is nobody's* ~, (*infml.*) dit gaan niemand aan nie; *like nobody's* ~, (*infml.*) baie goed/knap/vinnig; *on* ~ vir (of in verband met) sake; ~ *before pleasure* plig gaan voor plesier, sake gaan voor vermake; *proceed to* ~ tot die werksaamhede oorgaan; *do a roaring* ~ druk/flink sake doen, 'n florerende saak hê; *run a* ~ 'n saak/onderneming bestuur/(be)dryf/ (be)drywe; *see s.o. on* ~ met iem. oor sake praat; *send s.o. about his/her* ~ iem. wegja(ag) (*of* die deur wys), van iem. ontslae raak; *set up in* ~, *start a* ~ 'n onderneming/saak begin; *it's a terrible* ~ dis iets verskrikliks; *it's s.o.'s* ~ *to* ... dis iem. se beroep om te ...; *unfinished* ~ onafgehandelde sake; ~ *as usual* sake soos gewoonlik; niks besonders nie; *what a* ~!, (*infml.*) wat 'n gedoente!; *be sick of the whole* ~, (*infml.*) sat/ keelvol/maagvol vir die hele spul wees. ~ **acumen** sakevernuf. ~ **address** sakeadres, werk(s)adres. ~ **administration** bedryfsleiding; bedryfsleer; sakebestuur. ~ **area** sakebuurt. ~ **card** visite-, besigheidskaart(jie). ~ **concern** sakeonderneming. ~ **course** kursus in die bedryfsleer. ~ **economics** bedryfsekonomie. ~ **end** (*infml.*) skerp kant (*v. mes*); loop (*v. geweer*); kop (*v. hamer*). ~ **executive** bedryfsleier, sakebestuurder. ~ **expenses** sakeuitgawes. ~ **hours** kantoorure, kantoortyd, sake-ure; winkelure; werk(s)ure. ~ **interests** sakebelange. ~ **letter** sakebrief. ~**man** -*men* sakeman, man van sake. ~ **management** sake-, besigheidsbestuur; bedryfsleiding. ~ **plan** sakeplan. ~ **proposition** sakevoorstel. ~ **relations** handelsbetrekkinge. ~ **school** sakeskool. ~ **science** handelswetenskap. ~ **sense** sakevernuf, -sin. ~ **studies** sakestudie. ~ **transaction** handels-, saketransaksie. ~ **trip** sakereis. ~ **undertaking** sakeonderneming. ~**woman** -*women* sakevrou.

**busi·ness·like** saaklik, saakkundig; metodies; prakties; pront.

**busk** *ww.* op straat sing/voordra, straatmusiek maak/speel. **busk·er** straatsanger, -komediant.

**bus·sing, bus·ing** die aanry van kinders (per bus) na skole; busry(ery).

**bust**[1] *n.* bors, buuste; borsbeeld. ~ **measure(ment)** borsmaat.

**bust**[2] *n.,* (*infml.*) klopjag (*v. polisie*); deursoeking; arrestasie; (*Am.*) (finansiële) mislukking, bankrotskap. **bust** *adj.,* (*infml.*) gebars, stukkend; gevang (*deur polisie*); bankrot; *go* ~ misluk,

bankrot raak/speel. **bust** *ww., (infml.)* bars, breek; ruïneer; moker; (laat) misluk; bankrot raak/speel; bankrot maak (*of* laat raak); 'n klopjag op ... uitvoer; deursoek; arresteer; ~ *out* uitbreek; ~ *up* stry en uitmekaar gaan; ~ *s.t. up* iets opbreek. ~-**up** rusie; stormagtige skeiding; versteuring; bakleiery.

**bus·tard:** *Denham's* ~ veldpou; *Ludwig's* ~ Ludwigse pou; *kori* ~ gompou.

**bus·tier** (*Fr.*) stywe skouerlose toppie.

**bus·tle** *n.* drukte, gewoel, woeligheid, bedrywigheid, rumoer, opskudding, gewerskaf, gedoente. **bus·tle** *ww.* woel, bedrywig wees, drukte maak, in die weer wees; haastig loop; aanja(ag), opdruk; jou haas, haastig maak; ~ *about* heen en weer draf.

**bust·ling** *adj.* woelig, besig, bedrywig; lewendig, op en wakker.

**bust·y** (*infml.*) rondborstig, (bolangs) goed bedeel(d), met groot borste (*pred.*).

**bus·y** *adj.* druk, besig, bedrywig, doenig, aan die gang; beset; bemoeisiek, neusinstekerig; *be* ~ *at/with s.t.* met/aan iets besig wees; *as* ~ *as a bee* druk besig; *be* ~ *doing s.t.* iets aan die doen wees; *get* ~ aan die gang kom/raak; *keep o.s.* ~ *with s.t.* jou met iets besig hou; *be very* ~ druk besig wees; baie te doen hê; werskaf. **bus·y** *ww.:* ~ *o.s. with* ... jou met ... besig hou; jou met ... bemoei. ~**body** neusinstekerige mens, bemoeial; kwaadstoker. ~ **Lizzie** (*bot.*) vlytige Liesbet. **bus·y·ness** bedrywigheid, woeligheid, drukte; besetheid.

**but** *n.: no* ~*s!* geen teenwerpinge/mare nie!. **but** *voegw.* maar, egter, ewe(n)wel, dog; *s.o. could not (help)* ~ ... iem. kon nie anders as om te ... nie; *I could not help* ~ *laugh* ek kon my lag nie hou nie; ~ *then* ... aan die ander kant ... **but** *prep.* behalwe, buiten; ~ *for* ... as dit nie was dat ... nie, as ... nie ... nie; ~ *for* him/her sonder hom/haar, sonder sy/haar toedoen, as hy/sy nie daar was nie; *no one* ~ *me* niemand behalwe ek nie; niemand anders as ek nie; *nothing* ~ *good* net goeie dinge/gevolge/ens.; *the last* ~ *one* op een na die laaste. **but** *adv.* maar, slegs; *he/she is* ~ *a child* hy/sy is nog maar (*of* maar net) 'n kind.

**bu·tane** (*chem.*) butaan.

**butch** *n., (sl.)* mannetjiesvrou, tawwe lettie; breker, macho (man). **butch** *adj., (sl.)* mannetjiesagtig; macho, viriel.

**butch·er** *n.* slagter; wreedaard. **butch·er** *ww.* slag; vermoor, uitmoor. ~**bird** (*infml.*) janfiskaal, laksman. ~**'s (shop)** slaghuis, slagtery, slagterswinkel.

**butch·er·y** slagtery, slaghuis, slagterswinkel; slagtery, slagwerk; slagting, moordery.

**but·ler** butler, hoofbediende, huiskneg; bottelier, hofmeester.

**butt** *n.* dik ent; kolf; (kolf)greep; (boom)stomp, stamstuk; dikste gedeelte; (*wol*) misklos; (*verbinding*) stuik; deurskarnier; skyfpunt, -plek; doel(wit), mikpunt, skyf; (*Am. infml.*) bas, jis, sitvlak, stert, agterent, agterwêreld, alic; *get up off your* ~ lig jou bas; *make a* ~ *of s.o./s.t.* iem./iets 'n voorwerp van spot maak; *rifle* ~ geweerkolf; *shoot at the* ~*s* skyfskiet. **butt** *ww.* stamp, stoot; ~ *in* jou neus insteek, jou inmeng; ~ *up against* ... bots teen ... ~ **end** dik ent; stompie; agterstuk, agterent; stuikent; skeerkant (*v. wol*).

**but·ter** *n.* botter; vleiery, stroop; *s.o. looks as if* ~ *wouldn't melt in his/her mouth,* (*infml.*) ('n) mens sou sê botter smelt nie in sy/haar mond nie; *spread* ~ *on bread* botter op brood smeer. **but·ter** *ww.* (botter op)smeer; ~*ed bread* botter en brood; *fine/fair words* ~ *no parsnips* praatjies vul geen gaatjies (nie); ~ *s.o. up,* (*infml.*) by iemand flikflooi/pamperlang, iem. heuning om die mond smeer, iem. met die heuning-/stroopkwas bewerk; *s.o. wants to be* ~*ed up,* (*infml.*) iem. wil gelek wees. ~**ball** botterballetjie; (*infml.*) potjierol. ~ **bean** botterboon(tjie); hereboon(tjie). ~**cup** (*bot.*) botterblom. ~**fingered** met botter aan die vingers; onhandig, lomp. ~**fingers** lomperd, onhandige. ~**fish** (*igt.*) bottervis. ~**head lettuce**

botterslaai. ~ **icing** botterversiersel. ~**milk** karringmelk. ~ **muslin**botter-,melk-,kaasdoek. ~**nut**grysneut. ~**nut(squash)** botterskorsie. ~**scotch** botterkaramel, borsplaat.

**but·ter·fly** skoenlapper, vlinder; *(infml.)* veranderlike/wispel= turige mens, vlinder; *(i.d. mv.)* senu(wee)agtigheid; *have but= terflies (in one's stomach), (fig., infml.)* senu(wee)agtig wees; *break a ~ on the wheel, (fig.)* hase/mossies/muggies met ka= nonne skiet, 'n vlieg met 'n voorhamer slaan. ~ **bush** salie= hout, Buddleia. ~ **collar** wegstaanboordjie. ~ **effect** *(infml., fig.)* vlindereffek. ~ **kiss** vlugtige soentjie. ~ **net** vlindernet. ~ **pelargonium** *(bot.)* rambossie. ~ **stroke** *(swem)* vlinderslag.

**but·ter·y** *adj.* botteragtig.

**but·tock** boud, sitvlak, agterwêreld, agterste; beesboud; *(ook, i.d. mv., infml.)* stêre; *(i.d. mv.)* broek *(v. dier).*

**but·ton** *n.* knoop; knop; *(dwelmsl.:Mandraxtablet)* knopie; *(i.d. mv.)* rugstring *(v. dier); do up* (or *undo) ~s* knope vasmaak/los= maak; *on the ~, (infml.)* in die kol, presies (reg); *press/push a ~* op 'n knoppie druk. **but·ton** *ww.* (vas)knoop, toe= knoop; knope aansit; *it ~s at the back* dit kom/knoop agter vas, dit word agter toegeknoop; ~ *on s.t.* iets vasmaak; ~ *up, (infml.)* stilbly; ~ *up s.t* iets vasknoop/toeknoop; *(infml.)* iets klaarmaak; *have s.t. (all) ~ed up, (infml.)* iets in kanne en krui= ke hê. ~ **boot** knoopstewel. ~ **box** knoop=, knopedoos. ~**down collar** knoopkraag. ~ **head** rondekop. ~**hole** →BUTTONHOLE. ~ **mushroom** dwergsampioen. ~ **shoe** knoopskoen. ~ **shop** knoop=, knopewinkel. ~ **spider** knopiespinnekop; →BLACK WIDOW (SPIDER).

**but·ton·hole** *n.* knoopsgat; knoopsgatblom, =ruiker. **but= ton·hole** *ww.* knoopsgate in ... maak; knoopsgatsteke/kom= berssteke werk; ~ *s.o.* iem. (met nimmereindigende praat= jies) ophou. ~ **stitch** knoopsgatsteek; komberssteek.

**but·tress** *n.* stutmuur; stut; (steun)beer; *(fig.)* steunpilaar; bergkaap; skouersteun *(v. buiteband).* **but·tress** *ww.* steun, stut, skraag. ~ **root** stutwortel.

**bu·tyr·ic** *(chem.)* botteragtig; ~ *acid* bottersuur.

**bux·om** fris (en gesond), (rond en) stewig; rondborstig.

**buy** *n.* koop, aankoop; *be a good ~* 'n kopie wees. **buy** bought bought, *ww.* koop; inkoop; aanskaf; omkoop; *(Am.)* aanvaar, genoeë neem met; ~ *at a shop* by 'n winkel koop; ~ *s.t. back* iets terugkoop; ~ *s.t. from s.o.* iets by/van iem. koop; ~ *s.t. in* iets inkoop; ~ *s.o. off* iem. omkoop; ~ *s.t. off s.o.* iets by/van iem. koop; ~ *s.o. out* iem. uitkoop; ~ *s.o. over* iem. omkoop; ~ *a pig in a poke* 'n kat in die sak koop; ~ *s.t., (infml.)* iets aan= vaar/glo/sluk; ~ *s.t. up* iets opkoop. ~**-aid** koophulp. ~**-back** *n., (han.)* terugkoop. ~**-in** *n., (han.)* inkoop. ~**-out** *n., (han.)* uit= koop; *management ~* bestuursuitkoop.

**buy·er** koper; inkoper; *at ~'s risk* voetstoots. ~**s' market** ko= persmark.

**buy·ing pow·er** koopkrag.

**buzz** *n.* gegons; *(infml.)* praatjies, storie, gerug; *(infml.)* drukte, gewoel; *what's the ~?, (infml.)* wat sê die mense?, wat's die nuus?. **buzz** *ww.* gons, zoem; fluister, praatjies rondstrooi; *(sl.)* (op)bel; lastig val; *(vliegtuie)* laag vlieg; *my ears ~* my ore tuit; ~ *off, (sl.)* verkas; ~ *off!, (sl.)* trap!, maak dat jy wegkom!, skoert!, kry jou ry!. ~ **bike** brom=, kragfiets. ~ **word** *(infml.)* mode=, gonswoord.

**buz·zard** *(orn.)* jakkalsvoël.

**buzz·er** gonser, zoemer; stoomfluit; seiner.

**by** *byes, n.: by the ~* terloops, tussen hakies, van die os op die jas; →BYE[1]. **by** *prep.* by; naby; met; deur; teen; op; na; vol= gens; per; ~ *accident/chance* by/per toeval; *amended ~ Act No. 8* gewysig deur/by Wet 8; ~ *April 30(th)* voor (of op) 30 April; *begin/end ~* ... met ... begin/eindig; *a book ~* ... 'n boek deur/van ...; ~ *doing s.t.* deur iets te doen; *north ~ east* noord ten ooste; ~ *far* verreweg; ~ *itself* op sigself; ~ *last night* no one had been caught gisteraand was nog niemand gevang nie; *metre ~ metre* meter vir meter; *4 ~ 5 metres* 4 by 5 meter; ~ *Monday nothing was left* Maandag was (daar) niks (meer) oor nie; *s.o. should be there ~ now* (or ~ *this time)* iem. moet nou al daar wees; *be here ~ nine o'clock* sorg dat jy teen negeuur/nege-uur hier is; ~ *o.s.* alleen; op jou eie; *a picture ~* ... 'n skildery deur/van ...; ~ ... *(sire)* out of ... *(dam)* by ... (vaar) uit ... (moer); *a child ~ his first wife* 'n kind by sy eerste vrou; *win (~)* 6-4 met 6-4 wen; ~ *word* of mouth mondeling(s); *written ~* ... deur ... geskryf/geskrywe. **by** *adv.* verby; opsy; ~ *and by* strak(kie)s, aanstons; *go/pass ~* ... ... verbygaan/verby= steek; ... opsy laat; wegskram van ...; *times/days gone ~* ver= vloë tye/dae; ~ *and large* oor/in die algemene, oor die geheel, in hoofsaak, in die reël.

**by=** *pref.* by=, newe=, ondergeskikte= sy=, dwars=. ~**-blow** sy=, dwarshou. ~**-effect** newe-effek, bykomstige/indirekte/syde= lingse gevolg. ~**-election, bye-election** tussenverkiesing, tussentydse verkiesing. ~**gone** *n.* wat verby is, gedane saak; *let ~s be ~s* moenie ou koeie uit die sloot grawe nie, vergeet die verlede. ~**gone** *adj.* verouderd, uitgesterf, uitgestorwe; vroeër, vergange, vervloë. ~**lane** systeeg, =gangetjie. ~**law, bye-law** (stads)verordening, dorpswet, keur, munisipale regulasie. ~**line** naamreël, outeursreël; naamtekening; byvak; →SIDE= LINE. ~**name** bynaam, toenaam; van. ~**play** stil spel; onder= geskikte aksie. ~**product** neweproduk, afvalproduk. ~**road** sypad; dowwe paadjie. ~**stander** bystander, toeskouer; *(i.d. mv. ook)* omstanders. ~**tone** bytoon, =geluid. ~**way** eensame/ dowwe paadjie; kortpad; *(fig.)* minder bekende terrein. ~**word** spreekwoord; bynaam; skimp=, spotnaam; *become a ~* spreek= woordelik word; *be a ~ for* ... vir ... berug/bekend wees. ~**work** bywerk, los werk.

**bye[1]** *n.* vrybeurt, los loot; *(kr.)* loslopie; iets ondergeskiks; *by the ~* terloops, tussen hakies, van die os op die jas; *draw a ~* 'n vrybeurt kry, vryloot. ~**-election** →BY-ELECTION. ~**-law** →BYLAW.

**bye[2], bye-bye** *tw., (infml.)* tot siens, totsiens, dag.

**Bye·lo·rus·sia** →BELARUS.

**by·pass** *n.* ompad, omweg, verbypad, uitwyking; neweslui= ting, om(loop)leiding; *(med.)* omleiding. **by·pass** *ww.* om= loop, opsy laat, verbysteek. ~ **(line)** uitwyklyn. ~ **operation, ~ surgery** omleidingsoperasie, omleidingchirurgie, =sjirur= gie. ~ **road** verby=, uitwyk=, vermypad.

**byte** *(rek.)* greep.

**Byz·an·tine, Byz·an·tine** *n.* Bisantyn. **Byz·an·tine, Byz·an·tine** *adj.* Bisantyns; *(fig.)* ingewikkeld, gekompli= seer(d); onbuigsaam; slinks, agterbaks, onderduims. **By·zan= ti·um** Bisantium.

# Cc

**c, C** *c's, C's, Cs, (derde letter v.d. alfabet)* c, C; Romeinse syfer 100; *little* ~ c'tjie; *small* ~ klein C. **C flat** *(mus.)* C-mol. **C sharp** *(mus.)* C-kruis.

**cab** *n.* taxi; kap *(v. vragmotor).* ~ **driver,** ~**man** =men= taxiryer. ~ **rank,** ~ **stand** taxistaanplek.

**ca·bal** *n.* kabaal, geheime kliek; politieke samespanning.

**cab·a·ret** kabaret.

**cab·bage** (kop)kool; *head of* ~ koolkop. ~ **field,** ~ **patch** kool= akker. ~ **(head)** koolkop. ~ **lettuce** k(r)opslaai. ~ **white** *(skoen= lapper)* koolwitjie.

**cab·ba·la, ca·ba·la** *(Hebr.)* Kabbala; geheime leer. **cab= (b)a·list** Kabbalis. **cab·(b)a·lis·tic** Kabbalisties; geheim.

**cab·by** taxiryer.

**cab·in** kajuit; hut. ~ **crew** *(lugv.)* kajuitbemanning. ~ **cruiser** motorwoonskuit. ~ **hole** patryspoort.

**cab·i·net** kabinet, kas; *(pol.)* kabinet, ministerraad; *form a* ~ 'n kabinet saamstel; ~ *of prints* prentekabinet; *reshuffle a* ~ 'n kabinet herskommel. ~ **council** kabinets=, ministerraad. ~**maker** skrynwerker, kabinet=, meubelmaker. ~**making** skrynwerk, meubelmakery. ~ **minister** kabinetsminister. ~ **reshuffle** kabinetskommeling.

**ca·ble** *n.* kabel; *(sk.)* kabellengte; (anker)ketting; *lay a* ~ 'n kabel lê. **ca·ble** *ww.* met 'n kabel verbind/vasbind; van kabeltelevisie voorsien; toegang tot kabeltelevisie gee/bied. ~ **car** kabelkar(retjie), sweefspoorkar, =kajuit, gondel. ~ **rail= way** kabelspoor(weg). ~ **stitch** *(breiwerk)* kabelsteek. ~ **(tele= vision),** ~ **TV,** ~**vision** kabeltelevisie. ~**way** kabelspoor, =baan; lugkabel; *aerial* ~ sweef=, lug=, kabelspoor.

**ca·bling** bekabeling, kabelaanleg.

**ca·boo·dle** boel, spul, kaboedel; *the whole (kit and)* ~, *(infml.)* die hele spul.

**cab·ri·o·let** kabriolet.

**cache** *n.* wegsteekplek; wegsteekgoed, geheime voorraad. **cache** *cached caching, ww.* wegsteek, in die geheim bêre; *(rek.)* in 'n hulp=/tussengeheue/cache(geheue) bêre/(op)berg/ bewaar/stoor. ~ **(memory)** *(rek.)* hulp=, tussengeheue, cache= (geheue).

**cack·le** *n.* gekekkel; gebabbel, gesnater; gegiggel; *cut the* ~*!, (infml.)* genoeg gepraat!. **cack·le** *ww.* kekkel; babbel, snater; giggel. **cack·ler** kekkelbek, kletskous, babbelaar; kakelaar; giggelaar.

**ca·cog·ra·phy** kakografie, slegte handskrif, gekrap; slegte geskryf; slegte spelling.

**ca·col·o·gy** kakologie, slegte woordkeuse/uitspraak.

**ca·coph·o·ny** kakofonie, wanklank, =geluid; kakofonie, on= welluidendheid. **ca·coph·o·nous** onwelluidend, wanklinkend, kakofonies.

**cac·tus** =tuses, =ti kaktus.

**cad** *(vero., infml.)* ploert, skobbejak. **cad·dish** gemeen, laag.

**ca·das·ter, ca·das·tre** kadaster, grondregister. **ca·das= tral** kadastraal; ~ *map* kadasterkaart.

**ca·dav·er** *(med., poët., liter.)* kadawer, lyk. **ca·dav·er·ous** ka= daweragtig; lykkleurig, doodskleurig.

**cad·die, cad·dy** =dies, *n.* (gholf)joggie. **cad·die, cad·dy** =died =dying, *ww.* dra *(op gholfbaan).* ~ **car(t)** gholf=, baan= karretjie.

**cad·dis:** ~ **fly** water=, skietmot, kokerjuffer. ~ **(worm), case= worm** *(larwe)* sprokkel=, kokerwurm, grashuisie.

**ca·dence** =dences, **ca·den·cy** =cies, *(mus.)* kadens, kadans, val, ritme, maat, intonasie, stem=, toonval.

**ca·den·za** *(mus.)* cadenza; *have a* ~, *(SA, infml.)* 'n oorval kry; tekere *(of te kere)* gaan, tekeregaan.

**ca·det** kadet; offisierskadet, leerlingoffisier. ~ **corps** kadet= korps. ~ **officer** kadetoffisier.

**ca·det·cy, ca·det·ship** kadetskap.

**cad·mi·um** *(chem., simb.: Cd)* kadmium.

**ca·dre** kader; raam(werk).

**cae·cum, *(Am.)* ce·cum** =ca, *(anat.)* sakderm, blindesak, =derm.

**Cae·sar** Caesar; keiser; *(med., infml.)* keisersnee; keisersnee= baba. **Cae·sar·e·an, Cae·sar·i·an** *n., (soms c~)(med.)* keiser= snee. **Cae·sar·e·an, Cae·sar·i·an** *adj.* van Caesar; ~ *birth* keisersneegeboorte; ~ *operation* keisersneeoperasie; ~ *section* keisersnee.

**cae·si·um, *(Am.)* ce·si·um** *(chem., simb.: Cs)* sesium.

**ca·fé** kafee; *(Fr.)* koffiehuis; ~ *au lait* melkkoffie, koffie met melk.

**caf·e·te·ri·a** kafeteria.

**caf·fein(e)** kafeïen.

**caf·tan** →KAFTAN.

**cage** *n.* kou(tjie), hok; hyshok, =bak *(in myn);* kooi *(by koeël= laer).* **cage** *ww.* in 'n kou/hok sit; opsluit; ~ *in/up … …* inhok/ophok. ~ **bird** kouvoël(tjie). ~**work** traliewerk.

**cag·(e)y** *adj.,* **cag·i·ly** *adv., (infml.)* versigtig, omsigtig, te= rughoudend, gereserveer(d); ontwykend. **cag·i·ness** versig= tigheid, omsigtigheid; terughoudendheid, gereserveerdheid; ontwykendheid.

**ca·hoots** *(infml.):* *be in* ~ *with s.o.* met iem. kop in een mus wees.

**Cain** *(OT)* Kain; *brand/mark of* ~ Kainsteken, =merk; *raise* ~, *(infml.)* 'n kabaal maak/opskop.

**cairn** baken, klipstapel.

**cairn·gorm** *(min.)* rooktopaas, cairngorm.

**Cai·ro** *(geog.)* Kaïro.

**ca·jole** vlei, flikflooi; mooipraat; omhaal, omrokkel; ~ *s.o. into doing s.t.* iem. omrokkel om iets te doen; ~ *s.t. out of s.o.* iets by/van iem. afbedel. **ca·jol·er·y** vleiery, flikflooiery, mooi= praatjies.

**Ca·jun** *n.* Cajun; *(dial.)* Cajun. **Ca·jun** *adj.* Cajun= *(kookkuns ens.).*

**cake** *n.* koek, gebak; *bake a* ~ 'n koek bak; *you cannot have your* ~ *and eat it, (infml.)* jy moet (een van die twee) kies, jy kan nie albei tegelyk hê nie; *sell like hot* ~s soos soetkoek gaan/verkoop; *a piece of* ~, *(lett.)* 'n stuk(kie) koek; *be a piece of* ~, *(fig., infml.)* doodmaklik wees; *a slice of the* ~, *(infml.)* 'n aandeel; *a* ~ *of soap* 'n koekie seep; *take the* ~, *(infml.)* die kroon span, die toppunt wees. **cake** *ww.* (saam)koek; klont(er), klonte maak; verhard, hard word, stol. ~ **flour** koekmeel(blom). ~**fork** koekvurkie. ~**lifter** koekspaan, =skep. ~ **mix** koekmengsel. ~ **mixture** koekbeslag. ~ **rack** koek= rak(kie), (af)koelrak(kie). ~ **tin** koekblik; koekpan.

**caked** gekoek; *be* ~ *in/with …* met 'n kors/laag … bedek wees *(modder ens.).*

**cak·ing** *n.* saamkoeking.

**cal·a·bash** kalbas. **~ pipe** kalbaspyp.

**ca·la·ma·ri** *(It. kookk.)* calamari.

**cal·a·mine** *(min.)* kal(a)myn, galmei. **~ lotion** kal(a)myn=melk.

**ca·lam·i·ty** onheil, ramp; rampspoed, ellende. **ca·lam·i·tous** rampspoedig.

**cal·cif·er·ol, vit·a·min D**$_2$ kalsiferol, vitamien D$_2$.

**cal·cif·er·ous** kalkhoudend; kalkvormend.

**cal·ci·fy** verkalk; tot kalk maak. **cal·ci·fi·ca·tion** verkalking.

**cal·ci·um** *(chem., simb.: Ca)* kalsium.

**cal·cu·late** (be)reken, uitreken, syfer; ~ *(up)on s.t.* op iets reken; ~ *that* ... bereken dat ...; meen dat ... **cal·cu·la·ble** rekenbaar. **cal·cu·lat·ed** bereken(d); koelbloedig, voorbe=dag; selfsugtig; ~ *insult* opsetlike belediging; ~ *risk* weloor=woë/beredeneerde/berekende risiko. **cal·cu·lat·ing** berekend, intrigerend, konkelend; reken=; *in ~ the amount* by die bere=kening van die bedrag. **cal·cu·la·tion** berekening, raming, syfering; *according to* (or by) *s.o.'s ~s* volgens iem. se bereke=ning/skatting; *do a ~ of the ...* die ... bereken; *be out in one's ~s* jou berekening is verkeerd, jou misreken. **cal·cu·la·tor** sak=rekenaar.

**cal·cu·lus**[1] *-li, (med.)* graweelsteen; *biliary ~* galsteen; *renal ~* niersteen.

**cal·cu·lus**[2] *-luses, (wisk.)* rekenmetode; rekening.

**Cal·cut·ta** *(geog.)* Kalkutta.

**cal·de·ra** *(geol.)* (groot) krater, kaldera.

**Cal·e·do·ni·a** Caledonië, Skotland. **Cal·e·do·ni·an** *n.* Cale=doniër, Skot. **Cal·e·do·ni·an** *adj.* Skots.

**cal·en·dar** *n.* kalender, almanak; lys, rol. **cal·en·dar** *ww.* opteken; rangskik.

**ca·len·du·la** *(bot.)* gousblom.

**calf**[1] *calves, n.* kalf; kalfsleer; *drop a ~* 'n kalf werp; *kill the fatted ~* die gemeste kalf slag; *female ~* verskalf; *~ at foot* suipkalf; *in/with ~* dragtig. **~bound** in kalfsleerband, kalfs=leer=. **~'s leather** kalfsleer.

**calf**[2] *calves, n.* kuit.

**cal·i·brate** kalibreer; yk; *~d spring* gekalibreerde veer. **cal·i·bra·tion** kalibrering; yking. **cal·i·bra·tor, cal·i·bra·ter** kali=brator; yker.

**cal·i·bre, (Am.) cal·i·ber** kaliber; deursnee; wydte; gehalte, soort; *guns of heavy ~* geskut van groot kaliber; *s.o. of high ~* iem. van formaat; *s.o. of his/her ~* iem. van sy/haar gehalte/stoffasie; *s.o. of that ~* iem. van daardie kaliber.

**cal·i·co** *-co(e)s* katoen(stof), kaliko, drukkatoen.

**Cal·i·for·ni·a** *(geog.)* Kalifornië. **Cal·i·for·ni·an** *n.* Kaliforniër. **Cal·i·for·ni·an** *adj.* Kalifornies.

**ca·liph** *(hist., Islam.)* kalief. **ca·li·phate** kalifaat.

**ca·lix** *-lices* kelk; (kelkvormige) holte.

**call** *n.* roep, geroep; *(kerklik)* beroep; (voël)gefluit; (trom=pet)sinjaal; uitnodiging; oproep(ing); roeping; (roep)=, lok=stem; telefoongesprek, =oproep; aanleiding, rede; besoek, kuiertjie; oorkoms; oproeping, opvordering *(v. aandele)*; *at ~* op aanvraag; ter beskikking; *(fin.)* dadelik opeisbaar/opvraagbaar/opsegbaar; *at/within ~* beskikbaar, byderhand; *it was a close ~* dit was 'n noue ontkoming; *beyond the ~ of duty* bo en behalwe die plig; *feel a ~ to ...* 'n roeping *(of* jou geroepe) voel om te ...; *the ~ for ...* die aandrang (of om ...; *a ~ for ...* 'n oproep om *(by=draes ens.)*; *give s.o. a ~* iem. bel; *loan on ~* daglening, onmiddellik opeisbare/op=vraagbare lening; *a long ~ to ...* 'n hele ent tot ...; *long-distance ~* ver/vêr oproep; *make a ~* bel, telefoneer; 'n be=soek bring; 'n oproep doen; 'n storting opvra *(op aandele)*; *make heavy ~s on/upon ...* groot eise aan ... stel; *there is no ~ to ...* daar is geen aanleiding/noodsaak om ...; *be on ~* (dadelik/onmiddellik) beskikbaar wees; *(fin.)* (dadelik/onmid=dellik) opeisbaar wees; *(dokter ens.)* op bystand/roep wees,

te alle tye beskikbaar wees; *pay s.o. a ~, pay a ~ on s.o.* iem. besoek, 'n besoek by iem. aflê, by/vir iem. gaan kuier; *re=turn s.o.'s (telephone) ~* iem. terugbel; *take a ~* 'n (telefoon) oproep neem; *a ~ to the nation* 'n oproep tot die volk; *the clergyman has had a ~ to ...* die predikant staan onder be=roep na ...; *within ~* binne hoorafstand. **call** *ww.* roep; byeenroep; inroep; oproep; toeroep; noem, heet; aangaan, besoek aflê; (op)bel, oplui; (troef) maak; (aan)sê, aangee; beroep *(predikant);* oproep *(getuie);* uitroep *(staking);* ~ *s.o. to account* iem. tot verantwoording roep; ~ *after s.o.* agter iem. aan roep; *s.o. is ~ed after ...* iem. heet na ... *(of* is na ... ge=noem); ~ ... *to arms* ... tot die aanval oproep; ~ *s.o. aside* iem. eenkant toe roep; ~ *at ...* by ... aangaan/aanloop/aanry; ~ *at a port* 'n hawe aandoen; ~ *s.o. away* iem. wegroep; ~ *back* weer kom; terugbel; ~ *s.o. back* iem. terugroep; iem. terugbel; ~ *s.t. into being* iets in die lewe roep; iets verwek; ~ *(in) a doctor* 'n dokter ontbied/roep *(of* laat kom); *feel ~ed upon to ...* jou geroepe voel om te ...; ~ *for action* optrede vra; ~ *for s.o.* iem. haal; ~ *for s.t.* om iets roep *(hulp ens.);* (om) iets vra *(tenders, vrywilligers, ens.);* iets kom haal, iets afhaal; iets (ver)eis/verg; iets opeis/opvra; iets bestel; iets bepleit, op iets aandring; *s.t. ~s for a celebration* iets moet ge=vier word; *s.t. is not ~ed for* iets is onnodig; *to be ~ed for* word afgehaal; *it ~s to (high) heaven* dit skrei ten hemel; ~ *in s.t.* iets intrek/opvra *(of* aan die omloop onttrek) *(geld ens.);* iets oproep *('n verband);* iets laat inbring; ~ *s.o. in* iem. in=roep; *s.t. is ~ed ...* iets word ... genoem; ~ *a meeting* 'n ver=gadering belê/byeenroep; ~ *s.o. by name* iem. by name noem; ~ *s.o. by his/her name* iem. op sy/haar naam noem; ~ *s.o. names* iem. uitskel; ~ *a dog off* 'n hond wegroep; ~ *s.t. off* iets afstel *('n byeenkoms ens.);* iets afgelas *('n staking ens.);* iets staak; ~ *on/upon s.o.* iem. besoek; 'n beroep op iem. doen; iem. oproep; iem. aan die woord stel; op iem. se nommer druk; ~ *out* uitroep; ~ *s.o. out* iem. uitroep; iem. uitdaag; iem. op= roep/(op)kommandeer *(troepe);* ~ *s.t. out, (ook)* iets aflees *(name ens.);* ~ *(out) for help* om hulp roep; ~ *(out) for s.o.* na iem. roep; ~ *(out) for water/etc.* (om) water/ens. vra; ~ *s.t. in ques=tion* iets in twyfel trek; ~ *the shots/tune* die baas wees; ~ *somewhere* êrens aangaan/aanloop; ~ *to s.o.* na iem. roep; ~ *... together* byeenroep; ~ *s.o. up* iem. bel; iem. oproep/(op)kommandeer; ~ *s.t. up* iets te voorskyn roep; iets voor die gees roep; iets wek *(herinneringe); what is it ~ed?* hoe/wat noem ('n) mens dit?. ~ **box** telefoonhokkie. ~**-off** afgelas=ting. ~ **office** oproepkantoor. ~ **sign(al)** roepsein, oproep= teken; roepletter(s). ~**-up** oproep(ing). ~**-up papers** *(mil.)* oproepinstruksies.

**call·a·ble** *(fin.)* oproepbaar, opeisbaar, opvraagbaar; *(fin.)* af=losbaar.

**call·er** roeper; oproeper, aanroeper; aanvraer; besoeker.

**cal·lig·ra·phy** kalligrafie, (skoon)skryfkuns; skoonskrif. **cal·lig·ra·pher** skoonskrywer, kalligraaf.

**call·ing** geroep; roepstem; beroep; roeping; beroeping *(deur gemeente).* ~ **card** *(Am.)* visitekaartjie. ~**-off** afgelasting.

**cal·li·o·pe** *(Am. mus.)* stoomorrel.

**cal·li·per, (Am.) cal·i·per** *(dikw. mv., med.)* loopyster; *(pair of)* ~*s* krom=, meetpasser; loopyster. ~ **brake** passerrem. ~ **compasses** krom=, meetpasser. ~ **splint** *(med.)* loopyster.

**cal·lis·then·ics, (Am.) cal·is·then·ics** sier=, kamergim=nastiek, ligte gimnastiek, vrye oefeninge, kallistenie. **cal·lis·then·ic, (Am.) cal·is·then·ic** gimnasties, kallistenies.

**cal·lous** geëelt, vereelt, eelterig, eeltagtig; *(fig.)* gevoelloos; verhard, verstok; *become ~, (ook fig.)* verhard. **cal·los·i·ty** eelt, huidverharding; dikhuidigheid. **cal·loused** vereelt. **cal·lous·ly** gevoelloos, kil, koelbloedig, gewete(n)loos. **cal·lous·ness** *(fig.)* gevoelloosheid; verstoktheid, verhardheid.

**cal·low** baar, groen, onervare.

**cal·lus** *-luses* eelt, vereelting, kallus; beeneelt; wondkurk, =weefsel; →CALLOUS.

**calm** *n.* kalmte, stilte; windstilte; stiltestreek; gevegstilte. **calm**

*adj.* kalm, stil, bedaard, rustig; ongeërg, onbewoë; ~ **belt** (wind)stiltestreek; *a* ~ *day* 'n stil dag; **dead** ~ dood=, blad= stil; **keep/stay** ~ kalm bly, nie op loop gaan/sit nie; *(ook)* jou kalmte bewaar; *perfectly* ~ doodkalm; doodgerus; *quite* =, *(ook)* doodbedaard; = *sea* kalm see. **calm** *ww.* kalmeer, stilmaak, tot bedaring bring, sus; ~ *down* bedaar, tot bedaring kom, kalm word, afkoel; ~ *s.o. down* iem. kalmeer *(of* tot bedaring bring). **calm·a·tive** *n.* kalmeermiddel, kalmerende middel, susmiddel. **calm·a·tive** *adj.* kalmerend; ~ *pill* kalmeerpil. **calm·ing** *adj.* kalmerend. **calm·ly** kalm(pies), bedaard; doodluiters; *quite* ~, *(ook)* doodbedaard. **calm·ness** kalmte.

**cal·o·rie, cal·o·ry** kalorie, warmte-eenheid. ~ **value** hitte= waarde.

**cal·o·rif·ic** warmtegewend, warmte=, hitte=; ~ *loss* warmte= verlies; ~ *power* warmtevermoë; ~ *(heat) value* kaloriese waarde; *(chem.)* verbrandingswarmte, =waarde; hittewaarde *(by brandstowwe)*.

**cal·o·rim·e·ter** kalorie=, warmtemeter. **cal·o·rim·e·try** kalo= rimetrie, warmtemeting.

**ca·lotte** *(RK)* kalotjie.

**cal·um·ny** *(fml.)* laster(ing), skindertaal, =praatjies, skindery, bekladding, beswaddering.

**Cal·va·ry** Kalvarie(berg), Kruisberg.

**calve** kalf, kalwe; afkalwe; ~ *in* inkalwe(r), afkalwe(r); →CAVE *ww..* **calv·ing** kalwing; afkalwing.

**Cal·vin·ism** Calvinisme. **Cal·vin·ist** *n.* Calvinis. **Cal·vin·ist** *adj.* Calvinisties.

**ca·lyp·so** =*sos* kalipso.

**ca·lyx** =*lyxes,* =*lyces* blomkelk.

**cam** kam *(v. 'n rat);* nok *(v. 'n nokas);* nokskyf; silindersluiter *(v. 'n pistool).* ~ **angle** nokhoek. ~ **box** nokkas. ~ **rod** nok= stang. ~**shaft** nokas. ~**shaft bush** nokasbus.

**ca·ma·ra·de·rie** kameraadskap(likheid).

**cam·ber** *n.* ronding, welwing, katrug; kromming *(v. vere); (mot.)* wielvlug. **cam·ber** *ww.* rond, welf, afskuins. ~ **align· ment** wielvlugstelling. ~ **angle** wielvlughoek. **cam·bered** gerond, gewelf, gekrom; ~ *road* geronde/afgeskuinste pad; ~ *roof* geronde dak.

**cam·bi·um** =*biums,* =*bia, (bot.)* kambium, teelweefsel. ~ **layer** kambium=, teellaag.

**Cam·bo·di·a** *(geog.)* Kambodja. **Cam·bo·di·an** *n.* Kambod= jaan. **Cam·bo·di·an** *adj.* Kambodjaans.

**Cam·bri·a** *(Me.Lat.naam)* Kambrië, Wallis. **Cam·bri·an** Kam= bries, Wallies; *(geol.)* Kambries.

**Cam·bridge** *(geog.)* Cambridge.

**cam·cord·er** kameraopnemer.

**Cam·de·boo:** *the* ~, *(SA, geog.)* die Kamdeboo.

**came** *(verl.t.)* het gekom; →COME.

**cam·el** kameel. ~ **back** kameelrug; boggelrug. ~ **bull** ka= meelbul. ~ **cow** kameelkoei. ~ **driver** kameeldrywer. ~ **thorn,** ~**thorn tree** kameeldoring(boom).

**ca·mel·li·a** *(bot.)* kamelia, japonika.

**Cam·e·lot** Camelot *(in Arturiaanse legende).*

**Cam·em·bert** *(Fr.)* camembert(kaas).

**cam·e·o** =*os* kamee.

**cam·er·a** kamera; (film)kamera; (televisie)kamera; *high-speed* = snelkamera; *in* ~ , *(jur.)* agter/met geslote deure, in cam= era; *on* ~ voor die kamera, regstreeks; in beeld. ~ **case** ka= meratas. ~**man** =*men* (rolprent)fotograaf; persfotograaf; ka= meraman. ~-**ready copy** *(druk.)* reprografeerbare kopie. ~- **shy** kamerasku.

**Cam·e·roon, Cam·e·roun** *(geog.)* Kameroen.

**ca·mi·sole** onderlyfie.

**cam·o·mile, cham·o·mile** *(bot.)* kamille. ~ **daisy** egte ka= mille. ~ **oil** kamille-olie. ~ **tea** kamilletee.

**cam·ou·flage** *n.* vermomming, maskering; vermommings= middel(s), kamoeflering, kamoeflage. **cam·ou·flage** *ww.* vermom, masker, kamoefleer; verdoesel. ~ **net** momnet. ~ **painter** momskilder. ~ **uniform** kamoefleerdrag.

**camp**[1] *n.* kamp, laer; *(fig.)* kamp, faksie; *break* ~ (die) kamp opbreek; *confinement to* ~ kamparres; *in* ~ in die kamp; *pitch* (or *set up*) ~ kamp opslaan, kampeer; *be in the same* ~ aan dieselfde kant staan/wees; *the socialist/etc.* ~ die so= sialistiese/ens. kamp/faksie; *strike* ~ (die) kamp opbreek. **camp** *ww.* kamp(eer); ~ *off s.t.* iets afkamp; ~ *out* uitkamp, kamp(eer); in tente slaap. ~ **bed/chair/etc.** kamp=, veld=, voubed(jie)/stoel(jie)/ens.. ~ **fever** tifuskoors. ~**fire** kamp= vuur. ~**follower** kampvolger; aanhanger, meeloper. ~ **sheet· ing,** ~ **shot** beslag, deklaag, beskoeiing. ~ **site, camping site** kamp(eer)terrein.

**camp**[2] *n., (infml.)* verwyfdheid, verwyfde gedrag, *(gaysl.)* kamp; aansitterigheid, aanstellery, aanstellerigheid; *(teat.)* oorspe= lery; kitsch. **camp** *adj., (infml.)* verwyf(d), *(gaysl.)* kamp; oorspelend, teatraal; kitscherig. **camp** *ww.* oordryf, oordry= we; ~ *it up, (infml.)* met slap polse rondtrippel, *(gaysl.)* dit opkamp; dit *(of* die pap) te dik aanmaak, erg oordryf/oor= drywe; *(teat.)* oorspeel, oordrewe speel.

**cam·paign** *n.* veldtog, kampanje, krygstog; beweging, ak= sie; reklame; *plan of* ~ veldtogsplan; *serve in a* ~ 'n veldtog meemaak. **cam·paign** *ww.* op kommando wees, 'n veldtog (mee)maak; 'n veldtog voer; 'n aksie voer, propaganda maak; ~ *against ...* 'n veldtog teen ... voer; ~ *for ...* jou vir ... beywer. **cam·paign·er** kryger, stryder, *old* ~ veteraan, ringkop, ou strydros.

**camp·er** kampeerder; *(Am.)* kampeervoertuig, kampeerwa, woonbus(sie).

**cam·phor** kanfer. ~ **ball** kanferbal; →MOTHBALL. ~ **bush,** ~ **shrub** kanfer(hout)bos(sie). ~ **oil** kanferolie. ~ **tree** kan= ferboom. ~**wood** kanferhout.

**camp·ing** kampeer(dery), kamp hou. ~ **ground** kamp(eer)= terrein. ~ **holiday** kampeervakansie, staptoer.

**cam·pus** =*puses* kampus, kollege=, universiteitsterrein; die universiteitswêreld.

**can**[1] *could, ww.* kan, in staat wees; *as best s.o.* ~ so goed as (wat) iem. kan; ~ *do, (infml.)* ek/ons kan dit doen, dit kan (ge= doen word); *there is little one* ~ *do about it* ('n) mens kan nie veel daaraan doen nie; *it* ~ *be done* dit kan (gedoen word); *one* ~ *but hope for the best* ('n) mens kan maar net die beste hoop; *no* ~ *do, (infml.)* ek/ons kan dit nie doen nie, dis nie uitvoerbaar nie; *it* ~ *be said more briefly* dit kan korter (gesê word); *it* ~ *be seen* dit is te sien; *one never* ~ *tell* 'n mens kan nie weet nie. ~-**do attitude** *(infml.)* skrik-vir-niks-houding, doelgerigtheid, vasberadenheid.

**can**[2] *n.* kan; blik(kie); *carry the* ~, *(infml.)* met die gebakte pere (bly) sit, die skuld kry; *be in the* ~ klaar/voltooi/afge= handel wees; in kanne en kruike wees; *tin* ~ blik; ~ *of worms* verwikkelde/netelige/duistere/onheilspellende saak, deurme= kaarspul, moeilikheid, *(fig.)* wespenes; *open a* ~ *of worms, (fig.)* 'n miernes oopkrap. **can** =*nn*=, *ww.* inlê, inmaak; in= blik, inbottel; verduursaam; ~ *it!, (sl.)* skei uit *(of* hou op) (daar= mee)!. ~-**opener** blikoopmaker, bliksnyer.

**Can·a·da** *(geog.)* Kanada. ~ **balsam** kanadabalsem. ~ **goose** Kanadese brandgans. **Ca·na·di·an** *n.* Kanadees. **Ca·na·di·an** *adj.* Kanadees; ~ *Shield, (geog.)* Kanadese/Laurentiese Skild.

**ca·nal** *n.* kanaal; grag; buis; groef, gang; *cut/dig a* ~ 'n ka= naal aanlê/grawe. **ca·nal** =*ll*=, *ww.* kanaliseer; van kanale voorsien; 'n kanaal deur ... grawe. ~ **boat** kanaalboot, =vaar= tuig. ~ **lock** kanaalsluis.

**can·a·lise, =lize** kanaliseer. **can·a·li·sa·tion, =za·tion** kana= lisasie; kanalisering.

**can·a·pé** *(Fr., kookk.)* kanapee.

**ca·nar·y** =*ies* kanarie; *Cape* ~ Kaapse kanarie. ~ **bird** *(orn.)* kanarie; *(infml.)* tronkvoël. ~ **creeper** *(bot.)* kanarieklimop.

~ **grass** kanariegras, kwarrelsaad. ~ **seed** kanariesaad. ~ **(yellow)** *n. & adj.* kanariegeel.

**Ca·nar·y Is·lands, Ca·nar·ies** Kanariese Eilande.

**ca·nas·ta** *(kaartspel)* kanasta.

**can·can** *(dans)* cancan.

**can·cel** *n., (filat.)* rojering, afstempeling. **can·cel** -*ll*-, *ww.* skrap, uitkrap, deurhaal; afstel, kanselleer *(afspraak ens.);* herroep, terugtrek *(aanstelling ens.);* vernietig, ophef; intrek *(rybewys, verlof, ens.);* rojeer, afstempel *(seëls);* rojeer *(verband);* opsê *(intekening, kontrak, ens.);* delg, kwytskeld *(skuld);* ~ *each other out* teen mekaar wegval, mekaar ophef/neutraliseer; *the 12:10 train is ~led* die trein van 12:10 val uit. **can·cel·la·tion** skrapping, deurhaling; afstel, afstelling, kansellasie; herroeping, intrekking, terugtrekking; opsegging; rojering, afstempeling; ~ *phrase* intrekkingsbepaling. **can·cel·ling ma·chine** rojeermasjien.

**can·cer** kanker; ~ *of the breast/mouth/throat/uterus* bors-, mond-, keel-, baarmoederkanker. ~ **bush** gansieskeur, eendjies, kankerbossie.

**Can·cer** *(astrol., astron.)* die Kreef; *tropic of* ~ Kreefskeerkring.

**can·cer·ous** kankeragtig; *become* ~ verkanker; ~ *growth* kankergeswel; ~ *spot* kankerplek.

**can·de·la** *(fis., simb.: cd)* kandela.

**can·de·la·brum** -*bra*, -*brums*, **can·de·la·bra** -*bras* kandelaber, groot (arm)kandelaar, kroonkandelaar. **candelabra flower** kandelaarblom. **candelabra tree** naboom.

**can·did** openhartig, rondborstig, eerlik, opreg; ~ *camera* steelkamera; ~ *opinion* onbevooroordeelde mening; *be ~ with s.o. about s.t.* openhartig teenoor iem. wees oor iets. **can·did·ly** openlik, openhartig, reguit, vrymoedig, ronduit.

**can·di·date** kandidaat; aansoeker; *be a ~ for* ... ('n) kandidaat vir ... wees; *put up a ~* 'n kandidaat stel; *reject a ~* 'n kandidaat uitstem; *an unopposed ~* 'n onbestrede kandidaat. **can·di·da·cy** kandidaatskap, kandidatuur. **can·di·da·ture** kandidaatskap, kandidatuur; kandidaatstelling.

**can·died** versuiker(d); soet; *(fig.)* soetsappig; ~ *peel* suikerskil, versuikerde skil.

**can·dle** kers; *blow/put out a* ~ 'n kers doodblaas/doodmaak; *burn the* ~ *at both ends, (infml.)* jou (kragte) ooreis, die kers aan twee kante brand, bo afknip en onder wegsny; roekeloos lewe; *hold a* ~ *to the* **devil** medepligtig wees; *the game is not worth the* ~ die kool is die sous nie werd nie; *s.o. cannot hold* (or *s.o. is not fit*) *to hold a* ~ *to* ... iem. kan nie vir ... kers vashou *(of* in ... se skadu(wee) staan *of* naby ... kom) nie; *light a* ~ 'n kers opsteek; *hold a* ~ *to the sun* water in/na die see dra. ~ **flame** kersvlam(metjie). ~**holder** kershouer. ~**light** kerslig; *by* ~ by kerslig. ~ **mould** kersvorm. ~**nut** bankoelneut. ~**nut oil** bankoelolie. ~**power** kerskrag. ~ **snuffer** snuiter. ~**stick** kandelaar; blaker. ~**stick lily** kandelaarlelie. ~ **wax** kerswas. ~**wick** kerspit.

**can·dour, *(Am.)* can·dor** openhartigheid, rondborstigheid, opregtheid, eerlikheid.

**can·dy** *n.* kandy(suiker), tee-, garing-, garesuiker; *(Am.)* lekkers, snoepgoed. **can·dy** *ww.* in suiker lê, (laat) versuiker; glaseer; kristalliseer. ~**floss** spookasem, suikerdons, -wol. ~**striped** met pienk en wit strepe.

**cane** *n.* riet; suikerriet; bamboes; spaansriet; rottang, matwerk; *(slaanding)* lat, rottang, kierie, wandelstok; *get the* ~ onder die lat deurloop; *sugar* ~ suikerriet. **cane** *ww.* slaan, pak gee; mat *(stoel); be* ~*d* onder die lat deurloop. ~ **bottom** rietmat. ~ **chair** rottang-, rietstoel; grasstoel; rietmatstoel. ~ **cutter**, ~ **knife** rietmes. ~ **field** suikerrietland. ~ **mill** suikerrietmeul(e). ~ **rat** rietrot. ~ **seat** rottangmat. ~ **spirit** rietsnaps, -blits, -spiritus. ~ **sugar** rietsuiker; sukrose. ~ **trash** ampas, (uit)geperste suikerriet. **can·ing** pak (slae), drag slae, loesing.

**ca·nine** *n.* hond(agtige); oog-, hoek-, slagtand. **ca·nine** *adj.* honds, hondagtig, honds-; ~ *tooth* oog-, hoek-, slagtand.

**Ca·nis:** ~ **Major** *(astron.)* Canis Major, die Groot Hond. ~ **Minor** *(astron.)* Canis Minor, die Klein Hond.

**can·is·ter** trommel, blik; *gas* ~ gasbottel, -houer.

**can·ker** *n.* (mond)sweer; hoefkanker; swering; brand *(by plante); (fig.)* kanker, pes, verpestende invloed. **can·ker** *ww.* kanker, inkanker, invreet; verpes. **can·kered** verkanker(d); ingevreet; boos, venynig, giftig; verbitter(d), haatdraend. **can·ker·ous** kankeragtig, invretend; verbitter(d), haatdraend, venynig.

**can·na** *(bot.)* kanna, (Indiese) blomriet.

**can·na·bis** hennep; dagga.

**canned** ingemaak, ingelê, in blik; voor die tyd opgeneem; *(infml.)* aangeklam; ~ *fruit* ingemaakte/ingelegde vrugte; ~ *laughter, (infml.)* geblikte gelag; lagbaan; ~ *meat* blikkiesvleis; ~ *music, (infml.)* blikkiesmusiek. ~-**fruit bottle** inmaak-, inlê-, vrugtefles.

**can·ne(l)·lo·ni** *(It. kookk.)* cannelloni.

**can·ner** inmaker, inlêer. **can·ner·y** -*ies* inmaakfabriek.

**can·ni·bal** mensvreter, kannibaal. **can·ni·bal·ise, -ize** *ww.* kannibaliseer *(motor/ens. vir onderdele).* **can·ni·bal·ism** mensvretery, kannibalisme. **can·ni·bal·is·tic** mensvretend, kannibaals, mensvreter-; bloeddorstig.

**can·ni·ly, can·ni·ness** →CANNY.

**can·ning** (die) inmaak/inlê, inmakery, inlêery, inmaking, inlegging; verduursaming. ~ **factory** inmaakfabriek.

**can·non** *n.* kanon; kanonne, geskut, artillerie; *(biljart)* raakstoot. **can·non** *ww.* (be)skiet; *(biljart)* raak stoot; ~ *into* ... teen ... bots/vasloop. ~**ball** kanonkoeël. ~ **fodder** kanonvoer.

**can·not** kan nie; →CAN[1] *ww.; that* ~ *be* dit kan nie; *s.o.* ~ *but* ... iem. kan nie anders as ... nie; *I* ~ *say* ek weet nie.

**can·ny** slim, skerp, intelligent; uitgeslape; versigtig, omsigtig. **can·ni·ly** slim; uitgeslape; versigtig. **can·ni·ness** uitgeslapenheid; versigtigheid.

**ca·noe** *n.* kano, bootjie. **ca·noe** *ww.* in 'n kano vaar. ~ **trip**, ~ **race** kanovaart.

**ca·noe·ing** kanovaart.

**ca·noe·ist** kanoroeier, -vaarder.

**ca·no·la** kanola.

**ca·ñon** →CANYON.

**ca·non** *(Chr.)* kanon, kerkreël, -wet, kerklike leërstelling; geloofsreël, leerreël; (algemene) reël/maatstaf/norm, rigsnoer; die kanonieke (Bybel)boeke; *(mus.)* kanon, beurtsang; *(lettk.)* kanon. **ca·non·i·cal, ca·non·ic** *adj.* kanoniek; kanonikaal; kerklik; kerkregtelik; kerk-; *(mus.)* kanonies; ~ *books* kanonieke boeke *(v.d. Bybel).* **ca·non·ise, -ize** kanoniseer, heilig verklaar. **ca·non·i·sa·tion, -za·tion** heiligverklaring.

**ca·noo·dle** *(sl.)* druk en soen; liefkoos; vry, kafoefel.

**can·o·py** (son)kap, tent *(v. rytuig);* dak *(ook v. vliegtuig);* gewelf; draagdoek *(v. valskerm).*

**cant[1]** *n.* skuinste; skuins kant; kanteling, oorhelling; ruk, stamp, stoot. **cant** *ww.* skuins maak, afskuins; (skuins) afkant; oorhel, kantel; skuins hou *(of* laat lê); opwip, omkantel.

**cant[2]** *n., (gew. neerh.)* sektetaal, jargon; vak-, beroeps-, groeptaal; (politieke/godsdienstige) huigeltaal, kweselary, lippetaal; *thieves'* ~ diewetaal, bargoens; lippetaal. **cant** *ww.* huigel. ~ **phrase** modewoord; hol gesegde. ~ **term** vak-, beroepsterm.

**can't** *(sametr.)* = cannot.

**can·ta·loup(e)** spanspek.

**can·tan·ker·ous** prikkelbaar, suur, iesegrimmig.

**can·ta·ta** *(mus.)* kantate.

**can·teen** kroeg, taphuis; fabriekswinkel; skeepswinkel; soldate-, garnisoenswinkel; personeelkafee; koskannetjie; eetgereikis; veldkombuis; verversingslokaal, -tent; verversingstoonbank; veldfles, waterkannetjie; ~ *of cutlery* tafelsilwerkis, messegoedkis; *mobile* ~ verversingswa; mobiele soldatewinkel.

**can·ter** *n.* handgalop, kort galop(pie), galopdraf; ritjie; uit=
stappie; *go for a* ~ ('n entjie) gaan ry *(te perd); ride at a* ~ op 'n
kort galop ry; *win in a* ~, *(infml.)* fluit-fluit/loshand(e)/mak=
lik *(of* met gemak) wen. **can·ter** *ww.* in/op 'n handgalop *(of*
kort galoppie) ry/loop; ~ *home, (infml.)* fluit-fluit/loshand(e)/
maklik *(of* met gemak) wen.

**Can·ter·bur·y** *(geog.)* Kantelberg *(in Eng.);* Canterbury *(in
NS).*

**can·thus** -thi ooghoek.

**can·ti·cle** (lof)sang; *(C~ of) C~s, (OT)* Hooglied.

**can·ti·le·ver** *n.* kantelbalk, vrydraende balk, vrydraer. **can=
ti·le·ver** *ww.* vrydraend maak/bou. ~ **bridge** vrydraende
brug.

**can·ti·na** *(Sp.Am.)* kroeg; *(It.)* wynwinkel.

**can·to** =tos, *(It., mus.)* canto; kanto *(v. gedig).*

**Can·ton** *(geog.)* Kanton. **Can·ton·ese** *n., (inwoner, taal)* Kan=
tonnees. **Can·ton·ese** *adj.* Kantonnees.

**can·ton, can·ton** *n., (geog.)* kanton *(in Switserland ens.).*
**can·ton, can·ton** *ww.* in wyke verdeel; inkwartier, kan=
tonneer. **can·ton·al** kantonnaal.

**can·tor** voorsanger, kantor.

**can·vas** *n.* seil(doek); borduurgaas; (skilder)doek; skildery;
tentdoek; *open* ~ stramien; *under* ~ in 'n tent *(of* tente), on=
der seil; *be under* ~ (in tente) kampeer. ~ **cloth** seilstof. ~
**shoe** seilskoen, *(infml.)* tekkie.

**can·vass** *ww.* werf *(stemme, klante);* pols; bespreek, uitpluis.
**can·vass·er** werwer; kollektant; verkiesingsagent; naamop=
nemer *(vir kieserslys);* **can·vass·ing** werwing; huisbesoek
*(infml.);* gunswerwing.

**can·yon, ca·ñon** diepkloof, canyon, spoelkloof, aardtrog,
erosiedal. ~ **wall** rivierkrans.

**cap** *n.* mus, kappie; kap, bedekking, dek; deksel; dekstuk;
dop; kruin; slagdoppie, slaghoedjie; *(tandh.)* (kuns)kroon; *(bot.)* hoed, kap, pileus *(v. paddastoel/sampioen);*
kapsule *(v. fles);* beitelwig *(v. skaaf); (fin.)* boperk; *academic*
~ akademiese mus; ~ *and bells* sots=, narrekap; *brimless*
~ mus; *if the* ~ *fits, wear it, (fig.)* as die skoen jou pas, trek
hom aan; *get/win* one's ~, *(sport)* (jou) nasionale kleure kry/
ontvang/verwerf, die (nasionale) span haal; ~ *and gown* ba=
ret en toga; ~ *in hand* gedwee, nederig; *go to s.o.* ~ *in hand*
met die hoed in die hand na iem. gaan, iem. (om) 'n guns
vra; *new* ~, *(sport)* nuwe speler/spanlid; *peaked* ~ pet. **cap**
=pp=, *ww.* 'n mus/pet opsit; *(tandh.)* kroon; *(geol.)* (oor)dek; 'n
graad verleen; *(sport)* in die (verteenwoordigende) span op=
neem; beskerm, beslaan; die kroon opsit; troef, oortroef; 'n
dop(pie) opsit; verseël *(gas=, oliebron); (fin.)* die/'n boperk stel;
*that* ~s it *(all)* dit span die kroon; *to* ~ *it all, (ook)* tot oor=
maat van ellende/ramp; *be* ~ped 'n graad kry; *s.o. was* ~ped
*six times for SA* iem. is al ses keer in die SA span opge=
neem, iem. het al ses keer vir SA gespeel *(of* SA al ses keer
verteenwoordig). ~ **gun,** ~ **pistol** knalpistool(tjie), =geweer=
(tjie), speelpistool. ~ **sleeve** kapmou. ~**stone** dekklip.

**ca·pa·ble** bekwaam; geskik, in staat; vatbaar; *be* ~ *of* ... tot ...
in staat wees; vir ... vatbaar wees. **ca·pa·bil·i·ty** =ties vermoë;
bekwaamheid, bevoegdheid; potensiaal; *(mil.)* vermoë,
slaankrag; *be beyond/within s.o.'s capabilities* buite/binne iem.
se vermoë wees; *have the* ~ *to do* (or *of doing) s.t.* die vermoë
hê *(of* in staat wees) om iets te doen.

**ca·pa·cious** ruim, omvattend. **ca·pa·cious·ness** ruimheid.

**ca·pac·i·tance** kapasitansie.

**ca·pac·i·tate** in staat stel, bevoeg maak.

**ca·pac·i·tor** *(elek.)* kondensator.

**ca·pac·i·ty** *n.* bekwaamheid, vermoë; hoedanigheid, kapa=
siteit; inhoud, ruimte; inhoudsmaat; =vermoë, huurvermoë;
bergruimte; ruimte *(vir); be beyond/within s.o.'s* ~ buite/
binne iem. se vermoë wees; *be filled to* ~ propvol/stampvol
wees; *have a* ~ *for* ... die vermoë hê om te ...; *have the* ~ *for*

... die talent hê om ... *(mense te verveel ens.); at full* ~ met/op
volle krag/sterkte; *in his/her* ~ *of* ... in sy/haar hoedanigheid
as/van ...; *be of legal* ~ handelingsbevoeg wees; *in what* ~?
in watter hoedanigheid?, as wat?; ~ *for work* werkvermoë.

**ca·pac·i·ty** *adj.* so vol/hoog as moontlik; ~ *audience/house*
stampvol saal; ~ *crowd* maksimum-opkoms; *there was a* ~
*crowd* dit was stampvol. ~ **building** kapasiteitsbou.

**Cape** *n.: at the* ~ aan die Kaap; *the Eastern/Northern/
Western* ~ *(Province)* die Oos/Noord/Wes-Kaap(provinsie);
*off the* ~ voor/teenoor die Kaap; *the* ~, *(streek)* die Kaap.
**Cape** *adj.* Kaapse. ~ **beech** (Kaapse) boekenhout(boom).
~ **canary** Kaapse kanarie. ~ **Canaveral** *(geog.)* Kaap Canave=
ral. ~ **cobra** koperkapel, geelslang. ~ **Cod** *(geog.)* Kaap Cod.
~ **Cross** *(geog.)* Kruiskaap. ~ **doctor:** *the* ~, *(fig.)* die Kaap=
se dokter, die Suidoos, die suidoostewind. ~ **Dutch** *adj., (vnl.
argit.)* Kaaps-Hollands. ~ **Flats:** *the* ~, *(geog.)* die Kaapse
Vlakte. ~ **gooseberry** appelliefie. ~ **honeysuckle** Kaapse
kanferfoelie. ~ **Horn** *(geog.)* Kaap Hoorn. ~ **lady** *(igt.), (Stro=
mateus fiatola)* (blou)bottervis, Kaapse nooientjie; *(Boopsoi=
dea inordinata)* fransmadam. ~ **laurel** Kaapse kweper. ~ **Ma=
lay** *adj., (vnl. kookk.)* Kaaps-Maleis. ~ **of Good Hope** Kaap
die Goeie Hoop. ~ **of Storms** Stormkaap. ~ **Point** Kaap=
punt. ~ **salmon** *(igt.), (Atractoscion aequidens)* geelbek; *(Elops
machnata)* wildevis. ~ **sparrow** gewone mossie. ~ **Town**
Kaapstad. ~ **Verde** Kaap Verde. ~ **Verde Islands** Kaap-Ver=
diese Eilande.

**cape**[1] *n.* kaap, voorgebergte.

**cape**[2] *n.* skouermantel. ~ **collar** mantelkraag.

**cap·er**[1] *n.* bokkesprong, kaperjol; *cut a* ~ (or ~s) bokspring,
bokkesprong e/kaperjolle/passies maak. **cap·er** *ww.* bok=
spring, rinkink, baljaar.

**cap·er**[2] *n.* kapper(tjie), kapper(tjie)saad; kapper(tjie)struik.

**Cape·ton·i·an** *n.* Kapenaar, inwoner van Kaapstad. **Cape=
ton·i·an** *adj.* Kaapstads, Kaaps.

**Ca·pey** =peys, **Ca·pie** =pies, *n., (SA, infml.)* Kapenaar.

**ca·pil·lar·y** *n., (anat.)* haarvat; haarbuis(ie). **ca·pil·lar·y**
*adj.* haarvormig; haarfyn; kapillêr, haarbuis=, haarvat=.

**cap·i·ta** *(mv. v. caput): per* ~ per kop, *(Lat)* per capita.

**cap·i·tal**[1] *n.* kapitaal, hoofsom; hoofstad; hoofletter; *draw
on the* ~ die kapitaal aanspreek; *increase of* ~ kapitaal=
vermeerdering; ~ *make* ~ *(out) of s.t.*
uit iets munt slaan. **cap·i·tal** *adj.* hoof=, uitstekend, eerste=
klas; kapitaal=; *art with a* ~ *A* kuns met 'n hoofletter-K. ~
**account** kapitaalrekening. ~ **appreciation** kapitaalaanwas.
~ **charge** halsaanklag, aanklag van 'n halsmisdaad. ~ **city**
hoofstad. ~ **creation,** ~ **formation** kapitaalvorming. ~ **crime,**
~ **offence** halsmisdaad. ~ **debt** kapitaalskuld. ~ **employed**
aangewende/gebruikte kapitaal; bedryfskapitaal. ~ **error**
grondfout, =flater, skreiende/fatale fout. ~ **expenditure** ka=
pitaaluitgawe. ~ **fund** kapitaal(fonds), hoofsom. ~ **gain** ka=
pitaalwins. ~ **gains tax** belasting op kapitaalwins. ~ **goods**
kapitaalgoedere. ~ **income** inkomste uit kapitaal, kapitaal=
inkomste. ~ **issue** kapitaaluitgifte. ~ **letter** hoofletter. ~ **levy**
kapitaalheffing. ~ **outlay** kapitaalbesteding, =investering. ~
**punishment,** ~ **sentence** die doodstraf. ~ **stock** aandele=
kapitaal. ~ **sum** hoof=, kapitaalsom. ~ **transfer tax** kapitaal=
oordragbelasting.

**cap·i·tal**[2] *n.* kapiteel, pilaarkop; hoofstuk.

**cap·i·tal·ise, -ize** kapitaliseer; in geld omsit; met 'n hoof=
letter *(of* hoofletters) skryf/skrywe, groot skryf/skrywe, ka=
pitaliseer; ~ *on s.t.* uit iets munt slaan. **cap·i·tal·i·sa·tion,
=za·tion** kapitalisasie, kapitalisering.

**cap·i·tal·ism** kapitalisme. **cap·i·tal·ist** *n.* kapitalis, geldman,
=baas. **cap·i·tal·ist, cap·i·tal·ist·ic** *adj.* kapitalisties.

**cap·i·tal·ly** uitstekend, eersteklas.

**cap·i·ta·tion** hoofbelasting. ~ **grant** hoofdelike toelaag/toe=
lae/bydrae.

**Cap·i·tol:** *the* ~, *(Rome)* die Kapitool; *(Washington)* die Kon=

gresgebou. **Cap·i·to·line** Kapitolyns; *the ~ Hill* die Kapitoolheuwel (*of* Kapitolynse heuwel).

**ca·pit·u·late** kapituleer, voorwaardelik oorgee; *~ to ...* jou aan ... oorgee. **ca·pit·u·la·tion** kapitulasie, voorwaardelike oorgawe; opsomming *(v. hoofde);* voorwaarde, ooreenkoms, verdrag.

**ca·pit·u·lum** *=la, (bot.)* blomhofie; *(anat.)* koppie, knop, kapitulum.

**ca·po** *=pos, (It.)* capo, Mafiabaas; *da ~, (mus.)* van bo (*of* die begin) af.

**ca·pon** kapoen, gesnyde haan. **ca·pon·ise, =ize** kapoen, sny, kastreer.

**ca·pote** kapotjas, kapmantel.

**cap·ping** bekleding, bedekking; *(geol.)* dekplaat; deklaag; graadverlening; vals verpakking.

**cap·puc·ci·no** *=nos, (It. kookk.)* cappuccino.

**Ca·pri:** *the island/isle of ~* die eiland Capri. *~ **pants**,* **Capris** *n. (mv.)* kuitbroek, Capri-broek.

**ca·price** gier, gril, bevlieging, nuk; verbeelding; luim; *(i.d. mv.)* fiemies; *(i.d. mv.)* ipekonders, hipokonders. **ca·pricious** wispelturig, vol giere/grille/nukke/fiemies, buierig, humeurig, onberekenbaar. **ca·pri·cious·ness** wispelturigheid, humeurigheid, grilligheid, fiemies.

**Cap·ri·corn** *(astrol., astron.)* die Steenbok, Capricornus.

**cap·ri·ole** kaperjol, bokkesprong, bokspring.

**Cap·ri·vi:** *the ~ Strip* die Caprivistrook. **Cap·ri·vi·an** *n.* Capriviaan. **Cap·ri·vi·an** *adj.* Capriviaans, Caprivies.

**cap·si·cum** rissie(s), Spaanse peper.

**cap·size** *ww.* omval, omslaan, (om)kantel; onderstebo slaan, omgooi, laat omslaan.

**cap·stan** kaapstander, draaispil.

**cap·sule** *n.* kappie, dop, kapsule; verbrandingsbakkie; omhulsel, huls, saaddoos, =dosie, =huisie, kapsel, kokervrug; doosvrug. **cap·sule** *ww.* inkapsel; van kapsules (*of* 'n kapsule) voorsien. **cap·su·lar** kapsulêr, dopvormig, kapselvormig; saaddoos=. **cap·su·late, cap·su·lat·ed** ingekapsel.

**cap·tain** *n.* kaptein; skipper; gesagvoerder *(op skip/vliegtuig);* aanvoerder; *~ of industry* groot nyweraar. **cap·tain** *ww.* aanvoer, as kaptein optree. **cap·tain·cy** kapteinsrang; kapteinskap.

**cap·tion** *n.* onderskrif, byskrif; titel, opskrif, hofie, kop; kapsie. **cap·tion** *ww.* van 'n opskrif/byskrif (*of* van opskrifte/byskrifte) voorsien.

**cap·tive** *n.* gevangene; *hold s.o. ~* iem. gevange hou; iem. boei *(fig.); take s.o. ~* iem. gevange neem, iem. vang. **cap·tive** *adj.* gevange; *~ audience* onvrywillige gehoor. **cap·tivate** bekoor, boei, betower, vang. **cap·ti·vat·ing** bekoorlik, innemend. **cap·tiv·i·ty** gevangenskap.

**cap·tor** vanger, gevangenemer; buitmaker, kaper.

**cap·ture** *n.* vangs, gevangeneming; roof; inneming, inname; buit, prys; *(rek.)* vaslegging *(v. data).* **cap·ture** *ww.* vang, gevange neem *(mense);* vang *(diere);* verower; vermeester; roof, buit; *(rek.)* vaslê *(data); ~ a town* 'n stad inneem.

**Cap·u·chin** Kapusyn, Kapusyner(monnik).

**cap·u·chin** mantelkap; *(duiweras)* raadsheer. *~* **(monkey)** kapusyner=, rol=, mantelaap.

**cap·y·ba·ra** *(S.Am. knaagdier)* kapibara, watervark.

**car** motor(kar); rytuig, wa; trem(wa); spoorwa; hysbak; (stuur)kajuit; *drive a ~* 'n motor bestuur; *go by ~* per (*of* met die) motor gaan; *ride in a ~* in 'n motor ry; *service a ~* 'n motor diens/versien (*of* in stand hou); *start a ~* 'n motor aan die gang sit. *~* **accident** motorongeluk. *~* **allowance** motortoelaag, =toelae. *~* **bomb** motorbom. *~* **bonnet** motorkap. *~* **boot** kattebak. *~* **driver** motorbestuurder. *~* **ferry** motorveerboot. *~* **hire** motorhuur; motorhuurmaatskappy, =firma. *~* **insurance** motorversekering. *~* **licence** motorlisensie. *~* **park** parkeerterrein; parkade, par=

keergarage. *~* **phone** motor(tele)foon. *~* **pool** saamryklub; motorpoel. *~***port** motorafdak, =oordak. *~* **racing** motor= (wed)renne. *~* **rally** tydren. *~* **valet** motorversorger. *~* **wash** motorwassery.

**car·a·cal** rooikat, karakal.

**car·a·cul** →KARAKUL.

**ca·rafe** kraffie; waterfles, karaf.

**ca·ram·bo·la** *(Port.),* **star fruit** carambola, stervrug.

**car·a·mel** karamel; gebrande suiker. *~~***coloured** karamel= kleurig. *~~***flavoured** met 'n karamelsmaak *(pred.).***car·a·mel= ise, =ize** karamelliseer.

**car·a·pace** rugdop, =skild, karapaks, skilpaddop.

**car·at** karaat; *18 ~s* 18 karaat.

**car·a·van** *n.* woonwa, karavaan, kampeerwa; karavaan *(kamele).* **car·a·van** *=nn=, ww.* met 'n woonwa/karavaan reis. *~* **park** woonwa=, karavaanpark.

**car·a·van·ner** woonwa=, karavaantoeris.

**car·a·van·ning** woonwa=, karavaantoerisme.

**car·a·vel, car·vel** *(sk.)* karveel.

**car·a·way** karwy. *~* **seed** karwy=, koeksaad.

**car·bide** *(chem.)* karbied.

**car·bine** karabyn, buks, kort geweer.

**car·bo·hy·drate** *(chem.)* koolhidraat.

**car·bol·ic** karbolies, karbol=; *~ acid* karbolsuur; *~ soap* kar= bolseep. **car·bo·lise, =lize** karboliseer.

**car·bon** *(chem.,simb.:C)* koolstof; kool; *solidified ~* vaste kool= suurgas, *(infml.)* droë ys. *~* **black** koolswart. *~* **compound** koolstofverbinding. *~* **content** koolstofgehalte, =inhoud. *~* **copy** deurslag *(v. 'n brief ens.); be a ~ of ..., (fig.)* presies dieselfde as ... wees; 'n presiese herhaling van ... wees; 'n nabootsing van ... wees; *he's a ~ ~ of his brother* hy is die ewebeeld van sy broer (*of* sy broer se ewebeeld). *~* **dating,** *~~***14 dating** radiokoolstofdatering. *~* **dioxide** *(chem.)* kool= stofdioksied, koolsuurgas. *~* **monoxide** *(chem.)* koolstof= monoksied. *~* **(paper)** kool=, deurslaan=, deurslagpapier. *~* **printing,** *~* **process** kooldruk. *~* **tetrachloride** *(chem.)* kool= stoftetrachloried, tetrachloorkoolstof.

**car·bo·na·ceous** koolstofhoudend; koolryk; koolstofagtig; *~ system* steenkoolformasie.

**car·bon·ate** *n., (chem.)* karbonaat, koolsuursout; *~ of lime* koolsuurkalk. **car·bon·ate** *ww.* verkool; karboneer. **car= bo·nat·ed** *adj.* soda= *(water ens.); ~ soft drink* gaskoeldrank. **car·bon·a·tion** verkoling; karbonering.

**car·bon·ic** koolsuur=; *~ acid* koolsuur; *~ acid gas* koolsuur= gas, koolstofdioksied.

**Car·bon·if·er·ous** *n., (geol.)* Karboon. **Car·bon·if·er·ous** *adj.* Karbonies, Karboon=.

**car·bon·ise, =ize** verkool; karboneer; karboniseer; aankool; *become ~d* verkool. **car·bon·i·sa·tion, =za·tion** verkoling, kar= bonisasie, karbon(is)ering, karboneerproses; aankoling.

**car·bo·run·dum** *(chem.)* karborundum, silikonkarbied.

**car·bun·cle** *(med.)* karbonkel, steenpuisie, negeoog; *(edel= steen)* karbonkel; *(fig.)* onooglikheid.

**car·bu·ret·tor, car·bu·ret·ter,** *(Am.)* **car·bu·re·tor** vergasser; *flood the ~* die vergasser versuip.

**car·cass, car·case** karkas, kadawer, geraamte, aas; ge= slagte dier; karkas, romp *(v. buiteband).*

**car·cin·o·gen** *(med.)* karsinogeen, kankerverwekkende stof. **car·cin·o·gen·ic** karsinogeen, kankerverwekkend.

**car·ci·no·ma** *=mas, =mata, (med.)* karsinoom, (soort) kanker, kankergeswel. **car·ci·no·ma·tous** kankeragtig.

**card** *n.* kaart; (speel)kaart; (naam/visite)kaartjie; (bank/kre= diet)kaart; (identiteits/lidmaatskaps)kaart; (koop)kaart; (bib= lioteek)kaartjie; (toegangs)kaartjie, toegangsbewys; balpro= gram; wedrenprogram; *(infml.)* kaartman(netjie), grapma= ker; *keep/play one's ~s close to one's chest, (infml.)* jou planne dighou; *a game of* ~*s* 'n kaartspel; *have/hold all the* ~*s, (fig.)* al die troewe hê; *house of* ~*s, (fig.)* kaartehuis, wankelrige struktuur; onseker plan; *s.t. is on the* ~*s* iets word verwag, iets is moontlik/waarskynlik; *a pack/deck of* ~*s* 'n pak/stel kaarte; *play a* ~ 'n kaart speel; *play (at)* ~*s* kaartspel; *play one's* ~*s right/well, (infml.)* goed van jou kanse gebruik maak; *play one's* ~*s badly, (infml.)* dom te werk gaan; *a* ~ *of nine races* 'n program van nege renne; *shuffle the* ~*s* die kaarte skommel; *have a* ~ *up one's sleeve, (fig.)* 'n kaart in die mou hê; *the* ~*s are stacked against s.o./s.t., (infml.)* iem./iets se kanse is skraal; *s.t. depends on the turn of a* ~ iets hang af van hoe die kaarte val. **card** *ww.* op 'n kaart aanbring/aanteken; ~ *70, (gholf)* 70 aanteken. ~**board** karton, bordpapier. ~-**carrying** ingeskrewe *(lid).* ~ **catalogue** kaartkatalogus, karto= teek. ~ **file** kaartlêer; geliasseerde kaarte. ~ **game** kaart= spel(etjie). ~ **index** *n.* kaartindeks, =register. ~-**index** *ww.* 'n kaartindeks/-register van ... maak. ~**phone** kaart(tele)foon. ~ **punch** (kaart)ponsmasjien. ~ **reader** *(rek.)* kaartleser; *(tarot)* kaartlêer, =legster. ~ **reading** *(tarot)* kaartlêery. ~**sharp(er)** valsspeler. ~ **swipe** *(rek.)* elektroniese kaartleser. ~ **trick** kaartkunsie. ~ **vote** blokstem.

**car·da·mom, car·da·mum, car·da·mon** kardemom; *(i.d. mv.)* kardemomsade.

**car·dan joint** *(teg.)* kardankoppeling.

**car·di·a** =*diae,* =*dias, (anat.)* hart; maagmond, =ingang.

**car·di·ac** kardiaal, hart=, van die hart; ~ *arrest* hartverlam= ming, =stilstand; ~ *failure* hartversaking; ~ *transplant* hart= oorplanting.

**car·di·al** kardiaal, hart=, van die hart; ~ *abnormality* hart= afwyking.

**car·di·gan** knooptrui, wol=, gebreide baadjie.

**car·di·nal** *n., (RK)* kardinaal; dieprooi, donkerskarlaken; hoof= getal; hooftelwoord; *(orn.)* kardinaal(voël). **car·di·nal** *adj.* vernaamste, hoof=; dieprooi, donkerskarlaken. ~ **number** hoofgetal. ~ **numeral** hooftelwoord. ~ **point** hoofpunt; hoof= windstreek. ~ **principle** hoofbeginsel. ~ **sin** doodsonde.

**car·di·nal·ate, car·di·nal·ship** *(RK)* kardinaalskap, kar= dinalaat; *the cardinalate, (ook)* die kardinale.

**car·di·o·gram** *(med.)* kardiogram.

**car·di·o·graph** *(med.)* kardiograaf. **car·di·og·ra·pher** kardio= grafis. **car·di·o·graph·ic** kardiografies. **car·di·og·ra·phy** kar= diografie.

**car·di·ol·o·gy** *(med.)* kardiologie. **car·di·o·log·i·cal** kardio= logies, hart=. **car·di·ol·o·gist** hartspesialis, kardioloog.

**car·di·om·e·try** *(fisiol., med.)* hartmeting, kardiometrie.

**car·di·o·re·spir·a·to·ry:** ~ *organs* hartasemhalingsorgane.

**car·di·o·vas·cu·lar** *(med.)* kardiovaskulêr; ~ *system* hart= bloedvatstelsel.

**care** *n.* sorg, hoede, versorging; besorgdheid, sorg(e), be= kommernis, ongerustheid; ag, versigtigheid, sorgvuldigheid; *commit/entrust ... to the* ~ *of s.o.* ... aan iem. se sorg toe= vertrou; *exercise/take* ~ oppas, versigtig wees; *be free from* ~*(s)* geen sorge hê nie, onbesorg/kommerloos wees; *handle s.t. with* ~ iets versigtig hanteer; *be in/under the* ~ *of ...* onder ... se sorg wees; *in need of* ~ sorgbehoewend; *the* ~ *of ...* die sorg vir *(of* die versorging van) ...; ~ *of ...* per adres ...; *take* ~*!* pas op (vir jou)!, wees gewaarsku!; kyk (tog) wat jy doen!; *take* ~ *of ...* vir ... sorg, ... oppas/versorg; *take* ~ *of s.t., (ook)* iets afhandel, vir iets sorg (dra); vir iets voorsiening maak; *I'll take* ~ *of that* laat dit aan my oor; *take* ~ *of yourself!* mooi loop!; mooi bly!; *take more* ~ *over s.t.* meer moeite met iets doen, meer aandag aan iets bestee; *take* ~ *that ...* sorg dat ...; *that takes* ~ *of that!* dis dan af= gehandel!; *do s.t. with* ~ iets versigtig *(of* met sorg) doen; *not have* (or *be without) a* ~ *in the world* jou oor niks (ter wê= reld) bekommer nie. **care** *ww.* omgee, jou bekommer; las hê; ~ *about ...* vir ... omgee; jou oor ... bekommer; *for all I* ~ wat my (aan)betref, vir my part; *s.o. doesn't* ~ *a damn* (or

*two hoots), (infml.)* iem. gee geen *(of* nie 'n) flenter om nie, dit kan iem. nie skeel nie; *I don't* ~ dit traak my nie; *I don't* ~ *if I do!* graag!; ~ *for ...* vir ... omgee, van ... hou; vir ... sorg, na ... kyk/omsien; 'n ogie oor ... hou; ... oppas; ... verpleeg; *not* ~ *for s.t.* nie (veel) van iets hou nie; ~ *nothing for* ... niks van ... hou nie; *be well* ~*d for* goed versorg wees; *s.o. couldn't* ~ *less, (infml.)* dit kan iem. nie skeel nie, dit traak iem. nie, iem. gee geen *(of* nie 'n) flenter om nie; *s.o. couldn't* ~ *less about ..., (ook, infml.)* iem. voel vere vir ...; *if you* ~ *to do it* as jy dit wil doen, as jy lus het/is/voel (om dit te doen); *what do I* ~*?* wat traak dit my?, wat kan dit my skeel?; *who* ~*s?* wat daarvan?; *would you* ~ *for a ...?* wil jy 'n ... hê?; *would you* ~ *to ...?* wil jy ...?, het/is/voel jy lus om te ...?. ~-**free** onbe= sorg, onbekommerd, kommerloos, sonder sorg(e); sorge= loos, lig=, lughartig, ongeërg. ~ **group** omgeegroep. ~ **label** versorgingsetiket. ~**taker** →CARETAKER. ~**worn** vervalle, ver= gaan van sorg(e).

**ca·reen** *ww.* (laat) oorhel/kantel; *(sk.)* kiel; slinger. **ca·reen, ca·reen·ing** *n.* oorhelling; kanteling; kieling.

**ca·reer** *n.* loopbaan; lewensloop; vaart; *choose a* ~ 'n beroep kies; *in full* ~ in/met volle vaart; *make a* ~ *for o.s.* jou in 'n loopbaan vestig. **ca·reer** *ww.* snel, vlieg, ja(ag), hardloop; ~ *about* rondja(ag), =jakker, =vlieg, =hardloop. ~ **break** loop= baanonderbreking. ~ **diplomat** beroepsdiplomaat. ~ **guid= ance** beroepsvoorligting. ~-**minded** ambisieus, vol ambisie. ~ **woman** beroepsvrou.

**ca·reer·ist** baantjiesja(gt)er; eersugtige, =gierige.

**care·ful** sorgsaam, versigtig, behoedsaam, omsigtig, oplet= tend; sorgvuldig, nougeset; *be* ~*!* pas op!, oppas!; *do be* ~*!* pas tog op!; *be* ~ *of s.t.* vir iets oppas; iets ontsien; *be* ~ *to do s.t.* nie vergeet om iets te doen nie; *be* ~ *with s.t.* met iets versigtig wees, iets oppas. **care·ful·ness** versigtigheid.

**care·less** sorgeloos, onoplettend, slordig, onverskillig, roe= keloos, agte(r)losig, nalatig, onbedagsaam; ongerekend; traak= my-nieagtig; *be* ~ *of s.t.* oor iets onverskillig wees. **care·less= ness** sorgeloosheid, agte(r)losigheid; traak-my-nieagtigheid; *sheer* ~ pure agte(r)losigheid; *through* ~ uit agte(r)losig= heid.

**car·er, *(Am.)* care·giv·er** versorger.

**ca·ress** *n.* liefkosing, streling. **ca·ress** *ww.* liefkoos, streel, troetel. **ca·ress·ing** *adj.* teer, liefdevol, liefderik, warm; sag, strelend.

**car·et** inlasteken, karet.

**care·tak·er** oppasser, oppaster, opsigter. ~ **cabinet,** ~ **gov= ernment** tussentydse kabinet/regering, oorgangskabinet, =re= gering.

**car·go** =*go(e)s* (skeeps)lading, =vrag; ~ *in bulk* stort=, massa= lading. ~-**carrying** vragdraend. ~(-**carrying) capacity** laai=, vragvermoë. ~ **clerk** laaiklerk. ~ **hold** laairuim. ~ **plane** trans= port=, vragvliegtuig. ~ **ship** vragdraer.

**Car·ib** =*ib(s)* Karib; *(taal)* Karib(ies). **Car·ib·be·an, Car·ib= be·an** Karibies; *the* ~ *(Sea)* die Karibiese See. **Car·ib·bees:** *the* ~ die Karibiese Eilande.

**car·i·bou** =*bou(s)* kariboe, Amerikaanse rendier.

**car·i·ca·ture** *n.* spotprent, karikatuur. **car·i·ca·ture** *ww.* 'n karikatuur maak van, karikaturiseer. **car·i·ca·tur·ist** spot= prenttekenaar, karikaturis.

**car·ies** *(med.)* beenettering, =bederf, kariës; *(dental)* ~ tand= bederf, =verrotting, =kariës. **car·i·ous** aangevreet, bedorwe, karieus, verrottend.

**ca·ril·lon, ca·ril·lon** klokkespel, beiaard, kariljon. **ca·ril= lon·neur** klokkenis, klokkespeler, beiaardier.

**ca·ri·na** =*nae,* =*nas, (bot.)* kiel; *(soöl.)* kiel *(v. voël); (anat.)* ka= rina, kiel(been), wigbeen. **ca·ri·nate** kielvormig.

**car·ing** *adj.* sorgsaam, goedhartig, deernisvol, warm; lief= devol; simpatiek; liefdadig *(instelling);* humanitêr *(regering);* *be beyond/past* ~ nie meer omgee nie; ~ *profession* versor= gingsberoep.

**Car·mel·ite** *(RK)* Karmeliet. ~ **nun** Karmelietes.

**car·mine** karmyn(rooi).

**car·nage** slagting, bloedbad.

**car·nal** vleeslik, sin(ne)lik; seksueel; dierlik; wêrelds; ~ *knowledge, (jur., vero.)* geslagsomgang, ꞏgemeenskap; ~ *desires* vleeslike luste. **car·nal·i·ty** sin(ne)likheid, vleeslikheid. **car·nal·ly** vleeslik.

**car·na·tion** *n.* angelier. **car·na·tion** *adj.* angelierkleurig, ligrooi.

**car·ni·val** karnaval; kermis, feesviering; swelgery, uitspatting.

**Car·niv·o·ra** Karnivore, Carnivora. **car·ni·vore** vleiseter, vleisetende dier, karnivoor. **car·niv·o·rous** vleisetend, karnivoor.

**car·ob** karobmeel. ~ **(bean)** johannesbrood, karobpeul. ~ **(tree)** johannesbrood(boom), karob(boom).

**car·ol** *n.* vreugdelied; voëlgesang; *Christmas* ~ Kerslied. **car·ol** ꞏll-, *ww.* vreugdelied(ere) sing, vrolik/lustig sing; tjilp, kwinkeleer, kweel. ~ **concert**, ~ **singing** Kerskonsert, ꞏsang.

**car·ol·er, car·ol·ler** sanger.

**Car·o·lin·gi·an** *n., (hist.)* Karolinger. **Car·o·lin·gi·an** *adj.* Karolingies; ~ *romance* Karelroman.

**car·om** *n., (Am., biljart)* raakstoot, karambool. **car·om** *ww.* raak stoot, karamboleer.

**car·o·tene, car·o·tin** *(chem.)* karoteen.

**ca·rot·id:** ~ *artery* nek-, kopslagaar; ~ *gland* karotisklier.

**ca·rous·al, ca·rouse** *n.* drinkgelag; fuif; dronknes. **ca·rouse** *ww.* drink, fuif; suip. **ca·rous·er** drinker, fuiwer; suiper.

**car·ou·sel** mallemeule; (roterende) bagasieband *(op lughawe).*

**carp¹** *n., (igt.)* karper, karp.

**carp²** *ww.* vit, brom; ~ *at* ... op ... vit. **carp·er** vitter. **carp·ing** *n.* vittery. **carp·ing** *adj.* vitterig.

**car·pal** *n.* polsbeen(tjie), handwortelbeen. **car·pal** *adj.* pols-, handwortel-, karpaal; ~ *bone* polsbeen(tjie), handwortelbeen; ~ *tunnel syndrome, (patol.)* karpale tonnelsindroom.

**car·pel** *(bot.)* vrugblaar.

**car·pen·ter** *n.* timmerman. **car·pen·ter** *ww.* timmer. ~ **ant** houtkappermier. ~**'s bench** skaafbank. **car·pen·try** houtwerk; timmer(mans)werk; timmermansambag.

**car·pet** *n.* tapyt, mat; *beat a* ~ 'n tapyt klop; *bring s.t. on the* ~ iets ter sprake *(of* op die tapyt) bring; *be (called) on the* ~, *(infml.)* verantwoording (moet) doen, voor stok gekry word; *roll out the red* ~ *for s.o., (fig.)* iem. met trompetgeskal ontvang; *shake a* ~ 'n tapyt uitskud/uitslaan. **car·pet** *ww.* met tapyte belê/bedek; *(infml.)* voor stok kry. ~ **bag** reis-, tapytsak. ~**bagger** politieke opportunis; opportunis. ~ **bombing** sistematiese/intensiewe bombardering. ~ **drive** grondhou. ~ **slipper** (huis)pantoffel. ~ **sweeper** rolveër, ꞏsuier, tapytskoonmaker.

**car·pet·ing** tapytstof.

**Car·ra·ra** *(geog.)* Carrara. ~ **marble** Carraramarmer, Carrariese marmer.

**car·riage** rytuig, voertuig, koets; (trein)wa, spoorwa; onderstel; affuit *(v. kanon);* vervoer; vrag; vervoerkoste; houding; gedrag; bestuur; ~ *forward* vrag te betaal; ~ *free* franko; vragvry; ~ *paid* vrag betaal(d). ~ **horse** karperd. ~**way** ryweg, ꞏpad, ꞏbaan.

**car·ri·er** draer; houer; vragryer, vervoerder; bagasierak; tas, drasak; ~ *of germs* oorbringer van kieme. ~ **bag** dra-, inkopiesak. ~ **(pigeon)** posduif. ~ **service** vragdiens. ~ **wave** *(elektron.)* dra(ag)golf, oorbringgolf.

**car·ri·on** aas. ~ **beetle** aaskewer. ~ **flower** aasblom, bokhorinkie(s).

**car·rot** (geel)wortel; *hold out a* ~ *to s.o., (infml.)* iem. 'n be

loning voorhou; *the* ~ *or the stick, (infml.)* beloning of straf. **car·rot·y** (geel)wortelagtig; rooikop-, rooihaar-.

**car·ry** ꞏries ꞏried ꞏrying dra; vervoer; oorhou, oordra, oorbring; (in)hou, bevat; bring; plaas *(in koerant); (kr.: bal)* trek; *be carried along by* ... deur ... aangespoor word; *the paper carried the* **article** die artikel het in die blad verskyn; ~ *s.t. away* iets wegdra; iets meesleur; *be/get carried away* in vervoering raak, meegesleep/meegesleur word; ~ *s.t. back* iets terugdra; *s.t. carries s.o. back to* ... iets voer iem. terug na ...; ~ *all/everything before* one alle teen-/teëstand oorwin, alle hindernisse uit die weg vee(g); alles oorwin/meesleep; ~ *the day* die oorwinning behaal; ~ *an election* (or a *seat)* 'n verkiesing/setel wen; ~ *things too far* iets te ver/vêr dryf; ~/bring ... *forward, (boekh.)* ... oorbring/oordra; ~ *interest* rente dra/gee/verdien; ~ *1000 kilograms* 1000 kilogram op hê; ~ *a* **meaning** 'n betekenis dra/bevat; ~ *a* **motion** 'n voorstel deurkry/aanneem; ~ *it off* dit regkry; ~ *s.t. off* iets wegdra; sukses met iets behaal, met iets slaag; iets wen *('n prys);* ~ *on* voortgaan; *(infml.)* aangaan, tekere *(of* te kere) gaan, tekeregaan; aaneen praat; ~ *on!* gaan (so) voort!, hou (so) aan!; *s.o. cannot* ~ *on, (ook)* iem. kan nie meer nie; ~ *on s.t.* iets voortsit; iets vooruitbring; iets doen *(sake);* iets dryf/drywe *('n saak, handel);* iets bedryf/bedrywe *('n boerdery ens.);* iets uitoefen *(bedryf, ambag, ens.);* iets voer *('n gesprek);* ~ *on about s.t., (infml.)* oor iets tekere gaan *(of* te kere gaan *of* tekeregaan); ~ *on with s.t.* met iets voortgaan/aangaan; *o.s. well* 'n flinke houding hê/aanneem; ~ *s.t. out* iets uitvoer, aan iets gevolg gee *('n opdrag ens.);* iets voltrek *('n vonnis ens.);* iets toepas *('n toets);* ~ *s.t. over* iets oordra; ~ *stocks* voorrade aanhou; ~ *s.t. through* iets deursit; iets afhandel; iets deurvoer *('n plan ens.);* iets volhou; *the motion was carried* **unanimously** die voorstel is eenparig aangeneem; ~ *s.t. with one, (lett.)* iets met jou saamdra; *(fig.)* iets bly jou by. ~**all** *(Am.)* reistas, ꞏsak, stop-maar-in. ~**cot** drawiegie, drabedjie. ~~**over** *n.* oordrag; *(boekh.)* oorgebragte/oorgedrae bedrag; *(effektebeurs)* prolongasie.

**car·ry·ing** (die) dra/vervoer; vervoer(werk). ~ **capacity** dra(ag)-, laaivermoë; dra(ag)krag *(v. skip, veld).* ~~**on** gedoente; wangedrag; *carryings-on* manewales, streke. ~~**out** tenuitvoerbrenging. ~ **pole** dra(ag)stok. ~ **trade** vragvaart; vervoerbedryf, ꞏwese.

**cart** *n.* kar(retjie); tweewielkar(retjie), (tweewielige) rytuig; *put the* ~ *before the horse, (fig.)* die kar voor die perde span, agterstevoor te werk gaan. **cart** *ww.* aanry, (met 'n kar) vervoer, karwei; ~ ... *about/around* ... rondkarwei; ~ ... *away/* off ... wegry/karwei. ~**horse** kar-, tuigperd. ~**load** karvrag, kar (vol). ~**wheel** karwiel; groot geldstuk; *turn* ~s wawiele doen/maak. ~**wright** wa-, karmaker.

**cart·age** vervoer; karweiery; vrag(loon), ryloon, karweiloon, ꞏgeld. ~ **contractor** vragryer, karweier; transportryer. ~ **service** vervoerdiens.

**carte blanche** *(Fr.): give s.o. a* ~ ~ (aan) iem. vry(e) spel gee/laat; *have a* ~ ~ vry(e) spel hê.

**car·tel** verdrag, ooreenkoms; kartel.

**cart·er** vragryer, karweier.

**Car·te·si·an** *n.* Cartesiaan. **Car·te·si·an** *adj.* Cartesiaans; ~ *coordinates, (wisk.)* Cartesiese koördinate.

**cart·ful** karvrag, kar (vol).

**Car·thage** *(geog., hist.)* Kartago. **Car·tha·gin·i·an** *n.* Kartager. **Car·tha·gin·i·an** *adj.* Kartaags, van Kartago.

**car·ti·lage** kraakbeen. **car·ti·lag·i·nous** kraakbenig, kraakbeenagtig, kraakbeen-; ~ *fish* kraakbenige vis; ~ *tissue* kraakbeenweefsel.

**car·tog·ra·phy** kartografie. **car·tog·ra·pher** kartograaf, kaarttekenaar. **car·to·graph·ic** kartografies.

**car·ton** *n.* karton, kartondoos, ꞏhouer; karton, bordpapier; *(skyfskiet)* kol, wit; *(skyfskiet)* kolskoot, skoot in die wit (van die/'n skyf); *a* ~ *of cigarettes* 'n karton sigarette; *a* ~ *of milk* 'n kartonnetjie melk; *milk in* ~s melk in kartonne(tjies).

**car·toon** spotprent, karikatuurtekening; strokiesprent, =verhaal; karton, modelblad, =tekening, ontwerptekening; ~ *(film)* tekenprent. **car·toon·ist** spotprent=, karikatuurtekenaar.

**car·touch(e)** *(bouk.)* lofwerk, krulversiering, (sier)krulwerk; krultablet; cartouche *(in Eg. hiërogliewe).*

**car·tridge** patroon; *blank* ~ loskruitpatroon; *spent* ~ leë patroondoppie. ~ **belt** patroonband. ~ **cap** patroondoppie. ~ **case** patroondop; patroonkis. ~ **clip** (in)laaiplaatjie. ~ **drum** patroontrommel. ~ **paper** kardoespapier. ~ **pouch** patroontas.

**carve** (voor)sny, vleis sny; uitsny; beeldsny; graveer; beitel; beeldhou; kerf; ~ *s.t.* **out** iets uitsny/uitkerf; iets uitbeitel/ uitkap; beeldhouwerk doen; *(fig.)* iets met moeite tot stand bring *('n loopbaan ens.); ~ s.t.* **up** iets stukkend sny; *(infml.)* iets verdeel; ~ *s.o.* **up,** *(infml.)* iem. met 'n mes toetakel; ~ *one's* **way** 'n weg baan; ~ *in* **wood** houtsny. **carved:** ~ *wood* gesnede hout; ~ *work* (hout)snywerk. **carv·er** (vleis)snyer; beeldsnyer; sny=, vleis=, voorsny=, transeermes. **carv·er·y** voorsnyrestaurant; =restaurant; voorsnytafel, =buffet. **carv·ing** (hout)snywerk; kerwing; ~ *chisel* kerfbeitel; ~ *fork* vleis=, voorsnyvurk; ~ *knife* vleis=, voorsnymes; ~ *set* voorsnystel.

**car·y·at·id** =id(e)s, *(bouk.)* skraag=, steunbeeld, kariatide.

**cas·cade** *n.* waterval(letjie), kaskade; stroom; menigte. **cascade** *ww.* neerstort, neergolf, neerklater.

**case**[1] *n.* geval, saak; omstandigheid; (hof)saak, (regs)geding; naamval; pasiënt, sieke, lyer, gewonde, geval; *in all* ~*s* in alle gevalle, altyd; *that* **alters** *the* ~ dit gee die saak 'n ander voorkoms; *in any* ~ in elk/alle/ieder geval, tog; *argue/* **plead** *a* ~ 'n saak beredeneer/bepleit; *be the* ~ so wees; ~ *of* **conscience** gewete(n)saak; ~ *for the* **defence** die beskuldigde se saak, die (saak vir die) verdediging; *in each/* **every** ~ in elke geval; *in* **either** ~ in albei gevalle; *a good/* **strong** ~, *(jur.)* 'n sterk *(of* goed gegronde) saak; *have a* **good/strong** ~ sterk staan; *there is a* **good/strong** ~ *for it, a* **good/strong** ~ *may be made out for it* daar is baie/veel voor te sê; *make out a* **good/strong** ~, *(ook)* spykers met koppe slaan, die regte bewyse lewer; *a* **hard** ~, *(infml.)* 'n moeilike geval; 'n taai kalant; *have a* ~ grond onder jou voete hê; *in* ~ ... indien/ingeval *(of* vir die geval dat) ...; *in* ~ *of* ... in geval van ...; *in the* ~ *of* ... by *(of* ten opsigte van) ...; *just in* ~ vir die wis en die onwis, veiligheidshalwe; *make out a* ~ *for* ... gronde *(of* gegronde redes) vir ... aanvoer; 'n betoog vir ... lewer; *as the* ~ *may be* na gelang van omstandighede; *will that* **meet** *the* ~?, *(ook)* is dit goed so?; *s.t. does not* **meet** *all the facts of the* ~ iets gaan nie heeltemal op *(of* strook nie met al die feite) nie; *it* **meets** *the* ~ dit is volkome; dit los die saak op; *in* **most** ~*s* in die meeste gevalle; *my* ~ *is that* ... ek voer aan dat ...; *have* **no** ~ nie jou saak kan staaf nie; *a* ~ *of* **polio**/*etc.* 'n geval van polio/ens.; *a* ~ *in* **point** 'n pertinente geval; 'n goeie voorbeeld; *in the* **present** ~ in dié *(of* die onderhawige/gegewe) geval; **present**/*put a* ~ 'n saak stel; *the* ~ *for the* **prosecution**/*state* die staat se saak; **settle** *a* ~ *(out of court)* 'n saak skik; **sit** *in a* ~, *('n hof/regter)* in/oor 'n saak sit; **state** *a* ~ 'n saak stel/uiteensit; **such** *is the* ~ so is dit, so staan die saak *(of* sake); **that** *is the* ~ dit is die geval, so is dit; *if* **that** *is the* ~ as dit so is; *in* **that** ~ dan, in dié/daardie geval; *an* **unanswerable** ~ 'n onweerlegbare saak. ~**book** gevalleboek; pasiëntebook. ~ **ending** *(gram.)* naamvalsuitgang. ~ **history** gevalbeskrywing; siektegeskiedenis. ~ **record** siekteverslag. ~**work** geval(le)studie.

**case**[2] *n.* kis, koffer, tas; doos; koker, kas; huis *(v. horlosie);* kabinet *(v. horlosie);* mantel, dop *(v. bom);* dop *(v. patroon, granaat);* huisie, sak; omhulsel, huls; oortrek(sel); beheer. **case** *ww.* insluit, inwikkel, oortrek. ~~**harden** dopverhard; verhard/verstok maak. ~~**hardened** dophard; verhard, verstok. ~~**hardening** dopverharding; korsdroging *(v. hout).*

**ca·sein** kaseïen, kaasstof. **ca·se·in·o·gen, ca·se·in·o·gen** kaseïnogeen.

**case·ment** swaairaam. ~**hook** vensterhaak. ~**window** swaai=, oopslaanvenster.

**ca·se·ous** kaasagtig.

**cash** *n.* kontant(geld); kas(geld); ~ *and* **carry** haal en betaal; ~ *on* **delivery** kontant by aflewering; ~ *in* **hand** kontant in kas, kontant=, kassaldo; **hard** ~ kontant(geld), klinkende munt; *be in* ~ baie geld hê; *in* ~ *or* **kind** in geld of goed(ere); *pay* ~ *on the* **nail,** *(infml.)* in kontant *(of* klinkende munt) betaal; ~ *with* **order** kontant by bestelling; *be* **out**/**short** *of* ~ sonder kontant(geld) wees; geld kort(kom), knap van geld wees; *pay (in)* ~ (in) kontant betaal; **petty** ~ kleinkas; **ready** ~ kontantgeld; **turn** *s.t. into* ~ iets tot geld *(of* te gelde) maak. **cash** *ww.* wissel, trek, kleinmaak, inkasseer *(tjek);* honoreer; in geld omsit; ~ *in one's* **checks**/**chips** (jou bewyse/speelmunte) inwissel *(of* vir geld/kontant omruil); *(sl.: doodgaan)* aftjop, bokveld toe gaan, lepel in die dak steek, die emmer skop; ~ *in on s.t.* uit iets munt slaan *(of* voordeel trek); ~ *up* die kas opmaak. ~ **account** kas=, kontantrekening. ~ **balance** kontant=, kassaldo. ~~**book** kasboek. ~~ **box** geldkissie. ~ **card** kontantkaart. ~ **cow** *(infml., fin.)* kontantkoei. ~ **crop** kontantgewas. ~ **discount** afslag vir kontant, kontantkorting. ~ **dispenser** geldoutomaat. ~ **float** kaskontant, los kontant. ~ **flow** kontantvloei, =beweging, =stroom. ~ **office** kassierskantoor. ~ **payment** kontantbetaling, betaling in kontant. ~ **point** betaalpunt; geldoutomaat. ~ **price** kontantprys. ~ **register** kasregister. ~ **resources** kas=, kontantmiddele. ~ **sale** kontantverkoop. ~ **till** geldlaai. ~ **value** kontantwaarde.

**cash·ew, cash·ew** kasjoe(boom). ~ **nut** kasjoeneut.

**cash·ier**[1] *n.* kassier.

**cash·ier**[2] *ww.* afdank, afsit, ontslaan; *(mil.)* kasseer. **cashier·ing** *(mil.)* kassering.

**cash·less** *adj.* kontantloos; *the* ~ *society* die kontantvrye samelewing.

**cash·mere** *(wolstof)* kasmier, kasjmier, kassemier.

**cas·ing** oortrek(sel); (om)hulsel; voeringpyp; koker; huls, mantel; dop, bus; bekleding, voering; kas; *(beton)* bekisting; raam(werk); skag; buiteband; *sausage* ~ worsderm; *shell* ~ bomdop. ~ **nail** vloerspyker.

**ca·si·no** =nos casino, kasino.

**cask** vat, vaatjie, kuip; *(i.d. mv.)* vatwerk. **cas·ket** dosie, kissie; urn; *(Am.)* dood(s)kis.

**Cas·pi·an:** *the* ~ *Sea* die Kaspiese See.

**casque** *(soöl.)* helm; *(hist., mil.)* valhoed, =helm; ooryster.

**cas·sa·ta** *(It., soort roomys)* cassata.

**cas·sa·tion** *(jur.: tersydestelling weens onreëlmatigheid)* kassasie.

**cas·sa·va** *(bot.)* kassawe, broodwortel, maniok.

**cas·se·role** *n.* kasserol, oond=, bakskottel, oondkastrol; kasserol, oond(stoof)gereg; *en* ~ gestoof; ~ *of fish* oondstoofvis. **cas·se·role** *ww.* (in 'n oondkastrol) stoof/stowe, oondstoof, =stowe.

**cas·sette** kasset.

**cas·si·a** kassie, kassia; wildekaneel; seneblare. ~ **oil** kassieolie, Chinese kaneelolie.

**cas·sock** priesterkleed, toga, soetane.

**cas·so·war·y** *(orn.)* kasuaris.

**Cass·pir** *(SA, mil.)* Casspir.

**cast** *n.* gooi; uitgooi; lyngooi; optelling; opwerpsel; *(teat.)* rolverdeling, (rol)besetting, geselskap; vorm, afgietsel, vormafdruk, gietvorm; wurmhopie; vervelsel *(v. insek);* plaster ~ gipsmodel; gipsverband. **cast** *cast cast, ww.* gooi, werp; lyngooi; strooi; afwerp; afdank; vorm, rangskik; bereken; giet, stort; rolle verdeel; 'n rol toeken; ~ *about/around,* *(fig.)* rondtas; *(sk.)* wend; ~ *about/around for* ... na ... soek; ~ ... **adrift,** *(sk.)* ... losgooi *(of* laat dryf); *(fig.)* ... aan sy lot oorlaat; ~ *s.t.* **up** *against s.o.* iem. iets voor die voete gooi; ~

*s.t.* **aside** iets opsy gooi; ~ *s.o.* **aside/off/out** iem. verstoot; ~ *s.t.* **away** iets weggooi; iets verwerp; iets verkwis; ~ *s.t.* **back** iets teruggooi; ~ *s.t.* **down** iets neergooi; iets neerslaan *(oë)*; ~ *s.o.* **down** iem. ontmoedig; iem. verneder; ~ **leaves** blare afgooi/verloor; ~ **loose,** *(sk.)* losmaak, -gooi; ~ *a* **net** 'n net uitgooi/uitwerp; ~ *s.t.* **off** iets afgooi/afwerp; iets weg= gooi; *(sk.)* iets losgooi; *(breiwerk)* iets afheg; ~ **on,** *(breiwerk)* aanheg, opstel, opsit *(steke);* ~ *s.t.* **out** iets uitgooi/uitsmyt; ~ *a* **shoe** 'n hoefyster verloor; ~ *the* **skin** vervel; ~ **up** *s.t.* iets opwerp/opgooi; iets aan land gooi; iets bereken/optel *(sy= fers); (druk.)* iets opmeet; iets opslaan *(oë);* ~ *a* **vote** 'n stem uitbring. **cast** *ww. (volt.dw.)* gegooi; gestrooi; afgewerp; gevorm; gegiet; *be ~* **away** skipbreuk ly, gestrand wees; *be ~* **down,** *(iets)* neergegooi wees; *(iem.)* terneergedruk/be= droef/moedeloos wees; →DOWNCAST; *be ~* **out** uitgeworpe/ verworpe/verstoot wees; *votes ~* uitgebragte stemme. **~away** *n.* skipbreukeling; verworpeling, uitvaagsel. **~away** *adj.* ge= strand; verworpe; ~ *lamb* weggooiilam. ~ **iron** gietyster, ge= gote yster, potyster. **~-iron** *adj.* van gietyster; klipsteenhard; ystersterk; hardvogtig; onveranderlik; onbuigbaar, onbuig= saam; onaantasbaar *(saak);* vasstaande, vas en seker; onom= stootlik *(bewys);* ~ *attitude* onbuigsame houding. **~-off** *n.* verworpeling; *(i.d. mv. ook)* weggooiiklere. **~-off** *adj.* ver= worpe; verslete. ~ **skin** vervelsel. ~ **steel** gietstaal.

**cas·ta·nets** *(mv.)* kastanjette, dansklappers, klaphoutjies.

**caste** kaste, stand. ~ **system** kastestelsel.

**cast·er** werper; lyngooier; gieter; rekenaar; rolverdeler; → CASTOR[1].

**cas·ti·gate** straf, tugtig, kasty; striem. **cas·ti·ga·tion** kas= tyding, tugtiging.

**Cas·tile** *(Sp., geog.)* Kastilië. **Cas·til·ian** *n.* Kastiliaan; *(dial.)* Kastiliaans; Kastiliaans, Standaardspaans. **Cas·til·ian** *adj.* Kastiliaans.

**cast·ing** (die) werp; lyngooi(ery); (die) giet, gieting; gietsel, gietstuk; gietwerk; rolverdeling; (wurm)hopie. ~ **box** vorm= kas; gietkas. ~ **error** optelfout. ~ **machine** gietmasjien. ~ **net** werpnet. ~ **vote** tweede/beslissende stem.

**cas·tle** *n.* kasteel, burg, slot; *(skaak)* toring, kasteel; *build ~s in the air* (or *in Spain*), *build Spanish ~s* lugkastele bou, drome droom. **cas·tle** *ww., (skaak)* rokeer. ~ **gate** kasteel=, burg=, slotpoort. ~ **hall** riddersaal. ~ **nut** kroonmoer. **cas·tling** *(skaak)* rokade.

**cas·tor[1], cas·ter** strooier, bussie; standerflessie; rolwiel= (etjie), (poot)rolletjie. ~ **sugar** strooisuiker.

**cas·tor[2]:** ~ **oil** kaster=, wonderolie. **~-oil bean** kasterolie= saad.

**cas·trate, cas·trate** *ww.* kastreer, sny, *(infml.)* regmaak, steriliseer, kapater, ontman; *(fig.)* ontkrag; ~ *a horse* 'n perd sny/kastreer *(of* reun maak). **cas·tra·tion** (die) sny, kastrasie, kastrering, ontmanning; *(fig.)* ontkragting.

**cas·u·al** *n.* los/tydelike werker/arbeider; *(i.d. mv.)* informele drag, slenterdrag, gemaklike klere. **cas·u·al** *adj.* toevallig, terloops; vlugtig; ongereeld, onreëlmatig; onsistematies; on= geërg, nonchalant; informeel; oppervlakkig; onverskillig; uit= sonderlik; ~ *acquaintance* oppervlakkige kennis; ~ *clothes/ wear* slenterdrag, gemaklike klere, informele drag/klere; ~ *glance* vlugtige kyk(ie); ~ *labour* los/tydelike werk; los/ty= delike werkers/arbeiders; ~ *labourer* los/tydelike werker/ar= beider; ~ *observer* terloopse waarnemer; ~ *sex* los seks, seks sonder liefde; ~ *shoe* slenterskoen; *smart* ~ deftig in= formeel, slentersjiek; ~ *water, (gholf)* spoelwater; ~ *wear →* **clothes/wear.**

**cas·u·al·ly** toevallig, terloops, in die verbygaan.

**cas·u·al·ness** toevalligheid; uitsonderlikheid; onverskillig= heid; ongeërgdheid; informaliteit.

**cas·u·al·ty** ongeval, ongeluk; sterfgeval, verlies; beseerde, gewonde; dooie; gesneuwelde; slagoffer; *(i.d. mv. ook)* uitge= saktes, uitgevallenes; *there were no casualties* niemand is dood

of beseer nie. ~ **insurance** ongevalleversekering. ~ **list** ver= lies(e)lys; sterflys; *(sport)* krukkelys. **~ward** ongevalleafdeling, -saal.

**cat[1]** *n.* kat; *(soöl.)* katagtige; *(infml., neerh.)* kat(terige vrou), (klein) snip; *(sk.)* eenmaster; *let the ~ out of the* **bag** die aap uit die mou laat, alles uitlap/uitblaker; **bell** *the ~* , *(fig.)* die kat die bel aanbind; *the* **big** *~s, (leeus, tiere, luiperds, ens.)* die groot katte; *like s.t. the ~* **brought/dragged** *in, (infml.)* soos iets wat die kat ingedra het, verfomfaai, verpluk; *all ~s are* grey *in the* **dark** snags is alle katte grou; *live like a ~ and* **dog** soos kat en hond *(of* in onmin) lewe; *be like a ~ on* **hot bricks** (or *a* **hot tin roof**) op hete kole sit; *see which way the ~* **jumps**, *(infml.)* die kat uit die boom kyk, kyk uit watter hoek die wind waai; *fight like* **Kilkenny** *~s* mekaar vernietig; *curiosity* **killed** *the ~* van nuuskierigheid is die tronk vol (en die kerk leeg); *when/while the ~'s* **away,** *the* **mice** *will play* as die kat weg is, is die muis baas; *play ~ and* **mouse** *with s.o.* met iem. kat en muis speel; *put/set the ~* **among** *the* **pigeons** 'n knuppel in die hoenderhok gooi; *it is* **raining** *~s and dogs, (infml.)* dit reën paddas en platannas, dit sous/giet behoorlik, dit giet soos dit reën; *like a* **scalded** *~* soos 'n pyl uit 'n boog; *there is more than one way to* **skin** *a ~, (fig.)* daar is meer as een manier om 'n kat dood te maak; *there is no* (or not enough) *room to* **swing** *a ~, (infml.)* jy kan jou nie daarin draai nie; *think one's the ~'s* **whis= kers/pyjamas,** *(infml.)* dink jy is kaas/wonderlik, jou wat (wonders) verbeel. **~-and-mouse game** kat-en-muis-spel(e= tjie). **~boat** eenmaster. ~ **burglar** klim=, klouterdief. **~call** *n.* kattegetjank; gejou, uitfluiting, gesis. **~call** *ww.* tjank; uitjou, uitfluit. **~fish** baber. ~ **flap** katdeur(tjie). **~gut** katderm; heg=, dermsnaar; snaar; strykinstrumente. **~-lick** *gives.t.a ~, (infml.)* iets bolangs skoonmaak. ~ **litter** katsand. ~ **lover** kattelief= hebber, -vriend. **~mint, ~nip** kattekruid, -kruie. **~nap** (kort) slapie, (sittende) dutjie, sitslapie. **~-o'-nine-tails** kats. **~-s= eye** *(min.)* katoog; katoog, -ogie, blinkogie *(in pad).* **~'s-tail** *(bot.)* katstert. **~ suit** katpak. **~walk** looplys; *(sk.)* loopgang, -brug; brugvoetpaadjie; kruipgang.

**cat[2]** →CATAMARAN.

**ca·tab·o·lism, ka·tab·o·lism** *(biochem.)* katabolisme, ka= tabolie, afbouing, afbreking. **cat·a·bol·ic, kat·a·bol·ic** kata= bolies, afbouend, afbrekend.

**cat·a·clysm** hewige oorstroming; aardramp, ontsaglike ramp; heftige beroering, groot omkering; debakel. **cat·a·clys·mic** rampspoedig, ontsettend, katastrofaal.

**cat·a·comb** katakombe, onderaardse grafkelder.

**Cat·a·lan** *n.* Katalaan, Katalonïer; *(taal)* Katalaans, Kata= lonies. **Cat·a·lan** *adj.* Katalaans, Katalonies.

**cat·a·logue** *n.* katalogus; (prys)lys; opsomming; inventaris. **cat·a·logue** *ww.* katalogiseer; 'n lys maak (van); inventa= riseer. **cat·a·logu·er** katalogiseerder. **cat·a·logu·ing** katalogi= sering; inventarisasie.

**Cat·a·lo·ni·a** *(Sp.)* Katalonië. **Cat·a·lo·ni·an** *n. & adj.* = Cat= alan *n. & adj.*.

**cat·a·lyse** katalise. **ca·tal·y·sis** *-yses* katalise, katalisering. **cat·a·lyst** katalisator, katalisatormiddel. **cat·a·lyt·ic** katalities; ~ *agent* kataliseermiddel, katalisator.

**cat·a·ma·ran,** *(infml.)* **cat** katamaran, tweerompskuit, -boot; vlotboot.

**cat·a·pult** *n.* rek(ker), kettie, voëlrek; *(mil., hist.)* katapult; (vliegtuig)lanseerder, katapult *(op 'n vliegdekskip).* **cat·a· pult** *ww.* op=, wegskiet; slinger; (met 'n katapult) lanseer; met 'n rek/kettie/katapult skiet.

**cat·a·ract** (groot) waterval, katarak; wolkbreuk, stortbui; *(fig.)* stortvloed; *(patol.)* katarak, (oog)pêrel, (grou)staar.

**ca·tarrh** katar, slymvliesontsteking. **ca·tarrh·al** katarraal.

**ca·tas·tro·phe** ramp, onheil, katastrofe; ontknoping *(v. drama);* face *a ~* voor 'n ramp staan. **cat·a·stroph·ic** ramp= spoedig, katastrofaal; *(psig.)* katastrofies.

**cat·a·to·ni·a** *(psig.)* katatonie, spanningswaansin. **cat·a·ton= ic** katatonies.

**catch** *n.* vangs; vang(slag); *(kr.)* vangkans; vanger; strik; strik=
vraag; knip, haak; *(masjinerie)* pal; *a good* ~, *(vis)* 'n goeie
vangs; *(infml.)* 'n goeie huweliksmaat; *make a good* ~ 'n goeie
vangs doen/maak; 'n groot vis aan wal bring; iets goed beet=
kry; 'n goeie huwelik doen; *hit/offer* a ~, *(kr.)* 'n vangkans
bied; *hold/make/take* a ~, *(kr.)* (raak) vang, 'n bal vang, 'n
vangkans benut/gebruik; *miss* a ~, *(kr.)* 'n bal mis vang, 'n
vangkans verbrou; *there's* a ~ *in it (somewhere)* daar steek iets
agter; dis 'n strikvraag; *a* ~ *in the voice* 'n knak in die stem;
*where's the* ~*?* wat steek daaragter?. **catch** *caught caught,*
*ww.* vang; gryp, vat, vaspak; betrap; haal, inhaal; kry; (vas)=
haak; aansteek; aansteeklik wees; raps, raak slaan; opvang
*(water, woorde); (kr.)* (uit)vang; verstaan, begryp, volg, snap;
*not allow o.s. to be caught* jou nie laat vang nie; ~ *at s.t.* na iets
gryp; ~ *s.o. at s.t.* iem. op iets betrap; *be caught between* ...
*and* ... tussen ... en ... vasgedruk word *(of vasgevang wees);*
~ *(a) cold* koue vat/opdoen; *you won't* ~ *me doing that!* dit sal
ek nie doen nie!; *get caught* gevang word; betrap word; *get*
*caught on s.t.* aan iets vashaak; *not quite* ~ *s.t.* iets nie mooi
hoor nie; *s.o.* ~*es on, (infml.)* iem. begryp/snap iets; *s.t.* ~*es on,*
*(infml.)* iets slaan in *(of vind ingang);* ~ *on s.t.* aan iets vas=
haak; ~ *on to* ... aan ... vashou, ... vasgryp; *(infml.)* ... agter=
kom; ~ *s.o. out, (kr. ens.)* iem. uitvang; *(fig.)* iem. (op 'n fout/
misstap) betrap; iem. in 'n strik laat loop; *be caught short,*
*(infml.)* onvoorbereid betrap word; nie genoeg hê nie *(geld*
*ens.);* 'n dringende nood hê; ~ *s.o. spying/etc.* iem. op spioe=
nasie/ens. betrap; *s.o. is not to be caught so easily* iem. laat
hom/haar nie sommer vang nie; ~ *up* die/'n agterstand weg=
werk/inhaal; (weer) bykom; (weer) op (die) hoogte kom; ~
*up s.t.* iets opvang; iets opneem; iets oplig/opgryp; *be caught*
*up in s.t.* in iets vasgevang wees *(dorings ens.);* in iets ver=
diep wees; by/in iets betrokke raak. ~ *up on s.t.* iets inhaal *('n*
*agterstand ens.);* weer op (die) hoogte van/met iets kom; iets
aangryp *(nuwighede ens.); s.t.* ~*es up on s.o.* iets begin 'n uit=
werking op iem. hê; ~ *up with s.o.* iem. inhaal, by iem. kom;
*try to* ~ *votes* na stemme vry. ~*all n.* versamel=, vergaarbak.
~*all adj. (attr.)* versamel=, vergaar=; ~ *term* versamelterm.
~*-as-catch-can* vrystoei. ~ *crop* tussen=, vangoes; tussen=
gewas. ~ *dam* (op)vang=, wendam. ~*fly (bot.)* vlieëbos. ~*line*
pakkende opskrif, slagsin, =reël; *(druk.)* tref=, ken=, merkreël.
~*penny* goedkoop, bedrieglik. ~*phrase* slagspreuk, =woord;
hol(le) frase. ~*-22* **(situation)** kan-nie-wen-nie-dilemma,
paradoksale situasie. ~*weight (stoei)* tussengewig. ~*word*
lokwoord, frase; (valse) leuse; slagwoord; wagwoord; mag=
spreuk; trefwoord, lemma; kenwoord; *(druk.)* bladwagter.

**catch·er** vanger.

**catch·ing** aansteeklik; aantreklik; boeiend, pakkend.

**catch·ment** vergaar=, (op)vangdam; inloop; toeloop=, (op)=
vanggebied. ~ *area,* ~ *basin* (op)vanggebied, toeloop, neer=
slaggebied; stroomgebied.

**catch·y** boeiend, pakkend, interessant; aansteeklik *(deuntjie).*

**cat·e·chise,** ~**chize** katkiseer, ondervra, uitvra. **cat·e·chism**
kategismus; ~ *class* katkisasieklas. **cat·e·chist** kategeet, kat=
kisasieonderwyser; kategis *(in 'n sendingkerk).*

**cat·e·go·ry** kategorie, klas, soort, afdeling, groep. **cat·e·go·**
**ri·al** kategoriaal. **cat·e·gor·i·cal** kategories, onvoorwaardelik,
absoluut, beslis, uitdruklik, direk, op die man af. **cat·e·go·**
**rise,** ~**rize** kategoriseer.

**ca·te·na·ry** kettinglyn.

**cat·e·nate** *ww., (biol.)* aaneenskakel. **cat·e·nate, cat·e·**
**nat·ed** *adj.* aaneengeskakel(d), kettingvormig. **cat·e·na·**
**tion** aaneenskakeling.

**ca·ter** spysenier, spyseniering doen, vir die spyseniering sorg,
eetgoed/versersings verskaf; provianderer; ~ *for* ... eetgoed/
verversings aan ... verskaf; in ... se behoeftes voorsien, na
... omsien, 'n diens aan ... bied; ~ *for all tastes* elke smaak
bevredig; ~ *for the public taste* die publiek se smaak bevre=
dig; ~ *to s.o.* iem. se smaak/wense bevredig/volg. **ca·ter·er**

spysenier; leweransier; proviandeerder; *(mil.)* menasiemees=
ter. **ca·ter·ing** spyseniering, spysenering, spysenierswese; ~
*trade/business* spyseniers=, verversingsbedryf.

**cat·er·pil·lar** ruspe(r); ruspe(r)motor, ruspe(r)(band)=
voertuig. ~ *track,* ~ *tread* kruip=, ruspe(r)band.

**cat·er·waul** miaau. **cat·er·waul·ing** gemiaau, kattekonsert,
=musiek, =gekerm.

**ca·thar·sis** =ses katarsis, loutering, reiniging, suiwering;
*(med.)* katarsis, purgasie. **ca·thar·tic** *n.* purgasie, purgeer=,
suiweringsmiddel. **ca·thar·tic** *adj.* katarties, louterend, sui=
werend; purgerend.

**ca·the·dral** *n.* katedraal, domkerk, hoofkerk (van 'n bis=
dom). **ca·the·dral** *adj.* katedraal=, dom=; gesaghebbend,
bindend. ~ *city* biskopstad.

**Cath·e·rine wheel** vuurwiel.

**cath·e·ter** *(med.)* kateter. **cath·e·ter·ise,** =**ize** kateteriseer.

**cath·ode** katode, negatiewe elektrode/pool. ~ *ray* katode=
straal. ~~*ray tube* katodestraalbuis.

**Cath·o·lic** *n. & adj.* Katoliek. **ca·thol·i·cise,** =**cize** verrooms,
katoliseer. **Ca·thol·i·cism** Katolisisme.

**cath·o·lic** *adj.* algemeen, universeel, omvattend, al(les)=
omvattend, katoliek; ruim denkend, liberaal; ~ *taste* veel=
sydige smaak. **cath·o·lic·i·ty** veelomvattendheid; liberaliteit;
katolisiteit.

**cat·i·on** *(fis.)* katioon, positief gelaaide ioon.

**cat·like** katagtig, soos 'n kat.

**CAT scan** →CT SCAN.

**cat·tle** vee, beeste; *one head of* ~ een bees; *fifty head of* ~ vyftig
beeste; *a herd of* ~ 'n trop beeste, 'n beestrop; 'n beeskudde.
~ *breeder* beesteler. ~ *dealer* bees=, veekoper, =handelaar.
~ *disease* bees=, veesiekte. ~ *egret* veereier, bosluisvoël. ~
*farming* beesboerdery. ~ *grid* roosterhek. ~ *improvement*
*area* veeverbeteringsgebied. ~ *leader* neusring. ~ *lifter,*
~ *rustler* veedief, beesteler. ~ *market* vee=, beesmark. ~
*plague* runderpes. ~ *population* beesstapel.

**cat·ty**[1] *adj.* katterig. **cat·ti·ness** katterigheid.

**cat·ty**[2] *n., (sl.)* rek(ker), kettie.

**Cau·ca·si·a** *(geog.)* Kaukasië. **Cau·ca·si·an** *n.* Kaukasiër.
**Cau·ca·si·an** *adj.* Kaukasies.

**cau·cus** =cuses, *n.* koukus; koukus=, partyvergadering. **cau·**
**cus** =cused, *ww.* koukus, 'n koukus hou, beraadslaag.

**cau·dal** *(soöl., anat.)* stert=; ~ *fin* stertvin. **cau·date** gestert,
met 'n stert.

**caul** *(anat.)* helm; *(anat.)* dermnet; *(anat.)* netvet; *born with a*
~, *(fig.)* met die helm gebore.

**caul·dron, cal·dron** kookpot, =ketel.

**cau·li·flow·er** blomkool. ~ *ear* dik oor, skrumoor; from=
mel=, sportoor.

**caulk, calk** (toe)stop, (water)dig maak; *(sk.)* kalfater.

**cause** *n.* oorsaak; rede; beweegrede; grond, aanleiding; saak;
(hof)saak, (reg)saak; veroorsaker; verwekker; ~ *of action,*
*(jur.)* skuldoorsaak, grond vir regsvordering; ~ *of death*
doodsoorsaak; *devote o.s. (heart and soul) to (of throw o.s.*
*into) a* ~ (met) hart en siel vir 'n saak werk; ~ *and effect* oor=
saak en gevolg; *further a* ~ 'n saak bevorder; *give* ~ *for* ...
rede tot ... gee; *a good* ~ 'n goeie saak; *in the* ~ *of* ... vir ...;
*a lost* ~ 'n verlore saak; *there is no* ~ *for* ... daar is geen rede
vir ... nie; *the* ~ *of peace* die saak van vrede; *serve a* ~ 'n
saak bevorder/dien; *show* ~ gronde/redes aanvoer, redes
aangee/opgee/verstrek; *with (good)* ~ tereg, met reg; *with=*
*out (good)* ~ sonder grond *(of* ['n geldige] rede); *work for*
*a* ~ vir 'n saak werk, jou vir 'n saak beywer. **cause** *ww.*
veroorsaak, teweegbring, bewerkstellig; uitlok, (ver)wek; lei
tot; ~ *s.t. to happen* maak dat iets gebeur; iets veroorsaak; ~
*mischief* onheil stig. **caus·al** oorsaaklik, kousaal, redegewend.
**cau·sal·i·ty** kousaliteit, oorsaaklikheid, oorsaaklike verband.
**caus·al·ly** oorsaaklik, kousaal. **cau·sa·tion** veroorsaking; oor=

saaklike verband; oorsaaklikheidsleer. **cause·less** sonder oor=
saak/grond, ongegrond, ongemotiveer(d).

**cause·way** spoelbrug, laagwaterbrug; verhoogde pad; straat=
weg.

**caus·tic** *n.* brand=, bytmiddel. **caus·tic** *adj.* bytend, bran=
dend; skerp, snydend, sarkasties; ~ *lime* ongebluste kalk; ~
*potash* bytpotas; ~ *soda* seep=, bytsoda. **caus·ti·cal·ly** bitsig,
sarkasties, skerp.

**cau·ter·ise, -ize** (uit)brand, (toe)skroei, doodbrand; ver=
hard; *(med.)* kouteriseer. **cau·ter·y** *(med.)* kouterisasie, kou=
terisering, branding, skroeiing.

**cau·tion** *n.* versigtigheid, omsigtigheid; vermaning, waar=
skuwing; waarskuwingsbevel; skrobbering; borggeld; *act with*
~ omsigtig/versigtig handel/optree; *get off with a* ~ met 'n
waarskuwing daarvan afkom; *cast/throw* ~ *to the winds* alle
versigtigheid oorboord gooi. **cau·tion** *ww.* vermaan, waar=
sku; berispe, skrobbeer; ~ *s.o. about s.t.* iem. oor iets waarsku;
~ *s.o. against s.t.* iem. teen iets waarsku; iem. afraai om iets
te doen; ~ *and discharge s.o.* iem. met 'n berisping ontslaan.
**cau·tion·ar·y** waarskuwend, waarskuwings=.

**cau·tious** versigtig, omsigtig, behoedsaam, lugtig. **cau·tious·**
**ness** versigtigheid, omsigtigheid.

**cav·al·cade, cav·al·cade** optog, kavalkade; ruiterstoet;
prosessie.

**cav·a·lier** *n., (arg.)* galante heer, kavalier; *(arg.)* ruiter, ridder,
kavalier. **cav·a·lier** *adj.* hooghartig, arrogant, neerbuigend;
swierig, windmaker(ig); onverskillig, nonchalant; ~ *treat-*
*ment* onverskillige behandeling. **cav·a·lier·ly** uit die hoogte.

**cav·al·ry** kavallerie, ruitery, perderuiters; *a hundred* ~ hon=
derd ruiters, honderd man ruitery. **~man** *-men* kavalleris,
berede soldaat.

**cave** *n.* grot, spelonk. **cave** *ww.* uithol; (in)kalwe(r); ~ *in,*
*(lett.)* in=, afkalwe(r), in(een)sak, meegee, intuimel, in(een)=
stort, insak; inslaan, induik *(hoed); (fig., infml.)* swig. **~in** in=,
afkalwing; insakking, versakking; in(een)storting. **~man**
*-men* grotbewoner, =mens, oermens; barbaar, primitiewe
mens; geweldenaar. **~man instincts** oerinstinkte.

**ca·ve·at** *(Lat.)* waarskuwing; voorbehoud; protes; *enter (or*
*put in) a* ~ voorbehoud aanteken; 'n waarskuwing gee.

**cav·ern** grot, spelonk. **cav·ern·ous** spelonkagtig; hol *(klanke,*
*oë).*

**cav·i·ar(e), cav·i·ar(e)** kaviaar, sout viskuit.

**cav·il** *n.* vittery, haarklowery. **cav·il** *ww.* vit, hare kloof/klowe,
haarkloof, =klowe; ~ *at s.t.* oor iets hare kloof/klowe, op iets
vit. **cav·il·ler** vitter, haarklower, foutsoeker.

**cav·i·ty** holte, duik. ~ *wall* hol muur, spoumuur.

**ca·vort** steier, bokspring; dartel, uitgelate/vrolik wees.

**caw** *n.* (rawe)gekras. **caw** *ww.* kras, krys.

**cay** bank, eilandjie.

**Cay·enne** *(geog.)* Cayenne. **c~ pepper** rissie=, cayennepeper.

**cay·man, cai·man** *-mans, (soöl.)* kaaiman.

**CB** *(afk.:* Citizens' Band*)* burgerband. ~ *radio* burger(band)=,
kletsradio, *(sl.)* siebie.

**CD** *(afk:* compact disc*)* CD, laser=, kompakskyf. ~ *player* CD-
speler, laserskyfspeler. **~-ROM** *(afk.:* compact disc read-only
memory*)* CD-ROM.

**cease** *n.* staking; *without* ~ sonder ophou, onophoudelik, on=
onderbroke. **cease** *ww.* ophou, op 'n end kom, eindig, tot
'n einde kom, ten einde loop; beëindig, staak; ~ *(from) doing*
*s.t.* met iets ophou/uitskei; ~ *fire* die vuur staak. **~-fire** skiet=
stilstand, vuurstaking. **cease·less** onophoudelik, onafge=
broke, ononderbroke, onverpoos, nimmereindigend, kna=
end. **cease·less·ly** sonder ophou, nimmereindigend. **cease·**
**less·ness** aanhoudendheid.

**ce·dar** seder(boom); sederhout. **C~berg** *(geog.)* Sederberg.

**cede** op=, afgee, afstand doen van, afstaan; oormaak, =dra,
sedeer; toestaan, =stem.

**ce·dil·la** *(skryfteken)* cédille.

**ceil·ing** plafon; maksimum; hoogtegrens, reikhoogte *(v. vlieg=*
*tuig);* wolkeplafon; *fix* ~s plafonneer; *flat* ~ vlakplafon; *hit*
*the* ~, *(infml.)* 'n kabaal maak/opskop, tekere *(of* te kere)
gaan, tekeregaan, baie kwaad word; *put a* ~ *on s.t.* 'n perk
vir iets bepaal/stel. ~ *price* topprys; maksimum prys.

**ce·leb** *(infml.)* = celebrity.

**cel·e·brate** vier; herdenk; verheerlik; ~ *one's birthday* ver=
jaar; ~ *Christmas* Kersfees vier/hou; ~ *mass, (RK)* die mis
bedien/opdra; ~ *the new year* Nuwejaar hou. **cel·e·brant**
selebrant, diensdoende priester. **cel·e·brat·ed** beroemd, ver=
maard, gevierd, algemeen bekend, veelbesproke; *be* ~ *as ...* as
... beroemd wees; *be* ~ *for ...* om/vir/weens ... beroemd wees.
**cel·e·bra·tion** viering; feesviering; herdenking; verheerliking;
fuif; *(i.d. mv.)* (fees)viering, feestelikheid, =hede; *s.t.* **calls** *for*
*a* ~ iets moet gevier word; *have/hold a* ~ iets vier; *in* ~ *of*
... ter viering van ...; ~ *of mass* misdiens.

**ce·leb·ri·ty** *-ties* beroemdheid, beroemde/bekende/gevierde
persoon; roem, beroemdheid. ~ *concert* beroemdhedekon=
sert.

**ce·ler·i·ac** knolsel(d)ery.

**ce·ler·i·ty** *(poët., liter.)* spoed, snelheid, vinnigheid, vlugheid.

**cel·e·ry** sel(d)ery; *a head of* ~ 'n kop sel(d)ery.

**ce·les·ta, ce·leste** *(mus.)* celesta.

**ce·les·ti·al** hemels, hemel=. ~ *body* hemelliggaam. ~ *space*
hemelruim.

**cel·i·ba·cy** seksuele onthouding; selibaat, ongetroude/onge=
hude staat. **cel·i·bate** *n.* ongetroude, vrygesel. **cel·i·bate** *adj.*
ongetroud, ongehuud, selibatêr.

**cell** sel; hokkie; vakkie; kluis; *dry* ~ droë element/sel. ~ *divi-*
*sion* seldeling. ~ *nucleus* selkern. **~phone, cellular (tele)**
**phone** selfoon, sellulêre (tele)foon. ~ *wall* selmuur *(in ge=*
*bou); (biol.)* selwand.

**cel·lar** *n.* kelder; wynkelder, =voorraad. **cel·lar** *ww.* in 'n
kelder sit, kelder. ~ *master* keldermeester.

**cel·lo** =los, *(mus.)* tjello. **cel·list** tjellis, tjellospeler.

**cel·lo·phane** sellofaan, glaspapier.

**cel·lu·lar** sellulêr, selvormig, sel=; ~ *concrete* selbeton; ~
*radio* sellulêre radio; ~ *(tele)phone* →CELLPHONE; ~ *tissue*
selweefsel.

**cel·lu·lite** selluliet.

**cel·lu·li·tis** weefselontsteking, sellulitis.

**cel·lu·loid** sellulo&iuml;d; (rolprent)film.

**cel·lu·lose** sellulose, selstof; gesuiwerde houtstof.

**Cel·si·us** Celsius; *fifteen degrees* ~ *(or* 15 °C) vyftien grade
Celsius *(of* 15 °C).

**Celt, Kelt** Kelt. **Celt·ic, Kelt·ic** *n., (taal)* Kelties. **Celt·ic,**
**Kelt·ic** *adj.* Kelties.

**ce·ment** *n.* sement; bindmiddel, kit(middel); *(fig.)* band. **ce·**
**ment** *ww.* hard/vas/stewig/een word; met sement messel;
met 'n bindmiddel verbind; met sement bestryk; hard(er)
maak, versterk. ~ *gun* sementspuit. ~ *slab* sementblad.

**ce·men·ta·tion, ce·ment·ing** sementasie, sementering;
verklewing.

**cem·e·ter·y** begraafplaas, kerkhof, dodeakker.

**cen·o·taph** senotaaf, grafmonument.

**Ce·no·zo·ic, Cae·no·zo·ic, Cai·no·zo·ic** *n., (geol.): the*
~ die Kainoso&iuml;kum/Senoso&iuml;kum. **Ce·no·zo·ic, Cae·no·**
**zo·ic, Cai·no·zo·ic** *adj.* Kainoso&euml;ies, Senoso&euml;ies.

**cense** bewierook. **cen·ser** wierook=, reukvat; wierookdraer,
=swaaier.

**cen·sor** *n.* sensor; keur=, sedemeester; *film* ~ film=, rol=
prentkeurder. **cen·sor** *ww.:* ~ *s.t.* iets sensureer/sensor/
sensoreer/keur *(of* aan sensuur onderwerp), sensuur oor/op
iets uitoefen; *be strictly* ~*ed* onder streng(e) sensuur staan.
**cen·sor·a·ble** sensurabel. **cen·so·ri·al** sensoragtig, soos 'n

sensor. **cen·sor·ing** sensuur. **cen·so·ri·ous** vitterig, vol kri=
tiek, alte krities. **cen·so·ri·ous·ness** vitterigheid, vittery. **cen=
sor·ship** sensuur; *(amp)* sensorskap; ~ *of books* sensuur op
boeke, boekesensuur; *exercise* ~ *over s.t.* sensuur op iets uit=
oefen, iets aan sensuur onderwerp; *institute a* ~ *of s.t.* sen=
suur op iets instel; *subject s.t. to* ~ iets aan sensuur onder=
werp, sensuur op iets uitoefen; *be subject to* ~ aan sensuur
onderworpe wees.

**cen·sure** *n.* afkeuring; berisping, teregwysing, vermaning;
sensuur, veroordeling; *a motion of* ~ 'n mosie van afkeuring/
sensuur. **cen·sure** *ww.* afkeur; berispe; sensureer, senseer;
veroordeel; ~ *s.o. for s.t.* iem. oor iets berispe. **cen·sur·a·ble**
afkeurenswaardig, laakbaar, berispelik; sensurabel.

**cen·sus** volkstelling, sensus; *take a* ~ *(of the population)* 'n
volkstelling hou; *take a* ~ *of s.t.* 'n sensus van iets opneem. ~
**return** sensusopgawe. ~ **taker** sensusopnemer.

**cent** sent; *fifty* ~*s* vyftig sent *(of 50c)*; *per* ~ →PER.

**cen·taur** *(mit.)* sentour, kentour, perdmens.

**cen·te·nar·i·an** *n., (pers.)* honderdjarige. **cen·te·nar·i·an**
*adj.* honderdjarig; eeufees=.

**cen·te·nar·y, cen·ten·ni·al** *n.* eeufees. **cen·te·nar·y,
cen·ten·ni·al** *adj.* honderdjarig.

**cen·tes·i·mal** honderddelig, sentesimaal.

**cen·ti·grade** honderdgradig; *100 degrees* ~ 100 grade Cel=
sius *(of* 100 °C).

**cen·ti·me·tre,** *(Am.)* **cen·ti·me·ter** sentimeter.

**cen·ti·pede** honderdpoot.

**Cen·tral** Midde(l)=, Sentraal=. ~ **Africa** Midde-, Sentraal-
Afrika. ~ **African Republic** Sentraal-Afrikaanse Republiek.
~ **Europe** Middel-, Sentraal-Europa. ~ **European** Middel-,
Sentraal-Europees.

**cen·tral** sentraal, middelste, midde(l)=; hoof=; ~ *bank* sen=
trale bank; ~ *business district* sentrale sakegebied; ~*figure*
hooffiguur; ~ *government* sentrale/nasionale regering; ~
*heating* sentrale verwarming; ~ *idea* kerngedagte; ~ *lock=
ing, (mot.)* sentrale sluiting; ~ *nervous system* sentrale senu=
(wee)stelsel; ~ *processing unit, (rek.)* sentrale verwerk(ings)=
eenheid; ~ *station* hoofstasie; *be* ~ *to* ... die kern van ...
wees. **cen·tral·i·sa·tion, ·za·tion** sentralisasie; sametrekking.
**cen·tral·ise, ·ize** sentraliseer; sentreer; saamtrek. **cen·tral·**
**ism** sentralisme; sentralisasie. **cen·tral·ist** *n.* sentralis. **cen=**
**tral·ist** *adj.,* **cen·tral·is·tic** sentralisties.

**cen·tre,** *(Am.)* **cen·ter** *n.* middel(punt), sentrum; as, spil;
hart(jie) *(van blom ens.);* hoof; *(rugby)* senter; *(sokker)* mid=
delvoor; *at/in the* ~ *of* ... in die middel van ...; ~ *of attraction*
aantrekkingspunt; middelpunt van belangstelling; *city* ~, ~
*of a city* middestad, stadskern, binnestad; ~ *of curvature,*
*(wisk.)* krommingsmiddelpunt; *dead* ~ presiese middelpunt;
~ *of gravity* swaarte=, aantrekkingspunt; ~ *of mass* mas=
samiddelpunt; *plumb* ~ doodwaterpas; ~ *of pressure* druk=
middelpunt; *hold the* ~ *of the stage* alle belangstelling trek.
**cen·tre,** *(Am.)* **cen·ter** *adj.* midde(l)=, middelste, sentraal.
**cen·tre,** *(Am.)* **cen·ter** *ww.* in 'n middelpunt byeenkom/
verenig; in die middel plaas/sit; na die middelpunt bring/
stuur; die middelpunt bepaal; konsentreer; sentreer; *(voet=
bal)* inskiet; *s.t.* ~*s in/on/upon* ... iets draai om ...; iets is
gevestig op ...; ~ *on/(a)round* ... op ... toegespits wees. ~
**back** *(sokker, hokkie, ens.)* middelagterspeler. ~ **bit** senter=
boor. ~**fold** (uitvou-)middelblad. ~ **forward** *(sokker, hokkie,
ens.)* middelvoor(speler). ~ **half** middelskakel. ~ **left** mid=
dellinks. ~ **party** *(pol.)* middelparty. ~**piece** middelstuk;
tafelloper; hoofitem. ~ **spread** middeldubbelblad. ~ **square**
sentreerhaak. ~ **three-quarter** *(rugby)* senter.

**cen·tred** *adj. & adv.* gesentreer(d).

**cen·tric, cen·tri·cal** middelpuntig, sentraal.

**cen·tri·fuge** *n.* swaaimasjien; ontromer; wenteldroër; sen=
trifuge. **cen·tri·fuge** *ww.* uitswaai, sentrifugeer. **cen·trif=**
**u·gal, cen·trif·u·gal, cen·trif·u·gal** middelpuntvliedend *(krag);*
sentrifugaal *(pomp).*

**cen·tring,** *(Am.)* **cen·ter·ing** sentrering; *(bouk.)* formeel
*(v. boog, koepel).* ~ **screw** sentreerskroef.

**cen·trist** *(pol.)* gematigde, sentris.

**cen·tu·ri·on** *(mil.,hist.)* hoofman oor honderd, honderdman,
centurio.

**cen·tu·ry** eeu, honderd jaar; *(kr.)* honderdtal; *centuries-old,*
*(adj.)* eeue oud *(pred.),* eeue ou(e) *(attr.);* **for** *centuries* eeue
lank; *hit/make/score a* ~, *(kr.)* 'n honderdtal aanteken/be=
haal; *over the centuries* deur die eeue (heen); *at the turn of
the* ~ by die eeuwisseling.

**ce·phal·ic** hoof=, kop=, skedel=; ~ *index* skedelsyfer, =indeks;
~ *vein* hoofaar.

**ceph·a·lo·pod** *n., (soöl.)* koppotige, kefalo=, sefalopode.
**ceph·a·lo·pod** *adj.* koppotig.

**ceph·a·lo·thor·ax** =thoraxes, =thoraces kopborsstuk.

**ce·ram·ic** *adj.* pottebakkers=, keramies. **ce·ram·ics** *n. (ekv. of
mv.)* pottebakkerskuns; pottebakkery; erdewerk, keramiek.
**cer·a·mist** pottebakker, keramis.

**Cer·ber·us** *(Gr. mit.)* Kerberos, Cerberus, helhond.

**cere** wasvlies, =huid.

**ce·re·al** *n.* graan(soort), graangewas; *(i.d. mv.)* graan, grane;
ontbytgraan, graankos; graanproduk. **ce·re·al** *adj.* graan=.

**cer·e·bel·lum** =bellums, =bella kleinharsings, serebellum.

**cer·e·brum** =brums, =bra grootharsings, serebrum. **cer·e·bral,**
*(Am.)* **cer·e·bral** serebraal, harsing=, brein=; verstandelik,
nugter, serebraal; ~ *concussion* harsingskudding; ~ *cor=
tex* breinskors, harsingskors; ~ *death* serebrale dood; ~ *haem=
orrhage* harsing=, breinbloeding; ~ *hemisphere* harsing=,
breinhelfte; ~ *palsy* serebrale verlamming; ~ *stroke* beroer=
te. **cer·e·bra·tion** breinwerking, =aktiwiteit, geesteswerksaam=
heid. **cer·e·bro·spi·nal** serebrospinaal; ~*fluid* serebrospinale
vog/vloeistof, harsing-rugmurg-vog.

**cer·e·mo·ny** plegtigheid, seremonie; vormlikheid; *master
of ceremonies* seremoniemeester; *stand on/upon* ~ die afstand
bewaar; formeel wees; *not stand on/upon* ~ informeel wees;
*do not stand upon* ~*!* maak jou tuis!; *without* ~ informeel. 
informeel. **cer·e·mo·ni·al** seremonieel, plegtig, vormlik; ~ *art* kerklike
kuns; ~ *salute* eresaluut. **cer·e·mo·ni·al·ly** seremonieel, pleg=
tig. **cer·e·mo·ni·ous** vormlik, plegtig, statig, plegstatig, def=
tig.

**ce·rise** *n. & adj.* cerise, kersierooi.

**ce·ri·um** *(chem., simb.: Ce)* serium.

**cert:** *it's a dead* ~, *(sl.)* dis doodseker.

**cer·tain** seker, (vas)staande; seker, gewis, stellig; oortuig; se=
ker, bepaald, een of ander; *be* ~ *about/of s.t.* van iets seker/
oortuig wees; op iets kan reken; *it is (absolutely)* ~ dit is/
staan vas (en seker); *be dead* ~ doodseker wees; ~ *death* 'n
gewisse dood; *for* ~ vir seker, verseker, gewis, ongetwyfeld;
*hold s.t. for* ~ iets as seker beskou; van iets oortuig wees;
*make* ~ *of s.t.* jou van iets verseker/vergewis; *make* ~ *that*
... verseker *(of* sorg [dra]) dat ...; *a* ~ *Mr Peters* ene *(of* 'n
sekere) mnr. Peters; *be* ~ *that* ... seker *(of* [daarvan] oortuig)
wees dat ...; *one thing is* ~ een ding staan vas; *s.o. is* ~ *to do
s.t.* iem. sal iets beslis doen. **cer·tain·ly** *adv.* seker(lik), beslis,
ongetwyfeld, vir seker, verseker, bepaald, gewis, stellig; *it has
almost* ~ *failed* dit het so goed as seker misluk; *most* ~ wel
deeglik, seer seker; ~ *not* volstrek nie. **cer·tain·ly** *tw.* met
plesier!, ja seker!. **cer·tain·ty** sekerheid; vastheid; gewisheid;
*for a* ~ vir seker, verseker, sonder (enige) twyfel; *it is a* ~
*that* ... dit is seker dat ...

**cer·tif·i·cate** *n.* sertifikaat, bewys, getuigskrif; diploma; skrif=
telike verklaring; attestaat; ~ *of baptism, baptismal* ~ doop=
seel, =bewys; ~ *of competence* bevoegdheidsertifikaat; ~ *of
fitness* geskiktheidsertifikaat; ~ *of (church) membership* at=
testaat; ~ *of origin* sertifikaat van herkoms/oorsprong. **cer·**
**tif·i·cate** *ww.* 'n sertifikaat verleen, sertifiseer; diplomeer.
**cer·ti·fi·ca·tion** verklaring, versekering, attestasie, sertifika=
sie, sertifisering; waarmerking; diplomering.

**cer·ti·fy** verseker, verklaar, getuig; waarmerk; sertifiseer, at= testeer; diplomeer; *this is to ~ that ...* hiermee word verklaar/ gesertifiseer dat ... **cer·ti·fi·a·ble** sertifiseerbaar. **cer·ti·fied** gewaarmerk; erken(d); gediplomeer(d); verklaar(d); ~ *cheque* gewaarborgde tjek; ~ *copy* gewaarmerkte afskrif; ~ *correct* as juis gewaarmerk; ~ *teacher* opgeleide onder= wyser(es).

**cer·ti·tude** sekerheid, oortuiging, gewisheid.

**ce·ru·le·an** hemelsblou.

**cer·ve·lat** servelaat(wors).

**cer·vix** *-vixes, -vices, (anat.)* serviks, nek, hals. **cer·vi·cal** ser= vikaal, nek=, hals=; ~ *cancer* serviks=, baarmoedernekkanker; ~ *smear* servikssmeer; ~ *vertebra* nekwerwel.

**cess:** ~*pipe* vuilpyp. ~*pit*, ~*pool* sink=, vuilput; geutput; *(fig.)* poel *(v. sonde ens.).*

**ces·sa·tion** beëindiging, einde, staking; *without ~* onop= houdelik.

**ces·sion** *(jur.)* sessie, oordrag, oormaking. **ces·sion·ar·y** ses= sionaris, regverkrygende.

**ce·ta·cean** *n.* walvisagtige, setasee; walvis. **ce·ta·cean, ce·ta·ceous** *adj.* walvisagtig.

**Cey·lon** *(hist.)* Ceylon; →SRI LANKA. ~ *rose* selonsroos, ole= ander.

**Chab·lis, Chab·lis** *(soms c~), (Fr., wynsoort)* chablis.

**cha-cha** *n., (Sp. dans)* cha-cha. **cha-cha** *ww.* cha-cha.

**chac·ma ba·boon** Kaapse bobbejaan.

**Chad** *(geog.)* Tsjad; *Lake ~* die Tsjadmeer.

**chae·to·pod** borselwurm.

**chafe** *n.* skaafplek. **chafe** *ww.* vryf, vrywe, skuur, skaaf, skawe, deurskaaf, =skawe; irriteer; vererg wees, jou vererg; ~ *at/under s.t.* oor iets ongeduldig/wrewel(r)ig raak.

**chaf·er** *(soöl.)* kewer.

**chaff**[1] *n.* kaf, strooi; bog, twak; waardelose ding; *separate the wheat from the ~* die kaf van die koring skei. ~ *cutter* kerf= masjien, =snyer. **chaff·y** kafagtig; niksbeduidend, prullerig.

**chaff**[2] *n.* spot(tery), gekskeerdery, tergery, plaery. **chaff** *ww.* terg, pla, spot, vir (die) gek hou; ~ *s.o.* met iem. spot/gek= skeer *(of die gek skeer); (SA, infml.)* by iem. aanlê, met iem. flirt. **chaff·er** plaer, spotter, gekskeerder, terggees.

**chaf·finch** *(orn.)* (Europese) vink, boekvink.

**cha·grin, cha·grin** ergernis, verergdheid; teleurstelling, verdriet, mishae; irritasie; *feel ~ at ...* oor ... teleurgestel(d) wees. **cha·grined, cha·grined** vererg, kwaad; teleurgestel(d), afgehaal; spytig.

**chain** *n.* ketting; reeks, aaneenskakeling; skering; *(i.d. mv.)* boeie, bande, kettings; *(i.d. mv.)* gevangenskap; *break (or shake off) one's ~s* die kettings verbreek; ~ *of command* bevels= weg, =orde; ~ *of events* reeks gebeurtenisse; *be in ~s* in ket= tings *(of geketting)* wees; ~ *of mountains* bergreeks, =ket= ting; ~ *of office* ampsketting; *put s.o. in ~s* iem. in kettings slaan. **chain** *ww.* vasketting; kluister; ~*ed convict* ketting= ganger; ~ *s.o./s.t. to ...* iem./iets aan ... (vas)ketting; *be ~ed to ...* aan ... (vas)geketting wees; ~ *s.o. up* iem. ketting. ~ *armour*, ~ *mail* maliekolder. ~ *cable* ankerketting. ~ *drive* kettingaandrywing. ~~*driven* kettinggedrewe. ~ *gang* ploeg dwangarbeiders (in kettings). ~ *gear* kettingwerk; ketting= rat. ~ *letter* kettingbrief. ~ *lightning* kettingweerlig, =blits, sigsag=, gevurkte blits. ~ *reaction* kettingreaksie. ~ *saw* kettingsaag. ~~*smoke* ww. kettingrook, 'n kettingroker wees. ~ *smoker* kettingroker. ~ *stitch* kettingsteek. ~ *store* ket= tingwinkel.

**chair** *n.* stoel; voorsitterstoel; voorsitter; leerstoel, profes= soraat; (elektriese) stoel; *address the ~* die voorsitter aan= spreek; *appeal to the ~* jou op die voorsitter beroep; *draw up a ~* 'n stoel nader trek; *go to the (electric) ~* in die elektriese stoel tereggestel word; *be in the ~* voorsit, presideer, as voorsitter optree, die voorsitterstoel beklee/inneem, die ver=

gadering lei; *Mr/Madam C~(person)* Meneer/Mevrou die *(of* Geagte) Voorsitter; *the ~ of Afrikaans/etc.* die leerstoel vir Afrikaans/ens.; *sit on a ~* op 'n stoel sit; *take a ~* gaan sit; *take a ~!* gaan sit!, neem plaas!; *vote s.o. into the ~* iem. tot voorsitter verkies. **chair** *ww.:* ~*ed by ...* onder voorsit= terskap van ..., met ... as voorsitter; ~ *a meeting* voorsit oor *(of* as voorsitter optree van) 'n vergadering. ~ *back* stoel= rug, rugleuning. ~ *bottom*, ~ *mat*, ~ *seat* stoelmat, =sitting. ~ *caning* stoelvlegtery; vlegwerk. ~ *cover* stoeloortreksel, =bekleedsel. ~ *leg* stoelpoot. ~ *lift* hysstoel.

**chair·man** *-men,* **chair·per·son,** **chair·wom·an** *-women* voorsitter; ~*'s address* voorsittersrede; ~*'s statement* voorsit= tersverslag. **chair·man·ship,** =**per·son·ship,** =**wom·an·ship** voorsitterskap, presidium; *under the ~ of ...* onder voorsit= terskap van ...

**chaise longue** leuningsofa.

**Cha·ka, Sha·ka** *(SA hist.: Zoeloehoof)* Tsjaka.

**cha·ka·la·ka** *(SA kookk.)* chakalaka.

**chak·ra** *(Ind. filos.)* chakra.

**cha·let, cha·let** chalet; berghut; houthuis(ie); vakansie= huis(ie).

**chal·ice** *(hist.)* kelk; (nagmaals)beker, altaarkelk; miskelk.

**chalk** *n.* kryt; *be as alike/different as ~ and cheese, (infml.)* soos dag en nag *(of* hemelsbreed van mekaar) verskil; *not by a long ~, (infml.)* verreweg *(of* op verre na) nie; *a (piece/ stick of) ~* 'n (stuk) kryt; ~ *and talk* tradisionele onderrig= metodiek. **chalk** *ww.* met kryt merk/skryf/skrywe/teken; *(verf)* verpoeier; ~ *s.t. out* iets skets/uitstippel; ~ *s.t. up, (lett.)* iets aanteken/opskryf/opskrywe; *(fig.,infml.)* iets behaal *(sukses, oorwinning, ens.).* ~ *deposit* krytafsetting. ~*down* kryt=, onderwysstaking. ~ *line* slaglyn, krytstreep. ~ *stripe (tekst.)* krytstreep, =strepie. ~~*striped (tekst.)* krytstreep=, met krytstrepe/=strepies. ~ *white* krytwit.

**chalk·like** krytagtig.

**chalk·y** krytagtig; ~ *white* krytwit. **chalk·i·ness** krytagtig= heid.

**chal·lenge** *n.* uitdaging; aansporing, prikkel; *(jur.)* wraking, protes, eksepsie; *accept a ~* 'n uitdaging aanneem/aanvaar; *issue a ~ to s.o.* 'n uitdaging tot iem. rig; *meet a ~* 'n uit= daging die hoof bied; *be a ~ to s.o.* vir iem. 'n uitdaging wees; *a ~ to a fight* 'n uitdaging tot 'n geveg. **chal·lenge** *ww.* uitdaag; betwis, in twyfel trek; aanspoor, prikkel; protes aanteken, wraak; aanveg; aanroep, halt roep; ~ *s.o. to a fight* iem. tot 'n geveg uitdaag. ~ *cup* uitdaag=, wisselbeker.

**chal·lenge·a·ble** betwisbaar, aanvegbaar; *(jur.)* wraakbaar.

**chal·lenged** *(euf.)* gestrem(d).

**chal·leng·er** uitdager.

**chal·leng·ing** *adj.* moeilik, veeleisend, straf *(toets, kursus, roete, ens.);* ingewikkeld, netelig *(kwessie ens.);* prikkelend, boeiend, intrigerend *(idee ens.).*

**cham·ber** kamer *(ook v.geweer); (i.d. mv.)* kamers, kantoor; ~ *of commerce* kamer van koophandel, handels=, sakekamer; ~ *of horrors* gruwelmuseum; gruwelkamer; ~ *of industries* kamer van nywerheid; *a judge in ~s* 'n regter op kamerhof; *lower/upper ~, (parl.)* laer=, hoërhuis; ~ *of mines* kamer van mynwese. ~ *concert* kamerkonsert. ~ *court*, *motion court* kamerhof. ~*maid* kamermeisie, =bediende. ~ *orchestra* ka= merorkes.

**cham·ber·lain** *(hist.)* kamerheer.

**cha·me·le·on** verkleurmannetjie, trapsoetjies, =suutjies; *(fig.)* manteldraaier; *(fig.)* oorloper, tweegatjakkals.

**cham·ois** *-ois, (soöl.)* gems. ~ *leather* seems=, wasleer, seem=, leerlap.

**champ**[1] *n.* gekou; kougeluid. **champ** *ww.* kou, byt, knaag.

**champ**[2] *n., (infml.)* kampioen; bobaas, (ou) haan, bielie; → CHAMPION.

**Cham·pagne** *(geog.)* Champagne.

**cham·pagne** sjampanje. ~ **breakfast** sjampanjeontbyt. **cham·pers** *(sl.)* sjampanje.

**cham·pi·on** *n.* kampioen, baasvegter, =hardloper, ens.; ~ *of champions* grootkampioen; *be a ~ of ...* 'n kampvegter/voorvegter vir ... wees *(hervorming, vryheid, ens.); ~s don't stay* rissies bo peper, daar is altyd 'n meerdere. **cham·pi·on** =n=, *ww.* verdedig, opkom/pleit/veg vir, bepleit, voorstaan, steun.

**cham·pi·on·ship** kampioenskap; heerskappy; voorspraak, verdediging, bepleiting; *(i.d.mv.)* kampioenskapsbyeenkoms, =toernooi, =wedstryd; *decide the ~s* die kampioenskap beslis; *take part in the ~s* aan die kampioenskapsbyeenkoms deelneem. ~ **meeting** kampioenskapsbyeenkoms. ~ **tournament** kampioenskapstoernooi, =wedstryd.

**chance** *n.* kans, geleentheid; moontlikheid, waarskynlikheid; toeval, geluk, noodlot; *(kr.)* vangkans; *is there any ~ whatever?* bestaan/is daar ook maar die geringste/minste kans?; *by any ~* dalk, miskien; *the ~s are that ...* waarskynlik sal ...; *by ~* per toeval, toevallig; *no earthly ~, (infml.)* geen kans hoegenaamd nie; *the ~s are equal* die kanse staan gelyk; *a fair ~* 'n billike kans; *have a fat ~, (infml.)* nie 'n kat se kans (*of* die geringste/minste) kans hê nie; *s.o. has a fighting ~* iem. het regtig 'n kans as hy/sy hard probeer/werk/veg; *game of ~* kans=, geluk=, waagspel; *get a ~* 'n kans kry; *not have the ghost of a ~* nie die geringste/minste (*of* die skyntjie van 'n) kans hê nie; *give s.o. a ~* iem. 'n kans gee; *the ~ is gone* die kans is verlore; *stand a good ~* 'n goeie kans hê; *s.o. stands a good ~, (ook)* iem. se kanse staan goed; *there is a good ~ of ...* heel/hoogs waarskynlik sal ...; *have a ~* 'n kans hê; *not have a (snowball's) ~ in hell, (sl.)* nie 'n kat se (*of* die geringste/minste) kans hê nie, soveel kans as 'n wors in 'n hondehok hê; *be in with a ~* 'n kans hê; *jump/leap at a/the ~* 'n/die geleentheid/kans aangryp; *leave s.t. to ~* iets aan die toeval oorlaat; *the ~ of a lifetime* 'n unieke geleentheid/kans, 'n kans wat nooit terugkeer (*of* iem. nooit weer kry) nie; *a long/remote ~* 'n geringe kans, 'n buitekans; *lose/miss a ~* 'n kans/geleentheid misloop/verspeel/versuim (*of* laat glip/ verbygaan); *have an eye on the main ~* eiebelang in die oog hou, op eie voordeel bedag wees, eie voordeel soek; *it is mere/pure* dit is blote/skone/volslae toeval; *by the merest ~* bloot per toeval; *not a ~!* (daar is) geen sprake van nie!; *the ~s of ...* die kanse op ..., die moontlikheid van ...; *an off ~* 'n geringe kans; *on the off ~ (that ...)* vir geval ([dat] ...); *on the ~* op goeie geluk af; *have an outside ~* 'n heel/uiters geringe kans hê; *a poor/slender/slim ~* 'n geringe kans/moontlikheid; *by pure ~* doodtoevallig; *s.o. runs a ~ of being ...* dit is moontlik dat iem. ...; *seize on/upon a ~* 'n kans waarneem; *spoil/dish s.o.'s ~s* iem. se kanse bederf; *have a sporting ~* 'n kans hê; *take a ~* (*of* 'n kans) waag; *'n risiko loop; *take a ~!* waag dit!; *take ~s* baie (*of* te veel) waag; *take one's ~* die/'n kans waag; jou/'n kans afwag; *take no* (or *not take any) ~s* nie/niks waag nie; *~s of war* oorlogskanse. **chance** *adj.* toevallig; *~ customers* ongereelde klante. **chance** *ww.* toevallig gebeur; waag, riskeer; *~ it* (or *one's arm)* dit (*of* 'n kans) waag, 'n risiko neem, iets op genade doen; *it ~d that s.o. ...* toevallig het iem. ...; *~ on/upon ...* toevallig op ... afkom, ... toevallig kry/raakloop, ... ontmoet/teëkom/teenkom; *~ to do s.t.* iets toevallig doen. **chance·less** sonder ('n) kans; fout(e)loos, onberispelik *(spel ens.)*. **chan·cer** *(infml.)* kansvatter, opportunis; waaghals. **chan·cy** *(infml.)* gevaarlik, gewaag(d), onseker.

**chan·cel·lor** kanselier; *C~ of the Exchequer, (Br.)* minister van finansies. **chan·cel·lor·ship** kanselierskap.

**chan·de·lier** kroonkandelaar, kroonlig.

**change** *n.* verandering; oorgang; wysiging; omwenteling; ruil, verwisseling; wisselgeld; kleingeld; verkleding; oorstap= (ping); *~ of address* adresverandering; *a ~ for the better* 'n verbetering; *~ of clothes/linen* skoon klere/linne; *a ~ has come over s.o.* iem. het 'n verandering ondergaan; *bring about a complete ~ in s.t.* 'n ommekeer in iets teweegbring; *effect a ~* 'n verandering aanbring; *for a ~* vir die verandering, by wyse van verandering; *today we have fine weather for a ~* vandag is dit weer mooi weer; *~ of fortune* lotswisseling; *give s.o. ~* iem. kleingeld gee; *give s.o. ~ for a fifty-rand note* 'n vyftigrandnoot vir iem. kleinmaak; *a ~ is as good as a holiday* verandering van spys(e) gee (nuwe) eetlus; *introduce a ~* 'n verandering instel; *keep the ~!* hou maar (die kleingeld)!; *~ of life, (infml.)* menopouse, lewensoorgang, oorgangsjare; *make ~s to* iets verander; *it makes a ~* dit is 'n slag iets anders (*of* darem afwisseling); *~ of meaning* betekeniswysiging, =verandering; *~ of name* naamsverandering; *there is no ~ in s.t.* iets is onverander(d); *political ~* hervorming; *a radical ~* 'n grondige verandering; *ring the ~s, (lett.)* beier; *(fig.)* ... afwissel; *give s.o. short ~* iem. te min kleingeld gee; *small ~* kleingeld; *the ~ to ...* die oorgang tot ...; *~ of* (or *in the) weather* weersverandering, omslag in die weer; *work a ~* 'n verandering teweegbring; *a ~ for the worse* 'n agteruitgang/verslegting. **change** *ww.* verander, wysig; vervorm; (ver)ruil, omruil, (ver)wissel; afwissel; kleinmaak, kleingeld gee; jou verklee; oorstap, oorklim; *~ back into ...* weer 'n ... word; weer ... aantrek; *~ the bed linen* 'n bed skoon oortrek; *~ to a new brand* na 'n nuwe (handels)merk oorslaan; *~ one's clothes* jou verklee (*of* skoon aantrek); *~ colour, (ook)* bloos; verbleek; *~ course* van koers verander; *~ the date to the 1st of May* die datum tot 1 Mei verander; *~ down, (mot.)* laer skakel, afrat; *~ for Ceres* oorstap vir Ceres; *~ gear* verrat, oorskakel, ratte wissel/verstel; *~ hands* verkoop/verhandel word, van eienaar verwissel, in ander hande oorgaan; *~ into ..., (ook)* na ... oorskakel ('n ander rat); *~ into s.t. else* in iets anders verander; in iets anders oorgaan; iets anders aantrek; *~ s.t. into ...* iets in ... verander; *~ a nappy* 'n doek/luier omruil; *~ out of s.t.* iets uittrek *(vuil klere ens.);* *~ over from ... to ...* van ... na ... oorslaan/oorskakel; *~ over/places* plekke (om)ruil; van plek verwissel; *~ party affiliation* draai, oorstap; *~ things round* dinge omruil; *~ sheets* skoon lakens oortrek, lakens wissel; *~ step* die pas verander; *~ the subject* 'n (ander) wending aan die gesprek gee; van die onderwerp afstap; *times have ~d* die tye/wêreld het verander; *~ to ...* tot ... oorgaan; na ... oorslaan ('n ander taal ens.); *~ s.t. to ...* iets in ... verander; *~ trains* oorstap, oorklim; *~ one's underclothes* skoon onderklere aantrek; *~ up, (mot.)* hoër skakel, oprat. ~ **bowler** *(kr.)* wisselbouler. ~ **machine** kleingeldmasjien. ~**over** om=, oorskakeling *(na)*, oorgang *(tot)*; omdraai, wisseling van kante *(in spele)*. ~ **room** kleedkamer. ~ **wheel** wisselrat.

**change·a·ble, change·ful** veranderlik, wisselvallig, wispelturig, ongedurig, wisselend, onvas, *(infml.)* loskop, onbestendig; wisselbaar; *~ fabric* kaatsstof; *~ weather* onseker/ veranderlike/onbestendige weer. **change·a·bil·i·ty, change·a·ble·ness** veranderlikheid; wisselbaarheid; wispelturigheid.

**change·less** onveranderlik.

**change·ling** wisselkind, omgeruilde kind.

**chang·ing** verandering, wysiging; vervorming; omruiling; afwisseling; verkleding; *~ of the guard* aflossing van die wag. ~ **gear** gangwissel. ~ **light** draailig. ~ **room** kleedkamer.

**chan·nel** *n.* kanaal, (water)loop, sloot; bed(ding); buis, groef, geut; *(rad.)* band, stasie; *(TV)* baan, kanaal; ~ *of communication* kommunikasiekanaal; verbindingsweg, =kanaal; *deep-water/ship/navigable/navigation ~* vaargeul, skeepvaartkanaal; *by/through diplomatic ~s* langs diplomatieke weg; *the English C~* die Engelse Kanaal; *Mozambique C~* Straat van Mosambiek; *through official ~s* langs die diensweg; *through the usual ~s* langs die gebruiklike weg. **chan·nel** -ll-, *ww.* kanale/slote grawe, deurgrawe; groef; kanaliseer; in kanale stuur/rig/lei; ~ *s.t. off* iets aflei. ~ **hop**, ~ **surf** *(TV)* van een kanaal na die ander oorskakel, voortdurend van kanaal verwissel. ~ **hopping**, ~ **surfing** *(TV)* TV-roelet/roulette. **C~ Tunnel**, *(infml.)* **Chunnel**, **Eurotunnel** Kanaal=, Eurotonnel. ~ **width** *(rad.)* kanaalwydte, =breedte; *(geol.)* rifdikte.

**chan·son** *(Fr.)* chanson, Franse lied(jie).

**chant** *n.* eenvoudige melodie/lied(jie); monotone gesang; cantus, eenstemmige sang; koraal(gesang); dreunsang *(v. sportondersteuners ens.);* sangerige intonasie. **chant** *ww.* (op een toon) sing; dreun-sing; sing-praat. **chant·er** sanger; voorsanger; koorsanger; melodiepyp *(v. doedelsak).* **chan·teuse** =teuses, *(Fr.)* sangeres van gewilde liedjies. **chant·ing gos·hawk** *(orn.)* singvalk.

**Cha·nu·kah, Ha·nuk·kah, Feast of Ded·i·ca·tion, Feast of Lights** *(Hebr.,Jud.)* Chanoeka, Fees van die Tempelwyding/Ligte.

**cha·os** chaos, baaierd; verwarring, warboel; *in* ~ in ('n) chaos. ~ **theory** chaosteorie. **cha·ot·ic** chaoties, verward, wanordelik.

**chap**[1] *n.* kêrel, vent, *(infml.)* ou; *old* ~ jong!, ou maat/snaar!; *come on, old* ~ kom, jong; *the old* ~ die ou kêrel. **chap·pie, chap·py** kêreltjie.

**chap**[2] *n.* windbarsie, skeurtjie; *(i.d. mv.)* skurfte. **chap** =pp=, *ww.* bars; skeur. **chapped, chap·py** gebars(te), skurf, skurwe.

**chap**[3] *n.* wang, kaak; lip; *lick one's* ~*s, (infml.)* jou lippe (af)=lek.

**chap·ar·ral** *(Am.)* kreupelbos, =hout, fynbos.

**chap·el** kapel; kerkie; kapeldiens; drukkery; tak *(v. tipografiewevakbond).*

**chap·er·on(e)** *n., (vero.)* begeleier, begeleidster; reisvader, =moeder; *(i.d. mv.)* reisouers. **chap·er·on(e)** *ww.* begelei; chaperonneer.

**chap·lain** kapelaan. **chap·lain·cy** kapelaanskap.

**chap·stick** *(Am.)* lipsalfstiffie.

**chap·ter** hoofstuk; (kerklike) kapittel; afdeling, tak; ~ *of accidents* reeks (van) teenspoede; ~ *of architects* kapittel van argitekte/boumeesters; *close a* ~ 'n hoofstuk afsluit; 'n tydperk afsluit; *give/quote* ~ *and verse (for s.t.)* die presiese bronvermelding gee; *(fig.)* vers en kapittel (vir iets) noem, iets met vers en kapittel bewys. ~**house** kapittelhuis.

**char**[1] =rr=, *ww.* (ver)brand, verkool, swart brand, karboniseer. **charred** half verbrand.

**char**[2] *n., (infml.)* huishulp, poetsvrou. **char** =rr=, *ww., (infml.)* skoonmaak, huiswerk doen, dagwerk *(of* los huiswerk) doen. ~**lady,** ~**woman** huishulp, =werker, poetsvrou, (huis)skoon= maker.

**char·ac·ter** karakter; aard, geaardheid, gesteldheid, wese; kenmerk, stempel; hoedanigheid, soort; *(biol.)* eienskap; letter(teken); reputasie; persoonlikheid; rol; persoon(likheid), personasie, figuur *(in literatuur); chief/principal* ~ hoof= karakter; *full of* ~ karaktervol; *of good* ~ van goeie inbors/ gedrag; *in* ~ in styl, op passende manier; *s.t. is in* ~ *for s.o.* iets is kenmerkend vir/van iem.; *s.t. is out of* ~ *for s.o.* iets is strydig met iem. se aard/karakter; *act out of* ~ onnatuurlik optree; *person of* ~ karaktervolle mens, mens uit een stuk; *a shady* ~, *(infml.)* 'n verdagte vent; *a sinister* ~, *(infml.)* 'n ongure vent; *without a stain on one's* ~ met 'n onbevlekte karakter; *strength of* ~ karaktervastheid; *true to* ~ in oor= eenstemming met iem. se karakter. ~ **actor** karakterspeler. ~ **assassination** karakterskending. ~ **building,** ~ **training** karaktervorming. ~ **part,** ~ **role** karakterrol. ~ **reference** ge= tuigskrif. ~ **set** *(rek.)* karakterstel, alfabet. ~ **sketch** karak= terskets; karakteristiek. ~ **space** *(rek.)* karakterspasie. ~ **string** *(rek.)* karakter=, tekenstring.

**char·ac·ter·ise,** =**ize** kenskets, kenmerk, tipeer, karakte= riseer. **char·ac·ter·i·sa·tion,** =**za·tion** kensketsing, karakte= risering; karaktertekening, =skildering, =beskrywing, =uitbeel= ding.

**char·ac·ter·is·tic** *n.* kenmerk, eienskap, kenmerkende trek/ eienskap, karaktertrek, kenteken, eienaardigheid, attribuut; aanwyser, indeks; *(wisk.)* wyser *(v. 'n logaritme).* **char·ac·**

**ter·is·tic** *adj.* karakteristiek, kenmerkend, karaktervol, ken= sketsend, tekenend; ~ *feature* grondtrek; ~ *line* kenlyn; *be* ~ *of* ... kenmerkend/kensketsend vir/van ... wees, karakteristiek van ... wees, ... kenmerk/kenskets/tipeer.

**char·ac·ter·less** karakterloos; van onbepaalde aard; ge= woon, alledaags.

**cha·rade** charade, lettergreep=, woordraaisel; belaglike voor= stelling, bespotting, travestie.

**char·coal** houtskool. ~-**burner** houtskoolbrander. ~-**burn· ing** houtskoolbrandery. ~ **drawing** houtskooltekening.

**chard, Swiss chard, leaf beet, sea·kale beet** blaar=, spinasie=, snybeet.

**charge** *n.* aanklag(te); beskuldiging, aantyging; lading, skoot; stormaanval, =loop; prys, koste; *(i.d. mv.)* (on)koste; *(i.d. mv.)* gelde; eis, vordering; taak, plig, las, opdrag; beheer, sorg, ver= sorging; toevertroude, persoon aan iem. se sorg toevertrou; pleegkind, pupil; *no* ~ *for admission* toegang vry; *a* ~ *against an estate* 'n eis/vordering teen 'n boedel; *assistant in* ~ verantwoordelike assistent; *at s.o.'s* ~ op iem. se koste, vir iem. se rekening; *bring/lay/lodge/prefer a* ~ *against s.o.* 'n aanklag teen iem. indien/inbring *(of* aanhangig maak), iem. aankla/verkla; *drop a* ~ 'n aanklag terugtrek; *face a* ~ *of* ... van ... beskuldig staan, daarvan beskuldig word dat ...; *on* ~ teregstaan; *the* ~ *for doing s.t.* die koste om iets te doen; *frame a* ~ 'n aanklag opstel; *free of* ~ gratis, kosteloos; *be in* ~ die beheer hê; onder bewaking wees; *be in* ~ *of* ... die beheer oor ... hê/voer, toesig oor ... hê; *vir* ... verantwoordelik wees, aan die hoof van ... staan; *be in the* ~ *of* ... onder die sorg *(of* onder bewaking/toesig) van ... wees; *lay a* ~ 'n saak aangee, 'n aanklag indien; *leave* ... *in s.o.'s* ... aan iem. se sorg toevertrou; *level a* ~ *against/at s.o.* iem. beskuldig, 'n aanklag teen iem. inbring; *there is no* ~ dit is verniet/gratis/kosteloos; *on a* ~ *of* ... op aanklag van ...; *person in* ~ persoon in bevel; diensdoende persoon; *press a* ~ met 'n aanklag deurgaan/volhou; *put s.o. in* ~ *of s.t.* die beheer oor iets aan iem. toevertrou; *return to the* ~ die aanval hernieu/hernu(we)/hervat/vervat; *take* ~ die beheer oorneem, die leisels in hande neem; *take* ~ *of* ... vir ... sorg; ... in hande neem; *a trumped-up* ~ 'n valse/versonne aan= klag; *what's the* ~? wat kos dit?. **charge** *ww.* laai; oplaai; belas; vul; beveel, gelas, opdra; vra, in rekening bring; be= reken *(rente);* aanval, bestorm, stormloop; opstorm; ~ *s.t. against/to s.o. ('s account)* iets op iem. se rekening plaas/sit/ skryf/skrywe, iem. vir iets debiteer; ~ *at s.o./s.t.* iem./iets (be)= storm/bevlieg/stormloop; ~ *R100 for s.t.* R100 vir iets vra; ~ *into* ... teen ... bots; (by) ... instorm *('n kamer ens.);* ~ *s.t. up* iets op rekening skryf/skrywe; iets laai *(battery);* ~ *s.o. with s.t.* iem. van iets beskuldig; iem. van/weens iets aankla; iem. iets ten laste lê; iets aan iem. opdra/toevertrou, iem. met iets belas. ~ **account** →CREDIT ACCOUNT. ~ **capacity** laaivermoë. ~ **card** betaalkaart. ~ **office** aanklag=, klagte=, polisiekantoor. ~ **sheet** klagstaat.

**charge·a·ble** belasbaar; betigbaar; verantwoordelik; vor= derbaar; wat ten laste kom; wat op rekening kan/moet geplaas word; *make s.t.* ~ *to s.o.'s account* iets op iem. se rekening plaas/sit; ~ *to* ... debiteerbaar teen ... **charge·a·bil·i·ty** be= lasbaarheid; verantwoordelikheid.

**char·gé d'af·faires** *chargés d'affaires, (Fr.)* saakgelastigde.

**charg·er** laaier; laaistel; laaimasjien; laaiplaat(jie); *(hist.)* ry= perd, oorlogsperd, strydros; officiersperd.

**char·i·ly, char·i·ness** →CHARY.

**char·i·ot** *(hist.)* strydwa, =kar; *(poët., liter.)* triomfwa, =kar, segekar. **char·i·ot·eer** (strydwa)drywer, koetsier.

**cha·ris·ma** charisma. **char·is·mat·ic** charismaties.

**char·i·ta·ble** vrygewig, mededeelsaam; liefdadig, weldadig; mensliewend, welwillend, barmhartig. **char·i·ta·ble·ness** lief= dadigheid; mededeelsaamheid. **char·i·ta·bly** vrygewig, mede= deelsaam; liefdadig; sagkens.

**char·i·ty** liefde, menseliefde, mensliewendheid; welwillend= heid, barmhartigheid; vrygewigheid, liefdadigheid, welda= digheid; aalmoes(e), liefdegawe; ~ *begins at home* die hemp is nader as die rok; wat die naaste lê, moet die swaarste weeg; *eers eie, dan andermans kinders; live on* ~ van aalmoese/lief= dadigheid *(of gunste en gawes)* leef/lewe, genadebrood eet. ~ **concert** liefdadigheidskonsert.

**char·la·tan** kwaksalwer, charlatan. **char·la·tan·ism, char= la·tan·ry** kwaksalwery, boerebedrog.

**Charles:** ~ *the Bald* Karel die Kaalkop; ~ *the Great, Char= lemagne* Karl die Grote; ~ *Martel* Karel Martel; ~*'s Wain, (astron.)* die Groot Beer, die Wa.

**charles·ton** *(dans)* charleston.

**charm** *n.* bekoring, betowering; innemendheid, minsaam= heid, aantreklikheid, bekoorlikheid, aanvalligheid, sjarme; gelukbringer(tjie), (geluks)hangertjie, amulet, talisman; toor=, towermiddel; towerspreuk; doepa; *(i.d. mv.)* skoonheid; *(i.d. mv. ook)* toorgoed; *ooze (or turn on the)* ~ oorloop van vrien= delikheid; *work like a* ~, *(infml.)* perfek/uitstekend werk. **charm** *ww.* bekoor, betower; verheug, inneem; toor, tower; ~ *s.t. from* (or *out of*) *s.o.* die heuningkwas gebruik om iets uit iem. te kry, iets met sjarme uit iem. kry; *have/lead a* ~*ed life* 'n beskermengel hê, onder 'n gelukster gebore wees, 'n gelukskind wees. ~ **bracelet** geluksarmband. ~ **offensive** sjarme(-)offensief. ~ **school** verfyn(ing)skool, etiketskool.

**charm·er** bekoorder; toorder; towenaar, towenares.

**charm·ing** bekoorlik, betowerend, innemend, sjarmant, lief= tallig, aantreklik, lief.

**chart** *n.* (see)kaart; (weer)kaart; (sterre)kaart; tabel; grafiek; *(astrol.)* horoskoop; *the* ~*s, (infml., popmus.)* treffersparade, trefferlys. **chart** *ww.* karteer; 'n kaart maak van, op 'n kaart aangee; tabelleer, tabuleer; uitstip(pel); *(popliedjie)* die tref= fersparade/trefferlys bereik/haal, sy verskyning op die tref= fersparade/trefferlys maak. ~ **buster** *(infml.)* treffer(plaat/- CD). ~ **topper** toptreffer, nommer een op die treffersparade/ trefferlys. ~**-topping** *adj. (attr.):* ~ *album/etc.* album/ens. wat boaan *(of* nommer een op) die treffersparade/trefferlys is.

**char·ter** *n.* charter(brief), stigtingsakte; grondwet, manifes; handves, oktrooi(brief), privilegie, vrybrief, oorkonde. **char= ter** *ww.* charter, oktrooieer, 'n charter/privilegie toestaan; *(formeel)* stig; bevoorreg; huur; bevrag; ~ *out s.t.* iets vervrag. ~ **flight** huurvlug. ~ **party** vragkontrak, bevragtingskontrak, =ooreenkoms; skeepshuurder(s).

**char·tered:** ~ *accountant* geoktrooieerde rekenmeester.

**char·y** versigtig; ongeneë; spaarsaam, suinig, karig; *be* ~ *of doing s.t.* iets nie graag/maklik doen nie; ongeneë tot iets wees.

**chase¹** *n.* jag; jagveld; wild; jagstoet, jaagtog, agtervolging; *give* ~ *to s.o.* iem. agtervolg/-nasit/-naja(ag); *give up* (or *aban= don) the* ~ die agtervolging laat vaar. **chase** *ww.* jag; ja(ag), naja(ag), agtervolg; (agter)nasit, agternaloop; skraap; ~ *about/around* rondhardloop; rondja(ag); ~ *after s.o.* agter iem. aanhardloop/aanja(ag); agter iem. aanloop; ~ *s.o. away/ off* iem. wegja(ag); ~ *s.t. down/up* iets opspoor; ~ *s.o. out* iem. verdryf/verdrywe/verwilder/wegja(ag); ~ *s.o. out of* (or *from*) ... iem. uit ... verdryf/verdrywe. **chas·er** agtervolger, jaer; *(infml.)* spoeldrank; *(Am., infml.)* vrouejagter.

**chase²** *ww.* graveer, siseleer; (uit)groef, (uit)keep; ~*ed work* gedrewe werk, dryfwerk.

**chasm** kloof, afgrond, diepte.

**Cha(s)·sid, Ha(s)·sid** =*sidim, (Hebr., lid v. Joodse sekte)* Chas= sideër.

**chas·sis** chassis raamwerk; onderstel; *(rad.)* monteerplaat.

**chaste** kuis, rein; suiwer, gekuis. **chaste·ness** kuisheid; sui= werheid.

**chas·ten** ontmoedig; demoraliseer; temper; *feel* ~*ed* afge= haal voel.

**chas·tise** berispe, uittrap. **chas·tise·ment** skrobbering.

**chas·ti·ty** kuisheid, reinheid; suiwerheid. ~ **belt** kuisheids= gordel.

**chat¹** *n.* gesels(ery), geselsie, praatjie; *have a* ~ 'n bietjie ge= sels. **chat** =*tt=, ww.* gesels, babbel; ~ *on* voortgesels; ~ *to/ with s.o.* met iem. gesels; met iem. 'n praatjie maak; ~ *s.o. up, (infml.)* by iem. aanlê. ~**line** *(telekom.)* gesels=, kletslyn. ~ **show** *(rad., TV)* gesels=, kletsprogram.

**chat²** *n., (orn.)* spekvreter.

**cha·teau, châ·teau** =*teaux, =teaus* kasteel; herehuis, =wo= ning, landhuis; ridderhofstede.

**chat·tel** *(jur.)* besitting; *(i.d. mv.)* roerende goed/besittings, losgoed; *goods and* ~*s* hawe en goed.

**chat·ter** *n.* gebabbel, babbel(a)ry, geklets; gesnater. **chat= ter** *ww.* babbel, klets; kekkel, snater; aframmel, brabbel; *(tande)* klappertand, ratel, klap; *(masjien)* klapper. ~**box, chat= terer** babbelaar, babbel=, klets=, kekkelkous, babbel=, kekkel= bek. **chat·ter·ing class·es** *(Br., infml., neerh.)* (uitgespro= ke) liberale intellektuele/intelligentsia.

**chat·ty** geselserig, spraaksaam; ~ *letter* geselsbrief. **chat·ti= ness** spraaksaamheid.

**chauf·feur, chauf·feur** *n.* chauffeur, (motor)bestuurder. **chauf·feur, chauf·feur** *ww.* chauffeer, bestuur.

**chau·vin·ism** chauvinisme, jingoïsme. **chau·vin·ist** *n.* chau= vinis, jingo. **chau·vin·ist** *adj.,* **chau·vin·is·tic** chauvinisties, jingoïsties.

**cheap** goedkoop; waardeloos; *s.t. comes* ~ iets kom goed= koop uit; *dirt* ~, *(infml.)* spotgoedkoop; *feel* ~ sleg/klein/af= gehaal voel; *get s.t.* ~ iets goedkoop kry; *hold s.t.* ~ iets ge= ringag/=skat; *make o.s.* ~ jou status verlaag; jouself weggooi; *on the* ~, *(infml.)* goedkoop, vir 'n appel en 'n ei. ~**skate** *(infml.)* vrek, gierigaard.

**cheap·en** goedkoop maak/word; afslaan; (ver)kleiner, neer= haal.

**cheap·ness** *n.* billikheid, lae prys(e); *(fig.)* minderwaardig= heid; *(fig.)* vulgariteit, platvloersheid.

**cheap·o** *(neerh. sl.)* goedkoop; minderwaardig.

**cheat** *n.* bedrieër, verneuker; bedrog, foppery, kullery, ver= neukery. **cheat** *ww.* bedrieg, fop, kul, flous, verneuk, kie= rang; ~ *at a game* skelm speel; *be* ~*ed of s.t.* iets nie gegun word nie; van iets beroof word; ~ *(on) s.o.* iem. bedrieg, *(infml.)* iem. verneuk, ontrou aan iem. wees; ~ *s.o. out of s.t.* iem. van iets beroof, iem. uit iets verneuk; ~ *s.o., (ook)* iem. om die bos lei/onderdeurspring. **cheat·er** →CHEAT ..

**check¹** *n.* skaak(setting); stuiting, kering, inhouding, rem= (ming), stopsetting; stuiter, keerder; *(meg.)* aanslag; beletsel, belemmering, teen=, teëwerking; teenslag, teen=, teëspoed; kontrole(ring), toets, vergelyking; bewys, waarmerk; wind= barsie *(in verf);* korsbars *(in hout);* ~*s and balances* remme/ wigte en teen=/teëwigte; *be in* ~, *(skaakspel)* skaak staan; *put s.o. in* ~ iem. skaak sit; *keep s.o./s.t. in* ~ iem./iets in toom hou; *keep s.o. in* ~, *(ook)* iem. aan bande lê; *keep a* ~ *on s.t.* iets (voortdurend) kontroleer; *keep a* ~ *on s.o.* iem. dophou; *make a* ~ *on s.t.* iets kontroleer/nagaan; *meet with a* ~ 'n teenslag kry, jou kop stamp; *s.t. is a* ~ *on s.o.'s progress* iets belemmer iem. se vordering; *put a* ~ *on s.t.* iets beteuel/in= hou; *without* ~ ongehinderd. **check** *ww.* skaak sit/gee; keer, stuit; teëhou, terughou, rem, weerhou, wal gooi teen; inhou, in toom hou, matig, beteuel; stilstaan, stilhou; tot stilstand bring, in 'n vaart stuit; vergelyk, kontroleer, nagaan, =sien, =reken, =tel, toets; windbarsies vorm; ~ *back* nagaan; ~ *in* aankom; aanteken, inskryf, inskrywe, registreer; die kontrole bereik; na die vertrektoonbank gaan *(op 'n lughawe);* ~ *into a* ... in 'n ... opgeneem word *(hospitaal);* as gas by 'n ... registreer *(hotel);* ~ *s.t. off* iets aftel; iets aftik; ~ *out* verlaat, afteken; die kontrole verlaat; 'n hotel verlaat; ~ *out of the hotel* die hotel verlaat; ~ *s.t. (out) with s.o.* iets met iem. uitklaar, by iem. vasstel of iets in orde is; iets in oorleg met iem. kontroleer; *it* ~*s out with*

... dit klop met ...; ~ *s.t.* *over* iets nasien; ~ *through* s.t. iets nagaan; ~ *up* s.t. iets optel; iets toets/kontroleer/nagaan; ~ *up on* s.o. iem. se agtergrond nagaan; ~ *(up) on* s.t. iets kon= troleer/nagaan/nasien. ~**-in** aankoms. ~**-in counter** vertrek= toonbank *(by lughawe).* ~**-in time** aanmeld(ings)tyd. ~ **list** kontrole=,oorsiglys.~**mate** n. (skaak)mat.~**mate** ww. (skaak)= mat sit; stuit, keer. ~**out** (die) vertrek, betaalpunt *(in super= mark).* ~**out bag** winkelsak. ~**point** kontrolepunt; *C~ Char= lie, (hist.)* Checkpoint Charlie. ~**up** vergelyking, kontrole; (roetine)ondersoek; inspeksie, toets; *have a* ~ deeglik (me= dies) ondersoek word. ~ **word** kontrolewoord.

**check²** ruit; geruite stof, geruit, ruitjiesgoed. **checked** ge= ruit; ~ *pattern* ruitpatroon.

**check·er** kontroleur, opsigter; nasiener; toetser; deur=, hek= bewaarder; *(spw.)* laaimeester.

**check·ing** kontrole, kontrolering.

**Ched·dar (cheese)** cheddar(kaas).

**cheek** n. wang; astrantheid, parmantigheid, vermetelheid; onbeskaamdheid; koelbloedigheid; *of all the* ~*!, the* ~ *of it!,* **what** *(a)* ~*!* dis vir jou astrantheid/skaamteloosheid/verme= telheid!; ~ *by jowl* dig bymekaar; wang aan wang; sy aan sy; *(I want) none of your* ~*!, (infml.)* moenie jou nek (vir my) dik maak nie!; ~ *to* ~ wang aan wang; *turn the other* ~ die ander wang aanbied. **cheek** ww. parmantig/astrant wees teenoor, (uit)tart. ~**bone** wang=, jukbeen.

**-cheeked** *komb.vorm* met ... wange, =wangig.

**cheek·y** astrant, parmantig, onbeskaamd, brutaal, bekkig; *be* ~ *to/with s.o.* parmantig teenoor iem. wees. **cheek·i·ly** astrant, parmantig. **cheek·i·ness** astrantheid, parmantigheid.

**cheep** n. piep, gepiep. **cheep** ww. piep.

**cheer** n. stemming; pret, vreugde, vrolikheid, opgeruimd= heid, opgewektheid; bemoediging; toejuiging; onthaal; *(i.d. mv.)* toejuiging, applous, gejuig; *be of good* ~ opgeruimd (of vol moed) wees, moed hou; *be of good* ~*!* hou moed!; *three* ~*s* drie hoera's; *to the* ~*s of the crowd* onder toejuiging van die skare; *words of* ~ bemoedigende woorde. **cheer** ww. bemoedig, opvrolik; toejuig, hoera roep/skree(u); ~ *s.o.* **on** iem. aanmoedig/aanspoor; ~ *up* moed skep; ~ *up!* kom= aan!, kop op!, wees vrolik!; ~ *s.o.* **up** iem. moed gee/inboe= sem/inpraat, iem. opbeur/opkikker/opvrolik. ~**leader** rasie=, sangleier, dirigent; entoesiastiese/geesdriftige ondersteuner.

**cheer·ful, cheer·y** vrolik, opgewek, opgeruimd, bly, ple= sierig. **cheer·ful·ly, cheer·i·ly** vrolik, opgewek, opgeruimd, blymoedig; lustig. **cheer·ful·ness, cheer·i·ness** vrolikheid, opgewektheid; lustigheid.

**cheer·ing** n. gejuig, hoorageroep, gejubel. **cheer·ing** adj. juigend; bemoedigend, verblydend, opbeurend.

**cheer·io** tw. tot siens!, totsiens!, tatta!; gesondheid!.

**cheer·less** troosteloos, moedeloos, neerslagtig; vreugdeloos, droewig, treurig; somber, ongesellig. **cheer·less·ness** troos= teloosheid, moedeloosheid, neerslagtigheid; vreugdeloos= heid, droewigheid; treurigheid; somberheid, ongeselligheid.

**cheers** tw. gesondheid!.

**cheer·y** →CHEERFUL.

**cheese** kaas; *say* ~*!* glimlag *(vir iem. voor kamera); soft* ~ smeerkaas; *turn into* ~ verkaas. ~ **and wine party** kaas-en-wyn-party(tjie), -onthaal. ~ **biscuit**, ~ **cracker** kaasbeskuit= jie. ~**board** kaasbord. ~**burger** kaasburger. ~**cake** kaaskoek, =tert; *(sl.)* prikkelfoto's. ~**cloth** kaasdoek. ~ **cutter** kaasmes; (man)strooihoed. ~**maker** kaasmaker. ~**making industry** kaasbedryf, =makery. ~**monger** kaas=,suiwelhandelaar. ~**par= er** *(infml.)* suinigaard, vrek. ~**paring** n. kaaskorsie; suinig= heid, inhaligheid, vrekkerigheid. ~**paring** adj. suinig, inha= lig, vrekkerig. ~ **spread** smeerkaas. ~ **straw** *(kookk.)* kaas= strooitjie.

**cheesed off:** *be* ~ ~ *with s.o./s.t., (sl.)* sat vir iem. *(of* van iets) wees, keelvol vir iem./iets wees.

**chees·y** kaasagtig; *(infml.)* goedkoop; ~ *smile* wit glimlag, tandepastaglimlag. **chees·i·ness** kaasagtigheid.

**chee·tah** jagluiperd.

**chef** *(<Fr.)* (hoof)kok, sjef, meesterkok. ~**-d'oeuvre** chefs-d'oeuvre meesterstuk. ~**'s cap** koksmus.

**che·la** =lae knyper *(v. skaaldier).* **che·lic·er·a** =erae kloukaak, knyper *(v. spinnekop ens.).*

**Chel·sea** *(geog.)* Chelsea. ~ **bun** *(kookk.)* chelseabolletjie.

**chem·i·cal** n. chemikalie. **chem·i·cal** adj. chemies, skei= kundig; ~ *engineer* chemiese ingenieur; ~ *warfare* chemiese oorlogvoering; ~ *weapon* chemiese wapen. **chem·i·cal·ly** adv. chemies.

**che·mise** *(onderkledingstuk)* chemise.

**chem·ist** chemikus, skeikundige; apteker; *analytical* ~ skei= kundige; *one gets it at a* ~*'s* ('n) mens kry dit by 'n apteek; ~*'s shop* apteek. **chem·is·try** skeikunde, chemie.

**chem·o·ther·a·py** chemoterapie.

**che·nille** fluweelkoord, chenille.

**Che·nin Blanc** *(ook c~ b~),* *(Fr., soort druif/wyn)* Chenin Blanc *(ook c~ b~).*

**cheong·sam** *(Chin.)* sysliprok, spleetrok.

**cheque,** *(Am.)* **check** tjek; *a blank* ~*, (lett.)* 'n blanko tjek; *the* ~ *bounced, (infml.)* die tjek is (deur die bank) geweier; *by* ~ per *(of* met 'n) tjek; *cash a* ~ 'n tjek wissel/kleinmaak; *clear a* ~ 'n tjek verreken; *cross a* ~ 'n tjek kruis; *dishonour a* ~ 'n tjek weier; *draw a* ~ 'n tjek trek; *a* ~ *for R1000* 'n tjek van/vir R1000; *write a* ~ 'n tjek uitskryf/=skrywe. ~**book** tjekboek. ~ **stub** tjekteenblaadjie, =strokie.

**cheq·uer,** *(Am.)* **check·er** n. ruit; geruit; damsteen; *(i.d. mv.)* ruitpatroon; *(i.d. mv.)* damborspel. **cheq·uer,** *(Am.)* **check·er** ww. ruit; skakeer. ~**board** dambord. **cheq·uered** geruit; geskakeer(d); ~ *career* veelbewoë loopbaan; ~ *fabric/ material* geruit, geruite stof. ~ *flag* ruitvlag, geruite vlag.

**cher·ish** koester, troetel, versorg; bemin, liefhê; waardeer, op prys stel.

**Cher·no·byl** *(geog.)* Tsjernobil.

**Cher·o·kee** =kee(s) Cherokee, Cherokese Indiaan; *(taal)* Che= rokees.

**che·root** *(sigaar)* seroet.

**cher·ry** =ries, n. kersie; kersieboom; *the* ~ *on top, (infml.)* die kersie op die koek. **cher·ry** adj. kersierooi, =kleurig. ~ **bran= dy** kersielikeur, =brandewyn. ~**-pick** ww., *(infml.)* die beste ... uitsoek. ~ **picker** kersieplukker; *(teg.: hidrouliese hyskraan)* kraaines. ~ **plum** kersiepruim. ~ **stone** kersiepit. ~ **tomato** kersietamatie.

**chert** *(geol.)* chert, horingsteen.

**cher·ub** =ubs, =ubim gerub, gerubyn, engel(tjie). **che·ru·bic** engelagtig.

**cher·vil** *(bot.)* (tuin)kerwel.

**chess** skaak(spel); *a game of* ~ 'n spel skaak; *the game of* ~ skaak, die skaakspel; *play* ~ skaak speel. ~**board** skaakbord. ~**man** =men, ~ **piece** skaakstuk, =figuur. ~ **master** skaakmees= ter. ~ **set** skaakstel. ~ **tournament** skaaktoernooi.

**chest** kis, kas, koffer; bors(kas); ~ *of drawers* laaikas; *get s.t. off one's* ~*, (infml.)* jou hart lug/uitstort, jou uitpraat; *have s.t. on one's* ~*, (infml.)* iets op die hart hê; *puff (or throw out) one's* ~ jou bors uitstoot. ~ **cavity** borsholte. ~ **complaint,** ~ **trouble** borsaandoening. ~ **measurement** borsmaat, =om= vang.

**-chest·ed** *komb.vorm* met 'n ... bors, =borstig, =bors, =bors=; *bare-*~ kaalbors; *barrel-*~ *man* breëborsman; *tight-*~ benoud.

**ches·ter·field** lang jas; kanapee, groot rusbank.

**chest·nut** n. kastaiing; sweetvosperd; oorbekende grap; *pull the* ~*s out of the fire for s.o.* die kastaiings vir iem. uit die vuur krap. **chest·nut** adj. kastaiingbruin; goudbruin; sweetvos=; ~ *colour* kastaiingbruin. ~ **roan** bruin=, vosskimmel.

**chest·y:** *be* ~*, (infml.)* slym op die bors hê.

**chev·ron** chevron, sjevron, moustreep, onderskeidingstreep; *(bouk.)* chevron, sjevron.

**chew** *n.* kousel, koutjie; ~ *of tobacco* pruim(pie). **chew** *ww.* kou; pruim; bepeins, oordink; *s.t. has been ~ed away* iets is weggevreet; ~ *the cud* herkou; peins; ~ *the fat/rag, (infml.)* klets; ~ *s.t. off* iets afkou; ~ *on s.t., (lett.)* aan iets kou; ~ *on/over/upon s.t., (infml., fig.)* aan iets herkou, oor iets nadink/pieker; ~ *s.o. out, (infml.)* iem. uittrap/uitvreet/berispe; ~ *s.t. up* iets opkou/opvreet; iets stukkend trap; *be ~ed up about s.t., (infml.)* doodbenoud oor iets wees.

**chew·ing** gekou, kouery. ~ **gum** kougom. ~ **tobacco** pruimtabak.

**chew·y** taai (om te kou).

**chi·an·ti** *(soms C~), (It., wynsoort)* chianti.

**chi·a·ro·scu·ro** *(skilderk.)* lig-en-donker, chiaroscuro.

**chic** *n.* sjiekheid, elegansie. **chic** *adj.* sjiek, elegant, modieus.

**chi·cane** *n., (motorsport)* sperdraai. **chi·can·er·y** foppery, kullery, streek, slim streke, regsverdraaiing; haarklowery; plaery, pestery, getreiter.

**chi·chi** opgetooi, opgesmuk; aanstellerig; verwyf(d); ultramodieus.

**chick** kuiken; kind; *(sl., neerh.)* meisie; →CHICKEN.

**chick·en** *n.* kuiken; (jong) hoender; hoendervleis; snuiter; *(sl.)* bangbroek; uitdaagspeletjie; *count one's ~s before they are hatched, (infml.)* die vel verkoop voor(dat) die beer geskiet is, die vleis braai voor die bok geskiet is; *curried* ~ kerriehoender; ~ *à la king, (kookk.)* hoender à la koning; *be a mere ~, (infml.)* sommer 'n kuiken wees; *be no (spring) ~, (infml.)* nie meer nat agter die ore *(of* vandag se kind) wees nie; *pluck a* ~ 'n hoender pluk; *the/s.o.'s ~s will come home to roost* iem. se sondes sal hom/haar inhaal, kierang/kierankies sal (uit)braai. **chick·en** *adj., (infml.)* (vrek)bang. **chick·en** *ww.:* ~ *out of s.t., (infml.)* (uit vrees) kop uittrek uit iets. ~ **breasted** smal=, spitsborstig. ~ **broth** hoendersop. ~ **coop** kuikenhok; hoenderhok. ~ **curry** kerriehoender. ~ **feed** hoender=, kuikenkos; klein geldjies; *that is just* ~, *(infml.)* dit is maar 'n kleinigheid. ~**-hearted**, ~**-livered** kleinhartig; lafhartig. ~ **Kiev** *(kookk.)* hoender Kiëf. ~ **maize** kiepiemielies. ~ **parade** *(SA weermagsl.)* skoonmaakparade. ~ **piri-piri** *(kookk.)* piri-piri-hoender. ~**pox** waterpokkies, =pokke. **C~ Run:** *join* (or *go on) the* ~ ~, *(SA, infml.)* die hasepad kies, uit Suid-Afrika padgee. **C~ Runner** *(SA, infml.)* land(s)verlater, wegholler.

**chick·ling (vetch)** peul-ertjie, Indiese ertjie.

**chick·pea** keker-ertjie.

**chic·o·ry** sigorei; *(groentesoort)* witlo(o)f, Brusselse lof.

**chide** chided chided or chid chidden berispe, knor, raas (met).

**chief** *n.* leier, aanvoerder, hoof, hoofman, baas; *(antr.)* kaptein, (opper)hoof; ~ *of the general staff* hoof van die generale staf; ~ *of staff* stafhoof; ~ *of state* staatshoof. **chief** *adj. (attr.)* vernaamste, belangrikste, opperste, eerste, hoof=; ~ *character* hoofkarakter; ~*dish* hoofgereg; ~ *engineer, (alg.)* hoofingenieur; eerste masjinis *(op skip)*; hooftegnikus *(in lugmag)*; ~ *executive* hoofamptenaar, bestuurs=, bedryfshoof; president; ~ *executive officer* hoof(-) uitvoerende beampte; ~ *justice* hoofregter; ~ *mate* eerste stuurman; ~ *officer* eerste offisier *(op skip)*; bootsman; ~ *petty officer* eerste onderoffisier *(op skip)*; eerste bootsman; ~ *rabbi* opperrabbyn; ~*requisite* hoofvereiste; ~*witness* hoofgetuie; ~*work* magnum opus.

**chief·dom** leierskap; kapteinskap; kapteinsgebied.

**chief·ly** hoofsaaklik, vernaamlik, veral.

**chief·tain** *(antr.)* (opper)hoof, kaptein. **chief·tain·cy, chief·tain·ship** (opper)hoof=, kapteinskap.

**chif·fon, chif·fon** *(tekst.)* chiffon, sjiffon. ~ **cake** chiffon=, sjiffonkoek.

**chig·ger, jig·ger (flea), sand flea** *(entom.)* sandvlooi.

**chi·hua·hua** *(soort hond)* chihuahua.

**chil·blain(s)** *(patol.)* winterhande; wintervoete.

**child** *children* kind; *s.o. is a mere* (or *only a)* ~ iem. is nog maar 'n *(of* 'n pure/skone) kind;; *be s.o.'s only* ~ iem. se enigste kind wees; *s.t. is (no)* ~*'s play* iets is (nie) kinderspeletjies (nie); *raise/rear* ~*ren* kinders grootmaak; *a spoilt* ~ 'n bedorwe kind; *an unmanageable/unruly* ~ 'n lastige/onhebbelike/weerspannige kind. ~ **abuse** kindermishandeling. ~ **abuser** kindermishandelaar; *(seksueel)* kindermolesteerder. ~ **allowance** kinderkorting *(op inkomstebelasting)*. ~ **art** kinderkuns. ~ **battering** kindermishandeling. ~**-bearing:** *of* ~ *age* van vrugbare leeftyd. ~**bed fever** kraamkoors. ~**bed mortality** moedersterfte(syfer). ~**benefit** kindertoelaag, =toelae. ~**birth** bevalling, kindergeboorte; *die in* ~ met die/'n bevalling sterf/sterwe. ~ **care** kindersorg. ~ **labour** kinderarbeid. ~ **life protection** kindersorg, =beskerming. **C~-line** *(noodlyn)* Kinderlyn. ~**lock** kinderslot. ~ **minder** kinderoppasser, =versorger, dagmoeder. ~ **minding** kinderversorging. ~ **molestation** kindermolestering. ~ **molester** kindermolesteerder. ~ **neglect** kinderverwaarlosing. ~ **prodigy** wonderkind. ~**proof, ~-resistant** kinderbestand, =veilig *(verpakking ens.)*. ~ **rearing** grootmaak van kinders. ~**('s) seat** kinderstoel(tjie). ~ **stealer** kinderdief. ~ **stealing** kinderroof. ~ **welfare** kindersorg, =welsyn. ~ **welfare officer** kindersorgbeampte. ~ **welfare society** kindersorgvereniging.

**child·hood** kinderjare, =tyd; *early* ~ kleintyd; *from* ~ van jongs/kindsbeen/kleins af; *second* ~ kindsheid; *be in one's second* ~ kinds wees.

**child·ish** kinderagtig; kinderlik. **child·ish·ness** kinderagtigheid; kinderlikheid.

**child·less** kinderloos. **child·less·ness** kinderloosheid.

**child·like** kinderlik.

**chil·dren's:** ~ **choir** kinderkoor. ~ **court** kinderhof. ~ **home** kinder(te)huis. ~ **park** speelpark.

**Chil·e** *(geog.)* Chili. **Chil·e·an** *n.* Chileen. **Chil·e·an** *adj.* Chileens.

**chill** *n.* kilheid, kilte; koudheid; kou(e); verkilling; verkoue; koelheid, onvriendelikheid; *cast a* ~ *over s.t.* iets demp; *catch a* ~ koue vat, ('n) verkoue kry/opdoen; *feel a* ~ *down one's spine* yskoud word; *s.t. sends a* ~ *down s.o.'s spine* iets gee iem. (die) koue rillings; *s.t. takes the* ~ *off* iets neem die ergste koue weg. **chill** *adj.* koud, kil; fris; koel, onverskillig; ontmoedigend. **chill** *ww.* kil/koud maak; koud word; verkil; koel, verkoel; ontmoedig, (ter)neerdruk, demp; *be ~d to the bone/marrow* verkluim, (totaal) verkluim wees; ~ *(out), (Am. sl.)* 'n blaaskans(ie) vat; ontspan; bedaar. ~ **factor** *(met.)* koelfaktor.

**chil·li, chil·i** *(-l)ies* brandrissie. ~**bite** *(Mal. kookk.)* (brand)rissiehappie. ~ **powder** rissiepoeier.

**chill·ing** koel, kil, onhartlik; afskrikkend; ysingwekkend; *it makes* ~ *reading* 'n mens ys om dit te lees.

**chil·ly** kouerig, kil; koulik, verkluimerig; koel, onhartlik, kil. **chil·li·ness** kilheid, koelheid.

**chime** *n.* klokke; *(ook i.d. mv.)* klokkespel; klok(ke)lied; deuntjie; dreun; ooreenstemming. **chime** *ww. (klokke)* lui, slaan, speel; klokke lui/bespeel; napraat, herhaal; ~ *in* inval; in die rede val, tussenin praat; ~ *(in) with s.t.* met iets. rym/strook/ooreenstem; *by* iets inpas.

**chi·me·ra, chi·mae·ra** *(klass. mit.: vuurspuwende monster)* chimera; drog=, droombeeld, hersenskim. **chi·mer·i·cal** hersenskimmig, fantasies, chimeries.

**chim·ney** skoorsteen; *the* ~ *has a good draught* die skoorsteen trek goed; *the smoke goes up the* ~ die rook trek in die skoorsteen op. ~**piece** kaggel, kaggelrak, skoorsteenmantel; *(skildery, versiersel)* skoorsteenstuk. ~**pot** skoorsteenpot, potbuis. ~ **stack** fabriekskoorsteen. ~ **sweep(er)** skoorsteenveër.

**chim·pan·zee,** *(infml.)* **chimp** sjimpansee.

**chin** ken; *keep one's* ~ *up, (infml.)* moed hou; *stick one's* ~ *out, (infml.)* moeilikheid soek; *take s.t. on the* ~, *(infml.)* iets

moedig verdra; *s.o.* **takes** *it on the ~, (infml.)* iem. kry 'n mo=
kerhou; *up to the ~, ~ deep, (fig.)* tot aan die ken; tot oor die
ore. ~ **strap** kenriem, =band, stormband.

**Chi·na** China, Sjina; *the People's Republic of ~* die Volks=
republiek China/Sjina; *the Republic of ~, (op Taiwan)* die
Republiek China/Sjina. ~ **aster** someraster. ~ **ink** Oos-In=
diese ink. ~**man** *(dikw. c~, kr.)* kulbal. ~**town** Chinese/Sji=
nese buurt/wyk. **Chi·nese** *n.* Chinees, Sjinees. **Chi·nese** *adj.*
Chinees, Sjinees; ~ **boxes,** *(mv.)* nes dose/dosies; ~ **checkers**
Chinese/Sjinese dambord; ~ **lantern** Chinese/Sjinese lan=
tern, papierlantern, lampion; *(bot.: Abutilon* spp.*)* lampion=
plant; *(bot.: Nymania capensis)* klapperbos; *(bot.: Sandersonia
aurantiaca)* geelklokkie; ~ **wall,** *(lett.)* Chinese/Sjinese muur;
*(fig.)* Chinese/Sjinese muur, onoorkomelike struikelblok;
*(ekon.)* skeidsmuur; ~ **whispers,** *(fluisterspeletjie)* telefoon=
tjie.

**chi·na** porselein; *(infml.)* vriend, tjom(mie), gabba. ~ **clay**
porseleinaarde, kaolien. ~ **shop** porseleinwinkel. ~**ware** por=
seleinware, =goed.

**chin·che·rin·chee** *(bot.)* tjienkerientjee.

**chin·chil·la** chinchilla, tjintjilla, pels=, wolmuis; *(konyn, kat,
pels)* chinchilla, tjintjilla.

**chine** *n.* rug(string); bergrug, rant; kloof; ~ *of pork* rugstuk
van vark. **chine** *ww.* middeldeur saag *(karkas).* ~ **biltong**
rugstring=, garingbiltong.

**Chi·nese** →CHINA.

**chink**[1] *n.* spleet, bars, skrefie, opening, kier(tjie); *a ~ in s.o.'s
armour, (fig.)* iem. se swak punt. **chink·y** vol krake.

**chink**[2] *n., (onom.)* geklingel, gerinkel. **chink** *ww.* (laat) klink/
rinkel.

**chin·less** *be ~, (lett.)* kenloos wees, 'n klein kennetjie hê; *(fig.)*
ruggraatloos/ lamsakk(er)ig wees.

**chintz** sis; *glazed ~* glanssis. **chintz·y** *-ier, -iest* sis=; *(fig.)* kit=
scherig, prullerig, goedkoop, vulgêr.

**chip** *n.* spaander, splint(er), skerf(ie), snipper; kap, hap, ke=
pie; kraak, bars; speelmunt; *(rek.)* tjip, mikroskyfie; *(i.d. mv.)*
(aartappel) skyfies, (slap)tjips; *be a ~ off the old block, (infml.)*
'n aardjie na sy vaartjie wees; *cash* one's (or *hand in*) one's
~s, *(infml.)* lepel in die dak steek; *when the ~s are down,
(infml.)* as puntjie by paaltjie kom; *fish and* ~s vis en skyfies/
tjips; *s.o. has had his/her* ~s, *(infml.)* dis klaar(praat) met iem.;
*(potato)* ~ *(aartappel)* skyfie; *have a* ~ *on s.o.'s shoulder,
(infml.)* 'n ou grief hê; liggeraak wees; *stone* ~ klipsplinter.
**chip** *-pp-, ww.* (aan spaanders) sny/kap; afsplinter, afspring,
afbreek; uitkeep, uithap, afskerf; in skyfies sny; kerf, (af)=
beitel, afkap; *(erdegoed)* happe/kepe kry, (laat) bars; *(sport)* tik,
kap *(bal);* ~ *in,* *(infml.)* in die rede val, tussenin praat; deel=
neem; bydra; *s.t.* ~s *off* iets breek af; ~ *s.t. off* iets afbreek. ~
**axe** kapbyl(tjie). ~ **basket** *(kookk.)* skyfiemandjie. ~**board**
spaanderbord. ~ **carving** kerfwerk. ~ **guard** splinter=, gruis=
skerm. ~ **kick** *(rugby ens.)* tikskoppie *(oor verdedigers se koppe).*
~ **shot** *(gholf)* kaphou(tjie). ~ **stone** betonklip, bougruis.

**chip·munk** (Amerikaanse) eekhorinkie.

**chip·o·la·ta** *(It., Fr.)* pikante snoepworsie.

**chipped** keperig, vol kepe; *(koppie ens.)* met happe *(of* 'n hap),
afgeskerf; *(lem)* met skare; ~ *meat* kerf=, snippervleis.

**chip·per** *(Am., infml.)* opgewek, opgeruimd, vrolik, wakker,
lewendig, hups.

**chip·ping** spaander, snipper; barsvorming; afsplitsing, af=
skilfering; *(i.d. mv. ook)* gruis. ~ **chisel** bikbeitel. ~ **hammer**
bikhamer.

**chip·py** splinterig, *(infml.)* katterig, sleg gehumeur(d).

**chi·rop·o·dy** chiropodie, voet(heel)kunde, pedikuur, podia=
trie. **chi·rop·o·dist** chiropodis, voet(heel)kundige, pedikuur,
podiater, *(infml.)* voetdokter.

**chi·ro·prac·tic** *n.* chiropraktyk. **chi·ro·prac·tic** *adj.* chi=
roprakties. **chi·ro·prac·tor** chiropraktisyn.

**chirp** piep, tjilp, tjirp, kwetter; babbel. **chirp·y** vrolik, opge=
wek, opgeruimd.

**chis·el** *n.* beitel; *cold ~* koubeitel; *hollow ~* guts. **chis·el** *-ll-,
ww.* (uit)beitel; (af)beitel, afkap; afsteek *(hout);* beeldhou.
**chis·elled:** ~ *features* fyn besnede trekke.

**chit**[1] *(skerts., neerh.)* kleintjie, snuiter; ~ *(of a girl)* meisietjie,
bakvissie.

**chit**[2], **chit·ty** briefie; getuigskrif; skuldbewysie.

**chit·chat** babbel(a)ry, gebabbel; geselsery.

**chi·tin** *(biol.)* chitien. **chi·tin·ous** chitienagtig, chitien=.

**chiv·al·ry** ridderlikheid; ridderskap; ridderwese; *age of ~* rid=
dertyd. **chiv·al·ric, chiv·al·rous** ridderlik.

**chive(s)** uiegras, snylof, =lowwe, grasui(e), snyblare.

**chiv·(v)y** lastig val, pla; torring *(aan iem.);* ja(ag).

**chlo·rine** *(chem., simb.:* Cl*)* chloor. **chlo·ride** chloried; ~ *of
lime* chloorkalk, bleikpoeier. **chlo·rin·ate** chloreer; ~*d lime*
chloorkalk, bleikpoeier. **chlo·rin·a·tion** chlorering, chloor=
behandeling. **chlo·ro·fluo·ro·car·bon** *(afk.:* CFC*)* chloor=
fluoorkoolstof.

**chlo·ro·form** *n.* chloroform; ~ *mask* chloroformmasker.
**chlo·ro·form** *ww.* chloroformeer, met chloroform verdoof.

**chlo·ro·phyll** chlorofil, bladgroen. **chlo·ro·phyl·lose, -lous**
bladgroenagtig; bladgroenhoudend.

**chlo·ro·plast** bladgroenkorrel, =liggaampie, chloroplas(t).

**chlo·ro·sis** =roses, *(patol., bot.)* chlorose, bleeksiekte, =sug. **chlo=
rot·ic** chloroties, bleeksugtig.

**choc·a·hol·ic, choc·o·hol·ic** *(infml.: sjokoladeverslaafde)*
sjoko(ho)lis.

**chock** *n.* wig, (boots)klamp, stop=, wielblok; vulstuk; *(mynb.)*
stopstuk. **chock** *ww.* stop, vaslê, vassit. ~**-a-block,** ~**-full**
prop=, tjok=, stik=, stampvol, tot barstens (toe) vol, tjokke(n)=
blok.

**choc·o·late** sjokolade; *a bar of ~* 'n staaf/stafie sjokolade; *a
box of ~s* 'n doos sjokolade; *a mug of hot ~* 'n beker warm
sjokolade; *a slab of ~* 'n blok/plak sjokolade. ~ **bar** sjoko=
ladestafie. ~ **biscuit** sjokoladekoekie. ~ **box** *n.* sjokoladedoos.
~**-box** *adj. (attr.), (infml.)* prentjiemooi. ~ **cake** sjokolade=
koek. ~ **chip cookie** koekie met sjokoladebrokkies/=skilfers.
~**-flavoured** met 'n sjokoladegeur. ~ **fudge cake** sjokolade=
fudgekoek. ~ **mousse** *(kookk.)* sjokolademousse. ~ **pudding**
sjokoladepoeding. ~ **sauce** sjokoladesous. ~ **slab** blok/plak
sjokolade, sjokoladeblok, =plak.

**choc·o·lat·(e)y** sjokolaerig, sjokolaeagtig.

**choice** *n.* keuse, voorkeur; opsie; beste, fynste, keur, room
*(van); the ~ is between A and B* dit *(of* die keuse*)* lê tussen
A en B; *by ~* by voorkeur; *exercise a ~* 'n keuse uitoefen;
*be faced with the ~ to ...* voor die keuse staan om te ...; *the
~ falls on s.o.* die keuse val op iem.; *s.o. has first ~* iem. het
die eerste keuse, iem. kan/mag eerste kies; *s.o.'s first ~* iem.
se eerste keuse; *a ~ from ...* 'n keuse uit ...; *have a ~* 'n
keuse hê; *have/take one's ~* kies, 'n keuse doen/maak; *make
a ~* 'n keuse doen/maak; *s.o. has no ~ but to ...* iem. kan nie
anders nie *(of* daar bly vir iem. niks anders oor nie*)* as om te
...; *the ... of s.o.'s ~* die ... van iem. se keuse *(of* wat iem. ver=
kies; *do s.t. by/of one's own ~* iets uit eie keuse doen; *it was
s.o.'s ~* iem. wou dit so gehad het; *a wide ~* 'n ruim keuse; 'n
groot verskeidenheid; *there is a wide ~ of ..., (ook)* daar is ...
te kus en te keur *(of* 'n groot verskeidenheid [van] ... *of* baie
... om uit te kies); ~ *of words* woordekeus, woordkeuse.
**choice** *adj. (attr.)* uitgelese, uitgesoekte, puik, keurige, keur=
fyn; ~ *butter* keurbotter; ~ *grade* keurgraad; ~ *wool* keurwol.

**choir** koor, sanggeselskap; *(bouk.)* koor(ruimte); ~ *of angels*
engelekoor. ~**boy** koorknaap. ~ **loft** koorgalery. ~**master**
koordirigent, =leier. ~**mistress** koorleidster. ~**stall** koorbank;
*(i.d. mv.)* koorgestoelte.

**choke** *n.* demper; *(mot.)* smoorder, smoorklep. **choke** *ww.*
(ver)stik; (ver)wurg; versluk; smoor, demp; opstop, ver=

stop; onderdruk; *(infml.)* doodgaan, sterf, sterwe; *(sport, infml.)* stol, verstar raak *(in 'n groot wedstryd);* ~ *s.t.* **back** iets onderdruk; iets bedwing *(trane, woede, ens.);* ~ *s.o.* to **death** iem. doodwurg/verwurg; ~ *s.t.* **down** iets afsluk/inwurg; iets onderdruk; ~ *s.t.* **off** iets afsny *(verskaffing v. brandstof ens.);* ~ **on** *s.t.* aan iets (ver)stik *(kos ens.);* iets nie kan uitkry nie *(woorde ens.);* s.o. ~*d* **on** *s.t., (ook)* iem. het hom/haar aan iets versluk; *s.o.* ~*d, (ook)* iem. se asem het weggeslaan; *the thought makes me* ~ die gedagte laat my keel toetrek; ~ **with** ... stik van ... *(woede, d. lag, ens.).* ~ **chain** wurgketting. ~ **coil** *(elek.)* smoorspoel. ~ **control** smoorklepsteller. ~**damp** kool-suurgas, kool(stof)dioksied, stikdamp. ~ **valve** smoorklep.

**choked** *adj., (infml.):* a ~ **cry/sound** 'n gesmoorde/gedempte gil/geluid; *be/get all* ~ **up** heeltemal verstop wees/raak; *(infml.)* heeltemal oorstuur(s) wees/raak; *in a* ~ **voice** met 'n droë keel; *be* ~ **with** *laughter* stik van die lag, dik van die lag wees; *be* ~ **with** *weeds* met onkruid oorgroei wees.

**chok·er** (ver)wurger; hoë boordjie; hoë kraag; halsdoek; strop-das; nousluitende halssnoer, strop(hals)snoer; smoorder; *(infml., sport)* choker, vouer *(onder druk).* ~ **valve** smoorklep.

**chok·(e)y** bedompig, verstikkend.

**chok·ka** tjokka.

**chol·er·a** *(med.)* cholera, kolera.

**chol·er·ic** driftig, opvlieënd, choleries, koleries.

**cho·les·ter·ol** *(med.)* cholesterol, kolesterol; *a high/low level of* ~ 'n hoë/lae cholesterol-/kolesterolvlak. ~**free** cholesterol-, kolesterolvry. ~ **level** cholesterol-, kolesterolvlak.

**chomp, chump** (hard) kou, byt, knaag.

**chon·drin** kraakbeenstof, chondrien.

**choose** *chose chosen* kies, 'n keuse doen, uitkies, uitsoek; verkies; ~ *s.o.* **as** *a friend* iem. tot vriend kies; *do as you* ~*!* doen/maak soos jy verkies!; ~ **between** ... *and* ... tussen ... en ... kies; *force s.o. to* ~ **between** ... *and* ... iem. voor die keuse stel tussen ... en ...; *there is little* (or **not** *much) to* ~ **between** *them* daar is min onderskeid tussen hulle, hulle skeel maar min *(of* nie veel nie*); many to* ~ *from* baie om uit te kies, 'n ruim keuse; *there is nothing to* ~ **between** *them* hulle is vinkel en koljander, die een is so goed/sleg soos die ander. **choos·y** uitsoekerig, kieskeurig. **chos·en** gekose, verkose, verkore; ~ *from among them* uit hul midde gekies; *the* ~ *one* die uitverkorene; ~ *people* uitverkore volk, (ver)bondsvolk, gunsvolk.

**chop**¹ *n.* kap, hou; slag; kaphou; stuk; ribbetjie, karmenaadjie, tjop; golfslag; *s.o. is for the* ~*, (infml.)* iem. gaan afgedank word; *get the* ~*, (infml.)* afgedank word; *give s.o. the* ~*, (infml.)* iem. afdank; *mutton/pork* ~ skaap-/varktjop, -rib(betjie); *small* ~ tjoppie. **chop** -*pp-, ww.* kap, kloof; kerf; ~ *s.t.* **back** iets wegkap; ~ *s.t.* **down** iets afkap/omkap; ~ *s.t.* **off** iets afkap; ~ *s.t.* **up** iets opkap/fynkap; iets stukkend kap; iets kerf. ~ **shop** *(sl.)* motorslaghuis.

**chop**² *(gew. i.d. mv.)* wang; kaak; lip; *lick one's* ~*s, (fig., infml.)* jou lippe (af)lek.

**chop**³ -*pp-* weifel, van koers verander; ~ *about/around* veranderlik wees; ~ *and change* rondval, -spring, telkens van plan verander.

**chop-chop** *(sl.)* gou-gou, tjoeftjaf, tjop-tjop.

**chopped:** ~ *feed/straw* haksel; ~ *meat* gekapte vleis, fynvleis.

**chop·per** kapper; byl, vleis-, kapmes; *(infml.: helikopter/fiets/motorfiets met hoë stuur)* tjopper; *(i.d. mv. ook, sl.: [kuns]tande)* byters. ~**out** snyer *(in klerefabriek).*

**chop·ping:** ~ **block** vleis-, kap-, slagtersblok. ~ **board** sny-plank. ~ **knife** kapmes.

**chop·py** met kort golfslag, woelig; ~ *sea* joppel-, jobbelsee.

**chop·stick** eetstokkie.

**chop su·ey** *(Chin. kookk.)* chop suey.

**cho·ral, cho·rale** *n., (mus.)* koraal. **cho·ral** *adj.* koor-; koraal-; ~ *music* koraalmusiek; ~ *society* koorvereniging. **cho·ral·ist** koorsanger.

**chord**¹ snaar; *(geom.)* koorde; *strike/touch the right* ~, *(fig.)* die regte snaar aanroer. **chor·di·tis** *(med.)* stembandontsteking.

**chord**² *(mus.)* akkoord; *common* ~ drieklank. **chord·al** ak-koord- *(styl, struktuur, ens.).*

**chore** (los) werkie, taak; *do one's* ~*s* die (daaglikse) huiswerk doen.

**cho·re·o·graph** choreografeer; ~*ed by* ... choreografie deur ... **cho·re·og·ra·pher** choreograaf, dansontwerper. **cho·re·o·graph·ic** choreografies. **cho·re·og·ra·phy** choreografie.

**chor·is·ter** koorsanger, -lid, koris; koorknaap. ~ **robin(-chat)** *(orn.)* lawaaimaker(janfrederik).

**chor·tle** grinnik; jou verkneukel.

**cho·rus** *n.* koor; rei *(in drama);* refrein *(v. lied);* speak in ~ in koor *(of* almal gelyktydig*)* praat. **cho·rus** -*rused* -*rusing, ww.* in koor sing/praat; in koor (na)sê; herhaal, beaam. ~ **girl** koormeisie. ~ **line** koorgeselskap. ~**master** koormeester, -dirigent.

**choux pas·try** *(kookk.)* chouxdeeg.

**chow** *(infml.)* kos; Chinese/Sjinese keeshond. **chow-chow** Chinese/Sjinese keeshond; *(kookk.)* tjou-tjou.

**chow·der** visbredie; *clam* ~ mosselbredie.

**chow mein** *(Chin. kookk.)* chow mein.

**Christ** Christus; *after* ~ ná Christus, anno Domini; *before* ~ voor Christus; *brother in* ~ broeder in Christus; *image of* ~ Christusbeeld. **Chris·ten·dom** Christenheid, -dom. **Chris·tian** *n.* Christen. **Chris·tian** *adj.* Christelik; ~ *era* Christelike jaartelling; ~ *name* voor-, doopnaam; ~ *Science* Christian Science; ~ *year* kerklike jaar; jaar van die Christelike jaartelling, Gregoriaanse jaar. **Chris·tian·i·sa·tion, -za·tion** kerstening, bekering (tot die Christendom); verchristeliking. **Chris·tian·ise, -ize** kersten, (tot die Christendom) bekeer; verchristelik. **Chris·ti·an·i·ty** Christendom; Christenheid; Christelike godsdiens; Christelikheid, Christenskap, Christen-wees; *the whole of* ~ die hele Christenheid, -dom.

**chris·ten** doop.

**chris·ten·ing** doop. ~ **ceremony** doopplegtigheid. ~ **day** doopdag. ~ **ritual** doopformulier. ~ **robe** dooprok.

**Christ·mas** (die) Kersfees, *(sl.)* Krismis; *at* ~ met Kersfees; *celebrate* ~ Kersfees vier/hou; *merry* ~*!* geseënde/gelukkige Kersfees!. ~**box** Kerspresent, -geskenk; Kersfooi(tjie). ~**cake** Kers(fees)koek. ~ **cantata** Kerskantate. ~ **card** Kerskaart(jie). ~ **carol** Kerslied. ~ **celebration(s)** Kersfees, -viering. ~ **Day** Kersdag. ~ **dinner** Kersete, -maal(tyd). ~ **Eve** *(24 Des.)* Kersaand, Oukersaand, aand/dag voor Kersfees. ~ **function** Kersgeselligheid, -funksie, -byeenkoms, -geleentheid. ~ **fund** Kersfonds. ~ **greeting(s)** Kersgroet(e). ~ **holiday(s)** Kersvakansie. ~ **message** Kersboodskap. ~ **morning** Kersmôre, -more, -oggend. ~ **party** Kersparty(tjie). ~ **present** Kersgeskenk, -present. ~ **pudding** Kerspoeding. ~ **rose** *(Hydrangea* spp.) hortensia, hortensie, *(infml.)* krismisroos, -blom. ~ **season** Kerstyd. ~ **stamp** Kersseël. ~ **stocking** Kerskous. ~ **tree** Kersboom. ~ **wish(es)** Kerswens(e).

**chro·mat·ic** chromaties, kleur-; ~ *scale* kleurskaal; *(mus.)* chromatiese toonleer; ~ *spectrum* kleurespektrum.

**chrome** chroom. ~ **iron ore** chroomystererts, chromiet. ~ **leather** chroomleer. ~ **steel** chroomstaal. ~ **yellow** chroomgeel.

**chro·mi·um** *(chem., simb.:* Cr*)* chroom. ~**plate** *ww.* verchroom. ~**plated** verchroom(d). ~**plating** verchroming, chroomvernikkeling.

**chro·mo·some** chromosoom. **chro·mo·so·mal** chromoso-maal, chromosoom-.

**chron·ic** chronies, kronies, langdurig, slepend; ~ *fatigue syndrome, (med., fml.)* mialgic encephalomyelitis, *afk.:* ME) chroniese-, kroniese-uitputtingsindroom, chroniese-, kroniesemoegheidsindroom, *(infml.)* yuppie-, jappiegriep *(fml.:* mialgiese enkefalomiëlitis/ensefalomiëlitis, *afk.:* ME); ~ *fever* slepende koors.

**chron·i·cle** *n.* kroniek, jaarboek. **chron·i·cle** *ww.* boek=
staaf, opteken, te boek stel. **Chron·i·cles** *(OT)* Kronieke.

**chro·nol·o·gy** chrono-, kronologie. **chron·o·log·i·cal** chrono-,
kronologies, tyds-; *in ~ order* in tydsorde *(of* chrono-/kro=
nologiese volgorde); *~ table* tydtafel.

**chrys·a·lis** -lises, -lides, (soöl.) papie.

**chry·san·the·mum** krisant, winteraster, april(s)blom.

**chub** *(igt.)* vetsak. **chub·by** mollig, rondwangig, dik.

**chuck**[1] *(infml.)* gooi, smyt; *~ s.t. away* iets wegsmyt; *~ s.o.
under the chin* iem. onder die ken vat/tik; *~ s.t. down* iets
neersmyt; *~ it in* ophou, uitskei; *~ s.o./s.t. off* iem./iets afsmyt;
*~ s.o./s.t. out* iem./iets uitsmyt; *~ s.o.* van iem. ontslae raak
*('n kêrel ens.); ~ s.o. s.t.* iets vir iem. gooi; *~ s.t., (ook)* ophou
met iets *('n kursus ens.); ~ s.t. up* iets opgooi *(i.d. lug);* iets laat
vaar; uitskei met iets; iets opgee/opskop *(werk ens.).* **chuck·er**
gooier; *(spel)* malie; malieklip, tjoek. **chuck·er-out** uitsmyter.
**chuck·ing** gooiery; *(kr.)* gooi-aksie.

**chuck**[2] klem, skroef; bus; kloukop; klemkopstuk, boorhouer,
-bus, klembus *(v. boor);* dikrib, armmansrib. *~ face* klou=
kopvlak. *~ jaw* klou(kop)bek. *~ key* klouplaatsleutel. *~
lathe* kopdraaibank. *~ plate* klouplaat *(v. draaibank). ~ ring*
klouring; klembusring. *~ steak* dikribskyf.

**chuck·le** *n.* lag(gie), grinniklag; gekloek *(v. hen ens.).* **chuck·
le** *ww.* stilletjies *(of* in jou vuis) lag, grinnik; kloek *(soos 'n
hen); ~ over s.t.* jou verkneukel *(of* stilletjies lag) oor iets.

**chuffed** *adj. (pred.), (Br., infml.)* ingenome, in jou noppies/
skik; *be ~ about/at/by s.t.* in jou noppies/skik met/oor iets wees;
*look/feel ~ with o.s.* selfingenome *(of* ingenome met jouself)
lyk/voel.

**chuk·ka, chuk·ker** *(polo)* tjakker.

**chum**[1] *n.* maat, matie, vriend, kameraad; *be great ~s, (infml.)*
groot maats wees. **chum** *-mm-, ww.* kamermaats wees; *~ up
with s.o., (infml.)* met iem. maats/vriende maak. **chum·mi·
ness** vriendskaplikheid, kameraadskap. **chum·my** vriend=
skaplik; familiêr; *be very ~, (infml.)* groot maats *(of* dik vrien=
de) wees; *be ~ with s.o., (infml.)* met iem. maats wees.

**chum**[2] *n., (Am.)* (vis)aas. **chum** *ww.* met visaas lok *(haaie ens.).*
**chum·ming** aanlokking met visaas *(v. haaie ens.).*

**chump** stomp, blok; kop; stommerik, uilskuiken. *~ chop* kruis=
tjop, -karmenaadjie, rugskyf.

**chunk** stuk, homp, brok. *~ honey* stukheuning, stukke heu=
ning(koek). **chunk·y** bonkig; geset; klonterig; *~ jam* stukke=
rige konfyt; *~ wool* ekstra dik wol.

**church** kerk; *after/before ~* ná/voor die kerk/diens; *at/in ~*
in die kerk; *attend ~* kerk toe gaan; *enter/join the ~* in die
(kerklike) bediening tree, predikant word; *go to ~* kerk toe
gaan; *join a ~* lidmaat van 'n kerk word; *leave the ~* uit die
kerk gaan; *~ is over* die kerk is uit. **~goer** kerkganger, -be=
soeker. **~going** kerkgaande, kerks, kerksgesind; kerkgang;
-gaan; *not ~* onkerks. **~man** -men kerkman; geestelike. **~mem·
ber** gemeentelid. *~ mouse* kerkmuis. **C~ of England** Angli=
kaanse Kerk. **C~ Square** (die) Kerkplein. **~warden** kerkop=
siener, -voog; *(infml.)* langsteelpyp. **~woman** -women kerk=
vrou. **~yard** kerkhof, begraafplaas.

**church·y** kerks(gesind), kerkisties. **church·i·ness** kerksheid,
kerkisme.

**churl** suurknol, bitterbek; buffel, lummel, lomperd, misbak=
sel. **churl·ish** nors, bot, suur, stuurs, bars, bitterbek; boers,
kru, onbeskof. **churl·ish·ness** norsheid, botheid; onbeskoft=
heid.

**churn** *n.* karring. **churn** *ww.* karring; omroer, bruis, kook;
*~ out s.t., (infml.)* iets by die groot maat produseer *(produk
ens.);* iets die een na die ander uitkarring/uitkraam *(liefdes=
verhale ens.); ~ s.t. up* iets omwoel. **churn·ing** gekarring; kar=
ringsel.

**chute** stroomval, -versnelling; (gly)geut, glyplank, -gang, -ka=
naal, stortgeut, val-, vultregter; *(infml.)* valskerm.

**chut·ney** blatjang.

**chutz·pah** *(Jidd., infml.)* (koele/skaamtelose) vermetelheid.

**chyle** *(fisiol.)* chyl, melksap, limfvog, spyssap.

**chyme** *(fisiol.)* chym, spys-, maag-, voedselbry.

**ci·ca·da** -das, -dae, *(entom.)* son-, sing-, nuwejaars-, somer=
besie, boomsingertjie, sonroepertjie, sikade.

**cic·a·trice, cic·a·trix** -trices, *(med., bot.)* litteken, wond=
merk, nerf. **cic·a·trise, -trize** vergroei, toegroei; 'n litteken
vorm; genees, heel.

**ci·der** sider, appelwyn, gegiste appelsap.

**cig** cigs, **cig·gy** -gies, *(infml.)* →CIGARETTE.

**ci·gar** sigaar; *close but no ~, (infml.)* amper, maar nog nie
stamper nie.

**cig·a·rette** sigaret; *light a ~* 'n sigaret aansteek/opsteek. *~
case* sigaretkoker. *~ end* (sigaret)stompie. *~ lighter* sigaret=
aansteker, -opsteker.

**cig·a·ril·lo** -los sigaartjie.

**cil·i·um** cilia ooghaar, wimper; (soöl.) tril-, sweep-, randhaar.
**cil·i·ar·y** siliêr; wimperagtig; trilhaaragtig; ooghaar-, wim=
per-; trilhaar-, sweephaar-, randhaar-. **cil·i·ate, cil·i·at·ed** ge=
wimper(d); met tril-/sweep-/randhare.

**cinch** *n.* buikgord; houvas; *(infml.)* sekerheid; *(infml.)* maklike
taak, iets makliks. **cinch** *ww.* gord, vasbind.

**cin·der** sintel, uitgebrande steenkool, steenkoolas; kooltjie;
*(i.d. mv. ook)* vulkaanslak; *be burnt to a ~* verkool *(of* swart
verbrand) wees.

**Cin·der·el·la** Aspoester(tjie); *(fig.)* aspoester, stiefkind.

**cin·e** *komb.vorm* rolprent-. *~ camera* rolprentkamera.

**cin·e·ast(e)** fliek-, film-, rolprentliefhebber.

**cin·e·ma** bioskoop. **~goer** fliek-, bioskoopganger. **~going**
*the ~ public* die fliekpubliek, fliek-, bioskoopgangers.

**cin·e·ma·theque** *(rolprentversameling)* filmoteek; klein, in=
tieme fliek/bioskoop; kunsfliekteater.

**cin·e·mat·ic** film-, rolprent- *(tradisie ens.);* filmies *(eksperi=
ment, styl, ens.).*

**cin·e·ma·tog·ra·phy** filmkuns, kinematografie. **cin·e·ma·
tog·ra·pher** kameraman; filmmaker. **cin·e·mat·o·graph·ic**
kinematografies.

**cin·na·bar** *(min., chem.)* sinnaber; *(kleur)* vermiljoen.

**cin·na·mon** kaneel; *ground ~* fyn kaneel. *~ stick* pypkaneel.

**cinque·foil** *(bot.)* vyfvingerkruid, ganserik, vyfblad; *(kuns)*
vyfblaarpatroon.

**ci·pher, cy·pher** *n.* syferskrif, geheimskrif, kode; mono=
gram, naamsyfer; figurant; *be a (mere) ~* 'n (groot) nul wees.
**ci·pher, cy·pher** *ww.* in geheimskrif stel. *~ key* sleutel
*(v. kode).*

**cir·ca** *(Lat.)* circa, omstreeks.

**cir·cle** *n.* sirkel, ring, kring, omtrek; sirkelgang, kringloop,
sirkelloop; gordel; geselskap, groep, kring; *(perdesport)* kring=
rit; *argue in a ~* in 'n kring(etjie) redeneer; *circumference
of a ~* sirkelomtrek; *form a ~* in 'n kring gaan staan/sit; *a
(wide) ~ of friends* 'n (breë) vriendekring; *come full ~* by die
beginpunt terugkom, 'n kringloop voltooi; *go round in a ~* in
'n kring loop; *great ~, (wisk.)* grootsirkel; *move in high ~s* in
hoë kringe verkeer; *in a ~* al in die rondte; *in s.o.'s ~* in iem.
se kring; *run round in ~s, (infml.)* rondskarrel, -val, dit druk
hê; *run ~s round s.o., (infml.)* iem. ver/vêr oortref; *small ~,
(wisk.)* kleinsirkel; *try to square the ~* die onmoontlike pro=
beer (doen); *a vicious ~* 'n bose/noodlottige/skadelike kring=
loop. **cir·cle** *ww.* omsluit; omtrek; kringe maak, (om)sirkel,
ronddraai, swenk; rondgaan; omsingel, omkring; *~ (a)round*
ronddraai. **cir·clet** sirkeltjie; band, ring.

**cir·cuit** omtrek, baan, kring; omgang, sirkelgang; rond-, kring=
vlug; verkeerskring; draaikring *(v. voertuie);* rondte; kring=
loop; ompad, omweg; (ren)baan; *(jur.)* rondgang; *(relig.)* ring;
*(elek.)* (stroom)baan, (stroom)kring; *(telekom.)* lyn, verbin=

ding; *(sport)* toernooireeks; *(sport)* toernooispelers; *(wisk.)* kring; netwerk; *closed* ~ geslote baan; *the film is on* ~ die rolprent draai op die oomblik *(of* word tans vertoon); *short* ~ kortsluiting. ~ **breaker** uitskakelaar, stroom(ver)breker, =onderbreker, =afsluiter. ~ **court** rondgaande hof. ~ **training** *(sport): do* ~ ~ 'n reeks oefeninge doen. **cir·cu·i·tous** onreg= streeks, indirek, draai-, met draaie, met 'n ompad, wydlopig; omslagtig; ~ *road* ompad, omweg, draai. **cir·cu·i·tous·ly** met omweë *(of* 'n omweg/ompad).

**cir·cu·lar** *n.* omsendbrief. **cir·cu·lar** *adj.* (sirkel)rond, sir= kel=, kringvormig, kring=, ring=, sirkel=; ~ *arch* sirkelboog; ~ *course* kringloop, sirkelgang, =loop; ~ *current* kring= stroom; ~ *letter* omsendbrief; ~ *muscle* kringspier; ~ *note* omsendbrief; kredietbrief; ~ *saw* sirkel=, draaisaag; ~ *stair= case* wenteltrap; ~ *ticket* rondreiskaartjie; ~ *trip* rondvaart; rondrit. **cir·cu·late** rondgaan, in omloop wees, sirkuleer; lanseer; rondstuur, omstuur, laat sirkuleer; rondstrooi, ver= sprei, rondvertel, in omloop bring. **cir·cu·lat·ing** *(attr.)* rond= gaande; ~ *library* leenbiblioteek. **cir·cu·la·tion** sirkulasie, om= loop, verspreiding; sirkulasie, getal verkoopte eksemplare *(v.* 'n koerant); betaalmiddel(e); ~ *of the blood* bloedsomloop; *come into* ~ in omloop kom; ~ *of money* geld(s)omloop; *put s.t. into* ~ iets in omloop bring. **cir·cu·la·tor** versprei(d)er. **cir·cu·la·to·ry** sirkulerend, sirkulasie=; bloedsomloop=.

**cir·cum·cise** besny. **cir·cum·ci·sion** besnydenis; besnyding.

**cir·cum·fer·ence** omtrek; omvang; *two kilometres in* ~ twee kilometer in omtrek. **cir·cum·fer·en·tial** omtrek(s)=, ring=.

**cir·cum·flex** kappie, sametrekkingsteken, sirkumfleks.

**cir·cum·lo·cu·tion** omskrywing; perifrase; omhaal van woorde, omslagtigheid; ontwyking, om-die-bos-draaiery.

**cir·cum·nav·i·gate** om ... seil, omseil, om/rondom ... vaar, omvaar. **cir·cum·nav·i·ga·tion** omvaring, omseiling. **cir·cum· nav·i·ga·tor** omseiler, omvaarder.

**cir·cum·po·lar** sirkumpolêr.

**cir·cum·scribe** begrens, insluit; afbaken, beperk; definieer; *(geom.)* omskryf, =skrywe; omkring, omsirkel; omgrens. **cir· cum·scribed** beperk, omskrewe. **cir·cum·scrip·tion** omskry= wing; randskrif, omskrif *(op munt);* beperking; afbakening.

**cir·cum·spect, cir·cum·spec·tive** omsigtig, versigtig, behoedsaam, op jou hoede. **cir·cum·spec·tion** omsigtigheid, versigtigheid; *act with* ~ omsigtig handel/optree. **cir·cum· spect·ly** omsigtig, versigtig.

**cir·cum·stance** omstandigheid; feit; besonderheid; *accord= ing to* ~s na (gelang van) omstandighede; na bevind van sake; *be in easy* ~s gegoed/welgesteld wees; *by force of* ~(s) deur die dwang van omstandighede, uit nooddwang; *in/under the* ~s in die omstandighede; *in/under no* ~s glad (en geheel) nie, hoegenaamd/volstrek nie, in/onder geen omstandighede nie; *be in reduced* ~s in armoedige/behoeftige omstandighede verkeer; *unforeseen* ~s onvoorsiene omstandighede. **cir·cum· stan·tial** bykomstig; omstandig, uitvoerig; ~ *evidence* om= standigheidsgetuienis, indirekte/onregstreekse getuienis, aan= wysinge. **cir·cum·stan·tial·ly** omstandig, uitvoerig, in beson= derhede; noukeurig; toevallig; wat die omstandighede be= tref; deur omstandigheidsgetuienis.

**cir·cum·vent** ontduik, ontwyk, omseil; uitoorlê, mislei; om= singel. **cir·cum·ven·tion** ontduiking; uitoorlegging, bedrog, misleiding.

**cir·cus** =cuses sirkus; *(hist.)* arena, strydperk; amfiteater; ron= de plein.

**cir·rho·sis** =rhoses verskrompeling, verharding, sirrose; ~ *of the liver* lewerskrompeling, =sirrose. **cir·rhot·ic** verskrom= pel(d), verhard, skrompel=, sirroties; ~ *liver* skrompel=, mus= kaatneutlewer.

**cir·ro·cu·mu·lus** *(met.)* skaapwolkies, cirrocumulus.

**cir·ro·stra·tus** *(met.)* sluierwolk(e), cirrostratus.

**cir·rus** cirri, *(met.)* veerwolk(e), cirrus; *(soöl.)* tentakel, voel= draad, vanghaar, filament; *(bot.)* rankie, blaar=, hegrank. ~ **shaped** rankvormig.

**cis=** *pref.* duskant.

**cis·al·pine** *(geog.)* Cisalpyns, suid van die Alpe.

**cis·tern** waterbak; spoelbak; tenk, sisterne; vergaarbak.

**cit·a·del** sitadel, burg, vesting.

**cite** aanhaal, siteer; *(mil.)* eervol vermeld; *(jur.)* dagvaar, siteer; noem. **ci·ta·tion** aanhaling, sitaat; *(mil.)* eervolle vermelding; *(jur.)* dagvaarding, sitasie; onderskeiding; motivering *(vir on= derskeiding).*

**ci·ti·fied** *(hoofs. neerh.)* verstedelik.

**cit·i·zen** burger; stadsbewoner, stedeling; inwoner; ~ *of the world* wêreldburger. ~ **force** burgermag. ~**'s arrest** burger= like inhegtenisneming/arrestasie. ~**s' band radio** burger= (band)radio, kletsradio.

**cit·i·zen·ry** burgery.

**cit·i·zen·ship** burgerskap, burgerreg.

**cit·ric** sitroen=; ~ *acid* sitroensuur.

**cit·ron** sitroen, siter. ~ **peel** sitroen=, siterskil. ~ **(tree)** sitroen=, siterboom.

**cit·ron·el·la** *(bot.)* sitronella.

**cit·rus** sitrus. ~ **fruit** sitrusvrug(te).

**cit·y** stad; *the* ~ *of Cape Town* die stad Kaapstad; *free* ~ vrye stad. ~**-bred person** stadsmens, stedeling. ~ **centre** midde= stad, stadskern, binnestad. ~ **dweller** stadsmens, =bewoner. ~ **fathers** stadsvaders. ~ **hall** *(gebou)* stadhuis; *(saal)* stadsaal. ~**scape** stadsgesig, uitsig oor/op die/'n stad, stedelike land= skap/panorama. ~ **slicker** *(infml.)* gladde/geslepe/listige kêrel, gladdejan; windmaker; wêreldse stadsbewoner, geso= fistikeerde stadsmens. ~ **state** *(hist.)* stadstaat.

**civ·et** *(soöl.)* sivet(kat); *(parfuumbasis)* sivet. ~ **bean** sewejaars=, goewerneurs=, hereboontjie.

**civ·ic** *n., (SA, infml., hoofs. hist.)* burgervereniging, =organi= sasie, burgerlike vereniging/organisasie, civic, civic(s)vereni= ging, civic(s)organisasie; *(i.d. mv., ook)* burgerkunde, =leer. **civ·ic** *adj.* burgerlik, burger=; stads=, stedelik, munisipaal; ~ *centre* burger=, gemeenskapsentrum; ~ *duty* burgerplig. ~**-minded person** iem. met burgersin. ~**(s) association/ organisation** = civic n..

**civ·il** burgerlik, burger=; siviel; beleef(d), beskaaf(d); ~ *action/ case* siviele aksie/geding/saak; ~ *aviation* burgerlugvaart, burgerlike lugvaart; ~ *defence/protection* burgerlike besker= ming; ~ *disobedience* burgerlike ongehoorsaamheid; ~ *engi= neer* siviele ingenieur; ~ *law* burgerlike/siviele reg, privaat= reg; ~ *liberty/liberties* burgerlike vryheid; ~ *marriage* bur= gerlike huwelik; ~ *rights* burgerlike regte, burgerregte; ~ *ser= vant* staatsamptenaar, =beampte; ~ *service* staatsdiens; ~ *war* burgeroorlog.

**ci·vil·ian** *n.* burger, burgerlike (persoon). **ci·vil·ian** *adj.* bur= ger=; ~ *clothes* burgerklere, burgerdrag; ~ *population* burger= bevolking.

**civ·i·lise, =lize** beskaaf, beskaaf(d) maak. **civ·i·li·sa·tion, =za= tion** beskawing; *a standard of* ~ 'n beskawingspeil. **civ·i·lised, =lized** beskaaf(d), verfynd; beleef(d), opgevoed; ~ *nation* kultuurvolk.

**ci·vil·i·ty** =ties beleefdheid, hoflikheid; vriendelikheid; *(i.d. mv.)* gunste; *(i.d. mv.)* beleefdheidsbetuiginge.

**civ·vy** =vies, *(infml.)* burgerlike (persoon), burger, niemilitêre persoon; *in civvies* in burgerdrag/=klere. ~ **street**: *in* ~ ~ in die burgerlike/gewone lewe.

**clack** *n.* klik-klak *(v. hoëhakskoene ens.);* klik, klap, geklepper; klaphoutjie, dansklepper; klep. **clack** *ww.* klik-klak; klap, klepper.

**clad** geklee(d); →CLOTHE; *be scantily* ~ karig/skraps geklee(d) wees, min klere aanhê; armoedig geklee(d) wees, dun aan= getrek wees. **clad·ding** bedekking, bekleedsel, bekleding.

**claim** *n.* eis, reg, aanspraak; bewering, stelling; *(jur.)* regsvor= dering; kleim, afgepende myngrond; *(versek.)* (op)vordering, eis; *abandon a* ~ van 'n eis afsien; *allow a* ~ 'n eis handhaaf/

toestaan; **bring** *a ~ against* ... 'n eis teen ... instel; **enter** *a ~* 'n eis instel; *s.o.'s ~ to fame* iem. se grootste prestasie; *a ~ for damages* 'n eis om skadevergoeding; *a ~ for/of R5000* 'n eis van R5000; **have** *a ~ on/to* ... reg (*of* 'n aanspraak) op ... hê; **lay** *~ to s.t.* op iets aanspraak maak; **legal** *~* regs= vordering; vorderingsreg; **make** *no ~ to be* ... nie voorgee om ... te wees nie; nie beweer dat jy ... is nie; **press** *a ~* op 'n eis aandring; **prove** *a ~* 'n eis bewys; **put in** *a ~* 'n eis indien; **stake (out)** *a ~* 'n kleim afpen; **stake (out)** *a ~ for/to s.t.* op iets aanspraak maak; **turn down** *a ~* 'n eis afwys (*of* van die hand wys); **waive** *a ~* van 'n eis afsien. **claim** *ww.* eis, op= eis, (op)vorder, aanspraak maak op; voorgee, volhou, ver= klaar, beweer; *~ s.t. back* iets terugeis; *~ s.t. from s.o.* iets van iem. eis/vorder (*betaling ens.*); *~ that* ... beweer dat .... **~ form** eisvorm. **~ jumper** kleimdief.

**claim·a·ble** opeisbaar, (op)vorderbaar, opvraagbaar.

**claim·ant** eiser; aanspraakmaker; pretendent; *be a ~ to s.t.* 'n aanspraakmaker op iets wees.

**clair·voy·ant** *n. & adj.* heldersiende. **clair·voy·ance** helder= siendheid.

**clam** *n.* gapermossel; gaapskulp. **clam** *ww.: ~ up, (infml.)* tjoepstil bly/raak. *~* **chowder** mosselbredie. *~* **diggers** *n. (mv.)* kuitbroek.

**clam·ber** *n.* moeilike klim. **clam·ber** *ww.* klouter. **clam= ber·er** klouteraar.

**clam·my** klam, vogtig; klewerig. **clam·mi·ness** klam(mig)= heid, vogtigheid; klewerigheid.

**clam·our**, *(Am.)* **clam·or** *n.* lawaai, groot geraas; geroep, ge= skree(u), getier; herrie, kabaal; protes; *the ~ for* ... die aan= drang op ... **clam·our** *ww.* roep, skree(u), lawaai maak; *~ against* ... teen ... protesteer; *~ for* ... op ... aandring, om ... roep/skree(u); *~ to* ... (daarop) aandring om te ... **clam= or·ous** lawaaierig, luidrugtig, raserig; dringend; uitbundig.

**clamp** *n.* klamp; klem; klemhaak; klemtang; klou; kram; skroefkas; spantang *(v. banksroef);* stelbeuel *(v. ploeg).* **clamp** *ww.* (vas)klem, =klamp, *(mot.)* met wielklampe (*of* 'n wiel= klamp) immobiliseer; las, versterk; *~* **down** streng optree, in= gryp; *~ s.t. down* iets vasklamp; *~* **down on** ... op ... toeslaan, ... vasvat, ... streng beperk; *~ ... on s.t.* iets onder streng(e) ... plaas *(beheer ens.);* ... op iets hef *(belasting ens.).* **~down** vasklamping; onderdrukking; strawwe beperking; beperken= de maatreëls; streng optrede.

**clan** clan, (familie)stam, stam=, familiegroep; *(antr.)* sibbe; kliek, kring, groep, klas, soort. **clan·nish** stamvas; kliekerig; aaneengeslote. **clan·ship** familieband, stamgenootskap, party= verdeling; partygehegtheid. **clans·man** =men, **clans·wom·an** =women stamgenoot, =lid.

**clan·des·tine** skelm, agterbaks, heimlik, ongeoorloof, klan= destien; *~ marriage* geheime huwelik. **clan·des·tine·ly** op be= dekte/agterbakse wyse, tersluiks.

**clang** *n.* geskal, gegalm, gelui; gekletter. **clang** *ww.* skal, lui, galm; kletter. **clang·er** *drop a ~, (infml.)* 'n flater/blaps be= gaan/maak. **clang·our,** *(Am.)* **clang·or** geklank; gekletter; ge= skal.

**clank** *n.* gerinkel, geklink, gerammel. **clank** *ww.* rinkel, klink, rammel, raas.

**clap**[1] *n.* klap, slag, knal. **clap** =pp=, *ww.* klap; toejuig; toe= slaan; *~ s.o. on the back* iem. op die rug klop; *~ ... on s.t.* ... op iets hef *(belasting ens.);* *~ s.o. into prison, (infml.)* iem. in die tronk stop. **~board** waterslagplank. **~trap** *(infml.)* effekbejag, mooipraatjies, kaf=, twak(praatjies).

**clap**[2] *n., (patol., sl.: genorree)* druiper, klep.

**clapped out** *(pred.),* **clapped-out** *(attr.), (infml.)* doodmoeg, stokflou, pootuit, vodde; gehawend, afgeleef, uitgedien(d) *(voertuig ens.);* vuisvoos *(bokser).*

**clap·per** klepel; klapper. *~* **lark** *(orn.)* klappertjie.

**clap·ping** handegeklap.

**clar·et** klaret, bordeaux(wyn). **~-coloured, ~-red** wynkleu= rig, wynrooi.

**clar·i·fy** ophelder, verduidelik; opklaar; helder word; helder maak, verhelder, suiwer. **clar·i·fi·ca·tion** opheldering, ver= duideliking; (op)klaring; verheldering, suiwering; afsakking, brei *(v. wyn); process of ~* suiweringsproses. **clar·i·fied:** *~ butter* geklaarde botter. **clar·i·fi·er** verhelderaar, verhelde= rings=, suiweringsmiddel; melkreiniger; breimiddel *(vir wyn); (teg.)* besinkbak. **clar·i·fy·ing** verhelderend, ophelderend. **clar= i·ty** helderheid, duidelikheid, klaarheid; suiwerheid; (beeld)= skerpte.

**clar·i·net** klarinet.

**clash** *n.* gekletter, geklank, gerammel; botsing, stryd, konflik, skermutseling, stamp; (teen)strydigheid; verskil; *~ of dates* saamval(ling)/sameval(ling) van datums; *~ of interests* belan= gebotsing; *~ of opinions* meningsverskil. **clash** *ww.* klink; kletter; bots; slaags raak; indruis; saamval; *~ with* ... met ... bots (*of* in botsing kom); teen ... bots; met ... in stryd wees, teen ... indruis; met ... saamval. **clash·ing** *adj.* teenstrydig, botsend.

**clasp** *n.* kram; klem; tang, knyper; knip; gespe; stormring *(v. geweer);* slot *(v. boek);* knipbeuel; handdruk; omhelsing. **clasp** *ww.* vashou, =gryp, =klem; omhels, (styf) teen jou vas= druk; vasmaak, =haak, toegespe, (vas)gespe, =klem, toeknip; *~ one's hands* jou hande saamvou. *~* **knife** knipmes.

**class** *n.* klas; rang, stand; orde; gehalte; lesuur; kursus; *at= tend/follow ~es* klasse/lesse bywoon, klas loop; *cut ~es, (infml.)* van klasse wegbly; *give/hold ~es* les(se) gee; *have ~, (infml.)* styl hê; *in ~* in die klas; *no ~, (infml.)* laag, sleg, benede peil; *be in a ~ of one's/its own* onoortreflik (*of* die beste) wees; *not in the same ~* nie van dieselfde gehalte nie; nie vergelykbaar nie; *the upper ~(es)* die hoër stand(e); *the working ~(es)* die werker=/arbeiderstand. **class** *ww.* klassi= fiseer, indeel; klas(seer) *(wol); be ~ed among/with* ... onder ... ressorteer; *~ s.o./s.t. as* ... iem./iets as ... beskou; *be ~ed as* ... as ... beskou/gereken word; *~ s.o./s.t. with* ... iem./iets op een lyn met ... stel, iem./iets onder ... rangskik. *~* **action** *(jur.)* klas-aksie. *~* **book** klas=, skoolboek. **~-conscious** klas= (se)bewus. *~* **consciousness** klas(se)bewussyn, =bewust= heid. *~* **distinction** klasseverskil, =onderskeid, standsverskil. *~* **hours** skool=, lesure. **~mate** klasmaat. *~* **noun** soortnaam. **~room** klaskamer, =lokaal. *~* **struggle, ~ war** klassestryd.

**clas·sic** *n.* klassieke werk/skrywer; klassikus; klassieke mo= tor; *the ~s* klassieke literatuur, die klassieke, klassieke tale. **clas·sic** *adj.* klassiek. **clas·si·cal** klassiek. **clas·si·cism** klassisisme; studie/kennis van die klassieke tale. **clas·si·cist** klassikus.

**clas·si·fy** klassifiseer, indeel, rangskik; orden; groepeer. **clas= si·fi·a·ble** indeelbaar. **clas·si·fi·ca·tion** klassifikasie, indeling, rangskikking. **clas·si·fied** *adj. (attr.): ~ ad(vertisement)* ge= klassifiseerde/klein advertensie, snuffeladvertensie; *~ infor= mation, (mil., pol.)* geklassifiseerde inligting. **clas·si·fieds** *n. (mv.)* geklassifiseerde/klein advertensies, *(infml.)* snuffelgids. **clas·si·fi·er** klassifiseerder.

**clas·sing** klassifisering, klassifikasie; klas(sering).

**class·ism** *n.* klassediskriminasie, klassisme. **class·ist** *n.* klas= sediskrimineerder, klassis. **class·ist** *adj.* klassediskrimine= rend, klassisties.

**class·less** sonder klasse, klas(se)loos.

**class·y** *(infml.)* deftig, elegant, sjiek; smaak=, stylvol; puik, eersteklas. **class·i·ness** *(infml.)* deftigheid, elegansie; smaak=, stylvolheid.

**clat·ter** *n.* gekletter, gerammel; getrappel, gestommel. **clat= ter** *ww.* kletter, rammel, klepper; trappel, stommel.

**clause** artikel; klousule; paragraaf; bysin, sinsdeel; *under the ~* kragtens/volgens die artikel/bepaling.

**claus·tro·pho·bi·a** engte=, noutevrees, kloustrofobie. **claus= tro·pho·bic** kloustrofobies.

**clav·i·chord** *(mus.)* klavichord.

**clav·i·cle** =cles, **cla·vic·u·la** =lae, *(anat.)* sleutelbeen, klavikel.

**claw** *n.* klou, poot; knyper, haak; *cut/pare s.o.'s/s.t.'s* ~s, *(infml., fig.)* iem./iets onskadelik maak; *get one's* ~s *into s.o., (infml., fig.)* iem. in jou kloue kry; *show one's* ~s, *(infml., fig.)* jou tande wys. **claw** *ww.* klou, krap; ~ *back* (gedeeltelik) terugvorder *(d.m.v. belasting ens.);* herwin *(geld, grond, ens.);* goedmaak *(verliese);* inhaal, uitwis *(agterstand, voorsprong);* terugwen *(aanhangers ens.);* van agter terugkom *(om 'n wedstryd te wen).* ~**-and-ball foot** klou-en-koeël-poot *(v. meubelstuk).* ~**back** terugvordering. ~ **chisel,** ~ **tool** tandbeitel. ~ **hammer** klouhamer, spykertrekker. ~ **mark** pootmerk; kloumerk; krapmerk.

**clawed** met kloue/knypers.

**clay** klei, leem; dagha. ~ **bed** kleilaag. ~ **brick** rousteen. ~ **modelling** kleiwerk. ~ **pigeon** kleiduif, piering, kleiteiken. ~ **pigeon shooting** piering-, kleiteikenskiet.

**clay·ey, clay·ish** kleiagtig, kleierig, klei-; taai; ~ *soil* klei-, turfgrond.

**clay·ma·tion** kleianimasie.

**clay·more** *(hist.)* slagswaard *(v. Skotse Hooglanders).*

**clean** *n.* skoonmaak, reiniging; wassing; opruiming; *give s.t. a* ~ iets skoonmaak/reinig; iets was; iets opruim. **clean** *adj.* skoon *(klere ens.);* skoon, ongebruik, nuut *(vel papier ens.);* fout(e)loos *(toetsvlug ens.);* rein *(kernwapen ens.);* onbesoedel(d) *(lug ens.);* onbesmet, infeksievry *(wond ens.);* opreg, eerlik; fatsoenlik, sedig, kuis, rein, eerbaar; skoon *(grap);* skoon, netjies, gekorrigeer(d) *(kopie ens.);* heeltemal, volkome, volslae; sierlik, vloeiend *(lyne ens.);* gestroomlyn *(vliegtuig ens.); (sl.)* onskuldig; *(sl.)* dwelmvry; *(sk.)* met 'n goeie gesondheidspas; rein, ko(u)sjer *(kos); (relig.)* rein, onbevlek; sindelik; suiwer; saadvry *(wol); a* ~ *bill of health* 'n gesondheidspas; 'n bewys van geskiktheid; *make a* ~ *breast of (one's role in) s.t.* (jou rol in) iets eerlik/rondweg beken, met die waarheid (oor jou betrokkenheid by iets) uitkom; ~ *content, (wolbedryf)* skoonopbrengs; *a* ~ *fight* 'n eerlike geveg; *show s.o. a* ~ *pair of heels* skoon onder iem. uithardloop; *make a* ~ *job of s.t.* jou deeglik van iets kwyt *(taak ens.); be as* ~ *as a new pin* soos 'n (splinter)nuwe sikspens lyk; ~ *receipt* afdoende ontvangsbewys; *spotlessly* ~ silwerskoon; *as* ~ *as a whistle* silwerskoon. **clean** *adv.* skoon; totaal, heeltemal, geheel en al, glad; ~ *bowl s.o., (kr.)* iem. skoon (uit)boul; *come* ~, *(infml.)* met die waarheid uitkom; ~ *gone* skoonweg; ~ *off* morsaf; ~ *out distance s.o.* skoon onder iem. uithardloop; *wipe s.t.* ~ iets skoonvee. **clean** *ww.* skoonmaak, reinig; suiwer; opruim, aan die kant maak; poets *(messe);* ~ *s.t. down* iets afvee; ~ *s.t. off* iets afwas/-spoel/-vee/-vryf/-vrywe; ~ *s.t. out* iets skoonmaak/ uitvee; iets leegmaak *('n laai ens.);* ~ *s.o. out, (infml.)* iem. uitskud *(of* kaal agterlaat/uittrek), iem. rot en kaal steel; *s.o.* ~s *up* iem. was hom/haar; iem. ruim op; *(infml.)* iem. wen/vat alles; ~ *s.t. up* iets skoonmaak/opruim/opknap *(of* aan die kant maak); iets opvee; *(infml.)* iets suiwer van misdaad *('n stad ens.).* ~**cut** skerp omlyn(d); glad gesny, netjies. ~**limbed** mooi gebou(d). ~**living** ordentlik, eerbaar; kuis, rein. ~**out:** *give s.t. a* ~ iets skoonmaak. ~**shaven** glad/kaal geskeer. ~**up** skoonmaak, reiniging, opruiming; *(Am., sl.)* groot slag, vinnige wins; *give o.s. a* ~ jou was; *give s.t. a* ~ iets skoonmaak.

**clean·er** skoonmaker, -maakster; reiniger, reinigings-, skoonmaakmiddel; *take s.o. to the* ~s, *(infml.)* iem. uitskud *(of* kaal agterlaat/uittrek). ~ *fish* skoonmakertjie.

**clean·ing** skoonmaak, reiniging. ~ **agent** skoonmaak-, reinigingsmiddel. ~ **aperture** spuigat.

**clean·ly** skoon, netjies; suiwer; eerlik. **clean·li·ness** sindelikheid, reinheid.

**clean·ness** skoonheid, reinig, sindelikheid; reinhcid, onskuld.

**cleanse** skoonmaak; reinig; ontsondig; suiwer. **cleans·er** skoonmaker; wasser; reinigingsmiddel; purgasie, purgeermiddel.

**cleans·ing** skoonmaak, reiniging; suiwering. ~ **agent** skoonmaak-, reinigingsmiddel.

**clear** *n.: in* ~, *(boodskap)* in gewone taal, nie in kode nie; *be in*

*the* ~ uit die *(of* vry van *of* sonder) skuld wees; nie verdink word nie; buite gevaar wees; niks hê om weg te steek nie. **clear** *adj.* helder; onbewolk; onbeneweld; oop, leeg; vry, onbeset; skerp *(beeld ens.);* deursigtig *(water ens.);* suiwer *(klank ens.);* vlek(ke)loos *(vel ens.);* ondubbelsinnig; seker; duidelik, klaarblyklik, voor die hand liggend; oortuigend *(oorwinning ens.);* rein, skoon *(gewete);* onbelemmer(d); sonder skuld; netto *(inkomste);* netto, skoon *(wins);* onbelas; skoon *(oppervlak); (perdespring)* fout(e)loos *(rond[t]e); be* ~ *about s.t.* iets duidelik begryp; *all* ~! alles veilig!; *give the all* ~ die veiligheidsein gee; sê dit is veilig; *(as)* ~ *as a bell* klokhelder; *the coast is* ~ alles (is) veilig; die gevaar is verby; *crystal* ~, *(lett.)* kristalhelder; *(fig.)* glashelder; *as* ~ *as day(light)* so duidelik soos daglig *(of* die dag), so helder soos glas; ~ *glass* helder glas; ~ *height* vryhoogte; *be* ~ *of ...* vry/suiwer van ... wees; buite bereik van ... wees; ~ *receipt* afdoende ontvangsbewys; ~ *sky* helder lug/hemel; *it is* ~ *that ...* dit is duidelik dat ...; *is that* ~? is dit duidelik? **clear** *adv.* duidelik, helder; volkome, heeltemal, totaal; skoon, glad, vry, los; opsy; *the tree fell* ~ *of the roof* die boom het weg van die dak geval; *get* ~ los daarvan; *get* ~ *of s.t.* van iets ontslae raak; *get s.t.* ~ iets goed begryp; *hang* ~ vry hang; *keep* ~ uit die pad bly; *keep* ~ *of s.o.* uit iem. se pad bly; *make o.s.* ~ jou duidelik uitdruk; *do I make myself* ~?, *(ook)* is dit duidelik?; *make s.t.* ~ iets verduidelik/ verklaar/toelig; *stand* ~! gee pad!, uit die pad (uit)!; *stand* ~ *of s.t.* van iets wegstaan; *stay* ~ wegbly, daaruit bly; *steer* ~ *of ...* van ... wegbly *(iets);* uit ... se pad *(of* buite bereik van ...) bly, ... ontwyk/vermy *(iem.).* **clear** *ww.* skoonmaak; opruim; uitwis; leegmaak; suiwer; verduidelik, ophelder; verhelder; vryspreek; van blaam suiwer; afdek *(tafel);* baan *('n weg);* oorspring; langs/oorheen skeer/stryk/gaan; uitsteek bo; afbetaal, vereffen *(rekening);* verreken *(tjek);* inklaar, uitklaar *(skepe);* weggaan, trap; ontruim; lig *(briewebus);* ruim *(masjien);* vrymaak *(lyn);* afhandel *(oproep);* herstel *(defek);* uitverkoop; *(weer)* ooptrek, opklaar; ~ *s.t. away* iets opruim/wegruim; iets uit die weg ruim; iets opklaar; ~ *s.o. of a charge* iem. van 'n aanklag vryspreek; ~ *s.t. off* iets verwyder; iets afbetaal *(skuld);* ~ *off/ out, (infml.)* loop, trap; ~ *off/out!, (infml.)* trap!, skoert!, maak dat jy wegkom!; ~ *s.t. out* iets opruim/skoonmaak; iets leegmaak *(laai ens.);* ~ *s.o. out, (infml.)* iem. platsak maak; ~ *R1000 profit* R1000 skoon wins maak; ~ *stocks* voorraad opruim; ~ *a street, (fig.)* 'n straat skoonvee; ~ *one's throat* keelskoonmaak; ~ *s.t. up, (weer)* opklaar, ooptrek *(probleme ens.)* verdwyn; ~ *s.t. up* iets opruim; iets opklaar/verklaar/verduidelik *('n geheim ens.);* ~ *s.t. with s.o.* iem. se goedkeuring vir iets kry. ~**cut** skerp omlyn(d), duidelik afgebaken(d). ~**headed** helder denkend, skerpsinnig, verstandig. ~**sighted** insigryk; skerpsinnig, skerpsiende; vooruitsiende *(blik).* ~**sightedness** insigrykheid; skerpsinnigheid, skerpsiendheid; vooruitsiendheid.

**clear·ance** oop(gekapte) plek/kol, (uitgekapte) oopte *(in bos);* opruiming *(v. 'n buurt ens.);* tussenruimte; deurgangshoogte; *(lugv.)* toestemming om te land *(of* op te styg); *(sk.)* verkeersklaring, -vergunning; (uit/in)klaring *(v. goedere ens.);* vereffening *(v. skuld);* verrekening *(v. tjek ens.);* opruiming, uitverkoping; *(sport)* skoonmaakwerk, verligtingskop; ontruiming *(v. plakkers ens.);* opheldering, verheldering; vry-, grondhoogte *(v. voertuie);* speling, speelruimte; goedkeuring, toestemming, vergunning; ~ *inward(s)* inklaring; ~ *outward(s)* uitklaring; *port of* ~ uitklaringshawe; inklaringshawe; ~ *with ...* goedkeuring deur ... ~ *angle* vryloophoek. ~ *certificate (bankwese, doeane)* klaringsbewys; ontslagbewys; *(inkomstebelasting)* belastingbewys, kwytbrief; *(versek.)* skadekwitansie; *(motorbelasting)* lisensiebewys; terugbesorgingsbewys. ~ *fee* klaringskoste. ~ *fit* vrypassing. ~ *price* uitverkoop-, uitverkopingsprys. ~ *sale* uitverkoping, opruim(ings)verkoping.

**clear·ing** oop(gekapte) plek/kol, (uitgekapte) oopte *(in bos);* verrekening; opruiming; in-, uitklaring; verhelder(ing; vrymaking *(v. verbindinge).* ~ **agent** *(teg.)* verhelderingsmiddel;

*(doeane)* klaringsagent. ~ **bank** verrekeningsbank. ~ **fee** kla‑ ringskoste; verrekengeld. ~ **house** klaringshuis *(v. inligting ens.); (ekon.)* verrekeningshuis, ‑kantoor; *(fig.)* deurvoermark. ~ **house statement** verrekeningstaat. ~ **shower** nabui.

**clear·ly** duidelik, helder; beslis, ongetwyfeld, klaarblyklik, ken‑ nelik; onteenseglik; *stand out* ~ duidelik afgeteken staan; *think* ~ helder dink.

**clear·ness** helderheid, klaarheid, klaarte, duidelikheid; oop‑ heid, onbelemmerdheid.

**cleat** *n.* wig; klamp; klem; klou; klos *(v. toue);* greep *(v. bajo‑ net).* **cleat** *ww.* (vas)klamp; klos.

**cleav·a·ble** klief‑, splits‑, kloof‑, splytbaar. **cleav·a·bil·i·ty** klief‑, splits‑, kloof‑, splytbaarheid.

**cleav·age** skeiding, gespletenheid; skeur; *(infml.)* borsgleuf; *(fig.)* kloof, skeuring, breuk, verdeeldheid; splyting *(v. kris‑ talle); (embriol.)* kliewing; *(chem.)* splitsing *(v. peptiedketting ens.); (geol.)* kliewing *(in gesteentes); (geol.)* splyting *(in minerale ens.).* ~ **plane** kloofvlak *(v. gesteentes ens.);* splyt‑, kliefvlak *(v. minerale ens.).*

**cleave** *cleaved cleaved; cleft cleft; clove cloven* kloof, splits, splyt, skei; klief, deursny, ‑kap; oopkloof. **cleav·er** klower; kloof‑, slagters‑, vleisbyl.

**clef** (toon)sleutel; *bass* ~ F‑sleutel, bassleutel; *treble* ~ G‑ sleutel, diskantsleutel.

**cleft** *n.* bars, spleet, kloof; ~ *in a rock* klipskeur. **cleft** *adj.* gekloof; geklief; gesplyt, gesplete; ~ *lip* gesplete lip, haaslip; ~ *palate* gesplete verhemelte.

**clem·a·tis, clem·a·tis** *(bot.)* klimop.

**clem·ent** genadig; sag. **clem·en·cy** genadigheid, goedertie‑ renheid; begenadiging; sagtheid; *show* ~ genade betoon; ~ *of the weather* sagtheid van die weer.

**clem·en·tine** *(soort nartjie)* clementine.

**clench** *n.* (ferm) greep; klem; klamp. **clench** *ww.* (vas)gryp, klem, (om)klink, ombuig; bal *(vuis);* →CLINCH; ~ *one's teeth* op jou tande byt, jou tande op mekaar klem.

**Cle·o·pa·tra** Kleopatra, Cleopatra.

**cler·gy** geestelikes, predikante; *without benefit of* ~ sonder kerklike sanksie. ~**man** ‑*men* geestelike, predikant, dominee, leraar; *call a* ~ 'n predikant beroep. ~**woman** ‑*women* vrou‑ like predikant.

**cler·ic** *n.* geestelike. **cler·i·cal** *adj.* geestelik, klerikaal; klerk‑ lik; ~ *collar* priesterboordjie; ~ *error* skryffout, verskry‑ wing; ~ *staff* kantoorpersoneel, administratiewe/klerklike personeel; ~ *work* kerkwerk, kerklike werk; kantoor‑, skryf‑ werk, klerklike werk.

**clerk** klerk; skriba; griffier; *chief* ~ hoofklerk; ~ *of the court* klerk van die hof; *principal* ~ eerste klerk; ~ *of works* bou‑ klerk, werkopsigter, bou‑opsigter.

**clev·er** *adj.* slim, intelligent, skrander; knap, bekwaam; han‑ dig, behendig; oulik; oorlams; *as* ~ *as they come* so slim as kan kom; *a* ~ *feat* 'n kunsstuk; *no matter how* ~ *s.o. is* al is iem. (ook) hoe slim; *not over* ~ nie danig slim nie; *a* ~ *re‑ tort* 'n snedige antwoord; *s.o. is too* ~ *by half, (infml.)* iem. is glad te slim; slim vang sy baas. **clev·er** *tw.* slimjan!. ~**clever** *(infml., neerh.)* alte slim; wysneusig, beterweterig. **clev·er·ly** knap, oulik, slim; fyntjies. **clev·er·ness** slimheid, intelli‑ gensie, skranderheid; knapheid, bekwaamheid; handigheid, behendigheid, vernuftigheid.

**cli·ché** cliché, gemeenplaas, afgesaagde *(of holrug geryde)* uitdrukking; *(druk.)* drukplaat, cliché. **cli·ché(')d** afgesaag(d), holrug (gery) clichéerig, clichéagtig, vol clichés.

**click** *n.* klik; getik, geklik; klik(klank), klap‑, suigklank; (ge)‑ knip. **click** *ww.* tik, klik; knip; klap *(m.d. tong); (infml.)* skie‑ lik besef/weet; *(rek.)* klik *(met muis);* ~ *one's heels* jou hakke klap; *everything* ~*ed into place* dit het skielik vir iem. duidelik geword *(of* iem. het skielik besef) hoe dinge inmekaar sit/ steek; *it's just* ~*ed* ek het dit, nou weet ek; *s.o. just didn't* ~ *on*

dit het heeltemal by iem. verbygegaan; *they* ~*ed, (infml.)* hulle het dadelik van mekaar gehou *(of* van die begin af goed klaar‑ gekom *of* dadelik aanklank/aansluiting [by mekaar] gevind); ~ *with s.o., (infml.)* dadelik van iem. hou, van die begin af goed met iem. klaarkom, dadelik aanklank/aansluiting by iem. vind. ~ **beetle** kniptor, springkewer. ~ **lock** knipslot. ~ **wheel** pal‑ rat.

**cli·ent** klant *(v. winkel);* kliënt *(v. regskundige ens.); see a* ~ 'n kliënt te woord staan *(of* ontvang). ~ **state** vasalstaat.

**cli·en·tele, cli·en·tage** klante, klandisie; kliënte, kliënteel; praktyk; gevolg, volgelinge.

**cliff** krans, rotswand; steilte. ~ **dweller** grotbewoner. ~**hang· er** situasie/verhaal vol spanning en onsekerheid; *be a* ~ nael‑ skraap(s) wees. ~**hanging** *adj. (attr.)* uiters spannende, nael‑ byt‑, naelkou‑. ~ **swallow** familieswa(w)el.

**cli·mate** klimaat, weersgesteldheid; lug‑, hemelstreek. **cli· mat·ic** klimaties, klimaats‑; ~ *zone* klimaatgordel, ‑streek, lug‑ streek. **cli·ma·tise, ‑tize** akklimatiseer, gewoond maak. **cli· ma·tol·o·gist** klimatoloog, klimaatkundige. **cli·ma·tol·o·gy** klimatologie, klimaatkunde.

**cli·max** ‑*maxes, n.* hoogtepunt, toppunt, klimaks; eindvorm; orgasme; *bring s.t. to a* ~ iets tot 'n klimaks/hoogtepunt voer; *come to* (or *reach) a* ~ 'n klimaks/hoogtepunt bereik; *work up to a* ~ tot 'n klimaks/hoogtepunt styg. **cli·max** *ww.* 'n hoog‑ tepunt bereik, kulmineer; tot 'n klimaks/hoogtepunt voer; 'n orgasme bereik. **cli·mac·tic** kritiek, op 'n hoogtepunt/top‑ punt.

**climb** *n.* klim; styging; klim‑, stygvlug; *angle of* ~ styghoek; *be a stiff* ~ steil wees. **climb** *ww.* klim, klouter; styg; beklim, bestyg, opgaan, opklim; ~ *after s.o./s.t.* agter iem./iets aan klim; ~ *down* afklim; terugkrabbel, 'n toontjie laer sing; ~ *in* inklim; *(met inspanning)* inklouter; ~ *into a car* in 'n motor klim/klouter; ~ *into* (or *out of) one's clothes* jou klere aan‑/ uittrek; ~ *s.t.* iets klim *('n berg, trap, ens.);* in iets klim *('n boom ens.);* ~ *up s.t.* teen iets opklim. ~**down** terugkrabbeling.

**climb·a·ble** beklimbaar.

**climb·er** klimmer, beklimmer; klouteraar; rank‑, klim‑, slin‑ gerplant; klimyster; *(social)* ~ aansiensoeker, *(fig.)* klimvoël.

**climb·ing** klimmend. ~ **ability** klimvermoë. ~ **fish, ~ perch** klim‑, kloutervis, klimbaars. ~ **frame** klim‑, klouterraam. ~ **iron** klimspoor, ‑yster. ~ **plant** klim‑, rankplant. ~ **rope** klimtou. ~ **rose** rank‑, klimroos. ~ **wall** klimmuur.

**clinch** *n.* greep; ombuiging; beklinking, beseëling; *be in a* ~, *(boksers)* mekaar vashou; *(infml., geliefdes)* mekaar omhels; *put a* ~ *on s.o.* iem. vasvat. **clinch** *ww.* (vas)gryp; (om)klink, ombuig; (vas)klink; beklink, beseël, die seël druk op. ~ **bolt** klinkbout. ~ **nail** klinknael.

**clinched:** ~ *nail* geklinkte spyker; ~ *and riveted* aard‑ en nael‑ vas.

**clinch·er** klinknael; afdoende antwoord, doodhou, ‑skoot. ~ **tyre** flensband.

**cling** *clung clung* vassit, aanhang, (aan)kleef, (aan)klewe, (vas)‑ klem; ~ *like a bur(r)/leech/limpet* soos klits gras, (vas)‑ klou, vassit; ~ *to ... aan ...* vassit *(grond aan vingers ens.);* aan ... klou; aan ... vasklou *(verouderde sienswyses ens.).* ~**film, ~wrap** kleefplastiek. ~**fish** suigvis. ~**stone peach** vaspit‑, taaipit‑ perske.

**cling·ing** nousluitend; aanhanklik, hangerig, klouerig, liefies.

**cling·y** klewerig, klouerig. **cling·i·ness** klewerigheid.

**clin·ic** kliniek. **clin·i·cal** klinies; ~ *history* siektegeskiedenis; ~ *picture* siektebeeld; ~ *thermometer* kliniese termometer, koorstermometer, koorspen(netjie).

**clink**[1] *n.* getinkel, gerinkel. **clink** *ww.* tinkel, klink; aantik; rym; ~ *glasses* glase klink. ~**stone** *(geol.)* fonoliet.

**clink**[2] *(infml.: tronk)* tjoekie, hok; *in the* ~ agter (die) tralies, in die tjoekie.

**clink·er** klinker, verharde massa; sinter, sintel, slakke. ~ **(brick)**

klinkersteen. **~-built** oornaats gebou. ~ **concrete** sinter=
beton. **clink·er·ing** sintering.

**clip**[1] *n.* knipsel, skeersel, woloes; die skeer/knip, skering; uit=
treksel *(uit 'n film);* klap, hou; snelheid, vaart; *at a fast ~, (infml.)*
taamlik vinnig, met 'n taamlike vaart. **clip** =*pp=, ww.* afknip;
snoei, top; besnoei; *(infml.)* klap, slaan; skeer; weglaat *(spraak=
klanke);* afbyt *(woorde);* knot, knip *(vlerk); (naaldw.)* insny; ~
*s.t. off* iets afknip; ~ *s.t. out* iets uitknip. ~ **art** *(rek.)* illus=
trasiepakket. ~ **card** knipkaart(jie). **clipped** *(ook)* beknop; ~
**accent** afgebete aksent; ~ **hedge** gesnoeide heining; ~ **pro=
nunciation** kort/afgebete uitspraak; ~ **voice** staccato-stem.
**clip·per** *(sk.)* klipper; knipper; skeerder; snoeier; knip=, skeer=
masjien, skêr; *(elek.)* afsnyer, afkapper; vinnige perd/ens.; *(i.d.
mv., ook)* (boom/draad/kaartjie[s]/nael/ens.) knipper; (haar)=
knipper. **clip·ping** *n.* die skeer; skeersel; uitknipsel; vag; af=
snysel; *(i.d. mv., ook)* afval. **clip·ping** *adj.: at a ~ pace, (infml.)*
met 'n dolle vaart.

**clip**[2] *n.* knippie; knyper; klem, klou; tang; klemplaat; klem=
haak; beuel; werwel; inlaaiplaatjie *(v. geweer); ammunition/
bullet ~* laaiplaatjie. **clip** =*pp=, ww.* (vas)klem, vasklou; ~ *s.t.
onto* ... iets aan ... vasspeld; iets met 'n knippie aan ... vas=
maak. **~board** knyperbord; *(rek.)* buffer(geheue). ~ **bolt** klem=
bout. ~ **hooks** muishake. **~-on** *adj.* aanknip= *(blinding ens.).*

**clique** kliek, groep, faksie. **cli·quish, cli·qu(e)y** kliekerig, aan=
mekaarkoekerig, gesloto. **cli·quish·ness** kliekerigheid.

**clit·o·ris** *(anat.)* klitoris, kittelaar.

**clo·a·ca** =*cae, (soöl.)* kloaak, kloaka, aarsopening.

**cloak** *n.* (kort) mantel; omhulling, bedekking, laag; *(fig.)* dek=
mantel; *under the ~ of* ... onder die dekmantel van ... *(geheim=
houding ens.).* **cloak** *ww.* die/'n mantel omsit; omhul; (be)=
dek, verberg, verhul. **~-and-dagger play** spioenasiedrama.
**~room** kleedkamer; waskamer; bewaar=, bagasiekamer.

**cloak·ing** mantelstof.

**clob·ber** *(sl.)* moker, foeter; kafloop, kafdraf, op sy herrie gee;
'n groot pak (slae) gee, laat les opsê, opkeil.

**clock** *n.* klok, horlosie, oorlosie; *against the ~* in die grootste
haas; *around/round the ~* twaalf/24 uur aaneen *(of* per dag),
dag en nag ononderbroke; *everything is done by the ~* alles
gaan volgens die klok; *clean s.o.'s ~, (sl.)* iem. behoorlik af=
ransel/bykom/opdons; *the ~ is fast* die horlosie/oorlosie/klok
is voor; *the ~ gains* die horlosie/oorlosie/klok loop voor; *the
~ does not go* die horlosie/oorlosie/klok loop nie; *the car has
20 000 kilometres on the ~, (infml.)* die motor het al 20 000
kilometer afgelê; *put a ~ back* 'n horlosie/oorlosie/klok ag=
teruit stel; *put a ~ forward/on* 'n horlosie/oorlosie/klok vo=
rentoe stel; *put/set/turn the ~ back* die wys(t)ers terugdraai;
*(fig.)* in die verlede leef/lewe; *read the ~* op die horlosie/
oorlosie kyk, kyk hoe laat dit is; *set a ~* 'n horlosie/oorlosie/
klok stel; *the ~ is slow* die horlosie/oorlosie/klok is agter; *the
~ strikes* die klok/horlosie/oorlosie slaan; *ten/etc. strokes of
the ~* tien/ens. slae van die klok/horlosie/oorlosie; *watch the
~* die horlosie/oorlosie dophou; net wag om op te hou (werk).
**clock** *ww.* tyd meet; ~ *in/on* inklok; begin werk; ~ *out/
off* uitklok; ophou werk; ~ *three/etc. hours* for the mara=
thon die marat(h)on in drie/ens. uur aflê/hardloop; ~ *s.o.
(one), (Br. sl.)* iem. 'n opstopper/oorveeg *(of* taai klap) gee;
~ *s.t. up, (infml.)* iets bereik *(120 km/h ens.);* iets aflê *('n af=
stand ens.).* ~ iets oploop *(skuld ens.).* ~ **card** loonkaart. **~face**
wys(t)erplaat. ~ **hand** wys(t)er. **~maker** horlosie=, oorlosie=
maker. ~ **radio** wekkerradio, radiowekker. ~ **tower** klok=
toring. **~-watch** *ww.* met die een oog op die horlosie/oor=
losie werk, net wag om op te hou (werk). **~watcher** horlo=
sie=, oorlosieloerder, minuteteller. **~watching** gedurige dop=
hou van die horlosie/oorlosie. **~work** ratwerk; klokwerk; me=
ganiek; *like* (or *as regular as*) ~ so gereeld soos 'n klok; *go like
a* ~ seepglad verloop. **~work mechanism** veermeganisme.

**clock·wise** kloksgewys(e), regs om; ~ *rotation* regsomdraai=
ing.

**clod** klont, kluit, aardklomp; *(infml.)* dom=, klipkop, pam=
poen(kop), aap, bobbejaan, swaap. **~hopper** lummel, lom=
perd; ghwar, japie, gawie; *(i.d. mv.: groot, swaar skoene)* kiste.
**~hopping** lomp, grof.

**clod·dish** lomp, grof; torrerig; gevoelloos.

**clod·dy** klonterig, kluiterig.

**clog** *n.* houtsoolskoen, klomp; hindernis, verstopping, belem=
mering. **clog** =*gg=, ww.* verstop; verstop raak; hinder, belem=
mer; teë=, teenhou, rem; ~ *up* verstop raak; vassit; *be/get all
~ged up* heeltemal verstop wees/raak. **~dance** klompedans.

**clois·ter** *n.* klooster; klooster=, kruisgang, suilegang, =galery;
kloosterlewe, afsondering. **clois·ter** *ww.* in 'n klooster sit;
opsluit, afsonder; *a ~ed life* 'n kluisenaarsbestaan/=lewe, 'n
afgesonderde/beskutte/beskermde bestaan. ~ **vault** klooster=
gewelf.

**clone** *n., (biol., rek.)* kloon. **clone** *ww.* (ver)kloon. **clon·al**
klonaal. **clon·ing** (ver)kloning, kloonvorming.

**clonk** *n.* klonk(geluid), klonk-klonk; *get a ~ on the head,
(infml.)* 'n harde hou teen die kop kry. **clonk** *ww.* klonk;
*(infml.)* moker, hard slaan.

**close**[1] *n.* keerom(straat); kerkterrein; speelterrein; binnehof,
=plaas; omheinde ruimte; *cathedral ~* domkerkterrein. **close**
*adj.* naby, na; dig, gesluit, geslote, toe; kort *(haarsnit);* heg; in=
nig, intiem; na *(familie);* getrou, noukeurig *(vertaling);* gron=
dig, diepgaande, indringend; *(sokker ens.)* kort *(aangee);* be=
dompig, drukkend, broeiend *(atmosfeer ens.);* nousluitend,
=passend *(mus ens.);* bedek, verborge, geheim; geheimsinnig,
geheimhoudend, swygsaam; suinig, gierig, inhalig; beperk;
skaars; afgesonder(d); verbode; ~ **adviser** intieme/vertrou=
de raadgewer; ~ **analysis** fyn/indringende ontleding; ~ **ar=
gument/reasoning** klemmende redenering; ~ **arrest** ge=
slote arres; ~ **attention** noukeurige/noulettende aandag; *it was
a ~ call* dit was so hittete *(of* 'n noue ontkoming); ~ **column/
formation** geslote kolonne; ~ **combat/fighting** handge=
meen; ~ **confinement** geslote arres; beperkte (beweeg)=
ruimte; ingehoktheid; ~ **contest** gelyke stryd; ~(d) **corpo=
ration,** *(SA)* beslote korporasie; geslote groep; ~ **fertilisa=
tion/=zation** selfbestuiwing; ~ **finish** gladde afwerking; kop
aan kop uitslag; *it is a ~ fit* dit is nog net nommer pas; dit gaan
net in/deur; ~ **friend** boesemvriend; *(i.d. mv.)* dik/intieme
vriende; ~ **harmony,** *(mus.)* digte harmonie; ~ **observer** nou=
keurige waarnemer; *in ~ order* in geslote orde/geledere; kort
opmekaar; ~ **proximity** onmiddellike nabyheid; *at ~ quar=
ters* op kort afstand; van digby/naby; opmekaar; ~ **ques=
tioning** skerp ondervraging; *at ~ range* op kort afstand; op
klein skoot(s)afstand; ~ **reading** noulettende lees; ~ **rela=
tion/relative** naverwant, naasbestaande; ~ **resemblance**
sterk ooreenkoms; ~ **season** geslote jag; *it was a ~ shave/
thing* dit was so hittete *(of* 'n noue ontkoming); ~ **support**
byderhandse steun; ~ **texture** fyn weefsel; *have ~ ties with
s.o.* noue bande met iem. hê; *be in ~ touch with s.o.* in noue
aanraking met iem. wees; ~ **vote** gelyke stemming; ~ **weath=
er** broeierige/bedompige weer; ~ **writing** fyn skrif. **close**
*adv.: ~r and ~r* al hoe nader; ~ **behind** kort agter; ~ **by**
naby, digby, vlak by, byderhand; ~*r by* naderby, digterby;
*come ~ to* ... na aan ... kom; *draw ~r* nader kom, naderkom;
~ **on/upon** *(a hundred)* by/naby (die honderd), byna (hon=
derd); ~ **to** ... naby *(of* na aan) ...; *from ~ up* van naby *(of*
vlak by); *sail ~ to the wind* skerp seil. **~-cropped** kort/kaal
geknip. **~-fisted** vrekkerig, suinig, inhalig, gierig. **~-fitting**
nousluitend, =passend. **~-fought struggle** harde/taai stryd.
**~-grained** digkorrelrig; fyn van draad. **~-harmony** *adj. (attr.):*
~ *singing* sang in digte harmonie; ~ *trio/etc.* trio/ens. wat in
digte harmonie sing. **~-knit** aaneengeslote. **~-mouthed** swyg=
saam. **~-order drill** dril in geslote orde. **~-run** naelskraps,
naelskraap=. **~-set:** ~ *eyes* oë wat naby mekaar sit; ~ *print* dig/
kompak gesette (druk)letters. **~-shaven** glad geskeer. **~-up**
vlakby/digby opname/foto.

**close**[2] *n.* (af)sluiting, slot, einde; afloop; *(mus.)* slot; *(jur.)* slui=

ting *(v. pleitstukke); at the* ~ aan die einde/end; **bring** *s.t. to a* ~ iets tot 'n einde/end bring; *at the* ~ *of business* met sluitingstyd; by kantoorsluiting; by beurssluiting; *at the* ~ *of day* teen die aand; *draw to a* ~ ten einde loop; *at the* ~ *of play* met uitskeityd. **close** *ww.* toemaak, sluit; afsluit, beëindig; afhandel; saamvoeg; toegaan; afloop, eindig, ten einde loop; akkordeer, ooreenkom; aanmekaarspring, slaags raak; ~ *about/around/round* ... ... omsluit; ~ *a bargain* 'n koop (af)sluit; ~ *the breach* in die bres tree; ~ *a chapter* 'n hoofstuk afsluit; 'n tydperk afsluit; ~ *down* sluit, toemaak; ~ *s.t. down* iets sluit/toemaak; iets verbied; ~ *one's eyes* jou oë sluit/toedruk *(vir iets);* jou oë bedek *(met jou hande);* ~ *a gap* 'n gaping oorbrug; ~ *in* nader kom, naderkom; opskuif, ˍskuiwe; *(dae)* korter word; ~ *s.t. in* iets insluit; ~ *in on/upon s.o.* iem. omsingel; iem. omring; ~ *s.t. off* iets afsluit/versper *('n straat ens.);* iets afsper *('n gebied ens.);* ~ *with prayer* met gebed (af)sluit; ~ *(the) ranks* die geledere sluit; ~ *up* toegaan; verstop raak; ~ *up like a clam* (or *an oyster), (infml.)* tjoepstil bly/raak; ~ *s.t. up* iets toemaak; iets afsluit; ~ *with s.o.* met iem. handgemeen/slaags raak; 'n transaksie met iem. beklink.

**closed** gesluit, geslote, toe, dig; ~ *car* toe motor; ~ *circuit* geslote/toe baan, geslote (stroom)kring; ~ *door, (lett.)* toe deur; *(fig.)* geslote deur; *with* ~ *eyes* toe-oog, toe-oë, met toe oë; ~ *face* toe gesig *(v. skaap);* ~ *mind* geslote gemoed; ~ *position* geslote/toe stand; ~ *season* geslote seisoen; ~ *session* geslote sitting/sessie; ~ *shop, (vakbondwese)* geslote geledere; ~ *space* beslote ruimte; *tightly* ~ dig gesluit; bot-, pottoe, potdig; ~ *user group, (rek.)* geslote gebruikersgroep. **~-circuit battery** russtroombattery. **~-circuit television** kringtelevisie, geslotebaantelevisie. **~-end(ed) trust** geslote trust.

**close·ly** dig; eng, nou; streng, skerp, noukeurig; dig opmekaar; innig; ~ *argued/reasoned* logies beredeneer(d); *be* ~ *bound up with one another* ten nouste met mekaar saamhang; ~ *connected* eng verbonde; *guard s.o./s.t.* ~ iem./iets streng bewaak; *listen* ~ aandagtig/skerp/goed luister; *look* ~ *at* ... ... noukeurig beskou; *look more* ~ *at* ... ... nader *(of* van naderby*)* beskou; ~ *packed* dig opmekaar; *question s.o.* ~ iem. skerp ondervra; ~ *related* na/nou verwant. **~-woven fabric** digweefstof.

**close·ness** nabyheid; digtheid; nouheid; geslotenheid; innigheid; bedompigheid, s(w)oelheid, s(w)oelte, broeiendheid; suinigheid; onsekerheid *(v. uitslag).*

**clos·et** *n., (Am.)* (inloop)kas, kabinet, bergruimte, bewaar-, bêrekamertjie; *come out of the* ~ *, (fig.)* openlik daarvoor uitkom; uit die kas klim/kom, jou homoseksualiteit openbaar maak. **clos·et** *ww.* opsluit, afsonder; *be* ~*ed with s.o.* agter geslote deure met iem. praat, in die geheim met iem. beraadslaag. ~ *play* leesdrama. ~ *scholar* kamergeleerde.

**clos·ing** *n.* sluiting; afsluiting; genesing. **clos·ing** *adj.* sluitend; slot-, sluitings-. ~ **address,** ~ **speech** slotwoord, sluitingsrede. ~ **ceremony** (af)sluitingsplegtigheid, ˍseremonie. ~ **day,** ~ **date** sluitingsdag, ˍdatum. ~ **dividend** slotdividend. **~-down** stopsetting, stillegging. **~-down sale** likwidasie-uitverkoping, sluitingsuitverkoping. ~ **hour,** ~ **time** sluitingsuur, ˍtyd. ~ **hymn** slot(ge)sang. ~ **price** slot-, sluitingsprys. ~ **ring** sluitring. ~ **scene** slottoneel. ~ **sentence** slotsin. ~ **stock** eindvoorraad. ~ **time** sluitingstyd, ˍuur, toemaaktyd; *(elek.)* sluittyd. ~ **voltage** sluitspanning. ~ **words** slotwoord(e).

**clo·sure** *n.* sluiting, stopsetting; afsluiting, afronding; sluitingsreg; debatsluiting; genesing *(v. wond); (meg.)* sluiter, sluiting. **clo·sure** *ww., (parl.)* die sluiting(sreg) toepas.

**clot** *n.* klont, klodder; (bloed)stolsel; (bloed)klont; *(infml.)* aap, swaap, bobbejaan, mamparra, idioot. **clot** -*tt*-, *ww.* klont(er), klonte vorm; *(bloed)* dik word, stol, stulp; ~*ted blood* gestolde bloed; ~*ted/Devonshire cream* dik room, devonshireroom. **clot·ting** klont(er)ing, klontvorming; stolling; ~ *time* stollingstyd.

**cloth** weef-, kledingstof, materiaal; linne; doek, lap; kleed(jie); tafeldoek, ˍkleed; kleed, ampsgewaad *(v. geestelike); a bolt of* ~ 'n rol (kleding)stof; *bound in* ~ in linneband; *a man of the* ~ 'n geestelike; *the* ~ die geestelikes. ~ **binding** linne-, stempelband. ~ **bolt** stoflengte. **~bound** in linne gebind, linneband- *(boek).* ~ **cap** lap-pet. ~ **length** stuk-, stoflengte. ~ **merchant** handelaar in kledingstowwe. ~ **width** stofbreedte.

**clothe** klee, beklee; inklee; bedek; *be* ~*d in* ... in ... geklee(d) wees; ~ *s.t. in words* iets in woorde inklee, iets onder woorde bring; ~ *s.o. with powers* iem. met bevoegdhede beklee.

**clothes** klere, kleding; beddegoed; ~ *and all* met klere en al; *a change of* ~ skoon klere; 'n verkleding; *change one's* ~ jou skoon aantrek; jou verklee; *get into one's* ~ jou (klere) aantrek; ~ *make the man, (sprw.)* die vere maak die voël; *with one's* ~ *off* sonder jou klere; *have one's* ~ *on* jou klere aanhê; *with one's* ~ *on* in/met jou klere; *in plain* ~ in gewone drag/klere; *put one's* ~ *on* jou (klere) aantrek; *spend everything on* ~ alles aan jou lyf hang; *take one's* ~ *off* jou (klere) uittrek; *wear* ~ klere dra. ~ **bag** wasgoedsak. ~ **basket** linne-, wasgoedmandjie. ~ **brush** klereborsel. ~ **dryer,** ~ **drier** wasgoeddroër. ~ **hanger** klerehanger, skouertjie. **~horse** klerestander; *(infml.)* swierbol, modegek, fat, blinkmeneer. **~line** wasgoeddraad, ˍlyn. ~ **moth** kleremot. ~ **peg,** *(Am.)* **~pin** wasgoedpen(netjie), ˍknyper(tjie). ~ **rack** klerestander; klererak. ~ **shop** klerewinkel.

**cloth·ing** kleding, klere, klerasie; bedekking; bekleding; inkleding; *an article of* ~ 'n kledingstuk. ~ **allowance** kleregeld, ˍtoelaag, ˍtoelae. ~ **fabric,** ~ **material** kledingstof. ~ **industry** klere-, klerasiebedryf. ~ **worker** klerewerker.

**cloud** *n.* wolk; *cast a* ~ *on/upon s.t.* 'n skadu(wee) op/oor iets gooi/werp; *have* (or *be with* or *go/walk round with) one's head in the* ~*s, live in the* ~*s, (fig.)* in die lug sweef/swewe, in illusies leef/lewe, onrealisties wees; verstrooid *(of in* 'n dwaal*)* wees; *be (up) in the* ~*s, (fig.)* in die wolke wees; *every* ~ *has a silver lining* geen kwaad sonder baat, by elke ongeluk 'n geluk, daar is altyd 'n geluk by 'n ongeluk, agter die wolke skyn tog die son; *be on* ~ *nine, (infml.)* in die sewende hemel wees; *be on a* ~*, (fig., infml.)* in die wolke wees; *be under a* ~ onder verdenking staan/wees; in onguns wees. **cloud** *ww.* bewolk; oorskadu; verduister, benewel, vertroebel, verdonker; *s.o.'s face* ~*s over* iem. se gesig verdonker; *the sky* ~*s over* die lug trek toe, die wolke pak saam; *s.t.* ~*s up the window* iets laat die ruit aanwasem. ~ **bank** wolkbank. **~burst** wolkbreuk. **~-capped** in wolke gehul. ~ **chamber** newelkamer. ~ **cover** wolkbedekking; bewolking(sgraad). **~-cuckoo-land** droomland, ˍwêreld. **~scape** wolkehemel, wolk(e)massa.

**cloud·ed** bewolk, betrokke; duister; somber; bedruk; troebel; ~ *with uncertainty* in 'n wolk van onsekerheid.

**cloud·less** wolk(e)loos, onbewolk, helder.

**cloud·y** bewolk; newelagtig, dyns(er)ig; wolkerig, troebel; duister, onduidelik. **cloud·i·ness** bewolktheid, bewolkingsgraad; wolkerigheid, troebelheid; newelagtigheid, dyns(er)igheid; duisterheid, onduidelikheid.

**clout** *n., (infml.)* hou, klap, opstopper; *(infml.)* (politieke) invloed/mag/gewig/slaankrag; *(teg.)* grootkopspyker; *have (a lot of)* ~, *(infml.)* (baie) invloed hê. **clout** *ww., (infml.)* klap, 'n hou/klap/opstopper gee, klits; *(teg.)* met grootkopspykers beslaan.

**clove**[1] (kruie)naeltjieboom; (kruie)naeltjie. ~ **oil** naeltjie(s)olie. ~ **pink,** ~ **gillyflower** (gras)angelier.

**clove**[2] skyfie, huisie; ~ *of garlic* knoffelhuisie.

**clo·ven** gesplete, gekloof; geklief; ~ *foot* spleetvoet; ~ *hoof* gesplete hoef. **~-footed, ~-hoofed** met gesplete hoewe, tweespleethoewig; *(fig.)* duiwels, satanies.

**clo·ver** klawer; *be/live in* ~, *(infml.)* lekker leef/lewe, die vet-(tigheid) van die aarde geniet. **~leaf** -*leaves* klawerblaar.

**clown** *n.* nar, hanswors; grapjas; grapmaker; maltrap, malkop; lomperd; dwaas, stommerik. **clown** *ww.:* ~ *(it)* gekskeer,

die gek skeer. ~ **fish** narvis. **clown·ing** hanswors(t)ery, gek=
skeerdery, grapmakery; dwaasheid. **clown·ish** naragtig; pot=
sierlik, komies; belaglik, verspot, gek; lomp.

**cloy·ing** *(ook fig.)* soetlik, soetsappig, sieklik. **cloy·ing·ness**
soetlikheid, soetsappigheid.

**cloze test** *(opv.)* sluit(ings)toets.

**club** *n.* knuppel, (knop)kierie, knots; gholfstok; klub, ver=
eniging; *(i.d. mv., kaarte)* klawers; *(sk.)* seilspar; horrel=, klomp=
voet; *join the ~!*, *(infml.)* jy ook!. **club** *-bb-*, *ww.* (met 'n kie=
rie/geweerkolf) (dood)slaan; moker; ~ *in* bydra, 'n bydrae le=
wer; ~ *together* saammaak, =werk, =span *(om vir iets te betaal)*;
'n klub vorm. ~ **class** *(lugv.)* besigheidsklas. ~ **foot** horrel=,
klompvoet. ~**footed** met 'n horrel-/klompvoet. ~ **head** *(gholf)*
(stok)voet. ~**house** klubgebou. ~**land** klubbuurt; klubwêreld.
~ **moss** *(bot.)* wolfsklou, kolfmos. ~ **root** *(plantsiekte)* dik=
voet(siekte), knopwortel. ~ **sandwich** klubtoebroodjie *(met
drie of meer snye)*.

**clubbed** knots=, met 'n knop; knots=, knuppelvormig.

**cluck** *n.* kloek(geluid). **cluck** *ww.* kloek(-kloek). **cluck·ing**
*(ook)* broeis.

**clue** *n.* leidraad, spoor, wenk, aanduiding, aanwysing; sleutel
*(tot oplossing)*; idee; *follow up a ~* die spoor volg; *s.o. hasn't
(got) a ~ about s.t.*, *(infml.)* iem. het geen benul van iets nie,
iem. weet glad nie/niks van iets nie; *hold the ~ to s.t.* die sleu=
tel tot iets hou. **clue** *ww.: be ~d up about/on s.t.*, *(infml.)* goed
oor iets ingelig wees, weet wat aangaan. **clue·less** oningelig;
dom, onnosel, *(infml.)* toe.

**clump** *n.* bos, klomp; swaar voetval; dowwe slag; brok; klont,
kluit *(grond ens.)*; pol *(gras)*; klos *(hare)*; tros *(piesangs)*; groep=
(ie) *(mense)*; *(fisiol.)* klomp; dubbele/ekstra sool *(v. skoen)*; *(infml.)*
hou, opstopper. **clump** *ww.* swaar loop/trap; klont(er);
*(fisiol.)* verklomp; *(infml.)* moker, 'n hou/opstopper gee; ~ *s.t.
down* iets neerplak.

**clum·sy** lomp, onhandig, onbeholpe *(iem.)*; onhanteerbaar
*(iets)*; lomp *(verskoning ens.)*; onbeholpe *(antwoord ens.)*. **clum·
si·ness** lompheid, onbeholpenheid; onhanteerbaarheid.

**clus·ter** *n.* tros; bos(sie); groep(ie); hoop, hopie, klompie;
kompleks; *(mil.)* tros *(bomme, myne, ens.)*; *(astron.)* swerm;
bondel, klos; *(ling.)* klankgroep, kluster; *(chem., statist.)* tros;
*(mus.)* (toon)tros; *(bouk.)* bundel *(suile)*; ~ *of stars* sterswerm.
**clus·ter** *ww.* 'n tros *(of* trosse*)* vorm; klompies maak; swerm;
koek; (saam)tros; ~ *(a)round ... ...* omring; *houses/etc.* ~*ed
(a)round a church/etc.* huise/ens. rondom 'n kerk/ens.. ~ **bomb**
trosbom. ~ **disa** monnikskappie. ~ **houses** meent=, tros=
huise. ~ **pine**, ~ **fir** seeden. ~ **star** swermster.

**clus·tered** saamgetros, bondel=, bundelvormig, bondels=, bun=
delsgewys(e), gebondel(d), gebundel(d).

**clutch**[1] *n.* greep, gryp; klou; *(mot.)* koppelaar; koppeling; *fall
into s.o.'s ~es* in iem. se kloue beland; *be in the ~es of ...* in die
greep/kloue van ... wees; *stay out of s.o.'s ~es* uit iem. se kloue
bly. **clutch** *ww.* gryp, vat; vasgryp; krampagtig vashou;
ruk; ~ *at s.t.* na iets gryp; aan iets vasklou *(ook fig.)*. ~ **bag**
palmhandsak(kie). ~ **pencil** drukpotlood. ~ **shaft** koppe=
laaras.

**clutch**[2] *n.* nes (vol) eiers; *(eiers, kuikens, ens.)* broeisel; *(mense)*
groep, klomp, spul.

**clut·ter** *n.* rommel, warboel; wanorde; *(dial.)* geraas, lawaai,
verwarring; *(radar)* sluiering, sluier(eggo's), steureggo's; *be in
a ~, (kamer ens.)* deurmekaar wees. **clut·ter** *ww.* te vol maak;
(op)vul; oorlaai; stommel; kletter, rammel, lawaai maak; ~
*(up) a place* 'n plek vol rommel maak; 'n plek volprop/vol=
stop. **clut·tered** *(ook)* rommelrig; *be ~ with ...* vol ... lê/staan/
wees, met ... besaai(d) wees, 'n warboel van ... wees.

**co·ac·cused** medebeskuldigde, =beklaagde.

**coach** *n.* (toer)bus; koets, rytuig; poskoets; *(spw.)* passasiers=,
spoorwa; breier, afrigter; opleier; studieleier; *drive a ~ and
horses through s.t.*, *(infml.)* iets maklik ontsenu *('n argument
ens.)*; iets maklik omseil *('n wet ens.)*. **coach** *ww.* voorberei,

oplei; brei, afrig, dril, oefen; ~ *s.o. for/in s.t.* iem. vir/in iets
afrig; iem. op iets voorberei; ~ *s.o. to ...* iem. afrig om te ...
~ **horse** koets=, kar=, trekperd. ~ **house** waen=, koetshuis.
~**man** *=men* koetsier. ~ **station** busstasie. ~**work** bak=, koets=
werk.

**coach·ing** koets ry; afrigting *(vir eksamens/sport)*. ~ **stock**
*(spw.)* passasierswaens.

**co·act** saamwerk, saam optree. **co·ac·tion** samewerking; wis=
selwerking; *(vero.)* dwang.

**co·a·gent** helper, medewerker.

**co·ag·u·late** (laat) stol/stulp *(bloed)*; (laat) vlok/skif/klodder/
(saam)klont(er); dik maak; *(melk)* dik word, verdik, strem;
*(chem.)* koaguleer. **co·ag·u·la·tion** stolling; klont(er)ing; vlok=
king; skifting; stremming, verdikking; koagulasie, koagule=
ring.

**coal** (steen)kool, kole; *carry ~s to Newcastle* water in/na die
see dra, uile na At(h)ene bring/dra; *haul s.o. over the ~s* iem.
oor die kole haal, iem. die leviete voorlees, iem. berispe/ros=
kam; *heap ~s of fire on s.o.'s head* vurige kole op iem. se hoof
hoop, kwaad met goed vergeld. ~**-black** pik=, git=, kool=
swart. ~**-burning**, ~**-fired** met steenkool gestook. ~**face** *n.*
blootgelegde steenkoollaag; *at the ~ of ...* by die uitvoering/
verrigting/toepassing van ... *('n taak ens.)*. ~**face** *adj. (attr.)* prak=
tiese *(ervaring ens.)*. ~**field** steenkoolveld. ~ **fire** (steen)
koolvuur. ~ **gas** steenkool=, lig=, stadsgas. ~ **mine**, ~ **pit** steen=
koolmyn. ~ **scuttle** steenkoolbak, =emmer. ~ **shed** steen=
koolhok. ~ **tar** koolteer.

**coal·er** steenkooldraer; steenkoolskip; steenkooltrein.

**co·a·lesce** saamgroei, ineengroei, vergroei; saamvloei, =smelt,
verenig, koaliseer. **co·a·les·cence** saamgroeiing, vergroeiing,
vergroeidheid; samesmelting; =vloeiing, vereniging.

**co·a·li·tion** koalisie, alliansie, vereniging, verbond, bondge=
nootskap; eenwording, samesmelting.

**coarse** grof, ru; platvloers, vulgêr; onbehoorlik; kru, onguur;
skurf *(grap)*; minderwaardig, sleg, swak; ~ *bread* growwe
brood, semelbrood; ~ *fodder* ruvoer. ~**-grained** grofdradig,
grof van draad *(hout)*; grofkorrelrig, grof van korrel; *(fig.)* grof,
onbeskaaf(d).

**coars·en** vergrof. **coars·en·ing** vergrowwing.

**coarse·ness** grofheid, growwigheid, ruheid; platheid.

**coast** *n.* kus; *just off the ~* baie naby die kus; *on the ~* aan/
op die kus; *the Wild C~* die Wilde Kus. **coast** *ww.*, *(motor)*
vryloop; *(fietser)* vrywiel ry; rol, gly; *(vry)* dryf/drywe; teen
die afdraand(e) afgly; langs die kus vaar; *(fig.)* luier; ~ *along*
ry sonder om te trap *(op 'n fiets)*; voortry sonder om petrol te
gee *(met 'n motor)*; jou nie inspan nie; ~ *to victory* op 'n draf=
stap wen. ~**guard** kuswag. ~**line** kuslyn.

**coast·al** kus=; ~ *belt* kusstreek; ~ *lake* strandmeer; ~ *road*
kusweg, =pad; ~ *shipping/trade* kusvaart.

**coast·er** kusboot, =vaarder; kusbewoner; kraffiestaander;
drupmatjie; (rodel)slee; tuimeltrein.

**coat** *n.* baadjie; jas; oorjas; laag *(stof, verf, ens.)*; vag, vel, pels,
haarkleed, =bedekking *(v. dier)*; dekvlies, bekleding, omhul=
sel, wand; aanpaksel; *put on one's ~* jou baadjie/jas aantrek;
*remove (or take off) one's ~* jou baadjie/jas uittrek; *turn one's ~*
(na die vyand) oorloop. **coat** *ww.* beklee, (be)dek, oortrek;
verf, 'n verflaag gee; bestryk. ~ **hanger** klerehanger. ~ **rack**
kapstok. ~ **stand** jasstaander. ~**tail** jaspant; baadjiepant; *on
s.o.'s ~s* met iem. se hulp.

**coat·ed** met die/'n baadjie/jas aan; gejas; omhul, beklee(d),
oorgetrek; aangeslaan *(tong)*; getint *(lens)*; bestryk *(papier)*; *be
~ with ...* met 'n laag ... bedek wees *(modder, stof, ens.)*; vol ...
wees *(bloed ens.)*.

**coat·ing** jasstof; laag, deklaag, kleed, bekleding, bedekking;
bestryking; aanpakking, aanpaksel.

**co·au·thor** medeskrywer.

**coax** *ww.* flikflooi, soebat, pamperlang, vlei, mooipraat; ~ *s.o.*

s.o. into doing s.t. iem. met mooipraat so ver/vêr kry om iets te doen; ~ s.t. from (or out of) s.o. iets met mooipraat uit iem. kry. **coax·er** flikflooier, vleier. **coax·ing** n. flikflooiery, geflikflooi, gesoebat, gevlei.

**co·ax·i·al** eenassig, koaksiaal; ~ cable konsentriese/koaksiale kabel.

**cob**[1] n. mannetjieswaan, swaanmannetjie; poon; (mielie)kop, =stronk; corn on the ~ groenmielie(s); the maize is forming ~s die mielies kop.

**cob**[2] n. strooiklei, mengsel van klei en strooi.

**co·balt** (chem., simb.: Co) kobalt. ~ **blue** kobaltblou. ~ **bomb** kobaltbom.

**cob·ble**[1] n. kei, (ronde) klip, straatklip; (i.d.mv.ook)herd=, vuissteenkool. **cob·ble** ww. met keie (of ronde klippe) uitlê. ~**stone** kei(steen), straatklip, =kei.

**cob·ble**[2] ww. (saam)lap, saamflans; skoene lap; ~ s.t. together iets saamflans. **cob·bler** skoenmaker; (soort mengeldrankie/vrugtetert) cobbler.

**co·bra (de ca·pel·lo)** koperkapel, kobra; Cape/yellow ~ geelslang.

**cob·web** spinnerak; blow away the ~s vars lug laat deurwaai; ~s in the brain muisneste in die kop. **cob·web·by** vol spinnerakke; vol haarklowery; (rag)fyn, spinnerakagtig.

**co·caine** kokaïen.

**coc·cus** =ci kokkus, koeëlbakterie, bolvormige bakterie; deelvruggie. **coc·coid** kokkusvormig.

**coc·cyx** =cyges, =cyxes stuit=, stertbeen, koksiks. **coc·cyg·e·al** stuit(been)=; ~ region stuitstreek, stuitjie.

**coch·i·neal, coch·i·neal** (entom.) cochenille, kosjeniel, skarlakenluis.

**coch·le·a** =leae, (anat.) slak(ke)huis, koglea (v.d. oor); (bot.) krulpeul. **coch·le·ar** slak(ke)huis=, kogleêr; spiraalvormig.

**cock** n. (hoender)haan; haan, mannetjie(s) (voël); mannetjie (v. kreef, krap, ens.); afsluitkraan, afsluiter; weerhaan; (plat: penis) voël; (gespanne) haan (v. 'n geweer); (infml.) kaf, twak, bog, nonsens, nonsies; at full ~, (vuurwapen) oorgehaal; at half ~, (vuurwapen) in die rus; go off at half ~, (vuurwapen) ontydig afgaan; (infml.) deur voorbarigheid misluk; be ~ of the walk kaatjie van die baan (of haantjie die voorste) wees. **cock** ww. oorhaal (geweer); (fot.) span, oorhaal (sluiter); buig (knie, pols, ens.); skuins hou; optrek; ~ (up) one's ears jou ore spits; ~ one's eye at s.o. vir iem. knipoog; ~ a gun 'n geweer oorhaal; ~ one's hat jou hoed skeef opsit; jou hoed opslaan ~ one's nose jou neus optrek; ~ up, (sl.) droogmaak, aanjaag, knoei, brou; ~ s.t. up, (sl.) 'n groot/mooi gemors van iets maak. ~**-a-doodle-doo** koekelekoe. ~**-a-hoop** uitgelate, opgetoë, hoog in jou skik, in jou noppies; punt in die wind; hanerig, parmantig. ~**-and-bull story** (infml.) lieg=, twakstorie. ~**chafer** (entom.) lentekewer. ~**crow** hanekraai, dagbreek; at ~ met hanekraai/dagbreek, douvoordag. ~**eyed** (infml.) skeel; krom, skeef; absurd, belaglik, verspot. ~**fight** hanegeveg. ~**pit** stuurkajuit (v. vliegtuig); situimte (in kano, renmotor); (sk.) (stuur)kuip. ~ **sparrow** mossiemannetjie, mannetjiemossie; (fig.) (kapok)haantjie, hanerige kêreltjie ~**sure** oorvolselfvertroue; selfingenome, arrogant. ~**teaser** (vulg. sl., neerh.) kulkoekie, tril=, trultreiteraar. ~**up** (sl.) deurmekaarspul, (groot) gemors, fiasko, (klaaglike) misoes; make a ~ of s.t. iets opmors/verbrou/verongeluk.

**cock·a·tiel** (orn.) kokketiel.

**cock·a·too** (orn.) kaketoe(a).

**cocked** opgeslaan; oorgehaal; ~ hat punthoed, steek, driekantige hoed; opgeslane hoed; knock s.o. into a ~ hat, (infml.) iem. oorskadu/uitstof; iem. opdons/vermorsel (of pap slaan).

**cock·er span·iel** (honderas) cockerspanjoel, =spaniël, sniphond.

**cock·er·el** jong haan(tjie).

**cock·le** n. hart=, kammossel; mosselskulp; rimpel, plooi, vou,

kreukel; warm the ~s of one's heart jou hartsnare roer/aanraak. **cock·le** ww. (laat) rimpel/plooi/vou/kreukel. ~**shell** mosselskulp; (fig.) klein bootjie.

**cock·ney** (dikw. C~) cockney; Cockney(aksent/dialek).

**cock·roach** kakkerlak, kokkerot.

**cocks·comb, cox·comb** hanekam; (bot.: Celosia spp.) hanekam; (infml.) wintie, ydeltuit.

**cock·tail** skemerkelkie, mengeldrankie; (garnaal/kreef/vrugte)kelkie. ~ **bar** drank=, mengbuffet; skemerkroeg, huisbuffet; skinkhoekie. ~ **cabinet** drankkabinet. ~ **effect** mengeleffek. ~ **glass** skemerkelkie. ~ **lounge** dameskroeg. ~ **onion** snoepuitjie. ~ **party** skemer(kelk)party(tjie). ~ **snack** snoephappie. ~ **stick** peusel=, snoepstokkie.

**cock·y** parmantig, astrant. **cock·i·ness** parmantigheid, astrantheid.

**co·co** =cos klapperboom, kokospalm, =boom; klapper; →COCONUT. ~ **fibre**, ~ **matting** klapperhaar.

**co·coa, ca·ca·o** kakao. ~ **bean** kakaoboon.

**co·co·nut** klapper, kokosneut. ~ **cake** klapperkoek. ~ **ice** klapperys. ~ **mat** klapperhaar=, kokosmat. ~ **milk** klapper=, kokosmelk. ~ **palm**, ~ **tree** kokospalm, =boom, klapperboom.

**co·coon** n. kokon. **co·coon** ww. 'n kokon vorm; toespin. **co·coon·ing** kokonbestaan.

**co·co·pan** (<Z., mynb.) koekepan.

**cod** cod(s), (Eur. igt.: Gadus spp.) kabeljou.

**co·da** (mus.) koda; (ballet) slottoneel.

**cod·a·ble** kodeerbaar. **cod·a·bil·i·ty** kodeerbaarheid.

**co·da·mine** (chem.) kodamien.

**cod·dle** vertroetel, verwen, (op)piep; (kookk.) wel (eiers); ~d egg gewelde eier. **cod·dler** troetelaar.

**code** n. kode; seinkode; seinboek; stelsel; wetboek; reglement, (ongeskrewe) wet; gedragslyn, (stel gedrags)reëls, voorskrifte; (telef., rek.) kode; ~ of behaviour/conduct gedragskode; break a ~ 'n kode ontsyfer; civil ~ burgerlike wetboek; criminal/penal ~ wetboek van die strafreg; ~ of ethics etiese kode; ~ of honour erekode; in ~ in geheimskrif. **code** ww. kodeer. ~ **breaker** kodeontsyferaar. ~**language** geheimtaal. ~**name** kodenaam.

**co·de·fend·ant** medeverweerder.

**co·deine** (med.) kodeïen.

**cod·er** kodeerder.

**co·dex** =dices kodeks.

**codg·er** (infml.) vent, kêrel, snaar, ou.

**cod·i·cil** (jur.) kodisil (v. 'n testament); aanhangsel, byvoegsel, toevoegsel.

**cod·i·fy** kodifiseer. **cod·i·fi·ca·tion** kodifikasie, kodifisering. **cod·i·fi·er** kodifiseerder.

**cod·ing** kodering.

**co·di·rec·tor** mededirekteur.

**cod·lin(g)** (stoof)appel. ~ **moth** kodling=, appelmot.

**cods·wal·lop** (Br. sl.) twak, snert.

**co·ed** = coeducational.

**co·ed·it** saam redigeer. **co·e·di·tion** saamdruk. **co·ed·i·tor** mederedakteur.

**co·ed·u·ca·tion** koëdukasie, ko-edukasie. **co·ed·u·ca·tion·al** gemeng; ~ school gemengde skool.

**co·ef·fi·cient** (wisk.) koëffisiënt, ko-effisiënt; ~ of conduction geleidingskoëffisiënt; ~ of elasticity rekgetal.

**coe·la·canth** (igt.) selakant.

**coe·len·ter·ate** holtedier.

**coe·len·ter·on** =tera, (soöl.) liggaamsholte, oerderm.

**coe·li·ac, (Am.) ce·li·ac** (med., anat.) abdominaal, seliak=, buik(holte)=; ~ disease seliaksiekte, seliakie.

**coe·lom, (Am.) ce·lom** =loms, =lomata, (soöl.) rompholte, seloom.

**coe·lu·ro·saur** selurosourus.

**co·en·zyme** *(biochem.)* koënsiem, ko-ensiem.

**co·e·qual** gelyk(waardig). **co·e·qual·i·ty** gelyk(waardig)heid.

**co·erce** dwing, forseer; afdwing; ~ *s.o. into doing s.t.* iem. dwing om iets te doen. **co·er·cion** dwang; *means of* ~ dwangmiddel. **co·er·cive** dwingend, dwang-; ~ *measure* dwangmaatreël.

**co·e·val** *n.* tydgenoot. **co·e·val** *adj.* ewe oud; van gelyke duur; *be* ~ *with* ... net so oud soos ... wees; met ... saamval; net so lank as ... duur.

**co·ex·ist** gelyktydig bestaan; (vreedsaam *of* in vrede) saam-bestaan/-leef/-lewe *(of* langs/naas mekaar bestaan/leef/lewe). **co·ex·ist·ence** gelyktydige bestaan, gelyktydigheid; saam-, naasbestaan; *peaceful* ~ vreedsame saam-/naasbestaan. **co·ex·ist·ent** langs/naas mekaar bestaande; gelyktydig bestaan-de; *be peacefully* ~ vreedsaam *(of* in vrede) saambestaan/-leef/-lewe.

**co·ex·ten·sive** van dieselfde/gelyke grootte/omvang/duur.

**cof·fee** koffie; *black* ~ swart koffie, koffie sonder melk; *have a (cup of)* ~ 'n (koppie) koffie drink; *one* ~ een koffie, koffie vir een; *strong/weak* ~ sterk/flou koffie; *white* ~ wit koffie, melkkoffie, koffie met melk. **~-coloured** koffiebruin. ~ **creamer** koffieverromer, -roompoeier. ~ **filter** koffiefilter, -filtreerder. ~ **grinder,** ~ **mill** koffiemeul(e). ~ **grounds** *(mv.)* koffiemoer. ~ **machine,** ~ **maker** koffiemasjien, -maker. ~ **percolator** sypelkan. ~ **roasting** koffiebrandery. ~ **shop** kof-fiewinkel; koffiehuis, -kroeg. **~-table book** koffietafel-, groot-formaat-, kykboek. ~ **whitener** koffiemelkpoeier.

**cof·fer** *n.* (geld)kis, geldkoffer; *(i.d. mv.)* skatkis, -kamer; *(i.d. mv.)* fondse; *(bouk.)* koffer(paneel), kasset, versonke (plafon) paneel; ~ *s of the state* staatskas. **cof·fer** *ww.* wegpak, (weg) bêre, opgaar; *(argit.)* kassetteer *(plafon).* **~(dam)** kis-, koffer-, skut-, afsluitdam.

**cof·fin** *n.* (dood[s]/lyk[s])kis; *place s.o. in a* ~ iem. kis. **cof fin** *ww.* kis, toespyker.

**cog** *n.* kam, (rat)tand; kamrat; *(only) a* ~ *in the machine/wheel* (maar/net) 'n ratjie in die masjien; *a vital* ~ 'n belangrike deel. **cog** -gg-, *ww.* van tande/kamme voorsien; rem. **~wheel** kam-rat; tandwiel.

**co·gent** oortuigend, gegrond, afdoende, (bewys)kragtig, steek-houdend. **co·gen·cy** oortuigingskrag, bewyskrag, afdoend-heid.

**cogged** getand; ~ *joint* inlaatvoeg, tandlas; ~ *wheel* kam-, tandrat, getande wiel.

**cog·nac** konjak, fransbrandewyn.

**cog·nate** *n., (jur.)* bloedverwant; *(ling.)* stamverwante woord. **cog·nate** *adj.* verwant *(v. moederskant).*

**cog·ni·sance,** -zance waarneming; kennis, kennisname; *(jur.)* jurisdiksie, (regs)gebied; *take* ~ *of s.t.* van iets kennis neem. **cog·ni·sant,** -zant: *be* ~ *of s.t.* van iets weet *(of* kennis dra *of* bewus wees), oor iets ingelig *(of* met iets bekend) wees.

**cog·ni·tion** kennis, bewustheid, bewussyn, kognisie; waar-neming, persepsie, begrip.

**cog·ni·tive** bewussyns-, ken-.

**co·gno·scen·te** *scenti,* *(It.)* kenner, ingeligte.

**co·hab·it** (as man en vrou) saamleef/-lewe/-woon/-bly, ko-habiteer; (polities) mag deel. **co·hab·it·ant, co·hab·it·ee, co·hab·it·er** saamwoner, -blyer; saamwoon-, saamblyman; saamwoon-, saamblyvrou; (politieke) magsdeler. **co·hab·i·ta·tion** (die) saamleef/-lewe (as man en vrou), saamwonery, -blyery, kohabitasie; (politieke) magsdeling.

**co·here** saamkleef, -klewe; (logies) saamhang. **co·her·ence** samehang, verband, koherensie, saamhorigheidsgevoel. **co·her·ent** samehangend, duidelik, saamhorig; ~ *coke* kleef-kooks. **co·he·sion** samehang, verband; saamklewing, ver-klewing; kohesie; saamhorigheid; samespel. **co·he·sive** same-hangend, saamklewend, koherent, kohesie-.

**co·hort** (krygs)bende; skare, menigte, horde.

**coif** mus(sie), kap(pie); hooftooisel. **coif·feur** haarkapper, -snyer, barbier. **coif·fure** kapsel; haartooi(sel).

**coil** *n.* draai, bog, kronkel(ing), spiraal; rol; (haar)lok; wrong; winding; klos, induksieklos, -rol, -spoel; ~ *of hair* bolla; ~ *of wire* rol draad. **coil** *ww.* opdraai, oprol; slinger, kronkel, krul; ~ *s.t. up* iets oprol; *the snake* ~s *(itself) up* die slang krul hom op. **~-like** krullerig. ~ **spring** spiraalveer.

**coin** *n.* munt-, geld(stuk); geldsoort; *flip/spin a* ~ 'n munt opgooi/opskiet; *the other side of the* ~ die keersy; *pay s.o. in his/her own (or in the same)* ~ met dieselfde/gelyke munt betaal; *strike* ~s munte slaan. **coin** *ww.* munt, slaan *(geld);* versin, uitdink; maak, skep, smee; ~ *it (in), (infml.)* geld soos bossies verdien; *to* ~ *a phrase* om dit nou maar so te stel. ~ **collection** muntversameling. **~-op** *n., (infml.)* was-outomaat, selfhelpwassery. **~-op(erated)** *adj.* munt-. ~ **slot screw** gleuf(kop)skroef.

**coin·age** munte; geldmunting; munt(stelsel), muntwese; geldsoort, -stelsel; versinsel, uitvindsel, maaksel; vinding; nuwe woord, neologisme, nuutskepping.

**co·in·cide** saamval; ooreenstem; *s.t.* ~s *with* ... iets val met ... saam; iets stem met ... ooreen. **co·in·ci·dence** sameval-ling; ooreenstemming; sameloop *(v. omstandighede);* toeval (ligheid); *by a* ~ deur 'n sameloop van omstandighede; *it is mere/pure* ~ dit is blote/skone toeval. **co·in·ci·dent** sameval-lend; ooreenstemmend; gelyktydig. **co·in·ci·dent·al** toeval-lig; gelyktydig; ooreenstemmend; *it is purely* ~ dit is blote/skone toeval. **co·in·ci·dent·al·ly, co·in·ci·dent·ly** toevallig(er-wyse).

**coir** klapperhaar. ~ **mattress** klapperhaarmatras.

**co·i·tus, co·i·tion** geslagtelike/seksuele gemeenskap/om-gang/verkeer, geslagsgemeenskap, koïtus.

**Coke** *(handelsnaam)* = COCA-COLA.

**coke**[1] *n.* kooks. **coke** *ww.* verkooks.

**coke**[2] *(dwelmsl.: kokaïen)* koka.

**cok·ing** verkooksing. ~ **coal** kookssteenkool, -kole. ~ **plant** kooksaanleg.

**col·an·der, cul·len·der** vergiettes.

**cold** *n.* koue; verkoue; *have a bad/heavy/nasty/severe* ~ ('n) swaar *(of* 'n nare) verkoue hê; *the bitter/intense/se-vere* ~ die bitter/kwaai koue; *catch (a)* ~ koue vat/opdoen; *contract/get a* ~ koue vat, ('n) verkoue kry/opdoen, verkoue raak; *the common* ~ verkoue; *die of* ~ verkluim; *have a* ~ verkoue wees, ('n) verkoue hê; *come in from* (or *out of) the* ~ weer in tel wees; *leave s.o. out in the* ~ geen notisie van iem. neem nie; iem. uitsluit; iem. aan sy/haar lot oorlaat; *be numb with* ~ styf/verkluim/dom wees van (die) koue; *the piercing* ~ die deurdringende/snerpende/snydende koue; *quake/ shake/shiver with* ~ beef/bewe/bibber/rittel van (die) koue; *suffer from a* ~ ('n) verkoue hê. **cold** *adj.* koud *(pred.),* koue *(attr.),* koud-, koue-, koel-; *(sl.)* bewusteloos; onhartlik; liefde-loos; *be* ~ koud wees; koud kry; *bitterly* ~ bitter/snerpend koud; *in* ~ *blood* koelbloedig; *s.o.'s blood ran* ~ dit het iem. laat ys; ~ *comfort* skrale troos; *feel* ~ koud kry; *get* ~ *feet, (fig.)* bang word, kleinkoppie trek; *as* ~ *as ice* yskoud; *the* ~ *light of day* die harde werklikheid; *in* ~ *print* swart op wit; *give s.o. the* ~ *shoulder* iem. veron(t)agsaam, iem. die rug toe-keer; *be* ~ *to s.o.* iem. koud/koel behandel. **cold** *adv.:* ~ *so-ber* doodnugter; *that stopped s.o.* ~ dit het iem. laat sy/haar vier spore laat vassteek. **~-blooded** koudbloedig *(diere); (fig.)* koelbloedig, ongevoelig, hardvogtig, wreed; *(infml.)* koulik. **~-bloodedly** koelbloedig. **~-bloodedness** koudbloedigheid; *(fig.)* koelbloedigheid. **C~ Bokkeveld** Koue Bokkeveld. ~ **box** koelhouer, -kis. ~ **call** *ww.:* ~ *s.o.* ongevraagd bel *(om ware of dienste te verkoop).* ~ **chisel** koubeitel. ~ **com-press** kou(e)waterkompres. ~ **cuts** *(mv.)* kouevleisskywe. **~-drawn** *(metal.)* koudgetrokke. ~ **drink** koeldrank. ~ **front** *(met.)* kouefront. **~-hearted** koud, ongevoelig. ~ **meats** *(mv.)*

kouevleissoorte. **~-roll** *ww., (metal.)* koudwals. **~-rolled steel** koudgewalste staal. ~ **saw** kousaag. **~-sawn** koudgesaag. ~ **shivers** kouekoors. **~-short** *(metal.)* koudbros, =breukig. **~-shortness** *(metal.)* koudbrosheid, =breukigheid. ~ **snap**, ~ **spell** *(met.)* skielike koue. ~ **sore** *(patol.)* koorsblaar. ~ **start** *(rek.)* koudaansit. ~ **storage** koelbewaring. ~ **storage space** koelruimte. ~ **store** koelkamers, =pakhuis. ~ **sweat** angssweet. ~ **turkey** *(fig.)* naakte waarheid; *(dwelmsl.)* skielike onthouding van dwelms; hewige onttrekkingsimptome; *talk* ~ ~ *about s.t.* iets nugter bespreek. ~ **war** koue oorlog, ge= wapende vrede. ~ **wave** *(met.)* kouegolf; *(haarkappery)* koud= golwing.

**cold·ish** kouerig.

**cold·ly** *(fig.)* koel.

**cold·ness** koue, koudheid; koelheid, onhartlikheid, onge= voeligheid.

**col·e·op·ter·an** *n.* kewer, skildvlerkige, =vleuelige. **col·e·op= ter·an, col·e·op·ter·ous** *adj.* skildvlerkig, =vleuelig.

**cole·slaw** koolslaai.

**co·li·bri** *(orn.)* kolibrie.

**col·ic** koliek; ~ *pains* buikkramp.

**col·i·se·um, col·os·se·um** colosseum, coliseum, kolos= seum, koliseum; amfiteater; *(Am.)* groot stadion/skouburg.

**col·lab·o·rate** saam=, meewerk; ~ *with s.o.* met iem. saam= werk; met iem. heul *(d. vyand ens.)*. **col·lab·o·ra·tion** same=, medewerking; *in* ~ *with* ... saam *(of* in samewerking) met ...; met (die) mede=/samewerking van ...; in oorlog met ... **col= lab·o·ra·tor** medewerker; kollaborateur *(m.d. vyand)*.

**col·lage** *(Fr.)* collage; plakskildery.

**col·la·gen** *(biol.)* kollageen, lymstof.

**col·lapse** *n.* in(een)storting, ineensakking; val, ondergang; insinking; mislukking, fiasko; *(med.)* kollaps *(v. 'n orgaan ens.)*. **col·lapse** *ww.* in(mekaar)val, in duie stort, ineensak, in= (mekaar)sak, in(een)stort; opvou, opvoubaar wees, ineen=, inmekaarvou; oorweldig word, knak; misluk; *(gebak)* platval, neerslaan. **col·lap·sar** *(astron.)* swartgat, =kuil. **col·laps·i·ble** (op)voubaar.

**col·lar** *n.* kraag; boordjie; halsband; ring, band; *(masj.)* kraag, skouer; ~ *of a* **borehole** bek/kraag van 'n boorgat; **grab/ seize** *s.o. by the* ~ iem. aan die kraag pak; *get* **hot** *under the* ~, *(infml.)* ergerlik/ omgekrap raak; ~ *of a* **shaft** skagbek; kraag van 'n skag; **turn** *up one's* ~ jou kraag opslaan. **col·lar** *ww.* aan die kraag beetkry; *(infml.)* aankeer, vang; *(infml.)* bydam; *(infml.)* vaslê; *(kookk.)* oprol *(vleis)*. ~ **band** kraagband. ~ **beam** hanebalk. ~ **bearing** kraaglaer. **~-bone** sleutelbeen. ~ **plate** kraagplaat. ~ **stud** boordjieknoop, halsknopie. ~ **tie** bindhout.

**col·lared** met 'n kraag/boordjie om, kraag=.

**col·late** noukeurig vergelyk, kollasioneer; insorteer. **col·la= ting se·quence** insorteerorde. **col·la·tion** vergelyking, kolla= sionering; ligte/koue maal; ~ *of debts* skuldverrekening.

**col·lat·er·al** *n.* bloedverwant in die sylinie, tweedegraadse bloedverwant, kollateraal; (saaklike) onderpand. **col·lat= er·al** *adj.* sydelings; ewewydig, parallel; aanvullend, byko= mend, by=; kollateraal, sy=; ~ *branch* sytak; ~ *course* bysaak; ~ *damage*, *(mil., euf.)* indirekte skade; ~ *facts* sydelingse feite; ~ *security* bykomende/aanvullende sekuriteit, (saak= like) onderpand. **col·lat·er·al·ly** sydelings, sy aan sy.

**col·league** kollega, amps=, vak=, partygenoot.

**col·lect**[1] *ww.* versamel, bymekaarmaak, opgaar, byeenbring, vergaar, vergader; byeen=, bymekaarkom, vergader; insa= mel, kollekteer; in(vorder) *(skulde)*; afhaal, ophaal; ~ *o.s.* be= daar, jou regruk; ~ *a parcel* 'n pakkie afhaal. ~ *call* kollek= teeroproep.

**col·lect**[2] *n., (Chr.)* kort (voor)gebed, kollekte.

**col·lect·a·ble, col·lect·i·ble** *n.* versamelstuk. **col·lect= a·ble, col·lect·i·ble** *adj.* versamelbaar.

**col·lect·ed** *(ook)* kalm, bedaard, beheers; ~ *works* versamelde werke. **col·lect·ed·ly** bedaard(weg). **col·lect·ed·ness** bedaard= heid, selfbeheersing.

**col·lec·tion** versameling, kolleksie; insameling *(v. geldby= draes)*; kollekte *(i.d. kerk)*; inning, invordering; bundel; op= hoping; afsetting; *a* ~ *of* **coins** 'n versameling munte, 'n muntversameling; *a* **motley** ~ *of* ... 'n bont(e) versameling (van) ...; **send for** ~ laat haal *(goedere ens.)*; ter invordering stuur *('n wissel ens.)*; **take up** *a* ~ 'n kollekte hou/opneem. ~ **plate** kollektebord.

**col·lec·tive** *n.* gemeenskaplike/gesamentlike onderneming; gemeenskapsplaas; produksiegemeenskap. **col·lec·tive** *adj.* versamelend; gesamentlik, gemeenskaplik, kollektief, verenig, versamel=; ~ *bargaining* gesamentlike/gemeenskaplike/kol= lektiewe bedinging; ~ *farm* gemeenskapsplaas, *(Isr.)* kib= boets, *(Rus.)* kolchos; ~ *fruit* saam=/samegestelde vrug; ~ *noun* versamelwoord, kollektief; ~ *work* versamelwerk. **col= lec·tive·ly** gesamentlik. **col·lec·tiv·ism** kollektivisme. **col·lec= tiv·ist, col·lec·tiv·is·tic** kollektivisties.

**col·lec·tor** versamelaar *(v. kunswerke ens.)*; kollektant, kol= lekteerder *(v. geldelike bydraes)*; invorderaar *(v. skuld ens.)*; ontvanger, gaarder *(v. belastings)*; insamelaar; kaartjieskip= per; hekman; ligter *(v. muntbus)*; *(elek.)* kollektor; ~*'s item/ piece* versamelstuk.

**col·lege** kollege; raad, genootskap; ~ *of agriculture* landbou= kollege; *electoral* ~ kieskollege. ~ **days** studentedae. ~ **life** stu= dentelewe. **col·le·gi·al** kollegiaal, kollege=. **col·le·gi·an** lid van 'n kollege, kollegelid.

**col·len·chy·ma** *(bot.)* kollenchiem.

**col·lide** bots, teen mekaar bots/hardloop/vasloop/stamp/vas= ry, in botsing kom; ~ *head on*, *(motors ens.)* kop aan/teen kop *(of* reg van voor) bots; *their interests* ~ hulle belange bots (met mekaar); ~ *with a pedestrian* 'n voetganger raak ry; ~ *with s.t.* teen iets bots/hardloop/vasloop/vasry *('n muur ens.)*.

**col·lie** *(honderas)* kollie; *border* ~ borderkollie.

**col·li·er** steenkoolgrawer, =mynwerker; steenkoolskip. **col= liery** steenkoolmyn.

**col·lin·e·ar** saamlynig, op een reguit lyn.

**col·li·sion** botsing; *be in* ~ bots; *slight* ~ botsinkie; *be in* (or *come into*) ~ *with s.o.* met iem. bots; *be in* (or *come into*) ~ *with s.t.* teen iets bots. ~ **course:** *be on a* ~ ~ op 'n botsing afstuur.

**col·lo·qui·al** informeel, gemeensaam, familiêr, omgangs=; ~ *language/speech* gesels=, omgangs=, spreektaal; *in* ~ *language* in die omgangstaal. **col·lo·qui·al·ism** alledaagse/gemeensame uitdrukking, spreektaaluitdrukking, geselstaalterm. **col·lo= qui·al·ly** in die volksmond/omgangstaal.

**col·lude** saamspan, saamsweer, kop in een mus wees, heul, onderhands saamwerk; ~ *with* ... met ... heul/saamspan. **col= lu·sion** samesweering, samespanning, komplot, heulery, ge= heime sameweerking/verstandhouding; ~ *between* ... heulery/ samespanning tussen ...; *be in* ~ *with* ... met ... heul/ saamspan.

**col·o·bus (mon·key)** kolobus(aap).

**Co·logne** *(geog.)* Keulen. **co·logne, eau de Co·logne** laven= tel, reukwater, eau-de-cologne, Keulse water.

**Co·lom·bi·a** *(geog.)* Colombia. **Co·lom·bi·an** *n.* Colombiaan. **Co·lom·bi·an** *adj.* Colombiaans.

**co·lon**[1] =*lons* dubbelpunt.

**co·lon**[2] =*lons*, =*la*, *(anat.)* dikderm, kolon. **co·lon·ic ir·ri·ga·tion** dermspoeling. **co·los·to·my** kolostomie.

**co·lo·nel** kolonel.

**col·on·nade** kolonnade, suilegang. **col·on·nad·ed** met 'n kolonnade/suilegang.

**col·o·ny** kolonie; volksplanting, nedersetting; *(biol.)* gemeen= skap. **co·lo·ni·al** *n.* kolonis; iem. uit die kolonies. **co·lo·ni·al** *adj.* koloniaal. **co·lo·ni·al·ism** kolonialisme. **co·lo·ni·al·ist** *n.*

kolonialis. **co·lo·ni·al·ist, co·lo·ni·al·is·tic** *adj.* kolonialisties. **col·o·nise,** =**nize** koloniseer. **col·o·ni·sa·tion,** =**za·tion** kolonisasie. **col·o·nis·er,** =**niz·er** koloniseerder, kolonis. **col·o·nist** kolonis, volksplanter.

**col·o·ra·tu·ra** *(mus.)* koloratuur. ~ **soprano** koloratuursopraan.

**co·los·sus** =si, =suses kolos, reus; bul; gevaarte; *the C~ of Rhodes* die Colossus van Rhodos/Rhodus. **co·los·sal** kolossaal, reusagtig, tamaai.

**co·los·trum** bies(melk), voormelk, kolostrum; eerste moedersmelk, kolostrum.

**col·our,** *(Am.)* **col·or** *n.* kleur, tint; verf(stof); kleurstof, kleursel; pigment; *(mus.)* (toon/klank)kleur, timbre; skilderagtigheid; lewendigheid; vaandel; aard, soort; *(i.d. mv., ook)* nasionale vlag; *(mil.)* vlaghysing; vaandel, banier; kenteken; kleurbaadjie(s); **add/give/lend** ~ *to* ..., *(ook fig.)* kleur aan ... verleen; *a* **blaze** *of* ~ 'n kleureprag/=gloed; *paint s.t. in* **bright** ~*s, (fig.)* 'n rooskleurige prentjie van iets skets/skilder; *s.o.* **changes** ~ iem. bloos; iem. verbleek; *s.t.* **changes** ~ iets verwissel van kleur; *the* ~*s* **clash** die kleure vloek met/teen mekaar; **complementary** ~*s* aanvullende/komplementêre kleure; *a* **dash** *of* ~ 'n kleurspatsel, 'n spatsel kleur; **desert** *the* ~*s* die vaandel/party/ens. verlaat; op die vlug slaan; *sail under* **false** ~*s* onder 'n valse vlag vaar; *a* **fast** ~ 'n vaste kleur; *with* **flying** ~*s* met vlieënde vaandels, seëvierend; *in* **full** ~ in volle kleur; **gain** ~ kleur kry; *have a* **high** ~, *(iem.)* rooi in die gesig wees; **in** ~ in kleur(e); **lose** ~ bleek word, verbleek; *nail one's* ~*s to the* **mast** 'n besliste standpunt inneem, pal staan (vir 'n beginsel), voet by stuk hou, vastrap; *see the* ~ *of s.o.'s* **money,** *(fig.)* bewyse sien dat iem. kan betaal; *be* **off** ~, *(infml.)* van stryk (af) wees; kaduks/olik/ongesteld wees; *feel* **off** ~, *(infml.)* nie lekker voel nie; **person/player/etc.** *of* ~ persoon/speler/ens. van kleur; **play** *of* ~*s* kleurespel; **primary** ~ primêre/fundamentele kleur; *(verf)* grondkleur; **principal** ~ hoofkleur; **secondary** ~ sekondêre kleur; *a* **shade** *of* ~ 'n kleurskakering; *a* **touch** *of* ~ 'n bietjie kleur; **trooping** *the* ~*(s)* vaandelparade; **show** *(or* **come out in)** *one's* **true** ~*(s)* kleur beken, jou kleur(e) wys, jou in jou ware gedaante toon; *see ... in its* **true** ~*s* ... in sy ware lig sien; **under** ~ *of* ... onder die skyn/voorwendsel van ...; **what** ~ *is the* ...?, *what is the* ...*'s* ~? watter kleur het die ...?, wat is die ... se kleur?. **col·our,** *(Am.)* **col·or** *ww.* kleur, verf; inkleur; kleur verleen; vermom, verdraai; oordryf, oordrywe; vlei; bloos; ~ *s.t. (in)* iets inkleur; ~ *(up)* bloos. ~ **bar** kleurslagboom. ~=**blind** kleurblind. ~ **box** verf=, skilderdoos. ~**card** kleur(e)monster. ~ **chart** kleurkaart. ~ **coat** kleurlaag. ~ **code** *n.* kleurkode. ~=**code** *ww.* volgens kleur kodeer. ~=**consciousness** kleurbewustheid. ~ **disc** kleurskyf. ~ **dispersion** kleurskifting. ~**fast** kleureg, =vas. ~**fastness** kleuregtheid, =vastheid. ~ **film** kleurfilm; kleur(rol)prent. ~ **filter** *(fot.)* kleurfilter. ~ **harmony** kleureharmonie. ~ **index** kleursyfer. ~ **intensity** kleurdiepte. ~ **line** kleurskeidslyn. ~ **matcher** kleurpasser. ~ **photograph** kleurfoto. ~ **photography** kleurfotografie. ~ **plate** kleurplaat. ~ **prejudice** kleurvooroordeel. ~ **print** kleurafdruk. ~ **printing** kleurdruk. ~ **range,** ~ **scale** kleur(e)reeks, kleur(e)skaal. ~ **scheme** kleurskema. ~ **screen** kleurfilter. ~ **separation** kleurskeiding. ~ **slide** kleurskyfie. ~ **spectrum** kleur(e)spektrum. ~ **television,** ~ **TV** kleurtelevisie, kleur-TV. ~ **tone** kleurtoon. ~ **value** kleurwaarde. ~ **wash** *n.* kleurkalk. ~**wash** *ww.* met kleurkalk skilder/verf.

**col·our·a·tion, col·or·a·tion** kleur(ing), kleurgewing.

**col·oured** =oured(s), *n., (ook* C~, *hist., hoofs. neerh.)* Kleurling. **col·oured** *adj.* geverf, gekleur(d); getint; aangedik, opgesier; *(ook* C~, *hist., hoofs. neerh.)* Kleurling=. **-col·oured,** *(Am.)* **-col·ored** *komb.vorm* =kleurig; *red-*~ =rooi; *straw-*~ strooikleurig.

**col·our·ful** kleurryk, kleurig, fleurig. **col·our·ful·ness** kleurigheid.

**col·our·ing** kleuring, die kleur; verf(stof), kleur(stof), kleursel; skakering, tint; toon. ~ **agent** kleurmiddel. ~ **book** inkleurboek. ~ **matter** kleursel, kleurstof.

**col·our·less,** *(Am.)* **col·or·less** kleurloos *(water ens.)*; bleek *(wange ens.)*; vaal, saai, vervelig, vervelend, oninteressant; neutraal, objektief, onpartydig.

**colt** hingsvul, jong hings; beginner, groentjie, nuweling; *(sport)* junior speler. ~ **foal** hingsvul. **colt·ish** soos 'n jong perd; speels, uitgelate, lewendig.

**Co·lum·bi·a:** *British* ~ Brits-Columbië; *District of* ~, *(afk.:* D.C.) Distrik Columbia. ~ **University** Universiteit Columbia.

**col·um·bine** *(bot.)* akelei, vyfduifies, arendklou, Duitse suring.

**col·umn** suil, pilaar, kolom; *(mil.)* kolonne, (leër)afdeling; rubriek; kolom *(v. bladsy)*; *(bot.)* suil; *(anat.)* suil, kolom, string; *clustered* ~ suilebundel; *dorsal/spinal* ~ ruggraat, werwelsuil. **col·umn·ist** rubriekskrywer.

**col·za** →RAPE[2].

**co·ma** =mas koma, diep bewusteloosheid; *be in a* ~ in 'n koma wees; *fall/go/lapse into a* ~ in 'n koma raak. **co·ma·tose** diep bewusteloos, komateus; lomerig, slaperig.

**comb** *n.* kam; (heuning)koek. **comb** *ww.* kam; skei, skif, sif; fynkam, deursoek, afsoek; ~ *s.t.* **off** iets afkam; ~ *s.t.* **out** iets uitkam *(hare, iets uit die hare, ens.)*; iets uitsoek; iets verwyder; ~ **through** *s.t.* iets deurkam *(hare)*; iets deurkam *(of noukeurig deurgaan) (lêers, boek, ens.)*; iets deursnuffel *(winkel ens.)*; ~ *s.t.* **up** iets opkam. ~ **honey** koekheuning.

**com·bat** *n.* geveg, stryd, kamp; *armed* ~ gewapende stryd; *the* ~ *between* ... die geveg/stryd tussen ...; *break off* ~ die geveg staak; *go into* ~ gaan veg, in die geveg tree; *be ready for* ~ vir die geveg oorgehaal wees; *in single* ~ in 'n tweegeveg; *unarmed* ~ ongewapende stryd. **com·bat, com·bat** *ww.* stry/veg teen, bestry, bekamp. ~ **dress** vegtenue. ~ **fatigue** oorlogsmoegheid, =tamheid. ~ **jacket** kamoefleerbaadjie. ~ **mission** veldtog, krygstog. ~ **troops** strydende troepe. ~ **zone** gevegsone, =strook.

**com·bat·ant** *n.* stryder, vegter, strydende, kombattant. **com·bat·ant** *adj.* strydend.

**com·ba·tive** stryd=, veglustig, bakleierig, skoorsoekerig. **com·ba·tive·ness** strydlus(tigheid), veglus.

**com·bi** *(afk. v. combination)* kombi; →KOMBI.

**com·bi·na·tion** verbinding, samestelling, vereniging, samesnoering, kombinasie; kombinering; samespel; samespanning; *(chem.)* verbinding; ~ *of colours* samestelling van kleure; *in* ~ *with* ... saam/tesame met ... ~ **lock** kombinasie=, kode=, letterslot. ~ **yarn** saam=/samegestelde garing/gare.

**com·bine** *n.* kombinasie, sindikaat, trust, kartel. **com·bine** *ww.* kombineer, verbind, verenig, meng, saamvoeg; saamsnoer; saamwerk, saamspan; *(chem.)* verbind; ~*d* **carbon,** *(chem.)* gebinde koolstof; ~*d* **effort** gesamentlike poging; ~*d* **operations,** *(mil.)* gesamentlike operasies; ~ *with* ... met ... meng; met ... saammaak/=span; ~*d* **with** ... saam/tesame/gepaard met ... ~ **(harvester)** *(landb.)* stroper, snydorsmasjien, oesdorser, oesdorsmasjien.

**comb·ing** (die) kam; kamming; uitkamsel(s). ~ **mill** kammery. ~ **process** kamproses. ~ **waste** uitkamsels. ~ **wool** kamwol.

**com·bin·ing form** *(ling.)* kombinasievorm.

**com·bo** =bos, *(mus., infml.)* combo, klein jazz-ensemble.

**com·bus·ti·ble** *n.* brandstof, brandbare stof. **com·bus·ti·ble** *adj.* brandbaar, ontvlambaar; prikkelbaar, liggeraak, opvlieënd, kort van draad, vurig, driftig. **com·bus·ti·bil·i·ty** brandbaarheid, ontvlambaarheid.

**com·bus·tion** verbranding; ontbranding; *slow* ~ langsame verbranding, smeulbranding; *spontaneous* ~ selfontbranding. ~ **chamber** verbrandingskamer. ~ **engine** verbrandingsenjin; *internal* ~ ~ binnebrandenjin, =masjien, =motor.

**come** *came come* kom; aankom; saamkom; verskyn; wees; word; begin, aanbreek; *(sl., vulg.)* kom, ('n) orgasme bereik; ~, ~! kom, kom!; *how did it ~ about?* hoe het dit gebeur?; *s.t. ~s about* iets gebeur *(of* vind plaas); *(skip, wind, ens.)* iets draai *(of* verander van rigting); ~ *across as ... ...* lyk/voorkom; ~ *across as a ... na 'n ... lyk;* ~ *across s.o.* iem. raakloop/teëkom/teenkom; ~ *across s.t.* op iets afkom, iets raakloop/teëkom/teenkom; *s.t. ~s across* iets vind ingang *(of* slaan in); *it came across s.o.'s mind* dit het iem. bygeval *(of* te binne geskiet); ~ *after s.o., (ruimte)* agter iem. wees; *(tyd)* ná iem. wees; iem. agtervolg; *C ~s after B* C kom na B; ~ *again?, (infml.)* ekskuus?; ~ *of age* mondig word; ~ *to an agreement* 'n ooreenkoms tref/aangaan; ~ *alive* lewend(ig) word; ~ *along* saamkom; vorder; ~ *along!* maak gou!; toe nou!; komaan!; *are you coming (along)?* kom jy (saam)?; *s.o. ~s along with s.t.* iem. kom met iets aangesit; ~ *along/on nicely, (iem.)* mooi beter word; *(iets)* goed vorder; *it will not ~ amiss* dit sal goed te/van pas kom; ~ *apart* uitmekaar val, stukkend raak; *as ... as they ~* so ... as kan kom; *take things as they ~* koffie drink soos die kan hom skink, sake aanvaar soos hulle kom; ~ *at ... ...* bykom *(of* in die hande kry); *...* (be)storm/aanval; ~ *away* losgaan; ~ *away from ...* van ... losgaan; ~ *away with ...* met ... weggaan; ~ *back* terugkom; weer kom; weer in die mode kom; weer beter speel/vertoon; ~ *back at s.o.* iem. antwoord; ~ *back strongly, (d. mark ens.)* goed herstel; ~ *back to s.t.* op iets terugkom; *s.t. ~s back to s.o.* iem. onthou iets, iets skiet iem. te binne; *be coming* aan die kom wees; in aantog wees; *s.t. ~s before s.t. else* iets gaan iets anders vooraf; *the best is yet to ~* die beste lê nog voor; ~ *between two people* verwydering tussen twee mense bring; twee mense skei; twee mense uitmekaar maak *(as hulle baklei);* ~ *to blows* slaags/handgemeen raak; ~ *by* verbykom; ~ *by s.t.* aan iets kom, iets in die hande kry; iets opdoen; *a change has ~ over s.o.* iem. het 'n verandering ondergaan; ~ *cheap/expensive* goedkoop/duur uitkom; *two years ~ Christmas* eerskomende Kersfees sal dit twee jaar wees; ~ *clean, (infml.)* met die waarheid uitkom, rondborstig vertel, (op)bieg; ~ *close/near to doing s.t.* iets amper/byna doen; *coming!* kom jy?; *coming!* ek kom!; *do ~!* kom gerus!; ~ *down* afkom; neerdaal, neerstryk; *(reën ens.)* neerstort, -giet; *(pryse ens.)* daal; ~ *down in the world* agteruitgaan in die lewe; ~ *down on/upon s.o.* iem. straf; met iem. raas, iem. berispe/inklim/uittrap; ~ *down on/upon s.o. like a pile/ton of bricks, (infml.)* op iem. afklim, iem. verskriklik uittrap; ~ *down to ... op ...* neerkom; ~ *down with measles* masels kry; *easy/lightly ~, easy/lightly go* erfgeld is swerfgeld; *so gewonne, so geronne;* ~ *to an end* eindig; ~ *to a dead end* doodloop; ~ *to one's feet* opstaan, orent kom; ~ *for ...* kom haal; kom om te ...; ~ *into force* in werking tree, van krag word; ~ *forth* uitkom, te voorskyn kom; ~ *forward* vorentoe *(of* na vore) kom; jou aanbied; jou aanmeld; ~ *forward with s.t.* met iets (te voorskyn) kom *('n* voorstel ens.); ~ *from ...* van ... kom; van ... afstam; *where is the ... to ~ from?* waar moet die ... vandaan kom? *(geld ens.);* ~ *and go* kom en gaan; *not know whether one is coming or going* nie weet hoe jy dit het nie; *s.o.'s got* (or *s.o. has*) *it coming, (infml.)* dit sal iem. se verdiende loon wees, iem. verdien dit; *have s.o. ~* iem. laat kom, sorg dat iem. kom; ~ *here!* kom hier!; *just ~ here!* kom ('n) bietjie hier!; ~ *home* huis toe kom; *s.t. ~s home to s.o.* iets dring tot iem. deur, iem. word van iets bewus; *how ~?* hoe so?; hoekom?; ~ *in* in-, binnekom; aankom; eindig, die wedloop voltooi; verkies word; in die mode kom; te pas kom; *(gety)* opkom; ~ *in!* kom in!, (kom) binne!; *do ~ in!* kom gerus in/binne!; ~ *in for ...* kry/ondergaan *(straf ens.); ...* trek *(aandag ens.); ...* uitlok *(kritiek ens.); ...* op die hals haal; ~ *in handy/useful* nuttig wees; goed te/van pas kom; ~ *in three colours etc.* in drie kleure ens. verkry(g)baar wees.; ~ *in on s.t.* 'n aandeel in iets kry; ~ *in third/etc.* in die derde/ens. plek eindig; *this is where ... ~s in* dit is waar ... te pas kom; *where does s.o. ~ in?* wat is iem. se rol?; *where do I*

*~ in?* wat is my aandeel?; watter voordeel het dit vir my?; ~ *into s.t.* iets kry/ontvang *('n* erfenis, geld, ens.); iets erf; *keep coming* steeds kom, aanhou (met) kom; ~ *to know ... ...* te wete kom; *...* leer ken; ~ *to light* aan die lig *(of* vorendag *of* voor die dag) kom; ~ *to lose s.t.* iets kwytraak; *coming, madam/sir!* dadelik, mevrou/meneer!; ~ *what may* wat ook al gebeur; laat kom wat wil; *s.t. ~s naturally (to s.o.)* iets kom vanself; iets is iem. aangebore; ~ *near* nader(kom), nader kom; ~ *to s.o.'s notice* onder iem. se aandag kom; ~ *now!* kom, kom!; ~ *of ...* van ... afstam; *nothing will ~ of it* daar sal niks van kom nie; *nothing ever came of it* daar het nooit iets van gekom nie; *what came of it?* wat het daarvan geword?; wat was die uiteinde?; ~ *off* wegkom; losgaan, los raak; afbreek; afgaan; afgee; afval; plaasvind; slaag, geluk, suksesvol wees; *the play is coming off* die toneelstuk se speelvak word beëindig; *the play came off after a week* die toneelstuk se speelvak is ná 'n week beëindig; ~ *off badly/lightly* sleg/lig(gies) daarvan afkom; ~ *off it!, (infml.)* sak, Sarel!; ~ *off worst* die onderspit delf; ~ *on* agternakom; vooruitkom; opkom, vooruitgaan, verbeter; *(onweer)* opkom; aan die orde kom; op die toneel verskyn; *('n* hofsaak) voorkom; *(kr.: 'n bouler)* ingespan word; ~ *on!* komaan!; *s.o. ~s on strongly/etc.* iem. maak 'n kragtige/ens. indruk; ~ *on (strongly) to s.o., (infml.)* by iem. aanlê, iem. probeer vry; ~ *on/upon ... op ...* afkom; →*across;* ~ *out* uitkom; uitkom, te voorskyn kom; aan die lig kom, blyk; *('n* boek) verskyn; uitwerk; staak; sy/haar debuut maak; ~ *out against ...* jou teen ... uitspreek/verklaar, beswaar maak teen ...; *it ~s out at ...* dit kom op ... te staan; ~ *out for ...* jou ten gunste van ... uitspreek/verklaar, jou by ... skaar; ~ *out of s.t.* uit iets kom; iets oorleef/-lewe; ~ *out (of the closet), (fig.)* uit die kas klim, jou homoseksualiteit openbaar maak; ~ *out with s.t.* met iets uitkom, met iets vorendag *(of* voor die dag *of* te voorskyn) kom *(d. waarheid ens.);* iets erken; ~ *over* oorkom; oorloop; kom kuier; ~ *over!* kom hiernatoe!; ~ *over queer/etc.* 'n nare/ens. gevoel kry; *what has ~ over him/her?* wat makeer hom/haar?, wat het in hom/haar gevaar?; *s.o. is coming over* iem. kom hierheen/hiernatoe; iem. kom besoek my/ons; ~ *to pass* geskied, gebeur; *when it ~s to the pinch/point/push* as puntjie by paaltjie kom, as die nood aan die man kom; ~ *(out) right* regkom, in orde kom; ~ *round* aangaan, aanloop, *(iem.)* besoek; van opvatting verander; bykom, jou bewussyn herwin; *when Christmas/etc. ~s round again* wanneer dit weer Kersfees/ens. is; ~ *round to a view* tot 'n sienswyse oorgehaal word; ~ *as a shock/surprise* 'n skok/verrassing wees; *it has ~ to stay* dit sal bly; *s.o. has ~ to stay with us* iem. kuier/woon by ons; ~ *to a stop* stilhou; ~ *the ...* wanneer die ... kom; *if you ~ to think of it* as jy daaroor nadink, eintlik; ~ *through* deurkom; aan die verwagting voldoen; ~ *through with s.t.* met iets te voorskyn kom; iets betaal/oorhandig/verskaf; *in time to ~* mettertyd; ~ *to* bykom *(uit 'n floute); it came to ...* dit het op ... uitgeloop/uitgedraai; *it ~s to eight/etc.* die getal kom op ag(t)/ens. te staan; *there are eight/etc. to ~* daar kom nog ag(t)/ens., daar moet nog ag(t)/ens. wees; *it/that is still to ~* dit kom nog *(of* lê nog voor); *things to ~* toekomstige dinge, die toekoms; *for some time* (or *a month/year/etc.*) *to ~* nog 'n hele tyd, nog 'n *(of* die volgende) maand/jaar/ens.; ~ *to o.s.* bykom; jou selfbeheersing herwin/terugkry; tot besinning kom; ~ *to a place* by/op 'n plek aankom; *s.o. came to realise that ...* iem. het begin besef *(of* het naderhand tot die besef gekom) dat ...; *s.t. came to play an increasingly bigger role* iets het 'n al groter rol begin speel; *s.t. ~s to s.o.* iets val iem. te beurt; *what are we (or is the world) coming to?* waar gaan/moet dit heen?, wat word van die wêreld?; *if it ~s to that* as dit so ver/vêr kom; *it ~s to this* dit kom hierop neer; *when it ~s to ...* wat ... betref, as dit by ... kom; ~ *together* byeenkom, saamkom, vergader; ~ *true* uitkom, verwesen(t)lik/bewaarheid/waar word; ~ *under/within ...* onder ... ressorteer/val; ~ *undone* losraak, losgaan; ~ *up, (plantjies)* opkom; ter sprake kom; opgebring word; *coming up!, (infml.)* dit kom!; ~ *up against s.t.* jou teen

iets vasloop; *(infml.)* met iets te doen/make kry; *it is coming* **up** *for ...,* *(infml.)* dit word tyd vir ...; *it is coming* **up** *for/to eight/etc. o'clock, (infml.)* dit is amper/byna ag(t)uur/ens., dit sal nou-nou ag(t)uur/ens. wees; *coming* **up** *next is* ... nou volg ...; ~ **up** *to* ... kom/reik tot by ... *(iem. se middel ens.);* aan ... voldoen *(verwagtinge ens.);* ~ **up** *to s.o.* na iem. toe kom; ~ **up** *with s.t.* met iets (te voorskyn) kom; iets aan die hand doen *('n oplossing); s.t. has* ~ **up** iets het voorgeval; *s.t.* ~*s* **up** *on the 4th/etc.* iets vind op die 4de/ens. plaas; *('n hofsaak)* iets dien op die 4de/ens.; ~ *with s.o.* met iem. saamkom; iem. verge= sel. ~**-at-able** bereikbaar, toeganklik, bekombaar; bykom= baar; verkry(g)baar. ~**back** terugkeer, herverskyning, her= stel, herlewing, oplewing; *(infml.)* (vinnige/gevatte/bekkige) antwoord, we(d)erwoord; *make/stage a* ~ terugkeer *(n.d. kryt, span, politiek, ens.),* weer jou plek volstaan. ~**down** verne= dering, agteruitgang. ~**-hither** *adj.* verlokkend, koket. ~**-on** *n., (sl.)* lokmiddel, lokaas; *give s.o. the* ~ by iem. aanlê/vlerk= sleep *(of flikkers gooi).* ~**-to-bed** *adj.: have* ~ *eyes, (infml.)* slaapkameroë hê. ~**uppance** *(sl.): get one's* ~ jou verdiende loon kry.

**com·e·dy** *-dies* komedie, bly=, komediespel. **co·me·di·an** ko= mediant, grapmaker; blyspelakteur; blyspel=, komedieskry= wer. **co·med·ic** komedie= *(film, styl);* komies *(spanning).*

**come·ly** aantreklik. **come·li·ness** aantreklikheid, mooiheid.

**com·er** aankomeling; *all* ~*s* almal; *the first* ~ die een wat (die) eerste kom; die eerste die beste.

**com·et** komeet. **com·e·tar·y, co·met·ic** komeetagtig, komeet=.

**com·fort** *n.* troos, vertroosting; gerustheid; verligting; gerus= stelling; bemoediging; gemak, gerief, behaaglikheid; vol= doening; welgesteldheid; *(i.d.mv.)* geriewe; *too close for* ~ glad te naby; *be cold* ~ ('n) skrale troos wees; *in* ~ op jou gemak; *in the* ~ *of* ... in die gemak van ...; *live in* ~ dit gerieflik hê, welgesteld wees; *it is a* ~ *to know that* ... dit is gerusstellend om te weet dat ...; *be the* ~ *of* ... die troos van ... wees; *seek* ~ *in* ... troos by/in ... soek; *take* ~ *from/in* ... troos uit ... put, jou daaraan troos dat ...; *be a* ~ *to s.o.* iem. troos; iem. se troos wees. **com·fort** *ww.* troos, vertroos, opbeur, bemoedig; ge= russtel. ~ **zone** gemaksone.

**com·fort·a·ble** gemaklik, gerieflik; aangenaam, behaaglik, genoeglik; *be/feel* ~ op jou gemak *(of* behaaglik) voel; ~ *majority* aanmerklike meerderheid; *make s.o.* ~ iem. ge= maklik laat lê/sit; iem. op sy/haar gemak sit/stel *(of* laat voel); *make o.s.* ~ jou tuis maak. **com·fort·a·bly** gemaklik, gerief= lik; *be* ~ *off* welgesteld wees, goed/warmpies daarin sit; *win* ~ maklik wen.

**com·fort·er** trooster; vertrooster; fopspeen; trooskombersie; *(Am.)* donskombers, kwilt; *the C~* die Trooster.

**com·fort·ing** (ver)troostend, troosryk; opbeurend; aange= naam, behaaglik; gemoedelik; *a* ~ *thought* 'n gerusstellende gedagte.

**com·fort·less** troosteloos, somber; ongerieflik, sonder ge= riewe.

**com·fy** *(infml.)* gemaklik, knus, lekker, gesellig.

**com·ic** *n.* grapmaker, komiek. **com·ic** *adj.* komies, snaaks, koddig, grappig, humoristies. ~ **(book)** strokies(prent)boek, strokiesverhaalboek. ~ **opera** komiese opera. ~ **strip** stro= kiesprent, =verhaal, prentverhaal.

**com·i·cal** komiek, komies, snaaks, koddig, grappig. **com· i·cal·ness** komieklikheid, grapp(er)igheid.

**com·ing** *n.* koms, verskyning; ~*(s) and going(s)* kom en gaan; *s.o.'s* ~*s and goings* iem. se doen en late; *second* ~ wederkoms. **com·ing** *adj. (attr.)* komend; aanstaande; toekomstig; aan die kom; *this* ~ *Saturday/etc.* (die) eerskomende Saterdag/ens.; *up and* ~ veelbelowend; *the* ~ *week* volgende *(of* die komen= de) week. ~**out** amptelike bekendstelling aan die publiek; debuut; eerste optrede; verskyning.

**com·ma** komma.

**com·mand** *n.* bevel, gebod, las(gewing), opdrag; meester=

skap, beheersing; beskikking, aanvoering, bevelvoering; leër= leiding; bevelsgebied, kommandement; troepe, manskappe; *(rek.)* bevel, opdrag; *have ... at one's* ~ ... ter *(of* tot jou) be= skikking hê; *(I'm) at your* ~! tot u diens!; *do s.t.* **at/by** *s.o.'s* ~ iets op iem. se bevel doen; *be* **in** ~ *of* ... die bevel oor ... voer; aan die hoof van ... staan; *obey a* ~ 'n bevel gehoorsaam; *ob= serve a* ~ 'n bevel nakom; *on* ~ op bevel; *put s.o. in* ~ die be= vel aan iem. opdra; *take* ~ *of* ... die bevel oor ... oorneem; *under the* ~ *of* ... onder aanvoering/bevel van. **com·mand** *ww.* beveel, gebied, bevel gee, gelas, kommandeer, aansê; aan= voer, die bevel voer oor; beheers; beskik oor; 'n uitsig hê op/ oor, uitkyk op; afdwing; *(mil.)* bestryk; ~ *a high price* 'n hoë prys behaal. ~ **economy** bevelsekonomie, gereglementeerde *(of* sentraal beheerde) ekonomie. ~ **language** *(rek.)* opdrag= taal. ~ **line** *(rek.)* opdragreël. ~ **module** *(ruimtev.)* beheer= module. ~ **performance** opdragaanbieding; opdraguitvoe= ring.

**com·man·dant, com·man·dant** kommandant; bevelvoer= der, =hebber.

**com·man·deer** kommandeer.

**com·mand·er** bevelvoerder, =hebber, kommandant, aan= voerder; gesagvoerder *(op vliegtuig, in handelsvloot); (rang)* kommandeur; posbevelhebber. ~ **in chief** opperbevelvoer= der, =hebber.

**com·mand·ing** bevelvoerend; bevelend; beheersend; indruk= wekkend, imponerend; waardig, statig; ~ *officer* bevelvoerder.

**com·mand·ment** gebod; *the First/Second/etc. C~* die Eerste/ Tweede/ens. Gebod; *the Ten C~s* die Tien Gebooie.

**com·man·do** *-do(e)s* kommando; kommandosoldaat.

**com·mem·o·rate** gedenk, herdenk, vier. **com·mem·o·ra·ble** gedenkwaardig. **com·mem·o·ra·tive** gedenk=, herinnerings=; ~ *medal* gedenkpenning; ~ *plaque/tablet* gedenkplaat.

**com·mem·o·ra·tion** herdenking, gedenking, viering; *in* ~ *of* ... ter herinnering aan, ter (na)gedagtenis aan/van ... *(iem.);* ter herinnering aan, ter herdenking aan/van ... *('n gebeurte= nis).* ~ **day** gedenkdag, herdenking(sdag).

**com·mence** begin; open; aan die gang sit *('n geding ens.); (wet)* in werking tree; aanvoor. **com·mence·ment** begin, aan= vang; inwerkingtreding *(v. wet).* **com·menc·ing** beginnende; ~ *on* ... met ingang van ...; ~ *salary* begin=, aanvangsalaris.

**com·mend** aanbeveel; toevertrou; prys, loof. **com·mend·a· ble** aanbevelens=, prysens=, lofwaardig. **com·men·da·tion** aanbeveling; lof(prysing); huldiging(swoord); eervolle ver= melding. **com·men·da·to·ry** aanbevelend, prysend, aanbe= velings=. **com·mend·ed:** *highly* ~ eervolle vermelding *(op 'n tentoonstelling).*

**com·men·sal** *(biol.)* kommensaal. **com·men·sal·ism** *(biol.)* kommensalisme.

**com·men·su·ra·ble** *(wisk.)* onderling meetbaar; eweredig; vergelykbaar; *be* ~ *to/with* ... met ... vergelykbaar wees. **com· men·su·rate** eweredig; ooreenstemmend, ooreenkomstig; gepas *(salaris ens.); be* ~ *with* ... aan ... gelyk wees; met ... oor= eenstem; by ... pas.

**com·ment** *n.* opmerking, aanmerking, kommentaar; aante= kening, toeligting, kanttekening; verduideliking, verklaring, uitleg(ging); *make* ~*s on* ... opmerkings oor ... maak; geen kommentaar op ... lewer; *no* ~ geen kommentaar; *offer* ~*s* kom= mentaar lewer. **com·ment** *ww.* opmerk, aanmerk, opmer= kings/aanmerkings maak, kommentaar lewer, kritiseer; aan= tekeninge maak, toelig; jou mening gee, reageer; verklaar; ~ *on/upon s.t.* kommentaar op iets lewer; 'n opmerking oor iets maak; *s.o. refused to* ~, *(ook)* iem. wou niks sê nie. **com· men·tar·y** *-ies* kommentaar; verklaring, uitleg, eksegese *(v.d. Bybel);* opmerking(s), aantekening(e); ~ *on* ... kommentaar op ... **com·men·tate** verslag doen/gee; uitsaai; kommen= taar lewer; ~ *on* ... van ... verslag doen/gee; ... bespreek/be= handel/verduidelik. **com·men·ta·tor** *(rad., TV)* kommenta= tor, verslaggewer, uitsaaier; verklaarder, uitlêer; kommen= taarskrywer.

**com·merce** handel; (handels)verkeer; *world of* ~ handels=wêreld.

**com·mer·cial** *n., (rad., TV)* handels-, reklameflits. **com·mer·cial** *adj.* kommersieel, handels=, handeldrywend; be=dryfs=; ru, ongesuiwer(d); ~ *agreement* handelsooreen=koms; ~ *art* handels=, reklamekuns; ~ *bank* handelsbank; ~ *banking* handelsbankbedryf, =bankwese; ~ *break* reklame=pouse; ~ *economy* handelsekonomie; markekonomie; ~ *enterprise* handelsaak, handelsonderneming; ~ *exchange* handelsbeurs; ~ *hazard* handelsrisiko; ~ *interest* handelsbelang; ~ *language* handelstaal; ~ *paper* handelspapier; handels=koerant, =blad; ~ *principle* handelsbeginsel; ~ *products* han=delsware; ~ *quantities* lonende hoeveelhede; ~ *relations* han=delsbetrekkinge; ~ *traveller* handelsreisiger; ~ *treaty* han=delsverdrag; ~ *vehicle* handelsvoertuig; ~ *world* handels=wêreld, =gemeenskap.

**com·mer·cial·ise, ·ize** kommersialiseer. **com·mer·cial·i·sa·tion, ·za·tion** kommersialisasie, kommersialisering.

**com·mer·cial·ism** handelsgees, kommersialisme.

**com·mer·cial·ly** kommersieel, in/vir die handel.

**Com·mie** *(infml., neerh.)* Rooie, Kommunis.

**com·mi·nute** *(teg.)* verdeel, verklein; verpoeier; *(patol.)* ver=splinter; ~*d fracture* splinterbreuk. **com·mi·nu·tion** verde=ling, verkleining; verpoeiering; versplintering.

**com·mis·er·ate** medelye hê/toon, meeleef, =lewe, meele=wing betuig; bekla, bejammer; ~ *with s.o.* medelye met iem. hê/toon. **com·mis·er·a·tion** medely(d)e, meegevoel, deernis; beklaging, bejammering.

**com·mis·sar, com·mis·sar** *(Rus., hist.)* kommissaris. **com·mis·sar·i·at** kommissariaat *(i.d. voormalige USSR ens.); (mil.)* (krygs)kommissariaat; voedselvoorraad, provisie.

**com·mis·sar·y** *-ies* afgevaardigde, ge(vol)magtigde, kom=missaris.

**com·mis·sion** *n.* opdrag; volmag; *(mil.)* (akte van) kommis=sie *(vir offisier); (mil.)* offisierskap, offisiersrang, =waardigheid; kommissie; sending; die pleeg *(v. sonde);* bedryf, diens, ge=bruik; *hold a* ~ offisiersrang hê/beklee; *be in* ~ in bedryf/diens/gebruik wees; *(skip)* seewaardig wees; *put s.t. in/into* ~ iets in gebruik neem, iets in bedryf/diens stel; *on* ~ (or *a* ~ *ba=sis)* teen/vir kommissie, op kommissiegrondslag; *be out of* ~ buite bedryf/diens/gebruik wees; *(skip)* onseewaardig wees; buite werking *(of onklaar)* wees; *put s.t. out of* ~ iets buite werking stel; *undertake a* ~ 'n opdrag aanneem. **com·mis·sion** *ww.* opdra, opdrag gee, belas; magtig, volmag gee; tot skeepskaptein benoem; tot offisier verhef; in diens stel *(skip);* in gebruik neem, in bedryf/diens stel; in bedryf wees; bestel, 'n bestelling plaas vir; ~*ed officer* (kommissie)offisier; ~*ed rank* offisiersrang; ~ *s.o. to do s.t.* iem. opdrag gee om iets te doen. **com·mis·sion·er** kommissaris, ge(vol)magtigde, ge=lastigde; (vaste) regeringsverteenwoordiger; kommissielid; ~ *of oaths* kommissaris van ede. **com·mis·sion·er·gen·er·al** =*s-general* kommissaris-generaal.

**com·mit** *-tt-* toevertrou, toewys; begaan, pleeg *(misdaad);* ver=wys, kommitteer; verbind; ~ *s.o. for sentence* iem. vir vonnis verwys; ~ *o.s. on s.t.* jou mening oor iets gee/uitspreek; 'n standpunt oor iets inneem; ~ *o.s.* jou verbind/kompromitteer; ~ ... *to the care of s.o.* ... aan iem. se sorg toevertrou, ... in iem. se sorg plaas; ~ *o.s. to* ... jou verbind tot ...; dit op jou neem om te ...; ~ *s.o. to an institution* iem. na 'n inrigting verwys; ~ *s.o. to prison* iem. tot gevangenisstraf veroordeel; ~ *s.t. to memory* iets van buite leer, iets memoriseer; ~ *s.t. to paper* iets neerskryf/=skrywe. **com·mit·ment** toevertrouing; verbintenis, belofte, onderneming; verpligting; betrokken=heid; verwysing; inhegtenisneming; veroordeling *(tot gevan=genisstraf);* die opneem in 'n inrigting/ens.; pleging, die pleeg *(v. 'n misdaad);* oordrag; *make a* ~ jou verbind; 'n verpligting aangaan; *s.o.'s* ~ *to* ... iem. se gebondenheid aan ...; iem. se verbondenheid tot ... *('n saak ens.);* iem. se betrokkenheid

by ... **com·mit·tal** belofte, onderneming, verbintenis; verwy=sing; (bevel tot) inhegtenisneming; teraardebestelling. **com·mit·ted** *a* ~ *Communist/etc.* 'n oortuigde Kommunis/ens.; *a* ~ *writer/etc.* 'n toegewyde skrywer/ens.; *be* ~ *to s.t.* aan iets ge=bonde wees *('n beleid ens.);* tot iets verbonde wees, iets met oorgawe dien *('n saak ens.).*

**com·mit·tee** komitee; bestuur *(v. vereniging, klub);* **be/serve/sit on a** ~ in 'n komitee dien; **be/serve/sit** *on the (executive)* ~ *of a society* bestuurslid van 'n vereniging wees; ~ *on a bill* komitee insake 'n wetsontwerp; *Joint C*~ *on* ... Gesamentlike Komitee oor ...; *Portfolio C*~ *on* ... Portefeuljekomitee oor ...; *sit in* ~ agter/met geslote deure *(of* in komitee) sit; *standing* ~ staande/vaste komitee. **~man, ~woman** bestuurslid. ~ **meet·ing** komiteevergadering; bestuursvergadering. ~ **room** be=stuurs-, komiteekamer, vergaderlokaal.

**com·mode** laaikas.

**com·mod·i·fy** as gebruiksartikel beskou/behandel, kommo=difiseer; →COMMODITY. **com·mod·i·fi·ca·tion** kommodifise=ring.

**com·mod·i·ty** *-ties* (handels/verbruiks)artikel; primêre pro=duk, basisproduk, kommoditeit; grondstof; *(i.d. mv. ook)* (handels)goedere/ware, verbruik(er)sgoedere, koopware, ver=bruiksware; →COMMODIFY. ~ **price index** kommoditeitsprys=indeks.

**com·mo·dore** kommodoor.

**com·mon** *n.* meent, gemeenskapsgrond; *(jur.)* gebruiksreg; *above the* ~ bo die gemiddeld(e); *have s.t. in* ~ iets gemeen hê; *they have much in* ~ *(with each other)* hulle het baie (met mekaar) gemeen; *in* ~ *with* ... net soos (in die geval van) ...; *out of the* ~ buitengewoon, ongewoon; *nothing out of the* ~ niks besonders nie. **com·mon** *adj.* gemeenskaplik; openbaar, publiek; gewoon, alledaags; algemeen, gebruiklik; algemeen bekend; geldend, heersend *(mening); (neerh.)* onverfyn(d), boers, platvloers, vulgêr; volop, talryk; gemeenslagtig; ~ *boundary* tussengrens, gemeenskaplike grens; *it is* ~ *cause between the parties* die partye stem daaroor saam; ~ *cold* ge=wone verkoue; *the commonest* ... die mees voorkomende *(of* volopste) ...; ~ *denominator* gemeenskaplike eienskap/ken=merk; *(wisk.)* gemene/gemeenskaplike noemer; ~ *divisor/factor* gemene deler; *C*~ *Era* Christelike jaartelling/tydperk; ~ *fraction* gewone breuk; ~ *or garden,* *(infml.)* doodge=woon, alledaags; ~ *or garden variety,* *(infml.)* huis-, tuin- en kombuissoort; *be on* ~ *ground,* *(fig.)* dit eens wees, saam=stem; *that is* ~ *ground* daaroor bestaan geen verskil nie; *it is* ~ *knowledge* dit is algemeen bekend, almal weet dit; ~ *law* gemene reg; *the* ~ *man* die gewone mens *(of* man op straat *of* deursneemens), Jan Alleman; ~ *market* gemeen=skapsmark; ~ *noun* soortnaam; ~ *salt* kombuissout; ~ *sense* (gesonde) verstand; →COMMON-SENSE *adj.;* →COMMONSENSICAL; ~ *time,* *(mus.)* enkelvoudige tydmaat; *s.t. is* ~ *to* ... *and* ... en ... het iets (met mekaar) gemeen; *have the* ~ *touch* (ge) maklik/vlot in die omgang wees; *be in* ~ *use* gebruiklik *(of* algemeen in gebruik/swang) wees; *not be in* ~ *use,* *(ook)* wei=nig gebruiklik wees *('n woord ens.).* ~**-law** *adj. (attr.): ~ hus=band* houman *(infml.),* gemeenregtelike man *(jur.);* ~ *mar=riage* gemeenregtelike huwelik; ~ *wife* houvrou *(infml.),* ge=meenregtelike vrou *(jur.).* ~**-sense** *adj. (attr.): ~ approach* ver=standige/nugter benadering. ~**wealth** gemeenebes; republiek; ryk; statebond; *the C*~ *(of Nations)* die Statebond.

**com·mon·al·i·ty** =*ties* gemeenskaplikheid; gewoonheid, al=gemeenheid, alledaagsheid.

**com·mon·er** burger, nieadellike.

**com·mon·ly** gewoonlik, mees(t)al, deurgaans; in die wandel; *be* ~ *used* gebruiklik wees.

**com·mon·ness** gewoonheid, algemeenheid, alledaagsheid; platvloersheid, ordinêrheid; vulgariteit.

**com·mon·place** *n.* gemeenplaas, alledaagse gesegde; tref=fende aanhaling. **com·mon·place** *adj.* gewoon, alledaags; afgesaag, gemeenplasig.

**Com·mons:** *the (House of)* ~ die (Britse) Laerhuis.

**com·mon·sen·si·cal, com·mon·sen·si·ble** verstandig, nugter.

**com·mo·tion** beroering, opskudding, geskarrel; onrus; oproer; (ge)roesemoes, rumoer; *civil* ~ oproer; *in* ~ in rep en roer.

**com·mu·nal** gemeenskaplik; kommunaal, dorps-, gemeenskaps-; kommune-; ~ *living* saamblyery, -wonery; ~ *spirit* groepsgees. **com·mu·nal·ism** (leer van) plaaslike selfbestuur, kommunalisme. **com·mu·nal·i·ty** gemeenskaplikheid. **com·mu·nal·ly** gesamentlik.

**com·mune**[1] *n.* kommune, woongemeenskap.

**com·mune**[2] *ww.* (siels)gemeenskap hê *(met)*; in noue aanraking wees *(met)*; gevoelens/gedagtes (uit)wissel; ~ *with God* met God verkeer; ~ *with nature* jou één voel met die natuur.

**com·mu·ni·ca·ble** mededeelbaar, kommunikeerbaar; mededeelsaam; oordraagbaar *(siekte)*. **com·mu·ni·ca·bil·i·ty** mededeelbaarheid, kommunikeerbaarheid; mededeelsaamheid; oordraagbaarheid.

**com·mu·ni·cant** *n.* Nagmaal(s)ganger; belydende lidmaat/(kerk)lid. **com·mu·ni·cant** *adj.* belydend.

**com·mu·ni·cate** meedeel, bekend maak, bekendmaak, oordra, deurgee; kommunikeer; oordra *(siekte);* oorsein; in verbinding wees/staan/tree; *(kamers)* ineenloop; ~ *with s.o.* met iem. in verbinding staan/wees/tree *(of* in aanraking wees/kom); met iem. oorleg pleeg; met iem. kommunikeer, tot iem. deurdring.

**com·mu·ni·cat·ing door** tussen-, verbindingsdeur.

**com·mu·ni·ca·tion** kommunikasie; mededeling, boodskap, berig; gesprek; gedagtewisseling, begrip, omgang, gemeenskap; verbinding, kontak; verkeer; verkeersweg; aansluiting; *(i.d. mv. ook)* verkeer, verbinding(s), verbindingsmiddele, -lyne, -weë; *be in* ~ *with s.o.* met iem. in verbinding staan/wees *(of* in aanraking wees). ~ **skills** kommunikasievaardighede.

**com·mu·ni·ca·tions:** ~ **satellite** kommunikasiesatelliet.

**com·mu·ni·ca·tive** mededeelsaam, spraaksaam.

**com·mu·ni·ca·tor** mededeler, segspersoon.

**com·mun·ion** deelneming; gemeenskap, omgang, verbondenheid, intieme gesprek, noue kontak; gemeenskaplikheid; aandeel; *(dikw. C~* of *Holy C~), (Prot.)* Nagmaal; *(RK)* kommunie; *give (Holy) C~* die Nagmaal bedien; *hold* ~ *with o.s.* diep nadink; *partake of (Holy) C~* (die) Nagmaal gebruik; *the* ~ *of the saints* die gemeenskap van die heiliges. ~ **service** Nagmaal(s)diens.

**com·mu·ni·qué** *(Fr.)* communiqué, (amptelike) mededeling.

**com·mun·ism** *(leerstelsel met hl.)* kommunisme. **com·mun·ist** *n., (partylid met hl.)* kommunis. **com·mun·ist, com·mu·nis·tic** *adj.* kommunisties.

**com·mu·ni·ty** -*ties* gemeenskap, maatskappy, samelewing; gemeente; sielsgemeenskap; ooreenkoms, gemeenskaplikheid; *(ekol.)* gemeenskap; ~ *of faith* geloofsgemeenskap; ~ *of interests* gemeenskaplike belange; gemeenskaplikheid van belange; ~ *of nations* volkeregemeenskap; *be married in* ~ *of property* in gemeenskap van goed(ere) getroud wees; *sense of* ~ gemeenskapsgevoel. ~ **centre** gemeenskapsentrum. ~ **chest** gemeenskapskas. ~ **service** gemeenskapsdiens.

**com·mute** pendel, daagliks bus/trein ry; verander, verwissel, vervang; *(jur.)* versag *(straf);* afkoop, in kontant omsit *('n polis ens.); (wisk.)* kommuteer; ~ *between* ... *and* ... tussen ... en ... pendel; ~ *s.t. into* ... iets tot ... verander; iets in ... omsit. **com·mut·a·ble** verander-, verwissel-, vervangbaar; afkoopbaar; *(plek)* binne pendelafstand. **com·mut·er** pendelaar; dagpassasier, -reisiger; seisoenkaarthouer *(op trein).* **com·mut·ing** pendel; pendelverkeer.

**Com·o·ro:** *the* ~*s, the* ~ *Islands, (geog.)* die Comore *(of* Comoro-eilande). **Com·o·ri·an** *n.* Comoraan. **Com·o·ri·an** *adj.* Comoraans.

**comp** *(infml.)* = complimentary ticket.

**com·pact**[1] *n.* ooreenkoms, verdrag, kontrak.

**com·pact**[2] *n.* poeierdosie. **com·pact** *adj.* dig, kompak; saamgepers; stewig, vas; bondig, beknop, gedronge; aaneengeslote; *(wisk.)* kompak; ~ *concrete* verdigte beton; ~ *dictionary* beknopte woordeboek; ~ *disc* CD, kompak-, laserskyf; ~ *disc player* CD-speler, kompak-, laserskyfspeler. **com·pact** *ww.* saampers, verdig; aaneensluit; stewig maak; verhard *(pad);* beknop maak, opsom, verkort. **com·pac·tion** verdigting, kompaksie. **com·pact·ness** digtheid, kompaktheid; stewigheid; bondigheid, beknoptheid, gedrongenheid.

**com·pa·nies act** maatskappyewet.

**com·pan·ion** *n.* metgesel, maat, kameraad, makker, deelgenoot; handboek, gids. **com·pan·ion** *adj. (attr.)* bybehorend; ~ *volume* bybehorende (boek)deel; *the* ~ *volume to* ... die (boek)deel wat by ... hoort. **com·pan·ion·ship** kameraadskap; geselskap.

**com·pa·ny** -*nies, n.* geselskap; groep; troep; besoeker(s), gas(te); maatskappy, firma, onderneming; deelgenootskap; (toneel)geselskap; *(mil.)* kompanie; *(sk.)* bemanning; *be bad* ~ slegte geselskap *(of* ongesellig) wees; *the* **Dutch East India** C~ die Verenigde Oos-Indiese Kompanjie; *establish/float/form a* ~ 'n maatskappy stig/oprig; *the C~'s Garden* die Kompanjiestuin; *be good* ~ goeie geselskap *(of* gesellig) wees; *have* ~ *gaste/mense hê; geselskap hê; in the* ~ *of* ... in die geselskap van *(of* saam met) ...; *keep s.o.* ~ iem. geselskap hou; *know s.o. by the* ~ *he/she keeps* iem. aan sy/haar vriende ken; *part* ~ *with s.o.* van iem. afskeid neem; *they parted* ~ hulle het uitmekaar gegaan; *request the* ~ *of s.o., (fml.)* iem. uitnooi; *two's* ~, *three's none* (or *a crowd)* twee is 'n paar, drie onpaar. ~ **car** maatskappymotor, werkmotor. ~ **director** maatskappydirekteur. ~ **law** *(jur.)* maatskappyereg. ~ **time** werktyd.

**com·pare** *n.: beyond/past/without* ~ weergaloos, sonder weerga, onvergelyklik. **com·pare** *ww.* vergelyk; vergelyk word; vergelykbaar wees; ~ *X and Y* X en Y vergelyk; *how do they* ~? wat is die verskil tussen hulle?; ~ *X to/with Y* X met Y vergelyk; *(as)* ~*d to/with* ... in vergelyking met *(of* vergeleke met/by) ...; *s.t.* ~*s with the best* iets is gelyk aan die beste; *s.o. cannot* (or *does not)* ~ *with* ... iem. kan nie vir ... kers vashou nie; ~ *favourably/poorly/unfavourably with* ... gunstig/sleg by ... afsteek. **com·par·a·ble** *be* ~ *to/with* ... met ... vergelykbaar wees; *not be* ~ *to/with* ... nie met ... te vergelyk wees nie. **com·par·a·tive** *n., (gram.)* vergrotende trap. **com·par·a·tive** *adj.* vergelykend; betreklik; ~ *degree* vergrotende trap; ~ *philology* vergelykende taalkunde; ~ *return/ statement* vergelykingstaat. **com·par·a·tive·ly** betreklik, relatief; vergelykenderwys(e); ~ *speaking* relatief gesproke. **com·par·i·son** vergelyking; *bear/stand* ~ *with* ... die vergelyking met ... deurstaan; *beyond (all)* ~ nie te vergelyk nie, onvergelyklik; *by/in* ~ vergelykenderwys(e); *degrees of* ~ trappe van vergelyking; *draw a* ~ 'n vergelyking tussen ... maak/tref/trek; *in* ~ *with* ... in vergelyking met *(of* vergeleke met/by) ...; *a standard of* ~ 'n vergelykingsbasis/ -norm.

**com·part·ment** afdeling; vak(kie), hok(kie); kompartement *(v. trein).* **com·part·men·tal·i·sa·tion, -za·tion** afhokking; onderverdeling, opdeling. **com·part·men·tal·ise, -ize** afhok, in hokke/hokkies *(of* aparte ruimtes) verdeel; onderverdeel, opdeel.

**com·pass** kompas; passer; *(fig.)* bestek; *(fig.)* gebied, grens, bereik, sfeer, omtrek; *(mus.)* omvang *(v. 'n stem ens.); be beyond/within the* ~ *of* ... buite/binne die bestek/bereik van ... wees; *a pair of* ~*es* 'n passer; *points of the* ~ kompas-, windrigtings, kompas-, windstreke. ~ **bearing** kompaspeiling. ~ **card** kompaskaart, windroos. ~ **face** kompasplaat. ~ **plane** hobbelskaaf. ~ **point** passerpunt; kompasstreek. ~ **reading** kompasstand. ~ **rose** wind=, kompasroos. ~ **saw** stootsaag. ~ **window** kompasglas; halfmaan-erker.

**com·pas·sion** medely(d)e, deernis, ontferming, erbarming, jammerhartigheid, barmhartigheid, mededoë, deelneming; *have ~ for/on ...* deernis met ... hê; jou oor ... ontferm. **com·pas·sion·ate** jammerhartig, barmhartig, medelydend, deer= nisvol; *on ~ grounds* om menslikheidsredes; *~ leave* deernis= verlof.

**com·pat·i·ble** mengbaar; kombineerbaar; verbindbaar; aan= pasbaar; *(rek., wisk., log.)* versoenbaar; *(med., chem., fis.)* ver= enigbaar; *(bot.)* kruisbaar; *(bot.)* selfbevrugtend; *be ~, (mense)* by mekaar pas; *(kleure, meubels)* saamgaan; *be ~ with ...* by ... inpas; goed by ... inskakel; jou by ... kan aanpas; met ... oor die weg kan kom; met ... versoenbaar wees. **com·pat·i·bil·i·ty** mengbaarheid; kombineerbaarheid; verbindbaarheid; aan= pasbaarheid; versoenbaarheid; verenigbaarheid.

**com·pat·ri·ot** land=, volksgenoot; kollega.

**com·pel** -*ll*- dwing, verplig, noodsaak, noop; afdwing; on= derwerp; *s.o. is ~led to ...* iem. moet (*of* is genoodsaak/ver= plig om te) ...; *~ s.t. (from s.o.)* iets (van iem.) afdwing *(be= wondering ens.)*. **com·pel·la·ble** (af)dwingbaar; verplig; *~ witness, (jur.)* verpligbare getuie. **com·pel·ling** meesleurend, pakkend, boeiend; dwingend, gebiedend; oortuigend. **com·pel·ling·ly:** *present one's case* ~ jou saak oortuigend stel.

**com·pen·di·um** -*diums*, =*dia* samevatting, kortbegrip, kom= pendium; samestelling; versameling; stel.

**com·pen·sate** vergoed, goedmaak, vereffen, *(jur.)* skadeloos stel; opweeg teen, as teen=/teëwig dien; kompenseer; *~ for s.t.* vir iets kompenseer; iets goedmaak; teen iets opweeg, 'n teen=/teëwig teen/vir iets vorm/wees; *~ s.o. for s.t.* iem. vir iets vergoed; *be awarded R5000 to ~ for the damage* R5000 aan skadevergoeding ontvang. **com·pen·sat·ing** vergoedend; *~ current* kompensasiestroom; *~ error* balanserende fout, teenfout. **com·pen·sa·tion** (skade)vergoeding; vereffening; skadeloosstelling; kompensasie; *get ~ from s.o.* vergoeding van iem. ontvang. **com·pen·sa·to·ry** vergoedings=, vergoedend, skadeloosstellend; kompenserend, kompensatories; versoe= nend.

**com·père** *n.* aanbieder, gasheer, aankondiger, seremonie= meester. **com·père** *ww.* as aanbieder/gasheer/aankondiger/ seremoniemeester optree.

**com·pete** meeding, wedywer; konkurreer; *~ against s.o.* teen iem. meeding; *~ with s.o. for s.t.* met iem. om iets mee= ding/wedywer; *~ with s.o. in s.t.* met iem. in iets meeding/ kompeteer. **com·pe·ti·tion** mededinging, wedywering; kon= kurrensie; kompetisie; wedstryd; teen=, teëstand; mede= dinger(s); *face ~* mededinging hê; *in ~ with ...* in mededinging met ... **com·pet·i·tive** mededingend, konkurrerend; ver= gelykend; *be highly ~* hoogs mededingend wees; *a more ~ price* 'n laer prys; *~ prices* mededingende pryse; *~ spirit* wedywer; prestasiegerigtheid. **com·pet·i·tor** mededinger, konkurrent; deelnemer.

**com·pe·tent** bevoeg, bekwaam; bedrewe, vaardig; voldoen= de, toereikend, geskik; geldig, geoorloof; *(jur.)* regsbevoeg, kompetent; *be ~ to ...* by magte wees om te ... **com·pe·tence** bevoegdheid, bekwaamheid; bedrewenheid, vaardigheid; toe= reikendheid, geskiktheid; toelaatbaarheid, geldigheid. **com·pe·ten·cy** -*cies*, *(jur.)* (regs)bevoegdheid, kompetensie. **com·petency certificate** geskiktheidsertifikaat.

**com·pile** saamstel, opstel, kompileer; versamel, bymekaar= maak; *(kr.)* opstapel *(lopies)*; *(rek.)* kompileer, vertaal; *~ a list* 'n lys opstel. **com·pi·la·tion** samestelling, kompilasie; ver= sameling. **com·pil·er** samesteller, opsteller; versamelaar; *(rek.)* kompileerder, vertaalprogram, kompileerder, vertaler.

**com·pla·cent** (self)voldaan, selfgenoegsaam, te= vrede, oorgerus. **com·pla·cen·cy, com·pla·cence** selfvol= doening, =voldaanheid, =ingenomenheid, =genoegsaamheid; welgevalle, genot; (oor)gerustheid.

**com·plain** kla; *~ (bitterly/endlessly) about/of s.t.* (steen en been) oor iets kla; *~ to s.o.* by iem. kla. **com·plain·ant** klaer, *(vr.)* klaagster. **com·plaint** klag(te), grief; aanklag(te); kwaal, aandoening, ongesteldheid; *file/lay/lodge/make a ~* 'n klag indien/inlewer, kla; *lay/lodge a ~ against s.o. with the police* 'n aanklag teen iem. by die polisie indien, iem. by die polisie verkla.

**com·plai·sant** inskiklik, tegemoetkomend, toegeeflik, =skiet= lik; gedienstig, diens=, bereidwillig, hulpvaardig; beleef(d); eerbiedig. **com·plai·sance** inskiklikheid, tegemoetkomend= heid, toegeeflikheid, =skietlikheid; beleefdheid; gedienstig= heid, diens=, bereidwilligheid; getalsterkte; (goed= eerbied, ontsag.

**com·ple·ment** *n.* aanvulling, toevoeging, toevoegsel; vol= tooiing, afronding; komplement(êre kleur); volle getal; vol= ledige stel/reeks; vereiste hoeveelheid; getalsterkte; (goed= gekeurde) sterkte/bemanning *(v. 'n skip)*; *(gram., wisk., rek., log., mus., immunol.)* komplement. **com·ple·ment** *ww.* aan= vul, voltallig maak; afrond, kompleteer. **com·ple·men·ta·ry** aanvullend, aanvullings=, komplementêr; *~ medicine* aan= vullende/alternatiewe geneeskunde; *be ~ to ...* aanvullend by ... wees, ... aanvul.

**com·plete** *adj.* volledig, voltallig, kompleet; vol; volkome, volmaak; volwaardig; klaar, afgerond, voltooi(d), gereed; volslae, algeheel, absoluut, totaal, heel; volleerd; *~ stranger* wildvreemde; *~ uniform* volle uniform; *~ with ...* met ... daarby, ... ingeslote; *a room ~ with furniture* 'n volledig ge= meubileerde kamer; *the ~ works of Langenhoven* die ver= samelde werke van Langenhoven. **com·plete** *ww.* voltooi, afhandel; afrond, klaarmaak; uitvoer; aanvul, volledig/vol= tallig maak; invul; *~ a form* 'n vorm invul; *~ a sentence* 'n vonnis uitdien; *~ one's studies* afstudeer. **com·plete·ly** heel= temal, totaal, absoluut, skoon, geheel en al, deur en deur, ten volle, kompleet. **com·plete·ness** volledigheid; volmaakt= heid, volkomenheid; *for the sake of ~* volledigheidshalwe. **com·ple·tion** voltooiing, afwerking, voleindiging; aanvul= ling; invulling.

**com·plex** *n.* geheel, samestel, saam=/samegestelde geheel, kompleks; (geboue)kompleks; *(psig.)* kompleks. **com·plex** *adj.* ingewikkeld, gekompliseer(d), kompleks; saam=, same= gestel(d); *~ sentence, (gram.)* saam=/samegestelde sin. **com·plex·i·ty** =*ties* ingewikkeldheid, gekompliseerdheid, kom= pleksiteit; saam=, samegesteldheid.

**com·plex·ion** (gelaats)kleur, vel=, huidkleur; aansien, voor= koms; *(fig.)* gesteldheid, aard, geaardheid; *put a (completely) different ~ on s.t.* iets in 'n (heel) ander lig stel, 'n (heel) an= der kleur aan iets gee. **com·plex·ioned** ... van kleur; *dark-~* met 'n donker (gelaats)kleur. **com·plex·ion·less** bleek, kleurloos.

**com·pli·ance, com·pli·ant** →COMPLY.

**com·pli·cate** *ww.* ingewikkeld(er) maak, bemoeilik, kom= pliseer; in die war stuur. **com·pli·cat·ed** ingewikkeld, ver= wikkeld, verstrengel, gekompliseer(d), kompleks; saam=, same= gestel(d); *~ fracture, (med.)* saam=/samegestelde breuk. **com·pli·ca·tion** ingewikkeldheid; verwikkeling; (onvoorsiene) moei= likheid/probleem; verwarring; *(med.)* komplikasie.

**com·plic·i·ty** medepligtigheid, aandadigheid; *s.o.'s ~ in s.t.* iem. se medepligtigheid/aandadigheid aan iets.

**com·pli·ment** *n.* kompliment, pluimpie, vleiende opmer= king; gelukwens; *(i.d. mv. ook)* komplimente, groete; *pay s.o. a ~ (on s.t.)* iem. ('n iets) gelukwens/komplimenteer; *~s of the season* feesgroete; *take s.t. as a ~* iets as 'n kom= pliment beskou; *with my ~s* met my komplimente; *with the publisher's ~s* met die komplimente van die uitgewer. **com·pli·ment** *ww.* gelukwens; 'n kompliment maak; kompli= menteer; *~ s.o. on s.t.* iem. met iets gelukwens/komplimenteer. **com·pli·men·ta·ry** gelukwensend; groetend; hoflik, vleiend; gratis; *~ banquet* eremaaltyd; *~ copy/ticket* gratis/kompli= mentêre eksemplaar/kaartjie.

**com·ply** inwillig, toegee; *refuse to* ~ weier om saam te werk; ~ *with* ... aan ... voldoen (*of* gehoor gee), ... nakom, jou by ... neerlê (*of* aan ... onderwerp); in/tot ... toestem; ... toestaan. **com·pli·ance** inskiklikheid, toegeeflikheid, toegewendheid; inwilliging, gehoorgewing, instemming; onderdanigheid, onderworpenheid; (*fis.*) meegewendheid; (*geluidsleer*) soepelheid; *in* ~ *with* ... ingevolge/ooreenkomstig ...; ter voldoening aan ...; ~ *with* ..., (*ook*) die nakoming van ... **com·pli·ant** inskiklik, toegeeflik, toegewend, tegemoetkomend; onderdanig, onderworpe; *s.t. is standards-*~ iets voldoen aan standaarde.

**com·po·nent** *n.* bestanddeel; onderdeel; samestellende deel, komponent. **com·po·nent** *adj.* samestellend; ~ *part* onderdele, integrerende deel.

**com·port** (*fml.*) jou gedra, optree; ~ *o.s. with dignity* jou met waardigheid gedra. **com·port·ment** gedrag, optrede, handel(s)wyse; houding.

**com·pose** saamstel, opstel, maak, skep; saamvoeg; orden; vorm, uitmaak; skryf, skrywe; komponeer, toonset; rangskik; bedaar, kalmeer; tot bedaring bring, gerusstel, sus; (*druk.*) set; ~ *o.s.* bedaar; *be* ~*d of* ... uit ... bestaan. **com·posed** kalm, rustig, bedaard, besadig. **com·pos·er** (*mus.*) komponis, toondigter, -setter; samesteller; skrywer; (*letter*)setter. **com·pos·ing** (die) komponeer, komponering; (die) set, setwerk, lettersettery.

**com·po·site** *n.* samestelling, mengsel; (*bot.*) komposiet. **com·po·site** *adj.* saam-, samegestel(d); gemeng(d); ~ *flower* saam-/samegestelde blom; ~ *number* deelbare getal. **com·po·si·tion** samestelling, konstruksie, komposisie; mengsel; kunsstof; kunswerk; toonsetting, komposisie, musiekstuk; opstel, essay; verhandeling; (*druk.*) (die) set, setwerk; (*ling.*) die vorming van samestellings; (*jur.*) akkoord, skikking, vergelyk, ooreenkoms; (*jur.*) afkoopsom; (*chem.*) samestelling. **com·po·si·tion·al** komposisie-.

**com·pos men·tis** *adj.* (*pred.*), (*Lat.*) compos mentis, by jou volle verstand.

**com·post** *n.*, (*tuinb.*) kompos. **com·post** *ww.* kompos maak, tot kompos verwerk; met kompos verryk.

**com·po·sure** kalmte, rustigheid, bedaardheid; selfbeheersing.

**com·pote** (*Fr.*) gestoofde vrugte; ingelegde vrugte.

**com·pound**[1] *n.* verbinding; mengsel; (*gram.*) samestelling, kompositum. **com·pound** *adj.* saam-, samegestel(d). **com·pound** *ww.* verbind; saamstel, meng; berei; vergroot, vermeerder; vererger, verhewig; (*fin.*) rente op rente dra; (*fin.*) 'n akkoord aangaan/tref, 'n ooreenkoms aangaan/bereik/tref/sluit, 'n skikking/vergelyk tref, tot 'n skikking/vergelyk kom (*met skuldeisers*); (*jur.*) skik, afkoop; (*jur.*) in der minne skik; ~ *a debt* 'n skuld verminder kry; ~*ing of debts* skikking met skuldeisers; ~ *interest* saam-/samegestelde rente bereken; ~ *an offence* 'n misdryf afkoop; ~ *for sins* sondes afkoop. ~ *cal(l)ipers* kombinasiepasser. ~ *eye* saam-/samegestelde/veelvlakkige oog. ~ *fraction* saam-/samegestelde breuk. ~ *fracture* oop breuk/fraktuur. ~ *interest* rente op rente, saam-/samegestelde rente. ~ *word* samestelling.

**com·pound**[2] *n.* mynkamp; kampong.

**com·pre·hend** begryp, verstaan, vat; bevat, omvat, beslaan, behels, insluit. **com·pre·hen·si·bil·i·ty** verstaanbaarheid, begryplikheid. **com·pre·hen·si·ble** begryplik, verstaanbaar, bevatlik. **com·pre·hen·sion** verstand, begrip; omvang, bereik; *s.t. is above/beyond* (*or passes*) *s.o.'s* ~ iets is iem. oor (*of* bo icm. se begrip/verstand), iets gaan iem. se verstand te bowe. **comprehension test** begripstoets. **com·pre·hen·sive** (al/alles/veel)omvattend, volledig, uitgebrei(d), uitvoerig, omvangryk.

**com·press** *n.* klamverband, kompres; omslag; skroefpers. **com·press** *ww.* saamdruk, saampers; saamvat; verdig (*gas*).

**com·pressed** saamgedruk, (saam)gepers; (*bot.*) afgeplat; ~

*air* druk-, perslug; ~ *yeast* saamgeperste suurdeeg. ~-*air brake* lugrem. ~-*air starter* lugdrukaansitter.

**com·press·i·ble** saamdrukbaar, -persbaar; verdigbaar. **com·press·i·bil·i·ty** saamdrukbaarheid, -persbaarheid; verdigbaarheid; saam-, samevatbaarheid.

**com·pres·sion** druk, drukking; samedrukking, -persing; verdigting, kompressie; bondigheid. ~ *chamber* kompressiekamer. ~ *strain* drukvervorming. ~ *strength* (saam)druksterkte, drukvastheid.

**com·pres·sive** saamdrukkend, -persend; druk-.

**com·pres·sor** kompressor, (lug)verdigter; perspomp; perser, persmasjien; (*anat.*) saamdrukker, saamdrukkende spier; (*med.*) afklemmer; (*med.*) drukverband; (*rek.*) saamperser; *air* ~ lugperspomp.

**com·prise** bevat, omvat, behels, insluit; beslaan; bestaan uit; vorm, uitmaak. **com·pris·al** insluiting.

**com·pro·mise** *n.* skikking, vergelyk, ooreenkoms, kompromis, tussenoplossing; midde(l)weg; *come to* (*or reach* or *arrive at* or *work out*) *a* ~ 'n vergelyk tref. **com·pro·mise** *ww.* skik, 'n vergelyk tref, tot 'n skikking/vergelyk kom, 'n kompromis (*of* kompromisse) aangaan/maak/sluit, 'n tussenoplossing vind; tegemoetkom; deur 'n kompromis oplos/bylê; kompromitteer, in verleentheid bring/stel; onder verdenking plaas/bring; in gevaar stel; ~ *o.s.* jou kompromitteer/blootstel; ~ *with* ... 'n kompromis met ... aangaan/maak/sluit. **com·pro·mis·ing** kompromitterend (*situasie, foto's, ens.*).

**com·pul·sion** dwang, verpligting, gedwongenheid; dwanghandeling, kompulsie; *under* ~ onder dwang; *be under no* ~ *to do s.t.* nie (*of* deur niemand) gedwing word om iets te doen nie.

**com·pul·sive** dwingend; gedwonge; dwang-; kompulsief; onweerstaanbaar; uiters boeiend; ~ *behaviour* kompulsiewe gedrag; ~ *eating* eetsug; ~ *idea* dwangbeeld, -voorstelling; ~ *shopper* kompulsiewe koper, inkopieslaaf.

**com·pul·so·ry** gedwonge, verplig, verpligtend; ~ *education* skool-, leerplig, verpligte onderwys; ~ *labour* dwangarbeid; ~ *(military) service* diensplig; ~ *school attendance* verpligte skoolbywoning; ~ *subject* verpligte vak; ~ *voting* stemdwang.

**com·punc·tion** skuldgevoel, gewetenskwelling, berou, wroeging, selfverwyt; (gewetens)beswaar, ongemaklike gevoel; *have no* ~ *about doing s.t.*, *do s.t. without (the slightest)* ~ (dit) nie ontsien om iets te doen nie, iets sonder enige skuldgevoel doen.

**com·put·a·ble** berekenbaar.

**com·pu·ta·tion** berekening, bepaling; skatting, raming; rekenaarverwerking; *mathematical* ~ wiskundige bewerking. **com·pu·ta·tion·al** reken-, berekenings-; rekenaar-; ~ *error* rekenfout.

**com·pute** bereken, uitreken, bepaal; skat, raam.

**com·put·er** rekenaar, dataverwerker. ~ *age* rekenaareeu. ~-*aided design* rekenaargesteunde ontwerp. ~-*based* (*attr.*) rekenaargebaseerde, -gegronde (*stelsel ens.*). ~-*controlled* (*attr.*) rekenaarbeheerde (*program ens.*). ~ *crime* rekenaarmisdaad. ~ *dating* maatsoekery per rekenaar. ~-*designed* rekenaarmatig ontwerp. ~ *freak* (*infml.*) rekenaarfoendie. ~-*friendly* rekenaarvriendelik. ~ *game* rekenaarspeletjie. ~ *graphics* rekenaargrafika. ~ *language* rekenaartaal. ~ *literacy* rekenaargeletterdheid, -vaardigheid. ~ *literate* rekenaargeletterd, -vaardig. ~ *network* rekenaarnetwerk. ~-*operated* rekenaar- (*stelsel ens.*). ~ *operator* rekenaaroperateur, -bediener. ~ *peripheral* randeenheid. ~ *printout* rekenaardrukstuk. ~ *program* rekenaarprogram. ~ *programmer* rekenaarprogrammeerder, -programmeur. ~-*readable* rekenaar-, masjienleesbaar. ~ *science* rekenaarkunde, -wetenskap. ~ *scientist* rekenaarkundige, -wetenskaplike. ~ *search* rekenaarsoektog. ~ *skills* (*mv.*) rekenaarvaardighede. ~*speak* rekenaarjargon. ~ *studies* rekenaarwetenskap, -kunde. ~ *virus* rekenaarvirus.

**com·put·er·ise, ize** rekenariseer; ~*d axial tomography, (med.)* gerekenariseerde aksiale tomografie. **com·put·er·i·sa·tion, za·tion** rekenarisering.

**com·put·ing** *n.* berekening; *be in* ~ met rekenaars werk, in die rekenaarbedryf wees. **com·put·ing** *adj.* reken-, berekenings-; rekenaar-. ~ **centre** reken(aar)sentrum. ~ **store** werkgeheue. ~ **time** reken-, berekeningstyd.

**com·rade** kameraad,makker;*(Marxisme,dikw.C~)* kameraad, *(SA)* comrade; ~ *in arms* wapenbroe(de)r, strydgenoot, -makker; *C~s' Marathon, (SA)* Comradesmarat(h)on. **com·rade·ship** kameraadskap(likheid); ~ *in arms* wapenbroederskap.

**com·sat** *(infml.)* komsat, kommunikasiesatelliet.

**con**[1] *n., (infml.)* →CONFIDENCE TRICK. **con** =*nn=, ww.* bedrieg, (ver)kul, verneuk, inloop. ~ **man** *(infml.)* swendelaar, bedrieër. ~ **trick** *(infml.)* kullery, swendelary.

**con**[2] *prep., (It.)* met; ~ *brio/moto/etc., (mus.)* con brio/moto/ens., met geesdrif/beweging/ens.

**con·cat·e·nate, con·cat·e·nat·ed** aaneengeskakel(d), kettingvormig, in 'n ry.

**con·cave** hol, holrond, konkaaf; ~ *joint* hol voeg; ~ *polygon* inspringende veelhoek. **con·cav·i·ty** holte, holheid, holrondheid, konkawiteit.

**con·ceal** verberg, versteek, wegsteek; bedek, verswyg, geheim hou; verdoesel; ~*ed driveway/entrance* onsigbare/versteekte inrit/oprit/ingang; ~ *s.t. from s.o.* iets vir iem. wegsteek *(of* geheim hou); ~*ed lighting* skuilverligting; ~ *o.s.* wegkruip, skuil; ~*ed tubing* bedekte pype. **con·ceal·ment** verberging; verswyging, geheimhouding; verborgenheid; verdoeseling; ~ *of birth* geheimhouding van geboorte; *place of* ~ skuil-, wegkruipplek.

**con·cede** erken, toegee; afstaan, opgee, prysgee; oorgee, swig, die handdoek ingooi; ~ *defeat* erken dat jy verloor het; *it is generally* ~*d that* ... daar word algemeen erken dat ...; ~ *s.t. to s.o.* iets aan iem. *(of* iem. iets) toegee; ~ *victory* die stryd gewonne gee.

**con·ceit** verwaandheid, ydelheid, hoogmoed, eiewaan, selfingenomenheid, selfvoldaanheid; *be bursting with* ~ opgevreet wees van eiewaan; *be full of* ~ verwaand *(of* vol verbeeldings) wees. **con·ceit·ed** verwaand, ydel, hoogmoedig, selfingenome, selfvoldaan, aanstellerig, eiewys, wysneusig; *be* ~ jou iets verbeel, verwaand wees. **con·ceit·ed·ness** verwaandheid, ydelheid, hoogmoed, eiewaan, selfingenomenheid, selfvoldaanheid.

**con·ceive** jou voorstel; bedink, uitdink; verstaan, begryp; dink, glo, meen, droom; ontwikkel, vorm, kry; swanger word/raak; *be* ~*d, (kind)* verwek word; ~ *an idea* 'n gedagte/idee kom, 'n ingewing kry; ~ *of s.t.* aan iets dink; iets bedink, 'n begrip/denkbeeld van iets vorm; jou iets voorstel; ~ *of s.o./s.t. as* ... jou iem./iets as ... voorstel. **con·ceiv·a·ble** denkbaar, moontlik. **con·ceiv·a·bly** moontlik; begryplikerwys(e).

**con·cen·trate** *n.* konsentraat; kragvoer, pitkos. **con·cen·trate** *ww.* saamtrek, konsentreer; indamp; indik; saambring; bymekaartrek *(troepe);* versterk; ~ *on s.t.* al jou aandag aan iets gee/skenk/wy; jou op iets toelê/toespits, op iets konsentreer. **con·cen·trat·ed** gekonsentreer(d), onverdun(d); intens; intensief; sterk, kragtig, krag-; versadig; ~ *charge, (springstof)* gebalde lading; ~ *feed* kragvoer; ~ *fire* konsentrasievuur, gekonsentreerde vuur; ~ *grape juice* ingedikte druiwesap; ~ *load* puntbelasting.

**con·cen·tra·tion** konsentrasie, aandag; konsentrasie, sametrekking; ophoping; sterkte *(v. oplossing ens.);* indamping; indikking. ~ **camp** konsentrasiekamp.

**con·cen·tric** konsentries, gelyk-, eenmiddelpuntig. **con·cen·tric·i·ty** konsentrisiteit.

**con·cept** konsep, begrip, idee, gedagte, voorstelling, denkbeeld; beginsel; *a new* ~ *in* ... 'n nuwe konsep in ... *(die grimeerbedryf ens.);* 'n nuwe benadering tot ... *(motorbestuur ens.); s.o.'s* ~ *of good and evil* iem. se begrip van goed en kwaad; *the*

*basic* ~*s of mathematics* die basiese beginsels van wiskunde; *the* ~ *of trade unionism* die vakbondgedagte/-idee; *s.o.'s* ~ *of the world* iem. se wêreldbeskouing. **con·cep·tion** begrip, voorstelling, opvatting, konsepsie, beskouing, denkbeeld; bevrugting; *not have the remotest* ~ *of what s.o. means* nie die flouste/geringste/minste/vaagste begrip/benul/idee hê van wat iem. bedoel nie. **con·cep·tu·al** begrips-, voorstellings-, konseptueel. **con·cep·tu·al·i·sa·tion, za·tion** *(handeling)* konseptualisering; *(resultaat)* konseptualisasie. **con·cep·tu·al·ise, ize** konseptualiseer, 'n konsep/idee *(of* konsepte/idees) vorm; 'n beeld/konsep van ... vorm, jou 'n voorstelling van ... maak. **con·cep·tu·al·ly** konseptueel.

**con·cern** *n.* saak, aangeleentheid, geval; aandeel, belang; besorgdheid, sorg, kommer, bekommernis, ongerustheid; saak, firma, onderneming; *s.o.'s* ~ *about/over s.t.* iem. se bekommernis/besorgdheid oor iets; *s.t. arouses/causes* ~ iets baar/wek sorg, iets wek kommer; *it gives* **cause** *for* ~ *that* ... dit wek kommer/sorg *(of* baar sorg) dat ...; *with* **deep** ~ met groot besorgdheid; *feel* ~ *for s.o.* oor iem. bekommerd voel; *medely(d)e* met iem. hê; *a going* ~ 'n lopende saak; *it is no* ~ *of his/hers* dit is nie sy/haar saak nie, dit gaan hom/haar nie aan nie; *s.t. is of (no)* ~ *to s.o.* iets is vir iem. van (geen) belang (nie); *a paying* ~ 'n betalende/lonende saak; *voice* ~ bekommernis/besorgdheid uitspreek; *the* **whole** ~ die hele gedoente/affêre; *s.o.'s is* **with** ... dit gaan by iem. om ... **con·cern** *ww.* betref, aangaan, geld, raak, traak; *don't let that* ~ *you* moenie daaroor bekommerd wees nie, maak jou geen sorge daaroor nie; *to whom it* **may** ~ aan wie dit mag aangaan; heil die leser; *s.t. does* **not** ~ *s.o.* iets gaan iem. nie aan nie, iets raak nie iem. nie, iem. het op iem. betrekking nie; ~ *o.s.* **with** ... jou met ... bemoei/inlaat; jou oor ... bekommer. **con·cerned** betrokke, gemoeid; besorg, bekommerd, ongerus, begaan; *be* ~ *about/at/over* ... begaan/bekommerd/besorg oor ... wees; *all (those)* ~ alle belanghebbendes/betrokkenes; *a* ~ *face* 'n besorgde gesig; *as far as I'm* ~ wat my aangaan/betref; *as far as this is* ~ wat dit betref; *the* **person/thing** ~ die betrokke persoon/ding; *be* ~ **with** ... by ... belang hê, daarby belang hê om te ...; met ... besig/doenig wees. **con·cern·ing** rakende, aangaande, betreffende, met betrekking tot, in verband met, omtrent, oor.

**con·cert** konsert, musiekuitvoering; *give a* ~ 'n konsert gee/hou; *in* ~ gesamentlik; *act in* ~ gesamentlik optree; *the Three Tenors in* ~ 'n optrede van die Drie Tenore, die Drie Tenore-konsert; *in* ~ *with* ... in oorleg/samewerking met ...; *work in* ~ saamwerk. ~**goer** konsertganger, -besoeker. ~ **grand** *(grootste vleuelklavier)* konsertvleuel. ~ **hall** konsertsaal, -gebou. ~ **overture** konsertouverture. ~ **pianist** konsertpianis. ~ **pitch** konsertstemming; *be at* ~ ~, *(fig.)* in die grootste gereedheid wees. ~ **tour** konserttreis.

**con·cert·ed** gesamentlik, gekombineer(d); ~ *action* gesamentlike optrede; *make a* ~ *attempt/effort* 'n bewuste/daadwerklike/doelgerigte poging aanwend.

**con·cer·ti·na** *n.* konsertina, *(infml.)* trekorrel. **con·cer·ti·na** *ww.* konsertina, inmekaarvou, inmekaar vou.

**con·cer·to** =*tos*, =*ti, (It., mus.)* konsert, concerto; *play a* ~ 'n konsert speel.

**con·ces·sion** toegewing, tegemoetkoming; bewilliging; begunstiging; vergunning; korting; konsessie; *as a* ~ *to s.o.* by wyse van toegewing/tegemoetkoming aan iem.; *make a* ~ *to s.o.* 'n toegewing aan iem. doen, iem. tegemoetkom. ~ **fare** konsessiereisgeld. ~ **ticket** konsessiekaartjie.

**conch** *conch(e)s, (soöl.)* kinkhoring; trompetskulp; *(argit.)* skulpdak.

**con·chol·o·gy** kongologie, skulpkunde. **con·chol·o·gist** kongoloog, skulpkundige.

**con·ci·erge** =*erges, (Fr.)* portier, deurwagter; gebou-opsigter.

**con·cil·i·ate** tot bedaring bring, kalmeer, sus, paai; oorhaal

**con·cil·i·a·tion** versoening, bemiddeling, vreedsame besleg= ting van 'n geskil, konsiliasie; *Council for C~, Mediation and Arbitration* Raad vir Versoening, Bemiddeling en Arbitra= sie. **con·cil·i·a·tor** bemiddelaar, vredestigter, versoener. **con· cil·i·a·to·ry** versoenend, bemiddelend; tegemoetkomend, ver= soeningsgesind.

**con·cise** beknop, bondig, saaklik, skerp omlyn(d), kort, kern= agtig; ~ *dictionary* kernwoordeboek, beknopte woordeboek. **con·cise·ness** bondigheid, saaklikheid.

**con·clave** beslote vergadering; *in* ~ in geheime sitting.

**con·clude** eindig, ten einde loop, sluit, ophou, afloop, beëin= dig; afsluit, afhandel; aflei, beslis, tot die gevolgtrekking/slot= som kom/geraak; sluit, aangaan *(verdrag, ooreenkoms, kontrak, ens.)*; ~ *s.t. from* ... iets uit ... aflei/opmaak; ~ *peace* vrede sluit; *to be* ~*d* slot volg. **con·clud·ing:** ~ *sentence* slotsin; ~ *words* slotwoord(e). **con·clu·sion** slot, afloop, einde, end; slotwoord; *(jur., log.)* gevolgtrekking, slotsom, bevinding, be= sluit, oordeel, konklusie; *arrive at* (or *come to* or *reach*) *a* ~ tot 'n gevolgtrekking/slotsom kom/geraak; *at the* ~ *of* ... aan die einde/end/slot van ...; *draw a* ~ *from s.t.* 'n afleiding/ gevolgtrekking uit iets maak; *a foregone* ~ 'n uitgemaakte saak, 'n voldonge feit; *in* ~ ten slotte/besluite, ter afsluiting; *an inescapable* ~ 'n onafwysbare gevolgtrekking; *jump to a* ~ (or ~*s*) 'n voorbarige gevolgtrekking maak, 'n oorhaastige oordeel vorm, oorhaastige gevolgtrekkings maak; *a* ~ *of law* 'n regsbevinding. **con·clu·sive** afdoende, oortuigend, onweerlegbaar; ~ *proof* afdoende/onomstootlike/onweerleg= bare/sprekende bewys. **con·clu·sive·ness** afdoendheid, be= wyskrag.

**con·coct** saamflans; brou, meng, berei, smee, beraam, ver= sin, uitdink, uitbroei; fabriseer; ~*ed story* versinsel. **con· coc·tion** mengelmoes, brousel; versinsel.

**con·com·i·tant** *(fml.)* begeleidend, samegaande; bygaande; saamlopend; bykomend, bykomstig; ~ *circumstances* daar= mee gepaardgaande omstandighede.

**con·cord** *(fml.)* harmonie, eendrag, eensgesindheid, goeie ver= standhouding; ooreenstemming; verdrag, ooreenkoms; *rules of* ~, *(gram.)* kongruensiereëls. **con·cord·ance** ooreenstem= ming; harmonie, eendrag(tigheid), eensgesindheid; konkor= dansie; *in* ~ *with* ... volgens (*of* in ooreenstemming met) ...; *a* ~ *of*/*to the Bible* 'n konkordansie op/van die Bybel. **con· cord·ant** ooreenstemmend, gelykluidend, konkordant; har= monies; eensgesind; harmonieus.

**con·course** toeloop, menigte, massa, samedromming; sa= mekoms, byeenkoms, sameloop; plein; (wandel)hal, (ver)= samelplek.

**con·crete** *(bouk., fis.)* beton; *the* ~ die konkrete. **con·crete** *adj.* konkreet, tasbaar; vergroei(d), vas, hard; ~ *noun* konkrete selfstandige naamwoord; ~ *number* benoemde/konkrete ge= tal. ~ *jungle* betonoerwoud. ~ *mixer* betonmenger. ~ *nail* muurspyker. ~ *paint* sementverf. ~ *stone* betonklip, bou= gruis. **con·cre·tise**, **-tize** konkretiseer.

**con·cu·bine** *(hist.)* by=, houvrou.

**con·cur** -rr- instem, saamstem, dit eens wees; meewerk; saamval, parallel loop; ooreenstem; ~ *in s.t.* met iets saam= stem (*of* akkoord gaan); ~ *in a judg(e)ment* met 'n uit= spraak saamstem, 'n uitspraak onderskryf/=skrywe; ~ *to do s.t.* daartoe bydra om iets te doen; ~ *with s.o.* met iem. saam= stem (*of* akkoord gaan). **con·cur·rence** instemming; kon= sensus, eenstemmigheid, eensgesindheid; meewerking; die saamval, samevalling, samekoms; ooreenstemming; *(geom.)* snypunt; *s.o.'s* ~ *in s.t.* iem. se instemming met iets; *in* ~ *with* ... saam met ...; *with the* ~ *of* ... met die instemming van ... **con·cur·rent** gelyktydig (bestaande), samevallend, gelyk= lopend, parallel lopend; samewerkend, meewerkend, gesa= mentlik; gemeenskaplik; ewewydig; instemmend; eenstem= mig; ~*jurisdiction* gelyklopende jurisdiksie; ~ *lines*, *(geom.)* lyne deur een/'n punt; ~ *sentences*, *(jur.)* gelyklopende von=

nisse; ~ *with* ... saam met ... **con·cur·rent·ly** gelyktydig; in samewerking; *run* ~ saamval; *the sentences run* ~ die von= nisse is gelyklopend.

**con·cuss** harsingskudding gee; *be* ~*ed* aan harsingskudding ly. **con·cus·sion** harsingskudding, konkussie; skok, slag, stamp; botsing; *suffer from* ~ aan harsingskudding ly.

**con·demn** veroordeel; (sterk) afkeur, verwerp; (ver)doem; ~ *s.o. to death* iem. ter dood veroordeel; ~ *a house* 'n huis onbewoonbaar verklaar; ~ *s.o. to imprisonment* iem. tot ge= vangenis=/tronkstraf veroordeel/vonnis; ~ *s.t. utterly* iets ten seerste veroordeel. **con·dem·na·tion** veroordeling; afkeu= ring, verwerping; doemvonnis. **con·dem·na·to·ry** veroorde= lend; afkeurend; verdoemend. **con·demned** veroordeel(d); afgekeur(d); ~ *cell* dodesel; ~ *man*/*woman* veroordeelde; ~ *prisoner* gevonniste.

**con·dense** kondenseer, verdik, verdig; vloeibaar maak; saam= pers; saamvat, verkort. **con·dens·a·ble**, **con·dens·i·ble** kon= denseerbaar, verdigbaar. **con·den·sate** *n.* kondensaat. **con·den·sa·tion** verdigting; saampersing; samevatting, ver= korting; kondensasie, kondensering; *point of* ~ verdigtings= punt. **con·densed** gekondenseer(d); verdik; saamgevat, ver= kort; ~ *milk* gekondenseerde melk, kondens=, blikkiesmelk.

**con·dens·er** kondensator, verdikker; (ver)koeler; vervloei= er; *(stoom)* verdigter, kondensor; *(elek.)* kapasitor. ~ **lens** kon= densor=, versamellens.

**con·dens·ing:** ~ **agent** kondenseermiddel. ~ **coil** koelpyp, =slang. ~ **surface** kondenseeroppervlak.

**con·de·scend** neerbuig; jou verwerdig; jou verneder/ver= laag; afdaal; ~ *to* ... so goed/vriendelik wees om te ...; jou verwerdig om te ...; ~ *to s.o.* tot iem. afdaal. **con·de·scend·ing** neerbuigend, minagtend, aanmatigend, hooghartig, meewa= rig; *be* ~ *towards s.o.* iem. neerbuigend behandel.

**con·di·ment** smaakmiddel, spesery.

**con·di·tion** *n.* toestand, staat, gesteldheid, kondisie; voor= waarde, voorbehoud, stipulasie; *(med.)* siekte, kwaal, aan= doening; *(i.d. mv.)* toestand(e), omstandighede; *accept the* ~*s* die voorwaardes aanvaar; ~*s are favourable for* ... die toestand is gunstig vir ...; *impose*/*make* ~*s* voorwaardes stel; *in a good*/*bad* ~ in 'n goeie/slegte toestand, in goeie/ slegte kondisie; *be in no* ~ *to* ... nie geskik (*of* in staat) wees om te ... nie; *be in the pink of* ~ perdfris wees, in blakende gesondheid/welstand verkeer, 'n toonbeeld van gesondheid wees; *s.o. is in a serious* ~, *s.o.'s* ~ *is serious* iem. verkeer in 'n bedenklike toestand, iem. se toestand is bedenklik; *make it a* ~ *that* ... as voorwaarde stel dat ...; ~*s of employment* diensvoorwaardes; ~*s of sale* verkoop(s)voorwaardes; *on no* ~ glad (en geheel) nie; nooit; in/onder geen omstandighede nie; *on* ~ *that* ... op voorwaarde dat ..., mits ...; *on this* ~ op dié voorwaarde; *be out of* ~ nie fiks wees nie; *satisfy the* ~*s* aan die vereistes/voorwaardes voldoen; *be subject to* ~*s* aan voorwaardes onderhewig wees; *under these* ~*s* in dié om= standighede; *weather* ~*s* weersomstandighede; die weers= gesteldheid. **con·di·tion** *ww., (psig.)* kondisioneer; opknap *(hare)*; versorg; afrig, dresseer, op peil bring; gewoond maak *(aan)*, voorberei *(op)*; bepaal, vasstel, afhanklik maak van. **con· di·tion·al** voorwaardelik, kondisioneel; ~ *mood*, *(gram.)* voor= waardelike wys(e); ~ *on*/*upon* ... op voorwaarde dat ...; *make s.t.* ~ *on*/*upon* ... iets van ... afhanklik maak; ~ *selling* kop= pelverkoop. **con·di·tioned** *(psig.)* gekondisioneer(d); *be* ~ *by* ... deur ... bepaal word; ~ *reflex*, *(psig.)* gekondisioneerde/ aangeleerde refleks; ~ *response*, *(psig.)* gekondisioneerde re= aksie/respons; *be*/*become* ~ *to* s.t. aan iets gewoond wees/ raak; *look well* ~, *(dier)* goed versorg lyk. **con·di·tion·er** op= knapper. **con·di·tion·ing** *(psig.)* kondisionering.

**con·do** -dos, *(Am., infml.)* →CONDOMINIUM.

**con·dole:** ~ *with s.o.* medely(d)e met iem. betoon/betuig, simpatie met iem. betuig, met iem. simpatiseer. **con·do· lence, con·dole·ment** medely(d)e, simpatie; betuiging van meegevoel; roubeklag; *convey/express/offer one's sincere* ~s *(to s.o.) on the death of* … jou innige simpatie teenoor iem. betuig met die dood van …; *letter of* ~ brief van meegevoel/ medely(d)e/simpatie; *motion/vote of* ~ *with s.o.* mosie van roubeklag teenoor iem..

**con·dom** kondoom.

**con·do·min·i·um** *-ums* kondominium; *(Am.)* deel(titel)= gebou, deel(titel)blok; deeltitelwoonstel.

**con·done** vergeef, vergewe, verskoon, oorsien; goedmaak. **con·don·a·ble** verskoonbaar. **con·do·na·tion** vergewing, vergif(fe)nis, verskoning; kwytskelding; versoening.

**con·du·cive:** *s.t. is* ~ *to* … iets is vir … bevorderlik, iets dra tot … by.

**con·duct** *n.* gedrag, optrede; houding; lewenswyse; be= stuur, beheer; behandeling; geleiding *(v. warmte)*; **bad/good** ~ slegte/goeie gedrag; *in the* ~ *of* life in die handel en wan= del; ~ *of a* **meeting** leiding van 'n vergadering; *s.o.'s* ~ *to= (wards) s.o.* iem. se gedrag teenoor iem.. **con·duct** *ww.* ge= dra; bestuur; lei, aanvoer *('n aanval ens.);* rondlei, geleide doen *(iem.);* (be)dryf, (be)drywe *('n onderneming);* doen, ver= rig; uitvoer *('n proefneming);* voer *('n briefwisseling);* afneem *('n eksamen);* instel *('n ondersoek);* dirigeer *('n orkes);* gelei *(warmte);* aflei *(weerlig); s.t. is* ~ed *by* … iets staan onder (die) leiding van …; ~ *o.s.* … jou … gedra *(voorbeeldig ens.);* ~ed *tour* begeleide toer.

**con·duct·ance** *(fis.)* konduktansie.

**con·duct·ing:** ~ **bundle** geleidings=, vaatbundel. ~ **tissue** geleidingsweefsel. ~ **wire** geleidraad.

**con·duc·tion** geleiding, konduksie.

**con·duc·tiv·i·ty** *(fis.)* gelei(dings)vermoë, konduktiwiteit; ~ *of heat* warmtegeleiding; *specific* ~ gelei(dings)vermoë, konduktiwiteit.

**con·duc·tor** kondukteur; dirigent; kapelmeester; gids; leier, aanvoerder; bestuurder; *(fis.)* geleier; *(elek.)* geleidraad; weer= ligafleier; *bad/good* ~ *of heat* slegte/goeie warmtegeleier; ~'s *stick/wand* dirigeerstok.

**con·duit** (afvoer/toevoer)kanaal; afvoerbuis, =pyp; toevoer= buis, =pyp; pyp(leiding); *(elek.)* leipyp; deurlaat *(v. sluis);* riool(afvoer)pyp.

**con·dyle** *(anat.)* gewrigsknobbel.

**cone** *n.* keël, kegel, konus; tregter; keël=, kegelbessie; *ice- cream* ~ roomyshoring, =horinkie; *pine* ~ dennebol. **cone** *ww.* keël=/kegelvormig maak; *(boom)* keëls/kegels dra; ~ *s.t. off* iets met keëls/kegels afsluit *(baan v. snelweg).*

**co·ney** →CONY.

**con·fec·tion** bereiding; (die) aanmaak; vervaardiging; soe= tigheid(jie); soetgoed; lekkers, lekkergoed; (fyn)gebak; *(infml.)* fieterjasie, tierlantyntjie, foefie. **con·fec·tion·er** banket=, koek=, soet=, fynbakker; lekkergoedmaker; ~'s *shop* lekkergoed= winkel. **con·fec·tion·er·y** (fyn/soet)gebak; banketbakkers= ware; soetgoed; lekkers, lekkergoed; lekkergoedwinkel; ban= ketbakkery.

**con·fed·er·a·cy** verbond; (state)bond; konfederasie; kom= plot, samewering. **con·fed·er·ate** *n.* bondgenoot; lidstaat; samesweerder; medepligtige. **con·fed·er·ate** *adj.* verbonde, bond(s)=. **con·fed·er·ate** *ww.* 'n konfederasie vorm, kon= federeer; jou by 'n konfederasie aansluit; 'n verbond/bond= genootskap sluit; saamspan. **con·fed·e·ra·tion** bondgenoot= skap, (state)bond, verbond, konfederasie.

**con·fer** *-rr-* toeken, verleen, uitreik; bewys; beraadslaag, on= derhandel, oorleg pleeg, konfereer; ~ *s.t. on s.o.* iets aan iem. toeken *('n graad);* ~ *an order* **on** *s.o.* iem. dekoreer; ~ **together** (met mekaar) beraadslaag; ~ *with s.o. (on/about s.t.)* met iem. (oor iets) beraadslaag. **con·fer·ment, con·fer·ral** verlening, toekenning.

**con·fer·ence** konferensie, vergadering, byeenkoms; kon= gres; samespreking, bespreking, beraadslaging; *(relig.)* sino= de; *at a* ~ op 'n konferensie; **convene** *a* ~ 'n konferensie

belê; **hold** *a* ~ *on s.t.* 'n konferensie oor iets hou; *be in* ~ in 'n konferensie/vergadering wees; *be in* ~ *with s.o.* met iem. in konferensie wees. **con·fer·enc·ing** *(telekom.)* (die hou van) telekonferensies.

**con·fess** erken, toegee; beken, bely *(skuld);* bieg; *I have to* (or *must*) ~ *that* … ek moet sê dat …; ~ *to s.o.* aan iem. bieg; ~ *s.t. to s.o.* iets teenoor iem. beken. **con·fess·ed·ly** soos be= kend is; onteenseglik; volgens eie bekentenis. **con·fes·sion** erkenning, toegewing; bekenning; (skuld)belydenis, beken= tenis; ontboeseming; *(relig.)* bieg; *(relig.)* geloofsbelydenis, konfessie; *Augsburg C~* Augsburgse Geloofsbelydenis/Kon= fessie; *go to* ~ gaan bieg; *make a* ~ 'n bekentenis aflê/doen; *on s.o.'s own* ~ soos iem. self erken/toegee. **con·fes·sion·al** *n.* biegstoel; bieg; biegboek. **con·fes·sion·al** *adj.* belydend, belydenis=; bieg=; ~ *box/chair/stall* biegstoel; ~ *novel* bieg= roman; ~ *poetry* belydenispoësie. **con·fes·sion·ar·y** bieg=. **con= fes·sor** biegvader; belyer; geloofsgetuie.

**con·fet·ti** *(It.)* confetti, konfetti, (bruid)strooisel.

**con·fi·dant(e)** vertroueling, vertroude, boesemvriend, =vrien= din.

**con·fide** toevertrou; vertroulik *(of in vertroue)* meedeel; ~ *in s.o.* iem. in jou vertroue neem; jou hart by iem. uitstort; ~ *s.t. to s.o.* iem. iets vertroulik sê/meedeel.

**con·fi·dence** vertroue; selfvertroue; geloof, sekerheid, ge= rustheid; vrymoedigheid; geheim(pie), vertroulike medede= ling; *create* ~ vertroue wek; *gain/win s.o.'s* ~ iem. se ver= troue wen; *in* ~ vertroulik, in vertroue; *have/place* ~ *in s.o./ s.t.* vertroue in iem./iets hê/stel; *inspire* ~ *in s.o.* vertroue by iem. inboesem; *restore* ~ *in* … die vertroue in … herstel; *s.o.'s* ~ *in* … *is shaken* iem. se vertroue in … is geskok; *in strict* ~, *strictly in* ~ streng vertroulik; *tell s.o. s.t. in* ~ iem. iets vertroulik sê; *take s.o. into one's* ~ iem. in jou vertroue neem. ~ **trick** kullery, swendelary.

**con·fi·dent** vol vertroue; selfversekerd, vol selfvertroue; (dood)seker, (vas) oortuig; vrymoedig; hoopvol; *be* ~ *that* … (daarvan) oortuig wees *(of* vol vertroue wees) dat … **con·fi= dent·ly** met vrymoedigheid/gerustheid.

**con·fi·den·tial** vertroulik, konfidensieel; vertroud, vertrou= ens=; geheim; *strictly* ~ streng vertroulik. **con·fi·den·ti·al·i·ty** vertroulikheid. **con·fi·den·ti·al·ly** in vertroue, vertroulik.

**con·fig·ure** vorm gee aan, vorm. **con·fig·u·ra·tion** groepe= ring; gedaante, gestalte, vorm; ruimtelike bou/struktuur; ge= steldheid; *(rek.)* samestelling, konfigurasie; *(astron., chem., fis., psig.)* konfigurasie.

**con·fine** *n.* grens; gebied; terrein; uiterste; oorgang; *(i.d. mv. ook)* grensgebied; *within the* ~s *of* … binne die grense van … **con·fine** *ww.* beperk, begrens; bepaal; insluit; inperk; inhok; opsluit; kluister; *be* ~d *to bed* in die bed moet bly, bedlêend wees; ~ *o.s. to* … jou by … bepaal *(d. onderwerp ens.);* ~ *s.t. to* … iets tot … beperk. **con·fined** beperk, knap, beknop *(ruimte);* beklemmend, benouend *(atmosfeer).* **con·fine·ment** beperking; opsluiting, gevangenskap; *be (kept) in close* ~ in 'n beperkte ruimte aangehou word; in geslote arres wees; *be held/kept/placed/put in solitary* ~ in alleenopsluiting wees; *place/put s.o. in* ~ iem. (laat) opsluit.

**con·firm** bevestig, staaf, beaam; bekragtig; versterk, onder= skryf, =skrywe; goedkeur; aanneem *(as lidmaat).* **con·fir·ma= tion** bevestiging, beaming; bekragtiging; versterking; goed= keuring; aanneming; *in* ~ *of s.t.* ter bevestiging van iets; ~ *of/ for s.t.* bevestiging van iets. **con·firm·a·tive, con·firm·a·to·ry** bevestigend; bekragtigend; versterkend. **con·firmed** besliste; geswore; oortuigde; verstokte; bevestigde *(bespreking);* chro= niese *(siekte);* ~ *bachelor* verstokte oujongkêrel/vrygesel.

**con·fis·cate** beslag lê op, in beslag neem, konfiskeer; ver= beurd verklaar; afneem. **con·fis·ca·ble** verbeur(dverklaar)= baar, konfiskeerbaar. **con·fis·ca·tion** verbeurdverklaring, (in)= beslagneming, konfiskasie; *the* ~ *of s.t.* die beslaglegging op iets. **con·fis·ca·tor** beslaglegger, konfiskeerder. **con·fis= ca·to·ry** konfiskerend; ~ *tax* onteieningsbelasting.

**con·fla·gra·tion** verwoestende brand, vlammesee.

**con·flict** *n.* stryd, geveg, botsing, onenigheid, konflik(situ=
asie); teenstrydigheid; *be in* ~, *(verklarings)* teenstrydig wees,
teen mekaar indruis; *in* ~ *with* ... strydig *(of* in stryd) met
...; *in direct* ~ *with* ... lynreg in stryd met ...; *live in* ~ *with*
*s.o.* in onvrede met iem. leef/lewe; *come into* ~ *(with each
other)* (met mekaar) bots; *come into* ~ *with* ... met ... bots *(d.
gereg).* **con·flict** *ww., (belange)* bots; ~ *with* ... met ... bots
*(of* in stryd wees), strydig met ... wees; teen ... indruis. ~
**diamond** *(onwettig verhandel om insurgensie te finansier)* kon=
flikdiamant. ~ **resolution** konflikoplossing, geskilbeslegting.

**con·flict·ing** teenstrydig, botsend *(belange)*; strydend *(par=
tye).*

**con·flu·ence, con·flux** samevloeiing, sameloop *(v. rivie=
re)*; toeloop *(v. mense)*; sameloop *(v. omstandighede)*; versmel=
ting *(v. markte)*; samesmelting *(v. partye).* **con·flu·ent** saam=
vloeiend; meewerkend.

**con·form** konformeer; ~ *to* ... aan ... voldoen, ... nakom; met
... ooreenkom, volgens ... wees; jou na ... skik, jou by ... aan=
pas; *~ing to ...,* *(ook)* in ooreenstemming met *(of* ooreen=
komstig) ... **con·form·a·ble** ooreenkomstig, vormgetrou; pas=
send; gehoorsaam, onderdanig, inskiklik; *(geol.)* konkordant;
*(wisk.)* vermenigvuldigbaar; ~ *to* ... ooreenkomstig *(of* in oor=
eenstemming met) ... **con·for·ma·tion** vorm, bou, struktuur;
bouvorm; aanpassing, konformasie. **con·form·ism** meelo=
pery. **con·form·ist** *n.* konformis, meeloper, jabroer. **con=
form·ist** *adj.* konformisties. **con·form·i·ty, con·form·ance**
ooreenkoms, gelykvormigheid; ooreenstemming; inskiklik=
heid, onderwerping; nalewing, nakoming; *in* ~ *with* ... oor=
eenkomstig *(of* in ooreenstemming met) ...

**con·found** dronkslaan, verbyster; verwar, verward maak; ver=
ydel, fnuik; verslaan *(vyand).* **con·found·ed** in die war, oor=
bluf, dronkgeslaan; *(infml., vero.)* vervlakste.

**con·fra·ter·ni·ty** broederskap; bende.

**con·front** konfronteer; teenoor mekaar (te) staan (kom); die
hoof bied; teenoor (mekaar) stel, vergelyk; bymekaarbring;
*be ~ed by s.o.* deur iem. gekonfronteer word; *be ready to
~ s.o.* vir iem. oorgehaal wees; ~ *s.o.* *with* ... iem. met ...
konfronteer, iem. voor ... stel; *be ~ed with* ... met ... te kam=
pe hê, teenoor/voor ... staan, voor ... te staan kom *('n pro=
bleem).* **con·fron·ta·tion** konfrontasie; teenoorstelling.

**Con·fu·cius** Confucius, Konfusius. **Con·fu·cian** *n.* Confu=
ciaan, Konfusiaan. **Con·fu·cian** *adj.* Confuciaans, Konfusi=
aans.

**con·fuse** verwar, verward maak; verbyster; beduiwel; deur=
mekaar maak; ~ *the issue* die saak vertroebel; ~ *s.o.* *with s.o.*
*else* iem. met iem. anders verwar, iem. vir iem. anders aan=
sien; ~ *s.t. with s.t. else* iets met iets anders verwar. **con·fused**
verwar(d), deurmekaar; verbyster(d), dronkgeslaan; oorbluf;
wanordelik, deurmekaar; *be/become/get* ~ verward wees/raak,
deur die wind wees; onthuts wees/raak. **con·fus·ed·ly** ver=
ward, deurmekaar. **con·fus·ed·ness** verwardheid, verwar=
ring. **con·fus·ing** verwarrend. **con·fu·sion** verwarring, deur=
mekaarheid; verbystering, verbouereerdheid, ontreddering;
*(psig.)* verwardheid; warboel, harwar, wanorde; *cause/create*
~ verwarring stig; *in* ~ in die war, in 'n warboel, onderstebo;
*be in a state of* ~ in 'n harwar wees; *throw s.o. into* ~ iem.
(heeltemal) verwar; *throw s.t. into* iets (heeltemal) deurme=
kaarkrap; ~ *of ideas* begripsverwarring; ~ *reigned* groot ver=
warring het geheers; pandemonium het geheers.

**con·fute** *(fml.)* weerlê. **con·fut·a·ble** weerlegbaar. **con·fu·ta·
tion** weerlegging.

**con·ga** =gas, *n., (S.Am. dans)* conga. **con·ga** =gaed, =ga'd, *ww.*
conga, die conga dans.

**con·geal** (be)vries; stol, dik/styf word; saamklont(er); hard
word, verdik, verhard. **con·ge·la·tion** bevriesing; stolling; ver=
stywing; verdikking, verharding; bevrore massa; verdikte/ver=
harde massa.

**con·gen·ial** vriendelik, aangenaam; geesverwant, simpatiek;
*become* ~ ontdooi. **con·ge·ni·al·i·ty** vriendelikheid; geesver=
wantskap, simpatie.

**con·gen·i·tal** aangebore, erflik, oorgeërf; ~ *defect* aangebore
gebrek. **con·gen·i·tal·ly** van geboorte af.

**con·ger (eel)** seepaling, meeraal.

**con·ge·ries** *(ekv. of mv.)* versameling, hoop, massa.

**con·gest** op(een)hoop, saamhoop; verstop; verstop raak;
strem; oorlaai; bloedaandrang veroorsaak; saamdring. **con=
ges·tion** op(een)hoping, samehoping; opstopping, verstop=
ping; stremming; kongestie; stuwing; *(telef.)* oorlading; druk=
te, gewoel; ~ *of traffic* verkeersop(een)hoping.

**con·glom·er·ate** *n.* opeenhoping, samehoping; saamklon=
t(er)ing; *(geol., ekon.)* konglomeraat. **con·glom·er·ate** *adj.*
saamgepak, opgebol; saam=, samegestel(d). **con·glom·er·
ate** *ww.* opeenhoop, saamklont(er). **con·glom·er·a·tion** ver=
sameling, op(een)hoping, massa; konglomerasie.

**Con·go** *(geog.)* Kongo; *the Democratic Republic of* ~, *(sedert 1997)*
die Demokratiese Republiek Kongo; *~-Kinshasha, (1960-
71)* Kongo-Kinshasha; →ZAIRE. **Con·go·lese** *n. & adj.* Kon=
golees.

**con·grat·u·late** gelukwens; ~ *s.o. on/upon s.t.* iem. met iets
gelukwens. **con·grat·u·la·tion** gelukwensing. **con·grat·u·la·
tions** *tw.* geluk, hoor!, veels geluk!; *~s on ...!* (veels) geluk
met ...! *(d. geboorte v. jou baba).* **con·grat·u·la·to·ry** geluk=
wensend, gelukwensings.

**con·gre·gate** *ww.* versamel, vergader, byeenkom; saam=
drom; byeenbring. **con·gre·gat·ed** versamel(d); saamgehok.
**con·gre·ga·tion** vergadering; versameling; gemeente; kon=
gregasie. **con·gre·ga·tion·al** gemeentelik, gemeente=. **Con=
gre·ga·tion·al·ism** *(Chr. teol.)* Kongregasionalisme.

**con·gress** kongres, byeenkoms, vergadering; *(Am. parl.: C~)*
Kongres. **C~man** =men, **C~woman** =women, *(Am. parl.)* Kon=
greslid.

**con·gres·sion·al** kongres=.

**con·gru·ence, con·gru·en·cy** ooreenstemming, ooreen=
koms; saam=, samevalling; bestaanbaarheid *(met); (gram.)* kon=
gruensie. **con·gru·ent** ooreenstemmend; saam=, samevallend;
passend; bestaanbaar *(met); (wisk.)* gelyk en gelykvormig; kon=
gruent. **con·gru·i·ty** gepastheid; ooreenstemming; kongruen=
sie. **con·gru·ous** gelyk(vormig); ooreenstemmend; passend,
gepas.

**con·ic** *(wisk.)* keël=, kegelvormig, konies; ~ *section* keël=, ke=
gelsne(d)e. **con·i·cal** keël=, kegelvormig, konies; tregtervor=
mig; ~ *cap* puntmus.

**con·i·fer** keël=, kegeldraende plant, naaldboom, konifeer. **co=
nif·er·ous** keël=, kegeldraend; ~ *tree* naaldboom, konifeer.
**co·ni·form** keël=, kegelvormig.

**con·jec·ture** *n.* gissing, veronderstelling; konjektuur; *be mere
~* blote gissing wees. **con·jec·ture** *ww.* gis, veronderstel,
vermoed. **con·jec·tur·al** gegis, veronderstel(d); konjektu=
raal.

**con·join** *(fml.)* aansluit; saamsluit, verenig, verbind. **con·joint**
aangeslote; verenig, gemeenskaplik, verbonde; toegevoeg.
**con·joint·ly** gemeenskaplik; tesame, in vereniging met, ge=
samentlik.

**con·ju·gal** egtelik, huweliks=; ~ *fidelity* huwelikstrou; ~ *rights*
huweliksregte. **con·ju·gal·i·ty** huwelikstaat.

**con·ju·gate** *ww., (gram.)* vervoeg; saamsmelt, ineenvloei,
een word; toevoeg; konjugeer. **con·ju·gate, con·ju·gat=
ed** *adj.* verbonde; verwant; saamgevoeg; ooreenkomstig;
toegevoeg; gepaar(d), parig; ~ *to* ... aan ... toegevoeg. **con=
ju·ga·tion** *(gram.)* vervoeging; verbinding, saam=, samevoe=
ging; versmelting; konjugering, konjugasie.

**con·junct** *n., (log.)* konjunktiewe stelling; metgesel. **con=
junct** *adj.* saamgevoeg, verenig, meewerkend; toegevoeg.
**con·junc·tion** verbinding, vereniging; *(gram.)* voegwoord;

*(astron.)* konjunksie; *in* ~ *with* ... saam/tesame met ...; in oorleg/samewerking met ..., met (die) medewerking/samewerking van ... **con·junc·ture** sameloop van omstandighede, krisis.

**con·junc·ti·va** -*vas*, -*vae*, *(anat.)* (oog)bindvlies. **con·junc·ti·vi·tis** bindvliesontsteking, konjunktivitis.

**con·jure** oproep, te voorskyn roep; toor, goël, oë verblind; ~ *s.t. away* iets wegtoor; ~ *s.t. up* iets oproep *(of* soos met 'n towerslag te voorskyn bring); *s.t. to* ~ *with* iets wat wonders verrig *('n naam ens.).* **con·jur·er, con·jur·or** towenaar; kulkunstenaar, goëlaar. **con·jur·ing** kul-, goëlkuns, goëlery.

**conk**[1] *n., (Br., sl.)* neus; hou op die neus *(of* oor die kop). **conk** *ww.:* ~ *s.o.* iem. op die neus *(of* oor die kop) slaan.

**conk**[2] *ww.:* ~ *in/out, (infml.), (masjien ens.)* die gees gee, onklaar raak; *(iem.)* omkap.

**con·nate** aan-, ingebore; *(biol.)* verenig; *(biol.)* vergroei(d); *(geol.)* gelyktydig ingeslote, konnaat.

**con·nect** verbind, saamvoeg; in verband bring; in verbinding tree; aansluit; (aan)-, (in)skakel; koppel; konnekteer; ~ *s.t. to* ... iets aan ... verbind; ~ *up* verbind, aansluit, koppel, konnekteer; *s.t.* ~*s with* ... iets sluit by ... aan. **con·nect·ed** verbind, verbonde; samehangend; aaneengeskakel(d); aaneengeslote; *s.t. is closely* ~ *with* ... iets staan in noue verband met ...; *not be remotely* ~ nie die geringste verband met mekaar hê nie; *be well* ~ invloedryke familie/vriende hê; *be* ~ *with* ... by/in ... betrokke wees; met ... verbonde wees; met ... verband hou *(of* saamhang); aan/met ... verwant wees.

**con·nect·ing** verbindend, verbindings-, koppel-. ~ **door** tussendeur, verbindingsdeur. ~ **flight** aansluitings-, verbindings-, koppelvlug. ~ **line** verbindingslyn.

**con·nec·tion** verbinding; verband; verbondenheid; aansluiting; koppeling; (in)skakeling; verbindingstuk; verbindingsklem; samehang; betrekking; klandisie; praktyk; konneksie; *(elek.)* stopkontak; *(i.d. mv., ook)* (bloed)verwante; familiebetrekkinge; kennisse; konneksies, relasies; *in* ~ *with* ... in verband met ..., met betrekking tot ...; na aanleiding van ...; ~ *in parallel, (elek.)* parallelskakeling; *in this/that* ~ in hierdie/daardie verband, in verband hiermee/daarmee.

**con·nec·tive** *adj.* verbindend, saambindend, bind-; ~ *tissue, (med.)* bindweefsel. **con·nec·tiv·i·ty** *n.* orde van samehang; *(rek.)* aansluitbaarheid, konnektiwiteit. **con·nec·tiv·i·ty** *adj., (rek.)* verbindings-, koppel-, aansluit-.

**con·nec·tor** verbinder.

**con·ning** *(sk.)* bevelvoering. ~ **tower** uitkyk-, kommandotoring.

**con·nive:** ~ *at s.t.* iets oogluikend toelaat, die oë vir iets sluit; ~ *with s.o.* met iem. saamspeel *(om iets onwettigs te doen).* **con·niv·ance** oogluiking; *with s.o.'s* ~ met iem. se oogluikende toelating.

**con·nois·seur** kenner; fynproewer; connoisseur; *a* ~ *of* ... 'n kenner van ..., 'n ...kenner.

**con·note** beteken; bybetekenis hê, tegelyk beteken; inbegryp wees, insluit. **con·no·ta·tion** betekenis, sin; bybetekenis; begripsinhoud; intensiewe betekenis; inhoudsbepaling; konnotasie.

**con·quer** verower, oorwin, verslaan, baasraak; seëvier; onderwerp; oorweldig; inneem. **con·quer·a·ble** oorwinlik. **con·quered** oorwonne; ~ *person* oorwonnene. **con·quer·ing** seëvierend, triomfant(e)lik. **con·quer·or** oorwinnaar, veroweraar; oorweldiger.

**con·quest** oorwinning; verowering; onderwerping; wins, buit; *make a* ~ *of s.o./s.t.* iem./iets verower.

**con·quis·ta·dor** -*dor(e)s, (Sp., hist.)* veroweraar.

**con·san·guin·e·ous** (bloed)verwant; stamverwant; ~ *breeding* inteelt. **con·san·guin·i·ty** bloedverwantskap; stamverwantskap.

**con·science** gewete; *in all* ~ met 'n geruste gewete; regtig; *a bad/guilty/clean/clear/good* (or *an easy*) ~ 'n slegte/

skuldige/geruste/rein/rustige/skoon gewete; *s.o. has a guilty* ~ iem. se gewete kwel/pla hom/haar; *a matter of* ~ 'n gewetensaak; *have s.t. on one's* ~ iets op jou gewete hê; *pangs/pricks/qualms/stings of* ~ gewetensangs, -wroeging; *s.o.'s* ~ *pricks/stings him/her* iem. se gewete kla hom/haar aan *(of* kwel/pla hom/haar); *for* ~*(')* sake gewetenshalwe; *salve/soothe one's* ~ jou gewete sus. ~ **clause** gewetensbepaling, -klousule. ~ **money** gewetensgeld. ~**-stricken,** ~**-struck** met gewetenskwellinge/-wroeging, deur die gewete gekwel.

**con·science·less** gewete(n)loos.

**con·sci·en·tious** nougeset, konsensieus, plig(s)getrou; *on* ~ *grounds* gewetenshalwe; ~ *objection* gewetensbeswaar; diensweiering *(op gewetensgronde);* ~ *objector* gewetensbeswaarde; diensweieraar *(gewetenshalwe).* **con·sci·en·tious·ly** nougeset, plig(s)getrou, konsensieus; volgens eer en gewete. **con·sci·en·tious·ness** nougesetheid, plig(s)getrouheid.

**con·scious** (wel)bewus; *be* ~ *of* ... van ... bewus wees; *politically* ~ politiek bewus/georiënteer. **con·scious·ly** (wel)bewus; opsetlik.

**-con·scious** *komb.vorm* -bewus; *self-*~ selfbewus; *be weight-*~ jou gewig/figuur dophou, figuurbewus wees.

**con·scious·ness** bewustheid; bewussyn; *lose* ~ jou bewussyn verloor, flou word; *s.o.'s* ~ *of/that* ... iem. se bewustheid van/dat ...; *recover/regain* ~ bykom, jou bewussyn herwin; *stream of* ~ bewussynstroom. ~ **raising** *n.* bewussynsverruiming. ~**-raising** *adj.* bewussynsverruimend.

**con·script** *n.* dienspligtige, opgekommandeerde. **con·script** *adj.* ingeskrewe; opgekommandeer, dienspligtig. **con·script** *ww.* opkommandeer, tot krygsdiens oproep/verplig. **con·scrip·tion** opkommandering; diens-, krygsplig, konskripsie, verpligte krygsdiens.

**con·se·crate** heilig, wy; toewy; inseën, konsekreer; inwy *(gebou);* ~ *one's life to* ... jou lewe aan ... (toe)wy. **con·se·crat·ed** heilig, gewyd, toegewy. **con·se·cra·tion** wyding; toewyding; inseëning.

**con·sec·u·tive** opeenvolgend; gevolgaanduidend; deurlopend; ~ *number* volgnommer. **con·sec·u·tive·ly** agtereen-(volgens), opeenvolgend, na/agter mekaar, aanmekaar.

**con·sen·sus** (wils)ooreenstemming, konsensus; ~ *of opinion* eenstemmigheid; *reach* ~ *on s.t.* ooreenstemming oor iets bereik. **con·sen·su·al** konsensueel, uit ooreenkoms.

**con·sent** *n.* in-, toestemming, inwilliging, goedvinde; *age of* ~ toestemmingsouderdom, -leeftyd; *by (mutual)* ~ met wedersydse instemming; *by common* (or *with one)* ~ eenparig, -stemmig, met algemene instemming; *by common* ~ *s.o. is* ... almal stem saam dat iem. ... is; *give one's* ~ *to s.t.* toestemming tot iets gee; *silence gives* ~ wie swyg, stem toe. **con·sent** *ww.* in-, toestem, toestaan, inwillig; ~ *to s.t.* iets goedkeur, tot iets toestem; ~ *to do s.t.* instem/inwillig om iets te doen; ~ *to s.o. doing s.t.* inwillig *(of* [jou] toestemming gee) dat iem. iets doen. **con·sent·ing a·dult** instemmende volwassene.

**con·se·quence** gevolg, uitwerking; nasleep, voortvloeisel; uitvloeisel, konsekwensie; gevolgtrekking; belang(rikheid), gewig, betekenis; *as a* ~ ... gevolglik ...; *bear/face/suffer/take the* ~*s of* ... die gevolge van ... aanvaar/dra; *damn the* ~*s!* laat (daarvan) kom wat wil!; *in* ~ gevolglik; *in* ~ *of* ... as gevolg *(of* ten gevolge) van ...; *be of little* ~ van min belang wees; *be of no* ~ nie saak maak nie, ('n) bysaak wees; onbelangrik/onbeduidend wees; *regardful/regardless of the* ~*s* met/sonder inagneming van die gevolge; *weigh the* ~*s* die gevolge oordink/oorweeg. **con·se·quent** gevolglik, daarop-/uit volgende; *(geol.)* konsekwent *(rivier ens.);* ~ *on/upon* ... as gevolg van ..., voortspruitend(e) uit ... **con·se·quen·tial** gevolglik, daarop-/uit volgende; deur/daaruit ontstaande; belangrik, betekenisvol; ~ *damage* voortvloeiende skade. **con·se·quent·ly** gevolglik, derhalwe, as gevolg daarvan, daarom, dus; sodoende.

**con·serv·an·cy** raad van toesig; bewaring, beskerming.

**con·ser·va·tion** bewaring, behoud, beskerming, instand= houding; preservasie, preservering; ~ *of energy* behoud van energie, energiebehoud; ~ *of nature* natuurbewaring. ~ **area** bewaringsgebied, bewarea. ~ **dam** opgaardam. **con·ser·va= tion·ist** omgewingsbewaarder; natuurbewaarder; bewarings= gesinde.

**con·serv·a·tism** konserwatisme, behoudendheid; behoud= sug; *(pol., C~)* Konserwatisme.

**con·serv·a·tive** *n.* preserveermiddel; behoudende (mens), konserwatief; *(pol., C~)* Konserwatief, lid van die Konserwa= tiewe Party. **con·serv·a·tive** *adj.* behoudend, konserwa= tief, behoudensgesind; stemmig *(kleredrag)*; C~ *Party* Kon= serwatiewe Party. **con·serv·a·tive·ly** versigtig; konserwatief, op behoudende/konserwatiewe wyse; stemmig.

**con·serv·a·toire** konservatorium, musiekskool.

**con·serv·a·tor, con·serv·a·tor** bewaarder, opsiener; ~ *of forests, forest* ~ bosbewaarder.

**con·serv·a·to·ry** glashuis, broeikas, =huis; konservatorium, musiekskool.

**con·serve** *n.* konserf, ingelegde/ingemaakte vrugte. **con= serve** *ww.* behou; bewaar, in stand hou; bespaar *(water ens.)*; spaar *(jou kragte ens.)*; inlê, inmaak *(vrugte)*.

**con·sid·er** beskou; oordink, oorweeg; in ag neem, rekening hou met, in aanmerking neem; in gedagte hou; ontsien; meen, van mening wees, ag, beskou; ~ *s.t. carefully/favour= ably* iets sorgvuldig/gunstig/simpatiek oorweeg; ~ *s.t. fully* iets deurdink; ~ *s.t. necessary* iets nodig/noodsaaklik ag. **con= sid·er·a·ble** aansienlik, =merklik, beduidend; *be away (for) a* ~ *time* geruime tyd weg wees. **con·sid·er·a·bly** aansienlik, =merklik, heelwat. **con·sid·er·ate** bedagsaam, hoflik, vrien= delik, diskreet; sorgsaam, versigtig, omsigtig, behoedsaam. **con·sid·er·ate·ness** bedagsaam=, hoflik=, vriendelikheid, diskresie. **con·sid·er·a·tion** beskouing, oorweging, =denking; oorleg; vergoeding, beloning, teenprestasie; sorgsaam=, ver= sigtig=, omsigtigheid; *(fin.)* storting; *after careful/due* ~ na sorgvuldige/behoorlike oorweging; *give s.t.* (or *take s.t. into*) *favourable* ~ iets gunstig oorweeg; *for a* ~ teen betaling; om 'n beloning; *submit s.t. for s.o.'s* ~ iem. iets in/ter oorweging gee; *on further* ~ by nader(e) *(of* na verder[e]) oorweging; *give* ~ *to s.t.* iets oorweeg *(of* in oorweging neem); *have/ show* ~ *for s.o.* bedagsaam wees teenoor iem.; *in* ~ *of* ... as vergoeding/teenprestasie vir ...; ter wille van *(of* met die oog op) ...; *on no* ~ volstrek *(of* in/onder geen omstandighede) nie; *out of* ~ *for* ... uit agting vir ...; *take s.t. into* ~ iets in aanmerking neem; *it is under* ~ dit word oorweeg *(of* is in oorweging). **con·sid·ered:** *all things* ~ alles in aanmerking/ ag geneem/genome; *be* ~ ... vir ... deurgaan; as ... beskou word; *be* ~ *for s.t.* vir iets in aanmerking kom; *whatever is* ~ *necessary* wat ook al nodig geag word; ~ *opinion* weloor= woë mening. **con·sid·er·ing** aangesien; ~ *that* ... gesien dat ...; *s.o. did well,* ~ iem. het, alles in aanmerking geneem/ genome, goed gevaar.

**con·sign** toevertrou; oorlewer, =dra; (af)stuur, versend, oor= stuur *(goedere)*; ~ *s.o/s.t. to* ... iem./iets aan ... toevertrou. **con= sign·ee** ontvanger, geadresseerde. **con·sign·or, con·sign·er** afsender, versender.

**con·sign·ment** oordrag, =lewering; afsending; (be)sending; *on* ~ in besending. ~ **account** besendingsrekening. ~ **note** vragbrief.

**con·sist:** ~ *in/of* ... in/uit ... bestaan.

**con·sis·tent** konsekwent; beginsel=, koersvas; egalig; *(wisk.)* niestrydig; volgehoue, aanhoudend, gereeld; *be* ~ *with* ... met ... rym/strook. **con·sis·ten·cy** =cies, **con·sis·tence** =tences digtheid, vastheid, lywigheid; dikte; egaligheid; *(wisk.)* nie= strydigheid; *(fis.)* konsistensie; lywigheid *(v. vloeistof)*; bestand= heid *(v. tekstuur)*; ooreenstemming, verenigbaarheid; konse= kwensie; beginsel=, koersvastheid, reëlnigheid. **con·sis·tent= ly** konsekwent; beginsel=, koersvas; egalig; aanhoudend.

**con·sis·to·ry** kerkraad; konsistorie. **con·sis·to·ri·al** konsis= toriaal, kerkraads=.

**con·so·la·tion** troos, vertroosting, gerusstelling, opbeuring; *a poor* ~ ('n) skrale troos. ~ **prize** troosprys.

**con·sole**[1] *n.* stut, konsole; speeltafel *(v. orrel)*.

**con·sole**[2] *ww.* (ver)troos, opbeur; ~ *o.s. with s.t.* jou aan/met iets troos. **con·sol·a·ble** troosbaar. **con·sol·a·to·ry** troostend, troos=. **con·sol·ing** troostend; ~ *word* trooswoord.

**con·sol·i·date** vas/hard word; vasslaan; uitbou; verstewig, versterk, bevestig; verenig, konsolideer. **con·sol·i·da·tion** be= vestiging, versterking; verstewiging, bestendiging; verdig= ting; vasslaan *(v. grond)*; samesmelting; konsolidasie, konso= lidering.

**con·so·nant** *n.* medeklinker, konsonant. **con·so·nant** *adj.* gelykluidend, ooreenstemmend, =komstig. **con·so·nance, con·so·nan·cy** gelykluidendheid, ooreenstemming; eenstem= migheid; verenigbaarheid; harmonie; konsonansie; *in* ~ *with* ... in ooreenstemming met *(of* ooreenkomstig) ...

**con·sort** *n.* gade; medegenoot; metgesel; *(sk.)* gelei=, kon= vooiskip; *in* ~ *with* ... saam/tesame met ... **con·sort** *ww.* vergesel, begelei; ~ *with* ... met ... omgaan/verkeer. **con·sor= ti·um** =*tia* konsortium *(v. banke ens.)*.

**con·spe·cif·ic** *(biol.)* gelyksoortig.

**con·spic·u·ous** opvallend, opmerklik, opsigtig, opsigtelik, duidelik sigbaar; uitblinkend; *be* ~ *by one's absence* skitter deur jou afwesigheid; ~ *gallantry* uitnemende dapperheid; *make o.s.* ~ (die) aandag trek, indruk probeer maak; jou op die voorgrond dring. **con·spic·u·ous·ness** opvallendheid; opsigtigheid.

**con·spire** saamsweer, =span; saamwerk; ~ *against/with s.o.* met/teen iem. saamsweer. **con·spir·a·cy** samesswering, kom= plot; samespanning; ~ *of silence* doodswygkomplot. **con= spir·a·tor** samesweerder. **con·spir·a·to·ri·al** samesswering(s)=.

**con·sta·ble** konstabel, polisiebeampte. **con·stab·u·lar·y** po= lisie(mag).

**con·stant** *n., (wisk.)* konstante; onveranderlike waarde. **con= stant** *adj.* voortdurend, aanhoudend, ononderbroke, gedu= rig; gestadig; onveranderlik, konstant; lojaal, (ge)trou; stand= vastig, egalig, bestendig; *be* ~ *companions* gedurig bymekaar wees; ~ *spring* standhoudende fontein. **con·stan·cy** stand= vastigheid; bestendigheid; trou. **con·stant·ly** voortdurend, aanhoudend, gedurig, onophoudelik, onafgebroke, die hele tyd, heel=, deurentyd; egalig, bestendig.

**con·stel·la·tion** sterrebeeld, konstellasie; *the* ~ *of Orion* die sterrebeeld Orion; ~ *of states* konstellasie van state.

**con·ster·nate** *(gew. as volt.dw.)* ontstel, onthuts. **con·ster= na·tion** ontsteltenis, konsternasie; *to s.o.'s* ~ tot iem. se ont= steltenis.

**con·sti·pate** *(gew. as volt.dw.)* hardlywig maak, verstop, kon= stipeer. **con·sti·pa·tion** verstopping, verstoptheid, hardly= wigheid, konstipasie.

**con·sti·tute** saamstel, vorm, uitmaak; geld as; aanstel, be= noem; stig, oprig, konstitueer. **con·stit·u·en·cy** kiesafdeling; kiesdistrik; kiesers. **con·stit·u·ent** *n.* bestanddeel, samestel= lende deel; kieser; lasgewer. **con·stit·u·ent** *adj.* samestellend; konstituerend; ~ *assembly* grondwetgewende/konstitue= rende vergadering; ~ *part* bestanddeel; ~ *power* konstitu= erende mag; ~ *state* deelstaat.

**con·sti·tu·tion** samestelling; inrigting, stigting, oprigting, konstituering; (liggaams)gestel, =gesteldheid; staatsvorm, =in= rigting, =reëling; grondwet; konstitusie; *written* ~ geskrewe grondwet. ~ **(amendment) bill** (wysigings)wetsontwerp op die grondwet.

**con·sti·tu·tion·al** grondwetlik; (grond)wettig, konstitusi= oneel; C~ *Court, (SA)* Konstitusionele Hof; ~ *law* staatsreg, konstitusionele reg; *by* ~ *methods* met wettige middele, langs wettige weg; ~ *state* regstaat. **con·sti·tu·tion·al·ism**

konstitusionalisme; (die aanhang van) grondwettige rege=
ring. **con·sti·tu·tion·al·i·ty** grondwettigheid.

**con·strain** dwing; weerhou, bedwing; verplig, noodsaak;
vashou. **con·strained** *(ook)* verplig, gedwonge; begrens; on=
natuurlik; *feel ~ to* ... genoop/verplig voel om ... **con·straint**
dwang; gedwongenheid; begrensing, beperking; gestremd=
heid, stremming; opsluiting; *exercise/show ~ jou* bedwing/
inhou; *the ~s on s.t.* die beperkings op iets; *act under ~* onder
dwang handel.

**con·strict** toetrek, =druk, saamtrek, vernou, ingord, beknel,
inperk, beperk; saampers. **con·stric·tion** saamtrekking; saam=
persing; vernouing; beknelling, benoudheid, engheid.

**con·stric·tor** *(soöl.)* konstriktor(slang), wurgslang; *(med.)* saam=
perser, =trekker, vernouer; *boa ~* luislang, boakonstriktor. ~
**(muscle)** *(anat.)* saamtrek=, kring=, sluitspier; vernouspier,
vernouer *(v.d. iris).*

**con·struct** *n.* bousel, konstruksie; konsep, idee, denkbeeld;
*(psig., sosiol.)* konstruk. **con·struct** *ww.* saamstel, saam=
voeg; maak, bou, opstel, oprig, optrek; timmer; *(wisk.)* teken;
konstrueer.

**con·struc·tion** samestelling; bou, oprigting, opstelling; bou=
werk, bouery; uitvoering *(v. bouwerk)*; aanleg, maaksel; gebou;
konstruksie; *~ of a* **figure,** *(geom.)* teken(ing) van 'n figuur;
*put a ~ on s.t.* iets vertolk, 'n uitleg/vertolking aan iets gee, 'n
betekenis aan iets heg; *put a bad/good/wrong ~ on s.t.* iets sleg/
goed/verkeerd opneem/opvat; *be* **under** (or **in** [the] *course*
or **in** *the process of)* ~ in aanbou wees. ~ **company** boumaat=
skappy. ~ **engineer** konstruksie=, bou-ingenieur. ~ **industry**
boubedryf.

**con·struc·tion·al** boukundig, bou=; ~ **steel** boustaal.

**con·struc·tive** opbouend; boukundig, bou=; afgelei(d); af=
leibaar, konstruktief; ~ *criticism* opbouende kritiek; ~ *dismis=*
*sal* konstruktiewe afdanking; ~ *engagement* konstruktiewe be=
trokkenheid.

**con·struc·tor** samesteller; oprigter; maker, vervaardiger;
bouer, konstrukteur.

**con·strue** uitlê, verklaar; vertolk, interpreteer, opvat; verbind;
konstrueer; ~ *s.t. as* ... iets as ... vertolk; ~ *from* ... uit ... aflei.

**con·sul** konsul. ~ *general consuls general* konsul-generaal.

**con·su·lar** konsulêr.

**con·su·late** konsulaat; konsulskap.

**con·sul·ship** konsulskap.

**con·sult** beraadslaag, konfereer; raadpleeg, spreek *(dokter)*;
*(regsgeleerde)* konsulteer *(met 'n kliënt)*; in aanmerking neem; ~
*a* **book** 'n boek raadpleeg/naslaan; ~ *s.o.* iem. raadpleeg, iem.
se raad vra; ~ *together* raad hou; ~ *with s.o.* met iem. oorleg
pleeg. **con·sul·tan·cy** konsultasiediens; konsultasiewerk; kon=
sultasiefirma, =maatskappy; konsultasieburo; konsultantskap.
**con·sul·ant** konsultant; raadgewer, adviseur. **con·sul·ta·tion**
beraadslaging, raadpleging, oorleg(pleging); konsultasie; *in*
~ *with* ... in oorleg met ...; *joint* ~ gemeenskaplike oorleg.
**consultation fee** konsultgeld. **con·sul·ta·tive** raadplegend,
beraadslagend, konsulterend, adviserend; ~ *council* advies=
raad. **con·sult·ing** raadgewend; raadplegend; ~ *engineer* kon=
sultingenieur, raadgewende ingenieur; ~ *hours* spreekure; ~
*room* spreekkamer.

**con·sum·a·ble** *adj.* verteerbaar; verbruikbaar; verbruiks=; ~
*capital goods* verbruikbare kapitaalgoedere. **con·sum·a·bles**
*n. (mv.)* verbruiksgoedere.

**con·sume** verteer; verbruik, opgebruik; verslind, verorber,
opeet; vernietig; verkwis, vermors; uitteer; *be ~d by fire* ver=
brand wees/word; *be ~d with* ... deur/van ... verteer wees *(af=*
*guns ens.)*; van ... vergaan *(hoogmoed ens.).*

**con·sum·er** verbruiker, gebruiker. ~ **boycott** verbruikers=
boikot. **C~ Council** Verbruikersraad. ~ **confidence index**
*(afk.: CCI)* verbruikersvertroue-indeks *(afk.: VVI).* ~ **credit**
verbruikerskrediet. ~ **demand** verbruikersvraag. ~ **durable**
*n.* duursame verbruik(er)sartikel; *(i.d. mv.)* duursame ver=

bruik(er)sgoedere. ~**-friendly** verbruikersvriendelik. ~ **goods**
verbruik(er)sgoedere. ~ **price index** *(afk.: CPI)* verbruikers=
prysindeks *(afk.: VPI).* ~ **protection** verbruikersbeskerming.
~ **research** verbruikersnavorsing. ~ **resistance** verbruikers=,
kopersweerstand. ~ **spending** verbruiksbesteding.

**con·sum·er·ism** verbruikersdruk; verbruikerswese; verbrui=
kerskultuur.

**con·sum·er·ist** verbruiker= *(samelewing ens.)*; verbruikers=
*(etiek, kultuur, ens.).*

**con·sum·ing** *adj. (attr.)* brandende *(begeerte)*; onblusbare,
gloeiende *(geesdrif)*; verterende *(hartstog, passie)*; intense, vu=
rige *(belangstelling)*; verterende, grens(e)lose *(ambisie)*; koop=
*(krag)*; verbruiks= *(eenheid, toestel)*; verbruikers= *(publiek)*; ver=
bruikende *(land).*

**con·sum·mate, con·sum·mate** *adj.* volkome; volslae; vol=
leerd; ~ *rogue/scoundrel* deurtrapte skurk, aartsskurk; ~ *taste*
onberispelike smaak. **con·sum·mate** *ww.* voltrek, volvoer,
uitvoer, voltooi; ~ *a marriage* 'n huwelik volvoer. **con·sum·**
**ma·tion** voltooiing, volvoering, voltrekking; einddoel, hoog=
ste doel; slot; volmaaktheid, toppunt; ~ *of marriage* volvoe=
ring van die huwelik.

**con·sump·tion** vertering, verbruik; *for human ~* vir mens=
like gebruik; ~ *of power* kragverbruik; *unfit for human ~* on=
eetbaar. **con·sump·tive** verterend; verterings=.

**con·tact** *n.* aanraking, raking; voeling; verbinding; kontak;
kontakpersoon; tussenpersoon; *angle of ~* aanrakingshoek;
*break ~, (elek.)* kontak verbreek; *come into ~ with* ... met ...
in aanraking kom; *establish/make ~ with* ... met ... kontak
maak *(of* in aanraking/voeling kom); *establish/make ~s*
kontakte maak/opbou; *have* (or *be in)* ~ *with s.o.* met iem.
in aanraking wees; *lose ~ with s.o.* voeling met iem. verloor,
buite/uit voeling raak met iem.; *make ~, (elek.)* kontak maak;
*be out of ~ (with ...)* buite/uit voeling (met ...) wees; *point of*
~, *(elek.)* kontakpunt; *(wisk.)* raakpunt; *find a point of* ~ 'n aan=
knopingspunt vind. **con·tact, con·tact** *ww.* nader, in
aanraking bring/kom met, voeling kry met. ~**-breaker** uit=
skakelaar, stroom(ver)breker, =onderbreker. ~ **lens** kontak=
lens. ~ **mine** trap=, kontakmyn. ~ **point** *(elek.)* kontakpunt.
~ **situation** kontaksituasie. ~ **sport** kontaksport. ~ **surface**
aanrakingsvlak, raakoppervlak; kontakvlak. ~ **wire** stroom=,
kontakdraad.

**con·ta·gion** aansteking, kontakbesmetting; *(lett. & fig.)* aan=
steeklikheid; *(fig.)* verderf. **con·ta·gious** aansteeklik, oordraag=
baar, besmetlik deur aanraking; ~ *abortion, (veearts.)* besmet=
like misgeboorte, brucellose. **con·ta·gious·ness** aansteeklik=
heid.

**con·tain** inhou, bevat, insluit, inhê; in toom hou, bedwing,
stuit, in bedwang hou; ~ *o.s.* jou inhou. **con·tained** beheers=,
ingehoue, kalm, rustig; ~ *angle* ingeslote hoek; *s.t. is ~ in* ...
iets is in ... begrepe/vervat.

**con·tain·er** houer; bak, blik, boks, doos, bus, potjie. ~ **crane**
houerkraan. ~ **port** houerhawe. ~ **ship** houerskip.

**con·tain·er·ise, -ize** behouer. **con·tain·er·i·sa·tion, -za·tion**
houervervoer, =verskeping.

**con·tain·ment** insluiting; indamming; stuiting; *(fis.)* inper=
king *(v. radioaktiewe materiaal).* ~ **building** inperkgebou. ~
**dome** inperkkoepel.

**con·tam·i·nate** besoedel, verontreinig, bevlek, besmet, be=
derf, kontamineer; verpes. **con·tam·i·nant** kontaminant, smet=
stof, besmetter. **con·tam·i·na·tion** besoedeling, besmetting,
kontaminasie, verontreiniging; woordvermenging, kontami=
nasie. **con·tam·i·na·tive** besmetlik.

**con·tan·go** =gos, *(fin.)* verleng(ings)geld, prolongasie(geld);
→BACKWARDATION.

**con·tem·plate** beskou; aanskou; oorweeg, (be)peins, oor=
peins; beoog; van plan wees; verwag; ~ *marriage* aan trou dink.
**con·tem·plat·ed** *(ook)* oorwoë, voorgenome, beraamde. **con·**
**tem·pla·tion** beskouing; oorpeinsing; oorweging; bedoeling;
bespiegeling; *be deep in* ~ in gedagtes verdiep/versonke wees.

**con·tem·pla·tive, con·tem·pla·tive** beskouend, beskoulik; peinsend, nadenkend, kontemplatief.

**con·tem·po·ra·ne·ous** gelyktydig; van dieselfde tyd; ~ *with* ... uit dieselfde tyd as ...; net so oud soos ...

**con·tem·po·rar·y** *n.* tydgenoot. **con·tem·po·rar·y** *adj.* van ons/dié tyd, hedendaags; destyds(e); eietyds, aktueel; tydgenootlik; van dieselfde tyd/leeftyd; komtemporêr. **con·tem·po·rise, =rize** gelyktydig maak, laat saamval.

**con·tempt** veragting, minagting; versmading; *beneath* ~ benede kritiek; *s.o.'s* ~ *for* ... iem. se minagting/veragting vir ...; *have the greatest* ~ *for s.o./s.t.* iem./iets met die grootste minagting bejeën; *hold s.o./s.t. in* ~ iem./iets minag/verag, minagting vir iem./iets voel; *bring s.t. into* ~ iets 'n slegte naam gee, iets in minagting bring; ~ *of court/Parliament/etc.* minagting van die hof/Parlement/ens.; *treat s.o./s.t. with* ~ iem./iets met minagting behandel. **con·tempt·i·ble** veragtelik. **con·temp·tu·ous** minagtend, smalend, veragtend; honend, veragtelik; parmantig; *be* ~ *of s.t.* iets minag/verag.

**con·tend** stry, worstel; twis; wedywer; betoog, aanvoer, beweer; ~ *against s.o. for s.t.* teen iem. stry om iets; *have s.o. to* ~ *with* met iem. te doen/make hê; *have s.t. to* ~ *with* met iets te kampe hê. **con·tend·er** stryder, vegter; *be a* ~ *for s.t.* 'n mededinger om iets wees; 'n aanspraakmaker op iets wees. **con·tend·ing** *adj. (attr.)* teenstrydige *(gevoelens);* ~ *parties* strydende partye; *(jur.)* gedingvoerende partye, gedingvoerders. **con·ten·tion** twis; stryd; bewering; betoog; argument; standpunt; *a bone of* ~ 'n twisappel; *s.o.'s* ~ *is that* ... iem. betoog/beweer *(of* hou vol) dat ... **con·ten·tious** betwisbaar, betwyfelbaar, aanvegbaar, kontensieus; strydwekkend, omstrede; netelig; ~ *matter* twispunt(e), omstrede saak/sake. **con·ten·tious·ness** aanvegbaarheid.

**con·tent**[1] inhoud(sgrootte); inhoudsmaat; gehalte; *(i.d. mv.)* inhoud; omvang; *alcohol* ~ alkoholgehalte; *(cubical)* ~ kubieke inhoud; *local* ~ eie komponente/inhoud; *semantic* ~ begripsinhoud; *sugar* ~ suikerinhoud; *table of* ~*s* inhoudsopgawe.

**con·tent**[2] *n.* tevredenheid, voldaanheid, voldoening; *(Br., parl.)* ja-stem, tevredene; *to one's heart's* ~ na hartelus. **con·tent** *adj.* tevrede, voldaan, vergenoeg; *not* ~, *(Br., parl.)* nie tevrede; *be perfectly/quite* ~ doodtevrede wees; *be* ~ *with s.t.* met iets tevrede wees; iets vir lief neem; met iets genoeë neem. **con·tent** *ww.* tevrede stel, bevredig; ~ *o.s. with* ... volstaan met ...; jou vergenoeg met ... **con·tent·ed** tevrede, voldaan, vergenoeg. **con·tent·ed·ness** tevredenheid, voldaanheid, vergenoegdheid. **con·tent·ment** tevredenheid, voldaanheid.

**con·test** *n.* geskil, stryd; wedstryd, kragmeting; *a close* ~ 'n gelyke stryd; *the* ~ *for s.t.* die stryd om iets *(kampioenskap ens.);* *join in a* ~ aan 'n wedstryd deelneem; *it's no* ~ dis 'n ongelyke stryd. **con·test** *ww.* bestry, beveg, betwis; stry *(om);* wedywer *(om);* ~ *an election* aan 'n verkiesing deelneem; ~ *a seat* 'n setel betwis. **con·test·a·ble** betwisbaar, aanvegbaar, twyfelagtig, onuitgemaak, omstrede. **con·test·ant** stryder, strydende; deelnemer, mededinger; bestryder, beswaarmaker. **con·test·ed**: ~ *seat* betwiste/omstrede setel.

**con·text** (teks)verband, samehang, konteks; *it appears from the* ~ dit blyk uit die samehang/verband; *in* ~ in (sy/hul) verband; *in the* ~ *of* ... teen die agtergrond van ...; *out of* ~ buite (die) verband; *take s.t. out of its* ~ iets uit (sy/hul) verband ruk; *in this* ~ in hierdie verband; teen hierdie agtergrond. **con·tex·tu·al** kontekstueel, konteksgebonde. **con·tex·tu·al·ise, =ize** kontekstualiseer, in (die/'n) konteks plaas.

**con·tig·u·ous** aangrensend, aanliggend, rakend; digby, naburig; volgend; ~ *angle, (wisk.)* aangrensende hoek; *s.t. is* ~ *to* ... iets grens aan ...

**con·ti·nent**[1] *n.* vasteland, kontinent; *on the* ~ op die vasteland; *the C*~, *(Br.)* die (Europese) Vasteland. **con·ti·nen·tal** *n.* vastelander, bewoner van die/'n kontinent; *not care a* ~, *(infml.)* geen duit/duiwel omgee nie. **con·ti·nen·tal** *adj.* vastelands, kon-

tinentaal; ~ *breakfast* kontinentale/ligte ontbyt; ~ *climate* landklimaat, vastelandse klimaat; ~ *divide, (dikw. C~D~)* kontinentale waterskeiding *(i.d.N.Am.Rotsgebergte);* ~ *drift* kontinentskuiwing; ~ *shelf* vastelandsplat, kontinentale plat.

**con·ti·nent**[2] *adj.* matig, onthoudend; kuis; *(fisiol.)* kontinent. **con·ti·nence** matigheid; kuisheid, onthouding; selfbeheersing.

**con·tin·gen·cy** toevalligheid; gebeurlikheid; toeval, gebeurtenis; onvoorsiene uitgawe; *in a certain* ~ in sekere omstandighede; *in this* ~ as dit sou gebeur. ~ *fee* gebeurlikheidsgeld. ~ *fund* gebeurlikheidsfonds. ~ *plan* gebeurlikheidsplan, plan vir die wis en die onwis.

**con·tin·gent** *n.* afdeling, kontingent; aandeel, bydrae, kwota. **con·tin·gent** *adj.* gebeurlik, onseker; toevallig; bykomstig, bykomend; afhanklik; voorwaardelik; gebeurlik, moontlik; rakend; ~ *claim* moontlike/voorwaardelike eis; ~ *debt* moontlike skuld; ~ *liabilities* gebeurlike verpligtinge/laste, voorwaardelike laste/aanspreeklikheid; *s.t. is* ~ *on/upon* ... iets hang van ... af, iets is van ... afhanklik; ~ *payment* voorwaardelike betaling; ~ *services* bykomstige dienste.

**con·tin·u·al** gedurig, (dikwels) herhaal(d), aanhoudend, voortdurend, onophoudelik, gestadig. **con·tin·u·al·ly** voortdurend, onophoudelik, gedurig, deurentyd, heeldag, pal, heeltyd, aanhou(dend), gedurig(deur).

**con·tin·u·ance** duur; voortdurendheid; voortduring; voortsetting; verblyf.

**con·tin·u·a·tion** voortsetting, vervolg; voortgang, volhouding; voortduring, verlenging; *(fin.)* voortsetting, prolongasie; *(jur.)* verlenging, voortsetting, kontinuasie. ~ *classes* voortgesette onderwys. ~ *page* vervolgbladsy.

**con·tin·ue** aanhou, volhou; voortduur; vervolg, vervat, opvat, verder/vêrder voer, voortsit; voortgaan; volhard; (laat) bly; verleng; ~ *in English* oorslaan in/na Engels; ~ *one's studies* jou studie voortsit, verder/vêrder studeer; ~ *with* ... deurgaan met ...

**con·tin·ued** voortdurende, aanhoudende, onafgebroke, volgehoue, voortgesette, gedurige, vervolg-; *to be* ~ word vervolg; ~ *division* herhaalde/voortgesette deling; ~ *education* voortgesette onderwys; ~ *fraction* kettingbreuk; ~ *product* gedurige/meervoudige produk; ~ *proportion* gedurige eweredigheid.

**con·tin·u·ing** *adj. (attr.)* volgehoue *(beheer, beraadslaging, diskriminasie, kommer, ens.);* voortgesette *(opleiding, veldtog, ens.);* voortdurende *(druk ens.);* voortslepende *(probleem ens.);* aanhoudende *(oneinigheid ens.);* voortgaande *(debat ens.).*

**con·ti·nu·i·ty** samehang, verband, aaneenskakeling; gelykmatigheid, deurlopendheid, onafgebrokenheid; kontinuïteit. ~ *announcer* kontinuïteitsomroeper.

**con·tin·u·o** =*os, (It., mus.)* continuo.

**con·tin·u·ous** onafgebroke, ononderbroke, deurlopend, aaneenlopend, volgehoue, voortdurend; aaneengeslote; ~ *assessment* deurlopende evaluasie/beoordeling; ~ *credit* deurlopende krediet; ~ *current* gelykstroom; ~ *paper/stationery* kettingpapier, aaneenlopende papier. **con·tin·u·ous·ly** aaneen, heeltyd, strykdeur, eenstryk, deurlopend, sonder ophou, onafgebroke.

**con·tin·u·um** =*tinua, =tinuums, (Lat.)* kontinuum.

**con·tort** verdraai, verwring; kronkel. **con·tort·ed** verdraai(d), verwronge; gekronkel(d), opgerol. **con·tor·tion** verdraaiing, verwringing; kronkeling; *(i.d. mv. ook)* bogte. **con·tor·tion·ist** kontorsionis, lyfvlegter, =knoper.

**con·tour** *n.* omtrek; hoogte-, kontoerlyn; kontoer; kontoerwal. **con·tour** *ww.* met hoogtelyne merk; om 'n heuwel aanlê *('n pad);* kontoer. ~ *line* omtreklyn; hoogte-, kontoerlyn; isohips. ~ *map* kontoerkaart, hoogtekaart.

**con·tour·ing** aanlê van kontoerwalle; kontoerploeëry; gelykmaking, nivellering, normalisering.

**con·tra** teen, contra.

**con·tra·band** smokkelgoed(ere), smokkelware; sluik-, smok= kelhandel. ~ **goods** smokkelgoed(ere), sluikgoed(ere). ~ **trade** smokkelhandel.

**con·tra·bass** *(mus.)* kontrabas, basviool.

**con·tra·cep·tion** voorbehoeding, gebruik van voorbehoed= middels, voorkoming van swangerskap, kontrasepsie. **con= tra·cep·tive** *n.* voorbehoedmiddel (teen swangerskap). **con= tra·cep·tive** *adj.* voorbehoedend.

**con·tract** *n.* ooreenkoms, kontrak; verbintenis; *abandon a* ~ uit 'n kontrak terugtree; *according to* ~ volgens kontrak; *appoint s.o. on* ~ iem. op kontrak aanstel; *award a* ~ *to ...* 'n kontrak aan ... toeken; *breach of* ~ kontrakbreuk; *by/on/ under* ~ op kontrak; kontraktueel; *cancel/terminate a* ~ 'n kontrak opsê; *carry out* (or *execute) a* ~ 'n kontrak uitvoer; *conclude* (or *enter into) a* ~ 'n kontrak aangaan/sluit; *give/ put out s.t. on/to* ~ iets kontrakteer/uitbestee, iets op kontrak uitgee; *make a* ~ 'n kontrak aangaan/sluit; ~ *of service* dienskontrak; *the* ~ *terminates* die kontrak loop af; *win a* ~ 'n kontrak kry. **con·tract** *ww.* ooreenkom, kontrakteer; 'n kontrak aangaan/sluit; (in)krimp, saamtrek, bymekaartrek; *done and* ~*ed* gedaan en ooreengekom; ~ *an illness* (or *a disease)* 'n siekte opdoen/kry; ~ *in* inkontrakteer; ~ *out* uit= kontrakteer; ~ *out of s.t., (ook)* jou aan iets onttrek. ~ **bridge** kontrakbrug. ~ **killer** huur-, kontrakmoordenaar. ~ **price** kontrakprys. ~ **work** aanneemwerk.

**con·tract·ed** *(ook)* saamgetrek; verkort; beknop; bekrompe.

**con·tract·i·ble** saamtrekbaar; krimpbaar. **con·tract·i·bil·i·ty** saamtrekbaarheid.

**con·trac·tile** *(biol., fisiol.)* saamtrekbaar, krimpbaar.

**con·trac·tion** saam-, sametrekking, krimping; vernouing; verkorting, sluiting; kontraksie.

**con·trac·tor** kontraktant; kontrakteur, aannemer; onderne= mer; leweransier; saamtrek=, sluitspier; *building* ~ bouaan= nemer; ~ *to ...* kontraktant vir/van ...; leweransier aan ...

**con·trac·tu·al** kontraktueel, kontrak=; ~ *capacity/competence* handelingsbevoegdheid; *have* (or *be of) ~ capacity/competence* handelingsbevoeg wees. **con·trac·tu·al·ly** kontraktueel.

**con·tra·dict** weerspreek; teenspreek; ontken; teë=, teenpraat; opstry; ~ *o.s.* jouself teenspreek, met jouself in teenspraak kom, bonttrap. **con·tra·dic·tion** weerspreking; teenspraak; teë=, teenpratery; teenstrydigheid; *I can say without fear of* ~ *that ...* ons/almal stem tog saam dat ..., niemand kan dit be= twyfel/betwis nie dat ...; ~ *in terms* selfweerspreking. **con= tra·dic·to·ry** teenstrydig; ontkennend; ~ *to ...* strydig met ...

**con·tra·in·di·cate** *(med.)* as 'n teenaanduiding dien, 'n teen= aanduiding wees. **con·tra·in·di·ca·tion** teenaanduiding.

**con·tral·to** =*tos,* =*ti, (ook, in koorverband)* **al·to** =*tos, (mus.)* kontralto, alt.

**con·trap·tion** toestel, inrigting, vinding, uitvindsel, *(infml.)* affêring, prakseersel.

**con·tra·pun·tal** *(mus.)* kontrapuntaal.

**con·tra·ry** *n.* teenoorgestelde, teendeel; *on the* ~ daaren= teen; inteendeel; *anything to the* ~ *notwithstanding* ondanks strydige bepalinge; *evidence to the* ~ bewys van die teendeel, teenbewys; *message to the* ~ teenberig; *rumours to the* ~ teenoorgestelde gerugte. **con·tra·ry** *adj.* teenoorgestel(d); ~ *order* teenbevel; ~ *to ...* teen (of in stryd met of stry= dig met) ... *(goeie sedes ens.)*; in teen-/teëstelling met ...; ~ *to expectation* onverhoop, teen die verwagting in; ~ *wind* teen= wind. **con·tra·ry** *adj.* dwars(trekkerig), dwarskoppig, ver= keerd, befoeterd, weerbarstig, stroomop, moeilik, eiewys. **con·tra·ri·ness** koppigheid, eiewysheid, dwars(trekkerig)= heid, weerbarstigheid, befoeterdheid.

**con·trast** *n.* teen-, teëstelling, kontras; *in direct* ~ *to/with ...* in lynregte teen-/teëstelling met ...; *a harsh/sharp/stark/startling* ~ 'n skerp teen-/teëstelling/kontras; *be in* ~ *to/with ...* 'n teen-/ teëstelling/kontras met ... vorm. **con·trast** *ww.* stel teen= oor, vergelyk; teenoor mekaar stel; verskil; ~ *favourably/poor=*

*ly/unfavourably with ...* gunstig/sleg by ... afsteek; ~ *with ...* 'n teen-/teëstelling met ... vorm. **con·trast·ing** *adj. (attr.)* ver= skillende, uiteenlopende *(opvattings);* ~ *colour* kontrasterende/ teenstellende kleur, kontraskleur.

**con·tra·vene** oortree; betwis; strydig *(of* in stryd) wees met, indruis teen. **con·tra·ven·tion** oortreding; *be in* ~ *of ...* met ... in stryd wees, strydig met ..., wees, teen ... indruis.

**con·tre·temps** =*temps* rusie, dispuut, onenigheid.

**con·trib·ute** bydra; meewerk; ~ *to(wards) ...* tot ... bydra; tot ... meewerk *(mislukking).* **con·tri·bu·tion** bydrae; insending, kontribusie; medewerking; *make a* ~ *to ...* 'n bydrae tot ... lewer; *small* ~ bydraetjie. **con·trib·u·tor** bydraer; insender, medewerker *(v. blad);* donateur. **con·trib·u·to·ry** bydraend, meewerkend.

**con·trite, con·trite** berouvol, boetvaardig, verslae. **con·trite= ness, con·trite·ness, con·tri·tion** berou, (gewetens)wroe= ging.

**con·trive** regkry; prakseer; bewerkstellig; ~ *to do s.t.* dit reg= kry *(of* 'n plan maak) om iets te doen. **con·triv·ance** bedenk= sel, versinsel; uitvindsel; plan, streek, lis; toestel, middel. **con= triv·er** uitvinder, uitdinker, plan(ne)maker; *be a good* ~ vol oorleg wees.

**con·trol** *n.* beheer *(oor),* bestuur *(van);* mag; toesig, opsig; be= heerstheid; beheersing, bedwang, beteueling; aanvoering, lei= ding; reëling *(v. verkeer);* beskerming *(v. plante);* bestryding *(v. plae);* verstelling, bediening *(v. masjien);* bedieningsmiddel, stel-, stuurmiddel; roer *(v. vliegtuig); (lugv.)* verkeer(s)toring; vergelyking, kontrole; *(i.d. mv. ook)* beheermiddels; *at the* ~*s* aan die stuur; *get* ~ *of s.t.* die beheer oor iets verkry; *be in* ~ die beheer hê, die mag (in die hande) hê; *s.t. is in the* ~ *of s.o.* iets word deur iem. beheer; *lose* ~ *of o.s.* jou selfbeheersing verloor; *lose* ~ *of s.t.* die beheer oor iets verloor; *have* ~ *of/ over ...* die beheer oor ... hê; *be out of* ~ onkeerbaar/onbe= heerbaar/handuit *(of* buite beheer) wees; stuurloos wees; *get/ run out of* ~ buite beheer raak; *exercise* ~ *over s.o./s.t.* beheer oor iem./iets uitoefen; kontrole oor iem./iets hou; *keep* ~ *over o.s.* kalm/bedaard bly; *take* ~ *of s.t.* die beheer oor iets oorneem; die leiding van iets oorneem; *be under the* ~ *of ...* onder beheer van ... staan; onder kontrole van ... staan; *bring s.t. under* ~ iets in bedwang bring, iets baasraak; *the fire is under* ~ die brand is in bedwang; *keep s.o. under* ~ iem. in toom hou; *keep s.t. under* ~ iets in bedwang hou. **con= trol** =*ll-, ww.* beheers; bedwing, beteuel; reël *(verkeer);* be= stry *(plae);* toesig hou; stel, bedien; nagaan; kontroleer; regu= leer; ~ *o.s.* jou inhou/bedwing/beheers, kalm bly. ~ **board** beheerraad; kontrolebord. ~ **character** *(rek.)* beheerkarakter. ~ **column** stuurkolom. ~ **experiment** kontroleproef. ~ **key** *(rek.)* beheertoets, =knoppie. ~ **knob** kontroleknop(pie) *(op TV).* ~ **point** beheer=, kontrolepunt; *(doeane)* beheerpos; ver= keerspos; sluitpunt *(op paaie).* ~ **rod** reëlstang; wisselstang. ~ **tower** beheertoring. ~ **unit** *(rek.)* beheer=, kontrole-een= heid.

**con·trol·la·ble** beheerbaar; bestuurbaar; beteuelbaar; nare= kenbaar; kontroleerbaar.

**con·trolled** beheers; beheer, gekontroleer; gereguleer; ~ *study* vergelykende studie; *in a* ~ *voice* met 'n beheerste stem.

**con·trol·ler** beheerder; opsigter; kontroleur.

**con·trol·ling** ~ **company** beheermaatskappy. ~ **interest** be= herende aandeel; meerderheidsbelang.

**con·tro·ver·sy, con·tro·ver·sy** stryd(vraag), twispunt, ge= skil; twisgeskryf, polemiek; *a* ~ *about/over ...* 'n stryd oor ...; *arouse/cause* (or *stir up)* ~ omstredenheid veroorsaak; *engage in* ~ 'n polemiek voer. **con·tro·ver·sial** polemies; twissiek; be= twisbaar, aanvegbaar; omstrede, kontroversieel, twis=; ~ *cor= respondence* twisgeskryf, pennestryd; ~ *point* verskilpunt; ~ *question* twisvraag, =punt.

**con·tro·vert, con·tro·vert** betwis, bestry, ontken, weer= spreek; weerlê. **con·tro·vert·i·ble** weerlegbaar; betwisbaar.

**con·tuse** *(med.)* kneus. **con·tu·sion** kneusing, kneusplek.

**co·nun·drum** raaisel, strikvraag.

**con·ur·ba·tion** stedegroep, stedelike agglomerasie.

**con·va·lesce** aansterk, herstel, beter/gesond word. **con·va·les·cence** herstel(ling), hersteltyd, beterskap, genesing, aansterking.

**con·vec·tion** geleiding; oordraging; stroming, konveksie. ~ **oven** konveksieoond.

**con·vec·tor (heat·er)** konvektor, konveksieverwarmer.

**con·vene** byeenroep, saamroep, belê, oproep; byeenkom, vergader. **con·ven·a·ble** oproepbaar, belegbaar *(vergadering)*. **con·ven·er, con·ven·or** saam-, sameroeper, oproeper, belêer.

**con·ven·i·ence** *n.* gerief, gemak; geskiktheid; voordeel; *at s.o.'s* ~ wanneer dit iem. pas; *for the* ~ *of* ... vir die gemak/gerief van ...; *it is a* **great** ~ *to* ... dit is baie nuttig om te ...; *for the* **sake** *of* ~, *for* ~*(['] sake)* gerief(likheid)shalwe. ~ **food** geriefskos, -voedsel. ~ **store** *(Am.)* geriefswinkel.

**con·ven·i·ent** gerieflik, gemaklik; geskik, geleë; byderhand, digby; *at a* ~ *time* te(r) geleëner/gelegener tyd; *s.t. is* ~ *to s.o.* iets pas iem.. **con·ven·i·ent·ly** gerieflik; geriefshalwe; ~ *situated* gunstig geleë.

**con·vent** (nonne)klooster.

**con·ven·tion** byeenkoms; konvensie; kongres; byeenroeping; ooreenkoms; gebruik, gewoonte, tradisie, konvensie. **con·ven·tion·al** konvensioneel, normaal, gewoon, gebruiklik; vormlik; ~ *phrase* staande uitdrukking; ~ *weapons* gewone/konvensionele wapens. **con·ven·tion·al·ise, ·ize** konvensioneel maak; stileer. **con·ven·tion·al·ism** konvensionalisme.

**con·verge** (in een punt) saambring; *(lyne)* saamkom, -loop, -val, ineenloop; saamstroom; *(wisk.)* konvergeer; ~ *on* ... uit alle oorde na ... stroom; uit alle rigtings na ... saamloop. **con·ver·gence, con·ver·gen·cy** konvergensie, sameloop, samestroming. **con·ver·gent** saamlopend, naderend, konvergerend.

**con·ver·sant:** ~ *with* ... bekend/vertroud met *(of* op *[die]* hoogte van) ...; bedrewe in ...

**con·ver·sa·tion** gesprek, konversasie, gesels(ery); diskoers; *draw s.o. into* ~ iem. aan die praat kry; iem. by/in 'n gesprek betrek; *drop a* ~ 'n gesprek afbreek; *have a* ~ *with s.o.* 'n gesprek met iem. voer; *be in* ~ *with s.o.* met iem. aan die gesels wees; *make* ~ iets kry om oor te gesels, die/'n gesprek aan die gang hou, praatjies maak; *run out of* ~ uitgesels raak; *strike up a* ~ 'n gesprek aanknoop. ~ *mode (rek.)* gesprek(s)modus. ~ **piece** gespreksonderwerp, -tema, geselsonderwerp; *(skilderk.)* geselskapstuk; *(teat.)* gesprekstuk. ~ **stopper** *(infml.)* dooddoener.

**con·ver·sa·tion·al** onderhoudend, gesellig, spraaksaam; gemeensaam, omgangs-, gesprek(s)-. **con·ver·sa·tion·al·ist** geselser, gespreksvoerder.

**con·verse¹** *n.* gesprek; omgang. **con·verse** *ww.* praat, gesels; ~ *with s.o.* met iem. praat/gesels.

**con·verse²** *n.* (die) omgekeerde, teenoorgestelde. **con·verse** *adj.* omgekeerd, teenoorgestel(d). **con·verse·ly** omgekeerd.

**con·ver·sion** omkering, omdraaiing; bekering; omvorming; omskakeling; oorskakeling; *(fin.)* omrekening, herleiding *(v. deviese);* inwisseling *(v. banknote);* omsetting, omruiling, omwisseling, konversie *(v. skuld);* omskepping *(v. polis);* omsetting *(v. rekenaarkodes);* verwerking *(v. grondstowwe);* bewerking *(v. hout);* ombou(ing) *(v. voertuig);* afwerking *(v. kledingstowwe);* *(elek.)* omsetting; *(jur.)* toe-eiening; *(rugby)* doelskop; *the* ~ *from* ... *into/to* ... die omskakeling/omskepping/verandering van ... in/tot ...; die omsetting van ... in ...; die omrekening van ... in/tot ...; *the* ~ *from* ... *to* ... die bekering van ... tot ...

**con·vert** *n.* bekeerling, bekeerde; *a* ~ *to* ... 'n bekeerling tot ... **con·vert** *ww.* omsit, verander; omwissel; bekeer, tot bekering bring; bekeer word; ombou; omskep; omvorm; wissel

*(geld);* omreken; herlei; *(tekst.)* afwerk; verwerk; *(rugby)* verdoel *('n drie); be* ~*ed* bekeer word, tot bekering kom; ~ *s.t. from* ... *into/to* ... iets van ... in/tot ... omskakel/omskep/verander; iets van ... in ... omreken *(geld); preach to the* ~*ed* vir die bekeerdes preek; ~ *s.o. to* ... iem. tot ... bekeer.

**con·vert·er, con·vert·tor** omvormer, omsetter, omsitter; omrekenaar; omrekenmasjien; *(rad.)* mengtrap; omrekenboek, -tafel, -tabel; bekeerder.

**con·vert·i·ble** *n.* afslaankap(motor). **con·vert·i·ble** *adj.* verwisselbaar; inwisselbaar; omkeerbaar; omrekenbaar; verstelbaar; omvormbaar; omsetbaar, omsitbaar; omruilbaar; veranderbaar. **con·vert·i·bil·i·ty** verwisselbaarheid; inwisselbaarheid; omrekenbaarheid.

**con·vex** bol(rond), konveks; gewelf. **con·vex·i·ty** bol(rond)heid, konveksiteit, ronding.

**con·vey** vervoer, (oor)dra, oorbring; aanry; karwei; meedeel, gee; sê, beteken; uitdruk, inhou; weergee, vertolk; oormaak; oordra, transporteer *(eiendom); s.t.* ~*s nothing to s.o.* iets beteken/sê vir iem. niks; ~ *s.t. to s.o.* iets aan iem. oordra. **con·vey·a·ble** vervoerbaar; oordraagbaar. **con·vey·ance** vervoer; vervoermiddel, ryding, rytuig; oordrag; transport; mededeling. **con·vey·anc·er** akte-, transportbesorger, transport- en verbanduitmaker. **con·vey·anc·ing** akte-, transportbesorging.

**con·vey·er, con·vey·or** oorbringer, transporteur; karweier, vervoerder; afvoerder, wegvoerder; vervoertoestel. ~ **(belt)** (ver)voerband, lopende band, laaiband.

**con·vict** *n.* (tronk)gevangene, prisonier, dwangarbeider, bandiet. **con·vict** *ww.* skuld bewys; skuldig bevind/verklaar, veroordeel; ~ *s.o. of s.t.* iem. aan iets skuldig bevind *(diefstal ens.);* ~*ed person* veroordeelde.

**con·vic·tion** skuldigbevinding, -verklaring, veroordeling; oortuiging; *be a pacifist/vegetarian/etc. by* ~ 'n oortuigde *(of* uit oortuiging 'n) pasifis/vegetariër/ens. wees; *previous* ~ vorige veroordeling; *s.t. strengthens s.o.'s* ~ *that* ... iets sterk iem. in sy/haar oortuiging dat ...; *strong* ~*s* 'n sterk oortuiging.

**con·vince** oortuig; *be firmly* ~*d that* ... vas (daarvan) oortuig wees dat ...; *be* ~*d of s.t.* van iets oortuig wees; ~ *s.o. of s.t.* iem. van iets oortuig. **con·vinc·i·ble** oortuigbaar. **con·vinc·ing** oortuigend, aanneemlik, geloofwaardig; afdoende *(bewys).*

**con·viv·i·al** feestelik, vrolik. **con·viv·i·al·i·ty** feestelikheid, vrolikheid; tafelvreugde, geselligheid.

**con·voke** byeenroep, belê, saamroep. **con·vo·ca·tion** belegging, byeenroeping; byeenkoms, vergadering; ring *(v. kerk);* konvokasie.

**con·vo·lute, con·vo·lut·ed** kronkelend, gekronkel(d), opgerol, slingerend.

**con·vo·lu·tion** winding, kronkeling, draai; oprolling, opdraaiing.

**con·vol·vu·lus** *-luses, -li, (bot.)* slingerblom, (purper)winde, eendagmooi, trompetter(blom).

**con·voy** *n.* konvooi; geleide; gelei-, konvooiskip, konvooivaarder, konvooier; *in* ~ in konvooi *(ry, vaar).* **con·voy** *ww.* ('n konvooi) begelei.

**con·vulse** skud; stuiptrekkings/krampe veroorsaak; skok, in beroering bring; *be* ~*d with laughter* skud/stik *(of* krom lê) van die lag. **con·vul·sion** rukking, skudding; spierkramp; krampaanval, stuip(trekking), trekking; skok, beroering; (aard)bewing; *be in* ~*s, (infml.)* skud/stik *(of* krom lê) van die lag. **con·vul·sive** krampagtig, stuipagtig; vol beroering, veelbewoë, stuiptrekkend.

**co·ny** *-nies,* **co·ney** *-neys* konyn(pels/bont).

**coo** *ww.* koer, kir; murmel; *(duif)* roekoek; *bill and* ~, *(ook)* vry, mekaar liefkoos. **coo·ee, coo·ey** *tw.* hoe-(h)oe. **coo·ing** gekoer, gekir, babageluide; gemurmel.

**cook** *n.* kok; *too many* ~*s spoil the broth* te veel koks bederf die bry. **cook** *ww.* kook, gaarmaak; opkook; stoof, stowe; ~ *accounts* rekenings vervals; *be* ~*ing, (sl., sport ens.)* speel/

ens. dat dit klap/gons, 'n barshou speel/ens., 'n kookwater speler/ens. wees; ~ *the* **books** die boeke beknoei/manipuleer; ~ *s.t.* **up,** *(infml.)* iets versin/fabriseer; **what's** ~*ing?, (lett.)* wat is aan die kook?; *(fig.)* wat is aan die gang?. ~**book** *(Am.)* kookboek. ~-**chill** *adj. (attr.):* ~ *food* gaar, verkoelde *(of* verkoelde klaargaar) kos. ~**'s cap** koksmus. ~**'s knife** koksmes.

**cook·er** koker; kooktoestel; kookpot, kookding; stoof; (veld)=kombuis; stowevrug; vervalser.

**cook·er·y** kookkuns. ~ **book** kookboek, resepteboek.

**cook·ie** *(Sk.,Am.)* (droë) koekie; *(rek.)* koekie; *smart* ~, *(infml.)* slim kalant/ou/meisie/vrou/ens.; agtermekaar ou/kêrel/mei=sie/vrou/ens.; *s.o.'s a tough* ~, *(infml.)* iem. laat hom/haar nie sommer onderkry/ondersit nie; *that's the way the* ~ *crumbles, (infml.)* dit is nou maar die beloop *(of* eenmaal so), so gaan dit maar.

**cook·ing** (die) kook, kokery; kookkuns. ~ **apple** kook=, stoof=appel. ~ **bag** baksak(kie); kooksak(kie). ~ **chocolate** kook=sjokolade. ~ **fat** kook=, braaivet. ~ **oil** kookolie, braai-olie. ~ **salt** growwe sout, kombuissout. ~ **soda** koeksoda. ~ **spray** kossproei. ~ **utensils** kookgerei.

**cool** *n.* koelte; *(sl.)* kalmte, selfbeheersing; *keep one's* ~, *(infml.)* kalm bly, die kalmte bewaar; *lose one's* ~, *(infml.)* opgewon=de/onbeheers raak. **cool** *adj.* koel, fris, kouerig; bedaard, kalm, ongeërg; onverskillig, lusteloos; flou *(reuk);* lou *(stryk=yster);* astrant; *(sl.)* kief, koel; ~, *calm and collected* kalm en bedaard, rustig en beheers; *as* ~ *as a* **cucumber** dood=kalm, =luiters; *a* ~ *customer/hand* 'n onversteurbare/on=verstoorbare mens; *keep* ~, *(lett.)* koel bly; *(fig.)* kalm/be=daard bly; *keep s.t.* ~ iets koel hou; *make a* ~ **million** mooi=tjies 'n miljoen maak; *be* **quite** ~ *about s.t.* ewe ongeërg oor iets wees; *that's* ~!, *(infml.)* dis wonderlik!. **cool** *adv.: play it* ~, *(infml.)* koelkop *(of* koel en kalm) bly; geen/g'n spier ver=trek nie; 'n ongeërgde houding aanneem. **cool** *ww.* afkoel; (ver)koel; bekoel; verkil; ~ **down** afkoel *(lett. & fig.);* bedaar; ~ *s.t.* **down** iets (ver)koel; iets koudlei *(perd); let s.t.* ~ **down** iets laat afkoel; ~ *it!, (infml.)* bly kalm!, bedaar!, moenie op=gewonde raak nie!; ~ *off* afkoel *(lett. & fig.);* bedaar. ~ **bag** koelsak, =tas. ~ **box** koelhouer, =boks. ~ **drink** koeldrank. ~-**headed** koel, bedaard, kalm.

**cool·ant** koelmiddel, afkoelingsmiddel.

**cool·er** koeler; koelkas, =kis, =bak, =emmer; (af)koelrooster; verkoeler; watersak; *(infml.)* tjoekie; *(infml., rugby)* koelkas.

**cool·ing** (ver)koeling; verkoelend; afkoeling. ~ **agent** koel=middel. ~-**off** afkoeling. ~-**off period** afkoel(ings)tydperk, =periode. ~ **tower** koeltoring.

**cool·ly** koel(tjies), kalm(pies), ongeërg, (dood)bedaard.

**cool·ness** koelheid; kalmte; stugheid.

**coon** *(SA)* klops. ~ **carnival** *(ook C~ C~),* **Cape minstrel car=nival** klopsekarnaval, =fees. ~ **song** moppie, klopslied(jie).

**coop** *n.* fuik; (hoender)hok. **coop** *ww.* opsluit; ~ *s.o. up* iem. inhok.

**co·op, co-op** *(infml.)* koöp(erasie), ko-op(erasie), koöpe=ratiewe/ko-operatiewe vereniging; koöp, ko-op, koöperasie=, ko-operasie(winkel), koöperatiewe/ko-operatiewe winkel.

**coop·er** kuiper, vatmaker. **coop·er** *ww.* kuip; inkuip; op=knap.

**co·op·er·ate, co-op·er·ate** saam=, meewerk, saamspan; *(fig.)* saamspeel; ~ *with s.o.* met iem. saamwerk. **co·op·er·a·tion, co-op·er·a·tion** samewerking, medewerking; saam=werk(maatskappy), koöperatiewe/ko-operatiewe maatskap=py, koöperasie, ko-operasie; *give one's* ~ jou samewerking gee/verleen, saamwerk; *in* ~ *with* ... met (die) mede-/same=werking van *(of* in samewerking met) ...; *with the* ~ *of* ... met (die) mede-/samewerking van ..., met ... se mede-/same=werking. **co·op·er·a·tive, co-op·er·a·tive** *n.* koöperasie, ko-operasie, koöperatiewe/ko-operatiewe maatskappy/vereni=ging/winkel. **co·op·er·a·tive, co-op·er·a·tive** *adj.* koöperatief,

ko-operatief; meewerkend; meegaande, tegemoetkomend, behulpsaam, hulpvaardig; saamwerkend, saamwerk=; ~ *spir=it* gees van samewerking. **co·op·er·a·tive·ness, co-op·er·a=tive·ness** meegaandheid, behulpsaamheid, hulpvaardigheid, tegemoetkomendheid.

**co·opt, co-opt** koöpteer, ko-opteer, tot medelid kies, assu=meer; *with the right to* ~ met reg van assumpsie. **co·op·ta·tion, co-op·ta·tion, co·op·tion, co-op·tion** koöpsie, ko-opsie, koöptasie, ko-optasie, koöptering, ko-optering.

**co·or·di·nate, co-or·di·nate** *n.* koördinaat, ko-ordinaat; *(mode)* pasmaat; *(i.d. mv.)* ensemble. **co·or·di·nate, co-or·di·nate** *adj.* gelyk(waardig); van dieselfde rang/orde/mag; newegeskik; gekoördineer(d), geko-ordineer(d). **co·or·di·nate, co-or·di·nate** *ww.* gelykstel; neweskik; saam=snoer, in onderlinge verband bring/skik; koördineer, ko-or=dineer. ~ **axes** koördinaat=, ko-ordinaatasse, assekruis, =paar. **co·or·di·nat·ing, co-or·di·nat·ing** neweskikkend *(voegwoord);* koördinerend, ko-ordinerend. **co·or·di·na·tion, co-or·di·na=tion** gelykstelling; neweskikking; koördinasie, ko-ordinasie. **co·or·di·na·tor, co-or·di·na·tor** koördinator, ko-ordinator.

**coot** *(orn.):* red-knobbed ~ bleshoender.

**co-own·er** *n.* mede-eienaar.

**cop** *n., (sl.)* polisiebeampte, konstabel. **cop** =*pp-, ww., (sl.)* vang; vaslê; ~ *a* **clout** 'n hou kry; ~ *a* **feel** vatterig raak; ~ **hold of** *s.t.* iets (vas)gryp; ~ *it* jou vasloop, teen-/teëspoed kry; in die moeilikheid sit/wees; *(straf kry)* les opsê; gevang word; *(doodgaan)* aftjop; ~ *a* **load** *of this* hoor ('n) bietjie hier; ~ *out of s.t.* iets ontduik, jou uit iets loswikkel; iets omseil. ~-**out** *(sl.)* kopuittrekkery; ontwikingsaksie; uitvlug; terugdeinsing; wegskrammery. ~ **shop** *(sl.)* polisiekantoor.

**co·part·ner** deelgenoot, vennoot, medebelanghebbende. **co·part·ner·ship** deelgenootskap, vennootskap, medeseggen=skap.

**cope** *ww.* hanteer; bybly, =hou; *s.o. can't* ~ *(any longer)* alles is/raak/word te veel vir iem.; ~ *with s.t.* (aan) iets die hoof bied; teen iets opgewasse wees; iets baasraak, met iets klaar=speel.

**Co·pen·ha·gen** *(geog.)* Kopenhagen; *(kookk.)* Kopenhaagse bolletjie.

**cop·i·er** kopieerder, kopieermasjien; kopieerder, kopiïs, af=, naskrywer; oorskrywer; nabootser.

**co·pi·lot** medevlieënier, =loods.

**cop·ing** deklaag, =strook; oorhangende rand; bekroning, kroon, laaste afwerking. ~ **saw** kurwe=, patroon=, figuur=saag.

**co·pi·ous** volop, oorvloedig; uitvoerig; ryk. **co·pi·ous·ly** vol=op, ruim, oorvloedig; ryklik. **co·pi·ous·ness** oorvloed(ig=heid); uitvoerigheid; rykdom, weelde.

**co·pla·nar** *(geom.)* saamvlakkig.

**cop·per¹** *n., (chem., simb.: Cu)* koper; *(i.d. mv. ook)* koper=(geld). **cop·per** *adj.* koper=, van koper; koperrooi. **cop·per** *ww.* met koper bedek/beklee/beslaan; verkoper. ~ **bit** soldeerbout. ~-**bottomed** *adj.* koperboom=; *(fig.)* betrou=baar; *(fig.)* solied; *(fin.)* kerngesond; ~ *guarantees* vaste waar=borge; ~ *safety* absolute veiligheid. ~-**clad, ~-sheathed** met koper beklee(d). ~-**coated** met koper bedek. ~-**coloured** koperkleurig. ~ **compound** koperverbinding. ~**head** mokas=sinslang. ~ **nickel** *(metal.)* nikkeliet. ~-**plate** *n.* koperplaat; koperblad; kopergravure; koperdruk. ~**plate** *ww.* verkoper; 'n kopergravure maak. ~**plate (writing)** fyn/duidelike skrif. ~**plating** verkopering; kopergraveerwerk. ~ **pyrites** *(chem.)* koperkies, chalkopiriet. ~**smith** koperslaer, =smid. ~ **sulphate** *(chem.)* kopersulfaat, blouvitriool. ~**ware** kopergoed, =ware. ~ **wire** koperdraad. **cop·per·y** koperagtig.

**cop·per²** *n., (sl.)* polisiebeampte, konstabel.

**cop·pice** *n.* kreupelbos; kreupelhout; ruigte. **cop·pice** *ww.* top *(boom).* ~ **forest** stomplootbos.

**cop·ro·lite** *(paleont.)* dreksteen, koproliet.

**copse** kreupelbos; kreupelhout; ruigte.

**Copt** Kopt. **Cop·tic** *n. & adj.* Kopties.

**cop·u·la** *-las, -lae* verbinding; koppelwoord; koppelwerk=
woord; *(anat.)* koepel.

**cop·u·late** paar, koppel, kopuleer. **cop·u·la·tion** paring, ko=
pulasie, geslagsgemeenskap. **cop·u·la·tive** verbindend; pa=
rend; ~ *verb* koppelwerkwoord. **cop·u·la·to·ry** parend; ~
*organ* paringsorgaan.

**cop·y** *n.* afskrif, kopie; afdruk; afgietsel; nabootsing; namaak;
reproduksie; eksemplaar *(v. boek)*; nommer *(v. tydskrif)*; ko=
pie, manuskrip; *a certified* ~ 'n gewaarmerkte afskrif; *s.t.
makes good* ~ iets maak 'n interessante berig uit. **cop·y** *ww.*
kopieer, oorskryf, -skrywe; af-, oorteken; naskilder; naskryf,
-skrywe; naboots, -maak; navolg, -doen; afkyk, -loer, -skryf,
-skrywe; oorneem; ~ *from s.o.* by/van iem. afkyk/-skryf/-skry=
we; ~ *out s.t.* iets oorskryf/-skrywe. ~**book** *n.* skoonskrifboek.
~**book** *adj. (attr.)* volmaakte, fout(e)lose; gewone, alledaag=
se; onoorspronklike; ~ *writing* skoonskrif. ~**cat** na-aper. ~
**desk** *(joern.): spend three years on the* ~ ~ drie jaar lank sub=
werk doen. ~-**edit** *(joern.)* redigeer, persklaar maak. ~ **edi=
tor** subredakteur, persklaarmaker. ~-**protected** *(rek.)* kopi=
eerbestand *(programmatuur ens.)*. ~ **protection** kopiebesker=
ming. ~**right** *n.* kopie-, outeursreg; *the* ~ *in s.t.* die kopiereg
van iets; *s.t. is out of* ~ iets is kopie-/outeursregvry. ~**right** *ww.*
kopie-/outeursreg voorbehou. ~**righted** deur die kopiereg
beskerm. ~ **work** kopieerwerk. ~**writer** kopieskrywer.

**cop·y·ing** kopieerwerk, vermenigvuldiging. ~ **machine** ko=
pieermasjien.

**cop·y·ist** af-, oorskrywer; kopiïs, kopieerder.

**co·quette** *n.* koket. **co·quet·tish** kokketerig, koket(agtig).
**co·quet·tish·ness** kokettery, kokketeerdery, kokketterie.

**co·qui fran·co·lin** *(orn.)* swempie.

**cor·al** *n.* koraal; koraal(kleur); *red* ~ bloedkoraal. **cor·al** *adj.*
koraalrooi, -kleurig. ~-**coloured** koraal(kleurig), koraalrooi.
~ **island** koraaleiland. ~ **red** koraalrooi. ~ **reef** koraalrif.

**cor·al·line** *n.* koraalmos; koraaldier(tjie). **cor·al·line** *adj.*
koralyn, koraalagtig, koraal-; koraalrooi, -kleurig.

**cor·al·lite** koraliet, koraalverstening, -fossiel.

**cor an·glais** *cors anglais, (Fr., mus.)* cor anglais, Engelse ho=
ring, althobo.

**cor·bel** *(bouk.)* korbeel, karbeel; kraagsteen.

**cord** *n.* tou, lyn, koord; string, snoer, rib; ferweel; *(i.d. mv.
ook, infml.)* ferweelbroek; *spinal* ~ rugmurg; *umbilical* ~
naelstring; *vocal* ~s stembande; ~ *of wood* vaam/vadem
hout. **cord** *ww.* (vas)bind, tou omsit. **cord·ed** met tou(e)
om; gerib; ~ *fabric* koordstof; ~ *velvet* koordfluweel. **cord=
less** koordloos *(telefoon ens.)*.

**cord·ate** *(biol.)* hartvormig.

**cor·di·al** *n.* vrugtestroop, -drank, stroop-, geurdrank. **cor=
di·al** *adj.* hartlik, gul; hartsterkend; hartgrondig; ~ *reception*
warm(e) ontvangs. **cor·di·al·i·ty** hartlikheid, gulhartigheid;
hartgrondigheid; *lack of* ~ stugheid. **cor·di·al·ly** hartlik, vrien=
delik; hartgrondig.

**cord·ite** *(plofstof)* kordiet, toutjieskruit.

**cor·don** *n.* kordon, kring, ring, ketting; (orde)band, lint; *form/
throw a* ~ *(a)round ...* 'n kordon om ... span/trek/vorm/slaan,
... afsluit. **cor·don** *ww.:* ~ *s.t. off* iets afsluit, 'n kordon om
iets span/trek/vorm/slaan. ~ **bleu** *n., (Fr.)* eersterangse kok.
~ **bleu** *adj. (attr.)* cordon bleu- *(kookkuns, gereg, ens.)*.

**cor·du·roy** *n.* ferweel, koord-, riffelferweel; *(i.d. mv.)* ferweel=
broek.

**core** *n.* kern, pit, binne(n)ste *(v. vrug)*; klokhuis *(v. appel ens.)*;
*(fig.)* kern, essensie, wese; *(fig.)* middelpunt, sentrum, hart,
siel; *(elek.)* kern, aar *(v. kabel)*; *(geol., mynb., rek.)* kern; *(fis.)* hart
*(v. reaktor)*, pit *(v. kerndeeltjie)*, romp *(v. atoomkern)*; *(houtw.)*
kern; *at the* ~, *(ook)* van binne; *healthy to the* ~ kerngesond;
*to the* ~ deur en deur, in murg en been; *get to the* ~ *of the*

*matter* tot die kern (van die saak) deurdring. **core** *ww.*
pit(te)/binne(n)ste uithaal, klokhuis verwyder, ontklok, ont=
kern. ~ **sample** kernmonster.

**cor·er** vrugte-, pitboor; (grond)boor.

**cor·gi** *(Welsh)* ~ corgi, Walliese herdershond.

**co·ri·an·der** koljander.

**Cor·inth** *(geog.)* Korinte. **Co·rin·thi·an** *n.* Korintiër; *(i.d. mv.,
NT)* Korintiërs. **Co·rin·thi·an** *adj.* Korinties.

**cork** *n., (stofnaam)* kurk; (kurk)prop; dobber; *put a* ~ *in a
bottle* 'n prop op 'n bottel sit. **cork** *ww.* toekurk, die/'n prop
opsit; stop; ~ *s.t. up* iets toeprop/kurk *('n bottel ens.)*; iets
opkrop *(gevoelens ens.)*. ~ **tree** kurkboom, -eik.

**cork·age** kurk-, propgeld.

**corked** toegekurk; met 'n kurksmaak.

**cork·er** *(infml.)* doodskoot, dronkslaan-argument; spekleuen;
('n) bielie; pragsemplaar.

**cork·screw** *n.* kurktrekker. **cork·screw** *adj.* spiraalvormig,
wentel-, draai-. **cork·screw** *ww.* slinger, draai; met 'n draai
uittrek, (uit)wurm, krul-. ~ **stairs** wenteltrap.

**cork·y** kurkagtig; met 'n kurksmaak. **cork·i·ness** kurkagtig=
heid.

**corm** (gerokte) knol, kormus, stingelvoet, -knol. ~ **rot** stingel=
knolvrot.

**cor·mo·rant** *(orn.)* duiker; *Cape* ~ trekduiker.

**corn**[1] *n.* graan; koring; →CORNY; ~ *on the cob* groenmielies;
*(Indian)* ~ mielies. **corn** *ww.* insout, pekel. ~ **bread** *(Am.)*
mieliemeelbrood. ~ **chips** *(mv.)* mielieskyfies. ~**cob** mielie=
kop, -stronk. ~-**coloured** strooikleurig, strooigeel. ~**crake**
*(orn.)* kwartelkoning. ~ **exchange** graan-, koringbeurs. ~-**fed**
met mielies gevoer. ~**field** koringland. ~**flakes** mielie-, graan=
vlokkies. ~**flour** mielieblom. ~**flower** koringblom. ~**meal**
mieliemeel. ~ **oil** mielieolie. ~ **stack** koring-, graanmied. ~
**stubble** koringstoppel(s). ~ **weevil** kalander.

**corn**[2] *n.* liddoring; *step/tread on s.o.'s* ~s, *(infml.)* op iem. se tone
trap, iem. te na kom, iem. aanstoot gee..

**cor·ne·a** *-neas, -neae, (anat.)* horingvlies, kornea. **cor·ne·al**
korneaal, van die horingvlies.

**corned:** ~ *beef, corn beef* sout(bees)vleis, blikkiesvleis.

**cor·ner** *n.* hoek, hoekie; *(ekon.)* monopolie; *(hokkie)* hoekhou;
*(sokker)* hoekskop; *(just) (a)round the* ~ om die hoek/draai;
*(fig.)* net agter die bult; op hande; *at/on the* ~ op die hoek;
*cut a* ~, *(lett.)* 'n draai te kort vat; *(fig., infml.)* werk afskeep;
*drive s.o. into a* ~ iem. vaskeer, iem. in 'n hoek dryf/drywe/
ja(ag); *the four* ~s *of the earth* die uithoeke van die aarde;
*have a* ~ **in/on** *s.t.* die monopolie van iets hê; *in some odd* ~
êrens in 'n hoek; *take a* ~ 'n draai vat, om 'n draai gaan; *be
in a tight* ~ in die knyp wees/sit; *turn a* ~ om 'n hoek gaan/
kom; *s.o. has turned the* ~, *(infml.)* iem. is buite gevaar *(of oor
die ergste)*; *within the four* ~s *of ...* binne die perke van ...
*(d. wet ens.)*. **cor·ner** *ww.* vaskeer, vaspen, in 'n hoek dryf/
ja(ag)/(vas)keer; in die hoek sit; om die hoek ry, draai; op=
koop *(effekte ens.)*; monopoliseer *('n mark)*; *be* ~ed jou vas=
loop, vasgekeer wees. ~ **flag** *(sport)* hoekvlag. ~ **house** hoek=
huis. ~**man** *(boks, stoei)* helper. ~**piece** hoekbeslag. ~ **shop**
winkel op die hoek, hoekwinkel. ~**stone** hoeksteen.

**-cor·nered** *komb.vorm* -hoekig; *three-*~ driehoekig.

**cor·net**[1] *(mus.)* kornet; (keëlvormige) kardoes; (roomys)ho=
ring/horinkie. ~ **player, cornet(t)ist** kornettis, kornetspeler.

**cor·net**[2] *(hist., mil.)* kornet, standaarddraer.

**cor·nice** kroon-, gewellys.

**cor·niche (road), cor·niche (road)** kus-uitsigpad.

**Cor·nish** *n., (taal)* Cornies, Kornies. **Cor·nish** *adj.* Cor=
nies, Kornies. ~**man** *-men* Cornwallieser. ~ **pasty** Corniese/
Korniese pasteitjie.

**cor·nu·co·pi·a** horing van oorvloed; roomhoring, -horin=
kie, roomdoppie.

**Corn·wall** *(geog.)* Cornwallis.

**corn·y** graanagtig; vol graan; *(sl.)* laf, verspot, kinderagtig; naïef, boers; slap/goedkoop sentimenteel; afgesaag, ouder= wets.

**co·rol·la** blomkroon.

**cor·ol·lar·y** *n.* afleiding, gevolgtrekking; gevolg, uitvloeisel; aanvulling. **cor·ol·lar·y** *adj.* bykomstig, korollêr.

**co·ro·na** =*nas,* =*nae* ligkroon; (lig)=, stralekrans; *(bot.)* bykroon; mineraalkrans; *(astron.)* kring, korona. **C**~ **Australis** Corona Australis, die Suiderkroon. **C**~ **Borealis** Corona Borealis, die Noorderkroon. **cor·o·nal** kroon=.

**cor·o·nar·y** kroon=, krans=; koronêr; ~ *artery* kroon=, krans= slagaar; ~ *thrombosis* koronêre trombose, kroonslagaartrom= bose, =verstopping; ~ *vein* kroon=, kransaar.

**cor·o·na·tion** kroning. ~ **oath** kroningseed.

**cor·o·ner** lykskouer. ~**'s inquest** (geregtelike) lykskouing.

**cor·o·net** kroon(tjie); krans; hoef=, voetkroon *(v. perd); (bot.)* bykroon.

**cor·po·ral¹** *n., (rang)* korporaal.

**cor·po·ral²** *adj.* liggaamlik, lyflik, lyf=, liggaams=; ~ *punish= ment* lyfstraf.

**cor·po·rate** verbonde, verenig; met regspersoonlikheid; ~ *body* regspersoon, korporatiewe/regspersoonlike liggaam, liggaam met regspersoonlikheid; *in a* ~ *capacity* as regs= persoon *(of* korporatiewe/regspersoonlike liggaam); *in its* ~ *capacity* handelend as regspersoon *(of* as korporatiewe/ regspersoonlike liggaam); ~ *identity/image* korporatiewe beeld/identiteit, maatskappybeeld; ~ *member* korporatiewe lid; volle/stemgeregtigde lid; maatskappylid; ~ *membership* korporatiewe/institusionele lidmaatskap; ~ *name* korpora= tiewe naam; ~ *raider,* *(fin.)* korporatiewe stroper; ~ *tax* maatskappybelasting; ~ *venturing,* *(fin.)* verskaffing/voor= siening van waagkapitaal, waagkapitaalfinansiering, =finan= siëring. **cor·po·ra·tion** korporasie, regspersoon; liggaam, be= stuur; *(municipal)* ~ stadsbestuur, munisipale bestuur. **cor= po·ra·tise,** **=tize** korporatiseer *(staatsbedryf, regeringsonder= neming, ens.).* **cor·po·ra·tive** korporatief, korporasie=.

**cor·po·re·al** liggaamlik, lyflik; stoflik; tasbaar; ~ *presence* lyf= like aanwesigheid.

**corps** *corps* korps, afdeling; *diplomatic* ~, ~ *diplomatique* diplomatieke korps; ~ *of engineers* (die) genie; *marine* ~ marinierskorps; ~ *of mechanics* korps werktuigkundiges; ~ *of officers* offisierskorps; *signal* ~ seinerskorps.

**corpse** lyk, dooie liggaam, kadawer.

**cor·pu·lent** swaar=, diklywig, vet, geset. **cor·pu·lence** (swaar) lywigheid, vetheid, gesetheid.

**cor·pus** =*pora,* *(Lat.)* liggaam, korpus; versameling, corpus.

**cor·pus·cle** liggaampie; *blood* ~ bloedsel, =liggaampie.

**cor·ral** *n., (Am.)* (vee)kraal; (perde)kamp; vangkamp. **cor= ral** =*ll=, ww., (Am.)* kraal, aankeer, in die kraal ja(ag)/sit.

**cor·rect** *adj.* reg, juis, korrek, in orde; noukeurig, presies, net(jies); ~ *fit* nommer pas; ~ *pronunciation* suiwer uit= spraak. **cor·rect** *ww.* verbeter, nasien, nakyk, oorkyk, kor= rigeer; berispe, teregwys; bestraf; straf, tug(tig); reghelp; neutraliseer, 'n teenwig vorm. **cor·rect·ed:** ~ *essay* nage= siene opstel; *I stand* ~ ek erken my fout, ek het my vergis. **cor·rec·tion** verbetering, korreksie, regstelling; berisping, te= regwysing; tugtiging; *make a* ~ 'n verbetering/korreksie aanbring; *I speak under* ~ ek praat onder korreksie. **correc= tion fluid** korreksievloeistof, =lak. **cor·rec·tion·al** korreksio= neel; ~ *facility* korrektiewe instelling/inrigting, gevangenis. **cor·rec·tive** *n.* korrektief, middel tot verbetering. **cor·rec= tive** *adj.* verbeterend, korrektief. **cor·rect·ly** korrek, juis; na regte; tereg. **cor·rect·ness** juistheid, noukeurigheid, korrekt= heid, suiwerheid.

**cor·re·late** *n.* korrelaat, wederkerige betrekking. **cor·re= late** *ww.* in korrelasie *(of* wederkerige betrekking) staan; in korrelasie *(of* wederkerige betrekking) bring/stel, korreleer;

~ *s.t. with s.t. else* iets met iets anders korreleer. **cor·re·lat·ed** gekorreleer(d); korrelatief. **cor·re·la·tion** korrelasie, weder= kerige betrekking, verband, onderlinge afhanklikheid; *estab= lish a* ~ *between things* 'n korrelasie/verband tussen dinge vind.

**cor·re·spond** korrespondeer, 'n briefwisseling voer, skryf, skrywe; ~ *to ... aan ...* beantwoord, met ... klop *(of* in oor= eenstemming wees); ~ *with s.o. about s.t.* met iem. oor iets korrespondeer *(of* 'n briefwisseling oor iets voer); ~ *with s.t.* met iets ooreenkom/ooreenslaan/ooreenstem/klop/rym; met iets saamval; by iets aansluit.

**cor·re·spond·ence** ooreenkoms, ooreenstemming; brief= wisseling, briefskrywery, korrespondensie; *carry on (or con= duct) a* ~ 'n briefwisseling voer. ~ **college** korresponden= siekollege. ~ **column** *(joern.)* briewekolom, =rubriek. ~ **course** korrespondensiekursus.

**cor·re·spond·ent** *n.* briefskrywer, korrespondent; berig= gewer; medewerker *(v. blad);* insender. **cor·re·spond·ent** *adj.* korresponderend, ooreenkomstig.

**cor·re·spond·ing** ooreenkomstig, ooreenstemmend; ge= lykstaande; korresponderend. ~ **angle** gelykstaande/ooreen= komstige hoek. ~ **sides** ooreenkomstige sye.

**cor·ri·dor** gang, korridor; deurgang. ~ **disease** korridor= siekte. ~ **rug** gangmat.

**cor·rob·o·rate** bevestig, staaf, beaam; bekragtig, versterk. **cor·rob·o·ra·tion** bevestiging, stawing, beaming; bekragti= ging, versterking. **cor·rob·o·ra·tive** bevestigend, stawend.

**cor·rode** invreet (in), aanvreet, inbyt; wegvreet; aantas; ver= roes; vergaan; korrodeer; ~*d battery* weggevrete battery.

**cor·ro·sion** wegvreting; invreting; verroesting; korrosie. ~= **resistant,** ~=**resisting** korrosie=, roesbestand.

**cor·ro·sive** *n.* bytmiddel, =stof. **cor·ro·sive** *adj.* wegvre= tend, (skerp) bytend, korroderend; ~ *action* vreetwerking.

**cor·ru·gate** *ww.* riffel, golf; rimpel, frons. **cor·ru·gat·ed** ge= golf, geriffel(d); gerimpel(d), rimpel(r)ig, gekreukel(d); ge= rib; golf=, riffel=; ~ *cardboard* riffelbord, =karton; ~ *iron* gegolfde yster, golf=, riffelyster, sink; ~ *iron house* sinkhuis; ~ *iron roof* sinkdak, golfysterdak; ~ *paper* riffelpapier; ~ *road* riffelpad, sinkplaatpad; ~ *section* geriffelde gedeelte; riffelprofiel; ~ *sheet* gegolfde plaat; sinkplaat.

**cor·rupt** *adj.* omkoopbaar; omgekoop; korrup; *(ook rek.)* ge= korrupteer; oneg, verknoei(d); vervorm; verdorwe; ~ *prac= tice* wanpraktyk. **cor·rupt** *ww.* omkoop, korrupteer, kor= rumpeer; bederf; verlei; verknoei; ~ *the mind* die gemoed verontreinig. **cor·rupt·i·ble** omkoopbaar; bederfbaar, be= derflik; aan bederf onderhewig; verganklik. **cor·rup·tion** om= koping; korrupsie; bederf; bedorwenheid, verdorwenheid; verwording.

**cor·sage, cor·sage** lyfie, keurslyf; bors=, skouerruiker, corsage.

**cor·set** bors(t)rok, korset, keurslyf. **cor·set·ed** gebors(t)rok; *(fig.)* gebors(t)rok, in 'n dwangbuis (gedruk).

**Cor·si·ca** *(geog.)* Korsika. **Cor·si·can** *n.* Korsikaan. **Cor·si= can** *adj.* Korsikaans.

**cor·tex** =*tices* buitelaag, kors; *(anat., bot.)* skors, korteks; *(bot.)* bas. **cor·ti·cal** kortikaal, skors=; ~ *bundle* skorsbundel; ~ *layer* skorslaag; ~ *tissue* skorsweefsel.

**cor·ti·sone** *(biochem.)* kortisoon.

**cor·vette** *(sk.)* korvet.

**co·se·cant** *(wisk.)* kosekans.

**co·sig·na·to·ry** medeondertekenaar. **co·sig·na·ture** mede= ondertekening.

**co·si·ly, co·si·ness** →COSY.

**co·sine** *(wisk.)* kosinus.

**cos·met·ic** *n.* skoonheidsmiddel, kosmetiese middel, kos= metiek; *(i.d. mv.)* skoonheidsmiddels, kosmetiese middels, kosmetieke, *(infml.)* mooimaakgoed. **cos·met·ic** *adj.* kos=

meties, skoonheids=; ~ *surgeon* plastiese chirurg/sjirurg; ~ *surgery* plastiese chirurgie/sjirurgie.

**cos·mic** →COSMOS.

**cos·mol·o·gy** kosmologie. **cos·mo·log·ic, cos·mo·log·i·cal** kosmologies. **cos·mol·o·gist** kosmoloog.

**cos·mo·pol·i·tan** *n.* kosmopoliet, wêreldburger. **cos·mo·pol·i·tan** *adj.* kosmopolities, wêreldburgerlik. **cos·mo·pol·i·tan·ism** kosmopolitisme, wêreldburgerskap.

**cos·mos** wêreldstelsel, heelal, kosmos; *(bot.)* kosmos(blom), duiwel-in-die-bos. **cos·mic** kosmies, van die heelal; ~ *radiation* kosmiese straling; ~ *rays* kosmiese strale.

**Cos·sack** Kosak. ~ *choir,* ~ *chorus* Kosakkekoor. **c**~ *hat* kosakmus.

**cos·set** vertroetel, verwen, oppiep, verpiep. **cos·set·ing** (ver)= troeteling.

**cos·sie, coz·zie** *(infml.)* swem=, baaibroek.

**cost** *n.* koste; prys; skade; *(i.d. mv. ook)* onkoste; *(i.d. mv., jur.)* gedingkoste, (hof)koste; *adverse* ~*s* koste van die teen=/teë= party; *at all* ~*s, at any* ~ tot elke prys; al kos dit (ook) wat, ongeag die koste, kom wat wil, (laat dit) kos wat dit wil; *at* ~ teen kosprys; *at a* ~ *of ...* vir 'n bedrag van ...; *at the* ~ *of ...* ten koste van ...; *bear the* ~ die koste dra; *bill of* ~*s* kosterekening, geregskoste; *count the* ~ die nadele oorweeg; *defray/meet* ~*s* koste bestry; *dismissed with* ~*s, (jur.)* van die hand gewys met die koste; *at no extra* ~ sonder byko= mende/ekstra koste; *at great/little* ~ met groot/geringe kos= te; *the* ~*(s) involved in s.t.* die koste wat aan iets verbonde is; ~ *of living* lewenskoste; *(high)* ~ *of living* lewensduurte; *prime* ~ direkte koste; primêre koste; ~*(s) of production* pro= duksiekoste; *regardless of* ~ ongeag die koste; *the running* ~*s* die lopende koste; *to s.o.'s* ~ tot iem. se nadeel/skade; ~ *of transfer* oordragkoste; *at what* ~?, *(fig.)* tot watter prys?; *with* ~*s* met koste *(v. 'n hofsaak).* **cost** *ww.* kos, te staan kom op; koste bereken, prys(e) vasstel; *s.t.* ~*s a bomb/packet* (or *the earth), (infml.)* iets kos 'n fortuin; *s.t.* ~*s s.o. dear(ly)* iets kom iem. duur te staan; ~ *what it may* al kos dit (ook) wat, (laat dit) kos wat dit wil. ~ *accountancy* kosteberekening, kosprysberekening. ~ *accountant* kosterekenmeester. ~ *ac= counting* kosteberekening. ~*-benefit analysis* koste-voor= deel-analise/ontleding. ~ *centre (boekh.)* kostesentrum. ~*-con= scious (verbruiker)* prysbewus; *(bestuurder)* kostebewus. ~ *cutting* n. kostebesnoeiing. ~*-cutting* adj. kostebesparend, kostebesnoeiings=. ~*-effective* lonend, betalend, koste-ef= fektief. ~*-effectiveness* lonendheid, betalendheid, koste= effektiwiteit. ~ *ledger* kostegrootboek. ~*-of-living* adj. (attr.) lewenskoste=, lewensduurte=; ~ *allowance/bonus* lewenskos= te=, lewensduurtetoelaag, =toelae; ~ *index* lewenskoste-, le= wensduurte-indeks. ~*-plus* n. koste-plus. ~*-plus* adj. (attr.) koste-plus-; ~ *basis* koste-plus-basis; ~ *price* koste-plus= prys; ~ *pricing* koste-plus-prysbepaling, bepaling van die koste-plus-prys(e). ~ *price* kosprys, koste; *manufacturer's* ~ ~ fabrieksprys.

**Cos·ta** *(Sp.):* ~ *Brava (geog.)* Costa Brava. ~ *del Sol (geog.)* Costa del Sol. ~ *Rica (geog.)* Costa Rica. ~ *Rican* n. Costa Ricaan/Ricaner. ~ *Rican* adj. Costa Ricaans.

**co-star** *n.* medester; *be a/the* ~ een van die hoofrolle *(of die tweede hoofrol)* speel/vertolk; *be* ~*s* die hoofrolle speel/ver= tolk. **co-star** -*rr-, ww.* (een van) die hoofrolle speel/vertolk; ~*ring ... (and ...)* met ... (en ...) in die hoofrol(le); *the film* ~*s ... (and ...)* die film het ... in een van *(of* het ... en ... in) die hoofrolle; ~ *with s.o. in a picture* iem. se medester in 'n (rol)prent wees.

**cost·ing** kosteberekening, =bepaling. ~ *clerk* kostebereke= ningsklerk.

**cost·less** kosteloos.

**cost·ly** duur; kosbaar. **cost·li·ness** duurheid, duurte; kos= baarheid.

**cos·tume** *n.* (klere)drag; klere, kleding, kledy; kostuum; *(mode, outyds)* baadjiepak, tweestuk. **cos·tume** *ww.* kos= tumeer, klee. ~ *ball* kostuumbal. ~ *jewellery* kleed=, kos= tuumjuwele. ~ *piece,* ~ *play* stuk in historiese drag, kos= tuumstuk.

**co·sy** *n.:* *egg* ~ eiermussie; *tea* ~ teemus(sie). **co·sy** *adj.* behaaglik, gesellig, knus, gemoedelik; *(neerh.)* selfgenoeg= saam, selfingenome, selfvoldaan; *(neerh.)* gerieflik *(reëling, transaksie, ens.).* **co·sy** *ww.:* ~ *s.o., (infml.)* iem. op sy/haar ge= mak sit/stel, iem. gemaklik *(of* op sy/haar gemak) laat voel; ~ *up to ...* jou teen ... nestel/aanvly; *jou by ...* indring, in ... se guns probeer kom. **co·si·ly** behaaglik, knus(sies). **co·si·ness** geselligheid, knusheid, behaaglikheid.

**cot** (kinder)bedjie, bababed. ~ *death* wiegiedood.

**co·tan·gent** *(wisk.)* kotangens.

**cot·tage** cottage, kothuis; vakansiehuis(ie). ~ *cheese* maas= kaas. ~ *industry* tuisnywerheid, huisbedryf; huisvlyt. ~ *pie* herders=, boere=, aartappelpastei.

**cot·ton** *n.* katoen; garing, gare; *a reel of* ~ 'n rolletjie/tolletjie garing/gare; *sewing* ~ naaigaring, =gare; *wild* ~ katoenbos, gansies. **cot·ton** *adj.* katoen=, van katoen. **cot·ton** *ww.: -ed -ing, ww.:* ~ *on to s.t., (infml.)* iets begryp/snap, agterkom wat iets is; iets begin gebruik/benut. ~ *bud* wattestokkie. ~ *crop* ka= toenoes. ~ *flannel,* ~ *plush* flanelet, katoenflanel. ~ *grower* katoenboer. ~*-growing* katoenboerdery. ~ *mill* katoenfa= briek. ~ *picker* katoenplukker. ~ *plant* katoenplant. ~ *print* bedrukte/bont katoen. ~*seed oil* katoenolie. ~*tail (Am., soöl.)* katoenstertkonyn. ~ *thread* rugaring, =gare, ru-gare, katoen= draad. ~ *waste* afval=, poetskatoen. ~*wood* Amerikaanse populier. ~ *wool* watte; *wad of* ~ ~ wattetjie. ~ *yarn* katoen= garing, =gare.

**cot·ton·y** katoenagtig; mollig *(stem).*

**cou·cal** *(orn.)* vleiloerie.

**couch**[1] *n.* rusbank, sofa; slaapbank. **couch** *ww.* uitdruk, inklee *(in woorde); s.t. is* ~*ed in poetic(al)/etc. language* iets is in digterlike/ens. taal gegiet/geklee(d). ~ *potato (sl.)* TV-slaaf, kassiekneg, rusbanksitter, stoelpatat, sofapokkel.

**couch**[2] *n.:* ~ *(grass)* kweek(gras).

**cou·gar** poema, bergleeu.

**cough** *n.* hoes; kug; *have a bad* ~ lelik/sleg hoes; *give a* ~ hoes. **cough** *ww.* hoes; kug; ~ *down a speech* 'n toespraak dood= hoes; ~ *s.t. out* iets uithoes; iets hoestende sê; ~ *s.t. up* iets uithoes; iets opbring *(bloed ens.); (infml.)* iets opdok *(geld ens.).* ~ *drop* hoesklontjie. ~ *lozenge* hoeslekker. ~ *mixture,* ~ *rem= edy* hoesmiddel. ~*-relieving* hoesstillend. ~ *syrup* hoes= stroop.

**cough·ing** gehoes, hoesery; *have a fit/spasm of* ~ 'n hoesbui hê. ~ *fit* hoesbui.

**could** kon; *I* ~ *not do it* ek kon dit nie doen nie; ek sou dit nie kan doen nie; →CAN[1] *ww..* **couldn't** = could not.

**cou·lomb** *(fis., simb.: C)* coulomb.

**coun·cil** raad; raadsvergadering; *in* ~ in rade; *be in* ~ ka= juitraad hou; *ministers'* ~, ~ *of ministers* ministerraad; *be on a* ~ in 'n raad dien/sit; *C*~ *for Scientific and Indus= trial Research (afk.:* CSIR) Wetenskaplike en Nywerheidna= vorsingsraad *(afk.:* WNNR). ~ *chamber* raadskamer, raad= saal. ~ *member* raadslid.

**coun·cil·lor** raadslid. **coun·cil·lor·ship** raadslidskap.

**coun·sel** *n.* raad, raadgewing; plan; *(mv.* counsel) regsad= viseur, advokaat; advokate; *brief* ~ 'n advokaat kry *(of* op= drag gee); *keep one's own* ~ jou mond hou, die stilswye be= waar, swyg; nie oor jou planne praat nie; *take a* ~*'s opinion* regsadvies *(of* regsgeleerde advies *of* 'n regsmening) inwin. **coun·sel** -*ll-, ww.* raad gee, adviseer; *(ou)*raai; voorlig; ~ *s.o. against s.t.* iem. afraai om iets te doen; ~ *with s.o.* met iem. beraadslaag. **coun·sel·ling** voorligting, beraad; voorlig= tingsdiens. **coun·sel·lor** raadgewer, raadsman; voorligter.

**count**[1] *n.* tel, rekening; telling; (punt van) aanklag(te); *on all*

*~s* op al die aanklagte(s); *beat the* ~ betyds regkom; *be down* for the ~ uitgetel/uitgeslaan wees; *keep* ~ of *s.t.* iets tel; *lose* ~ of ... nie (meer) weet hoeveel ... nie; *make/take a* ~ of *s.t.* iets tel; *be out* for the ~, *(lett.)* uitgetel/uitgeslaan wees; *(fig., infml.)* poegaai wees; bewusteloos wees; diep slaap; *take the* ~, *(boks)* uitgetel word, bly lê; *on that* ~, *(ook)* op dié punt, in dié opsig. **count** *ww.* tel; optel; reken, ag; opneem *(stemme);* tel, belangrik *(of* in tel) wees, geld, in aanmerking geneem word, meetel; ~ *again* oortel; *s.t.* ~*s against s.o.* iets tel teen iem., iets is (vir iem.) 'n nadeel; ~ *s.o. among* (or *as one of)* one's friends iem. onder jou vriende reken/tel; *s.t. doesn't* ~ iets tel nie; *s.o. doesn't* ~ iem. tel *(of* is nie in tel) nie; ~ *s.t. down* iets aftel/uittel; ... ~*s for much/little/nothing* ... tel/beteken baie/min *(of* is baie/min werd), ... tel/beteken niks *(of* is niks werd) nie; *it* ~*s for ten points* dit tel tien punte; ~ *s.t. in* iets bytel/meereken/saamtel; ~ *me in!, (infml.)* ek kom/speel saam!; ek sal ook ...!; ~ *s.t. off* iets aftel; ~ *on/upon* ... op ... reken/staatmaak; ~ *s.o. out* iem. uittel; *(infml.)* iem. nie meetel nie; ~ *s.t. out* iets aftel/uittel; ~ *me out!, (infml.)* buiten my!, ek kom/speel nie saam nie!; ek sal nie ... nie!; ~ *s.t. up* iets bymekaartel/optel; *what* ~*s is that* ... wat van belang is *(of* saak maak), is dat ... ~**down** aftelling. ~**out** uittelling; verdaging *(weens gebrek aan 'n kworum).*

**count**² *n., (adellike)* graaf.

**coun·te·nance** *n.* gesig, gelaat; uitdrukking; selfbeheersing; *change* ~ van uitdrukking verander; verbleek; *keep one's* ~ 'n ernstige gesig bewaar, jou lag (in)hou; *out of* ~ skaam, verleë. **coun·te·nance** *ww.* toelaat, sanksioneer; begunstig, aanmoedig, steun.

**count·er**¹ *n.* blokkie, skyfie; speelmunt; ruilmiddel; teller; teller, telbuis; opnemer; toonbank; *pay at the* ~ by die toonbank betaal; *over the* ~ oor die toonbank; *under the* ~, *(infml.)* in die geheim, onder die tafel; onwettig. ~**top** *(Am.)* werk(s)= vlak, =blad.

**coun·ter**² *n.* teen(oor)gestelde; teen=, teëmaatreël; teen=, teë= bevel; teen=, teëwig, teen=, teëvoeter; *(skermk.)* teenstoot; *(sk.)* wulf. **coun·ter** *adj.* teen=; teenoorgestel(d). **coun·ter** *adv.* teen ~ in, in die teenoorgestelde rigting; *run* ~ *to* ... in= gaan/indruis teen *(of* in botsing kom met) ... **coun·ter** *ww.* teen=, teëwerk; teen=, teëstaan; jou verset teen; jou verweer; terugslaan, terugveg, met 'n teen=/teëaanval kom; 'n teen=/ teëwig vorm *(vir);* antwoord; *(skermk.)* wegkeer en terug= slaan.

**coun·ter·act** teen=, teëwerk; ophef; verydel; wal gooi teen; teen=, teëgaan. **coun·ter·ac·tion** teen=, teëwerking; ophef= fing; teen=, teëbeweging. **coun·ter·ac·tive** teen=, teëwerkend, teen=, teë=.

**coun·ter·at·tack** *n.* teen=, teëaanval. **coun·ter·at·tack** *ww.* 'n teen=/teëaanval doen/loods.

**coun·ter·at·trac·tion** kontra-attraksie, ander/mededingen= de attraksie.

**coun·ter·bal·ance** *n.* teen=, teë(ge)wig. **coun·ter·bal= ance** *ww.* opweeg teen, ophef, balanseer.

**coun·ter·blast** teenverklaring.

**coun·ter·check** rem; teen=, teëwerking; teen=, teëwig; dub= bele kontrole, kruiskontrole.

**coun·ter·claim** *n., (jur.)* teeneis. **coun·ter·claim** *ww., (jur.)* 'n teeneis instel.

**coun·ter·cul·ture** teen=, kontrakultuur, alternatiewe kul= tuur.

**coun·ter·es·pi·o·nage** kontra=, teenspioenasie.

**coun·ter·feit** *n.* namaaksel, namaak. **coun·ter·feit** *adj.* nagemaak, oneg, vals. **coun·ter·feit** *ww.* namaak, naboots, vervals. **coun·ter·feit·er** vervalser, namaker; valsmunter.

**coun·ter·foil** teenblad, =strokie; kontrolestrook, =strokie.

**coun·ter·force** *n., (mil.)* teenmag. **coun·ter·force** *adj. (attr.), (mil.)* teenmag=; ~ *attack/strike* teenmagaanval.

**coun·ter·in·sur·gen·cy** *(mil.)* teeninsurgensie.

**coun·ter·in·tel·li·gence** kontraspioenasie, teeninligtings= diens.

**coun·ter·in·tu·i·tive** teenintuïtief, wat teen die intuïsie in= druis.

**coun·ter·mand** *n.* teen=, teëbevel; afsegging; intrekking *(v. 'n bestelling vir goedere).* **coun·ter·mand** *ww.* herroep, te= rugtrek, intrek; afskryf, =skrywe; ongedaan maak; afgelas, afsê; stopsit, staak *(betaling);* stop(sit), die betaling van ... stopsit *('n tjek);* intrek, kanselleer *('n bestelling).*

**coun·ter·march** *n., (mil.)* teen=, teëmars; *marches and* ~*es* heen-en-weer-marsjeerdery. **coun·ter·march** *ww., (mil.)* terugmarsjeer; 'n teen=/teëmars uitvoer.

**coun·ter·meas·ure** teen=, teëmaatreël.

**coun·ter·mine** *n., (mil.)* teen=, kontramyn; teen=, teëlis. **coun·ter·mine** *ww., (mil.)* kontramineer, teen=, teëwerk, ondergrawe.

**coun·ter·move** teenset, =handeling. **coun·ter·move·ment** teen=, teëbeweging.

**coun·ter·of·fen·sive** *(mil.)* teenoffensief.

**coun·ter·of·fer** teenaanbod.

**coun·ter·part** teenstuk; teen=, teëhanger; pendant; teen=, teëvoeter; teen=, teëstem; ewe=, teen=, teëbeeld; ampsgenoot, teenspeler; duplikaat, kopie; ekwivalent.

**coun·ter·plot** *n.* teen=, teëlis, teenkomplot. **coun·ter·plot** =*tt*=, *ww.* 'n teen=/teëlis smee; teen=, teëwerk, uitoorlê.

**coun·ter·point** *(mus.)* kontrapunt.

**coun·ter·poise** *n.* teen=, teëwig; ewewig. **coun·ter·poise** *ww.* 'n teen=/teëwig vorm/wees teen/vir, neutraliseer; balan= seer, in ewewig bring/hou.

**coun·ter·pro·duc·tive** teen=, kontraproduktief; onsinnig, aweregs; *be* ~ die teenoorgestelde uitwerking hê; 'n teen= reaksie uitlok.

**coun·ter·pro·po·sal** teen=, teë=, kontravoorstel.

**coun·ter·punch** *(boks)* teenhou; *(druk.)* teenpons.

**Coun·ter-Ref·or·ma·tion** *(RK, hist.)* Teenhervorming, Kon= trareformasie.

**coun·ter·rev·o·lu·tion** teen=, kontrarevolusie, =rewolusie, teenomwenteling. **coun·ter·rev·o·lu·tion·ar·y** *n. & adj.* teen=, kontrarevolusionêr, =rewolusionêr.

**coun·ter·shaft** tussenas.

**coun·ter·sign** *n.* kontramerk. **coun·ter·sign, coun= ter·sign** *ww.* medeonderteken; (met jou handtekening) be= kragtig. **coun·ter·sig·na·ture** medeondertekening.

**coun·ter·sink** *n.* versinking; versinkyster. **coun·ter·sink** =*sunk/=sank, =sunk, ww.* versink, inlaat. ~ *bit,* ~ *drill* versink= boor. **coun·ter·sunk** versonke.

**coun·ter·vail, coun·ter·vail** opweeg teen; ~*ing duty* kom= penserende reg.

**coun·ter·val·ue** teenwaarde.

**coun·ter·weight** teen=, teë(ge)wig, kontragewig.

**coun·tess** gravin.

**count·ing** telling, tellery; tellende; *not* ~ ... buiten ... ~ *frame* rekenbord, =raam, telraam. ~=*out rhyme* uittel=, aftelrym= pie.

**count·less** ontelbaar, talloos, onnoemlik, ongetel(d).

**coun·tri·fied, coun·try·fied** boers, agtervelds, groen; *be= come* ~ verboers.

**coun·try** *n.* land; terrein; *(infml.)* wêreld; landstreek; platte= land, buitedistrikte; *across* ~ deur die veld; *across the* ~ oor die land (heen); oor die hele land; *go to the* ~, *(parl.)* 'n verkiesing uitskryf/=skrywe, die kiesers laat beslis; *in the* ~ in die land; op die platteland; *jump/skip the* ~, *(infml.)* uit die land dros/verdwyn/vlug; *so many countries, so many customs* lands wys, lands eer; *the old* ~ die moederland; *a party sweeps the* ~ 'n party behaal 'n oorweldigende meerderheid in die land *(of* 'n wegholoorwinning); *in this* ~ hier te lande, in ons land; *up* ~ na die binneland, landinwaarts; *up and down the* ~ oor die hele land. ~-**and-western music** coun=try(musiek), country-en-western-musiek. ~-**bred** op die plat=teland getoë. ~ **bumpkin** plaasjapie. ~ **club** buiteklub. ~ **cousin** boerneef, =klong, =niggie, plaasnefie, =niggie, =japie. ~ **dance** kontra-, konterdans; boeredans. ~ **districts** plat=teland, buitedistrikte. ~ **dweller** plattelander. ~ **estate** land=goed. ~**folk** plattelanders, plattelandse mense; landgenote. ~ **house** landhuis, buitewoning, =verblyf; landgoed. ~**man** *-men* landgenoot, landsman; plattelander, plaasmens. ~ **mile** *(infml.)* hele/stywe/ver/vêr ent. ~ **music** country(musiek); boeremusiek. ~ **seat** landgoed, buiteverblyf. ~**side** platte=land. ~-**wide** oor die hele land, land(s)wyd. ~-**wide tour** landsreis. ~**woman** *-women* vroulike landgenoot; boer(e)=vrou, plattelandse vrou.

**coun·ty** *(Br.)* graafskap; *(Am.)* distrik; ~ *of London* graaf=skap Londen. ~ **council** graafskapsraad. ~ **cricket** graaf=skapskrieket.

**coup** *(Fr.)* slag, slim set; staatsgreep, coup; *pull off a* ~, *(infml.)* 'n slag slaan, 'n (groot) ding regkry; *stage a* ~ 'n staatsgreep uitvoer. ~ **de grâce** coups de grâce genadeslag, doodsteek. ~ **d'état** coups d'état staatsgreep, coup d'état.

**cou·pé** *(Fr., mot.)* koepee(model), tweedeur(motor); *(SA, spw.)* koepee.

**cou·ple** *n.* paar, tweetal; *(masj.)* koppel; kragtepaar; *a married* ~ 'n egpaar *(of* getroude paar[tjie]); *a* ~ *of ...*, *(infml.)* 'n paar *(of* enkele) ... *(dae).* **cou·ple** *ww.* verbind, in verband bring; (vas)koppel; paar; ~ *s.t. on* iets aanhaak/aankoppel; ~ *s.t. together/up* iets vaskoppel; ~ *s.t. with ...* iets aan ... paar. **cou·pled** gekoppel(d); gepaar(d); ~ *with* ... gepaard met ... **cou·pler** koppelaar; koppeling; koppelketting.

**cou·plet** koeplet, vers (van twee reëls).

**cou·pling** (aan)koppeling, verbinding; aansetting; kopula=sie, paring; koppel-; ~ *of hands* handevat. ~ **bolt** koppelbout. ~ **disc** koppelskyf. ~ **nut** koppelmoer. ~ **rod** koppelstok, =stang. ~ **sock**, ~ **socket** koppelsok.

**cou·pon** koepon; kaartjie.

**cour·age** moed, dapperheid; *s.o.'s* ~ *fails him/her* iem. se moed begeef/begewe hom/haar; *take one's* ~ *in both hands* al jou moed bymekaarskraap; *keep your* ~ *up!* hou moed!; *lose* ~ moed verloor; *s.o. loses his/her* ~, *(ook)* iem. se moed begeef/begewe hom/haar; *pick up* ~ (weer) moed skep; *pluck/muster/screw/summon up one's* ~ moed bymekaar=skraap; *s.o.'s* ~ *is rather shaky* iem. se moed is maar wan=kelbaar; *take* ~ moed skep/vat. **cou·ra·geous** moedig, dap=per, manmoedig.

**cour·gette, ba·by mar·row, zuc·chi·ni** jong murgpam=poentjie, vingerskorsie.

**cou·ri·er** koerier, boodskapper.

**course** *n.* loop, beloop, verloop, gang, vaart; (loop)baan, koers, rigting; roete; (ren)baan; kursus, leergang, ry, reeks; handel(s)wyse, gedragslyn, optrede; laag *(stene)*; gang, ge=reg *(op spyskaart)*; loop *(v. rivier)*; *adopt a* ~ 'n weg inslaan; *alter/change (one's)* ~ van koers verander; 'n nuwe rigting inslaan; die bakens versit; *a dangerous* ~ 'n gevaarlike rig=ting; *in due* ~ mettertyd, naderhand, op sy tyd, te(r) ge=leëner/gelegener tyd; *follow a* ~ 'n kursus volg; 'n gedrags=lyn/weg volg; *in the* ~ *of* ... tydens/gedurende *(of* in die loop van) ...; *in the* ~ *of time* mettertyd, met/na verloop van tyd, met die jare, naderhand; *keep (to) one's* ~ koers hou; jou gang gaan; *steer a middle* ~ 'n midde(l)weg kies; *of* ~ natuurlik; dit spreek vanself; soos jy weet; *the* ~ *of justice* die (be)loop/verloop van die gereg; *impede/obstruct/pervert (or interfere with) the* ~ *of justice* die (ver)loop van die gereg belemmer/dwarsboom/verhinder/verydel; *be off* ~ uit die koers wees; *be on* ~ koers hou; *pursue a* ~ 'n gedragslyn/weg volg; *allow things to* (or *let things*) *run/take their* ~ dinge/sake hul gang laat gaan; *set (a)* ~ *for* ... na ... stuur; jou ten doel stel om te ...; *shape a* ~ *for/to* ... na ... koers vat, die

koers op ... rig, op ... aanstuur; *stay the* ~ byhou, bybly; (die vaart) volhou; *take a* ~ 'n kursus volg; 'n rigting inslaan/kies; *s.t. takes the usual* ~ iets het die gewone verloop; *the wisest* ~ *would be to* ... die verstandigste sou wees om te ... **course** *ww.* snel; vloei, loop. ~**book** kursus-, handboek, handleiding. ~**ware** kursusware. ~**work** kursuswerk.

**cours·er** *(orn.)* drawwertjie; *Burchell's* ~ bloukopdrawwertjie.

**court** *n.* hof; geregshof; hofsaal; regbank; baan; binnehof, =plein, =plaas; ~ *of appeal* appèlhof, hof van appèl; *appear in* (or *before the)* ~ voorkom, voor die hof kom, in die hof verskyn; *drag s.o. into* ~ iem. hof toe *(of* voor die hof) sleep; *the* ~ *finds that* ... die hof bevind dat ...; *in full* ~ in die volle hof; *go to* ~ hof toe gaan, 'n saak maak; *appeal to a higher* ~ na 'n hoër hof appelleer, jou op 'n hoër hof beroep; *hold/keep* ~ oudiënsie hou; ~ *of honour* ereraad; *in* ~ in die hof; ~ *of justice* geregshof; *laugh s.o. out of* ~ iem. uitlag; ~ *of law, law* ~ geregshof; *be out of* ~ geen saak hê nie; *hit the ball out of the* ~, *(tennis)* die bal van die baan af slaan; *pay* ~ *to s.o.* iem. vlei, by iem. flikflooi; ~ *of review/revision* hersieningshof, hof van hersiening; *settle s.t. out of* ~ iets (in der minne) skik; *take s.o. to* ~ iem. voor die hof bring/daag. **court** *ww.:* ~ *arrest* arrestasie uitlok; ~ *s.o.* iem. vlei, in iem. se guns probeer kom. ~ **card** *(kaartspel)* prentkaart. ~ **case** hofsaak. ~ **day** hofdag, sittingsdag. ~**house** geregshof, hof=gebou; landdroskantoor. ~ **martial** *courts martial, courts mar-tial, n.* krygsraad, =hof. ~-**martial** *-ll-, ww.* voor 'n krygshof/=raad daag. ~ **order** hofbevel. ~**room** hofsaal, (ge)regsaal. ~ **shoe** hofskoen. ~**yard** binneplaas, =plein, =hof.

**cour·te·ous** beleef(d), hoflik. **cour·te·ous·ness** beleefd=heid, hoflikheid.

**cour·te·san, cour·te·zan** courtisane.

**cour·te·sy** hoflikheid, beleefdheid; vriendelikheid; guns; *by* ~ uit hoflikheid, hoflikheidshalwe; *(by)* ~ *of* ... met vriendelike vergunning van ..., met dank aan *(of* toestemming van) ...; *be* ~ *itself* die beleefdheid self wees; *out* (or *as a matter) of* ~ beleefdheidshalwe/hoflikheidshalwe; *treat s.o. with* ~ iem. beleef(d)/hoflik behandel; *with unfailing* ~ met volgehoue/onveranderlike beleefdheid/hoflikheid. ~ **bus** diensbus(sie). ~ **call**, ~ **visit** beleefdheidsbesoek. ~ **car** leen-, gastemotor. ~ **light** *(mot.)* daklig(gie).

**cour·ti·er** howeling.

**court·ing** *(vero.)* vryery, hofmakery.

**court·ly** hoflik, beleef(d); verfynd, elegant; onderdanig, ne=derig, kruiperig. **court·li·ness** hoflikheid, beleefdheid; ver=fyndheid, elegansie; onderdanigheid, kruiperigheid.

**court·ship** *(vero.)* hofmakery, vryery; ~ *display, (soöl.)* pa=ringsdans.

**cous·cous** *(kookk.)* koeskoes.

**cous·in** neef; niggie; *first/full/own* ~ eie/volle neef/niggie; *sec-ond* ~ kleinneef, =niggie; *third* ~ agterkleinneef, =niggie.

**cou·ture** *(Fr.)* modeontwerp, =makery. **cou·tu·ri·er** *(vr.: cou-turière)* modeontwerper, =maker.

**cove** *n.* kreek, inham, baaitjie; beskutte plek; *(argit.)* nis. **cove** *ww., (argit.)* welf.

**cov·en** heksevergadering, dertiental (hekse).

**cov·e·nant** verbond, verdrag, ooreenkoms, akkoord; hand=ves; gelofte; *Day of the C~, (SA, hist.)* Geloftedag; *people of the* ~ (ver)bondsvolk.

**Cov·en·try** *(geog.)* Coventry; *send s.o. to* ~, *(fig.)* iem. uitstoot, iem. uit die maatskappy verban, iem. dood verklaar.

**cov·er** *n.* dek, (be)dekking; deksel; dekstuk; oortrek(sel); be=kleedsel; huls, (om)hulsel; buiteband; sloop; buiteblad, (boek)=omslag; koevert; skuilplek; ruigte; dekking; dekmantel, skyn; reserwe, dekkingsfonds; eetgerei, tafelgereedskap *(vir eet)*; gedekte plek *(aan tafel)*; *(i.d. mv.)* beddegoed, komberse; *(kr.)* dekpunt; *(i.d. mv., kr.)* dekveld; *blow s.o.'s* ~, *(infml.)* iem. se ware identiteit onthul; *break* ~ opspring, uit jou skuilplek/=skuiling spring; *deep* ~, *(kr.)* diep dekpunt; *drive the ball*

*through the* ~*s, (kr.)* die bal verby dekpunt slaan; **extra** ~, *(kr.)* ekstra dekpunt; *deep* **extra** ~, *(kr.)* diep ekstra dekpunt; **from** ~ *to* ~ van A tot Z, van voor tot agter *(v. 'n boek);* **seek** ~ dekking/skuiling soek; **set** *a* ~ *for two* vir twee mense dek; **short extra** ~, *(kr.)* kort ekstra dekpunt; **take** ~ (gaan) skuil, dekking/skuiling soek; **under** ~ onder dak/dekking, beskut, verborge; bedektelik, stilletjies, in die geheim, heimlik; *keep s.t.* **under** ~ iets bedek; **under** ~ *of* ... onder bedekking/ beskutting *(of* die sluier) van ... *(d. nag ens.);* onder die dek= mantel van ... *(vriendskap).* **cov·er** *ww.* dek, bedek, oordek, oortrek, toemaak, beklee; beskerm; beheers, bestryk; beslaan, hom uitstrek oor; insluit; aflê *(afstand);* uitwis *(spoor);* afwerk *(leerplan);* wegsteek; geheim hou; omspin; aanlê op, onder die korrel hou; betaal; dek *(merrie);* ~ *for s.o.* iem. beskerm; ~ *s.t. in* iets toemaak; iets toegooi; ~ *s.t. over* iets toemaak; iets bedek; ~ *a* **period** oor 'n tydperk strek; ~ *the* **retreat/ withdrawal** die aftog/terugtog dek; ~ *one's* **traces/tracks** jou spore uitwis; ~ *s.t.* **up** iets toemaak; iets bedek; iets verberg/verbloem/verdoesel/wegsteek, iets geheim hou, iets toesmeer; ~ **up for** *s.o.* iem. beskerm; ~ *s.t.* **with** ... iets met ... bedek/toemaak. ~ **charge** plekgeld. ~ **crop** dekgewas. ~ **design** *(druk.)* bandontwerp. ~ **drive** *(kr.)* dekpunthou, dryf= hou verby dekpunt. ~ **girl** voorbladmeisie, =nooi. ~ **point** *(kr.)* dekpunt. ~ **story** *(joern.)* voorbladstorie, =artikel. ~**-up** *n.* ver= doeseling, bedekking, verberging, wegstekery; verswyging; toesmeerdery, toesmering, geheimhouding. ~ **(version)** *(mus.)* nuwe verwerking/weergawe, cover version.
**cov·er·age** dekking; voorsiening; verslag; beriggewing; strek= vermoë *(v. verf);* *give a lot of* ~ *to s.t.* uitvoerig oor iets berig.
**cov·ered:** *be* ~ *against s.t.* teen iets verseker wees *(brand ens.);* ~ *by a* **guarantee** gewaarborg; *keep s.o.* ~ iem. onder skoot hou; ~ *by* **law** in die wet voorsien; ~ **way** oordekte pad; *be (all)* ~ *with* ... vol ... wees, (die) ene ... wees *(modder ens.);* met/van ... oortrek wees *(blomme ens.);* toe lê onder/van ... *(d. sneeu ens.).*
**cov·er·ing** *n.* bedekking, =kleding; oortrek(sel), bekleedsel; (om)hulsel, huls; dekking. **cov·er·ing** *adj.* (be)dekkend. ~ **board** dekplank. ~ **fire** dekvuur. ~ **force**, ~ **troops** dek= kingstroepe. ~ **letter** begeleidende brief.
**cov·er·let** deken, (bed)sprei; dekkleed, oortrek(sel).
**cov·ert** *n.* skuilplek; kreupelhout, bossies, boskasie, bosga= sie; jagterstof; *(i.d. mv., orn.)* dekvere. **cov·ert** *adj.* bedek, geheim, skelm, onderlangs; ~ *action/operation, (mil. ens.)* ge= heime optrede/operasie; *make* ~ *references* skimp. **cov·ert·ly** skelm(pies), onderlangs, agteraf, heimlik.
**cov·et** begeer, naja(ag). **cov·et·ous** begerig, gierig, inhalig, hebsugtig; *be* ~ *of s.t.* iets begeer. **cov·et·ous·ness** begerig=, gierig=, inhaligheid, hebsug.
**cov·ey** vlug, broeisel *(patryse);* swermpie; klompie, groepie, trop.
**cow**[1] *n.* koei *(v. bees e.a. groot soogdiere);* bees; *(sl., neerh.)* vrou= mens; ~ *in* **calf** dragtige/besette koei; *till the* ~*s come* **home**, *(infml.)* tot die perde horings kry; ~ *in* **milk** melkkoei; *a* **sacred** ~, *(lett.)* 'n heilige bees; *(fig., infml.)* 'n heilige huisie/ koei. ~**boy** *n., (Am.)* cowboy, veedrywer; *(infml.)* roekelose bestuurder, jaagduiwel; *(infml.)* knoeier, konkelaar; *(infml.)* uitbuiter. ~**boy** *adj. (attr.)* roekelose, onverantwoordelike; ge= wete(n)lose. ~ **calf** verskalf. ~ **dung** koei=, beesmis. ~**girl** cowgirl. ~**hand** *(Am.)* beeswagter, cowboy. ~**heel** beesklou= (tjie); beessult. ~**herd** beeswagter. ~**hide** beesvel; sambok; spantou. ~**lick** kroontjie *(in hare).* ~ **parsley**, ~**weed** wilde= kerwel. ~**pat** bol (bees)mis, misbol; *dried* ~ miskoek. ~**shed** koeistal, =skuur. ~**slip** *(bot.)* sleutelblom; *Cape* ~ viooltjie, klipkalossie. ~**'s milk** beesmelk. ~ **tail** beesstert; broekwol.
**cow**[2] *ww.* bang maak; oordonder, oorbluf.
**cow·a·bun·ga** *tw., (Am., sl.)* jippie, joegaai, hoera.
**cow·ard** lafaard, bang=, papbroek; *be a bit of a* ~, *(infml.)* geen held wees nie. **cow·ard·ice, cow·ard·li·ness** lafhartigheid. **cow·ard·ly** lafhartig.

**cow·er** koes, hurk, kruip; ineenkrimp; ~ *away/back from* ... terugdeins van/vir ...; ~ *(down) under s.t.* (verskrik) onder iets inkruip.
**cowl** kap; monnikskap, py; tussenkap *(v. motor).* ~ **neck** sjaal= kraag.
**cowl·ing** (masjien)kap; bekapping; huls, omhulsel.
**co-work·er** medewerker.
**cow·rie, cow·ry** kauri(slak), porseleinslak; kauri(skulp), porselein=, muntskulp.
**cox** *n.* stuurman *(v. 'n roeiboot).* **cox** *vb.* stuur *('n roeiboot).* **cox·less** sonder stuurman.
**cox·a** *=ae, (anat.)* heup; heupgewrig.
**cox·swain** = cox *n..*
**coy** skaam, skamerig, bedees, skugter; preuts; *be* ~ *of* ... te= rughoudend met ... wees. **coy·ly** skamerig, bedees, skugter. **coy·ness** skaamte, bedeesdheid, skugterheid.
**coy·ote, coy·o·te** prêriewolf.
**coy·pu** *=pu(s)* bewerrot, moerasbewer, nutria.
**crab** *n.* krap; wen(as); *catch a* ~, *(roei)* 'n snoek vang; *the C~, (astrol., astron.)* Cancer, die Kreef. **crab** *=bb-, ww.,* sywaarts beweeg; *(lugv.)* skeel vlieg; krappe vang. ~ **grass** sterkpol, (jong)osgras. ~ **(louse)** platluis. ~ **pot** kreeffuik. ~**-sidle** *ww.* dwars loop. ~ **spider** krapspinnekop. ~ **winch** loopkat.
**crab (ap·ple)** houtappel; *(fig.)* suurpruim, =knol.
**crab·bed** opmekaar, onduidelik, moeilik leesbaar *(skrif);* ge= wronge *(styl).*
**crab·by** nors, suur, dwars, stuurs. **crab·bi·ness** norsheid, knorrigheid; onduidelikheid; gewrongenheid.
**crab·like** soos 'n krap, krapagtig.
**crack** *n.* kraak; (ge)klap; skot; skeur, spleet, bars; hou; *(infml.)* kwinkslag; (snedige) aanmerking; haatlikheid, spot-antwoord; *(infml.)* probeerslag; duiwel, doring, bobaas, uithaler; inbre= ker; inbraak; *(dwelmsl.: kokaïenkristalle) crack; the* ~ *of* **doom** die oordeelsdag; *have a* ~ *at s.t., (infml.)* iets ('n slag) pro= beer (doen); *make a* ~, *(infml.)* 'n sarkastiese/snedige aan= merking maak; *paper/paste over the* ~*s, (infml.)* die foute toesmeer. **crack** *adj., (infml.)* kranig, windmaker(ig), puik, uithaler=, baas=. **crack** *ww.* kraak; klap, knal; bars, splyt, opbreek, skeur, (oop)spring; binnedring; skaad; *(stem)* breek; ~ *a* **code** 'n kode ontsyfer; ~ **down** *on ..., (infml.)* op ... toe= slaan *(misdadigers ens.);* in ... ingryp; ... hokslaan; **get** ~*ing, (infml.)* aan die werk spring, aan die gang kom; ~ *a* **joke** 'n grap maak/vertel; ~ *s.t.* **open** iets oopkloof; *a* ~*ing* **pace** 'n hewige vaart; ~ *a* **safe** 'n brandkas oopbreek; ~ **up** stukkend breek, verbrokkel, oopbars; uitmekaar=, uiteenval; ineenstort; *(infml.)* uitbars van die lag; ~ *s.o./s.t.* **up**, *(infml.)* iem./iets ophemel. ~**-brained** *(infml.)* dwaas, getik; roekeloos; krank= sinnig. ~**down** ingryping, sterk optrede. ~**head** *(dwelmsl.)* crack-verslaafde. ~**pot** *n., (infml.)* maljan, malkop. ~**pot** *adj.* (van lotjie) getik, malkop. ~ **regiment** keurkorps. ~ **shot** baasskut. ~**up** uiteenbarsting, in(een)storting, debakel.
**cracked** *(infml.)* van jou verstand (af), (van lotjie) getik; *not be as good as one/it is* ~ *up to be, (infml.)* nie so goed wees as wat beweer word nie; ~ *wheat* gebreekte koring.
**crack·er** klapper; kraakbeskuitjie; *(infml.)* iets ysliks/manji= fieks/ens.; *(rek.)* kraker;. ~**jack** *n.* uithaler, bobaas. ~**jack** *adj.* puik, eersteklas.
**crack·ers** *adj.: be* ~ (van lotjie) getik wees.
**crack·ing** barsvorming; kraking.
**crack·le** *n.* gekraak; geknetter. **crack·le** *ww.* kraak; knetter; *(keramiek)* krakeleer; *a crackling fire* 'n knetterende vuur; *a crackling noise* 'n kraakgeluid. ~**ware** kraakporselein.
**crack·ling** swoerd, sooltjie, varkvel(letjie); krakeling; *(i.d.mv.)* kaiings.
**cra·dle** *n.* wieg; bakermat; *(telef.)* mik; spalk, raamwerk; hang= stelling, =steier; wiegsif; horing *(v. domkrag);* slee *(op 'n skeeps= werf);* from the ~ van jongs *(of* die wieg) af; *the* ~ *of a na=*

*tion* die bakermat van 'n volk. **cra·dle** *ww.* wieg; in die wieg lê; baker, koester; op sleepkraan neem. ~ **snatcher** *(infml., neerh.:ouerige persoon met 'n jong minnaar)* wiege=, kuikendief. ~**song** wiegelied. **cra·dling** raamwerk, betimmering.

**craft** *n.* vak, ambag, vernuf; ambagskuns; nering; handwerk; *(mv.: craft)* vaar=, vliegtuig; handigheid, behendigheid; lis= (tigheid), slu=, slimheid, geslepenheid; bedrog; *arts and* ~*s* (kuns en) kunsvlyt; *by* ~ met lis; *learn/master/ply/practise a* ~ 'n ambag leer/beoefen/uitoefen. **craft** *ww.* prakseer, bewerk. ~ **book** nutsboek. ~ **guild** handwerkgilde. ~ **union** vakunie, =bond. ~**work** kunsvlyt, =handwerk, =ambag. ~**work= er** kunshandwerker.

**crafts·man** =*men* vakman, =arbeider, ambagsman. **crafts= man·ship** vakmanskap, handvaardigheid, vakkundigheid; bekwaamheid.

**craft·y** *adj.,* **craft·i·ly** *adv.* handig, slim, slu, listig, geslepe. **craft·i·ness** listigheid, slimheid, slimstreke, sluheid, gesle= penheid.

**crag** krans, rots; steilte. **crags·man** =*men* rotsklimmer. **crag= gy,** *(Am.)* **crag·ged** rotsagtig; steil; hoekig *(gesig).*

**crake** *(orn.)* riethaan; *black* ~ swartriethaan; *Baillon's* ~ klein= riethaan.

**cram** =*mm* volstop; instop, =pomp; gretig sluk; *(opv.)* blok; dril, intensief onderrig; ~ *for an examination* vir 'n eksamen blok; ~ *s.t. into ...* iets in ... (in)prop/=stop/=bondel; ~ *up on s.t., (infml.)* haastig oor iets nalees. **crammed** stampvol. **cram= mer, cram col·lege** *(infml., opv.)* inpomper; inpompkollege, =skool. **cram·ming** geblok, blokkery, inpompery.

**cramp** *n.* kramp; kram, klamp; plaatklem; lynskroef; anker; beperking, belemmering; *get/have* ~*s* krampe kry/hê. **cramp** *ww.* kramp veroorsaak; belemmer, beperk, vasdruk, beklem; (vas)kram, klamp, klem; ~ *s.o.'s style* iem. belemmer/strem. ~ **(iron)** muuranker, kram, klemhaak, klamp.

**cramped** nou, opmekaar, vasgedruk, beknop, beklem; ge= wronge *(styl);* ineengedronge *(handskrif); be* ~ *for room/space* min ruimte hê, vasgedruk wees.

**cram·pon** hystang, (gryp)haak; borgnael; hegskyf; kram; ys= spoor, crampon, klim=, klouyster; *(bot.)* hegwortel, haak.

**cran·ber·ry** bosbessie.

**crane** *n.* kraanvoël; (hys)kraan. **crane** *ww.* uitrek *(nek);* (met 'n hyskraan) oplig; ~ *forward* jou nek rek. ~ **fly** langpoot.

**cra·ni·um** =*niums,* =*nia* skedel(dak), harspan; kopbeen. **cra= ni·al** skedel=; ~ *cavity* skedelholte; ~ *fracture* skedelbreuk; ~ *nerve* kop=, skedel=, harsingsenu(wee), kraniale senuwee. **cra·ni·om·e·try** skedelmeting, kraniometrie.

**crank**[1] *n.* kruk; slinger, arm, handvatsel; *turn a* ~ 'n slinger draai. **crank** *ww.* draai; ~*ed axle* gekrukte as; ~ *s.t. out, (infml.)* iets uitkraam/uitkarring; ~ *up the pace/speed/tempo, (infml.)* die krane oopdraai, die pas versnel; ~ *up the sound/ volume, (infml.)* die klank/volume aandraai/oopdraai. ~ **brace** swingelboor. ~ **handle** (aansit)slinger. ~**shaft** krukas.

**crank**[2] *n., (infml.)* eksentrieke/anderste(r) entjie mens, rare skepsel; *(Am., infml.)* korrelkop, knorpot. **crank·i·ness** *(infml.)* eksentrisiteit; *(Am., infml.)* knorrigheid, nukkerigheid. **crank= y** *(infml.)* eksentriek; *(Am., infml.)* befoeterd, knorrig, nukke= rig; lendelam, wankelrig, onstabiel; buite werking; kronkel= rig.

**cran·ny** skeur, bars, spleet, skreef, skrefie. **cran·nied** vol skeure.

**crap** *n., (plat: onsin)* stront, kak, snert; *(vulg.: ontlasting)* stront. **crap** =*pp=, ww., (vulg.)* kak.

**crape** *n.* krip, lanfer; rouband. **crape** *ww.* krip/lanfer omsit, met lanfer beklee/bedek.

**craps** dobbelsteenspel.

**crash** *n.* botsing; ineenstorting; neerstorting; val; slag; geraas, lawaai; uitbarsting; debakel; pletter(ing); bankrotskap; *(rek.)* weiering, ineenstorting. **crash** *adj.* verhaas(te), snel=, spoed=,

versnel(de), haastig. **crash** *ww.* bots; neerstort; pletter; met 'n lawaai/geraas/gekraak val; krakend ineenstort; verbrysel, verpletter; rommel, donder; met 'n geraas beweeg; bankrot gaan/maak; *(rek.)* weier, ineenstort; ~ *down* neerstort; ~ *into s.t.* in/teen iets bots/vasry; ~ *out, (infml.)* aan die slaap raak; omkap; *(sport)* sleg verloor; ~ *a party* by 'n party(tjie) indring. ~ **barrier** botsversperring. ~ **course** blits=, kits=, snel=, spoedkursus. ~ **diet** kitsdieet. ~ **dive** *n.* snelduik. ~**dive** *ww.* neerstort, na benede stort/duik, val. ~ **hel= met** valhelm. ~**land** 'n buiklanding doen. ~**landing** buik= landing. ~ **pad** *(sl.)* slaapplek. ~ **programme** blits=, kits=, spoedprogram. ~ **stop** *n.* pletterstop. ~ **tackle** *n.* plettervat. ~ **test** *n.* pletterstoets. ~**test** *vb.* pletterstoets. ~**worthiness** *(mot.)* botsbestandheid. ~**worthy** *(mot.)* botsbestand.

**crash·ing:** *be a* ~ *bore* 'n uiters vervelende vent/ens. wees. **crash·ing·ly** *(infml.)* verskriklik, erg *(vervelig ens.);* alte, maar te *(duidelik).*

**crass** grof, erg, kras; ~ *stupidity* absolute domheid/onno= selheid. **crass·ness** grofheid; stommiteit, stomheid; lomp= heid; krasheid.

**crate** *n.* krat; groot mandjie; *(sl.)* ou kar/vliegtuig/ens.. **crate** *ww.* krat, in 'n krat pak.

**cra·ter** *n.* krater; tregter. **cra·ter** *ww.* 'n krater vorm. ~ **wall** kraterwand.

**cra·vat** halsdoek; voudas; krawat, vlinderdas. **cra·vat·ted** met 'n halsdoek/krawat aan.

**crave:** ~ *(after/for) s.t.* na iets hunker/smag/verlang. **crav·ing:** *have a* ~ *for s.t.* na iets hunker/smag/verlang, 'n begeerte/ drang na *(of* behoefte aan *of* lus vir) iets hê.

**crawl** *n.* gekruip; sukkelgang(etjie); gekriewel; *(swem)* kruip= slag. **crawl** *ww.* kruip; voort=, aansukkel; kriewelrig voel; krioel, wemel; wriemel; (die) kruipslag swem, kruipswem. **crawl·er** kruiper; kruipbroekie, =pakkie; rolmat; ruspervoer= tuig. **crawl·ing** kruipend; kriewelrig.

**cray·fish** =*fish(es), (SA)* (see)kreef; →SPINY ROCK LOBSTER; *(Am.: crawfish)* rivier=, varswaterkreef. ~ **cocktail** kreefkelkie.

**cray·on** *n.* (teken)kryt, vetkryt; *(wax)* ~ waskryt. **cray·on** *ww.* 'n kryttekening maak van; skets. ~ **(drawing)** krytteke= ning.

**craze** *n.* gier; manie; mode(gril); dwaasheid; kransinnigheid; haarskeur; *a* ~ *for ...* 'n begeerte na *(of* gier vir) ...; *the latest* ~ die nuutste gier. **craze** *ww.* gek maak; laat bars; barsies/ skeurtjies maak *(in erdewerk);* gekraak wees, barsies hê; *(erts)* afskilfer; fynstamp. **crazed** gek, waan=, kransinnig. **craz= ing** barsvorming *(v. verf);* windbarsies.

**cra·zy** *(infml.)* gek, mal, van jou sinne beroof, (van lotjie) ge= tik, van jou trollie/wysie af; kransinnig, waansinnig; mal= kop, mallerig; dom, dwaas, simpel; *be* ~ *about ..., (infml.)* gek wees na *(of* mal wees oor *of* dol wees op/oor) ...; *drive s.o.* ~ iem. gek/mal maak; ~ *path* hobbelpaadjie; ~ *paving* lapplaveisel, plaveipaadjie; *be plumb* ~, *(infml.)* stapelgek wees; ~ *quilt* lappiesdeken. **cra·zi·ness** gekheid, kranksin= nigheid; mallerigheid; domheid, dwaasheid, sotlikheid.

**creak** *n.* gekraak, geknars, gepiep. **creak** *ww.* kraak, knars, kras, piep, skree(u), kners; *a* ~*ing voice* 'n kraakstem. **creak= i·ness** krakerigheid. **creak·y** krakerig, krakend; kraak=.

**cream** *n.* room; crème; *(fig.)* room, (aller)beste, elite, keur; *beat/whip/whisk* ~ room klits/klop; *the* ~ *of the crop* die room van die oes; *the* ~ *of our athletic talent* ons voorste at= lete; *the* ~ *of society* die elite; ~ *of chicken/tomato soup* hoen= der=/tamatieroomsop; ~ *of tartar* kremetart, wynsteen; *pick/ take the* ~ die room afskep; *skim off the* ~ *from ..., skim the* ~ *off ...* die room van ... afskep, die beste van ... neem *(d. kandidate ens.).* **cream** *ww.* room; afroom; ontroom, af= skep; room byvoeg; klop tot romerig; skuim; *(oorspr. Am. sl.)* kafdraf, vermorsel *('n opponent);* ~ *off s.t., (fig.)* iets afskep; ~ *off the best from ...* die room van ... afskep. ~ **cake** roomkoek; roomkoekie. ~ **cheese** roomkaas. ~ **colour** roomkleur. ~

**cracker** cream cracker, kraakbeskuitjie. ~ **sherry** crème-sjerrie. ~ **soda** sodacrème.

**creamed** room=; ~ *potatoes* geroomde aartappels, room= aartappels.

**cream·er** (koffie)verromer; roombeker(tjie); roomafskeier.

**cream·er·y** botter=, suiwelfabriek; roomhuis.

**cream·like** romerig; *(kleur)* romig.

**cream·y** romerig, soos room; *(kleur)* romig. **cream·i·ness** romerigheid.

**crease** *n.* vou, plooi; voulyn; rimpel; *(kr.)* streep; *batsman's* ~ kolfstreep; kolfkampie; *bowler's* ~ boulstreep. **crease** *ww.* vou, plooi; rimpel, kreukel; ~ *up with laughter* krul van die lag. ~**proof** kreukelbestand. ~**-resistant** kreukeltraag.

**crease·less** kreukelvry.

**creas·y** gekreukel(d), vol plooie; gerimpel(d).

**cre·ate** skep; in die lewe roep, in die wêreld bring; voortbring; (op)wek; veroorsaak; maak; uit die niet te voorskyn bring; ~ *strife* stryd wek, verdeeldheid bring. **cre·at·ed** geskape.

**cre·a·tin(e)** *(biochem.)* kreatien.

**cre·a·tion** skepping; werk; *act of* ~ skeppingsdaad; ~ *of capital* kapitaalvorming; *it licks* ~, *(infml.)* dit oortref alles; *from the* ~ *of the world* van die grondlegging van die wêreld af. ~ **science** *(teol.)* skeppingsleer.

**cre·a·tion·ism** *(teol.)* kreasionisme, skeppingsleer. **cre·a·tion· ist** kreasionis, aanhanger van die kreasionisme.

**cre·a·tive** skeppend, vormend, kreatief; ~ *ability* skeppings= vermoë; ~ *accountancy/accounting, (euf.)* kreatiewe reke= ningkunde; ~ *impulse/urge* skeppingsdrang, =drif; ~ *pow= er* vormkrag, skeppingskrag; ~ *work* skeppingswerk; ~ *writ= ing* skryfkuns, skeppingswerk, oorspronklike werk. **cre·a· tive·ness, cre·a·tiv·i·ty** skeppingskrag, skeppingsdrang, =ver= moë, kreatiwiteit.

**cre·a·tor** skepper; ontwerper; maker; *the C*~ die Skepper.

**crea·ture** skepsel; wese; kreatuur; mens; *we are ~s of God* ons is skepsele van God; ~ *of habit* gewoontemens; *little* ~ wesentjie, skepseltjie. ~ **comforts** geriefies, materiële ge= riewe, stoflike genietinge, genietinge van die lewe.

**crèche** *(Fr.)* bewaarskool, crèche.

**cred** *(afk., sl.)* krediet; geloofwaardigheid.

**cre·dence** geloof, vertroue; *give* ~ *to s.t.* iets glo, geloof aan iets heg; *letter of* ~ geloofsbrief; *be unworthy of* ~ ongeloof= waardig wees. **cre·den·tial** *n.* diploma; sertifikaat; *(i.d. mv.)* geloofsbriewe; *(i.d. mv.)* getuigskrifte. **cre·den·tial** *adj.:* ~ *letters* geloofsbriewe. **cre·den·za** kredenskas.

**cred·i·bil·i·ty** aanneemlikheid, geloofwaardigheid. ~ **gap** waarheidskloof, ongeloofwaardigheid; vertrouenskrisis.

**cred·i·ble** aanneemlik, geloofwaardig.

**cred·it** *n.* vertroue, geloof; reputasie, goeie naam, agting, aan= sien, gesag, erkenning; geloofwaardigheid; eer; *(fin.)* krediet; *(i.d. mv., filmk., TV, ens.)* erkenning; *s.t. does s.o.* ~ iets strek iem. tot eer; *extend* ~ *to s.o.* krediet aan iem. verleen; *get* ~ *for ... vir ...* erkenning ontvang (*of* krediet kry); *give* ~, *(lett.)* krediet gee; *give s.o.* ~ *for s.t.* iem. eer/krediet gee vir iets, iem. iets as verdienste toereken; iem. tot iets in staat ag; *give* ~ *to s.t.* die geloofwaardigheid van iets versterk; *in good* ~ kredietwaardig; *letter of* ~ kredietbrief; *buy on* ~ op kre= diet/rekening/skuld koop; ~ *against security* krediet teen sekuriteit; *take (the)* ~ *for s.t.* die eer vir iets inoes; *s.t. is a* ~ *to s.o.* (of *is/redounds to s.o.'s* ~) iets doen iem. eer aan; *say s.t. to s.o.'s* ~ iem. iets ter ere nagee; *there is R1000 to s.o.'s* ~ daar staan R1000 in iem. se krediet; *vote* ~*s, (parl. ens.)* krediete bewillig. **cred·it** *ww.* glo; krediteer; toegee; ~ *an account* 'n rekening krediteer; ~ *s.t. to s.o.* iets tot s.o. in staat ag; iem. die eer van iets gee; iem. met iets krediteer *(geld).* ~ **account, charge account** kredietrekening. ~ **analysis** kredietanalise, =ont= leding. ~ **arrangements** *(mv.)* kredietreëlings. ~ **association,**

~ **society,** ~ **union** kredietvereniging. ~ **balance** krediet= saldo, batige saldo. ~ **card** kredietkaart. ~ **ceiling** →CREDIT LIMIT. ~ **check** kredietwaardigheidskontrole, kontrole op kre= dietwaardigheid. ~ **control** kredietbeheer. ~ **curb** krediet= beperking, =inkorting. ~ **entry** kredietinskrywing, =boe= king. ~ **facilities** *(mv.)* kredietfasiliteite. ~ **institution** krediet= instelling. ~ **instrument** kredietinstrument. ~ **items** *(mv.)* kredietposte. ~ **letter** kredietbrief. ~ **limit,** ~ **ceiling** kre= dietperk, =limiet, =plafon. ~ **manager** kredietbestuurder. ~ **note,** ~ **slip** kredietbrief, =nota. ~ **rating** bepaling van kre= dietwaardigheid; →CREDITWORTHINESS. ~ **(reference/reporting) agency** krediet(inligtings)buro, kredietagentskap. ~ **report** kredietwaardigheidsverslag. ~ **restraint** kredietbeperking. ~ **sales** *(mv.)* kredietverkope, verkope op rekening, reke= ningverkope. ~ **screening** kredietkeuring. ~ **side** krediet= kant, =sy. ~ **slip** →CREDIT NOTE. ~ **society** →CREDIT ASSOCIA= TION. ~ **squeeze** kredietdruk, druk op die krediet. ~ **stand= ing,** ~ **status** →CREDITWORTHINESS. ~ **terms** *(mv.)* krediet= voorwaardes. ~ **union** →CREDIT ASSOCIATION. ~**worthiness,** ~ **rating,** ~ **standing,** ~ **status** kredietwaardigheid. ~**worthy** kredietwaardig.

**cred·it·a·ble** verdienstelik, eervol; fatsoenlik, agbaar; *s.t. is* ~ *to s.o.* iets strek iem. tot eer/lof.

**cred·i·tor** skuldeiser, krediteur; geldskieter. ~ **country** kre= diteurland.

**cre·do** =dos geloof, (geloofs)belydenis, credo.

**cred·u·lous** lig=, goedgelowig. **cre·du·li·ty** lig=, goedgelo= wigheid.

**creed** geloof, (geloofs)belydenis, geloofsformulier.

**creek** kreek, inham, bog, baaitjie; loop, spruitjie; *be up the* ~, *(sl.)* in die knyp/pekel (*of* die/'n verknorsing) sit/wees.

**creep** *n.* krieweling; kruiping; uitsakking *(v. verf); (infml.)* on= aangename vent; *s.t. gives s.o. the* ~*s, (infml.)* iets maak iem. kriewelrig; iets laat iem. ys *(of* hoendervel/=vleis kry/word), iets gee iem. hoendervel/=vleis. **creep** crept crept, *ww.* kruip, sluip; voortsukkel, aansukkel; kriewel; *(verf)* uitsak; *(plante)* rank; *(band)* klim; *a feeling of disappointment crept over s.o.* 'n gevoel van teleurstelling het in iem. opgewel; ~ *in* binnesluip; *(lett. & fig.)* insluip; *(lett.)* inkruip; ~ *out* uitkruip, uitsluip; *a smile crept over s.o.'s face* 'n glimlag het (stadig) oor iem. se gesig gesprei, iem. het stadig begin glimlag; *tired= ness crept over s.o.* iem. is deur moegheid oorval, die moeg= heid het iem. oorval; ~ *up on s.o.* iem. bekruip; *s.t. ~s up on s.o.* iets kom ongemerk vir iem. nader. ~**-resistant** kruip= vas.

**creep·age** kruipverlenging.

**creep·er** kruiper; kruip=, rank=, klimplant, klimop; *(kr.)* kruip= bal.

**creep·ing pa·ral·y·sis** geleidelike verlamming.

**creep·y** kruipend; grillerig, griesel(r)ig. ~**-crawly** *n.* gogga. ~**-crawly** *adj.* kruipend.

**cre·mate** veras, verbrand. **cre·ma·tion** verassing, lykver= branding. **cre·ma·tor** lykverbrander; lykoond; verbrandings= oond. **crem·a·to·ri·um** =riums, =ria krematorium.

**crème** *(Fr.)* room; crème; vla; ~ *caramel* crème caramel, karamelvla; ~ *de la crème* crème de la crème, elite; *the* ~ *de la crème of the dancers* die voorste dansers; ~ *de menthe* peperment(likeur).

**Cre·ole, cre·ole** *n.* Kreool, kreool; *(ling.)* Kreools, kreools. **Cre·ole, cre·ole** *adj.* Kreools, kreools. **cre·o·li·sa·tion, =za= tion** *(ling.)* kreolisering. **cre·o·lise, =lize** *(ling.)* kreoliseer. **cre·o= lism** *(ling.)* kreolisme.

**cre·o·sote** *n., (chem.)* kreosoot. **cre·o·sote** *ww.* kreoso= teer.

**crêpe** *(tekst.)* crêpe; ~ *de Chine* crêpe-de-chine, gekrinkelde sy. ~ **bandage** crêpeverband. ~ **myrtle** skubliesroos. ~ **paper** krinkelpapier. ~ **rubber** crêperubber. ~ **sole** speksool. ~ **suzette** *crêpes suzettes* crêpe suzette, vlampannekoek. ~ **wool** crêpewol.

**cre·scen·do** *=dos, =di, n., (ook mus.)* crescendo, kressendo. **cre·scen·do** *=doing; =doed =doed, ww.* 'n crescendo/kres= sendo bereik, al hoe harder/intenser word, tot 'n klimaks opbou.

**cres·cent** *n.* groeiende/wassende maan; half=, sekelmaan; *(straat)* singel. **cres·cent** *adj.* halfmaanvormig, halfmaan=; sekelvormig.

**cress** bronkors, waterkers, bronslaai.

**crest** *n.* kuif; kam; kruin; pluim; maanhare; top, (skuim)kop, (golf)kruin; kruinpunt; *~ of a pass* pashoogte; *be/ride on the ~ of a/the wave, (fig.)* op die kruin/hoogtepunt van jou loop= baan/ens. wees, op die hoogtes wandel. **crest** *ww.* 'n kuif op= sit; die top bereik; skuimkoppe vorm. *~fallen* bekaf, kop= onderstebo, kop onderstebo, sleepstert, terneergeslae, moe= deloos. *~ line* kruinlyn.

**crest·ed** met 'n kuif/pluim/kruin, gekuif, kuif=; gekam(d), kamdraend; *~ barbet* kuifkophoutkapper; *~ guineafowl* kuif= koptarentaal.

**Cre·ta·ceous** *n., (geol.)* Kryt(tydperk). **Cre·ta·ceous** *adj., (geol.)* Kryt=.

**Crete** *(geog.)* Kreta. **Cre·tan** *n.* Kretenser. **Cre·tan** *adj.* Kre= tensies, Krieties, van Kreta.

**cret·in** *(infml., neerh.)* idioot, moro(o)n, bobbejaan, pam= poen/skaap(kop), dom ding.

**cre·vasse** diep skeur/spleet *(in aarde);* gletserskeur, =spleet. **crev·ice** smal skeur/spleet, bars.

**crew** *n.* bemanning; *(infml., dikw. neerh.)* kliek, groep, span, bende, klub, geselskap; *~ and passengers* opvarendes; *ten ~* bemanning van tien. **crew** *ww.* as bemanningslid/spanlid werk; beman *(vaartuig).* *~ cut* borselkop. *~man* =men be= manningslid, spanlid, matroos. *~ member* bemanningslid, spanlid. *~ neck* (nousluitende) ronde hals/nek. *~-neck(ed): ~ pullover/sweater* rondehals/rondenek-oortrektrui.

**crib** *n.* krip; stal; kinderbedjie; hutjie; *(infml.)* afkykwerk, pla= giaat; *crack a ~, (sl.)* by 'n huis inbreek. **crib** *=bb=, ww. (infml.)* afkyk, afloer *(in 'n eksamen);* afskryf, =skrywe *(eksa= menantwoorde ens.);* naskryf, =skrywe, plagiaat pleeg, plagi= eer; steel *(iem. se idees ens.); ~ from s.o.* by iem. afkyk/afloer *(in 'n eksamen).* **crib·ber** afskrywer, naskrywer.

**crick** *n.* styfheid; spit *(i.d. rug);* spierkramp; *~ in the neck* sty= we nek. **crick** *ww.* verrek.

**crick·et¹** kriek; *ground ~* koringkriek, dikpens.

**crick·et²** krieket; *it's/that's not ~* dis nie sportief/eerlik nie, so iets doen ('n) mens nie. *~ bat* krieketkolf. *~ field, ~ ground* krieketveld. *~ match* krieketwedstryd. *~ pitch* kolfblad. *~ player* krieketspeler.

**crick·et·er** krieketspeler.

**cri·key** *tw., (Br., infml.)* magtig, magtie, jene, hene, jitte, hete.

**crime** *(swaar)* misdaad; *(neutraal)* misdryf; *(lig)* oortreding; *(sosiol.)* misdaad, misdadigheid, misdade; *(infml.)* sonde; *(infml.)* skande; *(infml.)* groot jammerte; *capital ~* halsmis= daad; *commit a ~* 'n misdaad pleeg; *the incidence of ~* misdaad, misdadigheid; *there has been a serious increase in ~* misdaad/misdade/misdadigheid het erg toegeneem; *the ~ of theft/etc.* die misdaad van diefstal/ens.; *~ of passion* hartstogsmisdaad; *~ doesn't pay* misdaad is nie lonend nie; *prevention of ~* voorkoming van misdaad/misdade; *be steeped in ~* verstok/verhard wees in misdadigheid; *take to ~* 'n misdadiger word; *it is a ~ that ..., (infml.)* dit is skan= dalig dat ...; *it is a ~ to ...* dit is 'n misdaad om te ...; *it is a ~ the way ..., (infml.)* dit is skandalig soos ... *~ buster (sl.)* misdaadbestryder. *~ busting (sl.)* misdaadbestryding. *~ fic= tion* misdaadroman(s), =verhaal, =verhale. *~ prevention* mis= daadvoorkoming. *~ rate* misdaadsyfer, kriminaliteit. *~ sheet* strafregister. *~ wave* vlaag van misdade/misdaad. *~ writer* misdaadskrywer, skrywer van misdaadromans/=verhale.

**Cri·me·a:** *the ~, (geog.)* die Krim. **Cri·me·an** Krim=; *the ~ War* die Krimoorlog.

**cri·men:** *~ injuria, ~ iniuria (SA, jur.)* crimen injuria/iniuria, persoonlikheidskending, =krenking.

**crim·i·nal** *n.* misdadiger, boef; *a habitual ~* 'n gewoonte= misdadiger; *a hardened ~* 'n verstokte misdadiger. **crim= i·nal** *adj.* misdadig; *(jur.)* strafbaar; *(jur.)* strafregtelik, straf=, krimineel; *~ case* strafsaak; *~ code* strafwetboek; *~ court* strafhof; *~ intention/intent* misdadige opset; *~ investiga= tion department* speurdiens; *~ jurisdiction* strafregtelike bevoegdheid; *~ justice* straf(regs)pleging; *~ law* strafreg, kriminele reg; *~ lawyer* strafregkenner; *~ offence* misdryf, strafbare oortreding; *~ procedure* strafproses; *law of ~ pro= cedure* strafprosesreg; *~ proceedings* strafsaak, =geding; *~ record* strafregister; vorige oortredings; *~ trial* strafgeding; *~ work, (jur.)* strafwerk. **crim·i·nal·i·sa·tion, =za·tion** krimi= nalisering, strafbaarmaking. **crim·i·nal·ise, =ize** kriminali= seer, strafbaar maak. **crim·i·nal·i·ty** misdadigheid, krimina= liteit; ('n) misdaad. **crim·i·nal·ly** misdadig, op misdadige wyse.

**crim·i·nol·o·gy** kriminologie, misdaadleer. **crim·i·no·log·ic, crim·i·no·log·i·cal** kriminologies. **crim·i·nol·o·gist** krimino= loog.

**crimp** *n.* karteling, weefkarteling. **crimp** *ww.* plooi, krinkel, rimpel; riffel, kartel; krul; friseer; buig. **crimp·er** *(tekst.)* kar= telmasjien; *(haarkappery)* krultang, =yster; *(kookk.)* kartelaar *(vir tertrand ens.).* **crimp·i·ness** gekrinkeldheid; karteling.

**crimp·ing:** *~ iron (teg.)* riffeltang; wurgtang. *~ machine* kartelmasjien.

**crimp·lene** *(tekst., handelsnaam)* crimplene, krimpelien.

**crim·son** *n.* karmosyn. **crim·son** *adj.* karmosyn(rooi); *turn ~* (hoog)rooi word, bloos. **crim·son** *ww.* (hoog)rooi word, bloos. *~-breasted shrike (orn.)* rooiborslaksman.

**cringe** *n.* buiging, gekruip. **cringe** *ww.* ineenkrimp, terug= deins; kruip, jou verneder; *~ before/to s.o.* voor iem. kruip; *s.t. makes s.o. ~, (infml.)* iets vervul iem. met weersin. **cring·ing** kruiperig, kruipend.

**crin·kle** *n.* krinkel, rimpel, vou, kreukel. **crin·kle** *ww.* krin= kel, rimpel, frommel, kreukel. *~-cut* krinkelsnit= *(aartappel= skyfies ens.).* **crin·kled** *(ook)* riffelrig, *~ paper* kreukel=, rim= pel=, riffelpapier; *~ wool* krinkelwol. **crin·kly** krinkelend, kreukelrig, rimpel(r)ig, verkreukel(d); *~ hair* kroes(erige) hare; *~ paper* rimpelpapier, geriffelde papier, riffelpapier.

**crip·ple** *adj.* kreupel, kruppel, mank. **crip·ple** *ww.* kreupel/ kruppel/gebreklik maak; vermink; *(fig.)* verlam; belemmer. *~ care* kreupelsorg. **crip·pled:** *in a ~ state* ontredder(d); ge= breklik, mank. **crip·pling** verlammend.

**cri·sis** *=ses* krisis, keerpunt, wendingspunt; kritieke punt; *avert a ~* 'n krisis afweer/voorkom; *cause a ~* 'n krisis ver= oorsaak; *~ of confidence* vertrouenskrisis; *~ of conscience* gewetenskrisis; *go/pass through a ~* 'n krisis deurmaak; *precipitate a ~* 'n krisis verhaas; *resolve a ~* 'n krisis oplos/ beëindig. *~ centre* krisissentrum; *rape ~ centre* krisissentrum vir verkragtingslagoffers *(of* vir slagoffers van verkragting). *~ management* krisisbestuur.

**crisp** *n.* brosheid; *potato ~* aartappelskyfie. **crisp** *adj.* kra= kerig, knapperend, krokant, bros; fris, opwekkend; lewendig, opgewek; beslis, pittig *(styl);* kroes; krullerig, gekrul(d), ge= kroes; *~ air* fris luggie. **crisp** *ww.* bros maak. *~ bread* bros brood. **crisp·er** groentelaai *(v. 'n yskas).* **crisp·(i·)ness** bros= heid; frisheid; lewendigheid; beslistheid; krullerigheid; kroe= serigheid. **crisp·y** bros; lewendig; krullerig, kroeserig, ge= kroes.

**criss·cross** *adv.* kriskras, deurmekaar, kruis en dwars. **criss= cross** *ww.* kriskras *(of* kruis en dwars) oor ... loop.

**crit** *n., (infml.)* krit, resensent, kritikus; krit, resensie, kritiek.

**cri·te·ri·on** *=ria, =rions* maatstaf, toets, standaard, kenmerk, kriterium; *apply a ~* 'n kriterium/maatstaf toepas/gebruik.

**crit·ic** kritikus, resensent, beoordelaar.

**crit·i·cal** kritiek, haglik, sorgwekkend, sorgbarend, bedenklik, benard; krities, beoordelend; vitterig; *be ~ of ...* krities wees (teen)oor ...; krities staan teenoor ...; ~ *limit* breekgrens; ~ *point* kritieke punt, breekpunt; ~ *situation* kritieke toestand, krisistoestand; *be a* ~ *success* gunstig deur die kritici ontvang/beoordeel word. **crit·i·cal·ly** kritiek; krities; *be* ~ *ill* dodelik siek wees, in 'n bedenklike/kritieke toestand wees; *be* ~ *important* van deurslaggewende/kardinale (*of* die uiterste) belang wees, van lewensbelang wees.

**crit·i·cise, -cize** kritiseer, kritiek uitoefen, resenseer, beoordeel; afkeur, hekel.

**crit·i·cism** kritiek; beoordeling, resensie, kritiek; aanmerking; punt van kritiek; *be above/beyond* ~ bo kritiek verhewe wees; *come in for a lot of* ~ kwaai onder kritiek deurloop; *constructive/destructive* ~ opbouende/afbrekende kritiek; *level* ~ *at* ... kritiek op ... uitoefen; *s.o.'s* ~ *of* ... iem. se kritiek op (*of* beoordeling van) ...; *offer* ~ kritiek uitoefen; *be open to* ~ aanvegbaar wees (*iets);* na kritiek luister *(iem.); scathing/stinging* ~ snydende/vernietigende kritiek.

**cri·tique** *(Fr.)* (kuns)kritiek, resensie.

**croak** *n.* gekwaak; gekras. **croak** *ww., (padda)* kwaak; *(voël)* kras, krys; *(iem.)* hees (*of* met 'n skor stem) fluister/sê/vra/ens.; *(sl.: doodgaan)* aftjop, lepel in die dak steek, bokveld toe gaan. **croak·er** kwaker; krasser, kryser; brompot. **croak·y** kwakend; krassend; krysend; skor, hees.

**Cro·at** Kroaat. **Cro·a·tia** *(geog.)* Kroasië. **Cro·a·tian** *n.* Kroaat; Kroatiese man/vrou. **Cro·a·tian** *adj.* Kroaties.

**croc** *(infml.)* = crocodile.

**cro·chet** *n.* hekelwerk; *double* ~ kortbeen(tjie); *treble* ~ langbeen(tjie). **cro·chet** *ww.* hekel. ~ **hook,** ~ **needle** hekelpen, -naald. ~ **stitch** hekelsteek. ~ **work** hekelwerk.

**cro·chet·ing** hekelwerk.

**crock** *n., (infml.): an old* ~, *(iem.)* 'n ou knol/krok/sukkelaar; *(motor)* 'n ou rammelkas/tjor(rie). **crocked** *(infml.)* beseer; mankoliek(ig/erig); kapot, gebreek, stukkend.

**croc·o·dile** krokodil; krokodilleer. ~ **clip** krokodil-, kaaimanklem. ~ **tears** krokodiltrane; *weep* ~ lang trane huil. **croc·o·dil·i·an** *(soöl.)* krokodilagtig.

**cro·cus** *-cuses* krokus, saffraanblom; kraai-uintjie.

**Croe·sus** *(hist.: ryk koning)* Croesus; rykaard, geldsak.

**crois·sant** *(Fr.)* croissant.

**crom·bec** *(orn.): long-billed* ~ bosveldstompstert.

**crone** ou wyf/heks.

**cro·ny** *-nies, (infml., dikw. neerh.)* pel (*<Eng.),* (boesem)vriend, broer, makker, kameraad. **cro·ny·ism, cro·ney·ism** voortrekkery, baantjies vir boeties.

**crook** *n.* haak; kromstaf; staf; bog, buiging; bedrieër, skelm; skurk, boef; *the* ~ *of the arm* die waai van die arm. **crook** *ww.* buig; *(SA, infml.)* bedrieg, fop, kul, verneuk. **crook·ed** krom, gebuig, verdraai(d); geboë; (wind)skeef, oorhoeks, mismaak; slinks, oneerlik. **crook·ed·ness** kromheid; skeefheid; oneerlikheid. **crook·er·y** bedrieëry, kullery, verneukery.

**croon** *n.* (sagte) geneurie; sagte/lae stem/toon. **croon** *ww.* neurie; sag(gies) sing. **croon·er** neurie-, sniksanger.

**crop** *n.* krop; keel; koumaag, pens *(v. voëls);* handvatsel, steel; rysweep, peits; gewas, gesaaide, oes; drag, opbrengs, opbrings; gelooide vel; knipsel; stompkop, kortgeknipte hare; *a fine/good* ~ 'n goeie oes; *harvest/reap a* ~ 'n oes maak/wen; 'n oes insamel; *in/under* ~ onder bebouing. **crop** *-pp-, ww.* (stomp) afsny; kort knip; afeet, afvreet; oes, pluk; *(gesaaide)* dra; bebou; ~ *out* uitkom, aan die oppervlak(te) kom; ~ *up* opduik, vorendag (*of* voor die dag) kom. ~ **circle** graansirkel. ~ **dusting** *(landb.)* gewasbespuiting, -bestuiwing; lugbespuiting, -bestuiwing. **~-eared** stompoor-, afoor-; stompkop-. ~ **rotation** wisselbou. ~ **top** kort toppie.

**crop·per** knipper, skeerder; draer; kropduif; *come a* ~, *(infml.)* hard val; 'n ongeluk oorkom; jou rieme styfloop.

**crop·ping** verbouing; oesinsameling.

**cro·quet** *n., (spel)* krokkie, croquet. **cro·quet** *-queted -queting, ww.* wegstamp, -slaan *(teenstander se bal).*

**cro·quette** *(kookk.)* kroket(jie).

**cross** *n.* kruis; kruishout; beproewing, teen-, teëspoed; (rasse)kruising; kruisproduk, kruising; tussending, baster; *(boks)* kruishou; *(sokker)* kruisskop; *everyone has to bear his/her own* ~ elkeen moet sy/haar eie kruis dra; *be a* ~ *between* ... *and* ... 'n kruising van ... en ... wees; *no* ~ *no crown* geen kroon sonder kruis, geen sukses sonder inspanning/moeite/opoffering nie; *cut s.t. on the* ~ iets op die skuinste knip/sny; *make a* ~ 'n kruisie trek/maak; *nail s.o. to the* ~ iem. aan die kruis slaan; *on the* ~ skuins, op die skuinste, oorhoeks; *make the sign of the* ~ die kruisteken maak, 'n kruis maak/slaan; *take up one's* ~ geduldig ly; *Way of the C~* kruisweg, -gang, lydensweg. **cross** *adj. & adv.* dwars, oorkruis; verkeerd; kwaad, boos; kwaai, nors; teen-; *be* ~ *with s.o.* vir iem. kwaad/vies wees. **cross** *ww.* kruis; *(lyne)* sny; deurkruis; met 'n kruis(ie) merk; oorgaan, -steek *(pad, straat);* oorloop, -stap; oortrek; dwarsboom, teen-, teëwerk, in die wiele ry; by mekaar verbygaan; kruisteel, baster; ~ *one's fingers (and touch wood), keep one's fingers* ~ed duim vashou; ~ *one's legs* jou bene kruis (*of* oor mekaar slaan); *sit with* ~ed *legs* met gekruiste bene (*of* met jou bene gekruis/oorkruis (*of* oor mekaar) sit; *have* ~ed *lines, (telekom.)* gekruiste lyne hê; *have one's/the lines/wires* ~ed, *(fig.)* die ding/kat aan die stert beethê; *(twee mense)* by mekaar verbypraat, mekaar verkeerd verstaan; *it* ~ed *my mind* dit het my bygeval, dit het deur my gedagte gegaan; ~ *s.t. off/out* iets deurhaal/deurstreep/skrap/uitkrap, 'n streep deur iets trek; ~ *o.s.* die kruisteken maak, 'n kruis maak/slaan; ~ *over* oorgaan, -stap; oorvaar; ~ *s.o.'s path* iem. teen-/teëkom; iem. dwarsboom; ~ *s.o.* iem. dwarsboom; die/jou voer vir iem. dwars sit; ~ *an animal* (or *a plant) with* ... 'n dier/plant met ... kruis. **~-bar** dwarshout; dwarspaal, -balk, -lat; dwarsstang; nek-, draaghout *(v. kar);* draer *(v. wa).* **~-bat shot** *(kr.)* dwarshou. **~beam** dwars-, kruisbalk. ~ **bedding** *(geol.)* diagonale gelaagdheid. ~ **bench** dwarsbank. **~-bill** *(orn.)* kruisbek. **~-bones** gekruiste (doods)beendere. **~-bow** kruis-, voetboog. **~-bred** gekruis, van gekruiste ras, kruisras-, gebaster, baster-. **~-breed** kruis; kruising, kruisras, gekruiste ras. **~-Channel** *adj. (attr.)* Kanaal-; *make a* ~ *voyage* oor die Engelse Kanaal vaar. **~check** *n.* dubbele kontrole. **~check** *ww.* dubbel kontroleer, kruiskontroleer. ~ **compiler** *(rek.)* kruisvertaler. **~-country** reg aan, reguit, oor heg en steg, deur die veld. **~-country race** veldwedloop. **~-cultural** kruis-, interkultureel. **~current** dwarsstroom, dwarsstroming. **~-cut** *n.* dwarssny; dwarsgang. **~-cut** *adj.* dwarsgesny, dwars-. **~-cut** *ww., (filmk.)* heen en weer sny. **~-cut saw** dwars-, treksaag. **~-dressing** *(by mans)* fopdossery, transvest(is)isme, transvestie, die dra van vroueklere; *(by vroue)* kruiskleding, die dra van mansklere. **~-examine** uitvra; kruisvra, in/onder kruisverhoor neem; ~ *s.o.* iem. in/onder kruisverhoor neem; *be* ~*d* in kruisverhoor ondergaan. **~-eyed** skeel. **~-fade** *n., (rad., TV)* kruisdowing. **~-fade** *ww.* kruisdoof. **~-fertilise, -lize** kruisbevrug. **~-fire** kruisvuur. **~-grained** dwarsdraads, -dradig, dwars van draad, teendraads; dwars, stuurs, nors. ~ **hairs** *(mv.)* kruisdraadjies. **~-hatch** kruisarseer, dubbel arseer. **~-head** *(teg.)* dwarskop; draagstuk; kruisraam; kruiskop *(v. masjien).* **~-head(ing)** *(druk.)* dwarshofie. **~-index** *ww.* kruisverwysings maak. **~-legged** (met die/jou) bene oorkruis (*of* oor mekaar), met gekruiste bene; met die/jou bene onder jou ingevou; kruis-been. **~-match** *ww., (med.)* kruistoets. **~over** *n.* oorgang; kruispunt; *(spw.)* wissel; *(genet.)* oorkruising; *(mus.)* oorkruising; *a jazz-to-disco* ~ 'n jazz-na-disko-oorkruising. **~over** *adj.* oorgangs-; kruis-; *jazz-classical* ~ *album* album wat jazz met klassieke musiek kombineer. **~patch** *(infml.)* dwars-, korrel-, kriewelkop, nukkebol, kruidjie-roer-my-nie. **~piece** dwarsstuk. **~-ply tyre** kruislaagband. **~-pollinate** kruisbestuif. **~-purpose** teenstrydigheid; misverstand; *be at* ~*s* mekaar misverstaan; mekaar in die wiele ry; *talk at* ~*s* nie oor die selfde ding praat nie, by mekaar verbypraat. **~-question** *ww.* kruisvrae stel, kruisvra, in/onder kruisverhoor neem. **~-ref**

**erence** kruisverwysing. **~road** dwars=, kruis=, uitdraaipad. **~roads** padkruising; kruispaaie; *at the ~, (lett.)* by die dwars=/kruispad; *(fig.)* op die tweesprong; op die keerpunt. **~ sec‍tion** dwars(deur)snee, dwars(deur)snit; dwarsprofiel; *(fis.)* kansvlak. **~-stitch** kruissteek. **~ street** dwarsstraat; kruis=straat. **~-subsidy** kruissubsidie. **~-talk** *n., (telekom.)* steur=spraak; *(Br.)* kwinkslag, gevatheid, spitsvondigheid. **~-town** *adj. & adv., (Am.)* dwarsdeur die stad; *a ~ bus* 'n bus wat dwarsdeur die stad loop. **~trees** *(mv.), (sk.)* (dwars)saling. **~-voting** deurmekaar stemmery. **~walk** voetoorgang. **~way** dwarsweg, =pad. **~-weave** kruisbinding. **~wind** teenwind; dwars=, sywind. **~word (puzzle)** blokkiesraaisel; *do a ~ (~)* 'n blokkiesraaisel invul.

**cross·ing** kruising; kruisteelt; kruispunt; oorgang; oortog; oorvaart; oorweg; oorrypad; (die) oorsteek; dwarspad, kruis=pad, =straat; *(spw.)* kruisstuk; verrekeningsmerk, kruising *(v. tjek).* **~-over** oorgang; uitwisseling, uitruiling; oorkruising.

**cross·ness** boosheid, kwaadheid; kwaaiigheid.

**cross·wise** oorkruis, =dwars, gekruis, kruisgewys(e); oor=mekaar; dwars=; *~ fold* dwarsvou.

**crotch** kruis *(v. liggaam, broek);* mik, vurk *(in 'n boom).*

**crotch·et** hakie; *(mus.)* kwartnoot. **crotch·et·y** buierig, hu=meurig, moeilik; vol grille; wispelturig.

**crouch** *n.* gehurkte/bukkende houding. **crouch** *ww.* hurk, buk; kruip; koe(t)s.

**croup** kroep, wurgsiekte. **croup·y** kroepagtig.

**crou·pi·er** *(Fr.)* croupier, kroepier.

**crou·ton** *(kookk.)* crouton, kroton.

**crow**[1] *n.* kraai; *the C~, (astron.)* die Kraai, Corvus; *black ~* swartkraai; *as the ~ flies* in 'n reguit lyn, soos 'n/die voël vlieg; *have a ~ to pick/pluck with s.o., (infml.)* 'n appeltjie met iem. te skil hê; *white ~, (fig.)* wit raaf. **~bar** koevoet, breekyster. **~'s foot** *feet* kraaiplooitjie, =pootjie, =spoortjie, lagplooitjie *(i.d. ooghoek);* kreukeltjie; *(naaldw.)* kraaipoot; *(masj.)* kraaipoot. **~'s-nest** *(sk.)* kraaines; maskorf. **~ step** geweltrap.

**crow**[2] *n.* gekraai. **crow** *crowed/crew crowed, ww.* kraai; bab=bel, brabbel; spog; *~ about/over s.t., (infml.)* oor iets spog; *~ over ..., (ook, infml.)* in ... behae skep *(iem. se teen=/teëspoed).*

**crowd** *n.* menigte, skare, hoop, massa, klomp, spul; gedrang, oploop, toeloop; *follow* (or *go/move with) the ~* die stroom volg, met die stroom saamgaan; *they are a nice ~, (infml.)* hulle is 'n gawe klomp; *~s of people* 'n duisternis/magdom (van) mense, 'n mensdom/mensemassa; *rise* (or *raise o.s.) above the ~, (fig.)* bo die massa verhef, jou bo die massa ver=hef; *stand out from the ~, (fig.)* bo die massa uitstyg; *the ~* die massa/menigte. **crowd** *ww.* (opeen)dring, druk, saam=dring, dam, drom, ophoop; vul; volprop; *~ into a place* 'n plek binnedring, in 'n plek saamdrom; *~ s.o. out* iem. uit=druk/verdring; *~ round ... om ... saamdrom; ~ together* saamdrom, =pak. *~ puller (infml.)* skarelokker; lokettreffer.

**crowd·ed** (stamp)vol, propvol, oorlaai, druk; saamgedronge; *be ~ to overflowing, ('n saal ens.)* stampvol wees.

**crown** *n.* kroon; krans; kruin, top; kop; bol *(v. hoed);* koepel; kruis *(v. anker); (bot.)* wortelnek; kruin, kroon *(v. boom); (munt)* kroon; *the ~, (jur.)* die kroon/staat; *win the ~, (boks ens.)* die titel verower. **crown** *ww.* kroon; bekroon; beloon; voltooi; *(dambordspel)* koning/dam maak; *that ~s it all, (infml.)* dit sit die kroon daarop; *to ~ it all, (infml.)* om die naarheid te kroon, tot oormaat van ramp/ellende, wat die ergste is/was; *~ s.o. king* iem. tot koning kroon. **~ colony** kroonkolonie. **~ glass** kroonglas. **~ jewels** kroonjuwele. **~-of-thorns** *(seester: Acanthaster planci)* doringkroon. **~ prince** kroonprins. **~ princess** kroonprinses. **~ roast** *(kookk.)* kroonbraad. **~ saw** kroon=, trommel=, silindersaag. **~ wheel** kroon=, skakelrat. **~ witness** kroongetuie, staatsgetuie.

**crown·ing** *n.* kroning; *(verlosk.)* kruinverskyning, kruingeboorte, kruining. **crown·ing** *adj. (attr.)* hoogste, grootste; *~ event* glanspunt; *~ glory* hoogtepunt, toppunt, kroon; grootste trots; pronkstuk, sieraad.

**cru** *(Fr., wynbou)* cru; →GRAND CRU.

**cru·cial** kritiek; deurslaggewend, beslissend; kruis=; *(anat.)* kruisvormig; *(sl.)* bak(gat), fantasties, wonderlik; *be ~ for/to ...* deurslaggewend *(of* van deurslaggewende betekenis *of* uiters belangrik) vir ... wees; *~ test* vuurproef. **cru·cial·ly** *~ important* van deurslaggewende/kardinale *(of* die uiterste) belang; *~ necessary* absoluut/dwingend/uiters noodsaaklik; lewensnoodsaaklik.

**cru·ci·ate** kruisvormig; *~ ligaments, (anat.)* kruisligamente.

**cru·ci·ble** smeltkroes, kroes(ie); *(druk.)* binnepot; vuurproef.

**cru·ci·fix** kruisbeeld, krusifiks, kruis; Christusbeeld. **cru·ci·fix·ion** kruisiging.

**cru·ci·form** kruisvormig; *~ church* kruiskerk.

**cru·ci·fy** kruisig; kruis; *crucified* gekruisig.

**crud** *n., (sl.)* morsigheid, smerigheid, vieslikheid; koekerasie; aanpaksel; afsaksel; vuil; smeerlap, vark. **crud** *tw.* twak, kaf, bog, snert. **crud·dy** morsig, smerig, walglik.

**crude** *n.* ruolie. **crude** *adj.* ru; rou; kru; grof; onbeholpe; primitief, onafgewerk; groen; onsuiwer, ongesuiwer(d); *~ birth rate* algemene geboortesyfer. **~-oil engine** ruoliemasjien.

**crude·ly** ruweg; grof; rou; kru; primitief; *express o.s. ~* jou lomp uitdruk; *to put it ~* om dit kras te stel.

**crude·ness, crud·i·ty** ruheid; rouheid; kruheid; grofheid; onbeholpenheid; onsuiwerheid.

**cru·di·tés** *n. (mv.), (Fr., kookk.)* crudités.

**cru·el** wreed(aardig), onmensklik, ongenadig, hardvogtig; *~ blow* swaar/gevoelige slag; *~ person* wreedaard; *~ wind* ny=pende wind.

**cru·el·ty** wreedheid, wreedaardigheid, onmenslikheid; *~ to animals* dieremishandeling; *beauty without ~* skoonheid son=der wreedheid; *~ to ...* wreedheid teenoor ... **~-free** *(skoon=heidsproduk)* nie op diere getoets nie.

**cru·et** staander(tjie); kruikie, flessie. **~ (stand)** sout-en-peper-stel(letjie); olie-en-asyn-stel(letjie); kruiestel(letjie).

**cruise** *n.* bootvaart, =reis, plesiervaart, =reis, (rond)vaart; skeeps=, boottog; *(vloot)* kruisvaart; *(lugv.)* kruisvlug. **cruise** *ww., (iem.)* 'n boot/plesierreis maak/onderneem, op 'n ple=siervaart gaan; *(vaartuig)* (rond)vaar; *(voertuig, vliegtuig)* kruis; *(taxi ens.)* stadig rondry; *(infml.)* seks soek *(op straat, in klubs, ens.).* **~ control** *(mot.)* (kruis)spoedreëlaar; (kruis)spoed=reëling. **~ liner, ~ ship** toerskip. **~ missile** kruis(er)missiel.

**cruis·er** *(oorlogskip)* kruiser; plesierboot. **~ (weight)** *(boks)* lig=swaargewig.

**cruis·ing** (die) kruis, kruisvaart. **~ speed** tog=, kruissnelheid; normale snelheid. **~ yacht** *(sk.)* plesierjag.

**crumb** *n.* krummel; brokkie; kriesel(tjie). **crumb** *ww.* krum=mel; paneer. **crumb·y** krummelrig.

**crum·ble** *n., (kookk.)* frummelpoeding. **crum·ble** *ww.* (ver)=krummel; afkrummel, inkrummel; (ver)brokkel, afbrokkel; *~ away* wegbrokkel, afkalwe(r); ~ af afkrummel. **crum·bli·ness** krummelrigheid. **crum·bly** *n., (infml., skerts.)* (ou) fos=siel. **crum·bly** *adj.* krummelrig, bros.

**crumbs** *tw.* jisla(a)ik, maggies, magtie, genugtig.

**crum·my** *(infml.)* goor, vuil, aaklig, smerig; goedkoop, vrot=sig, nikswerd; oes, vrot, mislik.

**crump** *n.* plof(geluid), dowwe knal/plof/slag. **crump** *ww.* plof, 'n plofgeluid maak, met 'n dowwe knal/plof/slag val/tref/ontplof/ens..

**crum·pet** *(kookk.)* plaatkoekie, flappertjie; *(sl.)* flossies, (lek=ker) meisies; *a piece of ~, (sl.)* flossie, lekker ding/meisie, (lek=ker) stuk.

**crum·ple** kreukel, opfrommel, (ver)frommel; verfomfaai; *(gesig)* op 'n plooi trek; *(moed)* begeef/begewe; *(selfbe=heersing)* padgee, daarmee heen wees; *~d hair* deurmekaar/verlêde hare, kraaines; *~ up* kreukel; verskrompel; *(infml.)* ineenstort; *~ s.t. up* iets opfrommel/verfrommel. **~ zone** *(mot.)* frommelsone.

**crunch** *n.* gekraak; gekners; *(infml.)* kritieke punt, beslissende konfrontasie, krisis; *if/when it comes to the* ~, *(infml.)* as dit begin knyp, as puntjie by paaltjie kom; *now comes the* ~ nou kom dit daarop aan. **crunch** *ww.* kraak, hard kou, kners, knars; ~ *up* opknars *(koekie, wortel);* knarsend verfrommel *(vullis); (gesig)* vertrek *(v. kommer).* **crunch·y** *n.* hawermout=, knapkoekie, knappertjie. **crunch·y** *adj.* korrelrig *(grondboontjiebotter);* bros, krokant; krakerig, knarsend, knars(er)ig.

**cru·sade** *n.* kruistog; kruisvaart; *a* ~ *against/for s.t.* 'n kruistog teen/vir iets; *conduct a* ~ 'n kruistog onderneem/voer; *embark/go on a* ~ op 'n kruistog gaan. **cru·sade** *ww.* op 'n kruistog gaan; 'n kruistog voer/onderneem; te velde trek; ~ *against/for s.t.* 'n kruistog teen/vir iets voer. **cru·sad·er** kruisvaarder; stryder.

**cruse** *(arg.)* kruik; *the widow's* ~ die weduwee se kruik.

**crush** *n.* verplettering; gedrang; samedromming; (uit)geperste/uitgedrukte (vrugte)sap; drukgang; *be caught in a* ~ in 'n gedrang beland; *have a* ~ *on s.o., (infml.)* beenaf/smoorverlief op iem. wees. **crush** *ww.* plat=, fyndruk; onderdruk *('n opstand ens.);* verydel *(iem. se verwagtings ens.);* afbreek *(iem. se selfvertroue);* verpletter, vermorsel; breek, fynmaak, vergruis; verbrysel; stamp; verkreukel; (uit)druk; *be* ~*ed to death* doodgedruk word; ~ *s.t. in* iets indruk; ~ *into a place* in 'n plek indruk; ~ *s.t. out* iets uitdruk/uitpers; ~ *s.t. up* iets fynmaak; iets saampers; iets opfrommel/verfrommel. ~ **barrier** skareversperring. ~**-resistant,** ~**-resisting** kreukelwerend.

**crush·a·ble** breekbaar; kreukelbaar.

**crushed:** ~ *fracture* splinterbreuk; ~ *hide* pletleer; ~ *mealies/maize* mieliegruis, gebreekte mielies; ~ *velvet* kreukelfluweel; ~ *wheat* stampkoring, gestampte koring. ~**-wheat bread** grof=, growwebrood.

**crush·er** stamper; (klip)breker.

**crush·ing** verpletterend, vernietigend; (ver)drukkend; ~ *defeat* verpletterende ne(d)erlaag; ~ *reply/retort* vernietigende antwoord, dooddoener. ~ *fracture* knypbreuk. ~ **mill** stampmeul. ~ **plant** ertsbrekery; klipbrekery. ~ **strength** drukvastheid, =sterkte. ~ **test** vergruisings=, druktoets.

**crust** *n.* kors; korsie; roof; aanbrandsel; aanpaksel; aansetsel *(v. wyn); a* ~ *of bread* 'n broodkorsie; *the earth's* ~, *the* ~ *of the earth* die aardkors. **crust** *ww.* kors, 'n kors vorm/kry; aanbrand, aanbak. **crust·ed** gekors, omkors; verouderd, verroes; verstok. **crust·i·ly** *(fig.)* bars, kortaf, bot. **crust·y** kors(t)erig; bars, kortaf, stuurs, dwars; bitsig, skerp, snedig; ~ *fellow* suurknol.

**crus·ta·cean** =*ceans, n.* skaaldier, krustasee. **crus·ta·cean** *adj.* skaal(dier)=. **crus·ta·ceous** geskub, geskaal(d), skaal=; *(bot.)* korstig.

**crutch** *n.* kruk; steun(sel); dwarsstuk; kruis *(v. liggaam, broek);* mik *(v. skaap);* handvatsel *(v. graaf); go on* (or *walk with)* ~*es* met/op krukke loop.

**crux** *cruxes, cruces* kern, knoop, (groot) moeilikheid; *this is the* ~ *of the matter* dit is die kern van die saak, alles draai hierom.

**cry** *n.* skree(u), geskree(u), (ge)roep, kreet, gil; gehuil, geween; klag, bede, roepstem; (slag)kreet; geblaf; ~ *of alarm* noodkreet; ~ *of despair/desperation* wanhoopskreet; ~ *of distress* angskreet, noodgeroep; *that is a far* ~ *from ...* dit is nie naaste(n)by ... nie; dit is iets heeltemal anders as ...; *give/utter a* ~ 'n skree(u) gee, skree(u); *have a good* ~ jou uithuil; *a sharp* ~ 'n deurdringende gil; *great/much* ~ *and little wool* meer lawaai/geraas as wol, veel/groot lawaai maar weinig wol. **cry** *ww.* roep, uitroep, skree(u); huil, ween; krys; 'n keel opsit; blaf; ~ *about s.t.* oor iets huil; ~ *bitterly* (or *one's eyes/heart out)* bitter(lik) huil; ~ *for s.t.* om/oor iets huil; om iets roep/vra; ~ *for ...* van ... huil *(vreugde ens.);* ~ *for the moon* die onmoontlike verlang; ~ *off from s.t., (infml.)* kop uittrek uit iets, van iets afsien; ~ *out* uitroep, skree(u);

~ *out against s.t.* heftig teen iets protesteer; ~ *out for s.t.* om iets roep; *be* ~*ing out for s.t.* iets baie/dringend nodig hê; *for* ~*ing out loud!, (infml.)* nee, magtag(, man)!, my magtig!, deksels!; ~ *over s.t.* oor iets kla, iets betreur; ~ *s.t. up* iets ophemel. ~**baby** tjank=, skree(u)=, grensbalie.

**cry·ing** huilende, skreeuende; skreiende; ergerlike, tergende; ~ *fit* huilbui; ~ *injustice* skreiende onreg; ~ *need* dringende behoefte; ~ *shame* skreiende skande.

**cry·o·gen** *(fis.)* kriogeen. **cry·o·gen·ic** kriogeen, kriogenies. **cry·o·gen·ics** kriogenie.

**cry·on·ics** *(mv.), (fis., med.)* kriogenika, krionika.

**cry·o·sur·ger·y** kriochirurgie, =sjirurgie.

**crypt** kelder; grafkelder; kript(a) *(v. kerk),* onderkerk, gewelfkelder.

**cryp·tic** geheim(sinnig), raaiselagtig, duister, kripties. **cryp·ti·cal·ly** geheimsinnig, kripties.

**cryp·to·gram** berig/dokument/ens. in geheimskrif *(of* geheime skrif), kriptogram.

**cryp·tog·ra·phy** geheimskrif, kriptografie. **cryp·tog·ra·pher** kriptograaf. **cryp·to·graph·ic** kriptografies.

**crys·tal** kristal; kristalklip; *Condy's* ~*s* kaliumpermanganaat. ~ **ball** kristalbol; *look into a* ~ ~ die toekoms voorspel. ~ **clear** *(pred.), (lett.)* kristalhelder; *(fig.)* glashelder. ~**-gazing** kristalkykery. ~ **healing** *(med.)* kristalgenesing. ~ **lattice** kristalrooster, =tralie.

**crys·tal·like** kristalagtig.

**crys·tal·line** kristalagtig; kristalvormig; kristal=; kristalhelder; kristallyn; ~ *lens* kristallens *(in oog);* ~ *system* kristalstelsel.

**crys·tal·lise, ·lize** kristalliseer; vaste vorm aanneem; versuiker; ~ *out* uitkristalliseer. **crys·tal·li·sa·tion, ·za·tion** kristallisasie, kristallisering; versuiking. **crys·tal·lised, ·lized:** ~ *fruit* versuikerde/geglaseerde vrugte; ~ *honey* versuikerde heuning, sandsuiker; ~ *view* gevestigde beskouing.

**CS gas** traangas.

**CT scan** *(med.)* rekenaartomogram, CT-skandeerbeeld/aftasbeeld. **CT scan·ner** rekenaartomograaf, CT-skandeerder/aftaster. **CT scan·ning** rekenaartomografie, CT-skandering/aftasting.

**cub** *n.* welp, kleintjie, (klein) leeutjie/beertjie/jakkalsie/ens.. **cub** =*bb*=, *ww.* jong, kleintjies kry. ~ **(reporter)** leerlingverslaggewer. **C~ (Scout)** *(8-11 jr. oud)* Cub Scout, Padvindertjie.

**Cu·ba** *(geog.)* Kuba. **Cu·ban** *n.* Kubaan. **Cu·ban** *adj.* Kubaans.

**cub·age** inhoudsmeting, =bepaling, =berekening; kubieke inhoud.

**cub·by(hole)** kamertjie; knus/gesellige hoekie; hokkie, vak(kie); *(SA)* paneelkissie, =kassie *(v. motor).*

**cube** *n.* kubus; kubiekgetal, derde mag; dobbelsteen, blokkie; klontjie. **cube** *ww., (wisk.)* kubeer, tot die derde mag verhef; die (kubieke) inhoud bereken; *2* ~*d is 8* 2 in die kubiek *(of* in die derde mag) is 8. ~ **root** kubiek=, derdemagswortel. ~**-shaped** kubusvormig, kubies. ~ **sugar** klontsuiker.

**cu·bic** *adj.* kubiek; *(krist.)* isometries; heksaëdries, heksaedries; ruimte=, inhouds=; ~ *capacity/content* kubieke inhoud, ruimte-inhoud; ~ *equation* kubieke vergelyking, derdemagsvergelyking; ~ *ton, (goudverkope ens.)* kubieke ton; *(sk.)* skeepston. **cu·bi·cal** kubies, kubusvormig.

**cu·bi·cle** (slaap/baai/aantrek/kleed)hokkie; afskorting; kamertjie.

**cub·ism** kubisme. **cub·ist** *n.* kubis. **cub·ist** *adj.* kubisties.

**cuck·old** *n., (neerh., vero.)* bedroë eggenoot. **cuck·old** *ww.* bedrieg, ontrou wees aan *(jou eggenoot).*

**cuck·oo** *n.* koekoek; *common* ~ Europese koekoek; *Klaas's* ~ meitjie; *red-chested* ~ piet-my-vrou. **cuck·oo** *adj. (pred., infml.)* mal, gek, (van lotjie) getik, van jou wysie/trollie af. ~ **clock** koekoekhorlosie, =klok. ~**flower** koekoeksblom; harlekyn, gevlekte orgidee. **~pint** (gevlekte) aronskelk. **~ spit** slangspoeg. **~-spit insect** skuimbesie. **~ wasp, ~ fly** goud= wesp.

**cu·cum·ber** komkommer.

**cu·cur·bit** kalbasplant; pampoengewas; *(chem.)* distilleer= kolf.

**cud** herkousel, (her)koutjie; *chew the ~, (lett.)* herkou; *(fig., infml.)* herkou, nadink, besin.

**cud·dle** *n.* liefkosing, omhelsing. **cud·dle** *ww.* liefkoos, om= hels; troetel; lepellê; *~ up* opgerol gaan lê; *~ up to s.o.* styf teen iem. lê/sit, jou teen iem. nestel. **cud·dle·some, cud·dly** snoesig, skattig; mollig; liefkoosbaar, troetelbaar.

**cudg·el** *n.* kierie, stok; knots, knuppel; *take up the ~s for ...* vir ... opkom *(of* in die bres tree *of* 'n lansie breek), ... ver= dedig. **cudg·el** *-ll-, ww.* afransel, knuppel.

**cue**[1] *n.* wenk, aan-, vingerwysing, aanduiding, sleutel; rig= snoer; gedragslyn; *(teat.)* sein(woord), teken; *on ~* net op die regte oomblik; *take one's ~ from s.o., (infml.)* iem. se voorbeeld volg. **cue** *ww.: ~ s.o. in* iem. inwink *(orkeslid ens.);* iem. die sein/teken gee.

**cue**[2] *n.* biljartstok, keu. **cue** *ww., (biljart, snoeker, ens.)* stoot *(bal).*

**cuff**[1] *n.* mouboordjie, =omslag, mansjet; *(gew. i.d. mv., infml., afk. v.* handcuff*)* handboei; *off the ~, (infml.)* uit die vuis (uit), onvoorbereid, spontaan; *on the ~, (infml.)* op rekening. **~ link** mansjetknoop.

**cuff**[2] *n.* klap, oorveeg, opstopper. **cuff** *ww.* klap, 'n oorveeg/ opstopper gee.

**cui·sine** *(Fr.)* kookkuns; kos.

**cul-de-sac** *culs-de-sac, (Fr.)* blinde steeg/straat, keerom=, doodloopstraat; doodlooppunt; *(anat.)* blinde sak.

**cul·i·nar·y** kombuis-, kook-, kulinêr; *~ art* kookkuns; *~ herbs* kombuis-, kookkruie.

**cull** *n.* uitvangskaap; uitskotdier, knol, prul; *(i.d. mv. ook)* uit= skot, bog. **cull** *ww.* pluk; uitvang, uitdun, uitskakel, uitgooi. **cull·ing** uitdunning, uitvangery, keuse; *(i.d. mv. ook)* uitskot.

**cul·lottes** *(mv.)* broekrok.

**cul·mi·nate** die hoogtepunt bereik, kulmineer; *~ in ... op ...* uitloop. **cul·mi·nat·ing point** top=, kulminasiepunt. **cul·mi·na·tion** hoogte=, toppunt, kulminasie.

**cu·lottes** *(mv.)* broekrok.

**cul·pa·ble** skuldig, strafbaar, misdadig; nalatig, berispelik; toereken=, strafbaar, strafwaardig *(daad);* toerekenbaar, toe= rekeningsvatbaar, strafbaar *(dader);* ~ *homicide* strafbare man= slag; *~ inadvertence* toereken=/verwytbare nalatigheid; *~ neg= ligence* strafbare versuim. **cul·pa·bil·i·ty** skuldigheid, straf= baarheid, misdadigheid; toerekenbaarheid *(v. daad);* toere= keningsvatbaarheid *(v. dader).*

**cul·prit** skuldige, boosdoener, dader; beskuldigde.

**cult** *n., (relig., fig.)* kultus. **cult** *adj. (attr.)* kultus-; *~ figure* kultusfiguur; *~ movie* kultus(rol)prent, =fliek. **cul·tic** kul= ties.

**cul·ti·vate** bewerk; (aan)kweek, verbou, aanplant; ontwik= kel, beskaaf, kultiveer; omwerk; skoffel. **cul·ti·va·ble, cul·ti= vat·a·ble** ploeg=, bewerk-, beboubaar *(grond);* verboubaar *(gewas).* **cul·ti·var** kultivar, kweekvariëteit. **cul·ti·vat·ed** ont= wikkel(d), beskaaf(d), verfyn(d), welopgevoed *(mens); (landb.)* bebou(d); *~ fields* landerye, saailande; *~ pearl* gekweekte pêrel; *~ variety* kultuurvariëteit, gekweekte variëteit. **cul·ti= va·tion** bewerking, bebouing, verbouing, aanplanting; kul= tuur, teelt, teling, (aan)kweking; landerye; ontwikkeling, be= skawing; *bring ... under ~ ...* ontgin; *land under ~* bewerkte grond. **cul·ti·va·tor** kweker, landbouer, verbouer; beskawer; skoffelploeg, grondbreker.

**cul·tur·al** kultureel, kultuur=, beskawings=, beskawend; *~ history* kultuurgeskiedenis; *~ history museum* kultuur= historiese museum; *~ life* kultuurlewe, kulturele lewe; gees= teslewe; *~ value* kultuurwaarde; verbouingswaarde.

**cul·ture** *n.* kultuur; kultuurlewe; beskawing, ontwikkeling; geesteslewe; verbouing, bewerking; kweking, teling, teelt. **cul·ture** *ww., (biol.)* kweek *(kulture);* met 'n kultuur ent. *~ flask* kweekfles. *~ gap* kultuurgaping, kulturele kloof. *~ medium* kweek=, voedingsbodem *(in laboratorium).* *~ shock* kultuurskok. *~ vulture (infml.)* kultuurvraat.

**cul·tured** bewerk; beskaaf(d), ontwikkel(d), geletterd; *(biol.)* gekweek; *~ buttermilk* bereide karringmelk; *~ cream/ milk* aangesuurde room/melk; *~ pearl* gekweekte pêrel; *~ person* beskaafde/ontwikkelde/geleerde mens.

**cul·vert** duik(sloot), duiker; deurlaat *(v. sluis); (elek.)* kabel= kanaal.

**cum** *(Lat.)* saam met.

**cum·ber·some** lastig, hinderlik; lomp, log, swaar; moeilik; omslagtig.

**cum·in, cum·min** komyn. *~ liqueur* kummel.

**cum·mer·bund** kamarband.

**cum·quat** →KUMQUAT.

**cu·mu·late** ophoop, opstapel; vermeerder, toeneem. **cu·mu= la·tion** ophoping, opstapeling; vermeerdering, toeneming. **cu·mu·la·tive** ophopend; bykomend; stapel=; kumulatief; *~ index* bygewerkte register.

**cu·mu·lo·nim·bus** *-bi, -buses, (met.)* donderwolk.

**cu·mu·lus** *-li, (met.)* stapelwolk, cumulus.

**cu·nei·form** *n.* spyker=, wigskrif. **cu·nei·form** *adj.* wig= vormig; *~ script* spyker=, wigskrif.

**cun·ni·lin·gus** *(Lat.)* cunnilingus.

**cun·ning** *n.* slim(mig)heid, slimstreke, sluheid, listigheid, ge= slepenheid, deurtraptheid; vaardigheid, handigheid, bedre= wenheid, bekwaamheid. **cun·ning** *adj.* slim, slu, skelm, lis= tig, geslepe; vaardig, handig, bedrewe, bekwaam.

**cunt** *(vulg. sl.: vr. skaamdele)* poes; *(neerh.: veragtelike persoon)* doos, poes, kont.

**cup** *n.* koppie; beker; kelk(ie); kom(metjie); keël *(v. bra);* skep= ding; *a bitter ~* 'n bitter beker; *half a ~* 'n halwe koppie *(of* halfkoppie); *a ~ of coffee* 'n koppie koffie; *two ~s of coffee* twee koppies koffie; *take the ~* die beker wen. **cup** *-pp-, ww.* bak/hol trek; *(med., hist.)* bloedlaat; *(gholf)* 'n grondskoot slaan; *~ one's hands* jou hande bak maak/hou. *~-and-ball joint* koeëlgewrig. *~board* (rak)kas; *built-in ~* muurkas. *~board love* baatsugtige liefde, brood-en-botter-liefde; *it is (a case of) ~ ~* dis nie om die hondjie nie, maar om die hals= bandjie. *~cake* kolwyntjie; vormkoekie. *C~ Final (Br., sok= ker)* bekereindstryd. *~ hook* skroefhaak. *~ joint* sokver= binding. *~ match, ~ tie* bekerwedstryd. *~-shaped* kelk=, kom=, dopvormig.

**cup·ful** *-fuls* koppie (vol).

**Cu·pid** *(Rom. god v.d. liefde)* Kupido, Cupido. *~'s dart* lief= despyl.

**cu·pid·i·ty** begerigheid, hebsug, inhaligheid.

**cu·po·la** koepel(dak); geskuttoring, =koepel.

**cup·pa** *(Br., infml.)* koppie tee.

**cu·pric** *(chem.)* koper-II-; *~ acid* kopersuur; *~ compound* kupriverbinding; *~ oxide* koperoksied.

**cu·prite** *(min.)* kupriet, rooikopererts.

**cu·pro·nick·el** *(metal.)* kopernikkel.

**cu·prous** *(chem.)* koper-I-; *~ compound* kuproverbinding.

**cur** brak; *(fig.)* hond, vark, vuilgoed, skurk.

**cur·a·ble** geneeslik, geneesbaar; herstelbaar.

**cu·ra·re** *(pylgif, spierverslapper)* kurare.

**cu·rate** (hulp)predikant.

**cur·a·tive** *n.* geneesmiddel. **cur·a·tive** *adj.* genesend; ge= neeskragtig.

**cu·ra·tor** opsigter; *(jur.)* kurator *(v. inrigting/fonds).* **cu·ra·tor= ship** *(jur.)* kuratorskap; *under ~* onder kuratele; *person under ~* curandus. **cu·ra·trix** *-trices, (jur., vr.)* kuratrise.

**curb** *n.* rem, beteueling; beperking; *keep/put a ~ on ... ...* bedwing (*of* in bedwang/toom hou). **curb** *ww.* inhou, aan bande lê, beteuel; beperk. **curb·ing** beteueling; beperking.

**curd** wrongel; *~s and whey* dikmelk. **cur·dle** *(melk)* skif; *(bloed)* klont(er), stol, dik word, verstyf; *s.t. ~s one's blood* iets laat jou bloed stol. **curd·y** wrongelagtig; klonterig, dik; skiwwerig; *~ butter* kasige botter; *~ milk* geskifte melk.

**cure** *n.* (genees)middel; genesing; geneeswyse, kuur; *effect a ~* genees; 'n genesende uitwerking hê; *a ~ for ...* 'n middel teen ...* **cure** *ww.* genees, gesond maak; herstel, aansuiwer, verhelp; bewerk, berei, regmaak; droogmaak; ryp maak; (be)rook, (in)sout, pekel, inlê; verduursaam; vulkaniseer; verhard; (laat) verouder; nabehandel; *~ s.o. of s.t.* iem. van iets genees; *time ~s sorrow* die tyd is die beste heelmeester; *~ tobacco,* (ook) tabak (laat) sweet. **~-all** panasee, wondermiddel, geneesal.

**cured:** *~ bacon* bereide spek; *~ cheese* beleë kaas; *~ ham* gerookte ham; *be ~ of s.t.* van iets genees wees; *~ tobacco* berookte tabak.

**cure·less** ongeneeslik, ongeneesbaar.

**cu·ret(te)** *n., (med.)* kuret, skraper, skraaplepel. **cu·ret(te)** *ww., (med.)* (uit)skraap, kuretteer. **cu·ret·tage, cu·ret·tage** *(med.)* (uit)skraping, kurettering, kurettasie; (baarmoeder)skraping.

**cur·few** aand-, nagklok; (aand)klokreël, klokreëling.

**cu·rie** *(fis., radioaktiwiteitseenheid)* curie.

**cur·ing** bewerking, bereiding; ryp(word)ing; insouting; nabehandeling *(v. sement); the matter is past ~* die kalf is verdrink/versuip. *~ shed* droogskuur.

**cu·ri·o** *-os* kuriositeit, rariteit, kunsvoorwerp.

**cu·ri·os·i·ty** nuuskierigheid; weetgierigheid; kuriositeit, merkwaardigheid, rariteit, seldsaamheid; *burn with ~* brand van nuuskierigheid; *~ killed the cat* van nuuskierigheid/uitvra is die tronk vol (en die kerk leeg); *excite ~* nuuskierigheid wek; *from* (or *out of*) *~* uit nuuskierigheid; *purely out of ~* uit blote nuuskierigheid; *satisfy s.o.'s ~* iem. se nuuskierigheid bevredig; *whet s.o.'s ~* iem. baie nuuskierig maak. *~ shop* rariteitewinkel.

**cu·ri·ous** nuuskierig; weetgierig, leergierig; snaaks, koddig; merkwaardig, seldsaam; *be ~ about s.t.* nuuskierig oor iets wees; *be ~ to know* nuuskierig wees om te weet; *I would be ~ to know what ...* ek sou graag wil weet wat ... **cu·ri·ous·ly** nuuskierig; snaaks, koddig; merkwaardig; *~ enough* eienaardig/snaaks/vreemd genoeg, merkwaardigerwys(e). **cu·ri·ous·ness** nuuskierigheid; weetgierigheid; merkwaardigheid, seldsaamheid.

**cu·ri·um** *(chem., simb.:* Cm*)* curium.

**curl** *n.* krul; (haar)lok. **curl** *ww.* krul, kronkel, draai, kring; kartel *(hare); (rook)* kringel; smalend optrek *(lip); ~ up* opkrul, opdraai; inmekaar sak; dubbel vou; jou opkrul/oprol, ingerol gaan lê. **~paper** *(haarkappery)* krulpapier.

**curl·er** kruller; krulpen; *put hair in ~s* hare indraai.

**curl·lew** *(orn.)* grootwulp. *~ sandpiper* krombekstrandloper.

**curl·i·ness** krullerigheid.

**curl·ing** krulling; krullend, krul-. *~ pin* krulpen. *~ tongs, ~ iron(s)* krultang, -yster.

**curl·y** gekrul(d), krullerig; kroes, krul-; *~ beard* krulbaard; *~ head* krulkop, krullebol. **~-haired** krulharig, met krulle/krulhare, krulhaar-. **~-headed** krulkop-.

**cur·mudg·eon** vrek, gierigaard, suinigaard; suurpruim, -knol, korrelkop.

**cur·rant** korent, korint. *~ cake* korente-, korintekoek.

**cur·ren·cy** geldeenheid; valuta; munt-, geldstelsel; ruilmiddel; betaalmiddel; duurte, geldigheidsduur *(v. 'n kontrak ens.);* geldigheidsduur, -termyn *(v. 'n lisensie ens.);* gebruiksduur *(v. banknote ens.);* looptyd *(v. 'n wissel, lening, ens.);* omloop; gangbaarheid; *gain ~, ('n storie ens.)* in omloop kom; ingang vind; *give ~ to s.t.* iets versprei *(of* in omloop bring), aan

iets rugbaarheid gee *('n storie ens.); (system of) ~* muntstelsel. *~ appreciation* appresiasie van die geldeenheid. *~ depreciation* depresiasie van die geldeenheid. *~ realignment* valutaherskikking.

**cur·rent** *n.* stroom; stroming; loop, koers; *against the ~* stroomop; *alternating ~, (elek.)* wisselstroom; *direct ~, (elek.)* gelykstroom; *electric ~* elektriese stroom; *ocean ~* seestroom, -stroming; *with the ~* stroomaf. **cur·rent** *adj.* lopend; deurlopend; in omloop, gangbaar, geldend; huidige, hedendaags, teenswoordig; aangenome, algemeen; onafgehandel(d); *~ account* lopende rekening; tjekrekening; *~ affairs* aktuele sake, sake van die dag; *~ asset* bedryfsbate; *~ expenditure* lopende uitgawe(s); *~ fashion* heersende mode; *~ history* hedendaagse geskiedenis; *of ~ interest* van aktuele belang; *~ issue* jongste uitgawe; *~ liabilities* korttermynskuld, bedryfslaste; *~ market value* huidige markwaarde; *~ price* geldende (*of* [algemeen] heersende) prys; *~ revenue* lopende inkomste; *~ season* huidige seisoen; *~ value* huidige waarde; (algemeen) heersende waarde; dagwaarde, waarde, waarde van die dag; *~ year* lopende jaar. *~ breaker* (elek.) stroom(onder)breker. *~ carrier* (elek.) stroomdraer. **~-carrying** (elek.) stroomdraend, -voerend. **~-carrying capacity** (elek.) stroomdravermoë. *~ chart* stroomkaart. *~ collector* (elek.) stroomafnemer, -afvoerder. *~ converter* (elek.) stroomomsetter. *~ distributor* (elek.) stroomverdeler. *~ reverser* (elek.) stroomomsteller.

**cur·rent·ly** tans, teenswoordig, deesdae, op die oomblik.

**cur·ric·u·lum** *-la* kurrikulum, leerplan. *~ vitae* curricula vitae, (afk.: CV) curriculum vitae, loopbaanbesonderhede.

**Cur·rie Cup** Curriebeker. *~ competition* Curriebekerkompetisie. *~ match* Curriebekerwedstryd.

**cur·ried** met kerrie; *~ chicken/lamb/mince/etc.* kerriehoender, -lamsvleis, -maalvleis, ens..

**cur·ry** *n.* kerrie; *~ and rice* kerrie-en-rys, kerrievleis met rys. **cur·ry** *ww.* kerrie, met kerrie berei/krui(e); →CURRIED. *~ bunny,* curried bunny *(SA, kookk.)* kerrievetkoek. *~ dish* kerriekos, -gereg. *~* **(powder)** kerrie(poeier).

**curse** *n.* vloek, vervloeking, vloekwoord; *call down ~s upon s.o.* iem. vervloek, 'n vloek oor iem. uitspreek; *lift a ~ from ...* 'n vloek van ... verwyder; *be the ~ of ...* 'n vloek vir ... wees; *put a ~ on/upon s.o.* 'n vloek oor iem. uitspreek; *a ~ rests on/upon s.t.* daar rus 'n vloek op iets; *a smothered ~* 'n binnensmondse vloek; *s.t. is under a ~* daar rus 'n vloek op iets; *utter a ~* vloek. **curse** *ww.* vloek, swets; vervloek, verwens. **cursed** *(infml., vero.)* vervloek(te), verpestelike, verpeste; *be ~ with ...* met ... gestraf/opgeskeep wees.

**cur·sive** *n.* kursief-, skuinsdruk, kursiewe druk; kursief-, skuinsskrif, lopende/kursiewe skrif. **cur·sive** *adj.* kursief, lopend; *~ letter* kursief-, skryfletter.

**cur·sor** *(rek.)* loper, merker, wyser. *~ key* loper-, merkertoets. *~ position* loper-, merkerposisie.

**cur·so·ry** vlugtig, haastig, oppervlakkig, terloops. **cur·so·ri·ly** vlugtig, terloops. **cur·so·ri·ness** vlugtigheid, haastigheid, oppervlakkigheid.

**curt, curt·ly** kortaf, bars, bot, stuurs, stug; bitsig, skerp, snedig. **curt·ness** botheid, stugheid; bitsigheid.

**cur·tail** verkort, inkort, besnoei, beperk. **cur·tail·ment** inkorting, besnoeiing, beperking, inkrimping, verkorting.

**cur·tain** *n.* gordyn; *(teat.)* skerm, gordyn; *behind the ~s, (ook fig.)* agter die skerms; *draw a ~ over s.t.* die gordyn oor iets laat val, iets laat rus, nie meer oor iets praat nie; *draw/pull the ~s* die gordyne oop-/toetrek; *drop/lower the ~* die gordyn/skerm laat sak; *the ~ drops/falls* (or *comes down*) die gordyn/skerm sak; *fireproof ~* brandskerm; *it's ~s for s.o., (infml.)* dis klaar(praat) met iem. *(of* iem. se einde); *hang ~s* gordyne hang; *lift the ~, (fig.)* die sluier lig; *put up ~s* gordyne hang; *raise the ~* die gordyn/skerm optrek; *ring up/down the ~* die gordyn/skerm optrek (*of* laat sak); *the ~ rises* (or *goes up*) die gordyn/skerm gaan op/oop.

**cur·tain** *ww.* met gordyne behang; deur gordyne afskei; ~ *s.t. off* 'n gordyn voor iets hang, iets met 'n gordyn afskerm. ~ **call** buiging; *get a* ~ ~ (deur die gehoor *of* [met applous] na die verhoog) teruggeroep word; *take a* ~ ~ agter die gordyn uittree en 'n/jou buiging maak, die gehoor se waardering met 'n buiging erken. ~ **fire** sper=, gordynvuur. ~ **hook** gordynhaak. ~ **rail** gordynspoor. ~**-raiser** voorstuk, =spel; voorwedstryd. ~ **ring** gordynring. ~ **rod** gordynstok, =staaf, =stang.

**cur·tain·ing** gordynstof.

**curt·s(e)y** =sies, =seys, *n.* (knie)buiging. **curt·s(e)y** *ww.* 'n kniebuiging maak, kniebuig; ~ *to s.o.* 'n kniebuiging voor iem. maak, voor iem. kniebuig.

**cur·va·ceous** gerond, volrond, vol rondings; mollig.

**cur·va·ture** kromming; buiging; kurwatuur; *angle of* ~ buigingshoek; ~ *of the spine,* spinal ~ rug(graat)verkromming.

**curve** *n.* boog; kromme, kurwe; grafiek; geboë lyn; ronding *(v. liggaam);* welwing; draai, bog *(in pad); the road* **makes** *a* ~ die pad maak 'n draai; *have* **nice** ~*s* mooi rondings hê; *plot a* ~ 'n kromme teken/trek; *a* **sharp** ~ 'n kort draai. **curve** *ww.* buig, draai, 'n bog maak; *the road* ~*s sharply* die pad maak 'n kort draai; *it* ~*s to the left/right* dit draai links/regs. **curved** gekrom(d), krom; geboë, gerond; ~ *saw* kromsaag; ~ *seam* geronde naat. **curv·y** vol draaie, kronkelend, kronkelrig, kronkel= *(pad ens.); (infml.)* volrond, gerond *(figuur, vrou, ens.).*

**cush·ion** *n.* (stoel)kussing; buffer; ~ *of air* lugkussing. **cush·ion** =ioned =ioning, van kussings voorsien; versag; smoor, demp. ~ **cover** kussingoortreksel.

**cush·ion·ing** *adj. (attr.):* have a ~ *effect, (ook fig.)* as 'n kussing dien; *(mot.)* skokdemping lewer.

**cush·y** *(infml.)* sag, lekker, maklik; ~ *job* gerieflike/luilekker werk, maklike baantjie.

**cusp** punt; spits; keerpunt; horing *(v. maan);* horingpunt; (tandkroon)knobbel. **cus·pid** oogtand *(by mens);* slagtand *(by dier).*

**cuss** *n. & ww., (infml.)* vloek. **cuss·ed** *(infml.)* vervloek; ellendig; verkeerd, weerbarstig, bedonderd, befoeter(d); (dwars)= koppig. **cuss·ed·ness** *(infml.)* dwarskoppigheid; befoeterdheid, verkeerdheid.

**cus·tard** vla. ~ **powder** vlapoeier. ~ **tart** vlatert.

**cus·to·di·al:** ~ *duties* versorgingspligte, pligte as voog; ~ *sentence* gevangenis=, tronkstraf.

**cus·to·di·an** bewaarder, opsigter; kurator *(v. museum);* versorger *(v. kinders).* **cus·to·di·an·ship** bewaring, kuratorskap.

**cus·to·dy** bewaring, bewaking, sorg; hegtenis; *award/grant* ~ *of a child to the father/mother* die toesig oor 'n kind aan die vader/moeder toeken; *get* ~ *of a child* die toesig oor 'n kind kry; *in* ~, *(jur.)* in bewaring/hegtenis/voorarres; *be in/under s.o.'s* ~ in beheer/onder iem. se sorg/toesig wees; *release s.o. from* ~ iem. uit bewaring ontslaan/vrystel; *remand s.o. in* ~ iem. in voorarres/hegtenis hou/terugstuur; *take s.o. into* ~ iem. aanhou/arresteer, iem. gevange *(of* in hegtenis) neem; *take s.t. into* ~ iets in bewaring neem.

**cus·tom** gewoonte, gebruik; sede; klandisie, klante; *according to* ~ na/volgens gewoonte, volgens gebruik; *ouder gewoonte,* oudergewoonte; *introduce a* ~ 'n gewoonte invoer *(of* in swang bring); *a long* ~ 'n ou gebruik. ~**-made** na/op bestelling gemaak/vervaardig; na/op maat gemaak, aangemeet.

**cus·tom·ar·y** gebruiklik, gewoon, gewoonte=; ~ *law* gewoontereg, ongeskrewe reg; *it is* ~ *to* ... dit is gebruik(lik) om te ...

**cus·tom·er** klant, koper; *a nasty/ugly* ~, *(infml.)* 'n nare vent; 'n gevaarlike kalant, 'n derduiwel; *s.o. is a slippery* ~, *(infml.)* jy kry geen vat aan hom/haar nie; *a tough* ~, *(infml.)* 'n ruwe kalant, 'n tawwe tienie. ~ **care** klantesorg. ~**-driven** klantgedrewe *(benadering ens.).* ~**-friendly** klant(e)vriendelik.

~**-oriented** klantgerigte *(benadering ens.).* ~ **retention** klant(e)= behoud. ~ **satisfaction** klant(e)tevredenheid. ~ **service** klantediens.

**cus·tom·ise, ·ize** aanpas; ombou; pasmaak; na/volgens bestelling maak/vervaardig.

**cus·toms** doeane; doeanereg(te), in- en uitvoerreg(te), tol. ~ **area,** ~ **territory** doeane=, tolgebied. ~ **clearance** doeaneklaring. ~ **duty** doeanereg. ~ **house** doeanekantoor. ~ **inspection** doeaneondersoek, doeane-inspeksie. ~ **officer** doeane= beampte. ~ **union** tolverbond, doeaneooreenkoms.

**cut** *n.* sny; snywond; oop wond; kap; slag; hou; *(kr.)* kaphou; raps; steek; keep; snee, snykant; aandeel; (afgesnyde) gedeelte *(v. plant);* onderbreking; snysel, snit; snit, vorm, fatsoen; besuiniging, besnoeiing; verlaging, vermindering; uitlating, weglating, skrapping; stuk, snit, kapsel *(vleis);* moot *(vis);* afdruk; *(druk.)* cliché; sloot, uitgrawing, deurgrawing; string *(tabak); be a* ~ **above** ..., *(infml.)* 'n entjie beter as ... wees; *get one's* ~, *(infml.)* jou deel kry; *get* (or *be given)* ~*s* houe/slae kry, houe toegedien word; *a* ~ *in s.o.'s salary* 'n verlaging van iem. se salaris; *late* ~, *(kr.)* laat kaphou; *make a* ~ *in s.t.* 'n sny in iets maak; *make* ~*s in a play/etc.* dele/ stukke uit 'n toneelstuk/ens. sny; *power* ~, *(elek.)* stroomonderbreking; *a* **short** ~ 'n kortpad; *take a* **short** ~ kortpad kies; *square* ~, *(kr.)* regkaphou; *it is only a* **superficial** ~ dis maar net 'n skrapie; *in the* ~ *and* **thrust** *of the debate* in die hitte van die debat; *the* **unkindest** ~ die griewendste steek.

**cut** *cuts cutting cut, ww.* sny; afsny; deursny; deursteek; kerf; kap; slaan; raps; steek; 'n hou gee; *(kr.)* 'n kaphou speel/uitvoer; *(kr.)* kap *(bal);* 'n sny=/kapwond kry; (af)steek *(sooie);* be= suinig; besnoei; weglaat, uitlaat; skrap; grief, seermaak; miskyk, negeer, oor die kop kyk *(iem.);* verlaag, verminder, (be)= snoei *(pryse ens.);* knip, sny *(hare);* afsny *(blomme);* kap, saag *(hout);* sny *(diamante);* klief *(water); (perd)* aanslaan; afneem, afvat, afhaal, afdek *(kaarte); ~* **across** *the veld* oor die veld steek, sommer deur die veld loop/ry; ~ **across** *a principle* teen 'n beginsel indruis, met 'n beginsel in stryd wees; ~ **across** *rights* op regte inbreuk maak; regte skend; ~ **adrift** *a boat* 'n boot se tou deurkap; ~ **adrift** sin aan sy/haar lot oorlaat; ~ **ahead** *of s.o.* voor iem. inhardloop/inry/invaar; ~ *s.t.* **away** iets uitsny/wegsny; ~ **back** teruggaan; ~ **back** (*on*) *s.t.* iets besnoei *(fig.),* iets verminder/inkrimp; ~ *s.t.* **back** iets snoei; iets afknot; ~ *s.t. to the* **bone** iets erg besnoei; *it* ~*s* **both ways** dit het sy voordele en nadele; dit slaan na weerskante; dit geld vir albei kante; ~ *to the* **chase,** *(Am., infml.)* sê wat jy wil sê, tot die kern van die saak kom; ~ *s.o.* **cold/dead** maak (as)of jy iem. (glad) nie sien nie, iem. nie aankyk nie, iem. heeltemal negeer; ~ **communications** (or *a railway)* verbinding (*of* 'n spoorlyn) afsny; ~ *s.t.* **down** iets afkap; iets besnoei *(fig.),* iets verminder; ~ **down** *on s.t.* iets besnoei *(fig.),* iets inkrimp/verminder; ~ *it* **fine** dit presies afpas, amper/byna te lank wag (*of* laat wees); ~ *one's* **finger** jou vinger (raak)sny; ~ ...*from* s.t. ... van iets afsny; ~ *s.o.* **from** ... iem. uit ... (weg)laat *('n testament ens.);* ~ *s.t. in* **half** iets middeldeur sny; ~ *one's* **head** jou kop oopval/ =stamp; 'n sny aan die kop kry; ~ **in,** *(infml.)* tussenin kom; *(iem.)* in die rede val; indring *(by* 'n dans); ~ **in** *in front of s.o.* voor iem. indraai/inskiet/inswaai/inswenk; ~ *s.o. in* on s.t., *(infml.)* iem. 'n aandeel in iets gee; ~ **into** *s.t.* 'n sny in iets maak; op iets inbreuk maak; iets onderbreek; ~ **it,** *(infml.)* dit regkry, slaag; die mas opkom; ~ **keys** sleutels maak; ~ *one's* **knee** jou knie stukkend val/stamp; ~ *s.o./s.t.* **loose** iem./ iets lossny; ~ *s.o.* **off** iem. onderskep; iem. onterf; ~ *s.t.* **off** iets afsny; iets afkap; iets afsit/afsluit *('n motor ens.);* iets afsluit *(elektrisiteits=, watertoevoer);* iets stopsit *('n toelae ens.);* ~ *s.t.* **open** iets oopsny; iets oopkloof/=klowe; ~ **out** uitswaai, uitswenk; *('n motor)* gaan staan, staak; *(elek.)* uitskakel; ~ *it* **out!,** *(infml.)* skei uit (*of* hou op) (daarmee)!; ~ *s.o.* **out** *of ...,* *(infml.)* iem. uit ... weglaat *('n testament ens.);* ~ *s.t.* **out** iets uitsny; iets uitknip/=sny *('n rok ens.);* iets skrap; iets afsluit *('n motor ens.);* *(infml.)* iets staak, met iets ophou; iets laat vaar; ~ *s.t.* **out of** ... iets uit ... knip/sny; iets uit ... uitsny/

weglaat; ~ *and* **paste**, *(rek.)* knip en plak; ~ *and* **run**, *(infml.)* weghardloop, (die) rieme neerlê, laat spat, die spat neem/vat; ~ *s.o.* **short** iem. in die rede val; ~ *s.t.* **short** iets kort afsny; iets afbreek; iets inkort/bekort; *the child is* ~*ting (its)* **teeth** die kind se tande begin deurkom, die kind kry tande; ~ **through** *s.t.* deur iets sny; ~ *s.t.* **through** iets deursny; ~ *s.t.* *in* **two** iets in twee sny, iets deursny; ~ *s.t.* **up** iets in stukke sny; iets opsny; iets versnipper. **cut** *ww. (volt.dw.)* gesny, gesnede; gekerf; *be* ~ **away** uitgesny/weggesny wees; ~ *and* **dried/dry**, *(infml.)* kant en klaar; 'n uitgemaakte saak; *be* ~ **off** *from* ... van ... afgesluit wees; *be* ~ **off** *in the prime of one's life* in die bloei van jou jare weggeruk word; *s.o. is* ~ **off**, *(telekom.)* iem. se verbinding is verbreek; *be* ~ **out** *for* (or *to be*) ... vir ... uitgeknip wees, uitgeknip (*of* in die wieg gelê) wees om ... te wees, die regte lyf vir ... hê; *be/feel* ~ **up** *about s.t.*, *(infml.)* gegrief/gekrenk/gekwets/ontsteld/seer/sleg voel oor iets; *be badly* ~ **up** *in an accident* kwaai snywonde opdoen in 'n ongeluk. **cut** *tw., (filmk.)* sny. ~**away** snitdia= gram, =model *(v. 'n enjin ens.); (filmk.)* wegflitsskoot. ~**back** besnoeiing; inkrimping, verlaging, vermindering. ~ **dia= mond** gesnede/geslypte diamant. ~ **flower** sny=, plukblom. ~ **glass** geslepe/geslypte glas. ~**off** *n.* afsluiter; afsluiting. ~**off** *adj. (attr.):* ~ *date* afsny=, afsluitdatum; ~ *point* afsny= punt; ~ *switch* afskakelaar. ~**out** knip=, snymodel; uitsnee; uitskakeling; stroom(ver)breker, =onderbreker, uitskakelaar; afsluiter *(v. motor ens.);* knalopening. ~~**pile carpet** pluis= tapyt, tapyt met geknipte pool. ~**price** besnoeide *(of* sterk verlaagde) prys. ~~**price sale** uitverkoping teen besnoeide (*of* sterk verlaagde) pryse. ~ **stroke** *(kr.)* kaphou. ~~**throat** *adj. (attr.)* genadelose *(wêreld v. modes ens.);* moordende *(me= dedinging ens.);* gewete(n)lose *(vervaardigers ens.);* ~ *razor* lem= skeermes.

**cu·ta·ne·ous** huid=, vel=; ~ *gland* huid=, velklier; ~ *membrane* huidvlies.

**cute** oulik, skatlik, skattig, lief. **cut·ie**, **cut·ey**, **cut·ie-pie** *(infml.)* (klein) poppie, oulike meisie(tjie), skattebol.

**cu·ti·cle** vlies(ie); opperhuid, bovel; selwand; naelriem, =velle= tjie; *(bot.)* nerf; vel(letjie) *(op vloeistof).* **cu·tic·u·lar** kutikulêr.

**cut·ler·y** mes(se)handel; messeware, =goed, tafelgerei, =ge= reedskap, eetgerei; snygereedskap.

**cut·let** kotelet.

**cut·ter** snyer; mes; lem; snymasjien; snybeitel; *(sk.)* kotter; kapper; slyper; *(sweiswerk)* straalpyp; *(i.d. mv. ook)* kniptang.

**cut·ting** *n.* snysel; snit; (uit)knipsel; uitgrawing, deurgra= wing; steggie, stiggie, plantloot; *(i.d. mv. ook)* afval; *take* ~s steggies/stiggies maak *(om te plant).* **cut·ting** *adj.* snydend; skerp, griewend, bytend, bitsig *(opmerking);* ysig, skraal *(wind).* ~ **edge** snykant, skerp kant *(v. mes); (fig.)* voorpunt, spits; *(fig.)* slaankrag *(v. aanval ens.); (fig.)* skerpheid *(in stem ens.); (fig.)* indringendheid, deurtastendheid *(v. beriggewing ens.); be at the* ~ ~ *of s.t.* aan/op die voorpunt (*of* aan die spits) van iets wees; in die brandpunt van iets staan, die brandpunt van iets wees.

**cut·tle** ~**bone** inkvisskulp, seeskuim. ~**fish** inkvis, tjokka.

**cy·an·ic** *(chem.)* siaan=; ~ *acid* siaansuur.

**cy·a·nid(e)** *(chem.: gifstof)* sianied.

**cy·a·no·co·bal·a·min**, **vit·a·min B**$_{12}$ sianokobalamien, vitamien B$_{12}$.

**cy·an·o·gen (gas)** *(chem.: gifstof)* siaan(gas), sianogeen.

**cy·a·no·sis** *(patol.)* sianose, blousug, blousiekte. **cy·a·not·ic** sianoties, blou.

**cy·ber·net·ics** kubernetiek, kubernetika, stuurkunde. **cy· ber·net·ic** kuberneties, stuurkundig. **cy·ber·ne·ti·cian**, **cy·ber· net·i·cist** kubernetikus, stuurkundige.

**cy·ber·pho·bi·a** vrees vir rekenaars, rekenaarvrees.

**cy·ber·punk** *(soort wetenskapsverhaal)* kuberpunk; *(rekenaar= stelselindringer)* kuberkraker, =sluiper, =terroris.

**cy·ber·space** kuberruimte.

**cy·borg** *(wetenskap[s]fiksie)* kuborg, bioniese mens.

**cy·cad** *(bot.)* sikadee, broodboom.

**cy·cla·mate** *(chem.)* siklamaat.

**cy·cla·men** *(bot.)* alpeviooltjie, siklaam, siklamen; siklaam= kleur.

**cy·cle** *n.* fiets; kringloop; kring, ring; siklus. **cy·cle** *ww.* 'n kringloop volbring; fietsry; ronddraai. ~ **(racing) track** fiets= (ry)baan.

**cy·clic**, **cy·cli·cal** siklies, siklus=.

**cy·cling** fietsry; fietssport. ~ **race** fiets(wed)ren.

**cy·clist** fietsryer, fietser.

**cy·clom·e·ter** siklometer, siklus=, kilometerteller.

**cy·clone** sikloon, werwelstorm, tornado, kringstorm; laag= drukgebied. **cy·clon·ic** siklonaal, soos 'n werwelstorm.

**Cy·clops** =clopses, =clopes, *(Gr. mit.)* sikloop, eenoog; *(c~, ten= nis)* lynverklikker.

**cyg·net** swaankuiken, jong swaan. **Cyg·nus** *(astron.)* die Swaan, Cygnus.

**cyl·in·der** silinder; rol; koker; *be firing on all (four)* ~s met/op volle krag werk, op al vier silinders loop; *(infml., fig.)* goed op dreef wees. ~ **block** silinderblok. ~ **head** silinderkop. ~ **head gasket** silinderkoppakstuk. ~ **saw** silinder=, kroon=, trom= melsaag. **cy·lin·dric**, **cy·lin·dri·cal** silindries, silindervormig, rolrond.

**cym·bal** simbaal. **cym·bal·ist** simbalis, simbaalspeler.

**cyme** *(bot.)* byskerm. **cy·mose**, **cy·mous** byskerm=.

**cyn·ic** *n.* sinikus. **cyn·ic** *adj.* sinies. **cyn·i·cal** sinies; skerp. **cyn·i·cism** sinisme.

**cy·no·sure** middelpunt van belangstelling/bewondering.

**cy·press** *(bot.)* sipres.

**Cy·prus** *(geog.)* Ciprus, Siprus. **Cyp·ri·ot(e)** *n., (bewoner)* Ci= prioot, Siprioot; *(dial.)* Cipries, Sipries. **Cyp·ri·ot(e)** *adj.* Ci= pries, Sipries, van Ciprus/Siprus.

**cyst** sak, sist, beursgeswel. **cys·tic** sisties; ~ *fibrosis, (patol.)* sistiese fibrose. **cys·ti·tis** blaasontsteking, sistitis. **cys·to·scope** sistoskoop.

**cy·to·ge·net·ics** sitogenetika.

**cy·tol·o·gy** selleer, sitologie.

**cy·to·plasm** selplasma.

**czar** →TSAR

**Czech** *n.* Tsjeg; *(taal)* Tsjeggies. **Czech** *adj.* Tsjeggies; ~ *Republic, (geog.)* Tsjeggiese Republiek. **Czech·o·slo·vak**, =slo· va·ki·an *n., (hist.)* Tsjeggo-Slowaak. **Czech·o·slo·vak**, =slo· va·ki·an *adj., (hist.)* Tsjeggo-Slowaaks. **Czech·o·slo·vak·i·a** *(geog., hist.)* Tsjeggo-Slowakye; →CZECH REPUBLIC, SLOVAKIA.

# Dd

**d, D** *d's, D's, Ds, (vierde letter v.d. alfabet)* d, D; Romeinse syfer 500; *little d* d'tjie; *small d* klein d. **D-day** *(hist.: 6 Jun. 1944)* D-dag; *(fig.)* dag van beslissende optrede.

**dab** *n.* tikkie; vlekkie, spatsel, titseltjie. **dab** *=bb=, ww.* tik, aanraak; dep, sag aandruk *(teen);* prik *(klipwerk);* skimmelverf; ~ *at* ... druk-druk aan ... *(hare/ens. met 'n handdoek/ens.);* ... dep *(wond);* ~ *s.t.* **off** iets afhaal/afneem/verwyder; ~ *s.t.* **on** iets aansmeer; ~ *s.t.* **up** iets opvee.

**dab·ble** spat, plas; besprinkel, bemors; ~ *in s.t.* iets as 'n liefhebbery beoefen/doen; jou so 'n bietjie met iets besig hou *(of besighou)*. **dab·bler** liefhebberaar, dilettant.

**dab·chick, lit·tle grebe** *(orn.)* kleindobbertjie.

**dab hand** *(infml.):* be a ~ *at* ... 'n ervare ... wees; knap/vernuftig met ... wees.

**da·cha, da·tcha** datsja, plattelandse huis *(in Rus.).*

**dachs·hund** dashond, worshond(jie).

**da·coit** (Indiese) struikrower. **da·coit·y** benderoof; struikrowery.

**dac·tyl** *(pros.)* daktiel. **dac·tyl·ic** daktilies.

**dad, dad·dy** *(infml.)* pa, paps; pappie, pa'tjie, papa'tjie, pappatjie; *Dad's Army, (infml.)* tuiswag; *the daddy of them all, (infml.)* die ergste/grootste van almal. **daddy-long-legs** langbeenspinnekop; *(entom., infml.)* langpoot.

**Da·da, Da·da·ism** *(kuns)* Dadaïsme, Dada. **Da·da·ist** Dadaïs.

**da·do** *=do(e)s, (binneargit.)* dado; *(bouk.)* sokkel *(v. suil).*

**daf·fo·dil** affodil, môrester(retjie), geel narsing.

**daf·fy** = DAFT.

**daft** *(infml.)* dwaas, mal, getik; *be ~ about ..., (infml.)* dol wees oor/op ... **daft·ness** dwaasheid, gek(lik)heid.

**da·ge·raad** *(igt.)* da(g)eraad.

**dag·ga¹** *(SA, infml.), (Cannabis sp.)* dagga, hennep; *red/wild* ~ rooi=, wildedagga.

**dag·ga²** →DAGHA.

**dag·ger** dolk; *(druk.)* kruisie; *they are at ~s drawn* hulle staan op gespanne voet (met mekaar), hulle wil mekaar bevlieg; hulle is hatig op *(of* leef/lewe in vyandskap met) mekaar; *look ~s at s.o.* iem. vernietigend/woedend aankyk.

**da·gha, dag·ga** *(SA, <Z.)* dagha *(vir messelwerk).*

**Dag·wood (sand·wich)** *(Am.)* dagwood(toebroodjie), stapeltoebroodjie.

**dahl·ia** dahlia.

**dai·ly** *n.* dagblad. **dai·ly** *adj. & adv.* daagliks, dag=; daagliks, aldag; heelda(a)gs; ~ *balance* dagbalans; dagsaldo; ~ *press* dagbladpers; ~ *rate* daaglikse tempo; dagkoers; dagtarief; *three/etc. times* ~ drie/ens. maal/keer per *(of* op 'n) dag. ~-**paid employee/labourer/worker** dagloner.

**dain·ty** *=ties, n.* lekkerny, delikatesse, snoepery; *(i.d. mv.)* snoepgoed. **dain·ty** *adj.* keurig, fyn, net(jies); lekker; delikaat; teer; kieskeurig, lekkerbekkig. **dain·ti·ly** keurig, net(jies), fyn(tjies); kieskeurig; smaaklik. **dain·ti·ness** keurigheid, fynheid; kieskeurigheid.

**dai·qui·ri** *=ris, (mengeldrankie)* daiquiri.

**dair·y** melkery; suiwel=, melkboerdery; melkwinkel; melkkamer; melkvee. ~ **butter** (egte) botter. ~ **cow** melkkoei. ~

**cream** (egte) room. ~ **farming** melk=, suiwelboerdery. ~**-free** suiwelvry. ~**man** *=men* melk=, suiwelboer.

**da·is** daises podium, verhoog; troonhemel, baldakyn.

**dai·sy** madeliefie; ma(r)griet(jie); gousblom; pragstuk; *push* (or *be pushing*) *up the daisies, (sl.)* onder die kluite wees, ses voet onder die grond lê/wees. ~ **chain** *n.* string madeliefies; *(fig.)* ketting, reeks. ~**-chain** verbind, aaneenskakel, koppel, saamvoeg. ~**cutter** sleepvoet(perd); *(kr.)* kruipbal. ~**wheel, printwheel** tik=, speekwiel.

**dal** *n.* →DHAL.

**Da·lai La·ma:** *the* ~ ~ die Dalai Lama.

**dale** dal, vallei, kom, laagte; *up hill and down* ~ oor hoogtes en deur laagtes.

**dal·ly** dartel, speel; minnekoos; drentel, talm, draal, treusel; ~ ... **away** ... verbeusel *(tyd, geleenthede);* ~ *over s.t.* met iets talm, iets tydsaam doen; ~ *with s.t.* met iets speel; ~ *with s.o.* met iem. flankeer. **dal·li·ance** *(liter.)* gedartel; getalm; *(amorous)* ~ flankeerdery, flankering.

**Dal·ma·tia** *(geog.)* Dalmasië. **Dal·ma·tian** *n.* Dalmasiër; Dalmatiese hond. **Dal·ma·tian** *adj.* Dalmaties; ~ *dog* Dalmatiese hond.

**dam¹** *n.* damwal; dam. **dam** *=mm=, ww.* opdam; stuit, keer; ~ *s.t. up, (fig.)* iets opkrop/onderdruk *(gevoelens);* ~ *(up) a river* 'n rivier opdam, 'n dam in 'n rivier bou.

**dam²** *n., (veearts.)* moer, moeder.

**dam·age** *n.* skade, nadeel; kwaad; afbreuk; letsel; awery; onkoste, skadevergoeding; *cause/do great* (or *a lot of*) ~ groot/baie skade aanrig/doen; *cause/do s.o.* ~ iem. skade aandoen/berokken; iem. benadeel; *cause/do* ~ *to* ... skade aan ... doen/aanrig/berokken; *pay* ~s skadevergoeding betaal; *suffer/sustain* ~ skade ly; *what's the* ~?, *(infml.)* wat kos dit?. **dam·age** *ww.* beskadig; bederf; skaad, benadeel; skend; toetakel; ruïneer.

**dam·ag·ing** *(ook)* skadelik; beledigend; beswarend; ~ *evidence/fact* beswarende getuienis/feit.

**Da·ma·ra** *=ra(s), (lid v. volk; taal)* Damara. ~ **cattle** damarabeeste.

**Da·mas·cus** Damaskus.

**dam·ask** *n., (tekst.)* damas; damaskusrooi. ~ **rose** damassener=, damas=, muskaatroos. ~ **silk** damassy.

**dame** *(vero.)* dame; *(Am., infml.)* vrou, meisie; *D~, (titel)* dame.

**dam·mit** *tw., (infml., sametr. v. damn it)* demmit, dêm, vervlaks, vervloeks; *as near as* ~ so te sê, feitlik, so goed as, prakties.

**damn** *n.* vloek; *not care/give a* ~, *(infml.)* geen *(of* nie 'n) duiwel/flenter omgee nie, vere voel; *not worth a* ~, *(infml.)* niks werd nie. **damn** *ww.* verdoem; veroordeel; benadeel; skend; afkeur; (ver)vloek; ~ *the* **consequences** laat (daarvan) kom wat wil; ~ *s.o./s.t. with* **faint praise** iem./iets met karige lof afmaak; ~ *the* **fellow**!, *(infml.)* so 'n vervlakste/vervloekste vent; ~ *(it)*!, *(infml.)* vervlaks, vervloeks, verdomp!, demmit!; ~ *you!*, *(infml.)* gaan/loop/vlieg na die duiwel!. **dam·na·ble** verdoemlik, doem=, verdoemenswaardig; vloekwaardig; vervloeks(te).

**dam·na·tion** *n.* verdoemenis, ewige rampsaligheid; verdoeming; veroordeling, (sterk) afkeuring. **dam·na·tion** *tw.* vervloeks, verdomp; *what in* ~ ...?, *(infml.)* wat d(i)e drommel/

duiwel ...?. **dam·na·to·ry** verdoemend, veroordelend, (sterk) afkeurend. **damned** verdoem; veroordeel, afgekeur; vervloek; vermaledyde *(fml.)*; vervlaks, vervloeks; *I'll be ~!, (infml.)* ver= domp!; *I'll be ~ if I do!, (infml.)* ek sal dit verdomp/ver= duiwels/vervlaks nie doen nie; *I'll be ~ if I know, (infml.)* die duiwel/joos/josie alleen weet (dit); *a ~ lie* 'n infame/vervlaks= te/vervloekste leuen; *~ well not, (infml.)* verdomp/vervlaks/ vervloeks nie. **damned·est** *do/try one's ~, (infml.)* jou (uiter= ste) bes doen, (alles) uithaal. **damn·ing** verdoemend; ver= vloekend; veroordelend; oortuigend, beswarend; *~ evidence* verdoemende getuienis; *a ~ indictment* 'n vernietigende ver= oordeling, 'n verpletterende oordeel.

**Dam·o·cles:** *sword of ~* swaard van Damokles.

**damp** *n.* vogtigheid, vog. **damp** *adj.* vogtig, klam. **damp** *ww.* smoor, (uit)doof; demp, temper; ontmoedig, mismoedig/ neerslagtig maak; besprinkel; bevog(tig), aanklam, klam maak; *~ s.o.'s ardour/zeal* 'n demper op iem. plaas/sit; *~ s.t. down* iets doof *('n vuur ens.)*; iets demp *(iem. se geesdrif ens.)*. **~course, ~~proof** *course (bouk.)* voglaag. **~~proof** *(bouk.)* vog= werend, =vry, =dig. **~~proofing** vogdigting. **~ squib** *(Br.)* wind= eier, mislukking, misoes.

**damp·en** bevog(tig), aanklam, klam maak.

**damp·er** demper; teleurstelling; ontmoediging; pretbeder= wer; *(mus.)* (toon)demper; *(meg.)* skokbreker; bevogtiger; skuif *(in kaggelpyp)*; *(Austr.)* askoek; *put a ~ on s.o./s.t.* 'n demper op iem./iets plaas/sit.

**damp·ish** klammerig.

**damp·ness** vogtigheid, klam(mig)heid.

**dam·sel** *(arg., poët.)* maagd. **~fly** *(entom.)* waterjuffer.

**dance** *n.* dans; dansparty, bal; *lead the ~* voordans; *lead s.o. a (merry/pretty) ~, (infml.)* die wêreld vir iem. moeilik maak; *open the ~* die baan open. **dance** *ww.* dans; *~ about* rond= dans; *~ to the music* op die musiek dans; *~ to s.o.'s tune* na iem. se pype dans. **~ band** dansorkes. **~ floor** dansvloer. **~hall** danssaal. **~ instructor** dansafrigter, =onderwyser. **~ rhythm** dansmaat, =ritme. **~ school, dancing school** dansskool. **~ step** danspas(sie).

**danc·er** danser; danseres; *leading ~* voordanser.

**danc·ing** *n.* (die) dans, gedans, dansery. **danc·ing** *adj.* dan= send; dans=. **~ girl** danseres. **~ partner, dance partner** dans= maat. **~ shoe, ~ pump** bal=, dansskoen.

**dan·de·li·on** perdeblom, molslaai.

**dan·di·fy** opsmuk, optooi. **dan·di·fied** opgesmuk, opgetooi.

**dan·druff** skilfers.

**dan·dy** *n.* modegek; windmaker, fat. **dan·dy** *adj., (Am.)* wind= maker(ig), spoggerig, fatterig; *(infml.)* keurig, netjies; heer= lik, fyn.

**Dane** Deen; Noorman; →DANISH; GREAT DANE.

**dan·ger** gevaar; onheil, (be)dreiging; onraad; *there is an ele= ment of ~ in it* dit hou gevaar in; *be in ~* in gevaar verkeer/ wees; *be in ~ of ...* gevaar loop om te ...; *be in imminent ~ of falling/etc.* dreig om te val/ens.; *keep out of ~* uit die ge= vaar bly; *be a ~ to life and limb* doods=/lewensgevaarlik wees; *be out of ~* buite gevaar wees; *it is a public ~* dis 'n gevaar vir die publiek; *put s.o./s.t. in ~* iem./iets in gevaar stel; *s.t. is a source of ~* iets hou gevaar in; *stand in ~ of ...* gevaar loop om te ...; *a ~ to s.o./s.t.* 'n gevaar vir iem./iets. **~ line** ge= vaargrens. **~ list** *be on/off the ~ ~, (pasiënt)* in/buite (lewens)= gevaar wees/verkeer; *(alg.)* op die gevaarlys *(of van die ge= vaarlys af)* wees. **~ money, ~ pay** gevaarloon. **~ signal** gevaar=, waarskuwingsein, gevaarteken, waarskuwingsteken.

**dan·ger·ous** gevaarlik; gewaag(d); *~ customer, (infml.)* om= gekrapte kêrel; *~ drug* gevaarlike/verslawende middel/dwelm= (middel); *extremely ~* uiters gevaarlik; *be ~ to ...* vir ... ge= vaarlik wees; *it is ~ to ...* dit is gevaarlik om te ...; *very ~* baie/ hoogs gevaarlik.

**dan·gle** swaai, bengel, slinger; los hang; (laat) afhang; *~ s.t. in front of (or before) s.o.* vir iem. iets in die vooruitsig stel; *iem. met iets lok; keep s.o. dangling, (infml.)* iem. aan die/'n lyntjie hou.

**Dan·ish** *n. & adj.* Deens; →DANE. *~ blue (cheese)* Deense bloukaas. *~ pastry* Deense (tert)deeg/(fyn)gebak.

**dank** klam, vogtig, nat. **dank·ness** klamheid, vogtigheid, nat= heid.

**danse ma·cabre** *(Fr.)* danse macabre, dodedans.

**Dan·ube** Donau. **Dan·u·bi·an** Donau=.

**dap·per** agtermekaar, net(jies), viets, windmaker(ig), swie= rig; lewendig.

**dap·ple** spikkel, vlek; skimmel(perd). **dap·pled** geskimmel(d), gevlek; bont; gestippeld, bespikkeld, *(perd)* skimmel; *(bees, bok)* skilder; *~ horse* skimmel(perd). **~~grey** *n., (perd)* appel= skimmel. **~~grey** *adj.* appelblou, =grou, =grys, =skimmel.

**dare** *n.* uitdaging; *do s.t. for a ~* iets doen omdat jy uitgedaag is. **dare** *ww.* durf, waag, die moed hê; aandurf; uitdaag; *~ (to) do s.t.* dit waag om iets te doen; die moed hê om iets te doen; *~ s.o. to do s.t.* iem. uitdaag om iets te doen; *don't you ~ ...!* waag dit net (om te) ...!; *how ~ you ...?* hoe durf jy ...?; *I ~ say ...* ek veronderstel ...; natuurlik ...; waarskynlik ... **~devil** *n.* waaghals. **~devil** *adj.* waaghalsig, roekeloos. **~devil(t)ry** waaghalsigheid, waaghalsery, waagmoed, dapper=, roe= keloosheid. **dar·ing** *n.* durf, moed, waagmoed, gewaagdheid. **dar·ing** *adj.* waaghalsig; vermetel, astrant; gewaag(d); *~ act* vermetele/gedurfde daad; *~ deed/feat* waagstuk. **dar·ing·ly** met waagmoed, dapper.

**Dar·jee·ling** *(geog.)* Darjeeling; darjeeling(tee).

**dark** *n.* donker, donkerte; duister(nis); duisterheid; skadu= wee; *after ~* in die aand, na sononder; *at ~* in die skemer= (ing), met sononder; *before ~* voor donker; *grope (about/ around) in the ~, (fig.)* in die duister rondtas; *in the ~, (lett.)* in die donker; *(fig.)* in die duister; *(fig.)* in die geheim, agteraf; *be in the ~ about s.t.* in die duister wees oor iets; *keep s.o. in the ~ about s.t., (ook)* iets vir iem. dighou; *a leap in the ~* 'n sprong in die duister; *in the ~ of the moon* met donkermaan. **dark** *adj.* donker; duister, geheim(sinnig); nors; somber; onheil= spellend; sleg, boos, onbekend; *it's getting/growing ~* dit word donker; *keep s.t. ~* iets dighou *(of geheim hou)*; *(as) ~ as night/pitch* so donker soos die nag, pik=, stikdonker; *the outlook is ~* dit lyk maar donker; *the ~ side* die donker kant; *(fig.)* die skadusy. **D~ Ages:** *the ~ ~* die Donker Mid= deleeue. *~ blue* donkerblou, donker blou. **~~coloured** *(attr.)* donker(kleurige). *~ glasses* 'n donkerbril *(of donker bril)*. **~~haired** met donker hare, donker. **~~haired person** donker= kop. *~ horse (renperd, politikus, ens.)* buiteperd, onbekende fak= tor. *~ matter (astron.)* donker materie. *~ roast coffee* don= ker gebrande koffie. **~room** *(fot.)* donkerkamer. **~~skinned** donker(kleurig), soel.

**dark·en** donker word/maak; verdonker, verduister; oorskadu.

**dark·ish** donkerig, effens donker.

**dark·ly** donker, duister, geheimsinnig, in die geheim; in die donker/duister; onheilspellend, dreigend; in duistere taal.

**dark·ness** donker(heid), donkerte, duister(nis); duisterheid, geheimsinnigheid; *under cover of ~* in die donker; *~ sets in* dit word donker; *in thick ~* in digte/diepe duisternis; *utter ~* volslae duisternis; *be wrapped in ~* in duisternis gehul wees.

**dar·ling** *n.* liefling, liefste, hartjie, skat(jie), skatlam; *mother's ~, (ook)* troetelkind; witbroodjie. **dar·ling** *adj.* liefste, ge= liefde, lieflings=, skatlik, skattig, dierbaar.

**darn¹** *n.* stop(plek), stopsel. **darn** *ww.* stop, heelmaak.

**darn²** *adj. & adv., (infml., euf. v. damn)* vervlakste, dekselse; *(well,) I'll be ~ed!* my magtig!, nou toe nou!; *~(ed) cold* ver= brands koud; *children say the ~edest things* kinders kom uit met die koddigste/verstommendste dinge; *~ed well* deksels goed; *I ~ed well won't do it* ek sal dit vervlaks nie doen nie. **darn** *tw., (infml., euf. v. damn)* *~ (it [all])!* vervlaks!.

**darn·ing** stopwerk. *~ needle* stopnaald.

**dart** *n.* pyl; veerpyl; *(i.d. mv.)* pylgooi; *make a ~ for s.t.* na iets toe pyl, op iets afpyl; *play* ~s pylgooi. **dart** *ww.* gooi, skiet; straal; wegspring, pyl; ~ *to s.t.* na iets toe pyl, op iets afpyl. ~**board** pylbord. ~ **gun** pylpistool.

**dart·er** *(orn.):African* ~ slanghalsvoël.

**Dar·win·ism** Darwinisme.

**dash** *n.* (gedagte)streep, aandagstreep; *(Am., atl.)* naelloop; haal *(v. pen); (verf)* smeer; spatsel; tikkie, titseltjie; geklots *(v. golwe);* swier; durf; vuur, lewendigheid; *cut a* ~, *(infml.)* in-druk maak, die aandag trek; uithang; *make a* ~ *(for it)* (die) rieme neerlê; *make a* ~ *at/for s.t.* op iets afpyl/afsnel, na iets toe pyl/storm; *a* ~ *of* ... 'n knippie ... *(peper ens.);* 'n skeut(jie) ... *(brandewyn ens.);* 'n tikkie ... *(humor ens.); a* ~ *of the pen* 'n streep van die pen, 'n pennestreep; *the* ~ *of the waves* die golfslag. **dash** *ww.* gooi, smyt, slinger; slaan; be-spat, besprinkel; hardloop, vlieg; *(fig.)* vernietig, verydel, laat skipbreuk ly, die bodem/boom inslaan; ~ *against* ... teen ... bots; teen ... slaan; *be* ~ed *against/onto s.t.* teen/op iets ge-slinger word; ~ *s.t. away* iets wegslaan; iets vernietig; iets haastig afvee *(trane ens.);* ~ *away/off* wegspring, =vlieg, =hard-loop, jou uit die voete maak; haastig gaan/vertrek; *be* ~ed, *(fig., iem.)* platgeslaan wees; ~ *s.t. down/off* iets gou/haastig (neer)skryf/=skrywe/teken; ~ *for s.t.* op iets afpyl/afsnel, na iets toe pyl; ~ *s.t. to the ground* iets neergooi/=smyt; *(fig.)* iets heeltemal verydel *(iem. se hoop ens.);* ~ *out* uitstorm, =vlieg; ~ *to pieces* aan stukke spat, (fyn en) flenters breek; ~ *up* aan-gestorm/aangesnel kom; ~ *s.t. with* ... 'n bietjie/titseltjie/skeu-tjie ... by iets meng/voeg. ~**board** *(mot.)* paneel=, instrumen-tebord.

**dash·ing** swierig; voortvarend; lewendig.

**das·sie** *(soöl.)* das(sie); *(igt.)* dassie; *rock* ~ klipdas(sie); *tree* ~ boomdassie.

**da·ta** *(mv.)* gegewens, data. ~ **bank** databank. ~**base** data-basis. ~**bus**, ~ **highway** databus, =snelweg. ~ **capture** data-vaslegging. ~ **entry** datatoevoer; datavaslegging. ~ **file** data-lêer. ~ **flow** datavloei. ~ **massage** datamanipulasie. ~ **min-ing** dataontginning. ~ **processing** dataverwerking. ~ **pro-cessor** dataverwerker. ~ **protection** databeveiliging, gege-wensbeskerming. ~ **retrieval** dataherwinning. ~ **set** data-stel, gegewensversameling. ~ **sheet** datablad, =vel. ~ **traffic** dataverkeer. ~ **transfer** dataoordrag. ~ **transmission** data-versending. ~ **warehouse** datastoor.

**dat·a·ble** dateerbaar.

**date**[1] *n.* dadel. ~ **palm** dadelpalm. ~ **shell** seedadel.

**date**[2] *n.* datum; dato; dagtekening; jaar(tal); *(infml.)* afspraak; *(infml.)* ou, meisie, iemand met wie jy uitgaan; *it bears the date* ... dit is gedateer ...; ~ *of birth* geboortedag, =datum; *a clash of* ~s 'n saamval van datums; ~ *of death* sterfdag, =da-tum; *at no distant* ~ binne afsienbare tyd; *at an early* ~ bin-nekort, spoedig; *of even* ~ van dieselfde datum; *from* ~ *of* ... vanaf datum van ...; *have a* ~ *with s.o., (infml.)* 'n afspraak met iem. hê; ~ *of issue* datum van uitreiking, uitreikingsdatum *(v. voorraad ens.);* datum van uitgifte, uitgiftedatum *(v. aan-dele ens.); at a later* ~ later (van tyd); *make a* ~, *(infml.)* 'n af-spraak maak; ~ *of maturity* vervaldag, vervaldatum *(v. lening ens.);* uitkeer=, uitbetaal=, vervaldatum *(v. versekeringspolis); no* ~ ongedateer(d), sonder datum; *('n publikasie)* sonder jaartal; *be out of* ~ ouderwets/verouderd wees, uit die mode wees; nie meer geldig wees nie; *go out of* ~ verouder, uit die mode raak; *go out on a* ~, *(infml.)* met iem. uitgaan; ~ *of publication* verskyningsdag, =datum; *of recent* ~ met 'n onlangse datum; modern, nuut; *at short* ~ op kort sig; *s.o.'s steady* ~, *(infml.)* iem. se meisie/ou; *to* ~ tot op hede *(of* tot nou/vandag toe); *be up to* ~ by wees *(met jou werk ens.);* modern/nuwerwets wees; *(boeke)* bygewerk/byge-skryf/=skrywe wees; *bring s.o. up to* ~ iem. op (die) hoogte bring; *bring s.t. up to* ~ iets tot op hede bywerk *(boeke ens.); keep up to* ~ op (die) hoogte van sake *(of* ingelig) bly; byhou *(met jou werk ens.); what* ~ *is it (today)?* die hoe-

veelste is dit (vandag)?. **date** *ww.* dateer, dagteken; ~ *s.t. forward* iets later dateer; *s.t.* ~s *from* (or *back to)* ... iets dagteken/dateer uit/van ...; *to* ~ *from* ... met ingang van ...; ~ *from the time of* ... uit die tyd van ... stam; ~ *s.o., (infml.)* met iem. uitgaan; 'n verhouding met iem. hê; ~ *s.t. to* ... iets tot ... terugvoer. ~**line** *(joern.)* datering, datum-reël. ~ **line** *(tip.)* datumreël; *(International) D~ L~, (geog.)* (In-ternasionale) Datumgrens/=lyn. ~ **mark** jaarmerk; datum-merk. ~ **rape** afspraakverkragting. ~ **stamp** dag=, datum-stempel.

**dat·ed** gedateer(d), onder datum; verouderd.

**date·less** ongedateer(d), onbepaald; eindeloos; uit die gryse verlede.

**dat·ing** datering; uitganery; ~ *from* ... met ingang van ...; uit die jaar ... ~ **agency** ontmoetings=, maatsoekagentskap.

**da·tive** *n. & adj., (gram.)* datief.

**da·tum** *data* gegewe, datum; stelmerk; uitgangspunt. ~ **level** stelpeil, =hoogte; uitgangspeil. ~ **line** nul=, uitgangslyn, ba-sis(lyn), stellyn, grens(lyn). ~ **point** aanvangs=, uitgangs=, ba-sispunt.

**daub** *n.* smeer(sel), klad; kladwerk, =skildery; gooipleister; smeerlaag *(v. verf).* **daub** *ww.* besmeer; beklad; pleister aan-gooi; verf aansmeer, klodder; *be* ~ed *with* ... met ... be-smeer(d) wees *(modder ens.);* met ... beplak wees *(verf ens.).*

**daugh·ter** dogter. ~ **church** dogterkerk. ~**-in-law** *daughters-in-law* skoondogter.

**daunt·ed** verskrik, uit die veld geslaan; *be nothing* ~ glad nie ontmoedig wees nie; onverskrokke wees, glad nie verskrik wees nie; *nothing* ~, *(ook)* sonder om jou te laat afskrik, onver-vaard.

**daunt·ing** afskrikwekkend *(taak);* angs=, skrikwekkend *(voor-uitsig);* ontsagwekkend, gedug *(persoon).*

**daunt·less** onverskrokke, onvervaard. **daunt·less·ness** on-verskrokkenheid, onvervaardheid.

**dau·phin** *(hist.)* (Franse) kroonprins.

**dav·en·port** *(Br.)* (klein) skryfburo; *(Am.)* slaapbank, bed-sofa, divan.

**Da·vis Cup** *(tennis)* Davisbeker; Davisbekerwedstryd.

**dav·it** *(sk.)* kraanbalk, davit; hysmasjien.

**Da·vy Jones's lock·er** *(sk., infml.)* die bodem van die see.

**daw·dle** draai, sloer, talm, draal; drentel, slenter, rondhang, leeglê; ~ ... *away* ... verspil/verkwis/mors *(tyd).* **daw·dler** draaier, draaikous, sloerder, draler; drentelaar, slenteraar, leeglêer. **daw·dling** gesloer, sloerdery, getalm, gedraal; ge-drentel, drentelry, geslenter, rondhangery.

**dawn** *n.* sonsopgang, dagbreek, daeraad, môrelig; *(fig.)* dae-raad, begin, aanbreek, aanvang, geboorte; *at* ~ met/teen dag-breek/daglig, (met/teen) sonop; *before* ~ voordag; ~ *is break-ing* die dag breek; *at the crack of* (or *at earliest)* ~ douvoor-dag; *from* ~ *till dusk* van die oggend tot die aand, van vroeg tot laat; *the* ~ *of a new age/era* die aanbreek/begin van 'n nuwe tydvak. **dawn** *ww.* lig word; *(dag)* aanbreek; *(kleure)* deurslaan; *s.t.* ~s *(up)on s.o.* iets dring tot iem. deur *(of* word vir iem. duidelik); iets val iem. by; *it began to* ~ *(up)on s.o. that* ... iem. het begin besef dat ... ~ **chorus** môrelied *(v. voëls).* ~ **patrol** rooidag=, dagbreekpatrollie. ~ **raid** dagbreekaanval; *(effektebeurs, sl.)* vroeë strooptog.

**dawn·ing** *(die)* aanbreek/daag, daeraad, daglig, sonop, sons-opkoms.

**day** dag; tyd; daglig; dagbreek; *so much a/per* ~ soveel per dag; ~ *after* ~ dag vir/na dag; *after a* ~ na 'n dag; *the* ~ *after (that)* die dag daarna/daarop, die volgende dag; *against the* ~ *when* ... met die oog op die tyd wanneer ...; *in this* ~ *and age* in vandag se dae; *all* (or *the whole)* ~ *(long), throughout the* ~ heeldag, die hele dag (deur); *today of all* ~s juis vandag, en dit nogal vandag; *you can come any* ~ jy kan kom watter dag jy wil; *it can happen any* ~ *now* dit kan nou elke dag gebeur; *s.o. will do s.t. any* ~ iem. sal iets sonder aarseling doen; *believe s.o. any* ~ iem. altyd glo; *on the appointed* ~ op die bestemde/vasgestelde dag; *the* ~ *before* die vorige dag, die dag tevore; *s.o. has seen better* ~*s* iem. het beter dae geken, iem. se tyd *(of* [beste] dae) is verby; *s.t. has seen better* ~*s* iets se beste dae is verby, iets is uitgedien(d); *hope for better* ~*s* hoop op beter dae; *the big* ~ die dag der dae; *not in (all) my born* ~*s* nie in my dag des lewens nie; *the* ~ *breaks* die dag breek; *by* ~ bedags, oordag; ~ *by* ~ dag vir/na dag; *by the* ~ by die dag; *call it a* ~, *(infml.)* (met iets) ophou/uitskei; dit daarby laat; *carry the* ~ die oorwinning behaal; *in* ~*s to come* in die toekoms; *during the* ~ in/gedurende die dag; bedags; *to s.o.'s dying* ~ tot iem. se dood (toe); *it happened a few* ~*s earlier* dit het 'n paar dae tevore gebeur; *it's early* ~*s (yet)* dis nog te vroeg om te praat; *in s.o.'s early* ~*s* in iem. se jeug; *at the end of the* ~, *(lett.)* aan die einde van die dag; *(fig.)* op stuk van sake, per slot van rekening, op die ou end; *every* ~ elke dag; daagliks; *by/met die dag; *every other/second* ~ al om die ander dag; *every three/etc.* ~*s* al om die derde/ens. dag; *better/worse every* ~ by die dag beter/erger; *it will be an evil* ~ *when* ... dit sal 'n kwade dag wees wanneer ...; *in a few* ~*s* oor 'n paar dae; *one fine* ~ op 'n goeie dag; *for* ~*s (on end)* dae (lank), dae aaneen; *from this* ~ *forward* van vandag af (aan); *from* ~ *to* ~ van dag tot dag; *bid s.o. (a) good* ~ vir iem. goeiedag sê; *in the good old* ~ in die goeie ou dae/tyd; *high* ~*s and holidays* feesdae en vakansiedae; *do s.t. in a* ~ iets binne/in 'n dag doen; ~ *in*, ~ *out* dagin en daguit; *in s.o.'s* ~ in iem. se lewe/tyd, op iem. se dag/dae; *in the* ~ in/gedurende die dag; bedags; *s.t. will happen in ten/etc.* ~*s(' time)* iets sal oor tien/ens. dae gebeur; *it just isn't s.o.'s* ~, *(infml.)* alles loop vandag vir iem. verkeerd; *a* ~*'s journey* 'n dagreis; *it's (rather) late in the* ~, *(fig.)* dit is taamlik laat; *for the length of s.o.'s* ~*s* iem. se lewe lank; *the* ~*s are lengthening* die dae rek; *the livelong* ~ die ganse/hele dag, die hele liewe dag, die heeldag deur; *for many a long* ~ tot in lengte van dae; *lose the* ~ die stryd verloor; *make s.o.'s* ~, *(infml.)* iem. bly maak; *make a* ~ *of it* die dag daar(mee)/hier(mee) deur bring; *men/women of the* ~ vooraanstaande manne/vroue; ~ *of mourning* roudag; *name the* ~ die dag bepaal/vasstel; *(infml.)* die troudag bepaal; *news of the* ~ nuus van die dag; *have a nice* ~*!* geniet die dag!, lekker dag!; ~ *and night* dag en nag; *by* ~ *and (by) night* dag en nag; *turn* ~ *into night* van die dag nag maak; *s.o.'s* ~*s are numbered* iem. se dae is getel; *have an off* ~ 'n dag af/vry hê, 'n af/vry(e) dag hê; *(infml.)* 'n slegte dag hê, nie goed voel nie; van stryk (af) wees; *in (the)* ~*s of old, in the olden* ~*s* in die ou dae/tyd, vanmelewe, in toeka se dae/tyd; *(on) the* ~ *after/before, (on) the following/next/previous* ~ die volgende/vorige dag, die dag daarna/daarop/vantevore; *one* ~, *(tydruimte)* een dag; eendag, eenmaal *(i.d. verlede/toekoms);* een dag, op 'n (sekere) dag; *one of these (fine)* ~*s* een van die (mooi) dae, binnekort; *from one* ~ *to another* (or *to the next)* skielik; *from* ~ *one* van die eerste dag (af); *s.t. is the order of the* ~ iets is aan die orde van die dag; *the other* ~ nou die dag, 'n paar dae gelede, 'n dag of wat gelede, onlangs; *a hero/etc. of our* ~ 'n held/ens. van ons tyd; *the* ~ *is ours* die oorwinning is ons s'n; *the* ~ *has passed when* ... die tyd is verby dat ...; *per* ~ per *(of* by die) dag; ~ *of prayer* biddag; *at the present* ~ teenswoordig, deesdae, tans; ~ *of publication* verskyningsdag; *provide/save* (or *put away) s.t. for a rainy* ~ iets vir die kwade dag *(of* vir tye van nood)* opsy sit, 'n appeltjie vir die dors bewaar; *the* ~ *of reckoning* die dag van afrekening; ~ *of remembrance* gedenkdag; *save the* ~ die posisie red; *s.o. will never see the* ~ iem. sal die dag nooit beleef/belewe nie; *s.o. has not seen s.o. else for* ~*s* iem. het iem. anders in geen dae gesien nie; *set a* ~ 'n dag bepaal; *some* ~ eendag, eenmaal *(i.d. toekoms); (on) some* ~*s* party dae; *some* ~ *soon* een van die dae, binnekort; *that'll be the* ~*!* so nimmer aste *(of* as te) nooit!, so nooit aste *(of* as te) nimmer nie!, dit wil ek nog sien!; bog met jou!; daar kom niks van nie!; *these* ~*s* in ons tyd/dae,

deesdae, teenswoordig; *this* ~ hierdie dag; vandag; *to this* ~ tot vandag toe, tot op hede *(of* die huidige dag); *in those* ~*s* in daardie dae, destyds; *those were the* ~*s!* dit was groot dae!; *one of those* ~*s, (infml.)* 'n dag waarop alles verkeerd loop; *throughout the* ~ →*all; the time of* ~ die uur; *at this time of* ~ op hierdie tyd; nou nog; *pass the time of* ~ *with s.o.* iem. groet, vir iem. goeiedag sê, 'n rukkie met iem. gesels; *not know the time of* ~, *(infml.)* maar dom wees; *the* ~ *after tomorrow* oormôre, →*more; in a* ~ *or two* oor 'n dag of wat; *an unlucky* ~ 'n onheils-/ongeluksdag; *this very* ~ vandag nog; hierdie einste dag; *a year to the very* ~ presies *(of* op die kop) 'n jaar; *this* ~ *week* vandag oor 'n week; *what* ~ *is today?* wat is (dit) vandag?; *the whole* ~ *(long)* →*all; it's all in a/the* ~*'s work* dis maar alles deel daarvan; *a good/tidy* ~*'s work* 'n goeie dag se werk; *the* ~ *before yesterday* eergister; *in s.o.'s young* ~*s* in iem. se jong jare/dae. ~ **blind** dagblind. ~ **blindness** dagblindheid. ~ **boarder** tafel(kos)ganger; (halwe) kosleerling. ~**book** *(boekh.)* dagboek, joernaal. ~**break** dagbreek. ~ **care** dagsorg. ~**care centre** dagsorgsentrum. ~**dream** *n.* dagdroom; lugkasteel. ~**dream** *ww.* dagdroom; lugkastele bou. ~**dreamer** dagdromer. ~**dreaming** dagdromery, mymering. ~**fly** dagvlieg. ~ **hospital** daghospitaal. ~ **labourer** dagloner. ~**light** →DAYLIGHT. ~ **lily** daglelie. ~**long** dag lang(e), heelda(a)gse, heeldag-. ~ **mother** dagmoeder. ~ **nurse** dagsuster. ~ **nursery** kinderbewaarskool, -plek, -sentrum, crèche. ~**old** dag ou(e)/oud. ~ **pupil/scholar** dagleerling, -skolier. ~ **return (ticket)** dagretoer-(kaartjie). ~ **shift** dagskof. ~**time** *n.* in the ~ bedags, oordag. ~**-to-**~ *(attr.)* daaglikse, alledaagse, gewone; *on a* ~ *basis* daagliks. ~ **trip** daguitstappie, -ekskursie. ~**-tripper** *(infml.)* dagtoeris. ~ **wear** dagklere, -drag.

**Day-Glo** *(handelsnaam),* **day-glo** neon- *(kleure, advertensies, ens.);* ~ *green/orange/yellow/etc.* neongroen, -oranje, -geel, ens.

**day-light** (son)lig, daglig; dagbreek; in broad ~ helder oordag; in die volle daglig; *in full* ~ in die volle daglig; *beat/knock the (living)* ~*s out of s.o., (infml.)* iem. behoorlik opdons/opfoeter; *scare the (living)* ~*s out of s.o., (infml.)* iem. die doodskrik op die lyf ja(ag); *s.o. sees* ~, *(fig.)* 'n lig gaan vir iem. op. ~ **robbery** openlike roof/bedrieëry/diefstal. ~ **(saving) time** somertyd.

**daze** *n.* verbystering; bedwelming. **daze** *ww.* verbyster; bedwelm; verblind. **dazed, daz-ed-ly** verbyster(d); half bedwelm(d); deur die wind, verwilderd; verwese; suf.

**daz-zle** *n.* skerp skynsel. **daz-zle** *ww.* verblind; verbyster. **daz-zling** verblindend, stralend, glansend, skitterend; ~ *smile* stralende glimlag.

**DDT** *afk.* DDT; →DICHLORODIPHENYLTRICHLOROETHANE.

**dea·con** diaken. **dea·con·ess** diakones.

**de·ac·tiv·ate** onskadelik maak.

**dead** *n.* oorledene(s), die dooie(s), die dode, die afgestorwenes; *from the* ~ uit die dood; *in the* ~ *of* ... in die middel van ... *(d. nag);* in die hartjie van ... *(d. winter); raise the* ~ die dooies opwek; vaste slapers wakker maak; *raise s.o. from the* ~ iem. uit die dood opwek; *realm of the* ~ doderyk; *rise from the* ~ uit die dood opstaan. **dead** *adj.* dood; afgestorwe; leweloos; doods; styf, dom *(vingers);* dof; onvrugbaar; buite werking; *be all but* ~ op sterwe na dood wees; ~ *bat, (kr.)* slap kolf; ~ *body* lyk; *over my* ~ *body* so nooit aste nimmer *(of* so nimmer aste nooit) nie; ~ *and buried/gone* dood en begrawe; *(fig.)* uit en gedaan; *let the* ~ *past bury its dead* laat die verlede sy eie dooies begrawe; ~ *certainty* absolute/al-gehele/volkome sekerheid; *as* ~ *as the dodo* dood en begrawe; *(as)* ~ *as a doornail* morsdood, so dood soos 'n mossie/klip; *drop* ~ dood neerval/neerslaan; *drop* ~*!, (infml.)* gaan/loop bars!; *fall (down)* ~ dood neerval/neerslaan; *a hundred are feared* ~ honderd is vermoedelik dood; *be given up for* ~ vir dood aangesien word, dood gewaan word; *go* ~ styf word; gaan staan; *s.o.'s foot/etc. has gone* ~ iem. se voet/ens. slaap; *as good as* ~ feitlik dood, op sterwe na dood; *a* ~ *language* 'n dooie taal; *leave s.o. for* ~ iem. vir dood agterlaat; *lie* ~ dood lê; *be a ~ **man/woman**, (infml.)* 'n kind des doods wees; *~ **men** tell no tales* die dooies klik nie; ***more** ~ than alive* lewendig-dood; ***play** ~* maak asof jy dood is; *~ **season*** slap tyd; komkommertyd; *s.o. wouldn't be seen ~ ..., (infml.)* iem. sou eerder sterf/sterwe as om ..., iem. sou vir geen geld (ter wêreld) ... nie; *~ **soldier/marine**, (infml.)* leë bottel; *~ **sound*** dowwe geluid; *be **stark/stone** ~* morsdood wees; *s.o. is well ~* dit is maar goed dat iem. dood is; *he ~ to the **world*** vas aan die slaap wees; katswink/bewusteloos *(of* so uit soos 'n kers) wees. **dead** *adv.* volstrek, baie, erg, totaal; *be ~ **against** ...* heeltemal/onwrikbaar/sterk/vierkant teen ... gekant wees; *~ **calm*** dood-, bladstil; doodkalm; *~ **certain*** doodseker; *~ **drunk*** smoor-, stom-, papdronk; *~ **easy*** doodmaklik; *~ **flat*** spieëlglad; volkome plat; *~ **level*** waterpas; *~ **right*** doodreg; *be ~ **sleepy*** dood van die vaak wees; *~ **slow*** doodstadig; *~ **sure*** doodseker, so seker as wat; *be ~ **sure** that ..., (ook)* jou kop op 'n blok sit dat ...; *~ **on target*** dood/vol in die kol; *~ **tired*** doodmoeg, uitgeput, pootuit. ~**-ball line** *(rugby)* doodlyn. ~**beat** *n., (infml.)* deugniet, niksnut(s); luilak, leeglêer, stoepsitter. *~ **beat** adj. (pred.), (infml.)* doodmoeg, gedaan, pootuit, stokflou, uitgeput. *~ **bolt*** slotgrendel. ~**-cat bounce** *(effektebeurs,infml.)* tydelike oplewing. *~ **centre*** presiese middelpunt; dooie punt *(v. kruk);* vaste senter *(v. draaibank).* *~ **door*** blinde deur. *~ **duck** (infml.)* doodgebore beleid/plan/projek/voorstel/ens.; *be a ~ **duck*** op 'n dood/gedoem/passé *(of* uit die mode) wees; gedoem wees om dood te loop; nie meer invloed/mag hê nie. *~ **earth** (elek.)* volkome aarding. *~ **end** n.* doodloopstraat(jie); doodloopspoor; blinde ent; *come to a ~ ~* doodloop. ~**-end** *adj.* doodlopend, doodloop-; *~ **job*** doodloopposs; *~ **kid*** jong skollie. ~**eye** *(Am.)* dodelike skut. *~ **face** (argit.)* blinde gewel. *~ **finish*** mat afwerking. *~ **freight*** dooie vrag. *~ **ground** (mynb.)* dooie grond. ~**head** *n.* dooie blomkop; *(infml.)* nikswerd, nul op 'n kontrak; *(infml.)* jandooi, jansalie, gevrekte ou *(of* entjie mens). ~**head** *ww.* dooie blomkoppe (van ...) afpluk/afsny. *~ **heat*** gelykkopstryd; *it was a ~ ~* dit was 'n gelykkopstryd; hulle was gelyk *(of* kop aan kop). *~ **latch*** nagslot. *~ **letter*** dooie letter *(v.d. wet);* onaflewerbare brief. *~ **letter box/drop*** geheime posbus. ~**line** sper-, keerdatum; tydgrens, -limiet, termyn; *(druk.)* sak-, afsluittyd; *(sport)* doodlyn; *give s.o. a ~* vir iem. 'n sperdatum/ keerdatum/tydgrens stel; *meet a ~* 'n sperdatum/keerdatum/ tydgrens haal/nakom; 'n sak-/afsluittyd haal *(by 'n koerant).* ~**lock** *n.* dooie punt; nagslot; *break a ~* 'n dooie punt baasraak/oplos; *negotiations have ended in* (or *reached a) ~* onderhandelings het vasgedraai/vasgeval *(of* 'n dooie punt bereik *of* op 'n dooie punt beland/uitgeloop). ~**lock** *ww.: negotiations are ~ed* onderhandelings het vasgedraai/vasgeval *(of* 'n dooie punt bereik *of* op 'n dooie punt beland/uitgeloop). *~ **loss** (infml.)* volslae/pure verlies; *be a ~ ~* regtig niks beteken nie. *~ **march*** dode-, treurmars. ~**pan** onbewoë, strak, uitdrukkingloos; met 'n uitdrukkinglose gesig, sonder om 'n spier(tjie) te vertrek. *~ **point*** dooie punt *(ook v. suier).* *~ **reckoning*** gisbestek. *~ **ringer*** 'n druppel/haar na iem. lyk. **D~ Sea** Dooie See. **D~ Sea Scrolls** *(mv.)* Dooie Seerolle. *~ **shot*** baasskut, dodelike skut. *~ **water*** dooie/stilstaande water; *(sk.)* kielwater, -sog. *~ **weight*** dooiegewig; hindernis, blok aan die been; *(sk.)* dra-, laaivermoë; *(landb.)* dooi(e)gewig; *(ekon.)* dooie kapitaal/skuld. *~-**weight capacity/tonnage** (sk.)* dooie tonnemaat. *~ **window*** blinde venster. ~**wood** *(lett. & fig.)* dooie hout; *(sk.)* vulhout; *cut out* (or *get rid of) the ~, (fig.)* die dooie hout uitkap/uitsny, van die dooie hout ontslae raak, van onproduktiewe werkers ens. ontslae raak.

**dead·en** verdoof; temper; dof maak, verdof; doof *(geluid);* lusteloos maak; verstomp, afstomp.

**dead·ly** *adj. & adv.* dodelik; *~ **dull*** doodvervelig, uiters vervelend, bra saai, doods, morsdood *(fig.);* *~ **nightshade**, (bot.)* belladonna, dood-, dolkruid; *~ **peril*** doods-, lewensgevaar; *~ **quiet*** doodstil; *~ **serious*** doodernstig, bitter/uiters/ver-

skriklik ernstig; *a ~ **sin*** 'n doodsonde; *the seven ~ **sins*** die sewe hoofsondes. **dead·li·ness** dodelikheid; *(infml.)* doodsheid, saaiheid, verveligheid.

**dead·ness** doodsheid.

**deaf** *n.: the ~* die dowes. **deaf** *adj.* doof, gehoorgestremd; *(as) ~ as a **(door)post**, **stone** ~* stokdoof, so doof soos 'n kwartel; *a ~ **person*** 'n dowe/gehoorgestremde persoon; *profoundly ~* heeltemal doof; *be ~ **to** ... vir ...* doof wees; *~ **with** the noise* doof van die geraas. ~**-and-dumb** *(neerh.)* doofstom. ~**-mute** *n.,(neerh.)* doofstomme. ~**-mute** *adj.,(neerh.)* doofstom; →**PROFOUNDLY** DEAF; *a ~ **person*** 'n doofstom persoon. *~ **school*** skool vir dowes/gehoorgestremdes, doweskool.

**deaf·en** doof maak; verdoof. **deaf·en·ing** oorverdowend; *there was a ~ **silence*** 'n doodse stilte het geheers.

**deaf·ness** doofheid; *sham ~* jou doof hou.

**deal¹** *n.* hoeveelheid, deel, gedeelte, klomp, boel; beurt *(om kaarte uit te deel);* bedeling; akkoord; ooreenkoms, transaksie; slag; *big ~!, (infml.)* en wat daarvan!, dit beïndruk my nie, ek is nie beïndruk nie; *no big ~, (infml.)* niks besonders/wat wonders nie; *clinch/close* (or *wrap up) a ~ with s.o.* 'n transaksie met iem. beklink; *cut/do/make/strike a ~ with s.o.* 'n ooreenkoms met iem. aangaan; 'n transaksie met iem. aangaan; *a **fair/square** ~, (infml.)* 'n eerlike transaksie; billike/regverdige behandeling; *get a **fair/square** ~, (infml.)* billik/regverdig behandel word; *a **good/great** ~* baie, heelwat, 'n hele klomp; 'n goeie sluk uit die bottel; *have a **great** ~ to say about s.t.* die mond oor/van iets vol hê; *suffer a **great** ~* swaarly; *travel a **great** ~* dikwels op reis gaan; *it's a ~!* akkoord!; *a **new** ~* 'n nuwe ooreenkoms; 'n nuwe bedeling; *~ **of** ...* heelwat ... *(oorreding ens.);* *a **raw** ~, (infml.)* onbillike/gemene/onregverdige behandeling; *get/have a **raw** ~, (infml.)* onbillik/onregverdig/skurf behandel word; *a **square** ~ →**fair/square**; swing a ~, (infml.)* 'n transaksie beklink; *the ~ is **with** ...* dit is ... se beurt om (die kaarte) uit te deel. **deal** *dealt* dealt, *ww.* deel, verdeel, toedeel, gee, toebring; sake doen, handel; uitdeel *(kaarte ens.);* *~ **at/with** a shop* by 'n winkel koop/handel; *~ s.o. **in**, (infml.)* iem. laat deelneem, iem. 'n aandeel gee; *~ **in** s.t.* in iets handel dryf/drywe; *~ s.t. **out** to s.o.* iets aan iem. uitdeel *(kaarte, straf, ens.);* *~ **out** justice* reg spreek; *~ **with** s.o.* met iem. afreken; *~ **gently with** s.o.* saggies/ sagkens met iem. handel/werk, iem. sag(gies) aanpak; *~ **kindly with** s.o.* iem. vriendelik behandel; *~ **with** s.t.* iets afhandel; aandag aan iets gee; iets behandel *('n onderwerp ens.);* *it ~s **with** ...* dit gaan/handel oor ...; *let me ~ **with** ...* ek sal met ... afreken *(iem.);* *laat ... aan my oor (iets).* **deal·er** handelaar; koopman; *(sl.)* dwelmhandelaar; *(kaart)*gewer, -geër, uitgeër; *plain ~* eerlike/opregte/rondborstige mens. **deal·ing** (be)handeling, handel(s)wyse; omgang; transaksie; *have ~s with s.o.* met iem. sake doen; met iem. te doen hê; *plain ~* eerlikheid, opregtheid, rondborstigheid; suiwer handel(s)wyse, reguit manier *(v. sake doen).*

**deal²** *n.* dennehout; greinhout; deel, plank. **deal** *adj.* greinhout-.

**dean** deken; dekaan *(aan univ.).* **dean·er·y** dekanaat; dekanie, dekenswoning.

**dear** *n.* skat, hartjie, liefste, liefling; *my ~, (ook)* my dier(tjie); *..., there's a ~* wees nou 'n skat en ...; sal jy so gaaf wees om te ...?. **dear** *adj.* lief, dierbaar, skatlik; duur, kosbaar; *(aanspreekvorm)* beste, liewe; geagte; *a bad bargain is ~ at a **farthing*** goedkoop is duurkoop; *hold s.t. ~* waarde aan iets heg; *~ **me!*** o/liewe aarde/hemel/land/vader!, goeiste (genade)!; *a ~ **one*** 'n geliefde; *D~ **Philip/etc.**, (in 'n brief)* Beste/Liewe Philip/ens.; *D~ **Sir/Madam**, (fml.)* Geagte Heer/Mevrou; *be very ~ **to** s.o.* vir iem. dierbaar wees. **dear** *tw.: oh ~!* o/ liewe aarde/hemel/land/vader!. **D~ John letter** afsêbrief.

**dear·est** allerliefs(te); skatlam; geliefde; *our nearest and ~* ons dierbares.

**dear·ly** (baie) innig, teer; duur; *s.o.'s ~ **beloved** ...* iem. se dierbare/teerbeminde ...; ~ *beloved brethren/sisters* geliefde broeders/susters; ~ *bought* ... duur gekoopte ... *(vryheid ens.)*; *it cost s.o.* ~ dit het iem. duur te staan gekom; *love s.o.* ~ iem. innig liefhê; *pay* ~ *for s.t.* swaar vir iets boet.

**dearth** skaarste, gebrek; *a* ~ *of* ... 'n gebrek/skaarste aan ...

**death** (die) dood; sterfgeval; (die) afsterwe, oorly(d)e; *after* ~ ná die dood; *at* ~ met iem. se dood; *at/on the* ~ *of* ... by die dood van ...; *be the* ~ *of* ... die dood/ongeluk/val van ... veroorsaak; *s.o.'ll be the* ~ *of me!* iem. sal my nog in die graf bring!; *(infml.)* ek lag my dood vir iem.!; *beat s.o. to* ~ iem. doodslaan; *be beaten to* ~ doodgeslaan word; *be bitten to* ~ doodgebyt word; *bleed to* ~ jou doodbloei; *bore s.o. to* ~ iem. dodelik verveel; *one man's* ~ *is another man's breath* die een se dood is die ander se brood; *burn s.o. to* ~ iem. lewend verbrand; ~ *came suddenly* die dood het skielik gekom; *catch one's* ~ jou die dood op die lyf haal; *a certain* ~ 'n gewisse dood; *s.o. faces certain* ~ iem. staan voor 'n gewisse dood; *condemn s.o. to* ~ iem. ter dood veroordeel; ~ *and destruction* dood en verderf(enis); *dice/flirt with* ~ die dood trotseer; *do s.t. to* ~, *(lett.)* iets doodmaak, iets van kant maak; *(fig.)* iets holrug ry; *be at* ~*'s door* vlak by die dood *(of* op die rand van die graf) wees; *s.o. was at* ~*'s door* iem. het by die dood omgedraai; *drink o.s. to* ~ jou dooddrink; *escape* ~ aan die dood ontkom/ontsnap, die dood vryspring; by die dood omdraai; *in the face of* ~ met die dood voor oë; *put the fear of* ~ *into s.o.* iem. die doodskrik op die lyf ja(ag); *feel/look like* ~ *warmed up, (sl.)* halfdood voel/lyk; *s.o. fell (a hundred metres) to his/her* ~ iem. het hom/haar (honderd meter ver/vêr) doodgeval; *fight to the* ~ tot die dood toe baklei/veg; *flirt with* ~ → *dice/flirt; flog s.t. to* ~ iets holrug ry; *s.o. freezes to* ~ iem. verkluim; *frighten s.o. to* ~ iem. hom morsdood *(of* [amper] dood) laat skrik, iem. die *(of* 'n groot) skrik op die lyf ja(ag); *s.o.'s hour of* ~ iem. se sterfuur/sterwensuur; *be in at the* ~ *of* ... die einde/end van ... meemaak, die slot van ... sien; *escape from the jaws of* ~ uit die kake van die dood ontsnap; *jump to one's* ~ na jou dood spring; *s.o. met his/her* ~ iem. het aan sy/haar einde gekom; *the pangs of* ~ die laaste stuiptrekkings; *be at the point of* ~ op sterwe lê/wees, sterwend(e) wees; *(ook)* op jou laaste lê, tussen lewe en dood sweef/swewe; *be punishable by* ~ met die dood strafbaar wees; *put s.o. to* ~ iem. doodmaak *(of* om die lewe bring); iem. teregstel; *ride s.t. to* ~, *(infml.)* iets holrug ry, altyd weer op iets terugkom; *scared to* ~ doodbang; *sentence s.o. to* ~ iem. ter dood veroordeel; *stab s.o. to* ~ iem. doodsteek; *die a thousand* ~*s, (fig.: intens ly; ook: uiters geëmbarasseerd wees)* duisend dode sterf/sterwe; *tired to* ~ doodmoeg; *to the* ~ tot die dood toe; tot in die dood; om/op lewe en dood; ~ *to the dictator/etc.!* maak dood die diktator/ens.!; *unto* ~ tot die dood (toe); *work o.s. to* ~ jou doodwerk; *s.t. is worked to* ~, *(infml.)* iets is holrug gery. ~**bed** sterfbed, dood(s)bed; *be on one's* ~ sterwend wees. ~**bed repentance** berou ter elfder ure. ~ **bell** doodsklok. ~ **benefit** *(versek.)* sterftevoordeel. ~**blow** *(ook fig.)* doodsteek, dood-, genade-, nekslag; *give s.t. the* ~ iets die doodsteek gee/toedien; *be the* ~ *to s.t.* die doodsteek vir iets wees. ~ **camp** uitwissings-, dodekamp. ~ **cell** dodesel. ~ **certificate** dood-, sterftesertifikaat. ~ **knell** doodsklok; uiteinde. ~ **mask** dodemasker. ~ **notice** doodsberig, -aankondiging; roubrief; *(jur.)* sterfkennis. ~ **penalty** doodstraf; *carry the* ~ met die dood strafbaar wees. ~ **rate** sterftesyfer. ~ **rattle** doodsroggel. ~ **register** sterfregister. ~ **roll** dodelys; dodetal. ~ **row** *(Am.)* dodeselle; *be on* ~ ~ in die dodeselle *(of* in 'n dodesel) op teregstelling wag. ~ **sentence** doodsvonnis, doodstraf; terdoodveroordeling. ~**'s head** doodskop. ~**'s-head moth** doodskopmot, motby, bymot, duiwel(s)by. ~ **squad** moordbende. ~ **throes** doodstryd, sterwens-, doodsnood. ~ **toll** dodetal, aantal slagoffers. ~**trap** dodelike val, lewensgevaarlike plek. ~ **warrant** teregstellingsbevel, doodsvonnis; *sign one's (own)* ~ ~ jou eie graf grawe *(of* keel afsny *of* ondergang bewerk), 'n gat vir jouself grawe.

~**watch** dodewaak. ~**watch beetle, furniture beetle** doodskloppertjie, meubelkewer. ~ **wish** doodsverlange.

**death·less** onsterflik.

**death·like** doods; doodstil; doods-.

**death·ly** dodelik; doods; doods-. **death·li·ness** doodsheid; dodelikheid.

**deb** →DEBUTANTE.

**de·ba·cle, dé·bâ·cle** debakel, fiasko, volslae mislukking.

**de·bar** -rr- uitsluit, verhinder, belet; *be* ~*red from s.t.* van iets uitgesluit wees.

**de·bark**[1] ontbas, afbas.

**de·bark**[2] ontskeep; →DISEMBARK.

**de·base** verlaag, verneder; vervals; verdierlik; ~*d style* ontaarde styl. **de·base·ment** verlaging; vervalsing.

**de·bat·a·ble** betwisbaar, onuitgemaak, omstrede, aanvegbaar, twyfelagtig; vatbaar vir bespreking.

**de·bate** *n.* debat, bespreking, diskussie, stryery, redetwis, woordewisseling; *a* ~ *about/on s.t.* 'n debat oor iets; *the* ~ *is about/on* ... die debat gaan oor ...; *be open to* ~ vatbaar wees vir bespreking; *take part in a* ~ aan 'n debat deelneem; *be under* ~ onder bespreking wees. **de·bate** *ww.* debatteer, beredeneer, bespreek; stry; beraadslaag; betwis; ~ *(about/on) s.t.* iets bespreek, oor iets debatteer. **de·bat·er** debatteerder, debatvoerder.

**de·bat·ing**: ~ **point** debatspunt. ~ **society** debatsvereniging.

**de·bauch** *n.* brassery, suipery; uitspattigheid; *sleep off a* ~ 'n roes uitslaap. **de·bauch** *ww.* jou te buite gaan; losbandig leef/lewe; bras; laat ontaard; bederf, bederwe. **de·bauch·er·y** losbandigheid; brassery, suipery; uitspattigheid.

**de·ben·ture**: ~ **holder** obligasie-, skuldbriefhouer. ~ **stock** obligasies.

**de·bil·i·tate** verswak, aantas, aftakel; *(fig.)* verlam *(ekon.)*. **de·bil·i·tat·ing** uitmergelend; *(fig.)* verlammend *(skulde)*. **de·bil·i·ty** swakte, kragteloosheid.

**deb·it** *n.* debiet. **deb·it** *ww.* debiteer, in rekening bring; ~ *s.t. against* ... iets teen ... debiteer/boek. ~ **card** debietkaart. ~ **(entry)** debitering, debietinskrywing, -boeking. ~ **(side)**, **debtor side** debietkant.

**deb·o·nair** galant, sjarmant, innemend, joviaal, vrolik, opgewek; windmaker(ig).

**de·bone** →BONE *ww.*.

**de·brief** *(mil.)* ondervra. **de·brief·ing (ses·sion)** ondervraging(sessie).

**de·bris** puin; brokstukke, oorblyfsels; wrakstukke; steengruis.

**debt** skuld; *action for (recovery of a)* ~ skuldvordering; *bring into* ~ in die skuld steek; *contract/incur* (of *run up)* ~*s* skuld maak/aangaan, jou in die skuld steek; *discharge/repay/settle* (of *pay [off]) a* ~ skuld aflos/betaal/delg/vereffen; *fall/get/go/run/slip into* ~ in die skuld raak, in skuld verval; *have* ~*s* skuld hê; *be in* ~ in die skuld wees; *be deeply/greatly in s.o.'s* ~, *(fig.)* diep by iem. in die skuld staan/wees, baie/veel aan iem. verskuldig wees, iem. baie/veel verskuldig wees; *be up to one's/the ears/neck in* ~, *(infml.)* tot oor jou/die ore in *(of* vrot van) die skuld wees, diep in die skuld wees; *a* ~ *of R5000* R5000 skuld; *be out of* ~ sonder skuld wees; *settlement of* ~ skuldaflossing, -delging, -vereffening. ~ **burden** skuld(e)las. ~ **collector** skuldinvorderaar. ~ **counsellor** skuldberader. ~ **redemption** skulddelging.

**debt·or** skuldenaar; debiteur.

**de·bug** -gg-, *(rek.:)* ontfout; afluisterapparatuur *(of* geheime mikrofone) uit ... verwyder; ontluis, insektevry maak. **de·bug·ger** *(rek.)* ontfouter.

**de·bunk** *(infml.)* ontluister; ontmasker; blootstel; aan die kaak stel.

**de·but** debuut, eerste optrede/verskyning; *make one's* ~ debuteer; 'n debuut maak. **deb·u·tant** *(ml.)* debutant. **deb·u·tante** *(vr.)* debutante.

**dec·ade, dec·ade** dekade, tydperk van tien jaar; tiental, reeks van tien.

**dec·a·dence** verval, agteruitgang, verwording, dekadensie. **dec·a·dent** dekadent, in verval, verwordend, agteruitgaande.

**de·caf** *(afk., infml.)* kafeïenvrye koffie. **de·caf·fein·ate** ont= kafeïneer. **de·caf·fein·at·ed** kafeïenvry.

**dec·a·gon** tienhoek, dekagoon. **de·cag·o·nal** tienhoekig.

**dec·a·he·dron** *(wisk.)* tienvlak, dekaëder. **dec·a·he·dral** tien= vlakkig.

**de·camp** kamp opbreek; verkas, verdwyn.

**de·cant** (af)skink, afgiet; oorskink, =giet; *(chem.)* afgiet, de= kanteer. **de·cant·er** kraffie.

**de·cap·i·tate** onthoof. **de·cap·i·tat·ed** afkop; onthoof; ~ *body* onthoofde liggaam/lyk; ~ *chicken* afkophoender. **de·cap·i·ta= tion** onthoofding.

**dec·a·pod** *n.* tienpotige (dier). **dec·a·pod, de·cap·o= dal, de·cap·o·dous** *adj.* tienpotig.

**de·car·bon·ise, -ize** ontkool. **de·car·bon·i·sa·tion, =za·tion** ontkoling.

**de·cath·lon** *(atl.)* tienkamp, dekatlon. **de·cath·lete** tienkamp= atleet, tienkamper.

**de·cay** *n.* verval, agteruitgang, aftakeling, verwording; ver= rotting, ontbinding, bederf; wegsterwing; *(fis.)* (radioaktiewe) verval; *fall into* ~ verval, in verval raak; aftakel; *process of* ~ (ver)rottingsproses. **de·cay** *ww.* vergaan, verval, agteruit= gaan, aftakel; ontbind, verrot, vrot, bederf; wegsterf, =sterwe; *(fis.)* verval.

**de·cease** *n., (fml., jur.)* heengaan, afsterwe, dood. **de·ceased** *n.: the* ~ die oorledene(s)/(af)gestorwene(s). **de·ceased** *adj., (fml., jur.)* oorlede, (af)gestorwe, wyle, ontslape; ~ *estate* be= storwe boedel.

**de·ceit** bedrog, misleiding, kullery. **de·ceit·ful** bedrieglik, vals.

**de·ceive** bedrieg, mislei, fop, kul; verlei; *if my ears/eyes do not* ~ *me* as ek reg hoor/sien, as ek my ore/oë kan glo; *be* ~*d into believing that* ... jou laat wysmaak dat ... **de·ceiv·a·ble** be= drieglbaar, maklik te bedrieg. **de·ceiv·er** bedrieër; verleier.

**de·cel·er·ate** vaart verminder; vertraag; verlangsaam.

**De·cem·ber** Desember; *the month of* ~ Desembermaand.

**de·cen·ni·al** tienjarig; tienjaarliks.

**de·cent** betaamlik, fatsoenlik, welvoeglik; ordentlik, behoor= lik; vriendelik; *a* ~ *fellow/guy* 'n ordentlike kêrel/ou. **de·cen·cy** ordentlikheid, fatsoen(likheid); menswaardigheid; *in common* ~ ordentlikheidshalwe; *for* ~*'s sake* ordentlikheidshalwe; *a sense of* ~ ordentlikheidsgevoel. **de·cent·ly** ordentlik; behoor= lik.

**de·cen·tral·ise, -ize** desentraliseer. **de·cen·tral·i·sa·tion, =za·tion** desentralisasie.

**de·cep·tion** bedrog, misleiding, oëverblindery. **de·cep·tive** bedrieglik, misleidend; ~ *light* vals lig.

**dec·i·bel** desibel; *two/many/several* ~s twee desibel, baie/et= like desibels.

**de·cide** besluit (oor), uitmaak, beslis (oor); oordeel, uitspraak doen; ~ *against s.o.* teen iem. uitspraak doen, teen (*of* ten na= dele van) iem. beslis; ~ *against doing s.t.* besluit om iets nie te doen nie; ~ *between A and B* tussen A en B kies; ~ *a case* 'n hofsaak beslis/uitwys; ~ *in favour of* (or *for*) ... ten gunste van ... beslis; ~ *on s.t.* oor iets besluit; tot/op (*of* ten gunste van) iets besluit; iets kies. **de·cid·ed·ly** beslis, bepaald, stellig, sekerlik. **de·cid·er** beslisser; eind(wed)stryd, eindspel; deur= slaggewende faktor. **de·cid·ing** *adj. (attr.)* beslissende; deur= slaggewende *(faktor)*; ~ *game* eind(wed)stryd, beslissende spel, eindspel; *(tennis)* beslissende pot.

**de·cid·u·ous** bladwisselend; afvallend; uitvallend; *(bot.)* spo= relossend; verganklik; ~ *forest* loofbos, =woud; ~ *fruit* sagte= vrugte; ~ *tooth* melktand.

**dec·i·mal** *n.* tiendelige/desimale breuk, desimaal. **dec·i·mal** *adj.* tientallig; tiendelig; desimaal; ~ *comma* desimaalkom= ma; *correct to three* ~ *places* noukeurig tot drie desimale; ~ *sign* desimaalteken; ~ *system* desimale/tiendelige/tientallige stelsel. **dec·i·mal·i·sa·tion, =za·tion** desimalisasie. **dec·i·mal= ise, =ize** desimaliseer.

**dec·i·mate** uitdun, af=, wegmaai. **dec·i·ma·tion** desimering, uitdunning.

**de·ci·pher** ontsyfer; ontraaisel. **de·ci·pher·a·ble** ontsyfer= baar, leesbaar.

**de·ci·sion** beslissing, uitspraak, besluit; uitleg(ging), vertol= king; uitslag; beslistheid; *a* ~ *about/on s.t.* 'n besluit oor iets; *a firm* ~ 'n vaste/definitiewe besluit; *give a* ~ 'n beslissing gee; *make/reach/take* (or *arrive at* or *come to*) *a* ~ 'n be= sluit/beslissing neem, tot 'n beslissing/besluit kom/geraak. ~ *maker* besluitnemer; beleidsbepaler. ~*-making adj. (attr.)* besluitnemings= *(proses, liggaam, mag, struktuur, ens.);* ~ *abili= ty, (ook)* bevoegdheid/vermoë om besluite te (kan) neem. ~ *tree* beslissingsboom. **de·ci·sive** beslissend, afdoende; beslis= deurtastend; deurslaggewend; *be* ~ *of* ... vir ... beslissend wees; ~ *victory* beslissende oorwinning. **de·ci·sive·ness** beslist= heid, afdoendheid.

**deck** *n.* dek; ~ *of cards* stel/pak kaarte; *clear the* ~s jou slag= gereed maak; *go up on* ~ aan dek gaan; *hit the* ~, *(infml.)* plat neerval; *on* ~ op (die) dek, aan dek; *under* ~ onderdeks. **deck** *ww.* dek, bedek; klee, uitdos; ~ *s.o.* iem./iets uitdos/uit= vat; ~ *s.t. out* iets tooi/versier; *be* ~*ed out in* ... met ... ver= sier wees; in ... uitgedos/uitgevat wees; ~ *s.o., (infml.)* iem. platslaan (*of* plat slaan); *be* ~*ed with* ... met ... versier wees *(vlae)*. ~ *chair* dek=, seilstoel. ~ *hand* dekmatroos, =manskap. **-deck·er** *komb.vorm* =dekker; *double-*~ dubbel=, tweedekker.

**deck·le** *n.:* ~ *(edge)* skeprand *(v. handpapier);* rurand *(v. ma= sjienpapier).* ~*-edged* skeprand=, met 'n skeprand *(pred.);* ru= rand=, met 'n rurand *(pred.).*

**de·claim** voordra, opsê, deklameer; uitroep, uitvaar. **dec·la= ma·tion** voordrag, deklamasie; redevoering; heftige toespraak. **de·clam·a·to·ry** deklamatories, retories, hoogdrawend.

**de·clare** verklaar; aankondig; afkondig; uitroep, bekend maak, bekendmaak; aangee, verklaar *(by doeane); (kaartspel)* roep, troef maak; uitskryf, =skrywe *(verkiesing); (kr.)* die beurt sluit, (die beurt gesluit) verklaar; ~ *against/for* ... jou teen (*of* ten gunste van) ... verklaar/uitspreek; ~ *s.o. champion* (or *the win= ner)* iem. tot kampioen (*of* die wenner) uitroep; ~ *s.t. forfeit* iets verbeurd verklaar; ~ *o.s.* jou standpunt stel; sê wat jy gaan doen; *solemnly* ~ *that* ... plegtig verklaar dat ...; ~ *that* ... verklaar dat ...; ~ *s.o./s.t. unfit* iem./iets afkeur; ~ *war on a country* teen 'n land oorlog verklaar, 'n land die oorlog aansê. **dec·la·ra·tion** verklaring; aankondiging; bekendmaking; *(kr.)* beurtsluiting; *D~ of Independence* Onafhanklikheidsver= klaring; ~ *of love* liefdesverklaring; *make a* ~ verklaar; ~ *of war* oorlogsverklaring. **de·clar·a·tive, de·clar·a·to·ry** verkla= rend; ophelderend; *declaratory order* verklarende bevel; uit= wysingsbevel *(by insolvensie);* verklaring van regte. **de·clared** *(ook)* openlik, uitgesproke.

**de·clas·si·fy** van die lys verwyder; deklassifiseer, vrystel, openbaar maak *(geheime dokumente/inligting).* **de·clas·si·fi= ca·tion** deklassifikasie *(v. inligting).*

**de·clen·sion** afwyking; agteruitgang, verval; *(gram.)* ver= buiging, deklinasie.

**dec·li·na·tion** afbuiging; afwyking *(v. kompas);* verbuiging, deklinasie *(v. ster).*

**de·cline** *n.* verval, agteruitgang, kwyning, aftakeling; af= name, daling, vermindering; afdraand(e), helling; *fall/go into a* ~ (begin te) kwyn, wegkwyn; ~ *of life* lewensaand; *be on the* ~ agteruitgaan, op die afdraand(e) *(of* afdraande pad) wees. **de·cline** *ww.* (beleef[d]) weier, bedank vir, van die hand wys, afwys; afneem, daal, sak, verminder; agteruitgaan, (weg)kwyn, verval; afhel, afhang, afdraand(e) loop; buig, laat hang; afsak, (neer)sink; ten einde loop; *(gram.)* verbuig; ~ *to do s.t.* weier om iets te doen.

**de·clutch** *(mot.)* ontkoppel, uittrap, uitskakel.

**de·code** ontsyfer, dekodeer. **de·cod·er** dekodeerder.

**dé·colle·tage** *(Fr.)* decolletage, lae hals(lyn). **dé·colle·té, dé·colle·tée** *(Fr.)* gedekolleteer(d), met die/'n lae hals(lyn).

**de·col·o·nise, ‑nize** dekoloniseer. **de·col·o·ni·sa·tion, ‑za·tion** dekolonisasie, dekolonisering.

**de·col·our, de·col·or·ise, ‑ize** verkleur; ontkleur. **de·col·or·a·tion, de·col·or·i·sa·tion, ‑za·tion** verkleuring; ontkleuring.

**de·com·mis·sion** buite diens stel.

**de·com·pose** oplos, ontleed; ontbind, verrot, vergaan; *~d body* ontbinde lyk. **de·com·po·si·tion** ontleding; ontbinding, verrotting, rotting(sproses).

**de·com·press** die druk verlig, ontlas.

**de·com·pres·sion** drukverligting, dekompressie. ~ **sickness** dekompressie‑, borrel‑, duikersiekte.

**de·con·gest·ant** *(med.)* ontstu(wings)middel.

**de·con·ges·tion** dekongestie.

**de·con·struct** dekonstrueer. **de·con·struc·tion** dekonstruksie. **de·con·struc·tion·ist** *n.* dekonstrueerder; dekonstruksiekritikus; dekonstruksiedenker. **de·con·struc·tion·ist** *adj.* dekonstruksie‑.

**de·con·tam·i·nate** ontsmet; ontgas.

**de·con·tex·tu·al·ise, ‑ize** dekontekstualiseer, buite konteks behandel/ondersoek. **de·con·tex·tu·al·i·sa·tion, ‑za·tion** dekontekstualisasie, dekontekstualisering.

**dé·cor** dekor.

**dec·o·rate** versier, verfraai; tooi; garneer *(gereg);* verf, uitskilder *(huis);* met muur‑/plakpapier bedek/versier; dekoreer *(soldaat vir dapperheid); ~ s.t. with* ... iets met ... versier. **dec·o·ra·tion** versiering, verfraaiing; versiersel, tooisel; garnering; garneersel; onderskeiding, orde(teken), ereteken; *(mil.: handeling)* dekorasie. **dec·o·ra·tive** versierend, dekoratief, sier‑; versierings‑; *~ art* sierkuns; *~ stitch* siersteek. **dec·o·ra·tor** versierder; verwer; plakker, behanger.

**dec·o·rous** betaamlik, fatsoenlik, welvoeglik; deftig. **de·co·rum** betaamlikheid, fatsoen(likheid), welvoeglikheid, gepastheid; goeie maniere, dekorum.

**de·cou·page** *(Fr.)* découpage(-werk); découpage(-artikel); *(filmk.)* découpage, sny, redigering.

**de·coy, de·coy** *n.* lokaas, lokmiddel; *(fig.)* lokvoël; val, strik, valstrik. **de·coy** *ww.* (ver)lok; in die val lok.

**de·crease** *n.* vermindering, afname, daling, verlaging; afslag; *the ~ in* ... die daling van ...; die vermindering/afname van ...; *be on the ~* aan die afneem/daal wees. **de·crease** *ww.* verminder, minder/kleiner word, afneem, daal; laat afneem/daal, verminder, verlaag; *~ by* ... met ... afneem/daal; *s.t. ~s from* ... *to* ... iets neem van ... af *(of* daal van ...) tot ... **de·creas·ing·ly** al (hoe) minder; *become ~ unpopular* al hoe ongewilder *(of* toenemend ongewild) raak/word.

**de·cree** *n.* verordening, bevel, besluit; uitvaardiging; gebod; raadsbesluit; *govern by ~* by dekreet regeer; *issue/promulgate a ~* 'n dekreet/verordening uitvaardig. **de·cree** *ww.* verorden, bepaal, beveel. **~ nisi** *(jur.)* bevel nisi.

**de·crep·it** vervalle, lendelam, gebreklik, afgetakel(d); afgeleef, mankoliek, bouvallig. **de·crep·i·tude** verval, afgeleefdheid, gebreklikheid, vervallenheid.

**de·crim·i·nal·ise, ‑ize** dekriminaliseer *(dwelmgebruik ens.).* **de·crim·i·nal·i·sa·tion, ‑za·tion** dekriminalisering; dekriminalisasie.

**de·cry** (ver)kleineer, afkraak; openlik afkeur; uitkryt; *~ s.o./ s.t. as* ... iem./iets uitmaak vir ...

**ded·i·cate** (toe)wy, opdra; *~d computer* toegewyde rekenaar, enkeldoelrekenaar; *~d person* toegewyde mens; *~ a book to s.o.* 'n boek aan iem. opdra; *~ o.s. to s.t.* jou aan iets wy. **ded·i·ca·tion** wyding; inwyding; toewyding; toegewydheid; opdrag *(v. boek).*

**de·duce** aflei, 'n gevolgtrekking maak; herlei; nagaan; *~ s.t. from* ... iets uit/van ... aflei.

**de·duct** aftrek *(van);* onttrek *(aan).* **de·duct·i·ble** aftrekbaar.

**de·duc·tion** aftrek(king); vermindering, afslag, korting; gevolgtrekking, slotsom; herleiding; *(log.)* deduksie; *after ~ of expenses* na aftrek van onkoste. **~ formula** herleidingsformule.

**deed** daad, handeling; verrigting; *(jur.)* dokument, akte; *~ of assignment* akte van boedelafstand; oordragbrief; *~ of cession* akte van sessie/afstand; *~ of conveyance/transfer* transport‑, oordragakte, (kaart en) transport; *a daring ~* 'n waagstuk; *execute a ~* 'n akte verly; *~ of foundation* stigtingsakte; *~ of gift* skenkingsakte; *do a good ~* 'n goeie daad doen/verrig; *~ of grant* toekenningsakte; *~ of hypothecation* verbandakte; *~ of lease* huurkontrak, ‑akte; *~ of protest* protesakte; *~ of sale* koopbrief, ‑akte, ‑kontrak; *~ of settlement* skikkingsakte, ‑ooreenkoms; *~ of transfer →conveyance/transfer; ~ of trust* trustakte. *~s office, ~s registry* akte(s)‑, registrasiekantoor.

**dee·jay** *(infml.)* platejoggie.

**deem** *(fml.)* oordeel, van oordeel wees, dink, meen, vind; ag, beskou as, reken as/vir; *as s.o. ~s fit* soos iem. goeddink; *~ s.t. necessary* iets nodig ag.

**deep** *n.* diepte; diep water; *the ~, (poët., liter.)* die see/oseaan. **deep** *adj.* diep *(water, slaap, stem, ens.);* diepsinnig; grondig *(geleerdheid ens.);* swaar *(rou);* geheimsinnig, duister; geslepe; afgeleë *(platteland); go (in) off the ~ end, (infml.)* ontplof, in woede uitbars; *go/dive/jump in at the ~ end, (infml.)* 'n sprong in die duister waag; *three/etc. ~* drie/ens. agter mekaar. **deep** *adv.* diep, swaar; *~ down* (onder) in die diepte; in sy/haar diepste wese; *~ into the night* tot diep in die nag. ~ **blue** diepblou. **~‑drawing** *adj. (attr., metal.)* dieptrek‑ *(plaat, staal, ens.).* **~ extra cover** *(kr.)* diep ekstra dekpunt. ~ **field** *(kr.)* diepveld. ~ **fine leg** *(kr.)* diep skerpby. **~‑freeze** diepvries; *(ook fig.)* in die diepvries sit. **~ freeze(r)** (diep)vrieskas, diepvries; *(fig., infml.)* diepvries, lange baan. **~‑fried** diepgebraai. **~‑frozen** diepbevrore, diepvries‑ *(kos ens.).* **~‑fry** diepbraai. **~‑level mine** diep myn. **~‑level mining** dieptemynbou. **~‑rooted** in‑, diepgewortel(d). **~‑rootedness** geworteldheid. **~‑sea** *adj. (attr.): ~ diver* diepseeduiker; *~ fishing* seevissery; *~ lead* dieplood; *~ vessel* oseaanskip, ‑boot. **~‑seated** diepgewortel(d); diepliggend; ingeanker(d); *~ rock* dieptegesteente. **~‑set** diepliggend; **~ space** die buitenste ruimte. ~ **square leg** *(kr.)* diep regby. ~ **therapy** *(med.)* diepteterapie, diepbestraling. **~‑vein thrombosis** *(med., afk.: DVT)* diepaartrombose *(afk.* DAT).

**deep·en** verdiep; diep maak; diep(er) word; donker(der) word; verinnerlik; versterk, vererger; *~ (in)to* ... oorgaan in ...; *the mystery ~s* die geheim/raaisel raak/word al (hoe) duisterder/tergender. **deep·en·ing** *(attr.)* groeiende *(kennis, kommer);* hegter wordende *(vriendskap);* stygende *(spanning);* groter wordende *(verskille);* verergerende *(ressesie);* dieperwordende *(verdeeldheid);* toenemende *(tekort);* verdonkerende *(kleure).*

**deep·ly** diep; innig; ernstig; *~ afflicted* swaar beproef/getref; diep bedroef; *~ divided* skerp verdeel(d); *~ in love* smoorverlief; *~ read* goed belese.

**deep·most** diepste.

**deep·ness** *(lett. & fig.)* diepte; breedte, wydte; diepsinnigheid *(v. iem., betoog, ens.);* grootte *(v. belangstelling ens.).*

**deer** deer(s) hert, takbok. **~hound** jagwindhond. ~ **lick** brakplek. **~‑stalker** herte‑, takbokjagter. **~‑stalker(hat)** jagpet, klaphoed.

**de·es·ca·late** deëskaleer, de-eskaleer, afskaal *(gewapende stryd ens.).* **de·es·ca·la·tion** deëskalasie, de-eskalasie, afskaling.

**de·face** skend, beskadig, ontsier, vermink; uitwis, deurhaal; rojeer *(seël);* onleesbaar maak; *~d document* geskonde dokument.

**de fac·to** *(Lat.)* de facto, in werklikheid.

**de·fame** *(jur.)* belaster, in diskrediet bring, in sy/haar eer aan= tas. **def·a·ma·tion** belastering, laster; naamskending. **de·fam= a·to·ry** lasterlik *(brief ens.)*, naamskendend.

**de·fat** =*tt*= ontvet.

**de·fault** *n.* afwesigheid; versuim, nienakoming; wanbetaling; wanprestasie; nieverskyning, verstek *(jur.)*; gebrek, gemis; wanprestasie; *(rek. ens.)* verstekwaarde; *let ... go by* ~ ,.. laat verbygaan, nie van ... gebruik maak nie; *(jur.)* ... *by* verstek laat gaan, ... onverdedig laat deurgaan *('n saak); judg(e)ment by* ~ verstekvonnis; *win by* ~, *(sport)* by verstek wen; *be in* ~ jou aan wanbetaling skuldig maak; *in* ~ *of* ... by gebrek aan ...; *(jur.)* by afwesigheid van ...; *party in* ~ versuimende party. **de·fault** *ww.* ontbreek, afwesig wees; nalaat, versuim, in gebreke bly, verpligtinge nie nakom nie; in verstek wees; nie verskyn nie; by verstek veroordeel; ~*ing debtor* wanbetaler. ~ **judg(e)ment** verstekvonnis. ~ **setting** *(rek. ens.)* verstek= instelling.

**de·fault·er** wanbetaler; gestrafte; oortreder; afwesige; ver= suimer, nalater; wanpresteerder.

**de·feat** *n.* ne(d)erlaag; omverwerping; verydeling; vernie= tiging; *accept/acknowledge/admit/concede* ~ dit *(of die stryd)* gewonne gee; *a crushing* ~ 'n verpletterende ne(d)er= laag; *inflict a* ~ *on s.o.* iem. 'n ne(d)erlaag toedien; *the* ~ *of* ... die oorwinning oor ...; *an outright* ~ 'n volkome ne(d)er= laag; *suffer a* ~ *(at s.o.'s hands)* (teen iem.) 'n ne(d)erlaag ly *(of die onderspit delf)*, (deur iem.) geklop/verslaan/oorwin word. **de·feat** *ww.* verslaan, oorwin, klop, wen, die/'n oor= winning behaal oor, die/'n ne(d)erlaag toedien; afslaan *(aan= val);* verydel; vernietig, tot niet maak; verwerp *(voorstel);* ~ *ends of justice* die (ver)loop van die gereg belemmer/dwars= boom; ~ *the law* die wet ontduik, die reg verydel; ~ *the ob= ject/purpose (of the exercise)* die doel verydel; nie sinvol wees nie, nie sin hê nie. **de·feat·ed** verslaan, oorwonne; ~ *enemy* verslane vyand. **de·feat·ism** défaitisme, pessimisme. **de·feat= ist** *n.* défaitis, pessimis, touopgooier. **de·feat·ist** *adj.* défai= tisties, pessimisties.

**def·e·cate** *(jou)* ontlas; suiwer. **def·e·ca·tion** ontlasting, stoel= gang; suiwering.

**de·fect, de·fect** *n.* gebrek, fout; tekort(koming), defek; *a congenital* ~ 'n aangebore gebrek. **de·fect** *ww.* afval, afval= lig word; ~ *from* ... van ... wegbreek *('n party ens.);* uit ... uit= wyk *('n land ens.);* ~ *to* ... na ... oorloop. **de·fec·tion** afval, on= trou, afvalligheid, oorlopery. **de·fec·tive** gebrekkig, onklaar, onvolkome, defek; foutief; *(gram.)* defektief; ~ *speech* spraak= gebrek. **de·fec·tor** oorloper, afvallige.

**de·fence, *(Am.)* de·fense** verdediging, teen=, teëstand; be= skerming; afweer; verweer; verdedigingswerk, bolwerk; keer= werk; *(i.d. mv. ook)* verdedigingswerke; verdedigingsmiddele; *s.t. is a* ~ *against* ... iets bied beskerming teen ...; *come to s.o.'s* ~ iem. verdedig; *counsel for the* ~ advokaat vir die verdedi= ging; *in* ~ *of* ... ter verdediging van ...; *means of* ~ (ver)= weermiddel; *national* ~, ~ *of the country* landsverdediging; *put up* a ~ jou verdedig/verweer. ~ **force** weermag, verde= digingsmag. ~ **mechanism** verweerreaksie. ~ **plea** verweer= skrif.

**de·fence·less** weerloos; onbeskerm(d). **de·fence·less·ness** weerloosheid; onbeskermdheid.

**de·fend** verdedig; goedpraat, voorstaan, opkom vir; teen=/ teëstand bied; jou verweer; beskerm *(teen)*, bewaar *(vir);* be= hoed; ~ *o.s.* jou verdedig/verweer; *(jur.)* jou eie verdediging/ verweer behartig; ~ *s.o.* vir iem. opkom; ~ *s.o./s.t. against* ... iem./iets teen ... verdedig. **de·fend·ant** *(jur.)* verweerder; ge= dagvaarde; *appear for the* ~ vir die verweerder verskyn. **de= fend·er** verdediger; *(sport)* verdediger, agterspeler. **de·fen= si·ble** verdedigbaar; hou(d)baar; weerbaar. **de·fen·sive** *n.* defensief; verdedigende optrede; *on the* ~ verdedigend/de= fensief ingestel; in die verdediging; *be/act/go on the* ~ verde= dig, verdedigend optree. **de·fen·sive** *adj.* verdedigend, be=

skermend, defensief, verdedigings=; ~ *alliance* defensiewe verbond; ~ *weapon* verdedigingswapen; ~ *works* verdedi= gingswerke, skanse, verskansings.

**de·fer**[1] =*rr*= uitstel, verskuif, verskuiwe; oorhou; ophou, ver= traag; verdaag, agterhou, opskort; talm, draai. **de·fer·ment** uitstel; verdaging. **de·ferred** uitgestel(d); ~ *compensation* uitgestelde vergoeding; ~ *fracture* onvoltooide breuk; ~ *pay* agter-/teruggehou(e) salaris/besoldiging; uitgestelde pensioen; ~ *payment* uitgestelde betaling; agterskot; ~ *payment sys= tem* afbetaal=, afbetaling=, paaiementstelsel; ~ *shock, (med.)* vertraagde skok; ~ *taxation* uitgestelde belasting.

**de·fer**[2] =*rr*= ~ *to s.o.* iem. eerbiedig; iem. in ag neem. **def·er= ence** eerbied, ontsag, respek; onderwerping, inskiklikheid; *in (or out of)* ~ *to* ... uit agting/eerbied vir ...; *pay/show* ~ *to s.o.* agting/eerbied aan iem. betoon. **def·er·en·tial** eerbiedig, re= spekvol.

**de·fi·ance** uitdaging, uittarting, trotsering; miskenning; oor= treding; →DEFY; *set s.t. at* ~ openlike minagting vir iets toon; *in* ~ *of* ... ondanks/ongeag *(of* ten spyte van) ...; in stryd met ...; met minagting vir ... ~ **campaign** versetveldtog, uittar= tings=, verontagsamingsveldtog.

**de·fi·ant** uitdagend, (uit)tartend; wantrouig; →DEFY.

**de·fi·cien·cy** gebrek, leemte, tekort, defek, onvolmaaktheid; onvolwaardigheid; *make up (or remedy/supply) a* ~ 'n leemte/ tekort aanvul, 'n leemte vul; *nutritional* ~ voedingstekort; *a* ~ *of* ... 'n gebrek/tekort aan ... *(kalsium ens.)*.

**de·fi·cient** gebrekkig, ontoereikend; ontbrekend; onvolledig; onvolwaardig; *s.o. is* ~ *in* ... dit ontbreek iem. aan ... *(moed ens.);* iem. kom iets kort *(ervaring ens.); s.t. is* ~ *in* ... iets is arm aan ... *(stikstof ens.)*.

**def·i·cit** tekort; nadelige saldo; agterstand; *make up a* ~ 'n tekort aanvul; *wipe out a* ~ 'n tekort goedmaak; 'n agterstand inhaal. ~ **budgeting** begroting vir 'n tekort. ~ **financing** fi= nansiering deur begrotingstekorte. ~ **spending** begrotings= tekortbesteding.

**de·file** *ww.* bevuil, besmet, besoedel; (ver)ontreinig; onthei= lig, ontwy, skend. **de·file·ment** bevuiling, besmetting, besoe= deling; (ver)ontreiniging; ontheiliging, ontwyding, skending.

**de·fine** bepaal, omskryf, omskrywe; verklaar, duidelik maak; kenmerk; afbaken, begrens, omlyn; definieer, presiseer; *sharp= ly* ~*d* skerp omlyn(d). **de·fin·a·ble** bepaalbaar, omskryfbaar, definieerbaar. **def·i·nite** bepaald, afgebaken(d), duidelik om= skrewe, presies, noukeurig; ~ *article, (gram.)* bepalende lid= woord; *have no* ~ *plans* geen vaste planne hê nie. **def·i·nite·ly** beslis, bepaald, vir seker, definitief, positief, uitdruklik; *say* ~ met sekerheid sê. **def·i·ni·tion** bepaling, omskrywing, defini= sie; woordverklaring, =bepaling; afbakening; duidelikheid; *by* ~ uiteraard, op grond van die definisie; *(high)* ~ (beeld)= skerpte. **de·fin·i·tive** bepalend, beslissend, finaal, afdoende, eind=, definitief.

**de·flate** afblaas, lug uitlaat; *(ekon.)* defleer, deflasie bewerk; inflasie stopsit; ~*d tyre* pap band, lekband. **de·fla·tion** (die) afblaas, uitlating; *(ekon.)* deflasie. **de·fla·tion·ar·y** *(ekon.)* de= flasionisties, deflasionêr.

**de·flect** afbuig, afkeer, wegbuig; afskram; aflei; deflekteer; afwyk. **de·flect·ed** *(ook bot.)* neergebuig; *the bullet was* ~ die koeël het weggeskram. **de·flec·tion, de·flex·ion** (af)=, wegbui= ging, afwyking; uitwyking; (straal)breking; uitslag, defleksie; *angle of* ~ afwykingshoek; *compass* ~ kompasuitslag. **de·flec= tor** straalbreker; keerskot, terugslagplaat; vonkvanger.

**de·flow·er** *(vero., poët., liter.)* ontmaagd, onteer; ontsier; van blomme stroop. **def·lo·ra·tion** *(vero., poët., liter.)* ontmaag= ding, ontering.

**de·fo·li·ate** ontblaar. **de·fo·li·ant** ontblaarmiddel, ontbla= ringsmiddel. **de·fo·li·a·tion** ontblaring, blaarverlies.

**de·for·est** ontbos, bome wegkap/uithaal. **de·for·es·ta·tion** ontbossing, bosuitroeiing.

**de·form** vervorm, misvorm, mismaak, skend, ontsier. **de=**

**formed** misvorm(d), vervorm(d); mismaak, gebreklik, wanstaltig; verwronge *(gesig)*. **de·form·i·ty** misvormdheid, misvorming;mismaaktheid,gebreklikheid,wanstaltigheid;(wan)gedrog.

**de·frag·ment** *(rek.)* defragmenteer. **de·frag·men·ta·tion** defragmentasie.

**de·fraud** bedrieg, te kort doen, beroof; ~ *s.o. of s.t.* iem. van iets beroof. **de·fraud·er** bedrieër.

**de·fray** bestry, dek, dra *(koste);* betaal *(uitgawes).* **de·fray·al, de·fray·ment** bestryding, dekking *(v. koste);* betaling *(v. uitgawes).*

**de·frock** afsit *(as geestelike);* van die/sy (priester)amp onthef.

**de·frost** ontvries, ontys; ontdooi *(voedsel).* **de·frost·er** ontvriestoestel. **de·frost·ing** ontvriesing.

**deft** behendig, knap, vaardig, flink; *s.o. is ~ at doing s.t.* iem. kan iets goed doen.

**de·funct** *adj.* verouderd; tot niet, verdwene, nie meer bestaande; uitgedien(d), in onbruik; oorlede, gestorwe, dood; ~ *company* ontbinde/vervalle maatskappy; ~ *mine* geslote/uitgediende/uitgewerkte myn

**de·fuse** onskadelik maak/stel, ontlont *(bom); (fig.)* ontlont *(konflik ens.).*

**de·fy** trotseer, (uit)tart, uitdaag, spot *(met);* →DEFIANCE, DEFIANT; ~ *description* onbeskryflik wees.

**de·gauss** *(elektron.)* ontmagnetiseer, demagnetiseer.

**de·gen·er·ate** *n.* ontaarde, gedegenereerde. **de·gen·er·ate** *adj.* ontaard, versleg, gedegenereer(d). **de·gen·er·ate** *ww.* ontaard, versleg, agteruitgaan, degenereer; ~ *into* ... in ... ontaard. **de·gen·er·a·tion** agteruitgang, verval, ontaarding, degenerasie, verslegting; *fatty* ~ vervetting, vetsug. **de·gen·er·a·tive** degeneratief; ~ *disease* degenerasiesiekte.

**deg·ra·da·tion** verlaging, vernedering; agteruitgang, ontaarding, verslegting; *(geol.)* degradasie; *(chem.)* afbreking; *(fis.)* degradering.

**de·grade** verlaag, verneder, degradeer; in rang/status verlaag; verswak; verdun; verminder; *(geol.)* erodeer; *(chem.)* afbreek. **de·grad·ed** *(ook)* versonke. **de·grad·ing** vernederend.

**de·gree** graad; trap; *BA* ~ B.A.-graad; *by* ~s trapsgewys(e), langsamerhand, geleidelik, gaandeweg, algaande; *10* ~s *C* 10 grade C; *the* **comparative** ~, *(gram.)* die vergrotende trap; ~s *of* **comparison**, *(gram.)* trappe van vergelyking; *confer a* ~ *on/upon s.o.* 'n graad aan iem. toeken; *do a* ~ vir 'n graad studeer; *doctor's* ~ doktorsgraad; *get/take a* ~ gradueer, 'n graad behaal/kry/verwerf; *to the* **highest** ~ in die hoogste mate; *honorary* ~ eregraad; *a* ~ *in history* 'n graad in (die) geskiedenis; *to the* **last/nth** ~ in die hoogste graad; uiters; ~ *of latitude, (geog.)* breedtegraad; ~ *of longitude, (geog.)* lengtegraad; *the positive* ~, *(gram.)* die stellende trap; *read/study/ work for a* ~ vir 'n graad studeer/werk; *to such a* ~ *that* ... dermate/soseer dat ...; *the* **superlative** ~, *(gram.)* die oortreffende trap; *take a* ~ →*get/take*; *to a (certain)* ~, *to some* ~ in sekere mate; *in varying* ~s in meerdere of mindere mate; *to what* ~ ... in watter mate ... ~ **day** gradedag. ~ **minute** boogminuut. ~ **scale** gradeskaal. ~ **second** boogsekonde.

**de·horn** horings verwyder/afsaag, onthoring; ~*ed cattle* onthoringde beeste; poenskopbeeste.

**de·hu·man·ise, -ize** ontmens, verdierlik. **de·hu·man·i·sa· tion, -za·tion** ontmens(lik)ing, verdierliking.

**de·hu·mid·i·fy** ontvog(tig). **de·hu·mid·i·fi·er** ontvogt(ig)er.

**de·husk** (uit)dop; (af)dop, pel; ~ *maize* mielies afmaak.

**de·hy·drate** ontwater, water onttrek, dehidreer, anhidreer. **de·hy·drat·ed** gedehidreer; uitgedroog *(persoon, vel);* ~ *lime* gebrande/ongebluste kalk; ~ *milk* melkpoeier; ~ *vegetables* gedroogde groente. **de·hy·dra·tion** ontwatering, wateronttrekking, dehidrasie, dehidrering. **de·hy·dra·tor** dehidreerder, ontwater(ings)toestel, ontwateraar.

**de·ice** ontys. **de·ic·er** *(lugv.)* ontyser, ysbestryder; ontyser, ysbestrydingsmiddel.

**de·i·fy** vergoddelik; verafgo(o)d, aanbid, vereer. **de·i·fi·ca· tion** vergoddeliking; verafgoding, aanbidding, verering.

**deign:** ~ *to* ... jou verwerdig om te ...

**deix·is** *(ling.)* deiksis. **deic·tic** aanwysend, deikties.

**dé·jà vu** *(Fr.):* ~ ~ *(experience)* déjà-vu(-gevoel/ervaring), illusie van bekendheid, paramnesie.

**de·ject·ed** neerslagtig, terneergedruk, bedruk, swaarmoedig, mismoedig, mistroostig, bekaf, triestig, troosteloos, verslae, hangkop. **de·ject·ed·ly** koponderstebo, kop onderstebo.

**de·jec·tion** neerslagtigheid, terneergedruktheid, bedruktheid, swaarmoedigheid, mismoedigheid, mistroostigheid, moedeloosheid, verslaen(t)heid.

**de ju·re** *(Lat.)* de jure, van regsweë.

**de·lay** *n.* vertraging, uitstel; oponthoud, versuim; afstel; gesloer, sloerdery, getalm, draaiery; *brook no* ~, *(fml.)* geen uitstel duld nie; *have a* ~ opgehou word; ~ *in answering* vertraging met die antwoord; *without* ~ dadelik, onmiddellik, onverwyld, sonder uitstel/versuim. **de·lay** *ww.* vertraag, uitstel; hinder, teen-, teëwerk; versuim, draai, talm; *don't* ~! moenie wag nie!, doen dit dadelik!; ~ *s.o./s.t. for days/hours* iem./iets dae/ure (lank) vertraag; *all is not lost that is* ~ed uitstel is nie afstel nie.

**de·layed ac·tion** *n.* vertraagde werking. **de·layed-ac· tion** *adj. (attr.)* met vertraagde werking; tyd-; ~ *bomb* tydbom; ~ *detonator* talmspringdoppie; ~ *fuse* buis met vertraagde werking; ~ *shutter release, (fot.)* vertragingsluiterontspanner.

**de·lay·ing:** ~ **action** vertragings-, vertraagaksie; *(mil.)* vertragingsgeveg. ~ **tactics** vertragingstaktiek.

**de·lec·ta·ble** genoeglik; verruklik.

**del·e·gate** *n.* afgevaardigde, gemagtigde, gedelegeerde, gedeputeerde; *House of D*~s, *(SA, hist.)* Raad van Afgevaardigdes. **del·e·gate** *ww.* afvaardig; magtig, opdra; oordra; delegeer; ~ *s.t. to s.o.* iets aan iem. oorlaat/opdra. **del·e·ga·cy** afvaardiging; afgevaardigdes; volmag; magsoordrag. **del·e· gat·ed** afgevaardig; gedelegeer(d); ~ *powers* gedelegeerde magte. **del·e·ga·tion** afvaardiging; magtiging; opdrag; afgevaardigdes, gemagtigdes; delegasie, deputasie; ~ *of powers* oordrag van bevoegdhede.

**de·lete** skrap, deurhaal, deurstreep, doodtrek, uitwis, rojeer; ~ *s.t. from* ... iets uit ... skrap. ~ **key** *(rek.)* skrap-, uitwistoets. **de·le·tion** skrapping, deurhaling, uitwissing, rojering.

**del·e·te·ri·ous** skadelik, nadelig, verwoestend, verderflik.

**delft, delft·ware** Delftse erdewerk; *Delft porcelain* Delftse porselein, Delftse blou.

**del·i** -*is, (afk., infml.)* = DELICATESSEN.

**de·lib·er·ate** *adj.* doelbewus, opsetlik, voorbedag; (wel)oorwoë; bedaard, besadig, tydsaam; vasberade; ~ *lie* doelbewuste/opsetlike leuen; ~ *purpose* vooropgesette doel. **de·lib·er· ate** *ww.* beraadslaag, oorleg pleeg; oorweeg, bedink; ~ *about/ on/over s.t.* oor iets nadink, iets oorweeg; ~ *about/on/over s.t. with s.o.* met iem. oor iets beraadslaag *(of* oorleg pleeg). **de· lib·er·ate·ly** doelbewus, opsetlik, met voorbedagte rade; met oorleg; tydsaam, op jou gemak. **de·lib·er·ate·ness** opsetlikheid; voorbedagtheid; doelbewustheid; kalmte, beradenheid; tydsaamheid. **de·lib·er·a·tion** oorweging, raadpleging, beraad *(slaging),* oorleg; opset; *after careful/due* ~ ná sorgvuldige oorweging/oorleg; *after much* ~ ná 'n lang gewik en geweeg; *come under* ~ onder bespreking kom; *with* ~ doelbewus, opsetlik, met voorbedagte rade; met oorleg.

**del·i·cate** fyn, subtiel, delikaat; gedemp, sag; teer, tinger(ig), tenger(ig); broos, swak, delikaat; gevoelig *(instrument ens.);* fyngevoelig; taktvol; netelig, lastig *(saak);* lekker; ~ *balance* fyn balans; ~ **(hand)writing** fyn (hand)skrif; ~ *health* swak/ brose gesondheid; ~ *skin* fyn vel. **del·i·ca·cy** fynheid, subtiliteit, delikaatheid; teerheid, tinger(ig)heid, tenger(ig)heid, broosheid, swakheid, delikaatheid; gevoeligheid *(v. instrument* *ens.);* fyngevoeligheid, verfyndheid, fynsinnigheid; takt; neteligheid, lastigheid; lekkerny, versnapering, snoepery; *(i.d. mv. ook)* fynkos, delikatesses. **del·i·cate·ly:** *tread ~* omsigtig te werk gaan. **del·i·ca·tes·sen** delikatessewinkel; fynkos, delikatesses.

**de·li·cious** heerlik, verruklik, lekker, smaaklik; *~ monster* geraamteplant. **de·li·cious·ness** verruklikheid; lekkerte.

**de·lict, de·lict** *(jur.)* onregmatige daad, delik, misdaad, misdryf, vergryp; *law of ~* deliktereg, reg op onregmatige dade.

**de·light** *n.* genot, genoeë, behae, lus, verrukking; opgetoënheid; *take ~ in s.t.* iets geniet, in iets behae skep, jou in iets verlekker/verlustig; *to s.o.'s ~* tot iem. se vreugde. **de·light** *ww.* genot/genoeë verskaf; verbly, behaag, verheug; vermaak; *~ in s.t.* iets geniet, in iets behae skep, jou in iets verlekker/verlustig. **de·light·ed** ingenome, opgetoë, verruk; *be absolutely ~* baie bly *(of* in die wolke) wees; *be ~ to accept an invitation* 'n uitnodiging graag *(of* met graagte) aanvaar; *~ to meet you!* aangename kennis!, bly om (jou/u) te ontmoet!; *I shall be ~!* met die grootste plesier!, met groot genoeë!; *I shall be ~ to* ... ek sal met die grootste plesier/genoeë ...; *be ~ with s.t.* (hoogs) ingenome met iets wees, opgetoë/verruk oor iets wees. **de·light·ful** genoeglik, heerlik, verruklik, genotvol, salig. **de·light·ful·ness** genoeglikheid, lieflikheid, verruklikheid.

**de·lim·it** afbaken, aflyn, die grense reël, delimiteer. **de·lim·i·ta·tion** afbakening, grensreëling. *~ commission* afbakeningskommissie.

**de·lin·e·ate** afbeeld, teken, skets; ontwerp; skilder. **de·lin·e·a·tion** afbeelding, tekening, skets; karakterisering, uitbeelding; ontwerping.

**de·lin·quent** *n.* (wets)oortreder; misdadiger; skuldige; *juvenile ~* jeugdige oortreder/misdadiger, jeugmisdadiger. **de·lin·quent** *adj.* misdadig, skuldig. **de·lin·quen·cy** vergryp, oortreding; misdaad; misdadigheid; misdadige gedrag; *juvenile ~* jeugmisdaad; jeugmisdadigheid.

**de·lir·i·ous** ylend, ylhoofdig, deurmekaar; waansinnig; *be ~* yl, deurmekaar praat; *~ fever* ylende koors; *be ~ with joy* dol van blydskap *(of* in ekstase) wees. **de·lir·i·ous·ly:** *~ happy* dolgelukkig.

**de·lir·i·um** *-iums, -ia* ylhoofdigheid, yling, ylende koors, delirium; waansin, raserny. *~ tremens* dronkmanswaansin, *(infml.)* horries.

**de·list** *(effektebeurs)* denoteer.

**de·liv·er** (af)lewer, afgee; oorhandig; uitlewer; oorgee; voordra; bevry; *(ook verlosk.)* verlos; red; *~ a blow* 'n hou slaan; *~ s.o. from s.t.* iem. van iets bevry/verlos; *~ judg(e)ment* uitspraak doen/gee/lewer; *~ a speech* 'n toespraak hou/afsteek/lewer; *stand and ~!* jou geld of jou lewe!; *~ s.t. to s.o.* iets by iem. aflewer; *~ an ultimatum* 'n ultimatum stel; *~ o.s. up to* ... jou aan ... oorgee; *~ s.o./s.t. up to* ... iem./iets aan ... afgee/oorhandig; iem. aan ... uitlewer. **de·liv·er·ance** bevryding, uitredding, verlossing; uitspraak; uitlating; *s.o.'s ~ from s.t.* iem. se verlossing van iets, iem. se (uit)redding uit iets.

**de·liv·er·y** aflewering *(v. goedere, pakkies, ens.);* lewering *(v. aandele ens.);* bestelling; bevalling, geboorte, verlossing; toespraak, redevoering; voordrag; spreektrant; sangstyl; oordrag, oorgawe; besorging, oorhandiging; verlossing, bevryding, redding; *(tennis)* afslaan; *(kr.)* (boul)aksie; *(kr.)* aflewering, (geboulde) bal; afvoer *(v. pomp); on ~ by* aflewering; *take ~* lewering aanvaar/aanneem; *take ~ of s.t.* iets in ontvangs neem. *~ bicycle* afleweringsfiets. *~ man* afleweraar. *~ note* afleweringsbrief. *~ order* afleweringsopdrag; volgbrief(ie). *~ pipe* toevoerpyp; perspyp *(v. pomp).* *~ room* kraamkamer. *~ service* aflewer(ings)diens. *~ time* lewer(ings)tyd. *~ van* afleweringswa, -voertuig.

**de·louse** ontluis.

**Del·phi** *(geog.)* Delfi, Delphi. **Del·phi·an, Del·phic** Delfies, Delphies; duister, raaiselagtig; *Delphic oracle* orakel van Delfi/Delphi.

**del·phin·i·um** *-ums, (bot.)* (pronk)ridderspoor.

**del·ta** *-tas* delta. *~ ray (fis.)* deltastraal. *~ rhythm, ~ wave (fisiol.)* deltagolf. *~ wing* deltavlerk; deltavlerkvliegtuig.

**del·toid** *adj.* driehoekig, deltavormig, deltoïed. *~ (muscle)* deltoïed(spier), driehoek-, deltaspier *(v.d. skouer).*

**de·lude** mislei, fop, flous; om die bos lei, op 'n dwaalspoor bring; bedrieg; verlei; *~ o.s. about s.t.* jou deur iets laat mislei; *~ s.o. into* ... iem. daartoe verlei om ...; iem. so ver/vêr kry om ...; *~ o.s. into believing/thinking (that)* ..., *~ o.s. that* ... jouself wysmaak dat ...; *~ s.o. with s.t.* iem. met iets mislei.

**de·lu·sion** misleiding; bedrog; misvatting, dwaling; waan- (denkbeeld/idee/voorstelling), valse voorstelling; *(psig.)* delusie; begogeling; *~s of grandeur* grootheids-, hoogmoedswaan; *be/labour under the ~ that* ... in die waan verkeer/wees dat ...; onder die indruk verkeer/wees dat ... **de·lu·sion·al** verleidend, misleidend, bedrieglik; waan-; *be ~* dwaal, verward wees, in die waan verkeer; *(psig.)* waansinnig wees.

**de·luge** *n.* oorstroming; wolkbreuk, stortbui, reënvloed; sondvloed; stortvloed *(ook fig.); a ~ of* ... 'n stortvloed ...; *the D~, (Byb.)* die sondvloed. **de·luge** *ww.* oorstroom; oorstelp, oorlaai, oorstroom, toegooi; *be ~d with/by* ... toegegooi word onder *(of* oorval word deur) ... *(briewe, oproepe, ens.).*

**delve** grawe, delf, delwe, dolf, dolwe; *~ among* ... onder ... grawe; *~ into* ... in ... grawe; jou in ... verdiep.

**de·mag·net·ise, ize** ontmagnetiseer, demagnetiseer.

**dem·a·gogue** opsweper, opruier, demagoog. **dem·a·gog·er·y, dem·a·gog·y** opswepery, opruiery, opruiing, demagogie.

**de·mand** *n.* eis, vereiste; (aan)vraag; aandrang; aanskrywing, vordering; *final ~* laaste/finale aanmaning; *the ~ for s.t.* die vraag na *(of* aanvraag na/vir) iets; die behoefte aan iets; *s.o. is in ~* iem. is gewild (in tel); *s.t. is (much) in ~, s.t. is in (great) ~* daar is baie aanvraag na iets, daar is 'n groot (aan)vraag na iets, iets geniet/kry/vind (goeie) aftrek; *letter of ~* aanmaning, aanskrywing, eisbrief; betalingsaanmaning, maan-, aanmaningsbrief; *make a ~* 'n eis stel; *make ~s (up)on* ... eise aan ... stel; *meet/supply a ~* aan 'n aanvraag voldoen; *on ~* op aanvraag; *payable on ~* betaalbaar op aanvraag; *by popular ~* op algemene aandrang; *by public ~* op aandrang van die publiek; *supply and ~* vraag en aanbod. **de·mand** *ww.* eis, opeis, verg, vereis; (op)vorder, verlang, vra; aandring op; daarop aandring/staan; *s.t. ~s from s.o.* iets verg ... van iem. *(inspanning ens.); ~ s.t. from/of* ... iets van ... vereis/verg/verlang; *~ payment from/of* ... ... aanskryf/-skrywe, betaling van ... eis; *~ too much from/of s.o.* te veel van iem. verg. *~ feeding (pediatrie)* voeding op aanvraag. *~ management* vraagbestuur. *~ notice* (betalings)aanmaning, maan-, aanmaningsbrief.

**de·mand·ing** *(ook)* veeleisend.

**de·mar·cate** afbaken, demarkeer, aflyn. **de·mar·ca·tion** afbakening; grens; *(line of) ~* grenslyn, skeid(ing)slyn.

**de·mean** verneder; skaad, in onguns bring; *~ o.s.* jou verlaag.

**de·mean·our** gedrag, houding, handel(s)wyse.

**de·ment·ed** gek, kranksinnig, waansinnig, buite jou sinne; *become ~* van jou kop/verstand af raak.

**de·men·tia** *(med.)* demensie, dementia, waansin(nigheid).

**dem·e·rar·a (sug·ar)** demerarasuiker, bruin (riet)suiker.

**de·mer·it** onverdienstelikheid; tekortkoming, fout, gebrek.

**de·mer·sal** *(biol.)* bodem-; *~ fish* bodemvis.

**dem·i·glace** *(Fr., kookk.)* demi-glace.

**dem·i·god** halfgod.

**de·mil·i·ta·rise, -rize** demilitariseer; verburgerlik. **de·mil·i·ta·ri·sa·tion, -za·tion** demilitarisasie, demilitarisering; verburgerliking. **de·mil·i·ta·rised, -rized** verburgerlikte; *~ zone* gedemilitariseerde gebied.

**de·mise** *n.* end, einde, ondergang *(v. firma, party, koerant,* *ens.); (euf., fml.)* dood, afsterwe, heengaan, oorly(d)e *(v. iem.); (jur.)* bemaking, nalating; *(jur.)* (titel/gesags)oordrag. **de·mise** *ww., (jur.)* bemaak, nalaat; oorerf *(titel, gesag);* oordra, afstaan, afstand doen van *(titel, gesag).*

**dem·i·sec** *(Fr.)* halfdroog *(wyn).*

**de·mist** ontwasem. **de·mist·er** ontwasemmiddel, ontwase=mer.

**dem·i·tasse** *(Fr.)* (klein) koffiekoppie; klein koppie koffie.

**dem·o** *-os, n., (infml., afk.:* demonstration*), (mus.)* demo(-op=name), demonstrasie-opname; demo-artikel, demonstrasie=artikel, demo(nstrasie)model. **dem·o** *adj. (attr.)* demo(nstra=sie)=; ~ *tape* demo(nstrasie)band. **dem·o** *ww.* demonstreer; →DEMONSTRATE.

**de·mob** *-bb-* →DEMOBILISE.

**de·mo·bil·ise, -ize** *(mil.)* demobiliseer, ontbind *(bataljon ens.); (infml.)* ontslaan, afdank *(offisiere ens.).* **de·mo·bil·i·sa=tion, -za·tion** demobilisasie, ontbinding; ontslag, afdanking.

**de·moc·ra·cy** demokrasie. **dem·o·crat** demokraat. **dem·o·crat·ic** demokraties; *D~ Party* Demokratiese Party. **de·moc·ra·ti·sa·tion, -za·tion** demokratisering. **de·moc·ra·tise, -tize** demokratiseer.

**de·mog·ra·phy** demografie. **de·mog·ra·pher, de·mog·ra·phist** demograaf. **de·mo·graph·ic, de·mo·graph·i·cal** demo=grafies.

**de·mol·ish** afbreek, sloop *(gebou, muur, ens.);* verniel, vermor=sel, vernietig *(rugbyspan ens.);* weerlê, omver=, omvêrwerp *(ar=gument, teorie, ens.); (infml.)* verorber, verslind *(kos).* **de·mol·ish·er** afbreker; sloper; ~*'s ball* sloopkoeël.

**dem·o·li·tion** afbreking, sloping; *(mil.)* vernietiging *(deur/ van bomme ens.);* vernieling, vermorseling, vernietiging; weer=legging, omver=, omvêrwerping; verorbering. ~ **ball** sloop=koeël. ~ **charge** vernielingslading. ~ **contractor** slopings=kontrakteur. ~ **derby** *(Am.)* stampwedren. ~ **order** sloop=, slo=pingsbevel. ~ **work** sloop=, slopingswerk.

**de·mon** *n.* bose gees, demo(o)n, duiwel; *(skerts.)* derduiwel, karnallie, wildewragtig; *a ~ in the kitchen, (infml.)* 'n voorslag in die kombuis. **de·mon** *adj., (infml.):* ~ *bowler, (kr.)* skrik=, hellebouler; ~ *cook/etc.* bobaas=, uithalerkok/ens..

**de·mon·ic** demonies, besete, duiwels, geïnspireer(d), be=siel(d).

**dem·on·strate** aantoon, bewys; wys, (ver)toon, laat blyk; uitlê, verklaar, verduidelik; demonstreer, 'n demonstrasie gee van; betoog, 'n betoging hou; ~ *against ...* teen ... betoog; *a ~d need* 'n bewese behoefte; ~ *s.t. to s.o.* iets aan iem. toon. **de·mon·stra·ble** bewysbaar, aantoonbaar; onloënbaar. **dem·on·stra·tion** bewys; vertoning; uiting; verklaring; demonstra=sie, manifestasie; betoging; *give a ~ of s.t.* iets vertoon; *hold/ stage a ~* 'n betoging hou. **de·mon·stra·tive** bewysend; aan=tonend; demonstratief; *(gram.)* aanwysend; *be ~ of s.t.* iets (aan)toon/bewys. **de·mon·stra·tor** betoger; (laboratorium)=assistent; demonstreerder.

**de·mor·al·ise, -ize** demoraliseer, ontmoedig; in die war stuur, van stryk (af) bring. **de·mor·al·is·ing, -iz·ing** ontmoe=digend, demoraliserend, verpletterend, teleurstellend; *s.t. is ~ to s.o.* iets is vir iem. demoraliserend, iets werk demora=liserend op iem. in, iets ontmoedig iem..

**de·mote** terugsit, degradeer, (in rang) verlaag, demoveer. **de·mo·tion** terugsetting, degradering, degradasie, verlaging (in rang), demosie.

**de·mot·ic** volks=, omgangs=, alledaags; demoties.

**de·mur** *n.* beswaar, bedenking; *without ~* sonder teenspraak. **de·mur** *-rr-, ww.* beswaar maak, pruttel; bedenkings/beswa=re hê, teen=, teëstribbel; ~ *at s.t.* bedenkings/besware teen iets opper.

**de·mure** sedig, stemmig, ingetoë, besadig, terughoudend; preuts. **de·mure·ly** *s.o. sits there so ~* iem. sit daar so heilig. **de·mure·ness** sedigheid, stemmigheid, ingetoënheid; preuts=heid.

**de·mur·rage** *(jur., sk.)* lêkoste, (oor)lê=, staangeld.

**de·mu·tu·al·ise, -ize** *(fin.)* demutualiseer. **de·mu·tu·al·i=sa·tion, -za·tion** demutualisering.

**de·mys·ti·fy** demistifiseer, die mistiek wegneem van, ont=sluier, ophelder, ontraaisel. **de·mys·ti·fi·ca·tion** demistifika=sie, ontsluiering, opheldering, ontraaiseling.

**de·my·thol·o·gise, -gize** ontmitologiseer. **de·my·thol·o=gi·sa·tion, -za·tion** ontmitologisering.

**den** lêplek *(v. 'n dier); (infml.)* nes, hool; hok; (studeer)kamertjie; *(in vangspeletjies)* bof; ~ *of robbers* rowersnes; ~ *of vice* huis van sonde/ontug.

**de·na·tion·al·ise, -ize** denasionaliseer.

**de·nat·u·ral·ise, -ize** denaturaliseer, sy/haar burgerskap ontneem; onnatuurlik maak; *(infml.)* dokter *(wyn ens.).*

**de·na·ture** *(chem., fis.)* denatureer; vervals; van karakter laat verander; *(infml.)* dokter *(wyn ens.).*

**den·drite** *(min.)* dendriet, boomsteen; *(chem.)* dendriet, naald=struktuur; *(fisiol., ook genoem* dendron*)* dendriet, (neuro)=dendron. **den·drit·ic, den·drit·i·cal** dendrities, naaldvormig.

**den·dro·gram** boomdiagram, dendrogram.

**den·dron** →DENDRITE.

**den·gue (fe·ver)** knokkelkoors, driedaagse koors, driedae=koors, dengue(koors).

**den·i·grate** (ver)kleineer, slegmaak, afkam, afkraak, verguis. **den·i·gra·tion** verguising, beswadder.

**den·im** denim.

**den·i·zen** *n., (fml., skerts.)* bewoner, inwoner; burger; in=heemse dier/plant; ingeburgerde woord.

**Den·mark** *(geog.)* Denemarke; *s.t. is rotten in the state of ~, (fig., uit Shakespeare se* Hamlet*)* iets is nie pluis nie, daar's *(of* daar is) 'n (groot) skroef los.

**de·nom·i·nate** *(fml.)* aandui; betitel, (be)noem. **de·nom·i=na·tion** naam, benaming, naamgewing; betiteling; soort, klas; bedrag, waarde, som; kerkverband; denominasie; waarde=soort; meeteenheid. **de·nom·i·na·tion·al** kerklik; sektaries, sekte=; ~ *education* kerklike/sektariese onderwys; ~ *school* kerkskool. **de·nom·i·na·tor** gemeenskaplike kenmerk; *(wisk.)* noemer.

**de·note** aandui, aanwys, bepaal; beteken; te kenne gee; die omvang bepaal. **de·no·ta·tion** aanduiding, aanwysing; bete=kenis, bepaling; omvangsbepaling; *(filos., ling.)* denotasie.

**de·noue·ment, *(Fr.)* dé·noue·ment** ontknoping, dénoue=ment.

**de·nounce** (sterk) afkeur, veroordeel; betig, uitvaar teen; aan die kaak stel; aanklag, beskuldig; opsê *(verdrag ens.);* ~ *s.o. as a ...* iem. vir 'n ... uitmaak; iem. as 'n ... aan die kaak stel; iem. as 'n ... brandmerk. **de·nounce·ment** afkeuring, veroorde=ling; aanklag(te), beskuldiging; opsegging.

**de no·vo** *(Lat.)* de novo, van voor af.

**dense** dig; saamgepak; dig bevolk, digbevolk; *(fig.)* kompak, gedronge *(styl ens.); (infml.)* toe, dom, stompsinnig; *(chem., fis.)* dig; ~ *ignorance* growwe onkunde; ~ *vegetation* digte plante=groei. **dense·ly** dig; ~ *populated/wooded* dig bevolk/bebos, digbevolk, =bebos. **dense·ness** digtheid; domheid, stomp=sinnigheid. **den·si·ty** digtheid, densiteit; domheid, stompsin=nigheid; ~ *of population* bevolkingsdigtheid.

**dent** *n.* duik; *make a ~ in s.t., (lett.)* 'n duik in iets maak; *(fig., infml.)* met iets vorder *(werk ens.).* **dent** *ww.* (in)duik.

**den·tal** dentaal, tand=; tandheelkundig; ~ *care* tand(e)sorg, tand(e)versorging; ~ *caries/decay* tandbederf, =kariës; ~ *floss* tandevlos, tandgaring, =gare; ~ *hygiene* mondhigiëne; ~ *hygienist* mondhigiënis; ~ *nerve* tandsenu(wee); ~ *surgeon* tandheelkundige, tandarts.

**den·tist** tandarts, tandheelkundige, *(infml.)* tandedokter. **den·tis·try** tandheelkunde.

**den·ti·tion** tandformasie, =stelsel; gebit; tandekry.

**den·ture** *(gew. i.d. mv.)* kunsgebit, (stel) kunstande *(of* vals tande).

**de·nu·cle·ar·ise, ‑ize** kernwapens verwyder *(uit).*

**de·nude** ontbloot, blootlê, kaal maak; beroof; uittrap *(veld); ~ s.t. of ...* iets van ... ontbloot; iets van ... beroof; iets ... ontneem; *be ~d of ...* sonder ... wees.

**de·nun·ci·a·tion** aanklag(te); veroordeling; uitskellery; spotrede; beëindiging *(v. verdrag).*

**de·ny** ontken; verloën; weerspreek *(gerug);* ontsê; weier; *~ s.t. absolutely/categorically/emphatically/flatly/vehemently* iets heeltemal/heftig/kategories *(of* ten sterkste) ontken; *~ s.o. access to s.t.* iem. toegang tot iets weier; *it cannot be denied that ...* dit is onteenseglik dat ...; *~ o.s.* jouself verloën; *~ o.s. s.t.* jou iets ontsê, sonder iets klaarkom; *~ s.o. s.t.* iem. iets ontsê. **de·ni·al** ontkenning; weerspreking; weiering; ontsegging; (ver)loëning; *a flat ~* 'n volstrekte ontkenning; *a ~ of ...* 'n ontkenning van ... *(skuld ens.);* 'n miskenning van ... *(d. reg);* 'n verloëning van ... *(God).*

**de·o·dor·ant** reukweerder, reukweermiddel, deodorant; reuk‑, stankverdrywer; lugverfrisser.

**de·o·dor·ise, ‑ize** reukloos maak, reuk verdryf/verdrywe; ontstank. **de·o·dor·is·ing, ‑iz·ing** reukwerend.

**De·o vo·len·te** *(Lat.)* so die Here wil.

**de·ox·y·gen·ate** deoksigeneer. **de·ox·y·gen·a·tion** suurstofonttrekking.

**de·ox·y·ri·bo·nu·cle·ic ac·id** *(afk.:* DNA*)* deoksiribonukleïensuur *(afk.:* DNS*).*

**de·part** vertrek; weggaan; heengaan; *(skip)* afvaar; *~ for ...* na ... vertrek/afreis; *~ from ...* van ... vertrek *('n plek);* van ... afwyk *('n plan ens.);* van ... afstap *(d. goudstandaard).* **de·part·ed** *n., (euf.): the (dear) ~* die (af)gestorwene(s). **de·part·ed** *adj., (euf.)* oorlede, ontslape; vergange.

**de·part·ment** departement, afdeling, tak; gebied; werkkring; *the ~ of education/etc., the education/etc. ~* die departement van onderwys/ens.; *state ~* staatsdepartement. *~* **store** afdelingswinkel.

**de·part·men·tal** afdelings‑, departementeel, departements‑; *~ chief/head* departementshoof. **de·part·men·ta·lise, ‑lize** departementaliseer.

**de·par·ture** vertrek; afskeid; afwyking; *a new ~* 'n nuwe rigting, 'n nuwigheid; *make a new ~* 'n nuwe koers/rigting inslaan; *point of ~* uitgangspunt; begin‑, vertrekpunt; uitvaartspunt *(v. koeël); be on the point of ~* op vertrek staan; *take one's ~* vertrek; *(up)on s.o.'s ~* by iem. se vertrek. *~* **counter** vertrektoonbank *(op lughawe).* *~* **hall,** *~* **lounge** vertreksaal. *~* **signal** vertreksein. *~* **time** vertrektyd.

**de·pend** *ww.* afhang *(van);* reken *(op),* staatmaak *(op),* afgaan *(op); that (all) ~s* dit hang heeltemal daarvan af; *~ (up)on ...* op ... staatmaak/reken, jou op ... verlaat; van ... afhanklik wees; *~ing (up)on ...* na gelang *(of* afhangend[e] van ...); volgens ...; *as ...* dit toelaat *(d. weer); it ~s (up)on ...* dit hang van ... af; *s.o./s.t. will ...,* *~ (up)on it* iem./iets sal ..., so seker as wat; *you can ~ (up)on it* jy kan daarvan seker wees; *you can ~ (up)on s.o./s.t., (ook)* jy kan op iem./iets peil trek.

**de·pend·a·ble** betroubaar, vertroubaar; *~ person, (ook)* staatmaker. **de·pend·a·bil·i·ty** betroubaarheid.

**de·pend·ant, de·pend·ent** *n.* afhanklike; ondergeskikte; →DEPENDENT *adj.*

**de·pend·en·cy, de·pend·an·cy** afhanklike staat, besitting; *(psig.)* afhanklikheid; onderhorigheid, ondergeskiktheid; bygebou. *~* **culture** *(neerh.)* afhanklikheidskultuur.

**de·pend·ent** *adj.* afhanklik; onderhorig; ondergeskik; →DEPENDANT *n.; be ~ (up)on ...* van ... afhanklik wees; op ... aangewese wees. **de·pend·ence** afhanklikheid, onderhorigheid; vertroue; toevlug.

**de·per·son·al·ise, ‑ize** ontpersoonlik.

**de·pict** uitbeeld, weergee, voorstel, skets, teken, beskryf, beskrywe. **de·pic·tion** uitbeelding, voorstelling.

**dep·i·late** onthaar, afhaar. **dep·i·la·tion** ontharing, kaalheid. **dep·i·la·tor, de·pil·a·to·ry** *n.* ontharings‑, haarverwyderingsmiddel. **de·pil·a·to·ry** *adj.* ontharend.

**de·plete** leegmaak, ledig; uitput; uitdun; verminder; *~d uranium* verarmde uraan. **de·ple·tion** lediging; uitputting; uitdunning; vermindering.

**de·plore** betreur; bekla, bejammer. **de·plor·a·ble** betreurens‑, bejammerenswaardig, jammerlik.

**de·ploy** ontplooi; laat ontplooi; aanwend, benut. **de·ploy·ment** ontplooiing *(v. troepe ens.);* aanwending *(v. personeel ens.).*

**de·po·lar·ise, ‑ize** depolariseer; losskud; ontwrig.

**de·po·lit·i·cise, ‑cize** depolitiseer.

**de·pop·u·late** ontvolk; agteruitgaan in bevolking.

**de·port** uitsit, deporteer, verban, wegvoer; *~ s.o. from a country* iem. uit 'n land sit/deporteer. **de·por·ta·tion** uitsetting, deportasie, verbanning. **de·por·tee** gedeporteerde, banneling. **de·port·ment** houding; gedrag, maniere.

**de·pose** afsit; onttroon *(vors); (jur.)* getuig, getuienis aflê, onder eed verklaar.

**de·pos·it** *n.* deposito, storting, inleg(geld), inlae; kontantbetaling, ‑storting; bewaargewing *(v. kosbaarhede);* waarborgsom; afsaksel; aanpaksel *(in stoomketel ens.); (geol.)* afsetting; *(elektrolise)* neerslag; *(sweiswerk)* neersmeltsel; *form a ~* 'n neerslag vorm; *make a ~* geld deponeer, 'n deposito inbetaal; *on ~* op deposito; *pay (or put down) a ~ on s.t.* 'n deposito vir iets betaal. **de·pos·it** *ww.* neersit, neerlê; deponeer, stort *(geld);* in bewaring gee *(kosbaarhede);* agterlaat; afsak, besink; *(stoomketel ens.)* aanpak; *(geol.)* afset; *(elektrolise)* neerslaan; *~ money into an account* geld in 'n rekening deponeer; *~ s.t. with s.o.* iets by iem. in bewaring gee. *~* **account** depositorekening. *~* **receipt,** *~* **slip** stortingsbewys, inlegbewys(strokie), inlegstrokie.

**de·pos·i·tar·y** bewaarder, depositaris; bewaarplek.

**de·po·si·tion** afsetting *(v. ampsdraer);* onttroning; *(jur.)* (beëidigde) verklaring, deposisie; kruisafneming; *(chem., geol.)* afsetting.

**de·pos·i·tor** deponeerder, deposant, storter, depositeur; bewaargewer.

**de·pos·i·to·ry** bewaarplek; opslagplek; →DEPOSITARY.

**de·pot** voorraadmagasyn, opslagplek, depot; bêre‑, bewaarplek; skuur; (hoof)kwartier.

**de·prave** laat verslep *(iem.);* bederf *(sedes).* **dep·ra·va·tion** ontaarding, bederf, verslegting. **de·praved** verslep, ontaard; verdorwe. **de·prav·i·ty** verdorwenheid; verwording; ontaarding; onsedelikheid, sedeloosheid, perversiteit.

**dep·re·cate** afkeur, veroordeel; (ver)kleineer, afkam, afkraak. **dep·re·cat·ing, dep·re·ca·tive** afkeurend; verontskuldigend. **dep·re·ca·tion** afkeuring, protes; (ver)kleinering, geringskatting. **dep·re·ca·to·ry** afkeurend; verontskuldigend.

**de·pre·ci·ate** in waarde verminder, depresieer; minag, geringag, slegmaak, afkraak, (ver)kleineer. **de·pre·ci·a·tion** waardevermindering, ‑daling, depresiasie; afskrywing; minagting, (ver)kleinering, geringskatting. *~* **account** afskrywingsrekening. *~* **reserve** afskrywingsreserwe; reserwe vir waardevermindering.

**dep·re·da·tion** plundering, roof; verwoesting.

**de·press** neerslagtig maak; terneerdruk, ontmoedig; verslap; verlaag; domp *(ligte);* afdruk, indruk, neerdruk. **de·pres·sant** *n.* depressant, onderdrukmiddel; kalmeermiddel. **de·pres·sant** *adj.* depressief; kalmerend. **de·pressed** neerslagtig, terneergedruk, bedruk, bekaf; ingedruk, ingeduik; *~ area* noodlydende gebied; vervalle gebied; *~ classes* onderdrukte klasse; parias. **de·pres·sing** neerdrukkend, ontmoedigend, deprimerend. **de·pres·sion** neerslagtigheid, terneergedruktheid, swartgalligheid, depressie; *(ekon.)* depressie; (neer)drukking, daling, druk; verslapping, slapte; duik, induiking; *(geog.)* laagte, knik, duik, kom; *(met.)* lae druk; *(met.)* laag‑

drukgebied; *the (Great) D~, (hist.,ekon.)* die (Groot) Depres=
sie; *in a state of* ~ in 'n terneergedrukte stemming.

**de·pres·sur·ise, -ize** die druk verlaag van.

**de·prive** beroof, ontneem; ontrief; ontbloot *(van); onthef
(van); ~ o.s. of* ... jou ... ontsê; jou van ... onthou; *~ s.o. of s.t.*
iem. van iets beroof, iem. iets ontsê. **dep·ri·va·tion** berowing,
ontneming; verlies, gemis; veragtering; verwaarlosing. **de·
prived** *adj., (ook)* veragter(d); *~ child* verwaarloosde kind; *be
~ of* ... sonder *(of* verstoke van) ... wees *(voorregte).*

**de·pro·gramme, (Am.) de·pro·gram** deprogrammeer *(sek=
telid ens.).*

**depth** diepte; diepgang; diepsinnigheid; donkerte; *at a ~ of
100 metres* op 'n diepte van 100 meter; *a study/etc. in* ~ 'n
deeglike/grondige studie/ens.; *in the ~ of* ... in die hartjie van
... *(d.winter);* in die middel van ... *(d.nag); in the ~s of* ... in die
diepste ... *(wanhoop ens.); be/get out of* (or *beyond) one's* ~ in
diep water wees/raak; op glibberige terrein beweeg/verkeer/
wees, jou op glibberige terrein begeef/begewe; *s.o. is (getting)
out of his/her* ~, *(ook)* dit is/raak nou bo(kant) iem. se vuur=
maakplek; *plumb the ~s of* ... die diepste/ergste ... deurmaak
*(ellende, wanhoop, ens.);* ... volkome deurgrond; die laagte=
punt van ... uitmaak. ~ **charge** dieptelading. ~ **gauge** diep=
temaat. ~ **psychology** dieptesielkunde, -psigologie. ~ **sound·
er** diep(te)lood, dieptepeiler.

**de·pute** afvaardig; magtig; oordra, delegeer; *~ s.o. to do s.t.*
iem. afvaardig om iets te doen. **dep·u·ta·tion** afvaardiging,
deputasie; deputaatskap; volmag. **dep·u·tise, -tize** waarneem,
as plaasvervanger optree; vervang *(iem.); ~ for s.o.* vir iem. in=
staan/waarneem, as plaasvervanger van iem. optree.

**dep·u·ty** adjunk; plaasvervanger, waarnemer; gemagtigde,
verteenwoordiger; afgevaardigde. ~ **chairman** ondervoor=
sitter; tweede voorsitter. ~ **mayor** onderburgemeester. ~
**minister** adjunkminister. ~ **sheriff** onderbalju. ~ **speaker** ad=
junkspeaker.

**de·rail** laat ontspoor; ontspoor; *the train was ~ed* die trein het
ontspoor *(of* van die spoor geloop). **de·rail·ment** ontsporing.

**de·ranged** van jou sinne beroof, van jou kop/verstand af;
verward, deurmekaar, ontwrig, ontredder(d).

**der·by** derby, perdewedren; wedren; (voetbal)wedstryd;
kompetisie; *local ~* plaaslike (voetbal)wedstryd; *the D~, (per=
dewedren in Eng.)* die Derby.

**de·reg·u·late** dereguleer.

**der·e·lict** *n.* verstoteling, verstotene, uitgeworpene, verwor=
pene; hawelose, daklose; (drywende) wrak, verlate skip. **der·
e·lict** *adj.* verwaarloos, vervalle; verlate; *(Am.)* nalatig. **der·
e·lic·tion** verwaarlosing, bouvalligheid; verlating, agterlating;
versaking; *~ (of duty), (Am.)* nalatigheid, plig(s)versuim.

**de·ride** bespot, uitlag, die spot dryf met, uitkoggel. **de·ri·
sion** spot, bespotting; gespot, gehoon; veragting; *be an object of
~* bespot word, 'n (voorwerp van) spot wees. **de·ri·sive** spot=
tend, vermakerig. **de·ri·so·ry** bespotlik, belaglik, verspot; spot=
tend, vermakerig.

**de·rive** *~ from* ... uit ... ontstaan/spruit; van ... afstam; aan ...
ontleen wees; *~ s.t. from* ... iets uit ... put; iets aan ... ontleen;
iets van ... kry/aflei; *be ~d from* ... van ... afkomstig wees. **der·
i·va·tion** afleiding; herleiding; herkoms; afstamming, afkoms.
**de·riv·a·tive** *n.* afgeleide woord; afleiding; *(gram.)* derivatief;
*(wisk.)* afgeleide; *(chem.)* derivaat. **de·riv·a·tive** *adj.* afgelei(d),
derivatief; afleidend; nabootsend.

**derm, der·ma** onderhuid, ware huid, dermis. **der·mal** huid=,
vel=.

**der·ma·ti·tis** dermatitis, vel=, huidontsteking.

**der·ma·tol·o·gy** dermatologie. **der·ma·to·log·i·cal** derma=
tologies. **der·ma·tol·o·gist** dermatoloog.

**der·o·gate** *(fml.)* minag, geringskat, -ag, (ver)kleineer; ver=
swak, inkort, gedeeltelik ophef; *~ from s.t.* aan iets afbreuk
doen, iets aantas/skaad; op iets inbreuk maak; van iets afwyk.
**der·o·ga·tion** minagting, geringskatting, (ver)kleinering; af=

breuk, aantasting; inbreuk; afwyking; *(jur.)* afbreuk aan regs=
krag; *(jur.)* beperking, inkorting, gedeeltelike opheffing, dero=
gasie. **de·rog·a·to·ri·ly** (ver)kleinerend, op (ver)kleinerende
wyse. **de·rog·a·to·ry** benadelend; (ver)kleinerend; neerha=
lend *(aanmerking ens.).*

**der·rick** hysbalk; laaiboom; laaibok, (dirk)kraan; boortoring.
~ **crane** galgkraan.

**der·(r)in·ger** sakpistool.

**der·vish** derwisj, bedelmonnik.

**de·sal·i·nate** uitvars; ontsout.

**de·sal·i·na·tion** uitvarsing; ontsouting. ~ **plant** ontsoutings=
aanleg.

**des·cant** *(mus., ook* discant*)* diskant; (diskant)sopraan. ~ **re·
corder, discant recorder, soprano recorder** sopraanblok=
fluit.

**de·scend** *(iem.)* afgaan, afkom, ondertoe gaan/kom, afdaal;
afstap/afry ondertoe; *(iem.)* afklim *(v. perd); (vliegtuig)* daal;
*(voertuig)* afry; *(pad)* na onder loop; *(terrein ens.)* afhel, skuins
afloop; *(son, maan)* ondergaan; *(stilte ens.)* neerdaal; *~ from
heaven* uit die hemel neerdaal; *be ~ed from* ... van ... afstam,
uit ... stam/(ont)spruit; *~ to* ... tot ... (af)daal; jou tot ... ver=
laag; *~ (up)on* ... op ... afkom; op ... toesak; ... oorval. **de·
scend·ant** afstammeling, na=, afkomeling, nasaat; *(i.d. mv.
ook)* nageslag. **de·scent** (af)daling, afstyging, -sakking; af=
koms, herkoms, afstamming; helling, afdraand(e); pad na on=
der; val; oorval; landing; (in)sinking, verval, vererwing; *trace
s.o.'s ~* iem. se stamboom terugvoer.

**de·scribe** beskryf, -skrywe; omskryf, -skrywe; bestempel, aan=
dui, noem; teken; *~ s.o./s.t. as a* ... iem./iets 'n ... noem; iem./
iets as 'n ... bestempel; *~ s.t. as satisfactory/etc.* sê dat iets be=
vredigend/ens. is; *~ o.s. as a* ... jou vir 'n ... uitgee, jouself 'n
... noem; *a circle* 'n sirkel maak; *~ s.t. in detail* iets haarfyn
beskryf/beskrywe. **de·scrip·tion** beskrywing; omskrywing;
aanduiding; soort, slag; *answer to a* ~ met 'n beskrywing
klop/ooreenkom, aan 'n beskrywing beantwoord; *no ...of any*
~ hoegenaamd geen ... nie; *beggar/defy* (or *be beyond)* ~
onbeskryflik wees; *boats/etc. of every* ~ allerhande soorte
bote/ens.; *give a ~ of s.o./s.t.* iem./iets beskryf/beskrywe; *s.o.
of that* ~ so iemand. **de·scrip·tive** beskrywend, tekenend; *be
~ of s.t.* iets beskryf/beskrywe.

**des·e·crate** ontheilig, ontwy, skend. **des·e·cra·tion** onthei=
liging, heiligskennis, ontwyding. **des·e·cra·tor, des·e·cra·ter**
ontwyer, ontheiliger.

**de·seg·re·gate** desegregeer, integreer. **de·seg·re·ga·tion**
desegregasie, integrasie.

**de·sen·si·tise, -tize** ongevoelig maak, desensifiseer, desen=
siteer. **de·sen·si·ti·sa·tion, -za·tion** ongevoeligmaking, desen=
sifisering, desensitasie, desensitering.

**de·sert¹** *n. (gew. i.d. mv.)* verdienste; verdiende loon; *accord=
ing to s.o.'s ~s* na iem. se verdienste; *get/receive one's just ~s*
jou verdiende loon kry/ontvang.

**des·ert²** *n.* woestyn, woesteny, wildernis. **des·ert** *adj. (attr.)*
verlate, onbewoonde, woeste; dor. ~ **boots** *(mv.)* suèdeste=
wels. ~ **island** verlate/onbewoonde eiland.

**de·sert³** *ww.* verlaat; in die steek laat; versaak; weglopp, dros;
*~ to the enemy* na (die vyand) oorloop. **de·sert·ed** verlate,
eensaam; *~ streets* leë/verlate strate; *~ wife* verlate vrou. **de·
sert·er** droster, weglopper; oorloper, afvallige. **de·ser·tion** ver=
lating; verlatenheid; afval(ligheid), versaking; drostery, dros=
sery, weglopery; *~ to the enemy* oorlopery (na die vyand);
*malicious ~* kwaadwillige verlating; *~ of service* diensverla=
ting.

**de·sert·i·fi·ca·tion** verwoestyning, woestynvorming.

**de·serve** verdien; *~ better of s.o.* iets beters van iem. verdien.
**de·served:** *richly ~* volkome verdien(d). **de·serv·ed·ly** tereg;
na verdienste. **de·serv·ing** verdienstelik; waardig; *be ~ of s.t.*
iets verdien; iets waardig wees.

**des·ha·bille, dis·ha·bille:** *in ~* skamel/skraps geklee(d)/
aangetrek.

**des·ic·cate** (uit)droog; ontwater; opdroog; uitdor; droog=
maak. **des·ic·ca·ted** droog, ontwater(d); uitgedroog; *(fig.)* fut=
loos, sonder energie/ geesdrif; ~ *coconut* droë klapper. **des-**
**ic·ca·tion** (op)droging; uitdroging. **des·ic·ca·tor** uitdroër;
droogtoestel.

**de·sid·er·a·tum** -*ata* vereiste, desideratum, wat verlang word;
leemte.

**de·sign** *n.* plan, ontwerp; vorm, fatsoen; patroon; vormge=
wing; *(skilderk.)* komposisie; ontwerpkuns; opset; oogmerk,
doel; *(art of)* ~ ontwerpkuns; *book* ~ boekontwerp; *by* ~ met
opset, opsetlik, moedswillig; *have* ~*s on* ... die oog op ... hê;
iets teen ... in die mou/skild voer. **de·sign** *ww.* ontwerp,
skets; bestem, bedoel; beoog, van plan wees; *be* ~*ed for* ... vir
... bedoel wees. **de·sign·ed·ly** met opset, opsetlik, voorbedag=
telik. **de·sign·er** *n.* ontwerper; konstrukteur; ontwerpteke=
naar. **de·sign·er** *adj. (attr.)* ontwerper(s)=; ~ *jeans* ontwer=
persjeans. **de·sign·ing** *(ook)* slu.

**des·ig·nate** *ww.* uitwys, aanwys, onderskei; benoem; be=
stem; ~ *s.o. as* ... iem. as ... aanwys; iem. tot ... benoem; ~
*s.t. as* ... iets tot ... verklaar; iets vir ... bestem; ~*d driver* aan=
gewese bestuurder. **des·ig·nate** *adj.* aangewese; *president* ~
aangewese president. **des·ig·na·tion** benoeming; aanwysing;
bestemming; beteiling, benaming, naam.

**de·sire** *n.* begeerte, wens, verlange, sug; versoek; begeerlik=
heid; (vleeslike) lus; *cherish a* ~ 'n begeerte koester; *ex-*
*press a* ~ 'n wens uitspreek; *a fervent* ~ *for* ... 'n brandende
begeerte na ...; *a* ~ *for* ... 'n begeerte/verlange na ...; 'n sug
na ...; 'n wens om ...; *a* ~ *to do s.t.* 'n begeerte om iets te
doen. **de·sire** *ww.* begeer, verlang, wens; *as* ~*d* na wens(e);
*all that can be* ~*d* alles wat ('n) mens kan verlang; *if* ~*d* in=
dien verkies; *leave much* (or *a lot* or *a great deal* or *nothing*) *to*
*be* ~*d* baie/veel/niks te wense oorlaat; *the number* ~*d, (telef.)*
die verlangde nommer; ~ *to do s.t.* iets graag wil doen.
**de·sir·a·bil·i·ty** wenslikheid, begeerlikheid, gewenstheid. **de·**
**sir·a·ble** begeerlik, wenslik, gewens, verkieslik. **de·sir·ous**
*(fml.)* begerig, verlangend; gretig; *be* ~ *of* ... begeer/verlang
*(of* begerig/gretig wees) om ...

**de·sist** *(fml.)* ophou; ~ *from* ... ophou (met) ..., daarvan af=
sien om ..., ... staak.

**desk** lessenaar, skryftafel; skoolbank; toonbank; kateder; kan=
toor, afdeling; *(mus.)* staander; *news* ~ nuuskantoor. ~ **bound**
kantoorgebonde, aan 'n lessenaar gekluister. ~ **calendar**, ~
**diary** tafelkalender. ~ **job** kantoorwerk. ~ **pad** skryfmat. ~**top**
lessenaarblad. ~**top (computer)** tafelrekenaar. ~**top publish-**
**er** lessenaarsetter. ~**top publishing** *(afk.:* DTP) lessenaar=
setwerk, voordrukwerk. ~ **work** administratiewe werk.

**des·o·late** *adj.* eensaam, verlate; verwaarloos, vervalle; troos=
teloos, bedroef; wanhopig; ~ *tract* woesteny. **des·o·late**
*ww.* verwoes; ontvolk; troosteloos agterlaat. **des·o·late·ness**
doodsheid, verlatenheid, woestheid. **des·o·la·tion** verlaten=
heid; verwaarlosing; vertwyfeling, wanhoop, troosteloosheid;
verwoesting.

**de·spair** *n.* wanhoop, vertwyfeling; *in black* ~ in diepe wan=
hoop; *drive/reduce s.o. to* ~, *fill s.o. with* ~ iem. tot wanhoop
bring/dryf/drywe; *in* ~ in/uit wanhoop; *be in* ~ wanhopig
wees; *be the* ~ *of s.o.* iem. wanhopig maak. **de·spair** *ww.* wan=
hoop, in vertwyfeling raak, moed opgee; ~ *of s.t.* aan iets wan=
hoop; alle hoop op iets opgee. **de·spair·ing** wanhopig, des=
peraat.

**des·patch** →DISPATCH.

**des·per·ate** wanhopig, radeloos, hopeloos, tot die uiterste
gedryf; desperaat; haglik, benard; roekeloos, woes; verskrik=
lik; gewaag(d); *be* ~ *for s.t.* wanhopig op iets wag *(hulp ens.);*
*a* ~ *shortage* 'n nypende tekort. **des·per·ate·ly** hopeloos; ver=
skriklik, vreeslik, ontsettend; ~ *in love* smoorverlief; *need s.t.*
~ iets uiters dringend nodig hê; *try* ~ wanhopige pogings
aanwend. **des·per·a·tion** wanhoop, vertwyfeling, radeloos=
heid; *act of* ~ wanhoopsdaad; *in* ~ in/uit wanhoop.

**des·pise** verag, verfoei, verafsku; versmaai. **des·pic·a·ble**,
**des·pic·a·ble** veragtelik, gemeen, laag. **de·spis·ing** *adj.,* ~**ly**
*adv.* minagtend, honend, smalend, neerhalend.

**de·spite** *prep.* ondanks, ongeag, nieteenstaande, ten spyte
van, in weerwil van.

**de·spoil** plunder, beroof. **de·spo·li·a·tion** plundering, bero=
wing.

**de·spond·ence, de·spond·en·cy** wanhoop, vertwyfe=
ling, radeloosheid, moedeloosheid, verslaen(t)heid; neer=
slagtigheid, terneergedruktheid. **de·spond·ent** wanhopig,
moedeloos, vertwyfeld, radeloos, verslae; neerslagtig, terneer=
gedruk, mismoedig, swartgallig.

**des·pot** despoot, tiran, alleenheerser. **des·pot·ic** despoties,
eiemagtig, heerssugtig. **des·pot·ism** despotisme, tirannie.

**des·sert** nagereg, dessert, poeding. ~ **apple** dessertappel.
~**spoon** dessert=, poedinglepel. ~ **wine** dessertwyn.

**de·sta·bi·lise, -lize** destabiliseer *(regering ens.).* **de·sta·bi-**
**li·sa·tion, =za·tion** destabilisasie, destabilisering.

**des·ti·na·tion** (plek van) bestemming, destinasie; lot.

**des·tined** (voor)bestem(d); voorbeskik; *be* ~ *for* ... vir ... be=
stem(d) wees; vir ... in die wieg gelê wees; *s.o./s.t. was* ~ *to* ...
iem./iets was voorbestem(d) om te ..., iem./iets sou ...

**des·ti·ny** lot, lots=, (voor)bestemming, voorland; bestiering,
beskikking; (die) noodlot; *the Destinies* die skikgodinne;
*fulfil one's* ~ jou roeping vervul; *a man/woman of* ~ 'n man/
vrou met 'n roeping, 'n geroepene; *it is s.o.'s* ~ *to be/do s.t.* dit
*(of die lot)* is iem. beskore om iets te wees/doen.

**des·ti·tute** behoeftig; brandarm; *be* ~ *of* ... sonder ... wees;
geen ... hê nie; 'n gebrek aan ... hê. **des·ti·tu·tion** armoede,
behoeftigheid.

**de·stroy** vernietig *(wapens ens.);* verwoes *(iem. se lewe, plante=*
*groei in 'n brand, ens.);* tot niet maak; afbreek *(iem. se selfver=*
*troue);* knak *(iem.);* uitwis, =delg *(volk ens.);* verniel *(tempel ens.);*
van kant maak *(beseerde dier ens.).* **de·stroy·er** vernieler; ver=
woester, verdelger; *(sk.)* torpedojaer.

**de·struct** *(ruimtev.)* vernietig.

**de·struc·tion** verwoesting *(v. tempel ens.);* vernieling; ver=
nietiging; verderf, ondergang; *cause* ~ verwoesting aanrig;
*lead to the* ~ *of* ... tot die ondergang van ... lei; *wanton* ~ moeds=
willige vernieling.

**de·struc·tive** verwoestend, vernielend, vernietigend, afbre=
kend, destruktief; vernielsugtig; dodelik; ~ *criticism* afbre=
kende kritiek; *be* ~ *of s.t.* iets verniel/verwoes. **de·struc·tive-**
**ness** vernielsug; skadelikheid.

**de·struc·tor** verbrander, verbrandingsoond; vernietigings=
toestel.

**des·ul·to·ry** onsamehangend, stelselloos, lukraak, ongereeld,
rond en bont; ~ *fire* los geweervuur.

**de·tach** losmaak, afsonder; afhaak; uitstuur. **de·tach·a·ble** af=
neembaar, afhaalbaar; los. **de·tached** los; losgemaak; objek=
tief, onbevange; ongeïnteresseer(d), afsydig; afgetrokke; *be=*
*come* ~ *from* ... van ... los raak; ~ *house* los=/vrystaande huis;
*take a* ~ *view of s.t.* iets objektief beskou. **de·tach·ment** los=
making; losheid; selfstandigheid; objektiwiteit, onbevangen=
heid; ongeïnteresseerdheid, afsydigheid, afstand; afgetrok=
kenheid; afdeling.

**de·tail** *n.* besonderheid, kleinigheid, detail; *full* ~*s* nader(e)
besonderhede; *for further* ~*s* vir nader(e) besonderhede;
*go into* ~*(s)* in besonderhede tree; *in great* ~ tot in beson=
derhede; *in greater* ~ meer in besonderhede; *in* ~ uitvoerig,
(tot) in besonderhede, haarfyn, gedetailleer(d); *be a matter*
*of* ~ van ondergeskikte belang wees; *a mere/minor* ~ 'n
bysaak/kleinigheid; *in the smallest* ~ (tot) in die kleinste/
fynste besonderhede. **de·tail, de·tail** *ww.* uitvoerig mee=
deel; detailleer; opsom; spesiaal bestem, afsonder, aanwys,
aansê. **de·tailed** uitvoerig, gedetailleerd, in besonderhede;
~ *account* uitvoerige relaas; gespesifiseerde rekening.

**de·tain** aanhou, gevange hou; agterhou; terughou; ophou, vertraag; ~ *s.o. in* ***conversation*** iem. aan die praat hou; ~ *s.o. in* ***custody*** iem. in hegtenis hou; *~ed* ***goods*** teruggehoue goedere; ~ *s.o. without* ***trial*** iem. sonder verhoor aanhou. **de·tain·ee** aangehoudene. **de·tain·er** agterhouding; onwettige besit; gevangehouding; bevel tot gevangehouding; vashouer.

**de·tect** ontdek, vind, kry, opspoor; bespeur, agterkom, gewaar; vasstel; *(masj.)* verklik; *(elek.)* demoduleer; *(kernfis.)* waarneem. **de·tec·tion** ontdekking, opsporing; bespeuring; vasstelling; speurwerk; *(masj.)* verklikking; *(elek.)* demodulasie; *(kernfis.)* waarneming; *escape* ~ nie ontdek word nie; *the* ~ *of* ... die opspoor van ... *(bedrog ens.)*.

**de·tec·tive** speurder; *private* ~ privaat/private speurder. ~ **agency** speuragentskap. ~ **mind** speursin. ~ **sergeant** speurder-sersant, speursersant. ~ **story** speurverhaal. ~ **work** speurwerk.

**de·tec·tor** aanwyser; *(masj.)* verklikker; *(rad.)* detektor.

**dé·tente** *(Fr., int. pol.)* détente, ontspanning.

**de·ten·tion** aanhouding, gevangehouding, detensie; oponthoud, vertraging; agterhouding; terughouding; (onwettige) onthouding; ~ *(in custody)* voorarres; *be (held/kept) in* ~ aangehou word, in aanhouding/voorarres wees; *place of* ~ aanhoudingsplek, plek van bewaring. ~ **work** strafwerk.

**de·ter** -rr- terughou, weerhou, afskrik, keer; ~ *s.o. from (doing) s.t.* iem. van iets afskrik; *s.o. won't be ~red* iem. sal hom/haar nie laat afskrik nie. **de·ter·ment** afskrikking; ontmoediging; afskrikmiddel. **de·ter·rence** afskrikking; afskrikmiddel. **de·ter·rent** afskrikmiddel; *s.t. acts as a* ~ iets dien as afskrikmiddel.

**de·ter·gent** was-, skoonmaak-, reinigingsmiddel, reiniger. **de·ter·gence, de·ter·gen·cy** reiniging, suiwering.

**de·te·ri·o·rate** versleg, agteruitgaan, vererger, slegter word; ontaard, degenereer; erger/slegter maak, bederf, skaad. **de·te·ri·o·ra·tion** verslegting, agteruitgang; ontaarding, degenerasie; bederf.

**de·ter·mine** bepaal, vasstel, determineer; besluit, beslis, uitmaak; vaslê; rigting gee; beëindig; ~ *to do s.t.,* *(fml.)* besluit *(of* jou voorneem) om iets te doen; *s.t. ~s s.o. to do s.t.,* *(fml.)* iets laat iem. besluit om iets te doen. **de·ter·mi·nant** determinant, beslissende faktor. **de·ter·mi·na·tion** bepaling, beslissing; beslistheid, vasberadenheid; vaste voorneme; beëindiging, end; afloop; uitspraak; vasstelling; *s.o.'s* ~ *to do s.t.* iem. se vaste voorneme om iets te doen; ~ *of s.t.* die bepaling/vasstelling van iets. **de·ter·mined** vasberade, vasbeslote, gedetermineer(d); met mening; *be* ~ beslis/vasberade wees; *s.t. is largely* ~ *by* ... iets word tot groot hoogte deur ... bepaal; *be* ~ *to do s.t.* vasbeslote wees om iets te doen. **de·ter·min·er** *(ook gram.)* bepaler. **de·ter·min·ing** bepalend, beslissend.

**de·ter·rent** →DETER.

**de·test** verfoei, verafsku, verag; haat; ~ *s.o.,* *(ook)* iem. nie kan veel nie; ~ *s.t.,* *(ook)* 'n broertjie dood aan iets hê. **de·test·a·ble** verfoeilik, afskuwelik, veragtelik.

**de·throne** onttroon, afsit. **de·throne·ment** onttroning, afsetting.

**det·o·nate** ontplof, knal; laat ontplof; aftrap *(myn).* **det·o·na·tion** ontploffing, knal. **det·o·na·tor** slag-, knaldoppie; knalpatroon.

**de·tour** *n.* omweg, ompad; omleiding; verlegging; uitweiding; ~ *ahead, (padteken)* verlegging voor; *make a* ~ *(met)* 'n ompad/omweg gaan/loop/ry; omloop, *(met)* 'n draai loop. **de·tour** *ww.* omlei.

**de·tox** *n., (infml., afk.)* detoksifisering, detoksifikasie *(v. alkohol-/dwelmverslaafde).* **de·tox** *ww., (infml., afk.:* detoxify*)* detoksifiseer. ~ **(tank)** *(infml.)* detoksifikasiekliniek, -sentrum, -eenheid.

**de·tox·i·fi·ca·tion** ontgift(ig)ing. ~ **centre** detoksifikasie-, rehabilitasiesentrum *(vir alkohol-/dwelmverslaafdes).*

**de·tox·i·fy** ontgiftig. **de·tox·i·fi·er** ontgif(tings)middel.

**de·tract** aftrek, onttrek; te kort doen *(aan),* (ver)kleineer; ~ *from s.t.* aan iets afbreuk doen; *this does not* ~ *from the fact that* ... dit verander nie *(of* doen niks af aan) die feit dat ... nie; *it ~s nothing from* ... dit doen niks aan ... af nie. **de·trac·tor** lasteraar, kwaadprater.

**de·trib·al·ise, -ize** ontstam, losmaak uit stamverband. **de·trib·a·li·sa·tion, -za·tion** ontstamming, losmaking uit die stamverband.

**det·ri·ment** nadeel, benadeling, skade; *to the* ~ *of* ... tot nadeel/skade van ...; *without* ~ *to* ... sonder om ... te benadeel. **det·ri·men·tal** nadelig, skadelik; *be* ~ *to* ... vir ... nadelig/skadelik wees, nadelig werk op ...

**de·tri·tus** detritus, besinksel, slyk; *(geol.)* (klip)puin, (gesteente)gruis.

**deuce**[1] *(tennis)* gelykop; *(kaartspel ens.)* twee.

**deuce**[2] *(infml., euf.)* duiwel, drommel, joos; →DEVIL.; ~ *alone knows* die drommel/duiwel/joos/josie alleen weet; *what/where/ who the* ~ ...? wat/waar/wie d(i)e drommel/duiwel ...?

**de·us ex mach·i·na** *(Lat.; teat., fig.)* deus ex machina, ongemotiveerde ingryping/oplossing, onverwagte ontknoping, redding uit 'n onverwagte oord.

**deu·ter·i·um** *(chem., simb.:* D *of* ²H) deuterium, swaar waterstof.

**Deu·ter·on·o·my** *(OT)* Deuteronomium.

**Deutsch·mark, Deut·sche Mark** *(hist. geldeenheid, afk.:* DM) Duitse mark.

**de·val·ue, de·val·u·ate** devalueer, die waarde van ... verlaag; devalueer, in waarde verminder; van sy waarde beroof; sy waarde verloor; (die waarde van ...) geringskat. **de·val·u·a·tion** devaluasie, waardevermindering.

**dev·as·tate** verwoes, vernietig, ruïneer; ruk, skok, platslaan. **dev·as·tat·ing** rampspoedig, noodlottig, katastrofaal, vernietigend, skrikwekkend *(gevolge);* verpletterend *(nuus, slag);* verwoestend *(stormwind, vloed);* onherstelbaar *(verlies); (fig., infml.)* onweerstaanbaar (aantreklik), (absoluut) verruklik, asemrowend (mooi); ~ *criticism* vernietigende kritiek. **dev·as·tat·ing·ly:** ~ *attractive/handsome* onweerstaanbaar aantreklik; ~ *beautiful* asemrowend/ongelooflik mooi, absoluut verruklik, beeldskoon; ~ *effective* dodelik effektief; ~ *funny* skree(u)snaaks; ~ *simple* doodeenvoudig. **dev·as·ta·tion** verwoesting, vernietiging; *cause* ~ verwoesting aanrig; *the total/utter* ~ *of s.t.* die algehele verwoesting van iets.

**de·vel·op** ontwikkel; uitbou; groei, (jou) ontwikkel; ontstaan; onthul, ontvou, aan die dag lê; ontgin; ontsluit; ontplooi; ontluik; **allow** *things to* ~, **let** *things* ~ sake hul(le) loop laat neem; ~ *an* **argument** 'n redenering ontplooi; ~ *a* **cold** ('n) verkoue kry/opdoen; ~ **engine trouble** enjinprobleme ontwikkel; ~ **from** ... uit ... ontstaan; uit ... ontwikkel; ~ *a* **head·ache** hoofpyn kry; ~ *an* **idea** 'n gedagte uitwerk; ~ **into** ... tot ... ontwikkel, 'n ... word; ~ **measles** masels kry/opdoen; ~ *a* **tendency** 'n neiging toon. **de·vel·op·er** ontwikkelaar; ontginner.

**de·vel·op·ing** *adj. (attr.)* ontwikkelende *(ekonomie, mark, fetus, ens.);* oplaaiende *(krisis, storm, ens.).* ~ **agent** *(fot.)* ontwikkelmiddel. ~ **country** ontwikkelingsland, ontwikkelende land. ~ **tank** *(fot.)* ontwikkeltenk. ~ **tray** ontwikkelingsbak. ~ **world** ontwikkelende wêreld, Derde Wêreld.

**de·vel·op·ment** ontwikkeling; gebeurtenis; uitbouing; ontvouing; uitbreiding; ontginning; opgang; bebouing; *await* *~s* 'n afwagtende houding aanneem; *housing* ~ nuwe woonbuurt; *spiritual* ~ geestelike vorming. ~ **aid** ontwikkelingshulp. ~ **area** ontwikkelingsgebied. ~ **company** ontwikkelingsmaatskappy. ~ **costs** ontginnings-, eksploitasiekoste; ontwikkelingskoste; uitbreidingskoste.

**de·vel·op·men·tal** ontwikkelings-.

**de·vi·ate** *ww.* afwyk, afdwaal; laat afwyk, afbring *(van);* uit wyk; ~ *from* ... van ... afwyk. **de·vi·ance** afwykende gedrag; *(statist.)* afwyking. **de·vi·an·cy** afwykende gedrag. **de·vi·ant** *n.* afwykende, afwykeling. **de·vi·ant** *adj.* afwykend; *mentally* ~ verstandelik afwykend. **de·vi·a·tion** afwyking; verlegging *(v. spoor, pad);* koersafwyking; ~ *of the compass/needle* kompas-, naaldafwyking; *a* ~ *from* ... 'n afwyking van ...; *mental* ~ verstandsafwyking.

**de·vice** toestel, apparaat, instrument, inrigting; (uit)vinding, uitvindsel; *(euf.)* (plof)toestel, bom; gedagte; plan, oogmerk; middel; lis; patroon, ontwerp; *(rek.)* toestel, eenheid; leuse, motto; sinspreuk; wapenspreuk, devies; →DEVISE; *leave s.o. to his/her own* ~*s* iem. aan hom=/haarself oorlaat, iem. sy/haar eie gang laat gaan; *nuclear* ~ kerntoestel.

**dev·il** duiwel; bose gees; monster, skurk; *(infml.)* satanskind, duiwelskind; *(infml.)* derduiwel; *(infml.)* blikskottel, blikslaer; *(infml.)* rakker, klits, vabond; *(infml.)* drommel; *be a* ~*!, (infml.)* waag dit!, komaan!; *between the* ~ *and the deep blue sea, (infml.)* tussen twee vure *(of* hamer en aambeeld *of* hang en wurg); *bring out the* ~ *in s.o.* iem. roekeloos/moedswillig maak *(of* laat raak/word); *the* ~ *is in the detail* dis die klein jakkalsies wat die wingerde verniel; *give the* ~ *his due* die duiwel gee wat hom toekom; *go to the* ~*!* loop vlieg/vrek!, gaan bars *(of* blaas doppies)!, loop na jou peetjie!, te hel met jou!; *the* ~ *finds work for idle hands* ledigheid is die duiwel se oorkussing; ~ *take the hindmost, (infml.)* red jouself as jy kan; *the* ~ *was in s.o.* die duiwel het in iem. gevaar; *like the* ~*, (infml.)* soos 'n besetene, (as)of die duiwel agter jou is; *a* ~ *of a* ..., *(infml.)* 'n enorme/geweldige/ontsettende ... *(probleem ens.);* 'n helse/ allamintige/allemintige ... *(lawaai, uitval, ens.);* 'n knaende ... *(laspos); have a* ~ *of a job/time to* ... jou doodsukkel om ..., jou morsdood *(of* jou as af) sukkel om ...; *there will be the* ~ *to pay, (infml.)* daar sal perde/oorlog wees, die poppe sal dans; *(the) poor* ~*!, (infml.)* (die) arme drommel/ou/vent/skepsel/ swernoot!; *be possessed by the* ~ deur die duiwel besete wees; *he who sups with the* ~ *should have a long spoon* sorg altyd dat jy 'n slag om die arm hou; *talk/speak of the* ~*(, and he is bound to appear), (infml.)* praat van die duiwel(, dan trap jy op sy stert); *be in a* ~ *of a temper* d(i)e duiwel in wees; *what/ where/who the* ~ ...?, *(infml.)* wat/waar/wie d(i)e drommel/ duiwel ...? ~*-may-care* onverskillig, roekeloos; traak-my-nieagtig, ongeërg. ~ *ray (igt.)* duiwelrog. ~ *worship* duiwel= aanbidding, Satanisme. ~ *worshipper* duiwelaanbidder, Sa= tanis.

**dev·il·ish** duiwels, hels, uit die bose; geweldig, verskriklik, vreeslik, ontsettend; ~ *work* satanswerk.

**dev·illed** *(kookk.)* sterk gekrui(de) *(niertjies ens.).*

**dev·ils-on-horse·back** *(kookk.)* duiwelruitertjies, pruime= dant-en-spekvleis-rolletjies (op roosterbrood).

**dev·il's:** ~ **advocate** duiwelsadvokaat; afkammer, vitter. ~ **claw** *(bot.)* duiwelsklou. ~ **dirt,** ~ **dung** *(bot.)* duiwelsdrek. ~ **food cake** *(Am.)* donker sjokoladekoek. ~ **thorn** duwweltjies, duwweltjiedoring.

**de·vi·ous** skelm, agterbaks, onderduims, slinks, slu; bedrieg= lik, vals, misleidend; omslagtig, wydlopig; *by a* ~ *route* met 'n ompad/omweg. **de·vi·ous·ness** agterbaksheid, onder= duimsheid, slinksheid, sluheid; bedrieglikheid, valsheid, mis= leiding.

**de·vise** *ww.* bedink, uitdink, versin, beraam, prakseer; ont= werp, opstel; *(jur.)* bemaak *(vasgoed);* ~ *means* middele soek; ~ *plots* planne smee.

**de·void:** *be* ~ *of* ... sonder ... wees; van ... ontdaan wees *(sen= timent ens.); be* ~ *of emotion* emosieloos *(of* sonder emosie) wees; *be completely* ~ *of truth* van alle waarheid ontbloot wees.

**de·volve** afwentel *(op);* oordra, delegeer *(aan);* neerkom *(op); s.t.* ~*s on/upon/to s.o.* iets word deur iem. oorgeneem; *(jur.)* iets gaan op iem. oor, iets val aan iem. toe. **dev·o·lu·tion** af= wenteling, devolusie, dewolusie *(v. mag, gesag); (jur.)* oordrag; *(jur.)* oorgang; *(jur.)* oorerwing; *(biol.)* degenerasie.

**De·vo·ni·an** *n., (geol.)* Devoon. **De·vo·ni·an** *adj.* Devoon=.

**de·vote** (toe)wy, bestee, skenk; ~ *attention to s.t.* aandag aan iets bestee/skenk/wy; 'n studie van iets maak; ~ *one's life to s.t.* jou lewe aan iets (toe)wy; ~ *o.s. to* ... jou aan ... (toe)wy; ~ *time to* ... tyd aan ... bestee. **de·vot·ed:** *be* ~ *to* ... aan= gewy wees; aan ... verknog/geheg wees; aan ... (ge)trou wees. **dev·o·tee** aanbidder, aanhanger; dweper, yweraar; liefheb= ber; *a* ~ *of* ... 'n aanhanger van ...; 'n liefhebber van ... **de·vo· tion** toewyding; verknogtheid, gehegtheid; verering; vroom= heid; *with doglike* ~ met slaafse gehoorsaamheid; ~ *to duty* pligsgetrouheid; *s.o.'s* ~ *to* ... iem. se toewyding aan ...; iem. se gehegtheid aan ...; iem. se verering van ... **de·vo·tion·al** vroom, godsdienstig; ~ *literature* stigtelike/gewyde lektuur; ~ *songs* geestelike/gewyde liedere.

**de·vour** verslind, verorber, opvreet; *(vuur ens.)* verteer; ver= niel; *be* ~*ed by jealousy* deur jaloesie verteer word; ~ *s.o. with one's eyes* iem. met jou oë verslind.

**de·vout** vroom, diep godsdienstig; eerbiedig, plegtig, stigte= lik; opreg, hartlik; *a* ~ *Buddhist/Catholic/Christian/etc.* 'n toe= gewyde Boeddhis/Katoliek/Christen/ens.; *a* ~*ly religious fam= ily/etc.* 'n diep godsdienstige gesin/ens.. **de·vout·ness** vroom= heid; eerbied(igheid).

**dew** *n.* dou; *be wet/heavy with* ~ nat van die dou *(of* [water]nat gedou) wees. **dew** *ww.* dou. ~*claw* byklou *(v. dier).* ~*drop* doudruppel. ~*fall: there was a heavy* ~ *last night* dit het oor= nag swaar gedou. ~ **point** doupunt.

**Dew·ar flask** *(chem.)* dewarfles, isoleer=, vakuumfles.

**dew·lap** keel=, kalwervel, wam. ~ **wool** keelwol.

**de·worm** ontwurm, van wurms bevry. **de·worm·ing** ontwur= ming.

**dew·y** douerig; bedou, nat gedou. ~*-eyed* met glansende oë; sentimenteel.

**dex·ter·i·ty** (knap)handigheid, behendigheid, vaardigheid; ratsheid; regshandigheid; *manual* ~ handvaardigheid.

**dex·ter·ous, dex·trous** (knap)handig, behendig, (hand)= vaardig; rats; regs(handig).

**dex·trose** *(biochem.)* dekstrose, druiwesuiker.

**dhal, dal** *(bot.)* duif-ertjie, duiweboon(tjie), d(h)alboontjie; *(Ind. kookk.)* d(h)al.

**dha·ni·a** *(Ind. kookk.)* vars koljanderblare, dhania.

**dhar·ma** *(Hind.: essensiële beginsel v.d. kosmos)* dharma.

**dho·ti** *(Hindi)* lendedoek.

**dhow** *(Arab., sk.)* dau.

**dhur·rie** *(Hindi):* ~ *(rug)* doeriemat, =tapyt.

**di·a·be·tes** suikersiekte, diabetes. **di·a·bet·ic** *n.* diabetikus, lyer aan suikersiekte. **di·a·bet·ic** *adj.* diabeties, suikersiekte=.

**di·a·bol·i·cal** duiwels, hels, diabolies, satanies; wreed, boos, gemeen, sleg; *(infml.)* verskriklik, ontsettend, afgryslik, aak= lig.

**di·a·chron·ic, di·ach·ro·nous** diachronies, diakronies, diachroon, diakroon.

**di·a·crit·ic** *n.* onderskeidingsteken, diakritiese teken. **di·a· crit·ic, di·a·crit·i·cal** *adj.* onderskeidings=; onderskei= dend, diakrities.

**di·aer·e·sis,** *(Am.)* **di·er·e·sis** =*eses* deelteken, diërese, di= erese.

**di·ag·no·sis** =*noses, (med.)* diagnose, siektebepaling; *(fig.)* bevinding; *make a* ~ 'n diagnose maak. **di·ag·nose** diag= noseer, 'n diagnose maak; bepaal, vasstel; bevind; ~ *an illness as* ... 'n siekte as ... diagnoseer. **di·ag·nos·tic** *n.* simptoom; kenmerk, verskynsel; *(i.d. mv. ook)* diagnostiek. **di·ag·nos·tic** *adj.* diagnosties, diagnostiek=, kenmerkend.

**di·ag·o·nal** *n.* hoeklyn, diagonaal, oorhoekse lyn; *(druk.)* skuins=, dwarsstreep. **di·ag·o·nal** *adj.* diagonaal, oorhoeks; ~ *joint* versteklas; ~ *rib* kruisrib; ~ *stay* dwarsstang; ~ *stitch* skuinssteek. **di·ag·o·nal·ly** oorhoeks, diagonaal, oorkruis; ~ *opposite* skuins oorkant/teenoor.

**di·a·gram** diagram, tekening, skets, grafiese/skematiese voorstelling; kaart; *draw a ~* 'n diagram teken; *~ of forces* kragtediagram; *~ to scale* maatskets. **di·a·gram·mat·ic** diagrammaties, skematies, grafies, deur middel van 'n skets.

**di·al** *n.* wys(t)erplaat; *(Br., infml.: gesig)* bakkies, tronie; *(sun)~* son(ne)wys(t)er. **di·al** -*ll-, ww., (telef.)* skakel; meet; aanwys. *~ plate, ~ face* wys(t)erplaat. *~-up adj. (attr.), (rek.)* skakel-; *~ modem* skakelmodem.

**di·a·lect** dialek, streektaal, tongval. *~ atlas* taal-, dialekatlas. *~ word* streekwoord.

**di·a·lec·tal** dialekties, van 'n dialek; *~ geography* dialekgeografie.

**di·a·lec·tic, di·a·lec·tics** *n.* dialektiek, redeneerkunde. **di·a·lec·tic, di·a·lec·ti·cal** *adj.* logies, redekundig; dialekties; *dialectical materialism* dialektiese materialisme.

**di·al·ling:** *~ code* skakelkode. *~ tone* skakeltoon.

**di·a·logue, *(Am.)* di·a·log** dialoog, samespraak, tweespraak; gesprek(voering).

**di·a·lyse, *(Am.)* di·a·lyze** dialiseer, skei. **di·al·y·sis** -*yses* dialise, skeiding.

**di·a·man·té** -*tés* diamanté; blinkerstof; blinkers.

**di·am·e·ter** middellyn, deursnee, -snit, diameter; *in ~* in deursnee/-snit. **di·a·met·ric, di·a·met·ri·cal** diametraal; lynreg. **di·a·met·ri·cal·ly** diametraal; lynreg; *~ opposed to* ... lynreg in stryd *(of* in lynregte teen-/teëstelling) met ...

**di·a·mond** diamant; *(figuur, kaartspel)* ruit; *(bofbal)* vierkant; *it was (a case of) ~ cut ~, (fig.)* dit was hard teen hard; *cut ~s* diamante slyp; *a rough ~, (lett. & fig.)* 'n ruwe diamant; *set s.t. with ~s* iets met diamante beset; *split a ~* 'n diamant kloof/klowe; *~s are trumps, (kaartspel)* ruite(ns) is troef; *uncut ~* ongesnede/ongesnyde diamant; *unpolished ~* ongeslypte diamant. *~-bearing* diamanthoudend. *~ cleaver* diamantboor; diamantklower. *~ cutter* diamantsnyer; diamant(be)werker. *~ cutting* diamantsnywerk; diamantbewerking. *~ digger* diamantdelwer. *~ diggings* diamantdelwery. *~ drill* diamantboor. *~ field* diamantveld. *~ grit* diamantgrint. *~ industry* diamantbedryf. *~ jubilee* diamantjubileum, sestigjarige herdenking. *~ ore* diamantgrond. *~ polisher* diamantslyper. *~ seeker: marine ~* ~ diamantvisser. *~-shaped* ruitvormig. *~ stitch* ruitsteek. *~ wedding* diamantbruilof.

**di·a·per** *n., (Am.)* luier, (baba)doek. **di·a·per** *ww., (Am.)* 'n luier/doek vir ... aansit. *~ rash (Am.)* luier-, doekuitslag.

**di·aph·a·nous** deurskynend, ligdeurlatend, diafaan.

**di·a·phragm** *(anat.)* midde(l)rif, mantelvlies, diafragma; *(voorbehoeding)* (vaginale) diafragma, vaginale ring; *(teg.)* skeidingswand, tussenskot; *(geluidsleer)* membraan, trilplaat(jie); *(bot., chem., fot.)* diafragma.

**di·ar·rhoe·a, *(Am.)* di·ar·rhe·a** diarree, buikloop, maagwerking. **di·ar·rhoe·al, *(Am.)* di·ar·rhe·al, di·ar·rhoe·ic, *(Am.)* di·ar·rhe·ic** diarreaal, diarreïes.

**di·a·ry** dagboek; dagverhaal; *keep a ~* 'n dagboek hou. **di·a·rise, -rize** in jou dagboek aanteken. **di·a·rist** dagboekskrywer.

**di·as·po·ra** verstrooiing, diaspora; *the D~* die Jode in die verstrooiing.

**di·as·to·le** *(fisiol.)* diastool, hartontspanning, verslappingsfase. **di·as·tol·ic** diastolies; *~ murmur* diastolegeruis.

**di·a·tom** *(biol.)* diatomee, kristalwier.

**di·a·tom·ic** *(chem.)* diatomies, diatoom; tweeatomig, divalent, tweewaardig.

**di·a·tribe** skerp/heftige/hewige aanval/kritiek, (vurige) spotrede.

**dib** *n.* dolos; *(i.d. mv.)* klipspel *(met dolosse); (i.d. mv., sl.: geld)* pitte, duite.

**dice** *n. (mv.)* dobbelstene; blokkies; →DIE² *n.; no ~!, (Am., infml.)* vergeet dit (maar)!, dit (sal nie) help nie!; *roll/throw the ~* dobbelstene gooi. **dice** *ww.* dobbel; in dobbelsteentjies/

blokkies kerf/sny; *~d potatoes* aartappelblokkies; *~ with death* met die dood speel, met jou lewe dobbel/speel; *~ with s.o., (infml.)* teen iem. re(i)sies ja(ag). *~box* dobbelbeker, -dosie.

**dic·ey** *(infml.)* onseker, riskant, moeilik.

**di·chlo·ro·di·phen·yl·tri·chlo·ro·e·thane** *(gifstof, afk.:* DDT) dichloordifenieltrichlooretaan.

**di·chot·o·my** tweeledigheid, gesplitstheid; tweedeling; *(filos., log.)* digotomie. **di·chot·o·mous** tweeledig; tweedelig.

**di·chro·mate** *(chem.)* dichromaat, bichromaat. **di·chro·mat·ic** dichromaties, tweekleurig.

**dick** *(Br., sl.)* vent, ou; *(vulg. sl.: penis)* voël, piel; *clever ~* slimjan, wysneus. *~(head) (Br., vulg. sl.)* dom-, klipkop; swernoot, wetter.

**dick·ens** *(infml., euf.)* drommel, duiwel; →DEVIL; *what/where/who the ~...?* wat/waar/wie d(i)e drommel/duiwel...?.

**Dick·en·si·an** Dickensiaans, wat (sterk) aan (Charles) Dickens herinner.

**di·cot·y·le·don** *(bot.)* tweesaadlobbige (plant), dikotiel. **di·cot·y·le·don·ous** tweesaadlobbig, dikotiel.

**Dic·ta·phone** *(handelsnaam)* diktafoon, dikteermasjien.

**dic·tate** *n.* voorskrif, bevel; *the ~s of ...* die stem van ... *(d. gewete);* die ingewing van ... *(d. hart).* **dic·tate** *ww.* dikteer, voorlees, voorsê; voorskryf, -skrywe, beveel; ingee; *~ to s.o.* aan iem. dikteer; (aan) iem. voorskryf/-skrywe. **dic·tat·ing machine** dikteermasjien. **dic·ta·tion** diktaat, diktee; bevel, voorskrif; dwang; ingewing.

**dic·ta·tor** diktator; onbeperkte heerser. **dic·ta·tor·i·al** diktatoriaal. **dic·ta·tor·ship** diktatorskap, diktatuur.

**dic·tion** taalgebruik, woordkeuse; segswyse, voordrag; *(mus.)* diksie.

**dic·tion·ar·y** woordeboek; *compile a ~* 'n woordeboek opstel; *consult a ~* 'n woordeboek raadpleeg; *look s.t. up in a ~* iets in 'n woordeboek naslaan. *~-maker* woordeboekmaker, leksikograaf.

**dic·tum** -*tums,* -*ta* uitspraak; gesegde, spreekwoord; *(jur.)* opmerking, uitlating, dictum, diktum.

**did** *(verl.t.: s.o. ~ it!, (ook)* iem. het dit (sowaar) reggekry!; →DO¹ *ww..*

**di·dac·tic** didakties, lerend, leer-; strekkings-. **di·dac·tics** didaktiek; onderwyskunde, pedagogie.

**did·dle** *(infml.)* inloop, kul, verneuk; knoei, konkel; uitoorlê, met 'n slap riem vang.

**didn't** = DID NOT.

**die¹** *dying, ww.* sterf, sterwe, doodgaan, beswyk, omkom, *(dier, enjin, ens.)* vrek; →DYING; *~ away, (klank ens.)* wegsterf, -sterwe; *(woede ens.)* bedaar; *(wind)* bedaar, gaan lê; *(lig, vuur)* doodgaan, uitgaan; *(geluid ens.)* vervaag; *(gees ens.)* wegkwyn; *be dying* op sterwe lê/wees; *~ by violence* deur geweld sterf/sterwe, 'n gewelddadige dood sterf/sterwe; *~ down* wegsterf, -sterwe; verflou; bedaar; *be dying for s.t.* na iets smag *('n sigaret ens.); it's to ~ for, (infml.)* ek sou wat wou gee daarvoor; dis ongelooflik/manjifiek/verruklik; *~ from ...* aan ... sterf/sterwe/beswyk *(jou wonde ens.); s.t. ~s hard* iets is (baie) taai *(of* moeilik om te laat vaar) *('n gewoonte ens.); ~ laughing, (infml.)* jou doodlag; *~ of ...* aan ... sterf/sterwe *('n siekte);* van ... sterf/sterwe *(dors ens.);* van ... doodgaan/omkom *(honger ens.); s.o. ~d of ...* iem. is dood aan ... *(kanker, vigs, ens.); ~ off* afsterf, -sterwe; uitsterf, -sterwe; *~ on s.o., (infml.)* voor iem. se oë sterf/sterwe; *~ out* uitsterf, -sterwe; *never say ~!, (infml.)* hou (goeie) moed!, moenie moed verloor nie!, aanhou(er) wen!; *~ through neglect/etc.* deur verwaarlosing/ens. sterf/sterwe; *be dying to do s.t.* iets dolgraag wil doen. *~-away adj. (attr.)* (weg)kwynende, wegsterwende. *~hard* kanniedood; bitereinder, klipvreter.

**die²** *dice, n.* dobbelsteen, teerling; *(mv.: dies)* plint; stempel; matrys; snyblok; *(mynb.)* vyselkop; draadsnymoer; →DICE; *the ~ is cast* die teerling is gewerp; die koeël is deur die kerk; *(as) straight as a ~* pylreguit; so eerlik soos goud. *~-cast ww.*

vormgiet. **~-casting** vormgieting; matrysgieting; gietsel, vormgietstuk.

**di·e·lec·tric** *n.* diëlektrikum, di-elektrikum, isolerende stof.

**di·e·lec·tric, di·e·lec·tri·cal** *adj.* diëlektries, di-elektries, isolerend.

**di·ene** *(chem.)* dieen.

**di·er·e·sis** →DIAERESIS.

**die·sel** *(infml.)* diesel. **~-electric** *n.* diesel-elektriese lokomotief. **~-electric** *adj.* diesel-elektries. **~ engine, ~ motor** dieselenjin, =masjien, =motor. **~ fuel, ~ oil** dieselbrandstof, =olie.

**di·et**[1] *n.* dieet, eetvoorskrif; leefreël; *be on a ~* op dieet wees, 'n dieet volg; *go on a ~* op dieet gaan, 'n dieet begin volg; *put s.o. on a ~* iem. 'n dieet laat volg, vir iem. 'n dieet voorskryf/=skrywe. **di·et** *adj. (attr.)* dieet= *(kaart ens.);* laevet= *(jogurt ens.);* suikervrye *(koeldrank ens.);* verslankings= *(klub ens.);* ~ **pill** dieet=, verslankingspil. **di·et** *ww.* op dieet wees, 'n dieet volg. **di·e·tar·y** volgens voorskrif; dieet= *(aanvulling ens.);* voedsel= *(behoeftes ens.);* eet= *(gewoontes);* dieetkundig *(faktore ens.);* dieetmatig *(beheer ens.);* ~ *fibre, roughage* rukos, =vesel, voedselvesel, growwigheid; ~ *value* voedingswaarde. **di·e·tet·ic, di·e·tet·i·cal** dieetkundig, dieet=, voedings=, diëteties. **di·e·tet·ics** diëtetiek, dieetkunde; leefreëls; voedingsleer. **di·e·ti·cian, di·e·ti·tian** dieetkundige.

**di·et**[2] *n.* landdag; *(imperial)* ~, *(hist.)* ryksdag; *D~ of Worms* Ryksdag van Worms.

**di·eth·yl·ene** *(chem.)* diëtileen, di-etileen.

**dif·fer** (van mekaar) verskil; afwyk; van mening verskil; ~ *about/on/over s.t.* oor *(of* in verband met *of* met betrekking tot) iets verskil; *I beg to ~* ek stem nie saam nie; ~ *from/ s.t.* van iem./iets verskil, anders as iem./iets wees; ~ *from/ with s.o.* met/van iem. verskil, nie met iem. saamstem nie.

**dif·fer·ence** verskil, onderskeid; afwyking, ongelykheid; geskil, onenigheid, meningsverskil; koersverskil; prysverskil; *adjust/resolve/settle* ~s geskille besleg/bylê/skik *(of* uit die weg ruim); *the ~ between A and B* die verskil tussen A en B; die geskil tussen A en B; *have a ~ with s.o. about/on/over s.t.* 'n verskil met iem. hê oor iets; *the ~ in ...* die verskil in ... *(voorkoms ens.);* **make** *a ~* ('n) verskil maak; *s.t.* **makes** *all the ~* iets is belangrik, iets verander die saak; *it* **makes** *a good deal of* ~ dit maak 'n aansienlike verskil; *it* **makes** *no* ~ dat maak geen verskil nie, dit verander die saak nie; *it* **makes** *no* ~ *(to me)* dit is vir my om't *(of* om 't/die) ewe; ~ *of opinion* meningsverskil, verskil van mening, onenigheid; *not see any* ~ geen verskil sien nie; **split** *the* ~ die verskil deel; *what's the* ~?, *(infml.)* wat maak dit saak?; *a ... with a* ~, *(infml.)* 'n (heel) besonderse ...; *a world of* ~ 'n hemelsbreë verskil/onderskeid.

**dif·fer·ent** verskillend, anders; afwykend; uiteenlopend; ongelyk; ander; onderskeie; ongewoon, spesiaal; *s.t. is far* ~ iets is glad/heel anders; *be* ~ *from* ... van ... verskil, anders as ... wees; *A is* ~ *from B, (ook)* A is verskillend van B; *be* ~ *in kind* andersoortig wees; *be no* ~ *from* ... maar net soos ... wees.

**dif·fer·en·ti·a** =tiae, *(log.)* onderskeidingsmerk, kenmerk.

**dif·fer·en·tial** *n., (meg.)* ewenaar; *(wisk.)* differensiaal; *(han.)* koersverskil. **dif·fer·en·tial** *adj.* differensieel; differensiaal=. ~ **calculus** *(wisk.)* differensiaalrekening. ~ **equation** *(wisk.)* differensiaalvergelyking. ~ **rate** differensiële tarief.

**dif·fer·en·ti·ate** onderskeid maak, onderskei; verskil maak; voortrek, begunstig; uitmekaar hou, uitmekaarhou, differensieer; *(wisk.)* die afgeleide vind; ~ *between A and B* tussen A en B onderskei; A en B verskillend behandel. **dif·fer·en·ti·a·tion** onderskeiding; voortrekkery, begunstiging; differensiasie, differensiëring.

**dif·fi·cult** moeilik, ongemaklik, swaar, stroomop *(iem.);* *don't be* ~ moenie so moeilik/(hard)koppig/stroomop wees nie; *s.t. is* ~ *for s.o.* iets is vir iem. moeilik; *make things* ~ *for s.o.* dit/sake vir iem. moeilik maak; *in a* ~ *position/situation*

in 'n netelige posisie; *give s.o. a ~ time* iem. laat swaar kry, dit vir iem. moeilik maak; *have* (or *go through) a ~ time* dit hotagter hê/kry, swaar kry; ~ *times* swaar tye. **dif·fi·cul·ty** moeilikheid; hindernis, struikelblok; verleentheid, penarie; beswaar; swarigheid; moeisaamheid; *difficulties arise* moeilikhede ontstaan *(of* doen hulle voor); *find o.s.* (or *land) in difficulties* in die moeilikheid beland, in die nood raak; *have* ~ *in doing s.t.* swaar kry *(of* sukkel) om iets te doen, iets swaar doen *(praat ens.);* **help** *s.o. out of a* ~ iem. uit die moeilikheid help; *land s.o. in difficulties* iem. in die moeilikheid bring *(of* laat beland); *don't start* **making** *difficulties now, (ook)* moenie nou (kom) staan en lol nie; **meet** *with a* ~ moeilikheid ondervind; *run into difficulties* in die moeilikheid beland; die wind van voor kry; *s.o.* **will** *run into difficulties, (ook)* iem. sal sy/haar kop stamp; *do s.t.* **with** ~ iets met moeite doen, iets beswaarlik kan doen.

**dif·fi·dent** bedees, skugter, skamerig; *be* ~ *about doing s.t.* skroom om iets te doen. **dif·fi·dence** bedeesdheid, skugterheid, skamerigheid, gebrek aan selfvertroue.

**dif·fract** *(fis.)* buig. **dif·frac·tion** straalbuiging, diffraksie.

**dif·fuse** *adj.* versprei(d), uitgesprei(d), verstrooi(d); los spreidend; wydlopig, langdradig, omslagtig. **dif·fuse** *ww.* versprei, (uit)sprei, uitstraal, uitgiet; *(fis.)* diffundeer. **dif·fuse·ly** versprei; wydlopig, langdradig. **dif·fuse·ness** verspreidheid; wydlopigheid, langdradigheid. **dif·fus·er, dif·fu·sor** spreier. **dif·fus·i·ble** verspreibaar, diffunderend. **dif·fu·sion** verspreiding; uitstraling; verstrooiing; diffusie; gasvermenging; vloeistofmenging.

**dig** *n.* stamp, stoot, steek; grawery, spittery; graaf=, spitwerk; grawery, uitgrawing; →DIGS; *a* ~ *at s.o.,* *(infml.)* 'n steek vir iem.; *have a* ~ *at s.o.,* *(infml.)* iem. 'n steek gee; *give s.o. a* ~ *(in the ribs)* iem. (in die ribbe[s]) pomp/por/stamp. **dig** *dig-ging* dug, *ww.* grawe; spit; delf, delwe; snuffel; *(infml.:hou van)* smaak (van); ~ *for s.t.* na iets delf/delwe; na iets grawe; ~ *in, (infml.)* weglê *(aan kos);* ~ *s.t. in* iets inspit; ~ *o.s. in, (lett. & fig.)* jou ingrawe; *(infml.)* jou stewig vestig, jou posisie verstewig; ~ *into s.t., (infml.)* aan iets weglê *(kos);* iets ondersoek, in iets snuffel *('n moontlike skandaal ens.);* ~ *s.t. out* iets uitgrawe; iets uithol; iets aan die lig bring; iets oprakel; ~ *s.t. over* iets omspit/omwoel/opbreek *('n stuk grond);* ~ *potatoes* aartappels uithaal/uitgrawe; ~ *s.t. up, (lett.)* iets opgrawe; iets omspit *('n stuk grond); (fig.)* iets uitgrawe; *(infml.)* iets bymekaarkry *(genoeg geld ens.).* **dig·ger** delwer; grawer; spitter; graaftoestel.

**di·gest** *n.* versameling; opsomming, samevatting, oorsig; keurblad. **di·gest** *ww.* verteer; verwerk, opneem; klassifiseer; opsom. **di·gest·i·ble** verteerbaar. **di·ges·tion** spysvertering, digestie; verwerking; vertering; aftreksel; *have a good* ~ in goeie maag hê; *have the* ~ *of an ostrich, (infml.)* 'n volstruismaag hê. **di·ges·tive** *n.* volgraanbeskuitjie, =koekie. **di·ges·tive** *adj.* digestief, spysverterings=; goed vir die spysvertering; ~ *juices* spysverteringsappe; ~ *system* spysverteringstelsel.

**dig·ging** grawery, graafwerk; graafplek; *(i.d. mv.)* delwery(e). **dig·it** vinger; toon; syfer *(benede 10);* vingerbreedte; *ten's* ~ tiensyfer. **dig·i·ti·grade** *(soöl.)* toonganger.

**dig·i·tal** vinger=; toon=; digitaal; ~ *audio tape* digitale oudioband; ~ *camera* digitale kamera; ~ *clock* syferklok, digitale klok; ~ *recording* digitale opname. **dig·i·tal·ly** *adv.* digitaal; ~ *recorded* digitaal opgeneem.

**dig·i·tal·is** *(bot.)* vingerhoedskruid, digitalis; *(med.)* digitalis.

**dig·it·ise, ize** *(rek.)* digitaliseer, versyfer. **dig·i·ti·sa·tion, =za·tion** digitalisering, versyfering. **dig·it·is·er, =iz·er** digitaliseerder, versyferaar.

**di·glos·si·a** *(sosioling.)* diglossia.

**dig·ni·fy** vereer, adel; deftig maak, deftigheid verleen aan. **dig·ni·fied** waardig, deftig; verhewe.

**dig·ni·tar·y** (hoog)waardigheidsbekleër, hooggeplaaste.

**dig·ni·ty** waardigheid, deftigheid; adel; amp; *s.t. is beneath s.o.'s* ~ iets is benede iem. se waardigheid; *human* ~ menswaardigheid; *stand on one's* ~ op jou waardigheid gesteld wees; deftig wees.

**di·gress** afdwaal, afwyk; ~ *from ...* van ... afdwaal *('n onderwerp).* **di·gres·sion** afdwaling, digressie. **di·gres·sive** wydlopig, omslagtig.

**digs** *(mv.), (infml.)* kamer(s), losies-, blyplek.

**di·he·dral** tweevlakkig; ~ *angle* tweevlakshoek, standhoek.

**dike¹** →DYKE¹.

**dike²** →DYKE².

**di·lap·i·dat·ed** vervalle, bouvallig; verwaarloos. **di·lap·i·da·tion** verval, bouvalligheid; verwaarlosing; vervallenheid; agteruitgang, waardevermindering; verkwisting; *be in a state of* ~, *(gebou)* vervalle *(of* in verval) wees.

**di·late** uitsit, swel; *(pupille)* verwyd, wyer word; laat uitsit/swel; *(oop)*rek, oopsper; verruim *(bloedvate);* ~ *(up)on s.t.* oor iets uitwei. **di·la·ta·tion** *(med., fisiol.)* uitsetting, rekking; volumeverandering, dilatasie; uitweiding; ~ *and curettage, (med., afk.:* D *and* C) dilatasie en kurettasie *(afk.:* D *en* K). **di·la·tion, dil·a·ta·tion** uitsetting. **di·la·tor** dilator, verwyder; dilator, rekspier.

**dil·a·to·ry** traag, langsaam, draaierig, talmend, uitstellerig.

**dil·do(e)** -*do(e)s* dildo, kunspenis.

**di·lem·ma** dilemma, verleentheid; *be in* (or *on the horns of) a* ~ voor 'n dilemma staan, in 'n dilemma wees.

**dil·et·tante** -*tantes,* -*tanti* dilettant, liefhebberaar. **dil·et·tan·tism** dilettantisme.

**dil·i·gent** ywerig, fluks, toegewy(d); op en wakker. **dil·i·gence** toewyding, werkywer; spoed.

**dill** *(bot.)* dille. ~ *cucumber* dillekomkommer. ~ *pickles (mv.)* dillepiekels.

**dil·ly** *adj., (Austr., infml., vero.)* dom; snaaks, laf.

**dil·ly-dal·ly** *(infml.)* draai, talm, sloer; aarsel, weifel.

**di·lute** verdun *(melk ens.);* versag, temper *(kleur); (fig.)* verwater, verswak, verminder *(mag ens.).* **di·lu·tion** verdunning, verwatering; verdunde oplossing.

**di·lu·vi·um** -*via, (geol.)* diluvium; spoelgrond. **di·lu·vi·al** diluviaal, vloed-.

**dim** *adj.* skemerig, gedemp, halfdonker; dof, flou, vaag, swak, wasig; glansloos, mat *(kleur); (infml.)* dom, dof, toe; *grow* ~ verswak; dof word; *the* ~ *past* die gryse verlede; *the prospects are* ~ die kanse is gering; *take a* ~ *view of s.t., (infml.)* nie veel van iets dink nie. **dim** -*mm-, ww.* dof word, verduister; verdof, dof maak, benewel; vervaag; taan; demp, verdof *(ligte).* ~ *switch* demp-, verdofskakelaar. ~*wit (infml.)* domkop, pampoen(kop). ~-*witted* dom, onnosel.

**dime** *(Am.)* tiensentstuk; *they are a* ~ *a dozen, (infml.)* hulle is volop; hulle is nie veel werd nie.

**di·men·sion** afmeting, grootte, omvang, uitgebreidheid, dimensie. ~ *line* maatlyn.

**di·men·sion·al** dimensioneel, van die afmeting/dimensie; afmetings-; *third-*~ van die derde dimensie; *three-*~, *(afk.:* 3-D) driedimensioneel.

**di·min·ish** verminder, verklein, minder/kleiner word, inkrimp; afneem, verflou, verslap; inkort *(regte ens.);* ~ *by ...* met ... verminder.

**di·min·u·en·do** -*dos, (It., mus.)* diminuendo.

**di·min·u·tive** *n.* verkleinwoord, verklein(ings)vorm, diminutief. **di·min·u·tive** *adj.* klein, fyn; nietig, gering; verminderend; miniatuur-; *(gram.)* diminutief, verklein(ings)-.

**dim·ly** dof *(verlig);* dofweg *(sigbaar wees);* flouerig *(skyn ens.);* vaagweg *(onthou, sien, ens.);* min of meer *(verstaan).*

**dim·mer (switch)** demp-, verdofskakelaar.

**dim·ness** dofheid, skemer; flouheid.

**dim·ple** *n.* kuiltjie. **dim·ple** *ww.* kuiltjies maak. **dim·pled** met kuiltjies.

**din** *n.* geraas, lawaai, rumoer, kabaal; *an infernal* ~ 'n onaardse/oorverdowende lawaai. **din** -*nn-, ww.* raas, lawaai, ('n) lawaai maak, rumoer; weergalm, weerklink; ~ *s.t. into s.o.('s head)* iets by iem. inhamer, iets oor en oor vir iem. sê.

**di·nar** *(geldeenheid)* dinar.

**dine** *(fml.)* eet; vir ete uitneem; op 'n dinee onthaal; ~ *in* tuis eet; ~ *off/(up)on s.t., (fml.)* iets eet, 'n maaltyd van iets maak; ~ *out* uiteet; *this room* ~*s* 20 in dié vertrek kan 20 aansit.

**din·er** eter; restaurant-, restouranganger; *(spw.)* eetsalon, -wa; *(Am.)* eetplek, padkafee.

**di·nette** eethoekie.

**ding¹** *ww.* klink, klingel; (eentonig) lui. **ding·ing** klingeling; (eentonige) gelui.

**ding²** *n., (Am., infml.)* duik, krap-, skraapmerk *(aan motor ens.); (Sk.)* hou *(teen d. kop).* **ding** *ww., (Am., infml.)* (in)duik; *(Sk.)* stamp, 'n hou gee.

**ding-a-ling** klingeling, tingeling.

**ding·bat** *(Am., Austr., infml.)* karakter; malkop; domkop.

**ding-dong** tingeling, bim-bam; kling-klang. ~ *game (infml.)* op-en-af-wedstryd.

**din·ghy** -*ghies* (roei/rubber)bootjie, sloep(ie), skuitjie, dinghie, jolboot.

**din·go** -*goes* dingo, (Australiese) wildehond.

**din·gy** somber, triestig, vaal; vuilerig. **din·gi·ness** somberheid; vaalheid; vuilerigheid.

**din·ing** eet. ~ *car (spw.)* eetwa, -salon. ~ *chair* eetkamerstoel. ~ *room* eetkamer, -vertrek; eetsaal. ~ *table* eet(kamer)-, etenstafel.

**din·kum** *adj., (Austr., infml.)* eg. **din·kum** *adv.* regtig.

**dink·y** -*ies, n., (SA: bottelтjie wyn met 'n skroefdop)* buksie. **dink·y** *adj., (infml.), (Br.)* oulik; netjies; *(Am.)* petieterig; onbenullig.

**din·ner** hoofmaal(tyd); aandete; middagmaal, -ete; eetmaal, dinee; *after/before* ~ ná/voor (die) aandete; *at* ~ met aandete/middagete; aan tafel; *have/take* ~ aandete/middagete geniet/nuttig; *we're having* ~ ons eet; ~ *is served* die kos is/staan op (die) tafel, die ete is gereed. ~ *car* eetsalon. ~ *dance* dinee-dans(party). ~ *fork* eet-, tafelvurk, groot vurk. ~ *hour* etensuur. ~ *jacket* dinee-, aandbaadjie. ~ *knife* tafelmes. ~ *party* dinee; dinee-, eetgeselskap. ~ *plate* groot bord. ~ *service*, ~ *set* eetstel. ~ *table* eetstafel. ~ *theater* restaurant-, restouranteater. ~ *time* etenstyd; *at* ~ met etenstyd/aandete/middagete. ~*ware* eetservies; eetgerei.

**di·no·saur, di·no·saur·i·an** *n.* dinosourus; *(fig.)* (ou) fossiel, museumstuk. **di·no·saur·i·an** *adj.* dinosourus-.

**dint** *n.* duik; *by* ~ *of hard work* deur harde werk. **dint** *ww.* (in)duik.

**di·o·cese** bisdom, biskoplike gebied, dioseses. **di·oc·e·san** *n.* biskop; diosesaan. **di·oc·e·san** *adj.* bisdomlik, diosesaan, bisdoms-, biskops-.

**di·ode** *(elektron.)* diode.

**Di·o·ny·sus, Di·o·ny·sos** *(Gr. mit.)* Dionusos, Dionusus. **Di·o·nys·i·an, Di·o·nys·i·ac** Dionisies.

**di·o·ram·a** diorama; *(hist.)* kykspel. **di·o·ram·ic** dioramies.

**di·o·rite** *(geol.)* dioriet.

**di·ox·ide** *(chem.)* dioksied.

**di·ox·in** *(chem.)* dioksien.

**dip** *n.* indompeling; duik, bad; natmakertjie; doopsous; (vee)dip; dipstof; skep, hand vol; duik, laagte, daling; (kim)duiking; helling, skuinste; *(astron.)* inklinasie; afwyking *(v. magnetiese naald);* knik; saluutstryking, vlagsaluit; vetkers; *go through a* ~ deur 'n duik gaan; 'n daling beleef/belewe; *go for* (or *have/take) a* ~ gaan swem, in die water spring; ~ *of horizon* kimduiking; *a lucky* ~ 'n geluks-/verrassingspakkie; *a slight* ~ 'n laagtetjie; *the road takes a* ~ daar is 'n duik in die pad; *the profits took a* ~ die wins het gedaal. **dip** -*pp-, ww.* insteek;

(in)dompel, =doop; dip *(vee);* neig, duik, sak; laat sak; afhel, skuins loop; domp, neerslaan *(ligte);* ~ **below** the horizon, *(son)* ondergaan, agter die horison verdwyn; ~ **below** 10 °C tot onder 10 °C daal/sak; ~ the **flag** met die vlag salueer; ~ *s.t.* **in/into** ... iets in ... steek; iets in ... doop; ~ **into** a book 'n boek deurblaai; ~ **into** one's savings van jou spaargeld (begin) gebruik; ~ **into** a subject vlugtig met 'n onderwerp kennis maak; ~ **under** 42 seconds die rond(t)e/afstand/ens. in minder as 42 sekondes aflê. ~ **needle** inklinasienaald. ~ **net** skep-net. ~ **plane** hellingsvlak. ~ **slope** duikhelling. ~**stick** peil-stok; oliepen(netjie); *(infml., neerh.)* domkop. ~ **switch** dompskakelaar.

**diph·the·ri·a** *(med.)* witseerkeel, difterie. **diph·ther·ic, diph·the·rit·ic, diph·the·ri·al** difteries.

**diph·thong** *(fonet.)* tweeklank, diftong.

**dip·loid** *n., (genet.)* diploïed. **dip·loid, dip·loi·dic** *adj.* diploïed.

**di·plo·ma** diploma; oorkonde. **di·plo·ma·ed** gediplomeer(d). **dip·lo·mate** gediplomeerde.

**di·plo·ma·cy** diplomasie; oorleg, omsigtigheid, takt.

**dip·lo·mat** diplomaat; *(fig.)* diplomaat, diplomatiese/taktvolle mens/persoon. **dip·lo·mat·ic** diplomaties; diplomaties, omsigtig, taktvol; ~ **answer** diplomatiese antwoord; ~ **bag,** *(Am.)* ~**pouch** diplomatieke sak; ~ **corps** diplomatieke korps; ~ **immunity** diplomatieke immuniteit/onskendbaarheid; ~ **service** diplomatieke diens. **dip·lo·mat·ics** oorkondeleer, diplomatiek.

**di·pole** *(fis.)* dipool.

**dip·per** skep(ding), skepbeker(tjie); (vee)dipper; dip. ~ **switch** dompskakelaar.

**dip·ping** daling; (in)dompeling; dippery. ~ **compass** inklinasiekompas. ~ **needle, dip needle** inklinasienaald. ~ **pen** diphok, =kraal, vanghok, =kraal. ~ **tank,** ~ **trough** dip(bak), dipgat.

**dip·py** =pier =piest, adj., *(sl.)* malkop; mallerig; simpel, laf, verspot; be ~ **about** s.o./s.t. gek/mal oor *(of* versot op) iem./iets wees.

**dip·so·ma·ni·a** dranksug, dipsomanie, alkoholisme. **dip·so·ma·ni·ac** *n.* dranksugtige, dipsomaan, alkoholis. **dip·so·ma·ni·ac, dip·so·ma·ni·a·cal** *adj.* dranksugtig.

**dip·ter·an** *n., (entom.)* tweevlerkige, =vleuelige. **dip·ter·an, dip·ter·ous** *adj.* tweevlerkig, =vleuelig.

**dip·tych** tweeluik, diptiek.

**dire** verskriklik, ontsettend, aaklig; nypend; ~ **necessity** droewe noodsaak; in case of ~ **need** in die uiterste geval. **dire·ful** verskriklik, ontsettend, aaklig.

**di·rect** *adj. & adv.* direk, reguit, regstreeks, onmiddellik; lynreg; reëlreg; uitdruklik; ronduit, reguit; ~ **access, random access,** *(rek.)* direkte/willekeurige toegang; ~ **address** regstreekse aanspreking; *(rek.)* direkte adres; ~ **answer** direkte/reguit antwoord; ~ **broadcasting** by satellite regstreekse/direkte satellietuitsending; ~ **contact** regstreekse kontak; in ~ **contradiction** with ... lynreg in stryd met ...; ~ **current,** *(elek.)* gelykstroom; ~ **descendant** direkte/regstreekse afstammeling; ~ **dialling** direkte skakeling; ~ **evidence,** *(jur.)* direkte/regstreekse getuienis; ~ **hit** voltreffer; ~ **labour,** *(han.)* produksiewerkers; ~ **link** regstreekse/direkte verband; direkte verbinding/aansluiting *(met 'n snelweg ens.);* ~ **mail** poswerwing; ~ **mail marketing** direkte posbemarking; ~ **marketing/selling** direkte bemarking; ~ **object,** *(gram.)* lydende/direkte voorwerp; the ~ **opposite** presies die teenoorgestelde *(v. iem., iets);* ~ **question** reguit/direkte vraag; ~ **quotation** direkte aanhaling; ~ **reading** direkte (af)lesing; ~ **road** regstreekse pad; ~ **route** direkte roete; ~ **rule** regstreekse regering; ~ **selling** →**marketing/selling;** ~ **speech,** *(gram.)* direkte rede; ~ **tax** regstreekse/direkte belasting; **travel** ~ direk *(of* langs die direkte roete) reis. **di·rect** *ww.* bestuur, lei; stuur; reël; die rigting aangee; aanwysings gee; die pad be-

duie; verwys; gelas, beveel, opdrag gee; stel, rig *(kanon);* adresseer, rig *(brief);* dirigeer; regisseer *(toneelstuk, rolprent);* afrig *(geselskap);* voorlig *(jurie);* bepaal *(deur testament);* ~ *s.o.'s* **attention** to ... iem. se aandag op ... vestig, iem. op ... attent maak; ~ *s.t.* **to** s.o. iets aan iem. adresseer/rig; ~ *s.o.* **to** a place iem. die pad na 'n plek beduie. **~-driven** direk/regstreeks (aan)gedrewe.

**di·rect·ed:** be ~ **against** ... teen ... gerig wees; be ~ **at** ... vir ... bedoel wees; be ~ **by** ... onder regie van ... opgevoer word; onder leiding van ... staan.

**di·rect·ing:** ~ **force** rigkrag; ~ **post** padwyser; ~ **principle** rigsnoer.

**di·rec·tion** besturing; bestuur, direksie; rigting, koers; leiding; *(teat.)* regie, spelleiding; aanwysing; verwysing; bevel, las(gewing), opdrag, order; voorskrif; voorligting *(aan jurie);* bepaling *(in testament);* s.t. **changes** ~ iets verander van rigting; **follow** the ~s die aanwysings volg *(v. voorskrif ens.);* in the ~ of a place in die rigting van 'n plek; **keep** ~ koers hou; **lack** of ~ koersloosheid; s.o.'s **sense** of ~ iem. se rigtinggevoel/oriëntasievermoë; **take** a ~ 'n koers/rigting inslaan/kies; in **that** ~ in daardie rigting, soontoe; **under** the ~ of ... onder regie van ... *('n regisseur);* onder leiding van ... *(iem.);* ~s **for use** gebruiksaanwysing. ~ **finder** rigtingsoeker; *(rad.)* peiler. ~ **finding** rigtings-, koersbepaling; radiopeiling. ~ **indicator** rigtingwyser; *(lugv.)* koersaanwyser. ~ **line** rigtingslyn.

**di·rec·tion·al** leidend, rigtinggewend, direktoraal; gerig, rigtings-; ~ **aerial** gerigte lugdraad; ~ **stability** koersvastheid; ~ **transmission** gerigte uitsending.

**di·rec·tive** *n.* riglyn, voorskrif; opdrag, bevel. **di·rec·tive** *adj. (attr.)* leiding-, rigtinggewende; *(teg.)* gerigte, rig-.

**di·rect·ly** direk, regstreeks; onmiddellik, dadelik; aanstons; ~ **proportional** reg eweredig.

**di·rect·ness** direktheid; openhartigheid.

**di·rec·tor** direkteur, bestuurder, leier; spelleier, regisseur *(v. rolprent, toneelstuk);* board of ~s direksie; ~s' **report** direksieverslag. ~**-general** directors-general direkteur-generaal.

**di·rec·to·rate** direkteurskap; direktoraat; direksie.

**di·rec·tor·ship** direkteurskap, direktoraat.

**di·rec·to·ry** adresboek; gids; *(rek.)* indeks, gids; telephone ~ telefoongids.

**dirge** lyk-, treursang; klaagsang, =lied, elegie.

**di·rig·i·ble** lugskip, bestuurbare lugballon.

**dirk** dolk.

**dirt** vullis, vuilgoed, vuiligheid; modder, drek; slyk; *(Am.)* aarde, grond; *(infml.)* vuil praatjies; smerigheid; **drag** the name of s.o./s.t. through the ~ iem./iets se naam deur die modder sleep; **eat** ~, *(infml.)* in die stof kruip, beledigings sluk; **fling/throw** ~ met modder gooi; **treat** s.o. like ~ iem. soos vuilgoed behandel. ~ **bike** veldfiets. ~ **bin** vullis-, vuilgoedblik. ~ **cheap** spotgoedkoop. ~ **farmer** *(Am.)* kleinboer. ~ **heap** vuilgoed-, vullis-, ashoop. ~ **road** grondpad. ~ **track** as-, sintelbaan. ~**-track racing** asbaanjaery.

**dirt·y** *adj.* vuil, smerig, morsig; gemeen, laag, liederlik, vieslik; **do** the ~ on s.o., *(infml.)* iem. gemeen behandel; get the ~ **end** of the stick, *(infml.)* aan die kortste end trek/wees; ~ **look** giftige/kwaai blik; give s.o. a ~ **look** iem. giftig/lelik aankyk; ~ **money** swart geld; ~ **old man,** *(infml.)* vatterige ou man, vroetelpappie; ~ **play** vuil spel; play a ~ **trick** on s.o. iem. 'n lelike/vuil streep trek *(of* poets bak); ~ **tricks,** *(mv.)* skelmstreke; ~ **tricks campaign** smeer-, lasterveldtog; ~ **weather** slegte/gure weer; ~ **weekend** skelm naweek; ~ **white** vuilwit; consider ... as a ~ **word** ... as 'n vloekwoord beskou; ~ **work** vuil werk; skelmstreke; do s.o.'s ~ **work,** *(fig.)* iem. se vuil werk doen. **dirt·y** *ww.* vuilmaak, bevuil, besmeer; besoedel.

**di·sa** *(bot.)* disa.

**dis·a·bil·i·ty** onvermoë, ongeskiktheid, onbekwaamheid; gestremdheid; (liggaams)gebrek; regsonbevoegdheid; agter= stelling; (wetlike) belemmering, diskwalifikasie. ~ **grant, ~ allowance** ongeskiktheidstoelaag, =toelae. ~ **pension** onge= skiktheidspensioen.

**dis·a·ble** ongeskik/onbekwaam maak; strem; ontredder; ver= mink; *(elektron.)* afskakel, afsit, buite werking stel, onbruik= baar maak; *(jur.)* die reg ontneem, diskwalifiseer; *(mil.)* buite geveg stel. **dis·a·bled** *n., (mv.): the ~* gestremdes; ongeskik= tes. **dis·a·bled** *adj.* gestrem(d); belemmer(d); ongeskik, on= bekwaam, onbevoeg; vermink; buite werking, onbruikbaar; *(jur.)* gediskwalifiseer(d); *(mil.)* buite geveg gestel, onskade= lik gemaak; ~ *parking* parkering vir gestremdes; ~ *person* ge= stremde persoon. **dis·a·ble·ment** gestremdheid; ongeskikt= heid; *permanent* ~ blywende ongeskiktheid.

**dis·a·buse** reghelp; ontnugter; ~ *s.o.('s mind) of s.t.* iem. iets uit die kop praat; ~ *o.s. (or one's mind) of s.t.* iets uit jou kop sit, van iets ontslae raak.

**dis·ad·vant·age** *n.* nadeel; skade, verlies; skadusy; *be at a* ~ benadeel wees/word, sleg af wees; *have s.o. at a ~* 'n voor= deel bo iem. hê; *labour under a ~* gekniehalter wees; met moeilike omstandighede te kampe hê; *place/put s.o. at a ~* iem. benadeel; *to s.o.'s ~* tot/in iem. se nadeel, tot nadeel *(of* ten nadele) van iem.. **dis·ad·vant·age** *ww.* benadeel, skaad. **dis·ad·van·taged** *adj.* agtergeblewe, agtergestel(d), veron(t)= reg, benadeel(d); ~ *children* minder bevoorregte kinders; ~ *people* agtergeblewe/=gestelde mense.

**dis·af·fect·ed** ontevrede, misnoeg, onvergenoeg(d); afval= lig, ontrou; vervreem(d). **dis·af·fec·tion** ontevredenheid, misnoegdheid, onvergenoegdheid; afvalligheid, ontrou.

**dis·af·fil·i·ate** jou *(of ... se)* lidmaatskap beëindig/opsê; jou losmaak/onttrek; ~ *from ...* jou bande met ... verbreek.

**dis·a·gree** (van mening) verskil, nie saamstem nie; nie oor= eenkom/ooreenstem/strook nie; rusie maak, 'n meningsver= skil hê; nie akkordeer nie; ~ *with s.o. about/on/over s.t.* oor iets met/van iem. verskil, nie met iem. oor iets saamstem nie; *s.t. ~s with s.o., ('n soort kos, d. klimaat, ens.)* iets akkordeer nie met iem. nie. **dis·a·gree·a·ble** onaangenaam; onbehaag= lik; onvriendelik, nors, humeurig. **dis·a·gree·ment** (me= nings)verskil; onenigheid, verdeeldheid, onmin, tweedrag, rusie; *a ~ about/over s.t.* 'n meningsverskil oor iets; ~ *among/ between ...* meningsverskil tussen ...; *be in ~ with s.o.* nie met iem. saamstem nie.

**dis·al·low** weier, afwys, verwerp, nie toestaan nie, van die hand wys, ongeldig verklaar, skrap.

**dis·ap·pear** verdwyn, wegraak, *(infml.)* voete kry; uitsterf, =sterwe; vergroei; *(vlekke ens.)* uitkom; *(infml.)* laat verdwyn *(iem., om politieke redes)*; *do a/the ~ing act/trick, (fig., infml.)* spoorloos/stilletjies/stil-stil *(of* soos 'n groot speld) verdwyn; ~ *on the sly* ongemerk wegglip, jou ongemerk uit die voete maak; *the sun is ~ing* die son trek weg. **dis·ap·pear·ance** verdwyning, (die) wegraak.

**dis·ap·point** teleurstel; nie aan ... voldoen nie *(d.verwagtings)*; verydel *(iem. se hoop)*; laat misluk. **dis·ap·point·ed** *be ~ at/ with s.t.* met/oor iets teleurgestel(d) wees; *be bitterly/deeply/ grievously ~* bitter/diep teleurgestel(d) wees. **dis·ap· point·ment** teleurstelling; verydeling; *s.o.'s acute/deep ~* iem. se diepe teleurstelling; *s.o.'s ~ at/over s.t.* iem. se te= leurstelling met/oor iets; *to s.o.'s ~ s.t. did not happen* iem. was teleurgestel(d) dat iets nie gebeur het nie; *be a ~ to s.o.* vir iem. 'n teleurstelling wees.

**dis·ap·prove** afkeur; nie saamstem nie; ~ *of s.t.* teen iets wees, iets afkeur; ~ *of s.o. doing s.t.* dit afkeur dat iem. iets doen. **dis·ap·prov·al** afkeuring, veroordeling; *express one's ~ of s.t.* jou afkeuring oor iets uitspreek; *in ~* afkeurend; *s.o.'s ~ of ...* iem. se afkeuring van ...; *speak with ~ of ...* afkeurend van ... praat. **dis·ap·prov·ing** *adj.,* **dis·ap·prov·ing·ly** *adv.* afkeurend.

**dis·arm** ontwapen; onskadelik maak/stel *(bom)*; weerloos maak; ontmantel; paai, gerusstel; ~*ing smile* innemende glimlag. **dis·arm·a·ment** ontwapening.

**dis·ar·range** deurmekaar maak, verwar, in die war bring/ stuur; omkrap. **dis·ar·ranged** deurmekaar, in wanorde, ver= war(d), oorhoop(s).

**dis·ar·ray** wanorde, verwarring; ontwrigting; *in* ~ in wan= orde.

**dis·as·sem·ble** uitmekaar haal, uitmekaarhaal *(masjien)*; af= breek, aftakel, sloop *(gebou)*.

**dis·as·ter** ramp, ongeluk, rampspoed; *be a blueprint for* ~ 'n resep vir 'n ramp wees; *s.t. will bring* ~ iets sal ramp= spoedig wees; *court* ~ roekeloos wees, 'n ramp oor jouself bring; *be doomed to* ~ tot rampspoed gedoem wees; *end in* ~ 'n tragiese einde hê; op 'n fiasko/ramp *(of* 'n volslae/totale mislukking) uitloop; *that would mean* ~ dit sou 'n ramp mee= bring; *meet with* ~ deur 'n ramp getref word; *a natural* ~ 'n natuurramp; *it was a near* ~ dit was amper/byna 'n ramp; ~ *overtook s.o.* 'n ramp het iem. getref/oorgekom; *s.t. is a* ~ *to s.o.* iets is vir iem. 'n ramp. ~ **area** rampgebied; *be a (walking)* ~ ~, *(fig., infml.)* 'n ongeluksvoël/-kind wees; 'n on= geluk wees wat 'n plek soek om te gebeur. ~ **drought area** rampdroogtegebied. ~ **film,** ~ **movie** *(infml.)* rampfliek, =prent, =rolprent. ~ **fund** ramp=, steunfonds.

**dis·as·trous** noodlottig, rampspoedig, jammerlik; *s.t. is* ~ *to s.o.* iets is vir iem. rampspoedig.

**dis·a·vow** ontken, loën; verwerp, verstoot; wegstaan van. **dis·a·vow·al** ontkenning, loëning; verwerping, verstoting.

**dis·band** ontbind; afdank; uiteengaan. **dis·band·ment** ont= binding; afdanking.

**dis·bar** =*rr*=, *(jur.)* van die rol skrap; →DEBAR. **dis·bar·ment** *(jur.)* skrapping (van die rol).

**dis·be·lieve** nie glo nie; in twyfel trek. **dis·be·lief** ongeloof, ongelowigheid; *in* ~ ongelowig; *s.o.'s* ~ *in s.t.* iem. se ongeloof aan iets. **dis·be·liev·er** ongelowige; loënaar.

**dis·burse** uitbetaal; betaal, uitkeer *(dividend)*; opdok. **dis· burse·ment** (uit)betaling, uitgawe; voorskot.

**disc,** *(Am.)* **disk** skyf; skyfie; *(sport)* diskus; (ploeg)skottel; →DISK; *cut a* ~ 'n CD/plaat maak/sny; *press a* ~ 'n CD/plaat druk; *a slipped disc* 'n verskuifde werwel. ~ **brake** skyfrem; ~ **harrow** skotteleg, skot-eg. ~ **jockey** platejoggie. ~ **plough** skottelploeg. ~ **saw** sirkelsaag. ~**-shaped** kom=, skyfvormig.

**dis·card** *n.* weggooiing; *(i.d. mv.)* weggooigoed; *(i.d. mv.)* afval; *(i.d. mv.)* skroot; *(kaartspel)* weglêkaart; *in(to) the* ~ op die ashoop. **dis·card** *ww.* weggooi, wegwerp; verwerp *(idee, vriende, ens.)*; uittrek *(jas ens.)*; *(lett. & fig.)* oorboord gooi; *(kaartspel)* weggooi, wegspeel. **dis·card·ed** *(ook)* verou= der(d).

**dis·cern** onderskei, uitmaak, gewaar; ~ *between good and evil* tussen goed en kwaad onderskei. **dis·cern·i·ble** *adj.,* **dis· cern·i·bly** *adv.* waarneembaar, sigbaar. **dis·cern·ing** skerp= sinnig, skrander, vernuftig, oordeelkundig. **dis·cern·ment** skerpsinnigheid, oordeelkundigheid, (goeie) oordeel, insig, onderskeidingsvermoë; *show* ~ (goeie) oordeel aan die dag lê.

**dis·charge, dis·charge** *n.* ontslag, afdanking, afbetaling *(v. 'n werknemer)*; ontslagbrief; vervulling, nakoming *(v. ver= pligtinge)*; vervulling, uitoefening *(v. pligte)*; ontheffing, kwyt= (skeld)ing *(v. verpligtinge)*; ontskeping, lossing *(v. skeepsvrag)*; afvoer(ing), uitstorting, uitstroming, afvloei(ing); etter, vuil; die afvuur *(v. 'n wapen ens.)*; betaling, vereffening, delging *(v. skuld)*; *(jur.)* ontslag *(v. 'n beskuldigde)*; *(jur.)* opheffing *(v. 'n hofbevel)*; *(elek.)* ontlading; *buy/purchase* one's ~ jou uit= koop; ~ *of duty* pligsvervulling; *get an honourable* ~ eer= volle ontslag kry; *letter of* ~ ontslagbrief. **dis·charge** *ww.* ontslaan *(pasiënt)*; afdank, ontslaan *(werknemer)*; *(geweer ens.)* afgaan, afgevuur word; *(iem.)* afvuur *(geweer)*; *(wond)* etter; *(wond)* afskei *(etter)*; uitlaai, aflaai, los *(vrag, passasiers)*; leeg=

maak *(tenkwa);* afvoer *(vloeistof);* uitstort, uitlaat; vervul, na=
kom *(verpligtinge);* vervul, uitoefen *(pligte);* betaal, delg, ver=
effen *(skuld);* kwytskeld, onthef, vrystel *(skuldenaar);* ont=
slaan *(beskuldigde);* vrylaat *(gevangene);* ophef *(hofbevel);* vry=
spreek *(v. regsvervolging);* onthef, vrystel *(grond v. 'n verband);*
*(elek.)* ontlaai; *(tekst.)* uitbleik *(kleurstof);* ~ *s.o. from* ... iem.
uit ... ontslaan *(diens, d. hospitaal, ens.);* ~ *s.t. from* ... iets van
... aflaai; iets uit ... laat loop; ~ *s.o.* **honourably** iem. eervol
ontslaan; ~ *s.t. into* ... iets in ... laai; iets in ... laat loop *(riool=
vullis i.d. see ens.); s.t.* ~*s into* ... iets mond uit in ...; ~*d pa=
tient* ontslane pasiënt; ~ *by purchase* uitkoop. ~ **cock** uit=
laatkraan. ~ **current** ontladingstroom. ~ **pipe** uitlaat=, af=
voerpyp. ~ **valve** uitlaatklep.

**dis·charg·er** *(elek.)* ontlaaier.

**dis·ci·ple** dissipel, leerling, volgeling, navolger.

**dis·ci·pline** *n.* dissipline, tug; orde; gehoorsaamheid; self=
beheersing; dissipline, (studie)vak, studie=, vakrigting; (on=
derrig/opleiding)stelsel; tugtiging, straf; kastyding; *(relig.)*
reglemente, reëls, wette; *maintain* ~ dissipline *(of die tug)*
handhaaf; *strict* ~ streng(e) dissipline/tug; *be under* ~ onder
tug/dissipline staan. **dis·ci·pline** *ww.* dissiplineer, tug(tig),
straf; kasty; dril, oefen; ~ *o.s.* jou beheers, selfdissipline be=
oefen. **dis·ci·pli·nar·i·an** ordehouer, bewaarder van die tug/
orde; tugmeester, dissiplineerder. **dis·ci·pli·nar·y** dissiplinêr,
tugoefenings=; ~ *action* tugmaatreël(s); *take* ~ *action* tug=
maatreëls neem; ~ *case/hearing* tugsaak; ~ *code* tugkode;
~ *measure* tugmaatreël; ~ *step* tugstap. **dis·ci·plined** ge=
dissiplineer(d); beheers *(gedrag, emosies, ens.); badly* ~ on=
gedissiplineer(d); *well* ~ gedissiplineer(d).

**dis·claim** ontken, verwerp; afwys, van die hand wys; weier;
afstand doen van; loën, weerspreek, teenspreek. **dis·claim·er**
ontkenning, verwerping; afwysing; weiering; (bewys van) af=
stand; weerspreking, teenspraak.

**dis·close** onthul, openbaar, bekend/openbaar maak, bekend=
maak, aan die lig bring; blootlê *(dokumente ens.); the indictment
fails to* ~ *an offence* die akte van beskuldiging hou geen mis=
daad in nie. **dis·clo·sure** onthulling, openbaarmaking, be=
kendmaking; blootlegging; *make* ~*s about s.t.* onthullings oor/
omtrent iets doen.

**dis·co** =*cos, (infml.)* disko; →DISCOTHEQUE. ~ **dancing** disko=
dans. ~ **music** diskomusiek.

**dis·col·our,** *(Am.)* **dis·col·or** verkleur; vlek; verbleik; laat
verkleur/verbleik. **dis·col·o(u)r·a·tion** verkleuring; (die) vlek;
verbleiking. **dis·col·o(u)red** verkleur; gevlek; verbleik.

**dis·com·bob·u·late** *(skerts., hoofs. Am.)* omkrap, ontstel,
onthuts.

**dis·com·fort** *n.* ongemak, ongerief; ongemaklikheid; onbe=
haaglikheid; onrus; *bear* ~ ongemak/ongerief deurmaak/ver=
duur; *cause* ~ ongemak/ongerief veroorsaak; *suffer* ~ onge=
mak/ongerief deurmaak/verduur. **dis·com·fort** *ww.* onge=
maklik maak; onthuts, van stryk (af) bring, verbouereer, uit
die veld slaan; ongerief veroorsaak. ~ **index** *(weerk.)* onge=
maks=, onbehaaglikheidsindeks.

**dis·con·cert** verbouereer, verbouereerd/verleë maak, van
stryk (af) bring; onthuts; verwar, in die war stuur. **dis·con·
cert·ed** verbouereerd, verleë, van stryk (af); onthuts, ont=
stem(d); verwar(d), in die war. **dis·con·cert·ing** ontstellend,
onthutsend; verwarrend; onrusbarend.

**dis·con·nect** losmaak, ontkoppel, loskoppel; skei; afskakel;
uitskakel; afhaak; *(telef.)* afsluit *(verbruiker);* ~ *s.t. from* ... iets van
... ontkoppel/loskoppel. **dis·con·nect·ed** losgemaak, los; on=
samehangend; *they were* ~ die verbinding tussen hulle is ver=
breek. **dis·con·nec·tion** ontkoppeling, loskoppeling; skeiding;
uitskakeling; verbreking; afsluiting; onsamehangendheid.

**dis·con·so·late** troosteloos, ontroosbaar; mistroostig, droef=
geestig, neerslagtig, terneergedruk; *be* ~ *about/at s.t.* troos=
teloos oor iets wees.

**dis·con·tent** *n.* ontevredenheid, misnoeë, misnoegdheid;
*s.o.'s* ~ *about/at/with s.t.* iem. se ontevredenheid oor iets; *fan
(or stir up)* ~ ontevredenheid aanblaas/aanwakker; *be seeth=
ing with* ~ gis van ontevredenheid. **dis·con·tent(·ed)** onte=
vrede, misnoeg, onvergenoeg(d). **dis·con·tent·ment** onte=
vredenheid, onvergenoegdheid.

**dis·con·tin·ue** ophou, eindig; beëindig, staak, ophou/uit=
skei met, afsien van; opsê; opgee, ophef; afbreek; afskaf; nie
meer verskyn *(of gepubliseer/uitgegee word)* nie; nie meer
publiseer/uitgee nie, die publikasie van ... staak; ~ *one's sub=
scription to a newspaper/etc.* jou intekening op 'n koerant/ens.
staak. **dis·con·tin·u·ance, dis·con·tin·u·a·tion** (die) ophou;
beëindiging, staking; (die) opgee/opheffing; afbreking; af=
skaffing. **dis·con·ti·nu·i·ty** gaping; onderbreking; onreëlma=
tigheid; onsamehangendheid; *(wisk., geol.)* diskontinuïteit.
**dis·con·tin·u·ous** onderbroke; onreëlmatig; afgebroke; on=
samehangend; *(wisk.)* diskontinu.

**dis·cord** tweedrag, onmin, verdeeldheid, onenigheid, twis,
haaksheid; wanklank, disharmonie; *(mus.)* dissonans(ie), dis=
sonant; ~ *among/between people* onenigheid tussen mense;
*the apple of* ~ die twisappel; *create/sow* (or *stir up*) ~ kwaad/
tweedrag stook, tweedrag saai, kwaad/onenigheid stig; *fire
of* ~ twisvuur; ~ *in a family/party* onenigheid in 'n familie/
party.

**dis·co·theque** diskoteek; →DISCO.

**dis·count** *n.* afslag, korting; *(fin.)* diskonto *(by wissel); allow/
give a* ~ *on the price of s.t.* korting op die prys van iets gee/
toestaan; *at a* ~ met korting; *be at a* ~, *(lett., fin.)* onder pari
wees; *less 10%* ~ min 10% korting. **dis·count, dis·count**
*ww.* (ver)diskonteer *(wissel ens.);* inwissel; *(han.)* afslaan, (in
waarde) verminder, korting gee (op); afbreuk doen aan; bui=
te rekening laat; in twyfel trek, met 'n greintjie/korreltjie
sout neem/opvat; onderskat; weerspreek. ~ **bank** diskonto=
bank. ~ **broker** diskontomakelaar. ~ **house, discounting
house** diskontohuis; afslag=, diskontowinkel. ~ **price** afslag=,
diskontoprys. ~ **rate** *(han.)* kortingskoers; *(fin.)* diskonto=
koers; *(wins)* verdiskonteringskoers. ~ **shop** afslag=, diskon=
towinkel.

**dis·count·ed cash flow** *(fin., afk.: dcf)* gediskonteerde
kontantvloei *(afk.: gkv).*

**dis·cour·age** ontmoedig, afskrik, laat afsien van; afraai;
teen=, teëgaan; keer, voorkom; *be* ~*d* ontmoedig/mismoedig/
moedeloos wees; ~ *s.o. from doing s.t.* iem. afraai om iets te
doen. **dis·cour·age·ment** ontmoediging; afrading; teen=, teë=
werking; moedeloosheid, mismoedigheid. **dis·cour·ag·ing**
*adj.,* **dis·cour·ag·ing·ly** *adv.* ontmoedigend.

**dis·course, dis·course** *n.* gesprek, onderhoud, diskoers;
redevoering; preek; verhandeling. **dis·course** *ww.* 'n ge=
sprek voer, gedagtes wissel; 'n relaas gee *(van);* uitwei *(oor);* 'n
voordrag hou; ~ *(up)on s.t.* iets bespreek/behandel, oor iets
praat.

**dis·cour·te·ous** onbeleef(d), onhoflik, onbedagsaam, on=
manierlik, onvriendelik; *be* ~ *to s.o.* onhoflik teenoor iem.
wees. **dis·cour·te·sy** onbeleefdheid, onhoflikheid, onbedag=
saamheid, onmanierlikheid, onvriendelikheid.

**dis·cov·er** ontdek, agterkom, uitvind, vasstel; te wete kom;
aantref, vind; *(jur.)* blootlê *(dokumente).* **dis·cov·er·er** ont=
dekker; uitvinder. **dis·cov·er·y** ontdekking; openbaarmaking,
onthulling; ontknoping; vonds; vinding; *(jur.)* blootlegging;
*make a* ~ 'n ontdekking doen.

**dis·cred·it** *n.* oneer, skande, diskrediet; ongeloof, wantroue,
verdenking; *bring* ~ *on/upon/to s.o./s.t.,* **bring** *s.o./s.t. into* ~
iem./iets in die skande steek *(of* in diskrediet bring *of* dis=
krediteer); *be in* ~ in onguns wees; *s.t. is a* ~ *to s.o.* iets strek
iem. tot oneer; *be a* ~ *to ...,* *(ook)* die goeie naam van ... skaad.
**dis·cred·it** *ww.* in die skande steek, diskrediteer, in dis=
krediet/ongenus bring, oneer aandoen; in twyfel trek, betwy=
fel, nie glo nie; verdag maak, twyfel saai oor, die geloof=
waardigheid aantas van.

**dis·creet** oordeelkundig, versigtig, taktvol, diskreet, verstandig; onopvallend, gedemp; beskeie, ingetoë, stemmig.

**dis·crep·an·cy** teenstrydigheid, verskil, onverenigbaarheid, wanverhouding; diskrepansie, onderlinge afwyking. **dis·crep·ant** teenstrydig, onverenigbaar, uiteenlopend.

**dis·crete** afsonderlik, apart, onderskeie, individueel; onderbroke, niedeurlopend; *(statist.)* diskreet.

**dis·cre·tion** oordeelkundigheid, versigtigheid, takt, diskresie, oorleg; (goeie) oordeel, verstand, oordeels=, onderskeidingsvermoë; goeddunke, goedvinde; *act with ~* versigtig handel/optree; *the age/years of ~* die jare van onderskeid; *at the ~ of ...* na goeddunke van ...; *at s.o.'s ~* na iem. se goeddunke; *s.t. is at s.o.'s ~, (ook)* iets berus by iem.; *in the ~ of the board* na goeddunke/goedvinde van die raad; *be/lie in/within s.o.'s ~* by iem. berus, binne iem. se bevoegdheid wees; *at s.o.'s sole ~* geheel na iem. se eie goeddunke; *be the soul of ~* uiters diskreet wees, (die) ene diskresie wees; *use one's (own) ~* na (eie) goeddunke handel; *~ is the better part of valour* versigtigheid is die moeder van die wysheid; liewer(s) bang Jan as dooi(e) Jan; *go about s.t. with ~* met oorleg te werk gaan. **dis·cre·tion·ar·y** na goeddunke/goedvinde/diskresie, willekeurig; diskresionêr; *~ income* vrye/beskikbare inkomste; *~ powers, (jur.)* magte van vrye oordeel, diskresionêre bevoegdhede/magte.

**dis·crim·i·nate** diskrimineer; onderskei; *~ against s.o.* teen iem. diskrimineer, onderskeid maak ten koste van iem., iem. agterstel/benadeel; *~ between ... tussen ... onderskei; ~ in favour of s.o.* onderskeid maak ten gunste van iem., iem. bevoordeel/voortrek. **dis·crim·i·nat·ing** onderskeidend; diskriminerend; oordeelkundig, met oorleg; kieskeurig *(smaak)*; veeleisend; skerpsinnig, differensieel. **dis·crim·i·na·tion** diskriminasie; onderskeiding; onderskeidingsvermoë; oordeelkundigheid, begrip, verstand, (goeie) oordeel, deursig; *(power of) ~* onderskeidingsvermoë, =gawe. **dis·crim·i·na·tive, dis·crim·i·na·to·ry** diskriminerend; onderskeid makend; *~ power* onderskeidingsvermoë, =gawe.

**dis·cus** =cuses, =ci diskus, (werp)skyf. *~ thrower* diskusgooier, skyfwerper.

**dis·cuss** bespreek, gesels/praat oor; beredeneer, uitpluis; behandel; *be much/widely ~ed* baie bespreek word; *a much/widely ~ed matter* 'n veelbesproke saak; *~ terms* onderhandel; *~ s.t. with s.o.* iets met iem. bespreek. **dis·cus·sion** bespreking, beredenering, diskussie; debat; *come up for ~* ter sprake kom, *(fml.)* aan die orde kom; *be down for ~* op die agenda wees; *have ~s, (ook)* samesprekings=/=kinge voer; *have/hold a ~ with s.o.* 'n gesprek met iem. voer, gedagtes met iem. wissel, met iem. praat; *an open ~* 'n oop gesprek; *be under ~* aan die orde (of onder bespreking of ter sprake) wees.

**dis·dain** *n.* veragting, minagting, versmading, geringskatting; *have the greatest ~ for s.o./s.t.* iem./iets met die grootste minagting bejeën. **dis·dain** *ww.* verag, minag, versmaai; *~ s.o. iem.* benede jou ag; *~ to ...* jou nie verwerdig om te ... nie. **dis·dain·ful** minagtend, veragtelik, neerbuigend, neerhalend, smalend; *be ~ of s.t.* iets minag.

**dis·ease** siekte, kwaal; *a ~ breaks out* 'n siekte breek uit; *catch a ~, (ook)* aansteek, aangesteek word; *catch a ~ from s.o.* by iem. aansteek, deur iem. aangesteek word; *catch/contract/get* (or *come down with*) *a ~* 'n siekte kry/opdoen; *the course of a ~* die siekteverloop; *a debilitating ~, an emaciating ~* 'n uitmergelende siekte; *the outbreak of a ~* die uitbreking van 'n siekte; *a ~ spreads* 'n siekte versprei; *transmit a ~* 'n siekte oordra. *~ carrier* kiem=, siektedraer. *~-producing* siekteverwekkend.

**dis·eased** siek, sieklik, aangetas; bedorwe, besmet.

**dis·em·bark** ontskeep, aan land/wal sit; land, aan land/wal gaan/stap; *~ from a ship* van 'n skip aan land/wal gaan/stap. **dis·em·bar·ka·tion** ontskeping, landing.

**dis·em·bod·ied** onliggaamlik, liggaamloos, onstoflik; *~ voice* spookstem, spookagtige stem.

**dis·em·bow·el** =ll= die ingewande uithaal.

**dis·en·chant** ontnugter, ontgogel; teleurstel; *be/become ~ed with ...* met ... teleurgestel(d) wees/raak. **dis·en·chant·ment** ontnugtering, ontgogeling, disillusie; teleurstelling.

**dis·en·fran·chise, dis·fran·chise** ontkieser, sy/haar stemreg ontneem; ontburger, sy/haar burgerregte ontneem. **dis·en·fran·chise·ment, dis·fran·chise·ment** ontkiesering, (die) ontneming van stemreg; ontburgering, (die) ontneming van burgerregte.

**dis·en·gage** losmaak; bevry, vrymaak; ontslaan; loskom, losraak; ontkoppel *(koppelaar)*; uitskakel *(ratte)*; *(mil.)* terugtrek; *~ o.s. from ...* jou uit ... loswikkel. **dis·en·gaged** afsydig, terughoudend; vry, los(gemaak); ontslaan. **dis·en·gage·ment** bevryding, vrystelling; ontslag; onttrekking, uitwikkeling; vryheid, ongebondenheid, onafhanklikheid; ongedwongenheid; ontkoppeling; uitskakeling; *(mil.)* terugtrekking.

**dis·en·tan·gle** losmaak; bevry, vrymaak; loswerk; *(fig.)* ontwar, ontrafel, ontknoop, oplos; *~ o.s. from ...* jou uit ... loswikkel. **dis·en·tan·gle·ment** losmaking; bevryding; ontwarring.

**dis·es·tab·lish** nie meer erken nie; sy amptelike status ontneem; van die staat skei; afstig; ophef, beëindig. **dis·es·tab·lish·ment** skeiding van kerk en staat; onttrekking van staatsteun; afstigting, afskeiding; opheffing.

**dis·fa·vour, *(Am.)* dis·fa·vor** *n.* onguns, ongenade; teë=, teensin; *fall into ~ with s.o.* by iem. in onguns raak *(of* in ongenade val)*; s.o. has fallen into ~ with ..., (ook)* iem. is uitgebak by ...; *be in ~ with s.o.* by iem. in onguns/ongenade wees; *regard/view ... with ~* 'n ongunstige mening oor ... hê. **dis·fa·vour, *(Am.)* dis·fa·vor** *ww.* ongunstig beskou, nie begunstig nie, teen ... wees, 'n lae dunk van ... hê.

**dis·fig·ure** vermink, skend, ontsier, bederf, mismaak. **dis·fig·ure·ment, dis·fig·u·ra·tion** verminking, skending, ontsiering, mismaaktheid.

**dis·gorge** uitbraak, opbring *(kos)*; uitstort *(olie ens.)*; uitspoeg *(munte ens.)*; by ... laat uitbondel *(mense, diere)*; (teë=/teensinnig) teruggee *(winste)*; *(hengel)* verwyder *(haak)*; *(mense, diere)* uitpeul, uitbondel.

**dis·grace** *n.* skande; skandvlek; onguns; oneer; *bring ~ on/upon s.o./s.t.* iem./iets in die skande steek; *fall into ~* in onguns raak; skande maak; *be a ~ to s.o./s.t.* iem./iets in die skande steek; iem./iets tot oneer/skande strek. **dis·grace** *ww.* in die skande steek, onteer, verlaag; *be ~d* skande maak, in die skande kom/raak; in onguns raak; *~ o.s.* skande maak, in die skande kom; jou skandelik gedra. **dis·grace·ful** skandelik, skandalig, afstootlik.

**dis·grun·tled** ontevrede, ongelukkig, brommerig, knorrig; *be ~ at s.t.* oor iets ontevrede wees.

**dis·guise** *n.* vermomming; voorwendsel, skyn, dekmantel, masker; *be in ~* vermom wees; *shed* (or *throw off*) *a ~* 'n masker afwerp. **dis·guise** *ww.* vermom, onherkenbaar maak; verdoesel, verbloem *(feite)*; verdraai *(handskrif)*; *~ o.s.* jou vermom. **dis·guised** *be ~ as a ...* as 'n ... vermom wees.

**dis·gust** *n.* afkeer, afsku, walging, weersin, teë=, teensin; verontwaardiging; *s.o.'s ~ at/with s.t.* iem. se afkeer van (of teë=/teensin in) iets; *s.o. left in ~* iem. was so vies dat hy/sy geloop het; *to s.o.'s ~ ...* tot iem. se walging het ...; tot iem. se ergernis het ... **dis·gust** *ww.* walg; keelvol maak; *be ~ed at/by s.t.* van iets walg; oor/vir iets keel=/maag=/buikvol wees, oor iets ontevrede wees; *be ~ed with s.o.* jou vir iem. walg; vir iem. vies wees. **dis·gust·ed·ly** vol/met afkeer/afsku/walging/weersin; verontwaardig. **dis·gust·ing** walglik, vieslik, weersinwekkend. **dis·gust·ing·ly** walglik, vieslik, weersinwekkend; *~ rich* stinkryk.

**dish** *n.* skottel; kom, bak(kie); gereg, dis; *(rad., TV)* skottel; *(infml.)* aantreklike/begeerlike man/vrou; *do/wash the ~es* die

skottelgoed was; *prepare a* ~ 'n gereg berei/gaarmaak. **dish** *ww.* skep; *(Am., infml.)* klets *(oor iem./iets);* ~ *s.t.* out iets uit=
skep/opskep/opdien/opdis *(kos); (infml.)* iets uitdeel *(papiere ens.);* ~ *s.t. up* iets opskep/uitskep/voorsit/opdien/opdis *(kos); (infml.)* iets opdis *(stories).* ~ **(aerial),** ~ **(antenna), satellite** ~ skottel(antenna/antenne), satellietskottel. ~**cloth,** ~**rag** va=
doek, afdroogdoek. ~**washer-proof** skottelgoedwasserbe=
stand. ~**water** skottelgoed=, opwaswater; *taste of* ~, *(koffie, tee)* na skottelgoed=/kasaterwater smaak.

**dis·har·mo·ny** disharmonie, valsheid, dissonansie; twee=
drag, onenigheid, onmin. **dis·har·mo·ni·ous** onharmonies, vals.

**dis·heart·en** ontmoedig; afskrik; *don't be* ~*ed!* hou moed!, moenie moed opgee/verloor nie!.

**dished** komvormig; konkaaf; *(infml.)* pootuit, doodmoeg; ver=
slaan, verslane.

**di·shev·el·led** deurmekaar, verslons, verfomfaai *(hare, klere).* **di·shev·el·ment** verslonstheid, onversorgdheid.

**dis·hon·est** oneerlik, vals, onopreg; skelm. **dis·hon·es·ty** on=
eerlikheid; valsheid; skelmheid.

**dis·hon·our** *n.* skande, oneer; *bring* ~ *on/to s.o.* iem. in die skande steek. **dis·hon·our** *ww.* onteer, in die skande steek, skande bring oor; tot oneer/skande strek; *(fin.)* dishonoreer *(wissel);* weier *(tjek);* nie nakom nie, (ver)breek *(belofte);* nie handhaaf/volg nie, nie by ... bly/hou nie *(beginsels);* ~*ed cheque* geweierde tjek. **dis·hon·our·a·ble** skandelik, laag, on=
waardig; onterend. **dis·hon·our·a·bly** *act/behave* ~ jou skan=
delik gedra; *be* ~ *discharged, (mil.)* oneervol ontslaan word; *be treated* ~ onwaardig behandel word.

**dish·y** =*ier* =*iest, adj., (infml.)* baie aantreklik, begeerlik, sexy.

**dis·il·lu·sion** *n.* ontnugtering, ontgogeling, disillusie. **dis·il·lu·sion** *ww.* ontnugter, ontgogel, die/'n illusie ontneem, uit die droom help; *(iem. se)* oë oopmaak; *be/become* ~*ed about/at/with s.t.* met/oor iets teleurgestel(d) wees/raak; *be/become* ~*ed with s.o.* met iem. teleurgestel(d) wees/raak. **dis·il·lu·sion·ment** ontnugtering, ontgogeling.

**dis·in·cen·tive** belemmering, hindernis; *act as* (or *be) a* ~ *to s.o. to* ... iem. ontmoedig om te ...

**dis·in·clined:** *be* ~ *to do s.t.* ongeneë wees om iets te doen, nie lus hê/voel/wees om iets te doen nie. **dis·in·cli·na·tion** af=
keer, teë=, teensin; ongeneentheid, ongeneigdheid; ~ *for/from/to* ... ongeneentheid tot (of teë=/teensin in) ...

**dis·in·fect** ontsmet, disinfekteer. **dis·in·fect·ant** ontsmet=
(tings)middel. **dis·in·fec·tion** ontsmetting, disinfeksie; ont=
luising.

**dis·in·fla·tion** *(ekon.)* disinflasie. **dis·in·fla·tion·ar·y** disin=
flasionisties, disinflasionêr.

**dis·in·for·ma·tion** disinformasie, bedrieglike/verkeerde in=
ligting.

**dis·in·gen·u·ous** oneerlik, agterbaks. **dis·in·gen·u·ous·ness** oneerlikheid, onopregtheid.

**dis·in·her·it** onterf. **dis·in·her·i·tance** onterwing.

**dis·in·te·grate** verbrokkel, uitmekaar val, uitmekaarval, dis=
integreer; ontbind, vergaan; verval; oplos. **dis·in·te·gra·tion** verbrokkeling, disintegrasie; ontbinding.

**dis·in·ter** =*rr*= opgrawe; *(fig.)* onthul, oopvlek. **dis·in·ter·ment** opgrawing; *(fig.)* onthulling, oopvlekking.

**dis·in·ter·est** belangeloosheid, onverskilligheid, apatie; on=
selfsugtigheid; onpartydigheid. **dis·in·ter·est·ed** belangeloos, onverskillig, ongeïnteresseerd; onselfsugtig, onbaatsugtig; onpartydig; →UNINTERESTED.

**dis·in·ter·me·di·a·tion** *(fin.: uitskakeling v. tussengangers)* disintermediasie.

**dis·in·vest** beleggings onttrek; disinvesteer. **dis·in·vest·ment** onttrekking van beleggings; disinvestering.

**dis·join** skei, losmaak; loskom, losraak.

**dis·joint** ontwrig *(planne ens.);* uit verband ruk; *(med.)* ont=
wrig. **dis·joint·ed** onsamehangend; *(med.)* ontwrig.

**dis·junct** los, geskei, afsonderlik; *(teg.)* disjunk. **dis·junc·tion** skeiding, splitsing; afsonderlikheid; *(biol., log.)* disjunksie. **dis·junc·tive** skeidend, splitsend; *(gram.)* disjunktief, teen=
stellend; *(log.)* disjunktief.

**disk** *(rek.)* skyf; →DISC; *have s.t. on* ~ iets op ('n) skyf hê. ~ **capacity** skyfkapasiteit. ~ **drive** skyfaandrywer. ~ **operating system** skyfbedryfstelsel. ~ **space** skyfspasie, =ruimte. ~ **store** skyfgeheue.

**dis·kette** *(rek.)* slapskyf, disket.

**dis·like** *n.* afkeer, teë=, teensin, hekel, renons; *have a* ~ *of/for s.t.* 'n afkeer van iets hê, nie van iets hou nie, teë=/teensin in iets hê; *take a* ~ *to* ... teë=/teensin in ... kry. **dis·like** *ww.* nie van hou nie, 'n hekel hê aan, teë=/teensin hê in.

**dis·lo·cate** verplaas, verskuif, verskuiwe; verwyder; *(fig.)* ontwrig, ontredder; *(med.)* ontwrig, uit lit val/ruk; *(med.)* ver=
swik, verstuit; ~*d shoulder* ontwrigte skouer. **dis·lo·ca·tion** verplasing, verskuiwing; ontwrigting.

**dis·lodge** verdryf, verdrywe, uitdryf, uitdrywe, verja(ag); uit die saal lig; loswikkel; *(atl.)* afspring *(lat);* ~ *s.t. from* ... iets uit ... loswikkel; ~ *s.o. from* ... iem. uit ... lig; iem. uit ... verdryf/
verdrywe. **dis·lodg(e)·ment** verdrywing; loswikkeling.

**dis·loy·al** ontrou, dislojaal; *be* ~ *to* ... aan ... ontrou wees. **dis·loy·al·ty** ontrou(heid), dislojaliteit.

**dis·mal** naar, aaklig; droewig, treurig *(geluid);* somber *(dag);* triest(er)ig, triets(er)ig *(dag);* troosteloos, (ter)neerdrukkend *(omgewing);* swak, pateties, treurig *(vertoning);* klaaglik, jam=
merlik, tragies *(mislukking).* **dis·mal·ly** treurig, verdrietig, klaaglik, jammerlik *(misluk);* somber *(belig).*

**dis·man·tle** uitmekaar haal, uitmekaarhaal, demonteer; af=
breek, sloop; ontbloot.

**dis·mast** ontmas.

**dis·may** *n.* ontsteltenis, onthutstheid; verbystering, ver=
slaen(t)heid; moedeloosheid; *s.o.'s* ~ *at s.t.* iem. se ont=
steltenis/onthutsing oor iets; *do s.t. in* ~ ontsteld/onthuts iets doen; *to s.o.'s* ~ tot iem. se ontsteltenis/onthutsing. **dis·may** *ww.* ontstel, onthuts; verbyster, verslae maak; ontmoedig. **dis·mayed:** *be* ~ *at s.t.* ontsteld/onthuts/verslae wees.

**dis·mem·ber** (die) ledemate afskeur/afsny/afkap; verskeur; stukkend sny; versnipper. **dis·mem·ber·ment** verskeuring; ledemaatverwydering; versnippering.

**dis·miss** afdank, ontslaan; van 'n amp onthef, afsit; wegstuur, laat gaan; wegwuif; verwerp, van die tafel (af) vee; afmaak; laat vaar; veron(t)agsaam; *(jur.)* afwys, van die hand wys *(ap=
pèl ens.); (kr.)* uitboul, uithaal, uitkry, uitvang, terugstuur; *(mil.)* verdaag; ontbind; *be* ~*ed* ontslaan word; verdaag word; ~ *s.o. from* ... iem. uit ... ontslaan *(d. diens ens.).* **dis·miss** *tw., (mil.)* verdaag!. **dis·mis·sal** afdanking, ontslag; afsetting; (die) wegstuur; verwerping; veron(t)agsaming; *(jur.)* afwy=
sing; (die) uitboul/uithaal/uitkry; *(mil.)* verdaging; ontbin=
ding. **dis·miss·ive** afwysend; neerhalend, minagtend; *be* ~ *of s.o./s.t., (fml.)* iem./iets geringag/geringskat; op iem./iets neersien; iem./iets misken.

**dis·mount** afklim; *(gimn.)* afspring; afval; afgooi; uitmekaar haal, uitmekaarhaal, demonteer; ~ *from s.t.* van iets afklim *('n fiets ens.).*

**dis·o·be·di·ent** ongehoorsaam, stout; opstandig; *be* ~ *to* ... aan ... ongehoorsaam wees. **dis·o·be·di·ence** ongehoor=
saamheid, stout(ig)heid; opstandigheid; weiering, steeks=
heid *(v. perd).*

**dis·o·bey** ongehoorsaam wees aan, nie gehoorsaam nie, nie na ... luister nie *(iem.);* veron(t)agsaam *(bevel ens.);* oortree *(reël).*

**dis·o·blige** teen ... se wense gaan; beledig; onbeleef(d) be=
handel; moeite/las gee. **dis·o·blig·ing** onbeleef(d), onvrien=
delik; onbehulpsaam, ontegemoetkomend.

**dis·or·der** *n.* wanorde, warboel, deurmekaarspul; verwar=
ring; roesemoes; wanordelikheid, oproer; kwaal, siekte, on=

gesteldheid; ~s broke out onluste het uitgebreek; be in (a state of) ~ deurmekaar wees. **dis·or·der** ww. verwar, ver= ward maak, van stryk (af) bring; versteur. **dis·or·der·ly** wan= ordelik, in 'n warboel, deurmekaar; rumoerig; oproerig, wet= teloos; ~ conduct, (jur.) wanordelike gedrag.

**dis·or·gan·ised, =ized** deurmekaar, chaoties; wanordelik (mens, lewe); onsistematies (werker); ongeorden(d) (liasseer= stelsel). **dis·or·gan·i·sa·tion, =za·tion** wanorde, verwarring, disorganisasie; ontwrigting.

**dis·o·ri·en·tate** verwar, disoriënteer. **dis·o·ri·en·ta·tion** ver= warring, disoriëntasie, rigtingloosheid.

**dis·own** verwerp, verloën, verstoot, weier om te erken.

**dis·par·age** (ver)kleineer, afkraak, slegmaak, verneder; neer= sien op; in diskrediet bring; oneer aandoen. **dis·par·age·ment** (ver)kleinering, minagting, vernedering. **dis·par·ag·ing** (ver)= kleinerend, neerhalend; ~ remarks neerhalende/beledigende aanmerkings.

**dis·par·ate** adj. ongelyk(soortig), uiteenlopend, disparaat. **dis·par·i·ty** ongelyk(soortig)heid, verskil, uiteenlopendheid, dispariteit.

**dis·pas·sion·ate** emosieloos, bedaard; onpartydig, objek= tief.

**dis·patch, des·patch** n. versending, afsending; moord, die doodmaak; verrigting; haas, spoed; berig; amptelike verslag; be mentioned in ~es eervol vermeld word; with (all/great) ~ vinnig, spoedig, so gou (as) moontlik, onverwyld; met be= kwame spoed. **dis·patch, des·patch** ww. versend; (weg)= stuur, uitstuur, afstuur; afhandel, verrig; (infml.) wegsit, ver= orber; doodmaak, uit die weg ruim, bokveld toe stuur; ~ s.o. to ... iem. na ... stuur; ~ s.t. to ... iets na ... versend. ~ box, ~ case aktetrommel; aktetas. ~ rider rapportryer. ~ runner boodskapper.

**dis·patch·er, des·patch·er** versender, afsender; versen= dingsbeampte; (rek.) skeduleerder.

**dis·pel** -ll- verdryf, verdrywe, wegja(ag); uit die weg ruim (iem. se vrees).

**dis·pen·sa·ble** verslapbaar; ontbeerlik, misbaar.

**dis·pen·sa·ry** (hospitaal)apteek; resepteerafdeling (in apteek); kliniek.

**dis·pen·sa·tion** uitdeling; bedeling; beskikking; bestel, stel= sel; vrystelling, ontheffing, dispensasie.

**dis·pense** uitdeel (drankies ens.); uitreik, versprei; toedien (straf); gee (raad); lewer, verskaf; toepas, uitoefen; resepteer, berei (medisyne); (ook) uitgee (medisyne); ~ s.o. from ... iem. van ... onthef/vrystel; ~ with ... sonder ... klaarkom; van ... afsien; ... agterweë laat.

**dis·pens·er** houer; skyfiehouer; outomaat; uitdeler; berei= der; aanbieder; beskikker (oor); bedeler; apteker.

**dis·pens·ing** resepteerkunde; reseptering.

**dis·per·sal** verspreiding; verstrooiing.

**dis·perse** versprei; uitmekaar ja(ag), uiteenja(ag); opbreek (vergadering); verstrooi; versprei (nuus ens.); uitmekaar gaan, uiteengaan; (troepe) uitswerm; (fis.) dispergeer. **dis·per·sion** (ver)spreiding; verstrooiing; (chem., fis., statist.) dispersie; (opt.) kleurskifting.

**dis·pir·it** moedeloos/mismoedig maak, ontmoedig. **dis·pir·it·ed** moedeloos, mistroostig, terneergedruk.

**dis·place** verskuif, verskuiwe; verplaas; vervang; verdring; ontwortel; ~d person ontwortelde, ontheemde; uitgewekene. **dis·place·ment** verskuiwing; verplasing; vervanging; ont= worteling; ontheemdheid; uitwyking; (chem.,fis.) verplasing; (sk.) waterverplasing. ~ activity (psig., soöl.) verplasingsak= tiwiteit.

**dis·play** n. vertoning; uitstalling, tentoonstelling; vertoon; bewys, demonstrasie; (tip.) vertoonwerk; (rek.) (beeld)skerm; (rek.) (skerm)beeld, afbeelding; (soöl.) pronkery; make a (great) ~ of s.t. 'n (groot) vertoon van iets maak, met iets te koop

loop; s.t. is on ~ iets word ten toon gestel; ~ of power/force magsvertoon. **dis·play** ww. vertoon; uitstal, ten toon stel; openbaar; te koop loop met; (tip.) vertoonset; (rek.) vertoon; (soöl.) pronk. ~ad(vertisement) sieradvertensie. ~ cabinet, ~ case (ver)toon=, uitstalkas. ~ counter glastoonbank. ~ sign reklamebord; reklamelig. ~ unit (rek.) vertooneenheid. ~ window uitstalvenster.

**dis·please** ontevrede/vies maak, aanstoot gee, irriteer. **dis·pleased:** be ~ at s.t. oor iets ontevrede/vies wees; be ~ with s.o. vir iem. vies wees. **dis·pleas·ing** onaangenaam. **dis·pleas·ure** misnoeë, misnoegdheid, ontevredenheid; show one's ~ at ... wys dat jy vies is oor ...

**dis·pos·a·ble** weggooibaar, weggooi=; beskikbaar; verkoop= baar, verhandelbaar (bate); besteebaar (inkomste); ~ nappies weggooidoeke.

**dis·pos·al** die weggooi/uitgooi/verwydering; opruiming; ver= koop, afset; vervreemding; afhandeling; plasing; ordening, rangskikking; reëling; beskikking; die beskik= ~ tot jou be= skikking wees/staan; have the ~ of ... oor ... beskik, die beskik= king oor ... hê; place s.t. at s.o.'s ~ iets tot iem. se beskikking stel.

**dis·pose** gewillig maak; ontvanklik maak; stem, in 'n stem= ming bring; plaas, stel; laat staan; orden, rangskik, skik; reël, inrig; opstel (troepe); beskik; man proposes, God ~s die mens wik, maar God beskik; ~ of s.o./s.t. iets weggooi, van iets ont= slae raak; iets onskadelik maak/stel ('n bom); iets weerlê ('n argument); iets uitskakel ('n probleem); iets van die hand sit; iets vervreem (eiendom); iets wegsit (kos); iets afhandel; iets weg= werk; met iem. afreken, iem. die onderspit laat delf ('n teen= stander); iem. uit die weg ruim. **dis·posed:** be ~ to ... geneë/ geneig wees om te ...; tot ... geneë/geneig wees; be favourably/ kindly/well ~ towards s.o./s.t. iem./iets goedgesind wees.

**dis·po·si·tion** stemming, gesindheid, ingesteldheid, instel= ling, gemoedstoestand; geaardheid, temperament; neiging; beskikking; (i.d. mv.) reëlings, planne; (filos.) disposisie; be of a cheerful ~ blymoedig van aard wees.

**dis·pos·sess** onteien, (die besit) ontneem, beroof; (sport) die bal by ... afneem; uitdryf, =drywe, verdryf, =drywe, wegja(ag); verlos, bevry (v. 'n gees); ~ s.o. of s.t. iets van iem. onteien; iem. van iets beroof. **dis·pos·ses·sion** onteiening, ontvreemding; uitdrywing, verdrywing.

**dis·proof** weerlegging, teenbewys; →DISPROVE.

**dis·pro·por·tion** wanverhouding; oneweredigheid, onge= lykheid, disproporsie; afwyking. **dis·pro·por·tion·ate** onewe= redig, ongelyk, buite verhouding; be ~ to ... buite verhouding tot ... wees.

**dis·prove** weerlê; →DISPROOF. **dis·prov·a·ble** weerlegbaar.

**dis·pute** n. woordestryd, twisgesprek, redetwis, dispuut, ge= skil; twis=, geskilpunt; stryery, rusie, onenigheid, twis; re= denasie, argument; be beyond ~ onbetwisbaar (of buite kwes= sie) wees; be in ~ betwis word; the matter/point in ~ die ge= skilpunt, die saak waarom dit gaan; industrial ~ arbeids= geskil; settle a ~ 'n geskil besleg/bylê (of uit die weg ruim); without ~ sonder twyfel, ongetwyfeld, onteenseglik. **dis·pute** ww. redetwis, disputeer, (be)redeneer, argumenteer; heftig bespreek; stry, twis, redekawel; in twyfel trek, betwis; 'n stryd voer oor; weerstand bied aan/teen. **dis·put·a·ble** aan= vegbaar, betwisbaar, onseker. **dis·pu·tant, dis·pu·tant** (rede)= twister; (i.d. mv. ook) strydende partye, disputante. **dis·put·ed** omstrede; ~ point strydvraag.

**dis·qual·i·fy** ongeskik maak; ongeskik/onbevoeg verklaar; uitsluit, wegwys, afkeur; (sport ens.) diskwalifiseer; disquali= fied person onbevoegde. **dis·qual·i·fi·ca·tion** ongeskiktheid, onbevoegdheid; onbevoegverklaring; uitsluiting, wegwysing, afkeuring; diskwalifikasie.

**dis·qui·et** onrus, ongerustheid, verontrusting, besorgdheid. **dis·qui·et·ing** verontrustend, onrusbarend.

**dis·re·gard** n. veron(t)agsaming, geringskatting, misken=

ning; *in complete ~ of* ... met volkome veron(t)agsaming van ...; *with a fine ~ for* ... met 'n hooghartige minagting vir ...; *s.o.'s ~ for* ... iem. se geringskatting van ... **dis·re·gard** *ww.* veron(t)agsaam, ignoreer, negeer, geen notisie van ... neem nie, geen ag op ... slaan nie; minag.

**dis·re·pair** bouvalligheid, verval; *fall into ~* verval, bouvallig word; *be in ~* vervalle/bouvallig wees.

**dis·re·pute** slegte naam, berugtheid, skande; diskrediet, on= eer; *bring s.o./s.t. into ~* iem./iets 'n slegte naam gee *(of* in diskrediet bring *of* aan minagting blootstel); *fall into ~* 'n slegte naam/reputasie kry, berugtheid verwerf. **dis·rep·u·ta·ble** berug; skandelik; onfatsoenlik; *~ character* ongure vent.

**dis·re·spect** *n.* oneerbiedigheid, gebrek aan respek, onbe= leefdheid; *~ for/to* ... oneerbiedigheid teenoor/jeens ..., gebrek aan respek vir ...; *mean no ~* nie bedoel om oneerbiedig te wees nie; *show ~* oneerbiedig wees. **dis·re·spect** *ww., (Am., infml.)* oneerbiedig wees teenoor, nie respekteer nie; minag. **dis·re·spect·ful** oneerbiedig, onbeleef(d), eerbiedloos; *be ~ to* ... oneerbiedig teenoor ... wees.

**dis·robe** jou ontklee/uittrek; jou toga uittrek; ontklee, uittrek *(iem.); (fig.)* van gesag/ens. stroop.

**dis·rupt** ontwrig; versteur; splits, verdeel, verskeur, uitme= kaarskeur, (uiteen)skeur. **dis·rup·tion** ontwrigting; verdeeld=, verskeurdheid, (ver)skeuring, uiteenskeuring, verbreking, uit= eenspatting. **dis·rup·tive** ontwrigtend; versteurend; splits=, skeur(ings)=; *~ element* ontwrigter; rusversteurder, =verstoor= der; moles=, oproermaker.

**dis(s)** *ww., (Am. sl.)* = DISRESPECT *ww..*

**dis·sat·is·fy** teleurstel, nie tevrede stel nie, ontevrede maak; nie aanstaan/geval nie. **dis·sat·is·fac·tion** ontevredenheid, misnoeë, onvergenoegdheid, onvoldaanheid; *express/show/ voice ~ about/at/over/with s.t.* jou ontevredenheid/misnoeë met/oor iets te kenne gee. **dis·sat·is·fied** ontevrede, teleur= gestel(d), onvergenoeg(d); *be ~ with* ... ontevrede met ... wees *(iem., iets),* ontevrede oor ... wees *(iets).*

**dis·sect** ontleed, dissekteer, stukkend *(of* in stukke) sny; *(fig.)* grondig ontleed, uitmekaar trek, uitmekaartrek. **dis·sec·tion** ontleding, (dis)seksie; *(fig.)* ontleding, analise.

**dis·sem·ble** huigel, veins, voorgee; wegsteek, verberg, ver= bloem *(gevoelens ens.).* **dis·sem·bler** huigelaar, veinser, geveins= de, veinsaard, skynheilige.

**dis·sem·i·nate** versprei, verbrei, uitsaai, =strooi, rondstrooi, dissemineer; *~d sclerosis, (patol.)* verspreide/multipele skle= rose. **dis·sem·i·na·tion** verspreiding, verbreiding, uitsaaiing, =strooiing, disseminasie. **dis·sem·i·na·tor** verspreider, ver= breider.

**dis·sent** *n.* meningsverskil, verskil van mening; *(jur.)* afwy= kende uitspraak, minderheidsuitspraak; *(sport)* teen=, teëpra= tery. **dis·sent** *ww.* van mening verskil *(met);* afwyk *(van); ~ from s.o.'s opinion* 'n ander mening as iem. hê/huldig. **dis·sen·sion** tweedrag, onenigheid, verdeeldheid, tweespalt, par= tyskap. **dis·sent·er** andersdenkende; afgeskeidene. **dis·sent·ing** afgeskeie; afwykend; andersdenkend; *~ judg(e)ment* af= wykende uitspraak, minderheidsuitspraak.

**dis·ser·ta·tion** verhandeling, tesis; skripsie; *doctoral ~* (dok= torale) proefskrif, dissertasie; *obtain a doctorate on/with a ~* op 'n proefskrif promoveer.

**dis·ser·vice** ondiens; *do s.o. a ~* iem. 'n ondiens bewys.

**dis·si·dent** *n.* andersdenkende, afvallige, afgeskeidene, dis= sident. **dis·si·dent** *adj.* andersdenkend, afvallig; onenig. **dis·si·dence** afvalligheid; onenigheid, (menings)verskil, af= wykende sienswyse.

**dis·sim·i·lar** ongelyk(soortig), verskillend, anders, uiteen= lopend; *be ~ to* ... anders as ... wees, van ... verskil. **dis·sim·i·lar·i·ty** ongelyk(soortig)heid, verskil, andersheid.

**dis·sim·u·late** huigel, veins, voorgee; wegsteek, verberg, verbloem. **dis·sim·u·la·tion** huigelary, veinsery, geveinsd= heid, voorwendsel, verbloeming.

**dis·si·pate** verdwyn; verdamp; oplos; uitmekaar gaan, uit= mekaar=, uiteengaan; verdryf, verdrywe, verja(ag), laat ver= dwyn; verspil, verkwis, vermors; verloor *(warmte).* **dis·si·pat·ed** *(ook)* losbandig; verlope. **dis·si·pa·tion** verdwyning; ver= damping; oplossing; verdrywing, verjaging; verlies *(v. warm= te);* verspilling, verkwisting, vermorsing; losbandigheid; pret= (makery), plesierigheid, vermaaklikheid.

**dis·so·ci·ate** skei; losmaak; ontbind; isoleer; distansieer; *(chem.)* dissosieer; *~ o.s. from* ... jou van ... distansieer/losmaak, van ... wegstaan, ... nie onderskryf/=skrywe nie. **dis·so·ci·a·tion** skeiding; losmaking; ontbinding; *(chem., psig.)* dissosiasie; *~ from* ... distansiëring/losmaking van ...

**dis·so·lute** losbandig, onsedelik, sedeloos, ontugtig; onge= bonde.

**dis·so·lu·tion** oplossing; smelting; verdwyning; ontbinding *(v. 'n huwelik, d. Parlement);* opheffing; beëindiging; agter= uitgang, verval.

**dis·solve** oplos; smelt; verdwyn; *(vergadering)* uiteengaan; ontbind *('n huwelik, d. Parlement);* ophef; beëindig. **dis·solv·a·ble** oplosbaar; smeltbaar; ontbindbaar.

**dis·so·nant** dissonant, onharmonieus, wanklinkend, onwel= luidend, vals; *(fig.)* afwykend; strydig, botsend, onversoen= baar. **dis·so·nance** dissonansie, onwelluidendheid; wanklank, vals(e) klank, dissonant; onenigheid; strydigheid, onversoen= baarheid.

**dis·suade** afraai, ontmoedig, ompraat, oorreed, oorhaal; *~ s.o. from doing s.t.* iem. ompraat/oorreed om iets nie te doen nie. **dis·sua·sive** ontmoedigend, oorredend.

**dis·taff** spinstok. *~ side (geneal.)* vroulike kant/linie; *on the ~* ~ van moederskant.

**dis·tal** *adj., (anat.)* distaal.

**dis·tance** *n.* afstand, distansie; ent; verte, vêrte, tussenruim= te; *(fig.)* afstand, terughoudendheid, koelheid; *the ~ across* die breedte; *at a ~* op 'n afstand; *at a ~ of 100 metres from* ... 100 meter van ...; *beat s.o. by a ~* iem. maklik uitstof; *cover a ~* 'n afstand aflê; *disappear into the ~* in die verte/vêrte verdwyn; *from a ~* uit die verte/vêrte; *go any ~* gaan so ver/vêr as iem. wil; niks *(of* geen moeite) ontsien nie; *go/ stay the ~* enduit hou; *in the ~* in die verte/vêrte/verskiet; *keep one's ~* op 'n afstand bly; *keep s.o. at a ~* iem. op 'n afstand hou; *keep your ~!* bly waar jy is!; *over long ~s* oor lang afstande; *it is no ~ at all* dis sommer naby; *a good ~ off* 'n taamlike ent weg; *quite a ~ from here* 'n hele ent hier= vandaan; *a short ~* 'n kort afstand; *within shouting/speak= ing ~* binne roep/praatafstand; *within striking ~* binne be= reik/trefafstand; *it is within walking ~* dit is binne loop= afstand. **dis·tance** *ww.* op 'n afstand hou/plaas; ver/vêr agterlaat, (ver/vêr) uitstof; *~ o.s. from* ... jou van ... distan= sieer/losmaak. *~ event* langafstandnommer; middelafstand= nommer. *~ learning* afstand(s)onderrig. *~ runner* langaf= standatleet; middelafstandatleet.

**dis·tant** ver(af), vêr(af), ver/vêr weg, af=, ver=, vêrgeleë, ver= wyder(d); ver/vêr uitmekaar; vaag; afsydig, kil, koel, terug= houdend; *a ~ cousin* 'n verlangse/vêrlangse neef/niggie; *at no ~ date* binne afsienbare tyd; *the ~ future* die verre toe= koms; *a ~ look* 'n ver/vêr/starende blik/uitdrukking; *hear the ~ sound of waves breaking on the shore* die branders/golwe in die verte/vêrte op die strand hoor breek. **dis·tant·ly** ver(af), vêr(af), verwyder(d); koel; *be ~ related* verlangs/vêrlangs fa= milie/verwant wees.

**dis·taste** teë=, teensinnigheid; *s.o.'s ~ for* ... iem. se afkeer van *(of* teë=/teensin in) ... **dis·taste·ful** onsmaaklik *(fig.),* aan= stootlik; *s.t. is ~ to s.o.* iets is vir iem. onaangenaam, iem. het 'n afkeer van *(of* 'n teë=/teensin in) iets.

**dis·tem·per**[1] *(veearts.)* hondesiekte; *cat ~* maagdermontste= king (by katte).

**dis·tem·per**[2] muurkalk, distemper, (kleur)witsel, kalkverf= (stof), temperaverf. **dis·tem·pered** met distemper geverf.

**dis·tend** uitsit, swel, rek; oopspalk, sper. **dis·ten·sion** uit= setting, (op)swelling, rekking; omvang.

**dis·til,** *(Am.)* **dis·till** *-ll-* distilleer; stook; suiwer; afstook; af= druppel; ~ *s.t.from ..., (lett.)* iets uit ... stook; *(fig.)* iets uit ... haal.

**dis·til·late** distillaat. ~ **fuel** dieselolie.

**dis·til·la·tion** distillasie, distillering; (die) stook, stoking.

**dis·till·er** distilleerder, distillateur, distilleertoestel, =ketel; sto= ker. **dis·till·er·y** distilleerdery; stokery.

**dis·tinct** duidelik, helder; beslis, bepaald, onmiskenbaar, ken= nelik; onderskeie, verskillend; afsonderlik, apart; *as* ~ *from* ... teenoor *(of* in teen=/teëstelling met *of* anders as) ...; *be* ~ *from* ... van ... verskil; *a* ~ *improvement* 'n besliste/duide= like verbetering; *on the* ~ *understanding that* ... op die uit= druklike voorwaarde dat ... **dis·tinc·tion** onderskeiding; on= derskeid, verskil; kenmerk; vernaamheid, aansien; lof; erete= ken; *an* ~ *air of* ~ 'n deftige indruk/voorkoms; *draw/make a* ~ *between* ... 'n onderskeid tussen ... maak/tref; *get a* ~ *in a subject* 'n onderskeiding in 'n vak behaal; *a mark of* ~ 'n onderskeidingsteken; *a nice/subtle* ~ 'n fyn onderskeid; *a man/woman of* ~ 'n man/vrou van aansien/betekenis; 'n ver= name man/vrou; *an artist of* ~ 'n vooraanstaande/gerekende kunstenaar; *coffee of* ~ koffie van puik gehalte; *pass with* ~ met lof/onderskeiding slaag; *a sharp* ~ 'n skerp onderskeid. **dis·tinc·tive** onderskeidend, kenmerkend; eiesoortig, apart, besonder(s); onderskeibaar; vernaam; ~ *mark* kenteken, =merk; *be* ~ *of* ... kenmerkend vir/van ... wees. **dis·tinct·ly** duidelik, uitdruklik.

**dis·tin·guish** onderskei, die verskil sien/ken; onderskeid maak; uitmekaar hou, uitmekaar=, uiteenhou; kenmerk, ka= rakteriseer, kenteken; onderskei, sien, uitmaak; indeel; rang= skik; ~ *between* ... die onderskeid/verskil tussen ... ken; tus= sen ... onderskeid maak; ... uitmekaar hou *(of* uitmekaar=/ uiteenhou); ~ *s.t.from* ... iets van ... onderskei; ~ *o.s.* jou on= derskei, naam maak. **dis·tin·guish·a·ble** (her)ken=, onder= skeibaar; *be* ~ *by* ... aan ... herkenbaar wees. **dis·tin·guished** gedistingeer(d); vernaam, vooraanstaande, gesiene, vermaard, van aansien/naam; hooggeplaas; beroemd, befaam(d); uit= stekend, voortreflik, uitmuntend, uitnemend, hoogstaande; onderskeie; *be* ~ *by* ... om/vanweë/vir/weens ... bekend wees; *a* ~ *career* 'n voortreflike loopbaan; ~ *company* uitgelese geselskap; *be* ~ *for* ... om/vanweë/vir/weens ... bekend wees; in ... uitmunt; *as* ~ *from* ... in teen=/teëstelling met ...; wat van ... onderskei moet word. **dis·tin·guish·ing** onderskeidend; kenmerkend, karakteristiek.

**dis·tort** verwring, verdraai, vertrek; skeef=, kromtrek; *(fig.)* verwring, verdraai, verkeerd voorstel; *(elek.)* vervorm. **dis· tort·ed** verwronge, verdraai(d); misvorm(d); vervorm(d). **dis·tor·tion** verwringing, verdraaiing, vertrekking; kromtrek= king; verwrongenheid, verdraaidheid; misvormdheid; ver= vorming.

**dis·tract** aflei, aftrek *(aandag);* verwar; verbyster; gek maak; ~ *o.s.* jou vermaak *(of* besig hou), die tyd verdryf/verdrywe; ~ *s.o.from s.t.* iem. se aandag van iets aflei. **dis·tract·ed** ver= war(d), deurmekaar; verbyster(d); gek, radeloos. **dis·trac· tion** afleiding, ontspanning, vermaak; verwarring; verbys= tering; *drive s.o. to* ~ iem. gek/radeloos maak; *love s.o. to* ~ smoor=/dolverlief op iem. wees.

**dis·traught** verontrus, besorg, ongerus, vertwyfeld, op hol, buite jouself; radeloos; *be* ~ *with* ... radeloos wees van ... *(angs ens.).*

**dis·tress** *n.* angs, kommer, bekommernis, benoudheid; droef= heid, verdriet; nood, ellende, teen=, teëspoed, rampspoed; armoede; *a companion in* ~ lotgenoot; *a cry of* ~ 'n angs=/ noodkreet; *a flag of* ~ 'n noodvlag; *be in (dire/sore)* ~ in (groot) nood verkeer/wees; *relieve* ~ nood lenig. **dis·tress** *ww.* ontstel, onthuts, verontrus, beangs maak, met angs/kom=

mer vervul; kwel; leed aandoen/berokken, verdriet aandoen; in die nood dompel, ellende bring oor; *(jur.)* beslag lê op. ~ **area** noodgebied. ~ **call** noodroep. ~ **flare** noodfakkel. ~ **sig· nal** noodsein; noodberig.

**dis·tressed** ontsteld, onthuts, beangs, angstig, bekommerd; oorstuur(s), van stryk (af); bedroef, verdrietig; in die nood; behoeftig, armoedig, noodlydend; *be* ~ *about s.t.* oor iets ont= steld wees; oor iets bedroef wees.

**dis·tress·ing, dis·tress·ful** ontstellend, onthutsend, ver= ontrustend, onrusbarend, angswekkend; benoud, beangs, angstig; kwellend; ellendig, haglik, jammerlik, benard; ramp= spoedig.

**dis·trib·ut·a·ble** verdeelbaar; uitkeerbaar *(wins ens.).*

**dis·trib·u·tar·y** rivierarm; verspreidingstroom.

**dis·trib·ute** uitdeel, (ver)deel; uitreik; uitgee; *(fin.)* uitkeer; besorg; versprei; verbrei; rangskik, orden, klassifiseer, indeel; *(druk.,wisk.)* distribueer; ~ *s.t.among* ... iets onder ... uitdeel; ~ *the ball, (rugby)* die bal uitgee *(of* laat loop); die spel oop= maak; ~ *a dividend, (fin.)* 'n dividend betaal/uitkeer; ~ *d load* verspreide las; ~ *s.t. to* ... iets aan ... uitdeel.

**dis·tri·bu·tion** uitdeling, (ver)deling; uitreiking; uitkering; besorging; verspreiding; verbreiding, verbreidheid; indeling; *(statist.)* verdeling; *(jur.,fis.)* distribusie; ~ *of dividends* divi= denduitkerings; ~ *of population* bevolkingsdigtheid; ~ *of prizes* prysuitdeling, =uitreiking; ~ *of profits* winsuitkering. ~ **account** distribusie=, verdelingsrekening. ~ **board** *(elek.)* verdeelbord. ~ **cost,** ~ **expense** distribusie=, afsetkoste. ~ **net· work** verspreidingsnetwerk; *(elek.)* distribusie=, verdeelnet. ~ **rights** verspreidingsregte. ~ **valve** *(mot.)* verdeelklep.

**dis·trib·u·tive** verdelend; indelend; *(wisk.)* distributief.

**dis·trib·u·tor** verspreider; groothandelaar; tussenhandelaar; uitdeler, verdeler; *(mot.)* (stroom)verdeler; *(elek.)* hoofver= deelkabel; *(druk.)* distribueerder; ~ *of the ball, (rugby)* uit= geër, oopmaker. ~ **head** verdeler=, verdeelkop.

**dis·trict** distrik; streek, gebied; omgewing; buurt, wyk; *ma= gisterial* ~ magistraats=, landdrosdistrik. ~ **attorney** *(Am.)* distriksprokureur. ~ **court** distrikshof. **D~ Six** *(SA)* Distrik Ses. ~ **surgeon** distriksgeneesheer, =dokter.

**dis·trust** *n.* wantroue, agterdog, verdenking, twyfel; *regard s.t. with* ~ iets met agterdog bejeën; *s.o.'s* ~ *of* ... iem. se wan= troue in ... **dis·trust** *ww.* wantrou, met agterdog bejeën, geen vertroue in ... hê nie, verdink. **dis·trust·ful** agterdogtig, wantrouig, wantrouend; *be* ~ *of s.o./s.t.* iem./iets wantrou.

**dis·turb** steur, stoor, pla, hinder; versteur *(balans, rus, ens.);* deurmekaar maak; in die war stuur; vertroebel *(fig.);* ont= stel, onthuts, ontstem, verontrus; skok; moeite doen. **dis·tur· bance** (ver)steuring, (ver)storing; steurnis, stoornis; vertroe= beling *(fig.);* besorgdheid, verontrusting; opskudding, beroe= ring; rusverstoring, opstootjie, oproerigheid; *(i.d. mv. ook)* onluste, oproer, onrus, wanordelikhede; *cause/create a* ~ on= rus veroorsaak, die rus versteur/verstoor, steurnis/stoornis maak/veroorsaak/verwek; ~ *of the peace* rusverstoring, =ver= steuring. **dis·turbed** ontsteld, geskok; besorg, ongerus, ge= kwel; *(mentally)* ~ (geestelik) versteurd; ~ *night* rustelose nag; ~ *person* versteurde. **dis·turb·er** verstoorder, versteurder; ~ *of the peace* rusverstoorder, =versteurder, onrusstoker. **dis· turb·ing** steurend, storend, hinderlik; ontstellend, veront= rustend, onrusbarend, kommer=, sorgwekkend.

**dis·u·nit·ed** verdeeld, onenig. **dis·u·ni·ty** verdeeldheid, on= enigheid, tweedrag, tweespalt.

**dis·use** onbruik; *fall into* ~ in onbruik raak. **dis·used** on= gebruik *(grond ens.);* wat in onbruik is *(of* geraak/verval het) *(mynskag, fabriek, ens.);* leeg(staande) *(gebou).*

**ditch** *n.* sloot, voor; grag; *dig a* ~ 'n sloot grawe; *the last* ~ die laaste loopgraaf/skans; *die in the last* ~ tot die bitter(e) einde volhard. **ditch** *ww.* 'n sloot *(of* slote) grawe; afwater, dreineer; *(infml.)* afsê, die trekpas gee *(kêrel, nooi);* laat staan, los, verlaat *(man, vrou, motor, ens.);* in die steek laat *(familie,* *vriende);* laat loop, in die pad steek, afdank *(werknemer);* laat vaar, afsien van, opgee *(plan, projek);* wegsmyt, weggooi *(onnodige voorwerp); (Am., infml.)* ontglip *(polisie); (infml.)* 'n noodlanding op see *(of* die water) doen/maak/uitvoer.

**dith·er** *n.* aarseling, weifeling, geweifel; *in a ~* verbouereerd, senu(wee)agtig, op jou *(of* die ene) senuwees. **dith·er** *ww.* aarsel, weifel, besluiteloos wees; verbouereerd/senu(wee)agtig *(of* op jou senuwees *of* die ene senuwees) wees.

**dit·sy** *=sier =siest,* **dit·zy** *=zier =ziest, (Am. sl.)* loskop, verstrooid; malkop, maltrap, laf, verspot, stuitig.

**dit·to** ditto, dieselfde; insgelyks; *(infml.)* duplikaat; *~ for me, (infml.)* vir my ook; *I say ~, (infml.)* ek stem saam.

**dit·ty** liedjie, deuntjie, wysie.

**ditz** *n., (Am., sl.)* loskop; malkop, maltrap.

**di·u·ret·ic** *n.* diuretikum, urineermiddel, uriendrywer; ontwateringsmiddel. **di·u·ret·ic** *adj.* diureties, uriendrywend; ontwaterings=.

**di·ur·nal** daagliks, dag=; *~ butterfly* dagvlinder; *~ flower* dagbloeier.

**di·va** *=vas, =ve* diva, beroemde/gevierde (opera)sangeres.

**di·va·lent, di·va·lent** *(chem.)* tweewaardig, divalent. **di·va·lence** tweewaardigheid, divalensie.

**Di·va·li** →Diwali.

**di·van** divan; sofa.

**dive** *n.* duik; duikvlug; *(infml.)* berugte kroeg/klub; →Diving; *make a ~* duik; *make a ~ for s.t.* na iets duik; na iets gryp; na iets toe vlieg; *take a ~, (infml.), (pryse ens.)* vinnig daal/sak; *(boks)* kastig/kam(s)tig platgeslaan/uitgeslaan word; *(sokker)* kastig/kam(s)tig neergevel word. **dive** *ww.* (in)duik, (in)dompel; insteek; jou verdiep *(in),* wegsak *(in); ~ behind s.t.* agter iets wegduik; *~ for s.t.* na iets duik; iets uitduik; na iets gryp; na iets toe vlieg; *~ in* induik; *(infml.)* weglê *(aan kos); ~ into s.t.* in iets duik *(water ens.);* vinnig in iets spring; *~ into a subject* jou in 'n vak verdiep. **~-bomb** *ww., (mil.)* duikbombardeer; *(voël)* afduik op; *(voël)* blerts op. *~* **bomber** duikbomwerper. **~-bombing** duikbomwerping. *~* **pass** duikaangee.

**div·er** *(ook orn.)* duiker.

**di·verge** splits; *(fig.)* (van mekaar) afwyk/verskil; *(weë ens.)* skei, uitmekaar loop, uitmekaarloop, uiteenloop; *(wisk.)* divergeer; *~ from ..., (pad ens.)* uit ... uitdraai/wegdraai; *(benadering ens.)* van ... afwyk/verskil. **di·ver·gence, di·ver·gen·cy** splitsing; afwyking, verskil; skeiding, uiteenloping; divergensie. **di·ver·gent** uiteenlopend; afwykend, verskillend; *(wisk., psig.)* divergent.

**di·verse, di·verse** verskillend, uiteenlopend, ongelyk(soortig), divers, onderskeie; gevarieer(d). **di·ver·si·fi·ca·tion** *(han.)* diversifikasie; afwisseling, variasie; verandering, wysiging. **di·ver·si·fy** afwissel, varieer; diversifiseer. **di·ver·si·ty** verskil, uiteenlopendheid, ongelyk(soortig)heid; verskeidenheid, diversiteit, variasie; afwisseling; *~ of opinion* verskil van mening.

**di·vert** wegdraai, wegkeer, wegwend; afwend; aflei, aftrek *(aandag);* verlê *(rivier ens.);* omlei *(verkeer ens.);* laat uitwyk *(vliegtuig);* in 'n ander rigting stuur *(gesprek);* elders aanwend *(geld ens.);* vermaak, amuseer; *~ attention* die aandag aflei/aftrek; *~ s.t. from/to ...* iets van/na ... wegkeer; *~ water from a river* water uit 'n rivier lei; *~ed river* verlegde rivier. **di·ver·sion** wegkering, wegwending; afwending; afleiding *(v.d. aandag);* (pad)verlegging; omleiding *(v. verkeer ens.);* uitwyking; afleiding, ontspanning, vermaak, tydverdryf, verstrooiing; *(mil.)* skynbeweging, afleidingsaanval; *create a ~* die aandag aflei; *do s.t. for ~* iets vir afleiding doen; *seek ~* afleiding soek. **di·ver·sion·ar·y** afleidend; *~ attack* afleidingsaanval; *~ landing* uitwyklanding.

**di·vest** onttrek *(aan);* beroof *(van); (jur.)* ontdoen *(van),* ontneem; *~ o.s. of s.t.* iets aflê, van iets afstand doen; *~ s.o. of s.t.* iem. van iets beroof; iem. iets ontneem; *~ s.t. of ...* iets van ...

bevry; ... uit iets verwyder. **di·vest·ment** berowing; afstand; ontdoening; *(ekon.)* disinvestering.

**di·vide** *n.* waterskeiding; skeiding; skeidslyn; kloof. **di·vide** *ww.* (ver)deel; skei; sny, deurklief, splits; afbreek *(woord);* verdeeld raak; *~ s.t. among/between ...* iets onder/tussen ... verdeel; *~ by ..., (wisk.)* deur ... deel; *~ into ...* in ... deel; *~ s.t. into two/etc. parts* iets in twee/ens. dele verdeel; *2 and 5 ~ into 10, (wisk.)* 10 is deelbaar deur 2 en 5; *~ 5 into 25, (wisk.)* 5 in 25 *(of* 25 deur 5) deel; *~ an area off* 'n gebied afskei; *~ and rule* verdeel en heers; *~ s.t. up* iets verdeel; iets uitdeel; iets onderverdeel. **di·vid·ed** *(ook)* verdeeld, nie eensgesind nie; *be ~ against itself* onderling verdeeld wees; *be ~ among(st) themselves* onderling verdeeld wees; *a deeply ~ society* 'n verskeurde *(of* diep/skerp verdeelde) samelewing/gemeenskap; *be ~ from ... van ...* afgeskei wees; *~ leaf* verdeelde blaar; *be ~ over s.t.* verdeeld oor iets wees, nie eensgesind oor iets wees nie; *~ skirt* broekrok. **di·vid·er** (ver)deler; (ver)deeltoestel; skeier *(v. battery); (pair of) ~s* verdeelpasser; *(room) ~* kamerverdeler, =skeiding; *spring ~s* veerpasser. **di·vid·ing:** *~ compasses* verdeelpasser; *~ head* verdeelkop; *~ line* skeids=, skeidingslyn; *~ wall, (bouk.)* skeidings=, skeidsmuur; skeimuur.

**div·i·dend** *(fin., versek.)* dividend; winsaandeel; *(insolvensie)* uitkering; bonus; deeltal; *cum ~* met dividend; *declare a ~* 'n dividend verklaar; *ex ~* sonder dividend; *pass a ~* 'n dividend oorslaan/passeer; *pay/distribute a ~, (lett.)* 'n dividend betaal/uitkeer; *s.t. pays ~s, (fig.)* iets werp vrugte af; *~s receivable* verhaalbare dividende. *~* **cover** dividenddekking. *~* **declaration** dividendverklaring. *~* **distribution** dividenduitkering. *~* **payment,** *~* **payout** dividendbetaling. *~* **policy** dividendbeleid. *~* **yield** dividendopbrengs.

**div·i·na·tion** voorgevoel, waarsêery, waarsêerskuns; voorspelling.

**di·vine** *adj.* goddelik; godsdienstig; *(infml.)* hemels, verruklik, ongelooflik, fantasties, wonderlik; *think one has the ~ right to ...* dink jy het die goddelike reg om te ...; *~ service* godsdiens(oefening), kerkdiens. **di·vine** *ww.* 'n voorgevoel hê (van); gis, raai, vermoed; voorspel, profeteer; waarsê, wiggel; aanwys *(water);* opspoor *(olie ens.).*

**di·vin·er** voorspeller, waarsêer; waarsegster; dolosgooier; wiggelaar; *water ~* waterwyser, =soeker.

**div·ing** duik(sport); duikery, duikwerk. *~* **beetle** duikkewer. *~* **bell** duik(er)klok. *~* **board** duik=, springplank. *~* **gear** duiktoerusting. *~* **goggles** duikbril.

**di·vin·ing** voorspellery; wiggelary; aanwysing. *~* **rod** waterstokkie, wiggelroede.

**di·vin·i·ty** *=ties* goddelikheid, godheid; god, goddelike wese; godheid; teologie, godgeleerdheid.

**di·vis·i·ble** deelbaar; verdeelbaar; *9 is ~ by 3* 9 is deelbaar deur 3. **di·vis·i·bil·i·ty** deelbaarheid; verdeelbaarheid.

**di·vi·sion** (ver)deling; (op)splitsing; skeiding; grens; afdeling, seksie, tak, buro; *(parl.)* (hoofdelike) stemming; meningsverskil, verdeeldheid, onenigheid, tweedrag; *(wisk.)* deling; *(wisk.)* deelsomme; *(mil., bot.)* divisie; *(log.)* indeling; *call for a ~, (parl.)* (om) 'n hoofdelike stemming vra; *~ of an estate* boedelskeiding; *~ of labour* arbeids=, werkverdeling, verdeling van werk; *long ~, (wisk.)* langdeling; *point of ~* deelpunt, verdelingspunt; *~ without remainder, (wisk.)* opgaande deling; *short ~, (wisk.)* kortdeling; *sign of ~, (wisk.)* deelteken. *~* **bell** *(parl.)* stemklokkie. *~* **sign** *(wisk.)* deelteken. *~* **sum** deelsom. *~* **wall** binne=, skei=, snymuur.

**di·vi·sion·al** deel=; afdelings=; *~ boundary* afdelingsgrens; *~ council* afdelingsraad; *~ headquarters, (mil.)* divisiehoofkwartier.

**di·vi·sive** strydwekkend, verdelend; kontensieus; *a ~ issue* 'n saak/kwessie wat tweedrag/verdeeldheid/onenigheid saai.

**di·vorce** *n.* egskeiding; skeiding; *file/sue for (or seek a) ~* 'n egskeiding aanvra; *get a ~* skei, 'n egskeiding verkry. **di=**

**vorce** *ww., (hof)* die/'n huwelik ontbind, egskeiding verleen; *(partye)* skei; *be ~d* geskei wees; *~ o.s./s.t. from ...,* *(fig.)* jou/ iets van ... losmaak; *~ s.o./s.t. from ...,* *(fig.)* iem./iets van ... (af)skei *(of* aan ... onttrek); *s.t. is ~d from reality* iets is ver/ vêr van die werklikheid; *~ s.o.* van iem. skei; *they were ~d in 1997/etc.* hulle het/is in 1997/ens. geskei, hul(le) huwelik is in 1997/ens. ontbind. *~ case, ~ suit* egskeidingsaak, egskeidingsproses. *~ court* egskeidings-, skeihof. **di·vor·cee** geskeide man/vrou.

**div·ot** *(golf)* sooitjie.

**di·vulge** onthul, openbaar, bekend/openbaar maak, bekend= maak; uitlap, verklap; *~ s.t. to s.o.* iets aan iem. onthul/open= baar.

**Di·wa·li, Di·va·li** *(Hindoefees v. ligte)* Diwali.

**Dix·ie** *(infml.)* die suidelike state van die VSA. **~land** *(Am., mus.)* Dixieland(jazz).

**dix·ie** *-ies, (mil.)* pot, kastrol; ketel; kosblik.

**diz·zy** duiselig, dronk (in die kop), lighoofdig; verwar(d), ver= byster(d); duiselingwekkend; *(infml.)* loskop; *become/grow ~* duiselig word, duisel; *feel ~* duiselig *(of* dronk [in die kop]) voel; *a ~ height* 'n duiselingwekkende hoogte; *make s.o. ~* iem. duiselig maak; iem. verbyster. **diz·zy·ing** duiseling= wekkend; verbysterend. **diz·zi·ness** duiseligheid, duiseling, dronkheid, lighoofdigheid, swymel.

**djin** →JINN.

**DNA** *(afk.:* deoxyribonucleic acid*)* DNS *(afk.:* deoksiribonu= kleïensuur*).* *~* **fingerprint,** *~* **profile** genetiese vingerafdruk, DNS-profiel. *~* **fingerprinting,** *~profiling* DNS-profilering. *~* **virus** DNS-virus.

**do¹** *dos, do's, n., (infml.)* party(tjie), geselligheid, byeenkoms; *~(?)s and don'ts, (infml.)* moete/moets en moenies. **do** *did done, ww.* doen, verrig, uitvoer; handel, optree, gedra; genoeg wees; maak *(ook 'n skildery, tekening, ens.);* aan die kant maak *('n kamer ens.);* opmaak *(gesig);* doen *(hare);* knip, vyl, verf *(naels);* was *(skottelgoed);* rangskik *(blomme); (kookk.)* gaar= maak, kook, berei; opvoer *(toneelstuk);* speel, die rol vertolk van *(Hamlet ens.); (infml.)* naboots, nadoen, navolg; *(infml.)* verpersoonlik, voorstel, uitbeeld; skryf, skrywe *(resensie ens.);* invul *(blokkiesraaisel);* besoek, bekyk, besigtig *(land, stad, mu= seum, ens.);* →DID, DOING, DONE; *~ s.t. about a matter* iets aan 'n saak doen, werk maak van iets; *~ it again* dit weer doen, weer so maak; *s.o. is not doing anything* iem. doen niks; *~ to others as you would have them ~ to you* behandel ander mense soos jy self behandel wil word, doen aan ander soos jy aan jou gedoen wil hê; *s.t. will ~ as* ... iets kan as ... dien; *~ away with s.t., (infml.)* iets afskaf, met iets wegdoen; iets laat vaar; van iets ontslae raak; iets weggooi; iets uitskakel; *~ badly* sleg/swak vaar; sleg daarvan afkom; *~/try one's best* jou bes doen; *~ better* beter presteer, verbetering toon; be= ter vaar; iets beters lewer; aan die herstel wees; *~ well/badly by s.o.* iem. goed/sleg behandel; *~ come* kom gerus; *~ come in* kom gerus binne; *s.o. just could not ~ it* iem. kon dit glad/eenvoudig nie doen nie; *~ or die* oorwin of sterf/sterwe; buig of bars; *it doesn't ~ to* ... dis nie goed om te ... nie; dit help nie om te ... nie; *I don't ...,* *~ you?* ek ... nie, en jy?; *you don't ...,* *~ you?* jy ... (mos) nie, nè *(of* of hoe)?; *you ~, don't you?* nie waar nie?; *~ s.o./s.t. down, (Br., infml.)* iem./iets af= kraak/afkam/slegmaak; iem. inloop; *have s.t. else to ~* iets anders te doen hê; *have to ~ s.t. else* iets anders moet doen; *s.o. does not feel like doing s.t.* iem. sien teen iets op; *s.t. will ~ for* ... iets sal genoeg/voldoende vir ... wees; iets sal vir ... deug *(of* geskik wees *of* goed genoeg wees); *what can I ~ for you?* waarmee kan ek (jou/u) help?; *what does s.o. ~ for ...?* wat gebruik iem. as ...?; *Tchaikovsky/etc. doesn't ~ anything for me* Tsjaikowski/ens. laat my koud; *that jacket/etc. does noth= ing for* him/her, *(infml.)* daardie baadjie/ens. pas hom/haar glad nie *(of* laat hom/haar na niks lyk nie); *that jacket/etc. does s.t. for* him/her, *(infml.)* daardie baadjie/ens. pas hom/haar

goed, hy/sy lyk (baie) mooi/goed in daardie baadjie/ens.; *~ s.t. for* ... iets vir ... doen; iets ter wille van ... doen; *get to ~ s.t.* (die) kans kry om iets te doen; *get s.o. to ~ s.t.* iem. iets laat doen; iem. beweeg/oorhaal om iets te doen; *go and/to ~ s.t.* iets gaan doen; *s.t. does s.o. good* iets doen iem. goed; *s.o. has to ~ s.t.* iem. moet iets doen, iem. is verplig om iets te doen; *have s.t. to ~* iets te doen hê; *~ you hear?* hoor jy?; *I ~ hope ...* ek hoop regtig/werklik ...; *how ~ you ~?* aange= name kennis!, bly te kenne!; *I ~* ja; *~ s.o. in, (sl.)* iem. van kant *(of* van die gras af) maak, iem. uit die weg ruim *(of* na die ander wêreld help); *that does it!* dis die laaste strooi!, dis te erg!; dis net reg!; *does it now?* regtig?; *don't I just!, (infml.)* dit sou ek dink!; *~ 100 kilometres* 100 kilometer aflê; *~ 140 kilometres an hour* teen 140 kilometer per uur ry; *not ~ s.t. lightly* nie sommer iets doen nie; *~ what you like!* maak soos jy wil!; *s.o. can ~ as he/she likes* iem. kan doen (net) wat hy/sy wil; *there is little (or not much) (that) one can ~ about it* ('n) mens kan nie veel daaraan doen nie; *make s.o. ~ s.t.* iem. iets laat doen; iem. dwing om iets te doen; sorg dat iem. iets doen; *make ~ with* ... met ... klaarkom/deur= kom/regkom, ... as noodhulp gebruik; *no matter what you ~, I won't* ... al staan jy op jou kop, sal ek nie ... nie; *that's more than s.o. can ~* dit kan iem. nie nadoen nie; *what more can s.o. ~?* wat kan iem. nog doen?; *that/this will never ~* so kan dit nie aangaan nie; *that will ~ nicely* dit is net die ding; *s.o. is doing nicely/well* met iem. vorder goed; dit gaan goed met iem.; *not ~ s.t.* iets nie doen nie; *s.o. does not swim/etc.* iem. swem/ens. nie; *please ~ not* ... moet asseblief nie ... nie; *there is nothing one can ~ about it* ('n) mens kan niks daaraan doen nie, daar is niks aan te doen nie; *s.o. has nothing to ~* iem. het niks te doen nie; *that has nothing to ~ with it* dit het niks daarmee te doen/make nie; *have nothing to ~ with s.o.* niks met iem. uit te waai hê nie; *~ s.t. out, (infml.)* iets versier/meubileer/opknap *('n vertrek ens.);* iets skoonmaak/ opruim *(of* aan die kant maak) *(kombuiskaste ens.);* *~ s.o. out of s.t., (infml.)* iem. van iets beroof, iem. uit iets kul; iem. ontsê; *~ s.o. out of a large amount, (infml.)* iem. met 'n groot bedrag inloop; *~ s.o. over, (infml.)* iem. opdons; *~ s.t. over* iets oordeen; iets herhaal; *(infml.)* iets versier/meubileer/op= knap; *~ as you please!* maak soos jy wil!; *you may safely ~ it* jy kan dit veilig doen; *~ as I say,* and so *I ~* maak soos ek sê, nie soos ek maak nie; *one shouldn't ~ it* ('n) mens be= hoort dit nie te doen nie; *it takes a ... to ~ that* net 'n ... kan dit doen, dit kan net 'n ... doen; *~ tell me* sê/vertel my tog; *~ s.t. to s.o.* iem. iets aandoen; *... does s.t./things to s.o., (fig., infml.)* ... maak iets in iem. wakker; *you can't ~ that to me!* dit kan jy my nie aandoen nie!; *how could you ~ that to me?* hoe kon jy my so iets aandoen?; *the only one to ~ so* die enigste wat dit doen; die enigste wat dit gedoen het; *~ o.s. up* jou mooimaak; *~ s.t. up* iets maak/toedraai *('n pakkie);* iets her= stel/regmaak *('n ou motor ens.);* iets opknap/restoureer/ver= sier *('n huis ens.);* iets vasmaak *(knope ens.);* iets opkam *(hare);* *~ one's utmost* uithaal; *s.o. wants to ~ s.t.* iem. wil iets doen; *~ well* goed vaar; (goed) presteer; goed speel/leer/werk; goeie werk doen; goed aangaan; voorspoedig wees, vooruit= gaan; goeie sake doen; verstandig/wys handel; *(diere, plante, ens.)* gedy, goed aard; *~ well for o.s.* voorspoedig wees, voor= uitgaan; *~ o.s. well* jouself nie afskeep nie, jou te goed doen; *~ well out of s.t.* goeie wins uit iets maak; *s.o. would ~ well to* ... iem. moet liewer(s) ..., dit sou verstandig van iem. wees om te ..., iem. sou verstandig optree deur te ...; *~ s.t. well* iets goed doen; *what am I to ~?* wat moet ek maak/doen?, wat staan my te doen?; *what are you doing here/there?* wat maak jy hier/daar?; *what did you ~ to ...?* wat het jy/julle aan ... gedoen *(of* met ... aangevang)?; *what does s.o. ~?* wat *(of* watse werk) doen iem.?; *what is ... doing here?* wat maak ... hier?; *not know what to ~ with o.s.* opgeskeep wees met jou= self, doodverveeld wees, iem. weet nie goed om die/jou arm rond= loop; nie weet waar om jou kop in te steek nie, voel of jy in die aarde/grond kan wegsink; *will ~!, (infml.)* ja goed, ek sal!;

*it will* ~ dit sal gaan; *a ... will also* ~ 'n ... sal ook goed wees; *that will* (or *that'll*) ~ dis genoeg; *it/this/that will not* (or *won't*) ~ dit is (*of* dis) nie genoeg nie; dit is (*of* dis) nie goed genoeg nie, dit deug (*of* sal nie betaal/gaan) nie; *s.t. will not* (or *won't*) ~ *for s.o.* iets is nie vir iem. geskik nie; *it has to* ~ *with* ... dit het met ... te doen/make, dit hou met ... verband, dit staan met ... in verband; *s.o. has to* ~ *with s.t.* iem. is by/ in iets betrokke; *what has it got to* ~ *with ...?* wat het dit met ... te doen/make?; *s.o. could* ~ *with s.t.* iem. het iets nodig (*geld, hulp, ens.*); iets sal vir iem. welkom wees; iem. het/is/ voel lus vir iets (*'n drankie ens.*); *s.t. could* ~ *with ... ...* sou iets verbeter; ~ *without* daarsonder klaarkom; ~ *without s.t.* sonder iets bly/klaarkom/regkom; *s.o. can* ~ *without ...,* (*euf.*) iem. het ... nie nodig nie; *s.o. could* ~ *worse than ...* iem. sou geen fout maak deur te ... nie; ~ *10/etc. years* 10/ ens. jaar straf uitdien (*of* [in die tronk] sit); ~ *it yourself* doen dit self. **do** *tw.* ja, (doen dit) gerus!. **~-gooder** humaniteitsdweper, filantroop. **~-it-yourself** *n.* doen-dit-self. **~-it-yourself** *adj.* doen-dit-self-, selfdoen-; *the* ~ *craze* die self= doengier/doen-dit-self-gier; ~ *fan* selfdoenentoesias, =gees= driftige; ~ *kit* selfdoenstel, doen-dit-self-stel; ~ *shop* self= doenwinkel, doen-dit-self-winkel. **~-it-yourselfer** selfdoener. **~-nothing** leeglêer, leegloper, luiaard. **~-or-die** *adj. (attr.)* alles-of-niks-; verbete.

**do², doh** *n., (mus.)* do.
**Do·ber·man(n)** *=man(n)s,* **Do·ber·man(n) pin·scher** *=schers, (honderas)* dobermann(-pinscher).
**doc** *(infml.,afk.v. doctor)* dok(ter). **D ~ Martens** *(handelsnaam)* Doc Martens (skoene/stewels).
**doc·ile** gedwee *(pred.),* gedweë *(attr.),* inskiklik, gewillig, ge= dienstig; onderdanig, onderworpe; mak; ~ *wicket, (kr.)* dooie kolfblad. **do·cil·i·ty** gedweeheid, gedweënheid, inskiklik= heid, gewilligheid, gedienstigheid; onderdanigheid, onder= worpenheid.
**dock¹** *n.* (skeeps)dok; →DOCKAGE, DOCKER, DOCKING; *dry* ~ droogdok; *floating* ~ dryfdok; *naval* ~ marinewerf. **dock** *ww., (sk.)* dok, vasmeer, in die dok bring; *(skip, boot)* dok, vasmeer, aanlê; *(ruimtev.)* koppel; *(ruimteskepe)* gekoppel word; ~ *at a port* in 'n hawe vasmeer. ~ **charges,** ~ **dues,** ~ **duties** dok=, hawegeld, dokkoste. ~ **hand,** ~ **labourer,** ~ **worker** dokwerker. **~land** hawebuurt. **~master** dokmeester. **~side** *adj.* kaai=, hawe=. **~yard** (skeeps)werf.
**dock²** *(jur.)* beskuldigdebank; *in the* ~ in die beskuldigde= bank.
**dock³** *n.* stertpit; stompstert. **dock** *ww.* inkort, aftrek/te= rughou (van) *(iem. se loon/salaris);* (kort/stomp) afsny/afkap *(stert);* stompstert maak *(dier);* →DOCKED. **~-tailed** stomp= stert.
**dock·age** dok=, hawegeld, dokkoste.
**docked** stompstert.
**dock·er** dokwerker; *~s' strike* dokstaking.
**dock·et** *n.* afleweringsbrief, =nota; bestelvorm; bewys(stuk), sertifikaat; magtiging; vorm, brief(ie); etiket, kaartjie, stro= kie; *(jur.)* dossier. **dock·et** *ww., (lett. & fig.)* etiketteer; merk, indeel, klassifiseer; inskryf, =skrywe, opskryf, =skrywe *(in 'n boek/register);* (*Am., jur.*) op die rol plaas.
**dock·ing** *(sk.)* (die) vasmeer; *(ruimtev.)* koppeling. ~ **bridge** dokbrug. ~ **latch** koppelknip. ~ **manoeuvre** koppe= lingsmaneuver.
**doc·tor** *n.* dokter, geneesheer, arts, medikus; doktor, ge= promoveerde; *call (in) a* ~ 'n dokter ontbied; *consult/see a* ~ 'n dokter raadpleeg/spreek, dokter toe gaan; *~'s degree* doktoraat, doktorsgraad; *just what the* ~ *ordered,* (*infml.*) die ware Jakob; *be under ~'s orders* onder doktersbehandeling wees. **doc·tor** *ww.* dokter, (medies) behandel; *(infml.)* prak= tiseer, as dokter werk; regmaak, opknap, regdokter; vervals; doepa *(renperd);* (*infml.: kastreer, steriliseer*) dokter, regmaak *(hond ens.).*

**doc·tor·al** doktoraal, doktors=.
**doc·tor·ate** doktoraat, doktorsgraad.
**doc·tri·naire** *n.* doktrinêr, teoretikus, dogmatikus. **doc·tri= naire** *adj.* doktrinêr, dogmaties, leerstellig; teoreties, on= prakties.
**doc·trine** leerstelling, doktrine, leerstuk; dogma; leerstelsel; (geloofs)leer, lering; *preach a* ~ 'n leer verkondig; *reject a* ~ 'n leer verwerp. **doc·tri·nal** leerstellig, doktrinêr; dogmaties; leer=; ~ *point* geloofspunt; ~ *theology* dogmatiek.
**doc·u·dra·ma** dokudrama, dokumentêre drama.
**doc·u·ment** *n.* dokument, geskrif, (geskrewe) stuk; oorkonde; *draw up a* ~ 'n stuk/dokument opstel. **doc·u·ment** *ww.* dokumenteer; van dokumentasie voorsien; met bewysstukke staaf. **doc·u·men·ta·ry** *n.* dokumentêre stuk/program/prent, dokumentêr. **doc·u·men·ta·ry** *adj.* dokumentêr, deur doku= mente gestaaf, feitelik, op die werklikheid gebaseer; ~ *film* feitefilm, dokumentêre film/(rol)prent, dokumentêr. **doc·u= men·ta·tion** dokumentasie.
**dod·der¹** *ww.* strompel, waggel; beef, bewe. **dod·der·er** *(neerh.)* sukkelaar; sufferd; aftandse man. **dod·der·ing, dod·der·y** *(neerh.)* bewerig, bewend; afgeleef, aftands; verswak, seniel.
**dod·der²** *n., (bot.)* duiwelsnaaigaring, =gare, dodder, monniks= baard.
**do·dec·a·gon** twaalfhoek, dodekagoon.
**do·dec·a·he·dron** twaalfvlak, dodeka-eder, dodekaëder. **do= dec·a·he·dral** twaalfvlakkig, =sydig, dodeka-edries, dodekaë= dries.
**do·dec·a·phon·ic** *(mus.)* dodekafonies, twaalftonig, twaalf= toon=.
**dodge** *n.* (sy)sprong, ontwykende beweging; ontduiking *(v. belasting);* uitweg, skuiwergat; (skelm)streek, jakkalsdraai; truuk, foefie; beurtlui. **dodge** *ww.* koe(t)s; opsy spring; (weg)= swenk, padgee (vir); (heen en weer) glip; verbyglip; weg= skram van; ontwyk, vermy, ontduik *(vrae ens.);* vryspring; ont= glip; uitoorlê; ~ *behind s.t.* agter iets wegduik, ~ *through the traffic* deur die verkeer vleg. **dodg·er** ontduiker, ontwyker; skelm, jakkals. **dodg·y** *-ier -iest, (infml.)* gevaarlik, riskant, ge= waag(d); glibberig, geslepe, skelm *(iem.);* netelig *(situasie);* on= betroubaar *(motor ens.);* lendelam, wankelrig *(stoel ens.);* swak *(hart ens.);* lomp, onbeholpe *(vertaling);* beroerd *(spelling ens.).*
**do·do** *-do(e)s* dodo; *(as) dead as a* ~ so dood soos 'n mossie, morsdood; dood en begrawe.
**doe** takbokooi, hertooi, ree, hinde; wyfiehaas; wyfiekonyn. **~skin** hertevel; herteleer, hertsleer; *(tekst.)* hertstof.
**doek** *(Afr., infml.)* (kop)doek.
**do·er** dader, verrigter; doener, man van die daad.
**doesn't** = DOES NOT.
**dof** *(Afr., sl.)* dof, toe, onnosel.
**doff** afhaal, lig *(hoed).*
**dog** *n.* hond; brak; reun; mannetjie *(v.d. hondefamilie); (teg.)* (gryp)klou, klem (haak); klink, pal *(v. masjien); (infml., neerh.)* hond, vuilgoed; *(sl., neerh.)* lelike vroumens; ~'s *breakfast/ dinner, (fig., infml.)* gemors, gebrou, knoeiery; *not a* ~'s *chance* nie 'n kat se kans nie; *a cunning/sly* ~, (*infml.*) 'n regte (ou) jakkals, 'n geslepe kalant; *every* ~ *has his/its day* elke hond kry sy dag, die onderste speek kom ook bo; *die like a* ~ soos 'n hond vrek, 'n ellendige dood sterf/sterwe; *be dressed/done up like a* ~'s *dinner, (infml.)* soos 'n krismiskat uitgevat wees; *it is (a case of)* ~ *eat* ~ dit is almal teen al= mal; ~ *doesn't eat* ~ kwaai honde byt mekaar nie, diewe be= steel mekaar nie; *go to the* ~s, *(infml.)* versleg, jou aan die slegtigheid oorgee; *keep a* ~ *and bark o.s., (fig.: jou werknemers se werk doen)* honde hou en self blaf; *if you lie down with* ~s, *you will get up with fleas* meng jou met die semels, dan vreet die varke jou (op); *lead a* ~'s *life* 'n hondelewe lei; *lead s.o. a* ~'s *life, (infml.)* (van) iem. hond maak; *there's life in the old* ~ *yet* iem. se blus/fut/gô is nog (lank) nie uit nie, iem.

is nog heel hups vir sy/haar ouderdom; **lucky** ~*!, (infml.)* gelukkige vent!; *see a* **man** *about a* ~ iets gaan doen; *(euf.: toilet toe gaan)* 'n draai(tjie) (gaan) loop; *be a* ~ *in the* **manger** nie kan sien/verdra dat die son in 'n ander se water skyn nie; *an old* ~, *(fig.)* 'n ou kalant; *a* **pack** *of* ~*s* 'n trop honde; **put on** *the* ~, *(Am., infml.)* jou aanstel, aanstellerig/windmaker(ig)/verwaand wees; **set** *a* ~ *on/upon s.o.* 'n hond op iem. loslaat *(of teen iem. aanhits)*; *let* **sleeping** ~*s lie* moenie slapende honde wakker maak nie; *be (the)* **top** ~, *(infml.)* bobaas wees; **treat** *s.o. like a* ~, *(infml.)* soos 'n hond behandel, (van) iem. hond maak; *you can't teach an old* ~ *new* **tricks** ou gewoontes roes nie sommer nie; *be like a* ~ *with* **two tails,** *(infml.)* uit jou vel spring; hoog(s) in jou skik wees; *a* ~ *of war* 'n huursoldaat; ~*s of war, (fig.)* aaklighede/gruwels van oorlog, oorlogsgruwels. **dog** -*gg-, ww.* agtervolg; met honde *(of* 'n hond*)* agtervolg; *be* ~*ged by* ... deur ... geteister word *(probleme ens.)*; deur ... gery word *(d. ongeluk)*; ~ *s.o.'s footsteps* iem. op die voet volg. ~**berry** lysterbessie; kornoelie(bessie). ~ **biscuit** hondebeskuit(jie). ~ **box:** *be in the* ~ ~, *(infml.)* in onguns wees. ~**cart** ligte tweewiel-perdekar; hondekar. ~**-catcher** hondevanger. ~ **collar** (honde)halsband; *(infml.)* priestersboordjie; *(infml.)* nousluitende halssnoer. ~ **days** *(poët., liter.)* hondsdae. ~**-ear,** ~**'s-ear** *n.* eselsoor *(in boek)*. ~**-eared** omgekrul(d), met esels-/varkore, beduimel(d) *(bladsye)*. ~**-eat-** ~ *adj. (attr.)* genadelose, gewete(n)lose, onmenslike, barbaarse. ~**-end** *(infml.)* (sigaret)stompie. ~**fight** *(lett. & fig.)* hondegeveg; *(mil.)* luggeveg. ~**fish** hondshaai, lui-, pen-, vinhaai. ~ **handler** hondemeester, patrolliehondgeleier. ~**house** *(Am.)* hondehok, -huis; →KENNEL; *be in the* ~, *(infml.)* in onguns wees. ~**-in-the-manger** *adj.* kleinlik, kleingeestig. ~**-leg** knik, skerp draai; skerp hoek; *describe a* ~, *(kuslyn ens.)* 'n knik *(of* skerp draai*)* maak. ~**leg hole** *(gholf)* elmboogputjie. ~ **rose** honds-, haagroos. ~ **sled** hondeslee. **D~ Star:** *the* ~ ~, *(astron.)* die Hondster, Sirius. ~ **tag** honde(naam)plaatjie, halsbandplaatjie; *(Am. mil. sl.)* identiteitsplaatjie, ID-plaatjie. ~**-tired** doodmoeg, pootuit. ~**tooth** oog-, hoek-, slagtand; *(argit.)* wolfstand. ~**trot** honde-, sukkeldraffie. ~**watch** *(sk.)* platvoetwag. ~**wood** kornoelie.

**doge** *(It., hist.)* doge *(v.Venesië)*; *D~s' Palace* Dogepaleis.

**dog·ged** hardnekkig, (honds)taai, vasberade; ~ *(of it's* ~ *as) does it* aanhou(er) wen; ~ *persistence* taai(e) volharding. **dog·ged·ness** hardnekkigheid, hondstaaiheid.

**dog·ger·el** kreupelrym, rymelary, gerymel.

**dog·gone** *tw., (Am. sl.: euf. vir God damn)* verdomp, vervlaks.

**dog·gy, dog·gie** *n., (kindert.)* hondjie, woefie, siebie. **doggy** *adj.* honde-; gek na honde; *a* ~ *person* 'n hondeliefhebber. ~ **bag** brak(kie)sak(kie) *(vir oorskietkos)*. ~ **paddle, dog paddle** *n.* hondjieswem. ~**-paddle, dog-paddle** *ww.* hondjieswem, soos 'n hondjie swem.

**dogs·bod·y** *(infml.)* hansie-my-kneg, handlanger, faktotum; slaaf, bediende; hierjy.

**doh** →DO² *n.*.

**doi·ly, doy·l(e)y** -*lies,* -*leys* doilie, kraaldoekie.

**do·ing** *n.* werk, bedryf, doen en late; *(i.d. mv.)* gedoente; *(i.d. mv.)* doen en late; →DO¹ *ww.*; *have all the* ~*s for* ... alles hê wat vir ... nodig is; *it is all* **his/her** ~ dit is alles sy/haar werk; dit is alles sy/haar skuld; *there is* **no** ~ *anything with him/her* ('n) mens kan niks met hom/haar aanvang/begin nie; *it is* **none** *of his/her* ~ hy/sy het geen aandeel daaraan gehad nie; dit is nie sy/haar skuld nie; *be one's* **own** ~ jou eie skuld wees; *it* **takes** *some (or a lot of)* ~, *(infml.)* dit wil gedoen wees, dis nie maklik nie; *it* **wants** ~, *(infml.)* dit moet gedoen word.

**do·jo** -*jos, (Jap.)* dojo.

---

**Dol·by** *n., (handelsnaam)* Dolby. **Dol·by** *adj.* Dolby-.

**dol·drums** neerslagtigheid; slapte; stiltegordel, windstiltestreek; *be in the* ~, *(fig.)* neerslagtig wees.

**dole** *n., (infml.)* (werkloosheids)toelaag/toelae/uitkering; uitdeling; onderstandsgeld; *be on the* ~ 'n werkloosheidstoelaag/-toelae kry. **dole** *ww.* uitdeel; karig/spaarsaam uitreik.

**dole·ful** droewig, treurig; somber. **dole·ful·ness** droewigheid; somberheid.

**dol·er·ite** *(min.)* doleriet, blou-, ysterklip.

**doll** *n.* (speel)pop; *(infml.)* meisie. **doll** *ww.: be* ~*ed up* uitgedos/uitgevat/opgesmuk wees. ~*'s house, (Am.)* ~**house** pop(pe)huis; *(fig.: klein woonhuisie)* pophuis(ie).

**dol·lar** *(Am. ens.)* dollar; *you can bet your bottom* ~ jy kan jou laaste sent wed, jy kan daarvan seker wees. ~ **diplomacy** *(Am.)* dollardiplomasie. ~ **(exchange) rate** dollarkoers. ~ **mark,** ~ **sign** ($) dollarteken.

**doll-like** popperig, popagtig.

**dol·lop** *(infml.)* klont; skep, hopie *(pap ens.)*; skeppie *(room ens.)*; *(lett. & fig.)* (goeie) skeut *(brandewyn ens.)*.

**dol·ly** *n., (kindert.)* poppie; *(fot. ens.)* trollie. **dol·ly** *ww.* vertroetel; ~ *in, (filmk.)* nader beweeg; ~ *out, (filmk.)* terugbeweeg. ~ **(catch)** *(kr., infml.)* maklike vangkans/-skoot.

**dol·ma** -*mas,* -*mades, (Gr./Turkse kookk.)* dolma.

**dol·man** -*mans, (kledingstuk)* dolman. ~ **sleeve** dolmanmou.

**dol·men** -*mens, (argeol.)* dolmen, megalitiese grafmonument.

**dol·o·mite** *(min.)* dolomiet, olifantsklip, jonasklip.

**dol·os** -*osse, (Afr.)* dolos *(by waarsêery; v. seewering)*.

**dol·phin** dolfyn; *(sk.)* aanlêpaal, meerstoel. ~ **berth** aanlegsteier. ~ **calf** dolfynkalf.

**dol·phin·ar·i·um** -*ia,* -*iums* dolfynpark, dolfinarium.

**dolt** domkop, pampoen(kop), aap, swaap. **dolt·ish** dom, onnosel. **dolt·ish·ness** domheid, stompsinnigheid.

**do·main** domein; landgoed; gebied, streek; *(fig.)* gebied, sfeer; *(wisk.)* definisiegebied; *(wisk., fis.)* definisieversameling; *(rek.)* domein.

**dome** dom, koepel; gewelf; dom *(v. lokomotief)*; skedel. ~**-shaped** koepelvormig.

**domed, dom·i·cal** koepelvormig, gewelf, koepel-; *domed church* koepelkerk; *domed forehead* ronde voorkop; *domical vault* koepelgewelf.

**do·mes·tic** *n.* huishulp, huishoudelike werker; *(infml.)* gesinskonflik, -bakleiery; *(Am.)* binnelandse produk. **do·mes·tic** *adj.* huislik, huishoudelik, huis-; binnelands, inlands; inheems; ~ *affairs* huislike sake; interne sake; binnelandse sake; ~ *animal* huisdier; ~ *appliance* huishoudelike toestel, huistoestel; ~ *circumstances* huislike omstandighede; ~ *consumption* binnelandse verbruik; tuisverbruik; ~ *economy* binnelandse ekonomie; huishoudkunde; ~ *life* familielewe; ~ *product* binnelandse produk; ~ *relations* gesinsbetrekkinge; ~ *servant* huisbediende; ~ *war* binnelandse oorlog, burgeroorlog; ~ *water supply* drinkwatervoorsiening. **do·mes·ti·cate** mak maak, tem; beskaaf; huislik maak; inburger. **do·mes·ti·ca·tion** die mak maak, temming; inburgering. **do·mes·tic·i·ty** huislikheid; huislike lewe; *the domesticities* huis(houde)like sake; huislikheid.

**dom·i·cile, dom·i·cil** *n., (fml.)* woon-, blyplek, woning; *(jur.)* domisilie, wettige woonplek; *(han.)* hoofkantoor. **dom·i·cile** *ww., (fml.)* jou vestig; woon, woonagtig wees; *(jur.)* domisilieer; *be* ~*d in* ... permanent in ... woon, in ... gedomisilieer(d) wees; jou hoofkantoor in ... hê. **dom·i·cil·i·ar·y** huis-, tuis-; *(jur.)* domisiliêr; ~ *visit* huisbesoek.

**dom·i·nate** domineer, oorheers, die botoon voer; beheers; uitrys/uitstaan/uittroon bo; die/'n oorheersende invloed hê/uitoefen; ~ *(over) s.o.* iem. oorheers. **dom·i·nance** dominansie, oorheersing; oorwig; voorrang; dominante/oorheersende posisie. **dom·i·nant** *n., (genet., mus.)* dominant. **dom·i·nant** *adj.* (oor)heersend, dominerend, dominant, hoof-; ~ *cause*

oorheersende/bepalende oorsaak; ~ *chord, (mus.)* domi=
nantakkoord; ~ *male* dominante mannetjie *(by diere);* ~ *rea-*
*son* hoofrede, vernaamste rede. **dom·i·nant·ly** oorwegend.
**dom·i·na·tion** heerskappy, oorheersing; baasskap, dominan=
sie; ~ *of/over people* heerskappy oor mense; *under foreign* ~
onder vreemde oorheersing.

**dom·i·neer:** ~ *over s.o.* oor iem. baasspeel, iem. oorheers.
**dom·i·neer·ing** baasspelerig, dominerend, heerssugtig.

**Do·min·i·can** *n., (monnik; inwoner v.d. Dominikaanse Rep.)*
Dominikaan, Dominikaner. **Do·min·i·can** *adj.* Domini=
kaans; *the D~ Republic* die Dominikaanse Republiek.

**do·min·ion** heerskappy, mag, gesag; (grond)gebied; *(hist.)*
dominium, vrygewes.

**dom·i·no** =*noes* dominosteen(tjie); *(i.d. mv.)* domino(spel).
~ **effect** domino-effek, domino-uitwerking.

**dom·pas** *(SA, hist., infml.)* dompas.

**Dom Ped·ro, Don Ped·ro** *(SA, drankie)* Dom/Don Pedro.

**don**[1] *n., (Br.)* dosent; *(D~, Sp. adellike titel)* don; *(infml.: hoof*
*v. Mafiafamilie)* don.

**don**[2] =*nn-, ww.* aantrek *(jas ens.);* opsit *(hoed).*

**do·nate** skenk, gee *(geld vir welsyn);* skenk *(bloed);* wy, bestee,
afstaan *(tyd);* ~ *s.t. to s.o.* iets aan iem. skenk. **do·na·tion** sken=
king, donasie, bydrae; *make a* ~ *to ...* 'n skenking aan ... doen.

**done** gedoen, gedaan; gereed; klaar, afgehandel, voltooi(d);
verby, op 'n end; gaar *(kos); s.o.'s been* ~, *(infml.)* iem. is in=
geloop; *it can be* ~ dit kan gedoen word; *s.t. can't be* ~ iets kan
nie (gedoen word nie); *be* ~ *for, (infml.)* klaar(praat) wees
met jou; daarmee heen wees; oor die muur wees; *get s.t.* ~
iets klaarkry; iets gedoen/gedaan kry; *the work is not getting*
~ die werk kom nie klaar nie; *half* ~ halfklaar; halfgaar; *it*
*has (got) to be* ~ dit moet (gedoen word); *have s.t.* ~ iets laat
doen; *I suppose it will have to be* ~ dit sal seker maar moet;
*his/her having* ~ *that* die feit dat hy/sy dit gedoen het; *be* ~
*in, (infml.)* doodmoeg/gedaan/pootuit wees; *s.o.'s gone and* ~
*it* iem. het alles gaan staan en bederf/beduiwel; *s.o.'s* ~ *it again,*
*(infml.)* iem. het dit weer reggekry; iem. het dit (al) weer ge=
doen; *now you've* ~ *it!* dit kom daarvan!; *that's* ~ *it!, (infml.)*
daar het jy dit (nou)!, dis nou 'n ding!; *it's (just) not* ~ dit
doen ('n) mens nie; *it is not to be* ~ dit kan nie gedoen word
nie; dit mag nie (gedoen word nie); *what's* ~ *(is* ~, *and) can-*
*not be undone* gedane sake het geen keer nie; *be* ~ *up, (gesig)*
opgemaak wees; *(hare)* opgekam wees; *(pakkie)* toegedraai
wees; *(ou motor ens.)* herstel/reggemaak wees; *(huis ens.)* opge=
knap/gerestoureer/versier wees; *(knope ens.)* vas wees; *(infml.)*
doodmoeg/gedaan/pootuit wees; *well* ~*!* mooi so!, knap ge=
daan!; *be well* ~, *(biefstuk)* goed gaar wees; *(eiers)* hard gebak
wees; *what have you* ~ *now?* wat het jy nou weer aangevang?;
*what have you* ~ *to ...?* wat het jy met ... aangevang? *(jou hare*
*ens.);* wat het jy ... aangedoen *(hom, haar, ens.); s.t. is* ~ *with*
iets is gedaan/klaar; iets is afgehandel. **done** *tw.* akkoord!,
goed!, top!.

**dong** *n., (klokgeluid)* bam; *(Am. sl.: penis)* voël, draad, lat. **dong**
*ww., (klok)* bam.

**don·ga** *(Ngu.)* donga, diep sloot, (droë) spoelsloot.

**Don Ju·an** *(fig.: vroueverleier)* Don Juan.

**don·key** esel, donkie; *(infml.)* stommerik, swaap, domkop; *for*
~ *'s years, (infml.)* (al) baie jare (lank), van toeka (se dae/tyd) af,
al/reeds donkiejare (lank). ~ **(boiler)** hulp(stoom)ketel, don=
kieketel. ~ **derby** donkiere(i)sies, =wedren. ~ **drop** *(kr.)* sta=
dige kort bal. ~ **jacket** *(Br.)* dik baadjie met 'n leer-/plastiek=
skouerstuk. ~ **work** *(infml.)* donkiewerk, swaar werk.

**do·nor** skenker, gewer; donateur; weldoener.

**Don Qui·xo·te, Don Qui·xo·te** *(romankarakter)* Don Qui=
chot; *(fig.)* Don Quichot, windmeulbestormer.

**don't** *don'ts, n.* moenie, verbod. **don't** *ww., (sametr. v.* do not)
moenie; ~ *I know it!* of ek dit nie weet nie!.

**do·nut** *(Am.)* →DOUGHNUT.

**doo·dah,** *(Am.)* **doo·dad** dinges, wat=, hoesenaam.

**doo·dle** *n.* (ge)krabbel. **doo·dle** *ww.* krabbel(s maak).

**doo·dle·bug** *(infml., Am.)* mierleu(larwe); *(Am.)* wiggelroe=
de, =stok, waterstokkie.

**doom** *n.* lot; ondergang, verderf; onheil; *the crack/day of* ~
die oordeelsdag; *go to one's* ~ jou ondergang tegemoet gaan;
*meet one's* ~ jou ondergang vind; *seal s.o.'s* ~ iem. se lot be=
seël. **doom** *ww.* veroordeel, vonnis, (ver)doem. ~**sayer** on=
heilsprofeet.

**doomed** *(ook)* rampsalig; verlore; *be* ~ *to ...* tot ... gedoem
wees, ... is jou voorland *(mislukking ens.);* jou lot wees om ...
*(te misluk ens.).*

**dooms·day, domes·day** *(soms D~)* oordeelsdag; *till/until*
~, *(infml.)* 'n ewigheid, vir altyd; tot in die oneindige.

**door** deur; ingang; uitgang; *answer the* ~ (die deur) oop=
maak, gaan kyk wie by die deur is; *three ~s away* drie huise
verder/vêrder; *the back* ~ die agterdeur; *leave a back* ~
*open, (fig.)* 'n skuiwergat laat; *bang/close/shut the* ~ *on s.o.*
die deur in iem. se gesig toemaak; *bang/close/shut the* ~ *on*
*s.t.* iets onmoontlik maak; *behind closed* ~*s* agter/met geslote
deure; *from* ~ *to* ~ van huis tot huis; *the front* ~ die voor=
deur; *lay s.t. at s.o.'s* ~ die skuld van iets op iem. pak, iem.
iets verwyt *(of voor die kop gooi),* iets voor iem. se kop gooi;
*it lies at s.o.'s* ~ dit is iem. se skuld; *next* ~ *to ...* langsaan ...;
*it is next* ~ *to the ..., (ook)* dit grens aan die ...; *keep open* ~*s*
gasvry wees; *open the* ~ *to ...* die deur vir ... oopmaak *(iem.;*
*iets nadeligs);* die weg tot ... baan *(iets voordeligs); out of* ~*s* bui=
te(kant), buitenshuis, in die buitelug *(of* ope lug); *see s.o. to*
*the* ~ iem. uitlaat *(of* deur toe bring/neem); *show s.o. the* ~
iem. die deur wys *(lett. & fig.),* iem. by die deur uitsit; *shut*
*the* ~ *on s.o./s.t.* →bang/close/shut; *slam the* ~ *in s.o.'s face*
die deur in iem. se gesig toeklap; *the* ~ *slams* die deur klap;
*the* ~ *to success* die sleutel tot sukses/welslae; *throw open the*
~ die deur oopmaak; die pad oopmaak, die weg voorberei,
dit moontlik maak; *turn s.o. from one's* ~ iem. voor jou deur
laat omdraai; *walk out of the* ~ by die deur uitstap; *within* ~*s*
binnenshuis. ~**bell** deurklokkie. ~ **bolt** deurgrendel. ~**case,**
~**frame** deurraam, =kosyn. ~**handle, ~knob** deurknop, =hand=
vatsel. ~**keeper, ~man** deurwagter, portier. ~**knocker** deur=
klopper. ~**latch** deurklink, =knip. ~**lock** deurslot. ~**mat** deur=
voetmat; *(fig.)* vloerlap; *treat s.o. like a* ~ iem. soos 'n vloerlap
behandel. ~**money** toegang(sgeld), intreegeld. ~**plate** naam=
bord(jie), =plaat(jie). ~**post** deurpos, =styl. ~**step** *n.,* drum=
pel; trappie; *(infml.: dik sny brood)* skaapwagtersny; *be on*
*one's* ~, *(fig.)* reg voor jou deur wees, 'n hanetree(tjie)/klip=
gooi ver/vêr wees. ~**step** *ww., (infml., han.)* van huis tot huis
verkoop; *(pol.)* van huis tot huis stemme werf; ~ *s.o., (joern.,*
*neerh.)* voor iem. se huis uitkamp. ~**stop(per)** deurstuiter.
~**-to-door salesman** aanklopverkoper. ~**way** ingang, deur=
opening.

**dope** *n., (infml.)* dwelm(middel); *(infml.)* dagga; doepa *(by*
*perde- en honderenne);* bymiddel *(by brandstof ens.); (Am. infml.)*
aap, domkop; *give s.o. the* ~ *on s.t., (Am. sl.)* iem. (vertroulike)
inligting oor iets gee. **dope** *ww.* bedwelm; dwelms gebruik;
doepa, dokter *(renperd ens.);* dokter *(kos, drankie);* 'n bymid=
del by ... voeg; *(fig.)* vat om die oë smeer. ~ **addict,** ~ **fiend,**
~**head** *(infml.)* dwelmslaaf, =verslaafde. ~ **peddler** dwelm=
smous. ~ **peddling** dwelmhandel. ~ **pusher** *(infml.)* dwelm=
smous. **dop·(e)y** =*ier* =*iest* benewel(d), dronkerig.

**dop·pel·gäng·er** *(D.)* dubbelganger.

**do·ra·do** =*dos, (igt.)* dorade, goudmakriel.

**dor (bee·tle)** tor, kewer, (Europese) miskruier.

**dork** *(infml.)* gawie, ghwar, lummel, lomperd. **dork·y** *(infml.)*
lomp; koddig, snaaks, potsierlik.

**dorm** *(infml.)* = DORMITORY.

**dor·mant** sluimerend, slapend; rustend, stil, onaktief; onge=
bruik; verborge, onsigbaar; latent; ~ *company, (ekon.)* rus=
tende maatskappy; *lie* ~ stil/ongebruik lê; *(bot.)* dormant/

latent/rustend wees; ~ *partner* stil(le)/rustende vennoot; ~ *period/season* slaap=, rustyd(perk); ~ *treatment* winter= behandeling. **dor·man·cy** slaap, rus; sluimerende/slapende/ rustende toestand, slaap=, rustoestand; russtadium; tydelike onaktiwiteit; latensie.

**dor·mer (win·dow)** solder=, dak(kamer)venster.

**dor·mi·to·ry** slaapsaal. ~ **town** slaapdorp.

**dor·mouse** =mice= waaierstertmuis; *spectacled* ~ gemsbok= muis.

**dor·sal** *(anat., soöl., bot.)* dorsaal, rug=; ~ *artery* dorsale arte= rie; ~ *fin* rugvin; ~ *vertebra* rugwerwel.

**do·ry** *(igt.)* dorie.

**dose** *n., (med., fis.)* dosis; *(fig.)* dosis, hoeveelheid; *a* ~ *of hu= mour/etc.* 'n dosis humor/ens.; *a* ~ *of bad luck* 'n stuk(kie) teen=/teëspoed; *a* ~ *of radiation* 'n stralingsdosis; *like a* ~ *of salts, (infml.)* blitsvinnig, soos 'n vetgesmeerde blits. **dose** *ww.* 'n dosis (in)gee, doseer, medisyne gee; meng; dokter; *(wynb.)* versoet; ~ *... with s.t.* ... met iets behandel/meng/dok= ter; ~ *o.s. with s.t.* iets drink/(in)neem *(vitamiene ens.).* **dos= age** dosering; dosis. **dos·ing** dosering.

**doss** *n., (Br., infml.)* bed, slaapplek. **doss** *ww.:* ~ *about/around, (infml.)* rondhang, =lê; ~ *down, (infml.)* slaap.

**dos·si·er** dossier.

**dot** *n., (ook mus., wisk., Morsekode)* punt; stippel(tjie); stip= (pie), kol(letjie), puntjie; ~, *dash,* ~ kort, lank, kort *(by Morsekode);* ~*s and dashes* punte en strepe; *on the* ~ presies op tyd, op die minuut; *twelve o'clock on the* ~ op die kop twaalfuur. **dot** =*tt*=, *ww.* stippel; (be)spikkel; stip; puntjies opsit; ~ *with butter* stip met botter, plaas/sit klontjies botter bo=op; ~ *the/one's i's and cross the/one's t's, (fig.)* die puntjies op die i's sit. ~ *ball (kr.)* nulbal. ~ *command (rek.)* puntbevel, =opdrag.

**dot·com** *(Internet, infml.):* ~ *boom* dotcom-bloeityd(perk). ~ *bubble* dotcom-borrel. ~ *business* dotcom-onderne= ming.

**dote:** ~ *on/upon s.o.* gek oor *(of* versot op) iem. wees. **dot= age** kindsheid, seniliteit; versotheid; *be in one's* ~ kinds wees. **do·tard** seniele ou man/vrou; sufferd. **dot·ing** *(attr.)* behepte *(ma ens.).*

**dot·ted** gestippel(d); bespikkel(d), gespikkel(d); *be* ~ *about* versprei(d) wees; ~ *line* stippellyn; puntlyn; *sign on the* ~ *line, (infml.)* die/'n kontrak/ens. onderteken; *(fig.)* die voor= waardes/ens. onderskryf/onderskrywe/goedkeur, met die voorwaardes/ens. saamgaan/saamstem *(of* akkoord gaan); *be* ~ *with* ... met ... besaai(d) wees.

**dot·ty** *(infml.)* (van lotjie) getik, mallerig, eksentriek; *(infml.)* wankelend; bespikkel(d), gespikkel(d); *be* ~ *about* ..., *(infml.)* gek/mal oor *(of* versot op) ... wees. **dot·ti·ness** mallerigheid, getiktheid.

**dou·ble** *n.* die/'n dubbele; *(whisky, brandewyn)* 'n dubbel; duplikaat, afskrif, kopie; dubbelganger, ewebeeld; eweknie, teen=, teëhanger; *(teat.)* instaanspeler; *(brug)* doeblering; *(per= dewedrenne)* koppel(toto); *(i.d. mv., tennis)* dubbelspel; *(pyl= gooi)* (gooi in die) dubbelring; *at/on the* ~ gou, vinnig; da= delik, onmiddellik; *(mil.)* in die looppas; *boys'/girls'/men's/ women's* ~*s, (tennis)* seuns=/meisies=/mans=/vroudubbelspel; *mixed* ~*s, (tennis)* gemengde dubbelspel; ~ *or quits* dubbel of niks. **dou·ble** *adj.* dubbel; dubbel=, vir twee, tweepersoons=; dubbelsterk; dubbeldik; dubbel gevou; krom; tweevoudig, =ledig; dubbelsinnig; oneerlik, vals, geveins, dubbelhartig; *(bot.)* dubbel; *(mus.)* dubbel= *(horing, pedaal, ens.); (mus.)* kon= tra= *(bas ens.); (mus.)* tweeling= *(klarinet ens.); the* ~ *distance* die afstand heen en terug. **dou·ble** *adv.* dubbel; twee keer/maal soveel; in tweë/twees, in groepies van twee; saam, bymekaar; *be* ~ *the amount/size of* ... dubbel *(of* twee maal/keer) soveel *(of* so groot) as ... wees; *be bent* ~ *with pain* krom van die pyn wees; ~ *as big/large as* ... dubbel *(of* twee maal/keer) so groot as ...; ~ *as bright as* ... twee maal so helder as ...; *cost*

~ *twee keer/maal* soveel kos; *it is* ~ *the distance between* ... *and* ... dit is dubbel *(of* twee maal/keer) so ver/vêr as tussen ... en ...; *fold s.t.* ~ iets dubbel vou; ~ *four is eight* twee maal vier is ag(t); *ride* ~ agter mekaar ry; *see* ~ dubbel sien; *sleep* ~ bymekaar *(of* saam in een bed) slaap. **dou·ble** *ww.* (ver)= dubbel; doebleer; in die looppas marsjeer, die pas versnel; hardloop; omkrul; dubbel vou; omvou; omseil; omspring; terug(hard)loop; terugkaats; twyn *(gare);* ~ *as* ... ook as ... dien; ~ *back* omspring; ~ *back s.t.* iets omvou/terugvou; *s.t.* ~*s itself* iets verdubbel hom; ~ *parts* twee rolle speel; ~ *up* iets deel *('n kamer ens.);* ~ *up* in bed twee-twee in 'n bed lê; ~ *s.t. up* iets dubbel vou; iets verdubbel; ~ *up there!, (mil.)* loop= pas daar!; ~ *up with pain* ineenkrimp van (die) pyn. ~*-act= ing pump,* ~*-action pump* tweeslag=, suigperspomp. ~ *ac= tion* dubbele beweging; natrek *(v. geweer).* ~ *adaptor,* ~ *adapter* dubbelpasstuk. ~ *agent* dubbelagent, =spioen. ~ *album (mus.)* dubbele album. ~ *bar (mus.)* dubbelmaatstreep. ~ *barrel* dubbele loop. ~*-barrelled* dubbelloop=, tweeloop=; *(fig.)* dubbelsinnig; ~ *name* dubbele naam; ~ *rifle* dubbel= loop=, tweeloop(geweer). ~ *bass, (Am.)* bass viol kontrabas, basviool. ~ *bassoon* kontrafagot. ~*-bass player* kontra= bas(speler). ~ *bed* dubbelbed. ~ *bend* S-draai. ~ *bill* twee= luik, dubbele program/vertoning. ~ *bind* dilemma; *(psig.)* dub= belbinding. ~*-blind* *adj.* dubbelblind *(eksperiment).* ~ *bluff* dubbele blufspel. ~ *bogey* *n., (gholf)* twee oor syfer. ~*-bo= gey* *ww., (gholf)* twee houe aan *(baan)syfer* afstaan *(of* oor sy= fer speel). ~ *boiler,* ~ *saucepan* dubbele kastrol/kookpot. ~*-book* *ww.* dubbel bespreek *(kamer ens.).* ~*-breasted* oor= knoop= *(baadjie ens.).* ~ *callipers* vierbeenpasser. ~ *carriage= way* dubbelpad, =rybaan, tweelingpad. ~ *century (kr.)* dub= bele honderdtal. ~ *check* *n.* dubbele kontrole. ~*-check* *ww.* dubbel kontroleer, weer nagaan/toets; doodseker maak. ~ *column (druk.)* dubbele kolom; *(mil.)* dubbele kolonne. ~ *cream (kookk.)* dik room. ~*-cross* *n.* bedrieëry, kullery, ver= neukery. ~*-cross* *ww.* bedrieg, kul, verneuk. ~*-crosser* be= drieër, verneuker, swendelaar. ~ *date* *n.* kwartet-afspraak. ~*-date* *ww.* vier-vier uitgaan; twee afsprake maak; met twee ouens/meisies uitgaan. ~*-dealer* bedrieër, verneuker; hui= gelaar, veinser, skynheilige. ~*-dealing* *n.* bedrieëry, bedrog, oneerlikheid; huigelary, valsheid, veinsery. ~*-dealing* *adj.* bedrieglik, oneerlik; vals, geveins, huigelagtig. ~*-decker* (bus), ~*-deck (bus)* verdieping=, dubbeldekbus, dubbeldek= ker(bus). ~*-decker (sandwich),* ~ *deck sandwich (infml.)* dubbeldek=, tweedektoebroodjie, tweedekker. ~ *density (rek.)* dubbeldigtheid. ~*-density disk (rek.)* dubbeldigte skyf. ~*-digit* *adj. (attr.)* dubbelsyfer=, tweesyfer=; ~ *inflation* dubbelsyferinflasie. ~*-door* dubbele deur. ~ *door bolt* dub= belslaggrendel. ~*-dyed (tekst.)* twee maal gekleur; *a* ~ *liberal* 'n liberaal in murg en been, deur en deur 'n liberaal; *a* ~ *villain* 'n deurtrapte skurk. ~*-edged (lett. & fig.)* tweesny= dend, wat na twee kante (toe) sny. ~*-engined* tweemotorig. ~ *entendre (Fr.)* dubbelsinnigheid. ~ *entry (boekh.)* dub= belboeking, =inskrywing; *accounting/bookkeeping by* ~ ~ dubbele boekhouding. ~*-entry* *adj. (attr.):* ~ *accounting/book= keeping* dubbele boekhouding. ~ *exposure (fot.)* dubbelbe= ligting. ~*-faced* dubbelkantig *(kleefstrook ens.);* vals, ge= veins, huigelagtig *(iem.);* ~ *clock/watch* klok/horlosie/oor= losie met twee wyserplate; ~ *fabric* alkantstof. ~ *fault (ten= nis)* dubbelfout. ~ *feature* dubbele program/vertoning. ~ *figures (mv.)* dubbele syfers; 'n bedrag/getal van twee sy= fers. ~ *flat (mus.)* dubbelmol. ~*-fronted house* dubbel= gewel=, tweegewelhuis. ~ *glaze* *ww.* dubbele glas/ruite in= sit. ~ *glazing* dubbelglas; dubbele beglasing; die insit van dubbele glas/ruite. ~*-handed* met twee handvatsels; twee= handig, ~ *saw* treksaag. ~*-headed* tweekoppig *(monster ens.);* ~ *drum* tweesydige trom; ~ *piston* tweekopsuier; ~ *train* dubbelvoorspan(trein). ~ *jeopardy (Am., jur.)* dubbele bloot= stelling. ~*-jointed* slaplittig. ~ *knitting* *n.* dubbelbreiwerk; dubbel(draad)breigaring, =gare. ~*-knitting* *adj.:* ~ *wool* dub= beldraadwol; ~ *yarn* dubbel(draad)breigaring, =gare. ~ *life* dubbele lewe/bestaan. ~ **line** dubbelstreep. ~ **line spacing** *(tip.)* dubbele reëlspasiëring. ~ **lock** dubbele slot, nagslot. ~‑**lock** *ww.* twee keer/maal sluit. ~ **(march)** looppas. ~ **mean**‑**ing** *n.* dubbelsinnigheid. ~‑**meaning** *adj.* dubbelsinnig. ~ **nega**‑**tive** *(gram.)* dubbelnegatief, dubbele ontkenning. ~‑**park** *ww.* dubbel parkeer. ~‑**parking** dubbelparkering. ~ **pneumo**‑**nia** dubbel(e)longontsteking. ~ **precision** *n., (rek.)* dubbele noukeurigheid. ~‑**precision** *adj. (attr., rek.)* dubbelnou‑keurige. ~‑**quick** *adj.* blitsvinnig, blitsig; *in ~ time* in 'n japtrap/kits; *(mil.)* in vinnige marstempo, in die looppas. ~‑**quick** *adv.* nou, dadelik, onmiddellik. ~ **rhyme** dubbel‑rym. ~ **room** dubbelkamer. ~ **saucepan** →DOUBLE BOILER. ~ **sharp** *(mus.)* dubbelkruis. ~‑**sided** dubbelsydig, dubbel‑kant‑; ~ *(adhesive) tape* dubbelkantkleefband; ~ *disk, (rek.)* dubbelkantskyf. ~‑**space** *ww.* in/met dubbele spasiëring tik. ~ **spacing** dubbele spasiëring. ~‑**speak,** ~ **talk** dubbelsin‑nigheid, ‑hede; dubbelsinnige opmerking(s)/taal(gebruik) *(v. politici ens.).* ~ **spread** *(druk.)* dubbelblad. ~ **standard** dub‑bele standaard; *(muntwese)* dubbele standaard, bimetallisme; *apply ~ ~s* met twee mate meet, dubbele standaarde toepas. ~ **star** dubbel‑, tweelingster. ~ **stop** *n., (mus.)* dubbelgreep. ~‑**stop** *ww., (mus.)* met 'n dubbelgreep speel. ~‑**storey(ed),** *(Am.)* ‑**storied** *adj. (attr.)* (dubbel/twee)verdieping‑; ~ *house* (dubbel/twee)verdiepinghuis. ~ **take** *n.* vertraagde reaksie; *do a ~ ~* weer ('n keer/slag) kyk; vir 'n oomblik verstom wees; met 'n skok besef; verbaas reageer/opkyk, regop sit. ~ **talk** →DOUBLESPEAK. ~ **time,** *(ekon.)* dubbele betaling; *(mil.)* loop‑pas, vinnige marstempo; *(mus.)* 'n tempo twee keer so vinnig as tevore; *do s.t. in ~ ~* iets twee keer so vinnig doen; *get (paid) ~* dubbele betaling kry/ontvang. ~‑**tongued** dubbel‑tongig, huigelagtig, vals. ~ **vision** dubbelvisie, ‑sig, ‑siend‑heid. ~ **wedding** dubbele huwelik/troue. ~ **whammy** *(infml.)* dubbele teë‑/teenspoed/ramp/ongeluk, ramp op ramp. ~‑**yolked egg** dubbeldooier.

**dou‑blet** paar; een van 'n paar; *(ling.)* doeblet, (etimologiese) dubbelvorm; *(chem., fis.)* doeblet; *(hist.: soort mansbaadjie)* wambuis.

**dou‑bly** dubbel.

**doubt** *n.* twyfel, onsekerheid; aarseling, huiwering, weifeling; ongeloof; *(i.d. mv. ook)* bedenkings; ~ *about* ... twyfel oor ...; twyfel aan ...; *give s.o. the benefit of the ~* iem. die voordeel van die twyfel gee; *be beset by ~s* deur twyfel oorval word; *beyond (a)* ~ ongetwyfeld, sonder (enige) twyfel, verseker, vir seker, beslis; klaarblyklik; onteenseglik, onweerlegbaar; *be beyond (all)* ~ buite (alle) twyfel staan; *place/put s.t. beyond* ~ iets buite twyfel stel; *cast/throw ~(s) on/upon s.t.* iets in twyfel trek, twyfel oor iets opper; twyfel oor iets wek; *have ~s (about ...)* (oor ...) twyfel; *I have my ~s* ek is nie so seker nie, ek weet nie so mooi nie, ek het my bedenkings; *be in ~* twyfel, onseker wees, in twyfel/onsekerheid verkeer/wees; *s.t. is in ~, (d. uitslag ens.)* iets is onseker/twyfelagtig; *no ~* onge‑twyfeld; heel/hoogs waarskynlik, seker (maar); *have no ~s* nie twyfel nie; *I have no ~ of it* dit staan by my buite twyfel; *I have no ~ (but) that ...* ek is (daarvan) oortuig dat ...; *leave s.o. in no* ~ iem. nie in twyfel laat nie; *there is no ~ about it* daar is geen twyfel aan nie, dit ly geen twyfel nie, daaraan val nie te twyfel nie, dit staan vas, dis wis en seker, dis een ding wat nie twee is nie, dis (nou) nie almiskie/altemit(s) nie; *be open to ~* aan twyfel onderhewig wees; *plant ~* twyfel wek; *so as to preclude all ~* om alle twyfel uit te skakel; *s.t. raises ~s about ...* iets opper/wek twyfel oor ...; *a reasonable ~* ge‑gronde twyfel; *remove all ~ as to s.t., (iem. se lojaliteit ens.)* iets buite alle twyfel stel; *all ~s were resolved* alle twyfel het ver‑dwyn *(of* is weggeneem*); there is room for ~* daar is nog twy‑fel; *there is no room for ~* daar is geen twyfel meer nie; *there is no room for ~ that ...* sonder (enige) twyfel is/sal ...; *have serious ~s about s.t.* sterk aan iets twyfel; *without the shadow of a ~, without a shadow of ~* sonder die minste twyfel; *throw ~(s) on/upon s.t.* →**cast/throw;** *there is no ~ whatever*

daar is hoegenaamd geen twyfel nie; *when in ~* ... wanneer jy twyfel, ...; in geval van twyfel, ...; *without ~* ongetwyfeld, sonder twyfel. **doubt** *ww.* twyfel, onseker wees; aarsel, hui‑wer, weifel; ongelowig wees; betwyfel, twyfel aan, nie glo/ver‑trou nie; *I ~ it* ek twyfel, ek betwyfel dit; ~ *s.o.* aan iem. twyfel; *I don't ~ that* ... ek betwyfel nie dat *(of* twyfel nie of*)* ... nie; ~ *whether* ... twyfel of ... **doubt‑er** twyfelaar. **doubt**‑**ful** twyfelagtig, onseker; onuitgemaak; weifelend; *be ~ about/ of s.t.* oor iets twyfel; oor iets onseker wees; *it is ~ that* ... dit is te betwyfel of ...; *it is ~ whether* ... dit is onseker of ... **doubt**‑**ful‑ly** skepties, vol twyfel. **doubt‑ing Thom‑as** ongelowige Thomas. **doubt‑less(‑ly)** seker, waarskynlik; ongetwyfeld.

**douche** *n., (<Fr.), (med.)* uitspoeling, douche; *(med.)* spoel‑stelsel, douche; spuit; stortbad. **douche** *ww.* uitspoel.

**dough** deeg; *(sl.:geld)* pitte, blare, blink; *knead ~* deeg knie; *the ~ rises* die deeg rys. ~ **mixer** deegmenger, kniemasjien. ~**nut,** *(Am.)* **donut** *(kookk.)* oliebol; *(teg.)* ringbuis. ~**nut‑shaped** ring‑, kransvormig. **dough‑y** degerig, deegagtig, kluitjierig; taai, klewerig; pofferig, opgeblase *(gesig ens.).*

**dough‑ty** *(arg., skerts.)* dapper, moedig, onverskrokke, man‑haftig; kranig *(stryder ens.);* doelgerig, vasberade. **dough**‑**ti‑ness** dapperheid, moedigheid, onverskrokkenheid, man‑haftigheid; kranigheid; doelgerigtheid, vasberadenheid.

**dour** stroef, stug, stuurs, onbuigsaam; somber.

**douse, dowse** water gooi oor; benat; deurdrenk *(met)*, deur‑week, papnat/sopnat maak; begiet *(met petrol)*; doodmaak, blus, doof *(vuur)*; afskakel, afsit *(lig)*; doodmaak *(kers)*.

**dove** *(orn.)* duif; *(pol.)* duif, vredeliewende (mens), →HAWK; *(fig.)* sagmoedige/sagaardige mens; ~ *of peace* vredesduif. ~**cot(e)** duiwehok; *flutter* (or *cause a flutter in) the ~* 'n knuppel in die hoenderhok gooi, opspraak (ver)wek, konsternasie *(of* 'n beroering*)* veroorsaak. ~ **(grey)** duifgrys.

**dove‑tail** *n.* swaelstert. **dove‑tail** *ww.* met 'n swaelstert voeg, swaelstert; *(fig.)* inlas, inpas; aanmekaarlas; *s.t. ~s with* ... iets pas by ... in. ~ **joint** *(houtw.)* swaelstertvoeg. ~ **plane** swaelstertskaaf. ~ **saw** swaelstertsaag. ~ **tenon** swaelsterttap.

**dow‑a‑ger** adellike weduwee; *(infml.)* deftige/statige dame. ~'s **hump** *(med.)* weduweeskof.

**dow‑dy** vaal, kleurloos; onelegant, onvleiend, smaakloos, styl‑loos; onversorg, slons(er)ig. **dow‑di‑ness** vaalheid, kleur‑loosheid; onelegantheid, onvleiendheid, smaakloosheid, styl‑loosheid; onversorgdheid, slons(er)igheid.

**dow‑el** *n., (skrynwerk)* tap(pen), pen. **dow‑el** ‑ll‑, *ww.* vas‑pen; tap. ~**(led) joint** penvoeg. ~ **pin** tap(pen), pen. ~ **screw** tapskroef.

**dow‑el‑ling** tapwerk; tapverbinding.

**Dow Jones** *n.:* ~ ~ **index,** ~ ~ **average** *(Am. effektebeurs)* Dow Jones‑indeks, Dow Jones‑gemiddeld(e).

**down¹** *n.* slegte/swak tyd *(i.d. ekonomie ens.)*; teenslag; *(infml.)* mismoed, swaarmoedigheid, depressie; *have a ~ on s.o., (infml.)* 'n hekel aan iem. hê; 'n aksie teen iem. hê; 'n wrok teen iem. koester. **down** *adj. & adv.* afgaande; af, neer, on‑dertoe, na onder, afwaarts; afdraand; neerslagtig, bedruk, terneergedruk; omver, omvêr; *(rekenaar ens.)* af, buite wer‑king; *deep ~* (onder) in die diepte; in sy/haar diepste wese; *be ~ in the dumps/mouth* bekaf/bedruk/neerslagtig wees, lyk of die honde jou kos afgevat het, jou ore/lip(pe) (laat) hang; *the figures are ~ on last year* die syfers is laer as ver‑lede jaar; *be ~ for s.t.* vir iets op die lys staan *('n bydrae, taak, ens.); further/lower* ~ laer af; *what's going ~?, (sl.)* wat gaan aan?, wat's die nuus?; *be ~ on s.o., (infml.)* op iem. afklim/ pik, iem. sleg behandel; *go ~ on s.o., (vulg. sl.)* iem. met die mond bevredig; *be one/etc. ~* een/ens. agter wees; *be ~ and out* uitgesak/gesonke wees; *be ... points ~, (sport)* ... punte agter wees; *(beursindeks ens.)* ... punte laer wees; *be twenty/etc. rands ~* twintig/ens. rand kort wees; *be ~ south* in die suide; ~ *to* ... tot ... (toe); *up and* ~ op en af/neer; *s.t. is well ~, (d. wins ens.)* iets is heelwat minder *(of* het heelwat gedaal*); be ~*

***with*** *s.t.* aan iets lê *('n siekte);* ~ ***with*** ...! weg met ...!. **down** *prep.* af; van ... af; langs/met ... af; onderin; ~ *(the) field* veld= af; *go* ~ *a mine* in 'n myn afgaan; ~ *(the) river* rivieraf, stroom= af, stroomafwaarts; laer af aan/langs die rivier. **down** *ww.* platslaan, neerslaan; neervel; neergooi; neertrek, plattrek; *(gholf)* inrol *(sethou);* neerskiet *(vliegtuig);* afgooi *(ruiter);* neer= lê; sink; *(son)* sak, ondergaan; *(infml.)* wegslaan, afsluk, in jou keel afgooi *(drie biere ens.);* ~ *tools* ophou *(of* uitskei met) werk; staak. **down** *tw., (aan hond)* lê!; sit!; af!; *(aan mens)* lê plat!; val plat!. **~-and-out** *n.* mislukk(el)ing, sukkelaar, ellen= deling, versonkene; hawelose, boemelaar, werklose. **~-and-out** *(attr.),* ~ **and out** *(pred.), adj.* haweloos, armoedig, werk= loos; slons(er)ig, onversorg; *(sport)* aan die verloorkant; kat= swink *(bokser).* **~-at-heel** *(attr.),* ~ **at heel** *(pred.), (Br.)* afge= trap *(skoen ens.);* slordig, verslete, armsalig, toiingrig. **~beat** *n., (mus.)* afslag. **~beat** *adj., (infml.)* bedruk, neerslagtig, swartgallig, pessimisties, donker, somber. **~cast** terneer= gedruk, bedruk, neerslagtig, bekaf, mismoedig; *with* ~ *eyes* met neergeslane oë. ~ **current** *(met.)* daalstroom. **~draught,** *(Am.)* **~draft** afwaartse trek *(v. lug ens.).* **~fall** val, onder= gang; stortbui, harde/swaar (reën)bui; *be s.o.'s* ~ iem. se on= dergang veroorsaak. **~force** *(mot.)* afwaartse drukkrag. **~grade** *n., (Am.)* afdraand(e), (afwaartse) helling; *s.o. is on the* ~, *(fig.)* iem. is op die afdraand(e), dit gaan afdraand met iem.. **~grade** *ww.* degradeer, (in rang) verlaag, demoveer; afgra= deer, laer gradeer; (ver)kleineer. **~hearted** mismoedig, moe= deloos, ontmoedig, neerslagtig, mistroostig, bedruk, terneer= gedruk. **~hill** *n.* afdraand(e), (afwaartse) helling. **~hill** *adj.* afdraand, afhellend, afwaarts; ~ *road, (lett. & fig.)* afdraande pad. **~hill** *adv.* afdraand, bergaf, bultaf, heuwelaf, ondertoe, na onder, afwaarts; *s.o. is going* ~, *(fig.)* iem. is op die af= draand(e), dit gaan afdraand met iem.; iem. versleg; iem. boer agteruit *(of* gaan die kreeftegang). **~load** *n., (rek.)* afla= ding. **~load** *ww., (rek.)* aflaai. **~market** *adj. & adv.* aan die on= derkant van die mark; laerinkomste=; goedkoop; sonder aan= sien/status; ~ *area* laerinkomstegebied; *go* ~ jou op die mas= samark toespits; ~ *house* huis vir die laerinkomstegroep; ~ *product* massamarkproduk. ~ **payment** deposito, aanvank= like/eerste betaling; kontantbetaling; ~**-storting. ~pipe** afvoer=, geutpyp. **~play** *ww.* onderspeel, as onbelangrik afmaak, re= lativeer. **~pour** stortbui, reënvlaag, stortreën, wolkbreuk. **~right** *adj.* heeltemal, totaal, volkome, absoluut; volslae, op= perste; *a* ~ *lie* 'n flagrante/infame leuen; ~ *nonsense* pure beo/ onsin; *a* ~ *shame* 'n skreiende skande. **~right** *adv.* eerlik= (waar), werklik(waar), regtig(waar); gewoonweg, platweg; ~ *honest* doodeerlik; ~ *ugly* bepaald *(of* in een woord) lelik. **~river** *adj. & adv.* stroom=, rivieraf; *be* ~ *from* ... onder(kant) ... langs die rivier lê. **~scale** *ww.* afskaal *(salarisse, projek, ens.).* **~shift** *n., (mot.)* afratting; laer skakeling; *(ekon.)* afswaai; afskaling, vereenvoudiging *(van jou lewe/lewenstyl ens.).* **~shift** *ww.* afrat, na 'n laer rat oorskakel; *(ekon.)* afswaai; *(iem.)* af= skaal, briek aandraai, teen 'n stadiger pas draf, jou lewe/ lewenstyl vereenvoudig. **~side** skadu(wee)sy, skadu(wee)= kant, nadelige aspekte/sy/kant; *(Am.)* onderkant; *(Am., fin.)* afwaartse neiging; *be on the* ~ afwaarts neig. **~size** *ww., (Am.)* afskaal, verklein. **~sizing** *n., (Am.)* afskaling, verklei= ning. **~stage** *n., (teat.)* voorverhoog, voorkant van die ver= hoog. **~stage** *adj., (teat.)* voor (op die verhoog). **~stage** *adv., (teat.)* vorentoe, na die voorkant (van die verhoog) toe. **~stairs** *n.* grondverdieping, onderverdieping. **~stairs** *adj.* onderste, grond=; ~ *room* kamer op die grond(verdie= ping). **~stairs** *adv.* onder, benede; die trap af, ondertoe, na onder; op die grondverdieping *(of* onderste verdieping); *go* ~ ondertoe gaan, (met) die trap afgaan; *throw s.o.* ~ iem. die trap afgooi. **~stream** *adj. & adv.* stroomaf, rivieraf, stroom= afwaarts; laer af aan/langs die rivier; ~ *products* verder/vêr= der verwerkte produkte. **~stroke** neerhaal. **~swing** *(ekon.)* afswaai(fase), daling, daalfase, afwaartse/dalende fase, neer= gang, inkrimpingsfase; *(gholf)* afswaai. **~-the-line** *adj.* deur

en deur; *a* ~ *union man* deur en deur 'n vakbondman, 'n vak= bondman in murg/merg en been. **~time** (stil)staantyd, mank= tyd *(v. masjien, rekenaar, ens.);* ongebruikte/verlore/dooie tyd; *(fig., Am.)* ontspan=, uitspantyd. **~-to-earth** nugter, prakties, realisties, met albei voete (plat) op die aarde; eenvoudig, aards, natuurlik, sonder pretensies, pretensieloos. **~town** *n., (Am.)* midde=, binnestad, stadskern. **~town** *adj. & adv., (Am.)* stad toe; van/na die binne=/middestad; in die middestad; *go* ~ (midde)stad toe gaan. **~trodden** *(fig.)* verdruk, onderdruk, vertrap, verkneg, gekneg; *(lett.)* platgetrap, vertrap. **~turn** *(ekon.)* afswaai(fase), daling, insinking, daalfase, afwaartse/ dalende fase, neergang, inkrimpingsfase. ~ **under** *n. & adv., (ook D~ U~), (infml.:Australasië)* Doer Onder. **~ward** →DOWN= WARD. **~wash** neerstroming. **~wind** *adj. & adv.* windaf, met die wind van agter *(of* in die/jou rug), saam met die wind; onder(kant) die wind.

**down²** *n.* dons(ies), donshaartjies, veertjies; melkbaard. **~proof** donsdig. ~ **quilt** donskombers, verekombers. **down·y** dons= (er)ig, ~ *beard* melkbaard(jies); ~ *hair* donshare; ~ *mil= dew* donsskimmel, dons(er)ige skimmel; ~ *wool* donswol; donshaar.

**down·er** *(infml.)* depressant, depressiewe middel, onderdruk= middel; barbituraat; demper; terneerdrukkende ervaring; *be on a* ~, *(infml.)* in die put sit, swaarmoedig/neerslagtig/ter= neergedruk wees; *(sportspan)* 'n reeks nederlae ly.

**Down·ing Street** *(Br.)* Downingstraat; *(infml.)* die (Britse) premier *(of* eerste minister); *(infml.)* die (Britse) regering.

**downs** *(Br.)* rûens(veld); *(Austr.)* grasveld.

**Down's syn·drome** *(med.)* Downsindroom, trisomie 21.

**down·ward** *adj.* afwaarts, hellend; ~ *mobility, (sosiol.)* af= waartse mobiliteit. **down·ward, down·wards** *adv.* on= dertoe, na onder, afwaarts; *from* ... ~ van ... af, vanaf ...

**dow·ry** bruidskat; gawe, talent.

**dowse** aanwys *(water, metale).* **dows·er** aanwyser, wiggelaar; waterwyser. **dows·ing** wiggelary; wateraanwysing; →DIVIN= ING.

**doy·en** doyen. **doy·enne** *(vr.)* doyenne.

**doze** *n.* dutjie, sluimering. **doze** *ww.* dut, sluimer, dommel; ~ *the afternoon away* die middag omdut; ~ *off* indut, in= sluimer, indommel, aan die slaap raak. **doz·y** slaperig, loom, vakerig; *(Br., infml.)* dommerig.

**doz·en** dosyn; twaalftal; *a* ~ *people/etc., (ook)* 'n stuk of twaalf mense/ens.; *by the* ~ by die dosyn; *(fig., infml.: in groot getal= le)* by (die) dosyne; *half a* ~ 'n halfdosyn; 'n stuk of ses; ~*s of people/etc.* tientalle mense/ens.; ~*s and* ~*s of books/etc.* hope *(of* 'n hele klomp/swetterjoel) boeke/ens.; *a round* ~ 'n volle dosyn; *two* ~ *eggs* twee dosyn eiers.

**drab** *n.* vaal(bruin); grou; *(i.d. mv.)* vaal vere *(v. volstruis).* **drab** *adj.* vaal(bruin); grou; kleurloos, saai, vaal, eentonig, vervelig, doods. **drab·ness** vaalheid, vaalte; grouheid; kleur= loosheid, saaiheid, vaalheid, eentonigheid, verveligheid, doods= heid.

**drach·ma** =mas, =mae, *(hist. Gr. geldeenheid)* dragme.

**Dra·co·ni·an, Dra·con·ic** *(soms d~)* drakonies.

**draft** *n.* skets, (ruwe) ontwerp, ruwe tekening, ontwerpteke= ning, werk(s)tekening; konsep; (bank)wissel; *(Am.)* oproep *(vir krygsdiens);* →DRAUGHT; *a documentary* ~, *(fin.)* 'n doku= mentêre wissel; *make a* ~, *(ook)* rofwerk doen; *a rough* ~ 'n ruwe ontwerp, 'n skets, rofwerk. **draft** *ww.* skets, ontwerp; formuleer, (in konsepvorm) opstel; voorberei; *(Am.)* oproep *(vir mil. diens).* ~ **bill** konsepwetsontwerp. ~ **letter** konsep= brief. ~ **ordinance** konsepordonnansie. ~ **resolution** be= skrywingspunt.

**draft·er** ontwerper; opsteller.

**drafts·man** *(jur.)* opsteller, ontwerper; *(Am.)* →DRAUGHTS= MAN; *legal* ~ wetsopsteller; **drafts·man·ship** opstelling; → DRAUGHTSMANSHIP.

**drag** *n.* lugweerstand; sleepweerstand; *(fig.)* blok aan die been, remskoen, hindernis, belemmering, beletsel; vertra= ging; *(infml.)* vroueklere, =drag; *(infml.)* straat, pad; dreg, bag= gernet; →DRAG(NET); *be a ~, (infml.)* 'n (groot) pyn wees, jou 'n pyn op die naarheid gee; (maar/bra) vervelig wees, 'n ver= velige besigheid wees; *take a ~ on a cigarette/etc.* aan 'n si= garet/ens. trek/suig, 'n teug aan 'n sigaret/ens. trek; *a man in ~* 'n man in vrouklere/=drag. **drag** =gg=, *ww.* sleep, trek, sleur; dreg; eg; rem; sloer; vertraag; ~ *o.s.* **along** jou voort= sleep; ~ *an* **anchor** 'n anker sleep; ~ *at s.t.* aan iets trek *(iem. se arm ens.);* ~ *s.o./s.t.* **away** iem./iets wegsleep; ~ **behind** agterbly, =raak, uitsak; ~ *s.o./s.t.* **behind** *one* iem./iets agter jou aan sleep; *the* **brake** *~s* die rem sleep; ~ **by** →*on/by;* ~ *s.t.* **down** iets afsleep; iets neertrek; ~ *one's* **feet,** *(lett.)* sleepvoet loop; ~ *one's* **feet/heels,** *(fig.)* (jou) voete sleep, traag (wees om te) reageer; ~ *for* ... dreg na ...; ~ *s.o./s.t.* **in** iem./iets insleep; iem./iets bysleep/byhaal; ~ *s.o./s.t.* **into** ... iem./iets in ... sleep; ~ *s.o.* **off** to ... iem. na ... saamsleep; ~ *on a cigarette/etc.* aan 'n sigaret/ens. trek/suig, 'n teug aan 'n sigaret/ens. trek; ~ **on/by,** *(onderhandelings ens.)* sloer, voort= sleep; *(tyd)* verbysleep, stadig omgaan/verbygaan; ~ *s.t.* **out** iets uitsleep/uittrek; iets (uit)rek *('n debat ens.);* ~ *s.t.* **out** *of s.o.* iets uit iem. pers/torring/trek; ~ *s.t.* **up,** *(infml.)* iets ophaal. ~ **anchor** sleep=, seeanker. ~ **artist** *(ml. verhoog= kunstenaar wat in vrouklere optree)* fopdosser. ~ **chain** rem= ketting; *(mot.)* sleepketting. ~ **club** fopdosklub. ~ **coefficient** weerstandskoëffisiënt. ~ **hook** gryp=, dreghaak. ~**line, guide rope** trektou *(v. [lug]ballon).* ~**line (crane/excavator)** sleep= skrop. ~ **link** *(mot.)* koppelstang; stuurstang. ~**(net)** dreg=, sleep=, treknet. ~ **queen** fopdosser. ~ **(race)** versnel(wed)= ren. ~ **racer** versneljaer; versnelmotor. ~ **racing** versnel= (wed)renne. ~**rope** *(mil.)* sleeptou; trektou *(v. [lug]ballon).* ~ **show** fopdosvertoning.

**drag·on** *n.* draak; *(infml., neerh.: fel, verbete vrou)* draak, feeks; *chase the ~, (sl.)* opium/heroïen rook. ~ **boat** *(groot Chin. roei= boot)* draakboot. ~**fish** draakvis. ~**fly** naaldekoker. ~**'s teeth** *(infml., mil., hist.)* draketande; *sow/plant ~ ~, (fig.: onmin ver= oorsaak)* draketande saai. ~ **tree** drakebloedboom.

**drag·on·et** *(igt.)* drakie.

**dra·goon** *n., (mil.)* dragonder. **dra·goon** *ww.* (laat) mishan= del, vervolg, verdruk, vertrap; ~ *s.o. into doing s.t.* iem. (hard= handig) dwing om iets te doen.

**drag·ster** versnelmotor.

**drain** *n., (ondergronds)* drein, riool; dreineervoor, =sloot, af= voersloot *(vir oppervlakwater);* sugvoor, =sloot; afvoerpyp; geut; onttrekking; afvloei(ing); *(med.)* dreinerings=, dreineer= buis; *(elektron.)* afvoerder, dreineerder; *(fig.)* druk, las, belas= ting; *be down the ~, (infml.)* oor die muur *(of in sy kanon/ maai/peetjie [in])* wees; *go down the ~, (land ens.)* agteruit= boer, (lelik) gly, te gronde gaan; *(gesinslewe ens.)* verbrokkel; *(omgewing ens.)* agteruitgaan, verval; *(harde werk ens.)* verlore *(of tot niet)* gaan; *pour/throw money* **down** *the ~* geld in die water gooi/smyt; *land ~* sugriool; sugvoor; *be a (con= stant) ~ on* ... 'n groot gat in ... maak *(iem. se spaargeld ens.);* baie/veel van ... verg *(iem. se kragte ens.).* **drain** *ww.* afwater *(groente ens.);* afgiet *(vet ens.);* laat (af)vloei/uitloop; laat droog= drup *(skottelgoed);* laat leegloop *(swembad ens.);* aftap *(olie);* af= voer *(stormwater ens.);* drooglê *(grond);* (af)vloei, uitloop; *(ri= vier)* dreineer *('n moeras ens.);* *(med.)* dreineer *('n wond ens.);* leegdrink, uitdrink *('n glas);* uitput *(voorraad, reserwe, ens.);* ~ *away* wegvloei; ~ *s.t.* **away** iets laat wegvloei; *the blood ~ed from s.o.'s face* iem. het verbleek; *all colour had ~ed from s.o.'s face* iem. was doodsbleek; ~ **into** ... in ... uitloop/vloei; *~ed of (all) colour/emotion/energy* doodsbleek; energieloos, (heel= temal) sonder energie; sonder (enige) emosie, (heeltemal *of* geheel en al) emosieloos; ~ *s.t.* **off** iets laat afvloei/uitloop; iets afgiet; *well ~ed* **soil** goed gedreineerde grond. ~ **cock** aftapkraan. ~ **ditch** afvoersloot. ~ **hole** drein=, riool=, skui= wergat; *(mot.)* dreineergat. ~**pipe** rioolpyp; afvoer=, uitloop=

pyp; geutpyp; afwateringspyp; aftappyp. ~**pipes,** ~**pipe trousers** *(infml.)* noupypbroek. ~ **plug** dreineerprop. ~ **valve** dreineerklep.

**drain·age** afwatering, drooglegging; afvoering; afvloei; drei= nering; riolering; rioolstelsel.

**drake** mannetjieseend, mannetjie-eend.

**Dra·kens·berg:** ~ **(cheese)** drakensbergkaas. **Dra·kens= ber·ger** *(beesras)* drakensberger.

**dra·ma** (toneel)stuk, drama *(vir d. verhoog);* hoorspel *(vir d. rad.);* toneelwerk, drama *(as genre);* toneel=, dramakuns; tra= gedie, treurspel; *(infml.)* drama. ~ **critic** toneel=, teaterre= sensent, teater=, toneelkritikus. ~ **school** drama=, toneelskool. ~ **student** drama=, toneelstudent.

**dra·mat·ic** dramaties, toneel=; *(fig.)* dramaties *(ontsnapping ens.);* skielik *(toename);* ingrypend *(verandering ens.);* tea= traal *(gebaar ens.);* *(mus.)* dramaties *(bariton);* ~ **art** (die) to= neelkuns; ~ *critic* toneelkritikus; ~ *irony* tragiese ironie. **dra= mat·i·cal·ly** op dramatiese wyse, opvallend, onverwags. **dra= mat·ics** dramatiek, toneelkuns; toneelspel; toneelspelery. **dram·a·tise,** =**tize** dramatiseer, vir die verhoog *(of* tot 'n drama) verwerk; benadruk; dramatiseer. **dram·a·ti·sa·tion,** =**za·tion** *(lett. & fig.)* dramatisering; toneelbewerking.

**dra·ma·tis per·so·nae** *(mv.), (Lat., fml.)* dramatis perso= nae, personasies *(in 'n toneelstuk).*

**dram·a·tist** dramaturg, toneelskrywer, dramaskrywer.

**drape** *n.* drapeersel; gordyn; drapering, (manier van) val. **drape** *ww.* drapeer *(ook fig.);* toedraai *(in 'n kombers ens.);* *(kleedstof)* (in [sagte] voue) val; beklee, oortrek; versier; om= hang.

**drap·er·y** kleedstof=, kledingstof=, klerasiehandel; kleed=, kledingstowwe, klerasie; tekstielstowwe; behangsel; drape= ring.

**dras·tic** *adj.,* **dras·ti·cal·ly** *adv.* drasties, ingrypend, radi= kaal; kras, straf.

**drat** *tw., (infml.):* ~ *the child!* so 'n vervlakste kind!; ~ *(it)!* ver= vlaks!.

**draught,** *(Am.)* **draft** trek, luggie; teug, sluk; dosis; tapsel; (vis)vangs, vistrek; spanvermoë; diepgang *(v. skip);* (die) trek *(v. skoorsteen);* dambordskyf, =stuk; *(i.d. mv.)* dambord(spel); *beer on ~* bier uit die vat, vat=, tapbier; *feel the ~, (lett.)* die trek voel; *(fig.)* in die knyp sit/wees. ~ **animal** trekdier. ~ **beer** tap=, vatbier. ~**board** dambord.

**draughts·man,** *(Am.)* **drafts·man** (tegniese) tekenaar; dambordskyf, =stuk. **draughts·man·ship,** *(Am.)* **drafts·man= ship** tekenkuns.

**draught·y** trekkerig. **draught·i·ness** trekkerigheid.

**Dra·vid·i·an** *n., (taalgroep)* Dravidies; *(lid v. volk)* Dravida. **Dra·vid·i·an** *adj.* Dravidies.

**draw** *n.* (die) trek/sleep; die span *(v. 'n boog);* vangs; *(fin.)* (ont)trekking; trekpleister; aantrekkingskrag; aantreklikheid; loting; trekking *(v. lote);* lootjie; lotery; *(perdewedrenne)* plek= loting; gelykopuitslag; *(kr.)* onbesliste uitslag; gelyk(op)spel; gelyk(op)wedstryd; *(kr.)* onbesliste (wed)stryd; teug *(aan 'n sigaret ens.);* beat s.o. to the ~ vóór iem. skiet; *(fig.)* iem. voorspring; *end in a ~, ('n wedstryd ens.)* gelykop eindig; *(kr.)* onbeslis eindig; *s.o. is quick on the ~, (infml.)* iem. kan vinnig skiet; iem. is 'n snelskut; *(fig.)* iem. reageer vinnig. **draw** *drew drawn, ww.* trek, sleep; wegtrek; uittrek; uitpluk, uithaal *(pistool ens.);* trek *(tande ens.);* span *('n boog);* optrek *(visnet);* tap *(bier);* put *(water);* skep *(water uit 'n put ens.),* kry *(water uit 'n pomp ens.);* lok *('n skare);* ontlok, uitlok *(applous);* put *(troos uit iets);* trek *(n streep);* teken, skets; opstel *(dokument);* intrek *(rook);* *(skoorsteen)* trek *(goed ens.);* (ont)trek *(geld);* trek *('n tjek);* verdien, trek *(rente);* trek, ontvang *('n dividend);* kry, ont= vang *('n loon);* *(teg.)* trek *(draad ens.);* ingewande uithaal; *(sport)* gelykop speel; *(skip)* 'n diepgang hê van; ~ **ahead** *of s.o.* 'n voorsprong op iem. behaal/kry; ~ **alongside** ... langs ... kom loop/ry; langs ... stilhou; ~ **apart** *(from one another)* van mekaar wegstaan; (van mekaar) vervreem(d) raak; ~ *s.o.* **aside** iem. opsy trek; ~ *away* terugdeins, terugtree; ~ *away from s.o.* 'n voorsprong op iem. behaal/kry; ~ *back from s.t.* vir iets terugdeins; ~ *blood* bloed laat loop; ~ *closer* nader kom, naderkom; ~ *s.t.* **down** iets aftrek; ~ *for s.t.* vir iets lootjies trek; ~ *s.t.* **forth** iets uitlok; ~ *s.t.* **in** iets intrek; ~ *s.o.* **in** iem. betrek; ~ *s.o.* **into** *s.t.* iem. in iets betrek; *let s.t.* ~ iets laat trek *(tee ens.);* ~ *lots* lootjies trek, loot; ~ *near* nader kom, nader(kom); ~ *off* verder/vêrder gaan, terugval; ~ *s.o.* **off** iem. weglei, iem. op 'n dwaalspoor lei; iem. wegneem; ~ *s.t.* **off** iets uittrek *(kouse ens.);* iets aftap; ~ *on* nader kom, nader(kom); ~ *on* *s.o.* iem. aanmoedig; van iem. gebruik maak; 'n vuurwapen op iem. rig; ~ *a gun/knife/etc.* **on** *s.o.* 'n rewolwer/mes/ens. teen iem. uitpluk/uithaal; ~ *on/upon* ... van ... gebruik maak *(iem. se kennis ens.);* uit ... put *(bronne ens.);* aan ... ontleen *(volksmusiek ens.);* ~ *s.o.* **out** iem. laat praat/ontdooi; ~ *s.o.* **out** about *s.t., (ook)* iem. aan die praat kry oor iets, iem. uitlok om oor iets te praat; ~ *s.t.* **out** iets (uit)rek; iets (ont)trek *(geld);* ~ *s.t.* **out** *of ...* iets uit ... haal; ~ *s.t.* **out** *of s.o.* iets uit iem. kry; ~ *over (to the side of the road)* aan die kant van die pad ry; ~ *a prize* 'n prys trek; ~ *s.t.* **together** iets saamtrek; ~ *up* stilhou *(met 'n voertuig);* ~ *s.t.* **up** iets optrek; iets opstel *('n dokument ens.);* ~ *up* *to s.o.* nader aan iem. kom; ~ *up* *with s.o.* iem. inhaal; ~ *o.s.* **up** jou oprig; ~ *upon ...* →*on/upon;* ~ *with...* met ... gelykop speel. ~**back** beswaar, nadeel; gebrek, skadusy; vermindering. ~**bridge** ophaalbrug. ~**card,** *(Am.)* drawing card *(infml.)* trekpleister. ~ **shutter** skuifluik. ~**string** (toe)trekkoord; (toe)= trekveter. ~ **well** waterput.

**draw·er** tekenaar; trekker *(v. tjek, wissel);* laai; *the top* ~ die boonste laai; *out of the top* ~, *(fig., infml.)* van die boonste rak.

**draw·ing** tekening, skets; tekenwerk; *(as vak)* tekene; *(fin.)* trekking *(deur 'n vennoot ens.);* uitloting *(v. effekte); (teg.)* trek= king *(v. erts ens.); (the art of)* die tekenkuns; *do/make a* ~ 'n tekening maak; *in* (or *out of)* ~ reg/verkeerd geteken. ~ **ac· tion** trekwerking. ~ **board** tekenbord; *it is back to the* ~ ~, *(infml.)* daar moet oor (of van voor af) begin word; *s.t. is on the* ~ ~, *(infml.)* die planne vir iets word opgestel. ~ **chalk** tekenkryt. ~ **instruments** tekengereedskap, =instrumente. ~ **office** tekenkantoor, =kamer, =afdeling. ~ **pin** drukspy= ker(tjie), duimspyker, =drukker. ~ **room** woon=, sitkamer, voorkamer, =huis, salon.

**drawl** *n.* dralende spraak *(of* manier van praat), dralerige stem(toon). **drawl** *ww.* dralend *(of* met 'n dralende/dra= lerige stem) praat, met 'n draalstem sê.

**drawn** afgerem, afgemat, uitgemergel(d) *(iem.);* gespanne, strak, stroef *(gesig); a* ~ *match* 'n gelyk(op)wedstryd; *(kr.)* 'n onbesliste (wed)stryd; *a* ~ *sword* 'n getrekte/ontblote swaard; *feel* ~ *to* ... tot ... aangetrokke voel; ~ *with pain* ver= trek van (die) pyn; ~ *work, (hoedemakery)* intrekwerk; *(bor= duur)* draadtrekwerk. ~**out** uitgerek.

**dread** *n.* vrees, skrik, (doods)angs, afgryse; *(sl.)* Rasta(fariër); *(i.d. mv.)* →DREADLOCKS; *go/live in* ~ *of s.t. happening* 'n ewige vrees hê dat iets sal gebeur. **dread** *ww.* vrees; ys (vir); dood(s)= bang wees (vir; vreeslik opsien teen; ~ *doing* (or *to do) s.t.* dood(s)bang wees om iets te doen; ~ *the day that* ... ys vir die dag dat ... **dread, dread·ed** *adj. (attr.)* gevreesde; vrees= like, verskriklike, afskuwelike. ~**locks, dreads** *(mv.)* Rasta= lokke. ~**nought, ~naught** *(hist.)* dreadnought, swaar slagskip.

**dread·ful** verskriklik, vreeslik; grusaam, afgryslik *(moord ens.);* swak, vrot *(toneelstuk ens.);* ~ *noise* goddelose lawaai.

**dream** *n.* droom; dwaal; droombeeld; ideaal, droom, fanta= sie, lugkasteel, hersenskim; illusie, waan; *s.t. goes/works like a* ~, *(infml.)* iets loop/ry/werk perfek/uitstekend; *be lost in* ~*s* droomverlore wees; *pleasant/sweet* ~*s!* droom lekker!; *s.o.'s* ~ *comes true* iem. se droom word bewaarheid; *be beyond one's wildest* ~*s* jou stoutste/hoogste verwagtings oortref. **dream** *dreamt dreamt; dreamed dreamed, ww.* droom; voorstellings= vorm, droombeelde skep; lugkastele bou, illusies koester; ~

*about/of s.o./s.t.* van iem./iets droom; ~ *away one's days/etc.* jou dae/ens. omdroom; *s.o. could* **not** ~ *that* ... iem. kon nie droom *(of* kon hom/haar nie indink) dat ... nie; ~ *s.t.* **up** iets uitdink/versin. ~**boat** *(infml.)* droomman. ~**land** droom= land; feëland. ~ **ticket** *(pol.)* droomspan, ideale spanmaats; droomgeleentheid, ideale geleentheid. ~**world** droomwêreld; sprokieswêreld, feëryk.

**dream·er** dromer; mymeraar.

**dream·less** droomloos.

**dream·like** onwesenlik, droomagtig, droom=.

**dream·y** dromerig; droom=. **dream·i·ly** dromerig, soos in 'n droom.

**drear·y** somber, treurig; triest(er)ig, triets(er)ig, onple= sierig; troosteloos; eentonig, vervelig, vervelend, saai, dooi= erig; ongesellig. **drear·i·ness** somberheid, treurigheid; triest= (er)igheid; troosteloosheid; eentonigheid; ongeselligheid.

**dredge** *n.* dreg, baggermasjien, =meul(e), moddermeul(e); baggerboot; baggernet. **dredge** *ww.* dreg, bagger; met 'n baggernet vis; ~ *s.t.* **up** iets (op)vis *(uit rivier, see);* iets op= haal *(herinnerings).* **dredg·er** baggerboot; baggermasjien, =meul(e); *(pers.)* baggeraar.

**dregs** *(mv.)* afsaksel, moer, residu, droesem; oorblyfsel(s), res, oorskot, oorskiet; uitskot; *drain s.t. to the* ~ iets tot die droesem/bodem (toe) drink; *the* ~ *of society, (neerh.)* die skuim/ uitvaagsels van die samelewing. **dreg·gy** moerderig; troebel.

**drench** *n., (veearts.)* dosis. **drench** *ww.* deurdrenk, deur= week; papnat maak; *('n dier)* medisyne ingee; *be* ~*ed to the skin* pap=, druipnat wees.

**Dres·den chi·na** Saksiese porselein.

**dress** *n.* rok, tabberd; klere, kleding; (klere)drag; tenue; ge= waad; gedaante; *in a blue/etc.* ~ in 'n blou/ens. rok. **dress** *ww.* aantrek, klee; kostumeer; ander klere *(of* iets anders) aan= trek, verklee; mooi aantrek, jou uitdos; versier, (op)tooi; kap *(hare);* bevlag, tooi *('n skip);* verbind, behandel *(wond); (kookk.)* skoonmaak *(pluimvee, vis);* bewerk *(karkas);* krap *(vark);* sous oor ... giet *(slaai);* mooi opdien *(kos);* bewerk, afwerk *(klip ens.);* poets *(gesmede stuk);* berei *(erts);* bemes *(grond);* met kompos verryk *(grond);* snoei *(boom, struik);* roskam *(perd);* brei *(vel, rieme); (mil.)* (laat) rig; ~ *a horse* **down** 'n perd ros= kam; ~ *s.o.* **down,** *(infml.)* iem. roskam/skrobbeer, met iem. raas, iem. slegsê; *be* ~*ed (up fit) to kill, be* ~*ed (up) to the* **nines,** *(infml.)* fyn uitgevat wees; *be all* ~*ed up, (infml.)* ge= stewel(d) en gespoor(d) wees; ~ *up for* ... jou netjies/def= tig vir ... aantrek, jou vir ... uitvat; ~ *s.t.* **up** iets versier *(of* mooi voorstel); *(always)* ~ *well* altyd goed aangetrek wees *(of* goed geklee[d] gaan/wees). ~ **circle** eerste balkon. ~**coat** swa(w)elstertbaadjie; manel. ~ **designer** mode=, klereont= werper, modemaker, =maakster. ~**maker** kleremaker, =maak= ster, modemaker, =maakster; ~*'s dummy* paspop. ~ **parade** militêre parade; modeparade; *(teat.)* kostuuminspeksie. ~ **re· hearsal** kleedrepetisie. ~ **sense** kleresin. ~ **shirt** bors=, aand= hemp. ~ **suit** aandpak. ~ **uniform** groot tenue, gala-uniform.

**dres·sage** *(perdesport)* dressage, dressuur.

**dress·er**[1] kombuiskas; spensrak, =kas; *(Am.)* laaikas; *(Am.)* spieëltafel.

**dress·er**[2] modepop; *(teat.)* kleder, kleedster; kamermeisie; *(teg.)* afwerker; *(teg.)* klopper, klophamer; *(med.)* (wond)ver= binder; *be a flashy/sharp* ~, *(infml.)* altyd windmakerige kle= re dra.

**dress·i·ness** →DRESSY.

**dress·ing** (slaai)sous; *(Am.)* vulsel; (wond)verband, wond= dekking; mis(stof); kompos; kunsmis; *(tekst.)* lym *(vir af= werking); (tekst.)* styfsel; *(teg.)* bewerking, afwerking *(v. klip ens.);* die brei *(v. leer);* aantrek(kery); kostumering. ~~**down** *(infml.)* teregwysing, skrobbering; loesing, (goeie) pak slae; *give s.o. a* ~, *(infml.)* iem. roskam/skrobbeer, met iem. raas, iem. slegsê; *give s.o. the* ~ *of his/her life, (ook, infml.)* iem. so slegsê dat die see hom/haar nie kan afwas nie; *get a severe*

~, *(ook, infml.)* erg/sleg bygekom word. ~ **gown** kamerjas, =japon. ~ **room** kleedkamer *(by 'n sportveld ens.);* aantrek= kamer *(in 'n huis); (teat.)* verkleekamer. ~ **table** spieël=, kleed=, toilettafel.

**dress·y** keurig, smaakvol *(klere);* elegant, deftig; spoggerig, windmakerig; ~ *woman* modepop. **dress·i·ness** windmake= righeid, pronkerigheid; oordadigheid.

**drib:** in ~s *and drabs, (infml.)* bietjie(s)-bietjie(s), druppels=, drupsgewys(e); klompies-klompies.

**drib·ble** *n.* stroompie; die gedruppel; (die) kwyl; *(fig.)* drup= peltjie, bietjie; *(sport)* dribbel(werk). **drib·ble** *ww.* druppel; kwyl; *(sport)* dribbel.

**dried** gedroogde, droë; →DRY; ~ *fruit* gedroogde vrugte, droëvrugte; ~ *up* opgedroog, verskrompel(d).

**dri·er** *n.* →DRYER.

**drift** *n.* hoop *(blare ens.);* wal, hoop *(sneeu);* vlaag *(reën);* (op)= drifsel; opeenhoping, massa; strekking, bedoeling, beteke= nis; neiging; beweging; (koers)afwyking; stroming; *(oseano= grafie)* drif=, dryfstroom; gletserpuin; (myn)gang; *(SA)* drif, deurgang; dwaling *(v. frekwensie);* (die/'n) trek *(v.d. platteland ens.);* catch/get the ~ *of s.t., (infml.)* die bedoeling/betekenis van iets snap; *policy of* ~ laat-maar-loop-beleid. **drift** *ww.* dryf, drywe; *(blare ens.)* ophoop; *(gedagtes)* (af)dwaal; *(stemme ens.)* sweef, swewe; *(frekwensie)* dwaal; ~ *about/around* ronddobber, ronddryf, =drywe; ronddwaal, =dool; ~ *apart, (fig.)* (van mekaar) vervreem(d) raak; ~ *away/off* wegdryf, =drywe; geleidelik verdwyn; ~ *off course* van koers af raak; *let things* ~ sake hul (eie) gang laat gaan, Gods water oor Gods akker laat loop, dinge aan hul(le)self oorlaat; ~ *off (to sleep)* wegraak. ~ **ice** dryfys. ~ **net** dryfnet. ~ **sand** dryf=, waaisand. ~**wood** dryf=, wrakhout; opdrifsels.

**drift·er** drywer; swerwer, rondloper; dryfnetboot.

**drift·ing** drywend; *(fig.)* ontredder(d); ~ *ice* dryfys; ~ *snow* jagsneu.

**drill**[1] *n.* boor; *(mil.)* dril(oefening); oefenmetode, oefeninge; *(infml.)* prosedure, werk(s)wyse, roetine; *know the* ~, *(infml.)* weet wat om te doen, die roetine ken. **drill** *ww.* boor; *(mil.)* dril, afrig; oefen; ~ *for oil/etc.* na olie/ens. boor; ~ *s.o. in s.t.* iem. in iets afrig; ~ *s.t. into s.o., (infml.)* iets by iem. inhamer; ~ *pupils* leerlinge dril *(vir 'n eksamen ens.).* ~ **bit** boor(yster). ~ **ground** *(mil.)* drilveld, =terrein. ~ **hall** drilsaal. ~ **master** drilmeester, =instrukteur. ~ **press** staanboor. ~ **sergeant** drilsersant, sersant-instrukteur, drilmeester.

**drill**[2] *n.,* dril.

**drill·ing** (die) dril, drillery; (die) boor, boorwerk, boordery. ~ **platform:** *(floating)* ~ ~ rigbooreiland. ~ **rig** boortoring; *(ter see)* booreiland.

**dri·ly** drogies, droog(weg); →DRY.

**drink** *n.* drank, voggies *(infml.);* sluk(kie); drankie, dop *(infml.),* sopie; *s.o./s.t. is enough to drive anyone to* ~, *(infml.)* iem./iets is genoeg om enigeen tot drank te dryf/drywe; *have a* ~ iets drink, 'n drankie drink; *may I have a* ~? kan ek iets te drink(e) kry?; *s.o. is in 'n slukkie kry?; join s.o. in a* ~, *have a* ~ *with s.o.* iets saam met iem. drink; *the* ~s *are on me, (infml.)* ek betaal vir die drankies; *have a* ~ *on s.t.* op iets drink; *have a quiet* ~ stilletjies/skelm(pies) drink; *serve* ~s drankies skink; *stand* ~s drankies (vir ander) bestel; *stand s.o. a* ~ iem. op 'n drankie/glasie trakteer; *a stiff* ~, *(infml.)* 'n stywe dop; *take to* ~ begin drink, aan die drink raak; *the* ~, *(sl.)* die see. **drink** *drank drunk, ww.* drink; uitdrink, opdrink; *(diere)* suip; ~ *s.t. away* iets verdrink *(geld ens.);* ~ *deep* stewig (of met groot/lang teue) drink; *(fig.)* diep delf; ~ *deep of s.t.* met groot/lang teue van iets drink; *(fig.)* iets indrink; ~ *s.t. down* iets wegsluk; ~ *and drive* drink en bestuur/ry, onder die in= vloed (van alkohol/drank) bestuur; ~ *from* (or out of) *a cup/ etc.* uit 'n koppie/ens. drink; *s.o. has had s.t. to* ~ iem. het ge= drink (of is aangeklam); ~ *hard/heavily* kwaai/straf/swaar drink, diep in die bottel kyk; ~ *s.t. in, (fig.)* iets indrink/ab=

sorbeer; ~ *like a fish, (infml.)* drink/suip soos 'n vis; ~ *out of a cup/etc.* →from; ~ *to s.o./s.t.* op iem./iets drink; ~ *s.t. up* iets opdrink *(melk ens.); (plante)* iets opsuig *(water);* ~ *up!* drink dit leeg/uit!; drink klaar!. ~**-driving** *n.* dronkbestuur. ~**-driving** *adj. (attr.):* ~ *campaign* veldtog teen dronkbestuur; ~ *con= viction* skuldigbevinding aan dronkbestuur; *be convicted of a* ~ *offence* aan dronkbestuur skuldig bevind word. ~ **offering** drankoffer.

**drink·er** drinker; suiper, dronklap; *a hard/heavy* ~ 'n kwaai/ strawwe/swaar drinker.

**drink·ing** drinkery; (die) drink; *excessive* ~ oormatige drank= gebruik, drankmisbruik; *stop* ~ ophou drink, (die) drank *(of die/jou drinkery)* laat staan; *take to* ~ begin drink, aan die drink raak. ~ **bout** suip=, drinksessie, gesuip; *go on a* ~ aan die drink/suip gaan/raak. ~ **chocolate** drinksjokolade. ~ **com= panion** drinkmaat, drinkebroer. ~ **fountain** drinkfontein= (tjie). ~ **glass** drinkglas. ~ **place** drinkplek, kroeg; suipplek *(vir diere).* ~ **problem** *(euf.)* drankprobleem. ~ **straw** (koel= drank)strooitjie. ~ **trough** suip=, drinktrog, suip=, drinkbak. ~ **water** drinkwater *(vir mense);* suipwater *(vir diere).*

**drip** *n.* druppel; (ge)drup, gelek; *(med.)* (binneaarse) drup=; *(med.)* indruppeling, (intraveneuse) infusie; *(bouk.)* druplys; drupbak; dakrand; dakdrup; druppyp; *(infml.)* (ou) drel, jel= lievis; *be on a* ~, *(med.)* aan 'n drup gekoppel wees. **drip** *-pp-, ww.* (laat) drup; druip; druppel; ~ *down* afdrup(pel); *s.o. is* ~*ping with sweat* iem. is papnat gesweet, die sweet tap iem. af. ~ **cock** drup=, lekkraan. ~**-drop** gedruppel. ~**-dry** *ww.* (laat) droog drup; nat ophang. ~**-dry** *adj. (attr.)* droogdrup=, drupdroog= *(hemp ens.).* ~**-feed** *ww., (med.)* binneaars voed, drupvoeding gee. ~ **irrigation** drupbesproeiing. ~**stone** *(argit.)* druplys; *(geol.)* druipsteen. ~ **tray** drupbak *(vir pot= plante ens.).*

**drip·ping** *n.* gedrup, gelek; afdruipsel; sagte vet, sous=, druip=, braaivet; *(i.d. mv.)* afdrupsel. **drip·ping** *adj.* druipend, druip=, =; *wet* pap=, druipnat. ~ **eaves** drupdakrand. ~ **pan, drip pan** *(kookk.)* druippan.

**drip·py** =pier =piest, *adj., (infml.)* (mot)reënerig *(dag);* vogtig *(klimaat);* soetsappig, stroperig, (oordrewe) sentimenteel *(ro= man ens.).*

**drive** *n.* rit(jie); ryweg, oprit, oprylaan, inrypad, rylaan; *(psig.)* drif, drang; krag, ywer, energie, deursettingsvermoë, dryf=, daad=, stukrag; beweegrede; aksie, veldtog; kollekte, (geld)insameling; klopjag; *(mil.)* (groot) offensief; aanval; *(mot.)* aandrywing; *(rek.)* skyf(aan)drywer; *(sport)* hou; *(golf)* dryfhou; *(mynb.)* myngang, =tonnel; *go for* (or *take) a* ~ ('n ent[jie]) gaan ry; *have the* ~ *to do s.t.* die deurset= tingsvermoë hê om iets te doen; *it's only an hour's* ~ *from here* dis maar 'n uur se ry hiervandaan; *launch a* ~ *for funds* 'n fonds=/geldinsameling begin; *a* ~ *on ..., (mil.)* 'n opmars na ... **drive** *drove driven, ww.* ry; (motor) bestuur; ver= voer; wegbring; chauffeer; dryf, drywe; *(teg., elektron.)* aan= dryf, =drywe; inslaan, indryf, =drywe *(spyker);* boor ('n ton= nel); *(sport)* dryf, drywe *(bal); (sport)* 'n dryfhou slaan; (voort) dryf/drywe, aanja(ag) *(skape ens.);* stuur *(perd ens.).* *(fig.)* op= druk; ~ *after s.o./s.t.* agter iem./iets aanry; ~ *along* aanry; *wonder what s.o. is driving at, (infml.)* wonder wat iem. be= doel; wonder wat iem. in die skild voer; ~ *s.o./s.t. away/off* iem./iets wegja(ag)/verdryf/verdrywe/verja(ag); ~ *a crowd back* 'n skare terugdryf/=drywe; ~ *carefully* versigtig ry; ~ *carefully!* ry versigtig!; ~ *s.o. crazy/mad* (or *up the wall)* iem. gek/rasend maak; ~ *o.s. hard* jou oorwerk; ~ *people hard* mense hard laat werk; ~ *in* inry; ~ *s.t. in* iets inja(ag) *(skape in 'n kraal ens.);* iets inslaan ('n spyker in 'n muur ens.); ~ *off* wegry, ~ *s.o./s.t. off* →*away/off;* ~ *on* aanry; ~ *s.o./s.t. on* iem./iets aanja(ag); ~ *o.s.* self ry/bestuur; ~ *out* uit= ja(ag)/uitboender *(iem.);* ...verdryf/=drywe *(vyande);* ...uit= dryf/=drywe *(bose gees);* ~ *over s.t.* oor iets ry; ~ *over to ...* oorry ... toe, na ... oorry; ~ *s.o. over to ...* iem. (per [of met die] motor) na ... wegbring; ~ *past* verbyry; ~ *past ... by ...*

verbyry; ~ *through* ... deur ... ry; ~ *a nail through* ... 'n spy=
ker deur ... slaan; ~ *up* aangery kom; voor die deur stilhou;
~ *s.o. up the wall* →*crazy/mad.* ~ **belt** dryfband. ~**-by
(shooting)** verbyry(skiet)aanval, =skietery. ~ **gear** *(mot.)* dryf=
werk; dryfrat. ~**-in (theatre/cinema)** inry(teater/bioskoop),
*(infml.)* inry=, veldfliek. ~ **shaft** dryfas. ~**way** oprit, (op)ry=
laan; inrit; rybaan, =weg. ~**-yourself car** huurmotor.

**driv·el** *n.* bog=, kaf=, twak(praatjies), geklets. **driv·el** -*ll*-, *ww.*
bog/kaf/twak praat, klets.

**driv·en** gedrewe; (aan)gedryf, =gedrywe; *be* ~ *by s.t.* deur iets
aangedryf/=gedrywe word *(elektrisiteit ens.);* deur iets voort=
gedryf/=gedrywe word *(passie ens.); be* ~ *to do s.t.* daartoe ge=
dryf/gedrywe word om iets te doen; *be* ~ *together* saamge=
dryf/=gedrywe wees.

**driv·er** bestuurder, drywer, ryer *(v. motor);* chauffeur; dry=
wer *(v. vee, wa, ens.);* masjinis, drywer *(v. trein);* koetsier, lei=
selhouer; dryfwiel; dryfrat; *(elektron., rek., mot.)* (aan)drywer;
*(gh.)* eenhout, dryfstok, drywer. ~ **ant** rooimier, Afrikaanse
swerfmier. ~**'s cabin** stuurkajuit. ~**'s licence** rybewys, =li=
sensie, bestuurders=, bestuur(s)lisensie. ~**'s seat** bestuursit=
plek, bestuurdersplek; *be in the* ~ ~, *(fig.)* die hef in die
hand(e) hê, in beheer van sake wees. ~**'s test** bestuur(s)=,
rybewystoets.

**driv·ing** *n.* (motor)bestuur, ryery; drywery; (die) ry/dryf/
drywe; stuur; rykuns; dryfhoue slaan. **driv·ing** *adj. (attr.)*
dryf=; swiepende *(reën);* hewige *(sneeustorm);* ~ *clouds* vinnig
bewegende wolke. ~ **ace** bobaas=, top(ren)jaer. ~ **axle** dryf=
as. ~ **belt** dryfband. ~ **cab(in)** stuurkajuit. ~ **chain** (aan)=
dryfketting. ~ **dog** *(mot.)* dryfklou. ~ **force** *(lett. & fig.)* dryf=,
stukrag. ~ **gear** dryfrat; dryf(rat)werk. ~ **instructor** be=
stuur(s)=, ryinstrukteur. ~ **iron** *(gh.)* dryf=, eenyster. ~ **les=
son** ry=, bestuur(s)les. ~ **licence** rybewys, =lisensie, be=
stuurders=, bestuur(s)lisensie. ~ **power** *(lett. & fig.)* dryf=,
stukrag. ~ **range** *(gh.)* oefenbof. ~ **rod** dryf=, trekstang. ~
**school** bestuur=, (motor)ryskool. ~ **seat** bestuursitplek, be=
stuurdersplek; *be in the* ~ ~, *(fig.)* die hef in die hand(e) hê,
in beheer van sake wees. ~ **shaft** dryfas. ~ **spring** (aan)=
dryfveer. ~ **test** bestuur(s)=, rybewystoets. ~ **time** rytyd. ~
**wheel** dryfwiel *(v. lokomotief).* ~ **whip** peits.

**driz·zle** *n.* mot=, stuif=, misreën. **driz·zle** *ww.* mot=, stuif=,
misreën; neersif. **driz·zly** motreënerig.

**drogue** *(sk.)* water=, dryfanker; *(mil.)* (lug)sleepteiken, sleep=
skyf; *(lugv.)* stabilisasieskerm; *(lugv.)* windkous, =sak; *(vis=
vangs)* boei aan die end van 'n harpoenlyn. ~ **(parachute)**
*(lugv.)* remvalskerm; klein valskerm.

**droll** koddig, snaaks, grappig.

**drom·e·dar·y** dromedaris, eenbultkameel.

**drone** *n.* gegons, gezoem, gebrom, bromgeluid, gedreun; ge=
ronk *(v. masjien);* eentonige gedreun; eentonige spreker;
bromtoon; hommel=, mannetjie(s)by; robotvliegtuig. **drone**
*ww.* gons, zoem, brom, dreun; *(masjien)* ronk; sanik; ~ *on*
eindeloos voortduur; voortdreun. ~ **fly** hommelvlieg.

**dron·go** =*go(e)s, (orn.)* by(e)vanger.

**drool** *n.* kwyl. **drool** *ww.,* *(baba, hond, ens.)* kwyl; ~ *over s.o./
s.t., (infml.)* oor iem./iets kwyl, gek wees na *(of* mal wees oor
*of* dol wees oor/op) iem./iets.

**droop** *n.* die (laat) hang; slap houding; *(fig.)* mistroostigheid.
**droop** *ww.* (af)hang, neerhang; *(skouers)* hang; *(blomkoppe,
ooglede, ens.)* (slap) hang; *(blare ens.)* verlep hang; *(snor)*
druip; *(iem.)* krom *(of* vooroor geboë) sit/staan; *(fig.: geesdrif
ens.)* kwyn, verflou; *(iem.)* langgesig/mistroostig wees; laat
sak *(jou kop ens.).* **droop·ing:** ~ *moustache* hang=, druipsnor;
~ *shoulders* hangskouers. **droop·y** (af)hangend; slap, verlep,
futloos, lusteloos.

**drop** *n.* druppel; snapsie, sopie; val; daling, vermindering,
hoogteverskil; *(teat.)* skerm, doek, toneelgordyn; *(rugby)* skep=
skop; *(brug)* val; valdeur, =luik; galg; klontjie; oorbel; *(infml.)*
aflewering; *(Am.)* pos=, briewebus; (posbus)gleuf; geheime

(bêre)plek; *(only) a* ~ *in the* **bucket/ocean** (net) 'n druppel in/
aan die emmer; ~ *by* ~ drup(pel)sgewys(e); *every* ~ **counts**
alle bietjies help; *get/have the* ~ *on s.o., (infml.)* iem. onder
skoot kry/hê; iem. voor wees; *at the* ~ *of a* **hat** op die daad,
onmiddellik; *have a* ~, *(infml.)* 'n snapsie maak, 'n ietsie/so=
pie drink; *the* ~ *in* ... die daling van ... *(pryse, d. temperatuur,
ens.);* **make** *a* ~ voorrade/ens. met valskerms *(of* per valskerm)
afgooi; *s.o. has had a* ~ *too* **much,** *(infml.)* iem. het te diep in
die bottel gekyk; *a* ~ *of* **water/***etc.* 'n druppel/bietjie water/ens.;
*a* **sharp** ~ 'n skerp/skielike daling *(v. pryse ens.); a* **sheer** ~
'n ononderbroke val; *not* **touch** *a* ~ glad nie (alkohol) drink
nie, jou mond nie aan drank sit nie. **drop** -*pp*-, *ww.* drup=
(pel); laat val, afgooi; laat sak, neerlaat; verlaag *('n skouer/mid=
dellyn van 'n kledingstuk); (rugby)* skepskop; werp *(kalf, lam,
vul); (infml.)* sluk *(pille);* val *(ook op jou knieë); (infml.)* afval; *(infml.)*
omkap *(v. uitputting ens.); (infml.)* omkap, dood neerslaan;
*(infml.)* plat slaan, neervel; afhel; daal, sak, afneem; vermin=
der, verlaag *(wind)* gaan lê; laat vaar, opgee, afsien van; op=
hou met, staak; weglaat *(letter, iem. uit 'n span, ens.); (infml.)*
laat staan, in die steek laat *(iem.); (jur.)* terugtrek *('n aanklag);*
afbreek *('n gesprek);* staak, opgee *('n briefwisseling);* aflaai
*(iem.);* aflewer, afgee *(iets);* gooi *(iets in 'n posbus ens.); (infml.)*
(vinnig) verloor/uitgee *(geld);* (neer)skiet, neertrek *(voël i.d.
vlug);* ~ *away* afval; minder word; ~ *back* terugval; ~ *a ball*
'n bal laat val; *(rugby)* 'n bal skepskop; *(gh.)* 'n bal afgooi; ~
*behind* agterraak, =bly; ~ *by, (infml.)* by iem. aankom/ =loop/
=ry; ~ *dead* dood neerval/=slaan; ~ *dead!, (sl.)* gaan/loop bars!;
~ *down* neerval; ~ *one's eyes* jou oë neerslaan; ~ *from* ...
uit/van ... val; van ... daal; ~ *s.o. from a team* iem. uit 'n span
weglaat; ~ *a goal, (rugby)* 'n skepskop behaal; ~ *in, (infml.)*
inval; inloop; ~ *in on s.o., (infml.)* by iem. inloer/inloop/inval;
~ *it!, (infml.)* hou op!, skei uit!; ~ *off* afval; afneem, minder
word; *(infml.)* insluimer, aan die slaap raak; ~ *s.o. off, (infml.)*
iem. aflaai; ~ *s.t. off, (infml.)* iets aflewer/afgee *('n pakkie ens.);*
~ *out* uitval; *(infml.)* uitsak; ~ *out of s.t., (infml.)* jou aan iets
onttrek *('n wedloop ens.);* iets (vroegtydig) verlaat *(d. skool ens.);*
nie klaarmaak met iets nie *(skool ens.);* ~ *out of university,
(ook)* jou studie staak, opskop; ~ *a subject* van 'n onderwerp
afstap; ~ *to* ... tot op ... val; tot ... daal; ~ *one's voice* jou stem
laat sak. ~ **ceiling** hangplafon. ~**-dead** *adj., (infml.)* asem=
rowend (mooi), verruklik. ~ **forging** valsmeewerk; valsmee=
vormsmeestuk. ~ **goal** *(rugby)* skepdoel. ~ **hammer** valha=
mer. ~ **handlebar(s)** geboë stuur(stang). ~ **kick** *(rugby)* skep=
skop; *(stoei)* volstruisskop. ~**-leaf** *adj. (attr.):* ~ *table* (op)=
klaptafel. ~ **letter** hangletter. ~**-out** *(infml.)* uitsakker, opskop=
per *(aan 'n kollege ens.);* uitgesakte *(uit d. samelewing); (rugby)*
inskop. ~ **scone** plaatskon. ~ **shot** *(tennis)* valhou. ~**side** *n.*
valkant *(v. bababed, trok, ens.).* ~ **zone** *(mil.)* afgooistrook *(vir
voorrade);* valskerm=, springstrook *(vir paratroepe).*

**drop·let** druppeltjie.

**drop·per** drupper, druppelaar; drup(pel)buisie, =flessie. ~
**bottle** drup(pel)bottel, =fles.

**drop·pings** *(mv.)* kuttels, keutels, mis.

**drop·sy** *(patol., infml.)* watersug, =geswel; *(veearts.)* buikwater=
(sug), waterpens.

**dro·soph·i·la** vrugte=, asynvlieg(ie).

**dross** (metaal)skuim, droes; agterblyfsels; afval; moer, uit=
saksel; onsuiwerheid; rommel.

**drought** droogte. ~**-resistant,** ~**-resisting** droogtebestand;
~ *plant* droogte=, dorplant, dorslandplant. ~**-stricken** deur
droogte geteister, droogtegeteister(d); ~ *district* droogtedis=
trik.

**drove** trop, kudde *(vee);* menigte, skare, horde *(mense); leave
in* ~*s, (infml.)* op 'n streep weggaan.

**drown** *(mens)* verdrink; *(dier, plant)* versuip; (laat) oorstroom;
*be/get* ~*ed, (mens)* verdrink; *(dier, plant)* versuip; *(dorp ens.)*
oorstroom word; ~ *(out)* oordonder *(iem. se woorde ens.);*
verdoof *('n geluid ens.),* oorstem *(d. geloei v.d. wind ens.),*

doodskree(u) *('n spreker); look like a ~ed* **rat** soos 'n natge=
reënde hoender lyk; *~ed in* **sleep** in 'n diep slaap; dronk van
die slaap; *be ~ed in* **tears,** *(gesig ens.)* nat van die trane wees;
*(oë)* in die trane swem. **drown·ing** verdrinking; verdrinkende;
*~ man* drenkeling.

**drowse** *n.* sluimer(ing), halfslaap. **drowse** *ww.* sluimer, dut,
slaperig *(of* [half] deur die slaap) wees.

**drows·i·ness** slaperigheid, lomerigheid.

**drows·y** slaperig, vaak, slaapdronk, (half) deur die slaap, lo=
merig. **~head** slaapkous, =kop.

**drub** *-bb-* slaan, pak/slae *(of* 'n pak slae *of* 'n loesing) gee; ver=
pletter, afransel, kafloop, =draf; inhamer, =dreun *(kennis, dis=*
*sipline);* (op die grond) stamp; trommel; *~ s.t. into s.o.* iets by
iem. *(of* in iem. se kop) inhamer. **drub·bing** loesing, pak/drag
slae, afranseling; *get/take a ~, (sport)* 'n (groot) loesing *(of*
pak [slae]) kry; *give s.o. a ~, (sport)* iem. 'n (groot) loesing
*(of* pak [slae]) gee.

**drudge** *n.* slaaf, werkesel. **drudg·er·y** sleurwerk, sieldodende
werk, geswoeg.

**drug** *n.* geneesmiddel, medisyne; dwelm(middel), verdo=
wings=, doofmiddel, narkotikum, hallusinerende/stimuleren=
de/verdowende middel; doepa *(infml.);* a **habit-forming** *~*
'n verslawende middel *(of* verslawings=/verslaafmiddel); *s.t.*
*is a ~ on the* **market** daar is geen vraag na *(of* aanvraag na/
vir) iets nie, iets kry geen aftrek nie, iets is onverhandelbaar/
onverkoopbaar; *be* **on** (or **take**) *~s* dwelm(middel)s gebruik;
**push** *~s, (infml.)* met dwelm(middel)s smous. **drug** *=gg=,*
*ww.* bedwelm, bedwelm(d) maak; doepa *(kos, drank); (infml.)*
dwelm(middel)s gebruik. **~ abuse** dwelmmisbruik. **~ ad=**
**dict** dwelmslaaf, =verslaafde. **~ addiction** dwelmverslawing,
=verslaafdheid. **~ bust** dwelmklopjag, =operasie; dwelm=
deurbraak. **~ dealer** dwelmhandelaar. **~ habit** dwelmge=
woonte. **~lord** dwelmbaas, =baron, =koning. **~ peddler, ~**
**pusher** dwelmsmous. **~ peddling** dwelmsmokkelary, =smou=
sery. **~ ring** dwelmnet(werk). **~ runner** dwelmkoerier,
=draer. **~(s) squad** dwelmeenheid, =afdeling, =(taak)span.
**~store** *(Am.)* apteek en kafee. **~ taker, ~ user** dwelmgebrui=
ker. **~ traffic(king), ~ trade** dwelmhandel.

**drug·gist** *(Am.)* = PHARMACIST.

**dru·id** *(ook D~)* druïde, Keltiese priester.

**drum** *n., (mus.)* trom, trommel, tamboer, drom; *(teg.)* silinder,
trommel *(v. masjien);* balie *(v. wasmasjien);* konka, drom, vat,
blik *(petrol ens.);* tol *(vir kabels); (anat.)* trommelvlies, oor=
trom(mel); **beat** *the ~, (lett. & fig.)* (op) die tamboer/trom
slaan; **beat/bang/thump** *the (big) ~(s) for s.o./s.t., (infml.)*
(groot) lawaai oor *(of* 'n [groot] bohaai oor *of* 'n [groot] op=
hef van) iem./iets maak, vir iem./iets propaganda maak; *a*
*~ of petrol/etc.* 'n konka/drom petrol/ens.; *a* **roll** *of ~s* 'n
tromgeroffel. **drum** *=mm=, ww.* trommel, die trom/drom
bespeel; trommel *(met jou vingers);* (bloed) klop, pols; *(hout=*
*kapper)* kap *(aan boomstam); ~ s.t. into s.o.('s head)* iets by iem.
inhamer; *~ s.o. out of ...* iem. uit ... skop; *~ up business/trade*
klante werf. **~beat** trommelslag; getrommel, tromgeroffel.
**~-beating** getrommel. **~ brake** *(mot.)* trommelrem. **~fire**
*(mil.)* trommel=, roffelvuur. **~head** →DRUMHEAD. **~ kit** *(mus.)*
trom=, dromstel. **~ major** tamboermajoor. **~majorette** trom=
poppie. **~ roll** geroffel (van tromme), tromgeroffel. **~skin**
*(anat.)* trommelvlies. **~stick** *(mus.)* trom=, dromstok; *(kookk.)*
hoenderboudjie.

**drum·head** *(mus.)* trom(mel)vel; *(anat.)* trommelvlies, oor=
trom(mel). **~ (cabbage)** kappertjieskool. **~ court-martial**
*(mil.)* kolonnekrygsraad, standregtelike krygsraad/=hof, stand=
reg. **~ trial** (informele) summiere verhoor.

**drum·mer** trom=, dromspeler, trom=, dromslaner, tamboer=
(slaner); *(Am., infml.)* handelsreisiger. **~ boy** tromslanertjie,
tamboer(slaner)tjie.

**drum·mie** *(infml.)* trompoppie.

**drunk** *n.* beskonkene, besopene, dronkie; drinker, suiper,

dronklap; *(infml.)* suip=, drinksessie, gesuip. **drunk** *adj.*
dronk, beskonke, besope; *(as)* **~ as** *a fiddler/lord/skunk* so
dronk soos 'n hoender/matroos, hoog in die takke; **beastly/**
**blind/dead/roaring/stinking** *~* pap=, smoor=, stomdronk;
*~ and* **disorderly** dronk en oproerig; **get** *~ (on s.t.)* (van
iets) dronk word; **get/make** *s.o. ~* iem. dronk maak; *be ~*
**with** *joy* dol wees van blydskap/vreugde; *be ~* **with** *power*
magsdronk wees. **drunk·ard** dronkaard, dronk=, suiplap.
**drunk·en** dronk; besope, beskonke, gedrink; *~ brawl* dronk=
mansbakleiery; *~ driving* dronkbestuur. **drunk·en·ness**
dronkenskap, besopenheid, beskonkenheid.

**drupe** pit=, steenvrug.

**Dru·se, Druze** *=(s), (lid v. Islam. sekte)* Droes.

**dry** *drier driest, adj. & adv.* droog, dor; opgedroog; dors(tig);
nugter; ongeërg; droog, gus, nie in die melk nie *(koei ens.);*
droog, sonder botter *(brood);* droog *(sjerrie, wyn);* droog, ver=
velend, vervelig, saai, oninteressant *(boek ens.); (waar geen al=*
*koholiese drank verkry[g]baar is nie)* droog; *be (as) ~* **as** *a bone*
kurkdroog/horingdroog/verdroog/verdor/uitgedor wees; dood/
óp van die dors wees, doodgaan/sterf/sterwe/vergaan van die
dors; *(as) ~* **as** *dust* kurk=, horingdroog, verdroog, verdor, uit=
gedor; dood=, stomvervelig, baie/erg/verskriklik vervelig; *(as)*
*~* **as** *tinder* kurk=, horingdroog, verdroog, verdor, uitgedor;
*(as) ~* **as** *a whistle* kurkdroog; *s.o. feels ~* iem. het/is dors, iem.
se keel is droog; **go** *~, (ook 'n koei)* opdroog; **keep** *~* droog
bly; **keep** *s.o./s.t. ~* iem./iets droog hou; **run** *~* opdroog; leeg
raak, leegloop; droogloop, vasbrand. **dry** *ww., (verf ens.)*
droog word; droogmaak *(hare ens.);* afdroog *(oë, skottelgoed,*
*ens.);* afvee *(trane);* droog *(blomme, groente, vrugte, wors, ens.);*
uitdroog *(beskuit ens.); (teat., infml.)* vashaak, die/jou woorde
vergeet; *~ o.s.* jou afdroog; *~ out* uitdroog; droog word; van
die drinkgewoonte/dranksug ontslae raak, 'n kuur teen drank=
sug ondergaan; *~ s.t.* **out** iets uitdroog; iets laat droog word;
*~ up* opdroog; uitdor; *(rivier ens.)* droogloop; *(infml.)* stilbly;
*(teat., infml.)* vashaak, die/jou woorde vergeet; *~ s.t. up* iets af=
droog/opdroog; *~ up!, (infml.)* bly stil!, hou jou mond!. *~*
**battery** droë battery. **~ cargo** droë vrag. **~ cell** droë sel. **~-cell**
**battery** droëselbattery, droë battery. **~-clean** *ww.* droog=
skoonmaak. **~-cleaner** droogskoonmaker. **~-cleaning** droog=
skoonmakery. **~ cough** droë hoes. **~ cow** droë koei, gus=
koei. **~-cure** *ww.* insout. **~ distillation** droogdistillasie, drys=
tillering. **~ dock** droogdok. **~-earth system** *(sanitasie)* put=
stelsel. **~-eyed** *adj.* met droë oë. **~ farming, ~-land farm=**
**ing** droëlandboerdery. **~ fly** *(hengelary)* kunsvlieg. **~-fly fish=**
**ing** kunsvlieghengel. **~-fry** droogbraai. **~ goods** *(mv.)* droë
ware; *(Am.)* kleding- en tekstielstowwe. **~ hole** onontginbare
boorgat, droë/opgedroogde (gas/olie)put. **~ humour** droë
humor. **~ ice** droëys, koolsuurneeu, vaste koolsuurgas. **~**
**kiln** droogoond. **~ land** droë land; *be glad to be on ~ ~ again*
bly wees om weer op vaste grond te staan. **~ measure** *(in=*
*houdsmaat vir droë ware)* droë maat; graanmaat. **~-packed**
**concrete** *point* droë etsnaald, droënaald(=);
droënaaldets, droënaaldetskuns. **~ rot** houtvrot, droë molm
*(in hout);* droë verrotting/vrot *(v. plante);* huisswam; *(fig.)*
bederf, verrotting. **~ run** *(mil.)* oefenvuur sonder skerp am=
munisie; *(infml.)* repetisie; *(infml.)* (in)oefening, instudering.
**~-salt** insout *(vis, vleis, ens.).* **~-salted** drooggesout. **~-shod**
droogvoets. **~ spell** kort droogte, tydjie van droogte; *suffer a*
*~ ~, (fig.)* 'n insinking *(of* maer tyd) beleef/belewe. **~ steam**
droë stoom. **~-stone** *adj. (attr.)* stapel=; *~ wall* stapelmuur.
**~wall** pleisterbord; stapelmuur. **~ weight** drooggewig. **~**
**well** wegsyferput; onontginbare boorgat, droë/opgedroogde
(gas/olie)put. **~ wine** droë wyn; *~ red/white wine* droë rooi/
wit wyn.

**dry·ad** *(Gr. mit.)* bos=, boomnimf, driade.

**dry·er, dri·er** *(fot. ens.)* droër; droogmasjien, =toestel; (haar)=
droër; (wasgoed)droër; droog=, uitdrogingsmiddel, uitdroër,
sikkatief.

**dry·ing** *n.* droging; uitdroging; droogwording; afdroogwerk.

**dry·ing** *adj. (attr.)* uitdrogende *(effek, wind, ens.);* droog=. ~ **agent** droogmiddel. ~ **apparatus** droogtoestel. ~ **loft** droog= solder. ~ **oven** droogoond. ~ **process** droogwordproses. ~ **rack** droograk. ~ **tray** vrugtestellasie. ~**-up** opdroging; *do the* ~ afdroog.

**dry·ness** droogheid, dorheid; droogte; *(fig.)* vervelagtheid, saai= heid.

**du·al** tweeledig, =voudig, dubbel; tweetallig; ~ *carriageway* dubbelpad, =rybaan, tweelingpad; ~ *control* dubbele bestu= ring; dubbelstuur. ~**-barrel carburetter** tweekeelvergasser. ~**-purpose** dubbeldoel=.

**du·al·ism** dualisme; tweeledigheid. **du·al·is·tic** dualisties.

**du·al·i·ty** tweeledigheid, =voudigheid, dualiteit, tweeheid.

**dub¹** =bb= noem; doop *(fig., infml.),* die bynaam ... gee; in= smeer *(leer);* met leervet smeer, leervet aan ... smeer; →DUB= BIN; ~ *s.o. (a) knight* iem. tot ridder slaan.

**dub²** *n.* oorklanking; *(mus.)* dub(-reggae). **dub** =bb=, *ww.* oor= klank *(film, video);* van 'n nuwe klankbaan voorsien *(film, video);* redigeer *(klankbaan);* →DUBBING; ~ ... *(in)* ... inklank *(agtergrondgeraas, =geluide, byklanke, ens.);* ~ *a German film into Afrikaans* 'n Duitse film/prent in Afrikaans oorklank; ~*bed version* oorgeklankte opname.

**Du·bai** *(geog.)* Dubai, Doebai.

**dub·bin** leervet, =smeer.

**dub·bing** oorklanking; (klankbaan)redigering; inklanking.

**du·bi·ous** aarselend, weifelend, twyfelend; twyfelagtig, du= bieus; onseker; onbetroubaar. **du·bi·ous·ness** aarseling, wei= feling; twyfelagtigheid.

**duch·y** hertogdom; *grand* ~ groothertogdom. **duch·ess** her= togin; *grand* ~ groothertogin.

**duck¹** *n.* eend; *(kr.)* nul(letjie); *break one's* ~, *(kr.)* jou eerste lopie aanteken; *a fine day for* ~*s* eendeweer; *play* ~*s and drakes with ...,* make ~*s and drakes of ...,* *(infml.)* met ... mooiweer speel *(iem. se goed/lewe);* ... in die water gooi *(geld); a lame* ~ 'n sukkelaar; 'n invalide; *Muscovy* ~ makou; *be out for a* ~, *(kr.)* uit wees vir 'n nul(letjie), vir 'n nul(letjie) uitgehaal word, 'n nul(letjie) aanteken/kry; *get all one's* ~*s in a row,* *(Am., infml.)* jou sake mooi agtermekaar kry/hê; *a sitting* ~, *(infml.)* 'n doodmaklike teiken; *can a* ~ *swim?* ('n) mens hoef nie *(of* dit hoef jy nie) te vra nie; *take to s.t. like a* ~ *to water* dadelik in jou element met iets wees; *white-faced* ~ nonnetjie-eend; *wild* ~ wilde-eend. ~**bill,** ~**-billed platypus** eendbek=, voëlbekdier. ~ **pond** eendedam. ~**'s arse** *(infml., afk.:* DA*)* eendsterthaarstyl. ~**('s) egg** eendeier, eende-eier. ~**-tail** *(fig., infml.:* haarstyl of baldadige jong mens *v.d. jare 50)* eendstert. ~**weed** *(bot.)* eendekroos, paddaslyk, =slym, =moes. ~ **wheat** reusekoring, Engelse koring.

**duck²** *n.* duik, buk, koe(t)s. **duck** *ww.* (in)duik, wegduik; in= dompel; (weg)koe(t)s, (weg)buk, onderduik; ontduik, ont= wyk; ~ *into ...* in ... wegkoe(t)s; ~ *out of s.t., (infml.)* kop uit= trek uit iets, iets ontduik/ontwyk.

**duck³** *n.* tentlinne, (katoen)seildoek; *(i.d. mv.)* seildoekpak, =broek.

**duck·ling** eendjie, eendekuiken; jong eend.

**duct** buis, pyp; kanaal, gang, geleier, leiding; geut; *biliary* ~ galbuis. **duct·less** buisloos; ~ *gland* buislose/endokriene klier.

**duc·tile** *(metaalw.)* rekbaar; vervormbaar; smee(d)baar, plet= baar; taai; *(fig.)* inskiklik, gedwee *(pred.),* gedweë *(attr.);* ~ *steel* rekstaal.

**dud** *n., (infml.)* prul(produk), misoes, nikswerd ding; misoes, nikswerd (mens); *(mil.)* dowwerd, blinde bom; *(i.d.mv.)* klere; *put on one's* ~*s, (infml.)* jou uitvat. **dud** *adj.* defek, onklaar; nuttelos, onbruikbaar; waardeloos *(tjek);* (ver)vals *(munt, noot);* prullerig, nikswerd, vrot(sig), swak.

**dude** *(Am., infml.)* ou, kêrel, vent.

**due** *n.* wat iem. toekom, wat (aan) iem. verskuldig is; *(i.d. mv.)* skuld(e); regte, gelde; tol, belasting; *(Am.)* ledegeld; *get one's* ~ kry wat jou toekom *(of* wat [aan] jou verskuldig is);

jou verdiende loon kry; *give the devil his* ~ die duiwel gee wat hom toekom; *give everyone his/her* ~ elkeen/iedereen gee wat hom/haar toekom; reg aan elkeen laat geskied. **due** *adj.* be= taalbaar; (ver)skuldig; verplig, vereis, nodig; passend, gepas, paslik, betaamlik, behoorlik; *the train/etc. is* ~ *(to arrive) at 09:30* (or *in ten minutes)* die trein/ens. word om 09:30 *(of* oor tien minute) verwag, die trein/ens. moet om 09:30 *(of* oor tien minute) aankom; *become/fall* ~ verval, verstryk, betaal= baar word; ~ *date* vervaldag, =datum; betaaldag, =datum; ge= stelde dag; verwagte datum *(v. baba);* ~ *diligence* omsigtig= heidsondersoek; *the car is* ~ *for a service* die motor moet ge= diens word; *s.o. is* ~ *for promotion* iem. is aan die beurt vir bevordering; *in* ~ *form of law, (jur.)* met inagneming van *(of* ooreenkomstig) die regsvoorskrifte/regsvorme; *take* ~ *note of ...* deeglik/goed kennis van ... neem; ~ *to ...* weens/vanweë ... *(d. droogte ens.);* as gevolg van ... *(onkunde, druk verkeer, ens.); s.o.'s death/etc. was* ~ *to ...* die oorsaak van iem. se dood/ens. was ..., ... was die oorsaak van iem. se dood/ens.; *it's* ~ *to s.o. that ..., (positief)* dis aan iem. te danke dat ...; *(negatief)* dis aan iem. te wyte *(of* dis iem. se skuld) dat ...; ... *is* ~ *to Einstein/ Newton/etc. ...* is aan Einstein/Newton/ens. toe te skryf/skry= we; ~ *to the fact that ...* omdat ...; *money which is* ~ *to s.o.* geld/ens. wat iem. toekom; *the book is* ~*/scheduled to be pub= lished in October* die boek verskyn in Oktober *(of* word in Oktober gepubliseer). **due** *adv.* pal, reg, vlak; ~ *east* pal/reg oos.

**du·el** *n.* tweegeveg, =stryd; *challenge s.o. to a* ~ iem. tot 'n twee= geveg/=stryd uitdaag; *fight a* ~ 'n tweegeveg/=stryd voer/hê; *be fighting a* ~ in 'n tweegeveg/=stryd gewikkel wees. **du·el** =ll=, *ww.* 'n tweegeveg/=stryd voer/hê.

**du·en·na** *(<Sp.)* duenna, goewernante; duenna, chaperone.

**du·et** *(komposisie)* duet; *(persone)* tweesang, duo; tweespraak; woordestryd; paar; ~ *for two pianos* vierhandige duet.

**duf·fel, duf·fle** *(tekst.)* duffel. **duf·fel bag** buissak. **duf·fel coat** duffelse baadjie.

**duf·fer** *(infml.)* pampoen(kop), skaap(kop), aap, swaap, mam= parra; misoes, nikswerd, nul op 'n kontrak; sukkelaar.

**dug¹** *(verl.t. & volt.dw.)* →DIG *ww.*.

**dug²** *n.* tepel, speen; uier.

**du·gong** =gong(s), sool.) doegong.

**dug·out** boomkano, =skuit; ondergrondse skuiling; *(mil.)* skuil= gat, loopgraaf; *(sport)* plaasvervangerbank; *sit in the* ~, *(sport)* op die plaasvervangerbank sit.

**dui·ker** =ker(s), *(Afr., sool.)* duiker; *common* ~ gewone dui= ker; *female* ~ duikerooi; *male* ~ duikerram.

**duke** *n.* hertog; *grand* ~ groothertog. **duke** *ww.:* ~ *it out, (Am., infml.)* dit uitbaklei. **duke·dom** hertogdom.

**dull** *adj.* vervelig, vervelend, saai, oninteressant, sieldodend, doods, eentonig; mistroostig, ontmoedig; lusteloos, dooierig; dof *(kleur, klank, pyn);* gedemp *(geluid);* mat *(glas);* stomp *(lem ens.);* dom, nie slim nie, stadig/traag van begrip; *(han.)* stil, traag, lusteloos, flou, slap *(mark); deadly* ~, *(as)* ~ *as dishwater/ ditchwater, (infml.)* doods, morsdood, dood=, stomvervelig, baie/erg/verskriklik vervelig, ~ *of hearing* hardhorend; *never a* ~ *moment* jy verveel jou nooit, die onverwagte is altyd moontlik. **dull** *ww.* demp, verdof *(klank);* demp *(plesier, pret, ens.);* verstomp *(gees, gewaarwording, sintuie, ens.);* afstomp *(iem., konsentrasie, sinne, ens.);* verswak *(geheue, gesig, ens.);* benewel *(denke);* verdoof, stil *(pyn);* laat verflou *(ywer ens.);* vertroebel *(oordeel);* laat verslap *(waaksaamheid ens.);* stomp maak *(mes ens.).* ~**-eyed** *adj.* met dowwe/verlepte oë. ~**-witted,** ~**- brained** onnosel, stadig/traag van begrip, stompsinnig, toe *(infml.).*

**dull·ard** stommerik, sufferd.

**dul(l)·ness** vervelagtheid, saaiheid, doodsheid, eentonigheid; mistroostigheid; lusteloosheid, dooierigheid; dofheid; ge= demptheid; stompheid; domheid; *(han.)* stilte, traagheid, lus= teloosheid, flouheid, slapte.

**du·ly** behoorlik, na behore, passend; stip, op tyd; dan ook; ~ *registered* behoorlik geregistreer; ~ *performed* na behore (*of* bevredigend) gedoen/uitgevoer; ~ *received* in goeie orde/toe= stand ontvang.

**du·ma, dou·ma** *(Rus.): the D~, (wetgewende liggaam)* die Doema.

**dumb** stom, sprakeloos, spraakloos; swygend; *(Am., SA)* dom; ~ *blonde, (infml., neerh.)* dom blondine, dowwe dolla; *play* ~ jou dom/onnosel hou; *be* **struck** ~ dronkgeslaan wees, ver= stom staan; *be* ~ *with* ... sprakeloos/spraakloos wees van ... *(verbasing ens.).* ~**bell** *(gimn. ens.)* handgewig; *(infml.)* stom= merik, sufferd. ~**struck** dronkgeslaan, sprakeloos, spraak= loos, verstom, met stomheid geslaan. ~ **waiter** koshyser(tjie); *(Br.)* draaistander; *(Br.)* dientafel(tjie).

**dumb·found·ed, dum·found·ed** dronkgeslaan, verstom, verbluf, verbyster, stom verbaas, oorbluf.

**dumb·ness** stomheid; *(Am., SA)* domheid.

**dum·bo** =*bos, (infml.)* domkop, pampoen(kop), skaap(kop), swaap.

**dum·dum (bul·let)** dum-dum(-koeël), loodpuntkoeël.

**dum·my** *n.* pop *(v. buikspreker ens.); (naaldw.)* klere=, paspop; *(fig.)* strooipop, figurant; ontwerpmodel; fopspeen, tiet *(vir 'n baba);* druk(kers)=, formaat=, boekmodel; *(tip.)* proefbladsy; *(mil.)* vals patroon; *(rugby, sokker)* pypkan; *(rugby)* fopaangee; *(infml.)* domkop, uilskuiken; *act the* ~ die stomme speel; *sell s.o. a* ~, *(infml.), (rugby, sokker)* iem. pypkan; *(rugby)* iem. met 'n fopaangee flous/uitoorlê; *tailor's* ~ paspop. **dum·my** *adj. (attr.)* namaak=; skyn=; nagemaakte, onegte, vals(e); opge= stopte; ~ *door* blinde/vals deur; ~ *joint, (messelwerk)* skyn= voeg; ~ *run* oefenlopie, repetisie; *(mil.)* skietoefening; ~ *shaft, (mot.)* monteeras. **dum·my** *ww., (rugby, sokker)* pyp= kan; *(rugby)* met 'n fopaangee flous/uitoorlê.

**dump** *n., (ook* rubbish ~*)* vullis=, vuilgoedhoop; stortplek, =terrein; *(SA, ook* mine ~*)* mynhoop; *(mil.)* opslagpplek, =plaas, stapel(plek); *(infml.)* gat van 'n plek; *(rek.)* storting; *(rek.)* gestorte inligting. **dump** *ww.* stort, aflaai; neerplak, neergooi, neersmyt; weggooi; agterlaat, verlaat; *(infml.)* laat staan, los *(meisie, kêrel);* (han.) dump *(goedere);* stort *(kernaf= val ens.); (rek.)* stort *(data);* ~ *s.t. down* ... iets in ... afgooi. ~ **bin** uitstaleenheid; winskopieblik. ~**cart** stort=, skots=, wipkar.

**dump·er** storter. ~ **(truck),** *(Am.)* **dump truck** stort(bak)= vragmotor.

**dump·ing** *(han.)* dumping; storting *(v. radioaktiewe afval ens.);* no ~ *(here)* geen stortplek. ~ **duty** *(han.)* dumpingreg. ~ **ground** stort(ings)terrein, stort(ings)plek; *(fig.)* aflaaiplek. ~ **tariff** *(han.)* dumpingtarief.

**dump·ling** *(kookk.)* kluitjie; *(infml.)* potjierol, pokkel.

**dumps** *(mv.), (infml.): be (down) in the* ~ bedruk/bekaf/neer= slagtig/terneergedruk wees, in die put sit.

**dump·ster** *(Am.)* stortbak.

**dump·y** *n., (pers.)* potjierol, pokkel, buksie. **dump·y** *=ier =iest, adj.* plomp, kort en dik; kortlywig; ~ *level* bukswaterpas. **dump·i·ness** kortlywigheid; vormloosheid.

**dun** *n.* vaal perd. **dun** *adj.* vaalbruin; donker, somber.

**dunce** dom=, klipkop, pampoen(kop), skaap(kop), uilskui= ken, stommerik.

**dun·der·head** *(infml.)* domkop, uilskuiken, stommerik.

**dune** duin. ~ **berry** skilpadbessie. ~**land** duineveld. ~ **mole= rat:** *Cape* ~ ~ Kaapse duinmol.

**dung** *n.* mis. **dung** *ww., (intr.)* mis; *(tr.)* bemis; bemes. ~ **beetle** miskruier. ~ **eater** misvreter. ~**hill** mishoop.

**dun·ga·ree** growwe kaliko; *(i.d. mv.)* skouerbroek, oorbroek, =pak, werkbroek.

**dun·geon** *n.* kerker, onderaardse sel. ~ **air** kerkerlug.

**dunk** doop *(beskuit/ens. in koffie/ens.);* dompel *(iets in water); (basketbal)* dompel. ~ **shot** *(basketbal)* dompelskoot.

**du·o** =*os, (mus.)* duo; *(mus.)* duet; *(infml.)* paar.

**du·o·dec·i·mal** twaalftallig, duodesimaal.

**du·o·de·num** =*denums,* =*dena, (anat.)* duodenum, twaalfvin= gerderm. **du·o·de·nal** duodenaal, van die twaalfvingerderm; ~ *ulcer* duodenumseer.

**dupe** *n.* slagoffer, dupe. **dupe** *ww.* bedrieg, mislei, fop, kul, verneuk, kierang.

**du·plex** *adj.* dubbel, tweeledig; dupleks. ~ **(apartment)** *(Am.),* ~ **(flat)** (dubbel)verdiepingwoonstel, tweevlakwoonstel, du= pleks(woonstel).

**du·pli·cate** *n.* duplikaat, afskrif, kopie; tweede eksemplaar; *in* ~ in tweevoud. **du·pli·cate** *adj.* dubbel, duplikaat=; ge= vou(d); ~ *test* duplikaattoets. **du·pli·cate** *ww.* verdubbel, dupliseer; kopieer, 'n kopie maak van. **du·pli·ca·tion** verdub= beling, duplikasie.

**du·plic·i·ty** dubbelhartigheid, valsheid, onopregtheid, vein= sery, duplisiteit.

**du·ra·ble** *adj.* duursaam, sterk; slytbestand; blywend *(vrede);* bestendig *(iem.).* **du·ra·bil·i·ty** duursaamheid; blywendheid; bestendigheid. **du·ra·bles, du·ra·ble goods** *n. (mv.)* duur= same (verbruik[er]s)goedere.

**du·ra ma·ter** *(Lat., anat.)* dura mater.

**du·ra·tion** duur, voortduring; *for the* ~ *of* ... so lank ... duur, vir die duur van ...; *of long* ~ langdurig; *of short* ~ kortston= dig.

**Dur·ban** *(geog.)* Durban. ~ **poison** *(dwelmsl.)* Natalse dagga.

**du·ress** (nood)dwang; bedreiging, vreesaanjaging; *under* ~ onder dwang, gedwonge, nie uit vrye wil nie.

**du·ri·an** *(bot.: boom of sy vrug)* doerian.

**dur·ing** gedurende, tydens; ~ *the meal* onder die ete; ~ *office hours* in kantoortyd/-ure; *sleep* ~ *the sermon* onder die preek slaap.

**dusk** skemer(ing), skemeraand, =donker, halfdonker, =duis= ter, donkeraand; *at* ~ met skemeraand, wanneer dit skemer word. **dusk·y** skemer(agtig), halfdonker, =duister, donkerig; ~ *complexion* donker gelaatskleur; ~ *dolphin* vaaldolfyn.

**dust** *n.* stof; poeier; stofwolk; *(fig., infml.)* stof, herrie, baan; *iets waardeloos;* stofgoud; vullis; *bite/kiss/lick the* ~, *(infml.)* grond eet, in die sand/stof byt; *be covered with* ~ toe on= der die stof wees; *throw* ~ *in s.o.'s eyes, (infml.)* iem. 'n rat voor die oë draai, sand in iem. se oë strooi; *shake the* ~ *off one's feet, (infml.)* die stof van jou voete skud; *kick up* (or *raise*) *a lot of* ~, *(lett.)* baie stof maak; *(fig., infml.)* stof op= ja(ag)/opskop, 'n herrie/baan opskop; *return to* ~ tot stof terugkeer; *when the* ~ *had settled* toe dinge eers bedaar het; *trample* ... *in the* ~ ... in die stof vertrap; *turn to* ~ tot stof vergaan. **dust** *ww.* afstof, (stof) afvee/afborsel/afklop; bestuif, bestrooi *(met meelblom ens.);* ~ *s.o.* **down,** *(fig.)* iem. roskam *(of* voor stok kry); ~ *s.t.* **down,** *(met hand)* iets af= klop; *(met borsel)* iets afborsel; *(met lap)* iets afstof; ~ *s.t.* **off** iets afstof; iets weer te voorskyn bring/haal. ~**bin** vullisblik, =bak, asblik, vuilgoedblik. ~ **bowl** waaistofstreek. ~ **cloud** stofwolk. ~ **cover** stofskerm, =deksel; →DUST JACKET. ~ **devil** stof(d)warrel. ~~**free** stofvry, sonder stof. ~ **jacket,** ~ **cover,** ~ **wrapper** stofomslag *(v. boek).* ~**man** =men, *(Br.)* vullisman, vullisverwyderaar, askarryer. ~**pan** skoppie. ~**proof,** ~~**tight** stofdig. ~ **storm** stofstorm. ~~**up** *(infml.)* bakleiery, vegtery; rusie, (ge)twis, stryery.

**dust·er** stoffer, stofdoek, =lap, afstoflap; stowwer, veër; be= stuiwer, stuifpomp, =masjien.

**dust·i·ness** →DUSTY.

**dust·ing** bestuiwing; dun lagie; ruwe weer; loesing, pak slae. ~ **down** berisping, skrobbering, betigting. ~ **powder** lyf= poeier; stuifpoeier.

**dust·y** stowwerig, bestof; droog, vervelig, vervelend; ~ *road* stofpad. **dust·i·ness** stowwerigheid.

**Dutch** *n.* Nederlands, Hollands; *that* **beats** *the* ~, *(fig.)* dis ongelooflik, ek kan dit nie glo nie; *it's all double* ~ *to s.o.* iem. verstaan geen/g'n *(of* nie 'n) snars daarvan nie, dis Grieks vir iem.; *High* ~, *(hist.)* Hooghollands; *(hist.)* Hoogduits; *Low* ~ Nederduits; *the* ~, *(mv.)* die Nederlanders/Hollanders. **Dutch** *adj.* Nederlands, Hollands; *we go* ~ elkeen betaal vir homself/haarself. ~ **auction** afslagveiling. ~ **comfort** *(infml.)* skrale/skraal troos. ~ **courage** *(infml.)* jenewermoed. ~**man** **-men** Hollander, Nederlander; *(SA, neerh.)* Afrikaner; *if ...,* *(then) I'm a* ~, *(infml.)* as ..., (dan) wil ek my naam nie hê nie *(of* dan is my naam nie Jan Mol ens. nie). ~ **Reformed Church** *(afk.:* DRC) Nederduitse Gereformeerde Kerk *(afk.:* NGK*).* ~ **treat** *(infml.)* ete/ens. waarvoor elkeen vir homself/haarself betaal. ~ **uncle** *(infml.)* vermaner; *talk to s.o. like a* ~ iem. die leviete voorlees; (vir) iem. reguit sê wat jy dink.

**du·ti·a·ble** belasbaar; aan invoerreg onderhewig.

**du·ti·ful** plig(s)getrou, dienswillig; gehoorsaam, eerbiedig; pligmatig. **du·ti·ful·ly** pligshalwe.

**du·ty** plig, verantwoordelikheid; verpligting; taak; funksie; diens; wag; *(han.)* belasting; reg; aksyns *(op tabak ens.); (teg.)* werk-, diensverrigting; *assume* ~ diens aanvaar; ~ *calls* my plig roep my; *come off* ~ van diens (af) kom, van die werk af kom; *the discharge of one's duties* jou diensverrigting, die nakoming/vervulling van jou pligte; *do one's* ~ jou plig doen/ nakom/vervul; *s.t. can do* ~ *for ...* iets kan as ... dien *(of* gebruik word); *go off* ~ uitskei, van diens (af) gaan; *s.o. has a* ~ *to do s.t.* dit is iem. se plig om iets te doen; *in the line* of ~ pligshalwe, in die loop van iem. se pligte; *be off* ~ vry (van diens) wees, van diens (af) wees; *be on* ~ aan/op diens wees, werk, by die werk wees; op wag wees, wag staan, wagstaan; ~ *paid* invoerreg betaal; invoerregte inklusief/ingesluit; *pay (excise/import)* ~ *on s.t.* aksynsreg/invoerreg op iets betaal; *perform a* ~ 'n plig nakom/vervul; ~ *before pleasure* eers werk en dan speel; *release s.o. from* ~ iem. aflos; iem. vrygee; *sense* of ~ pligsgevoel, -besef; *s.o.'s* ~ *to/towards* ... iem. se plig teenoor ... ~**bound** verplig, gebonde, pligshalwe. ~**free** belastingvry; doeanevry *(invoer, toegang, pakket);* vry (gestel) van reg *(invoergoedere);* aksynsvry *(tabak ens.);* ~ *shop* belastingvrye winkel. ~ **officer** diensoffisier. ~**paid:** ~ *contracts* kontrakte met betaalde invoerreg; ~ *entry* inklaring met invoerreg betaal. ~ **stamp** belastingseël.

**du·vet** duvet.

**dux** *duces, (Lat.)* dux, primus, topstudent. ~ **prize** dux-prys.

**dwaal** *n., (Afr., infml.):* *be in a* ~ in 'n dwaal wees.

**dwarf** *dwarfs, dwarves, n.* dwerg. **dwarf** *adj.* dwergagtig, miniatuur-, dwerg-. **dwarf** *ww.* verdwerg *(lett. & fig.);* klein(er) maak, klein hou; in die skadu(wee) stel, klein laat lyk; in sy groei belemmer; klein(er) word, krimp, kwyn.

**dwarf·ish** dwergagtig, dwerg-.

**dwarf·ism** dwerggroei, dwergisme, verdwergdheid; dwergvorming.

**dwell** *dwelt dwelt; dwelled dwelled* woon; ~ *(up)on s.t.* by iets stilstaan, op iets nadruk lê. **dwell·er** bewoner, inwoner.

**dwell·ing** *(fml., liter.)* woning, woonhuis. ~ **place** *(fml.)* woon-, bly-, verblyfplek. ~ **unit** wooneenheid.

**dwin·dle** *(ook* dwindle away*)* afneem, verminder, minder word; (in)krimp, kleiner word; verflou; kwyn.

**dy·ad** *n.* tweetal, paar; *(wisk.)* diade; *(chem.)* diade, tweewaardige atoom/radikaal. **dy·ad, dy·ad·ic** *adj.* tweevoudig; *(chem.)* tweewaardig.

**dye** *n.* kleurstof, kleursel; haarkleurstof; pigment; kleur, tint; *of the blackest/deepest* ~ van die ergste soort. **dye** *ww.* kleur, tint; laat kleur; ~ *back* terugkleur *(hare).* ~ **works** kleurstoffabriek.

**dyed-in-the-wool** *adj. (attr.), (fig.)* deurwinterde *(joernalis ens.);* verstokte *(kommunis ens.);* aarts- *(konserwatief ens.);* deurtrapte *(skelm ens.);* verkrampte *(idees ens.).*

**dye·ing** kleuring, kleurwerk. ~ **process** kleurproses.

**dy·ing** *n.* dood; *(fml.)* heengaan, oorly(d)e, (die) (af)sterwe. **dy·ing** *adj.* sterwend(e), sterwens-, sterf-, doods-, laaste; →DIE[1] *ww..* ~ **day** sterfdag. ~ **oath** eed op die *(of* iem. se) sterfbed. ~ **wish** laaste wens, sterwenswens. ~ **word** laaste woord, sterfbedwoord.

**dyke[1], dike** *n.* dyk, (keer)wal; seewering; versperring; barrikade; *(geol.)* (eruptiewe) gang, intrusie-, rots-, gesteentegang; sloot, voor. **dyke, dike** *ww.* indyk, wal(le) gooi. ~ **burst** dykbreuk.

**dyke[2], dike** *n., (neerh.: lesbiër)* lettie.

**dy·nam·ic** *adj.* dinamies; bewegings-, beweeg-, stu-; ~ *force* stukrag; ~ *unit* krageenheid. **dy·nam·ics** *n., (meg.)* dinamika, kragteleer; *(alg.)* dinamiek, dryf-, stukrag; *(mus.)* dinamiek, toonsterkte.

**dy·na·mise, -mize** meer dinamies maak, 'n dinamieser ... daarstel/instel, groter/meer stukrag aan ... gee/verleen.

**dy·na·mism** dinamisme; dinamiek. **dy·na·mist** dinamis.

**dy·na·mite** *n.* dinamiet; *a stick of* ~ 'n dinamietkers. **dy·na·mite** *ww.* (met dinamiet) opblaas, met dinamiet losskiet/oopskiet/wegskiet. ~ **charge** dinamietlading. ~ **fuse** dinamiet-, skietlont. ~ **stick** dinamietkers.

**dy·na·mo** **-mos** dinamo. ~**electric(al)** dinamo-elektries.

**dyn·ast** heerser, dinas.

**dyn·as·ty** vorstehuis, dinastie, regerende stamhuis. **dy·nas·tic** dinasties, stam-, erf-.

**dys·en·ter·y** *(med.)* disenterie; *(veearts.)* bloedpersie.

**dys·func·tion** *(med.)* disfunksie; *(alg.)* wanfunksionering, abnormale werking; →MALFUNCTION.

**dys·lex·i·a** disleksie. **dys·lex·ic, dys·lec·tic** *n.* disleksielyer. **dys·lex·ic, dys·lec·tic** *adj.* dislekties.

**dys·men·or·rhoe·a, -rhe·a** *(Am.)* *(med.)* dismenorree.

**dys·pep·si·a, dys·pep·sy** slegte spysvertering, dispepsie. **dys·pep·tic** *n.* lyer aan slegte spysvertering. **dys·pep·tic** *adj.* dispepties, lydende aan slegte spysvertering; *(fig.)* prikkelbaar, kriewelrig, knorrig, geïrriteerd.

**dys·pro·si·um** *(chem., simb.:* Dy) disprosium.

**dys·tro·phy** *(med.)* kwyning, distrofie. **dys·troph·ic** distrofies.

**dys·u·ri·a** *(med.)* disurie, pynlike urinering.

**dzig·ge·tai** **-tais,** *(wilde-esel)* dziggetai.

# Ee

**e, E** *e's, E's, Es, (vyfde letter v.d. alfabet)* e, E; *little e* e'tjie; *small e* klein e. **E flat** *(mus.)* E-mol. **E sharp** *(mus.)* E-kruis. **E-string** *(mus.)* kwintsnaar.

**each** *adj. & pron.* elke, iedere; elk, elkeen, iedereen; ~ *and all* almal (sonder onderskeid); ~ *and every* one almal, die laaste een; ~ *one* elkeen, iedereen; *they help/etc.* ~ *other* (or *one another)* hulle help/ens. mekaar, die een help/ens. die ander; *with* (or *on top of)* ~ *other* (or *one another)* met/(bo-)op mekaar.

**ea·ger** gretig, ywerig, entoesiasties; begerig, verlangend; ~ *beaver, (infml., soms neerh.)* besige by(tjie), vlytige mier(tjie), skarrelaar; *listen to s.t. with* ~ *ears* met gespitste ore na iets luister; ~ *to fight* stryd-, veglustig; *be* ~ *for s.t.* begerig/verlangend wees na iets; *be* ~ *to do s.t.* gretig wees (*of* lus hê/voel/wees) om iets te doen. **ea·ger·ly** gretig(lik), ywerig. **ea·ger·ness** gretigheid, ywer(igheid).

**ea·gle** arend, adelaar; *(gh.) arend; the E~, (astron.)* die Adelaar, Aquila. **~-eyed, ~-sighted** met arendsoë/-oog; skerpsiende. ~ **owl** ooruil; *Verreaux's* ~ ~ reuse-ooruil. **ea·glet** jong arend, (klein) arendjie.

**ear¹** oor; buiteoor; gehoor; *(bouk.)* oor; *be all* ~s een en al (*of* [die] ene) ore wees, aandagtig luister; *s.o. couldn't be·lieve his/her* ~s kon sy/haar ore nie glo nie; *s.o.'s* ~s *get blocked* (or *block up)* iem. se ore slaan toe; *s.o.'s* ~s *are burn·ing, (fig., infml.)* iem. se ore tuit; *s.o.'s* ~s *buzz* iem. se ore suis/tuit; *s.o. is deaf in one* ~ iem. se een oor is doof; *s.t. falls on deaf* ~s iets vind geen gehoor nie; *turn a deaf* ~ *to s.t., (fig.)* doof wees (*of* jou doof hou *of* jou oor sluit) vir iets, iets nie wil hoor nie; *the dog flaps its* ~s die hond skud sy ore; *keep one's* ~(s) (*close) to the ground* jou ore oophou, sake fyn dophou, goed op (die) hoogte bly; *listen with half an* ~ met 'n halwe oor luister; *have an* ~ *for ...* 'n oor/gevoel vir ... hê *(mu·siek ens.); in* (at) *one* ~, *out* (at) *the other* by die een oor in en by die ander oor uit; *lend one's* ~s *to ...* jou ore aan ... (uit)leen; *be out on one's* ~, *(infml.)* uitgeskop (*of* in die pad gesteek) wees; *play by* ~, *(mus.)* op (die) gehoor (af) speel; *play it by* ~, *(infml.)* jou deur (die) omstandighede laat lei; op jou gevoel afgaan; improviseer; *s.o.'s* ~s (*go) pop* iem. se ore slaan toe; *prick up one's* ~s, *(infml.)* jou ore spits, aandagtig luister; *pull s.o.'s* ~ iem. se ore trek; *s.o.'s* ~s *are ring·ing/singing* iem. se ore suis/tuit; *stop one's* ~s jou ore toestop; *give s.o. a thick* ~, *(infml.)* iem. 'n oorkonkel/oorveeg gee; *be in s.t. up to one's/the* ~s, *(infml.)* (met) pens en pootjies by/in iets betrokke wees; *still wet behind the* ~s nog nat agter die ore, nog nie droog agter die ore nie. **~·ache** oorpyn. **~bashing** *(infml.): get an* ~ uitgetrap/kortgevat (*of* oor die kole gehaal) word; *give s.o. an* ~ iem. uittrap/kortvat (*of* die leviete voorlees). **~bud** oor-, wattestokkie. **~clip** ([*aanknip-]oorring/oorbel)* oorknippie. **~drop** oorbel, -krab·betjie, -hanger(tjie); *(i.d. mv., med.)* oordruppels. **~drum** trommelvlies, -trommel. ~ **lobe** oorlel. **~mark** *n.* oormerk; eiendomsmerk; *(fig.)* kenmerk, stempel. **~mark** *ww.* (spesiaal) bestem, oormerk, aanwys; afsonder; reserveer, opsy sit (*geld ens.);* (oor)merk (*vee ens.); s.t. for ...* iets vir ... bestem; *be* ~ed *for ...* vir ... bestem(d) wees. **~muff** oorskut. ~ **nose and throat** *adj. (attr.)* oor-neus-en-keel-; ~ ~ ~ *specialist* oor-neus-en-keel-spesialis. **~phone** oorfoon; (ge)-hoorbuis, (ge)hoorstuk; *(telef.)* kopstuk. **~piece** oorstuk;

veer *(v. bril).* ~ **piercing** *n.* die maak/prik van gaatjies in die ore. **~-piercing, ~-splitting** *adj.* oorverdowend, -verskeu·rend. **~plug** oorpluisie, -prop(pie). **~ring** oorbel, -ring, -krab·betjie. **~shot** hoorafstand, gehoor(s)afstand; *out of* ~ buite hoorafstand; *within* ~ binne hoor-/roepafstand. **~wax** oorwas. **~wig** *n., (entom.)* oorkruiper. **~wig** *gg-, ww., (infml.)* afluister.

**ear²** aar; kop; *come into* ~ in die aar kom; ~ *of maize* mieliekop; ~ *of wheat* koringaar.

**eared** *adj.* geoor(d); met ore; ~ *seal* pelsrob.

**-eared** *komb.vorm* -oor-, met ... ore; *long-/short-~* langoor-/kortoor-, met lang/kort ore.

**ear·ful** *(infml.): get an* ~ uitgetrap/kortgevat (*of* oor die kole gehaal) word.

**earl** graaf. **E~ Grey (tea)** Earl Grey(tee).

**earl·dom** graafskap.

**ear·less** sonder ore; ~ *cup* afoorkoppie.

**ear·li·ness** vroegte.

**ear·ly** vroeg, vroeë; vroegtydig, betyds; spoedig; te vroeg; aanvanklik, aanvangs-; ~ *answer/reply* spoedige antwoord; *as* ~ *as last year/etc.* reeds verlede jaar/ens.; *an E~ Baroque church/etc.* 'n Vroeë Barokkerk/ens., 'n kerk/ens. uit die Vroeë Barok; *in the* ~ *days of the war/etc.* aan die begin van die oorlog/ens., in die eerste oorlogsdae/ens.; *it's* ~ *days yet* dis nog vroeg, dis nog te vroeg om te sê; *earlier* vroeër, eerder; *at the earliest* op die/sy vroegste; *be brought to an* ~ *grave* voor jou tyd (*of* ontydig *of* 'n ontydige/vroeë dood) sterf/sterwe; *an hour* ~ 'n uur te vroeg (*of* voor die tyd); *in the* ~ *hours* in die vroeë oggendure; *in s.o.'s* ~ *life* in iem. se jeug (*of* jong dae); *by* ~ *light* met dagbreek; ~ *man* die oer-mens; *E~ Modern English* Vroeë Moderne Engels; ~ *morn·ing* vroeg in die oggend; vroeë oggend; ~ *in the morning* vroegdag, -oggend, -môre, -more; *have an* ~ *night* vroeg gaan slaap/inkruip, vroeg bed toe gaan; ~ *on* vroeërig, vroeg-erig, in die begin, aanvanklik; *the* ~ *part* die begin; ~ *peach* vroeë perske; ~ *as possible* so vroeg/spoedig moontlik; ~ *rain, (ook)* ploegreën; ~ *reply →answer/reply; rise* vroeg opstaan; ~ *solution* spoedige oplossing; ~ *summer* vroeë somer; *in the* ~ *summer* in die voorsomer; *the* ~ *thirties/ etc.* die vroeë dertigerjare/ens.; *be in one's* ~ *thirties/etc.* iets oor dertig/ens. wees; ~ *years* jeugjare; ~ *youth* prille jeug. ~ *bird,* ~ *riser* vroegopstaner, doutrapper. ~ *music* n. vroeë musiek. **~-music** *adj.* vroeëmusiek-; ~ *ensemble* vroeëmu·siekensemble. ~ *retirement* vroeë aftrede/aftreding; *take* ~ ~ vroeg aftree. ~ *warning* vroeë waarskuwing *(v. missiel-aanval ens.).* ~ *warning aircraft* radarvliegtuig.

**ear·ly·ish** vroeërig, vroegerig.

**earn** *ww.* verdien; verwerf, besorg; ~ed *income* verdiende inkomste. **earn·er** verdiener; *a nice little* ~, *(Br., sl.)* 'n stewige inkomstetjie; 'n ekstra (*of* lekker bykomende) inkomstetjie; 'n (klein) goudmyntjie. **earn·ing pow·er** verdienvermoë. **earn·ings** *(mv.)* inkomste, verdienste; ~ *before interest, taxation, depreciation and amortisation, (ekon., afk.* EBITDA, Ebitda) inkomste/verdienste voor rente, belasting, depresiasie/waarde-vermindering en amortisasie.

**ear·nest** *n.* erns; *in (good/great/real)* ~ in (alle) erns; met me·ning; *be in* ~ dit (regtig/werklik) meen; *s.o. is in* ~ *about*

*s.t.* iets is iem. se erns. **ear·nest** *adj.* ernstig; ywerig, en=
toesiasties; dringend. **ear·nest·ly** ernstig; ywerig; sonder gek=
skeer, in erns. **ear·nest·ness** erns, ernstigheid.

**ear·nest mon·ey** *(jur.)* hand=, bindgeld, handgif, gods=
penning.

**earth** *n., (as planeet soms met hl.)* aarde; wêreld, mensdom;
grond, aarde; *(elek.)* aarding, aardleiding, =verbinding, =slui=
ting; *come* **back/down** *to* ~ na die werklikheid terugkeer; ont=
nugter word; *in the* **bowels** *of the* ~ diep onder die grond, in
die skoot van die aarde; *commit s.o. to the* ~ iem. ter aarde
bestel, iem. begrawe; *the* **four corners** *of the* ~ die uithoeke
van die aarde; *cost the* ~, *(infml.)* 'n fortuin kos, baie duur
wees; *be* **down** *to* ~ nugter/realisties wees; *wipe people from
the* **face** *of the* ~ mense uitdelg/uitwis; *go to* ~, *('n dier)* in 'n
gat kruip, *('n voortvlugtige)* êrens gaan wegkruip/skuil; *on* ~
op die aarde; ter wêreld; *how on* ~?, *(infml.)* hoe op aarde?;
*nothing on* ~ niks ter wêreld nie; *like nothing on* ~, *(ook infml.)*
sleg, glad nie goed nie; *what on* ~? wat op (dees) aarde?.
**earth** *ww., (elek.)* aard; ~ *s.t. up* iets operd *(aartappels ens.).*
~ **bank** grondwal. ~**bound** aardgebonde; aardgerig; *on its* ~
*journey* op pad terug aarde toe. ~ **circuit** *(elek.)* aardkring. ~
**closet** droë toilet/latrine. ~ **(colour)** aardverfstof; aardkleur.
~ **dam** gronddam. ~ **fault** *(elek.)* aardsluiting; *(geol.)* aardfout.
~ **fissure** aardspleet. ~ **floor** grond=, kleivloer. ~ **mother**
moederaarde; *(mit.)* aardgodin; *(fig.)* aartsmoeder. ~ **mover**
laaigraaf. ~ **moving** *n.* grondverplasing. ~**-moving** *adj. (attr.)*
grondverskuiwings=; ~ *equipment* grondverskuiwingstoerus=
ting, =masjinerie, =masjiene, grondwerktuie; ~ *work* grond=
verskuiwingswerk. ~ **plate** *(elek.)* aard(ings)plaat. ~**quake**
aardbewing. ~ **sciences** aardwetenskappe. ~**'s crust** aard=
kors. ~**shaking**, ~**shattering** *adj., (infml., fig.)* aardskuddend
*(gebeurtenis ens.).* ~ **shock** aardskok. ~**'s surface** aard=
bodem, =oppervlak(te). ~ **terminal** *(elek.)* aardklem. ~ **tremor**
aardtrilling, =skudding. ~**work** *(bouk., dikw. mv.)* grondwerk;
wal. ~**worm** erd=, reënwurm.

**earthed** *(elek.)* geaard.

**earth·en** grond=; erde=; ~ *floor* grond=, kleivloer. ~**ware** *n.*
erdewerk, =goed; breekgoed. ~**ware** *adj.* erde=.

**earth·i·ness** →EARTHY.

**earth·ing** *(elek.)* aarding. ~ **chain** afleiketting. ~ **connection**
aardverbinding.

**earth·ling** aardbewoner.

**earth·ly** aards, wêrelds; stoflik; aardsgesind; *no* ~ *chance*
geen kans hoegenaamd *(of* ter wêreld*)* nie; *not have/stand an*
~ *(chance)*, *(infml.)* nie 'n kat se kans hê nie; *no* ~ *reason* geen
rede hoegenaamd *(of* op aarde*)* nie.

**earth·ward** *adj.* aardewaarts. **earth·ward**, **earth·wards**
*adv.* aardewaarts.

**earth·y** gronderig, aardagtig; grond=, aard=; aards; boers.
**earth·i·ness** aardsheid.

**ease** *n.* gemak, gerief; gemaklikheid; behaaglikheid; welbe=
hae; ongedwongenheid; verligting; *be at (one's)* ~ op jou ge=
mak wees; rustig wees; gemaklik wees; tuis voel/wees; hout=
gerus wees; *ill at* ~ ongemaklik; ontuis; *put/set s.o. at* ~ iem.
gerusstel; iem. op sy/haar gemak sit/stel *(of* laat voel*)*, iem.
tuis laat voel; *put/set s.o.'s mind at* ~ iem. gerusstel; *stand at*
~!, *(mil.)* op die plek rus!; *a* **life** *of* ~ 'n luilekker lewe; *with*
~ (ge)maklik, speel-speel, op jou gemak; *with the greatest of*
~ dood(ge)maklik, fluit-fluit *(infml.).* **ease** *ww.* verlig *(pyn,
spanning, ens.)*, verligting gee van *(simptome ens.)*; versag,
stil, draagliker maak *(pyn ens.)*; vergemaklik, makliker maak;
gerusstel; makliker/draagliker word; *(verkeer)* minder word;
verslap *(greep, beleid, ens.)*; *(pryse ens.)* daal; *(koerse, risiko's, ens.)*
afneem; *(marksentiment ens.)* verflou; stadiger laat loop *(mo=
tor)*; *(sk.)* skiet gee, laat skiet, slapper/losser maak *(tou)*; *(sk.)*
laat opkom *(roer)*; ontspan *(vere)*; ~ *away*, *(iem.)* stadig weg=
beweeg/wegloop; *(motor ens.)* stadig wegtrek; *(spanning)* weg=
sypel; ~ *back on the throttle* die petrolpedaal laat skiet; ~

*down* vaart verminder; ~ *down s.t.* versigtig teen iets af=
klim/ens.; ~ *into s.t.* versigtig in iets klim/sak/ens.; geleidelik
in ... oorgaan *(somer in herfs ens.)*; ... geleidelik/gaandeweg/
stadigaan *(of* met verdrag*)* onder die knie kry *(werk ens.)*; ge=
leidelik aan ... gewoond raak; ~ *s.t. off* iets versigtig afhaal;
iets versigtig uittrek; iets laat skiet; ~ *off/up*, *(iem.)* ontspan,
rustiger word, nie so hard werk nie; *(iets)* afneem, verminder,
kleiner/minder word, verslap, verflou, draagliker word; ~ *off/
up on s.o.* minder druk op iem. uitoefen; minder streng teen=
oor iem. wees; ~ *a rope* 'n tou laat skiet *(of* skiet gee*)*; ~
*s.o. out of* ... iem. uit ... skuif. ~**-loving** gemaksugtig.

**ea·sel** (skilders)esel.

**eas·i·ly** moeiteloos, sonder moeite/inspanning, fluit-fluit,
speel-speel; maklik; gemaklik, op jou gemak; verreweg; onge=
twyfeld, sonder twyfel, beslis, gewis; waarskynlik; *s.o. is not
to be caught so* ~ iem. laat hom/haar nie sommer vang nie; ~
*a thousand people/etc.* goed/ruim duisend mense/ens..

**eas·i·ness** maklikheid; gerustheid.

**eas·ing** verslapping.

**east** *n., adj. & adv.* ooste; oostelik; ooste=; ooswaarts; oos; ~
*by north/south* oos ten noorde/suide; *due* ~ reg oos; *the* **Far**
*E*~ die Verre-Ooste; *from the* ~ uit die ooste; van die ooste=
(kant); *the wind is from/in the* ~ die wind is oos; *go* ~ na die
ooste gaan; ooswaarts gaan; *in the* ~ in die ooste; *the* **Middle**
*E*~ die Midde-Ooste; *the* **Near** *E*~ die Nabye-Ooste; *(to
the)* ~ *of* ... oos *(of* ten ooste*)* van ...; *the* *E*~ die Ooste; *to
the* ~ ooswaarts; na die ooste. **E**~ **Africa** Oos-Afrika. **E**~
**African** Oos-Afrikaans. ~**bound** ooswaarts. ~ **coast** oos=
kus. **E**~ **Griqualand** Griekwaland-Oos. **E**~ **London** Oos-
Londen. ~**-northeast** *n.* oosnoordooste. ~**-northeast** *adj.*
oosnoordoostelik, oosnoordooste=. ~**-northeast** *adv.*
oosnoordoos. **E**~ **Rand**: *the* ~ ~ die Oos-Rand. ~ **side** oos=
tekant. ~**-southeast** *n.* oossuidooste. ~**-southeast** *adj.* oos=
suidoostelik, oossuidooste=. ~**-southeast** *adv.* oossuidoos.
~ **wind** oostewind.

**East·er** Paasfees, Pase; *at* ~ met/gedurende Pase. ~ **bunny**
paashaas, =hasie. ~ **Day** Paassondag. ~ **egg** paaseier. ~ **holi-**
**days** Paasvakansie. ~ **Monday** Paasmaandag. ~ **Sunday** Paas=
sondag. ~**tide**, ~**time** Pase, die Paasdae/Paastyd; *at* ~ in die
Paastyd, met Pase.

**east·er·ly** oostelik.

**east·ern** *adj.* oostelik, ooster=, oos=; ~ *border/boundary/
frontier* oos(ter)grens; ~ *horizon* oosterkim; ~ *longitude*
oosterlengte; ~ *side* oostekant. **E**~ **Cape** *(SA)* Oos-Kaap.
**E**~ **Europe** Oos-Europa. **E**~ **European** Oos-Europees. **E**~
**Standard Time** oostelike standaardtyd.

**east·ern·most** oostelikste, mees oostelike.

**east·ing** *(sk., kartogr.)* oostermeting; oostelike rigting.

**east·ward** *adj.* ooswaarts. **east·ward**, **east·wards** *adv.*
ooswaarts.

**eas·y** maklik, eenvoudig; gemaklik, moeiteloos, vlot; rustig,
kalm, stil, ontspanne; gerus; pynloos; buigsaam; inskiklik,
meegaande, toegeeflik, toegewend; ongedwonge, natuurlik;
gerieflik, gemaklik; behaaglik; *(as)* ~ *as ABC/anything*, *(infml.)*
doodmaklik, eenvoudig, kinderspeletjies; *dead* ~ dood=
maklik; ~ *does it!*, *(infml.)* versigtig!; saggies!; stadig (oor die
klippe)!; *be* ~ *on the eye*, *(infml.)* iets vir die oog wees; *it is* ~
*for s.o. to* ... iem. kan maklik ...; *I'm* ~, *(infml.)* dis vir my
om't *(of* om 't/die*)* ewe (wat besluit word); *make s.t. easier*
iets vergemaklik; ~ *in mind* onbesorg; *make one's mind* ~
jou gerusstel; *the easiest of kicks/etc.* 'n doodmaklike skop/
ens.; *quite* ~ doodmaklik; *easier said than done* makliker
gesê as gedaan; *stand* ~!, *(mil.)* staan in rus!; *take s.t.* ~ iets
rustig *(of* op jou gemak*)* doen; *take it* ~! kalmeer!, bedaar!;
wag, wag!. ~**-care** *adj. (attr.)* minsorg=, wat min sorg verg
*(kledingstuk ens.).* ~ **chair** leun=, gemak=, leuning=, armstoel.
~ **conscience** rustige gewete. ~ **curve** wye draai. ~ **game**,
~ **mark**, ~ **meat** *(infml.)* maklike prooi/teiken, gewillige slag=

offer. **~-going** gemaklik, gemoedelik, ontspanne, rustig, bedaard; verdraagsaam, inskiklik, meegaande; met 'n gemaklike gang. ~ **listening** verstrooiings=, lekkerluister=, jenewer= musiek. **~-listening** *adj. (attr.)* lekkerluister= *(liedjie ens.).* ~ **manner** ontspanne/rustige gedrag/houding/optrede *(of* manier van doen); *in an* ~ ~ op 'n ontspanne/rustige manier. ~ **market** willige mark; flou/kalm/stil mark. ~ **money** vinnige geld(jie); *(han.)* geredelik *(of* goedkoop en maklik) verkry(g)bare geld. ~ **option** maklike uitweg. **~-paced** maklik *(kolfblad, gholfbaan).* **~-peasy** *(Br., infml.)* doodeenvoudig, =maklik, verspot maklik. ~ **street** *(soms E~ S~, infml.): be on* ~ ~ dit goed hê, goed daaraan toe wees.

**eat** *ate eaten, ww.* eet; *(dier)* vreet; ~ *s.o.* **alive**, *(infml.)* gou met iem. klaarspeel; iem. vermorsel; ~ *without* **appetite** langtand *(of* met lang tande) eet; ~ *s.t.* **away** iets wegvreet; *s.t. is* **good** *to* ~ iets is lekker/smaaklik; ~ *out of s.o.'s* **hand** uit iem. se hand eet, gedwee wees; **have** *s.t. to* ~ iets te ete hê, iets hê om te eet; iets *(of* 'n stukkie) eet; ~ *one's* **heart** *out* jou verknies; van hartseer vergaan; ~ *heartily* smaaklik eet; ~ *s.o.* *out of* **house** *and home, (infml.)* iem. die ore van die kop af *(of* rot en kaal) eet; ~ **Indian**/*etc.* Indiese/ens. kos eet; ~ *into s.t.* in iets invreet; 'n hap in iets maak *(spaargeld ens.);* op iets inteer *(reserwes ens.);* ~ *s.t.* **off** iets afeet; iets afvreet; ~ *off a plate* uit/van 'n bord eet; ~ *out* uiteet *(nie tuis nie);* **something** *is ~ing s.o.* iets hinder *(of* knaag aan) iem; ~ **sparingly** matig eet; ~ *s.t.* **up** iets opeet; iets verslind *(kilometers ens.);* iets opgebruik *(spaargeld ens.); be ~en up with ...* deur/ van ... verteer wees *(hoogmoed ens.); what's ~ing him/her/ you?, (infml.)* wat hinder *(of* knaag aan) hom/haar/jou?. **~ by date** vervaldatum.

**eat·a·ble** *adj.* eetbaar. **eat·a·bles** *n. (mv.)* eetgoed, =ware.

**eat·er** eter; *a hearty* ~ 'n stewige eter.

**eat·er·y** =*ies, (infml.)* eetplek.

**eat·ing** (die) eet; ete, kos, voedsel; *good* ~ lekker (om te eet), smaaklik; lekker ete(s)/kos; *the fish/etc. is good* ~ dit is 'n goeie eetvis/ens.. ~ **apple** eet=, tafelappel. ~ **disorder** eet= versteuring, =steurnis, =afwyking, =kwaal. ~ **grape** tafeldruif. ~ **house**, ~ **place** eetplek.

**eats** *n., (mv.)* eet=, peuselgoed; eetware.

**eau** *(Fr.):* ~ **de Cologne** eau-de-cologne, lavendel, Keulse water. ~ **de Nil** *(kleur)* Nylgroen. ~ **de toilette** *eaux de toilette* eau de toilette, reukwater. ~ **de vie** *eaux de vie* brandewyn.

**eaves** dakrand, =lys, =drup, (dak)oorhang.

**eaves·drop** afluister, luistervink speel; ~ *on s.o.* iem. afluister. **eaves·drop·per** luistervink, afluisteraar. **eaves·drop·ping** afluistery.

**ebb** *n.* eb, laagwater, =gety; lae gety; *the* ~ *and flow* die eb en vloed; *be at a low* ~, *(fig.)* op 'n lae peil/vlak wees; in verval wees; *(iem.)* in die put sit. **ebb** *ww.* eb *(ook fig.);* afneem, wegvloei; verval, agteruitgaan; ~ *away* wegvloei; afloop; *(geesdrif ens.)* afneem; ~ *and flow* daal en styg; *~ing tide* aflopende/afgaande gety; *the tide ~s* die gety verloop. ~ **stream** ebstroom. ~ **tide** eb(gety), aflopende gety.

**E·bo·la fe·ver** *(patol.)* Ebolakoors.

**eb·on·y** *n.* ebbehout(boom); ebbehout; (ebbehout)swart. **eb·on·y** *adj.* ebbehout=, van ebbehout; (diep)donker, swartbruin, (ebbehout)swart. **eb·on·ise, ·ize** soos ebbehout maak/ kleur, swartbeits.

**e·bul·lient** uitbundig, sprankelend, uitgelate; lewendig, opgewek, vrolik; *(chem.)* kokend, bruisend. **e·bul·lience** uitbundigheid, uitgelatenheid; lewendigheid.

**ec·ce** *tw., (Lat.): E~ Homo, (NT, Joh. 19:5)* Dit is die mens! *(NAB),* Dáár is die mens! *(OAB).*

**ec·cen·tric** *n.* sonderling, eksentriek, eksentrieke karakter/ mens; *(teg.)* eksentriek. **ec·cen·tric** *adj.* sonderling, eksentriek, onkonvensioneel, anders, snaaks, buitenissig; *(teg.)* eksentriek=, eksentries, uitmiddelpuntig; ~ *bolt* eksentriekbout; ~ *circle* eksentriese sirkel. **ec·cen·tri·cal·ly** eksentries. ec=

**cen·tric·i·ty** sonderlingheid, eksentrisiteit, eienaardigheid; *(teg.)* eksentrisiteit, uitmiddelpuntigheid.

**Ec·cle·si·as·tes** *(OT)* (die boek) Prediker. **ec·cle·si·as·tic** *n.* geestelike, predikant, (kerk)leraar. **ec·cle·si·as·ti·cal** *adj.* kerklik, kerk=, geestelik, ekklesiasties.

**ec·dy·sis** =*dyses, (soöl.)* vervelling.

**ech·e·lon** *n., (mil., fis.)* echelon, esjelon; *the higher/upper ~s, (fig.)* die hoër range. **ech·e·lon** =*loned, ww.* echelonneer, esjelonneer, in echelons/esjelons opstel/verdeel *(of* laat marsjeer).

**e·chid·na** mierystervark.

**e·chi·no·derm** stekelhuidige.

**e·chi·noid** seekastaiing.

**ech·o** =*oes, n.* eggo, weerklank; herhaling; nabootsing; spoor, oorblyfsel; *(radar)* eggo(-impuls); *(TV)* dubbel=, spookbeeld; *applaud/cheer s.o. to the* ~ iem. dawerend toejuig; *find an ~ in s.t.* in iets weerklank vind. **ech·o** =*oed, ww.* weerklink, weerkaats, weergalm, naklink; terugkaats; weergee, herhaal, napraat; nagalm; jou aansluit by, tot jou eie maak *(woorde);* ~ *with ...* van ... weergalm/weerklink. **~cardiography** *(med.)* eggokardiografie. **~lalia** *n., (psig.)* eggolalie. **~location** eggo= oriëntasie. ~ **sounder** eggolood, =soeker, =peiler. ~ **sounding** eggopeiling.

**ech·o·vi·rus, ECH·O vi·rus** *n., (med., akr.:* enteric cyto= pathogenic human orphan*)* echovirus, ECHO-virus.

**é·clair** *(<Fr., kookk.)* éclair.

**ec·lamp·si·a** *(patol.)* eklampsie, kraamstuipe. **ec·lamp·tic** eklampties.

**ec·lec·tic** *n.* eklektikus; *(gh.)* uitkiestelling. **ec·lec·tic** *adj.* eklekties. **ec·lec·ti·cism** eklektisisme.

**e·clipse** *n.* verduistering, eklips; *be in ~, (d. son ens.)* verduister wees; *(iem.)* op die agtergrond raak; ~ *of the moon, lunar* ~ maansverduistering; ~ *of the sun, solar* ~ sonsverduistering. **e·clipse** *ww.* verduister; *(poët., liter.)* verdonker; oorskadu, in die skadu stel, oortref, uitblink bo. **e·clip·tic** eklipties.

**ec·o·cide** *n.* ekosabotasie, omgewingsvernietiging, =verwoes= ting. **ec·o·cid·al** *adj.* omgewingskadelik, omgewingsvernie= tigend.

**ec·o·friend·ly** eko=, omgewingsvriendelik.

**e·col·o·gy** ekologie, omgewingsleer. **e·co·log·i·cal** ekologies; ~ *footprint* ekologiese letsel. **e·col·o·gist** ekoloog.

**e·con·o·met·rics** ekonometrie. **e·con·o·met·ric, e·con·o· met·ri·cal** ekonometries. **e·con·o·me·tri·cian** ekonometrikus.

**ec·o·nom·ic** ekonomies; lonend, winsgewend, voordelig; nuttig, bruikbaar; *(infml.)* goedkoop; ~ *indicator* ekonomiese aanwyser. **e·co·nom·i·cal** ekonomies; spaarsaam; doelmatig; lonend, winsgewend, voordelig; ~ *style* beknopte styl. **e·co· nom·i·cal·ly** spaarsaam, op spaarsame wyse; voordelig; in ekonomiese opsig; ~ *important* van ekonomiese belang; ska= delik *(landbouplae ens.).*

**e·co·nom·ics** ekonomie; *home* ~ huishoudkunde.

**e·con·o·mise, ·mize** besuinig, geld spaar, spaarsaam/sui= nig te werk gaan; ~ *on s.t.* op iets besuinig. **e·con·o·mis·er, ·miz·er** (be)spaarder.

**e·con·o·mist** ekonoom; spaarsame mens.

**e·con·o·my** ekonomie; spaarsaamheid; besparing, besuini= ging; doelmatigheid; inrigting, stelsel; *domestic* ~ binne= landse ekonomie; *national* ~ landsekonomie, nasionale eko= nomie; *for reasons of* ~ spaarsaamheidshalwe, om te be= spaar; ~ *of scale* skaalbesparing; ~ *of scope* omvang=, be= stekbesparing. ~ **class** ekonomiese klas, toeristeklas. ~ **drive** besparings=, besuinigings=, besnoeiingsveldtog. ~ **pack** spaar= pak. ~ **size** *n.* ekonomiese grootte. **~-size** *adj.* van ekono= miese grootte *(bottel ens.).*

**ec·o·sphere** ekosfeer.

**ec·o·sys·tem** ekosisteem.

**ec·o·tour·ism** ekotoerisme. **ec·o·tour·ist** ekotoeris.

**ec·o·tox·ic** ekotoksies.

**ec·o·type** *(bot., soöl.)* ekotipe.

**ec·ru** ecru, (ongebleikte) linnekleur, dofgeel, dowwe geel, grysgeel.

**ec·sta·sy** ekstase, vervoering, verrukking; *(dikw. E~, dwelmsl.: metileendioksimetamfetamien)* ecstasy; *be in ~/ecstasies over ...* oor ... in ekstase/vervoering wees. **ec·stat·ic** verruk, in ekstase/vervoering, ekstaties; *be ~ about s.t.* in ekstase/vervoering oor iets wees.

**ec·to·derm** *(soöl., embriol.)* ektoderm. **ec·to·der·mal, ec·to·der·mic** ektodermaties.

**ec·to·morph** *(fisiol.)* ektomorf. **ec·to·mor·phic** ektomorf(ies).

**ec·top·ic** *(biol., med.)* ektopies *(swangerskap)*.

**ec·to·plasm** *(biol.)* ektoplasma.

**Ec·ua·dor** *(geog.)* Ecuador. **Ec·ua·do·ran, Ec·ua·do·ri·an** *n.* Ecuadoriaan. **Ec·ua·do·ran, Ec·ua·do·ri·an** *adj.* Ecuadoriaans.

**ec·u·men·ic, ec·u·men·i·cal** *(Chr.)* ekumenies. **ec·u·men·ism** ekumenisme.

**ec·ze·ma** *(patol.)* ekseem.

**E·dam** *(geog.)* Edam. **~ (cheese)** edam(kaas).

**ed·dy** *n.* maal-, draaikolkie, maling/draaiing (in die water). **ed·dy** *ww.* maal, draai, (d)warrel, kolk, werwel.

**e·del·weiss** *(bot.)* edelweiss.

**e·de·ma** *(Am.)* →OEDEMA.

**E·den** *(OT)* Eden; *(fig.)* paradys, lushof; *the Garden of ~, (OT)* die tuin van Eden.

**edge** *n.* kant, rand, rant; sy; grens; soom; rif *(v. 'n bergrug);* kam *(v. 'n golf);* snykant, skerp kant; *(geom.)* kant, rib; skerpte *(ook fig.);* voordeel; iem. op die punt van sy/haar stoel hou; *give an ~ to s.t.* iets skerp maak *(of* slyp); iets opwek *(aptyt ens.);* be *at the leading ~ of* ... aan die spits *(of* aan/op die voorpunt) van ... wees *(navorsing ens.);* on *the ~ of* ... op die kant van ...; op die rand van ...; aan die rand van ...; *be on ~* senu(wee)agtig wees, dit op jou senuwees hê; *have an/the ~ on/over s.o.* 'n voorsprong op *(of* 'n voordeel bo) iem. hê, iem. voor wees; *put an ~ on s.t.* iets skerp maak *(of* slyp); *take the ~ off s.t.* iets wegneem *(d. ergste koue ens.);* iets versag *(pyn ens.);* iets stil *(d. ergste honger ens.);* iets ontsenu *('n argument);* s.t. *sets one's teeth on ~* iets dring/gaan/sny deur murg/merg en been *(of* laat jou gril); *have an ~ to one's voice* 'n klankie in jou stem hê. **edge** *ww.* afrand, omrand, omboor; omwerk; omsoom; afkant; skerp maak, slyp; (stadig/versigtig) beweeg/kruip; dring, druk; skuif, skuiwe; skuins beweeg; *~ away/off* wegskuif(el), wegskuiwe; *~ a ball/catch to ..., (kr.)* 'n bal van die rand van die kolf na ... speel, randjie bykry en die bal in ... se hande speel *(of* deur ... [uit]gevang word *of* aan ... 'n vangkans/-skoot bied); *~ in* indruk; *~ in a word* 'n woord tussenin kry; *~ into ...* in ... indring, ... binnedring; *~ s.t. off* iets afrand; *~ s.o. on* iem. aanhits/aanspoor; *~ s.o. out* iem. uitskuif/uitskuiwe; iem. net-net klop; *~ up to s.o.* nader na iem. skuif(el)/skuiwe. **~ cutter** randsnyer. **~ finish** randafwerking. **~ tool** snywerktuig.

**edged** skerp (geslyp); (af)gekant; *~ tool* snywerktuig; *(i.d.mv.)* snygereedskap; *s.t. ~ with ...* iets met 'n rand van ...

**-edged** *komb.vorm* met 'n ... kant, -kantig; met 'n ... rand; *blue-~* met 'n blou rand; *double-~, two-~, (lett.)* met twee snykante, *(lett. & fig.)* tweesnydend; *rough-~* met 'n ongelyke/oneffe rand; *sharp-~* skerp *(mes, omlyning, ens.);* skerpkantig, met 'n skerp kant *(meubelstuk ens.).*

**edge·ways,** *(Am.)* **edge·wise** op sy kant, skuins; *get a word in ~* 'n woord tussenin kry.

**edg·ing** rand(jie); soom; omboorsel; randstuk; randafwerking; versiering, sierrand. **~ shears** snoeiskêr. **~ tool** *(glaswerk)* randsnyer.

**edg·y** senu(wee)agtig, op jou senuwees, gespanne; prikkelbaar; skerp, kantig; skerp omlyn(d). **edg·i·ness** senu(wee)agtigheid.

**ed·i·ble** *adj.* eetbaar; *~ fat* spysvet; *~ oil* tafelolie. **ed·i·bles** *n. (mv.)* eetgoed, eetware. **ed·i·bil·i·ty** eetbaarheid.

**e·dict** edik, bevelskrif, verordening, dekreet. **e·dic·tal** verordenend, deur 'n bevelskrif; *~ citation, (jur.)* ediktale dagvaarding/sitasie.

**ed·i·fice** gebou, bouwerk, bousel.

**ed·i·fy** *(fml.)* stig, geestelik opbou. **ed·i·fi·ca·tion** stigting, opbouing, lering; *for the ~ of ...* tot stigting van ...

**Ed·in·burgh** *(geog.)* Edinburg.

**ed·it** *n., (infml.): give a book a final ~* 'n boek persklaar maak. **ed·it** *ww.* bewerk, redigeer; persklaar maak; versorg; *~ed by ...* onder redaksie van *(of* geredigeer deur) ...; *~ s.t. out* iets skrap; iets uitsny *(uit 'n film, band, ens.).* **ed·it·ing** redaksie(werk), redigering.

**e·di·tion** uitgawe, druk, edisie; *first ~* eerste uitgawe *(v. 'n boek);* *~ de luxe* praguitgawe, -band; *paperback ~* sagteband-, slapbanduitgawe; *the Sunday ~ of a newspaper* die Sondaguitgawe van 'n koerant; *the book is in its third ~* die boek beleef/belewe sy derde uitgawe.

**ed·i·tor** (hoof)redakteur; bewerker; *financial ~* finansiële medewerker/redakteur; *full-screen ~, (rek.)* volskermredigeerder. **~ in chief** hoofredakteur.

**ed·i·to·ri·al** *n.* hoofartikel; *lead ~* eerste hoofartikel. **ed·i·to·ri·al** *adj.* van die redaksie, redaksioneel; van die redaksie/redakteur; *~ board/committee* redaksiekommissie; *~ staff* redaksie(personeel); *on the ~ staff* in/by die redaksie. **ed·i·to·ri·al·ise, -ize** 'n opinie/mening gee, 'n standpunt stel *(in 'n hoofartikel);* 'n subjektiewe verslag lewer; *~ on a subject* jou in 'n hoofartikel oor 'n onderwerp uitlaat.

**ed·i·tor·ship** (hoof)redakteurskap; leiding; bewerking; redaksie; *under the ~ of ...* onder redaksie van ...

**ed·u·cate** opvoed, oplei, leer, onderrig; voorlig; laat leer; opvoed, grootmaak, vorm, ontwikkel; skool; *s.o. was ~d at Grahamstown/etc.* iem. het in/op Grahamstad/ens. skoolgegaan. **ed·u·ca·ble** opvoedbaar, op te voed; ontvanklik. **ed·u·cat·ed** opgevoed, ontwikkeld, geleerd; *~ guess* ingeligte raai(skoot). **ed·u·ca·tive** opvoedend, opbouend, leersaam, vormend. **ed·u·ca·tor** opvoeder, opvoedkundige, onderwyser.

**ed·u·ca·tion** opvoeding, opleiding; onderwys, onderrig; ontwikkeling; opvoedkunde; voorligting; *s.t. was an ~, (infml.)* iets was 'n insiggewende/leersame ervaring/ondervinding; *classroom ~* klassikale onderrig; *s.o. has had a good ~* iem. het 'n goeie opvoeding geniet; *professor of ~* professor in die opvoedkunde; *(theory of) ~* opvoedkunde, onderwyskunde. *~ department* departement van onderwys.

**ed·u·ca·tion·al** opvoedkundig, onderwys-, opvoedings-, skool-; *~ appliances/equipment* leermiddels, -middele; *~ book* skoolboek; *~ film* leerfilm; *~ journal* onderwysblad; *~ matters* skoolsake; *~ psychology* opvoedkundige sielkunde/psigologie; *~ publisher* skoolboekuitgewer; *~ system* onderwysstelsel; *~ tour* skoolreis; studiereis. **ed·u·ca·tion·(al)·ist** opvoedkundige, pedagoog. **ed·u·ca·tion·al·ly** in opvoedkundige opsig, op opvoedkundige gebied; *~ sub-normal* leergestrem(d).

**ed·u·ca·tion·ese** *(neerh.)* pedagogiese jargon.

**e·du·tain·ment** opvoedkundige vermaak, opvoedvermaak.

**Ed·war·di·an** Eduardiaans, Edwardiaans *(styl, woning, ens.).*

**eel** *(igt.)* paling; *marine ~* seepaling. **~·basket, ~·pot, ~·trap** palingfuik. **~·worm** aal(tjie), aalwurm. **~·worm disease** *(plantsiekte)* aaltjiesiekte, knopwortel, vrotpootjie.

**ee·rie, ee·ry** onheilspellend, angswekkend, benouend, spookagtig, griesel(r)ig, grillerig. **ee·ri·ly** onheilspellend. **ee·ri·ness** griesel(r)igheid.

**ef** *efs, (d. letter f)* ef.

**eff** *(plat, euf. vir* fuck*): ~ and blind* vloek en skel; *~ off!* loop!, trap!, skoert!, maak dat jy wegkom!, kry jou ry!. **eff·ing** *adj. & adv., (plat)* dêm, vervloeks, vervlaks, blerrie, bleddie, blessit, flippen.

**ef·fect** *n.* uitwerking, effek; werking; gevolg, resultaat, uitslag; indruk; effekbejag; invloed; trefkrag; strekking; *(i.d. mv.)* eiendom, besittings, goed(ere), vermoë; *(i.d. mv., jur.)* losgoed, los besittings; *have an* **adverse** (or a **bad**) *~ (up)on ... ...* aantas; ... benadeel, vir ... nadelig wees; ... ongunstig beïnvloed; **bring/carry/put** *s.t. into ~,* **give** *~ to s.t.* iets uitvoer *(of* ten uitvoer bring), aan iets uitvoering gee; **cause** *and ~* oorsaak en gevolg; **come/go** *into ~* in werking tree, van krag word; *do s.t.* **for** *~* iets doen om indruk te maak, iets uit effekbejag doen; *be calculated* **for** *~* op effek bereken wees; *in ~* in werklikheid, eintlik, prakties; *be in ~* van krag *(of* in werking wees); *s.t. has* **no** *~* iets werk nie; iets is sonder uitwerking; iets is nutteloos/(te)vergeefs; *be of* **no** *~* ongeldig wees; kragteloos wees; *to* **no** *~* (te)vergeefs, sonder uitwerking; *have an ~* **on** *...* op ... 'n uitwerking hê; *the ~(s)* **on** *...* die uitwerking op ..., die gevolg(e) vir ...; **suffer** *no ill ~s niks (van iets)* oorkom nie; **take** *~, ('n wet ens.)* in werking tree, van krag word; 'n uitwerking hê; *(medisyne ens.)* werk; *allow s.t. to* **take** *~* iets laat deurwerk; *to* **good/great/bad** *~* met goeie/slegte gevolg; *or words* **to** *that ~* of iets in dier voege, of woorde te dien effekte *(of* met dié/daardie strekking); **with** *~ from ...* met ingang van ...; *begin* **with** *immediate ~* dadelik in werking tree, dadelik van krag word; *be suspended/etc.* **with** *immediate ~* dadelik ingaande geskors/ens. word. **ef·fect** *ww.* bewerkstellig, bewerk, teweegbring, teweeg bring, veroorsaak; in werking stel; uitvoer, ten uitvoer bring, verwesen(t)lik, bereik, tot stand bring; *~ a* **change** 'n verandering aanbring; *~ a* **cure** genesing bring; *~ a* **sale** 'n verkoop sluit, 'n verkoop tot stand bring; *~ a* **saving** bespaar, 'n besparing bewerkstellig. **ef·fec·tive** effektief, doeltreffend, doelmatig; afdoende; bekwaam, geskik; werkend, werkdadig; treffend, raak; werklik, wesen(t)lik; *~* **date** effektiewe datum, datum van inwerkingtreding, intreedatum; *become ~* **from** *...* met ingang van ... van krag word *(of* in werking tree); *~* **interpretation,** *(jur.)* doelmatige uitleg; *make s.t. ~* iets van krag maak *('n ooreenkoms ens.)*; *~* **member** werkende/aktiewe lid; *~* **range** draagwydte *(v. 'n wapen)*; meetbereik, =bestek *(v. 'n meetinstrument)*; *~* **strength,** *(mil.)* effektiewe sterkte, effektief; *~* **work** nuttige werk/arbeid. **ef·fec·tive·ly** *~ in charge* prakties in beheer. **ef·fec·tive·ness** doeltreffendheid, doelmatigheid, effektiwiteit; uitwerking, uitslag, werkverrigting; krag. **ef·fec·tu·al** doeltreffend, suksesvol, effektief, afdoende; van krag, bindend. **ef·fec·tu·al·ly** op doeltreffende/geslaagde wyse, met sukses.

**ef·fem·i·nate** *(neerh.)* verwyf(d), sag, onmanlik *(man)*; meisieagtig, meisierig *(seun)*; oninspirerend *(stuk werk ens.)*.

**ef·fen·di** *(<Turks)* effendi.

**ef·fer·ent** *(fisiol.)* efferent, wegvoerend, afvoerend; *~* **duct** afvoerbuis.

**ef·fer·ves·cent** (op)bruisend, (op)borrelend; gistend; werkend; *(fig.)* bruisend, lewendig, uitgelate; *~* **drink** bruisdrank(ie); *~* **tablet** bruistablet; *~* **wine** bruiswyn. **ef·fer·ves·cence** (op)bruising, (op)borreling; gisting, werking; *(fig.)* bruising, lewendigheid, uitgelatenheid.

**ef·fete** slap, (ver)swak, kragteloos, futloos, afgeleef; oorverfyn(d) *(wetgewing ens.)*; verwyf(d) *(jong man)*; *(bot., soöl.)* steriel, onvrugbaar.

**ef·fi·ca·cious** *(fml.)* effektief, doeltreffend, doelmatig; afdoende; werkend *(toestand ens.)*; werksaam. **ef·fi·ca·cy** effektiwiteit, doeltreffendheid; werksaamheid.

**ef·fi·cient** doeltreffend, doelmatig; bekwaam, bevoeg, knap, vaardig, bedrewe, behendig, geskik; flink, fluks; produktief; *(mil.)* strydbaar. **ef·fi·cien·cy** doeltreffendheid, doelmatig=

heid, effektiwiteit; bekwaamheid, bevoegdheid, vaardigheid, bedrewenheid, behendigheid, geskiktheid; flinkheid, fluksheid; produktiwiteit; prestasievermoë; nuttigheid, waarde, nuttigheidswaarde; krag; werkdadigheid *(v. 'n middel); (mil.)* strydbaarheid *(v. troepe); mechanical ~* meganiese rendement.

**ef·fi·gy** beeld, afbeelding, afbeeldsel; *burn/hang s.o. in ~* 'n beeld van iem. verbrand/ophang, iem. simbolies verbrand/ophang.

**ef·flo·resce** *(chem.)* effloresseer; *(soute)* kristalliseer; *(mure ens.)* uitslaan; ontluik, bloei. **ef·flo·res·cence** *(chem.)* effloressensie; uitslag, skimmel *(op mure); (med.)* veluitslag; ontluiking, bloei(tyd). **ef·flo·res·cent** *(chem.)* effloresserend; skimmel, vol uitslag; ontluikend, bloeiend.

**ef·flu·ent** afval-, rioolwater; afloop-, uitloop-, oorloopwater; syrivier, uitloop, vertakking; uitvloeisel. **ef·flu·ence, ef·flux** uitvloeisel; uitstroming, uitvloeiing.

**ef·flu·vi·um** *=via, =viums* damp, uitdamping, uitwaseming, effluvium; onwelriekende afskeiding; onwelriekende walm; *(slegte)* reuk.

**ef·fort** poging, probeerslag; moeite; inspanning; *(teg.)* krag; mag *(v. 'n hefboom)*; hyskrag *(v. 'n katrol); (ook, i.d. mv.)* ywer; prestasie; *make* **every** *~* hard probeer, jou (uiterste) bes *(of* alles moontlik) doen; *make* **every possible** *~,* **spare** *no ~, be* **unsparing** *in one's ~s* geen moeite ontsien/spaar nie; *make an ~* 'n poging aanwend/doen, probeer, jou inspan; *make a frantic ~* 'n wanhopige poging aanwend; *put a lot of ~ into s.t.* hard aan iets werk, jou werklik vir iets inspan, baie moeite met iets doen; *sustained ~* onafgebroke inspanning; *it is an ~ to ...* dit is/kos moeite *(of* dit kos inspanning) om te ... **ef·fort·less** maklik, met gemak, sonder inspanning/moeite.

**ef·front·er·y** vermetelheid, voorbarigheid, (dom)astrantheid, parmantigheid, skaamteloosheid, onbeskaamdheid; *bare-faced ~* skaamtelose vermetelheid; *have the ~ to do s.t.* die vermetelheid hê om iets te doen.

**ef·fuse** uitgiet, uitstort; versprei; afskei; uitstraal *(ook fig.)*; uitstroom, uitvloei, uitsypel, uitsyfer; opgewonde raak *(oor iets)*. **ef·fu·sion** uitgieting, uitstorting; ontsnapping; uitstroming, uitvloeiing, uitsypeling, uitsyfering; *(med.)* effusie; ontboeseming. **ef·fu·sive** oordadig, oordrewe; uitbundig, uitgelate; rojaal; *(oordrewe)* hartlik; woordryk; *(geol.)* effusie=, uitvloeiings= *(gesteentes ens.)*. **ef·fu·sive·ness** oordadigheid, oordrewenheid; uitbundigheid, uitgelatenheid; *(oordrewe)* hartlik=heid; woordrykheid.

**e·gal·i·tar·i·an** gelykheids-, gelykmakend, egalisties, egalitêr. **e·gal·i·tar·i·an·ism** egalisme, egalitarisme.

**egg**[1] *n.* eier; *a* **bad** *~, (lett.)* 'n vrot eier; *(infml., vero.)* 'n niks=nut(s)/deugniet; *have/put all one's ~s in one* **basket,** *(fig.)* al jou eiers in een mandjie hê/pak/plaas/sit, al jou geld op een kaart hê/sit; *beat ~s* eiers klits/klop; *a* **clutch** *of ~s* 'n broei=sel eiers; *have* (or *be left with*) *~* **on** (or *all over*) *one's* **face,** *(infml.)* met pap op die/jou gesig sit, 'n belaglike figuur slaan, jou belaglik maak; *the ~* **in die** *dop*; in die kiem, in 'n vroeë stadium; *lay an ~* 'n eier lê; **shell** *~s* eiers afdop; *teach one's* **grandmother to suck** *~s, (infml.)* die eier wil slimmer/wyser wees as die hen; **tread/walk** *on ~s, (fig.)* op eiers loop, versigtig trap, ligloop, in/op jou pasoppens wees; *you cannot* **unscramble** *~s* gedane sake het geen/g'n keer nie. *~-and-***spoon race** eier-in-die-lepel-wedloop. *~* **beater** eierklitser. *~* **box** eierhouer(tjie), =doos, =dosie. *~* **cell** eier=, saadsel. *~* **cosy** eiermussie. *~* **cup** eierkelkie. *~* **custard** *(kookk.)* eier=vla. *~* **dance** eierdans. *~* **foo yong/yoong/yung,** *~* **fu yung** *(Chin. kookk.)* eiers foe jong/joeng. *~***head** *(infml.)* slimjan, =kop, intellektueel. *~* **lifter** eierspaan. *~* **moulding** *(argit.)* eierlys. *~***nog,** *~* **flip** eierbrandewyn, advokaat. *~***plant** →AU=BERGINE. *~* **powder** eierpoeier. *~* **roll** *(Chin. kookk.)* = SPRING ROLL. *~* **sac** *(soöl.)* eiersak(kie). *~* **separator** eierskeier. *~=***shaped** eiervormig, ovaal. *~***shell** eierdop. *~***shell china**

kraakporselein.. ~ **stand,** ~ **rack** eierstander(tjie), ˈstelletjie, ˈrakkie. ~ **timer,** ~ **glass** sandloper(tjie). ~ **tooth** eiertand *(by voëls en reptiele).* ~ **tray** eierlaai, ˈrakkie. ~ **tube** lêbuis. ~ **whisk,** ~ **whip** eierklopper. ~ **white** eierwit; *two* ~ *~s* wit van twee eiers. ~ **yolk** dooier, door.

**egg²** *ww.:* ~ *s.o. on* iem. aanhits/aanpor/opsteek, agter/aan iem. sit *(om iets te doen).*

**eggs:** ~ **Benedict** *(kookk.)* benediktuseiers. ~ **mayonnaise** *(kookk.)* mayonnaise-eiers.

**eg·lan·tine** →SWEETBRIAR.

**e·go** ˈgos ego, ek; eie ek; *boost/feed one's* ~ jou ego streel, jou eiedunk verhoog. ~ *trip* selfverheerliking; *be on an* ~ ~, *(infml.)* met selfverheerliking besig wees.

**e·go·cen·tric** egosentries, selfgerig, in jouself opgaande. **e·go·cen·tric·i·ty** egosentrisiteit.

**e·go·ism** egoïsme, selfsug, selfliefde. **e·go·ist** egoïs, egosentriese/egoïstiese/selfbehepte mens, selfsugtige (mens); selfingenome/selfvoldane/verwaande mens; *(etiek)* egoïs. **e·go·is·tic, e·go·is·ti·cal** egoïsties, selfsugtig.

**E·go·li, e·Go·li** *(Z.: Johannesburg)* Goudstad.

**e·go·ma·ni·a** uiterste selfsug; sieklike egoïsme. **e·go·ma·ni·ac** sieklike egoïs.

**e·go·tism** selfingenomenheid, selfvoldaanheid, eiedunk, eiewaan, eieliefde, egotisme. **e·go·tist** selfingenome/selfvoldane/verwaande mens; egoïs, egosentriese/egoïstiese/selfbehepte mens, selfsugtige (mens). **e·go·tis·tic, e·go·tis·ti·cal** selfingenome, selfvoldaan, verwaand, egotisties; egosentries, egoïsties, selfbehep, selfsugtig.

**e·gre·gious** grof, kolossaal *(fout);* skandelik *(gedrag);* flagrant, infaam *(leuen);* verregaande *(vermetelheid ens.);* skokkend, ongehoord *(stelling ens.);* allerverskrikliks *(skeltaal ens.);* ~ *fool* opperste dwaas.

**e·gret** *(orn.)* reier, witreier; *cattle* ~ veereier, bosluisvoël.

**E·gypt** Egipte; *the land of* ~, *(OT)* Egipteland. **E·gyp·tian** *n.* Egiptenaar. **E·gyp·tian** *adj.* Egipties; ~ *goose* kolgans. **E·gyp·tol·o·gist** Egiptoloog. **E·gyp·tol·o·gy** Egiptologie.

**eh** *tw.* hè?; nè?.

**Eid:** ~ **Mubarak** *tw., (groet: gelukkige/geseënde fees)* Eid Mubarak!. ~ **(ul-Adha)** *(Moslemfees v. opoffering)* Eid(-oel-Adha). ~ **(ul-Fitr)** *(Moslemfees ná Ramadan)* Eid(-oel-Fiter).

**ei·der:** ~ **(down)** eiderdons. ~**down** donsˈ, verekombers. ~ **(duck)** eiderˈ, donseend.

**Eif·fel Tow·er** Eiffeltoring.

**eight** ag(t). ~**-day** *(attr.)* ag(t)daagse *(toer ens.).* ~**fold** ag(t)voudig. ~**-hour** *(attr.)* ag(t)uurˈ, ag(t)urige; ~ *day* ag(t)uurdag, ag(t)urige werkdag. ~ **hours** ag(t) uur. ~ **hundred,** ~ **thousand,** ~ **million** ag(t) honderd/duisend/miljoen, ag(t)honderd, ag(t)duisend, ag(t)miljoen. ~ **hundredth,** ~ **thousandth,** ~ **millionth** ag(t)honderdste, ag(t)duisendste, ag(t)miljoenste. ~**hundred thousand** ag(t)honderdduisend, ag(t)honderd duisend. ~ **o'clock** ag(t)uur. ~**-panel(led) ball** ag(t)pantbal. ~**-sided** ag(t)kantig, ˈhoekig. ~**-year-old** *n.* ag(t)jarige. ~**-year-old** *adj. (attr.)* ag(t)jarige, ag(t) jaar oue.

**eight·een, eight·een** ag(t)tien. ~**-carat gold** ag(t)tienkaraatgoud. ~ **hundred** ag(t)tien honderd, ag(t)tienhonderd. ~ **hundreds:** *the* ~ ~ die jare ag(t)tienhonderd *(of* ag[t]tien honderd*),* die negentiende eeu.

**eight·eenth, eight·eenth** ag(t)tiende; ~ *century* ag(t)tiende eeu. ~**-century** ag(t)tiende-eeus.

**eighth** ag(t)ste; ~ *wonder of the world* ag(t)ste wêreldwonder. ~ **century** ag(t)ste eeu. ~**-century** ag(t)ste-eeus. ~**man** *(SA, rugby)* ag(t)steman.

**eighth·ly** ten ag(t)ste, in die ag(t)ste plek.

**eight·i·eth** tagtigste.

**eight·y** tagtig; *be in one's eighties* in die tagtig *(of* in jou tagtigerjare*)* wees; *it happened in the eighties/Eighties* dit het in die tagtigerjare *(of* in die jare tagtig*)* gebeur. ~**-first** een en tagtigste, een-en-tagtigste. ~**-year-old (man/woman/etc.)** tagtigjarige (man/vrou/ens.).

**Ei·re** *(Gaelies, geog.)* Ierland.

**eis·tedd·fod** ˈfods, ˈfodau eisteddfod.

**ei·ther** *bep. & pron.* die een of die ander (een), een van die twee, een van beide; albei; *in* ~ *case* in albei gevalle; *at* ~ *end* op (enig)een van die twee hoeke; *in* ~ *hand* in die een of die ander hand; *I don't know* ~ *(of them)* ek ken geeneen van die twee nie; ~ *of them may go* een van hulle (twee) mag gaan *(maar nie albei nie);* ~ *of them is suitable* hulle is albei geskik; *on* ~ *side* aan die een of die ander kant; aan albei kante, aan weerskant(e); wedersyds; *the result can go* ~ *way* enige kant kan wen; die twee moontlikhede is ewe sterk. **ei·ther** *adv. & voegw.* of; ook; hetsy; *I don't know* ~ ek weet ook nie; ~ *A or B* óf A óf B; *not that* ~ ook (nie) dit nie.

**e·jac·u·late** *n.* ejakulaat, saadstorting. **e·jac·u·late** *ww., (man, manlike dier)* ejakuleer, saad/semen stort. **e·jac·u·la·tion** ejakulasie, saadstorting. **e·jac·u·la·tor·y** uitstortend, uitwerpingsˈ.

**e·ject** uitgooi, uitwerp; uitsit, uitkop; uitskiet; afgee; verdryf, verdrywe. ~ **button** uitskietknop(pie).

**e·jec·tion** uitwerping, uitgooi; uitsetting; (die) uitskiet; ejeksie. ~ **seat,** ejector seat uitskietstoel.

**eke** *ww.:* ~ *out an existence* (or *a livelihood/living)* op 'n manier *(of* met moeite) 'n bestaan maak; ~ *out food/etc.* langer met kos/ens. uitkom.

**el** els, *(d. letter l)* el.

**e·lab·o·rate** *adj.* uitvoerig; uitgebrei(d); grondig, (fyn) uitgewerk; fyn afgewerk; in die puntjies; omslagtig; ingewikkeld; oordadig, opgesmuk. **e·lab·o·rate** *ww.* (in besonderhede) uitwerk; uitbou; (verder/vêrder) uitwei; verwerk; voortbring; ~ *s.t. into* ... iets tot ... verwerk; ~ *(up)on s.t.* oor iets uitwei. **e·lab·o·rate·ness** uitvoerigheid; afwerking. **e·lab·o·ra·tion** uitwerking; bewerking, verwerking; uitbouing.

**é·lan** *(Fr.)* élan, geesdrif, besieldheid, vuur.

**e·land** ˈland(s), *(soöl.)* eland.

**e·lapse** verstryk, verbygaan, verloop. **e·lapsed** verstreke.

**e·las·mo·saur** elasmosourus.

**e·las·tic** *n.* rek, elastiek; gomlastiek. **e·las·tic** *adj.* rekbaar, elasties; veerkragtig; ~ *bandage* rekverband; ~ *force* spankrag; ~ *limit* rekgrens, elastisiteitsgrens; ~ *sticking plaster* rekpleister; ~ *stocking* rekkous. **e·las·ti·cat·ed,** *(Am.)* **e·las·ti·cized** elasties; ~ *waistband* rekgordel. **e·las·tic·i·ty** rek-(baarheid), elastisiteit; veerkrag(tigheid).

**e·las·tin** *(biochem.)* elastien.

**E·las·to·plast** *(handelsnaam)* hegˈ, kleefpleister.

**e·lat·ed** in die wolke; opgewonde, uitgelate; *be* ~ *at* ... verheug/verruk *(of* in die wolke) oor ... wees. **e·la·tion** (groot) vreugde/blydskap, ekstase, opgetoënheid; opgewondenheid, uitgelatenheid.

**el·bow** *n.* elmboog; bog, kromming; knie *(v. masjien); at one's* ~ byderhand; *be at s.o.'s* ~ aan iem. se sy wees; *bend/lift one's* ~, *(infml.: drink)* in die bottel kyk; *out at* ~*(s)* verslete; gehawend, toiingrig; *rub* ~*s with* ... met ... omgaan. **el·bow** *ww.* stoot, dring, druk; ~ *s.o. aside* iem. opsy stoot; ~ *s.o. out* iem. uitstoot; ~ *one's way through* ... 'n pad deur ... druk; jou weg deur ... baan. ~ **grease** *(infml.)* poetswerk; kragsinspanning; spierkrag. ~ **pad** *(sport)* elmboogskut. ~ **patch** elmboogskut *(op mou v. kledingstuk).* ~ **room** *(infml.)* bewegingsvryheid, (beweeg)ruimte, speelruimte; *give s.o.* ~ iem. ruim baan gee.

**El·brus:** *(Mount)* ~ die Elbroes(berg) *(in Rus.).*

**El·burz Moun·tains** Elboers(berge) *(in Iran).*

**el·der¹** *n.* ouderling; ouere; *they are my* ~ hulle is ouer as ek; ~*s of the tribe* oudstes van die stam. **el·der** *adj.* ouer; oudste *(v. twee broers/susters);* ~ *statesman* afgetrede staatsman, ringkop; *the* ~ *of the two* die oudste van die twee. **el**-

**der·ly** bejaard; ouerig, aan die ou kant; *a home for the* ~ 'n ouetehuis.

**el·der²** *n., (bot.)* vlierboom. ~**berry** vlierbessie.

**el·dest** oudste *(v. drie of meer broers/susters).*

**El Do·ra·do, el·do·ra·do** *-dos* eldorado, paradys; goud-land.

**e·lect** *n.* uitverkorene; gekosene; *the* ~ die uitverkorenes *(v. God).* **e·lect** *adj. (pred.)* gekose; uitgesoek; *(Chr.)* uitverkore; *bride* ~ aanstaande bruid; *chairperson* ~ aangewese voorsitter. **e·lect** *ww.* kies, uitkies, verkies; besluit; *(Chr.)* uitverkies; ~ *s.o. (as) chairperson/etc.* iem. tot voorsitter/ens. (ver)kies; *declare s.o. (duly) ~ed* iem. (behoorlik) verkose verklaar; *the newly ~ed president/etc.* die pas verkose president/ens.; ~ *s.o. to a council* (or *an office etc.)* iem. in 'n raad/amp/ens. (ver)= kies.

**e·lect·a·ble** (ver)kiesbaar.

**e·lec·tion** kiesing, verkiesing; keuse; *at/in the ~(s)* by die ver-kiesing; *call an* ~ 'n verkiesing uitskryf/uitskrywe; *an early* ~ 'n spoedige verkiesing; *fight an* ~ 'n verkiesing(stryd) voer; *hold an* ~ 'n verkiesing hou; *make o.s. available for* ~, *seek* ~ jou verkiesbaar stel; *s.o.'s* ~ *to* ... iem. se verkiesing in ... *('n raad, amp, ens.); an unopposed* ~ 'n onbetwiste ver-kiesing. ~ **campaign** verkiesingsveldtog. ~ **contest** verkie-singstryd. ~ **day** stemdag, verkiesingsdag; *on* ~ ~ op die stemdag. ~ **manifesto** verkiesingsmanifes. ~ **monitoring** ver-kiesingsmonitering. ~ **result** verkiesingsuitslag. ~ **system** kiesstelsel.

**e·lec·tion·eer** *n.* verkiesingsvegter; stemwerwer. **e·lec-tion·eer** *ww.* 'n verkiesingstryd voer; stemme werf. **e·lec-tion·eer·ing** stem(me)werwery; verkiesingspropaganda.

**e·lec·tive** (ver)kiesend; verkose, gekose; kies-, verkiesings-; keur-; *(Am.)* fakultatief; *on an* ~ *basis* deur (ver)kiesing; ~ *body* verkose liggaam; kieskollege.

**e·lec·tor** kieser, stem-, kiesgeregtigde. **e·lec·tor·al** kies-; kie-sers-; ~ *act* kieswet; ~ *college* kieskollege; ~ *district* stem-distrik; ~ *list* kieserslys; ~ *office* verkiesingskantoor; ~ *of-ficer* kiesbeampte, verkiesingsbeampte; ~ *quota* kieskwota. **e·lec·tor·ate** kiesers; kieserskorps.

**E·lec·tra** *(Gr. mit.)* Elektra. ~ **complex** *(psig.)* Elektra-, va-derkompleks.

**e·lec·tric** elektries; ~ *blanket* elektriese kombers; ~ *bulb* gloeilamp(ie); ~ *chair, (vnl. in Am.)* elektriese stoel; ~ *cir-cuit* stroomkring; ~ *current* elektriese stroom; ~ *eel, (igt.)* sidderaal; ~ *field* elektriese veld; ~ *guitar* elektriese kitaar/ ghitaar; ~ *motor* elektriese motor, elektromotor; ~ *organ, (mus.)* elektriese orrel; *(mus.)* elektroniese orrel; *(igt.)* elek-triese orgaan; ~ *ray, torpedo ray, (igt.)* drilvis; ~ *shock* elek-triese skok, elektroskok; ~ *storm* elektriese storm, weerlig-storm.

**e·lec·tri·cal** elektries, elektrisiteits-; ~ *engineer* elektroteg-niese/elektriese ingenieur, elektro-ingenieur; elektrotegnikus; ~ *shock* elektriese skok. **e·lec·tri·cal·ly** elektries; ~ *operated* elektries; ~ *powered/driven* elektries (aangedrewe).

**e·lec·tri·cian** elektrisiën, elektrotegnikus.

**e·lec·tric·i·ty** elektrisiteit; *generate* ~ elektrisiteit opwek. ~ *account*, ~ *bill* elektrisiteitsrekening. **E~ Supply Commis-sion** *(akr.:* ESKOM, Eskom) Elektrisiteitsvoorsieningskom-missie *(akr.:* ESKOM, Eskom).

**e·lec·tri·fy** elektrifiseer *(heining ens.);* elektriseer, skok; ver-stom, verbyster; met opwinding/geesdrif vervul. **e·lec·tri-fi·ca·tion** elektrifikasie, elektrifisering; elektrisering. **e·lec-tri·fy·ing** gelade, elektries gelaai *(atmosfeer);* sensasioneel *(ver-toning ens.);* uitmuntend *(uitvoering ens.);* fenomenaal *(effek, musiek);* verbysterend, verstommend *(spoed, vaart).*

**e·lec·tro·car·di·o·gram** *(afk.:* ECG) elektrokardiogram.

**e·lec·tro·car·di·o·graph** *(afk.:* ECG) elektrokardiograaf.

**e·lec·tro·car·di·og·ra·phy** elektrokardiografie.

**e·lec·tro·chem·is·try** elektrochemie. **e·lec·tro·chem·i·cal** elektrochemies.

**e·lec·tro·con·vul·sive:** ~/*electroshock* (or *electric shock) therapy, (med.)* elektrokonvulsiewe terapie, elektroskokktera-pie, elektrieseskokterapie.

**e·lec·tro·cute** doodskok; elektries teregstel. **e·lec·tro·cu-tion** elektrokusie.

**e·lec·trode** elektrode.

**e·lec·tro·dy·nam·ics** elektrodinamika.

**e·lec·tro·en·ceph·a·lo·gram** *(afk.:* EEG) elektro-enke-falogram, -ensefalogram.

**e·lec·tro·en·ceph·a·lo·graph** *(afk.:* EEG) elektro-enkefa-lograaf, -ensefalograaf.

**e·lec·tro·lyse** elektroliseer. **e·lec·trol·y·sis** *-yses* elektrolise.

**e·lec·tro·lyte** *(fis.)* elektroliet; batterysuur. **e·lec·tro·lyt·ic** elektrolities; ~ *deposit* galvaniese neerslag.

**e·lec·tro·mag·net** elektromagneet. **e·lec·tro·mag·net·ic** elektromagneties; ~ *radiation* elektromagnetiese straling; ~ *wave* elektromagnetiese golf. **e·lec·tro·mag·net·ism** elektro-magnetisme.

**e·lec·tro·me·chan·i·cal** elektromeganies; elektries; ~ *brush/ device/etc.* elektriese borsel/toestel/ens..

**e·lec·trom·e·ter** elektrometer. **e·lec·tro·met·ric** elektro-metries.

**e·lec·tro·mo·tive** elektromotories; ~ *force, (fis., afk.:* EMF) elektromotoriese krag *(afk.:* EMK); *back* ~ *force* teenspan-ning.

**e·lec·tron** elektron. ~ **gun** *(fis.)* elektronekanon. ~ **micro-scope** elektronemikroskoop. ~**volt** *(fis.)* elektronvolt.

**e·lec·tro·neg·a·tive** *(chem.)* elektronegatief.

**e·lec·tron·ic** elektronies; ~ *banking, e-banking* elektro-niese bankwese; elektroniese banksake; ~ *business, e-busi-ness* elektroniese sake/besigheid, e-sake/besigheid; ~ *com-merce, e-commerce* elektroniese handel, e-handel; ~ *flash, (fot.)* elektroniese flits; ~ *funds transfer* at point of sale, *(akr.:* EFTPOS) elektroniese fondsoorplasing by verkoop(s)punt; ~ *mail* elektroniese pos; →E-MAIL; ~ *mailbox* elektroniese posbus; ~ *organ, (mus.)* elektroniese orrel; ~ *point of sale, (akr.:* EPOS) elektroniese verkoop(s)punt; ~ *publishing* elektroniese publikasie; ~ *surveillance* elektroniese moni-tering; elektroniese waarneming; ~ *text* elektroniese teks.

**e·lec·tron·ics** elektronika.

**e·lec·tro·phile** *(chem.)* elektrofiel.

**e·lec·tro·pho·re·sis** *(chem., fis.)* elektroforese.

**e·lec·tro·plate** *n.* elektrolitiese beslag; pleet(werk). **e·lec-tro·plate** *ww.* elektrolities beslaan, elektroplateer, verpleet. **e·lec·tro·plat·ed** verpleet. **e·lec·tro·plat·er** elektroplateerder, verpleter.

**e·lec·tro·pos·i·tive** *adj., (chem., fis.)* elektropositief.

**e·lec·tro·scope** *(fis.)* elektroskoop.

**e·lec·tro·shock** *(med.)* elektroskok.

**e·lec·tro·stat·ic** *(fis.)* elektrostaties.

**e·lec·tro·ther·a·py** elektroterapie.

**e·lec·tro·va·lence, e·lec·tro·va·len·cy** *(chem.)* elektro-valensie.

**e·lec·trum** *(metal.)* elektrum.

**el·e·gant** elegant, deftig, smaakvol, fyn; slim, vernuftig, vin-dingryk. **el·e·gance, el·e·gan·cy** elegansie, sierlikheid, ver-fyndheid, grasie, swier.

**el·e·gy** elegie, rou-, treurdig; klaaglied, treur-, klaagsang. **el·e·gi·ac** elegies; ~ *poem* treurdig, elegie.

**el·e·ment** *(chem., elek., wisk., ens.)* element; bestanddeel; grond-stof; beginsel; *(i.d. mv. ook)* (grond)beginsels; *be in one's* ~ in jou element wees; *be out of one's* ~ soos 'n vis op droë grond wees. **el·e·men·tal** *adj.* elementêr, fundamenteel, essensi-eel; oorspronklik, primêr; natuur-; *(chem.)* element-. **el·e·men-**

**ta·ry** elementêr, eenvoudig, maklik; inleidend, aanvangs=, basis=; *(chem., fis., wisk.)* elementêr; ~ *education* aanvangs= onderwys.

**e·len·chus** =lenchi, *(log.)* logiese weerlegging; sillogistiese weerlegging. **e·lenc·tic** weerleggend, elenkties.

**el·e·phant** olifant; *African* ~ Afrika(-)olifant; *Indian* ~ Indiese olifant; *have the memory of an* ~ 'n geheue soos 'n olifant hê, 'n olifantgeheue hê. ~ **bull** olifantbul. ~ **cow** olifant= koei. ~ **grass** olifantsgras. ~ **hunter** olifantjagter. ~ **seal** see-olifant. ~ **shrew** klaasneus. ~**(-skin) disease** olifant= velsiekte, besnoitiose. ~**'s trunk** olifantslurp. ~ **tusk** olifants= tand.

**el·e·phan·ti·a·sis** olifantsiekte, elefantiase.

**el·e·phan·tine** olifantagtig; lomp; *an* ~ *memory* 'n geheue soos 'n olifant, 'n olifantgeheue.

**el·e·vate** oplig, ophef; verhef, ophef, veredel; vergroot, ver= meerder; verhoog *('n kanon se loop ens.); (priester)* ophef *(hos= tie);* ~ *s.o. to* ... iem. tot ... verhef. **el·e·vat·ed** verhewe; hoog geleë; ~ *railway/railroad* lugspoor(weg). **el·e·vat·ing** (gees/ hart)verheffend.

**el·e·va·tion** opheffing; verheffing, veredeling; vergroting, vermeerdering; verhoging; verhewenheid; hoogte; hoogte bo seespieël; visierhoogte *(v.geskut);* elevasie(hoek), hoogtehoek *(v. 'n kanon); (ballet)* sprong; vertikale projeksie; (vertikale) aansig; opheffing *(v.d. hostie); end* ~ agteraansig; *side* ~ sy= aansig.

**el·e·va·tor** (hys)kraan, hystoestel; ligter; *(Am.)* hyser, hys= bak; *(lugv.)* hoogteroer *(v. vliegtuig).*

**e·lev·en** elf; *(sport)* elftal, span; ~ *hours* elf uur. ~ **o'clock** elfuur.

**e·lev·enth** elfde; *the* ~ *century* die elfde eeu; *at the* ~ *hour* ter elfder ure. ~**-century** *adj.* elfde-eeus.

**elf** *elves* elf(ie), feetjie. ~**lock** gekoekte haarlok; *(i.d. mv.)* deur= mekaar/wilde bos hare, kraaines. ~**-struck** getoor.

**elf·ish** elfagtig, elwe=; plaerig, ondeund.

**elf(t)** *(Afr., igt.)* elf.

**El Gî·za, Gî·za** *(geog.)* El Gîza, Gîza.

**e·lic·it** ontlok, uitlok; onthul, aan die lig bring; veroorsaak; teweegbring, teweeg bring, opwek; ~ *s.t. from s.o.* iets uit iem. kry *('n antwoord ens.);* iets aan/van iem. ontlok *(teenkanting ens.).*

**el·i·gi·ble** (ver)kiesbaar; benoembaar; beroepbaar *(predikant);* verkieslik, wenslik; geskik, paslik, passend; *an* ~ *bachelor/ spinster* 'n begeerlike/gesogte losloper; *be* ~ *for* ... vir ... in aanmerking kom *('n amp);* op/tot ... geregtig wees *('n pensioen ens.).* **el·i·gi·bil·i·ty** (ver)kiesbaarheid; benoembaarheid; be= roepbaarheid; wenslikheid; paslikheid.

**E·li·jah** *(OT)* Elia.

**e·lim·i·nate** verwyder, uitskakel; uitdun; uitsif; wegwerk *(agterstand);* tersyde *(of* ter syde) laat/stel, buite beskouing laat; elimineer, vermoor; *(sport)* uitskakel; *(wisk.)* elimineer; *(chem.)* elimineer, uitskakel; *(fisiol.)* uitskei *(gifstowwe/ens. uit d. liggaam);* ~ *s.o. from* ... iem. uit ... uitskakel; ~ *s.t. from* ... iets uit ... uitskei; iets uit ... uitskakel. **e·lim·i·nat·ing:** ~ *contest* uitdun(wed)stryd; ~ *match* uitdunwedstryd; uitdungeveg.

**e·lim·i·na·tion** verwydering; uitdunning; uitsifting; wegwer= king; *(wisk., chem.)* eliminasie, eliminering; *(fisiol.)* uitskei= ding; *by a process of* ~ deur 'n proses van eliminasie/uitska= keling, deur 'n eliminasieproses/uitskakelingsproses.

**e·lite,** *(Fr.)* **é·lite** elite, keur, die beste(s); bolaag *(v.d. same= lewing).* ~ *forces* keurtroepe, uithalersoldate. **e·lit·ism** eli= tisme. **e·lit·ist** elitisties, elitêr.

**e·lix·ir** elikser, wondermiddel, panasee; goudelikser; ~ *of life* lewenselikser.

**E·liz·a·be·than** Elisabethaans.

**elk** *elk(s)* elk, Europese/Amerikaanse eland. ~**hound** eland= hond.

**el·lipse** *(geom.)* ellips. **el·lip·sis** =lipses, *(gram.)* ellips, weg=, uitlating; *(druk.: drie stippels)* beletselteken. **el·lip·tic, el·lip= ti·cal** *(geom.)* ellipties, ellipsvormig, ovaal; *(gram.)* ellipties, onvolledig *(sin);* kripties; omslagtig.

**elm** iep(e)=, olm(hout). ~ **(tree)** iep(e)=, olm(boom).

**El Ni·ño** *(Sp., met.)* El Niño.

**el·o·cu·tion** voordrag=, spreekkuns, elokusie; spreekles, =on= derrig; diksie, voordrag, segging. **el·o·cu·tion·ar·y** voordrag=. **el·o·cu·tion·ist** elokusionis, voordraer, voordragkunstenaar, deklamator; spraakonderwyser.

**e·lon·gate** verleng, langer maak, (uit)rek. **e·lon·gat·ed** lang= werpig; verleng; slank.

**e·lon·ga·tion** verlenging; (uit)rekking; afstand; langgerekt= heid; *(astron.)* elongasie; *permanent* ~ verrekking. ~ *stage* pypstadium *(v. graan ens.).*

**e·lope** *(minnaars)* wegloop; *eloping couple* weglooppaar(tjie).

**el·o·quent** welsprekend; veelseggend; *be* ~ *of* ... van ... ge= tuig; op ... dui. **el·o·quence** welsprekendheid.

**else** anders; *anyone* ~ (enig)iemand anders, enige ander per= soon; *anyone* ~? nog iemand?; *anything* ~ iets anders; *anything* ~? nog iets?; *everybody* ~ al die ander; *every= thing* ~ al die ander, alle ander dinge; die res; *no one* ~ nie= mand meer nie; *want nothing* ~ verder/vêrder niks wil hê nie; *or* ~ ... anders ...; *somewhere* ~ elders, êrens anders; *that is s.t.* ~ dit is iets anders; *(infml.)* dit is iets besonders; *who* ~? wie anders?; *you and who* ~? jy en wie nog?. ~**where** elders, êrens anders.

**e·lu·ci·date** ophelder, verhelder, verduidelik, verklaar, toe= lig, uitlê. **e·lu·ci·da·tion** opheldering, verheldering, verdui= deliking, toeligting, uitleg.

**e·lude** ontwyk; ontduik *(d. wet ens.);* ontglip, ontsnap aan *(agtervolgers ens.); (slaap ens.)* jou ontwyk; *(naam ens.)* jou ont= gaan; ~ *comprehension* die verstand te bowe gaan. **e·lu·sive** ontwykend; ontduikend; glibberig, moeilik om te vang; on= grypbaar; moeilik definieerbaar, moeilik om te omskryf/ =skrywe; moeilik (om) te bepaal/begryp; moeilik om te vind/ onthou; misleidend. **e·lu·sive·ness** ontwykendheid; glibbe= righeid; *(ook)* slimstreke.

**el·ver** *(igt.)* jong paling.

**elv·ish** = ELFISH.

**E·ly·si·um** *(Gr. mit.)* Elisium, hemel, paradys; *(fig.)* hemel op aarde, hemelse plek, paradys. **E·ly·sian** Elisies; geluksalig, hemels.

**el·y·tron, el·y·trum** =ytra, *(entom.)* elitron.

**em** *(d. letter m; druk.)* em. ~ *dash (druk.)* em=, kaslyn.

**e·ma·ci·at·ed** vermaer, uitgeteer, vervalle. **e·ma·ci·a·tion** vermaering, uittering; uitmergeling.

**e-mail, E-mail, e·mail** *(rek.)* e-pos, E-pos. ~ *address* e-pos=, E-posadres.

**em·a·nate** uitstraal, =stuur; uitstroom, =vloei; uitwasem; af= gee; ~ *from* ... van ... (af) kom *(of* afkomstig wees) van ... uitgaan; uit ... voortvloei. **em·a·na·tion** uitstraling; uitstro= ming, =vloeiing; uitwaseming; uitvloeisel, gevolg, resultaat; *(chem., filos., relig.)* emanasie.

**e·man·ci·pate** vrystel, vrylaat; bevry; gelykstel (voor die wet), emansipeer *(vroue ens.);* vrymaak *(slaaf); (jur.)* emansi= peer, ontvoog, van voogdyskap vrystel; *(jur.)* mondig/meer= derjarig verklaar. **e·man·ci·pat·ed** vry(gelaat); geëmansi= peer(d); modern, nuwerwets. **e·man·ci·pa·tion** vrystelling, vrylating; bevryding, vryverklaring; emansipasie; vrywor= ding; *(jur.)* ontvoogding; mondigwording, =verklaring; self= standigheid; meerderjarigheid.

**e·mas·cu·late** ontman, kastreer; *(fig.)* verswak, verarm, ver= slap; *(fig.)* verwater *(plan ens.); (bot.)* emaskuleer. **e·mas·cu= lat·ed** *(ook, fig.)* kragteloos. **e·mas·cu·la·tion** ontmanning, kastrasie; verswakking, verarming.

**em·balm** balsem. **em·balm·ing, em·balm·ment** balseming.

**em·bank·ment** indyking, afdamming; wal, dyk, kaai; *(railway)* ~ spoorwal.

**em·bar·go** *=goes, n.* verbod, embargo; uitvoerverbod; invoerverbod; *impose/lay/place/put* an ~ on *s.t.* 'n verbod op iets lê/plaas; *lift/remove* the ~ *from* ... die verbod op ... ophef; *s.t. is under* ~ iets is verbode *(invoer ens.)*; *s.t. is under* ~ *until* ... iets mag nie voor ... vrygestel word nie *('n verslag ens.)*. **em·bar·go** *=goed, ww.* 'n verbod lê/plaas op, verbied; beslag lê op, in beslag neem.

**em·bark** *(lugv., sk.)* aan boord gaan; ~ *for* ... per skip na ... vertrek; ~ *(up)on s.t.* iets onderneem/aanpak. **em·bar·ka·tion** inskeping; onderneming, aanpakking *(van)*.

**em·bar·rass** in verleentheid bring, verleë/ongemaklik maak, embarrasseer. **em·bar·rassed** verleë, bedremmeld, beteuterd; *feel* ~ *about s.t.* oor iets verleë voel; *be* ~ *by s.t.* deur iets in verleentheid gebring wees, oor iets verleë wees; weens iets in 'n finansiële/geldelike verknorsing sit. **em·bar·rass·ing** beskamend, pynlik, lastig; *find s.t.* ~ oor iets in verleentheid wees; *be in an* ~ *position* in verleentheid wees, jou in 'n pynlike situasie *(of penarie)* bevind, in die/'n verknorsing sit; *s.t. is* ~ *to s.o.* iets is vir iem. 'n verleentheid, iets bring iem. in verleentheid. **em·bar·rass·ment** (bron/oorsaak van) verleentheid; *financial* ~ geldnood, finansiële/geldelike verknorsing; *an* ~ *of riches* 'n oormaat van rykdom: *s.t. is an* ~ *to s.o.* iets bring iem. in verleentheid, iets is vir iem. 'n verleentheid.

**em·bas·sy** ambassade; ambassadeurswoning.

**em·bat·tled** slaggereed; beleër(d), omsingel; *(fig.)* in omstredenheid gewikkel; *(bouk.)* versterk, gefortifiseer(d); ~ *president/etc.* beleërde president/ens.; ~ *wall* vesting=, kanteelmuur.

**em·bed, im·bed** *=dd=* vaslê, =sit, veranker; omsluit, =ring, =geef, =gewe; *(gram.)* inbed; *be ~ded in* ... in ... vassit; in ... vasgelê wees *(d. grondwet ens.)*; in ... veranker wees *(d. onderbewussyn ens.)*; in ... gegrif wees *(jou geheue)*; *(rek.)* in ... ingebed/vasgelê wees *('n lêer, 'n dokument)*; *(joern.)* in ... ingebed wees *('n oorlogskorrespondent in 'n weermageenheid)*.

**em·bel·lish** versier, verfraai, (op)tooi, opsmuk; ~ *s.t. with* ... iets met ... versier. **em·bel·lish·ment** versiering, verfraaiing, optooiing, (op)tooisel; *without* ~ sonder opsmuk.

**em·ber** (stuk) gloeiende kool; *(i.d. mv.)* gloeiende kole, warm as, smeulende vuur; *fan the ~s* die vuur aanblaas/aanwakker.

**em·bez·zle** verduister *(geld)*. **em·bez·zle·ment** verduistering. **em·bez·zler** verduisteraar.

**em·bit·tered** verbitter(d). **em·bit·ter·ment** verbittering, verbitterdheid.

**em·bla·zoned** ryklik versier; *be* ~ *across the front pages* op die voorblaaie pryk; ~ *with* ... met ... daarop aangebring/geskilder/uitgebeeld.

**em·blem** embleem, sinnebeeld, simbool. **em·blem·at·ic, em·blem·at·i·cal** emblematies, sinnebeeldig, simbolies; *be* ~ *of s.t.* iets versinnebeeld/simboliseer, as simbool van iets dien.

**em·bod·y** beliggaam, verpersoonlik; vergestalt; omvat, insluit; inlyf, opneem; *be embodied in* ... in ... beliggaam wees. **em·bod·i·ment** beliggaming, verpersoonliking.

**em·bold·en** *(fml.)* aanmoedig, aanspoor; verstout; *I am ~ed to* ... ek verstout my om ...

**em·bo·lism** *(med.)* embolisme, bloedvatverstopping. **em·bo·lus** *=boli* embolus; (bloed)klont; klontjie votselle; lugborrel.

**em·boss** bosseleer, in reliëf aanbring/maak; dryf(werk maak), gedrewe werk maak; siseleer. **em·bossed** gebosseleer(d); gedrewe; verhewe; ~ *cheque* gebosseleerde tjek; ~ *letter* reliëfletter; ~ *printing* reliëf=, hoogdruk, verhewe druk. **em·boss·ing** bosselering, bosseleerwerk; dryfwerk; reliëf=, hoogdruk, verhewe druk.

**em·brace** *n.* omhelsing, omarming. **em·brace** *ww.* om-hels, omarm, in jou arms (toe)vou/vashou; aanneem, aanvaar, omhels *(fig.)*; aangryp; bevat, behels, inhou, insluit, omvat; ~ *a faith* 'n geloof aanneem; ~ *an offer* 'n aanbod (met ope arms) aanneem; *the offer ~s* ... die aanbod behels/omvat ...; ~ *an opportunity* 'n geleentheid aangryp, 'n kans waarneem; ~ *a party* tot 'n party toetree.

**em·broi·der** *(lett. & fig.)* borduur; *(fig.)* aandik, oordryf, =drywe; *~ed lace* borduurkant.

**em·broi·der·y** borduurwerk; borduurkuns; borduursel; *(fig.)* borduurdery, geborduur. ~ *frame* borduurraam.

**em·broil** (in 'n stryd) verwikkel; ~ *s.o. in s.t.* iem. by/in iets betrek/insleep/=trek; *become ~ed in s.t.* in iets ingesleep/=getrek word *(of verwikkel/betrokke raak)*. **em·broil·ment** verwikkeling; twis, geskil, onenigheid, rusie; (die) insleep.

**em·bry·o** *=os* vrug, (vrug)kiem, embrio, kiemplantjie; *in* ~ in die kiem/dop, in wording. **em·bry·ol·o·gy** embriologie, ontwikkelingsleer. **em·bry·ol·o·gist** embrioloog. **em·bry·on·ic** embrionaal; in wording.

**em·cee** *n., (Am., infml.), afk. v.* master of ceremonies) seremoniemeester. **em·cee** *=ceed, ww., (infml.)* as seremoniemeester optree (vir).

**e·mend** verbeter, korrigeer, emendeer *(teks ens.)*. **e·men·da·tion** verbetering, korreksie, emendasie.

**em·er·ald** *n.* smarag. **em·er·ald** *adj.* smarag(groen), =kleurig; smarag= *(ring ens.)*. ~ *green* smaraggroen.

**e·merge** verskyn, te voorskyn kom, opdoem; op=, uitkom, bo kom; verrys; blyk; opduik, ontstaan, vorendag *(of voor die dag of aan die lig)* kom. **e·mer·gence** verskyning, te voorskynkoming, =treding; verrysing; sigbaarwording; *(bot.)* uitgroeiing, uitwas.

**e·mer·gen·cy** nood(geval), =toestand, =situasie, dringende geval; onvoorsiene gebeurtenis/omstandigheid; *declare/proclaim a state of* ~ 'n noodtoestand afkondig/uitroep; *in an (or in case of)* ~ in geval van nood, in 'n noodgeval; desnoods. ~ **brake** noodrem; handrem. ~ **exit** nooduitgang. ~ **ex**penses onvoorsiene uitgawe(s). ~ **landing** noodlanding. ~ **meeting** spoedvergadering. ~ **number** noodnommer. ~ **oper**ation noodoperasie. ~ **personnel** noodhulppersoneel. ~ **re**lief noodleniging. ~ **session** *(parl. ens.)* spoedsitting; noodsitting. ~ **stairs** brand=, noodtrap. ~ **tank** reserwetenk. ~ **ward** ongevallesaal, =afdeling.

**e·mer·i·tus** rustend, emeritus.

**em·er·y** amaril, skuur=, polyssteen. ~ **board,** ~ **file** amarilvyl. ~ **paper** amarilpapier.

**e·met·ic** *n., (med.)* emetikum, braakmiddel, vomitief. **e·met**ic *adj.* emeties, braakbevorderend, braak=.

**em·i·grate** emigreer, die land verlaat, uitwyk, verhuis, trek; ~ *from a country (to another country)* uit 'n land (na 'n ander land) emigreer. **em·i·grant** emigrant, landverhuiser, uitgewekene, trekker. **em·i·gra·tion** emigrasie, landverhuising. **é·mi·gré** *(Fr.)* uitgewekene, émigré.

**em·i·nence** hoë aansien; voortreflikheid, uitmuntendheid; uitstekendheid; vooraanstaande/gesiene/vermaarde persoon, persoon van aansien; *His/Your E~, (RK)* Sy/U Eminensie.

**em·i·nent** gesiene, vermaard, befaam(d), hoog aangeskrewe, van aansien, eminent; uitstekend, voortreflik, hoogstaande; uitmuntend, uitnemend; hoog, verhewe. **em·i·nent·ly** hoogs, besonder, by uitstek.

**e·mir** emir. **e·mir·ate** emiraat.

**em·is·sar·y** afgesant; tussenpersoon, onderhandelaar; geheime gesant; spioen.

**e·mis·sion** uitsending; uitstorting; uitstraling *(v. lig ens.)*; vrystelling, =lating *(v. energie, gas, ens.)*; uitlating *(v. swaeldioksied ens.)*; afskeiding *(v. vloeistof)*; storting *(v. semen)*; *(fin.)* uitgifte; *(fis.)* emissie.

**e·mit** uitgee; uitstort; uitstraal *(lig ens.)*; vrystel *(energie, gas, ens.)*; uitlaat *(swaeldioksied ens.)*; afskei *(vloeistof)*; afgee *(reuk* *ens.);* uitblaas *(rook);* stort *(semen);* voortbring *(klank ens.);* uit(er) *('n geluid ens.);* opbreek *(wind);* ~ *sparks* vonke spat.

**Em·men·t(h)al(·er) (cheese)** emmental(er) (kaas).

**em·mer** *(bot.: Triticum dicoccum)* emmer (koring).

**e·mol·lient** versagtend, versag (tings)=; kalmerend.

**e·mol·u·ment** *(fml.)* besolediging, vergoeding, verdienste, salaris, honorarium; *(i.d. mv.)* byverdienste.

**e·mo·tion** emosie, aandoening, gevoel, ontroering, bewoënheid; *stir/whip up* ~*s* die gemoedere/gevoelens opsweep *(of gaande maak); with* ~ met gevoel. **e·mo·tion·less** gevoel=, emosieloos, ongevoelig *(iem.);* uitdrukkingloos *(gesig);* kil *(stem).*

**e·mo·tion·al** emosioneel, gevoelig; ontroer(d), aangedaan, bewoë; (ont)roerend, aandoenlik; gevoels=, gemoeds=; ~ *con-tent* gevoelswaarde; ~ *involvement* emosionele betrokkenheid; ~ *life* gevoels=, gemoedslewe; *get* ~ *over s.t.* emosioneel oor iets raak; ~ *security* gerustheid, gemoedsrus; gemoedsekerheid; ~ *value* gevoelswaarde. **e·mo·tion·al·ism** emosionaliteit, gevoelsuitstorting, =vertoon; oorgevoeligheid. **e·mo·tion·al·i·ty** emosionaliteit, gevoeligheid. **e·mo·tion·al·ly** ontroer(d), met ontroering/aandoening.

**e·mo·tive** emotief, gemoeds=, gevoels=; (ont)roerend, aandoenlik; gevoelig.

**em·pa·thy** empatie, invoeling. **em·pa·thise, ·thize** empatie hê *(met),* jou invoel *(in).*

**em·per·or** keiser. ~ *moth* pouoogmot.

**em·pha·sis** =*phases* klem, nadruk, beklemtoning; klemtoon, aksent; *lay/place/put the* ~ *on s.t.* iets beklemtoon, klem/nadruk op iets lê. **em·pha·sise, ·size** beklemtoon, klem/nadruk lê op, aksentueer; onderstreep *(fig.);* laat uitkom, na vore bring; vooropstel. **em·phat·ic** nadruklik, uitdruklik, emfaties. **em·phat·i·cal·ly** nadruklik, met klem/nadruk; ~ *not* volstrek nie.

**em·phy·se·ma** *(patol.)* emfiseem.

**em·pire** (keiser)ryk, imperium; wêreldryk; (ryks)gebied; (opper)heerskappy, =mag; sakeryk; *(fig.)* koninkryk; *the (British) E~* die Empire, die Britse Ryk. ~ *builder (fig., infml.)* iem. wat sy/haar eie (klein) koninkrykie (op)bou. ~-*building n., (fig.)* heerssug(tigheid). ~-*building adj., (fig.)* heerssugtig. **E~ City** *(Am.)* (die stad) New York. **E~ State** *(Am.)* die staat New York. **E~ State Building** *(Am.)* Empire State-gebou. **E~ style** empirestyl *(v. meubels ens.).*

**em·pir·i·cal** empiries, proefondervindelik, op ervaring gegrond; ~ *formula,* (chem.) empiriese formule. **em·pir·i·cism** *(filos.)* ervaringsleer, empirisme, empirie. **em·pir·i·cist** empirikus, empiris.

**em·place·ment** plasing, stelling; terrein, grond; *(mil.)* geskutskans; *(geol.)* inplasing.

**em·ploy** *n.* diens; *be in s.o.'s* ~ in iem. se diens wees, by iem. in diens wees, by/vir iem. werk. **em·ploy** *ww.* in diens hê, werk verskaf aan; aanstel, in diens neem, werk gee; besig hou, besighou; gebruik, aanwend, benut, inspan; *be* ~*ed on s.t.* met iets besig wees; ~ *o.s.* jou besig hou; ~ *one's time* jou tyd bestee; *be* ~*ed with* ..., *(iem.)* in diens van ... *(of* by ... in diens) wees, by/vir ... werk. **em·ploy·a·ble** geskik vir werk, aanstelbaar; bruikbaar. **em·ploy·ee, em·ploy·ee** werknemer, werker, beampte. **em·ploy·er** werkgewer, baas, ondernemer, opdraggewer.

**em·ploy·ment** diens, werk, beroep, vak, bedryf, besigheid, werkkring; werkgeleentheid; werkverskaffing; aanstelling, indiensneming, =plasing; gebruik, aanwending, benutting; besteding; ~ *of capital/funds* aanwending van kapitaal/fondse; *the* ~ *of force* die gebruik van geweld; *be out of* ~ sonder werk wees; *throw s.o. out of* ~ iem. werkloos maak; *place of* ~ werkplek; *have regular* ~ vaste werk *(of* 'n vaste verdienste) hê; *sheltered* ~ beskutte arbeid/werk. ~ *agency* werkverskaffings=, arbeidsagentskap. **E~ Equity Act** *(SA)* Wet op Diensbillikheid. ~ *opportunity* werkgeleentheid.

**em·po·ri·um** =*riums,* =*ria* emporium, groot afdelingswinkel.

**em·pow·er** magtig, volmag gee; bemagtig, in staat stel. **em·pow·ered** gevolmagtig; bemagtig. **em·pow·er·ment** bemagtiging.

**em·press** keiserin, vorstin.

**emp·ti·ness** leegheid, leegte; betekenisloosheid, niksseggendheid, holheid, ydelheid.

**emp·ty** =*ties, n., (infml.)* leë bottel/houer/ens.. **emp·ty** *adj.* leeg; onbewoon(d), verlate, leeg (staande); *(fig.)* betekenisloos, niksseggend, hol, ydel; oop *(sitplek); (wisk.)* leeg; *be-come* ~ leegloop; *an* ~ *gesture* 'n hol(le) gebaar; ~ *of* ... sonder *(of* ontbloot van) ...; ~ *returns* leë houers; ~ *set, (wisk.)* leë versameling; *an* ~ *threat* 'n hol(le) dreigement; ~ *words* hol(le) woorde. **emp·ty** *ww.* leegmaak; laat leegloop; uitgooi, uitgiet, uitstort; leegdrink; *(plek)* leeg word/raak, leegloop; *s.t. emptied its contents across the floor* iets het sy inhoud oor die vloer uitgestort; *the river empties (itself) into the sea* die rivier loop/mond in die see uit; ~ *(out) a bag onto the ground* 'n sak op die grond leegmaak. ~-*handed* met leë hande. ~-*headed* onnosel, dom, stompsinnig, leeghoofdig. ~ *nest syndrome (psig.)* leënessindroom.

**e·mu** *(orn.)* emoe.

**em·u·late** (probeer) ewenaar; nastreef, nastrewe; navolg, nadoen; naboots; wedywer met; *(rek.)* naboots, emuleer. **em·u·la·tion** ewenaring; nastrewing; navolging; nabootsing; wedywer(ing).

**e·mul·si·fy** emulgeer, emulsifiseer, (tot) 'n emulsie maak. **e·mul·si·fi·ca·tion** emulgering, emulsievorming. **e·mul·si·fied** geëmulgeer(d). **e·mul·si·fi·er, e·mul·si·fy·ing a·gent** emulgeerder, emulgeermiddel, emulgent.

**e·mul·sion** emulsie. ~ *paint* emulsieverf.

**en** *(d. letter n)* en; *(druk.)* en. ~ *dash (druk.)* enlyn, halwe kaslyn.

**en·a·ble** in staat stel; die geleentheid bied/gee; die bevoegdheid gee/verleen; *(rek.)* in werking stel, aan die gang sit, aktiveer; ~ *s.o. to do s.t.* iem. in staat stel om iets te doen; iem. die bevoegdheid gee/verleen om iets te doen; *enabling act, (jur.)* magtigingswet, magtigende wet.

**en·act** verorden, voorskryf, voorskrywe, by wet bepaal; uitvaardig *(wet);* vasstel, bepaal; beskik; opvoer *(toneelstuk);* speel *(rol); (drama ens.)* hom afspeel. **en·act·ment** verordening, wetsbepaling, =voorskrif; vasstelling, bepaling.

**e·nam·el** *n.* emalje, *(infml.)* enemmel, erd; emalje, glasuur *(v. 'n tand);* emaljeverf; emaljewerk; *the* ~ *chips* die erd spring. **e·nam·el** =*ll-, ww.* emaljeer, *(infml.)* enemmel, vererd. ~ *paint* emaljeverf. ~*ware,* **enamelled ware** emaljeware.

**en·am·our, *(Am.)* en·am·or:** *be* ~*ed of/with/by s.o.* op iem. verlief wees; *be* ~*ed of/with/by s.t.* deur iets bekoor wees.

**en bloc** *(Fr.)* en bloc, in sy geheel, (almal) tesame, gesamentlik.

**en·camp** kamp opslaan, laer trek; kampeer. **en·camp·ment** kamp, laer; kampering.

**en·cap·su·late** inkapsel; *(fig.)* vasvang; saamvat, opsom; *s.t. is* ~*d in* ... iets word deur ... saamgevat/opgesom. **en·cap·su·la·tion** inkapseling; vasvanging; samevatting, opsomming.

**en·case, in·case** toemaak, insluit, inwikkel; oortrek, beklee; omhul; toespyker; *be* ~*d in* ... in ... gehul wees.

**en·ceph·a·li·tis** *(med.)* harsingontsteking, enkefalitis, ensefalitis.

**en·ceph·a·lo·gram** *(med.)* enkefalogram, ensefalogram.

**en·ceph·a·log·ra·phy** *(med.)* enkefalografie, ensefalografie. **en·ceph·a·lo·graph** enkefalograaf, ensefalograaf.

**en·ceph·a·lo·my·e·li·tis** *(med.)* enkefalomiëlitis, ensefalomiëlitis.

**en·chant** betower, bekoor, verruk, in verrukking bring; toor. **en·chant·ed** betower(d), bekoor(d), verruk; tower=; *be* ~ *with* ... deur ... bekoor/betower wees/word. **en·chant·ing** betowerend, bekorend, verruklik. **en·chant·ment** betowering, bekoring, opgetoënheid, verrukking; *lend ~ to* ... bekoring aan ... verleen.

**en·chi·la·da** *(Mex. kookk.)* enchilada.

**en·ci·pher** kodeer.

**en·cir·cle** omring, omgewe, omsluit; omkring; insluit; *(mil.)* omsingel; toepak, toestaan; *be ~d by/with* ... deur ... omring wees *(bome ens.); be ~d by the enemy* deur die vyand omsingel wees. **en·cir·cle·ment** omringing, omsluiting; omkringing; insluiting; *(mil.)* omsingeling. **en·cir·cling** omringend, omsluitend; insluitend; *~ movement, (mil.)* omsingelingsmaneuver.

**en·clave** enklave, enklawe, ingeslote grondgebied.

**en·close, in·close** insluit, omring; omhul; omhein; omtuin; afkamp, inkamp; inperk; afsonder; insluit, aanheg, byvoeg, invoeg; *~ s.t. in/with a letter* iets by 'n brief aanheg/insluit. **en·closed, in·closed** geslote, toe; ingeslote, aangehegte; *~ fuse* ingeslote/omhulde sekering; *the ~ letter* bygaande/ingeslote brief. **en·clos·ing, in·clos·ing:** *~ wall* ringmuur.

**en·clo·sure, in·clo·sure** insluiting, omringing; omhulling; (om)heining; omheinde deel/plek; omtuining; afsluiting; kamp; hok; ingeslote/bygaande stuk, insluitsel, invoegsel; bylaag, bylae; *members' ~* ledelokaal. *~ wall* skermmuur.

**en·code** (en)kodeer, in kode skryf/skrywe. **en·cod·er** (en)kodeerder.

**en·com·pass** omring, omgeef, omgewe, omsluit; insluit; omvat, bevat.

**en·core** *n.* toegif; geroep om 'n toegif; *give an ~* 'n toegif sing/speel. **en·core** *tw.* encore!, nog!, nog 'n keer!, weer!.

**en·coun·ter** *n.* (onverwagte) ontmoeting; geveg, botsing; *have an ~ with* ... 'n ontmoeting met ... hê; 'n botsing/geveg/skermutseling met ... hê. **en·coun·ter** *ww.* tref, teëkom, teenkom, raakloop, ontmoet; slaags raak met; *~ opposition* teen-/teëstand ondervind; *~ s.o.* op iem. afkom, iem. raakloop *(of* op die lyf loop); *~ s.t.* voor iets te staan kom, met iets gekonfronteer word, iets die hoof moet bied *(probleme, 'n krisis, ens.);* aan iets blootgestel word *(versoeking ens.).*

**en·cour·age** aanmoedig, aanspoor; moed inpraat, bemoedig; kweek, aanwakker; bevorder, aanhelp; *~ s.o. to* ... iem. aanmoedig om te ... **en·cour·age·ment** aanmoediging, aansporing; bemoediging; aanwakkering; *as an ~* ter aanmoediging; *s.o. doesn't need much ~* iem. laat nie op hom/haar wag *(of* is nie links) nie; *a word of ~* 'n bietjie aanmoediging. **en·cour·ag·ing** bemoedigend; aanmoedigend, aansporend.

**en·croach** inbreuk maak; oortree, die grense oorskry; indring; *~ (up)on s.t.* op iets oortree *(grond ens.);* op iets inbreuk maak, iets aantas *(regte ens.);* op iets beslag lê *(iem. se tyd).* **en·croach·ment** inbreuk; oortreding, oorskryding; indringing; aantasting; aanmatiging.

**en·crust** omkors, bekors, toekors, aankors; aanpak, 'n kors vorm; inlê. **en·crust·a·tion** kors; aanpaksel, aanslag; om-, be-, toe-, aankorsting; korsvorming.

**en·cum·ber** hinder, belemmer, bemoeilik; belaai, belas; *(fin.)* beswaar, belas; *be ~ed by s.t.* deur iets belemmer word; *~ed property, (fin.)* beswaarde eiendom; *~ s.o. with s.t.* iem. met iets belas; *s.o. is ~ed with s.t.* iets is iem. tot las. **en·cum·brance** hindernis, belemmering, bemoeiliking; las; *(fin.)* beswaring, verband; *be an ~ to s.o.* iem. tot las wees.

**en·cyc·li·cal** *(RK)* ensikliek, pouslike sendbrief.

**en·cy·clo·p(a)e·di·a** ensiklopedie; *a walking ~* 'n wandelende ensiklopedie. **en·cy·clo·p(a)e·dic** ensiklopedies; omvattend, veelsydig; *~ knowledge* veelomvattende kennis.

**en·cyst** *(soöl.)* inkapsel, omkors, ensisteer.

**end** *n.* end, einde; slot; uiteinde; voleinding *(v.d. wêreld);* einde, dood; vernietiging; ent *(konkrete betekenis);* punt, stompie *(v. kers, sigaret);* kant, deel; *(sport)* helfte; doel, oogmerk; *achieve one's ~* jou doel bereik; *at the ~ of* ... aan die einde/end van ...; *at the ~ of January/etc., (ook)* einde Januarie/ens.; *s.t. is at*

*an ~* iets is op 'n end, iets het ten einde geloop; iets is gedaan; *('n verhouding)* iets is uit; *come to a bad ~, (iem., iets)* 'n nare uiteinde hê; *(iem.)* 'n nare dood sterf/sterwe; *to the bitter ~* tot die bitter(e) einde (toe); *bring s.t. to an ~* iets afsluit/beëindig; iets stopsit; *by the ~ of the year/etc.* teen die einde/end van die jaar/ens.; *come to an ~* eindig; ('n) end kry, op 'n end kom; ten einde loop; doodloop; *(iem. se geduld ens.)* opraak; *all things come to an ~* aan alles kom 'n einde/end; *at the ~ of the day, (lett.)* aan die einde/end van die dag; *(fig.)* op stuk van sake, per slot van rekening, op die ou end; *come to a dead ~, ('n straat)* doodloop; *(onderhandelings ens.)* 'n dooie punt bereik; *go off the deep ~, (infml.)* woedend word, tekere *(of* te kere) gaan, tekeregaan, lostrek, uitpak; *be thrown in at the deep ~* sommer dadelik moeilike werk moet doen; *draw to an ~* ten einde loop; einde/end se kant toe gaan/staan; *at the far ~ of* ... anderkant ...; *in the ~* op die ou end; uiteindelik; ten slotte; op stuk van sake, per slot van rekening; op die duur; *s.t. is an ~ in itself* iets is 'n doel op sigself; *defeat the ~s of justice* die regsbedeling verydel; *keep one's ~ up, (infml.)* jou man staan, (die stryd) volhou; *be at a loose ~* niks te doen hê nie, ledig wees, opgeskeep wees met jouself, geen raad met jou tyd weet nie, met jou siel onder jou arm rondloop; sonder vaste werk wees; *loose ~s* onafgehandelde sake; *the lower/upper ~ of* ... die onderent/bo-ent van ... *(d. straat ens.);* *make an ~ of s.t.* iets stopsit, 'n einde/end aan iets maak; *the ~ of a matter* die einde van 'n saak; *the ~ justifies the means* die doel heilig die middele; *be a means to an ~* 'n middel tot 'n doel wees; *make (both) ~s meet* uitkom/regkom met wat jy het, die tering na die nering sit; *s.o. cannot make (both) ~s meet* iem. kom nie uit nie, iem. kan nie uitkom nie; *find it hard to make (both) ~s meet* dit nie breed hê nie; *struggle to make (both) ~s meet* meet en pas; *meet one's ~* aan jou einde kom; *near the ~* naby die einde/end, (hier) teen die einde/end; *enjoy o.s. no ~, (infml.)* dit geweldig geniet, dit gate uit geniet; *no ~ of* ..., *(infml.)* geweldig/eindeloos baie ..., 'n mag der menigte ...; *there is no ~ to it* daar is/kom geen einde/end aan nie; *there is no ~ to s.o.* iem. is sonder einde/end; *there is no ~ to s.o.'s* ... daar is geen einde/end aan iem. se ... nie; *the ~ is not yet* dit is nog nie die einde/end nie, nog is het einde niet; *the ~ of* ... die einde/end van ... *('n pad, lied, ens.);* die punt/ent van ... *('n tou, stok, ens.);* ... *will be the ~ of me!, (infml.)* ... maak my (nog) klaar!; *~ on* in die lengte; *collide ~ on* kop aan/teen kop bots; *on ~* orent; agtermekaar; *for days/etc. on ~* dae/ens. aaneen/aanmekaar; *s.t. makes s.o.'s hair stand on ~* iets laat iem. se hare rys; *place/stand s.t. on ~* iets regop sit *(of* laat staan), iets staanmaak; *put an ~ to s.t.* 'n einde/end aan iets maak; paal en perk aan iets stel; *put an ~ to s.o.* iem. om die lewe bring; *be on the receiving ~ of s.t.* die een wees wat die gevolge moet dra *(of* die klappe moet verduur); *not see the ~ to s.t.* nie die einde/end van iets sien nie; *come to (or meet [with]) a sticky ~, (infml.)* 'n nare dood sterf/sterwe; 'n nare uiteinde hê; *this is the ~ of the street* hier hou die straat op; *to that ~* met dié doel; *and that's the ~ of it!* en daarmee (is dit) uit en gedaan!, en daarmee basta!; *till the ~* tot die einde/end (toe); *~ to ~* kop aan kop; *toward(s) the ~* teen die einde/end; *beat an opponent all ~s up, (infml.)* 'n teen-/teëstander behoorlik/deeglik kafloop/uitstof *(of* pens en pootjies klop); *at the very ~* op die allerlaaste; *to what ~?* met watter doel?, waarvoor?; *be without ~* sonder einde/end wees; *world without ~* tot in (alle) ewigheid; *wrong ~ up* onderstebo. **end** *ww.* ophou, eindig, end, op 'n einde/end kom, afloop; beëindig, 'n einde/end maak aan, ophou met; sluit; *~ disastrously* noodlottig verloop; *~ in* ... op ... uitgaan; op ... uitloop/uitdraai; *~ in a point* in 'n punt uitloop; *~ in a row* op 'n rusie uitloop; *the word ~s in a vowel* die woord gaan op 'n klinker uit *(of* eindig met 'n klinker); *~ it (all), (infml.)* 'n einde maak aan alles, selfmoord pleeg; *~ s.t. off* iets afsluit; *(naaldw.)* iets afend; *~ up as s.t.* (op die ou end) iets word; *~ up by doing s.t.* uiteindelik iets doen; op die ou end iets doen; ~ *up somewhere* êrens beland/teregkom; ~ *up with* ... op die ou end met ... sit; *the year ~ing March 31* die jaar eindigende 31 Maart *(toekomstig);* die jaar geëindig 31 Maart. ~ **artery** *(anat.)* endarterie, ₌slagaar. ~ **clip** spanklem. ~ **consumer** eindverbruiker. ~ **gable** sygewel. ~**game** *(skaak)* eindspel. **E**~ **key** *(rek.)* end₌, eindetoets. ~ **line** *(sport)* eindlyn *(v. baan, veld);* slotreël *(v. teks).* ~**note** eindnota *(a.d. einde v. 'n hfst./boek).* ~**paper,** ~**leaf** (vaste) skutblad *(v. boek).* ~ **post** entpaal; entstyl. ~ **product** eindproduk. ~ **result** eind₌ resultaat. ~ **stitch** eindsteek. ~ **stress** *(ling.)* slotklem. ~ **tile** randpan; randteël. ~ **user** *(han., rek.)* eindgebruiker.

**en·dan·ger** in gevaar bring/stel, bedreig, aan gevaar bloot₌ stel; ~*ed species* bedreigde spesie. **en·dan·ger·ment** bloot₌ stelling aan gevaar, bedreiging.

**en·dear** bemin(d)/gelief(d) maak; ~ *o.s. to s.o.* jou by iem. be₌ min(d)/gelief(d) maak. **en·dear·ing** lief; innemend; ~ *name* troetelnaam. **en·dear·ment** bemindmaking; gehegtheid; in₌ nemendheid; liefkosing; *term of* ~ troetelnaam, ₌woord.

**en·deav·our** *n.* poging; inspanning; onderneming; strewe; *it is s.o.'s constant* ~ *to* ... iem. streef/strewe steeds daarna om ...; *make every* ~ *to do s.t.* alles in die werk stel *(of* jou beywer/ inspan) om iets te doen. **en·deav·our** *ww.* probeer, poog, 'n poging aanwend; jou beywer/inspan, ywer; streef, strewe; ~ *to do s.t.* iets probeer doen; (daarna) streef/strewe om iets te doen.

**en·dem·ic** endemies, inheems, plekgebonde; *be* ~ *in/to an area* endemies in 'n gebied wees.

**end·ing** slot, afloop; uitgang; (uit)einde; *(skaak)* eindspel; *s.t. has a happy* ~ iets het 'n gelukkige afloop.

**en·dive** andyvie; *curly* ~ krulandyvie; *French/Belgian* ~ wit₌ lo(o)f.

**end·less** eindeloos, oneindig, ewig, sonder einde/end; ale₌ wig, onophoudelik, voortdurend, nimmereindigend; ontel₌ baar, talloos; ~ *belt* ringband; ~ *chain* ringketting; ~ *saw* band₌, lintsaag; ~ *screw* wurmskroef. **end·less·ly** eindeloos, aanmekaar, aaneen, aanhoudend, onophoudelik; *complain* ~ steen en been kla.

**end·most** agterste, laaste, verste, vêrste, (een) op die punt.

**en·do·car·di·um** *(anat.)* endokardium, binnevlies van die hart, binne(n)ste hartvlies.

**en·do·carp** *(bot.)* endokarp. **en·do·car·pal, en·do·car·pic** endokarp(ies).

**en·do·crine** *(fisiol.)* endokrien, buisloos. **en·do·cri·nol·o·gist** endokrinoloog. **en·do·cri·nol·o·gy** endokrinologie.

**en·do·derm** *(soöl., embriol.)* endoderm. **en·do·der·mal** en₌ dodermaal.

**en·do·gen·ic** *(geol.)* endogeen.

**en·do·me·tri·um** ₌*tria, (anat.)* endometrium, baarmoeder₌ slymvlies. **en·do·me·tri·o·sis** *(patol.)* endometriose.

**en·do·morph** *n., (fisiol.)* endomorf. **en·do·mor·phic** *adj.* endomorf.

**en·do·par·a·site** inwendige parasiet.

**en·dor·phin** *(biochem.)* endorfien.

**en·dorse, in·dorse** bevestig, beaam, bekragtig; goedkeur, onderskryf, ₌skrywe, (onder)steun; saamstem met; endos₌ seer *(rybewys);* endosseer, rugteken *(tjek, wissel);* afteken *(loon₌ strokie ens.);* 'n aantekening maak op *('n dokument);* oormaak, oordra. **en·dorse·ment, in·dorse·ment** bevestiging, bekrag₌ tiging; goedkeuring, onderskrywing, steun, ondersteuning; endossement, rugtekening; aantekening, byskrif; oormaking, oordrag.

**en·do·sperm** *(bot.)* kiemwit, endosperm.

**en·dow** skenk/gee (aan), skenkings *(of* 'n skenking) doen aan; begiftig, steun, subsidieer; bemaak/vermaak (aan); toerus; ~ *s.o. with s.t.* iets aan iem. skenk, iem. iets gee; *be* ~*ed with s.t.* met iets bedeel(d)/begaaf(d) wees.

**en·dow·ment** skenking, donasie; begiftiging; bemaking,

vermaking, legaat; gawe, talent, aanleg. ~ **fund** skenkings₌ fonds. ~ **policy** uitkeer(versekerings)polis, termynpolis.

**en·dur·ance** uithou(dings)vermoë, weerstand(svermoë); vol₌ harding; verduring; geduld, verdraagsaamheid, lydsaamheid; duur; duursaamheid; *(lugv.)* houtyd; *be beyond/past (one's)* ~ ondraaglik/onuithou(d)baar wees; *s.o.'s powers of* ~ iem. se uithou(dings)vermoë. ~ **limit** uithou₌, verdurings₌, ver₌ moeidheidsgrens. ~ **race** *(motorsport)* uithou(wed)ren; *(atl.)* uithouwedloop. ~ **strength** duurvastheid. ~ **test** uithou₌, duurtoets.

**en·dure** verdra, verduur, uithou, uitstaan, duld, veel; onder₌ gaan, deurmaak, deurstaan, ly; duur, bly bestaan, in stand bly. **en·dur·ing** blywend, durend, duursaam.

**en·dur·o** uithou(wed)ren.

**end·ways, (Am.) end·wise** op sy kant; met die punt/ent vorentoe; oorlangs, in die lengte; punt aan/teen punt.

**en·e·ma** ₌*mas,* ₌*mata, (med.)* enema, klisma, lawement; *ad₌ minister an* ~ 'n enema/klisma/lawement toedien. ~ **syringe** enema₌, klisma₌, lawementspuit.

**en·e·my** ₌*mies, n.* vyand; *make an* ~ *of s.o.* iem. tot jou vy₌ and maak; *make enemies* (vir jou) vyande maak; *s.t. makes s.o. enemies* iets maak vir iem. vyande; *s.o.'s mortal* ~ iem. se doodsvyand; *be an* ~ *of/to s.o.* 'n vyand van iem. wees, iem. se vyand wees; *be a public* ~ (or *an* ~ *of the people)* staats₌ gevaarlik *(of* 'n volksvyand) wees; *be sworn enemies* geswo₌ re/volslae vyande wees; *be one's own worst* ~ jouself (die grootste) skade aandoen, jouself *(of* jou eie saak) die meeste skaad, jou eie ondergang bewerk, in jou eie son staan. **en·e·my** *bep.* vyandelike, vyands₌; ~ *country* vyandsland; ~ *forces* vyandelike troepe, vyandige magte; ~ *property* vy₌ andseiendom; ~ *ships* vyandelike skepe.

**en·er·get·ic** energiek, vol energie, lewendig, (op en) wakker; kragdadig; deurtastend; *(fis.)* energeties. **en·er·get·i·cal·ly** kragtig, met krag; met klem.

**en·er·gise, ₌gize** aktiveer, stimuleer, aanwakker; energie gee, versterk; *(elek.)* bekrag. **en·er·gis·er, ₌giz·er** energie₌ wekker, ₌gewer.

**en·er·gy** energie, (lewens)krag, vitaliteit, dryfkrag, deurset₌ tingsvermoë; kragdadigheid; deurtastendheid; werksaam₌ heid; werkvermoë, ₌krag, arbeidsvermoë; *(chem., fis.)* energie; *in a burst of* ~ met kragtige inspanning; *conserve one's* ~ jou kragte spaar; *consumption of* ~ energieverbruik; *devote one's* ~/*energies to s.t.* jou kragte aan iets wy. ~ **gap** ener₌ gietekort; *(fis.)* energiegaping. ~~**giving** energiegewend; ~ *food* kragkos. ~ **saving** *n.* energiebesparing. ~~**saving** *adj.* energiebesparend. ~ **supplies** *(mv.)* energievoorrade. ~ **sup₌ ply** *(geen mv.)* energievoorsiening.

**en·er·vate** uitmergel, verswak, kragteloos maak. **en·er·va₌ tion** uitmergeling, verswakking.

**en·fant ter·ri·ble** *enfants terribles, (Fr.)* enfant terrible.

**en·fee·ble** verswak, uitput. **en·fee·ble·ment** verswakking.

**en·fi·lade** *n.* vuur vertrekke; *(mil.)* dwarsvuur, enfilade. **en·fi·lade** *ww., (mil.)* onder dwarsvuur neem, enfileer.

**en·fold** toevou, omhul; omarm; plooi, vou.

**en·force** afdwing, toepas *(besluit ens.);* oplê *(swye ens.);* dwing tot *(gehoorsaamheid ens.);* deurdryf, deurdrywe *(plan ens.);* ~ *the law* die wet (streng) toepas/uitvoer/handhaaf. **en·force·a·bil·i·ty** afdwingbaarheid, uitvoerbaarheid. **en·force·a·ble** afdwingbaar, uitvoerbaar. **en·force·ment** afdwinging, uit₌ voering, handhawing *(v. 'n wet);* dwang.

**en·fran·chise** stemreg/kiesreg gee/verleen aan. **en·fran₌ chise·ment** verlening van stemreg/kiesreg; vrystelling.

**en·gage** in beslag neem; inskakel *(ratte);* los, inkoppel *(kop₌ pelaar); (ratte)* vang; aanstel, in diens neem *(werkers);* beloof, belowe, onderneem, jou verbind *(om iets te doen); (mil.)* aanval, slaags raak met *(vy₌ andige magte); (mil.)* insit *(troepe); be* ~*d* 'n afspraak hê; besig wees; nie te spreke wees nie; *(telefoon)* beset wees; *be* ~*d (to* *be married) (to s.o.)* (aan/met iem.) verloof wees; *become/get* ~*d* verloof raak; ~ *in s.t.* iets doen *(navorsing ens.);* aan iets deelneem *(sport ens);* jou met iets inlaat, jou in iets begeef/be= gewe, meedoen aan iets; *be* ~*d in s.t.* by/in iets betrokke wees; met iets besig/doenig wees; ~ *s.o. in s.t.* iem. by/in iets betrek *('n gesprek ens.);* be *otherwise* ~*d* iets anders te doen hê; 'n ander afspraak hê; ~*d tone, (telekom.)* besettoon; ~ *with* ... by/in ... betrokke *(of* met ... gemoeid) raak.

**en·gage·ment** verlowing; afspraak; verbintenis, ooreen= koms, belofte; betrokkenheid; aanstelling, indiensneming; (werk)opdrag *(aan kunstenaar);* konsertopdrag; betrekking; besigheid; *(i.d. mv.)* (geldelike/finansiële) verpligtings; inska= keling *(v. ratte);* inkoppeling *(v. koppelaar); (mil.)* geveg, slag; bestoking *(v.d. vyand);* inset *(v. troepe); (skermkuns)* wering; *break (off) an* ~ 'n verlowing (ver)breek/uitmaak; *break off an* ~, *(mil.)* 'n geveg afbreek/staak; *terminate an* ~ 'n (diens)= kontrak beëindig. ~ *ring* verloofring.

**en·gag·ing** innemend, aantreklik.

**en garde** *tw., (Fr., skermkuns)* en garde!, gereed!.

**en·gen·der** *(fml.)* veroorsaak, meebring.

**en·gine** enjin, masjien; motor; lokomotief; *(fig.)* instrument, middel, werktuig; *cut the* ~ die motor afsit. ~ *driver* masji= nis *(v. lokomotief);* masjienbediener. ~ *fitter* enjin=, masjien= monteur. ~*man* =*men* masjinis; *(i.d. mv. ook)* lokomotief= personeel. ~ *room* enjin=, masjienkamer. ~ *trouble* enjin= moeilikheid, enjinteenspoed, =teëspoed; motormoeilikheid; *develop* ~ ~, *(masjien)* onklaar raak.

**-en·gined** *komb.vorm* =motorig; *twin*=~ tweemotorig.

**en·gi·neer** *n.* ingenieur *(met universiteitsgraad);* masjien= bouer; meganikus, werktuigkundige; *(lugv.)* tegnikus; *(sk.)* masjinis; *(Am.)* masjinis *(v. lokomotief); (fig.)* brein, vader; *(mil.)* genieoffisier; *(mil.)* geniesoldaat; *(i.d. mv.)* genietroepe, die genie(wapen); *irrigation* ~ besproeiingsingenieur. **en·gi= neer** *ww.* ontwerp en bou; ontwikkel; bewerkstellig, teweeg= bring, teweeg bring; uitvoer, verrig; op tou sit; manipuleer *(gene, plante, ens.).* ~ *corps* geniekorps, die genie.

**en·gi·neer·ing** ingenieurswese; ingenieurswerk; ingenieurs= wetenskap; masjienbou; masjienbedryf; metaalbedryf; masjien= werk, werktuigboukunde; *(mil.)* genie(werk); ontwikkeling; totstandbrenging; manipulasie. ~ *draughtsman* masjien= tekenaar. ~ *faculty* fakulteit (van) ingenieurswese, ingenieurs= fakulteit. ~ *industry* masjienbou(bedryf). ~ *science* inge= nieurswetenskap. ~ *(trade) union* metaalwerkersbond.

**Eng·land** *(geog.)* Engeland.

**Eng·lish** Engels; *in* ~ in/op Engels; *tell s.o. s.t. in plain* ~, *(infml.)* iem. iets onomwonde *(of* in pront Afrikaans) sê; *the* ~ die Engelse. ~ *breakfast* Engelse ontbyt *(met spek en eiers).* ~ *Canadian n.* Engelssprekende Kanadees; *(taal)* Kanadese Engels. ~ *Canadian adj.* Engels-Kanadees. ~ *Channel: the (~)* ~ die (Engelse) Kanaal. ~ *English n.* Engelse Engels. ~ *horn (mus.)* Engelse horing, cor anglais, althobo. ~*-language newspaper* Engelstalige/Engelse koerant. ~*man* =*men* En= gelsman; *(igt.)* engelsman. ~*-medium school* Engelstalige skool, Engelsmediumskool. ~ *setter (honderas)* Engelse set= ter. ~ *speaker* Engelssprekende. ~*-speaking* Engelssp re= kend. ~*woman* =*women* Engelse vrou.

**Eng·lish·ness** Engelsheid.

**en·gorge** *(rivier ens.)* (uit)swel, te vol word; jou ooreet; *(bos= luis, vlooi, ens.)* hom volsuig; *(aar ens.)* met bloed/ens. gevul word; met bloed/ens. vul; volprop, =stop; oorvul; ~ *o.s. on s.t.* jou aan iets ooreet. **en·gorged** bloedryk.

**en·grave** graveer, insny, inkerf; siseleer; (in)grif, (in)prent. **en·grav·er** graveur, graveerder; stempelsnyer. **en·grav·ing** graveerkuns; graveerwerk; plaat, gravure.

**en·gross** *(iem. se aandag)* boei; *be* ~*ed in s.t.* in iets verdiep wees; deur iets geboei wees.

**en·gulf** verswelg, verslind; insluk; *be* ~*ed by s.t.* deur iets ver= swelg wees *(rook ens.);* toe wees onder iets *(sneeu ens.);* deur

iets geteister word *(oorlog ens.);* deur iets oorval word *(paniek ens.);* van iets bevange wees *(angs);* be ~*ed in flames* in 'n vlam= mesee staan.

**en·hance** verhoog, versterk, vermeerder; *be* ~*d by* ... deur ... versterk word; deur ... verhoog word; ~*d keyboard, (rek.: met 101 toetse)* uitgebreide toetsbord. **en·hance·ment** verhoging, vermeerdering.

**e·nig·ma** raaisel, enigma. **e·nig·mat·ic** raaiselagtig, geheim= sinnig, duister.

**en·jamb(e)·ment** *(pros.)* enjambement.

**en·join** gelas, beveel; voorskryf, voorskrywe; eis, aandring op; op die hart druk.

**en·joy** geniet, plesier hê aan, behae skep in; dit geniet, daar= van hou; ondervind, ervaar; hê, besit; *how did you ~ the party?* het jy die partytjie geniet?, hoe was die partytjie?; ~ *s.t. in= mensely/tremendously* iets geweldig *(of* gate uit) geniet; ~ *o.s.* iets geniet; ~ *doing s.t.* dit geniet om iets te doen. **en·joy= able** aangenaam, lekker. **en·joy·ment** plesier, vreugde, lek= kerte; *get plenty of ~ from s.t.* iets baie geniet.

**en·large** vergroot, groter maak, uitbrei, vermeerder; *(fot.)* ver= groot; groei, vergroot, uitdy; verruim, wyer maak; ~ *(up)on s.t.* oor iets uitwei. **en·larged:** ~ *edition* vermeerderde uitgawe; ~ *portrait* vergrote portret, vergroting. **en·large·ment** vergro= ting, vergrote foto; uitweiding.

**en·light·en** inlig, op (die) hoogte bring; *(fig.)* verlig; ~ *s.o. about/on s.t.* iem. oor iets inlig. **en·light·ened** verlig. **en·light= en·ing** insiggewend; leersaam. **en·light·en·ment** opheldering; inligting; verligting; geestelike lig; ontwikkeling; *the E~, (hist., filos.)* die Verligting.

**en·list** in diens neem, inskryf, werf *(rekrute, soldate);* werf *(mede= werkers ens.);* inroep *(hulp);* wek, win *(simpatie);* verkry *(iem. se dienste);* ~ *in* ... by ... aansluit *(d. lugmag/weermag ens.);* aan ... deelneem *('n projek ens.).* **en·list·ment** indiensneming, inskry= wing; aansluiting; deelname.

**en·liv·en** verlewendig, nuwe lewe blaas in; opvrolik, opkik= ker.

**en masse** *(Fr.)* en masse, almal saam/tesame, soos een man.

**en·mesh** verstrik, vaswikkel, verwikkel.

**en·mi·ty** vyandigheid, vyandskap; kwaaivriendskap; vete; ~ *against/towards s.o.* vyandigheid teenoor iem.; *bear s.o. no* ~ iem. nie vyandiggesind wees nie; *incur s.o.'s* ~ jou iem. se vy= andskap op die hals haal.

**en·no·ble** veredel, adel, verhef; in/tot die adelstand verhef; *labour* ~*s* arbeid adel. **en·no·ble·ment** veredeling; verheffing in/tot die adelstand.

**en·nui** verveling.

**E·noch** *(OT)* Henog.

**e·nor·mous** enorm, yslik, ontsaglik, geweldig (groot); ont= settend. **e·nor·mi·ty** afgryslikheid, gruwelikheid; enormiteit, yslikheid; enorme omvang; gruwel(daad). **e·nor·mous·ly** ge= weldig, ontsettend, vreeslik.

**e·nough** genoeg; genoegsaam, toereikend, voldoende; taam= lik; *a big/strong/etc.* ~ *container* 'n houer wat groot/sterk/ ens. genoeg is; *cry* ~ jou oorgee; tou opgooi, die stryd opgee *(of* gewonne gee); ~ *is as good as a feast* genoeg is oorvloed, tevredenheid is beter as 'n erfenis, te veel is ongesond; *have* ~ *money/time/etc. for* (or *to do) s.t.* genoeg geld/tyd/ens. vir iets hê *(of* om iets te doen); *be* ~ *to go on with* voorlopig genoeg wees; *s.o. has had* ~ *(of it)* iem. het genoeg (daarvan) gehad; ~ *is* ~ genoeg is genoeg; *more than* ~ oorgenoeg, meer as genoeg; *s.o. has had more than* ~ *of s.o. else* iem. is (keel)vol vir iem. anders; *be* ~ *of a fool/etc. to* ... dom/ens. genoeg wees om ...; ~ *said* meer hoef ('n) mens nie te sê nie; ~ *and to spare* meer as genoeg; *that's* ~! dis nou ge= noeg!; basta nou!; *it's* ~ *to make one cry/etc.* dit is om van te huil/ens.; *s.o. is ugly/etc.* ~ iem. is taamlik/nogal lelik/ens..

**en pas·sant** *(Fr.)* en passant, terloops.

**en·quire, en·quir·y** →INQUIRE, INQUIRY.

**en·rage** woedend/smoorkwaad maak, vertoorn; *be ~d at/by/ over s.t.* woedend/smoorkwaad/siedend oor iets wees.

**en·rap·ture** verruk, in vervoering bring. **en·rap·tured:** *be ~ at/by/with s.t.* oor iets in vervoering wees.

**en·rich** verryk, ryk(er) maak *(iem.);* verryk *(iem. se lewe ens.);* uitbrei *(versameling ens.);* versier *(met juwele ens.);* waarde= voller maak. **en·rich·ment** verryking; uitbreiding; versiering.

**en·rol,** *(Am.)* **en·roll** =*ll*= inskryf, inskrywe; aansluit by *(d. weermag ens.);* inlyf *(by 'n groep ens.);* werf *(lede ens.);* vaslê, te boek stel; *~ for s.t.* (jou) vir iets inskryf/inskrywe, jou vir iets laat inskryf/inskrywe *('n kursus ens.).*

**en·rol·ment,** *(Am.)* **en·roll·ment** inskrywing; aansluiting; inlywing; werwing; registrasie; ingeskrewenes; aantal inskry= wings/leerlinge/studente; dokumentasie. *~ form* lidmaatskaps= vorm.

**en route** *(Fr.)* en route, onderweg, op pad.

**en·sconce:** *~ o.s. in s.t.* jou behaaglik in iets nestel; jou in iets verskans.

**en·sem·ble** *(Fr.), (mus., teat.)* ensemble, groep, geselskap; sa= mesang; geheel; stel; pakkie, baadjiepak, ensemble.

**en·shrined** bewaar, opgeberg; vasgelê; *be ~ in ... in ... be= waar wees (d. geheue ens.);* in ... vasgelê wees *(wetgewing ens.).*

**en·sign** vlag, vaandel, banier, standaard; nasionale vlag.

**en·sile, en·sile** inkuil, in 'n silo vergaar *(voer).*

**en·slave** (ver)kneg, verslaaf, tot slaaf maak, onderwerp; ver= slaaf; *be ~d to s.t.* aan iets verslaaf wees *(drank ens.).* **en= slave·ment** (ver)knegting; slawerny; verslaafdheid; versla= wing *(aan drank ens.).*

**en·snare** verstrik, in 'n val lok; *(fig.)* in jou nette vang *(iem.); be/become ~d in a traffic jam* in 'n verkeersknoop vassit; in 'n verkeersknoop vasval. **en·snare·ment** verstrikking.

**en·sue** volg, voortvloei; *death ~d* die dood het ingetree/ge= volg; *s.t. ~s from ...* iets volg *(of* vloei voort) uit ... **en·su·ing** daaropvolgend(e); gevolglike.

**en suite** *adj. & adv., (Fr.):* *with an ~ ~ bathroom, with (a) bathroom ~ ~* met sy eie badkamer, met 'n en suite-bad= kamer.

**en·sure,** *(Am.)* **in·sure** verseker; verseker van; besorg (aan); waarborg; beveilig, veilig maak; *~ against ...* beveilig teen ...; beskerm teen ...; vrywaar teen ...

**en·tail** meebring, tot gevolg hê; behels; noodsaak.

**en·tan·gle** verstrik; vervleg; kompliseer, verwikkel; verwar; *be/become/get ~d in/with s.t.* in iets verstrik wees/raak *(skuld, besonderhede, ens.);* in iets (bly) vassit *(iem. se hare ens.); be/ become ~d with s.o.* met iem. deurmekaar wees/raak. **en·tan= gle·ment** verstrikking; vervlegting; verwikkeling; versper= ring.

**en·tente** *(Fr.)* entente, vriendskapsverdrag; entente, bond= genote.

**en·ter** inkom, binnekom, intree, binnetree; *(teat.)* opkom; in= gaan, binnegaan; inloop, binneloop; klim in/op, inklim by *('n bus, trein); (skip ens.)* invaar, binnevaar *('n hawe);* binnedring, indring; toetree tot, jou begeef/begewe in *('n oorlog);* betree *('n perseel ens.);* betree, toetree tot *(d. mark ens.);* bereik, bin= negaan *('n fase);* deelneem aan *('n kompetisie ens.);* lid word van *('n verbond ens.);* toelaat as lid; (jou) inskryf/inskrywe *(of* jou laat inskryf/inskrywe) vir *('n kursus, wedloop, wedstryd, ens.);* aanteken, opteken, inskryf, opskryf *(in 'n boek ens.);* inskryf *('n span/ens. vir 'n toernooi/ens.);* instuur *('n resep/ens. vir 'n bakkompetisie/ens.);* invul *(jou naam ens.); (mus.)* intree; *(rek.)* intik *(opdrag ens.),* invoer *(gegewens ens.); (boekh.)* boek, inskryf *('n bedrag);* aanteken, boek, noteer *('n bestelling); (mil.)* binneruk, =marsjeer; *(jur.)* aanteken *('n pleit ens.); ~ s.t. against/to ...* iets op rekening van ... boek/skryf; *~ the army* by die leër aansluit, soldaat word; *~ for s.t.* (jou) vir iets in= skryf/inskrywe, jou vir iets laat inskryf/inskrywe; aan iets

deelneem; *the thought never ~ed s.o.'s head/mind* die gedagte het nooit by iem. opgekom nie; *~ into s.t.* iets aanknoop *('n gesprek ens.);* iets aangaan/sluit *('n kontrak ens.);* aan iets deel= neem *('n debat ens.);* deel van iets uitmaak *('n vraag ens.);* iets behandel *('n onderwerp ens.);* op iets ingaan *('n situasie ens.);* jou in iets begeef *('n situasie ens.);* **~ on/upon** *s.t.* iets begin *('n nuwe loopbaan ens.);* iets aanpak *('n taak ens.);* iets binnegaan/ betree *('n nuwe tydperk ens.);* op iets verskyn *(d. toneel);* op iets ingaan *('n onderwerp ens.); (fml.)* iets aanvaar *(pligte ens.); pay as you ~* betaal by instap; *~ school* begin skoolgaan; *s.o. ~ed university in 1998* iem. is in 1998 universiteit toe. **E~ key** *(rek.)* doentoets.

**en·ter·ic** ingewands=, derm=; *~ canal* dermkanaal.

**en·ter·i·tis** *(med.)* enteritis, dermontsteking.

**en·ter·ot·o·my** *(med.)* derminsnyding, enterotomie.

**en·ter·prise** onderneming, projek; ondernemingsgees, on= dernemingsin, inisiatief; (sake)onderneming, saak, firma; *show ~* ondernemingsgees aan die dag lê. *~ culture* entre= preneurs=, ondernemerskultuur.

**en·ter·pris·ing** ondernemend.

**en·ter·tain** vermaak, trakteer; amuseer; onderhou; besig hou; onthaal, ontvang *(gaste);* oorweeg, in oorweging neem *('n ver= soek ens.);* *~ the hope that ...* die hoop koester dat ...; *~ a lot* dikwels (gaste/mense) onthaal; *~ s.o. with s.t.* iem. met iets vermaak; iem. op iets vergas. **en·ter·tain·er** vermaaklik= heids=, verhoogkunstenaar; goëlaar; gasheer, =vrou, onthaler. **en·ter·tain·ing** *adj.* vermaaklik, amusant, onderhoudend.

**en·ter·tain·ment** vermaak, plesier; vermaaklikheid; op=, uitvoering; die vermaaklikheidswêreld/=bedryf; onthaal, ont= vangs; *art of ~* verhoogkuns; *provide ~ for s.o.* iem. vermaak bied; *to s.o.'s ~* tot iem. se vermaak. *~ allowance* onthaaltoelaag, =toelae, =geld. *~ value* vermaaklikheidswaarde.

**en·thral,** *(Am.)* **en·thrall** =*ll*= boei, betower, fassineer. **en= thrall·ing** opwindend, spannend *(wedstryd ens.);* boeiend, pak= kend *(verhaal ens.).*

**en·throne** op die troon plaas/sit, tot die troon verhef *(koning);* inhuldig *(biskop); (fig.)* kroon. **en·throne·ment** troonsbesty= ging, verheffing tot die troon; inhuldiging.

**en·thuse** geesdriftig wees, in ekstase raak, dweep; geesdrif= tig maak; *~ about/over s.t.* oor iets geesdriftig wees. **en·thu= si·asm** geesdrif, entoesiasme, ywer, besieling; groot belang= stelling, passie, liefde; *s.o.'s ~ about/for s.t.* se geesdrif vir iets; *arouse ~ for s.t.* geesdrif vir iets wek; *s.t. fills s.o. with ~* iets maak iem. geesdriftig; *kill s.o.'s ~* iem. se gees blus. **en·thu·si·ast** geesdriftige, bewonderaar, entoesias, lief= hebber; *sporting ~* sportliefhebber. **en·thu·si·as·tic** geesdrif= tig, entoesiasties, ywerig.

**en·tice** (ver)lok, verlei, in versoeking bring; oorhaal; *~ s.o. away from ...* iem. van ... weglok; iem. van ... afrokkel *('n werkgewer ens.).* **en·tice·ment** verleiding, verlokking, versoe= king; lokmiddel. **en·tic·ing** *adj.,* **en·tic·ing·ly** *adv.* aanloklik, verleidelik, verloklik.

**en·tire** *(attr.)* hele; *(attr.)* absolute, totale, volkome, algehele, volledige; heel, onbeskadig, ongeskonde; onverdeeld; *be in ~ agreement with s.o.* volkome/volmondig *(of* geheel en al) met iem. saamstem, dit volkome met iem. eens wees; *the ~ day* heeldag, die hele dag; *an ~ fortnight* 'n volle twee weke *(of* veertien dae); *remain ~* ongeskonde bly; *the ~ staff* die hele *(of* al die) personeel; *have s.o.'s ~ support* iem. se volle/volmondige/onvoorwaardelike steun hê/geniet. **en·tire= ly** heeltemal, totaal, volkome, volslae, geheel en al. **en·tire= ness** ongeskondenheid; volledigheid. **en·tire·ty** geheel, tota= liteit; volledigheid; *in its ~* in sy geheel.

**en·ti·tle** betitel, noem; *an article ~d ...* 'n artikel onder die opskrif ...; *a book ~d ...* 'n boek getitel(d) *(of* met die titel) ...; *be ~d to s.t.* op/tot iets geregtig wees, reg/aanspraak op iets hê; *~ s.o. to s.t.* iem. reg/aanspraak op iets gee, iem. op iets geregtig maak; *be fully ~d to do s.t.* dis *(of* dit is) jou goeie reg om iets te doen. **en·ti·tle·ment** reg *(op onderrig ens.)*; aanspraak *(op vergoeding ens.)*.

**en·ti·ty** entiteit, eenheid, geheel; bestaan, wese.

**en·tomb** begrawe, ter aarde bestel; as graf(kelder) dien vir, die graf wees van; inkerker; *(sand ens.)* toeval *(iem.)*; *be ~ed in ..., (iem.)* in ... begrawe wees *(modder ens.)*; *(d. siel)* in ... ingekerker wees *(d. liggaam)*. **en·tomb·ment** teraardebestelling; graflegging.

**en·to·mol·o·gy** insektekunde, =leer, entomologie. **en·tomo·log·i·cal** insektekundig, entomologies. **en·to·mol·o·gist** insektekundige, =kenner, entomoloog.

**en·tou·rage, en·tou·rage** *(<Fr.)* gevolg, entourage; hofstoet; omgewing.

**en·tr'acte** *(mus., teat.)* pouse; tussenbedryf, =spel.

**en·trails** *(mv.)* ingewande, binnegoed, derms, gedermte; binneste *(v.d. aarde)*.

**en·trance** ingang; portaal; binnekoms, intrede; opkoms; verskyning *(op d. verhoog ens.)*; intog; invaart; toegang; toelating; aanvaarding *(v. 'n amp)*; *force an ~* met geweld indring; *~ into office* ampsaanvaarding; *make an/one's ~* in=, binnekom; *no ~* geen toegang; *gain ~ to s.t.* toegang tot iets (ver)kry *('n gebou ens.)*; toelating tot iets (ver)kry *('n eksamen, universiteit, ens.)*. *~ door* buite=, ingangsdeur. *~ examination* toelatingseksamen, admissie(-eksamen). *~ (fee)* toegang(sgeld), toegangsprys; inskrywings=, inskryf=, intree=, toetredingsgeld. *~ hall* (voor/ingangs)portaal. *~ qualifications (mv.)* toelatingsvereistes. *~ requirement* toelatingsvereiste. *~ ticket* toegangskaart(jie).

**en·tranced** verruk, in verrukking/vervoering, vervoer; betower; *be ~ at/by/with ...* oor ... verruk *(of in vervoering)* wees. **en·tranc·ing** verruklik.

**en·trant** inkomeling, inkommer; deelnemer, inskrywer; ingeskrewene; insender; toetreder *(tot d. mark ens.)*; nuweling, beginner, nuwe lid/werknemer/ens..

**en·trap** =pp= (in 'n val) vang, in 'n val lok, verstrik, betrap; *be/ become ~ped in s.t.* in iets vassit; in iets vasgevang raak *('n bose kringloop ens.)*; verstrik raak in *('n verhouding ens.)*. **en·trapment** vangs; verstrikking.

**en·treat** smeek, soebat, pleit by *(iem.)*; 'n dringende versoek rig *(om hulp/ens. aan iem.)*. **en·treat·ing·ly** smekend. **entreat·y** (smeek)bede, dringende versoek; smeking, gesmeek.

**en·trée** *(Fr., kookk.)* entree; voorgereg; *(Am.)* hoofgereg; (reg van) toegang; *have ~ into ...* toegang tot ... hê.

**en·trench, in·trench** verskans, beveilig *(regte ens.)*; *(mil.)* ingrawe, verskans; *~ed habits/ideas/etc.* (ou) gevestigde gewoontes/idees/ens.; *be ~ed in s.t.* in iets verskans wees *('n grondwet ens.)*; in iets veranker wees *('n politieke stelsel ens.)*; in iets ingegrawe wees *('n span ens.)*; (diep) in iets ingewortel wees *(d. gemeenskap ens.)*. **en·trench·ment, in·trench·ment** verskansing, beveiliging; verskansing, ingrawing; skans; loopgraafstelsel, netwerk van loopgrawe.

**en·tre·pôt** *(Fr.)* entrepôt.

**en·tre·pre·neur** ondernemer, entrepreneur. **en·tre·pre·neuri·al** ondernemers=; *~ risk* ondernemersrisiko. **en·tre·preneur·ship** ondernemerskap.

**en·tro·py** *(fis., rek., statist.; fig.)* entropie.

**en·trust** toevertrou; opdra; *~ s.t. to s.o., ~ s.o. with s.t.* iets aan iem. toevertrou; iem. met iets belas; iets aan iem. oorlaat.

**en·try** binnekoms, intrede; intog; in=, binnevaart; betreding *(v. 'n perseel ens.)*; in=, toegang; toegangshek; toetrede *(tot d. mark ens.)*; *(mus.)* intrede; *(teat.)* opkoms; aantekening, optekening; inskrywing; deelnemer; insending; aantal deelnemers; deelname; *(sk.)* kliewing; *(doeane)* inklaring; *s.o.'s ~ into ...* iem. se binnekoms in ... *('n vertrek ens.)*; iem. se intog in ... *('n stad ens.)*; iem. se toetrede tot ... *(d. stryd ens.)*; *an ~ in the ledger, (boekh.)* 'n inskrywing in die grootboek; *no ~* geen toegang; *there were five entries for the race* daar was vyf

inskrywings vir *(of* deelnemers aan) die wedloop. *~ form* inskrywingsvorm. *~ visa* toegangsvisum.

**en·twine** deurvleg, verweef, vervleg.

**e·nu·cle·ate** *ww., (biol.)* ontkern; *(med.)* enukleër, (heel) uithaal, (heeltemal) verwyder.

**e·nu·mer·ate** opnoem, =gee; opsom; (op)tel. **e·nu·mer·ation** opnoeming; opsomming; optelling. **e·nu·mer·a·tor** (op)= teller; sensusopnemer.

**e·nun·ci·ate** (duidelik) uitspreek/formuleer/uiteensit; uitdruk, (weer)gee; verkondig, bekend maak, bekendmaak. **e·nun·ci·a·tion** uitspraak; stelling; formulering, uiteensetting; weergawe; verkondiging, bekendmaking.

**en·vel·op** omhul, hul (in), toe=, om=, inwikkel; *(mil.)* omsingel; *~ s.o./s.t. in ...* iem./iets in ... hul/toewikkel; *~ s.o. in one's arms* iem. in jou arms toevou; *be ~ed in flames/mist/etc.* in vlamme/mis/ens. gehul wees. **en·vel·op·ment** omhulling, toewikkeling; bekleding; omsingeling.

**en·ve·lope** koevert; omslag; (om)hulsel *(v. 'n buis ens.)*; ballon *(v. 'n elektriese lig)*; mantel *(v. koeël ens.)*; dop *(v. 'n virus)*; *(bot.)* (blom)kelk, =kroon; *(wisk.)* omsluitings=, omhullings= kromme; *push the (edge of the) ~, (fig., infml.)* die grense verskuif/verskuiwe/versit.

**en·vi·a·ble, en·vi·ous** →ENVY.

**en·vi·ron·ment** omgewing; leefwêreld; milieu; omstandighede; *home ~* huislike omstandighede; *minister for the ~* minister van omgewingsake; *working ~* werk(s)omgewing. *~conscious(ness)* omgewingsbewus(theid). *~-friendly* omgewingsvriendelik.

**en·vi·ron·men·tal** omgewings=, van die omgewing; *~ education/studies* omgewingsleer; *~ impact study, (afk.: EIS)* omgewingsimpakstudie. **en·vi·ron·men·tal·ly** *~ aware* omgewingsbewus; *~ beneficial/friendly/sound* omgewingsvriendelik; *~ damaging* skadelik vir die omgewing.

**en·vi·ron·men·tal·ist** omgewingskundige, =kenner; omgewingsbewaarder; omgewingsbewuste, =aktivis; *(psig.)* omgewingsdeterminis.

**en·vi·rons** *n. (mv.)* omgewing; omstreke, omtrek, buurt; buitewyke; voorstede.

**en·vis·age** voorsien, verwag, in die vooruitsig stel; beoog; oorweeg; visualiseer, jou voorstel/indink.

**en·vi·sion** voorsien, verwag, in die vooruitsig stel; visualiseer, jou voorstel. **en·vi·sioned** *(ook)* voorgenome.

**en·voy** *(af)*gesant, verteenwoordiger; *~ extraordinary* buitengewone gesant.

**en·vy** *n.* jaloesie, afguns, nyd, naywer, jaloersheid, afgunstigheid; voorwerp van afguns; *arouse (of stir up) ~* afguns/ jaloesie (op)wek; *be full of (or filled with) ~ at s.t.* vol afguns oor iets wees; *be consumed/green (or eaten up) with ~* deur afguns/jaloesie verteer wees; *s.o.'s ~ of ...* iem. se afguns op ...; *s.o.'s ... is the ~ of all* almal beny iem. sy/haar *(of* almal is jaloers op iem. se) ...; *do s.t. out of ~* iets uit afguns doen. **envy** *ww.* beny, jaloers/afgunstig wees op. **en·vi·a·ble** benydens=, begerenswaardig, benybaar. **en·vi·ous** jaloers, afgunstig; *be ~ of ...* op ... jaloers/afgunstig wees; *be ~ of s.o. because of s.t.* iem. iets beny.

**en·wrapped, in·wrapped** toegedraai; omhul, toe=, ingewikkel, omwikkel; *be ~ in conversation* diep in gesprek wees; *be ~ in darkness/fog/etc.* in donkerte/mis/ens. gehul wees.

**en·zyme** *(biochem.)* ensiem. **en·zy·ma·tic, en·zy·mic** ensimaties. **en·zy·mol·o·gy** ensimologie.

**E·o·cene** *n., (geol.)* Eoseen. **E·o·cene** *adj.* Eoseens, Eoseen=.

**e·on** *(Am.)* →AEON.

**ep·au·lette,** *(Am.)* **ep·au·let** epoulet, skouerbelegsel.

**é·pée** *(Fr.)* skermdegen.

**e·pen·the·sis** =theses, *(ling.)* epentese. **ep·en·thet·ic** ingelas, epenteties.

**e·phed·rin(e), e·phed·rin(e)** *(med.)* efedrien.

**e·phem·er·a** *n. (mv.; dinge v. verbygaande waarde)* efemera. **e·phem·er·al** kortstondig, verbygaande, van verbygaande aard, van korte duur, kort van duur, verganklik, nieblywend, efemeer, efemeries; eenda(a)gs.

**E·phe·sian** Efesiër; *(Epistle to the) ~s, (NT)* (Sendbrief aan die) Efesiërs.

**ep·ic** *n.* epos, heldedig, epiese/verhalende gedig/digkuns/ (dig)werk/drama/roman/(rol)prent/ens.; *(infml.)* epiese stryd; *(infml.)* uitgerekte affêre/saak/proses/ens.. **ep·ic, ep·i·cal** *adj.* epies, verhalend; heroïes, heroïek, heldhaftig; *epic poem* epos, heldedig, epiese/verhalende gedig.

**ep·i·cen·tre** episentrum, aardbewingshaard; *(fig.)* middel-, brandpunt.

**ep·i·cure** fynproewer, gourmet, gastronoom, lekkerbek, smul= paap, epikuris. **ep·i·cu·re·an** *n.* epikuris, genotsoeker. **ep·i· cu·re·an** *adj.* epikur(ist)ies, hedonisties, genotsugtig, =soe= kend; swelgend; sin(ne)lik; fynproewers- *(fees ens.)*. **ep·i·cur= ism** epikurisme, genotsug; sin(ne)likheid.

**ep·i·cy·cle** *(geom.)* by=, episirkel; *(astron.)* episiklus. **ep·i·cy= clic** episiklies.

**ep·i·dem·ic** *n., (med.)* epidemie; *(fig.: korrupsie ens.)* epide= mie, plaag; *(fig.)* vlaag *(misdaad ens.)*. **ep·i·dem·ic** *adj.* epi= demies.

**ep·i·de·mi·ol·o·gy** epidemiologie. **ep·i·de·mi·o·log·i·cal** epi= demiologies. **ep·i·de·mi·ol·o·gist** epidemioloog.

**ep·i·der·mis** *(anat., soöl., bot.)* epidermis, opperhuid. **ep·i· der·mal, ep·i·der·mic** epidermaal, epidermies, opperhuid-.

**e·pi·du·ral** *n., (med.)* epiduraal. **e·pi·du·ral** *adj.* epi-, ekstra-, buitedural; *~ anaesthesia* epidurale anestesie.

**ep·i·ge·al** *(bot.)* epigeaal, epigeïes, bogronds.

**ep·i·gen·e·sis** *(biol., embriol.)* epigenese. **ep·i·ge·net·ic** epi= geneties.

**ep·i·glot·tis** *=tises, =tides, (anat.)* epiglottis, keel-, strotklep, sluk. **ep·i·glot·tal, ep·i·glot·tic** epiglotties.

**ep·i·gram** epigram, puntdig; epigram, pittige gesegde, kern= spreuk. **ep·i·gram·mat·ic** epigrammaties *(vers ens.)*; pittig, ge= vat. **ep·i·gram·ma·tist** punt-, epigramdigter, =skrywer, epi= grammatis.

**ep·i·graph** epigraaf, inskripsie *(op 'n monument ens.)*; epi= graaf, aanhaling, motto *(a.d. begin v. 'n boek, hoofstuk, ens.)*.

**ep·i·late** onthaar. **ep·i·la·tion** ontharing. **ep·i·la·tor** onthaar= der.

**ep·i·lep·sy** epilepsie, vallende siekte. **ep·i·lep·tic** *n.* epilep= tikus. **ep·i·lep·tic** *adj.* epilepties; *~ fit* (epileptiese) toeval.

**ep·i·logue** epiloog, naskrif, =woord, =rede *(a.d. einde v. 'n boek)*; epiloog, slotrede *(a.d. einde v. 'n toneelstuk); (teat.)* voordraer van die/'n epiloog; *(mus.)* epiloog, naspel, koda.

**ep·i·neph·rin(e)** *(Am., biochem.)* bynierstof, adrenalien.

**E·piph·a·ny** *(Chr.)* Epifanie, Driekoninge(dag/fees) *(op 6 Jan.)*. **e·piph·a·ny** goddelike openbaring/verskyning; skielike insig/besef, plotselinge wete.

**ep·i·phyte** *(bot.)* epifiet, lugplant. **ep·i·phyt·ic** epifities.

**e·pis·co·pa·cy** biskoplike regering; bisdom. **e·pis·co·pal** biskoplik, episkopaal(s); *E~ Church* Anglikaanse/Episko= paalse/Episkopale Kerk *(in Sk. en d. VSA)*. **e·pis·co·pa= li·an** *n.* episkopaal, aanhanger/voorstander van die biskop= like stelsel; *(E~)* Anglikaan, Episkopaal, lid van die/'n An= glikaanse/Episkopaalse/Episkopale Kerk. **e·pis·co·pa·li·an** *adj.* biskoplik, episkopaal(s); *(E~)* Anglikaans, Episkopaal(s).

**e·pis·co·pate** biskopsamp; biskopskap; biskoplike waardig= heid; biskoplike ampstermyn; *the ~* die episkopaat/biskoppe.

**ep·i·si·ot·o·my** *=mies, (med.)* episiotomie, skedesnit.

**ep·i·sode** episode, voorval, (belangrike) gebeurtenis; epi= sode, aflewering *(v. 'n vervolgverhaal); ~s from life* grepe uit die lewe. **ep·i·sod·ic** episodies.

**ep·is·tem·ic** *(filos.)* epistemies.

**e·pis·te·mol·o·gy** epistemologie, ken(nis)leer, =teorie; we= tenskapsleer. **e·pis·te·mo·log·i·cal** epistemologies, ken(nis)= teoreties. **e·pis·te·mol·o·gist** epistemoloog.

**e·pis·tle** *(fml. of skerts.)* brief, epistel; *(E~, NT)* Sendbrief. **e·pis·to·lar·y** brief-; *~ greetings* skriftelike groete; *~ novel* ro= man in briefvorm; *~ style* briefstyl.

**ep·i·taph** grafskrif.

**ep·i·the·li·um** *=liums, =lia, (anat.)* epiteel, dekweefsel. **ep·i· the·li·al** epiteel-; *~ cell* epiteelsel; *~ layer* epiteellaag; *~ tissue* epiteel(weefsel), dekweefsel.

**ep·i·thet** bynaam, epiteton.

**e·pit·o·me** beliggaming, verpersoonliking, personifikasie, epitoom, epitomee; opsomming, samevatting, kortbegrip; uittreksel; *the ~ of ...* die beliggaming/verpersoonliking van ...; die toppunt van ... **e·pit·o·mise, =mize** beliggaam, ver= persoonlik; die volmaakte voorbeeld wees van.

**ep·och** tydperk, tydvak, epog; keerpunt, mylpaal; gedenk= waardige dag/gebeurtenis; *(geol.)* tydvak, epog; *(astron.)* tyd= stip, epog. **~-making** epogmakend.

**ep·o·nym** eponiem, vernoemde; eponiem, naamgewer; *s.o. is the ~ of s.t.* iets is genoem/vernoem na *(of* kry sy naam van) iem.. **e·pon·y·mous** eponimies, naamgewend, titel-; ge= lyknamig; vernoemd; *~ album* gelyknamige album.

**ep·os** heldepoësie, epiese poësie; epos, heldedig, epiese/ver= halende gedig.

**ep·ox·y, ep·ox·y res·in** *n.* epoksihars. **ep·ox·y** *=ies =ied, ww.* met epoksihars behandel; met epoksigom heg.

**ep·si·lon, ep·si·lon** *(5de letter v.d. Gr. alfabet)* epsilon.

**Ep·som salts** Engelse sout, epsom-, bittersout.

**Ep·stein-Barr vi·rus** *(med., afk:* EBV*)* Epstein-Barr-virus.

**eq·ua·ble** *adj.,* **eq·ua·bly** *adv.* gelykmatig, ewewigtig, fleg= maties *(mens, geaardheid, temperament, ens.);* gelykmatig *(kli= maat, temperatuur, ens.);* egalig *(beweging, vloei, ens.)*. **eq·ua= bil·i·ty, eq·ua·ble·ness** gelykmatigheid, ewewigtigheid; ega= ligheid.

**e·qual** *n.* gelyke, portuur, ewekniе; *s.o. is without* (or *has no) ~* iem. het geen gelyke nie, iem. se gelyke bestaan nie, iem. is sonder gelyke/weerga; *be the ~ of s.o.* iem. se gelyke wees; teen iem. opgewasse wees. **e·qual** *adj.* gelyk; gelykwaardig; gelykstaande; ewe groot; *all (other) things being ~* as alle (ander) faktore gelyk is, alles *(of* alle ander faktore) gelyk synde; in (origens) gelyke omstandighede; *with ~ ease* net so *(of* ewe) maklik, met ewe veel gemak; *be ~ to the honour* die eer waardig wees; *be ~ in length* ewe lank wees; *~ lan= guage rights* taalgelykheid; *~ laws* eenvormige wette; *~ opportunities* gelyke geleenthede; *~ opportunities em= ployer* gelykegeleentheidwerkgewer; *~ pay (for ~ work)* ge= lyke betaling *(of* dieselfde vergoeding/loon/salaris) (vir ge= lyke/dieselfde werk); *~ rights* gelyke regte, gelykgeregtig= heid; *with ~ rights* gelykgeregtig; *have four ~ sides* vier ewe lang sye hê; *on ~ terms* op gelyke voet; *feel ~ to s.t.* vir iets kans sien; *s.o. is ~ to s.o. else* iem. staan gelyk met iem. an= ders; *s.o. is ~ to s.t.* iem. is tot iets in staat; iem. is vir iets op= gewasse/geskik *('n taak ens.);* iem. is teen iets opgewasse *(d. omstandighede ens.); s.t. is ~ to s.t. else* iets is gelyk aan iets anders; *be ~ in value to ...* aan/met ... gelykwaardig wees. **e·qual** *=ll=, ww.* gelyk wees aan; ewenaar; gelykstaan met *(afpersing, moord, verkragting, ens.); eight times two ~s six= teen* ag(t) maal twee is sestien; *~ s.o. in intelligence/etc.* (net) so intelligent/ens. soos iem. wees, iem. ewenaar wat intelligensie/ens. betref; *nothing ~s ...* niks kom by ... nie *(d. strande v. ons land ens.); x ~s 100* x is gelyk aan 100. **~(s) sign** (is-)gelyk-aan-teken.

**e·qual·i·sa·tion, =za·tion** gelykmaking; gelykstelling. *~* **fund** gelykmakingsfonds.

**e·qual·ise, =ize** gelykmaak; gelykstel; gelyk word; ewe=

naar; *(sport)* die gelykmaker aanteken/behaal/kry, met die gelykmaker antwoord. **e·qual·is·er, ‑iz·er** *(ook sport)* gelykmaker. **e·qual·is·ing, ‑iz·ing:** ~ *amplifier* korreksieversterker; ~ *battery* buffer‑, kompensasiebattery; ~ *charge, (elek.)* (ver)effeningslading; ~ *goal, (sport)* gelykmaker, gelykmakende doel; ~ *spring, (mot.)* effeningsveer.

**e·qual·i·ty** gelykheid; gelykwaardigheid; gelykstelling; *achieve/ attain* ~ *with* ... gelykheid met ... bereik/verkry; ~ *before the law* gelykheid voor die reg, regsgelykheid; *have* ~ *of opportunity* gelyke geleenthede hê; ~ *of votes* staking van stemme.

**e·qual·ly** ewe, net so *(belangrik ens.)*; in gelyke mate *(toeneem ens.)*; in dieselfde mate *(afstoot ens.)*; eenders, op dieselfde manier/wyse *(behandel ens.)*; gelykop *(verdeel ens.)*; regverdig *(behandel, verdeel, ens.)*; *(met voegw. funksie)* eweneens, ewe‑eens, insgelyks.

**e·qua·nim·i·ty** gelykmoedigheid; onverstoordheid, onversteurdheid; gelatenheid; *with* ~ onverstoor(d), onversteur(d); gelate.

**e·quate:** ~ *s.t. to/with s.t. else* iets met iets anders gelykstel.

**e·qua·tion** gelykstelling; gelykmaking; *(wisk., fis.)* vergelyking; *an* ~ *of the first/second/etc. degree* 'n vergelyking van die eerste/tweede/ens. graad; *solve an* ~ 'n vergelyking oplos.

**e·qua·tor** ewenaar, ekwator.

**e·qua·to·ri·al** ekwatoriaal, ewenaars‑. **E~ Guinea** *(geog.)* Ekwatoriaal-Guinee.

**e·ques·tri·an** ruiterlik, ruiter‑, ry‑; ridder‑; ~ *events* die ruitersport; ~ *statue* ruiter(stand)beeld.

**e·qui·an·gu·lar** gelykhoekig.

**e·qui·dis·tant** ewe ver/vêr, op gelyke afstand; ~ *chart* afstandsgelyke kaart; ~ *from* ... ewe ver/vêr van ... (af).

**e·qui·lat·er·al** gelyksydig *(driehoek ens.)*.

**e·qui·lib·ri·um** ewewig, balans, ekwilibrium; *disturb/upset the* ~ die ewewig versteur/verstoor; ~ *of forces* kragte-ewewig; *be in* ~ in ewewig wees; *stable* ~ bestendige/stabiele/vaste ewewig. **e·qui·li·brate, e·quil·i·brate** in ewewig bring/ hou, balanseer, ekwilibreer; in ewewig wees/bly, balanseer.

**e·quine** perdagtig, perde‑; ~ *influenza* perdegriep.

**e·qui·nox** *(astron.)* nagewening, dag-en-nag-ewening; nageweningspunt. **e·qui·noc·tial** ewenings‑, ewenags‑, nageweniings‑, ekwinoksiaal; ~ *circle/line* hemelewenaar, ‑ekwator; ~ *point* nageweningspunt; ~ *time* eweningstyd, tropiese tyd.

**e·quip** ‑*pp*‑ toerus; uitrus; bewapen; *be well* ~*ped for s.t.* goed vir iets toegerus wees; ~ *s.o. for s.t.* iem. vir iets toerus; *be* ~*ped with* ... met ... toegerus wees; ~ *s.o. with s.t.* iem. met iets toerus, iem. van iets voorsien. **e·quip·ment** toerusting, uitrusting, benodig(d)hede; gereedskap; mondering; *(rek.)* apparatuur, hardeware; *(mil.)* bewapening; *electrical* ~ elektriese ware; *intellectual* ~ verstandelike vermoë(ns).

**eq·ui·ta·ble** billik, regverdig, onpartydig; ~ *assignments, (jur.)* billike oordrag *(v. eiendom)*.

**eq·ui·ty** ‑*ties* billikheid, regverdigheid, onpartydigheid; billikheidsreg, *(i.d. mv.)* (gewone) aandele, ekwiteite; *in* ‑ billikerwys(e), billikheidshalwe; *shareholders'* ~ aandeelhouersekwiteit. ~ *capital* aandelekapitaal, ekwiteitskapitaal. ~‑*linked* **pension scheme** aan ekwiteitsgekoppelde pensioenskema. ~ **shares,** *(Am.)* ~ **stock** (gewone) aandele, ekwiteite.

**e·quiv·a·lence** gelykwaardigheid, gelykheid, ekwivalensie.

**e·quiv·a·lent** *n.* ekwivalent; teenwaarde, kontra‑, teenprestasie; *be the* ~ *of* ... die ekwivalent van ... wees. **e·quiv·a·lent** *adj.* gelyk(waardig), gelykstaande, ekwivalent; ~ *to* ... gelykstaande met *(of* gelyk aan *of* soveel as) ...; *(doing) that is* ~ *to* ... dit is soveel as om te ... ~ **(weight)** *(chem.)* ekwivalent(e massa).

**e·quiv·o·cal** dubbelsinnig; tweeslagtig; verdag, twyfelagtig, dubieus; *be* ~ *about s.t.* oor iets onduidelik wees. **e·quiv·o· cate** ontwykend antwoord; uitvlugte soek; die waarheid

---

ontduik; dubbelsinnig praat; met/uit twee monde praat; los en vas praat.

**e·ra** tydperk, era, tydvak; jaartelling, tydrekening; *(geol.)* hooftydperk; *the Christian* ~ die Christelike jaartelling/tydrekening; *the end of an* ~ die einde/end van 'n era/tydperk/tydvak.

**e·rad·i·cate** (met wortel en tak) uitroei *(onkruid, geweld, korrupsie, ens.)*, uitwis *(d. verlede, skuld, sonde, ens.)*, uitdelg, verdelg *('n volk, jou vyande, ens.)*. **e·rad·i·ca·tion** uitroeiing, uitwissing, uitdelging, verdelging. **e·rad·i·ca·tor** uitroeier, verdelger.

**e·rase** uitvee; skrap, uitkrap, deurhaal; *(rek.)* uitwis *(gegewens ens.)*; uitwis, vernietig; doodmaak, uit die weg ruim, van kant *(of* van die gras af) maak; ~ *s.t. from one's mind* iets uit jou gedagtes wis. **e·ras·er** uitveër, wisser; *blackboard* ~ bordwisser. **e·ra·sure** skrapping, deurhaling; uitwissing.

**er·bi·um** *(chem., simb:* Er) erbium.

**e·rect** *adj.* regop, orent; penorent, kersregop; regopstaande; ongeboë; loodreg; styf, hard, opgehewe *(penis, klitoris, tepel)*. **e·rect** *ww.* oprig, bou, optrek *(gebou, muur, ens.)*; oprig *(standbeeld)*; opstel *(padblokkades ens.)*; opslaan *(kamp ens.)*; stig, vestig, tot stand bring; ~ *a bridge across a river* 'n brug oor 'n rivier slaan; ~ *a fence around s.t.* 'n heining om iets span; ~ *into* ... tot ... verhef/maak. **e·rect·ness** regop houding; loodregtheid; styfheid.

**e·rec·tile** erektiel, oprigbaar, opswelbaar; ~ *body* swelliggaam *(v.d. penis en klitoris)*; ~ *dysfunction* erektiele disfunksie; ~ *tissue* erektiele weefsel, oprigweefsel.

**e·rec·tion** oprigting, die bou/optrek; opstelling; die opslaan; stigting, vestiging; gebou; *(fisiol.)* ereksie, opswelling, verstywing; *be in (the) course of* ~, *('n gebou)* in aanbou wees.

**e·rec·tor, e·rect·er** oprigter; monteur; opsteller; *steel* ~ staalmonteur. ~ **(muscle)** erektor, oprigter, oprigspier.

**e·rep·sin** *(biochem.)* erepsien.

**erf** *erfs, erven, (SA)* erf.

**er·go** *(Lat.)* dus, derhalwe, ergo.

**er·go·nom·ic** *adj.* ergonomies. **er·go·nom·ics** *n. (mv.)* ergonomie.

**er·i·ca** *(bot.)* erika, (egte) heide. **Er·i·ca·ce·ae** Erikaseë, Ericaceae.

**E·rin·y·es** *(mv.), (Gr. mit.: wraakgodinne)* Erinië; →FURY.

**Er·i·tre·a** *(geog.)* Eritrea. **Er·i·tre·an** *n.* Eritreër. **Er·i·tre·an** *adj.* Eritrees.

**er·mine** ‑*mine(s)*, *(soöl.)* hermelyn; hermelyn(pels).

**e·rode** wegvreet, erodeer; uitkalwe(r), uithol; verspoel, wegspoel; verweer; verwaai; uitskuur; *(fig.)* invreet op *(inkomste, winste, ens.)*; aftakel *(iem. se gees, selfbeeld, weerstand, ens.)*; wegvreet *(iem. se verstand ens.)*; verwater *(grondwet ens.)*.

**e·rog·e·nous** erogeen.

**E·ros** *(Gr. mit.: god v. liefde)* Eros; *(psig.)* eros.

**e·ro·sion** erosie, wegvreting; uitkalwing, uitholling; verspoeling, wegspoeling; verwering; uitskuring; (af)slyting; *dental* ~ tandslyting; *marine* ~ brandingserosie; *water* ~ verspoeling; *wind* ~ winderosie. **e·ro·sive** wegvretend; uithollend; wegspoelend; verwerend; eroderend.

**e·rot·ic** eroties, (seksueel) prikkelend, liefde(s)‑. **e·rot·i·ca** *n. (mv.)* erotika, erotiese kuns/literatuur. **e·rot·i·cism, er·o·tism** erotisisme, erotisme; seksuele begeerte/opwinding; erotiek.

**err** 'n fout maak/begaan, fouteer; jou misgis/vergis, dwaal; sondig, dwaal; *to* ~ *is human* dis *(of* dit is) menslik om 'n fout *(of* foute) te maak, 'n mens bly maar 'n mens; 'n perd struikel met vier voete, wat van 'n mens met twee?; ~ *on the side of caution/etc.* (liewer) te versigtig/ens. wees.

**er·rand** boodskap; opdrag; *run* (or *go on*) ~*s (for s.o.)* boodskappe (vir iem.) doen/dra; *send s.o. on an* ~ iem. met 'n boodskap uitstuur.

**er·rant** *(fml. of skerts.)* sondig, onheilig; *(arg. of poët., liter.)* dwa lend, swerwend, dolend; *knight* ~ dolende ridder; *s.o.'s* ~ *ways* iem. se sondige weë.

**er·rat·ic** onreëlmatig *(asemhaling, hartslae, besoeke, ens.)*, ongereeld *(betalings, eetgewoontes, ure, ens.)*, ongelyk *(begeleiding, kwaliteit, toegang, ens.)*, wisselvallig *(diens, resultate, emosies, stemmings, ens.)*, wisselend *(klimaatstoestande, weersomstandighede, gevoelens, ens.)*, veranderlik *(koste ens.)*; wispelturig *(pers., gedrag, besluite, proses, ens.)*. ~ **(block/boulder)** *(geol.)* swerfblok, =steen.

**er·ra·tum** =rata, *(<Lat.)* (druk)fout, erratum; skryffout; *(i.d. mv. ook)* lys drukfoute, errata.

**er·ro·ne·ous** verkeerd, foutief, onjuis; ~ *doctrine* dwaalleer; ~ *notion/idea* waan(denkbeeld), dwaling, dwaalbegrip. **er·ro·ne·ous·ly** verkeerdelik, ten onregte; per abuis. **er·ro·ne·ous·ness** onjuistheid.

**er·ror** fout; dwaling, vergissing, mistasting, misgissing; onjuistheid; vergryp; sonde; *(teg.)* afwyking, fout; *correct an* ~ 'n fout verbeter; *an* ~ *crept in* daar het 'n fout ingesluip; *an* ~ *of fact* 'n feitefout; *(jur.)* 'n feitedwaling; *a gross* ~ 'n growwe fout; *a human* ~ 'n menslike fout; *be in* ~ jou vergis, dit mis hê, mistas; *do s.t. in* ~ iets per abuis doen; iets verkeerdelik *(of* ten onregte*)* doen; *an* ~ *of law* 'n regsdwaling; *be liable to* ~ feilbaar wees; *make an* ~ 'n fout maak/begaan; ~*s and omissions excepted, (afk.:* E & OE*)* foute en weglatings uitgesonder(d) *(afk.:* FWU*)*, behoudens foute en weglatings *(afk.:* BFW*)*; *realise/see the* ~ *of one's ways* jou dwaling besef/insien. ~ **message** *(rek.)* foutboodskap.

**er·satz** *(D.)* ersatz=, kunsmatig, oneg; vals, onopreg, geveins *(emosies ens.)*; ~ *coffee* ersatzkoffie.

**erst·while** *adj. (attr.)* voormalige, eertydse.

**er·u·dite** erudiet, (hoog)geleerd; belese. **er·u·di·tion** (grondige) geleerdheid, uitgebreide kennis, erudisie; belesenheid.

**e·rupt** *(vulkaan)* uitbars, vuur spoeg; *(geweld, lawaai, ens.)* uitbreek, losbars; *(kolle, puisies, ens.)* uitslaan *(op d. vel)*; *(tande)* uitkom, deurkom; ~ *into chaos* in ('n) chaos ontaard; ~ *in laughter* uitbars van die lag. **e·rup·tion** uitbarsting, erupsie; die uitbreek/losbars; *(vel/huid)*uitslag; die uitkom/deurkom *(v. tande)*; uitbreking *(v. cholera, bek-en-klou-seer, ens.)*. **e·rup·tive** (uit)barstend; uitslaande, vol uitslag; opvlieënd; *(geol.)* eruptief, stol=, stollings=; ~ *rock* stolrots, stollings=gesteente, eruptiewe gesteente.

**erv·en** *(mv.)* →ERF.

**e·ryth·ro·cyte, red (blood) cell, red cor·pus·cle** *(fisiol.)* eritrosiet, rooibloedsel, rooibloedliggaampie.

**es·ca·late** *(oorlog ens.)* verhewig, eskaleer; *(geweld, eise, probleme, ens.)* toeneem; *(spanning)* oplaai, styg; *(pryse)* (vinnig) styg, die hoogte inskiet, opskiet, eskaleer *(koste)* toeneem, oploop, eskaleer; opjaag, (skerp) laat styg, laat eskaleer *(pryse)*; vererger, vergroot *(probleme)*; ~ *into* ... ontwikkel/uitbrei/verhewig tot ... *('n oorlog ens.)*; ~ *one's attack on s.t.* jou aanval op iets verskerp. **es·ca·la·tion** verhoging, aanpassing *(v. pryse)*; ontwikkeling, uitbreiding, verhewiging *(tot)*; oplaaiing, styging; toename, oploping, eskalasie; verergering; *the* ~ *in/of* ... die eskalasie van ...

**es·ca·la·tor** roltrap. ~ **clause, escalation clause** eskala=sieklousule, aanpassingsklousule *(in 'n kontrak)*.

**es·ca·lope** *n., (Fr. kookk.)* skyfie, escalope; ~ *de veau* kalf=skyfie.

**es·ca·pade, es·ca·pade** eskapade; *(i.d. mv. ook)* kattekwaad, kwajong=, malkopstreke. *amorous/romantic/sexual* ~*s* amoreuse/romantiese/seksuele eskapades; ~*s in bed* bed/kattel-eskapades.

**es·cape** *n.* ontsnapping, ontvlugting, ontkoming; ontsnap=pingsmiddel; lek, lekplek, lekkasie; verlies *(v. stoom)*; *cut off s.o.'s* ~ iem. voorkeer; *s.o.'s* ~ *from* ... iem. se ontsnapping aan ... *(d. dood ens.)*; iem. se ontvlugting uit ... *(gevangenskap ens.)*; *an* ~ *from prison* 'n uitbraak; *hard work is s.o.'s* ~ *from worry* deur harde werk vergeet/verdryf/verdrywe iem. sy/

haar sorge; *an* ~ *from* (or *out of*) *reality* 'n ontvlugting uit die werklikheid; *make (good) one's* ~ (dit regkry om te) ont=snap, wegkom; *have a* **narrow** ~ ternouernood ontsnap/ont=kom; *it was a* **narrow** ~ dit was 'n noue ontkoming; *there is no* ~ daar is geen uitweg nie; *way of* ~ manier om te ont=snap; ontsnap(pings)roete. **es·cape** *ww.* ontsnap, ontvlug, ontkom, vrykom; *(vloeistof)* uitloop; *(straal water ens.)* uit=spuit; *(gas, hitte)* ontsnap; *('n sug ens.)* ontglip *(iem. se lippe)*; jou ontgaan; vryspring, ontkom aan *(d. dood)*; *s.o. narrowly* ~*d death* iem. het die dood nct-nct vrygespring *(of* het net-net aan die dood ontkom*)*; iem. was amper/byna dood, iem. het by die dood omgedraai; ~ *from* ... uit ... ontsnap; aan ... ontkom; ... ontduik; *his/her name* ~*s me* sy/haar naam het my ontgaan; *notice/observation* nie opgemerk *(of* raak=gesien*)* word nie, on(op)gemerk bly/verbygaan, die aandag ontglip, (aan) die aandag ontsnap; ~ *by the* **skin** *of one's teeth, (infml.)* ternouernood ontkom; ~ *unhurt* ongedeerd daarvan afkom; ~ *with* ... met ... daarvan afkom *(ligte be=serings ens.)*; ~ *with one's life* lewendig daarvan afkom; *the word* ~*d me* die woord het my ontval/ontglip. ~ **artist** → ESCAPOLOGIST. ~ **attempt,** ~ **bid** ontsnap(pings)poging, po=ging om te ontsnap. ~ **chute** noodgeut, =glybaan, ontsnap=geut *(v. vliegtuig)*. ~ **clause** voorbehouds=, onttrekkingsbe=paling *(in 'n kontrak)*. ~ **door** nooduitgang. ~ **hatch** nood=luik *(v. duikboot, skip, vliegtuig)*; *(fig.)* uitweg, uitvlug; *(fig.)* skuiwergat. ~ **key** *(rek.)* ontsnaptoets. ~ **plan** ontsnap(pings)=plan; noodplan. ~ **road** noodpad *(v. renbaan)*. ~ **route** ont=snap(pings)roete.

**es·ca·pee** ontsnapte (gevangene/bandiet), ontvlugter, ont=snappeling, ontsnapper, uitbreker.

**es·cap·ism** (lewens)ontvlugting, (wêreld)ontvlugting. **es·cap·ist** ontvlugtings= *(literatuur ens.)*.

**es·ca·pol·o·gist, es·cape art·ist** boeiekoning.

**es·car·got** *(Fr. kookk.)* escargot, (eetbare) slak.

**es·carp·ment** platorand, eskarp; steil helling/hang, krans=wand. ~ **mountain** kransberg.

**es·cha·tol·o·gy** eskatologie, leer van die laaste dinge. **es·cha·to·log·i·cal** eskatologies. **es·cha·tol·o·gist** eskatoloog.

**es·chew** vermy *(geweld ens.)*; wegbly van *(d. politiek ens.)*; jou weerhou van *(kommentaar ens.)*; ontwyk *(vrae ens.)*; sku wees vir *(intimiteit ens.)*; wegbly van *(alkohol ens.)*.

**esch·schol(t)z·i·a** *(bot.)* eschschol(t)zia.

**es·cort** *n.* geleide, vrygeleide, eskort; begeleier; metgesel; *(euf.)* gesellin, geselskapsdame; *under* ~ *of* ... onder bewaking van ... **es·cort** *ww.* begelei, vergesel, *(fml.)* geleide doen; *(mil.)* (vry)geleide doen; *be* ~*ed by* ... deur ... begelei word; onder geleide van ... wees; ~ *s.o. in* iem. binnelei; ~ *s.o. to* ... iem. na ... begelei/vergesel *(d. deur ens.)*. ~ **agency** ge=sellinklub. ~ **party** geleide, eskort.

**es·cutch·eon** wapen(skild); wapenbord; spieël *(v. 'n skip)*; melkspieël *(v. 'n koei)*. ~ **(plate)** beslag *(v. 'n sleutelgat ens.)*; sleutelgatplaatjie.

**es·ker, es·kar** *(geol.)* esker, smeltwaterrug.

**Es·ki·mo** =mo(s), *(antr., argeol.)* Eskimo; →INUIT. ~ **pie** es=kimoroomys.

**es·o·ter·ic** esoteries, vir die ingewydes/deskundiges; diep=sinnig; duister, verborge; *(med.)* esoteries, inwendig ontstaan.

**es·pa·drille** *(Fr.: seilskoen met tousool)* espadrille.

**es·pal·ier** leiboom; latwerk.

**es·par·to (grass)** *(bot.)* esparto(gras), Spaanse gras.

**es·pe·cial** *(attr.)* besondere *(behoefte ens.)*; bepaalde *(vaardig=heid ens.)*; spesiale *(guns ens.)*; buitengewone *(belangstelling ens.)*; →SPECIAL; *in* ~ in die besonder; *take* ~ *care to* ... besondere moeite doen om ...; veral versigtig wees om ... **es·pe·cial·ly** veral, in die besonder, vernaamlik; spesiaal; →SPE=CIALLY.

**Es·pe·ran·to** *(kunsmatige wêreldtaal)* Esperanto.

**es·pi·o·nage** spioenasie, bespieding, verspieding.

**es·pla·nade** promenade, esplanade, wandelweg *(langs d. see)*; voorplein, esplanade *(v. 'n fort ens.)*.

**es·pouse** omhels *(fig.)*, voorstaan, (onder)steun. **es·pous·al** omhelsing *(fig.)*, steun.

**es·pres·so, ex·pres·so** *-sos* espresso(koffie), stoomkof= fie.

**es·prit** *(Fr.)* gees; geestigheid; ~ *de corps* kollegialiteit, saam=, samehorigheidsgevoel.

**Es·quire** *(Br., afk.:* Esq.*): A. Brown,* ~/*Esq.* die weledele heer A. Brown.

**ess** *esses, (d. letter s)* es; S-vorm; S-vormige voorwerp.

**es·say** *n.* opstel, (kort) verhandeling; *(lettk.)* essay; skripsie, werkstuk; *(fml.)* poging; *(fml.)* toets, proef; *(filat.)* proefont= werp *(v. 'n seël); an ~ about/on* ... 'n opstel oor ...; *(lettk.)* 'n essay oor ... **es·say** *ww., (fml.)* 'n poging aanwend/doen, probeer; beproef, toets. **es·say·ist** *(lettk.)* essayis.

**es·sence** wese, kern, essensie; aftreksel, ekstrak, essens; geur= sel; parfuum, reukwater; *in* ~ in wese, wesen(t)lik; ~ *of life* lewensessens; ~ *of meat* vleisekstrak; *s.o. is the* ~ *of* ... iem. is 'n toonbeeld van ... *(selfvertroue ens.);* iem. is die ... self *(rus= tigheid ens.); the* ~ *of* ... die wesen(t)like van ... *('n saak ens.);* die toppunt van ... *(geluk ens.);* ... *is of the* ~ alles hang van ... af, ... is van wesen(t)like belang *(tyd ens.)*.

**es·sen·tial** *n., (gew. mv.)* noodsaaklikheid, (noodsaaklike) ver= eiste; hoofsaak, essensie, wese, die wesen(t)like/essensiële; *the* ~s die hoofsake/hooftrekke; *the bare* ~s die allernodigste (dinge/goed). **es·sen·tial** *adj.* noodsaaklik, broodnodig, essensieel; van wesen(t)like belang; wesen(t)lik, werklik; ver= pligtend; ~ *difference* wesensverskil; *be* ~ *for/to* ... vir ... nood= saaklik/onontbeerlik/onmisbaar wees; ~ *oil* essensiële/ete= riese/vlugtige olie. **es·sen·ti·al·i·ty** noodsaaklikheid; wesen(t)= likheid; wesen(t)like eienskap; hoofsaak. **es·sen·tial·ly** hoof= saaklik, wesen(t)lik, in wese/hoofsaak.

**es·sen·wood** *(bot.)* esse(n)hout.

**es·tab·lish** begin *(saak ens.);* stig *(kerk ens.);* op die been bring *(leër ens.);* vestig *(kultuur ens.);* tot stand bring, skep *(sinergie, ens.);* bewerkstellig *(versoening ens.);* vorm *(regering ens.);* instel *(pos ens.);* invoer *(regulasie ens.);* aanknoop *(betrekkinge);* op= stel, saamstel *(lys);* vasstel *(d. waarheid ens.);* staaf *(feit ens.);* ~ *o.s. as a lawyer/etc.* jou as prokureur/ens. vestig; *become* ~*ed* gevestig raak; posvat; ingeburger raak; ~*ed custom* ge= vestigde gebruik; *an* ~*ed fact* 'n bewese feit; ~*ed laws* be= staande wette; ~*ed practice* vaste gewoonte; ~*ed staff* vaste personeel; ~*ed truth* uitgemaakte waarheid. **es·tab·lish·ment** stigting; vestiging; die opbou *(v. 'n ware demokrasie ens.);* skep= ping; instelling; invoering; aanknoping; vasstelling; stawing; bedryf, (sake)onderneming, firma, (handel)saak; aanleg; in= rigting, instelling, instansie, liggaam, gestig, nedersetting; huis= houding; personeel; personeelsterkte, dienstaat; *(mil.)* (getal)= sterkte, mag; *the* E~ die establishment *(of* gevestigde orde *of* heersende bestel).

**es·tate** eiendom, stuk grond; eiendomsontwikkeling; land= goed; *(SA)* (wyn)landgoed; plantasie; grondbesit; eiendom, besit, vermoë; boedel; nalatenskap; *division/partition of an* ~ boedelskeiding; ~ *of matrimony* huwelikstaat; *surrender one's* ~ boedel oorgee. ~ **agent** eiendomsagent. ~ **duty** boedel= belasting. ~ **wine** landgoedwyn.

**es·teem** agting, respek; aansien; hoogagting, hoogskatting; *s.o. is held in high/low* ~ daar is hoë/weinig agting vir iem.; *s.t. lowers s.o. in s.o. else's* ~ iets laat iem. in iem. anders se agting daal; *rise/sink in* ~ in aansien styg/daal; *be worthy of* ~ agtenswaardig wees. **es·teemed** hooggeag, hooggeskat, gewaardeer, gerespekteer; *be highly* ~, *(iets)* hoog gewaardeer word; *(iem.)* hoë agting geniet; *your* ~ *paper* u veelgelese blad; *an* ~ *person* 'n gesiene persoon.

**es·ter** *(chem.)* ester.

**Es·ther** *(OT)* Ester.

**es·ti·ma·ble** agtenswaardig, agbaar.

**es·ti·mate** *n.* skatting, raming, waardering; koste(be)raming, begroting; geskatte waarde; oordeel; *at a rough* ~ na ruwe skatting, na/volgens gissing; *form/make an* ~ 'n raming maak; *s.o.'s* ~ *of s.t.* iem. se skatting van iets; iem. se beoor= deling van iets; *pass/vote the* ~s, *(parl.)* die begroting aan= neem. **es·ti·mate** *ww.* skat, (be)raam; bepaal, vasstel, tak= seer *(skade ens.);* reken, dink, meen; *an* ~*d* ... ongeveer ..., na (be)raming *(of* na/volgens skatting) ..., 'n geraamde/geskatte ... *(R350 miljoen ens.); at an* ~*d cost of* ... teen/vir 'n geraamde bedrag van ...; ~*d cost* iets op ... raam/skat *(R10 miljoen ens.); s.t. cannot be* ~*d* iets kan nie bereken word nie *(verliese ens.);* ~*d completion/delivery date* verwagte voltooiings-/afleweringsdatum; ~*d time of arrival, (lugv., sk., afk.:* ETA*)* verwagte aankomstyd; ~*d value* geraamde/ge= skatte waarde. **es·ti·ma·tion** skatting, (be)raming; bepaling, vasstelling; (hoog)agting, waardering; mening, opinie; *in s.o.'s* ~ na/volgens iem. se oordeel/mening; *hold s.o. in* ~ iem. (hoog)ag; *rise/sink in s.o.'s* ~ in iem. se agting styg/daal. **es· ti·ma·tor** skatter; kosterekenaar, prysberekenaar, =beramer.

**Es·to·ni·a, Es·tho·ni·a** *(geog.)* Estland. **Es·to·ni·an, Es· tho·ni·an** *n.* Est, Estlander. **Es·to·ni·an, Es·tho·ni·an** *adj.* Estnies, Estlands.

**es·top** *-pp-, (jur.)* onder estoppel plaas; *be* ~*ped from* ... on= der estoppel wees om te ... **es·top·pel** *(jur.)* estoppel, terug= gangsverbod.

**es·trange** vervreem; *be/become* ~*d from s.o.* van iem. ver= vreem(d) wees/raak; ~*d husband/wife/couple* vervreemde man/ vrou/egpaar/paartjie. **es·trange·ment** vervreemding, verwy= dering.

**es·tu·ar·y** (breë) riviermond(ing), tregtermond(ing), estu= arium. **es·tu·ar·i·al, es·tu·a·rine** estuaries.

**e·ta** *(7de letter v.d. Gr. alfabet)* eta.

**et cet·er·a, et·cet·er·a** ensovoort(s), en so meer. **et·cet· er·as** *n. (mv.)* ekstras, ekstratjies.

**etch** *ww.* ets *('n afbeelding/ens. op 'n koperplaat/ens.); (suur ens.)* (weg)ets, wegvreet; *be* ~*ed against the sky* teen die lug afgeëts staan.

**etch·er** etser.

**etch·ing** *n.* ets; etswerk. ~ **needle** etsnaald.

**e·ter·nal** *n.: the* E~ die Ewige (God). **e·ter·nal** *adj.* ewig= (durend), altyddurend; *(infml.)* voortdurend, eindeloos, nim= mereindigend; *the* E~ *City, (Rome)* die ewige stad; ~ *dam= nation/death* ewige rampsaligheid/dood; ~ *life, life* ~ die ewige lewe; *you'll have my* ~ *thanks/gratitude* ek sal jou ewig dankbaar bly; *be caught/trapped in an* ~ *triangle, (fig.)* in 'n liefdesdriehoek vasgevang wees. **e·ter·nal·ise, ·ize** verewig. **e·ter·nal·ly** ewig; *(infml.)* (al)ewig, gedurig, onophoudelik; *be* ~ *grateful to s.o. for s.t.* iem. ewig dankbaar wees vir iets; *love s.o.* ~ iem. altyd liefhê.

**e·ter·ni·ty** *-ties* ewigheid; *(teol.)* die ewige lewe; *(i.d. mv.)* ewige waarhede; *(euf.: dood)* ewigheid, ander wêreld; *for/to (all)* ~ tot in (alle/der) ewigheid; *it seems an* ~ dit voel soos 'n ewigheid; *from here to* ~ van nou/vandag af tot in (alle) ewig= heid; *send s.o. to* ~ iem. die ewigheid instuur.

**e·text** *(afk.)* →ELECTRONIC TEXT.

**eth·ane** *(chem.)* etaan. **eth·a·nol** *(chem.)* etanol, etielalkohol.

**eth·ene** →ETHYLENE.

**e·ther** *(chem.)* eter; *(chem.)* diëtieleter, di-etieleter; *across the* ~, *(infml., vero.)* oor die lug/eter/radio. **e·the·re·al** eteries; lug= tig; hemels, onaards; *(chem.)* eteries; ~ *oil* eteriese/vlugtige olie; ~ *solution* eteroplossing.

**eth·ic** *n.* etiek; etos; *(i.d. mv.)* moraliteit, gedragsnorme, etiek; *(i.d. mv.)* etiek, sedeleer; *a matter of* ~s 'n morele/etiese kwes= sie, 'n kwessie van moraliteit/etiek. **eth·i·cal** eties, moreel, sedelik; eties, sedekundig; moreel reg/korrek; *(med.)* (slegs) op voorskrif verkry(g)baar; ~ *drug* voorskrifmedisyne; ~ *issue* morele/etiese kwessie.

**E·thi·o·pi·a** *(geog.)* Et(h)iopië. **E·thi·o·pi·an** *n.* Et(h)iopiër. **E·thi·o·pi·an** *adj.* Et(h)iopies.

**eth·nic** etnies, volkekundig; etnies, volks-; *(arg.)* heidens; ~ *cleansing, (euf.)* etniese suiwering; ~ *dance* volksdans; ~ *food* inheemse/tradisionele kos; ~ *group* volksgroep, etniese groep; ~ *minority* etniese minderheid; ~ *violence* etniese geweld. **eth·nic·i·ty** etnisiteit.

**eth·no·bot·a·ny** etnobotanie, volksplantkunde.

**eth·no·cen·tric** *adj.,* **eth·no·cen·tri·cal·ly** *adv.* etnosentries. **eth·no·cen·tric·i·ty, eth·no·cen·trism** etnosentrisme.

**eth·no·cide** etniese uitwissing.

**eth·nog·ra·phy** etnografie, beskrywende volkekunde, volksbeskrywing. **eth·nog·ra·pher** etnograaf, volksbeskrywer.

**eth·nol·o·gy** etnologie, (vergelykende) volkekunde. **eth·no·log·ic, eth·no·log·i·cal** etnologies, volkekundig. **eth·nol·o·gist** etnoloog, volkekundige.

**eth·no·mu·si·col·o·gy** etnomusikologie.

**e·thol·o·gy** *(biol.)* etologie, gedragstudie; studie van dierlike gedrag(spatrone). **e·thol·o·gist** etoloog.

**e·thos** etos, ingesteldheid; (morele) waardes; (kulturele/sosiale) opvattings; tydsgees; volksaard.

**eth·yl** *(chem.)* etiel. ~ *acetate* etielasetaat, asyneter. ~ *alcohol* etielalkohol, etanol.

**eth·yl·ene, eth·ene** etileen, eteen.

**et·i·quette, et·i·quette** etiket, gedragskode, -reëls; *rules of* ~ gedragsvoorskrifte, -reëls.

**Et·na:** *(Mount)* ~, *(geog.)* (die berg) Etna.

**E·ton** *(geog.)* Eton. ~ *collar* etonkraag. **E·to·ni·an** *n.* (oud) leerling van Eton (Kollege). **E·to·ni·an** *adj.* van Eton, Eton-.

**E·to·sha:** ~ *Game Reserve* Etoshawildpark, -wildreservaat, -wildtuin, Etosha Wildpark/Wildreservaat/Wildtuin. ~ *Pan* Etoshapan, Etosha Pan.

**é·tude, é·tude** *(mus.)* etude, studie.

**et·y·mol·o·gy** etimologie, woordafleikunde; etimologie, (woord)afleiding, woordherkoms. **et·y·mo·log·i·cal** etimologies. **et·y·mol·o·gise, -gize** etimologiseer. **et·y·mol·o·gist** etimoloog.

**eu·ca·lyp·tus, eu·ca·lypt** -lyptuses, -lypti, -lypts, *(bot.)* eukaliptus, bloekom-, blougomboom.

**Eu·cha·rist** *(Prot.)* Nagmaal; *(RK)* Eucharistie, Heilige Sakrament van die Altaar; Nagmaal, Nagmaal(s)diens; Nagmaal(s)brood, *(RK)* hostie; brood en wyn, tekens; *administer/give the* ~ *to s.o.* (die) Nagmaal aan iem. bedien; *celebrate the* ~ (die) Nagmaal vier; *give/receive the* ~ die tekens *(of* die brood en wyn) uitdeel/ontvang; *take the* ~ (die) Nagmaal gebruik. **Eu·cha·ris·tic, Eu·cha·ris·ti·cal** Eucharisties *(kongres ens.);* Nagmaal(s)- *(diens ens.).*

**Eu·clid·e·an, Eu·clid·i·an** Euklidies; ~ *geometry* Euklidiese meetkunde.

**eu·gen·ics** *n. (mv.)* eugenetiek, eugenese, eugenetika, rasverbetering(sleer). **eu·gen·ic** *adj.* eugeneties. **eu·gen·ist, eu·gen·i·cist** *n.* eugenetikus.

**eu·lo·gy** lofprysing, lofrede, lof(uiting); grafrede, huldigingswoord; *deliver a* ~ *on* ... 'n lofrede oor/op ... lewer. **eu·lo·gise, -gize** loof, prys, 'n lofrede lewer oor/op.

**eu·nuch** eunug, ontmande, gekastreerde man *(in 'n harem ens.); (infml.)* tandelose *(of* [geestelik] impotente) mens/ens..

**eu·phe·mism** eufemisme, verbloeming, versagtende woord/uitdrukking. **eu·phe·mise, -mize** eufemisties praat, eufemismes *(of* 'n eufemisme) gebruik, eufemiseer; eufemisties praat oor, eufemismes *(of* 'n eufemisme) gebruik vir. **eu·phe·mist·ic** eufemisties, versagtend.

**eu·pho·ny** welluidendheid, eufonie; klankverandering. **eu·phon·ic, eu·pho·ni·ous** welluidend, eufonies. **eu·pho·nise, -nize** welluidend maak. **eu·pho·ni·um** *(mus.)* eufonium, tenoortuba.

**eu·phor·bi·a** *(bot.)* melkbos; naboom; noorsdoring; vingerpol.

**eu·pho·ri·a** euforie, (gevoel van) behaaglikheid, geluksgevoel; euforie, oordrewe geluksgevoel. **eu·phor·ic** eufories.

**Eu·phra·tes** Eufraat(rivier).

**Eur·a·sia** *(geog.)* Eurasië. **Eur·a·sian** *n.* Eurasiër. **Eur·a·sian** *adj.* Eurasies.

**eu·re·ka** *tw.* eureka!, ek het dit (gevind)!.

**eu·rhyth·my, (Am.) eu·ryth·my** euritmie. **eu·rhyth·mic, (Am.) eu·ryth·mic** *adj.* euritmies. **eu·rhyth·mics, (Am.) eu·ryth·mics** *n. (mv.)* euritmiek, ritmiese gimnastiek.

**eu·ro** *(enkele Eur. geldeenheid)* euro.

**Eu·ro·bond** *(soms e~)* Euro-obligasie.

**Eu·ro·cen·tric** Eurosentries. **Eu·ro·cen·tric·i·ty, Eu·ro·cen·trism** Eurosentrisme.

**Eu·ro·com·mun·ism** Eurokommunisme. **Eu·ro·com·mun·ist** Eurokommunis.

**Eu·ro·crat** *(infml., neerh.)* Eurokraat.

**Eu·ro·cur·ren·cy** *(soms e~)* Eurovaluta.

**Eu·ro·mar·ket** *(soms e~)* Euromark.

**Eu·ro·par·lia·ment** Europarlement.

**Eu·rope** Europa; *join* ~ lid van die Europese Unie word. **Eu·ro·pe·an** *n.* Europeër. **Eu·ro·pe·an** *adj.* Europees; ~ *Monetary System* Europese Monetêre Stelsel; ~ *Parliament* Europese Parlement; ~ *plan, (Am., hotelbedryf)* kamer sonder etes/maaltye; ~ *Union* Europese Unie. **Eu·ro·pe·an·ise, -ize** vereuropees. **Eu·ro·pe·an·ism** Europeanisme.

**eu·ro·pi·um** *(chem., simb.: Eu)* europium.

**Eu·ro·vi·sion** *(TV)* Eurovisie.

**Eu·ryd·i·ce** *(Gr. mit.)* Euridike, Eurudikê, *(Lat.)* Eurydice.

**eu·ryth·my** *(Am.)* →EURHYTHMY.

**Eu·sta·chian tube** *(anat.)* buis van Eustachius, Eustachius-, oor-keel-, keel-oor-buis.

**eu·tha·na·si·a** genadedood, pynlose/sagte dood, eutanasie.

**e·vac·u·ate** ontruim *(gebou, gebied, ens.);* evakueer, in/na veiligheid bring/neem *(mense); (mil.)* afvoer *(gewondes na 'n hospitaal ens.); (troepe ens.)* verlaat, terugtrek uit *('n land ens.); (teg.)* leegmaak, -pomp *('n dam ens.);* uitpomp, laat uitloop *(water ens.); (fig.)* beroof, berowe, ontneem; ~ *one's bladder/bowels* urineer; jou blaas/dikderm ledig; ontlas, opelyf hê; ~ *s.o. from a place* iem. uit 'n plek verwyder; ~ *s.o. of s.t.* iem. van iets beroof/berowe, iem. iets ontneem.

**e·vac·u·a·tion** ontruiming; evakuasie; afvoer(ing); *(mil.)* terugtrekking; lediging; ontlasting, stoelgang. ~ *slide (lugv.)* noodgeut.

**e·vac·u·ee** geëvakueerde; *(i.d. mv.)* geëvakueerdes, mense wat in/na veiligheid gebring/geneem is. ~ *camp* veiligheidskamp.

**e·vade** ontwyk *(vraag, iem. se oë, ens.);* ontduik *(belasting, verantwoordelikheid, ens.);* versuim *(plig);* omseil *(probleem, vraag, wet, ens.);* vermy, wegskram van *(onderwerp ens.);* ontkom aan *(ellende ens.);* ontsnap aan *(beproewing ens.);* →EVASION; ~ *description* alle beskrywing te bowe gaan.

**e·vag·i·nate** *(biol., fisiol.)* uitstulp, -peul; omdop. **e·vag·i·na·tion** uitstulping.

**e·val·u·ate** die waarde bepaal van *('n eiendom ens.);* die belang bepaal van *(faktore ens.);* beoordeel *(meriete ens.);* evalueer *(resultate ens.);* bereken *(risiko ens.);* raam, skat *(verlies ens.);* bepaal, takseer *(skade ens.);* besyfer *(finansiële implikasies ens.).* **e·val·u·a·tion** waardebepaling; beoordeling; evaluasie; berekening; raming, skatting; bepaling, taksering; besyfering. **e·val·u·a·tive** waardebepalend.

**ev·a·nes·cent** verdwynend; wegsterwend; verbygaande, vervlietend, verganklik; vervagend; vlugtig; kortstondig; oneindig klein. **ev·a·nes·cence** verganklikheid, kortstondigheid, vlugtigheid.

**e·van·gel·i·cal, e·van·gel·ic** evangelies, evangelie=. **e·van=gel·i·cal·ism** evangeliesgesindheid; die Evangeliese leer.

**e·van·gel·ist** evangelis. **e·van·gel·ise, =ize** evangeliseer; die evangelie verkondig (aan); tot die Christendom bekeer. **e·van=gel·ism** evangelisasie, verkondiging van die evangelie, evan=gelieprediking. **e·van·gel·is·tic** evangelisties. **e·van·gel·is·tics** evangelistiek.

**e·vap·o·rate** *(vloeistof)* verdamp; *(reuk, geur, ens.)* verslaan; *(sous ens.)* wegkook; *(asem ens.)* uitwasem; *(sap ens.)* uitdamp; *(frustrasies ens.)* verdamp; *(gevaar, verwagtinge, ens.)* (in die niet) verdwyn; *(droom, skaduwee, ens.)* vervlieg; *(beeld, woorde, ens.)* vervlugtig; ~ *down* indamp; ~*d milk* ingedampte melk. **e·vap·o·rat·ing** verdampend; verdamp(ings)=; indamp=. **e·vap=o·ra·tion** verdamping; uitwaseming; uitdamping; verdwy=ning; vervlieging; vervlugtiging; indamping; damp.

**e·va·sion** ontwyking; ontduiking; omseiling; vermyding; uit=vlug; →EVADE. **e·va·sive** ontwykend; ontduikend; vermy=dend; vaag; vol uitvlugte; ~ *action/manoeuvre* ontwykings=maneuver; *take* ~ *action* uitwyk; *(vliegtuig ens.)* 'n ontwy=kingsmaneuver uitvoer; *(mil.)* (kontak met) die vyand vermy.

**Eve** *(OT)* Eva; *daughter of* ~ Evasdogter, vrou.

**eve** vooraand; *on the* ~ *of* ... (op) die dag/aand voor *(of* op die vooraand van) ... *(iem. se verjaar[s] dag ens.); (fig.)* aan die voor=aand van ... *('n oorlog ens.);* vlak voor ... *(d. eksamen ens.).*

**e·ven** *adj.* gelyk, glad, plat, effe, vlak; egalig; eenvormig; reël=matig; kalm, bedaard, gelykmatig, =moedig; ewewigtig; *(infml.)* kiets; *(wisk.)* ewe, deur twee deelbaar *(getal); an* ~ *chance* 'n gelyke *(of* ewe groot) kans; *get* ~ *with s.o.* met iem. afreken, iem. in/met gelyke munt terugbetaal; ~ *money* gelykop-wed=denskap; ~ *and odd numbers* ewe en onewe getalle; ~ *odds* vyftigpersentkans, gelyke *(of* ewe groot) kans, kruis of munt. **e·ven** *adv.* selfs, al; ook; eens, eers; ~ *as* ... net soos ...; on=derwyl ...; *an* ~ *better way to* ... selfs 'n beter manier om te ...; *s.o.* **cannot** ~ ... iem. kan nie eens/eers ... nie; ~ *if it is* ... al is dit ...; selfs as dit ... is; ~ *more* (selfs) nog meer; *not* ~ ... selfs nie ... nie; nie eens/eers ... nie; ~ *now* (selfs) nou nog; op hierdie oomblik; ~ *so* selfs dan; nogtans, nietemin, desnie=teenstaande; ~ *then* (selfs) toe al; ~ *though* ... al *(of* selfs as) ... **e·ven** *ww.* gelykmaak *(grond ens.);* gelykop maak *(telling);* gelyk/glad word; ~ *s.t.* **off** iets gelykmaak; *s.t.* ~*s* **off** iets word gelyk; ~ *s.t.* **out** iets gelykmaak/uitstryk/versprei; *s.t.* ~*s* **out** iets word gelyk; ~ **up** *the score* die telling gelykop maak. ~*=***grained** gelykkorrelrig *(tekstuur ens.);* gelykdraads, =dradig *(hout).* ~*=***handed** onpartydig, neutraal, objektief; ewewigtig, gebalanseer(d). ~*=***minded** gelykmoedig, kalm, ewewigtig. ~*=***numbered** eenders genommer; met 'n ewe getal. ~*=***tem=pered** gelykmatig, kalm, rustig, bedaard.

**eve·ning** aand; *all* ~ die hele aand, heelaand; *during the* ~ in die loop van die aand; *good* ~*!* (goeie)naand!; *in the* ~ in die aand; saans; *make an* ~ *of it* die hele aand daar(mee)/hier(mee) deurbring; *on an* ~ *like this* op 'n aand soos dié/vanaand; *s.t. happened one* ~ iets het een aand *(of* op 'n [se=kere] aand) gebeur; *this* ~ vanaand; *throughout* (or *all through) the* ~ die hele aand, heelaand; *tomorrow* ~ môre=aand; *toward(s)* ~ teen die aand (se kant); *yesterday* ~ gis=teraand. ~ **dress** aanddrag, =klere; aandrok; aandpak; *(mil.)* aandtenue. ~ **meal** aandete. ~ **(news)paper** aandblad, =koe=rant. ~ **prayer** aandgebed. ~ **prayers** aandgodsdiens, boe=kevat. ~ **primrose** nagblom; nagkers. ~ **primrose oil** nag=blomolie. ~ **sky** aandlug, =hemel. ~ **star** aandster.

**e·ven·ly** gelyk, glad, effe; egalig, gelykmatig, reëlmatig; kalm, rustig, bedaard; gelykop *(verdeel ens.);* say *s.t.* ~ iets rustig/bedaard sê.

**e·ven·ness** gelyk-, glad-, plat-, effenheid; egaligheid; eenvor=migheid; reëlmatigheid; kalmte, bedaard-, gelykmatig-, gelyk=moedigheid; ewewigtigheid; onpartydigheid.

**e·vens** *n. (mv.):* bet at ~ 'n gelykop-weddenskap plaas. **e·vens** *adj.: a better than* ~ *chance* meer as 'n *(of* 'n beter/groter as)

gelyke kans; *be* ~ *favourite to win* 'n gelyke *(of* ewe groot) kans hê om te wen.

**e·ven·song** *(Angl. Kerk)* aanddiens; *(RK)* vesper.

**e·vent** gebeurtenis; voorval; geval; uitslag; geleentheid, okka=sie; *(sport)* nommer *(op 'n program ens.); (fis.)* gebeurtenis; *after the* ~ agterna; *at all* ~*s* in elk/alle geval; *a* **chain/train** *of* ~*s* 'n reeks (van) gebeure/gebeurtenisse; *let* ~*s take their* **course** sake maar laat loop; *the* **course/trend** *of* ~*s* die (ver)loop/gang van sake; *a happy* ~ 'n blye/heuglike gebeurtenis; *in any* ~ in elk/alle geval; *in either* ~ in albei gevalle; *in the (ultimate)* ~ uiteindelik, op die ou end, ten slotte; *in the* ~ *of* ... in geval van ... *(brand ens.);* *in the* ~ *that* ... ingeval *(of* vir geval) ... *(iets gebeur ens.);* indien ... *(iem. iets verloor ens.);* **mark** *an* ~ 'n gebeurtenis gedenk/vier; *quite an* ~ 'n hele ge=beurtenis; 'n groot geleentheid/okkasie; *world* ~*s* wêreld=gebeure, =gebeurtenisse. ~ **horizon** *(astron.)* gebeurtenis=horison.

**e·vent·ful** (veel)bewoë, gebeurtenisvol; merkwaardig; belang=rik, gewigtig.

**e·vent·ing** *(perdesport)* driefasekompetisie, die driefase. **e·vent=er** driefaseperd; driefaseruiter.

**e·vent·less** kalm, stil, rustig.

**e·vents:** ~ **calendar** geleentheidskalender. ~ **company** ge=leentheidsmaatskappy. ~ **organiser** geleentheidsorganiseer=der.

**e·ven·tu·al** *(attr.)* uiteindelike *(gevolg ens.),* eindelike *(uitslag ens.);* slot=, eind=. **e·ven·tu·al·i·ty** gebeurlikheid, moontlikheid, moontlike gebeurtenis, eventualiteit. **e·ven·tu·al·ly** (uit)ein=delik, oplaas, op laas, einde ten laaste, ten slotte.

**e·ven·tu·ate** *(fml.)* gebeur, plaasvind, geskied; afloop; uit=loop, uitdraai *(op);* ~ *from* ... ontstaan/(voort)spruit/voort=vloei uit ...; ~ *in* ... op ... uitloop, ... tot gevolg hê.

**ev·er** altyd, altoos, immer, ewig, in lengte van dae; ooit; ~ *after* daarna, van toe *(of* daardie tyd) af, sedertdien; *as* ... *as* ~ so ... as ooit; *best* ~ allerbeste; *biggest* ~ allergrootste, die grootste van almal *(of* tot dusver); *did/have you* ~*?, (infml.)* nou toe nou!, kan jy nou meer!; *first* ~ allereerste; *for* ~ vir ewig/goed *(weggaan);* vir altyd *(aanhou);* altyd, (vir) ewig *(liefhê);* altyd *(onthou);* →FOREVER; *for* ~ *and* ~ vir ewig en altyd, tot in (alle/der) ewigheid; *for* ~ *and a day* vir ewig en altyd; 'n ewigheid; *go on for* ~ altyd so bly; vir altyd *(neerh.)* 'n ewigheid *(of* vir altyd) aanhou/duur/voortduur; *the Boks for* ~*!* lank lewe die Bokke!; *hardly* ~ amper/byna *(of* so goed as) nooit; *if* ~ *s.t. happens* as iets ooit gebeur; *a* ... *if* ~ *there was one* 'n opperste ... *(gek ens.),* 'n ... van die eerste water *(opportunis ens.);* ~ *nearer* steeds nader; *not* ~ (nog) nooit nie; ~ *since* sedertdien, van toe af; *be* ~ *so* ..., *(infml.)* baie/erg/uiters ... wees *(verwaand ens.);* *s.o. wants to do s.t.* ~ *so much, (infml.)* iem. wil iets dolgraag doen; *thank you* ~ *so much, (infml.)* baie, baie dankie; duisend dankies; ~ *so much easier/etc., (infml.)* oneindig makliker/ens.; *who* ~ wie ook (al); wat ooit; wat nog ooit; *who* ~ *would have* ...*?* wie sou ooit ...? *(gedink het ens.);* *the worst fire* ~ die grootste brand bekend; die grootste brand van alle tye. ~*=***changing** steeds wisselend. ~*=***green** immer=, altydgroen, bladhoudend. ~*=***in=creasing** steeds toenemend/stygend. ~*=***lasting** *n., (bot.)* sewe=jaartjie, strooiblom(metjie). ~*=***lasting** *adj.* ewig *(God, ver=bond);* blywend *(redding, roem);* onsterflik, onverganklik *(eer);* onverwelkbaar *(blom);* on(ver)slytbaar *(motorbande ens.);* ein=deloos, ewigdurend, nimmereindigend, onophoudelik, kna=end *(getwis ens.);* ~ *life, life* ~ ewige lewe. ~*=***more** altyd; voort=durend; *for* ~ vir ewig/altyd. ·*=***sharp** skerpblywend.

**Ev·er·est** *(fig.)* hoogte-, toppunt, kruin, klimaks; berg, stapel, hoop; *(Mount)* ~ (die berg) Everest.

**ev·er·glade** *(Am.)* moerasland; *the E=s* die Everglades.

**e·vert** *(biol., fisiol.)* omdop, =keer, =stulp. **e·ver·sion** omdop=ping, =kering, =stulping.

**eve·ry** elke, iedere, al(le); *there's* ~ **hope** *that* ... daar is/be=

staan 'n (baie) goeie kans dat ...; ~ *little helps* alle bietjies help; ~ *now and again/then,* ~ *so often* (so) nou en dan *(of af en toe of* van tyd tot tyd); ~ *one of them* elkeen van hulle; ~ *single one (of them)* almal *(of* die laaste een) (van hulle); *one out of* ~ *ten* een uit elke tien; *have* ~ *trust in s.o.* iem. ten volle vertrou, die volste vertroue in iem. hê; *with* ~ *good wish* met alle goeie wense; *hang on s.o.'s* ~ *word* aan iem. se lippe hang. ~**body** →EVERYONE. ~**day** *(attr.)* daaglikse *(behoefte, lewe, ens.),* alledaagse *(ding, lewe, ens.);* gewone *(mense ens.); in* ~ *language* in die omgangstaal. **E~man** *(Me. spel)* Elckerlyc; *(dikw. e~)* die gewone mens *(of* deursneemens), Jan Alleman. ~**one,** ~**body** almal, elkeen, iedereen; ~ *else* al die ander; *it's not* ~ *who can* ... elkeen kan nie ... nie; ~ *is/was* ... almal is/was ... ~**thing** alles; ... *and* ~, *(infml.)* ... en sulke dinge; ~ *but* ... alles behalwe ...; ~ *else* die res, al die ander (dinge/goed); ~ *possible* al die moontlike, al wat moontlik is/was; ~ *relevant* al(les) wat ter sake is; *something of* ~ iets van alles; ~ *that* ... alles wat ... ~**way** op alle moontlike maniere; in alle opsigte; volkome, heeltemal. ~**where** oral(s), alom, allerweë; alkante; *come from* ~ van oraloor kom; ~ *one goes* oral(s) waar ('n) mens *(of* waar ['n] mens ook al) gaan.

**e·vict** uitsit; afsit; geregtelik terugneem, uitwin; ~ *s.o. from* ... iem. uit ... sit *('n gebou);* iem. van ... afsit *('n perseel).* **e·vic̲·tion** uitsetting; afsetting; uitwinning.

**ev·i·dent** duidelik, sigbaar, klaarblyklik, voor die hand liggend; *it is* ~ *that* ... dit lê voor die hand dat ... **ev·i·dence** *n.* bewys *(ook jur.); (jur.)* bewystuk(ke), -materiaal; *(jur.)* getuienis; *(jur.)* bewyslewering; *(jur.)* bewysvoering; teken(s), aanduiding(s), blyk(e) *(v. iets); adduce* ~ getuienis aanbied/aanvoer; *admit s.t. in* ~ iets as getuienis toelaat; *give* ~ *against s.o.* teen iem. getuig; *bear* ~ *that* ... (daarvan) bewys lewer dat ...; *bear/show* ~ *of s.t.* van iets getuig; tekens van iets toon; *call s.o. in* ~ iem. as getuie oproep; *in chief* hoofgetuienis; *conclusive* ~ afdoende/beslissende getuienis; *corroborative* ~ bevestigende/stawende getuienis; *furnish* ~ *of s.t.* bewys van iets lewer; *give* ~ getuienis aflê/gee/lewer, getuig; *give* ~ *for s.o.* vir iem. getuig; *give* ~ *of s.t.* tekens van iets toon; blyk(e) van iets gee; van iets getuig; *hear* ~ getuienis aanhoor; *be in* ~ sigbaar *(of* te sien) wees; aanwesig wees; opval; *be much in* ~ die aandag trek, op die voorgrond wees; *lead* ~ getuienis aanvoer/aanbied/lei; *there is no* ~ *of* ... daar is geen bewyse van ... nie *(nalatigheid ens.);* daar is geen tekens van ... nie *('n inbraak ens.);* daar is geen aanduidings van ... nie *('n hartaanval ens.); on the* ~ *of* ... op grond van ...; *produce* ~ bewys lewer/verskaf; *say/state* in ~ *that* ... getuig dat ...; *not the slightest* ~ geen sweempie *(of* hoegenaamd geen) bewys nie; *statement of* ~ getuieverklaring; *take s.o.'s* ~ iem. se getuienis afneem; *taking of* ~ getuieverhoor; *tender* ~ getuienis aanbied; *there is no* ~ *that* ... daar is geen getuienis/tekens/aanduidings *(of* niks dui daarop) dat ... nie; *turn state's* ~ (gevrywaarde) staatsgetuie word; *the weight of the* ~ die oorwig van die getuienis. **ev·i·dence** *ww.* getuig van, bewys; blyk(e) gee van, tekens toon van, dui op, aantoon. **ev·i·den·tial** bewysend, bewysgewend, -lewerend, bewys-. **ev·i·dent·ly** klaarblyklik; blykbaar.

**e·vil** *n.* sonde, kwaad, boosheid, die bose, die slegte; euwel; onheil; *brew* ~ onheil stig; *deliver us from* ~, *(NT)* verlos ons van die Bose; *choose the lesser* of two ~s die minste van twee euwels/kwade kies; *a necessary* ~ 'n noodsaaklike euwel/kwaad; *the root of all* ~ die wortel van alle kwaad; *social* ~ maatskaplike euwel; *speak* ~ *of s.o.* sleg van iem. praat, iem. belaster/beskinder. **e·vil** *adj.* sleg, kwaad, boos; *it will be an* ~ *day when* ... dit sal 'n kwade dag wees wanneer ...; *fall on/upon* ~ *days* slegte tye beleef/belewe, in swaar tye leef/lewe, baie swaar kry; *the* ~ *eye* die bose oog; *an* ~ *genius* 'n bose gees; ~ *intent* kwaadwilligheid; *with* ~ *intent* met bose/kwade bedoelings; *a/an* ...*of* ~ *repute* 'n berugte ..., 'n ... met 'n slegte reputasie; *an* ~ *tongue* 'n lastertong/skinderbek. ~**doer**

boos-, kwaaddoener. ~**doing** sonde; misdadigheid. ~**-minded** kwaaddenkend; boosaardig. ~**-smelling** onwelriekend, stinkend. ~**-speaking** *n.* kwaadpratery, -sprekery, skindery; laster. ~**-speaking** *adj.* lasterend, kwaadsprekend; lasterlik.

**e·vil·ly** sleg, boos, kwaad; ten kwade; nadelig; ~ *disposed* kwaadgesind.

**e·vil·ness** verkeerdheid; boos-, slegtheid; sondigheid.

**e·vis·cer·ate** *(fml.)* die ingewande verwyder/uithaal; *(fig.)* ontkrag, van sy krag beroof/berowe, verswak.

**ev·o·ca·tion** oproeping; uitlokking; opwekking; veroorsaking; verwekking; ontlokking.

**e·voc·a·tive** stemmingsvol, evokatief; *s.t. is* ~ *of* ... iets herinner ('n) mens aan ..., iets laat ('n) mens aan ... dink.

**e·voke** oproep *(herinnerings, geeste, ens.);* uitlok *(bewondering, reaksie, ens.);* (op)wek *(simpatie ens.);* wek *(verbasing ens.);* veroorsaak, sorg vir *(opskudding ens.);* (ver)wek *(opspraak ens.);* ontlok *(emosies, geweld, 'n antwoord, ens.);* te voorskyn roep *(uit d. dood).*

**ev·o·lu·tion** evolusie, ewolusie; wording, wordings-, ontstaansgeskiedenis *(v. 'n land ens.);* ontwikkelingsgang *(v.d. ekonomie ens.);* ontwikkeling; ontvouing, -plooiing; draai, swenking; *(chem.)* ontwikkeling; *(mil.)* (taktiese) maneuver, evolusie, ewolusie. ~ **theory, theory of** ~ evolusie-, ewolusieleer, -teorie.

**ev·o·lu·tion·al, ev·o·lu·tion·ar·y, ev·o·lu·tive** evolusie-, ewolusie-, ontwikkelings-.

**ev·o·lu·tion·ist** evolusionis, ewolusionis. **ev·o·lu·tion·ism** evolusionisme, ewolusionisme; evolusie-, ewolusieleer.

**e·volve** ontwikkel, -plooi, -vou, groei, geleidelik ontstaan; *(bakterie ens.)* evolueer, ewolueer; uitwerk *('n strategie ens.);* uitdink *('n projek ens.); (chem.)* afgee *(gas, warmte); s.t.* ~*s out of* ... iets ontwikkel uit ...

**ewe** (skaap)ooi; ~ *with lamb* suip-, lammerooi. ~ **lamb** ooilam. ~**('s-milk) cheese** skaap(melk)kaas.

**ew·er** lampetbeker, -kan; (water)beker.

**ex¹** *prep., (Lat.)* van; (van)uit; sonder; ~ *cathedra, (RK)* ex cathedra, gesaghebbend, bindend; ~ *dividend* ex/sonder dividend; ~ *gratia* ex gratia, onverplig; ~ *gratia payment* ex gratia-, welwillendheidsbetaling, betaling ex gratia; ~ *officio* ex officio, ampshalwe; ~ *officio member* ex officio-lid, lid ex officio, lid ampshalwe; ~ *parte* ex parte, eensydig; ~ *parte statement* ex parte-verklaring, verklaring ex parte, eensydige verklaring; ~ *Tshwane/etc.* van Tshwane/ens. (af). ~**factory** *adj.* fabrieks-; ~ *price* fabrieksprys.

**ex²** *exes, n., (d. letter x)* eks.

**ex³** *n., (infml.: gewese man/vrou/ens.)* eks.

**ex-** *pref.* oud-, eks-, gewese, voormalige. ~**-chairman** oudvoorsitter. ~**-convict** oudgevangene. ~**-mayor** oudburgemeester. ~**-president** oudpresident, ekspresident. ~**-scholar** oudleerling. ~**-student** oudstudent, alumnus. ~**-wife** gewese vrou, eksvrou.

**ex·ac·er·bate** vererger, erger maak *(pyn, siekte, spanning, toestand, ens.);* irriteer, kwaad maak, ontstig, vererg *(iem.).* **ex·ac·er·bat·ing** verergerend; irriterend, ontstigtend. **ex·ac·er·ba·tion** verergering; opvlamming *(v. siekte);* irritasie, ergernis.

**ex·act** *adj.* presies, noukeurig, nougeset, juis, (dood)reg, akkuraat; eksak; *the* ~ *amount/sum* die presiese bedrag; *at that* ~ *moment* presies op daardie oomblik; *be the* ~ *opposite of s.t.* presies die teenoorgestelde van iets wees; ~ *replica* getroue weergawe; *the* ~ *same* ..., *(infml.)* presies dieselfde ...; ~ *sciences* eksakte wetenskappe; *what is the* ~ *time?* hoe laat is dit presies?; *the* ~ *time and place* die presiese tyd en plek; *those were s.o.'s* ~ *words* dis presies wat iem. gesê het. **ex·act** *ww., (fml.)* vorder *(belasting ens.);* verg, eis, verlang; opeis *(voorregte, vergoeding, gelyke behandeling, ens.);* afdwing *(respek, verandering, ens.);* ~ *s.t. from s.o.* iets van iem. verg;

iets van iem. opeis; iets uit iem. kry *(geld ens.)*; ~ *revenge/vengeance from s.o.* op iem. wraak neem/uitoefen. **ex·act·ing** veeleisend *(persoon, beroep, taak, ens.)*; streng *(standaarde ens.)*; uiters moeilik *(omstandighede ens.)*. **ex·ac·ti·tude, ex·act·ness** presiesheid, noukeurigheid, nougesetheid, juistheid, akkuraatheid, eksaktheid. **ex·act·ly** *adv.* presies, juis, net; noukeurig; *s.o. looks* ~ *like s.o. else* iem. lyk op 'n druppel na iem. anders; *not* ~ nie juis/eintlik nie; ~ *nothing* heeltemal niks; ~ *right* doodreg; *what* ~ *do you mean?* wat bedoel jy presies *(of* nou eintlik)?. **ex·act·ly** *tw.* presies!, net so!, juistement!.

**ex·ag·ger·ate** oordryf, oordrywe, aandik, vergroot, opblaas; ~ *s.t. greatly/grossly* iets erg oordryf/oordrywe. **ex·ag·ger·at·ed** oordrewe, aangedik; *be greatly/grossly* ~ erg oordrewe wees. **ex·ag·ger·a·tion** oordrywing, vergroting; oordrewenheid.

**ex·alt** verhef; loof, prys, verheerlik, grootmaak, ophemel, opvysel, roem; ~ *s.o. to* ... iem. tot ... verhef; ~ *s.o. to the skies* iem. hemelhoog prys. **ex·al·ta·tion** verheffing; verheerliking; vervoering, verrukking, blydskap; geestesvervoering. **ex·alt·ed** verhewe; in vervoering, opgetoë, verruk.

**ex·am** *(afk.)* = EXAMINATION.

**ex·am·i·na·tion** *(opv.)* eksamen; eksaminering; *(ook med.)* ondersoek; inspeksie; visentering, deursoeking; *(jur.)* ondervraging, verhoor; *conduct an* ~ 'n eksamen afneem; *the* ~ *in a subject* die eksamen in 'n vak; *an* ~ *into* ... 'n ondersoek na ...; *a medical* ~ 'n mediese ondersoek/keuring; *an* ~ *of* ... 'n ondersoek van ...; *on* ~ by ondersoek; *on closer* ~ by nader ondersoek; *an oral* ~ 'n mondelinge eksamen; *a post= mortem* ~ 'n lykskouing *(of* nadoodse ondersoek *of* outopsie); *set an* ~ 'n eksamen opstel/voorberei; *a stiff* ~, *(infml.)* 'n moeilike/swaar eksamen; *take* (or *sit for*) *an* ~ ('n) eksamen aflê/doen/skryf/skrywe; *be under* ~, *(iem., iets)* ondersoek word; *(d. lot/toekoms v. iets)* nog nie beslis wees nie; *undergo an* ~ geëksamineer word; ondersoek word; *write an* ~ ('n) eksamen skryf/skrywe; *a written* ~ 'n skriftelike eksamen. ~ **book** eksamenskrif, antwoord(e)boek. ~ **fee** eksamengeld. ~**-in-chief** *(jur.)* hoofondervraging. ~ **paper** vraestel; eksamenskrif; *mark* ~ *s* eksamenskrifte nasien. ~ **results** eksamenuitslag, -uitslae.

**ex·am·ine** *(ook med.)* ondersoek; toets, kontroleer, nagaan, nasien; keur; bekyk, beskou, inspekteer; visenteer, deursoek; *(opv.)* eksamineer; *(jur.)* ondervra, verhoor; ~ *s.t. closely* iets noukeurig ondersoek *(of* onder die loep neem); iets op die keper beskou; *have s.t.* ~*d* iets laat ondersoek; *s.o. should* (or *ought/needs to*) *have his/her head* ~*d*, *(infml.)* iem. moet sy/ haar kop laat lees; ~ *s.o. in s.t.* iem. in iets eksamineer; ~ *into s.t.* iets ondersoek. **ex·am·in·er** eksaminator; ondersoeker; kontroleur; keurder; inspekteur; visenteerder; toetsbeampte; ondervraer.

**ex·am·ple** voorbeeld; monster; model; eksemplaar; toonbeeld; *a bad/good* ~ 'n slegte/goeie voorbeeld; *beyond/ without* ~ weergaloos, sonder gelyke/weerga, ongeëwenaard, onoortreflik; *follow an/s.o.'s* ~ 'n *(of* iem. se) voorbeeld volg; *for* ~ byvoorbeeld; *make an* ~ *of s.o.* iem. so straf dat dit ander sal afskrik, iem. tot afskrikkende voorbeeld stel; ~ *is better than precept, (sprw.)* woorde wek, (maar) voorbeelde trek; *s.t. serves as an* ~ *to s.o.* iets is vir iem. 'n voorbeeld, iets strek iem. tot voorbeeld; *set an* ~ 'n voorbeeld stel/wees; *by way of* ~ as *(of* by wyse van) voorbeeld.

**ex·as·per·ate** vertoorn, (baie) kwaad maak, die harnas in ja(ag), vererg; (vreeslik/verskriklik) irriteer; tart, treiter. **ex·as·per·at·ed** vies, vererg, omgekrap, ergerlik, geïrriteer(d); *be* ~ *at/by s.t.* vies/vererg/omgekrap/ergerlik oor iets wees; geïrriteerd oor iets wees; *become/get* ~ *with s.o./s.t.* jou vir iem./ iets vererg. **ex·as·per·at·ing** ergerlik; onhebbelik; onuitstaanbaar. **ex·as·per·at·ing·ly** *be* ~ *slow* pynlik stadig wees; *be* ~ *stupid* ongelooflik dom *(of* bitter onnosel) wees. **ex·as·per·a·tion** ergernis, ergerlikheid, wrewel, toorn, gegriefdheid,

gesteurdheid; wanhoop, vertwyfeling, radeloosheid; *in* ~ van ergernis; uit radeloosheid.

**ex·ca·vate** uitgrawe *(grond, gruis, ens.)*; opgrawe *(artefakte, antieke stad, ens.)*; grawe, uithol *('n sloot, ruimte, ens.)*; ~ *a dam* 'n dam skraap; ~*d soil* uitgegrawe grond. **ex·ca·va·tion** uitgrawing; opgrawing; uitholling; gat, holte; *(i.d. mv.)* graafwerk; opgrawings. **ex·ca·va·tor** uitgrawer; opgrawer; uitholler; (uit)graafmasjien, masjiengraaf, meganiese graaf.

**ex·ceed** oortref, meer wees as *(R10 miljoen ens.)*; oorskry *('n begroting, alle perke, ens.)*; te bowe gaan *(alle begrip ens.)*; oortref *(alle verwagtings)*; *(rivier)* oorstroom *(sy walle)*; ~ *one's powers* jou bevoegdheid oorskry, buite jou bevoegdheid optree; ~ *the speed limit* die snelheidsperk oorskry/oortree. **ex·ceed·ing·ly** uiters *(moeilik, ingewikkeld, onaangenaam, klein, ens.)*, erg *(gespanne, vervelig, ens.)*, hoogs *(mededingend, suksesvol, ens.)*, rêrig *(mooi, snaaks, ens.)*, pynlik *(stadig, ens.)*, geweldig *(beïndruk, geskok, ens.)*, buitengewoon *(warm, nederig, naïef, ens.)*, uitermate *(goed, energiek, ens.)*.

**ex·cel** -*ll-* uitblink, uitmunt, skitter, jou onderskei; oortref; ~ *as a* ... *as* ... skitter *(veldwerker ens.)*; 'n uitstekende/voortreflike/uitmuntende/skitterende ... wees *(kok ens.)*; jou onderskei as ... *(wetenskaplike ens.)*; ~ *at/in s.t.* in iets uitblink/uitmunt, uitmuntend in iets presteer; ~ *o.s.* jouself oortref. **ex·cel·lence** voortreflikheid, uitmuntendheid; uitmuntende eienskap, deug; *par* ~, *(Fr.)* by uitstek/uitnemendheid. **ex·cel·len·cy** *(titel)* eksellensie; *His/Her E~* Sy/Haar Eksellensie. **ex·cel·lent** uitstekend, uitmuntend, puik, skitterend, voortreflik, meesterlik, uitnemend; *an* ~ *opportunity* 'n gulde geleentheid.

**ex·cel·si·or** *(Lat.)* excelsior, (steeds) hoër.

**ex·cept** *ww., (fml.)* uitsluit, uitsonder, buite beskouing laat; ... *not* ~*ed* ... nie uitgesonder nie, met inbegrip van ...; *present company* ~*ed* die aanwesiges uitgesonder; ~ *s.o. from s.t.* iem. van iets uitsluit. **ex·cept** *prep.* behalwe, buiten, afgesien van, met uitsondering van, uitgesonder(d), buite en behalwe; *all came* ~ *him/her* almal het gekom behalwe hy/sy; *it happened to everybody* ~ *him/her* dit het met almal behalwe/ buiten hom/haar gebeur; ~ *for* ... behalwe/buiten *(of* met uitsondering van) ...; ~ *for that* afgesien daarvan, behalwe wat dit betref; *all* ~ *one/etc.* almal op een/ens. na. **ex·cept** *voegw.* maar, egter; ~ *(for the fact) that* ... behalwe (vir die feit) dat ...; *s.t. is quite good/etc.*, ~ *that* ... iets is nogal goed/mooi/ ens., maar ... **ex·cept·ing** *prep., (fml.)* buiten, behalwe, met uitsondering van, afgesien van; *not* ~ ... met inbegrip van ..., ... nie uitgesonder nie. **ex·cep·tion** uitsondering; beswaar; *(jur.)* eksepsie; *as an* ~ by (wyse van) uitsondering; *make an* ~ 'n uitsondering maak; *an* ~ *to the rule* 'n uitsondering op die reël; *the* ~ *proves the rule* die uitsondering bevestig die reël; *take* ~ *to s.t.* teen iets beswaar maak; aan iets aanstoot neem, iem. iets kwalik neem; *by way of* ~ by (wyse van) uitsondering; *with the* ~ *of* ... met uitsondering van ..., ... uitgesonder(d), buiten ...; *without* ~ sonder uitsondering/onderskeid, voor die voet, deur die bank. **ex·cep·tion·al** uitsonderlik, buitengewoon, ongewoon, besonder; uitstekend, uitmuntend, puik, skitterend, voortreflik; ~ *case* uitsonderlike geval, uitsonderingsgeval. **ex·cep·tion·al·ly** by (wyse van) uitsondering; buitengewoon, besonder(lik).

**ex·cerpt** *n.* uittreksel, ekserp; aanhaling; stuk(kie), fragment, greep, grepie, (kort) gedeelte; *make an* ~ *from s.t.* 'n uittreksel uit iets maak; *play an* ~ *from* ... 'n uittreksel/stuk(kie)/ fragment/greep/grepie *(of* kort gedeelte) uit ... (voor)speel. **ex·cerpt** *ww.* 'n uittreksel maak, ekserpeer; aanhaal; ~ *from* ... uittreksels *(of* 'n uittreksel) uit ... maak.

**ex·cess, ex·cess** oormaat; oorvloed; oordaad; oorskot, surplus, res; saldo; buitensporigheid, onmatigheid; uitspatting; oorskryding; *(i.d. mv.)* gruwele, gruweldade, gewelddadighede *(v. oorlog ens.)*; *commit* (or *be guilty of*) ~*es* jou te buite gaan; gruweldade pleeg, aan gruweldade skuldig wees; *in* ~ in oormaat; oormatig; *in* ~ *of* ... meer as *(of* bo) ...; *an* ~ *of*

... 'n oormaat (van) ... *(inligting, vitamiene, ens.);* 'n oorvloed (van) ... *(kos, liefde, ens.);* te veel ... *(ywer ens.);* carry s.t. *to* ~ iets oordryf/oordrywe; *eat/drink to* ~ oormatig eet/drink, jou te buite gaan. ~ **amount** oorskotbedrag. ~ **baggage,** ~ **luggage** oortollige bagasie, oorgewigbagasie. ~ **charge** toeslag. ~ **expenditure,** ~ **spending** oorbesteding, ooruitgawe. ~ **freight,** ~ **load** ekstra vrag, oorvrag. ~ **payment** oorbetaling; *(versek.)* bybetaling. ~ **weight** oorgewig.

**ex·ces·sive** oordrewe *(emosies, ywer, ens.);* buitensporig *(gedrag, magte, prys, wins, ens.);* oordadig *(liefde, respek, ens.);* oormatig *(alkoholgebruik, bloeding, ens.);* uitermatig *(energie, geweld, ens.);* uitbundig *(vrolikheid, jolyt, ens.);* uitspattig *(lewenstyl, smaak, ens.);* mateloos *(frustrasie, verdriet, ens.);* ~ *drinking* drankmisbruik; ~ *modesty* oorbeskeidenheid. **ex·ces·sive·ly** uiters, uitermate, buitensporig, oordrewe.

**ex·change** *n.* ruil(ing), omruiling, uitruiling, verruiling; ruilery, wisseling, omwisseling, uitwisseling; ruilverkeer; ruil-, wisselhandel; wisselkoers; valuta; teenwaarde; bankkommissie; beurs; beurs(gebou); *an angry* (or a *bitter/heated*) ~ *(of words)* 'n skerp woordewisseling; *bank of* ~ wisselbank; *an* ~ *between* ... 'n woordewisseling tussen ...; ~ *of ideas/ thoughts/notes* gedagtewisseling; *in* ~ *for* ... in ruil vir ...; *a medium of* ~ 'n ruilmiddel; *telephone* ~ telefoonsentrale. **ex·change** *ww.* (om)ruil, uitruil, verruil; wissel, verwissel, omwissel, uitwissel; ~ *s.t. for* ... iets vir ... ruil; iets vir ... verruil; iets vir ... inwissel/uitwissel; iets deur ... vervang; ~ *seats with* s.o. plekke met iem. (om)ruil; ~ *words with* s.o. 'n woorde met iem. wissel, met iem. gesels; ~ *angry words with* s.o. 'n woordewisseling met iem. hê. ~ **control** valuta-, deviesebeheer. ~ **medium** ruilmiddel. ~ **rate** wisselkoers; *(han.)* ruilvoet, ruilverhouding. ~**rate parity** wisselkoerspariteit. ~ **student** uitruilstudent. ~ **value** ruilwaarde; koerswaarde.

**ex·change·a·ble** omruilbaar, uitruilbaar, (ver)ruilbaar *(goedere);* inwisselbaar, omwisselbaar, uitwisselbaar *(effekte ens.).*

**ex·cheq·uer** skatkis, staatskas, fiskus *(v. 'n land); Chancellor of the E~* Britse minister van finansies. ~ **bill** skatkiswissel, -bewys, -biljet. ~ **bond** *(Am.)* skatkisobligasie.

**ex·cis·a·ble** aksynspligtig, aksynsbaar, onderhewig/onderworpe aan aksyns.

**ex·cise, ex·cise**[1] *n.* aksyns. ~ **duty** aksynsreg. ~ **(tax)** aksyns- (belasting).

**ex·cise**[2] *ww.* skrap, uitwis, weglaat *(reël, teks, ens.); (chir.)* uitsny, wegsny, verwyder *(gewas, orgaan, ens.).* **ex·ci·sion** skrapping, uitwissing, weglating; uitsnyding, wegsnyding, verwydering, eksisie.

**ex·cised** met aksyns belas.

**ex·cite** opgewonde maak; *(seksueel)* prikkel, stimuleer; wek *(belangstelling, agterdog, jaloesie, ens.);* opwek *(gevoelens ens.);* uitlok *(reaksies ens.);* gaande maak *(d. verbeelding ens.);* begin, ontketen, laat ontstaan *('n rebellie ens.); (chem., fis., elek.)* opwek. **ex·cit·a·ble** prikkelbaar, liggeraak; emosioneel, wat gou opgewerk raak. **ex·ci·ta·tion** *(fis., fisiol., elek., elektron.)* opwekking; *(fisiol.)* prikkel(ings)toestand, eksitasie; aktivering. **ex·cit·ed** opgewonde, uitgelate, opgetoë, gaande; *be* ~ *about s.t.* opgewonde oor iets wees; in jou skik/noppies met iets wees; *become/get* ~ *about s.t.* opgewonde oor iets raak/word; jou oor iets opwen *(of druk maak); don't get* ~*!* bly kalm!. **ex·cite·ment** opgewondenheid, opgewondenheid; spanning; roes *(v. 'n oorwinning ens.);* drukte; *(seksueel)* prikkeling, stimulasie, opwekking; *the* ~ *about/over s.t.* die opgewondenheid/opwinding oor iets; *quiver with* ~ tintel van opwinding. **ex·cit·ing** opwindend; spannend *(verhaal, kykstof, wedstryd, avontuur, ens.);* spanningsvol *(oomblik, situasie, dag, tyd, ens.); (seksueel)* prikkelend, stimulerend, opwekkend.

**ex·claim** uitroep; ~ *at s.t.* jubelend/opgewonde/spontaan/ verbaas/ens. uitroep oor iets.

**ex·cla·ma·tion** uitroep, kreet, skree(u), roep. ~ **mark** uitroepteken.

**ex·clude** uitsluit; uitskakel *(moontlikheid, twyfel, ens.);* uithou *(uit 'n saak ens.);* nie toelaat nie, wegwys; buite beskouing/rekening laat, nie in ag neem nie; ~ *s.o. from s.t.* iem. van iets uitsluit. **ex·clud·ing** *prep.* met uitsondering van, uitgesonder(d). **ex·clu·sion** uitsluiting; uitskakeling; wegwysing; *to the* ~ *of* ... met uitsluiting van ... **ex·clu·sive** uitsluitend; nie inbegrepe nie; geslote *(vergadering ens.);* uitsluitlik *(doel, prerogatief, voorreg, ens.);* eksklusief *(eetplek, klub, winkel, woonbuurt, onderhoud, dekking, ens.);* deftig, sjiek; kieskeurig, uitsoekerig; afgeslote, afsydig *(gemeenskap ens.);* enigste *(bedinger, handelaar, vervoermiddel, ens.);* ~ *agency* alleenagentskap; ~ *agent* alleenagent, enigste agent; ~ *line, (telef.)* enkelvoudige aansluiting; *mutually* ~ onverenigbaar; ~ *of* ... sonder *(of* met uitsluiting van*) ... (BTW, rente, ens.);* ~ *right* alleenreg, uitsluitende reg; *s.t. is* ~ *to* ... iets is net/uitsluitend/ uitsluitlik by ... te koop/kry/vind; iets kom net by ... voor. **ex·clu·sive·ly** uitsluitend, uitsluitlik *(op iets staatmaak ens.);* slegs, net *(vir iets gebruik ens.);* eksklusief *(vir iets ontwikkel wees ens.).* **ex·clu·sive·ness, ex·clu·siv·i·ty** uitsluitlikheid; eksklusiwiteit; afgeslotenheid, afsydigheid.

**Ex·co** *(afk.v.* Executive Committee/Council*)* Uitvoerende Komitee/Raad *(afk.:* UK, UR*).*

**ex·com·mu·ni·cate** in die (kerklike) ban doen, uit die kerk ban, ekskommunikeer. **ex·com·mu·ni·ca·tion** (kerklike) ban, ekskommunikasie.

**ex·cre·ment** uitwerpsel(s), ontlasting, uitskeiding; drek.

**ex·crete** uitskei (jou) ontlas, ekskreteer. **ex·cre·ta** *n. (mv.)* uitskeidings, uitwerpsels, ekskreta, ekskresies, fekalieë; uitskeidingsprodukte; drek. **ex·cre·tion** uitskeiding, ekskresie, ekskreet; uitskeidingsproduk. **ex·cre·tive, ex·cre·to·ry** uitskeidend, uitskeiding(s)-; ~ *duct, (fisiol.)* afvoerbuis.

**ex·cru·ci·at·ing** ondraaglik, verskriklik, vreeslik, folterend *(pyn);* pynigend *(proses, aanraking, ens.);* martelend *(ure, dae, maande, jare, onsekerheid, spanning, ens.),* martel- *(dood ens.).* **ex·cru·ci·at·ing·ly** uiters *(aaklik, pynlik, swak, vernederend, ens.);* ontsettend *(banaal, seer, ens.);* verskriklik, vreeslik *(hartseer, moeg, ongemaklik, sleg, vervelig, ens.);* bitter *(moeilik, seer, warm, ens.);* ~ *funny* skree(u)snaaks.

**ex·cul·pate** *(fml.)* verontskuldig, vryspreek, van blaam onthef; ~ *o.s.* die skuld van jou afskuif/-skuiwe; ~ *s.o. from s.t.* iem. van iets vryspreek *('n beskuldiging ens.).*

**ex·cur·sion** uitstappie, ekskursie, plesiertog(gie); *go on an* ~ 'n uitstappie doen/maak/onderneem. ~ **fare** vakansie-, ekskursietarief.

**ex·cuse** *n.* verskoning, ekskuus; verontskuldiging, ekskuus; uitvlug, voorwendsel, skuiwergat; *a feeble/flimsy/lame/ paltry/poor/sorry/thin/weak* ~ 'n flou(erige)/swak(kerige)/power(e) verskoning/ekskuus; *try to find* ~*s* verskonings soek; *an* ~ *for a* ..., *(infml.)* 'n patetiese/vrotsige/beroerde ...; *make a thousand and one* ~*s* allerhande verskonings hê; *a valid* ~ 'n geldige verskoning/ekskuus; *by way of* ~ ter verskoning. **ex·cuse** *ww.* verskoon; verontskuldig; vergeef, vergewe; oorsien, oor die hoof *(of* deur die vingers*)* sien *(iem. se tekortkomings ens.);* vrystel *(v. 'n eksamen ens.);* kwytskeld, vryskeld *(v. betaling, belasting, ens.); ask/beg to be* ~*d* vra om verskoon te word; (om) verskoning vra; *can/may I be* ~*d?* kan/mag ek maar gaan?; kan/mag ek maar opstaan *(of* die tafel verlaat*)?;* ~ *o.s. for being late* verskoning maak dat jy laat is, verskoning maak vir jou laat kom; ~ *me for being late,* ~ *my late arrival* jammer dat ek laat is, jammer ek is laat; ~ *s.o. for s.t.* iem. iets verskoon; *s.o. can/could be* ~*d for* ... dis *(of* dit is*)* vergeeflik dat iem. ..., *(*'n*)* mens kan iem. nie verkwalik *(of* kwalik neem*)* dat hy/sy ... nie; ~ *s.o. from s.t.* iem. van iets vrystel; ~ *me!* ekskuus!, verskoon my!; *nothing can* ~ *such* (or *that kind of) behaviour/etc.* sulke gedrag/ens. is onvergeeflik/onverskoonbaar; ~ *o.s.* vra om verskoon te word; (om) verskoning vra.

**ex·e·cute** uitvoer *('n plan, bestelling, bevel, hofbevel, vonnis,* *ens.);* uitvoering gee aan, ten uitvoer bring *('n beleid, belofte, ens.);* verrig *(funksie, taak, ens.);* nakom *('n kontrak); (rek.)* uit‑ voer *(program, instruksie);* uitvoer *(danspassies ens.);* uitvoer, speel, vertolk *(musiek); (jur.)* verly *('n akte, dokument, testa‑ ment); (jur.)* ten uitvoer lê *('n vonnis, lasbrief, hofbevel); (jur.)* uit‑ win, eksekuteer *(skuldenaar); (jur.)* teregstel, iem. se doods‑ vonnis *(of die doodsvonnis van iem.)* voltrek; *~ s.o. by (a) firing squad* iem. fusilleer. **ex·e·cut·a·ble** uitvoerbaar *(ook rek. program); (jur.)* eksekutabel, vatbaar vir eksekusie *(eien‑ dom ens.).* **ex·e·cu·tion** uitvoering; tenuitvoerbrenging; ver‑ rigting; nakoming; skepping; *(mus.)* spel, vertolking; *(jur.)* verlyding; *(jur.)* tenuitvoerlegging; *(jur.)* uitwinning, eksekur‑ sie; *(jur.)* teregstelling, voltrekking van iem. se doodsvonnis; *in the ~ of one's **duty*** in die uitvoering van jou plig; *put s.t. into ~* iets uitvoer, aan iets uitvoering gee, iets in werking stel; ***sale** in ~, (jur.)* geregtelike verkoping, uitwinnings‑, eksekusieverkoping; *writ of ~, (jur.)* lasbrief vir eksekusie/ uitwinning. **ex·e·cu·tion·er** beul, laksman.

**ex·ec·u·tive** *n.* bestuursbeampte, =amptenaar *(v. 'n onder‑ neming);* uitvoerende beampte/amptenaar *(v. 'n bedryfsver‑ eniging ens.);* dagbestuur, uitvoerende bestuur; bestuurskor‑ mitee; uitvoerende komitee; uitvoerende gesag/mag *(v.d. staat).* **ex·ec·u·tive** *adj.* uitvoerend, uitvoerings‑; be‑ stuurs‑; *~ **authority*** uitvoerende gesag/mag *(v.d. staat);* uit‑ voerende owerheid; *~ **clemency*** begenadiging deur die owerheid; *~ **committee*** uitvoerende komitee; dagbestuur, uitvoerende bestuur; *E~ **Council*** Uitvoerende Raad; *~ **di‑ rector*** uitvoerende direkteur; *~ **officer*** bestuursbeampte, =amptenaar *(v. 'n onderneming);* uitvoerende beampte/amp‑ tenaar *(v. 'n bedryfsvereniging ens.); (vloot)* uitvoerende offi‑ sier. *~ **burnout*** bestuurstamheid, =uitputting. *~ **desk*** direk‑ teurslessenaar. *~ **flu*** yuppie‑, jappiegriep. *~ **toys** (mv.)* ont‑ werperspeelgoed.

**ex·ec·u·tor** *(jur.)* eksekuteur, boedeladministrateur; uitvoer‑ der *(v. 'n beleid ens.);* voltrekker *(v. 'n projek ens.).* **ex·e·cu‑ to·ri·al** eksekutoriaal, eksekuteurs‑. **ex·ec·u·tor·ship** eksekur‑ teurskap. **ex·ec·u·trix** *=trices, =trixes, (jur.)* eksekutrise.

**ex·e·ge·sis** *=geses* Skrif‑, Bybelverklaring, eksegese; teks‑ verklaring, eksegese; uitlegkunde. **ex·e·get·ic, ex·e·get·i·cal** verklarend, eksegeties.

**ex·em·plar** model, voorbeeld; toonbeeld; tipe; parallel. **ex·em‑ pla·ri·ness** voorbeeldigheid. **ex·em·pla·ry** voorbeeldig; tot voorbeeld/waarskuwing strekkend; *~ **conduct*** voorbeeldige gedrag; *~ **punishment*** afskrikkende straf.

**ex·em·pli·fy** as voorbeeld dien; beliggaam; (met voorbeelde *of* met 'n voorbeeld) toelig, illustreer; *(jur.)* 'n gewaarmerkte afskrif maak van. **ex·em·pli·fi·ca·tion** voorbeeld, illustrasie; toeligting (met voorbeelde); *(jur.)* gewaarmerkte afskrif.

**ex·empt** *adj.* vrygestel, onthef; *be ~ from s.t.* van iets vry‑ gestel wees. **ex·empt** *ww.* vrystel, onthef, vryskeld.

**ex·emp·tion** vrystelling, ontheffing. *~ **certificate*** vrystel‑ lingsbewys.

**ex·er·cis·a·ble** uitoefenbaar, uitvoerbaar.

**ex·er·cise** *n.* oefening; werkstuk, (praktiese) oefening, taak, opdrag; *(mil., dikw. mv.)* militêre oefening, maneuver, dril; *the **aim/object** of the ~ is ...* die oogmerk/doel daarmee is ...; *do ~s* oefening doen; *hard/stiff/strenuous/vigorous ~* strawwe oefening; *by the ~ of one's imagination/etc.* deur jou verbeelding/ens. te gebruik; *religious ~* godsdiensoefening. **ex·er·cise** *ww.* uitoefen, gebruik, aanwend, beoefen; (aan) geld *(jou invloed ens.);* oefen, (liggaams)oefeninge doen; oe‑ fening gee *(of* laat kry) *('n hond); (mil.)* dril; *~ **patience*** geduld beoefen/gebruik; *~ a right* 'n reg uitoefen. *~ **bicycle**, ~ **bike**, ~ **cycle*** oefenfiets. *~ **book*** oefeningboek; (skool)skrif, skryf‑ boek.

**ex·er·cis·er** oefentoestel; oefenaar.

**ex·ert** uitoefen, aanwend; *~ o.s.* jou inspan, jou bes doen; moeite doen; alles in die werk stel. **ex·er·tion** (krags)inspan‑ ning, kragtige poging; uitoefening.

**ex·e·unt** *(Lat., teat.)* af.

**ex·fo·li·ate** afskilfer, afblaar, afskaal; *(bot.)* eksfolieer; (af) skuur, skrop, vryf, vrywe. **ex·fo·li·a·tion** afskilfering; eksfo‑ liasie; afskuring.

**ex·hale** uitasem; uitblaas; uitwasem, uitdamp; ontsnap; af‑ gee. **ex·ha·la·tion** uitaseming; uitblasing; uitwaseming; wa‑ sem, damp.

**ex·haust** *n.* uitlaatstowwe; uitlaatgasse; uitlaat(pyp) *(v. 'n motor);* afvoerpyp. **ex·haust** *ww.* uitput, afmat *(iem.);* uit‑ put *(onderwerp ens.);* opgebruik *(energie ens.);* leegmaak, le‑ dig; uitpomp; uitsuig *(lug ens.);* uitlaat *(gas ens.).* *~ **gas*** uit‑ laatgas. *~ **pipe*** uitlaat(pyp). *~ **system*** uitlaatstelsel.

**ex·haust·ed** uitgeput, gedaan, doodmoeg, pootuit; op(ge‑ bruik); uitverkoop *(voorraad);* lugleeg.

**ex·haust·i·ble** uitputbaar, uitputlik.

**ex·haust·ing** uitputtend, vermoeiend; *s.o. is ~ company* (or *to be with)* iem. is baie vermoeiend.

**ex·haus·tion** uitputting, afmatting; afgematheid, uitgeput‑ heid; *work s.t. to ~* iets oorjaag *('n masjien ens.).*

**ex·haus·tive** diepgaande, volledig, al(les)omvattend, uit‑ voerig; uitputtend.

**ex·hib·it** *n.* (ver)toonstuk; uitstalling; insending; *(Am.)* ten‑ toonstelling; *(jur.)* bewysstuk. **ex·hib·it** *ww.* vertoon, ten toon stel, uitstal *(skilderye ens.);* instuur *(na 'n tentoonstelling);* aan die dag lê *(verantwoordelikheid ens.);* openbaar *('n talent ens.);* toon *(simptome ens.);* *~ a charge* 'n klag indien/inbring. **ex·hib·i·tor** vertoner, tentoonsteller; deelnemer *(by 'n tentoon‑ stelling).*

**ex·hi·bi·tion** tentoonstelling, uitstalling *(v. skilderye ens.);* vertoning *(v. ratsheid ens.);* demonstrasie *(v. liefde ens.);* ver‑ toon *(v. mag ens.);* *at an ~* op 'n tentoonstelling; *make an ~ of o.s.* jou belaglik/bespotlik maak; *s.t. is on ~* iets word ten toon gestel; *put on (or stage) an ~* 'n tentoonstelling hou. *~ **flight*** demonstrasie‑, vertoonvlug. *~ **match*** vertoonwed‑ stryd.

**ex·hi·bi·tion·ism** ekshibisionisme, (self)ontblotingsdrang; selfvertoon, aanstellery, aanstellerigheid. **ex·hi·bi·tion·ist** ekshibisionis, ontbloter.

**ex·hil·a·rate** opvrolik, opbeur; *feel ~d* opgeruimd/opgewek voel. **ex·hil·a·rat·ing** opwekkend, opbeurend; stimulerend; verfrissend. **ex·hil·a·ra·tion** opgewektheid, vreugde; opbeu‑ ring; stimulering; frisheid.

**ex·hort** oproep, 'n dringende oproep doen; aanmoedig, aan‑ spoor; (aan)maan, vermaan; dringend versoek, pleit. **ex·hor‑ ta·tion** beroep, versoek, appèl; aanmoediging; aanmaning.

**ex·hume** opgrawe *('n lyk); (fig.)* opdiep. **ex·hu·ma·tion** op‑ grawing; *(fig.)* opdieping.

**ex·i·gent** *(fml.)* veeleisend; streng *(eise ens.);* dringend; *in/ under the most ~ of circumstances* in die uiterste omstandig‑ hede. **ex·i·gen·cy, ex·i·gen·cy, ex·i·gence** nood; dringende behoefte; dringendheid; *(i.d. mv.)* eise, vereistes; dringende omstandighede.

**ex·ile** *n.* ballingskap; verbanning; balling, banneling, uitge‑ wekene; *the ~ to Babylon, (Byb.)* die Babiloniese ballingskap; *be in ~* in ballingskap wees/verkeer; *go into ~* in ballingskap gaan; *send s.o. into ~* iem. verban. **ex·ile** *ww.* verban; *~ s.o. from ... to ...* iem. uit ... na ... verban. **ex·iled** *adj. (attr.)* uit‑ geweke.

**ex·ist** bestaan, wees; bestaan, voorkom; (oor)leef, (oor)lewe, (voort)bestaan; *allow s.t. to ~* iets laat voortbestaan, iets duld; *continue to ~* voortbestaan; steeds voorkom; *~ on s.t.* van iets bestaan/leef/lewe. **ex·ist·ence** (lewens)bestaan; bestaanswyse; voorkoms; lewe; entiteit; *(filos., wisk.)* eksistensie; *be in ~* be‑ staan; *the **best** in ~* die beste wat daar is; *the **only** one in ~* die enigste wat daar is; *come into ~* ontstaan; *go **out of** ~* op‑ hou bestaan; verdwyn; *lead a **precarious** ~* 'n sukkelbestaan voer. **ex·is·tent** *(fml.)* bestaande; lewend; aktueel; voorhande;

*be* ~ bestaan. **ex·is·ten·tial** eksistensieel, bestaans-; ~ *philosophy* eksistensiefilosofie. **ex·is·ten·tial·ism** *(filos.)* eksistensialisme. **ex·is·ten·tial·ist** eksistensialisties. **ex·ist·ing** *adj. (attr.)* huidige *(wette, ens.).*

**ex·it** *n.* uitgang; vertrek; afrit *(v. 'n snelweg ens.); (teat.)* afgang *(v. 'n akteur); make one's* ~ vertrek; uitgaan; *(fig.)* van die toneel verdwyn; *(teat.)* afgaan. **ex·it** *ww.* uitgaan; uitkom; verlaat; *(fig.)* van die toneel verdwyn; *(teat.)* afgaan; *(rek.)* uitgaan. ~ **permit,** ~ **visa** vertrekpermit, -visum. ~ **poll** uitgangspeiling.

**ex li·bris** *n.* ex libris, boekmerk, -teken.

**Ex·o·dus** *(OT), (NAB)* Eksodus, *(OAB)* Exodus. **ex·o·dus** uittog, eksodus.

**ex·og·a·my** *(antr.:huwelik buite d.stam)* eksogamie; *(biol.)* eksogamie, vreemdbevrugting. **ex·og·a·mous** eksogaam.

**ex·o·gen·ic** *(geol.)* eksogeen.

**ex·on·er·ate** vryspreek, verontskuldig; onthef, vrystel; ~ *s.o. from s.t.* iem. van iets onthef *(blaam ens.);* iem. van iets vryspreek. **ex·on·er·a·tion** vryspraak, verontskuldiging; ontheffing, vrystelling.

**ex·or·bi·tant** buitensporig, verregaande, oordrewe. **ex·or·bi·tance, ex·or·bi·tan·cy** buitensporigheid.

**ex·or·cise, -cize** uitdryf, uitdrywe, besweer *(bose gees ens.); (fig.)* uitban *(woord ens.);* uitwis *(fout ens.);* oplos *(chaos ens.);* breek *(spanning ens.).* **ex·or·cism** (duiwel/geeste)beswering, duiweluitdrywing, -uitdrywery, eksorsisme. **ex·or·cist** (duiwel/geeste)besweerder, duiweluitdrywer.

**ex·o·skel·e·ton** *(soöl.)* uitwendige skelet, eksoskelet.

**ex·o·sphere** *(astron.)* eksosfeer.

**ex·o·ther·mic** *(chem.)* eksotermies, warmte(ver)wekkend.

**ex·ot·ic** uitheems, vreemd, eksoties; ~ *dancer* ontkleedanseres; buikdanseres. **ex·ot·i·ca** *n. (mv.)* eksotika. **ex·ot·i·cism** eksotisme.

**ex·pand** uitsit, (op)swel, uitdy, (in omvang) toeneem; uitbrei; ontwikkel, (uit)groei; *(blomknop ens.)* oopgaan, ontluik; *(iem.)* ontdooi, los raak; *(sektes ens.)* opbloei; laat uitsit/(op)swel; uitsprei; (uit)rek; uitbou *('n maatskappy ens.);* verruim *(gees ens.);* uitwerk *('n formule ens.);* ~ *into* ... iets tot ... uitbrei; iets tot ... uitbou; ~ *on/upon s.t.* oor iets uitwei. **ex·pand·a·ble** uitsetbaar, (uit)rekbaar, verlengbaar; *(han.)* uitbreibaar. **ex·pand·ed:** ~ *plastic* skuimplastiek; ~ *polystyrene* uitgedyde polistireen. **ex·pand·ing** *(ook)* rekbaar, elasties; ~ *suitcase* verstelbare reistas/koffer.

**ex·pand·er** uitbrei(d)er; uitdyer.

**ex·panse** uitgestrektheid, oppervlak(te); *a wing* ~ *of 50 cm* 'n vlerkspan van 50 cm.

**ex·pan·sion** uitbreiding; uitsetting; toename; ontwikkeling, groei; opbloei; uitspreiding; uitbouing; verruiming; uitgestrektheid; ekspansie; *(wisk.)* ontwikkeling; ~ *of power* magsuitbreiding. ~ **board,** ~ **card** *(rek.)* uitbreidingsbord, -kaart. ~ **slot** *(rek.)* uitbreidingsgleuf.

**ex·pan·sion·ism** ekspansionisme, ekspansiepolitiek. **ex·pan·sion·ist** ekspansionisties.

**ex·pan·sive** uitgestrek, uitgebrei(d); omvattend, uitgebrei(d); ruim, groot; openhartig, mededeelsaam; hartlik; uitbreidend; toenemend; uitdyend; rekbaar; uitsetbaar; ~ *force* spankrag, uitsettingsvermoë. **ex·pan·sive·ness** uitgestrektheid; omvattendheid; open(hartig)heid; hartlikheid; verhewenheidswaan. **ex·pan·siv·i·ty** *(fis.)* uitsetbaarheid, uitsettingsvermoë.

**ex·pat** *n. & adj., (infml. afk.)* = EXPATRIATE.

**ex·pat·ri·ate** *n.* uitgewekene; balling. **ex·pat·ri·ate** *adj.* uitgeweke. **ex·pa·tri·a·tion** uitwyking, ekspatriasie; verbanning, ekspatriasie.

**ex·pect** verwag; vermoed, meen, dink; *be* ~*ing (a baby/child)* ('n baba/kind) verwag; *be half* ~*ing s.t.* iets (so) half verwag; *not* ~ *s.t.* iets nie verwag nie; nie op iets reken nie;

nie op iets voorberei(d) wees nie; *s.o. is not* ~*ed until after* ... iem. word eers ná ... verwag; *s.o. is not* ~*ed to* ... iem. sal waarskynlik nie ... nie; iem. hoef nie te ... nie; *it is* ~*ed of s.o. to* ... van iem. word verwag om te ...; ~ *s.t. of/from s.o.* iets van iem. verwag/vereis/verlang; ~ *me when you see me* ek (sal) kom sodra *(of* so gou) ek kan; *I* ~ *so* ek reken/skat so; *I don't* ~ *so* ek dink/glo nie so nie; *be* ~*ing s.o./s.t.* iem./iets verwag *(of* te wagte wees); ~ *that s.o. will* ... verwag/vermoed/dink dat iem. sal ...; *it is* ~*ed that*... daar word verwag dat ...; ~ *s.o. to* ... van iem. verwag om ..., vereis dat iem. sal ...; verwag dat iem. sal ...; daarop reken dat iem. sal ...; *it is to be* ~*ed* dit is te verwag(te), ('n) mens kan dit te wagte wees. **ex·pec·tan·cy** verwagting, hoop; afwagting; toekomstige besit; *an air of* ~ 'n gees/gevoel van afwagting; *a look of* ~ *in s.o.'s eyes* 'n glinstering van hoop in iem. se oë. **ex·pec·tant** *adj.* hoopvol, vol verwagting(s)/afwagting, afwagtend; verwagtend; *(attr.)* aanstaande, toekomstige; *an* ~ *crowd* 'n afwagtende skare; ~ *faces* gesigte vol afwagting; *an* ~ *mother* 'n aanstaande moeder, 'n swanger vrou. **ex·pec·tant·ly** hoopvol, vol verwagting; gespanne. **ex·pec·ta·tion** verwagting, hoop; afwagting; *against (all)* ~*(s)* teen die/alle verwagting (in); *beyond (all)* ~*(s)* bo (alle) verwagting; *meet s.o.'s* ~*s* aan iem. se verwagting(s) voldoen/beantwoord; *exceed all (one's)* ~*s* alle *(of* al jou) verwagtings oortref; *fall short of (s.o.'s)* ~*s* nie aan die *(of* iem. se) verwagting(s) voldoen/beantwoord nie; *full of* ~ vol verwagting; *have/cherish great/high* ~*s for s.o./s.t.* groot/hoë verwagtings van iem./iets hê/koester; *in* ~ *of* ... in afwagting van ...; ~ *of life* lewensverwagting, verwagte/gemiddelde lewensduur.

**ex·pec·to·rate** *(fml.)* (uit)spoeg, (uit)spuug, (uit)spu; ophoes. **ex·pec·to·rant** *(med.)* ekspektorant, slymafdrywer.

**ex·pe·di·ent** gerieflik; voordelig; gepas; doelmatig; aangewese; wenslik, raadsaam. **ex·pe·di·ence, ex·pe·di·en·cy** gerief; voordeel; gepastheid; doelmatigheid; wenslikheid.

**ex·pe·dite** bevorder, aanhelp; bespoedig, verhaas; ~ *a matter* 'n saak vinnig afhandel. **ex·pe·di·tious** vinnig (en doeltreffend), snel; pront *(antwoord ens.);* glad, vlot. **ex·pe·di·tious·ly** vinnig, spoedig, so gou (as) *(of* so spoedig) moontlik, onverwyld; met bekwame spoed.

**ex·pe·di·tion** ekspedisie, tog; ekspedisiegangers; *(mil.)* ekspedisie, krygstog; plesiertog; onderneming; *(fml.)* spoed, haas; prontheid; bespoediging; *undertake an* ~ 'n tog maak/onderneem; 'n ekspedisie onderneem; *with (all/great)* ~ vinnig, spoedig, so gou (as) *(of* so spoedig) moontlik; met bekwame spoed. **ex·pe·di·tion·a·ry** ekspedisie-.

**ex·pel** -*ll*- uitsit, skors, uitskop; verban; verdryf, uitdryf, uitstoot, uitstuur, uitja(ag); uitstoot *(asem ens.);* uitskei, uitwerp *(afvalstowwe ens.);* afdryf, afdrywe *(ongebore baba ens.);* ~ *s.o. from society* iem. uit die gemeenskap (ver)dryf/(ver)drywe/ja(ag), iem. sosiaal verstoot/uitwerp. **ex·pel·lant, ex·pel·lent** *(med.)* afdryfmiddel; wurmmiddel.

**ex·pend** bestee, uitgee, spandeer; (op)gebruik, verbruik; ~ *s.t. on* ... iets aan ... bestee. **ex·pend·a·ble** ontbeerlik, vervangbaar, waardeloos; opofferbaar; verbruikbaar; ~ *item* verbruik(er)sartikel, verbruikbare artikel. **ex·pen·di·ture** uitgawe(s), (on)koste; verbruik; besteding; ~ *of energy* energieverbruik; ~ *on* ... uitgawe aan ...

**ex·pense** uitgawe(s), (on)koste; prys; *at any* ~ teen elke prys; *at government* (or *the public)* ~ op staatskoste; *at great* ~ met groot koste, ten duurste; *at no extra* ~ sonder bykomende/ekstra koste; *at the* ~ *of* ... op koste van ...; *(fig.)* ten koste van ...; *cover* ~*s* (on)koste dek; *cut down (on)* ~*s* uitgawes/koste besnoei/verminder; *defray* ~*s* (on)koste bestry; *go to the* ~ *of doing s.t.* die koste aangaan om iets te doen; *incur* (or *run up)* ~*s* (on)koste aangaan/maak; *meet* ~*s* (on)koste bestry. ~ **account** (on)kosterekening; uitgawerekening.

**ex·pen·sive** duur, kosbaar; *be* ~ duur wees, baie (geld) kos. **ex·pen·sive·ly** duur; ~ *priced* duur. **ex·pen·sive·ness** duurheid, kosbaarheid.

**ex·pe·ri·ence** *n.* ondervinding, ervaring, wedervaring; be= lewenis; belewing; praktyk; bevinding; *acquire/gain/gath= er/get* ~ ondervinding kry/opdoen; *by/from* ~ deur/uit er= varing/ondervinding; ~ *teaches (or is the teacher/mistress of) fools, (sprw.)* deur skade en skande word ('n) mens wys; *have* ~ *in* ... ervaring/ondervinding in ... hê; *in my* ~ ... sover/ sovêr *(of so ver/vêr)* ek weet ...; ~ *of life* lewenservaring; *the* ~ *of a lifetime* 'n eenmalige ondervinding; *s.o. of* ~ iem. met ervaring/ondervinding, 'n ervare persoon; *s.o. has had no* ~ *of s.t.* iem. het iets nog nooit beleef/belewe nie; iem. het iets nog nooit gedoen nie; ~ *is the best teacher,* ~ *is the father/mother of wisdom, (sprw.)* ondervinding is die beste leermeester. **ex·pe·ri·ence** *ww.* ondervind, ervaar, beleef, belewe; aanvoel, gewaarword. **ex·pe·ri·enced** *adj.* ervare, bedrewe, kundig; *be* ~ *in s.t.* in iets ervare wees. **ex·pe·ri= en·tial** ervarings=, empiries.

**ex·per·i·ment** *n.* proef(neming), eksperiment; probeerslag; *as an* ~ by wyse van proefneming, as eksperiment; *by* ~ proefondervindelik, eksperimenteel; *carry out (or conduct/do/ perform/run) an* ~ 'n proef(neming)/eksperiment doen/uit= voer. **ex·per·i·ment** *ww.* eksperimenteer, 'n proef(ne= ming)/eksperiment *(of* proefnemings/proewe/eksperimente) doen/uitvoer; ~ *(up)on* ... op ... eksperimenteer, proewe/toetse op ... doen; ~ *with s.t.* iets probeer *(of* op die proef stel), met iets eksperimenteer. **ex·per·i·men·tal** eksperimenteel, proef= ondervindelik, proef=, verkennend; empiries, ervarings=; ~ *chemistry* eksperimentele chemie/skeikunde; ~ *farm* proef= plaas; ~ *flight* proefvlug; ~ *stage* proefstadium. **ex·per·i= men·tal·ly** eksperimenteel, proefondervindelik, by wyse van proefneming, as eksperiment, deur middel van proewe. **ex= per·i·men·ta·tion** proefneming(s). **ex·per·i·ment·er** ekspe= rimenteerder, proefnemer.

**ex·pert** *n.* deskundige, kenner, gesaghebbende, ekspert, vak= kundige; *an* ~ *at/in/on s.t.* 'n deskundige oor *(of* op die ge= bied van) iets. **ex·pert** *adj.* deskundig, (vak)kundig; bedre= we, ervare, bekwaam, knap, vaardig; geoefen(d), geroeti= neer(d); *be* ~ *at/in s.t.* in iets bedrewe wees; *be* ~ *in/on s.t.* kundig *(of* 'n deskundige) oor *(of* op die gebied van) iets wees; ~ *knowledge* deskundigheid; ~ *shot* baasskut; *the* ~ *touch* die meesterhand.

**ex·per·tise** deskundig=, (vak)kundigheid; vakkennis; bedre= wenheid, ervarenheid, bekwaamheid, knapheid, vernuf, vaar= digheid, vakmanskap; geroetineerdheid; *s.o.'s* ~ *at/in/on s.t.* iem. se kundigheid oor iets; *s.o.'s* ~ *at/in s.t., (ook)* iem. se be= drewenheid in iets.

**ex·pert·ly** deskundig, vakkundig; bedrewe, met groot bedre= wenheid, ervare, bekwaam, vaardig; meesterlik.

**ex·pi·ate** *(hoofs. relig.)* boet/vergoed *(of* boete/vergoeding doen) vir, (weer) goedmaak. **ex·pi·a·tion** boete(doening), vergoeding; versoening; *in* ~ *of* ... as boete(doening)/ver= soening vir ... *(sondes).*

**ex·pire** *(paspoort ens.)* verval; *(kontrak ens.)* verval, verstryk, eindig; *('n fase ens.)* afloop; *(teg.)* uitasem *(lug ens.); (poët., liter.)* sterf, sterwe. **ex·pir·a·to·ry** uitasemend, uitasemings=. **ex·pired** verstrewe *(tyd ens.);* vervalle *(kontrak ens.).*

**ex·pi·ry** verval; verstryking, einde; afloop. ~ *date* vervalda= tum, =dag, verstrykingsdatum.

**ex·plain** verduidelik, duidelik maak; redes gee vir *(besluite ens.);* verklaar, verantwoord, regverdig *(optrede ens.);* verklaar, uiteensit, toelig *(standpunt ens.);* uitlê *(tekste ens.);* ophelder *('n saak ens.);* ~ *s.t. away* iets wegredeneer/-praat/goedpraat; *the matter is difficult to* ~ dit is moeilik om die saak te ver= duidelik; *what happened is difficult to* ~ wat gebeur het, is moeilik verklaarbaar; *how do you* ~ *that?* hoe verklaar jy dit?; ~ *o.s.* verduidelik wat jy bedoel; jou optrede verduidelik; *that* ~*s it!* dis die verklaring!; ~ *s.t. to s.o.* iets aan iem. ver= duidelik; iem. iets aan die verstand bring. **ex·pla·na·tion** ver= duideliking; verklaring, uiteensetting, toeligting; uitleg; ophel= dering; *come to an* ~ 'n verklaring vind; *give an* ~ *of* ... 'n

verduideliking van ... gee, ... verduidelik; *give an* ~ *for/of s.t., (ook)* 'n verklaring van/vir iets gee; *in* ~ *of* ... ter verduideliking/ verklaring van ...; *an* ~ *of* ..., *(ook)* 'n uiteensetting van ... **ex= plan·a·to·ry** verklarend, verduidelikend; ophelderend; ~ *dic= tionary* verklarende woordeboek.

**ex·ple·tive** *n.* vloek(woord), kragwoord, =term; *(gram.)* stop= woord. **ex·ple·tive** *adj., (gram.)* aanvullend, aanvullings=, stop=.

**ex·pli·cate** *(fml.)* verklaar, verduidelik, uitlê; uiteensit *(be= ginsels ens.);* formuleer *('n hipotese ens.);* ontwikkel *('n idee ens.);* ontleed *('n gedig ens.).* **ex·pli·ca·ble, ex·pli·ca·ble** verklaar= baar. **ex·pli·ca·tion** verklaring, verduideliking; uiteensetting; ontleding *(v. 'n gedig ens.).* **ex·pli·ca·tive, ex·pli·ca·to·ry** ver= klarend; verhelderend.

**ex·plic·it** uitdruklik, duidelik, bepaald, beslis *(opdrag, voor= waarde, ens.);* presies, noukeurig, uitvoerig, gedetailleerd *(be= skrywing ens.);* uitgesproke *(voorneme ens.);* openhartig *(mens, onderhoud, ens.);* eksplisiet *(sekstoneel ens.).* **ex·plic·it·ly:** *men= tion s.o.* ~ iem. by name noem.

**ex·plode** ontplof, afgaan, (in die lug) spring; laat ontplof/af= gaan, opblaas; (oop)bars; laat (oop)bars; ontplof, in woede uitbars; *(bevolking)* ontplof; *(onrus ens.)* losbars; *(verkope ens.)* die hoogte inskiet; vernietig *('n mite ens.);* die nek inslaan *('n gerug ens.);* omverwerp, omvêrwerp *('n teorie ens.);* ~ *into* ... in ... ontaard *(geweld ens.);* ~ *into flight, (voël)* (skielik) opvlieg; ~ *into life* lewe kry; ~ *into/with laughter* uitbars van die lag; ~ *a mine* 'n myn aftrap *(of* laat ontplof); ~ *with anger* in woede uitbars. **ex·plod·ed** *adj.:* ~ *theory* uitgediende/ verouderde teorie; ~ *view, (teg.)* plofbeeld, oopgevlekte beeld, uitskuifaansig.

**ex·ploit** *n.* prestasie; heldedaad; krygsdaad. **ex·ploit** *ww.* uit= buit, eksploiteer, uitsuig; ontgin, bewerk, winsgewend maak; benut, gebruik (maak van). **ex·ploit·a·ble** ontginbaar. **ex·ploi= ta·tion** uitbuiting, =buitery, eksploitasie, uitsuiging, =suiery; ontginning, bewerking; benutting, gebruik(making). **ex·ploit= a·tive, ex·ploit·ive** uitbuitend, eksploiterend; ontginnings=; plunderend. **ex·ploit·er** uitbuiter, =suier, ekploiteerder; ont= ginner, bewerker.

**ex·plore** verken; ondersoek (instel/doen na) *(moontlikhede ens.);* bestudeer, (deeglik/noukeurig) bekyk *('n kwessie ens.);* navors *('n storie ens.);* naspoor *(iem. se herkoms ens.); (med.)* ondersoek *(iem. se liggaam);* sondeer *('n wond);* ~ *for gold/etc.* na goud/ens. soek. **ex·plo·ra·tion** verkenning; ontdekkings=, verkenningsreis, ekspedisie, eksplorasie; ondersoek(ing); be= studering; navorsing; =sporing. **ex·plor·a·to·ry, ex·plor·a= tive** ondersoekend, verkennend, ontdekkings=, verkennings=, oriënterend, voorbereidend, proef=; ~ *course* voorberei= dende kursus, oriënteringskursus; ~ *expedition* ontdek= kings=, verkenningsreis; ~ *operation, (med.)* proefoperasie; ~ *talks* verkennende gesprekke; ~ *work, (mynb.)* eksplo= rasiewerk. **ex·plor·er** ontdekkingsreisiger, ontdekker; onder= soeker; *(med.)* sonde, peiler, peilstif; *polar* ~ poolreisiger. **ex= plor·ing:** ~ *trip* ontdekkingstog.

**ex·plo·sion** ontploffing; uitbarsting; slag, knal. ~ *chamber (mot.)* ontstekingskamer; *(elek.)* bluskamer. ~~*proof* ontplof= fings=, plofvry, =vas.

**ex·plo·sive** *n.* plof=, springstof, plofmiddel, ontplofbare stof; *(fonet.)* plofklank, ploffer, (eks)plosief; *high* ~ brisant(stof); brisantbom. **ex·plo·sive** *adj.* plof=, ontploffings=, spring=, knal=; (ont)plofbaar; opvlieënd; enorm *(groei ens.); (fonet.)* (eks)plosief; ~ *cartridge* spring=, skietpatroon; ~ *charge* spring(stof)lading; ~ *consonant, (fonet.)* plofklank, ploffer, (eks)plosief; ~ *distance* slagwydte; ~ *force* plof=, ontploffingskrag; ~ *gas* plofgas; ~ *gelatin(e)* springgelatien; ~ *oil* springolie, nitrogliserien; ~ *shell* spring= granaat; ~ *signal* plof=, knalsein; ~ *situation* plofbare situ= asie/toestand/omstandighede; ~ *temper* opvlieëndheid, kwaai/ opvlieënde humeur.

**ex·po** *-pos, (afk. v. exposition)* ekspo.

**ex·po·nent** vertolker, eksponent *(v. Mozart ens.);* verteen=woordiger, draer; toon=, voorbeeld; beeld, beliggaming; uit=eensetter, verklaarder; *(wisk.)* magsaanwyser, eksponent; *~ of a theory* pleitbesorger vir 'n teorie. **ex·po·nen·tial** *n., (wisk.)* eksponensiaal(funksie). **ex·po·nen·tial** *adj.* eksponensiaal, eksponensieel; *~ growth* eksponensiële groei/toename.

**ex·port** *n.* uitvoer(handel); eksport; uitvoerartikel; *(i.d. mv.)* uitvoer(goedere), =ware, =artikels; *imports and ~s* in- en uitvoer. **ex·port** *ww.* uitvoer. **ex·port·er** uitvoerder.

**ex·pose** blootlê, eksponeer; sigbaar maak; blootstel; ont=bloot; onthul, openbaar (maak), bekend maak, bekendmaak, aan die lig bring, oopvlek; aan die kaak stel, ontmasker, eks=poneer; *(fot.)* belig; ten toon stel, uitstal, vertoon; *~ s.o. as a ...* iem. as 'n ... aan die kaak stel; *~ a conspiracy* 'n sameswering oopvlek; *~ one's life* jou lewe waag; *~ o.s.* jou ontbloot; *~ s.t. for sale* iets te koop uitstal; *~ o.s./s.o. to s.t.* jou/iem. aan iets blootstel *(gevaar ens.).* **ex·po·sé** *(Fr.)* uiteensetting; ont=hulling. **ex·posed** onbeskut, blootgestel; weerloos; oop, on=bedek; sigbaar; *~ face, (teg.)* sigvlak; *~ flank* ongedekte flank; *be ~ to ... na ...* oop wees *(d. ooste, weste, ens.);* aan ... bloot=gestel wees *(gevaar ens.).* **ex·po·sure** blootlegging; sigbaar=making; blootstelling; ontbloting; onthulling, openbaar=, be=kendmaking; publisiteit; ontmaskering; *(fot.)* beligting; *(fot.)* beligtingstyd; *(fot.)* opname; tentoonstelling, uitstalling; lig=ging; uitsig; **indecent** *~* (onbetaamlike) ontbloting, ekshi=bisionisme; *~ meter, (fot.)* ligmeter; *die of ~* aan blootstelling sterf/sterwe; verkluim, van koue sterf/sterwe; *have a south=ern/etc.* ~ suid/ens. kyk/wys, op die suide/ens. uitkyk; *~ to ...* blootstelling aan ...

**ex·po·si·tion** uitleg, uiteensetting; kommentaar; tentoon=stelling, ekspo; *(mus., lettk.)* uiteensetting, eksposisie.

**ex·pos·tu·late** *(fml.)* protes aanteken, beswaar maak *(teen iets);* jou misnoeë uitspreek *(of te kenne gee) (met/oor iets);* misnoeg opmerk/sê; teregwys, vermaan; *~ with s.o. about/ on s.t.* iem. oor iets teregwys/berispe/vermaan; jou misnoeë met/oor iets te kenne gee.

**ex·pound** uiteensit, 'n uiteensetting gee van, behandel, uit=lê, verklaar, verduidelik; (uitvoerig) toelig; vertolk; *~ on s.t.* op iets ingaan *('n besluit ens.).* **ex·pound·er** verklaarder, uit=lêer; toeligter; vertolker.

**ex·press**[1] *ww.* uitspreek *(dank ens.);* uitspreek, gee *(mening ens.);* uitspreek, te kenne gee *('n wens);* betuig *(dank, simpatie, ens.);* toon berou, minagting, ens.); te kenne gee *(spyt, verba=sing, ens.),* lug *(gevoelens ens.);* uiting/uitdrukking gee aan, verwoord *(emosies ens.);* weergee *(tydsgees ens.);* uit(er) *(woorde ens.),* uitdruk *(gedagtes, sap, ens.);* vertolk *(gevoelens ens.); s.t. is ~ed as ...* iets word as ... uitgedruk; *~ itself, (ook)* tot uiting kom; *~ o.s. badly/well* jou sleg/goed uitdruk; *~ one's readi=ness/willingness to do s.t.* jou bereid verklaar om iets te doen; *words can't ~ how s.o. feels* woorde kan nie beskryf/beskrywe hoe iem. voel nie. **ex·press** *adj. (attr.)* uitdruklike *(opdrag, wens, ens.);* uitgesproke *(voorneme).* **ex·pressed** uitgedruk, uitgesproke; *~ wish* uitdruklike wens. **ex·pres·sive** uitdruk=kingsvol, vol uitdrukking *(oë ens.);* beeldend *(taal ens.);* bete=kenisvol, veelseg g nd *(gebaar ens.);* sprekend *(stilte ens.);* eks=pressief *(lyne ens.); be ~ of s.t.* aan iets uitdrukking gee. **ex·pres·sive·ness** uitdr ' kingsvolheid; seggingskrag, uitdruk=kingsvermoë. **ex·press·ly** uitdruklik; spesiaal, juis, net, met opset.

**ex·press**[2] *n.* sneltrein; spoedpos(diens); *by ~* per spoedpos/snelbode/=trein. **ex·press** *adj. (attr.)* snel=, spoed=. **ex·press** *adv.* per spoedpos/=trein. **ex·press** *ww.* per spoed=pos/sneldiens stuur. ~ **delivery** spoed=, snelaflewering. ~ **delivery service** spoed=, snelaflewer(ings)diens. ~ **freight** spoed=, snelvrag. ~ **goods** spoedstukke, =artikels, =goedere. ~ **letter** spoedbrief. ~ **mail,** ~ **post** spoedpos. ~ **service** spoed=, snel=, kitsdiens. ~ **train** sneltrein. ~**way** snelweg.

**ex·pres·sion** uitdrukking *(v. teleurstelling op iem. se gesig);* uit=drukking, segs=, spreekwyse; uiting, verwoording *(v. emosies ens.);* uitpersing, ekspressie *(v. olie ens.); be beyond* ~ onuit=spreeklik wees; *~ of feeling* gevoelsuiting; *s.t. finds* ~ *in* ... iets kom in ... tot uiting/uitdrukking, iets vind in ... ui=ting/uitdrukking; *freedom of* ~ vrye meningsuiting; *~ of friendship* vriendskapsbetuiging; *give* ~ *to s.t.* aan iets ui=ting/uitdrukking gee; *lack of* ~ uitdrukkingloosheid; wesen=loosheid; *~ of opinion* meningsuiting; *power of* ~ uitdruk=kingsvermoë, seggingskrag; *(proverbial)* ~ (spreekwoor=delike) uitdrukking, gesegde, spreekwoord, spreuk; *a vacant* ~ 'n wesenlose uitdrukking *(op iem. se gesig); without* ~ sonder uitdrukking, uitdrukkingloos; wesenloos. **ex·pres·sion·ism** *(kuns, mus.)* ekspressionisme. **ex·pres·sion·ist** *n.* ekspres=sionis. **ex·pres·sion·less** uitdrukkingloos, sonder uitdruk=king; wesenloos; niksseggend; toonloos.

**ex·pro·pri·ate** *(fml. of jur.)* onteien; *s.o.'s land has been ~d* iem. se grond is onteien, iem. is van sy/haar grond onteien. **ex·pro·pri·a·tion** onteiening.

**ex·pul·sion** uitsetting, skorsing; verbanning; verdrywing, uitdrywing, verjaging; uitstoting *(v. asem ens.);* uitskeiding, =werping *(v. afvalstowwe ens.);* afdrywing *(v. 'n ongebore baba ens.); s.o.'s ~ from ...* iem. se uitsetting uit ... *~ fuse* uitskop=sekering. ~ **order** uitsettingsbevel.

**ex·punge** *(fml.)* verwyder; skrap, uitwis, =vee, doodtrek; weg=laat; *~ s.t. from ...* iets uit ... verwyder/skrap/wis/weglaat.

**ex·pur·gate** suiwer, kuis, ekspurgeer *(boek ens.).*

**ex·qui·site, ex·qui·site** fyn, voortreflik *(smaak, vakman=skap, ens.);* keurig *(kos, kunswerk, ens.);* uitgelese *(kok ens.);* lieflik, verruklik *(melodie, uitsig, ens.); (liter.)* louter, puur *(ple=sier ens.);* intens, hewig, ondraaglik, skerp *(pyn ens.).*

**ex·tant, ex·tant** (nog) bestaande, oorgeblewe; oorlewend; voorhande; nie-uitgestorwe *(diersoorte); be* ~ (nog) bestaan; voorhande wees; *an ~ manuscript* 'n manuskrip wat behoue gebly het *(of nie verlore gegaan het nie).*

**ex·tem·po·rar·y, ex·tem·po·ra·ne·ous** onvoorbereid, uit die vuis (uit), spontaan; geïmproviseer(d). **ex·tem·po·re** *adj. & adv.* onvoorbereid, uit die vuis (uit), spontaan. **ex=tem·po·rise, =rize** uit die vuis (uit) praat; onvoorbereid sing/speel/ens., improviseer.

**ex·tend** vergroot, groter maak *(huis ens.);* uitbrei *(gebied, in=vloed, woordeskat, ens.);* verleng *(spoorlyn, tydperk, ens.);* (uit)=rek, langer maak; deurtrek *(streep);* uittrek *(proses ens.);* uittrek *(teleskoop ens.);* verbreed *(front);* verskuif *(datum);* uitsteek *(arms, bene, ens.);* uitsteek *(hand);* span *('n kabel ens.);* uitsprei *(vlerke);* (laat) versprei *(troepe);* rig *('n uitnodiging);* verleen, bied *(hulp);* betoon, bewys *(vriendskap);* aanbied *(raad);* ver=leen *(krediet);* roete ens.) strek *(35 km ens.);* (koue/warm weer ens.) voortduur; *(boekh.)* oordra *(siffers ens.); ~ed family* groot=familie, familiegroep; *~ for months* maande lank duur; *~ from ... to ..., ('n pad)* lei van ... na ...; *('n seisoen)* duur van ... tot ...; *be fully ~ed* ten volle uitgerek wees; lank uitgestrek wees; ten volle in beslag geneem wees; *~ed order, (mil.)* ver=spreide orde; *~ o.s.* jou inspan; *~ o.s. on s.t.* jou op iets toe=strek; *~ o.s. to the utmost* al jou kragte inspan, alles uithaal; *s.t. ~s over ...* iets strek oor ...; iets *('n brug)* loop oor ... *('n rivier ens.); ~ed powers* uitgebreide bevoegdhede; *s.t. ~s to* ... iets reik tot (aan) ...; iets is op ... van toepassing, iets slaan op *(of geld vir)* ...; *~ to ...* iets *('n kontrak ens.)* tot ... ver=leng; iets *('n pad ens.)* na ... verleng; iets *(gesag ens.)* tot ... uit=brei; *~ s.t. to s.o.* iets aan iem. verleen *(hulp ens.);* iets aan/tot iem. rig *('n uitnodiging ens.);* iets aan/teenoor iem. betoon, iets aan iem. bewys *(vriendskap ens.);* iets aan iem. bewys/ver=leen *(gasvryheid ens.);* iem. iets aanbied *(raad ens.); ~ a word of thanks to s.o.* 'n dankwoord *(of* 'n woord[jie] van dank) tot iem. rig. **ex·tend·a·ble, ex·tend·i·ble, ex·ten·si·ble** uitbrei=baar; verlengbaar; (uit)rekbaar; verskuifbaar; kan vergroot word. **ex·tend·er** *(verf)* aanvuller.

**ex·ten·sion** aanbousel, toevoeging, nuwe gedeelte, aange= boude/uitgeboude deel *(v. 'n gebou ens.)*; verlengstuk; vergro= ting; uitbreiding; verlenging; (uit)rekking; verbreding; ver= skuiwing; (uit)strekking; verspreiding; verlening; betoning; uitstel *(v. betaling ens.)*; uitsteltyd, =periode; *(rek.)* uitgang, ag= tervoegsel, suffiks, stertjie; *(elek.)* verleng(ings)kabel, verleng= leiding; *(telef.)* bylyn; uittreklengte *(v. 'n kamera ens.)*; uit= gestrektheid, uitgebreidheid *(v. 'n gebied ens.)*; omvang *(v. iem. se sukses ens.)*; reikwydte *(v.d. menslike gees ens.)*; *(ballet)* eks= tensie, hoë (been)strekking; *grant an* ~ uitstel verleen; *tele= phone* ~ bylyn. ~ **bandage** rekverband. ~ **cable**, ~ **lead** *(elek.)* verleng(ings)kabel, verlengleiding. ~ **cord** verlengkoord. ~ **course** uitbreidingskursus. ~ **flash** *(fot.)* afstandflits. ~ **gate** vouhek. ~ **ladder** skuifleer. ~ **piece** verlengstuk, verlenging. ~ **rule(r)** skuifliniaal. ~ **table** uittrek=, (uit)skuiftafel. ~ **tele= scope** skuifteleskoop.

**ex·ten·sive** uitgestrek, groot, uitgebrei(d) *(gebied ens.)*; om= vattend, omvangryk *(versameling ens.)*; aansienlik *(skade ens.)*; grootskaals *(soektog, ontbossing, ens.)*; diepgaande *(studie ens.)*; grondig *(kennis ens.)*; wyd *(magte ens.)*; op groot skaal, eks= tensief *(boerdery ens.)*; *make* ~ *use of s.t.* ruim *(of* op groot skaal) van iets gebruik maak. **ex·ten·sive·ly** aansienlik *(beska= dig ens.)*; grondig *(verander ens.)*; wyd *(adverteer ens.)*; uit= voerig *(skryf ens.)*; baie *(reis ens.)*; op groot skaal *(boer ens.)*; ~ *illustrated* ryk(lik) geïllustreer(d); *use s.t.* ~ ruim *(of* op groot skaal) van iets gebruik maak.

**ex·ten·sor (mus·cle)** strekspier.

**ex·tent** omvang, grootte; uitgestrektheid, uitgebreidheid; reikwydte; mate; *the **full** ~ of* ... die volle omvang van ...; *100 hectares **in** ~* 100 hektaar groot; *to a great/large* ~ in groot/ hoë mate, grotendeels, grootliks, vir 'n groot deel; *to a greater or lesser* ~ in meerdere of mindere mate; *to the* ~ *of* ... ten bedrae *(of* ter waarde) van ... *(R1 000 ens.)*; *to the* ~ *of s.o.'s pow= er* met alles wat iem. het; *to **some** (or a certain)* ~ in sekere mate; tot (op) sekere hoogte; *to such an* ~ *that* ... dermate/so= seer dat ...; *to **that*** ~ in dié mate, in sover/sovêr/soverre; *to the* ~ *that* ... in die mate dat ...; *to **what*** ~ ... in watter mate *(of* in hoever/hoevêr/hoeverre) ...

**ex·ten·u·ate** versag; verminder, verklein; goedpraat, veront= skuldig. **ex·ten·u·at·ing** verminderend; verkleinend; ~ *circumstances* versagtende omstandighede. **ex·ten· u·a·tion** versagting; vermindering, verkleining; verontskul= diging; *in* ~ *of* ... ter verontskuldiging van ...

**ex·te·ri·or** *n.* buitekant; eksterieur; uiterlik(e) *(v. iem.)*; uit= wendige (deel) *(filmk.)* buiteopname. **ex·te·ri·or** *adj.* bui= tenste, buitekants(t)e, aan die buitekant; buite= *(hoek, afwer= king, muur, ens.)*; van buite; uitwendig; uiterlik *(voorkoms)*; ~ *noise* geraas/lawaai van buite; *for* ~ *use, (verf ens.)* vir buite= gebruik; *(room ens.)* vir uitwendige gebruik.

**ex·ter·mi·nate** uitwis, uitroei *('n spesie ens.)*; verdelg *('n vy= and, d. mensdom, ens.)*. **ex·ter·mi·na·tion** uitwissing, uitroei= ing; verdelging; *war of* ~ verdelgingsoorlog. **ex·ter·mi·na·tor** uitroeier; verdelger; dodor; uitroeimiddel.

**ex·ter·nal** buitenste, buitekants(t)e, buite=; *(anat.)* uitwen= dig; uiterlik *(voorkoms ens.)*; van buite *(druk ens.)*; ekstern *(ek= samen, oorsaak, ens.)*; buitelands; *(rek.)* ekstern; ~ *affairs* bui= telandse sake; ~ *auditor* buiteouditeur; ~ *ear* buiteoor, uit= wendige oor; ~ *student* eksterne student; *for* ~ *use* vir uitwendige gebruik. **ex·ter·nal·i·sa·tion, =za·tion** veruiterli= king; *(psig.)* eksternalisering. **ex·ter·nal·ise, =ize** veruiterlik, uiterlike vorm gee aan; *(psig.)* eksternaliseer. **ex·ter·nal·ly** uit= wendig; na buite; van buite; buite(ns)lands; ekstern *(eksami= neer ens.)*.

**ex·tinct** uitgestorwe; nie meer bestaande (nie); uitgewerk, uitgedoof *(vulkaan)*; *become* ~ uitsterf, uitsterwe. **ex·tinc·tion** uitwissing, uitroeiing; uitdelging; uitsterwing; vernietiging *(v. hoop ens.)*; *be threatened by/with complete* ~ deur algehele/ totale uitwissing bedreig *(of* in die gesig gestaar) word.

**ex·tin·guish** blus, doodmaak *(vuur)*; blus *(brand)*; (uit)doof, doodmaak, doodblaas, uitblaas *(kers)*; afskakel, afsit *(lig)*; ver= nietig, beëindig, 'n einde maak aan *(iem. se hoop ens.)*; uitwis *(armoede ens.)*; stilmaak, laat swyg, tot swye bring *(iem.)*; ver= effen, delg, afbetaal *(skuld)*; *(jur.)* nietig verklaar, ophef *('n bepaling ens.)*; afskaf *(regte ens.)*. **ex·tin·guish·er** (brand)= blusser, blustoestel; domper *(vir kerse)*; doofpot *(vir kole)*.

**ex·tir·pate** (met wortel en tak) uitroei, uitwis; verdelg; *(med.)* (chirurgies/sjirurgies) verwyder, uitsny. **ex·tir·pa·tion** uit= roeiing, uitwissing; verdelging; *(med.)* (chirurgiese/sjirurgie= se) verwydering, uitsnyding.

**ex·tol** -ll= (hemelhoog) prys, loof, ophemel, besing, verkon= dig, die loftrompet laat skal oor, verheerlik, roem; ~ *the merits/virtues of* ... die voortreflikhede/deugde van ... besing/ verkondig.

**ex·tort** afpers; afdreig; afdwing; ~ *s.t. from s.o.* iets van iem. afpers *(geld ens.)*; iets van iem. afdreig/afdwing, iem. dwing om iets te verklap *('n geheim ens.)*. **ex·tor·tion** afpersing; af= dreiging; afdwinging. **ex·tor·tion·ate** buitensporig (hoog); afpersend, afpersings=; afdreigend, afdreigings=; afdwingend, dwang=; ~ *price* buitensporige *(of* buitensporig hoë) prys. **ex·tor·tion·er, ex·tor·tion·ist** afperser; afdreier; afdwinger; uitbuiter.

**ex·tra** *n.* ekstra(tjie), bykomstigheid, iets bykomstigs; toegif; *(filmk., teat.)* ekstra, figurant; *(kr.)* ekstra (lopie); *(joern.)* ekstra, (buitengewone/ekstra/spesiale) uitgawe; *be an* ~, *(ook)* nie by die prys ingesluit wees nie; *no* ~*s, (ook)* geen byko= mende koste nie, alles inbegrepe. **ex·tra** *adj. & adv.* ekstra, bykomend, aanvullend, addisioneel; ekstra, besonder, bui= tengewoon, spesiaal; ~ *clever/etc.* buitengewoon slim/ens.; *at no* ~ *cost/expense* sonder bykomende/ekstra koste; ~ *cover, (kr.)* ekstra dekpunt; ~ *dry* ekstra droog *(vonkelwyn ens.)*; ~ *earnings* byverdienste; *an* ~ *kilogram/etc.* 'n kilogram/ens. ekstra; ~ *large* ekstra groot; ~ *payment* bybetaling; ~ *spe= cial* heel besonder(s); ~ *time, (sport)* ekstra tyd; ~ *virgin* ekstra suiwer *(olyfolie)*.

**ex·tract** *n.* uittreksel, gedeelte, fragment, passasie; ekstrak, aftreksel, afkooksel, konsentraat; ~ *of beef* vleisekstrak. **ex· tract** *ww.* (uit)trek *(tand ens.)*; uithaal; onttrek *(suurstof uit d. lug ens.)*; ontgin *(delfstowwe ens.)*; ekstraheer *(olie uit saad ens.)*; uitloog *(fosfor ens.)*; uitdruk, uitpers *(sap)*; kry, dwing *(in= ligting, 'n bekentenis, d. waarheid, ens. [uit iem.])*; 'n uittreksel maak; *(wisk.)* trek *('n wortel)*; ~ *s.t. by boiling* iets uitkook; ~ *a cork/etc. from a bottle/etc.* 'n prop/ens. uit 'n bottel/ens. trek; ~ *juice from an orange/etc.* sap uit 'n lemoen/ens. druk/ pers; ~ *o.s. from s.o.'s arms* jou uit iem. se arms losmaak; ~ *sounds from an instrument* klanke uit 'n instrument haal/kry/ voortbring; ~ *s.t. from one's pocket/etc.* iets uit jou sak/ens. haal; ~*ed honey* slingerheuning.

**ex·trac·tion** (uit)trekking, die trek; onttrekking; uitloging; ekstraksie; uitpersing; *of French/etc.* ~ van Franse/ens. af= koms/afstamming; ~ *of ore* ertswinning; ~ *of roots, (wisk.)* wor= teltrekking. ~ **fan, extractor fan** suigwaaier.

**ex·trac·tor** (uit)trekker; ekstraheerder; uitsuier; suigwaaier; tang; *juice* ~ versapper, vrugtepers. ~ **fan, extraction fan** suigwaaier. ~ **ventilator** suigventilator.

**ex·tra·cur·ric·u·lar** buiteskools; buitekurrikulêr; buite-uni= versitêr, buitekurrikulêr.

**ex·tra·dite** uitlewer; uitgelewer kry, die uitlewering bewerk= stellig; ~ *s.o. to* ... iem. aan ... uitlewer.

**ex·tra·di·tion** uitlewering. ~ **proceedings:** *take* ~ ~ uitle= wering aanvra; stappe doen tot uitlewering. ~ **treaty** uitle= weringsverdrag.

**ex·tra·ju·di·cial** buitegeregtelik *(ondersoek ens.)*; buite die hof *(pred.)*; *reach an* ~ *settlement* 'n skikking buite die hof be= reik.

**ex·tra·le·gal** buitewetlik.

**ex·tra·mar·i·tal** buite-egtelik; ~ *affair* buite-egtelike verhou= ding.

**ex·tra·mu·ral** buitemuurs; buiteskools; buite-; ~ *lecture* buitelesing; ~ *student* buitemuurse student. **ex·tra·mu·ral·ly** buitemuurs; buite (om).

**ex·tra·ne·ous** ontoepaslik, nie ter sake nie, irrelevant; onbeduidend, onbelangrik; ekstern, van buite; vreemd *(voorwerp ens.)*; ~ *information/etc.* ontoepaslike/nietersaaklike/irrelevante inligting/ens.; *that is an* ~ *matter* dit hoort nie hier tuis nie, dit is 'n ander saak; ~ *sounds* bygeluide; geluide van buite.

**ex·traor·di·nar·y** buitengewoon, besonder, uitsonderlik; ongewoon, seldsaam, vreemd, sonderling; spesiaal, ekstra; *ambassador/envoy/etc.* ~ buitengewone ambassadeur/(af)gesant/ens.; ~ *general meeting*, *(afk.:*EGM) buitengewone algemene vergadering; *how* ~! hoe vreemd!.

**ex·tra·par·lia·men·ta·ry** *adj.* buiteparlementêr.

**ex·trap·o·late** *(ook wisk.)* ekstrapoleer; ~ *from* ... uit ... ekstrapoleer. **ex·trap·o·la·tion** ekstrapolering, ekstrapolasie.

**ex·tra·sen·so·ry** buitesintuiglik; ~ *perception* buitesintuiglike waarneming.

**ex·tra·ter·res·tri·al** *n.*, *(afk.:*ET) ruimtewese, buiteaardse wese. **ex·tra·ter·res·tri·al** *adj.* buiteaards; ~ *life* lewe in die hemelruim.

**ex·tra·u·ter·ine** *(fisiol.)* buitebaarmoederlik, ekstra-uterien, ektopies *(swangerskap ens.)*.

**ex·trav·a·gant** spandabel, verkwistend, verspillend; kwistig *(gebruik, hand, ens.)*; oordadig, uitspattig *(fees, leefwyse, partytjie, kleredrag, ens.)*; buitensporig *(prys, eis, vereiste, maniere, ens.)*; oordrewe *(lof, ywer, ens.)*; mateloos *(geesdrif ens.)*; weelderig, luuksueus *(huis, hotel, klere, ens.)*; oorvloedig *(gebruik, lewe, ruimte, ens.)*; grensloos *(genade ens.)*; rojaal *(tyd ens.)*; duur *(smaak)*; *be* ~ *with s.t.* spandabel wees met iets *(geld ens.)*; vrygewig wees met iets *(lof ens.)*. **ex·trav·a·gance** spandabelheid, verkwisting, verspilling; verspilsug; kwistigheid; oordaad, oordadigheid, uitspattigheid, uitspatting; buitensporigheid; oordrewenheid; mateloosheid; weelde, luukse; oorvloed. **ex·trav·a·gant·ly** oordadig, in oordaad/weelde, weelderig, spandabel *(leef)*; uitspattig *(aantrek, jou gedra)*; kwistig *(gebruik)*; buitensporig *(duur)*; oordrewe *(hartlik)*; uitermate *(liefderik)*; weelderig *(gemeubileer)*; kwistig, ryklik *(versier)*; *rather* ~ *buy o.s.* ... jou die luukse/weelde van ... veroorloof; *spend money* ~ geld kwistig/oordadig uitgee/bestee. **ex·trav·a·gan·za** extravaganza.

**ex·treme** *n.* uiterste; uiterste geval; *(log.)* ekstreem; *(wisk.)* ekstreem, uiterste waarde; *at the other* ~ aan die teenoorgestelde kant; *go from one* ~ *to the other* van die een uiterste na die ander gaan, van die een uiterste in die ander verval; *be ... in the* ~, *(gunstig of ongunstig)* uiters ... wees, *(gunstig)* ... in die hoogste mate wees, *(ongunstig)* ... in die ergste graad wees; ~*s meet*, *(sprw.)* uiterstes raak mekaar; *go to the other* ~ tot die ander uiterste oorgaan, in die ander uiterste verval; *carry s.t. to an* ~ iets op die spits dryf/drywe; *be driven to* ~*s* tot die uiterste (toe) gedryf word; *go to* ~*s* tot die uiterste gaan, tot uiterstes oorgaan, in uiterstes verval; *push s.t. to* ~*s* iets op die spits dryf/drywe. **ex·treme** *adj.* kras, verregaande; uitermatig, oordadig, oordrewe; drasties, uiters streng *(maatreëls ens.)*; radikaal *(idees, politieke beweging, ens.)*; ekstremisties *(in jou benadering ens.)*; *(attr.)* uiterste *(dringendheid, eenvoud, geval, grens, straf, ens.)*; uiterste, grootste *(gevaar)*; grootste *(armoede, behae, verbasing, ens.)*; diepste *(dankbaarheid ens.)*; grofste *(minagting ens.)*; duurste *(prys)*; verste, vêrste *(punt ens.)*; *be* ~ tot uiterstes gaan; *at/on the* ~ *left/right* heel links/regs; *(pol.)* ver-, vêr-, ultralinks/-regs; ~ *necessity* nooddwang; *the* ~ *opposite* presies/net/heeltemal die teenoorgestelde; *be* ~ *opposites* radikaal (van mekaar) verskil; absolute teenoorgesteldes wees; ~ *unction*, *(RK)* heilige/laaste oliesel. **ex·treme·ly** uiters, erg, verskriklik, vreeslik, hoogs, geweldig, buitengewoon, uitermate, byster, aller-; ~ *cold*, *(ook)* bitter(lik)/snerpend/ysig koud; ~ *dangerous cir-*

*cumstances/etc.* allergevaarlikste omstandighede/ens.. **ex·trem·ism** ekstremisme. **ex·trem·ist** *(neerh.)* ekstremis, radikaal, ultra, vuurvreter, heethoof. **ex·trem·i·ty** uiteinde, eindpunt, uiterste; *(i.d. mv.)* hande en voete; *(i.d. mv.)* vingers en tone; rouheid, gruwelikheid, brutaliteit *(v. geweld)*; koelbloedigheid *(v. 'n voorstel ens.)*; radikaliteit *(v. iem. se woorde ens.)*; (uiterste) nood; *be at the* ~ *of depression* heeltemal neerslagtig wees, jou in die diepste/ergste depressie bevind; *be at the* ~ *of weakness* op jou uiterste lê; *in the last* ~ in die uiterste geval; *the southern/etc.* ~ *of a continent/etc.* die suidelikste/ens. *(of mees suidelike/ens.)* punt van 'n vasteland/ens.; *drive s.o. to extremities* iem. tot die uiterste (toe) dryf.

**ex·tri·cate** bevry, losmaak; bevry, red; ontwar; ~ *o.s. from* ... jou uit ... bevry/wikkel, jou van ... losmaak; ~ *s.o. from s.t.* iem. uit iets bevry/red; ~ *s.t. from* ... iets uit ... trek/wikkel; iets uit ... losmaak/loswoel.

**ex·trin·sic** bykomstig, toevallig, nie wesen(t)lik nie, irrelevant; uitwendig, van buite (af), buite-; uiterlik; *(fisiol.)* ekstrinsiek *(oogspier ens.)*; ~ *value* ekstrinsieke waarde.

**ex·tro·vert** *n.* ekstrovert. **ex·tro·vert, ex·tro·vert·ed** *adj.* ekstrovert, na buite lewend.

**ex·trude** uitstoot *(lawa)*; uitdruk, uitpers *(metaal)*; deurdruk *(plastiek)*; →PROTRUDE; ~*d metal* uitgedrukte metaal. **ex·tru·sion** uitstoting; uitpersing; *(geol.)* ekstrusie, uitvloeiing. ~ *press* uitpersmasjien.

**ex·u·ber·ant** uitbundig, uitgelate; lewenslustig; oordrewe, oordadig, oorvloedig, kwistig; welig, weelderig. **ex·u·ber·ance** uitbundigheid, uitgelatenheid; lewenslus; oordaad, oorvloed; weligheid, weelderigheid.

**ex·ude** afgee *(reuk, vog, ens.)*; afskei *(sweet ens.)*; uitskei *(vloeistof)*; *(fig.)* uitstraal *(selfvertroue ens.)*; *s.t.* ~*s from* ... iets *('n reuk ens.)* word deur ... afgegee; iets *(sweet ens.)* word deur ... afgeskei; iets *(vloeistof)* word deur ... uitgeskei; iets *(bloed ens.)* vloei uit ...; iets *(koue sweet)* slaan op ... uit; iets *(selfvertroue ens.)* straal uit ...

**ex·ult** *(fml.)* juig, jubel; verheug *(of dol van blydskap)* wees; ~ *at/in s.t.* oor iets juig/jubel, iets toejuig; jou in iets verheug, verheug *(of dol van blydskap)* oor iets wees; ~ *over s.t.* oor iets juig/jubel; jou in iets verlustig, in iets behae skep. **ex·ul·ta·tion** gejuig, gejubel, jubeling, juiging, triomfant(e)likheid, uitbundigheid, uitgelatenheid, opgetoënheid

**eye** *n.* oog; opening, ring(etjie); oog *(v. 'n naald, kamera, ens.)*; ogie *(waarin 'n hakie gehaak word)*; lus, oog *(in 'n tou, koord, ens.)*; gat *(in 'n meulsteen)*; *(i.d. mv.)* gate *(in kaas)*; steelgat *(v. 'n hamer)*; *(bouk.)* ronde venster; oogvlek *(op 'n pouveer ens.)*; *(bot.)* oog, ogie, knop; oog, middelpunt *(v. 'n storm ens.)*; spierbundel *(v. vleis)*; *(SA)* oog *(v. 'n fontein)*; *s.o.'s* ~*s are* **alight** *with* ... iem. se oë straal van ... *(vreugde ens.)*; *be all* ~*s*, *(infml.)* een en al oë wees, fyn oplet; *avert one's* ~*s* wegkyk; *look at s.o. with a* **beady** ~ iem. vorsend aankyk; *before/under* (or *in front of*) *s.o.'s (very)* ~*s* (vlak) voor/onder iem. se oë, (reg/vlak) onder/voor iem. se neus; *not be able to* **believe** *one's* ~*s* jou oë nie kan glo nie; *s.o.'s* ~*s are* **bigger** *than his/her stomach/belly* iem. se oë is groter as sy/haar maag; *give s.o. a* **black** ~, **black** *s.o.'s* ~*s* iem. blouoog slaan; *s.o.'s* ~*s* **blaze** iem. se oë skiet vlamme *(v. woede)*; **bleary** ~*s* pap oë; *turn a* **blind** ~ (or *close/shut one's* ~*s*) *to s.t.*, *(fig.)* jou oë vir iets sluit/ toedruk/toemaak, iets deur die vingers sien, iets oogluikend toelaat, iets kastig nie sien nie; *cast an* ~ (or *one's* ~*[s]*) *at/ over s.t.*, **pass/run** *an* ~ (or *one's* ~*[s]*) *over s.t.* iets vlugtig bekyk, gou na iets kyk, jou oë oor iets laat gaan/gly; *cast down* (or *drop/lower*) *one's* ~*s* jou oë neerslaan; **catch** *s.o.'s* ~, *(infml.)* iem. se aandag trek; *s.t.* **catches** (or **leaps to**) *the* ~, *(infml.)* iets tref die oog *(of* trek die aandag *of* val op *of* spring/val in die oog)*; **clap/lay/set** ~ *on* ... ... sien, ... te sien *(of* onder oë *of* in die oog) kry; *I haven't* **clapped/laid/ set** ~*s on* ... *(yet)* ek het ... (nog) nie met 'n oog gesien nie; **close/shut** *one's* ~*s* jou oë toemaak; jou oë toeknyp; jou oë (met jou hande) bedek; *close/shut one's ~s to s.t.* →*blind; s.o. can do s.t. with his/her ~s closed/shut, (infml.)* iem. kan iets toeoog/toeoë *(of* met toe oë) doen, iets is vir iem. kin‑ derspeletjies; *cry/weep one's ~s out* jou doodhuil, bitter(lik) huil; *do s.o. in the ~, (infml.)* iem. 'n rat voor die oë draai *(of* vet om die oë smeer *of* sand in die oë strooi); *drop one's ~s* →*cast down;* *be easy on the ~, (infml.)* iets vir die oog wees; *as far as the ~ can see/reach* so ver/vêr as ('n) mens kan sien *(of* die oog reik); *fasten/fix one's ~s on/upon ...* jou oë op ... vestig; *feast one's ~s on ...* jou aan ... verkyk, jou in ... ver‑ lustig; *feed the/one's ~s die/*jou oë laat wei; *an ~ for an ~ and a tooth for a tooth, (Eks. 21:24)* 'n oog vir 'n oog, 'n tand vir 'n tand; *have an ~ (or a good/sharp/etc. ~) for s.t.* 'n (goeie/ skerp/ens.) oog vir iets hê; *only have ~s for ...* net vir ... oë hê; *~s front!, (mil.)* oë front!; *get one's ~s in, (mil., skietsport)* jou inskiet, ingeskiet raak; *(tennis ens.)* jou inspeel, ingeskiet raak; *give s.o. the (glad) ~, (infml.)* vir iem. knipoog; *a gleam in s.o.'s ~* 'n glinstering in iem. se oog; *s.t. greets the/one's ~* →*meets/greets;* *with half an ~* met 'n halwe oog; *have ~s in the back of one's head, (fig.)* oë van voor en van agter hê, alles sien, niks mis nie, altyd presies weet wat aan die gang is; *s.o. wouldn't know ... if it hit him/her in the ~ (or between the ~s), (infml.)* iem. sal ... nie eien/herken nie, al struikel hy/ sy daaroor; *hook and ~, (naaldw.)* hakie en ogie; *in the ~s of ...* in die oë van *(of* volgens) ... *(d. gereg, wêreld, ens.);* voor ... *(d. wet); in front of s.o.'s ~s (very) ~s* →*before/under; keep an ~ (or a sharp/watchful ~) on s.o./s.t., (infml.)* 'n (noulettende/ streng) ogie/oog oor iem./iets hou; iem./iets (fyn/goed/nou‑ keurig) dophou, die/'n oog *(of* 'n [fyn] ogie) op iem./iets hou, iem./iets (goed/noukeurig) in die oog hou; *keep one's ~ ~s on the ball* jou oë op die bal hou, op die bal konsentreer; *(fig.)* by die hoofsaak bly/hou; *keep one's ~s and ears open* jou oë en ore oophou; *keep an ~ (or one's ~s) open/out for ...* jou oë vir ... oophou, op die uitkyk na ... wees; *keep one's ~s peeled/skinned for ..., (infml.)* jou oë wyd *(of* [baie] goed) vir ... oophou; *lay ~s on ... (infml.)* →*clap/lay/set;* *s.t. leaps to the ~* → *catches; ~s left!, (mil.)* oë links!; *lift (up) (or raise) one's ~s* opkyk, jou oë opslaan/ophef; *look s.o. (full/squarely/straight) in the ~(s)* iem. (reg[uit]/vas/waterpas) in die oë kyk; *lose an ~* 'n oog verloor; *lower one's ~s* →*cast down; make ~s at s.o.* vir iem. knipoog *(of* ogies maak); *no ~ like the ~ of the master, the ~ of the master makes the horse fat, (sprw.)* die oog van die meester maak die perd vet; *measure s.o. with one's ~s* iem. van bo tot onder bekyk; *meet s.o.'s ~(s)* iem. in die oë kyk, iem. se blik beantwoord; *s.t. meets/greets the/ one's ~(s)* iets word sigbaar, iets verskyn voor die/jou oë; *there is more to it than meets the ~, (infml.)* daar sit/skuil/ steek meer agter (as wat jy dink); *in the/one's mind's ~* in die/jou verbeelding, voor die/jou geestesoog; *with the naked ~* met die blote oog; *narrow one's ~s, screw one's ~s up* jou oë op 'n skrefie trek; *~s and no ~s siende blind; have an/ one's ~ ~ on s.o.* 'n ogie op iem. hê; *have an ~ on s.t.* 'n ogie *(of* die oog) op iets hê, iets in die oog hê; *be one (or a shot) in the ~ for s.o.* 'n klap in die gesig vir iem. wees; 'n gevoelige slag vir iem. wees; 'n bitter pil vir iem. wees; *give/land s.o. one in the ~, (infml.)* iem. 'n hou op die oog gee; iem. 'n hou/ klap gee; *with one ~ on the clock/etc.* met een oog op die hor‑ losie/oorlosie/ens.; *open one's ~s* jou oë oopmaak; *open s.o.'s ~s to s.t.* iem. se oë vir iets oopmaak, iem. iets laat insien; *do (or go into) s.t. with one's ~s open* iets oopoog/oopoë *(of* met oop oë) doen/aanpak; *make s.o. open his/her ~s* iem. sy/haar oë laat oopmaak; *see s.t. with one's own ~s* iets met jou eie oë *(of* self) sien; *pass an ~ (or one's ~[s]) over s.t.* →*cast; s.o.'s ~s nearly popped out (of his/her head), s.o.'s ~s popped with amazement, (infml.)* iem. se oë het amper/byna uitgeval, iem. se oë het (groot) gerek van verbasing, iem. was stomverbaas, iem. kon sy/haar oë amper/byna nie glo nie; *put out s.o.'s ~s* iem. se oë uitsteek; *have a quick ~* 'n skerp oog hê; *raise one's ~s* →*lift (up); rest one's ~s on s.t.* jou oë op iets laat rus; *~s right!, (mil.)* oë regs!; *run an ~ (or one's ~[s]) over s.t.*

→*cast; run one's ~s down a page* 'n bladsy vinnig deurgaan; *s.o.'s ~s are running* iem. se oë traan; *scratch s.o.'s ~s out* iem. se oë uitkrap; *screw one's ~s up* →*narrow; they see ~ to ~* hulle is dit (heeltemal) (met mekaar) eens, hulle stem saam, hulle dink eenders/eners, hulle sien dinge in dieselfde lig; *see ~ to ~ with s.o. on s.t.* dit (heeltemal) met iem. oor iets eens wees, met iem. oor iets saamstem, iem. se mening oor iets deel, dieselfde oor iets dink *(of* dieselfde kyk op iets hê) as iem.; *what the ~ doesn't see, the heart doesn't grieve over, (sprw.)* wat die oog nie sien nie, deer die hart nie *(of* sal die hart nie deer/seermaak *of* oor treur nie); *set ~s on ...* →*clap/ lay/set;* *have sharp ~s* skerp oë hê; *have a sharp ~ for s.t.* →*for; s.o.'s ~s are shining* iem. se oë skitter; *s.o. can do s.t. with his/her ~s shut* →*closed/shut; shut one's ~s (to s.t.)* →*blind; keep one's ~s skinned for ...* →*keep; something for the ~s, (infml.)* iets vir die oog; *look s.o. squarely/straight in the ~(s)* →*look; the ~ of a storm, (met.)* die oog van 'n storm, die stormkern; *strain one's ~s* jou oë ooreis; *take one's ~s off s.t.* van iets wegkyk; *s.o. couldn't take his/her ~s off ...* iem. kon sy/haar oë nie van ... afhou nie; *through s.o.'s ~s* deur iem. se oë, uit iem. se oogpunt; *have an ~ to ...* jou oë op ... rig *(d. toekoms ens.); to the ~* op die oog (af); *with the unaided ~* met die blote oog; *under s.o.'s (very) ~s* →*before/under* the watchful ~ of ... onder die waaksame oog van ...; *be up to the/one's ~s in ..., (infml.)* tot oor die/jou ore in ... sit/wees, onder ... toegegooi wees *(werk ens.); not use one's ~s* teen jou ooglede/oogvelle vaskyk; *use your ~s!* het jy nie oë in jou kop nie?; *s.o.'s ~s are watering* iem. se oë traan; *weep one's ~s out* →*cry/weep; the ~ of the wind, the wind's ~* die rigting waaruit die wind waai; *in(to) the ~ of the wind, in(to) the wind's ~* teen die wind (in), windop; *wipe one's ~s* jou trane afvee/afdroog; jou oë uitvee; *with an ~ to s.t.* met die oog op iets; *with an ~ to doing s.t.* met die gedagte om iets te doen; *with a critical/jealous/etc. ~* krities, jaloers, ens.; *view (or look at/on/upon) s.o./s.t. with a friendly ~* iem. vriendelik/welwillend aankyk; goedgesind/simpatiekge‑ sind teenoor iem./iets wees. **eye** *eyed, ey(e)ing, ww.* bekyk, aankyk, kyk na, aanskou, beskou; *~ s.o. up (and down)* iem. (op en af) bekyk, jou oë oor iem. laat wei. **~ball** oogbal, ‑bol; *discuss s.t. ~ to ~* iets van aangesig tot aangesig bespreek; *meet s.o. ~ to ~* iem. van aangesig tot aangesig ontmoet, direk teenoor iem. te staan kom. **~bank** oog‑, oëbank. **~brow** wenkbrou; *pluck one's ~s* jou wenkbroue uitdun; *raise one's ~s (or an ~)* skeef/verbaas opkyk; *cause raised ~s* die oë laat rek, mense laat skeef opkyk. **~brow pencil** wenkbroupot‑ lood. **~ candy** *(infml.)* iets *(of* 'n lus) vir die oog. **~ care** oog‑ sorg, ‑versorging. **~‑catcher** oogtreffer. **~‑catching** opval‑ lend, treffend. **~ contact** oogkontak. **~ drops** *(mv., med.)* oogdruppels. **~ flap** oogklap. **~ful** →EYEFUL. **~glass** oog‑ glas, monokel; *(i.d. mv., Am.)* bril; oogglas, ‑lens, ‑stuk, oku‑ lêr. **~hole** loer‑, kykgat, ‑gaatjie; oog, ogie, ring(etjie); oog‑, ‑holte. **~lash** ooghaar, wimper; *(biol., anat.)* cilium. **~ level** *n.* ooghoogte. **~‑level** *adj. (attr.)* ooghoë *(oond ens.).* **~lid** oog‑ lid; *flutter one's ~s* met jou oë knipper. **~liner** oogmlyner. **~ lotion** oogwasmiddel. **~‑opener** *(infml.)* openbaring; ver‑ rassing; ontnugtering; *s.t. is an ~ to s.o., (infml.)* iets is vir iem. 'n openbaring, iets gee iem. (glad) 'n ander kyk op sake. **~‑opening** verrassend; ontnugterend. **~ patch** oog‑ klap. **~ pencil** oogpotlood. **~piece** oogglas, ‑lens, ‑stuk, okulêr. **~ rhyme** skynrym. **~shade** oogskerm. **~ shadow** oogskadu(wee). **~shot** gesig, gesigsveld, oogafstand; *be‑ yond (or out of) ~* uit sig, uit die gesig/oog; *in/within ~* in sig, in die gesig, sigbaar. **~sight** gesig; gesigsvermoë, sienskrag; *have bad/good ~* slegte/goeie oë hê; *s.o.'s ~ is failing* iem. se oë gee in; *lose one's ~* jou gesig verloor, blind word. **~ socket** oogkas, ‑holte. **~sore** doring in die oog, steen des aanstoots, gedrog, onooglikheid, misbaksel. **~spot** *(soöl., plantsiekte‑ kunde)* oogvlek. **~ spot** oogspriet. **~‑strain** oogspan‑ ning, ‑vermoeidheid, ‑vermoeinis, ‑ooreising. **~ test** oog‑ toets, ‑ondersoek. **~ tooth** oog‑, hoektand *(v. 'n mens);* oog‑, slagtand *(v. 'n dier); cut one's eyeteeth, (lett.)* oogtande kry; *(fig., infml.)* ervaring opdoen, wyser word; *s.o. would give his/ her eyeteeth for ..., (infml.)* iem. sou wát wou gee vir ... ~**wash** oogwater; *(infml.)* bog=, kaf=, twak(praatjies), snert, praatjies vir die vaak. ~**witness** ooggetuie; *be an ~ of/to s.t.* ooggetuie van iets wees.

**-eyed** *komb.vorm* =oog=, =ogig, met ... oog/oë; *green-~* groen= oog=, groenogig, met groen oë; *one-~* eenoog=, eenogig, met een oog.

**eye·ful** *(infml.)* goeie kyk(ie); lus vir die oog, skoonheid; ***get** an ~ of dust/water/etc.* stof/water/ens. in die oog kry; ***get** an*

~ *of this/that!, (infml.)* kyk ('n) bietjie hier/daar!; ***get** (quite) an ~ of ..., (infml.)* heelwat van ... te sien(e) kry; *be **quite** an ~, (infml.)* nogal iets vir die oog wees, iets wees om na te kyk.

**eye·less** oogloos, sonder oë; blind.

**eye·let** (veter)ogie, =gaatjie; ryggaatjie; (veter)ringetjie; *(bor= duur)* ogie; loergaatjie.

**ey·rie,** *(Am.)* **aer·ie** arendsnes; roofvoëlnes.

**E·ze·ki·el** *(OT)* Esegiël.

**Ez·ra** *(OT)* Esra.

# Ff

**f, F** *f's, F's, Fs, (sesde letter v.d. alfabet)* f, F; *little* ~ f'ie; *small* ~ klein f. **F flat** *(mus.)* F-mol. **f-number, f number** *(fot.)* f-getal. **F sharp** *(mus.)* F-kruis. **f-word** *(soms F~, euf. vir* fuck*): the* ~ die f-woord.

**fa** →FAH.

**fab** *(Br., infml., afk. v.* fabulous*)* fantasties, wonderlik.

**fa·ble** fabel, sprokie; verdigsel; versinsel; mite; legende; *land of* ~ sprokiesland, =wêreld. **fa·bled** legendaries; befaam(d); fabelagtig.

**fab·ric** (weef)stof, tekstiel(stof), kledingstof, materiaal; doek; *(i.d. mv.)* weefgoedere; raamwerk; konstruksie, struktuur; *(grondk.)* maaksel; *(fig.)* stelsel. ~ **softener** materiaalversagter, =versagmiddel.

**fab·ri·cate** bedink, uitdink, versin, fabriseer; vervaardig, maak, fabriseer; bou; saamstel; ~*d story* versinsel, verdigsel. **fab·ri·ca·tion** versinsel; vervaardiging; samestelling.

**fab·u·lous** ongelooflik; legendaries; *(infml.)* fantasties, wonderlik; fabelagtig. **fab·u·lous·ness** fabelagtigheid.

**fa·çade** *(Fr.),* **fa·cade** voorkant, vooraansig, fasade; (voor)= gewel; *(fig.)* skyn, front, fasade.

**face** *n.* gesig, aangesig, gelaat; (gesigs)uitdrukking; voor= koms, uiterlik(e); aansien; aangesig, aanskyn; *(geom.)* sy; *(geom.)* vlak *(v. 'n fig.);* hang, wand *(v. 'n berg);* gesig *(v.d. maan);* voorkant, vooraansig, fasade *(v. 'n gebou);* (buite)vlak, voorvlak *(v. 'n muur ens.);* wys(t)erplaat *(v. 'n horlosie);* regte kant *(v. 'n speelkaart); (naaldw.)* regte kant, regkant; kop, kruis, bokant, voorkant *(v. 'n munt);* wang *(v. 'n byl);* slaan= vlak *(v. 'n hamer);* voorkant *(v. 'n bytel);* sool *(v. 'n skaaf);* kop *(v. 'n draaibank);* bors *(v. 'n saagtand);* baan *(v. 'n aam= beeld);* vlak *(v. 'n kristal);* **blush** *all over one's* ~ tot agter jou ore (toe) bloos; **bury** *one's* ~ *in one's hands* jou gesig in jou hande verberg; **do** (*or* **make up**) *one's* ~, **put** *one's* ~ *on,* *(infml.: jou* grimeer*)* jou (gesig) opmaak, jou mooimaak; ~ **down(wards)** op jou gesig, (plat) op jou maag; met die voor= kant na onder; *(kaartspel, naaldw.)* met die regte kant na on= der; *disappear/vanish off/from the* ~ *of the* **earth** spoorloos *(of* soos 'n groot speld) verdwyn; **fall** *flat on one's* ~, *(lett.)* plat op jou gesig val; *(fig., infml.)* (lelik) op jou neus kyk, be= droë daarvan afkom; **feed** *one's* ~, *(sl.)* weglê (aan die kos), die/jou kos na binne werk; *s.o.'s* ~ **fell** iem. het 'n lang gesig getrek; iem. het verslae gelyk; **hit** *s.o. right in the* ~ iem. vol in die gesig tref; *(fig.)* iem. soos 'n voorhamer= hou tref, met skok tot iem. deurdring; **in** *(the)* ~ *of ...* in die aangesig van ..., met ... voor oë *(d. dood ens.);* teenoor ...; ondanks/ongeag ...; met die oog op ...; *be* **in** *s.o.'s* ~, *(infml.)* iem. trotseer, uitdagend teenoor iem. optree; *laugh* **in** *s.o.'s* ~ iem. uitlag; *slam the door* **in** *s.o.'s* ~ die deur voor iem. se neus toeklap; **in** *your* ~!, *(infml.)* wê!; *have one's* ~ **lifted** jou gesig laat ont= rimpel, 'n ontrimpeling(soperasie)/gesig(s)ontrimpeling= (soperasie) ondergaan; **look** *s.o. (full/squarely/straight) in the* ~ iem. (reg[uit]/vas/waterpas) in die oë kyk; *seek the* ~ *of the* **Lord**, *(Byb.)* die aangesig van die Here soek; **lose** ~ aan= sien verloor, in die skande gesteek word; **make/pull** *a* ~ (*or* ~*s) at s.o.* vir iem. skewebek/gesig(te) trek; **make/pull** (*or* **put on**) *a long/etc.* ~ 'n lang/ens. gesig trek; **on** *the* ~ *of it* op die oog (af), oënskynlik; oppervlakkig beskou; **put** *a brave/ bold/good* ~ *on it* jou daarin skik, maak (as)of jy nie omgee

nie; **put** *a different/new* ~ *on s.t.* iets in 'n ander lig stel, 'n ander kleur aan iets gee, iets verander; *s.o.'s* ~ *is* **red,** *s.o. is* **red** *in the* ~ iem. bloos van skaamte; **save** *(one's)* ~ jou aansien red; **show** *one's* ~ opdaag, verskyn, jou (gesig) laat sien; *be* **smiling** *all over one's* ~ van oor tot oor glimlag; *keep a* **straight** ~ geen/g'n spier vertrek nie, niks verraai nie, ernstig bly; **throw** *s.t. back in s.o.'s* ~, *(fig.)* iem. stank vir dank vir iets gee; *to s.o.'s* ~ in iem. se gesig *(iets sê);* ~ *to* ~ van aangesig tot aangesig; onder vier oë; *be* ~ *to* ~ *with s.t.* voor iets staan; *come* (*or* be brought) *to* ~ *with s.t.* voor iets te staan kom, met iets gekonfronteer word *(armoede ens.); come* ~ *to* ~ *with the fact that ...* voor die feit staan dat ...; *meet s.o.* ~ *to* ~ iem. persoonlik *(of* van aangesig tot aange= sig) ontmoet; →FACE-TO-FACE; *have two* ~*s* 'n janusgesig hê, met/uit twee monde praat; ~ *up(wards)* met die/jou gesig na bo, (plat) op jou rug; *(naaldw.)* met die regte kant na bo; *(kaartspel)* oop, met die regte kant na bo; *s.t. is* **written** *all over* (*or* across/in/on) *s.o.'s* ~ iets staan op iem. se gesig te lees *(vrees ens.).* **face** *ww.* met jou gesig na ... lê/sit/staan, kyk na *(d. kamera ens.);* (jou gesig) draai na; in die oë kyk; *(aan tafel)* sit teenoor; uitkyk op, 'n uitsig hê op; onder (die) oë sien *(feite ens.); ('n uitdaging ens.)* in die gesig staar; staan voor *('n uitdaging ens.);* trotseer, die hoof bied *(gevaar ens.);* aan= vaar, dra *(gevolge); (kr.)* slag bied; *(teg.)* beklee *(met beton, hout, ens.); (teg.)* (uit)straat, met klippe uitlê; *(bouk.)* afwerk, vlak *(mure);* omdraai *(speelkaart); (naaldw.)* belê, 'n belegsel insit; ~ *away from ...* met jou rug na ... sit/staan, wegkyk van ...; *('n huis ens.)* met sy rug na ... staan, wegkyk van ...; *s.o.* **can't** ~ *...* iem. kan ... nie aanskou nie; *...* is vir iem. (een) te veel, iem. sien nie vir ... kans nie; *a lot of* **criticism** kwaai onder kritiek deurloop; ~ *s.o.* **down** iem. oorbluf *(of* uit die veld slaan); *s.o. won't* ~ *up to the* **fact** *that ...* iem. wil nie aanvaar/ weet dat ... nie; *(the)* **facts** die feite onder (die) oë sien; ~ **forward** vorentoe kyk/wys; *let's* ~ *it, (infml.)* laat ons (nou/ maar) eerlik wees, kom ons wees (nou/maar) eerlik; ~ **onto** *...* op ... uitkyk *('n park ens.);* ~ *s.t.* **out** iets deurstaan; die gevolge van iets dra; *the picture/etc. facing* **page** 15/etc. die afbeelding/ens. teenoor bladsy 15/ens.; *be* **ready** *to* ~ *s.o.* vir iem. oorgehaal wees; ~ **round** jou omdraai; ~ *up to s.t.* iets onder (die) oë sien *(d. waarheid ens.); please* ~ *this* **way** kyk asseblief hiernatoe; *be* ~*d* **with** *s.t.* voor iets staan *(of* te staan kom), met iets te doen/make kry *('n probleem ens.).* ~ **card** prentkaart. ~ **cloth** waslap. ~ **cream** gesig(s)room. ~ **guard** gesigskerm, =skut, masker. ~ **lift** ontrimpeling(soperasie), gesig(s)ontrimpeling(soperasie), verjongingsoperasie, ge= sig(s)kuur; *(fig.)* opknapping(sprogram), gesig(s)kuur; *(fig.)* vernuwing, verjonging; *get a* ~ opgeknap/vernuwe word; *give s.t. a* ~ iets opknap/vernuwe; *have a* ~ jou gesig laat ontrim= pel, 'n ontrimpeling(soperasie)/gesigsontrimpeling(sopera= sie) ondergaan. ~ **mask** gesig(s)masker; gesigpap. ~**-off, ~-down** *n., (fig.)* konfrontasie. ~ **pack** gesigpap. ~ **paint** ge= sigverf. ~**plate** *(meg.)* kopplaat; vlakskyf *(v. 'n draaibank); (telef.)* stempelplaat; skerm(plaat) *(v. 'n katodestraalbuis).* ~ **powder** gesig(s)poeier. ~**-saver** aansienredder. ~**-saving** *adj. (attr.)* aansienreddende *(attr.),* om jou aansien te red *(pred.),* sonder verlies van aansien *(pred.).* ~ **stone** voorwerkklip. ~**-to-~** *adj. (attr.)* persoonlike *(attr.),* van aangesig tot aan= gesig *(pred.);* direkte *(konfrontasie); a* ~ *meeting* 'n persoon=

like ontmoeting. ~ **value** sigwaarde, nominale waarde *(v. 'n muntstuk ens.); accept/take s.t. at* ~ ~ iets sommer aanneem/aanvaar/glo.

**-faced** *komb.vorm: baby-*~ met die/'n babagesig.

**face·less** gesigloos, naamloos, anoniem; karakterloos *(gebou ens.);* sonder 'n gesig.

**fac·et** *n.* faset, (slyp)vlak *(v. 'n edelsteen);* kant, sy, aspek, faset *(v. 'n saak).* **fac·et** *ww.* fasetteer, in fasette slyp.

**fa·ce·tious** spottend, met bytende spot, ampei/byna honend. **fa·ce·tious·ness** stekelrige grappie(s).

**fa·cial** *n.* gesig(s)behandeling; gesig(s)massering. **fa·cial** *adj.* gesig(s)-, gelaats-, van die gesig *(pred.);* ~ *expression* gesig(s)uitdrukking, gelaatsuitdrukking; ~ *features* gelaatstrekke; ~ *nerves, (anat.)* fasiale senuwees; ~ *paralysis* gesig(s)verlamming, gelaatsverlamming; ~ *tissue* gesig(s)weefsel; sneesdoekie, snesie.

**fac·ile** oppervlakkig, bolangs; simplisties; gemaklik, moeiteloos; glad, vlot; vloeiend; *(arg.)* inskiklik, meegaande. **fa·cil·i·tate** vergemaklik, makliker maak; bevorder, voorthelp, fasiliteer. **fa·cil·i·ta·tion** vergemakliking, verligting; bevordering, fasilitering. **fa·cil·i·ta·tor** gespreksleier; katalisator *(fig.);* fasiliteerder. **fa·cil·i·ty** gerief, fasiliteit; inrigting, instelling; geleentheid; maklikheid, gemak(likheid); vaardigheid, behendigheid; vlotheid; aanleg, gebou; *(gew. i.d. mv.)* toilet.

**fac·ing** *n., (naaldw.)* belegsel, teenstrook; sierbelegsel; *(teg.)* bekleding; (boonste) laag, dek-, buitelaag; voorkant; *(bouk.)* voorwerk. **fac·ing** *adj. (attr.)* teenoorstaande.

**fac·sim·i·le** faksimilee, duplikaat; →FAX.

**fact** feit, waarheid, sekerheid; werklikheid; *(jur.)* daad; *the* **(actual)** ~s die ware/werklike feite/toedrag; *in* **actual** ~ in werklikheid; *that does not* **alter** *the* ~ *that* ... dit neem nie weg dat ... nie; *the* **bald/bare/brutal/hard/stark** ~s die naakte feite; *the* ~s *of the* **case** die toedrag van sake; *distinguish/separate* ~ *from fiction* tussen waarheid en verdigsel onderskei; *establish a* ~ 'n feit vasstel/konstateer; *face* ~s, *look* ~s *in the* **face** feite *(of* die werklikheid) onder (die) oë sien; ~s *and* **figures,** *(infml.)* feite en syfers, al die besonderhede/details; *in (point of)* ~ in werklikheid, inderdaad; *it is a* ~ *that* ... dit is so dat ...; *the* ~ *is that* ... eintlik ...; *is that a* ~? regtig?, sowaar?; *know* s.t. *for a* ~ iets seker weet; *it is a* ~ *of* **life** dis 'n onomstootlike/onweerlegbare feit, *(infml.)* dis 'n feit soos 'n koei; *tell/teach* s.o. *the* ~s *of* **life,** *(infml., euf.)* iem. vertel waar baba(tjie)s vandaan kom, iem. van die bytjies en die blommetjies vertel; *the* ~ *of the* **matter** *is that* ... die waarheid is dat ...; *a* **matter** *of* ~ 'n feit; 'n kwessie van feite; *as a* **matter** *of* ~ in werklikheid, eintlik, om die waarheid te sê; as iets doodgewoons; *the* **mere** ~ die blote feit; *recognise* ~s feite erken; *the* ~ **remains** *that* ... dit bly 'n feit *(of* staan vas) dat ..., feit is dat ...; *the* ~s **speak** *for themselves* die feite spreek vanself *(of* sê alles); *stick to the* ~s by die feite bly, jou aan die feite hou; *that's a* ~ daaroor bestaan daar geen twyfel nie, dis (nou) maar klaar. ~**-finding** *n.* feiteondersoek, die versameling van feite. ~**-finding** *adj. (attr.)* feite-; ~ *mission/trip* feitesending, -verkenningstog. ~ **sheet** feitestaat.

**fac·tion**[1] faksie, groep, druk-, splintergroep; interne onenigheid, groepkonflik, partyskap; *(pol.)* (interne) partystryd, partytwis. ~ **fight** stamgevegg; *(pol.)* (interne) partystryd, stryd binne die party, partytwis.

**fac·tion**[2] *(op feite gebaseerde fiksie)* faksie.

**fac·tion·al** partysugtig, faksie-, party-; ~ *conflict* partykonflik; ~ *leader* faksieleier.

**fac·tious, ·ly** partysugtig, kliekerig; opruiend, opstokend; tweedragtig. **fac·tious·ness** partysug, kliekerigheid; tweedrag, onenigheid.

**fac·ti·tious** kunsmatig, vals, oneg. **fac·ti·tious·ness** kunsmatigheid, valsheid.

**fac·toid** skynfeit.

**fac·tor** *n.* faktor, feit, omstandigheid, element; *(biol., wisk., biochem.)* faktor; *(han.)* (handels)agent, (sake)verteenwoordiger, saakgelastigde; *(fin., jur.)* faktor *(b.d. oorname v. kredietrisiko's); critical/crucial/determining/key* ~ deurslaggewende/beslissende/kritieke faktor; *prime* ~ vernaamste faktor, hooffaktor; *(wisk.)* priemfaktor. ~ **8,** ~ **VIII,** ~ **eight** *(fisiol.)* faktor 8/VIII/ag(t).

**fac·tor·a·ble** *(wisk.)* faktoriseerbaar, ontbindbaar/splitsbaar in faktore.

**fac·to·ri·al** *n., (wisk.)* fakulteit. **fac·to·ri·al** *adj. (attr.)* fakulteits-; ~ *function* fakulteitsfunksie; ~ *n, (wisk.)* n-fakulteit.

**fac·tor·ise, ·ize** *(wisk.)* faktoriseer, in faktore ontbind/splits.

**fac·to·ry** *-ries* fabriek, werkplaas. ~ **farming** groot-, sakeboerdery. ~ **floor** fabrieksvloer; fabriekswerkers. ~**-fresh** vars uit die fabriek. ~ **inspector** fabrieksinspekteur. ~**-made** masjinaal vervaardig, fabriekmatig, fabrieks-; ~ *shoes* winkelskoene. ~ **ship** fabriekskip. ~ **shop** fabriekswinkel. ~ **site** fabrieksterrein; *(argeol.)* werkterrein. ~ **worker** fabriekswerker, -arbeider.

**fac·to·tum** *-tums* faktotum, handlanger.

**fac·tu·al** feitelik, feite-, fakties; werklik; saaklik.

**fac·ul·ta·tive** fakultatief, opsioneel, nieverplig; vrywillig; *(versek.)* fakultatief *(klousule ens.); (biol.)* fakultatief *(parasiet ens.).*

**fac·ul·ty** *-ties* (verstandelike) vermoë, geestesvermoë; aanleg, gawe, talent; *(opv.)* fakulteit; verlof, vergunning, toestemming; ~ *of* **arts** fakulteit van (die) lettere, fakulteit lettere; ~ *of* **commerce** handelsfakulteit; **reasoning** ~ redeneervermoë; ~ *of* **speech** spraakvermoë.

**FA Cup** *(Br., sokker)* FA Cup-kompetisie; *(trofee)* FA Cup.

**fad** *(infml.)* manie; gril, gier; ~s *and fancies* nukke en grille. **fad·dish, fad·dy** vol fiemies, kieskeurig.

**fade** verbleik, verkleur, verskiet; verlep, verwelk; *(fig.)* verdof, verflou, kwyn; *(klank)* wegsterf, -sterwe; *(rad.)* verdof; uitsak; ~ *away* vervaag; wegkwyn; *(geluid ens.)* wegraak; *hopes* ~ die hoop vervlugtig; ~ s.t. *in, (rad., TV, filmk.)* iets indoof; →FADE-IN; ~ *out* van die toneel verdwyn; *(geluid ens.)* wegsterf, -sterwe; ~ s.t. *out, (rad., TV, filmk.)* iets uitdoof; →FADE-OUT. ~**-in** *n., (rad., TV, filmk.)* indowing. ~**-out** *n.* verdwyning, wegsterwing; *(rad., TV, filmk.)* uitdowing.

**fa·do** *-dos, (Port., mus.)* fado.

**fae·ces,** *(Am.)* **fe·ces** *(mv.)* ontlasting, uitwerpsels, drek, fekaliee; *(teg.)* moer, afsaksel. **fae·cal,** *(Am.)* **fe·cal** fekaal, ontlastings-.

**faff** *(Br., infml.):* ~ *about/around* rondpeuter, -karring.

**fag**[1] *(infml.)* geswoeg, gesloof, moeite, las; *be too much of a* ~, *(infml.)* te veel moeite wees. **fagged** *be/feel* ~ *out* afgemat/pootuit wees/voel.

**fag**[2] *(infml.)* sigaret. ~ **end** *(Br., infml.)* stompie *(v. 'n sigaret);* stert(jie); uiteinde, laaste stukkie; stertkant *(v. 'n storie ens.);* rafelkant; timp *(v. 'n tou);* oorskiet.

**fag·got, fag**[3] *(neerh. Am. sl.)* moffie, poefter.

**fah, fa** *(mus.)* fa.

**fah-fee, fa-fi** *(SA dobbelspel)* fahfee.

**Fahr·en·heit** Fahrenheit; *eighty degrees* ~, *(afk.: 80 °F)* tagtig grade Fahrenheit.

**fail** *n., (opv.)* druippunt; *without* ~ (vir) seker, stellig. **fail** *ww.* faal; versuim, nalaat; te kort skiet, kortkom; misluk, deur die mat val; in die steek laat; onklaar raak; onderbreek; *(masjien)* weier; sak, dop, druip, nie slaag nie; laat sak/dop/druip; bankrot gaan/raak/speel; *(lig)* afneem, flouer word, uitgaan; ~ *to* **answer** die antwoord skuldig bly; ~ *to* **attend** *a meeting* 'n vergadering versuim; **brakes** ~ remme weier; *one cannot* ~ *to see that* ... 'n mens kan nie anders nie as insien dat ...; ~ *to* **come,** *(ook)* agterweë bly, uitbly; ~ *to* **comply** weier; ~ *dismally/miserably* klaaglik misluk; sak soos 'n bakstaan *(in 'n eksamen);* ~ *to* **do** s.t. nie daarin slaag om iets te doen nie; iets nie doen nie, versuim om iets te doen; ~ *(in) an*

***exam(ination)*** (in) 'n eksamen sak/dop/druip; *s.o. ~ed to find s.t.* iem. kon iets nie kry/vind nie; *just ~* net-net misluk; *don't ~ to let me know* moenie versuim om my te laat weet nie; *I have never known it to ~* sover/sovêr *(of* so ver/vêr) ek weet, het dit nog altyd geslaag/gewerk; *never ~ to ...* nooit nalaat om te ... nie *(iem. te besoek ens.); ~ s.o.* iem. in die steek laat; iem. laat sak/dop/druip *(in 'n eksamen); time ~s s.o.* die tyd ontbreek iem.; *~ to ...* in gebreke bly om te ...; nalaat om te ... *~-safe adj.* veilig, betroubaar *(metode ens.);* faalvry *(stelsel ens.).*

**failed** *adj. (attr.):* mislukte *(staatsgreep, skrywer, ens.);* onklaar *(enjin ens.); ~ candidate* druipeling; *~ state* staatlose staat.

**fail·ing** *n.* gebrek, swak(heid), tekortkoming. **fail·ing** *adj.* ontbrekend; agteruitgaande. **fail·ing** *prep.* by gebrek(e) van; *~ him/her/whom ...* as hy/sy nie kan/wil nie ...; *~ which ...* as dit nie moontlik is nie ...; anders *(of* so nie *of* by gebreke waarvan) ...

**fail·ure** mislukking; terug=, teenslag; fiasko, misoes; niks= werd (mens); versuim, nalating; onvermoë; gebrek, gemis, tekort; tekortkoming, fout, defek; weiering *(v. 'n masjien, wa= pen, ens.); (meg.)* onklaarraking; *(elek.)* onderbreking; breuk *(by metale); (med.)* versaking *(v. 'n orgaan);* ondergang, ban= krotskap *(v. 'n maatskappy); ~ to attend* versuim, wegbly, nieverskyning; *~ to attend school* skoolversuim; *crop ~* mis= oes, mislukte oes; *end/result in ~* op 'n mislukking uitloop; *~ of justice* onreg; *there has been a ~ of justice* reg het nie geskied nie; *kidney ~* nierversaking; *s.o.'s ~ to ...* iem. se ver= suim/onvermoë om te ...; *~ to pay* wan=, niebetaling, versuim om te betaal.

**faint** *n.* floute; *be in a dead ~* totaal bewusteloos wees; *fall in a ~* flou val/word. **faint** *adj.* flou, swak; dof, onduidelik, vaag; skemeragtig; *a ~ clue/idea* 'n vae/flou(e) idee; *not have the ~est (clue/idea)* nie die flouste/vaagste benul hê nie; *grow ~* flou/dof word; *(geluid)* wegsterf, =sterwe. **faint** *ww.* flou val/word, bewusteloos raak, jou bewussyn verloor, wegraak. *~-hearted* lafhartig, papbroek(er)ig, bangerig; skugter, sku, skamerig, bedees.

**faint·ing** flouvallery. *~ fit* floute.

**faint·ly** flou(erig); dof(weg); swakkies; *~ ridiculous* effentjies verspot; *smile ~* effens glimlag.

**faint·ness** flouheid, swakte; dofheid, onduidelikheid, vaag= heid; bangheid.

**fair¹** *n.* skou; kermis; (jaar)mark, =beurs; *trade ~* handelskou; *world ~* wêreldskou, =tentoonstelling. *~ground* kermister= rein, =veld.

**fair²** *adj.* regverdig, redelik, billik; eerlik, opreg; regmatig; on= partydig, onbevange; blond, lig *(hare);* taamlik goed; skaflik; suiwer, skoon, rein; *all's ~ in love and war* in die liefde en in oorlog is alles geoorloof; *~ enough!, (infml.)* dis nie onre= delik nie!; nou goed!; *fair's ~, (infml.)* wat reg is, is reg; *a ~ field and no favour* almal is gelyk; *it is hardly ~* dit is nie eintlik/juis billik nie; *be less than ~* nie heeltemal billik wees nie; *by ~ means* op 'n eerlike manier/wyse; *by ~ means or foul* bygoed of bars, tot elke prys, hoe ook al; *~ to middling* nie te sleg nie, so-so; *it is only ~ to say* billikheidshalwe moet gesê word ...; *to be ~ ...* billikheidshalwe ...; *the weather is ~* dit is mooi weer. **fair** *adv.* eerlik; beleef(d); *play ~* eerlik speel; eerlik/billik handel; *be set ~, (met.)* bestendig wees; *~ and square* eerlik, reguit; reg. *~ catch (kr. ens.)* skoon vang= hou; *(rugby)* skoonvang. *~ copy* juiste afskrif/kopie. *~ deal= ing* eerlikheid, billikheid. *~ game (fig.)* maklike prooi *(vir kritiek ens.). ~-haired* blond, vaalhaar=; met ligte hare. *~- minded* regverdig, eerlik, opreg, redelik, billik; onpartydig, onbevooroordeeld. *~ play* eerlike/skoon spel; *that is not ~* dit is nie eerlik nie; dis kierang. *~ price* billike/redelike prys. *~ sex: the ~(er) ~, (vero. of skerts.)* die skone geslag. *~-sized* groterig, taamlik groot. *~ trade* billike handel. *~-weather friend* vriend in voorspoed, skynvriend.

**fair·ish** middelmatig, redelik, gangbaar; taamlik lig/blond; →FAIR *adj..*

**Fair Isle** *(geog.)* Fair Isle; *(breiwerk)* fairisle; *~ ~ sweater* fair= isle-trui.

**fair·ly** regverdig, billik; redelikerwys(e); taamlik, nogal, rede= lik, betreklik; behoorlik; openlik, prontuit; heeltemal, totaal, glad; *be ~ beside o.s.* iem. kon glad/behoorlik uit sy/haar vel spring; *~ big/large* groterig, taamlik groot; *hit a ball ~* 'n bal raak/skoon slaan; *~ soon* binnekort; *~ well* taamlik/be= treklik goed, redelik (goed).

**fair·ness** regverdigheid, billikheid, redelikheid; eerlikheid; blondheid *(v. hare);* ligtheid *(v. vel);* mooiheid *(v.d. weer); in (all) ~* billikheidshalwe; *in common ~* bloot uit billikheid.

**fair·way** *(gh.)* skoonveld; *(sk.)* vaarwater; *(sk.)* vaargeul. *~ buoy* vaarwaterboei.

**fair·y** =ies fee(tjie), towerfee(tjie); *(infml., neerh.: homoseksu= eel)* feetjie, moffie; *good ~* goeie fee/gees; *wicked ~* bose fee; towerheks. *~ cake* feëkoekie. *~ godmother* goeie fee, tower= tante. *~land* sprokieswêreld, sprokies=, kamma=, feë=, tower= land, feëryk. *~ lights (mv.)* veelkleurige liggies *(aan Kers= boom ens.). ~ queen* feëkoningin. *~ ring* feë=, elwering; *(bot.)* heksekring. *~ tale, ~ story* sprokie; (lieg)storie, versinsel.

**fair·y·like** feeagtig, feëriek, sprokiesagtig.

**fait** *(Fr.): ~ accompli* voldonge feit.

**faith** geloof; vertroue; trou, getrouheid; *an act of ~* 'n geloofs= daad; *in bad ~* te kwader trou; *confession of ~* geloofsbely= denis; *embrace a ~* 'n geloof aanneem; *in (all) good ~* te goeder trou; *have ~ in ...* geloof/vertroue in ... hê; *have/put implicit ~ in ...* volkome vertroue in ... hê, 'n blinde geloof in ... hê/stel; *accept s.t. on ~* iets op gesag aanneem/aanvaar; *pin one's ~ on ...* volle vertroue in ... stel, ... geheel en al vertrou; *put one's ~ in ...* jou vertroue op ... vestig; *s.o.'s ~ in ... is shaken* iem. se vertroue in ... is geskok; *s.o.'s unshake= able ~ in ...* iem. se onwrikbare vertroue in ... *~ healer* ge= loofsgeneser. *~ healing* geloofsgenesing.

**faith·ful** *n. (mv.): the ~* die gelowiges; die getroues. **faith·ful** *adj.* (ge)trou; gelowig; *a ~ rendering of ...* 'n getroue weer= gawe van ...; *be ~ to ...* (ge)trou wees aan ... **faith·ful·ly** (ge)= trou; eerlik, opreg *(belowe); yours ~* (met agting) die uwe. **faith·ful·ness** trou, getrouheid; gelowigheid; *s.o.'s ~ to ...* iem. se trou aan ...

**faith·less** ontrou, troueloos; onbetroubaar; ongelowig, af= vallig. **faith·less·ness** ontrou, troueloosheid; onbetroubaar= heid; ongelowigheid.

**fa·ji·tas** *n. (mv.), (Mex. kookk.)* fajitas.

**fake** *n.* namaaksel, vervalsing; bedrieër; voorwendsel, truuk, slenter(slag), bedrog. **fake** *adj.* nagemaak, (ver)vals, oneg, namaak=, fop=; bedrieglik, voorgewend, skyn=. **fake** *ww.* namaak, vervals; veins, voorgee, maak (as)of. **fak·er** verval= ser; bedrieër.

**fa·kir, fa·kir** fakir, bedelmonnik.

**fa·la·fel, fe·la·fel** *(kookk.)* falafel, felafel.

**Fa·lange** *(hist.: Sp. Fascistiese beweging)* Falange. **Fa·lang·ism** Falangisme.

**fal·cate** *adj., (biol.)* sekelvormig.

**fal·con** valk; wyfievalk *(by valkeniers); pygmy ~* dwergvalk(ie). **fal·con·er** valkenier. **fal·con·ry** valkejag.

**Falk·land Is·lands, Falk·lands** Falklandeilande.

**fall** *n.* val; daling; instorting; ondergang; afneming; *(Am.)* herfs, najaar; afdraand(e), helling; *(gew. i.d. mv.)* waterval; *(gew. i.d. mv.)* reënval; *have a bad/nasty ~* lelik val; *break a ~* 'n val breek; *head/ride for a ~* moeilikheid soek; on= verstandig/onverskillig/roekeloos te werk gaan; op pad na die verderf wees; jou ondergang tegemoet gaan; *the/a ~ of lambs* die/'n lammeroes; *the F~ (of Man), (teol.)* die sonde= val; *point of ~* valpunt; *the/a ~ of rock* die/'n rotsstorting; *a sharp ~* 'n skerp/skielike daling *(v. pryse ens.); take a ~*

(neer)val, neerslaan; **take** *the* ~ *for s.t., (Am., infml.)* die skuld vir iets kry. **fall** *fell fallen, ww.* val, (neer)stort; daal, sink, sak; *(pryse)* daal; *(regering)* val; *(lammers)* aankom; *(barometer)* daal, sak, val; *(wind)* gaan lê, bedaar; *(soldaat)* val, sneuwel; *(koek)* toeslaan; *(kr.: paaltjies)* val, spat, kantel; → FALLEN, FALLING; ~ **about** *(laughing), (infml.)* krul van die lag, lê soos jy lag; ~ **among** *bad company* in slegte geselskap beland; ~ **apart** (or **to pieces**), *(iets)* uitmekaar val, uiteenval, stukkend val; *(iem.)* ineenstort; ~ **away,** *(voorstel ens.)* verval; ~ **away** *to* ... hel *(of skuins loop)* na ...; daal tot ...; ~ **back** agteroor val; *(mil.)* wyk, terugtrek; *(pryse ens.)* daal, sak; ~ **back** *on/upon* ... jou toevlug tot ... neem; van ... gebruik maak; *have to* ~ **back** *on/upon* ... op ... aangewese wees; *have nothing to* ~ **back** *on/upon* ... niks hê om op terug te val *(of* jou aan die gang te hou) nie, geen voorraad/reserwe hê nie; niks anders kan doen nie; ~ **behind** agterraak, =bly; ~ **behind** *with s.t.* met iets agterraak *(of* agterstallig raak) *(paaiemente ens.)*; ~ **below** ... laer as *(of* tot onder) ... daal; ~ **down** (neer)val, neerslaan; neerstort; omval; afval; *(infml.)* misluk; ~ **down** *a precipice* by 'n krans afval; ~ **down** *on the job, (infml.)* die werk nie gedoen kry nie; ~ **due** verval; verstryk; betaalbaar wees *(op 'n datum); s.o.'s **eyes** fell* iem. het sy/haar oë neergeslaan; ~ **flat** plat val *(lett.);* neerslaan; *(infml.)* misluk; ~ **for** *s.o. (in a big way), (infml.)* (smoor)verlief op iem. raak, (tot oor jou ore) op iem. verlief raak; ~ **for** *s.t. (hook, line and sinker), (infml.)* iets vir soetkoek opeet; ~ **heavily** hard val; ~ **ill** siek word; ~ **in** inval; instort; afkalwe(r); verval; *(mil.)* aantree; ~ **in** *alongside/beside s.o.* langs iem. gaan loop; ~ **in** *with s.o.* iem. raakloop/teëkom/teenkom; jou by iem. skaar; ~ **in** *with s.t.* met iets instem/saamgaan; ~ **in** *with a decision* jou by 'n besluit neerlê, jou na 'n besluit skik; ~ **in(to)** *s.t.* in iets val *('n gat ens.);* ~ **into** *conversation (with s.o.)* 'n gesprek (met iem.) aanknoop; ~ **into** *debt/misery* in skuld/ellende verval; ~ **into** *three/etc.* parts, *('n preek ens.)* uit drie dele bestaan; ~ **into** *the sea, ('n rivier)* in die see loop/val; ~ **like** *a log* soos 'n os neerslaan; ~ **off** afval; agteruitgaan; afneem, verminder; verslap; afvallig word; ~ **off** *a ladder/etc.* van 'n leer/ens. (af)val; ~ **on** *one's knees* op jou knieë val; *the accent* ~*s on the first syllable* die klem(toon) val op die eerste lettergreep; ~ **on/upon** ..., *(Kersfees ens.)* val op ... *('n Vrydag ens.);* ... aanval *(d. vyand ens.);* ... oorrompel/ oorval; op ... neerkom; ... tref; ... verslind *(kos ens.);* ~ **on/ upon** *bad times* teenspoed/teëspoed kry; ~ **out,** *(lett.)* uitval; *(mil.)* uittree, uit die gelid tree, die formasie verlaat; *the way it fell* **out** die afloop; ~ **out** *with s.o.* met iem. stry kry, 'n uitval met iem. hê; ~ **outside** ... buite (die perke van) ... val; ~ **over** omval; ~ **over** *backwards, (lett.)* agteroor val; *(fig., infml.)* oorgretig wees; ~ **over** *each other* oor mekaar val; ~ **over** *o.s.* oor jou eie voete val/struikel; *(infml.)* oor jou voete val, oorgretig wees *(om iets te doen);* ~ **over** *s.t.* oor iets val; ~ **short** kortkom, te kort skiet; opraak; ~ **short** *of s.t.* nie aan iets beantwoord/voldoen nie; iets nie behaal nie; ~ **through,** *(lett.)* deurval; *(fig.)* deur die mat val; misluk; ~ **to** *s.o., (eiendom ens.)* iem. ten deel val; *it fell* **to** *s.o. to do s.t., (fml.)* die verantwoordelikheid het op iem. (se skouers) geval om iets te doen; ~ **to** *the enemy, (stad ens.)* in die hand van die vyand ingeneem word; ~ **to** *the State* aan die staat verval; ~ **together** saamval; *s.t.* ~*s* **under** ... iets val/ressorteer onder ...; iets behoort tot ...; ~ **upon** ... →**on/upon**; ~ **within** ... binne (die perke van) ... val. ~**back** *n.* toevlug; uitvlug, =weg; iets waarop ('n) mens kan terugval; noodgeld; noodvoorraad. ~**back** *adj. (attr.):* ~ *job* werk waarop iem. kan terugval; ~ *pay* oorbruggingsgeld; ~ *position* uitvlug, =weg. ~**off** *n.* vermindering; afname, insakking, agteruitgang. ~**out** *n.* afval(stowwe); neerslag; *(infml.)* newe-effek; nadraai, nasleep, reperkussie; *radioactive* ~ radioaktiewe neerslag. ~**out shelter** atoombunker, =skuilkelder. ~ **wind** daal-, valwind; *(Am.)* herfswind.

**fal·la·cy** wan=, dwaalbegrip; denkfout; drogrede; dwaling, onjuistheid; bedrieglikheid. **fal·la·cious** misleidend, bedrieg=

lik; vals, skyn=; verkeerd, foutief; ~ *argument* drogrede, vals(e) redenering.

**fall·en** *adj. (attr.: teol.)* sondige, verdorwe; *(mil.)* gevalle, ge= sneuwelde *(held ens.); a* ~ *angel* 'n gevalle engel; ~ *arches* plat= voete.

**fal·li·ble** feilbaar, onvolmaak.

**fall·ing** vallend; dalend. ~ **barometer** dalende barometer. ~ **leaf** vallende/dooie blaar, herfsblaar; *(lugv.)* blaar=, dwar= relvlug. ~**-off** vermindering, agteruitgang. ~**-out** uitval, ru= sie. ~ **star** *(infml.: meteoor)* vallende/verskietende ster. ~ **tide** vallende/afgaande gety.

**Fal·lo·pi·an tube,** *(anat.)* eierleier, Fallopiusbuis.

**fal·low¹** braak, onbebou, onbewerk; ~ *field/land* braakland, onbeboude/onbewerkte land; ouland; *lie* ~ braak lê.

**fal·low²** vaal(bruin), =geel, geelbruin; bleek. ~ **deer** dam= hert.

**false** *adj.* vals, bedrieglik, leuenagtig; ontrou, trouloos; ver= keerd; onwaar; onjuis; oneg; geveins; *s.t. rings* ~ iets klink vals/ oneg/onopreg; *be* ~ *to* ... aan ... ontrou wees; *true or* ~ waar of onwaar. ~ **alarm** vals alarm. **F~ Bay** *(geog.)* Valsbaai. ~ **bottom** dubbele/vals bodem. ~ **ceiling** vals/verlaagde plafon. ~ **dawn** skyndaeraad. ~ **doctrine** dwaalleer. ~ **door** vals deur. ~ **friends** *n. (mv.), (ling.)* vals(e) vriende. ~**-hearted** vals. ~ **idea,** ~ **notion** dwaalbegrip, waan(denkbeeld), wanbegrip, misvatting, verkeerde opvatting. ~ **move,** ~ **step** misstap; *make a* ~ *move, take a* ~ *step, (lett.)* mis trap; *(fig.)* skeeftrap, 'n misstap begaan, 'n dom/dwase ding doen/aanvang. ~ **note** vals/onsuiwer noot; *sound/strike a* ~ ~, *(fig.)* 'n verkeerde toon aanslaan. ~ **oath,** ~ **swearing** meineed. ~ **pretences** vals(e) voorwendsels. ~ **prophet** vals(e) profeet. ~ **scent** dwaalspoor. ~ **start** verkeerde begin; *(sport)* ongelyke weg= spring; *make a* ~ ~ verkeerd begin; *(sport)* ongelyk *(of* te gou) wegspring. ~ **step** →FALSE MOVE. ~ **teeth** kunstande, =gebit, vals tande. ~ **topaz** *(min.)* geelkwarts, sitrien. ~**work** *(bouk.)* stutwerk; bekisting; formeel *(waarop gewelf gemessel word).*

**false·hood** leuenagtigheid, onbetroubaarheid; leuen, on= waarheid; leuens; bedrog.

**false·ly** *adv.* vals(lik); trouloos; *swear* ~ vals sweer.

**false·ness** valsheid.

**fal·set·to** =*tos, (mus.)* falset(stem), kopstem; falset, manlike alt.

**fal·sies** *n. (mv.), (infml.)* kunsborsies.

**fal·si·fy** vervals; verkeerd voorstel; verdraai *(d. waarheid);* te= leurstel *(verwagtings).* **fal·si·fi·ca·tion** vervalsing; bewys van valsheid; ~ *of hopes* teleurstelling.

**fal·si·ty** valsheid; leuen, onwaarheid; *(jur.)* falsiteit.

**fal·ter** aarsel, huiwer, weifel; stamel, stotter, hakkel; strom= pel, struikel; wankel. **fal·ter·ing** *adj.,* **fal·ter·ing·ly** *adv.* aar= selend, weifelend; stamelend, stotterend; strompelend, strui= kelend; wankelend, onvas.

**fame** roem, bekendheid, faam, befaamdheid, vermaardheid; (goeie) naam, reputasie; *achieve/get* ~ roem verwerf; *evil* ~ berugtheid, slegte naam; ~ *and* **fortune** roem en rykdom; *undying* ~ onsterflike roem. **famed** beroemd, bekend, be= faam(d), vermaard, gevierd; *be* ~ *for* ... om/vir/weens ... be= roemd wees; *be* ~ *to be* ... as ... beskou *(of* as/vir ... gereken) word. **fa·mous** beroemd, (wel)bekend, befaam(d), vermaard, gevierd; glorieryk *(oorwinning ens.); (infml.)* fantasties, skit= terend; *become* ~ roem verwerf, opgang maak; *be* ~ *for* ... om/vir/weens ... beroemd wees; ~ *last words!, (skerts.)* sê jy!; dit wil ek nog sien!. **fa·mous·ly** fantasties, wonderlik, skit= terend, uitstekend; *get along/on* ~ *with s.o.* lekker met iem. klaarkom, besonder goed met iem. oor die weg kom.

**fa·mil·i·al** familiaal, familie=; oorerflik; →FAMILY; ~ *baldness/ etc.* familiale kaalhoofdigheid/ens.; ~ *disease* oorerflike siek= te; ~ *trait* familietrek, familie-eienskap.

**fa·mil·i·ar** *n.* vertroude, vertroueling; (huis)vriend; gediens=

tige; gedienstige gees; bose gees. **fa·mil·i·ar** *adj.* (goed)
bekend; gemeensaam, familiêr; vertroud; gewoon, gebruik=
lik, alledaags; eie, tuis, vrypostig; *be on ~ **ground*** op ver=
troude terrein wees; *~ **language*** omgangstaal; *s.o./s.t.* ***looks/***
***seems*** *~* iem./iets kom bekend voor; ***sound*** *~* bekend klink;
*be ~ **with*** *s.o.* gemeensaam/familiêr met iem. omgaan; *be*
*~ **with*** *s.t.* iets goed ken; met iets vertroud wees; *make o.s.*
*~ **with*** *s.t.* met iets vertroud raak. **fa·mil·iar·i·sa·tion, =za=**
**tion** vertroudmaking. **fa·mil·iar·ise, =ize** vertroud/gemeen=
saam maak; *~ o.s. with s.t.* jou met iets vertroud maak. **fa=**
**mil·i·ar·i·ty** vertroudheid; bekendheid; gemeensaamheid;
familiariteit; *~ breeds contempt, (sprw.)* goed bekend, sleg
geëerd; *s.o.'s ~ with s.t.* iem. se vertroudheid met iets.

**fam·i·ly** (huis)gesin; familie; geslag; afkoms; groep, stel; *be*
*of **good** ~* uit 'n goeie familie kom; ***have a ~*** *(of two/etc.)*
(twee/ens.) kinders hê; *s.o.'s **immediate** ~* iem. se naaste fa=
milie; ***join*** *one's ~* jou by jou gesin voeg; *a **member** of the ~*
'n familielid; *~ of **nations*** statery, volkegemeenskap; ***raise***
*a ~* kinders *(of* 'n gesin) grootmaak; *it **runs** in the ~* dit is
'n familietrek, dit sit in die familie; ***start** a ~* met 'n gesin
begin. *~ **affair*** familie-aangeleentheid. *~ **allowance*** gesins=
toelaag, =toelae. *~ **car*** gesinsmotor. *~ **care*** gesinsorg. *~*
**circle** familiekring. *~ **(coat of) arms*** familiewapen. *~ **court***
gesinshof. **F~ Day** *(SA: Maandag ná Pase)* Gesinsdag. *~ **doc=**
**tor** huisdokter. *~ **feud*** familietwis. *~ **friend*** huisvriend. *~*
**gathering** familiebyeenkoms. *~ **head*** gesinshoof. *~ **jewels***
*n. (mv.), (skerts.: ml. genitalieë)* kroonjuwele. *~ **law*** familiereg.
*~ **life*** gesins=, familielewe. *~ **man*** gesinsman. *~ **member***
gesinslid, lid van die gesin. *~ **name*** van, familienaam; stam=
naam; *uphold the ~ ~* die familie se naam hoog hou. *~ **plan=**
**ning** gesins=, geboortebeplanning. *~ **resemblance*** familie=
trek. *~ **tie*** familie=, verwantskapsband. *~ **tree*** stamboom, =lys,
geslag(s)register, genealogie. *~ **values*** *n. (mv.)* gesinswaar=
des. *~ **way:** be in the ~ ~, (infml.: swanger wees)* in die ander
tyd wees; *put s.o. in the ~ ~, (infml.)* iem. swanger maak. *~*
**welfare** gesinsorg.

**fam·ine** hongersnood; gebrek, nood; *die of ~* van honger
doodgaan/omkom/sterf/sterwe, 'n hongerdood sterf/sterwe;
*water ~* waternood, =skaarste. *~ **fever*** vlektifus.

**fam·ished** *(infml.)* baie honger, rasend/vaal/dood van die
honger; *be ~, (ook)* vergaan/doodgaan van die honger.

**fa·mous, fa·mous·ly** →FAME.

**fan**[1] *n.* waaier; *(landb.)* wan(meul[e]/masjien); windvaan *(v.*
*'n windmeul[e]);* skroef(blad); *when the guano/pawpaw* (or
*proverbial stuff etc.) hits the ~, (euf.)* wanneer die drek/pa=
paja/pôpô/ens. die waaier tref; *the shit will hit the ~, (plat)*
die kak/stront gaan spat, daar kom kak in die land, dit sal 'n
kakspul afgee; *unfurl a ~* 'n waaier uitsprei. **fan** *-nn-, ww.*
koel waai; waai; *(asem)* blaas; *(hare, rok, ens.)* waaier; *(fig.)* aan=
blaas, aanstook, aanwakker *(haat, ontevredenheid, ens.); ~ **out***
uitwaaier, oopwaaier; uitswerm. *~ **belt*** waaierband. *~ **blade***
waaiervlerk, =blad. *~-**cooled*** waaierverkoel. *~ **cowl*** waaier=
kap. *~ **dance*** waaierdans. *~ **dancer*** waaierdanseres. *~ **heat=**
**er** waai(er)verwarmer. *~**light*** bolig; →SKYLIGHT. *~-**nerved***
waaiernerwig. *~ **palm*** *(bot.)* waaierpalm. *~ **shaft*** lugskag.
*~-**shaped*** waaiervormig. *~**tail*** waaierstert; poustert(duif).
*~-**tailed*** met die/'n waaierstert, waaierstert=; poustert=, met
die/'n poustert. *~ **vault*** *(argit.)* waaiergewelf. *~ **window***
waaiervenster. *~ **worm*** *(soöl.)* waaierwurm.

**fan**[2] *n.* bewonderaar, liefhebber, entoesias, dweper. *~ **club***
bewonderaarsklub. *~ **mail*** bewonderaarspos.

**Fan·a·ga·lo, Fan·a·ka·lo** *(SA)* Fanagalô, Fanakalô.

**fa·nat·ic** *n.* fanatikus, dweper, dweepsugtige, yweraar. **fa=**
**nat·ic, fa·nat·i·cal** *adj.* fanaties, fanatiek, dweepsugtig,
dweepsiek, dweperig. **fa·nat·i·cism** fanatisme, dweepsug,
dwepery.

**fan·cied** verbeelde, vermeende, ingebeelde; geliefkoosde,
lieflings=; *~ horse* gunsteling(perd).

**fan·ci·er** liefhebber, entoesias; kweker; teler.

**fan·ci·ful** vergesog, vêrgesog, onprakties, onrealisties; fan=
tasties, denkbeeldig, onwerklik; verbeeldingryk, fantasievol;
vol tierlantyntjies/fieterjasies; vol grille/giere/fieterjasies, kies=
keurig.

**fan·cy** *n.* verbeelding(skrag), fantasie; inbeelding, waan;
gier, inval, luim, gril; (voor)liefde, neiging, lus, sin, sinnig=
heid; smaak, liefhebbery; *s.t. **catches/takes/tickles** s.o.'s ~*
iets val in iem. se smaak, iets trek iem. aan, iem. hou baie
van iets; *... is **not** s.o.'s ~* iem. het nie veel erg aan ... nie; *a*
***passing** ~* 'n tydelike gril; *get a **sudden** ~ to do s.t.* 'n gier
kry om iets te doen; ***take** a ~ to ...* 'n voorliefde vir ... ontwik=
kel; baie van ... begin hou. **fan·cy** *adj.* fantasie=, fantasties,
oordrewe; luuks, mode=, kuns=; spoggerig, windmaker(ig).
**fan·cy** *ww.* jou verbeel; jou voorstel; dink, meen, glo; in=
genome wees met, hou van; glo aan, veel verwag van; *~*
*o.s.* jou nogal wat verbeel, 'n hoë dunk van jouself hê; *~*
*o.s. as a speaker/etc.* jou verbeel jy is 'n goeie spreker/ens.;
*(just) ~ that!* verbeel jou!, stel jou voor!, reken (nou net)!,
nou toe nou!. *~ **bread*** sierbrood. *~ **dress*** fantasiekostuum;
*in ~ ~* gekostumeer(d), in fantasiekostuum. *~-**(dress) ball***
kostuumbal, gekostumeerde bal. *~-**free*** ongebonde, onver=
lief; *s.o. is still ~* iem. se hart is nog vry. *~ **goods*** snuisterye,
tierlantyntjies, geskenkartikels, fantasiegoed(ere), =ware. *~*
**manners** aanstellerige maniertjies. *~ **paper*** sierpapier. *~*
**pigeon** sierduif. *~ **skating*** kunsskaats(ry). *~**work*** sierwerk.

**fan·dan·go** *=go(e)s, (Sp. dans)* fandango; *(fig.)* onsin, lawwig=
heid, verspotheid; *(fig.)* tierlantyntjie.

**fan·fare** (trompet=)geskal, fanfare; *(fig.)* fanfare, groot ophef.

**fang** *n.* slag=, hoek=, oogtand; (gif)tand *(v. slang);* tandwor=
tel; klou, haak. *~ **bolt*** hakkelbout. **fanged** met slag=/hoek=/
oogtande; geklou(d), getand. **fang·less** sonder slagtande,
tandeloos.

**fan·like** waaieragtig; waaiersgewys(e).

**fan·ny** *(plat: vr. genitaliee)* dosie, koek(ie), poes(ie); *(Am.,*
*infml)* bas, jis, stert, agterent, agterwêreld, alie.

**fan·ny ad·ams** *(euf., soms F~ A~): sweet ~ ~* absoluut/
hoegenaamd/toetentaal *(of net mooi)* niks (nie); *know sweet*
*~ ~ about s.t.* soveel van iets weet as 'n kat van saffraan *(of*
die man in die maan).

**fan·tab·u·lous** *(infml.)* fantasties, ongelooflik, wonderlik.

**fan·ta·si·a, fan·ta·si·a** *(mus.)* fantasia, fantasie.

**fan·ta·sy** *=sies* fantasie, verbeeldingskrag; gril; waanbeeld,
=voorstelling. **fan·ta·sise, =size** fantaseer. **fan·tas·tic** denk=
beeldig, hersenskimmig; fantasties, grillig, sonderling; *(infml.)*
fantasties, uitstekend, puik.

**fan·wise** waaiersgewys(e).

**fan·zine** bewonderaarstydskrif.

**far** *adj. & adv.* ver, vêr, afgeleë, verwyder(d); ver/vêr (weg);
verreweg; baie, veel, gans, heel, diep; *as ~ **as** ... tot by ...*
*(d. stad ens.),* tot op/by ... *(d. dorp, plaas, ens.),* tot aan/by ...
*(d. rivier, grens, ens.); as ~ **as** s.o. is concerned* wat iem. (aan)
betref/aangaan; *as/so ~ **as** s.o. knows* sover/sovêr *(of* so ver/
vêr) *(as)* iem. weet; *as/so (or in so) ~ **as** ...* in soverre/
soverre ..., namate ...; *from as ~ **as** ...* tot/selfs van/uit ...;
*travel as ~ **as** one can reach by car/etc.* so ver/vêr reis as wat
('n) mens per motor/ens. kan kom; *as ~ **south**/etc. **as** ...*
suid/ens. tot ...; *~ **away*** veraf, vêraf, ver/vêr weg; afgeleë;
(ver/vêr) verwyder(d); *~ **and away** the best/etc.* verreweg die
beste/ens.; *~ **back*** as the 17th century etc. reeds in die sewentiende eeu
ens.; *~ **better*** baie/veel/stukke beter; *the best/etc.* ***by*** *~,* **by**
*~* (or *~ **and away**) the best/etc.* verreweg die beste/ens., *not*
*the best/etc.* ***by*** *~* lank *(of* op verre na) nie die beste nie; *~*
***different*** gans/heel anders; *in the ~ **distance*** ver/vêr weg; *it*
*could be heard ever so ~ **away*** dit kon wie weet waar gehoor
word; *from ~* van ver/vêr (af/weg); *~ **from doing it**, s.o. ...*
plaas/pleks dat iem. dit doen, het hy/sy ..., pleks *(of* in plaas
van) dit te doen, het iem. ...; *~ **from encouraging**/etc. him/her,*

*I* ... ek het hom/haar nie aangemoedig/ens. nie, inteendeel, ek het ...; *be ~ from enough/etc.* lank nie *(of* nie naaste[n]by) genoeg/ens. wees nie; *~ from it* verre daarvan(daan), inteendeel, glad/hoegenaamd nie; *be ~ from saying that* ... glad nie beweer *(of* ver/vêr daarvan wees om te sê) dat ...; *be ~ from well/etc.* alles behalwe gesond/ens. wees; *~ be it from/for me to* ... dis verre van my om te ...; *go so ~ as to* ..., *(fig.)* so ver/vêr gaan (as/soos) om te ..., nie huiwer/skroom om te ... nie, selfs ...; *go that ~* so ver/vêr gaan; *go too ~, (lett.)* te ver/vêr gaan; *(fig.)* dit/dinge/sake/ens. te ver/vêr dryf/drywe/voer; *s.o. will go ~* iem. sal dit ver/vêr bring; *this/that is as ~ as s.o. can go, (lett.)* iem. kan nie verder/vêrder gaan nie; *(fig.)* iem. kan nie meer aanbied/doen/toegee nie; *s.t. will go ~ to* ... iets sal baie help *(of* baie daartoe bydra) om te ...; *be ~ gone, (infml.)* beskadig/gehawend/verslete wees; besope/gekoring/getrek *(of* ver/vêr heen *of* hoog in die takke) wees; doodsiek *(of* naby jou einde) wees; *so ~, so good* tot so ver/vêr goed *(of* gaan/stryk dit), tot dusver/dusvêr gaan dit goed; *how ~, (lett.)* hoe ver/vêr; *(fig.)* in hoever/hoevêr/hoeverre; *how ~ are you going?* tot waar gaan jy/u?; *how ~ have you got (with the work)?* hoe ver/vêr is jy (met die werk)?; *~ into the night* tot diep in die nag; *~ and near* wyd en syd, oral(s); *from ~ and near/wide* van heinde en ver/vêr/verre; *~ off* ver, vêr, veraf, ver/vêr weg, afgeleë, vergeleë, vêrgeleë; *be ~ out, (iem.)* dit glad mis/verkeerd hê; *(iets)* vergesog/vêrgesog wees; *('n plek)* ver/vêr weg *(of* afgeleë) wees; *(infml.)* uitstekend/wonderlik/fantasties/ongelooflik wees; *(idees ens.)* eienaardig/vreemd/snaaks/anderste(r)/eksentriek wees; *(klere ens.)* uitheems wees; *not be ~ out, ('n raaiskoot)* nie sleg *(of* ver/vêr mis/verkeerd *of* ver/vêr van die kol [af]) wees nie; *so ~ as s.o. knows →as; in so ~ as* ... *→as; so ~* so ver/vêr; tot sover/sovêr/dusver/dusvêr/hiertoe, tot nou/nog toe; *~ and wide* wyd en syd; in breë kring; *from ~ and wide →near/wide.* *~away adj. (attr.)* afgeleë; *~ look* afwesige/dromerige/starende blik. **F~ East** *n.: the ~* die Verre-Ooste. **F~ Eastern** *adj.* Verre-Oosters. *~fetched* vergesog, vêrgesog. *~flung* wydgestrek. **F~ North** *n.: the ~* die Verre-Noorde. **F~ Northern** *adj.* Verre-Noord-. *~off adj.* veraf, vêraf, ver/vêr weg; afgeleë, (ver/vêr) verwyder(d); vervloë, vergange *(dae ens.).* *~reaching* ver-, vêrreikend/ver-, vêrstrekkend. *~seeing (fig.)* ver-, vêrsiende, vooruitsiende. *~sighted (lett. & fig.)* ver-, vêrsiende. *~vision* versien-, vêrsienvermoë.

**far·ad** *(fis., simb.: F)* farad. **far·a·da·ic** faradies.

**farce** *(teat. & fig.)* klug(spel). **far·ci·cal** klugtig; belaglik, potsierlik.

**fare** *n.* reis-, rygeld; vliegprys, -tarief; vaartprys, -tarief; vrag- (prys/tarief); passasier *(v. 'n taxi ens.);* kos, geregte; *all ~s please!* kaartjies asseblief!. **fare** *ww.* vaar; *how did you ~?* hoe het jy gevaar?, hoe het dit gegaan?; *~ ill/badly* sleg/swak vaar; teen-/teëspoed kry, sleg daarvan afkom, dit sleg tref; *~ well* goed vaar; gelukkig wees, dit goed tref.

**fare·well** *n.* vaarwel, afskeid; afskeidsgroet; *bid/say ~ to* ... van ... afskeid neem, (aan/vir) ... vaarwel sê; *give s.o. a ~* vir iem. 'n afskeid hou; *in ~* ten/tot afskeid. **fare·well** *tw.* vaarwel!, tot (weer)siens!, totsiens!. *~ dinner* afskeidsete, -dinee, -maal. *~ speech* afskeidstoespraak, -rede.

**fa·ri·na** meel(blom).

**farm** *n.* (boere)plaas, boerdery; *small ~* (klein)hoewe. **farm** *ww.* boer; bewerk, bebou *(lande);* boer met, aanhou *(beeste ens.);* *~ ... out to s.o.* ... (buite) deur iem. laat doen, ... aan iem. subkontrakteer/uitbestee *(werk);* ... in iem. se sorg plaas, ... aan iem. se sorg toevertrou *(kinders).* *~ animal* plaasdier. *~ buildings* opstal. *~hand* plaaswerker, -arbeider. *~house* plaashuis, boerewoning. *~ labour* plaaswerkers, -arbeiders; plaaswerk, -arbeid. *~ labourer* plaaswerker, -arbeider. *~land* (land)bougrond; *(i.d. mv.)* landerye. *~ life* plaaslewe, boerelewe. *~ school* plaasskool. *~ stall* padstal(letjie). *~stead* opstal. *~yard* (plaas)werf.

**farm·er** boer, landbouer; teler *(v. vis); ~'s cooperative/co-operative* landboukoöperasie, -ko-perasie; *~'s wife* boer(e)vrou.

**farm·ing** landbou, boerdery; *~ of animals* veeteelt, -boerdery; *~ of crops* graanbou, -boerdery, saaiboerdery; *go into ~* gaan boer, boer word. *~ community* landbou-, boeregemeenskap. *~ interests* landbou-, boerdery-, boerebelange.

**Far·oe Is·lands, Faer·oe Is·lands, Far·oes, Faer·oes** Faroëreilande. **Far·o·ese, Faer·o·ese** *n.* Faroër(eilander); *(taal)* Faroëes. **Far·o·ese, Faer·o·ese** *adj.* Faroëes.

**far·ri·er** *(Br.)* hoefsmid.

**far·row** *n.* werpsel varkies. **far·row** *ww.* (klein) varkies kry, werp, jong.

**fart** *n., (plat.)* poep, wind; *(neerh.: veragtelike mens)* poephol, twak. **fart** *ww., (plat)* poep, 'n wind laat; *~ about/around, (sl.)* rondhang, rondlê; geskarrel, die gek skeer, mal streke uithaal, laf/verspot *(of* vol dinge) wees; rondpeuter, -karring; poer-poer, tyd mors.

**far·thing** *(hist. geldeenheid)* oortjie, duit; *not care a brass ~, (infml.)* geen *(of* nie 'n) flenter/snars *(of* blou(e)/dooie duit) omgee nie, niks verevoel.

**fas·ci·a** *-ciae, -cias, (bouk.)* fascia, skeilys, fassie. *~ board* naambord; instrumentebord; fassie-, geutplank.

**fas·ci·nate** boei, bekoor, betower, fassineer; *s.o. is ~d by s.t.* iem. word deur iets geboei, iets boei iem.. **fas·ci·na·tion** bekoring, betowering; geboeidheid; *s.t. has a ~ for s.o.* iem. word deur iets geboei, iets boei iem., iets het 'n aantrekkingskrag vir iem.; *s.o.'s ~ with s.t.* iem. se aangetrokkenheid tot iets.

**Fas·cism** *(pol.)* Fascisme. **Fas·cist** *n.* Fascis. **Fas·cist, Fas·cis·tic** *adj.* Fascisties.

**fash·ion** *n.* mode, drag; wyse, manier; patroon; fatsoen, vorm; trant, snit *(v. klere);* *after the Paris/etc. ~* volgens die Paryse/ens. mode; *do s.t. after/in a ~* iets op 'n manier *(of* so-so) doen; *become the ~, come into ~* mode word, in die mode kom/raak; *what ~ dictates* wat die mode voorskryf/-skrywe; *follow a ~* 'n mode volg; *in the height of ~* hoog in die mode, na/volgens die nuutste mode; *be in ~* in die mode wees; *in the latest ~* na/volgens die nuutste mode; *lead/set the ~* die mode/toon aangee; *be out of ~* uit die mode *(of* oudmodies/ouderwets) wees; *go out of ~* uit die mode raak. **fash·ion** *ww.* vorm, fatsoeneer; boetseer, modelleer; vou, buig; *~ s.t. after* ... iets na die voorbeeld van ... maak. *~conscious* modebewus. *~ designer* modeontwerper. *~ house* modewinkel. *~mad* liewer dood as uit die mode. *~ magazine* modeblad, -tydskrif. *~ parade* modeparade, -skou. *~ show* modevertoning, -skou; modeuitstalling. *~ victim (infml.)* modeslaaf.

**fash·ion·a·ble** in/na die mode, nieumodies, modieus; deftig, sjiek; vernaam; *~ district* fyn woonbuurt; *very ~* hoog in die mode.

**fash·ion·is·ta** *(infml.)* modeslawe, -mense, -gekke, -kommando, -beheptes, -poue.

**fast¹** *adj.* vinnig, snel, vlug; vas, stewig; blywend; heg, trou *(vriendskap);* kleurvas, -houdend, waseg; *they're ~ friends* hulle is dik vriende; *make s.t. ~* iets vasmaak/vasbind; *pull a ~ one on s.o., (infml.)* iem. bedrieg/kul/mislei *(of* om die bos lei *of* 'n rat voor die oë draai); *s.o.'s watch is five/etc. minutes ~* iem. se horlosie/oorlosie is vyf/ens. minute voor; *be a ~ worker* vinnig werk; *(fig.)* geen gras onder jou voete laat groei nie, nie op jou laat wag nie. **fast** *adv.* vinnig, snel; vas, ferm; diep; styf; *~ and furious* baie/geweldig vinnig, in/teen 'n geweldige tempo, met/teen ('n) dolle vaart; lewendig en opwindend; *the ~est growing/etc.* ... die ... wat die vinnigste groei/ens.; *s.t. is shut ~* iets is styf toe; *sleep ~* vas slaap. *~back (mot.)* vloeirug. *~ bowler (kr.)* snelbouler. *~breeder (reactor)* snelkweekreaktor, snelkweker. *~ colour* vaste kleur. *~ court (sport)* harde/vinnige baan. *~dyed* kleurvas, -houdend, waseg. *~ food* n. kitskos. *~food adj. (attr.)* kitskos- *(bedryf, geregpte, kafee, ens.).* *~ forward* n. sneloproltoets. *~forward ww.* snel/vinnig oprol *(band).* *~ ice* vaste ys. *~ lane* vinnige baan, regter(ry)baan *(vir snel* *verkeer); life in the ~ ~, (fig.)* die gejaagde lewe; die gejaag na sukses; *live life in the ~ ~, (fig.)* op volle toere leef/lewe. **~ motion** *(filmk.)* versnelde beweging. **~~-moving** vinnig, snel; spannend, met 'n vinnige tempo *(rolprent, wedstryd, ens.)*; vinnig bewegende *(voertuig ens.).* **~ talk** *n., (sl.)* slimpraatjies. **~-talk** *ww., (Am. sl.):* ~ *s.o. into doing s.t.* iem. met slimpraatjies oorhaal/omhaal/ompraat/oorreed om iets te doen. **~ talker** *(sl.)* gladdebek. **~ track** *n., (fig.)* kortpad *(na bo)*; dolle vaart *(na nêrens); live on the* ~ ~ op volle toere leef/lewe; *put s.t. on the* ~ ~ die pas van iets versnel. **~-track** *ww.:* ~ *s.o.* iem. vinnig bevorder *(of* boontoe trek); ~ *s.t.* iets bespoedig; iets deurja(ag); voorrang aan iets gee/verleen.

**fast²** *n.* vas; vastyd; *break one's* ~ ophou vas; *observe a* ~ vas; *well over the* ~*!* mag die vas u wel bekom!. **fast** *ww.* vas, sonder kos (en water) bly. **fast·er** vaster, vastende, iem. wat vas.

**fas·ten** vasmaak, toemaak; vasbind, =draai, =knoop, toebind; speld; bevestig; vestig *(op);* vassit; vas=/toegemaak word; *the dress ~s at the* **back** die rok kom agter toe; ~ *s.t.* **(down)** iets vasmaak/toemaak; ~ *s.t.* **in** iets toesluit; ~ *s.t.* **off** iets vasknoop; ~ *a broach* **on** *a blouse* 'n borsspeld aan 'n bloes(e) steek/vasspeld *(of* op 'n bloes[e] speld); ~ **on** *an idea* dit in die/jou kop kry; ~ *one's eyes* **on** *s.o.* jou oë/hoop op iem. vestig; ~ *a lock* **on/to** *a door* 'n slot op 'n deur aanbring; ~ *the blame/charge* **on/upon** *s.o.* iem. die skuld gee, die skuld op iem. pak; ~ *one's attention/hopes* **on/upon** *s.t.* jou aandag/hoop op iets vestig; ~ **onto** (or **on** to) *s.o.* jou aan iem. opdring; ~ **onto** (or **on** to) *s.t.* jou op iets toespits; ~ *sheets of* **paper** *(together) with a pin* velle papier aanmekaarspeld *(of* met 'n speld aan mekaar vassteek); ~ *s.t.* **to** ... iets aan ... vasmaak; ~ *s.t.* **together** iets saambind/=knoop/=heg; ~ *s.t.* **up** iets toe=/vasbind; iets toeknoop; ~ *s.t.* **up** *with string* iets met lyn vasbind. **fas·ten·er** vasmaker; sluiter, sluiting; vashouer, vasmaakmiddel; hegstuk; knip, haak, knyper; drukknoop.

**fas·tid·i·ous** noukeurig, presies, stip, noulettend, nougeset; puntene(u)rig; netjies, (silwer)skoon, sindelik, agtermekaar; *be ~ about s.t., (ook)* gesteld wees op iets *(jou voorkoms, netheid, ens.).* **fas·tid·i·ous·ness** noukeurigheid, presiesheid; puntene(u)righeid; netheid, sindelikheid.

**fat** *n., (anat., kookk., chem.)* vet; *the ~ is in the fire* daar's perde, die gort is gaar, die duiwel is los, die poppe (is aan die) dans; *live off/on the ~ of the land* die vet(tigheid) van die aarde geniet. **fat** *adj.* vet; dik; ryk; vrugbaar; *get/grow ~* dik/vet word; *a ~ job, (infml.)* 'n vet baantjie; *a ~ lot you care!, (infml., iron.)* asof jy omgee!; *a ~ lot he/she knows!, (infml., iron.)* wat weet hy/sy (nou)?; *a ~ lot of good you are!, (infml., iron.)* jy's 'n groot hulp!; *a ~ lot of good that would do you!, (infml., iron.)* dit sal jou niks help/baat nie, jy sal niks daarmee bereik nie, (en) wat sal dit jou in die sak bring?; *as ~ as a pig* so vet soos 'n vark. **fat** =*tt*=, *ww.* vet maak, (vet)mes; vet word; *kill the ~ted calf* die gemeste kalf slag; *~ted pig* slagvark. **~ cat** *(infml., neerh.)* geld=, kapitaalvraat, geiljan, blinklyf, kripstaner. **~ farm** *(Am., infml.)* verslankingsoord, =plaas. **~-free** vetvry. **~ gland** vetklier. **~-head** *(infml., neerh.)* domkop, stommerik, uilskuiken; *(igt.)* vismeul. **~ lime** vetkalk. **~ mouse** *(Steatomys spp.)* vetmuis. **~-soluble** in vet oplosbaar. **~-tailed sheep** vetstert(skaap).

**fa·tal** noodlottig; dodelik; onherstelbaar; onvermydelik; beslissend, groot; ongelukkig; heilloos, rampsalig; fataal; ~ *casualty* noodlottig beseerde/gewonde; *a ~ day* 'n onheilsdag; *the F~ Sisters, (Gr. mit.)* die skikgodinne; *the ~ stroke* die genadeslag; *be ~ to* ... vir ... noodlottig wees; vir ... dodelik wees. **fa·tal·ism** fatalisme. **fa·tal·ist** fatalis. **fa·tal·is·tic** fatalisties. **fa·tal·i·ty** noodlot; dodelike ongeluk; onheil, ramp; noodlottigheid; fataliteit; *cause fatalities* sterftes veroorsaak; *there were many fatalities* daar was baie dooies. **fa·tal·ly** noodlottig, dodelik *(gewond);* be ~ *attracted to s.o./s.t.* noodlottig tot iem./iets aangetrokke voel/wees; *be ~ mistaken/wrong* jou lelik misgis.

**fate** lot, (lots)bestemming; *(pej.)* noodlot; bestiering; dood, einde; voorland; **bemoan** *one's* ~ jou lot betreur; **decide** *s.o.'s* ~ iem. se lot beslis; *it* **is** ~ dit is 'n bestiering; *it* **is** *s.o.'s* ~ *to be/do s.t.* dit *(of* die lot) is iem. beskore om iets te wees/doen; **leave** *s.o. to his/her* ~ iem. aan sy/haar lot oorlaat; **reconcile/resign** *o.s. to one's* ~ in jou lot berus, jou aan jou lot onderwerp; *s.t.* **seals** *s.o.'s* ~ iets beseël/beslis iem. se lot; **struggle** *against* ~ teen die noodlot veg; **tempt** ~ die noodlot/gevaar trotseer, roekeloos wees. **fat·ed** bestem(d), voorbeskik; (tot ondergang) gedoem. **fate·ful** noodlottig; gewigtig, beslissend; profeties; *a ~ day* 'n noodlotsdag. **fate·ful·ness** noodlottigheid.

**fa·ther** *n.* pa, vader; pater, priester; oudste, nestor; ~*s of the city* stadsvaders; *the Heavenly F~* die Hemelse Vader; *the Holy F~* die Heilige Vader, die Pous; *like* ~, *like son* ('n) aardjie na sy vaartjie, die appel val nie ver/vêr van die boom nie; *the ~ and mother of a* ..., *(infml.)* 'n verskriklike ...; *Our F~* Onse Vader; *on the ~'s* **side** aan/van vaderskant. **fa·ther** *ww.* verwek, in die lewe roep; teel; vader staan *(vir);* verantwoordelik wees *(vir);* aanneem *(as kind).* **F~ Christmas** Kersvader, *(infml.)* Vader Krismis. ~ **complex** *(psig.)* vaderkompleks. **F~'s Day** Vadersdag. ~ **figure** vaderfiguur. **~-in-law** *fathers-in-law* skoonpa, =vader. **~land** vaderland. **F~ Time** Vader Tyd.

**fa·ther·hood** vaderskap.

**fa·ther·less** vaderloos.

**fa·ther·ly** vaderlik; ~ *hand* vaderhand.

**fath·om** *n.* vaam, vadem; *two* ~*s* twee vaam/vadem. **fath·om** *ww.* deurgrond, peil *(betekenis ens.);* peil *(diepte v. water);* ~ *s.t.* **out** agter iets kom, iets verklaar. ~ **line** diep=, peillood.

**fath·om·less** peilloos, bodemloos; onpeilbaar, ondeurgrondelik.

**fa·tigue** *n.* vermoeienis; uitputting, afmatting; moegheid, afgematheid, vermoeidheid; materiaalverswakking, vermoeidheid, tamheid *(ook v. metale); (i.d. mv., mil.)* kampdiens, korvee; *(i.d. mv., mil.)* diens=, werktroep, werkpeloton; *(i.d. mv., mil.)* werk=, korveedrag. **fa·tigue** *ww.* vermoei, afmat, uitput. ~ **limit** vermoeidheidsgrens. ~ **test** uitputtingstoets, vermoeienistoets.

**fat·less** vetvry.

**fat·ling** vetmaakdier; gemeste dier; vetlam; vetkalf.

**fat·ness** vetheid, dikheid, gesetheid; dikte, grootte, omvang; *(fig.)* vetheid, vrugbaarheid *(v. land).*

**fat·so** ~*so(e)s, (sl., neerh.)* vettie, vetsak, potjierol.

**fat·ten** vet maak, (vet)mes; vet word; ~ *(up)on s.t.* op iets teer; ~ *(up) an animal* 'n dier vet voer. **fat·ten·ing** vetmakend, wat vet maak, vetmaak=; ~ *food* kos wat vet maak, vetmaakkos.

**fat·tish** vetterig, taamlik vet; vetagtig.

**fat·ty** ~*ties, n., (infml.)* vet=, diksak, dikkerd. **fat·ty** *adj.* vetterig, vet(agtig); ~ *acid, (chem.)* vetsuur; ~ *degeneration, (patol.)* vetsug, vervetting; ~ *tissue* vetweefsel. **fat·ti·ness** vetterigheid.

**fat·u·ous** dom, dwaas, laf, verspot; sinloos, betekenisloos. **fat·u·ous·ness** dwaasheid, lafheid; sinloosheid.

**fat·wa(h)** *(Arab.)* fatwa, (godsdienstige) uitvaardiging; *(infml.)* doodsvonnis.

**fau·cet** tapkraan(tjie); pypsok; *(Am.)* kraan.

**faugh** *tw.* sies!, ga!, bleg!.

**fault** *n.* gebrek, defek, tekortkoming, fout, oortreding, misstap; *(tennis ens.)* fout; skuld; *(geol.)* verskuiwing, breuk, *(telekom.)* steuring; *be at* ~ verkeerd van jou wees, nie reg van jou wees nie; dit mis hê; defek wees; *be blind to s.o.'s* ~ *s* blind wees vir iem. se gebreke; *confess a* ~ skuld beken; *find* ~ *with* ... aanmerkings maak op ..., ... afkeur; beswaar hê teen ...; *the* ~ *lies with s.o./s.t.* dit is iem. se fout/skuld; die fout skuil by iets; *through* **no** ~ *of one's own* buite/sonder jou (eie) toedoen, nie deur jou skuld nie; *it was **not** his/her* ~ dit was nie sy/haar skuld nie, hy/sy kon dit nie help nie; *it is s.o.'s **own*** ~ dit is iem. se eie skuld, iem. het dit aan hom=/haar= self te wyte; *be ... **to** a* ~ uiters/uitermate (*of* deur en deur) ... wees; oordrewe/(al)te ... wees. **fault** *ww.* aanmerkings maak op, kritiseer, afkeur; beswaar hê teen; berispe, (be)= straf; verwyt, kwalik neem; op 'n fout betrap; (*sport*) straf= punt(e) toeken; (*geol.*) verskuif, verskuiwe. **~-finding** *n.* vit= tery, haarklowery, foutsoekery, =vindery. **~-finding** *adj.* vit= terig, krities, vol kritiek.

**fault·less** feilloos, fout(e)loos, volmaak; onberispelik, on= besproke.

**fault·y** defek, onklaar; verkeerd, foutief, fout=; gebrekkig, on= volmaak; onsuiwer (*uitspraak*).

**faun** (*Rom. mit.*) faun, sater, bos=, veldgod.

**fau·na** =nas, =nae fauna, dierewêreld.

**Fau·vism** (*skilderk.*) Fauvisme.

**faux pas** *faux pas*, (*Fr.*) faux pas, blaps, flater, fout; *commit/ make a* ~ ~ 'n blaps/flater begaan/maak.

**fave** *n.*, (*sl., afk. v. favourite*) gunsteling, liefling. **fave** *adj.* geliefkoosde, lieflings=.

**fa·vour,** (*Am.*) **fa·vor** *n.* goedkeuring, instemming; steun, ondersteuning; partydigheid, voortrekkery; begunstiging, bevoordeling; guns(bewys); vriendskap; genoeë, plesier; aan= denking, presentjie; *do s.t. **as** a* ~ *to s.o.* iets uit vriendskap vir iem. doen; *ask* a ~ *of s.o.* iem. 'n guns vra; *curry* ~ *with s.o.* by iem. witvoetjie soek, in iem. se guns probeer kom; *distribute ~s* gunste (en gawes) uitdeel; *do s.o. a* ~ iem. 'n guns bewys, vir iem. 'n klip uit die pad rol; *fall from* ~ in on= guns raak; *fall out of* ~ *with s.o.* in iem. se guns verloor, by iem. in onguns raak; *find* ~ *with s.o.* in iem. se guns kom; *s.t. finds* ~ *with s.o.* iets vind by iem. byval; iets val in iem. se smaak; *s.t. gains in s.o.'s* ~ iets verloop ten gunste van iem.; *in* ~ *of ...* ten gunste van ...; ten behoewe/voordele (*of* tot die voordeel) van ...; *be in* ~ *of s.t.*, (*ook*) vir iets voel; *in s.o.'s* ~ ten gunste van iem.; in/tot iem. se voordeel; *that is s.t. **in** s.o.'s* ~, (*ook*) dit strek iem. tot voordeel; *be in* ~ *with s.o.* iem. se guns geniet, by iem. in die guns staan; *lose* ~ in onguns (*of* uitgebak) raak; *lose s.o.'s* ~, (*ook*) iem. se guns verloor; *be out of* ~ *with s.o.* by iem. in onguns wees; *be restored to* ~ in die guns herstel wees; *return s.o.'s* ~ iem. 'n wederdiens bewys; *show s.o. a* ~ iem. 'n guns bewys; *vote **in** ~ of s.t.* vir (*of* ten gunste van) iets stem; *win s.o.'s* ~ iem. se guns verwerf/wen. **fa·vour,** (*Am.*) **fa·vor** *ww.* hou (*of* ten guns= te wees) van; voorstaan; begunstig, bevoordeel; voortrek; steun, aanmoedig; versigtig wees met; nie jou volle gewig op ... plaas nie ('*n seer been ens.*).

**fa·vour·a·ble,** (*Am.*) **fa·vor·a·ble** gunstig; veelbelowend; positief, toestemmend; goedgesind; bevorderlik; ~ *balance* batige/gunstige saldo; *if the weather is* ~ as die weer gunstig is (*of* saamspeel). **fa·vour·a·ble·ness,** (*Am.*) **fa·vor·a·ble·ness** gunstigheid; *the* ~ *of s.o.'s reply/report* iem. se positiewe ant= woord/verslag. **fa·vour·a·bly,** (*Am.*) **fa·vor·a·bly** gunstig; goedgesind; *consider s.t.* ~ iets gunstig/simpatiek oorweeg.

**fa·voured** begunstig; bevoorreg; bedeel(d); uitsiende; *be* ~ *with ...* met ... begunstig wees; met ... bedeel(d) wees.

**fa·vour·ite,** (*Am.*) **fa·vor·ite** *n.* gunsteling, liefling, wit= broodjie; uitverkorene; protégé; gunstelingperd; *the hot/ strong* ~, (*infml.*) die groot/sterk gunsteling, die waarskynlike wenner. **fa·vour·ite,** (*Am.*) **fa·vor·ite** *adj.* geliefkoos(de), lieflings=, voorkeur=; ~ *son* lieflingseun, uitverkore seun; (*Am. pol.*) tuisstaatkandidaat (*vir d. presidentskap*). **fa·vour·it·ism,** (*Am.*) **fa·vor·it·ism** voortrekkery, begunstiging.

**fawn¹** *n.* jong hert/ree(bok). **fawn** *adj.* vaal=, reebruin. **fawn** *ww.* lam.

**fawn²** *ww.,* (*iem.*) kruiperig wees, witvoetjie soek, flikflooi; ('*n hond*) (beklek en) stertswaai; ~ (*up*)*on s.o.* by iem. flikflooi. **fawn·er** kruiper, witvoetjiesoeker, vleier. **fawn·ing** kruipe= rig, witvoetjiesoekerig (*pers.*); stertswaaiend (*hond*).

---

**fax** *n.*, (*toestel*) faks(masjien); (*berig*) faks, faksimilee; *send s.t. by* ~ iets (deur)faks (*of* per faks stuur). **fax** *ww.* faks, deur= faks, per faks stuur; ~ *s.t. back* iets terugfaks; ~ *s.t. (to s.o.)* iets (aan/vir iem.) faks, iets per faks (aan iem.) stuur.

**faze** (*infml.*) van stryk (af) bring.

**fear** *n.* vrees; angs; *be **devoid of** (or **without**)* ~ sonder vrees wees; *dispel* (or *lay to rest*) *s.o.'s ~s* iem. se vrees uit die weg ruim; *without* ~ *or favour* sonder aansien des persoons (*of* van [die] persoon), heeltemal onpartydig; *for* ~ *of ...* uit vrees vir ...; *for* ~ *that ...* uit vrees dat ... (*iets sal gebeur*); *from* ~ uit vrees; *be **in** ~* angstig/bang/beangs/bevrees wees; *go in* ~ *of ...* vir ... bang wees; *inspire* ~ *in s.o.* vrees by iem. inboesem; *be **in** mortal* ~ in doodsangs verkeer/wees; *put s.o. **in** ~ of s.t.* iem. vir iets bang maak; *not **know** (the meaning of)* ~, *be a **stranger** to* ~ geen bang haar op jou kop hê nie, geen vrees ken nie; *a **night** of* ~ 'n angsnag; *there's **no** ~ of it happening* moenie bang wees (dat dit sal gebeur) nie, dit sal eenvoudig nie gebeur nie; ***no** ~!*, (*infml.*) moenie glo nie!, watwo(u)!; ~ *of heights* hoogtevrees; *shake/tremble with* ~ van angs beef/bewe/bibber; *strike* ~ *into s.o.('s heart)* vrees by iem. inboesem; *there is a* ~ *that ...* die vrees bestaan dat ...; *in/with* ~ *and trembling* met vrees/vrese en bewing.

**fear** *ww.* vrees, bang wees (vir), vrees koester; *hundreds are ~ed dead* honderde is vermoedelik dood; ~ *for s.o.'s life* vir iem. se lewe vrees (*of* bevrees wees); ~ *for s.o.'s safety* oor iem. se veiligheid bekommerd wees; ~ *God* God vrees; *never ~!*, (*infml.*) moenie bang wees (dat dit sal gebeur) nie!; moenie glo nie!; *have **nothing** to* ~ *from ...* niks van ... te vrees hê nie; *s.o./s.t. is ~ed to be ...* daar word gevrees dat iem./iets ... is. **~-stricken** beangs, angsbevange.

**fear·ful** bang, bevrees, angstig; verskriklik, afgryslik (*onge= luk ens.*); (*infml.*) groot, aaklig, verskriklik (*gemors ens.*); *be* ~ *of ...* vir ... bang/bevrees wees. **fear·ful·ly** vreesbevange.

**fear·less** onbevrees, onverskrokke, moedig. **fear·less·ness** onbevreesdheid, moed.

**fear·some** skrikwekkend, angswekkend.

**fea·si·bil·i·ty** uitvoerbaarheid, haalbaarheid, doenlikheid. ~ *study* uitvoerbaarheid=, haalbaarheid=, doenlikheidstudie, uitvoerbaarheids=, haalbaarheidsondersoek.

**fea·si·ble** uitvoerbaar, haalbaar, doenlik, moontlik, prakties; bereikbaar. **fea·si·bly:** *it can't* ~ *be done* dis nie haalbaar nie, dis prakties onmoontlik.

**feast** *n.* fees; (fees)maal, onthaal; smulparty; gasmaal; *a* ~ *for the eyes* 'n lus vir die oë. **feast** *ww.* feesvier; smul; fuif; onthaal, trakteer; ~ *on/upon s.t.* (heerlik) aan iets smul. ~ **day** feesdag.

**feat** kordaatstuk, prestasie; kuns, toer; *perform a daring* ~ 'n waagstuk aanvang/onderneem; *that is quite a ~!* dit wil ge= doen wees!.

**feath·er** *n.* veer; (*i.d. mv.*) vere(dos/drag/kleed); *fine ~s make fine **birds*** die vere maak die voël, die klere maak die man; *s.t. is a* ~ *in s.o.'s **cap*** iets is 'n pluimpie vir iem.; *cast/throw ~s* verveer; *be in **fine/high*** ~ in feesstemming wees; *make the ~s **fly**,* (*infml.*) die hare laat waai; *you could have **knocked** me down/over with a* ~, (*infml.*) jy kon my omgeblaas het, ek was skoon verstom/dronkgeslaan. **feath·er** *ww.* veer; be= veer; met vere versier/voer/vul/dek; vere afskiet; (*lugv.*) die skroef in die vaanstand bring; ~ *one's (own) nest*, (*idm.*) jou (eie) sak(ke) vul. ~ **bed** *n.* vere=, veerbed. ~**bed** =*dd*=, *ww.*, (*fig.*) vertroetel, in watte toedraai; oortollige personeel aan= hou; met subsidies vertroetel. ~**brain**, ~**head** sufferd, pam= poen(kop), leeghoof. ~**edge** tapse ent; spits ent. ~**light** veerlig. ~**stitch** veersteek. ~**weight** veergewig; nietige per= soon.

**feath·ered** geveer(d); gepluim; beveer(d); ~ *oars* plat spa= ne; ~ *pitch/position*, (*lugv.*) vaanstand (*v. 'n skroef*).

**feath·er·ing** vere(dos/drag/kleed); bevering; veerbekleed= sel; (*argit.*) loofsierwerk.

**feath·er·y** geveer(d); veeragtig; veervormig; veer=.

**fea·ture** *n.* (hoof)kenmerk, (hoof)trek, (hoof)eienskap, we= senstrek; verskynsel; (gelaats)trek; onderskeidende eienskap/ kenmerk; hoofnommer, glanspunt; terreinvorm, =baken; *fa= cial* ~*s* gelaatstrekke; *special* ~, *(joern.)* spesiale artikel. **fea= ture** *ww.* spog met; kenmerk, gekenmerk word deur; ver= toon; 'n belangrike onderdeel wees; 'n belangrike rol speel; in die hoofrol hê; prominensie gee/verleen aan; op die voor= grond bring; (dikwels) voorkom; ~*d player* hoofspeler. ~ **article,** ~ **story** glansartikel. ~ **film** hoof=, speelprent. ~= **length** *adj., (filmk.)* wat so lank soos 'n hoof=/speelprent is. ~ **programme** *(rad.)* hoor=, klankbeeld, glansprogram. ~ **writer** artikelskrywer.

**-fea·tured** *komb.vorm* met … gelaatstrekke; *fine=/heavy=*~ met fyn/growwe gelaatstrekke.

**fea·ture·less** eentonig, saai.

**fea·tures:** ~ **editor** artikelredakteur.

**feb·rile** koorsig, koors=; *(fig.)* koorsagtig.

**Feb·ru·ar·y** Februarie; *the month of* ~ Februarie(maand).

**feck·less** flou, futloos; nutteloos; onverantwoordelik.

**fe·cund** *(lett. & fig.)* vrugbaar. **fe·cun·di·ty** vrugbaarheid.

**fed**[1] *n., (Am., infml., dikw. F~)* FBI-agent.

**fed**[2] *(verl.t. & volt.dw.)* gevoer; versadig; →FEED *ww.;* ~ *up, (pred.)* dik, vies, sat; *be* ~ *up to the gills* (or *[back] teeth) (with s.o./s.t.), (infml.)* keelvol *(of siek en sat)* (vir iem./iets) wees.

**fe·da·yee** =*yeen, (Arab., soms F~)* guerrilla(vegter/stryder).

**fed·er·al** federaal, federatief, bonds=; verbonds=; ~ *republic* bondsrepubliek. **F~ Bureau of Investigation** *(Am., afk.:*FBI*)* (Amerikaanse) Federale Speurdiens. **F~ Government** Fe= derale Regering *(v. Austr. ens.).* **F~ Reserve** *(Am.)* Federale Reserwebank.

**fed·er·al·ise,** =**ize** verenig, 'n bond sluit; federaliseer, de= sentraliseer.

**fed·er·al·ism** federalisme. **fed·er·al·ist** federalis.

**fed·er·ate** *adj.* gefedereer(d), verbonde, federatief; ~ *state* deelstaat. **fed·er·ate** *ww.* federeer; 'n verbond sluit. **fed· er·a·tion** bondstaat, statebond; verbond, federasie; ~ *of labour/trades* (or *trade unions), labour* ~ vakverbond. **fed· er·a·tive** verbonde, federatief, bonds=; ~ *state* bondstaat.

**fe·do·ra** duik=, gleufhoed.

**fee** vergoeding, honorarium; loon; *(i.d. mv.)* gelde, fooi *(v. 'n dokter ens.);* bedrag; staankoste; *admission* ~ toegangs= geld, =prys; *attorney's* ~*s* prokureursgelde, =fooi; *charge a* ~ 'n koste hef; *legal* ~*s* regskoste; *what is your* ~ (or *are your* ~*s)?* wat sal dit kos?; *without* ~ *or reward* sonder enige vergoeding.

**fee·ble** *adj.* swak, kragteloos, lamlendig, sleg; flou *(grap ens.);* swak *(lig ens.);* swak, halfhartig *(poging);* verpot. ~=**minded** dom, onnosel, simpel; besluiteloos. **fee·ble·ness** swakheid, kragteloosheid, lamlendigheid; slegtigheid; flouheid. **fee·bly** *adv.* swak(kerig), swakkies, flou(crig), floutjies, pap(perig).

**feed** *n.* voeding *(v. 'n baba ens.);* (vee)voer, groenvoer; *(teg.)* toevoer; *(teat., infml.)* voorsêer; *be off one's* ~, *(infml.)* nie eet= lus hê nie, sleg eet. **feed** *fed fed, ww.* voed; laat eet *('n kind ens.);* borsvoed, laat drink *('n baba);* kos gee *(diere, plante, mense);* voed, kos gee/verskaf aan; genoeg kos wees vir; eet, weglê; laat wei *(jou oë);* stimuleer, aanwakker *(rek., teg.)* voer; stook *(vuur); (rugby ens.)* aangee, laat loop *(bal); (teat., infml.)* voorsê; ~ *s.t.* **back** iets terugvoer; ~ *s.t.* **down,** *(vee)* iets afwei/=vreet *(gras ens.);* ~ *s.t.* **into** *a machine* iets in 'n ma= sjien invoer; ~ **on** *s.t., (mens)* iets eet; *(dier)* iets vreet; *(lett. & fig.)* van iets leef/lewe; ~ *an animal* **on** … 'n dier met … voer; ~ **out of** *s.o.'s hand* uit iem. se hand eet; ~ *information/etc.* **to** *s.o.,* ~ *s.o.* **with** *information/etc.* iem. met inligting/ens. voer; ~ *animals* **up** diere vet maak/voer. ~**back** *n.* terugvoer(ing), reaksie; *(rad.)* terugkoppeling. ~**bag** voersak. ~ **belt** voer= band. ~ **grain** voergraan. ~ **line** *(elek.)* toevoerlyn. ~ **mech=**

**anism** voerder, (toe)voermeganisme. ~ **pipe** *(watertegnol.)* toevoerpyp; *(mot.)* voerpyp. ~**stuff(s)** (vee)voer. ~ **system** toevoerstelsel. ~ **tank** voertenk. ~**water** voedingswater; toe= voerwater *(v. 'n lokomotief).*

**feed·er** eter; vreter; voeder; voerder; voerbak *(vir voëls, die= re);* sytak, spruit; toevoerpad; *(spw.)* sylyn; toevoer=, voedings= kanaal; *(elek., mynb.)* voerder; *(teg.)* (toe)voermeganisme. ~ **cattle** voer=, vetmaakbeeste. ~ **line** (toe)voerlyn. ~**liner** toe= voerlugdiens. ~ **road** toevoerpad.

**feed·ing** voeding. ~ **bottle** bababottel. ~ **cake** veekoek. ~ **cup** tuitkoppie. ~ **ground** weiveld. ~ **paddock,** ~ **pen** voer= hok, =kraal. ~ **place** loopplek. ~ **scheme** voedingskema. ~ **time** voertyd *(in dieretuin ens.).* ~ **trough** voerbak.

**feel** *n.* gevoel; aanvoeling; *get the* ~ *of s.t.* met iets vertroud raak, aan iets gewoond raak; *be soft/etc. to the* ~ sag/ens. voel. **feel** *felt felt, ww.* voel; bevoel, betas; aanvoel, die in= druk kry; meen, dink, vind, voel; ondervind, ervaar, voel; ~ *about/around* rondtas; rondsoek; ~ *for* … na … soek/voel; ~ *for s.o., (ook)* meegevoel met iem. hê; *s.t.* ~*s* **hard/soft/etc.** iets voel hard/sag/ens.; *how do you* ~ *about it?* wat is jou me= ning daaroor?; *I* ~ *like a* … ek het/is/voel lus vir 'n …; ~ *like doing s.t.* lus hê/voel/wees om iets te doen; *not* ~ *like* it nie lus hê/voel/wees daarvoor nie, nie daarna voel nie; *it* ~*s like* … dit voel na …; *I know what it* ~*s like, (ook)* ek ken daardie gevoel; ~ *out of it, (infml.)* nie op jou gemak voel nie; ~ *s.o.* **out,** *(Am., infml.)* iem. aan die tand voel; ~ *strongly about* it sterk daaroor voel; jou dit erg aantrek; *s.o.* ~*s* **that** … iem. dink dat …; *it is widely felt* **that** … baie mense meen dat …; ~ *s.o.* **up,** *(infml.)* iem. betas; ~ **up to** *s.t.* vir iets kans sien; jou vir iets opgewasse *(of tot iets in staat)* voel; *do you* ~ **up to** it? sien jy daarvoor kans?; ~ *one's* **way,** *(lett.)* voel-voel loop; *(fig.)* versigtig/voel-voel te werk gaan; *(fig.)* die terrein verken; *(fig.)* jou voelhorings uitsteek; ~ **well** goed/gesond voel. ~~-**good** *adj. (attr.), (infml.)* lekker, aangenaam, genot= vol, genoeglik; inspirerend, meevoerend, ontroerend.

**feel·er** *(biol.)* voeler, voelhoring, (voel)spriet, voel=, tasor= gaan, taster; *put/throw out* ~*s* (or *a* ~*), (fig.)* voelers uitsteek, die gevoel(ens) toets, iem. oor iets pols.

**feel·ing** *n.* gevoel; *(i.d. mv.)* gevoelens, gemoedere; gevoelig= heid; gewaarwording, sensasie; besef; gevoel, indruk; ver= moede; gedagte; mening, beskouing, opvatting, siening; ge= voel(sin), tassin; *have strong* ~*s* **about/on** *s.t.* →**strong;** *arouse* ~*s* die gemoedere gaande maak; *bad/ill* ~ bitter= heid, wrok; *bottle up* (or *repress)* one's ~*s* jou gevoelens op= krop/onderdruk; *express/relieve/vent* one's ~*s* uiting aan jou gevoelens gee, jou gemoed/gevoelens/hart lug; *the gen= eral* ~ die algemene mening; *good* ~ welwillendheid, goed= gesindheid; *a* ~ *of guilt* 'n skuldgevoel; *harbour* ~*s of jeal= ousy/etc.* gevoelens van jaloesie/ens. koester; *have a* ~ *that* … (so) 'n gevoel hê dat …; *hide/mask* one's ~*s* jou gevoe= lens wegsteek/verberg; *hurt s.o.'s* ~*s* iem. krenk/kwets/grief/ seermaak; *ill* ~ →*bad/ill; have no* ~ *in one's legs/etc.* geen gevoel in jou bene/ens. hê nie; *have* **mixed** ~*s about s.t.* ge= mengde gevoelens oor iets hê; *a* **nasty** ~ 'n nare/onaan= gename gevoel; *with a* ~ *of* … met 'n gevoel van … *(ver= ligting ens.); pent-up* ~*s* opgekropte/onderdrukte gevoelens; *relieve* one's ~*s* →*express/relieve/vent; repress* one's ~*s* →*bottle up;* ~*s* **run high** die gevoelens/gemoedere loop hoog; *share the* ~ die gevoel onderskryf/onderskrywe; *have a* **sinking** ~ 'n bang (voor)gevoel hê; *have a* **sneaking** ~ *that* … 'n nare vermoede/spesmaas hê dat …; *spare s.o.'s* ~*s* iem. se gevoelens ontsien; *if s.o. had a* **spark** *of* ~ *left* as iem. nog 'n greintjie gevoel gehad het; *stir/whip up* ~*s* die gemoedere opsweep; *have* **strong** ~*s about/on s.t.* sterk oor iets voel; *have no* **strong** ~*s either way* dit is vir jou om't *(of* om 't/die) ewe; *an* **uneasy** ~ 'n onrustige gevoel; *vent* one's ~*s* →*express/relieve/vent; with* ~ gevoelvol. **feel·ing** *adj.* gevoelig, emosioneel; voelend, denkend; gevoelvol, vol uitdrukking; met oorgawe; meelewend, vol simpatie, mede= lydend. **feel·ing·ly** met gevoel, gevoelvol.

**feet** *n. (mv.)* →FOOT *n.*.

**feign** *(fml.)* voorgee, maak (as)of; veins, huigel; uitdink, bedink, versin, opdis *('n verskoning ens.);* namaak, naboots, naaap *(iem. se lag ens.);* ~ *illness/etc.* jou siek/ens. hou; ~ *indifference* maak (as)of *(of* voorgee dat) jy nie omgee nie, jou onverskillig hou/voordoen. **feigned** voorgewend, ka(m)stig, kamtig, geveins; aangeplak; *a* ~ *attack* 'n skynaanval; *a* ~ *smile* 'n aangeplakte glimlag.

**feint**[1] *n., (boks ens.)* skynhou; skynbeweging; *(mil., ook* feint attack*)* skynaanval; voorwendsel. **feint** *ww.* skynhoue slaan; 'n skynbeweging maak/uitvoer; 'n skynaanval doen/uitvoer; liemaak.

**feint**[2] *adj., (druk.)* met waterlyne; ~ *line* waterlyn. ~-**ruled** met waterlyne.

**feist·y** *-ier -iest, (infml.)* lewendig, energiek; uitgelate, uitbundig, opgewonde.

**fe·la·fel** →FALAFEL.

**fel(d)·spar** *(min.)* veldspaat.

**fe·lic·i·ty** geluk; geluksaligheid; toepaslik-, raak-, treffendheid. **fe·lic·i·tate** *(fml.)* gelukwens *(met).* **fe·lic·i·ta·tion** *(fml.)* gelukwens(ing). **fe·lic·i·tous** toepaslik, raak, treffend, goed gekose, gelukkig *(woorde ens.);* gunstig *(eienskap ens.).*

**fe·line, fe·lid** *n., (soöl.)* katagtige. **fe·line** *adj.* katagtig; katte-.

**fell**[1] *ww.* vel, afkap *('n boom);* neervel, plat/onderstebo slaan *(iem.);* *(fig.)* platslaan *(iem.);* *(naaldw.)* plat stik *('n naat).* **feller** houtkapper.

**fell**[2] *adj., (poët., liter.)* wreed, verwoestend, fel; *in/at one* ~ *swoop* met/op een slag, alles ineens.

**fel·la·ti·o** *(<Lat., vorm v. orale seks)* fellatio.

**fel·ling** kap(pery); afkapping; *(i.d. mv.)* hakhout. ~ **axe** houtkappersbyl. ~ **saw** boomsaag, geboë saag.

**fel·low** *n.* kêrel, ou; vent; vriend; maat; tyd-, jaar-, studiegenoot; lid, genoot, fellow *(v. 'n genootskap/kollege);* beurshouer; gelyke, eweknie; *a* ~ *can't ...,* *(infml.)* *(*'n*)* mens kan nie ...; *a sorry* ~, *(infml.)* 'n treurige vent. **fel·low** *adj. (attr.)* mede-; ~ *artist* medekunstenaar, kunsvriend; ~ *believer* medegelowige, geloofsgenoot; ~ *citizen* medeburger; ~ *countryman/-woman* land-, volksgenoot; ~ *man,* ~ *human (being)* medemens, naaste; ~ *passenger* medereisiger, reisgenoot; ~ *soldier* kameraad, medestryder, -soldaat, wapenbroer, -broeder, strydgenoot, krygsmakker; ~ *SouthAfrican* mede-Suid-Afrikaner; ~ *traveller* reisgenoot, medereisiger; *(fig.)* meeloper, simpatisant *(v. 'n party ens.);* ~ *worker* medewerker, kollega; medearbeider.

**fel·low·ship** kameraad-, vriendskap(likheid); omgang, gemeenskap, geselskap; genoot-, geselskap; verbond; broederskap; fellowship, lidmaatskap *(v. 'n kollege);* (navorsings)beurs, stipendium; *the* ~ *of the Holy Spirit,* *(teol.)* die gemeenskap van die Heilige Gees.

**fel·on** *(jur.)* misdadiger; skurk. **fel·o·ny** *(*ernstige*)* misdaad/ misdryf.

**fel·spar** →FEL(D)SPAR.

**felt**[1] *n.* vilt, velt. **felt** *ww.* vilt, velt; tot vilt/velt maak; met vilt/velt voer; vervilt, -velt; saamkleef, -klewe. ~ **board** vilt-, veltbord. ~**(-tip[ped]) pen** vilt-, veltpen.

**felt**[2] *(verl.t. & volt.dw.)* →FEEL *ww.*.

**felt·y** vilt-, veltagtig.

**fe·luc·ca** *(sk.)* feloek.

**fe·male** *n.* vrou; *(neerh.)* vroumens; *(soöl.)* wyfie; *(bot.)* vroulike plant. **fe·male** *adj.* vroulik; vroue-; wyfie-. ~ **baboon** bobbejaanwyfie, wyfiebobbejaan. ~ **character** *(lettk.)* vroue-figuur. ~ **circumcision** vroulike besnyding, vrouebesnyding. ~ **condom** vroulike kondoom, vrouekondoom. ~ **part** *(mot.)* oorpasstuk; *(bot.)* vroulike deel; *(i.d. mv., anat.)* vrouedele; *(ook* female role, *teat.)* vrouerol. ~ **plug** *(elek.)* sok- (prop). ~ **screw** *(teg.)* moer. ~ **slave** slavin.

**fe·male·ness** vroulikheid.

**fem·i·nine** vroulik; verwyf(d); meisieagtig, meisierig; vroue-; ~ *gender* vroulike geslag; ~ *name* vroue-, meisie(s)naam; ~ *rhyme* vroulike/slepende rym. **fem·i·nin·i·ty** vroulikheid; verwyfdheid; meisieagtigheid; vroue(ns), die vroulike geslag.

**fem·i·nism** feminisme. **fem·i·nist** feminis.

**femme fa·tale** *femmes fatales, (Fr.)* femme fatale, fatale vrou.

**fem·o·ral** *adj., (anat.)* dy-; ~ *artery* dyslagaar.

**fe·mur** *-murs, -mora* dybeen.

**fence** *n.* (om)heining, draad; *(perdesport)* hindernis; heg *(by vossejag);* *(houtw.)* leier; *(teg.)* beskermplaat, keerblok *(v. 'n saag ens.);* *(infml.)* handelaar in gesteelde goed(ere); skerm (kuns); *jump a* ~ oor 'n draad/heining spring; *mend (one's)* ~*s (with s.o.),* *(fig.)* vrede (met iem.) maak, bande (met iem.) herstel; *rush one's* ~*s* oorhaastig handel; *come down on one side of the* ~, *(fig.)* kant kies; *sit on the* ~, *(fig.)* op die draad sit, nie kant kies nie; *take a* ~ oor 'n draad/heining/hindernis spring; *(infml.)* 'n hindernis te bowe kom. **fence** *ww.* omhein; draad span; beskerm, beskut; afweer, weghou; *(sport)* skerm; *(perd ens.)* oor ... spring; *(fig.)* belemmer, kniehalter; *(infml.)* gesteelde goed ontvang en/of daarmee handel dryf/drywe; ~ *s.t. against/from* ... iets teen ... beskerm/beskut; ~ *s.t. in* iets omhein/toespan/inkamp; ~ *s.o. in,* *(infml.)* iem. inperk/belemmer/kniehalter *(of* aan bande lê*);* ~ *s.t. off* iets af-/toekamp; ~ *with* ... met ... skerm; ... ontwyk. ~-**sitter** draadsitter. ~-**sitting** draadsittery, besluiteloosheid.

**fence·less** oop, onomhein(d), nie omhein nie.

**fenc·ing** omheining; grensheining; draadspannery; skerm- (kuns); *(fig.)* geskerm. ~ **act** *(jur.)* omheiningswet. ~ **foil** floret. ~ **master** skermmeester. ~ **pad** borsleer. ~ **pole** heining-, omheiningspaal. ~ **post** hoek-, heining-, omheiningspaal. ~ **sabre** skermsabel. ~ **standard** ysterpaal. ~ **sword** degen. ~ **wire** heining-, omheiningsdraad.

**fend** *(ver)*weer, verdedig; wegkeer, afweer; ~ *for o.s.* vir jouself sorg, alleen klaarkom, self die mas opkom; ~ *s.o./s.t. off* iets afkeer/-weer/wegkeer *('n hou ens.);* iets afweer *('n aanval ens.);* iets van jou lyf afhou *('n hond ens.);* iem. wegstoot; iets ontwyk *(vrae ens.).*

**fend·er** kaggelrand; skut(yster); skutplank; stamphout; stamptou; (af)stoter; *(sk.)* skutbord; *(Am., mot.)* modderskerm. ~ **beam** stamp-, skutbalk. ~ **bender** *(Am., sl.)* klein (motor)ongelukkie, (ligte) stampie. ~ **board** skutplank, -bord.

**fe·nes·tra** *-trae, (Lat., anat., soöl.)* fenestra, opening, gaatjie; *(med.)* opening, perforasie; *(argit.)* (buite)venster(tjie). **fe·nes·trat·ed, fe·nes·trat·ed** met openinge/fenestrae; gevenster(d), venster-.

**fe·nes·tra·tion** bevenstering, vensterverdeling. ~ **opera·tion** *(chir.)* vensteroperasie.

**feng shui** *(Chin. filos.)* feng shui, feng sjoei.

**fen·nec** fennek, woestynjakkals, -vos.

**fen·nel** *(bot.)* vinkel.

**fen·u·greek** *(bot.)* fenegriek, Griekse hooi.

**fe·ral** wild *(plant, dier);* dierlik; woes.

**fer·ment** *n.* onrus, beroering, oproerigheid, opstandigheid; gisting(sproses); *be in a* ~ in beroering wees. **fer·ment** *ww.* gis, fermenteer; broei, sweet; laat gis/fermenteer; aanblaas, -wakker, (ver)wek *(ontevredenheid);* saai *(onrus, tweedrag);* stig, stook *(kwaad).* **fer·men·ta·tion** gisting, fermentasie.

**fer·ment·ing** *n.* gisting. **fer·ment·ing** *adj.* gistend. ~ **tank,** ~ **vat** giskuip, -vat.

**fer·mi·um** *(chem., simb.: Fm)* fermium.

**fern** varing. **fern·y** varingagtig; met varings begroei.

**fe·ro·cious** *adj.,* **fe·ro·cious·ly** *adv.* wild, ru, woes; barbaars, wreed, boosaardig; verwoed; hewig, heftig, fel, skerp. **fe·ro·cious·ness, fe·roc·i·ty** wild-, woestheid; barbaars-, wreedheid; hewig-, heftig-, felheid.

**fer·rate** *(chem.)* ferraat.

**fer·ret** *n., (soöl.)* fret; soektog. **fer·ret** *ww.* met frette jag; ~ *about/around* rondsnuffel; ~ *for s.t.* iets probeer uitvis; ~ *s.t. out* iets uitsnuffel; iets uitvis *('n geheim ens.).*

**fer·ric** yster-, ferri-; ~ *acid* ystersuur; ~ *chloride* ferrichlo= ried, ystertrichloried; ~ *oxide* ysteroksied.

**fer·rif·er·ous** ysterhoudend.

**Fer·ris wheel** Ferriswiel, groot wiel *(in pretpark ens.).*

**fer·rite** *(chem.)* ferriet.

**fer·ro-** *komb.vorm* ferro-, yster-. **fer·ro·con·crete** gewapende beton. **fer·ro·glass** glasbeton. **fer·ro·mag·net·ic** *(fis.)* ferro= magneties.

**fer·rous** *(chem.)* ferro-, yster-; ysterhoudend; ~ *sulphate* ys= tersulfaat.

**fer·rule** *(teg.)* beslag(ring), ringbeslag, beslagdop; noodring; bajonetring; afstand(s)ring; *(distance)* ~ afstand(s)pyp.

**fer·ry** *n.* pont, veerboot. **fer·ry** *ww.* vervoer; karwei, ry; ~ *s.o./s.t. across a river* iem./iets per veerboot oor 'n rivier ver= voer; ~ *children to and from school* kinders skool toe en terug karwei. ~**boat** veer-, pontboot, -skuit. ~ **bridge** pontbrug. ~**man**, =**men** pont-, veerman, pontmeester, veerbootskipper; pontwagter; pontbaas. ~ **service** veer=, pontdiens.

**fer·tile** vrugbaar *(eier, saad, vrou, debat, ens.); ryk (verbeel= ding);* produktief *(skrywer);* ~ *soil* vrugbare/geil grond; *(fig.)* voedingsbodem *(v. 'n demokrasie ens.).*

**fer·ti·lise, -lize** bevrug; vrugbaar maak; bemes. **fer·ti·lis·er, -liz·er** kunsmis, misstof; bevrugter.

**fer·til·i·ty** vrugbaarheid; geilheid. ~ **drug** vrugbaarheids= middel. ~ **symbol** vrugbaarheidsimbool.

**fer·vent, fer·vid** hartstogtelik *(liefhebber);* vurig *(bewonde= raar, toespraak);* hartstogtelik, vurig, gloeiend *(liefde);* bran= dend *(begeerte);* vurig, intens *(verlange);* hewig, diepgewor= tel *(afkeer);* innig *(wens, hoop);* verterend *(haat); in a ~ tone of voice* met 'n driftige stem. **fer·ven·cy** hartstog, drif, vu= righeid; gloed; intensiteit; hewigheid; innigheid; ywer. **fer· vour** ywer, (gees)drif, vuur, vurigheid; innigheid.

**fes·cue (grass)** swenkgras.

**fes·ter** etter, loop, dra; sweer; verrot; *(fig.)* knaag, vreet; *(iem.)* krepeer *(i.d. tronk ens.);* ~*ing sore* etterende/lopende seer; *(fig.)* kanker.

**fes·ti·val** *n.* fees, feestelikheid; feesdag; kerklike feesdag; fees= viering; ~ *of song* sangfees. **fes·ti·val** *adj.* feestelik; fees=.

**fes·tive** feestelik, fees-; ~ *board* feesmaal; ~ *season* feestyd, =dae. **fes·tiv·i·ty** feestelikheid; feesvreugde; *(i.d. mv.)* fees= viering; *(i.d. mv.)* feesverrigtinge.

**fes·toon** *n.* festoen, gier=, guirlande, loofwerk, (blom/blaar/ lint)slinger. **fes·toon** *ww.* festoeneer, met festoene/loof= werk versier; *be ~ed with ...* met ... behang wees.

**fest·schrift** =*schriften, =schrifts,* (D.) fees=, huldigingsbundel, Festschrift.

**fe·tal** →FETUS

**fetch** *n.* lengte *(v. 'n golf);* stryklengte *(v.d. wind oor golwe);* slag *(v. 'n masjien);* (die) haal, *a long ~, (infml.)* 'n lang sit. **fetch** *ww.* gaan haal; bring; laat kom; haal, behaal *('n prys);* gee *('n klap);* ~ *s.t.* **back** iets terughaal; ~ *s.o. a* **box** *on the ear, (infml.)* iem. 'n oorveeg gee; ~ *and* **carry** *for s.o.* vir iem. heen en weer draf, iem. se handlanger wees; ~ *s.o.* **from** *the station* iem. by die stasie afhaal; **go** *and ~ s.t.* iets gaan haal; ~ *s.o.* **round** iem. bybring; ~ *up* bykom; tot stilstand kom; ~ *up somewhere, (infml.)* êrens opdaag/beland. **fetch·er** haler. **fetch·ing** mooi, aantreklik, oulik; innemend *(glimlag).*

**fête** *n.* kermis, basaar. **fête** *ww.* (feestelik) onthaal; huldig; *a much ~d photographer/etc.* 'n gevierde fotograaf/ens..

**fe·tid, foe·tid** stinkend, onwelriekend.

**fet·ish** fetisj, afgod; obsessie, beheptheid, fiksasie; *make a ~ of s.t.* van iets 'n afgod maak, iets oordryf/oordrywe. **fet· ish·ism** fetisjisme. **fet·ish·ist** fetisjis. **fet·ish·is·tic** fetisjisties.

**fet·lock** vetlok, muis *(bokant d. hoef v. 'n perd).* ~ **(joint)** koot= gewrig, koeël.

**fe(t)·ta (cheese)** feta(kaas).

**fet·ter** *n.* ketting, (voet)boei; *(fig.)* belemmering, blok aan die been; *be in ~s* in boeie wees; *(fig.)* 'n blok aan die been hê, gekniehalter *(of* aan bande gelê) wees. **fet·ter** *ww.* boei, (vas)ketting, (vas)bind; *(fig.)* kniehalter, aan bande lê, be= lemmer, hinder.

**fet·tle** *be in fine/good ~* in 'n puik/goeie toestand/kondisie wees; topfiks *(of* baie fiks) wees; op jou stukke wees.

**fet·tu(c)·ci·ne, fet·tu·ci·ni** *(It. kookk.)* fettuccine.

**fe·tus, foe·tus** =*tuses* fetus, (ongebore) vrug. **fe·tal, foe·tal** vrug-, fetaal; ~ *envelope/membrane* vrugvlies.

**feud** *n.* vete, vyandskap, twis, onmin, onvrede; familietwis. **feud** *ww.* twis, veg, 'n vete voer.

**feu·dal** *(jur., hist.)* feodaal, leenregtelik, leen-; ~ *estate/hold= ing* leen(goed); ~ *law* leenreg; ~ *lord* leenheer; ~ *system* leenstelsel, feodale stelsel; ~ *tenant* leenman. **feu·dal·ism** leenstelsel, feodale stelsel, feodalisme.

**fe·ver** koors, koorsigheid; *(fig.)* koors, koorsagtigheid, (groot) opgewondenheid, onrus; *be down with ~* met koors in die bed lê; *have a high ~* hoë koors hê. ~ **attack** koorsaanval. ~ **belt** koorsstreek; koorsgord. ~ **blister** koorsblaar. ~ **heat** koorshitte; hoogtepunt, klimaks. ~ **pitch:** *at ~ ~* op kook= punt; *rise to ~ ~* tot kookpunt styg. ~**-ridden** deur koors geteister. ~ **tree** koorsboom.

**fe·vered** koorsig, gloeiend van koors *(wange ens.);* koors= agtig *(opwinding ens.).*

**fe·ver·ish** *(lett.)* koorsig; *(fig.)* koorsagtig. **fe·ver·ish·ness** koorsigheid; koorsagtigheid.

**few** min, weinig; *a ~* 'n paar, enkele, enige; *a ~ days/etc.* **ago** 'n paar dae/ens. gelede; ~ *if any* min/weinig of geen; *as ~ as five/etc.* maar net vyf/ens.; *every ~ days/etc.* elke paar dae/ ens.; ~ *and far between* seldsaam, skaars, dun gesaai; *s.o.'s visits to ... are ~ and far between* iem. besoek ... maar selde; *a* **good** ~, *(infml.)* 'n hele paar, heelparty; *s.o. has had a ~, (infml.)* iem. het 'n paar kappe gemaak, iem. is effens/ef= fe(ntjies) aangeklam; *just a ~* net 'n paar; *only a ~* net 'n paar, baie min; ~ **people/etc.** min mense/ens.; *a ~* **people/ etc.** 'n paar mense/ens.; *precious ~, (infml.)* bedroef/bit= ter min; *quite a ~* 'n hele paar, heelparty; *be ~er than ...* minder as ... wees; *no ~er than ...* nie minder as ... nie; *the ~* die min/weiniges; die minderheid; *there are very ~ ...* daar is baie min ...; *very ~ indeed* bedroef/bitter min.

**fez** *fezzes* fes, kofia.

**fi·an·cé** *(ml.)* **fi·an·cée** *(vr.)* verloofde, aanstaande (man/ vrou).

**fi·as·co** =*cos* fiasko, mislukking.

**fi·at** magtiging, goedkeuring, fiat; *(jur.)* bevel, verordening, fiat; *(liter.)* besluit, beslissing.

**fib** *n.* leuentjie, kluitjie, storie; *tell ~s* spekskiet, jok, kluitjies bak. **fib** =*bb-, ww.* spekskiet, jok, kluitjies bak. **fib·ber** spek= skieter, jokker.

**fi·bre,** *(Am.)* **fi·ber** *(ook anat.)* vesel; veselstof; draad; *(fig.)* karakter, aard; *(dieetk.)* ruvesel, rukos, ruvoedsel, growwig= heid; *animal/vegetable ~s* dierlike/plantaardige veselstow= we; *artificial/synthetic ~* kunsvesel; *with every ~ of one's being,* *(fig.)* met jou hele wese, met elke vesel van jou lig= gaam; *to the very ~ of one's* **being** tot in jou siel; *moral ~* innerlike krag, ruggraat, pit; *have no moral ~* ruggraatloos wees; *muscle ~* spiervesel. ~**board** veselbord, =plank. ~**glass** veselglas. ~ **optics** *(mv., fungeer as ekv.)* veseloptika, -optiek. ~**-yielding plant** vesel-, spinplant.

**fi·bril** =*brils,* **fi·bril·la** =*lae, (teg.)* veseltjie; *(biol.)* fibril, wor= telhaar; =draad. **fi·bril·lar, fi·bril·lar, fi·bril·lose** veselagtig, vesel(r)ig, fibrillêr, met fibrille, vesel=. **fib·ril·late** *([hart] spier)* fibrilleer; *(vesel)* fibrilleer, vervesel. **fi·bril·la·tion** vesel= (r)igheid; fibrillasie.

**fi·brin** *(biochem.)* fibrien, veselstof. **fi·brin·o·gen** fibrinogeen.

**fi·bro·sis** =broses, *(med.)* fibrose, bindweefselvermeerdering.

**fi·brous** veselagtig, vesel(r)ig, vesel=, fibreus, draderig; ~ *gyp-sum* vesel=, straalgips; ~ *layer* vesellaag; ~ *plaster* vesel= pleister; ~ *root* haarwortel; ~ *tissue* bindweefsel.

**fib·u·la** =lae, =las, *(anat.)* kuitbeen, fibula.

**fick·le** wispelturig, veranderlik, wisselvallig, onbestendig, on= standvastig, grillig, vol grille; ~ *fortune* wankele geluk. **fick= le·ness** wispelturigheid, veranderlikheid, wisselvalligheid, onbestendigheid.

**fic·tion** fiksie, romans, verhale, verhalende literatuur; ver= digsel, versinsel, storie, onwaarheid, fiksie; *light* ~ ligte lees= stof, ontspanningsleesstof, =lektuur; *romantic* ~ liefdesver= hale; *work of* ~ prosawerk. ~ *writer* roman=, prosa=, fiksie= skrywer.

**fic·tion·al** roman=, fiksie=, verbeeldings=; denkbeeldig, fiktief, versonne, verdig; ~ *character* romanfiguur.

**fic·ti·tious** denkbeeldig, fiktief, versonne, verdig; vals; oneg, nagemaak, namaak=; skyn=; voorgewend; ~ *asset* skynbate, fiktiewe bate; ~ *instrument, (ekon.)* fiktiewe instrument. **fic= ti·tious·ness** denkbeeldigheid, versonnenheid; onegtheid.

**fid·dle** *n., (infml.)* viool; *play first* ~, *(infml.)* eerste viool speel, die lakens uitdeel; *(as) fit as a* ~ perdfris, so reg soos 'n roer; *feel (as) fit as a* ~, *(ook)* pure perd voel; *play sec= ond* ~ *(to s.o.), (infml.)* tweede viool (by iem.) speel, in die skadu(wee) (van iem.) staan. **fid·dle** *ww., (infml.)* vroe= tel; *(infml.)* peuter; *(Br., infml.)* brou/knoei met, manipuleer *(syfers ens.); (infml.)* viool speel; ~ *about/around* rondvroetel, =peuter; ~ *with s.t.* aan/met iets peuter, met iets lol. ~**-faddle** beuselagtighede; onsin; gepeuter. ~**stick** *(infml.)* strykstok. ~**sticks** *tw.* (ag) bog/twak/kaf!.

**fid·dler** *(infml.)* vioolspeler, =stryker; peuteraar; *(Br., infml.)* bedrieër, swendelaar, verneuker, knoeier, kuller. ~ **(crab)** vioolspelerkrap.

**fid·dly** =dlier =dliest, *(infml.)* moeilik, lastig, ingewikkeld; klein, fyn; met fieterjasies.

**fi·del·i·ty** trou, getrouheid, lojaliteit; getrouheid, presisie. ~ **assurance,** ~ **insurance** waarborgversekering, getrou= heidsversekering. ~ **fund** getrouheidsfonds. ~ **guarantee** ge= trouheidswaarborg.

**fidg·et** *n.* woelige/rustelose/onrustige mens, woelwater; *(i.d. mv. ook)* kriewels; *have the* ~*s* miere hê, nie stil kan sit nie, rusteloos/onrustig wees. **fidg·et** *ww.* kriewel, woel, miere hê, rondwurm, rusteloos/onrustig wees; vroetel; rusteloos raak/word; ~ *with s.t.* senu(wee)agtig met iets speel. **fidg= et·y** woelig, rusteloos, onrustig, vol miere, kriewelrig; *be* ~ miere hê.

**fi·du·ci·ar·y** *n.* trustee; vertrouenspersoon. **fi·du·ci·ar·y** *adj.* fidusiêr, vertrouens=.

**field** *n.* veld; land; akker; vlakte; speelveld; =terrein; (vak) gebied, terrein; *(rek., ling., psig., sport)* veld; *(kr.)* veldwer= kers; *(wisk.)* liggaam; *big* ~ groot deelname; *(cultivated)* ~*s* landerye; *enclosed* ~ kamp; *a good* ~ goeie mededinging; *hold/keep the* ~ standhou, pal staan; *in the* ~ in die veld; te velde; *work in the* ~*s* op die lande/landerye werk; *in the* ~ *of science/etc.* op natuurwetenskaplike/ens. gebied/terrein, op die gebied van die natuurwetenskappe/ens.; *lead the* ~ aan/op die voorpunt wees; *mealie* ~ mielieland; ~ *of fire* skootsveld; ~ *of experience* ervaringswêreld; ~ *of operations* operasieveld; ~ *of play, playing* ~ speelveld; ~ *of reference* verwysingsveld; ~ *of study* studierigting, =veld, vakgebied; ~ *of vision/view, visual* ~ gesigsveld; *play the* ~, *(infml.)* rond= wei; rondslaap; *take the* ~ uittrek, optrek, te velde trek; op die veld stap; *(kr.)* gaan veldwerk doen; *the* ~, *(sport)* die spe= lers; *(atl.)* die deelnemers; *(perdewedrenne)* die inskrywings; *cover a* **wide** ~ 'n groot/ruim gebied/veld dek. **field** *ww., (kr., bofbal)* keer=/veldwerk doen; keer, vang, vat *(bal);* in die veld stoot/stuur *(span);* op die veld bring *(speler); (pol.)* stel *(kandidate); (mil.)* ontplooi *(manne); (fig.)* trotseer *(vrae ens.).*

~ **ambulance** veldambulans. ~ **army** veldleër. ~ **artillery,** ~ **ordnance** veldartillerie, =geskut. ~ **battery** *(mil.)* veldbattery. ~ **bean** boerboon(tjie). ~ **boot** stewel. ~ **cornet** *(SA, hist.)* veldkornet. ~**craft** veldkuns, =kennis. ~ **day** groot/geil dag, galadag; *(mil.)* maneuver=, velddag, wapenskou(ings)dag; *(Am.)* sportdag; *(landb.)* velddag; *have a* ~ ~, *make a* ~ ~ *of it, (infml.)* verjaar, baljaar, 'n geil dag beleef/belewe. ~ **event** *(atl.)* veldnommer. ~ **experiment** veldproef. ~ **glasses** *(mv.)* verkyker, vêrkyker. ~ **goal** *(basketbal)* baandoel. ~ **guide** veldgids. ~ **gun** *(mil.)* veldkanon; *(i.d. mv.)* veldgeskut, =ar= tillerie, =kanonne. ~ **hospital** veldhospitaal. ~ **husbandry** akkerbou, agronomie. ~ **kit** velduitrusting. ~ **magnet** veld= magneet. ~ **marshal** *(mil.)* veldmaarskalk. ~ **mouse** veld= muis. ~ **officer** *(mil.)* hoofoffisier. ~ **operations** *(mil.)* krygs= verrigtinge, veldoperasies. ~ **pea** grou-ertjie. ~ **preacher** veldprediker. ~ **rank** *(mil.)* hoofoffisiersrang. ~ **represen= tative** buiteverteenwoordiger. ~ **research** veldnavorsing. ~ **salad** veldslaai. ~ **sports** veldsport, jag en visvang(s). ~ **staff** buitepersoneel. ~**stone** veldsteen. ~ **strength** *(fis., rad., TV)* veldsterkte. ~ **study** veldnavorsing, veldstudie; veldna= vorsing; veldstudie. ~ **test** *n.* praktiese toets. ~**-test** *ww.* in die praktyk toets, aan praktiese toetse/toetsing onderwerp. ~ **training** *(mil.)* gevegsopleiding, veld(diens)opleiding. ~ **trial** *(dikw. mv.)* praktiese toets; *(mot.)* veldtoets. ~ **trip** veldwerk= toer. ~**work** veldwerk *(deur 'n navorser ens.); (landb.)* landar= beid. ~**worker** veldwerker; landarbeider.

**field·er** *(kr.)* veldwerker.

**field·ing** *(kr.)* veld=, keerwerk; *(rugby)* vangwerk, posisionele spel.

**fields·man** *(kr.)* veldwerker.

**fiend** bose gees, duiwel, satan; wreedaard, woestaard, woes= teling; besetene, maniak; *(infml.)* vabond, klits; *(infml.)* fana= tikus. **fiend·ish** duiwels, duiwelagtig, demonies; boos, ge= meen, venynig; wreed; besete; *(infml.)* verduiwels moeilik.

**fierce** woes, wild; wreed(aardig); verbete; fel, hewig, heftig, skerp; driftig, vurig, verwoed; ontsettend, vreeslik, verskrik= lik; geweldig; onstuimig; ~ *dog* kwaai hond. **fierce·ly** woes; wreed; fel, hewig, heftig. **fierce·ness** woestheid, wildheid; wreed(aardig)heid; verbetenheid; felheid, hewigheid; drif= tigheid, vurigheid, verwoedheid; onstuimigheid.

**fier·y** brandend, vlammend; vurig, driftig, opvlieënd; ont= plofbaar *(krag ens.);* skerp, branderig *(sous ens.);* →FIRE; ~ *cross* vuurkruis; ~ *death* vlammedood; ~ *red* vuurrooi; *have a* ~ *temper* opvlieënd wees.

**fi·es·ta** *(Sp.)* fiësta, fees, feestelikheid.

**fife** *(mus., mil.)* dwarsfluit. **fif·er** fluitspeler.

**fif·teen** vyftien; vyftiental, rugbyspan.

**fif·teenth** vyftiende; *the* ~ *century* die vyftiende eeu. ~**-cen= tury** *adj.* vyftiende-eeus.

**fifth** *n.* vyfde; *(mus.)* kwint, vyfde; *(mot.)* vyfde rat. **fifth** *adj. & adv.* vyfde; *F~ Avenue* Vyfde Laan, Vyfdelaan; *the* ~ *most popular/etc.* ... op vier na die gewildste/ens. ...; *F~ Street* Vyfde Straat, Vyfdestraat; *a* ~ *wheel to the coach* 'n vyfde wiel aan die wa, 'n orige jukskei. **F~ Amendment** *(Am.)* Vyfde Amendement; *invoke/plead/take the* ~ (~) jou op die Vyfde Amendement beroep *(om selfinkriminasie te voorkom).* ~ **column** vyfde kolonne. ~ **columnist** vyfdeko= lonner. ~ **gear** vyfde rat. ~**-generation** *adj.:* ~ *computer/etc.* vyfdegeslagrekenaar ens.. ~**-largest** op vier na die grootste, vyfdegrootste. ~**-rate** vyfderangs.

**fifth·ly** in die vyfde plek, ten vyfde, vyfdens.

**fif·ti·eth** vyftigste.

**fif·ty** vyftig; *be in one's fifties* in jou vyftigerjare *(of in die vyftig)* wees; *the fifties/Fifties, (1950-59)* die vyftigerjare, die jare vyftig. ~**-fifty** *adj. & adv., (infml.)* gelyk; gelykop, om die helfte, helfte-helfte; *on a* ~ *basis* gelykop, om die helfte; *have/stand a* ~ *chance of winning/etc.* 'n gelyke kans *(of* 'n vyftigpersentkans) hê om te wen/ens.; *(the)* **chances** *are* ~

that ... daar is 'n gelyke kans dat ...; **go** ~ *with s.o. on s.t.* iets gelykop met iem. deel, iets om die helfte verdeel; helfte-helfte vir iets betaal. **~-fifty weave** ewebinding.

**fif·ty·fold** vyftigvoud(ig).

**fig** vy; vyeboom; *s.o. doesn't care/give a ~ for s.t., (infml.)* iem. gee geen *(of* nie 'n) flenter/snars vir iets om nie, iets kan iem. geen *(of* nie 'n) blou(e)/dooie duit skeel nie, iem. gee geen *(of* nie 'n) blou(e)/dooie duit vir iets om nie, iem. voel vere vir iets; *a ~ for ...!* na die maan met ...!. ~ **jam** vyekonfyt. ~ **leaf** vyeblaar. ~ **preserve** heelvyekonfyt. ~ **tree** vyeboom. ~**wort** *(bot.)* helmkruid; speenkruid.

**fight** *n.* geveg; bakleiery, vegparty; boksgeveg, =wedstryd; stryd, worsteling; rusie, twis; veg=, strydlus; weerstand; *the ~ against ...* die stryd teen ... *(misdaad ens.); it is a ~ to the finish* daar sal enduit gebaklei word; *be full of ~* veg=/stryd-lustig wees, vol veglus wees *(of* laat vaar); *fight the good ~* die goeie stryd stry; *have a ~ with s.o.* met iem. baklei; met iem. rusie maak; *there is ~ in s.o. yet* iem. kan hom/haar nog goed teësit/teensit/weer; *join the ~* saamveg; *pick a ~* rusie soek; *put up a ~* teen-/teëstand bied; *put up a brave/good ~* dapper weerstand bied, nie die stryd maklik gewonne gee nie, goeie veggees toon, nie gaan lê nie, moedig/goed terugveg; *show ~* veglustig wees, tande wys; jou verset/teë-/teensit, jou man staan; *s.o. is spoiling for a ~* iem. (se hande) jeuk om te baklei, iem. is daarop uit om rusie te soek, iem. is veglustig *(of* in 'n strydlustige stemming); *a stand-up ~* 'n hewige bakleiery; *a stiff ~* 'n hewige geveg; *throw a ~, (infml.)* 'n (boks)geveg weggooi *(of* opsetlik verloor). **fight** *fought fought, ww.* baklei (met); veg; spook; voer *('n oorlog, stryd)*; laat veg *(hane ens.)*; stry, baklei, rusie maak; bestry *('n brand ens.)*; beveg *(rassisme ens.)*; bekamp *(misdaad ens.)*; boks/veg (teen); ~ **against** ... teen ... veg *('n vyand, siekte, ongeregtigheid, lomerigheid, trane, ens.)*; ~ **back** jou teë-/teensit/(ver)weer, terugslaan, teen-/teëstand/weerstand bied; ~ **back** *one's tears* jou trane inhou/wegsluk, teen die trane veg; *be ~ing, (ook)* slaags wees; ~ *s.t.* **down** iets bedwing/onderdruk; ~ **for** iets stry/veg; ~ *like* one possessed soos 'n besetene/rasende veg; ~ *like a tiger* baklei/veg soos 'n tier; ~ *like a Trojan* soos 'n held/leeu veg; ~ *s.t.* **off** iets afweer/afslaan *('n aanval ens.)*; iets afskud *('n verkoue)*; ~ **on** die oorlog/stryd voortsit *(of* verder/vêrder voer), deur-, voortveg; voortbaklei, verder/vêrder baklei; voort-boks, verder/vêrder boks; ~ *it* **out** dit uitbaklei/uitspook/uit-veg; ~ **shy** *of s.t.* iets (probeer) ontduik/ontwyk, op 'n afstand van iets bly; ~ **s.o.** teen iem. veg; ~ *s.t.* teen iets veg; teen iets stry *(versoeking ens.)*; **start** ~*ing, (ook)* aanmekaar-spring; ~ **with** *s.o.* vir iem. veg, aan iem. se kant veg; ~ **with** *s.o.* over *s.t.* met iem. oor iets baklei/veg. ~**back** *n.* weer-stand; teenaanval.

**fight·er** vegter, kryger, krygs=, vegsman; stryder; bokser, bakleier, vuisvegter; vegter, iemand wat nie gaan lê nie; ru-siemaker, bakleier. ~ **(aircraft/plane)** vegvliegtuig, vegter. ~**-bomber** *(mil. lugv.)* veg(ter)bomwerper, jagbomwerper. ~ **escort** *(mil. lugv.)* vegleide, vegtersbegeleiding. ~ **pilot** veg=, jagvlieënier. ~ **reconnaissance** *(mil. lugv.)* veg=, jag-verkenning. ~ **squadron** veg(ter)=, jag(ter)eskader.

**fight·ing** *n.* vegtery, geveg; bakleiery; spokery; stryd; beveg-ting; bekamping. **fight·ing** *adj. & adv.* vegtend, strydend; strydbaar, veglustig, opruiend; veg=, stryd=; *have* (or *be in with*) *a ~ chance of succeeding/etc.* 'n vegterskans hê om te slaag/ens.; *be ~ drunk* dronk en driftig wees; *be ~ fit* perd-fris *(of* fiks en fluks) wees; topfiks wees; veggereed wees; *be ~ mad, (infml.)* rasend (van woede) wees, woedend/briesend/smoorkwaad wees; *be in a ~ mood* veglustig *(of* lus vir baklei) wees; *have a lot of ~ spirit* groot veggees hê; ~ *talk/words, (infml.)* opruiende praatjies/woorde. ~ **cock** veghaan. ~ **forces**, ~ **troops** veg=, fronttroepe, strydende troepe, strydmag. ~ **formation** vegformasie. ~ **front** gevegsfront. ~ **fund** stryd-kas, =fonds. ~ **line** gevegs=, veglinie. ~ **man** *men* krygs=, vegs=

man, stryder; strydbare man; *(i.d. mv.)* gevegstroepe. ~ **power** vegvermoë. ~ **services** weermag(sdele). ~ **strength** oorlogsterkte. ~ **unit** gevegs=, vegeenheid.

**fig·ment** versinsel, verdigsel; fiksie; hersenskim; *a ~ of the/one's imagination* 'n hersenskim, pure verbeelding.

**fig·u·ra·tion** versiering, ornamentasie; *(mus.: stereotiepe mo-tiewe/patrone)* figurasie; allegoriese voorstelling; vorm, kon-toer; vormbepaling.

**fig·ur·a·tive** figuurlik, oordragtelik *(betekenis, sin, ens.)*; beeld-ryk, beeldend *(taal ens.)*; simbolies, sinnebeeldig, emblema-ties; figuratief *(kunswerk); a ~ expression* 'n figuurlike uit-drukking; ~ *language* beeldspraak. **fig·ur·a·tive·ly** figuurlik.

**fig·ure** *n.* syfer; *(i.d. mv.)* syfers, statistiek; bedrag, prys; fi-guur, postuur, lyf; gedaante, gestalte; beeld; figuur, persoon-likheid, bekende persoon; figuur, diagram, afbeelding; pa-troon; motief; (dans/skaats)figuur *(mus., wisk., log.)* figuur; vlam *(in hout); s.o. is good at ~s* iem. kan goed reken; *cut a ... ~* 'n ... figuur slaan *(armsalige, goeie, treurige, ens.); the ~s are down on last year* die syfers is laer as verlede jaar; *a fine ~ of a man* 'n mooi geboude man; 'n rysige gestalte; *five/etc. ~s* 'n bedrag/getal van vyf/ens. syfers; *a ~ of fun* 'n voorwerp van spot/bespotting, 'n uil onder die kraaie; *a high/low ~* 'n hoë/lae prys; *keep one's ~* jou figuur behou, slank bly; *lose one's ~* gewig aansit/optel, lyf aansit/kry, dik/vet word; *a ~ of peace* 'n vredesimbool; *a public ~* 'n bekende persoon; *put a ~ on s.t.* 'n prys aan iets heg, die waarde van iets be-paal; *a round ~* 'n ronde syfer; *significant ~s* sprekende syfers; *a slim ~* 'n slank(e) figuur; ~ *of speech* stylfiguur; *reach three ~s* die honderd bereik; *a trim ~* 'n vietse lyfie; *worry about one's ~* jou figuur/gewig dophou. **fig·ure** *ww.* voorkom, figureer; 'n rol speel; prominent wees; (uit)reken; somme maak; *(Am., infml.)* dink, meen, glo; *(Am.)* re-ken, skat; sin hê, logies *(of* te begrype) wees, voor die hand lê, vanself spreek; afbeeld; versier; *(mus.)* besyfer; →FIG-URED; ~ *as ... as ...* figureer/optree, die rol van ... vervul, as ... verskyn; ... voorstel; *s.o. ~s in s.t.* iem. speel 'n rol in iets; iem. kom in iets voor; *it/that ~s, (infml.)* dis te begrype, dit lê voor die hand *(of* spreek vanself); ~ *on doing s.t.* meen/reken dat jy iets sal doen; ~ *s.t.* **out**, *(infml.)* iets uitreken; iets uitsyfer; iets oplos; iets uitredeneer; iets snap/verstaan; ~ *out at ...* op ... uitkom; ~ *prominently/strongly* 'n belang-rike rol speel, prominent wees; ~ *s.t.* **up** iets optel *(syfers)*; ~ *in a will* in 'n testament voorkom. ~**-conscious** figuurbe-wus. ~**head** strooipop, figurant, skynhoof; *(sk.)* boeg=, skeg=, stewebeeld. ~ **(of) eight** *(Am., lugv., sierskaats, kunsry)* ag(t). ~ **skater** sier=, kunsskaatser. ~ **skating** sier=, kunsskaats. ~ **stone** beeldsteen, Chinese/Sjinese speksteen. ~ **work** syfer-werk.

**fig·ured** versier(d); geblom(d); patroon-; gevlam(d) *(hout)*; *(mus.)* besyfer(d); *(mus.)* gefigureer(d); ~ *bass, (mus.)* besy-ferde bas; ~ *cloth/fabric* patroonstof.

**fig·ure·less** sonder figuur/gestalte.

**fig·u·rine** beeldjie.

**Fi·ji, Fi·ji** *(geog.)* Fidji. **Fi·ji·an** *n., (lid v. volk)* Fidjiaan; *(taal)* Fidjiaans. **Fi·ji·an** *adj.* Fidjiaans.

**fil·a·ment** veseltjie, (fyn) draad, filament; *(elek.)* gloeidraad (-jie); *(bot.)* helmdraad. ~ **tension**, ~ **voltage** *(rad.)* gloei-(draad)spanning.

**fil·a·men·ta·ry, fil·a·men·tous** draderig, vesel(r)ig, draad-vormig, draad=.

**fil·bert** haselneutboom; haselneut.

**filch** *(infml.: steel)* gaps, vaslê, vat.

**file¹** *n.* lêer, omslag; dossier; *(rek.)* lêer; ry, tou; *(mil.)* gelid; *(mil.)* twee *(by dril); (skaak)* ry; *in ~* in/op 'n ry, op 'n streep, agter mekaar; *(mil.)* in gelid; *stand in ~* toustaan, in/op 'n ry *(of* agter mekaar) staan; *(mil.)* in gelid staan; *in Indian/single ~* een-een (agter mekaar), op 'n streep; *(mil.)* in enkelgelid *(of* enkele gelid); *have s.t. on ~* iets in/op 'n lêer hê/aanhou;

*have/keep a ~ on* ... 'n lêer oor ... hê/aanhou. **file** *ww.* lias=
seer, in 'n lêer/omslag plaas/sit; rangskik; *(jur.)* indien, in=
lewer; *(joern.)* deur=, instuur, deur=, infaks, deur=, inbel; in/
op 'n ry *(of* agter mekaar) loop; *(mil.)* in gelid marsjeer;
*~ s.t. away* iets liasseer; *~ in* inmarsjeer; *~ off* afmarsjeer;
*~ out* uitmarsjeer; *~ past* verbymarsjeer, defileer. *~* **copy**
lêer=, argiefafskrif. *~* **management** *(rek.)* lêerbestuur, =be=
heer. *~***name** *(rek.)* lêernaam. *~* **protection** *(rek.)* lêerbeveili=
ging, =beskutting. *~* **server** *(rek.)* lêerbediener. *~* **13** *(infml.,*
*skerts.)* lêer 13; *file s.t. in ~ ~* iets op die ashoop gooi, iets in
die doofpot stop.

**file²** *n.* vyl. **file** *ww.* vyl; *~ s.t. away* iets wegvyl; *~ s.t. down*
iets gladvyl *(of* glad vyl); *~ s.t. off* iets afvyl. *~* **dust** vylsels.
*~***fish** *(igt.)* vylvis.

**fi·let** *(Fr.)* filet, ontbeende vleisstuk, →FILLET; filet(net). *~*
**(lace)** filetkant.

**fil·i·al** *(fml.)* kinderlik, filiaal; *~ love* ouerliefde, kinderlike
liefde.

**fil·i·bus·ter** *n., (parl.)* obstruksie, vertragingstaktiek. **fil·i·**
**bus·ter** *ww., (parl.)* obstruksie pleeg, obstruksionisties/ob=
struktief optree/wees; deur obstruksie dwarsboom/vertraag
*(wetgewing ens.).* **fil·i·bus·ter·ing** *(parl.)* obstruksionisme.

**fil·i·form** *(biol.)* draadvormig, draad=.

**fil·ing¹** liassering, liasseerwerk. *~* **system** liasseerstelsel.

**fil·ing²** vylwerk; *(i.d. mv.)* vylsels.

**Fil·i·pi·no** =nos, *n.* Filippyner; →PHILIPPINES. **Fil·i·pi·no**
*adj.* Filippyns.

**fill** *n.* vulling; vulsel; *s.o.* **has** had his/her *~ of* ... iem. is dik/
keelvol/sat vir ..., iem. het genoeg van ... gehad *(iem., iets);*
... hang iem. by die keel uit *(iets); have had one's ~* versadig
wees, jou honger is gestil; jou dors is geles. **fill** *ww.* volmaak,
(op)vul; vol raak/word; stop *('n pyp, tand); (kookk.)* stop *('n*
*hoender ens.);* toegooi *('n gat);* (aan)vul, voorsien in *('n leem=*
*te);* vul *('n vakature);* vervul, beset *('n rol);* beklee *('n pos);*
beslaan *(twee verdiepings ens.); (seile)* bol *(v.d. wind); (wind)*
vul *(seile); (Am.)* uitvoer *('n bestelling); (Am.)* berei *('n voor=*
*skrif); ~ in for s.o.* vir iem. instaan/optree; *~ in s.t.* iets invul
*('n vorm ens.);* iets opvul/toemaak; iets toegooi *('n gat); ~ s.o.*
*in on s.t., (infml.)* iem. van/met iets op (die) hoogte bring;
*~ed* **milk** verrykte melk; *~ out* dikker/voller word; *~ out*
*s.t.* iets uitbrei; iets voltooi; iets aanvul; *(Am.)* iets invul *('n*
*vorm ens.); s.t. ~s* **up** iets word vol; *~* **up** *s.t.* iets volmaak *('n*
*tenk ens.);* iets byskink/byvul *('n glas ens.);* iets invul *('n vorm*
*ens.);* iets toegooi *('n gat);* iets toestop *('n opening); ~* **(up)**
*time* die tyd omkry/vul; *~ (her)* **up,** *please!, (infml.)* skink vol,
asseblief! *('n glas);* maak vol, asseblief! *('n tenk); the dish/etc.*
*is* **very** *filling* die gereg/ens. maak jou *(of* ['n] mens) gou vol;
*be ~ed* **with** *the Holy Spirit, (Chr.)* met die Heilige Gees ver=
vul wees/word; *be ~ed* **with** *sand/etc.* vol sand/ens. wees; *~*
**with** *tears, (oë)* vol trane skiet/word. *~***in** *n.* plaasvervanger.
*~***up** *n.* (op)vulling; *give s.o. a ~* iem. se glas hervul *(of* weer
volmaak).

**fill·er** vuller; vulsel; vulstof; *(verf)* (vul)stryksel, plamuur(sel);
vulstuk; tregter; (blad)vuller, stopper *(in 'n koerant ens.);*
stopwoord.

**fil·let** *n.* ontbeende vleisstuk, filet; (vis)moot(jie); haar=,
hare=, kopband; strook, band; rand; lat; *(argit.)* skeilys *(v.*
*suile en profiele); (bouk.)* hoeklas; filet, sierlyn *(op d. band v. 'n*
*boek);* filetstempel *(om sierlyne mee te maak); ~ of beef* bees=
filet, beeshaas; *~ of fish* vismoot(jie). **fil·let** *ww.* ontbeen;
ontgraat; fileer, in filette sny; in mote/mootjies sny; omlys,
'n rand maak om. *~* **end** filetkant *(v. 'n varkboud ens.). ~*
**steak** filetskyf.

**fill·ing** (op)vulling; vulsel; vulstof; stopmiddel; stopsel *(in tan=*
*de); (kookk.)* vulsel *(v. 'n toebroodjie ens.);* opvulwerk. *~* **sta·**
**tion** vulstasie.

**fil·lip** aansporing, aanmoediging, hupstoot(jie); prikkel; *bel*
*give/provide a ~ to* ... gunstig op ... inwerk, 'n hupstoot aan
... gee *(d. ekonomie, mark, ens.).*

**fil·ly** merrievul; jong merrie.

**film** *n.* film *(vir 'n kamera);* vlies, velletjie; waas, newel, sluier;
(dun) lagie; aanpaksel; (rol)prent, (speel)film, fliek; *(i.d. mv.*
*ook)* rolprent=, filmbedryf, filmwese; *make a ~* 'n (rol)prent
maak/vervaardig; *a ~ of* ... 'n (dun) lagie ... *(sweet, ys, ens.);*
*shoot a ~, (infml.)* 'n (rol)prent skiet. **film** *ww.* verfilm, 'n
(rol)prent van ... maak *('n verhaal ens.);* met 'n vlies/waas/
laag bedek word; *~ over/up, (spieël ens.)* aanslaan; *(oë)* wasig
word/raak. *~* **actor,** *of* **actress** rolprentakteur, =aktrise. *~*
**buff** *(infml.)* film=, fliekkenner, film=, fliekfundi, =foendi(e).
*~* **camera** film=, rolprentkamera. *~* **clip** uittreksel uit 'n film/
rolprent, film=, rolprentuittreksel; filmklem, =knip. *~***goer**
fliek=, bioskoopganger, bioskoopbesoeker. *~* **maker** film=,
rolprentmaker, film=, rolprentvervaardiger. *~* **noir** *(Fr.)* film
noir. *~* **rights** filmregte, =reg. *~* **speed** filmspoed. *~* **star** rolprent=
ster. *~* **strip** filmstrook. *~* **version** verfilming, film=, rol=
prentweergawe, film=, rolprentbewerking.

**film·og·ra·phy** filmografie.

**film·y** dun, deursigtig, ragfyn *(materiaal ens.);* wasig *(oë);* ne=
wel(r)ig *(wolk ens.);* vliesagtig *(vlerk ens.).* **film·i·ness** deur=
sigtigheid; wasigheid.

**fi·lo, phyl·lo** *(vnl. Gr. kookk.)* fillo. *~* **pastry** fillodeeg.

**fil·ter** *n.* filter, filtreerder; filtermondstuk *(v. 'n sigaret); (ge=*
*luidsleer)* (akoestiese) filter; *(fot.)* (kleur/lig)filter; *(rad.)* fre=
kwensie)filter; *(rek.)* filter. **fil·ter** *ww.* filtreer; suiwer; deur=
syg; (deur)syfer, (deur)sypel; (deur)sif; *~ back, (vlugtelinge*
*ens.)* geleidelik terugkeer; *~ in, (bydraes ens.)* drupsgewys(e)
in=/binnekom; *(lig ens.)* deurskemer; *~ out, (nuus ens.)* uitlek,
drupsgewys(e) bekend word; *~ s.t. out* iets uitfiltreer *(on=*
*suiwerhede ens.); ~ through, (water ens.)* deursyfer, =sypel;
*(nuus ens.)* uitlek; *(lig ens.)* deurskemer. *~* **bed** filtreerlaag.
*~* **coffeepot** (koffie)filtreerkan. *~* **paper** filtreerpapier. *~*
**tipped** met 'n filtermondstuk.

**filth** vullis, vuilgoed, smerigheid; vieslike/smerige toestand(e);
vieslikhede, vieslike/smerige/vuil taal; vieslike foto's/kuns/
ens., smerige feite/gedagtes/storie(s)/ens.. **filth·i·ness** vuil=
heid, smerigheid, morsigheid. **filth·y** vuil, smerig, morsig,
liederlik; *you ~ beast!* jou gemene bees!, jou lae lak!; *~ weather*
hondeweer, slegte/(on)guur/(on)gure weer.

**fil·trate** *n.* filtraat. **fil·trate** *ww.* filtreer. **fil·tra·tion** filtrasie;
filtrering.

**fin** vin; paddavoet *(v. 'n duiker).* *~***foot** *(orn.):African ~* water=
trapper. *~* **whale,** *~***back (whale)** vinwalvis.

**fi·nal** *n.* eind(wed)stryd; *(i.d. mv., sport)* eindronde; *(i.d. mv.,*
*opv.)* eindeksamen; *reach* (or *go through to) the ~(s), (sport)*
tot die eindstryd/=ronde deurdring; *take/sit/do one's ~s* jou
eindeksamen aflê. **fi·nal** *adj.* laaste, finaal, slot=, eind=; be=
slissend, deurslaggewend, finaal; afdoende; doelaanwysend;
doel=; *~* **account** eindrekening; *~* **act** slotbedryf; *~* **chap·**
*ter* slothoofstuk; *~* **d** slot-d; *~* **decision** finale besluit, eind=
beslissing; *~* **examination** eindeksamen; *~* **payment** finale/
laaste betaling, slotbetaling; *~* **product** eindproduk; *~* **result**
einduitslag; eindresultaat; *~* **score** eindtelling; *~* **settlement**
finale vereffening; *and that's ~!* en daarmee basta!; *~* **whistle**
eindfluitjie. *~***year student** finalejaarstudent, student in
die finale jaar.

**fi·na·le** slot, finale; *(mus.)* slottoneel, finale *(v. 'n opera); (mus.)*
slotbeweging, =deel, finale *(v. 'n sonate, simfonie, ens.).*

**fi·nal·ise, ·ize** afhandel, voltooi, klaarmaak, finaliseer; af=
rond, afwerk. **fi·nal·i·sa·tion, ·za·tion** afhandeling.

**fi·nal·ist** finalis, einddeelnemer, =neemster; finalis, eind=
strydspeler; kandidaat in die eindeksamen.

**fi·nal·i·ty** finaliteit, onvermydelikheid, onontkombaarheid
*(v.d. dood ens.);* beslistheid; finaliteit, uitsluitsel; eindoplos=
sing; slot, einde, end; doelmatigheid; eindpunt; *reach ~ tot*
'n beslissing kom, uitsluitsel kry; 'n eindoplossing vind; *('n*
*plan ens.)* sy finale vorm kry.

**fi·nal·ly** (uit)eindelik, einde(lik) ten *(of* ten einde) laaste;

op die ou end; ten slotte/laaste; vir die laaste maal/keer; vir goed.

**fi·nance, fi·nance** *n.* finansies; geld-, finansiewese; finansiering; geldelike beheer; *(i.d. mv.)* finansies, geld, (geld)-middele; *(i.d. mv.)* fondse; *(i.d. mv.)* geldsake, finansiële sake; *minister of* ~ minister van finansies. **fi·nance, fi·nance** *ww.* finansie(e)r, geld/kapitaal verskaf vir; finansieel/geldelik steun; bestry *(koste ens.);* geld beheer. **F~ Act** Finansiewet. ~ **bill** *(parl.)* geldwetsontwerp; *(parl.)* middelewetsontwerp; *(bankw.)* finansieringswissel. ~ **company** finansieringsmaat-skappy. ~ **department** finansiële afdeling, afdeling finansies; finansieringsafdeling. ~ **house** finansieringsmaatskappy, -on-derneming.

**fi·nan·cial** *adj.* finansieel, geldelik, geld-; ~ *adviser* finansiële raadgewer/adviseur; ~ *affairs* geldsake, finansiële sake; ~ *difficulty/distress/straits/trouble* geldelike/finansiële moeilikheid/nood, geldnood; ~ *director* finansiële direkteur; ~ *executive* finansiële bestuurder; ~ *fabric* finansiële struk-tuur; ~ *futures* finansiële termynkontrak; ~ *interest* geldelike/finansiële belang; ~ *leverage* hefboomfinansiering; ~ *means* finansiële/geldelike middele, geldmiddele; ~ *muscle* kapitaalkrag; ~ *returns* finansiële opgawes; finansiële op-brengs/opbrings; ~ *standing* kredietwaardigheid; ~ *state-ment* finansiële staat/verslag; *annual* ~ *statement* jaarstaat; ~ *year* boekjaar, finansiële jaar, bedryfsjaar; ~ *yield* finansiële opbrengs/opbrings. **fi·nan·cial·ly** finansieel; *be* ~ *sound* finansieel gesond wees. **fi·nan·cials** *n. (mv.)* finansiële aandele.

**fi·nan·cier** finansier, geldskieter.

**finch** *(orn.)* vink; *red-headed* ~ rooikopvink; *scaly-feathered* ~ baardmannetjie. ~**lark** *(vero.)* →SPARROWLARK.

**find** *n.* vonds; ontdekking; vangs. **find** *found found, ww.* vind, kry, ontdek, afkom op; aantref, raakloop, kry; voorkom; ont-dek, agterkom, uitvind; vasstel; merk; ag, vind *(iets redelik ens.); (jur.)* bevind *(dat aantygings lasterlik is ens.);* terugkry; tref *(doel); one does not* ~ *it among the Greeks/etc.* by die Grieke/ens. tref ('n) mens dit nie aan nie *(of* kom dit nie voor nie); *take things as one* ~*s them* sake vir lief neem; *s.t. is to be found somewhere* iets is êrens te vind; *s.t./s.o. was nowhere to be found* iets/iem. was nêrens te vind nie; *s.o.* ~*s it difficult to* ... dis *(of* dit is) vir iem. swaar om te ... *(praat ens.); s.o.* ~*s s.t. difficult/etc.* iem. vind iets moeilik/ens.; *these plants/etc. are found in the tropics/etc.* dié plante/ens. kom in die trope/ens. voor; ~ *o.s. in a difficult situation* jou in 'n netelige situasie bevind; ~ *o.s.* regkom; tot jouself/selfkennis kom, jouself vind; in jou eie koste voorsien; ~ *o.s. somewhere* jou êrens bevind *(of* kom kry); ~ *s.t. out* iets uitvind/ontdek/agter-kom, agter iets kom, iets te wete kom; iets verneem; iets vasstel; ~ *s.o. out* iem. betrap; iem. opspoor; iem. nie tuis kry/tref nie; *it has been found that* ... dit het geblyk dat; *s.t.* ~*s vent,* (gevoelens ens.) iets vind uiting.

**find·er** vinder; soeker *(v. 'n kamera/teleskoop);* ~*s keepers (los-ers weepers), (infml.)* optelgoed is hougoed.

**fin de siè·cle** *n., (Fr.)* fin de siècle, einde van die (19de) eeu. **fin-de-siè·cle** *adj.* fin de siècle-; laat negentiende-eeus; dekadent.

**find·ing** vonds, ontdekking; die vind; *(jur.)* bevinding, uit-spraak.

**fine¹** *adj. & adv.* (baie) goed, voortreflik, puik, eersteklas; ag-termekaar *(boer, kêrel, ens.);* hoëgehalte-; edel; mooi, pragtig, oulik; heerlik, lekker *(vakansie ens.);* beskaaf(d), verfyn(d) *(maniere);* in orde, in die haak; mooi *(dag, weer, ens.);* indruk-wekkend; *(iron.)* mooi *(woorde ens.);* dun *(draad ens.);* fyn *(hare ens.);* skerp *(punt; intellek, verstand ens.);* fyn *(sout ens.);* suiwer; *(as)* ~ *as gossamer* ragfyn; *it's/that's* ~ *by* me ek het niks daarteen nie; *be doing* ~ lekker voel; goed vaar; goed vooruitgaan; *a* ~ *ear* 'n fyn gehoor; *have a* ~ *ear for music/ etc.* 'n fyn oor vir musiek/ens. hê; *s.o. feels/is* ~ iem. voel ge-

sond/goed/lekker; dit gaan goed met iem.; *the* ~*st hour* die grootste oomblik *(v. iem. se lewe ens.); I'm* ~ dit gaan goed (met my), dit gaan eersteklas; ~ *rain* motreën; *a* ~ *sight* 'n mooi gesig; *a* ~ *specimen* 'n prageksemplaar; ~ *talk* mooi-praatjies; *you're a* ~ *one to talk,* *(iron.)* wie's *(of* wie is) jy om te praat?; *that's* ~! dis gaaf!; *that's all very* ~ dis alles goed en wel; *s.t. is* ~ *with s.o.* iets is in orde wat iem. (aan)betref. ~ **art** (fyn) kuns, fyner kunsies, slag; *have/get s.t. down to a* ~ ~ iets tot 'n fyn kuns ontwikkel, die fyner kunsies van iets ken/verstaan, in die kuns van iets gekonfyt wees, 'n/die slag hê *(of* net weet hoe) om iets te doen. ~ **art(s)** (die) skone/beeldende kuns(te). ~**draw** *ww.* dun uitrek *(draad ens.); (naaldw.)* onsigbaar stop/las. ~**drawn** *adj.* fyn, skerp, sub-tiel *(onderskeid ens.);* spits *(gesig);* dun uitgerek *(draad ens.); (naaldw.)* onsigbaar gestop/gelas. ~ **gold** fyngoud, suiwer goud; *22 carats* ~ ~ 22 karaat fyngoud *(of* suiwer goud); ~ ~ *bars* stawe fyngoud *(of* suiwer goud). ~**grain** *adj. (attr.)* fynkorrel- *(film, ontwikkelaar, ens.).* ~**grained** *adj.* fyndradig, met die/'n fyn tekstuur *(hout);* fynkorrelrig *(gesteente, grond, ens.); (metal.)* fyn gegrein; *(fig.)* fyn *(ontleding ens.).* ~ **leg** *(kr.)* skerpby. ~ **print** fyn/klein druk. ~ **shot** donshael. ~**sound-ing** *adj. (attr.)* mooiklinkende *(woorde ens.).* ~**spun** *(tekst.)* fyn; *(fig.)* oorverfyn(d), te subtiel, onprakties; ~ *yarn* fyn-spingaring, -gare. ~**tooth(ed) comb** fynkam; *go over s.t. with a* ~ ~ iets fynkam; iets grondig ondersoek. ~**tune** *ww.* fyn/noukeurig instel/instem *(rad.);* skerp instel *(TV);* fyn/presies/suiwer instel *(motor ens.); (fig.)* skaaf/skawe aan, ver-fyn *(beleid ens.).* ~ **wool** fynwol. ~ **writing** goeie/knap/puik skryfwerk; mooiskrywery.

**fine²** *n.* boete; *pay a* ~ 'n boete betaal. **fine** *ww.* beboet; ~ *s.o. R500* iem. met R500 beboet, iem. 'n boete van R500 oplê. **fin(e)·a·ble** beboetbaar, strafbaar (met 'n boete).

**fine·ly** fyn; ~ *produced book* bibliofiele uitgawe; ~ *strung* fyn besnaar(d).

**fine·ness** voortreflikheid; edelheid; mooiheid, fraaiheid; be-skaafdheid, verfyndheid; indrukwekkendheid; dunheid; fyn-heid; fynte *(v. weefsel);* skerpte; suiwerheid; gehalte *(v. munte);* goudgehalte; silwergehalte.

**fin·er·y** swierige drag/klere/uniforms/ens.; tooisels; swierig-heid, elegansie.

**fines herbes** *(mv.), (Fr., kookk.: fyn kruie)* fines herbes.

**fi·nesse** *n.* subtiliteit, fynigheid; keurigheid; finesse, takt, sen-sitiwiteit; vernuf; *(kaartspel)* snit. **fi·nesse** *ww.* sensitief *(of* met finesse) hanteer; toesmeer, verdoesel; *(kaartspel)* sny; ~ *s.t. away* iets toesmeer/verdoesel; ~ *s.o. into s.t.* iem. subtiel *(of* deur slimmigheid) tot iets beweeg.

**fin·ger** *n.* vinger; *work one's* ~*s to the bone,* *(infml.)* jou af-sloof; *cross one's* ~*s (and touch wood), keep one's* ~*s crossed,* *(infml.)* duim vashou; *give s.o. the* ~, *(infml.)* vir iem. mid-delvinger wys; *s.o.'s* ~*s itch to do s.t.,* *(infml.)* iem. se hande jeuk om iets te doen; *not lay a* ~ *on s.o.* nie aan iem. raak nie; *not lift a* ~ *to* ... geen vinger verroer/uitsteek om te ... nie; *have light* ~*s,* *(infml.: geneig wees om te steel)* lang vingers hê; *have a* ~ *in the pie,* *(infml.)* by/in die saak betrokke wees; *have a* ~ *in every pie,* *(infml.)* die/'n hand in alles hê; *point a* ~ *(of scorn) at s.o.* met die vinger na iem. wys, iem. beskuldig; *keep one's* ~ *on the pulse* op (die) hoogte bly; *put the* ~ *on s.o.,* *(infml.)* iem. aangee/verklap/verklik *(b.d. polisie); s.o. can-not put his/her* ~ *on it* iem. kan nie sy/haar vinger daarop lê *(of* presies aantoon wat dit is) nie; *run one's* ~*s over s.t.* jou vingers oor iets laat gly; *let s.t. slip through one's* ~*s* iets deur jou vingers laat glip, iets laat verbygaan *('n geleentheid ens.); snap one's* ~*s (met)* jou vingers klap; *snap one's* ~*s at s.o.* iem. minagtend/onverskillig behandel; *s.o. is all (~s of) self-)thumbs, s.o.'s* ~*s are all thumbs,* *(infml.)* iem. is onhandig; *two* ~*s of tobacco* twee vinger tabak; *twist/wind/wrap s.o. round one's (little)* ~ iem. om jou vinger/pinkie draai; *wag one's* ~ jou vinger dreigend ophou. **fin·ger** *ww.* betas, be-voel, met jou vingers aan ... raak/voel; *(mus.)* (met jou vin-

gers) (be)speel; *(infml.)* gaps, vaslê; *(Am., infml.)* verklap,
verklik; *(Am.)* kies. ~ **alphabet** vingertaal, =spraak. ~ **biscuit**
vingerbeskuitjie, suikerbroodvinger. ~**board** *(mus.)* greep=
bord *(v. 'n viool ens.); (Am.)* klawer=, toetsbord *(v. 'n kla-
vier).* ~ **bowl, ~ glass** vingerbakkie. ~**breadth, ~'s breadth**
vingerbreedte. ~ **end** vingerpunt, =top. ~ **food** vingerhap=
pies. ~**licking, ~lickin'** *adj. & adv., (Am., infml.):* ~ *(good)*
smul=, vingerlek=, watertandlekker. ~**nail** vingernael; *hang
on by one's* ~*s* krampagtig vasklou/vashou. ~ **paint** *n.*
vingerverf. ~-**paint** *ww.* vingerverf, met vingerverf skilder.
~ **painting** vingerverf; vingerverfskildery, =tekening. ~**pick**
*n., (mus.)* vingerplektrum. ~**pick** *ww., (mus.)* met die/jou
vingers pluk. ~ **pointer** beskuldiger, aanklaer. ~ **pointing** *n.*
verwyte, beskuldigings. ~**post** weg=, padwyser. ~**print** *n.*
vingerafdruk; vingermerk; *(fig.)* spoor. ~**print** *ww.:* ~ *s.o.*
iem. se vingerafdrukke neem. ~ **puppet** vingerpop(pie).
~**tip** vingerpunt, =top; vingerhoed(jie); *have s.t. at one's* ~*s*
iets deur en deur ken; iets byderhand/gereed hê *(veral in
ligting); to one's* ~*s* deur en deur, in murg en been; heelte=
mal, volkome. ~**tip control** (ge)maklike beheer.

**-fin·gered** *komb.vorm* met ... vingers, =gevinger(d), =vinge=
rig; *long-*~ met lang vingers, langgevinger(d); *nine-*~ met
nege vingers, negevingerig.

**fin·ger·ing** bevoeling, betasting; *(mus.)* vingersetting.

**fin·ger·ling** jong vissie; vingerling.

**fin·ick·y** puntene(u)rig, kieskeurig; vol fiemies; gekunsteld,
gemaak, oordrewe; peuterig. **fin·ick·i·ness** puntene(u)rig=
heid, kieskeurigheid *(v. iem.);* fiemies, vitterigheid, lekker=
bekkigheid *(oor kos);* puntene(u)righeid, *(ook)* haarklowery
*(oor taal ens.);* peuterigheid *(v. werkie).*

**fin·is** einde, end, slot.

**fin·ish** *n.* einde, end, slot; afhandeling, afronding, afwerking;
polering; glans; dekverf; laaste laag; afskerping; afhegting;
e(i)ndstreep, wenpaal; *a close* ~ 'n gladde afwerking; 'n kop=
aan-kop-uitslag; *fight to the* ~ enduit baklei/veg; dit uitspook/
uitveg; *be in at the* ~ die end/einde meemaak. **fin·ish** *adj.:*
~*(ed) and klaar, (SA, infml.)* finish en klaar, en daarmee bas=
ta *(of uit en gedaan).* **fin·ish** *ww.* klaarmaak, =kry, voltooi,
afhandel, beëindig, 'n einde maak aan; afrond, afwerk; op=
gebruik; opeet; uit=, opdrink; leegmaak; afheg; ophou, ein=
dig, klaarkom, tot 'n einde kom; uitskei; beland; doodmaak;
~ *first, (sport)* eerste eindig, eerste oor die wenstreep ja(ag)/
nael; ~ *s.t. off* iets klaarmaak/afhandel; iets opgebruik/=eet/
=drink; iets afmaak *(of van kant maak);* ~ *s.o./s.t. off, (ook)*
iem./iets die doodsteek/genadeslag gee/toedien; ~*off/up with*
... met ... eindig. ~ **line** eindstreep.

**fin·ished** voltooi(d), afgehandel, klaar; afgerond, afgewerk;
(goed) versorg; verby; verlore; pootuit, uitgeput, gedaan;
klaar, op(gebruik); markklaar, =gereed; *everything is* (or *it's
all)* ~ *between them* dis alles uit tussen hulle; ~*product* eind=,
klaarproduk, voltooide/afgewerkte produk; *be quite* ~ heel=
temal klaar wees; *s.o. is* ~ iem. is klaar; dis klaar(praat) met
iem., iem. se dae is getel; *be/have* ~ *with s.o.* niks meer met
iem. te doen wil hê nie, klaar wees met iem.; *I'm not* (or *I
haven't)* ~ *with you yet!* ek sal jou nog kry!; *be/have* ~ *with
s.t.* met iets klaar wees, iets afgehandel hê *(werk ens.);* iets nie
meer nodig hê nie.

**fin·ish·er** voltooier; afwerker; doodsteek, genadeslag.

**fin·ish·ing** *n.* voltooiing; afwerking; voleindiging; *(i.d. mv.,
teg.)* skrynwerk. **fin·ish·ing** *adj.* laaste, finale. ~ **agent** af=
werkmiddel. ~ **coat** bolaag, laaste laag. ~ **layer** afwerklaag.
~ **line** wen=, eindstreep. ~ **post** wenpaal. ~ **school** afron=
dingskool. ~ **stroke** genadeslag, doodsteek; wenhou. ~ **time**
uitskei=, ophoutyd. ~ **tools** afwerkgereedskap. ~ **touch** =,
**stroke** laaste hand; *add/apply/give/put the finishing touches/
strokes to s.t.* iets finaal afrond/afwerk. ~ **varnish** glansvernis.

**fi·nite** beperk, begrens; *(gram.)* persoons=, finiet; *(fis., wisk.)*
eindig; ~ *series, (fis., wisk.)* eindige reeks; ~ *verb, (gram.)* fi-

niete werkwoord, persoonsvorm van die werkwoord. **fi·nite=
ness, fin·i·tude** beperktheid, begrensdheid; eindigheid.

**fink** *(Am., infml.)* bliksem, blikslaer; (ver)klikker, verklapper,
informant.

**Fin·land** *(geog.)* Finland. **Fin·land·er** Fin.

**Finn** Fin. **Finn·ish** *n., (taal)* Fins. **Finn·ish** *adj.* Fins.

**finned** gevin, met 'n vin *(of vinne).*

**fiord** →FJORD.

**fir** *(ook* fir tree) den(neboom), spar(boom); *(ook* fir wood)
dennehout. ~ **cone** dennebol.

**fire** *n.* vuur *(in 'n kaggel ens.);* brand *(v. 'n gebou ens.);* vuur,
vurigheid, ywer, geesdrif, entoesiasme; hartstog, drif; vuur,
skietery *(v. 'n vuurwapen); answer the enemy's* ~ na die vy=
and terugskiet, die vyand se vuur beantwoord; *attract/
draw* ~ onder skoot kom; *a ball of* ~, *(lett.)* 'n vuurbol;
*(fig., infml.)* 'n deurdrywer/voorslag; *great balls of* ~*!* grote
Griet!, liewe land!, goeie genugtig!; *bank a* ~ 'n vuur op=
bank; *have* ~ *in one's belly, (infml.)* op en wakker wees; ~
*and brimstone* vuur en swa(w)el; *catch* ~ vlam/vuur vat,
aan die brand raak/slaan; *cease* ~ die vuur staak; *cease* ~*!*
staak vuur!; *draw* ~ →*attract/draw; hang* ~, *(fig.)* draai,
sloer; te lank duur; nog hangend(e) wees; *hold one's* ~ jou
vuur terughou; jou kans afwag; *hold your* ~*!* moenie skiet
nie!; *keep the home* ~ *burning* die pot aan die kook hou; *lay
a* ~ 'n vuur aanpak/aanlê; *light a* ~ 'n vuur aansteek; ('n)
vuur maak; *make a* ~ ('n) vuur maak; *be on* ~, *(iets)* aan die
brand wees; *be on* ~ *about s.t., (iem.)* vuur en vlam oor iets
wees; *open* ~ *on* ... na/op ... begin skiet, op ... losbrand; *the*
~ *is out* die vuur is dood/uit; die brand is geblus; *play with*
~ met vuur speel; *pull s.t. out of the* ~ 'n verlore saak red;
*put out a* ~ 'n vuur doodmaak/blus/doof; 'n brand blus; *a
roaring* ~ 'n knetterende vuur; *set* ~ *to s.t., set s.t. on* ~
iets aan die brand steek; *start a* ~ ('n) vuur maak; 'n brand
veroorsaak, brand stig; *strike* ~ *from* ... vuur uit ... slaan;
*take* ~ vlam vat, aan die brand raak/slaan; *be between two*
~*s* tussen twee vure sit, van twee kante bedreig word; *be/
come under* ~, *(lett. & fig.)* onder skoot/vuur wees/kom; *go
through* ~ *and water for s.o.* vir iem. deur die vuur loop. **fire**
*ww.* (af)vuur, =skiet, losbrand; laat ontvlam *(kole ens.);* (ge=
weer) afgaan, skiet; *(infml.)* afdank, in die pad steek; *(teg.)*
stook *('n ketel ens.); (enjin)* vat; *(brandstof)* ontsteek, ontbrand;
aanspoor, aanwakker, aanvuur; prikkel, aangryp, (sterk)
spreek tot *(d. verbeelding);* opwek *(begeerte);* bak *(erdewerk,
bakstene, ens.);* laat rooi word, laat gloei; ~ *at* ... na/op ...
skiet; ~ *questions at s.o.* iem. met vrae bestook; ~ *away, (in=
fml.)* lostrek, losbrand; ~ *away!, (infml.)* trek/brand maar
los!; *be* ~*d, (infml.)* afgedank *(of* in die pad gesteek) word;
~ *s.t. off* iets (af)skiet/aftrek/(af)vuur *('n skoot);* iets afsteek
*('n toespraak);* iets haastig weg=/afstuur *('n brief);* iets kwyt=
raak *('n opmerking ens.).* ~ **alarm** brandalarm. ~ **appliance**
(brand)blusser, blustoestel. ~**arm** vuurwapen; *discharge a* ~
'n vuurwapen afvuur; *point a* ~ *at s.o.* 'n vuurwapen op iem.
rig. ~**ball** vuurbol; *(astron.)* vuurbol, bolied; *(weerk.)* bolblits;
*(fig.)* bondel energie. ~ **beater** brandslaner. ~**bomb** brand=
bom. ~**brand** brandende stuk hout; *(fig.)* onrusstoker; *(fig.)*
vuurvreter. ~**break** brandstrook, =baan, =pad, voorbrand.
~~**breathing** vuurspu(w)end. ~**brick** vuurvaste steen. ~
**brigade** brandweer. ~ **bucket** brand=, blusemmer. ~**bug**
*(infml.)* brandstigter. ~ **call** brandalarm. ~ **chief** brandweer=
hoof. ~ **clay** vuurklei, vuurvaste klei. ~ **cock** brandkraan.
~ **control** *(mil.)* vuurleiding. ~**cracker** klapper. ~~**cured**
vuur(ge)droog. ~ **curing** vuurdroging. ~ **curtain** brand=
skerm *(in 'n teat.); (mil.)* vuurgordyn. ~ **damage** brand=
skade. ~~**damaged** deur brand beskadig. ~~**damp** *(mynb.)*
myn=, stikgas, metaanlugmengsel. ~**dog** herd=, kaggel=,
vuurryster. ~ **drill** brand(weer)oefening, brand(blus)dril.
~~**eater** vuureter *(in 'n sirkus).* ~ **engine** brandweerwa. ~
**equipment** blustoerusting. ~ **escape** brand=, noodtrap,
=uitgang; brandleer. ~ **exit** brand=, nooduitgang, =deur. ~ **ex**

tinguisher (brand)blusser, blustoestel; (brand)blusmiddel. ~**fight** *(mil.)* vuurgeveg. ~**fighter** brandslaner, =bestryder; brandweerman. ~**fighting** brandblussing, =bestryding. ~**fly** vuurvlieg(ie). ~**guard** vuurskerm; *(bosb.)* brandwag; *(Am.)* voorbrand. ~ **hazard** brandgevaar. ~ **hose** brandslang. ~ **hy= drant** brandkraan. ~ **irons** *(mv.)* kaggelgereedskap, kaggel=, herd=, vuur(herd)ysters. ~**light** vuurgloed, =skynsel. ~**lighter** vuurmaker, aansteker. ~ **lily** *(bot.)* vuurlelie; brandlelie. ~**man** =men brandweerman; stoker *(v. 'n lokomotief/stoomskip).* ~ **office** brandversekeringsmaatskappy. ~ **officer** brandweer= offisier. ~ **opal** vuuropaal. ~ **passage** brandgang. ~**place** kaggel, vuurherd; vuurmaakplek. ~ **policy** brand(verseke= rings)polis. ~ **precautions** *(mv.)* brandvoorsorg. ~**proof, ~= resistant** *adj.* vuur=, brandvas, =bestand, brandvry. ~**proof** *ww.* vuur=/brandvas=/bestande/brandvrye maak. ~**proofing** vuur=/brandvas=/bestand/brandvrye materiaal. ~ **protec= tion** brandbeveiliging. ~ **raiser** brandstigter. ~ **raising** brand= stigting. ~**-resistant** →FIREPROOF. ~ **risk** brandgevaar. ~ **screen** vuur=, kaggel=, herdskerm; brandskot, =skerm; *(bosb.)* voorbrand; *(mil.)* vuursluier, =skerm. ~ **sentry** *(bosb.)* brand= wag. ~**side** *n.* kaggel, vuurherd; huislike lewe, gesinslewe, tuiste; *(fig.: familiekring)* huis en haard; *at/by the* ~ voor die kaggel; *at/by one's own* ~ by jou eie huis. ~**side** *adj. (attr.)* intieme; gesellige, huislike; ~ *book* lekkerleesboek; ~ *chair* gemak=, leunstoel; ~ *chat* intieme geselsie. ~ **station** brand= weer(stasie). ~**stone** vuurvaste klip/steen; vuurklip, =steen; stoofsteen. ~**-swept** deur brand verniel. ~ **tongs** vuur=, smidstang. ~ **tower** vuurtoring; uitkyktoring; brandskag. ~**trap** brandval. ~ **walker** vuurloper. ~ **walking** vuurlope= ry. ~**wall** *(ook rek.)* brandmuur; *(mot.)* brandskot. ~ **ward= en** *(SA)* brandbeampte; *(Am.)* brandwag. ~ **watch** *(bosb.)* brandwag. ~ **watcher** *(mil.)* brandwag. ~ **watching** brand= wag staan. ~**water** *(infml.: alkohol)* vuurwater, tiermelk. ~**wood** vuurmaak=, brandhout. ~**work** vuurwerk. ~**work display** vuurwerkvertoning. ~**works** vuurwerk; *(fig.)* drama; *(fig.)* woede-uitbarsting.

**fir·ing:** ~ **line** *(mil.)* vuurlinie; *be in the* ~ ~, *(ook fig.)* in die vuurlinie wees, aangeval word. ~ **pin** slagpen. ~ **squad** vuur= peloton.

**firm**[1] *adj. & adv.* vas, hard, solied; heg; ferm, stewig, styf *(handdruk);* stewige, sterk *(ken);* beslis, ferm, kragtig *(optre= de);* vas, definitief *(besluit);* vasstaande *(beginsels, indruk, ens.); (han.)* bestendig, stabiel *(mark, pryse, ens.);* standvastig, vas= berade, onwrikbaar, onwankelbaar; onversetlik; trou; *be on* ~ *ground* op vaste grond wees; ~ *news* vasstaande berig; ~ *offer* vaste aanbod; ~ *opinion* gevestigde beskouing; *the* **plans** *are still* ~ die planne staan nog vas; *remain/stand* ~ vasstaan, voet by stuk hou; *(as)* ~ *as a rock* rotsvas, onwrik= baar soos 'n rots; *be* ~ *with s.o.* beslis teenoor iem. optree. **firm** *ww.* vasstamp; styf/hard word; stewiger word; verste= wig; ~ *up* vas(ter) word; *(pryse ens.)* bestendig word.

**firm**[2] *n.* firma, saak, (sake)onderneming.

**fir·ma·ment** *(poët., liter.)* uitspansel, hemel, (hemel)gewelf, firmament.

**first** *n.* die eerste; eerste plek/klas/uitgawe; begin; *a* ~ 'n nu= wigheid; *... is a* ~ *for s.o.* dit is die eerste keer dat iem. ...; *at* ~ eers, aanvanklik, in die begin; *be an easy* ~ maklik wen; *the* ~ *ever* die allereerste; ~ *of exchange, (fin.)* prima(wissel), oorspronklike wissel; *from the (very)* ~ van die begin af, uit die staanspoor (uit), van die staanspoor (af); *from* ~ *to last* van (die) begin tot (die) end/einde; *be the* ~ *to do s.t.* die eerste wees wat iets doen *(of gedoen het); be the* ~ *to come* (die) eerste daar wees. **first** *adj. & adv.* eerste; vroegste; voorste, vernaamste; eerstegraads, puik; eers, aanvanklik, in die begin, eerste; vir eers, vereers; eerder, liewer(s); ~ *of all* allereers, in die eerste plek, vir eers, vereers, ten eerste; *come* ~ eerste staan/wees *(in 'n klas);* eerste daar wees; eerste eindig; (die) eerste wees, wen; ~ *come* ~ *served* eer= ste kom, eerste maal; *come in* ~ eerste wees *(in 'n wedloop*

ens.*); s.t. **comes** ~ with s.o.* iets is/staan by iem. eerste, iets ge= niet voorrang/voorkeur by iem., iets weeg by iem. die swaar= ste; *s.o. has to **do** s.t.* ~ iem. moet eers iets doen; ~ *and fore= most* allereers, in die eerste plek; *be* ~ *and last a ...* deur en deur 'n ... wees; *place/put s.t.* ~ iets vooropstel; *strike* ~ eerste slaan; *the* ~ *thing* die eerste van alles; *do s.t.* ~ *thing in the morning* iets in die oggend heel eerste doen; *not know the* ~ *thing about s.t.* nie die flouste/vaagste benul van iets hê nie; ~ *things* ~ wat die swaarste is, moet die swaarste weeg; die belangrikste dinge moet eerste staan; *the very* ~ ... die allereerste *(of heel eerste) ...; s.o. would die/etc.* ~ iem. sou eerder/liewer(s) sterf/sterwe/ens.. ~ **aid** eerstehulp; noodhulp. ~**-aid box** noodhulpkis(sie), =kas(sie). ~ **aider** noodhulpbeampte. **F**~ **Avenue, F**~ **Street** Eerstelaan, =straat, Eerste Laan/Straat. ~ **base** *(bofbal)* eerste rus; *not get to* ~ *with s.o./s.t., (Am., infml., fig.)* nie/geen hond haaraf *(of* geen vordering) met iem./iets maak nie, niks met iem./iets bereik/ regkry *(of* uitgerig kry) nie. ~**born** *n.* eersgeborene, oudste kind. ~**born** *adj.* eersgebore. ~ **choice** voorkeur. ~ **class** *n.* eerste klas. ~**-class** *adj.* eersteklas, =rangs, =graads, uit= stekend, uitmuntend, uitnemend; ~ *compartment* eersteklas= kompartement; ~ *power* eersterangse/groot moondheid. ~ **class** *adv.: travel* ~ ~ (in die) eerste klas reis. ~ **coat** grond= laag. ~ **cost** aanvangskoste; oprigtingskoste; installerings= koste. ~ **cousin** eie/volle neef/niggie. ~**-day cover** *(filat.)* eerstedagkoevert. ~**-degree** *adj. (attr.): ~ burn* eerstegraadse brandwond; ~ *murder, (Am., jur.)* voorbedagte *(of* vooraf beplande) moord, moord met voorbedagte rade *(of* sonder versagtende omstandighede). ~ **dying** *(jur.)* eerssterwende. ~ **edition** eerste uitgawe *(v. 'n boek).* ~ **finger** wys=, voor= vinger. ~ **fruit(s)** eerstelinge (van die oes); eerste resultate. ~**-grade** eerstegraads, =rangs; ~ *clerk* eerstegraadklerk. ~ **hand** *n.: at* ~ direk. ~**-hand** *adj.* eerstehands; direk; ~ *experience* persoonlike ervaring/ondervinding. ~ **lady** *(Am., dikw.* F~ L~)* presidentsvrou; *the* ~ ~ *of jazz/etc.* die konin= gin van jazz/ens.. ~ **language** eerste taal, moedertaal. ~ **lieutenant** eerste luitenant. ~ **light:** *at* ~ ~ met dagbreek. ~ **mate** *(sk.)* eerste stuurman. ~**-mentioned, ~-named** eers= genoemde. ~ **name** voor=, doop=, noemnaam. ~ **night** pre= mière, eerste opvoering/uitvoering. ~ **offender** eerste oor= treder. ~ **officer** eerste offisier. ~**-past-the-post system** *(pol.)* meerderheidsbeginsel. ~ **person** *n.* eerste persoon; *novel written in the* ~ ~ ek=, eerstepersoonsroman, roman in die ek-/eerstepersoonsvorm; ~ ~ *singular, (gram.)* eerste persoon enkelvoud. ~**-person** *adj.* ek=, eerstepersoons=. ~ **principles** grondbeginsels. ~**-rate** eersteklas, =rangs, =graads, uitstekend, uitmuntend, uitnemend. ~**-rater** bobaas. ~ **read= ing** *(parl.)* eerste lesing. ~ **refusal** voorkoopreg. ~ **secretary** eerste sekretaris. ~ **slip** *(kr.)* eerste glip. ~**-strike** *adj. (attr.; mil.)* eersteaanvals=; ~ *capability* eersteaanvalsvermoë. ~**-time** *adj. (attr.):* ~ *buyer* eerste(keer)koper; ~ *voter* iem. wat (vir) die eerste keer/maal stem. ~**-timer** *n.* eerste(keer)koper; iem. wat (vir) die eerste keer/maal ... ~ **violin** *(mus.)* eerste viool. **F**~ **World:** *the* ~ ~ die Eerste Wêreld; *a* ~ ~ *country* 'n Eerstewêreldland, 'n ontwikkelde land. ~**-year** eerste= jaar(s)=; ~ *student* eerstejaar(student).

**first·ly** eerstens, ten eerste, vir eers, vereers, in die eerste plek/plaas.

**fis·cal** *n., (orn.):common* ~ (fiskaal)laksman, (jan)fiskaal. **fis= cal** *adj.* fiskaal, belasting(s)=, skatkis=; ~ *drag, (ekon.)* fiskale sleuring, inflasiebelasting, belasting deur inflasie; ~ *policy* fiskale beleid; ~ *year* begrotingsjaar *(v.d. owerheid).* ~ **shrike** *(orn., vero.)* →FISCAL *n.*.

**fish** *fish(es), n.* vis; *s.o. is a big* ~, *(infml.)* iem. is 'n groot kokkedoor; ~ *and chips* vis en (aartappel)skyfies/tjips; *feed the fishes, (infml.)* die visse kos gee, seesiek wees; verdrink; *the **Fishes**, (astrol.)* die Visse, Pisces; *neither* ~ *nor flesh (nor good red herring)* (nóg) vis nóg vlees; *have other* ~ *to fry* an= der sake (van meer belang) hê om te doen *(of* om te let op);

iets anders te doen *(of* in die oog) hê; *a pretty **kettle** of ~, (infml.)* 'n mooi spul/lollery; 'n breekspul; *that's a pretty **kettle** of ~!, (ook, infml.)* daar's (vir jou) 'n ding!; *lots of ~* baie vis; *many ~* baie visse; *a **queer** ~, (infml.)* 'n rare/eienaardige/vreemde skepsel *(of* 'n snaakse entjie mens); *the ~ are **running*** die vis loop; *there are plenty more ~ in the **sea**, (fig.)* daar's *(of* daar is) (nog) baie visse in die see; *be like a ~ out of **water*** soos 'n vis op droë grond wees, uit jou element wees. **fish** *ww.* vis, visvang; hengel; afvis, bevis *(waters); ~ for s.t., (lett.)* iets vang *(snoek ens.); (fig.)* iets soek, na iets hengel *('n kompliment ens.);* na iets vis *(inligting ens.); ~ s.t. **out*** iets opvis *(uit d. water);* iets uitvis *(geheime);* iets opdiep *(feite); rivers/seas/sharks/etc. are being ~ed* uit riviere/seë/haaie/ens. word/raak uitgevis; *~ s.t. **up*** iets opvis. **~-and-chip shop** vis-en-skyfie-winkel, viskafee. **~ ball** visfrikkadel, -koekie. **~ bladder, ~ sound** vis-, swemblaas. **~bone** (vis)graat. **~bowl** visbak, -kom. **~ cake** visfrikkadel, -koekie. **~ culture** visteelt. **~ culturist** visteler. **~ cutlet** visskyf. **~ dish** visskottel; visgereg. **~ eagle:** *African ~* visarend. **~eye lens** *(fot.)* visooglens. **~ farm** vistelery. **~ farmer** visteler. **~ farming** visteelt. **~ fillet** vismootjie. **~ finger** *(kookk.)* visvinger. **~ fork** visvurk. **~-hook** vishoek, -haak. **~ horn** vishoring. **~ knife** vismes. **~-liver oil** vislewerolie. **~ market** vismark. **~ meal** vismeel. **~ monger** visverkoper, -handelaar. **~ moth** vismot, papiervarkie, silwermot, silwervis(sie). **~net, fishing net** visnet. **~net stockings** *n. (mv.)* visnetkouse. **~ oil** visolie, traan. **~ paste** vissmeer. **~ pond** visdam(metjie), -vywer. **~ pot** visfuik. **~ roe** (vis)kuit. **~ scale** visskub. **~tail** visstert; swa(w)elstert. **~ tank** vistenk. **~ trap** (vis)fuik. **~wife** *(fig.)* viswyf.

**fish·er** *~s of men, (AV & NIV: Matt. 4:19 ens.)* vissers van mense *(OAB & NAB).* **~folk** vissers. **~man** -men visser.

**fish·er·man's: ~ bend** vissersteek, seeslag. **~ cottage** vissershuisie. **~ knot** vissersknoop.

**fish·er·y** visbedryf, vissery(bedryf), vissersbedryf; vistelery.

**fish·i·ness** →FISHY.

**fish·ing** hengel(sport), hengelary, visvang; visvangs, vissery; *go ~* gaan visvang/hengel; *~ with hook and line* hoekvissery. **~ boat** vissersboot, visserskuit, visskuit. **~ expedition** vistog; *(infml.)* uitvissery, snuffeltog. **~ fleet** vissersvloot. **~ fly** *(hengel)* kunsvlieg. **~ gear, ~ tackle** hengel-, visgerei, hengel-, visgereedskap. **~ ground(s)** visgrond. **~ harbour** →FISHING PORT. **~ industry** visbedryf, vissery(bedryf), vissersbedryf. **~ line** vislyn. **~ net** →FISHNET. **~ owl:** *Pel's ~* visuil. **~ port, ~ harbour** vis(sers)hawe. **~ rights** *(mv.)* visvangregte. **~ rod** vis-, hengelstok. **~ spider** visvanger-spinnekop. **~ tackle** →FISHING GEAR. **~ vessel** vis(sers)vaartuig. **~ village** vissersdorp. **~ zone** visvangsone.

**fish·like** visagtig.

**fish·y** visagtig, vis-; *(infml.)* verdag, twyfelagtig; *a ~ eye* 'n dowwe/uitdrukkinglose oog, 'n skelvisoog; *... smells a bit ~, there's something ~ about ..., (infml.) ...* lyk bra verdag, alles is *(of* daar's iets) nie pluis met ... nie, daar kleef 'n reukie aan ...; *there's (or there is) something ~ going on, (infml.)* daar's *(of* daar is) 'n slang in die gras, alles/iets is nie pluis nie. **fish·i·ness** visagtigheid; twyfelagtigheid.

**fis·sile** *(fis., geol., mynb.)* kloofbaar, splytbaar.

**fis·sion** splitsing, deling; *(biol.)* (sel)deling; *(fis.)* splyting, splitsing, klowing; *(fig.)* klowing. **fis·sion·a·ble** = FISSILE.

**fis·sure** bars, skeur, kraak; kloof, spleet, reet; groef; naat. **fis·sured** gesplete, gekloof.

**fist** *n.* vuis; *tackle s.o. with **bare** ~s* iem. met die kaal vuis bydam; *double/clench one's ~* jou vuis bal, vuis maak; *~s fly* vuishoue val, (die) vuiste klap, (die) appels waai, daar word vuisgeslaan *(of* appels uitgedeel); *put up one's ~s* reg staan om te baklei/boks; *shake one's ~ at s.o.* vir iem. vuis maak/wys, jou vuis vir iem. wys; *hit/thump the **table** with one's ~* met jou vuis op die tafel slaan; *use/wield one's ~s* vuis inlê. **fist** *ww.* (met die vuis) slaan/stamp. **~ fight** vuisgeveg, -slanery. **~ fighting** vuisslanery.

**fist·ful** hand vol.

**fist·i·cuffs** vuisgeveg, -slanery; boksery.

**fit¹** *n.* passing, (die) sit; snit; *it is a **close** ~* dit gaan net in/deur, dit is nog net nommerpas *(of* nommer pas), dit gaan nog net; *be a **good** ~, (kledingstuk)* goed pas/sit; *be a **perfect** ~* (net) nommerpas *(of* nommer pas) wees; *be a **tight** ~* skaars kan in; *(kledingstuk)* knap/nou sit/pas, span. **fit** *adj. & adv.* passend, gepas, paslik; geskik; in staat, bekwaam; behoorlik; bruikbaar, dienlik, doelmatig, dienstig, agtermekaar; weerbaar, strydbaar, liggaamlik geskik; fiks *(in sport);* gehard; *~ to bear **arms*** weerbaar; *~ **behaviour*** gepaste/behoorlike gedrag; *deem ~ to ...* →see/think/deem; *feel ~* gesond/lekker voel; *be ~ for ...* vir ... geskik wees; vir ... deug; vir ... opgewasse wees *('n taak); ~ and **healthy*** kerngesond; *keep ~* fiks/gesond bly; *s.o. **looks** ~* iem. lyk fiks; iem. sien daar gesond uit; *a ~ and **proper** ...* 'n geskikte ...; die aangewese/regte ...; *see/think/deem ~ to ...* dit goed/gepas/raadsaam ag/dink/vind om te ...; *act as one sees/thinks ~* na (eie) goeddunke handel. **fit** *-tt-, ww.* pas, goed sit; aanpas; aanbring, aansit; (in)pas, insit; monteer; uitrus, inrig; voorsien, verskaf; geskik/passend wees; ooreenkom/ooreenstem met; pasmaak, laat pas; geskik maak, bekwaam; klop, strook; *s.t. ~s the **facts*** iets strook met die feite; *~ **in** with ...* by ... aangepas wees; by ... in/pas; met ... klop/strook; *s.t. ~s **in** with the whole scheme of ...* iets pas in die kader van ...; *~ s.t. **in** a wall* iets inmessel/-bou; *~ s.t. **in** with ...* iets met ... in ooreenstemming bring; *s.t. ~s **into** ...* iets pas in ...; *~ s.t. **into** ...* iets in ... inpas; *~ s.t. **on*** iets aanpas; iets aansit; *~ s.o. **out*** iem. toe-/uitrus; *~ **together*** inmekaar pas, inmekaarpas; *that's how it all ~s **together*** dis hoe die saak inmekaarsit/-steek *(of* inmekaar sit/steek); *~ things **together*** dinge inmekaarpas/-sit/ineenvoeg *(of* inmekaar pas/sit); *~ s.t. **up*** iets monteer/opstel; iets inrig; *~ s.o. **up** with s.t., (infml.)* iem. van iets voorsien, iem. met iets toerus, iets aan iem. verskaf.

**fit²** *n.* toeval, skielike aanval; beroerte; bui, nuk; vlaag; *(i.d. mv.)* stuipe; *a ~ of **energy*** 'n werkbui; *give s.o. a ~, (infml.)* iem. die piep *(of* die [aap/bobbejaan]stuipe) gee, iem. rasend maak *(of* lelik omkrap *of* laat ontplof); *s.o. nearly **had** a ~, (infml.)* iem. wou kleintjies *(of* [die] stuipe) kry; *have a ~* stuipe *(of* 'n toeval) kry; *be **in** ~s* krom lê van die lag, onbedaarlik lag; *in a ~ of ...* in 'n bevlieging van ... *(woede ens.); go **into** ~s* stuipe *(of* 'n toeval) kry; iets oorkom, (die) stuipe kry; *by/in ~s and **starts*** met rukke/horte en stote; *be **subject** to ~s* las van toevalle hê, aan toevalle onderhewig wees; *throw a ~, (infml.)* (die) stuipe kry. **fit·ful** ongereeld, wisselvallig, sporadies; onbestendig, veranderlik, ongestadig; (af)wisselend; onderbroke, onrustig *(slaap).* **fit·ful·ly** ongereeld, met rukke/horte en stote; onrustig.

**fit·ment** onderdeel; meubelstuk; toerusting, uitrusting; *(i.d. mv.)* muurmeublement, -meubelment, ingeboude meublement/meubelment; toebehore; onderdele. **~ centre** *(mot.)* monteer-, onderdelesentrum.

**fit·ness** gepastheid; geskiktheid; bruikbaarheid; betaamlikheid; fiksheid, geoefendheid; *~ for war* strydbaarheid.

**fit·ted** *(attr.)* ingeboude *(kas ens.); ~ bolt* pasbout; *fully ~ office/ etc.* volledig uitgeruste kantoor/ens.; *~ sheet* paslaken.

**fit·ter** toeruster, uitruster; smid; loodgieter; passer, monteur; bandwerker; aanlêer; *~ and turner* passer en draaier, monteurdraaier.

**fit·ting** *n.* passing, (die) pas; (die) aanpas; (die) aanbring/aansit; (die) insit; (die) pasmaak; passtuk; (sluit)stuk; hulpstuk; montuur; *(i.d. mv.)* muurmeublement, -meubelment, (ingeboude) meublement/meubelment; (vaste) toerusting, uitrusting; by-, toebehore, benodig(d)hede; beslag; onderdele; hang-en-sluit-werk; *~s and fixtures* los en vaste toebehore, binne-inrigting. **fit·ting** *adj.* gepas, paslik, van pas, behoorlik, betaamlik; passend; aanpassend; *it is ~ that ...* dit is gepas/paslik dat ...; **~ cubicle** aanpashokkie. **~ room** (aan)paskamer. **~ shop** monteerwinkel, -werkplaas.

**fit·ting·ly** paslik, behoorlik, na behore, op gepaste wyse.

**five** vyf; ~ *hours* vyf uur; ~ *o'clock* vyfuur; *take* ~, *(infml.)* ('n) bietjie rus/asemskep, 'n blaaskans(ie) geniet/neem/vat; *wear* ~*s* nommer vyf dra. **~-a-side** *(sport)* vyfmansokker. **~-day week** vyfdag(werk)week, vyfdaagse (werk)week. **~-finger** *(bot.)* vyfvingerkruid; →CINQUEFOIL. **~-finger exer-cise** *(mus.)* vyfvingeroefening; *(fig.)* kinderspeletjies. **~-metre line** *(rugby)* vyfmeterlyn. **~-o'clock shadow** middag-baard, vyfuurstoppels. **~-pin bowling, ~pins** vyfkegelspel. **~-rand coin** vyfrandmunt. **~-sided** vyfsydig; vyfkantig. **~-speed** *adj. (attr.)* vyfgang-, vyfspoed-; ~ *gearbox* vyfgang-, vyfspoedratkas. **~-star** *adj. (attr.)* vyfster-, topklas-; ~ *hotel* vyfsterhotel. **~-volume** *adj. (attr.)* vyfdelige. **~-year** *adj. (attr.)* vyfjarige *(bestaan ens.)*, vyfjaar- *(kontrak, plan, ens.)*.

**five·fold** vyfvoudig; vyfledig.

**fix** *n.* moeilikheid, verknorsing, knyp, penarie, dikkedensie; posisie-, plekbepaling; *(infml.)* oplossing; *(dwelmsl.)* regmaker; *be in a* ~, *(infml.)* in die knyp/moeilikheid/nood *(of die/'n verknorsing of* 'n penarie) sit/wees; *now we're in a* ~, *(infml.)* nou is goeie raad duur; *get (o.s.) in(to) a* ~, *(infml.)* in die knyp/moeilikheid/nood *(of die/'n verknorsing)* beland/kom; *there is no quick* ~ *for ...*, *(infml.)* daar is geen kitsoplossing vir ... nie. **fix** *ww.* vasmaak, -sit, -heg, bevestig; vasspyker; bind; aanbring, monteer; bepaal, vasstel, vaslê; regmaak, herstel; styf/dik word; afreken met; fikseer; *(infml.: kastreer)* regmaak, dokter *('n dier)*; ~ *a date* 'n datum bepaal; ~ *s.t.* **down** iets vasmaak/-sit/-heg; iets vasspyker; ~ *one's* **eyes** *on/upon s.t.* jou oë op iets vestig; ~ *... with one's* **eyes** *...* aanstaar; ~ *a* **match** 'n wedstryd beknoei, die uitslag van 'n wedstryd vir om-koopgeld laat swaai; ~ *s.t.* **in/on one's** **memory** iets in jou geheue prent; ~ **on** *s.o.* op iem. pik, iem uitsoek; ~ *on/upon s.t.* iets kies/vasstel/bepaal, oor iets besluit *('n datum ens.)*; ~ *s.t.* **together** iets aanmekaarsit/-heg; iets aanmekaarspyker; ~ *s.t.* **up** iets regmaak/opknap *(of in orde bring)*; iets skik; iets inrig; iets reël; ~ *s.o.* **up**, *(infml.)* iem. huisves/herberg *(of onderdak gee)*; ~ *s.o.* **up** *with s.t.*, *(infml.)* iem. aan iets help; iem. van iets voorsien.

**fix·ate** fikseer. **fix·at·ed** gefikseer. **fix·a·tion** bepaling, vasstel-ling, vaslegging; verdikking, stolling, binding; fiksasie, fikse-ring. **fix·a·tive** *n.* hegmiddel; fikseermiddel, fiksatief. **fix·a·tive** *adj.* klewend; fikserend.

**fixed** vas; vasgestel(d); vasstaande; bepaald; standvastig; on-beweeglik; onbuigsaam, strak; gereël; gevestig; geset; *(chem.)* gebonde; *(jur.)* onroerend, spykervas; *be* ~ *in* vasgesit/inge-klem wees; *be* ~ *up*, *(infml.)* geholpe wees. ~ **address:** *with no* ~ ~ sonder vaste adres. ~ **balloon** kabelballon. ~ **bayo-nets:** *with* ~ ~ met gevelde bajonet. ~ **body** vaste liggaam. ~ **capital** vaste kapitaal. ~ **carbon** *(chem.)* vaste koolstof. ~ **charge** vaste tarief. ~ **deposit** vaste deposito. ~ **establish-ment** vaste personeelsterkte/diensstaat. ~ **focus** *(fot.)* vaste fokus. ~ **gaze** star(re) blik. ~ **idea** vaste idee; idée fixe. ~ **income** vaste inkomste. **~-income annuity** vaste-inkomste-annuïteit. **~-interest bearing** *adj.* vasterentedraend, met vaste rente. ~ **light** vaste lig; vaste venster. ~ **nitrogen** *(chem.)* gebonde stikstof. ~ **oil** *(chem.)* nievlugtige olie. ~ **point** vaste punt; uitgangspunt; rigpunt, vasgestelde punt; vaste pos *(v. 'n konstabel)*. ~ **property** vasgoed, onroerende goed, vaste eiendom. ~ **property profits tax** winsbelasting op vasgoed. ~ **proportions:** *law of* ~ ~ wet van vaste verhoudinge. ~ **star** *(astron.)* vaste ster. **~-time call** afspraakoproep. **~-wing aircraft** vastevlerkvliegtuig.

**fix·ed·ly** vas; star, stip, strak; *gaze/look/stare* ~ *at ...* star/stip/strak na ... staar/tuur/kyk, ... aanstaar/aantuur.

**fix·er** vasmaker; opknapper; beredderaar; tussenganger; *(fot.)* fikseerder, fikseermiddel.

**fix·ing** (die) vasmaak; vasstelling, vaslegging, bepaling *(v. pryse ens.)*; bewerkstelliging; hegstuk; fiksering; *(i.d. mv.)* toebe-hore, uitrusting; toestelle, apparate; meubels; bevestiging-stukke, hegstukke. ~ **bath** *(fot.)* fikseerbad. ~ **fillet** *(teg.)*

heglat, -strook. ~ **lug** *(teg.)* hegoor, -klou. ~ **screw** heg-, be-vestigingskroef. ~ **wire** binddraad.

**fix·i·ty** vastheid; onveranderlikheid; starheid; duursaamheid.

**fix·ture** vaste ding; vaste toebehoorsel, spykervaste voor-werp; hegstuk; vaste instelling; vastigheid; gereelde besoeker; (vasgestelde) datum; afspraak; wedstryd(bepaling); speel-beurt, speel-, wedstryddatum; *(i.d. mv.)* vaste toebehore/toe-behoorsls/uitrusting; *list of* ~*s* datumlys, program (van wed-stryde/toesprake/ens.); speel-, wedstrydlys.

**fizz** *n.* gebruis, bruising, borreling, geborrel, (die) bruis/bor-rel; gesis; *(infml.)* opwinding, uitgelatenheid. **fizz** *ww.* bruis, borrel; sis; ~ *up* opbruis, opborrel. **fiz·zle** *n.* gesis; *(infml.)* mislukking, fiasko. **fiz·zle** *ww.* sis, saggies bruis, sputter; ~ *out* doodloop; op niks uitloop nie. **fiz·zy** bruisend, bruis-; skuimend, bruisend *(wyn)*; skuimerig, borrelend; ~ *drink* bruisdrank.

**fjord, fiord** *(geog.)* fjord. ~ **shoreline** fjordekus.

**flaai·taal, fly·taal** *(SA townshipsl.)* flaaitaal.

**flab** *(infml., neerh.)* vetrolle(tjies), vetjies; *fight the* ~, *(skerts.)* 'n stryd teen die vetrolle(tjies)/vetjies voer, van die oortol-lige vetrolle(tjies)/vetjies ontslae (probeer) raak, die vetrol-le(tjies)/vetjies (probeer) afskud. **flab·bi·ness** slapheid; pap-(perig)heid. **flab·by** *-bier -biest* slap(perig) *(spiere, maag, ens.)*; pap(perig) *(groente)*; pap(perig), slap(perig), lamsakk(er)ig, vrotsig, futloos *(iem.)*; slap *(styl)*.

**flab·ber·gast·ed** *(infml.)* dronkgeslaan, uit die veld geslaan, verstom, oorbluf, verbluf, verslae, verbaas, oopmond. **flab·ber·gast·ing** *adj. (pred.)*, *(infml.)* ongelooflik, verbasend, ver-stommend.

**flac·cid** slap, pap(perig), sag, buigsaam; verwelk, verlep; *(fig.)* futloos, lusteloos. **flac·cid·i·ty** slapheid, pap(perig)heid.

**flack** *n.* →FLAK.

**flag**[1] *n.* vlag, vaandel; *dip the* ~ met die vlag salueer; *dress s.t. with* ~*s* iets bevlag *('n skip ens.)*; *fly a* ~ 'n vlag laat wapper/waai; 'n vlag hys; *keep the* ~ *flying* die stryd voortsit, vol-hard; *go down with all* ~*s flying* met eer ondergaan; *hoist/raise* (or *put/run up*) *a* ~ 'n vlag hys; *lower/strike* (or *haul/take down*) *a* ~ 'n vlag stryk; ~ *of convenience*, *(sk.)* dien-stigheidsvlag; ~ *of distress* noodvlag; ~ *of truce* wit vlag, vredesvlag; ~ *of victory* oorwinnings-, segevlag; *show the* ~, *(vlootskepe in vreemde hawens)* 'n amptelike besoek bring; *unfurl a* ~ 'n vlag ontplooi *(of laat wapper)*; *wear a* ~ 'n vlag voer; *hoist the* **white** ~ die wit vlag opsteek, (jou) oorgee. **flag** *-gg-*, *ww.* vlag; bevlag, met vlae versier; (met vlae) sein; met 'n vlaggie merk *('n bl. ens.)*; *(fig.)* die aandag vestig op; *(grensregter)* sy/haar vlag uitsteek/lig/opsteek *(of omhoog hou)*; ~ *down a taxi/etc.* 'n taxi/ens. voorkeer, (aan/vir) 'n taxi/ens. beduie/wys om stil te hou. **~man** *(sport)* grensregter, *(infml.)* vlagman; baan-, spoorwagter; vlagsei-ner. ~ **officer** vlagoffisier, -voerder. **~pole** vlagpaal, -stok; *run s.t. up the* ~ *(to see who salutes)* kyk watse reaksie iets sal uitlok. ~ **rank** vlagoffisiersrang. **~ship** *(lett.)* vlagskip, admiraalskip; *(fig.)* vlagskip, pronkstuk. **~-showing** vlag-vertoon. ~ **sign(al)** vlagsein. ~ **signaller** vlagseiner. **~-sig-nalling** vlagseinwerk, vlaespraak. **~-staff** vlagpaal, -stok. **~-waver** *(infml.)* vlagswaaier, jingo; *be a* ~ *for ...* 'n kampveg-ter/yweraar vir ... wees.

**flag**[2] *-gg-*, *ww.* afhang, slap hang; sak, sink; verslap, verflou, kwyn.

**flag**[3] *n.*, *(bot.)* flap, iris, lisblom; *sweet* ~ kalmoes.

**flag·el·late** *n.*, *(soöl.)* sweepdiertjie. **flag·el·late** *adj.* sweep-haar-, met sweephare; geseldraend; ~ *cell* sweephaarsel. **flag·el·late** *ww.* gesel. **flag·el·la·tion** (self)kastyding, (self)gese-ling.

**fla·gel·lum** *-gella*, *(biol.)* sweephaar, flagel(lum).

**flag·on** skinkkan, flakon.

**fla·grant** verregaande, blatant, flagrant; opvallend, ooglo-pend; openlik, skaamteloos; gruwelik. **fla·gran·cy** verregaand-

heid; opvallendheid; openlikheid. **fla·grant·ly** blatant; klaar=
blyklik, duidelik; skaamteloos *(flankeer);* gruwelik *(beledig);*
ooglopend *(veron[t]agsaam);* skreiend *(onregverdig);* flagrant
*(verstoot).*

**fla·gran·te de·lic·to:** *in* ~ ~, *(Lat., jur.)* op heterdaad *(of*
heter daad).

**flag·stone** plaveiklip.

**flail** *n. (landb.)* (dors)vleël, dorsstok; *(teg.)* swaaimes *(aan 'n*
*masjien); (mil., hist.)* slaanketting. **flail** *ww.* wild/woes swaai/
slaan (met); toetakel, bydam; *(landb.)* dors; ~ *about* rond=
slaan, (wild/woes) met die arms swaai; rondspook; ~ *at* ...
slaan na ...

**flair** aanleg, flair; *have a* ~ *for s.t.* aanleg vir iets hê; 'n (goeie)
neus vir iets hê.

**flak, flack** lugafweer(vuur); lugafweergeskut; *(infml.)* teen=,
teëkanting; *get* (or *come in for) a lot of* ~, *(fig.)* kwaai onder
skoot/vuur kom oor iets; *give s.o. a lot of* ~ *for s.t., (fig.)* iem.
dit oor iets laat ontgeld, iem. goed voor stok kry oor iets;
*pick up* (or *run into)* ~, *(lett.)* lugafweervuur teëkom/teen=
kom; *(fig., infml.)* teen=/teëkanting kry; *take the* ~ *for s.t.,*
*(fig.)* deurloop oor iets.

**flake¹** *n.* skilfer, brokkie, stukkie; vlok; skub, blaadjie, plaatjie;
laag; vonk; gestreepte angelier; *(fig., infml.)* malkop, rare/
eienaardige/vreemde skepsel. **flake** *ww.* skilfer; vlok; pluis,
skoonmaak *(vis);* ~*d almonds* amandelvlokkies; ~ *off* af=
skilfer, opskilfer. **flak·i·ness** afskilfering; vlokk(er)igheid;
skubagtigheid. **flak·y** skilferig; vlokk(er)ig; skubagtig; *(Am.,*
*infml.)* malkop, mallerig, (van lotjie) getik, eksentriek; ~
*pastry* blaardeeg, ~kors.

**flake²** *ww.:* ~ *out, (infml.)* omkap, flou val; omval van uitput=
ting; aan die slaap raak.

**flam·bé** *(Fr., kookk.)* vlam=; *banana* ~ vlampiesang.

**flam·beau** =*beaus,* =*beaux, (Fr.)* fakkel; groot kandelaar.

**flam·boy·ant** *n., (bot.)* flambojant. **flam·boy·ant** *adj.*
flambojant, uitspattig, weelderig; skouspelagtig; vertonerig,
grootdoenerig; fel, kleurryk; ryklik versier; bloemryk; ge=
vlam(d), vlammend; ~ *style* bloemryke styl; *(argit.)* flambo=
jant=, vlamstyl. **flam·boy·ance, flam·boy·an·cy** prag *(v. kleur);*
swierigheid *(v. kleredrag);* skouspelagtigheid *(v. verekleed);*
vertonerigheid *(v. gebaar);* oordadigheid, weelderigheid *(v.*
*lewenstyl);* praal, glans(rykheid).

**flame** *n.* vlam; hitte; vuur; *burst into* ~s in vlamme uitbars/
slaan; *fan the* ~s die vuur aanblaas/aanwakker; *(fig.)* olie op/
in die vuur gooi; *fan the* ~s *of* ... ... opwek *(iem. se jaloesie);*
... laat opwel *(gevoelens);* ... laat oplaai *(wrewel); go up in*
~s in vlamme opgaan, verbrand; *be in* ~s in vlamme staan;
*a naked* ~ 'n oop vlam; *an old* ~ *of s.o., (infml.)* 'n ou kêrel/
nooi van iem.; *a sea of* ~s 'n vlammesee, 'n see van vlam=
me. **flame** *ww.* brand; vlam, skitter, blink; gloei; opvlam,
ontvlam; aan die brand steek; *(kookk.)* vlam *('n gereg);* met
vlamme sein; uitgloei, uitbrand; ~ *up* opvlam, ontvlam; op=
vlieg *(in woede),* uitbars, woedend word; *(vuur, haat, woede,*
*ens.)* oplaai. ~**proof** vlamdig, plofvry *(motor);* brandvry
*(draad, kabel);* vlamdig *(masjien ens.).* ~**-resistant** brand=
traag. ~**-thrower,** ~**-projector** vlamwerper. ~ *tree* vlam=
boom.

**fla·men·co** =*cos, (Sp.)* flamenco/flamenko(musiek); flamen=
co/flamenko(dans).

**flam·ing** *n.* opvlamming. **flam·ing** *adj. (attr.)* vlammende,
skroeiende, gloeiende; vuurrooi *(wange);* hewige *(rusie);* brui=
sende, onblusbare *(geesdrif);* intense, brandende *(liefde);* regte
*(laspos);* dekselse, vervlakste *(ding ens.); be absolutely* ~ brie=
send/rasend wees, kook (van woede); *you* ~ *idiot!, (infml.)* jou
simpel(e) sot!. **flam·ing** *adv.: too* ~ *idle/lazy* te verbrands
lui; ~ *red* vuurrooi; *who does s.o.* ~ *well think he/she is?* wie
d(i)e duiwel dink iem. is hy/sy?.

**fla·min·go** =*go(e)s* flamink. ~ *flower,* ~ *plant* flamingoplant,
anthurium.

**flam·ma·ble** brandbaar, (ont)vlambaar. **flam·ma·bil·i·ty**
(ont)vlambaarheid.

**flan** randtert, flan; randkoek, flan. ~ *tin* rand=, flanpan.

**Flan·ders** *(geog.)* Vlaandere.

**flange** flens, rand; kraag *(v. 'n pyp).* **flanged** geflens(de/te),
omflens(de/te), gerand(e), flens=. **flang·ing** (om)flensing.

**flank** *n.* flank, sy; lies; kant; vleuel; hang *(v. 'n berg); on the*
~ op die flank; *thick* ~ diklies *(v. 'n bees); thin* ~ dunlies *(v.*
*'n bees).* **flank** *ww.* flankeer; *(mil.)* in die flank aanval/be=
dreig; ~*ed by* ... met ... (aan) weerskante. ~ **(forward)** *(rugby)*
flank(voorspeler), kantman.

**flank·er** *(rugby)* flank(voorspeler), kantman; *(mil.)* vleuelfort.

**flan·nel** flanel, flennie; *(i.d. mv.)* flanelonderklere; *(i.d. mv.)*
flanelbroek; *grey* ~s kamstofbroek. ~**board,** ~**graph** flen=
niebord. ~ **cake** roosterkoek. ~ **trousers** flanelbroek.

**flan·nel·ette** flanelet, katoenflanel.

**flap** *n.* klap, slag; pant; klep; lel(letjie); lappie; luik, deksel;
oorslag *(v. 'n koevert ens.);* klap *(v. 'n boek ens.); (lugv.)* (vlerk)=
klap; (afhangende) rand *(v. 'n hoed);* slip *(v. 'n jas);* geklap=
(wiek) *(v. vlerke); (infml.)* konsternasie, geskarrel, opskudding;
*back* ~ agterklap *(v. 'n boek); there is a big/great/terrific* ~
*(on) about/over s.t., (infml.)* daar is 'n groot opskudding oor
iets; *front* ~ voorklap *(v. 'n boek); be in a* ~, *(infml.)* panie=
kerig/verbouereerd wees; *get into a* ~, *(infml.)* opgewonde/
verbouereerd raak. **flap** =*pp=, ww.* flap(per), klap(per),
fladder, slaan, waai; *(hond ens.)* flap, skud *(sy ore); (voël)* klap
*(sy vlerke);* ~ *away, (voël)* wegvlieg. ~**-eared** met hangore,
hangoor=. ~**jack** flappertjie, plaatkoekie; *(Am.)* pannekoek;
(sak)poeierdosie. ~ **table** klaptafel.

**flare** *n.* flikkering, geflikker; gloed, vlam; (lig)fakkel; skitter=
lig; ligbaken, buiging, ronding; *(fot.)* vlam, kaatsvlek; oor=
hang *(v. 'n boeg); (i.d. mv., infml.)* klokpypbroek. **flare** *ww.*
flikker; opvlam, gloei; opbuig; uitsit; uitbol, bol staan; (uit)=
klok; oopsper; ~ *up* opvlam; opvlieg *(in woede),* uitbars, woe=
dend word. ~ **path** fakkelbaan. ~ **pistol** fakkel=, ligpistool. ~
**signal** fakkelsein. ~**-up** opflikkering; opvlamming; uitbars=
ting.

**flared** *adj. (attr.)* klok=; ~ *skirt* klokromp.

**flash** *n.* flikkering, skittering; flits, straal; vlam, blits; pronke=
righeid, opsigtigheid; *(mil.)* kleurlappie; stroom, golf; vlaag;
*in/like a* ~ in 'n kits/oogwink/oogwenk, blitsvinnig; *a* ~ *in the*
*pan, (fig.)* 'n geluksskoot/=slag; 'n eenmalige sukses/treffer; 'n
eendagsvlieg. **flash** *adj. (infml.)* spoggerig, windmaker(ig);
vals, nagemaak; skielik, plotseling. **flash** *ww.* flikker, von=
kel, skitter; flits, skiet; opvlam; uitsprei; stroom; *(teg.)* voeë
dek; *(infml.)* jou ontbloot; ~ *by/past* verbyflits; *s.o.'s eyes* ~*ed*
*fire* iem. se oë het vonke geskiet; ~ *a message* 'n boodskap
sein; *s.o.* ~*ed a smile* iem. se gesig het met 'n glimlag op=
gehelder; ~ *a smile at s.o.* vir iem. glimlag; *it* ~*ed upon s.o.*
dit het iem. te binne geskiet. ~**back** terugflits. ~ **burn** stra=
lingsbrandwond. ~**bulb** flitsgloeilamp. ~ **card** flitskaart. ~**-**
**dry** *adj.* winddroog. ~ **flood** kitsvloed, skielike/plotselinge
oorstroming/vloed. ~**-freeze** *ww.* snelbevries *(kos ens.).* ~
**gun** *(fot.)* flitstoestel. ~**light** *(fot.)* flits(lamp); flikkerlig; *(Am.)*
flits(lig). ~ **message** flitsberig. ~**over** vonksprong. ~**point**
*(chem., fig.)* vlam=, flitspunt.

**flash·er** *(mot.)* flikkerlig; *(infml.)* ontbloter, broekaftrekker.

**flash·ing** *n. & adj.* skittering; geflikker, gevonkel; lood=, dak=,
geutlap; voegloed; oorslaglas; flikkerend; skitterend; flitsend;
~ *light* flikkerlig; flitslig.

**flash·y** pronkerig, spoggerig, windmaker(ig); fel, kleurryk.
**flash·i·ness** pronkerigheid.

**flask** *(ook chem., fis.)* fles; veld=, heupfles; vakuumfles; mand=
jiefles.

**flat¹** *n.* plat kant; (hand)palm; afplatting; gelykte, vlakte; *(gew.*
*i.d. mv.)* laagte; *(mus.)* mol(teken); *(teat.)* skerm; *(infml.)* pap
band; *(sk.)* platboomvaartuig; *(Am.)* laehakskoen; →FLAT=
NESS, FLATTEN; *on the* ~ op die gelykte. **flat** *adj. & adv.* glad;

gelyk; plat; vlak; saai, vaal, eentonig; laf, smaakloos; flou, lusteloos, pap; onbesiel(d); platvloers *(styl)*; verslaan, sonder vonkel *(bruisdrankie ens.)*; pap *(battery)*; afgeloop *(battery)*; mat, glansloos *(verf)*; dof *(skakering)*; vlak, sonder kontras *(foto ens.); (han.)* flou, traag, stil *(mark ens.); (attr., han.)* eenvormige *(prys ens.); (attr., han.)* vaste *(loon ens.);* volstrek, absoluut, volkome; reguit, onverbloem(d), onomwonde; *(mus.)* vals; toonloos *(stem);* →FLATLY, FLATTISH; *A ~, (mus.)* A-mol; *A ~ major/minor, (mus.)* A-mol majeur/mineur; *~ calm* (volstrekte) windstilte; *go ~, (bier)* verslaan; *('n band)* pap word; *in ten seconds ~* in net/presies tien sekondes; *~ out, (infml.)* op/in/met volle vaart, (op/teen) volspoed; met/op volle krag; dat dit so kraak; oop en toe *(hardloop); prices are ~* die mark is flou/traag/stil; *sing ~* vals sing; *s.t. tastes ~* iets smaak flou. *~ arch* plat boog. *~-bed lorry* platbaklorrie, =vragmotor. *~-boat, ~-bottomed boat* platboomskuit. *~-chested (pred.)* met plat borste, *(attr.)* platbors=. *~-fish* platvis. *~ foot (voet met 'n gesakte boog)* platvoet. *~-footed* platvoet=; *catch s.o. ~, (infml.)* iem. onkant/onvoorbereid betrap/vang; *~ style* platvloerse styl. *~ hand: with the ~* met die plat hand. *~ race (perdesport)* platbaan(wed)ren. *~ racing (perdesport)* platbaan(wed)renne *(sonder hindernisse). ~ rate* eenvormige/uniforme tarief; vaste tarief. *~ spin* plat tolvlug; *go into a ~ ~, (infml.)* die kluts kwytraak. *~-top (haarstyl)* plat geskeerde borselkop; *(Am., infml.)* vliegdekskip; *~ desk* skryftafel, plat skryfburo. *~-tyre* pap band, lekband. *~-worm* platwurm.

**flat²** *n.,* woonstel; *a block of ~s* 'n woonstelgebou/woonstelblok. *~-hunting: be ~* (na) 'n woonstel soek; *go ~* gaan woonstel soek, na woonstelle gaan kyk. *~-mate* woonstelmaat.

**flat·let** woonstelletjie.

**flat·ly** plat; heftig, kategories, ten stelligste/sterkste *(ontken);* botweg, beslis *(weier);* prontuit *(stel);* uitdrukkingloos *(sê);* reëlreg *(in stryd met iets); (fot.)* vlak *(verlig).*

**flat·ness** platheid; gelykheid; effenheid; saaiheid.

**flat·ten** plat/gelyk maak; plat slaan; neerslaan; plet; afplat; plat/gelyk word; verslaan; *~ out* gelyk/plat word; *~ s.t. out* iets gelykmaak; iets glad stryk; iets plat hamer/slaan.

**flat·ter** vlei, die heuningkwas gebruik; streel; *be/feel ~ed at/by ... deur ...* gevlei voel; *s.t. ~s s.o., ('n hoed ens.)* iets vlei iem.. **flat·ter·er** vleier, flikflooier. **flat·ter·ing** vleiend *(klere ens.); ~ words* vleiende woorde, vleitaal. **flat·ter·y** vleiery, gevlei, vleitaal, mooipraatjies; *~ will get you nowhere* vleitaal sal jou niks help nie.

**flat·tish** platterig; papperig.

**flat·u·lent** opgeblaas, flatulent; opgeblase. **flat·u·lence** winderigheid, flatulensie; opgeblasenheid, verwaandheid.

**flaunt** pronk/spog (met); paradeer, vertoon; te koop loop (met); wapper, wuif, wuiwe; *~ o.s.* pronk, spog. **flaunt·ing·ly, flaunt·y** spoggerig, windmaker(ig); opdringerig; opsigtig.

**flau·tist, (Am.) flu·tist** fluitspeler, =blaser, fluitis.

**fla·vour** *n.* smaak; geur, aroma; bysmaak; *be the ~ of the month/week/year, (infml.)* die jongste/nuutste gier/gril/mode wees; baie gewild wees. **fla·vour** *ww.* geur, krui(e); smaaklik maak; 'n smaak/geur gee; *be ~ed with ...* met ... gegeur wees; 'n smaak van ... hê; *~ed with ..., (ook)* met 'n smaak van ... **fla·vour·ing** geursel; smakie; smaakmiddel; krui(d)ery. **fla·vour·some** geurig.

**flaw** bars, skeur; fout, gebrek, defek; swak plek; gles *(in 'n diamant); (geol.)* (dwars)skeurverskuiwing. **flawed** gebrekkig, defek. **flaw·less** sonder gebrek; onberispelik; foutvry; vlekkeloos, smet(te)loos.

**flax** *(bot.)* vlas; wildevlas; *blue/wild ~* sporrie. *~-seed* lyn=, vlassaad.

**flax·en** vlas=, van vlas; vlaskleurig, ligblond. *~-haired* vlas= blond, vaalhaar=.

**flay** afslag, afstroop, (die) vel aftrek; afskil; vlek *(vis); (fig.)* roskam, kap, oor die kole haal; *(fig.)* afpers; *~ s.o. alive, (infml., fig.)* iem. vermorsel. **flay·er** afslagter; afskiller; afkammer.

**flea** vlooi; *come away with a ~ in the ear, (infml.)* droëbek daarvan afkom; *send s.o. away/off with a ~ in the/his/her ear, (infml.)* iem. afjak; *be infested with ~s, ('n plek)* van die vlooie vervuil wees; *('n dier)* krioel/wemel van vlooie. *~-bag (infml.), (slordige mens)* slons(kous), slodderkous; *(dier vol vlooie)* vlooisak; hool; slaapsak. *~-bane, ~-wort (bot.)* vlooikruid. *~-bite* vlooibyt; (rooi) vlekkie, spikkel; bakatel, kleinigheid. *~-bitten* vol vlooibyte; rooi gespikkel(d). *~ circus* vlooisirkus. *~ collar* vlooiband. *~ market* vlooimark. *~-pit (infml., neerh.), (bioskoop)* vlooifliek; *(teat.)* vlooines.

**fleck** vlek; sproet; spikkel; stippie, stippeltjie. **flecked:** *~ cloth* vlekstof; *be ~ with ...* met ... bespikkel(d) wees; met ... besaai(d) wees; met ... bespat wees. **fleck·less** vlekloos.

**flec·tion** →FLEXION.

**fledge** veer, beveer; (alle) vere kry; grootmaak *(voëltjies).* **fledg(e)·ling** jong voël; *(fig.)* kuiken, groentjie, beginner.

**flee** *fled fled* (weg)vlug, op die vlug slaan; ontvlug; ontwyk; vermy; *~ (from) a country* uit 'n land vlug; *~ from s.o.* vir iem. vlug; *~ to safety* in/na veiligheid vlug.

**fleece** *n.* vag; vlies; vliesstof; skeersel; bossiekop. **fleece** *ww.* skeer *('n skaap); (infml.)* bedrieg, kul, verneuk, die vel oor die ore trek; *be ~d* daar kaal van afkom; *~d fabric* pluisstof, dons(er)ige stof. *~ clouds* vlieswolke, =wolkies.

**fleec·y** vliesagtig; wollerig; vlokk(er)ig.

**fleet¹** *n.* vloot, seemag; vloot *(vliegtuie, vragmotors, ens.). ~ admiral* vlootadmiraal.

**fleet²** *adj., (poët., liter.)* rats, vinnig. *~-footed* vlugvoetig, rats.

**fleet·ing** vlugtig *(blik);* vlietend, kortstondig *(oomblik ens.);* (vinnig/snel) verbygaande; *a ~ impression* 'n oombliklike indruk. **fleet·ing·ly** vlugtig; *smile ~* effens glimlag. **fleet·ing·ness** kortstondigheid.

**fleet·ness** ratsheid, vinnigheid.

**Fleet Street** *(Br.)* Fleetstraat; *(fig.)* die (Britse) pers.

**Flem·ing** Vlaming. **Flem·ish** *n., (dial.)* Vlaams; *the ~* die Vlaminge. **Flem·ish** *adj.* Vlaams.

**flesh** *n.* vleis; vlees; *more than ~ and blood can bear* meer as wat ('n) mens kan verdra; *s.o.'s own ~ and blood* iem. se eie vlees en bloed; *s.t. makes s.o.'s ~ creep* iets laat iem. ys *(of* iem. hoendervel/=vleis kry *of* iem. se hare regop staan); *the desires of the ~* die vleeslike luste; *of a fruit* vrugvlees; *in the ~* in lewende lywe; *press the ~, (Am., infml.: m.d. hand groet)* bladsteek, =skud; *the sins of the ~* die sondes van die vlees; *go the way of all ~* die weg van alle vlees gaan. **flesh** *ww.* ontvlees; afskaaf, afskawe *(vel); ~ out* dik(ker)/vet(ter) word; *~ s.t. out* meer inhoud aan iets gee, iets versterk *('n argument ens.). ~ colour* vleeskleur. *~-eating* vleisetend. *~ fly* vleisvlieg, grysbrommer. *~-pots (dikw. neerh.)* vleispotte. *~ wound* vleiswond.

**flesh·less** vermaer(d); liggaamloos.

**flesh·ly** vleeslik, sin(ne)lik. **flesh·li·ness** vleeslikheid, sin(ne)likheid.

**flesh·y** vlesig; dik, vet; sag, week. **flesh·i·ness** vlesigheid.

**fleur-de-lis** *fleurs-de-lis* (Franse) lelie.

**flews** *(mv.)* hanglippe *(v. 'n hond).*

**flex** *n.* (elektriese) koord/draad. **flex** *ww.* buig, rek, span, saamtrek; *~ one's muscles, (fig.)* jou spiere bult, jou tande wys.

**flex·i·ble** buigbaar; buigsaam, soepel; lenig; slap; veerkragtig; inskiklik, meegaande. **flex·i·bil·i·ty** buigbaarheid; buigsaamheid; inskiklikheid.

**flex·ion, flec·tion** buiging; *(gram.)* verbuiging; uitbuiging; kromming, boog. **flex·ion·al, flec·tion·al** (ver)buigings=. **flex·ion·less, flec·tion·less** onverbuigbaar.

**flex·i·time, (Am.) flex·time** fleksietyd.

**flex·or** *(anat.)* buigspier.

**flex·ure** buiging; deurbuiging; boog; *(bot.)* kromming, bog; *(geol.)* fleksuur. *~ test* buigtoets.

**flib·ber·ti·gib·bet** kekkelbek; woelwater; loskop.

**flick**[1] *n.* tik; raps(ie); klap; knip. **flick** *ww.* tik; piets; ~ *s.t.* **away** iets wegruk/=ja(ag)/=slaan; ~ *s.t.* **from/off** ... iets van ... afslaan/=tik/vee; ~ *s.t.* **on** iets aanskakel *('n lig ens.); s.t.* **~s out** iets skiet/wip uit; ~ **through** *a book* 'n boek (vinnig) deur= blaai, (vinnig) deur 'n boek blaai. ~ **knife** spring=, veermes.

**flick**[2] *(sl.)* fliek; *the ~(s)* die fliek.

**flick·er** *n.* (ge)flikker; gefladder, gewapper; trilling; opflik= kering. **flick·er** *ww.* flikker; fladder, wapper; tril; ~ *out, ('n kers ens.)* flikker en doodgaan; *(hoop)* wegsterf, =sterwe.

**fli·er** →FLYER.

**flight** *n.* vlug, trek; vaart; loop; uittog; swerm; trop; vliegtog, vlug; *(lugmageenheid)* vlug; boogskoot; *(kr.)* vlug *(v. 'n bal); (pluimbal)* pluim; *a ~ of fancy* (or *the imagination)* 'n ver= beeldingsvlug; *be in the first/top ~ of* ... onder die belangrikste/ eerste ... wees; *a ~ of ideas* 'n gedagtevlug; *in ~,* *(voël ens.)* in die vlug/vlieg; *be in ~,* *(vlugteling)* op die vlug wees; *put s.o. to ~* iem. op loop (of die vlug) ja(ag); *a ~ of stairs* 'n trap; *a ~ of steps* 'n trappie, treetjies; *take (to) ~* vlug, op die vlug slaan; *the ~ of time* die loop van die tyd; *a ... in the top ~* 'n ... van die eerste rang. **flight** *ww.: ~ a ball, (kr.)* 'n bal lug gee; *a ~ed ball, (kr.)* 'n lugbal. ~ **attendant** vlugkelner. ~ **capital** vlugkapitaal. ~ **commander** vlugbevelvoerder. ~ **control** lugverkeersleiding; *(i.d. mv.)* stuurmiddels. ~ **con= troller** lugverkeersleier, lugverkeerbeheerder. ~ **crew** lug= bemanning, vliegpersoneel. ~ **deck** vlieg=, landingsdek. ~ **engineer** boordingenieur, =tegnikus. ~ **feather** *(orn.)* slag= veer, =pen. ~ **instructor** vlieginstrukteur. ~ **path** vliegbaan *(v. 'n vliegtuig);* vlug(baan) *(v. 'n bom).* ~ **recorder** *(ook* black box*)* vlugopnemer. ~ **simulator** vlugnabootser. ~ **strip** lan= dings=, stygbaan. ~ **test** *n.* toetsvlug. ~**-test** *ww.* toetsvlieg.

**flight·less** (wat) nie kan vlieg nie; ~ *bird* loopvoël.

**flight·y** ligsinnig; loskop; wispelturig, veranderlik, onbesten= dig; vol giere/grille/nukke; getik; koketterig.

**flim·flam** *(infml.)* onsin; foppery; bedrog.

**flim·sy** lig; dun; sleg; swak; flou; niksbeduidend, onbenullig; oppervlakkig; gebrekkig; skraal; ~ *excuse* flou ekskuus/ver= skoning. **flim·si·ly** lig; dun *(aangetrek);* sleg *(verpak);* swak *(gebou);* haastig *(saamgeflans).*

**flinch** terugdeins, =wyk, wegskram; aarsel; krimp; ~ *from s.t.* vir/van iets terugdeins; *without ~ing* sonder weifeling; son= der om 'n spier(tjie) te (ver)roer/(ver)trek.

**fling** *n., (infml.)* (kortstondige) affair; *have a final ~* vir ou= laas nog die lewe geniet *(of* pret hê); *at full ~* op/in/met vol= le vaart, (op/teen) volspoed; *give s.t. a ~,* *have a ~ at s.t.* iets ('n slag) probeer (doen); *have one's ~* jou uitleef/=lewe, die lewe geniet; losbandig leef/lewe. **fling** *flung flung, ww.* gooi, werp, smyt, dons, slinger; swaai; vlieg, storm; ~ *s.t. at s.o.* iets na iem. gooi; iem. met iets gooi; ~ *s.t.* **away** iets weg= gooi/=smyt; *(fig.)* iets (ver)mors/verkwis/verspil *(geld, tyd, ens.);* ~ **back** *one's head* jou kop agteroor gooi; ~ *s.t.* **down** iets neergooi/=smyt; iets afgooi/=smyt; ~ *s.t. to the* **ground** iets op die grond neergooi/=smyt, iets teen die grond gooi/ smyt; ~ *s.o./s.t.* **in/on/over** *the* ... iem./iets in/op/oor die ... gooi/smyt; ~ *o.s.* **into** *s.t.* jou in iets werp *('n onderneming, iem. se arms, ens.);* ~ *s.o.* **into** *prison* iem. in die tronk gooi/ smyt/stop; ~ ... **off** ... uitpluk *(klere ens.);* ... wegstoot *('n aanvaller ens.);* ... afskud *('n agtervolger);* ~ *a door* **open** 'n deur oopgooi/=smyt; ~ *out of a room* 'n kamer uitstorm, uit 'n kamer storm; ~ *s.o.* **out** iem. uitgooi/=boender; ~ *one's arms* **up** jou arms in die lug gooi.

**flint** vuursteen, =klip, flint; *a face like ~* 'n onversetlike ge= sig; *a heart of ~* 'n hart van klip; ~ *and steel* vuurslag; *wring water from a ~* bloed uit 'n klip tap. ~ **glass** lood=, flintglas. ~**lock (musket)** *(hist.)* snaphaan, pangeweer, vuur= steengeweer, flintroer. ~**stone** vuursteen, =klip.

**flint·y** klip(steen)hard; hardvogtig; vuursteenagtig.

**flip** *n.* skoot, tik, raps, piets; vliegtoggie; salto; bol(le)makiesie. **flip** *=pp=, ww.* (op)skiet; tik, raps, piets; (met die vingers)

knip; *(infml.)* woedend/opgewonde word; ~ *one's lid, (infml.)* woedend word; ~ *s.t.* **off** iets aftik *(sigaret-as ens.);* ~ **over** omkantel; ~ *s.t.* **over** iets omdraai/=keer; ~ **through** *a book* 'n boek (vinnig) deurblaai, (vinnig) deur 'n boek blaai. ~ **chart** blaaibord. ~**-flop** *n., (sandaal)* plakkie; *(Am.)* agter= oorsalto; *(infml.)* om(me)keer, =swaai, bol(le)makiesie; *(elek= tron.)* wipkring. ~**-flop** *ww.* klap-klap loop; *(Am., infml.)* van deuntjie/standpunt verander, omswaai. ~ **side** keersy, ander kant/sy. ~ **top** (op)klap=, wipdeksel. ~**-top** *adj. (attr.)* met 'n (op)klap=/wipdeksel; klap=.

**flip·pant** ligsinnig, onverskillig, onbesonne. **flip·pan·cy** lig= sinnigheid, onverskilligheid, onbesonnenheid.

**flip·per** swempoot, =voet, paddavoet, vinpoot; *(kr.)* glybal.

**flip·ping** *adj. (attr.), (Br., infml.)* dekselse, flippen, vervlakste. **flip·ping** *adv.* deksels, flippen, vervlaks; ~ *cold* vrek koud.

**flirt** *n.* flirt, koket, flankeerder. **flirt** *ww.* flirt(eer), flankeer; skiet, piets, tik, wip; fladder; ~ *with s.o.* met iem. flirt(eer); ~ *with the idea to* ... daaraan dink om te ... **flir·ta·tion, flirt·ing** flirtasie, geflirt, flankeerdery, geflankeer. **flir·ta·tious, flirt·y** koketterig, flirterend; vatterig; klouerig.

**flit** *n.: s.o. has done a (moonlight) ~, (infml.)* iem. is skoonveld. **flit** *=tt=, ww.* sweef, swewe, fladder, vlieg; *(Br., infml.)* (stil= stil) verdwyn; *(infml.)* wegloop.

**flit·ter** fladder.

**float** *n.* (hout)vlot; dobber; boei; vlotter, drywer *(in 'n tenk; v. 'n vliegboot);* lug=, swemblaas; dryfliggaam; sierwa; *(<Eng.)* vlot; los kontant; koeldrank met roomys; stryk=, vryfplank *(v. 'n messelaar).* **float** *ww.* dryf, drywe, vlot, dobber; *(ook 'n geldeenheid)* sweef, swewe; spoel; laat dryf/drywe; drywend hou; (laat) oorstroom; aan die gang sit, in werking stel, lan= seer; te water laat; na vore kom met *('n idee ens.);* in omloop bring, rondvertel, =strooi *(stories ens.);* laat sweef/swewe *('n geldeenheid);* stig, oprig *('n maatskappy);* uitskryf, =skrywe *('n lening);* stryk *(pleister);* flotteer *(erts ens.);* ~ *about/around/ round, (gerug)* in omloop wees, rondlê; *(iem.)* rondloop, =dwaal, =swerf, =swerwe; *(iets)* rondswerf, =swerwe, =lê; ~ *away/off* wegdryf, =drywe; wegsweef, =swewe; *s.t.* ~*s s.o.'s* **boat,** *(infml.)* iets prikkel iem.; iets val in iem. se smaak; *s.t.* ~*s* **into** *one's mind* iets kom by jou op; ~ **into** *a room/etc.* 'n kamer/ens. binnesweef *(of* ingesweef kom); ~ *on to the* **beach** op die strand uitspoel. ~ **gauge** vlotter. ~**plane** vlieg= boot. ~**stone** *(geol.)* dryfsteen; *(bouk.)* vryfsteen. ~ **valve** vlotterklep.

**float·a·ble** vlotbaar. **float·a·bil·i·ty** dryfvermoë.

**float·er** vlotter; *(bouk.)* strykplank; sekuriteitsfonds. ~ **in= surance** kontrakversekering. ~ **valve** vlotterklep.

**float·ing** *n.* stigting; afstryking; afstrykklaag *(v. pleister);* swe= wing *(v. wisselkoerse).* **float·ing** *adj.* dryf=, drywend; los, vry; swerf=; vlottend. ~ **anchor** vry anker, dryfanker. ~ **battery** *(elek.)* buffer=, effeningsbattery; *(mil.)* drywende battery. ~ **beacon** dryfbaken. ~ **bridge** vlot=, dryf=, skip=, pontonbrug. ~ **capital** vlottende kapitaal. ~ **crane** drywende kraan, dryf=, pontonkraan. ~ **cup** wisselbeker. ~ **currency** swewende va= luta. ~ **debt** vlottende skuld. ~ **dock** drywende dok, dryf= dok. ~ **foundation** vlotfondament. ~ **island** *(geog., kookk.)* drywende eiland. ~ **kidney** swerfnier, wandelende nier. ~ **light** ligskip; ligboei. ~ **(oil) rig** booreiland. ~ **point** *(rek.)* wissel=, dryfpunt. ~ **policy** kontrak=, vlottende polis. ~ **popu= lation** vlottende bevolking. ~ **rate (of exchange)** swewende (wissel)koers. ~ **rib** los rib, sweefrib. ~ **trophy** wisseltrofee. ~ **vote** onafhanklike/vlottende stemme.

**floc·cu·late** (uit)vlok, flokkuleer. **floc·cu·lant** vlokmiddel.

**floc·cu·lent** vlokk(er)ig, vlokagtig. **floc·cu·lence, floc·cu· len·cy** vlokkigheid.

**flock**[1] *n.* vlok, bossie, pluisie; *(i.d. mv.)* vlokwol; (tekstiel)afval; vlokk(er)ige neerslag; *(wool)* ~ wolvlokkie. ~ **mattress** wol= matras. ~ **(wall)paper** vlok(muur)papier. ~ **wool** vlokwol.

**flock**[2] *n.* trop, kudde; swerm; skare; gemeente, kudde; *a ~ of*

... 'n trop ... *(skape, boerbokke, ens.);* 'n swerm ... *(voëls).* **flock** *ww.* byeenkom, saamkom, =drom, =stroom; ~ *after* s.o. agter iem. aanloop, iem. agternaloop/volg; ~ *in* instroom; ~ *out* uitstroom; ~ *to* ... na ... toe stroom; ~ *together* saamdrom.

**floe** dryfys, (ys)skots.

**flog** =gg= slaan, pak/slae *(of* 'n loesing *of* 'n pak slae) gee, af=ransel, (uit)looi, moker; gescl; *(infml.: verkoop)* verkwansel, smous met; *(seil)* klap *(i.d. wind); (Br., infml.)* swoeg, ploeter, sweet, spook; ~ *s.t. to death, (infml.)* iets holrug ry; ~ *s.t. in* iets inklop/=moker; ~ *s.t. out* iets uitklop/=moker. **flog·ging** pak (slae), afranseling, loesing; lyfstraf, geseling.

**flood** *n.* vloed; stroom; oorstroming; stortvloed; *(i.d. mv. ook)* watersnood; *the river is in* ~ die rivier is vol *(of* kom af *of* stroom oor sy walle *of* lê kant en wal); *stem the* ~ die water keer; *a* ~ *of tears* 'n see van trane, 'n tranevloed; *the F~, (OT)* die Sondvloed. **flood** *ww.* oorstroom, onder water sit; vol (laat) loop; natlei; vul, volmaak; vloei; oorvloei; ver=suip; ~ *in, (lett. & fig.)* instroom; *people are ~ing into* ... mense stroom ... binne; ~ *s.t. out* iets oorstroom *('n huis ens.);* be ~ed out* deur die oorstroming/water dakloos gelaat *(of* uit jou huis geja[ag]) word. ~ **control** vloedregulering. ~ **disaster** vloedramp. ~**gate** sluis(deur); *open the* ~*s, (fig.)* die sluise ooptrek. ~ **icing** inloopversiersel. ~ **level** vloed=hoogte. ~**light** spreilig. ~ **lighting** spreiverligting. ~**lit** onder spreilig. ~**mark** vloedlyn. ~**plain** vloedvlakte. ~**water(s)** vloedwater.

**flood·ing** oorstroming; onderwatersetting; *(psig.)* oorstimu=lering, =stimulasie; *(koekversiering)* inloopwerk.

**floor** *n.* vloer, bodem; buik *(v. wa, boot, ens.);* verdieping, vlak, vloer; *cross the* ~, *(parl.)* (na die ander kant) oorloop; *the first* ~ die eerste verdieping/vlak/vloer; *a motion from the* ~ 'n voorstel uit die vergadering; *the ground* ~ die onderste verdieping/vlak/vloer, die grondverdieping/=vlak/=vloer; *on the ground* ~ onder, op die grondverdieping/=vlak/=vloer; *get in on the ground* ~, *(infml., fin.)* oorspronklike aandele verkry; *(fig.)* in alle voorregte deel; *have the* ~ die woord hê/voer; *mop/wipe the* ~ *with s.o., (infml.)* iem. kaf=/platloop/ (uit)looi/afransel; *take the* ~ aan die woord kom; gaan dans; *on the top* ~ op die boonste verdieping/vlak/vloer. **floor** *ww.* 'n vloer *(of* vloere) insit, uitvloer, bevloer; *(infml.)* plat slaan, platslaan; *(infml.)* (op die grond) (neer)gooi, teen die grond gooi; *(infml.)* dronkslaan; *(infml.)* uitoorlê; *be ~ed, (ook boks)* harpuis ruik. ~**board** vloerplank; buikplank; dek=plank *(v. 'n brug).* ~ **lamp** staan=, skemerlamp. ~ **leader** parlementêre leier. ~ **manager** *(han.)* vloerbestuurder; *(TV)* verhoogbestuurder. ~ **mat** (vloer)mat. ~ **price** steunprys, minimum prys. ~ **tile** vloerteël.

**floor·er** platslaan=, uitklophou; kopskoot; dronkslaanvraag; ontstellende tyding.

**floor·ing** vloer; vloerplanke; bevloering; vloermateriaal; (brug)=dekmateriaal.

**floo·zy, floo·zie** *(infml.)* flerrie.

**flop** *n.* plof, bons; *(infml.)* fiasko, misoes, mislukking, flop; *a complete/total* ~ 'n volslae mislukking, 'n reuseflop. **flop** =pp=, *ww.* swaai, slinger; plof, bons; *(fig.)* misluk, op 'n mis=oes uitloop; ~ *about/around* rondslof; rondspartel; ~ *down* neerplof. **flop** *tw.* flap!, boems!, pardoems!. ~**proof** flater=vry.

**flop·py** slap, pap(perig); ~ *(disk), (rek.)* slapskyf, floppie, dis=ket; ~ *ears* flapore; ~ *hat* slaprandhoed, flap=, laphoed.

**flo·ra** =ras, =rae flora, plante(wêreld), =groei, vegetasie. **flo·ral** blom(me)=, van blomme; geblom(d); ~ *border* blom=(me)rand; ~ *material* geblomde materiaal/stof; ~ *offering/tribute* blomoffer, =huldeblyk.

**Flor·en·tine** *n.* Florentyn. **Flor·en·tine** *adj.* Florentyns.

**flo·res·cence** bloei; bloei=, blomtyd; opbloei(ing).

**flo·ret** blommetjie.

**flo·ri·cul·ture** blom(me)kwekery. **flo·ri·cul·tur·al** blom=

kweek=, bloemiste=. **flo·ri·cul·tur·ist** blom(me)kweker, bloe=mis.

**flor·id** blo(e)send, hoogrooi *(gelaatskleur);* bloemryk *(taalens.);* (oordrewe) sierlik, swierig; →FLOWERY. **flo·rid·i·ty, flor·id·ness** hoogrooi kleur; bloemrykheid; swierigheid; blomrykheid.

**flo·rist** bloemis; blom(me)kweker; blom(me)kenner. **flo·ris·try** bloemistery.

**floss** *n.* vlos; dons; donsvere *(v. 'n volstruis); (afk. v. den*tal floss) tandevlos, tandgare, =garing; *embroidery* ~ borduur=vlos. **floss** *ww.* vlos, tandevlos gebruik; ~ *one's teeth* jou tande vlos. ~ **silk** vlos=, floretsy.

**floss·y** vlossig, dons(er)ig.

**flo·tage** opdrifsels; wrak=, uitspoelgoed; strandreg; dryfver=moë; totale aantal skepe; bodeel *(v. 'n skip).*

**flo·ta·tion** stigting, oprigting *(v. 'n maatskappy);* uitgifte; flottasie, flottering *(v. erts); centre of* ~ dryf(middel)punt. ~ **gear** vlot=, dryfuitrusting; dryweronderstel *(v. 'n vliegtuig).* ~ **process** bodryf=, flotteerproses, flotteringsproses. ~ **tank** dryftenk.

**flo·til·la** flottielje; vlootjie.

**flot·sam** dryf=, wrakgoed, wrakhout, op=, uitspoelsel(s), op=drifsels; oesterkuit, =saad; ~ *and jetsam* wrakhout en uitskot, strandgoed, seedrifsel; *(fig.)* skuim.

**flounce¹** *n.* ruk, swaai, plof. **flounce** *ww.* stompel, spartel, stamp, plof, struikel; ~ *out of a room* 'n kamer uitstorm.

**flounce²** *n.* (ingerygde) val *(aan 'n kledingstuk ens.).*

**floun·der¹** *n., (igt.)* bot, platvis.

**floun·der²** *ww.* strompel, spartel, ploeter, worstel; (rond)=swalk; sukkel, kleitrap, in die war raak; ~ *about/around* rondspartel. **floun·der·ing** gestrompel; gesukkel, gespartel, kleitrappery.

**flour** meel(blom), koek=, fynmeel; broodmeel. ~**mill** koring=meul(e). ~ **wheat** broodkoring.

**flour·ish** *n.* bloei; versiersel; bloemryke uitdrukking, styl=blom; *(fig.)* krul, trek *(v. 'n pen);* swierige swaai; geskal, fan=fare; *a* ~ *of trumpets* 'n trompetgeskal/gesketter; *do s.t. with a* ~ iets spoggerig/swierig doen. **flour·ish** *ww.* bloei, gedy, floreer, welig groei; leef, lewe; krulle maak, met sierletters skryf/skrywe; bloemryke taal gebruik; wuif, wuiwe, swaai/spog met; ~*ed letter* krulletter. **flour·ish·ing** florerend, bloei=end.

**flour·y** melerig; meelagtig; vol meel; ~ *potato* blusaartappel, melerige aartappel; *become* ~, *(aartappels)* blus.

**flout** veron(t)agsaam, negeer, in die wind slaan.

**flow** *n.* vloei(ing), loop; stroom, strooming; toevloed; golwing; oorstroming; *go with the* ~, *(fig.)* met die stroom/gety saam=/meegaan; *a* ~ *of ideas/thoughts* 'n gedagtestroom; *a* ~ *of spirits* opgewektheid; *a steady* ~ *of* ... 'n voortdurende stroom ...; *stop the* ~ die stroom keer; *stop the* ~ *(of blood)* die bloed stelp. **flow** *ww.* vloei; stroom; wapper, golf; spoel; ~ *from* ... uit ... (voort)spruit/voortvloei; ~ *into the sea, ('n rivier)* in die see loop; ~ *off* afloop, =vloei, wegvloei; ~ *over* oorloop, =vloei; ~ *together* saamvloei. ~ **chart,** ~ **diagram,** ~ **sheet** vloei=, stroomkaart, =diagram, stroomplan. ~ **control** vloeireëling. ~ **rate** stroomsnelheid. ~ **sheet** verloopkaart.

**flow·er** *n.* blom; bloei; fleur; bloeisel; *be in the* ~ *of one's age* in jou fleur wees; *a cut* ~ 'n sny=/plukblom; *gather* ~*s* blomme pluk; *be in* ~ blom, in die blom wees, in bloei staan; *the* ~ *of life* die bloei/fleur van die lewe; ~*s of sulphur, (chem.)* blomswa(w)el; *a wild* ~ 'n veldblom. **flow·er** *ww.* bloei, blom; laat blom. ~ **arrangement** blom(me)rangskikking. ~**bed** blombedding, =akker(tjie). ~ **bud** (blom)knop, bloei=sel. ~ **bulb** blombol. ~ **children, ~ people** *(infml., hist.)* blommekinders. ~ **garden** blomtuin. ~ **girl** blommemeisie; blommeverkoopster. ~ **grower** blom(me)kweker, =boer. ~ **head** blomhofie. ~ **market** blommemark. ~**pot** blompot. ~ **power** *(infml., hist.)* blommekrag. ~ **seller** blommeverkoper,

=verkoopster. ~ **shop** blom(me)winkel. ~ **show** blomme-skou, =tentoonstelling. ~ **spider** krapspinnekop. ~ **stalk** blom-steel. ~ **vase** blompot, blom(me)vaas.

**flow·ered** *adj.* geblom(d).

**flow·er·er** bloeier; *late* ~ nabloeier.

**flow·er·ing** *n.*, *(fig.)* opbloei, bloei(tyd). **flow·er·ing** *adj.* bloeiend; blom-, sier-. ~ **period** blomduur. ~ **plant** blom-, saadplant. ~ **plum** blom-, sierpruim. ~ **time** bloei-, blom-tyd.

**flow·er·y** *(lett.)* blomryk; *(fig.)* bloemryk; blom-.

**flow·ing** *n.* vloei. **flow·ing** *adj.* vloeiend; stromend; lopend *(water)*; golwend *(baard ens.)*; ~ *style* vloeiende/vlot styl. ~-**in** invloeiing, instroming.

**flown** *(volt.dw.)* gevlieg; →FLY² *ww.*.

**flu** *(infml.)* = INFLUENZA.

**flub** =bb-, *(Am., infml.)* droogmaak; verbrou, verknoei.

**fluc·tu·ate** skommel, op en af gaan, wissel, varieer, fluktu-eer; *fluctuating prices* skommelende pryse. **fluc·tu·a·tion** skommeling, geskommel, wisseling, fluktuasie; afwyking; *daily* ~ daggang, =verloop.

**flue** *n.* (rook)kanaal, (rook)gang, skoorsteenpyp; vlam-, vuur-pyp, vuurgang. ~ **brush** skoorsteenbesem. ~ **chamber** uit-laatkamer. ~-**cured** berook; ~ *tobacco* oondgedroogde/ge-oonddroogde tabak. ~-**curing** beroking; oonddroging. ~ **dust** skoorsteen-, rookgangstof. ~ **gas** rookgas. ~ **pipe** labiaalpyp *(v. 'n orrel)*.

**flu·ent** vloeiend; glad, vlot; vaardig; welbespraak; *be a* ~ *speaker* wel ter tale wees; *be* ~ *in Xhosa/etc.* vloeiend/vlot Xhosa/ens. praat. **flu·en·cy** vloeiendheid, gladheid, vlotheid; gemak, vaardigheid; welbespraaktheid.

**fluff** *n.* dons(ie), pluisie, vlokkie; *(infml.)* sleg gekende rol; *a little bit of* ~ 'n donsigheidjie; *give off* ~ pluis. **fluff** *ww.* dons(er)ig maak; pluis; verknoei, verhaspel *('n rol)*; ~ *s.t. out* iets uitkam/uitborsel *(of* laat uitstaan) *('n voël)* opblaas *(sy vere)*; ~ *s.t. up* iets oppof *('n kussing ens.)*. ~**tail** *(orn.)* vleikuiken.

**fluff·y** dons(er)ig, donsagtig, dons-; pluiserig; *make s.t.* ~ iets pluis; ~ *wool* pluiswol. **fluff·i·ness** dons(er)igheid.

**flu·gel·horn** *(D., mus.)* flügelhorn.

**flu·id** *n.* vloeistof; vog; fluïde; fluïdum. **flu·id** *adj.* vloeibaar; onvas, veranderlik, wisselend, beweeglik, fluïed, onbesten-dig. ~ **drive** hidrouliese aandrywing. ~ **mechanics** vloei-stofmeganika. ~ **pressure** vloeistofdruk. ~ **state** fluïdum.

**flu·id·i·fy** vloeibaar maak.

**flu·id·i·ty** vloeibaarheid, fluïditeit.

**fluke¹** *n.* ankerblad, =hand, klou; stertvin *(v. 'n walvis)*.

**fluke²** *n.* gelukskoot, =slag, (gelukkige) toeval, meevaller, bui-tekansie, stom geluk; *by a* ~, *(infml.)* per geluk, soos die ge-luk dit wou hê; per/by toeval. **fluke** *ww.* geluk hê; 'n geluk-skoot skiet; 'n gelukslag slaan.

**fluke³** slakwurm; *liver* ~ lewerslak, =wurm. ~**worm** slakwurm.

**flum·mer·y** *(infml.)* vleitaal, komplimentjies, flikflooiery; on-sin, twak, snert.

**flum·mox** *(infml.)* dronkslaan, uit die veld slaan.

**flung** *(verl.t. & verl.dw.)* →FLING *ww.*.

**flunk** *(infml., Am.)* misluk; druip, dop, sak *([in] 'n eksamen)*; laat druip/dop/sak *('n eksamenkandidaat)*.

**flun·key, flun·ky** *(neerh.)* livreiknag, lakei; (in)kruiper, lek-ker; kalfakter.

**flu·o·resce** fluoresseer. **flu·o·res·cence** fluoressensie. **flu·o·res·cent** fluoresserend; ~ *lamp* fluoorlamp, fluoresseer-lamp; ~ *lighting* fluoor-, glimverligting; ~ *paint* glim-, flu-oorverf; ~ *screen* deurligtingskerm.

**fluor·i·date** fluorideer *(drinkwater ens.)*. **fluor·i·da·tion** flu-oridasie, fluoridering.

**flu·o·ride** fluoried.

**flu·o·rin(e)** *(chem., simb.: F)* fluoor.

**flu·o·rite, flu·or·spar** *(min.)* fluoriet, vloeispaat.

**flur·ry** *n.* (wind)vlaag; (skielike) bui; drukte, gejaagdheid, op-winding; opflikkering, oplewing; sparteling; *a* ~ *of blows* 'n reën/hael(bui) van houe; *in a* ~ windverwaai(d); *a* ~ *(of snow)* 'n sneeuvlaag. **flur·ry** *ww.* dwarrel. **flur·ried** verbou-ereerd, verwar(d), in die war, senu(wee)agtig, van stryk (af), gespanne, opgewonde; gejaag(d); *get* ~ verbouereerd raak.

**flush¹** *n.* stroom, golf; (deur)spoeling, uitspoeling; toe-, oor-vloed; roes, blydskap; uitbotting, uitloopsels, jong gras, op-slag; gloed; blos; koorsbui; (opgejaagde) swerm *(voëls)*; → FLUSHED; *hot ~es* warm gloede; *in the (first)* ~ *of* ... in die roes van ... *(d. oorwinning ens.)*; in die fleur van ... *(iem. se lewe)*; *a* ~ *of pleasure* 'n opwelling van vreugde. **flush** *ww.* uitborrel, uitspuit; deurspoel, (uit)spoel; onder water sit, (laat) oorstroom; oorstroom, natlei; (laat) uitloop; uitbot, uitspruit; gloei, 'n kleur kry, bloos; die bloed na die wange ja(ag), 'n kleur laat kry, laat bloos; aanmoedig, oormoedig maak; opskrik, opja(ag) *(voëls)*; ~ *s.t. away/down* iets weg-spoel; ~ *s.t. out* iets uitspoel; iets op-/uitja(ag). ~ **lavatory**, ~ **toilet** spoeltoilet, -latrine. ~ **sanitation** spoelriolering. ~ **valve** spoelklep.

**flush²** *adj.* vol, boorde(ns)vol; *(infml.)* volop voorsien; gelyk *(met)*; glad; vlak; gelykvlakkig; ~ *against the wall/etc.* vas teen die muur/ens.; ~ *deck* gladde dek; ~ *joint* vlakvoeg; ~ *left/right*, *(druk.)* gelyk links/regs; ~ *lock* vlakslot; ~ *rivet* vlakklinknael; ~ *riveting* vlakklinkwerk; *be* ~ *with* s.t. gelyk met iets wees *(d. muur ens.)*; *be* ~ *with money*, *(infml.)* 'n stywe/vol beurs(ie) hê, vol geld wees; spandabel *(of* kwistig met geld) wees. **flush** *ww.* opvul, gelyk maak *(met)*.

**flushed** blosend, bloesend; bloedryk; verhit; ~ *with* ... in die roes van ... *(d. oorwinning ens.)*; rooi van ... *(skaamte, woede, ens.)*; uitgelate van ... *(blydskap ens.)*.

**flush·ing** (uit)spoeling; *(i.d. mv. ook)* spoelsels. ~ **cistern** stortbak.

**flus·ter** gejaagdheid, woeligheid; verbouereerdheid, opwin-ding, agitasie. **flus·tered** gejaag(d), deurmekaar, verboue-reerd, van stryk (af), windverwaai(d); *get* ~ verbouereerd *(of* van stryk [af]) raak.

**flute** *n.* fluit; fluitspeler, =blaser, fluitis; gleuf, suilgroef, (sier)groef; pypplooi; fluitglas. **flute** *ww.* fluit (speel), fluitspeel, fluit blaas, fluitblaas; groewe maak, kanneleer, (uit)groef; pypplooie maak. ~ **player** fluitspeler, =blaser, fluitis. ~ **play-ing** fluitspel. ~ **(stop)** fluitregister.

**flut·ed** groef-, gegroef; gerib; geriffel(d); ~ *column* ge-groefde suil; ~ *funnel* gleuftregter; ~ *glass* geribde glas; ~ *roller* groefrol.

**flut·ter** *n.* gefladder, fladdering; gejaagdheid, *(elektron.)* flad-dering; opwinding; bewerasie, siddering; beroering; agita-sie; *cause a* ~ ligte opspraak (ver)wek; *have a* ~, *(infml.)* iets op 'n weddenskap waag; *be in a* ~ die bewerasie hê, op-gewonde wees; *put s.o. in a* ~ iem. die bewerasie gee, iem. opgewonde maak. **flut·ter** *ww.* fladder; beef, bewe, tril; *(pols)* onreëlmatig klop; *(kers)* flikker; swaai; wapper; laat wapper; gejaag(d) maak, verbouereerd maak; ~ *about* rond-fladder; ~ *about s.t.* om iets fladder.

**flu·vi·al** *(geol.)* rivier-.

**flux** *n.* vloeiing; vloed; bloeding; buikloop; fluksie; vloei-, smeltmiddel; soldeersel; kragstroom; (magnetiese) stroom; stroming; wisseling; *(fis.)* fluks; *state of* ~ toestand van on-vastheid/veranderlikheid. **flux** *ww.* vloei; vloeibaar maak, smelt; versmelt.

**flux·ing a·gent** smeltmiddel.

**fly¹** *n.* vlieg; *(hengel)* kunsvlieg; *s.o. would not harm/hurt a* ~ iem. sal geen vlieg kwaad (aan)doen nie; *there are no flies on s.o.*, *(infml.)* iem. is nie onder 'n kalkoen uitgebroei nie; *a* ~ *in the ointment* 'n vlieg in die salf; *I would like to be a* ~ *on the wall* ek sou graag om die hoekie wou loer *(of* wou hoor wat daar gesê word); *s.o. is a ~ on the **wheel*** iem. se invloed is nul. **~ agaric, ~ amanita** vlieëswam. **~blown** (deur maaiers) bederf; vol maaiers, bedorwe; besoedel(d); uitgedien(d), verouderd. **~catcher** *(orn.)* vlieëvanger. **~-fish** met kunsvlieë hengel. **~-fishing** kunsvlieghengel. **~paper** vlieëpapier. **~proof** vlieë=, vliegdig, vlieë=, vliegvry. **~screen** vlieëgaas, =skerm. **~speck, ~spot** vlieëvuil. **~ spray** vlieë= (spuit)middel. **~ swat(ter)** vlieëplak, =slaner. **~trap** vlieëvanger. **~weight** vliegwewig. **~weight boxing champion** vlieggewigbokskampioen. **~whisk** vlieëwaaier, =plak.

**fly²** *n.* gulp; tentklap, =deur; vlagsoom; vlaglengte; wapperkant *(v. 'n vlag); your ~ is open* jou gulp is oop, daar's as op jou skoen. **fly** *flew flown, ww.* vlieg; *(tyd)* vervlieg; (laat) nael; weghardloop; waai, wapper; voer, laat waai *('n vlag); (arg.)* vlug; **~ an aeroplane** 'n vliegtuig loods/vlieg; **~ against** *s.t.* teen iets vasvlieg; **~ SA Airways** per *(of* met die) SA Lugdiens vlieg; **~ apart** uiteenvlieg; **~ at** *s.o.* iem. aanval/invlieg; **~ away** wegvlieg; **~ blind,** *(lugv.)* blind *(of* met instrumente) vlieg; **~ the red flag** die rooi vlag hys; **~ goods/ passengers** goedere/passasiers per vliegtuig vervoer; **~ off the handle,** *(infml.)* opvlieg, opstuif, opstuiwe, vlam vat, woedend word; **~ high,** *(infml.)* 'n hoë vlug neem; **~ in** per vliegtuig *(of* op die lughawe) aankom; *let ~, (infml.)* afhaak, lostrek; *let ~ at s.o.* afhaak en iem. slaan; *make money ~* geld laat rol; *I must ~* ek moet weg wees; **~ off** wegvlieg; wegsnel; *(vonke)* afspat; **~ open** oopspring, =vlieg; **~ out** uitvlieg; per vliegtuig vertrek; losbars; **~ over** oorvlieg; **~ past,** *(vliegtuig, voël, tyd)* verbyvlieg; **~ past** *s.o./s.t.* verby iem./iets vlieg, by iem./iets verbyvlieg; **~ to pieces** uiteenvlieg; *make sparks ~* die vonke laat spat; **~ through** the air, *(bal, klip, pyl, ens.)* deur die lug trek; **~** *s.o./s.t.* **to ...** iem./iets na ... vlieg; **~ up** opvlieg, opstuif, opstuiwe, vlam los= (hangend), fladderend *(hare, klere);* ligsinnig. **~ button** gulp(s)= knoop. **~-by** *-bys, (ruimtev.)* verbyvlug. **~-by-night** *n., (infml.)* nagloper, naguil; wegloper. **~-by-night** *adj., (infml.)* onbetroubaar; *~ company* swendelmaatskappy. **~-by-wire** *(lugv.)* elektroniese/gerekenariseerde vliegbeheerstelsel. **~ half** *(rugby)* losskakel. **~leaf** skut=, dekblad *(v. 'n boek);* los blad *(in 'n tafel).* **~ nut** vleuelmoer. **~over (bridge)** oorbrug, oorwegbrug, kruis(ings)brug. **~-past** defileervlug, verbyvlug. **~sheet** strooibiljet, vlugskrif, traktaatjie. **~ shuttle** skietspoel. **~wheel** vliegwiel; dryfwiel; onrus *(v. 'n horlosie).*

**fly·er, fli·er** vlieër; vlieënier; strooibiljet, vlugskrif; *get a ~, (atl.)* blitsig wegspring; *take a ~* 'n reusesprong maak; plat neerslaan; *(Am.)* 'n risiko loop, 'n waagstuk aangaan; *(infml.)* dobbel, waag.

**fly·ing** *n.* (die) vlieg; vliegwese, vlieëry; vliegkuns; vervlieging; *~ in formation* formasievlug(te). **fly·ing** *adj.* vlieënd; vlugtig; *knock/send* s.o. *~* iem. slaan/stamp dat hy/sy dáár lê/trek *(of* so trek/waai), iem. omstamp *(of* onderstebo loop/ stamp); *s.o. is knocked/sent ~, (ook)* iem. waai soos 'n lap *(of* 'n vrot vel); *~ metal/etc.* spattende sker= 'e/ens.; *send s.t. ~* iets uitmekaar laat spat. **~ accident** vliegongeluk. **~ boat** vliegboot. **~ bomb** vlieënde bom. **~ bridge** noodbrug; vlieënde brug *(op 'n skip);* gierbrug. **~ buttress** steunboog. **~ club** vliegklub. **~ coffin** *(infml.: onveilige vliegtuig)* vlieënde dood(s)kis, dood(s)kis met vlerke. **~ colours** *(mv.): with ~* met vlieënde vaandels; seëvierend. **~ conditions** vliegweer, =omstandighede. **~ corps** vliegkorps, lugmag; snelkorps. **~ crew** vlieg=, boordpersoneel, vliegtuigbemanning. **~ deck** landings=, vliegdek. **~ display** vliegvertoning. **~ doctor** vlieënde dokter. **F~ Dutchman** *(spookskip)* Vlieënde Hollander. **~ experience** vliegervaring, =ondervinding. **~ field** vliegveld. **~ fish** vlieënde vis. **~ fox** kalong, vrugtevlermuis. **~ ground** vliegveld, =terrein. **~ instruction** vliegles, =onderrig. **~ instructor** vlieginstrukteur. **~ jump** aanloopsprong. **~ lesson** vliegles. **~ locust** treksprinkaan. **~ officer** vliegoffisier. **~ operations** lugoperasies, vliegondernemings. **~ range** vliegbereik, =lengte. **~ saucer** vlieënde piering. **~**

**school** vliegskool. **~ shuttle** skietspoel. **~ speed** vliegsnelheid. **~ squad** blitspatrollie, snelafdeling. **~ start** aanloopwegspring; sterk voorsprong; *get off to a ~* 'n vinnig wegspring; blitsig begin met 'n voorsprong. **~ stunt, ~ trick** kunsvlug, =vliegfiguur. **~ suit** vliegpak, vlieënierspak. **~ tackle** *(rugby, Am. voetbal)* duik(dood)vat, duiklaagvat. **~ time** vliegtyd, vliegduur *(v. 'n vliegtuig);* vlugtyd *(v. 'n projektiel).* **~ trapeze** sweefstok. **~ visit** blitsbesoek, vlugtige besoek; *pay a ~ to ...* 'n blitsbesoek aan ... bring. **~ weather** vliegweer.

**fly·taal** →FLAAITAAL.

**foal** *n.* vul(letjie); *drop/throw a ~* 'n vul werp, vul; *in/with ~* dik met vul, dragtig, grootuier. **foal** *ww.* vul, 'n vul werp.

**foam** *n.* skuim. **foam** *ww.* skuim; bruis; *~ at the mouth* skuimbek; *~ up* skuim. **~ bath** skuimbad. **~ concrete** skuimbeton. **~ extinguisher** skuimblusser. **~ mattress** skuimrubbermatras. **~ plastic** skuimplastiek. **~ rubber** skuimrubber.

**foam·y** skuimend, vol skuim.

**fob** *-bb-:* **~ off** *a request* 'n versoek afwimpel/afsê/afwys; **~** *s.o.* off iem. met 'n kluitjie in die riet stuur; **~** s.t. off on(to) s.o., ~ s.o. off with s.t. iets aan iem. afsmeer.

**fo·cac·ci·a** *(It. kookk.)* focaccia.

**fo·cal** fokaal, brandpunt(s)=. **~ depth** fokusdiepte, brandpuntafstand. **~ distance, ~ length** brandpuntafstand. **~ plane** beeld=, instelvlak; brandvlak *(v. 'n lens).* **~ point** brandpunt, fokus; *s.t. is the ~ ~ of s.o.'s life* iets is die middelpunt van iem. se lewe, iem. se hele lewe draai om iets.

**fo'c'sle** →FORECASTLE.

**fo·cus** *focuses, foci, n.* brandpunt, fokus; *be in ~* in fokus *(of* skerp gestel) wees; *bring s.t. into ~* die kamera op iets instel; *s.t. comes into ~* iets kom duidelik in beeld; *be out of ~* uit fokus *(of* sleg ingestel *of* onskerp) wees. **fo·cus** *=s(s)=, ww.* instel, konsentreer; skerp stel; skerpstel, skerp instel, fokus(seer); op een punt saamtrek/verenig; saamval; toespits *(op);* **~** *on s.t.* op iets fokus(seer); die kamera op iets instel; **~** *(one's attention) (up)on ...* jou aandag op ... toespits.

**fod·der** *n.* (vee)voer. **fod·der** *ww.* voer (gee). **~ crop** voergewas. **~ grass** hooi=, voergras.

**foe** *(fml. of poët., liter.)* vyand.

**foe·fie slide** *(SA, infml.)* foefieslaaid.

**foe·tal, foe·tid, foe·tus** →FETAL, FETID, FETUS.

**fog** *n.* mis, newel; sluier, waas; *dense/thick ~* digte/dik mis; *be in a ~, (infml.)* die kluts kwyt wees, nie vorentoe/vooruit of agtertoe/agteruit weet nie; *the ~ lifts* die mis trek oop/ weg; *be wrapped in ~* toe wees onder die mis. **fog** *=gg=, ww.* mis; mistig maak; in 'n newel/mis hul; benewel; in die war bring, deurmekaar maak; versluier, wasig maak; *(fot.)* sluier; *be ~ged* benewel(d) wees; die kluts kwyt wees; in die duister tas, die spoor byster wees; *~ up/over, (ruit, spieël, bril, ens.)* toewasem, toegewasem *(of* vol wasem) raak, aanslaan, aangeslaan raak. **~ bank** misbank. **~ belt** misstreek, =gordel. **~-bound** deur mis vasgekeer; deur mis vertraag; in mis gehul, deur mis omring/oordek. **~horn** mishoring; *a voice like a ~, (infml.)* 'n dreunstem, 'n dreunerige/deurdringende/ skel stem. **~ lamp, ~ light** *(mot.)* mislamp, =lig.

**fo·gey** *=geys,* **fo·gy** *=gies: old ~* remskoen, ouderwetse/konserwatiewe persoon.

**fog·gy** mistig, newelagtig; vaag, onduidelik; benewel(d); *not have the foggiest (idea/notion), (infml.)* geen *(of* nie die flouste/ minste/vaagste) benul hê nie, glad nie weet nie. **fog·gi·ness** wasigheid, mistigheid.

**foi·ble** swak(heid), swak punt, tekortkoming; voorpunt *(v. 'n swaard).*

**foie gras** *(Fr.)* →PÂTÉ DE FOIE GRAS.

**foil¹** *n.* blad; bladmetaal, foelie; kwiklaag, =verf, foeliesel, =laag *(v. 'n spieël);* blaarpatroon; teen=, teëstelling, agtergrond; *be a ~ to ...* 'n teen=/teëstelling/kontras met ... vorm. **foil** *ww.* (ver)foelie.

**foil²** *ww.* fnuik *(iem.)*; in die war stuur, verydel *(iets)*; van die spoor lei; uitoorlê, uit die veld slaan.

**foil³** *n.* floret. ~ **fencing** skerm met die floret.

**foist** *ww.:* ~ *s.t. off on s.o.* iets aan iem. afsmeer; iets (aan) iem. toedig; ~ *o.s. (up)on s.o.* jou aan iem. opdring; ~ *s.t. (up)on s.o.* iets op iem. afskuif/-skuiwe.

**fold¹** *n.* vou; plooi; rimpel; riffel; kreukel; hoek *(in berge)*; ter-reinplooi, =rug; ~ *of the skin* vel=, huidplooi. **fold** *ww.* vou; omvou; ombuig; (om)klap, opklap; plooi; ~ *one's arms* die/jou arms oormekaar vou; *with ~ed arms* met die/jou arms oormekaar (gevou); ~ *one's arms about/around s.o.,* ~ *s.o. in one's arms* iem. omhels *(of* in jou arms toevou); ~ *s.t. away* iets (op/toe)vou; ~ *s.t. back* iets opklap/terugvou; *s.t. ~s back/down* iets klap op/af; ~ *s.t. down* iets afklap; ~ *one's hands* die/jou hande vou; *with ~ed hands* met gevoude hande, met die/jou hande in die/jou skoot; *s.t. ~s in* iets vou in; ~ *s.t. in* iets invou; ~ *s.t. out* uit=, oopvou; *s.t. ~s over* iets slaan oor; ~ *s.t. over* iets oorslaan; *s.t. ~s together* iets vou op/saam/toe; ~ *s.t. together* iets op-/saam-/toevou; ~ *up,* *(lett.)* opvou; *(fig., infml.)* misluk, bankrot raak, tot 'n end kom, in duie stort/val; ~ *s.t. up* iets opvou. **~away,** **~up** *adj. (attr.)* opvoubare, toevoubare, vou= *(stoel ens.).* **~(ed) mountain** *(geol.)* plooiingsberg; *(range of)* ~ ~s plooiingsgebergte. **~out** *n.* uitvoublad *(in 'n boek/tydskrif).* **~out** *adj. (attr.)* uit= voubare, oopvoubare, uitvou=. **~up** →FOLDAWAY.

**fold²** *n., (fig.)* skoot *(v.d. kerk); leave the* ~ die skoot van die/jou kerk/familie/ens. verlaat; *return to the* ~ na die skoot van die/jou kerk/familie/ens. terugkeer; *welcome s.o. back into the* ~ iem. in die skoot van die/sy/haar kerk/familie/ens. terug-verwelkom.

**fold·a·ble** voubaar.

**fold·er** omslag; *(rek.)* (lêer)gids, vakkie, vouer.

**fold·ing** *n.* vouing; plooiing; twyning. **fold·ing** *adj.* voubaar, vou=; opklapbaar. ~ **arm** vouarm. ~ **bed** vou-, klapbed. ~ **(bi)cycle** voufiets. ~ **chair** voustoel, (op)klapstoel. ~ **door(s)** voudeur, oopslaandeur. ~ **hood** voukap, afslaankap. ~ **ladder** vouleer. ~ **machine** voumasjien. ~ **money** *(infml.)* papiergeld. ~ **rule** voumeetstok. ~ **screen** vouskerm. ~ **seat** klapbank. ~ **strength** vousterkte *(v. papier).* ~ **table** klaptafel. ~ **wing** vouvlerk.

**fo·li·age** blare(drag), blaredak, lower, loof, lommer, gebla-derte.

**fo·li·at·ed** *(bot.)* blaar=, bladvormig; *(geol.)* bladig, blarig; gelamineer(d); *(argit.)* blaar=, loofversier(d); ~ *capital* sierkapiteel. **fo·li·a·tion** blaarvorming; *(bot.)* blaarligging, =plooiing; bot; *(bouk.)* blaarversiering; skilfering; (die) verfoelie; plet=werk; *delayed* ~ vertraagde bot.

**fo·lic ac·id** *(biochem.)* foliensuur.

**fo·li·o** =os folio; foliovel.

**folk** *folk(s), (infml.)* mense; volk; *(infml.)* folk(musiek); *(i.d. mv.: folks, infml.)* familie, gesin, ouers; *old ~(s)* ou mense, oumense; *young ~(s)* jong mense, jongmense; jong=, klein-span. ~ **art** volkskuns. ~ **custom** volksgewoonte. ~ **dance** volksdans; *(i.d. mv., ook)* volkspele. ~ **dancer** volksdanser; volksdanser. ~ **etymology** volketimologie. ~ **hero** volksheld. **~lore** →FOLKLORE. ~ **medicine** volksgeneeskunde. ~ **music** volksmusiek; *(modern)* folkmusiek. ~ **rock** *(mus.)* folkrock. ~ **rocker** folkrocker. ~ **singer** sanger(es) van volksliedjies; *(modern)* folksanger(es). ~ **song** volkslied(jie); *(modern)* folklied(jie). ~ **tale,** ~ **story** volksverhaal, volksprokie.

**folk·lore** volkskunde; folklore, volksoorlewerings. **folk·lor·ist** volkskundige, folkloris.

**folk·sy** volks, populêr; gesellig. **folk·si·ness** volksheid.

**fol·li·cle** *(anat.)* sakkie, follikel; lugblasie; kokon; *(bot.)* kokervrug. **fol·lic·u·lar** follikulêr, follikel=.

**fol·low** volg; volg op, kom ná; naloop, navolg; opvolg; agterna kom/loop, agteraan gaan; agtervolg; nagaan; natrek; begryp; aanhang; uitoefen; *as ~s* as/soos volg; *do you* ~ *(me)?*

begryp/volg jy my?; *that does not* ~ dit volg nie (daaruit nie), dit wil nie *(of* is nie te) sê nie; ~ *on, (kr.)* opvolg, *(druk.)* deurloop; *s.t. ~s on/upon s.t. else* iets volg op iets anders; ~ *s.t. out* iets opvolg/uitvoer; iets deurvoer; ~ *suit* dieselfde doen, ook so maak; *(kaartspel)* kleur beken; *not ~ suit, (kaartspel)* troef/kleur versaak; *it ~s that* ... daaruit volg dat ...; *it does not ~ that* ... dit wil nie sê *(of* beteken nie) dat ... nie; ~ *through, (gh.)* deurswaai; ~ *s.t. through* iets deurvoer, met iets deurgaan; *letter/etc.* to ~ brief/ens. volg; ~ *(up) a trail* 'n spoor volg, spoorsny; ~ *s.t. up* iets verder/vêrder voer, iets voortsit; werk van iets maak; iets nagaan *(leidrade ens.);* iets benut *('n voorsprong ens.);* ~ *s.t. up with s.t. else* iets op iets anders laat volg. **~-my-leader** *(spel)* maak-soos-ek, navolgertjie. **~-on** *n., (kr.)* opvolgbeurt. **~-through** *n., (sport)* deurhou, =stoot, =swaai. **~-up** *n.* voortsetting(swerk); nabehandeling. **~-up** *adj.:* ~ *advertising* opvolgreklame; ~ *care, (med.)* nasorg; ~ *interview* tweede onderhoud.

**fol·low·er** volger, volgeling, ondersteuner, aanhanger; na-loper, navolger; trawant; geesverwant; meeloper.

**fol·low·ing** *n.* gevolg, volgelinge. **fol·low·ing** *adj.* volgen-de; navolgende, onderstaande; ~ *on* ... na aanleiding van ... ~ **distance** volgafstand.

**fol·ly** dwaasheid, gek(kig)heid; *the crowning/supreme* ~ die grootste/opperste dwaasheid.

**fo·ment** aanwakker, aanblaas, aanhits; versterk; ~ *discord* die vuur van twis/tweedrag aanblaas. **fo·ment·er** aanstoker, aanblaser.

**fond** verlief; liefhebbend; *s.o.'s ~est desire* iem. se vurigste begeerte; ~ *hope* ydele hoop; *be ~ of* ... baie van ... hou, lief wees vir ..., erg wees oor ...; *be ~ of s.o., (ook)* aan iem. geheg wees; *your ~ parents* jou liefhebbende ouers; *be very ~ of* ... versot wees op ..., gek wees na ... **fond·ly** liefderik, vol liefde; innig, vurig. **fond·ness** liefde, teerheid, innigheid; gehegt-heid; ~ *for* ... versotheid op ...

**fon·dle** troetel, liefkoos, streel; ~ *with* ... speel met ...

**fon·due** *(kookk.)* fondue.

**font** doopvont, =bak; wywaterbakkie; oliebakkie *(v. 'n lamp); present s.o. at the* ~ iem. ten doop bring.

**food** voedsel, kos, ete; voeding; voer; stof; *(i.d. mv.)* voedsel=, kosware, voedsel=, kossoorte; *s.t. gives s.o. ~ for thought* iets gee iem. stof tot nadenke; *be off one's ~* sleg eet, geen eet-lus hê nie; *peck/pick at (or toy with) one's ~* net aan jou kos proe, langtand eet, aan jou kos peusel; *rich ~* ryk kos; *tuck into one's ~* wegval/weglê/smul aan jou kos. ~ **additive** voedselbymiddel, =additief. ~ **chain** *(ekol.)* voedselket-ting. ~ **cycle,** ~ **web** voedselweb. ~ **irradiation** voedselbe-straling. ~ **parcel** kospakkie, voedselpakket. ~ **poisoning** voedselvergiftiging. ~ **processing** voedselverwerking. ~ **processor** voedselverwerker. ~ **store,** ~ **shop** koswinkel. **~stuff** voedingstof, voedingsmiddel; *(i.d. mv.)* eetware, =goed, voedingsmiddele, voedingstowwe, lewensmiddele. ~ **supply,** **supplies** voedsel=, kosvoorraad, eetware, proviand, provisie. ~ **technology** voedseltegnologie. ~ **value** voedingswaarde.

**food·ie, food·y** *(infml.)* smulpaap, lekkerbek, fynproewer.

**fool¹** *n.* dwaas, gek, idioot, sot, aap; *(hist.)* grapmaker, nar; *be a ~ to do s.t.* gek wees om iets te doen; *don't be a ~!* moenie so dwaas wees nie!; *be ~ enough to* ... so dwaas wees om te ...; *an infernal ~, (infml.)* 'n vervlakste gek; *like a ~ s.o. did it* iem. was so dwaas *(of* dwaas genoeg) om dit te doen; *look a ~* soos 'n dwaas/gek lyk; *make a ~ of o.s.* jou belaglik/be-spotlik maak, 'n krater van jou maak *(infml.); make a ~ of s.o.* iem. belaglik maak; iem. vir die gek hou; *be no/nobody's ~* nie onder 'n kalkoen/uil uitgebroei wees nie, ouer as tien/twaalf wees, geen swaap wees nie; *s.o. is a ~ not to* ... dit is dwaas van iem. om nie te ... nie; *(there's) no ~ like an old* ~ hoe ouer gek hoe groter gek; *be a ~ for one's pains* stank vir dank kry; *play the* ~ gekskeer, die gek skeer; *play the ~ with s.o.* met iem. gekskeer *(of* die gek skeer), iem. vir die gek hou; ~*s rush in where angels fear to tread* 'n dwaas storm in waar 'n wyse huiwer; *suffer* ~*s gladly* geduld hê met dom= heid; *take s.o. for a* ~ iem. vir 'n gek aansien; *an utter* ~ 'n opperste dwaas/gek; *what a* ~ *s.o. is!* wat 'n gek is iem. tog!. **fool** *ww.* gekskeer, die gek skeer, korswel, korswil, grappies maak; vir die gek hou; bedrieg, kul; fop, flous, om die bos lei; wysmaak; ~ *about/around, (infml.)* rondspeel, rond= peuter; ~ *around with s.t., (infml.)* met iets speel; ~ *around with s.o., (infml.)* met iem. flirt; ~ *s.t. away* iets verbeusel *(d. tyd ens.)*; iets verkwis *(geld ens.)*; *have s.o.* ~*ed* iem. flous, iem. om die bos lei; ~ *s.o. into believing s.t.* iem. iets wysmaak; ~ *s.o. into buying s.t.* iem. 'n gat in die kop praat om iets te koop; ~ *s.o. out of s.t.* iem. uit iets fop. ~**proof** peutervry, bedryfseker; onvernielbaar, onbreekbaar, (byna) bestand teen alles; onfeilbaar, waterdig *(plan ens.)*.

**fool²** *n., (Br., kookk.)* vrugtevla, skuimnagereg.

**fool·er·y** gekskeerdery, lawwigheid; dwaasheid, gekheid.

**fool·har·dy** onverskillig, roekeloos. **fool·har·di·ness** onver= skilligheid.

**fool·ish** dwaas, dom, onwys, onverstandig; belaglik, absurd, simpel; verleë, skaapagtig *(glimlag)*. **fool·ish·ly** dwaaslik, soos 'n dwaas/gek; belaglik *(jou gedra)*; verleë *(glimlag)*.

**fools·cap** folio(papier), foliovel.

**fool's:** ~ **cap** narrekap, sotskap. ~ **errand:** *send s.o. on a* ~ ~ iem. vir niks *(of die gek)* laat gaan/loop/ry. ~ **gold** (ys= ter)piriet. ~ **mate** *(skaak)* gekke=, narremat. ~ **paradise** gek= keparadys, droomland; =wêreld; *live in a* ~ ~ in 'n gekke= paradys *(of* in illusies) leef/lewe.

**foot** *feet, n.* voet; poot; hoef; kloutjie; voetstuk; *(pros.)* (vers)= voet; *(lengtemaat, mv.:* foot *of* feet) voet; *at the* ~ *of the ...* onderaan *(of* onder aan) die ... *(bladsy ens.)*; by die onder= ent/voetenent van die ... *(bed)*; aan die voet van ... *(d. berg ens.)*; *sit at s.o.'s feet* aan iem. se voete sit; *put one's best* = *forward* jou beste beentjie/voet(jie) voorsit; *have a* ~ *in both camps* nie kant kies nie; *carry s.o. off his/her feet* iem. se voete onder hom/haar uitslaan, iem. meesleep; *have feet of clay, (idm.)* voete van klei hê; *get cold feet, (infml.)* kleinkop= pie trek, bang word; *come/get to one's feet* opstaan, orent kom; *get/have a* ~ *in the door* 'n voet in die stiebeuel kry/hê; *fall/land on one's feet* op jou voete teregkom; *find one's feet* op die been kom; regkom, op dreef/stryk kom; touwys/tuis raak *(met iets)*; *(with one's) feet first/foremost* voete eerste/ vooruit; grafwaarts; *get on one's feet* opstaan (om te praat); aan die gang kom; op die been kom, regkom; *have/keep both/ one's feet (set/planted firmly/squarely) on the ground* vierkant op die aarde wees; *help s.o. to his/her feet* iem. ophelp; *jump/ spring to one's feet* opspring; *keep (on) one's feet* staande *(of* op die been) bly; *s.o.'s feet are killing him/her, (infml.)* iem. se voete moor hom/haar; *have two left feet, (infml.)* lomp wees; *be light on one's feet* ligvoet(ig)/rats wees; ... *my* ~*!, (infml.)* ... se voet!; *walk s.o. off his/her feet* iem. disnis/flou/gedaan/kis loop; *go on* ~ te voet gaan, met dapper en stapper gaan *(infml.)*, loop, stap; *be on one's feet* (op jou bene) staan; (weer) gesond wees; *be out on one's feet, (infml.)* pootuit wees; *(boks of fig.)* uit op jou voete wees; *on his/her own feet* op sy/haar eie bene; *put one's* ~ *down, (infml.)* ferm optree; in= gryp; *put one's* ~ *in it (or one's mouth), (infml.)* jou mond verbypraat, 'n flater/blaps begaan/maak, 'n stel aftrap; *put one's feet up, (infml.)* jou voete laat rus; *put/set s.o. on his/her feet* iem. op die been help *(of* regruk); *be quick/swift of* ~ rats (op jou bene/voete) wees, vlugvoetig wees; *raise s.o. to his/her feet* iem. laat opstaan; *get off on the right* ~, *(infml.)* 'n goeie begin maak; *rise to one's feet* opstaan; *run s.o. off his/ her feet* iem. onderstebo loop; *be run/rushed off one's feet, (infml.)* skaars kan grondvat, verskriklik besig wees; *scrape one's feet* met jou voete skuif/skuiwe; *set* ~ *ashore* voet aan wal sit; *set* ~ *in ...* in ... voet aan wal sit; *set* ~ *on the moon/ etc.* die maan/ens. betree; *I will not set* ~ *there again* ek sal my voete nie weer daar sit nie; *shuffle one's feet* skuifel met

jou voete, met jou voete heen en weer skuif/skuiwe; *stand on one's own (two) feet* op jou eie bene staan, onafhanklik wees; *without stirring a* ~ sonder om 'n voet te versit; *on one's stocking(ed) feet* op jou kouse, op kousvoete; *sweep s.o. off his/her feet* iem. meesleur/oorrompel/oorweldig; *think on one's feet* vinnig *(of* uit die vuis) dink; *throw o.s. at s.o.'s feet* voor iem. voetval *(of* 'n voetval doen); *tread ... under* ~ ... onderdruk *(of* onder die duim hou); *be unsteady on one's feet* onvas op jou voete wees; hoog trap; die straat meet; *catch s.o. on the wrong* ~, *(infml.)* iem. betrap, iem. onkant/ onverhoeds betrap/vang; *get/start off on the wrong* ~, *(infml.)* uit die staanspoor mistrap *(of* mis trap), verkeerd begin; *not put a* ~ *wrong* geen (enkele) fout begaan/maak nie, geen (enkele) misstap doen nie. **foot** *ww.:* ~ *the bill* opdok; ~ *it, (infml.)* voetslaan, loop, stap. ~**-and-mouth (disease)** *(vee= arts.)* bek-en-klou(-seer). ~**ball** →FOOTBALL. ~**bath** voetbad. ~**board** tree=, staan=, voetplank. ~ **brake** voetrem. ~**bridge** voet(gangers)brug. ~**fall** (geluid van [iem. se]) voetstappe. ~ **fault** *(tennis ens.)* voet=, trapfout. ~**hill** voorheuwel, uit= loper. ~**hold** staan=, vastrapplek; steunpunt, basis; *keep one's* ~ jou staande hou; *get a* ~ vaste voet kry. ~**light** voetlig; *the* ~*s, (ook)* die toneel. ~**loose** vry, ongebonde, loslopend; *be* ~ *and fancy-free* vry en ongebonde wees, so vry soos 'n voël in die lug wees. ~**man** =men livrei=, huiskneg, lakei. ~**mark** voetspoor; voetafdruk. ~**note** voetnoot. ~**path** voetpad; sypad, =paadjie. ~**plate** *(spw.)* tree=, voetplank, staanbord, voet=, stookplaat. ~**print** (voet)spoor, voetafdruk; grondvlak; *(rek.)* staanoppervlakte *(v. 'n toestel)*. ~**rest** voetrus; voet= bank(ie), =stoel(tjie). ~ **rot** *(veearts.)* vrotpootjie, sweerklou; *(bot.)* stamvrot; vrotpootjie *(by uie)*. ~**slog** voetslaan. ~**slog= ger** stapper, voetslaner. ~ **soldier** voetsoldaat, infanteris; *(i.d. mv. ook)* voetvolk. ~**sore** *adj.* seervoet, voetseer, deur= geloop, met seer/pynlike voete; *(diere)* seerpoot, =voet, poot=, voetseer. ~**step** voetstap; (voet)spoor; trap(pie), tree(plaat); *dog s.o.'s* ~*s* iem. op die voet volg; *follow/tread in s.o.'s* ~*s* in iem. se voetspore stap/volg. ~**stool** voetbank(ie), =stoel(tjie). ~**wear** skoene, skoeisel. ~**work** voetwerk.

**foot·age** filmmateriaal; (stuk) film; voetmaat; voetlengte, lengte in voete; voetafstand.

**foot·ball** voetbal. ~ **hooligan** sokker=, voetbalboef. ~ **match** voetbalwedstryd. ~ **player** voetbalspeler. ~ **pools** *(mv.)* sok= kerlotery; *do the* ~ ~ sokkerweddenskappe aangaan.

**foot·ball·er** voetbalspeler.

**-foot·ed** *komb.vorm* met ... voete, =voetig; *bare~* kaalvoet, met kaal voete; *heavy-~* log; *nimble-~* ligvoetig.

**foot·er** *(druk.)* voetskrif; →FOOTY.

**-foot·er** *komb.vorm* =voeter; *six-~* sesvoeter.

**foot·ing** staan=, vastrapplek; steunpunt; voet; voetstuk; *(w.g.)* intreegeld; *on an equal* ~ op gelyke voet; *gain a* ~ vaste voet kry; *be on a loose* ~ op losse skroewe staan; *miss one's* ~ mis trap.

**foot·less** sonder voete; lomp; ongegrond.

**foot·sie:** *play* ~ *with s.o., (infml., lett.)* met iem. voetjie= voetjie speel; *(fig.)* skelmpies met iem. saamwerk.

**foot·y, foot·ie, foot·er** *(Br. infml.)* sokker, voetbal.

**foo yong, foo yoong, foo yung, fu yung** *(Chin. kookk.)* foe jong/joeng.

**fop** modegek; windmaker, pronker. **fop·pish** fatterig; wind= maker(ig); pronkerig. **fop·pish·ness** fatterigheid; windma= kerigheid.

**for** *prep.* vir; om; weens; in plaas van; ten behoewe van; na= mens; ten gunste van; wat ... betref; ondanks; gedurende; *be all* ~ *s.t.* heeltemal ten gunste van iets wees; ~ *all ...* ondanks ...; al het ...; al is ...; nieteenstaande ...; ~ *all that* (en) tog, nogtans, nietemin; ondanks dit alles, desondanks, desnieteenstaande, darem; *as* ~ *X* wat X (aan)betref; *be* ~ *s.t.* vir *(of* ten gunste van) iets wees; *what's* ~ *breakfast/ lunch/supper/dinner?* wat is daar te ete?; *but/except* ~ *s.o.*

sonder iem. (se toedoen), as iem. nie daar was nie; *choose A ~ B* A i.p.v. B kies; *~ days/hours/months/years (and days/hours/months/years)* dae/ure/maande/jare lank; *be somewhere ~ days/hours/months/years* al dae/ure/maande/jare lank iewers wees; *I haven't seen him/her ~ days/months/years* ek het hom/haar in geen dae/maande/jare gesien nie; *not be able to hear ~ the noise* vanweë/weens die lawaai nie kan hoor nie; *s.o. is ~ it* iem. is daarvoor (*of* ten gunste daarvan); *(infml.)* iem. ry aan die pen, iem. sal bars, iem. se doppie gaan klap; *~ 50 kilometres* 50 kilometer (ver/vêr); *executed ~ murder* weens moord tereggestel; *it is not ~ s.o. to* ... iem. kan nie ... nie; *(and) now ~ a drink/etc.* (en) nou 'n drankie/ens.; *oh ~ ...!* as ek maar ... gehad het!; *over to X ~ the news* nou sal X die nuus lees; *~ him/her to have done it is impossible* hy/sy kan dit onmoontlik gedoen het; *~ him/her to say so, is* ... dat hy/sy dit sê, is ...; *it is ~ him/her to* ... dit berus by hom/haar om te ..., hy/sy moet besluit of ...; dit is sy/haar beurt om te ...; *that's ... ~ you* so is ... nou (maar) eenmaal; dis nou ...!. **for** *voegw., (poët., liter.)* want, omdat, aangesien, omrede.

**for·age** *n.* (vee)voer. **for·age** *ww.* wei, vreet; voer/kos soek; snuffel; *(mil.)* stroop, plunder, roof; *~ for s.t.* iets soek. **for·ag·er** voer=, kossoeker; snuffelaar; *(mil.)* plunderaar.

**fo·ra·men** =ramina, =ramens, *(anat.)* opening, gat.

**for·ay** roof=, strooptog, inval; *go on* (or *make*) *a ~* 'n strooptog onderneem/uitvoer; *s.o.'s ~ into s.t.* iem. se poging om aan iets mee te doen.

**for·bear¹** =bore =borne, *ww., (poët., liter. of fml.)* afsien van; nalaat, jou daarvan weerhou om te. **for·bear·ance** verdraagsaamheid, geduld; onthouding; *~ is no acquittance* uitstel is nog nie afstel nie. **for·bear·ing** verdraagsaam, toegeeflik.

**for·bear²** *n.* →FOREBEAR.

**for·bid** =dd=, =bad(e) =bidden belet, verbied; *God/Heaven ~* God (*of* die hemel) behoede, mag God (dit) verhoed, die hemel behoed/bewaar ons; *~ s.o. the house* iem. die huis belet/ontsê; *space ~s s.o. to* ... die ruimte laat iem. nie toe om te ... nie; *~ s.o. to do s.t.* iem. belet/verbied om iets te doen. **for·bid·den** verbode, ongeoorloof; *it is ~ to do s.t.* dit is verbode om iets te doen. **for·bid·ding** onheilspellend, dreigend; somber; onherbergsaam; onaanloklik; droewig, sleg *(vooruitsig)*; streng, kwaai *(iem.)*.

**force** *n.* krag; mag, gesag; geweld; slaankrag; dwang; noodsaak; gewig, oortuigingskrag; *(i.d. mv.)* kragte; *(i.d. mv.)* strydkragte, weermag; *add ~ to s.t.* krag by iets sit *('n argument ens.)*; *~ of attraction* aantrekkingskrag; *by (main) ~* met geweld; *by ~ of* ... deur middel van ...; uit krag van ...; *chemical ~* skeikundige bindingsvermoë, chemiese affiniteit; *come into ~* in werking tree, van krag word; *be of/full ~ and effect* ten volle van krag wees; *~ of impact* trefkrag; *be in ~* geldig (*of* van krag *of* in werking) wees; *in (full/great) ~* in groot getalle; *they are joining ~s (with one another)* hulle snoer hul kragte saam, hulle werk/span (met mekaar) saam; *by ~ of law* onder regsdwang, by krag van wet; *have the ~ of law* regskrag hê, regsgeldig wees; *legal ~* regskrag; *s.o. is a major/powerful ~ in* ... iem. het baie invloed in ...; *~ of nature* natuurkrag; *be of no ~ and effect* van nul en gener waarde wees; *put s.t. into ~* iets in werking stel (*of* van krag maak); *raise a ~* 'n (krygs)mag op die been bring; *resort to ~* geweld gebruik; *by sheer ~* deur brute krag/geweld; *a sinister ~* 'n duistere mag; *s.o. is a spent ~* dis klaar met iem.; *use ~* geweld gebruik; *~ of will* wilskrag. **force** *ww.* dwing, verplig, noodsaak, forseer; afdwing; deurdryf, =drywe; oopbreek *('n deur)*; oopskiet *('n brandkas)*; *(tuinb.)* forseer, vervroeg, in 'n broeikas kweek; *~ an analogy* 'n vergelyking te ver/vêr deurvoer; *~ ... back* ... terugdryf, =drywe *(d. vyand ens.)*; ... terugdwing *(iem., 'n land, ens.)*; ... bedwing *(trane)*; *~ the bidding* die bieëry opdryf/opdrywe; *~ a crossing* 'n oorgang oopveg/afdwing; *~ s.t. down* iets met geweld afsluk; iets ondertoe dwing *('n geldeenheid ens.)*;

iets neerdwing (*of* grond toe dwing) *('n vliegtuig ens.)*; *~ an entrance* met geweld toegang (ver)kry; *~ a gap* deurbreek, 'n deurbraak bewerkstellig; *~ s.t. off* iets met geweld afbreek; *~ a car off the road* 'n motor van die pad afdwing; *o.s. on/upon s.o.* jou aan iem. opdring/=dwing; *s.t. on/upon s.o.* iets aan iem. opdwing; *s.t. open* iets oopdwing/=breek; *~ s.t. out* iets uitstamp *('n ruit ens.)*; *~ s.o. out* iem. uitboender; *~ s.o./s.t. out of* ... iem./iets uit ... stoot; *~ s.t. out of* iets van iem. afpers; *~ the pace* hard aanja(ag), die pas forseer; *s.o. is/feels ~d to* ... iem. is/voel genoodsaak/verplig om te ...; *~ s.t. up* iets opdruk; iets opja(ag)/=stoot/=dryf/=drywe *(d. prys ens.)*; *~ one's voice* jou stem forseer/ooreis; *~ one's way into a place* met geweld toegang tot 'n plek (ver)kry; *~ one's way through* ... jou/'n weg (met geweld) deur ... baan. **~-feed** dwing om te eet, met dwang voer; *~ s.o. s.t., (fig.)* iets in iem. se keel afdruk *(morele beginsels ens.)*. **~ field** kragveld. **~ pump** perspomp.

**forced** gedwonge, onnatuurlik, gemaak, gekunsteld; *~ feeding* dwangvoeding; *~ labour* dwangarbeid; *~ landing* noodlanding; *~ lubrication* druksmering; *~ march* geforseerde mars, noodmars; gedwonge tog; *~ removal, (SA hist.)* dwangverskuiwing; *~ respiration* moeilike asemhaling; *~ smile* gedwonge glimlag.

**force·ful** kragtig, sterk; kragdadig; vurig.

**for·ceps** =ceps, =cipes tang, trekker; knyper.

**for·ci·ble** gewelddadig, kragdadig, kragtig; indrukwekkend, treffend; *~ restraint* vryheidsberowing. **for·ci·bly** met geweld, gewelddadig; indrukwekkend, treffend, pakkend.

**forc·ing** *n.* dwang, forsering; *(tuinb.)* vervroeging. **forc·ing** *adj.* dwingend; deurdrywend; *~ batsman* aggressiewe kolwer.

**ford** *n.* drif, deurkomplek *(in 'n rivier)*. **ford** *ww.* deurwaad, =loop; (by die/'n drif) deurgaan/=ry/oorgaan. **ford·a·ble** deurwaadbaar, oorgaanbaar, deurgaanbaar.

**fore** *n.* voorpunt; boeg; voorgrond; *be to the ~* op die voorgrond wees; byderhand wees; *bring s.t. to the ~* iets na vore bring, op iets wys, iets beklemtoon; *come to the ~* na vore (*of* op die voorgrond) kom/tree, te voorskyn tree, naam maak. **fore** *adj.* voorste, voor=. **fore** *adv. & prep.* voor; vooraan; by; *~ and aft* voor en agter.

**fore-and-aft** *adj. (attr.), (sk.)* langsskeepse *(stabiliteit ens.)*.

**fore·arm** voor=, onderarm.

**fore·bear, for·bear** voorvader, voorsaat.

**fore·bod·ing** *n.* voorspelling; voorgevoel; voorspooksel. **fore·bod·ing** *adj.* onheilspellend.

**fore·cast** *n.* voorspelling, =beskouing; raming; prognose; *make a ~ about s.t.* 'n voorspelling oor iets doen/maak. **fore·cast** =cast =cast; =casted =casted, *ww.* voorspel; raam. *~ chart* weerkaart. **fore·cast·er** voorspeller.

**fore·cas·tle, fo'c'sle** *(sk.)* voorkasteel.

**fore·close** uitsluit *(van)*; afsluit; verhinder; vooruit beslis/uitmaak; *~ a mortgage* 'n verband oproep/opsê. **fore·clo·sure** uitsluiting; verhindering; opsegging, =roeping *(v. 'n verband)*.

**fore·court** voorhof, =plein; *(tennis)* voorbaan.

**fore·deck** voordek.

**fore·fa·ther** voorvader, voorsaat; *(i.d. mv.)* voorouers.

**fore·fin·ger** voor=, wysvinger.

**fore·foot** =feet voorpoot, =voet.

**fore·front** voorgrond, =punt, spits, front, voorste gelid/gelede, voorhoede; voorgewel; voorkant; *be in the ~* vooraan wees; op die voorgrond (*of* aan/op die voorpunt *of* aan die spits) wees.

**fore·go·ing** voor(af)gaande; voor(ge)noemde, =(ge)melde. **fore·gone, fore·gone** *a ~ conclusion* 'n uitgemaakte saak.

**fore·ground** voorgrond; *in the ~* op die voorgrond.

**fore·hand** *(tennis ens.)* voorarmhou; voorarmspel. *~ drive* voorarmdryfhou. *~ play* voorarmspel.

**fore·head** voorkop, =hoof.

**for·eign** buitelands, uitlands, uitheems; vreemd; *s.t. is ~ to s.o.* iets is vreemd aan iem.; *be ~ to the subject* nie ter sake wees nie, niks met die saak te doen/make hê nie. **~ affairs** *n. (mv.)* buitelandse sake/aangeleenthede. **~ agent** *(spioenasie)* buitelandse agent; *(han. ens.)* buitelandse verteenwoordiger. **~ aid** buitelandse hulp; hulp aan die buiteland. **~ body, ~ object** vreemde voorwerp. **~ correspondent** *(joern.)* buitelandse korrespondent. **~ country** buiteland; *in ~ countries* in die buiteland. **~ currency, ~ exchange** buitelandse/vreemde valuta/betaalmiddele/-middels, deviese. **~ exchange market** valuta-, deviesemark. **~ language** *n.* vreemde taal. **~-language** *adj.:* ~ *newspaper/broadcast* buitelandse koerant/uitsending; ~ *teaching* vreemdetaalonderrig. **~ legion** vreemde(linge)legioen. **~ minister, ~ secretary** *(dikw. met hll.)* minister van buitelandse sake. **~ ministry, ~ office** *(dikw. met hll.)* ministerie van buitelandse sake. **~-owned** *adj.* in buitelandse/vreemde besit. **~ parts** vreemde lande; *in ~ ~* in die vreemde. **~ policy** buitelandse beleid. **~ relations** buitelandse betrekkinge.

**for·eign·er** buitelander, uitlander, vreemde(ling).

**fore·know·ledge** voorkennis, -wete; *have ~ of s.t.* iets vooruit weet.

**fore·leg** voorbeen, -poot.

**fore·man** *-men* voorman; *(farm) ~* (plaas)opsigter.

**fore·most** voorste; belangrikste; *first and ~* allereers, in die eerste plek; *fall head ~* vooroor val; *hind part ~* agterstevoor.

**fo·ren·sic** forensies, geregtelik, juridies, regs-; ~ *investigation* geregtelike/forensiese ondersoek; ~ *medicine* geregtelike geneeskunde, regsgeneeskunde.

**fore·paw** voorpoot.

**fore·play** (liefdes)voorspel.

**fore·quar·ter** voorkwart *(v. 'n karkas); (i.d. mv.)* voorlyf *(v. 'n perd ens.).*

**fore·run·ner** voorloper; voorteken, -bode.

**fore·see** *-saw -seen* voorsien, vooruitsien, bedag wees op, verwag. **fore·see·a·ble** voorspel-, voorsienbaar, te voorsien/verwagte; *in the ~ future* binne afsienbare tyd.

**fore·shad·ow** (voor)spel, die voorbode wees van, aankondig, voorafskadu, dui op. **fore·shad·ow·ing** voorafskaduwing.

**fore·shore** strandgebied, voor-, vloedstrand.

**fore·short·en** (perspektiwies) verkort; in perspektief teken; *~ed view* verkorte uitsig.

**fore·sight** ver-, vêrsiendheid, vooruitsiendheid, versiende/vêrsiende/vooruitsiende blik; toekomsbeplanning, voorsorg, oorleg; korrel *(v. 'n geweer); (landm.)* voorpeiling, vooruitlesing.

**fore·skin** *(anat.)* voorhuid.

**for·est** woud, (hout)bos; *a thick ~* 'n digte bos. **~ climate** woudklimaat. **~ conservator** bosbewaarder. **~ dweller** bos-, woudbewoner. **~ fire** bosbrand. **~ green** sipres-, woudgroen. **~ reserve** bosreservaat. **~ road** bospad; houtafvoerweg. **~ service** boswese. **~ warden** boswagter.

**fore·stall** voorspring, voor wees; vooruitloop, antisipeer; voorkom, verhinder, belemmer, fnuik, in die wiele ry.

**for·es·ta·tion** bebossing, bosaanplanting.

**for·est·ed** bebos.

**for·est·er** bosbouer; bosopsigter, -wagter.

**for·est·ry** bosbou, -wese; bosbedryf; bosboukunde.

**fore·taste** voorsmaak, -smakie.

**fore·tell** *-told -told* (voor)spel, voorsê, profeteer; 'n voorbode wees van.

**fore·thought** voorsorg, oorleg; voorbedagtheid.

**for·ev·er, for ev·er** *adv.* vir ewig/goed *(weggaan);* vir altyd *(aanhou);* altyd, (vir) ewig *(liefhê);* altyd *(onthou);* gedurig,

alewig, ewig en altyd *(twis);* aanmekaar, aanhoudend, onophoudelik *(pla);* altyd, immer *(vriendelik);* voortdurend *(verander); go on ~* altyd so bly; *(neerh.)* 'n ewigheid *(of* vir altyd) aanhou/(voort)duur. **for ev·er·more, for·ev·er more,** *(Am.)* **for·ev·er·more** vir ewig/altyd.

**fore·warn** vooraf waarsku.

**fore·word** voorwoord, woord vooraf, inleiding.

**for·feit** *n.* boete, geldstraf; (onder)pand; polfyntjie *(by speletjies); (i.d. mv.)* pandspel; verbeuring *(v. 'n reg ens.); (fig.)* die prys wat jy moet betaal; *s.o.'s life was (the) ~* iem. se lewe was in pand; iem. het dit met sy/haar lewe geboet; *play ~s* pandspeel, pand speel. **for·feit** *ww.* verbeur, inboet, moet prysgee; verbeurd verklaar; ~ *one's word* jou woord skend. **~ clause** verbeuringsbeding. **~ money** roukoop.

**for·fei·ture** verbeuring; verbeurdverklaring; verlies; boete.

**for·gave** *(verl.t.)* →FORGIVE.

**forge**[1] *n.* smedery, smidswinkel; smidsoond; smeltoond. **forge** *ww., (ook fig.)* smee; pers; namaak, vervals; *~d cheque* vervalste tjek; *~d iron* smeeyster; *~ s.t. on* iets aansmee; *~d part* smeestuk, gesmede stuk; *~d steel* smeestaal; *~ ... together* ... saamsmee; *~ and utter* vervals en uitgee. **~ furnace** smee-oond. **~ hammer** smee-, smidshamer. **~ weld** *n.* smeelas. **~-weld** *ww.* smeelas, aansmee-, aanmekaarsmee.

**forge**[2] *ww.* beur, (met moeite) vooruitkom; *~ ahead* vorentoe beur, vooruitstreef, -strewe, -kom, -gaan.

**forge·a·ble** smee(d)baar; vervalsbaar, namaakbaar.

**for·ger** smid, smeder; vervalser; namaker.

**for·ger·y** vervalsing; die namaak; vals handtekening; vervalste dokument; namaaksel; ~ *and uttering, (jur.)* vervalsing en uitgifte.

**for·get** *-tt-, forgot forgotten* vergeet; *(SA)* vergeet *(om iets saam te bring),* laat lê; verleer, afleer; ~ *(about) s.t.* iets vergeet; ~ *all about it* die hele ding vergeet; *s.o. had better ~ about s.t.* iem. moet maar van iets afsien; *s.o. can ~ about s.t.* iem. kan iets maar laat staan *(of* uit sy/haar kop sit); *be forgotten* vergete wees; *clean/completely ~ s.t.* iets skoon/heeltemal vergeet; *don't ~ to ...!* moenie vergeet om te ... nie!; ~ *it!* niks daarvan nie!, sit dit uit jou kop!; dis niks (nie)!, nie te danke!; *and don't you ~ it!* en onthou dit goed!; *I ~ (or have forgotten) his/her name* ek kan nie op sy/haar naam kom nie, ek het sy/haar naam vergeet; *not ~ting that ...* bygesê dat ...; *the forgotten one* die vergetene/vergeteling; ~ *o.s.* jou selfbeheersing verloor; ~ *that ...* vergeet dat ...; ~ *to ...* vergeet om te ... **~-me-not** *(bot.)* vergeet-my-nietjie.

**for·get·ful** vergeetagtig, verstrooi(d); kort van gedagte; *be ~ of s.t.* iets vergeet; nalatig wees wat iets betref; *be ~ of one's duty* jou plig versuim.

**for·get·ta·ble** vergeetbaar.

**forg·ing** smeewerk; smeestuk, smeesel; smeding; vervalsing. **~ hammer** smeehamer. **~ shop** smedery.

**for·give** *-gave -given* vergeef, vergewe; kwytskeld *(skuld);* ~ *s.o. for doing s.t.* iem. vergeef/vergewe dat hy/sy iets gedoen het; ~ *s.o. s.t.* iem. iets vergeef/vergewe. **for·give·ness** vergif(fe)nis, vergewing; vergewensgesindheid; kwytskelding; *ask/beg s.o.'s ~* iem. om vergif(fe)nis/vergewing vra/smeek. **for·giv·ing** vergewensgesind.

**for·go** *-went -gone* afsien van, ontbeer, opgee, jou ontsê, afstand doen van.

**for·got·ten** *(verl.dw.)* →FORGET.

**fork** *n.* vurk; gaffel; mik; tak, vertakking; ~ *in the road* tweesprong, padvertakking. **fork** *ww.* met 'n vurk steek/werk/gooi/dra; skei, splits, vertak; ~ *s.t. out/up, (infml.)* iets opdok *(geld, 'n bedrag);* ~ *s.t. over* iets (met 'n vurk) omspit *('n bedding ens.); (infml., Am.)* iets opdok *(geld).* **~-ball** *(bofbal)* vurkbal. **~ rod** vurkstang. **~-tongued** met 'n gesplete tong.

**forked** gesplits, gesplete, gesplyt; gaffelvormig; getak, mikvormig, gevurk; ~ *end* vurkent, gevurkte ent; ~ *lightning* takweerlig, sigsagblits, gevurkte blits; ~ *plough* gaffelploeg; ~ *stick* mikstok.

**for·lorn** verlate, verlore; hopeloos; wanhopig, moedverlore, troosteloos; ellendig; ~ *hope* floue hoop; wanhoopspoging, wanhopige onderneming; hopelose saak.

**form** *n.* vorm, fatsoen; gedaante, gestalte; orde; formasie; op= stelling; formaliteit; bank; klas; kondisie; drukvorm; ~ *of address* aanspreekvorm; *application* ~ aansoekvorm; *s.t. is bad* ~ iets is ongemanierd; *change of* ~ gedaante(ver)= wisseling, =verandering; *complete* (or *fill in* or, Am., *fill out)* a ~ 'n vorm invul; *in due* ~ behoorlik, ooreenkomstig die voorskrifte; *in due* ~ *of law* met inagneming van die regsvorme; *s.t. is good* ~ iets is goeie maniere; ~ *of gov= ernment* regerings=, staats=, bestuursvorm; *the human* ~ die menslike gestalte; *be in* (*good/great*) ~ (goed) op stryk/ dreef wees; op jou stukke wees; *in the* ~ *of* ... in die vorm/ gedaante van ...; *judge* ... *on* ~ ... na prestasie oordeel; *a matter of* ~ 'n blote formaliteit; *as a matter of* ~, *for* ~'*s sake* fatsoen(likheid)shalwe; *be off* (or *out of)* ~ van stryk (af) wees; (*outward*) ~ gestalte; *of the same* ~ gelykvormig; *sixth/etc.* ~, *(opv., Br.)* sesde/ens. klas; *strike* ~ op stryk/ dreef kom; *take* ~ vorm aanneem; *s.t. will take the* ~ *of a* ... iets sal 'n ... wees; *be at the top of one's* ~ (so reg) op jou stukke wees; *run true to* ~ bestendig/konsekwent wees.

**form** *ww.* vorm; maak; fatsoeneer; formeer; set; kweek; oprig, stig; in gelid stel, rangskik; ~ *into ears, (graan)* in die aar skiet; ~ *s.t. into* ... iets in/tot ... vorm; ~ *up, (soldate ens.)* aantree. ~fitting gefatsoeneer(d). ~ **letter** standaardbrief. ~-**retaining** vormvas.

**for·mal** formeel, deftig, plegtig; amptelik; vormlik, styf; ui= terlik; vorm=; beleefdheids=; ~ *attitude* stywe houding; ~ *defect* vormgebrek; ~ *dress* aandklere; ~ *sector, (han.)* for= mele sektor; *in a* ~ *tone* op afgemete toon. **for·mal·ly** *adv.* formeel *(uitnooi, ontken, geklee);* plegtig *(aantree, herdenk);* amptelik *(meedeel); (nie hartlik nie)* styf, konvensioneel *(op= tree); (tuin ens.)* formeel, geometries *(uitgelê).*

**for·mal·de·hyde** *(chem.)* formaldehied, metanaal.

**for·ma·lin** *(chem.)* formalien.

**for·mal·ise, ·ize** vorm gee aan; formaliseer, wettig; stileer.

**for·mal·ism** formalisme, vormdiens, vormlikheid. **for·mal· is·tic** formalisties, vormlik.

**for·mal·i·ty** formaliteit; uiterlike vorm; vormlikheid; afge= metenheid; seremonie.

**for·mat** *n., (grootte)* formaat *(v. 'n boek); (rad., TV)* struktuur *(v. 'n program); (rek.)* formaat. **for·mat** *ww., (rek.)* forma= teer.

**for·ma·tion** vorming; ontstaan, wording; formasie; same= stelling, struktuur; rangskikking; stigting, oprigting; opstel= ling *(by dril);* draaggrond, padbed; *geological* ~ geologiese formasie; ~ *of ground* terrein(gesteldheid); ~ *in line* opstel= ling in linie, linieformasie. ~ **flight** formasievlug.

**form·a·tive** vormend, vormings=; formanties; ~ *years* vor= mings=, wordingsjare.

**for·mer** *adj.* vroeër(e), vorige, gewese, voormalige, eertydse, oud=; *in* ~ *days* (in) vroeër jare; *in* ~ *times* vroeër, in vorige tye. **for·mer** *pron.: the* ~ eersgenoemde, eersgemelde *(v. twee).* **for·mer·ly** vroeër, voorheen, (van)tevore, van ouds, weleer, eertyds, vanmelewe.

**for·mic ac·id** miere=, metanoësuur.

**for·mi·da·ble, for·mi·da·ble** gedug, ontsagwekkend; for= midabel, indrukwekkend, imponerend, ontsaglik.

**form·less** vormloos, ongevorm(d); sonder struktuur.

**for·mu·la** =lae, =las, *(chem., wisk., ens.)* formule; voorskrif, resep; melkformule *(vir 'n baba).* **for·mu·late** formuleer, stel, bewoord, onder woorde bring; opstel; saamstel. **for·mu· la·tion** formulering.

**for·mu·lism** formulisme, gehegtheid aan formules.

**for·ni·cate** *(fml. of skerts.)* egbreuk/owerspel pleeg; ontug pleeg, hoereer. **for·ni·ca·tion** egbreuk, owerspel; ontug, hoe= rery. **for·ni·ca·tor** egbreker, owerspelige; ontugtige, hoe= reerder.

**for·sake** =sook =saken, *(poët., liter.)* verlaat, in die steek laat, begeef, begewe; versaak. **for·sak·en** verlate. **for·sak·en·ness** verlatenheid.

**fort** fort, vesting; *hold the* ~ na alles omsien *(d. huishouding, kantoor, ens.).* **F~ Knox** *(Am., mil.: staafgoudbewaarplek)* Fort Knox; *be like* ~ ~, *(huis ens.)* soos 'n tronk *(of Fort Knox)* lyk.

**for·te**[1] *n., (<Fr.)* sterk kant/sy/punt, sterkte, forte; agterste helfte *(v. 'n swaardlem).*

**for·te**[2] *adj. & adv., (<It., mus., simb.: f)* forte, hard. ~ *piano (mus., simb.: fp)* forte piano, hard en onmiddellik sag.

**forth:** *back and* ~ heen en weer, voor- en agteruit; *and so* ~ ensovoort(s), en so meer, en wat dies meer sy.

**forth·com·ing** naderende, aanstaande, op hande; toekom= stig; tegemoetkomend; *be* ~ daar/voorhande/beskikbaar *(of* ter beskikking) wees; *no news is* ~ daar kom (nog) geen be= rig nie; *nothing was* ~ daar het niks gekom nie; ~ *person= ality* innemende/aanvallige/spraaksame/tegemoetkomende/ ekstroverte persoonlikheid.

**forth·right** *adj. & adv.* reguit, ronduit, rondborstig; open= hartig, onomwonde; dadelik, onmiddellik. **forth·right·ness** rondborstigheid; openhartigheid.

**forth·with** dadelik, onmiddellik, onverwyld, sonder versuim, terstond, summier, op die daad.

**for·ties** →FORTY.

**for·ti·eth** veertigste.

**for·ti·fy** versterk, verstewig; verskans, fortifiseer; bevestig; aanmoedig, sterk; fortifiseer, versterk *(wyn).* **for·ti·fi·ca·tion** versterking, vesting, verskansing, vestingwerk, vestingbou, fort, verdedigingswerke; fortifikasie; fortifisering *(v. wyn); science of* ~ versterkingskuns. **for·ti·fied** versterk, geforti= fiseer(d); ~ *area* versterkte gebied; ~ *town* vestingstad, ver= sterkte stad; ~ *wine* gefortifiseerde wyn.

**for·tis·si·mo** *(It., mus., simb.: ff)* fortissimo, baie hard.

**for·ti·tude** (siel)sterkte, sielskrag, lewensmoed; standvas= tigheid, vasberadenheid.

**fort·night** twee weke, veertien dae; *a* ~'*s holiday* twee weke vakansie, 'n veertiendaagse vakansie; *today* ~ vandag oor veertien dae. **fort·night·ly** tweeweekliks, veertiendaags; elke veertien dae.

**FOR·TRAN, For·tran** *(rek.: programmeringstaal)* FORTRAN, Fortran.

**for·tress** vesting, fort; vestingstad, versterkte stad; *(fig.)* toe= vlugsoord, skuilplek, bolwerk; *carry/seize a* ~ 'n vesting (in)= neem *(of* in besit neem).

**for·tu·i·tous** toevallig; *(infml.)* gelukkig. **for·tu·i·tous·ness** toevalligheid.

**For·tu·na** *(Rom. mit.: geluksgodin)* Fortuna.

**for·tu·nate** gelukkig, geseën(d); goed, voorspoedig; guns= tig; *be* ~, *(ook)* dit gelukkig/goed tref; *consider/think o.s.* ~ *to* ... jou gelukkig ag om te ... **for·tu·nate·ly** gelukkig, per geluk.

**for·tune** geluk; kans; voorspoed; lot, bestemming; lotgeval; fortuin, vermoë, rykdom; toekoms; *(i.d. mv.)* wedervarings, wederwaardighede; *amass a* ~ 'n fortuin maak; *come into a* ~ 'n fortuin erf; *cost a (small)* ~, *(infml.)* 'n plaas se geld/ prys *(of* [amper/byna] 'n fortuin) kos; ~'*s favourite* geluks= kind, =voël; ~ *favours s.o.* die geluk loop iem. agterna; ~ *fa= vours the bold/brave, (sprw.)* wie waag, die wen; *the goddess of* ~ die geluksgodin; *good* ~ 'n geluk(slag); *be s.o.'s good* ~ iem. se geluk wees; *by good* ~ gelukkig, per geluk; *have the good* ~ *to* ... gelukkig genoeg wees om te ...; *s.o. had the good* ~ *to* ..., *(ook)* iem. het die geluk gehad om te ...; *lose/make* *a* ~ 'n fortuin verloor/maak; **seek** *one's* ~ jou fortuin soek; *a* **small** ~, *(infml.)* 'n fortuintjie *(of* klein fortuin); ~ **smiles** *(up)on s.o.* die geluk lag iem. toe *(of* begunstig iem.); **tell** *s.o.'s* ~ iem. se toekoms voorspel; *(infml.)* iem. roskam/skrobbeer, iem. (goed) die les lees; **try** *one's* ~ 'n kans waag, jou geluk beproef; *the* ~*s of* **war** die lotgevalle *(of* onvoorspelbare gevolge) van oorlog; *a turn of* ~*'s* **wheel** 'n wending van die noodlot; *be* **worth** *a (small)* ~, *(infml.)* (amper/byna) 'n fortuin werd wees. ~ **cookie** *(Am. kookk.)* fortuin-, geluks= koekie. ~ **hunter**, ~ **seeker** fortuin-, geluksoeker. ~ **teller** waarsêer, -segster, toekomsleser, -voorspeller.

**for·ty** veertig; *be in one's* **forties** in die veertig wees, in jou veertigerjare wees; *the* **forties**, *(ook F~: 1940-49)* die veer= tigerjare, die jare veertig; *be* **over** ~ oor die veertig wees; *have* ~ **winks**, *(infml.)* 'n uiltjie knip, 'n dutjie/slapie maak/ vang, ('n bietjie) dut.

**fo·rum** -*rums* forum.

**for·ward** *n., (sport)* voorspeler; *(i.d. mv., rugby)* ag(t)tal, voor= spelers; ~*s and futures, (fin.)* vooruit- en termynkontrakte. **for·ward** *adj.* voorwaarts; voorste; *(attr.)* vooruit- *(beplan= ning ens.);* parmantig, astrant, voorbarig, vrypostig, voor op die wa; voortvarend; aanmatigend; gevorder(d); vooruitstre= wend, liberaal, modern; vroeg(ryp); ~ **gear** vorentoerat; ~ **journey** heenreis; ~ **line**, *(rugby)* ag(t)tal, voorhoede, voor= spelers; ~ **market**, *(ekon.)* termynmark; ~ **movement** voor= waartse beweging, beweging vorentoe; ~ **pass**, *(rugby)* vo= rentoeaangee, aangee vorentoe; ~ **play**, *(rugby)* voorspel; ~ **price** termynprys; ~ **stroke** heenslag. **for·ward, for· wards** *adv.* vooruit, vorentoe, na vore, voorwaarts; voor= oor; **bend** ~ vooroor buig/sit; **come** ~ vorentoe *(of* na vore) kom; *from this* **day** ~ van vandag af (aan); **fall** ~ vooroor val; **incline** ~ vooroor hel; **march!** voorwaarts mars!; ~ **of** ... voor ..., by ... verby; **play** ~, *(rugby)* vorentoe speel. **for·ward** *ww.* aanstuur, deurstuur, versend; vooruithelp, bevorder; bespoedig; ~ *s.t. to s.o.* iets vir iem. aanstuur. ~**looking** vooruitstrewend.

**for·ward·ing** versending, afsending, toesending; bevorde= ring. ~ **address** nastuuradres. ~ **charges** versendingskoste. ~ **instructions** *n. (mv.)* versendingsinstruksies *(vir goedere);* aanstuurinstruksies *(vir pos).*

**for·ward·ness** parmantigheid, astrantheid, voorbarigheid, vrypostigheid; voortvarendheid; vooruitstrewendheid; vroeg= tydigheid.

**Fos·bur·y flop** *(atl.)* fosburystyl.

**fos·sil** *n., (geol. of neerh.)* fossiel. **fos·sil** *bep., (geol.)* fossiel-, versteende *(fig., neerh.)* verkrampte, verstokte, verstarde. ~ **fuel** fossielbrandstof. ~ **impression** fossielafdruk. ~ **plant** fossielplant, versteende/gefossileerde plant.

**fos·sil·ise, -ize** fossileer, versteen; *(fig.)* (laat) verstar/ver= steen. **fos·sil·ised, -ized** *(paleont. of fig.)* versteen(d) *(dier, taalvorm);* uitgedien(d) *(gebruike);* onbuigsaam, onversetlik, verstok *(iem.);* ~ **remains** fossiele.

**fos·ter** koester, versorg, oppas, voed; kweek; bevorder; aan= wakker, aanmoedig; as pleegkind versorg, soos 'n eie kind grootmaak; ~ *s.o.* **out** iem. in/onder pleegsorg plaas. ~ **care** pleegsorg. ~ **child** pleegkind. ~ **ewe** suipooi. ~ **family** pleeggesin. ~ **father** pleegvader. ~ **home** pleeghuis. ~ **moth· er** pleegmoeder; soogma, =moeder, soogster, voedster. ~ **parent** pleegouer.

**fought** *(verl.t. & volt.dw.)* →FIGHT *ww..*

**foul** *n.* vuil spel; vuil hou; *commit a* ~ vuil speel; *through fair and* ~ deur dik en dun. **foul** *adj.* vuil, smerig, morsig; troebel; stink(end); walglik, aaklig, verskriklik; gemeen, laag, naar; laakbaar; onklaar. **foul** *adv.* vuil; *fall/run* ~ *of* ... met ... bots *(of* in botsing kom *of* deurmekaar raak *of* slaags raak) *(d. gereg ens.);* *hit* ~ 'n ongeoorloofde hou slaan; *play* ~ vuil speel. **foul** *ww.* vuil word; vuil maak, bevuil, besoedel; besmeer; onteer; onklaar raak; belemmer; onklaar

laat raak; bots met; vang; versper; *be/get* ~*ed, (tou ens.)* on= klaar raak; *(sport)* gestraf word *(vir onkantspel ens.); (sport)* op ontoelaatbare wyse gestuit word; ~ **up**, *(toue ens.)* in die war raak; ~ *s.t.* **up**, *(infml.)* iets opmors/verknoei; iets bevuil. ~ **air** bedorwe/stink lug. ~ **anchor** onklaar anker. ~ **blow** lae/ gemene hou. ~ **deed** gemene/lae daad. ~ **language** vuil/lie= derlike taal. ~ **means** ongeoorloofde middele. ~**-mouthed** vuilbekkig, =praterig. ~**-mouthed person** vuilbek, =prater. ~ **play** gemeenheid, vuil/gemene spel; bose opset; kwaad= willigheid; misdaad; moord; ~ ~ *is not suspected* geen mis= daad word vermoed nie. ~**-smelling** onwelriekend. ~ **soil** besoedelde/bevuilde grond. ~ **tide** ongunstige gety. ~**-up** *n.* gemors; verwarring. ~ **water** besoedelde water. ~ **weather** slegte/goor weer. ~ **wind** teenwind.

**foul·ing** bevuiling, besoedeling; belemmering; vuil; (die) on= klaar raak. ~ **point** versperringspunt. ~ **shot** uitbrandskoot.

**foul·ness** vuil(ig)heid, smerigheid, skandelikheid; valsheid, oneerlikheid, gemeenheid.

**found**[1] *adj. (volt.dw.)* gevind; →FIND *ww.,* FOUNDLING; *all* ~ alles inbegrepe/vry; met kos en inwoning; *facts* ~ *proved* be= wese bevonde feite.

**found**[2] *ww.* grondves, stig, oprig, vestig, in die lewe roep; fundeer; →FOUNDATION, FOUNDER[1], FOUNDING; *s.t. was* ~*ed in 1910/etc., (stad, firma, ens.)* iets is in 1910/ens. gestig; *be* ~*ed in justice* op geregtigheid gegrond wees; ~ *s.t. (up)on* ... iets op ... grond/baseer.

**found**[3] *ww., (metal.)* giet; smelt; →FOUNDER[2], FOUNDRY.

**foun·da·tion** fondament, fondasie *(v. 'n gebou); (fig.)* grond= slag, grond; grondbeginsel; stigting, oprigting, grondves= ting; fonds; beurs; stigting *(om 'n fonds te beheer); (i.d. mv. ook)* grondveste; **deed** *of* ~ stigtingsakte; *a* **firm/secure** ~ 'n vaste/hegte fondament; 'n vaste/hegte grondslag *(v. 'n ver= houding ens.);* **lay** *a* ~ 'n fondament lê; **lay** *the* ~ *of* ... die grondslag van/vir ... lê; *have* **no** ~, *be* **without** ~ ongegrond *(of* sonder grond) wees. ~ **course** basiskursus *(op univ. ens.).* ~ **(cream)** onderlaag(room). ~ **member** stigtings-, stigters= lid. ~ **phase** *(SA, opv.)* grondfase. ~ **stock** aanleg-, stamvee. ~ **stone** fondamentsteen; hoeksteen; fondamentklip.

**foun·der**[1] *n.* stigter, oprigter, grondlegger, =leêr; →FOUND= ERS'. ~ **member** stigtings-, stigterslid.

**foun·der**[2] *n.* (metaal)gieter.

**foun·der**[3] *ww. (skip)* sink, vergaan, vol water loop; *(fig.)* mis= luk, skipbreuk ly, deur die mat val; in(mekaar)sak, in(me= kaar)val, in(een)stort; bly steek; *(perd)* struikel en val.

**foun·ders':** ~ **day** stigtersdag. ~ **share** stigters-, oprigters= aandeel

**found·ing** stigting, oprigting, grondvesting. ~ **father** stig= ter, oprigter, grondlegger, =leêr.

**found·ling** vondeling, optelkind.

**foun·dry** (metaal)gietery; smeltery.

**foun·tain** fontein; drinkfontein(tjie); *(fig.)* bron, oorsprong. ~**head** fontein, oog *(v. 'n rivier); (fig.)* bron, bronaar, oor= sprong. ~ **pen** vulpen.

**four** *telw.* vier; vier, grenshou; *(i.d. mv., rolbal)* vierspel; *half past* ~ halfvyf; *hit a* ~, *(kr.)* 'n vier/grenshou slaan; *hit s.o. for* ~, *hit a* ~ *off s.o., (kr.)* 'n vier/grenshou teen/van iem. *(of* van iem. se boulwerk) slaan; *go on all* ~*s* kruip, hande= viervoet *(of* op hande en voete) loop; ~ **times** vier maal/ keer. ~**-axled** vieras. ~**-ball** *(gh.)* vierbal(spel). ~**-bladed** vierblad=; met vier lemme. ~**-by-four** *(infml.: vierwielaange= drewe voertuig)* viertrek(voertuig), vier-by-vier. ~**-colour printing** vierkleurdruk. ~**-cornered** vierhoekig; ~ *figure* vier= hoek. ~ **corners** vier hoeke; kruispad; *within the* ~ ~ *of the constitution* binne die perke van die grondwet; *the* ~ ~ *of the earth* die uithoeke van die aarde. ~**-day**, ~ **days'** *adj. (attr.)* vierdaagse. ~**-dimensional** vierdimensioneel. ~**-door** met vier deure, vierdeur=. ~**-engined** viermotorig. ~**-eyes** *(infml., neerh.: brildraer)* (ou) brilletjies; *Pete F*~ Piet Brilletjies. ~**-**

**figure** *adj. (attr.)* van vier syfers *(pred.)*, viersyfer *(getal)*; in vier desimale *(pred.)*, vierdesimalige *(logaritme, tafel, ens.)*. **~-furrow plough** vierskaarploeg. **~-gun** met vier kanonne; ~ *battery* vierstukbattery. **~-handed** vierhandig, met vier hande; *(mus.)* vierhandig, vir twee spelers; *(kaartspel)* vir vier spelers. ~ **hours** vier uur. **~-leaf/leaved clover** vierklawer, klawervier. **~-legged** viervoetig. **~-legs:** *Old F~, (igt., SA, infml.)* die selakant. **~-letter word** taboewoord. **~-master** *(sk.)* viermaster. ~ **o'clock** vieruur. **~-part** *adj. (attr.), (mus.)* vierstemmige. **~-phase** *adj. (attr.)* vierfasige. **~-ply** met vier lae, vierlaag-; vierdraad-; ~ *wool* vierdraadwol. **~-poster (bed)** ledekant (met vier style), vierstyl-, kap-, hemelbed. **~-speed gearbox** viergangratkas. **~-square** vierkantig *(gebou, struktuur)*; rotsvas, standvastig, onwrikbaar; beginselvas, eerbaar; *a* ~ *man* 'n man uit een stuk. **~-star** *adj. (attr.)* vierster-; ~ *hotel* viersterhotel. **~-stroke engine** vierslagenjin. **~-volume** *adj. (attr.)* vierdelige. **~-way** *adj. (gew. attr.):* ~ *crossing/stop* vierrigtingkruising, -stopstraat. **~-wheel** *adj. (attr.)* vierwiel-, vierwielige, met vier wiele *(pred.)*; ~ *drive* vierwielaandrywing. **~-wheeled** vierwielig, vierwiel-. **~-year** *adj. (attr.)* vierjarige.

**four·fold** viervoudig, -dubbel.

**four·some** vierstuks; viertal; *(gh.)* beurtspel.

**four·teen, four·teen** veertien.

**four·teenth, four·teenth** veertiende; ~ *century* veertiende eeu. **~-century** veertiende-eeus.

**fourth** vierde, kwart; vierde *(in volgorde); the F~ of July, (Am.)* Onafhanklikheidsdag. ~ **dimension** vierde dimensie. ~ **estate** *(soms F~ E~): the* ~ ~ die pers. **~-generation** *adj. (attr.):* ~ *computer/etc.* vierdegeslagrekenaar ens.. **~-rate** vierderangs.

**fourth·ly** in die vierde plek, ten vierde, vierdens.

**fowl** *fowl(s)* hoender; haan; (wilde) voël, (jag)voël; hoendervleis; *(i.d. mv.)* hoenders, pluimvee; *pluck a* ~ 'n hoender pluk. ~ **pest,** ~ **plague** hoenderpes.

**fox** *fox(es), n.* jakkals, vos; jakkalspels; *(infml.)* jakkals, skelm; *set the* ~ *to keep the geese, (sprw.)* wolf skaapwagter maak. **fox** *ww., (infml.)* dronkslaan; flous, fop, kul, bedrieg. ~ **fur** jakkalspels. **~-glove** *(bot.)* vingerhoedjie(s). **~-hole** *(mil.)* skuilgat. **~-hound** jakkalshond. **~-hunter** jakkalsjagter, vos(se)jagter. **~-hunt(ing)** jakkalsjag, vos(se)jag. **~-tail** *(ook bot.)* jakkalsstert. ~ **terrier** foksterriër. **~-trot** *n.* drafstap *(v. 'n perd); (dans)* jakkalsdraf. **~-trot** -tt-, *ww.* die jakkalsdraf dans.

**fox·y** jakkalsagtig, jakkals-; *(infml.)* slu, geslepe; rooibruin; *(Am., infml.: sensueel)* lekker; ~ *lady* sekskat(jie), lekker ding.

**foy·er** voorportaal, -hal, -saal, foyer.

**Fra** *(It.)* fra, frater, broeder; ~ *Angelico* Fra Angelico.

**fra·cas** -cas, *(Am.)* -cases rusie, bakleiery, vegparty, relletjie, opstootjie, moles, botsing; *it led to a* ~ dit het 'n moles afgegee.

**frac·tion** *(wisk.)* breuk; fraksie, fragment, stukkie, deeltjie, (klein) deel/gedeelte, breukdeel; brok(stuk), (klein) onderdeel; fraksie, bietjie; *(chem.)* fraksie; *a* ~ *better/etc.* effens *(of* 'n bietjie/fraksie/ietsie) beter/ens.; *decimal* ~, *(wisk.)* desimaalbreuk, desimale breuk; **~s** *with different denominators* ongelykmatige breuke; *improper* ~, *(wisk.)* onegte breuk; *by a* ~ *of a millimetre* (or *an inch*) met 'n haarbreedte; *a* ~ *of a second* 'n fraksie/breukdeel van 'n sekonde; *for a* ~ *of a second* (net) 'n oomblik lank; *in a* ~ *of a second* in 'n oogwink/oogwenk/ommesientjie.

**frac·tion·al** gebroke, breukvormig, fraksioneel, breuk-; in dele, gefraksioneer(d). **frac·tion·al·ly** effens, in geringe mate, 'n ietsie.

**frac·tious** weerspannig, weerbarstig, dwarskoppig, opstandig; onhebbelik, ongehoorsaam; onregeerbaar, onbedwingbaar.

**frac·ture** *n.* breuk; fraktuur; *compound* ~ oop breuk; ~ *of a*

*joint* gewrigsbreuk. **frac·ture** *ww.* breek, bars, skeur; splyt; ~*d skull* skedelbreuk. ~ **cleavage** breukkliewing. ~ **plane** breekvlak. ~ **zone** breek-, breuksone.

**frag·ile** teer, tinger(ig), tenger(ig), swak, broos; bros, breekbaar.

**fra·gil·i·ty** teerheid, tinger(ig)heid, tenger(ig)heid, broosheid; brosheid, breekbaarheid. ~ **test** breekbaarheidstoets.

**frag·ment** *n.* fragment, (brok)stuk, brok, deel, skerf, flenter; *the ~s flew* die skerwe het gewaai. **frag·ment** *ww.* in stukkies breek, fragmenteer, versplinter. **frag·men·tal** *(geol.)* klasties. **frag·men·tar·y** onvolledig, fragmentaries. **frag·ment·ed** gefragmenteer(d), versnipper, verbrokkel; onsamehangend.

**frag·men·ta·tion** versplintering, fragmentering, fragmentasie; verskerwing, skerfbreking. ~ **bomb** splinterbom. ~ **test** verskerwingstoets.

**fra·grant** geurig, welriekend, lekkerruik-. **fra·grance** geur, geurigheid, welriekendheid; reukwater.

**frail** *n.: the* ~ die verswaktes. **frail** *adj.* teer, tinger(ig), tenger(ig), swak, broos; pieperig, verpiep; verganklik *(lewe, geluk)*; swak *(karakter, ekonomie, ens.)*; gering *(hoop)*; flou *(verskoning)*; ~ *health* swak gesondheid; *mentally* ~ verstandelik verswak. ~ **care** die versorging van verswaktes. ~ **care centre/unit** *(sorg)*sentrum/eenheid vir verswaktes.

**frail·ness, frail·ty** teerheid, tinger(ig)heid, tenger(ig)heid, swakheid, broosheid; pieperigheid; brosheid; verganklikheid; swak; geringheid; flouheid.

**frame** *n.* raam *(v. 'n skildery, bril, ens.)*; kosyn *(v. 'n deur)*; omlysting, lys; liggaam, lyf, gestalte, (liggaams)bou, postuur; gebeente, geraamte, skelet; (tuin)raam; (borduur/brei)raam; (weef)stoel; agtergrond; raamwerk; verwysingsraamwerk; verband, konteks; (gemoed)stemming; *(filmk.)* (een raam)beeld, raampie; prentjie *(v. 'n strokiesverhaal ens.); (driehoek by snoeker)* raam(pie); pot (snoeker); ~ *of a house* geraamte van 'n huis; ~ *of mind* (gemoed)stemming; ~ *of reference* verwysingsraamwerk; *(wisk.)* asse-, verwysingstelsel. **frame** *ww.* raam, in 'n raam sit *('n foto ens.)*; omraam *(iem. se gesig)*; omrand *('n grasperk ens.)*; in 'n raamwerk plaas *('n bedding ens.)*; omlys *(deure ens.)*; formuleer *('n antwoord ens.)*; opstel, ontwerp, bedink, uitdink *('n plan ens.)*; skep *('n stelsel ens.)*; ~ *s.o., (infml.)* iem. valslik betrek/inkrimineer, vals(e) beskuldigings teen iem. inbring; 'n strik/lokval vir iem. stel. ~ **house** raamwerkhuis. ~ **saw** raamsaag; kromsaag; spansaag. **~-up** *(infml.)* valstrik, komplot, vals(e) aanklag/beskuldiging. **~-work** raam(werk), geraamte, skelet; omlysting, lys; stellasie; vakwerk; kader; struktuur, plan; bou *(v. 'n roman)*; *within the* ~ *of* ... binne die kader van ...

**franc** *(geldeenheid)* frank; *two* ~s twee frank.

**France** *(geog.)* Frankryk.

**fran·chise** *n., (han.)* bedryfsreg, franchise *(om 'n tak v. 'n kettinggroep te bedryf)*; vervaardigingsreg *(om 'n buitelandse produk plaaslik te maak)*; konsessie *(om 'n gebied/ens. te ontgin); (pol.)* stem-, kiesreg; *grant the* ~ *to* ... die stemreg aan ... verleen; *hold the* ~ *for s.t.* die agentskap/verspreidingsreg vir iets hê; *universal* ~ algemene stemreg. **fran·chise** *ww.* 'n franchise-lisensie toeken aan; 'n konsessie toeken aan. ~ **agency** eksklusiewe agentskap. ~ **agreement** bedryfsregooreenkoms, franchise-ooreenkoms; konsessieooreenkoms.

**fran·chi·see, fran·chise hold·er** bedryfsreghouer, franchise-houer; konsessiehouer.

**fran·chi·ser, fran·chi·sor** bedryfsreggewer, franchisegewer; konsessiegewer.

**Fran·cis·can** *n.* Franciskaan, Fransiskaan, Franciskaner, Fransiskaner. **Fran·cis·can** *adj.* Franciskaans, Fransiskaans; ~ *order* Franciskane-/Fransiskane-orde, Franciskaner-, Fransiskanerorde.

**fran·ci·um** *(chem., simb.:* Fr) frankium.

**fran·co** *(han.)* franko.

**Fran·co-Ger·man** *adj.* Frans-Duits.

**fran·co·lin** *(orn.)* patrys; **crested** ~ bospatrys; **coqui** ~ swempie; **grey-winged** ~ bergpatrys; **Orange River** ~ Kalaharipatrys; **red-winged** ~ rooivlerkpatrys; **Shelley's** ~ Laeveldpatrys.

**Fran·co·phil(e)** *(soms f ~)* Fransgesinde, Frankofiel.

**Fran·co·phone** *(soms f~)* Franstalig, =sprekend.

**fran·gi·pan·i** *(bot.)* frangipani; frangipaniparfuum; *red/white* ~ rooi-, witfrangipani.

**Frang·lais** Frangels, Frengels.

**Frank** *(hist., stamlid)* Frank. **Frank·ish** *n., (taal)* Frankies. **Frank·ish** *adj.* Frankies.

**frank**[1] *adj.* openhartig, eerlik, reguit; *be* ~ *with s.o. about s.t.* teenoor iem. openhartig wees oor iets. **frank·ly** reguit, ronduit, sonder doekies omdraai; *(quite)* ~ om die waarheid te sê, eerlik gesê; ~, *I don't believe it* ronduit gesê, ek glo dit nie. **frank·ness** openhartigheid, eerlikheid.

**frank**[2] *n.* frankeertekening; frankeerbrief. **frank** *ww.* frankeer.

**Fran·ken·stein** Frankenstein; *(fig.)* frankenstein. ~**('s mon·ster)** *(fig.)* frankenstein(monster).

**Frank·furt** *(geog.)* Frankfurt. **frank·furt·er** frankfurter, frankfurtworsie; knakwors(ie).

**frank·in·cense** wierook.

**Fransch·hoek heath** *(bot.)* franschhoek-, washeide.

**frans·mad·am** *(igt.)* fransmadam.

**fran·tic** gek, rasend, waansinnig, buite jouself, freneties; ~ *effort* verwoede/wanhopige poging. **fran·ti·cal·ly** wanhopig *(om hulp roep)*; koorsagtig *(rondhardloop)*; heftig *(protesteer)*; stormagtig *(toejuig)*; gesticulate ~ wilde gebare maak; *try* ~ koorsagtig probeer, wanhopige/freneltiese pogings aanwend; *be* ~ *worried about* ... jou doodbekommer oor ..., rasend van angs oor ... wees.

**frap·pé** *n., (Fr.: likeur/ens. op ysbrokkies)* frappé. **frap·pé** *adj. (pred.)* yskoud, verkil.

**fra·ter·nal** broederlik, kollegiaal; ~ *bond* broederband; ~ *twins* gewone/twee-eiige tweeling.

**frat·er·nise, -nize** verbroeder; verbroeder raak; ~ *with s.o.* met iem. verbroeder, broederlik met iem. omgaan. **frat·er·ni·sa·tion, -za·tion** verbroedering.

**fra·ter·ni·ty** broederlikheid, kollegialiteit; broederskap; gilde, gemeenskap; studentegilde, -korps.

**frat·ri·cide** broedermoord; broedermoordenaar. **frat·ri·cid·al** broedermoord-, broedermoordenaars-.

**fraud** bedrog, bedrieëry, bedrieglikheid; bedrieër; *commit* ~ bedrog pleeg. ~ **squad** bedrogeenheid, =afdeling, =span.

**fraud·ster** bedrieër, swendelaar.

**fraud·u·lent** bedrieglik, oneerlik; ~ *conversion* wederregtelike toe-eiening. **fraud·u·lence** bedrog; bedrieglikheid. **fraud·u·lent·ly** op bedrieglike wyse, deur bedrog.

**fraught** *(infml.)* gespanne, senu(wee)agtig; *(infml.)* angstig, beangs; *be* ~ *with* ... vol ... wees *(gevaar ens.)*; *be* ~ *with meaning* betekenisvol wees.

**Fräu·lein** *-lein(s), (D.)* jong Duitse dame, Fräulein.

**fray**[1] *n.* stryd, geveg, bakleiery; rusie, twis; *be eager for the* ~ strydlustig wees; *enter/join the* ~ tot die stryd toetree, in die kryt klim; *be ready for the* ~ reg/gereed vir die stryd wees.

**fray**[2] *ww.* rafel, (ver)slyt, (af)skaaf, (af)skawe; ~ *(out)* uitrafel. **frayed** rafelrig, toiingrig; ~ *edge* rafelkant, -rand.

**fraz·zle** flenter; *beat s.o. to a* ~ iem. pap/voos slaan, iem. goed opdons; *be burnt to a* ~, *(vleis ens.)* tot houtskool verbrand wees *(sonbaaier)* gaar gebrand wees; *be worn to a* ~, *(iem.)* gedaan/uitgeput wees; *(iem. se senuwees)* gedaan/klaar wees; *(kledingstuk ens.)* verslete/gedaan/klaar wees.

**freak** *n., (ook: freak of nature)* (natuur)frats, misbaksel, mon-

ster; *(misvormde plant)* misgewas; *(uitsonderlike/abnormale verskynsel)* gril, frats; *(iem. wat seksueel afwykend is)* misbaksel, pervert; *(infml.)* eksentriek(e mens), sonderling; *(infml.)* fanatikus, maniak; ~ *of fashion* modegril. **freak** *adj. (attr.)* onverwagde, onverwagte, frats-; abnormale; ~ *accident* fratsongeluk. **freak** *ww.:* ~ *(out), (infml.)* die horries kry, histeries raak, jou kop verloor; vrees-/paniek-/angsbevange raak; die piep *(of die [aap]stuipe)* kry, ontplof; hewig ontstel(d) raak; ~ *s.o. out* iem. die horries gee; iem. die piep *(of die [aap]stuipe)* gee, iem. rasend maak; iem. hewig ontstel. ~**out** *n.* dwelmnagmerrie; horries; piep, (aap)stuipe. ~ **show** fratsskou, -vertoning.

**freak·ish** grillig, wispelturig, vol giere/nukke.

**freak·y** *-ier =iest, (sl.)* grillerig, aaklig; bisar, vreemd.

**freck·le** *n.* sproet; vlek. **freck·le** *ww.* sproete gee/maak; vol sproete word; vlek, stippel. ~ *face* sproetgesig.

**freck·led, freck·ly** vol sproete, besproet; gevlek, gespikkel(d); ~ *face* sproetgesig.

**free** *freer freest, adj. & adv.* vry; los, ongedwonge; loshangend; ontkoppel(d), los; vrymoedig; gratis, kosteloos, vry, verniet; gul, vrygewig, rojaal; beskikbaar; onbeset; *(as)* ~ *as air* so vry soos 'n voël in die lug, volkome vry; ~ *on board* vry aan boord, boordvry; *make s.o.* ~ *of the city* ereburgerskap aan iem. toeken; *be* ~ *to confess* bereid wees om te erken; *get a day* ~ 'n dag vry kry; ~ *and easy* informeel en ontspanne; los, ongedwonge; ongeërg; familiêr, familiaar; *be* ~ *from s.t.* van iets vry wees *(siekte ens.)*; sonder iets wees *(kommer ens.)*; van iets ontslae wees; ~ *from care* onbesorg, onbekommerd, kommerloos, sonder sorge; *get s.t. (for)* iets verniet/gratis kry; *go* ~ vrygelaat word; vry rondloop; *set s.o.* ~ iem. vrystel/vrylaat, iem. op vrye voet(e) stel; iem. bevry; *s.o. is* ~ *to do s.t.* iem. kan iets doen, dit staan iem. vry om iets te doen; *feel* ~ *to do s.t.* die vrymoedigheid hê om iets te doen; *feel* ~ *to do it!* doen dit gerus!; *be* ~ *with s.t.* vrygewig met iets wees; kwistig/rojaal met iets wees; *be much too* ~ *with s.t.* glad te kontant wees met iets *(raad ens.)*. **free** *ww.* vrymaak, =sit, bevry, los; vrystel, in vryheid stel; los-, vrylaat; losmaak; verlos; *(enjin)* vryloop; ~ *o.s. from s.t.* jou van iets vrymaak; ~ *s.o. from s.t.* iem. van iets bevry. ~ **association** *(psig.)* vrye assosiasie. ~**base** kokaïenkristalle. ~**board** vryboord. ~**booter** vrybuiter. ~**born** vrygebore. ~ **city** vry(e) stad. ~ **energy** vrye energie. ~ **enterprise** vrye ondernemerskap/ekonomie, bedryfsvryheid. ~ **fall** *n.* vryval. ~**fall** *ww.* vry val. ~**fall formation** vryvalformasie. ~**floating** los-, vrydrywend *(plant ens.)*; vae *(vrees)*; partylose *(politikus)*. ~**for-all**, ~ **fight** *(infml.)* handgemeen, algemene bakleiery. ~ **hand** *n.: give/allow s.o. a* ~ iem. die vrye hand *(of carte blanche)* gee. ~**hand** *adj. & adv.:* draw ~ met/uit die (vry[e]) hand teken. ~**handed** vrygewig, rojaal, ruimhartig. ~**hold** →FREEHOLD. ~ **kick** *(voetbal)* vryskop. ~**lance** *n.* vryskut(werker). ~**lance** *ww.* vryskut wees, vryskutwerk doen. ~**living** vrylewend; *(infml.)* teer; ~ *on s.o.* op iem. teer, op iem. se nek lê, uit iem. se sak leef/lewe. ~**loader** *(infml.)* neklêer, parasiet. ~ **love** vrye liefde. ~**man** *(hist.)* vrye, vrygeborene; burger; erelid. ~ **market** vrye mark. ~**market system** vryemarkstelsel. **F~mason** Vrymesselaar. ~**masonry** vrymesselary; kameraadskap, samehorigheid(sgevoel); *F~* die Vrymesselary. ~ **play:** *give* ~ ~ *to s.o./s.t.* iem./iets sy/haar vrye loop laat neem. ~ **port** vryhawe. ~ **radical** *(chem.)* vry/onversadigde radikaal. ~ **range** *adj. (attr.)* plaas-; ~ *chickens/hens* plaas-, skrophoenders. ~ **skating** vryskaats. ~**spoken** openhartig, reguit, rondborstig. ~**standing** vrystaande; ~ *exercise* vrystaanoefening. ~ **state** vry(e) staat; *the F~ S~, (SA)* die Vrystaat. **F~ Stater** Vrystater. ~**stone** makklip, arduin, hardsteen; sandsteen, -klip; lospit. ~**style** *(swem)* vryslag. ~**thinker** vrydenker, vrygees. ~**thinking**, ~ **thought** *n.* vrydenkery, vrygeestigheid. ~ **trade** vryhandel *(sonder invoerregte)*; vry/onbelemmerde handel. ~ **translation** vry(e) vertaling. ~ **verse**

vry(e) vers. ~**way** snelweg, grootpad, deurpad, =weg. ~**wheel** *adv.* vrywiel; *ride* ~ vrywiel ry. ~ **will** wilsvryheid, die vrye wil; *of one's own* ~ ~ vrywillig, uit eie/vrye wil, vanself.

**-free** *komb.vorm* =vry; *tax*-~ belastingvry.

**free·bie** *(infml.)* iets gratis/verniet, pasella(tjie).

**free·dom** vryheid; onafhanklikheid, ongebondenheid; vry= dom; gemak; vrymoedigheid; ~ *from s.t.* vryheid van iets; *gain one's* ~ jou vryheid verkry/verwerf; ~ *of association* reg van vereniging, verenigingsreg; ~ *of a city* ereburgerskap *(v. 'n stad)*; vrydom van 'n stad *(vir d. vloot ens.)*; vrye toegang tot 'n stad; ~ *of conscience* gewetensvryheid; ~ *of the press* persvryheid; ~ *of religion/worship, religious* ~ godsdiensvry= heid, vryheid van godsdiens/aanbidding; *s.o. has the* ~ *to do s.t.* dit staan iem. vry om iets te doen. **F~ Charter** Vryheids= manifes. **F~ Day** *(SA: 27 April)* Vryheidsdag. ~ **fighter** vry= heidsvegter.

**free·hold** *(jur.)* (onvervreembare) eiendom; volle/vrye besit; eiendomsreg. ~ **right** eiendomsreg.

**free·hold·er** eienaar, besitter *(v. 'n eiendom)*.

**free·ly** vry, vry(e)lik; vrywillig, uit vrye wil; openlik, gerede= lik, openhartig; volop, ruim(skoots); rojaal.

**free·si·a** *(bot.)* kammetjie, freesia.

**freeze** *n.* bevriesing, blokkering, opskorting; *(infml., weerk.)* vriesweer; ryp. **freeze** *froze frozen, ww., (vloeistof)* vries, verys; bevries *(kos ens.)*; *(waterpype ens.)* toevries, vasvries; *(mens, dier)* verkluim, baie koud kry; *(weerk.)* ryp; *(weerk.)* laat verkluim *(mens, dier)*; *(weerk.)* laat vries *(d. wêreld ens.)*; *(iem.)* verstar; blokkeer *('n eis ens.)*; inperk *(krediet ens.)*; op= skort *(betaling ens.)*; stopsit *(vervaardiging ens.)*; vaspen *(pryse ens.)*; *(elektrode ens.)* vassmelt; *(metal., geol.)* stol; *be freezing* verkluim, baie koud kry; *(hande ens.)* yskoud wees; ~ *(to death)* verkluim, doodvries; ~ *in* vasys; ~ *on to ...*, *(infml.)* aan ... vasklou; ~ *s.o. out*, *(infml.)* iem. uitstoot/=werk; ~ *over* toeys, toevries; ~ *s.o.'s powers* iem. se bevoegdhede opskort; ~ *in one's tracks* botstil gaan staan; ~ *up* verys; toevries; *(fig., infml.)* kil word; *(iem.)* verstar; *(iem. se stem)* stok. ~**-dried** droogbevrore. ~**-dry** droogbevries. ~ **frame** *n., (filmk., TV)* beeldstuiter; beeldstuiting. ~**-frame** *ww., (filmk.)* op 'n beeld van ... stol. ~**-up** *n., (infml.)* snerpende/ ysige koue, vriesweer; *(Am.)* toevriesing/verysing van mere en riviere.

**freez·er** vrieskas, diepvries; vriesvak; vriesmasjien.

**freez·ing** *n.* bevriesing; verysing. **freez·ing** *adj.* yskoud, ysig. ~ **compartment** vriesvak. ~ **point:** *six/etc. degrees above/ below* ~ ~ ses/ens. grade bo/onder vriespunt.

**freight** *n.* lading, (skeeps)vrag; *(fig.)* vrag; vrag(geld); vrag= (prys); vragstukke; vragvervoer; (skeeps)vervoer; skeeps= huur. **freight** *ww.* versend *(vrag)*; bevrag, laai; huur, char= ter *('n skip)*; *be* ~*ed with ...*, *(fig.)* met ... belaai wees; onder ... gebuk gaan. ~**liner** houertrein. ~ **plane** vragvliegtuig.

**freight·age** vrag, vragvervoer; skeepshuur; vragprys; be= vragting.

**freight·er** vragskip, =vaarder; skeepshuurder; bevragter, vragvaarder; vervragter; vragvliegtuig.

**French** *n., (taal)* Frans; *(if you'll) excuse/pardon my* ~, *(infml.)* met permissie gesê; verskoon my taalgebruik; *what is the* ~ *for "hat"?* wat is "hoed" in Frans?; *the* ~, *(ekv.:* ~man, ~woman) die Franse. **French** *adj.* Frans; *go* ~ verfrans. ~ **bread,** ~ **loaf** Franse brood. ~ **Canada** *(geog.)* Frans-Kana= da. ~ **Canadian** *n.* Frans-Kanadees; *(taal)* Kanadese Frans. ~**-Canadian** *adj.* Frans-Kanadees. ~ **chalk** kleremakers=, snyerskryt; speksteen, talk; speksteenpoeier. ~ **doors** *n. (mv.)* dubbele glas=/vensterdeur. ~ **dressing** *(kookk.)* Franse slaaisous. ~ **fries** *n. (mv.), (Am.)* aartappelskyfies; →CHIP *n.*. ~ **Guiana** *(geog.)* Frans-Guiana. ~ **horn** *(mus.)* (Franse) ho= ring, waldhoring *(<D.)*. ~ **kiss** *n.* tongsoen. ~**-kiss** *ww.* tongsoen, 'n tongsoen gee/kry. ~ **knickers** damesbroekie met wye pype. ~**-language,** ~**-medium** *adj.* Franstalig.

~**man** =men Fransman. ~ **mustard** Franse mosterd. ~ **pleat,** ~ **roll** *(haarstyl)* Franse rol. ~ **polish** *n.* (skel)lakpolitoer. ~**-polish** *ww.* lakpolitoer. ~ **Revolution:** *the* ~ ~, *(hist.: 1789-99)* die Franse Revolusie/Rewolusie. ~ **seam** rolnaat. ~**-speaking** Fransprekend. ~ **toast** Franse braai=/rooster= brood. ~**woman** =women Franse vrou.

**French·i·fy** =fies =fying =fied, ww., (gew. neerh.) verfrans; *a Frenchified version/etc.* 'n verfranste/verfransde weergawe/ ens..

**fre·net·ic** *adj.*, **fre·net·i·cal·ly** *adv.* rasend, dol, waansin= nig, freneties, fanatiek.

**fren·zy** *n.* waansin, raserny; *in a* ~ *of ...* dol van ... *(blyd= skap ens.)*; in 'n vlaag van ... *(wanhoop ens.)*; waansinnig van ... *(haat ens.)*; *work an audience up to a* ~ 'n gehoor rasend maak. **fren·zied** waansinnig, koorsagtig; uit jou vel.

**fre·quen·cy** herhalendheid, herhaling; veelvuldigheid; snel= heid *(v. 'n pols ens.)*; trillingsgetal; frekwensie. ~ **distribution** *(statist.)* frekwensieverdeling. ~ **modulation** *(rad., afk.: FM)* frekwensiemodulasie. ~ **range** frekwensiebestek.

**fre·quent** *adj.* gereeld, reëlmatig, gedurig, frekwent; veel= vuldig, talryk, baie. **fre·quent** *ww.* dikwels/druk besoek, boer by; ~ *s.o.'s house* iem. se drumpel platloop/deurtrap. **fre·quent·er** besoeker, habitué. **fre·quent·ly** dikwels, baie= keer, kort-kort.

**fres·co** =co(e)s, *n.* fresko(tegniek); fresko(skildery), muur= skildery. **fres·coed** *adj.* in/al fresco *(It.)*; op vars, nat kalk/ pleister geskilder.

**fresh** nuut *(begin, hoofstuk, aankomeling, ens.)*; vars *(brood, groente, ens.)*; *(pred.)* fris, fleurig, lewendig, lewenslustig, op en wakker, fiks *(iem.)*; helder *([gelaats]kleur)*; onervare, groen; nat *(verf)*; vars, soet *(water)*; fris *(bries)*; koel, nogal koud *(oggend ens.)*; *(infml.)* (te) eie/familiêr *(of voor op die wa)*; *(infml.)* kontant, vrypostig, parmantig; *(infml.)* flirterig; *(as)* ~ *as a daisy* lekker uitgerus; lewendig; ~ *fodder* groenvoer; *be* ~ *from ...*, *(iem.)* pas terug van ... wees; *be* ~ *from the oven, (brood ens.)* oondvars *(of vars uit die oond)* wees; *be* ~ *from/off the press, ('n boek)* vars van die pers wees; ~ *horses* vars perde; *keep* ~ goedhou; *be* ~ *in the memory* vars in die geheue wees; ~ *milk* vars melk; soetmelk; *s.o. is* ~ *out of university/etc.* iem. is pas uit die universiteit/ens.; *perfectly* ~ neutvars; ~ *student* groentjie; ~ *weather* koel/fris weer; *a* ~ *wind* 'n fris *(of taamlik sterk)* wind; *be/get* ~ *with s.o., (infml.)* (te) eie/familiêr *(of voor op die wa)* met iem. wees; wees/ raak; kontant/vrypostig/parmantig teenoor iem. wees/raak; iem. nie met rus kan laat nie; flirterig met iem. wees/raak. ~**-baked** warm uit die oond. ~**-caught** pas gevang. ~**man** =men, ~**woman** =women →FRESHER.

**fresh·en** opfris, verfris; vars maak; uitvars; *(wind)* fris word, opsteek; ~ *up* jou opfris; ~ *s.t. up* iets opfris.

**fresh·er** =ers, **fresh·man** =men, **fresh·wom·an** =women, *(infml.)* eerstejaar(student), eerstejaartjie, groentjie, nuwe= ling.

**fresh·ly** pas, nou kort; opnuut; met nuwe moed; fris; ~ *baked* warm uit die oond; *a* ~ *mown lawn* 'n pas gesnyde grasperk.

**fresh·ness** frisheid; varsheid; oorspronklikheid; astrantheid.

**fresh·wa·ter:** ~ **fish** soetwater=, varswater=; riviervis.

**fret¹** *n.* ongerustheid, kommer, kwelling, ontsteltenis, paniek; ergernis; *be/get in a* ~, *(infml.)* in 'n toestand wees/raak, ang= stig wees/raak/word. **fret** =tt-, *ww.* knies, jou bekommer; er= ger, vererg, prikkel, hinder; in=, wegvreet; knaag/kanker aan; kou, byt *(op 'n stang)*; *(golfies)* kabbel; ~ *and fume* kook van ergernis/woede, raas en blaas. **fret·ful** brommerig, knorrig, iesegrimmig, prikkelbaar; knieserig.

**fret²** *n.* (figuur)saagwerk, uitgesaagde werk; Griekse rand, vlegrand; →FRETTED. **fret** =tt-, *ww.* uitsaag; figure saag; ver= sier met sny- of gedrewe werk; ruit, skakeer. ~ **cutting** fyn= saagwerk. ~**work** figuur=, fynsaagwerk; snywerk; Griekse randwerk.

**fret³** *n., (mus.)* drukpunt.

**fret·ted** *adj.* versier met sny- of gedrewe werk.

**Freud·i·an** *n.* Freudiaan. **Freud·i·an** *adj.* Freudiaans; ~ *slip* Freudiaanse glips. **Freud·i·an·ism** Freudianisme.

**fri·ar** monnik, klooster-, ordebroeder. ~'s *balsam* klooster-, bensoëbalsem.

**fri·ar·y** monnikeklooster.

**fric·as·see, fric·as·see** *n., (kookk.)* frikassee; fyn stowe= vleis. **fric·as·see, fric·as·see** *ww.* frikassee maak (van), frikasseer.

**fric·a·tive** *n., (fonet.)* frikatief, skuur-, skuringsklank. **fric·a·tive** *adj.* frikatief, skurend, skuur-, skurings-.

**fric·tion** wrywing, friksie; skuring; *(fig.)* wrywing, onmin, kon= flik. ~ *drive* wryfaandrywing. ~ *surface* wrywings-, wryf= vlak. ~ *tape* isoleerband.

**fric·tion·al** wrywings-; ~ *force* wrywingskrag; ~ *surface* wry= wingsvlak.

**fric·tion·less** wrywingsvry, sonder wrywing; *(fig.)* glad.

**Fri·day** Vrydag; *Good* ~ Goeie Vrydag; *(on)* ~s (op) Vrydag, Vrydae. ~ *afternoon* Vrydag(na)middag. ~ *evening* Vry= dagaand. ~ *morning* Vrydagmôre, -more, -oggend. ~ *night* Vrydagnag; Vrydagaand.

**fridge** *(infml.)* →REFRIGERATOR. ~**-freezer** ys-, koel-vrieskas. ~ *tart* yskastert.

**fried** gebraai; gebak; →FRY¹ *ww.*; ~ *egg* gebakte eier; ~ *fish* gebakte/gebraaide vis, braaivis.

**friend** vriend; vriendin; maat; *be bad* ~s kwaaivriende wees; *be* ~s vriende/bevriend wees; *become* ~s bevriend raak; *be the best of* ~s die grootste vriende wees; *have a* ~ *at court* 'n invloedryke vriend hê; *be fast/firm* ~s dik vriende *(of baie* bevriend) wees; *gain/make/win* ~s vriende maak/wen; *be great* ~s groot/dik vriende *(of groot maats)* wees; *an in= timate* ~ 'n boesemvriend *(of intieme vriend)*; *keep one's* ~s jou vriende behou; *make* ~s *(with s.o.)* (met iem.) be= vriend raak *(of* vriende/maats maak), (met iem.) vriendskap aanknoop/sluit; *make many* ~s baie vriende maak; *make* ~s *again with s.o.* weer vriende word met iem., met iem. versoen(d) raak; *no* ~ *of* ... geen vriend van ... nie; *a* ~ *of* ... 'n vriend van ...; *part* ~s as (goeie) vriende uitmekaar gaan; *see a* ~ 'n vriend besoek/opsoek; *be sworn* ~s boesem= vriende wees; *win* ~s →*gain/make/win*; *be* ~s *with s.o.* met iem. bevriend wees.

**friend·less** vriendeloos, sonder vriende.

**friend·li·ness** vriendelikheid, minsaamheid, welwillend= heid, minlikheid.

**friend·ly** -*lies, n., (sport)* vriendskaplike wedstryd. **friend·ly** *adj.* vriendelik, gaaf, minsaam; welwillend, goedgesind; be= vriend; vriendskaplik, vriendskaps-; *(mil.)* eie; bondgenoots-; ~ *countries* bevriende lande; *make a* ~ *gesture/overture* die hand van vriendskap uitsteek; ~ *match* vriendskaplike wedstryd; ~ *relations* vriendskaplike betrekkinge, vriend= skapsbetrekkinge; *be* ~ *to(wards)* s.o. vriendelik met/teen= oor iem. wees; *be* ~ *with s.o.* vriendskaplik met iem. omgaan; *become* ~ *with s.o.* met iem. bevriend raak *(of* vriende/maats maak). ~ *fire: be killed by* ~ ~, *(mil.)* deur (een van) jou eie makkers doodgeskiet word. ~ *society (Br.)* bystandsvereni= ging. ~ *troops* eie troepe; bondgenootstroepe.

**-friend·ly** *komb.vorm* -vriendelik; *environment-*~ omgewings= vriendelik; *user-*~ gebruik(er)svriendelik.

**friend·ship** vriendskap(likheid); *cultivate a* ~ kennisma= king/vriendskap soek; *a fast/firm* ~ 'n hegte/troue vriend= skap; *in* ~ uit vriendskap; *strike up a* ~ *with s.o.* 'n vriend= skap met iem. aanknoop.

**Frie·sian** *n., (Br.)* fries(bees).

**Fries·land** *(SA)* fries(bees).

**frieze** *(argit.)* fries; friesrand *(v. plakpapier)*.

**frig·ate** *(mil. sk.)* fregat. ~ *bird* fregatvoël.

**frig·ging** *adj., (plat, euf.* vir *fucking)* bleddie, blerrie.

**fright** skrik; angs; *(infml.)* voëlverskrikker, spook; lelikerd; *get a big* ~ groot skrik; *give s.o. a big* ~ iem. groot/lelik laat skrik; *escape with a* ~ met 'n skrik daarvan afkom; *get/ have a* ~ skrik, 'n skrik kry; *give s.o. a* ~ iem. laat skrik; iem. skrikmaak; *get the* ~ *of one's life* groot skrik, jou doodskrik; *give s.o. the* ~ *of his/her life* iem. groot laat skrik, iem. die *(of* 'n groot) skrik op die lyf ja(ag); *look a* ~, *(infml.)* soos 'n voëlverskrikker lyk; *turn pale with* ~ jou asvaal skrik; *be paralysed/petrified with* ~ jou (boeg)lam skrik, (boeg)lam geskrik wees; *recover from a* ~ van 'n skrik herstel; *take* ~ *at s.t.* vir iets skrik; vir iets bang word. **fright·en** skrikmaak, verskrik, laat skrik, bang praat, bangmaak; ~ *s.o. away/off* iem. afskrik/wegja(ag)/verwilder, iem. op loop ja(ag); *not* ~ *easily* nie vir koue pampoen skrik nie. **fright·ened** ver= skrik, bang, in die nood; vervaard; skrikkerig; *be badly* ~ baie bang wees; *be* ~ *by* ... vir ... skrik; *be* ~ *to death* jou doodskrik; *not be* ~ *easily* nie vir koue pampoen skrik nie; *be* ~ *into selling* jou so laat bangmaak dat jy verkoop; *be* ~ *of* ... vir ... bang wees; *be* ~ *out of one's senses/wits* jou (boeg)lam skrik *(of* oor 'n mik) skrik. **fright·en·ing** ontsettend, angs-, skrikwekkend. **fright·ful** verskriklik, vreeslik; afsku= welik, skrikwekkend, yslik, skokkend, vrees-, skrikaanjaend. **fright·ful·ly** vreeslik, verskriklik; yslik, ontsettend.

**frig·id** (ys)koud; ysig; kil, koel; onvriendelik; styf; lusteloos; vervelig; *(psig.)* frigied; ~ *zone, geog., ook* F~ Z~) poolstreek. **fri·gid·i·ty, frig·id·ness** koudheid, koelheid, kilheid; *(psig.)* frigiditeit.

**frill** valletjie, geplooide strook; kraag; *(fig.)* versierinkie, tier= lantyntjie; oortolligheid, oortollige luukse; dermvlies; *(i.d. mv. ook)* aanstellery; *put on* ~s jou aanstel, vol fiemies wees. **frilled** geplooi, met valletjies. **frill·y** vol plooitjies/valletjies.

**fringe** *n.* rand; soom; buitekant; selfkant; omtrek; fraaing; gordyntjie(kop); maanhare; *on the* ~(s) *of* ... aan die rand van ... **fringe** *ww.* met fraaings afwerk; (om)soom, afgrens; omrand; uitrafel. ~ *benefit* byvoordeel, bykomende voor= deel. ~ *festival* rand-, rimpelfees. ~ *figure* randfiguur. ~ *line* strandlyn. ~ *medicine* randgeneeskunde. ~ *phenom= enon* randverskynsel.

**fringed** uitgerafel(d); ~ *head* gordyntjiekop; ~ *with* ... met fraaings van ...; met ... omring/omsoom.

**fring·ing** rand, soom; omranding; fraaing(werk); rafelwerk. ~ *forest* galerybos. ~ *reef* kus-, strandrif.

**frip·per·y** tierlantyntjies, versiersel(s), tooisel(s), snuistery(e).

**fris·bee** frisbee.

**Fri·sian** *n., (inwoner of taal)* Fries. **Fri·sian** *adj.* Fries.

**frisk** *(polisie ens.)* visenteer *('n verdagte ens.)*; huppel, dartel, (bok)spring; agteropskop; rinkink; *(dier)* kwispel *(sy stert)*. **frisk·i·ness** lewendigheid, uitgelatenheid. **frisk·y** lewendig, uitgelate, speels.

**fris·son** *(Fr.)* (koue) rilling.

**frit** *n., (glasvervaardiging, keramiek)* frit. **frit** -*tt*-, *ww.* ge= deeltelik smelt; gloei.

**frit·il·lar·y** -*ies, (bot.)* keiserskroon; *(bot.)* kiewietsblom, kie= wieteiertjies; *(entom.)* perlemoenvlinder.

**frit·ter¹** *ww.*: ~ *s.t. away* iets verspil/verkwis *(tyd ens.)*.

**frit·ter²** *n.* poffertjie, koekie; vrugtepannekoek.

**friv·o·lous** ligsinnig, oppervlakkig, onbesonne; nietig, onbe= langrik, onbenullig, beuselagtig. **fri·vol·i·ty, friv·o·lous·ness** ligsinnigheid; beuselagtigheid; leë vermaak; ydeltuitery.

**frizz** *n.* kroesing, gekroes; kroeshare, -kop. **frizz** *ww.* krul, kroes maak.

**friz·zle¹** *n.* kroeshare, -kop; verkeerdeveerhoender. **friz·zle** *ww.* krul, kroes maak.

**friz·zle²** *ww.* sis; spat; borrel; sissend bak/braai; sputter *(i.d. pan)*.

**friz·zy, friz·zly** kroes(erig); ~ *hair* kroes hare; ~ *head* kroes-, bossiekop. **friz·zi·ness, friz·zli·ness** kroesheid.

**fro:** *to and* ~ heen en weer.

**frock** rok; toga; py, monnikskleed; manel. ~ **coat** manel. ~-**coated** in manel(pak).

**frog**[1] padda; *(neerh., F~: Fransman)* padda-eter; *have a ~ in one's/the throat, (infml.)* 'n padda in die keel hê, hees praat/wees. ~**fish** seeduiwel. ~**hopper** *(entom.)* skuimbesie, slangspoeg. ~ **kick** *(swem)* paddaskop *(by borsslag).* ~**man** =men paddaman. ~**march** *ww.* dra-mars; voortstoot; ~ *s.o. to ...* iem. (van agter af) beetpak/vasgryp en na ... toe dwing. ~**spawn** *(ook kookk., infml.: tapioka, sago)* padda-eiers.

**frog**[2] hanger *(vir 'n sabel).* ~ **(fastener)** sierlus(sie), knooplus *(op 'n uniform).* **frogged** met knooplusse.

**frol·ic** =ics, n. vrolikheid, vermaak, pret, plesiertjie; fuif(party). **frol·ic** =licking; =licked =licked, ww. pret maak; skerts, korswel, korswil; jakker, dartel, rondspring. **frol·ic·some, frol·ick·y** vrolik, plesierig, uitgelate, speels.

**from** van, vandaan, (van)uit; van ... af; uit; vanaf; volgens; van(dat); ~ *Amsterdam/etc.* uit Amsterdam/ens., van Amsterdam/ens. (af); *dig gravel ~ a pit* gruis uit 'n gat grawe; *ten/etc.* **kilometres** ~ *the end* tien kilometer van die end/einde af; *ten kilometres ~ town* tien kilometer uit die dorp; *two* **metres** ~ *each other* twee meter uit mekaar; ~ *out (of)* ... vanuit ..., uit ... (uit); ~ *school* van die skool (af); uit die skool; ~ ... *to ...,* *(betreffende plekke)* van ... tot ...; van ... tot aan/by ...; van ... na ... *(reis ens.);* ~ *Dad to Linda/etc.* van Pa aan Linda/ens.; *decrease/increase from ... to ...* van ... tot ... verminder/vermeerder; van ... tot ... daal/styg; van ... tot ... afneem/toeneem; *work ~ nine* **to** *five (o'clock)* van nege(uur)/nege(-uur) tot vyf(uur) werk; ~ *under one's glasses/spectacles* onder jou bril uit; ~ *what s.o. says* volgens wat iem. sê.

**frond** (loof)blaar; varingblaar; palmblaar.

**front** *n.* voorkant, =aansig; front, voorgewel *(v. 'n gebou);* voorste deel/gedeelte *(v. 'n voertuig ens.);* bors *(v. 'n kledingstuk);* beffie, borsie, borsstuk(kie); voorpant; *(infml.)* boesem *(v. 'n vrou);* kraag *(v. 'n skaap);* randkant; wal, oewer, strand; promenade, wandelweg; *(met., mil., pol.)* front; skyn; dekmantel, rookskerm; astrantheid; *it's all/just a ~* dis alles/pure skyn; *at the ~* aan die voorkant; *(mil.)* aan die front; *at the ~ of ...* aan die voorkant ...; *voor ...;* voorin *(of voor in)* ...; *put a* **bold** ~ *on it* 'n onverskrokke houding aanneem; *keep up (or put on or show/present) a* **brave/bold** ~ jou dapper hou/gedra, moedig probeer lyk/wees; *preserve a* **calm** ~ uiterlik kalm bly; *change* ~ van front/standpunt verander, omslaan, =swaai, draai; *a change of* ~ 'n om(me)swaai/front=verandering *(of verandering van standpunt);* **down** *one's* ~ op jou bors; oor jou bors (af); *be a ~* **for** *s.t.* as dekmantel vir iets dien; *second* **from** *the ~* naasvoor; *have the ~ to ... so* astrant wees om ...; *be* **in** ~ voor wees, aan/op die voorpunt wees; *be right* **in** ~ heel voor wees; *be right* **in** ~ *of ...* reg voor ... wees; *be* **in** ~ *of ...* voor ... *(d. huis staan 'n motor ens.);* **in** *the ~ of ...* voorin *(of voor in)* ... *(d. huis is 'n leë kamer ens.);* *do s.t.* **in** ~ *of s.o.* iets voor iem. doen; *look* **in** ~ *of o.s.* voor jou kyk; *on the domestic/home* ~ aan die tuisfront; *on the wages/etc.* ~ wat lone/ens. (aan)betref; *on a wide* ~ aan/oor 'n breë front; *put up a* ~ die skyn bewaar/red; ~ *and* **rear** voor en agter; *come* **to** *the* ~ vorentoe kom; na vore kom, opgang maak, op die voorgrond tree; *go* **to** *the* ~ vorentoe gaan; *(mil.)* na die front gaan; *turn* **to** *the* ~, *(mil.)* front maak; *a* **united** ~ 'n verenigde front. **front** *adj. & adv.* voorste, voor=, front=. **front** *ww.* uitkyk op; teenoor ... lê/staan van ...; staan/wees; beklee *(met marmer ens.);* aan die hoof staan van *('n organisasie);* lei *('n orkes);* die hoofsanger wees van *('n groep);* aanbied *('n program);* *(mil.)* (laat) front maak; ~ *for ...* as spreekbuis vir ... dien; as dekmantel/rookskerm vir ... dien; *the house ~s on(to)/towards/upon ...* die huis kyk op ... uit; ~*ed with stone/etc.* met die voorkant van klip/ens.. ~ **as**= **pect** vooraansig, =gewel. ~ **bench** *(parl.)* voorbank *(i.d. mv.)* voorgestoelte. ~**bencher** *(parl.)* voorbanker. ~ **door** voor=, huis=, buite=, straatdeur. ~ **elevation** vooraansig. ~ **end** *n.*

voorkant; voorstel. ~-**end** *adj.* voor=; vooruit betaalbaar; ~ *loader* laaigraaf; ~ *loading, (han.)* voorbetaling *(v. 'n lening ens.).* ~ **line** *n., (mil.)* frontlinie, =lyn, voorste lyn, gevegs=front, veglinie; *in the ~ ~ of s.t., (fig.)* aan die voorpunt van iets. ~**line** *adj. (attr.)* leidende, toonaangewende, voorste, invloedryke; belangrikste; ~ *states* frontliniestate; ~ *troops* fronttroepe. ~ **loader** voorlaai(was)masjien, voorlaaier. ~ **man** *(infml.)* fasademan. ~ **matter** voorwerk *(v. 'n boek).* ~ **money** voorskot; vooruitbetaling. ~ **organisation** frontor=ganisasie. ~ **page** *n.* voorblad. ~-**page** *adj. (attr.)* voorblad=; ~ *news* voorbladnuus. ~ **rank** voorry, eerste/voorste gelid/ry; *in the ~ ~, (ook)* van die eerste rang. ~ **ranker** vooraan=staande; *(rugby)* voorryman, =speler. ~ **room** voorkamer, voorste kamer, voorhuis. ~ **row** voorste ry, voorry. ~ **runner** voorloper. ~ **seat** voorbank; *in the ~ ~s* in die voorgestoelte. ~ **suspension** voorvering. ~ **view** voor=, frontaansig, fasa=de. ~-**wheel drive** *n.* voorwielaandrywing. ~-**wheel-drive** *adj. (attr.)* voorwielaangedrewe.

**front·age** front, voorkant; voorbreedte; frontbreedte.

**fron·tal** frontaal, voor=; front=; ~ *aspect* vooraansig, ~ *attack* frontaanval.

**fron·tier, fron·tier** grens; skeiding; *on the ~* aan die grens; op die voorposte; *open a new ~, (fig.)* 'n nuwe terrein ontgin, nuwe grond braak. ~ **dispute** grensgeskil. ~ **post** grenspos. ~ **war** grensoorlog.

**fron·tiers·man** =men, **wo·man** =women grensbewoner; baanbreker.

**fron·tis·piece** titelplaat, =prent *(v. 'n boek); (bouk.)* voorge=wel; *(bouk.)* fronton.

**front·ward(s)** *adv.* vorentoe, voorwaarts; vorentoe gerig; na die front.

**frost** *n.* ryp; yskors *(in 'n yskas); (fig.)* kilheid, afstandelik=heid; *be* **covered** *with* ~ wit geryp wees; *two/etc.* **degrees** *of* ~ twee/ens. grade onder vriespunt; *there has been a* **heavy** ~ dit het swaar geryp; *a* **heavy/severe/killing** ~ kwaai/strawwe/skerp ryp; *be* **killed** *by* ~ doodryp. **frost** *ww.* ryp; doodryp; dof/mat maak *(glas); (Am.)* versier *('n koek);* grys/vroegoud maak. ~**bite** vriesbrand. ~**bitten** bevries, bevrore. ~**bound** vasgevries, vasgeys. ~-**hardy** rypbestand.

**frost·ed** deur ryp beskadig; *become* ~ aanslaan; ~ *glass* mat=, ysglas; *be* ~ *over* toegeys wees.

**frost·ing** bevriesing; versiering *(v. 'n koek);* versiersel, ver=siersuiker.

**frost·less** rypvry.

**frost·y** ryperig; wit van die ryp; (ys)koud, ysig *(nag ens.);* kil, ysig *(iem. se blik ens.);* onvriendelik *(verwelkoming ens.);* ~ *weather* vriesweer. **frost·i·ly** yskoud; *(fig.)* kil, koel, onvrien=delik. **frost·i·ness** ryp(erigheid); *(fig.)* kilheid, koudheid.

**froth** *n.* skuim; kaf, onsin. **froth** *ww.* skuim; bruis; ~ *at the mouth* skuimbek; *s.o. was* ~*ing at the mouth* skuim het op iem. se mond gestaan. **froth·y** skuimerig; vol valletjies en plooi=tjies; oppervlakkig, waardeloos.

**frou-frou** *(onom.)* opsmuk, tooisel, tierlantyntjies; sirp-sirp, geruis, geritsel.

**frown** *n.* frons, rimpel; afkeurende blik. **frown** *ww.* frons, jou voorkop op 'n plooi trek, nors kyk; ~ *at s.o.* vir iem. frons; iem. suur aankyk; ~ *(up)on s.t.* iets afkeur. **frown·ing** *adj.* fronsend; kwaai, nors, streng, stuurs, suur *(gesig, voorkoms);* afkeurend; *(fig.)* dreigend, onheilspellend, skrikwekkend.

**frowst** *n., (Br., infml.)* bedompige lug; bedompigheid. **frowst** *ww.* (sit en) broei. **frowst·y** muf, benoud, bedompig.

**fro·zen** bevries, bevrore; yskoud; ysig; verys; ~ *account* ge=blokkeerde rekening; *be* ~ *(to the bone/marrow)* verkluim, (totaal) verkluim wees; ~ *credit* bevrore krediet; ~ *in/up* vasgeys; ~ *meat* bevrore vleis; ~ *money* geblokkeerde geld; ~ *ocean* yssee; ~ *ore* vasgegroeide/vasklewende erts; ~ *over* toegeys; ~ *zone* poolstreek.

**fruc·tose** *(chem.)* fruktose, vrugtesuiker.

**fru·gal** spaarsaam, suinig; matig; voordelig; *a ~ meal* 'n so=
ber/karige maal.

**fruit** *n.* vrug, vrugte; *bear ~* vrugte dra; *the bitter ~s of ...,*
*(fig.)* die wrange vrugte van ...; *forbidden ~* verbode vrugte;
*the ~s of one's labour* die vrugte van jou arbeid; *reap the ~s*
die vrugte pluk; die gevolge dra; *a tree is known by its ~* aan
die vrugte ken ('n) mens die boom. **fruit** *ww.* vrugte dra;
vrugte laat dra. *~ bar* (droë)vrugtestafie. *~ basket* vrug=
temandjie. *~ bat* vrugtevlermuis. *~-bearing* vrugdraend.
*~ beetle* vrugtetor. *~ bowl* vrugtebak. *~ bud* vrugknop.
*~cake* vrugtekoek; *(sl.)* eksentriek, eienaardige/anderste(r)/
rare skepsel *(of* entjie mens), iem. wat van sy/haar trollie/
wysie af is *(of* 'n skroef los het); *as nutty as a ~* so mal soos
'n haas, stapelgek. *~ chutney* vrugteblatjang. *~ cocktail*
mengelvrugte, vrugtekelkie. *~ cordial* vrugtedrank, -stroop.
*~ cup* vrugtekelk(ie). *~ dish* vrugtebak. *~ drink* vrugte=
drank(ie). *~ drop* vrugteklontjie. *~ farm* vrugteplaas. *~ farm=*
*er, ~ grower* vrugteboer, -kweker. *~ farming, ~ growing*
vrugteboerdery, -kwekery, -teelt. *~ fly* vrugtevlieg. *~-grow=*
*ing* vrugteboerdery, -kwekery, -teelt. *~ gum* vrugtegomme=
tjie. *~ jar* vrugtefles. *~ juice* vrugtesap. *~ knife* vrugtemes=
(sie). *~ liqueur* vrugtelikeur. *~ machine (infml.)* dobbelouto=
maat. *~ packer* vrugtepakker. *~ pulp* vrugtemoes, -pulp. *~*
*purée* vrugtemoes. *~ salad* vrugteslaai. *~ salt* vrugtesout,
bruispoeier. *~ season* vrugtetyd. *~ stall* vrugtestal(letjie).
-kraampie. *~ stand* vrugteskottel; vrugtestalletjie. *~ tree*
vrugteboom.

**fruit·ful** vrugbaar. **fruit·ful·ness** vrugbaarheid.

**fru·i·tion** rypheid; genot; verwerkliking; *(fig.)* vrug(te); *bring*
*s.t. to ~* iets verwerklik; *s.t. comes to ~* iets word verwerklik
*(of* kom tot rypheid).

**fruit·less** sonder vrugte; *(fig.)* vrugteloos, nutteloos, vergeefs.
**fruit·less·ness** vrugteloosheid.

**fruit·y** vrugte-; smaaklik; pittig; *~ taste* vrugtesmaak; *~ wine*
wyn met 'n vrugtegeur.

**frump** slons(kous), slodderkous, sloerie. **frump·ish, frump·y**
slonserig, verslons, onversorg, slordig; smaakloos, stylloos,
onelegant.

**frus·trate** verydel, dwarsboom, fnuik, kortwiek, in die wiele
ry, omvergooi, omvêrgooi; frustreer; *~ s.o.'s hopes* iem. se hoop
verydel *(of* die bodem inslaan). **frus·trat·ing** *adj.*, **frus·trat=**
**ing·ly** *adv.* frustrerend. **frus·tra·tion** verydeling, dwarsbo=
ming, verhindering; frustrasie, teleurstelling, vertwyfeling.

**fry**[1] *n.* braaigereg, gebraaide gereg; *(i.d.mv., Am.)* (aartappel)=
skyfies, (slap)tjips; *fish ~* visbraai(ery). **fry** *ww.* braai; bak;
→FRIED, FRYER, FRYING; *~ eggs* eiers bak; *~ out s.t.* iets uit=
braai; *~ in the sun* in die son braai; *~ s.t. well* iets uitbak.

**fry**[2] *n.* teelvis; klein vissies; *small ~, (infml.)* van min(der) be=
lang; *(onbelangrike mens[e] ens.)* klein vissie(s) (in 'n groot
dam); kleintjies, kleingoed, kleinspan.

**fry·er, fri·er** braaier; (braai)pan; bakvis; *(Am.)* braaikuiken,
(jong) braaihoender.

**fry·ing** (die) braai, braaiery. *~ basket* braaimandjie. *~ fat*
braaivet. *~ pan* braai-, bakpan; *jump out of the ~ ~ into the*
*fire* van die wal in die sloot beland.

**fuch·sia** *(bot.)* fuchsia, foksia.

**fuck** *n., (vulg. sl.): not care/give a ~ (about s.o./s.t.)* fokkol/
boggherol/bokkerol (vir iem./iets) omgee, nie 'n fok/hel/
moer (vir iem./iets) omgee nie; *be a good ~, (iem.)* 'n lekker
stuk wees, goed in die bed wees; *have a good/etc. ~* ('n slag)
lekker/ens. naai/pomp/stoot; *an ugly/etc. ~, (veragtelike*
*mens)* 'n lelike/ens. fokker/bliksem/wetter/moer/ens.. **fuck**
*ww., (vulg sl.: seks hê)* naai, steek, stoot; *~ about/around*
rondfok, -naai; *~ off!* fokkof(, man)!, (gaan/vlieg in) jou
moer(, man)!, te hel met jou(, man)!; *~ this/that!* fok/bog=
gher/bokker dit!, te hel hiermee/daarmee!; *~ s.o./s.t. up* iem./
iets opfok/opneuk; *don't ~ with me!* moenie met my neuk
nie!; *~ you!* fok jou!, (gaan/vlieg in) jou moer(, man)!, jou

gat(, man)!. **fuck** *tw., (vulg. sl.)* fok!, bliksem!, dêm!, dem=
mit!, dêmmit!; *~ it!* fokkit!, demmit!, dêmmit!. *~-all n., (vulg.*
*sl.)* fokkol, boggherol, bokkerol. *~-up n., (vulg. sl.)* fokkop,
boggherop, bokkerop, helse gemors.

**fucked** *(vulg. sl.), (uitgeput)* poegaai, pê; *(iem., iets)* in sy moer
(in), gefok.

**fuck·er** *n., (vulg. sl.)* fokker, boggher, bokker, bliksem, don=
der, wetter, swernoot.

**fuck·ing** *adj. & adv., (vulg. sl.)* fokken, bleddie, blerrie, dêm,
blessit(se), donders(e), flippen.

**fud·dle** versuftheid, beneweldheid, beneweling, bedwelming,
waas; *be in a ~ (ver)suf/benewel(d) (of* in 'n waas) wees. **fud=**
**dled** (ver)suf, benewel(d), in 'n waas.

**fud·dy-dud·dy** *n., (infml.)* (regte) ou agter-die-klip. **fud=**
**dy-dud·dy** *adj.* agter die klip, oudoos, outyds, ouderwets.

**fudge** *n., (kookk.)* fudge; *(infml.)* verdoeseling, bewimpeling.
**fudge** *ww.* nie oop kaarte oor ... speel nie; versuiker *('n*
*situasie ens.);* dokter, (be)kook, plooi, knoei/konkel met, ver=
vals *(data ens.).*

**fu·el** *n.* brandstof; vuurmaakgoed; *add ~ to the fire/flames,*
*(fig.)* olie in/op die vuur gooi; *the car is heavy on ~* die mo=
tor gebruik baie brandstof; *wood ~* brandhout. **fu·el** *-ll-,*
*ww.* van brandstof voorsien; brandstof inneem; stook, aan
die gang hou *('n vuur);* laat oplaai *(wrewel);* aanblaas, aan=
stook, aanwakker *(anargie, ontevredenheid, vyandskap, ens.);*
*~ up* brandstof inneem. *~ capacity* brandstofinhoud. *~ cell*
brandstofsel. *~ consumption* brandstofverbruik. *~ economy*
brandstofbesparing. *~ gauge* brandstofmeter. *~ injection*
brandstofinspuiting. *~ oil* brand(stof)olie, oliebrandstof,
stookolie. *~ pressure* brandstofdruk. *~ pump* brandstof=
pomp. *~ supply* brandstoftoevoer. *~ system* brandstoflei=
ding, -stelsel. *~ tank* brandstoftenk. *~ tanker* brandstofwa;
brandstofskip.

**fu·gi·tive** *n.* vlugteling; weglouer, droster; *a ~ from justice*
(or *the law/police)* 'n voortvlugtige. **fu·gi·tive** *adj.* voort=
vlugtig; vlugtig, verbygaande, kortstondig; veranderlik, on=
bestendig.

**fugue** *(mus.)* fuga; *(psig.)* fuga, swerfsiekte.

**Fu·ji:** *Mount ~, ~-san* (die) Foedjiberg, die berg Foedji.

**ful·crum** -crums, -cra steun-, draagpunt; draaipunt, spilkop.

**ful·fil, (Am.) ful·fill** *-ll-* verwesen(t)lik, verwerklik, uitvoer,
deurvoer; vervul; voldoen aan *(vereistes, voorwaardes, ens.);*
voorsien in, beantwoord aan *('n behoefte ens.);* nakom *('n be=*
*lofte ens.);* be *fulfilled* vervul word, in vervulling gaan. **ful·fil·ling**
bevredigend *(werk ens.).* **ful·fil·ment, (Am.) ful·fill·ment**
verwesen(t)liking, uitvoering; vervulling; volbrenging, vol=
bringing, volvoering.

**full** *n.* volheid; hoogtepunt; *in ~* ten volle, volledig, in sy ge=
heel; voluit; *live to the ~* jou uitleef/uitlewe; *write one's name*
*in ~* jou naam voluit skryf/skrywe; *to the ~* ten volle, voluit,
geheel en al. **full** *adj.* vol; volledig; volwaardig; voltallig;
breedvoerig; gevul; *turn s.t. to ~ account* die volste/beste
gebruik van iets maak; *a ~ beard* 'n volbaard; *s.o.'s cup is*
*~, (fig.)* iem. se maat is vol; *a ~ day* 'n vol/druk dag; 'n
volle/hele dag; *in ~ gallop* op 'n harde galop; *a ~ hundred*
'n volle honderdtal; *a ~ member* 'n volle lid; *the moon is*
*~* die maan is vol; *be ~ of ...* vol ... wees *(water ens.);* vol van
... wees *(d. nuus, 'n onderwerp, ens.);* *be ~ of o.s.* jou (nogal)
wat verbeel; *the ~ orchestra* die volle orkes; *be ~ to over=*
*flowing, ('n bad, glas, ens.)* oorvol *(of* tot oorlopens toe vol)
wees; *('n dam ens.)* kant en wal lê; *('n saal ens.)* stampvol
wees; *~ powers* volmag; *pay ~ price* die volle prys betaal; *a*
*~ programme* 'n vol/besette program; *the ~ programme,*
*the programme in ~* die volledige program; *~ ripeness*
volrypheid; *~ stroke* volle slag; *~ subscription* volle in=
tekengeld *(vir 'n tydskrif ens.);* voltekening, volskrywing *(v.*
*effekte-uitgifte ens.);* be *in ~ supply* volop wees; *~ supply*
*level* oorloopvlak *(v. 'n dam ens.);* *the ~ team* die volledige

span; *be* ~ *up* heeltemal beset/vol wees, stampvol wees; *(infml.)* dik/versadig wees; *be* ~ *up with work* oorlaai wees met werk; ~ *value* volle waarde *(v. 'n bate, vir jou geld kry/ontvang, ens.); be* ~ *of vitality* vol lewenslus wees; *a* ~ *year* 'n volle/ ronde jaar. **full** *adv.* vol, ruim, heeltemal, ten volle, baie; *look s.o.* ~ *in the face* iem. reg in die gesig/oë kyk; *s.t. caught/ hit/struck s.o.* ~ *in the face* iets het iem. reg in die/sy/haar gesig getref, iem. het iets reg in die/sy/haar gesig gekry; ~ *out* met alle/volle mag/krag; ~ *ripe* volryp, heeltemal ryp; *a* ~ *twenty/etc. years/etc.* ruim *(of* 'n volle*)* twintig/ens. jaar/ens.. ~ *age* mondigheid; *of* ~ ~ *mondig*, meerderjarig. ~**back** *(sport)* heelagter. ~ **blood** *n.* volbloed(perd/ens.). ~**blooded** *adj. (attr.)* volbloed-, opregte, opreg geteelde *(perd ens.); (fig.)* volbloed- *(aksieprent ens.);* aarts- *(kommunis ens.).* ~**blown** in volle bloei, volgroei(d); uitgegroei(d); volwaardig, volskaals, volslae *(vigs ens.).* ~ **board** volle losies. ~**bodied** stewig, swaarlywig, geset; ~ *wine* lywige/vol/swaar wyn. ~**bore**, ~**calibre** *(attr.)* grootkaliber- *(geweer ens.).* ~**bottomed** *('n skip)* met 'n groot laairuimte. ~ **brother** eie/volle broer. ~ **colonel** volle kolonel. ~ **cousin** eie/volle neef/nig- gie. ~~**cream:** ~ *cheese* volroom-, volvetkaas; ~ *milk* vol- (room)melk, volvetmelk; ~ *sherry* volsoet sjerrie. ~ **dress** *n.* aandklere; seremoniële drag; *(mil.)* groot tenue, gala-uni- form. ~~**dress** *adj. (attr.)* (e)de(el)d; volledig; ~ *debate* formele debat; ~ *rehearsal* kleedrepetisie, proefopvoering; ~ *uniform* groot tenue, gala-uniform. ~ **employment** volledige werkgeleentheid, volle indiensname. ~~**face (crash) helmet** volgesigvalhelm. ~ **finish** alkantafwerking. ~~**flavoured** vol- geurig, pittig *(tabak).* ~ **flood:** *be in* ~ ~, *(rivier)* baie vol wees, baie sterk loop, sy walle oorstroom, kant en wal loop/ vloei/wees. ~ **frontal** *n., (infml.)* iem. in sy/haar volle man- like/vroulike naaktheid, foto/ens. van iem. in al sy/haar *(of* in sy/haar volle*)* naakte glorie, foto/ens. wat alles wys. ~~**fron- tal** *adj. (attr.), (infml.)* wat alles wys *(pred.);* hewige *(aanval, kritiek); confront s.o. with* ~ *interrogations about s.t.* iem. oor iets kruisvra *(of* onder kruisverhoor neem); ~ *male nudity* 'n man in al sy *(of* in sy volle*)* naakte glorie; ~ *photograph* foto wat alles wys, naakfoto wat reg van voor geneem is. ~~**grown** volgroei(d), uitgegroei(d), volwasse. ~ **house** *(teat. ens.)* vol saal. ~~**length** *adj. (attr.)* volledige, onverkorte, van volle lengte *(pred.),* vollengte- *(ballet, rolprent, ens.);* vollengte- *(foto, portret, spieël, ens.);* lang *(aandrok, gordyne, ens.).* ~ **marks** *n. (mv.)* volpunte; *give s.o.* ~ ~ *for s.t., (infml.)* iem. tien uit tien vir iets gee. ~ **monty** *(infml.): the* ~ ~ die hele boksemdais/boksendais; poedelnaaktheid; *do/go the* ~ ~ al jou klere *(of* jou poedelkaal/-naak*)* uittrek, van alles ontslae raak, alles wys; *go the* ~ ~, *(ook)* alles uithaal, enduit volhard, niks ontsien nie. ~ **moon** volmaan. ~~**page advertisement** volbladadvertensie. ~~**rigged** *(sk.)* ten volle getuig; ~ *ship, (ook)* driemaster. ~~**scale** *adj. (attr.)* volskaal- *(model ens.);* volledige, omvattende *(hersiening ens.);* van volle omvang *(pred.),* volskaalse, algehele *(oorlog, staking, ens.);* volslae *(an- argie ens.).* ~ **score** *(mus.)* groot-, volpartituur. ~ **sister** eie/ volle suster. ~ **size** *n.* ware grootte. ~~**sized** *adj.* van volle grootte; *(infml.)* uitgevreet. ~~**skirted** met 'n wye romp. ~ **speed,** ~ **steam:** ~ ~ *ahead* volstoom *(of* met/op volle krag*)* vorentoe; *go/proceed* ~ ~ *ahead* volstoom voortgaan *(of* aan die gang wees*); it is* ~ ~ *ahead with* ... dit is vol- stoom voort met ...; *(at)* ~ ~ in/met volle vaart, volstoom, met volle stoom, met alle/volle krag. ~ **stop** *(leesteken)* punt; *come to a* ~ ~ botstil (gaan) staan; heeltemal stilhou; heelte- mal ophou; *I'm not going,* ~ ~! ek gaan nie, en daarmee basta *(of* [is dit] uit en gedaan)!. ~~**throated** uit volle bors. ~ **time** *n., (sport)* einde van die/'n wedstryd, uitskeityd; *at* ~ ~ aan die einde van die wedstryd, toe die eindfluitjie blaas, met uitskeityd. ~~**time** *adj. & adv.* heeltyds, voltyds; eind- *(telling).* ~ **toss** *(kr.)* volbal.

**full·er's earth** volders-, vollersaarde, volaarde, bleikaarde, Brusselse aarde.

**full·ness, ful·ness** volheid; volledigheid; uitvoerigheid;

volte; *in the* ~ *of time* (uit)eindelik, oplaas, op laas, einde ten laaste; mettertyd, op die duur.

**ful·ly** volkome *(begryp, oortuig);* volledig *(tevrede);* heeltemal *(herstel);* heelhartig *(saamstem);* terdeë *(v. iets bewus wees);* vol, ten volle *(bespreek wees)* ten volle *(geklee[d] wees);* ~ *40 years/etc. ago* goed/minstens *(of* 'n volle*)* 40 jaar/ens. gelede; ~ *40% of the population/etc.* goed/minstens *(of* 'n hele*)* 40% van die bevolking/ens.; ~ *automatic* ten volle outomaties, vol-outomaties; ~ *charged/loaded* volgelaai; ~ *intended* vas voorgenome; ~ *matured* volryp; *more* ~ meer in be- sonderhede; *explain s.t. more* ~ iets nader toelig; ~ *paid* ten volle betaal; volgestort *(aandele ens.); a* ~ *qualified doc- tor/etc.* 'n afgestudeerde *(of* volledig opgeleide*)* dokter/ens.. ~~**fledged,** *(Am.)* **full-fledged** ten volle beveer(d) *(voël);* vol- ledig; volgroei(d), uitgegroei(d); volleerd; volslae, volwaar- dig.

**ful·mar** *(orn.): Southern* ~ silwerstormvoël.

**ful·mi·nate** uitvaar, skel, tier; *(chem.)* fulmineer; ~ *against* ... heftig/hewig teen ... uitvaar, op ... skel. **ful·mi·nant, ful·mi- nat·ing** skellend, tierend; bulderend, weerklinkend, knal- lend; *(chem.)* knal-; *(med.)* fulminerend, skielik/vinnig en ern- stig *(siekte); ~consumption, (med.)* galopterig, vlieënde tering. **ful·mi·na·tion** uitbarsting; knal; fulminasie.

**ful·some** oordrewe; stroperig. **ful·some·ness** oordrewen- heid.

**fu·ma·role, fu·me·role** fumarole, rookgat, dampbron *(v. 'n vulkaan).*

**fum·ble** *n.* getas; verbroude vangskoot, bottervat; lomp/on- handige poging. **fum·ble** *ww.* tas; onhandig wees; ~ *about/ around* rondtas, -voel; ~ *a ball, (sport)* na 'n bal tas, 'n bal mis vang/vat *(of* laat val *of* uit jou hande laat glip), 'n vang- skoot verbrou; ~ *for s.t.* na iets tas/(voel-)voel/rondvoel; ~ *for words* na woorde soek, oor jou woorde struikel, hakkel, stamel; ~ *with a lock* sukkel om 'n slot oop te sluit.

**fume** *n.* damp, walm, (uit)wasem(ing); gas(walm); rook- (walm); stank; *(fig.)* woedebui. **fume** *ww.* damp, walm, uit- wasem; rook; uitrook; berook *(hout);* briesend/rasend/smoor- kwaad/woedend *(of* buite jouself [van woede]*)* wees, kook (van woede), skuimbek; *(lett. & fig.)* bewierook; →FUMING; ~ *at s.t.* briesend/rasend/smoorkwaad/woedend oor iets wees; ~ *and fret* kook van ongeduld; ~*d oak* berookte eikehout. ~ **cupboard** rookkas.

**fu·mi·gate** berook, uitrook, uitgas, ontsmet, fumigeer. **fu- mi·gant** uitrook-, berokingsmiddel. **fu·mi·ga·tor** beroker, fu- migeerder; berokingstoestel.

**fu·mi·ga·tion** beroking, uitroking, ontsmetting (deur rook), fumigasie. ~ **chamber** berokings-, gaskamer.

**fum·ing** rokend; dampend; woedend; *be* ~ *with impatience* brand van ongeduld.

**fun** *n.* pret, plesier(igheid), jolyt; grap, aardigheid; skertsery; *now the* ~ *begins/starts, (infml.)* nou gaan die poppe dans *(of* die pret begin*); for* ~, *just for the* ~ *of it* (net) vir die aardigheid/grap/lekkerte; *s.o.'s not doing it for the* ~ *of it* iem. doen dit nie vir sy/haar plesier nie; ~ *and games, (infml.)* pret en plesier/jolyt; *s.o. is (good)* ~ iem. is goeie/lekker ge- selskap; *good/great* (or *lots of*) ~ baie pret; *have* ~ pret hê/maak, plesier hê; *it is* ~ *to* ... dit is lekker/prettig om te ...; *join in the* ~ saam pret maak; *make* ~ *of* (or *poke* ~ *at*) *s.o.* met iem. gekskeer/spot *(of* die gek skeer*),* iem. vir die gek hou; *have rare* ~ die grootste pret hê; *now we'll see some* ~, *(infml.)* nou gaan die poppe dans; *that sounds like* ~ dit klink goed; *spoil the* ~ die pret bederf. **fun** *adj. (attr.), (infml.)* lekker, vrolike *(mens);* lekker, prettige *(idee, speletjie);* ougat, kostelike *(hoed); have a* ~ *time at a party* 'n partytjie gate uit geniet. ~**fair** pretpark; kermis. ~~**filled** prettig, vol pret. ~**loving** vrolik, plesierig. ~ **run** pretdraf.

**func·tion** *n.* funksie, funksionering, werking, (werk)verrig- ting; werk, taak, rol, plig; amp, pos, hoedanigheid; *(rek., wisk.,* *chem., ling.)* funksie; onthaal, geselligheid; *in* ~ in funksie; *perform a* ~ 'n funksie uitoefen/waarneem; 'n amp vervul. **func·tion** *ww.* werk, werk verrig, funksioneer; fungeer, optree, diens doen; ~ *as ... as ...* fungeer/dien/optree. ~ **key** *(rek.)* funksietoets. ~ **word** *(ling.)* funksiewoord.

**func·tion·al** funksioneel, bruikbaar; werkings-; formeel; amptelik, amps-; funksie-. **func·tion·al·ism** funksionalisme; nuwe saaklikheid.

**func·tion·ar·y** beampte, amptenaar, funksionaris; titularis.

**func·tion·ing** *n.* werking, (werk)verrigting, funksionering; fungering. **func·tion·ing** *adj.* werkend, funksionerend; fungerend.

**fund** *n.* fonds; *(i.d. mv.)* kapitaal, kontant, fondse; voorraad; bron *(v. inligting);* skat *(v. kennis); be in* ~s genoeg geld hê; hard van die geld wees; *a **lack/shortage** of* ~*s* 'n gebrek aan geld/kontant/middele; *be **pressed** for* (or **short** of ) ~*s* knap van geld wees, geld kort(kom), geldgebrek hê; *raise* ~*s* geld insamel; ~*s are always **short*** dit haper altyd aan geld; *strengthen the* ~*s* die fondse/kas styf/stywe. **fund** *ww.* finansie(e)r, befonds, finansieel steun, (die) geld verskaf vir *('n projek ens.);* konsolideer *(skuld ens.);* in 'n fonds belê; in (staats)effekte belê. ~**raiser** fonds-, geldinsamelaar. ~**rais-ing** fonds-, geldinsameling.

**fun·da·ment** fondament; *(fml. of skerts.)* agterwêreld, agterstewe, sitvlak. **fun·da·men·tal** *n.* grondslag, (grond)beginsel, basis; *(i.d. mv.)* grondbeginsels, basiese dinge; *get down to* ~*s* tot op die bodem kom. **fun·da·men·tal** *adj.* fundamenteel, essensieel, grondliggend, wesen(t)lik, grond-, basis-; ~ *law* grondwet; ~ *mistake* grondfout; ~ *note* grondnoot; *be* ~ *to s.t.* aan iets ten grondslag lê; ~ *tone* grondtoon; ~ *truth* grondwaarheid. **fun·da·men·tal·ism** fundamentalisme. **fun·da·men·tal·ist** *n.* fundamentalis. **fun·da·men·tal·ist** *adj.* fundamentalisties. **fun·da·men·tal·ly** in beginsel, in wese, eintlik.

**fun·di** -dis, *(SA, infml.: kenner)* foendi(e), fundi.

**fund·ing** finansiering, finansiëring, befondsing; konsolidering *(v. skuld ens.).* ~ **agreement** befondsingsooreenkoms.

**fu·ner·al** begrafnis; *at a* ~ by/op 'n begrafnis; *that's his/her* ~, *(infml.)* dis sy/haar indaba, hy/sy sal self moet sien en kom klaar *(of die gelag moet betaal).* ~ **ceremony** teraardebestelling, begrafnisplegtigheid. ~ **contractor,** ~ **director,** ~ **fur-nisher** lykbesorger, begrafnisondernemer. ~ **honours** laaste eer. ~ **march** doodse-, treurmars. ~ **parlour,** *(Am.)* **parlor** begrafnisonderneming. ~ **pile,** ~ **pyre** brand-, lykstapel. ~ **procession,** ~ **train** begrafnis-, lyk-, roustoet. ~ **service** rou-, begrafnisdiens. ~ **urn** urne, lykbus, askruik.

**fu·ner·ar·y** begrafnis-; lyk-.

**fu·ne·re·al** begrafnis-, graf-, lyk-, dode-, treur-; somber, droewig; *a* ~ *voice* 'n grafstem.

**fun·gi·cide** swamdoder. **fun·gi·cid·al** swamdodend.

**fun·gus** *fungi, funguses* fungus, swam, paddastoel; skimmel. **fun·gal** swamagtig, swam-; skimmel-; ~ *disease* swamsiekte.

**fu·nic·u·lar** draad-, kabel-; funikulêr. ~ **(railway)** kabelspoor(weg), sweefspoor; tandratspoor.

**funk**[1] *n.,* *(hoofs. Br., infml.)* bang(ig)heid, vrees, angs; *(Am.)* depressie; *get the* ~*s* bang word; paniekerig/paniekbevange raak; *be in a (blue)* ~, *have the (blue)* ~*s* doodbang/beangs wees, lelik in die nood wees; in die put sit, neerslagtig wees; *s.t. puts s.o. into a (blue)* ~ iets laat iem. se broeksype beef/bewe. **funk** *ww.* bang wees, kleinkoppie trek; terugdeins vir; wegskram van; *s.o.* ~*ed it* iem. het kleinkoppie getrek.

**funk**[2] *(mus.)* funk.

**funk·y** *(infml.)* funky, aards; *(sl.)* gevoelvol, sielvol; *(sl.)* kief, hip, koel, baie oorspronklik.

**fun·nel** tregter; skoorsteen *(v. 'n skip);* lug-, rookpyp; slurp. ~**-shaped** tregtervormig.

**fun·ni·ly:** ~ *enough* snaaks/vreemd genoeg, merkwaardigerwys(e).

**fun·ni·ness** snaaksheid; vreemdheid.

**fun·ny** *n.* grap(pie); *(i.d. mv., Am., infml.)* strokies(prente); strokiesblad *(in 'n koerant).* **fun·ny** *adj.* snaaks, koddig, grappig, vermaaklik, komies; vreemd, eienaardig; *feel* ~, *(infml.)* aardig voel; *have a* ~ *feeling that ...* 'n nare vermoede/spesmaas hê dat ...; *a* ~ *one, (iem.)* 'n snaaksie; *s.t. seems* ~ *to s.o.* iets is vir iem. snaaks; *something* ~ *is going on, (infml.)* iets is nie pluis nie; *are you **trying** to be* ~*?* probeer jy 'n grap maak?; *be too* ~ *for **words*** skree(u)snaaks wees. ~ **bone** *(infml.)* kielie-, skok-, eina-, verneuk-, gonna-, gottabeentjie. ~ **business** *(infml.)* kullery, gekul, knoeiery, gekonkel, bedrog. ~ **farm** *(infml., neerh.)* groendakkies, malhuis. ~ **ha-ha** *adj., (infml.)* snaaks, grapp(er)ig, →FUNNY PECULIAR. ~ **man** grapjas, grapmaker. ~ **money** *(infml.)* speelgeld; vervalste geld; swart geld. ~ **peculiar** *adj., (infml.)* snaaks, eienaardig, vreemd; →FUNNY HA-HA.

**fur** *n.* pels; pelsmantel; pelskraag; velletjie; sagte hare, wol; aanpaksel, aanslag; beslag *(op d. tong);* kim *(op wyn);* ketelsteen, ketelaanslag; *make the* ~ *fly, (infml.)* die hare laat waai, die poppe laat dans. **fur** *-rr-, ww.* met pels/bont voer/beklee; *('n ketel, d. tong)* aanpak, aanslaan; skoonmaak *('n ketel);* →FURRED, FURRY; ~ *up, ('n ketel, d. tong)* aanpak. ~ **cap** pels-, velmus. ~ **coat** pels-, bontjas. ~ **fabric** pelsstof. ~ **seal** pelsrob.

**fur·be·low** geplooide strook; falbala.

**fur·bish** oppoets, blinkvryf, blinkvrywe *('n swaard ens.);* ~ *s.t. up* iets opknap/skoonmaak; iets restoureer *('n gebou ens.).*

**fur·cate, fur·cat·ed** *adj.* gevurk, gesplits. **fur·cate** *ww.* splits, vertak; aftak; afdraai.

**fu·ri·ous** woedend, briesend (kwaad), rasend; verwoed; woes, onstuimig; *be* ~ *at ...* woedend/briesend *(of die hoenders/josie/joos in)* wees oor ...; *be* ~ *with s.o.* vir iem. woedend (kwaad) *(of die hoenders/josie/joos in)* wees.

**furl** opvou, oprol; afslaan *(sambreel);* toevou *(waaier ens.);* oprol, inbind *(seil); (blare ens.)* opkrul, toevou.

**fur·lough** *(vnl. mil.)* verlof.

**fur·nace** *n.* (smelt)oond, hoogoond; stookoond; smeltkroes; vuurherd; *be tried in the* ~, *(fig.)* deur die smeltkroes gaan. ~ **oil** brand(stof)olie, oliebrandstof, stookolie.

**fur·nish** meubileer; inrig, toerus; verskaf, lewer, voorsien; verstrek, gee; *be* ~*ed with ...* met ... gemeubileer wees; van ... voorsien wees. **fur·nish·er** meubelhandelaar; meubelmaker; leweransier.

**fur·nish·ing** meubilering; versiering; versiersel; *(i.d. mv.)* (a)meublement, meubelment; *(i.d. mv.)* uitrusting, toebehore, bybehore. ~ **fabric** meubelstof.

**fur·ni·ture** meubels, huisraad, (a)meublement, meubelment; inhoud; toebehore, bybehore; beslag, montering; *a piece of* ~ 'n meubelstuk. ~ **beetle** meubelkewer. ~ **van** meubel-(vervoer)wa, verhuiswa.

**fu·rore,** *(Am.)* **fu·ror** opskudding, furore; (groot) opspraak; (groot) ontevredenheid/verontwaardiging/misnoeë; (luide) protes, (groot) teen-/teëkanting; *cause/create a* ~ 'n opskudding veroorsaak; (groot) opspraak (ver)wek; groot ontevredenheid veroorsaak.

**furred** (dig) behaar(d); *a* ~ *kettle/tongue* 'n aangeslane/aangeslaande/aangepakte ketel/tong; *be* ~ *up, ('n ketel, d. tong, ens.)* aangepak wees.

**fur·ri·er** pelsenier, pelsmaker, pelswerker; pelshandelaar.

**fur·row** *n.* (lei)voor, (lei)sloot, groef; skroefgang; rimpel; riffel; *plough a lonely* ~ eensaam deur die lewe gaan; 'n alleenloper wees. **fur·row** *ww.* ploeg; slote/vore maak; groef, rimpel; riffel. **fur·rowed** gegroef; gefrons; gerimpel(d).

**fur·ry** met pels gevoer, pels-; wollerig; *(d. tong ens.)* aangepak, aangeslaan.

**fur·ther** *adj.* verder, vêrder, meer afgeleë/verwyder(d); nader; meer; ~ *information* nader(e)/verder(e)/vêrder(e) inligting; ~ *investigation* nader(e) ondersoek; ~ *proceedings* verdere/vêrdere verrigtinge. **fur·ther** *adv.* verder, vêrder; voorts, vervolgens; buitendien, bowendien; boonop; ~ *along* verder/vêrder op; ~ *and* ~ al hoe verder/vêrder; *anything* ~? nog iets?; ~ *from* ... verder/vêrder van ...; *go* ~ *and fare worse* beter soek en slegter kry; *it is* **much** ~ dit is nog 'n hele ent (verder/vêrder); *no* ~ niks verder/vêrder nie; ~ *on* verder/vêrder (op/vorentoe/weg), hoër op; later; vervolgens; ~ *to* ..., *(fml.)* met verwysing na ...; in aansluiting by ... *(my brief ens.).* **fur·ther** *ww.* bevorder, voorthelp, (onder)steun, in die hand werk. ~ **education** voortgesette/naskoolse onderwys.

**fur·ther·ance** bevordering, steun; *in (*or *for the) ~ of* ... ter bevordering van ...

**fur·ther·more** verder, vêrder; boonop; buitendien, bowendien; voorts, vervolgens.

**fur·ther·most** verste, vêrste; mees afgeleë; uiterste.

**fur·thest** verste, vêrste; uiterste; *at (the)* ~ op sy hoogste, uiterlik.

**fur·tive** heimlik, tersluiks, steels; skelm, onderduims, agterbaks; *steal a ~ glance at s.o.* skelmpies/steels na iem. kyk. **fur·tive·ly** skelmpies, stilletjies, onderlangs.

**Fu·ry** *Furies, (Gr. mit.)* Furie, Wraakgodin; *(i.d. mv.)* Furieë, Furies, Wraakgodinne.

**fu·ry** -*ries* woede, raserny, toorn; tierwyfie, helleveeg, feeks; *fly into a ~* ontplof, die aap-/bobbejaanstuipe kry, rasend/woedend word; *like ~, (infml.)* verwoed, besete; *(werk ens.)* dat dit (so) gons; *(hardloop)* (as) of die duiwel agter jou (aan) is.

**fuse** *n.* lont, ontsteker *(v. plofstof);* buis *(v. ammunisie); (elek.)* sekering, sekerings-, smeltdraad(jie); *blow a ~* 'n sekering laat uitbrand; *(infml.)* ontplof, in woede uitbars; *(infml.)* jou selfbeheersing *(of* [jou] *kop)* verloor; *the ~ has/is blown* die sekering is uitgebrand *(of* het gesmelt); *s.o. has a short ~, s.o.'s ~ is short, (infml.)* iem. het 'n kort lont, iem is kort van draad *(of* gou op sy/haar perdjie). **fuse** *ww., (twee of meer dinge)* (laat) saamsmelt/verenig; *(metale, stemme, ens.)* (laat) ineensmelt/versmelt; *(sekering)* (laat) smelt; *(gloeilamp ens.)* (laat) uitbrand/uitblaas; *(molekules)* kondenseer; van 'n lont voorsien; van 'n buis voorsien; *(elek.)* van sekering voorsien; ~*d hole* gelaaide gat. ~ **board**, ~ **box** sekeringsbord, -kas. ~ **plug** sekeringsprop, propsekering; buisprop. ~ **wire** sekerings-, smeltdraad(jie).

**fu·se·lage** romp *(v. 'n vliegtuig).*

**fu·si·ble** smeltbaar, smelt-. **fu·si·bil·i·ty** smeltbaarheid.

**fu·si·form** *(bot., soöl.)* spoel-, spilvormig.

**fu·sil·lade** fusillade, geweervuur, salvo.

**fu·sil·li** *(It. kookk.)* fusilli, skroefnoedels.

**fu·sion** samesmelting, vereniging; ineensmelting, versmelting; ineenvloeiing, samevloeiing; koalisie *(v. pol. partye);*

*(fis.)* fusie; smelting; *(mus.)* fusion; kondensasie, kondense= ring *(v. molekules).* ~ **bomb** smeltbom.

**fuss** *n.* ophef, gedoe, gedoente, drukte; bohaai, herrie, lawaai; *make (*or *kick/put up) a ~ about/over s.t., (infml.)* 'n bohaai/herrie/lawaai oor iets opskop/maak; *make a ~ of/over s.o.* 'n ophef van iem. maak. **fuss** *ww.* karring, neul, sanik; tekere *(of* te kere) gaan, tekeregaan; 'n ophef maak; peuter; ~ *about* rondpeuter; senu(wee)agtig rondloop; ~ *about s.t.* oor iets karring; ~ *over s.o.* 'n ophef van iem. maak. ~**pot, fusser** *(infml.)* fiemiesrige/puntene(u)rige mens; neulpot, neulkous, saniker.

**fussed** *(Br., infml.)* senu(wee)agtig, gespanne; *not be ~ about s.t.* iets is vir jou om't *(of* om 't/die) ewe.

**fuss·y** kieskeurig, puntene(u)rig, vol fiemies; nougeset, presies; oordrewe/oordadig (versier); *be ~ about one's appearance* presies op jou voorkoms wees; *be ~ about detail* pynlik noukeurig/presies wees. **fuss·i·ness** kieskeurigheid; nougesetheid; oordrewenheid.

**fu·tile** (te)vergeefs, nutteloos, futiel; sinloos, betekenisloos; nietig, onbeduidend, onbenullig. **fu·tile·ly** (te)tevergeefs. **fu·til·i·ty** vrugteloosheid, futiliteit; sinloosheid; nietigheid.

**fu·ton** *(Jap.)* futon.

**fu·ture** *n.* toekoms; vervolg; *(gram.)* futurum, toekomende tyd; *a dark ~* 'n duister toekoms; *provide for the ~* vir die toekoms/oudag voorsiening/voorsorg maak; *have a ~* 'n toekoms hê, goeie vooruitsigte hê; *not know what the ~ holds (*or *has in store)* nie weet wat die toekoms inhou nie; *in ~* voortaan, in die vervolg, van nou af; *in the ~* in die toekoms; *in the near ~* in die nabye toekoms; *look into the ~* 'n blik in die toekoms werp; *there's no ~ in it* dit het geen toekoms nie; *read (*or *see into) the ~* die toekoms voorspel, in die toekoms sien; *the ~ is s.o.'s* die toekoms staan vir iem. oop. **fu·ture** *adj.* toekomstig; aanstaande; toekomend; ~ *tense* toekomende tyd; *his/her ~ wife/husband* sy/haar aanstaande (vrou/man). ~ **shock** toekomsskok.

**fu·tures** *n. (mv.), (fin.)* termynkontrakte; *dealing in ~* termynhandel.

**fu·tur·is·tic** futuristies.

**fu·tu·ri·ty** toekoms, toekomstigheid; hiernamaals.

**fu yung** →FOO YONG.

**fuzz**[1] dons; pluis. ~ **word** wollerige woord.

**fuzz**[2] *(sl.)* polisie.

**fuzz·y** dons(er)ig; pluiserig; rafelrig; kroes(erig) *(hare);* vaag, onduidelik; benewel(d), verward *(denke);* newel=; ~ *logic, (rek.)* vae logika; ~ *set, (wisk.)* newelversameling. **fuzz·i·ness** dons(er)igheid; pluiserigheid; rafelrigheid; kroes(erig)heid; vaagheid, onduidelikheid; beneweldheid; verwardheid.

**fyn·bos** *(Afr., bot.)* fynbos.

# Gg

**g, G** *g's, G's, Gs, (sewende letter v.d. alfabet)* g, G; *(sl.)* duisend rand/dollar/ens.; *little ~ g'*tjie; *small ~* klein g. **G5** =s, *(SA houwitser)* G5. **G6** =s, *(SA selfaangedrewe houwitser)* G6. **G7** *(afk. v.* Group of Seven) G7. **G7 countries** G7-lande. **G flat** *(mus.)* G-mol. **G-force** *(fis.)* swaartekrag. **G-man** *-men, (Am., infml.)* FBI-agent. **G sharp** *(mus.)* G-kruis. **G spot** *(anat.: erogene kol)* G-kol. **G-string** *(mus.)* G-snaar; *(skrapse onderkledingstuk)* deurtrekker; *Bach's Air on a ~* Bach se Air op 'n G-snaar. **G-suit** *(lugv.)* G-pak.

**gab** *n., (infml.)* gebabbel, geklets; *have the gift of the ~* glad wees met die bek/mond; *stop your ~* hou op met jou ge= babbel. **gab** =bb=, *ww.* babbel, klets. **gab·by** *(infml.)* praterig, kletserig.

**gab·ar·dine, gab·ar·di̱ne, gab·er·dine, gab·er·di̱ne** *(tekst.)* gabardien.

**gab·ble** *n.* gebabbel, gekekkel, geklets; gemompel, gebrom; gesnater *(v. ganse).* **gab·ble** *ww.* babbel; mompel; aframmel *(gebed, gedig); (ganse)* snater. **gab·bler** babbelaar, kekkelbek, babbel=, kletskous.

**ga·bi·on** *(siviele ing.)* skanskorf.

**ga·ble** gewel; geweltop, =spits. **~ end** gewelent. **~ roof** saal= dak.

**ga·bled** met gewels, gewel=; *~ house* gewelhuis.

**Ga·bon** *(geog.)* Gaboen. **Gab·o·nese** *n. & adj.* Gaboenees.

**ga·boon vi·per** gaboenadder, skoenlapperadder.

**Ga·bri·el** *(Byb.)* Gabriël.

**gad** =dd=, *(infml.): ~ about/around* rondjakker, rondrits. **gad= a·bout** *(infml.)* slenteraar, rondloper.

**gad·fly** blinde=, perdevlieg; *(fig.)* laspos.

**gadg·et** toestelletjie, apparaatjie, uitvindsel, affêrinkie. **gadg= et·ry** allerlei masjientjies/affêrinkies/goetertjies.

**gad·o·lin·i·um** *(chem., simb.:* Gd) gadolinium.

**Gae·a, Gai·a, Ge** *(Gr. mit.: godin v.d. aarde)* Gaia, Ge; →GAIA. **Gael** Skotse/Ierse Kelt. **Gael·ic** *n. & adj.* Gaelies.

**gaff¹** *n.* vishaak; visspies; gaffel *(v. 'n skip).* **gaff** *ww.* haak, spies *('n vis).* **~-topsail** gaf(fel)topseil.

**gaff²** *n.: blow the ~, (infml.)* die aap uit die mou laat, klik, die geheim verklap; *blow the ~ on s.o., (infml.)* iem. verklik/verraai.

**gaffe** *(Fr.)* blaps, flater, stommiteit.

**gaf·fer** oubaas, outoppie; *(infml., hoofs. Br.)* voorman; *(TV, filmk.)* hoofbeligter.

**gag¹** *n.* prop (in die mond); *(med.)* mondklem; knewelstang; *(parl.)* sluiting. **gag** =gg=, *ww., (lett.)* die mond toestop; *(fig.)* muilband, die mond snoer; die sluiting toepas; 'n knewel= stang aansit; (ver)stik; braakbewegings maak; *~ s.o.* iets in iem. se mond prop. *~ law (infml.)* hou-jou-bek-wet.

**gag²** *n., (infml.)* kwinkslag, sêding, grap; kunsie; *(teat.)* inge= laste woorde; *(i.d. mv.)* sêgoed; *that's an old ~* dis 'n ou sto= rie/grap. **gag** *ww.* grappe maak; inlas *(woorde ens., in 'n akteursrol).* **~-man** =men grapskrywer; komediant.

**ga·ga** *(infml.)* kêns, kens, kinds; *go ~, (infml.)* kêns/kens/kinds raak.

**gag·gle** *n.* gesnater; klompie ganse; *(infml.)* wanordelike/ oproerige mense. **gag·gle** *ww., (ganse)* snater.

**Gai·a: ~ hypothesis, ~ theory** Gaiahipotese, =teorie; →GAEA.

---

**gai·e·ty** vrolikheid, joligheid, jolyt; pret, plesier; fleurigheid, kleurigheid.

**gai·ly** vrolik, opgewek; lustig.

**gain** *n.* wins, voordeel, profyt; gewin; baat; (prys)styging; aanwins; vordering; voorsprong; *s.o.'s ill-gotten ~s* iem. se onregmatige winste; *a ~ in ...* 'n toename in ...; *one man's ~ is another man's loss* die een se dood is die ander se brood; *not for ~* sonder winsbejag/=oogmerk/=motief; *for personal ~* vir eie gewin; *~ in weight* gewigtoename. **gain** *ww.* wen; wins maak, voordeel trek; verwerf, (ver)kry, verdien; bereik, behaal; vorder, vooruitkom; *~ nothing by s.t.* iets bring (vir) jou niks in die sak nie; niks deur/met iets wen nie; *what does s.o. ~ by that?* wat bereik iem. daarmee?, wat wen iem. daar= deur/daarmee?; *~ in ...* aan ... wen *(aansien ens.); in ...* toe= neem *(gewig ens.); ~ one's object* die/jou doel bereik; *~ on/ upon s.o.* iem. begin inhaal; 'n voorsprong op iem. behaal/ kry; *~ a metre on/upon s.o.* 'n meter op iem. wen *(in 'n wedloop); stand to ~ by s.t.* wins van iets kan verwag; *~ time* tyd wen; *~ the upper hand* die oorhand kry; *~ many votes* baie stemme kry/trek.

**gain·ful** voordelig; inhalig. **gain·ful·ly** voordelig; *~ employed* in besoldigde diens.

**gain·ings** *n. (mv.)* wins(te).

**gain·say** =said =said, *(fml.)* teen=, teëspreek, weerspreek, ont= ken. **gain·say·er** ontkenner, weerspreker, teen=, teëspreker; teen=, teëstander.

**gait** gang, stap, loop.

**gai·ter** stofkamas, oorkous, slobkous; *(mil.)* kort kamas; (mo= tor)kous, beenkous *(v. 'n band); kous (v. 'n masjien).*

**gal** *(Am. sl.)* = GIRL.

**ga·la** gala, fees(telikheid). *~ performance* galaopvoering.

**ga·lac·tic** *(astron.)* melk=; melkweg=.

**ga·lac·tose** *(biochem.)* galaktose, melksuiker.

**ga·la·go** =gos = BUSHBABY.

**Gal·a·had** *(fig.)* ridder(like man), galante/ware heer; *Sir ~* sir Galahad *(v.d. Arturlegende).*

**gal·ax·y** *(astron.)* galaksie, galaktika, sterrestelsel; *(fig.)* uitge= lese/deurlugtige geselskap; skittering; *the G~* (or *Milky Way*) die Melkweg.

**gale** storm; stormwind. *~ force* stormsterkte. *~-force wind* stormsterk wind.

**ga·le·na, ga·le·nite** *(min.)* loodglans, swa(w)ellood, gale= niet.

**Gal·i·lee** *(geog.)* Galilea; *Sea of ~/Tiberias, Lake of Gennesaret* See van Galilea/Tiberias, Gennesaretmeer. **Gal·i·le·an¹** *n.* Galileër. **Gal·i·lae·an, Gal·i·le·an** *adj.* Galilees.

**Gal·i·le·o:** *~ Galilei* Galileo Galilei. **Gal·i·le·an²** *adj.* van Ga= lilei.

**gal·joen** =joen, *(Afr., igt.)* galjoen.

**gall¹** *n., (infml.)* vermetelheid, aanmatiging; bitterheid; *have the ~ to ..., (infml.)* die vermetelheid hê om te ...; *dip one's pen in ~, (fig.)* jou pen in gal/gif doop. *~ bladder* galblaas. *~stone* galsteen.

**gall²** *n.* skaafplek; kwelling, seer plek; irritasie; ergernis. **gall** *ww.* skaaf, skawe, skuur; seermaak, grief; kwel; verbitter; vergal. **gall·ing** ergerlik; bitter, griewend; kwetsend.

**gall³** *n.* galappel, galneut. **~fly** galvlieg. **~(nut)** galneut, =appel. **~ wasp** galwesp.

**gal·lant, gal·lant** *n.* galante/sjarmante/innemende/hoflike man. **gal·lant** *adj.* dapper; fier, trots; galant, hoflik; *make a ~ stand* jou dapper verset. **gal·lant·ry** dapperheid, kranig= heid; galanterie, hoflikheid.

**gal·le·ri·a** winkelgalery, =gang, =arkade.

**gal·ler·y** galery; *(teat.)* toeskouers; gang *(in 'n myn)*; *(kuns)=* museum; skyfgat; *play to the ~* goedkoop applous *(of* massa= applous) soek, gewildheid/populariteit soek, windmaker(ig) speel; *the ~, (teat., ook gh.)* die toeskouers; *upper ~, (teat.)* en= gelebak.

**gal·ley** *-leys, (druk.)* setplank, setselpan, galei; *(sk.)* sloep; *(sk., hist.)* galei; *(cook's)* ~ skeepskombuis. ~ **(proof)** *(druk.)* strook=, galeiproef. **~ slave** galeislaaf; *(infml.)* slaaf, werkesel.

**Gal·lic** Gallies; Frans. **Gal·li·cism** Gallisisme.

**gal·li·nule** *(orn.)* koningriethaan; *Allen's ~* kleinkoningriet= haan.

**gal·li·um** *(chem., simb.:* Ga) gallium.

**gal·li·vant** *(infml.)* rondflenter, =rits, =jakker; kattemaai, piere= waai. **gal·li·vant·er** rondloper, =ritser, joller.

**gal·lon** *(Br., Am.)* gelling, gallon; *two/etc.* ~s a day twee/ens. gelling(s)/gallon per *(of* op 'n) dag.

**gal·lop** *n.* galop; *at a ~ in (of* op 'n) galop; *put a horse into ~* 'n perd op 'n galop trek; *strike into a ~* begin galop. **gal·lop** *ww.* galop, galoppeer; *~ through a book, (infml.)* deur 'n boek vlieg; *~ through/over ...* deur/oor ... ja(ag). **gal·lop·ing** ga= lopperend; *~ consumption, (patol.)* vlieënde tering, *(infml.)* galoptering; *~ inflation* onkeerbare inflasie, wegholinflasie.

**gal·lows** galg; *die on the ~* aan die galg sterf/sterwe. **~ bird** *(infml.: iem. wat d. galg verdien)* galgkos, =aas. **~ humour** galgehumor. **~ tree** galg(paal/stut).

**ga·lore** *adj. (pred.)* volop, in oorvloed; *money ~* geld soos bossies.

**ga·losh·es, go·losh·es** *n. (mv.)* rubber=, waterstewels, oorskoene.

**ga·lumph** *(infml.)* (rond)struikel/strompel, stommel.

**gal·van·ic** galvanies.

**gal·va·nise, =nize** galvaniseer; versink; skielik in beweging bring; *~d iron, (bouk.)* sink(plaat), gegalvaniseerde yster; *~d sheet* sinkplaat, versinkte plaat. **gal·va·ni·sa·tion, =za·tion** galvanisasie, galvanisering; versinking.

**gal·va·nom·e·ter** galvanometer, swakstroommeter.

**gam** *(sl.)* (mens se) been.

**Ga·ma·liel** *(Byb.)* Gamaliël; *sit at the feet of ~, (idm.)* aan die voete van Gamaliël sit.

**gam·bit** *(skaak)* gambiet; gambietloper; gambietopening.

**gam·ble** *n.* kans=, dobbelspel; waagstuk. **gam·ble** *ww.* dob= bel, speel; vir geld speel; waag; *~ s.t. away* iets verspeel; *~ on s.t.* met iets 'n kans waag. **gam·bler** dobbelaar; *a confirmed ~* 'n verstokte dobbelaar.

**gam·bling** dobbel(a)ry, dobbel; *a passion for ~* dobbelsug; *take to ~* aan die dobbel raak. **~ debt** dobbelskuld. **~ house** dobbelhuis, =nes, =plek. **~ table** speel=, dobbeltafel.

**gam·bol** *n.* bokkesprong, sprong. **gam·bol** *-ll-, ww.* bok= spring, baljaar, huppel; *~ for joy* rondspring van vreugde.

**gam·brel** hak(skeen)=, spring=, spronggewrig *(v. 'n dier);* slagters=, karkashaak.

**game¹** *n.* spel, spel(l)etjie; *(kaartspel, biljart)* pot; wedstryd; grap; wild; wild(s)vleis; *~ all, (tennis ens.)* gelykop; *beat s.o. at his/her own ~, (fig.)* iem. op sy/haar eie terrein *(of* met sy/haar eie wapens) verslaan; *the ~ is not worth the candle, (infml.)* die kool is die sous nie werd nie; *a ~ of chance/hazard* 'n kans=/gelukspel; *a ~ of chess* 'n spel skaak; *play a dangerous ~, (fig.)* 'n gevaarlike spel speel; *play a double ~* vals speel; dubbelhartig handel; *draw a ~, (sport)* gelykop speel; *that is forbidden ~* dit is verbode wild; *(infml.)* hou jou hande

daar(van) af; *give the ~ away, (infml.)* die aap uit die mou laat, met die (hele) mandjie patats uitkom, alles uitblaker; *have/play a good ~* lekker speel, 'n lekker wedstryd speel; goed speel; *have the ~ in one's hands* die wedstryd is klaar gewen; *a hard ~* 'n taai wedstryd; *have a ~* 'n potjie speel; *it's all in (or [all] part of) the ~, (infml.)* dit hoort daarby; *still be in the ~* nog 'n kans hê (om te wen), nog kan wen; *make a ~ of it* die spel speel; *none of your ~s!* moenie streke (probeer) aanvang/uithaal nie!; *that's not the ~* dit is nie billik/eerlik nie; *be off one's ~* van stryk (af) wees; *the ~ is on* die spel het begin; die wedstryd sal plaasvind; *play ~s with s.o., (gew. neerh.)* iem. vir die gek hou, met iem. (speletjies) speel; *play the ~* eerlik speel; eerlik/reg handel/optree; *play the ~!* moenie kierang nie!; *not play the ~* nie mooi/reg maak nie; *two can play at that ~* daardie speletjie kan ek ook speel, dit kan ek ook doen; *play s.o.'s ~* in iem. se kaarte speel; *throw a ~, (infml.)* 'n wedstryd (opsetlik) weggooi; *the ~ is up* die saak is verlore; iem. se doppie het geklap; *what is his/her (little) ~?* wat het/voer hy/sy in die mou?, wat voer hy/sy in die skild?, watse plannetjies is dit met hom/haar?; *know what the ~ is, (infml.)* weet hoe laat dit is; *it's your ~* jy't ge= wen. **game** *adj.* moedig, veglustig; sportief; *be ~ for s.t.* vir iets bereid/klaar *(of* te vinde) wees, vir iets kans sien. **game** *ww.* speel, dobbel; →GAMING; *~ s.t. away* iets ver= speel. **~ animal** wilddier. **~ biltong** wildsbiltong. **~ bird** wild= voël; *(i.d. mv.)* voëlwild. **~cock** veghaan. **~ fish** sportvis, blinklyf; *big ~ ~* grootvis. **~keeper** jagopsigter, =opsiener, wildopsigter, =opsiener. **~ law** *(dikw. i.d. mv.)* skiet=, jagwet. **~ plan** *(sport)* wedstrydplan; *(fig.)* strategie. **~ point** *(tennis)* spelpunt. **~ reserve** wildpark, =reservaat, wildtuin. **~ show** (TV=)speletjie(s)program. **~ stalking** sluipjag. **~(s) theory** spelteorie. **~ warden** wildbewaarder.

**game²** *adj.* lam, mank, kreupel, kruppel.

**game·ly** moedig; sportief; *fight ~, (ook)* kwaai spook.

**game·ness** gewilligheid, gereedheid, bereidheid; durf; spor= tiwiteit.

**gam·er** rekenaar=, videospeletjiespeler, rolspelspeler.

**games: ~ console** *(rek.)* speletjieskonsole. **~ port** *(rek.)* spel= poort. **~ software** *(rek.)* programmatuur/sagteware vir reke= naarspeletjies.

**games·man·ship** *(infml.)* onsportiwiteit, kullery, slimmig= heid, slimstreke, skelmheid.

**game·ster** dobbelaar, speler.

**gam·ete, gam·ete** *(biol.)* gameet, geslagsel. **~ intrafallopian transfer** *(med.)* intrafallopiese gameetoordrag.

**ga·me·to·phyte** *(biol.)* gametofiet, geslagtelike plant.

**gam·ey, gam·y** *(wild[s]vleis)* geurig, pikant, met 'n krakie; *(hoofs. Am., infml.)* gewaag(d).

**gam·ing** dobbel(a)ry, gedobbel; weddery; speel van video= speletjies/ens., rolspel(ery). **~ house** dobbelhuis, =plek. **~ machine** dobbelmasjien. **~ money** speelgeld. **~ table** speel=, dobbeltafel.

**gam·ma** *(3de letter v.d. Gr. alfabet)* gamma. **~ ray** gamma= straal.

**gam·mon¹** *n.* agterkwart *(v. 'n vark);* (gerookte) ham; onder= spek.

**gam·mon²** *n.* (dubbele) oorwinning in backgammon. **gam= mon** *ww.* 'n (dubbele) oorwinning in backgammon behaal.

**gam·ut** serie, reeks, register; *(mus.)* toonleer, gamma; toon= skaal, =omvang, scala; *run the (whole) ~ of ...* alle moontlike ... deurloop/deurmaak/ens..

**gam·y** →GAMEY.

**gan·der** mannetjie(s)gans, gansmannetjie; *(infml.)* kyk(ie).

**gang** *n.* trop, bende; (werk)span; *~ of robbers* rowerbende; *work ~* (werk)span. **gang** *ww.* 'n bende vorm; *~ up* saam= span; *~ up against/on s.o.* teen iem. saamspan. **~bang** *n., (vulg. sl.)* bende=, groepverkragting; seksorgie. **~ boss** voorman. **~buster** *(infml.)* lid van die/'n bendetaakspan.

**~land** bendegebied; rampokkerbuurt; bendewese, boewe=wêreld. ~ **master** spanbaas. **~plank** loopplank, =brug; valreep. ~ **rape** *n.* bende=, groepverkragting. **~-rape** *ww.:* be ~*d* deur 'n bende (*of* groep mans) verkrag word; ~ *s.o.* iem. om die beurt verkrag. ~ **war** bendeoorlog. **~way** paadjie, deurloop; (loop)=, deurgang; loopplank, =brug; gangboord, landingsbrug; valreep; ~, *please!* gee pad (voor), asseblief!. **~way seat** gangbank.

**gan·gling** slungelagtig; ~ *fellow* langderm, slungel.

**gan·gli·on** =*glia*, =*glions,* (*anat.*) ganglion, senu(wee)knoop; limfknoop; (*fig.*) middel=, uitstraalpunt.

**gan·grene** *n.,* (*med.*) gangreen, brand, (*infml.*) kouevuur; (*fig.*) kanker; *gas* ~ gasgangreen, =brand. **gan·grene** *ww.* kouevuur (laat) kry. **gan·gre·nous** gangreneus, deur kouevuur aangetas; (*fig.*) kanker=.

**gang·sta** (*Am. sl.*) bendelid. ~ (**rap**) (*mus.*) gangsta-rap.

**gang·ster** rampokker, bendelid, rower. **gang·ster·ism** rampokkery, bendewese.

**gangue** (*mynb.*) gangsteen, =erts, =massa, rif=, aarsteen. ~ **ore** gangerts.

**gan·ja** (*dwelmsl.: dagga*) ganja, boom.

**gan·net** (*orn.*) malgas; *Cape* ~ witmalgas.

**gan·try** (kraan)stellasie; steierwerk, (brug)steier, =stellasie; kraanbaan; kruier=, rybrug; seinbrug; onderstel. ~ **crane** bokkraan.

**gaol** *n. & ww.* →JAIL *n. & ww..* **gaol·er** →JAILER.

**gap** opening, gat; (lug)spleet; bres; kloof, pas; leemte, gaping; hiaat (*in kennis*); brug (*v. 'n vonk ens.*); verskil; *bridge/close a* ~ 'n gaping oorbrug; *a* ~ *in s.o.'s education* 'n leemte in iem. se opvoeding; *fill a* ~ 'n leemte (aan)vul, in 'n leemte voorsien; *stop a* ~ 'n gat stop/vul; *take the* ~, (*sport, infml.*) deur die gaping glip/skiet/sny. ~ **year** gapingsjaar. **~-toothed** haasbek; oondtand.

**gape** *n.* gaap; skeur, gat; *the* ~*s* gaapbui. **gape** *ww.* gaap; ooprek, =spalk; ~ *at s.o./s.t.* iem./iets aangaap; ~ *at* ..., (*ook*) jou aan ... vergaap; ~ *open* gaap, oopstaan; *I simply* ~*d* my mond het oopgehang (van verbasing). **gap·er** aangaper; gaper. **gap·ing wound** gapende wond.

**gap·py** gaterig; gebrekkig.

**ga·rage, gar·age** *n.,* (*privaat*) garage, motorhuis; (*kommersieel*) garage, motorhawe. **ga·rage, gar·age** *ww.* in die/'n garage/motorhuis sit/(in)trek/los/bêre. ~ **band** (*mus.*) garageorkes, =groep. ~ **sale** motorhuis=, garageverkoping.

**ga·ra·giste** (*Fr.*) garagiste(-wynmaker), amateurwynmaker.

**ga·ram ma·sa·la** *n.,* (*Ind. kookk.*) garam masala.

**garb** *n.* kleding, (klere)drag; inkleding. **garb** *ww.* klee, aantrek, uitdos; inklee.

**gar·bage** vuil(goed), vullis; (kombuis)afval; (*infml., fig.: onsin*) kaf, twak, snert, bog; (*rek., fig.*) rommel, gemors; ~ *in,* ~ *out,* (*rek., infml.*) gemors in, gemors uit; *talk a load of* ~ 'n spul kaf/twak/snert praat/verkoop. ~ **collection,** ~ **removal** vullisverwydering; (*rek.*) opruiming, rommelverwydering. ~ **disposal** afval=, vullisverwerking. ~ **dump** vullis=, vuilgoedhoop.

**gar·ble** vermink, verdraai; verbrou. **gar·bled** deurmekaar, onsamehangend; vermink, verdraai(d); ~ *information,* (*rek.*) deurmekaar/verdraaide inligting.

**gar·çon** (*Fr.*) kelner.

**gar·den** *n.* tuin; hof; *National Botanic G~s* Nasionale Botaniese Tuine; ~ *of remembrance* gedenktuin. **gar·den** *ww.* tuinmaak; kweek. ~ **bean** boerboon(tjie); tuin=, stam=, groenboon(tjie). ~ **centre** tuin(bou)sentrum. ~ **cress** peperkers, =kruid, bitterkruid, tuinkers. ~ **flat** tuinwoonstel. ~ **fork** tuin=, spitvurk. ~ **hose** tuinslang, =spuit. ~ **house** tuinhuisie. ~ **party** tuinparty(tjie). ~ **path** tuinpaadjie; *lead s.o. up the* ~ ~, (*infml.*) iem. om die bos lei. ~ **pea** tuin=, groen=, dopert(jie). ~ **planning** tuinontwerp, =aanleg. ~ **plant** tuinplant.

~ **plot** tuinakker, stuk tuingrond. *G~* **Route:** *the* ~ ~, (*SA*) die Tuinroete. ~ **seat** tuinbank. ~ **shears** heining=, tuinskêr. ~ **shed** tuinhuisie, =skuur(tjie). ~ **soil** tuingrond, =aarde.

**gar·den·er** tuinier; tuinwerker.

**gar·de·ni·a** (*bot.*) katjiepiering.

**gar·den·ing** tuinmaak, =makery.

**gar·gan·tu·an** (*soms G~*) kolossaal, enorm.

**gar·gle** *n.* gorrelmiddel. **gar·gle** *ww.* gorrel.

**gar·goyle** (dak)spuier, drakekop(spuier).

**Ga·riep** (*Khoi*) Gariep. ~ **Dam** (*voorheen* Hendrik Verwoerd Dam*)* Gariepdam.

**gar·ish** skree(u)bont (*kledingstuk*); skel, skril, skreeuend (*kleure*); verblindend (*lig*). **gar·ish·ness** skel=, felheid; opsigtelikheid.

**gar·land** *n.* krans; sierkrans; slinger, gierlande, (*Fr.*) guirlande; segekrans; (*argit.*) loofwerk. **gar·land** *ww.* omkrans, bekrans.

**gar·lic** knoffel. ~ **bread** knoffelbrood. ~ **butter** knoffelbotter.

**gar·lick·y** *adj.* knoffelagtig (*geur, reuk, smaak*); ~ *breath* knoffelasem; ~ *food* knoffelagtige kos, kos met 'n skerp knoffelgeur/=smaak.

**gar·ment** kledingstuk; kleding, gewaad. ~ **hanger** klerehanger. ~ **worker** klerewerker.

**gar·ment·ed** geklee(d).

**gar·ner** *ww.* inwin, verkry (*inligting ens.*).

**gar·net** (*min.*) granaat(steen), karbonkel. ~ **paper** skuurpapier.

**gar·nish** *n.* garnering, versiering, garneersel. **gar·nish** *ww.* garneer, versier. **gar·nish·ing** garnering, (*fig.*) opsmukking (*v. styl, verhaal, ens.*).

**gar·ret** solder=, dakkamer. ~ **window** solder=, dakvenster.

**gar·rick** (*igt.*) leervis.

**gar·ri·son** *n.,* (*mil.*) garnisoen, besetting, bemanning. **gar·ri·son** *ww.* garnisoen lê in, beset; in garnisoen lê/stuur. ~ **city,** ~ **town** garnisoenstad. ~ **ordnance** vestinggeskut.

**gar·(r)otte,** (*Am.*) **gar·rote** *n.* verwurging; wurgstok. **gar·(r)otte,** (*Am.*) **gar·rote** *ww.* (ver)wurg.

**gar·ru·lous** spraaksaam, praterig, praatsiek. **gar·ru·lous·ly:** *talk/chat* ~ babbel, kekkel, klets. **gar·ru·lous·ness** spraaksaamheid, babbelsug, praatsiekheid.

**gar·ter** kousband, (kous)rek. **gar·tered** met 'n kousband (*of* kousbande) (om). ~ **snake** kousbandslang, kousbandjie. ~ **stitch** reksteek.

**gas** *gases, n.* gas; (*Am.*) brandstof, petrol; wind, bluf(fery); *be a* ~, (*infml.*) wonderlik/ongelooflik wees; skree(u)snaaks wees; *step on the* ~, (*infml.*) vet gee, die lepel intrap, voet in die hoek sit. **gas** =*ss*=, *ww.* gas, met gas behandel; vergas, deur/met gas verstik/vergiftig; 'n gasaanval doen op; (*battery*) kook; windmaak, bluf, grootpraat; klets; ~ *o.s./s.o.* jouself/iem. vergas. **~bag** (*infml.*) windsak, windlawaai, wintie. ~ **braai,** ~ **barbecue** gasbraaier. ~ **burner** gaspit, =brander. ~ **chamber** gaskamer. ~ **coke** gaskooks. ~ **cooker** gasstoof. ~ **detector** (*mynb.*) gasverklikker, metanometer. ~ **engine** gasenjin. **~field** gasveld. ~ **fire** gasverwarmer. **~-fired** *adj.* gas=; ~ *heating* gasverwarming. ~ **fitting** gasaanleg; (*i.d. mv.*) gastoebehore. ~ **fumes** *n.* (*mv.*) gasdamp(e). ~ **gangrene** (*med.*) gasbrand, =gangreen, kwaadaardige edeem. ~ **guzzler** (*Am., sl.: onekonomiese voertuig*) petrolvreter, =vraat. ~ **heater** gasverwarmer. ~ **jet** gasvlam, =pit. **~light** gaslig; gasvlam, =pit. ~ **lighter** gasaansteker. ~ **line** gasleiding. **~-lit** met gaslampe. ~ **main** hoofgasleiding. ~ **mask** gasmasker. ~ **meter** gasmeter. **~-permeable lens** (*soort kontaklens*) gasdeurdringbare lens. ~ **pipe** gaspyp, =buis. ~ **pistol** gaspistool. **~proof** gasdig. ~ **supply** gastoevoer, =voorsiening. ~ **tar** koolteer. **~tight** gasdig. ~ **turbine** gasturbine. ~ **warfare** gasoorlog. **~works** gasfabriek.

**gas·e·ous** gasagtig, gas-.

**gash** *n.* sny, hou, keep; *(geol.)* skeurgaping. **gash** *ww.* sny, 'n hou/keep gee.

**gas·i·fy** in gas verander, vergas. **gas·i·fi·ca·tion** gasvorming, vergassing.

**gas·ket** pakstuk, pakking(stuk), pakplaat, voering, vulsel; *s.o. blew a ~, (lett.)* die pakstuk van iem. se motor het deurgeblaas; *(fig., infml.)* iem. het (van woede) ontplof. ~ **ring** pak(king)ring.

**gas·o·line, gas·o·lene** *(Am.)* petrol.

**gas·om·e·ter** gashouer; gasburet.

**gasp** *n.* snak, hyging, asemtog; snik; *give a ~* snak, hyg; *the last ~, (ook fig.)* die doodsnik *(of* laaste asemtog); *be at one's last ~* uitgeput wees; sterwend wees. **gasp** *ww.* hyg, snak *(na asem);* oopmond *(of* met 'n oop mond) staan; ~ *at s.t.* oor iets verstom staan; ~ *away/out life* die laaste asem uitblaas; ~ *for breath* na asem hyg/snak; *make s.o. ~* iem. se asem laat wegslaan; ~ *s.t. out* iets met moeite uitbring/-kry. **gasp·ing** hygend, snakkend; verbluf, verstom, stomverbaas.

**gassed** gassiek, deur gas vergiftig/aangetas/verstik, vergas; begas.

**gas·sing** gasbehandeling; begassing; gasvergiftiging, -bedwelming; vergassing; skroeiing.

**gas·sy** gasagtig, gas-; *(infml.)* windmaker(ig).

**gas·tric** maag-, buik-, gastries; ~ *complaint* maagkwaal, -aandoening; ~ *flu* maaggriep; ~ *juice* maagsap; ~ *ulcer* maagseer.

**gas·tri·tis** maag(slymvlies)ontsteking, gastritis.

**gas·tro·en·ter·i·tis** maagdermontsteking, gastroënteritis, gastro-enteritis.

**gas·tro·en·ter·ol·o·gy** gastroënterologie, gastro-enterologie. **gas·tro·en·ter·ol·o·gist** gastroënteroloog, gastro-enteroloog, maagdermspesialis.

**gas·tro·in·tes·ti·nal** maagderm-; ~ *tract* spysverterings-, maagdermkanaal.

**gas·tro·lith** *(soöl., med.)* maagsteen, gastroliet.

**gas·trol·o·gy** maagsiektekunde, gastrologie; gastronomie, hoëre kookkuns. **gas·trol·o·gist** maagdokter.

**gas·tron·o·my** gastronomie, hoëre kookkuns; eetkuns, lekkerbekkery. **gas·tro·nome** gastronoom; lekkerbek, smulpaap. **gas·tro·nom·ic, gas·tro·nom·i·cal** gastronomies.

**gas·tro·pod** *n., (soöl.)* buikpotige. **gas·tro·pod** *adj.* buikpotig.

**gas·tro·scope** maagkyker, -spieël. **gas·tros·co·py** gastroskopie.

**gat** *(Am. sl.)* skietding.

**gate** *n.* hek; poort; ingang; sluiting; sluis; toegangsgeld(e), hekgeld; opkoms, bywoning; publiek, toeskouers. ~~-**crash:** ~ *a party* by 'n party(tjie) indring. ~~-**crasher** ongenooide gas; (sosiale) indringer. ~~-**crashing** indringery. ~-**fold** uitvoublad *(in 'n boek/tydskrif).* ~-**house** hekhuisie; poortkamer. ~-**keeper** *(ook fig.)* hek-, poortwagter; oorwegwagter. ~-**leg (ged) table** klap-, voupoot-, afslaan-, opslaan-, hangoortafel. ~ **money** toegangsgeld(e), hekgeld. ~-**post** hekpaal; *between you and me and the ~, (infml.)* (net) onder ons (gesê). ~ **valve** sluisklep. ~-**way** poort; hek(opening); ingang.

**gâ·teau** -teaux, **ga·teau** -teaus, *(Fr. kookk.)* gâteau; *chocolate ~* sjokoladegâteau, -roomkoek.

**gath·er** *n.* ryg-, intrekplooitjie. **gath·er** *ww.* byeen-, saamkom; versamel, vergader, byeenbring; opraap, -tel; pluk; oes; verneem, verstaan, aflei; inryg, -trek, (in)plooi; bymekaarvat *(rok);* terugkrimp; optrek *(bene);* ~ *breath* asemskep; *the clouds ~* die wolke pak saam, die lug trek toe; *as far as I can ~* sover/sovêr *(of* so ver/vêr) ek kan nagaan; ~ *flowers* blomme pluk; ~ *from ... that ...* uit ... aflei dat ...; ~ *the harvest* oes, die oes insamel; ~ *s.t. in* iets inoes; ~ *momentum* vaart kry; ~ *o.s. (together)* jou selfbeheersing herwin, jou

regruk; ~ *round ...* om ... saamkom; ~*ing storm* komende/oplaaiende storm; *tears ~ in s.o.'s eyes* trane wel in iem. se oë op; ~ *o.s. to ...* (jou) klaarmaak *(of* gereed maak) om te ... *(spring ens.);* ~ *together, (onoorg.)* saam-, byeen-, bymekaarkom, versamel, vergader; ~ ... *together* ... bymekaarmaak *(boeke, besittings);* ... bymekaarkry *(kinders ens.);* ~ *s.t. up* iets optel/optrek/bymekaarmaak; ~ *way, (sk.)* vaart kry. **gath·ered:** ~ *skirt* ingerygde romp; ~ *wool* optelwol. **gath·er·er** vergaarder; insamelaar; versamelaar.

**gath·er·ing** *n.* byeenkoms, vergadering, samekoms; samesyn; insameling; inwinning; sweer; intrek-, rygplooitjies; plooiing; terugkrimping. ~ **stitch** inrygsteek.

**Gat·so** -sos, *n.:* ~ **(camera)** gatsokamera. ~ **meter** gatsometer.

**gauche** onhandig, lomp, links, taktloos.

**gau·cho** -chos, *(S.Am. cowboy)* gaucho.

**gaud·y** (baie) bont, veelkleurig; spoggerig, opsigtelik, opgesmuk. **gaud·i·ness** bontheid; spoggerigheid, opsigtelikheid.

**gauge** *n.* maat, standaard; maat-, meetstok; pasmaat; meter; meet-, maatglas; aantoner; peilstok; ykmaat; *(spw.)* spoorwydte, -breedte; kaliber; hoogtemeter; breedtemeter; diktemeter; manometer; stroommeter; reënmeter; nommer; dikte *(v. draad, papier, ens.);* digtheid; fynheidsgraad; diepgang *(v. 'n skip);* *(tekst.)* steek; *broad/narrow ~, (spw.)* breë/smal spoor; *(master) ~* ykmaat; *take the ~ of ...* die maat van ... neem, ... meet/opneem. **gauge** *ww.* meet, afmeet, opmeet; peil; toets; yk; bepaal; skat; opneem; takseer. ~ **glass** peilglas. ~ **length** maatlengte. ~ **pointer** meterwyser. ~ **rod** meet-, maatstok.

**gauged** gemeet; gepeil; geskat; ~ *brick* pasboogsteen; ~ *length* maatlengte; ~ *plaster* gipspleister.

**gaug·er** peiler; meter; yker; ~*'s fee* ykloon.

**gaug·ing** skatting; meting; peiling; afmeet; aanmaak; maatmenging; *(pleister)* gipsmenging; *(stene)* pasmaak. ~ **board** aanmaakblad. ~ **office** ykkantoor. ~ **plaster** gipspleister. ~ **rod** peilstok. ~ **station** meetstasie.

**Gaul** *(geog., hist.)* Gallië; *(inwoner)* Galliër. **Gaul·ish** Gallies.

**gaunt** maer, skraal, uitgeteer, vervalle, hol; naar, aaklig, grimmig. **gaunt·ness** maerte, skraalte; grimmigheid.

**gaunt·let**[1]: *pick/take up the ~, (fig.)* die handskoen opneem, die uitdaging aanneem/aanvaar; *throw down the ~ to s.o., (fig.)* iem. uitdaag.

**gaunt·let**[2]: *run the ~* in die spervuur wees, deurloop, gehekel word.

**gauss** *gauss(es), (fis., magnetisme)* gauss.

**Gauss·i·an dis·tri·bu·tion** →NORMAL DISTRIBUTION.

**Gau·teng** *(SA provinsie)* Gauteng.

**gauze** gaas. ~ **wire** gaasdraad. **gauz·y** gaasagtig, gasig.

**gave** *(verl.t.)* het gegee; →GIVE *ww.*.

**gav·el** *n.* (voorsitters)hamer; (afslaers)hamer; klophamer. **gav·el** *-ll-, ww.* met die/'n (voorsitters)hamer klop.

**ga·vi·al, ga·ri·al, gha·ri·al** *(Ind. krokodil)* gaviaal, gawiaal.

**ga·vot(te)** *(Fr. dans)* gavotte.

**gawk** *n.* lomperd, lummel, slungel. **gawk** *ww.* onnosel kyk; ~ *at s.o./s.t.* iem./iets aangaap. **gawk·er** aangaper. **gawk·i·ness, gawk·ish·ness** lompheid, onbeholpenheid, onhandigheid. **gawk·y, gawk·ish** beskimmel(d), verleë, lomp.

**gay** *n., (homoseksueel)* gay. **gay** *adj., (homoseksueel)* gay; *(vero.)* vrolik, uitgelate, plesierig, opgewek, jolig; lig-, lughartig; → GAIETY, GAILY. ~ **basher** gay-treiteraar. ~~-**bashing** gay-treitering. ~ **lib(eration)** gayregte(beweging).

**gay·ness** *(homoseksualiteit)* gayheid.

**Ga·za** *(geog.)* Gaza. ~ **Strip** Gazastrook.

**ga·za·nia** gousblom.

**gaze** *n.* (starende) blik. **gaze** *ww.* staar, strak kyk, tuur; ~

*about/around* rondkyk, om jou kyk; ~ *(fixedly) at* ... star/stip/ strak na ... staar/kyk, ... aanstaar; ~ *(up)on* ... ... aanskou.

**ga·ze·bo** *-bo(e)s* somerhuisie, tuinhuisie.

**ga·zelle** *-zelle(s), (wildsbok)* gasel.

**ga·zette** *n.* koerant; *government* ~ staatskoerant; *provincial* ~ provinsiale (staats)koerant. **ga·zette** *ww.* in die staatskoerant plaas; bekend maak, bekendmaak, aankondig, afkondig, proklameer. **gaz·et·teer** aardrykskundige woordeboek.

**gaz·pa·cho** *-chos, (Sp. kookk.)* gazpacho.

**ga·zump** *(Br., infml.):* ~ *s.o.* iem. inloop *(deur 'n huis/ens. se prys te verhoog ná 'n koopaanbod aanvaar is).*

**G·dańsk,** *(D.)* **Dan·zig** *(geog.)* Gdansk.

**gear** *n.* tandrat(te); rat; ratwerk; gang; versnelling *(v. 'n motor); (infml.)* goed, uitrusting; *(infml.)* tuig; trekgoed; *(infml.)* klere, klerasie; *(infml.)* gerei, gereedskap; *(infml.)* toestel, inrigting; *change ~(s), shift ~s* ratte wissel/verstel, oorskakel, verrat; *first ~, (mot.)* eerste/laagste rat/versnelling; *in ~, (versnellingsratte)* in rat, ingeskakel, ingekam; *put a car into ~* 'n motor se rat inskakel; *out of ~, (versnellingsratte)* uit rat, uitgeskakel; *throw s.t. out of* ~ iets in die war stuur; *in top* ~ in die hoogste rat/versnelling. **gear** *ww.* inspan; van (tand)ratte voorsien; (tand)ratte insit; ineengryp, inskakel; vertand; ~ *down* afrat, (na 'n laer rat/versnelling) terugskakel; *be ~ed for* ... op ... gerig wees *('n bepaalde mark ens.);* vir ... ingerig wees *(uitvoer ens.); a highly ~ed company, (fin.)* 'n maatskappy met 'n hoë hefboom(finansierings)verhouding; *be ~ed (in)to/with* ..., *(teg.)* by/met ... ingeskakel wees, by ... aangepas wees, in ... pas; *be ~ed to* ..., *(fig.)* op ... ingestel wees *('n gewapende stryd, iem. se behoeftes, ens.); be ~ed towards* ... op ... toegespits wees *(rehabilitasie ens.);* daarop bereken wees om ... *('n goue medalje te wen ens.);* ~ *up* oprat, (na 'n hoër rat/versnelling) opskakel; *be ~ed up* gereed wees; *be ~ing up for* ... jou vir ... gereed maak. **~box** *(mot.)* ratkas. **~box case,** ~ **case,** ~ **housing** rat(om)hulsel. **~ change,** ~ **changing** gang, ratwisseling. ~ **lever** rathefboom, (rat)wisselaar, ratstang. ~ **ratio** ratverhouding. **~shift** *(Am.)* = GEAR LEVER. **~wheel** (tand)rat, kamrat.

**gear·ing** oorbringwerk, ratwerk; skakeling, koppeling. ~ **(ratio)** *(fin.)* hefboomverhouding, -koëffisiënt.

**geck·o** *-o(e)s* gekko, boomgeitjie, nagakkedis.

**gee[1], gee whiz** *tw., (infml.)* jisla(a)ik!, heng!, maggies!, gits!, gonna!, goeiste!.

**gee[2], gee up** *tw., (aan perd ens.)* hup!, kom!; →GEE-GEE. **gee** *ww., (infml.):* ~ *s.o./s.t. up* iem./iets aanja(ag)/aanpor/aanspoor; *be (all) ~d up* opgewonde/opgehits wees.

**gee-gee** *(Br., infml.)* perd(jie); *play* (or *put some money on) the ~s, (sl.)* die perde speel, 'n geldjie op die perde sit, iets op die perdjies sit.

**geek** *(Am. sl.)* bleeksiel; japie; ghwar, misgewas; *a computer* ~ 'n rekenaarbleeksiel/-slimkop.

**geel·bek** *-bek, (Afr., igt.)* geelbek.

**geese** *n. (mv.)* →GOOSE.

**gee·zer** *(infml.: man):* old ~ ouballie, outoppie.

**ge·filt·e fish, ge·füll·te fish** *(Jidd. kookk.)* gevulde vis; gestoofde viskoekies.

**Gei·ger(-Mül·ler) count·er** *(kernfis.)* geiger(-müller)-teller/telbuis.

**gei·sha** *-sha(s), (Jap.)* geisja.

**gel** *n.* jel. **gel, jell** *-ll-, ww.* stol, styf word, verjel; vaste vorm kry; *(idees ens.)* vorm aanneem/kry, gestalte kry; *(mense)* goed saamspeel/saamwerk, jel; jel *(hare).*

**gel·a·tin(e)** gelatien. **ge·lat·i·nous** gelatienagtig, gelatineus, seleiagtig; ~ *tissue* seleiweefsel.

**ge·la·tion** bevriesing; *(chem.)* jelvorming.

**geld** *gelded gelded, gelt gelt* sny, kastreer *(perde ens.);* kapater *(bokke).* **geld·ing** reun(perd).

**gel·id** yskoud. **ge·lid·i·ty** ysige koue.

**gel·ig·nite** *(plofstof)* geligniet.

**gem** edelsteen; juweel, kleinood; →GEM(M)OLOGY; *set a* ~ 'n steen monteer/set. ~ **cutter** steensnyer. ~ **squash** lemoenpampoen(tjie). ~ **stone** juweel, (half)edel-, siersteen.

**Gem·i·ni** *(astrol.)* Gemini, Tweeling.

**gem·ma** *-mae, (biol.)* gemma. **gem·ma·tion** *(biol.)* knopvorming, gemmasie. **gem·mule** *(biol.)* knoppie, kiempie.

**gem·(m)ol·o·gy** (sier)steenkunde, edelsteenkunde, gemmologie.

**gems·bok** *-bok(s), (Afr.)* gemsbok.

**gen·darme** *(Fr.)* gendarme, polisiesoldaat.

**gen·der** *(ook gram.)* geslag; geslagtelikheid. ~ **awareness** geslagsbewustheid. ~ **bender** *(infml.)* geslagaflagger. ~ **equality** geslagsgelykheid. ~ **gap** geslagsgaping. ~ **issues** geslag(telikheid)skwessies. ~ **sensitivity** geslag(telikheid)s gevoeligheid.

**gen·der·less** *(gram.)* geslag(s)loos.

**gene** *(biol.)* geen, erf(likheids)faktor, erflikheidsbepaler. ~ **bank** gene-, geenbank. ~ **pool** gene-, geenpoel. ~ **therapy** geenterapie.

**ge·ne·al·o·gy** familiekunde, genealogie; afstamming, stamboom, geslag(s)register. **ge·ne·a·log·i·cal** genealogies, geslagkundig, geslags-, stam-; ~ *tree/register* geslag(s)-, stamboom, geslags-, stamlys, geslag(s)register. **ge·ne·a·l·o·gist** geslagkundige, genealoog.

**gen·er·a** *n. (mv.)* →GENUS.

**gen·er·al** *n.* generaal; veldheer; *in* ~ oor/in die algemeen, oor die geheel, in die reël. **gen·er·al** *adj.* algemeen; gewoon; universeel; hoof-; totaal-; ~ *anaesthetic, (med.)* algemene anestesie/narkose; *G~ Assembly* Algemene Vergadering *(v.d. VN); ~ average, (sk., versek.)* gemene awery; ~ *bank* algemene bank; ~ *cargo* stukgoedere; ~ *dealer* winkelier, algemene handelaar; ~ *effect* totaaleffek; ~ *election* parlementsverkiesing, algemene verkiesing; ~ *expenses* diverse uitgawes; ~ *headquarters, (fungeer as ekv. of mv.)* groot hoofkwartier; ~ *hospital* algemene hospitaal; ~ *impression* totaalindruk, globale indruk; ~ *knowledge* algemene kennis; ... *is* ~ *knowledge* dis algemeen bekend *(of* almal weet) dat ...; ~ *manager* hoofbestuurder; *(annual)* ~ *meeting* (algemene) jaarvergadering; ~ *officer* opperoffisier; *mention in* ~ *orders, (mil.)* by dagorder vermeld; ~ *pass* algemene toegangskaart; ~ *picture* totaalbeeld; ~ *post office* hoofposkantoor; *die* poswese; ~ *practitioner* huisdokter, algemene praktisyn; *the* ~ *public* die groot/gewone publiek, die gemeenskap; ~ *reader* gemiddelde leser, deursneeleser; ~ *rule* algemene reël; *as a* ~ *rule* oor/in die algemeen, oor die geheel, in die reël; *the* ~ *run of affairs* die gewone loop van sake, *(afk.:* GST) algemene verkoopbelasting *(afk.:* AVB); →VALUE-ADDED TAX; ~ *secretary* hoofsekretaris; ~ *staff, (mil.)* generale staf; ~ *store* (algemene) winkel; ~ *strike* algemene staking; *as a* ~ *thing* oor/in die algemeen; ~ *view* (breë) oorsig; *in a* ~ *way* oor/ in die algemeen. ~-**purpose** *adj. (attr.)* meerdoelige *(voertuig ens.).*

**gen·er·al·ise, -ize** saamvat; algemeen maak; veralgemeen. **gen·er·al·i·sa·tion, -za·tion** veralgemening.

**gen·er·al·is·si·mo** *-mos, (It., mil.)* opperbevelhebber, generalissimus, hoofgeneraal.

**gen·er·al·ist** generalis, algemene deskundige, veelsydige geleerde.

**gen·er·al·ly** gewoonlik, in die reël, oor/in die algemeen, oor die geheel, deur die bank; algemeen; ~ *available* oral(s) verkry(g)baar; ~ *speaking* oor/in die algemeen, in die reël, deurgaans.

**gen·er·ate** voortbring, in die lewe roep, verwek, genereer; teel; veroorsaak; ontwikkel; opwek.

**gen·er·a·tion** voortbrenging, teling; voortplanting; veroor=
saking; ontwikkeling; opwekking; geslag, generasie, mense=
leeftyd; gelid; *to the fourth/etc.* ~ tot in die vierde/ens. geslag;
*from* ~ *to* ~ van geslag tot geslag; ~ *of vipers* addergebroedsel,
=geslag. ~ **gap** generasiegaping, =kloof.

**gen·er·a·tive** voortbrengend; vrugbaar; generatief; telings=,
teel=; geslags=; ~ *cell* geslagsel; ~ *duct* teelbuis; ~ *grammar*
generatiewe taalkunde; ~ *nucleus* geslagskern; ~ *organ*
geslagsorgaan.

**gen·er·a·tor** voortbrenger; opwektoestel, opwekker; ont=
wikkelaar, generator; dinamo; stoomketel.

**ge·ner·ic** generies; algemeen; geslags=; ~ *advertising* al=
gemene reklame; ~ *character* geslagskenmerk; ~ *medicine*
generiese medisyne; ~ *name* algemene naam; *(biol.)* ge=
slags=, genusnaam; *(alg.)* soortnaam. **ge·ner·i·cal·ly** generies;
algemeen.

**gen·er·ous** vrygewig, mild(dadig), rojaal, gul(hartig); oor=
vloedig; ruim(hartig), onbekrompe; edel=, grootmoedig.
**gen·er·os·i·ty** vrygewigheid, mild(dadig)heid, gulhartigheid;
edelmoedigheid. **gen·er·ous·ly** gul=, ruimhartig *(gee)*; rojaal
*(skenk)*; mild(elik), ruimskoots *(bydra)*; ryklik *(beloon)*; ruim=
skoots *(betaal, voorsiening maak)*; goedgunstig *(instem)*; edel=
moedig *(vergeef)*; *(klere)* ruim *(gesny)*; *('n boek)* ryklik *(geïllus=
treer)*.

**Gen·e·sis** *(OT)* Genesis. **gen·e·sis** ontstaan, genese; oor=
sprong; wording; wordingsgeskiedenis; ontstaansgeskiedenis;
evolusie, ewolusie.

**gen·et** muske(1)jaatkat.

**ge·net·ic** *adj.* genetics, wordings=; ~ *affinity* geslagsver=
wantskap; ~ *code* genetiese kode; ~ *combination* erfsa=
mestelling; ~ *engineering* genetiese ingryping/manipulasie;
~ *fingerprint* genetiese vingerafdruk; ~ *fingerprinting/
profiling* genetiese identifikasie; ~ *mother* genetiese moe=
der; →BIRTH MOTHER; ~ *profile* genetiese profiel.

**ge·net·i·cal·ly** genetics; ~ *engineered/programmed* genetics
gemanipuleer(d)/geprogrammeer(d); ~ *modified food, (afk.:*
GM *food)* genetics aangepaste/gemanipuleerde voedsel
*(afk.:* GA/GM *voedsel)*.

**ge·net·i·cist** genetikus.

**ge·net·ics** *n. (fungeer as ekv.)* genetika, erflikheidsleer; wor=
dingsleer.

**Ge·ne·va** *(geog.)* Genève. ~ **Convention** Geneefse Konven=
sie.

**Gen·ghis Khan, Jen·ghis Khan, Jin·ghis Khan**
Djengis/Djingis Khan.

**gen·ial** gemoedelik, vriendelik, hartlik, joviaal; opgeruimd,
lewendig, vrolik, opgewek; lekker, aangenaam. **ge·ni·al·i·ty**
vriendelikheid, hartlikheid, jovialiteit; opgewektheid.

**ge·nie** =*nii* gees *(in sprokies)*; →JINN.

**gen·i·tal** *adj.* geslagtelik, geslags=, teel=; ~ *fold* oergeslagsplooi;
~ *gland* geslagsklier; ~ *organ* geslagsorgaan, teeldeel; ~
*orifice* geslagsopening. **gen·i·tals,** *(fml. of teg.)* **gen·i·ta·li·a**
*n. (mv.)* geslagsdele, =organe, genitalieë.

**gen·i·tive** *n., (gram.)* genitief. **gen·i·tive** *adj.* genitief=; ~
*case* genitiefnaamval, =kasus; ~ *form* genitiefvorm.

**gen·ius** *(i.d. mv.:* geniuses*)* genie; aanleg; vernuf; *(i.d. mv.:*
genii*)* gees; *(Rom. mit.)* beskermgees, =engel; *one of the great=
est* ~*es of our time* een van die grootste genieë/vernufte van
ons tyd; *have a* ~ *for* ... 'n besondere gawe vir ... hê; die
gawe hê om te ...; *the* ~ *of a language* die taalaard/-eie; ~
*loci, (Lat.)* die gees van 'n plek; *a stroke of* ~ 'n geniale set.

**Gen·nes·a·ret:** *Lake of* ~ →SEA OF **GALILEE**.

**Gen·o·a** *(geog.)* Genua. ~ **cake** genuakoek.

**gen·o·cide** volksmoord, volkslagting, rassemoord; groeps=
moord; menseslagting.

**ge·nome** *(genet.)* genoom.

**gen·o·type** *(genet.)* genotipe, geslagstipe.

**gen·re** genre, soort.

**gent** *(infml., afk. v.* gentleman*): "ladies and ~s", (infml.)*
"dames en here"; *the G~s* die manstoilet.

**gen·teel** fatsoenlik, deftig, beskaaf(d); lieftallig. **gen·teel·ly**
fatsoenlik, beskaaf(d), verfyn(d); sjarmant, elegant, sjiek,
grasieus; beleef(d); *(neerh.)* geaffekteer(d), aanstellerig.

**gen·tian** *(bot.)* gentiaan. ~ **blue** *n.,* ~**-blue** *adj.* gentiaanblou.
~ **violet** gentiaan=, kristalviolet.

**gen·tile** *n., (dikw. G~)* nie-Jood, onbesnedene; heiden. **gen=
tile** *adj., (dikw. G~)* nie-Joods, onbesnede; heidens; volks=.
**gen·tile·dom** nie-Jode, onbesnedenes. **gen·til·i·ty** afkoms,
stand; fatsoen(likheid), deftigheid; *shabby* ~ armoedige def=
tigheid, fatsoenlike armoede.

**gen·tle** sag; lief, saggeaard, sagmoedig, vriendelik, sagsinnig,
sagaardig; kalm, bedaard, mak; *a ~ breeze* 'n ligte/sagte bries;
*the ~(r) sex, (vero. of skerts.: d. vrou)* die skone geslag, die swak=
ke(re) geslag/vat; *a ~ slope* 'n skotige opdraand(e)/afdraand(e),
'n sagte helling.

**gen·tle·man** =*men* heer; meneer; gentleman; *you're a fine ~!,
(infml., iron.)* jy is 'n mooi meneer!. ~**-at-arms** *(Br.)* ko=
ninklike lyfwag. ~**-farmer** hereboer.

**gen·tle·man·ly** soos 'n heer; fatsoenlik, deftig. **gen·tle=
man·li·ness** ordentlikheid, manierlikheid, beleefdheid, op=
gevoedheid; *show your* ~ toon dat jy 'n heer is.

**gen·tle·man's:** ~ *agreement* akkoord, eerbare verstand=
houding, stilswyende ooreenkoms. ~ **gentleman** lyfbediende.

**gen·tle·ness** sagtheid, sagaardigheid, saggeaardheid, sag=
moedigheid.

**gen·tly** sag, saggies, sagkens, suutjies, soetjies; stadigaan.

**gen·tri·fy** *(Br.)* gentrifiseer *('n woonbuurt).* **gen·tri·fi·ca·tion**
gentrifikasie, buurtopknapping, =verfraaiing.

**gen·try** *(Br.)* burgery, (mense van) goeie/deftige stand; *the ~
at the office, (infml., neerh.)* die klomp/spul daar op kantoor.

**gen·u·flect** (die knie) buig, 'n kniebuiging maak. **gen·u=
flec·tion, =flex·ion** kniebuiging, knieval.

**gen·u·ine** eg, suiwer, onvervals, outentiek; waseg; opreg;
ongeveins, eerlik, eg, waar, werklik. **gen·u·ine·ly** werklik, op=
reg, eg. **gen·u·ine·ness** egtheid; wasegtheid; opregtheid, on=
geveinsdheid, eerlikheid.

**ge·nus** *genera, (biol.)* geslag, genus; *(alg.)* soort, klas.

**ge·o·cen·tric** geosentries.

**ge·ode** *(geol.)* geode, kristalholte.

**ge·o·des·ic** *(geom.)* geodesies; →GEODETIC; ~ *dome* koepel=
woning.

**ge·od·e·sy** *(geog.)* aardmeetkunde, geodesie. **ge·od·e·sist**
aardmeetkundige, geodeet. **ge·o·det·ic** aardmeetkundig, ge=
odeties.

**ge·og·ra·phy** aardrykskunde, geografie; aard(ryks)beskry=
wing. **ge·og·ra·pher** aardrykskundige, geograaf. **ge·o·graph=
i·cal, ge·o·graph·ic** aardrykskundig, geografies.

**ge·ol·o·gy** geologie. **ge·o·log·i·cal, ge·o·log·ic** geologies.
**ge·ol·o·gist** geoloog.

**ge·o·mag·ne·tism** aardmagnetisme. **ge·o·mag·net·ic** aard=
magneties.

**ge·o·man·cy** waarsêery.

**ge·o·met·ric** meetkundig, geometries. ~ **mean** meetkun=
dige gemiddeld(e). ~ **progression** meetkundige reeks. ~
**tortoise** suurpootjie, geometriese skilpad.

**ge·o·met·ri·cal** meetkundig, geometries; *do ~ drawing* reg=
lynig teken.

**ge·om·e·trid moth** spanruspe(r)mot.

**ge·om·e·try** meetkunde, geometrie; *plane ~* vlakmeetkunde,
planimetrie.

**ge·o·mor·phol·o·gy** *(geol.)* geomorfologie.

**ge·oph·a·gy, ge·o·pha·gia, ge·oph·a·gism** grondlus,
grondetery, geofagie.

**ge·o·phys·ics** *n. (fungeer as ekv.)* geofisika. **ge·o·phys·i·cal** geofisies. **ge·o·phys·i·cist** geofisikus.

**ge·o·pol·i·tics** *n. (fungeer as ekv.)* geopolitiek. **ge·o·po·lit·i·cal** geopolities.

**geor·gette** *(tekst.)* georgette.

**Geor·gia** *(geog.)* Georgië *(in Kaukasië).* **Geor·gian** *n.* Georgiër; *(taal)* Georgies. **Geor·gian**[1] *adj.* Georgies, van Georgië.

**Geor·gian**[2] *adj., (argit. ens.)* Georgiaans.

**ge·o·sta·tion·ar·y** geostasionêr *(satelliet).*

**ge·o·syn·chro·nous** geosinchronies, =sinkronies, geosin= chroon, =sinkroon *(satelliet).*

**ge·o·ther·mal, ge·o·ther·mic** *(geol.)* geotermies; ~ *energy* geotermiese energie.

**ge·ot·ro·pism, ge·ot·ro·py** *(bot.)* geotropie. **ge·o·trop·ic** geotropies, geotroop.

**ge·ra·ni·um** *(bot.)* malva, geranium, (gekweekte) pelargo= nium.

**ger·bil** nagmuis.

**ger·i·at·ric** *n.* geriatriese pasiënt; ou mens, oumens, grys= aard, gryskop; *(neerh.)* seniele/kindse ou mens *(of* oumens); *(i.d.mv.,ook med.)* geriatrie; gerontologie, ouderdomsorgleer; ouderdomsgeneeskunde. **ger·i·at·ric** *adj.* geriatries, ou= derdomsgeneeskundig. **ger·i·a·tri·cian** geriater, spesialis vir ouderdomsiektes/-kwale.

**germ** *n.* kiem; vrug=, saadkiem. **germ** *ww., (fig.)* (ont)kiem. ~ **cell** kiemsel. ~**free** kiemvry. ~ **plasm** *(biol.)* kiemplasma. ~ **warfare** bakteriologiese oorlogvoering.

**Ger·man** *n.* Duitser; *(taal)* Duits. **Ger·man** *adj.* Duits; ~ *teacher* Duitse onderwyser, Duitsonderwyser. ~**-language** *adj.* Duitstalig. ~ **measles** Duitse masels, *(teg.)* rubella. ~ **print** Duitse sis. ~ **shepherd** *(honderas)* (Duitse) herdershond, wolfhond. ~ **silver** nieu=, nikkelsilwer, argentaan, witkoper, Duitse/Berlynse silwer. ~**-speaking** Duitssprekend; ~ *Swit= zerland* Duitssprekende Switserland.

**ger·man·der** *(bot.)* manderkruid, gamander.

**ger·mane** (nou) verwant *(aan);* in betrekking staande *(tot);* ~ *to the issue* ter sake.

**Ger·man·ic** *n., (taal)* Germaans; *(i.d. mv.)* Germanistiek. **Ger·man·ic** *adj.* Germaans; Duits; ~ *philology* Germa= nistiek *(ook g~);* ~ *scholar* Germanis *(ook g~).*

**ger·ma·ni·um** *(chem., simb.:* Ge*)* germanium.

**Ger·ma·ny** Duitsland.

**ger·mi·cide** kiemdoder, kiemdodende middel, ontsmet= (tings)middel. **ger·mi·cid·al** kiemdodend, ontsmettend.

**ger·mi·nal** in die kiem aanwesig; kiem=; ~ *cell* kiemsel.

**ger·mi·nate** (laat) ontkiem/ontspruit/uitloop; (laat) dra/ voortbring. **ger·mi·na·tion** ontkieming, groei, kiemvorming.

**ger·on·toc·ra·cy** oumanneregering, gerontokrasie.

**ger·on·tol·o·gy** gerontologie, studie van ouderdomsver= skynsels. **ger·on·to·log·i·cal** gerontologies. **ger·on·tol·o·gist** gerontoloog, kenner van ouderdomsverskynsels.

**ger·ry·man·der** beknoei, oneerlik afbaken *(kiesdistrikte).* **ger·ry·man·der·ing** verkiesings=, eleksiegeknoei, afbakenings= knoeiery.

**ger·und** *(gram.)* gerundium.

**ge·stalt** *(ook G~, D., psig.)* gestalt. ~ **psychology** gestalt= sielkunde.

**Ge·sta·po** *(hist.):* the ~ die Gestapo.

**ges·tate** swanger wees *(van).* **ges·ta·tion** swangerskap, drag= tigheid.

**ges·tic·u·late** gebare maak, beduie, met die/jou hande praat. **ges·tic·u·la·tion** gebaar, gebarespel, =taal.

**ges·ture** *n., (ook fig.)* gebaar, beweging (met die hand/arm); *make a* ~ 'n gebaar maak. **ges·ture** *ww.* gebare *(of* 'n ge= baar)* maak; (met gebare) beduie. ~ **language** gebaretaal.

---

**get** *got got(ten), ww.* (ver)kry, verwerf, behaal, in die hande kry; aanskaf; opdoen; vang, in 'n hoek ja(ag); van kant maak; (gaan) haal; ontvang, verdien; hê; word, raak; maak; vaslê; vastrek; (raak) skiet, (dood)skiet; *s.o.* ~*s about* iem. kom van plek tot plek; iem. reis heelwat rond; *s.t.* ~*s about/ abroad* iets raak/word rugbaar; ~ *above o.s.* jou te veel aanmatig; jou slimmer/vernamer hou as wat jy is; ~ *abreast of ...* naas/langs/teenoor ... kom; op dieselfde vlak as ... kom; op (die) hoogte van/met ... kom; ~ *across s.t.* oor iets (heen) kom; ~ *s.t. across to s.o.* iets by iem. ingang laat vind, iem. van iets oortuig; ~ *after s.o.* iem. agtervolg, agter iem. aan= ja(ag), agter iem. aan wees; ~ *ahead* voor kom; voorloop; vooruitgaan, vooruitboer; ~ *ahead of s.o.* iem. agterlaat; ~ *along* vooruitkom, oor die weg kom; ~ *along!, (infml.)* loop!, maak dat jy wegkom!; ~ *along/on with s.o.* met iem. oor die weg kom, goed met iem. klaarkom; *they* ~ *along/on like a house on fire, (infml.)* hulle kom baie goed oor die weg; ~ *along/on without s.t.* sonder iets klaarkom; *s.o.* ~*s around* iem. gaan baie rond; *s.t.* ~*s around* iets raak bekend; *s.o.* ~*s around/round to s.t.* iem. kom by iets (uit), iem. kom so ver/vêr om iets te doen; *s.o. could not* ~ *around/round to (doing) it* iem. kon nie daarby (uit)kom *(of* sy/haar draai[e] kry) nie; ~ *at s.o.* iem. in die hande kry; *(infml.)* iem. te lyf gaan; iem. pla/terg, iem. vir die gek hou; iem. oorhaal/om= koop; ~ *at s.t.* iets bykom; iets in die hande kry; *what s.o. is* ~*ting at* wat iem. wil sê; ~ *away* wegkom; ontsnap, wegkom; vryspring; ~ *away!, (infml.)* maak dat jy wegkom!, weg is jy!, loop!, trap!; *s.o. could not* ~ *away* iem. is verhinder om te gaan/kom; ~ *s.t. away* iets wegkry; *one cannot* ~ *away (or there is no* ~*ting away) from it* dit is nou (maar) eenmaal so; ('n) mens kan dit nie wegredeneer nie; ~ *away from it all* 'n slag behoorlik wegbreek; ~ *away (with you)!, (ook, infml.)* loop slaap!; ~ *away with s.t.* iets wegdra; iets regkry, iets slinks gedaan kry; ~ *away with it* ongestraf/skotvry bly, skotvry daarvan afkom; ~ *back* terugkom; ~ *s.t. back* iets terugkry; ~ *back at (or one's own back on) s.o., (infml.)* met iem. afreken, met gelyke munt betaal; ~ *back to s.o. on s.t.* na iem. toe terugkom oor iets; ~ *behind s.o.* iem. steun; ~ *behind s.t.* agter iets gaan staan/wegkruip; agterkom/vas= stel wat agter iets sit/skuil/steek; ~ *behind with s.t.* met iets agterraak; ~ *beyond ...* verder/vêrder kom/gaan as ...; ~ *one's arm/etc. broken* jou arm/ens. breek, 'n gebreekte arm/ ens. opdoen; ~ *by* verbykom; die toets deurstaan; ~ *by on s.t.* met iets uitkom; ~ *by s.t.* iets vryspring/ontsnap; ~ *by with s.t.* met iets deurkom/klaarkom; ~ *done with s.t.* klaar= maak met iets; 'n einde maak aan iets; ~ *down* afklim; on= der kom; ~ *s.t. down* iets afhaal; iets onder kry; iets neer= skryf/=skrywe, iets op papier kry; iets inkry *(kos, drank);* s.t. ~*s s.o. down* iets maak iem. bedruk/neerslagtig, iets maak iem. moedeloos; ~ *down to it* aan die werk spring; ~ *down to it!* spring aan die werk!, alle grappies op 'n stokkie!; ~ *down to doing s.t.* iets begin doen; *what do you* ~ *for it?* hoe= veel kry jy daarvoor?; ~ *in* ... iets van ... kry; ~ *in* inkom; inklim, instap; *(infml.)* verkies word; ~ *s.o. in* iem. laat kom *(om te help);* ~ *s.t. in* iets inkry; iets insamel *(oes ens.);* ~ *in on s.t., (infml.)* by/in icts betrokke raak; ~ *in with s.o., (infml.)* op goeie voet met iem. kom; ~ *into s.t.* in iets kom; in iets klim *('n motor ens.);* iets aantrek *(klere, skoene);* in iets kom/beland *(moeilikheid ens.);* by/in iets betrokke raak; aan iets begin deelneem *(sport); s.o.* ~*s it, (infml.)* iem. loop deur, iem. word berispe/gestraf; *do you* ~ *it?* snap jy dit?; *it* ~*s me when ..., (infml.)* ek vererg my so wanneer ...; ~ *what one is **looking for**, (infml., iron.)* jou verdiende loon kry; *s.o. did not* ~ *s.t.* iem. het iets nie gekry nie; ~ *off* afklim; ont= snap; vrykom; afkry, vry kry; wegspring; ~ *off lightly* lig (daarvan) afkom; ~ *off on ..., (Am., infml.)* plesier uit ... kry, plesier in ... vind; opgewonde/gaande *(of* in ekstase/vervoe= ring) oor ... raak; deur ... geprikkel word; ~ *off s.t.* van iets afklim; van iets loskom; van iets afstap *('n onderwerp);* ~ *s.t.*

*off* iets afkry; iets wegstuur *('n brief ens.)*; ~ *off the ground* opstyg; *(fig.)* aan die gang kom, op dreef kom; *tell s.o. where to* ~ *off, (infml.)* iem. op sy/haar plek sit, iem. in die bek ruk; iem. sê om hom/haar met sy/haar eie sake te bemoei; ~ *off with s.o., (infml.)* 'n seksuele verhouding met iem. hê; 'n (liefdes)verhouding met iem. aanknoop; ~ *on* opklim; vooruitgaan, vorder; vooruitkom; *I must be* ~*ting on* ek moet verder/vêrder; ~ *on with s.t.* vorder *(of* vooruitgang maak) met iets; *how are you* ~*ting on?* hoe gaan dit met jou?; hoe vorder jy?; *how did you* ~ *on?, (ook)* hoe het dit (met jou) gegaan?; *it is* ~*ting on for six/etc. o'clock* dit gaan/ staan (na) sesuur/ens. se kant toe; ~ *on (in years)* ouer word; *I'll* ~ *right on it, (infml.)* ek doen dit sommer nou; ~ *it on, (Am. sl., euf.)* seks hê, liefde maak, saamslaap, kafoefel; ~ *s.t. on s.o., (infml.)* iets teen iem. te wete kom; ~ *onto* (or *on to) s.o., (infml.)* met iem. in verbinding tree; op iem. se spoor kom; agterkom dat iem. knoei; van iem. (se bestaan) bewus word; ~ *onto* (or *on to) s.t.* op iets klim; *(ook, infml.)* iets agterkom; ~ *out* uitkom; uitklim; *(nuus)* uitlek, rugbaar word; ~ *out on the wrong side of the bed* met die verkeerde voet uit die bed klim; ~ *s.t. out* iets uithaal; iets uitkry; iets uiter *('n geluid)*; iets uitgee/uitreik *('n publikasie ens.)*; *be out to* ~ *s.o.* agter iem. aan wees, agter iem. lê; ~ *out (of here)!, (infml.)* maak dat jy wegkom!, skoert!, trap!; ~ *out of here!, (ook, infml.)* ag twak!, onsin!; ~ *out of s.t.* uit iets klim *(d. bad, 'n motor, ens.)*; aan iets ontsnap; jou uit iets loswikkel; ~ *s.t. out of s.o.* iets uit iem. kry; ~ *over s.t.* oor iets kom; oor iets klim; iets te bowe kom *(moeilikheid ens.)*; iets oorwin *(senuwee-agtigheid ens.)*; van iets herstel *(siekte ens.)*; berusting vind; *I can't* ~ *over it* ek kan dit net nie begryp nie, dit gaan my verstand te bowe; ~ *s.t. over* inhamer, iets ingang laat vind; ~ *it over with* iets agter die rug kry; ~ *the point* iets snap; ~ *s.o. right* iem. reg begryp/verstaan; ~ *s.t. right* iets reg doen; iets reg begryp/verstaan; ~ *s.o. round, (infml.)* iem. ompraat; ~ *round s.t.* om iets kom; by iets verbykom; iets omseil; ~ *somewhere* êrens kom; *(infml.)* iets bereik, opgang maak; ~ *talking* aan die gesels raak; ~ *there* daar aankom; *(infml.)* dit haal; die doel bereik; dit snap; ~ *through, (ook telef.)* deurkom; ~ *through s.t.* deur iets kom; iets klaarkry *(werk ens.)*; iets (op)gebruik; ~ *s.t. through* iets deurkry *(ook 'n wetsontwerp)*; ~ *through to s.o., (ook)* iem. iets aan die verstand bring; ~ *through with s.t.* iets klaarkry; ~ *to* ... by ... (uit)kom; ... bereik; *s.t.* ~*s to s.o., (infml.)* iets gryp iem. aan; iets het 'n uitwerking op iem.; iets begin iem. pla/irriteer; ~ *to do s.t.* iets gedaan kry; so ver/vêr kom om iets te doen; *not* ~ *to do s.t., (ook)* nie jou draai(e) kry nie; ~ *s.o. to do s.t.* iem. iets laat doen; iem. beweeg/oorhaal om iets te doen; ~ *together* saamkom, byeenkom; ~ *it together, (infml.)* dit regkry; dit goed doen; beheer oor jou lewe verkry; by mekaar uitkom; ~ *people/things together* mense/ dinge byeenbring/bymekaarbring; ~ *up* opstaan; ~ *s.o. up* iem. laat opstaan; ~ *s.t. up* iets opkry *(êrens)*; iets bo kry; iets regop kry; iets maak; iets reël/organiseer; ~ *up s.t.* op iets kom; teen iets uitkom *('n berg ens.)*; ~ *up to s.t., (infml.)* iets aanvang; ~ *up with s.o.* iem. inhaal; *where did you* ~ *that?, (infml.)* waar kom jy daaraan?; ~ *two years* (or *[a fine of] R500)* twee jaar *(of* R500 boete) kry; *I'll* ~ *you!, (infml.)* ek sal jou nog kry!. ~**at-able** *(infml.)* bykombaar; →GET= (T)ABLE. ~**away** *n., (infml.)* ontsnapping; wegbreekvakansie, uitvlug(gie); uitspanplek; *make a/one's* ~ ontsnap, (weg)vlug; *make an early* ~ vroeg in die pad val; *make a poor* ~, *(renjaer)* swak wegspring. ~**away** *adj. (attr.):* ~ *car* ontsnap(pings)=, ontvlugtingsmotor. ~**out** *n., (infml.)* uitvlug, uitweg. ~**rich-quick** *adj. (attr.)* kitsrykword= *(skema ens.)*. ~**together** *n., (infml.)* (gesellige) byeenkoms. ~**up** *n., (infml.)* skepping; mondering, uitrusting; samestelling. ~**up-and-go** *n., (infml.)* fut, woema, ywer. ~**well card** word-gou-gesond-kaartjie.

**Geth·sem·a·ne** *(NT)* Getsemane *(NAB)*, Getsémané *(OAB)*.

**get·(t)a·ble** verkry(g)baar; bereikbaar.

**Ge·würz·tra·mi·ner** *(druifsoort, wyn)* gewürztraminer.

**gey·ser** spuitbron, geiser; warmwatersilinder, geiser.

**ghaap, ngaap** *(SA, bot.)* ghaap.

**Gha·na** *(geog.)* Ghana. **Gha·na·ian, Gha·ni·an** *n.* Ghanees. **Gha·na·ian, Gha·ni·an, Gha·nese** *adj.* Ghanees.

**ghast·ly** aaklig, afgryslik; ysingwekkend; spookagtig; doods= bleek. **ghast·li·ness** aakligheid; spookagtigheid.

**ghat** *(<Hindi)* bergreeks; bergpas.

**ghee, ghi** *(Ind. kookk.)* ghi.

**Ghent** *(geog.)* Gent; *(of)* ~ Gents; *native of* ~ Gentenaar.

**gher·kin** agurkie.

**ghet·to** =to(e)s ghetto, agter=, krotbuurt; *(hist.)* ghetto, Jode= buurt. ~ **blaster**, ~ **box** *(infml.)* blêrboks, brul(toe)stel.

**ghet·to·ise, =ize** ghettoïseer; *(fig.)* inhok, inperk. **ghet·to· i·sa·tion, =za·tion** ghettovorming; ghettoïsering.

**ghom·ma, goe·ma** *(SA, mus., <Mal.)* ghomma, goema. ~ **song** ghomma=, goemaliedjie.

**ghost** *n.* spook, gees; skim; skaduwee; sweem; *(TV)* dubbel=, spookbeeld; *(infml.)* spook(amptenaar); *be a* ~ *of one's for= mer self* nie 'n skim/skadu(wee) wees van wat jy was nie; *give up the* ~ die gees gee, sterf, sterwe; *the Holy G~, (Chr.)* die Heilige Gees; *not have a* ~ *of an idea* nie die vaagste benul hê nie; *raise a* ~ 'n gees oproep; *s.o.'s* ~ *walks there* iem. spook daar. **ghost** *ww.* spookskryf, =skrywe, onder 'n ander se naam skryf/skrywe; sweef, swewe, gly, moeiteloos vaar; (rond)spook. ~**buster** *(infml.)* geestesbesweerder. ~ **town** spookdorp. ~ **word** spookwoord *(wat net in 'n naslaan= werk voorkom)*. ~**write** *ww.* spookskryf, =skrywe, onder 'n ander se naam skryf/skrywe. ~**writer** spook=, skimskrywer.

**ghost·ing** *(TV)* dubbel=, spookbeelde.

**ghost·like** spookagtig.

**ghost·ly** spookagtig, spook=; ~ *apparition* spookgedaante, =gestalte, =verskynsel; ~ *hour* spookuur.

**ghoul** lykverslinder; lykrower; grafskender; monster. **ghoul· ish** monsteragtig.

**GI** GIs, GI's, *n., (Am., infml., afk. v.* General/Government Is= sue) Amerikaanse soldaat. ~ **Joe** *(infml.)* troep(ie).

**gi·ant** *n., (mit.)* reus; *(buitengewoon groot mens)* reus, goliat; *(fig.)* kolos. **gi·ant** *adj.* reusagtig, reuse=. ~ **killer** *(fig.)* leeu= temmer. ~ **panda** reusepanda, bamboesbeer. ~ **protea** groot protea, reusesuikerbos. ~**size(d)** *adj.* reusagtig, reuse=.

**gi·ant·like** reusagtig.

**gib·ber** brabbel, brabbel=/wartaal praat; ~ *with cold* klap= pertand. **gib·ber·ish** gebrou, brabbel=, krom=, wartaal, koe= terwaals.

**gib·bon** *(soöl.)* langarmaap, gibbon.

**gib·bous** bol; uitpeulend; bulterig; geboggel(d), boggelrig, =agtig; ~ *moon* bolmaan.

**gibe, jibe** *n.* spot(terny), skimp, spottende opmerking. **gibe, jibe** *ww.* spot, skimp, (uit)koggel. **gib·er, jib·er** spot= ter, skimper.

**gib·lets** *n. (mv.)* voël=, pluimveeafval.

**Gi·bral·tar** *(geog.)* Gibraltar.

**gid·dy** *adj.* duiselig, dronk, naar; duiselingwekkend; opge= wonde; ligsinnig; wispelturig; *s.o. feels* ~ iem. se kop draai/ maal; *get/grow* ~ duisel, duiselig word. **gid·dy** *ww.* duiselig maak/word. **gid·di·ness** duiselig=, dronkheid; swymel; op= gewondenheid; ligsinnigheid; wispelturigheid.

**Gid·e·on** *(OT)* Gideon; *the* ~s, *(Bybelverspreidingsgroep)* die Gideons. ~ **Bible** Gideonsbybel.

**gift** *n.* geskenk, skenking, gawe, gif; gawe, vermoë, talent; *a deed of* ~ 'n skenkingsakte; *have the* ~ *of the gab* wel ter tale wees; *I wouldn't have it as a* ~, *(pej.)* ek wil dit nie present hê nie; *have a* ~ *for ...* 'n aanleg vir ... hê, vir ... aangelê wees; *make s.o. a* ~ *of s.t.* iets aan iem. skenk; *the* ~ *of tongues* die gawe om in vreemde tale te praat. **gift** *ww.* present gee; 'n gawe skenk; begiftig, beskenk. ~ **book** present=, ge=skenkboek. ~ **box**, ~ **pack** geskenkpak(kie). ~ **horse:** *don't look a ~ ~ in the mouth, (sprw.)* moenie 'n gegewe perd in die bek kyk nie. ~ **shop** geskenkwinkel. ~ **token**, ~ **voucher** geskenkbewys. ~ **wrap(ping)** *n.* geskenkpapier. ~**wrap** *ww.* in/met geskenkpapier toedraai.

**gift·ed** begaaf(d), talentvol; geniaal; *be ~ with* ... met ... begaaf(d) wees. **gift·ed·ness** begaafdheid, talent.

**gig**[1] *n., (mus., infml.)* optrede. **gig** *ww., (mus., infml.)* optree, speel.

**gig**[2] *n., (rek., infml.)* = GIGABYTE.

**gi·ga** *komb.vorm, (alg.: faktor v. $10^9$; rek.: faktor v. $2^{30}$)* giga=. ~**byte** *(rek.)* gigagreep. ~**hertz** gigahertz.

**gi·gan·tic** reusagtig, reuse=, kolossaal.

**gi·gan·tism, gi·gan·tism** gigantisme.

**gig·gle** *n.* gegiggel; *do s.t. for a ~, (infml.)* iets vir die grap/pret doen; *have the ~s* die lagsiekte hê. **gig·gle** *ww.* giggel. **gig·gly** giggelrig.

**gig·o·lo** =los, *(dikw. neerh.)* gigolo, houman, bedjonker.

**gigue** *(mus., dans)* gigue.

**Gi·la mon·ster** *(soöl.)* gila-akkedis, =monster.

**gild** gilded gilded, gilt gilt, *ww.* verguld; met goud oortrek; ~ *the pill* die pil verguld. **gild·ed:** ~ *bronze* goudbrons; ~ *youth* rykmanskinders. **gild·ing** verguldsel; vergulding.

**gill** *n.* kieu, kief; bel=, lel(letjie); kaak; *go white about the ~s* wit/bleek word van die skrik. **gill** *ww.* skoonmaak, kaak *(vis).* ~ **net** kieunet.

**gil·ly·flow·er, gil·li·flow·er** angelier, naelblom; *(stock)* ~ vilet; *(wall)* ~ muurblom.

**gilt**[1] *n.* verguldsel; skyn. **gilt** *adj.* verguld, met goud oortrek/oorgeblaas. ~ **edge** goudrand; goudsnee *(v. 'n boek).* ~**-edged** *(boek)* op snee verguld; *(kaartjie)* goudgerand. ~**-edged se·curities** prima effekte. ~ **frame** vergulde raam/lys.

**gilt**[2] *n.* jong sog.

**gim·bal(s)** kompasbeuel.

**gim·let** frik(ke)boor, swikboor; fret(boor); handboor. ~ **bit** omslagswikboor. ~ **eye** deurborende oog.

**gim·mick** *(infml.)* foefie, truuk, slenter, kunsie; middeltjie, slimmigheid; geheime toestelletjie. **gim·mick·ry** foefies, truuks/slimmighede. **gim·mick·y** foefierig.

**gimp, guimp, gymp** gimp, omboorsel; sydraad.

**gin**[1] *n.* jenewer; ~ *and tonic* jenewer met kinawater. ~ **rummy** *(kaartspel)* gin rummy.

**gin**[2] *n.* pluismeul(e), pluis=, suiwermasjien; net, strik, val, wip; *(sk.)* gyn, katrol, wen(as); *(teg.)* duiwel, wolf. **gin** =*nn*=, *ww.* suiwer; pluis; ontsaad; vang; verstrik. ~ **block** hysblok. ~ **wheel** wielkatrol.

**gin·ger** *n.* gemmer; gemmerkleur; rooikop; fut, moed. **gin·ger** *adj.* rooikop=; rooiharig; ~ *cat* voskat. **gin·ger** *ww.* met gemmer krui; ~ *s.o. up* iem. opkikker; ~ *s.t. up* iets verlewendig. ~ **ale** gemmerlim. ~ **beer** gemmerbier. ~ **brandy** gemmerbrandewyn. ~ **bread** gemmerbrood, =koek. ~**bread** *adj.* prullerig, vol tierlantyntjies. ~**bread man** broodmannetjie. ~ **nut** gemmerkoekie. ~ **snap** gemmerbeskuitjie.

**gin·ger·ly** versigtig, behoedsaam, ligvoets.

**gin·ger·y** gemmeragtig.

**ging·ham** *(tekst.)* gingang, geruite katoen, ruitjiesgoed.

**gin·gi·li, gin·gel·ly** *(Ind. kookk.)* sesamolie; *(bot.)* sesamkruid.

**gin·gi·val** *(med.)* tandvleis=. **gin·gi·vi·tis** tandvleisontsteking.

**gink·go** =goes, **ging·ko** =koes, *(bot.)* ginkgo(boom).

**gi·nor·mous** *(infml.)* enorm, kolossaal, reusagtig.

**gin·seng** *(bot.)* djinseng, ginseng(wortel).

**gi·raffe** =raffe(s) kameelperd. ~ **bull/calf/cow** kameelperdbul, =kalf, =koei.

**gir·an·dole** armkandelaar, girandool; oorhanger; draaivuurwerk; springfontein.

**gird** girded girded, girt girt, *(hoofs. poët., liter.)* (om)gord; (be)wapen, sterk; omsingel, insluit; ~ *o.s. (up) for the fight, (fig.)* jou vir die stryd aangord.

**gird·er** dwars=, draag=, steunbalk; lêer, metaalbalk. ~ **bridge** balk=, lêerbrug.

**gir·dle** *n.* (vroue)gordel; rekgordel; buikgord(el), buikriem; middel. **gir·dle** *ww.* omsluit; omgord; ring *('n boom).*

**gir·dled:** ~ *lizard* gordelakkedis; *giant* ~ ~, *sungazer* reuse-gordelakkedis, ouvolk, sonkyker, skurwejantjie.

**girl** meisie; dogter; *(infml.: geliefde)* meisie, nooi, vriendin; *old* ~ oudleerling, =skolier, =student; *(infml.)* ounooi; hartjie. ~ **chaser** meisie(s)gek. ~**-child** meisiekind. ~ **Friday** kantoormeisie. ~**friend** meisie, nooi, vriendin. **G**~ **Guide** Girl Guide, Padvindster. **G**~ **Scout** *(Am.)* Padvindster.

**girl·hood** meisie(s)jare, meisieskap; meisies.

**girl·ie, girl·y** *n., (infml., dikw. neerh.)* meisietjie, nooientjie, poppie. **girl·ie, girl·y** *adj.* meisie(s)= *(boek, fliek, ens.);* meisierig *(man);* prikkel= *(foto, tydskrif, ens.);* ~ *show* prikkelpoprevue.

**girl·ish** meisieagtig; ~ *voice* meisiestem.

**girls':** ~ **choir** meisie(s)koor. ~ **doubles** meisiesdubbelspel. ~ **high school** hoërmeisieskool, hoër meisieskool. ~ **hostel** meisie(s)koshuis. ~ **name** meisie(s)naam. ~ **school** meisieskool. ~ **singles** meisiesenkelspel.

**gi·ro** =ros giro.

**girt** *adj.: be ~ with* ... met/deur ... omring wees; →GIRD.

**girth** buikgord(el), =riem; omvang, =trek; maagomvang; borsmaat, =omvang *(v. 'n perd); up to the* ~ tot by die saalklappe.

**gis·mo** →GIZMO.

**gist** hoofsaak, kern, hoofinhoud.

**git** *(Br. sl., neerh.)* aap, bobbejaan; blikskottel, swernoot.

**give** *n.* (die) meegee, skot. **give** gave given, *ww.* gee; aangee; verskaf, verstrek, verleen; meegee, knak, breek; versak, insak; *('n tou)* skiet; →GAVE, GIVEN; ~ *s.t. along/with* ... iets met ... saamgee; ~ ... *away* ... weggee; ... afgee *('n bruid);* ... uitdeel *(pryse);* ... uitlap/verraai/verklap/verklik *(geheime);* ~ *o.s. away* die aap uit die mou laat, jouself verraai; *not* ~ *o.s. away, (ook)* niks laat merk nie; ~ *away the (whole) show* met die hele mandjie patats uitkom, alles uitblaker; die aap uit die mou laat; ~ *s.t. back to s.o.* iets aan iem. teruggee; ~ *forth s.t.* iets afgee/uit(er)/uitstrooi; *as good as one gets* jou man staan; ~ *in* op=, kopgee, tou opgooi; *(hart ens.)* swakker word, gaan staan, nie meer wil nie; ~ *s.t. in* iets indien/=lewer; ~ *it to s.o., (infml.)* iem. opdons/inklim/peper; ~ *at the knees* deursak/swik (by die knieë); ~ *s.t. off* iets afgee *(rook, 'n reuk, ens.);* ~ *onto* (or *on to)* ... op ... uitkom/=loop; op ... uitsien; ~ *out* beswyk, dit opgee; *(suiker, water, ens.)* opraak; *(water)* opdroog; ~ *o.s. out as* ... deurgaan *(of jou uitgee)* vir ...; ~ *s.o. out, (kr.)* iem. uitgee, beslis dat iem. uit is; ~ *s.t. out* iets uitgee, iets bekend maak *(of* bekendmaak); iets afgee/uitstraal/uitdeel; ~ *out on s.o.* iem. in die steek laat; ~ *s.t. over* iets opgee/oorhandig; ~ *and take* gee en neem; ~ *or take a hundred/etc., (infml.)* min of meer ('n) honderd/ens.; ~ *s.t. to s.o.* iets aan/vir iem. gee; ~ *up* (dit) opgee; ~ *s.t. up* iets afgee/afstaan/afskaf; iets laat staan/vaar, van iets afsien; ~ *up everything* alles laat vaar; ~ *up on s.o., (infml.)* geen hoop vir iem. hê nie; ~ *up smoking* ophou rook, rook laat staan; *you can ~ it up!* jy kan maar gaan slaap!; ~ *o.s. up to* ... jou aan ... oorgee *(d. polisie ens.);* *what* ~*s?, (infml.)* wat is aan die gang?; *I will* ~ *him/her that, (ook)* ek gee hom/haar dit ter ere na. ~**away** *n.* geskenk, present, pasella; winskopie; *s.t. is a dead* ~, *(infml.)* iets verraai alles. ~**away** *adj.: at a* ~ *price* spotgoedkoop.

**giv·en** *n.* gegewe, (gegewe/aanvaarde) feit. **giv·en** *adj.* ge=gee; gegewe, bepaalde; *I was* ~ *to* **believe/understand** *that*

..., *(fml.)* ek is te verstaan gegee dat ...; ~ *name, (hoofs. Am.)* voor=, doopnaam; *any* ~ *number* enige willekeurige getal; *be* ~ *over to* ... aan ... verslaaf wees; *be* ~ *to* ... tot ... geneig wees; *be* ~ *to swearing/etc.* lief wees om te vloek/ens.; *it was not* ~ *to s.o. to* ... dit was iem. nie beskore om te ... nie; *be* ~ *up for dead* vir dood aangesien word. **giv·en** *vs.* gegewe; ~ *that* ... gegewe *(of* in die lig daarvan) dat ...; ~ *the circumstances* ... gegewe *(of* in die lig van) die omstandighede ...

**giv·er** gewer, skenker.

**giz·mo, gis·mo** =*mos, (sl.)* kontrepsie *(<Eng.)*, afvêrinkie, toestelletjie.

**giz·zard** hoendermagie; kou=, spiermaag, pens; krop; *it sticks in s.o.'s* ~, *(infml.)* dit steek iem. (dwars) in die krop.

**gla·cé** *adj.* geglaseer(d). **gla·cé** *glacéing; glacéed glacéed, ww.* glaseer, verglans. ~ **fruit(s)** geglaseerde vrugte, gla= suurvrugte. ~ **icing** glasuur, glaseersel. ~ **kid,** ~ **leather** glans= leer. ~ **ribbon** glanslint, geglansde lint.

**gla·cial** *n., (geol.)* ystyd. **gla·cial** *adj.* ysig; *(geol.)* glasiaal, ysgletser=; ~ **deposit** gletserafsetting; ~ **epoch/period** ystyd; ~ **ice** gletserys; ~ **lake** gletsermeer.

**gla·ci·ate** verys, bevries; vergletser. **gla·ci·at·ed** met ys be= dek; bevrore, bevries; vergletser(d); met spore uit die ys= tyd. **gla·ci·a·tion** ysvorming, bevriesing; gletserwerking; gletservorming; vergletsering.

**gla·cier** gletser. ~ **ice** gletserys. ~ **lake** gletsermeer.

**glad** bly, opgewek, opgeruimd, vrolik, verheug; *be* ~ *about/ of s.t.* oor iets bly wees; *give s.o. the* ~ *hand, (dikw. iron./ neerh.)* iem. (oor)vriendelik *(of* [oordrewe] hartlik) groet/ verwelkom; *I shall be* ~ *to do it* ek sal dit graag doen; *s.o. is* ~ *that* ... dit verheug iem. dat ...; *s.o. will be only too* ~ *to do s.t., (ook)* iem. sal iets maar alte graag doen. ~ **eye:** *give s.o. the* ~ ~, *(infml., ietwat vero.)* begerig/kokketerig na iem. kyk. ~**hand** *ww., (Am., dikw. neerh./iron.)* (oor)vriendelik *(of* [oordrewe] hartlik) groet/verwelkom. ~ **rags** *n. (mv.), (infml.)* beste tooiings. ~ **tidings** *n. (mv.)* heuglike nuus.

**glad·den** verbly, bly maak, verheug; opvrolik, opbeur.

**glade** oop/kaal plek *(in 'n bos).*

**glad·i·a·tor** swaardvegter, gladiator. **glad·i·a·to·ri·al** gladi= atories.

**glad·i·o·lus** =*oli,* =*olus(es), (bot.)* swaardlelie, gladiolus, gla= diool, pypie.

**glad·ly** graag, met graagte/blydskap/genoeë.

**glad·ness** blydskap, opgewektheid, vreug(de), blymoedig= heid, vrolikheid, verheuging.

**glam** *adj., (infml.)* = GLAMOROUS. **glam** *ww.:* ~ *o.s. up, (infml.)* jou opdollie.

**glam·our, (Am.) glam·or** *n.* aantreklikheid, aanloklikheid, verleidelikheid, verloklikheid; skittering, skitterskyn, glans. ~ **boy** *(infml., dikw. neerh.)* swierbol, laventelhaan, pronker. ~ **girl** *(infml., dikw. neerh.)* glans=, prag=, pronkmeisie.

**glam·o(u)r·ise,** =**ize** romantiseer.

**glam·o(u)r·ous** glansend, bekorend, bekoorlik, betowerend, skittermooi, romanties; verleidelik, verlokkend, verloklik.

**glance** *n.* blik, oogopslag; skramhou; *(kr.)* afkeerhou; *at a* ~ met een oogopslag; *dart a* ~ *at* ... 'n blik op ... werp *(of* na ... skiet); *at first* ~ met die eerste oogopslag/blik; *a quick/ transient* ~ 'n vlugtige blik; *steal a* ~ *at* ... skelmpies/steels na ... kyk; *throw a* ~ *backward(s)* vinnig omkyk. **glance** *ww.* 'n blik werp, vlugtig kyk; ~ *at* ... 'n blik op ... werp *(of* na ... skiet); vlugtig na ... kyk, na ... loer; ... sydelings aankyk; ... deurblaai *('n boek ens.);* ~ *one's eye over s.t.* die/ jou oog oor iets laat gaan/gly; ~ *off (s.t.)* (van iets) afskram; ~ *over/through s.t.* iets vlugtig deurkyk; ~ *round* vlugtig rondkyk. **glanc·ing** *adj.,* **glanc·ing·ly** *adv.* vlugtig, terloops; sydelings, skrams.

**gland** klier. **glan·di·form** *(med.)* kliervormig. **glan·du·lar** klier= agtig, klier=; ~ *fever* klierkoors.

**glans** *glandes, (Lat., anat.: kop van klitoris/penis)* glans.

**glare** *n.* woeste blik; skittering, fel(le) lig, (skerp) skynsel; vuurgloed; skelheid; skreeuende prag. **glare** *ww.* aangluur *(iem.);* flikker, fel skyn; skerp afsteek; ~ *at s.o.* iem. kwaad/ woedend/woes aankyk/aanstaar. ~**-proof** skynselwerend.

**glar·ing** verblindend, fel; skreeuend; flagrant; skril; woes, vurig; ~ *contrast* skrille teen=/teëstelling; ~ *injustice* skrei= ende onreg; ~ *light* skerp/fel(le) lig; ~ *mistake* flater, op= vallende/skreeuende fout; ~ *red* knalrooi. **glar·ing·ly** ver= blindend, fel, skreeuend; ~ *bright* skel; *contrast* ~ *with* ... skerp met ... kontrasteer, 'n skerp kontras/teen=/teëstelling met ... vorm; *be* ~ *obvious* soos 'n paal bo water staan, voor die hand liggend *(of* so duidelik soos daglig) wees.

**glar·y** verblindend; skreeuend.

**glas·nost** *(Rus.)* glasnost, openheid, deursigtigheid.

**glass** *n.* glas; venster; ruit; sopie; *(i.d. mv.)* bril; *armoured* ~ pantserglas; *clink/touch* ~*es* glase klink; *dark* ~*es* 'n donkerbril *(of* donker bril); *a* ~ *of water* 'n glas water; *two* ~*es of water* twee glase water; *over a* ~ *of wine* oor/by 'n glas(ie) wyn; *a pair of* ~*es* 'n bril; *raise a* ~ *to s.o.* op iem. (se gesondheid) drink; *under* ~ onder glas; agter glas; *s.o. wears* ~*es* iem. dra ('n) bril; *a (weather)* ~ 'n (weer)glas. **glass** *adj.* glas=. **glass** *ww.* glas/ruite insit; glas voorsit; glasig maak; weerspieël; ~ *s.t. in* iets met glas toemaak; glas voor iets sit; ~*ed veranda(h)* glasstoep, =veranda. ~ **bead** glaspêrel, =kraal, =kraletjie. ~**-blower** glasblaser. ~**-blowing** glasblasery. ~ **bowl** glasbak. ~ **brick** glassteen. ~ **case** glaskas. ~ **ceiling** *(infml., fig.)* glasplafon. ~ **cover** stolp, stulp. ~ **cutter** glassnyer, =slyper. ~ **fibre** glasvesel. ~**house** glashuis; broeikas, =huis; glasblasery, =fabriek; glaswinkel. ~**-making** glasbereiding. ~ **metal** frit, glasspys, =spesie, =massa, =mengsel. ~ **painting** glasskildery. ~ **paper** skuur=, glaspapier. ~ **slipper** glasskoentjie. ~ **splin-ter** glasskerf. ~ **stainer** brandskilder. ~ **staining** brand= skilderwerk. ~**ware** glasgoed, =werk, glasware. ~ **wool** glas= wol. ~**works** glasfabriek.

**glass·ful** =*fuls* glas (vol); *a* ~ *of milk* 'n glas melk.

**glass·like** glasagtig.

**glass·y** glasig, glaserig, glasagtig; glas=; spieëlglad; koel, kil; *a* ~ *response* 'n onvriendelike reaksie. **glass·i·ness** glas(er)= igheid, glasagtigheid; kilheid, starheid *(v. iem. se blik).*

**Glas·we·gian** *n.* inwoner van Glasgow, Glasgower. **Glas·we·gian** *adj.* uit/van Glasgow, Glasgows.

**glau·co·ma** *(med.)* groenstaar, gloukoom.

**glaze** *n.* glans; *(kookk.)* glaseersel, verglanssel; glasuur *(by keramiek);* glasuurglans; glasige blik. **glaze** *ww.* glas/ruite insit; glas voorsit; verglans; verglaas; glasuur *(erdewerk);* glaseer, versuiker *(voedsel);* glad maak, polys, glans; *(oë)* gla= sig word. ~ *s.t. in* iets met glas toemaak; glas voor iets sit; ~ *over, (iem. se oë ens.)* glasig word. ~ **ice** ysryp, ysel. ~ **kiln** verglaasoond.

**glazed** glas=; verglans; verglaas, geglasuur(d); geglans, ge= glaseer(d); glasig; blink, glansend; ~ *bookcase* boekrak met glasdeure; ~ *brick* glasuursteen; ~ *cabinet* glaskas; ~ *chintz* glanssis; ~ *cotton* glanskatoen; ~ *door* glaspaneeldeur, glas= werkdeur; ~ *earthenware* geglasuurde erdewerk; ~ *frost* ysryp, ysel; ~*fruit* glansvrugte, verglansde/verglanste vrug= (te); ~ *paper* glanspapier; ~ *pudding* geglaseerde poeding; ~ *tile* glasuurteël; ~ *window* venster met glas; ~*yarn* glans= gare, =garing.

**gla·zier** glasmaker, =vervaardiger; glaswerker; ruitwerker; *is your father a* ~? groot lantern weinig lig!.

**gla·zier's:** ~ **chisel,** ~ **knife** stopmes. ~ **lead** vensterlood. ~ **point** ruitspykertjie. ~ **putty** stopverf.

**glaz·ing** verglaassel, glasuur; (die) glad maak; vensterglas; glaswerk; beglasing; glasuring. ~ **compound** stopmengsel. ~ **rubber** ruitrubber. ~ **wheel** polysskyf.

**glaz·y** glasagtig, glasig; glimmend, blink.

**gleam** *n.* straal, skyn, flikkering; *a* ~ *of humour* 'n sprankie humor. **gleam** *ww.* straal, skyn; glim, flikker, blink, glans; skemer. **gleam·ing** glansend, glimmend; ~ *white* kraakwit. **gleam·y** skynend, glansend.

**glean** nalees; versamel; ~ *s.t. from* ... iets uit ... haal; iets van ... verneem. **glean·ing** versameling; *(i.d. mv.)* oesreste; *(i.d. mv., fig.)* (moeisaam) versamelde feite/gegewens/inligting, sameraapsel(s).

**glee** blydskap, vrolikheid, opgetoënheid; rondsang. ~ **club** sangtroep, =vereniging.

**glee·ful** bly, verblyd, vrolik, opgetoë.

**glen** dal, vallei, laagte.

**glib** glad van tong, vloeiend, rederyk, vlot; glad, gelyk; los; ~ *talk* slimpraatjies; ~ *tongue* gladde tong. **glib·ly** glad, vlot; los; oppervlakkig. **glib·ness** gladheid, vlotheid; oppervlakkigheid.

**glide** *n., (fonet.)* oorgang(sklank); *(mus.)* glissando; sweefvlug. **glide** *ww.* gly; skuif, skuiwe; seil, sweef, swewe; sluip, kruip; oorgaan; sweef(vlieg); ~ *across* oorseil; ~ *a ball, (kr.)* 'n bal afkeer; ~ *down* afgly; afsweef, afswewe; ~ *off s.t.* van iets afgly. ~ **pad** *(rek.)* glymat. ~ **path** sweefbaan.

**glid·er** sweef(vlieg)tuig, motorlose vliegtuig. ~ **flying** sweef= (vlieg). ~ **pilot** swewer, sweefvlieër.

**glid·ing** gly; sweef; sweefsport, sweef(vlieg), sweefkuns. ~ **club** sweefklub. ~ **flight** sweefvlug. ~ **pilot** swewer, sweef= vlieër.

**glim·mer, glim·mer·ing** *n.* skynsel, glinstering, flikkering; *(fig.)* straaltjie; glimp; vae begrip/vermoede; *a* ~ *of hope* 'n sprankie/sweempie (van) hoop, 'n ligpuntjie; *not have a* ~ *of understanding about s.t.* nie die flouste/geringste/ minste/vaagste benul van iets hê nie. **glim·mer** *ww.* (flou) skyn, glinster, glim, flikker, skemer; ~ *through* deurskemer.

**glimpse** *n.* glimp; vlugtige blik, kykie; *catch/get a* ~ *of* ... 'n glimp van ... sien, ... vlugtig *(of* met 'n skimp) sien, ... skrams (raak)sien; 'n vlugtige blik op ... kry; *I haven't caught a* ~ *of* ... ek het ... nie geen oog *(of* nie met 'n oog) gesien nie; ~*s of history* kykies in die geskiedenis; *a* ~ *of the obvious* 'n waarheid soos 'n koei. **glimpse** *ww.* skrams (raak)sien, 'n glimp sien van, met 'n skimp sien.

**glint** *n.* glinstering, skynsel, flonkering, flikkering; flits. **glint** *ww.* glinster, blink.

**glis·sade** *n.* gly; *(ballet)* glypas. **glis·sade** *ww.* gly.

**glis·san·do** *=sandi, =sandos, (mus.)* glissando.

**glis·ten** glinster, blink, glans; ~ *with* ... van ... glinster.

**glitch** *(infml.)* (tegniese) probleempie/haakplekkie; (tegniese) storing/steuring.

**glit·ter** *n.* skittering, glinstering, vonkeling, flonkering, glans. **glit·ter** *ww.* skitter, glinster, vonkel, flonker, flikker, straal; ~ *with* ... van ... skitter. **glit·ter·ing** skitterend, glinsterend, vonkelend *(juwele, oë, ens.);* glansryk, luisterryk *(geleentheid, loopbaan, ens.);* roemryk, vermaard, beroemd *(pers.).* **glit·ter·y** skitterend, glinsterend, vonkelend *(juwele, oë, ens.).*

**glit·te·ra·ti** *n. (mv.), (infml.)* glansmense, stralerkliek, galaaanders, blinkvinke.

**glitz, glitz·i·ness** glans, swier(igheid), spoggerigheid. **glitz·y** *=ier =iest, adj.,* **glitz·i·ly** *adv.* glansryk, swierig, spoggerig, pronkerig.

**gloat** lekker kry; ~ *over s.t.* jou in iets verlekker/verlustig/ verkneukel. **gloat·ing** leedvermaak. **gloat·ing·ly** met verlustiging; leedvermakerig.

**glob** *(infml.)* (sagte) bol.

**glob·al** wêreld= *(oorlog, politiek, vrede, ens.);* wêreldwyd, oor die hele wêreld (versprei[d]); algemeen, allesomvattend, universeel, globaal; wêreldomvattend *(belange);* ~ **ban** algehele verbod; ~ **figure** totaalbedrag, =syfer; *on a* ~ **scale** op ('n) wêreldskaal; *take a* ~ **view** *of s.t.* iets globaal *(of* in sy geheel) beskou. ~ **search** *(rek.)* algemene/omvattende soek=

tog. ~ **variable** *(rek.)* globale veranderlike. ~ **village** wêreld= dorp(ie), neutedorp, dwergwêreld, aardgehuggie. ~ **warming** *(met.)* aardverwarming.

**glob·al·i·sa·tion, =za·tion** globalisering, globalisasie.

**glob·al·ly** wêreldwyd; algemeen, universeel, globaal.

**globe** bol; aardbol; oogbol; gloeilamp; glaskap *(v. 'n lamp);* (vis)kom; *all over the* ~ oor die hele wêreld; *astral/celestial* ~ hemelbol; *terrestrial* ~ aardbol, aarde. ~ **artichoke, French artichoke** egte artisjok. ~ **lightning** bolblits. ~**trotter** wê= reldreisiger, =toeris. ~**trotting** *adj. (attr.)* wêreldreisende *(rugbykommentator ens.).* ~ **valve** koeëlklep.

**glob·u·lar** bolvormig, rond, bolrond.

**glob·ule** bolletjie; druppeltjie; pilletjie; koeëltjie. **glob·u·lous** bolvormig, rond, bolrond; globuleus.

**glob·u·lin** *(biochem.)* globulien.

**glock·en·spiel** *(mus.)* glockenspiel.

**glom·er·ule** *=ules,* **glo·mer·u·lus** *=uli, (anat.)* kluweltjie, vaat=, nierliggaampie; *(bot.)* skynhofie.

**gloom** donkerte, donkerheid, duisternis; skemer(ing); som= berheid; ~ *and doom, doom and* ~ wanhoop, mismoed, vertwyfeling, swartgalligheid, pessimisme. ~**-and-doomster** doemprofeet.

**gloom·y** (half)donker, duister; mistroostig, swaarmoedig, neerslagtig, triest(er)ig, triets(er)ig, somber, droefgeestig, melancholies, melankolies; betrokke; *take a* ~ *view of things* iets swart insien. **gloom·i·ness** donkerheid, duisternis; mistroostigheid, swaarmoedigheid, somberheid, droefgeestigheid, melancholie, melankolie, triestigheid, trietsigheid.

**Glo·ri·a** *(Chr. mus.)* Gloria, lofsang.

**glo·ri·fy** verheerlik, groot maak; prys, ophemel, loof. **glo·ri·fi·ca·tion** verheerliking; ophemeling. **glo·ri·fied** *adj. (attr.)* pretensieuse, verheerlikte; weinig meer *(of* skaars/nouliks beter/groter/ens.) as.

**glo·ri·ous** glorie=, roem=, eer=, heerlikheid; trots; stralekrans; ligkring; *cover o.s. in* ~ jou met roem oorlaai; *gain/win* ~ roem verwerf; ~ *to God* eer aan God; *in all its* ~ in sy volle glorie; *be in one's* ~, *(infml.)* in jou kanon/peetjie (in) wees, dis klaar(praat) met jou; *send s.o. to his/her* ~, *(infml.)* iem. bokveld toe stuur *(of* na die ander wêreld help). **glo·ry** *ww.* roem dra; koning kraai; ~ *in s.t.* trots wees op iets, jou op iets beroem; bly/verheug wees oor iets, jou in/oor iets verheug; *(pej.)* jou in iets verlekker, leedvermakerig wees. ~ **days** *n. (mv.)* gloriedae, roemryke dae *(v. weleer).* ~ **hole** *(infml.)* rommelkamer; *(infml.)* rommelkas.

**gloss¹** *n.* glans; skyn; misleidende uiterlike; klatergoud *(fig.);* *(ook* gloss paint*)* glansverf; →LIP GLOSS; *s.t. loses its* ~ iets verloor sy glans; *take the* ~ *off s.t.* iets van sy glans beroof. **gloss** *ww.* laat glans, blink maak, poets; verglans; ~ *over s.t.* iets verbloem/verdoesel/toesmeer/goedpraat, 'n skyntjie aan iets gee.

**gloss²** *n.* glos, kanttekening. **gloss** *ww.* glosseer, aante= kening/verklaringe maak by.

**glos·sa·ry** glossarium; woordelys.

**glos·so·pha·ryn·ge·al nerve** tong-keelholte-senu(wee).

**gloss·y** glansend, glanserig, blink; skoonklinkend; ~ **coal** blinksteenkool, blinkkole; ~ **magazine** glanstydskrif; ~ **print** glansdruk; glansfoto; *Cape* ~ **starling** kleinglansspreeu; ~ **wool** glanswol. **gloss·i·ness** glans, glansendheid, blink= heid.

**glot·tis** *=tises, =tides, (anat.)* glottis, stemspleet. **glot·tal** *(attr.)* glottale, glottis=, stemspleet=, stemband=; ~ *catch/plosive/stop, (fonet.)* glottale sluitklank, stembandklapper.

**glove** handskoen; *fit like a* ~ nommerpas *(of* nommer pas) wees, pas of dit aangegiet is; *the* ~*s are* **off** hulle pak mekaar met mening, die stryd begin, nou's daar geen keer meer nie; *take* off the ~*s*, *(lett.)* die handskoene uittrek; iem./mekaar met die kaal vuis pak; *(fig.)* iem./mekaar met mening pak; *take* up the ~ die handskoene opneem, 'n uitdaging aanvaar; *throw* down the ~ to s.o. iem. die handskoen toewerp, iem. uitdaag; *handle/tackle ... without* ~*s ...* hard/streng aanpak. ~ **box** paneelkassie *(v. 'n motor); (kernfis.)* handskoenkas. ~ **compartment** paneelkassie, bêrehokkie *(v. 'n motor).* ~ **puppet** hand(skoen)pop.

**gloved** gehandskoen, met handskoene aan.

**glow** *n.* gloed; vuur; rooi kleur; skynsel; blosende kleur; *be in a* ~, *(fig.)* gloei, gloeiend wees. **glow** *ww.* gloei; brand; smeul; skyn, straal; →GLOWING *adj.;* ~ *with ...* brand/gloei van ...; *keep on* ~*ing* nagloei. ~ **lamp** gloeilamp. ~**-worm** glimwurm(pie), ligkewer; →FIREFLY.

**glow·er** dreigend/nors kyk; ~ *at s.o.* iem. aangluur *(of* kwaad aankyk). **glow·er·ing** *adj.,* **glow·er·ing·ly** *adv.* stuurs, stug, stroef, nors, kwaai; somber, donker, duister, swart; dreigend, onheilspellend.

**glow·ing** *adj.* gloeiend; vurig; lewendig, kleurryk, gloedvol.

**glu·cose** glukose, bloedsuiker; styselstroop.

**glue** *n.* lym, gom; *liquid* ~ koue lym. **glue** *glu(e)ing, ww.* lym; (vas)plak; vasdruk teen; ~ *s.t. on* iets opplak; iets vaslym; ~ *things together* dinge aanmekaarplak/-lym/vasplak/-lym. ~ **ear** *(med.)* verstopte oor. ~ **pot** lym-, gompot. ~**-sniffer** gomsnuiwer. ~**-sniffing** gomsnuiwery, -snuiwing. ~ **stick** gomstiffie. ~ **wash** *n.* lymwater. ~**-wash** *ww.* met lymwater was. ~ **water** lymwater.

**glued:** *s.o.'s ear was* ~ *to the keyhole* iem. het sy/haar oor styf teen die sleutelgat gehou; *s.o.'s eyes were* ~ *to ...* iem. se oë was strak op ... gerig/gevestig, iem. kon sy/haar oë nie van ... afhou nie; *keep one's eyes* ~ *to the road/etc.* die pad/ens. strak dophou, nie van die pad/ens. af wegkyk nie; *stay* ~ *to s.o.'s side* deurentyd *(of* die hele tyd) aan iem. se sy bly; *as if/though* ~ *to the spot* asof aan die grond vasgenael; *s.o. was* ~ *to the TV* iem. het vasgenael voor die TV gesit, iem. het aandagtig *(of* met gespanne/toegespitste aandag) (na die) TV (ge)sit en kyk.

**glue·y** *gluier gluiest* lymerig, lymagtig; klewerig.

**glug** *ww., (infml.):* ~ *s.t. down* iets vinnig/gulsig afsluk.

**gluh·wein, glüh·wein** *(warm gekruide rooi wyn)* glühwein.

**glum** bekaf, bedruk, mismoedig, terneergedruk; stuurs. **glum‑ ness** bedruktheid, mismoedigheid; stuursheid.

**glume** *(bot.)* kelkkaffie; graandoppie.

**glut** *n.* versadiging, oorlading, oorvoering, verstopping; → GLUTTON; *there is a* ~ *of ...* daar is 'n oorvloed van ... **glut** *-tt-, ww.* volprop, oorlaai; versadig; oorvoer *(d. mark);* met wellus laat wei *(d. oë);* ~ *the market with ...* die mark met ... oorvoer *(aartappels ens.).*

**glu·ta·mate** *(biochem.)* glutamaat. **glu·tam·ic** ~ *acid* gluta‑ miensuur. **glu·ta·mine** *(biochem.)* glutamien.

**glute** *glutes, (infml.)* = GLUTEUS.

**glu·ten** *(biochem.)* gluten, been-, graanlym. ~**-free** gluten‑ vry.

**glu·te·us, glu·tae·us** *glutei, (anat.)* boudspier. **glu·te·al** boud‑; ~ *muscle* boudspier.

**glu·ti·nous** klewerig, klewend; lymerig, lymagtig, glutineus.

**glut·ton** vraat, gulsigaard; *make a* ~ *of o.s.* jou doodeet; *be a* ~ *for punishment, (infml.)* 'n smartvraat wees; *be a* ~ *for work, (infml.)* 'n werkesel wees, jou doodwerk. **glut·ton·ous, glut·ton·ish** gulsig, vraatsugtig, vraatsig, vraterig. **glut·ton·y** gulsigheid, vraatsug(tigheid), vraatsigheid.

**glyc·er·ol, glyc·er·in(e)** *(chem.)* gliserol, gliserien.

**gly·cine** *(biochem.)* glikokol.

**gly·co·gen** *(biochem.)* glukogeen, glikogeen, dierlike stysel, dier(e)stysel.

**gly·col** *(chem.)* (etileen)glikol.

**gly·co·side** *(biochem.)* glikosied.

**gly·co·su·ri·a** *(med.: te veel suiker i.d. urien)* glikosurie.

**glyph** *(argeol.)* glief; *(argit.)* gleuf.

**G-man** →G.

**gnarl** knoe(t)s, kwas. **gnarled** knoetserig, knoesterig, ver‑ groei(d), kwasterig. **gnarl·y** knoetserig, kwasterig; *(Am. sl.)* moeilik, gevaarlik; lelik.

**gnash** kners; ~ *one's teeth* (op) jou tande kners. **gnash·ers** *n. (mv.), (Br., infml.)* tande, byters.

**gnat** muggie; *strain at a* ~ *and swallow a camel, (sprw.)* die muggie uitsif/uitskep en die kameel insluk; *strain at* ~*s* oor kleinighede val, haarkloof, -klowe, hare kloof/klowe, vit.

**gnaw** *gnawed gnawed/gnawn* knabbel, knaag; wegvreet, ver‑ teer; ~ *at s.t.* aan iets knaag; *s.t.* ~*s at s.o., (fig.)* iets knaag/ vreet aan iem.; ~ *away at s.t.* aan iets bly knaag; in iets invreet; ~ *s.t. off* iets afknaag; ~ *s.t. through* iets deurknaag. **gnaw·ing** *adj.,* **gnaw·ing·ly** *adv.* knaend; *gnawing doubt* vre‑ tende onsekerheid/twyfel; *gnawing hunger* knaende/intense honger.

**gneiss** *(geol.)* gneis.

**gnoc·chi** *n. (mv.), (It. kookk.)* gnocchi.

**gnome** aardmannetjie, kabouter, dwergie; *(infml., neerh.)* (in‑ vloedryke) finansier/bankier, geldmagnaat; *the* ~*s of Zürich* die groot Switserse bankiers. **gnom·ish** dwergagtig, dwerg‑.

**gno·mon** gnomon; son(ne)wys(t)erpen.

**Gnos·tic** *n.* Gnostikus. **Gnos·tic** *adj.* Gnosties. **Gnos·ti‑ cism** Gnostisisme; Gnostiek.

**gnu** *gnu‑)* wildebees.

**go** *goes, n., (infml.)* beurt; gang, vaart; energie; dryfkrag, deur‑ settingsvermoë; *be full of* ~, *(infml.)* vol energie/lewenslus/ woema wees; *give s.t. a* ~, *have a* ~ *at s.t., (infml.)* iets ('n slag) probeer (doen); *give it a* ~*!* probeer dit!; *s.o. had two goes* iem. het twee maal probeer; *have a* ~ *at s.o., (hoofs. Br., infml.)* iem. inklim/invlieg; *make a* ~ *of s.t., (infml.)* sukses met iets behaal; *have no* ~, *(infml.)* sonder fut/gô wees; *be on the* ~, *(infml.)* aan die gang wees; druk besig wees; *at one* ~ op een slag; in een klap; *from the word* ~, *(infml.)* uit die staanspoor (uit), van die staanspoor (af). **go** *went gone, ww.* gaan; loop; wandel; reis; vertrek; wegspring; vooruitgaan, goed gaan; stryk; weggaan, verdwyn; val; reik; instort, in duie stort; waai *(fig., infml.);* geld, geldig/gangbaar wees; maak; word; bly; ~ *about* rondgaan; rondloop; rondreis; (met) 'n ompad/omweg gaan/loop/ry; *('n gerug ens.)* die rond(t)e doen; *(sk.)* van koers verander; ~ *about s.t.* iets aanpak; met iets besig wees; *show s.o. how to* ~ *about it* iem. wys hoe om te werk te gaan; ~ *about with s.o.* jou met iem. ophou; ~ *across s.t.* iets oorsteek; ~ *across to s.t.* na iets aan die oorkant gaan; ~ *after s.o.* iem. (agter)volg/agternasit; ~ *after s.t.* iets nastreef/-strewe/naja(ag); ~ *against s.t.* teen iets ingaan; *s.t. goes against s.o.* iets loop vir iem. ongunstig/ sleg af; *there goes the alarm/bell/etc.* daar gaan/lui die wek‑ ker/klok/ens.; ~ *along* saamgaan; *as one goes along* algaande; ~ *along with ...* met ... saamstem; ~ *along with s.o.* met iem. saamgaan; ~ *along with s.t., (ook)* vir iets te vinde wees; *it goes along with ...* dit maak deel van ... uit; dit hoort by ...; ~ *and do s.t.* iets gaan doen; ~ *around/round* rondgaan; rondloop; rondreis; *('n gerug ens.)* die rond(t)e doen; ~ *around/round with s.o.* jou met iem. ophou; ~ *aside* opsy gaan; ~ *at s.o.* iem. te lyf gaan; iem. inklim/invlieg; ~ *at s.t.* iets aanpak; ~ *straight at it* met die deur in die huis val; ~ *away* weggaan, vertrek; ~ *back* teruggaan, -keer; terugtrek; agteruitgaan; ~ *back on s.t.* iets nie nakom nie *('n belofte ens.); it goes back to the ... century* dit kan tot die ... eeu te‑ ruggevoer word; dit het sy oorsprong in die ... eeu; ~ *badly* sleg gaan, misluk; ~ *to the bar, (jur.)* tot die balie toegelaat word, advokaat word; ~ *barefoot* kaalvoet loop; ~ *between ... and ...* tussen ... en ... deurgaan; tussen ... en ... pas; ~ *by* verbygaan; ~ *by ...* by ... verbygaan; ... verbysteek; *as the* *years* ~ *by* met die jare; ~ *by/(up)on* s.t. op iets (af)gaan, volgens iets oordeel/redeneer; *have nothing to* ~ *by/(up)on* geen aanduiding hê nie; geen leidraad hê nie; geen vastig= heid hê nie; *have something to* ~ *by/(up)on* 'n aanduiding hê; 'n leidraad hê; *the* **clock** *does not* ~ die horlosie/oorlosie/ klok loop nie; ~ *to do* s.t. iets gaan doen; ~ *down* afgaan; daal; sink; (neer)val, neerstort; verloor; *(d. son ens.)* onder= gaan; agteruitgaan; *(Br., infml.)* in die tjoekie *(of* agter die tralies) beland/sit/wees; ~ *down as* ... as ... beskou/aanvaar word; ~ *down well* inslaan, ingang/byval vind; *that won't* ~ *down with me!* moenie daarmee by my aankom nie!, dit maak jy my nie wys nie!; ~ *easy* stadig gaan, dit kalm vat; ~ *easy on* s.t. spaarsaam werk met iets; ~ *easy on* s.o. iem. sagkens behandel; ~ *fast* vinnig loop/ry; ~ *figure!*, *(Am., infml.)* hoe rym dit?; verbeel jou!; ~ *for* ... ... gaan haal; as/ vir ... tel *(of* gereken word); vir ... gaan *(of* verkoop word); vir ... geld; van ... waar wees; vir ... gaan *(weke ens.); (infml.)* van ... hou; ... bydam *(iem.);* ... inklim/invlieg *(iem.);* all ~ *for* ..., *(ook)* almal sak op ... toe; ~ *for it!* spring daarvoor!; *have* ... *going for one* ... hê wat in jou guns tel; ~ *for one another* mekaar in die hare vlieg *(of* slegsê); ~ *forward* vorentoe gaan; *get going* aan die gang kom; op dreef kom/raak; ver= trek; *get* s.t. *going* (or *to* ~) iets aan die gang kry/sit *('n enjin ens.); get* s.t. *going, (ook)* iets op tou sit; *going, going, gone!* vir die eerste, die tweede, die laaste keer/maal!; ~ *hand in hand* saamgaan, gepaard gaan *(met); it will* ~ *hard* dit sal moeilik/swaar gaan; s.o. *has to* ~ iem. moet gaan; *I have to* ~ *now* ek moet nou gaan; s.o.'s *hearing/sight is going* iem. se gehoor/gesig gaan agteruit, iem. is aan die doof/blind word; *here goes!*, *(infml.)* daar gaat hy/jy!; vooruit!; *here we* ~ *again!*, *(infml.)* dis weer sulke tyd!; *how is it going?*, *(infml.)* **how** *goes it?* hoe gaan dit?, hoe staan sake?; hoe gaan dit daarmee?; ~ *in* ingaan; *(kr.)* gaan kolf; ~ *in for* s.t. jou op iets toelê, jou aan iets toewy; aan iets deelneem *(sport ens.);* met iets boer *(beeste ens.);* ~ *into* ... in ... ingaan; ... binnegaan *('n kamer ens.);* op ... ingaan; ... *goes* **into** s.t., *(ook)* ... word aan iets bestee *(baie geld, inspanning, ens.);* so *it goes* so gaan dit; *let* ~ (laat) los, loslaat; lostrek; jou nie inhou nie; *don't* **let** ~*!* hou vas!; *let* o.s. ~ jou laat gaan, jou nie inhou nie; jou ge= voelens lug; nie/geen doekies omdraai nie; jou verwaarloos; *let* s.o. ~ iem. vrylaat; iem. (uit sy/haar werk) ontslaan, iem. laat loop; *let us* ~*!*, *(infml.)* **let's** ~*!* kom/laat ons gaan/loop/ ry!; *let* ~ *of* s.t. iets los(laat), iets (laat) los; *let it* ~ *at that* dit daarby laat; *the* **letter** *goes like this* die brief lui so *(of* soos volg); ~ *like the wind* (so vinnig) soos die wind gaan; ~ *to* **meet** s.o. iem. gaan afhaal *(b.d. lughawe ens.);* iem. tegemoet= gaan; ... **must** ~ ... moet weg; ... moet verkoop word; ... **must** ~*!* weg met ...!, ... moet weg!; *not* ~ *near* s.o. iem. ontwyk, nie in iem. se nabyheid kom nie; s.t. *is* **not** *going* iets loop nie *('n trein, horlosie, ens.); here goes* **nothing,** *(infml.)* mog 't treffe, kom ons kyk maar wat gebeur; ~ *off* weggaan, wegloop; wegspring; heengaan; sterf, sterwe; wegdwyn; weg= raak; agteruitgaan, swak word; *(ligte)* uitgaan, doodgaan; *(elek.)* afgesluit word; *(kos)* sleg word; *(melk)* suur word; *('n geweer)* afgaan; *('n bom)* ontplof; *('n wekker)* lui; bewusteloos word; aan die slaap raak; *off we* ~*!*, *(infml.)* weg is ons!; *off you* ~*!*, *(infml.)* weg is jy!; s.t. *goes* **off** *well* iets verloop goed; iets loop glad/goed/vlot van stapel; ~ *off* s.t. van iets afstap *('n onderwerp ens.); (infml.)* nie meer van iets hou nie; ~ *off with* s.o. saam met iem. weggaan; ~ *off with* s.t., *(infml.)* iets wegdra; ~ *on* aanhou, voortgaan, verder/vêrder gaan; voortduur; aan die gang wees; *('n lig)* aangaan; *(elek.)* aan= geskakel word; *(teat.)* opkom; *(d. tyd)* verbygaan; *(kr.)* gaan boul; *(infml.)* tekere *(of* te kere) gaan, tekeregaan, uitvaar; ~ *on!* gaan voort!; *(infml.)* jy speel!; ag loop!; nou toe nou!; sowaar?; s.t. *is going* **on** iets is aan die gang; *there is not much to* ~ **on** daar is min om op af te gaan; ~ *on about* s.t., *(infml.)* oor iets bly sanik; oor iets tekere gaan *(of* te kere gaan *of* tekeregaan); ~ *on at* s.o., *(infml.)* teen iem. uitvaar; *be going* **on** *(for)* sixty sestig se kant toe staan; *it's going* **on**

*(for)* six o'clock dis amper/byna sesuur; *it's been going* **on** *(for) a long time* dis al lank aan die gang; *it cannot* ~ **on** *forever* dit kan nie vir altyd duur nie; *don't* ~ **on** *like that!*, *(infml.)* moenie so tekere gaan *(of* te kere gaan *of* tekeregaan) nie!; *it/things cannot* ~ **on** *like this (any longer), this can't* ~ **on** so kan dit nie aanhou/langer nie; ~ **on** *with* s.t. met iets aan= hou/voortgaan; *be enough/sufficient to* ~ (or *to be going)* **on** *with* voorlopig/vereers *(of* vir eers) genoeg/voldoende wees; **one,** *two, three,* ~*!* een, twee, drie, weg!; ~ *out* uitgaan; bui= te(n)toe gaan *('n vuur ens.)* doodgaan, uitgaan; uittrek; uit die mode raak; in onbruik raak; *(d. gety)* afgaan, afloop; heengaan; ~ *out like a light, (infml.)* dadelik aan die slaap raak; bewusteloos raak van 'n hou; ~ *out with* s.o. met iem. uitgaan; ~ *over* omval, omslaan; ~ *over to* ... na ... oorgaan/ oorstap *('n ander party ens.);* na ... oorskakel *('n ander uit= saaier ens.);* ~ *over well* goed ontvang word, inslaan, ingang vind; ~ *over* s.t. iets nagaan/nalees/nasien; iets ondersoek oor iets val; iets repeteer *('n rol);* iets haastig aan die kant maak *('n kamer);* ~ *past* verbygaan; *it goes to* **prove/show** *that* ... dit wys net dat ...; ~ *round* omgaan; beweeg, draai; (met) 'n ompad/omweg gaan/loop/ry; genoeg wees; ~ *short* kortkom; ~ (or *be going)* **strong** goeie vordering maak; *still going* **strong** nog flink/fluks (aan die gang), nog goed op stryk; *there goes the* ... daar bars/breek/skeur/ens. die ...; daar stort/tuimel die ... ineen *(muur ens.); there he/she goes!* daar trek hy/sy!; *there* ... *goes again* die ... tog! *(kind ens.);* daar is ... al weer op sy/haar stokperdjie; *who goes* **there?** wie's daar?; ~ *through* deurgaan; slaag; *(wetsontwerp ens.)* aan= geneem/goedgekeur word; ~ *through* s.t. deur iets gaan; iets deursoek; iets nasien/ondersoek; iets beleef/belewe/deur= maak/deurleef/=lewe/deurstaan; iets deurbring *(geld);* iets op= gebruik; ~ *through with* s.t. met iets voortgaan/deurgaan; iets uitvoer/deursit; s.o. *is going* **to** *do* s.t. iem. gaan iets doen; iem. is van plan om iets te doen; iem. staan op die punt om iets te doen; ~ *to Durban/etc.* na Durban/ens. gaan, Durban/ ens. toe gaan; *the money goes* **to** ... die geld word aan ... na= gelaat; die geld word vir ... gebruik; *the prize goes* **to** ... die prys word aan ... toegeken; ~ **to** s.o. *for* s.t. by iem. om iets aanklop; ~ **to** ... *with* s.o. met iem. saamgaan na ...; *food to* ~, *(Am.)* wegneemkos; s.o. *is to* ~ iem. sal gaan; iem. moet gaan; *where is* s.o. **to** ~*?* waar moet iem. heen?; *there are* ... *kilometres/exams/etc.* **to** ~ daar lê nog ... kilometer/eksamens/ ens. voor; *two are finished with one* **to** ~ twee is klaar en een kom nog; ... *and* ... ~ **together** ... en ... kom saam voor; ... en ... pas (goed) by mekaar; ~ *well* **together** goed saamgaan; ~ *under* ondergaan, te gronde gaan; *('n skip)* sink; *(iem.)* ban= krot gaan/raak; *(pryse ens.);* op= gaan, styg; ontplof; gebou word; *barricades* ~ **up** versperrings word opgerig; ~ *with* s.o. met iem. saamgaan; ~ *with* s.t. met iets gepaardgaan; met iets ooreenstem/strook; by iets pas; met iets instem/saamgaan; ~ *in* **with** s.o. on s.t. iets saam met iem. aanpak; ~ *without* daarsonder bly/klaarkom; ~ *with= out* s.t. sonder iets bly/klaarkom; ~ *wrong* 'n fout begaan/ maak, mistas; *(masjinerie ens.)* onklaar raak; verdwaal; verlei word, op die verkeerde pad beland; *things are going* **wrong** dit/sake loop skeef/verkeerd; *you can't* ~ **wrong** *with it* jy kan daarop staatmaak; *you can't* ~ **wrong** *if you* ... jy sal g'n fout maak as jy ... nie. **go** *tw.* trap!; weg!. ~~**ahead** *n.:* get/ give the ~ toestemming/verlof kry/gee om te begin *(of* voort te gaan *of* iets te doen). ~~**ahead** *adj.* wakker, ondernemend. ~~**as-you-please** *adj. (attr.)* luilekker, laat-maar-waai-; on= gebonde. ~~**away bird:** grey ~ kwêvoël. ~~**between** tus= senganger, =persoon, bemiddelaar; onderhandelaar; huwe= liksmakelaar. ~~**getter** *(infml.)* voorslag, (energieke) doener. ~~**getting** *adj.* woelig, energiek. ~~~ **dancer,** ~~~ **girl** wik= keldanseres. ~~~ **dancing** wikkeldans. ~~**kart,** ~~**cart** *(klein renmotor)* knor=, snortjor. ~~**off** wegspringslag; *at the first* ~ sommer by die wegspring, uit die staanspoor. ~~**slow (strike)** sloerstaking.

**goad** *n.* prikkel. **goad** *ww.* prikkel, aanspoor, aanpor, dryf, drywe; ~ *s.o. into doing s.t.* iem. daartoe dryf/drywe om iets te doen.

**goal** *n.* doel; doelpunt; doelwit; *(sport)* doel; wen-, eindpaal; *achieve/attain/reach a* ~ 'n doel bereik; *keep* ~ die/jou doel verdedig; doelwagter wees; *kick a* ~ 'n doel skop; *score a* ~ 'n doel aanteken; *set o.s. a* ~ jou iets ten doel stel. **goal** *ww., (sokker)* 'n doel skop; *(rugby)* verdoel *('n drie).* ~ **area** doelgebied. ~**keeper** doelwagter. ~ **kick** doelskop. ~ **kick-er** *(sokker)* doelskopper; *(rugby)* stelskopper. ~ **line** *(sport)* doellyn. ~**mouth** *(sokker, hokkie, ens.)* doelbek, bek van die doel. ~**post** doelpaal; *move/shift the* ~*s, (fig., infml.)* die doelpale verskuif, die spelreëls verander/wysig, nuwe voorwaardes stel.

**goal·ie** *(infml.)* doelwagter.

**goal·less** *adj. (gew. attr.)* doelloos, sonder dat 'n doel aangeteken is; ~ *draw* doellose gelykopuitslag.

**goat** *n.* bok; *s.t. gets s.o.'s* ~, *(infml.)* iets maak iem. vies; *the G~, (astrol., astron.)* die Steenbok, Capricornus. ~**herd** bokwagter. ~ **moth** houtboordermot. ~**skin** bokvel.

**goat·ee** bok-, kenbaard(jie).

**goat·ish** bokagtig.

**goat's:** ~ **beard** bokbaard. ~ **milk cheese** bokmelkkaas.

**gob** *n., (infml.)* klont, bol; slym, spoeg, flegma. **gob** -*bb-, ww., (infml.)* spoeg, spu(ug).

**gob·ble**[1] vreet, gulsig/haastig eet/sluk, inlaai, eers sluk en dan kou; ~ *s.t. down/up* iets opvreet/verslind/wegslaan/inslurp.

**gob·ble**[2] *(kalkoen, onom.)* klok. **gob·bler** kalkoen(mannetjie).

**gob·ble·de·gook, gob·ble·dy·gook** *(infml.)* gebrabbel, brabbeltaal, koeterwaals.

**Go·be·lin** *(Fr.):* ~ *(tapestry)* gobelin(tapisserie).

**gob·let** bokaal; (drink)beker; wynglas.

**gob·lin** gnoom, aardmannetjie; tokkelos.

**gob·smacked** *(Br. sl.)* dronkgeslaan, uit die veld geslaan, verstom.

**gob·stop·per** *(Br.)* yslike suiglekker.

**go·by** -*by, -bies, (igt.)* dikkop.

**God** God; ~ *Almighty* God Almagtig, die Allerhoogste/Opperwese; ~ *bless/damn/help s.o.* God seën/verdoem/help iem.; ~*'s blessing* Gods seën, die seën van God; *by* ~ so waar as God; *fear* ~ God vrees *(of* voor oë hou); *think one is* ~*'s gift to* ... jou verbeel jy is net wat ... nodig het; ~ *grant (that ...)* God gee (dat ...); *so help me* ~ so help my God (Almagtig); *after* ~*'s image* na die beeld van God; ~ *knows!* God weet dit!, die Vader (alleen) weet!; *in* ~ *knows how many places* op wie weet hoeveel plekke; *a man/woman of* ~ 'n Godsman/-vrou; 'n geestelike; *in* ~*'s name, in the name of* ~ in Gods naam, in die naam van God; *please* ~ so God *(of* die Here) wil, as dit God behaag; *for* ~*'s sake* om godswil/hemelswil, in hemelsnaam; ~ *Save the Queen/King, (Br. volkslied)* God Save the Queen/King; *trust in* ~ op God vertrou; ~ *willing* so God *(of* die Here) wil, met die hulp van die Here, as dit Gods wil is; *with* ~ by die Here, in die Here ontslape; *without* ~ Godloos. ~**awful** *(ook g~, infml.)* (gods)gruwelik, allervreesliks, afgryslik. ~**fearing** godvresend, -vrugtig. ~**forgotten** godvergete. ~**given** godgegewe. ~**head** *(soms g~)* godheid, goddelikheid; *the* ~ God, die Opperwese. ~**speed** *n.: bid/wish s.o.* ~ iem. 'n goeie reis toewens.

**god** god, afgod; ~ *of love* liefdegod, god van die liefde; *make a* ~ *of s.t.* van iets 'n afgod maak; *a sight for the* ~*s* 'n kostelike gesig; *ye* ~*s (and little fishes)!, (infml.)* grote Griet!, goeie genugtig(heid)!. ~**child** peetkind. ~**dam(n), ~damned** *adj. & adv., (infml.)* verdomp, *(attr.)* verdomde. ~**daughter** peetdogter. ~**father** *n.* peetoom, -pa, -vader; Mafiabaas. ~**father offer** *(infml.)* aanbod wat jy nie kan weier *(of* wat

nie geweier kan word) nie. ~**forsaken** *(soms G~)* godverlate; godvergete. ~**mother** peettante, -ma, -moeder. ~**parent** peetouer, doopgetuie. ~**send** godsgawe, gelukslag; meevaller, uitkoms. ~**son** peetseun.

**god·dess** godin.

**god·less** goddeloos; ongelowig.

**god·like** goddelik.

**god·ly** godvresend, vroom. **god·li·ness** godvresendheid, godsvrug.

**god·wit** *(orn.)* griet.

**goe·ma** →GHOMMA.

**go·er** (hard)loper; *comers and* ~*s* die komende en die gaande; *movie-~, theatre-~, etc.* flick-, teaterganger, ens..

**go·fer** *(Am. sl.)* bode.

**gof·fer** plooier; stryktang, plooi-yster; pypplooi; plooiing. **gof·fered** geplooi(d), gekartel(d).

**Gog** *(Byb.)* Gog; ~ *and Magog* die Gog en (die) Magog.

**gog·gle** *ww.* jou oë rol; skeef kyk; skeel kyk, oormekaar kyk; *(oë)* uitpeul, vooruitsteek; ~ *at ..., (infml.)* ... aangaap.

**gog·gles** *n. (mv.)* stof-, skerm-, motorbril; oogklappe.

**go·go** *(SA, infml., <Z.)* ouma(tjie).

**go·ing** *n.* (die) gaan/ry/(hard)loop; toestand van die pad/grond; *the* ~ *is good* daar is goeie vordering; dit gaan voor die wind; die pad/baan is goed; *while the* ~ *is good* so lank daar kans is; terwyl die geleentheid daar is; *make good* ~ goeie vordering maak; *s.t. is heavy* ~ iets laat ('n) mens swaar kry; iets is vervelig *('n boek ens.); be slow* ~ stadig gaan. **go·ing** *adj.* gaande; bestaande; *the best* ... ~ die beste ... wat daar is; *a* ~ *concern* 'n gevestigde/lopende onderneming/saak; *there is/are* ... ~ daar is ... (beskikbaar *of* te kry); *the* ~ *rate* die huidige/gangbare koers/tarief/ens.. ~**away dress** (bruids)reisrok. ~**over** -*s-over, (infml.)* ondersoek; loesing; skrobbering; *give s.o. a* ~ iem. deursoek; iem. afransel; iem. slegsê; *give s.t. a* ~ iets goed deurkyk/nagaan.

**go·ings-on** *(infml.)* gedoente(s), affêre, kaskenades.

**goi·tre,** *(Am.)* **goi·ter** *(patol.)* goiter, skildkliergeswel, -vergroting, kropgeswel.

**gold** *n., (metal., chem., simb.:* Au) goud; geld, rykdom; goudkleur; *(i.d. mv.)* goud(myn)aandele; *s.t. is worth its weight in* ~ iets is (sy gewig in) goud werd. **gold** *adj.* goue, goud-; goudkleurig. ~ **alloy** goudmengsel, -legering. ~ **bar** goudstaaf. ~**bearing** goudhoudend. ~ **braid** goudgalon, -koord. ~**braided** met goudgalon/-koord. ~ **brick** goudstaaf. ~ **brocade** goudbrokaat. ~ **bullion** staafgoud. ~ **card** goue (krediet)kaart. ~**coloured** goudkleurig. ~**digger** goudgrawer; *(infml.)* fortuinsoekster. ~**diggings** gouddelwery. ~ **dust** stofgoud. ~ **field** goudveld. ~**fish** goudvis(sie). ~**fish bowl** goudvisbak; *(fig.)* glaskas; *like being/living in a* ~ ~, *(fig.: geen privaatheid hê nie)* soos om in 'n glaskas te woon. ~ **foil** bladgoud, goudblad. ~ **lace** goudgalon, -koord. ~ **leaf** goudblad, (fyn) bladgoud. ~ **lettering** gouddruk; vergulde letters. ~ **medal** goue medalje. ~ **medallist** houer van 'n goue medalje. ~**medal product** goudbekroonde produk. ~ **mine** goudmyn. ~ **miner** goudmynwerker. ~ **mining** goudmynwese. ~ **nugget** goudklont, -klomp. ~ **ore** gouderts. ~ **plate** *n.* goudwerk; goudservies. ~**plate** *ww.* verguld. ~**plated** verguld, met goud oorgeblaas. ~ **production** goudopbrengs. ~ **reserve** goudreserwe. ~ **rush** goudjag, -stormloop. ~ **seeker** goudsoeker. ~**smith** goudsmid.

**gold·en** goue; gulde; goud-; goudkleurig. ~ **age** goue eeu. ~ **brown** goudbruin. **G~ Delicious** *(appelvariëteit)* Golden Delicious(-appel). ~ **eagle** steenarend. **G~ Fleece:** *the* ~ ~, *(Gr. mit.)* die Goue/Gulde Vlies. ~ **girl** pragmeisie. ~ **hair** goue/goudblonde hare. ~ **hamster** goudhamster. ~ **handcuffs** *n. (mv.), (infml.)* goue boeie *(om werknemer te bind).* ~ **handshake** *(infml.: groot uitkering/gratifikasie by ontslag)* goue handdruk. ~ **jubilee** halfeeufees, goue jubileum. ~ **labrador** *(honderas)* goue labrador. ~ **mean** goue middeweg.

~ **oldie** *(infml.)* goue oue, ou gunsteling, immergroen/tyd= lose treffer; onsterflike melodie. ~ **opinions:** *earn/win* ~ ~ hoë guns/lof verwerf. ~ **opportunity** gulde geleentheid. ~ **red** goudrooi. ~ **retriever** *(honderas)* golden retriever. ~**rod** *(bot.)* goudroede. ~ **rule:** *the* ~ ~ die gulde reël. ~ **syrup** gouestroop. ~ **weaver** *(orn.)* goudwewer. ~ **wedding** goue bruilof.

**gold·i·locks** botterblom; ranonkel; *(Little)* G~ Goue Lok= kies.

**golf** gholf. ~ **bag** gholfsak. ~ **ball** gholfbal. ~ **club** gholf= klub; gholfstok. ~ **course,** ~ **links** gholfbaan. ~ **estate** gholf= landgoed.

**golf·er** gholfspeler.

**golf·ing** *n.: go* (or *be out*) ~ gaan gholf speel. **golf·ing** *adj. (attr.)* gholf=; ~ *friends* gholfmaats.

**Gol·go·tha** *(NT)* Golgota.

**Go·li·ath** *(OT)* Goliat. **g**~ **beetle** goliatkewer.

**go·nad** *(fisiol., soöl.)* gonade, voortplantings=, geslags=, teel= klier.

**go·nad·o·tro·phin, go·nad·o·tro·pin** *(biochem.)* gonado= trofien, gonadotropien.

**gon·do·la** gondel. ~ **(chair)** gondelstoel.

**gon·do·lier** gondelier; ~*'s song* gondellied.

**gone** weg; *it's all* ~ dis alles op; ~ *away* weg; *be* ~ weg wees; *be* ~*!* maak dat jy wegkom!, trap!; *what has* ~ *before* wat tevore gebeur het; *days/times* ~ *by* vervloë dae/tye; *the chance is* ~ die kans is verby/verlore; *now you've* ~ *and done* it daar het jy dit nou; dit kom daarvan; nou het jy jou vasgeloop; *what has s.o.* ~ *and done now?, (infml.)* wat het iem. nou gaan staan en doen/aanvang?; *it's just* ~ *eight* dit was pas ag(t)uur; *s.o. has* ~ *home* iem. is huis toe, iem. het huis toe gegaan; *be long* ~, *(infml.)* lankal weg wees; *he is a* ~ *man, (infml.)* dis klaar(praat) met hom; *be six months* ~ *(with child), (infml.)* ses maande heen/swanger wees; *it is past and* ~ dit is klaar verby, dit behoort tot die verlede; *be* ~ *quickly, (iem.)* gou weg wees; *(pyn ens.)* gou oor wees. **gon·er** *(infml.): s.o. is a* ~, *(infml.)* dis klaar(praat) met iem.

**gong** *n.* ghong; bel *(v. 'n trem ens.);* harp *(v. 'n horlosie); (Br., infml.)* medalje, dekorasie. **gong** *ww.* ghong; die ghong slaan.

**gon·na** *ww., (Am. sl.)* = GOING TO.

**gon·or·rhoe·a,** *(Am.)* **gon·or·rhe·a** *(med.)* gonorree, drui= per.

**gon·zo** *adj., (hoofs. Am. sl.)* oordrewe, voortvarend, aangedik, moedswillig *(beriggewing ens.);* gek, mal, simpel, besimpeld.

**goo** *(infml.)* klewerige massa. **goo·ey** *gooier gooiest* klewerig, klouerig, taai.

**good** *n.* (die) goeie, nut, voordeel, baat; welsyn; →GOODS; *do* ~ goed doen; *it will do s.o.* ~ dit sal iem. goed doen; *it won't do any* ~ dit sal niks help/baat nie; *much* ~ *may it do you, (gew. iron.)* mag jy daarvan plesier hê; *do* ~ *to others* aan ander goed doen; ~ *and evil* goed en kwaad; *for* ~ *(and all)* vir altyd/goed; eens en vir altyd; *for the* ~ ten goede; *for the* ~ *of* ... vir die beswil van ...; tot voordeel van ...; *a power for* ~ 'n mag ten goede; 'n aanwins; *for* ~ *or ill, (liter.)* ongeag die gevolge; *s.o. is no* ~ iem. is 'n niksnut(s) of niks werd [nie]; *it is no* (or *not much*) ~ dit baat/help niks, dit is nutteloos; *for s.o.'s own* ~ vir iem. se eie beswil, in iem. se eie belang; *s.t. does s.o. a* ***power*** *of* ~ iets doen iem. baie goed; *be some* ~ iets beteken; *something* ~ iets goeds; *be R100 to the* ~ R100 oorhê/wen; *it is (all) to the* ~ dit werk (mee) ten goede, dit is voordelig; *be up to no* ~, *(infml.)* met kattekwaad besig wees; bose planne *(of iets in die mou)* hê, iets in die mou/skild voer; *what is the* ~ *of it?* wat baat/help dit?; watter nut het dit?; *what* ~ *will it do?* watter nut sal dit hê?. **good** *better best, adj. & adv.* goed; bekwaam, geskik; gaaf; eg; soet, gehoorsaam; gesond; *be* ~ *and angry* smoorkwaad/briesend wees; *s.t. is* ~ *and hard/etc.* iets is lekker/mooi hard/ens.; *it*

*was raining* ~ *and hard* dit het gestortreën *(of* behoorlik ge= sous/gegiet); *hit the ball* ~ *and hard/proper* die bal lekker hard slaan, die bal moker; *that is as* ~ *as any* dit is heeltemal goed genoeg; *A is as* ~ *as B* A en B is ewe goed; A is (net) so goed as/soos B; *as* ~ *as dead* op sterwe na dood; *as* ~ *as gold* so goed/lief as kan kom; *('n kind)* stroopsoet; *s.o. is as* ~ *as his/her word* iem. hou woord, iem. doen sy/haar woord gestand; *as* ~ *as the next person* so goed as wie ook al; *give as* ~ *as one gets, (infml.)* jou man staan, jou goed verdedig; *s.o. as* ~ *as told me* ..., *(infml.)* iem. het feitlik met soveel woorde gesê ...; *s.o. is* ~ *at* ... iem. kan goed ... *(swem, teken, ens.);* iem. speel goed *(of* munt uit in) ... *(tennis ens.);* iem. is goed/knap *(of* munt uit) in ... *(tale, wiskunde, ens.);* iem. speel goed as ... *(senter, heelagter, ens.);* *be* ~ goed wees; *('n kind)* soet wees; goed smaak; *be so* ~ *as to* ... wees so goed en ...; ~ *to eat* lekker, smaaklik; ~ *enough* goed genoeg; *fairly* ~ taamlik goed; redelik; *far from* ~ lank nie goed nie; *be* ~ *to a fault, (iem.)* doodgoed wees; *s.t. is* ~ *for s.o.* iets is goed/heilsaam vir iem.; *be* ~ *for s.t.* vir iets deug; *the tyres are* ~ *for another* ... *kilometres* die bande kan nog ... kilometer hou; ~ *for/on you!, (infml.)* mooi skoot/so!; *have it* ~ goed af *(of* daaraan toe) wees, goed daarin sit, daar goed in sit; *the rule holds* ~ die reël is van toepassing; *s.o.'s* ***intentions*** iem. se goeie voornemens *(of* welmenendheid); *s.t. keeps* ~ iets bly vars; *it is a* ~ *three kilometres from* ... dit is 'n goeie *(of* goed) drie kilometer van ... (af); *a* ~ *life* 'n goeie lewe; *the* ~ *life* die lekker lewe; *make* ~ *the damage/loss* skade vergoed, 'n ver= lies goedmaak; *make* ~ *a promise/threat* 'n belofte hou/na= kom *(of* gestand doen); *make* ~ *one's escape* daarin slaag om te ontsnap *(of* weg te kom); *make a* ~ *teacher* 'n knap onderwyser wees, deug vir onderwyser; *a* ***mighty*** ~ ..., *(infml.)* 'n uitstekende *(of* baie goeie) ...; *not all that* ~ glad nie so waffers/watwonders nie; *not nearly as* ~ *as* ... nie half so goed as ... nie; *not so* ~ nie te/danig goed nie; *s.o. is* ~ *for nothing* iem. deug vir niks; *be* ***nothing*** *like as* ~ lank nie so goed wees nie; *a* ~ *one* 'n goeie; *the* ~ *ones* die goeies; *s.o. is a* ~ ***person*** iem. is 'n goeie/waardevolle per= soon; iem. is 'n goeie mens; iem. is heeltemal kredietwaardig; *rather* ~ nogal goed; *a* ~ *road* 'n goeie/mooi pad; *smell* ~ lekker ruik; *something* ~ iets goeds; *taste* ~ goed smaak; *be* ~ *to s.o., (pers.)* goed wees vir iem.; *be too* ~ *for s.o., (ook)* te sterk vir iem. wees; *too* ~ *to be true* te goed om te glo, te mooi om waar te wees; *very* ~ baie goed, uitmuntend, uitstekend; *very* ~*!* mooi so!, knap gedaan!; *(nou)* goed!, goed dan!; ~ *wishes* goeie wense. **G**~ **Book:** *the* ~ ~ die Bybel. ~**bye** *n.: say* ~ vaarwel/dag sê, dagsê, afskeid neem. ~**bye** *tw.* tot siens!, totsiens!. ~ **day** *tw.:* ~ ~ *(to you)!* goeiedag!, dagsê!. ~ **debt** in= bare skuld. ~ **evening** *tw.:* ~ ~ *(to you)!* goeienaand!, naand= sê!. ~ **faith** goeie trou; *in* ~ ~ te goeder trou. ~ **feeling** goed= gesindheid *(tuss. mense).* ~ **fellowship** kameraadskap. ~ **form** goeie maniere, fatsoenlik=, ordentlikheid. ~**-for-nothing** *n.* niksnut(s), deugniet. ~**-for-nothing** *adj.* nikswerd, nutteloos. **G**~ **Friday** Goeie Vrydag. ~**-hearted** goedhartig. ~**-hearted= ness** goedhartig=, goedgesindheid. ~ **humour** goeie bui/ luim/stemming; goedgehumeurd=, goedaardig=, opgeruimd= heid. ~**-humoured** goedgehumeur(d), vriendelik, goedge= luim(d). ~ **living** lewenskuns. ~**-looker** mooi mens, prag= stuk. ~**-looking** mooi, aansienlik. ~ **looks** *n. (mv.)* mooi ge= sig, mooiheid, skoonheid, aansienlikheid. **G**~ **Lord:** *the* ~ ~ die liewe Heer/Here *(of* Liewenheer). ~ **manners** goeie maniere. ~ **morning** *tw.:* ~ ~ *(to you)!* goeiemôre!, môresê!. ~ **nature** goeie geaardheid; goedaardigheid, goedhartigheid, goedgeaardheid; vriendelikheid; gemoedelikheid, opgewekt= heid. ~**-natured** goedaardig, goedhartig, goedgeaard, vrien= delik, toeskietlik, inskiklik; gemoedelik, opgewek, opgeruimd. ~**-neighbourliness** goeie buurskap. ~ **night** *n.: say* ~ ~ nagsê, nag sê. ~ **night** *tw.* goeienag!, ~ ~ *(to you)!* goeienag!. ~ **offices** *n. (mv.)* be= middeling, goeie dienste; *through the* ~ ~ *of* ... deur (die vriendelike) bemiddeling *(of* goeie dienste) van ... . ~ **Sa= maritan** *(NT, fig.)* barmhartige Samaritaan. ~ **sense** ver=

standigheid, gesonde verstand. ~ **Shepherd** *(NT: Jesus): the* ~ ~ die goeie herder. **~-sized** groterig, van aansienlike groot= te. **~-tempered** goedgehumeurd, goedhartig, goedig. **~-time** *adj. (attr.):* ~ *Charlie, (dikw. neerh.)* plesiersoeker, losbol; ~ *girl, (dikw. neerh.)* plesiersoekster, loskopdolla. **~will** welwil= lend=, toegeneentheid; goedgesind=, goedwillig=, hartlikheid; naamwaarde, klandisie(waarde); *Day of G~, (SA: 26 Des.)* Welwillendheidsdag; *s.o.'s* ~ *to/towards* ... iem. se welwillend= heid teenoor ... **~will visit** welwillendheidsbesoek. ~ **works** *n. (mv.)* goeie werke, liefdadigheid, liefde(s)=, barmhartigheids= diens.

**good·ly** taamlik groot/baie.

**good·ness** *n.* goedheid; geskiktheid, bekwaamheid; deug= delikheid, voortreflikheid; smaaklikheid; voedsaamheid, (voe= dings)krag; deug; *have the* ~ *to* ... wees tog so goed *(of* asse= blief so vriendelik) om te ... **good·ness** *tw., (euf. vir* God*)* genugtig!, goeiste!, liewe hemel!; ~ *(gracious)* (me)!, *oh (my)* ~*!, (infml.)* (o) (my) goeiste!, (goeie) genade!, (liewe) hemel= (tjie)!; ~ *knows, (infml.)* die Vader/hemel weet; nugter weet; *for* ~*'sake* om hemels=/liefdeswil, in hemelsnaam; *thank* ~ dank die hemel/Vader, die hemel sy dank.

**goods** *n. (mv.)* goed, goedere, vraggoed, ware; goedere=, vragtrein; *deliver the* ~, *(infml., fig.)* (die gewenste) resul= tate behaal/bereik/toon; jou belofte(s) nakom; doen wat van jou verwag word, jou kant bring; *household* ~ huisraad; ~ *(supplied)* aan bestelling, aan (gelewerde) goedere. ~ **lift** goederehyser. ~ **shed** goedereloods. ~ **traffic** goederever= voer, =verkeer, vragvervoer. ~ **train** goedere=, vragtrein.

**good·y** *=ies, n., (infml.)* goeie ou, held *(in 'n storie ens.); (i.d. mv. ook)* lekkernye, snoepgoed, lekkers. **good·y** *adj.* soet= sappig, stroopsoet. **good·y** *tw.* hoera!, hoerê!, jippie!, lek= ker!. **~-goody** *n.* heilige boontjie, brawe Hendrik, mamma se (soet) kindjie. **~-goody** *adj.* soetsappig, stroopsoet.

**goof** *n., (Am., infml.)* flater, blaps; uilskuiken, stommerik. **goof** *ww., (infml.)* 'n flater/blaps maak, 'n stommiteit be= gaan; droogmaak; ~ *about/around* gekskeer, die gek skeer, laf/ verspot wees; ~ *off* leeglê, lyf wegsteek; rondhang, =lê; ~ *up* 'n flater/blaps/fout maak. **~-ball** *(Am. sl.)* pampoen(kop), dom= kop, swaap.

**goofed** *(SA dwelmsl.)* gerook, deur die mis; pê, poegaai.

**goof·y** verspot; dwaas; onnosel.

**goog·ly** *(kr.)* goëlbal.

**goon** *(sl.)* domkop; *(Am., infml.)* gehuurde bullebak.

**goose** *geese* gans; *(infml.)* uilskuiken, swaap; *s.o. cannot say boo to a* ~, *(infml.)* iem. kan nie boe of ba sê nie; *cook s.o.'s* ~ *(for him/her), (infml.)* iem. se planne verydel, 'n stok in iem. se wiel steek; *cook one's* ~, *(infml.)* jouself ophang *(fig.); s.o.'s* ~ *is cooked, (infml.)* dis klaar(praat) met iem.; *Egyp= tian* ~ kolgans; *kill the* ~ *that lays the golden eggs* die gans/ hen slag wat die goue eiers lê; *pygmy* ~ dwerggans; *what is* **sauce** *for the* ~ *is sauce for the gander* wat geld vir die een, geld ook vir die ander; *spur-winged* ~ wildemakou; *all s.o.'s geese are swans* iem. sien sy/haar uile vir valke aan; *wild* ~ wildegans. ~ **barnacle** eend(e)mossel. **~-beaked whale** soetwaterdolfyn. ~ **bumps,** ~ **flesh,** ~ **pimples** *(fig.)* hoen= dervel, =vleis; *get* (or *come out in)* ~ ~ hoendervel/=vleis kry/ word; *have* ~ ~ hoendervel/=vleis hê. ~ **egg** *(lett.)* ganseier; *(Am., infml)* nul. ~ **file** gansemars. ~ **flesh** gansvleis; *(fig.)* → GOOSE BUMPS. **~-foot** *(bot.)* ganspoot; misbredie, gansvoet. **~-herd** ganswagter. **~-neck** gansnek; *(buis)* swanehals. ~ **pen** ganshok. ~ **pimples** →GOOSE BUMPS. ~ **quill** gansveer; veerpen. ~ **step** *(mil.)* parade=, steekpas. **~-step** *pp=, ww.* in paradepas marsjeer.

**goose·ber·ry** *(bot., Eur.)* kruisbessie; *Cape* ~ appelliefie.

**go·pher** *(soöl.)* grondeekhoring.

**go·ra(h), gou·ra** *(<Khoikhoi, mus.instr.)* ghoera.

**Gor·di·an knot:** *cut the* ~ ~, *(fig.)* die Gordiaanse knoop deurhak.

**gore**[1] *n.* (gestorte/gestolde) bloed; *(infml.)* doodslag. **go·ry**

=rier =riest, *adj.* bloederig *(wond, verhaal);* bloedig *(slag, ope= rasie);* bloedbevlek *(hande);* bloedbesmeer(d) *(wapen); (fig.)* aaklig, naar, afgryslik, afskuwelik, grusaam.

**gore**[2] *ww.* deurboor, spies; stoot, (met die horings) wond, gaffel.

**gorge** *n.* kloof, ravyn; ingeslukte kos; *s.t. makes s.o.'s* ~ *rise, s.o.'s* ~ *rises at s.t.* iets walg iem., iem. walg van iets. **gorge** *ww.* verslind, wegsluk; volprop, =stop; ~ *(o.s.)* jou ooreet; ~ *o.s. on* ... jou bekoms *(of* te barste) eet aan ...; *be* ~*d with* ... oorversadig wees van ...

**gor·geous** *adj.,* **gor·geous·ly** *adv.* pragtig, lieflik, verruk= lik, skitterend; wonderlik, fantasties, manjifiek. **gor·geous= ness** prag.

**Gor·gon** *(Gr. mit.)* Gorgo; *the* ~*s* die Gorgone.

**Gor·gon·zo·la (cheese)** *(It.)* gorgonzola(kaas).

**go·ril·la** gorilla. **go·ril·la-like, go·ril·li·an** gorillaägtig, gorilla= agtig.

**Go·ring·hai·qua** *(hist., lid v. 'n Khoe-Khoense stam)* Go= ringhaikwa, Kaapman.

**Gor·ki, Gor·ky** *(Rus. skrywer)* Gorki.

**gorm·less** *(infml.)* dwaas, onnosel; flou, swak, futloos.

**gosh** *tw., (infml.)* gits!, ga(a)ts!; *oh* ~*!* o gotta(tjie)!; ~, *some people!* party mense darem!.

**gos·hawk** *(orn.):* African ~ Afrikaanse sperwer; *chanting* ~ singvalk; *Gabar* ~ witkruissperwer.

**gos·ling** ganskuiken, gansie, jong gansie.

**gos·pel** evangelie; leer; *the four G~s* die vier Evangelies; *preach the* ~ die evangelie predik; *propagation of the* ~ evangelisering, evangelieverspreiding; *take s.t. as/for* ~ iets vir evangelie aanneem. ~ **(music)** gospel(musiek). ~ **oath** eed op die Bybel; *take one's* ~ ~ hoog en laag sweer. ~ **singer** gospelsanger. ~ **song** gospellied(jie). ~ **truth** heilige waarheid; evangeliewaarheid; reine waarheid; *it's* ~ so waar as ek leef.

**gos·sa·mer** herfsdraad, spinnerak; fyn gaas; *fine as* ~ rag= fyn.

**gos·sip** *n.* (skinder)stories, geskinder, skinder=, kletspraatjies, skindery; gebabbel, babbel(a)ry; skinderbek, =tong; babbe= laar, kletskous, praatjiesmaker; nuusdraer; *listen to* ~ jou ore uitleen; *(malicious)* ~ skinderpraatjies, geskinder; *peddle/ spread* ~ skinder, stories rondvertel; *a piece of* ~ 'n skin= derstorie. **gos·sip** *ww.* skinder, (skinder)stories vertel, klets, kekkel, kwaadpraat, praatjies maak; ~ *about s.o.* oor/van iem. skinder; ~ *a lot about s.o.* iem. beskinder. ~ **column** skinder=, kletsrubriek. **~-monger** skinderbek, =tong.

**gos·sip·y** kletserig, skinderbekkerig; skinder= *(blad, storie, styl, ens.);* skinderend *(tannies ens.).*

**got** *(verl.t. & volt.dw.)* →GET *ww.; s.o. has been* ~ *at, (infml.)* iem. is (onbehoorlik) beïnvloed; *s.o. has* ~ *s.t.* iem. het iets; ~ *it?* het jy dit?; *(infml.)* snap jy dit?; *I've* ~ *it!* nou weet ek!; *you've* ~ *s.t. there, (fig.)* daar het jy iets beet; *s.o. has* ~ *to* ... iem. moet ...; *you've* ~ *to* ... jy moet ...; *('n) mens moet* ...; *where have you* ~ *to?* waar het jy beland?, waar is jy?.

**Goth** *n., (hist., lid v. 'n Germ. stam)* Goot; *(neerh.)* vandaal, barbaar, buffel; *(ook g~, lid v. 'n subkultuur)* goot, goth. ~ **(music)** *(ook g~)* Gotiese musiek *(ook g~)*, gothmusiek.

**Goth·ic** *n., (taal)* Goties; Gotiese boukuns *(ook g~);* Gotiese letter(soort) *(ook g~).* **Goth·ic** *adj.* Goties; barbaars; spook= agtig; ~ *arch* spitsboog; ~ *novel* Gotiese roman; ~ *style* Gotiese styl *(ook g~);* ~ *type* Gotiese letter(soort) *(ook g~).*

**got·ta** *ww., (sametr., sl.)* = GOT TO.

**gou·ache** *(skilderk.)* gouache.

**Gou·da** *(geog.)* Gouda. ~ **(cheese)** gouda(kaas). ~ **ware** Goudse erdewerk.

**gouge** *n.* guts(beitel), holbeitel, uitholler. **gouge** *ww.* (uit)= guts, uitbeitel, uithol; uitsteek; ~ *s.t. out* iets uitbeitel/uitguts/ uithol *('n groef ens.);* iets uitgrawe *(ystererts ens.);* iets uitkrap

*('n klip in 'n perd se hoef ens.); ~ s.o.'s eyes out* iem. se oë uit=
steek. *~ bit* gutsboor.

**gou·lash** *(kookk.)* ghoelasj, vleisbredie.

**gourd** kalbasplant; kalbas; pampoen; waatlemoen; kalbas=
kruik; *bitter ~* karkoer.

**Gou·rits** *(geog., SA)* Gourits(rivier).

**gour·mand** smulpaap; lekkerbek; vraat, gulsigaard.

**gour·met** fynproewer, lekkerbek, gastronoom.

**gout** jig. **gout·y** jigtig, jigagtig; *~ geranium* sinkingsbossie.

**gov·ern** regeer; bestuur, beheer, lei; bepaal; beheers; *(gram.)*
regeer; *be ~ed by ...* onder ... val. **gov·ern·a·ble** regeerbaar;
gedwee, handelbaar. **gov·ern·ing** *adj. (attr.)* regerende; be=
herende *(owerheid)*; oorheersende *(invloed, hartstog)*; gelden=
de *(voorskrifte)*; *~ body* beheerliggaam; *~ party* regerende
party, regeringsparty; *~ principle* rigsnoer.

**gov·ern·ance** regering, bewind; (staats)bestuur, beheer,
leiding.

**gov·er·ness** goewernante, privaat/private onderwyseres.

**gov·ern·ment** regering, lands=, staatsbestuur, bewind, staat,
gesag, owerheid; bestuur, leiding, beheer; beheersing; *bring
down* (or *topple*) *a ~* 'n regering laat val *(of* tot 'n val bring)*;
*form of ~* staatsvorm, =inrigting, =reëling, regeringsvorm;
*(science of)* ~ staatsleer. *~ action* staatsoptrede. *~-appointed*
deur die regering benoem, van staatsweë/regeringsweë be=
noem. *~ backing* staatsteun. *~ control* staatsbeheer. *~
department* staatsdepartement. *~ expenditure* staatsbeste=
ding, =uitgawe. **G~ Gazette** Staatskoerant. *~ grant* staats=
toelaag, =toelae. *~ intervention* staatsingryping, =inmen=
ging, =bemoeiing. *~ loan* staatslening. *~ monopoly* staats=
monopolie. *~ notice* goewermentskennisgewing. *~ official*
staatsamptenaar. *~ pension* staatspensioen. *~ property*
staatseiendom. *~ securities, ~ stock* staatseffekte. *~ spend=
ing* staatsbesteding; staatsuitgawes. *~ warehouse* staats=
magasyn, =pakhuis; doeanepakhuis, entrepot.

**gov·ern·men·tal** regerings=, staats=.

**gov·er·nor** goewerneur; president *(v. 'n sentrale bank)*; be=
stuurder; direkteur; hoofsipier *(v. 'n gevangenis)*; *(Br., infml.)*
meneer, (ou)baas; *(teg.)* reëlaar. *~ general* governors general,
*governor generals* goewerneur-generaal.

**gov·er·nor·ship** goewerneurskap.

**gown** (lang) aandrok; balrok; kleed; gewaad; (kamer)japon;
(hospitaal/operasie)jurk; toga *(v. 'n akademikus ens.)*. **gowned**
(in toga/tabberd) geklee(d).

**goy** *goys, goyim, (Hebr., infml., neerh.)* goi, nie-Jood.

**grab** *n.* (die) gryp; grypery; vang(s), *(infml.)* skrapery; greep,
handvatsel; gryphaak; gryphaak; gryper; (vang)haak; *s.t. is
up for ~s, (infml.)* iets is reg om gevat te word, iets kan op=
geraap word; iets is te wen; *make a ~ at ...* na ... gryp. **grab**
-bb-, *ww.* gryp; (beet)pak; *(infml.)* gaps *(iem. se sitplek ens.)*;
*(infml.: arresteer)* vang, skraap; *(infml.)* gou kry *('n drankie
ens.)*; *(rem, koppelaar)* gryp; *(infml.)* dink van; op jou vestig
*(aandag)*; boei *(d. gehoor ens.)*; *~ at ...* na ... gryp; *how does
that ~ you?, (infml.)* wat dink jy daarvan?. *~ bag* grabbelsak.
*~ bar* badgreep. *~ sample* blinde steekproef/monster.

**grab·ber** gierigaard, gryperige/hebsugtige/inhalige mens,
haai.

**grab·by** gryperig, gierig, hebsugtig, inhalig.

**grace** *n.* guns, genade, welwillendheid; *(teol.)* genade; gra=
sie; swier, bekoorlikheid; gepastheid, fatsoenlikheid; beleefd=
heid, ordentlikheid; uitstel, respyt; tafelgebed(jie); *as an act
of ~* uit genade; *be full of airs and ~s* vol grille/nukke/fieter=
jasies wees, aanstellerig/geaffekteer(d) wees; *give s.o. a day's
~* iem. 'n dag uitstel gee; *fall from ~* in sonde verval; in
ongenade val; *by the ~ of God* deur Gods genade; *with good
~* bereidwillig; (uiters) vriendelik, op hoflike wyse; *have the
~ to ...* so beleef(d) *(of* ordentlik genoeg) wees om te ..., die
ordentlikheid hê om te ...; *period of ~* respyttyd; *s.o. has*

*the saving ~ of humour/etc.* iem. se sin vir humor/ens. is sy/
haar redding *(of* red hom/haar); *say ~* die/'n seën vra, aan/
oor tafel bid/dank, die/'n tafelgebed doen; *state of ~* genade=
staat; *the (Three) G~s, (Gr. mit.)* die (drie) Grasieë. **grace**
*ww.* sier, tot sieraad strek, 'n sieraad wees vir; vereer, eer
aandoen; begunstig.

**grace·ful** aanvallig, bekoorlik; sierlik, elegant, vlot, grasieus;
innemend. **grace·ful·ly** sierlik; goedskiks. **grace·ful·ness**
aanvalligheid; sierlikheid, grasie; innemendheid.

**grace·less** lomp; onfatsoenlik; onbeskaamd; goddeloos, be=
dorwe *(kind)*.

**gra·cious** genadig; innemend, minsaam; aangenaam; gra=
sieus; welwillend; *good ~!, ~ me!, (infml.)* goeie genade!; liewe
hemel(tjie)!; *~ living* lewenskuns, lewenstyl, verfynde leef=
wyse, verfyndheid; deftige lewe. **gra·cious·ly** genadig(lik),
goedgunstig(lik); op innemende manier.

**grad** *n. & adj., (infml.)* = GRADUATE *n. & adj.*.

**gra·date** gradeer; rangskik; skakeer. **gra·da·tion** gradering,
gradasie; nuanse, nuansering; oorgang; indeling; opklim=
ming; opvolging, volgorde; trap.

**grade** *n.* graad; trap; rang; klas, soort; gehalte; *(opv.)* (pres=
tasie)punt; helling, val; *first ~* graad een *(op skool)*; *make
the ~, (infml.)* die paal haal, die pyp rook, die mas opkom,
slaag, sukses behaal, die doel bereik; *s.o. won't make the ~*
iem. sal nie die pyp rook nie. **grade** *ww.* gradeer; klas=
sifiseer; rangskik, sorteer, klasseer; uitsoek; skakeer; meng;
oorgaan; gelykmaak; skraap, vorm *('n pad)*; gradeer, helling
gee, geleidelik laat klim; *~ down* afgradeer; *~ up* veredel,
opteel, opkruis; opskuif, =skuiwe. *~ bull, ~ cattle, ~ cow*
graadbul, =beeste, =koei. *~ level* hellingshoogte. *~ list* rang=
lys. *~ school (Am.)* laerskool, laer skool. *~ teacher (Am.)*
laerskoolonderwyser(es). *~ wheat* graadkoring.

**grad·ed** *(ook)* met 'n kunsmatige helling; *~ player* gegra=
deerde speler.

**grad·er** gradeerder; klasseerder; sorteerder; sorteermasjien;
(pad)skraper.

**gra·di·ent** skuinste, helling; hellingshoek, =verhouding; *(wisk.,
fis.)* gradiënt; *the ~ is 1 in 7* die helling is 1 op 7.

**grad·ing** gradering; sortering, klassering; afskuinsing; hel=
linggewing; hellingbepaling; waterpassing; plasing *(op 'n
ranglys)*. *~ list* ranglys. *~ machine* gradeermasjien; helling=
gewer; (pad)skraper. *~ truck* skraperwa.

**grad·u·al** trapsgewyse, opklimmend, geleidelik, met ver=
drag, gestadig, geleidel; langsaam. **grad·u·al·ism** leer van
geleidelikheid, gradualisme. **grad·u·al·ly** trapsgewys(e), ge=
leidelik, langsaam, langsamerhand, stadigaan, met verdrag,
van trap tot trap, gaandeweg. **grad·u·al·ness** geleidelikheid,
gestadigheid.

**grad·u·ate** *n.* gegradueerde, gepromoveerde. **grad·u·ate**
*adj.* gegradueer(d). **grad·u·ate** *ww.* in trappe/grade deel;
indeel; gradeer; afstudeer, 'n (akademiese) graad behaal,
gradueer, promoveer; *~ in languages/etc.* 'n graad in tale/ens.
behaal/kry/verwerf; *~ to ...* tot ... vorder. *~ course* nagraadse
kursus. *~ diploma* graaddiploma. *~ school* nagraadse skool.

**grad·u·at·ed** met skaalverdeling; progressief; *~ arch* graad=
boog; *~ measure* maatglas, =beker; *~ tax* progressiewe/op=
klimmende belasting.

**grad·u·a·tion** graduering, graduasie; graadverdeling; graad=
verlening; progressie. *~ ceremony* gradeplegtigheid. *~ day*
grade=, promosiedag.

**Grae·co-Ro·man,** *(Am.)* **Gre·co-Ro·man** Grieks-Ro=
meins.

**graf·fi·ti** *n. (mv.; funksioneer as ekv. of mv.)* graffiti.

**graft[1]** *n., (bot.)* ent; oorentsel; *(chir.)* (weefsel)oorplanting; *a
~ takes* 'n ent groei. **graft** *ww.* ent; oorent; *(chir.)* oorplant;
inweef; *~ one variety of a plant on another* een variëteit van
'n plant op 'n ander ent; →GRAFTING. **graft·er** enter.

**graft²** *n. & ww., (infml.)* werk.

**graft³** *n., (infml.)* geknoei, knoeiery, omkopery; omkoopgeld; opbrengs/opbrings van knoeiery/omkopery. **graft** *ww.* knoei. **graft·er** knoeier.

**graft·ing** entery, enting. ~ **knife** entmes. ~ **machine** ent= masjien. ~ **stitch** maassteek. ~ **wax** entwas.

**Gra·hams·town** Grahamstad. ~ **man**, ~ **woman** Graham= stadter.

**grain** *n.* graan; (graan)korrel; korrel, grein; greintjie; weef= sel; korrelbou; vescl *(v. vleis);* draad *(v. kledingstof);* aar *(v. marmer);* draad, vlam *(v. hout);* nerf *(v. leer); across the* ~ dwarsdraads; **against** *the* ~ teen die draad in; *s.t. goes* **against** *the* ~ *with s.o.* iets stuit iem. teen die bors, iets druis teen iem. se gevoel in; *in* **bulk** stortgraan; *the paper/marble is* **coarse** *of* ~ die papier/marmer is grof van grein; **dyed** *in the* ~ in die wol geverf; opperste, uiterste; *take with a* ~ *of* **salt** met 'n korrel sout neem/opvat; *the* ~ *is* **shooting** die graan/gesaaides kom in die pyp; *a* ~ *of* **truth** 'n kern van waarheid; **with** *the* ~ regdraads, met die draad; *the* ~ *of the* **wood** die draad van die hout. **grain** *ww.* korrel, korrelrig maak; *(konfyt)* korrelrig word, versuiker; in die wol verf, diep verf; vlam, marmer, aar, greineer; draadskilder, vlamskilder *(hout).* ~ **alcohol** etielalkohol. ~ **bag** streepsak. ~ **district** saaidistrik. ~ **elevator** graansuier. ~ **farmer** saai=, graanboer. ~ **food** pitkos. ~ **side** nerfkant. ~ **stack** graan= mied. ~ **weevil** kalander. ~ **wood** langshout.

**grained:** ~ *cloth* gemarmerde linne, ogiesgoed; ~ *honey* ver= suikerde heuning; ~ *wood* gevlamskilderde hout.

**grain·less** korreloos.

**grain·y** korrelrig; geaar. **grain·i·ness** korrelrigheid; geaard= heid.

**gram¹** dwergertjie, kekerertjie.

**gram², gramme** *(metrieke eenheid)* gram.

**gram·mar** grammatika; *bad* ~ foutiewe taal. ~ **(book)** gram= matika(boek). ~ **school** *(Br.)* middelbare/sekondêre (staat)= skool.

**gram·mat·i·cal** grammatikaal, grammaties; ~ *error* taal= fout; ~ *exercise* taaloefening.

**Gram·my** *mys, mies, (Am., mus.)* Grammy(toekenning).

**gram·o·phone** *(vero.)* grammofoon, platespeler. ~ **record** grammofoonplaat.

**gram·pus** *puses, (Grampus griseus)* rissodolfyn; *(Orcinus orca)* moordvis.

**gran** = GRANNY.

**gran·a·dil·la** grenadella.

**gran·a·ry** graanskuur, =pakhuis, =solder, koringskuur, voor= raadskuur.

**grand** *n.* vleuel(klavier); *(infml.)* 1000 rand/dollar/pond. **grand** *adj.* groot; hoof=; groots; pragtig, mooi, fraai, goed; deftig; *in* ~ *condition* in uitstekende kondisie. ~**aunt** →GREAT-AUNT. **G**~ **Canyon** *(geog.)* Grand Canyon. ~ **challenge** groot uitdaagkompetisie. ~ **challenge cup** groot uitdaagbeker. ~**child** *children* kleinkind, kindskind. ~ **cross** grootkruis. ~ **cru** *(Fr., wyn)* grand cru. ~**dad** →GRANDPA. ~**daughter** kleindogter. ~ **duchess** groothertogin. ~ **duchy** ~ **duke**= **dom** groothertogdom. ~ **duke** groothertog. ~ **finale** groot finale. ~ **jury** *(Am., jur.)* groot jurie. ~**ma** *(infml.)* ouma; → GRANDMOTHER. ~ **mal** *(Fr., med.: swaar epilepsie)* grand mal. ~**master** grootmeester. ~**mistake** kapitale fout. **G**~ **National** *(Br., hindernisren vir perde)* Grand National. ~**nephew** → GREAT-NEPHEW. ~**niece** →GREAT-NIECE. ~ **old man** doyen, nestor. ~**pa**, ~**dad** *(infml.)* oupa; →GRANDFATHER. ~**parent** grootouer. ~**piano** vleuel(klavier). **G**~ **Prix** *Grands Prix, (Fr., motorwedren)* Grand Prix. **G**~ **Prix car** Grand Prix-motor. ~ **slam** *(tennis ens.)* grand slam, vier/ens. grotes. ~ **society** hoë/hoofse kringe. ~**son** kleinseun. ~ **staircase** staatsietrap. ~**stand** *n.* groot paviljoen/pawiljoen. ~**stand** *adj. (attr.):* ~ *finish* naelbyteinde, (uiters) spannende/opwindende einde;

~ *view of s.t.* onbelemmerde uitsig op iets. ~**stand** *ww., (neerh.)* op effekbejag uit wees, jou met effekbejag besig hou. ~ **total** groot=, eindtotaal. ~**uncle** →GREAT-UNCLE.

**grande** *adj. (attr.), (Fr.)* groot; ~ *dame* grande dame *(Fr.),* koningin *(v.d. modewêreld ens.);* ~ *passion* grande passion *(Fr.),* hartstogtelike/onstuimige liefdesverhouding/affair.

**gran·deur** grootheid; grootsheid; vernaamheid; prag.

**grand·fa·ther** oupa, grootvader. ~ **clause** *(jur., infml.)* uit= sonderingsklousule. ~ **clock** hoë staanklok/-horlosie/-oor= losie, staande kasklok. **grand·fa·ther·ly** grootvaderlik.

**gran·dil·o·quent** hoogdrawend; grootpraterig, spoggerig. **gran·dil·o·quence** hoogdrawendheid; grootpraterigheid, spoggerigheid.

**gran·di·ose** groots, grootskeeps; spoggerig, grandioos. **gran·di·os·i·ty** grootskeepsheid, grootsheid; spoggerigheid; gran= dioosheid.

**grand·ly** pragtig; uit die hoogte.

**grand·moth·er** ouma, grootmoeder; *teach one's* ~ *to suck eggs, (infml.)* die eier wil slimmer/wyser wees as die hen, jou danig slim hou; *tell that to your* ~ dit kan jy aan jou grootjie wysmaak. **grand·moth·er·ly** grootmoederlik.

**grand·ness** prag(enpraal), glans(rykheid), luister(rykheid), grootsheid, skouspelagtigheid, indrukwekkendheid, weids= heid; plegtigheid, plegstatigheid.

**gran·ite** graniet.

**gran·ny, gran·nie** *nies, (infml.)* ouma, oumatjie. ~ **bond** *(infml.)* ouma-obligasie. ~ **bonnet** *(bot.)* moederkappie. ~ **dress** *(ouderwetse rok)* oumarok. ~ **flat** tuin=, oumawoonstel. ~ **glasses** oumabrilletjie. ~ **knot** (ou)vrouensknoop. **G**~ **Smith** *(appelvariëteit)* Granny Smith(-appel).

**gra·no·la** *(Am., ontbytgraan)* granola.

**grant** *n.* inwilliging, vergunning; toelaag, toelae; subsidie; by= drae; onderstandsgeld; toekenning; verlening; skenking; toe= wysing; konsessie; *award/give/make a* ~ 'n toelaag/toelae toe= staan/verleen; 'n toekenning doen; *study on a* ~ met 'n beurs studeer. **grant** *ww.* toestaan; vergun; veroorloof; skenk, verleen; toegee, toestem, erken; *granted!* reg genoeg!, dit gee ek toe!; *take s.o. for* ~ed jou min aan iem. steur, iem. oor die hoof sien; *take s.t. for* ~ed iets as vanselfsprekend aan= neem/aanvaar/beskou, iets (sonder bewys) aanneem; iets veronderstel; iets as uitgemaak beskou; *I* ~ *you that* dit er= ken ek, dit gee ek toe; ~ed *that* ... toegegee dat ...; gestel dat ... ~**aided** staatsondersteunde *(skool ens.).* ~**in-aid** *grants-in-aid* bydrae; subsidie; hulptoelaag, =toelae.

**grant·ee** *(jur.)* bevoordeelde, begunstigde, konsessionaris, ontvanger.

**gran·tor, gran·tor** *(jur.)* skenker, gewer, verlener, toeken= ner.

**gran·ule** korreltjie. **gran·u·lar** korrelagtig, korrelrig, gekor= rel(d). **gran·u·lar·i·ty** korrelrigheid. **gran·u·late** korrel, kor= rels vorm, verkorrel; vergruis; greineer; heel, gesond word, vasgroei; ~d *(white) sugar* wit=, korrelsuiker, growwe sui= ker. **gran·u·la·tion** korreling, granulasie, granulering, grei= nering.

**grape** druif; druiwekorrel; druiwestok; *small* ~ druifie; *sour* ~s, *(lett. & fig.)* suur druiwe. ~**fruit** pomelo. ~ **hyacinth** *(bot.)* druifhiasint. ~**shot** *(hist., mil.)* skroot. ~ **sugar** druiwesuiker. ~**vine** wingerd=, wyn=, druiwestok; *hear s.t. along/on/through the* ~, *(infml.)* iets per riemtelegram/bostelegraaf hoor; *by* ~, *(infml.)* van mond tot mond.

**graph** *n.* grafiese voorstelling, grafiek; kromme, kurwe; *draw a* ~ 'n grafiek trek. **graph** *ww.* 'n kromme trek; met 'n grafiek voorstel. ~ **paper** ruitjiespapier, grafiekpapier. ~ **plotter, graphics plotter** *(rek.)* stipper, grafiektrekker.

**graph·eme** *(ling.)* skryf=, skrifteken, grafeem.

**graph·ic** *adj.* grafies; skrif=; teken=; aanskoulik, lewendig, beeldend; ~ *art/work* grafiese kuns/werk, grafiek; ~ *style* beel= dende/plastiese styl. ~ **arts** grafiese kunste. ~ **design**

grafiese ontwerp(kuns). ~ **equalizer** *(rad.)* grafiekeffenaar. ~ **novel** grafiese roman.

**graph·ics** *n. (mv.)* grafika, grafiek. ~ **card** *(rek.)* grafikakaart. ~ **character** *(rek.)* grafiese karakter. ~ **tablet** *(rek.)* grafikatablet.

**graph·ite** grafiet, potlood.

**graph·ol·o·gy** grafologie, handskrifkunde. **graph·o·log·i·cal** grafologies. **graph·ol·o·gist** grafoloog, handskrifkundige.

=**gra·phy** *komb.vorm* =grafie; *biblio~* bibliografie.

**grap·nel** gooi-, werpanker; (enter)dreg, enterhaak.

**grap·pa** *(It.)* grappa, Italiaanse dopbrandewyn.

**grap·ple** *n.* haak; vanger; greep; vangtoestel; gryp-, dreghaak; worsteling. **grap·ple** *ww.* aanpak, beetpak; ~ *with s.o.* met iem. worstel/stoei; ~ *with s.t.* met iets worstel, iets die hoof bied. ~ **plant**, ~ **thorn** klou-, haakdoring.

**grap·pling:** ~ **hook**, ~ **iron** gryphaak.

**grasp** *n.* greep, houvas; vashouplek; bereik, mag; verstand, begrip; beheersing *(v. 'n vak); s.t. is beyond/within s.o.'s* ~ iets is buite/binne iem. se bereik/mag; *have a good ~ of a subject* 'n goeie begrip van 'n vak hê, 'n vak goed beheers. **grasp** *ww.* gryp, vasgryp, vat; verstaan, begryp; ~ *at s.t.* na iets gryp; iets gretig aanneem. **grasp·ing** grypend; inhalig, suinig. **grasp·ing·ness** inhaligheid, hebsug.

**grass** *n.* gras; weiveld; *(dwelmsl.)* boom, dagga; *be at* ~ in die weiveld wees; *(infml.)* sonder werk sit; *(infml.)* met vakansie wees; *cut the* ~ *from under s.o.'s feet* iem. beduiwel, iem. (se planne) kortwiek/fnuik; *go to* ~, *(dier)* gaan wei; *(infml.)* aftree, uittree, met pensioen gaan; *(bokser)* platgeslaan word, plat val; *the* ~ *is always greener on the other side of the fence, (sprw.)* die verste/vêrste gras is (altyd) die groenste; *not let the* ~ *grow under one's feet* geen gras daaroor laat groei nie, nie lank wag nie; *keep off the* ~! bly van die gras af!, moenie op die gras loop nie!; *(fig., infml.)* moenie inmeng nie!; *put/ send/turn ... out to* ~ ... die veld in ja(ag) *('n kudde ens.); (infml.)* ... pensioeneer *(of oortollig verklaar) (iem.); tall* ~ hoë/lang gras; waaigras; *young* ~ opslag. **grass** *ww.* met gras beplant; *(rugby)* plat-, neertrek *(opponent)*. ~-**green** grasgroen. ~-**grown** met gras begroei. ~**land** grasveld; *tall* ~ langgrasveld. ~ **roots** *n. (mv.)* gewone mense; gewone lede *(v. 'n pol. party); go back to* ~ ~ (weer) van die grond af begin. ~-**roots** *adj. (attr.)* diepliggende, diepgaande; ~ *democracy* grondvlakdemokrasie; *at* ~ *level* op grondvlak/voetsoolvlak; ~ *support* breëvlakondersteuning, ondersteuning op grondvlak. ~ **skirt** grasromp(ie) *(v. hoeladanseres).* ~ **snake** grasslang; ringslang. ~ **widow** grasweduwee. ~ **widower** graswewenaar.

**grass·hop·per** (gras/veld)sprinkaan; *be knee-high to a* ~, *(infml.)* drie bakstene hoog wees. ~ **mind:** *have a* ~ ~, *(infml.)* van die een onderwerp na die ander spring.

**grass·y** grasryk; grasagtig; gras-; ~ *plain* grasvlakte. **grass·i·ness** grasrykheid; grasagtigheid.

**grate¹** *n.* vuurherd; vuur(herd)-, stoof-, kaggelrooster; traliewerk, rooster(werk). **grat·ing** *n.* traliewerk, rooster(werk).

**grate²** *ww.* rasper; kners, knars; kras; kraak; skuur; *(fig.)* irriteer, grief. **grat·er** rasper. **grat·ing** *adj.* krassend, knarsend, skurend; onaangenaam, irriterend; ~ *voice* kraakstem.

**grate·ful** dankbaar; erkentlik; *be* ~ *to s.o. for s.t.* iem. dankbaar wees vir iets; teenoor iem. erkentlik wees vir iets; *be truly* ~ opreg dankbaar wees. **grate·ful·ly** met dank, dankbaar. **grate·ful·ness** dankbaarheid; erkentlikheid.

**grat·i·cule** *(teg.)* graadnet *(v. 'n kaart);* draadkruis, kruisdraad; rooster *(v. 'n teleskoop).*

**grat·i·fy** bevredig, tevrede stel, voldoen, verheug, genot verskaf, behaag. **grat·i·fi·ca·tion** bevrediging, verheuging; streling *(v.d. sinne); instant* ~ onmiddellike bevrediging. **grat·i·fy·ing** *(ook)* bemoedigend; aangenaam.

**gra·tin** *(Fr., kookk.): au* ~ gegratineer. **grat·i·nate** gratineer.

**gra·tis** gratis, verniet, kosteloos, vry.

**grat·i·tude** dankbaarheid; erkentlikheid; *convey s.o.'s* ~ iem. se dank oorbring; *in* ~ *for* ... uit dankbaarheid vir ...

**gra·tu·i·tous** kosteloos, vry, gratis; ongevraag; ongegrond; ongemotiveer(d); onnodig, sinloos, nutteloos; ~ *sex/violence/ etc., (vnl. filmk.)* sinlose/onnodige seks/geweld/ens.. **gra·tu·i·tous·ly** verniet; ongevraag.

**gra·tu·i·ty** gratifikasie *(by aftrede ens.); (fml.)* gif, geskenk; *(fml.)* fooi(tjie).

**graunch** *ww., (infml., onom.)* knars, kners *(ratte ens.); (plat SA sl.)* vry, kafoefel.

**gra·va·men** =*vamina, (jur.)* grief; beswaar(skrif); hoofinhoud, kern.

**grave¹** *n.* graf, grafkuil; *dig one's own* ~, *(infml.)* jou eie graf grawe, self jou ondergang bewerk; *rise from the* ~ uit die dood opstaan; *sink into the* ~ in die graf neerdaal; *make s.o. turn in his/her* ~, *(infml.)* iem. in sy/haar graf laat omdraai; *someone is walking over my* ~, *(infml.)* daar loop iemand oor my graf. ~**digger** grafgrawer, =maker. ~**side:** *at the* ~ by die graf. ~**stone** grafsteen, =serk. ~**yard** kerkhof. ~**yard shift** *(infml.)* nagskof.

**grave²** *adj.* swaar, gewigtig, ernstig; belangrik; deftig, plegtig; somber; swaar, diep *(toon);* ~ *accent, (fonet.)* dalende aksent, gravis (aksent); *(mus.)* swaar toonteken. **grave·ly:** *be* ~ *mistaken* jou lelik misgis.

**grav·el** *n.* gruis, klipgruis; *(med.)* niergruis, graweel. **grav·el** =*ll*-, *ww.* gruis, met gruis bedek. ~ **road** gruispad. ~-**voiced** met 'n skor stem.

**grav·el·ly** gruiserig, gruisagtig; gruishoudend; ~ *voice* skor stem.

**grav·id** *(med.)* swanger; *(soöl.)* dragtig; *(koei, ooi, ens.)* grootuier; *(fig.)* swanger *(belofte ens.); (boom ens.)* vol *(vrugte ens.).*

**gra·vim·e·ter** swaarte-, gravimeter. **grav·i·met·ric** gravimetries; ~ *analysis, (chem., fis.)* gewigsontleding, gravimetriese ontleding/analise.

**grav·i·tate** oorhel, aangetrek word; neig; *(fis.)* graviteer; *(mynb.)* sif *(diamante);* ~ *to/towards* ... na ... beweeg; tot ... neig *(negatiwiteit ens.).* **grav·i·ta·tion** aantrekking; afsakking; oorhelling; *(fis.)* gravitasie; swaartewerking; (die) sif *(v. diamante); force of* ~, *(fis.)* swaarte-, gravitasiekrag. **grav·i·ta·tion·al** swaarte-, gravitasie-; ~ *field* swaarte-, aantrekkings-, gravitasieveld.

**grav·i·ty** erns(tigheid); belangrikheid, gewig(tigheid); deftigheid; stemmigheid; gelykmatigheid; gevaarlikheid; swaarte; *(force of)* ~, *(fis.)* swaarte-, gravitasiekrag. ~ **fault** *(geol.)* swaarteverskuiwing. ~ **field** swaarteveld. ~ **meter** swaartemeter, gravimeter.

**gra·vure** *(druk.)* gravure.

**gra·vy** (vleis)sous; *(sl.: geld)* pitte, blare, malie *(<Z.).* ~ **boat** souskom(metjie), souspotjie. ~ **train** *(infml.)* soustrein, geldwa; *get/be on (or board/ride) the* ~ ~ op die soustrein/geldwa klim/spring/sit/ry.

**graze¹** *n.* skram; skramskoot; skaafplek. **graze** *ww.* (aan)raak, skrams raak, rakelings verbygaan; skaaf, skawe, skuur; velaf skaaf/skawe.

**graze²** *ww.* wei; afvreet; laat wei; vee oppas; *(infml.)* (heeldag *of* die hele dag [deur]) peusel. **graz·er** graseter, weidier. **gra·zier** *(slag)*veeboer, vetweier.

**graz·ing** *n.* (die) wei; weiding; weiveld. **graz·ing** *adj.* grasetend. ~ **animal** dier wat wei. ~ **paddock** weikamp. ~ **right(s)** weireg.

**grease** *n.* vet, olie; smout; vetterigheid, olierigheid; (wa)smeer; teer; smeer(sel), smeermiddel, ghries; *in (pride/prime of)* ~ spekvet. **grease** *ww.* smeer; teer; olie; ghries; besmeer; invet, vetsmeer; *(infml.)* omkoop; ~*d lightning* vetgesmeerde blits; ~ *the wheels of ..., (fig.)* ... laat vlot *(of* glad laat loop) *(d. ekonomie, 'n stelsel, ens.).* ~ **gun** smeerspuit. ~ **monkey**

*(infml., neerh.:werktuigkundige)* oorpakman, mek(kie). **~ nip=
ple** smeernippel. **~paint** blanketsel, grimeersel. **~proof** vet=
dig; ~ *paper* was=, vetpapier, vetvry(e) papier; botterpapier.
~ **rag** smeerlap.

**grease·less** nievetterig, vetvry.

**greas·er** *(Br., infml.:werktuigkundige)* oorpakman, mek(kie);
langhaarvent; *(teg.)* smeernippel, masjiensmeerder.

**greas·y** vet, vetterig; olierig, olieagtig; *(lett. & fig.)* glibberig; ~
*spoon, (infml.)* oeserige kafee/eetplek; ~ *wool* vet=, sweetwol.
**greas·i·ness** vetterigheid; olierigheid; glibberigheid.

**great** *n.* grote, vooraanstaande/prominente figuur, ster; *one
of boxing's* **all-time** *~s* een van die grootste boksers van
alle tye; *the ~s of* **Hollywood** die groot Hollywoodsterre;
*the ~, (mv.)* die grotes *(of* groot geeste *of* vooraanstaande/
prominente figure). **great** *adj.* groot; tamaai; lang; dik;
groots; *(infml.)* wonderlik, fantasties; *live to a ~* **age** 'n hoë
ouderdom bereik; *be ~ at s.t.* in iets uitblink/uitmunt; *a ~
big ..., (infml.)* 'n yslike ... *(klip ens.); the ~est* **conceivable**
... (or ... *conceivable)* die groots/ruims/hoogs denkbare ...
*(vergoeding ens.); in ~* **detail** tot in besonderhede; *in ~er
detail* meer in besonderhede; *to a ~er or lesser* **extent** in
meerdere of mindere mate; *feel ~, (infml.)* baie goed voel;
*it feels ~, (infml.)* dis 'n heerlike gevoel; *they are ~* **friends**
hulle is groot maats *(of* groot/dik vriende); *a ~* **many** ... 'n
groot aantal/klomp ... *(mense ens.);* make *a ~* **noise** 'n groot
lawaai/geraas maak; *the ~* **ones** die grotes; *a ~* **painter** 'n
groot/beroemde skilder; *the ~er* **part** *of* ... die meeste *(of*
grootste deel) van ...; *for the ~er* **part** grotendeels; *by far the
~er* **part** die oorgrote meerderheid, verreweg die meeste; *the
~est* **possible** ... (or ... *possible)* die groots/ruims moontlike
... *(toegewing ens.); that* would be *~, (infml.)* dit sou gaaf/heer=
lik wees; *that's ~!, (infml.)* pragtig!, prima!, (dis) mooi!; *a
~ while* ago 'n lang tyd/ruk gelede. ~ **ape** *(soöl.)* groot aap.
**~-aunt, grandaunt** groottante, =tannie. **G~ Britain** Groot-
Brittanje. **~coat** (oor)jas. **G~ Dane** Deense hond. **G~ Divide**
hoofwaterskeiding; *(fig.)* grens tussen lewe en dood; *cross the
~ ~* doodgaan, sterf, sterwe. **~grandchild** agterkleinkind.
**~-granddaughter** agterkleindogter. **~-grandfather** (oupa)=
grootjie, grootoupa. **~-grandmother** (ouma)grootjie, groot=
ouma, oorgrootmoeder. **~-grandparents** grootjies, oorgroot=
ouers. **~-grandson** agterkleinseun. ~ **gun** swaar/groot ka=
non; *(i.d. mv., ook)* grofgeskut. ~ **hall** aula, ook, groot saal.
**~-hearted** grootmoedig, =hartig; (edel)moedig. **~-nephew,
grandnephew** kleinneef. **~-niece, grandniece** kleinniggie.
~ **power** groot moondheid. ~ **seal** grootseël. **~-uncle,
granduncle** grootoom. **G~ Wall:** *the ~ ~ of* **China** die
(Groot) Chinese/Sjinese Muur. **G~ War:** *the ~ ~, (1914-'18)*
die Eerste Wêreldoorlog. ~ **white (shark)** witdoodshaai.

**Great·er** *~* **Cape Town etc.** Kaapstad/ens. en omgewing,
groter Kaapstad/ens..

**great·ly** grootliks, hoog, in hoë mate, baie, besonder; *in=
crease ~* sterk toeneem; *be ~* **mistaken** jou deerlik misgis;
*suffer ~* swaar ly.

**great·ness** grootheid, hoogheid; grootte; edelheid, adel.

**grebe** *(orn.):* **black-necked** *~* swartnekdobbertjie; *little ~*
kleindobbertjie.

**Greece** *(geog.)* Griekeland. **Gre·cian** *adj.* Grieks.

**greed** hebsug, lus, begeerte, begerigheid; gulsigheid; *s.o.'s ~
for money* iem. se geldgierigheid; *s.o.'s ~ for power* iem. se
magsug. **greed·i·ly** gretig; gulsig. **greed·i·ness** gulsigheid;
begerigheid, hebsug. **greed·y** gulsig; begerig, hebsugtig; *be
~ for ...* begerig wees na ...

**Greek** *n.* Griek; *(taal)* Grieks; *Ancient ~* Oudgrieks; *Modern
~* Nieu-Grieks, Nuwe Grieks. **Greek** *adj.* Grieks. ~ **god**
*(fig.: aantreklike jong man)* Griekse god, adonis. ~ **Orthodox
Church** Grieks-Ortodokse Kerk. ~ **scholar** Gresis, Grekis.

**green** *n.* groen; groenigheid; groen gras; lowwe; loof, blare;
grasveld, =perk, =kol; veld; rolbalveld, =perk; *(gh.)* setperk;

jeug, fleur; *(i.d. mv.)* blaargroente, groenkos; *the ~ and gold,
(SA sport)* die groen en goud; *the G~s, (pol.)* die Groenes;
*through the ~* oor die speelveld. **green** *adj.* groen; vars; fris,
jong; groen, onervare; groen, eko=, ekologies, omgewings=;
*a/the ~* **one** 'n/die groene; *the ~* **ones** die groenes. **green**
*ww.* vergroen, groener maak, met bome en struike beplant
*('n stad ens.);* groenbewus maak *('n bedryf ens.).* **~back** *(Am.,
infml.)* Amerikaanse banknoot. ~ **bean** groenboon(tjie);
snyboon(tjie). ~ **belt** *(ook)* parkgordel *(om 'n stad).* ~ **blow=
fly** groenbrommer. ~ **card** groen kaart. ~ **crop(s)** groen=
voer. ~ **earth** groenaarde, gloukoniet, seladoniet. **~-eyed**
groenerig, groenoog=; *the ~* **monster,** *(fig.)* afguns, jaloesie. ~
**fee** *(gh.)* baangeld. **~field** *(j. attr.)* natuurlike groen *(terrein
ens.);* ~ *development* braaklandontwikkeling. ~ **fig preserve**
groenvyekonfyt. ~ **fingers:** *have ~ ~* 'n groeihand hê, 'n goeie
hand (in die tuin) hê. ~ **fodder** groenvoer. **~gage** groen=
pruim. ~ **grape** groen/onryp druif; *(soort)* groendruif. **~gro=
cer** *(hoofs. Br.)* (vrugte- en) groentehandelaar. **~grocer's
shop** groentewinkel. **~grocery** (vrugte- en) groentehandel;
groentewinkel. **~horn** nuweling, groentjie, beginner. **~house**
*n.* kweekhuis; droogkamer, =huis. **~house** *adj. (attr.)* kweek=
huis=, broeikas=; ~ *effect* kweekhuis=, broeikaseffek; ~ *gas*
kweekhuisgas; ~ *plant* (broei)kasplant. **~keeper** *(gh.)* baan=
opsigter; *(rolbal)* perkopsigter. **G~land** *(geog.)* Groenland. ~
**light:** *get/give the ~ ~* goedkeuring/toestemming/verlof *(of*
die groen lig) kry/gee. **~mail** *n., (ekon., infml.)* safdreiging.
~ **man** groen mannetjie *(v. 'n verkeerslig).* ~ **manure** groen=
bemesting. ~ **mealies** groenmielies. ~ **monkey disease,
Marburg disease** *(med.)* groenaap=, Marburgsiekte. ~ **paper**
*(dikw. G~ P~, parl.)* groenskrif. **G~peace** Greenpeace. ~
**peas** *n. (mv.)* groen-ertjies, -erte, dop-ertjies, -erte. ~ **pepper**
groen soetrissie. ~ **room** *(teat.)* akteurs=, artiestekamer. ~
**salad** blaarslaai; groen slaai. ~ **scale** groendopluis. **~shank**
*(orn.): common ~* groenpootruiter. **~stick (fracture)** buig=,
knakbreuk, gebuigde breuk. **~ strip** parkruimte. **~stuff(s)**
(blaar)groente; groenigheid; groenvoer. ~ **table** biljarttafel;
seeltafel. ~ **tea** groen tee. ~ **vegetable(s)** blaargroente.

**green·er·y** groenigheid, loof, blare, groengoed.

**green·ie** *(infml., dikw. neerh.)* groene.

**green·ing** groenappel; vergroening *(v. stede ens.);* omge=
wingsrehabilitasie.

**green·ish** groenerig, groenagtig.

**Green·wich (Mean) Time** Greenwichtyd.

**greet** *ww.* groet, begroet, verwelkom; ontvang.

**greet·ing** *n.* groet, begroeting; *(i.d. mv.)* groete, groetnis;
*convey ~s* groete oorbring; *return a ~* teruggroet, 'n groet
beantwoord; *warm ~s* hartlike groete; *by way of ~* as groet.

**greetings** *tw.* gegroet!; dagsê!. ~ **card,** *(Am.)* **greeting card**
verjaar(s)dagkaart(jie); geleentheidskaart(jie).

**gre·gar·i·ous** gesellig; kudde=, groep(s)=; ~ *animal* kud=
dedier; ~ *behaviour* groep(s)gedrag; ~ *instinct* kudde-
instink, =gevoel; ~ *stage* swerm=, saamtrekkingsfase *(v.
sprinkane).* **gre·gar·i·ous·ness** kuddegevoel, =sin, gemeen=
skapsgevoel.

**Gre·go·ri·an:** ~ *calendar* Gregoriaanse kalender; ~ *chant,
(mus.)* Gregoriaanse cantus, gelyksang.

**grem·lin** duiweltjie, tokkelos(sie); *(infml.)* fout, kinkel.

**Gre·na·da** *(geog.)* Grenada. **Gre·na·di·an** *n.* Grenadaan. **Gre·
na·di·an** *adj.* Grenadaans, van Grenada.

**gre·nade** granaat. ~ **launcher** granaatwerper.

**gren·a·dier** *(mil., hist.)* grenadier.

**gren·a·dil·la** = GRANADILLA.

**gren·a·dine, gren·a·dine** *(vrugtestroop)* grenadien.

**grew** *(verl.t.)* →GROW.

**grey** *n.* grys, grou; vaal; grys (klere); (blou)skimmel(perd).
**grey** *adj.* grys, grou; vaal; *become/grow ~* grys word, ver=
grys; *a ~* **day** 'n bewolkte dag; *~ eyes* grou/grys oë; *a ~ horse*

'n (blou)skimmelperd. **grey** *ww.* grys/dof maak/word; *s.o. is ~ing* iem. word skimmel/grys. **~beard** *(skerts. of neerh.)* grysbaard, grysaard. **~ crowned crane** mahem. **G~ Friar** *(RK)* Francis-, Fransiskaan, =kaner. **~-green** grysgroen. **~-haired** grys(harig). **~ head** gryskop, grysaard. **~-headed** grys, gryskop=. **~ heron** bloureier. **~hound** windhond. **~ lourie** = GO-AWAY BIRD. **~ matter** *(anat.)* grysstof; *(fig., infml.)* harsings, verstand. **~ rhebuck** vaalribbok. **~ squirrel** grys= eekhoring. **~ whale** gryswalvis.

**grey·ish** grys=, grouerig, grys=, grouagtig; vaal, valerig; skim= melrig, =agtig.

**grey·ness** grysheid.

**grid** rooster; traliewerk; motorhek; raster; *(grafieke)* ruitenet; *(landm.)* koördinaat=, ko-ordinaatnet; *(elek.)* net(werk); *(mo= torsport)* wegspringplek. **~ gate** motorhek. **~lock** *(Am.)* ver= keersknoop, =op(een)hoping; *(fig.)* dooiepunt, dooie punt. **~ map** ruitekaart.

**grid·dle** *n., (kookk.)* roosterplaat. **grid·dle** *ww.* rooster, (op die rooster) braai.

**grid·i·ron** (braai)rooster; skeepsrooster; *(mil.)* rooster; *(Am.)* voetbalveld; *(Am., infml.)* Amerikaanse voetbal.

**grief** leed, droefheid, verdriet; smart; *cause s.o.* ~ iem. leed aandoen; *come (or be brought) to* ~ 'n ongeluk kry, ver= ongeluk; skipbreuk ly; misluk; in die/'n verknorsing beland/ kom; *good* ~*!, (infml.)* grote Griet!; *be prostrate with* ~, be *prostrated by/with* ~ gebroke wees van verdriet; *in a spasm of* ~ in 'n opwelling van smart. **~-stricken** bedroef.

**grieve** bedroef, droewig maak; verdriet/pyn aandoen; grief, krenk, kwets; rou, treur; ~ *about/over* ... oor ... treur *(of* be= droef wees); oor ... spyt wees; ~ *for s.o.* medelye met iem. hê; *s.t.* ~*s s.o.* iets spyt iem., iets doen iem. leed. **griev·ance** grief, ergernis, krenking; beswaar; *air/ventilate a* ~ 'n grief lug; *harbour/nurse a* ~ *against s.o.* 'n grief teen iem. koes= ter; *s.o.'s sense of* ~ iem. se gegriefdheid/gekwetstheid. **griev·ous** *(fml.)* ernstig; swaar, drukkend; pynlik, smartlik; grie= wend; *inflict* ~ *bodily harm, (jur.)* ernstige letsel toedien. **griev·ous·ly** *(fml.)* ernstig; swaar; terdeë.

**grif·fin, grif·fon, gryph·on** *(mit.)* griffioen.

**grill¹** *n.* rooster; roosteroond; roostervleis; braaivleis; braai= gereg; *mixed* ~ allegaartjie. **grill** *ww.* rooster, (op die rooster) braai; bak, gaar braai; brand; *(infml.)* kruisvra, uitvra. **~(room)** braairestaurant, =restaurant; braai(gereg)kamer.

**grill², grille** sier=, skermrooster; traliewerk; traliehek.

**grilled** gebraai, gerooster(d); ~ *chicken* geroosterde hoender; ~ *meat* braaivleis; ~ *steak* roosterbiefstuk, =skyf.

**grill·ing** *(infml.)* kruisvraery; *give s.o. a* ~ *about s.t.* iem. oor iets onder kruisverhoor neem. **~ pan** roosterpan.

**grim** nors, stug, strak, stroef, stuurs, bars; streng, hardvogtig, onverbiddelik, onversetlik, meedoënloos; wreed; aaklig, af= gryslik, naar, makaber; skrikwekkend, vreeslik, verskriklik; *hang/hold on (to s.t.) for/like* ~ *death* krampagtig/verbete (aan iets) vasklou; ~ *humour* galgehumor, wrange humor; ~ *idea* grillige gedagte; ~ *irony* skrynende ironie; ~ *reality* harde/ wrede werklikheid; *a* ~ *scene/sight* 'n aaklige gesig; ~ *warn= ing* sombere waarskuwing. **grim·ly** nors, stug, strak, stroef; *laugh* ~ grynslag. **grim·ness** norsheid, stugheid, stroefheid.

**gri·mace, gri·mace** *n.* skewebek, grimas; *make* ~*s* skewe= bek/gesigte trek. **gri·mace, gri·mace** *ww.* gryns, skewe= bek/gesigte trek; *s.o.* ~*s with pain* iem. se gesig vertrek van die pyn.

**grime** *n.* vuiligheid, vuilgoed; aanpaksel; roet; *crime and* ~ misdaad en morsery. **grime** *ww.* vuil smeer, besmeer. **grim·y** vuil, smerig, besmeer(d), morsig; aangepak.

**grin** *n.* breë glimlag, gryns(lag), spottende glimlag, spotlag, grimlag; *wipe that* ~ *off your face!, (infml.)* daar's niks om oor te grinnik nie!. **grin** *ww.* breed glimlag; gryns, grinnik, grimlag.

**grind** *n.* (die) maal; slyp; draai; *(infml.)* geswoeg, geblok; *the daily* ~, *(infml.)* die alledaagse/daaglikse sleur/geswoeg.

**grind** *ground ground, ww.* maal; fynmaak; kou; verbrysel, verpletter, vergruis, vertrap; *(fig.)* boor *(iem.)*; knars; skuur; slyp *(diamante)*; (in)slyp *(kleppe)*; (weg)slyp; draai; swoeg, blok; verdruk; →GROUND² *adj.*; ~ *away at s.t.* hard aan iets werk; *bump and* ~, *(infml., 'n danser)* stoot en wieg *(m.d. heupe)*; ~ *s.o. down* iem. verdruk/uitmergel; ~ *s.t. down* iets fynmaal; ~ *on* voortploeter, aan=, voortsukkel, voortswoeg, =worstel; *(winter, oorlog, ens.)* voortsleep; *(spreker)* voortram= mel; ~ *an organ* 'n orrel draai; ~ *s.t. out* iets reëlmatig voortbring *(of* uitkraam); *(infml.: teësinnig uiter)* iets grom/ uitwurg *('n belofte, verskoning, ens.)*; ~*ing poverty* nypende armoede; ~ *one's teeth* (op) jou tande kners; ~ *s.t. up* iets fynmaal. **~stone** slypsteen; *back to the* ~ weer aan die werk; *have/hold/keep one's nose to the* ~ aan die werk bly, sonder ophou werk.

**grind·er** meul(e); slyper; slypmasjien; kies(tand), maaltand; meulsteen. **grind·er·y** slypery; skoenmakersgereedskap.

**grind·ing** *n.* (die) maal, maalwerk, malery; slyping; slyp= werk; knersing; *(i.d. mv.)* slypsels. ~ **lathe** slypbank. ~ **ma= chine** slypmasjien. ~ **stone** maalklip.

**grin·go** =gos, *(Lat.Am., infml., neerh.: wit Engelssprekende)* gringo.

**grip** *n.* (hand)greep; houvas, greep; hand; handreiking; be= heer, mag, meesterskap; vat; begrip; handvatsel, greep; kny= per; klem; spanklou; klemlengte *(v. hout)*; *change* one's ~ vervat; *come/get to* ~*s with s.t.* iets aanpak, met iets worstel; *come/get to* ~*s with s.o.* met iem. handgemeen raak; *have a firm* ~ *on* ... 'n sterk houvas op ... hê; *take a firm* ~ *on s.t.* iets vasvat/-gryp; *get a* ~ *on s.t.* 'n houvas op iets kry; iets kleinkry; *get a* ~ *on o.s.* jou regruk; *have a good* ~ *of a subject* 'n goeie begrip van 'n vak hê; *be in the* ~ *of* ... in die kloue van ... wees *('n skelm)*; deur ... geknel word *(droogte ens.)*; *the country is in the* ~ *of winter* die winter is nou behoorlik hier; *lose one's* ~ jou houvas verloor; die kluts kwytraak; *relax/release one's* ~ *on s.t.* iets loslaat; *keep a tight* ~ *on s.t.* iets stewig vashou; *tighten one's* ~ *on s.o.* meer druk op iem. uitoefen; *tighten one's* ~ *on s.t.* iets stywer/vaster vat. **grip** =pp=, *ww.* gryp, beetpak, (vas)vat; vasklem, (vas)klou; omvat, =sluit; *(motorbande)* vasbyt; *('n verhaal ens.)* boei; ~ *s.t. tightly* iets stewig/styf vashou.

**gripe** *n., (infml.)* klag(te), grief, beswaar, gekla, gekerm, ge= mor; *(gew. i.d. mv.)* koliek, krampe. **gripe** *ww., (infml.)* kla, kerm. **~ water** *(med.)* krampwater.

**grip·er** klaer.

**grip·ing** knaend, snydend; kramp=; klouend.

**grip·ping** pakkend, boeiend, spannend; ~ *tale* pakkende/span= nende verhaal. ~ **jaw** spanklou.

**Gri·qua** Griekwa. **~land** Griekwaland. **~land East/West** Griekwaland-Oos/Wes.

**gris·e·ous** gryserig, grysagtig; pêrelgrys.

**gris·ly** aaklig, griesel(r)ig, grillerig, afgryslik, afskuwelik, vreeslik, grusaam.

**grist** maalkoring, =graan; maalgoed; *that is* ~ *to/for one's/the mill* dit is water op jou meul, daar sit voordeel in.

**gris·tle** kraak=, knarsbeen. **gris·tly** kraakbeenagtig.

**grit** *n.* gruis, klippertjies, grint; sand(erigheid); grintsteen; klipgruis; pit, fut, durf, energie, volharding; *(i.d. mv., kookk.)* (mielie)gruis; ~ *in the eye* 'n stoffie in die oog; *have a lot of* ~, *(infml.)* hare op jou tande hê; *a piece of* ~ 'n klippie/ sand(korrel)tjie. **grit** =tt=, *ww.* kners, knars, kraak; ~ *one's teeth* op jou tande byt; vasbyt, deurdruk. **~stone** grintsteen, growwe sandklip.

**grit·ty** grinterig, sanderig, krakerig; pittig.

**griz·zle¹** *n.* sout-en-peper-hare. **griz·zled** grys, sout-en-peper= kleurig *(hare)*. **griz·zly (bear)** grysbeer.

**griz·zle²** *ww. (infml., hoofs. Br., 'n kind)* grens, kerm.

**groan** *n.* kreun, steun, gekerm; gekraak; *heave a ~ 'n* kreun uitstoot. **groan** *ww.* kreun, steun, kerm; sug; kraak; *~ with ...* van (die) ... kreun *(pyn ens.).* **groan·ing** *n.* gekreun, =steun, =kerm. **groan·ing** *adj.,* **groan·ing·ly** *adv.* kreunend, steunend, kermend.

**groats** *n. (mv.)* gort.

**gro·cer** kruidenier. **gro·cer·y** kruidenierswinkel; *(i.d. mv.)* kruideniersware.

**grog** *(drank)* grok.

**grog·gy** *(infml.)* onvas, slap in die bene; bewerig, dronkerig, half bedwelm(d), deurmekaar.

**groin** lies; liesstuk; *(infml.)* geslagsdele; *(argit.)* graatrib, ge= welfkruis. *~* **arch** kruisboog. **~(ed) vault** kruisgewelf.

**grom·met** tou-oog, touring; blokstrop; kabelbeslag; skut= bus; *(med.)* dreineringsbuisie, =pypie *(i.d. middeloor); (bran=derrysl.)* jongetjie, groentjie.

**groom** *n.,* stal=, ry=, perdekneg; bruidegom. **groom** *ww.* roskam; opkam, versorg; oppas, bedien; voorberei, touwys maak, gereed maak, oplei *(vir); be well ~ed* goed versorg wees; fyn uitgevat wees. **groom·ing** roskam(mery); opkamming, (persoons)versorging; gereedmaking. **grooms·man** =men strooijonker.

**groove** *n.* groef, gleuf, keep; sleur, sleurgang; *fall/get into a ~ in* 'n groef raak; *in the ~, (infml.)* uitstekend; moeiteloos, met/vol vertroue; *(Am.)* in die mode. **groove** *ww.* (uit)groef, (uit)keep; 'n groef/gleuf/keep maak in; kanneleer. **grooved** gegroef(de), groef=; gegleuf(de); *~ joint* omslaglas; *~ pulley* groefkatrol; *~ seam* omslagnaat.

**groov·y** =ier =iest, *(infml., vero. of skerts.)* bak, fantasties, won= derlik, ongelooflik, uitstekend.

**grope** (rond)tas, voel *(i.d. donker);* voel-voel; *~ about* rond= tas; *~ for s.t.* na iets tas; *~ s.o., (infml.)* iem. betas/bevoel, vatterig raak met iem.; *~ one's way* iets voel-voel deen. **grop= er** *(infml., neerh.)* vatterige kêrel/man(netjie), betaster. **grop= ing** *adj.,* **grop·ing·ly** *adv.* tastend, soekend; voel-voel.

**gross** *n., (mv.* gross) gros, 12 dosyn; *(mv.* grosses) die hele bedrag; die oorgrote meerderheid; *(infml.)* die bruto wins/ inkomste/ens.; *by the ~* by die groot maat; *in (the) ~* op/in die gros, oor die algemeen; in massa; *two/etc. ~ of pens/etc.* twee/ens. gros penne/ens.. **gross** *adj.* grof; geil; groot, dik, vet; stomp; lomp; onbeskof; afstootlik, walglik; sin(ne)lik; bruto; *~ amount* bruto bedrag; *~ earnings/income* bru= to inkomste/verdienste; *~ error* growwe fout; *~ habits* af= stootlike gewoontes; *~ negligence* growwe/verregaande na= latigheid; *~ revenue* bruto inkomste; *~ sales* bruto omset; *~ sum* bruto bedrag/som; *~ ton* grootton; *~ weight* bruto gewig; *~ yield* bruto opbrengs/opbrings/rendement. **gross** *ww.* 'n bruto wins maak; *~ s.o. out, (Am. sl.)* iem. walg *(of* met walging/weersin/afkeer/afsku vervul). *~* **domestic pro= duct** *(afk.:* GDP) bruto binnelandse produk *(afk.:* BBP). *~* **national product** *(afk.:* GNP) bruto nasionale produk *(afk.:* BNP). **~-out** *(Am. sl.)* goor/mislike/vieslike/walglike ding/ mens/vent/ens..

**gross·ly** grof; erg; lomp; onbeskof; *~ exaggerated* erg oor= drewe.

**gross·ness** grofheid; lompheid; afstootlikheid.

**gro·tesque** grotesk, grillig, verwronge; buitensporig, oor= drewe; belaglik, absurd. **gro·tesque·ness** groteskheid, die groteske; buitensporigheid; belaglikheid.

**grot·to** =to(e)s grot, spelonk.

**grot·ty** *(Br., infml.)* goor, aaklig, horribaal; oes, vrot, mislik, ellendig.

**grouch** *n., (infml.)* gebrom; slegte bui, knorrigheid; brompot; bitterbek. **grouch** *ww., (infml.)* brom, mopper, mor, knor. **grouch·i·ness** buierigheid, nukkerigheid, knorrigheid, be= foeterdheid. **grouch·y** brommerig, knorrig, buierig, befoe= terd.

**ground¹** *n.* grond, aarde; terrein, erf; bodem; grondslag, be= ginsel; beweegrede, =grond; ondergrond; agtergrond; grond= toon, =kleur; *(verf)* grondlaag; *(i.d. mv.)* grond(e); *above ~, (lett.)* bo die grond; *(fig.)* in die land van die lewendes; *break ~* grond braak; begin grawe; aanvoor; *break (fresh/new) ~* baanbrekers=/pionierswerk doen, nuwe terrein ontgin; *bring ... to the ~* ... neertrek; ... grond toe bring; *burn s.t. to the ~* iets afbrand; *s.t. burns to the ~* iets brand af; *cover the ~* die terrein/veld dek; *cover much (or a lot of) ~* 'n lang afstand aflê; 'n groot veld bestryk; veel omvat; *be on dangerous ~* op gevaarlike terrein wees; *venture on dangerous ~* jou op gevaarlike terrein begeef/begewe/waag; *it suits s.o. down to the ~, (infml.)* dit is so in iem. se kraal *(of* net so na iem. se sin), dit pas iem. uitstekend/volkome, dit kon iem. nie beter pas nie; *fall to the ~* op die grond val; in duie stort/ val, verongeluk; *have one's feet on the ~* op die platte van jou voete staan; *cut the ~ from under s.o.'s feet* iem. se voete onder hom/haar uitslaan, iem. heeltemal/totaal dronkslaan; *~(s) for ...* grond vir ...; *from the ~ up* van onder af op; heeltemal, geheel en al; *gain/make ~* veld wen, vooruitkom; *gain ~ (up)on s.o.* 'n voorsprong op iem. behaal/kry; *get off the ~, (lett.)* die lug ingaan; *(fig., infml.)* aan die gang kom, op dreef kom; *get s.t. off the ~, (infml.)* iets lanseer, iets aan die gang kry; *give ~* padgee, wyk, toegee; die veld ruim; *go to ~, ('n dier)* in 'n gat kruip; *(iem.)* onderduik; *hold/keep/ stand one's ~* jou man staan, stand hou, vastrap; *on hu= manitarian ~s* uit menslikheid; *in one's ~, (kr.)* agter/bin= ne jou streep; *on insubstantial ~s* op losse gronde; *keep one's ~ →hold/keep/stand; leave the ~* opstyg; *lose ~* agteruitgaan, veld verloor; *make ~ →gain/make; on the ~(s) of ...* op grond van ...; *on the ~(s) that ...* op grond daarvan dat ...; *out of one's ~, (kr.)* buite(kant) jou streep; *be on one's own ~, (fig.)* op jou eie gebied wees; *prepare the ~* aanvoorwerk doen; *raze s.t. to the ~* iets tot op die grond afbreek; *run o.s. into the ~, (infml.)* jou gedaan/kapot/kis/ oordraad/oorhoeks *(of* oor 'n mik) werk; *be on shaky ~, (fig.)* geen grond/vastigheid onder jou voete hê nie; *solid ~* vaste grond/aarde; *stand one's ~ →hold/keep/stand; be sure of one's ~* seker van jou saak wees; *on sure ~* op vaste grond, op veilige terrein; *s.t. sweeps the ~* iets sleep op die grond; *be thick on the ~* volop *(of* dik gesaai) wees; *be thin on the ~* dun gesaai wees, skaars wees; *touch ~* grondvat; die grond raak; *(fig.)* vaste grond onder jou voete kry; tot iets konkreets kom. **ground** *ww.* grondves, stig; grond, baseer, fundeer; staaf; grondig inlei; op die grond sit; die grond klaarmaak; aflei, na die grond lei; grondvat, te lande kom; strand, grond raak, op die grond loop; aard; op die grond hou, hok; *~ s.t. on ...* iets op ... grond/baseer. *~* **air** grondlug. *~* **angle** waarnemingshoek. *~* **attack** *(mil.)* aanval op grondteikens; aanval deur grondtroepe. **~bait** *(hengel)* grondaas; *(fig.)* lokaas. *~* **bass** *(mus.)* grondbas, os= tinaatbas, basso ostinato. *~* **clearance** ashoogte. *~* **coat** *(verf)* grondlaag. *~* **colour** grondkleur; grondverf. *~* **control** *(lugv.)* grondbeheer, =leiding, grondpersoneel. *~* **course** *(messelwerk)* siglaag. *~* **cover** plantedek, dekplant(e). *~* **crew** *(lugv.)* grondpersoneel. *~* **cricket** koringkriek, dikpens. *~* **effect** *(aërodinamika)* grondeffek. *~* **floor** grondverdieping, =vloer, onderste verdieping; *on the ~ ~* gelykvloers; *be/get in on the ~ ~, (infml.)* in alle voorregte deel, oorspronklike aan= dele verkry. **~-floor price** ingangsprys. *~* **frost** bodemryp; bevrore grond. **~hog** = WOODCHUCK. *~* **hornbill:** *Southern ~ ~* bromvoël. *~* **ice** grondys *(in grond);* ankerys *(op 'n rivier= bodem);* bevrore grond. *~* **ivy** *(bot.)* hondsdraf. *~* **level** grond= vlak, =hoogte, bodemhoogte. *~* **mist** grondnewel, =wasem. **~nut** = PEANUT. *~* **plan** plattegrond, grondplan, =tekening; opset. *~* **plate** *(spw.)* onderlêer. *~* **principle** grondbeginsel. *~* **rule** *(gew. mv.)* grondbeginsel, =reël. **~sheet** grondseil(tjie). **~speed** grondsnelheid. *~* **squirrel:** *Cape ~ ~* waaierstert= grondeekhoring. *~* **staff** *(lugv.)* grondpersoneel; *(sport)* ter=

reinpersoneel. ~ **stroke** *(tennis)* grondhou. ~ **support** grond=
steun. ~ **survey** terreinmeting. **~swell** grondsee, (grond)=
deining; *(fig.)* vloedgolf *(v. gevoelens ens.)*. ~ **tissue** grond=
weefsel, parenchimatiese weefsel. ~ **visibility** grondsig.
**~water** grondwater. **~water level** grondwatervlak, =stand,
=spieël. ~ **wind** bodemwind. **~work** grondslag, ondergrond;
grondwerk; geraamte; spitwerk, voorbereidingswerk; *do the*
*~ for s.t.* die aanvoorwerk vir iets doen. ~ **zero** hiposentrum
*(v. 'n kernbomontploffing); (fig.)* beginpunt; *(G~ Z~, New*
*York)* Ground Zero.

**ground²** *adj. (attr.)* gemaalde *(koffie); fyn (kaneel, naeltjies,*
*gemmer, neutmuskaat, ens.);* geslypte *(vlak ens.);* be ~ **down**
*by* ... verpletter wees onder ...; ~ **glass** geskuurde/geslypte
glas, slypglas; ~ **lime** gemaalde/fyn kalk; ~ **meat** maalvleis,
gemaalde vleis; ~ **rice** rysmeel; ~ **rock** gemaalde rots.

**ground·ed** gehok *(vliegtuie, bemanning, 'n stout kind); all*
*planes have been ~ by bad weather* (or *the authorities)* alle vlieg=
tuie is deur slegte weer *(of* die owerheid) gehok; ~ *ship*
gestrande skip; *be well ~* gegrond/gefundeer wees; *be well*
*~ in a subject* 'n goeie kennis van 'n vak hê, goed in 'n vak
onderleg/onderlê wees.

**ground·er** *(bofbal)* grondbal.

**ground·ing** grondslag, basis; *(verf)* gronding; onderrig,
skoling; *have a good ~ in* ... 'n goeie kennis van ... hê, goed
in ... onderleg/onderlê wees.

**ground·less** ongegrond, sonder (enige) grond; *quite/utter=*
*ly ~* van alle grond ontbloot, uit die lug gegryp. **ground=**
**less·ness** ongegrondheid; holheid.

**grounds·man** =men baan=, terreinopsigter.

**group** *n.* groep; ~ *of buildings* geboukompleks; ~ *of com=*
*panies* maatskappyegroep; *in ~s* groepsgewys(e); ~ *of*
*islands* eiland(e)groep; *a ~ of people/etc.* 'n groep mense/
ens.. **group** *ww.* groepeer, groep; ~ *people/things together*
mense/dinge bymekaarsit; mense/dinge oor een kam skeer.
~ **activity** groep(s)werk, =aktiwiteit. **G~ Areas Act** *(SA, hist.)*
Wet op Groepsgebiede *(fml.),* Groepsgebiedewet *(infml.).* ~
**discussion** groep(s)bespreking. ~ **dynamics** *n. (mv.), (psig.)*
groep(s)dinamika. ~ **insurance** groep(s)versekering. ~
**leader** groep(s)leier. ~ **rights** *n. (mv.)* groep(s)regte. ~ **sex**
groepseks. ~ **therapy** groep(s)terapie. **~ware** *(rek.)* groep(s)=
ware, groep(s)programmatuur, groepsagteware.

**group·ie** *(infml.)* popgroepstertjie.

**group·ing** groepering; groep(s)vorming.

**grouse¹** *grouse, n.* korhoender.

**grouse²** *grouses, n.* grief, klag(te). **grouse** *ww.* brom, kla,
mor, tjommel; ~ *about s.t., (infml.)* oor iets brom/tjommel/
kla. **grous·er** kermkous, brompot, knorpot, korrelkop.

**grout** *n.* voegbry, fyn pleisterklei. **grout** *ww.* toesmeer, dig
pleister; voegbry aanbring, voeg. **grout·er** *(instr.)* bryvuller.
**grout·ing** bryvulling.

**grove** bos, klomp bome; boord; ruigte.

**grov·el** =ll=, *ww.* kruip, kruiperig/onderdanig wees/optree,
jou verneder/verlaag; ~ *before s.o.* voor iem. kruip. **grov·el·ler**
kruiper. **grov·el·ling** kruipend, kruiperig.

**grow** *grew grown* groei; laat groei; aangroei, aanwas, toeneem;
kweek, verbou, aanplant, boer met *(aartappels ens.);* laat groei,
kweek *('n baard ens.);* verbou word; ~ *apart, (fig.)* van me=
kaar vervreem(d) raak; ~ *dark/light* donker/lig word; ~ *in*
ingroei; ~ *into* ... tot ... (op)groei; ~ *into one →together;*
~ *to like s.o.* mettertyd/naderhand van iem. hou; *s.t. ~s on*
*s.o.* iets kry hoe langer hoe meer vat op iem., iets val hoe
langer hoe meer in iem. se smaak, iets boei iem. hoe langer
hoe meer; ~ *s.t. out* iets laat uitgroei *(hare ens.);* ~ *out of*
*s.t.* iets afleer *('n gewoonte); s.t. ~s out of* ... iets spruit uit
... (voort), iets ontstaan uit ...; ~ *rich/etc.* ryk/ens. word;
~ *to* ... ... word; tot ... aangroei, ~ *together* (or *into one)*
saamgroei, ineengroei, vasgroei; ~ *up, (iem.)* grootword; ~
*up!* word groot!, moenie kinderagtig wees nie!; ~ *up on s.t.*

met iets grootword *(melk ens.); when you ~ up, (aan 'n kind*
*gesê)* as/wanneer jy (eendag) groot is.

**grow·er** kweker, teler, verbouer, boer; *it is a fast/slow ~,*
*(tuinb.)* dit groei vinnig/stadig.

**grow·ing** *n.* (die) groei; (die) kweek/teel. ~ **pains** *(lett. &*
*fig.)* groeipyne. ~ **season** groeiseisoen.

**growl** *n.* knor. **growl** *ww.* knor, grom; brom, kla, mor, mur=
mureer; snou; dreun. **growl·er** knorder; brompot, grom=
pot; *(Kan.)* ysbergie.

**grown** begroei(d); opgegroei(d), volwasse. **~-up** *n.* groot=
mens, volwassene. **~-up** *adj.* volwasse, opgegroei(d); opge=
skote; uitgevreet *(sl.); when you are ~, (aan 'n kind gesê)* as/
wanneer jy (eendag) groot is.

**growth** groei, wasdom; ontwikkeling, vooruitgang; toename;
opgang; (die) kweek; gewas, gesaaide; *(patol.)* gewas, geswel;
groeisel; *attain full ~* volle wasdom bereik; ~ *of population*
bevolkingsaanwas; *a week's ~ (of beard)* 'n week se baard.
~ **fund** groeifonds. ~ **hormone** groeihormoon. ~ **increase**
aanwassing. ~ **point** groeipunt. ~ **rate** groeikoers.

**grub** *n.* wurm, larwe, maaier; *(infml.)* kos, eetgoed. **grub**
=bb=, *ww.* grawe, opgrawe; (grond) skoonmaak; skarrel, vroe=
tel; snuffel; uitsnuffel, opdiep; ploeter, swoeg, sukkel; ~ *s.t.*
*out* iets uitgrawe; ~ *s.t. up* iets uittrek *(onkruid);* iets uithaal
*(aartappels, wurms, ens.);* iets omwoel *(grond); (fig.)* iets uit=
krap/opdiep *(inligting ens.); ~ up the past* in die verlede wroet.
**~(bing) hoe** skoffel, kapyster. ~ **screw** skroeftap. **G~ Street**
*(Br., infml.)* prulskrywers; broodskrywers; prulskrywery;
broodskrywery; prulwerk.

**grub·ber** grawer; *(werktuig)* ghrop; *(kr.)* kruipbal. ~ **(kick)**
*(rugby)* steekskop.

**grub·by** smerig, morsig, vuil(erig). **grub·bi·ness** smerigheid,
morsigheid.

**grudge** *n.* wrok, hekel, haat, afguns; *bear s.o. a ~, have a ~*
*against s.o.* 'n wrok teen iem. hê/koester; 'n aksie teen iem.
hê; *pay off an old ~* 'n ou rekening vereffen *(fig.).* **grudge**
*ww.* misgun; ~ *o.s. nothing* jou niks ontsê nie; ~ *s.o. s.t.* iem.
iets beny *(of* nie gun nie); ~ *the time (that)* ... spyt wees oor
die tyd dat/wat ... **grudg·ing** teensinnig, teësinnig. **grudg·**
**ing·ly** teensinnig, teësinnig, met teensin/teësin, onwillig,
skoorvoetend.

**gru·el** meelpap; dun pap.

**gru·el·ling, gru·el·ing** *(Am.) n.: give s.o. a ~* iem. op=
draand(e) gee, iem. laat les opsê. **gru·el·ling,** *(Am.)* **gru·**
**el·ing** *adj.* moordend, uitputtend, veeleisend, kwaai, straf.

**grue·some** aaklig, afskuwelik, afsigtelik, grusaam, ysing=
wekkend, griesel(r)ig. **grue·some·ness** aakligheid, afsku=
welikheid, grusaamheid, griesel(r)igheid.

**gruff** nors, stuurs, bars, grof, stroef. **gruff·ish** norserig, stuur=
serig. **gruff·ness** norsheid, stuursheid, barsheid, stroefheid.

**grum·ble** *n.* gekla, gekerm, gebrom, gemor; gebrom, ge=
grom, geknor, gegor; gerommel, gedreun. **grum·ble** *ww.*
kla, kerm, brom, mor, pruttel, mopper, tjommel; brom,
grom, knor, gor; rommel, dreun; ~ *about/at/over s.t.* oor
iets kla/mor/brom/tjommel. **grum·bler** brompot, brombeer,
kermkous. **grum·bling** *adj.,* **grum·bling·ly** *adv.* klaend, kla=
erig, brommerig, brommend.

**grump** brompot, knorpot, nukkebol. **grump·i·ness** norsheid,
knorrigheid, brommerigheid, iesegrimmigheid. **grump·y,**
**grump·ish** brommerig, nors, knorrig, iesegrimmig.

**Grun·dy:** *what will Mrs ~ say?* wat sal die mense (daarvan)
sê?. **Grun·dy·ism** kleingeestigheid, verkramptheid.

**grunge** *(Am. sl.)* vullis, vuilis, rommel, gemors; *(soort rock=*
*mus.)* grunge(musiek); *(modegier)* verkreukelde voorkoms.
**grun·gy** *(Am. sl.)* vuil, smerig, morsig, vieslik, goor.

**grunt** *n.* (ge)snork; (ge)steun; (ge)knor, gegrom, gebrom;
*(infml., vnl. mot.)* krag, woema, oemf; *(Am. mil. sl.)* infanteris,
infanterie=, voetsoldaat. **grunt** *ww.* snork; steun; knor,

grom, brom. **grunt·er** knorder; otjie; *(igt.)* knorder. **grunt·ing** gesnork; gesteun; geknor, gegrom; gegor.

**Gru·yère (cheese)** gruyèrekaas.

**grys·bok** =*bok* grysbok.

**G-string, G-suit** →G.

**gua·c(h)a·mo·le** *(Mex. kookk.)* guacamole.

**gua·nine** *(biochem.)* guanien.

**gua·no** ghwano, guano, voëlmis. ~ **island** ghwano/guano-eiland.

**guar·an·tee** *n.* waarborg, garansie; onderpand; *a* ~ *against s.t.* 'n waarborg teen iets; *give a* ~ 'n waarborg gee; *make good a* ~ 'n waarborg gestand doen; *a* ~ *of quality* 'n waarborg vir gehalte; *there is a* ~ *on s.t.* iets is gewaarborg; *s.t. is still under* ~ iets is nog onder waarborg. **guar·an·tee** *ww.* waarborg, garandeer; borg, goed staan vir, instaan vir; vrywaar *(teen)*; (plegtig) belowe; ~ *s.t. against* ... iets teen ... waarborg. ~ **fund** waarborgfonds. ~ **insurance** waarborg=versekering.

**guar·an·teed** gewaarborg; gevrywaar; *be* ~ *against s.t.* teen iets gevrywaar wees; *be* ~ *for a year* vir 'n jaar gewaarborg *(of* onder waarborg) wees; ~ *price* gewaarborgde prys; *be* ~ *that* ... seker *(of* daarvan oortuig) wees dat ...; *s.o. is* ~ *to do s.t.* iem. sal iets beslis/ongetwyfeld/verseker *(of* sonder twyfel *of* vir seker) doen; ~ *wage* gewaarborgde loon.

**guar·an·tor** borg, garant, waarborger, waarborggewer.

**guar·an·ty** waarborg, garansie.

**guard** *n.* wag; skildwag, brandwag; lyfwag; *(spw.)* kondukteur; wagter, bewaker, oppasser, oppaster; bewaking, beskerming, hoede; beveiliging; skerm, skut; stootplaat; leuning, reling; geleide; garde; *(i.d. mv. ook)* gardetroepe; *the advance* ~ die voorhoede; *have one's* ~ *down* nie op jou hoede wees nie; *drop/lower one's* ~ jou vuiste/swaard/ens. laat sak; jou waaksaamheid verslap; *a* ~ *of honour* 'n erewag; *keep* ~ *over* ... oor ... waghou/wagstaan *(of* wag hou/staan), ... bewaak; *the National G*~ die Nasionale Garde; *be off one's* ~ nie op jou hoede wees nie, nie oplet/oppas nie; *catch s.o. off (his/her)* ~ iem. onverhoeds/onvoorbereid betrap; *the officer of the* ~ die wagmeester; *the old* ~ die ou garde; *be on* ~, *stand* ~ (op) wag staan; *be on one's* ~ *against* ... op jou hoede *(of* in/ op jou pasoppens) teen/vir ... wees, oppas/pasop vir ...; *post a* ~ 'n wag opstel/uitsit; *put s.o. on his/her* ~ *against s.t.* iem. teen/vir iets op sy/haar hoede stel, iem. teen iets waarsku; *relieve the* ~ die wag aflos; *slip one's* ~, *('n gevangene)* jou wag ontglip; *stand* ~ *over* ... oor ... wag staan; *take* ~ reg staan, in posisie gaan staan; *be under* ~ onder bewaking wees. **guard** *ww.* bewaak, bewaar; beskerm, behoed; wag hou, waghou; oppas; op jou hoede wees; beskut; (af)skerm; ~ *against s.t.* teen iets waak; ~ *s.o./s.t. closely* iem./iets streng bewaak. ~ **cell** *(bot.)* sluit-sel. ~ **duties**, ~ **duty** wagdiens. ~**house** *(mil.)* waghuis. ~ **parade** wagparade. ~ **plate** skerm=, skutplaat. ~ **post** wagpos. ~**rail** leuning, skutreling; sper=, skramreling; *(spw.)* veiligheidstaaf. ~**room** waglokaal; arres=kamer.

**guard·ed** *(ook)* behoedsaam, versigtig; *take up a* ~ *attitude* 'n gereserveerde/versigtige houding aanneem; *be closely* ~ streng bewaak word; *a closely* ~ ... 'n streng bewaakte ... *(geheim ens.)*; *be heavily* ~ sterk bewaak word; *a heavily* ~ ... 'n sterk bewaakte ... *(gevangenis ens.)*. **guard·ed·ly** versig=tig, omsigtig, behoedsaam; *be* ~ *optimistic* versigtig optimis=ties wees.

**guard·i·an** bewaker, wagter; bewaarder; oppasser, oppaster, opsiener; beskermer; kurator; *(jur.)* voog; *appoint a* ~ *over s.o.* iem. onder kuratele stel; *joint* ~ medevoog. ~ **angel** beskermengel. **G**~**'s Fund** Voogdyfonds.

**guard·i·an·ship** bewaking, beskerming; voogdy(skap); ku=ratorskap, kuratele.

**guard's:** ~ **van** *(spw.)* kondukteurswa.

**guards·man** =*men* gardesoldaat; gardeoffisier.

**Gua·te·ma·la** *(geog.)* Guatemala. **Gua·te·ma·lan** *n.* Guate=malaan. **Gua·te·ma·lan** *adj.* Guatemalaans.

**gua·va** koejawel; *(SA sl.)* gat, alie, agterwêreld, agterent.

**gudg·eon** spil; ringhaak, oog; skarnieroog; *(sk.)* roeroog; *(masj.)* kruiskop. ~ **(pin)** verbindingspen; stoot=, kruk=, kruis=pen; *(mot.)* suierpen; *(masj.)* kruiskoppen; skarnierhaak.

**guel·der rose** *(bot.)* sneeubal, balroos, Gelderse roos.

**Guern·sey** *(geog.)* Guernsey; *(g~)* dik wolhemp. ~ **cattle** guernseybeeste.

**gue(r)·ril·la:** ~ **(fighter)** guerrilla(vegter/stryder).

**guess** *n.* gissing; raaiskoot, raaislag; *it's anybody's* ~ dis heeltemal/hoogs onseker, dit kan niemand weet nie; *at a (rough)* ~, *by* ~ na skatting; op goeie geluk (af); *(have a)* ~*!* raai, raai!; *have/make a* ~ raai; *it was a near* ~ dis amper/byna reg/raak geraai; *a wild* ~ 'n blinde raai(skoot); *make a wild* ~ sommer blindweg raai; *your* ~ *is as good as mine* ons weet dit albei ewe min. **guess** *ww.* raai, gis; skat; *(infml.)* dink, meen, vermoed; ~ *at s.t.* oor iets raai; *I* ~ ..., *(infml.)* ek sou dink/reken ...; *I* ~ *(so)*, *(infml.)* dis seker so, ja; *keep s.o.* ~*ing*, *(infml.)* iem. in die duister hou; ~ *what?* raai wat?; ~ *wrong* mis/verkeerd raai. ~**work** raaiery, geraai; skatting.

**guess·ing** raaiery. ~ **game** raaispel(etjie).

**gues(s)·ti·mate** *(infml.)* raaiskatting.

**guest** gas, kuiergas; loseergas; *(biol.)* parasiet; *be my* ~*!*, *(infml.)* gaan gerus voort!, gaan jou gang!; *have* ~*s* gaste hê; *a* ~ *of honour* 'n eregas; *receive* ~*s* gaste ontvang; *an unbidden* ~ 'n ongenooide gas. ~ **appearance** gasoptrede; *make a* ~ ~ as gas optree. ~ **artist** gaskunstenaar. ~ **farm** vakansieplaas. ~**house** gastehuis; rushuis. ~ **night** gaste=aand, bekendstellingsaand. ~**room** gaste=, spaar=, vrykamer. ~ **speaker** gasspreker, geleentheidspreker, genooide/besoe=kende spreker. ~ **worker** gasarbeider.

**guf·faw** *n.* bulderlag, luidrugtige lag, skaterlag. **guf·faw** *ww.* brullend lag, brul, skater.

**guid·ance** leiding; bestuur; voorligting; rigsnoer; *for the* ~ *of* ... ter voorligting/inligting van ...; *give* ~ voorligting gee; *under the* ~ *of* ... onder leiding van ...

**guide** *n.* gids; geleier; raadgewer; leidsman; reisgids; weg=wyser; handboek, handleiding; rigsnoer; leiboom, =balk; lei=spoor, =staaf; *(meg.)* (ge)leier; regulator; *Girl G*~ Girl Guide, Padvindster; *a* ~ *to* ... 'n reisgids van/vir ... *(Londen ens.)*; 'n handleiding by die studie van ... *(d. Rus. lettk. ens.)*; 'n handleiding oor ... *(byteelt ens.)*. **guide** *ww.* lei, die weg/pad wys, as gids dien; rondlei; deurloods; leiding gee; raad gee; voorlig; bestuur, stuur; rig; *be* ~*d by* ... deur ... gelei word; ~*d economy* geleide ekonomie; ~*d missile* geleide missiel; ~*d tour* begeleide toer; begeleide besigtiging; rondleiding. ~**(book)** reisgids. ~ **dog** gids=, geleide=, leihond. ~**line** riglyn; leistreep; *draw up* (or *lay down*) ~*s for s.t.* riglyne vir iets aandui/aangee/bepaal. ~**post** pad=, weg=, handwyser. ~ **word** *(druk.)* kenwoord, bladwagter.

**guid·ing** *n.* leiding; padvindery *(vir meisies)*. **guid·ing** *adj.* rig=, lei=. ~ **principle** rigsnoer. ~ **star** lei(d)ster.

**guild** gilde. ~**hall** gildehuis; *(Br.)* stadhuis.

**guil·der** *(hist. Ndl. geldeenheid)* gulde; *ten* ~*s* tien gulde; *many* ~*s* baie gulde(n)s.

**guile** lis, slimheid; bedrog, arglistigheid. **guile·ful** listig, arg=listig, vals. **guile·less** arg(e)loos, onskuldig, eerlik.

**guil·le·mot** *(orn.)* duik(er)hoender.

**guil·lo·tine** *n.* valbyl, guillotine; snymasjien *(in 'n fabriek)*; *(med.)* val=, ringmes; *(parl.)* (debat)sluiting. **guil·lo·tine** *ww.* guillotineer, met die guillotine/valbyl onthoof; die slui=ting toepas.

**guilt** skuld; *admit/confess* ~ skuld beken/bely; *throw the* ~ *on s.o. else* die skuld op iem. anders skuif/skuiwe. ~ **complex** *(psig.)* skuldgevoel. ~ **trip** *(infml.)* selfbejammering, oorma=tige skuldgevoelens.

**guilt·less** onskuldig; skuldeloos; *be ~ of s.t.* nie aan iets skuldig wees nie. **guilt·less·ness** onskuld(igheid).
**guilt·y** skuldig; strafbaar; misdadig; *find s.o. ~ of s.t., (jur.)* iem. aan iets skuldig bevind; *find s.o. not ~, (jur.)* iem. onskuldig bevind, iem. vryspreek; *be ~ of s.t.* aan iets skuldig wees; jou aan iets skuldig maak; *the ~ person* die skuldige; *as ~ as sin* doodskuldig; *a verdict of ~, (jur.)* 'n skuldigbevinding. **guilt·i·ly** skuldbewus. **guilt·i·ness** skuldigheid.
**Guin·ea** *n., (geog.)* Guinee. **Guin·ea** *adj.* Guinees. **g~fowl** tarentaal; *crested ~* kuifkoptarentaal; *helmeted ~* gewone tarentaal. **g~ pig** marmotjie; *(fig.)* proefkonyn. **~ worm** me= dinawurm.
**Guin·e·an** *n.* Guineër. **Guin·e·an** *adj.* Guinees.
**guise** masker; voorwendsel, dekmantel; voorkoms, gedaan= te; skyn; *in human/etc. ~* in mensegedaante/ens. *(of* menslike/ ens. gedaante *of* die gedaante van 'n mens/ens.); *in the ~ of ...* in die gedaante van ... *('n swaan ens.);* in die klere van ..., soos ... aangetrek/geklee(d) *('n hanswors ens.); under the ~ of ...* onder die voorwendsel/dekmantel/skyn van ... *(vriend= skap ens.).*
**gui·tar** kitaar, ghitaar. **gui·tar·ist** kitaarspeler, =speelster, ghi= taarspeler, =speelster.
**Gu·ja·rat** *(geog.)* Goedjarat. **Gu·ja·ra·ti, Gu·je·ra·ti** *=tis, n., (lid v. 'n volk; taal)* Goedjarati. **Gu·ja·ra·ti, Gu·je·ra·ti** *adj.* Goedjarats.
**Gu·lag** *(Rus. strafkampstelsel)* goelag; *(fig.)* tronk.
**gulf** *n.* golf, baai; draaikolk; afgrond; kloof; *the G~ of Mexico* die Golf van Mexiko/Meksiko. **gulf** *ww.* oorstroom; ver= swelg. **G~ States** Golfstate. **G~ Stream** Golfstroom. **G~ War** Golfoorlog. **G~ War syndrome** *(med., afk.* GWS*)* Golf= oorlogsindroom.
**gull** *(orn.)* (see)meeu; *Hartlaub's ~* Hartlaubse meeu; *kelp ~* kelpmeeu. **~-wing door** vleueldeur.
**gul·let** slukderm; keel(gat); *(mynb.)* rysloot.
**gul·li·ble** liggelowig, maklik om te fop. **gul·li·bil·i·ty** liggelo= wigheid, onnoselheid.
**gul·ly, gul·ley** *n.* kloof, klofie; (diep) sloot, donga; sloot(jie), voor(tjie); *(kr.)* gang(etjie); *deep ~, (kr.)* diep gang(etjie). **gul·ly, gul·ley** *ww.* slote/slootjies maak (in), groef.
**gulp** *n.* sluk, mond vol, teug; hap. **gulp** *ww.* sluk *(ook v. benoudheid ens.); ~ s.t. back* iets wegsluk *(trane);* iets on= derdruk *(snikke); ~ s.t. down* iets afsluk/wegsluk *(drank, kos); ~ for air* na asem snak; *~ s.t. up, (gulsig of fig.)* iets inswelg.
**gum**[1] *n.* gom; gomboom; drag *(v. oë).* **gum** *=mm=, ww.* gom; plak; *~ s.t. down* iets toeplak; *~ up the works, (infml.)* 'n stok in die wiel steek, alles bevark. *~* **arabic,** *~* **acacia** Arabie= se gom, akasiagom. **~boot** *n. (gew. mv.)* rubber=, gomlas= tiekstewel. **~boot dance** *(SA)* rubbersteweldans. **~drop** gomlekker. **~ resin** gomhars. **~tree** gomboom; *be up a ~, (infml.)* in 'n hoek wees, in die/'n verknorsing wees/sit, met die hand(e) in die hare sit.
**gum**[2] *n. (dikw. mv.)* tandvleis. **~boil** tandvleissweer, abses. **~shield** mondskerm.
**gum·ba(-gum·ba)** *(SA townshipsl.)* brasparty.
**gummed** gegom; *~ paper* kleefpapier; *~ tape* plaklint.
**gum·my**[1] gomagtig, gommerig, klewerig, taai; gom=; op= geswel, dik; *~ wool* taaiwol. **gum·mi·ness** gomagtigheid.
**gum·my**[2] tandeloos.
**gump·tion** *(infml.)* skranderheid, oulikheid; ondernemings= gees.
**gun** *n.* vuurwapen; geweer; kanon, veldstuk, stuk (geskut); spuit; *bring up one's big ~s, (infml.)* jou sterk argumente/ voorstanders te voorskyn bring; *a big/great ~, (infml.)* 'n groot ka= non; *(infml.)* 'n hoë meneer, 'n groot kokkedoor; *draw a ~* 'n rewolwer uitpluk; *go great ~s, (infml.)* vinnig vorder; *a heavy ~* 'n swaar kanon; *heavy ~s* swaar geskut, grofgeskut; *jump the ~, (infml.)* te gou wegspring, die sein/teken voorspring;

iem. voorspring; *point a ~ at s.o.* 'n geweer/rewolwer op iem. rig; *produce/pull a ~* 'n rewolwer uitpluk/uithaal; *pull a ~ on s.o.* 'n rewolwer op iem. rig; *reach for a ~* 'n geweer/ rewolwer gryp; *the roar of ~s* kanongebulder; *a real son of a ~, (infml.)* 'n regte hierjy/skobbejak; *spike s.o.'s ~s* iem. droogsit, vir iem. 'n stok in die wiel steek; *stand/stick to one's ~s, (infml.)* voet by stuk hou, nie kopgee nie; *top ~, (infml.)* groot kokkedoor; *be under the ~, (Am., infml.)* onder groot druk wees, swaar kry, dit hotagter hê. **gun** *=nn=, ww.* skiet; kanonneer; jag; *~ s.o. down* iem. neerskiet, iem. plat skiet; *~ for s.o., (infml.)* iem. vervolg; op iem. pik; *~ for s.t., (infml.)* iets naja(ag)/nastreef *(toppos ens.).* **~ battle** skietery, skietgeveg. **~boat** kanonneerboot. **~boat diplomacy** mags= politiek. **~cotton** *(plofstof)* skietkatoen. **~ deck** geskut=, bat= terydek. **~ dog** jaghond. **~fight** skietgeveg, skietery. **~fire** kanon=, geskutvuur, artillerievuur. **~maker** wapensmid, geweermaker. **~man** *=men* gewapende man/rower/aanvaller. **~metal** geskutmetaal. **~metal (grey)** kanongrys. **~point:** *hold s.o. at ~* iem. met 'n vuurwapen aanhou. **~powder** (bus) kruit. **~power** geskutvermoë, artilleriesterkte. **~ room** ge= weerkamer; wapenkamer. **~running** geweersmokkelary; wa= pensmokkelary. **~ship** gewapende helikopter/vragvliegtuig/ ens.. **~shot** geweerskoot; kanonskoot; draagwydte, skoots= afstand; *out of ~* onder skoot uit, buite skot; *within ~* onder skoot. **~shot wound** koeël=, skietwond. **~smith** wapensmid, geweermaker. **~stock** geweerkolf.
**gunge** *(infml.)* vuiligheid, gemors; klewerigheid; drek. **gun= gy** vuil; klewerig, taai.
**gung-ho** *(infml.)* voortvarend; (oor)ywerig; hartstogtelik; veg=, strydlustig.
**gun·ite** spuitsement.
**gunk** *(infml.)* bry.
**gun·ner** kanonnier, artilleris; (masjien)geweerskutter; boord= kanonnier.
**gun·wale** *(sk.)* dolboord, boordwand.
**gup·py** *(igt.)* guppie.
**gur·gle** *n.* borreling, geklok; murmeling, gemurmel *(v. wa= ter);* (ge)roggel. **gur·gle** *ww.* borrel; *(water)* murmel; *(pyp)* reutel; roggel; gorrel; *(kindjie)* koer.
**Gur·kha** *=kha(s)* Goerk(h)a, Ghoerka.
**gur·nard** *(igt.)* knorhaan.
**gu·ru** ghoeroe, leermeester, wyse man.
**gush** *n.* stroom, uitstroming; borreling; vlaag, bui; aan= stellerigheid, dwepery. **gush** *ww.* (uit)stroom, (uit)spuit; oorborrel; dweep, aanstellerig/gemaak praat/handel; *~ about/ over s.o.* met iem. dweep. **gush·er** dweper, dweepster; spuit= bron, spuiter. **gush·y** *(infml.)* aanstellerig.
**gus·set** insetsel, versterkstuk; hoekverbinding, hoeksteun; knoopplaat. *~* **piece** insetsel, versterkstuk; okselstuk.
**gust** *n.* vlaag, ruk; bui; *in ~s* in/met/by vlae; *~ of anger* woe= debui; woedeuitbarsting; *~ (of wind)* (wind)vlaag, windstoot, (wind)ruk, val=, rukwind. **gust** *ww., (wind)* storm, hewig (of in/met vlae) waai. **gust·i·ness** buierigheid, onstuimigheid. **gust·ing** stoterig, rukkerig *(wind).* **gust·y** winderig, buierig, vlaerig.
**gus·to** lus, genot, smaak; volbloedigheid; lewendigheid.
**gut** *n.* derm, dermkanaal; (derm)snaar; *(i.d. mv.)* ingewande, pens; *(i.d. mv., infml.)* uithouvermoë, durf; *blind ~* blin= dederm; *have s.o.'s ~s for garters, (infml., skerts.)* iem. afslag, van iem. wors maak; *hate s.o.'s ~s, (infml.)* die pes aan iem. hê, iem. nie kan veel/verdra nie; *have ~s, (infml.)* murg in jou pype hê; *have no ~s* geen ruggraat/fut hê nie; *have the ~s to do s.t., (infml.)* die moed hê om iets te doen; *work one's ~s out, (infml.)* jou gedaan/kapot (of oor 'n mik) werk. **gut** *adj. (attr.), (infml.)* instinktiewe, intuïtiewe; *have a ~ feeling that ...* 'n kropgevoel hê dat ..., dit aan jou bas voel dat ...; *~ instinct* natuurlike instink. **gut** *=tt=, ww.* skoonmaak, in= gewande uithaal, oopvlek; leeghaal, verniel, plunder; *~ a*

*book* 'n uittreksel van 'n boek maak; *the house was ~ted by fire* die huis het uitgebrand.

**gut·less** lamsakk(er)ig.

**guts·y** moedig.

**gut·ted** *adj., (ook, infml.)* klaar, pootuit, kapot; beswaard, doodongelukkig, verpletter.

**gut·ter** geut *(langs 'n dak);* straatvoor, slootjie; afloop; mod= dersloot; modder; *take a child out of the ~* 'n kind van die straat *(of* uit die modder) opraap. *~* **press** rioolpers, vuil pers. **~snipe** *(neerh.)* straatkind.

**gut·ter·ing** geute, geutwerk.

**gut·tur·al** *n., (fonet.)* keelklank, gutturaal. **gut·tur·al** *adj.* gutturaal, keel=; *~ sound* keelgeluid; keelklank.

**guy**[1] *n., (infml.)* kêrel, vent, ou; *(i.d. mv., ook)* mense; *the bad ~s and the good ~s, (infml.)* die slegte ouens en die goeie ouens; *a nice bunch of ~s, (infml.)* 'n oulike klomp *(of* gawe spul) (ouens/mense); *hi ~s!, (infml.)* hallo julle!, dag mense!; *a nice/regular ~, (infml.)* 'n gawe kêrel/ou; *a tough ~, (infml.)* 'n hardekoejawel; *a wise ~, (infml.)* 'n wysneus. **guy** *ww.* gekskeer *(of* die gek skeer) met.

**guy**[2] *ww.* stuur *(met 'n tou);* span, opslaan *(tentlyne). ~* **(rope)** *(sk.)* gei(tou); ankertou *(v. 'n radiomas ens.);* stormlyn, =tou *(v. 'n tent);* veiligheidstou; leitou.

**guz·zle** verorber, verslind, opvreet *(kos);* (op)suip *(drank);* vreet en suip, gulsig eet en drink; *(fig.)* vreet, baie gebruik *(petrol ens.).* **guz·zler** vraat; suiplap.

**gybe, gibe, jibe** *(sk.)* (laat) gyp, deur die wind (laat) swaai.

**gym** *(infml.:* gymnasium, gymnastics*)* gim. *~* **(bi)cycle, exer= cise bike** gim=, oefenfiets. *~* **shoes** gim=, oefenskoene, *(infml.)* tekkies.

**gym·kha·na** =nas sportfees, =byeenkoms; perdesport(fees), gimkana; sportterrein.

**gym·na·si·um** =nasiums, =nasia gimnasiekskool; gimnas= tieksaal; gimnasium. **gym·nast** gimnas. **gym·nas·tic** *adj.* gim= nasties, gimnastiek=. **gym·nas·tics** *n. (fungeer as ekv.)* gim= nastiek.

**gym·no·sperm** *(bot.)* naaksadige, gimnosperm. **gym·no· sper·mous** naaksadig, gimnosperm.

**gy·nae·col·o·gy,** *(Am.)* **gy·ne·col·o·gy** ginekologie. **gy= nae·co·log·ic, gy·nae·co·log·i·cal,** *(Am.)* **gy·ne·co·log·ic, gy·ne·co·log·i·cal** ginekologies. **gy·nae·col·o·gist,** *(Am.)* **gy= ne·col·o·gist** ginekoloog.

**gy·noe·ci·um** =cia, *(bot.)* stamper.

**gyp·po** =pos, *n., (SA sl.)* lyfwegsteker, loodswaaier; kullery, verneukery. **gyp·po** *adj., (SA sl.)* lui; vals, verknoei. **gyp·po** *ww., (SA sl.)* (jou) lyf wegsteek; bekonkel; *~ out of doing s.t.* jou uit iets losdraai/loswikkel; *~ s.t.* iets bekonkel/verknoei. *~* **guts** *(SA sl.)* loopmaag, spuitpoep, skittery.

**gyp·soph·i·la** *(bot.)* krytblom, gipskruid, duisendblom.

**gyp·sum** gips; *burnt ~* gebrande gips, gipsaarde.

**gyp·sy, gip·sy** *(dikw. G~)* sigeuner(in); sigeunertaal; *(infml.)* swerwer, bohemer. *~* **language** sigeunertaal. *~* **moth** plak= ker. *~* **music** sigeunermusiek.

**gy·rate** draai; rondomtalie maak/draai. **gy·ra·tion** draai, (rond)= draaiing, tolling, (om)wenteling; kringloop, rotasie; *centre of ~* draaipunt. **gy·ra·to·ry, gy·ra·to·ry** (rond)draaiend.

**gy·ro·com·pass** tolkompas, girokompas.

**gy·ro·scope** giroskoop. **gy·ro·scop·ic** giroskopies.

**gy·ro·stat·ic** *adj.* girostaties. **gy·ro·stat·ics** *n. (fungeer as ekv.)* girostatika.

# Hh

**h, H** *h's, H's, Hs, (ag[t]ste letter v.d. alfabet)* h; *(hl., dwelmsl.: heroïen)* H; *drop one's ~'s* die h weglaat; *little ~* h'tjie; *small ~* klein h. **H-bomb** H-bom.

**ha, hah** *tw.* ha!.

**Ha·bak·kuk** *(OT)* Habakuk.

**hab·er·dash·er** kramer; *(Am.)* mansklerehandelaar. **hab·er·dash·er·y** kramery, kleinware; *(Am.)* mansklerasie; *(Am.)* mansklerehandel, =klerewinkel.

**hab·it** *n.* gewoonte, gebruik; sede; neiging; kostuum, mondering; *acquire/form* (or *pick up* or *take to) a ~* 'n gewoonte aanleer/aankweek; *a (bad) ~* 'n (slegte) aanwen(d)sel, 'n hebbelikheid; *take to bad ~s* slegte gewoontes aanleer/aankweek; *break (o.s. of) a ~* 'n gewoonte afleer; *by/from* (or *out of)/(sheer* or *force of) ~* uit (pure) gewoonte; *be a creature of ~* gewoontevas wees, 'n gewoontemens wees; *drop/fall into a ~* in 'n gewoonte verval/raak, 'n gewoonte aanleer/aankweek; *the force of ~* die mag van die gewoonte; *form a ~* →*acquire/form; from ~* →*by/from; get into the* (or *make a) ~ of doing s.t.* 'n gewoonte daarvan maak om iets te doen; (die gewoonte) aanleer om iets te doen; *get out of* (or *lose) the ~ to ...* (die gewoonte) afleer om te ...; *grow out of a ~* 'n gewoonte afleer; *s.t. grows into a ~* iets word 'n gewoonte; *have a* (or *be in the) ~ of doing s.t.* gewoond wees *(of* die gewoonte hê *of* in die gewoonte wees) om iets te doen; *s.o. is not in the ~ of doing s.t.* dit is nie iem. se gewoonte om iets te doen nie; *kick a ~, (infml.)* 'n gewoonte afleer; *~ of life* lewensgewoonte; *lose the ~ to ...* →*get out of; make a ~ of doing s.t.* →*get; be a matter of ~* 'n gewoonte wees; *~ of mind* gewoonte; geestesgesteldheid; *monk's ~* monnikskleed; *out of ~* →*by/from; pick up a ~* →*acquire/form; a regular ~* 'n vaste gewoonte; *riding ~* rydrag, ruiterklere *(v. 'n vrou); ~ is second nature* gewoonte is 'n tweede natuur; *~ of speech* spraakgewoonte; *take to a ~* →*acquire/form; be a ~ with s.o.* 'n gewoonte van iem. wees. **~-forming** verslawend, gewoontevormend.

**hab·it·a·ble** bewoonbaar. **hab·it·a·bil·i·ty** bewoonbaarheid.

**hab·i·tat** woonplek, =gebied, verblyf(plek); habitat, woongebied, natuurlike omgewing *(v. 'n plant/dier);* vindplek *(v. 'n plant);* houplek, =gebied *(v. 'n dier).*

**hab·i·ta·tion** bewoning; *(fml.)* woonplek, woning.

**ha·bit·u·al** gewoonte-; gebruiklik, gewoon; *~ criminal* gewoontemisdadiger; *~ customer* gereelde/vaste klant; *~ drunkard* gewoontedrinker; *~ visitor* gereelde besoeker/gas. **ha·bit·u·al·ly** uit gewoonte, gereeld, gewoonlik.

**ha·bit·u·ate** *(fml., biol.)* gewoond raak; gewoond maak.

**ha·bit·u·é** habitué, inwoner, gereelde/vaste klant, gereelde besoeker/gas.

**ha·chure** *n., (kartogr.)* arseerlyn, arsering. **ha·chure** *ww.* arseer. **ha·chur·ing** arsering.

**ha·ci·en·da** *(Sp.Am.: groot landgoed, opstal)* hacienda.

**hack¹** *n.* kap; sny, kerf; *(ook sport)* hou; *(sport)* skop; slag; pik, byl; *(infml., rek.)* →HACKER, HACKING. **hack** *ww.* kap, kerf, keep; skop; kug, hoes; *(infml., rek.)* knutsel; *s.o. can't ~ it, (Am. sl.)* iem. kan nie die mas opkom nie; *a ~ing cough* 'n droë hoes; *~ s.t. down* iets af-/omkap; *~ into a mainframe* 'n hoof(raam)rekenaar binnedring, by 'n hoof(raam)rekenaar inbreek; *~ s.t. off* iets afkap; *~ s.t. out* iets uitkap/=slaan;

*~ s.t. up* iets op=/fynkap; iets stukkend kap. **~-and-slash, ~'n'slash** *adj. (attr.)* bloed-en-derms- *(prent ens.).* **~ file** mesvyl. **~log** kapblok. **~saw** yster=, metaalsaag.

**hack²** *n.* drawwer, ryperd; karperd; huurperd; (ou) knol; huurrytuig; knol=, prul=, broodskrywer; loonslaaf; *party ~* partykramer; *political ~* politikaster. **hack** *ww.* hol-/seerrug ry, afgesaag maak; perdry; met huurperde ry. *~ writer* knol=, prul=, broodskrywer.

**hack·er** *(infml., rek.)* kuberkraker, rekenaar=, stelselinbreker, =indringer, rekenaarvandaal, =terroris. **~-proof** *adj.* peutervry.

**hack·ing** *(infml., rek.)* kuberkrakery, rekenaar=, stelselindringing, die binnedring van 'n rekenaarstelsel, rekenaarvandalisme, =terrorisme; knutseling.

**hack·le** *n.* (vlas)hekel; (nek)vere; veervlieg; (veer)kwas; *(hengel)* kunsvlieg; *(i.d. mv.)* maanhare, nekhare; *get s.o.'s ~s up, raise s.o.'s ~s, make s.o.'s ~s rise* iem. se maanhare/nekhare laat rys, iem. die duiwel in maak; *s.o.'s ~s rise* iem. se maanhare/nekhare rys, iem. vererg hom/haar; *with one's ~s up* op jou agterpote/perdjie, veg=, strydlustig.

**hack·ney** *(hist.)* ry=, karperd; drawwer, telganger. **hack·neyed** afgesaag, holrug gery, gemeenplasig *(uitdrukking ens.).* **~ carriage** *(hist.)* huurrytuig.

**had** *(verl.t. & volt.dw.)* →HAVE *ww..*

**had·dock** =*dock(s)* (gerookte) skelvis.

**hade** *(geol.)* hellingskomplement.

**ha·de·dah i·bis** *(orn.)* hadida.

**Ha·des** *(Gr. mit.)* Hades; *(infml.)* onderwêreld, hel.

**hadn't** *(sametr.)* = HAD NOT.

**had·ro·saur** *(paleont.)* hadrosourus.

**hae·mal** *(fisiol.)* bloed=.

**haem·a·tin** *(biochem.)* hematien.

**haem·a·tite** *(min.)* hematiet.

**haem·a·to·cele** *(med.)* bloedblaas, =gewas; bloedbreuk; hematoseel.

**hae·ma·tol·o·gy** bloedkunde, hematologie. **hae·ma·tol·o·gist** bloedkundige, hematoloog.

**hae·ma·to·ma** =*tomas, =tomata, (med.)* bloedgewas, =geswel, hematoom.

**hae·ma·tu·ri·a** *(med.)* bloedwatering, rooiwater, hematurie, hematurese.

**hae·mo·coel** *(soöl.)* bloedliggaamsholte, hemoseel.

**hae·mo·cy·a·nin** *(biochem.)* hemosianien.

**hae·mo·glo·bin** *(biochem.)* bloedkleurstof, hemoglobien.

**hae·mol·y·sis** bloed=, rooiselafbraak, hemolise.

**hae·mo·phil·i·a** *(med.)* hemofilie, bloeiersiekte. **hae·mo·phil·i·ac** bloeier, hemofilielyer.

**haem·or·rhage** *n.* bloeding, bloedstorting, (bloed)vloeiing; *(fig.)* ernstige/swaar verlies, uitstroming. **haem·or·rhage** *ww., (med.)* bloei; *(fig.)* leegbloei, bleek bloei. **haem·or·rhag·ic:** *~ fever* hemorragiese koors.

**haem·or·rhoid** *(gew. i.d. mv., med.)* aambei.

**hae·mo·sta·sis** =*stases, (med.)* bloedstelping. **hae·mo·stat·ic** bloedstelpend.

**haf·ni·um** *(chem., simb.: Hf)* hafnium.

**haft** *n.* hef, handvatsel, greep. **haft** *ww.* 'n hef aansit.

**hag** heks; *(neerh.)* feeks, heks, helleveeg, (ou) wyf; lelike vroumens. ~**fish** *(igt.)* slymslang, ·prik.

**Hag·ga·i** *(OT)* Haggai.

**hag·gard** vervalle, verwilderd, afgerem, holoog·, hologig; ~ *face* ingevalle gesig.

**hag·gis** *(Sk. kookk.)* harslag (met meelsous), haggis.

**hag·gish** hekserig, heksagtig.

**hag·gle** *n.* knibbel(a)ry, afdinging; rusie, getwis, kibbel(a)· ry. **hag·gle** *ww.* (be)knibbel, afding, kwansel; twis, kibbel; ~ *about/over s.t. with s.o.* met iem. oor iets kibbel. **hag·gling** *n.* geknibbel, knibbel(a)ry, afdingery, gekwansel. **hag·gling** *adj.* knibbelrig.

**hag·i·og·ra·phy** hagiografie, heiligelewens(beskrywing), ge· skiedenis van heiliges. **hag·i·og·raph·er** hagiograaf, skrywer van heiligelewens.

**Hague** *n.:* *The* ~ Den Haag, 's-Gravenhage. **Hague** *adj.* Haags.

**hah** →HA.

**ha-ha¹** *tw.* ha-ha, ka-ka.

**ha-ha²** *n.* blinde sloot.

**hai·ku** *haiku, (digk.)* haikoe.

**hail¹** *n.* hael; *a* ~ *of ...* 'n vlaag ... *(koeëls ens.);* 'n stortvloed ... *(verwensinge ens.); a shower of* ~ 'n haelbui. **hail** *ww.* hael; ~ *blows on a door* aan/op/teen 'n deur hamer; ~ *blows on s.o.('s body)* iem. met houe (teen die lyf) peper; *the blows* ~*ed down on s.o.* die houe het op iem. neergereën. ~ *damage* haelskade. ~**shot** hael, skroot; haelskoot. ~ **shower** haelbui. ~**stone** haelkorrel, ·steen. ~**storm** haelstorm.

**hail²** *n.* groet, begroeting; verwelkoming; roep, aanroeping; *within* ~ binne roepafstand. **hail** *ww.* groet, begroet, ver· welkom; toejuig; toeroep; (aan)roep; ~ *s.o./s.t. as ...* iem./ iets as ... begroet; iem./iets as ... herken; ~*ing distance* roep· afstand; *s.o.* ~*s from ...* iem. kom uit/van ..., iem. is uit/van ... afkomstig.

**hair** haar; *(as mv.)* hare; *put* ~ *in curlers* hare indraai; *cut* ~ hare knip/skeer/sny; *do s.o.'s* ~ *(up)* iem. se hare doen/kap; *take a* ~ *of the dog that bit one, (infml.)* 'n regmakertjie drink; *get in(to) s.o.'s* ~, *(infml.)* iem. irriteer/vererg; *not harm a* ~ *on s.o.'s head* geen *(of* nie 'n) haar op iem. se hoof aanraak nie, iem. geen leed aandoen nie; *a head of* ~ 'n bos hare; *keep your* ~ *on!, (infml.)* moenie so kwaad word *(of* so gou op jou perdjie klim) nie!, bedaar!; *let one's* ~ *down, (lett.)* jou hare losmaak *(of* laat hang); *(fig., infml.)* jou bolla losmaak, losbreek, uitgelate wees; *part one's* ~ *in the middle* jou hare (met 'n) middelpaadjie kam/dra; *not a* ~ *out of place* piekfyn; *put one's* ~ *up* jou hare opkam *(of* op dra); *shed* ~ verhaar; *have s.o. by the short* ~*s, (infml.)* iem. aan die hare *(of* in 'n hoek) hê; *split* ~*s* hare kloof/klowe, haarkloof, haarklowe; *make s.o.'s* ~ *stand on end* iem. se hare laat rys *(of* orent/ regop laat staan); *tear one's* ~ *(out), (infml.)* jou hare uit jou kop trek *(v. spyt ens.); s.o.'s* ~ *is thinning* se hare word yl/min *(of* is aan die uitval); *to a* ~ *(of* in haar(tjie), presies; *tousled* ~ deurmekaar hare; *not turn a* ~ geen spier(tjie) (ver)roer/·trek nie. ~**ball** haarbal, herkoutjie. ~**brush** haar· borsel. ~ **clip** haarknippie. ~ **clipper(s)** haarknipper. ~ **con· ditioner** haaropknapper. ~**crack** haarbarsie. ~ **curler** haar· kruller, krulpen. ~**cut** *n.* haarsny; haarsnit; styl; *have a* ~ jou hare laat knip/skeer/sny; *s.o. needs a* ~ iem. moet sy/ haar hare laat knip/sny. ~**cutter** haarsnyer; ·knipper. ~**do** ·dos, *(infml.)* haarstyl, kapsel. ~**dresser** (haar)kapper, haar· snyer. ~**dressing** haarkappery. ~**dressing salon** haarkap· (per)salon, haarkappery. ~**dryer, ~drier** haardroër. ~ **fol· licle** haarsakkie, ·follikel. ~ **gel** haarjel. ~ **implant** haar· inplanting. ~**knot** bolla. ~**line** haargrens *(op iem. se voor· kop); (druk.)* haarstreep, ·strepie, haarlyn; kruisdraad *(op 'n lens).* ~**line crack** haarbars(ie). ~**line fracture** *(med.)* haar· breuk. ~ **oil** haarolie. ~**pin** haarnaald. ~**pin bend** haar·

naald(draai), perdeskoendraai. ~~**raiser** (g)rilverhaal, sen· sasiestorie. ~~**raising** sensasioneel, skokkend, skrik·, angs· wekkend, skrikaanjaend. ~~**remover** haarverwyderaar, ·ver· wyderingsmiddel. ~ **rinse** haarspoelmiddel. ~ **roller** haar· kruller, krulpen. ~ **shirt** haarhemp; boetekleed, ·hemp. ~ **space** *(druk.)* eenpunt·, haarspasie. ~**splitter** haarklower, muggiesifter. ~**splitting** haarklowery, muggiesiftery. ~**spray** haarsproei. ~**spring** *(hor.)* onrus·, balans·, spiraalveer. ~ **stroke** ophaal(lyn). ~**style** haarstyl, kapsel, haarmode. ~**styling** haarstilering. ~**stylist** haarstilis. ~ **trigger** *n.* haar· sneller. ~~**trigger** *adj. (attr.):* *have a* ~ *temper* kort van draad wees, 'n kort lont hê. ~ **wash** haarwasmiddel; hare· was.

**-haired** *komb.vorm* ·haar·, met ... hare, ·harig; *a curly·~ girl* 'n krulkopmeisie/·dogter(tjie), 'n dogter(tjie)/meisie met krulhare *(of* krullerige hare); *greasy·~* met olierige/vetterige hare; *long·~* langhaar·, met lang hare, langharig; *red·~* rooikop·, met rooi hare, rooiharig; *short·~* korthaar·, met kort hare, kortharig.

**hair·less** haarloos, sonder hare, kaal.

**hair's breadth** haarbreed(te); *escape by a* ~ ~ naelskraap(s)/ ternouernood ontsnap/ontkom; *s.o. missed another car by a* ~ ~ dit was (so) op 'n haar na of iem. het teen 'n ander motor gebots; *to a* ~ ~ op 'n haar (na).

**hair·y** ·ier ·iest harig, harerig, behaar(d); ruig; *(sl.)* skrik·, angs·, ysingwekkend, vreesaanjaend, senutergend. **hair·i· ness** harigheid.

**Hai·ti** *(geog.)* Haiti, Haïti. **Hai·tian** *n.* Haitiaan, Haïtiaan; *(dial.)* Haitiaans, Haïtiaans. **Hai·tian** *adj.* Haitiaans, Haï· tiaans.

**hajj, haj** *(Arab.)* hadj, pelgrimstog *(na Mekka).* **haj·i, haj·ji** hadjie, pelgrim.

**ha·ka** *(Maori)* haka.

**hake** *(igt.)* stokvis.

**ha·ke·a** *(bot.)* hakea, naaldbos.

**ha·laal, ha·lal** *n., (Arab.)* halaal. **ha·laal, ha·lal** *adj.* ha· laal· *(slaghuis, gereg, ens.).*

**hal·berd, hal·bert** *(hist., mil.)* hellebaard. **hal·ber·dier** hellebaardier.

**hal·cy·on** *n., (orn.)* visvanger. **hal·cy·on** *adj., (poët., liter.)* kalm, vredig, gelukkig *(dae, tydperk, ens.).*

**hale** *adj.* fris, gesond, sterk; ~ *and hearty* fris en gesond, perdfris, kerngesond.

**half** *halves, n.* helfte; halwe, halfie; *(voetbal)* skakel; *(sport)* halfgebied; *a* ~ 'n helfte; die helfte; ~ *an apple* 'n halwe appel; *the better* ~ die grootste/beste helfte; *s.o.'s better* ~, *(infml.)* iem. se wederhelf(te); *too clever by* ~ alte/danig *(of* gans te) slim; *by halves* om die helfte; vir die helfte; *do s.t by halves* iets (maar) half/swakkerig doen; *do nothing by halves* alles deeglik doen; ~ *a chance, (infml.)* die geringste kans; ~ *a dozen* 'n halfdosyn; ('n stuk of) ses; *give s.o.* ~ *of ...* iem. die helfte van ... gee; *go halves (with s.o.), (infml.)* iets gelykop (met iem.) deel; om die helfte werk; ~ *an hour* 'n halfuur; *in* ~ middeldeur; *in halves* in twee gelyke dele; *cut/ tear s.t. in* ~ iets middeldeur *(of* in die helfte) sny/skeur; ~ *a litre* 'n halfliter, 'n halwe liter; ~ *a loaf* 'n halwe brood; *that's not the* ~ *of it, (infml.)* dis (nog) nie al nie; ~ *of ...* die helfte van ...; ~ *of it is rotten* die helfte (daarvan) is vrot; ~ *of ten is five* die helfte van tien is vyf; *at* ~ *the price* vir/teen die helfte van die prys; *reduce s.t. by* ~ iets met die helfte verminder; ~ *the* ... die helfte van die ... **half** *adj. & adv.* half; *be* ~ *as big as* ... die helfte so groot as/soos ... wees; *s.t. is* ~ *cooked/done* iets is halfgaar; *s.t. is* ~ *finished/done* iets is halfklaar; ~ *not* ~ *like s.t., (infml.)* net (mooi) niks van iets hou nie; *not* ~ *look a mess, (infml.)* vreeslik lyk; ~ *as much* half *(of* die helfte) soveel; ~ *as much again* die helfte meer, anderhalf *(of* een en 'n half) maal/keer soveel; *not* ~, *(infml.)* baie, nie ('n) bietjie nie; dit wil ek hê!; *(iron.)* glad/ hoegenaamd nie, o nee!; ~ *past five* halfses; ~ *share* halwe aandeel; *not ~ swear, (infml.)* vloek dat dit 'n naarheid is; ~ *wish* half wens. **~-and-half** om die helfte; *(drank)* half om half; half en half, so half. **~back** *(rugby)* skakel. **~-baked** halfgebak, halfgaar; *(infml.)* onbekook, onwys. **~-blooded** halfbloed-. ~ **board** *n., (Br.)* aandete, bed en ontbyt. **~-boot** halwe kapstewel. ~ **brick** halwe steen. **~-brother** half-broer. **~-century** halfeeu, halwe eeu; *(kr.)* vyftigtal. **~-cir-cle** halfsirkel, halwe sirkel, halfmaan. **~-closed** halftoe, =geslote. **~-cock** *n.* rus; *at ~, (vuurwapen)* op (middel)rus, half oorgehaal; halfoop, half geopen; *go off at ~* ontydig af-gaan; *(fig.)* deur voorbarigheid misluk. **~-cock** *ww.* half oor-haal. **~-cocked** half oorgehaal, op halwe spanning. **~-cooked** *adj. (attr.)* halfgaar. **~-day** halfdag, halwe dag. **~-dead** half-dood. **~-done** *adj. (attr.)* halfklaar. **~-dozen** halfdosyn; *('n stuk of)* ses. **~-dressed** halfpad aangetrek. **~-empty** half-leeg. **~-face** profiel. **~-faced** in profiel. **~-fare** halfprys. **~-filled** halfvol. **~-finished** *adj. (attr.)* halfklaar; ~ *goods* half verwerkte goedere. **~-forgotten** halfvergete. **~-frames** half-raambril. **~-full** halfvol. **~-grown** opgeskote. **~-hardy** *adj.* half-, semigehard *(plant).* **~-hearted** halfhartig, sonder oor-tuiging/oorgawe; huiwerig, weifelend, aarselend; flou, lou. **~-hour** *n.* halfuur; *the clock chimes at the ~* die klok/horlosie/oorlosie slaan op die halfuur. **~-hour** *adj. (attr.)* van 'n half-uur *(pred.); a ~ interval* 'n pouse van 'n halfuur; *be a ~ walk from ...* 'n halfuur se loop *(of* 'n halfuur te voet) van ... af wees. **~-hourly** elke halfuur, om die halfuur; van 'n halfuur, 'n halfuur durende. **~-jack** *(SA, infml.)* halfbottel(tjie). **~-length** *n.* halflyfportret, kniestuk. **~-length** *adj.* halflang; halflyf=; ~ *portrait* kniestuk. **~-light** doflig, vals lig. **~-ma-rathon** halfmarat(h)on. **~-mast** halfstok, halfmas; *fly at ~, fly ~ high, ('n vlag)* halfstok/halfmas hang; *a flag flying ~* 'n rouvlag. ~ **measure** *(dikw. i.d. mv.)* halwe/ontoereikende maatreël; kompromis. **~-monthly** halfmaandeliks, twee-weekliks, elke *(of* al om die) twee weke *(of* veertien dae), veertiendaags. **~-moon** halfmaan, halwemaan. **~-naked** halfkaal, =naak. **~-open** halfoop. **~-pace** halwe tree; *(bouk.)* halwe bordes. **~-pay** halfloon; halfsalaris; *on ~* nieaktief. **~-pint** *(infml.)* klein mensie. **~-price** halfprys. **~-rhyme** half-rym. **~-round** halfrond; ~ *bit* lepelboor; ~ *file* halfronde vyl; ~ *iron* halfmaanyster, halfronde yster. **~-section** *(teg.)* halfdeursnee. **~-sister** halfsuster. **~-size** *n.* halwe nommer *(v. klere).* **~-size** *adj.* halfmaat= *(sitplek ens.).* **~-smile** glim-laggie, effense glimlag. **~-speed** halwe snelheid/vaart; hal-we krag. **~-starved** half verhonger(d); halfdood/vaal van die honger. **~-time** halwe tyd; *(sport)* rustyd, pouse; *at ~* met rustyd. **~-title** *(tip.)* Franse titel, korttitel. **~-tone** *(mus.)* halwe toon; *(kleur)* halftint. **~-track, ~-track(ed) vehicle** half-ruspe(r), halfruspe(r)(band)=, halfkruipbandvoertuig. **~-truth** halwe waarheid. ~ **volley** *(tennis)* skephou; *(sokker)* skepskop; *(kr.)* ampervol bal. **~-way** *adj. & adv.* halfpad, =weg; *at a ~ stage* in 'n tussenstadium; *meet s.o. ~, (fig.)* iem. tegemoetkom; *be (well) over the ~ mark* (ver/vêr) oor half-pad wees; *be past the ~ stage* (al/reeds) oor halfpad wees; *the ~ point* die halfpadmerk. **~-way house** uitspanplek. **~-way house prison** halfweggevangenis. **~-way line** *(sport)* mid-dellyn. **~-wild** halfwild. **~-wit** *(infml.)* pampoen(kop), dom-kop. **~-witted** *(infml.)* dom, onnosel, dof, dig, toe, simpel, stadig/traag van begrip. **~-year** halfjaar, semester. **~-yearly** halfjaarliks, sesmaandeliks.

**hal·i·but** *(igt.)* heilbot. ~ **liver oil** heilbottraan.

**hal·ite** *(min.)* haliet, klipsout.

**hal·i·to·sis** =*toses* slegte asem, halitose.

**hall** saal; *(Am.)* gang; ~ *of columns* suilesaal; *entrance ~* (voor/ingangs)portaal; ~ *of fame* heldesaal, eregalery; ~ *of justice* geregsaal; geregsgebou. ~ **church** hallekerk. **~mark** *n.* stempelmerk, waar(borg)merk, keurmerk, egtheidstempel, keurstempel; kenmerk. **~mark** *ww.* stempel, waarmerk, yk. **~marked** gewaarmerk, eg. **~way** (voor/ingangs)portaal.

**hal·le·lu·jah, al·le·lu·ia** halleluja.

**Hal·ley's Com·et** Halley se komeet.

**hal·lo** →HELLO.

**hal·low** heilig (verklaar), wy. **hal·lowed** *(ook)* godgewyd.

**Hal·low·een, Hal·low·e'en** Allerheiligeaand.

**hal·lu·ci·nate** hallusineer. **hal·lu·ci·na·tion** hallusinasie, sinsbedrog, waan(voorstelling). **hal·lu·ci·na·to·ry** hallusina-sie=, waan=. **hal·lu·cin·o·gen** hallusinogeen. **hal·lu·cin·o·gen-ic** hallusinogeen, hallusinogenies.

**ha·lo** =*lo(e)s, n.* ligkrans, =kring; oureool; stralekrans, heili-gekrans; kring, sirkel; halo, nimbus. **ha·lo** =*loes* =*loed, ww.* omstraal, met 'n stralekrans omgeef/omgewe; 'n (lig)kring vorm om.

**hal·o·gen** *(chem.)* halogeen. **hal·o·ge·nate** halogeneer.

**hal·o·phyte** *(bot.)* soutplant, halofiet.

**halt** *n.* halt, stilstand; halte, stopplek, stilhouplek; *bring s.t. to a ~* iets tot stilstand bring; *call (it) a ~* halt roep, stop, ophou, uitskei; *call a ~ to s.t.* 'n end/einde aan iets maak, iets stopsit; *come to a ~* tot stilstand kom; *grind to a ~* tot stilstand knars. **halt** *ww.* stilhou, stilstaan, stop, tot stil-stand kom; vassteek; tot stilstand bring, laat stilhou/stop; verhinder, keer, stop, stuit. **halt** *tw.* halt!, stop!.

**hal·ter** *n.* halter. **hal·ter** *ww.* halter, 'n halter aansit *('n perd);* (met 'n halter) vasmaak. **~-break** *ww.* touwys maak, aan die halter leer *('n perd).* **~(neck)** halternek, halterhals *(v. 'n kledingstuk).* ~ **strap** halterriem.

**halt·ing** *adj. (gew. attr.)* huiwerig, aarselend, weifelend, on-seker; gebrekkig *(taalgebruik);* ~ *steps* wankelende/wankel-rige treetjies *(v. 'n peuter);* ~ *verse* horterige verse; *speak in a ~ voice* hortend *(of* met 'n onvaste stem) praat. **halt·ing·ly** mank, kreupel(-kreupel), kruppel(-kruppel); staan-staan, steek-steek, stokkend; *speak French ~* gebrekkig Frans praat.

**hal·va(h)** *(Mid.Oos. kookk.)* halwa.

**halve** halveer, (gelykop) deel; inlaat *('n lashout);* ~ *with s.o.* om die helfte met iem. gaan; gelykop speel teen iem.. **halv-ing** halvering.

**hal·yard** *(sk.)* vlag=, hystou.

**ham**[1] *n.* ham; *(infml.)* dy; *(i.d. mv., ook)* dy en boud. **~bone** skenkelbeen. **~-fisted, ~-handed** *(infml.)* lomp, onhandig.

**ham**[2] *n.* amateuragtige toneelspeler, prulakteur; amateur-agtige toneelspel; *(radio) ~, (infml.)* radioamateur. **ham** =*mm-, ww.:* ~ *up a part, (teat.)* 'n rol oorspeel. ~ **actor** prul-akteur.

**ham·a·dry·ad** *(klass. mit.)* hamadriade, boomnimf; →KING COBRA. **ham·a·dry·as** mantelbobbejaan.

**Ham·as** *(Palestynse pol. beweging)* Hamas.

**ham·ba** *tw., (SA, <Ngu.)* loop!; *(neerh.)* trap!, skoert!, voert-sek!; ~ *kahle!* mooi loop!.

**Ham·burg** *(geog.)* Hamburg. **Ham·burg·er** Hamburger, in-woner van Hamburg.

**ham·burg·er, beef·burg·er, burg·er** ham=, biefburger, frikkadel=, vleisbroodjie.

**Ha·meln, Ham·e·lin** *(geog.)* Hameln; *the pied piper of ~* die rottevanger van Hameln.

**ha·mer·kop** *(Afr., orn.)* hamerkop.

**Ham·ite** Hamiet. **Ha·mit·ic** *(taalgroep)* Hamities.

**ham·let** gehug(gie), klein dorpie.

**ham·mer** *n., (gereedsk.) (ook mus.)* hamer; haan *(v. 'n vuurwapen); s.t. comes/goes under the ~* iets kom onder die hamer, iets word opgeveil; *the ~ and sickle, (kommunistiese kenteken)* die ha-mer en sekel; *go at s.t. ~ and tongs, (infml.)* iets met (alle) mag/geweld *(of* met alle mag en krag) aanpak. **ham·mer** *ww.* hamer; moker, slaan; smee; klop; afkam; ~ *at facts* op feite hamer; ~ *away at s.t.* aan/op/teen iets hamer *('n deur ens.);* jou kop oor iets breek, aan iets swoeg; ~ *s.t.* **down** iets vasspyker; ~ *s.t.* **in** iets inhamer; ~ *s.t.* **home,** *(hoofs. fig.)* iets laat inslaan *('n argument); try to ~ it home to s.o. that ...*

dit by iem. probeer inhamer/inprent/inskerp (of aan iem. se verstand probeer bring) dat ...; ~ *s.t.* **into** *s.o.('s head)* iets by iem. inhamer, iets in iem. se kop indreun; ~ **on** *s.t* op iets hamer; ~ *s.t.* **out**, *(lett.)* iets uitklop/uithamer/uitslaan; *(fig.)* iets (met groot moeite) uitwerk/ontsyfer/oplos/uitprakseer *('n plan, ooreenkoms, ens.).* ~**blow** hamerslag, mokerhou. ~ **claw** hamerklou. ~**dressed** *adj.* bekap *(klip).* ~ **drill** hamer= boor. ~ **face** hamerbaan, slaanvlak. ~**head** hamerkop, kop van 'n hamer; *(igt.)* hamerkophaai; *(orn.)* →HAMERKOP. ~**lock** *(stoei)* hamerslot(greep). ~**man** *=men* voorslaner; hamer= werker. ~**stone** hamerklip. ~**stroke** hamerslag. ~ **throw** *(atl.)* hamergooi. ~ **thrower** *(atl.)* hamergooier.

**ham·mered** *(ook, infml.)* smoordronk, stukkend, poegaai.

**ham·mer·ing** gehamer; geklop; nederlaag, pak slae, groot pak; *(fig.)* loesing; *take a* ~, *(infml.)* 'n loesing/pak *(of* pak slae) kry, 'n groot ne(d)erlaag ly; *(aandele ens.)* die wind van voor kry, ernstige/gevoelige/kwaai/swaar terugslae ly.

**ham·mock** hangmat; *swing a* ~ 'n hangmat ophang. ~ **chair** seilstoel.

**ham·per¹** *n.* (sluit)mandjie, pakmandjie; geskenkpakkie; kos= pakkie; verskeidenheid.

**ham·per²** *ww.* hinder, belemmer, bemoeilik, dwarsboom, kortwiek, kniehalter.

**ham·ster** *(soöl.)* hamster.

**ham·string** *n., (anat.)* skenkelsening, sening van die agter= dyspiere *(v. 'n mens);* knie=, haksening *(v. 'n perd).* **ham= string** *=strung =strung, ww.* die skenkelsening deursny; *(fig.)* verlam, kortwiek, kniehalter.

**hand** *n.,* (ook in kaartspel) hand; handbreedte; hand vol; (hand)skrif; handtekening; poot *(v. 'n aap); (kookk.)* blad *(v. 'n vark);* tros *(piesangs);* wys(t)er *(v. 'n horlosie);* werker, werk(s)man, werkkrag; handlanger; manskap *(i.d. vloot); (tekst.)* aanvoeling; *(i.d. mv.)* personeel; *(i.d. mv.)* werk(s)= mense, manne, arbeidskragte; *(i.d. mv.)* bemanning; **accept** *s.o.'s* ~ *(in marriage)* iem. die jawoord gee; *all* ~*s on deck* almal aan dek; *ask a woman's* ~ *(in marriage)* 'n vrou om haar hand vra; ... *is at* ~, *('n artikel, hulp, ens.)* ... is by= derhand; *('n gebeurtenis)* ... is op hande *(of* staan voor die deur *of* breek aan); ... *is close/near at* ~, *(plek)* ... is baie naby; *(tyd)* ... is op hande *(of* staan voor die deur); *be a good* ~ *at s.t.* goed/knap/vernuftig wees in/met iets; handig wees met iets; *have s.t. at* ~ iets gereed/byderhand hê; *at the* ~*s of* ... vanweë *(of* deur die toedoen van) ... *(ly, sterf, ens.);* *try one's* ~ *at s.t.* iets probeer doen, jou aan iets waag; *know a place like the **back** of one's* ~ 'n plek deur en deur ken; *bal= ance/cash/money in* ~ beskikbare saldo/geld, saldo/kon= tant voorhande, kontantvoorraad, geld in die kas; *with one's **bare** ~s* met (jou) kaal hande; *get a **big** ~, (infml.)* 'n warm applous kry; *give s.o. a **big** ~, (infml.)* lekker vir iem. hande klap, (vir) iem. geesdriftige/luide applous gee, iem. hartlik toejuig; **by** ~ met die hand, deur handearbeid; *(op 'n brief)* per *(of* met die) hand, per bode; hans *('n dier grootmaak); take s.o. **by** the* ~ iem. aan/by die hand neem; iem. onder jou sorg neem; **by** *the same* ~, *(skildery ens.)* van dieselfde hand; *cash in* ~ →*balance/cash/money; s.t. changes* ~*s* iets word verkoop/verhandel, iets verander/verwissel van eienaar, iets gaan in ander hande oor; *clap one's* ~*s* (met) jou hande klap; *clasp one's* ~*s* jou hande saamvou; *they clasp* ~*s* hulle druk mekaar die hand; *s.o.'s* ~*s are clean, s.o. has clean* ~*s, (fig.)* iem. het nie/geen skuld nie, iem. was sy/haar hande in onskuld; *keep one's* ~*s clean, (fig.)* 'n eerlike mens bly; *cup one's* ~*s* jou hande bak hou/maak, met jou hande bak staan; **die** *at the* ~*s of* ... deur ... doodgemaak/gedood word; **die** *by one's own* ~ jou hand aan jou eie lewe slaan; *win* ~*s **down**, (infml.)* fluit-fluit/loshand(e)/maklik wen; *fall into s.o.'s* ~*s* in iem. se hande val; *with a **firm** ~* beslis; *write a **firm** ~* 'n vaste handskrif hê, met 'n vaste hand skryf/skrywe; *s.t. is increasing/progressing/etc.* ~ *over **fist*** iets neem hand oor hand toe; iets neem verbasend toe; *lose money* ~ *over **fist***

baie *(of* groot bedrae) geld verloor, geld vinnig verloor; *make money* ~ *over **fist*** geld soos bossies maak; *spend money* ~ *over **fist*** geld rondgooi *(of* laat rol); *with the **flat*** ~ met die plat hand; *with **folded** ~s* met gevou(d)e hande, met die hande in die skoot; *sit with **folded** ~s, (ook)* met die hande oormekaar *(of* in die skoot) sit, niks doen nie; *serve (or wait [up]on) s.o.* ~ *and **foot*** iem. slaafs dien; *be tied* ~ *and **foot*** aan hande en voete gebind wees, magteloos wees; **force** *s.o.'s* ~ iem. dwing/verplig om oop kaarte te speel; *give s.o. a **free** ~* (aan) iem. vry(e) spel laat/gee; *have a **free** ~* vry(e) spel hê; *have one's* ~*s **full*** jou hande vol hê, baie te doen hê, baie besig wees; *get one's* ~ *in* gewoond raak, op dreef/stryk kom; *get one's* ~*s on s.o./s.t.* iem./iets in die hande kry; *give/lend s.o. a* ~ iem. help; →HELPING *adj.; be* ~ *in **glove** with s.o.* kop in een mus met iem. wees; hand om die nek sit/ wees; *hold a **good** ~* goeie kaarte hê; *be in **good** ~s* in goeie hande wees; *with a **heavy** ~* hardhandig; *with a **high** ~* eiegeregtig, eiemagtig; aanmatigend, willekeurig; *16/etc.* ~*s* **high**, *('n perd ens.)* 16/ens. hand(e) hoog; *hold* ~*s* hande vat; hande/handjies vashou; *hold one's* ~ 'n afwagtende houding aanneem, jou optrede terughou; *hold out one's* ~ *to s.o.* jou hand na iem. uitsteek/uitstrek, iem. die hand reik; *have s.o. in the **hollow** of one's* ~ iem. volkome in jou mag hê; *write an **illegible** ~* 'n onleesbare hand skryf/skrywe *(of* handskrif hê), *(infml.)* 'n poot hê; *in* ~ in hande; onder hande; in voorbereiding; *the matter in* ~ die betrokke/on= derhawige saak; *in Kurdish/etc.* ~*s, in the* ~*s of the Kurds/etc.* in Koerdiese/ens. hande, in die Koerde/ens. se hande; ~ *in* ~, *(lett.)* hand in hand; *s.t. goes* ~ *in* ~ *with* ..., *(fig.)* iets gaan saam/gepaard *(of* hand aan hand) met ...; *have a* ~ *in s.t.* 'n aandeel aan iets hê, die/'n hand in iets hê, 'n hand in die spel hê; *have s.t. **in** ~* met iets besig wees; iets behartig; *keep one's* ~ *in* oefening bly, 'n vaardigheid onderhou; *take s.o. **in** ~* iem. onder jou sorg neem; iem. in toom hou; *take a* ~ *in s.t.* aan iets ingryp; aan iets deelneem; met iets help; *take s.t. **in** ~* iets aanpak/onderneem; iets onder hande neem; *have s.t. well **in** ~* iets goed in/onder bedwang *(of* in jou mag) hê; *it is well **in** ~* daar word goed mee gevorder; *join* ~*s* mekaar die hand gee; by mekaar aansluit; saamspan, saamwerk; *with a **lavish** ~* met 'n kwistige/milde hand, kwistig *(geskenke uitdeel ens.); **leave/put** the matter in s.o.'s* ~*s* die saak aan iem. oorlaat; jou op iem. verlaat; *the **left** ~ does not know what the right* ~ *is doing* die linkerhand weet nie wat die regterhand doen nie; *lend s.o. a* ~ →*give/lend; take one's **life** into one's* ~*s* jou lewe waag *(of* in gevaar stel); *lift/ raise one's* ~ jou hand lig/optel; *lift one's* ~ *against s.o.* ~ *raise/lift; play a **lone*** ~ jou eie spel speel, op jou eentjie werk; *the **long*** ~ die lang wys(t)er *(v. 'n horlosie); s.t. was **made** by* ~ iets is met die hand gemaak; *money in* ~ →*bal= ance/cash/money; live from* ~ *to **mouth*** van die hand in die tand leef/lewe, 'n sukkelbestaan voer; *a **new*** ~ 'n nuwe= ling; ~*s **off**!, keep your* ~*s **off** ...!* (hou jou) hande tuis!, los ... uit!; *the matter is **off** s.o.'s* ~*s* iem. is klaar met die saak; iem. is van die las ontslae; *s.o. is an **old** ~, (ook)* iem. is lank in die land; *s.o. is **on*** ~ iem. is aanwesig/teenwoordig; *s.t. is **on*** ~ iets is in voorraad; iets is byderhand *(of* ter beskikking); iets is aan die gang; iets is op hande *(of* aan die kom); *have s.t. **on** one's* ~*s* met iets opgeskeep/opgesaal sit/wees; met iets te kampe hê *('n krisis ens.); have a task **on*** ~ 'n taak voor jou hê; *on all* ~*s, on every* ~ aan/van alle kante, in alle rig= tings; *on the **one*** ~ aan die een kant, enersyds; *have an **open*** ~ 'n oop hand hê, gulhartig/mededeelsaam/rojaal/vrygewig wees; *on the **other*** ~ aan die ander kant, andersyds, daar= teenoor; *s.o.'s* ~ *is **out*** iem. is nie op dreef nie, iem. is die slag kwyt; *out of* ~ uit die staanspoor; *be/get **out of*** ~ handuit wees/ruk, hand uitruk, onregeerbaar wees/word; op loop wees/gaan; rumoerig wees/word; *the matter is **out of** s.o.'s* ~*s* iem. is van die saak ontslae, iem. dra nie (meer) die ver= antwoordelikheid vir die saak nie; iem. kan niks (meer) aan die saak doen nie; *refuse s.t. **out of*** ~ iets botweg/vierkant weier; *reject s.t.* **out of** ~ iets sonder meer (*of* voor die voet) verwerp; *s.o.'s* **outstretched** ~ iem. se uitgestrekte hand; ~ **over** ~, *(ook)* halsoorkop; *pass one's* ~ *over s.t.* jou hand oor iets stryk; *play into s.o.'s* ~*s* in iem. se kaarte speel, iem. se planne bevorder; *put one's* ~ *in one's* **pocket,** *(lett. & fig.)* jou hand in jou sak steek; geld spandeer; fluks bydra; *put s.t. in* ~ iets aan die gang sit, iets aanpak, iets ter hand neem; *put the matter in s.o.'s* ~*s* →*leave/put;* *put out one's* ~ jou hand uitsteek; *put up* (or *raise*) *one's* ~ jou hand opsteek; *raise/lift one's* ~ *against s.o.* jou hand teen iem. lig/optel; *reach out a* ~ 'n hand uitsteek; *be s.o.'s* **right** ~ iem. se regterhand wees; *rub one's* ~*s* jou hande vryf/vrywe; *rub one's* ~*s with joy* jou verkneukel/verkneuter; *be in* **safe** ~*s* in veilige hande wees; *at* **second** ~ uit die tweede hand; *s.o. cannot see his/her* ~ *before his/her face* iem. kan nie sy/haar hand voor sy/haar oë sien nie *(weens donkerte);* they **shake** ~*s* hulle gee mekaar die hand, hulle groet mekaar met die hand; *shake* ~*s with s.o.,* *shake s.o. by the* ~, *shake s.o.'s* ~ iem. handgee, iem. die hand gee, iem. met die hand groet; *shake* ~*s!,* *(infml.)* vat so!; *shake* ~*s on s.t.,* *(infml.)* iets met 'n handdruk beklink; *s.o.'s* ~ **shakes** iem. se hand beef/bewe; *the* **short** ~ die kort wys(t)er *(v. 'n horlosie);* *show one's* ~ jou kaarte laat sien; *vote by show of* ~*s* stem deur die opsteek van hande, stem deur hande op te steek; *sit on one's* ~*s,* *(infml.)* niks doen nie, met gevoude hande sit; *keep a* **slack** ~ laks wees, sake hul eie gang laat gaan; *squeeze s.o.'s* ~ iem. se hand druk; *stay s.o.'s* ~ iem. keer/terughou; *a* **steady** ~ 'n vaste hand; *strengthen s.o.'s* ~*(s)* iem. se hande sterk; *set one's* ~ *to the* **task** die werk aanpak, aan die werk spring, die hand aan die ploeg slaan; *throw in one's* ~ tou opgooi, opgee, die saak gewonne gee; *throw up one's* ~*s* 'n wanhoopsgebaar maak; jou hande opsteek; *tie s.o.'s* ~*s,* *(lett.)* iem. se hande vasbind; *(fig.)* iem. bind/beperk; *s.o.'s* ~*s are* **tied,** *(infml.)* iem. se hande is afgekap, iem. is magteloos; *come to* ~ ontvang word, ter hand *(of* voor die hand*)* kom; *s.t. is* **to** ~ iets is byderhand *(of* binne bereik*);* ~ **to** ~ van hand tot hand; *turn one's* ~ *to s.t.* iets aanpak; *s.o. can turn his/her* ~ *to anything* iem. se hande staan vir niks verkeerd nie, iem. is goed in/met alles wat hy/sy aanpak; *never do a* ~*'s* **turn** *(of work)* nooit 'n steek werk doen nie, nooit 'n steek doen/werk nie; *(given)* **under** *s.o.'s* ~ *(and seal),* *(fml.)* deur iem. geteken/onderteken (en geseël/verseël); ~*s* **up!** hande in die lug!, *(infml.)* hen(d)sop!; *with one's* ~*s* **up** met jou hande omhoog *(of* in die lug*);* *give s.o. a* ~ **up** ophelp; iem. op die been help; *get/have the* **upper** ~ *of/over s.o.* die oorhand oor iem. kry/hê; *wash one's* ~*s of s.o.* jou aan iem. onttrek, jou hande van iem. aftrek; *wash one's* ~*s of s.t.* jou hande in onskuld omtrent iets was, geen verantwoordelikheid vir iets aanvaar nie, niks (meer) met iets te doen wil hê nie; *have a* **weak** ~ slegte kaarte hê; *win s.o.'s* ~*s* die jawoord kry; *work in* ~ werk onder hande; *work on* ~ onvoltooide werk; *many* ~*s make light* **work** baie/vele hande maak ligte werk; *wring one's* ~*s* jou hande wring; *wring s.o.'s* ~ iem. 'n stywe handdruk gee. **hand** *ww.* aangee, oorhandig, oorgee, afgee; ~ *s.t.* **around/round** iets rondgee/rondeen/rondbring; iets rond presenteer; ~ *s.t.* **back** iets teruggee; ~ *s.t.* **down** iets aangee; iets oorlewer *('n tradisie);* iets lewer *('n uitspraak);* ~ *s.t.* **in** *to s.o.* iets by iem. indien/ingee/inlewer; ~ *it to s.o.,* *(infml.)* iem. dit ter ere nagee; dit teenoor iem. toegee; ~ *s.o.* **off** iem. afstamp/afweer; ~ *s.t.* **on** iets aangee; iets oorlewer *('n tradisie);* ~ *s.t.* **out** iets uitdeel/uitgee/versprei; iets gee *(raad);* iets present/pasella gee; ~ *s.o.* **over** iem. oorlewer/uitlewer; ~ *s.t.* **over** iets oorhandig; iets oordra; iets oorgee/afgee; ~ *s.t.* **over** *to ...,* *(ook)* iets aan ... prysgee; ~ *s.t.* **round** → **around/round;** ~ *s.o. s.t.,* ~ *s.t. to s.o.* iets aan iem. oorhandig; iets vir iem. aangee; ~ *s.t.* **up** iets opgee/aangee. **attachment** handvatsel. ~ **axe** handbyl(tjie); handpik. ~**bag** handsak; handtas(sie), handkoffer; reistas(sie), reissak(kie). ~ **baggage** handbagasie. ~**ball** *(sport)* handbal. ~ **basin**

handwasbak. ~**bell** handklok(kie) ~**bill** strooibiljet. ~**book** handboek(ie); reisgids, gids(boek); ~ *for students* handleiding vir studente. ~ **brace** omslag. ~**brake** handrem. ~**breadth,** ~*'s-breadth* handbreedte. ~**cart** stootkar(retjie). ~**clap** *n.* hand(e)geklap, handeklap; *give s.o. a slow* ~, *(gehoor)* stadig vir iem. hande klap; *start a slow* ~ stadig begin hande klap. ~**clapping** hand(e)geklap. ~ **controls** *(mot.)* handkontroles. ~**crafted** handgemaak. ~ **cream** handeroom. ~**cuff** *n.* (hand)boei. ~**cuff** *ww.* boei, in boeie slaan. ~ **drill** handboor. ~ **drive** handaandrywing. ~ **drum** handtrom. ~**feed** met die hand voer; hans *(of* met die hand*)* grootmaak. ~**finished** met die hand afgewerk. ~ **glass** handspieël; handvergrootglas. ~**grasp** houvas, (hand)greep; handdruk. ~ **grenade** handgranaat. ~**grip** houvas, (hand)greep; handdruk; handgreep *(v. 'n voorwerp).* ~**gun** handwapen; pistool; rewolwer. ~**held** *adj. (attr.)* hand-; ~ *camera* handkamera; ~ *microphone* handmikrofoon. ~**hold** (hand)greep; houvas, vatplek; vashoulplek. ~**job** *(vulg. sl.): give s.o. a* ~, *(iem. m.d. hand bevredig)* iem. aftrek. ~**knitted** met die hand gebrei *(pred.),* handgebreide *(attr.).* ~ **labour** handearbeid; ~ **level** handwaterpas. ~**line** handtou, -lyn; strandlyn. ~ **lotion** handevloeiroom. ~ **luggage** handbagasie. ~**made** met die hand gemaak, handgemaak(te), handwerk-; ~ *articles* handwerk; ~ *paper* handgemaakte papier. ~**maid(en)** *(arg.)* dienares, diensmaagd; *(fig., neerh.)* onderdaan, hansie-my-kneg. ~**me-down** *(infml.)* gebruikte kledingstuk. ~ **mill** handmeul(e). ~**mirror** handspieël. ~**off** *(rugby)* afstamp. ~**operated,** ~**operating** hand-. ~ **organ** (draagbare) draai-orrel. ~**out** present, geskenk, pasella; aalmoes; inligtingstuk, traktaatjie. ~**over** oordrag; oorhandiging. ~**painted** uit/met die hand geskilder; ~ *fabric* geskilderde (weef)stof. ~**pick** uitsoek; met die hand sorteer/pluk. ~**picked** *(ook)* uitgesoek, uitgelese; ~ *men* uitsoekmanne, uitgelese manne, keurbende; ~ *troops* keurtroepe, -bende. ~**press** handpers. ~**print** handafdruk; *(druk.)* handdruk. ~**printed** met die hand gedruk; ~ *fabric* handdrukstof. ~ **puppet** hand-(skoen)pop. ~**rail** (hand)reling, leuning. ~**raise** hans grootmaak. ~**reader** handkyker, -leser. ~**reading** handkykery, -lesery. ~**saw** handsaag. ~**set** *(telef.)* (ge)hoorbuis, -stuk. ~**shake** handdruk; *a firm* ~ 'n ferm(e)/stewige/stywe handdruk; *give s.o. a* ~ iem. 'n handdruk gee; *get a golden* ~ 'n groot uittreepakket kry; *give s.o. a golden* ~ iem. 'n groot uittreepakket gee. ~ **signal** handsein. ~ **signalman** handseinwagter. ~ **specimen** handstuk, -monster. ~**spring** *(gimn.)* handoorslag. ~**spun yarn** handspingare, -garing. ~**stand** handstand; *do a* ~ op jou hande staan. ~**to-hand:** ~ *fight* handgemeen; *geveg van man teen man.* ~**to-mouth** van die hand in die tand; ~ *existence* haglike bestaan. ~**tooled** handbewerk, met die hand bewerk. ~ **tools** handgereedskap. ~ **towel** handdoek(ie). ~**work** handearbeid, handewerk. ~**worked** handgemaak, -bewerk, met die hand gemaak/bewerk. ~**woven** met die hand geweef. ~**wringing** *n.* handegewring. ~**wringing** *adj.* handewringend. ~**writing** (hand)skrif. ~**writing expert** skrifkundige. ~**written** met die hand geskryf/geskrywe, handgeskrewe.

**-hand·ed** *komb.vorm: empty-*~ met leë hande; *right- or left-*~ regs- of linkshandig; *two-*~ backhand, *(tennis)* dubbel-/tweehandige rughandhou. **-hand·ed·ness** *komb.vorm:* right- or left-~ regs- of linkshandigheid.

**hand·ful** hand(jie) vol; *a* ~ *of ...* 'n hand(jie) vol ...; *s.o. is a* ~, *(infml.)* iem. is 'n hand vol.

**hand·i·cap** *n.* belemmering, hindernis, struikelblok, blok aan die been; gebrek; *(gh.)* voorgee. **hand·i·cap** *-pp-, ww.* benadeel, in 'n nadelige posisie stel, kortwiek, strem; voorgee; terugsit; *be* ~*ed* gekniehalter/belemmer wees, 'n blok aan die been hê; gestrem(d) wees, 'n gebrek hê; ~*ed person* gestremde; ~*ed worker* werker met 'n gebrek. ~ **race** voorgee(wed)ren.

**hand·i·cap·per** *(resiesperd ens.)* voorgeër.

**hand·i·craft** handwerk, handvlyt; *(i.d. mv. ook)* kunsvlyt; handearbeid, handewerk, ambag.

**hand·i·ly** gunstig *(geleë)*; gerieflik *(naby); be* ~ *placed, (sport ens.)* in 'n goeie/gunstige/sterk posisie wees.

**hand·i·ness** handigheid; behendigheid.

**hand·i·work** (hande)werk.

**hand·ker·chief** sakdoek.

**han·dle** *n.* handvatsel, (hand)greep; steel; hingsel; (draai)= kruk, slinger; knop; oor; hef; stuur; greep, vat; *(tekst.)* aan= voeling. **han·dle** *ww.* hanteer; aanraak; bedien *('n masjien ens.);* behandel; omgaan/werk met; aanpak, oplos, baasraak *('n probleem ens.);* behartig *(iem. se belange ens.);* beheer, be= stuur, verantwoordelik wees vir; handel dryf/drywe in/met *(gesteelde goedere ens.); the car ~s **beautifully** die motor is lieflik om te hanteer; ~ with **care** hanteer versigtig; ~ s.o. **firmly** iem. kortvat; ~ s.o. **roughly** iem. afknou *(of* ru be= handel). ~**bar(s)** handvatsel, stuur(stang) *(v. 'n fiets ens.).* ~**bar** moustache weglêsnor.

**han·dler** hanteerder; afrigter.

**han·dling** hantering; hanteerdery; behandeling; bediening. ~ **charge(s),** ~ **costs** hanteerkoste.

**hand·some** aantreklik, mooi, aansienlik; goed gebou *(dier);* groot, rojaal, ruim, ryklik *(beloning ens.);* aansienlik *(meer= derheid ens.);* puik, stewig *(oorwinning);* met mooi proporsies *(gebou ens.); ~ **is as** ~ **does,** (sprw.)* die klere maak nie die man nie. **hand·some·ly** *pay off* ~ baie/uiters lonend wees; *be* ~ *rewarded for s.t.* ryklik vir iets beloon word; *win* ~ 'n puik/stewige oorwinning behaal.

**hand·y** handig, behendig, vaardig; knaphandig; gerieflik, ge= maklik; geskik, nuttig; gereed; byderhand; →HANDILY, HAN= DINESS; *come in* ~ (goed) te/van pas kom; *have s.t.* ~ iets byderhand hê; *be* ~ *with s.t.* handig met iets wees; *be* ~ *with one's fists* goed kan vuisslaan. ~**man** =men nutsman, knap= hand.

**hang** *n.* hang; *get the* ~ *of s.t., (infml.)* die slag van iets kry, die slag kry om iets te doen; iets verstaan/snap, agter die kap van die byl kom. **hang** *hung hung; hanged hanged, ww.* hang; ophang; behang; plak *(muurpapier);* ~ **about/around** rondhang, =staan, =slenter; ~ *it all!, (infml.)* verdomp!, ver= vlaks!, verduiwels!; ~ **back** agterbly; aarsel; agteruitstaan, kop uittrek; agteraan kom; ~ **behind** agterbly; ~ **by** *a hair (or a [single] thread)* aan 'n (dun) draadjie hang; ~ *s.t.* **down** iets (laat) afhang; ~ **fire,** *(vuurwapen)* kets, stadig afgaan; *(fig.)* vertraag word; jou optrede uitstel/terughou, wag; ~ *s.t.* **from** ... iets aan ... ophang; *(you) go* ~*!, you be* ~*ed!, (infml.)* gaan/loop/vlieg na die duiwel!; ~ *(on)* **in there!,** *(infml.)* byt vas!, moenie tou opgooi nie!; ~ **loose** loshang; *(sl.)* kalm bly, ontspan; ~ **on,** *(infml.)* vashou; vasklou; aanhou, uithou; *(telef.)* aanbly, aanhou; ~ **on!,** *(infml.)* hou vas!; wag ('n bietjie)!; *(telef.)* bly/hou aan!; ~ **on to** ..., *(infml.)* aan ... vasklou; ~ **on** *like grim death, (infml.)* om lewe en dood vasklou; ~ *s.t.* **on** *a wall* iets aan/teen 'n muur hang *('n prent ens.);* ~ **o.s.** jou ophang; ~ **out,** *(tong, hemp, ens.)* uithang; *(infml., iem.)* uit= hang, bly, woon; *(infml., iem.)* uithang, omgaan; *let it all* ~ **out,** *(infml.)* uitrafel, dit uitkap; ~ *s.t.* **out** iets (buite) op= hang *(wasgoed ens.); s.t.* ~s **over** ..., *(fig.)* iets hang oor ...; ~ *a picture* 'n skildery ophang; ~ **s.o.** iem. ophang *(ver= oordeelde); s.o. was* ~*ed, (veroordeelde)* iem. is opgehang; ~ **together** saamhang; saamstaan; ~ **tough,** *(infml.)* vasbyt, uithou (en aanhou), nie tou opgooi nie; ~ **up,** *(telef.)* aflui; ~ **up** *on s.o.* iem. afsny *(oor d. telef.);* ~ *s.t.* **up** iets ophang; ~ *(up)on s.o.'s lips/words* aan iem. se lippe hang; ~ **you!,** *(infml.)* (gaan/loop) stik!. **hang** *tw.* (SA) jisla(a)ik!, jissie!, heng!. ~**dog** *adj. (attr.): a* ~ *look* 'n mistroostige voorkoms; 'n son= daarsgesig; *have a* ~ *look about one* lyk soos 'n hond wat vet gesteel het. ~**glide** hang=, skerm=, vlerksweef. ~**glider** hang=, skerm=, vlerksweeftuig, sweefskerm. ~**man** *men* laks= man, beul, skerpregter. ~**nail** skeurnael. ~**out** *(infml.)* bly=

plek; kuierplek, uithangplek; skuilplek. ~**over** oorblyfsel; bab(b)elas, babelaas, babalaas; *s.t. is a* ~ *from* ... iets is 'n oorblyfsel van ...; *have a* ~ bab(b)elas/babelaas/babalaas hê/ wees. ~**up** *(infml.)* kwelling, (ligte) obsessie; *have a* ~ *about s.t., (infml.)* 'n obsessie oor iets hê.

**hang·ar** (vliegtuig)loods/skuur.

**hang·er** hanger; ophanger; klerehanger; hangstang; haak. ~**on** aanhanger, agternaloper, agterryer; meeloper; af= hanklike.

**hang·ing** *n.* (die) hang; behangsel; *(mynb.)* dak. **hang·ing** *adj.* hangend, oorhangend, afhangend, hang=. ~ **basket** hangmandjie. ~ **bridge** hangbrug. ~ **file** hanglêer. ~ **in= dentation,** ~ **paragraph** *(druk.)* hangparagraaf. ~ **matter** halssaak, kwessie van die galg. ~ **railway** sweefspoor, lug= spoor(weg).

**han·ker** hunker, (vurig) verlang; ~ *after/for s.t.* na iets hun= ker, iets begeer. **han·ker·ing** hunkering, sug, begeerte, ver= lange, drang.

**han·ky, han·kie** *(infml.)* = HANDKERCHIEF.

**han·ky-pan·ky** *(infml., skerts.)* losbandigheid, dekadensie; flousery, foppery; *indulge in* ~, *(infml.)* die kat in die donker knyp.

**Han·nah** *(OT)* Hanna.

**Han·o·ver** *(geog.)* Hannover *(in D.);* Hanover *(in SA).*

**Han·sard** *(parl.)* die Hansard.

**Hän·sel** *(D.)* Hansie; ~ *and Gretel, (kinderverhaal)* Hansie en Grietjie.

**hap·haz·ard** *adj.* lukraak, toevallig; wild. **hap·haz·ard·ly** lukraak, op goeie geluk (af); onverskillig.

**hap·less** ongelukkig.

**hap·loid** *(genet.)* enkelkernig, haploïed.

**hap·pen** gebeur, geskied, plaasvind, voorval; voorkom; ver= loop; ~ *along* toevallig daar aankom; *as it* (or *it so*) ~*ed he/she was there* hy/sy was toevallig daar; *that has **never** ~ed to me* dit het my nog nooit oorgekom nie; ~ *(up)on* ... op ... afkom, ... raakloop/teëkom/teenkom; *see what* ~*s* kyk wat (daarvan) word; *see what* ~*s?* dit kom daarvan!; *it so* ~*s that* ... toevallig het ...; *s.t.* ~*s to s.o.* iets kom iem. oor, iets gebeur met iem.; *s.o.* ~*s to do s.t.* iem. doen toevallig iets *(kyk op ens.); things are going to* ~ die poppe gaan dans; *what has* ~*ed to him/her?* wat het hom/haar oorgekom?.

**hap·pen·ing** *n.* gebeurtenis, voorval; spektakel; gedoente. **hap·pen·ing** *adj., (infml.)* in, byderwets, nuwerwets, (baie) modern, jongste; lewendig, polsend.

**hap·pi·ly** gelukkig, bly, vrolik, opgewek, opgeruimd; tevre= de; gelukkig, per geluk; *live* ~ *ever after* daarna lank en ge= lukkig (saam) leef/lewe.

**hap·pi·ness** geluk; blydskap, gelukkigheid.

**hap·py** gelukkig, bly; vrolik, opgewek, opgeruimd; gepas, raak; *be* ~ *about s.t.* van iets hou, met iets tevrede wees; *oor iets gerus voel/wees;* ~ *birthday!* geluk met jou/die ver= jaar(s)dag!; ~ *Christmas!* geseënde Kersfees!; *(as)* ~ *as the day is long* (or *a lark/sandboy*) so vrolik soos 'n voëltjie, doodgelukkig; ~ *landings!, (infml.)* alles wat goed is!; *make s.o.* ~ iem. bly maak; ~ *New Year!* gelukkige Nuwejaar!; *be* ~ *to do s.t.* iets graag doen, bly wees om iets te kan doen; *be* ~ *with s.t.* met iets tevrede wees; oor iets tevrede wees. ~ **clappies** *n. (mv.), (neerh. sl.)* lekkergelowiges. ~**clappy** *adj. (attr.)* sakkie-sakkie- *(kerk ens.).* ~**go-lucky** onbesorg; sorg(e)loos, onverskillig, lig=, lughartig; traak-(my-)nieagtig; lukraak, op goeie geluk (af), toevallig; *be of the* ~ *kind* van die dons-maar-op-soort wees. ~ **hour** skemerkelkuur. ~ **hunting ground** *(fig.)* sukses, winsgebied; *(mit.)* ewige jag= velde, paradys. ~ **mean,** ~ **medium** goue/gulde middeweg. ~ **pill** *(sl.)* opkikkertjie, gemoedsverligter.

**-hap·py** *komb.vorm: trigger-~* skietlustig.

**ha·ra-ki·ri** *(Jap., hist. of fig.)* harakiri, (rituele) selfmoord.

**ha·rangue** *n.* redevoering, vurige toespraak. **ha·rangue** *ww.* opsweep; 'n gloeiende toespraak afsteek; skrobbeer, uit= vreet, die leviete voorlees.

**Ha·ra·re** *(geog.)* Harare.

**har·ass, har·ass** teister, treiter, lastig val, pla; *(mil.)* bestook *('n vyand).* **har·assed, har·assed** oorspanne, oorstuur(s), op hol. **har·ass·ment, har·ass·ment** teistering, treitering.

**har·bin·ger** voorloper, aankondiger.

**har·bour,** *(Am.)* **har·bor** *n.* hawe; skuilplek; *(fig.)* toe= vlug(soord); *in* ~ in die hawe. **har·bour,** *(Am.)* **har·bor** *ww.* koester *(agterdog ens.);* herberg, huisves; plek gee; toe= laat; skuiling gee aan; 'n tuiste bied aan; ~ *a thought* 'n gedagte in jou omdra. ~ **dues** hawegeld. ~ **entrance** ha= wemond. ~ **master** hawemeester.

**hard** *adj. & adv.* hard; styf, dik; dig; sterk, kragtig, taai; straf; hewig; fel; streng, kwaai; hardvogtig; seker, vasstaande *(fei= te, inligting, ens.);* eksak; *(fonet.)* skerp; moeilik, swaar; moei= tevol; intensief, deeglik; onvermoeid; *(pol.)* ver=, vêr=, ultra= *(links, regs); it will be/go* ~ dit sal moeilik/swaar gaan; ~ *by* ... digby ...; *be* ~ *done by* stief behandel word; ingeloop word; ~ *and fast* onbuigsaam; *a* ~ *and fast rule* 'n vaste/ bindende reël; *play* ~ *to get, (infml.)* jou afsydig/koel/kil hou; *it is* ~ *going* dit gaan swaar/broekskeur; *s.o. finds s.t.* ~ *going* iets gee iem. opdraand(e); ~ *of hearing* hardhorend; ~ *hit* swaar getref; *a* ~ *hit* 'n mokerhou; *it is* ~ *to* ... ('n) mens kan beswaarlik ...; *a* ~ *life* 'n swaar lewe; *take a* ~ *look at* ... ... noulettend bekyk; *look* ~ *at* ... ... skerp aankyk; *(as)* ~ *as nails, (fig.)* klip(steen)hard, so taai soos 'n ratel; in uitstekende kondisie; *be* ~ *on s.o.* iem. hard/streng/straf behandel; *be* ~ *on s.t.* iets verniel, iets ru behandel; *s.t. is* ~ *on s.o.* iets is vir iem. moeilik; *find s.t. pretty* ~, *(infml.)* iets nogal moeilik vind; *be* ~ *put* dit ongemaklik hê; *run* ~ hard/ vinnig hardloop; ~ *set* hard, vas; in die moeilikheid/nood; *(as)* ~ *as stone* klip(steen)hard; *study/try/work* ~ hard studeer/probeer/werk; *be* ~ *up* platsak wees, geldgebrek/ geldnood hê, in geldnood wees; ~ *up against* ... styf teenaan ...; ~ *upon* ... kort agter ...; kort na ...; ~ *usage* ruwe werk; *a* ~ *word* 'n swaar/moeilike woord; ~ *words, (ook)* harde/ kwaai/streng woorde; ~ *work* harde/swaar werk. ~**ass** *n., (Am., plat)* hardegat, =koejawel. ~**ass** *adj., (Am., plat)* hard= koppig. ~**back, ~cover** *n.* hardeband(boek). ~**back, ~bound, ~cover** *adj. (attr.)* hardeband= *(boek).* ~**bitten** taai, harde= koejawel. ~**board** veselbord, persplank, =plaat, hardebord. ~**boiled** *(lett.)* hardgekook, hard gekook; *(fig.)* hardekoe= jawel, hardgebak, sinies. ~ **cash** kontant(geld), klinkende munt. ~ **copy** *(rek.)* drukstuk, uitdruk. ~**core** *n.* ver= stokte kern, verkramptes, aartskonserwatiewes; harde por= no(grafie); harde puin *(v. 'n pad).* ~**core** *adj. (gew. attr.)* verkramp, (aarts/ultra)konserwatief, behoudend; hardnek= kig, halsstarrig; *a* ~ *criminal* 'n geharde misdadiger; ~ *pornography* harde pornografie. ~ **disk** *(rek.)* hardeskyf. ~ **disk drive** *(rek.)* hardeskyfaandrywer. ~ **drinker** drinke= broer, strawwe drinker. ~ **drug** harde/verslawende dwelm= (middel). ~**earned** suur/swaar verdien(d). ~ **facts** vas= staande feite; nugter(e) feite. ~ **feelings** gegriefdheid, wre= wel, teen=, teësin; *no* ~ ~*!, (infml.)* geen aanstoot bedoel nie!; geen aanstoot geneem nie!. ~ **finish** gladde afwerking. ~**fisted** *(ook)* suinig. ~ **hat** *n.* harde hoed, veiligheidshelm *(v. 'n konstruksiewerker ens.);* valhoed *(v. 'n ruiter ens.).* ~**hat** *adj. (attr.)* hardehoed= *(v. 'n kennisgewing)* helms verpligtend. ~**headed** prakties, nugter, wêreldwys. ~**heart= ed** hard van hart, hardvogtig, verhard. ~**hitting** kragtig, hewig, kragdadig; hardhandig; ~ *batsman* kragkolwer. ~ **labour** *(jur.)* dwangarbeid, harde arbeid, *(infml.)* hardepad. ~ **landing** pletterlanding. ~ **line** *n.* halsstarrige/ontoegeeflike houding, onversetlike standpunt; *take a* ~ halsstarrig/on= toegeeflik wees, 'n onversetlike standpunt inneem. ~**line** *adj.* onbuigsaam, onversetlik, ontoegeeflik, ontoeskietlik. ~**liner** onversoenlike, onversetlike, bittereinder. ~ **lines** *tw., (Br.,*

*infml.)* (dis) jammer!, my/alle simpatie!, dis erg!. ~ **liquor** sterk drank, hardehout. ~ **luck** *(infml.)* teen=, teëspoed; 'n jammerte. ~ **news** *(joern.)* harde nuus. ~**nosed** *(infml.)* hardekoejawel; nugterdenkend. ~ **nut** *(fig.)* hardekoejawel. ~**on** *n., (vulg. sl.: ereksie)* horing, hout, styfte; *have a* ~ 'n horing/hout hê. ~ **palate** harde verhemelte. ~**pan** harde ondergrond, harde/vaste grond; *(geol.)* hardebank, =vloer. ~ **porn** harde porno(grafie). ~**pressed** platsak; *(fig.)* swaar belas; *be* ~ onder groot druk leef/lewe; noustrop trek, in die knyp/moeilikheid sit; gekneld wees; skerp agtervolg word; *s.o. will/would be* ~ *to do s.t.* iem. sal iets met moeite doen; *be* ~ *for money* in geldnood wees; *be* ~ *for time* baie min tyd hê, jou tyd is baie beperk. ~ **rock** *(mus.)* harde rock(musiek). ~ **science** eksakte wetenskap. ~ **sell** aggressiewe ver= koop(s)tegniek. ~**shell(ed)** met die/'n harde dop; hard, streng, star. ~ **stuff** *(infml.)* hardehout, sterk drank. ~ **time** moeilike/swaar tyd; *fall (up)on* ~ ~*s* moeilike/swaar tye be= leef/belewe; *give s.o. a* ~ ~ iem. swaar laat leef/lewe; dit vir iem. moeilik maak; *have a* ~ ~ *(of it)* swaar kry/leef/lewe, harde bene kou, 'n opdraande stryd voer; *s.o. is in for a* ~ ~ iem. gaan nog les opsê; *s.o. has known* ~ ~*s* iem. het al harde bene gekou. ~**top** *n., (mot.)* harde kap; hardekap(motor). ~**top** *adj. (attr.)* hardekap=. ~**ware** →HARDWARE. ~ **water** harde water. ~**wearing** dienlik, taai, duursaam. ~**wired** *adj., (elek., rek.)* vastedraad= *(masjien ens.);* permanent *(ver= binding ens.);* onveranderlik *(stelsel);* ~ *function* vaste funksie. ~**wood** loof=, hardehout.

**hard·en** verhard, hard maak; verhard, hard word; verskerp; *(hart)* versteen; *(pryse ens.)* verstewig; brei; ~ *one's heart* jou hart verhard; *probability* ~*ed* dit het waarskynliker geword; *the view has* ~*ed* die indruk het posgevat; mense het oortuig geraak. **hard·ened** *adj.* verhard *(staal, hart, ens.);* gebrei *(deur swaarkry);* vereelt *(hande); (attr.)* geharde *(polisieman ens.);* opperste, onverbeterlike *(leuenaar);* gewetenlose *(misdadiger);* verstokte *(tradisionalis ens.).* **hard·en·ing** verharding; ver= stewiging; verskerping; ~ *of arteries* verkalking/verharding/ verdikking van die are.

**har·der** *(igt.)* harder.

**hard·ly** skaars, nouliks; amper/byna nie; moeilik, kwalik; nie juis/bra/eintlik nie; ~ *any* min, weinig of geen; nie eintlik nie; ~ *anything* byna niks; ~ *ever* amper/byna *(of* so goed as) nooit; *that is* ~ *fair* dit is nie eintlik/juis billik nie; ~ *an oil painting, (skerts.)* nie juis 'n skoonheid nie; *s.o. had* ~ *spoken/etc. when* ... iem. het skaars gepraat/ens. of ...; *I* ~ *think* ek glo amper nie.

**hard·ness** hardheid; hardvogtigheid, strengheid; ongevoe= ligheid; *the degree/scale of* ~ die hardheidsgraad/-skaal.

**hard·ship** teen=, teëspoed, moeilikheid; ongerief; ontbering; swaar/drukkende las, swaar(kry); *(i.d. mv.)* swaarkry, swaar= hede.

**hard·ware** yster=, metaalware; *(rek.)* apparatuur, hardeware; *(military)* ~, *(infml.)* krygstuig; wapens, geskut. ~**man** =men hardeware=, ysterhandelaar. ~ **shop** hardeware=, ysterware= winkel.

**har·dy** sterk, taai, gehard; winterhard; bestand *(teen);* dapper, moedig, onverskrokke. **har·di·ness** taaiheid, gehardheid; bestandheid *(teen);* dapperheid.

**hare** *n.* haas; *run with the* ~ *and hunt with the hounds* blaf met die honde en huil met die wolwe, by almal in die guns probeer bly, op twee stoele probeer sit. ~**brained, hair= brained** ondeurdag, onbesonne, dwaas, dom, roekeloos. ~**lip** = CLEFT LIP.

**Ha·re Krish·na** *(Skt.)* Hare Krisjna.

**har·em, har·em** *(Arab.)* harem.

**har·i·cot** snyboon(tjie); skaap=, lamsbredie. ~ **bean** sny= boon(tjie).

**hark** *(poët., liter.)* luister; ~ *back to s.t.* op iets terugkom; na iets terugverlang; ~ *back to the past* die verlede weer oproep.

**har·le·quin** harlekyn, paljas, hanswors, nar. ~ **flower** flu=weel=, ferweelblom, fluweeltjie, ferweeltjie.

**harm** *n.* leed, letsel; gevaar; skade; kwaad, nadeel; *come to* ~ iets oorkom; *do* ~ kwaad doen; skade aanrig/berokken/doen; *come to no* ~ niks (kwaads) oorkom nie; *it can do s.o. no* ~ iem. kan niks daarvan oorkom nie, dit kan iem. nie/geen kwaad doen nie; *there is no* ~ *done* dis niks (nie), niemand het iets oorgekom nie, daar is niks verlore nie; *intend/mean no* ~ geen kwaad bedoel nie, dit goed bedoel; *there's no* ~ *in trying* dit kan nie/geen kwaad doen om te probeer nie; *there is no* ~ *in that, (ook)* daar steek geen kwaad in nie; *out of* ~*'s way* buite gevaar, in veiligheid, veilig, onskadelik, hoog en droog. **harm** *ww.* beskadig, skaad, benadeel, kwaad (aan)doen. **harm·ful** nadelig, skadelik; ~ *literature* ongesonde lektuur. **harm·less** onskadelik; onskuldig, doodgoed, arg(e)=loos. **harm·less·ness** onskadelikheid, onskuld.

**har·mon·ic** *adj., (mus., wisk., fis., astrol.)* harmonies. ~ **tone** *(mus.)* harmoniese toon. ~ **usage** *(mus.)* harmoniek.

**har·mon·i·ca** harmonika, mondfluitjie.

**har·mon·ics** *n., (fungeer as ekv.)* harmonieleer; *(as mv.)* har=moniese deeltone.

**har·mo·nise, -nize** *(mus.: tone ens.)* harmonieer; *(mus.)* harmoniseer *('n melodie ens.); (kleure ens.)* harmonieer, (goed) saamgaan, by mekaar pas; ooreen=, saamstem, in ooreen=stemming wees; versoen, in ooreenstemming bring; ~ *with* ... met ... harmonieer, by ... pas. **har·mo·ni·sa·tion, -za·tion** harmoniëring; harmonisering; versoening.

**har·mo·ni·um** harmonium, huisorrel.

**har·mo·ny** harmonie; ooreenstemming, samestemming; kon=sonansie; eensgesindheid, eendrag; *be in* ~ *with* ... met ... in harmonie/ooreenstemming wees; *they live in* ~ hulle kom goed (met mekaar) oor die weg; *a lack of* ~ onenigheid; *be out of* ~ dissoneer; *(theory of)* ~ harmonieleer. **har·mo·ni·ous** harmonieus, welluidend; harmonies, ooreenstemmend; eens=gesind.

**har·ness** *n.* tuig; trekgoed; *in* ~ aan die werk; *die in* ~ in die tuig sterf/sterwe; *work in* ~ *with s.o.* met iem. saamwerk. **har·ness** *ww.* inspan, optuig; aanwend, benut; harnas *(drade); ~ horses to a wagon* perde voor 'n wa span. ~**-maker** tuiemaker. ~ **racing** (hard)drawwery.

**har·ness·ing** inspannery, (die) inspan; benutting.

**harp** *n.* harp. **harp** *ww.: ~ on (about) s.t.* steeds weer op iets terugkom, voortdurend oor iets praat; ~ *on the same string* dieselfde deuntjie/liedjie sing, op dieselfde aambeeld hamer/slaan, op dieselfde onderwerp terugkom, dieselfde saak aanroer. ~ **player** harpspeler, =speelster. ~ **seal** saalrob.

**harp·er** *(ml.),* **harp·ist** *(vr.)* harpspeler, harpis *(ml.),* harp=speelster, harpiste *(vr.).*

**har·poon** *n.* harpoen. **har·poon** *ww.* harpoen(eer), met die/'n harpoen skiet. **har·poon·er** harpoenier.

**harp·si·chord** klavesimbel. **harp·si·chord·ist** klavesimbel=speler *(ml.),* =speelster *(vr.).*

**har·py** =*pies, (mit.; fig.: bose vrou)* harpy, feeks. ~ **eagle** *(orn.)* harpyarend.

**har·ri·dan** heks, feeks, teef, wyf.

**har·ri·er¹** plunderaar, verwoester; terger.

**har·ri·er²** *(orn.)* vleivalk, paddavreter.

**har·row** *n.* eg. **har·row** *ww.* eg; pynig, folter, martel. **har·rowed** gekwel(d), beangs. **har·row·ing** hartverskeurend, =roerend, aangrypend.

**har·rumph** jou keel skraap; *(protesteer)* grom, brom, mor.

**har·ry** plunder, stroop, verniel, verwoes; beroof; teister, pla, toetakel; bestook *('n vyand);* →HARRIER¹.

**harsh** fel, skerp, verblindend *(lig);* skril, skril *(geluid);* vrank, wrang *(smaak);* ru, grof; straf *(klimaat);* kwaai, streng, nors, bars; wreed, ongevoelig, hard(vogtig); hard, rou, wreed *(werk=likheid);* ~ *words* harde/kwaai/streng woorde. ~**-sounding** wanklinkend, =luidend, krassend.

**hart** hert, takbok.

**har·te·beest** =*beest(s)* hart(e)bees; *red* ~ rooihart(e)bees.

**har·um-scar·um** *n., (infml.)* maltrap, rabbedoe. **har·um-scar·um** *adj.* halsoorkop, wild, roekeloos.

**har·vest** *n.* oes; gewas; *have a bad/poor* ~ 'n misoes hê; *gath=er the* ~ die oes insamel; *reap a* ~ 'n oes maak/wen. **har·vest** *ww.* oes, inoes, insamel. ~ **festival** oesfees. ~ **home** einde van die oestyd; oesfees; oeslied. ~**man** =*men* oeswerker; *(soöl.)* langbeen=, langpootspinnekop. ~ **mouse** dwergmuis. ~ **time** oestyd.

**har·vest·er** snyer, plukker, insamelaar, uithaler, oester, maaier; snymasjien. ~ **cricket** koringkriek. ~ **termite** gras=, stokkiesdraer.

**has** *(3e pers. ekv., teenw.t.)* →HAVE *ww.* ~**-been** =*beens, (infml.)* iem. wat sy tyd gehad het, uitgediende.

**hash¹** *n.* fynvleis, stukkies vleis, hasjee, hachée *(Fr.); (Am.)* fyngekapte mengsel; ou kos; mengelmoes; gemors; *make a* ~ *of s.t., (infml.)* iets verbrou. **hash** *ww.* 'n hasjee/hachée maak van *(vleis ens.); (Am.)* fynkap; ~ *s.t. out* tot 'n vergelyk kom oor iets; ~ *s.t. up, (infml.)* iets verbrou. ~ **browns, hashed browns** *n. (mv.;Am., kookk.)* (gebraaide) aartappelkoekies.

**hash²** *n., (sl.)* = HASHISH.

**hash·ish** hasjisj, dagga.

**has·n't** *(sametr. v.* has not*)* het nie.

**hasp** *n.* knip, klink, klamp, neusie; grendel; string; oorslag; ~ *and staple* kram en oorslag. **hasp** *ww.* grendel; op die knip sit.

**has·sle** *n., (infml.)* beslommernis, moeite, ergernis; moei=likheid, probleme; *(Am.)* rusie, twis. **has·sle** *ww., (infml.)* pla, treiter, erg(er), moeite besorg; stry/twis *(of* rusie maak) met.

**haste** *n.* haas, spoed; vaart; drif; *in* ~ haastig, inderhaas, in haas; *in great/hot* ~ in aller yl; in vlieënde haas; *indecent* ~ onbehoorlike haas; *make* ~ gou maak, jou haas/roer, jou litte/riete/lyf roer; *make* ~ *slowly* jou langsaam haas; *(the) more* ~ *(the) less* **speed** hoe meer haas hoe minder spoed, 'n haastige hond verbrand sy mond; *undue* ~ buitensporige haas, oorhaastigheid. **has·ten** gou maak, (jou) haas; haastig maak, aanja(ag); verhaas, bespoedig; spoed, yl; ~ *to add that* ... dadelik byvoeg dat ...; ~ *after s.o./s.t.* iem./iets vinnig agternasit *(of* agterna sit); ~ *away/off* haastig vertrek; ~ *back* haastig terugkom; ~ *to s.o.'s rescue* iem. te hulp snel. **hast·i·ly** haastig, gou; oorhaastig, ylings. **has·ty** haastig, ge=jaag(d); vinnig; oorhaastig.

**hat** hoed; →HATLESS, HATTED, HATTER; *then I'll eat my* ~, *(infml.)* dan wil ek my naam nie hê nie; ~ *in hand* met die hoed in die hand, beleef(d); bedelend; kruiperig; *hang up one's* ~ *in ..., (infml.)* jou intrek in ... neem; *keep it under your* ~!, *(infml.)* hou dit dig!; ~*s off to ...!* hoede af vir ...!; *s.t. is old* ~, *(infml.)* iets is afgesaag/ uitgedien(d)/verouderd *(of* uit die ou[e] doos); *pass/send the* ~ *round* met die hoed rondgaan, die hoed laat rondgaan, 'n kollekte hou; *put on a* ~ 'n hoed opsit; *raise (of take off) one's* ~ *to s.o.* jou hoed vir iem. afhaal *(lett. & fig.);* iem. bewonder; *remove one's* ~ jou hoed afhaal; *throw/toss one's* ~ *into the ring* jou in die stryd werp, tot die stryd toetree; *take off one's* ~ *to s.o.* →raise; *talk through one's* ~, *(infml.)* kaf *(of* deur jou nek) praat; *tilt one's* ~ jou hoed skuins dra; *tip one's* ~ *to s.o.* jou hoed vir iem. lig; *wear two* ~*s* op twee stoele sit, 'n dubbele funksie vervul; *wear a* ~ hoed dra; 'n hoed ophê. ~**box** hoededoos. ~**maker** hoedemaker. ~**pin** hoed(e)speld. ~**stand** kapstok, hoedestaander. ~ **trick** *(sport)* driekuns; *perform a* ~ ~ 'n driekuns behaal.

**hatch¹** *n.* broeisel; broeiery. **hatch** *ww.* uitbroei; uitkom, smee, aanstig *('n samesweing); the chicks are* ~*ing* die eiers begin pik; ~ *s.t. (out)* iets uitbroei *(eiers, planne, ens.);* ~ *s.t. up* iets uitbroei *(planne ens.).* **hatch·er·y** *(m.b.t. hoendereiers)* broeiery; broeihuis; =plek; *(m.b.t. vis)* kwekery; kweekplek.

**hatch²** *n.* arseerlyn, arsering. **hatch** *ww.* arseer, grif; *~ed line* veerlyn, gearseerde lyn.

**hatch³** *n.* onderdeur; luik; skeepsluik; *down the ~!, (infml.)* daar gaat hy!, drink leeg jul(le) glase!; *under ~es* benededeks; aan laer wal; onder die gras. **~back** luikrug; luikrugmotor. **~way** luikgat, ▪opening, valluik.

**hatch·et** handbyl; *bury the ~* die strydbyl begrawe, vrede sluit; *take up the ~* die wapens opneem. **~ face** spits gesig, streepgesig. **~ job** *(infml.)* verdoemende oordeel; bytende/ snydende kritiek; striemende aanval; *do a ~ ~ on s.o./s.t.* 'n verdoemende oordeel oor iem./iets uitspreek; bytende/ snydende kritiek op iem./iets lewer; iem./iets striem, 'n striemende aanval op iem./iets loods. **~ man** *(infml.)* iem. wat die vuil werk doen; krisisbestuurder; afkraker, ongenadige kritikus; *(Am.)* huurmoordenaar.

**hatch·ing¹** (die) uitbroei. **~ chamber** broeikas. **~ egg** broeieier. **~ station** visbroeiery, ▪kwekery.

**hatch·ing²** arsering.

**hate** *n.* haat *(teen)*; afkeer *(van)*; *(infml.)* gehate iem./iets; *s.o.'s ~ for/of ...* iem. se haat jeens/teen ...; *s.t. is s.o.'s pet ~, (infml.)* iem. kan iets nie verdra nie, iem. het 'n broertjie dood aan iets. **hate** *ww.* haat; *~ to admit s.t.* iets teen jou sin erken; *a ~d enemy* 'n gehate vyand; *~ s.o. like poison/sin* (or *the plague*) iem. soos gif *(of* die pes) haat; *they ~ each other like poison/sin, (ook)* hulle is soos gif op mekaar; *~ s.o., (ook)* iem. nie kan veel/verdra nie, niks van iem. hou nie; *~ s.t., (ook)* die pes *(of* 'n hekel *of* 'n broertjie dood) aan iets hê; *I ~ to ...* ek moet tot my spyt ... **~ speech** haatspraak.

**hate·ful** haatlik; gehaat; *a ~ fellow, (ook)* 'n gifpil. **hate·ful·ness** haatlikheid.

**hat·less** kaalkop, sonder hoed.

**ha·tred** haat, wrok, vyandskap; *a bitter/consuming ~* 'n verterende/wrewelige haat; *s.o.'s ~ for/of ...* iem. se haat jeens/ teen ...

**hat·ted** gehoed, met 'n hoed op.

**hat·ter** hoedemaker, ▪fabrikant; hoedeverkoper.

**haugh·ty** hooghartig, ▪moedig, neusoptrekkerig, trots, hovaardig; selfvoldaan; verhewe; arrogant, verwaand. **haugh·ti·ly** trots, uit die hoogte, hoogmoedig; op 'n hoë noot. **haugh·ti·ness** hooghartigheid, ▪moed(igheid), trots(heid), hovaardigheid; selfvoldaanheid; verhewenheid; arrogansie, verwaandheid.

**haul** *n.* (die) trek/sleep; *(sk.)* haal; vangs; wins; koersverandering *(v.d. wind)*; *it's a long ~ to ...* dis ver/vêr na ...; *over the long ~* op die lange duur; in die toekoms. **haul** *ww.* trek; sleep; hys; vervoer, karwei; aanhaal; *(sk.)* haal; draai; *~ away! trek!; (sk.)* haal voor!; *~ s.t. down* iets neerhaal/stryk *('n vlag)*; *~ s.t. in* iets binnehaal; *~ s.o. into court* iem. voor die hof bring; *~ off, (sk.)* wegbeur; *~ off and hit s.o., (infml.)* afhaak en iem. slaan; *~ s.t. out* iets uithaal/▪sleep/▪trek; *~ s.o. up, (infml.)* iem. voor die hof bring; iem. voor stok kry; *~ s.t. up* iets ophaal/▪hys/▪trek. **haul·er** *(Am.)* sleper; hyser; platformsleper. **haul·i·er** *(Br.)* vervoerder, karweier, vragryer; sleper; hyser.

**haul·age** (die) sleep; sleepwerk, slepery; vragvervoer; sleepgeld, vervoerkoste; trekkrag. **~ gear** trekgerei. **~ tractor** sleeptrekker. **~(way)** (trek)vervoerweg.

**haul·ing** (die) sleep, slepery. **~ chain** trekketting. **~ gear** trektoestel; sleepinrigting. **~ machine** hysmasjien. **~ rope** sleeptou. **~ tackle** trektakel.

**haulm** halm, steel; stam; stronk; dekgoed, ▪strooi; lowwe.

**haunch** *n.* heup; boud; dy; agterkant; flank *(v. 'n pad)*; *(argit.)* skouer *(v. 'n balk, boog)*; *(i.d. mv.)* agterlyf; *(i.d. mv.)* hurke; *a ~ of mutton* 'n agterstuk *(v. 'n skaap)*; *on one's ~es* gehurk, op die/jou hurke; *sit on one's ~es* hurk, op die/jou hurke sit; *(dier)* op die/sy boude/agterste sit; *a ~ of venison* 'n wild(s)boud. **haunched beam** *(argit.)* skouerbalk.

**haunt** *n.* houplek, ▪gebied, lê▪, boer▪, woonplek, verblyf; skuilhoek, skuil▪, wegkruipplek; *(fig.)* rolplek; versamelplek; loopplek; nes *(v. diewe)*. **haunt** *ww.* dikwels besoek; (jou) ophou; *(êrens)* boer, lê; ronddwaal, ▪spook; agtervolg; lastig val; *ghosts ~ the place, the place is ~ed* dit spook daar; *a thought ~s s.o.* 'n gedagte agtervolg/kwel iem. *(of* spook in iem.); 'n gedagte wil iem. nie los(laat) nie. **haunt·ed:** *~ house* spookhuis. **haunt·ing** *adj. (gew. attr.)* onuitwisbaar *(herinnering)*; wat jou bybly *(of* in jou kop bly draai *of* nie uit jou kop wil wyk nie) *(deuntjie, melodie)*; klaend *(geroep v. 'n voël)*; evokatief *(klank, musiek)*; wat jy nie (van jou) kan afskud nie *(skuldgevoel)*; kwellend *(onsekerheid, twyfel)*; obseederend *(gedagtes)*. **haunt·ing·ly** *adv.:* *~ beautiful* onvergeetlik mooi.

**haute** *adj., (Fr.):* *~ couture (hoogmode)* haute couture. *~ cuisine (fyn kookk.)* haute cuisine.

**hau·teur** *(Fr.)* hoogmoed.

**Ha·van·a** *(geog.)* Havana; havana(sigaar).

**have** *n.:* *the ~s and the ~-nots* dié wat baie het en dié wat niks het nie, die besitters en die niebesitters, die rykes en die armes. **have** *had had, ww.* hê; besit; kry, ontvang; neem, gebruik; flous, fop, kul, om die bos lei, 'n rat voor die oë draai; *~ s.t. against s.o.* iets teen iem. hê; *s.o. isn't having any, (infml.)* iem. verseg om deel te neem aan *(of* deel te wees van) iets, iem. wil niks van iets hoor nie; *~ s.o. around/ over/round* iem. onthaal/uitnooi/oorvra; *s.t. is to be had at ...* iets is by ... te kry; *~ s.o. back* iem. terugneem; *~ s.t. back* iets terugkry; *s.t. is not to be had* iets is nie te kry nie; *s.t. is nowhere to be had* iets is nêrens te kry nie; *s.o./s.t. had been ... iem./iets was ... gewees; s.o. has been had, (infml.)* iem. is geflous/gefop/gekul; *~ s.o. behind one* iem. se steun geniet, iem. staan agter jou; *s.o. had a leg broken* iem. het sy/haar been gebreek, iem. se been het gebreek; *~ (a cup of) coffee* ('n koppie) koffie drink; *could I ~ ...? →may/could; s.o. has done s.t. for years* iem. doen iets al jare (lank); *having done that s.o. ... ná/nadat iem. dit gedoen het, het hy/sy ...; s.o. having done that ... die feit dat iem. dit gedoen het, ...; feel like having s.t.* lus wees vir iets (te ete/drinke); *~ s.t. for breakfast* iets vir ontbyt eet/hê; *~ s.o. for/to dinner* iem. as gas vir aandete hê; *s.o. has the builders in* die bouers werk by iem. *(of* aan iem. se huis); *~ it in for s.o., (infml.)* jou mes vir iem. inhê; *s.o. has it in him/her* dit sit in iem.; dit sit in iem. se bloed; *s.o. doesn't ~ it in him/her* dit sit nie in iem. se broek nie; *s.o. has it from ... het iem. gesê/vertel; s.o. has had it, (infml.)* dis klaar(praat)/uit met iem., iem. is sy/haar maai/ peetjie (in), iem. se doppie het geklap; *I ~ had it, (infml.)* ek het genoeg gehad (daarvan); *s.o. will ~ it that ...* iem. hou vol dat ...; *as Madiba/etc. has it* soos Madiba/ens. sê; *tradition has it that ...* volgens (die) oorlewering het/is ...; *let s.o. ~ s.t.* iem. iets laat kry; iets aan iem. afstaan; iets aan iem. laat toekom, iem. iets laat toekom; *let s.o. ~ it, (lett.)* dit aan/ vir iem. gee; *(fig., infml.)* iem. opdons; op/teen iem. lostrek; *may/could I ~ a ...?* kan ek 'n ... kry?, hoe lyk dit met 'n ...? *(koppie koffie ens.); you ~ me there!, there you ~ me!, (infml.)* nou het jy my vas!, daarop het ek geen antwoord nie!; *~ 1 000 members, ('n vereniging ens.)* 1 000 lede hê/tel; *s.o. had not (yet) returned* iem. was (nog) nie terug nie; *s.o. had not done s.t. (at the time)* iem. het iets toe nog nie gedoen (gehad) nie; *~ s.t. off* iets afhê *('n hoed, afslag, ens.)*; iets laat afsit *('n been, arm)*; *~ s.o. on, (infml.)* iem. om die bos lei *(of* vir die gek hou), met iem. gekskeer *(of* die gek skeer); *~ s.t. on* iets aanhê *(klere)*; iets te doen *(of* aan die gang) hê, met iets besig wees; 'n afspraak hê, van plan wees om iets te doen; *~ s.t. on s.o., (infml.)* iets teen iem. weet *(of* kan inbring); *~ nothing on s.o., (infml.)* niks teen iem. weet *(of* kan inbring) nie; *~ s.t. on/with one* iets by jou hê; *~ s.t. out* iets laat uithaal *(mangels ens.)*; iets laat trek *('n tand)*; *~ it out with s.o., (infml.)* dit met iem. uitpraat/▪spook; *~ s.o. over → around/over/round; ~ s.t. over s.o.* 'n voorsprong op iem.

hê; *s.o. had* ***rather*** *go* iem. wil liewer gaan; ~ *s.o.* ***round*** → ***around/over/round***; ~ *a* ***sandwich*** 'n toebroodjie eet; *s.o. had* ***to*** ... iem. moes (*of* was verplig om te) ...; *s.o. has* ***to do*** *s.t.* iem. moet iets doen; iem. is verplig om iets te doen; *s.o. has s.t. to do* iem. het iets om te doen *(werk ens.)*; *s.o. has* ~ *s.t.* iem. moet iets hê; *you* ~ ***to*** (...) jy moet (...); *you* ~ (or *one has*) ***to*** ... , jy (*of* ['n] mens) moet ...; ~ *s.o. to* ***dinner*** → ***for/to***; ~ *s.o.* ***up*** iem. laat kom, iem. ontbied; *(infml.)* iem. voor die hof bring; *s.o. was had* ***up*** *for s.t., (infml.)* iem. is oor iets voor die hof gebring; ~ *s.t.* ***with one*** →***on/with***; *s.o.* ***won't*** ~ *s.t.* iem. wil iets nie hê nie. **~-not** *have-nots*, n. (gew. i.d. mv.) behoeftige, gebreklyer.

**ha·ven** hawe; skuilplek, toevlug(soord), veilige hawe.

**have·n't** *(sametr. v.* have not*)* het nie.

**hav·er·sack** knap=, rugsak; sak; hawersak.

**hav·oc** *n.* verwoesting; *cause/make/wreak* ~, *('n storm ens.)* verwoesting aanrig/saai; *play/wreak* ~ *with s.t.* iets verwoes; 'n verwoestende uitwerking op iets hê; iets in die war stuur *(planne ens.)*.

**haw** wink=, knipvlies, derde ooglid; *(i.d. mv. ook)* winkvlies= aandoening.

**Ha·wai·i** *n., (geog.)* Hawai(i). **Ha·wai·ian** *n.* Hawaiër; *(taal)* Hawais. **Ha·wai·ian** *adj.* Hawais *(ghitaar/kitaar, hemp, ens.)*; ~ *Islands* Hawai(i)-eilande.

**hawk**[1] *n.* valk; *(fig.: oorlogsugtige pers.)* valk. **hawk** *ww.* op die valkejag gaan, met valke jag; ~ *at* ... duik/skep na ... ~ ***eagle*** jagarend; *African* ~ ~ grootjagarend. **~-eyed** met valkoë, skerpsiende. ~ ***moth*** pylstertmot. ~ ***nose*** haakneus, krom neus. **~-nosed** haakneus=. **~'s-eye** *(halfedelsteen)* valkoog.

**hawk**[2] *ww.* smous; ~ ... *about* ... rondsmous; ... rondstrooi *(skinderstories ens.)*. **hawk·er** smous, straatverkoper ~'s *wares* smousgoed.

**hawk**[3] *ww.* keelskoonmaak, (jou) keel skoonmaak, die/jou keel skraap; ~ *s.t.* ***up*** iets ophoes *(slym ens.)*.

**hawks·bill** **(tur·tle)** karetskilpad.

**hawse** *(sk.)* boeg(hout). **~-hole** *(sk.)* kluisgat. **~-pipe** *(sk.)* kluis= pyp.

**haw·ser** *(sk.)* tros, (skeeps)tou, =kabel; meer=, ankertou; speel= tros.

**haw·thorn** meidoring, haagdoringbessie.

**hay** hooi; *hit the* ~, *(infml.)* in die kooi kruip, (gaan) inkruip, gaan slaap; ***make*** ~ hooi maak/oopgooi; ***make*** ~ (*out) of s.t.* die meeste voordeel uit iets probeer trek; die beste ge= bruik van iets maak; ***make*** ~ *while the sun shines, (sprw.)* smee die yster solank/terwyl dit/hy (nog) warm is, gryp die geleentheid aan; *have a* ***roll*** *in the* ~, *(infml.)* vry, kafoefel. **~-barn** hooiskuur. **~-cock** hooihopie, hopie hooi, opper. ~ **crop** hooigewas. ~ **fever** hooikoors. **~-fork** hooivurk. **~-loft** hooisolder. **~-maker** hooier; hooimasjien; *(infml.)* (wilde) swaaihou; *throw a* ~ *at s.o.* 'n wilde swaaihou na iem. mik. **~-rack** voerrak, ruif. **~-rake** hooihark. **~-seed** hooisaad; *(Am., infml.)* plaasjapie; *s.o. hasn't got the* ~ *out of his/her hair yet* iem. is nog nie droog agter sy/haar ore nie. **~-stack** hooimied. **~-wire** *(infml.)* deurmekaar, in die/'n harwar; die kluts kwyt, in die war; *go* ~ in 'n deurmekaarspul/geharwar ontaard; die kluts kwytraak, in die war raak.

**haz·ard** *n.* gevaar, risiko; gevaarlikheid; *(gh.)* hindernis; *at all* ~s tot elke prys, laat (dit) kos wat dit wil; *at the* ~ *of s.o.'s life* met gevaar vir iem. se lewe; *at/in* ~ in gevaar; *a* ***game*** *of* ~ 'n waagspel; *s.t. is a* ~ *to s.o.* iets is vir iem. 'n gevaar. **haz·ard** *ww.* waag, riskeer, op die spel plaas/sit; ~ *a guess* 'n raai(skoot) waag. ~ **(warning) lights** *n. (mv.), (mot.)* gevaarligte.

**haz·ard·ous** gewaag(d), gevaarlik, riskant; onseker; ~ *un= dertaking* waagstuk.

**haze** *n.* waas, newel, mis; wasigheid, dyns(er)igheid, newel= agtig; beneweldheid; *be in a* ~, *(iem.)* in 'n dwaal (*of* be= newel[d]) wees. **haze** *ww.* wasig maak, benewel; ~ *over*

wasig raak/word. **haz·i·ly** vaag, onduidelik. **haz·i·ness** wasig= heid, dyns(er)igheid, newelagtigheid; vaagheid. **haz·y** wasig, newelagtig, newelig, dyns(er)ig; vaag; benewel(d).

**ha·zel** *n.* haselneutboom; haselneuthout. **ha·zel** *adj.* lig= bruin, neutbruin. **~-eyed** bruinogig, bruinoog=, met (lig) bruin oë. **~-nut** haselneut.

**he** hy; mannetjie. **~-goat** bokram. **~-man** =men, *(infml.)* pure man.

**head** *n.* kop; hoof; *(kuns)* kop; kop(stuk) *(op 'n munt ens.)*; kop *(v. kool ens.)*; krop *(v. slaai)*; *(bot.)* hofie; oorsprong, bron; voorpunt; leier, bestuurder; *(infml.)* (skool)hoof, hoofonder= wyser; bo-ent, koppenent; punt, top; kapiteel *(v. 'n suil)*; kruin *(v. 'n boom)*; skuim *(op bier)*; room *(op melk)*; druk= hoogte; stoomdruk; stuk *(vee)*; hoof *(v. 'n rekening)*; hoof, hofie, kop, opskrif; ... *a* ~ ... stuk (*of* per kop); *s.t. is* ***above*** *s.o.'s* iets is bo(kant) iem. se begrip/vuurmaakplek; *the* ~s *of an* ***agreement*** die punte van 'n ooreenkoms; *get one's* ~ **(a)round** *s.t., (infml.)* iets snap/uitpluis/kleinkry; iets aan= vaar; *be at the* ~ eerste/vooraan/voorop staan/wees, aan/op die voorpunt wees; *be at the* ~ *of* ... aan die hoof van ... staan; aan/op die voorpunt van ... wees; *at the* ~ *of the list* boaan die lys; *talk through the* ***back*** *of one's* ~, *(infml.)* kaf (*of* deur jou nek) praat; ***beat*** *s.t. into s.o.'s* ~ iets in iem. se kop (in)hamer; *the* ~ *of a* ***bed*** die koppenent; ***bite/snap*** *s.o.'s* ~ *off, (infml.)* iem. afjak/afsnou; ***bother/trouble*** *one's* ~ *about s.t.* jou kop oor iets breek; ***bow*** *one's* ~, *(lett.)* jou hoof/kop buig; *(fig.)* (jou) berus *(in iets)*; ***bring*** *s.t. to a* ~ iets op die spits (*of* na 'n punt [toe]) dryf/drywe; *a hundred* ~ *of* ***cattle*** honderd beeste (*of* stuks grootvee); *a* ~ *of* ***Christ***, *(kuns)* 'n Christuskop; *have one's* ~ *in the* ***clouds*** in die lug sweef/ swewe, in illusies leef/lewe; ***come*** *to a* ~ 'n kritieke punt be= reik, tot 'n kritieke stadium kom; tot uitbarsting kom; *it* ***cost*** *s.o.'s* ~ dit het iem. se hoof/kop/lewe gekos; *uneasy lies the* ~ *that wears the* ***crown*** vir regeerders is daar min rus; *a* ***crowned*** ~ 'n gekroonde hoof; ***drag*** ... *in by the* ~ *and ears/ shoulders* ... met geweld (*of* met die hare) daarby insleep; *the* ~ *of a* ***drain*** die hoogste punt van 'n riool; ***eat*** *one's* ~ *off* jou bekoms eet; *the* ~ *of the* ***family*** die gesinshoof; *from* ~ *to* ***foot*** van kop tot tone/toon; van bo tot onder; *have a* ~ ***for*** *figures/etc.* 'n kop (*of* aanleg) vir syfers/ens. hê; *the* ***cabbage*** ***forms*** *a* ~ die kool kop; *the* ~ *and* ***front*** *of* ... die kern/ hoofpunt van ...; *a large* ~ *of* ***game*** 'n groot trop wild; ***gath***= ***er*** ~ toeneem, sterker/erger word; *get one's* ~ *down, (infml.)* iets met mening aanpak; ***get*** *one's* ~ *together* jou kop in rat kry; ***get*** *s.t. into one's* ~ iets in die kop kry, behep raak met iets; ***get*** *s.t. into s.o.'s* ~ iem. iets aan die verstand bring; ***give*** *a horse its* ~ 'n perd die teuels gee; ***give*** *s.o. his/her* ~ iem. sy/haar (eie) gang laat gaan (*of* eie kop laat volg); ***give*** *s.o.* ~, *(vulg. sl.: iem. m.d. mond bevredig)* iem. afsuig/tongnaai; *the* ***wine*** ***goes*** *to s.o.'s* ~ die wyn gaan na iem. se kop (toe) (*of* maak iem. se kop ligter); *the* ***praise/success*** ***goes*** *to s.o.'s* ~ die lof/sukses gaan na iem. se kop (toe) (*of* jaag iem. se kop op hol); *s.o. has a* ***good*** ~ *on his/her shoulders, s.o.'s* ~ *is* ***screwed*** *on the right way, s.o. has his/her* ~ ***screwed*** *on right, (infml.)* iem. is 'n slimkop (*of* het 'n goeie kop [op sy/haar lyf]); *the* ~ *of* ***government*** die regeringshoof; *a* ~ *of* ***hair*** 'n bos hare; ***hang*** *one's* ~ jou kop laat hang/sak, jou ore laat hang; *s.t.* ***hangs*** *over s.o.'s* ~, *(lett. & fig.)* iets hang bo iem. se kop/ hoof; ***bundle*** *s.o. out* ~ *and* ***heels*** iem. pens en pootjies uit= smyt; ~ *over* ***heels*** halsoorkop; *be/fall* ~ *over* ***heels*** *in love with s.o.* smoorverlief wees/raak op iem.; *s.o. is* ~ *over* ***heels*** *in love, (ook)* iem. is tot oor die/sy/haar ore verlief, iem. se koors is/loop hoog; *turn* ~ *over* ***heels*** bol(le)makiesie slaan; *have a* ~ *for* ***heights*** geen hoogtevrees hê nie; ***hide*** *one's* ~ jou kop laat hang (van skaamte), nie weet waar om jou kop in/weg te steek nie; ***hold*** *one's* ~ ***high***, ***hold up*** *one's* ~ die wêreld in die oë kyk; ~ *(of* ***horns***) die gewei *(v. 'n takbok ens.)*; *do s.t. in one's* ~ iets uit die/jou kop doen *(berekenings ens.)*; ***keep*** *one's* (or *a* ***level***) ~ kalm bly, kophou, jou kop/

positiewe bymekaarhou; *have a **level*** ~ koel/bedaard/ver=
standig wees; ***lift up** one's* ~ jou kop oplig; ***lose** one's ~, (fig.)*
jou kop/selfbeheersing verloor, die kluts kwytraak; ***make*** ~
vooruitgang maak, vorder; ***make*** ~ *against* ... weerstand *(of*
die hoof) bied aan ...; opkom teen ...; *the* ~ *of the/a **mast*** die
punt/top van die/'n mas; *the* ~ *of the/a **mountain*** die spits/
top van die/'n berg; *be **off*** (or *out of) one's* ~, *(infml.)* gek/
besimpeld *(of* [van lotjie] getik *of* van jou kop/verstand/wy=
sie/trollie af) wees, 'n skroef los hê; *go **off** one's* ~, *(infml.)*
van jou verstand (af) raak; *have an old* ~ *on young shoulders*
verstandig wees vir jou jare; ~ *on* kop teen kop, reg van
voor; ***over** s.o.'s* ~ bo(kant) iem. se kop; oor iem. se kop; bo=
(kant) iem. se begrip/vuurmaakplek; buite iem. om, sonder
om iem. te raadpleeg; *promote s.o. **over** another's* ~ iem. oor
iem. anders heen bevorder; *talk **over** s.o.'s* ~ te hoog vir iem.
praat; *on s.o.'s **own*** ~ *be it* dit sal iem. se eie skuld wees, iem.
sal die verantwoordelikheid dra *(of* ly wat daarop volg); *the*
~ *of the/a **piston*** die/'n suierkop; ***put** s.t. into s.o.'s* ~ iem. op
'n gedagte bring; iem. iets wysmaak *(of* in die kop praat),
iets in iem. se kop praat; ***put** s.t. out of one's* ~ iets opgee *(of*
laat vaar *of* uit jou kop sit); *s.t. has **raised/reared** its* ~, *(fig.)*
iets het kop uitgesteek; *a snake **rears** its* ~ 'n slang lig sy
kop; *s.t. **makes** s.o.'s* ~ **reel/spin** iets maak iem. duiselig *(of*
maak iem. se kop dronk), iem. se kop draai van iets; *s.o.'s* ~
**reels/spins** iem. se kop draai *(of* word dronk), iem. word
duiselig; *not be **right** in one's* ~ nie goed/reg wys *(of* [heel=
temal] reg in jou kop *of* by jou volle verstand) wees nie, nie
al jou varkies (in die hok) hê nie, (van lotjie) getik wees; *the*
~ *of a **river*** die oorsprong van 'n rivier; ~*s will **roll**, (infml.)*
koppe sal waai; *thoughts **run** through s.o.'s* ~ gedagtes vlieg
deur iem. se kop; *s.t. **runs** in s.o.'s* ~ iets maal deur iem. se
kop; *bury one's* ~ *in the **sand*** jou kop in die sand steek;
***scratch** one's* ~ kopkrap, (met die) hand(e) in die hare sit;
***scream** one's* ~ *off* soos 'n maer vark skree(u); *s.o.'s* ~ *is*
**screwed** *on the right way, s.o. has his/her* ~ **screwed** *on right*
→*good; **shake** one's* ~ jou kop skud; *win by a **short*** ~ met
'n kort kop wen; *s.o. has a good* ~ *on his/her **shoulders*** →
*good; be/stand/rise* ~ *and **shoulders** above the rest, (lett.)* 'n
kop groter as die res wees; *(infml.)* baie beter as die res *(of*
verreweg die beste) wees; *snap s.o.'s* ~ *off* →*bite/snap; be*
***soft** in the* ~, *(infml.)* in die bol gepik wees; *go **soft** in the* ~,
*(infml.)* jou varkies kwytraak; *be like a **bear** with a **sore*** ~,
*(infml.)* lelik uit jou humeur wees; *s.t. **makes** s.o.'s* ~ **spin** →
**reel/spin**; *s.o.'s* ~ **spins** →**reels/spins**; *s.o.'s* ~ *is* **splitting**
iem. se kop wil bars; *the* ~ *of the **stairs*** die bo-ent van die
trap; ***stand/turn** s.t. on its* ~ iets onderstebo *(of* op sy kop)
(neer)sit; *(fig.)* iets onderstebo *(of* op sy kop) keer; *the* ~ *of*
**state** die staatshoof; *s.o.'s* ~ **swims** iem. word duiselig, alles
draai voor iem. se oë; *get a **swollen*** ~, *(infml.)* verwaand
word; *have* (or *suffer from) a **swollen*** ~, *(infml.)* verwaand
wees; *the* ~ *of the/a **table*** die hoof van die/'n tafel; *s.o. cannot*
*make* ~ *or **tail** of s.t.* iem. kan niks uit iets wys word nie, iem.
kan nie/g'n kop of stert van iets uitmaak nie; ~*s or **tails***
kop/kruis of munt; ~*s I win, **tails** you lose* alle voordeel is
aan my kant; *take s.t. into one's* ~ iets in jou kop kry *('n idee,*
*bevlieging, ens.);* ***taller** by a* ~ 'n kop groter; *the H* ~*s, (geog.)*
die Koppe *(by Knysna);* ***throw** s.t. at s.o.'s* ~ iets voor iem. se
voete gooi; *lie* ~ *to **toe*** kop en punt lê/slaap; *off the **top** of*
*one's* ~, *(infml.)* uit die vuis (uit); ***toss** one's* ~ jou kop ag=
teroor gooi; *with a **toss** of the* ~ met die kop agteroor gegooi;
~ *and **trotters*** kop en pootjies; *(gereg)* kop-en-pootjies;
***trouble** one's* ~ *about s.t.* →*bother/trouble; turn* ~*s* aandag
trek, die koppe laat draai; *turn s.t. on its* ~ →*stand/turn;*
*success has **turned** s.o.'s* ~ die sukses het na iem. se kop (toe)
gegaan *(of* het iem. se kop op hol geja[ag]); *s.o.'s* ~ **turns**
iem. se kop draai; *two* ~*s are better than one* twee koppe is
beter as een, twee weet meer as een; ***under** this* ~ onder
hierdie hoof; *bang/knock/run one's* ~ *against a (brick/stone)*
**wall**, *(hoofs. fig.)* (met jou kop) teen 'n muur vasloop; *keep*
*one's* ~ *above **water**, (infml.)* kop bo water hou; ***win** by a* ~

met 'n kop(lengte) wen; *be **wrong** in the* ~ (van lotjie) getik
wees. **head** *adj.* vernaamste, hoof=. **head** *ww.* aan die hoof
staan van; boaan staan, eerste wees, voor wees; lei; aanvoer,
jou aan die hoof stel, vooropgaan; voorafgaan; oortref; op=
skrif(te) maak; tot opskrif maak; ontwikkel; kop, met die
kop stamp; omloop; vertak; (af)top *('n plant);* ontkroon *('n*
*boom);* ~ *back* terugkeer; ~ *for* ... na ... koers kry/vat, rigting
kies na ...; in die rigting van ... stuur; na ... afsit/peil; op ...
afstuur; ~ *the ball **into** the net* die bal in die net kop; ~ *the*
*list* boaan die lys staan; ~ *s.o. **off*** iem. afkeer/afsny/voorkeer/
wegkeer; ~ *the **table*** aan die hoof van die tafel sit; ~ ... *up* ...
lei, aan die hoof van ... staan; ~ *up a project* 'n projekleier
wees. ~**ache** hoofpyn, kopseer; *(fig.)* hoofbrekens, bekom=
mernis, kwelling; *develop/get a* ~ hoofpyn kry; *s.t. is a* ~
*for s.o., (infml.)* iets gee iem. hoofbrekens; *s.o. **has** a* ~ iem.
het hoofpyn, iem. se kop is seer; *have a **slight*** ~ effens/
effe(ntjies) hoofpyn hê; *a **splitting*** ~ 'n barstende hoofpyn;
*a **violent*** ~ 'n kwaai hoofpyn. ~**band** hoof=, kopband, band/
lint/ens. om die kop. ~**bang** *ww., (sl.)* koppe stamp *(op maat*
*v. heavy metal[-rockmus.]).* ~**banger** *(sl.)* kopstamper *(by 'n*
*heavy metal-konsert);* mal mens, iem. wat (van lotjie) getik
is. ~**banging** *(heavy metal[-rockmus.])* kopstampery. ~ **beam**
kopbalk. ~**board** kopplank. ~ **boy** hoofseun; primarius. ~
**butt** *n.* kopstamp. ~**butt** *ww.* kopstamp, met die/jou kop
stamp. ~ **case** *(infml.)* mal mens, iem. wat (van lotjie) getik
is. ~ **clerk** hoofklerk. ~ **cold** neusverkoue. ~**count** kop=
(pe)tellery; *do/have/take a* ~ koppe tel *(om bywoning te be=*
*paal ens.).* ~**dress** hoofdeksel; hooftooisel; kapsel. ~ **first**
*adj. & adv.* kop eerste, vooroor; *(fig.)* halsoorkop, blindelings,
onbesonne, oorhaastig, roekeloos; *dive* ~ *through a win=*
*dow* kop eerste deur 'n venster duik; *fall* ~ ~ *down the stairs*
vooroor by die trap afval. ~**gear** hoofdeksel, =bedekking;
hooftooisel. ~ **girl** hoofmeisie; primaria. ~**guard** kopskerm,
=skut; skrumpet. ~**hunt** *ww., (lett.)* koppesnel; *(fig.)* roofwerf.
~**hunter** *(lett.)* koppesneller; *(fig.)* roofwerwer, koppesneller.
~**hunting** *(lett.)* koppesnellery; *(fig.)* roofwerwing, koppe=
snellery. ~**lamp** koplamp. ~**land** *(geog.)* (land)hoof, (land)=
punt, voorland, kaap, voorgebergte; wenakker. ~**light** kop=
lig; voorlamp. ~**line** *n.* koplyn; opskrif; hoof, kop; kopreël,
kolomhoof; *make (the)* (or *hit the)* ~*s* in die nuus kom, groot
aandag trek. ~**line** *ww.* hoofde/koppe skryf, van opskrifte
voorsien; op die voorgrond bring. ~**lock** kopklem. ~**long**
*adj. & adv.* kop eerste, vooroor; *(fig.)* halsoorkop, blindelings,
onbesonne, oorhaastig, roekeloos; *in* ~ *career* in dolle vaart.
~ **louse** kopluis. ~**man** =men hoofman. ~**master**, *(vr.)* ~**mis=**
**tress** hoof(onderwyser), *(vr.)* hoof(onderwyseres), (skool)=
hoof, prinsipaal. ~**note** noot boaan; *(jur.)* uittreksel. ~ **office**
hoofkantoor; *at* ~ ~ in/aan die hoofkantoor. ~~**on** *adj.* reg
van voor; ~ *collision* trompop botsing, kop-aan-kop/kop=
teen-kop-botsing, botsing reg van voor *(of* kop aan/teen
kop); aanvaring reg van voor. ~**phones** kop(tele)foon.
~**piece** helm; kopstuk; titelprentjie. ~**plate** kopplaat. ~**quar=**
**ters** *(mil.)* hoofkwartier; setel; hoofkantoor; *at* ~ op die
hoofkwartier; op/in die hoofkantoor; *general* ~ groot hoof=
kwartier. ~**rest** kopsteun, =stut, hoofsteun. ~**restraint** kop=
steun, =stut *(in 'n motor).* ~**rhyme** stafrym; →ALLITERATION.
~**room** kopruimte; deurry=, vryhoogte. ~**scratching** kop=
krap(pery). ~ **sea** kop=, teen=, stortsee, see van voor. ~**set**
kop(tele)foon. ~**shrinker** *(sl.: psigiater)* kopdokter; *(antr.)*
kopkrimper, koppesneller. ~**shrinking** kopkrimping. ~**spring**
hoofbron, oorsprong; *(gimn.)* kopsprong. ~**stand** kopstand.
~ **start** groot voorsprong; *get/have a* ~ ~ met 'n voorsprong
begin, 'n voorsprong behaal/kry; (dadelik) los voor wees; *a*
~ ~ *on/over s.o.* 'n voorsprong op iem.. ~**stone** fondament=
steen; hoeksteen; kopsteen; grafsteen. ~**stream** hoofstroom.
~**strong** (hard)koppig, eiesinnig, halsstarrig. ~ **tax** kop=,
hoofbelasting. ~~**up display** *(lugv., mot.; afk.:* HUD*)* ruitge=
projekteerde inligting. ~ **waiter** hoofkelner. ~ **warder** hoof=
bewaarder. ~**water** =s, *n. (gew. i.d. mv.)* boloop; bronne.
~**way** vordering; vooruitgang; *make* ~ vorder, vooruitgaan;

*(werk ens.)* vlot. **~wind** teenwind, wind van voor. **~word** trefwoord, lemma. **~ wound** kopwond.

**head** *komb.vorm* kop; punt; slaaf; *air~* pampoenkop; *god~* godheid; *shit~* wetter, boggher; *snow~* kokaïenslaaf; *spear~* spiespunt.

**head·ed** *~ by* ... deur ... gelei, onder ... se leiding, met ... boaan *(of* aan die hoof/spits); *the piece/etc. ~* ... die stuk/ ens. getitel(d) *(of* met die hoof/opskrif) ...; die stuk/ens. wat begin (met) ...

**-head·ed** *komb.vorm* -hoofdig, -koppig; -kop, -kop-, met ... hare; *bald-~* kaalkop, bles; *a curly-~ girl* 'n krulkopmeisie, 'n meisie met krulhare *(of* krullerige hare); *light-~* lighoofdig; *two-~* tweekoppig.

**head·er** *(sokker)* kopskoot; kopstoot; *(druk.)* opskrif, kop, gewel; *(infml.)* duik; *(argit.)* raveelbalk; *(meg.)* kopversamelaar. **~ (brick)** kopsteen. **~ course** koplaag.

**head·ing[1]** *n.* opskrif, titel, kop, hoof; (die) kop, stamp met die kop; hofie *(v. 'n gordyn);* rigting; tonnel(werk)front; *under the ~ of* ... onder die hoof ... **~ bond** koplaagverband. **~ (course)** koplaag.

**head·ing[2]** *teenw.dw.: be ~ for* ... op ... afstuur, na ... op pad wees; na ... afsit *(of* koers vat); *s.o. is ~ for a fall* iem. gaan tot 'n val kom, iem. loop groot gevaar.

**head·less** afkop, koploos, sonder kop/hoof.

**head·ship** hoofskap.

**head·y** hoofdig, koppig, swaar *(wyn);* onstuimig, heftig, driftig; wild, woes; eufories. **head·i·ness** koppigheid *(v. wyn);* euforie, tinteling, lighoofdigheid, lighoofdige gevoel/opgewondenheid; *this wine is known for its ~* dié wyn is bekend daarvoor dat dit gou na jou kop toe gaan *(of* dat dit jou gou ligkop maak).

**heal** genees, gesond word; gesond maak, genees, heel; *~ over, (wond)* genees; *(sny)* toegroei; *(fig.: breuk ens.)* herstel, heel; *~ (up)* genees, gesond word; *(gebreekte been)* aangroei; gesond maak, genees. **~-all** *heal-alls* wondermiddel, panasee.

**heal·er** geneser, heler.

**heal·ing** *n.* genesing, gesondmaking; *art of ~* geneeskuns.

**heal·ing** *adj.* genesend, geneeskragtig; *~ power* geneeskrag; *~ process* genesings-, geneesproses.

**health** gesondheid; welstand; *s.t. is bad for one's ~* iets is sleg vir ('n) mens se gesondheid; *a clean bill of ~* 'n gesondheidspas; 'n bewys van geskiktheid; *give s.o. a clean bill of ~* iem. gesond verklaar; *drink (to) s.o.'s ~* (op) iem. se gesondheid drink; *failing ~* afnemende lewenskrag; *you are not here for your ~!, (infml.)* jy is nie hier vir jou plesier nie!; *enjoy* (or *be in) good ~* goeie gesondheid geniet; in goeie welstand verkeer; *s.o. is not in good ~* iem. se gesondheid is nie goed *(of* van die beste) nie; *keep in good ~* gesond bly; *here's ~!* gesondheid!, *(infml.)* daar gaat hy/jy!; *s.o.'s ~ was impaired* iem. se gesondheid het 'n knak gekry *(of* is geknak); *be in indifferent ~* met jou gesondheid sukkel, nie baie gesond wees nie; *officer of ~* mediese beampte, gesondheidsbeampte; *be a picture* (or *in the pink) of ~* blakend gesond *(of* 'n toonbeeld van gesondheid) wees, in blakende gesondheid verkeer, perdfris wees; *be in poor ~* in swak gesondheid verkeer; *propose s.o.'s ~* 'n heildronk op iem. instel; *public ~* openbare gesondheid, volksgesondheid; *recover one's ~* herstel, gesond word; *restore s.o. to ~* iem. genees *(of* gesond maak); *be in robust/ruddy ~* blakend gesond wees, in blakende gesondheid verkeer; *for ~'s sake* gesondheidshalwe; *s.t. saps s.o.'s ~* iets ondermyn iem. se gesondheid; *your ~!* gesondheid!. **~ care** gesondheidsorg. **~ centre** gesondheidsentrum. **~ certificate** gesondheidsertifikaat. **~ club** gesondheidsklub. **~ committee** gesondheidskomitee. **~ education** gesondheidsleer, higiëne. **~ educator** gesondheidsvoorligter. **~ farm** *(infml.)* gesondheidsplaas. **~ food** gesondheidskos, -voedsel. **~ freak** gesondheidsfanatikus. **~ hazard** gesondheidsgevaar. **~ in**

spector gesondheidsinspekteur. **~ insurance** siekteversekering. **~ officer** gesondheidsbeampte. **~ problem** gesondheidsgevaar; *retire because of a ~* om gesondheidsredes aftree. **~ resort** gesondheidsoord. **~ service** gesondheidsdiens. **~ spa** gesondheidspa.

**health·y** gesond, in goeie welstand; heilsaam, bevorderlik vir die gesondheid; fiks; *not ~, (fig.)* nie veilig/pluis nie. **health·i·ness** gesondheid; heilsaamheid.

**heap** *n.* hoop, stapel; klomp, boel; mied; *(infml.: afgeleefde kar)* skedonk; *(infml.: nare blyplek)* hool; *~s better, (infml.)* baie/stukke beter; *go down in a ~* inmekaar val/sak; *in a ~* op 'n hoop; *~s of ..., (infml.)* 'n hoop ..., ... soos bossies *(geld ens.);* hope/troppe ... *(mense ens.);* 'n menigte *(of* 'n magdom [van]) ... *(dinge);* oorgenoeg/volop ... *(tyd ens.);* ('n) duisend ... *(dankies ens.);* **throw things in a ~** dinge op 'n hoop gooi; *~s of times, (infml.)* dikwels, herhaalde male, honderd keer.

**heap** *ww.* stapel, hoop; *in ~ing measure* hoogvol; *a ~ed spoon* 'n hoogvol lepel; *~ s.t. up* iets ophoop/opstapel; iets opeenhoop; *~ s.t. (up)on s.o.* iem. met iets oorlaai/toepak; *~ s.t. with* ... iets hoogvol ... maak; iets met ... vol laai. **~ clouds** stapelwolke.

**hear** *heard heard, ww.* hoor; luister na; verneem; afhoor *('n getuie);* verhoor *('n gebed, saak); (jur.)* aanhoor, behandel *('n aansoek); (jur.)* aanhoor *(partye); ~ about/of* ... van ... hoor; *I cannot ~ you, (ook, jur.)* ek kan u nie aanhoor nie; *do you ~?* hoor jy?, gehoor?; *s.o. cannot ~ for the noise* weens die lawaai kan iem. nie hoor nie; *~ from s.o.* van iem. hoor *(of* tyding/ berig kry/ontvang); *make o.s. ~d* jou hoorbaar maak; *~ of* ... →*about/of; s.o. won't/wouldn't ~ of it* iem. wil/wou niks daarvan hoor/weet *(of* daarmee te doen hê) nie; iem. wil/ wou dit nie toelaat nie; *... wasn't ~d of again* ('n) mens het nooit weer van ... gehoor nie; *one ~s that often* dit hoor ('n) mens dikwels; *~ s.o. out* iem. uithoor, iem. laat uitpraat, tot die einde/end na iem. luister; *have a right to be ~d* die reg hê om jou saak te stel; *if I ~d right* as ek goed gehoor het; *~ that* ... hoor dat ...; verneem dat ...; *I/we ~ that X has resigned* ek/ons verneem X het bedank, X het glo bedank. **hear** *tw.: ~, ~!* hoor, hoor!; bravo!, mooi so!.

**hear·er** hoorder, toehoorder.

**hear·ing** gehoor; verhoor; aanhoring; oor; hoorafstand, gehoor(s)afstand; *at the ~ of the application* by die behandeling van die aansoek; *the date of ~* die aanhoordag; die verhoordag; *give s.o. a fair ~* iem. onpartydig aanhoor; geduldig na iem. luister; *get a ~* aangehoor word; *give s.o. a ~* iem. te woord staan; na iem. luister; *be hard of ~* hardhorend wees; *sense of ~* gehoor(sin); *within ~* binne hoorafstand/ stembereik. **~ aid** (ge)hoortoestel, -apparaat. **~ distance** hoorafstand, gehoor(s)afstand. **~-impaired** *n.: the ~* gehoorgestremdes. **~-impaired** *adj.* gehoorgestrem(d).

**hear·say** gerug, hoorsê; *by/from/on ~* van hoorsê. **~ evidence** *(jur.)* getuienis uit die tweede hand, hoorsêgetuienis; gerugte.

**hearse** lykswa. **~ cloth** baar-, lykkleed.

**heart** hart; boesem; siel; gemoed; liefde; moed; kern, binne(n)ste; hoofsaak; *(i.d. mv., speelkaarte)* hartens; *one's ~ aches for s.o.* medelye met iem. hê; *affairs of the ~* hartsake; *after s.o.'s own ~* (so reg) na iem. se hart/sin; *with all one's ~* van ganser harte; met jou hele hart; *at ~* in sy/haar hart, eintlik; in die grond; *s.o.'s ~ missed/skipped a beat* iem. se hart het amper/byna gaan staan; *s.o.'s ~ beats warmly for* ... iem. se hart klop warm vir ...; *s.o.'s ~ bleeds* iem. is diep bedroef; *s.o.'s ~ was in* (or *sank into) his/her boots* iem. se hart het in sy/haar skoene gesak/gesink, iem. se moed het hom/haar begeef/begewe; *break s.o.'s ~* iem. se hart breek; *a broken ~* 'n gebroke hart; *get/learn s.t. by ~* iets van buite *(of* uit jou/ die kop [uit]) leer; *a change of ~* 'n gemoedsverandering, 'n veranderde gesindheid; *have/undergo a change of ~* tot inkeer *(of* ander insigte) kom; *s.t. is close/near to s.o.'s ~* iets lê iem. na aan die hart; *s.t. comes straight from s.o.'s ~* iets kom uit iem. se hart (uit); *cross my ~ (and hope to die), (infml.)* op my erewoord (*of* woord van eer); *s.o.'s ~ failed him/her* iem. se moed het hom/haar begeef/begewe; *find it in one's ~ to ...* jou(self) daartoe bring om te ...; *s.o. could not find it in his/her* (or *did not have the*) *~ to ...* iem. kon dit nie oor sy/haar hart kry om te ... nie; *from one's ~* van (ganser) harte, hartgrondig; *from the ful(l)ness of the ~* (or *what the ~ thinks*) *the mouth speaks,* (oorspr. Byb.) waar die hart van vol is, loop die mond van oor; *give ~ to s.o.* iem. moed gee; *give one's ~ to ..., (fig.)* jou hart aan ... gee/skenk; *one's ~ goes out to s.o.* (diep) medelye met iem. hê; *have a ~ of gold* 'n hart van goud hê; *be in good ~* vol moed wees, goeie moed hê; *s.t. does s.o.'s ~ good* iets doen iem. se hart goed; *harden/steel one's ~* jou hart verhard; *have a ~!, (infml.)* wees billik/redelik!; *have s.t. at ~* iets op die hart dra; *have the ~ to ...* die moed hê om te ...; *in s.o.'s ~ of hearts* he/she knows that ... iem. weet voor sy/haar siel dat ...; *with a heavy ~* hartseer, met 'n swaar hart, met 'n beswaarde gemoed; *in one's ~* in jou hart/binne(n)ste; heimlik; *in the ~ of ...* midde-in (*of* in die hartjie van) ...; *s.o.'s ~ is not in it* iem. loop nie eintlik oor van geesdrif daarvoor nie; *s.o.'s ~ leaps up* iem. se hart spring op; *lose ~* moed verloor; *lose one's ~ to s.o.* op iem. verlief raak; *go to* (or *reach*) *the ~ of the matter* tot die kern (van die saak) deurdring; *have one's ~ in one's mouth* jou hart sit in jou keel, jou hart in jou keel voel klop; *s.t. moves/touches s.o.'s ~* iets ontroer iem.; *have no ~ for s.t.* nie die moed hê vir iets nie; geen sin in iets hê nie; *have a ~ of oak* stoer/standvastig wees, mannemoed hê; *open/bare* (or *pour out*) *one's ~* jou hart uitpraat/uitstort/blootlê; *put (new) ~ into s.o.* iem. moed gee/ inboesem/inpraat; *put one's ~ into s.t.* jou (met) hart en siel op iets toelê; *s.o.'s ~ is in the right place* iem. se hart sit op die regte plek; *search one's (own) ~* jou hand in (jou) eie boesem steek; *set one's ~* (or *have one's ~ set*) *on s.t.* jou hart/sinne op iets sit; jou iets voorneem; *sick at ~* hartseer, treurig; *s.o.'s ~ sinks* iem. se moed begeef/begewe hom/haar; *wear one's ~ on one's sleeve* jou hart op jou tong dra/hê, jou hart lê op jou tong; *have a soft/tender ~* 'n teer hart hê; *be ~ and soul with s.o.* hart en siel met iem. wees, iem. (met) hart en siel steun; *be ~ and soul in favour of s.t.* (met) hart en siel vir (*of* ten gunste van) iets wees; *steal s.o.'s ~* iem. se hart steel/ verower; *have a ~ of stone* 'n hart van steen/klip hê; *keep a stout ~!* hou goeie moed!; *take ~* moed skep; *take s.t. to ~* iets ter harte neem, jou iets aantrek; *s.t. tears s.o.'s ~ out* iets gee iem. 'n steek in die hart; *what the ~ thinks the mouth speaks →ful(l)ness;* *~ to* openhartig; intiem; *one's ~ warms to s.o.* jou hart begin warm klop vir iem., (jou) tot iem. aangetrokke voel; *s.t. warms s.o.'s ~* iets doen iem. se hart goed; *be young at ~* jonk van hart/gees wees; *the young at ~* die jeugdiges van gees. **~ache** hartseer. **~ attack** hartaanval. **~beat** (*ook fig.*) hartklop, polsslag; hartklopping. **~break** hartseer, gebrokenheid. **~broken** gebroke, met gebroke hart; *s.o. was ~, (fig.)* iem. se hart was gebreek, iem. was ontroosbaar. **~burn** sooibrand. **~ condition** hartkwaal, -aandoening; *have a ~ ~* aan 'n hartkwaal ly, 'n hartlyer wees. **~ disease** hartkwaal, -siekte. **~ failure** hartversaking; *s.t. (nearly) gave s.o. ~ ~* iem. se hart het amper/byna gaan staan oor iets. **~felt** hartlik, opreg (gevoel), innig, hartgrondig. **~land** hartland. **~-lung machine** hart-long-masjien. **~-rending** hartverskeurend. **~-searching** *n.* selfondersoek, bedenkinge. **~-searching** *adj.* hartdeursoekend, selfondersoekend. **~-shaped** vormig. **~sick, ~sore** hartseer; moedeloos. **~strings:** *s.t. tugs at s.o.'s ~* iets roer iem. se hartsnare, iets raak iem. se hartsnare aan. **~-throb** hartklop; hartedief. **~-to-heart (chat/ conversation/discussion/talk)** openhartige/intieme gesprek; *have a ~ (~)* openhartig met mekaar gesels/praat, dinge openhartig met mekaar uitpraat. **~ transplant** hartoorplanting; *double ~* dubbele hartoorplanting. **~ trouble** hartkwaal, -aandoening; *have ~ ~* aan 'n hartkwaal/-aandoening ly, 'n hartaandoening hê, 'n hartlyer wees. **~-warming** hart-

verwarmend, bemoedigend; aangrypend; opbeurend. **~wood** kern-, pithout.

**-heart·ed** komb.vorm =hartig; *kind-~* goedhartig.

**heart·en** opwek, aanmoedig, bemoedig; verbly; moed vat/ skep. **heart·en·ing** opbeurend, bemoedigend.

**hearth** (vuur)herd; *home and ~, ~ and home* huis en haard. **~ rug** herdmat, -kleedjie. **~stone** (h)erd=, haardsteen, kag= gelsteen; haard; tuiste; skuursteen.

**heart·less** harteloos, gevoelloos, wreed. **heart·less·ness** hardvogtigheid.

**hearts·ease, heart's-ease** (*bot.*) gesiggie, driekleurige viooltjie.

**heart·y** hartlik, opreg, innig; flink; volop; *~ breakfast* stywe ontbyt; *~ eater* stewige eter. **heart·i·ly** hartlik, van harte, lus= tig; *eat ~* smaaklik eet; *~ sick of ...* sat van ... **heart·i·ness** hartlikheid; ywer, geesdrif.

**heat** *n.* warmte *(v. liggaam)*; hitte *(v. oond)*; hittigheid; gloed; heftigheid, woede; vuur, opwinding; hitsigheid, bronstig= heid; uitdun(wedstryd); *(infml.)* (intense) druk; *~ of com= bustion, (chem.)* verbrandingswarmte; *it's a dead ~* hulle is gelykop (*of* kop aan kop); *emit ~* hitte/warmte afgee; *s.t. generates a lot of ~, (lett.)* iets wek baie hitte op; *(fig.)* iets maak die gemoedere/gevoelens gaande; *in the ~ of ...* in die hitte van ... *(d. stryd)*; in die opwinding van ... *(d. oomblik); the ~ is off, (infml.)* die gevaar is verby, (iem.) kan weer asemskep; *be on/in ~* loops/bronstig/hitsig (*of* op hitte) wees, *(plat)* sp(e)uls/jags wees; *the ~ is on, (infml.)* die wêreld raak vir iem. benoud; *prickly ~* hitte-uitslag; *put the ~ on s.o., (infml.)* die wêreld vir iem. warm maak, druk op iem. uitoefen; *take the ~ for s.t., (infml.)* deurloop oor iets; *take the ~ out of s.t.* iets ontlont ('n argument ens.); *turn on the ~, (infml.)* druk uitoefen, die wêreld benoud/warm maak *(vir iem.).* **heat** *ww.* verwarm, warm maak (kos, swembad, ens.); verhit (metaal ens.); *~ up* warm word; *~ s.t. up* iets verwarm *('n kamer ens.)*; iets opwarm (kos ens.). **~ barrier** hittegrens. **~ conductor** warmtegeleier. **~ death** *(fis.)* hit= tedood. **~ exchanger** warmte-uitruilapparaat, hitteruiler. **~ exhaustion** hitte, warmteuitputting, sonsteek. **~proof** hitte= vas, =bestand. **~ pump** hittepomp. **~ rash** hitteuitslag. **~ resistance** hittebestandheid, =vastheid, =weerstand. **~ re= sistant, ~ resisting** *adj.* warmte=, hittewerend; hittevas, vuur= vas. **~-seeking** *adj. (attr.)* hittegeleide *(missiel)*; hittesensi= tiewe, warmtegevoelige *(kamera).* **~-sensitive** hittesensitief, warmtegevoelig *(materiaal, selle, ens.).* **~ shield** *(teg.)* hitte= skerm. **~ stroke** sonsteek, hitteslag. **~ treatment** warmte= behandeling. **~ wave** hittegolf.

**heat·ed** heftig, opgewonde, driftig, vurig; *~ discussion/ex= change* woordetwis, skerp/vuurwarm woordwisseling; *get ~* driftig word. **heat·ed·ly** driftig, in drif.

**heat·er** verwarmer; verwarmingstoestel.

**heath** heide; heiveld; *Bokkeveld/Worcester/white ~, (Erica monsoniana)* bokkevelds=, witheide; *Elim ~, (E. regia)* bel= letjieheide; *Houwhoek ~, (E. massonii)* taaiheide; *lantern ~, (E. blenna)* lanternheide; *ninepin/nipple ~, (E. mammosa)* rooiklossieheide; *sticky ~, (E. viscaria)* klokkiesheide; *Swel= lendam ~, Walker's ~, (E. walkeria)* swellendamheide; *Tyger= hoek ~, (E. aristata)* tierhoekheide; *wax/Franschhoek ~, (E. ventricosa)* was=, franschhoekheide. **~ bell** heideklokkie, =blommetjie.

**hea·then** *n., (neerh.)* heiden, ongelowige; *(infml.: onverfynde)* heiden, barbaar, gomtor. **hea·then** *adj., (neerh.)* heidens. **hea·then·dom** heidendom, =wêreld. **hea·then·ish** heidens. **hea·then·ism** heidense geloof/gebruike.

**heath·er** (Skotse) heide, heide(struik); heide(blom); hei= veld; heidekleur.

**heath·er·y** heideagtig, hei(de)=; met heide begroei.

**heat·ing** verwarming *(v. 'n huis ens.)*; verhitting. **~ apparatus** verwarmingsapparaat. **~ element** verwarmingselement. **~**

**gas** stookgas. ~ **plant** verwarmingsaanleg. ~ **power** ver=
hittings-, verwarmingsvermoë.

**heave** *n.* rysing; deining; swelling; opwelling; (op)buiging;
hyging; *s.o. has the* ~*s* iem. is kortasem(rig). **heave** *heaved
heaved, ww.* (op)tel, (op)lig, (op)hys; *(grond)* rys; opwel;
*(boesem)* dein, swel; slaak *('n sug);* kokhals, brul; gooi; ~ *at
s.t.* aan iets trek; ~ *s.t. at* ... iets na ... gooi; ~ *a groan* 'n
kreun uitstoot; ~ *a sigh* 'n sug slaak; ~ *up, (infml.)* opgooi,
kots. ~*-ho:* **give** *s.o. the (old)* ~*, (infml.)* iem. die trekpas gee.

**heav·en** *(soms, veral Chr., H~)* hemel; uitspansel, lug(ruim);
~*s above/alive!, (infml.)* goeie hemel!, liewe land!; *ascend
to* ~ opvaar na die hemel, opvaar hemel toe; *call to* ~ die
hemel aanroep; *it cries (aloud) to (high)* ~ dit skrei ten hemel;
*between* ~ *and earth* tussen hemel en aarde; *s.t. is like* ~ *on
earth* iets is hemel op aarde; *move* ~ *and earth (to ...)* hemel
en aarde beweeg *(of* alles probeer) (om te ...); *our Father in*
~ ons Vader in die hemel; ~*'s gate* die hemelpoort; *(good)*
~*s!, (infml.)* (goeie/liewe) hemel/genade!; ~ *help* s.o.! wee
iem. (se gebeente)!; *in* ~ in die hemel; *(infml.)* baie gelukkig;
*in the* ~*s* aan die hemel/uitspansel; ~ *(only) knows* die hemel/
Vader (alleen) weet; *(oh)* ~*s!* (o) hemel(tjie)!, o (my) aarde!,
(o) goeiste!; *for* ~*'s sake* in hemelsnaam, om hemelswil/lief=
deswil, in/om vadersnaam; *be in the seventh* ~ (or ~ *of* ~*s),
(infml.)* in die wolke *(of* die sewende/hoogste hemel) wees; *it
stinks to (high)* ~*, (infml.)* dit stink verskriklik; dit skrei ten
hemel. ~*-sent* van bo (gestuur), hemels.

**heav·en·ly** *(infml.)* hemels, goddelik; salig, heerlik; hemel-;
~ *body* hemelliggaam.

**heav·en·ward(s)** hemelwaarts.

**heav·i·ly** swaar; hewig; druk, op groot skaal *(verkoop);* ~ *built*
swaar gebou; *come down* ~ *on s.o.* iem. kwaai (be)straf; ~
*guarded* sterk bewaak; ~ *laden/taxed* swaar belaai/belas;
*rely* ~ *(up)on s.o./s.t.* grootliks staatmaak op iem./iets.

**heav·i·ness** swaarte; swaarheid; swarigheid; swaarmoedig=
heid.

**heav·y** *heavies, n. (dikw. i.d. mv.), (infml.)* kolos; bullebak;
groot kokkedoor. **heav·y** *heavier heaviest, adj.* swaar *(boete,
ete, geur);* kwaai *(verkoue);* moeilik, druk *(dag);* taai *(program);*
hard *(hou);* dik *(jas);* drukkend *(stilte);* swaar bewolk, som=
ber *(lug);* donker *(wolke); (fig.)* gelade *(atmosfeer);* ernstig *(to=
neelrol ens.);* bitter *(ironie);* bytend *(sarkasme);* lomp; bot,
dom; vervelend, vervelig; hewig; onheilspellend; neerslagtig,
bedruk; beswaard *(v. hart);* ~ *drinker* drinkebroer, swaar
drinker; ~ *drug* sterk dwelm(middel); ~ *duty* swaar diens;
hoë invoerreg; ~ *features* growwe gelaatstrekke; ~ *gale*
hewige/swaar storm(wind); *under* ~ *guard* swaar bewaak;
~ *on the hand* swaar op die hand; *with a* ~ *heart* hartseer,
met 'n swaar hart; *suffer* ~ *losses* swaar verliese ly; *be* ~ *on
fuel* baie brandstof gebruik, 'n hoë brandstofverbruik hê,
*(infml.)* brandstof vreet; *be* ~ *on s.o.* streng teenoor iem.
wees, iem. stief behandel; ~ *rain* swaar reën, stortreën;
slagreën; ~ *smoker* strawwe/sterk roker; ~ *traffic* swaar ver=
keer; ~ *weight* swaar gewig; ~ *with sleep, (iem.)* slaapdronk;
*(oë)* dik van die slaap. ~*-bodied: a* ~ *wine* 'n wyn vol van
lyf. ~*-bottomed* swaarboom=. ~ *breather* iem. wat swaar
asemhaal; *(oor d. telefoon)* hyger, hygswyn *(sl.).* ~*-goods ve=
hicle* swaarvoertuig. ~*-handed* lomp, onhandig. ~*-heart=
ed* swaarmoedig, bedruk. ~ *hydrogen (chem., simb.:* D)
deuterium, swaarwaterstof. ~ *metal (goud, lood, ens.)* swaar=
metaal; *(mus.)* heavy metal. ~*-metal adj.:* ~ *band, (mus.)* heavy
metal-(musiek)groep. ~ *petting* intieme liefkosings, *(infml.)*
vuurwarm vryery. ~ *sleeper* vaste slaper. ~ *spar (min.)* ba=
riet, swaarspaat. ~ *water (kernfis.)* swaarwater. ~*weight
(sport)* swaargewig; *(fig.)* iemand van gewig; *light* ~*, (boks)*
ligswaargewig.

**He·brew** *n., (hist.)* Hebreër, Israeliet; *(taal)* Hebreeus; *(i.d.
mv., Byb.boek)* Hebreërs. **He·brew, He·bra·ic** *adj.* He=
breus. **He·bra·ism** Hebraïsme. **He·bra·ist** Hebraïkus.

**Heb·ri·des** *(geog.)* Hebride; *the Inner* ~ die Binne-Hebride;
*the Outer* ~ die Buite-Hebride. **Heb·ri·de·an** *n.* inwoner van
die Hebride. **Heb·ri·de·an** *adj.* Hebridies.

**heck** *tw.: a* ~ *of a ..., (infml.)* 'n (ver)dekselse/hengse ...; *oh,*
~*!, (infml.)* verdeksels!, o gits/ga(a)ts/heng!; *what the* ~*!,
(infml.)* wat d(i)e drommel/duiwel!.

**heck·le** *n.* hekeling, tarting. **heck·le** *ww.* hekel, tart *('n kan=
didaat ens.);* kwelvrae stel; *(tekst.)* hekel *(vlas).* **heck·ler**
hekelaar; kwelvraer.

**hec·tare** hektaar.

**hec·tic** wild, woes; *(sl.)* erg.

**hec·to·gram(·me)** *(massaeenheid, afk.:* hg*)* hektogram.

**hec·to·li·tre,** *(Am.)* **hec·to·li·ter** *(maateenheid, afk.:* hl*)* hek=
toliter.

**hec·to·me·tre,** *(Am.)* **hec·to·me·ter** *(lengte-eenheid, afk.:*
hm*)* hektometer.

**Hec·tor** *(Gr. mit.)* Hektor.

**hec·tor** baasspeel (oor), afknou.

**hedge** *n.* heining; slagboom, hinderpaal, versperring; be=
skerming; waarborg, sekerheid; dekking *(teen verliese); (fin.)*
skans; dekweddenskap, dekking *(by weddenskappe);* vae stel=
ling, ontwykende woord(e); *a* ~ *against ...* 'n beskerming
teen ... **hedge** *hedged hedged hedging, ww.* omhein, af=
skut, afkamp; 'n heining plant; 'n heining snoei; hinder;
kwalifiseer *('n stelling ens.);* rondspring, bontpraat; skerm,
uitvlugte soek, jakkalsdraaie gooi/loop/maak; *(jou)* dek; *(fin.)*
verskans; ~ *s.t. about/around with ...* iets met ... toekamp/
omring; ~ *s.t. in* iets inkamp; iets omtrek/vaskeer; iets om=
tuin; ~ *s.t. off* iets afkamp/afhok; iets afsny. ~ *fund (fin.)*
(ver)skans(ings)fonds. ~*hog* krimpvarkie, rolvark(ie). ~*hop
ww.* skeervlieg. ~*row* heg, (geplante) heining; laning.

**he·don·ism** hedonisme. **he·don·ist** *n.* hedonis, genotsugtige.
**he·don·is·tic** hedonisties, genotsugtig; genot(s)=.

**hee·bie-jee·bies** *n. (mv.), (infml.)* ritteltit(s); *give s.o. the* ~
iem. die ritteltit(s) gee *(of* laat kry).

**heed** *n.: give/pay* ~ *to ..., take* ~ *of ...* op ... ag gee/slaan,
op ... let; van ... notisie neem; *take* ~ *of ..., (ook)* vir/teen ...
op jou hoede wees, oppas vir ... **heed** *ww.* let *(of* ag gee/
slaan) op, in ag neem. **heed·ful** oplettend, behoedsaam; *be*
~ *of ...* op ... let *(of* ag gee/slaan), ... in ag neem. **heed·less**
agte(r)losig, onverskillig, sorg(e)loos, onoplettend; *do s.t.* ~
*of ...* iets doen sonder om op ... te let; *be* ~ *of ...* nie op ... let
nie, onverskillig staan teenoor ...

**hee·haw** *n.* hieha, gebalk *(v. 'n esel).* **hee·haw** *ww., (esel)*
balk.

**heel**[1] *n.* hak, *(fml.)* hiel; hoef; hakskeen; polvy; *(perd se hoef)*
horingbal; agter=, onderstuk; basis *(v.d. hand);* korsie *(v.
brood); be at/(up)on s.o.'s* ~*s* op iem. se hakke wees; *bring
s.o. to* ~ iem. laat gehoorsaam; *click one's* ~*s* jou hakke klap;
*come to* ~ kop gee, jou onderwerp; *cool/kick one's* ~*s,
(infml.)* staan en wag, rondstaan, =trap; jou verveel; *dig in
one's* ~*s* vasskop, viervoet *(of* in jou vier spore) vassteek;
*down* *at* ~ afgetrap; slordig, armoedig; *follow on s.o.'s* ~*s* op
iem. se hakke bly; *hard/hot on s.o.'s* ~*s* kort op iem. se hak=
ke; *head over* ~*s* bol(le)makiesie; halsoorkop; *kick one's* ~*s
→cool/kick; kick up one's* ~*s* agteropskop; *take to one's* ~*s*
(laat) spaander, laat spat, jou uit die voete maak, vlug; *tread
on s.o.'s* ~*s* swaar kry, onmiddellik op iem. volg; *turn
on one's* ~ op die plek *(of* kort) omdraai; *under the* ~ *of
...* onder die hiel van ... *('n tiran).* **heel** *ww.* op die/jou hakke
loop/dans; hakke *(of* 'n hak) aansit; agternasit, op die hakke
sit; *(rugby)* (uit)haak.

**heel**[2] *n., (sk.)* oorhelling; slagsy *(v. 'n skip).* **heel** *ww.* (laat)
oorhel, hiel *('n skip);* ~ *(over), (igs.)(igs. skip ens.)* oorhel.

**heeled** *adj.* met 'n hiel, hiel-, hak=.

-**heeled** *komb.vorm* -hak=, met ... hakke; *high-*~ hoëhak=, met
hoë hakke; *be well-*~, *(fig., infml.: welgesteld)* daar goed/warm=
pies in sit.

**heft** *n., (infml., hoofs. Am.)* gewig; invloed. **heft** *ww., (infml.)* (op)lig, optel. **heft·y** swaar, gespier(d), stewig, fris (gebou); aansienlik, aardig, (baie) groot, enorm, yslik, astronomies *(bedrag ens.).*

**he·gem·o·ny** hegemonie; leierskap, leiding; heerskappy; oor= wig. **heg·e·mon·ic** hegemonies; heersend, leidend.

**he-he, hee-hee** *(onom.)* hie-hie.

**heif·er** vers.

**height** hoogte; hoogtepunt; toppunt; bult; verhewenheid; stand; glanspunt; *at its* ~ op sy hoogste punt *(of* hoogtepunt*); at the* ~ *of ..., (ook, d. geveg ens.)* toe ... op sy hoogtepunt was; in die hartjie van ... *(d. somer ens.); at a dizzy* ~ op 'n dui= selingwekkende hoogte; *in the* ~ *of fashion* hoog in die mode, volgens/na die nuutste/jongste mode; *draw o.s. up to one's full* ~ jou in jou volle lengte oprig; *gain* ~ klim, styg; *a* ~ *of land* 'n waterskeiding; *lose* ~ daal, sak; *it is the* ~ *of* ... dit is die opperste ... *(dwaasheid, astrantheid, ens.);* dit is die toppunt van ... *(dwaasheid, astrantheid, ens.); be the same* ~, *(mense)* ewe lank wees; *(geboue)* ewe hoog wees. ~ **restriction** hoog= tebeperking.

**height·en** verhoog; vermeerder; vererger; verhef; kleur gee; verskerp; versterk; *with* ~*ed colour* met 'n hoë blos.

**Heim·lich ma·noeu·vre** *(med.)* Heimlich(-)maneuver.

**hei·nous** afskuwelik, gruwelik, grusaam, verskriklik; verag= telik, haatlik.

**heir** erfgenaam; ~ *apparent, (jur.)* regmatige erfgenaam/op= volger; *appoint an* ~ 'n erfgenaam instel; *be the* ~ *to a fortune* die erfgenaam van 'n fortuin wees; ~ *presumptive, (jur.)* vermoedelike erfgenaam/opvolger; *son and* ~ stamhouer; *the* ~ *to the throne* die troonopvolger. ~**-at-law** *(jur.)* wettige erfgenaam. ~**loom** erf=, familiestuk.

**heir·ess** erfgename, erfdogter.

**heir·less** sonder erfgenaam.

**heist** *n., (infml.)* (gewapende) roof, roofaanval. **heist** *ww., (infml., hoofs. Am.)* (be)steel, (be)roof.

**heit, hei·ta** *tw., (SA)* heit(s)!.

**held** *(verl.t. & volt.dw.)* →HOLD *ww.*.

**Hel·en** *(Gr. mit.):* ~ *of Troy* Helena van Troje, die skone He= lena.

**he·li·an·thus** =thuses sonneblom.

**hel·i·cal** skroefvormig, skroef=; spiraalvormig, spiraal=, skroef= lynig; helikoïdaal, helikoïed; ~ *curve* skroeflyn; ~ *form* spi= raalvorm; ~ *pump* skroef van Archimedes.

**he·lic·i·ty** *(fis., biochem.)* helisiteit.

**hel·i·cop·ter** *n.* helikopter. **hel·i·cop·ter** *ww.: s.o.* =*ed to Polokwane/etc.* iem. is per helikopter Polokwane/ens. toe. ~ **deck** helikopterdek. ~ **gunship** gewapende helikopter. ~ **pilot** helikoptervlieënier, =loods.

**he·li·o·graph** *n.* heliograaf; seinspieël. **he·li·o·graph** *ww.* heliografeer. **he·li·og·ra·pher** heliografis. **he·li·o·graph·ic** heliografies.

**he·li·o·sphere** *(astron.)* heliosfeer, sonsfeer.

**he·li·o·trope** *(bot.)* heliotroop, sonsoekertjie. **he·li·o·trop·ic** ligsoekend, heliotropies, fototroop. **he·li·ot·ro·pism** helio= tropie, heliotropisme, ligsoeking, fototropie.

**hel·i·pad** helibof, =blad.

**he·li·um** *(chem., simb.: He)* helium.

**he·lix** =*lices* skroeflyn, spiraal, heliks; slak(ke)huis; oor(skulp)= rand; draadwinding; →HELICAL; *double* ~ dubbele heliks= struktuur. ~ **angle** helikshoek.

**he'll** *(sametr.)* = HE WILL.

**hell** *(relig. of fig.)* hel; vuurpoel; *beat/knock the* ~ *out of s.o., (infml.)* iem. 'n helse loesing *(of* pak slae*)* gee; ~'s *bells!, (infml.)* op dees aarde!; *descent into* ~ hellevaart; *be* ~ *on earth* hel op aarde wees; *have* ~ *on earth* hel op aarde hê/ kry; *(just) for the* ~ *of it, (infml.)* (net) vir die aardigheid; *till/*

*until* ~ *freezes (over), (fig.)* tot(dat) die perde horings kry; *when* ~ *freezes (over), on a cold day in* ~, *(fig.: nooit)* as die perde horings *(of* die hoenders tande*)* kry; *go to* ~*!, (infml.)* gaan/loop/vlieg na die duiwel!; *s.o. is going through* ~ iem. maak 'n hel deur, iem. se lewe is 'n hel; *be to* ~ *and gone, (infml.)* vrek ver/vêr wees; *come* ~ *or high water* buig of bars, kom wat wil; *kick up (or raise)* ~, *(infml.)* 'n kabaal opskop, 'n helse/yslike lawaai maak; *run* ~ *for leather, (infml.)* ooplê; *s.o.'s life is* ~ iem. se lewe is 'n hel, iem. maak 'n hel deur; *a* ~ *of a life, (infml.)* 'n hondelewe; *like* ~, *(infml.)* soos die duiwel; dat dit vrek; *like* ~*!, (infml.)* nog (so) nooit!; *all* ~ *broke (or was let) loose* toe was/is die duiwel los; *a* ~ *of a ..., (infml.)* 'n helse ... *(lawaai);* 'n nare/vreeslike ... *(tyd);* 'n yslike/groot ... *(probleem);* 'n eersteklas/agtermekaar/fantas= tiese ... *(mens ens.); s.t. is* ~ *on* ..., *(infml.)* iets is onaangenaam vir ... *(iem.);* iets verniel ... *('n enjin ens.); get the* ~ *out of here!, (infml.)* trap (hier uit)!, maak dat jy wegkom!; *get the* ~ *out of somewhere, (infml.)* laat spaander; holderstebolder weghardloop/uitklim/uitspring/ens.; *there was* ~ *to pay, (infml.)* toe was die duiwel los; *raise* ~ →*kick up; to/the* ~ *with it!, (infml.)* na die duiwel daarmee!; *what* in/the ~ ...?, *(infml.)* wat d(i)e duiwel ...?; *why* in/the ~ ...?, *(infml.)* wat d(i)e duiwel ...?. ~**bent:** *be* ~ *on doing s.t., (infml.)* vasbeslote wees *(of* alles uithaal*)* om iets te doen; iets wil doen, buig of bars. ~**cat** tierwyfie, feeks. ~ **driver** jaagduiwel. ~**fire** hel(le)vuur, helse vuur; groot vuur. ~**hole** hellegat. ~**hound** helhond, duiwel. ~**raiser** skoor=, rusiesoeker, rusie=, moles= maker.

**Hel·lene** *n.* Helleen, Griek. **Hel·len·ic** *adj., (v.d. Gr. kultuur: 776-323 v.C.)* Helleens, Grieks. **Hel·le·nise**, =**nize** vergrieks. **Hel·le·nist** Hellenis. **Hel·le·nis·tic** *(v.d. Gr. kultuur: 323-30 v.C.)* Hellenisties.

**hell·ish** hels, satans.

**hel·lo, hel·lo, hal·lo, hul·lo** hallo; ~ *again!* wederom!; ~, *what's this?* en toe/nou, wat is dit hier?.

**Hell's An·gel** *(motorfietsbendelid)* Hell's Angel; *(ook, i.d. mv.)* ysterperdgarde, =brigade;

**hell·uv·a** *(infml., sametr. v.* hell of a*)* helse *(lawaai ens.);* nare, vreeslike *(tyd ens.);* yslike, enorme *(probleem ens.);* wonder= like, fantastiese *(mens ens.).*

**helm** *(sk.)* helmstok, roer(pen); stuur; *at the* ~ aan die stuur *(v. 'n skip);* aan die roer (van sake); met die hef in die hande; *man at the* ~ stuurman. **helms·man** =*men* stuurman.

**hel·met** helm; stormhoed; *protective* ~, *(kr.)* skut=, kolfhelm; *(sun)* ~ helmhoed. ~ **beetle** skildkewer.

**hel·met·ed** gehelm(d).

**hel·minth** (ingewands)wurm, wurmparasiet, helmint. **hel· min·thi·a·sis** wurmsiekte, =besmetting, helmintiase. **hel· min·thic** wurmdrywend; wurm=. **hel·min·thol·o·gy** helmin= tologie.

**help** *n.* hulp, bystand; helper; hulp, handlanger; middel, raad; *ask s.o. for* ~ by iem. hulp vra, iem. om hulp vra; *be beyond* ~ reddeloos wees; *call/cry/shout for* ~ om hulp roep/ skree(u); *enlist s.o.'s* ~ iem. se hulp inroep; *go to s.o. for* ~ by iem. gaan hulp soek; jou toevlug tot iem. neem; *be a great* ~ *to s.o.* 'n groot hulp vir iem. wees; *not be much* ~ *to s.o.* geen groot hulp vir iem. wees nie; *do you need (any)* ~? kan ek help?; *there is no* ~ *for it* dit kan nie verhelp word nie; daar is niks aan te doen nie; daar is geen middel/raad voor nie; *be of* ~ *to s.o.* iem. help, iem. behulpsaam wees; iem. tot/van hulp wees; *can I be of (any)* ~? is daar iets waarmee ek kan help?; *rush to s.o.'s* ~ iem. te hulp snel; *seek* ~ hulp soek; *shout for* ~ →*call/cry/shout; with the* ~ *of s.o.* deur/met iem. se hulp, deur/met die hulp van iem.; *with the* ~ *of s.t.* met behulp van iets. **help** helped helped, *ww.* help, bystaan, (onder)steun; bedien; steun; bystand verleen; ~ *s.o.* along/ forward/on iem. vooruit-/voorthelp; ~ *s.t.* along/forward/ on iets bevorder *('n saak ens.); be anxious to* ~ hulpvaardig wees; gretig/begerig wees om te help; ~ *(to)* **bring** *s.t. about* tot iets bydra; *not if I can ~ it* nie as ek iets (daaroor) te sê het nie; *one doesn't refuse ... if one can ~ it* ('n) mens wys nie maklik/sommer ... van die hand nie; *s.o.* **cannot** *~ it* iem. kan dit nie help nie, dis nie iem. se skuld nie; *s.o.* **cannot** *~ but* ... iem. kan nie anders as ... nie; *s.o.* **cannot** *~ him-/ herself* iem. kan nie anders nie, iem. kan niks daaraan (of daar niks aan) doen nie; *it can't be ~ed* daar is niks aan te doen nie, dit kan nie verhelp word nie, dit is nie te verhelp nie; dit kan nie anders nie; dit moet; *s.o.* **could not** *~ it that s.t. happened* iem. kon dit nie (ver)help dat iets gebeur het nie; *~ s.o. (to)* **do** *s.t.* iem. iets help doen; *so ~ me God* so help my God (Almagtig); *s.o. could not ~ laughing* iem. moes lag, iem. kon nie anders as lag nie, iem. kon sy/haar lag nie hou nie; *~ out* ('n) hand(jie) bysit; *~ s.o.* **out** iem. help/by-staan, vir iem. inspring; *~ s.o.* **out of** ... iem. uit ... help *(d. moeilikheid ens.); ~ s.o. to s.t.* iem. met iets bedien, iem. iets gee *(om te eet);* iem. aan iets help *('n antwoord ens.); ~ o.s. to s.t.* iets vat; iets kry/neem *(om te eet); ~ yourself* **to** *gravy/etc.* neem/kry (vir jou) sous/ens.; *~ s.o.* **up** iem. ophelp. **~desk** hulpkantoor. **~line** hulplyn.

**help·er** helper, hulp, handlanger. ~ **(T) cell** *(fisiol.)* helpersel, CD4-sel.

**help·ful** nuttig; behulpsaam, hulpvaardig, tegemoetkomend, diensvaardig; *be ~ to s.o.* iem. help.

**help·ing** *n.* porsie, skep(pie). **help·ing** *adj.* helpend, behulpsaam; *extend/give/lend a ~ hand* ('n) hand(jie) bysit.

**help·less** hulpeloos, magteloos; onbeholpe; sonder hulp; *render s.o. ~* iem. lamslaan. **help·less·ly** ontredder(d).

**hel·ter-skel·ter** *n.* gejaag, gedrang, herrie, harwar; *(Br.)* spiraalglybaan. **hel·ter-skel·ter** *adj. & adv.* holderste-bolder, halsoorkop.

**Hel·ve·tian** *-s, n.* Helvesiër, Switser. **Hel·ve·tian, Hel·vet·ic** *adj.* Helveties, Switsers.

**hem**[1] *n.* soom; soomnaat; omstiksel; *take the ~ up* die rok/ens. korter maak. **hem** *-mm-, ww.* (om)soom, omstik; deurslaan; *~ s.t. about/in/round* iets omsingel/insluit/omring; *be ~med in by* ... deur ... omring wees *(berge ens.).* **~line** roksoom; vou-lyn *(v. 'n soom); lower/raise ~s* rokke/ens. langer/korter maak. **~stitch** *n.* soomsteek, siersoomsteek; *(borduurwerk)* agter-steek. **~stitch** *ww.* (sier)soomsteke aanbring.

**hem**[2] *-mm-, ww.:* ~/*hum and haw* onbeslis/aarselend praat, stotter; weifel. **hem** *tw.* h'm!.

**hem·i·ple·gi·a** *(med.)* hemiplegie, halfsydige/eensydige verlamming. **hem·i·ple·gic** hemiplegies.

**he·mip·ter·an** *n., (entom.)* halfvleuelige, -vlerkige. **he·mip·ter·an, he·mip·ter·ous** *adj.* halfvleuelig, -vlerkig.

**hem·i·sphere** halfrond; halwe bol, hemisfeer; *Eastern/ Northern/Southern/Western H~* Oostelike/Noordelike/Suide-like/Westelike Halfrond. **hem·i·spher·ic, hem·i·spher·i·cal** halfrond, hemisferies.

**hem·lock** *(bot.)* dollekerwel, giftige kerwel.

**hemp** *(bot.)* hennep; *Indian ~* (mak) dagga.

**hen** (hoender)hen; wyfievoël; *~'s egg* hoendereier; *~'s nest* hoendernes. **~-and-chickens** *(Chlorophytum comosum)* hen-en-kuikens; *(Sempervirum tectorum)* huislook. **~bane** *(bot.)* dol-, bilserkuid. ~ **battery** lêbattery. **~coop** hoenderhok, -fuik. ~ **harrier** *(orn.)* kuikendief. **~house** hoenderhuis, -hok. ~ **party** *(infml., skerts.: damespartytjie)* henneparty(tjie). **~peck:** ~ *s.o.* op iem. se kop sit. **~pecked** onder die plak/pantof-fel(regering); *~ husband* man wat die rok dra.

**hence** gevolglik, hierom, daarom, derhalwe, om dié rede; hiervan, hieruit; voortaan, van nou af; *five years ~* oor vyf jaar. **~forth** voortaan, hiervandaan, van nou af, na dese, in die vervolg.

**hench·man** *-men, (hoofs. neerh.)* trawant.

**hen·dec·a·gon** elfhoek. **hen·de·cag·o·nal** elfhoekig.

**hen·di·a·dys** *(gram.)* hendiadis.

**hen·na** *(plant, kleurstof)* henna.

**hen·ner·y** hoenderhok, -huis.

**Hen·ry:** ~ *the Navigator* Hendrik die Seevaarder.

**hen·ry** *-ry(s), -ries, (fis., induksie-eenheid, afk.: H)* henry.

**hep·a·rin** *(biochem.)* heparien.

**he·pat·ic** hepaties, lewer-; lewerkleurig; ~ *artery* lewerslag-aar; ~ *water* swa(w)el-, kruitwater.

**hep·a·ti·tis** *(patol.)* lewerontsteking.

**hep·tad** *(teg.)* sewetal.

**hep·ta·gon** sewehoek, heptagoon. **hep·tag·o·nal** sewehoe-kig, heptagonaal.

**hep·ta·he·dron** sewevlak, heptaëder, hepta-eder. **hep·ta·he·dral** sewevlakkig, heptaëdries, hepta-edries.

**hep·tath·lon** *(sport)* sewekamp.

**her** *pron.* haar; →SHE, HERS. **~self** haar; haarself; sy self, sy-self; *she amused ...* sy het haar vermaak; *by ~* (sy) alleen; *she cut ~* sy het haar gesny; *she said so ~* sy het self so gesê, sy self *(of syself)* het so gesê; *ask the woman ~* vra die vrou self.

**Her·a·cles** *(Gr.)* = HERCULES.

**her·ald** *n., (dikw. liter.)* voorloper; aanduiding, teken *(dat iets op hande is).* **her·ald** *ww.* aankondig; inlui.

**her·ald·ry** heraldiek, wapenkunde; wapen(skild). **he·ral·dic** heraldies, wapenkundig; ~ *scholar* heraldikus. **her·ald·ist** heraldikus, wapenkundige.

**herb** krui(d); bossie, kruidagtige plant; *the ~, (dwelmsl.)* dagga, boom. ~ **garden** kruietuin. ~ **tea** kruietee.

**her·ba·ceous** kruid-, bossieagtig, niehoutagtig; ~ *border* randakker.

**herb·age** kruie; groenigheid; gras; weiding.

**herb·al** *n.* kruieboek. **herb·al** *adj.* kruie-; ~ *ointment* kruie-salf; ~ *wine* kruiewyn.

**herb·al·ist** kruiekenner; kruiedokter. **herb·al·ism** kruieken-nis.

**her·bar·i·um** *-riums, -ria* herbarium; kruieboek; kruiever-sameling.

**her·bi·cide** onkruidmiddel, -doder.

**her·bi·vore** *(soöl.)* planteter, -vreter, herbivoor. **her·biv·o·rous** plantetend.

**Her·cu·les** *(klass. mit.)* Hercules, Herkules, Herakles. **Her·cu·le·an, Her·cu·le·an** *(ook h~)* Herculeaans, Herculies, Her-kuleaans, Herkulies; Herkules-, reuse-; ~ *strength* reusekrag.

**herd** *n.* kudde, trop; veestapel; *a ~ of ... 'n trop ... (skape ens.).* **herd** *ww.* saamtrop, -drom; (vee) oppas; ~ *sheep/etc.* **along** skape/ens. aankeer; ~ *sheep/etc.* **on** *to* ... skape/ens. aankeer (na) ... toe; ~ *sheep/etc.* **together** skape/ens. saamhok/-ja(ag); *they ~* **together** hulle drom saam. ~ **book** (vee)stamboek. **~boy** (vee)wagter(tjie). ~ **instinct** tropinstink, kuddedrang; *(psig.)* groepinstink, groepsgees;

**herd·er** *(hoofs. Am.)* veewagter, herder.

**herds·man** *-men, (hoofs. Br.)* veewagter, herder.

**here** hier, hierso; hiernee, hiernatoe, hierso; *it was about ~* dit was omtrent hier; *along ~* hier langs; *~ at the* **back** hier agter *(adv.);* hieragter *(pron.); down ~* hier onder *(adv.);* hieronder *(pron.); from ~* hiervandaan; van hier (af); *from ~ to there* van hier tot daar; *~ at the* **front** hier voor *(adv.);* hiervoor *(pron.); get out of ~!* maak dat jy wegkom!; *(infml.)* nou praat jy sommer kaf!; *in ~* hier binne *(adv.);* hierbinne *(pron.); just ~* net hier; *near ~* hier naby; *~ and now* op die daad/plek, dadelik; *out ~* hier buite *(adv.);* hierbuite *(pron.); over ~* hierso, hier duskant; aan hierdie kant; *right ~* net hier, hier op dié plek; op die oomblik; op dié tydstip; nou dadelik; *~ and there* hier en daar; plek-plek; *it is neither ~ nor* **there** dit is nie ter sake nie; *~,* **there** *and everywhere* oral(s); *to ~* tot hier; *~'s to ...!* op ...!; *~'s* **to you!** (op jou) ge-luk/gesondheid!; *~ today and gone tomorrow* vandag hier en môre/more daar; *(ook)* iem. is 'n voël op 'n tak; **up** ~ hier bo *(adv.)*; hierbo *(pron.)*; ~ **we** *are* hier is ons; hier is dit; hier is die plek; ~ *is* **where** ... *comes in* dit is waar ... te pas kom; ~ **you** *are/go!* vat hier!, hier is dit!, hierso!, dè!. ~**about(s)** hier langs/rond, omtrent hier, hieromstreeks, hier in die buurt. ~**after** *n.: the* ~ die hiernamaals. ~**after** *adv., (fml.)* hierna, voortaan; na dese. ~**by** hierby, hiermee, hierdeur. ~**in** *(fml. of jur.)* hierin. ~**to** *(fml. of jur.)* hiertoe; tot hier; hierby. ~**under** *(fml. of jur.)* hierna, later; hieronder. ~**upon** hierop; hierna. ~**with** *(fml.)* hiermee, hierby.

**he·red·i·tar·y** erflik; oorerflik; oorgeërf, erf-; ~ *disease* erfsiekte, erflike siekte; ~ *law/right* erfreg; ~ *possession* erfbesit.

**he·red·i·ty** erflikheid; oorerwing; *(theory of)* ~ erflikheids= leer.

**He·re·ro** *=ro(s), (antr.)* Herero.

**here's** *(sametr.)* = HERE IS.

**her·e·sy** kettery, dwaalleer.

**her·e·tic** ketter. **he·ret·i·cal** ketters, ketter=.

**her·i·ta·ble** (ver)erfbaar; erflik; erfgeregtig.

**her·i·tage** erfenis, erwe; erfdeel, erfgoed, nalatenskap. ~ **centre** erfenissentrum. ~ **coast** kusbewaringsgebied. **H~ Day** *(SA: 24 Sept.)* Erfenisdag. ~ **trail** erfenis(stap)roete, be= waringsroete.

**her·maph·ro·dite** *n.* hermafrodiet, trassie. **her·maph= ro·dite, her·maph·ro·dit·ic, her·maph·ro·dit·i·cal** *adj.* dubbelslagtig, tweeslagtig, hermafrodities. **her·maph= ro·dit·ism** hermafroditisme, dubbelslagtigheid, tweeslagtig= heid.

**her·me·neu·tic, her·me·neu·ti·cal** verklarend, uitleg= gend, uitlegkundig, hermeneuties. **her·me·neu·tics** *n. (mv.)* uitlegkunde, hermeneutiek.

**her·met·ic** *adj.* hermeties, lugdig. **her·met·i·cal·ly** *adv.* her= meties, lugdig.

**her·mit** kluisenaar, hermiet. ~ **crab** hermietkrap, kluise= naar(s)krap.

**her·mit·age** kluisenaarshut, hermitage; *(druifsoort)* hermi= tyk, hermitage.

**her·ni·a** *=nias, =niae* breuk; *abdominal* ~ buikbreuk; *have a* ~, *(infml.)* die aapstuipe kry, ontplof; *umbilical* ~ naelbreuk.

**he·ro** *=roes* held; *heroes' acre* heldeakker; ~*'s welcome* helde= ontvangs. ~ **worship** *n.* heldeverering. ~**worship** *ww.* aan= bid, verafgo(o)d, vereer; dweep met.

**Her·od** *(NT)* Herodes.

**He·rod·o·tus** *(Gr. historikus)* Herodotos, Herodotus.

**he·ro·ic** *adj.* heldhaftig, dapper, heroïes, helde=; ~ *act/deed/ feat* heldedaad; ~ *poetry* epiese poësie, epiek. **he·ro·ics** *n. (mv.)* grootdoenery; heldhaftigheid.

**her·o·in** heroïen.

**her·o·ine** heldin.

**her·o·ism** heldemoed, heldhaftigheid, heroïsme, die heroïe= se; *act of* ~ heldedaad.

**her·on** *(orn.)* reier; *goliath* ~ reusereier; *grey* ~ bloureier; *purple* ~ rooireier; *squacco* ~ ralreier.

**her·pes** blasies, koorsblare; uitslag; omloop. ~ **simplex** her= pes simplex/simpleks. ~ **zoster** →SHINGLES.

**her·pe·tol·o·gy** herpetologie. **her·pe·tol·o·gist** herpetoloog.

**her·ring** *(igt.)* haring; **Bismarck** ~ rolmops; **pickled** ~ pekelharing; **red/smoked** ~ bokkom, bokkem, gerookte haring; *a red* ~, *(fig.)* 'n dwaalspoor; 'n afleidingsmaneuver/ misleidingsaksie; **salt** ~ southaring. ~**bone** haringgraat. ~**bone pattern** visgraatpatroon. ~ **gull** silwermeeu.

**hers** *bes.vnw.* hare; *it is* ~ dit is hare; *a friend of* ~ 'n vriend(in) van haar.

**hertz** hertz, *(fis., frekwensie-eenheid, afk.:* Hz) hertz.

**Hert·zog cook·ie** *(kookk.)* hertzoggic.

**he's** *(sametr.)* = HE IS; HE HAS.

**hes·i·tate** aarsel, weifel, skroom, huiwer; ~ *to do s.t.* aarsel om iets te doen; huiwerig wees om iets te doen; *not* ~ *to do s.t.* nie aarsel om iets te doen nie. **hes·i·tance, hes·i·tan·cy** aarseling, weifeling, weifelagtigheid. **hes·i·tant** aarselend, weifelend, weifelagtig. **hes·i·tant·ly** aarselend, weifelend, draaierig, dralend, onbeslis. **hes·i·ta·tion** aarseling, weife= ling, onbeslistheid; hapering *(in spraak); have no* ~ *in doing s.t., do s.t. without* ~ iets sonder aarseling doen; *without* ~, *(ook)* sonder weifeling.

**hes·sian** goiing; sakgoed. ~ **bag** goiingsak.

**het·er·o** *=os, (infml., afk. v.* heterosexual*)* hetero.

**het·er·o·ge·ne·ous** ongelyksoortig, ongelykslagtig, hete= rogeen, vreemdsoortig. **het·er·o·ge·ne·i·ty, het·er·o·ge·ne= ous·ness** ongelyksoortigheid, heterogeniteit.

**het·er·o·mor·phic** *(biol.)* heteromorf, atipies. **het·er·o·mor= phism, het·er·o·mor·phy** heteromorfie.

**het·er·o·nym** *(ling.)* heteroniem.

**het·er·o·sex·u·al** heteroseksueel. **het·er·o·sex·u·al·i·ty** he= teroseksualiteit, teengeslagtelike liefde.

**het·er·o·troph·ic** *(biol.)* heterotroof.

**het·er·o·zy·gote** *n., (genet.)* heterosigoot, heterosigoties. **het·er·o·zy·gous** *adj.* heterosigoot.

**het up** *adj. (pred.), (infml.): be* ~ ~ *about s.t.* ontstig/ontstoke oor iets wees.

**heu·ris·tic** *adj.* heuristies, ontdekkend. **heu·ris·tics** *n. (fun= geer gew. as ekv.)* heuristiek.

**hew** *hewed hewed/hewn* kap; slaan; ~ ... **down** ... afkap/omkap *('n boom ens.);* ... neervel *('n teenstander);* ~ *s.t.* **off** iets afkap; ~ *s.t.* **out** iets uitkap/uitbeitel; ~ **out** *a career for o.s.* vir jou 'n loopbaan uitkerf/oopkap; ~ **out** *an existence* op 'n manier *(of* met [groot] moeite) 'n bestaan maak; ~ ... *to* **pieces** ... stukkend *(of* aan stukke) kap; ~ ... **up** ... opkap/fynkap; ... stukkend kap; ~ *one's* **way** jou pad deurslaan/oopkap; jou weg baan. **hewn** bekap, gehou.

**hew·ing** kappery; bekapping. ~ **chisel** kapbeitel.

**hex**[1] *n., (afk. v.* hexadecimal [notation]*)* heks. ~ **code** *(rek.)* hekskode.

**hex**[2] *n., (Am., infml.)* heks, towenaar; towerspreuk; *put a* ~ *on s.t.* iets toor; *there's a* ~ *on it* dis gepaljas. **hex** *ww., (Am., infml.)* betoor, paljas, beheks; heksery bedryf.

**hex·a·dec·i·mal** *adj.* heksadesimaal, sestientallig. ~ **(nota= tion)** heksadesimale getallestelsel, sestientallige stelsel.

**hex·a·gon** seshoek, heksagoon. **hex·ag·o·nal** seshoekig; ses= kantig; sessydig; heksagonaal; ~ *bar* seskantstaaf; ~ *nut* seskantmoer.

**hex·a·gram** heksagram, Dawidster.

**hex·a·he·dron** sesvlak, kubus, heksaëder, heksa-eder. **hex= a·he·dral** sesvlakkig, heksaëdries, heksa-edries.

**hex·am·e·ter** *(pros.)* heksameter, sesvoetige vers. **hex·a= met·ric, hex·a·met·ri·cal** heksametries, sesvoetig.

**hex·a·pod** *(entom.)* sespoot, sespoter.

**hey** *tw.* haai (jy)!; hè?; ~ *presto!* siedaar!.

**hey·day** bloei(tyd), glorietyd, fleur, mooiste/skoonste tyd; hoogtepunt, hoogste punt, toppunt; *in s.o.'s* ~ in iem. se fleur; *in the* ~ *of* ... op die hoogtepunt van ...

**Hez·bol·lah, Hiz·bol·lah** *(militante Moslemorganisasie)* Hiz= bollah.

**Hez·e·ki·ah** *(OT)* Hiskia.

**hi** *tw.* haai!.

**hi·a·tus** *=tus(es)* hiaat, gaping, leemte. ~ **hernia** mantelvlies=, diafragmabreuk.

**hi·ber·nate** oorwinter; hiberneer, winterslaap hou. **hi·ber= na·tion** oorwintering, winterslaap, hibernasie. **hi·ber·na·tor** winterslaper.

**hi·bis·cus** *=cuses, (bot.)* hibiskus.

**hic·cup, hic·cough** *n.* hik; *(infml.)* (klein) haakplekkie/

probleempie; **have** *a* ~, *(rekenaar ens.)* lol, las/moeilikheid gee; **have the** ~*s, (lett.)* die hik hê; *there's been a* **slight** ~ daar het 'n (klein) probleempie opgeduik, daar is 'n (klein) haakplekkie/probleempie; *without any* ~*s* glad, vlot, sonder haakplekke. **hic·cup** =*p(p)*=, **hic·cough** *ww.* hik.

**hick** *n., (Am., infml.)* (plaas)japie, (gom)tor, takhaar. **hick** *adj., (Am., infml.)* agterlik; ~ *town* agterlike dorpie.

**hick·o·ry** Amerikaanse okkerneutboom, hickory; neuthout. ~ **gum** leerbloekom.

**hid** *(verl.t.)* →HIDE² *ww.*.

**hi·dal·go** =*gos* hidalgo, Spaanse edelman.

**hid·den** verborge, versteek, verhole; →HIDE² *ww.*; ~ **agenda** verskuilde/geheime/verborge agenda; ~ **designs** geheime oogmerke; ~ **meaning** bybedoeling; ~ **reserves,** *(ekon.)* geheime reserwes.

**hide¹** *n.* vel, huid; *save s.o.'s* ~, *(infml.)* iem. se bas/lewe red; *tan s.o.'s* ~, *(infml.)* iem. (uit)looi. ~**bound** *(fig.)* bekrompe, verkramp, kleingeestig; gewoontevas; verstar(d), styf en strak, star.

**hide²** *n.* skuilplek, skuilte, skuilhut. **hide** *hid hidden/hid, ww.* verberg, wegsteek, wegstop; wegkruip, skuil, jou verskuil; verdoesel; ~ **away** wegkruip, skuil; ~ *s.t.* **away** iets wegsteek; ~ **from** *s.o.* vir iem. wegkruip; ~ *s.t.* **from** *s.o.* iets vir iem. wegsteek; ~ *one's* **head** jou kop laat hang *(v. skaamte),* nie weet waar om jou kop weg te steek nie; ~ *o.s.* wegkruip; skuilgaan; ~ **out** wegkruip. ~**-and-seek** *(speletjie)* wegkruipertjie. ~**away** skuilplek, skuilte. ~**out** skuilplek, wegkruipplek.

**hid·e·ous** afskuwelik, afgryslik, afsigtelik. **hid·e·ous·ness** afskuwelikheid, afgryslikheid, afsigtelikheid.

**hid·ing¹** *(ook, fig.: ne[d]erlaag)* pak (slae), loesing; *get a* ~ ('n) pak (slae) kry, 'n loesing kry/oploop, op jou baadjie kry; *give s.o. a* ~ iem. ('n) pak (slae) gee, iem. op sy baadjie gee; *give s.o. a* **good/proper/sound** ~ iem. 'n ordentlike/deftige/gedugte pak (slae) *(of* loesing*)* gee, iem. behoorlik afransel/opdons; *be on a* ~ *to* **nothing** weinig kans op sukses hê, tot mislukking gedoem wees; **prepare** *(yourself) for a* ~*!* jy kan maar jou lyf vetsmeer!.

**hid·ing²** skuiling; *be in* ~ wegkruip; *go into* ~ wegkruip, skuil, skuilgaan, onderduik; *remain in* ~ skuil, verskuil bly, wegkruip. ~ **place** skuilplek, skuilte, wegkruipplek.

**hi·er·ar·chy** hiërargie; (priesterlike) rangorde; priesterheerskappy. **hi·er·ar·chic, hi·er·ar·chi·cal** hiërargies.

**hi·er·o·glyph, hi·er·o·glyph·ic** *n.* hiëroglief, beeldskrifteken. **hi·er·o·glyph·ic** *adj.* hiëroglifies, hiërogliwies. **hi·er·o·glyph·ics** *n. (fungeer as ekv. of mv.)* beeldskrif, hiërogliewe.

**hi-fi** *hi-fis, (afk.)* hoëtroustel; →HIGH FIDELITY. ~ **equipment** hoëtroutoerusting. ~ **set,** ~ **system** hoëtroustel, =stelsel, =toestel. ~ **sound** hoëtrouklank.

**hig·gle·dy-pig·gle·dy** *adj. & adv., (infml.)* deurmekaar, onderstebo, hot en haar.

**high** *n.* die hoë; hoogtepunt, toppunt; hoogste syfer, maksimum; *(met.)* hoog, hoogdrukgebied, antisikloon; bedwelming, dwelmroes; *be at* (*or* reach*) an* **all-time** ~ hoër as ooit wees; *from on* ~ van bo(we), van/uit die hemel, van omhoog; *hit/reach a* ~ 'n hoogtepunt bereik; *the* **Most** *H*~ die Allerhoogste; *a* **new** ~ 'n nuwe hoogtepunt; *on* ~ (daar) bo, in die hemel/hoë, omhoog; na bo(we), na die hemel. **high** *adj. & adv.* hoog; verhewe; duur; edel, adellik; kragtig, sterk; opgewek, hooggestem(d); hooglopend, hewig; uiters, erg; adellik *(wildsvleis); (infml.)* bedwelm(d), dwelmdronk; →HIGHER *adj. & adv.; fly* **as** ~ *as 10 000 metres* tot 10 000 meter hoog vlieg; *temperatures* **as** ~ *as 30 degrees* 'n temperatuur van tot 30 grade; *reach* ~ *C, (mus.)* die hoë C bereik; ~*est* **common** *factor, (wisk.)* grootste gemene deler; ~ *and* **dry** nou en droog; ~ *enthusiasm* blakende ywer; brandende geesdrif; *be in* ~ **favour** hoog in die guns staan; *get* ~ *on ..., (infml.)* in 'n bedwelming raak van ... *('n*

dwelmmiddel*)*; gerook raak *(v. dagga);* have ~ **hopes** groot verwagtinge koester; *on one's* ~ **horse** op jou perdjie, woedend; uit die hoogte, minagtend; *(as)* ~ *as a* **kite**, *(infml.)* hoog in die takke; *hunt/search* ~ *and* **low** oral(s) (rond)soek; *the* **meat** *is* ~, *(effens bedorwe)* die vleis het 'n krakie/klankie; *be* ~ *and* **mighty** hooghartig/aanmatigend *(of* uit die hoogte*)* wees; verwaand wees; ~ **mountains** hooggebergte; ~*est* **paid** *official* hoogs betaalde amptenaar; *in* ~ **places,** *(ook)* onder/by hooggeplaastes; *feelings ran* ~ die gevoelens het hoog geloop; *be* **riding** ~ op die kruin van die golf ry/wees; **sing** ~ hoog sing; *at (a)* ~ **speed** met groot snelheid; → HIGH-SPEED *adj.; it is* ~ **time** dit is hoog tyd; ~ *up* omhoog; hooggeplaas; →HIGH-UP *n.*. ~ **altar** hoogaltaar. ~**-angle** steilhoekig. ~**-backed** hoërug=, met 'n hoë rug(leuning). ~**ball** *(Am.)* ysmengeldrankie; whisky en soda/gemmerlim met ys. ~**boot** kapstewel. ~**born** van hoë geboorte/afkoms, welgebore; adellik. ~**boy** *(Am.)* hoë laaikas. ~**brow** *(dikw. neerh.)* boekgeleerd, snobisties, intellektueel. ~**-carbon steel** kool(stof)ryke staal. H~ **Church** Hoogkerk. ~**-class** vernaam, deftig, uitmuntend, uitnemend, van hoë gehalte. ~ **command** opperbevel, opperste/hoogste leërleiding. H~ **Commission** Hoë Kommissie/Kommissariaat. H~ **Commissioner** Hoë Kommissaris. ~**-cost** met hoë (produksie)koste; duur. ~ **court** *(jur.)* hooggeregshof. ~ **court judge** *(jur.)* hooggeregshofregter. ~ **definition television** hoëdefinisietelevisie. ~**-density housing** hoëdigtheidsbehuising. H~ **Dutch** Hooghollands. ~**-end** *adj. (attr.)* kundige, gesofistikeerde, oordeelkundige, kieskeurige *(verbruiker);* weelde=, eksklusiewe *(handelsware).* ~**-energy** *adj. (attr.)* energieryke *(kos ens.);* ~ *blast* hoogenergetiese (skiet)lading. ~**falutin(g)** bombasties, hoogdrawend. ~ **fashion** hoogmode. ~ **festival** hoë fees. ~**-fibre** *adj. (attr.)* veselryke *(dieet).* ~ **fidelity** *n.* klankpresisie, klanktrou, klank(ge)trouheid, klank(ge)troue weergawe. ~**-fidelity** *adj. (attr.)* klankpresies(e), klank(ge)=troue, =suiwer, =sekuur, =sekure. ~ **finance** hoë finansiewese. ~ **five** *n., (infml., oorspr. Am.)* vatvyf. ~**-flier,** ~**-flyer** hoogvlieër; fantas. ~**-flying** *adj., (lett. & fig.)* hoogvlieënd, ambisieus, eersugtig. ~ **frequency** *n., (rad.)* hoë frekwensie. ~**-frequency** *adj. (attr.)* hoëfrekewensie=. ~ **gear** hoë rat. H~ **German** Hoogduits. ~**-grade** eersterangs, van hoë gehalte; hoogstaande, kwaliteits=; ~ *ore* ryk erts. ~ **ground** *(mil.)* hoë/hoogliggende terrein; *(fig.)* gunstige/voordelige posisie; aanmatigende/ho.oghartige/meerderwaardige houding; sterk standpunt. ~**-handed** eiegeregtig, eiemagtig, eiesinnig; aanmatigend; willekeurig. ~**-handedness** eiegeregtigheid, eiemagtigheid, eiesinnigheid. ~ **hat** keil, hoë hoed. ~**-heeled** hoëhak=, met hoë hakke. H~ **Holidays,** ~ **Holy Days** *(Jud.: Roosj Hasjana en Joom Kippoer)* groot feesdae. ~ **jinks,** **hijinks** hanswors(t)ery, gekskeerdery; joligheid, jolyt, pret= (makery). ~ **jump** hoogspring; *you are for the* ~ ~, *(Br., infml.)* dis klaarpraat met jou. ~ **jumper** hoogspringer. ~**-keyed** hooggestem(d). ~**-land** hoogland; →HIGHLAND. ~**-lander** bergbewoner. ~**-level** hoogstaande; hoog(geleë); ~ *language, (rek.)* hoëvlaktaal; ~ *talks* hoëvlaksamesprekings; ~ *tank* hoogtetenk. ~ **life** *(ook* high living*)* luukse/weelderige/uitspattige lewe, (die lewe in) hoë kringe, die vername lewe, die groot wêreld. ~**light** *n.* ligpleck; glanspunt, hoogtepunt; *(gew. i.d. mv.)* sonspatsel, ligstreep *(in hare).* ~**light** *ww.* beklemtoon, onderstreep, uitlig, die aandag vestig op *(probleme ens.);* met 'n neon=/glimpen merk *(geskrewe/gedrukte teks);* bepaal, uitlig, verhelder *(teks op 'n rekenaarskerm);* (laat) ligstreep *(hare).* ~**lighter** neon(merk)pen, glimpen; *(grimering)* aksent=, kontraskleur; aksent=, kontraskleurstiffie. ~ **limit** bogrens. ~**-lying** hooggeleë *(terrein);* ~ *clouds* hoë wolke. H~ **Mass** hoogmis, singende mis. ~**-minded** edel(moedig), verhewe, hoogstaande; idealisties. ~**-mindedness** edelmoedigheid; idealisme. ~**-necked** *(jersey* hoënektrui. ~ **noon** hoogmiddag, volle middag; *(fig.)* hoogtepunt, klimaks; beslissende/kritieke oomblik; *at* ~ ~ op die middaghoogte, reg op die middag. ~**-octane fuel** hoëoktaanbrandstof. ~**-per**=

**formance** *adj. (attr.)* hoëprestasie-, hoë(werk)verrigtings-. **~-pitched** hoog, hooggestem(d); hoogstaande, verhewe; *~ roof* spits/steil dak. **~ point** hoogtepunt. **~-powered** kragtig *(enjin, motor, laserstraal, ens.);* sterk *(teleskoop, verkyker, ens.);* invloedryk, vernaam *(sakeman, politikus, pos, ens.).* **~ pressure** hoë druk. **~-pressure** *adj. (attr.)* hoogdruk-; **~ area,** *(met.)* hoogdrukgebied, hoog; *~* **boiler** hoogdrukketel; **~** *growth* geforseerde groei; **~** *lubrication* hoogdruk-smering; **~** *sales* aggressiewe verkope, drangverkope; **~** *salesmanship* drangverkopery, aggressiewe verkoopstaktiek; **~** *system,* *(met.)* hoogdrukstelsel, hoog. **~-priced** hoog in prys, duur, kosbaar. **~ priest** hoëpriester. **~-principled** met edele/hoë beginsels. **~ profile** *n.* kalklig, voorgrond; *give s.t. a ~* ~ iets in die kalklig *(of* op die voorgrond) stel, die kalklig op iets laat val, aansien aan iets verleen; *have a ~* ~ in die kalklig *(of* op die voorgrond) wees, groot aansien geniet. **~-profile** *adj. (attr.)* voorste *(politici, sangers, ens.);* glansryke, luisterryke *(onthaal ens.).* **~-protein** *adj. (attr.)* proteïenryke *(dieet).* **~-ranking** hooggeplaas(te); **highest-ranking** mees hooggeplaas(te). **~ relief** hoogreliëf; *in* ~ ~, *(fig.)* sterk uitkomend. **~-resolution** *adj. (attr.)* hoëresolusie- *(beeld, skerm, foto, grafika, ens.);* **~** *spectroscopy* hoëskeiding-spektroskopie. **~-rise building** toringgebou, -blok, hoë gebou. **~-risk** *adj. (attr.)* hoërisiko- *(groep, pasiënt);* **~** *stock, (ekon.)* hoërisiko-effek. **~road** grootpad, hoofweg; *(fig.)* grootpad *(na sukses ens.).* **~ school** hoërskool. **~ school teacher** hoërskoolonderwyser. **~ sea** stortsee, swaar see; *on the ~ ~s* in die oop see. **~ season** hoogseisoen. **~-security** *adj. (attr.)* hoëveiligheids-, hoësekerheids-, hoësekuriteits- *(gebied, gevangenis, ens.).* **~ society** (hoë) sosiale kringe. **~-sounding** klinkend; hoogdrawend, weids. **~-speed** *adj.* ultrasnel; (blits)vinnig; *(attr.)* hoëspoed- *(enjin, geheue, kamera);* snel- *(boor, drukker).* **~-spirited** fier; vurig, lewendig. **~ spirits** uitgelatenheid, uitbundigheid, opgetoënheid, opgewektheid; *in* ~ ~ uitgelate, uitbundig, (hoogs) opgewek. **~ spot** *(infml.)* hoogte-, glanspunt. **~ standing** aansienlikheid. **~-stepping** hoogstappend; hoogskoppend; lewendig; windmaker(ig). **~-strung** *(Am.)* hooggespanne; fynbesnaar(d), oorgevoelig. **~ summer** hoogsomer. **~-tail** *ww., (Am. sl.): ~ it* die hasepad kies, spore maak, laat spat/spaander/vat, jou (haastig) uit die voete maak. **~ tea** *(Br.)* teemaaltyd, (ligte/vroeë) aandete. **~ tech** *n.* →HI TECH *n..* **~-tensile steel** trekvaste staal. **~-tension** *adj. (attr.):* **~** *cable* hoogspanningskabel; **~** *current, (elek.)* sterkstroom; **~** *wire* hoogspanningsdraad. **~ tide** hoogwater. **~ tide level** getyhoogte. **~-toned** hoog; hoogge-stem(d); edel, verhewe. **~ tops** *n. (mv.)* enkelstewels. **~ treason** hoogverraad, landverraad. **~-up** *n., (infml.)* grootkop, (groot) kokkedoor. **~veld** hoëveld; *the H~, (SA)* die Hoëveld. **~ voltage** hoë spanning, hoogspanning, sterkstroom. **~-voltage current** sterkstroom. **~-water mark** hoogwaterlyn, vloedlyn. **~ wind** stormwind, sterk wind. **~ wire** gespanne koord. **~-wire artist** koorddanser, -loper, (span)draadloper. **~-wrought** hooggespanne.

**high·er** *adj. & adv.* hoër; ~ *and* ~ al hoe hoër. **~ education** hoër onderwys. **~-up** *n., (infml.)* baas, grootkop, (groot) kokkedoor.

**High·land:** *the* ~s die (Skotse) Hoogland; *the White* ~s, *(Kenia)* die Wit Hoogland. **~ cattle** Skotse beeste. **~ dress** Skotse drag, kilt. **~ fling** Skotse volksdans/driepas.

**High·land·er** Hooglander, Bergskot.

**high·ly** hoog, hoogs; ten seerste; *be* ~ *amused* dik van die lag wees, vol lag wees; ~ *amusing* hoogs vermaaklik; ~ *classified* hoogs geheim; ~ *complex* uiters kompleks; ~ *controversial* hoogs/erg omstrede; ~ *delighted* baie bly/ verheug; *esteem s.o./s.t.* ~ iem./iets hoogag/waardeer; ~ *gifted* uiters/hoogs begaaf(d); ~ *(im)probable/(un)likely* hoogs (on)waarskynlik; ~ *paid* hoogbesoldig; ~ *placed* hooggeplaas; ~ *qualified* hooggekwalifiseer(d); uiters bekwaam; ~ *(re)commend ... ...* sterk aanbeveel; ~ *skilled*

hooggeskool(d); ~ *strung* hooggespanne, uiters senu(wee)-agtig; oorgevoelig, fynbesnaar(d); ~ *successful* uiters geslaag(d).

**high·ness** hoogte; hoogheid; *(Royal) H~* (Koninklike) Hoog-heid.

**high·way** grootpad, hoofweg; openbare weg; seeweg; *the ~s and byways* oraloor, hoog en laag. ~ **robbery** *(hist.)* struik-rowery; *(infml., fig.)* uitbuiting.

**hi·jack** *n.* roof, skaking, kaping. **hi·jack** *ww.* roof, skaak, kaap *('n motor, vliegtuig, ens.).* **hi·jack·er** skaker, kaper *(v. 'n motor, vliegtuig, ens.).* **hi·jack·ing** skaak, skaking, kaap, kaping.

**hike** *n.* stap-, wandeltog, wandeltoer; *(Am.)* verhoging, sty-ging; *take a ~!, (hoofs. Am., infml.)* skoert!, kry jou ry!. **hike** *ww.* voetslaan, stap, 'n wandeltog maak; *(Am.)* verhoog, op-hys; ~ *s.t. (up)* iets verhoog *(pryse);* ~ *s.t. up* iets optrek *(broeks-pype ens.).* **hik·er** voetslaner, stapper.

**hik·ing** (die) voetslaan/stap, loop-, wandelsport. ~ **path,** ~ **trail,** ~ **route** voet(slaan)pad. ~ **tour** staptog, wandeltog, -toer.

**hi·lar·i·ous** snaaks, grappig; vrolik, uitbundig. **hi·lar·i·ous·ly** *adv.:* ~ *funny* skree(u)snaaks. **hi·lar·i·ty** uitgelatenheid, opgeruimdheid.

**hill** *n.* bult, heuwel, kop(pie), rant(jie); rug; hoop, hopie; *up ~ and down dale* bergop en bergaf, oor berg(e) en dal(e); *be over the ~, (lett.)* oorkant die bult wees; *(fig., infml.)* oor die muur wees, op die afdraand(e) *(of* afdraande pad) wees; *up the ~* (teen) die bult/heuwel op/uit. **hill** *ww.* operd. **~billy** *(gew. neerh.)* (agterlike) bergbewoner, takhaar; *(soort countrymus.)* hillbilly. **~side** (heuwel)hang, helling, skuinste. **~top** heuweltop. ~ **town** bergstad; bergdorp.

**hill·ock** heuweltjie, bultjie, koppie.

**hill·y** heuwelagtig, bulterig, vol koppies/rante; ~ *region* heuwelstreek. **hill·i·ness** heuwelagtigheid.

**hilt** *n.* handvatsel, hef *(v. 'n swaard); (up) to the* ~, *(lett.)* tot aan die hef; *(fig.)* diep *(i.d. moeilikheid ens.);* tot oor die ore *(i.d. skuld ens.); support ... to the* ~ ... volmondig *(of* ten volle) steun.

**hi·lum** *hila, (bot.)* nael(tjie), oog.

**him** *him; it's* ~ dis hy; ~HE. **him·self** hom(self); hy self, hy-self; *by* ~ alleen; op sy eie; *he does it* ~ hy doen dit self, hy self *(of* hyself) doen dit; *he hurt* ~ hy het seergekry, hy het hom seergemaak; *he is* ~ *again* hy is weer reg; *he is not* ~ *today* hy is vandag nie op sy stukke nie; *he has a room to* ~ hy het sy eie kamer; *leave him to* ~ laat hom vaar.

**Hi·ma·la·yas:** *the* ~, *(geog.)* die Himalaja. **Hi·ma·la·yan** van die Himalaja.

**hind¹** *adj. (attr.)* agterste, agter-; ~ *leg* agterbeen, agterpoot; ~ *wheel* agterwiel. **~part** agterdeel, -ent. **~quarter** agterkwart, agterdeel, agterstuk, agterboud; *(i.d. mv.)* agterlyf, agterstel *(v. 'n dier).* **~sight** nawete, wysheid agterna; visierkeep; *with (the benefit/wisdom of)* ~ (van) agterna beskou, met die wys-heid wat nawete bring.

**hind²** *n.* hinde, ooi, wyfiehert, ree.

**hin·der** *ww.* hinder, pla, lastig val; verhinder, verhoed. **hin·drance** hindernis, belemmering; *be a ~ to s.o.* iem. hinder; *be a ~ to s.t.* iets belemmer.

**Hin·di** *(taal)* Hindi.

**hind·most** agterste; verste, vêrste.

**Hin·du, Hin·du** -dus, *n.* Hindoe. **Hin·du, Hin·du** *adj.* Hindoes, Hindoe-. **Hin·du·ism** Hindoeïsme. **Hin·du·stan** Hindoestan. **Hin·du·sta·ni** *(taal)* Hindoestani.

**hinge** *n.* skarnier; hingsel; spil, middelpunt; geleding; *off the* ~s deurmekaar; kaduks. **hinge** *ww.* draai, hang; skarnier; hingsels *(of* 'n hingsel) aansit; *it* ~s *(up)on ...* dit draai om ...; dit rus op ...; dit hang van ... af; dit staan in verband met ...

**hinged** *adj.* klap- *(venster),* skarnier- *(hortjies),* met skarniere *(of* 'n skarnier).

**hin·ny** *n.* (muil)esel, botterkop(muil). **hin·ny** *ww.* runnik.

**hint** *n.* wenk; toespeling, sinspeling; vingerwysing, aanwy=sing; sweem, tikkie, spoor *(van); drop a ~* 'n woordjie laat val, iets laat deurskemer/deurstraal; *give a ~* 'n wenk gee; 'n toespeling maak, skimp; *with a ~ of ...* met 'n tikkie ... *(hartseer ens.); on a ~ from s.o.* op 'n wenk van iem.; *with the ~ of a smile* met 'n effense glimlag; *take a ~* 'n wenk begryp/vat; 'n wenk aanneem/aanvaar; *s.o. can take a ~* iem. het net 'n halwe woord nodig. **hint** *ww.* 'n wenk gee, te kenne gee; laat deurskemer/deurstraal; *~ at s.t.* op iets sinspeel/skimp.

**hin·ter·land** agterland.

**hip**[1] *n.* heup; wolfhoek *(v. 'n dak);* hoekvlak *(v. 'n boog); smite s.o. ~ and thigh* iem. lendelam slaan; iem. totaal verslaan. *~ bath* sitbad. *~bone* heupbeen. *~ flask* heupfles. *~ joint* heupgewrig. *~ replacement* heupvervanging. *~ roof* skilddak.

**hip**[2] *n.* roosbottel, roosknop.

**hip**[3] *(ietwat vero. sl.)* in, kief, byderwets, (baie) modern. *~ hop n., (popkultuur)* hip-hop.

**hip**[4] *tw.: ~, ~ hurrah/hooray/hurray!* hiep, hiep hoera!.

**-hipped** *komb.vorm* met ... heupe; *broad-~* met breë heupe.

**hip·po** *=pos, (infml.)* = HIPPOPOTAMUS.

**hip·po·cam·pus** *=campi, (anat.)* hippokampus, seeperd.

**Hip·poc·ra·tes** Hippokrates. **Hip·po·crat·ic** Hippokraties; *~ oath, (med.)* Hippokratiese eed, eed van Hippokrates.

**hip·po·drome** musiek=, konsertsaal; *(Gr., Rom., hist.)* ren=baan, hippodroom.

**hip·po·pot·a·mus** *=amuses, =ami* seekoei; *bull/male ~* see=koeibul; *~ calf* seekoeikalf; *cow/female ~* seekoeikoei.

**hip·py, hip·pie** *=pies* hippie.

**hip·ster** *adj.* heup=; *~ jeans* heupjeans. **hip·sters** *n. (mv.)* heupbroek.

**hire** *n.* huur; huur(geld); loon; *for/on ~* te huur. **hire** *ww.* huur; *~ s.t. out* iets verhuur. *~ car* huurmotor. *~-purchase (afk.:* HP, h.p.*)* huurkoop, koop op afbetaling; *buy s.t. on ~, (ook)* iets op afbetaling koop.

**hired gun** *(Am., infml.)* lyfwag; huurmoordenaar; probleem=oplosser.

**hire·ling** *(neerh.)* huurling.

**hir·er** huurder.

**Hi·ro·shi·ma, Hi·ro·shi·ma** *(geog.)* Hirosjima.

**hir·sute** harig, behaar(d).

**his** sy; syne; *it's ~* dis syne; *in ~ opinion* syns insiens; *on ~ part, from ~ side* synersyds.

**His·pan·ic** *n., (Am.)* Spaans-Amerikaner; Spaansspreker. **His·pan·ic** *adj.* Spaans.

**his·pid** *(biol.)* harig, behaar(d).

**hiss** *hisses, n.* gesis, geblaas; sisklank; gefluit; gejou. **hiss** *ww.* sis, blaas; fluit; uitfluit; *be ~ed off (the stage)* weggejou word.

**his·ta·mine** *(biochem.)* histamien.

**his·to·gram** *(fin.)* histogram, frekwensiekolomdiagram.

**his·tol·o·gy** *(anat.)* weefselleer, histologie. **his·to·log·i·cal** histologies. **his·tol·o·gist** histoloog.

**his·to·ry** geskiedenis; verhaal, storie; relaas; *it's/that's ancient ~, (infml.)* dis ou nuus; *~ of art, art ~* kunsgeskiedenis; *s.o./s.t. will go down in ~ as ...* iem./iets sal in die geskiedenis as ... bekend staan; *in ~* in die geskiedenis; *make ~* geskiedenis maak/skep; *that is ~ now* dit behoort tot die verlede/ge=skiedenis; *~ repeats itself* die geskiedenis herhaal hom; *s.o. with a ~* iem. met 'n verlede. **his·to·ri·an** geskiedskrywer; geskiedkundige, historikus. **his·tor·ic** histories; beroemd, gewigtig. **his·tor·i·cal** geskiedkundig, histories; *~ atlas* his=toriese/geskiedkundige atlas, geskiedenisatlas; *~ record* ge=skiedkundige verslag; geskiedrol. **his·to·ric·i·ty** historiese waarheid/egtheid/getrouheid, historisiteit. **his·to·ri·og·ra·pher** geskiedskrywer, historiograaf.

**his·tri·on·ic** *adj.* teatraal; oneg, aanstellerig, huigelagtig. **his·tri·on·ics** *n. (mv.)* melodrama, opskudding, bohaai.

**hit** *n.* hou, slag; raak skoot, raakskoot, treffer; raps; steek, sarkastiese opmerking; treffer, sukses(stuk); *be a ~, (infml.)* 'n sukses/treffer wees; *I hope it's a ~* mog 't treffe; *it's a ~!* dis raak!, kolskoot!; *make a ~* 'n slag slaan; 'n raakskoot *(of* raak skoot*)* skiet; inslaan; *make a ~ with s.o., (infml.)* by iem. sukses behaal *(of* gewild wees*); score a great ~, (lett.)* raak skiet, 'n treffer behaal; *(fig., infml.)* groot sukses behaal. **hit** *=tt=; hit hit, ww.* slaan, moker; 'n klap/slag/hou gee; raak, tref; reg raai; pas, skik; *(Am.)* plek bereik; *~ at ...* na ... slaan; *~ back* terugslaan; jou verdedig; wraak neem; *~ back at s.o.* 'n teenaanval op iem. doen; *~ the ground running, (infml.)* met 'n vaart begin/wegspring; *~ hard* hard slaan; *be hard ~* swaar getref wees; *~ the mark* raak skiet/slaan; die doel tref/bereik; *it was ~ or miss* dit was lukraak; *~ it off with s.o., (infml.)* goed met iem. klaarkom; *~ on s.o., (Am. sl.)* by iem. aanlê; *~ on/upon s.t., (infml.)* op iets afkom, iets aantref/vind; *I can't ~ on/upon it now* dit wil my nie nou byval nie; *~ out at ...* hard/wild/woes na ... slaan; *(infml.)* ... aanval, teen ... lostrek/uitvaar; *~ and run* tref en trap, stamp en vlug; *~ s.o. for a six, (kr.)* 'n ses van iem. (se boulwerk) slaan; *(fig.)* iem. (behoorlik) op sy/haar plek sit; *~ a target* 'n teiken raak skiet. **~-and-run accident** tref-en-trap-ongeluk. **~-and-run attack** verrassingsaanval. **~-and-run driver** botsvlugtige. **~ list** *(infml.)* moordlys; swartlys. **~ man** *(infml.)* huurmoor=denaar. **~-or-miss** lukraak.

**hitch** *n.* ruk, pluk, trek; slag; haakplek, kinkel; defek; *(sk.)* knoop; (vas)hakery; teen=, teëspoed; *there's the ~* daar sit die haakplek; *s.t. goes/passes off without a ~* iets verloop glad/vlot. **hitch** *ww.* aanhaak, vashaak, vasmaak; ruk, pluk, trek; swaai; trou; *be/get ~ed, (infml.)* afhaak, trou; *~ s.t. on* iets voorhaak; *~ s.t. on to (or onto) ...* iets aan ... vashaak; *~ a ride, (infml.)* duimgooi, =ry; *~ s.t. up* iets optrek *('n broek ens.).*

**hitch·hike** ryloop, duimry, =gooi. **hitch·hik·er** ryloper, duim=ryer, =gooier. **hitch·hik·ing** rylopery, duimryery, =gooiery.

**hi tech, high tech** *n.* hoë tegnologie, hiper=, hoog=, hoë=vlaktegnologie. **hi-tech, high-tech** *adj. (gew. attr.)* hiper=, hoogtegnologies, hoëtegno(logie)=.

**hith·er** *(arg. of poët., liter.): ~ and thither* heen en weer; vorentoe en agtertoe; kruis en dwars; herwaarts en derwaarts. **~to** tot hier/nog/nou toe, tot dusver/dusvêr/sover/sovêr.

**Hit·ler** *n.: a ~* 'n Hitler/tiran/diktator. **Hit·ler** *adj.* Hitler= *(snorretjie ens.).*

**Hit·tite** *n., (lid v. antieke volk)* Hetiet, Hittiet; *(taal)* Hetities, Hittities. **Hit·tite** *adj.* Hetities, Hittities.

**HIV** *(afk. v. human immunodeficiency virus)* MIV *(afk. v. mens=like immuniteitsgebreksvirus); be ~ negative/positive* MIV-negatief/positief wees.

**hive** *n.* byekorf; byeswerm; *be a ~ of activity* 'n miernes van bedrywighede/bedrywigheid wees. **hive** *ww.* in 'n byekorf sit *(bye);* saamdrom, =pak, swerm; *~ away/up s.t.* iets versa=mel/oppot; *~ off* afstig; 'n eie koers inslaan. **hiv·er** byeboer, byehouer.

**hives** *n. (fungeer as ekv. of mv.)* →URTICARIA.

**hi·ya** *tw., (sl.)* hallo!.

**hlo·ni·pha** *(Ngu.: tradisionele vermyding v. sekere woorde)* hlonipa.

**h'm** *tw.* h'm.

**ho, ho-ho** *tw.* o!, ho!.

**hoard** *n.* hoop, stapel, voorraad, skat. **hoard** *ww.* ophoop, opstapel, opgaar, vergaar; oppot *(geld).* **hoard·er** opgaarder.

**hoard·ing** *(Br.)* skutting, plankheining; reklamebord, adver=tensiebord.

**hoar·frost** ruigryp.

**hoarse** hees, skor, rou.

**hoar·y** grys, grou; grysharig; oud, afgesaag(d). **hoar·i·ness** grysheid, grouheid; afgesaagdheid.

**hoax** *n.* poets, skelmstreek, kullery, foppery; *play a ~ on s.o.* (vir) iem. 'n poets bak, iem. 'n streep trek. **hoax** *ww.* om die bos lei, vir die gek hou, kul. **hoax·er** poetsbakker, kuller.

**hob** kookblad; syplaat *(v. 'n vuurherd); (teg.)* naaf; *(teg.)* wurm= frees. **~nail** *n.* dikkopspyker. **~nail** *ww.* (met dikkopspykers) beslaan; *~ed boot* spyker(sool)stewel.

**hob·bit** hobbit.

**hob·ble** *n.* strompeling, hobbelgang; voetboei; spantou, span= riem; *(Br., dial.)* netelige situasie. **hob·ble** *ww.* strompel, op een been(tjie) spring, hinkepink, mank loop; mank (laat) gaan; span *('n perd ens.); ~ along* voortstrompel. **hob·bler** strompelaar, manke.

**hob·by**[1] liefhebbery, stokperdjie; *do s.t. as a ~* iets uit lief= hebbery doen. **~horse** hobbel=, skommelperd; *(speelding)* riet= perd; *(lett. & fig.)* stokperdjie, liefhebbery; *be on one's ~, (fig.)* jou stokperdjie ry.

**hob·by**[2] *(orn.)* boomvalk.

**hob·by·ist** stokperdjie-entoesias, stokperdjiegeesdriftige.

**hob·gob·lin** aardmannetjie, tokkelossie; paaiboelie.

**hob·nob** =bb=, *(infml.)* saamboer, groot maats wees (met); pret hê; kop in een mus wees.

**ho·bo** =bo(e)s boemelaar, rondloper.

**Hob·son's choice** 'n keuse van een; *have ~ ~* geen keuse hê nie.

**hock**[1] *n.* hak(skeen), hak(skeen)gewrig, springgewrig, sprong= (gewrig) *(v. 'n dier); (varkvleis)* blad; dy *(v. mens).* **hock** *ww.* verlam, die haksening afsny *(v. 'n dier).*

**hock**[2] *n., (hoofs. Am., infml.)* pand; tronk; *s.t. is in ~* iets is verpand. **hock** *ww., (hoofs. Am., infml.)* verpand.

**hock**[3] *n., (Br.)* Rynwyn; Hochheimer.

**hock·ey** *(spel)* hokkie.

**ho·cus-po·cus** hokus-pokus, goëlery; hokus-pokus-pas, abrakadabra.

**hodge·podge** →HOTCHPOT(CH).

**Hodg·kin's dis·ease** Hodgkinsiekte.

**hoe** *n.* skoffel, skoffelpik. **hoe** *ww.* (om)skoffel; losmaak *(grond); ~ s.t. out* iets uitskoffel; *~ s.t. up* iets uitgrawe.

**hoe·zit** *tw., (SA sl.)* →HOWZIT.

**hog** *n.* vark; burg(vark); ot; *(fig., infml.)* vraat, smeerlap, vark; *(Am. sl.: swaar motorfiets)* groot/kragtige ysterperd; *go the whole ~, (infml.)* dit behoorlik doen; *s.o. is living high on the ~, (infml.)* iem. leef/lewe in weelde. **hog** =gg=, *ww., (infml.)* gryp, toe-eien, inpalm. **~back, ~'s back** skerp=, bultrug. **~ bristle** varkhaar. **~tie** *ww.* viervoet vasbind; *~ the press* die pers muilband (of aan bande lê). **~wash** *n., (fig.)* bog, kaf, twak.

**hog·gish** varkagtig, varkerig, swynerig.

**hogs·head** *(houer; inhoudsmaat)* okshoof.

**ho-hum** *tw.* nou ja, a(a)g wat; vervelig!, ou nuus!, gaap!.

**hoick** *(infml.)* (op)lig, opruk.

**hoi pol·loi** *(Gr., neerh.)* gepeupel, plebs, skorriemorrie, hoi= polloi.

**hoist** *n.* ligter, hyser, hysbak, =toestel, =masjien; (die) oplig; stootjie. **hoist** *ww.* (op)lig, =hys, optel; ophaal; opblaas; *be ~ed with one's own petard* in die put val wat jy vir 'n ander gegrawe het. **~ block** takelblok. **~ (edge)** paalkant *(v. 'n vlag).*

**hoi·ty-toi·ty** *(infml.)* verwaand, arrogant, hooghartig, uit die hoogte.

**ho·kum** *(infml.)* snert, twak.

**hold** *n.* vat, greep; vatplek, houvas; (skeeps)ruim; *no ~s barred* sonder beperkings, alles is toelaatbaar; *catch/get/grab/ lay/seize/take ~ of ... ...* (vas)gryp *(of* raak vat); *... aangryp; ... beetkry/=gryp/=pak; take a firm ~ of s.t.* iets vasgryp *(of* stewig beetpak); *s.t. takes a firm ~* iets raak gevestig; *get ~ of ..., (ook)* ... in die hande kry; *get/take ~ of o.s.* jou inhou/

bedwing; *let go one's ~ of ... ...* laat los; *keep ~ of s.t.* iets vashou; *lose ~ of ...* jou houvas op ... verloor; *s.t. is on ~* iets is (voorlopig) uitgestel, iets moet eers wag; *put s.t. on ~* iets uitstel; *have a ~ on/over s.o./s.t.* 'n houvas op iem./iets hê, invloed oor iem./iets hê; *s.t. takes ~* iets slaan in. **hold** *held held, ww.* hou; inhou; behou; vashou; besit; meen, vind, beskou as; ag, aansien; volhou; konstant hou; aanhou, in heg= tenis nccm/hou, gevange hou, in arres hou; *(jur.)* beslis; beset, beslaan *('n terrein);* huisves; in bedwang hou, ophou, teen=, teëhou, terughou; vertraag; bind, vaspen *(troepe);* vier *(fees);* gebruik, voer *(taal);* beklee *('n pos);* besit *('n graad);* dra, voer *('n titel);* boei *(iem. se aandag); ~ s.t. in abeyance* iets vir 'n onbepaalde tyd uitstel; *~ s.t. against s.o.* iem. iets verwyt *(of* kwalik neem), 'n wrok teen iem. hê/koester; *~ s.t. aloft* iets ophou *(of* omhoog hou); *~ o.s. aloof (from ...)* jou afsydig hou (van ...), geselskap vermy; *~ back* aarsel, terughoudend wees; *~ back from doing s.t.* jou daarvan weerhou om iets te doen; *s.t. ~s s.o. back* iets verhinder iem., iets laat iem. aar= sel; *~ s.t. back* iets agterhou/terughou/verswyg; *the boxers were ~ing* die boksers het mekaar vasgehou; *~ by/to s.t.* by iets bly/hou, in iets volhard *(beginsels ens.); ~ the chair of history/etc.* die leerstoel vir geskiedenis/ens. beklee; *~ a door* 'n deur oophou; *~ s.o. down, (lett.)* iem. onderhou/vas= druk; *(fig.)* iem. onderdruk; *~ s.t. down* iets laag hou *(pryse ens.);* iets vashou; *(infml.)* iets behou *('n betrekking ens.); ~ everything!* wag!; *~ fast to s.t.* aan iets vashou; *~ firm* standhou; *~ forth (on s.t.), (dikw. skerts.)* (oor iets) uitwei/ betoog; *s.t. ~s good* iets bly waar/geldig; iets is van toepassing; *~ s.t. in* iets opkrop; *~ it!* wag!; (net) 'n oomblik!; bly net so sit/staan!; hou vas!; *~ one's liquor* baie drank kan verdra; *~ off* jou afsydig hou, op 'n afstand bly; *~ s.o./s.t. off* iem./iets weghou/keer; *s.t. ~s off* iets bly weg *(reën ens.); ~ on* vashou; wag; *(telef.)* aanbly; *~ on!* hou vas!; wag 'n bietjie!; nie so haastig nie!; *~ on, please!, (telef.)* bly aan, asseblief!; *~ on a moment* (net) 'n oomblik, wag (so) 'n bietjie; *~ on like grim death, (infml.)* op/om lewe en dood vasklou; *~ on to ...* aan ... vashou; ... behou *('n voorsprong ens.); ~ out* uithou; volhou; nie opraak nie; *~ out against s.t.* teen iets vasskop; *~ o.s. out as ...* jou uitgee vir *(of* voordoen as); *~ out for s.t., (infml.)* op iets aandring; *~ out on s.o., (infml.)* iets van iem. weerhou; iets vir iem. wegsteek; *~ out s.t.* iets uitsteek/=strek *('n hand ens.);* iets bied *(hoop ens.); ~ s.t. over* iets agterhou/ uitstel *(of* laat oorstaan); *the matter has been held over* die saak staan oor; *it is held that ...* daar word beweer/gemeen/geglo dat ...; *daar word (met stelligheid) betoog/aangevoer dat ...;* *~ s.t. tight(ly)* iets styf/stewig vashou; *~ tight!* hou vas!, vashou!; *~ s.o. to a contract* iem. aan 'n kontrak hou; *~ together* byeen bly; *~ ... together* ... byeen=/saamhou; *it ~s true for ...* dit is waar van *(of* geld vir) ...; *~ s.o. under* iem. onderdruk/verdruk; *s.o. ~s up* iem. hou uit/vol; *~ s.o. up* iem. regop hou; *(met 'n wapen)* dreig; iem. beroof/ oorval; *s.t. ~s up, (d. weer ens.)* iets bly goed; iets hou; *~ s.t. up* iets regop hou; iets ophou *(of* omhoog hou); iets opsteek *('n hand ens.);* iets ophou/vertraag; iets opstop *(d. verkeer);* *~ ... up as an example ...* as voorbeeld voorhou. **~all** *(Br.)* reissak, =rol. **~ capacity** *(sk.)* laairuimte. **~fast** vashouer; vat(plek), houvas; kram; bankklem, =klou; hegskyf. **~over** *(Am.)* oorblyfsel. **~-up** roof(aanval), =aanslag, berowing, aan= randing; oponthoud; ophoping *(v. verkeer);* vertraging; *stage a ~* 'n roofaanval uitvoer.

**hold·er** houer, bevatter; draer; besitter, eienaar; bekleër, be= kleder *(v. 'n pos); ~ of an office* ampsbekleër, =bekleder.

**hold·ing** *n.* eiendom, besit; huureiendom; plaas, plasie; grond= besit; hoewe; houvas; invloed; *(voetbal, boks)* vashouery; *(i.d. mv.)* bates; voorraad; *gold ~(s)* goudbesit; *there's no ~ him/ her* niks kan hom/haar keer nie; *share ~* aandelebesit. **~ area** wagplek; tydelike bergplek. **~ company** beheermaatskappy, beherende/kontrolerende maatskappy. **~ operation** hand= hawing van die status quo. **~ pattern** *(lugv.)* wagfiguur. **~ pen** vangkraal, =kamp. **~ power** hegvermoë.

**hole** *n.* gat; opening; kuil; (biljart)sak; *(infml.)* krot, pondok; *(infml.)* treurige plek; hol *(v. dier); (gh.)* putjie; *dig a* ~ 'n gat grawe; *fill in/up a* ~ 'n gat toegooi/toestop; *be full of* ~*s, (lett.)* vol gate wees; *(fig.:* 'n argument ens.) swak/gebrekkig wees; *be in a* ~, *(infml.)* in die/'n verknorsing *(of* in die knyp) sit/wees; *make a* ~ *in s.t., (lett.)* 'n gat in iets maak; *(fig., infml.)* 'n groot hap uit iets wees; *pick* ~*s in s.t.* iets uitmekaartrek *(of* uitmekaar trek) *(*'n verklaring ens.); *s.t. makes a* ~ *in one's pocket, (infml.)* iets vat aan jou sak, iets aan jou sak voel, iets kos jou baie geld; *a small* ~ 'n gaatjie. **hole** *ww.* gate *(of* 'n gat) maak/kry; gate *(of* 'n gat) maak/sny/stamp in; deurboor; perforeer; tonnel; in 'n gat slaan/gooi; *(gh.)* inslaan, ᵃput *(d. bal);* ~ *into* ... in ... deurbreek; ~ *out, (gh.)* (die bal) inspeel/ᵃput; ~ *through s.t.* deur iets boor/breek; ~ *(or be* ~*d) up somewhere, (infml.)* êrens wegkruip. ~ **gauge** kalibermaat. ~**-in-one** *holes-in-one, n., (gh.)* kolhou. ~ **in the heart** *(med.)* lekhart. ~**proof** stopvry, steekvas.

**hol·i·day** *n.* vakansie(dag); *(i.d. mv.)* vakansie; *during the* ~*s* in die vakansie; *go on* ~ met/op vakansie gaan, gaan vakansie hou; *have a* ~ vakansie hê; *observe a* ~ 'n vakansiedag vier; *be on* ~ met/op vakansie wees, vakansie hou; *spend a* ~ *somewhere* 'n vakansie êrens deurbring, êrens (gaan) vakansie hou; *take a* ~ vakansie neem, met/op vakansie gaan. **hol·i·day** *ww.* vakansie hou. ~**maker** vakansieganger. ~ **resort** vakansieoord. ~ **season** vakansietyd, ᵃseisoen.

**hol·i·er-than-thou** *adj., (pred.)* aanstellerig/alte vroom; *(attr.)* eiegeregtige, selfingenome *(houding ens.).*

**ho·li·ness** heiligheid; *His H~ (the Pope)* Sy Heiligheid (die Pous); *Your H~* U Heiligheid.

**ho·lism** holisme. **hol·ist** holis. **ho·lis·tic** holisties.

**hol·lan·daise, hol·lan·daise:** ~ **(sauce)** *(<Fr., kookk.)* hollandaise(sous).

**hol·ler** *(infml.)* (uit)roep, skree(u).

**hol·low** *n.* holte; leegte; laagte; *the* ~ *of one's back* jou kruis; *in the* ~ *of one's hand, (lett., fig.)* in die holte van jou hand; *(fig.)* volkome in jou mag; ~ *of the knee* waai van die been, knieholte. **hol·low** *adj. & adv.* hol; leeg; laag; oneg, vals, geveins; ~ *space* holte. **hol·low** *ww.* hol maak, uithol; krom buig; ~ *s.t. out* iets uithol/ᵃkalwe(r). ~ **chisel** holbeitel. ~ **drill** holboor. ~**-eyed** holoog, diepogig. ~**-sounding** holklinkend. ~ **wall** hol muur, spoumuur. ~**ware** potte en panne.

**hol·low·ness** holheid; holte; voosheid; onopregtheid.

**hol·ly** *(bot.: Ilex aquifolium)* huls; *African* ~, *(I. mitis)* without.

**hol·ly·hock** *(bot.)* stokroos.

**holm (oak), hol·ly oak** steeneik.

**hol·mi·um** *(chem., simb.:* Ho) holmium.

**hol·o·caust** groot slagting; *the H~, (WO II)* die Joodse volksmoord, die massamoord op die Jode.

**Hol·o·cene** *(geol.)* Holoseen.

**hol·o·gram** hologram.

**hol·o·graph** holograaf, eiehandig geskrewe stuk.

**hol·o·thu·ri·an** *(soöl.)* seekomkommer.

**Hol·stein** *(Am.)* fries(bees).

**hol·ster** holster, pistoolsak.

**ho·lus-bo·lus** voor die voet; pens en pootjies.

**ho·ly** *n.: ~ of holies* heiligdom; *the* ~, *(as mv.)* die heiliges. **ho·ly** *adj.* heilig, gewyd; →HOLINESS; ~ *cow/Moses/smoke!, (infml.)* goeie genugtig!, liewe hemel!; *a* ~ *row, (infml.)* 'n geweldige rusie; *a* ~ *terror, (infml.)* 'n onmoontlike kind/mens; *a* ~ *war* 'n heilige oorlog. **H~ City:** *the* ~ ~ die Heilige Stad, Jerusalem. **H~ Communion** *(Chr.)* Nagmaal. ~ **day** feesdag. **H~ Father:** *the* ~ ~, *(RK)* die Heilige Vader, die pous. **H~ Grail** *(in Me. legendes)* Heilige Graal. **H~ Joe** *(infml.)* dominee; kapelaan; *(vroom pers.)* heilige boontjie, brawe Hendrik. **H~ Land:** *the* ~ ~ die Heilige Land, Palestina. ~ **orders** *n. (mv.)* priesterwyding. **H~ Scripture, H~ Writ** *(Chr.)* Heilige Skrif. **H~ Spirit, H~ Ghost** *(Chr.)* Heilige

Gees. ~ **water** *(relig.)* wywater. **H~ Week** *(Chr.)* Paasᵃ, Lydensweek, Stille Week.

**hom·age** hulde, eerbetoon; *(mark of)* ~ huldeblyk; *pay* ~ *to s.o.* iem. huldig, hulde aan iem. betoon/bewys/bring, eer aan iem. betoon/bewys.

**home** *n.* tuiste, huis, woning; woonplek; onderdak; tehuis; inrigting, gestig; wenpaal; bakermat, setel; *(bofbal)* tuisplaat; bof, doel; *at* ~ tuis, by die huis; binnelands; in iem. se eie land; *be at* ~ tuis wees; op jou gemak wees; *be at* ~ *in s.t.* in/met iets tuis wees; met iets vertroud wees; *not at* ~ nie tuis nie; *away from* ~ van huis, van die huis af (weg); *a broken* ~ 'n verbroke gesin; *be close to* ~, *(lett.)* naby die huis wees; *s.t. is close/near to* ~, *(fig.)* iets is digby *(of* na aan) die waarheid, iets raak/roer 'n gevoelige/teer/tere snaar aan; *confinement to one's* ~ huisarres; *feel at* ~ tuis voel, op jou gemak voel; *not feel at* ~ ontuis voel; uit jou plek (uit) voel; *find s.o. at* ~ iem. tuis (aan)tref; *find nobody at* ~ voor dooi(e)mansdeur kom; *make one's* ~ *at ...* op ... (gaan) woon, jou op ... (gaan) vestig; *make o.s. at* ~ jou tuis maak; *make yourself at* ~! maak jou tuis!; *nearer* ~ meer vertroude terrein; *s.t. is near to* ~ →*close/near to;* *there's no place like* ~ oos, wes, tuis bes; *sit at* ~ tuis sit/lê; *stay (at)* ~ tuis bly, met Jan Tuisbly se karretjie ry; ~ *sweet* ~ oos, wes, tuis bes. **home** *adj.* huislik, tuisᵃ, huisᵃ; binnelands; raak. **home** *adv.* huis toe; tuis; *arrive/reach* ~ tuis kom; *be* ~ tuis wees; by die wenpaal wees; *bring/take s.o./s.t.* ~ iem./iets huis toe bring; *bring s.t.* ~ *to s.o.* iem. van iets oortuig; iets by iem. tuisbring *(of* laat insink), iem. iets aan die verstand bring; *come* ~ huis toe kom; tuis kom; *drive* ~ huis toe ry; *drive s.o.* ~ iem. huis toe ry; *drive s.t.* ~ iets laat inslaan *(*'n argument ens.); *s.o. is* ~ *and dry* iem. het veilig deurgekom; *first* ~ eerste tuis *(of* by die wenpaal); *get* ~ tuiskom, by die huis kom; die doel bereik; *go* ~ huis toe (gaan); *s.o. has gone* ~ iem. is huis toe, iem. het huis toe gegaan; *press* ~ *s.t* iets deurdryf *(*'n sienswyse ens.); iets uitbuit *(*'n voordeel ens.); *reach* ~ →*arrive/reach;* *return* ~ huis toe gaan; tuiskom; *scrape* ~ net-net wen; net die paal haal; *screw s.t.* ~ iets styf vasdraai; *strike* ~ raak slaan; iem. 'n kopskoot gee *(fig.); take s.o.* ~ iem. huis toe neem; *take s.t.* ~ iets saamneem; *write* ~ huis toe skryf/skrywe; *be nothing to write* ~ *about* niks watwonders wees nie. **home** *ww.* huis toe gaan; huis toe vlieg; huisves; posduiwe oplaat; ~ *in on ...* reguit op ... afpyl; *(lugv.)* op ... aanstuur *(*'n baken). ~ **address** huisᵃ, woonadres. **H~ Affairs** Binnelandse Sake. ~**-baked** tuisgebak(te). ~ **base** tuisbasis. ~ **bird** huishen, tuissitter. ~**bound** tuisgebonde; op pad huis toe; ~ *fleet* retoervloot. ~**boy**, ~**girl** *(SA, Am., infml.)* iem. van jou buurt/dorp/kontrei. ~ **builder** huisbouer. ~ **circle** huiskring. ~ **comforts** huisgeriewe, huislike geriewe. ~**coming** tuiskoms. ~ **computer** tuisrekenaar. ~ **consumption** huishoudelike verbruik; binnelandse verbruik; eie gebruik. ~**craft** huishoudkunde, huisvlyt. ~ **decoration** huisverfraaiing, ᵃversiering. ~ **economics** *n. (dikw. as ekv.)* huishoudkunde. ~ **field** tuisveld. ~ **front** tuisfront. ~**girl** →HOMEBOY. ~ **ground** *(sport)* tuisveld, ᵃwerf, ᵃturf; *(pol.)* tuisgebied. ~**-grown** inheems, inlands; eie. ~ **guard** tuiswag. ~ **industry** tuisnywerheid, ᵃbedryf, ᵃonderneming, huisbedryf. ~ **journey** tuisᵃ, terugreis. **H~ key** *(rek.)* Home-toets. ~**land** vaderᵃ, geboorteᵃ, tuisland, tuiste. ~ **language** huistaal. ~ **leave** tuisverlof. ~ **loan** huislening. ~**lover** huismens, huishen. ~**-loving** huislik. ~**-made** tuisgemaak, ᵃgebak, selfgemaak; inheems; ~ *bread and cakes* tuisgebak. ~**maker** tuisteskepper. ~ **management** huisbestuur. ~ **market** binnelandse mark. ~ **match** tuiswedstryd. ~ **movie** *(infml.)* tuisfliek. ~ **nursing** tuisverpleging. **H~ Office** (Britse) Ministerie van Binnelandse Sake. ~**owner** huiseienaar. ~ **page** *(internet)* tuisblad. ~ **plate**, ~ **base** *(bofbal)* tuisplaat. ~ **port** tuishawe. ~ **remedy** boereraat. ~ **rule** selfbestuur, outonomie. ~ **run** boflopie. **H~ Secretary** (Britse) Minister van Binnelandse Sake. ~**sick** vol heimwee, verlangend; *be* ~ heimwee hê, huis toe verlang. ~ **side** tuisspan. ~**spun** *adj.* tuisgespin(de), ᵃgespon=

ne; tuisgeweef(de); eenvoudig, ongekunsteld. **~stead** opstal; woonhuis; boerewoning; plaaswerf. ~ **straight,** ~ **stretch** *(perdesport)* pylvak; *(fig.)* laaste skof; *be in the* ~ ~ in die pyl= vak wees. ~ **team** tuisspan. ~ **town** geboortedorp, =stad, =plek; tuisdorp, =stad; woonplek. ~ **truth** *n.* onaangename/ harde waarheid. **~work** huiswerk; *do one's* ~ *well* jou goed voorberei.

**home·less** dak=, haweloos, sonder huis. **home·less·ness** huis=, dakloosheid, ontheemdheid.

**home·like** huislik, gesellig, intiem.

**home·ly** huislik, gesellig; eenvoudig, ongekunsteld; primi= tief.

**ho·me·op·a·thy, ho·moe·op·a·thy** homeopatie, homo= patie. **ho·m(o)e·o·path, ho·m(o)e·op·a·thist** homeopaat, homopaat. **ho·m(o)e·o·path·ic** homeopaties, homopaties.

**ho·me·o·sta·sis, ho·moe·o·sta·sis** =stases, *(vnl. fisiol.)* homeostase.

**Ho·mer** *(Gr. digter)* Homeros, Homerus. **Ho·mer·ic** Home= ries.

**hom·er** posduif; *(infml.)* boflopie.

**home·ward** *adj. & adv.* huiswaarts, huis toe; ~ *bound* op pad huis toe, op die tuisvaart/=reis. **home·wards** *adv.* huis= waarts, huis toe.

**hom·ey, hom·ie** *n., (Am., infml.)* iem. van jou buurt/dorp/ kontrei. **hom·ey, hom·y** *adj.* huislik.

**hom·i·cide** man=, doodslag; *culpable* ~ strafbare manslag. **hom·i·ci·dal** moorddadig, moordend, moord=.

**hom·i·ly** kanselrede, preek, predikasie; homilie; sedepreek.

**hom·ing** *n., (soöl.)* terugkeer, tuiskoms; *(lugv., mil.)* aanpei= ling. **hom·ing** *adj.* aanpeilende. ~ **device** aanpeiler. ~ **instinct** tuiskom=, aanpeilinstink. ~ **pigeon** posduif.

**hom·i·nid** *n., (soöl.)* hominied, mensagtige wese. **hom·i·nid** *adj.* hominied, mensagtig.

**hom·i·ny** *(Am.)* mieliegruis; mieliegruispap.

**Ho·mo** *(Lat.: mens)* Homo.

**ho·mo** =*mos, (infml., hoofs. neerh., afk. v.* homosexual*)* homo.

**ho·mo·cen·tric** homosentries, met dieselfde sentrum.

**ho·moe·op·a·thy** →HOMEOPATHY.

**ho·moe·o·sta·sis** →HOMEOSTASIS.

**ho·mo·e·rot·ic** homoëroties, homo-eroties.

**ho·mog·a·my** *(biol.)* homogamie, inteelt; *(bot.)* homogamie, gelykslagtigheid. **ho·mog·a·mous** homogaam; gelykslagtig; gelyktydig ryp.

**ho·mo·ge·ne·ous** homogeen, gelyksoortig; saamhorig; een= vormig, egalig; gelykslagtig. **ho·mo·ge·ne·i·ty** homogeniteit, gelyksoortigheid; eenvormigheid. **ho·mog·e·nise,** =nize homogeniseer; ~*d milk* gehomogeniseerde melk.

**hom·o·graph** homograaf.

**ho·mol·o·gous** homoloog, eweredig, ooreenkomstig, oor= eenstemmend; gelyksoortig; *(wisk.)* gelykstandig. **ho·mol·o·gise,** =gize eweredig/ooreenkomstig wees/maak; homolo= giseer. **ho·mol·o·gy** homologie, eweredigheid, ooreenstem= ming; *(wisk.)* gelykstandigheid.

**ho·mo·mor·phic** *(biol., wisk.)* homomorf, homomorfies; *(ook, biol.)* gelykvormig.

**hom·o·nym** *(ling., biol.)* homoniem. **hom·o·nym·ic, ho·mon·y·mous** homoniem. **ho·mon·y·my** homonimie, homonimi= teit.

**ho·mo·pho·bi·a** homofobie. **ho·mo·phobe** homofoob. **ho·mo·pho·bic** homofobies.

**hom·o·phone** *(ling.)* homofoon. **hom·o·phon·ic, ho·moph·o·nous** *(ling., mus.)* homofoon. **ho·moph·o·ny** homofonie.

**ho·mop·ter·ous** *(entom.)* gelykvlerkig, =vleuelig.

**ho·mo·sex·u·al** *n.* homoseksueel. **ho·mo·sex·u·al** *adj.* homoseksueel. **ho·mo·sex·u·al·i·ty** homoseksualiteit.

**ho·mo·zy·gote** *n., (genet.)* homosigoot. **ho·mo·zy·gous** *adj.* homosigoot, homosigoties.

**ho·mun·cu·lus** =*culi,* **ho·mun·cule** =*cules* homunkulus, dwerg.

**hom·y** →HOMEY.

**hon·cho** =*chos, (Am. sl.)* baas; *head* ~ grootbaas, groot kok= kedoor.

**Hon·du·ras** *(geog.)* Honduras. **Hon·du·ran** *n. & adj.* Hondu= rees.

**hone** *n.* oliesteen. **hone** *ww.* slyp *(op 'n oliesteen); (fig.)* verskerp, opskerp, verfyn *(vaardighede ens.).*

**hon·est** eerlik, opreg; reguit, onomwonde; openhartig; onvervals; goed; ~ *broker, (fig.)* (be)middelaar, tussenganger; eerbare makelaar; *downright/scrupulously* ~ doodeerlik; ~ *to God!* so waar as God!. **~-to-God, ~-to-goodness** *adj. (attr.)* egte, suiwer, onvervalste; volslae, volkome, absolute.

**hon·est·ly** *adv.* eerlik; regtig, werklik; ronduit. **hon·est·ly** *tw.* eerlik waar!, regtig (waar)!, rêrig!.

**hon·es·ty** eerlikheid, opregtheid.

**hon·ey** *n.* heuning; soetigheid; *(hoofs. Am.)* soetlief, liefling, skat(tebol); *pure/extracted* ~ swaai=, slingerheuning. **hon·ey** *adj.* heuningkleurig. ~ **badger** ratel. **~bee** heuning=, werkby. ~ **blonde** heuningblond. **~(bush) tea** heuningtee. ~ **buzzard** *(orn.): European* ~ ~ wespedief. **~-coloured** heuningkleurig. **~dew** heuningdou. **~dew melon** winterspanspek. **~guide** *(orn.)* heuningwyser. **~moon** →HONEYMOON. **~pot** *(lett. & fig.)* heuningpot. **~suckle** *(bot.)* kanfer=, kamferfoelie. **~-tongued** glad van tong, oorredend.

**hon·ey·comb** *n.* heuningkoek. **hon·ey·comb** *ww.* deur= boor, deurkruis, ondermyn. ~ **fabric** wafelstof.

**hon·eyed, hon·ied** heuningsoet, =ryk, heuning=; vleiend, vleierig; ~ *words* soet woorde.

**hon·ey·moon** *n.* wittebrood, wittebroods=, huweliksreis; *be no* ~, *(infml.)* geen plesier wees nie; *they are on (their)* ~ hulle hou wittebrood, hulle is op hul wittebrood(sreis)/huweliks= reis; *the* ~ *is over, (infml., fig.)* die wittebrood(sdae) is verby. **hon·ey·moon** *ww.* wittebrood hou; *they are* ~*ing at* ... hulle bring hul wittebrood(sdae) op ... deur. ~ **couple** wit= tebroodspaar(tjie). ~ **trip** wittebroods=, huweliksreis.

**Hong Kong** *(geog.)* Hongkong.

**hon·ied** →HONEYED.

**honk** *n.* gehonk; getoet(er); gesnater; (ge)skree(u). **honk** *ww.* honk; toet(er); snater; skree(u); *(sl.)* stink.

**hon·ky** =*kies, (neerh. Afro-Am. sl.: wit mens)* la(r)nie.

**hon·ky-tonk** *(hoofs.Am., infml.)* goedkoop nagklub/danssaal; kantien; honkietonk-musiek. ~ **piano** honkietonk(-klavier), blikklavier.

**Hon·o·lu·lu** *(geog.)* Honolulu, Honoloeloe.

**hon·o·rar·i·um** =*riums,* =*ria* honorarium.

**hon·or·ar·y** ere=; eervol; ~ *citizen(ship)* ereburger(skap); ~ *colonel* erekolonel; ~ *doctorate* eredoktoraat; ~ *life member* lewenslange erelid; ~ *post* ereamp; ~ *president* erevoorsitter.

**hon·or·if·ic** *n.* eretitel; beleefdheidsaanspraak; beleefdheids= vorm. **hon·or·if·ic** *adj.* agbaar, geëerd, ere=; ~ *word* be= leefdheidswoord.

**hon·our,** *(Am.)* **hon·or** *n.* eer; eerbewys; eergevoel; *(i.d. mv.)* eerbewyse; onderskeidings; (ere)titels; honneurs; *be in* ~ *bound to do s.t.* eershalwe verplig wees om iets te doen; *code of* ~ erekode; ~*s degree, (univ.)* honneursgraad; *do s.o. the* ~ *of* ... iem. die eer aandoen om te ...; *do the* ~*s, (infml.)* as gasheer/=vrou optree; *s.t. does s.o.* ~ iets strek iem. tot eer; ~ *to whom* ~ *is due* eer/ere aan wie eer/ere toekom; *with* ~*s even, (Br.)* in 'n gelykop stryd; *extend an* ~ *to s.o.* iem. eer bewys; *funeral/last* ~*s* die laaste eer; *guest of* ~ eregas; *have the* ~ *of* ... die eer hê om te ...; *His/Her H*~ Sy/Haar Edele; Sy/Haar Edelagbare; *impugn s.o.'s* ~ iem. in sy/haar eer aantas; *in* ~ *of* ... ter ere van ...; *in s.o.'s* ~ tot iem. se eer; ~*s list* lys van onderskeidings; *be loaded with* ~*s* met eerbewyse oorlaai wees; *mark of* ~ ereblyk; onderskeiding; *matter of* ~ saak van eer, eresaak; *be buried with full military* ~s met volle militêre eer begrawe word; *obtain* ~s *in an examination* 'n eksamen met lof/onderskeiding (*of* cum laude) aflê/slaag; *be the soul of* ~ die eerlikheid self wees; *take the* ~s met die louere wegstap; *there's* ~ *among thieves,* (sprw.) diewe besteel mekaar nie; *s.t. is to s.o.'s* ~ iets strek iem. tot eer; *on my word of* ~ op my erewoord (*of* woord van eer); *Your H*~, (regter) Edelagbare; U Edele. **hon·our,** (Am.) **hon·or** ww. eer, vereer, huldig, in ere hou; nakom; hoogag, respekteer; eer betoon; honoreer (*'n wissel*); naleef, nalewe, uitvoer, gestand doen (*'n ooreenkoms ens.*); ~ *obligations* verpligtinge nakom; ~ *a promise* 'n belofte nakom (*of* gestand doen); *I shall be* ~*ed to* ... dit sal vir my 'n eer wees om te ...; ~ *s.o. with s.t.* iem. met iets vereer (*'n besoek, jou teenwoordigheid*). **hon·our·a·ble,** (Am.) **hon·or·a·ble** eervol; eerwaardig, agbaar; agtenswaardig; opreg, eerlik; vernaam, hoog; edelagbare; ~ *discharge* eervolle ontslag; *the H*~ *J. Smith* Sy Ed. J. Smith; *the* ~ *member,* (parl.) die agbare lid; ~ *mention* eervolle vermelding. **hon·our·a·bly,** (Am.) **hon·or·a·bly** eervol, op eervolle manier, met eer.

**hooch, hootch** (infml., hoofs. Am.) onwettige drank, smokkeldrank; tuisbrousel.

**hood**[1] n. kap (v. 'n mantel, toga, ens.); (akademiese) serp, graadband; masjienkap. **hood** ww. 'n kap opsit/omhang, kap; blinddoek.

**hood**[2] n., (infml., hoofs. Am.) →HOODLUM.

**hood·ed** gekap, met 'n kap op, kap=; ~ *cart* kapkar; ~ *cloak* kapmantel; ~ *snake* kapelslang; ~ *wag(g)on* tentwa. ~ **crow** bontkraai.

**hood·less** sonder ('n) kap.

**hood·lum** (straat)boef.

**hoo·doo** n., (infml.) ongeluk, onheil, rampspoed; ongeluksbode; →VOODOO. **hoo·doo** ww., (infml.) toor, beheks, paljas; onheil bring; *be* ~*ed* getoor/beheks/gepaljas wees; deur die ongeluk gery word.

**hood·wink** blinddoek/ flous, fop, mislei, om die bos lei, uitoorlê; kul, bedrieg, vet om die oë smeer; ~ *s.o.,* (ook) iem. iets wysmaak (*of* op die mou speld).

**hoof** hoofs, hooves, n. hoef (v. 'n perd ens.); klou (v. 'n herkouer); *cloven* ~ gesplete hoef; *crooked* ~ horrelpoot; *on the* ~, (vee) op vier pote, lewend; (infml.) spontaan, uit die vuis (uit), geïmproviseer(d); sonder om (na) te dink. **hoof** ww., (infml.) (met mening) skop; trap; ~ *it,* (infml.) loop, stap, voetslaan; (dans) dit uitkap, boude skud; ~ *s.o. out,* (infml.) iem. uitskop. ~**beat** hoefslag, klap van perdepote. ~ **pad** aankapkussinkie, =kous (v. 'n perd).

**hoofed** gehoef(de); ~ *animal* hoefdier.

**hoo·ha** (infml.) opskudding, gedoente.

**hook** n. haak; hakie; kram(metjie); vishoek; hoek; punt; (skerp) draai; knip; (boks, kr.) haakhou; (gh.) haak=, hothou; (popmus.) vassteekwysie; *by* ~ *or by crook* buig of bars, hoe ook al, tot elke prys, op (die) een of ander manier; ~ *and eye,* (naaldw.) hakie en ogie; *get one's* ~s *into/on s.o.* iem. in jou kloue kry; *be off the* ~, (telefoongehoorstuk) van die haak (af) wees; (infml., iem.) uit die verknorsing wees; *let s.o. off the* ~, (infml.) die druk op iem. verlig; iem. kwytskeld; *have a fish on the* ~ 'n vis aan die hoek hê. **hook** ww. haak (ook in gh./kr.); aanhaak, vasmaak; (gh.) hot slaan, 'n haakhou slaan; (rugby) (uit)haak; ~ *s.t. in* iets in=/vashaak; ~ *s.t. off* iets afhaak; ~ *s.t. on* iets aan=/vas=/ophaak; ~ *onto* (or *on to*) *s.t.* aan iets vashaak; ~ *s.o. up with s.t.,* (infml.) iets aan iem. verskaf, iem. van iets voorsien; ~ *s.t. up* iets aan=/vashaak; iets verbind/aansluit; ~ *up with ...,* (infml.) (jou) by ... aansluit. ~**nose** haakneus, arendsneus, krom neus. ~**nosed** met die/'n haakneus/arendsneus (*of* krom neus), haakneus=. ~**-shaped** haakvormig. ~ **stroke** haakskoot. ~**thorn** swarthaak(bos), ghnoibos, haakdoring. ~**-up** kon-

neksie, verbinding(stelsel); bedrading; aansluiting. ~**worm** haakwurm, mynwurm.

**hook·a(h)** (Turkse) waterpyp, nargile(h).

**hooked** gehaak, met 'n haak; haakvormig, krom, gebuig, haak=; (vas)gevang; (infml.) getroud; ~ *cross* hakekruis; ~ *end* haakent; *get* ~, (kledingstuk) vashaak (aan iets); (infml., iem.) verslaaf raak (aan iets); (infml.) trou, getroud raak; ~ *joint* haaklas; ~ *nose* haakneus, arendsneus, krom neus; *be* ~ *on s.t.,* (infml.) mal wees oor (*of* dol wees oor/op *of* versot wees op) iets, baie van iets hou; aan iets verslaaf wees (*dwelmmiddels ens.*); ~ *rug* haakmat.

**hook·er** (rugby) haker; (infml.) hoer.

**hook·(e)y** n.: play ~, (Am., infml.) stokkiesdraai.

**hoo·li·gan** (straat)boef, skollie, vandaal; (i.d. mv.) (straat)gespuis. **hoo·li·gan·ism** (straat)boewery, straatterreur, vandalisme.

**hoop** n. hoepel; band, ring; *go through the* ~s, (infml.) les opsê, bars (fig.); *put s.o. through the* ~(s), (infml.) iem. laat les opsê. **hoop** ww. omhoepel, hoepels (*of* die/'n hoepel) omsit; saamtrek; saambind. ~ **iron** hoepel=, bandyster. ~ **net** fuik. ~ **skirt** hoepelrok.

**hoop·la** (infml.) bohaai, gedoente.

**hoo·poe** (orn.): African ~ hoep-hoep; →WOOD-HOOPOE.

**hoo·ray** →HURRAH.

**hoot** n. (ge)skree(u); (ge)fluit; getoet(er) (v. 'n motor); geblaas; (ge)hoe-hoe, (ge)roep (v. 'n uil); *not care/give a* ~ (or *two* ~s), (infml.) geen (*of* nie 'n) flenter omgee nie; *s.o./s.t. is a* ~, (infml.) iem./iets is skreeusnaaks. **hoot** ww. (uit)jou, uitfluit; toet(er); blaas; (uil) hoe-hoe, roep; ~ ... *down* ... doodfluit/doodskree(u)/uitjou (spreker); ... afskiet (voorstel); ~ *with* ... brul van ... (d. lag ens.).

**hootch·y-kootch·y** (Am. sl.) (wulpse) buikdans.

**hoot·er** toeter (v. 'n motor); fluit, sirene (v. 'n skip, fabriek); (Br. sl.: neus) snoet, snawel; (i.d. mv., Am. sl.) borste; *sound the* ~ toet(er).

**hooved** →HOOFED.

**hoo·ver** n., (oorspr. H~, handelsnaam) stofsuier. **hoo·ver** ww. stofsuig; ~ *s.t. up,* (infml.) iets opslurp.

**hop**[1] n. sprong, spring, huppeling, huppelpas; dans=, skof= felparty; *be on the* ~, (infml.) druk besig wees, bedrywig wees; *catch s.o. on the* ~, (infml.) iem. onkant/onverhoeds betrap; *keep s.o. on the* ~, (infml.) iem. aan die gang hou; *s.t. is just/only a* ~, (a) *skip and* (a) *jump away,* (infml.) iets is ten een die draai (*of* hier anderkant *of* 'n hanetreetjie ver/vêr). **hop** =pp=, ww. spring, hup, hop, huppel; eenbeentjie spring, hink; wip; dans; →HOPPER; ~ *after* ... agter ... aanhuppel; ~ *around* rondspring; ~ *in,* (infml.) inwip, inspring; ~ *into bed with s.o.,* (infml.) met iem. in die bed klim/spring (*of* bed toe gaan); ~ *it,* (infml.) spore maak; ~ *it!,* (infml.) maak spore!, skoert!; ~ *off,* (infml.) afspring; padgee; ~ *out,* (infml.) uitspring. ~**scotch** (spel) eenbeentjie, hinkspel, klippie-hink. ~**scotch stone** ghoen.

**hop**[2] n. hop. **hop** =pp=, ww. hop ingooi. ~**(s) beer** hopbier. ~**bind,** ~ **bine** hoprank.

**hope** n. hoop, verwagting; *abandon* ~ die hoop opgee (*of* laat vaar); ~ *for s.o. has been abandoned* iem. is buite hoop; *is there any* ~? is daar nog (enige) hoop?; *be beyond/past* ~ hopeloos wees; *s.o. is beyond* ~, (ook) vir iem. is daar geen redding meer nie; *build one's* ~s *on* ... jou hoop op ... vestig; *cherish a* ~ *that* ... die hoop koester dat ...; *s.o.'s* ~s *were dashed* iem. se verwagtings is verydel; ~ *springs eternal,* (sprw.) die hoop laat lewe; *a faint* ~ 'n effense/swak hoop; *fasten one's* ~s *on* ... jou hoop op ... vestig; *hover between* ~ *and fear* tussen hoop en vrees dobber; *a fervent* ~ 'n innige/vurige hoop; *a flicker/glimmering of* ~ 'n sprankie/ straaltjie/sweempie (van) hoop, 'n flikkering van hoop; *in the fond* ~ *that* ... in die ydele hoop dat ...; *be full of* ~ hoopvol wees, vol hoop/moed wees; *give up* ~ die hoop opgee (*of* laat vaar), moed opgee; *a* **glimmering** *of* ~ →*flicker/* **glimmering;** *you've* **got** *a* ~!, *(infml.)* daar kom niks van nie!, dit sal die dag wees!; *not have a* ~ *in* **hell,** *(infml.)* nie die geringste/minste (*of* 'n kat se) kans hê nie; *have* **high** ~*s* groot/hoë verwagtings hê/koester; *it holds out much* ~ *for* ... dit bied veel hoop vir ...; dit beloof veel vir ...; *in the* ~ *that* ... in die hoop dat ...; *have little* ~ slegte moed hê; **live** *in* ~*s* bly hoop, op hoop leef/lewe; *live in* ~*s that* ... die hoop koester dat ...; *lose* ~ *of doing s.t.* die hoop laat vaar om iets te doen; *there's* **no** ~ *of* ... daar is geen vooruitsig op ... nie; *not a* ~!, *(infml.)* nie die geringste/minste kans nie!; *s.o.'s (one and)* **only** ~ iem. se enigste hoop, al hoop wat iem. het; *be* **past** ~ →*beyond/past;* **pin/place** *one's* ~*s on* ... jou hoop op ... vestig; *there is a* ~ *of* **rain** daar is hoop op reën; **raise** ~*s, (ook)* verwagtings wek; *s.t.* **raises** *the* ~ *that* ... iets wek die hoop dat ...; *a* **ray** *of* ~ 'n ligpunt; **shatter** *s.o.'s* ~*s* iem. se verwagtings die bodem inslaan; *a* **slender** ~ 'n geringe hoop; *a* **vain** ~ 'n ydele hoop; *s.t. is beyond s.o.'s* **wildest** ~*s* iets oortref iem. se stoutste verwagtings; *a* **young** ~ 'n veelbelowende jongeling. **hope** *ww.* hoop, verwag; ~ **against** *hope* teen jou beterwete in hoop, 'n wanhopige hoop koester; ~ *for the* **best** (op) die beste hoop; *I* **do** ~ *that* ... ek hoop regtig/werklik dat ...; ~ **fervently** innig/vurig hoop; ~ **for** *s.t.* op iets hoop, iets verwag; ~ *for s.o.'s* **success** vir iem. duim vashou; **here's** *hoping* laat ons hoop; *s.o.* **keeps** *hoping* iem. bly hoop; *I* ~ **not** ek hoop nie; hopelik nie; *I* ~ **so** ek hoop so; hopelik; ~ *to do s.t.* hoop dat jy iets sal kan doen.

**hope·ful** *adj.* hoopvol, bemoedigend, moedgewend, verblydend; veelbelowend; *be* ~ *that* ... vol hoop wees dat ... **hope·ful·ly** *adv.* hopelik; hoopvol.

**hope·less** *adj.* hopeloos; wanhopig; onverbeterlik; ~ *case* ongeneeslike geval; verloorsaak; nikswerd kêrel. **hope·less·ly** *adv.* hopeloos.

**hop·lite** *(mil., hist.)* hopliet.

**hop·per** springer, huppelaar; hinker; danser; voetganger(sprinkaan); wippertjie *(v. 'n klavier);* modderskuit; vulstorttregter; stortbak, =kas; geutbak; saaimandjie; (self)losser; lossertrok. ~ **(barge)** onderlosser. ~ **(feed)** voer=, vulbak. ~ **(locust)** voetganger(sprinkaan). ~ **(truck/wag[g]on)** lossertrok, =wa.

**hops** *n. (mv.)* →HOP² *n.*.

**horde** *(hoofs. neerh.)* horde, swerm, bende; trop; *a* ~ *of* ... 'n horde ...

**ho·ri·zon** horison, (gesigs)einder, kim; gesigskring; **broaden/expand** *one's* ~*s, (fig.)* jou horison/blik verbreed/verruim; **dip** *of the* ~ kimduiking; *on the* ~ aan die horison, op die gesigseinder; in die verskiet; *be on the* ~, *(fig.)* op hande wees, voor die deur staan; aan die/'t kom wees; voorlê; **sweep** *the* ~ die hele horison in die oog hou; **visible** ~ sigbare horison; **wide** ~*s* verre horisonne. **hor·i·zon·tal** *n.* horisontale lyn; horisontale vlak; horisontale stand/ligging; rekstok. **hor·i·zon·tal** *adj.* horisontaal; gelyk, plat, waterpas; ~ **bar** dwarsstaaf; *(gimn.)* rekstok; ~ **joint** strykvoeg; ~ **projection** grondplan; ~ **rudder,** *(lugv.)* hoogteroer.

**hor·mo·nal** hormonaal; ~ *imbalance* hormoonversteuring.

**hor·mone** hormoon. ~ **replacement therapy** *(med., afk.:* HRT) hormoonvervangingsterapie.

**horn** *n.* horing; voelhoring, =spriet; blaashoring; toeter; drinkhoring; punt; arm *(v. 'n rivier);* the *H*~ *of* **Africa,** *(geog.)* die Horing van Afrika; *be on the* ~*s of a* **dilemma** voor 'n dilemma staan, in 'n dilemma wees, nie hot of haar kan nie; **draw/pull** *in one's* ~*s* kop intrek, in jou dop/skulp kruip; **(head** *of)* ~*s* gewei; **lock** ~*s, (lett.)* hul horings vasdraai; *(fig.)* kragte meet; ~ *of* **plenty** horing van oorvloed; **sound** *the* ~ toet, die toeter druk *(v. 'n motor);* **spreading** ~*s* weglêhorings. **horn** *ww.* met die/sy horings bykom/gaffel/karnuffel/stamp/ toetakel/deurboor; ~ *in, (infml.)* (jou) inmeng; (jou) indring;

~ *in on s.t., (infml.)* (jou) in iets inmeng, jou met iets bemoei. ~**bill** neushoringvoël; *trumpeter* ~ gewone boskraai. ~**blende** *(min.)* horingblende, hoornblende. ~**blower** horingblaser. ~**-blowing** horinggeskal. ~**fels, hornstone** *(geol.)* horingsteen, blouklip. ~**pipe** *(mus.instr. of dans)* horrelpyp. ~ **player** horingspeler. ~**-rim(med) glasses/spectacles,** ~**rims** horingbril, uilbril. ~**work** horingwerk.

**horned** gehoring, horingsman=, horing=; ~ *cattle* horingvee. ~ **adder** horingadder, horingsman.

**hor·net** perdeby, wesp. ~**'s nest** perdebynes; *(fig.)* wespenes, by(e)nes; *stir up a* ~ ~ jou kop in 'n by(e)nes steek.

**horn·less** horingloos; ~ *animal* poena; ~ *ox/cow* poenskop.

**horn·y** ~*ier* =*iest, adj.* horingagtig, horing=; vereelt; *(sl.)* katools, vryerig, geil, hitsig, jags, sp(e)uls; *feel/get* ~ jags/katools/vryerig wees/raak; ~ *layer* horinglaag.

**ho·rol·o·gy** uurwerkmakery; tydmeetkunde. **ho·rol·o·gist, ho·rol·o·ger** horlosiemaker.

**hor·o·scope** horoskoop; *cast s.o.'s* ~ iem. se horoskoop trek. **ho·ros·co·py** horoskopie, sterrelesery, sterrewiggelary.

**hor·ren·dous** aaklig, verskriklik.

**hor·ri·ble** afskuwelik, aaklig, verskriklik, vreeslik, grusaam, yslik. **hor·ri·ble·ness** aaklighed, verskriklikheid. **hor·ri·bly** verskriklik, vreeslik, afskuwelik, aaklig.

**hor·rid** aaklig, naar, mislik.

**hor·rif·ic** afskuwelik, afgryslik, huiweringwekkend.

**hor·ri·fy** met afsku/afgryse vervul; skok, ruk, ontstel; dronkslaan; aanstoot gee; *it horrifies me* ek gru daarvan. **hor·ri·fy·ing** angswekkend, skrikwekkend, =aanjaend.

**hor·ror** *n.* afsku, afgryse, afgryslikheid, aaklighed, gruwel; skok, skrik, ontsteltenis; monster, afskuwelike mens/ding; *give s.o. the* ~*s* iem. laat (g)ril; *it gives one the* ~*s, (ook)* dit is om van te (g)ril; *have a* ~ *of* ... 'n afsku van ... hê; *in* ~ met afgryse *(terugdeins ens.);* **little** ~, *(infml.)* klein monster; *to s.o.'s* ~ tot iem. se (groot) ontsteltenis; *the* ~*s of (the)* **war** die verskrikkings/aaklighede/gruwels van (die) oorlog. ~ **accident** aaklige ongeluk. ~ **film** gruwel=, gril(rol)prent, =fliek, =film. ~**-stricken,** ~**-struck** ontset, met afgryse vervul; geskok; dronkgeslaan.

**hors d'oeuvre** *hors d'oeuvre(s),* (Fr., *kookk.)* voorgereg(gie), hors d'oeuvre, snoepgereg.

**horse** *n.* perd; bok; *(mynb.)* klemstuk, wandbrok; *(i.d. mv., infml.)* →HORSEPOWER; *(dwelmsl.)* heroïen; **back** *a* ~ op 'n perd wed; *a* **body** *of* ~ 'n afdeling ruitery; *the* ~ **bolts** die perd gaan op hol; **break** *in a* ~ 'n perd leer; ~ *and* **cart** kar en perde; *(don't)* **change/swap/swop** ~*s in midstream, (sprw.)* (moenie) die stuur los as jou band bars (nie); *a* ~ *of another* (or *a different)* **colour** glad iets anders, 'n glad/ totaal ander ding/saak; ~*s for* **courses** elke persoon na sy/ haar aard, die beste persoon vir die werk; *a* **dark** ~, *(fig.)* 'n buiteperd; *flog/beat a* **dead** ~ jou kragte verspil; tyd verspil/ verkwis/mors; vergeefse werk doen; *(drying)* ~ droograk; *be on one's* **high** ~, *(infml.)* op jou perdjie wees; *mount/ride the* **high** ~, *(fig.)* 'n hoë toon aanslaan, grootmeneer speel; **hold** *your* ~*s!, (infml.)* wag 'n bietjie!, nie so haastig nie!, stadig (oor die klippe)!, bly kalm!; *put* **money** *on a* ~ op 'n perd wed; *(right/straight) from the* ~*'s* **mouth,** *(fig.)* uit die eerste hand *(of* allerbeste bron); **play** *the* ~*s, (infml.)* op perde wed; **ride** *two* ~*s* twee dinge tegelyk doen; **run** *a* ~ 'n perd laat deelneem; **scratch** *a* ~ *from a race* (or *the card)* 'n perd aan 'n wedren onttrek; *the* ~ **spilt** *its rider* die perd het sy ruiter afgegooi; *(don't)* **swap/swop** ~*s in midstream* →*change/swap/swop;* **to** ~! opsaal!, opklim!; *a* **troop** *of* ~ 'n troep ruitery; *a* **troop** *of* ~*s* 'n trop perde; **walk** *a* ~ 'n perd op 'n stap ry; 'n perd lei; *you can lead/take a* ~ *to the* **water** *but you can't make it drink* jy kan 'n perd by die water bring, maar nie laat suip nie; **wild** ~*s would not drag s.o. there* jy sal iem. met geen stok daar kry nie; *a* **willing** ~, *(fig.)* 'n werkesel; *the* **winged** ~, *(Gr. mit.)* die gevleuelde perd, Pega=

sus; *back the* **wrong** ~, *(lett.)* op die verkeerde perd wed; *(fig.)* jou misgis/misreken. **horse** *ww.* van perde *(of* 'n perd) voorsien; ~ *around/about, (infml.)* gekskeer, die gek skeer; tekere *(of* te kere) gaan, tekeregaan. ~**back:** *on* ~ berede, te perd; *ride (on)* ~ perdry. ~ **bean** perdeboon(tjie). ~ **blanket** stalkombers; perdekombers. ~**box** perdesleepwa. ~**breaker** perdeleerder, -temmer; pikeur. ~ **breed** perderas. ~ **breeder** perdeboer, -teler. ~ **breeding** perdeteelt, -boerdery. ~ **cab,** ~ **cart** perdekar. ~ **chestnut** *(bot.)* wildekastaiing. ~ **dealer** perdehandelaar. ~ **doctor** perdedokter. ~~**drawn** deur per-de getrek; ~ *vehicle* perdevoertuig. ~ **droppings,** ~ **dung** perdemis. ~ **fair** perdeveiling. ~**flesh** perde; perdevleis; *(good) judge of* ~ perdekenner; *piece of* ~ stuk perdevleis; perdedier. ~**fly** blindevlieg; steekvlieg, perdevlieg; horsel. ~ **guard** ruiterwag. ~**hair** perdehaar. ~**hair mattress** perde-haarmatras. ~ **knacker** perdeslagter. ~ **latitudes** *n. (mv.), (sk.)* perdebreedtes, windstiltegordel, -streek. ~ **laugh** bulderlag, runniklag. ~ **mackerel** *(igt.)* marsbanker, ma(a)sbanker. ~ **master** perdebaas. ~**meat** perdevleis. ~ **opera** *(Am., infml., skerts.)* cowboyfliek, -prent. ~**play** ruwe spel, stoeiery, ge-stoei. ~**power** perdekrag. ~ **race** perdewedren. ~**radish** peperwortel. ~ **remedy** perdemiddel. ~~**riding** perdry; per-desport. ~ **sense** *(infml.)* gesonde verstand. ~**shit** *(plat)* twak, kaf, strooi, snert, stront, kak *(plat).* ~ **show** perdeskou, -tentoonstelling, -vertoning. ~**sickness,** ~ **distemper** per-desiekte. ~ **stud** perdestoetery. ~**tail** *(ook bot.)* perdestert. ~ **theft** perdediefstal. ~ **thief** perdedief. ~ **track** rypaadjie, voetpad. ~ **trading** *(fig.)* afdingery, (politieke) ruilery/ge-smous. ~ **wag(g)on** perdewa. ~**whip** *n.* rysweep, karwats, sambok. ~**whip** *ww.* met die karwats bykom, (uit)looi. ~ **whisperer** perdefluisteraar. ~**woman** -women ruiterin, vrou te perd.

**horse·man** -men (perde)ruiter, kavalier. **horse·man·ship** rykuns, ruiterkuns.

**horse·shoe** hoefyster, perdeskoen. ~ **bat** hoefystervlermuis. ~ **crab** koningkrap, *(<Ndl.)* degenkrap. ~ **nail** hoefspyker, perdespyker. ~ **pelargonium** wildemalva.

**hors·y, hors·ey** perde-; gek na perde; jokkieagtig, ru; stal-.

**hor·ti·cul·ture** tuinbou. **hor·ti·cul·tur·al** tuinboukundig, tuinbou-; ~ *society* tuinbouvereniging. **hor·ti·cul·tur·ist** tuin-boukundige, hortoloog.

**ho·san·na** *tw.* hosanna!.

**hose** *n.* (tuin)slang; brandslang; spuit; *(as mv.)* kouse. **hose** *ww.* met die/'n slang (be)spuit; ~ *s.t.* **down** iets afspoel/af-spuit. ~ **connection,** ~ **coupling** slangverbinding, -koppe-ling. ~ **nozzle** spuitkop. ~**pipe** (spuit)slang.

**Ho·se·a** *(OT)* Hosea.

**ho·sier** koushandelaar.

**ho·sier·y** kousware. ~ **yarn** masjienbreigare, -garing.

**hos·pice** tehuis, hospies *(vir terminale pasiënte).*

**hos·pi·ta·ble, hos·pi·ta·ble** gasvry.

**hos·pi·tal** hospitaal; *admit s.o. to* ~ iem. in die/'n hospitaal opneem; *s.o. is in* ~ iem. is in die hospitaal; *Somerset H~* Somerset(-)hospitaal, Somerset Hospitaal. ~ **administration** hospitaalbestuur. ~ **facilities** *n. (mv.)* hospitaalgeriewe. ~ **fee** hospitaalgeld. ~ **nurse** hospitaalsuster. ~ **pass** *(infml., rugby)* hospitaalaangee.

**hos·pi·tal·ise, -ize** in 'n hospitaal opneem/behandel, hos-pitaliseer. **hos·pi·tal·i·sa·tion, -za·tion** opname/behandeling in 'n hospitaal, hospitalisasie; hospitaalverblyf.

**hos·pi·tal·i·ty** gasvryheid; *extend* ~ *to s.o.* gasvryheid aan iem. bewys/verleen, iem. ontvang; iem. herberg, iem. in jou huis neem; *offer* ~ *to s.o.* iem. gasvryheid aanbied. ~ **industry** onthaalbedryf.

**hos·pi·tal·(l)er** hospitaalbroeder, -suster; hospitaalkapelaan.

**host¹** *n.* menigte, skare; *(poët., liter.)* hemelskare; *a* ~ *of* ... 'n duisternis (van) ...

**host²** *n.* gasheer; herbergier, waard; aanbieder *(v. 'n TV- of*

*radioprogram); (dier)* draer, voeder; *play* ~ *to s.o.* iem. se gas-heer wees, as gasheer vir iem. optree. **host** *ww.* gasheer wees (vir); aanbied *(TV- of radioprogram); South Africa will* ~ *the tournament* Suid-Afrika sal (die) gasheer wees vir die toernooi, die toernooi sal in Suid-Afrika plaasvind. ~ **(com-puter)** gasheerrekenaar.

**host³** *(RK, gew. H~)* hostie, offerbrood.

**hos·tage** gyselaar; *hold/keep s.o. (as a)* ~ iem. as ('n) gyselaar aanhou; *take s.o.* ~ iem. gysel *(of* ontvoer en as gyselaar aanhou).

**hos·tel** koshuis; losieshuis; jeugherberg; *(SA)* hostel *(vir myn-werkers ens.).*

**host·ess** gasvrou; aanbiedster *(v. 'n TV- of radioprogram);* ontvangsdame; lugwaardin.

**hos·tile** vyandig; *(mil.)* vyandelik; *be* ~ *to s.o.* vyandig teen-oor/jeens iem. wees; teen iem. gekant wees. **hos·til·i·ty** vy-andigheid, kwaaivriendskap, vyandskap; *(i.d. mv.)* vyande-likhede.

**hot** *n.: have the* ~s *for s.o., (infml.)* dol-/smoorverlief op iem. wees, iem. se lyf soek. **hot** *adj. & adv.* warm; heet; vurig; hewig, kwaai; *(infml.)* mooi, oulik; opgewonde; sterk; vars; *be* ~ *at s.t., (infml.)* knap wees in/met iets; *be* ~, *(iets)* warm wees; *(iem.)* warm kry; *be/get (all)* ~ *and* **bothered,** *(infml.)* ontsteld *(of* van stryk) wees/raak; *feel* ~, *(iem.)* warm kry; *s.o. is not feeling too* ~, *(infml.)* iem. voel nie goed/lekker nie; ~ *from the* ... vars uit die ...; *get* ~ warm word; spannend word; *give it to s.o.* ~ iem. (dit) goed inpeper; *(as)* ~ *as* **hell,** *(infml.)* deksels warm; *make it/things* ~ *for s.o., (infml.)* iem. opdreun, die wêreld vir iem. benoud/warm maak; ~ **news** allerjongste/neutvars nuus; *s.t. is* **not** *so* ~, *(infml.)* iets is nie waffers nie; *be* ~ **on** *s.t., (infml.)* gaande/geesdriftig wees oor iets; *piping* ~ vuurwarm, kokend/sissend warm *(kos ens.);* *run* ~ warmloop; *a* **steaming** ~ *meal* 'n dampende maal-tyd; *a place is becoming too* ~ *for s.o., (infml.)* 'n plek word vir iem. te gevaarlik; *make the place* **too** ~ *to hold s.o.* die wêreld vir iem. benoud/warm maak, iem. opdreun; *s.t. is* **too** ~ *to handle, (infml.)* iets is 'n warm patat; *s.t. is* ~ *value, (infml.)* iets is 'n winskopie; *a* ~ *wind* 'n warm wind. **hot** -tt-, *ww.* verhit; *s.t.* ~s *up, (infml.)* iets verhewig. ~ **air** warm lug; *(infml.)* grootpratery; twak, kafpraatjies; *be full of* ~ 'n grootprater/windlawaai/windsak wees. ~**air balloon** warm-lugballon. ~**bed** broeikas; broeibak; *(fig.)* broeines; *a* ~ *of* ... 'n broeines van ... ~~**blooded** warmbloedig; vurig; harts-togtelik; ~ *horse* warmbloedperd. ~ **cross bun** Paasbolletjie *(ook p~).* ~ **dog** n. worsbroodjie; *(Am., infml.)* waaghals. ~ **dog** *ww., (Am., infml.)* waaghalsige toertjies doen/uithaal/ uitvoer. ~ **favourite** algehele gunsteling. ~**foot** *adv., (infml.)* in groot haas, haastig(-haastig), (blits)vinnig. ~**foot** *ww.:* ~ *it to* ..., *(infml.)* haastig na ... afsit. ~~**gospeller** *(infml.)* emosionele prediker/spreker. ~**head** heethoof, vuurvreter; *be a bit of a* ~, *(infml.)* ('n) bietjie heethoofdig wees. ~ **headed** heethoofdig, dwarskoppig. ~**house** *n.* kweekhuis, broeikas; droogkamer; *(fig.)* kweekplek, -skool. ~**house** *adj.* kweekhuis-, broeikas-; *(infml.)* knus, beskut; *(infml.)* fyn, teer; *(infml., neerh.)* opgepiep, verpiep; ~ *effect* kweekhuis-, broei-kaseffek. ~ **key** *(rek.)* sneltoets, kortpadtoets. ~**line** direk-te lyn, blitslyn, kitslyn. ~ **link** *(rek.)* snelkoppel. ~ **money** vlugkapitaal, -geld, trekgeld. ~ **pants** *(infml.)* sjoe-, eina-broekie. ~**plate** kookplaat; konfoor. ~**pot** *(Br.)* hutspot; jagskottel. ~ **potato** *(infml., fig.)* turksvy; *drop s.t. like a* ~ ~ iets soos 'n warm patat los; *s.t. is a* ~ iets is vir iem. 'n turksvy; *speak with a* ~ ~ *in one's mouth* praat asof jy (warm) pap in jou mond het. ~ **press** *n.* satynpers, satineerpers. ~~**press** *ww.* satineer. ~ **pursuit** hakkejag; *in* ~ ~ vinnig agterna. ~ **rod** hitsmotor, hitstjor. ~ **seat** *(infml.)* verantwoordelike posisie; *be in the* ~ ~, *(infml.)* die moeilike besluit(e) moet neem. ~**shot** *n., (infml.),* hoogvlieër; groot-meneer. ~**shot** *adj. (attr.), (infml.)* hoogvlieënde, vooruit-strewende; knap, agtermekaar. ~ **spot** gevaarpunt, bang plek, noute, engte; warm kol; *(lig)* skerp kol. ~ **spring** warm bron; *(i.d. mv.)* warmbad. ~ **stuff** *n., (infml.): s.o. is* ~ ~ iem. is 'n lekker ding/stuk; *s.o. is* ~ ~ *at maths/tennis/etc.* iem. is 'n ekspert/foendi(e)/fundi/uitblinker in wiskunde/ens., iem. is 'n uithaler-/(bo)baastennisspeler/ens.; *that book/movie/show/etc. is* ~ ~ daardie boek/fliek/stuk/ens. is vol stomende liefdestonele. ~**-tempered** driftig, kwaai, opvlieënd. ~**-water bottle** warm(water)sak. ~**-water cylinder** warmwatersilinder, geiser. ~ **well** warm bron; warmwaterbak. ~**-wire** *ww., (sl.): ~ a car* 'n kar/motor met die ontstekingsdraad aan die gang kry.

**ho̭tch·pot(ch),** *(Am.)* **hodge·podge** mengelmoes, allegaartjie; *(kookk.)* tjou-tjou, hutspot.

**ho·tel** hotel; *keep a* ~ 'n hotel hou; *small* ~ hotelletjie. ~ **expenses** verblyfkoste. ~ **industry** hotelbedryf. ~ **register** gasteboek. ~ **tariffs** hotelpryse.

**ho·tel·ier** hotelhouer, -houdster, -baas.

**hot·ly** vurig; heftig; woedend; haastig.

**hot·ness** hitte, warmte; hitsigheid.

**Hot·ten·tot** *n., (SA, hist.,neerh.)* Hottentot; *(taal)* Hottentots. **Hot·ten·tot** *adj., (SA, hist., neerh.)* Hottentots, Hottentot-; →Khoikhoi. ~**s Holland Mountains** *(geog.)* Hottentots-Hollandberge.

**hot·ten·tot** *(igt.)* hottentot.

**houm·mos** →hummus.

**hound** *n.* hond; jaghond; *a pack of* ~s 'n trop honde. **hound** *ww.* agtervolg; ~ *s.o. down* iem. agtervolg; ~ *s.o. out* iem. uitdryf/uitdrywe. ~ **dog** jaghond.

**hound·ing** agtervolging; vervolging.

**hounds·tooth check** tandruitstof.

**hour** uur; stonde; *(i.d. mv.), (RK)* gety; *after* ~s na kantoortyd/skooltyd/sluitingstyd/werktyd, buiten(s)tyds; *at all* ~s *(of the day and/or night)* alewig, gedurig, dag en nag, aanmekaar, voortdurend; tydig en ontydig; *till all* ~s tot laat in die nag, tot wie weet hoe laat; ~s *of attendance* diensure; ~s *of business, business/office* ~s kantoorure, -tyd; *by the* ~ by die uur; per uur; *from an early* ~ van vroeg af; *keep early* ~s vroeg gaan slaap (en vroeg opstaan); *eight/etc.* ~s ag(t)/ens. uur; *every* ~ elke uur; *s.t. happens every* ~, *(ook)* iets gebeur om die uur; *for* ~s ure (lank); *for five/etc.* ~s vyf/ens. uur (lank); *(for) a* **full** ~ 'n volle/ronde uur (lank); *half an* ~ 'n halfuur; *complete s.t. in an* ~ iets in 'n uur voltooi; *s.t. will happen in an* ~ iets sal oor 'n uur gebeur; *at a late* ~ laat in die aand/dag/nag, teen die laatte; *even at this late* ~ selfs nou nog; *keep late* ~s laat opbly/uitbly, laat gaan slaap; *many* ~s baie ure; *the person of the* ~ die persoon van die oomblik; *depart/leave on the* ~, *(busse ens.)* op die uur vertrek; *the question of the* ~ die brandende vraag(stuk); *in the small/wee* ~s *(of the morning)* in die nanag; in die vroeë môre/more-ure, vroeg-vroeg; *the clock* **strikes** *the* ~s die klok slaan die ure; ~s *of transmission* sendtyd; *in s.o.'s waking* ~s wanneer iem. nie slaap nie; *within an* ~ binne 'n uur; *within the* ~ binne 'n uur, voor 'n uur verby is. ~**glass** sandloper, uur-, sandglas. ~ **hand** uurwys(t)er, kort wys(t)er. ~**-long** *adj. (attr.)* uur lang(e).

**hou·ri** -ris, *(Islam)* hoeri, houri.

**hour·ly** elke uur, (al) om die uur; ~ *wage* uurloon.

**house** *n.* huis; woning; (vorste)huis, dinastie; saal; skouburg; parlementsgebou; *(parl.)* kamer, huis, raad; *(parl.)* vergadering; *(astrol.)* huis; *about/around the* ~ om/rondom die huis; in die huis rond; *at s.o.'s* ~ by iem. se huis; by iem. aan huis; *bring the* ~ *down* die saal laat dawer, groot toejuiging uitlok; almal aan die skater hê; ~ *of* **cards** kaarthuis, s.o.'s ~ *is his/her* **castle** iedereen is baas op sy/haar eie erf; *H~ of* **Commons,** *(Br.)* Laerhuis, Laer Huis; ~ *of the* **dead** dodehuis; *a* ~ **divided** *against itself* 'n huis teen homself verdeeld; *they are getting along/on like a* ~ *on* **fire,** *(infml.)* hulle word groot maats, hulle kom baie goed oor die weg;

*full* ~, ~ *full* vol saal; vol beset/bespreek, uitverkoop; ~ *of* **God** Gods huis, kerk; ~ *and* **home** huis en haard; ~ *of ill* *fame/repute,* *(arg., skerts.)* huis van ontug, bordeel; *keep* ~ huishou; *keep to the/one's* ~ binne/tuis (*of* by die huis) bly *(weens siekte ens.); leave the* ~ die deur uitgaan; *H~ of* **Lords,** *(Br.)* Hoërhuis, Hoër Huis; *move* ~ verhuis; *it's on the* ~ dis verniet/present; *keep* **open** ~ ope tafel hou; gasvry wees; *the H~ of* **Orange,** *(Ndl.)* die huis van Oranje, die Oranjehuis; *keep one's own* ~ *in* **order** voor jou eie deur vee; *put/ set one's* ~ *in* **order** jou sake agtermekaar (*of* in orde) kry; ~ *of* **prayer/worship** aanbiddingsplek, huis van aanbidding/gebed; *put up a* ~ 'n huis bou; ~ *of* **refuge** toevlugsoord; *H~ of* **Representatives,** *(Am. ens.)* Raad van Verteenwoordigers; *as* **safe** *as* ~s so veilig as kan kom; *set up* ~ huis opsit, 'n (eie) huishouding begin/opsit; *s.o. does not* **stir** *out of the* ~ iem. steek nie sy/haar neus by die deur uit nie; *the H~, (parl.)* die Raad; *a* **thin** ~ 'n klein/skraal gehoor; *every* ~ *has its* **trials** elke huis het sy kruis; **vacate** *a* ~ 'n huis ontruim. **house** *ww.* huisves, herberg, onder dak bring; onderdak gee, huise verskaf/voorsien aan; (op)bêre, bewaar *(dinge);* plek maak/inruim vir, ruimte gee aan; inlaat; vestig; bevat, plek hê vir. ~ **agent** huisagent. ~ **arrest** huisarres; *under* ~ ~ in huisarres. ~**boat** woonskuit. ~**bound** huisgebonde. ~**breaker** inbreker; (huis)sloper. ~**breaking** huisbraak, inbraak. ~**fly** huisvlieg. ~**hunter** huissoeker. ~**hunting** huissoekery. ~**keeper** huishoudster. ~**keeping** huishou; huishouding. ~**keeping money** huishougeld. ~**leek** *(bot.)* huislook. ~ **lights** *n. (mv.)* teaterligte; saalligte. ~**maid** diensmeisie; huisbediende, -meisie. ~**maid's knee** skrop-, vloer-, kruipknieë, kniewater. ~**man** -men, *(med.)* intern, inwonende dokter/arts/geneesheer. ~ **martin** *(orn.)* huisswa(w)el(tjie). ~ **mouse** huismuis. ~ **(music)** housemusiek. ~ **party** huisparty(tjie). ~ **physician, doctor** inwonende dokter/arts/geneesheer. ~**-proud** gesteld op jou huis. ~ **rent** huishuur; losies; woonruimte. ~**sit** *ww.* huis oppas. ~**sitter** huisoppasser, -wagter. ~ **sparrow** huismossie. ~ **style** redigeerstyl, huisreëls *(v. 'n uitgewer, koerant, ens.).* ~**-to-** ~ *adj.* van huis tot huis; ~ *search* huis-tot-huis-soektog, huisdeursoeking. ~**top** dak, nok. ~**-train** *ww.:* ~ *a pet* 'n troeteldier (goeie) huismaniere/ toiletgewoontes leer. ~**-trained** (huis)sindelik, huisgeleerd. ~**-warming (party)** inwyfees, huisinwyding; *have a* (~) 'n nuwe huis inwy, die dak natmaak. ~**wife** huisvrou. ~ **wine** *(gewone tafelwyn)* huiswyn. ~**work** huiswerk, huishoudelike werk, huishou.

**house·hold** *n.* huis(houding); huisgesin; huismense; *head of the* ~ hoof van die huis. **house·hold** *adj.* huislik, huishoudelik, huis-. ~ **appliance** huishoudelike toestel, huistoestel. ~ **article** gebruiksvoorwerp. ~ **gods** huisgode, penate. ~ **name** vertroude/bekende naam. ~ **task(s)** huiswerk. ~ **troops** lyftroepe. ~ **use** *for* ~ ~ vir huisgebruik, vir gebruik in die huishouding. ~ **word** welbekende woord/naam; alledaagse gesegde; *s.o.'s name is a* ~ ~ iem. is alombekend.

**house·hold·er** gesinshoof; huisbewoner, -eienaar.

**hous·ing** huisvesting, onderdak; wonings, huise; huisbou, woningbou; behuising, huisverskaffing; stalling, loodsruimte; huls, (om)hulsel, huis(ie) *(v. 'n masjien).* ~ **benefit** huisvestingstoelaag, -toelae. ~ **development,** ~ **estate,** ~ **project,** ~ **scheme** behuisingsprojek, -skema, woonontwikkeling, woningbouprojek; behuisingskompleks; nuwe woonbuurt. ~ **famine** woningnood. ~ **shortage** behuisingstekort, woningnood, -skaarste, huisskaarste. ~ **unit** huis-, wooneenheid.

**hov·el** pondok(kie), krot; armoedige huisie.

**hov·er** *n.* fladdering. **hov·er** *ww.* fladder; weifel; wankel, waggel; sweefhang, sweef, swewe, (in die lug) hang; ~ *about/around* ronddrentel; rondfladder; ~ *about/around* ... om ... fladder; ~ *between* **hope** *and* **fear** tussen hoop en vrees dobber; ~ *between* **life** *and* **death** tussen lewe en dood sweef/swewe. **~craft** skeer=, kussingtuig. **~fly** *n., (entom.)* sweefvlieg. **~train** lugkussing=, sweeftrein.

**how** hoe; *~ about* ...? wat van *(of* hoe lyk dit met) ...? *('n drankie ens.); ~ about it?* hoe lyk dit (daarmee)?; *and ~!, (infml.)* moenie praat nie!; *do s.t. any old ~, (infml.)* iets afskeep *(of* sommerso doen); *~ is s.o.?* hoe gaan dit met iem.?; *~ s.o. snores!* maggies, maar iem. (kan vir jou) snork!; *~'s that?* hoe's daai?; *~ is it that ...?* hoe kom dit dat ...?; *is that ~ it is?* is dit hoe sake staan?; *that's ~ it is* so is dit; *~ are* (or is it with) *you?* hoe gaan dit (met jou)?. *~-do-you-do, ~-d'ye-do n., (infml.)* lollery; *this is a fine ~!* dis (nou) 'n lollery!; dis 'n mooi grap!.

**how·dy** *tw., (Am., infml.)* hallo!, dagsê!.

**how·ev·er** egter, maar, nietemin, hoe dit ook (al) sy; *~, one can ...* nogtans kan ('n) mens ...; *~ ... s.o. may be* al is iem. nog so ...; *~ much* hoeseer, hoe ook al.

**howl** *n.* tjank; skreeu, gil. **howl** *ww.* tjank, huil, skree(u), grens; 'n keel opsit; *~ s.o. down* iem. doodskree(u); *~ with laughter* brul van die lag.

**howl·er** tjanker; *(infml.)* flater, blaps, stommiteit. ~ **(monkey)** brulaap.

**howl·ing** *n.* getjank, gehuil. **howl·ing** *adj. (attr.)* huilende, tjankende, skreeuende; *~ shame* skreiende skande/skandaal.

**howz·at** *tw., (kr., afk. v.* how is that) hoe's daai?.

**how·zit, hoe·zit** *tw., (SA, sl.:* how is it?) hoesit?.

**hub** naaf *(v. 'n wiel);* spil, middelpunt. **~cap** naaf=, wieldop.

**Hub·bard squash** Hubbard-pampoen.

**hub·bub** lawaai, rumoer, geroesemoes, kabaal, herrie.

**hub·by** *(infml.)* manlief, *(liefkosend)* ou man; →HUSBAND.

**hu·bris** hubris, aanmatiging. **hu·bris·tic** hubristies, aanmatigend.

**huck·a·back** *(tekst.)* knoppiesgoed, handdoeklinne.

**huck·le·ber·ry** *(Gaylussacia* spp.) bloubessie; *(Vaccinium* spp.) bosbessie.

**huck·ster** *n.* harde/aggressiewe/onderduimse verkoper/verkoopsagent; *(Am.)* publisiteitsagent, kopieskrywer. **huck·ster** *ww., (Am.)* verkwansel, afsmeer *(iets, aan iem.);* smous, kwansel, handel; knibbel.

**hud·dle** *n.* bondel, hoop; warboel, drukte; *go into a ~, (infml.)* koukus (hou); *a ~ of people* 'n groep(ie) mense. **hud·dle** *ww.* openhoop; koek; *~ down* (neer)hurk, jou klein maak; *~ (together)* saamkoek, =drom, =bondel; *be ~d up* opgerol/in(een)gekrimp wees; *~ up against ...* jou teen ... aanvlei; jou teen ... klein maak.

**hue**[1] kleur, tint, skakering.

**hue**[2]: *a ~ and cry* 'n geroep/lawaai/ophef.

**huff** *n.* brombui, kwaai nuk; *be in a ~* nukkerig wees; *go into a ~* jou opruk, nukkerig *(of* op jou perdjie) raak. **huff** *ww.* blaas, snuif, raas, tekere *(of* te kere) gaan, tekeregaan, kwaad word; *(damspel)* (weg)blaas; *~ and puff* hyg en blaas; raas en blaas. **huffed** geraak. **huff·i·ly** buierig, nukkerig, vererg; verontwaardig, gebelg(d). **huff·i·ness** buierigheid, nukkerigheid, liggeraaktheid; verontwaardiging, gebelgdheid. **huff·ish, huff·y** buierig, humeurig, nukkerig, liggeraak, prikkelbaar, brommerig.

**hug** *n.* omhelsing; *give s.o. a ~* iem. omhels *(of* 'n drukkie gee). **hug** *-gg-, ww.* omhels, 'n drukkie gee, (vas)druk; vasklou, =klem, omklem; karnuffel; *~ the shore* digby die wal/kus bly/vaar.

**huge** enorm, yslik, reusagtig, geweldig groot, tamaai; *~ size* reusagtigheid; *~ success* groot sukses, reusesukses. **huge·ly** baie groot/erg, besonder, vreeslik, ontsaglik.

**Hu·gue·not** *n.* Hugenoot. **Hu·gue·not** *adj.* Hugenote=.

**huh** *tw.* aag!; gmf!; nè?; hè?.

**hu·la:** *~-(hula) n., (Hawaise dans)* hoela(-hoela), hoela(-hoela)=dans. *~-(hula) ww.* hoela(-hoela), die hoela(-hoela) dans. *~ hoop* hoelahoepel. *~ skirt* hoelaromp.

**hulk** (skeeps)romp; (logge) skip; onttakelde skip; gevaarte, kolos; logge mens. **hulk·ing** (groot en) lomp, log, swaar.

**hull** *n.* romp *(v. 'n skip);* skil; dop; peul; kelk *(v. 'n aarbei ens.);* omhulsel; buitenste. **hull** *ww.* (uit)=, (af)dop, pel; (af)skil; uithaal; *~ed barley* gort; *~ed maize* gedopte mielies; *~ed nuts/rice* gepelde neute/rys/ens.. ~ **insurance** rompversekering.

**hul·la·ba·loo** *(infml.)* lawaai, geraas, herrie; ophef.

**hum**[1] *n.* gegons, gonsery; gebrom, brommery; gezoem; geneurie. **hum** =*mm-, ww.* gons; brom; zoem; neurie, binnensmonds sing; *make things ~, (infml.)* dit laat gons; *~ with ..., (infml.)* gons van ...

**hum**[2] *tw.* h'm; →HEM[2].

**hu·man** *n.* mens, menslike wese. **hu·man** *adj.* menslik, mense=; *the ~ body* die menslike liggaam, die mens se liggaam; *a ~ life* 'n menselewe; *it is only ~* dis maar menslik; *I am only ~* ek is ook maar ('n) mens. ~ **being** mens, menslike wese. ~ **chain** menseketting. ~ **engineering** biotegnologie, ergonomie. ~ **immunodeficiency virus** *(afk.:* HIV) menslike immuniteits=/immuno=/immuungebreksvirus *(afk.:* MIV). ~ **interest** *(joern. ens.)* die menslike sy/kant. ~ **nature** die menslike aard/natuur; *knowledge of ~ ~* mensekennis; *that is ~ ~* dit is (maar) menslik. ~ **race** mensdom, menslike geslag, mensegeslag. ~ **relations** *n. (mv.)* menslike verhoudinge, menseverhoudinge; personeelverhoudinge; omgang. ~ **resources** *n. (mv.)* mensehulpbronne. ~ **rights** *n. (mv.)* menseregte. **H~ Rights Day** *(SA: 21 Maart)* Menseregtedag. ~ **sciences** *n. (mv.)* geesteswetenskappe.

**hu·mane** menslewend, welwillend, sag; (mede)menslik, humaan; *~ killer, (by slagpale)* slagmasker; *~ treatment* menslike behandeling. **hu·mane·ness** menslikheid.

**hu·man·ise, -ize** veredel, beskaaf; vermenslik, humaniseer.

**hu·man·ism** *(hist. dikw. H~)* humanisme. **hu·man·ist** *(hist. dikw. H~)* humanis.

**hu·man·i·tar·i·an** *n.* filantroop. **hu·man·i·tar·i·an** *adj.* menslewend, humanitêr, filantropies, medemenslik; *~ aid* humanitêre hulp. **hu·man·i·tar·i·an·ism** medemenslikheid, mensliewendheid; filantropie.

**hu·man·i·ty** *-ties* die mens(heid); (mede)menslikheid; menseliefde; die menslike aard/natuur; mensliewendheid; *(i.d. mv.)* die geesteswetenskappe/lettere.

**hu·man·kind** die mensdom/mensheid.

**hu·man·ly** menslik; menslikerwys(e); *it is ~ impossible* dit is menslik onmoontlik, g'n mens kan dit doen nie; *~ speaking* menslik gesproke, menslikerwys(e).

**hu·man·ness** menslikheid, menswees.

**hu·man·oid** *n.* mensagtige wese. **hu·man·oid** *adj.* mensagtig.

**hum·ble** *adj.* nederig; eenvoudig, beskeie; skamel; onderdanig, dienswillig; ootmoedig, deemoedig; *my ~ apologies* ek vra (jou/u) nederig om verskoning; *in my ~ opinion* na my beskeie mening; *eat ~ pie, (idm.)* mooi broodjies bak. **hum·ble** *ww.* verneder, klein maak; verootmoedig, ~ *o.s.* jou verneder. **hum·bly** nederig, ootmoedig(lik); met verskuldigde eerbied; *~ pray, (jur.)* eerbiedig versoek.

**hum·bug** *n.* kullery, foppery; grootpratery; bog; huigelary, geveinsdheid; pepermentlekker. **hum·bug** =*gg-, ww.* kul, fop, bedrieg.

**hum·ding·er** *n., (sl.):* *be a ~* skitterend *(of* uit die boonste rakke) wees; *the match promises to be a real ~* 'n naelbytstryd *(of* taai stryd) kan verwag word; *a ~ of a row* 'n groot uitval.

**hum·drum** *n.* eentonigheid, vervelig heid, saaiheid, sleurgang. **hum·drum** *adj.* eentonig, vervelig, alledaags, saai; doodgewoon.

**hu·mer·us** *-meri, (anat.)* boarmpyp, =been, humerus. **hu·mer·al** boarm=.

**hu·mic** →HUMUS.

**hu·mid** vogtig, klam(merig); drukkend, bedompig. **hu·mid·i·fi·ca·tion** bevogt(ig)ing; vogsproeiing. **hu·mid·i·fi·er** bevogt(ig)er; vogsproeier. **hu·mid·i·fy** bevog(tig). **hu·mid·i·ty** vogtigheid, klamheid; voggehalte, humiditeit; ~ *(of the air)* lugvoggehalte, =vogtigheid. **hu·mi·dor** klamhouer.

**hu·mil·i·ate** verneder, klein maak. **hu·mil·i·at·ing** vernederend. **hu·mil·i·a·tion** vernedering.

**hu·mil·i·ty** nederigheid, ootmoed(igheid), deemoed(igheid), onderdanigheid.

**hum·ming** *n.* gegons. **hum·ming** *adj.* neuriënd; kragtig, flink; druk. ~**bird** kolibrie. ~ **top** brom=, gonstol.

**hum·mock** heuweltjie, bultjie, koppie.

**hum·mus, houm·mos, hu·mous** *n., (Mid.Oos. kookk.)* hoemoes.

**hu·mon·gous, hu·mun·gous** *(infml.)* yslik, enorm, tamaai, kolossaal, reusagtig, reuse=.

**hu·mor** *(Am.)* →HUMOUR.

**hu·mor·esque** *(mus.)* humoresk.

**hu·mor·ist** humoris; grapmaker. **hu·mor·is·tic** humoristies.

**hu·mor·ous** humoristies; grapp(er)ig, geestig, luimig; ~ *sketch* humoresk.

**hu·mour, _(Am.)_ hu·mor** *n.* humor; grappigheid, geestigheid, luimigheid; bui, luim, stemming, gemoedsgesteldheid, humeur; gevoel; *(med.)* vog; *be in the **best** of ~s* in 'n baie goeie bui wees; *a **gleam** of ~* 'n sprankie humor; *be in an **ill** (or **out of**) ~* nukkerig/nors *(of* in 'n slegte bui *of* in jou humeur) wees; *have a **sense** of ~* humorsin hê, 'n sin vir humor hê. **hu·mour, _(Am.)_ hu·mor** *ww.* toegee aan, paai; *~ s.o., (ook)* iem. sy/haar sin gee *(of* sy/haar gang laat gaan). **hu·mour·less, _(Am.)_ hu·mor·less** sonder humor, humorloos.

**-hu·moured, _(Am.)_ -hu·mored** *komb.vorm* =gehumeur(d); *good-~* goedgehumeur(d), vriendelik, vrolik, opgeruimd; *ill-~* sleggehumeur(d), onvriendelik, bot, nors, nukkerig, stuurs.

**hump** *n.* skof; bult, boggel; bult(jie), koppie; *be over the ~, (infml.)* oor die ergste wees. **hump** *ww.* kromtrek; geboggel maak; *(infml.)* sleep, aanpiekel *(iets); (vulg. sl.)* naai, stoot *(iem.); be ~ed up, (ook)* ineengekrimp wees. ~**back** boggelrug; geboggelde. ~**backed** geboggel(d), gebult. ~**back whale** boggel(rug)walvis.

**humph** *tw.* hmf!, gmf!.

**hump·ty dump·ty** *(infml.)* diksak, vaatjie; *H~ D~* Hompie Kedompie, Oompie Doompie.

**hump·y** bulterig.

**hu·mun·gous** →HUMONGOUS.

**hu·mus** teelaarde, =grond, humus. **hu·mic** humusryk.

**hunch** *n.* voorgevoel, suspisie, *(infml.)* spesmaas; *(Am.)* vermoede; *have a ~* 'n vermoede/voorgevoel hê; *have a ~ that ..., (ook)* 'n spesmaas hê dat ...; *do s.t. on a ~* iets op 'n ingewing doen. **hunch** *ww.* opbuig, kromtrek; *~ out/up ... ...* uitbult; *be ~ed up* ineengekrimp wees. ~**back** boggel(rug). ~**backed** geboggel(d).

**hun·dred** honderd; honderdtal; *a/one ~* (een)honderd, (een) honderd; *a ~ kilometres/pounds/volts/etc.* honderd kilometer/pond/volt/ens.; *by the ~(s)* by honderde; *~ and **first*** honderd-en-eerste, honderd en eerste; *live to be a ~* honderd jaar oud word; *~s of people/kilometres/rands/etc.* honderde mense/kilometers/rande/ens.; *one in a ~* een uit (die) honderd; 'n man/vrou honderd; *a ~ **and one*** honderd-en-een, honderd en een; *a ~ to **one** chance* 'n kans van honderd teen een; *over a ~* meer as *(of* oor die) honderd; *a/one ~ per cent (or percent)* honderd persent; *~s of **thousands*** honderdduisende.

**hun·dred·fold** honderdvoudig.

**hun·dreds and thou·sands** *(kookk.)* strooiversiersel. kleur= strooisels.

**hun·dredth** honderdste; *for the ~ time* vir die soveelste keer/maal.

**hung** *adj.: ~ jury* onbesliste jurie; *be ~ **over**, (infml.)* ba(b)=belas/babalaas/babelaas wees; *~ **parliament*** parlement waarin geen party 'n volstrekte meerderheid het nie; *the project is ~ **up**, (infml.)* die projek is vertraag; *be ~ **up** about s.t., (infml.)* behep met iets wees, 'n obsessie/kompleks oor iets hê; *be ~ **up** on s.o., (infml.)* beneaf op *(of* mal/dol oor) iem. wees; *be **well** ~, (sl.)* goed bedeel(d) wees. **hung** *ww. (verl.t)* →HANG *ww..*

**Hun·ga·ry** *(geog.)* Hongarye. **Hun·gar·i·an** *n.* Hongaar; *(taal)* Hongaars. **Hun·gar·i·an** *adj.* Hongaars.

**hun·ger** *n.* honger; *(infml.)* hongerte; lus, hunkering; *appease s.o.'s ~* iem. se honger stil; *suffer **death** from ~* 'n hongerdood sterf/sterwe; *be **faint** with ~* flou/vaal van die honger wees; *satisfy one's ~* jou honger stil. **hun·ger** *ww.: ~ after/for ...* na ... hunker/honger. *~ **strike*** eet=, hongerstaking.

**hun·gry** honger, hongerig; begerig, lus; hunkerend; arm, dor *(landstreek); be ~* honger wees/hê; *be ~ **for** s.t.* vir iets lus hê/voel/wees; na iets verlang, iets begeer; *get ~* honger word/kry; *go ~* honger ly; sonder kos bly, niks eet nie. **hun·gri·ly** hongerig. **hun·gri·ness** hongerte, hongerigheid.

**hunk** homp, dik stuk, brok, klont; *a ~ of bread* 'n homp brood; *a great ~ of a weightlifter/etc.* 'n kolos van 'n gewigopteller/ens.; *a ~ (of a man), (sl.)* 'n vleispaleis/spierbol.

**hun·ker** *vb.: ~ **down*** (neer)hurk, gehurk (gaan) sit; skuil; *(fig.)* verbete (begin) werk. **hun·kers** *n. (mv.): on one's ~, (infml.)* op jou hurke.

**hun·ky-do·ry** *adj. (gew. pred.), (infml.)* piekfyn, klopdissel= boom, voor die wind.

**hunt** *n.* jag(tog); jagters, jaggeselskap; jagveld; *the ~ is **on** for ...* die soektog na ... het begin; *be **on** the ~ for ...* na ... op soek wees; *be **out** of the ~, (infml.)* geen kans hê nie; *the ~ is **up*** die jag het begin. **hunt** *ww.* jag; ja(ag); agtervolg, naja(ag); *~ **about/around** for ...* na ... rondsoek; *~ **after/for** ...* na ... soek; na ... streef/strewe; *~ ... **down** ...* agtervolg; ... vang/vaskeer; ... opspoor; *~ **high** and low* oral(s) (rond)soek; *a ~ed **look*** 'n gejaagde blik/voorkoms; *~ ... **out** ...* opspoor/(op)soek; ... uitvis *(fig.); ~ ... **up** ...* opspoor/(op)soek.

**hunt·er** jagter; jaer; soeker. ~**-gatherer** *(antr.)* jagter-ver= samelaar.

**hunt·ing** *n.* (die) jag; *go out ~* gaan jag; *in ~* by die jag. ~ **dog** jaghond; →WILD DOG. ~ **crop** (kort) rysweep. ~ **expedition** jagtog. ~ **ground** skietveld, jagveld; veld, terrein; *a happy ~* 'n vrugbare veld *(vir iem. se bedrywighede); the happy ~s* die jagtershemel *(of* ewige jagveld). ~ **horn** jaghoring. ~ **knife** jagmes, grootmes. ~ **party** jag=, skietgeselskap; jag= party. ~ **season** skiet=, jagtyd, =seisoen. ~ **spider** ja(a)g=, swerfspinnekop.

**hunts·man** jagter; jagmeester; hondeleier; =baas.

**hur·dle** *n.* hekkie; *(i.d. mv.)* hekkieswedloop, =naelloop; *clear/take a ~, (lett.)* oor 'n hekkie spring; *(fig.)* 'n moeilikheid oorkom; *be over the ~, (fig.)* uit die moeilikheid/verknorsing wees. **hur·dle** *ww., (atl.)* hekkiespring, hekkiesloop; oor= spring. **hur·dler** *(atl.)* hekkiesatleet, =loper.

**hur·dy-gur·dy** draailier; draai=, straatorrel.

**hurl** *n.* gooi; *(sport)* skoot. **hurl** *ww.* smyt, gooi, slinger; werp; *(infml.)* opbring, opgooi, kots; *~ o.s. **at** ...* jou op ... werp; *~ s.t. **at** ...* iets na ... gooi/slinger; *~ **abuse** at s.o.* iem. beledigings toeslinger, iem. uitskel; *~ **defiance** at s.o.* iem. uittart; *~ s.t. **away*** iets wegslinger; *~ s.o./s.t. **off/out*** iem./iets af=/uitsmyt.

**hurl·y-burl·y** lawaai, rumoer, roesemoes.

**hur·rah, hoo·ray, hur·ray** *n. & tw.* hoera(!), hoerê(!). **hur·rah·ing, hoo·ray·ing, hur·ray·ing** hoerageroep.

**hur·ri·cane** orkaan, stormwind. ~ **lamp** stormlamp. ~ **strength** orkaansterkte.

**hur·ried** (oor)haastig, gejaag(d); vlugtig. **hur·ried·ly** (oor)=
haastig, halsoorkop, gejaag(d), in aller yl, ylings; in die gou=
igheid.

**hur·ry** *n.* haas, (oor)haastigheid, gejaagdheid; spoed; ge=
haas; *be* **in** *a* ~ haastig wees; *do s.t.* **in** *a* ~ iets haastig (*of*
in haas *of* in aller yl) doen; *not do s.t.* **again in** *a* ~ iets nie
gou weer doen nie; **leave** *in a* ~ haastig/inderhaas vertrek/
weggaan; *there is* **no** ~ daar is geen haas nie; *s.o. is in* **no** ~
iem. is nie haastig nie; *what's the/your* ~? hoekom/waarom
so haastig?. **hur·ry** *ww.* haastig wees, jou haas, gou maak,
ja(ag), spring, wikkel, opskud; opdruk, aanroer; gejaag(d)
wees; aanja(ag), aandryf, =drywe, haastig maak; gou-gou
bring; ~ **after** *s.o.* iem. haastig agternaloop/=sit; ~ **along/**
**on** jou voorthaas, haastig verder/vêrder loop; voortja(ag);
~ *s.o.* **along/on** iem. aanja(ag); ~ **away/off** jou weghaas,
haastig/inderhaas weggaan/vertrek; *s.o.* **will have** *to* ~ iem.
sal moet gou maak (*of* spring); ~ *s.o.* **into** *doing s.t.* iem.
aanja(ag)/aanpor om iets te doen; ~ *to* ... jou na ... haas; ~
*s.t.* *to* ... iets haastig na ... bring; ~ *up* gou maak; ~ *up!* maak
gou!, opskud!, roer jou litte!; ~ *s.o.* **up** iem. aanja(ag); ~ *s.t.*
**up** gou/haas maak met iets. ~**-scurry** *n.* deurmekaarspul;
geja(ag), gejaagdheid, haas(tigheid). ~**-scurry** *adj. & adv.*,
*(infml.)* halsoorkop. ~**-scurry** *ww.*, *(infml.)* ja(ag), halsoorkop
te werk gaan.

**hurt** *n.* seerplek, wond; kwetsing; pyn; kwaad, skade, nadeel.
**hurt** *hurts hurting hurt, ww.* seermaak, pyn (aan)doen;
(ver)wond; *(fig.)* krenk, grief, kwets; kwaad (aan)doen, skaad,
benadeel; afknou; seerkry; *be* **badly** ~ erg/swaar beseer wees;
**be** ~ seerkry; beseer wees; **be** ~*ing* seer wees; **feel** ~ seer/
gekrenk voel; *s.o.'s* **feet** ~ iem. se voete is seer (*of* maak hom/
haar seer); **get** ~ seerkry, jou seermaak/beseer; **it** ~*s* dit
maak seer; ~ *o.s.* jou seermaak, seerkry; *it* **won't** ~ *you,*
*(ook)* jy sal niks daarvan oorkom nie. **hurt·ful** nadelig, sleg,
skadelik; kwetsend, krenkend, griewend.

**hurt·le** hardloop, nael, vlieg; ja(ag); ~ *along* in (*of* teen 'n)
dolle vaart voortstorm.

**hus·band** *n.* man, eggenoot; *(fml.)* gade; ~ *to be* aanstaande
(man); *they are* ~ *and wife* hulle is man en vrou (*of* getroud).
**hus·band** *ww.* spaar, opgaar, suinig wees (*met*), behou, ver=
sorg. **hus·band·ry** boerdery, landbou (en veeteelt); land=
boukunde, kennis van boerdery; huishou(d)kunde; spaar=
saamheid.

**hush** *n.* stilte; *a* ~ *falls/descends* dit word stil. **hush** *ww.* stil=
maak; demp; dooddruk; stil; sus; stilbly; ~ *s.o.* **up** iem. stil=
maak; ~ *s.t.* **up** iets stilhou (*of* in die doofpot stop). **hush**
*tw.* sjt!, st!, sjuut!. ~**-hush** *(infml.)* geheim. ~ **money** *(infml.)*
omkoop=, afkoopgeld, swyggeld; *pay s.o.* ~ ~ iem. betaal/
omkoop om stil te bly.

**hushed** *adj.* stil; ~ **atmosphere** gespanne atmosfeer; *with*
~ **attention** met gespanne aandag; ~ **conversation** fluis=
tergesprek; *with* ~ **respect** in eerbiedige stilte; *there was a*
~ **silence** dit was dood=/tjoepstil, jy kon 'n speld hoor val;
*speak/talk in* ~ **tones/voices** op ('n) gedempte/sagte toon
(*of* met ['n] gedempte stem) praat/gesels, gedemp/sag(gies)/
suutjies/soetjies praat/gesels; *in a* ~ **voice** met ('n) gedempte
stem.

**husk** *n.* skil, dop, buitenste, omhulsel; peul; vrughulsel, kaf=
fie; ~*(s) of maize/mealies* mielieblare. **husk** *ww.* (af)skil, (af)=
dop, (af)pel; uitdop; stroop, skoonmaak *(mielies);* →DEHUSK;
~*ed rice* gepelde rys.

**husk·y**[1] *adj.* hees, skor; vol doppe, dopperig; *(infml.)* sterk,
taai, stewig. **husk·i·ly** hees, skor. **husk·i·ness** heesheid, skor=
heid; dopperigheid.

**husk·y**[2] *n.* poolhond, eskimohond; sleehond.

**hus·sy** *(vero., skerts.)* flerrie; snip; *a brazen* ~ 'n skaamtelose
meisiemens.

**hus·tings** *n. (fungeer as ekv. of mv.)* eleksieverhoog; ver=
kiesingstryd; *at/on the* ~ in 'n verkiesing(stryd).

**hus·tle** *n.* gedrang, gedring; gejaagdheid; ywer, voortva=
rendheid; *(Am., infml.)* bedrog, knoeiery; *in the* ~ *and*
*bustle* in die drukte (*of* gestamp en gestoot). **hus·tle** *ww.*
stamp en stoot, dring, druk; dryf, aanja(ag), opkeil; ja(ag),
jou haas, gou maak, woel, opskud, wikkel; *(Am., infml.)*
konkel, knoei, bedrieg, op slinkse/aggressiewe wyse bekom/
verkoop; *(Am., infml.)* as straatvrou werk; ~ *s.o.* **into** ... iem.
in ... indruk/instamp; iem. dwing (*of* druk op iem. uitoefen)
om te ...; ~ *s.o.* **out of** ... iem. uit ... uitdruk/uitwerk/uitwoel;
~ *s.t.* **out of** *s.o.* iets van iem. afrokkel. **hus·tler** *(hoofs. Am.,*
*infml.)* deurdrywer, aanpakker, woelwater, voortvarende
mens; aggressiewe verkoper; knoeier, bedrieër; prostituut,
straatvrou.

**hut** *n.* hut, huisie, pondok. **hut** =*tt*=, *ww.* in hutte onder=
bring.

**hutch** hok, kou *(vir diere); (Am.)* kas, kis.

**hy·a·cinth** *(bot.)* hiasint, naeltjie; *(steen)* hiasint; *wild* ~ groen=
viooltjie.

**hy·ae·na** →HYENA.

**hy·a·lin** *(fisiol.)* hialien.

**hy·a·loid** *(anat., soöl.)* hialoïed, glasagtig; deursigtig, deur=
skynend; ~ *membrane* glas(vog)vlies.

**hy·brid** *n., (bot.)* hibried, kruising, baster(plant); *(soöl.)* hi=
bried, kruising, baster(dier); bastervorm; tussending; *dou=*
*ble* ~ dubbelbaster. **hy·brid** *adj.* hibridies, gebaster, bas=
ter=; ~ *bill* tweeslagtige wetsontwerp; ~ *form* bastervorm.
**hy·brid·i·sa·tion,** =**za·tion** kruising, kruisteelt, verbastering,
hibridisering. **hy·brid·ise,** =**ize** kruis, baster, verbaster. **hy·**
**brid·ism** verbastering, kruising.

**hy·dra** *(soöl.)* hydra; *(fig.: veelsoortige euwel/probleem)* hidra,
veelkoppige monster. ~**-headed** veelkoppig.

**hy·dran·gea** *(bot.)* hortensia, hortensie, *(infml.)* krismisblom,
=roos.

**hy·drant** brandkraan, standkraan, =pyp.

**hy·drate** *n., (chem.)* hidraat; hidroksied; ~ *of lime* gebluste
kalk, kalkhidraat. **hy·drate** *ww.* hidrateer. **hy·drat·ed** ge=
hidrateer(d); ~/*slaked lime* gebluste kalk.

**hy·drau·lic** *adj.* hidroulies, water=. ~ **brake** hidrouliese rem.
~ **cement** watersement. ~ **engineer** waterboukundige. ~
**mining, hydraulicking** waterkragmynbou, spuitafbouing,
waterstraalafbouing. ~ **press** waterpers, hidrouliese pers. ~
**ram** waterram; hidrouliese plonser. **hy·drau·lics** *n. (fungeer*
*as ekv.)* hidroulika, vloeistowweleer; waterwerktuigkunde;
waterloopkunde.

**hy·dride** *(chem.)* hidried.

**hy·dro** =*dros, n.* hidro, (water)kuuroord.

**hy·dro·car·bon** koolwaterstof(verbinding).

**hy·dro·cele** *(med.)* watergeswel; water(sak)breuk, sakaar=
breuk.

**hy·dro·ceph·a·lus, hy·dro·ceph·a·ly** *(med.)* waterhoof.
**hy·dro·ce·phal·ic** waterhoofdig, met 'n waterhoof.

**hy·dro·chlo·ric** *(chem.)* hidrochloor=. ~ *acid* chloorwater=
stof(suur), soutsuur. **hy·dro·chlo·ride** *(chem.)* hidrochloried.

**hy·dro·cy·an·ic** *(chem.)* hidrosiaan. ~ *acid* hidrosiaansuur,
siaanwaterstof(suur), blousuur, pruisiesuur. ~ *acid gas*
blousuurgas, hidrosiaangas.

**hy·dro·dy·nam·ics** *n. (fungeer as ekv.)* hidrodinamika,
waterkragleer, waterloopkunde. **hy·dro·dy·nam·ic, hy·dro·**
**dy·nam·i·cal** hidrodinamies.

**hy·dro·e·lec·tric** hidroëlektries, hidro-elektries; ~ *power*
(elektriese) waterkrag, hidroëlektriese/hidro-elektriese krag.
**hy·dro·e·lec·tric·i·ty** (elektriese) waterkrag, hidroëlektrisiteit,
hidro-elektrisiteit.

**hy·dro·flu·or·ic ac·id** vloeispaatsuur, waterstoffluoried=
suur.

**hy·dro·foil** skeerboot; glyvlak, dra(ag)vlak; ~ *rudder* vaart=
lynroer; →HYDROVANE.

**hy·dro·gen** *(chem., simb.:* H) waterstof. ~ **bomb** water=
stofbom; →H-BOMB. ~ **bond** *(chem.)* waterstofbinding. ~
**peroxide** *(chem.)* waterstofperoksied. ~ **sulphide** *(chem.)*
swa(w)elwaterstof, waterstofsulfied.

**hy·drog·e·nate** hidreer, hidrogeneer, met waterstof ver=
bind. **hy·drog·e·na·tion** hidrering, hidrogenering.

**hy·dro·ge·ol·o·gy** grondwaterkunde, =leer, hidrogeologie.

**hy·drog·ra·phy** hidrografie, waterbeskrywing; seekaart=
makery. **hy·drog·ra·pher** hidrograaf; seekaartmaker. **hy·dro·**
**graph·ic, hy·dro·graph·i·cal** hidrografies.

**hy·drol·o·gy** hidrologie, waterleer; watersamestellingsleer.
**hy·dro·log·ic, hy·dro·log·i·cal** hidrologies, waterkundig.

**hy·drol·y·sis** =lyses, *(chem.)* hidrolise, waterontleding, =split=
sing. **hy·dro·lyse,** =lyze hidroliseer.

**hy·dro·me·chan·ics** hidromeganika; →HYDRODYNAMICS.
**hy·dro·me·chan·i·cal** hidromeganies, waterwerktuigkundig.

**hy·drom·e·ter** hidrometer; vogweër, areometer, vogdigt=
heidsmeter. **hy·dro·met·ric** hidrometries, watermeetkundig.
**hy·drom·e·try** hidrometrie, watermeetkunde.

**hy·dro·phil·ic** *adj., (chem.)* hidrofiel, waterliewend.

**hy·dro·pho·bi·a** watervrees, hidrofobie; hondsdolheid, hi=
drofobie. **hy·dro·pho·bic** hidrofoob, hidrofobies; hondsdol.

**hy·dro·phone** hidrofoon.

**hy·dro·phyte** *(bot.)* waterplant, hidrofiet. **hy·dro·phyt·ic**
waterliewend.

**hy·dro·plane** gly=, skeerboot.

**hy·dro·pon·ics** *(bot.: grondlose kweking v. plante)* hidro=
ponika, waterkultuur, =kwekery.

**hy·dro·sphere** hidrosfeer, wateromhulsel.

**hy·dro·stat·ic, hy·dro·stat·i·cal** *adj.* hidrostaties; ~ *pres=*
*sure* waterstanddruk, hidrostatiese druk. **hy·dro·stat·ics** *n.*
*(fungeer as ekv.)* waterewewigsleer, hidrostatika.

**hy·dro·ther·a·py** hidroterapie, waterkuur, =geneeskunde,
=genesing.

**hy·drot·ro·pism** *(bot.)* vogkromming, hidrotropie.

**hy·drous** *(hoofs. chem. en geol.)* waterig, waterhoudend, wa=
ter=; ~ *salt* sout met kristalwater.

**hy·dro·vane** duikroer, hoogtestuur *(v. 'n duikboot);* skeer=
boot; →HYDROFOIL.

**hy·drox·ide** *(chem.)* hidroksied.

**hy·e·na, hy·ae·na** *(soöl.)* hiëna; *brown* ~ strandjut; *spotted*
~ gevlekte hiëna.

**hy·e·tal** reën=; ~ *region* reënstreek.

**hy·giene** gesondheidsleer; higiëne. **hy·gien·ic** higiënies,
gesondheids=. **hy·gien·ist** higiënis.

**hy·grom·e·ter** higrometer, (lug)vogmeter.

**hy·gro·phyte** *(bot.)* higrofiet, moerasplant, vogliewende
plant.

**hy·gro·scop·ic** higroskopies, vogtrekkend.

**hy·men** *(anat.)* maagdevlies, himen. **hy·men·al** maagdevlies=,
himen=.

**Hy·me·nop·ter·a** *(entom.)* Vliesvlerkiges, =vleueliges, Hy=
menoptera. **hy·me·nop·ter·an** =tera, =terans, *n.* vliesvlerkige,
=vleuelige. **hy·me·nop·ter·ous** *adj.* vliesvlerkig, =vleuelig.

**hymn** gesang, (lof)sang; *closing* ~ slot(ge)sang. ~ **book** ge=
sang(e)=, lieder(e)boek, =bundel.

**hym·nal** *n.* gesang(e)boek. **hym·nal** *adj.* gesang=.

**hy·oid** *n., (anat., soöl.)* tongbeen. **hy·oid** *adj.* tong=.

**hype**[1] *n., (infml.)* voorbrandstories, voorbrandmakery, oor=
drewe reklame; bohaai, ophef; ophemeling, opvyseling, op=
blasery. **hype** *ww.:* ~ ... *(up), (infml.)* oordrewe reklame vir
... maak, groot publisiteit aan ... gee; 'n groot bohaai oor ...
maak, 'n groot ophef van ... maak, ... ophemel/opvysel.

**hype**[2] *n., (infml.)* spuit(naald), dwelmnaald; inspuiting;
dwelmslaaf. **hype** *ww.: be* ~*d up, (infml.)* eufories/ekstaties
*(of* in ekstase/vervoering) wees.

**hy·per** *adj., (infml.)* geanimeer(d), eufories, ekstaties, opge=
wonde; oorspanne, oorstuur(s); hiperaktief, ooraktief.

**hy·per·a·cid·i·ty** oorsuurheid, hiperasiditeit, sooibrand.
**hy·per·ac·id** *adj.* oorsuur.

**hy·per·ac·tive** hiperaktief, ooraktief. **hy·per·ac·tiv·i·ty** hi=
peraktiwiteit.

**hy·per·aes·the·sia,** *(Am.)* **hy·per·es·the·sia** *(med.)*
oorgevoeligheid, oorprikkeling, hiperestesie. **hy·per·aes·**
**thet·ic,** *(Am.)* **hy·per·es·thet·ic** oorgevoelig, oorprikkelbaar,
hiperesteties.

**hy·per·bo·la** =las, =lae, *(geom.)* hiperbool. **hy·per·bol·ic** hi=
perbolies; ~ *logarithm* natuurlike/Neperse logaritme; ~ *point*
saalpunt, hiperboliese punt.

**hy·per·bo·le** oordrywing, hiperbool, grootspraak. **hy·per·**
**bol·i·cal** oordrewe; hiperbolies.

**hy·per·cor·rect** hiperkorrek. **hy·per·cor·rec·tion, hy·per·**
**cor·rect·ness** hiperkorrektheid.

**hy·per·crit·i·cal** hiperkrities, vitterig.

**hy·per·gly·cae·mi·a,** *(Am.)* **hy·per·gly·ce·mi·a** *(med.)*
hiperglisemie, hiperglukemie, bloedsuikerrykheid, oormaat
bloedsuiker.

**hy·per·in·fla·tion** *(ekon.)* hiperinflasie.

**hy·per·ki·ne·sis, hy·per·ki·ne·sia** *(med.)* hiperkinese,
=kinesie.

**hy·per·link** *(rek.)* hiperskakel.

**hy·per·mar·ket** hipermark.

**hy·per·me·di·a** *(rek.)* hipermedia.

**hy·per·sen·si·tive** oorgevoelig. **hy·per·sen·si·tive·ness,**
**hy·per·sen·si·tiv·i·ty** oorgevoeligheid.

**hy·per·son·ic** hipersonies.

**hy·per·ten·sion** *(med.)* oorspanning; hoë bloeddruk, hiper=
tensie. **hy·per·ten·sive** *n.* hipertensiewe persoon. **hy·per·**
**ten·sive** *adj.* hipertensief, met hoë bloeddruk.

**hy·per·text** *(rek.)* hiperteks. **H~ Markup Language** *(afk.:*
HTML*)* Hiperteks-opmaaktaal.

**hy·per·ther·mi·a, hy·per·ther·my** *(med.)* koorsagtigheid,
temperatuurverhoging, hipertermie. **hy·per·ther·mal** hiper=
termaal.

**hy·per·thy·roid·ism** *(med.)* hipertireose, hipertiroïdisme,
oormatige skildklierwerking.

**hy·per·ven·ti·late** *(med.)* hiperventileer. **hy·per·ven·ti·la·**
**tion** hiperventilasie.

**hy·pha** =phae, *(bot.)* skimmeldraad, swamdraad, hife.

**hy·phen** koppelteken, verbindingsteken. **hy·phen·ate** kop=
pel, met 'n koppel(teken) verbind. **hy·phen·at·ed** koppel=
teken= *(woord ens.);* dubbele *(naam).* **hy·phen·a·tion** woord=
afbreking, =skeiding.

**hyp·no·sis** =noses hipnose.

**hyp·no·ther·a·py** slaapterapie, hipnoterapie. **hyp·no·ther·**
**a·pist** hipnoterapeut.

**hyp·not·ic** *n.* slaapmiddel, =drank; bedwelmende middel,
verdowingsmiddel; gehipnotiseerde. **hyp·not·ic** *adj.* hip=
noties, slaap(ver)wekkend.

**hyp·no·tise,** =tize hipnotiseer.

**hyp·no·tism** hipnotisme. **hyp·no·tist** hipnotiseur.

**hy·po** *n., (fot.)* natriumtiosulfaat, antichloor.

**hy·po·a·cid·i·ty** *(med.)* hipoasiditeit, suurtekort.

**hy·po·al·ler·gen·ic** *adj.* hipoallergeen *(babakos, grimering,*
*ens.).*

**hy·po·centre,** *(Am.)* **hy·po·cen·ter** *(ook* ground zero*)*
hiposentrum *(v. 'n kernbomontploffing); (geol.)* hiposentrum,
aardbewingshaard.

**hy·po·chlo·rite** *(chem.)* hipochloriet; ~ *bleach* chloorbleik.

**hy·po·chon·dri·a** ipekonders, hipokonders, hipochondrie,
verbeeldings. **hy·po·chon·dri·ac** *n.* iemand wat vol ipekon=
ders is *(of* aan ipekonders ly), ipekondriese/ipekonderse

persoon, hipochondris. **hy·po·chon·dri·ac, hy·po·chon·dri·a·cal** *adj.* ipekondries, ipekonders, hipochondries.

**hy·po·cot·yl** *n., (bot.)* hipokotiel. **hy·po·cot·y·lous** *adj.* hipokotiel.

**hy·poc·ri·sy** skynheiligheid, geveinsdheid, huigelary, gehuigel, vcinsery.

**hyp·o·crite** skynheilige, huigelaar, veinsaard, hipokriet, *(infml.)* tweegatjakkals, fariseër. **hyp·o·crit·i·cal** skynheilig, huigelagtig, geveins, hipokrities.

**hy·po·der·mis, hy·po·derm** *(biol.)* onderhuid, hipodermis. **hy·po·der·mal** onderhuids, hipodermaal, subkutaan. **hy·po·der·mic** *adj., (med.)* hipodermies, onderhuids; ~ *injection* onderhuidse inspuiting; ~ *needle* spuitnaald, injeksienaald; ~ *syringe* injeksiespuit(jie). **hy·po·der·mic** *n.* (onderhuidse) inspuiting; injeksiespuit.

**hy·po·glos·sal nerve** *(anat.)* ondertongsenu(wee).

**hy·po·gly·cae·mi·a,** *(Am.)* **hy·po·gly·ce·mi·a** *(med.)* hipoglukemie, bloedsuikertekort.

**hy·po·nym** *n.* hiponiem.

**hy·poph·y·sis** *-yses, (anat.)* →PITUITARY (GLAND); *(bot.)* sluitsel, hipofise.

**hy·pos·ta·sis** *-tases, (filos.)* grondslag; veronderstelde wese/substansie; *(Chr. teol.)* persoon, persoonlikheid *(v.d. Drie-eenheid); (med.)* volbloedigheid, hipostase, bloedoorvulling. **hy·po·stat·ic** hipostaties.

**hy·po·ten·sion** *(med.)* lae (bloed)druk, hipotensie. **hy·po·ten·sive** hipotensief.

**hy·pot·e·nuse** *(geom.)* hipotenusa, skuins sy.

**hy·po·thal·a·mus** *(anat.)* hipotalamus.

**hy·po·ther·mal** *(geol.)* hipotermaal; (ver)koelend.

**hy·po·ther·mi·a** *(patol.)* hipotermie, ondernormale liggaamstemperatuur; *(med.)* diepvriesbehandeling.

**hy·poth·e·sis** *-eses* hipotese; (ver)onderstelling; stelling. **hy·poth·e·sise,** *-size* 'n hipotese opstel, hipoteseer; veronderstel. **hy·po·thet·i·cal** hipoteties; (ver)onderstellend; (ver)onderstelt; denkbeeldig.

**hy·po·thy·roid·ism** *(med.)* hipotireose, hipotiroïdisme, skildkliertekort.

**hy·po·ton·ic** *(fisiol.)* hipotonies, pap *(spiere); (biol.)* hipotonies *(oplossing).*

**hy·pox·i·a** *(med.)* hipoksie, suurstoftekort.

**hy·rax** *(soöl.)* das(sie); →DASSIE.

**hys·sop** *(bot.)* hisop.

**hys·ter·ec·to·my** *(med.)* histerektomie, baarmoederverwydering.

**hys·te·ri·a** histerie.

**hys·ter·ic** *n.* histerikus, histerielyer; *(i.d. mv., fungeer as ekv. of mv.)* senu(wee)aanval, histeriese aanval, senutoeval; *be in ~s, (infml.)* onbedaarlik lag; *go into ~s* histeries raak/word; *(infml.)* onbedaarlik aan die lag gaan/raak. **hys·ter·ic, hys·ter·i·cal** *adj.* histeries; *become ~* histeries raak/word. **hys·ter·i·cal·ly** *adv.* histeries *(huil, lag, skree[u], ens.);* ~ *funny* skree(u)snaaks.

**hys·ter·on prot·er·on** *(ret.)* histeron proteron, omkering van die natuurlike volgorde.

**hys·ter·ot·o·my** *(med.)* histerotomie, baarmoedersnee.

**i, I** *i's, I's, Is, (negende letter v.d. alfabet)* i, I; Romeinse syfer een; *dot the/one's i's and cross the/one's t's, (infml.)* die puntjies op die i's sit, puntene(u)rig wees; *little i* i'tjie; *small i* klein i.

**I** *pron.* ek; *my husband/wife and* ~ my man/vrou en ek; ~ *myself* ek self, ekself; ~ *spy, (kinderspel)* (blik)aspaai, weg= kruipertjie; *the* ~ die ek/ego; *you and* ~ ek en jy, u en ek; *if* ~ *were you* as ek jy was.

**i·amb** *iambs,* **i·am·bus** *iambuses, iambi, (pros.)* jambe. **i·am= bic** *n.* jambe; jambiese vers. **i·am·bic** *adj.* jambies.

**I·be·ri·a** *(geog., hist.)* Iberië. **I·be·ri·an** *n., (inwoner)* Iberiër; *(taal)* Iberies. **I·be·ri·an** *adj.* Iberies; *the* ~ *Peninsula* die Ibe= riese Skiereiland.

**i·bex** *ibex(es), ibices* Europese steenbok, ibeks.

**i·bi·dem** *(afk.* ibid. *of* ib.*)* aldaar, ibidem.

**i·bis** *ibis(es), (orn.)* ibis.

**i·bu·pro·fen** *(med.)* ibuprofen.

**ice** *n.* ys; *(hoofs. Br.)* roomys, ysdessert; *(sl.: diamant[e])* blink klippie(s); *(dwelmsl.)* ys; *break the* ~, *(lett. & fig.)* die ys breek; 'n begin maak; *it cuts no* ~, *(infml.)* dit maak geen hond haaraf nie; *keep/put s.t. on* ~, *(fig.)* iets in die yskas sit *(of* uitstel *of* tydelik agterweë hou); *be like* ~ yskoud wees; *be skating/treading on thin* ~ jou op gladde ys *(of* gevaarlike grond/terrein) begeef/begewe/waag; *turn to* ~ verys. **ice** *ww.* ys vorm, met ys bedek word; verys, (be)vries; (in ys) afkoel; versier *('n koek); (Am., sl.: doodmaak)* uit die weg ruim; ~*ed coffee/tea* verkilde koffie/tee; ~ *over/up* verys, toeys. ~**accre= tion** ysvorming. ~ *age* ystyd. ~ *axe* ysbyl, =pik. ~**berg** ys= berg; *it is just/only the tip of the* ~ dit is net die puntjie van die ysberg. ~**berg lettuce** ysbergslaai. ~**-blue** ysblou *(oë ens.).* ~**bound** vasgevries(de), vasgeys(de); ingevries, deur ys ingesluit. ~**box** koelhouer, =boks. ~**breaker** *(sk. of fig.)* ys= breker. ~**cap** yskap, ysdek. ~**cream** roomys. ~**-cream cone/ cornet** roomyshoring, =horinkie. ~**cube** ysblokkie. ~**dance,** ~ **dancing** ysskaatsdans. ~**fall** ysval. ~ **field** ysveld. ~ **float,** ~ **floe** ysskots, =blok, =bank. ~**-free** ysvry. ~ **hockey** yshok= kie. ~ **lolly** =lies, ~ **sucker** suigys(ie), ysstokkie. ~ **pack** pak= ys; ysmassa; *(med.)* yssak. ~ **pick** yspik. ~ **plant** brak=, sout= slaai, slaaibos. ~ **point** vriespunt. ~ **sheet** ysplaat, =dek, =laag; ysvlakte, =veld. ~ **shelf** ysbank. ~ **skate** *n.* ysskaats. ~**-skate** *ww.* ysskaats. ~**-skater** ysskaatser.

**Ice·land** *(geog.)* Ysland. ~ **poppy** Yslandse papawer. ~ **spar** *(min.)* dubbelspaat, yslandspaat.

**Ice·land·er** Yslander.

**Ice·land·ic** *n., (taal)* Yslands. **Ice·land·ic** *adj.* Yslands.

**ich·neu·mon** groot grysmuishond, igneumon. ~ **fly,** ~ **wasp** sluipwesp.

**ich·thy·oid** visagtig.

**ich·thy·o·lite** visfossiel, igtioliet, vissteen.

**ich·thy·ol·o·gy** viskunde, igtiologie. **ich·thy·o·log·i·cal** vis= kundig, igtiologies. **ich·thy·ol·o·gist** viskenner, viskundige, igtioloog.

**ich·thy·o·saur** =saurs, **ich·thy·o·saur·us** =sauruses, =sauri, *(paleont.)* igtiosourus, igtiosouriër.

**ich·thy·o·sis** =oses, *(med.)* skubsiekte, visvelsiekte, igtiose.

**i·ci·cle** yskeël, =kegel.

**ic·i·ly, ic·i·ness** →ICY.

**ic·ing** ysvorming, ysafsetting; verysing, bevriesing; (koek)= versiering; (koek)versiersel; *the* ~ *on the cake, (fig.)* die kersie op die koek. ~ **(sugar)** versiersuiker. ~ **tube** versierbuis.

**ick·y** =ier =iest, *(infml.)* taai, klewerig; soetsappig, stroperig; vieslik.

**i·con** *icons,* **i·kon** *ikons, (ook rek.)* iko(o)n. **i·con·ic** ikonies.

**i·con·o·clast** *(hist., ook neerh., fig.)* beeldstormer, ikonoklas. **i·con·o·clasm** beeldstormery, ikonoklasme. **i·con·o·clas·tic** beeldstormend, ikonoklasties.

**i·co·nog·ra·phy** beeldebeskrywing, ikonografie. **i·con·o= graph·ic, i·con·o·graph·i·cal** ikonografies.

**i·co·no·stas, i·co·nos·ta·sis** =tases, *(relig.)* beeldewand, ikonostase.

**ic·ter·us** *(patol.)* geelsug, ikterus. **ic·ter·ic** geelsugtig, ikteries.

**ic·tus** =tus(es), *(med.)* aanval, toeval; *(pros.)* klem(toon), (rit= miese) aksent, iktus.

**i·cy** ysig, ysagtig; soos ys, yskoud; ys=; ~ *nerve(s)* senuwees van staal. **ic·i·ly** yskoud, ysig; *(fig.)* kil, koel *(aankyk); the wind blew* ~ 'n snerpende/ysige wind het gewaai. **ic·i·ness** ysigheid, kilheid; ysige/snerpende koue.

**ID** *(afk. v.* identification *of* identity*): do you have any* ~? het jy jou *(of* het u u) identiteitsboekie/=kaart?, kan jy jou *(of* kan u u) identiteit bewys?.

**id** *(psig.)* id.

**i·de·a** idee, denkbeeld; gedagte; dunk; opvatting; mening; begrip; inval; *that's not a bad* ~ dis nie 'n slegte plan nie; *have big* ~*s* grootse planne hê; *have a bright* ~ 'n blink gedagte/plan kry; *form an* ~ *of s.t.* jou iets voorstel, jou 'n voorstelling van iets maak, 'n beeld van iets vorm; *fresh* ~*s* nuwe gedagtes; *be full of* ~*s* honderd planne hê; *get the* ~ iets begin verstaan; *get the* ~ *that ...* die gedagte kry dat ...; *don't get* ~*s that ..., (infml.)* moenie dink dat ... nie; *it gives you an/some* ~ *of it* dit gee jou enigsins 'n begrip daarvan; *what gives s.o. that* ~? wat bring iem. daarop? *(of* op daardie gedagte/idee?); ~ *of God* Godsbegrip, =idee; *have an* ~ 'n plan hê; *have an* ~ *that ...* vermoed dat ...; *put* ~*s into s.o.'s head* iem. op allerlei gedagtes/idees bring; *have a high* ~ *of ...* 'n hoë dunk/opinie van ... hê; *hit (up)on an* ~ op 'n gedagte/idee kom, 'n ingewing kry; *it is an* ~, *(infml.)* dit is 'n idee, daar sit iets in, dit kan goed/waar wees; *an* ~*s man/ woman/person, (infml.)* 'n man/vrou/mens met idees; *have no* ~, *(infml.)* niks daarvan weet nie; *it is not s.o.'s* ~ *of a ..., (infml.)* dit is nie wat iem. 'n ... noem nie; *a man/woman of* ~*s* 'n man/vrou met idees; ~*s on ...* gedagtes oor ...; opvattings omtrent ...; *sell an* ~ 'n idee/denkbeeld laat inslaan; *a set* ~ 'n vooropgesette mening *(of* idée fixe); *an* ~ *strikes s.o.* 'n gedagte tref iem.; 'n gedagte skiet iem. te binne; *that's an* ~! dis nogal 'n plan!; *that's the* ~ dis die bedoeling/plan; *that's the* ~! ditsem!, dis net hy!; *the I*~, *(filos.)* die Absolute; *the* ~ *is to ...* die plan is om te ...; *theory of* ~*s* ideëleer; *toy with the* ~ *to do s.t.* daaraan dink om iets te doen; *have a vague* ~ *of doing s.t.* half en half van plan wees om iets te doen; *the very* ~!, *(infml.)* die blote gedagte/idee!; *what's the (big)* ~?, *(infml.)* wat bedoel jy?; wat wil jy maak?; *with the* ~ *of ...* met die gedagte/idee om te ...

**i·de·al** *n.* ideaal; *have high* ~*s* hoë ideale hê/koester; *realise an* ~ 'n ideaal verwesen(t)lik. **i·de·al** *adj.* ideaal, volmaak;

ideëel, denkbeeldig; model= *(man, vrou);* ~ *gas, (chem.)* ideale gas. **i·de·al·i·sa·tion,** =**za·tion** idealisering; verheerliking. **i·de·al·ise,** =**ize** idealiseer. **i·de·al·ism** idealisme. **i·de·al·ist** idealis. **i·de·al·is·tic** idealisties. **i·de·al·ly** ideaal gesien.

**i·dée fixe** *idées fixes, (Fr.)* idée fixe, obsessie.

**i·dem** *(Lat.)* idem, ditto, dieselfde.

**i·den·ti·cal** dieselfde, einste; eenders, identiek, identies, ge= lyk(luidend); ~ *twins* eenderse/identiese tweeling; *be* ~ *with* ... identies/identiek met ... wees.

**i·den·ti·fi·ca·tion** herkenning, eiening; uitkenning *(by 'n parade);* identifikasie, identifisering; *(hoofs. psig.)* vereensel= wiging; gelykstelling; beskrywing. ~ **disc,** ~ **tag** kenplaatjie, kenskyf, herkenningsplaatjie, identiteitsplaatjie. ~ **parade** herkennings=, uitkenningsparade.

**i·den·ti·fy** herken, eien; aanwys, uitken *(by 'n parade);* iden= tifiseer; as gelyk/dieselfde beskou, gelykstel; bepaal, vasstel, determineer *(soort); ~ o.s. with ...* jou met ... vereenselwig. **i·den·ti·fi·a·ble** herkenbaar; uitkenbaar. **i·den·ti·fi·er** *(rek.)* identifiseerder, identifikasie, naam.

**i·den·ti·kit** *(handelsnaam)* identikit. ~ **photograph** identi= kitfoto.

**i·den·ti·ty** identiteit, gelykheid; eenheid, persoonlikheid; *a proof of s.o.'s* ~ 'n bewys van iem. se identiteit; *sense of* ~ selfbewussyn. ~ **card** persoonskaart, identiteitsbewys. ~ **cri= sis** *(psig.)* identiteitskrisis. ~ **document** identiteitsdokument; →ID. ~ **parade** uitkenningsparade.

**i·de·o·gram, i·de·o·graph** ideogram, begripteken.

**i·de·ol·o·gy** ideologie; lewensbeskouing. **i·de·o·log·i·cal** ideologies. **i·de·ol·o·gist** ideoloog.

**ides** *n. (fungeer as ekv.)* idus, ide *(i.d. Rom. kalender); the ~s of March, (15 Maart)* die ides van Maart; *(fig.)* onheilsdag, noodlottige dag, noodlotsdag.

**id·i·o·cy** *(infml.)* onnoselheid, dwaasheid.

**id·i·o·lect** *(ling.)* idiolek.

**id·i·om** idioom; segswyse, uitdrukking; spreekwyse; taal= eie; tongval, dialek. **id·i·o·mat·ic** *adj.* idiomaties. **id·i·o·mat= i·cal·ly** *adv.* idiomaties.

**id·i·o·syn·cra·sy** eienaardigheid, hebbelikheid, idiosinkra= sie. **id·i·o·syn·crat·ic** idiosinkraties.

**id·i·ot** *(infml.)* dwaas, stommerik; *a blithering* ~, *(infml.)* 'n vervlakste gek; 'n volslae stommerik; *be an* ~ *to do s.t.* dwaas wees om iets te doen. ~ **board,** ~ **card** *(TV, infml.)* wenk= kaart. ~ **box** *(sl.: televisie)* (kyk)kassie. ~ **savant** *idiot(s) sa= vants, (psig.)* idioot-savant.

**id·i·ot·ic** *(infml.)* onnosel, onsinnig, idioties; *don't be ~!* moe= nie 'n idioot wees nie!.

**i·dle** *adj.* ledig, niksdoende; dadeloos, daadloos; stil(staande); ongebruik; ongegrond; beuselagtig; vrugteloos, vergeefs; ydel, nutteloos, sinloos; nikseggend; *be* ~ niks te doen hê nie; nie werk hê nie; leeglê; ~ *promises* leë beloftes; ~ *ru= mour* los gerug; ~ *talk* bogpraatjies. **i·dle** *ww.* leegloop, ledig sit, luier; *(mot.)* luier, vryloop; ~ *about/around* rond= drentel, =slenter, =hang, -lê; ~ *away one's time* rondsit, vir kwaadgeld rondloop. ~ **pulley** leikatrol. ~ **wheel** *(mot.)* tus= senrat; leiwiel, leirol(ler) *(v. 'n ruspe[r]band).*

**i·dle·ness** ledigheid, luiheid; ydelheid, vrugteloosheid; stil= stand; ~ *is the parent of vice* ledigheid is die duiwel se oor= kussing.

**i·dler** leegloper, leeglêer; *(mot.)* tussenrat; leikatrol; leiwiel, leirol(ler).

**i·dly** ledig, sonder om iets te doen; onbewus, sonder bedoe= ling, sommer.

**i·dol** afgod, afgodsbeeld, idool; *(infml.)* held *(film= ens.).* ~ **worship** afgodery, afgodsdiens.

**i·dol·a·try** afgods=, afgodsdiens, idolatrie; aanbidding, ver= ering, verafgoding. **i·dol·a·ter** afgods=, afgodsdienaar; aan= bidder. **i·dol·a·trous** afgodies, idolaat.

**i·dol·ise,** =**ize** verafgo(o)d, aanbid, vereer, 'n afgod maak van; dweep met. **i·dol·i·sa·tion,** =**za·tion** verafgoding.

**id·yl(l)** *(pros. ens.)* idille. **i·dyl·lic** idillies, onskuldig-bekoorlik.

**if** *n.* as; *if ~s and ands were pots and pans* as is verbrande hout; *it/that is (still) a big* ~ dit is (nog) die groot vraag; *~s and buts* mare, 'n gemaal. **if** *voegw.* as, indien, ingeval; of; hoewel; ~ *any* as daar is; *few* ~ *any* weinig of geen; *it is,* ~ *anything, better* dit is ewe goed of beter; *little* ~ *anything* weinig of niks; *as* ~ ... (as)of ...; *it isn't as* ~ *s.o.* ... iem. het nie regtig ... nie; *it is just as* ~ ... dit is kompleet/net (as)of ...; ~ *s.o. can do it* as iem. dit kan doen; *see ~/whether you can* ... kyk of jy kan ...; ~ *desired* indien verkies; ~ *not* indien/so nie; miskien selfs; *one of the best* ~ *not* the best een van die beste of (selfs) die heel beste; *just as good* ~ *not* better ewe goed of selfs beter; *an important,* ~ *not* the most important part 'n belangrike of selfs die belangrikste deel; ~ *nothing else* al sou dit al wees; ~ *only s.o.* .... as iem. maar net ... *(laat weet het ens.);* ~ *and only* ~ ... indien en slegs indien ...; ~ *required* indien benodig/gewens; ~ *you see* ... as jy ... sien; ~ *so* ... indien wel ..., so ja ...; *ten,* ~ *that* tien of nog minder; ~ *I were you* as ek jy was; ~ *and when* ... as en wanneer ...

**if·fy, if·fish** *adj., (infml.)* twyfelagtig, onseker, dubieus.

**ig·loo** =*loos* sneeuhut, igloe.

**ig·ne·ous** *(geol.)* vuur=; vulkanies, eruptief; vlamkleurig.

**ig·nite** aansteek, aan die brand steek; laat ontbrand; ontsteek; ontvlam, aan die brand raak/slaan; ontvonk. **ig·nit·a·ble** (ont)vlambaar, brandbaar. **ig·nit·er** aansteker; lont.

**ig·ni·tion** aansteking; ontbranding, ontvlamming; ontvon= king, ontsteking *(v. 'n enjin); spontaneous* ~ selfontsteking. ~ **coil** ontstekingsklos, ontstekingspoel, vonkspoel. ~ **key** kontaksleutel, aansitsleutel. ~ **point** vlampunt, ontvlam= (mings)punt, =temperatuur; ontstekingspunt. ~ **switch** vonk= skakelaar.

**ig·no·ble** onedel, laag, skandelik, gemeen. **ig·no·bly** op on= edele manier/wyse, skandelik.

**ig·no·min·y** smaad, skande, skandvlek. **ig·no·min·i·ous** skan= delik, oneervol.

**ig·no·ra·mus** =*muses* onkundige, onwetende.

**ig·no·rance** onkunde; onwetendheid; ongeletterdheid; ~ *is bliss* dis soms beter om nie te weet wat jy nie weet nie; wat die oog nie sien nie, treur die hart nie oor nie; *from* ~ uit onkunde; *keep s.o. in* ~ *of s.t.* iem. omtrent iets onkundig laat *(of* onwetend hou); ~ *of* ... onkunde/onwetendheid aangaande/omtrent ...; onbewustheid van ...; onbekendheid met ...; *profound* ~ volslae onkunde; *be in total* ~ *of s.t.* totaal niks van iets weet nie; *woeful* ~ droewige onkunde.

**ig·no·rant** onkundig, onwetend, oningelig; *(infml.)* onbe= dagsaam; *be* ~ *of s.t.* onkundig wees omtrent/oor/van iets; met iets onbekend wees. **ig·no·rant·ly** onwetend, in onwe= tendheid.

**ig·nore** ignoreer, negeer, nie (wil) raaksien nie, jou oë toe= maak vir; verwaarloos; veron(t)agsaam, doodswyg; wegre= deneer, wegpraat.

**i·gua·na** iguana, likkewaan.

**i·ke·ba·na** *(Jap. blommerangskikkingskuns)* ikebana.

**Ik·ey** *(SA, infml.), (student v.d. Univ. v. Kaapstad)* Ikey; *(i.d. mv., Univ. v. Kaapstad)* Ikeys.

**i·kon** →ICON.

**i·la·la palm** lala=, ilalapalm.

**il·e·um** *ilea, (anat.)* kronkelderm, ileum. **il·e·ac, il·e·al** kron= kelderm=; *ileal kink* dermknoop, knoopderm.

**il·e·us** *(med.)* dermknoop, =afsluiting, =stilstand.

**i·lex** *ilexes, ilices, (bot.)* huls; steeneik, ileks.

**il·i·ac** →ILIUM.

**Il·i·ad:** *the* ~, *(Gr. epos)* die Ilias/Iliade.

**il·i·um** *ilia, (anat.)* ilium, heupbeen. **il·i·ac** ilaal=, heupbeen=; ~ *arteries* iliaalslagare, -arterië.

**ilk** *n.* klas, soort, familie; slag; *... and others of that ~ ...* en diesulkes.

**ill** *n.* kwaad, euwel; wantoestand; onheil; kwaal, siekte; *(i.d. mv.)* euwels, kwaad; →ILLNESS. **ill** *adj.* siek, krank, mankoliek, klaerig; sleg; *be* ~ siek wees; *become/fall/go* ~ siek word; *an* ~ *deed* 'n wandaad; *with (an)* ~ *grace* nukkerig, halsstarrig; *be seriously* ~ erg/ernstig siek wees; *take* (or *be taken*) ~ (skielik) siek word (*of* ongesteld raak); *it's an* ~ *wind that blows nobody (any) good,* *(idm.)* daar is altyd 'n geluk by 'n ongeluk. **ill** *adv.* kwalik; moeilik; onpaslik; *we can* ~ *afford it* ons kan dit kwalik/beswaarlik bekostig; *be/feel* ~ *at ease* ontuis/ongemaklik voel, nie op jou gemak voel/wees nie; *speak* ~ *of s.o.* iem. slegmaak, kwaadpraat van iem.; *think* ~ *of s.o.* kwaad/sleg dink van iem., iem. verdink. **~-advised** *adj.,* **-ly** *adv.* onbesonne, onwys, onverstandig. **~-affected** kwaad=, sleggesind, onvriendskaplik; *be* ~ *towards s.o.* iem. kwaadgesind wees. **~-assorted** sleg uitgesoek; sleg passend, ongelyksoortig, deurmekaar. **~-balanced** onewewigtig. **~-be- haved** onmanierlik, onbeleef(d), ongepoets. **~-bred** onop= gevoed, onmanierlik, ongepoets. ~ *breeding* onmanierlik= heid, ongepoetstheid, onopgevoedheid. **~-conceived** on= deurdag. **~-considered** onbesonne, ondeurdag, onbekook. **~-defined** sleg omskrewe, vaag, onbestem(d). **~-disposed** kwaad=, sleggesind, kwaadwillig; sleggeaard. ~ *effects* slegte gevolge; *no one suffered any* ~ ~ niemand het iets daarvan oorgekom nie. **~-equipped** sleg toegerus; *be* ~ *for s.t., (iem.)* nie opgewasse vir iets wees nie. **~-famed** berug. **~-fated** ongelukkig, rampspoedig, gedoem, noodlottig; ~ *day* nood= lottige dag, onheilsdag; ~ *ship* ongelukskip. **~-favoured** lelik; afstootlik. ~ *feeling* →ILL WILL. **~-fitting** sleg passend. **~- founded** ongegrond. **~-gotten** onregverdig/onregmatig ver= kry. ~ *health* slegte gesondheid, siekte, ongesondheid, siek= likheid. ~ *humour* norsheid, nukkerigheid. **~-humoured** sleg= gehumeur(d), nors, nukkerig. **~-informed** sleg ingelig. **~- judged** onbesonne, onwys, ondeurdag. ~ *luck* ongeluk, teen=, teëspoed. ~ *management* gebrekkige bestuur. **~-mannered** ongemanierd, onmanierlik, onbeskof, ongepoets; onhebbe= lik. **~-matched** onpaar, wat nie by mekaar pas nie. ~ *na- ture* sleggehumeurdheid, =geaardheid. **~-natured** slegge= humeur(d), =geaard, kwaadaardig. **~-omened** onder on= gunstige voortekens onderneem; onheilspellend, rampspoe= dig, ongeluks=. **~-prepared** sleg voorberei(d). **~-spoken** swak ter tale; ru/onbeskaaf sprekend. **~-starred** rampspoe= dig, ongelukkig, ongeluks=; onder 'n ongelukkige sterrestand gebore. **~-suited** *they are* ~ hulle pas nie by mekaar nie; *be* ~ *to s.t.* ongeskik vir iets wees. **~-tempered** humeurig, sleg= gehumeur(d). **~-timed** ontydig; ongeleë; misplaas. **~-treat, ~-use** mishandel, sleg/stief behandel, verniel. **~-treatment, ~-usage** mishandeling, slegte behandeling. ~ *will,* ~ *feeling* wrok, kwaadgesindheid, kwaadwilligheid, vyandigheid, kwaai= vriendskap.

**I'll** *(sametr.)* = I SHALL, I WILL.

**il·le·gal** onwettig, wederregtelik, onregmatig; ~ *alien/immi- grant* onwettige immigrant. **il·le·gal·i·ty** onwettig=, wederreg= telikheid, onregmatigheid. **il·le·gal·ly** onwettig(lik), weder= regtelik.

**il·leg·i·ble** onleesbaar, onduidelik. **il·leg·i·bil·i·ty** onleesbaar= heid, onduidelikheid.

**il·le·git·i·mate** *adj.* onwettig, onwetlik; onwettig, ongeoor= loof; buite-egtelik; onbehoorlik. **il·le·git·i·ma·cy** onwettig= heid, onwetlikheid, ongeoorloofdheid, ongewettigdheid; buite= egtelikheid *(v. 'n kind).*

**il·lib·er·al** onvrysinnig; bekrompe, kleingeestig.

**il·lic·it** ongeoorloof, ongewettig, verbode; onwettig; ~ *dia- mond buying* onwettige diamanthandel; ~ *trade* sluikhan= del.

**il·lim·it·a·ble** onbegrens, grenseloos, onafsienbaar.

**il·liq·uid** *(ekon.)* illikied. **il·li·quid·i·ty** illikiditeit.

**il·lit·er·ate** *n.* ongeletterde; analfabeet. **il·lit·er·ate** *adj.* ongeletterd, ongeleerd; analfabeet; *functionally* ~ funksio= neel ongeletterd; *politically/etc.* ~, *(infml.)* polities/ens. onkun= dig/ongeskool(d)/onverfyn(d)/ongeletterd. **il·lit·er·a·cy** on= geletterdheid, ongeleerdheid; analfabetisme.

**ill·ness** siekte, ongesteldheid; *on account of* ~ weens siekte; *feign* ~ jou siek hou; *get over* (or *recover from*) *an* ~ van 'n siekte herstel; *a long/painful* ~ 'n lang(durige)/smartlike siekbed; *a serious* ~ 'n ernstige/gevaarlike siekte.

**il·log·i·cal** *adj.* onlogies. **il·log·i·cal·i·ty, il·log·i·cal·ness** (die) onlogiese.

**il·lu·mi·nant** *n.* verligtingsbron, =middel. **il·lu·mi·nant** *adj.* verligtend.

**il·lu·mi·nate** verlig; inlig, voorlig; lig werp op; *(fot.)* belig; ophelder, verduidelik; opluister; illumineer. **il·lu·mi·nat·ed:** ~ *address* versierde/geïllumineerde oorkonde, sieradres; ~ *letter* ligletter; ~ *sign* ligreklame. **il·lu·mi·na·ti** *n. (mv.)* illu= minati. **il·lu·mi·nat·ing** verligtend; insiggewend; ~ *intensity* ligsterkte. **il·lu·mi·na·tion** verligting *(v. 'n huis ens.);* belig= ting *(v. 'n foto);* inligting, voorligting; glans; illuminasie; op= luistering. **il·lu·mi·na·tive** verligtend; verduidelikend, insig= gewend, leersaam; liggewend, lig=. **il·lu·mi·na·tor** verligter; verligtingsmiddel; voorligter; illuminator.

**il·lu·sion** illusie, waan, droombeeld, hersenskim, sinsbedrog, spieëlbeeld; *have no* ~*s about* ... geen illusies oor ... hê nie; *be under the* ~ *that* ... in die waan verkeer/wees dat ... **il·lu· sion·ist** illusionis; goëlaar.

**il·lus·trate** illustreer, tekening maak by/vir; kenskets; ver= duidelik, toelig, ophelder, belig, met voorbeelde toelig. **il· lus·trat·ed:** *it is* ~ *by ...,* *(ook)* dit blyk uit ...; *profusely* ~ ryk(lik) geïllustreer(d); ~ *work* geïllustreerde werk. **il·lus·tra· tion** illustrasie, plaat, prent, afbeelding; toeligting, ophel= dering; voorbeeld; *by way of* ~ by wyse van illustrasie, as toeligting. **il·lus·tra·tive** ophelderend, verduidelikend; *be* ~ *of* ... kensketsend/tekenend vir/van ... wees. **il·lus·tra·tor** illustreerder.

**il·lus·tri·ous** beroemd, vermaard, deurlugtig, roemryk, roem= vol. **il·lus·tri·ous·ness** roem, vermaardheid.

**il·men·ite** *(min.)* ilmeniet.

**I'm** *(sametr.)* = I AM.

**im·age** *n.* beeld; ewebeeld; afbeelding, *(liter.)* beeltenis; beeld *(na buite);* figuur; *(psig.)* imago; tipe; *(Byb.)* afgod(sbeeld); *created in the* ~ *of God* na die beeld van God geskape *(OAB),* as beeld van God geskep *(NAB);* *have a poor* ~ 'n swak figuur maak/slaan; *be the spitting/very* ~ *of ..., (infml.)* die ewebeeld van ... wees, ... uitgedruk/uitgeknip wees. **im· age** *ww.* jou voorstel, 'n voorstelling maak van; verbeeld, uitbeeld, weergee; afbeeld, skilder, teken; weerkaats, weer= spieël. **~-maker** beeldbouer, =skepper.

**im·age·ry** beeld; *(pros.)* beeldspraak; verbeelding, verbeel= dingswêreld.

**i·mag·i·na·ble** denkbaar; moontlik.

**i·mag·i·nar·y** denkbeeldig, fiktief, verbeeld.

**i·mag·i·na·tion** verbeelding; verbeeldingsvermoë, =krag; voorstellingsvermoë; *s.t. appeals to the* ~ iets spreek tot die verbeelding; *capture/catch the* ~ die verbeelding aangryp; *draw (up)on one's* ~ die/jou verbeelding laat werk; iets uit die/jou duim suig; *stir the* ~ die verbeelding aangryp; *have a vivid* ~ 'n lewendige/sterk verbeelding(skrag) hê.

**i·mag·i·na·tive** verbeeldings=; verbeeldingryk, ryk aan ver= beelding; vindingryk.

**i·mag·ine** (jou) verbeel/voorstel; fantaseer; bedink; begryp; meen, dink; *who could have* ~*d such a thing?* wie het dit (ooit) kon droom?; *just* ~ *that!* stel jou voor!, verbeel jou!; ~ *it to be so* vermoed dat dit so is; ~ *that ...* dink/veronderstel dat ...; *s.o. can't* ~ *what* ... iem. kan hom/haar nie voorstel wat ... nie. **i·mag·ined** denkbeeldig. **i·mag·in·ings** *n. (mv.)* verbeelding.

**i·ma·go** *imagos, imagines, (entom.)* imago, volwasse vorm; *(psig.)* imago; beeltenis, afbeelding.

**i·mam** *(Islam)* imam. **i·mam·ate** imamaat.

**im·bal·ance** wanbalans, onewewigtigheid, gebrek aan ewe= wig, versteurde ewewig.

**im·be·cile** *n., (infml.)* onnosele. **im·be·cile, im·be·cil·ic** *adj., (infml.)* onnosel. **im·be·cil·i·ty** *(infml.)* onnoselheid.

**im·bibe** *(gew. skerts.)* drink *(alkohol);* indrink, insuig, op= neem.

**i·mbi·zo** *(Z.)* imbizo, volksvergadering.

**i·mbo·ngi** *iimbongi, imbongis, (Ngu.)* imbongi, lof=, prys= sanger.

**im·bro·glio** =glios deurmekaarspul, warboel, verwarring, im= broglio.

**im·bued:** *be ~ with* ... met ... vervul/deurdring/besiel wees.

**im·bu·ia, im·bu·ya, em·bu·ia** *(Port.)* imbuia, embuia.

**im·i·tate** navolg, =doen; namaak, naboots, na-aap; napraat; *~ s.o.* iem. iets nadoen; agter iem. aangaan. **im·i·ta·ble** na= volgbaar. **im·i·ta·tion** *n.* navolging; na-aping, na-apery, na= bootsing; namaak(sel); *do an ~ of s.o.* iem. naboots. **im·i· ta·tion** *adj.* nagemaak, namaak=; *~ diamond* vals diamant; *~ leather* kunsleer. **im·i·ta·tive** nabootsend; na-aperig; na= gemaak; *~ arts* beeldende kunste; *~ of* ... in navolging van ..., (gevorm) na ... **im·i·ta·tor** navolger; na-aper, nabootser; naloper, naprater.

**im·mac·u·late** onbevlek, rein; vlek(ke)loos, sonder gebrek, onberispelik; *~ appearance* goed versorgde voorkoms/ui= terlike. **im·mac·u·la·cy, im·mac·u·late·ness** onbevlektheid; vlek(ke)loosheid. **im·mac·u·late·ly** vlek(ke)loos; onberispe= lik; *... is ~ dressed, (ook)* 'n mens kan ... deur 'n ring trek.

**im·ma·nent** immanent, innerlik, inwonend, inherent. **im= ma·nence** immanensie, innerlikheid, inwoning, inherensie.

**im·ma·te·ri·al** onbelangrik, van geen belang/betekenis nie, sonder betekenis/belang; nie ter sake nie; *(filos.)* onstoflik, onliggaamlik; geestelik; immaterieel; *it is ~ to me* dit is vir my om't *(of* om 't/die) ewe; *it is quite ~* dit maak glad nie *(of* nie die minste) saak nie. **im·ma·te·ri·al·ism** *(filos.)* immaterialisme. **im·ma·te·ri·al·i·ty** onstoflikheid; onbelang= rikheid.

**im·ma·ture** onryp, onvolwasse, onvolgroei(d). **im·ma·tur·i·ty** onrypheid, onvolwassenheid, onvolgroeidheid.

**im·meas·ur·a·ble** onmeetbaar; onmeetlik; onafsienbaar. **im·meas·ur·a·bly** onmeetlik, oneindig.

**im·me·di·ate** *adj.* onmiddellik; naaste; dadelik, onverwyld, oombliklik, dringend; *(filos.)* intuïtief *(kennis, reaksie);* ~ *cause* direkte/aanleidende oorsaak; *with ~ effect* dadelik van krag; *~ past president* pas af=/uitgetrede (ere)voorsitter. **im= me·di·a·cy, im·me·di·ate·ness** onmiddellikheid; direktheid. **im·me·di·ate·ly** *adv.* onmiddellik, dadelik, dringend, onver= wyld, meteens. **im·me·di·ate·ly** *voegw., (hoofs. Br.)* sodra.

**im·me·mo·ri·al** onheuglik; eeue oud; *from time ~* sedert onheuglike tye, sedert die jaar nul, van toeka se dae (af). **im·me·mo·ri·al·ly** van ouds(her) (af).

**im·mense** ontsaglik, enorm, kolossaal, reusagtig, yslik, reuse=; onmeetlik *(lyding, skade, ens.);* mateloos *(energie, frustrasie, ens.).* **im·mense·ly** ontsaglik, reusagtig; besonder, buitengewoon. **im·men·si·ty** ontsaglikheid, reusagtigheid; onmeetlikheid; mateloosheid.

**im·merse** (in)=, onderdompel, insteek; *~ s.t. in* ... iets in ... dompel; iets onder ... begrawe; *~ o.s. in s.t.* jou in iets verdiep *('n boek ens.);* jou in iets uitleef/=lewe *('n opvoering, rol, ens.).* **im·mersed** *(ook)* onder water; weggeduik, versonke; *be ~ in* ... in ... gedompel wees *(skuld ens.);* in ... verdiep wees *(of* opgaan) *(werk ens.);* onder ... begrawe wees *(werk ens.).* **im= mer·sion** in=, onderdompeling; *(astron.)* immersie; *(sk.)* diep= gang.

**im·mi·grate** immigreer, intrek; *~ to a country* na 'n land

**immigreer. im·mi·grant** *n.* immigrant, intrekker, inkomeling. **im·mi·grant** *adj.* immigrerend, immigrante=, intrekkend. **im= mi·gra·tion** immigrasie, landverhuising.

**im·mi·nent** aanstaande, naderend, op hande, voor die deur; dreigend; *~ danger* naderende/dreigende gevaar; *the wall is in ~ danger of falling* die muur dreig om te val. **im·mi·nence** nadering, nabyheid; dreiging.

**im·mis·ci·ble** *(teg.)* onmengbaar *(vloeistowwe).*

**im·mo·bile** onbeweeglik, bewegingloos, roerloos, immo= biel. **im·mo·bi·lise, =lize** onbeweeglik/bewegingloos maak; immobiliseer; immobiel maak *(troepe);* onttrek, uit die om= loop neem *('n munt); (fin.)* vaslê *(kapitaal).* **im·mo·bi·lis·er, =liz·er** immobiliseerder. **im·mo·bil·i·ty** onbeweeglikheid, im= mobiliteit.

**im·mod·er·ate** onmatig, oormatig, oordrewe, onredelik, bui= tensporig; *~ behaviour* ongematigdheid. **im·mod·er·a·tion** onmatigheid, oormatigheid, buitensporigheid.

**im·mod·est** onbeskeie, onbeskaamd, skaamteloos, astrant, parmantig; onbetaamlik, onwelvoeglik, onfatsoenlik. **im·mod= es·ty** onbeskeidenheid, onbeskaamdheid; onbetaamlikheid, onwelvoeglikheid, onfatsoenlikheid.

**im·mo·late** (op)offer. **im·mo·la·tion** (op)offering; offer. **im= mo·la·tor** offeraar.

**im·mor·al** immoreel, oneties, gewete(n)loos, beginselloos; onsedelik, ontugtig; sedeloos, teen die goeie sedes; *~ earnings* inkomste uit korrupsie/prostitusie/ens.. **im·mo·ral·i·ty** im= moraliteit, beginselloosheid; sedeloosheid; onsedelikheid, on= tug(tigheid).

**im·mor·tal** *n.* onsterflike. **im·mor·tal** *adj.* onsterflik; on= verganklik. **im·mor·tal·ise, =ize** onsterflik maak, verewig. **im·mor·tal·i·ty** onsterflikheid.

**im·mor·telle** *(bot.)* sewejaartjie, immortelle.

**im·mov(e)·a·ble** *adj.* onbeweeglik, onbeweegbaar, onwrik= baar, onwankelbaar; *~ property, (jur.)* onroerende goed, vas= te eiendom. **im·mov(e)·a·bil·i·ty** onbeweeglikheid, onbeweeg= baarheid, onwrikbaarheid. **im·mov(e)·a·bles** *n. (mv.), (jur.)* onroerende goed, vaste eiendom.

**im·mune** *(med. of fig.)* immuun, onvatbaar, vry; *(rek.)* virus= bestand; bestand teen stelselindringing; *be ~ from* ... vry van ... wees; van ... gevrywaar wees *(vervolging, belasting, ens.);* *~ response, (med.)* immuun=, afweerreaksie; *be ~ to* ... teen/ vir ... immuun wees, vir ... onvatbaar wees, teen ... bestand wees *('n siekte, omkoop, ens.).*

**im·mu·nise, =nize** immuniseer, onvatbaar maak; *~ s.o. against* ... iem. teen ... immuniseer, iem. vir ... onvatbaar maak *('n siekte).* **im·mu·ni·sa·tion, =za·tion** immunisasie, onvatbaarmaking.

**im·mu·ni·ty** *(med.)* immuniteit, onvatbaarheid; ontheffing, vrystelling; onaantasbaarheid, onskendbaarheid; *diplomat= ic ~* diplomatieke onskendbaarheid; *~ from* ... vrystelling van ...; *grant s.o. ~* iem. vryskelding toestaan; *natural ~, (med.)* natuurlike immuniteit; *required ~, (med.)* verworwe immuniteit; *~ to* ... immuniteit teen/vir ..., onvatbaarheid vir ... *('n siekte).*

**im·mu·no·de·fi·cien·cy** *(med.)* immuungebrek, afweer= swakte. **im·mu·no·de·fi·cient** immuungebrekkig, afweerswak.

**im·mu·nol·o·gy** *(med.)* immuniteitsleer, immunologie. **im= mu·no·log·ic, im·mu·no·log·i·cal** immunologies. **im·mu= nol·o·gist** immunoloog.

**im·mu·no·sup·pres·sion** *(med.)* immuunonderdrukking. **im·mu·no·sup·pres·sant** immuunonderdrukker. **im·mu·no= sup·pres·sive** immuunonderdrukkend.

**im·mu·no·ther·a·py** *(med.)* immunoterapie.

**im·mured** *(hoofs. fig.)* afgesluit, afgesonder(d).

**im·mu·ta·ble** onveranderlik, onveranderbaar.

**imp** rakker; kwajong; kabouter; duiwel(tjie). **imp·ish** on= deund, plaerig, tergerig.

**im·pact** *n.* botsing; skok, stoot, stamp, slag; trefkrag, impak; inslag; aanslag *(v. 'n koeël);* **make an** ~ inslaan; **on** ~ op die oomblik van die botsing; **on** ~ **with** ... wanneer/toe dit ... tref; *the* **point** *of* ~ die trefpunt; *have an* ~ *(up)on* ... 'n uitwerking/impak op ... hê. **im·pact** *ww.* instamp, =druk; saamdruk, =pers; verstop; bots teen; *~ed fracture* ingedrukte (been)breuk; *~ed tooth* beklemde tand. ~ **test** slagtoets.

**im·pair** benadeel; verswak; belemmer; aantas, beskadig. **im·pair·ment** benadeling; aantasting; gebrek.

**im·pa·la** =palas, =pala rooibok, impala.

**im·pale** spies, deurboor; *be ~d (up)on a* ... deur 'n ... deurboor wees.

**im·pal·pa·ble** ontasbaar, onvoelbaar; onmerkbaar; onbevatlik. **im·pal·pa·bil·i·ty** ontasbaarheid. **im·pal·pa·bly** ontasbaar; ongemerk, onmerkbaar.

**im·part** meedeel, deelagtig maak; verleen; ~ *s.t. to* ... iets aan ... gee/verleen.

**im·par·tial** onpartydig, neutraal, onbevooroordeeld, regverdig. **im·par·ti·al·i·ty** onpartydigheid. **im·par·tial·ly** onpartydig; gelykop.

**im·pass·a·ble** onbegaanbaar, onrybaar; ondeurganklik, ondeurwaadbaar.

**im·passe** =passes, (Fr.) dooie punt, dooiepunt; *be at an* ~ op 'n dooie punt (*of* dooiepunt) wees; *reach an* ~ 'n dooie punt (*of* dooiepunt) bereik; jou vasloop.

**im·pas·sioned** hartstogtelik, vurig; opgewonde; meeslepend; *an* ~ *plea* 'n hartstogtelike/vurige pleidooi.

**im·pas·sive** ongevoelig; koelbloedig; onverstoorbaar, onbewoë, stoïsyns, strak *(gesig).* **im·pas·sive·ness, im·pas·siv·i·ty** ongevoeligheid; onverstoorbaarheid, onbewoënheid, stoïsisme.

**im·pa·tiens** =tiens, *(bot.)* impatiëns.

**im·pa·tient** ongeduldig; onverdraagsaam; *be* ~ *at s.t.* oor iets ongeduldig/kwaad wees; *become* ~ geduld verloor, ongeduldig raak/word; *s.o. is* ~ *for s.t. (to happen)* iem. kan nie wag vir iets (*of* dat iets moet gebeur) nie; *s.o. is* ~ *to do s.t.* iem. kan nie wag om iets te doen nie; *be* ~ *with s.o.* geen geduld met iem. hê nie. **im·pa·tience** ongeduld; *s.o. is fuming with* ~ iem. brand van ongeduld; *s.o.'s* ~ *with* ... iem. se ongeduld met ...

**im·peach** *(jur.)* beskuldig, aankla, 'n aanklag indien/inbring (*of* aanhangig maak) teen; ~ *s.o.'s credibility* iem. se geloofbaarheid aanval (*of* in twyfel trek); ~ *s.o. with* ... iem. van ... beskuldig. **im·peach·a·ble** vervolgbaar. **im·peach·ment** (staat van) beskuldiging, aanklag(te); vervolging.

**im·pec·ca·ble** *adj.* onberispelik, onbesproke, (baie) korrek; fout(e)loos, sonder foute, vlek(ke)loos; onfeilbaar, feilloos, volmaak. **im·pec·ca·bil·i·ty** onberispelikheid, onbesprokenheid; onfeilbaarheid, volmaaktheid. **im·pec·ca·bly** *adv.* onberispelik; volmaak.

**im·pede** hinder, belemmer, vertraag, teen=, teëhou, strem. **im·pe·dance** *(fis.)* impedansie, skynweerstand, skynbare weerstand. **im·ped·ed** gestrem(d). **im·ped·i·ment** struikelblok, hindernis, belemmering, beletsel; gebrek; *an* ~ *of marriage* 'n huweliksbeletsel; *an* ~ *in one's speech* 'n spraakgebrek; *an* ~ *to progress* 'n hindernis op die pad van vooruitgang.

**im·pel** =ll= aanspoor, aandryf, =drywe, voortdryf, =drywe; (voort)beweeg.

**im·pel·ler, im·pel·lor** *(teg.)* rotor(blad); aandrywer *(v. 'n gasturbine);* stuwer *(v. 'n pomp); (mynb.)* dryfrat. ~ **blade** stuwerblad.

**im·pend·ing** dreigend, naderend, aanstaande, op hande (synde); *it is* ~ *over one* dit hang bo jou kop.

**im·pen·e·tra·ble** ondeurdringbaar; onpeilbaar; ondeurgrondbaar; onvatbaar, ontoeganklik, ongevoelig. **im·pen·e·tra·bil·i·ty** ondeurdringbaarheid; onpeilbaarheid; ondeurgrondelikheid.

**im·pen·i·tent** onboetvaardig, sonder berou; verstok. **im·pen·i·tence** onboetvaardigheid; verstoktheid.

**im·per·a·tive** *n.* bevel, opdrag; iets dringends, noodsaak; *(gram.)* gebiedende wys(e), imperatief. **im·per·a·tive** *adj.* bevelend, gebiedend; dringend; onontbeerlik, (gebiedend) noodsaaklik; ~ *mandate* bindende opdrag; ~ *mood, (gram.)* gebiedende wys(e), imperatief; ~ *necessity* gebiedende/dringende noodsaaklikheid. **im·per·a·tive·ness** gebiedendheid.

**im·per·cep·ti·ble** onmerkbaar, onbespeurbaar. **im·per·cep·ti·bil·i·ty** onmerkbaarheid, onbespeurbaarheid.

**im·per·cep·tive** onopmerksaam, onoplettend; onontvanklik, ongevoelig, bot, toe.

**im·per·fect** *n., (gram.)* onvoltooide verlede tyd, imperfek=(tum). **im·per·fect** *adj.* onvolmaak, onvolkome, gebrekkig; onvoltooi(d); onduidelik; ~ *tense* onvoltooide verlede tyd, imperfek(tum). **im·per·fec·tion** onvolmaaktheid, onvolkomenheid; fout, gebrek, tekortkoming. **im·per·fect·ly** onvolmaak, gebrekkig; onduidelik.

**im·pe·ri·al** keiserlik; vorstelik; imperiaal; keisers=, ryks=; ~ *age* keisertyd; ~ *army* keiserlike leër; ~ *chancellor* ryks=kanselier; ~ *city* (vrye) rykstad; keiserstad; ~ *conference* rykskonferensie; ~ *crown* keiserlike kroon, keiserskroon; ~ *dome* uikoepel; *I~ Guard* Keiserlike Garde; ~ *territory* ryksgebied. **im·pe·ri·al·ism** imperialisme, ryksgesindheid. **im·pe·ri·al·ist** *n.* imperialis; ryks=, keisersgesinde. **im·pe·ri·al·ist** *adj.* imperialisties; ryks=, keisersgesind. **im·pe·ri·al·is·tic** imperialisties.

**im·per·il** =ll= in gevaar bring/stel.

**im·pe·ri·ous** baasspelerig, gebiedend, (oor)heersend, heerssugtig. **im·pe·ri·ous·ness** gebiedendheid, heerssug(tigheid), baasspelerigheid.

**im·per·ish·a·ble** *adj.* onverganklik; onbederfbaar; onverderflik. **im·per·ish·a·bil·i·ty** onverganklikheid; onbederfbaarheid. **im·per·ish·a·bly** *adv.* onverganklik.

**im·pe·ri·um** =riums, =ria ryk; oppermag; imperium.

**im·per·ma·nent** tydelik, verganklik; kortstondig; onbestendig. **im·per·ma·nence, im·per·ma·nen·cy** tydelikheid, verganklikheid; kortstondigheid; onbestendigheid.

**im·per·me·a·ble** ondeurdringbaar; ondeurlatend; water=, sypeldig. **im·per·me·a·bil·i·ty** ondeurdringbaarheid; ondeurlatendheid.

**im·per·mis·si·ble** ontoelaatbaar, ongeoorloof. **im·per·mis·si·bil·i·ty** ontoelaatbaarheid, ongeoorloofdheid.

**im·per·son·al** onpersoonlik, objektief; saaklik; sonder persoonlikheid; ~ *pronoun* onpersoonlike voornaamwoord. **im·per·son·al·i·ty** onpersoonlikheid.

**im·per·son·ate** naboots; jou uitgee vir. **im·per·son·a·tion** nabootsing. **im·per·son·a·tor** nabootser; identiteitsbedrieër; *the* ~ *of* ... die nabootser van ... *(bekende persoonlikhede ens.).*

**im·per·ti·nent** voorbarig, astrant, parmantig, vrypostig; ongepoets, onbeskof, ongeskik; *be* ~ *to s.o.* parmantig wees teenoor iem.. **im·per·ti·nence** voorbarigheid, astrantheid, parmantigheid; ongepoetstheid, onbeskoftheid, onbeskaamdheid.

**im·per·turb·a·ble** onverstoorbaar, onversteurbaar. **im·per·turb·a·bil·i·ty** onverstoorbaarheid.

**im·per·vi·ous** ondeurdringbaar; dig, ondeurlatend; sypeldig; ontoeganklik, doof *(vir);* onontvanklik; *s.o. is* ~ *to flattery/etc.* iem. is nie vatbaar vir vleiery/ens. nie, vleiery/ens. maak geen indruk op iem. nie; *be* ~ *to water* waterdig wees. **im·per·vi·ous·ness** ondeurdringbaarheid, ondeurlatendheid; ontoeganklikheid; onontvanklikheid; onvatbaarheid.

**im·pet·u·ous** voortvarend, oorhaastig, impulsief. **im·pet·u·os·i·ty, im·pet·u·ous·ness** voortvarendheid, oorhaastigheid, impulsiwiteit.

**im·pe·tus** =tuses impetus, vaart, beweegkrag; stukrag; aan=

drang; aanmoediging; stoot; *the ~ behind s.t.* die dryfkrag agter iets; *gain ~* vaart kry; *give an ~ to s.t.* iets 'n (groot/sterk) stoot (vorentoe) gee.

**im·pi** *=pi(s), (Z: regiment)* impi(e); gewapende bende.

**im·pi·e·ty** goddeloosheid, oneerbiedigheid, ongodsdienstigheid.

**i·mpi-mpi** *=mpi(s), (X.)* impimpi, (polisie-)informant.

**im·pinge** ~ *(up)on s.t.* iets raak/beïnvloed; op iets inbreuk maak. **im·pinge·ment** inbreuk; botsing.

**im·plac·a·ble** *adj.* onversetlik, onversoenlik, onverbiddelik. **im·plac·a·bil·i·ty** onversetlikheid, onversoenlikheid, onverbiddelikheid. **im·plac·a·bly** *adv.* onversetlik, onversoenlik.

**im·plant** *n.* inplanting; *breast* ~s borsinplantings. **im·plant** *ww.* inplant; inprent; *(bot.)* oorent; ~ *s.t. in s.o.* iets by iem. inprent/tuisbring.

**im·plau·si·ble** onwaarskynlik, ongeloofwaardig. **im·plau·si·bil·i·ty** onwaarskynlikheid, ongeloofwaardigheid.

**im·ple·ment** *n., (ook argeol.)* werktuig, stuk gereedskap; *(ook, i.d. mv.)* uitrusting, gereedskap, gerei; *agricultural ~s* landbou=, plaasgereedskap; *~s of war* krygs=, oorlogstuig. **im·ple·ment** *ww.* toepas, uitvoering gee aan, implementeer *('n beleid ens.);* uitvoer, deurvoer *('n plan ens.);* van stapel stuur *('n program, projek, ens.);* aanbring *(veranderinge);* verwesen(t)lik *(idees).* **im·ple·men·ta·tion** toepassing, uitvoering, implementering.

**im·pli·cate** betrek, insleep, verwikkel; impliseer, te kenne gee, bedoel; ~ *s.o. in s.t.* iem. by/in iets betrek; *be ~d in s.t.* aan iets aandadig wees, by/in iets betrokke wees *('n misdaad ens.);* in die gedrang kom. **im·pli·ca·tion** verwikkeling; bedoeling, implikasie; *by* ~ by implikasie, implisiet, stilswyend; gevolglik; onregstreeks, indirek. **im·pli·ca·tive** insluitend, impliserend.

**im·plic·it** implisiet; onuitgesproke, stilswyend; volkome, volslae; blind, onvoorwaardelik; ~ *faith* volkome vertroue; *put ~ faith in ...* 'n blinde geloof hê/stel in ...; *s.t. is ~ in ...* iets word deur ... geïmpliseer; ~ *obedience* blinde gehoorsaamheid. **im·plic·it·ly** implisiet; onvoorwaardelik, volkome, volslae; sonder voorbehoud; *obey s.o.* ~ iem. deur dik en dun *(of* blind) gehoorsaam; *trust s.o.* ~ iem. onvoorwaardelik vertrou. **im·plic·it·ness** vanselfsprekendheid; onvoorwaardelikheid.

**im·plode** inplof. **im·plo·sion** inploffing.

**im·plore** smeek, soebat; ~ *s.o.'s forgiveness/mercy/etc.* iem. om vergif(fe)nis/genade/ens. smeek; *I ~ you!* ek smeek jou!. **im·plor·ing·ly** smekend.

**im·ply** impliseer, te kenne gee, bedoel, laat deurskemer, sinspeel op; insinueer; insluit, behels; inhou, meebring; beduie, beteken; ~ *that* te kenne gee dat ...; *by that s.o. implies that ...* daarmee wil iem. sê dat ... **im·plied** implisiet, onuitgesproke, stilswyend; *s.t. is ~ by ...* iets word deur ... geïmpliseer; iets is in ... opgesluit; ~ *condition* stilswyende voorwaarde; ~ *powers* inbegrepe bevoegdhede.

**im·po·lite** onbeleef(d), ongemanierd. **im·po·lite·ness** onbeleefdheid, ongemanierdheid.

**im·pon·der·a·ble** *n.* onsekerheidsfaktor, onvoorspelbaarheid, onberekenbare faktor. **im·pon·der·a·ble** *adj.* onberekenbaar, onweegbaar *(fig.),* onvoorspelbaar. **im·pon·der·a·bil·i·ty** onberekenbaarheid.

**im·port** *n.* invoer; belang(rikheid), betekenis, gewig; *(i.d. mv.)* invoer, invoerartikels, =goedere, =ware; ~*s and exports* invoer en uitvoer, in- en uitvoer. **im·port, im·port** *ww.* invoer; *(rek.)* invoer *(data);* ~ *s.t. to a country (from another country)* iets in 'n land invoer (uit 'n ander land). ~ **agent** invoeragent. ~ **articles,** ~ **goods** invoergoed. ~ **business** invoerbedryf, =handel. ~ **control,** ~ **licensing** invoerbeheer. ~ **demand** vraag na invoergoedere. ~ **duty** invoerreg. ~ **house, importing house** invoersaak. ~ **licence** invoerlisensie. ~ **merchant** invoerhandelaar. ~ **order** invoerbestelling, =order. ~ **permit** invoerpermit, =vergunning.

**im·port·a·ble** invoerbaar.

**im·por·tance** belang(rikheid), gewig(tigheid), betekenis; vernaamheid; *attach ~ to s.t.* betekenis/waarde/gewig aan iets heg; *be full of one's own ~* behep wees met *(of* oorloop van) jou eie belangrikheid; *a matter of minor ~* 'n bysaak; *of no ~* onbelangrik, van geen belang nie; *of ~* belangrik, van belang; *a person of ~* iem. van betekenis/gewig; *of paramount ~* van die allergrootste/uiterste belang, van oorwegende belang; *be of primary (or the first) ~* van die grootste/hoogste belang wees; *of vital ~* van die allergrootste/uiterste belang, ontbeerlik, van lewensbelang.

**im·por·tant** belangrik, van belang/betekenis, betekenisvol, gewigtig; vernaam, vooraanstaande; *highly ~* van die grootste belang; *not all that ~* nie so belangrik nie; *s.t. is ~ to s.o.* iets is vir iem. belangrik; *a very ~ person, (afk.:* VIP) 'n hooggeplaaste, 'n hoogwaardigheidsbekleër, 'n baie belangrike persoon *(afk.:* BBP); *vitally ~* van lewensbelang, onontbeerlik, van die allergrootste/uiterste belang. **im·por·tant·ly** gewigtig, met gewig.

**im·por·ta·tion** invoer; invoering; invoerartikel. ~ **certificate** invoerbewys.

**im·port·er** invoerder.

**im·pose** oplê; voorskryf; beveel; vel, uitspreek, oplê *('n vonnis);* hef, oplê *(belasting);* stel *('n taak);* instel *('n verbod);* ~ *(up)on s.o.'s friendship/etc.* van iem. se vriendskap/ens. misbruik maak; ~ *o.s. (up)on s.o.* jou aan/by iem. opdring; ~ *s.t. (up)on s.o.* iets aan iem. oplê *(belasting ens.);* iets aan iem. afsmeer. **im·pos·ing** indrukwekkend, imponerend, imposant; veeleisend. **im·po·si·tion** oplegging; heffing; belasting; swaar las; taak; ~ *of hands, (relig.)* hand(e)oplegging; *it would be an ~ on s.o.'s good nature* dit sou misbruik maak van iem. se goedheid.

**im·pos·si·ble** *n.* die onmoontlike; *s.o. asks for the ~* iem. wil die onmoontlike hê, iem. begeer/verlang die onmoontlike; *attempt the ~* die ontmoontlike probeer (doen); *do/perform the ~* die onmoontlike doen/verrig. **im·pos·si·ble** *adj.* onmoontlik; ondoenlik; onbestaanbaar; *(infml.)* onuitstaanbaar, onuithou(d)baar; onhebbelik; *it is absolutely ~* dit is absoluut onmoontlik; *s.t. is ~* iets is onmoontlik, iets kan nie; ... *is ~, (infml.)* met ... is nie huis te hou nie; *it is just ~* dit is eenvoudig onmoontlik; *it is practically ~* dit is haas onmoontlik; *an ~ situation* 'n hopelose situasie; *an ~ task* 'n onbegonne taak; *it is ~ for s.o. to do s.t.* iem. kan iets onmoontlik doen, dit is vir iem. onmoontlik om iets te doen. **im·pos·si·bil·i·ty** onmoontlikheid; *it is a sheer ~* dit is volstrek onmoontlik.

**im·pos·tor, im·pos·ter** bedrieër, swendelaar.

**im·po·tent** magteloos, onmagtig, hulpeloos, swak; *(med.)* impotent. **im·po·tence, im·po·ten·cy** magteloosheid, onmag; *(med.)* impotensie.

**im·pound** skut, in die skut sit; beslag lê op, in beslag neem; ~*ed cattle* skutvee; ~*ed water* vangwater, opgedamde water. **im·pound·ment** beslaglegging *(op),* inbeslagneming *(van).*

**im·pov·er·ish** verarm; uitmergel; uitput *(grond).* **im·pov·er·ished** arm, armoedig, behoeftig; verarm(d); uitgeput, uitgemergel, skraal *(grond).* **im·pov·er·ish·ment** verarming; uitputting.

**im·prac·ti·ca·ble** onuitvoerbaar, ondoenlik; onprakties. **im·prac·ti·ca·bil·i·ty** onuitvoerbaarheid, ondoenlikheid.

**im·prac·ti·cal** onprakties; onuitvoerbaar. **im·prac·ti·cal·i·ty** onpraktiesheid *(v. iem.);* onuitvoerbaarheid *(v. 'n plan ens.).*

**im·pre·cise** onpresies, onnoukeurig. **im·pre·cise·ly** onnoukeurig. **im·pre·cise·ness, im·pre·ci·sion** onpresiesheid, onnoukeurigheid.

**im·preg·na·ble** onneembaar; ondeurdringbaar; onaantasbaar; onweerlegbaar *('n argument).* **im·preg·na·bil·i·ty** onneembaarheid; ondeurdringbaarheid; onaantasbaarheid; onweerlegbaarheid.

**im·preg·nate** deurdrenk, deurweek, deurtrek; week; bevrug; swanger maak; ~ *s.t. with* ... iets met ... deurdrenk/versadig; *be* ~*d with s.t.* van iets deurtrek wees. **im·preg·na·tion** deurtrekking, (deur)drenking; kleurdrenking; bevrugting.

**im·pre·sa·ri·o** =*rios* impresario.

**im·press** indruk; afdruk; druk op; stempel; beïndruk, indruk maak op, onder die indruk kom van, 'n goeie indruk maak op, imponeer, tref; *be* ~*ed at/by/with* ... deur ... getref/ geïmponeer/beïndruk wees; *be deeply/greatly/profoundly* ~*ed by* ... sterk onder die indruk van ... wees/kom; ~ *s.o. favourably* 'n goeie/gunstige indruk op iem. maak; ~ *s.t. on s.o.* iem. iets op die hart druk; ~ *s.o. with s.t.* op iem. indruk maak met iets. **im·press·i·ble** ontvanklik, vatbaar vir indrukke.

**im·pres·sion** indruk; afdruk; stempel; druk, oplaag *(v. 'n boek);* **convey** *the* ~ *that* ... die indruk wek *(of* iem. laat verstaan) dat ...; *create an* ~ indruk maak; 'n indruk wek; *an erroneous* ~ 'n wanindruk; *make a favourable/good* ~ *on s.o.* 'n gunstige/goeie indruk op iem. maak; *gain/get the* ~ *that* ... die indruk kry dat ...; onder die indruk kom dat ...; *give an* ~ 'n indruk wek; *make an* ~ *on s.o.* op iem. indruk maak; *s.o. knows how to make an* ~ iem. kan hom/haar goed voordoen; *s.t. makes an* ~ iets maak indruk; *an* ~ *of s.t.* 'n indruk van/omtrent iets; *be under the* ~ *that* ... onder die indruk verkeer/wees dat ...; *leave s.o. under the* ~ *that* ... iem. in die waan laat dat ...

**im·pres·sion·a·ble** gevoelig (vir indrukke); oorreedbaar, ontvanklik, vatbaar vir indrukke.

**im·pres·sion·ism** *(kuns, dikw. I~)* impressionisme. **im·pres·sion·ist** *n.* impressionis. **im·pres·sion·ist, im·pres·sion·ist·ic** *adj.* impressionisties.

**im·pres·sive** indrukwekkend, imponerend, imposant, treffend; aangrypend; gewigtig. **im·pres·sive·ness** indrukwekkendheid, imposantheid; aangrypendheid; gewigtigheid.

**im·pri·ma·tur** *(druk.)* imprimatur, drukverlof; *under the* ~ *of* ... onder die imprimatur van ...; met die goedkeuring van ...

**im·print** *n.* stempel; indruk; afdruk(sel); opdruk; drukkersnaam; drukkersmerk, drukkerstempel; *(i.d. mv., ook)* drukwerk; *bear the* ~ *of* ... die stempel van ... dra; *s.o. left his/her* ~ *on* ... iem. het sy/haar stempel op ... afgedruk. **im·print** *ww.* stempel; afstempel, instempel; (af)druk; inprent, inplant; opdruk; *s.t. is* ~*ed on s.o.'s memory* iets in iem. se geheue (in)gegrif/(in)geprent.

**im·pris·on** in die tronk sit, opsluit; (in)kerker. **im·pris·oned** in die tronk; ingekerker. **im·pris·on·ment** gevangenskap, gevangeneming, opsluiting; gevangenis-, tronkstraf; *condemn/ sentence s.o. to* ~ iem. tot gevangenis-/tronkstraf veroordeel; *serve a term of* ~ 'n gevangenistermyn uitdien, 'n straftyd/ =termyn uitdien/uitsit.

**im·prob·a·ble** onwaarskynlik. **im·prob·a·bil·i·ty** onwaarskynlikheid.

**im·promp·tu** *n., (hoofs. mus.)* impromptu, improvisasie. **im·promp·tu** *adj.* onvoorbereid, geïmproviseer(d). **im·promp·tu** *adv.* onvoorbereid, spontaan, uit die vuis (uit), geïmproviseer(d).

**im·prop·er** onbehoorlik, ongepas, onvanpas, misplaas; onfatsoenlik, onbetaamlik, onwelvoeglik; onbeleef(d), ongeskik; verkeerd, foutief, onjuis, inkorrek; oneg. **im·prop·er·ly** onbehoorlik, onfatsoenlik; verkeerdelik, ten onregte.

**im·pro·pri·e·ty** onbehoorlikheid, ongepastheid; onbetaamlikheid; ongeskiktheid; verkeerdheid, inkorrektheid.

**im·prove** verbeter, beter maak/word; veredel; vooruitgaan, styg; bewerk; ~ *(up)on s.t.* iets verbeter, iets beter doen; iets verbeter/oortref *('n rekord ens.).* **im·prov·a·bil·i·ty** verbeterbaarheid. **im·prov·a·ble** verbeterbaar; bewerkbaar, beboubaar. **im·prove·ment** verbetering, veredeling; beterskap; vordering; oplewing; bewerking; stigting; hoër bod; *(i.d. mv.)* aanbouings; *an* ~ *(up)on* ... 'n verbetering teenoor *(of* ver=

geleke met) ...; 'n vooruitgang teenoor *(of* vergeleke met) ... **im·prov·er** verbeteraar; *(kookk.)* (smaak)verbeteraar.

**im·prov·i·dent** sonder voorsorg; spandabelrig, verkwistend. **im·prov·i·dence** gebrek aan voorsorg; spandabelrigheid, verkwisting.

**im·pro·vise** improviseer, uit die vuis (uit) lewer; prakseer. **im·pro·vi·sa·tion** improvisasie. **im·pro·vised** *(ook)* tuisgemaak; noodhulp=, nood=. **im·pro·vis·er** planmaker; prakseerder.

**im·pru·dent** onversigtig, onverstandig, onbesonne. **im·pru·dence** onversigtigheid, onbedagtheid.

**im·pu·dent** onbeskaam(d); astrant, parmantig, vermetel; onbeskeie. **im·pu·dence, im·pu·den·cy** onbeskaamdheid; (dom)astrantheid; *have the* ~ *to* ... die vermetelheid hê om te ...; *a piece of* ~ 'n onbeskaamdheid.

**im·pugn** betwis, in twyfel trek; bestry; ~ *s.o.'s honour* iem. in sy eer aantas. **im·pugn·a·ble** betwisbaar, aanvegbaar. **im·pugn·ment** betwisting; bestryding; teen=, teëspraak.

**im·pulse** impuls; (aan)drang; stoot; prikkel, aansporing; stukrag; opwelling; *act* (or *do s.t.*) *on (an)* ~ impulsief handel/ optree; iets op 'n ingewing doen; iets in 'n opwelling van drif doen. ~ **buying** impulsiewe koop/kopie(s).

**im·pul·sion** (aan)drang; stoot; prikkel, impuls; beweegkrag, stukrag.

**im·pul·sive** impulsief; voortstuwend, aandrywend; prikkelend; voortvarend. **im·pul·sive·ness** impulsiwiteit.

**im·pu·ni·ty** straf(fe)loosheid, ongestraftheid; *with* ~ ongestraf, straf(fe)loos.

**im·pure** onsuiwer, onrein; vervals; gemeng; onkuis. **im·pu·ri·ty** onsuiwerheid, onreinheid; onkuisheid.

**im·pute** toeskryf, toeskrywe, toedig; toereken, die skuld gee van; ~ *s.t. to s.o.* iets aan iem. toedig; iem. die skuld van iets gee. **im·put·a·ble** toeskryfbaar, toe te skryf/skrywe *(aan),* te wyte *(aan),* toerekenbaar. **im·pu·ta·tion** toeskrywing; toerekening; aantyging, beskuldiging.

**in** *n.: find out the* ~*s and outs of s.t., (ook)* agter die kap van die byl kom; *know the* ~*s and outs of s.t., (ook)* weet hoe die vurk in die hef steek; *the* ~*s and outs of it* die toedrag van sake; die besonderhede *(of* fyn puntjies) daarvan. **in** *adj. & adv.* in, binne; *applications* must *be* ~ *today* aansoeke sluit vandag; *be/sit* ~ *at* ... *by* ... (aanwesig) wees *('n bespreking ens.); was the ball* ~ *or out?, (tennis)* was die bal in of uit?; *(not) be* ~ (nie) tuis/daar *(of* in jou kantoor *of* op kantoor) wees (nie); ~ *between* tussenin; *s.o. is* ~ *for it, (infml.)* iem. gaan aan die pen ry; iem. sal bars; *be* ~ *for a race* aan 'n wedren deelneem, vir 'n wedren ingeskryf/ingeskrywe wees; *we are* ~ *for more rain/etc., (infml.)* ons gaan nog reën/ens. kry; *s.o. has been* ~ *an hour/etc.* iem. is al 'n uur/ens. tuis; iem. is al 'n uur/ens. aan die beurt; *(kr.)* iem. is al 'n uur/ens. aan die kolf; *be* ~ *on s.t., (infml.)* by/in iets betrokke wees; in 'n geheim deel/wees; *which side is* ~?, *(kr.)* watter span kolf nou?; *with the woolly side* ~ met die wolkant na binne; *be the* ~ *thing, (infml.)* die in ding *(of* hoogmode *of* hoog in die mode) wees; *be* ~ *with s.o., (infml.)* op goeie voet met iem. wees/verkeer; kop in een mus met iem. wees. **in** *prep.* in; op; by; met *(ink, olieverf);* ~ *America/Amsterdam/etc.* in Amerika/Amsterdam/ens.; ~ *the amount/sum of* ... ten bedrae van ...; ~ *art/science/ etc.* in die kuns/wetenskap/ens.; ~ *autumn/spring/etc.* in die herfs/lente/ens.; ~ *the background/foreground* op die agtergrond/voorgrond; *the best brand* ~ *kitchen appliances* die beste merk in kombuistoebehore; *epilepsy/etc.* ~ *children/etc.* epilepsie/ens. by kinders/ens.; *10 hectares* ~/*under cotton* 10 hektaar onder katoen; ~ *crossing* met die oorgaan; ~ *five hours/months/years* oor vyf uur/maande/ jaar; *s.o./s.t. is/gets* ~ *your face, (sl.)* iem./iets maak jou die duiwel in *(of* irriteer jou grens[e]loos); →IN-YOUR-FACE *adj.;* ~ *one's own handwriting* in jou eie handskrif; *s.o. has it* ~ *him/her* dit sit in hom/haar, hy/sy is die man/vrou daarvoor;

~ *their* **hundreds/thousands** by (die) honderde/duisende; *write* ~ **ink/pencil** met ink (*of* ['n] potlood) skryf/skrywe; *there was little* ~ *it*, *(infml.)* die verskil was klein; dit was amper/byna gelykop; *there is not much* ~ *it* dit beteken nie veel nie, daar sit nie veel in nie; *s.o. is not* ~ *it* iem. is nie daarby/daarin betrokke nie; *(infml.)* iem. het geen kans nie; iem. kom nie in aanmerking nie; *there is nothing* ~ *it for s.o.* iem. kry niks daaruit nie, dit bring iem. niks in nie; *what is* ~ *it for me?* wat kry ek (daaruit)?, watter voordeel het dit vir my?; *with sugar* ~ *it* met suiker (in/daarin); ~ *memoriam, (Lat.)* in memoriam, ter nagedagtenis *(aan/van iem.)*, ter herinnering *(aan iem.); disappear* ~ *seconds* in/binne enkele (*of* 'n paar) sekondes verdwyn; ~ *Shakespeare/etc.* in/by Shakespeare/ens.; ~ *vitro, (Lat., biol.)* in vitro, in glas; ~ *vitro fertilisation/-zation, (buite d. baarmoeder)* in vitro-bevrugting, kunsmatige bevrugting; ~ *the* **world** ter wêreld, op aarde; ~ *Xhosa/etc.* in Xhosa/ens..

**in·a·bil·i·ty** onvermoë, onmag; onbekwaamheid; *s.o.'s* ~ *to* ... iem. se onvermoë om te ...

**in·ac·ces·si·ble** onbereikbaar; onbeklimbaar; ontoegank-lik, ongenaakbaar *(iem.).* **in·ac·ces·si·bil·i·ty** onbereikbaar-heid; ontoeganklikheid; onbeklimbaarheid.

**in·ac·cu·rate** onnoukeurig, onakkuraat; foutief, verkeerd. **in·ac·cu·ra·cy** onnoukeurigheid; onjuistheid. **in·ac·cu·rate·ly** onnoukeurig; foutief.

**in·ac·tive** onaktief, passief; traag; *(han.)* flou *(mark);* onge-bruik, buite werking, stil; dadeloos, daadloos; *be* ~, *(ook)* stilsit. **in·ac·tion, in·ac·tiv·i·ty** onaktiwiteit, passiwiteit; traag-heid; flouheid; dadeloosheid, daadloosheid.

**in·a·dapt·a·ble** onaanpasbaar; onbruikbaar, ongeskik. **in·a·dapt·a·bil·i·ty** onaanpasbaarheid; onbruikbaarheid.

**in·ad·e·quate** ontoereikend, onvoldoende; onvolwaardig. **in·ad·e·qua·cy** ontoereikendheid, onvoldoendheid; onvol-waardigheid.

**in·ad·mis·si·ble** ontoelaatbaar; ongeoorloof; onaanneem-lik, onaanvaarbaar; *(jur.)* onontvanklik, nieontvanklik. **in·ad·mis·si·bil·i·ty** ontoelaatbaarheid; onaanneemlikheid; *(jur.)* nieontvanklikheid.

**in·ad·vert·ent** onopsetlik, onbedoel(d); onoplettend, ag-te(r)losig; onbewus. **in·ad·vert·ence, in·ad·vert·en·cy** on-opsetlikheid; onoplettendheid; onbewustheid; *by* ~ onop-setlik, per ongeluk/abuis. **in·ad·vert·ent·ly** onopsetlik, per ongeluk/abuis; onbewus.

**in·ad·vis·a·ble** onraadsaam, nie raadsaam nie, nie aan te raai nie. **in·ad·vis·a·bil·i·ty** onraadsaamheid.

**in·al·ien·a·ble** onvervreem(d)baar. **in·al·ien·a·bil·i·ty** on-vervreem(d)baarheid.

**in·al·ter·a·ble** onveranderbaar. **in·al·ter·a·bil·i·ty** onver-anderbaarheid.

**in·am·o·ra·ta** *-tas, (vr.),* **in·am·o·ra·to** *-tos, (ml.)* geliefde, minnares *(vr.),* minnaar *(ml.).*

**in·ane** *adj.* leeg, hol; betekenisloos, sinloos; dom, onnosel, simpel. **in·an·i·ty** leegheid; sinloosheid; domheid; sinlose aanmerking.

**in·an·i·mate** leweloos, onbesiel(d); doods. **in·an·i·mate·ness, in·an·i·ma·tion** leweloosheid; doodsheid.

**in·ap·pli·ca·ble, in·ap·pli·ca·ble** ontoepaslik, nie van toepassing nie; onbruikbaar, ongeskik. **in·ap·pli·ca·bil·i·ty, in·ap·pli·ca·ble·ness** ontoepaslikheid; onbruikbaarheid.

**in·ap·po·site** onvanpas; ongepas; ontoepaslik. **in·ap·po·site·ness** misplaastheid; ontoepaslikheid.

**in·ap·pre·ci·a·ble** onmerkbaar, onwaarneembaar; nietig, onbeduidend.

**in·ap·pre·ci·a·tion** gebrek aan waardering; *(fig.)* opruiing.

**in·ap·pro·pri·ate** misplaas, onvanpas. **in·ap·pro·pri·ate·ness** misplaastheid.

**in·apt** misplaas, onvanpas, ongepas; onpaslik; onhandig, on-bekwaam. **in·ap·ti·tude** misplaastheid; onhandigheid.

**in·ar·tic·u·late** onsamehangend; onduidelik, onverstaan-baar, ongeartikuleer(d); stom, spraakloos, sprakeloos; *(biol.)* ongeleed, ongeartikuleer(d). **in·ar·tic·u·late·ly** onsamehan-gend; onverstaanbaar. **in·ar·tic·u·late·ness, in·ar·tic·u·la·cy** onsamehangendheid; onverstaanbaarheid; spraakloosheid, sprakeloosheid.

**in·ar·tis·tic** onkunstig, onartistiek.

**in·as·much** ~ *as* aangesien, omdat; deurdat.

**in·at·ten·tive** onoplettend; onopmerksaam. **in·at·ten·tion, in·at·ten·tive·ness** onoplettendheid; onopmerksaamheid.

**in·au·di·ble** onhoorbaar. **in·au·di·bil·i·ty** onhoorbaarheid.

**in·au·gu·rate** instel; inhuldig, bevestig, installeer; open, in gebruik neem, inwy; onthul; begin (met). **in·au·gu·ral** in-wydings= *(fees);* openings=; aanvangs=; intree= *(rede);* stigtings= *(vergadering);* ~ *flight* eerste vlug. **in·au·gu·ra·tion** instelling; inhuldiging, installasie; opening, ingebruikneming; onthul-ling; aanvang, begin.

**in·aus·pi·cious** onheilspellend, ongunstig; ~ *day* onheils-dag. **in·aus·pi·cious·ness** onheilspellendheid.

**in-be·tween** *n.* tussending; tussenoplossing; tussenpersoon. **in-be·tween** *adj.* tussen= *(stadium, seisoen).*

**in·board** binneboords; ~ *motor* binneboordmotor.

**in·born** aangebore, ingebore, natuurlik.

**in·bound** inkomend.

**in·breed** inteel. **in·bred** ingeteel; ingebore, aangebore; diep-gewortel. **in·breed·ing** inteelt, inteling; verwantskapsteelt, =teling, familieteelt, =teling.

**in-built** *adj. (gew. attr.)* ingebou *(faksmasjien ens.);* aangebore *(eienskap);* ingebore *(vrees);* instinktief *(weersin);* natuurlik *(aanleg).*

**In·ca** Inka.

**in·cal·cu·la·ble** onberekenbaar, onmeetlik. **in·cal·cu·la·bil·i·ty** onberekenbaarheid.

**in·can·desce** gloei; laat gloei. **in·can·des·cence** gloeiing; gloeihitte; gloed; lig. **in·can·des·cent** (wit)gloeiend, ligge-wend; ~ *lamp* gloeilamp.

**in·can·ta·tion** towerspreuk, beswering.

**in·ca·pa·ble** onbekwaam, nie in staat nie; onbevoeg; mag-teloos; hulpeloos; onkapabel; ~ *of contracting* handelings-onbevoeg; *be* ~ *of doing s.t.* nie in staat wees om iets te doen nie, iets nie kan doen nie. **in·ca·pa·bil·i·ty** onvermoë, onbekwaamheid.

**in·ca·pac·i·tate** onbekwaam/onbevoeg maak; *(jur.)* onbe-voeg verklaar; uitskakel; diskwalifiseer. **in·ca·pac·i·tat·ed** *(ook)* onkapabel. **in·ca·pac·i·ta·tion** onbevoegwording; uit-skakeling; diskwalifisering.

**in·ca·pac·i·ty** onvermoë; onbekwaamheid, onbevoegdheid; *s.o.'s* ~ *to* ... iem. se onvermoë om te ...

**in-car** *adj. (attr.)* motor= *([tele]foon ens.).*

**in·car·cer·ate** (in)kerker; in die tronk sit, opsluit. **in·car·cer·a·tion** (in)kerkering; gevangenskap.

**in·car·nate** *adj.* beliggaam, vleeslik, in die vlees, vlees-geworde; vleeskleurig; *a/the devil* ~ 'n/die duiwel self. **in·car·nate** *ww.* beliggaam, verpersoonlik; vlees laat word, inkarneer; gestalte *(of* [tasbare] vorm) gee (aan). **in·car·na·tion** beliggaming; vleeswording, inkarnasie, menswor-ding.

**in·cau·tious, in·cau·tious·ly** onversigtig. **in·cau·tious·ness, in·cau·tion** onversigtigheid.

**in·cen·di·ar·y** *n.* brandbom. **in·cen·di·ar·y** *adj.* brand-stigtend; brand=; *(fig.)* opruiend; ~ *bomb* brandbom. **in·cen·di·a·rism** brandstigting; *(fig.)* opruiing.

**in·cense¹** *n.* wierook. **in·cense** *ww.* bewierook. ~ *altar* wierookaltaar. ~ *offering* wierookoffer.

**in·cense²** *ww.* kwaad/woedend maak, vertoorn; *be* ~*d at/by s.t.* gebelg(d)/smoorkwaad wees oor iets.

**in·cen·tive** *n.* aansporing, aanmoediging, dryfveer; pres=
tasieloon; *s.t. is an ~ to s.o. to* ... iets is vir iem. 'n aansporing
om te ... **in·cen·tive** *adj.* aansporend. *~ **bonus*** aanspo=
ringsbonus.

**in·cen·tiv·ise,** =**ize** aanmoedig, aanspoor.

**in·cep·tion** begin, aanvang, ontstaan; stigting; *from its ~* van
sy ontstaan af; *year of ~* beginjaar. **in·cep·tive** beginnend,
begin=, aanvangs=.

**in·cer·ti·tude** onsekerheid.

**in·ces·sant** onophoudelik, aanhoudend, gedurig, alewig.
**in·ces·san·cy, in·ces·sant·ness** onophoudelikheid, voort=
during. **in·ces·sant·ly** alewig.

**in·cest** bloedskande. **in·ces·tu·ous** bloedskandelik.

**inch** *n., (lengte-eenheid)* duim; *not **budge/give/yield** an ~*
geen *(of* nie 'n) duimbreed(te) (af)wyk nie; *~ by ~* duim
vir duim; voetjie vir voetjie, stadig; *be **every** ~ a* ... deur en
deur 'n ... *(of pure* ...) wees *(aristokraat ens.); give s.o. an ~
and he'll/she'll take a yard/mile, (idm.)* as jy iem. 'n/die pinkie
gee, vat hy/sy die hele hand; ***miss** ... by ~es* ... net(-net) mis;
*to an ~* op 'n haar, presies; *win by ~es* met duime wen, net-
net wen; *be beaten **within** an ~ of one's life* (so) amper/byna
doodgeslaan word; ***within** ~es* binne 'n paar duim. **inch**
*ww.* duim vir duim *(of* voetjie vir voetjie) (voort)beweeg,
skuifel; *~ ahead/forward* duim vir duim vorentoe beweeg,
met 'n slakkegang vorder. *~ **rule*** liniaal, duimstok. *~ **tape***
maatband, meetband.

**in·cho·ate, in·cho·ate** aanvangend, beginnend; onont=
wikkeld; rudimentêr. **in·cho·a·tive, in·cho·a·tive** beginnend,
begin=; *(gram.)* inchoatief, inkohatief.

**in·ci·dent** *n.* voorval, gebeurtenis, insident; episode; *with=
out ~* rustig; voorspoedig. **in·ci·dent** *adj.* invallend; *~ to* ...
eie aan ...; verbonde aan ...; voortvloeiend uit ...; wat met
... gepaardgaan; *be ~ (up)on ..., (ligstrale ens.)* op ... inval. **in=
ci·dence** (die) val; (die) raak/tref; raak=, trefpunt; tref=
wydte; invloedsfeer, gevolgsomvang; druk; invloed; ver=
spreiding, voorkoms(syfer), frekwensie; omvang *(v. 'n siekte);*
(die) inval *(wisk.)* insidensie; *a high/low ~ of crime/disease/
etc.* 'n hoë/lae misdaadsyfer/siektesyfer/ens.; *~ of taxation*
belastingdruk. **in·ci·den·tal** *n.* bykomstigheid; randverskyn=
sel; *(i.d. mv.)* bykoste, bykomstige/los/toevallige uitgawes.
**in·ci·den·tal** *adj.* bykomstig, insidenteel, toevallig, insiden=
teel; sekondêr; *~ expenses* bykoste; onvoorsiene uitgawes; *~
music* agtergrondmusiek, bykomstige/begeleidende musiek;
*it is ~ to* ... dit gaan met ... gepaard, dit hang met ... saam,
dit is verbonde aan ... **in·ci·den·tal·ly** toevallig, terloops;
tussen hakies.

**in·cin·er·ate** (tot as) verbrand; veras. **in·cin·er·a·tion** ver=
branding; verassing; lykverbranding. **in·cin·er·a·tor** (ver=
brandings)oond, verasser.

**in·cip·i·ent** aanvangend, aanvangs=, beginnend, begin=, in
die beginstadium. **in·cip·i·ence** aanvang, ontstaan.

**in·cir·cle** *n., (geom.)* insirkel, ingeskrewe sirkel.

**in·cise** insny, (in)kerf; inkras; inkeep; grif, graveer; *~d
wound* snywond. **in·ci·sion** insnyding, sny; inkerwing, kerf.
**in·ci·sive** snydend; skerp; indringend, deurdringend; na=
druklik; kragtig; raak. **in·ci·sive·ness** nadruklikheid; indrin=
gendheid; raakheid. **in·ci·sor** sny=, voortand.

**in·cite** opsweep, aanhits, opstook; ontketen, opwek, uitlok;
aanmoedig, aanvuur; *~ s.o. to s.t.* iem. tot iets opsweep/aan=
hits. **in·ci·ta·tion** opsweping; aansporing. **in·cite·ment** op=
swepery, opstokery; uitlokking; aanmoediging. **in·cit·er** aan=
stigter; opstoker, oproermaker, onrusstoker.

**in·ci·vil·i·ty** onbeleefdheid, onhoflikheid.

**in·clem·ent** (on)guur, stormagtig *(weer).* **in·clem·en·cy** (on)=
guurheid, stormagtigheid *(v.d. weer).*

**in·cli·na·tion** neiging, geneigdheid; lus; sinnigheid; geneent=
heid, liefde; buiging, helling; duikhoek; inklinasie; *against
s.o.'s ~* teen iem. se sin; *follow one's own ~* jou eie kop/sin
volg; *have an ~ to* ... 'n geneigdheid tot ... hê.

**in·cline** *n.* helling, skuinste; afdraand(e); opdraand(e); skuins
skag; oorhang. **in·cline** *ww.* oorhel, (jou) buig; skuins staan;
skuins hou; laat oorhel; *~ at an angle* met 'n hoek (oor)hel; *~
to ..., (lett.)* na ... oorhang/oorhel; *(fig.)* tot ... neig *(of* geneig
wees), 'n neiging tot ... toon; *~ towards s.o.* na iem. oorleun.
**in·clin·a·ble** geneig; geneë. **in·clined:** *be favourably ~ to=
(wards)* ... gunstig teenoor ... gestem(d) wees; *feel ~ to* ... lus
hê/voel/wees om te ...; *~ roof* skuins dak; *I am ~ to think* ...
ek dink amper *(of* sou dink) ...; *be ~ to do s.t.* geneig wees
om iets te doen.

**in·cli·nom·e·ter** helling(s)meter, klinometer.

**in·clude** insluit, omvat, bevat, behels; meereken, =tel; op=
neem; *~ s.o. in* ... iem. in ... opneem *(d. span ens.); ~ s.t. in
... iets in ... opneem *(d. agenda ens.);* iets by ... inreken; *it ~s*
... daaronder is ...; ... is daarby inbegrepe. **in·clud·ed** in=
begrepe, inkluis; ingeslote; *be ~ in* ... by/in ... inbegrepe
wees, in ... begrepe wees; in ... vervat wees; onder ... wees;
*be ~ with* ... by ... ingeslote wees. **in·clud·ing** inbegrepe,
inkluis, waaronder, =by, met inbegrip van; *the staff ~ the
principal* die personeel (saam) met die hoof. **in·clu·sion** in=
sluiting; opneming; insluitsel; *~ in a list/team* opneming in
'n lys/span. **in·clu·sive** insluitend, omvattend; ingeslote, in=
begrepe, inklusief, met inbegrip van; *~ of* ... met ...; *pages
7 to 10 ~* van bl. 7 tot en met bl. 10; *the price is ~* alles is
by die prys inbegrepe; *R1000 ~* R1000 alles inbegrepe. **in·
clu·sive·ness** inklusiwiteit, veelomvattendheid.

**in·cog·ni·to** =*tos, n.* incognito. **in·cog·ni·to** *adj. & adv.*
incognito.

**in·co·her·ent** onsamehangend; *~ talk* wartaal, 'n deurme=
kaar gepraat. **in·co·her·ence** onsamehangendheid.

**in·com·bus·ti·ble** on(ver)brandbaar, vuurvas.

**in·come** inkomste; *~ and expenditure* inkomste en uitga=
we(s); *a steady ~* 'n vaste inkomste. *~ **bracket**, ~ **group***
inkomstegroep. *~ **tax*** inkomstebelasting. *~ **tax return*** in=
komstebelastingopgawe.

**in·com·er** inkomeling, intrekker, immigrant.

**in·com·ing** *n.* binnekoms, aankoms; *(i.d. mv.)* inkomste; *~s
and outgoings* ontvangste en uitgawes. **in·com·ing** *adj.* in=
komend; binne=, inlopend; aankomend; intrekkend; op=
volgend; ingaande; verskuldig; *~ chairman* aanstaande
voorsitter; *~ committee* nuwe bestuur; *~ post* ingekome
pos; *~ tide* opkomende gety.

**in·com·men·su·ra·ble** onvergelykbaar, nie te vergelyk nie;
*(wisk.)* onderling onmeetbaar.

**in·com·men·su·rate** oneweredig *(aan);* (onderling) on=
meetbaar, inkommensurabel.

**in·com·mu·ni·ca·ble** onmeedeelbaar.

**in·com·mu·ni·ca·do** *(<Sp.)* in volstrekte afsondering; nie
te spreek nie.

**in·com·mut·a·ble** onveranderlik; onverwisselbaar.

**in·com·pa·ra·ble** onvergelyklik, weergaloos, sonder weer=
ga; nie te vergelyk nie.

**in·com·pat·i·ble** onverenigbaar, uiteenlopend; (teen)stry=
dig, nie met mekaar te rym nie; onbestaanbaar; *be ~ with*
... met ... strydig/onverenigbaar wees. **in·com·pat·i·bil·i·ty**
onverenigbaarheid; strydigheid; onbestaanbaarheid; *~ of
character* uiteenlopendheid van karakter; *divorce on the
grounds of ~* egskeiding op grond van onaanpasbaarheid; *~
of temperament* onaanpasbaarheid van geaardheid.

**in·com·pe·tent** onbevoeg, onbekwaam, ongeskik, inkom=
petent; *~ sentence* ongeoorloofde vonnis. **in·com·pe·tence,
in·com·pe·ten·cy** onbevoegdheid, onbekwaamheid, onge=
skiktheid, inkompetensie.

**in·com·plete** onvolledig; onvoltooi(d); onvolkome; onaf;
onvoltallig; *~ protein* onvolwaardige proteïen. **in·com·plete·
ness, in·com·ple·tion** onvolledigheid; onvoltooidheid; onvol=
komenheid; onafheid; onvoltalligheid.

**in·com·pre·hen·si·ble** onverstaanbaar, onbegryplik, on= bevatlik. **in·com·pre·hen·sion** gebrek aan begrip, onbegrip.

**in·com·press·i·ble** drukvas, onsaamdrukbaar, =persbaar. **in·com·press·i·bil·i·ty** drukvastheid.

**in·con·ceiv·a·ble** ondenkbaar, onvoorstelbaar; *it is ~ to s.o.* dit is vir iem. ondenkbaar, iem. kan hom/haar nie daarin indink nie.

**in·con·clu·sive** onoortuigend, nie afdoende nie; onbeslis; twyfelagtig; *an ~ argument/reason* 'n gebrekkige argument/ rede. **in·con·clu·sive·ness** onbeslistheid.

**in·con·gru·ous, in·con·gru·ent** onverenigbaar, strydig *(met)*; ongelyksoortig, nie in ooreenstemming nie, nieoor= eenstemmend, inkongruent; ongerymd; teenstrydig; onge= pas, misplaas. **in·con·gru·ence** ongerymdheid; misplaast= heid; inkongruensie. **in·con·gru·i·ty** onverenigbaarheid, strydigheid; ongelyksoortigheid, inkongruensie; ongerymd= heid; teenstrydigheid.

**in·con·se·quent, in·con·se·quen·tial** ontoepaslik, nie ter sake nie; onbelangrik; misplaas, onvanpas; onbenullig; inkonsekwent, onlogies; onsamehangend. **in·con·se·quence, in·con·se·quen·ti·al·i·ty, in·con·se·quen·tial·ness** onbelang= rikheid; inkonsekwensie; onsamehangendheid; die onlogiese *(van).* **in·con·se·quen·tial·ly, in·con·se·quent·ly** onlogies, buite die verband.

**in·con·sid·er·a·ble** onbeduidend, gering, onaansienlik, onbetekenend.

**in·con·sid·er·ate** onbedagsaam, onhoflik; onbesonne, on= nadenkend. **in·con·sid·er·ate·ness, in·con·sid·er·a·tion** on= bedagsaamheid, onhoflikheid; onbesonnenheid.

**in·con·sis·tent** ongelyk; veranderlik; teenstrydig; strydig, onbestaanbaar, onverenigbaar *(met);* inkonsekwent; *be ~ with* ... met ... strydig/onverenigbaar wees, nie met ... strook nie. **in·con·sis·ten·cy** ongelykheid; teenstrydigheid; strydigheid *(met);* inkonsekwensie.

**in·con·sol·a·ble** ontroosbaar.

**in·con·so·nant** on=, disharmonies; onverenigbaar, strydig *(met);* nie in ooreenstemming nie, teenstrydig. **in·con·so= nance** strydigheid *(met);* teenstrydigheid.

**in·con·spic·u·ous** onopvallend, skaars merkbaar; beskeie, nederig.

**in·con·stant** veranderlik, wisselvallig, onbestendig, on= standvastig, wispelturig, onvas. **in·con·stan·cy** veranderlik= heid, wisselvalligheid, onbestendigheid, onstandvastigheid, wispelturigheid, onvastheid.

**in·con·test·a·ble** onbetwisbaar, onweerlegbaar, onaan= vegbaar, onteenseglik, ontwyfelbaar. **in·con·test·a·bly** on= teenseglik.

**in·con·ti·nent** *adj.* inkontinent; swak van blaas; onbeheers= losbandig. **in·con·ti·nence** inkontinensie, onwillekeurige urinering/ontlasting, beheerverlies; onbeheerstheid, gebrek aan selfbeheersing; losbandigheid.

**in·con·tro·vert·i·ble** onweerlegbaar, onbetwisbaar, onaan= vegbaar, onaantasbaar, onomstootlik.

**in·con·ven·ience** *n.* ongemak, ongerief; moeite; *at great ~* met groot ongerief; *put s.o. to ~* iem. ongerief veroorsaak; *suffer ~* ongerief ondervind. **in·con·ven·ience** *ww.* on= gerief/ongemak veroorsaak, ontrief, las aandoen. **in·con= ven·ient** ongerieflik, ongemaklik, ongeleë; lastig, hinderlik.

**in·con·vert·i·ble** onverwisselbaar; oninwisselbaar; onver= anderlik.

**in·co·or·di·na·tion** gebrek aan koördinasie, ongekoördi= neerdheid *(med.)* inkoördinasie.

**in·cor·po·rate** *adj.* as regspersoon erken(d). **in·cor·po= rate** *ww.* inlyf, verenig, inkorporeer; meng; behels, be= liggaam; oprig, stig *(maatskappy);* regspersoonlikheid ver= leen; *~ s.t. with* ... iets by ... inlyf. **in·cor·po·rat·ed** ingelyf(de), geïnkorporeer(de). **in·cor·po·ra·tion** inlywing, opneming,

inkorporasie; stigting, oprigting *(v. 'n maatskappy);* verlening van regspersoonlikheid.

**in·cor·po·re·al** onliggaamlik, onstoflik, geestelik.

**in·cor·rect** onjuis, verkeerd, inkorrek; onsuiwer, ongekor= rigeer(d). **in·cor·rect·ly** verkeerdelik, ten onregte. **in·cor= rect·ness** onjuistheid, verkeerdheid, inkorrektheid.

**in·cor·ri·gi·ble** onverbeterbaar, onverbeterlik; ongeneeslik; verstok; hardnekkig; nie vatbaar vir verbetering nie.

**in·cor·rupt·i·ble** onverganklik; onbederflik; onomkoopbaar, onkreukbaar. **in·cor·rupt·i·bil·i·ty** onverganklikheid; onbe= derflikheid; onomkoopbaarheid, onkreukbaarheid.

**in·crease** *n.* vermeerdering, vergroting; verhoging; uitbrei= ding; aanwas, groei, toename; aanteelt; versterking; *~ of capital* kapitaalvermeerdering; *an ~ in* ... 'n toename in ...; *the ~ of* ... die toename van ...; *be on the ~* aan die groei/ toeneem wees; *salary/wage ~* salaris=, loonsverhoging; *set ~s* periodieke stygings; *a sharp/steep ~* 'n skerp/skielike styging. **in·crease** *ww.* vermeerder, vergroot; verhoog; uit= brei; toeneem; aangroei, aanwas; aanteel; versterk; verbeter; *s.t. ~s from* ... *to* ... iets neem toe van ... tot ...; iets ver= meerder van ... tot ...; *~ s.t. from* ... *to* ... iets van ... tot ... verhoog/vermeerder; *~ greatly* sterk toeneem; *~d juris= diction* verhoogde strafbevoegdheid; *~ a sentence/penalty* 'n vonnis verswaar; *tension ~s* die spanning styg. **in·creas= ing** toenemend, groeiend; stygend; *an ~ number of people* al hoe meer mense. **in·creas·ing·ly** al (hoe) meer, steeds meer, in toenemende mate.

**in·cred·i·ble** ongelooflik; ongeloofbaar.

**in·cred·u·lous** ongelowig; skepties. **in·cre·du·li·ty, in·cred= u·lous·ness** ongelowigheid; skeptisisme.

**in·cre·ment** vermeerdering; toename, aanwas; verhoging *(v. iem. se loon/salaris);* toelaag, toelae. **in·cre·ment·al** toe= nemend, oplopend, stygend; *~ rise* inkrementele verho= ging. **in·cre·ment·al·ism** *(sosiol. ens.)* inkrementalisme, gra= dualisme.

**in·crim·i·nate** (mede)beskuldig; die verdenking laai op, by/ in 'n beskuldiging betrek, inkrimineer; *incriminating evidence* beswarende getuienis. **in·crim·i·na·tion** (mede)beskuldiging; betrekking by/in 'n beskuldiging, inkriminasie. **in·crim·i·na= to·ry** beswarend; (mede)beskuldigend; inkriminerend, wat op skuld dui *(pred.).*

**in·crowd** *n., (infml.)* binnekring.

**in·cu·bate** broei; bebroei; uitbroei; ontwikkel; *be ~d, (ook)* in wording wees.

**in·cu·ba·tion** uitbroeiing; ontwikkeling. **~ period** ontkie= mingstyd *(v. 'n siekte).*

**in·cu·ba·tor** broeimasjien; broeikas; kweektoestel.

**in·cu·bus** =cubuses, =cubi inkubus, nagmerrie.

**in·cul·cate, in·cul·cate** inprent, inskerp, vestig, bybring; *~ s.t. in s.o.* iets by iem. inprent/inskerp/vestig. **in·cul·ca·tion** inprenting, vestiging.

**in·cum·bent** *n.* ampsdraer, =bekleër, =bekleder; *~ of an office* ampsdraer, =bekleër, =bekleder, bekleër/bekleder van 'n amp; *(present )* ~ sittende lid; huidige ampsdraer/=bekleër/ =bekleder. **in·cum·bent** *adj.: it is ~ (up)on s.o. to do s.t., (fml.)* dit is iem. se plig *(of iem. is verplig)* om iets te doen. **in·cum·ben·cy** las; plig; ampsbekleding.

**in·cur** =rr= jou blootstel aan, jou op die hals haal; *~ blame* die skuld kry; *~ danger* gevaar loop, jou aan gevaar blootstel; *~ a fine* 'n boete oploop; *~ punishment* straf verdien/ont= vang; *~ a risk* gevaar *(of* 'n risiko) loop.

**in·cur·a·ble** ongeneeslik, ongeneesbaar.

**in·cu·ri·ous** ongeïnteresseer(d), onbelangstellend, nie nuus= kierig/geïnteresseer(d) nie, sonder belangstelling. **in·cu·ri·os= i·ty, in·cu·ri·ous·ness** gebrek aan nuuskierigheid/belang= stelling.

**in·cur·sion** inval, strooptog; instroming; *make an ~ into* ... 'n inval in ... doen. **in·cur·sive** invallend.

**in·curved** (krom) gebuig, ingebuig.

**in·cus** *incudes, (anat.)* aambeeld(beentjie), inkus.

**in·da·ba** *(Ngu., SA)* indaba, bespreking, vergadering; *hold an ~* indaba hou; *s.t. is s.o.'s (own) ~, (infml.)* iets is iem. se (eie) indaba/saak, iem. sal maar moet sien kom klaar.

**in·debt·ed** verskuldig, skuldig; *be deeply/greatly ~ to s.o.* diep in die skuld staan/wees by iem., baie/veel aan iem. (*of* iem. baie/veel) verskuldig wees; *be ~ to s.o. for s.t.* iets aan iem. dank (*of* te danke hê). **in·debt·ed·ness** verpligtinge, skuld(e), skuld(e)las.

**in·de·cent** onbehoorlik, onbetaamlik, onfatsoenlik, onwelvoeglik; aanstootlik; onkies; *~ assault* onsedelike aanranding; *~ exposure* onbetaamlike ontbloting. **in·de·cen·cy** onfatsoenlikheid, onwelvoeglikheid; onwelvoeglike daad/handeling; *act of ~* sedemisdryf.

**in·de·ci·pher·a·ble** onontsyferbaar.

**in·de·ci·sive** onbeslis; vaag; besluiteloos, weifelagtig. **in·de·ci·sion, in·de·ci·sive·ness** onbeslistheid; besluiteloosheid, weifelagtigheid.

**in·de·clin·a·ble** *(gram.)* onverbuigbaar.

**in·dec·o·rous** onbehoorlik, onbetaamlik; onpassend, ongepas; onwelvoeglik. **in·de·co·rum** ondeftigheid; ongepastheid.

**in·deed** werklik, in werklikheid; waarlik, voorwaar, met reg, regtig, inderdaad, (seer) seker, sowaar; wel; trouens, weliswaar, om die waarheid te sê; *indeed?* regtig?; is dit so?; *scrupulous politicians, ~!* gewetensvolle politici, watwo[u])!; *who is ... ~?* wie is ... nogal (*of* nou eintlik)?.

**in·de·fat·i·ga·ble** onvermoeibaar, onvermoeid, *(fml.)* onverdrote.

**in·de·fea·si·ble** *(hoofs. jur. en filos.)* onaantasbaar, onskendbaar; onaanvegbaar; onvervreem(d)baar.

**in·de·fen·si·ble** onverdedigbaar, onregverdigbaar.

**in·de·fin·a·ble** onbepaalbaar, onomskryfbaar, ondefinieerbaar; nie te beskryf/beskrywe nie; onduidelik, vaag; *something ~* iets onbeskryfbaars.

**in·def·i·nite** onbepaald; vaag, onduidelik, onbestem(d); *~ article, (gram.)* onbepaalde lidwoord; *the authorities announced the ~ postponement of ...* die owerheid het ... vir 'n onbepaalde tyd uitgestel; *~ pronoun* onbepaalde voornaamwoord. **in·def·i·nite·ly** onbepaald, vir 'n onbepaalde tyd; tot in die oneindige.

**in·del·i·ble** onuitwisbaar; *~ ink* merkink, onuitwisbare ink; *~ pencil* inkpotlood; *~ stain* vaste vlek.

**in·del·i·cate** taktloos; onbeskeie; stuitig; smaakloos, grof. **in·del·i·ca·cy** taktloosheid; onbeskeidenheid; stuitigheid; smaakloosheid.

**in·dem·ni·fy** skadeloos stel; vrywaar; vergoed; *~ s.o. against s.t.* iem. teen iets vrywaar. **in·dem·ni·fi·ca·tion** skadeloosstelling; vrywaring; vergoeding.

**in·dem·ni·ty** skadeloosstelling, (skade)vergoeding; vrywaring, =stelling; kwytskelding; afkoopgeld; *~ against s.t.* vrywaring teen iets. *~ act* vrywaringswet. *~ bond* skadeloosstellingsakte.

**in·de·mon·stra·ble** onbewysbaar, onaantoonbaar.

**in·dent** *n.* kerf, inkerwing, keep, inkeping; insnyding; in=, uittanding; inspringing. **in·dent** *ww.* (uit)tand, intand; inkeep, insny, inkerf; uitkeep; (in)duik; stempel, merk; *(druk.)* (laat) inspring. **in·den·ta·tion** inkerwing, inkeping, insnyding; inspringing; uittanding; geleding *(v. 'n kus)*; keep, kerf, sny; duik; inham. **in·dent·ed** *(ook)* getand; *(kus)* geleed; *~ bar* tandstang.

**in·de·pend·ence** onafhanklikheid; selfstandigheid; private/privaat/eie inkomste; *achieve/attain/gain ~* onafhanklik word; *attainment of ~* onafhanklikwording; *declaration of ~* onafhanklik(heids)verklaring; *the country declared its ~* die land het hom onafhanklik verklaar; *grant a country*

*~ 'n land onafhanklik verklaar; granting of ~* onafhanklikverklaring, =making; *s.o.'s ~ of ...* iem. se onafhanklikheid van ...; *war of ~* vryheidsoorlog. **I~ Day** *(Am.)* Onafhanklikheidsdag.

**in·de·pend·en·cy** onafhanklikheid; onafhanklike inkomste/bestaan.

**in·de·pend·ent** *n.* onafhanklike. **in·de·pend·ent** *adj.* onafhanklik, selfstandig; *~ contractor* vrye ondernemer; *~ income* private/privaat/eie inkomste; *be of ~ means* finansieel onafhanklik wees; *be ~ of ...* van ... onafhanklik wees. *~-minded* selfstandig (denkend).

**in·de·pend·ent·ly** onafhanklik; selfstandig; *~ of ..., (ook)* los/afgesien van ...

**in-depth:** *an ~ inquiry/investigation* 'n diepgaande/deurtastende ondersoek; *an ~ study* 'n dieptestudie, 'n omvattende studie.

**in·de·scrib·a·ble** onbeskryflik; onduidelik, onbepaald, vaag; onnoembaar. **in·de·scrib·a·bly** onbeskryflik.

**in·de·struct·i·ble** onvernielbaar, onverwoesbaar, onvernietigbaar, onuitroeibaar, onverdelgbaar; onslytbaar.

**in·de·ter·mi·na·ble** onbepaalbaar *(skade ens.)*; onoplosbaar *(probleem ens.)*.

**in·de·ter·mi·nate** onbepaald, onbegrens, onbeperk; vaag, onduidelig; twyfelagtig; onbeslis; *~ sentence* onbepaalde vonnis. **in·de·ter·mi·na·cy, in·de·ter·mi·nate·ness** onbepaaldheid; vaagheid. **in·de·ter·mi·na·tion** onbepaaldheid; besluiteloosheid, onbeslistheid; ongebondenheid.

**in·dex** *indexes (v. boeke), indices (v. pryse ens.), n.* wyser; aanduiding, leidraad; rigsnoer; inhoud(sopgawe); register, bladwyser; tafel; wys=, voorvinger; *(wisk.)* eksponent; *(wisk.)* indeks; *(wisk.)* wyser; *~ of names* naamregister; *an ~ to ...* 'n register op ... **in·dex** *ww.* van 'n indeks voorsien, in die indeks opneem; indekseer. *~ card* indekskaart(jie). *~ curve* gidskromme. *~ finger* wys=, voorvinger. *~ group* ken=, indeksgroep. *~-linked (lone).* aan die indeks gekoppel, indeksgekoppel(d) *(lone).* *~ map* sleutelkaart. *~ number* kensyfer; indekssyfer.

**in·dex·ing** indeksering.

**In·di·a** *(geog.)* Indië. *~ paper* Chinese/Sjinese papier; *(druk.)* Bybel=, dundrukpapier. *~ rubber* gomlastiek, gummi, rubber.

**In·di·an** *n.* Indiër; *American ~* Amerikaanse Indiaan. **In·di·an** *adj.* Indies; Indiaans; Indiër *(buurt/ens. in SA/ens.).* *~ club* (swaai)knots. *~ corn* mielies. *~ Ocean* Indiese Oseaan. *~ summer* opslagsomertjie, (mooi) nasomer.

**in·di·cate** aandui, aanwys, aantoon, aanstip; aangee, aan die hand gee/doen; *~d horsepower* aangegewe perdekrag, indikateurperdekrag; *punishment is ~d in this case* straf is hier nodig. **in·di·ca·tion** aanduiding, aanwysing, teken, indikasie, vingerwysing; *(the) ~s are that ...* vermoedelik (*of* volgens aanduidings) is ...; *an ~ as to when s.o. is coming/etc.* 'n aanduiding van wanneer iem. kom/ens.; *there is every ~ that ...* alles dui daarop dat ...; *give an ~* 'n aanduiding gee; *an ~ of ...* 'n aanduiding van ... **in·dic·a·tive** *n., (gram.)* aantonende wys, indikatief. **in·dic·a·tive** *adj.* aantonend, aanduidend; aanwysend; *(gram.)* indikatief; *be ~ of s.t.* op iets dui, iets aandui; *~ mood* aantonende wys(e), indikatief.

**in·di·ca·tor** wyser; aanwyser, aantoner, meter; *(mot.)* flikkerlig; *(chem.)* indikator. *~ light* wyslig. *~ (species) (ekol.)* indikatorspesie. *~ test* gidsproef. *~ vein* gidsaartjie.

**in·dict** aanklaag, beskuldig, 'n (aan)klag indien teen; *~ s.o. for s.t.* iem. van/weens iets aanklaag, iem. van iets beskuldig *(moord ens.).* **in·dict·a·ble** (geregtelik) vervolgbaar, (as misdryf) strafbaar. **in·dict·ment** aanklag(te), beskuldiging; akte van beskuldiging.

**in·die** *n. (Br., infml.)* onafhanklike musiek=/filmmaatskappy. **in·die** *adj. (attr.), (Br., infml., afk. v. independent)* onaf=

hanklike; ~ *charts* trefferlys van onafhanklike musiek=
maatskappye; ~ *label* onafhanklike CD-etiket.

**in·dif·fer·ent** *adj.* onverskillig, traak-my-nieagtig, ongeërg,
apaties, afsydig, onbelangstellend; so-so, nie van die beste
nie, middelmatig; swakkerig, slegterig/sleggerig, baie mid=
delmatig; onbelangrik; *(fis.)* neutraal *(elektrode ens.); be in*
~ *health* nie baie gesond wees nie; ~ *success* matige suk=
ses; *s.o. is* ~ *to s.t.* iem. is vir iets ongevoelig; iem. het geen
belangstelling vir iets nie; iets laat iem. koud, iem. staan on=
verskillig teenoor iets; *the results/etc. are very* ~ die resultate/
ens. is taamlik sleg (*of* baie middelmatig). **in·dif·fer·ence**
onverskilligheid, traak-my-nieagtigheid, ongeërgdheid, apa=
tie, afsydigheid; middelmatigheid; onbelangrikheid; *affect* ~
jou onverskillig hou/voordoen; *with an assumption of* ~
(as)of jy nie omgee nie; *s.o.'s* ~ *to(wards)* ... iem. se gebrek
aan belangstelling in/vir ...; iem. se onverskilligheid omtrent/
teenoor ... **in·dif·fer·ent·ly** onverskillig, willekeurig, deur=
mekaar; swakkerig, slegterig, sleggerig, minder goed.

**in·dig·e·nous** inheems, inlands; eielands; ~ *forest* natuur=
bos; ~ *law* inheemse reg; *be* ~ *to a region* inheems wees in
'n streek.

**in·di·gent** behoeftig, nooddruftig, armlastig, hulpbehoe=
wend. **in·di·gence** behoeftigheid, nooddruftigheid, armlas=
tigheid, gebrek, armoede, hulpbehoewendheid.

**in·di·gest·i·ble** onverteerbaar. **in·di·gest·i·bil·i·ty** onver=
teerbaarheid.

**in·di·ges·tion** slegte spysvertering, indigestie. **in·di·ges·tive**
spysverterings= *(probleme ens.).*

**in·dig·nant** verontwaardig; *be* ~ *about/at/over s.t.* oor iets
verontwaardig wees. **in·dig·nant·ly** verontwaardig, met ver=
ontwaardiging.

**in·dig·na·tion** verontwaardiging; *arouse/cause* ~ veront=
waardiging wek; *be bursting with* ~ kook van veront=
waardiging; *express (one's)* ~ *at s.t.* uiting gee aan jou ver=
ontwaardiging oor iets; *to s.o.'s* ~ tot iem. se verontwaar=
diging.

**in·dig·ni·ty** vernedering, belediging, hoon, smaad; *inflict*
*an* ~ *on s.o.* iem. verneder, iem. onwaardig behandel; *suffer*
*indignities* beledigings/vernederings verduur.

**in·di·go** *=gos* indigo; *(bot.)* indigo(plant). ~ **(blue)** indigo=
(blou); indigoblousel. ~ **plant** indigoplant.

**in·di·rect** indirek, onregstreeks, sydelings; slinks; ~ *lighting*
refleksverligting, onregstreekse/indirekte verligting; ~ *ob=*
*ject, (gram.)* belanghebbende/indirekte voorwerp; ~ *speech,*
*(gram.)* indirekte rede; ~ *tax* onregstreekse/indirekte belas=
ting. **in·di·rect·ly** onregstreeks, indirek, op indirekte manier,
langs 'n omweg, met 'n ompad; sydelings; ~ *proportional*
omgekeerd eweredig. **in·di·rect·ness** indirektheid.

**in·dis·cern·i·ble** ononderskeibaar, onwaarneembaar.

**in·dis·ci·pline** gebrek aan dissipline, tugteloosheid.

**in·dis·creet** onbesonne, onbedagsaam, onversigtig, indis=
kreet; taktloos; onbeskeie; onoordeelkundig, onverstandig; *it*
*was* ~ *of you to say that* dit was 'n onbesonne/onbedagsame
ding om te sê, nou het jy darem jou mond verbygepraat.
**in·dis·cre·tion** onbesonnenheid, onbedagsaamheid, onver=
sigtigheid, indiskresie; onbeskeidenheid; *commit an* ~ 'n
indiskresie begaan; *years of* ~ onbesonne jeug(jare).

**in·dis·crim·i·nate** sonder onderskeid, willekeurig, deur die
bank, voor die voet, deurmekaar, blind. **in·dis·crim·i·nate·ly**
deurmekaar, blindelings, blindweg, sonder onderskeid, voor
die voet, na willekeur, willekeurig; onoordeelkundig. **in·dis·**
**crim·i·nate·ness, in·dis·crim·i·na·tion** gebrek aan onder=
skeiding; verwardheid.

**in·dis·pen·sa·ble** onmisbaar, onontbeerlik; *be* ~ *for/to* ...
vir ... onmisbaar/onontbeerlik wees. **in·dis·pen·sa·bil·i·ty,**
**in·dis·pen·sa·ble·ness** onmisbaarheid, onontbeerlikheid.

**in·dis·posed** ongesteld, olik; ongeneë, onwillig, afkerig. **in·**
**dis·po·si·tion** ongesteldheid; ongeneentheid; afkerigheid.

**in·dis·put·a·ble** onbetwisbaar, onteenseglik, ontwyfelbaar,
onweerlegbaar, onweerspreekbaar. **in·dis·put·a·bil·i·ty** on=
betwisbaarheid, ontwyfelbaarheid. **in·dis·put·a·bly** beslis, son=
der twyfel, onteenseglik, sonder teen=/teëspraak.

**in·dis·sol·u·ble** onoplosbaar; onverbreekbaar, onlosmaak=
lik; onontbindbaar; onvernietigbaar. **in·dis·sol·u·bil·i·ty** on=
oplosbaarheid; onvernietigbaarheid. **in·dis·sol·u·bly** onop=
losbaar; onlosmaaklik.

**in·dis·tinct** onduidelik, vaag, dof, onhelder. **in·dis·tinc·tive**
sonder bepaalde kenmerke. **in·dis·tinct·ly** onduidelik, vaag.
**in·dis·tinct·ness** onduidelikheid, vaagheid, dofheid.

**in·dis·tin·guish·a·ble** nie te onderskei nie, ononderskei(d)=
baar, onwaarneembaar, on(her)kenbaar; *be* ~ *from* ... nie van
... te onderskei wees nie.

**in·di·um** *(chem., simb.:* In*)* indium.

**in·di·vid·u·al** *n.* individu, indiwidu, (afsonderlike) persoon,
enkeling. **in·di·vid·u·al** *adj.* individueel, indiwidueel; al=
leenstaande, opsigselfstaande, afsonderlik; persoonlik, en=
kel; eienaardig, karakteristiek; ~ *instruction* individuele/
indiwiduele onderrig; ~ *taste* persoonlike smaak. **in·di·vid·u·**
**al·i·sa·tion, =za·tion** individualisering, indiwidualisering. **in·**
**di·vid·u·al·ise, =ize** individualiseer, indiwidualiseer; onder=
skei, spesifiseer. **in·di·vid·u·al·ly** afsonderlik, persoonlik, in=
dividueel, indiwidueel, apart, elkeen vir hom=/haarself, een=
een.

**in·di·vid·u·al·ism** individualisme, indiwidualisme. **in·di·**
**vid·u·al·ist** *n.* individualis, indiwidualis. **in·di·vid·u·al·is·tic**
*adj.* individualisties, indiwidualisties.

**in·di·vid·u·al·i·ty** individualiteit, indiwidualiteit, persoon=
likheid, selfheid, eie aard, karakter; *sense of* ~ selfgevoel.

**in·di·vis·i·ble** ondeelbaar. **in·di·vis·i·bil·i·ty** ondeelbaarheid.

**In·do·chi·na, In·do·Chi·na** Indo-China/Sjina. **In·do·**
**chi·nese, In·do·Chi·nese** *n. & adj.* Indo-Chinees/Sjinees.

**in·doc·tri·nate** indoktrineer, inpomp; ~ *s.o. with s.t.* iem.
met iets indoktrineer. **in·doc·tri·na·tion** indoktrinering, in=
doktrinasie, inpompery.

**in·do·da** *amadoda, (Ngu.)* (volwasse) man.

**In·do·Eu·ro·pe·an** *n., (taal[groep])* Indo-Europees; *(spre=*
*ker)* Indo-Europeër. **In·do·Eu·ro·pe·an** *adj.* Indo-Euro=
pees.

**in·do·lent** traag, lui; *(med.)* pynloos, indolent *(gewas ens.).*
**in·do·lence** traagheid, luiheid; indolensie.

**in·dom·i·ta·ble** ontembaar, onbedwingbaar *(trots, moed);*
onbuigbaar. **in·dom·i·ta·bil·i·ty, in·dom·i·ta·ble·ness** ontem=
baarheid.

**In·do·ne·sia** *(geog.)* Indonesië. **In·do·ne·sian** *n., (inwoner)*
Indonesiër; *(taal)* Indonesies. **In·do·ne·sian** *adj.* Indonesies.

**in·door** *adj.* binne(ns)huis, binne=, huis=, kamer=; ~ *game*
huisspel, kamerspel, geselskapspel; ~ *plant* huisplant, bin=
ne(ns)huise plant; ~ *sport* binne(ns)huise sport; ~ *work*
huiswerk. **in·doors** *adv.* binnenshuis, binne; *go* ~ na binne
gaan, in die huis ingaan; *stay* ~ binne bly, in die huis bly.

**In·do·Pa·cif·ic** *adj.* Indo-Pasifies.

**in·drawn** *(attr.)* ingehoue *(asem);* ingetoë *(persoonlikheid).*

**in·du·bi·ta·ble** ontwyfelbaar, onteenseglik, onweerspreeklik,
onbetwisbaar, onweerlegbaar. **in·du·bi·ta·bly** sonder twyfel,
onteenseglik.

**in·duce** oorhaal, oorreed; beweeg, noop; (op)wek, uitlok,
voortbring, veroorsaak, teweegbring, teweeg bring, te voor=
skyn roep; aflei; *(verlosk.)* induseer; ~*d charge, (elek.)* geïn=
duseerde lading; ~*d current, (elek.)* induksiestroom; ~*d*
*labour/birth* geïnduseerde kraam/geboorte, induksie=
kraam, =geboorte; ~*d movement* prikkelbeweging. **in·**
**duce·ment** beweegrede, beweeggrond, dryfveer, motief,
aanleiding; beweegmiddel, oorredingsmiddel, lokmiddel, prik=
kel; oorsaak, bron.

**in·duct** inlei; inhuldig; bevestig *('n predikant);* inseën; op=

neem, toelaat; ~ *s.o. (as a member)* iem. (as lid) inlyf; ~ *an official* iem. in 'n amp aanstel. **in·duct·ance** *(fis.)* induktan= sie. **in·duc·tive** *(elek., fis., log.)* induktief. **in·duc·tor** insteller, installeerder, bevestiger; *(elek., fis.)* induktor.

**in·duc·tion** aanleiding; inleiding; inhuldiging; intrede, in= stelling, installering, installasie, inseëning; opneming; be= vestiging *(v. 'n predikant)*; aanvoering *(v. feite)*; gevolgtrek= king; *(verlosk., elek., log., fis.)* induksie; ~ *(as a member)* in= lywing (as lid). ~ **coil** *(elek.)* induksieklos, ruhmkorffklos. ~ **manifold** *(meg.)* inlaatspruit(stuk). ~ **sermon** intreepreek. ~ **stroke** *(meg.)* suigslag, inlaatslag.

**in·dulge** toegee aan, jou oorgee aan; jou vlei met; koester *('n hoop)*; toestaan; sy/haar sin gee; verwen; die vrye loop gee; ~ *in* ... ... na hartelus geniet, jou aan ... oorgee, jou ... veroorloof.

**in·dul·gence** toegewing, vergunning; koestering; verwen= ning; bevrediging; toegeeflikheid, meegaandheid, inskiklik= heid; guns.

**in·dul·gent** toegeeflik, inskiklik, meegaande; swak; *be ~ to= wards s.o.* teenoor iem. toegeeflik wees; *s.o. is too ~* iem. gee te veel toe.

**in·du·na** *(Ngu.: hoofman)* indoena; *(infml.)* leier.

**in·du·rate** hard word/maak, verhard; verstok word/maak; *~d clay* verharde klei. **in·du·ra·tion** verharding.

**in·dus·tri·al** industrieel, industrie=, nywerheids=, bedryfs=, arbeids=; ~ *accident* bedryfsongeval; ~ *action* arbeids=, wer= kersoptrede; *take ~ action* staak; ~ *age* industriële tyd= vak; ~ *alcohol* nywerheidsalkohol; ~ *archaeology* bedryfs= argeologie; ~ *area* nywerheidsgebied, nywerheidstreek; ~ *capacity* nywerheidsvermoë *(v. 'n land ens.)*; ~ *chemist* industriële chemikus, nywerheidskeikundige; ~ *chemistry* industriële chemie, nywerheidskeikunde; ~ *consultant* ny= werheids=, bedryfskonsultant; ~ *council* bedryfsraad; ~ *country* nywerheidsland; ~ *design* nywerheidsontwerp, industriële ontwerp; ~ *designer* nywerheidsontwerper, in= dustriële ontwerper; ~ *diamond* nywerheidsdiamant; ~ *dis= ease* bedryfsiekte; *~/labour dispute* arbeidsgeskil, =dispuut; ~ *engineer* bedryfsingenieur; ~ *engineering* bedryfsinge= nieurswese; ~ *erf* →*site/stand/plot/erf;* ~ *espionage* ny= werheid=, bedryfspioenasie; ~ *exhibition/fair/show* nywer= heidskou; ~ *group* nywerheidsgroep; ~ *growth* nywer= heidsgroei; ~ *hazards* bedryfsrisiko's, =gevare; ~ *hive/ cluster* nywerheidskorf; ~ *index* nywerheidsindeks; ~ *in= jury* bedryfsbesering; ~ *lubricant* masjiensmeer; ~ *man= agement* bedryfsleiding; ~ *manager* bedryfsleier; ~ *mel= anism, (soöl.)* roetmelanisme; ~ *methods* bedryfsmetodes; ~ *noise* bedryfsgeraas; ~ *organisation/organization* be= dryfsorganisasie; ~ *park* nywerheidspark; ~ *plant* nywer= heids=, fabrieksaanleg; ~ *potential* nywerheidspotensiaal, =vermoë; nywerheidsmoontlikhede; ~ *psychologist* be= dryfsielkundige; ~ *psychology* bedryfsielkunde; ~ *rela= tions, (afk.:* IR*)* arbeidsbetrekkinge, =verhoudinge; ~ *research* nywerheidsnavorsing, industriële navorsing; *the I~ Revolu= tion, (hist.)* die Nywerheidsrevolusie/=rewolusie, die Indus= triële Revolusie/Rewolusie; *~sector, (ekon.)* nywerheidsektor; ~ *share index* indeks van nywerheidsaandele; ~ *show* →*exhibition/fair/show;* ~ *site/stand/plot/erf* nywer= heidsperseel, =erf; ~ *slump, (ekon.)* bedryfslapte; ~ *town/ city* fabriekstad; ~ *township* nywerheidsdorpsgebied; ~ *training* bedryfsopleiding; ~ *unit* bedryfseenheid; ~ *waste* fabrieksafval; ~ *work* fabriekswerk. *~-strength adj. (attr.), (dikw. skerts.)* nywerheidsterkte=.

**in·dus·tri·al·ise, =ize** industrialiseer. **in·dus·tri·al·i·sa·tion, =za·tion** industrialisasie.

**in·dus·tri·al·ist** nyweraar, fabriekseienaar, fabrikant.

**in·dus·tri·als** *n. (mv.)* industrie-aandele, nywerheidsaan= dele.

**in·dus·tri·ous** ywerig, vlytig, hardwerkend, arbeidsaam,

bedrywig. **in·dus·tri·ous·ly** ywerig, vlytig. **in·dus·tri·ous·ness** ywer, vlyt, hardwerkendheid, arbeidsaamheid.

**in·dus·try** nywerheid, industrie; bedryf; (werk)ywer, ywe= righeid, vlyt, hardwerkendheid, arbeidsaamheid, bedrywig= heid; *(branch of)* ~ bedryfstak. ~ **conditions** bedryfstoe= stand(e). ~ **fatigue** bedryfsvermoeidheid. ~ **insurance** be= dryfsversekering. ~ **safety** bedryfsveiligheid.

**in·e·bri·ate, in·e·bri·at·ed** dronk, beskonke; dranksugtig. **in·e·bri·a·tion** dronkenskap, besopenheid, beskonkenheid, roes.

**in·ed·i·ble** oneetbaar. **in·ed·i·bil·i·ty** oneetbaarheid.

**in·ed·u·ca·ble** onopvoedbaar. **in·ed·u·ca·bil·i·ty** onopvoed= baarheid.

**in·ef·fec·tive** ondoeltreffend; vrugteloos, (te)vergeefs; swak, kragteloos; sonder uitwerking; sonder invloed; onbekwaam; *be ~, (ook)* sy uitwerking mis, sonder werking bly. **in·ef·fec·tive·ly** vrugteloos, (te)vergeefs, sonder uitwerking. **in·ef·fec·tive·ness** ondoeltreffendheid; vrugteloosheid; onbe= kwaamheid.

**in·ef·fec·tu·al** vrugteloos, (te)vergeefs; onbekwaam; swak, kragteloos; sonder invloed. **in·ef·fec·tu·al·i·ty, in·ef·fec·tu·al·ness** vrugteloosheid, ondoeltreffendheid; onbekwaam= heid. **in·ef·fec·tu·al·ly** vrugteloos, (te)vergeefs; onbekwaam; sonder uitwerking.

**in·ef·fi·cient** ondoeltreffend, onbruikbaar; onbekwaam, on= bevoeg. **in·ef·fi·cien·cy** ondoeltreffendheid; onbekwaam= heid, onbevoegdheid. **in·ef·fi·cient·ly** ondoeltreffend; onbe= kwaam.

**in·e·las·tic** onbuigsaam, onelasties, nie veerkragtig/soepel nie. **in·e·las·tic·i·ty** onbuigsaamheid, gebrek aan veerkrag.

**in·el·e·gant** onelegant, stylloos; lomp. **in·el·e·gance** sonder elegansie; stylloosheid; lompheid.

**in·el·i·gi·ble** onverkiesbaar; *be ~ to vote* nie stemgeregtig wees nie. **in·el·i·gi·bil·i·ty** onverkiesbaarheid; onbevoegdheid.

**in·el·o·quent** *adj.*, **in·el·o·quent·ly** *adv.* onwelsprekend.

**in·e·luc·ta·ble** onafwendbaar, onvermybaar, onontkom= baar, onontwykbaar, nie te ontgaan nie. **in·e·luc·ta·bil·i·ty** onafwendbaarheid, onvermybaarheid. **in·e·luc·ta·bly** onaf= wendbaar.

**in·ept** onbekwaam, onbevoeg; dom, onhandig, onbeholpe. **in·ep·ti·tude, in·ept·ness** onbekwaamheid, onbevoegdheid; onhandigheid, onbeholpenheid.

**in·e·qual·i·ty** *(ook wisk.)* ongelykheid; *(astron. ens.)* afwy= king.

**in·eq·ui·ta·ble** onbillik, onregverdig.

**in·eq·ui·ty** onbillikheid, onregverdigheid; ongelykheid.

**in·e·rad·i·ca·ble** onuitroeibaar, onuitwisbaar.

**in·ert** traag; log; loom; bewegingloos; lusteloos; onaktief; ~ *diluent* onaktiewe verdunner; *~/noble/rare gas* inerte/trae gas, edelgas. **in·ert·ness** traagheid; logheid; loomheid; lus= teloosheid.

**in·er·tia** traagheid; bewegingloosheid; traagheidsvermoë; *(fis.)* rustraagheid, inersie; *circle of ~* traagheidsirkel; *moment of ~* traagheidsmoment. *~-reel seat belt (mot.)* rukstop(vei= ligheids)gordel.

**in·es·cap·a·ble** onontkombaar, onvermybaar, onafwend= baar, onvermydelik; ~ *conclusion* noodwendige gevolg= trekking. **in·es·cap·a·bil·i·ty** onontkombaarheid. **in·es·cap·a·bly** onontkombaar.

**in·es·sen·tial** *n.* bysaak, ondergeskikte punt. **in·es·sen·tial** *adj.* onbelangrik, bykomstig, inessensieel, onessensieel; ontbeerlik, misbaar.

**in·es·ti·ma·ble** *adj.*, **in·es·ti·ma·bly** *adv.* onskatbaar, onberekenbaar.

**in·ev·i·ta·ble** *n.* onvermydelike; *accept the* ~ jou in die onvermydelike skik, in die onvermydelike berus. **in·ev·i·ta·ble** *adj.* onvermydelik, noodwendig, onafwendbaar. **in·**

**ev·i·ta·bil·i·ty** onvermydelikheid, noodwendigheid, onaf=wendbaarheid. **in·ev·i·ta·bly** noodwendig, onvermydelik, ui=teraard.

**in·ex·act** onnoukeurig, onpresies. **in·ex·act·i·tude, in·ex=act·ness** onnoukeurigheid, onpresiesheid.

**in·ex·cus·a·ble** onverskoonbaar, onvergeeflik. **in·ex·cus=a·bil·i·ty** onverskoonbaarheid, onvergeeflikheid.

**in·ex·haust·i·ble** onuitputlik. **in·ex·haust·i·bil·i·ty** onuit=putlikheid.

**in·ex·o·ra·ble** onverbiddelik; meedoënloos, genadeloos.

**in·ex·pe·di·ent** onverstandig, onraadsaam; ondoelmatig.

**in·ex·pen·sive** billik, goedkoop, nie duur nie.

**in·ex·pe·ri·ence** onervarenheid, gebrek aan ervaring/on=dervinding, onbedrewenheid. **in·ex·pe·ri·enced** onervare.

**in·ex·pert** ondeskundig, on(vak)kundig; onervare. **in·ex=per·tise** onervarenheid.

**in·ex·pli·ca·ble, in·ex·pli·ca·ble** onverklaarbaar, onbe=gryplik, raaiselagtig, duister.

**in·ex·plic·it** onduidelik; onuitgesproke.

**in·ex·press·i·ble** onuitspreeklik, onverwoordbaar, onbe=skryflik, oorweldigend.

**in·ex·pres·sive** niksseggend; uitdrukkingloos.

**in ex·ten·so** *(Lat.)* breedvoerig, uitvoerig, gedetailleerd.

**in·ex·tin·guish·a·ble** on(uit)blusbaar, onuitbluslik; onles=baar *(dors)*; onbedaarlik *(gelag)*.

**in ex·tre·mis** *(Lat.)* op sterwe, op jou uiterste, sterwend(e); in jou sterwensuur; in 'n netelige situasie; hoog in die nood.

**in·ex·tri·ca·ble** *adj.* onontwarbaar, onlosmaaklik *(knoop ens.)*; onoplosbaar, verwikkeld *(probleem ens.)*; onontkombaar *(dilemma ens.)*. **in·ex·tri·ca·bly** *adv.* onlosmaaklik; ~ *linked to (or bound up with)* ... onlosmaaklik gekoppel aan *(of* deel van) ...

**in·fal·li·ble** onfeilbaar; vas, seker. **in·fal·li·bil·i·ty** onfeil=baarheid; onbedrieglikheid; stelligheid. **in·fal·li·bly** onfeil=baar; vas en seker.

**in·fa·mous** berug; skandelik, skandalig, verfoeilik; eerloos. **in·fa·my** berugtheid; skande(likheid), skandaligheid; eer=loosheid.

**in·fan·cy** kleinkinderjare, kleintyd; minderjarigheid; *(fig.)* jeug; *the enterprise is still in its* ~ die onderneming staan nog in sy kinderskoene.

**in·fant** *n.* baba(tjie), (klein) kindjie, suigeling; jong kind, kleuter; minderjarige. **in·fant** *adj.* klein, jong, jeugdig; kleinkinder=; kinderlik. ~ **mortality rate** kindersterftesyfer.

**in·fan·ti·cide** kindermoord.

**in·fan·tile** kinderlik, kinder=; *(neerh.)* kinderagtig, infantiel; ~ *mortality* kindersterfte. **in·fan·ti·lism** *(psig.)* kinderagtigheid, infantilisme.

**in·fan·try** infanterie, voetsoldate. ~**man** =*men* infanteris, voet=, infanteriesoldaat.

**in·farct** *(med.)* prop, infark, verstorwe weefsel. **in·farc·tion** propvorming, verstopping, infarksie.

**in·fat·u·at·ed** smoorverlief, dol verlief; versot *(op)*. **in·fat=u·a·tion** dolle verliefdheid, versotheid, verblindheid.

**in·fect** aansteek; besmet; bederf; verpes; *(rek.)* aantas, besmet; ~ *s.o. with s.t.* iem. met iets aansteek *('n siekte); be* ~*ed with* ... met ... besmet wees. **in·fec·tion** besmetting, infeksie; *(rek.)* aantasting, besmetting; *(fig.)* bederf, verpesting. **in·fec·tious** besmetlik; ~ *laughter* aansteeklike gelag. **in·fec·tious·ness** besmetlikheid; *(fig.)* aansteeklikheid. **in·fec·tive** besmetlik; verpestend.

**in·fe·lic·i·ty** onvanpaste aanmerking/opmerking/uitdrukking, blaps. **in·fe·lic·i·tous** ongelukkig, onvanpas.

**in·fer** =*rr*= aflei, tot die gevolgtrekking kom; aandui, te ken=ne gee; ~ *s.t. from* ... iets uit ... aflei. **in·fer·(r)a·ble** afleibaar.

**in·fer·ence** afleiding, gevolgtrekking, konklusie; *draw/make*

*an* ~ *from s.t.* 'n gevolgtrekking uit iets maak/aflei. **in·fer·en·tial** afleibaar; afgelei(d). **in·ferred** *(ook)* vermoedelik.

**in·fe·ri·or** *n.* ondergeskikte, mindere. **in·fe·ri·or** *adj.* onder=geskik; minderwaardig, inferieur; laer; *(bot.)* onderstandig; onder=; *be* ~ *to* ... by ... agterstaan, slegter as ... wees; aan ... ondergeskik wees *(iem.)*.

**in·fe·ri·or·i·ty** ondergeskiktheid; minderwaardigheid. ~ **complex** *(psig.)* minderwaardigheidskompleks.

**in·fer·nal** hels, duiwels; *(infml., attr.)* dekselse, ellendige, vervlakste; onaards, oorverdowend *(lawaai)*.

**in·fer·no** =*nos* inferno, vlammesee; inferno, hel.

**in·fer·tile** onvrugbaar; ~ *egg* onbevrugte/geil eier. **in·fer·til·i·ty** onvrugbaarheid.

**in·fest** vervuil; verpes, teister; aantas, infesteer; *be* ~*ed with* ... van ... vervuil wees *(onkruid ens.)*; krioel/wemel van ... *(kakkerlakke ens.)*; vol ... wees *(luise ens.)*. **in·fes·ta·tion** in=festasie; besmetting.

**in·fib·u·late** infubuleer, (gedeeltelik) toewerk *(skaamlippe)*.

**in·fi·del** *n., (arg.)* ongelowige. **in·fi·del·i·ty** ontrou *(v. 'n hu=weliksmaat ens.)*; ongeloof.

**in·field** *(kr.)* binneveld; werfgrond; ploegland.

**in·fight·ing** binnestryd, interne magstryd, onderlinge vetes; *(boks)* binnegeveg(te).

**in·fill(·ing)** *(bouk.)* vulsel, vulstof; vulling.

**in·fil·trate** binnedring, infiltreer; laat binnedring/infiltreer; *(vloeistof)* deurdring (in), deursypel, =syfer, insypel, insyfer; *(med.)* infiltreer; ~ *into* ... in ... infiltreer; ~ *s.o. into* ... iem. in ... laat infiltreer. **in·fil·tra·tor** indringer, infiltreerder, in=sypelaar.

**in·fi·nite** oneindig; ontelbaar. **in·fi·nite·ly** oneindig. **in·fin·i·ty** *(ook wisk.)* oneindigheid.

**in·fin·i·tes·i·mal** oneindig klein/gering; *(wisk.)* infinitesi=maal.

**in·fin·i·tive** *n., (gram.)* infinitief, onbepaalde wys(e). **in·fin·i·tive** *adj., (gram.)* infinitief, onbepaald.

**in·firm** sieklik, kranklik, mankoliek; swak. **in·fir·mi·ty** swakte, sieklikheid, kranklikheid; (geestelike) swakheid; *infirmities of age* gebreke/kwale van die ouderdom.

**in·fir·ma·ry** hospitaal; siekesaal, siekeafdeling.

**in·fix** *n., (gram.)* infiks, invoegsel, tussenvoegsel. **in·fix, in·fix** *ww.* inlas, invoeg; inprent; inplant.

**in·flame** (op)wek, wakker maak; aanvuur; aanhits, oprui, opsweep; woedend maak; vererger; *(med.)* ontsteek (raak). **in·flamed** *(ook)* verhit; opgehewe; vurig; ~ *with jealousy* groen van afguns/jaloesie wees.

**in·flam·ma·ble** *n.* (ont)vlambare stof. **in·flam·ma·ble** *adj.* (ont)vlambaar, brandbaar; *(fig.)* opvlieënd.

**in·flam·ma·tion** *(med.)* ontsteking, inflammasie.

**in·flam·ma·to·ry** *(med.)* inflammerend, ontstekings=; prik=kelend; opruiend, opswepend; ~ *speech* opruiende toespraak.

**in·flate** opblaas; oppomp; vul; swel, uitsit; (kunsmatig) op=dryf, opjaag; infleer *(geld)*; ~ *the currency* inflasie veroorsaak. **in·flat·a·ble** opblaasbaar. **in·flat·ed** *(lett.)* opgeblaas; *(fig.)* opgeblase; (kunsmatig) opgedrewe *(pryse)*. **in·fla·tion** (die) opblaas/oppomp; geswollenheid; *(ekon.)* inflasie. **in·fla·tion·ar·y, in·fla·tion·ist** inflasionisties, inflasionêr. **in·fla·tion·ism** inflasionisme.

**in·flect** *(gram.)* verbuig; moduleer *(stem)*; *(mus.)* verhoog, verlaag *(met 'n halwe toon)*. **in·flect·ed** *(gram.)* verboë. **in·flec·tion** *(gram.)* verbuiging, fleksie; verbuigingsvorm, =uit=gang. **in·flec·tion·al** *(gram.)* verbuigings=, fleksie=.

**in·flex·i·ble** onbuigsaam, onversetlik; onbuigbaar.

**in·flict** oplê, toedien, toepas, laat ondergaan *(straf)*; toedien *('n wond)*; ~ *s.t. (up)on s.o.* iem. iets toedien *(of* laat ly); iem. iets oplê *('n straf)*; iets aan iem. opdring. **in·flic·tion** die toedien(ing) *(van)*; leed; las; kwelling.

**in·flight** *adj. (attr.)* vlug=; aan boord *(pred.);* ~ *magazine* vlugtydskrif.

**in·flo·res·cence** *(bot.)* bloei; bloeiwyse, infloressensie; blom= groep.

**in·flow** instroming, invloeiing, toestroming.

**in·flu·ence** *n.* invloed, inwerking; *have* ~ *on/over* ... invloed op ... hê; *have* ~ *with s.o.* invloed by iem. hê; *be under the* ~ *of* ... onder die invloed van ... wees/verkeer; *be under the* ~ *(of liquor)* onder die invloed (van drank) wees; *driving under the* ~ *(of liquor)* dronkbestuur; *use one's* ~ jou invloed laat geld. **in·flu·ence** *ww.* beïnvloed, invloed (uit)oefen *(op).* **in·flu·en·tial** invloedryk.

**in·flu·en·za** influensa, griep.

**in·flux** instroming, invloei(ing), toevloei(ing), toestroming. ~ **control** *(vnl. SA hist.)* instromingsbeheer.

**in·fo** *(infml., afk.)* →INFORMATION.

**in·fo·mer·cial** inligtingsadvertensie.

**in·form** inlig, verwittig, in kennis stel; meedeel, vertel; aansê; (ver)vul, besiel, inspireer; vorm; ~ *s.o. about/on s.t.* iem. oor iets inlig; ~ *o.s. about/on s.t.* jou op (die) hoogte van/ met iets stel; *be badly/ill* ~*ed* sleg ingelig wees; *s.t. is* ~*ed by* ... ... gee/verleen vorm/gestalte aan iets; ~ *s.o. more fully* iem. nader inlig; *keep s.o.* ~*ed* iem. op (die) hoogte hou; ~ *s.o. of s.t.* iem. iets meedeel. **in·form·ant** segspersoon, informant, me(d)edeler; aanklaer, verklaer. **in·form·er** verklikker, ver= klapper, me(d)edeler, informant.

**in·for·mal** informeel, nieamptelik; alledaags, informeel; on= gereeld, onreëlmatig; ~ *sector, (ekon.)* informele sektor; ~ *settlement* informele nedersetting; ~ *settler* plakker; ~ *style* ongedwonge/los(se) styl. **in·for·mal·i·ty** informaliteit; onreëlmatigheid. **in·for·mal·ly** informeel, sonder seremo= nie(s).

**in·for·mat·ics** *n. (fungeer as ekv.), (rek.)* informatika.

**in·for·ma·tion** inligting, gegewens, informasie; voorlig= ting; kennis; kennisgewing; berig, mededeling; ~ *about/on* ... inligting omtrent/oor ...; *for* ~ ter inligting/kennisneming, vir kennisname; *for your* ~ vir u inligting; *gather* ~ inlig= ting inwin; *a mine of* ~ 'n ryk bron van inligting; *pick up* ~ dinge te wete kom, dinge uitvis; *have a thirst for* ~ weet= gierig wees. ~ **retrieval** *(rek.)* inligtingsherwinning; inligtings= ontsluiting. ~ **science** *(rek.)* inligtingkunde. ~ **storage** inlig= tingsbewaring, =berging. ~ **(super)highway** *(rek.)* inligting= snelweg, inligting=supersnelweg. ~ **technology** *(rek.,afk.:* IT) inligtings=, informasietegnologie. ~ **theory** inligtingsteorie.

**in·form·a·tive** leersaam, insiggewend, informatief.

**in·fo·tain·ment** *(TV)* opvoedkundige vermaak, inligtings= vermaak.

**in·fo·tech** *(afk. v.* information technology*)* inligting(s)teg= nologie, informasietegnologie.

**in·fra** *adv., (Lat.)* benede; ~ *dig, (infml.)* benede iem. se waardigheid, ongepas, onvanpas.

**in·frac·tion** *(jur.)* oortreding; *(med.)* deelbreuk, infraksie; *an* ~ *of* ... 'n skending van ...; 'n inbreuk op ...

**in·fra·red** infrarooi.

**in·fra·son·ic** infrasonies.

**in·fra·struc·ture** onderbou, infrastruktuur.

**in·fre·quent** seldsaam. **in·fre·quen·cy** seldsaamheid. **in·fre· quent·ly** selde, nie dikwels nie.

**in·fringe** oortree, (ver)breek, skend, oorskry; ~ *(up)on* ... op ... inbreuk maak, ... skend. **in·fringe·ment** oortreding, skending *(van),* inbreuk *(op); an* ~ *(up)on* ... 'n inbreuk op ..., 'n skending van ... *(regte ens.).* **in·fring·er** oortreder.

**in·fu·ri·ate** briesend maak. **in·fu·ri·at·ed** woedend, rasend; *be* ~ *about/at/over s.t.* woedend wees oor iets; *be* ~ *with s.o.* woedend wees vir iem.. **in·fu·ri·at·ing** *adj.* ergerlik, irriterend. **in·fu·ri·at·ing·ly** *adv.* irriterend; tergend *(langsaam).*

**in·fuse** ingiet; inboesem; laat deurdring; laat trek *(tee ens.);* ~ *with* ... met ... besiel. **in·fus·er** tee=eier; ingieter. **in·fu·sion** (af)treksel, infusie; (die) trek; *(fig.)* inspuiting *(v. talent ens.); (med.)* ingieting, infusie.

**i·ngci·bi** *(X.)* ingcibi, tradisionele snydokter.

**in·gen·ious** vernuftig, vindingryk. **in·ge·nu·i·ty** vernuf(tig= heid), vindingrykheid.

**in·gé·nue** *(Fr.)* (rol van) onskuldige meisie.

**in·gest** opneem, (in die maag) inbring. **in·ges·tion** opne= ming, ingestie; voedselopneming.

**in·glo·ri·ous** roemloos; onvermaard; skandelik.

**in·go·ing** ingaande.

**in·got** (giet)blok. ~ **steel** vloeistaal.

**in·grained** ingeburger; verstok; *s.t. is deeply* ~ *in s.o.* iets is diep by iem. ingewortel.

**in·grate, in·grate** *n., (fml. of poët., liter.)* ondankbare (mens). **in·grate, in·grate** *adj.* ondankbaar.

**in·gra·ti·ate** bemin(d) maak; ~ *o.s. with s.o.* jou by iem. be= min(d) maak; in iem. se guns probeer kom. **in·gra·ti·at·ing** indringerig; kruiperig.

**in·grat·i·tude** ondankbaarheid; *base/black/rank* ~ growwe ondankbaarheid.

**in·gre·di·ent** bestanddeel.

**in·gress** ingang, toegang, toetreding; *(astron., astrol.)* in= trede, ingressie. **in·gres·sion** binnedringing, ingressie.

**in·group** *n., (neerh.)* binnegroep; kliek, faksie.

**in·grown** ingegroei(d); ingewortel(d); ingebore. **in·grow·ing** ingroeiende; ~ *nail* ingegroeide nael, ingroeinael. **in·growth** ingroeisel, ingroeiing.

**in·gui·nal** *(anat.)* lies=, van die lies(te); ~ *hernia* liesbreuk.

**in·hab·it** bewoon, woon in. **in·hab·it·a·ble** (be)woonbaar. **in·hab·i·tant** inwoner *(v. 'n land);* bewoner *(v. 'n huis).*

**in·hale** inasem, intrek, inhaleer, opsnuif. **in·hal·ant** inase= mings=, inhaleermiddel; snuifmiddel *(by dwelmgebruik).* **in· ha·la·tion** inaseming, inhalasie. **in·hal·er** inasem(ings)toestel, verstuiwer, inhaleerder; (rook)intrekker; snuiwer *(by dwelm= gebruik).*

**in·her·ent** ingebore, aangebore, inherent; gepaardgaande *(met),* behorende *(by); it is* ~ *in* ... dit is eie aan ... *(of* in ... ge= vestig/opgeslote *of* inherent in ...).

**in·her·it** erf, oorerf. **in·her·it·ed** oorgeërf *(siekte ens.).* **in· her·i·tor** erfgenaam; erfopvolger. **in·her·it·a·ble** (oor)erflik, erfbaar. **in·her·i·tance** erfenis, erfporsie, erfgoed; nalaten= skap; oorerwing; erflikheid; *by* ~ deur vererwing; *s.t. passes by* ~ *, (jur.)* iets is vererflik *(of* gaan op die erfgename oor).

**in·hib·it** rem, strem; (ver)hinder, belet; onderdruk, beperk, inperk; verbied; stuit, terughou, inhibeer; *s.t.* ~*s s.o. from doing s.t.* iets weerhou iem. daarvan om iets te doen. **in· hib·it·ed** *(ook)* ingetoë. **in·hi·bi·tion** remming; verhindering; onderdrukking; beperking; verbod; stuiting, terughouding; *(dikw. i.d. mv., psig.)* inhibisie. **in·hib·i·tor** *(chem.)* stuitstof, stremmer, stremmiddel, vertrager. **in·hib·i·to·ry, in·hib·i·tive** remmend, stremmend, belemmerend; belettend; onder= drukkend; beperkend; verbiedend; stuitend, terughoudend; verbods=.

**in·hos·pi·ta·ble** onherbergsaam *(gebied);* ongasvry *(iem.).*

**in·house** *adj. & adv.* intern; ~ *magazine* maatskappy=, per= soneelblad, interne tydskrif.

**in·hu·man** onmenslik, gevoelloos, wreed(aardig); niemens= lik. **in·hu·man·i·ty** onmenslikheid, barbaarsheid.

**in·hu·mane** onmenslik, gevoelloos.

**in·hu·ma·tion** *(hoofs. argeol.)* teraardebestelling, begrafnis.

**in·im·i·cal** skadelik, nadelig; vyandelik, vyandig; *be* ~ *to* ... skadelik wees vir ...; vyandig wees teenoor ...

**in·im·i·ta·ble** weergaloos, onvergelyklik, uniek.

**in·iq·ui·ty** onregverdigheid, onbillikheid; ongeregtigheid; verderflikheid, boosheid, sonde. **in·iq·ui·tous** onregverdig, onbillik; ongeregtig; verderflik, boos, sondig.

**in·i·tial** *n.* voorletter; beginletter. **in·i·tial** *adj.* eerste, aan=vangs=, begin=; voorste; ~ *capital* aanvangskapitaal; ~ *cost(s)/ expense(s)* aanvangs=, oprigtings=, stigtingskoste; ~ *letter* beginletter; ~ *period* aanvangstyd; ~ *rhyme* stafrym; ~ *stage* begin=, aanvangstadium; ~ *step* inleidende/eerste stap; *take the* ~ *steps in a matter* 'n saak aanvoor. **in·i·tial** =*ll=, ww.* parafeer. **in·i·tial·i·sa·tion, =za·tion** *(rek.)* inisialisasie, inisialisering. **in·i·tial·ise, =ize** *(rek.)* inisialiseer. **in·i·tial·ly** aanvanklik, eers, in die begin.

**in·i·ti·ate** *n.* ingewyde. **in·i·ti·ate** *ww.* begin, 'n begin maak met, in werking stel, aan die gang sit, onderneem, op tou sit, inisieer, aanvoor; instel; inwy, inlei, as lid opneem; touwys maak; ontgroen; aanstig; ~ *s.o. into s.t.* iem. in iets inwy *('n geheim ens.);* ~ *proceedings* stappe instel. **in·i·ti·at·ed** *adj.* in=gewy(d). **in·i·ti·a·to·ry** inleidend, aanvangs=, begin=.

**in·i·ti·a·tion** aanvang, begin, eerste stap; inisiasie; instel=ling, installering; ontgroening. ~ *school (SA)* inisiasie=, be=snydenisskool.

**in·i·tia·tive** aanvang, begin, eerste stap, inisiatief; onder=nemingsgees; (reg van) inisiatief; *on the* ~ *of* ... op inisiatief van ...; *on one's own* ~ uit eie beweging, op eie inisiatief; *take the* ~ die inisiatief/leiding neem.

**in·i·ti·a·tor** beginner, inisieerder, aanvoorder; inisiatiefne=mer; aanstigter.

**in·ject** inspuit; inpers; ~ *s.t. into* ... iets in ... inspuit; ~ *into s.o., (ook)* iem. ... inblaas *(lewe ens.).*

**in·jec·tion** inspuiting, injeksie; inspuitsel, inspuit(ing)stof; *(geol.)* inpersing; *get/give an* ~ 'n inspuiting kry/gee. ~ *moulding* spuitvormwerk. ~ *needle* (in)spuitnaald.

**in·jec·tor** inspuiter; spuit; *(teg.)* injekteur.

**in·joke** privaat/private grap(pie).

**in·ju·di·cious** onoordeelkundig, onverstandig.

**in·junc·tion** opdrag, las, gebod; (geregtelike) bevel/opdrag; geregtelike verbod, interdik.

**in·jure** seermaak, beseer, (ver)wond; knou; skaad, beskadig; benadeel; ~ *s.o.'s reputation* iem. se naam beklad, iem. se *(of* in sy/haar) eer aantas/krenk. **in·jured** *n.: the* ~ die beseerdes. **in·jured** *adj.* beseer; beledig; *be badly/seriously/severely* ~ erg beseer wees; *be/get* ~ beseer word; *be slightly* ~ lig beseer wees.

**in·ju·ri·ous** nadelig, skadelik; krenkend, beledigend, laster=lik; *be* ~ *to* ... nadelig/skadelik vir ... wees, nadelig op ... werk, ... skaad *(iem. se gesondheid ens.).*

**in·ju·ry** besering, wond, letsel; nadeel, benadeling, skade; be=skadiging; krenking; afbreuk; kwaad, onreg; *(jur.)* onregma=tige daad; *do s.o. an* ~ iem. onreg aandoen; ~ *to property* saakbeskadiging; *a serious/severe* ~ 'n ernstige besering; *a slight* ~ 'n ligte besering; *suffer/sustain an* ~ beseer word/raak, seerkry, 'n besering opdoen. ~ *list (sport)* krukke(r)lys. ~ *time (sport)* beseringstyd.

**in·jus·tice** onregverdigheid, onbillikheid; onreg; ongereg=tigheid; *court of* ~ skynhof; *a crying/glaring* ~ 'n skreiende onreg; *do s.o. an* ~ iem. onreg aandoen, iem. veron(t)reg; *suffer an* ~ onreg ly.

**ink** *n.* ink; *write in* ~ met ink skryf/skrywe. **ink** *ww.* ink; met ink merk; ink aansmeer; ~ *s.t. in* met ink aanbring; iets met ink invul *('n tekening ens.); (fig.)* iets aanteken *('n afspraak ens.);* ~ *s.t. out* iets met ink deurstreep *(of* onleesbaar maak). ~ *cartridge* inkhouer(tjie), =patroon. ~*fish* inkvis. ~*jet* **(printer)** inkstraaldrukker. ~*pad,* **inking pad** ink=, stempel=kussing, =kussinkie. ~ *stain* inkvlek. ~*stained* vol ink(vlekke).

**I·nka·tha (Free·dom Par·ty)** *(SA, pol., afk.:* IFP) In=katha(-Vryheidsparty) *(afk.:* IVP).

**in·kling** idee, vermoede, spesmaas; wenk; *get an* ~ *of s.t* 'n snuf (in die neus) kry van iets; *have an* ~ *of s.t.* 'n vermoede van iets hê.

**ink·y** inkerig, inkagtig; vol ink; inkswart.

**in·laid, in·laid** ingelê; *be* ~ *with* ... met ... ingelê wees; ~ *work* inlegwerk; →INLAY *ww.*.

**in·land** *n.* binneland. **in·land** *adj.* binnelands, binne=. **in·land** *adv.* landin(waarts), na die binneland. ~ *duty* ak=syns. ~ *port* binnehawe. ~ *revenue* belastinginkomste, bin=nelandse inkomste. ~ *revenue office* belastingkantoor; fiskus. ~ *sea* binnesee.

**in·land·er** binnelander.

**in·law** *(infml.)* aangetroude familielid; skoonpa; skoonma; *(i.d. mv.)* skoonouers, =familie, aangetroude familie.

**in·lay** *n.* ingelegde werk, inlegsel; insetsel. **in·lay** =*laid* =*laid, ww.* inlê. ~ *work* inlegwerk.

**in·let** opening, ingang; inham, baaitjie; insetsel; inloop; *(mot.)* inlaat; *small* ~ sloep. ~ *pipe* toevoerpyp. ~ *tube* invoerbuis. ~ *valve (mot.)* inlaatklep.

**in-line skate** →ROLLERBLADE.

**in·ly·ing** inliggend; binne geleë.

**in·mate** bewoner, inwoner *(v. 'n tronk ens.).*

**in·most** binne(n)ste, diepste, innigste.

**inn** herberg, hotelletjie; taphuis, taverne. ~*keeper (arg.)* her=bergier, hotelhouer.

**in·nards** *n. (mv.), (infml.)* ingewande, binnegoed.

**in·nate, in·nate** aan=, ingebore, ingeskape. **in·nate·ness** aan=, ingeborenheid, ingeskapenheid.

**in·nav·i·ga·ble** onbevaarbaar.

**in·ner** *n.* binne(n)ste; *(skyfskiet)* vier, binne(n)ste ring *(om die kol),* binnekring *(v.d. skyf);* binne(kring)skoot. **in·ner** *adj.* binne(n)ste; innerlik, inwendig, binne=; verborge, intiem; ~*/inward conflict/strife/struggle* twee=, selfstryd. ~ *circle* bin=ne(n)ste kring, binnekring. ~ *city* binnestad. ~*-city adj. (attr.)* binnestad=, binnestedelike, in die binnestad/=stede *(pred.).* ~ *conflict* siel(e)stryd, (inwendige) tweestryd. ~ *ear (anat.)* binneoor. ~ *life* gevoels=, gemoeds=, sielslewe, inner=lik(e). ~*-spring mattress* binneveermatras. ~ *tube* binne=band. ~ *voice* inwendige stem; stem van die gewete. ~ *workings* fynighede van die saak.

**in·ner·most** binne(n)ste; diepste; innigste.

**in·ner·vate, in·ner·vate** *(anat., soöl.)* besenu; innerveer. **in·ner·va·tion** senuwerking; besenuwing; senuprikkeling; innervering.

**in·ning** *(bofbal)* (kolf)beurt.

**in·nings** =*nings(es), (kr.)* (kolf)beurt; beurt, kans, geleentheid; bewind, ampstermyn; *s.o. has had a long* ~, *(infml.)* iem. was lank aan die beurt; iem. het lank geleef/gelewe/gedien; *open the* ~, *(kr.)* die beurt begin. ~ *defeat (kr.)* beurtne(d)erlaag. ~ *victory (kr.)* beurtoorwinning.

**in·no·cent** *n.* onskuldige; eenvoudige, naïweling. **in·no·cent** *adj.* onskuldig; eenvoudig; naïef, liggelowig; onbe=dorwe *(kind);* kuis, rein; onskadelik; ~ *agent* onskuldige tussenpersoon; *be as* ~ *as a lamb* doodonskuldig wees; *van geen kwaad weet nie;* ~ *misrepresentation* onopsetlike wanvoorstelling; *be* ~ *of s.t.* aan iets onskuldig wees; son=der iets wees; ~ *passage* vrye en vreedsame deurvaart. **in·no·cence** onskuld(igheid); eenvoud(igheid); naïwiteit; onbedorwenheid; *in all* ~ in alle onskuld; *in one's* ~ in jou onskuld; *protest one's* ~ volhou vol dat jy onskuldig is. **in·no·cent·ly** onskuldig; *quite* ~ in alle onskuld, doodon=skuldig.

**in·noc·u·ous** onskadelik. **in·noc·u·ous·ness** onskadelikheid.

**in·nom·i·nate** onbenoem(d); naamloos, sonder naam; ~ *bone, (anat.)* heupbeen.

**in·no·vate** innoveer, vernu(we), vernieu, nuwighede *(of* 'n nuwigheid) invoer, veranderings aanbring. **in·no·va·tion** ver=nuwing, nuwigheid, innovasie, (invoering van) iets nuuts; nuwe element. **in·no·va·tive, in·no·va·to·ry** nuwigheids=; nuut, nuwe; vernuwend. **in·no·va·tor** vernuwer, innoveer=der.

**in·nu·en·do** *=do(e)s* toespeling, insinuasie.

**In·nu·it** →INUIT.

**in·nu·mer·a·ble, in·nu·mer·ous** ontelbaar; talloos.

**in·nu·mer·ate** *n.* ongesyferde. **in·nu·mer·ate** *adj.* ongesyferd, nie syferkundig aangelê nie. **in·nu·mer·a·cy** ongesyferdheid.

**in·ob·ser·vance** onoplettendheid; nienakoming, veron(t)=agsaming.

**in·oc·u·late** (in)ent, inokuleer; ~ *s.o. against s.t.* iem. teen iets (in)ent. **in·oc·u·lant** entstof. **in·oc·u·la·tion** (in)enting, =entery, inokulasie. **in·oc·u·la·tor** (in)enter.

**in·of·fen·sive** onskuldig, arg(e)loos; onskadelik; onaanstootlik; nie onaangenaam nie.

**in·op·er·a·ble** buite werking; onuitvoerbaar; *(med.)* onopereerbaar.

**in·op·er·a·tive** buite werking; sonder uitwerking; ongeldig.

**in·op·por·tune, in·op·por·tune** ontydig, ongeleë.

**in·or·di·nate** buitensporig, oordrewe, buitengewoon, mateloos. **in·or·di·nate·ly** oormatig, buitensporig, buitengewoon.

**in·or·gan·ic** onorganies; anorganies.

**in·pa·tient** hospitaalpasiënt, binnepasiënt.

**in·put** *n.* toevoer; *(ook rek.)* invoer; opneming; toevoervermoë; toegevoerde hoeveelheid; *(elek.)* toegevoerde vermoë; *(ekon.)* inset; lading, belasting. **in·put** *=putting =put(ted), ww., (rek.)* invoer. **~/output** *n., (rek.)* toevoer/afvoer. **~-output** *adj. (attr.), (ekon.)* inset-uitset- *(ontleding, tabel, ens.).*

**in·quest** (geregtelike) doodsondersoek/lykskouing/outopsie; *(infml.)* nabetragting; *conduct/hold an* ~ 'n (geregtelike) lykskouing hou.

**in·qui·e·tude** onrustigheid, rusteloosheid; ongerustheid.

**in·quire, en·quire** vra, verneem; rondvra; navraag doen; ondersoek (instel), inligting inwin; ~ *about* ... na/omtrent/oor ... navraag doen; ~ *after* ... na ... verneem; ~ *into s.t.* iets ondersoek, na iets ondersoek doen/instel; ~ ... *of s.o.* iem. ... vra, van iem. inligting oor ... kry; ~ *within* vra (hier) binne. **in·quir·er, en·quir·er** ondersoeker, (na)vraer. **in·quir·ing mind** ondersoekende/weetgierige gees.

**in·quir·y, en·quir·y** vraag; navraag; ondersoek; nasporing; *(i.d. mv.)* navrae, inligting *(op bordjies); a* **board/commission** *of* ~ 'n kommissie van ondersoek; **conduct/hold/institute** *an* ~ *into s.t.* 'n ondersoek na iets instel; *a* **court** *of* ~ 'n hof van ondersoek; *make* **inquiries/enquiries** *about* ... na/omtrent/oor ... navraag doen, inligting oor/omtrent ... inwin; *(up)on* ~ by navraag.

**in·qui·si·tion** ondersoek, navorsing; inkwisisie; *the I~, (RK, hist.)* die Inkwisisie.

**in·quis·i·tive** nuuskierig; weetgierig, ondersoekend; ~ *person* (nuuskierige) agie.

**in·quis·i·tor** ondersoeker, =vraer; regter; *(RK, hist., dikw. I~)* inkwisiteur. **in·quis·i·to·ri·al** hinderlik nuuskierig, indringerig; inkwisitoriaal.

**in·quo·rate** sonder 'n kworum.

**in·road** inval, strooptog; *(gew. i.d. mv.)* inbreuk, aantasting; *make* ~s *into* ... in ... indring *('n land, mark, ens.);* 'n gat in ... maak *(jou begroting ens.); make* ~s *(up)on* ... op ... inbreuk maak, ... aantas *(regte ens.).*

**in·rush** instroming, invloeiing, toevloed.

**in·sa·lu·bri·ous** ongesond, onheilsaam *(klimaat ens.);* onguur *(buurt).* **in·sa·lu·bri·ty** ongesondheid.

**in·sane** kransinnig, waansinnig; *(infml.)* mal, gek. **in·sane·ly** kransinnig, waansinnig; *(infml.)* mal; ~ *jealous* groen/mal van jaloesie. **in·san·i·ty** kransinnigheid, waansin, malheid.

**in·san·i·tar·y** ongesond, onhigiënies.

**in·sa·tia·ble** onversadigbaar. **in·sa·tia·bil·i·ty** onversadigbaarheid.

**in·scape** *(poët., liter.)* diepste wese.

---

**in·scribe** inskryf, inskrywe, opskryf, opskrywe; graveer, ingrif; beskryf, beskrywe; opdra. **in·scribed** met 'n inskrif; ~ *circle, (geom.)* insirkel, ingeskrewe sirkel; ~ *stock* geregistreerde aandele.

**in·scrip·tion** inskrywing, inskrif, inskripsie; byskrif; omskrif *(op 'n geldstuk);* opskrif; opdrag. **in·scrip·tion·al, in·scrip·tive** opskrif-, inskrif-, gegraveer(d), ingeskrewe, inskripsie-, as in=/opskrif.

**in·scru·ta·ble** onnaspeurlik, onspeurbaar, ondeurgrondelik, onpeilbaar, onbegryplik.

**in·sect** insek, *(infml.)* gogga. ~ *bite* insekbyt. ~ *repellent/repellant* insekmiddel.

**in·sec·ti·cide** *n.* insekdoder, =middel, =gif. **in·sec·ti·cid·al** *adj.* insekdodend.

**in·sec·ti·vore** *(soöl.)* inseketer, =vreter, insektivoor. **in·sec·tiv·o·rous** inseketend, =vretend, insektivoor.

**in·se·cure** onseker; onveilig; los. **in·se·cu·ri·ty** onsekerheid, bevreesdheid; onveiligheid; ~ *of justice* regsonsekerheid.

**in·sem·i·nate** bevrug, insemineer; *(fig.)* inplant, inprent, laat posvat. **in·sem·i·na·tion** bevrugting, inseminasie.

**in·sen·sate** gevoelloos *(ook fig.);* ongevoelig, hardvogtig; onsinnig, sinloos; dom, onnosel.

**in·sen·si·ble** onmerkbaar, onwaarneembaar; gevoelloos; bewusteloos; onbewus; ongevoelig, onverskillig; *be* ~ *of s.t.* nie van iets bewus wees nie; *render s.o.* ~ iem. verdoof; *be* ~ *to s.t.* vir iets ongevoelig wees.

**in·sen·si·tive** ongevoelig; dikvellig; *be* ~ *to s.t.* vir iets ongevoelig wees.

**in·sep·a·ra·ble** onskei(d)baar; onafskeidelik; *be* ~ *from s.o.* onafskeidelik van iem. wees.

**in·sert** *n.* inlas(sing); insetsel. **in·sert** *ww.* insit, insteek, invoeg, inlas; inplant; inpas; opneem, plaas *(in 'n blad);* ~ *s.t. in(to)* ... iets in ... insteek/invoeg. **in·ser·tion** inlassing, invoeging; opneming, opname, plasing; invoegsel; tussen=, insetsel; sierinsetsel; aanhegting.

**in·ser·vice train·ing** indiensopleiding.

**in·set** *n.* byvoegsel, bylae, =laag; invoegsel; inlas; tussenstrook, inlegsel, =setsel. **in·set** *=set =set; =setted =setted, ww.* invoeg, inlas, inwerk, insit; ~ *map* bykaart.

**in·shal·lah** *tw., (Arab.)* inshallah, insjalla(h), as God wil.

**in·shore** *adj. & adv.* aan=, langslandig, digby die kus, naby die wal; na die kus toe; ~ *fishing* kusvissery; ~ *of* ... nader by die kus as ..., aan die walkant van ...

**in·side** *n.* binnekant, binne(n)ste; middelste gedeelte, middeldeel, =gedeelte, =stuk; inwendige; inbors; binnepassasier; *(i.d. mv.)* binnegoed, ingewande; *on the* ~ aan die binnekant; *s.t. is* ~ *out* iets is binne(n)stebuite/verkeerdom; *turn s.t.* ~ *out* iets omdop. **in·side** *adj. (attr.)* binne=, binnekants(t)e, binne(n)ste; ~ *forward, (sokker)* binnevoorspeler; ~ *information/knowledge* eerstehandse kennis/inligting; ~ *job, (infml.)* binnemisdaad, =gesteldy, =bedrog; ~ *lane* binnebaan; ~ *left/right, (sokker)* linker-/regterbinnespeler; ~ *leg* binnebeen *(v. 'n broekspyp);* ~ *pass, (rugby)* aangee binnetoe *(of na binne),* binne(toe)-aangee; ~ *pocket* binnesak; *the* ~ *story/history* die ware verhaal; ~ *track, (lett. & fig.)* binnebaan. **in·side** *adv.* binne(kant), binne=, binne-in; binnenshuis. **in·side** *prep.* binne, binne-in; ~ *the record* beter as die rekord.

**in·sid·er** ingewyde, lid van 'n binnekring; ingeligte. ~ *dealing,* ~ *trading (beurs)* binnehandel.

**in·sid·i·ous** verraderlik; bedrieglik, (arg)listig, slu, geslepe; ~ *disease/poison* sluipende siekte/gif.

**in·sight** insig, deursig, onderskeidingsgawe; *have a deep* ~ *into s.t.* 'n diep(e) insig in iets hê; *gain an* ~ *into s.t.* 'n insig in iets kry; *have a keen* ~ 'n skerp insig hê. **in·sight·ful** insigryk.

**in·sig·ni·a** *=nia(s)* onderskeidingsteken; ordeteken; insinje; ~ *of office* ampsteken.

**in·sig·nif·i·cant** on-, niksbeduidend, gering, nietig, onbe=
langrik, onbenullig. **in·sig·nif·i·cance, in·sig·nif·i·can·cy** on=
beduidendheid, niksbeduidendheid, geringheid, nietigheid.

**in·sin·cere** onopreg, geveins. **in·sin·cer·i·ty** onopregtheid,
geveinsdheid.

**in·sin·u·ate** te verstaan/kenne gee, insinueer; ~ *o.s. into*
... jou by/in ... indring/inwurm. **in·sin·u·at·ing** sinspelend,
insinuerend, suggestief; op=, indringerig, indringend. **in·
sin·u·a·tion** sinspeling, insinuasie, skimp, steek, toespeling;
toedigting; indringing, inwurming; *make an* ~ skimp. **in·
sin·u·a·tor** insinueerder; indringer.

**in·sip·id** laf, smaak=, soutloos *(kos);* flou *(tee, koffie);* (fig.)
smaakloos, banaal, niksseggend, verbeeldingloos. **in·si·pid·
i·ty, in·sip·id·ness** lafheid, smaakloosheid, soutloosheid;
flouheid; smaakloosheid, niksseggendheid.

**in·sist** (daarop) aandring; volhou, nadruklik beweer; vashou
*(aan),* handhaaf; *if you* ~ as jy daarop aandring; ~ *on one's
innocence* volhou dat jy onskuldig is; ~ *on a point* voet by
stuk hou; *s.o.* ~*s that* ... iem. hou vol dat ...; ~ *(up)on s.t.* op
iets aandring, iets eis; op iets nadruk lê; met iets volhard; *s.o.*
~*s (up)on doing s.t.* iem. wil opsluit iets doen. **in·sist·ence,
in·sist·en·cy** eis, aandrang; volharding, deurdrywing; *at the*
~ *of* ... op aandrang van ...; *s.o.'s* ~ *(up)on s.t.* iem. se aandrang
op iets. **in·sist·ent** aanhoudend, knaend, onophoudelik, hard=
nekkig; volhoudend; opdringend. **in·sist·ent·ly** aanhoudend,
knaend, voortdurend, aanmekaar, volhardend, sonder ophou.

**in·so·bri·e·ty** onmatigheid; dronkenskap.

**in·sole** binnesool.

**in·so·lent** parmantig, (dom)astrant, onbeskaamd, onbeskof,
brutaal. **in·so·lence** parmantigheid, (dom)astrantheid, onbe=
skaamdheid, onbeskoftheid.

**in·sol·u·ble** *(lett. & fig.)* onoplosbaar. **in·sol·u·bil·i·ty** *(lett. &
fig.)* onoplosbaarheid.

**in·sol·vent** *n.* bankrotspeler, insolvent. **in·sol·vent** *adj.*
bankrot, insolvent; ~ *estate* insolvente boedel; *become/go* ~
insolvent raak, bankrot gaan/raak/speel. **in·sol·ven·cy** ban=
krotskap, insolvensie.

**in·som·ni·a** slaaploosheid, slapeloosheid. **in·som·ni·ac** slaap=
lose, slapelose.

**in·so·much** *adv.:* ~ *as* ... aangesien/daar ...; vir sover/sovêr
(as) ...; ~ *that* ... dermate/soseer dat ...

**in·sou·ci·ant** sorg(e)loos, ongeërg, onbekommerd, onbe=
sorg, onverskillig. **in·sou·ci·ance** sorg(e)loosheid, ongeërgd=
heid, onverskilligheid.

**in·span** =nn=, *ww.,* (Afr.) inspan, voor 'n kar/wa span, voor=
span; gebruik, benut, aanwend.

**in·spect** ondersoek, nagaan; keur; inspekteer, kontroleer;
besigtig, bekyk, beskou; in oënskou neem; ~ *a document* 'n
stuk nagaan.

**in·spec·tion** ondersoek; keuring *(v. voedselware);* inspeksie;
kontrole; besigtiging; insae; *carry out* (or *conduct/make)
an* ~ ondersoek doen/instel; *an* ~ *in loco* 'n ondersoek ter
plaatse; *an* ~ *of* ... 'n ondersoek van ...; *on (closer)* ~ by na=
der ondersoek; *s.t. is open for/to* ~ iets lê ter insae *(planne
ens.);* ***request*** ~ *of* ... insae in ... versoek; ***submit*** *s.t. to the* ~
*of* ... iets ter insae gee aan ... ~ **copy** eksemplaar ter insae. ~
**flap** inspeksieklap. ~ **hole** kyk=, loer=, inspeksiegat.

**in·spec·tor** inspekteur; ~ *of education* inspekteur van on=
derwys; ~ *of mines* myninspekteur; ~ *of revenue, revenue* ~
belastinginspekteur. ~ **general** inspekteur-generaal.

**in·spec·tor·ate** inspektoraat, inspekteurskorps; inspeksie=
gebied, =afdeling, =kring.

**in·spire** besiel, inspireer, aanvuur, inboesem; wek; inasem,
intrek; ~ *s.t. in s.o.* (or *s.o. with s.t.)* iets by iem. inboesem
*(vertroue ens.);* ~*d leadership* besielende leiding; ~ *s.o. to do
s.t.* iem. besiel om iets te doen. **in·spi·ra·tion** ingewing, in=
spirasie; besieling; inaseming; ***divine*** ~ goddelike inspira=
sie; ***draw*** ~ *from* ... besieling uit ... put; ***have*** *an* ~ 'n

inspirasie kry; *a **stroke** of* ~ 'n inspirasie. **in·spi·ra·tion·al**
besielend, inspirerend; geïnspireer(d). **in·spi·ra·to·ry** *(fisiol.)*
inasemend, inasemings=, inspiratories. **in·spir·er** besieler,
aanvuurder, aanmoediger. **in·spir·ing** *adj.* besielend, inspi=
rerend.

**in·sta·bil·i·ty** onbestendigheid, onvastheid, veranderlikheid,
instabiliteit, onstabiliteit; wispelturigheid.

**in·stal(l)** installeer; vestig, inrig; instel; aanlê, aanbring, plaas;
bevestig *(in 'n amp).* **in·stal·la·tion** installasie, installering;
inrigting, oprigting, opstelling; instelling, inhuldiging, beves=
tiging; vestiging; aanleg; montering. **in·stall·er** insteller.

**in·stal·ment, (Am.) in·stall·ment** paaiement; afbetaling;
episode, aflewering *(v. 'n vervolgverhaal ens.);* installering *(v.
'n toestel ens.); pay in/by* ~*s* in paaiemente betaal.

**in·stance** voorbeeld, geval; *at the* ~ *of* ..., *(fml.)* op aandrang
van ...; in opdrag van ...; op versoek van ...; op inisiatief van
...; *court of the first* ~, *(jur.)* hof van eerste aanleg/instansie;
*in the **first*** ~ in die eerste plek/plaas, eerstens; in die eerste
geval/instansie; *for* ~ ... byvoorbeeld ...; *in the **present*** ~ in
dié geval, in die onderhawige/gegewe geval.

**in·stant** *n.* oomblik; *in an* ~ in 'n oomblik; *in that* ~ op
daardie oomblik, met dié; *the* ~ *(that) s.t. happens* sodra iets
gebeur; *the* ~ *(that) s.t. happened* dadelik *(of* op die oomblik)
toe iets gebeur; *this* ~ onmiddellik. **in·stant** *adj.* dringend;
onmiddellik, dadelik; kitsklaar; ~ *camera* kitskamera, *(infml.)*
mik-en-druk(-kamera); ~ *coffee* kitskoffie; ~ *lawn* kitsgras=
perk. **in·stan·ta·ne·ous** onmiddellik; ~ *combustion* snelver=
branding. **in·stan·ta·ne·ous·ly** onmiddellik, dadelik; *killed*
~ op slag dood. **in·stant·ly** oombliklik, onmiddellik, op die
daad, dadelik; ~ *prepared* kitsklaar.

**in·star** *(entom. ens.)* instar.

**in·state** installeer, instel, vestig. **in·state·ment** installasie,
instelling.

**in·stead** in plaas daarvan; ~ *of* ... pleks *(of* in plaas/stede)
van ...; ~ *of doing it, s.o.* ... pleks/plaas dat iem. dit doen, het
hy/sy ...; pleks *(of* in plaas) van dit te doen, het iem. ...

**in·step** balk, boog, wreef *(v.d. voet);* grootboog, voetrug, mid=
delvoet; wreef *(v. 'n skoen, kous).*

**in·sti·gate** instel, in werking stel, op tou sit; tot stand bring,
teweegbring, veroorsaak; aanspoor; opsweep, op=, aanhits,
oprui, opstook. **in·sti·ga·tion** aansporing, opsweping, op=,
aanhitsing, opruiing, opstoking, opstokery; *at the* ~ *of* ... op
aandrang/aanstigting/aansporing van ... **in·sti·ga·tor** aan=
stigter; opsweper, ophitser, aanhitser, opstoker, opruier.

**in·stil, (Am.) in·still** =*ll*= inprent, inskerp, vestig, bybring;
~ *s.t. in(to) s.o.* iets by iem. inprent/inskerp/vestig, iem. iets
bybring. **in·stil·la·tion, in·stil·ment, (Am.) in·still·ment** in=
prenting, inskerping, vestiging.

**in·stinct** instink, drang, drif; intuïsie; *s.t. appeals to the lower*
~*s* iets prikkel die laer instinkte; *seafaring* ~ drang na die
see; *survival* ~ oorlewingsdrang, =instink. **in·stinc·tive** in=
stinktief, instinkmatig, intuïtief.

**in·sti·tute** *n.* instituut, instelling; genootskap; *I*~ *of Science*
Instituut vir Wetenskappe. **in·sti·tute** *ww.* stig, instel, op=
rig, begin; vasstel; in die lewe roep; ~ *s.o. into a post* iem. in
'n amp/pos aanstel; *be* ~*d to the priesthood* tot priester ge=
wy word. **in·sti·tu·tion** instelling, instituut, genootskap; in=
rigting, tehuis; (vaste/gevestigde) gebruik/gewoonte, wet,
reël; stigting, instelling, oprigting; aanstelling, benoeming;
bevestiging; *financial/political* ~*s* finansiële/staatkundige
instellings. **in·sti·tu·tion·al** vasgestel(d); instelling=(d); genoot=
skaps=; wets=; van 'n inrigting/instituut/ens.; institusioneel;
~ *care* inrigtingsorg; ~ *religion* georganiseerde/geïnstitu=
eerde godsdiens. **in·sti·tu·tion·al·i·sa·tion, =za·tion** institu=
sionalisering. **in·sti·tu·tion·al·ise, =ize** institusionaliseer.

**in·store** *adj. (attr.)* winkel=, in die 'n winkel/supermark; ~
*bakery* winkelbakkery, bakkery in die/'n winkel/supermark;
~ *post office* pospunt in die/'n winkel/supermark; ~ *promo=
tions* winkelpromosies, promosies in die/'n winkel.

**in·struct** gelas, opdrag gee, opdra, voorskryf, =skrywe; on= derrig; voorlig; ~ *s.o. in s.t.* iem. iets leer, iem. in iets on= derrig; ~ *s.o. to do s.t.* iem. gelas (*of* opdrag gee) om iets te doen. **in·struct·ed** *(ook)* kundig, goed onderrig/ingelig; ~ *by* ... in opdrag van ...; *be* ~ *to* ... opdrag kry/ontvang om te ... **in·struct·ing:** ~ *attorney* prokureur in die saak, lasgewende/ opdraggewende prokureur. **in·struc·tive** leerryk, leersaam, insiggewend. **in·struc·tor** leermeester, instrukteur.

**in·struc·tion** onderrig, onderwys, les; opdrag; aanwysing, voorskrif; lering; voorligting *(deur 'n regter); (ook jur.)* in= struksie; *according to* (or *in accordance with*) ~s volgens opdrag; *act under* ~s *from* ... onder opdrag van ... handel; *carry out* (or *follow*) ~s opdragte uitvoer; *get/receive* ~ onderrig kry/ontvang; *get/receive* ~s opdrag kry/ontvang; *give* ~ onderrig gee; *give* ~s opdrag gee; ~ *in* ... onderrig in ...; *medium of* ~ onderrig-, voertaal; *on the* ~ *of* ... in opdrag van ...; ~s *for use* gebruiksaanwysings. ~ **book** in= struksieboek.

**in·struc·tion·al** onderrigs-, onderwys-; met aanwysings/be= vele/ens..

**in·stru·ment** *n.* instrument; werktuig, stuk gereedskap; toestel; (hulp)middel; wetlike dokument; ~ *of debt* skuldakte; *be an* ~ *for good* 'n middel ten goede wees; ~ *of murder* moordtuig; *negotiable* ~ verhandelbare dokument; ~ *of precision* fyn instrument; ~ *of torture* martel(werk)tuig. **in·stru·ment** *ww.* instrumenteer. ~ **error** instrumentfout. ~ **flying** blindvlieg. ~**-maker** instrument(e)maker. ~ **panel,** ~ **board** paneelbord, instrumentebord. ~ **reading** instru= mentstand, =aflesing. ~ **room** toestelkamer.

**in·stru·men·tal** *n., (mus.)* instrumentale verwerking. **in· stru·men·tal** *adj.* diensbaar, behulpsaam, bevorderlik; *(mus.)* instrumentaal; van 'n instrument; *be* ~ *in/to* ... by= dra tot ..., bevorderlik wees vir ..., behulpsaam wees by/ met ..., meewerk aan ... **in·stru·men·tal·ist** *(mus.)* instru= mentis. **in·stru·men·ta·tion** instrumentasie, gebruik van instrumente.

**in·sub·or·di·nate** ongehoorsaam, weerspannig, opstandig, oproerig; *be* ~ ongehoorsaam wees, weier om jou aan gesag te onderwerp. **in·sub·or·di·na·tion** ongehoorsaamheid, weer= spannigheid, opstandigheid; diensweiering.

**in·sub·stan·tial** onwesenlik; niebestaande; swak; *on* ~ *grounds* op geringe/oppervlakkige gronde. **in·sub·stan·ti·al· i·ty** onwesenlikheid; swakheid.

**in·suf·fer·a·ble** onuitstaanbaar, on(ver)draaglik, onuit= hou(d)baar, onuithoudelik; onhebbelik.

**in·suf·fi·cient** ontoereikend, onvoldoende, ongenoegsaam; gebrekkig; *be* ~ te kort skiet, tekort skiet, tekortskiet, on= voldoende/ontoereikend wees. **in·suf·fi·cien·cy** ontoereikend= heid, ongenoegsaamheid; gebrek. **in·suf·fi·cient·ly** onvol= doende, te min, nie ... genoeg nie.

**in·su·lar** geïsoleer(d); bekrompe; van 'n eiland, insulêr. **in· su·lar·ism** bekrompenheid. **in·su·lar·i·ty** geïsoleerdheid; be= krompenheid; insulariteit.

**in·su·late** afsonder, isoleer *(ook elek.);* ~ *s.o. against/from s.t.* iem. teen iets beskerm; ~*d ring, (elek.)* geïsoleerde ring. **in·su·lat·ing** isolerend; ~ *ability* isoleervermoë; ~ *material* isolator, isoleermateriaal; ~ *tape* isoleerband. **in·su·la·tion** afsondering; isolering, isolasie; isolasiemateriaal. **in·su·la·tor** isolator, niegeleier.

**in·su·lin** *(biochem.)* insulien. ~ **shock** insulienskok.

**in·sult** *n.* belediging; afjak; *a calculated* ~ 'n opsetlike be= lediging; *fling/hurl an* ~ *at s.o.* 'n belediging na iem. slinger; *to add* ~ *to injury* om skande by skade te voeg, om sake/ dinge te vererger (*of* nog erger te maak); *a stinging* ~ 'n griewende belediging; *a studied* ~ 'n opsetlike belediging; *have to swallow* ~s beledigings (maar) moet sluk; *take an* ~ 'n belediging verdra; *an* ~ *to* ... 'n belediging vir ...; *wipe out the* ~ die smaad uitwis. **in·sult** *ww.* beledig, krenk, te

na kom, affronteer. **in·sult·ing** beledigend, honend, sma= delik, krenkend.

**in·sup·port·a·ble** ongegrond; onverdedigbaar, onhou(d)= baar; ondraaglik, onuitstaanbaar.

**in·sur·ance** versekering, assuransie; versekeringswese, as= suransiewese; ~ *against* ... versekering teen ...; *carry* ~ ver= seker wees; *take out* ~ *on s.t.* iets verseker. ~ **agent** verse= keringsagent. ~ **broker,** ~ **consultant** versekeringsmakelaar. ~ **company** versekeringsmaatskappy. ~ **cover** versekerings= dekking. ~ **policy** versekeringspolis. ~ **premium** verseke= ringspremie. ~ **scheme** versekeringsplan.

**in·sure** *ww.* verseker; ~ *s.t. against* ... iets teen ... verseker; *be* ~*d against s.t.* teen iets verseker wees *(brand, diefstal, ens.).* **in·sur·a·bil·i·ty** versekerbaarheid. **in·sur·a·ble** versekerbaar. **in·sured** *n.: the* ~ die versekerde(s). **in·sur·er** versekeraar.

**in·sur·gent** *n.* opstandeling, oproerling, oproermaker, insur= gent, rebel. **in·sur·gent** *adj.* opstandig, oproerig. **in·sur· gence** opstand, oproer. **in·sur·gen·cy** opstandigheid, oproe= righeid, rebellie, insurgensie.

**in·sur·mount·a·ble** onoorkomelik. **in·sur·mount·a·bil·i·ty** onoorkomelikheid.

**in·sur·rec·tion** opstand, rebellie, oproer. **in·sur·rec·tion·ist** *n.* opstandeling, rebel, oproermaker. **in·sur·rec·tion·ar·y,** in= **sur·rec·tion·ist** *adj.* opstandig, oproerig.

**in·sus·cep·ti·ble** ongevoelig, onvatbaar, onontvanklik *(vir).* **in·sus·cep·ti·bil·i·ty** ongevoeligheid, onvatbaarheid.

**in·swing** inswenk, inswaai, inswenking. **in·swing·er** *(kr., sok= ker)* inswaaier, inswaaibal, krulbal.

**in·tact** onaangeroer(d), ongeskonde, onaangetas, onbeska= dig, ongerep, heel. **in·tact·ness** ongeskondenheid.

**in·ta·gli·o** *-os, (It.)* intaglio; ingesnede figuur; steen met 'n ingesnede figuur; verdiepte snywerk.

**in·take** (die) inloop, instroming; opneming; toevoer; in= name; insameling; inlaat(pyp); (op)vanggebied; ~ *of the breath* inaseming. ~ **area** toevoergebied. ~ **manifold** *(mot.)* inlaatspruit(stuk). ~ **roller** voerrol. ~ **stroke** *(mot.)* suigslag, inlaatslag. ~ **valve** inlaatklep.

**in·tan·gi·ble** ontasbaar, onstoflik; ondefinieerbaar, moeilik om te begryp; *(ekon.)* ontasbaar *(bates, eiendom, goedere, ens.).* **in·tan·gi·bil·i·ty** ontasbaarheid.

**in·te·ger** *(wisk.)* integrale getal, heel(ge)tal; geheel.

**in·te·gral** *n., (wisk.)* integraal. **in·te·gral, in·te·gral** *adj.* (ge)heel, vol, volledig, ongeskonde, integraal; ~ *calculus, (wisk.)* integraalrekening; ~ *number, (wisk.)* integrale getal, heel(ge)tal; ~ *part* integrerende/essensiële deel; ~ *with* ... uit een stuk met ...

**in·te·grand** *(wisk.)* integrand.

**in·te·grate** integreer, inskakel, verenig; volledig maak, af= rond, vervolmaak; ~ *with* ... inskakel by (*of* integreer met) ... **in·te·grat·ed** *(ook)* saam-, samegestel(d); geheel, volledig; ~ *circuit* geïntegreerde kring; ~ *services digital network, (tele= kom., afk.)* ISDN) geïntegreerdedienste- digitale netwerk, digi= tale netwerk van geïntegreerde dienste. **in·te·gra·tion** inte= grasie, inskakeling, ingeskakeldheid; vervolmaking, afron= ding.

**in·teg·ri·ty** volledigheid, ongeskondenheid, integriteit; on= skendbaarheid; suiwerheid; eerbaarheid, eerlikheid, integri= teit, deugsaamheid; onomkoopbaarheid; *a man/woman of* ~ 'n man/vrou uit een stuk (*of* met integriteit), 'n onkreukbare man/vrou; *territorial* ~ onskendbaarheid van gebied.

**in·teg·u·ment** skil, dop, huid, vel, vlies, bedekking, (om)= hulsel; eiervlies, saadmantel, saadknopvlies. **in·teg·u·men·tal,** **in·teg·u·men·ta·ry** bedekkend, dek-.

**in·tel·lect** verstand, verstandsvermoë, gees, denkvermoë, intellek, brein; *a keen/sharp* ~ 'n skerp verstand.

**in·tel·lec·tu·al** *n.* intellektueel. **in·tel·lec·tu·al** *adj.* intel= lektueel, verstandelik; van verstand, geestelik, verstands-, geestes-; ~ *capacity* denkvermoë; ~ *development* geestes-, verstandsontwikkeling,geestelike/verstandelike/intellektuele ontwikkeling; ~ *property, (jur.)* intellektuele eiendom; ~ *property rights* intellektuele-eiendomsregte. **in·tel·lec·tu·al·ism** verstandelikheid, intellektualisme.

**in·tel·li·gence** intelligensie, verstand(elike vermoë), rede; oordeel, begrip; knapheid, vernuf, skerpsinnigheid, skranderheid; rasionele/denkende/redelike wese; *(mil., pol.)* (geheime) inligting, intelligensie; inligtings-, intelligensiediens. ~ **(corps)** inligtings-, intelligensiediens; verkennerskorps. ~ **quotient** *(afk.:* IQ*)* intelligensiekwosiënt *(afk.:* IK*).* ~ **service** inligtings-, intelligensiediens. ~ **test** intelligensietoets.

**in·tel·li·gent** knap, skrander, verstandig, vlug, oulik, slim, intelligent; ~ *terminal, (rek.)* intelligente terminaal.

**in·tel·li·gent·si·a:** *the* ~ die intelligentsia/intellektuele.

**in·tel·li·gi·ble** verstaanbaar, begryplik, bevatlik; *be* ~ *to s.o.* vir iem. verstaanbaar wees. **in·tel·li·gi·bil·i·ty** verstaanbaarheid, begryplikheid, bevatlikheid.

**in·tem·per·ate** ongebonde, bandeloos, ongebreidel(d), onbeheers; buitensporig, onmatig, oordadig; dranksugtig; (on)guur *(weer, klimaat).* **in·tem·per·ance, in·tem·per·ate·ness** ongebondenheid, bandeloosheid, ongebreideldheid, onbeheerstheid; buitensporigheid, onmatigheid, oordadigheid; dranksug; (on)guurheid *(v.d. weer, klimaat).*

**in·tend** van plan/voorneme wees, voornemens wees, die/'n plan hê; bedoel, meen; bestem *(vir); s.o. does* **not** ~ *s.t.* iets lê nie in iem. se bedoeling nie; ~ *to do s.t.* van plan/voorneme wees *(of* voornemens wees *of* meen) om iets te doen; dreig om iets te doen; *what s.o.* ~*s* **(to do)** wat iem. wil (doen), wat iem. se plan is, wat iem. van plan is om te doen. **in·tend·ed** *n., (infml.)* aanstaande (bruid/bruidegom). **in·tend·ed** *adj.* bedoel(d); voorgenome; opsetlik; *be* ~ *as* ... as ... bedoel wees; *be* ~ *for* ... vir ... bestem(d) wees *('n beroep ens.);* vir ... bedoel wees; *an* ~ *journey* 'n voorgenome reis; *it is* ~ *to* ... die gedagte/plan is om te ...; *s.t. is* ~ *to* ... iets is daarop bereken om te ...

**in·tense** intens, kragtig, (baie) sterk, groot, hewig, kwaai, geweldig; fel, heftig, verbete, vurig; diep(gevoel[d]); energiek, lewendig; ingespanne; ~ *scorn* diep(e) minagting/veragting.

**in·ten·si·fy** versterk, verdiep, verinnig; verhoog, verskerp, verhewig, vererger, intensiveer; toeneem. **in·ten·si·fi·ca·tion** versterking; verskerping, verhewiging, toeneming, intensivering. **in·ten·si·fi·er** versterker.

**in·ten·si·ty** intensiteit, hewigheid, krag, diepte; *illuminating/ light* ~ ligsterkte; ~ *of sound* toonsterkte.

**in·ten·sive** intensief, intens; kragtig, versterkend; ~ *agriculture* intensiewe landbou; ~ *care* intensiewe sorg; ~ *care unit, (afk.:* ICU*)* waaksaal, -eenheid, intensiewesorgeenheid, *(afk.:* ISE*);* ~ *form, (gram.)* versterkte/intensiewe vorm.

**in·tent** *n.* bedoeling, doel, voorneme, strekking, opset, oogmerk; *s.o.'s criminal* ~ iem. se misdadige opset; *declaration of* ~ verklaring van voorneme; *to all* ~*s and* **purposes** feitlik, prakties, so te sê; *with* ~ *to* ... met die opset om te ... **in·tent** *adj.* vasbeslote, vasberade; doelbewus; ywerig; (in)gespanne; aandagtig, opmerksaam; strak, stip *(kyk); with an* ~ *look* met gespanne blik; *be* ~ *on doing s.t.* vasbeslote wees om iets te doen; *be* ~ *(up)on* ... met die aandag op ... gerig wees; ywerig besig wees met ...; in ... verdiep wees *('n boek ens.);* op ... uit wees *(wraak ens.).* **in·tent·ly** ywerig; (in)gespanne; aandagtig, met groot aandag; strak, stip. **in·tent·ness** ywer; inspanning, (in)gespannenheid; gespanne aandag.

**in·ten·tion** bedoeling, oogmerk, opset, voorneme, plan, mening; begrip, konsepsie; strekking *(v. 'n wet ens.); with the* **best** *(of)* ~*s* met die beste bedoelings; *s.o.'s* **declared** ~ iem. se uitgesproke voorneme; *have* **every** ~ *of doing* (or to do*) s.t.* vas van plan wees om iets te doen; *the road to hell is paved with* **good** ~*s* die pad na die hel is met goeie bedoelings/

voornemens geplavei; *have* **honourable** ~*s* eerlike bedoelings hê; *what s.o.'s* ~ *is* wat iem. se plan is, wat iem. van plan is om te doen. **in·ten·tion·al** opsetlik, moedswillig. **in·ten·tion·al·ly** opsetlik, met opset, moedswillig; *(infml.)* aspris, aspres.

**in·ter**[1] -*rr*-, *ww.* begrawe, ter aarde bestel. **in·ter·ment** teraardebestelling, begrafnis, graflegging.

**in·ter**[2] *prep., (Lat.)* onder, tussen, inter; ~ *alia* onder andere; onder meer.

**in·ter·act** in wisselwerking wees, wisselwerking uitoefen, op mekaar inwerk/reageer. **in·ter·ac·tion** wisselwerking, interaksie, aksie en reaksie. **in·ter·ac·tive** *adj., (chem., psig., rek.)* interaktief.

**in·ter·al·lied** intergeallieer(d).

**in·ter·bank** *adj. (attr.), (fin.)* interbank- *(handel, mark, deposito's, transaksies, ens.).*

**in·ter·bed·ded** *(geol.)* tussengelaag.

**in·ter·brain** *(anat.)* tussenharsings, talamensefalon, -kefalon.

**in·ter·breed** -*bred* -*bred* kruisteel, kruis, verbaster. **in·ter·breed·ing** kruisteelt, kruising, verbastering.

**in·ter·cede** bemiddel, as bemiddelaar optree, tussenbei(de) kom; ~ *with s.o. for s.o. else* by iem. voorspraak doen vir 'n ander, 'n goeie woordjie vir 'n ander doen.

**in·ter·cel·lu·lar** *(biol.)* tussensellig, intersellulêr.

**in·ter·cept** *n.* afsne(d)e, snyafstand; *(wisk.)* afsnit, intersep; hoogteverskil. **in·ter·cept** *ww.*, onderskep *('n bal ens.);* afluister *('n oproep);* voorkeer, stop; *(wisk.)* afsny. **in·ter·cep·tive** onderskeppend; versperrend.

**in·ter·cep·tion** onderskepping; afluistering, afluistery; *(wisk.)* afsnyding; versperring; (ver)steuring.

**in·ter·cep·tor** onderskepper. ~ **(fighter)** *(mil.)* onderskepvliegtuig, onderskepper.

**in·ter·ces·sion** bemiddeling, voorspraak, tussenkoms; voorbidding, voorbede. **in·ter·ces·sor** bemiddelaar, voorspraak; voorbidder. **in·ter·ces·so·ry** bemiddelend.

**in·ter·change** *n.* verwisseling, (uit)wisseling, ruil(ing); *(road/ traffic)* ~ (verkeers)wisselaar, wisselkruising. **in·ter·change** *ww.* verwissel, afwissel, (om)ruil, vervang. **in·ter·change·a·ble** (ver)wisselbaar, (om)ruilbaar; vervangbaar; gelykwaardig.

**in·ter·cit·y** *adj. (gew. attr.)* interstedelik, tussenstedelik *(trein- [diens] ens.).*

**in·ter·com** interkom, binnetelefoon.

**in·ter·com·mu·ni·cate** gedagtes wissel, onderlinge gemeenskap aanknoop/hê. **in·ter·com·mu·ni·ca·tion** gedagtewisseling, interkommunikasie.

**in·ter·con·nect** onderling verbind. **in·ter·con·nec·tion** onderlinge verbinding/verbondenheid.

**in·ter·con·ti·nen·tal** interkontinentaal; ~ *ballistic missile, (mil., afk.:* ICBM*)* interkontinentale ballistiese missiel.

**in·ter·con·vert·i·ble** (ver)wisselbaar, omruilbaar.

**in·ter·cos·tal** *(anat.)* tussenrib-, tussenribbig, interkostaal.

**in·ter·course** gemeenskap, omgang, verkeer; *the* ~ *among/ between countries* die verkeer tussen lande; *have* ~ *with s.o.* (geslags)gemeenskap/-omgang met iem. hê.

**in·ter·crop·ping** *(landb.)* tussenverbouing.

**in·ter·cur·rent** *(med.)* bykomend *(siekte ens.).*

**in·ter·de·nom·i·na·tion·al** interkerklik.

**in·ter·de·part·men·tal** interdepartementeel.

**in·ter·de·pend·ent** interafhanklik, onderling afhanklik.

**in·ter·dict** *n., (jur.)* interdik, (geregtelike) verbod. **in·ter·dict** *ww.*, belet, verbied; *(jur.)* deur/ingevolge 'n interdik verbied; *(mil.)* afsluit, afsonder *(deur bombardering).* **in·ter·dic·tion** verbod, interdiksie; *(mil.)* afsluiting. **in·ter·dic·to·ry** verbods-; skorsings-.

**in·ter·dis·ci·pli·nar·y** interdissiplinêr.

**in·ter·est** *n.* belangstelling; interessantheid; *(fin.)* rente; be=
lang; voordeel; (aan)deel; reg, aanspraak; *arouse* ~ belang=
stelling wek (*of* gaande maak); *at* ~ op rente; *at 16%* ~ teen
16% rente; *bear/carry* ~ rente dra/gee; *by* ~ deur invloed;
*a clash of* ~*s* 'n belangebotsing; *be of current* ~ van aktuele
belang wees; *s.o.'s* ~ *flags* iem. se belangstelling verflou;
*further the* ~*s of* ... die belange van ... bevorder; *have an*
~ *in s.t.* belang by iets hê; 'n aandeel in iets hê; *have* ~*s in*
*s.t.* belange in iets hê; *an* ~ *in s.t.*, *(ook)* belangstelling in/vir
iets; *an* ~ *in s.o.* belangstelling in iem.; *in the* ~*s of* ... in
(die) belang van ...; *in the (best)* ~*(s) of the country* in (die)
landsbelang; *a lack of* ~ geen belangstelling nie; *know where*
*one's* ~ *lies* weet wat jou belang is; *lose* ~ belangstelling
verloor; *s.o. has many* ~*s* iem. het baie belange; iem. stel in
baie dinge belang; *as a matter of* ~ interessantheidshalwe;
*in the national* ~ in (die) landsbelang/volksbelang; *be of* ~
van belang/betekenis wees, belangwekkend wees; interes=
sant wees; *s.t. of* ~ iets van belang/betekenis; iets interes=
sants; ~ *on* ... rente op ...; *in one's own* ~*s* in jou eie be=
lang; *a point of* ~ 'n interessantheid; *as a point of* ~ in=
teressantheidshalwe; *promote the* ~*s of* ... die belange van
... bevorder; *s.t. serves s.o.'s* ~*s* iets is in iem. se belang, iets
bevoordeel iem.; *show* ~ belangstelling toon; *take an* ~ *in*
*s.t.* in iets belangstel (*of* belang stel); *be of vital* ~ *to* ... van
lewensbelang (*of* lewensbelangrik) vir ... wees; *whet s.o.'s*
~ iem. se belangstelling prikkel/wek; *with/without* ~ met/
sonder rente; met/sonder belangstelling. **in·ter·est** *ww.*
interesseer; belangstelling wek/prikkel; *s.t.* ~*s s.o. greatly* iem.
stel baie in iets belang, iets interesseer iem. baie; ~ *s.o. in s.t*
iem. in iets belang laat stel, iem. se belangstelling in/vir iets
wek/prikkel; ~ *o.s. in* ... in ... belangstel (*of* belang stel). **~**
**bearing** rentegewend, =draend. **~-free** renteloos, =vry. **~**
**rate** rentekoers, =voet. **~-yielding** rentegewend, =draend.

**in·ter·est·ed** belangstellend; geïnteresseer(d); belangheb=
bend; *be* ~ *in* ... in ... belangstel (*of* belang stel *of* geïnte=
resseer[d] wees); *by* ... betrokke wees; *by* ... belang hê; ~
*party* belanghebbende (party); *those* ~ belangstellendes; be=
langhebbendes. **in·ter·est·ed·ly** belangstellend, met belang=
stelling.

**in·ter·est·ing** interessant; onderhoudend; *it is* ~ *to note*
*that* ... dit is opmerklik dat ...; *it should be* ~ dit sal (wel)
interessant wees; dit beloof/belowe om interessant te wees.
**in·ter·est·ing·ness** interessantheid.

**in·ter·face** skeidingsvlak; *(rek.)* koppelvlak. **in·ter·fac·ing**
binne=, tussenvoering.

**in·ter·faith** *adj. (attr.)* intergodsdienstig, =religieus *(dialoog,*
*byeenkoms, ens.).*

**in·ter·fere** tussenbei(de) kom, ingryp *(in)*; jou bemoei *(met)*,
jou (in)meng *(in)*, jou inlaat *(met); (perde)* aankap; ~ *in/with*
... jou met ... bemoei; jou in ... inmeng; in ... ingryp; inbreuk
op ... maak; torring aan ...; ~ *with* ..., *(ook)* ... lastig val *(iem.);*
jou met ... bemoei *('n getuie);* ... dwarsboom *(d. gereg); s.t.* ~*s*
*with* ... iets belemmer ..., ... ly onder iets *(iem. se werk ens.);*
iets verhinder dat ... *(iem. sy/haar werk doen);* ~ *with s.o.,*
*(euf.)* met iem. lol, iem. (seksueel) molesteer. **in·ter·fer·ence**
bemoeiing, tussenkoms; steuring, storing; (die) aankap; *(fis.)*
interferensie; *government/state* ~ staatsinmenging, ower=
heidsbemoeiing. **in·ter·fer·ing** bemoeisiek.

**in·ter·fer·om·e·ter** *(fis.)* interferometer.

**in·ter·fer·on** *(biochem.)* interferon.

**in·ter·gov·ern·men·tal** *adj. (attr.)* tussenregerings=, *(pred.)*
tussen regerings.

**in·ter·im** *n.* tussentyd; *in the* ~ in die tussentyd, intussen.
**in·ter·im** *adj.* tussentyds, voorlopig, interim=; ~ *minister*
waarnemende minister; ~ *report* tussentydse verslag.

**in·te·ri·or** *n.* binne(n)ste; binneland; interieur; *in the* ~ in die
binneland. **In·te·ri·or** *adj.* binnelands, binne=; binne(ns)=
huis, binnehuis=; inwendig, innerlik; ~ *angle, (geom.)* binne=

hoek. ~ **decoration** binne(huis)versiering, binne(ns)huise
versiering. ~ **design** binneontwerp, =argitektuur, binne(ns)=
huise ontwerp/argitektuur. ~ **monologue** selfgesprek, in=
nerlike monoloog, *(Fr.)* monologue intérieur. **~-sprung**
**mattress** binneveermatras.

**in·ter·ject** tussenin gooi, tussenwerp; in die rede val; tus=
senvoeg; uitroep. **in·ter·jec·tion** tussenwerpsel, uitroep, in=
terjeksie. **in·ter·jec·to·ry** by wyse van tussenwerping; tus=
senwerpsel=, uitroep=; ~ *sentence* uitroepsin.

**in·ter·lace** deurmekaarvleg, ineenvleg, vervleg, ineenstren=
gel, verweef; mekaar deurkruis, ineengestrengel raak; (ver)=
meng; inmekaargryp, ineengryp. **in·ter·laced** *(fig.)* deurweef,
deurspek *(met).*

**in·ter·lard** deurspek, meng; *be* ~*ed with* ... met ... deurspek/
besaai wees; ... tussenin hê.

**in·ter·leaf** =*leaves* tussenblad.

**in·ter·leave** interpagineer, deurskiet *(met tussenblaaie); (rek.)*
ineenvleg, afwisselend formatteer.

**in·ter·leu·kin** *(biochem.)* interleukin.

**in·ter·li·brar·y** *adj. (attr.)* interbiblioteek=.

**in·ter·line** *ww.* 'n tussenvoering insit. **in·ter·lin·ing** tussen=,
binnevoering.

**in·ter·lin·e·ar** interlineêr, tussen die reëls geskryf/gedruk,
geïnterlinieer(d).

**in·ter·link** verweef, onderling verbind.

**in·ter·lock** inmekaar (laat) gryp/sluit, ineengryp; inmekaar
(laat) pas, (met mekaar) verbind; grendel.

**in·ter·loc·u·tor** *(fml.)* gesprek(s)genoot. **in·ter·lo·cu·tion** ge=
sprek; samespraak; tussenuitspraak. **in·ter·loc·u·to·ry** *(jur.)*
interlokutoor, interlokutories, tussentyds, tussen=.

**in·ter·lope** indring; onderkruip; smokkel. **in·ter·lop·er** in=
dringer; onderkruiper; smokkelaar.

**in·ter·lude** pouse, verposing; *(teat.)* tussenbedryf; *(mus.)*
tussenspel, intermezzo.

**in·ter·mar·ry** ondertrou. **in·ter·mar·riage** ondertrouery.

**in·ter·me·di·ar·y** *n.* tussenpersoon, bemiddelaar. **in·ter·**
**me·di·ar·y** *adj.* bemiddelend, tussen=.

**in·ter·me·di·ate** *n.* tussending, oorgang; tussenpersoon.
**in·ter·me·di·ate** *adj.* tussen=; tussenliggend, =geleë, =ko=
mend; tussentyds; middelbaar; middelgroot; intermediêr;
~ *class* middelklas; ~ *period* oorgangstyd; ~ *technology*
intermediêre tegnologie; ~ *trade* tussenhandel. **in·ter·me·**
**di·ate** *ww.* bemiddel, as tussenpersoon optree. **~-range**
*adj. (attr.)* tussenafstand=; ~ *ballistic missile* tussenafstand-
ballistiese missiel.

**in·ter·me·di·a·tion** bemiddeling.

**in·ter·me·di·a·tor** tussenpersoon, bemiddelaar.

**in·ter·mez·zo** =*mezzi*, =*mezzos*, *(mus.)* tussenspel, inter=
mezzo.

**in·ter·mi·na·ble** eindeloos, oneindig. **in·ter·mi·na·bly** ein=
deloos, oneindig.

**in·ter·min·gle** meng, vermeng.

**in·ter·mit** =*tt*= onderbreek, afbreek, ophou, staak. **in·ter·**
**mis·sion** onderbreking; pouse; *without* ~ onophoudelik,
sonder ophou. **in·ter·mit·tence**, **in·ter·mit·ten·cy** onderbre=
king. **in·ter·mit·tent** onderbroke, afwisselend, wisselvallig;
by/met tussenposes, periodiek; ~ *earnings* ongereelde ver=
dienste; ~ *rain* reënvlae; ~ *showers* los/verspreide buie. **in·**
**ter·mit·tent·ly** by tye, by/met tussenposes, af en toe; in/met
vlae.

**in·ter·mix** (ver)meng. **in·ter·mix·ture** mengsel; vermenging.

**in·tern** *n.* intern, inwonende dokter; inwonende assistent;
geïnterneerde. **in·tern** *ww.* interneer. **in·tern·ee** geïnter=
neerde. **in·tern·ship** internskap.

**in·ter·nal** *n., (med., euf.)* inwendige ondersoek; *(i.d. mv.)* die
innerlike. **in·ter·nal** *adj.* inwendig; innerlik; binne=; binne=

lands; huishoudelik; intern; ~ *matters* huishoudelike/interne aangeleenthede; *for* ~ *use* vir inwendige gebruik, om in te neem. **~-combustion engine** *(mot.)* binnebrandenjin, ‑masjien, ‑motor. **~ energy** *(fis.)* interne energie. **~ evidence** selfgetuienis, inwendige getuienis. **~ market** interne/huishoudelike mark. **~ rhyme** *(pros.)* binnerym.

**in·ter·nal·ise, ‑ize** *(psig., sosiol.)* internaliseer, verinnerlik; *(ekon.)* internaliseer. **in·ter·nal·i·sa·tion, ‑za·tion** internalisasie, internalisering, verinnerliking.

**in·ter·nal·ly** inwendig; binne(ns)lands; in eie kring.

**in·ter·na·tion·al** *n.* internasionale wedstryd; internasionale speler. **in·ter·na·tion·al** *adj.* internasionaal; ~ *boundary* landsgrens; ~ *language* wêreldtaal. **I~ Date Line** Internasionale Datumlyn/-grens. **~ law** (die) volkereg, internasionale reg. **I~ Monetary Fund** *(afk.:* IMF*)* Internasionale Monetêre Fonds. **I~ Phonetic Alphabet** *(afk.:* IPA*)* Internasionale Fonetiese Alfabet *(afk.:* IFA*).*

**In·ter·na·tio·nale:** *the* ~, *(strydlied)* die Internasionale.

**in·ter·na·tion·al·ise, ‑ize** internasionaliseer.

**in·ter·na·tion·al·ism** internasionalisme.

**in·ter·na·tion·al·ly** internasionaal, op/in internasionale gebied; oor die hele wêreld.

**in·ter·ne·cine** onderling vernietigend; moordend, verwoestend, dodelik.

**In·ter·net** *(rek.)* Internet *(ook i~).* **~ service provider** *(afk.:* ISP*)* Internetdiensverskaffer *(ook i~).*

**in·tern·ist, in·tern·ist** internis, geneesheer.

**in·ter·node** *(bot.)* internodium, (stingel)lit; *(anat.)* internodium, internodale segment.

**in·ter·pel·late** *(hoofs. parl.)* interpelleer, opheldering vra. **in·ter·pel·la·tion** interpellasie. **in·ter·pel·la·tor** interpellant.

**in·ter·per·son·al** interpersoonlik.

**in·ter·play** interaksie, wisselwerking; heen-en-weer-spel.

**In·ter·pol** *(akr.:* International Police*)* Interpol.

**in·ter·po·late** inlas, invoeg, inskuif, interpoleer. **in·ter·po·la·tion** inlassing. **in·ter·po·la·tor** interpolator.

**in·ter·pose** tussenstel, tussenskuif, ‑skuiwe; ingryp, tussenbei(de) kom; inwerp, tussenin voeg *('n woord);* in die rede val; in die middle bring. **in·ter·po·si·tion** inlassing; invoegsel, tussenstuk; bemoeiing, tussenkoms; interposisie.

**in·ter·pret** tolk; vertolk, verklaar, interpreteer, uitlê; ~ *s.t. as a* ... iets as ... interpreteer/vertolk. **in·ter·pret·a·ble** verklaarbaar, vertolkbaar. **in·ter·pre·ta·tion** uitleg, verklaring; woordbepaling; vertolking, interpretasie; lesing; duiding; ~ *of dreams* droomuitleg(ging); *give an* ~ *of s.t.* iets uitlê; *a narrow* ~ *of* ... 'n eng vertolking van ... *(d. wet ens.);* ~ *of statutes* (die) uitlê van wette, wetsuitleg(ging). **in·ter·pret·er** tolk; uitlêer, verklaarder, vertolker; ~*'s booth* tolkhokkie. **in·ter·pre·tive, in·ter·pre·ta·tive** verklarend, vertolkend.

**in·ter·pro·vin·cial** interprovinsiaal.

**in·ter·punc·tion** interpunksie, punktuasie.

**in·ter·ra·cial** veelrassig; tussen rasse; ~ *marriage* gemengde huwelik.

**in·ter·reg·num** *‑regnums, ‑regna* tussenregering, interregnum; tussentydperk.

**in·ter·re·late** met mekaar in verband staan; met mekaar in verband bring, verbande lê tussen. **in·ter·re·lat·ed** onderling verbind/verbonde. **in·ter·re·lat·ed·ness** onderlinge verband. **in·ter·re·la·tion(ship)** onderlinge verband/verhouding, wedersydse betrekking.

**in·ter·ro·gate** ondervra, uitvra, in verhoor neem; ~ *s.o. about s.t.* iem. oor iets ondervra. **in·ter·ro·ga·tion** ondervraging, interrogasie; vraag. **in·ter·rog·a·tive** *n.* vraende voornaamwoord, interrogatief. **in·ter·rog·a·tive** *adj.* vraend, vraag-, ondervraend; ~ *pronoun* vraende voornaamwoord. **in·ter·ro·ga·tor** (onder)vraer. **in·ter·rog·a·to·ry** *n. (jur.)* (skriftelike)

ondervraging; vraag; vraagpunte; (geregtelike) verhoor. **in·ter·rog·a·to·ry** *adj.* vraend, interrogatief.

**in·ter·rupt** onderbreek, steur, in die rede val; onderskep; belemmer, afsny *(uitsig).* **in·ter·rupt·er, ‑rup·tor** onderbreker, steurder, tussenwerper; vraesteller; *(elek.)* stroombreker. **in·ter·rup·tion** onderbreking; tussenwerpsel. **in·ter·rup·tive** onderbrekend.

**in·ter·school** tussenskools, interskole-.

**in·ter·sect** sny, kruis, deursny. **in·ter·sec·tion** snyding, kruising; snypunt, kruispunt.

**in·ter·space** *n.* tussenruimte. **in·ter·space** *ww.* ruimte (tussenin) gee.

**in·ter·sperse** hier en daar plaas/saai/strooi/ens.; rondstrooi; afwissel, varieer; van tyd tot tyd onderbreek; ~*d with* ... met ... deurspek/besaai; met ... tussenin; *be* ~*d with* ... met ... deurspek/besaai wees; ... tussenin hê. **in·ter·sper·sion** (ver)menging, deurspekking.

**in·ter·state** *n., (Am.)* nasionale pad, grootpad. **in·ter·state** *adj.* tussen state, interstaatlik.

**in·ter·stel·lar** *(astron.)* interstellêr.

**in·ter·stice** tussenruimte, tussenvak; opening. **in·ter·sti·tial** tussen-; met tussenruimtes; interstisieel; ~ *water* tussen-(ruimte)water.

**in·ter·tex·tu·al·i·ty** intertekstualiteit.

**in·ter·tid·al** tussengety-.

**in·ter·trib·al** tussen stamme; ~ *warfare* stamoorloë.

**in·ter·twine** deurmekaarvleg, ineenvleg, vervleg, verstrengel, verweef. **in·ter·twine·ment** verstrengeling.

**in·ter·val** (kort) tydsverloop; tydsduur; tyd(perk) *(v. rou);* tussenpose; onderbreking; *(teat. mus.)* pouse; *(sport)* rustyd; tussenruimte, afstand; tussentyd; *(mus., wisk.)* interval; *at the* ~ met pouse; *at* ~*s* by/met tussenposes, van tyd tot tyd, af en toe, nou en dan; *(so)* hier en daar, plek-plek, kol-kol; *during the* ~ met pouse; *at frequent* ~*s* dikwels, telkens; *an* ~ *of silence* 'n minuut/oomblik van stilte; *at* ~*s of an hour* elke uur; *at* ~*s of ten metres* tien meter uitmekaar/vanmekaar; *at regular* ~*s* op gesette/vaste tye; *at stated* ~*s* op gesette/vaste tye.

**in·ter·var·si·ty** *(infml.)* intervarsity.

**in·ter·vene** ingryp; intree; tussenbei(de) kom/tree; tussenin kom; gebeur, plaasvind; *(jur.)* toetree *(by 'n geding);* ~ *in s.t.* in iets ingryp. **in·ter·ven·er** tussentreder; *(jur.)* toetredende party. **in·ter·ven·ing** *(ook)* tussenkomend, ‑liggend, ‑geleë; *(jur.)* tussen-, toetredend; ~ *days* dae tussenin. **in·ter·ven·tion** tussenkoms, ingryping, inmenging, intervensie; ~ *of parties* toetreding/-trede van partye. **in·ter·ven·tion·ist** intervensionisties.

**in·ter·view** *n.* (pers)-, (media)onderhoud, vraag-, pers-, mediagesprek; samekoms, samespreking; *give/grant s.o. an* ~ iem. te woord staan, 'n onderhoud aan iem. toestaan; *request an* ~ om 'n onderhoud vra. **in·ter·view** *ww.* 'n onderhoud hê/voer met. **in·ter·view·ee** ondervraagde; aansoeker *(om 'n beurs);* kandidaat *(vir 'n pos).* **in·ter·view·er** ondervraer, verslaggewer.

**in·ter·war** *adj. (attr.)* tussen twee oorloë *(pred.).*

**in·ter·weave** ‑*wove* ‑*woven* verweef, deurmekaar-, ineenvleg, vervleg, deurvleg, ineenstrengel, verstrengel; deurweef; vermeng. **in·ter·wo·ven** verweef; deurgeweef; deureengevleg; *be* ~ *with* ... ten nouste met ... saamhang.

**in·tes·tate** sonder testament, intestaat; ~ *succession* erfopvolging by versterf. **in·tes·ta·cy** testamentloosheid.

**in·tes·tine** *n.* derm; *(biol.)* spyskanaal; *(i.d. mv.)* derms, ingewande; binnegoed *(v. 'n dier); large* ~ grootderm; *small* ~ dunderm. **in·tes·ti·nal, in·tes·ti·nal** derm-, ingewands-.

**in·ti·fa·da** *(Arab.:* opstand*)* intifada.

**in·ti·mate[1]** *n.* vertroueling, vertroude; intieme vriend(in); boesemvriend(in). **in·ti·mate** *adj.* vertroulik, gemeensaam;

innig, diep(gaande); nou, intiem; familiêr; ~ **friend** boe=
semvriend, intieme vriend; ~ **knowledge** diepgaande/in=
tieme kennis; ~ **relations** intieme verhouding; ~ **secrets**
hartsgeheime; *be on* ~ **terms** op vertroulike voet wees; in=
tiem by mekaar betrokke wees; ~ **theatre** kamertoneel;
*(gebou)* kleinteater; *be* ~ *with s.o.* vertroulik/intiem met iem.
omgaan/wees; *(seksueel)* intiem met iem. verkeer. **in·ti·ma·cy**
vertroulikheid, gemeensaamheid, intimiteit; gemeenskap;
geslagsgemeenskap. **in·ti·ma·te·ly** innig; vertroulik; intiem;
*know one another* ~ mekaar intiem *(of* baie goed *of* van na=
by) ken.

**in·ti·mate²** *ww.* te kenne/verstaan gee, laat verstaan/deur=
skemer; ~ *that* ... te kenne gee dat ... **in·ti·ma·tion** aan=
duiding, sweem, teken/wenk.

**in·tim·i·date** bang maak, intimideer, vrees/skrik aanja(ag),
verskrik. **in·tim·i·dat·ing** intimiderend, vrees=, skrikaanjaend.
**in·tim·i·da·tion** intimidasie, bangmakery, dreigemente; skrik,
vrees, angs. **in·tim·i·da·tor** intimideerder, bangmaker, bedrei=
ger. **in·tim·i·da·to·ry** intimiderend, vrees=, skrikaanjaend.

**in·to** in, tot in; *be* ~ *s.t., (infml.)* in iets belangstel *(of* belang
stel), geesdriftig aan iets deelneem; *be* ~ *computers* 'n
(groot) rekenaarentoesias wees; *be* ~ *drugs* dwelms gebruik;
*be* ~ *wine* 'n wynliefhebber/-kenner wees; *well* ~ *the night*
tot diep in die nag.

**in·tol·er·a·ble** on(ver)draaglik, onuitstaanbaar.

**in·tol·er·ant** onverdraagsaam; *s.o. is* ~ *of* ... iem. is on=
verdraagsaam teenoor/jeens ...; iem. kan ... nie verdra nie,
iem. verdra ... nie. **in·tol·er·ance** onverdraagsaamheid;
*(med.)* weerstandsgebrek, intoleransie; *s.o.'s* ~ *of* ... iem. se
onverdraagsaamheid teenoor/jeens ...

**in·tone** monotoon/sing-sing lees/(op)sê/vertel/voordra/ens.;
*(fonet., mus., ook* intonate*)* intoneer. **in·to·na·tion** stembui=
ging; *(fonet., mus.)* intonasie; *(mus.)* aanhef *(deur 'n voorsan=
ger).*

**in·tox·i·cate** dronk maak, bedwelm; in vervoering bring.
**in·tox·i·cant** alkoholiese/sterk drank; dwelmmiddel, be=
dwelmende middel. **in·tox·i·cat·ed** dronk, beskonke, besope;
in vervoering. **in·tox·i·ca·tion** dronkenskap, besopenheid,
beskonkenheid, roes; bedwelming; vervoering.

**in·tra·cel·lu·lar** *(biol.)* binnesellig, intrasellulêr.

**in·tra·cra·ni·al** *(anat.)* binneskedels, intrakraniaal.

**in·trac·ta·ble** hardnekkig, weerbarstig, =spannig, balhorig,
onregeerbaar.

**in·tra·mu·ral** intern, binne=, binnemuurs.

**in·tra·na·tion·al** nasionaal, binne(ns)lands.

**in·tra·net** *(rek.)* intranet.

**in·tran·si·gent** onversoenlik; onversetlik. **in·tran·si·gence,
in·tran·si·gen·cy** onversoenlikheid.

**in·tran·si·tive** *adj., (gram.)* onoorganklik, intransitief.

**in·tra·u·ter·ine** *(anat.)*: ~ **device** *(afk.:* IUD*)* intra-uteriene
apparaat *(afk.:* IUA*).*

**in·tra·ve·nous** *(anat.)* binneaars, intraveneus; ~ *feeding*
aarvoeding. **in·tra·ve·nous·ly** deur aarvoeding.

**in·tray** in-mandjie.

**in·trep·id** onverskrokke, dapper, moedig, vreesloos. **in·tre·
pid·i·ty** onverskrokkenheid, dapperheid, durf, (waag)moed,
vreesloosheid.

**in·tri·cate** ingewikkeld, verwikkeld. **in·tri·ca·cy** ingewik=
keldheid, verwikkeldheid.

**in·trigue, in·trigue** *n.* gekonkel, knoeiery, intrige; komplot;
vryery. **in·trigue** *ww.* nuuskierig maak; raaiselagtig voor=
kom; konkel, knoei; *s.o.* ~*d me, (ook)* iem. was vir my 'n
raaisel. **in·trigu·er** konkelaar, knoeier, intrigant. **in·trigu·ing**
interessant, prikkelend, boeiend, intrigerend; belangwekkend.

**in·trin·sic** innerlik, wesen(t)lik, werklik, intrinsiek, inherent;
~ *value* intrinsieke/werklike waarde; innerlike gehalte; *(ekon.)*
eiewaarde. **in·trin·si·cal·ly** op sigself, intrinsiek.

**in·tro** =*tros, (infml., afk.)* →INTRODUCTION.

**in·tro·duce** invoer *(maatreëls ens.);* invoer *('n gewoonte);* instel
*(belastings ens.);* indien *('n mosie, voorstel, wetsontwerp);* in
gebruik neem/stel; in omloop bring; bekend stel, bekendstel,
voorstel; inbring; insteek; invoeg; opper, ter sprake bring
*('n onderwerp);* inlei *('n program ens.); the word that* ~*s the
sentence* die woord waarmee die sin begin; ~ *s.o. to s.o. else*
iem. aan iem. anders voorstel/bekendstel *(of* bekend stel).
**in·tro·duc·er** indiener; voorsteller; inleier. **in·tro·duc·tion**
invoering; indiening; ingebruikneming, inwerkingstelling;
inwerkingtreding; bekendstelling; inleiding; introduksie; voor=
spel; voorberig; voorwerk *(v. 'n boek);* voorstelling; inska=
keling; *letter of* ~ bekendstellingsbrief; *the* ~ *to a book* die
inleiding van 'n boek; *the* ~ *to a subject* die inleiding tot 'n
vak; *by way of* ~ ter kennismaking. **in·tro·duc·to·ry** inlei=
dend; preliminêr; ~ *course* oriënteringskursus; ~ *letter*
bekendstellingsbrief; ~ *offer* bekendstellingsaanbod; ~
*remarks/paragraph* inleidende opmerkings/paragraaf.

**in·trorse** *(bot., soöl.)* binnewaarts gekeer(d), intrors.

**in·tro·spec·tion** introspeksie. **in·tro·spec·tive** introspektief;
*become* ~ tot jouself inkeer.

**in·tro·vert** *n., (psig.)* introvert. **in·tro·vert, in·tro·vert·ed**
*adj.* introvert, in jouself gekeer(d), ingekeer(d); *(soöl., anat.)*
ingetrek, ingekeer(d) *(orgaan).* **in·tro·ver·sion** *(psig., soöl.,
anat.)* introversie.

**in·trude** indruk; indring, lastig val, steur, stoor; opdring;
*(bot.)* ingroei; *I hope I do not* ~ *(or am not intruding)* ek hoop
ek val jou/julle nie lastig nie; ~ *on s.o.'s time* iem. se tyd in
beslag neem. **in·trud·er** indringer, oortreder, inbreker; in=
dringer, ongenooide gas, opdringer. **in·tru·sion** indringing,
opdringing; inmenging; *(geol.)* inpersing, intrusie; *(bot.)* in=
groeiing; *s.o.'s* ~ *into* ... iem. se inmenging in ... **in·tru·sive**
indringend, indringerig; opdringerig, orig; ~ *rock* intru=
siewe gesteente, intrusiegesteente. **in·tru·sive·ness** indrin=
gerigheid; opdringerigheid.

**in·tu·i·tion** intuïsie; ingewing. **in·tu·i·tive, in·tu·i·tion·al** in=
tuïtief, intuïsie=.

**in·tu·mes·cence** (op)swelling, uitsetting; geswel. **in·tu·
mes·cent** (op)swellend.

**In·u·it, In·nu·it** =*it(s), n., (antr.)* In(n)uïet. **In·u·it, In·nu·it**
*adj.* In(n)uïties.

**I·nuk·ti·tut, In·(n)u·it** *(taal)* Inoektitoet, In(n)uïties.

**in·un·date** oorstroom; onder water sit; *be* ~*d with* ... onder
... toegegooi word *(navrae ens.).* **in·un·da·tion** oorstroming;
stroom, stortvloed; watervloed.

**in·ure** gewoond raak/maak *(aan);* gehard wees *(teen);* *('n wet)*
in werking tree. **in·ured** *(ook)* gebrei, gehard; *be* ~ *to s.t.*
teen iets gehard wees *(pyn ens.).* **in·ure·ment** gewoonte; in=
werkingtreding.

**in·vade** inval (in), binneval, =dring; inbreuk maak op, aan=
gryp; →INVASION, INVASIVE; ~ *a country* 'n land binneval.
**in·vad·er** invaller, indringer; aantaster. **in·vad·ing** *adj.* inval=
lend, invals= *(leër).*

**in·vag·i·nate** invagineer, instulp. **in·vag·i·na·tion** invagi=
nasie, instulping.

**in·va·lid¹** *n.* sieke, swakke, invalide. **in·va·lid** *adj.* sieklik,
swak, kranklik, invalide. **in·va·lid·ed** bedlêend *(of 'n* inva=
lide) gemaak; ongeskik verklaar (vir diens), ontslaan (weens
mediese redes); met siekteverlof huis toe gestuur. **in·va·
lid·ism** (chroniese/kroniese) swakheid, gebrekkigheid, siek=
likheid, liggaamswakte. **in·va·lid·i·ty** swakheid, kragteloos=
heid, kranklikheid, kranklikheid, invaliditeit.

**in·val·id²** *adj.* ongeldig, kragteloos, ongegrond, nie van krag
nie, nietig; *declare s.t.* ~ iets ongeldig verklaar. **in·val·i·date**
ongeldig/nietig verklaar; kragteloos maak. **in·val·i·da·tion**
nietig=, ongeldigverklaring; tenietdoening; ontkragtiging;
weerlegging *(v. 'n* argument*).* **in·va·lid·i·ty** ongeldigheid.

**in·val·u·a·ble** van onskatbare waarde, uiters waardevol. **in·val·u·a·ble·ness** onskatbaarheid.

**in·var·i·a·ble** onveranderlik; *(wisk.)* konstant. **in·var·i·a·bil·i·ty, in·var·i·a·ble·ness** onveranderlikheid. **in·var·i·a·bly** onveranderlik; gereeld, sonder uitsondering, ewig en altyd, knaend. **in·var·i·ance** *(wisk.)* invariansie. **in·var·i·ant** *n. & adj., (wisk.)* invariant.

**in·va·sion** inval, indringing; instroming; binnedringing; strooptog; inbreuk(making) *(op),* skending *(van);* →INVADE; *an ~ of ...* 'n inval in ... *('n land);* 'n inbreuk op ..., 'n aantasting/skending van ... *(regte ens.).* **in·va·sive** *(mil.)* invallend, invals=; deurdringend *(lawaai);* verspreidend *(siekte); (med.)* ingrypend *(operasie).*

**in·vec·tive** skel(d)woorde, =taal, geskel, getier, invektiewe; slegmakery, uitskellery.

**in·veigh** skel, slegmaak; *~ against ...* teen ... uitvaar.

**in·vei·gle** verlei, verlok, meesleep; *~ s.o. into doing s.t.* iem. verlei om iets te doen.

**in·vent** uitvind; uitdink, bedink, verdig, versin; *~ a story* iets uit die duim suig; *~ed tale* opgemaakte storie. **in·ven·tion** uitvinding, uitvindsel; verdigting; verdigsel, versinsel, be= denksel; vinding, vonds; *s.t. of one's own* ~ jou eie uitvinding/ bedenksel, iets wat jy self uitgevind/uitgedink het; *(power of)* ~ vindingrykheid. **in·ven·tive** vindingryk, vernuftig. **in·ven·tor** uitvinder.

**in·ven·to·ry** *n.* inventaris, lys; boedellys, =beskrywing; *make an ~ of ...* 'n inventaris van ... opmaak/opstel, ... opskryf/ opskrywe. **in·ven·to·ry** *ww.* inventariseer, 'n lys opmaak van.

**in·verse, in·verse** *n.* die omgekeerde/teenoorgestelde. **in·verse, in·verse** *adj.* omgekeerd; *(wisk.)* invers; *~ current* teenstroom; *~ ratio* omgekeerde verhouding. **in·verse·ly** omgekeerd. **in·ver·sion** omkering; omstulping; omsetting, inversie; om(me)keer; *(anat.)* binnedraaiing.

**in·vert** omdraai, agterstewor draai, omkeer, omkantel, op sy kop *(of* onderstebo) sit, omsit. **in·vert·ase, sac·cha·rase, su·crase** *(biochem.)* invertase, sakkarase, sukrase. **in·vert·ed** onderstebo, omgekeerd, omgedraai, aweregs, op sy kop; *~ arch* omgekeerde boog; *in ~ commas* tussen aanhalingstekens; *~ writing* spieëlskrif.

**in·ver·te·brate** *n.* ongewerwelde dier, invertebraat. **in·ver·te·brate** *adj.* ongewerwel(d).

**in·vest** belê *(geld);* investeer *(in kapitaalgoedere);* inhuldig, bevestig, instel; beklee *(met mag); ~ in ...* in ... belê *('n maatskappy,aandele,'n land,ens.);* iets aanskaf *(nuwe toerusting ens.); be ~ed with meaning* vol betekenis wees, betekenisvol wees; *~ money with a company* geld by 'n maatskappy belê; *~ s.o. with ...* iem. met ... beklee *(bevoegdhede, 'n orde, ens.).* **in·ves·ti·ture** bevestiging, inhuldiging, instelling; bekleding; investituur. **in·ves·tor** belegger, belêer.

**in·ves·ti·gate** ondersoek, ('n) ondersoek doen/instel na, nagaan *(klagtes, bewerings, ens.);* navors; (noukeurig) nagaan *(aansoeke, berigte, ens.); ~ into ...* ('n) ondersoek na ... instel; *~ a matter* 'n studie maak van 'n saak. **in·ves·ti·gat·ing:** *~ officer* ondersoekbeampte. **in·ves·ti·ga·tion** ondersoek(ing); navorsing; ondersoekingswerk; *carry out an ~* ('n) on= dersoek doen/instel; *on closer ~* by nadere ondersoek; *crim= inal ~* speurwerk; *an ~ into ...* 'n ondersoek na .... **in·ves·ti·ga·tive** ondersoekend, navorsend; *~ journalism/reporting* ondersoekende joernalistiek, speurjoernalistiek; *~ judge* on= dersoekregter. **in·ves·ti·ga·tor** ondersoeker, navorser, speurder.

**in·vest·ment** (geld)belegging; investering *(in kapitaalgoe= dere);* inhuldiging, bevestiging, instelling; bekleding; *make an ~* 'n belegging maak/doen; *an ~ in ...* 'n belegging in ... *~ allowance* beleggingskorting. *~ bank* beleggingsbank. *~ incentive* beleggingsaansporing; investeringsaansporing. *~ income (m.b.t. aandele ens.)* beleggingsinkomste, inkomste uit beleggings; *(m.b.t. masjinerie ens.)* investeringsinkomste.

**in·vet·er·ate** *(attr.)* verstokte *(oujongkêrel ens.);* aarts= *(be= drieër ens.);* onverbeterlike *(skurk ens.);* gewoonte= *(misda= diger ens.);* geharde *(prostituut ens.);* ou *(suiplap ens.);* diep= gewortelde, =liggende, =gesetelde *(haat ens.);* ingewortelde *(vooroordele ens.);* hardnekkige *(teenkanting ens.);* verouderde *(idees ens.).* **in·vet·er·a·cy** ingeworteldheid; verouderdheid, chroniesheid, kroniesheid.

**in·vid·i·ous** onbenydenswaardig; partydig; aanstootlik, haat= lik; boosaardig; *~ comparison* kwetsende vergelyking; *put s.o. in an ~ position* iem. in 'n netelige posisie plaas.

**in·vig·i·late** toesig hou; *~ (at) an examination* by 'n eksamen toesig hou. **in·vig·i·la·tor** toesighouer, opsiener.

**in·vig·or·ate** versterk; verlewendig, opwek, verkwik, verfris; krag gee/bysit. **in·vig·or·at·ing** versterkend; verkwikkend, ver= frissend, opwekkend. **in·vig·or·a·tion** versterking; opwek= king. **in·vig·or·a·tive** versterkend; opwekkend. **in·vig·or·a·tor** versterker; versterkmiddel; aanspoorder.

**in·vin·ci·ble** onoorwinlik, onoorwinbaar; onoorkomelik, on= oorkombaar.

**in·vi·o·la·ble** onskendbaar, onaantasbaar, onaanvegbaar, onverbreekbaar.

**in·vi·o·late** ongeskonde; onverbroke; onaangetas; ongerep; gewyd. **in·vi·o·la·cy** ongeskondenheid.

**in·vis·i·ble** *n.* onsienlike; *(i.d. mv., betalingsbalans)* dienste= poste, onsigbare poste. **in·vis·i·ble** *adj.* onsigbaar, onsien= lik; nie te spreek nie; *~ earnings* inkomste/verdienste op die dienstebalans, onsigbare inkomste/verdienste; *~ export* uitvoer van dienste, onsigbare uitvoer; *~ hinge* versteekte skarnier; *~ mending* fynstopwerk, onsigbare stopwerk. **in·vis·i·bly** *adv.* onsigbaar.

**in·vite** *n., (infml.)* →INVITATION. **in·vite** *ww.* (uit)nooi, vra, oorvra; versoek; (aan)lok; uitlok *(kritiek ens.);* lei tot, ver= oorsaak; *~ s.o. in* iem. innooi *(of* binne nooi); *~ s.o. out* iem. nooi/vra om saam met jou uit te gaan; *~ s.o. over/round* iem. oornooi, iem. nooi om te kom kuier; *~ questions* ge= leentheid vir vrae gee; *~ s.o. to a function* iem. na 'n by= eenkoms nooi; *~ s.o. to lunch/tea* iem. vir middagete/tee nooi/ vra. **in·vi·ta·tion** uitnodiging; beroep *(v. 'n gemeente); at the ~ of ...* op uitnodiging van ...; *by ~* op uitnodiging; *extend/ send an ~ to s.o.* iem. uitnooi, 'n uitnodiging tot/aan iem. rig; *a standing ~* 'n vaste uitnodiging; *an ~ to a function* 'n uitnodiging na 'n byeenkoms; *a warm ~* 'n hartlike uitnodiging. **in·vit·ing** aantreklik, aanloklik; uitlokkend; uitnodigend.

**in·vo·ca·tion** aanroeping; smeekbede, gebed, afsmeking; invokasie; →INVOKE.

**in·voice** *n.* faktuur. **in·voice** *ww.* faktureer; op die faktuur sit. **in·voic·ing** *n.* fakturering.

**in·voke** aanroep; inroep; oproep; jou beroep op; afsmeek; afbid *(seën).*

**in·vol·un·tar·y** onwillekeurig, onopsetlik, onbewus; teen wil en dank, gedwonge, onvrywillig; werktuiglik; *an ~ movement* 'n refleksbeweging; *~ muscle* onwillekeurige/gladde spier. **in·vol·un·tar·i·ly** onwillekeurig, vanself, onopsetlik; teen wil en dank, onvrywillig. **in·vol·un·tar·i·ness** onwillekeurigheid; onopsetlikheid.

**in·vo·lut·ed** *(fml.)* ingewikkel(d); *(biol.)* in(een)gerol(d), =ge= krul(d), =gedraai(d), inmekaar gedraai(d); *(geom.)* involuut. **in·vo·lu·tion** *(fml.)* ingewikkeldheid; verwikkeling; *(biol.)* in= rolling, inkrulling; *(wisk.)* magsverheffing; *(geom.)* involusie.

**in·volve** meebring, tot gevolg hê; behels, beteken, inhou, insluit, omvat; betrek, insleep, verwikkel, inwikkel *(in);* in= gewikkeld maak; *~ s.o. danger/etc.* daar is gevaar/ens. aan ver= bonde; *~ s.o. in difficulties* iem. in moeilikhede verwikkel; *~ s.o. in s.t.* iem. by/in iets betrek; iem. by/in iets insleep/intrek. **in·volved** ingewikkeld, moeilik; ingedompel, ingesleep; be= trokke *(in);* gemoeid; verbonde *(met); be/become/get ~ in s.t.* by/in iets betrokke wees/raak, in iets gemoeid wees/raak; *be*

~ *in s.t., (ook)* met iets te doen/make hê; aan iets aandadig wees; *be ~ in a struggle* in 'n stryd gewikkel/betrokke wees; *s.o.'s safety/etc. is* ~ dit gaan om iem. se veiligheid/ens., iem. se veiligheid/ens. is daarmee gemoeid (*of* staan op die spel); ~ *style* verwronge styl; *be/become ~ with s.o.* met iem. deurmekaar wees/raak. **in·volve·ment** betrokkenheid; (die) insleep; verbondenheid; inwikkeling; verwikkeling; (finan= siële/geldelike) moeilikheid, skuld.

**in·vul·ner·a·ble** onkwe(t)sbaar, ontrefbaar. **in·vul·ner·a· bil·i·ty** onkwe(t)sbaarheid.

**in·ward** *adj.* inwendig, binne=; binnewaarts, inwaarts, in= nerlik, geestelik; ~ *investment* inwaartse belegging. ~= **looking** in jouself gekeer.

**in·ward·ly** inwendig; innerlik; by/in jouself.

**in·ward·ness** innerlike, inwendige; inwendigheid, innerlik= heid; wese, kern *(v. 'n saak).*

**in·wards** *adv.* na binne, binnewaarts, inwaarts; die land in, landwaarts in, landinwaarts; ~ *bound* inkomend.

**i·nya·nga** *(Z.)* inyanga, kruiedokter.

**in-your-face** *adj., (infml.)* aggressief; uitdagend; blatant, skaamteloos, onbeskaamd; kru, skurf, gewaag(d); grof, ongepoets; ~ *defiance* openlike minagting.

**i·o·dine** *(chem., simb.:* I) jodium. **i·o·date** jodaat, jodium= suursout. **i·od·ic** jodium=; ~ *acid* jodiumsuur. **i·o·dide** jodied. **i·o·di·sa·tion, ·za·tion** jodering. **i·o·dise, ·dize** jodeer; met jodium behandel. **i·o·do·form** jodoform.

**i·on** ioon. **i·on·ic** ionies, ioon=; ~ *bond* ioniese binding. **i·on· i·sa·tion, ·za·tion** ionisering, ionisasie. **i·on·ise, ·ize** ioniseer; ~*d air* geïoniseerde lug.

**i·on·o·sphere** ionosfeer.

**i·o·ta** *(fig.)* jota; *(Gr. letter)* iota; *not an ~ of evidence* geen tit= teltjie bewys nie.

**IOU** *IOUs, (uitspraak:* I owe you) skuldbrief(ie), skuldbewys.

**i·Pod** *(handelsnaam; draagbare, digitale oudiospeler)* iPod.

**ip·so fac·to** *adv., (Lat., fml.)* ipso facto, vanselfsprekend, uit die aard van die saak.

**I·ran** *(geog.)* Iran. **I·ra·ni·an** *n.* Iraniër, Irannees. **I·ra·ni·an** *adj.* Irans, Irannees.

**I·raq** *(geog.)* Irak. **I·ra·qi** *n.* Irakiër, Irakkees. **I·ra·qi** *adj.* Irak= kees, Iraks.

**i·ras·ci·ble** liggeraak, kortgebonde, driftig, opvlieënd. **i·ras· ci·bil·i·ty** liggeraaktheid, kortgebondenheid, driftigheid, op= vlieëndheid.

**i·rate** woedend, (smoor)kwaad, vererg; *(pred.)* kwaad, boos, ontstoke.

**ire** *(poët., liter.)* woede, toorn, gramskap, misnoeë; *(a)rouse s.o.'s ~* iem. se toorn opwek.

**Ire·land** *(geog.)* Ierland; *Republic of* ~ Republiek Ierland.

**ir·i·des·cent** reënboogkleurig; wisselkleurig; ~ *cloud* per= lemoen=, perlemoerwolk. **ir·i·des·cence** kleur(e)spel, kleur= wisseling, kleurspeling.

**i·rid·i·um** *(chem., simb.:* Ir) iridium.

**ir·i·dol·o·gy** *(alternatiewe geneeskunde)* iridologie. **ir·i·dol·o· gist** iridoloog.

**i·ris** irises, irides iris, reënboogvlies *(v.d. oog);* *(bot.)* iris, flap.

**I·rish** *n., (taal)* Iers; *the* ~ die Iere. **I·rish** *adj.* Iers. ~ **coffee** Ierse koffie. ~**man** =men Ier. ~ **Republican Army** *(afk.:* IRA) Ierse Republikeinse Leër *(afk.:* IRL). ~ **setter, red setter** Ierse setter. ~ **stew** aartappelbredie, Ierse bredie. ~ **terrier** Ierse terriër. ~ **whiskey** Ierse whiskey. ~ **wolfhound** Ierse wolfhond. ~**woman** =women Ierse vrou.

**irk** vies/kwaad maak, omkrap, ontstel, ontstem, grief. **irk·some** ergerlik, lastig, hinderlik, ontstellend, ontstemmend, verve= lend.

**i·ron** *n., (metal., simb.:* Fe) yster; strykyster; *(gh.)* yster(stok); *have several ~s in the fire* met verskeie dinge tegelyk besig

wees; *have too many ~s in the fire* te veel ysters in die vuur *(of* te veel hooi op jou vurk) hê; *a* **grappling** ~ 'n (en= ter)haak; *a* **man/woman of** ~ 'n man/vrou van yster/staal, 'n harde man/vrou; *a* **piece** *of* ~ 'n (stuk) yster; **pump** ~, *(infml.)* gewigte optel; **put/clap** *s.o. in* ~s iem. boei (*of* in boeie slaan); *rule with a* **rod** *of* ~ met 'n ystervuis regeer; *the* ~ *entered s.o.'s* **soul** iem. het verhard geraak, iem. se lewe is vergal; *strike while the* ~ *is hot* smee die yster so lank dit warm is; **white** ~, *(metal.)* wityster. **i·ron** *adj.* ys= ter=, van yster; *(fig.)* ysere; ysteragtig, ysterhard; *an* ~ **con= stitution,** *(fig.)* 'n ystersterk gestel; ~ **discipline** ysere tug; *an* ~ **fist/hand** *in a velvet glove,* *(fig.)* 'n sagte maar ferm hand, 'n ysere wil agter 'n vriendelike voorkoms; *rule with an* ~ **hand/fist** met 'n ystervuis regeer; *an* ~ **will,** *(fig.)* 'n stale/ysere wil. **i·ron** *ww.* stryk; ~ *s.t.* **out** iets uitstryk *('n probleem).* **I·~ Age** *(argeol.)* Ystertyd(perk). ~ **bar** ysterstaaf; (stuk) yster. ~**bound** met yster beslaan; so hard soos klip; streng, onbuigsaam, onversetlik. ~**clad** *n., (hist.)* pantserskip. ~**clad** *adj.* gepantser(d); *an* ~ *rule* 'n waterdigte reël, 'n wet van Mede en Perse. ~**coloured** ysterkleurig. **I~ Curtain:** *the* ~ ~, *(hist.)* die Ystergordyn. ~ **cutter** ysterskêr. ~**fist= ed** *(fig.)* hardvogtig, meedoënloos, genadeloos. ~ **forge** ys= tersmedery. ~ **foundry** ystergietery, =smeltery. ~ **glance** *(min.)* ysterglans, hematiet. ~ **grey** ysterkleurig, ystergrou; ysterkleur; ysterskimmel. ~**hearted** *(fig.)* hardvogtig. ~ **lady** ystervrou; *the* I~ L~, *(Margaret Thatcher)* die Ystervrou. ~ **lode** ysteraar. ~ **lung** *(med.)* ysterlong. ~ **maiden** *(folter= toestel)* spykerkas. ~ **man** *(sport)* ysterman. ~ **man com= petition** ystermankompetisie. ~ **mill** ysterplettery. ~ **mine** ystermyn. ~**monger** *(Br.)* ysterhandelaar, handelaar in ys= terware; ~*'s (shop)* ysterwinkel, hardewarewinkel. ~ **mould,** *(Am.)* ~ **mold** ysterroes, ystersmet. ~ **ore** ystererts. ~ **oxide** *(chem.)* ysteroksied, roes. ~ **rations** *n. (mv.), (infml., mil.)* noodrantsoen. ~ **roof** sinkdak. ~ **shears** ysterskêr. ~ **slag** ysterslak. ~**smith** ystersmid, grofsmid. ~**stone** *(min.)* ysterklip. ~ **sulphate** *(chem.)* ystersulfaat, groenvitriool. ~ **sulphide** *(chem.)* ystersulfied. ~**ware** ystergoed, =ware. ~**wood** ysterhout. ~**work** ysterwerk; ysterware, ystergoed. ~**works** ystergietery; ystersmedery; ysterfabriek.

**i·ron·ing** strykwerk; strykgoed. ~ **board** strykplank.

**i·ro·ny**[1] *n.* ironie. **i·ron·ic, i·ron·i·cal** ironies, spottend.

**i·ro·ny**[2] *adj.* ysteragtig, ysterhoudend; yster=.

**Ir·o·quois** *n.* Irokees. **Ir·o·quoi·an** *n. & adj.* Irokees.

**ir·ra·di·ance** *(fis.)* irradiansie; *(poët., liter.)* skittering, glans, (uit)straling.

**ir·ra·di·ate** (uit)straal; bestraal; belig, verlig; deurstraal; op= helder. **ir·ra·di·a·tion** (uit)straling; bestraling; beligting; ver= ligting; straal; lig; stralekrans, stralekroon.

**ir·ra·tion·al** irrasioneel, onlogies, onsinnig; onredelik; re= deloos, sinloos; ongerymd; *(wisk.)* irrasionaal, onmeetbaar. **ir·ra·tion·al·ism** irrasionalisme. **ir·ra·tion·al·ist** irrasionalis= ties. **ir·ra·tion·al·i·ty** onredelikheid; redeloosheid; irrasiona= liteit.

**ir·re·but·ta·ble** onweerlegbaar.

**ir·re·claim·a·ble** onherwinbaar, onherstelbaar, reddeloos verlore; verstok, onverbeterlik; onontginbaar.

**ir·rec·on·cil·a·ble** *n.* onversoenlike. **ir·rec·on·cil·a·ble** *adj.* onversoenlik; onverenigbaar, onversoenbaar; *be* ~ *with* ... strydig/onverenigbaar met ... wees, nie met ... te rym wees nie. **ir·rec·on·cil·a·bil·i·ty** onversoenlikheid; onverenig= baarheid.

**ir·re·cov·er·a·ble** onherkrygbaar, reddeloos verlore; on= herstelbaar; ~ *debt* onverhaalbare/oninbare/dooie skuld.

**ir·re·deem·a·ble** reddeloos (verlore); onherstelbaar; *(fin.)* onaflosbaar, onafkoopbaar; ~ *debenture* onaflosbare obli= gasie; ~ *debt* onaflosbare skuld; ~ *paper currency* onin= wisselbare papiergeld. **ir·re·deem·a·bil·i·ty** onherstelbaar= heid; onaflosbaarheid.

**ir·re·duc·i·ble** onverminderbaar, laagste; onverkleinbaar; onherleibaar; ~ *minimum* onverminderbare/volstrekte/absolute minimum. **ir·re·duc·i·bil·i·ty** onverminderbaarheid.

**ir·ref·u·ta·ble, ir·ref·u·ta·ble** onweerlegbaar, onweerspreeklik, onomstootlik. **ir·ref·u·ta·bil·i·ty** onweerlegbaarheid, onomstootlikheid.

**ir·reg·u·lar** *n.* guerrillastryder. **ir·reg·u·lar** *adj.* onreëlmatig; ongereeld; ongelyk, oneffe; asimmetries; reëlloos; wanordelik; ongeoorloof; *highly* ~ hoogs onreëlmatig. **ir·reg·u·lar·i·ty** onreëlmatigheid; ongereeldheid; ongelykheid, oneffenheid; reëlloosheid.

**ir·rel·e·vant** ontoepaslik, nie ter sake nie, onsaaklik, irrelevant. **ir·rel·e·vance, ir·rel·e·van·cy** ontoepaslikheid, onsaaklikheid.

**ir·re·li·gious** ongodsdienstig; godsdiensloos, sonder godsdiens; ongelowig. **ir·re·li·gion** ongodsdienstigheid; godsdiensloosheid; ongeloof.

**ir·re·me·di·a·ble** onherstelbaar; onherroeplik; ongeneeslik, onverbeterbaar.

**ir·re·mov·a·ble** onverwyderbaar, onverplaasbaar; onafsitbaar. **ir·re·mov·a·bil·i·ty** onverwyderbaarheid; onafsitbaarheid.

**ir·rep·a·ra·ble** onherstelbaar. **ir·rep·a·ra·bil·i·ty** onherstelbaarheid.

**ir·re·place·a·ble** onvervangbaar; onherstelbaar.

**ir·re·press·i·ble** onbedwingbaar, onkeerbaar; onweerhou(d)baar. **ir·re·press·i·bil·i·ty** onbedwingbaarheid.

**ir·re·proach·a·ble** onberispelik, onbesproke.

**ir·re·sist·i·ble** onweerstaanbaar; onstuitbaar; verleidelik, bekoorlik; ~ *compulsion* oormag; ~ *impulse* onweerstaanbare aandrang. **ir·re·sist·i·bil·i·ty** onweerstaanbaarheid. **ir·re·sist·i·bly** onweerstaanbaar, op onweerstaanbare wyse.

**ir·res·o·lute** besluiteloos, onbeslis, weifelend, wankelmoedig. **ir·res·o·lute·ness, ir·res·o·lu·tion** besluiteloosheid, onbeslistheid, weifeling.

**ir·re·solv·a·ble** onoplosbaar *(probleem)*.

**ir·re·spec·tive** ~ *of* ... ongeag ..., afgesien van ..., sonder om op ... te let; ~ *as to whether* ... ongeag of ...

**ir·re·spon·si·ble** onverantwoordelik; ontoerekenbaar; argeloos, traak-my-nieagtig. **ir·re·spon·si·bil·i·ty** onverantwoordelikheid; ontoerekenbaarheid; argeloosheid.

**ir·re·triev·a·ble** onherstelbaar; onherroeplik; reddeloos. **ir·re·triev·a·bil·i·ty** onherstelbaarheid; onherroeplikheid; reddeloosheid. **ir·re·triev·a·bly** onherstelbaar; ~ *lost* hopeloos verlore.

**ir·rev·er·ent, ir·rev·er·en·tial** oneerbiedig; piëteitloos. **ir·rev·er·ence** oneerbiedigheid; piëteitloosheid.

**ir·re·vers·i·ble** onherroeplik; onveranderlik; onstuitbaar; *(lett.)* onomkeerbaar; onherstelbaar. **ir·re·vers·i·bil·i·ty** onherroeplikheid; onveranderlikheid; *(lett.)* onomkeerbaarheid.

**ir·rev·o·ca·ble** onherroeplik; onverhaalbaar. **ir·rev·o·ca·bil·i·ty** onherroeplikheid.

**ir·ri·gate** besproei, natlei, benat, waterlei, bevloei; *(fig.)* verfris, vrugbaar maak; *(med.)* bespoel, uitspoel. **ir·ri·ga·ble** besproeibaar, benatbaar. **ir·ri·ga·tor** (be)sproeier; besproeiingsboer.

**ir·ri·ga·tion** besproeiing, benatting, bevloeiing, irrigasie; watervoorsiening; *(med.)* bespoeling, uitspoeling. ~ **dam** leidam. ~ **ditch**, ~ **furrow** leisloot, -voor. ~ **scheme** wateraanleg, besproeiingsaanleg. ~ **water** leiwater. ~ **works** damwerke, besproeiingswerke.

**ir·ri·ta·bil·i·ty, ir·ri·ta·ble·ness** prikkelbaarheid, krielwelrigheid, geïrriteerdheid, liggeraaktheid, knorrigheid, brommerigheid, wrewel(r)igheid.

**ir·ri·ta·ble** prikkelbaar, kriewelrig, geïrriteerd, liggeraak, knorrig, brommerig, wrewel(r)ig, moeilik. ~ **bowel syndrome** *(med., afk.:* PBS*)* prikkelbaredermsindroom *(afk.:* PDS*)*.

**ir·ri·tant** *n.* prikkel; prikkelmiddel, prikkelende middel; oorsaak van prikkeling. **ir·ri·tant** *adj.* prikkelend, irriterend, branderig. **ir·ri·tan·cy** geprikkeldheid.

**ir·ri·tate** irriteer, omkrap, ontstem, treiter; *(biol.)* prikkel, stimuleer; *s.o.* ~*s him/her* iem. irriteer hom/haar, hy/sy vererg hom/haar vir iem.; *he/she* ~*s one* ('n) mens vererg jou vir hom/haar. **ir·ri·tat·ed** vererg, geïrriteerd; *be* ~ *about/at/by s.t.* vererg wees oor iets, jou oor/vir iets vererg. **ir·ri·tat·ing** ergerlik. **ir·ri·ta·tion** ergernis, irritasie, verergdheid, ontstemming; *(biol.)* prikkeling; jeuk(ing), branderigheid, irritasie.

**ir·rupt** *ww.* binneval, inval; binnedring; *(bevolking)* ontplof. **ir·rup·tion** inval, oorval, irrupsie; binnedringing; ontploffing.

**is** *was has been* is; →BE; *sell s.t.* **as** ~ iets voetstoots verkoop; *how* ~ *he/she?* hoe gaan dit met hom/haar?; *how are you?* hoe gaan dit (met jou)?; *how* ~ *it that* ...? hoe kom dit dat ...?; *how much* ~ *this book/etc.?* hoeveel kos dié boek/ens.?; ... ~ *in a dangerous condition* ... verkeer in 'n gevaarlike toestand; *it* ~ *in the paper* dit staan/is in die koerant; *it* ~ ... dit is ...; *frequently/etc.* **it** ~ ... dikwels/ens. is dit ...; *(it ~)* ~ *it not?* of hoe?, is dit nie so nie?; ~ *it now?* regtig?; *there* ~ *peace* daar heers vrede; ..., *that* ~ dit wil sê ...; *what* ~ *that to you?* wat het jy daarmee te doen/make?, wat gee jy om?, wat kan dit jou skeel?, dit (t)raak jou nie; *s.o.* ~ *winning/etc.* iem. wen/ens. *(of* is aan die wen/ens.*)*. **is·n't** *wasn't hasn't been (sametr. v.* is not*)* is nie.

**I·saac** *(OT)* Isak.

**I·sa·iah** *(OT)* Jesaja.

**is·chae·mi·a,** *(Am.)* **is·che·mi·a** *(med.)* iskemie, plaaslike bloedloosheid. **is·chae·mic,** *(Am.)* **is·che·mic** iskemies.

**is·chi·um** -chia, *(anat.)* sitbeen, iskium. **is·chi·al** heup-, iskiaal.

**Ish·ma·el** *(Byb.)* Ismael.

**Ish·tar** *(Nabye-Oosterse mit.)* Istar, Isjtar, Astarte, Astartê.

**i·si·bo·ngo** *(Ngu.)* pryslied.

**i·si·cam·tho** *(Ngu.)* isicamtho, tsotsitaal, flaaitaal.

**i·si·ca·tha·mi·ya** *(Z., mus.)* isicathamiya.

**I·sis** *(Eg. mit.)* Isis.

**Is·lam** Islam. **Is·lam·ic** Islamities. **Is·lam·i·sa·tion, -za·tion** Islamisering. **Is·lam·ise, -ize** Islamiseer. **Is·lam·ist, Is·lam·ist** *n.* Islamis. **Is·lam·ist, Is·lam·ist** *adj.* Islamities.

**is·land** eiland; *the* ~ *of St Helena* die eiland St. Helena; *on an* ~ op 'n eiland. **is·land·er** eilander, eilandbewoner.

**isle** *(hoofs. poët., liter.)* eiland; *the I*~ *of Capri/Man/Wight/etc.* die eiland Capri/Man/Wight/ens.; *the I*~ *of Princes* die Prinse-eiland. **is·let** eilandjie; ~*s/islands of Langerhans, pancreatic* ~*s, (fisiol.)* eilandjies van Langerhans.

**ism** *(infml., dikw. neerh.)* isme.

**i·so·bar** *(met.)* isobaar. **i·so·bar·ic** isobaries, isobarometries.

**i·so·cline** isoklien. **i·so·cli·nal** *adj.* isoklinies; ~ *fold* isoklien. **i·so·clin·ic** *adj.* isoklinies; ~ *line* isoklien.

**i·so·dy·nam·ic** *(fis., geog.)* isodinamies.

**i·so·ge·o·ther·mal, i·so·ge·o·ther·mic** *(geog.)* isogeotermies.

**i·so·gloss** *(ling.)* isoglos.

**i·so·gon** *(geog., geom.)* isogoon. **i·so·gon·ic, i·sog·o·nal** *(geog., geom.)* gelykhoekig, hoektrou, isogonies.

**i·so·hy·et** *(met.)* isohieet, reënval-isogram. **i·so·hy·et·al** reën(val)-; ~ *line* isohieet, reënval-isogram.

**i·so·late** afsonder, afskei, afsluit, isoleer, afhok, *(fig.)* afkamp. **i·so·lat·ed** afgesonder(d), afgeskei, alleenstaande, los(staande), geïsoleer(d); *an* ~ *case* 'n alleenstaande/los geval; *be* ~ *from* ... van ... afgesonder(d) wees; *an* ~ *hill* 'n los kop. **i·so·lat·ing** *adj.* isolerend.

**i·so·la·tion** afsondering, afskeiding, isolering, isolasie; *in* ~ in afsondering. ~ **hospital** afsonderingshospitaal. ~ **ward** afsonderingsaal.

**i·so·la·tion·ism** isolasionisme. **i·so·la·tion·ist** isolasionis=
ties.

**i·so·mer** *n., (chem., fis.)* isomeer. **i·so·mer·ic** *adj.* isomeer,
isomeries. **i·som·er·ise,** =**ize** *(chem.)* isomeriseer. **i·som·er·ism**
isomerie. **i·som·er·ous** *(biol.)* isomeer, isomeries.

**i·som·e·try** *(wisk.)* isometrie. **i·so·met·ric** *adj.* isometries.
**i·so·met·rics** *n. (fungeer as ekv.)* isometriese oefeninge.

**i·so·morph** *n.* isomorf. **i·so·mor·phic, i·so·mor·phous** *adj.*
isomorf, gelykvormig.

**i·so·pleth** *(met.)* isogram.

**i·so·pod** *(soöl.)* isopode.

**i·so·prene** *(chem.)* isopreen.

**I·sop·te·ra** *(entom.)* Isoptera; termiete, wit-, rysmiere.

**i·sos·ce·les** *(geom.)* gelykbenig.

**i·sos·ta·sy** *(geol.)* isostasie. **i·so·stat·ic** isostaties.

**i·so·therm** *(met.)* isoterm, temperatuurisogram; *(fis.)* isoterm=
(iese kromme). **i·so·ther·mal** isotermaal, isoterm=.

**i·so·ton·ic** *(fisiol., biochem.)* isotoon, isotonies.

**i·so·tope** *n., (chem.)* isotoop. **i·so·top·ic** *adj.* isotoop, isoto=
pies. **i·sot·o·py** isotopie.

**i·so·trop·ic** *(fis.)* isotroop, isotropies. **i·sot·ro·py** isotropie.

**Is·ra·el** *(geog.)* Israel. **Is·rae·li** =*lis, n.* Israeli. **Is·rae·li** *adj.* Israe=
lies. **Is·ra·el·ite** *n., (Byb.)* Israeliet. **Is·ra·el·ite** *adj.* Israelities.

**is·su·a·ble** uitreikbaar.

**is·su·ance** uitvaardiging; uitgifte, uitreiking.

**is·sue** *n.* kwessie, saak; vraag(stuk), kwessie, probleem, twis=,
strydpunt; uitreiking *(v. banknote);* uitgawe, nommer *(v.
'n tydskrif);* uitgifte *(v. aandele);* uitvloeisel; uitstroming,
uitstorting; uitgang; uitweg; emissie; uitmonding; *(fml. of
jur.)* nakomelinge, kinders; *be at* ~ met/van mekaar verskil;
... *is at* ~ dit gaan oor ...; *an **environmental*** ~ 'n om=
gewingskwessie; *force the* ~ sake forseer; *join/take* ~ *with
s.o.* met/van iem. verskil; die stryd met iem. aanknoop;
*(jur.)* met iem. in geding tree; *that's **just** the* ~ dis juis die
moeilikheid; *make an* ~ *of s.t.* 'n geskilpunt van iets maak;
*(infml.)* oor iets bohaai maak; *on* ~ by uitgifte/uitreiking; *the
**point** at* ~ die kwessie waaroor dit gaan; die geskil=/twispunt;
*raise an* ~ 'n kwessie/saak aanroer; 'n kwessie na vore bring;
*on **that*** ~ op daardie punt, wat dit betref. **is·sue** *ww.* uitreik
*(lisensies, aandele, ens.);* uitstuur *('n uitnodiging);* in omloop
bring *(banknote); (uitgewer ens.)* uitgee, publiseer; *(biblioteek)*
uitleen, uitreik; gee, uitspreek *('n waarskuwing);* rig *('n uit=
daging);* uitvaardig *('n proklamasie);* uitreik, uitvaardig *('n
bevel);* uitskryf *('n lening);* bekend maak, bekendmaak *(be=
sonderhede);* voorsien, verskaf; uitkom, voortspruit; ~ *forth/
out (from s.t.)* te voorskyn kom (uit iets); ~ *from ...* uit ...
voortkom/(voort)spruit; van ... afstam. ~ *price (ekon.)* uit=
gifteprys, =koers.

**is·su·er** uitreiker.

**Is·tan·bul** *(geog.)* Istanbul.

**isth·mus** *(geog.)* landengte, ismus; *(anat.)* vernouing, in=
snoering. **isth·mi·an** van 'n landengte, landengte=, ismies.

**it** *pron.* dit; hy; daar; ~ *all* alles; *be finished with* ~ *all* met
die hele spul klaar wees; *is* ~ *a **boy/girl**?, (m.b.t. 'n baba)*
is dit 'n seuntjie/dogtertjie?; *face* ~ *out* die gevolge dra, dit
uitsing; *as* ~ *is* reeds; in werklikheid; *of* ~ daarvan; *pick* ~
*up* dit optel; ~ *is **raining*** dit reën; *is **that*** ~? is dit die ding?;
*that's* ~ dis dan al; *that's* ~! so ja!; *that's (just)* ~! presies!,
net so!; dis juis die moeilikheid!, daar lê/sit juis die knoop!;

*this is* ~, *(infml.)* nou kom die moeilike deel; nou kom ons
kans; nou gaan die poppe dans, nou is die gort gaar *(of* die
duiwel los); *who is* ~? wie is dit?; wie is daar?; *you're* ~*!, (by
kinderspeletjies)* jy's aan!. **its** *bes.vnw.* sy, van hom; haar, van
haar; daarvan; *the dog is wagging* ~ *tail* die hond swaai sy
stert; *what is* ~ *value?, (m.b.t. 'n voorwerp)* wat is die waarde
daarvan?. **it's** *(sametr. v.* it is*)* dis.

**I·tal·ic** *n. & adj., (taalgroep)* Italies.

**i·tal·ic, i·tal·ics** *n., (tip.)* kursiewe/skuins letter/druk, kur=
sief; *in* ~*s* kursief; in skuins druk; *my* ~*s, the* ~*s are mine*
kursivering van my, ek kursiveer, eie kursivering. **i·tal·ic**
*adj.* kursief, skuins. **i·tal·i·ci·sa·tion,** =**za·tion** kursivering.
**i·tal·i·cise,** =**cize** kursiveer.

**It·a·ly** *(geog.)* Italië. **I·tal·ian** *n.* Italianer; *(taal)* Italiaans. **I·tal=
ian** *adj.* Italiaans.

**itch** *n.* (ge)jeuk, jeuking, jeukte; uitslag; skurfsiekte; *(infml.)*
lus, hunkering; *feel an* ~ *for ...* jeuk om te ...; *the* ~ help=
my-krap, jeuksiekte; *s.o. has an* ~ *to ..., (infml.)* iem. se han=
de/vingers/voete jeuk om te ... **itch** *ww.* jeuk; *(infml.)* hun=
ker; *one's fingers* ~ *to ...* jou vingers jeuk om te ...; *s.o. is* ~*ing
to tell it, (infml.)* dit brand op iem. se tong. **itch·i·ness** jeu=
kerigheid. **itch·ing** jeukerig; *be* ~ *for ..., (infml.)* vir ... lus
hê/voel/wees, na ... soek; *be* ~ *to do s.t., (infml.)* brand/jeuk
om iets te doen. **itch·y** jeukerig; *have* ~ *feet* swerflustig wees,
deur die swerflus beetgepak wees.

**it'd** *(sametr.)* = IT WOULD; IT HAD.

**i·tem** *n.* punt; beskrywingspunt, besprekingspunt; nommer
*(op 'n program);* artikel, item *(op 'n lys);* pos *(v. 'n balans/
rekening);* stuk; onderdeel, besonderheid; berig, brokkie *(in
'n koerant); (infml.)* (liefdes)paartjie. **i·tem·i·sa·tion,** =**za·tion**
gedetailleerde inventaris/lys. **i·tem·ise,** =**ize** spesifiseer, af=
sonderlik aangee. **i·tem·is·er,** =**iz·er** spesifiseerder; spesifise=
rende kasregister.

**it·er·ate** herhaal. **it·er·a·tion** *(gedurige)* herhaling, iterasie.
**it·er·a·tive** herhalend, herhalings=; *(gram.)* iteratief, frekwen=
tatief.

**i·tin·er·ant** *n.* (rond)reisende/(rond)trekkende persoon. **i·
tin·er·ant** *adj.* (rond)reisend, (rond)trekkend. **i·tin·er·
a(n)·cy** rondreis, rondgang; reisplan.

**i·tin·er·ar·y** *n.* reisplan; reisverhaal; reisgids. **i·tin·er·ar·y**
*adj.* reis=, weg=; (rond)reisend, omgaande.

**it'll** *(sametr.)* = IT WILL; IT SHALL.

**it's** *(sametr.)* = IT IS; IT HAS.

**it·self** self; homself; *be politeness/etc.* ~ die beleefdheid/ens.
self wees; *by* ~ op sigself; alleen; vanself; *in a class by* ~ in 'n
afsonderlike klas; *in* ~ op sigself (beskou); *of* ~ vanself.

**it·sy-bit·sy, it·ty-bit·ty** *(infml.)* piepklein.

**I've** *(sametr.)* = I HAVE.

**i·vied** met klimop begroei; →IVY.

**I·vo·ri·an** *n.* Ivoriaan, Ivoorkusser. **I·vo·ri·an** *adj.* Ivori=
aans.

**i·vo·ry** *n.* ivoor, olifantstand; ivoorkleur; *(i.d. mv., infml.)*
(klavier)klawers; biljartballe; tande; dobbelstene. **i·vo·ry**
*adj.* ivoor=, olifantstand=; van ivoor; ivoor(kleurig). ~ *black*
ivoorswart. **I·**~ ***Coast:*** *the* ~ ~, *(geog.)* die Ivoorkus. ~~**col=
oured** ivoorkleurig. ~ *nut* ivoor(palm)neut. ~ *tower (fig.)*
ivoortoring.

**i·vy** klimop; eiloof. ~~**leaved:** ~ *pelargonium* kolsuring. ~~
**mantled** met klimop begroei.

**ix·i·a** *(bot.)* ixia; *(Ixia campanulata)* kalossie.

# Jj

**j, J** *j's, J's, Js, (tiende letter v.d. alfabet)* j, J; *little* ~ *j'tjie; small* ~ klein j. **J curve** *(statist.)* J-kromme.

**jab** *n.* steek; (kort) hou; stoot; sny. **jab** *=bb=, ww.* steek; stoot; sny; ~ *at s.o.* na iem. steek; ~ *s.t. out* iets uitsteek.

**jab·ber** babbel, kekkel, snater. **jab·ber·er** babbelaar, kekkelbek.

**jac·a·ran·da** jakaranda. ~ **wood** jakarandahout; palissander(hout).

**jack** *n.* krik, domkrag; wen(as), windas; *(kaartspel)* boer; troefboer; boerpot; *(rolbal)* witte, wit bal; *(telef.)* klink; *(sk.)* landsvlag; *(ook, i.d. mv., 'n speletjie)* klip-klip, vyfklip; ~ *of* **clubs** klawerboer; ~ *of diamonds* ruite(ns)boer; ~ *of hearts* harte(ns)boer; *not know* ~ *about s.t., (sl.)* weinig van iets weet, nie die minste van iets weet nie, *(sl.)* boggherol/bokkerol van iets weet; *every man* ~ die/de laaste mens, elke lewende siel; ~ *of spades* skoppensboer; ~ *of all trades* janvan-alles, allesdoener; *s.o. is a* ~ *of all trades* iem. se hande staan vir niks verkeerd nie; *(a)* ~ *of all trades (and master of none)* 'n man van twaalf ambagte en dertien ongelukke; ~ *of trumps* troefboer. **jack** *ww.* opdomkrag, opkrik; met 'n wen(as)/windas optrek; ~ *s.o. around, (Am. sl.)* iem. rondmors/=foeter/=neuk; ~ *s.t. in, (sl.)* ophou met iets; iets opskop *('n kursus ens.);* ~ *off, (vulg. sl.: masturbeer)* draadtrek, skommel; ~ *s.t. up* iets opdomkrag *('n voertuig ens.); (infml.)* iets opstoot *(pryse ens.); (SA, infml.)* iets verbeter/regruk *('n diens ens.); be* ~*ed up, (SA, infml.)* agtermekaar/op-en-wakker wees. ~**ass** eselhings, donkiehings; *(infml.)* esel, domkop. ~**boot** kaplaars, =stewel; *s.o.'s* ~ *manner* iem. se brutale optrede. ~**daw** *(orn., Eurasië)* toring=, kerkkraai. **J~ Frost** ryp, winter. ~**hammer** lughamer; klopboor, slagboor, (lug)=hamerboor. ~**-in-the-box** kisduiweltjie. ~**knife** *n.* herneu=termes, groot knipmes. ~**knife** *ww.* met 'n mes sny; toeklap; *(vragmotor)* knak, knipmes. ~**-o'-lantern** *=terns, (Am.)* pampoenlantern. ~ **plug** stuprop; *(telef.)* klink(prop). ~**pot** *(kansspeletjies)* boer=, pryspak, woekerpot; totaal=, eindprys. **J~ Russell (terrier)** Jack Russell(-terriër). ~**(screw)** krik. ~**straws** *n. (fungeer as ekv.)* knibbelspel.

**jack·al** jakkals. ~ **buzzard** rooiborsjakkalsvoël. ~**proof** jakkalsdig. ~**proof fence** jakkalsheining.

**jack·et** *n.* baadjie; jakkie, jekker; bekleding, mantel, omhulsel; *(stof)*omslag *(v. boek);* skil *(v. aartappel);* vel, vag; *dust/trim/warm s.o.'s* ~, *(infml.)* iem. op sy baadjie/bas gee, iem. vuurwarm klop; *potatoes boiled in their* ~*s* aartappels in die skil gekook; *put on (or take off) a* ~ 'n baadjie aantrek/uittrek. **jack·et** *ww.* beklee, oortrek. ~ **design** *(druk.)* omslagontwerp. ~ **potato** *(kookk.)* aartappel in die skil gebak/gekook, ongeskilde aartappel.

**jack·ie hang·man, jack·(e)y hang·man** *(orn., SA, infml., ook met hll.)* janfiskaal, laksman.

**Ja·cob** *(OT)* Jakob. ~**'s ladder** *(bot.)* jakobsleer, speerkruid; *(sk.)* touleer, valreep.

**Jac·o·be·an** *(Br., hist.)* Jakobeaans, van Jakob(us) I.

**Jac·o·bin** *n., (Fr., hist.)* Jakobyn; *(infml., pol.)* radikaal, ekstremis; *(j~, orn.)* kappertjie(duif). **Jac·o·bin** *adj.* Jakobyns.

**jac·o·net** *(tekst.)* jakonet.

**ja·co·pev·er** *(SA, igt.)* jakopewer.

**ja·cuz·zi** *=zis, (handelsnaam)* borrelbad, jacuzzi.

**jade** *n.* niersteen, jade. ~ **(green)** liggroen, jadegroen.

**jad·ed** afgerem, doodmoeg; afgestomp.

**jade·ite** *(min.)* jadeïet.

**Jaf·fa** *(geog.)* Jaffa. ~ **(orange)** jaffa(lemoen).

**jag** *n.* punt; tand; skaar; uitsteeksel; weerhaak. **jag** *=gg=, ww.* skeur; kerf; inkeep; (uit)tand. **jag·ged** ru, skerp, ongelyk; happerig, getand; ~ *wound* skeurwond.

**jag·ger·y, jag·gar·y, jag·gher·y** ru(we) suiker.

**jag·uar** *(soöl.)* jaguar.

**Jah** *(Rastafarianisme)* Jah; →YAHWEH.

**jail, (Br.) gaol** *n.* tronk, gevangenis; *go to* ~ *for ... weens ...* tronk toe gaan *('n misdaad); in* ~ in die tronk; *send s.o. to* ~ iem. tronk toe stuur. **jail, (Br.) gaol** *ww.* in die tronk *(of* agter tralies) sit, opsluit. ~**bird** *(infml.)* tronkvoël. ~**break** tronkontsnapping.

**jail·er, jail·or, (Br.) gaol·er** tronkbewaarder, gevange(nis)=bewaarder.

**Jain, Jai·na** *(aanhanger v. Djainisme)* Djaina. **Jain·ism** *(Ind., relig.)* Djainisme.

**Ja·kar·ta, Dja·kar·ta** *(geog.)* Djakarta.

**ja·lop·(p)y** *(infml.)* rammelkas, skedonk, tjor(rie).

**jal·ou·sie** sonblinding, hortjiesblinding, jaloesie.

**jam**[1] *n.* gedrang; klomp; (verkeers)knoop, (verkeers)op(een)=hoping; (die) (vas)knyp; (die) (vas)haak; opstopping; *get into a* ~, *(infml.)* in die knyp beland. **jam** *=mm=, ww.* vasdruk; vasknyp, =klem; vassit, =haak; vaspak, volprop; vasslaan; steur *(rad.);* smoor *(rad., projektiele); (infml., mus.)* uit die vuis (uit) speel; ~ *s.t. in(to) ...* iets in ... (in)prop/stop; ~*med up, (pad)* versper; *(riool, pyp)* verstop; *(meganisme)* geblokkeer. ~**-packed** stamp=, propvol; blokvas. ~ **(session)** *(infml., mus.)* jam-sessie.

**jam**[2] *n.* (fyn)konfyt; *sliced* ~ snipperkonfyt; *want* ~ *on it, (fig., infml., gew. neerh.)* jou brood aan albei kante gebotter wil hê, (ook) nooit genoeg kry nie. ~ **jar** konfytfles. ~ **roll** konfytrol, Switserse rolkoek. ~ **tomato** peertamatie.

**Ja·mai·ca** *(geog.)* Jamaika. ~ **ginger** jamaikagemmer. ~ **(rum)** Jamaikarum.

**Ja·mai·can** *n.* Jamaikaan. **Ja·mai·can** *adj.* Jamaikaans.

**jamb, jambe** *n.* wang, styl *(v. 'n deur, venster);* (binnedeur)=kosyn; kaggelwand. ~ **(post)** deurstyl, binnekosynstyl.

**jam·ba·lay·a** *(Kreoolse kookk.)* jambalaia.

**jam·bo·ree** fees; pret(makery), fuif; kamp, laer; saamtrek.

**James** *(NT)* Jakobus; *King* ~ koning Jakob(us).

**jam·mies** *n. (mv.), (infml.)* pajamas.

**jan·bruin** *(SA, igt.)* janbruin.

**jane** *n., (hoofs. Am., infml.)* vrou, meisie.

**jan·gle** *n.* gerammel, lawaai; gekrys. **jan·gle** *ww.* rammel, lawaai maak; krys, skree(u). **jan·gling** rammelend; teenstrydig.

**jan·i·tor** deurwagter; portier; opsigter.

**Jan·u·ar·y** Januarie; *the month of* ~ Januariemaand. ~ **day** Januariedag.

**Ja·nus** *(Rom. mit.)* Janus. ~**-faced** huigelagtig, skynheilig.

**Jap** *n. & adj., (infml., neerh.)* Jap; →JAPANESE *n. & adj.*.

**Ja·pan** *(geog.)* Japan. **Jap·a·nese** *n. (ekv. & mv.)* Japannees, Japanner; *(taal)* Japannees, Japans. **Jap·a·nese** *adj.* Japan=nees, Japans; ~ *lantern* papierlantern, lampion; ~ *silk* Japanse sy.

**ja·pan** *n.* lak; lakwerk. **ja·pan** =*nn*-, *ww.* lak, verlak; japanneer. ~ **lacquer** japanlak.

**jape** *n.* grap. **jape** *ww.* 'n grap maak. **jap·ish** grapp(er)ig.

**Ja·pheth** *(OT)* Jafet.

**ja·pon·i·ca** *(bot.:* Chaenomeles speciosa*)* (Japanse) blomkweper; *(Camellia japonica)* japonika, kamelia.

**jar¹** *n.* fles; kruik; pot; kan.

**jar²** *n.* gekras, krasgeluid; wanklank; stamp, stoot; skok, ont=nugtering; ontstemming; skudding; rusie, onenigheid. **jar** =*rr*-, *ww.* kras, knars; skuur, kraak; stamp, stoot; bots; skok, ontnugter; ontstem; skud, ratel, (laat) tril; rusie maak, kibbel, onenigheid hê/kry; *s.t.* ~*s (up)on the ear* iets kras in die ore; *s.t.* ~*s with* ... iets bots met ..., iets vloek/met/teen ...; iets druis teen ... in.

**jar·di·nière** blom(me)staander; (groot) blompot; *(kookk.)* jardinière.

**jar·gon** koeterwaals, brabbeltaal; kromtaal; jargon; kom=buistaal; *(ling.)* jargon. **jar·gon·ise,** =**ize** brabbel, koeterwaals praat; met jargon deurspek.

**jar·rah** *(bot.)* jarra, Australiese mahonie.

**jas·mine, jes·sa·mine** *(bot.)* jasmyn; geelsuring.

**jas·per** *(min.)* jaspis.

**jaun·dice** *n., (med.)* geelsug; *(fig.)* bitterheid, wrewel; afguns. **jaun·dice** *ww.* geelsug laat kry; jaloers maak. **jaun·diced** borriegeel; geelsugtig; afgunstig; skeef, verdraai(d); *look (up)on s.o./s.t. with* ~ *eyes, take a* ~ *view of s.o./s.t.* iem./iets met lede oë aanskou, baie skepties oor iets wees.

**jaunt** *n.* uitstappie, plesiertoggie, -ritjie; *go on a* ~ 'n uit=stappie doen/maak. **jaunt** *ww.* 'n uitstappie doen/maak.

**jaun·ty** *adj.* lig=, lughartig, opgewek; swierig. **jaun·ti·ly** *adv.* opgewek; swierig, met swier. **jaun·ti·ness** opgewektheid; swierigheid.

**Ja·va** *(geog.)* Java. ~ **coffee** Javakoffie. ~ **man** *(paleont.)* Java=mens. ~ **sparrow** rysvoël(tjie), Javaanse wewervoël.

**Ja·va·nese** *n.* Javaan; *(taal)* Javaans. **Ja·va·nese** *adj.* Ja=vaans.

**jave·lin** werpspies; *throw(ing) the* ~ spiesgooi. ~ **head** spies=punt.

**jaw** *n.* kaak, kakebeen; bek *(v. 'n skroef ens.); (gereedskap)* klou; mond, bek, snoet; *(infml.)* ook jaw-jaw) pratery, geklets; *snatch s.o. from the* ~*s of death* iem. uit die kake/kloue van die dood red; *s.o.'s* ~ *dropped, (infml.)* iem. se mond het oopgeval; iem. het 'n lang gesig getrek; *give s.o. a lot of* ~, *(infml.)* jou baie astrant/parmantig hou; *hold/stop your* ~!, *(infml.)* hou jou bek!; ~*s of life* meganiese kake; *have **plenty** of* ~, *(infml.)* 'n groot mond hê; *set one's* ~ 'n vasberade/vasbeslote uitdrukking op jou gesig kry. **jaw** *ww., (infml.)* babbel, klets; preek, dreun. ~**bone** kakebeen, kenne=, kin=nebak. ~**breaker** *(infml.)* swaar woord, tongknoper; *(Am.)* harde suiglekker.

**jay¹** *(letter)* j.

**jay², jay (bird)** spotvoël, gaai. ~**walk** bontloop, strate op enige plek oorsteek. ~**walking** bontlopery.

**jazz** *n. (mus.)* jazz; *(infml.)* geesdrif, entoesiasme; *(infml.)* rompslomp; *(infml.)* kaf, twak; *and all that* ~, *(infml.)* en dies meer; *cool* ~, *(mus.)* koel jazz; *hot* ~, *(mus.)* warm jazz. **jazz** *ww.:* ~ *s.t. up, (mus., infml.)* iets verjazz; *(fig.)* lewe in iets blaas, iets opkikker/opvrolik; *(fig.)* iets opdollie. ~ **age** *(dikw. J*~ *A*~) jazz-era. ~ **band** jazzorkes. ~**man** =men jazzspeler. ~**rock** *(mus.)* jazz-rock.

**jazz·y** *(infml.)* jazzerig, jazzagtig; helder, kleurryk, spoggerig.

**jeal·ous** jaloers, afgunstig; *make s.o.* ~ iem. afgunstig/ja=loers maak, iem. vermaak; *be* ~ *of one's* ... afgunstig/jaloers

op jou ... wees *(geld ens.);* gesteld op jou ... wees *(eer ens.); be* ~ *of s.o.* op iem. jaloers/nydig wees, iem. beny; *be* ~ *of s.o.'s* ... op iem. se ... jaloers wees, iem. sy/haar ... beny; *keep a* ~ *watch over* (or *a* ~ *eye on) s.o.* iem. jaloers *(of* met argusoë) dophou. **jeal·ous·y** jaloesie, jaloersheid, afguns; gesteldheid, besorgdheid; *arouse* ~ jaloesie (op)wek; *s.o. is consumed/green* (or *eaten up) with* ~ iem. is groen van afguns/jaloesie, iem. het die geel baadjie/pak aan; *professional* ~ professionele jaloesie, beroepsjaloesie.

**jean** *(tekst.)* keperstof, =goed. **jeans** *n. (mv.)* jeans, denim=broek; *a pair of* ~ jeans, 'n denimbroek.

**jeep** *(J~ as handelsnaam)* jeep.

**jee·pers (cree·pers)** *tw., (Am. sl.)* jissie!, jitte!, jisla(a)ik!.

**jeer** *n.* spot, hoon. **jeer** *ww.* spot; ~ *at s.o.* iem. uitjou/uit=koggel, met iem. spot.

**jee·ra** *(Ind. kookk.)* jeera, komyn.

**Jeez(e), Geez** *tw., (infml., euf. vir* Jesus*)* jissie!, jitte!, jis=la(a)ik!.

**je·had** →JIHAD.

**Je·hosh·a·phat** *(OT)* Josafat.

**Je·ho·vah** *(OT)* Jehova; ~*'s Witness* Jehovasgetuie.

**je·june** naïef, oppervlakkig *(idees ens.);* saai, droog *(skryfwerk ens.); (liter.)* dor, droog; skraal, dun.

**je·ju·num** *(anat.)* nugterderm, leëderm, jejunum.

**Je·kyll and Hyde** *n., (iem. met twee persoonlikhede)* Jekyll en Hyde. **Je·kyll-and-Hyde** *adj. (attr.)* Jekyll-en-Hyde-, Jekyll-en-Hyde-agtige; *a* ~ *existence* 'n dubbele lewe/bestaan voer; *a* ~ *personality* 'n Jekyll-en-Hyde-persoonlikheid, 'n Jekyll-en-Hyde-agtige persoonlikheid.

**jell, gel** stol, styf word; *(idees ens.)* vorm aanneem, gestalte kry.

**jel·lied** in jellie, jellie=; ~ *soup* jelliesop.

**jel·ly** *(soet)* jellie; *(sout)* sjelei; *beat* ... *to a* ~ ... pap/voos slaan. ~ **baby** *(lekkertjie)* jelliebaba. ~ **bag** perssakkie. ~**bean** jellieboon(tjie). ~**fish** (see)kwal, medusa, drilvis, jellievis.

**jel·ly·like** *(soet)* jellieagtig; *(sout)* sjeleiagtig.

**jem·my,** *(Am.)* **jim·my** *n.* (in)breekyster; koevoet. **jem·my,** *(Am.)* **jim·my** *ww., (infml.)* oopbreek *('n venster ens.).*

**Jen·ghis Khan** →GENGHIS KHAN.

**jen·ny** loopkraan; laaiboom. ~ **(ass)** donkie=, eselmerrie, merrie-esel. ~ **wren** *(Br., infml., orn.)* winterkoninkie(wyfie).

**jeop·ard·y** gevaar, risiko; *be in* ~ in gevaar wees, op die spel staan/wees; *put s.o./s.t. in* ~ iem./iets in gevaar bring/stel. **jeop·ard·ise,** =**ize** in gevaar stel, op die spel plaas/sit.

**jer·bo·a** *(woestyn)*springmuis, jerboa.

**Jer·e·mi·ah** *(OT)* Jeremia; *(fig.)* onheilsprofeet. **jer·e·mi·ad** jeremiade, klaaglied.

**je·re·pi·go** *(SA)* jeropigo=, jeropiko(wyn).

**Jer·i·cho** *(geog.)* Jerigo.

**jerk** *n.* ruk; rukhef; trek *(v. 'n spier);* skok; *(infml.)* skobbejak, niksnut(s); *by* ~*s* met rukke en plukke; met horte en stote; *give a* ~ ruk; *s.t. brings/pulls s.o. up with a* ~ iets bring iem. tot besinning; *stop with a* ~ met 'n ruk tot stilstand kom. **jerk** *ww.* ruk, pluk; *(spier)* trek; gooi, smyt; stamp, stoot; skok; ~ *(o.s.) off, (vulg. sl.: masturbeer)* draadtrek; ~ *s.t. out* iets uitstotter. ~**water** *adj. (attr.), (Am., infml.)* afgeleë; kleindorpse; *(fig.)* verkrampte.

**jer·kin** jekker; *(leer)*baadjie; *(hist.)* kolder.

**jerk·ing·ly** met stampe en stote, hortend.

**jer·ky¹** *adj.* rukkerig, stamperig, stoterig, hortend, onreël=matig. **jerk·i·ly** rukkerig, met rukke en stote, hortend. **jerk·i·ness** rukkerigheid.

**jerk·y²** *n.* biltong.

**Jer·o·bo·am** *(OT)* Jerobeam. **jer·o·bo·am** groot wynfles.

**jer·ry-build·er** afskeep=, knoeibouer. **jer·ry-build·ing** *n.* knoeibou. **jer·ry-built** *adj.* swak/sleg gebou, wankelrig, lendelam.

**jer·ry·can, jer·ri·can** petrolkan; waterkan.

**Jer·sey** *(geog.)* Jersey. ~ **cattle** jerseybeeste.

**jer·sey** trui. ~ **(cloth)** trui-, jerseystof.

**Je·ru·sa·lem** *(geog.)* Jerusalem. ~ **artichoke** aardartisjok.

**jess** *(valkejag)* pootbandjie.

**jest** *n.* grap, gekheid, skerts, korswel, korswil; *in* ~ vir die grap, skertsend. **jest** *ww.* 'n grap *(of* grappies) maak, skerts, spot, gekskeer, die gek skeer, korswel, korswil; ~ *about s.t.* oor iets grappies maak; ~ *with s.o.* met iem. korswel/korswil; *no ~ing matter* niks om oor te lag nie, nie iets om mee te spot nie. **jest·er** grapmaker; nar, hanswors; *court* ~, *(hist.)* hofnar. **jest·ing** skertsery, spottery, gekskeerdery, grapmakery; ~ *apart/aside* (alle) grappies op 'n stokkie, in erns. **jest·ing·ly** skertsend, vir die grap.

**Jes·u·it** *(RK)* Jesuïet. **Jes·u·it·i·cal** Jesuïties.

**Je·sus** *n.* Jesus; *for Jesus' sake* om Jesus wil. **Je·sus** *tw., (taboesl.)* jissis!, jirre!. ~ **Christ** Jesus Christus.

**jet¹** *n., (min.)* git. **jet** *adj.* git-. **~-black** *adj.* gitswart.

**jet²** *n.* straal; spuit; bek; tuit, kraan; sproeier, straler, straalstuk. **jet** -tt-, *ww.* spuit, straal, uitskiet; bespuit; per straler reis. ~ **(aircraft/plane)** straler, straal-, spuitvliegtuig. ~ **engine** straal-, spuitenjin. ~ **fighter** straaljagter, -vegter. ~ **lag** vlugflouheid, -tamheid, -voosheid; *suffer from* ~ ~ vlugflou/-tam/-voos wees. **~-lagged** vlugflou, -tam, -voos. **~-liner** straallynvliegtuig. ~ **pipe** straalpyp. **~-propelled** straalaangedrewe, met straalaandrywing. ~ **propulsion** straalaandrywing. ~ **set** stralerkliek, straalritsers. **~-setter** straler-jakkeraar, straalritser. **~-setting** *adj. (attr.)* stralerjakker(s)-. ~ **ski** *n.* waterponie. **~-ski** *ww.* op waterponies *(of* 'n waterponie) ry. ~ **stream** *(met., teg.)* straalstroom.

**jet·sam** strand-, wrakgoed, opdrifsels; →FLOTSAM.

**jet·ti·son** *n.* (die) oorboord gooi; strand-, wrakgoed, opdrifsel. **jet·ti·son** *ww.* oorboord gooi. ~ **valve** *(lugv.)* stortklep.

**jet·ty** hawe-, seehoof, pier, aanlêsteier; uitsteeksel.

**Jew** Jood. **~'s-harp** *(mus.)* trompie, mondharp.

**jew·el** *n.* juweel, (edel)steen; steen *(in 'n horlosie);* kleinood, sieraad; versiersel; skat; *a* ~ *in the/one's crown* 'n pêrel in die/jou kroon, 'n (ver)toonstuk, 'n bron van trots. **jew·el** -ll-, *ww.* met juwele versier/behang/beset. ~ **box,** ~ **case** juweel-, juwelekis(sie).

**jew·elled, *(Am.)* jew·eled** met juwele versier/behang/beset; ~ *ring* juweelring.

**jew·el·ler, *(Am.)* jew·el·er** juwelier.

**jew·el·ler·y, *(Am.)* jew·el·ry** juwele, juweliersware; juwelierswerk.

**Jew·ess** Jodin.

**Jew·ish** Joods. **Jew·ish·ness** Joodsheid.

**Jew·ry** Jodedom.

**Jez·e·bel** *(OT)* Isebel; *a* ~, *(fig., soms j~)* 'n jesebel, 'n slegte/sedelose vrou.

**jib¹** *n., (sk.)* kluiwer. ~ **boom** kluifhout, kluiwerboom.

**jib²** -bb-, *ww., (hoofs. Br.; perd ens.)* vassteek, steeks word; *(iem.)* teen-, teëstribbel; ~ *at s.t., (perd ens.)* steeks wees vir iets; *(iem.)* vir iets terugdeins, van iets wegskram. **jib·ber** vassteker; steeks perd. **jib·bing** steeks.

**jib³** *n.* boom *(v. 'n kraan),* kraan-, swaaiarm. ~ **crane** (swaai)-armkraan. ~ **head** kraanarmkop.

**jibe¹** →GIBE.

**jibe²** →GYBE.

**jif·fy, jiff** *(infml.):* *in a* ~ in 'n japtrap/kits/ommesientjie; *wait a ~!* wag 'n bietjie!; *I won't be a* ~ ek kom nou(-nou).

**Jif·fy bag** *n., (handelsnaam)* plastieksakkie *(vir kos ens.);* opgestopte koevert.

**jig** *n., (mus., dans)* horrelpyp; horrelpypdeuntjie; wipsif; set-apparaat; mal; breedkleurmasjien; →GIGUE. **jig** -gg-, *ww.* die

horrelpyp dans; op en af wip; sif, skud; *(masj.)* set. **~-saw** uitsnysaag; rondsaag; (masjinale) figuursaag. **~-saw puzzle** legkaart.

**jig·ger** handtalie, takel; jiggerboot; jigger-, agterseil; biljart-bok; sifter, skudder; wipsif; breedkleurmasjien; langkop. ~ **saw** uitsny-, figuursaag.

**jig·gered:** *well, I'll be* (or *I'm)* ~!, *(infml.)* slaan my dood!, kan/wil jy nou meer!.

**jig·ger·y-pok·er·y** *(Br., infml.)* knoeiery, geknoei.

**jig·gle** wikkel, wiegel, ruk, skud; spartel.

**ji·had, je·had** *(Arab.)* djihad, heilige oorlog.

**jilt** *ww.* afsê, die trekpas gegee.

**jim crow** *(Am. gesk., dikw. J~ C~)* segregasie(beleid); *(teg.)* spoorbui(g)er.

**jim·jams** *n. (mv.), (infml.)* horries; bewerasie, ritteltit(s).

**jin·gle** *n.* geklingel, gerinkel, gerammel; klinkklank, rymelary; rympie; *(advt.)* klingel. **jin·gle** *ww.* klingel, rinkel, rammel, tingel. ~ **bell** veerklok(kie). **~-jangle** geklingel.

**jin·go** -goes, *(vero., neerh.)* jingo; chauvinis. **jin·go·ism** jin-goïsme. **jin·go·is·tic** jingoïsties.

**jink** *n.* sprong(etjie); ontduiking; bedrog. **jink** *ww.* (weg)-spring; wegduik, koe(t)s; ontduik; pret maak; bedrieg.

**jinn, djinn** *(Arab. mit.)* djins, geeste; →GENIE.

**jinx** *n.* onheilbringer; vloek; towenaar; towery; *there is a* ~ *on it* dit word deur die ongeluk gery; *put a* ~ *on s.t.* iets tot teenspoed/teëspoed veroordeel. **jinx** *ww.* toor, beheks, paljas; *be ~ed* deur die ongeluk gery word.

**jit·ter** *n.: the* ~*s, (infml.)* die ritteltit(s), senu(wee)agtigheid; *get/have the* ~*s, (infml.)* die rittel(tit)s kry/hê, dit op jou se-nuwees kry. **jit·ter** *ww., (infml.)* rittel, bewe. **jit·ter·y** senu-(wee)agtig.

**jit·ter·bug** *n.* rittel(tit)dans; ritteldanser(es); *(infml.)* senu-(wee)agtige tipe. **jit·ter·bug** *ww.* ritteldans.

**jiu·jit·su, jiu·jut·su** →JUJITSU.

**jive** *n., (dans)* jive. **jive** *ww.* jive, die jive dans.

**Joan:** *St* ~ *of Arc, (Fr. gesk.)* Jeanne d'Arc.

**Job** *(OT)* Job. **~'s comforter** jobstrooster, slegte trooster. **~'s news** jobstyding. **~'s tears** *(bot.)* jobstrane, -kraaltjies.

**job** *n.* werk; pos, betrekking; werkgeleentheid; taak; *(infml., <Eng.)* jop(pie); stuk werk, werkstuk, plig, verantwoordelikheid; *(infml.)* stryd, gesukkel; *(infml.)* (kosmetiese) operasie; *(infml.)* ding, affêre; *(infml.)* rooftog; *a bad* ~ slegte werk, vergeefse werk, verspilde arbeid; 'n gevaarlike/hopelose onderneming; *(infml.)* 'n nare gedoente, 'n ellende; *give ... up as a bad* ~, *(infml.)* ... afskryf/skrywe *(of* laat vaar); *s.o. gave it up for a bad* ~, *(infml.)* daar was geen salf aan te smeer nie; *make the best of a bad* ~, *(infml.)* dit vir lief neem, jou daarmee versoen, jou daarby neerlê; *~s for the boys, (infml.)* baantjies vir boeties; *by the* ~ as kontrakwerk, teen 'n vaste prys; *contract for a* ~ 'n werk aanneem; *do one's* ~ jou plig doen; *this should do the* ~, *(infml.)* dit behoort te werk; *fall down on the* ~, *(infml.)* die werk nie gedoen kry nie; *find/get a* ~ ('n) werk kry; *get on with the* ~ aan die werk spring; *do a good* ~ goeie werk doen/lewer; iets deeglik doen; *it's a good* ~ *that ...* dis 'n goeie ding dat ...; *make a good* ~ *of s.t.* iets deeglik doen; jou goed van jou taak kwyt; *s.t. is a good* ~ iets is 'n goeie produk *(of* stuk werk); *s.o. has a* ~ iem. het werk; *have a* ~ *to ..., (infml.)* jou hande vol hê om te ...; *it's an inside* ~, *(infml.)* dis die werk van mense binne; *just the* ~, *(infml.)* net wat nodig is; *lie down on the* ~, *(infml.)* lyf wegsteek; *a little* ~ 'n takie/joppie; *look for a* ~ werk soek; *odd* ~*s* los werkies; *be on the* ~, *(infml.)* besig wees, aan die gang wees; *be out of a* ~ sonder werk wees; *~s for pals, (infml.)* baantjies vir boeties; *pull a* ~, *(infml.)* 'n plek beroof; *have a regular* ~ vaste werk hê; *a soft* ~ 'n maklike/lekker baantjie; *tackle a* ~ aan die werk spring; *take up a* ~ 'n pos aanvaar; *find s.t. a tough* ~, *(infml.)* jou hande vol hê

met iets; *a* ~ *of work* 'n stuk werk, 'n taak. **job** =*bb*=, *ww.* los werk(ies) doen; uithuur, verhuur; kontrakwerk(ies) doen; agentswerk doen, die makelaarsberoep beoefen; *(Am., infml.)* knoei. ~**centre** arbeidsburo, =kantoor. ~ **creation** werkskepping. ~ **cuts** *n. (mv.)* vermindering/besnoeiing van poste, posbesnoeiings, werkvermindering, =besnoeiing. ~ **description** pos=, taak=, werkbeskrywing. ~-**hop** *ww.* ge= durig/kort-kort van werk verander. ~-**hopper** swerfwerker. ~-**hopping** gedurige werkverandering, swerfwerkery. ~-**hunter** werksoeker; baantjiesoeker, =jagter. ~-**hunting** werk= soekery; baantjiesoekery. ~ **loss:** *there were 750* ~ *es* 750 mense het hul(le) werk verloor, 750 poste het in die slag gebly. ~ **lot** rommelspul, allegaartjie. ~ **opportunity** werkgeleentheid. ~ **reservation** *(SA, hist.)* werkafbakening. ~ **satisfaction** werk(s)bevrediging. ~ **security** werksekerheid. ~-**seeker** = JOB-HUNTER.

**job·ber** los werker; stukwerker.

**job·ber·y** knoeiery, konkelwerk.

**job·less** werkloos; *the* ~ mense sonder werk, die werkloses.

**Jo'burg** *(SA, infml., geog.)* Johannesburg. **Jo'burg·er** *(inwo= ner)* Johannesburger.

**jock**[1] *(infml.)* →DISC JOCKEY.

**jock**[2] *(Am., infml.)* liesband, deurtrekker; sportmalle. ~**strap** liesband, deurtrekker.

**jock·ey** *n.* jokkie, re(i)siesjaer. **jock·ey** *ww.* uitoorlê, fop; knoei; ~ *s.o. away/out* iem. uitwerk *(uit 'n posisie);* ~ *s.o. in* iem. inwerk/inkry *(in 'n posisie);* ~ *s.o. into doing s.t.* iem. manipuleer om iets te doen, iem. iets onder valse voorwendsels laat doen; ~ *for position* jou eie kanse pro= beer verbeter. ~ **cap** jokkiepet. ~ **club** jokkieklub. ~ **pulley** leikatrol. ~ **wheel** spanwiel.

**joc·u·lar** grapp(er)ig, skertsend. **joc·u·lar·i·ty** grapp(er)ig= heid, snaaksheid. **joc·u·lar·ly** spelenderwys(e).

**jodh·purs** *n. (mv.): (a pair of)* ~ *('n)* rybroek.

**Joe** *n.:* ~ **Bloggs** *(Br., infml.),* ~ **Blow/Schmo** *(Am., infml.),* ~ **Public** *(infml.)* Jan Alleman/Burger/Publiek.

**jo·ey** *(Austr., infml.)* kangaroetjie; jong diertjie; kindjie.

**Joe·ys** *(SA sl., geog.)* Johannesburg.

**jog** *n.* draf; stamp, stoot; ligte skok; uitwyking; *go for a* ~ *('n* entjie) gaan draf. **jog** =*gg*=, *ww.* draf; stoot, stamp, pomp; ruk; skud; aanpor; ~ *along/on* voortdraf; *(infml.)* aan=/ voortsukkel; ~ *s.o.'s memory* iem. aan iets herinner. ~ **trot** *n.* stadige draf(fie), (sukkel)draffie. ~-**trot** =*tt*=, *ww.* op 'n stadige draf(fie)/(sukkel)draffie gaan.

**jog·ger** drawwer. **jog·ging** drawwery, draf.

**jog·gle** *n.* waggeling, gewaggel, strompeling, gestrompel. **jog·gle** *ww.* waggel, strompel; *(masj.)* joggel.

**John** *(NT)* Johannes; ~ *the Baptist, (NT)* Johannes die Doper. ~ **Doe** *(Am.)* onbekende man; Jan Alleman/Burger/Publiek. ~ **Dory** *(igt.: Zeus faber)* jandorie.

**john:** *the* ~, *(hoofs. Am. sl.)* toilet.

**john·ny** *(infml., soms J~)* kêrel, vent. ~-**come-lately** *johnny-come-latelies, johnnies-come-lately, (ook J~, infml., dikw. neerh.)* wysneusige groentjie.

**joie** *(Fr.):* ~ *de vivre* lewenslus, =blyheid, =vreug(de).

**join** *n.* voeg; las(plek); naat; verbinding; verbindingspunt; verbindingslyn, snylyn. **join** *ww.* (ver)bind, aanmekaar= bind, (vas)bind, vasknoop, vasmaak; (aan)heg, aanlas, (aan= een)las, aanmekaarlas; verenig, (saam)voeg, bymekaarvoeg; (jou) aansluit *(b.d. leër ens.);* toetree tot, lid word van *('n vereniging ens.);* jou voeg *(by);* aanmekaarskryf; (by die vloot) aanmonster; (jou) verenig met; paar aan, gepaardgaan met; aangrens, lê aan; ~ *the army/forces* by die leër aansluit, soldaat word; ~ *in the conversation* aan die gesprek deel= neem, saampraat; ~ *forces* kragte saamsnoer, saamwerk, saamspan, mekaar die hand reik; ~ *hands* die hande saam= vou; mekaar die hand gee; by mekaar aansluit; saamspan,

saamwerk; ~ *in* deelneem, meedoen, nader staan; inval *(by 'n singery);* ~ *in s.t.* aan iets deelneem; iets saam doen/maak; ~ *s.o. in a drink* saam met iem. 'n drankie drink; ~ *in the fight/laughter/etc.* saamveg/=lag/ens.; ~ *on s.t.* iets aanhaak *(wa ens.);* ~ *ship* monster; aan boord gaan; ~ *s.o.* (jou) by iem. aansluit, jou by iem. voeg; ~ *s.t. to* ... iets aan ... vasmaak/=knoop/=las; iets met ... verbind; ~ ... *together* ... verbind; ~ *up* diens neem; aansluit; *will you* ~ *us?* gaan jy saam?; kom jy by ons sit?; ~ *s.t. with* ... iets met ... verbind; iets aan ... vasmaak; ~ *with s.o. in doing s.t.* saam met iem. iets doen.

**join·der** vereniging, samevoeging; *(jur.)* voeging; ~ *of issue, (jur.)* ingedingtreding; ~ *of parties, (jur.)* voeging van partye.

**join·er** skrynwerker, meubelmaker; *(infml.)* aansluiter; *(SA, hist.)* joiner.

**join·er·y** skrynwerk, skrynwerkery, skrynwerkwinkel. ~ **tim· ber** skrynhout.

**joint** *n.* voeg; las(plek); naat; lit, gewrig; skarnier; verband, verbinding; been=, vleisstuk; rotsspleet; *(bot.)* knoop; *(infml.)* (dans/drink/eet/saamkom)plek, kafee; *(infml.: daggasigaret)* zol; *abutting* ~ haakse las; *a* ~ *of meat* 'n boud vleis; *be out of* ~, *(lett.)* uit lit wees; *(fig.)* ontwrig wees; *s.o.'s shoulder is out of* ~ iem. se skouer is uit die potjie; *put s.t. out of* ~ iets ontwrig, iets uit die voeë ruk. **joint** *adj.* gesamentlik, gemeenskaplik, gemeen, mede=; *in our* ~ *names* uit/op naam van ons albei. **joint** *ww.* las, voeg; dig maak; opsny, in stukke sny *(geslagte dier).* ~ **account** gesamentlike rekening. ~ **action** gesamentlike optrede. ~ **author** medeskrywer, mede= outeur; *they were* ~ ~*s of the book* hulle het die boek saam geskryf/=skrywe. ~ **custody** gesamentlike toesig. ~ **ligament** gewrigsband. ~ **plate** lasplaat. ~ **stock** gesamentlike aandelekapitaal. ~-**stock company** aandelemaatskappy. ~ **washer** voegwasser, =waster.

**joint·ed** geleed, gelit, met litte; ~ *cactus* litjieskaktus.

**joint·ing** laswerk; lasse; lasdigting; voegsel, voegwerk, =stry= king; naatvorming. ~ **plane** blokskaaf; voegvlak. ~ **rule** rig= lat, =plank.

**joint·less** gewrigloos, ongeleed; styf.

**joint·ly** gesamentlik, gemeenskaplik, mede=; ~ *liable* mede= aanspreeklik; ~ *and severally* gesamentlik en afsonderlik.

**joist** (dwars)balk, vloer=, solder=, stutbalk, (dak)spant, bint; balkyster. ~ **head** balkkop.

**joist·ed** van dwarsbalke voorsien.

**joist·ing** dwarsbalke, balklaag.

**jo·jo·ba** *(bot.)* jojoba. ~ **(oil)** jojoba(-olie).

**joke** *n.* grap, gekskeerdery; kwinkslag; geestigheid; ~*s apart/ aside* alle grappies/gekheid op 'n stokkie, sonder speletjies, in erns; *do s.t. as a* ~ iets vir die grap doen; *it is/goes beyond a* ~ dit gaan te vêr/vêr; *a broad* ~ 'n growwe grap; *a coarse/ smutty* ~ 'n skurwe/vuil grap; *a feeble* ~ 'n flou/soutlose grap(pie); *it's a hoary* ~ die grap het al baard; *do s.t. in a* ~ iets vir die grap doen; *make a* ~ 'n grap maak/vertel; *it's (or it is) no* ~, *(infml.)* dis niks *(of* nie iets) om oor te lag nie, dis *(of* dit is) geen grap nie; *it's (or it is) no* ~ *to* ..., *(infml.)* dis nie speletjies om te ... nie, om te ... is nie speletjies nie; *the* ~ *is on s.o.* die grap gaan teen iem.; *play a (practical)* ~ *(up)on s.o.* iem. 'n poets bak; *a practical* ~ 'n poets; *not see the* ~ nie die grap snap nie; iets nie grappig/snaaks vind nie; *that was some* ~, *(infml.)* dit was vir jou *(of* omtrent) 'n grap; *a standing/stock* ~ 'n ou/staande grap; *take a* ~ 'n grap verdra; *treat s.t. as a* ~ iets as 'n grap beskou; *by way of a* ~ vir die grap; skertsend. **joke** *ww.* 'n grap *(of* grappe/ grappies) maak, gekskeer, die gek skeer, korswel, korswil, speel; skerts; ~ *about s.t.* oor iets skerts; 'n grap van iets maak; *you're (or you are) joking!* jy speel!. **jok·er** grap= maker, grapjas; *(infml.)* deugniet, niksnut(s); *(i.d. mv.)* skor= riemorrie; *(kaartspel)* (swart) Piet; *the* ~ *in the pack, (fig.)* die onbekende faktor. **jok·ey, jok·y** grapp(er)ig, vol grappe.

**jok·ing** grapmakery, geskerts, skertsery; ~ *apart/aside* alle grappies/gekheid op 'n stokkie, sonder speletjies, in erns; *s.o. will stand no* ~ iem. laat nie met hom/haar gekskeer (*of die gek skeer*) nie. **jok·ing·ly** speel-speel, spelenderwys(e), vir die grap, skertsend.

**jol, joll, jorl** *n., (SA, infml.)* jol, opskop, makietie. **jol, joll, jorl** *ww.* jol, rondrits, rinkink. **jol·ler** joller, rondritser, rinkinker.

**jol·li·fi·ca·tion** pret, jolyt, plesierigheid, *(infml.)* makietie, vrolikheid.

**jol·li·ty** joligheid, pret, feestelikheid.

**jol·ly** *adj.* jolig, vrolik, plesierig; *feel a* ~ *fool, (infml.)* 'n mooi gek voel. **jol·ly** *adv., (infml.: baie)* deksels, lekker, rêrig, omtrent; ~ *good* deksels goed; *a* ~ *nice guy* 'n baie gawe/oulike ou; *s.o. will be* ~ *savage* iem. sal lekker kwaad (*of* lelik die hoenders in) wees; *you will* ~ *well have to* jy sal (maar) net (*of* [net] eenvoudig) moet; *I should* ~ *well think so!* ek sou so dink!; *I* ~ *well won't do it!* ek sal dit vervlaks nie doen nie!. **jol·ly** *ww.*: ~ *s.o. along* iem. met flikflooiery aanmoedig; ~ *s.o./s.t. up* iem./iets opvrolik. ~ *jumper* huppeltuig. **J~ Roger** seerowersvlag, Jolly Roger(-vlag).

**jol·ly (boat)** jol.

**jolt** *n.* stoot, stamp, skud, skok; ruk; *(fig.)* ontnugtering, skok. **jolt** *ww.* stoot, stamp, skud, skok; ruk; *(fig.)* skok, ontnugter, laat wakker skrik. **jolt·ing·ly** hortend. **jolt·y** stamperig, stoterig.

**Jo·nah** *(OT)* Jona; *(fig.: ongeluksbringer)* jona(s).

**Jon·a·than** *(OT)* Jonatan.

**Jones**: *keep up with the* ~*es, (infml.)* byhou by die bure.

**jon·quil** *(bot.)* sonkieltjie, (geel) narsing; liggeel.

**Jor·dan** *(geog.)* Jordanië; *the* ~ *(river)* die Jordaan(rivier). **Jor·da·ni·an** *n.* Jordaniër. **Jor·da·ni·an** *adj.* Jordanies.

**Jo·seph** *(OT)* Josef.

**josh** *(Am., infml.)* gekskeer (*of* die gek skeer) met, terg, pla.

**Josh·u·a** *(OT)* Josua. ~ *tree (Yucca brevifolia)* josuaboom.

**Jo·si·ah** *(OT)* Josia.

**joss** Chinese/Sjinese afgod, josie. ~ *stick* wierook-, offerstokkie.

**jos·tle** *n.* gedrang, gestoei, geworstel, gewoel; botsing. **jos·tle** *ww.* stamp, stoot, druk; knel, dring, stoei, worstel; ~ *with each other for s.t.* mekaar verdring om iets te kry. **jos·tling** *(ook)* woelig.

**jot** *n.* jota; kleinigheid; *not a* ~ *of* ... geen jota/krieseltjie/stukkie ... nie; *not one* ~ *or tittle* geen jota of tittel nie. **jot** *-tt-, ww.*: ~ *s.t. down* iets aanteken/aanstip/neerskryf/-skrywe. **jot·ter** *(Br.)* notaboekie, aanteken(ing)boekie.

**jot·ting** nota, aantekening. ~ *book* notaboekie, aanteken(ing)boekie.

**joule** *(fis.)* joule; *ten/etc.* ~*s* tien joule; *many* ~*s* baie joules.

**jour·nal** joernaal, dagboek; (dag)blad; (vak)tydskrif; *(axle)* ~*,(meg.)* astap, kussingblok; ~ *of record* dokumentasieblad. ~ *bearing* draagpot. ~ *box* astappot.

**jour·nal·ese** *(infml., neerh.)* koeranttaal.

**jour·nal·ism** joernalistiek. **jour·nal·ist** joernalis. **jour·nal·is·tic** joernalistiek, koerant-, dagblad-; ~ *style/language* koerantstyl, -taal.

**jour·ney** *n.* reis, tog; rit; *break a* ~ 'n reis onderbreek; *a day's* ~ 'n dagreis; *the* ~ *forward/back* die heenreis/terugreis; *go on* (or *make*) *a* ~ 'n reis/tog maak/onderneem; *have a good/pleasant* ~! voorspoedige/aangename reis!; *be on a* ~ op reis wees; *start on a* ~ op reis gaan, 'n reis begin; *in die pad val*; *take a* ~ 'n reis/tog maak/onderneem. **jour·ney** *ww.* reis, trek, 'n reis/tog maak/onderneem; ~ *on* verder/vêrder reis. ~**man** *-men* ambagsman, vakman, dagloner.

**jour·no** *-nos, (infml.)* = JOURNALIST.

**joust** *n., (hist.)* toernooi, steekspel. **joust** *ww., (hist.)* toernooi,

aan 'n steekspel deelneem; *(fig.)* meeding *(om iets)*, 'n lans breek *(met iem.).* **joust·er** deelnemer aan 'n steekspel.

**jo·vi·al** joviaal, gul, hartlik, vrolik, opgewek, opgeruimd. **jo·vi·al·i·ty** jovialiteit, gulheid, hartlikheid, vrolikheid, opgewektheid, opgeruimdheid, gemoedelikheid.

**Jo·vi·an** *(mit., astron.)* soos/van Jupiter; ~ *moon* maan van Jupiter.

**jowl** kaak, kakebeen; wang; *(v. buite)* keel, nek; keelvel *(v. 'n bees)*; varkwang; krop *(v. 'n voël)*. ~ *wool* kenwol.

**jowl·y** met hangwange.

**joy** vreugde, blydskap, genot, geluk; *be delirious with* ~ in ekstase (*of* dol van blydskap/vreugde) wees; *be filled with* ~ oorloop van blydskap/vreugde; *be flushed with* ~ uitgelate wees van blydskap/vreugde; *give s.o.* ~ iem. plesier verskaf; *it gives me* ~ dit verheug my, *(fml.)* dit doen my groot genoeë; *jump/leap for* ~ (op)spring/huppel van blydskap/vreugde; ~ *of living* lewensvreugde, -blyheid, -lus; *get/have no* ~, *(infml.)* niks bereik nie, geen sukses hê nie; *shout for* ~ jou vreugde uitskree(u); *after* ~ *comes sorrow* na vrolikheid kom olikheid; *in* ~ *and sorrow* in lief en leed; *to s.o.'s* ~ tot iem. se vreugde; *be transported with* ~ verruk wees van blydskap/vreugde; *undiluted* ~ ongemengde/onvermengde vreugde; *wish s.o.* ~ iem. gelukwens; *wish s.o.* ~ *of s.t., (Br., hoofs. iron.)* iem. met iets gelukwens; ~ *in work* arbeidsgenot, werkgenot. ~**ride** plesierrit(jie), plesiertog(gie), steeltoggie. ~**rider** plesierryer. ~**stick** *(lugv., infml.)* stuurstang, -stok; *(rekenaarspeletjies)* speelstang, -stok.

**joy·ful** bly, verblyd, verheug, vreugdevol, vrolik, opgewek; verblydend, verheugend, heuglik. **joy·ful·ly** met vreugde, bly, opgewek. **joy·ful·ness** blyheid, blydskap, vrolikheid; heuglikheid.

**joy·less** vreugdeloos. **joy·less·ness** vreugdeloosheid.

**joy·ous** *(poët., liter.)* bly, vrolik, vreugdevol; verblydend, verheugend, heuglik. **joy·ous·ness** blydskap, blyheid, vreugde; verblyding.

**ju·bi·lant** juigend, jubelend, verruk; *be* ~ *at s.t., (ook)* in die wolke wees oor iets. **ju·bi·lance** gejuig, gejubel, juiging, jubeling, verrukking.

**ju·bi·la·tion** gejuig, juiging, gejubel, jubeling, jubilasie.

**ju·bi·lee** jubileum; herdenkingsjaar; *celebrate one's* ~ 'n jubileum vier.

**Ju·dae·a, Ju·de·a** *(geog., hist.)* Judea. **Ju·dae·an, Ju·de·an** *n.* Judeër. **Ju·dae·an, Ju·de·an** *adj.* Judees.

**Ju·dah** *(OT)* Juda. **Ju·da·ic** Judaïes, Joods. **Ju·da·ism** Judaïsme; Jodedom.

**Ju·das** *(NT)* Judas; *(fig.)* verraaier. ~ *beard* judasbaard, rooi baard. ~ *Iscariot (NT)* Judas Iskariot. ~ *kiss (NT)* Judaskus; *(by uitbr.)* judaskus, verraaierskus.

**jud·der** *n.* siddering, trilling. **jud·der** *ww., (infml.)* sidder, tril.

**judge** *n.* regter; skeidsregter; beoordelaar, keurder; kenner; ~ *of appeal, (jur.)* appèlregter; *the Book of J~s, (OT)* die Boek (van die) Rigters; ~ *in chambers* kamerhof; ... *is the sole* ~ *of facts* die oordeel oor feite berus uitsluitend by ...; *as God is my* ~ so waar as ek leef, so waar as God; *be a good* ~ *of s.t.* 'n kenner van iets wees *(perde ens.)*; ~ *of people* mensekenner; ~ *of wine* wynkenner. **judge** *ww.* regspreek, uitspraak doen, oordeel, rig; veroordeel, keur, beoordeel; skat; beskou, ag, meen; ~ *by appearances* na/volgens die uiterlike oordeel; *don't* ~ *a book by its cover, (fig.)* moenie iem. op sy baadjie takseer nie; *to* ~ (or *judging*) *by/from* ... te oordeel na ...; *judging committee* keurkomitee; *a man is* ~*d by his friends* waar jy mee verkeer, word jy mee geëer. ~ *president judges president* regter-president. ~*s' chambers* regterskamers.

**judg(e)·ment** oordeel; uitspraak, beslissing; vonnis; mening, opinie; *against s.o.'s better* ~ teen iem. se beterwete (in); *divine* ~ die goddelike straf; *commit an error of* ~ 'n oordeelsfout begaan; *give ~, (jur.)* uitspraak doen/lewer; *give ~ against s.o., (jur.)* iem. veroordeel; *an impartial ~* 'n onbevange oordeel; *in s.o.'s ~* na/volgens iem. se mening/ oordeel; *a lack of ~* 'n gebrek aan oordeel; *the Last J~, (relig.)* die Laaste Oordeel; *it is a ~ on s.o.* dit is iem. se straf; *pass ~ (up)on ..., (hoofs. jur.)* oor ... uitspraak doen; 'n oordeel oor ... vel; *(power of) ~* oordeelskrag, =vermoë; *reserve ~* 'n oordeel opskort; die uitspraak voorbehou; *sit in ~ on s.o., (jur.)* oor iem. regspreek; 'n oordeel oor iem. vel; *suspend ~, (jur.)* 'n oordeel opskort; *s.o.'s ~ was warped by self-interest* eiebelang het iem. se oordeel benewel, iem. is deur eiebelang bevooroordeel(d) gemaak. **J~ Day** *(relig.)* die oordeelsdag; die Laaste Oordeel.

**judg(e)·men·tal** veroordelend, afkeurend; krities, vol kri= tiek, vitterig.

**judge·ship** regterskap.

**ju·di·ca·ture** regspleging, regspraak, regsbediening, regs= wese, justisie; regtersamp, regterskap; regsmag, regterlike mag; regbank. **ju·di·ca·to·ry** regterlik; geregtelik, regs=.

**ju·di·cial** regterlik; geregtelik; oordeelkundig, weloorwoë; *~ administration* regsbedeling; *~ body* regterlike liggaam; *~ commission* regterlike kommissie; *by a ~ decision* by reg= terlike vonnis; *legislative, executive and ~ power* wetgewende, uitvoerende en regterlike mag; *~ management* geregtelike bestuur; *~ order* hofbevel; *~ power* regterlike mag/gesag; *~ sale* verkoop in eksekusie, geregtelike veiling; *~ separation* geregtelike skeiding, skeiding van tafel en bed. **ju·di·cial·ly:** *~ separated* van tafel en bed geskei.

**ju·di·ci·ar·y** *n.* regbank, regterlike mag/gesag. **ju·di·ci·ar·y** *adj.* geregtelik, regs=.

**ju·di·cious** oordeelkundig, verstandig, weloorwoë, wys; *~ advice* wyse raad; *~ person* oordeelkundige. **ju·di·cious·ness** oordeelkundigheid, verstandigheid, wysheid.

**ju·do** *(sport)* judo. **ju·do·ka** =doka(s), **ju·do·ist** *(beoefenaar)* judoka.

**jug** *n.* beker, kruik, kan; lampetkan, =beker, gorletbeker; *(i.d. mv., plat: borste)* kanne; *a ~ of milk/etc.* 'n beker melk/ens.. **jug** =gg=, *ww., (kookk.)* stowe; *~ged hare* fyngestoofde haas. **~-eared** bakoor=, met (die) bakore. **jug·ful** =fuls beker (vol).

**jug·ger·naut** gevaarte; kolos, reus; *(Br.)* reusevoertuig, enorme vragwa/vragvoertuig, reusevoorhaker; *(fig.)* molog, reusemag.

**jug·gle** *n.* goëlery; foppery. **jug·gle** *ww.* goël, toor; jongleer; verdraai; fop, kul, bedrieg; *~ s.t. away* iets wegtoor; *~ s.o. out of s.t.* iets van iem. afrokkel; *~ with s.t.* met iets jongleer *(balle ens.)*; met iets goël *(syfers ens.)*; iets verdraai *(d. feite ens.)*. **jug·gler** goëlaar; jongleur; oëverblinder, towenaar; bedrieër. **jug·gler·y** goëlery, gegoël, goëltoertjies, =toere; toordery; kullery, bedrieëry.

**jug·gling** *n.* wiggelary, jongleer. *~ act (fig.): it's a ~ ~ to ...* dit kos/verg/vereis fyn voetwerk *(of* fyn voetwerk is nodig) om ...

**jug·u·lar** *adj.* keel=, nek=. *~ (vein)* nek=, keel=, strotaar.

**juice** *n.* sap, sop; kern, essensie; *(infml.)* (elektriese) stroom; *(infml.)* petrol; *gastric ~, (fisiol.)* maagsap. **juice** *ww.* sap uitpers; *~ s.t. up, (Am., infml.)* iets opkikker, lewe in iets blaas, woema in iets sit/pomp. *~ extractor* versapper, vrugtepers.

**juice·less** saploos, droog.

**juic·er** versapper.

**juic·y** *(infml.)* sappig, sopperig; *(infml.)* vet, voordelig, wins= gewend; *(infml.)* sappig, gewaagd, prikkelend *(storie ens.)*; *~ bits/parts* gekruide/stout gedeeltes. **juic·i·ly** sappig, sopperig. **juic·i·ness** sappigheid, sopperigheid, gewaagdheid.

**ju·jit·su, ju·jut·su, jiu·jut·su** *(Jap. vegkuns)* joejitsoe, ju= jitsu.

**ju·ju** toorkrag; beswering; taboe.

**ju·jube** *(bessie)* jujube; *(lekkers)* joep-joep.

**juke·box** speel=, blêrkas, musiekoutomaat.

**ju·lep** julep, (medisyne)stroop.

**Jul·ian cal·en·dar** Juliaanse kalender/tydrekening.

**ju·li·enne** *n., (kookk.)* julienne(sop). **ju·li·enne** *bep.* juli= enne= *(groente, repies, ens.)*.

**Ju·li·et** *(kodewoord vir d. letter j)* Juliëtte; *Romeo and ~* Romeo en Juliet. *~ cap* julietmus(sie).

**Ju·ly** Julie; *the month of ~* Juliemaand. *~ Handicap (SA)* July- (perde)wedren.

**jum·ble** *n.* warboel, deurmekaarspul, rommel, mengelmoes. **jum·ble** *ww.: a ~d collection of ...* 'n mengelmoes van ...; *~ s.t. (up)* iets deurmekaargooi/omwoel; *be ~d up/together* deurmekaar wees; *s.o.'s mind is ~d with thoughts and emotions* iem. se kop is *(of* iem. ervaar) 'n warboel van gedagtes en emosies. *~ sale* rommelverkoping. *~ shop* rommelwinkel.

**jum·bo** =bos kolos, reus; olifant. *~ jet (lugv.)* makrostraler. **~(-sized)** *adj. (attr.)* kolossale, reuse=, reusagtige, enorme, yslike, tamaai(e), 'n knewel/bielie van 'n ...; *~ eggs, (meer as 66 g)* jumbo-eiers.

**jump** *n.* sprong, spring; skop *(v. 'n geweer)*; be/stay one *~ ahead of s.o., (infml.)* voor iem. bly; *(right) from the ~* uit die staanspoor, van die staanspoor af; *gather o.s. for a ~* jou klaarmaak om te spring; *get the ~ on s.o., (infml.)* iem. voor wees, iem. voorspring; *give a ~* (weg)spring; 'n sprong doen; (op)skrik; *give s.o. the ~s, (infml.)* iem. die skrik op die lyf ja(ag), iem. die bewerasie gee; *have the ~s, (infml.)* die bewerasie hê; (senu)trekkings kry; *the high ~, (atl.)* hoogspring; *s.o. is for the high ~, (infml.)* dis klaar(praat) met iem.; *keep s.o. on the ~, (infml.)* iem. opkeil, iem. nie met rus laat nie; *the long ~, (atl.)* ver=, vêrspring; *be on the ~, (infml.)* aan die gang wees; *take a running ~* 'n aanloopsprong doen; *(go and) take a running ~!, (infml.)* kry jou ry!, skoert!; *a ~ in a series* 'n gaping in 'n reeks. **jump** *ww.* spring; opspring; oorspring; laat spring, skrikmaak; voorspring; *~ about/around* rondspring; *~ to s.o.'s aid* bysring (om iem. te help); *~ aside* uit die pad spring; 'n sysprong maak; *~ at ...* na ... spring; na ... gryp; op ... spring *('n prooi ens.)*; hap/gryp na ..., ... (met albei hande) aangryp *('n aanbod, geleentheid, ens.)*; *~ a claim* 'n kleim gaps/steel; gebied inpalm; *~ down* afspring; *~ for ...* na ... spring, spring om ... te kry *(d. bal ens.)*; huppel/(op)spring van ... *(vreugde ens.)*; *gather o.s. to ~* jou klaarmaak om te spring; *~ in* inspring; *~ into s.t.* in iets spring; iets aangooi *(klere)*; *~ a line* 'n reël oorspring; *~ off* afspring; begin; *~ off s.t.* van iets (af)spring; *~ on s.o., (infml.)* iem. te lyf gaan; iem. inklim/ invlieg, teen iem. uitvaar; *~ on s.t.* op iets spring; *~ on(to) a chair/etc.* op 'n stoel/ens. spring; *~ out* uitspring, uitwip; *~ out of s.t.* uit iets spring; *~ over s.t.* oor iets spring; *~ rope (Am.)* tou=, riemspring; *~ ship* van 'n skip dros; *~ s.o.* iem. bespring; iem. oorval; iem. oorslaan; *~ at s.o.'s throat* iem. aan die keel beetkry/gryp; *~ down s.o.'s throat, (infml.)* iem. inklim/invlieg, teen iem. uitvaar; *~ to ...* met/in een sprong tot ... styg; *~ to it!, (infml.)* maak gou!, opskud!, skud op!; *~ up* opspring, (op)wip. *~ ball (basketbal)* springbal. *~ jet (lugv., infml.)* sprongstraler. *~ lead (elek.)* (oor)brugkabel, =draad, oorleikabel, =draad, oorleiding. **~-off** (die) afspring; beslissende sprong; *(perdesport)* beslissende rond(t)e. *~ seat (hoofs. Am.)* klapstoel(tjie). **~-start** *ww., (mot.)* aan die gang stoot, brandstoot; met oorleikabels/hulpkrag aan die gang kry/sit, aanskok; *(fig.)* 'n hupstoot(jie) gee *(d. ekonomie ens.)*.

**jump·er**[1] springer; springperd; boorbeitel, =staaf; verdeel= draad; *(elek.)* oorleiding, (oor)brugdraad, =kabel, oorlei= draad, =kabel; *baby/jolly ~* wip=, huppeltuig. *~ cable (elek.)* (oor)brugkabel, oorleikabel. *~ (drill)* slag=, stampboor; klip= boor. *~ wire* (oor)brugdraad, oorleidraad.

**jump·er**[2] oor(trek)trui, (langmou)trui; *(Am.)* voorskootrok. *~ suit* kruippakkie *(vir 'n baba)*.

**jump·ing** *n.* (die) spring, springery. **jump·ing** *adj.* sprin= gend. *~ bean* springboon(tjie). *~ castle* springkasteel. *~*

drill slag=, stampboor. ~ **jack** kaartman(netjie), harlekyn. **~-off place/point** aanloop, vastrapplek, af=, wegspringplek; uitgangspunt.

**jump·y** *(infml.)* springerig; skrikkerig, senu(wee)agtig; ~ *gait* wipperige stappie; *it's* ~ *work* dis 'n gevaarlike werk/onderneming. **jump·i·ness** springerigheid; skrikkerigheid, senu(wee)agtigheid.

**junc·tion** vereniging, verbinding; bindplek, las; sameloop, samevloeiing, ineenvloeiing; bymekaarkomplek; kruispunt, knoop(punt) *(v. spoorlyne)*; spoorwegknoop, =aansluiting; aansluiter. ~ **box** aansluitkas, koppelkas, verbindingskas. ~ **call** koppellynoproep. ~ **valve** aansluitklep.

**junc·ture** vereniging; voeg, naat, las; sameloop (van om= standighede), tydstip, tydsgewrig, kritieke oomblik; *at this* ~ op dié tydstip.

**June** Junie; *the month of* ~ Juniemaand.

**jun·gle** oerwoud, boswêreld; ruigte; wildernis; warboel; *the law of the* ~ vuisreg, die reg van die sterkste. ~ **fever** bos= koors, miasmatiese koors. ~ **gym** klim=, klouterraam. ~ **juice** *(sl.: sterk drank)* skokiaan, doringdraad.

**jun·ior** *n.* junior, jongere; kleintjie, kleinding; *be s.o.'s* ~ jonger as iem. wees; onder iem. staan; *be s.o.'s* ~ *by a year/ etc., be a year/etc. s.o.'s* ~ 'n jaar/ens. jonger as iem. wees; 'n jaar/ens. later as iem. gekom het; *the* ~s die jongeres/juniors; *be* ~ *to s.o.* onder iem. staan. **jun·ior** *adj.* junior, jong(er), jongste; *J~ Bar, (jur.)* Junior Balie; ~ *clerk* onderklerk; **deputy chairman** tweede ondervoorsitter; ~ *officer* jong offisier; junior offisier; laags aanwesige offisier; ~ *partner* jongste/junior vennoot. ~ **high (school)** *(Am.)* middelskool.

**jun·ior·i·ty** juniorskap.

**ju·ni·per** jeneverbessie; jenewerstruik; sawel=, seweboom. ~ **oil** jenewerolie, jenewerbes(sie)olie.

**junk¹** *n.* *(infml.)* rommel, gemors; weggooigoed; nonsens, kaf; *(infml.: heroïen)* H. **junk** *ww., (infml.)* uit=, wegsmyt. ~ **bond** *(fin.)* hoërisiko-effek. ~ **food** *(infml., neerh.)* gemors=, kaf=, rommelkos. ~ **mail** gemors=, rommelpos. ~ **shop** rom= melwinkel.

**junk²** *n., (sk.)* jonk.

**jun·ket** *n.* stremmelk, soet dikmelk; stremselpoeding; (soort) roomkaas; fees, fuif; *(infml.)* plesiertog, duur party(tjie) *(op staatskoste)*. **jun·ket** *ww.* smul, fuif, feesvier; *(infml.)* 'n ple= siertog maak, 'n duur party(tjie) hou *(op staatskoste)*.

**junk·ie, junk·y** *(infml.)* dwelmslaaf.

**Ju·no** =nos, *(Rom. mit., astron.)* Juno. **Ju·no·esque** Junonies, statig.

**jun·ta** *(<Sp.)* komitee, raad, junta. **jun·to** =tos, *(hist.)* kliek, faksie, junto.

**Ju·pi·ter** *(Rom. mit., astron.)* Jupiter.

**Ju·ra** *(geog.)* Jura. **Ju·ras·sic** *n.: the* ~, *(geol.)* die Jura(tydperk). **Ju·ras·sic** *adj., (geol.)* Jurassies, Jura=.

**ju·rid·i·cal** geregtelik, regskundig, juridies.

**ju·ris·dic·tion** regsgebied, ampsgebied; regspraak; regsbe= voegdheid; jurisdiksie; ressort; *found* ~ jurisdiksie vestig; *be/come/fall outside the* ~ *of* ... buite die jurisdiksie/regs= bevoegdheid van ... wees; *be/come/fall under/within the* ~ *of* ... onder ... ressorteer; binne/onder die jurisdiksie/regs= bevoegdheid van ... wees. **ju·ris·dic·tion·al** bevoegdheids=, jurisdiksie=; ~ *dispute* jurisdiksiegeskil.

**ju·ris·pru·dence** regsgeleerdheid, jurisprudensie, regs= wetenskap, wetgeleerdheid. **ju·ris·pru·dent** *n.* regsgeleerde, regskundige. **ju·ris·pru·dent** *adj.* regsgeleerd.

**ju·rist** regsgeleerde, juris, wetgeleerde. **ju·ris·tic, ju·ris·ti·cal** regsgeleerd, juridies; ~ *person* regspersoon.

**ju·ror** jurielid.

**ju·ry¹** *n.* jurie; *charge the* ~ die jurie opdrag gee; *trial by* ~ 'n jurieverhoor. **~man** =men, **~woman** =women jurielid. ~ **panel** jurielys.

**ju·ry²** *adj., (hoofs. sk.)* nood=. **~-rigged** *adj., (sk.)* met noodtuig; *(hoofs. Am.)* tydelik, voorlopig, nood=. ~ **rig(ging)** noodtuig.

**just** *adj.* regverdig, billik *(verdeling)*; geregverdig *(eis)*; ge= grond *(vrees)*; regskape; (wel)verdiend; juis, presies; *it is only* ~ dit is nie meer as reg nie. **just** *adv.* net, presies; enkel, eenvoudig; sommer; maar; ewe; netnou, so pas, sopas; ~ *as well* ewe goed, net so goed; *it is* ~ *as well that* ... dit is (ook) maar goed dat ...; *it may be* ~ *as well to* ... dit is dalk raadsaam om te ...; *s.o. might* ~ *as well have gone/etc.* iem. kon ook maar gegaan/ens. het; ~ *as you are* sommerso; ~ *at that spot* presies op daardie plek; ~ *come here* kom ('n) bietjie hier; *s.o.* ~ *could not do it* iem. kon dit glad/eenvoudig nie doen nie; iem. kon dit nou eenmaal nie regkry nie; *s.o.* ~ *enthuses over* ... iem. dweep eenvoudig met ...; *you will* ~ *have to wait* jy sal maar (mooitjies) moet wag; ~ *listen to this* luister ('n) bietjie hier; ~ *three o'clock* drie= uur/drie-uur; *only* ~ (nou) pas, so pas, sopas; net-net, (so) hittete; ~ *over* ... effens/iets meer as ... *(honderd, 'n kilogram, ens.)*; ~ *right* doodreg; *s.o. is* ~ *a rotter* iem. is sommer 'n twak; ~ *the same* net dieselfde; tog, nietemin, nogtans, desondanks; ~ *so!, (fml.)* net so!, presies!; ~ *under* ... effens/iets minder as ... *(honderd ens.)*; ~ *what happened?* wat het presies gebeur?; ~ *why?* waarom presies?; *not* ~ *yet* nog nie, vir eers nie. **~-in-time** *adj. (attr.), (han., afk.:* JIT*)* voorraadlose *(produksie)*; net-betyds= *(stelsel ens.)*.

**jus·tice** geregtigheid, regverdigheid; reg; justisie; gereg; regmatigheid; billikheid; juistheid; regter; **administer** ~ regspreek, die wet toepas; **bring** *s.o. to* ~ iem. voor die gereg bring; *the* ~ *of a* **cause** die goeie reg van 'n saak; *let* ~ *take its* **course** die reg sy gang laat gaan; **deal** *out* ~ regspreek; *a* **denial** *of* ~ 'n miskenning van die reg; **deny** *s.o.* ~ iem. geregtigheid ontsê; *the* **dispensation/distribution** *of* ~ die regsbedeling; **do** ~ *to s.t.*, **do** *s.t.* ~ iets tot sy reg laat kom; **do** *s.o.* ~, **do** ~ *to s.o.* billik wees teenoor iem.; reg aan iem. laat geskied, iem. tot sy/haar reg laat kom; iem. eer aandoen; **do** *o.s.* ~ jou beste gee, jou met eer van jou taak kwyt; *there has been a* **failure** *of* ~ reg het nie geskied nie; *be* **founded** *in* ~ op geregtigheid gegrond wees; *in* ~ billikheidshalwe; *in* ~ *to* ... uit billikheid teenoor ...; **Minister** *of J~* minister van justisie; *Mr J~ X* regter X; *Mr Acting J~ X* waarnemende regter X; ~ *must* **prevail** reg moet geskied; *do* **scant** ~ *to* ... nie genoeg reg aan ... laat geskied nie; ~ *must be* **seen** *to be done* reg moet sigbaar geskied; **with** ~ met reg. **jus·tice·ship** regterskap. **jus·ti·ci·a·ble** beregbaar, aan die regspraak on= derworpe, vatbaar vir beregting.

**jus·ti·fi·a·ble** geregverdig, verdedigbaar, verskoonbaar; ~ *grievance* gegronde grief; ~ *homicide* straf(fe)lose/gereg= verdigde manslag. **jus·ti·fi·a·bil·i·ty, jus·ti·fi·a·ble·ness** ver= dedigbaarheid. **jus·ti·fi·a·bly** tereg, met reg.

**jus·ti·fi·ca·tion** regverdiging, verdediging, verskoning, ver= antwoording; wettiging; regverdigmaking; *in* ~ *of* ... ter regverdiging van ...

**jus·ti·fy** verdedig, regverdig, verantwoord, goedpraat; be= waarheid; motiveer; in die gelyk stel; *(teol.)* regverdig maak; *(druk.)* justeer; *the end justifies the means* die doel heilig die middele; ~ *o.s. (to s.o.)* jou (teenoor iem.) regverdig/ver= antwoord. **jus·ti·fied** geregverdig, verantwoord; *your fears were* ~ u/jou vrees was gegrond; *be* **fully** ~ heeltemal/vol= kome geregverdig wees; *be* ~ *in* **complaining/etc.** geregtig wees om te kla/ens.; *you were* **quite** ~ *in* ... jy het volkome gelyk gehad om te ... **jus·ti·fi·er** regverdigmaker; verdediger; vryspreker. **jus·ti·fy·ing** regverdigmakend.

**just·ly** regverdig(lik), billik; noukeurig; met reg, tereg; *very* ~ heel tereg.

**just·ness** regverdigheid, billikheid; gegrondheid; noukeu= righeid.

**jut** *n.* uitsteeksel, uitstekende/oorhangende gedeelte; uitbou= sel. **jut** =*tt*=, *ww.* (voor)uitsteek, uitspring, oorhang; ~ *out* uitsteek.

**jute** goiing, jute; juteplant. ~ **factory** jutewewery.

**Jut·land** *(geog.)* Jutland.

**Ju·ve·nal** *(Rom. satirikus)* Juvenalis.

**ju·ve·nes·cence** verjonging. **ju·ve·nes·cent** verjongend, jonk wordend.

**ju·ve·nile** *n.* jong mens, jongmens, jeugdige (persoon). **ju·ve·nile** *adj.* jeugdig, jong; jeug=, vir die jeug. ~ **choir** kin= der=, jeugkoor. ~ **court** jeughof. ~ **delinquent** jeugdige mis=

dadiger, jeugmisdadiger. ~ **lead** *(teat.)* (rol van) jeune premier. ~ **literature,** ~ **reading** jeuglektuur. ~ **offender** jeugdige oortreder. ~ **prison** jeuggevangenis. ~ **water** *(geol.)* nuwe water.

**ju·ve·nil·i·a** jeugwerk(e) *(v. 'n skrywer);* jeuglektuur.

**ju·ve·nil·i·ty** jeugdigheid, jonkheid.

**jux·ta·pose** naas mekaar stel/plaas. **jux·ta·po·si·tion** naas= mekaarstelling; aangrensing, teenaanligging; jukstaposisie; *in* ~ naas mekaar.

# Kk

**k¹, K¹** *k's, K's, Ks, (elfde letter v.d. alfabet)* k, K; *little* ~ k'tjie; *small* ~ klein k.

**k²** *k's, (SA, infml. afk.)* kilometer; *47 ~'s* 47 kilometer.

**K²** *K's, Ks, (infml. afk., <Gr.* kilo=*)* een duisend, eenduisend; *earn 30 ~ a year* dertig duisend *(of* dertigduisend*)* pond/dollar/ens. per jaar verdien.

**Kaa·ba, Caa·ba** *(heiligste plek in Mekka)* Kaäba, Ka'aba.

**Ka·bul, Ka·bul** *(geog.)* Kaboel.

**Kaf·fir** *(hist., neerh.)* Kaffer.

**kaf·fi·yeh** →KEFFIYEH.

**Kaf·ka·esque** *adj.* Kafkaägtig, Kafka-agtig.

**kaf·tan, caf·tan** kaftan.

**ka·hu·na** *(Am., infml.)* (groot) kokkedoor.

**kai·ser** *(hist.)* (Duitse) keiser.

**kai·zen** *(Jap. sakefilosofie)* kaizen.

**Ka·la·ha·ri** *(geog.)* Kalahari.

**Ka·lash·ni·kov** *(Rus., outomatiese geweer)* Kalasjnikof.

**kale, kail** kool, krulkool, weikool; koolsop; *(kitchen)* ~ krul=kool, boer(e)kool.

**ka·lei·do·scope** kaleidoskoop. **ka·lei·do·scop·ic** kaleido=skopies. **ka·lei·do·scop·i·cal·ly** kaleidoskopies.

**ka·long** *(vrugtevlermuis)* kalong, vlieënde hond.

**kal·ya** *(SA, Ind. kookk.)* kalja.

**ka·mi·ka·ze** *n., (Jap.)* kamikaze(vlieënier), selfmoordvlieë=nier; kamikaze(vliegtuig), selfmoordvliegtuig. **ka·mi·ka·ze** *adj. (attr.)* kamikaze-, selfmoord-; kamikaze=, roekelose, on=verskillige; ~ *attack* kamikaze-aanval, selfmoordaanval.

**kam·pong, kam·pong** *(<Mal.)* kampong.

**Kam·pu·che·a** = CAMBODIA.

**Ka·na·ka, Ka·na·ka** Kanaak, Suidsee-eilander.

**kan·ban** *(Jap. vervaardigingsproses)* kanban.

**kan·ga·roo** kangaroe. ~ **court** boendoehof. ~ **rat** (woestyn)=springmuis.

**kan·nip** *(bot.)* jakkalskos.

**ka·no·ti grass** kanotgras.

**Kan·sas** *(geog.)* Kansas.

**ka·o·lin, ka·o·line** kaolien, porseleinaarde, =klei.

**ka·pok** kapok(wol). ~ **tree** kapokboom.

**kap·pa** kappa, Griekse (letter) k.

**ka·put** *adj. (pred.), (<D., infml.)* kapot, pootuit.

**kar·a·bi·ner, snap link, krab** *(<D., bergklim)* karabyn=haak.

**Ka·ra·chi** *(geog.)* Karatsji.

**kar·a·kul, car·a·cul** karakoel(skaap).

**kar·a·o·ke** *(Jap., mus.)* karaoke; karaoke(-masjien). ~ **bar** karaoke-kroeg.

**ka·ra·te** *(Jap. vegkuns)* karate. ~-**do** (kuns van) karate.

**ka·ra·te·ka** karateka, karateleerling, =kenner.

**kar·ma** *(Hind. en Boeddh.; infml.)* karma, lot.

**Ka·roo** *(geog.)* Karoo; *the Great* ~, *(SA, geog.)* die Groot-Karoo; *the Little* ~, *(SA, geog.)* die Klein-Karoo. ~ **aloe** aan=teelaalwyn. ~ **System** *(geol.)* Sisteem Karoo, Karoosisteem.

**ka·ro·shi** *(Jap.)* karosji.

**ka·ross** karos.

**ka(r)·ree** *(SA, bot.)* karee(boom).

**kar·ri** *(bot.)* karri.

**Kar·roo** = KAROO.

**karst** *(geol.)* karst; *the K~* die Karst.

**kart** renstel, snortjor, knortjor. **kart·er** stelrenner.

**kas·bah, cas·bah** kasba, stadsvesting, sitadel.

**Kash·mir** *(geog.)* Kasjmir. **Kash·mir·i** =miri(s), *(inwoner; taal)* Kasjmiri. **Kash·mir·i·an** *n., (inwoner)* Kasjmiri. **Kash·mir·i·an** *adj.* Kasjmirs.

**Kas·sel, Cas·sel** *(geog.)* Kassel. **Kas·sel·er, Kass·ler rib** *(kookk.)* Kasselse rib.

**ka·ta** *(Jap. vegkuns)* kata.

**kat·a·bat·ic** *adj., (met.)* katabaties; ~ *wind* katabatiese wind, daal=, valwind.

**ka·ta·na** *(Jap. swaard)* katana.

**ka·ty·did** langhoringsprinkaan.

**kau·ri:** ~ **gum** kaurigom.

**ka·va** *(bot.)* kawa.

**kay** (letter) k.

**ka·ya** *(dikw. neerh.)* kaia, pondok(kie).

**kay·ak** *(soort kano)* kajak.

**Ka·zak(h)** *(inwoner)* Kasak; *(taal)* Kasaks. **Ka·zak(h)·stan** *(geog.)* Kasakstan.

**ka·zoo** =zoos, *(mus., blaasinstr.)* kazo.

**ke·bab,** *(Am.)* **ke·bob** kebab, sosatie.

**keck** *ww., (infml.)* braakbewegings maak, sukkelbraak, kok=hals; naar voel; walg.

**kedge, kedge an·chor** *n., (sk.)* keg=, werp=, katanker. **kedge** *ww.* versleep, verhaal.

**kedg·er·ee** *(kookk.)* kitsery.

**keel** *n.* kiel; skip, vaartuig; *be on an even* ~, *(sk., lugv.)* ge=lyklastig *(of* voor en agter ewe swaar) wees; *(fig.)* rustig *(of* in ewewig) wees; weer normaal wees; *keep things on an even* ~ *sake* in ewewig hou, die ewewig in sake bewaar; *matters are on an even* ~, *(ook)* dit gaan klopdisselboom. **keel** *ww.* kantel; ~ *over, (iets)* omkantel; *(infml., iem.)* omval, omkap. ~**boat** kielskuit.

**keel·age** kielreg.

**keel·haul** *(hist.)* kielhaal; *(infml., skerts.)* skrobbeer.

**keel·son, kel·son** kolsem *(v. 'n skip)*; saathout *(v. 'n boot)*.

**keen¹** *adj.* skerp *(humorsin, insig, verstand, kant ens.)*; bytend, vlymend; hartstogtelik, vurig; fel, hewig, heftig; ywerig; toegewyd; belangstellend; begerig, gretig; skraal *(windjie)*; sterk *(verlange, belangstelling)*; gespanne *(afwagting)*; laagste *(pryse)*; fyn *(reuksin)*; *be (as)* ~ *as* **mustard,** *(Br., infml.)* vol vuur/ywer *(of* baie entoesiasties) wees; *not be very* ~ nie baie gretig/lus wees nie; *be* ~ **on** *s.t.* lief wees vir *(of* gek wees na) iets; iets sterk begeer; *s.o. is* ~ **on** *doing s.t.* iem. wil iets dolgraag doen; *not be* ~ **on** *doing s.t., (ook)* traag wees om iets te doen; *a* ~ **supporter** 'n vurige ondersteuner. ~-**edged** skerp geslyp, skerpsnydend. ~-**eyed** skerpsiende. ~-**scented** skerp van reuk. ~-**witted** skerpsinnig.

**keen²** *n.* (Ierse) lyksang. **keen** *ww.* weeklaag; beween.

**keen·ly** skerp; vurig, ywerig; besonder; *observe ... ~ ...* skerp waarneem.

**keen·ness** skerpte, skerpheid; vurigheid, ywer; lewendige belangstelling; gretigheid; versotheid.

**keep** *n.* onderhoud, kos; *(hist.)* burg, vesting, kasteel; ves= ting=, kasteeltoring, slot=, hooftoring; sluiter; **earn** one's ~ jou kos verdien, in eie onderhoud voorsien, jou loon werd wees; *s.t.* **earns** *its* ~ iets dek sy eie koste/onderhoud; *for* ~*s*, *(infml.)* om te hou; vir altyd; *play for* ~*s*, *(infml.)* in erns speel. **keep** *kept kept, ww.* hou *(hotel ens.)*; behou; ophou; bewaar *(d. vrede ens.)*; hou, nakom, gestand doen *('n belofte)*; nakom, naleef, =lewe, gehoorsaam *(d. wet ens.)*; vervul, in ag neem; onderhou *('n gesin)*; aanhou *(diere, 'n minnares, ens.)*; in voorraad hou; goed bly; duur; woon; ~ *accounts/books* boekhou; ~ *s.t.* *afloat* iets vlot hou *('n boot)*; iets aan die gang hou *('n onderneming ens.)*; ~ *after s.o.* iem. bly agtervolg; ~ *ahead* voorbly; ~ *ahead of s.o.* voor iem. bly; ~ *people/things apart* mense/dinge uitmekaarhou *(of* uitmekaar/vanmekaar hou)*; ~ *at s.t.* met iets aanhou; met iets deurgaan; ~ *at s.o. to do s.t.* aan iem. knaag/torring om iets te doen; ~ *away from* ... van ... wegbly; op 'n afstand van ... bly; ~ *s.o./s.t.* *away* iem./iets weghou; ~ *s.t.* *away from s.o.* ... ~ *s.t.* *from s.o.* iets vir iem. wegsteek/versvyg; ~ *back* agterbly; ~ *s.t.* *back* iets agterhou *(iem. se loon ens.)*; iets agterweë hou; iets verswyg *(of* geheim hou) *(inligting ens.)*; iets bedwing *(trane ens.)*; iets beperk *('n uitgawe ens.)*; ~ *the crowd back* die skare bedwing/ terughou; ~ *coming* aanhou (met) kom, steeds kom; ~ *s.o. down* iem. onderhou; iem. onderdruk; iem. onder die duim hou; ~ *s.t.* *down* iets binnehou/inhou *(kos ens.)*; iets laag hou *(jou kop ens.)*; iets in bedwang hou *(onkruid ens.)*; ~ *one's feet* staande *(of* op die been) bly; ~ *friends* op goeie voet bly, maats/vriende bly; ~ *one's friends* vriende behou; ~ *from s.t.* jou van iets onthou; ~ *s.t.* ~*s s.o. from doing it* iets weerhou iem. daarvan om dit te doen; *God* ~ *you*, *(fml.)* mag God jou behoed/bewaar/beskerm; ~ *going* aan die gang bly; ~ ... *going* ... gaande *(of* aan die gang) hou; ... staande hou; ~ *your hair/shirt on!*, *(infml.)* moenie so kwaad word *(of* so vinnig op jou perdjie klim) nie!, bedaar!; ~ *hoping/etc.* bly hoop/ens.; *how are you* ~*ing?* hoe gaan dit (met jou [ge= sondheid])?; ~ *s.o. in* iem. inhou; iem. ná skool hou; ~ *s.o. in* ... iem. van ... voorsien; ~ *one's anger/etc. in* jou woede/ ens. bedwing; ~ *in with s.o.*, *(infml.)* op goeie voet met iem. bly; ~ *(to the) left/right* links/regs hou; ~ *moving* aan die beweeg bly; aanstap; ~ *off* ..., *(ook)* ... van jou lyf afhou; ~ *s.o./s.t. off* iem./iets weghou/afweer *(of* op 'n afstand hou); ~ *off s.t.* van iets wegbly; van iets afbly *(d. gras ens.)*; iets vermy *('n onderwerp ens.)*; iets laat staan *(d. drank ens.)*; ~ *on* aanhou; verder/vêrder gaan/loop/ry/ens.; ~ *on about s.t.* oor iets bly praat; ~ *on at s.o.* aan iem. knaag/torring; ~ *s.o. on* iem. behou *(of* in diens hou); ~ *straight on* reguit aanloop/ aanry; reg vorentoe gaan; ~ *on talking/etc.* aanhou (met) praat/ens.; ~ *o.s.* jouself onderhou; ~ *out* wegbly; buite bly; ~ *s.o./s.t. out* iem./iets buite hou; ~ *a party out*, *(pol.)* 'n party uit die bewind hou; ~ *out of s.t.* uit iets bly; jou nie met iets bemoei nie; ~ *s.o. out of s.t.* iem. uit iets hou; ~ *out of it!* hou jou daaruit!; ~ *s.t. over* iets oorhou, iets laat bly/oorstaan; ~ *the saddle* in die saal bly; ~ *saying/etc.* aanhou (met) sê/ens.; ~ *s.o. after school* iem. laat skoolsit/ skoolbly; ~ *s.t. short* iets korthou; ~ *to s.t.* by iets bly/hou, iets handhaaf *(beginsels ens.)*; iets naleef/nalewe *(of* in ag neem) *(reëls ens.)*; in iets volhard *('n gewoonte ens.)*; in iets bly *(d. bed)*; op/in iets bly, in iets hou *(d. pad)*; ~ *(o.s.) to o.s.* jou eenkant hou, geselskap vermy, jou afsonder; ~ *s.t. to o.s.* oor iets swyg; ~ *together* bymekaarbly; ~ *body and soul together* siel en liggaam aanmekaarhou; ~ *s.o. under* iem. onderhou/ onderdruk; ~ *s.t. under* iets onderdruk *(of* in bedwang hou); ~ *s.o. up* iem. wakker hou; ~ *s.t. up* iets volhou; iets byhou *(of* nie laat verroes nie) *(kennis ens.)*; iets handhaaf/hooghou *(of* in ere hou); in/met iets volhard; ~ *it up* daarmee volhou; daarmee volhard; ~ *it up!* hou so aan!, hou vol!; ~ *up with* ... by ... bybly/byhou, met ... tred hou; ~ *up with the Joneses*, *(infml.)* byhou by die bure; ~ *up with things* op (die) hoogte

van/met sake bly; ~ *s.o. waiting* iem. laat wag; ~ *well*, *(iem.)* gesond bly; *(iets)* goedhou; *what is* ~*ing s.o. (so long)?* waar bly iem. (so lank)?; *s.t.* **will** ~ iets kan wag; iets sal hou *(of* goed bly *of* nie bederf nie) *(melk, vleis, ens.); the news* **will** ~ dit sal nie ou nuus word nie; *I* **won't** ~ *you* ek sal jou nie ophou nie; *you* ~ *it!* hou jy dit!. ~**sake** aandenking, herin= nering, gedagtenis, soewenier.

**keep·er** bewaarder, opsiener, oppasser, oppaster, wagter; doelwagter; *(kr.)* paaltjiewagter; kurator *(in 'n museum)*; kon= servator; *(jag)*opsigter; wildopsigter, =opsiener; *(teg.)* skut= ring; sluiter; sluitstuk *(v. 'n magneet)*; anker.

**keep·ing** *n.* bewaring; hoede; ooreenstemming; onderhou= ding; *in s.o.'s* ~ onder iem. se sorg; *in* ~ *with* ... in ooreenstemming met ...; *it is in* ~ *with* ... dit is in ooreen= stemming met ...; dit strook met ...; dit pas by ...; *it is out of* ~ *with* ... dit is strydig *(of* in stryd) met ..., dit is nie in ooreenstemming met ... nie; dit strook nie met ... nie; dit pas nie by ... nie; *in safe* ~ in veilige/versekerde bewaring; onder veilige hoede.

**kees·hond** =honde keeshond.

**kef·fi·yeh, kaf·fi·yeh** *(Arab.)* keffie, kaffie, kopdoek.

**keg** vaatjie.

**Kei ap·ple** *(SA, bot.)* keiappel.

**ke·lim, ke·lim** →KILIM.

**kelp** kelp, seewier, =gras. ~ **ash** loogas, wier-as.

**kel·pie** *(Sk. folklore)* watergees.

**kel·vin** *(fis.)* kelvin.

**kemp** steekhaar. **kemp·y** vol steekhare.

**ken** begrip, kennis, verstand; gesig(skring), horison; *s.t. is beyond s.o.'s* ~ iets is bo iem. se begrip, iets is bo(kant) iem. se vuurmaakplek.

**ken·do** *(Jap. skermkuns)* kendo.

**ken·nel** *n.* hondehok; *(i.d. mv.)* hondeherberg, =hawe; *(breed= ing)* ~s hondetelery. **ken·nel** =ll=, *ww.* na 'n hondeherberg/ =hawe bring/neem; in 'n hondeherberg/=hawe (aan)hou.

**ke·no·sis** *(Chr. teol.)* kenosis, lediging, aflegging.

**Ken·tuck·y** *(geog.)* Kentucky.

**Ken·ya** *(geog.)* Kenia. **Ken·yan** *n.* Keniaan. **Ken·yan** *adj.* Keniaans.

**kep·i** *(Fr., mil. pet)* kepi.

**kept:** ~ *woman* minnares, houvrou, maitresse.

**ker·a·tin** horingstof, =weefsel, keratien. **ker·a·tin·i·sa·tion, =za·tion** verhoorning. **ker·a·tin·ise, =ize** verhoring.

**ker·a·ti·tis** *(med.)* horingvliesontsteking, keratitis.

**ker·a·tose** horingagtig.

**kerb, (Am.) curb** (straat)rand, band/rand van die/'n sy= paadjie; voetrand; randmuurtjie; *on the* ~, *(ook)* op straat. ~ **crawler** lamppaalverkenner. ~ **drill** oorsteekreëls. ~ **stone** randsteen.

**kerb·ing** beranding; randstene, randmuurtjie.

**ker·chief** halsdoek; kopdoek; *(poët., liter.)* sakdoek.

**kerf** keep, kerf; saagkerf; kap-ent, saagent; skeervlokkie.

**ker·fuf·fle** *(Br., infml.)* konsternasie; bohaai, herrie.

**ker·mes** *(entom.; kleurstof)* kermes. ~ **(oak)** kermeseik.

**ker·messe** *(fietsry)* kermesse.

**ker·mis** kermis; basaar.

**kern** *(druk.)* letterkrul, oorhang.

**ker·nel** pit; kern; ~ *of maize/mealies* mieliepit.

**ker·o·sene, ker·o·sine** *(chem.)* keroseen; *(Am., infml.)* lampolie, paraffien.

**Ker·ry:** ~ **blue (terrier)** Kerry blue-terriër. ~ **cattle** dexter=, kerrybeeste.

**ker·sey** *(wolstof)* karsaai.

**ker·sey·mere** *(wolstof)* kasemier.

**kes·trel** greater ~, *(Falco rupicoloides)* grootrooivalk; *rock* ~, *(F. rupicolus)* krans=, rooivalk.

**ketch** *(sk.: klein tweemaster)* kaag.

**ketch·up, catch·up, cat·sup** *(Am.)* tamatiesous; ketjap *(Mal.)*.

**ke·tone** *(chem.)* ketoon.

**ke·to·sis** -oses, *(med.)* ketose.

**ket·tle** ketel; *put the ~ on* water kook *(vir tee ens.)*. **~drum** pouk, keteltrom. **~drummer** poukenis, pouk-, keteltromspeler.

**kew·pie (doll)** *(oorspr. Am. handelsnaam)* kupie(pop).

**key** *n.* sleutel; verklaring; vertaling; antwoord(e)boek; leidraad; *(mus.)* klawer, toets *(v. 'n klavier ens.)*; *(mus.)* klep *(v. 'n horing ens.)*; *(mus.)* toonsoort, -aard; toets *(v. 'n tikmasjien)*; keil, wig; spy; *a bunch of ~s* 'n bos sleutels; *cut ~s* sleutels maak; *in ~ with ...* in harmonie met ...; *turn a ~ in a lock* 'n sleutel in 'n slot draai; *in a low/minor ~, (fig.)* gedemp; *off ~* vals; *in the same ~* in dieselfde trant; *the ~ to the front door* die sleutel van die voordeur; *the ~ to success* die sleutel tot welslae. **key** *adj.* belangrik, beslissend, deurslaggewend, sleutel-. **key** *ww.: ~ s.t. in* iets intik; *~ ... up* opwek/opkikker *(iem.)*; *...* opskroef/opdryf *(d. atmosfeer, spanning, ens.)*; *be (all) ~ed up* gespanne wees; slaggereed wees; opgewonde wees. **~ bolt** spybout; hamerbout. **~ brick** sluitsteen. **~ card** sleutelkaart. **~ colour** grondkleur. **~hole** sleutelgat. **~hole plate** sleutelgatskild. **~hole surgery** *(infml.)* minimaletoegangchirurgie, -sjirurgie. **~ industry** grond-, sleutelbedryf. **~ map** sleutelkaart; hoof-, oriënteringskaart. **~note** grondtoon. **~note speech/address** beleids-, programrede. **~pad** toetsbordjie; bytoetse, aanvullende stel toetse. **~ person** sleutelfiguur, -persoon. **~ piece** sluitstuk. **~ pin** spy. **~ plate** beslag, sleutelplaatjie. **~ point** steun-, sleutelpunt, strategiese punt. **~ position** *(mil.)* sleutelstelling; -pos(isie). **~ rack** sleutelbord. **~ ring** sleutelring. **~ seat, ~way** spygleuf. **~-shaped** sleutelvormig. **~ signature** *(mus.)* toonsoortteken. **~stone** sluitsteen; *(fig.)* hoeksteen. **~stroke** aanslag. **~word** sleutel-, trefwoord.

**key·board** klawer-, toetsbord; klavier, klaviatuur; toetsbord *(v. 'n rekenaar, tikmasjien, ens.)*; sleutelbord *(vir sleutels).* **~ operator** = KEYBOARDER. **~ instrument** klawerbordinstrument.

**key·board·er** *(druk., rek.)* toetsbordoperateur.

**key·board·ing** *(rek.)* intikking.

**key·board·ist** *(mus.)* klawerbordspeler.

**key·ing** *(telekom.)* sendmetode; seinmetode; *(bouk.)* keil-, wigwerk.

**key·punch** *ww.* pons. **~ operator** ponsoperateur.

**key·punch·er** pons(masjien); ponsoperateur.

**kha·ki** *n.* kakie(stof); kakie(kleur); *(SA hist., infml.: Br. soldaat)* kakie. **kha·ki** *adj.* kakiekleurig. **~ bush** kakie-, boetebos(sie). **~-coloured** kakiekleurig. **~-green** kakiegroen. **~ shorts** kort kakiebroek. **~ trousers** (lang) kakiebroek. **~ weed** kakiebos; kakiekweek.

**kha·lif** = CALIPH.

**k(h)am·sin, k(h)am·sin, kam·seen, kam·seen** *(<Arab., woestynwind)* chamsin.

**khan** *(titel)* khan, goewerneur, vors.

**Khoi** *n., (taal)* Khoi. **Khoi** *adj.* Khoi. **Khoi·khoi** -khoi(s), -khoin, *(bevolkingslid)* Khoi-Khoi.

**Khoi·san** *(bevolkings- of taalgroep)* Khoi-San.

**ki·aat** kiaat(hout).

**ki·ang** *(wilde-esel)* kiang.

**kib·ble¹** *n., (Br., mynb.)* hys-, ertsemmer.

**kib·ble²** *ww.* grof maal.

**kib·butz** -butzim kibboets, gemeenskapsplaas. **kib·butz·nik** kibboetsbewoner.

**kib·itz** *(Am., infml., <Jidd.)* ongevraagd raad gee; wysneusige opmerkings maak. **kib·itz·er** beterweter, wysneus.

**ki·bosh, ky·bosh:** *put the ~ on s.t., (infml.)* 'n end/einde

aan iets maak, iets stopsit; iets omverwerp/omvêrwerp/ verydel.

**kick** *n.* skop; skop, terugslag *(v. 'n geweer)*; stoot, stamp, skok; *(infml.)* fut, gô; *(infml.)* skop *(in alkoholiese drankie)*; *(infml.)* opwinding, lekker(te), lekkerkry, pret; *(infml.)* gier; *fail/miss with a ~* mis skop; *the ~ failed* die skop was mis; *do s.t. for ~s, (infml.)* iets vir opwinding *(of die aardigheid/ lekker(te)/pret)* doen; *get a ~ out of s.t., (infml.)* iets geniet; *get the ~, (infml.)* uitgeskop/afgedank word; *s.o. still has a lot of ~ in him/her, (infml.)* iem. se blus/gô is nog (lank) nie uit nie; *s.o. has no ~ left (in him/her), (infml.)* iem. se blus/gô is uit; *be on a ... ~, (infml.)* met ... behep wees, deur ... beetgepak wees *('n gier); get a ~ in the pants* (or *up the backside), (infml.)* 'n skop onder die sitvlak kry; *a ~ in the teeth, (infml., fig.)* 'n terugslag/teleurstelling/vernedering; *a touch ~, (rugby)* 'n buiteskop. **kick** *ww., (ook 'n geweer)* skop; trap; in verset kom, jou verset/teësit/teensit, misnoeë betuig *(teen); ~ about/around, (infml.)* ronddrentel, -hang, -dwaal; *~ s.o. about/around, (infml.)* iem. rondstoot; *~ s.t. about/around, (lett.)* iets rondskop; *(fig., infml.)* iets rondgooi, (aan) iets herkou *('n gedagte, plan, ens.); ~ against ...*, jou teen iets verset, teen iets in opstand kom; *~ at ...* na ... skop; *~ s.t. away* iets wegskop; *~ back, (geweer)* skop; *(fig.)* terugslaan, heftig reageer; *(Am., infml.)* vry *(of* op jou gemak) wees, ontspan; *~ s.t. back* iets terugskop; *a ~ing ball* 'n opslagbal; *~ s.t. down* iets stukkend skop *('n deur ens.); ~ s.o. when he/she is down* iem. skop wat lê; *~ s.o. downstairs* iem. die trap afsmyt; *(infml.)* iem. 'n kleiner possie gee; *s.o. could ~ him-/herself, (infml.)* iem. kon sy/haar hare uit sy/ haar kop trek (van spyt), iem. het hom-/haarself verwyt; *s.t. ~s in, (infml.)* iets begin werk *(of* tree in werking), iets vat vlam *(fig.); ~ s.t. in* iets stukkend skop *('n deur ens.); ~ in (with) s.t., (infml.)* iets bydra; *~ off* (die bal) afskop; *(infml.)* begin; *~ off one's shoes* jou skoene uitskop; *~ (the ball) out* (die bal) uitskop; *~ s.o. out, (infml.)* iem. uitskop/-smyt, van iem. ontslae raak; *~ out at ...* na ... skop; *~ s.t. over* iets omskop; *~ (the ball) over* (die bal) oorskop; *the ball ~s up* die bal spring (op). **~-ass** *adj., (Am., infml.)* wild, vurig, vuurwarm. **~back** terugstoot; hewige reaksie; *(infml.)* gunsloon, (oneerlike) kommissie/beloning, smeergeld. **~ boxer** skopbokser. **~ boxing** skopboks. **~down** *n., (mot.)* inskopper. **~-off** *(rugby)* afskop; inskop. **~ plate** skutplaat. **~ pleat** stapplooi. **~stand** *n.* (motor)fietsstaander. **~-start** *n., (fig.)* stukrag; hupstoot; *get a ~* 'n hupstoot kry; vlam vat; *give ... a ~* (groot/nuwe) stukrag aan ... gee/verleen *(d. ekonomie, mark, ens.); ...* 'n hupstoot gee *(d. ekonomie, iem. se loopbaan, ens.); ...* (weer) laat vlam vat *(iem. se loopbaan).* **~-start** *ww.* aan die gang skop *(motorfiets ens.); (fig.)* stukrag gee/verleen aan *(d. ekonomie, mark, ens.);* 'n hupstoot gee *(d. ekonomie, iem. se loopbaan, ens.);* (weer) laat vlam vat *(iem. se loopbaan).* **~-starter** trapslinger, -aansitter.

**kick·er** skopper; agteropskopper; skopperige perd.

**kid¹** *n.* bokkie, boklam(metjie); bokvel, kidleer; *(infml.)* kind(jie), kleintjie, snuiter, kannetjie, tjokker; seuntjie, meisietjie; →KIDDIE; *(i.d. mv.)* kleingoed, kleinspan; kidleerskoene; kidleerhandskoene; *a mere ~* 'n snuiter/bogkind. **kid** *adj. (attr.): ~ brother/sister, (infml.)* kleinboet(ie), -sus(sie). **kid** -dd-, *ww.* lam. **~ glove** *n.* kidleerhandskoen; *handle s.o. with ~ ~s* iem. sagkens behandel, iem. saggies aanpak. **~glove** *adj.* sag; verfyn(d); diplomaties, taktvol; *~ job* sagte baantjie. **~skin** kidleer. **~'s stuff** *(infml.)* kinderspeletjies; *it's ~ ~* dis kinderspeletjies, dis doodmaklik/doodeenvoudig.

**kid²** *ww., (infml.)* speel, gekskeer, die gek skeer, fop, flous, kul, vir die gek hou; *are you ~ding?* wat praat jy, man!; moenie laf wees nie!; *~ o.s.* jouself bedrieg; *~ s.o., (ook)* iem. iets wysmaak; *you're ~ding!* jy speel!, jy skeer (seker) die gek!. **kid·ding** *n.* foppery, flousery, tergery; *no ~, (Am.)* sonder grappies.

**kid·die, kid·dy** *n., (infml.)* kindjie, kleuter, kleintjie, tjokker(tjie), kleinding, kannetjie, knikkertjie. **kid·die** *adj. (attr.)* kinder=; ~ *car* kinderkar(retjie); kinder=, stootwaentjie; ~ *seat* kinderstoel(tjie).

**kid·do** *-dos (Am. sl., gew. as aanspreekvorm)* ou pel.

**kid·nap** *-pp-* ontvoer. **kid·nap·per** ontvoerder; kinderdief. **kid·nap·ping** ontvoering; kinderroof.

**kid·ney** nier; *artificial ~* kunsnier; *floating/movable/mobile ~, (anat.)* swerfnier, beweeglike/wandelende nier. ~ **bean** nierboon(tjie), snyboon, stamboon(tjie); pronkboon(tjie); sierboon(tjie); sewejaarsboon(tjie). ~ **machine** niermasjien. ~ **punch** nierhou. **~-shaped** niervormig. ~ **stone** *(patol.)* niersteen. ~ **vetch** *(bot.)* woudkruid, =klawer.

**Kief·fer pear** kiefferpeer.

**kie·rie** *(Afr.)* kierie.

**kie·sel·guhr** *(geol.)* kieselgoer.

**Ki·ev** *(geog.)* Kïef.

**kif, kef, kief** *n., (dwelmsl.)* dagga; dwelmroes. **kif, kief** *adj. & tw., (SA sl.: oulik)* kief, kwaai, bakgat.

**ki·koi, ki·koi** *(Swah., soort sarong)* kikoi.

**Ki·ku·yu** *-yu(s), (antr.; taal)* Kikoejoe. ~ **grass** kikoejoegras.

**ki·lim, ki·lim, ke·lim, ke·lim** kelim. ~ **rug** kelimtapyt.

**Kil·i·man·ja·ro** *(geog.)* Kilimandjaro.

**kill** *n.* (die) dood(maak), slagting; karkas, dooie dier; op=brengs/opbrings van die jag; *(mil., infml.)* vernietiging, uit=wissing *(v. 'n vliegtuig, skip, ens.); be in at the ~* by die end/einde aanwesig wees; *go in for the ~, (ook fig.)* jou regmaak om die uitklophou te plant. **kill** *ww.* doodmaak, doodslaan, dood, om die lewe bring, uit die weg ruim, afmaak, vermoor; vernietig, tot niet maak; slag; onderdruk; versmoor; beëindig, 'n einde maak aan; verongeluk *('n wetsontwerp);* dooddruk *('n voetbal);* moker *('n tennisbal);* omkry, ombring, verdryf, verdrywe *(d. tyd); be ~ed* **accidentally** verongeluk; *be ~ed in* **action/battle** sneuwel, val; *my back is ~ing me* my rug is af; *be ~ed* doodgemaak word; sterf, sterwe, omkom, die lewe laat/inskiet; *be ~ed by frost* doodryp; *my feet are ~ing me* my voete moor my; *have s.o. ~ed* iem. laat doodmaak; *s.o. was ~ed* **instantaneously** iem. is op slag dood; *~ s.o. with/by* **kindness** iem. dood vertroetel, iem. met liewigheid versmoor; *~ ... off ...* afmaak; *... (uit)slag; ... uitroei/verdelg; ~ o.s., (infml., skerts.)* jou ooreis/oorwerk/oorspan; *~ ... out ...* uitroei; *~ ... outright ...* op die plek doodmaak; *~ a pig/ etc.* ('n) vark/ens. slag; *~ seals* robbe slaan; *the suspense is ~ing me* die spanning maak my klaar *(of* is my end). **~joy** pret=, spelbederwer, jandooi, suurpruim.

**kill·er** doder; moordenaar; *(leeu ens.)* mensvreter; *(fig.)* ver=oweraar. ~ **application** *(infml.)* wen=, troefproduk. ~ **bee** (afrika-)moordby. ~ **cell** *(fisiol.)* witbloedsel, =liggaampie, leukosiet. ~ **disease** dodelike siekte. ~ **instinct** instink om dood te maak; moordinstink; *s.o. lacks the ~ ~, (fig.), ('n bokser, span, ens.)* iem. kan nie die uitklophou plant nie; *('n sakeman ens.)* iem. kan nie oor lyke (heen) loop/stap nie. ~ **satellite** gevegsatelliet. ~ **whale** *(Orcinus orca)* moordvis.

**kill·ing** *n.* doding, (die) doodmaak, (die) afmaak, slagting; *make a (big) ~, (infml.)* 'n (groot) slag slaan *(of* voordeel behaal). **kill·ing** *adj.* moordend, dodelik; hartverowerend, onweerstaanbaar; onbeskryflik, onuitspreeklik; *~ frost* kwaai ryp. ~ **field** moordveld.

**kill·ing·ly** onbeskryflik, onuitspreeklik; hartverowerend; ~ *funny* skree(u)snaaks.

**kiln** oond, droogoond. ~ **brick** oondsteen. **~-dried, ~-seasoned** in 'n oond gedroog. **~-dry** *ww.* in 'n oond droog; oonddroog. **~-drying, ~ seasoning** oonddroging, =droogproses.

**ki·lo** *-los, (infml.)* kilo(gram), kilo(meter).

**ki·lo·byte** *(rek., afk.:* Kb, KB*)* kilogreep.

**ki·lo·gram(me)** *(afk.:* kg*)* kilogram; *about 10 ~s* ongeveer *(of* 'n stuk of*)* 10 kilogram; *carry 1000 ~s* 1000 kilogram

ophê; *a ~ of sugar/etc.* 'n kilogram suiker/ens.; *two ~s of* ... twee kilogram ...; *hundreds/thousands of ~s* honderde/duisende kilogramme.

**ki·lo·hertz** *(afk.:* kHz*)* kilohertz.

**ki·lo·joule** *(afk.:* kJ*)* kilojoule. ~ **count** kilojoulewaarde.

**ki·lo·li·tre, (Am.) ki·lo·li·ter** *(afk.:* kl*)* kiloliter.

**ki·lo·me·tre, ki·lom·e·tre, (Am.) ki·lo·me·ter, ki·lome·ter** *(afk.:* km*)* kilometer; *in ~s* in kilometers; *hundreds/ thousands of ~s* honderde/duisende kilometers; *fifty ~s off* vyftig kilometer ver/vêr; *fifty ~s on* vyftig kilometer verder/ vêrder; *fifty ~s out of ...* vyftig kilometer van ... (af).

**ki·lo·ton(ne)** *(afk.:* kt; *eenh. v. plofkrag)* kiloton.

**ki·lo·watt** *(afk.:* kW*)* kilowatt. **~-hour** *(afk.:* kWh*)* kilowattuur.

**kilt** *n.* kilt, Skotse rokkie. **kilt** *ww.* plooi. **kilt·ed** met 'n kilt aan; geplooi(d).

**kil·ter, kel·ter:** *be out of ~* nie goed werk nie.

**kim·ber·lite** *(geol.)* kimberliet, blougrond.

**ki·mo·no** *-nos, (Jap.)* kimono.

**kin** *n.* geslag, familie; familie(betrekkinge), (bloed)verwante; (bloed)verwantskap; *we/they are ~* ons/hulle is familie/verwant; *be near of ~* nou verwant wees; *s.o.'s next of ~* iem. se naasbestaande(s)/bloedverwant(e); *we/they are no ~* ons/ hulle is nie familie/verwant nie. **kin** *adj.: be ~ to s.o.* aan/ met iem. verwant wees, familie van iem. wees. **kin·less** sonder verwante, sonder kind of kraai. **kin(s)·folk** *(antr., fml.)* familie(betrekkinge), (bloed)verwante. **kin·ship** verwantskap, familieskap. **kins·man** *=men, (antr., fml.)* bloedverwant, familielid; stamverwant; *near ~* na(as)bestaande. **kins·wom·an** *=women, (antr., fml.)* bloedverwante, (vroulike) familielid.

**kin·aes·the·si·a, (Am.) kin·es·the·si·a** spiersin.

**kin·cob** goudbrokaat; silwerbrokaat.

**kind**[1] *n.* soort, klas; geslag; ras; aard, natuur; *after its ~* volgens sy soort/aard; *they are all of a ~* hulle is almal eenders/eners; *s.t. is the best of its ~* iets is die beste in sy soort; *be different in ~* andersoortig wees, verskil; *pay in ~* in goedere/natura betaal; ruil; *repay in ~* terugbetaal, in gelyke munt (uit)betaal; *repay s.o. in ~, (fig.)* iem. met dieselfde/ gelyke munt betaal; *my ~ of man/woman* die soort man/ vrou van wie ek hou; *it is not my ~ of ... ...* is nie vir my nie; *nothing of the ~* niks van die aard nie; geen sprake van nie; *a ~ of ...* 'n soort ...; *~ of expect s.t., (infml.)* iets so half verwag; *be ~ of disappointed/etc., (infml.)* nogal *(of* 'n bietjie) teleurgestel(d)/ens. wees; →KINDA; ... *of a ~* 'n soort ..., iets wat soos ('n) ... lyk/klink/ens., maar 'n powere/eenjiese/ so-so *(of* swak verskoning vir ['n]) ...; *s.t. is one of a ~* iets is enig in sy soort; *something of the ~* iets van die aard; *people/ etc. of that ~, that ~ of people/etc.* daardie soort mens(e); *that ~ of car/etc.* daardie soort motor/ens.; *they are two of a ~* hulle is eenders/eners; *what ~ of ...?* watter soort ...?. **kind·a** *adv., (infml., sametr. v.* kind of*)* nogal; soort (van).

**kind**[2] *adj.* vriendelik, goedhartig, goedgunstig, goedgesind, minsaam, innemend, goedgeaard, welwillend; dierbaar, lief, liefdevol, liefderik, beminlik; →KINDLY, KINDNESS; *a ~* **action** 'n weldaad; *s.o. is ~ enough to ...* iem. is so vriendelik/lief om te ...; *s.o. is ~ to a* **fault** ens. is eintlik sleg van goedhartig; *a ~* **invitation** 'n vriendelike uitnodiging; *in ~* **memory** *of* ... ter liefdevolle (na)gedagtenis aan ...; *with ~* **regards** met vriendelike groete; *be so ~ as to ...* wees so goed/vriendelik om te ...; *be ~ to s.o.* vriendelik teenoor iem. wees; vir iem. goed wees; *these shoes are ~ to one's feet* hierdie skoene pas/ sit lekker aan ('n) mens se voete, met hierdie skoene loop jy lekker; *it's very ~ of you* dis dierbaar *(of* baie vriendelik*)* van jou. **~-hearted** goedhartig, goedgeaard. **~-heartedness** goedhartigheid, goedigheid.

**kin·der·gar·ten** kindertuin; kleuterskool, preprimêr(e skool).

**kin·dle** aansteek, aan die brand steek, laat ontvlam; aan die brand raak; aanwakker, prikkel, wek *(emosies ens.);* inspireer; opflikker; verlewendig; ~ *love for* ... liefde laat ontbrand vir ...; *s.t.* ~*s one's wrath* iets laat jou toorn ontsteek.

**kin·dling** (die) aansteek, ontsteking, ontbranding. ~ **(wood)** aansteek=, vuurmaakhoutjies, fynhout, fyn houtjies.

**kind·ly** *adj.* goedhartig, goed, goedig, minsaam, sag(aardig), saggeaard, vriendelik, welwillend; ~ *weather* aangename weer. **kind·ly** *adv.* goedgunstig(lik); *be* ~ *disposed towards* ... goedgesind teenoor/jeens ... wees; ~ *let me know* laat my asseblief weet, wees so goed om my te laat weet; *take* ~ *to* ... van ... hou, tot ... aangetrokke voel; *not take* ~ *to* ... ... afkeur, nie vir ... te vinde wees nie; nie tot ... geneë wees nie; *thank you* ~ hartlik dank. **kind·li·ness** goedhartigheid, vriendelikheid, minsaamheid.

**kind·ness** vriendelikheid, goedheid, goed(aard)igheid, min= saamheid, guns, welwillendheid; *show* ~ *to s.o.* vriendelik teenoor iem. wees, vriendskap teenoor iem. betoon.

**kin·dred** *n.* (bloed)verwantskap; karakterooreenkoms, af= finiteit; (bloed)verwante, familie(betrekkinge). **kin·dred** *adj.* verwant; gelyksoortig; passend, geskik, aangenaam; ~ *soul/spirit* geesverwant, =genoot.

**kin·e·mat·ic** *adj., (meg.)* kinematies. **kin·e·mat·ics** *n. (fun= geer as ekv.)* kinematika, kinematiek, bewegingskuns.

**ki·ne·si·ol·o·gy** kinesiologie, fisiologiese bewegingsleer, spierbewegingsleer.

**ki·ne·sis** *(biol.)* kinese.

**ki·net·ic** *adj.* kineties, bewegings=; ~ *art* kinetiese kuns; ~ *energy, (fis.)* kinetiese energie, bewegingsenergie, draai= ingsenergie, arbeidsvermoë van beweging; ~ *phenomenon* bewegingsverskynsel; ~ *theory, (fis.)* kinetiese teorie. **ki· net·ics** *n. (fungeer as ekv.)* kinetika, kinetiek, bewegingsleer.

**king** *(ook by skaak/dambord)* koning; vors, heerser; opperhoof; →QUEEN *n.; a* ~ *among men, (fig.)* 'n vors onder die mense; *the* ~ *of beasts/birds, (hoofs. poët./liter.:leeu, arend)* die koning van die diere/voëls; *(the Books of the) K~s, (OT)* (die Boeke van die) Konings; *the* ~ *of the castle, (infml.: iem. a.d. roer v. sake)* die een wat die septer swaai; ~ *of clubs* klawerheer; *crown s.o. (as)* ~ iem. tot koning kroon; ~ *of diamonds* ruite(ns)heer; *the K~ of glory/heaven* die Hemelkoning; *go to* ~, *(dambord)* koning maak, kroon *(d. skyf);* ~'*s head* koningskop; ~ *of hearts* harte(ns)heer; ~ *of kings, high* ~ opperkoning; *the K~ of kings, (Chr.: God)* die Koning van die konings; *live like a* ~ 'n koninklike lewe lei, koninklik *(of soos* 'n koning) leef/lewe; *make s.o.* ~ iem. tot die troon verhef; *proclaim s.o.* ~ iem. tot koning uitroep; ~ *of spades* skoppensheer; *the* ~ *of terrors* die koning van verskrikkinge, die Dood; ~ *of trumps* troefheer; ~ *of wines* koning van die wyne. ~**bird** *(Tyrannus spp.)* tiran, Amerikaanse vlieëvanger. ~**bolt** hoofbout, kringspil, skamelbout *(in* 'n *rytuig);* hoof= stang *(in* 'n *dak).* **K~ Charles spaniel** King Charles-spanjoel/spaniël. ~ **cobra, hamadryad** koningkobra. ~**fish** *(Carangoides/Caranx* spp.) koningvis. ~**fisher** visvanger; *European* ~, *(Alcedo atthis)* ysvoël; *halfcollared* ~, *(A. semitorquata)* blouvisvanger; *malachite* ~, *(A. cristata)* kuif= kopvisvanger; *pied* ~, *(Ceryle rudis)* bontvisvanger. ~**fisher blue** ysvoëlblou. ~**klip** *(SA, igt.)* koningklip(vis). ~**maker** *(lett.)* koningmaker; *(fig.)* man/vrou agter die skerms, tou= tjiestrekker. ~ **penguin** koningspikkewyn. ~**pin** hoofpersoon, spil; hoof=, skamelbout; krinkspil; koningskeël. ~ **post** hoof= styl, =staander, middelstyl; laaimas. ~**size(d)** *adj.* ekstra groot, reuse=. ~**wood** tulphout.

**king·dom** koninkryk; ryk; *the animal* ~ die diereryk; ~ *come* die hiernamaals; die duisendjarige ryk; *go to* ~ *come, (infml.)* na die ander wêreld verhuis; *wait till* ~ *come, (infml.)* wag totdat die perde horings kry, 'n ewigheid wag; *the* ~ *of God* die Koninkryk Gods *(of* van God); *the* ~ *of heaven* die Koninkryk van die hemele; *the mineral* ~ die mineraleryk/ delfstowweryk; *the vegetable* ~ die planteryk.

**king·less** koningloos.

**king·let** *(dikw. neerh.)* koninkie.

**king·like** koninklik, vorstelik.

**king·ly** koninklik, vorstelik. **king·li·ness** koninklikheid.

**king·ship** koningskap.

**kink** *n.* kinkel, knoop, slag; draai; kronkeling; kroeserigheid, krul *(in hare);* gril; morele/verstandelike afwyking; *have a* ~ *(in the brain), (infml.)* 'n streep hê, nie reg wys wees nie; *a moral* ~ 'n morele afwyking; *get the* ~ *out of* ... ... weer agtermekaar kry. **kink** *ww.* 'n kinkel gee, 'n slag/draai maak *(in* 'n *tou).* **kink·y** *(sl.)* pervers, skeef; bejoeks, eksentriek, sonderling; aweregs; kinkelrig, kronkelrig; kroes(erig), krul= lerig *(hare); a* ~ *one* 'n snaaksie.

**ki·no (gum)** kinogom.

**Kin·sha·sa** *(geog.)* Kinshasa.

**ki·osk, ki·osk** stalletjie, kiosk, kraam(pie), winkeltjie.

**kip** *n., (infml.), (Br.)* 'n slapie; *have a* ~ 'n uiltjie knip, gaan slaap/dut. **kip** =*pp=, ww.* slaap; ~ *down, (infml.)* gaan slaap; slaapplek vind.

**kip·per** *n.* rookharing, gerookte haring. **kip·per** *ww.* sout en droog/rook; ~*ed herring* gerookte haring, kipper; bokkem, bokkom. ~ **tie** *(infml.)* breë, bont das.

**kir** *(mengeldrankie, ook K~)* kir.

**kirsch(·was·ser)** *(D.)* kirsch(wasser), kersiebrandewyn.

**Kish** *(OT)* Kis.

**kish** grafietskuim.

**kis·met** *(Islam)* kismet, noodlot, fatum.

**kiss** *n.* soen, *(fml.)* kus; *(biljart)* klots; *(koekie)* soentjie; *blow s.o. a* ~ vir iem. 'n soentjie gooi/blaas; *the* ~ *of death* die doodsteek/judaskus *(of* soen van die dood); *give s.o. a* ~ iem. 'n soen gee, iem. soen; *the/a* ~ *of life* mond-tot-mond-asemhaling; *(fig.)* 'n hupstoot/lewenskus, nuwe stukrag; *a little* ~ 'n soentjie; *a* ~ *of love* 'n liefdesoen; *a* ~ *of peace, (tydens Nagmaal ens.)* 'n vredeskus; *seal s.t. with a* ~ iets met 'n soen beseël; *a smacking* ~ 'n klapsoen. **kiss** *ww.* soen, *(fml.)* kus; *(biljart)* klots; (aan)raak; ~ *(s.o.'s) ass, (Am., plat)* gatkruip, in iem. se gat kruip, gatlek, iem. se gat lek; ~ *s.t. away* iets wegsoen *(trane);* ~ *s.o. back* iem. terugsoen; ~ *and be friends* (or *make up)* weer vrede maak, die strydbyl begrawe, versoen raak; ~ *s.o. goodbye* iem. 'n afskeidsoen gee, iem. soengroet; *you can* ~ *that goodbye!, (infml.)* dis die laaste sien (van die blikkantien)!; ~ *s.o. goodnight* iem. 'n nagsoen gee; ~ *the ground* die grond soen *(v. jou ge= boorteland of* 'n *gasheerland);* val, in die stof byt; die grond aanbid *(waarop iem. loop);* ~ *hands* (or *the hand)* 'n handkus gee; ~ *s.o. off, (Am., infml.)* iem. uitskop/ontslaan/afdank *(of* die trekpas gee); iem. afsê *(of* die trekpas gee) *('n kêrel ens.);* ~ *the rod,* (idm.: *jou gedwee aan straf onderwerp)* die roede kus; ~ *and tell, (infml., hoofs. neerh.)* jou katelkaperjolle/seks= eskapades onthul/uitlap *(of* op die lappe bring *of* die wêreld instuur). ~**and-tell** *adj. (attr.), (infml.)* soen-en-vertel- *(boek ens.).* ~~**ass** *adj. (attr.), (plat Am. sl.)* gatkruipende, gatlek= kende. ~ **cannon** *(biljart)* klotskarambool. ~ **curl** krulletjie op die voorkop; onkrulletjie, =lokkie. ~~**off** *n.: give s.o. the* ~, *(Am. sl.)* iem. uitskop/ontslaan/afdank *(of* die trekpas gee); iem. afsê *(of* die trekpas gee).

**kiss·a·gram, kiss·o·gram** soentelegram.

**kiss·er** soener; *(sl.: mond)* bek, smoel.

**kiss·ing** *n.* gesoen, soenery; ~ *goes by favour* die liefde laat hom nie gebied nie; gunste en gawes vir geliefdes; *the* ~ *has to stop, (fig., infml.: d. harde werklikheid moet onder oë gesien word)* die wittebrood is verby. **kiss·ing** *adj., (ook)* soen=, soenerig. ~ **cousin** neef/niggie wat jy goed genoeg ken om te soengroet. ~ **crust** sagte kors(ie). ~ **gate** draaihek.

**kis(t)** *(Afr.)* kis.

**kit** *n.* toerusting; gereedskap(stel); monteerstel; vervangstel; mondering; uitrusting, gerei; *(infml.)* bagasie; *get one's* ~ *off,*

*(Br., infml.)* van jou klere ontslae raak, uit jou klere glip. **kit** =tt-, *ww.* toerus, uitrus; ~ *out s.o.* iem. uitrus; *be ~ted out with* ... met ... uitgerus wees, van ... voorsien wees. **~bag** knapsak, soldatesak; seemansak; reissak; gereedskapsak, uitrustingsak. ~ **box** gereedskap(s)kis, =koffer. ~ **room** klere= kamer.

**kitch·en** kombuis. ~ **cabinet** kombuiskas; *(infml.)* nieamptelike politieke/presidensiële raadgewers/adviseurs. ~ **cupboard**, ~ **dresser** kombuiskas, =rak; spensrak, =kas. ~ **garden** groente=, fyntuin. ~ **herbs** voedselkruie. ~ **language** kombuistaal. ~ **midden** *(argeol.)* (voorhistoriese) vullis=/afvalhoop. ~ **paper**, ~ **roll** kombuispapier. ~ **sink** opwasbak; *everything but the* ~ ~, *(skerts.)* alles moontlik/denkbaar, die hele spul/boel. ~ **sink drama** slopemmerdrama. ~ **stuff** kombuisafval, =oorskiet, =vullis. ~ **tea**, ~ **shower** kombuis=, bruidstee. ~ **unit** kombuiseenheid. ~ **utensils**, **~ware** kombuisware, =goed, =gereedskap, =benodig(d)hede.

**kitch·en·et(te)** kombuisie.

**kite** vlieër; *(han., infml.)* akkommodasie=, ruiterwissel; *black* ~, *(orn.: Milvus migrans)* swartwou; *black-shouldered* ~, *(Elanus caeruleus)* blouvalk(ie); *fly a* ~, *(lett.)* 'n vlieër oplaat *(of* laat opgaan/vlieg); *(infml.)* die openbare mening toets; *(han., infml.)* tjek=/wisselruitery pleeg; *go fly a* ~*!*, *(Am., infml.)* loop vlieg!, gaan bars *(of* blaas doppies)!; skoert!, kry jou ry!. ~ **balloon** vlieërballon, waarnemingsballon. ~ **cheque** ongedekte tjek; →RUBBER CHEQUE. ~ **flier**, ~ **flyer** vlieëroplater; *(han., infml.)* tjek=, wisselruiter. ~ **flying** vlieërvlieg; die oplaat van 'n vlieër/proefballon; probeerslag, proef(neming); *(han., infml.)* tjek=, wisselruitery. **~-shaped** vlieërvormig. ~ **surfing** vlieërbranderry, sweefski.

**kith:** ~ *and kin* familie, bloedverwante.

**kit·ke** *(SA Joodse kookk.)* kitke.

**kitsch** kitsch, namaakkuns, onegte kuns. **kitsch·y** kitscherig.

**kit·ten** *n.* katjie; flerrie; *have ~s, (fig., infml.)* kleintjies *(of* 'n kleintjie) kry, die aapstuipe kry; op hete kole sit; *as weak as a* ~ kuiken=, hoenderswak. **kit·ten** *ww.* klein katjies kry, jong. **kit·ten·ish** speels, speelsiek, baljaarderig.

**kit·ti·wake** *(orn., Rissa spp.)* brandervoël.

**kit·ty**[1] katjie, kietsie.

**kit·ty**[2] kleinkas; *(dobbel)* pot *(rolbal)* witte, wit bal.

**ki·wi** =wis, *(orn.)* kiwi, (Nieu-Seelandse) snipstruis; *(infml., K~: Nieu-Seelander)* Kiwi. ~ **fruit** kiwivrug.

**Klaas Louw bush** *(Athanasia spp.)* klaaslouwbos(sie).

**kla·ber·jas(s)** *(SA kaartspel)* klawerjas.

**klax·on, clax·on** klakson, toeter.

**Kleen·ex** =exes, *(handelsnaam)* sneesdoekie, snesie, papiersakdoek(ie), tiesjoe.

**klep·toc·ra·cy** kleptokrasie. **klep·to·crat** kleptokraat.

**klep·to·ma·ni·a** *(psig.)* kleptomanie. **klep·to·ma·ni·ac** *n.* kleptomaan. **klep·to·ma·ni·ac** *adj.* kleptomanies.

**klick** *(infml.)* kilo(meter).

**klieg light** *(filmk.)* klieglig.

**klip·fish** *(igt.)* klipvis.

**klip·spring·er** *(soöl.)* klipspringer.

**kloof** *n., (Afr.)* kloof. **kloof** *ww.: go ~ing* 'n klooftog onderneem.

**kludge** *n., (rek., sl.)* brouerasie. **kludge** *ww.* saamflans.

**klutz** *(infml., Am.)* lomperd, (lompe) lummel; bottervingers; dom=, klip=, pampoenkop, skaap(kop), bobbejaan, mamparra. **klutz·y** lomp, log, onbeholpe; onhandig; toe, baar, dom, onnosel.

**knack** slag, kuns; hebbelikheid, gewoonte; *get/catch the* ~ *of doing s.t.* die slag van iets kry, die slag kry *(of* die kuns aanleer) om iets te doen; *have the* ~ *of doing s.t.* die slag hê *(of* die kuns ken/verstaan) om iets te doen; *s.o. has lost the* ~ iem. is die slag kwyt.

**knack·er** *(Br., hoofs. hist.)* perdeslagter; afvalbewerker; af-

braakkoper; *~'s yard* perdeslagtery. **knack·ered** *(Br. sl.)* poegaai, pê, op, pootuit, stokflou, gedaan, doodmoeg, uitgeput, kapot.

**knag** kwas, knoe(t)s *(in hout).* **knag·gy** kwasterig, knoetserig, knoesterig.

**knap** =pp-, *ww., (argit., argeol.)* vorm, maak *(muursteen, klipwerktuig).* **knap·per** klipbreker; kliphamer. **knap·ping hammer** kliphamer.

**knap·sack** knapsak, bladsak.

**knap·weed** *(bot.)* knoopkruid.

**knave** boer *(in kaartspel).*

**knead** knie; brei; vorm; kleitrap; masseer; *~ed in the same trough* van dieselfde stoffasie. **knead·a·ble** kniebaar. **knead·er** knieër.

**knead·ing** *n.* knieëry, geknie. **knead·ing** *adj.* knieënd. ~ **trough** kniebak.

**knee** *n.* knie; hoek; kniestuk; kromhout; *the trousers are bagging at the* ~s die broek het/maak bokknieë; *be beaten to one's* ~s totaal verslaan wees; *bend the* ~ 'n knieval doen; *bend/bow the* ~ *to* ... die knie voor ... buig, voor ... kniel; *on bended* ~(s) knielend, gekniel(d), op jou knieë; *bring s.o. to his/her* ~s iem. op sy/haar knieë bring/dwing, iem. onderwerp; *s.o.* **gives** *at the* ~ iem. se knieë swik; *go (down) on one's* ~s kniel, op jou knieë val; *on the* ~s *of the gods, (idm.)* in die hand/skoot van die gode; *housemaid's* ~, *(med., infml.)* skropknieë; *be on one's* ~s op jou knieë wees; *put/take s.o. across/over one's* ~, *(iem. pak gee)* iem. oor die knie/skoot trek; *water on the* ~, *(med., infml.)* water op die knie; *feel weak at/in the* ~s lam in die bene voel, swak/ wankelrig voel; *go weak at/in the* ~s lam in die bene word. **knee** *ww.* met die/jou knie stamp. ~ **action** kniewering. ~ **bend** kniebuiging; kniebuigstuk. ~ **boot** hoë stewel, kapstewel. ~ **breeches** kniebroek. **~cap** *(anat.)* knieskyf. **~cap** *ww.* deur/in die knie skiet. **~capping** knieskietery, die skiet deur/in die knie. **~-deep** kniediep, tot aan die knieë. **~ fold** knieplooi. ~ **guard** knieskut. **~-halter** kniehalter. ~ **height** kniehoogte. **~-high** kniehoog; →GRASSHOPPER. **~hole** knieopening. ~ **jerk**, ~ **reflex** *n.* knierefleks. **~jerk** *adj.* outomaties, onwillekeurig, werktuiglik, spontaan, instinktief, instinkmatig, impulsief; ~ *reaction* refleksreaksie; ~ *support* spontane steun. ~ **joint** kniegewrig; hefboomskarnier. **~-length dress** knielengterok. **~-length stocking** kniekous. **~pad** knieskut, =skerm. ~ **piece** kniestuk; kromhout. ~ **pipe** kniepyp. ~ **rest** kniesteun. **~-shaped** knievormig. ~ **splint** kniespalk. **~stone** gewelknie, =stuiter. **~-stop, ~-swell** *(mus.)* knieregister *(v. 'n harmonium).* ~ **strap** spantou, =riem. ~ **timber** kromhout. **~-trembler** *(infml.: seks in 'n staande houding)* staanknypie.

**knee·board** knieplank. **knee·board·er** knieplankryer. **knee·board·ing** knieplankry.

**kneel** *knelt knelt; kneeled kneeled* kniel, op jou knieë sit/ staan/(neer)sak/(neer)val; ~ *before/to s.o.* voor iem. kniel; ~ *down* (neer)kniel. **kneel·er** knieler; knie(l)kussing; =bankie; gewelknie, =stuiter.

**kneel·ing** *(die)* kniel. ~ **chair**, ~ **stool** bidbankie. ~ **mat** kniemat.

**knees-up** *knees-ups, n., (Br., infml.)* opskop, bokjol.

**knell** *n.* (klok)geluid; doodsklok; *ring/sound/toll the* ~ *of* ... die doodsklok oor/van/vir ... lui, die end/einde van ... beteken, die ondergang van ... inlei. **knell** *ww.* (die doodsklok) lui; onheil spel; *(met klokgelui)* aankondig.

**Knes·set:** *the* ~, *(Isr. parl.)* die Knesset.

**knew** →KNOW.

**knick·er·bock·ers** *n. (mv.)* knie=, gespe=, pofbroek.

**knick·ers** *n. (mv.)* (vroue)broek; (dames)kniebroek; *get one's* ~ *in a twist, (Br. sl.)* opgeskroef raak.

**knick-knack, nick-nack** snuistery, tierlantyntjie. **knick-**

**knack·er·y, nick-nack·er·y** snuisterye. **knick-knack·ish** prullerig.

**knick·point,** *(Am.)* **nick·point** *(geol.)* knakpunt *(v. 'n rivier).*

**knife** *knives,* n. mes; dolk; lem; *like a (hot) ~ through butter* maklik, met gemak, sonder inspanning/moeite, moeiteloos; *a(n) ... that one could cut with a ~, (infml.)* 'n onmiskenbare ... *(aksent ens.);* 'n gespanne ... *(atmosfeer ens.); draw a ~* 'n mes uithaal/uitpluk; *draw a ~ on s.o.* 'n mes teen iem. uitpluk/uithaal, iem. met 'n mes dreig; *have (got) one's ~ in(to) s.o., (infml.)* iets *(of* 'n aksie) teen iem. hê, hatig op iem. wees, iem. wil bykom, *(<Eng.)* die/jou mes vir iem. inhê; *the knives are out (for s.o.), (fig.)* die (lang) messe is/word (vir iem.) geslyp; *put/stick/thrust a ~ into s.o.* iem. met 'n mes steek; *before you can/could say ~, (infml.)* in 'n kits, soos blits; *have/ put a ~ to s.o.'s throat, (fig., infml.)* die mes op iem. se keel druk/sit, iem. dreig; *twist/turn the ~ in s.o.'s wounds, (fig.)* sout in iem. se wonde vryf/vrywe/smeer; *be/come/go under the ~, (infml.)* onder die mes wees/kom, geopereer word. **knife** *ww.* met 'n mes steek; *~ ... to death ...* doodsteek. ~ **blade** (mes)lem. **~·cut** messny. ~ **edge** sny (van 'n mes), snykant; meskant; ·rand; mes *(v. 'n balans);* skerp bergrug; *be on a ~ ~ about s.t.* in groot spanning oor iets verkeer; *s.t. is balanced on a ~ ~, (fig.)* iets is hoogs onseker, iets is op 'n naaldpunt *(of* 'n naald se punt). ~ **grinder** messlyper. ~ **haft,** ~ **handle** meshef. **~·jaw** *(igt.: Oplegnathus* spp.*)* kraaibek. ~ **pleat** mesplooi. **~·point** mespunt; *hold s.o. up at ~* iem. met 'n mes bedreig. ~ **rack** mes(se)rak. ~ **sharpener** messlyper. ~ **stab** messteek. ~ **tray** messebak.

**knif·er** messteker.

**knif·ing** messtekery.

**knight** n. ridder; *(skaak)* perd; *~ in shining armour, (fig.)* ridder/prins op die/'n wit perd, droomprins, prins van jou/haar drome; *~ of the cross* kruisridder; *~ of the order of ... ridder in die orde van ...; ~ of the Round Table* ridder van die Tafelronde. **knight** *ww.* ridder, tot ridder slaan. ~ **bachelor** (gewone) ridder. ~ **commander** ridder-kommandeur. ~ **errant** *knights errant, (Me.)* dwalende ridder. ~ **grand cross** ridder grootkruis. **K~ Templar** Tempelier, Tempelheer, ·ridder.

**knight·hood** ridderskap; ridderorde, ·stand; sirskap; *award s.o. a ~, confer a ~ on s.o.* iem. tot ridder slaan/verhef; *the order of ~* die ridderorde.

**knight·ly** ridderlik, ridder-; *~ order* ridderorde. **knight·li·ness** ridderlikheid.

**kni·pho·fi·a, knip·ho·fi·a** *(bot.)* vuurpyl, kniphofia.

**knit** *-tt-, knitted knitted; knit knit, ww.* brei; toebrei; saamvleg, saambind, verenig; vasknoop; saamvat, ·sluit; *be closely ~, (belange ens.)* nou verweef wees. ~ **goods** breiware, -goedere. **~·wear** breiklere, gebreide klere.

**knit·ted** gebrei; *~ brow(s)* gefronste voorhoof/winkbroue; *~ cloth/fabric* breistof; *~ stocking* breikous, gebreide kous.

**knit·ting** brei(ery); breiwerk. ~ **cotton** breigaring, ·gare. ~ **gauge** breispanning. ~ **machine** breimasjien. ~ **needle** breinaald, ·pen. ~ **wool** breiwol. ~ **yarn** breidraad, ·garing, ·gare.

**knob** knop; klont *(botter ens.);* bult, knobbel, gewas, uitwas, swelsel; knoe(t)s, kwas; neus, nok *(v. 'n teël); (plat: penis)* voël; *and the same to you with (brass) ~s on!, (infml.)* en jy nog meer!. **~·kerrie, ~·kierie, ~·stick** *(SA)* knopkierie. ~ **latch** veerknopslot. ~ **lock** knopslot. **~·nose** knopneus. ~ **thorn** *(Acacia nigrescens)* knoppiesdoring. **~·wood** *(Zanthoxylum davyi)* perdepram(boom).

**knobbed** vol knoppe, knopperig, bulterig, kwasterig.

**knob·ble** *(Br.)* knoppie, bultjie. **knob·blies** n. *(mv.), (infml.)* veld-, boendoebande. **knob·bly** knobbelrig, bulterig; vol knoppe, kwasterig, knoetserig, knoesterig; *~ knees* knopknieë.

**knock** n. klop; stamp, stoot, hou, slag; opstopper; (ge)klop *(in 'n enjin); (kr.)* hou; *(kr.)* kolfbeurt; *s.t. is a hard ~ to s.o., (fig.)* iets is vir iem. 'n harde/gevoelige slag; *get/take hard ~s, (fig.)* stampe en stote kry; *learn by taking hard ~s, (fig.)* deur stampe en stote wys word; *a nasty ~* 'n kwaai/lelike hou/klap; *take a ~* 'n hou/klap kry; slae verduur; *(fig.)* 'n terugslag kry. **knock** *ww.* klop *(aan 'n deur ens.);* aanklop; slaan; stamp, stoot, klap, 'n hou gee; dronkslaan, *(infml.)* neerhaal, slegmaak; *~ about/around, (infml.)* rondslenter; rondreis; *~ s.o. about/around, (infml.)* iem. opdons/toetakel; *~ against s.t.* teen iets slaan/stamp; teen iets bots/vasloop/ vasry; *~ s.t. back, (infml.)* iets afsluk/wegslaan *('n drankie); ~ s.o. cold, (infml.)* iem. katswink slaan; *~ s.o. down* iem. platslaan *(of* plat slaan); iem. omry; iem. onderstebo loop; *~ s.t. down* iets omstamp/omry; iets afbreek *('n gebou ens.);* iets verminder *(pryse); ~ s.o.'s head off, (infml.)* iem. pap slaan; *~ s.t. in* iets inslaan *('n spyker ens.); ~ into s.o., (lett.)* teen iem. bots; *(fig., infml.)* iem. raakloop; *~ ... into s.t. ...* in iets slaan; *~ off (work), (infml.)* ophou (werk), tjaila; *~ s.o. off, (infml.)* iem. doodmaak; *(Br., plat)* iem. naai/stoot/spyker; *~ s.t. off* iets afslaan; *(infml.)* iets wegslaan; iets afklits *(werk);* iets steel; iets beroof *('n bank ens.); (kr., infml.)* iets afkolf *(lopies); ~ it off!, (infml.)* hou op *(of* skei uit) (daarmee)!; *~ on, (rugby)* (die bal) aanslaan; →KNOCK-ON *n.; ~ s.o. on the head* iem. op die kop slaan; *~ s.t. on the head* iets verongeluk *('n plan ens.); ~ o.s. out, (infml.)* jou afsloof; *~ s.o. out* iem. uitslaan; iem. katswink slaan; *(infml.)* iem. stomslaan *(of* grootliks beïndruk); *('n dwelmmiddel)* iem. aan die slaap maak; iem. uitskakel *('n span ens.);* →KNOCKOUT *n.; ~ s.t. out* iets uitslaan; iets buite aksie stel *(kommunikasieverbinding ens.); ~ yourself out!, (infml., dikw. iron.)* gaan jou gang!, doen wat jy wil!; geniet dit!; doen jou bes!; *~ s.o. over* iem. omry; iem. onderstebo loop; *~ s.t. over* iets omstamp; *~ s.o. sideways, (infml.)* iem. verstom *(of* uit die veld slaan); *~ spots off s.o./s.t., (infml.)* iem./iets maklik/ver/vêr oortref; *~ s.t. together/up* iets aanmekaarslaan; iets saamflans; *~ up against s.t.* teen iets bots; *~ s.o. up* iem. opklop *(of* wakker klop); *(infml.)* iem. swanger maak *('n vrou); ~ up a century, (kr., infml.)* 'n honderdtal aanteken/behaal; *be ~ed up, (infml.)* doodmoeg wees. **~·about** adj.: *~ clothes* veld-, tuinklere; *~ comedian* grapjas. ~ **and drop** *(infml.)* strooikoerant. **~·back** *(infml.)* terugslag; **~·down** adj. uitklop-; *(maklik)* demonteerbaar *(meubels ens.); ~ blow* nekslag; *~ price* afslagprys; minimum-, reserwe-, toeslaanprys *(op 'n veiling).* **~·for-knock agreement** *(versek.)* hou-vir-hou-ooreenkoms, uitkanselleerooreenkoms. **~·kneed** met (aan)kapkniëe/X-bene; swak, lamlendig. **~·knees** (aan)kapkniëe, X-bene. **~·off time** *(infml.)* tjailatyd, huis-toe-gaan-tyd. **~·on** n., *(rugby)* aanslaan. **~·on effect** domino-effek, kettingreaksie.

**knock·er** klopper; *(infml.)* vitter, kritikaster, foutsoeker, ·vinder, muggiesifter; *(i.d. mv., sl.: borste)* mosbolletjies, kanne; *up to the ~, (infml.)* piekfyn.

**knock·ing** n.: *take/have a lot of ~* goed/kwaai onder skoot kom. ~ **copy** *(advt.)* diskrediterende reklame/publisiteit. ~ **shop** *(Br. sl.: bordeel)* hoerhuis.

**knock·out** kopskoot; nekslag; treffer; *s.o. is a ~, (infml.)* iem. slaan jou asem skoon weg. ~ **blow** uitklophou; genadeslag, doodhou. ~ **competition** uitklopreeks, -kompetisie; uitvalkompetisie; uitdunwedstryd.

**knoll** knop, bultjie, heuweltjie.

**knot¹** n. knoop, strik, lus(sie); band; kwas, knoe(t)s, knop, knobbel; bult; vrat; geswel; groep, klompie; moeilikheid; *(hare)* bolla; *cut the (Gordian) ~, (fig., <Gr. legende)* die (Gordiaanse) knoop deurhak; *s.o.'s stomach is in a ~* iem. het 'n knop op die maag; *tie a ~* 'n knoop maak; *tie the ~, (infml.)* trou, die huwelik sluit; *tie o.s. (up) in ~s (of a ~), (infml.)* heeltemal verstrik raak; *a tight ~* in stywe knoop; *undo/untie a ~* 'n knoop losmaak. **knot** *-tt-, ww.* knoop, vasbind, (vas)strik; koek; (ver)bind; verwikkel; in die war

raak/bring; saamtrek, frons *(wenkbroue)*; ~ *a tie* 'n das knoop; ~ ... *together* ... aan mekaar bind/knoop. ~**hole** kwas= gat. ~**weed** *(bot.)* knoopkruid; bittertong, waterpeper. ~**work** knoopwerk, macramé.

**knot²** *n., (orn.)*: red ~ knoet.

**knot·ted** *(ook)* verward; knoetserig, knoesterig; knopperig; gekoek; ~ *brows* gefronste wenkbroue; ~ *fringe* knoopfraiing; *(go and) get* ~*!, (infml.)* gaan bars!.

**knot·ty** geknoop; knoetserig, knoesterig, kwasterig; verward; ingewikkeld; netelig; ~ *point* lastige kwessie. **knot·ti·ness** knoetserigheid; verwardheid; ingewikkeldheid.

**know** *n.* wete; *be in the* ~ *about s.t., (infml.)* alles van iets weet, op (die) hoogte van/met iets wees. **know** *knew known, ww.* weet; ken; herken; onderskei; verstaan, besef; ~ *about s.t.* van iets weet *(of* kennis dra*)*; *s.o. does not want to* ~ *about it* iem. wil niks daarvan hoor/weet nie; *not* ~ *s.o. from Adam (or a bar of soap)* iem. van geen/g'n (Adams)kant af ken nie; *I don't* ~ *at all* ek weet (dit) glad/regtig nie; *s.o. will* ~ *all about it, (infml.)* iem. sal les opsê; *for all/aught s.o.* ~*s* wie weet, sover/sovêr *(of* so ver/vêr*)* iem. weet, moontlik; ~ *all the answers* volkome op (die) hoogte wees; *(pej.)* dink jy weet alles; ~ *two people/things apart* twee mense/dinge uitmekaar ken; *before you* ~ *where you are* as jy jou weer kom kry; ~ *beforehand that* ... vooraf/vooruit weet dat ...; ~ *best* die beste weet; ~ *s.t. better* iets beter ken; *s.o.* ~*s better (than that)* iem. weet van beter; *s.o.* ~*s better than to* ... iem. is verstandig/oulik genoeg om nie te ... nie; *s.o. always* ~*s better, (pej.)* iem. weet dit altyd beter; ~ *s.o./s.t. by* ... iem./ iets aan ... ken/herken; ~ *for certain* (or *a fact)* seker *(of* met sekerheid*)* weet; *come to* ~ *s.o.* iem. leer ken; *come to* ~ *s.t.* iets te wete kom; *s.o. doesn't* ~ iem. weet nie; ~ *full/right well that* ... baie/heel goed weet dat ...; *get to* ~ *s.o.* iem. leer ken; *s.o. has to* ~ *it* iem. moet dit weet; *s.o.* ~*s how to do s.t.* iem. kan iets doen; *if I* ~ *Penelope, she'll* ... soos ek Penelope ken, sal sy ...; *little does s.o.* ~ weinig weet iem.; *it shows how little you* ~ *me* dan ken jy my maar sleg; *as you may* ~ soos jy miskien weet; *you never* ~ *('n)* mens weet nooit *(of* kan nooit weet nie*)*; *I've never known* ... *to be like this* so ken ek ... nie; *the next thing s.o. knew* ... toe iem. sien/kyk ...; toe iem. hom/haar kom kry ...; *s.o. was* **not** *to* ~ *that* ... iem. kon nie weet dat ... nie; dit moes vir iem. diggehou word dat ...; *s.o.* ~*s nothing* iem. weet van niks *(omtrent iets)*; *s.o.* ~*s of* ... iem. weet van ...; iem. ken ...; iem. is op (die) hoogte van ...; *not that I* ~ *of* nie dat ek weet nie, nie by/na my wete nie; ~ *s.t. o.s.* iets self weet; *not rightly* ~ nie so mooi/reg weet nie; ~ *s.o. by sight* iem. van sien ken; ~ *s.o.* iem. ken; *not* ~ *s.o. to speak to* iem. net van sien ken; ~ *s.t.* iets weet; ~ *that* ... weet dat ...; *knowing that* ... in die wete dat ...; *I thought you knew* ek dog/dag jy weet (daarvan); ~ *s.t. to be true* weet dat iets waar is; *s.o. wants to* ~ iem. wil weet; ~ *one's way about* jou pad ken; ~ *s.o. well* iem. goed ken; ~ *well enough that* ... baie goed weet dat ...; *what do you* ~*?, (infml.)* nou toe nou!, is dit so?; ~ *what poverty/etc. is* armoede/ens. ken; *do you* ~ *what you are saying?* besef jy wat jy sê?; *s.o. doesn't quite* ~ *what he/she is doing/saying* iem. weet nie bra/mooi/ reg wat hy/sy doen/sê nie; ~ *what you are talking about* goed ingelig wees, op (die) hoogte van/met sake wees; *s.o. doesn't* ~ *what he/she is talking about* iem. weet nie wat hy/sy praat nie; ~ *what's what, (infml.)* weet hoe sake staan; *(ook)* ouer as tien/twaalf wees; ~ *where one is with s.o.* weet waar jy aan iem. het; ~ *which is which* hulle van mekaar kan onderskei; *who* ~*s?* wie weet?, wie kan sê?; *I wouldn't* ~ ek sou nie kon sê nie, ek weet nie, ek het geen benul nie; *it was awful, you* ~*?* dit was vreeslik, weet jy?. ~**-how** *(infml.)* (praktiese) saakkennis, slag, metode, kundigheid. ~**-(it-)all** *(infml., neerh.)* wysneus, slimjan, weetal; veelweter. ~**-nothing** *n.* domkop, pampoen; agnostikus. ~**-nothing** *adj.* onwetend, onkundig; agnosties.

**know·ing** *n.* (die) ken, kennis; wete; *there's no* ~ *('n)* mens weet nooit; *('n)* mens kan dit nie weet nie; *s.t. is worth* ~ iets is wetenswaardig. **know·ing** *adj.* veelseggend, veelbe= tekenend *(glimlag ens.); (neerh.)* slim, uitgeslape; opsetlik, doelbewus. **know·ing·ly** veelseggend, veelbetekenend; (wil= lens en) wetens, met opset.

**knowl·edge** kennis, begrip; kundigheid; kunde; geleerdheid; wetenskap; bewussyn; medewete; voorkennis; *lay claim to all* ~, *(dikw. pej.)* die wysheid in pag hê; *to the best of s.o.'s* ~ sover/sovêr *(of* so ver/vêr*)* iem. weet, na iem. se beste wete; *bring s.t. to s.o.'s* ~ iets onder iem. se aandag bring; *brush up* (or *refresh)* one's ~ jou kennis opfris/opknap; *it has come to s.o.'s* ~ *that* ... iem. het te wete gekom dat ...; *get* ~ *of s.t.* iets agterkom; *have* ~ *of s.t.* kennis van iets hê; *have no* ~ *of s.t.* nie van iets weet nie; *in the* ~ *that* ... in die wete dat ...; *pick up* ~ kennis opdoen; *s.o.'s sketchy* ~ *of s.t.* iem. se oppervlakkige kennis van iets; *I bow to your superior* ~ jy weet meer daarvan; *to s.o.'s* ~ sover/sovêr *(of* so ver/ vêr*)* iem. weet; *s.t. was done with s.o.'s* ~ iets is met iem. se medewete gedoen; *s.t. is within s.o.'s* ~ iets is aan iem. be= kend; *without s.o.'s* ~ sonder iem. se medewete. ~ **base** *(rek.)* kennisbasis. ~ **engineer** *(rek.)* ekspertstelselingenieur. ~ **worker** kenniswerker.

**knowl·edg(e)·a·ble** ingewy, kundig, goed ingelig; *be* ~ *about s.t.* goed op (die) hoogte wees van/met iets.

**known** *(volt.dw.)* bekend; *be* ~ *as* ... as ... bekend staan; *become* ~, *(iem.)* bekend raak/word; *(feite)* bekend/rugbaar raak/word, uitlek; *be* ~ *for* ... bekend wees/staan om/vir ...; *make s.t.* ~ iets bekend maak/stel *(of* bekendmaak/ bekendstel*)*; *make o.s.* ~ *to s.o.* jou aan iem. voorstel; *s.o. should have* ~ *s.t.* iem. moes iets geweet het; *be* ~ *to s.o.* aan/by iem. bekend wees; *s.o. is* ~ *to be/have* ... dit is bekend dat iem. ... is/het; *be well* ~ *to* ... (wel)bekend aan/by ... wees; *be widely* ~ algemeen bekend *(of* alombekend*)* wees.

**knuck·le** *n.* kneukel; knik *(v. 'n skarnier);* knok; kneukel *(v. 'n koppelaar);* rap *s.o. over the* ~*s, give s.o. a rap on/over the* ~*s* iem. op die vingers tik. **knuck·le** *ww.* met die kneukels slaan/druk/vryf/vrywe; ~ *down to it, (infml.)* inklim, dit met mening/mag aanpak; ~ *under to* ..., *(infml.)* swig vir ..., jou aan ... onderwerp *(of* gewonne gee*)*. ~**(bone)** skenkel(been), talus, kootbeen; dolos. ~**duster** boks=, vuisyster. ~**head** *(Am., infml.)* dom=, klip=, pampoenkop. ~ **sandwich** *(infml.)* vuishou op die mond.

**knurl** *n.* knop, knobbel, knoe(t)s; kartel; rand. **knurl** *ww.* kartel.

**Knys·na tu·ra·co, Knys·na lou·rie** *(orn.: Touraco cory= thaix)* Knysnaloerie.

**ko·a·la (bear)** koala(beer), buideelbeer.

**kob¹** *(soöl.)* rietbul.

**kob²** *(igt.)* kabeljou, kob.

**koe(k)·sis·ter** *(Afr., kookk.)* koe(k)sister.

**kohl** *(ooglidpoeier)* kohl.

**kohl·ra·bi** knolkool, knolraap, raapkool.

**koi** *(Jap. igt.)* koivis.

**ko·ki (pen)** vilt=, veltpuntpen, koki(pen).

**kom·bi, com·bi** *(SA, infml.)* kombi, minibus. ~ **taxi** kombi=, minibustaxi.

**ko·mo·do dra·gon** *(soöl.)* komododraak.

**kook** *n., (Am., infml.)* eksentriek, sonderling, getikte. **kook·y, kook·ie** *adj.* eksentriek, sonderling, getik.

**kook·a·bur·ra** *(Austr., orn.)* kookaburra.

**ko·pe(c)k, co·peck** *(Rus. geldeenheid)* kopek.

**kop·pie, kop·je** *(SA)* koppie.

**Ko·ran, Qur'an** Koran. **Ko·ran·ic** Koraans, van die Koran.

**Ko·ra(n)·na** *(SA, hist.), (lid v. 'n Khoe-Khoense stam)* Korana; Korana(taal).

**Ko·re·a** *(geog.)* Korea; *Democratic People's Republic of* ~, *North* ~ Demokratiese Volksrepubliek van Korea, Noord-Korea;

*Republic of* ~, *South* ~ Republiek Korea, Suid-Korea. **Ko·re·an** *n.* Koreaan; *(taal)* Koreaans. **Ko·re·an** *adj.* Koreaans.

**korf·ball** korfbal.

**kor·ma** *(Ind. kookk.)* korma.

**ko·sher** *(Jud.)* kosjer *(kos); (infml.)* behoorlik, fatsoenlik *(gedrag ens.)*.

**Ko·so·vo** *(geog.)* Kosovo. **Ko·so·var** *n., (inwoner)* Kosovaar. **Ko·so·var** *adj.* Kosovaars.

**Koup, Gouph** *(SA, geog., <Khoi): the* ~ die Koup.

**Kov·sie** *(SA, infml.: student v.d. Univ. v.d.Vrystaat)* Kovsie.

**kow·tow** *n.* voetval, knieval, slaafse buiging. **kow·tow** *ww.* kruip, die grond lek; *(Chin., hist.)* voetval, 'n voetval doen; ~ *to s.o.* voor iem. neerbuig; voor iem. (in die stof) kruip.

**kraal** *n., (SA)* kraal. **kraal** *ww.* kraal, in die kraal ja(ag); ~ ... *off* ... afhok.

**kraft (pa·per)** kraftpapier.

**krait** *(slang)* krait.

**kra·ken** *(Noorse mit.)* kraken.

**kra·mat** *(Mal.)* kramat.

**krans, krantz** *(Afr.)* krans, rotswand.

**Krebs cy·cle** *(biochem.)* Krebssiklus.

**krem·lin** kremlin, Russiese sitadel; *the K~* die Kremlin.

**krill** kril, planktonkrefies.

**kris** kris, Maleise dolk.

**Krish·na** *(Hind.)* Krisjna.

**kro·mes·ky** *(kookk.)* kromeskie.

**kro·na** *kronor,* **kro·ne** *kroner, (Skand. munt)* kroon.

**Kru·ger:** ~ **National Park** Nasionale Krugerwildtuin. ~**rand** Krugerrand.

**kryp·ton** *(chem., simb.: Kr)* kripton.

**kry·tron** *(elektron.)* kritron.

**Kua·la Lum·pur** *(geog.)* Kuala Lumpur.

**Ku·blai Khan** *(hist.)* Koeblai Khan.

**ku·dos** *n. (mv., fungeer as ekv.), (Gr., infml.)* eer, roem.

**ku·du** *=du(s), (<Khoi)* koedoe; *bull* ~ koedoebul; *cow* ~ koe= doekoei.

**kud·zu** *(indringerplant)* kudzuboontjie, =plant.

**ku·gel** *(<Jidd., SA, neerh.)* kugel.

**Ku Klux Klan** Ku Klux Klan.

**kuk·ri** *(Goerkadolk)* kukri.

**ku·ku·ma·kran·ka** *(<Khoi, SA, bot.)* koek(e)makranka.

**ku·miss, kou·mis(s), kou·myss** *(<Tartaars)* koemis, per= demelkdrank.

**küm·mel** *(D. likeur)* kummel.

**kum·quat, cum·quat** koemkwat.

**kung fu** *(Chin. vegkuns)* koeng foe.

**Kurd** Koerd. **Kurd·ish** *n., (taal)* Koerdies. **Kurd·ish** *adj.* Koer= dies. **Kur·di·stan, Kur·de·stan, Kor·de·stan** *(geog.)* Koerdi= stan; ~ *rug* Koerdiese mat.

**Ku·ril(e) Is·lands, Ku·rils** Koerile.

**kur·ta, khur·ta** *(<Hindi, los hemp sonder kraag)* koerta.

**Ku·wait** *(geog.)* Koeweit. **Ku·wai·ti** *n.* Koeweiti. **Ku·wai·ti** *adj.* Koeweits.

**kvas(s), quass** *(<Rus., alkoholiese drank)* kwas.

**kvetch** *n., (<Jidd., Am., infml.)* kla=, kerm=, neulkous, neul= pot; gekla, gekerm. **kvetch** *ww.* kla, kerm.

**kwa·cha** *(geldeenheid v. Malawi en Zambië)* kwacha.

**kwai·to** *(SA, mus.)* kwaito.

**kwan·za** *(geldeenheid v. Angola)* kwanza.

**kwa·shi·or·kor** *(med.)* kwasjiorkor.

**Kwa·Zu·lu·Na·tal** *(geog.)* KwaZulu-Natal.

**kwe·la** *n., (SA, mus., <Ngu.)* kwêla; kwêladans. ~~**kwela** *(sl.)* vang=, broodwa, kanariewa, =kar; minibus(taxi).

**ky·mo·graph, cy·mo·graph** kimograaf.

**Kyr·gyz, Kir·ghiz, Kyr·gyz, Kir·ghiz** *n., (bevolkingslid)* Kirgisiër; *(taal)* Kirgisies. **Kyr·gyz, Kir·ghiz, Kyr·gyz, Kir·ghiz** *adj.* Kirgisies. **Kyr·gyz·stan, Kir·ghiz·stan** *(geog.)* Kirgistan.

**Kyr·i·e (e·le·i·son)** *(<Gr., Chr. liturgie)* Kyrie (eleison).

**l, L** *l's, L's, Ls, (12de letter v.d. alfabet)* l, L; Romeinse syfer 50; *little* ~ l'etjie; *small* ~ klein l.

**la** *(mus.)* →LAH.

**laa·ger** *n., (SA, hist. of fig.)* laer; kamp; *form a* (or *go into*) ~ laer trek.

**laai·tie** →LIGHTIE.

**laa·nie** →LARNEY.

**lab** *(infml.)* = LABORATORY.

**La·ba·rang** *(Moslemfees)* Labarang.

**la·bel** *n.* etiket, kaartjie, adreskaart, strokie; *pin a* ~ *on s.o.* iem. etiketteer. **la·bel** =ll-, *ww.* merk; etiketteer, 'n etiket/kaartjie *(of* etikette/kaartjies) opplak/aanbind; adresseer; klassifiseer; bestempel; ~ *s.o. as* ... iem. as ... bestempel/etiketteer. ~ **(mould/moulding)** *(bouk.)* (Normandiese) druplys.

**la·bel·lum** =bella, *(bot.)* lip; *(entom.)* eindlip.

**la·bi·al** *n., (fonet.)* lipklank, labiaal. **la·bi·al** *adj.* van die lippe, labiaal, lipvormig, lip=. **la·bi·al·ise, =ize** *(fonet.)* labialiseer. **la·bi·al·ism** *(fonet.)* labialisme.

**la·bi·ate** *(bot.)* lipvormig; lippig; gelip; lipblommig.

**la·bile** veranderlik, onvas, onbestendig, onstandvastig, labiel; *(teg., chem.)* labiel, wankelbaar. **la·bil·i·ty** veranderlikheid, onvastheid; labiliteit, wankelbaarheid.

**la·bi·o·den·tal** *(fonet.)* labiodentaal, liptand=.

**la·bi·um** =bia lip; *(anat.)* skaamlip, labium; *(entom., bot.)* onderlip, labium.

**la·bor·a·to·ry, (Am.) lab·o·ra·to·ry** =ries laboratorium. ~ **animal** proef=, laboratoriumdier.

**la·bo·ri·ous** swaar, moeilik, moeisaam, moeitevol, tydrowend. **la·bo·ri·ous·ly** moeisaam, met moeite, moeitevol. **la·bo·ri·ous·ness** moeisaamheid.

**la·bour, (Am.) la·bor** *n.* werk, arbeid; taak; inspanning, moeite; arbeiders, werkkragte; arbeiderstand; barensnood; *(met hl.)* die Arbeidersparty, =beweging; *forced* ~ gedwonge arbeid; *go into* ~ begin kraam; *be in* ~ kraam; in barensnood wees; *it is* ~ *lost* dis vergeefse moeite; *a* ~ *of love* ('n) liefdeswerk. **la·bour** *ww.* werk, arbei; swoeg, jou inspan, moeite doen; sukkel, met moeite voortbeweeg; ~ *over s.t.* aan iets swoeg; ~ *a point* (te) lank by iets stilstaan, oor iets aankarring; ~ *under* ... onder ... gebuk gaan; met ... te kampe hê *(moeilikhede ens.);* onder ... verkeer *('n misverstand ens.).* ~ **bureau** arbeidsburo, =kantoor. ~ **camp** strafkamp, =kolonie, werk(s)kamp *(vir dwangarbeiders);* werk(s)kamp *(vir trekarbeiders).* ~ **colony** *(jur.)* werkkolonie. ~ **costs** arbeidskoste. ~ **court** arbeidshof. **L~ Day** Werkersdag; → WORKERS' DAY. ~ **dispute** →INDUSTRIAL/LABOUR DISPUTE. ~ **force** arbeids=, werkkragte; arbeidsbesetting. ~ **gang** span werkers, werkspan. **L~ government** Arbeidsregering. **~intensive** arbeidsintensief. ~ **legislation** arbeidswetgewing. ~ **market** arbeidsmark. **L~ member** *(parl.)* Arbeiderslid. ~ **minister** minister van arbeid; Arbeidersminister. ~ **movement** *(ook L~)* vakbond=, arbeidersbeweging. ~ **(pains)** kraam=, geboortepyne. **L~ Party** Arbeidersparty. ~ **recruiter** arbeids= werwer. ~ **relations** *n. (mv.)* arbeidsverhoudinge, =betrekkinge. **L~ Relations Act** *(SA, afk.:* LRA) Wet op Arbeidsverhoudinge. ~ **reservoir** arbeidsvoorraad. **~saving** *adj.* arbeidsbesparend, prakties. ~ **shortage** arbeidstekort, te=

kort aan arbeiders/werkkragte. ~ **supply** arbeidstoevoer. ~ **tenant** *(SA, hist.)* woonarbeider, diensplakker. ~ **turnover** arbeidsomset. ~ **union** →TRADE(S) UNION. ~ **unrest** arbeidsonrus. ~ **ward** kraamsaal, bevallingskamer.

**la·boured, (Am.) la·bored** swaar, moeilik, moeisaam *(asemhaling ens.);* gekunsteld, onnatuurlik, gedwonge, geforseer(d).

**la·bour·er, (Am.) la·bor·er** arbeider, dagloner, werk(s)= man, werkkrag; *skilled* ~ vakarbeider.

**Lab·ra·dor (dog/re·triev·er)** *(dikw. l~)* labrador(hond), labrador(-retriever).

**la·brum** labra labrum, bolip *(v. 'n insek ens.).*

**lab·y·rinth** *(ook fig. en anat.)* labirint, doolhof. **lab·y·rin·thine** soos 'n doolhof, labirinties; ingewikkeld, duister; verward.

**lac** lak; lakwerk.

**lac·co·lith, lac·co·lite** *(geol.)* lakkoliet.

**lace** *n.* veter, rygband, =veter; kant; boorsel, galon; *shoe~* skoenveter, =riem(pie); *gold/silver* ~ goud=/silwergalon. **lace** *ww.* (in)=, op=, toe=, vasryg; deurryg; borduur; met kant versier; omboor; afransel; ~ *s.t. in* iets insnoer/=ryg; ~ *into s.o., (infml.)* iem. te lyf gaan; iem. inklim/slegsê; ~ *s.t. up* iets op=/toe=/vasryg; ~ *one's coffee* **with** *whisky* ('n skeut) whisky by jou koffie skink, jou koffie met whisky dokter. ~ **insertion** kantinsetsel; inlaskant. **~maker** kantwerkster, =maakster. ~ **pillow** kantkussing. **~up (boot)** (op)rygstewel. **~up (shoe)** (toe)ryg=, veterskoen. **~wing** *(entom.)* gaasvlerkige. **~winged** gaasvlerkig; ~ *fly* gaasvlieg. **~work** kantwerk.

**laced** geryg; met alkohol; ~ *shoe* rygskoen.

**lac·er·ate** (ver)skeur, oop=, inskeur; *(fig.)* seermaak, krenk, kwets. **lac·er·at·ed** ingeskeur(d); ~ *wound* skeurwond. **lac·er·a·tion** verskeuring; skeur(wond).

**lac·er·til·i·an, la·cer·tian** *n., (soöl.)* akkedisagtige. **lac·er·til·i·an, la·cer·tian** *adj.* akkedisagtig, akkedis=.

**lach·es** *(jur.)* nalatigheid.

**lach·ry·mal** *n. & adj.* →LACRIMAL.

**lach·ry·ma·tion** →LACRIMATION.

**lach·ry·ma·to·ry** *n. & adj.* →LACRIMATORY.

**lach·ry·mose** *(fml. of poët., liter.)* tranerig, huilerig, droefgeestig.

**lac·ing** veter; boorsel; kantwerk; (die) inryg; inryging, (die) toeryg, toeryging; rygwerk; ryglyn; (die) vasryg, vasryging; (die) borduur; *(bouk.)* veterwerk; *(bouk.)* veterverbinding; *(infml.)* loesing, afranseling; skeutjie *(brandewyn ens.).*

**lack** *n.* gebrek, behoefte, tekort, gemis; *for a* ~ *of* ... by/uit/weens gebrek aan ...; *no* ~ *of* ... geen gebrek aan ... nie, volop ...; *a* ~ *of* ... 'n gebrek aan ... *(ruimte ens.);* 'n afwesigheid van ... *(formaliteit ens.);* *a sad* ~ 'n jammerlike gebrek/tekort; *a* ~ *of skill(s)* onbedrewenheid. **lack** *ww.* ontbeer, mis; gebrek hê aan; ontbreek, kortkom, makeer; ~ *for nothing* niks kortkom nie. **~lustre, (Am.) ~luster** dof, glansloos; flou, dooierig; *(fig.)* kleurloos, vaal.

**lack·a·dai·si·cal** onverskillig, traak-my-nieagtig, ongeërg, nalatig, slordig; halfhartig, slap, flou, swak.

**lack·ey** *n.* lakei, lyfkneg; *(fig., neerh.)* lakei, handperd, gedienstige kneg, naprater.

**lack·ing** *adj. (pred.): be found* ~ te kort skiet, tekort skiet, tekortskiet, nie aan die verwagting(s) voldoen nie; *be* ~ *in s.t.* aan iets gebrek hê; iets kortkom; *s.o. is* ~ *in* ... dit ontbreek iem. aan ... *(moed ens.); s.t. is* ~ iets ontbreek *(of* kom kort); *s.o. is sadly* ~ *in* ... iem. skiet ver/vêr te kort wat ... (aan)betref.

**la·con·ic** kort en bondig, droog, kernagtig, lakoniek, la=konies.

**lac·quer** *n.* lak(vernis); lakwerk. **lac·quer** *ww.* verlak; vernis; ~*ed brass* verniste geelkoper.

**lac·ri·mal, lac(h)·ry·mal** *n., (anat.)* traanbeen; *(i.d. mv.)* traanorgane. **lac·ri·mal, lac(h)·ry·mal** *adj., (fml. of poët., liter.)* traan-. **lac·ri·ma·tion, lac(h)·ry·ma·tion** *(poët., liter.)* tranestorting, -vloed; *(med.)* traanafskeiding. **lac·ri·ma·to·ry, lac(h)·ry·ma·to·ry** *adj., (teg. of poët., liter.)* traanwekkend, traan-.

**la·crosse** *(balspel)* lacrosse.

**lac·tase** *(biochem.)* laktase.

**lac·tate** *(soogdier)* melk afskei.

**lac·ta·tion** soging, (die) soog; melkgewing, -afskeiding; laktasie. ~ *period* melktyd, -duur, soogtyd.

**lac·te·al** *n., (anat.)* chyl-, limfvat. **lac·te·al** *adj.* melk=houdend; melk-; *(anat.)* chyl-.

**lac·te·ous** melkagtig, melk-.

**lac·tic** melk-. ~ *acid (biochem.)* melksuur.

**lac·to-** *komb.vorm* lakto-. ~**bacillus** *-bacilli, (biol.)* laktobasil. ~**protein** *(biochem.)* laktoproteïen. ~**-vegetarian** *n.* lakto=vegetariër. ~**-vegetarian** *adj.* laktovegetaries.

**lac·tom·e·ter** melk-, laktometer.

**lac·tone** *(chem.)* laktoon.

**lac·tose** *(chem.)* melksuiker, laktose.

**la·cu·na** *-nae, -nas, n.* gaping, leemte, hiaat, lakune; *(anat.)* holte. **la·cu·nal, la·cu·nar, la·cu·nar·y, la·cu·nate, la·cu·nose** *adj.* met gapings/leemtes; sponsagtig; vol gate; *(fml.)* lakunêr; spons- *(weefsel).*

**la·cus·trine** *(teg. of poët., liter.)* meer-; paal-; ~ *dwelling* paal=woning.

**lac·y** kantagtig; van kant.

**lad** seun, knaap, outjie; *the* ~*s, (hoofs. Br.)* die kêrels, die man=ne. **lad·dish** *(hoofs. Br.)* mansmens- *(gewoontes, vermaak, ens.).*

**lad·der** *n.* leer *(ook in 'n kous);* loopstreep *(in verf); start at the bottom of the* ~ (heel) onder begin; *the social* ~ die sosiale/maatskaplike leer; *a step up the* ~, *(fig.)* 'n tree vorentoe; *reach the top of the* ~ die boonste/hoogste sport bereik. **lad·der** *ww., ('n kous)* leer. ~ **back (chair)** leerrug(stoel). ~ **stitch** dwarssteek.

**lad·en** *adj. (volt.dw. v. lade)* belade, belaai, belas, bevrag; *be heavily* ~ swaar belaai wees; *the heavily* ~ ... die swaar belaaide/belade ...; ~ *with* ... met ... belaai; *the tree is* ~ *with fruit* die boom sit vol vrugte.

**la-di-da, lah-di-dah, la-de-da** *(infml.)* aanstellerig, pre=tensieus, snobisties, neus-in-die-lug(-).

**la·dies':** ~ **bar** dameskroeg. ~ **choir** vroue-, dameskoor. ~ **room** (openbare) damestoilet. ~ **club** vroueklub. ~ **man, lady's man** *(infml.)* vrouegek, -liefhebber, charmeur. ~ **night** damesaand. ~ **shoe** →LADY'S SHOE.

**la·di·fy** →LADYFY.

**la·dle** *n.* (op)skep-, pot-, soplepel; opskepper; skepbak; spaan; skep *(v. 'n draairat);* gietpan, -lepel; laailepel. **la·dle** *ww.* (met 'n lepel) skep; omskep; giet; ~ *out s.t.* iets uitskep; iets uitdeel; ~ *s.t. over into* ... iets in ... oorskep. **la·dle·ful** *ladlefuls* soplepel vol.

**la·dy** *-dies* dame; *(Br. titel, L~)* lady; *Our (Blessed) L~, (Chr.: Maria)* Onse Liewe Vrou; *ladies and gentlemen!* dames en here!; ~ *of the house* huismoeder; vrou van die huis; *a little old* ~ 'n ou dame/vroutjie/tantetjie; *the Ladies, (openbare toilet)* die Dames; *young* ~ jong dame, juffrou. ~**bird**, *(Am.)*

~**bug** *(entom.)* liewe(n)heers-, skilpadbesie. **L~ Chapel** Ma=riakapel. ~ **companion** geselskapsdame. ~ **doctor** vroulike dokter. ~ **fern** wyfievaring. ~ **friend** vriendin. ~**-in-waiting** hofdame. ~**-killer** *(infml.)* hartebreker; Don Juan. **L~ Luck** die geluksgodin.

**la·dy·fy, la·di·fy** 'n dame maak van. **la·dy·fied** damesagtig, aanstellerig.

**la·dy·like** vroulik, fyn, beskaaf(d); soos 'n dame, damesagtig; verwyf(d).

**la·dy's:** ~ **hat** dameshoed. ~ **man** →LADIES' MAN. ~ **shoe, ladies' shoe** dameskoen. ~ **slipper** *(bot.)* pantoffelplant, -blom. ~ **tresses***(bot.)* trilgras.

**la·dy·ship** ladyskap, titel van 'n lady; *her* ~, *(iron.)* haar majesteit; *Your L~* U Ladyskap.

**lae·vo·ro·ta·to·ry**, *(Am.)* **le·vo·ro·ta·to·ry** *(chem.)* links=draaiend.

**lag**[1] *n.* vertraging; agterstand; *(elek.)* naloop, -yling. **lag** *-gg-, ww.* agterbly, -raak, agteraan kom; draal; haak; *(elek.)* naloop, -yl; ~ *behind* agterbly, -raak, uitsak; draal; veragter. ~ **phase** sloerfase.

**lag**[2] *n.* bekleding; formeel-, deklat. **lag** *-gg-, ww.* beklee; toe=wikkel, -draai; isoleer.

**la·ger** lager(bier). ~ **lout** *(Br., infml.)* besope belhamel.

**lag·gard** draaier, draaikous, talmer, draler, agterblyer.

**lag·ging**[1] *n.* draaiery; ~ *behind* agterblyery. **lag·ging** *adj.* talmend, dralend; *with* ~ *steps* skoorvoetend.

**lag·ging**[2] *n.* bekleding; toewikkeling; isolasie; bekledings=hout.

**lag·o·morph** *(soöl.)* haasagtige.

**la·goon** strandmeer, lagune.

**lah, la** *(mus.)* la.

**laid** *(volt.dw.)* (neer)gelê; →LAY[1] *ww.; even the best-* ~ *plans can go wrong* selfs die slimste/beste planne kan skeefloop; *get* ~, *(plat)* seks hê, 'n knypie vang; *have s.t.* ~ *on* iets laat aanlê; iets gereël hê; *be* ~ *up, (iem.)* siek *(of* in die bed) wees; *('n skip)* uit die vaart geneem wees. ~**-back** *adj., (infml.)* rustig; nonchalant, ongeërg, ontspanne. ~**-off** *adj.* afgedank *(werker).* ~ **paper** papier met waterlyne, waterlynpapier.

**lain** →LIE[2] *ww.*.

**lair** lêplek *(v. 'n wilde dier); (infml.)* hoekie, wegkruip=plek(kie).

**lais·sez-faire, lais·ser-faire** *n., (Fr.)* laissez faire, onge=dwongenheid; *(ekon.)* laissez faire, nie-inmenging; *a spirit of* ~ 'n gees van lewe en laat lewe. **lais·sez-faire, lais·ser-faire** *adj.* laissez-faire-, laat-maar-loop- *(benadering, hou=ding, ens.).*

**lai·tie** →LIGHTIE.

**la·i·ty** *the* ~ die leke(dom); →LAY[2] *adj.*.

**lake**[1] meer; *the L~ of Geneva* die meer van Genève; *go jump in the* ~!, *(infml.)* gaan/loop bars *(of* blaas doppies)!. ~ **dweller** paalbewoner. ~ **dwelling** paalwoning. ~**land** merestreek. **L~ Malawi** die Malawimeer. ~**side** oewer van die/'n meer; *by the* ~ aan die meer.

**lake**[2] karmosyn-, lakverf.

**lal·la·tion** *(fonet.: uitspraak van* r *as* l*)* lal.

**lam**[1] *-mm-, ww., (sl.)* moker, afransel, uitlooi, pak gee; ~ *into s.o.* iem. te lyf gaan.

**lam**[2] *n.: be on the* ~, *(Am. sl.)* op die vlug wees, voortvlugtig wees.

**la·ma** lama, (Tibetaanse) priester. **La·ma·ist** *n.* Lamaïs. **La·ma·ist, La·ma·is·tic** *adj.* Lamaïsties.

**lamb** *n.* (skaap)lam; lamsvleis; skaapvleis; →LAMBING, LAMB=KIN, LAMBLIKE, LAMB'S; *drop a* ~ 'n lam werp; *the L~ of God, (NT)* die Lam van God; *be in* ~, *('n ooi)* dragtig/grootuier wees, uier maak; *as innocent as a* ~ doodonskuldig; *like a* ~ *to the slaughter* soos 'n lam ter slagting; *a little* ~ 'n lammetjie. **lamb** *ww.* lam; laat lam; help lam. ~ **chop** lamstjop. ~ **cutlet** lamskotelet. **~skin** lamsvel; lamsleer.

**lam·ba·da** *(Port., Bras. dans[mus.])* lambada.

**lam·bast(e)** skrobbeer, roskam, invlieg.

**lamb·da** Griekse *l; (biol., anat., biochem.)* lambda. **lamb·doid, lamb·doi·dal** *(anat.)* lambdavormig; ~ *suture* lambdanaat.

**lamb·ing** (die) lam. ~ **ewe** lammerooi. ~ **season,** ~ **time** lam(mer)tyd.

**lamb·kin** lammetjie.

**lamb·like** soos 'n lam, sag(aardig).

**lamb's:** ~ **ears,** ~ **tongue** *(bot.)* weeblaar, weegbree. ~ **fry** *(kookk.), (Br.)* lamsafval; *(Austr.)* lamslewer. ~ **wool** lammerwol, lamswol.

**lame** *adj.* kreupel, kruppel, mank; gebreklik; onvolmaak, onbevredigend; flou *(verskoning);* slap, mat; sonder fut/vuur/ oortuiging; hortend, kreupel, kruppel *(versmaat);* →LAMELY, LAMENESS; *go* ~ kreupel/kruppel/mank word. **lame** *ww.* vermink, verlam, mank/kreupel/kruppel maak; onbruikbaar maak. **~brain** *(infml)* dom=, klip=, pampoenkop, idioot, swaap. **~brained** *(infml)* toe, vertraag, dom, onnosel. ~ **duck** *n.* sukkelaar, mislukkeling; swakkeling; *(Am. pol.)* uittredende president/ens., president/ens. wat op pad uit is *(of* op die punt staan om die politiek te verlaat). **~-duck** *adj. (attr.), (Am. pol.)* tandelose *(kongreslid, liggaam, raad, regering, ens.).*

**la·mé** *(tekst.)* lamé.

**la·mel·la** *=lae, =las, (osteol.)* (dun) plaatjie/lagie/skyfie, skilfer, lamel(la); *(bot.)* lamel(la); →LAMINA. **la·mel·lar, lam·el·late, la·mel·lose, la·mel·li·form** blad=, blaarvormig; plaat= (jie)vormig; lamellêr; kieuvormig; gelamelleer(d).

**lame·ly** kreupel, kruppel, mank; swak; niksseggend.

**lame·ness** gebreklikheid, kreupelheid, kruppelheid, mankheid.

**la·ment** *n.* weeklag, jammerklag; treurlied, =sang, klaagsang, =lied, lyksang. **la·ment** *ww.* betreur, bekla, beween; weeklaag, lamenteer, kerm; *the late ~ed ...* wyle *(of* die betreurde/afgestorwene) ... **lam·en·ta·ble** betreurenswaardig, beklaenswaardig, jammerlik, bejammerenswaardig. **lam·en·ta·tion** klaaglied; gejammer, jammerklag, weeklag; sugting; rouklag; *L~s of Jeremiah, (OT)* Klaagliedere van Jeremia.

**la·mi·a** *=mias, =miae, (klass. mit.)* heks, vampiervrou, lamia.

**lam·i·na** *=nae, =nas, (teg.)* plaatjie, blaadjie, skyfie, (fyn) lagie; skilfer, lamel; skub; *(bot.)* blaarskyf. **lam·i·nar** skilferig, lagies=, plaatjie(s)=. **lam·i·nate** *n.* lamelhout/ens... **lam·i·nate** *ww.* uitklop, plet, plat maak; oplê; in lagies/skyfies splits; laag op laag pak; met metaalplaatjies bedek/belê; lamineer, lamelleer. **lam·i·nat·ed** plaatvormig, plaat=; laagvormig, lagies=; (fyn)gelaag; skilferig; opgelê, opgeleg, gefineer(d); gelamineer(d), gelamelleer(d); ~ *spring* bladveer; ~ *wood* lamelhout, fineerhout. **lam·i·na·tion** laagvorm, (fyn)gelaagdheid; laagvorming; skilfering; lamellering; lamel.

**lam·ing·ton** *(kookk.)* ysterwarkie, lamington.

**lam·mer·gei·er, lam·mer·gey·er** →BEARDED VULTURE.

**lamp** *n.* lamp; lantern; *Aladdin's* ~ 'n towerlamp; *light a* ~ 'n lamp opsteek. **lamp** *ww.* skyn; verlig. **~black** lampswart, =roet. ~ **bracket** lamparm. ~ **chimney** lampglas, =pyp. **~light** lamplig. **~lighter** *(hist.)* lantern=, lampopsteker. ~ **oil** lampolie. **~shade** lampkap, =skerm. **~wick** lamppit.

**lam·pi·on** lampie, vetpot(jie), lampion.

**lam·poon** *n.* smaad=, spot=, skimpskrif, paskwil. **lam·poon** *ww.* 'n smaad=/spotskrif skryf/skrywe; in 'n smaad=/spotskrif aanval, hekel. **lam·poon·er, lam·poon·ist** hekelaar, spotskrifskrywer.

**lam·prey (eel)** *(igt.)* lamprei, prik.

**lam·siek·te** *(Afr., veearts.)* (gal)lamsiekte.

**la·nate, la·nose** *(biol.)* wollerig.

**lance** *n.* lans; lansier. **lance** *ww.* met 'n lans deursteek, lanseer; *(med.)* (met 'n lanset) oopsny/=steek. ~ **corporal** onderkorporaal. ~ **head** lans=, spiespunt. **~-shaped** lansvormig.

**lance·let** *(igt.: Branchiostoma spp.)* lansetvissie.

**lan·ce·o·late** *(teg.)* lansetvormig.

**lanc·er** *(hist.)* lansier, lansdraer, lansruiter.

**lan·cet** lanset; steekmessie, vlym. ~ **arch** *(argit.)* spitsboog. ~ **fish** *(Alepisaurus spp.)* lansetvis. ~ **window** spitsboogvenster.

**land** *n.* land; grond; grondbesit; landgoed; landstreek; plat-teland; *(SA)* land, akker; *(fig.)* wêreld *(v. fantasie);* →LANDED, LANDLESS, LANDWARD(S); *back to the* ~ terug na die grond/ platteland; *to a better* ~ na beter(e) oorde; *by* ~ oor land; *hug the* ~ naby die kus vaar; *the lay/lie of the* ~ die stand van sake, die toestand; die vooruitsigte; *find out* (or *see*) *how the* ~ *lies* agterkom/vasstel hoe die vurk in die hef steek, kyk uit watter hoek die wind waai, die kat uit die boom kyk; *still be in the* ~ *of the living,* (skerts.) nog in die land van die lewendes wees; *make* ~ die kus bereik; *on* ~ aan land; aan wal; op land; *on the* ~ in die boerdery; op die platteland; *the* ~ *of promise, the promised* ~ die land van belofte, die beloofde land; *by* ~ *and sea* op (die) land en (op die) see, op land en te water, te land en ter see; ~ *under beans/etc.* grond (wat) met boontjies/ens. beplant (is); *vacant* ~ kaal/ onbeboude grond. **land** *ww., (ook lugv.)* land; aanland, aan land/wal gaan; land, aan land/wal sit, afsit, aflaai, los; te lande kom, aanland, beland; val; grondvat; neerstryk; neerdaal, neerkom; besorg; bring; uittrek, ophaal *(vis);* verkry, bemagtig, (in die hande) kry, verwerf; neertrek; beland *(i.d. moeilikheid);* →LANDER, LANDING; ~ *a prize* 'n prys verwerf/ behaal/wen; ~ *up somewhere* êrens beland; ~ *s.o. with s.t.* iem. met iets opsaal; *be ~ed with s.t.* met iets bly sit *(of* opgeskeep sit/wees). ~ **agency** grondagentskap. ~ **agent** grondagent; eiendomsagent, =makelaar, makelaar in vaste eiendom. ~ **animal** landdier. ~ **area** landoppervlakte. ~ **bank** landbank, landboubank. ~ **baron** grootgrondbesitter, grondbaron, =magnaat. ~ **crab** landkrap. **~fall** nadering van land; bereikte land; landing; grondstorting, =verskuiwing; *make a* ~ land nader, land in sig kry. **~fill** *n., (afvalbestuur)* grondopvulling; opvul(lings)materiaal. **~fill (site)** opvul(lings)terrein. **~-grab** *n.* grondroof, =diefstal. **~-grabber** grondrower. **~-grabbing** *n.* grondrowery. **~holder** grondeienaar, =besitter. **~holding** grondbesit, =eiendom. **~-hunger** grondhonger; landhonger. **~-hungry** grondhongerig; landhongerig. **~lady** verhuurder, hospita; huiseienares; losieshuishoudster; grondeienares. ~ **law** wet op grondbesit; eiendomsreg. ~ **line** landlyn. **~locked** deur land ingesluit/omring. **~lord** huisbaas, =eienaar; verhuurder; hotelbaas, =houer; grondeienaar, landheer. **~lubber** *(infml.)* landrot. **~mark** baken, grenspaal; *(ook fig.)* mylpaal; landteken, =merk, seebaken; koers=, terreinbaken, oriëntasiepunt. ~ **mass** landmassa. ~ **measure** landmaat; oppervlaktemaat. ~ **mine** *(mil.)* landmyn. **~-owner** grondeienaar, landheer. **~ownership** grondbesit, =eiendom. ~ **reclamation** grondherwinning. ~ **redistribution** die herverdeling van grond, grondherverdeling. ~ **reform** grondhervorming. ~ **registry** kadaster. **~-rent** grondhuur. ~ **rights** grondregte. **~shark** *(infml.)* grondrower. **~-side** land=, grond=, walkant; hoef, strykplaat, =bord *(v. 'n ploeg).* **~-slide** *n.* grondstorting, =verskuiwing; *(pol.)* klinkende/verpletterende verkiesings=/stembusoorwinning; *win an election by a* ~ 'n wegholoorwinning *(of* 'n klinkende/verpletterende oorwinning) by die stembus behaal. **~slide** *adj. (attr.):* ~ *victory* wegholoorwinning, klinkende/verpletterende oorwinning. **~slip** grondstorting, =verskuiwing. ~ **surface** landoppervlak. **~-surveying** land(op)meting. **~-surveyor** landmeter. ~ **swell** kusdeining. ~ **tax** grondbelasting. ~ **tenure** grondbesit. ~ **value** grondwaarde. **~wash** kusbranding.

**lan·dau** *(perdekar)* landauer.

**land·ed** grond=; grondbesittend; geland; ~ *aristocracy/ nobility* landadel; ~ *cost* koste aan wal; ~ *estate/property* grondbesit, =eiendom; ~ *gentleman* hereboer; ~ *gentry* hereboere; *newly* ~ pas geland; pas gelos; ~ *price* prys aan wal, prys ná lossing.

**land·er** landingstuig.

**land·ing** landing; neerstryking; landingsplek; lossing; trap= portaal; oorloop *(op 'n trap);* platform *(in 'n myn); make a forced* ~ 'n noodlanding doen; *make a* ~ 'n landing doen, land. ~ **(and shipping) agent** kargadoor. ~ **beacon** aanvliegbaken. ~ **charges,** ~ **rates** *(sk.)* los(sings)koste, losgeld; *(lugv.)* landingsgeld. ~ **craft** *(mil.)* landingsvaartuig. ~ **field** landingsplek, =terrein. ~ **gear** onderstel *(v. 'n vliegtuig).* ~ **ground** landingsveld; noodlandingsterrein. ~ **run** *(lugv.)* uitloop. ~ **ship** landingskip. ~ **strip** landingstrook, stygbaan. ~ **wheel** landingswiel.

**land·less** sonder land; sonder grond.

**land·race (pig)** *(hoofs. Br.)* landrasvark.

**land·scape** *n.* landskap. **land·scape** *ww.* as park/tuin aanlê/uitlê, 'n buiteontwerp maak. ~ **architect** park=, tuin=, terreinargitek. ~ **architecture** parkaanleg, park=, tuin=, ter= reinargitektuur. ~ **format** *(druk.)* dwarsformaat. ~ **gardener** terreintuinier, tuinontwerper. ~ **gardening** tuinontwerp, terreinaanleg. ~ **painter** landskapskilder. ~ **painting** land= skapskilderkuns.

**land·scap·er** tuinargitek; landskap(s)=, parkargitek.

**land·scap·ing** parkaanleg, =uitleg; tuinaanleg, =uitleg; bui= teontwerp.

**land·scap·ist** landskapskilder.

**lands·man** =men landbewoner; plattelander.

**land·ward(s)** landwaarts.

**lane** laan, paadjie; steeg, nou straatjie; deurloop, deurgang; gang; baan; vaarweg.

**lan·gouste, lan·gouste** *(Fr.)* (see)kreef; →CRAYFISH, ROCK LOBSTER, SPINY LOBSTER. **lan·gous·tine** langoestien, krefie.

**lan·guage** taal; spraak; *acquire/learn* a ~ 'n taal (aan)= leer; *use bad* ~ lelik praat, lelike taal besig, vloek; *have a command/mastery of a* ~ 'n taal beheers; *s.o.'s command/ mastery of (the)* a ~ iem. se taalbeheersing *(of* beheersing van [die] taal); *a common* ~ 'n gemeenskaplike taal; *in the field of* ~ op taalgebied; *be fluent in a* ~, *speak a* ~ *fluently* 'n taal vloeiend/vlot praat; *know a* ~ 'n taal ken; *have a working knowledge of the* ~ 'n basiese/elementêre/ gangbare/praktiese kennis van die taal hê/besit, genoeg van die taal ken om oor die weg te kom *(of* jou te behelp); ~ *and literature* lettere; *mixing of* ~s taalvermenging; *a Zulu-~ paper* 'n Zoeloetalige koerant/blad; *pick up a* ~ 'n taal (oppervlakkig) (aan)leer; *in plain* ~ in eenvoudige taal; *be proficient in a* ~ 'n taal goed beheers/ken; *salty* ~ gekruide taal; *speak the same* ~, *(lett. & fig.)* praat; *not speak the same* ~, *(lett. & fig.)* nie dieselfde taal praat nie; *(fig.)* niks met mekaar gemeen hê nie; *speak a* ~ 'n taal praat; *the spoken* ~ die spreektaal; *strong* ~ kragtige taal; kras(se)/gekruide taal; *use strong* ~ jou kras/skerp uitdruk/uitlaat; *the study of* ~(s) die taalstudie; *understand a* ~ 'n taal verstaan; *the written* ~ die skryftaal. ~ **barrier** taalversperring. ~ **equality** taalgelykheid. ~ **laboratory** taal= laboratorium. ~ **medium** voertaal. ~ **movement** taalbe= weging. ~ **rights** taalregte; *equal* ~ ~ taalgelykheid.

**lan·guid** loom, lomerig; traag, lusteloos; dooierig, flou, pap, lam, tam; swak, kwynend; traag *(mark).* **lan·guid·ness** lomerigheid; lusteloosheid; flouheid, tamheid; traagheid *(v.d. mark).*

**lan·guish** (weg)kwyn, verkwyn, agteruitgaan; verswak, ver= flou, verslap; wees, lê, jou bevind *(onderaan d. punteleer ens.).*

**lan·guor** matheid, moegheid, vermoeienis, loomheid, lome=

righeid, dooierigheid, lusteloosheid; drukkendheid, druk= kende stilte. **lan·guor·ous** mat, moeg, loom, lomerig, dooi= erig, lusteloos; drukkend.

**lan·gur** *(soöl.: Presbytis* spp.*)* slankaap.

**la·nie** →LARNEY.

**lank**[1] *adj.* lank en skraal, dun, rank, slank, maer; steil *(hare);* →LANKY. **~·haired** met steil hare.

**lank**[2] *adj. & adv., (SA sl.)* baie.

**lank·y** lank en skraal, slungelagtig.

**lan·ner fal·con** *(Falco biarmicus)* edelvalk.

**lan·o·lin(e)** lanolien.

**lan·ta·na** *(indringerplant)* lantana.

**lan·tern** lantern; *Chinese* ~ lampion; *(SA, bot.: Nymania capensis)* klapperbos; *(Physalis alkekengi/franchettii)* rooi ap= pelliefie; *(Abutilon* spp.*)* lampionplant, abutilon; *magic* ~ towerlantern. ~ **heath** *(Erica blenna)* lanternheide. ~ **hop= per,** ~ **fly** *(entom.)* lanternblaarspringer.**~·jawed** met hol/ ingevalle wange. ~ **jaws** lang, maer gesig; ingevalle wange/ gesig.

**lan·tha·num** *(chem., simb.:* La*)* lantaan.

**lan·yard, lan·iard** tou, lyn; skouerriem, skouerband; draag= riem; fluitjiekoord; aftrektou *(v. 'n kano); (sk.)* taliereep.

**Lao** *Lao(s), (bevolkingslid; taal)* Lao.

**La·o·c·o·on** *(Gr. mit.)* Laokoön.

**Laos, La·os** *(geog.)* Laos. **Lao·ti·an, La·o·tian** *n.* Lao. **Lao= ti·an, La·o·tian** *adj.* Laoties.

**lap**[1] *n.* skoot; pant; holte; *s.t. drops into s.o.'s* ~ iets val in iem. se skoot, iets val iem. in die skoot; *in the* ~ *of fortune* (or *the gods), (idm.)* in die hand/skoot van die gode/tyd; *sit in/on s.o.'s* ~ op iem. se skoot sit. **~·dance** skootdans. **~·dancing** skootdansery. **~·dog** *(lett. & fig.)* skoothondjie. **~·top (com= puter)** skootrekenaar.

**lap**[2] *n.* rond(t)e, skof *(by wedrenne);* oorslag, oorstek, oor= steek; slypskyf; *a* ~ *of honour* 'n ererond(t)e; *on the last* ~ in die laaste rond(t)e; op die laaste skof. **lap** =*pp*=, *ww.* met 'n rond(t)e voorloop, ver/vêr verbysteek; (laat) oormekaar= slaan, (gedeeltelik) laat dek; uitsteek; slyp, polys; ~*ed 10 centimetres* met 10 sentimeter oorslag; ~*ed in luxury* deur weelde omring; ~ *over* uitsteek, oorsteek. ~ **joint** oorslaglas, blinde las. **~·jointed seam** oorslagnaat. **~·stone** klopsteen. **~·weld, ~·welded joint** oorslagsweislas.

**lap**[3] *n.* (die) oplek, opslurping; kabbeling, gekabbel. **lap** =*pp*=, *ww.* lek, oplek, opslurp; kabbel, spoel, klots; ~ *s.t. up* iets oplek; iets opslurp; *(infml.)* iets vir soetkoek opeet; *(infml.)* iets verslind *(kilometers).* **lap·ping** kabbeling, geklots; ~ *up* opslurping.

**la·pa** *(So.)* lapa.

**lap·a·ro·scope** *(med.: buikholtekyker)* laparoskoop. **lap= a·ro·scop·ic** laparoskopies. **lap·a·ros·co·py** buikholtebesig= tiging, laparoskopie.

**lap·a·rot·o·my** *(med.)* buikwandinsnyding, laparotomie.

**la·pel** lapel, kraagpunt.

**lap·is laz·u·li** *(<Lat., min.)* lapis lazuli, lasuursteen.

**Lap·land** *(geog.)* Lapland. **Lapp, Lap·land·er** *n., (inwoner)* Lap(lander). **Lapp, Lap·pish** *n., (taal)* Laps. **Lapp, Lap·pish, Lap·land·ish** *adj.* Laplands, Laps.

**lap·pet** pant, strook, punt; oorlel; lapel; afhangende lint.

**lap·sang sou·chong** lapsang souchong(-tee).

**lapse** *n.* oomblik *(v. verslapte konsentrasie ens.);* fout; (af)= dwaling, misstap, glips, vergissing, lapsus; verval, val; (af)val; verloop; verstryking; *after a* ~ *of a month/etc.* ná (verloop van) 'n maand/ens.; *a* ~ *from* ... 'n afwyking/afdwaling van ...; 'n vergryp teen ... *(goeie maniere ens.).* **lapse** *ww., (kon= trak, polis, ens.)* verstryk, afloop, verval; *(voorstel)* verval; verloop, verbygaan; afdwaal; val, terugval; gly, glip; ~ *from* ... van ... afdwaal *(d. geloof ens.);* ~ *into* ... tot ... verval *(chaos ens.);* in ... raak *('n koma);* ... raak *(bewusteloos, a.d. slaap, ens.).* ~ **rate** *(met.)* temperatuurgradiënt.

**lapsed** *adj.* verstreke; vervalle; *(relig.)* afvallig.

**lap·wing** *(orn.)* kiewiet; *African wattled ~, wattled plover, (Vanellus senegallus)* lelkiewiet; *blacksmith ~/plover, (V. armatus)* bontkiewiet; *crowned ~/plover, (V. coronatus)* kroon= kiewiet.

**lar, lar gib·bon** *(soöl.: Hylobates lar)* lar, withandgibbon.

**lar·ce·ny** *(jur., vero.)* diefstal.

**larch** *(bot.)* lork, lorkeboom, lariks; lorkehout, larikshout.

**lard** *n.* varkvet; lardeersel. **lard** *ww.* lardeer, deurspek, met spek vul/stop; *~ s.t. with ...* iets met ... deurspek; *be ~ed with ..., (ook fig.)* met ... deurspek wees. **~ass** *(Am., plat, neerh.)* vetgat.

**lard·ing:** *~ needle, ~ pin* lardeernaald, =priem, speknaald.

**lar·es** *n. (mv.), (Rom., hist.)* lare, huisgode; *~ and penates* lare en penate, huisgode; *(fig.)* huis en haard; *(fig.)* (eie) huis.

**large** *n.: be at ~* op vrye voet(e) wees/verkeer, los/vry wees; los loop; *people at ~* mense in/oor die algemeen; *in ~* op groot skaal, by die groot maat; *the public at ~* die groot publiek. **large** *adj.* groot, ruim, uitgestrek; breed, omvangryk; breedvoerig; veelomvattend; tamaai; fors; oor= vloedig; vrygewig; *as ~ as life* lewensgroot; in lewende lywe; *the ~ one* die grote; *on a ~ scale* op groot skaal; →LARGE-SCALE *adj.; twice as ~ again* twee maal groter. **large** *adv.: by and ~* oor/in die algemeen, oor die geheel (geneem); in hoofsaak. **~-boned** groot gebou. **~ brown afrikaner** *(bot.)* kaneel(aand)blom. **~-hearted** grootmoedig, ruimhartig, groothartig, edelmoedig. **~ intestine** grootderm. **~-minded** ruimhartig, ruim van blik. **~ print, ~ type** *(druk.)* grootdruk. **~-scale** *adj.* grootskaals; uitgebrei(d), veelomvattend. **~-sized** van groot afmetings, groot, tamaai.

**large·ly** in groot mate, grotendeels, grootliks; ruimskoots.

**large·ness** grootte, ruimte, uitgestrektheid.

**larg·er** *adj.: ~ and ~* al hoe groter; *be ~ than ...* groter as ... wees; *be ~ than life* groter/meer as lewensgroot (*of* groter as die werklikheid) wees; oordrewe (groot) wees.

**lar·gess(e)** geskenk, gif; vrygewigheid, mild(dadig)heid.

**larg·ish** groterig.

**lar·go** =gos, *n., (It., mus.)* largo(-deel/passasie). **lar·go** *adj. & adv.* largo, stadig en gedrae.

**lark¹** *n., (orn.)* lewerik; *Cape clapper ~, (Mirafra apiata)* Kaapse klappertjie; *eastern clapper ~, (M. fasciolata)* hoë= veldklappertjie; *flappet ~, (M. rufocinnamomea)* laeveld= klappertjie; *melodious ~, (M. cheniana)* spotlewerik; *monotonous ~, (M. passerina)* bosveldlewerik; *get up with the ~* douvoordag opstaan. **~spur** *(bot.)* ridderspoor.

**lark²** *n., (infml.)* streek, grap(pie), gekskeerdery. **lark** *ww.* pret maak, streke uithaal; gekskeer, die gek skeer; *~ about/around, (infml.)* pret maak, streke uithaal. **lark·y** ondeund, vol streke.

**lar·ney, la(r)·nie, laa·nie, lah·nee** *n., (SA, infml., soms neerh.)* lanie. **lar·ney, la(r)·nie, laa·nie, lah·nee** *adj.* spiekeries, opgetof; windmaker(ig), spoggerig; *(hoofs. neerh.)* rykmans=; snob=, snobberig; *a ~ accent* 'n aanstellerige aksent.

**lar·va** =vae larwe. **lar·val** larvaal, larwe=.

**lar·ynx** =ynges, =ynxes, *(anat.)* strottehoof, larinks, stemkas. **la·ryn·g(e)al** *(anat.)* laringeaal, strottehoof=, larinks=; *(fonet.)* laringaal. **lar·yn·gi·tis** *(med.)* strottehoofontsteking, laringitis. **la·ryn·go·scope** keelspieël, laringoskoop, strottehoofspieël. **lar·yn·got·o·my** keelsnyding.

**la·sa·gne, la·sa·gna** *(It. kookk.)* lasagne, lasagna.

**las·civ·i·ous** wellustig, wulps, ontugtig. **las·civ·i·ous·ness** wellustigheid.

**la·ser** *(teg., akr.:* light amplification by stimulated emission of radiation) laser. *~ disc, ~ disk* laserskyf. *~ printer* laser= drukker. *~ surgery* laserchirurgie, =sjirurgie.

**lash** *n.* hou, (sweep)slag; raps; *(i.d. mv. ook)* pak slae; gesel, kats; voorslag; wimper, ooghaar; sweephaar; *be under the ~* 'n loesing kry; onder die plak staan. **lash** *ww.* gesel, (met 'n sweep/kats) slaan, looi; swiep; vasbind, vaswoel; *~ about/around* (wild) om jou slaan; *~ at ...* na ... slaan; *~ s.t. down* iets vasbind; *~ into s.o.* iem. inklim/toetakel; iem. uitskel; *~ out* wild slaan, afhaak, lostrek; tot uiterstes gaan, handuit ruk, hand uitruk, niks ontsien nie; *(Br., infml.)* spandabel(rig) wees, geld rondgooi/rondsmyt/rondstrooi; *~ out at ...* (meteens/wild) na ... slaan; teen ... uitvaar; *~ ... together ...* aan mekaar (vas)bind. **lash·er** slaner, geselaar; binder, knoper; koptou.

**lash·ing** pak/drag slae, geseling; woeling, vasknoping, vas= knopery; woellyn; =tou; *~s of ..., (Br., infml.)* volop (*of* 'n oorvloed van) ... *(kos ens.);* lekker baie ... *(suiker ens.).*

**lass, las·sie** *(Sk., N.Eng.)* meisie(tjie), nooi(entjie).

**Las·sa fe·ver** *(med.)* Lassakoors.

**las·si·tude** (afge)matheid, moegheid, vermoeidheid; gela= tenheid.

**las·so, las·so** =so(e)s, *n.* vangriem, lasso. **las·so, las·so** =soed =soed, =soing, *ww.* met die/'n vangriem/lasso vang, die/ 'n vangriem om die nek gooi.

**last¹** *n.* laaste; *at ~* eindelik, oplaas, op laas; op die laaste; *at long ~* eindelik (en) ten laaste, einde ten laaste, ten einde laaste; op die ou end, op langelaas; *be a bad ~* ver/vêr agter wees; *the ~ but one* op een na die laaste, die voorlaaste; *the very ~* die allerlaaste, die heel laaste; *never hear the ~ of it* nooit die end/einde daarvan hoor nie; *always be the ~ to* hear the news die nuus altyd laaste hoor; *hope one has seen the ~ of ...* hoop jy sien ... nooit weer nie; *s.o. would be the ~ to do such a thing* iem. sou so iets nooit doen nie; *to/till the ~* tot (op) die laaste, tot die end/einde (toe). **last** *adj. (attr.)* laaste *(asem ens.);* verlede, laas *(maand ens.);* vorige *(album ens.);* laaste, jongste *(oorlog ens.);* enigste (oorblywende) *(hoop ens.);* uiterste *(poging ens.);* slot= *(hoofstuk ens.);* the night *before ~* eergisteraand; eergisternag; *~ hurrah, (hoofs. Am.)* swanesang; eindpoging; *~ known address* laaste adres bekend; *~ meeting* vorige vergadering; *at the ~ minute/moment* op die laaste oomblik, ter elfder ure, op die nippertjie; *~ night* gisteraand; gisternag, vannag, ver= lede/laas nag; *the ~ time s.o. did it, he/she ...* die vorige keer toe iem. dit gedoen het, het hy/sy ...; *this is the ~ time I (shall) do it* dis die laaste keer dat ek dit (sal) doen; *by the ~ train* met die laaste trein; *~ Tuesday/etc.* verlede Dinsdag/ ens.; *the ~ week/etc.* die laaste week/ens.; *(v. 'n tydperk)* die afgelope week/ens.; *the ~ word in luxury* die hoogste weelde. **last** *adv.* laas, (die) laaste; eindelik, ten slotte; *come ~* agteraan kom; *~ but not least* les bes, die laaste maar nie die minste nie; *when did you see ... ~?* wanneer het jy ... laas gesien?. *~ agony* doodstryd. **~-ditch** *adj. (attr.):* attempt/effort laaste wanhopige poging. **~-gasp** *adj. (attr.), (infml.): a ~ goal, (sport)* 'n doel in die doodsnikke (van die wedstryd). *~ Judg(e)ment (relig.)* Laaste Oordeel. **~-mentioned, ~-named** laasgenoemde, =gemelde. **~-minute** *adj. (attr.):* do some *~ shopping* tot op die nippertjie nog gou inkopies doen. *~ name* van, familienaam. *~ post (mil.)* laaste taptoe; *sound the ~* die laaste taptoe blaas. *~ rites, ~ sacraments (Chr.):* administer the *~ ~ to s.o.* die laaste sakrament aan iem. bedien. *L~ Supper (NT):* the *~ ~* die Laaste Avondmaal/Awendmaal.

**last²** *ww.* aanhou; (voort)duur; hou; goed bly, in stand bly; uithou; strek; *s.o.'s water/etc. will ~ (for) a day/etc.* iem. sal 'n dag/ens. met sy/haar water/ens. kan uitkom; *s.o. won't/can't ~ long* iem. sal/kan dit nie lank maak/uithou nie; *s.t. ~s s.o. long* iem. kom lank met iets uit; *nothing ~s, (ook)* alles is verganklik; *~ out* volhou; nie opraak nie; *~ s.o. out* dit teen iem. volhou; *~ the pace* die pas volhou; *~ till tomorrow, (iem.)* môre/more haal; *(iets)* nie voor môre/more opraak nie. **last·ing** *adj.* voortdurend, aanhoudend; vas *(kleur).* **last·ing·ly** blywend, vir altyd.

**last³** *n.* lees *(v. 'n skoenmaker); stick to one's* ~ jou by jou lees hou.

**last·ly** ten slotte/laaste, laastens, in die laaste plek.

**latch** *n.* knip, klink; knipslot; *be off the* ~ van die knip af wees; *put the door on the* ~ die deur op (die) knip sit. **latch** *ww.* op die knip/klink sit; ~ *on, (infml.)* iets snap; ~ *on to ..., (infml.) ...* aangryp/vasgryp, aan ... klou; ... snap. ~**key** huis=, knip=, klinksleutel. ~**key child** (knip)sleutelkind.

**late** *adj. & adv.* laat; te laat; ver/vêr gevorder(d); vorige; gewese, voormalig; oorlede, wyle; resent; *(bot.)* vertraag; onlangs, vroeër, voorheen; *until as* ~ *as ...* nog tot ..., tot ... nog; *as* ~ *as 1980* selfs nog *(of* nog pas) in 1980; *it is getting* ~ dit word laat; ~ *grapes* laat druiwe; *s.o.'s* ~ *husband/etc.* iem. se oorlede man/ens.; *Mr X, the* ~ *manager/etc. of ...* mnr. X, in lewe bestuurder/ens. van ...; ~ *in March/etc.* einde Maart/ens.; *the* ~ *Mrs X* wyle mev. X; *better* ~ *than never* beter/liewer(s) laat as nooit, agteros kom ook in die kraal; *of* ~ (in) die laaste tyd; *the* ~ *president/etc.* wyle die president *(fml.)*; die gewese/voormalige/vorige president; *a* ~ *tackle, (rugby)* 'n laatvat; *it is too* ~ *to do s.t.* dit is te laat om iets te doen; *it is never too* ~ *to mend* beter/liewer(s) laat as nooit, dit is nooit te laat om te verbeter nie; *s.t. is too* ~ *(to be of use)* iets is mosterd na die maal; *the* ~ *twenties/thirties/etc.* die laat twintiger=/dertigerjare/ens.. ~**comer** laatkommer; *be a* ~ *to s.t.* nuut in iets wees. ~ *cut (kr.)* laat kap=/kerfhou. ~ **developer** *(pers.)* laatbloeier. ~ **harvest** *n., (SA)* laatoes(wyn). **L~** **Latin** Laat Latyn. ~**-night** *adj. (attr.)* laataand=, laataandse, laatnag=, laatnagtelike, laatnagse.

**late·ly** onlangs, kort gelede; in die laaste tyd.

**late·ness** laatheid, laatte; *because of the* ~ *of the hour* weens die laat/late uur.

**la·tent** verborge, onsigbaar; sluimerend, slapend, rustend, latent. ~ **heat** *(fis.)* latente/gebonde warmte/hitte; ~ ~ *of freezing* (latente) bevriesingswarmte. ~ **image** *(fot.)* latente beeld.

**lat·er** later; naderhand; agterna; *at a* ~ *date* later (van tyd); *the* ~ *the merrier, (iron.)* hoe later hoe kwater; *not* ~ *than May 1* voor of op 1 Mei; ~ *on* naderhand; later (van tyd); *see you* ~ ons sien mekaar weer, tot siens, totsiens; *sooner or* ~ vroeër of later. **L~ Stone Age** Laat Steentyd(perk).

**lat·er·al** *n.* sytak, syspruit. **lat·er·al** *adj.* sydelings, sy=; sywaarts; *(bot.)* systandig; *(fonet.)* lateraal; ~ *edge* sykant; ~ *movement* sywaartse beweging; ~ *thinking* laterale denke; ~ *transfer* oorplasing sonder verhoging, oorplasing op dieselfde vlak. ~ **line (system)** *(igt.)* systreep(stelsel).

**lat·er·al·ly** sydelings; sywaarts.

**lat·er·ite** *(geol.)* lateriet.

**lat·est** laaste, jongste, nuutste; *at the* ~ op die/sy laa(t)ste; *on May 1 at the* ~ voor of op 1 Mei; *the* ~ *fashion* die jongste/nuutste mode; *the* ~ *news* die jongste/laaste nuus/ berigte; *s.o.'s* ~, *(infml.)* iem. se nuutste grap/storie/ens.; *the very* ~ die allerjongste/allernuutste; *what is the* ~? wat is die nuus?.

**la·tex** =*texes,* =*tices* melksap, rubbermelk, lateks.

**lath** lat, plankie; *as thin as a* ~ rietskraal, brandmaer.

**lathe** draaibank. ~ **work** draai(bank)werk.

**lath·er** *n.* seepskuim; skuim *(v. 'n perd); be/get in a* ~ *about s.t., (infml.)* jou oor iets opwen. **lath·er** *ww.* inseep; met seep bedek, seep smeer; skuim; wit van die skuim word.

**Lat·in** *n., (taal)* Latyn; *(iem. wat 'n Romaanse taal praat)* Ro= maan; *Late* ~ Laat Latyn; *Low* ~ Laaglatyn; *vulgar* ~ Volkslatyn. **Lat·in** *adj.* Latyns; Romaans; ~ *nations* Ro= maanse volke, Romane; ~ *scholar* Latinis, Latynkenner. ~ **America** Latyns-Amerika. ~ **American** *n.* Latyns-Ameri= kaner. ~ **American** *adj.* Latyns-Amerikaans. ~ **cross** La= tynse kruis. ~ **Quarter** Paryse studentewyk.

**Lat·in·ate** *adj.* Latinisties.

**Lat·in·ise, -ize** verlatyns; Latynse vorme gebruik; latini= seer.

**Lat·in·ist** Latinis, Latynkenner.

**lat·ish** laterig, 'n bietjie laat.

**lat·i·tude** (geografiese) breedte; (astronomiese) breedte; breedteligging; *(fot.)* speling; vryheid, speelruimte; *allow/ give s.o.* ~ iem. speelruimte gee; *at a* ~ *of ... degrees ... minutes* op die breedte ... grade ... minute; *celestial* ~ ekliptiese breedte, hemelbreedte; *the* ~ *at noon* die middagbreedte. **lat·i·tu·di·nal** breedte=. **lat·i·tu·di·nar·i·an** *n.* vrydenker, vry= sinnige, liberaal. **lat·i·tu·di·nar·i·an** *adj.* vrydenkend, vry= sinnig, liberaal, latitudinêr. **lat·i·tu·di·nar·i·an·ism** vrysin= nigheid, vrydenkery.

**la·trine** latrine, gemak=, kleinhuisie.

**lat·ter** laat; laaste; laasgenoemde, =gemelde (van twee); *these* ~ *days* hierdie laaste dae, die afgelope ruk; *the* ~ *part of winter* die nawinter. ~**-day** hedendaags, modern. **L~-day Saints** *(Mormone)* Heiliges van die Laaste Dae.

**lat·tice** tralie=, lat=, raamwerk, rooster; hortjies; roei. ~ **win= dow** tralievenster; venster met ruitjies in lood. ~**work** tra= lies, traliewerk.

**Lat·vi·a** *(geog.)* Letland. **Lat·vi·an** *n., (inwoner)* Let(lander); *(taal)* Letties. **Lat·vi·an** *adj.* Letties.

**laud** *(fml.)* prys, loof; ophemel, lof toeswaai. **laud·a·bil·i·ty, laud·a·ble·ness** lofwaardigheid, prysenswaardigheid. **laud· a·ble** lofwaardig, prysenswaardig. **laud·a·to·ry** prysend, lo= wend, lofuitend, lof=.

**laugh** *n.* lag; gelag; *just for a* ~, *(infml.)* net vir die grap; *have a good* ~ lekker lag; *s.t. is a* ~, *(infml.)* iets is belaglik; *have the last* ~ laaste lag; *s.t. is a* ~ *a minute, (infml.)* iets is skreeusnaaks *(of* 'n lagfees); *raise a* ~ mense laat lag, die lagspiere prikkel; *have a* ~ *with s.o.* met iem. (saam)lag. **laugh** *ww.* lag; met 'n lag sê; ~ *at s.o.* iem. uitlag, vir iem. lag (kry); ~ *at s.t.* vir iets lag; oor iets lag; jou nie aan iets steur nie *('n gevaar ens.);* ~ *at public opinion* met die openbare mening spot; ~ *s.t. away/off* iets weglag; ~ *away!* lag maar!; *begin to* ~, *burst out (of start)* ~*ing* begin lag, uitbars van die lag; ~ *s.o./s.t. out of court* iem./iets minagtend as belaglik verwerp/afmaak; ~ *s.o. down* iem. doodlag, so lag dat iem. moet stilbly; *s.o. will* ~ *on the other/wrong side of his/her face, (infml.)* ons sal sien of iem. sal lag; ~ *one's head off,* ~ *o.s. sick/silly, (infml.)* jou dood/krom/siek/kis lag; ~ *s.o. cannot help but* ~ *(of cannot help* ~*ing)* iem. kan sy/haar lag nie hou nie; *he who* ~*s last* ~*s longest, he* ~*s best who* ~*s last, (sprw.)* wie (die) laaste lag, lag (die) lekkerste; *make s.o.* ~ iem. laat lag, iem. aan die lag maak/sit; *don't make me* ~! jy laat my lag (kry)!, moenie my laat lag (kry) nie!; ~ *out* hardop lag; ~ *over s.t.* oor iets lag; ~ *up one's sleeve* agter jou hand *(of* in jou vuis) lag; ~ *to o.s.* by jouself lag.

**laugh·a·ble** belaglik, bespotlik; lagwekkend, grappig, snaaks.

**laugh·ing** *n.* lag; gelag. **laugh·ing** *adj.* laggend, lag=; *it is no* ~ *matter* dit is niks om oor te lag nie, dit is nie snaaks nie. ~ **dove** rooiborsduifie. ~ **gas** laggas. ~ **stock** spot, voorwerp van bespotting; *a general* ~ ~ die spot van iedereen; *s.o. is the* ~ ~ *of the ...* iem. is die spot van die ... *(dorp ens.).*

**laugh·ing·ly** *adv.* laggend, (al) laggende, lag-lag.

**laugh·ter** gelag, laggery; *double up with* ~ jou krom lag, krom lê van die lag; *join in the* ~ saamlag, meelag; *s.o. is limp/weak with* ~ iem. is slap van die lag; *loud* ~ 'n geskater; *provoke/raise* ~ 'n gelag (ver)wek, die laglus opwek, die lagspiere prikkel; *roar/scream/shriek with* ~ skater/brul van die lag, skater(lag), dit uitskater; *scornful* ~ hoongelag. ~ **lines** *n. (mv.)* lag=, kraaiplooitjies.

**launch¹** *n.* tewaterlating *(v. 'n skip);* bekendstelling *(v. 'n boek);* vrystelling, première *(v. 'n rolprent);* première *(v. 'n toneelstuk);* stigting *(v. 'n maatskappy);* lansering *(v. 'n pro= duk);* onderneming *(v. 'n veldtog).* **launch** *ww.* werp, gooi, slinger; te water laat, van stapel laat loop *('n skip);* in die see stoot *('n skuit);* lanseer, afvuur *('n missiel ens.); (fig.)* bekendstel, bekend stel *('n boek);* vrystel *('n rolprent);* stig *('n maatskappy);* lanseer, die wêreld instuur *('n produk ens.);* begin, stig, onderneem *('n veldtog ens.);* ~ *into* ... met ... begin; ~ *into expense* (groot) onkoste maak; jou in die skuld steek; ~ *out into s.t.* iets begin/onderneem. **~ pad, launching pad** lanseerblad; *(fig.)* afspring=, wegspringplek.

**launch²** *n.* plesierboot.

**launch·er** lanseerder *(vir 'n missiel ens.);* rigter.

**launch·ing** tewaterlating; lansering. **~ platform** lanseer= stelling.

**laun·der** *n.* wastrog; spoelgeut, =voor, =kanaal; gietgeut. **laun·der** *ww.* was (en stryk); witwas *(swart geld).* **laun= der·er** wasser. **laun·der·ette, laun·drette,** *(Am.)* **laun·dro·mat** kitswassery, selfdien=, selfhelpwassery.

**laun·dry** wasgoed; strykgoed; wassery; waskamer; *do the* ~ (die wasgoed) was. **~ bag** wasgoedsak. **~ work** was- en strykwerk.

**lau·re·ate** bekroonde, pryswenner; *(Poet)* L~ hofdigter. **lau·re·ate·ship** hofdigterskap.

**lau·rel** *n., (bot.)* lourier; lourierhout; lourier=, louerkrans; *look to one's* ~*s* sorg dat jy voorbly; *rest on one's* ~*s* op jou louere rus. **lau·rel** =*ll*=, *ww.* (met 'n lourier=/louerkrans) bekroon. **~ tree** lourierboom. **~ wreath** lourier=, louerkrans.

**lav** *(infml., afk. v.* lavatory*)* toilet, latrine.

**la·va** lawa. **~ ash** lawa-as. **~ flow** lawastroom. **~ lamp** la= walamp.

**lav·age, lav·age** *(med.)* uitspoeling.

**lav·a·to·ri·al** *:* ~ *humour* toilethumor, vulgêre/platvloerse humor.

**lav·a·to·ry** toilet, latrine; wasvertrek, =kamer *(in 'n klooster ens.).* **~ attendant** toiletopsigter. **~ paper** toiletpapier. **~ seat** toiletbril, =sitplek.

**lav·en·der** laventel; laventelbos, =boompie; laventel(blom)= kleur, sagte lila. **~ bag** laventelsakkie. **~ blue** lilablou. **~ grey** lilagrys. **~ tree** laventelboom. **~ water** laventelwater.

**la·ver** *(seewier)* ereprys.

**lav·ish** *adj.* kwistig, verkwistend; gul; volop, oorvloedig, oordadig, rojaal, ruim, ryklik; *be* ~ *with s.t.* kwistig wees met iets. **lav·ish** *ww.* volop *(of* met kwistige/milde hand) uitdeel/gee; verkwis, uitstrooi; ~ *money on* ... kwistig wees met geld vir ... **lav·ish·ly** kwistig, met kwistige/milde hand; ~ *illustrated* ryk(lik), geïllustreer(d). **lav·ish·ness** kwistigheid, rojaalheid, gulhartigheid.

**law** wet; reël; reg; regspraak; justisie; balie; *according to* ~ kragtens/volgens die wet, regtens; *administration of* ~ regsbedeling; *against the* ~ onwettig, teen die wet, strydig *(of* in stryd met) die wet; *a* ~ *against s.t.* 'n wet teen iets; *at* ~ volgens die wet; *be at* ~ prosedeer, in 'n hofsaak betrokke wees; *be bad in* ~ regtens ongegrond wees; *become* ~ krag van wet kry; *before the* ~ voor die wet; *beyond the pale of the* ~ buite die wet; *break the* ~ die wet oortree/skend/verbreek; *by* ~ volgens die wet, regtens; *by a* ~ volgens/by 'n wet; ~ *of causality/causation* wet van oorsaak en gevolg; *come into conflict with the* ~ met die gereg bots; ~ *of contract(s)* kontrakteg; ~ *of criminal procedure* strafprosesreg; ~ *of custom* ongeskrewe reg; ~ *of delict* delikteg, reg op onregmatige dade; *enact a* ~ 'n wet uitvaardig; *evade the* ~ die wet ontduik; *evasion of the* ~ wetsontduiking; ~ *of evidence* bewysreg, =leer; *in the eyes of the* ~ voor die wet; *fall/run foul of the* ~ met die gereg bots; ~*s of the game* reëls van die spel; *go to* ~ hof toe gaan, 'n saak maak *(of* voor die hof bring), geregtelike stappe doen/instel, 'n aksie instel, prosedeer; *take the* ~ *into one's own hands* eie reg gebruik, eiemagtig optree; *in* ~ volgens die wet, regtens; ~ *of insurance* versekeringsreg; ~ *of the jungle* reg van die sterkste; *keep the* ~ die wet nakom/gehoorsaam, by die wet bly, jou aan die wet hou; ~ *of the land* landswet; *lay*

*down the* ~ die wet voorskryf/=skrywe, voorskriftelik wees; *lay down the* ~ *to s.o.* (die wet) aan iem. voorskryf/=skrywe; *the* ~ *lays down that* ... die wet bepaal dat ...; *the long arm of the* ~ die lang arm van die gereg; ~ *of marriage* huweliksreg; *a matter of* ~ 'n regsvraag, 'n juridiese aan= geleentheid; ~*s of motion, (fis.)* bewegingswette; ~ *of na= tions* volkereg; *a* ~ *of nature* 'n natuurwet; *observe the* ~ die wet nakom *(of* in ag neem); ~ *and order* reg/wet en orde; die gereg; ~ *of persons* personereg, persoonlike reg; *a point of* ~ 'n regspunt; *practise* ~ in die regte praktiseer; ~*s of probability* kansrekening; *the* ~ *provides that* ... die wet bepaal dat ...; *a provision of a* ~ 'n wetsbepaling; *repeal a* ~ 'n wet herroep; *as required by* ~ soos deur die reg vereis; *study/read* ~ (in die) regte studeer, student in die regte wees; *be subject to the* ~*s of nature/etc.* aan die natuurwette/ens. onderworpe wees; ~ *of succession* erfreg; opvolgingsreg; *the* ~, *(ook, infml.)* die polisie; ~ *of things* sakereg; *transgression of the* ~ wetsoortreding; *be under the* ~ onder die wet staan; *under our* ~ volgens/kragtens ons wet; *be a* ~ *unto o.s.* maak soos jy wil, jou aan niks en niemand steur nie, bo die wet staan; *be valid in* ~ regsgeldig wees; *be versed in* ~ wetsgeleerd wees; *violate a* ~ 'n wet oortree; *be void in* ~ regsongeldig wees; ~*(s) of war* oorlogs=, krygsreg; *within the* ~ binne die perke van die wet; *keep within the* ~ jou aan die wet(te) hou. **~-abiding** wetsgehoorsaam, =getrou. **~ adviser** regsadviseur; *govern= ment* ~ staatsregsadviseur. **~ book** wetboek; regsboek. **~breaker** wetsoortreder. **~breaking** wetsoortreding. **~ court** geregshof. **~ enforcement** wetstoepassing. **~ en= forcement officer** polisiebeampte, =agent. **~-giver** wetge= wer. **~giving** wetgewend. **~ Latin** Regslatyn. **~maker** wet= gewer; regskepper. **~making** *n.* wetgewing. **~making** *adj.* wetgewend; regskeppend; ~ *decision* regsbeslissing. **~ office** prokureurskantoor. **~ officer** dienaar van die wet, regterlike amptenaar. **~ report** hofverslag. **~ school** regsfakulteit, fakulteit van regsgeleerdheid. **L~ Society** Prokureursorde. **~ stationer** verkoper van skryfbehoeftes vir regsgeleerdes en geregshowe; aktekopieerder, kopieerder van regsdoku= mente. **~ student** regstudent, student in die regte. **~suit** hofsaak, =geding, (regs)geding, (hof)proses. **~ term** regs= term; sittings=, hoftermyn.

**law·ful** wettig, regmatig; geoorloof; *take s.o. to be one's* ~ *wedded husband/wife* iem. tot jou wettige man/vrou neem. **law·ful·ly** wettig(lik), regtens. **law·ful·ness** wettigheid, reg= matigheid.

**law·less** wetteloos, sonder wet; bandeloos, onordelik; reg= teloos *(staat).* **law·less·ness** wetteloosheid; bandeloosheid; regteloosheid.

**lawn¹** grasperk; *mow a* ~ 'n grasperk sny. **~ mower** grassnyer. **~ tennis** tennis.

**lawn²** *(tekst.)* batis, linon. **~ (sieve)** doeksif.

**law·ren·ci·um** *(chem., simb.:* Lr*)* lawrencium.

**law·yer** regsgeleerde, =praktisyn, prokureur.

**lax** slap, nie streng nie; laks, nalatig, onverskillig, slordig; ontspanne, slap *(spiere ens.); (ling.)* ongespanne *(klinker, vokaal);* ~ *bowels* los maag. **lax·i·ty, lax·ness** slapheid; laks= heid, nalatigheid, onverskilligheid; ontspannenheid.

**lax·a·tive** *n.* lakseermiddel, purgasie. **lax·a·tive** *adj.* lak= serend, lakseer=.

**lay¹** *n.* (die) lê; ligging, koers, rigting; lêplek; *be an easy* ~, *(plat)* maklik wees om in die bed te kry. **lay** *laid* laid, *ww.* neerlê, (neer)sit, plaas; laat lê *(stof, tapyte, ens.);* dek *('n tafel);* lê *(pype, beton, 'n fondament, ens.);* aanbring *('n laag verf ens.);* stel *('n strik, val);* aanpak, aanlê *('n vuur);* smee, beraam *(planne);* besweer *('n gees);* oplê *('n boete); ('n voël)* lê *(eiers);* wed; aangaan *('n weddenskap);* ~ *about one* links en regs slaan; ~ *s.t. aside* iets wegsit; iets opsy sit; met iets ophou, iets laat vaar; ~ *s.t. away* iets opsy sit; iets wegsit/bêre; iets bewaar; ~ *s.t.* **back** iets plattrek *(ore ens.);* ~ *s.t.* **bare** iets blootlê/openbaar; ~ *s.t.* **before** *s.o.* iets aan iem. voorlê; ~ **bricks** messel; ~ *s.t.* **by** iets wegsit/bêre; iets spaar; ~ *s.t.* **down** iets neerlê/ᵈsit *('n mes, vurk, ens.);* iets neerlê *(wapens);* iets gee *(jou lewe);* iets bepaal *('n maatstaf ens.);* iets voorskryf/ ᵈskrywe *('n reël, wet);* iets lê *(bakstene ens.);* aan iets begin bou *('n boot);* iets bêre *(wyn in 'n kelder);* iets neersit *(geld); (infml.)* iets (laat) opneem *('n liedjie ens.);* ~ **down** one's head jou kop neerlê; ~ **down** a keel 'n skip op stapel sit; ~ *s.o.* **flat** iem. plat slaan; ~ **hands** *(up)on o.s., (fml.)* die hand aan *(of* jou hand aan jou) eie lewe slaan; ~ **hands** *(up)on s.o.* jou hand teen iem. lig/optel, iem. leed/geweld aandoen, iem. aanrand; iem. seën *(of* die hande oplê); ~ *(one's)* **hands** *(up)on s.t.* iets in die hande kry, die hand op iets lê, iets kry/vind/opspoor; iets gryp/beetpak/ᵈkry; iets vat, jou iets toe-eien; ~ **hold** of/ on *s.o./s.t.* iem./iets (vas)gryp/vang *(of* in die hande kry); ~ **hounds** on the scent, *(jag)* honde op die spoor sit/bring; ~ *s.t.* **in** iets versamel/bymekaarmaak; iets inslaan *(of* in voorraad neem); ~ **into** *s.o., (infml.)* iem. te lyf gaan; iem. invlieg; ~ *s.o.* **low** iem. plat slaan; iem. platloop/ᵈtrek; *s.t.* ~s *s.o.* **low** iets trek iem. plat *('n siekte);* ~ **off** *s.t., (infml.)* met iets ophou *(werk ens.);* iets laat staan *(drank ens.);* ~ **off** *(it)!, (infml.)* hou op (daarmee)!; ~ *s.o.* **off** iem. (tydelik) ontslaan; *(infml.)* iem. los *(of* met rus laat); ~ *s.t.* **on** iets aanlê *(elek., water, ens.);* iets verskaf; iets reël; iets oplê *('n boete);* iets aansmeer/ aanbring *(verf ens.);* ~ *it on* (thick) (erg) oordryf/ᵈdrywe/ vergroot; ~ *o.s.* **open** to ... jou aan ... blootstel; ~ **open** iets blootlê *(of* openbaar maak); ~ *s.o.* **out** iem. uitlê *('n lyk); (infml.)* iem. plat/katswink slaan; ~ *s.t.* **out** iets uitlê/ᵈsprei ᵈsit; iets uitlê *('n tuin ens.);* iets regsit *(klere);* iets opmaak *('n blad);* iets uitgee *(geld);* ~ **over** somewhere, *(Am.)* jou reis êrens onderbreek; ~ *s.t.* **over** ... ... met iets bedek, iets oor ... gooi; ~ *a* **spark** *to s.t.* iets aan die brand steek; ~ **to,** *(sk.)* bylê; ~ *s.t.* **up** iets bêre/wegsit/bymekaarmaak; iets uit die vaart haal/neem *('n skip);* ~ ... under **water** ... onder water sit. ~**about** *(neerh.)* leeglêer. ~**-by** ᵈs lêplek; inham, af= trekplek, rusplek (langs die pad); *(Austr., SA)* bêre=, wag=, spaarkoop; bêrekoop, wagkoopgeld. ~**-off** (tydelike) ont= slag; stillegging; rustyd. ~**out** uitleg; aanleg; aanlegplan, ontwerp(plan); rangskikking; uitrusting; gedekte tafel; *(druk.)* opmaak, opmaaksets, ontwerp, bladplan; *page* ~ bladplan. ~**shaft** tussenas. ~**-up:** *in* ~, *(sk.)* stilgelê, uit die vaart. ~**-up harbour** stillê=, oorlê=, rushawe.

**lay²** *adj.* ondeskundig, oningewyd, leke=; wêreldlik, niegees= telik, leke=. ~**man** ᵈmen, ~**woman** ᵈwomen leek; oningewyde. ~ **preacher** lekeprediker.

**lay³** *n., (poët., liter.)* lied, gedig, gesang.

**lay⁴** *(verl.t.)* het gelê; →LIE² *ww.*.

**lay·er** *n.* laag; *(tuinb.)* inlêer, aflêer, afleier *(v. 'n boom, plant);* lêhen, (eier)lêer; (kanon)rigter; (teen)wedder; *backers and* ~s wedders op en wedders teen; *a* ~ *of* **cream/fog/etc.** 'n room=/mislaag/ens.; *a* ~ *of* **dirt** 'n aanpaksel/afsetsel; *in* ~s in lae; laagsgewys(e); gelaag; ~ *on* ~ laag op laag; laags= gewys(e). **lay·er** *ww.* met 'n laag bedek; in lae skei; *(tuinb.)* inlêers/aflêers/afleiers maak; *(graan ens.)* gaan lê; *(kookk.)* in lae pak/rangskik; in lae sny *(hare).* ~ **cake** laagkoek. ~ **cloud** *(met.)* laagwolk.

**lay·ered** *adj.* in lae gepak/gerangskik/gesny/ens.; ~ **hair** hare wat in lae gesny is; ~ **look,** *(mode)* laag-op-laag-voorkoms; **three-**~ *cake* drielaagkoek.

**lay·ette** baba=, kinderuitrusting, kinderuitset, baba-uitset.

**lay fig·ure** ledepop; kostuumpop; nul, onbelangrike/on= beduidende persoon.

**lay·ing** *n.* (die) lê; laag; legsel *(eiers); (aantal)* eiers gelê; oes= terbed; ~ *of a foundation stone* hoeksteenlegging; ~ *on of hands* hand(e)oplegging; ~ *on the table, (parl.)* tertafellegging. **lay·ing** *adj.* lê=. ~ **hen** lêhen. ~ **tools** messelgereedskap.

**laze** *n.* geluier, lanterfantery. **laze** *ww.* lui wees, (rond)luier,

leeglê; 'n luilekker lewe lei; ~ *about/around* rondlê, ᵈluier; ~ *s.t.* **away** iets verluier *(d. tyd, dae, ens.).*

**la·zi·ly** lui, traag, op jou dooie gemak. **la·zi·ness** luiheid, traagheid.

**la·zy** lui, traag; lêerig, gemaksugtig; →LAZILY, LAZINESS; *be bone* ~ aartslui wees; *a* ~ *smile* 'n trae glimlag; *a* ~ *trot* 'n skilpaddraffie. ~**bones** *(infml.)* luilak, luiaard. ~ **Susan** draaistaander.

**leach** was, deur=, uitspoel; wegspoel; uitloog, in die loog sit; ~ *s.t.* **out** iets uitvars; iets uitloog. **leach·ing** (uit)loging.

**lead¹** *n.* leiding; rigsnoer; aanvoering; voorbeeld; eerste plek; voorsprong; voorpunt; *(elek.)* verlengkoord, verlenging; *(kaartspel)* (die) voorkom; hoofrol; watervoor; leiriem, =tou; leidraad, wenk; *the female* ~ die vroulike hoofrol, die hoof(rol)speelster; *get* (or *go into)* the ~ voor raak/kom; *give a* ~, *take a/the* ~ leiding gee, die voortou neem; die toon aangee; *have a* ~ voor wees; *(d. polisie ens.)* 'n leidraad hê; *hold/maintain a* ~ voorbly, die/jou voorsprong behou; *in the* ~ voor(aan), voorop, op die voorpunt; *be in the* ~ voorloop, voor/eerste *(of* aan/op die voorpunt) wees; *the male* ~ die manlike hoofrol, die hoofspeler; *on a* ~ aan 'n leiband/ᵈriem; *have a* ~ *over s.o.* 'n voorsprong op iem. hê; iem. voor wees, voor wees; 'n voordeel bo iem. hê; *play the* ~ die hoofrol speel; *retain one's* ~ jou voorsprong behou; *take over the* ~ *from s.o.* die voortou by/van iem. oorneem *(in 'n wedstryd); a* **wide** ~ 'n groot voorsprong; *have/hold a* **wide** ~ ver/vêr voor wees; *it is* **your** ~, *(kaartspel)* jy moet voorkom/uitkom. **lead** *adj., (Am.)* voorste. **lead** *led led, ww.* lei; (aan)voer; dirigeer; voorgaan; die leiding neem, voorafgaan, voorloop, voor wees; eerste staan/wees, boaan staan; *(kaartspel)* uit=, voorkom; speel *('n kaart); A* ~s *B* A is voor B, A is B voor; ~ *all the rest* almal voor wees; ~ *s.o.* *away from* ... iem. van ... weglei/ᵈvoer; *be* ~*ing* voor wees, voorloop; ~ *s.o. to* **believe** that ... iem. laat glo *(of* onder die indruk bring) dat ...; ~ *by* **five/etc.** points/minutes/metres, *(sport)* vyf/ens. punte/minute/meter voor wees; ~ *s.o. to* **ex**= **pect** that ... by iem. die verwagting wek *(of* iem. onder die indruk bring) dat ...; *this door* ~s **into** the garden dié deur lei na *(of* gee toegang tot) die tuin; ~ *a* **life** *of luxury/misery* in weelde/ellende leef/lewe, 'n weelderige lewe lei *(of* 'n rampsalige bestaan voer); ~ **off** *with* ... met ... begin/weg= spring; ~ *s.o. on* iem. verder/vêrder lei; iem. uit-/aanlok; ~ *the congregation in* **prayer** die gemeente in (die) gebed voorgaan; ~ *the* **singing,** *(ook)* die gesang insit; *the road* ~s *to* ... die pad loop na ...; *it* ~s *to* ... dit lei tot ...; dit loop op/in ... uit; dit veroorsaak *(of* gee aanleiding tot) ...; ~ *s.o. to* ... iem. na ... lei; *s.t.* ~s *up to* ... iets lei tot ...; iets gee tot ... aanleiding; *who is* ~*ing?* wie is/loop voor?; *the boxer* ~s **with** *the left* die bokser slaan eers met die linker(vuis); *the paper* ~s **with** *a report on* ... die koerant se hoofberig gaan oor ..., die koerant wy sy hoofberig aan ... ~**-in** inleidraad. ~**-off** aanvang, begin, wegspring. ~ **singer** hoofsanger. ~ **story** hoofberig *(in 'n koerant).* ~ **time** lewertyd *(by 'n bestelling);* aanlooptyd *(by produksie);* voorlooptyd *(by ekonomiese aan= wysers).* ~ **(wall)** ringmuur.

**lead²** *n., (chem., simb.:* Pb) lood; potlood; *(sk.)* diep=, peillood; *(druk.)* interlinie; *(Br., i.d. mv.)* looddak; loodroeie, loodjies *(tussen ruitjies); swing (the)* ~, *(infml.)* lyf wegsteek, lood swaai. **lead** *leaded leaded, ww.* verlood, met lood beklee/ bedek/omhul; met lood omlys; lood(gewigte) byvoeg, met lood verswaar; *(geweerloop)* aanpak, vuil word. ~ **coat** lood= laag. ~ **coating** loodbekleding. ~ **content** loodgehalte, =in= houd. ~**-covered** verlood, met lood bedek/beklee/omhul. ~**-free** *petrol* loodvry(e)/ongelode petrol. ~ **line** loodlyn. ~ **pencil** potlood. ~ **plummet** skietlood. ~ **poisoning** lood= vergiftiging. ~ **solder** soldeerlood. ~**-swinger** *(infml.)* lyf= wegsteker, loodswaaier. ~**wood** hardekool=, loodhout. ~**wort** loodkruid; →PLUMBAGO.

**lead·ed** verlood; met loodruitjies; geïnterlinieer(d); ~

*glass* glas-in-lood; ~ *glass window* glas-in-lood-venster; ~ *petrol* loodpetrol, gelode/loodhoudende petrol; ~ *roof* verlode dak.

**lead·en** lood=; loodswaar; loodkleurig; loom, traag; druk= kend. **~-eyed** *(fig.)* met oë wat wil toeval. **~-footed** *(fig.)* met lood in die skoene.

**lead·er** leier, aanvoerder; voorman; kopstuk; hoofpersoon; voorbok, =perd; belhamel; vooros; voorryer; voorloper, tou= leier; *(lett.)* voorperd; gids; musiekleier; koorleier; ballet= onderwyser(es); senior advokaat; *(joern.)* hoofartikel; *(mynb.)* gidslaag; leier=, hoofloot, hoofspruit, harttak; *the ~ of an orchestra* 'n konsertmeester. ~ **board** *(gh.)* voorloper(s)bord. ~ **page** hoof(artikel)blad.

**lead·er·less** sonder leiding, leierloos.

**lead·er·ship** leiding, aanvoering; leierskap, leiersamp; lei= erskorps; *exercise ~* leiding gee; *under the ~ of ...* onder leiding/aanvoering van ...

**lead·ing¹** *n.* leiding; geleiding. **lead·ing** *adj. (attr.)* vername, vernaamste, vooraanstaande, voorste, toonaangewende *(kunstenaar, publikasie, ens.);* hoof=, leidende, belangrikste *(posisie, rol);* ~ *feature* hoofeienskap; ~ *part/role* hoofrol; *(fig.)* leidende aandeel/rol; ~ *thought* grondgedagte. ~ **ar= ticle** *(joern.)* hoofartikel. ~ **artisan** baasambagsman. ~ **case** *(jur.)* sleuteluitspraak, rigtinggewende uitspraak/saak, toonaangewende beslissing. ~ **counsel** eerste advokaat. ~ **edge** *n., (teg.)* voorrand; *be at the ~ ~ of s.t., (fig.)* aan die voorpunt/spits van iets wees. **~-edge** *adj. (attr.)* hiper=, ultramoderne *(toestel, stelsel);* voorste *(maatskappy);* ~ *tech= nology* hiper=, hoogtegnologie. ~ **lady**, ~ **man** hoof(rol)= speelster, hoof(rol)speler; *be ~ ~* die hoofrol speel. ~ **light** toonaangewende/invloedryke persoonlikheid. ~ **note,** *(Am.)* ~ **tone** *(mus.)* dominant. ~ **question** uitlokvraag, leidende/ suggererende vraag. ~ **rein** lei=, halterriem. ~ **seaman** baasseeman.

**lead·ing²** *n., (druk.)* reëlspasie.

**leaf** *leaves, n.* blaar, blad; vel, blad *(papier);* blad *(v. 'n tafel);* (droë) tabakblare; *(dwelmsl.: dagga)* boom; *take a ~ out of s.o.'s book* iem. navolg, iem. tot voorbeeld neem; *cast/shed leaves* blare afgooi/verloor; *come into ~* blare kry; *leaves of grass* grashalms; *be in ~* blare hê, uitgeloop wees; *the loose ~ (of a table)* 'n inlegblad; *turn over a new ~* 'n nuwe blaadjie omslaan *(of* begin maak *of* weg inslaan *of* lewe begin), 'n beter lewe lei; *shoot* (or *put forth*) *leaves* blare kry. **leaf** *leaved leaved; leafed leafed, ww.* blare kry, uitloop, bot; ~ *through a book* 'n boek deurblaai, in 'n boek blaai. ~ **arrangement** blarestand. ~ **base** blaarvoet. ~ **blade** blaarskyf. ~ **bud** blaarknop, =oog. **~-cutter bee** blaar= snyerby. ~ **eater** *(soöl.)* blaarvreter. ~ **form** blaarvorm. ~ **gold** goudblad, bladgoud. ~ **green** *(bot.)* bladgroen; *(kleur)* blaar=, lowergroen. **~-hopper** *(entom.)* blaarspringer. ~ **in= sect** wandelende blaar. ~ **lettuce** blaarslaai. ~ **margin** blaar=, bladrand. ~ **mould** blaargrond, =aarde; blaarskimmel. **~-nosed bat** blaarneusvlermuis. **~-shaped** blaarvormig. ~ **sheath** *(bot.)* blad=, blaarskede. ~ **spot** blaarvlek. ~ **spring** bladveer. **~-stalk** blaar=, bladsteel. ~ **table** uittrektafel, klap= tafel. ~ **tobacco** blaartabak.

**leaf·age** blare, loof, lower; lowwe *(v. groente).*

**leafed** beblaar(d), met blare.

**leaf·less** blaarloos, sonder blare, kaal.

**leaf·let** *n.* blaartjie; blaadjie; traktaatjie; strooibiljet. **leaf·let** *ww.:* ~ *a neighbourhood/university/etc.* pamflette/brosjures/ vlugskrifte/strooibiljette in 'n buurt *(of* by 'n universiteit) ens. versprei.

**leaf·like** blaaragtig, bladagtig.

**leaf·y** beblaar(d); blaarryk, lommerryk, lowerryk; blaar=; ~ *suburb* boomryke woonbuurt; ~ *vegetables* blaargroente.

**league¹** (ver)bond, liga; verbintenis; *hit/join/make the big ~, (fig., infml.)* in die groot liga inbeweeg, deel van die groot

liga word, met die groot name kan/begin saamgesels/ saampraat; *play in the big ~, (sport)* in die top=/hoofliga speel; →BIG-LEAGUE *adj.; be in ~ against s.o.* teen iem. saamspan; *be in ~ with s.o.* 'n bondgenoot van iem. wees; met iem. saamspan/heul *(of* kop in een mus wees); *not be in the same ~ as ..., (infml.)* nie van dieselfde gehalte as ... wees nie; *top the ~* eerste op die ligapuntelys staan, boaan die liga staan. ~ **game** ligawedstryd. ~ **match** ligawedstryd. ~ **table** ranglys.

**league²** *(vero.: 4,83 km)* drie myl; *marine/sea ~, (5,56 km)* drie seemyl.

**leagued:** ~ *together* verbonde, in 'n verbond verenig; ~ *with ...* verenig *(of* in bondgenootskap) met ...

**lea·guer** bondgenoot, bondslid; *(sport)* ligaspeler.

**Le·ah** *(OT)* Lea.

**leak** *n.* lek; lekplek; lekkasie; *it reached the press by way of a ~* dit het aan die pers uitgelek, dit is vir die pers laat uit; *have/take* (or *go for*) *a ~, (plat: urineer)* 'n draai (gaan) loop, (gaan) fluit/pie(pie) *(of* water afslaan); *spring a ~, (boot, dak, ens.)* begin lek, 'n lek(plek) kry/opdoen. **leak** *ww.* lek, 'n lekplek hê; *(fig.)* laat uitlek/val; *('n skip)* water inkry; *s.t. ~s out, (lett.)* iets lek uit; *(fig.)* iets lek uit *(of* word rugbaar); ~ *(out) s.t.* iets laat uitlek *(of* rugbaar maak); *it was ~ed to the press* dit is vir die pers laat val. **~proof** lekvry, lekvas, dig.

**leak·age** lek, lekkasie, uitlekking; uitlekking *(v. 'n geheim); (elek.)* verlies.

**leak·ing heart (valve)** lekhart.

**leak·y** lekkerig, ondig.

**lean¹** *n.* maer vleis. **lean** *adj.* maer, skraal, slank, dun; lenig, soepel *(organisasie, ekon., ens.);* onvrugbaar; ~ *coal* maer kole/steenkool; ~ *mixture* dun/flou/swak mengsel; ~ *years* maer jare. **~-burn engine** binnebrandenjin wat 'n flou petrolmengsel gebruik.

**lean²** *n.* oorhelling; skuinste, skuins stand; *have a ~ to the right* na regs *(of* die regterkant) oorhel. **lean** *leaned leaned; leant leant, ww.* leun, steun; laat leun/steun/rus; neig, geneig wees; oorhel, skuins staan; ~ *against ...* teen ... (aan)leun; ~ *s.t. against ...* iets teen ... laat leun; ~ *back* agteroor leun; ~ *forward* vooroor leun; ~ *out* uitleun; ~ *out of ...* uit ... leun *('n venster ens.);* ~ *over* oorleun; oorhel; oorhang; ~ *over backwards, (infml.)* uiters tegemoetkomend wees, baie moeite doen; ~ *over backwards to ..., (infml.)* jou allerbes doen om te ...; ~ *to/toward(s) ...* tot ... neig *(of* geneig wees); die voorkeur aan ... gee, partydig wees vir *(of* oorhel na) ...; ~ *(up)on ...* op ... leun; ~ *(up)on s.o., (ook)* op iem. steun/vertrou; *(infml.)* iem. probeer dwing, druk op iem. uitoefen. **~-to** afdak, skutdak.

**lean·ing** *n.* (die) leun; oorhelling; neiging, rigting. **lean·ing** *adj.* leunend; ~ *tower* skewe toring.

**lean·ness** maerheid, maerte, skraalheid; onvrugbaarheid.

**leap** *n.* sprong; (die) spring; *at a ~* met een sprong; *by ~s and bounds* met groot sponge, met rasse skrede *(vorder),* hand oor hand *(toeneem); a ~ in the dark, (fig.)* 'n sprong in die duister; *take a ~* spring, 'n sprong doen/maak. **leap** *leaped leaped; leapt leapt, ww.* spring; oorspring; laat spring; ~ *at s.o.* iem. bespring; ~ *at s.t.* iets aangryp *('n kans ens.);* ~ *down* afspring; ~ *into fame* skielik naam maak *(of* roem verwerf); *s.t. ~s into flame* iets slaan aan die brand; *look before you ~* besin eer jy begin; ~ *out* uitspring; *s.t. ~s out at s.o.* iets val iem. op; ~ *out of s.t.* uit iets spring; ~ *over s.t.* oor iets spring; ~ *up* opspring. ~ **day** skrikkeldag. **~frog** *n., (kinderspel)* hasieoor. **~frog** *=gg=, ww.* oorspring; hasieoor speel. ~ **year** skrikkeljaar.

**learn** *learned learned; learnt learnt, ww.* leer; verneem, te hore/wete kom; ~ *authoritatively* op goeie gesag *(of* uit gesaghebbende bron *of* van gesaghebbende kant) verneem; ~ *s.t. to one's cost* leergeld betaal, deur skade en skande tot insig kom; **eagerness** to ~ leerlus, leergierigheid; ~ s.t. **from** s.o. iets by/van iem. leer; ~*ing a new* **language** *is quite a challenge* die (aan)leer van 'n nuwe taal (*of* om 'n nuwe taal aan te leer) is 'n hele uitdaging; *s.o. has* **much** *to ~* iem. moet nog baie leer (*vir d. eksamen);* iem. het nog baie om te leer (*v.d. lewe); I have* **yet** *to ~ that* ... ek het nog nooit gehoor dat ... nie, ek betwyfel dat ... **learn·ed** *adj.* geleerd; geletterd; kundig; *my ~* **friend**, (*fml., ook iron.*) (my) geagte/geëerde kollega; ~ **journal** vakblad, ·tydskrif; ~ **person** geleerde; *the more ~ the less* **wise** hoe geleerder hoe verkeerder, hoe groter gees hoe groter bees.

**learn·er** leerder, leerling; beginner, nuweling, groentjie. ~ **driver** leerlingbestuurder.

**learn·er's:** ~ **dictionary** aanleerder(s)woordeboek. ~ **li‹ cence** leerlinglisensie.

**learn·ing** geleerdheid, wetenskap, kennis, kunde; (die) leer; *s.o. is* **apt** *at* ~ iem. leer gou; **method** *of ~* leerwyse; *much ~ doth make thee mad* jou geleerdheid bring jou tot raserny; **someone** *of ~* 'n geleerde mens. ~ **curve** leer‹ kurwe. ~ **disability** leergestremdheid. ~·**disabled** *adj.* leer‹ gestrem(d).

**lease** *n.* huur; huurkontrak; huurtyd; huurreg; die verhuur, verhuring; *enjoy/get/have a new ~ of/on* **life** 'n nuwe lewe geniet/kry/hê; nuwe moed skep; weer beter/fris/gesond word/wees; **long** *~* huur op lang termyn, langtermynhuur; **put** *s.t. out to ~* iets verhuur; *take a ~ on s.t.* iets huur. **lease** *ww.* huur; verhuur; pag (*grond*); bruikhuur (*masjinerie ens.*); ~ *s.t.* **back** iets terughuur/terugverhuur; ~ *s.t.* **from** *s.o.* iets by/van iem. huur; ~ *s.t. (out) to s.o.* iets aan iem. verhuur; iets aan iem. verpag (*grond*). ~**back** terugverhuring. ~**back agreement** terughuurooreenkoms, ·kontrak. ~**hold** huur, pag; verhuurde/verpagte eiendom. ~**holder** huurder. ~**hold tenure** huurbesit. ~·**lend** bruikleen.

**leash** *n.* (koppel)riem, leiriem, leitou; **hold** ... *in* ... keer (*of* in bedwang hou); *on a ~* aan 'n leiband/·riem/·tou; **slip** *the ~* los raak; ... *is* **straining** *at the ~*, (*lett. & fig.*) ... wil losruk; (*fig.*) ... is haastig om iets te doen. **leash** *ww.* vasbind, vaskoppel.

**least** *n.* (die) minste; *at ~* **ten**/*etc.* minstens (*of* ten minste) tien/ens.; *at ~* **apologise** ten minste om verskoning vra; *at ~, I think so* altans, ek dink so; *at the (very) ~* op sy (aller)minste; *the ~* **you can do** *is to* ... jy behoort in elk geval te ...; *not in the ~* glad/hoegenaamd nie; nie in die minste nie; verreweg nie, op verre na nie; *not in the ~* **sleepy**/*etc.* niks vaak/ens. nie; ~ **said**, *soonest mended* hoe minder daarvan gesê word, hoe beter; *to say the ~ (of it)* op die/sy sagste gesê, om dit (maar) saggies te stel. **least** *adj. & adv.* minste, geringste, kleinste; mins; ~ *of all* die minste van alles/almal; *L~ De‹ veloped* **Countries** Mins Ontwikkelde Lande; ~ **spoilt child** mins bedorwe kind.

**leath·er** *n.* leer; leerwerk; riem; vel; (*sl.*) voet·, krieketbal; taankleur; (*i.d. mv., infml.*) leerpak (*v. 'n motorfietsryer); run hell for ~* (hard)loop dat jy (so) ooplê. **leath·er** *ww.* met leer oortrek. ~**back** leerskilpad. ~**cloth** weefleer, leerdoek. ~·**work** leerwerk; leerware, ·goed(ere).

**leath·er·ette** kunsleer.

**leath·er·y** leeragtig; seningrig, taai; leer·.

**leave[1]** *n.* verlof; vergunning; verloftyd; vakansie; ~ *of* **ab‹ sence**, (*fml.*) verlof om afwesig te wees; **apply** (*or* **put in**) *for ~* verlof (aan)vra; *beg ~ to* ..., (*fml.*) verlof vra om te ...; *by/with your ~*, (*fml.*) met u verlof/permissie; **cancel** *s.o.'s ~* iem. se verlof intrek; **go** *on ~* met/op verlof gaan; *be* **granted/refused** *~ to* ... verlof toegestaan/geweier word om ...; **long** *~* langverlof; *be* **on** *~* met/op verlof wees; ~ *without* **pay**, **unpaid** *~* onbetaalde/onbesoldigde verlof; **take** *~* verlof neem; **take** *(one's) ~ of ...*, (*fml.*) ... afskeid neem, ... groet (*of* vaarwel sê); *do s.t.* **without** *(so much as) a by your ~*, (*infml.*) eie reg gebruik. ~ **pass** verlofbrief, ·pas. ~·**taking** afskeid, groetery, dagsêery.

**leave[2]** *left left, ww.* (agter)laat (*spore ens.*); agterlaat, nalaat (*'n weduwee ens.*); bemaak; laat staan/lê/bly; afgee (*'n kaartjie); verlaat; vertrek; ophou, uitskei; ~ *s.o.* **alone** iem. alleen laat; iem. laat staan; iem. uitlos, iem. ongehinderd (*of* met rus) laat; ~ *me* **alone!** los my uit!, uit my uit!; ~ *s.t.* **alone** iets laat staan; iets uitlos, van iets wegbly (*drank ens.*); iets met rus laat; iets laat lê; ~ *s.t.* **aside** iets buite rekening laat; ~ *it at* **that** dit daarby laat (bly); ~ *s.o.* **be** iem. laat staan/begaan; iem. met rus laat; ~ *s.o./s.t.* **behind** iem./iets agterlaat (*of* laat agterbly); ~ *s.t.* **behind**, (*ook*) iets vergeet (*of* laat lê); ~ *for* ... na ... vertrek (*'n plek*); ~ *for* **home** huis toe gaan/vertrek; ~ *s.o.* **for** *s.o. else* iem. laat staan en iem. anders neem (*'n man/vrou*); ~ *s.t.* **for** *s.o.* iets vir iem. laat oorbly; *5* **from** *10 ~s 5* 5 van 10 laat 5; ~ *the* **ground**, (*'n vliegtuig ens.*) opstyg; ~ *s.t. in s.o.'s* **hands** →*leave s.t. to s.o.;* ~ *s.t. in* iets laat inbly; iets laat staan; iets nie skrap nie; ~ *off* **work**/**studying**/*etc.* ophou (met) werk/studeer/ens., nie meer werk/studeer/ens. nie; *where did I ~* **off?** waar het ek opgehou?, waar was ons (laas)?; ~ *s.t.* **off** iets nie aantrek nie; iets nie opsit nie; ~ *s.t.* **on** iets laat opbly; iets laat aanbly; ~ *s.t.* **open** iets oop laat staan; iets onbeslis laat; ~ *s.o.* **out** iem. weglaat/uitlaat; iem. oor die hoof sien, iem. verbygaan/oorslaan; ~ *s.t.* **out** iets weglaat/uitlaat; iets oorslaan; ~ *s.o.* **out of** *s.t.* iem. uit iets laat; ~ *... out of it*, (*ook*) ... buite spel laat; ~ *s.o.* **to him‹**/*herself* iem. laat begaan/staan/vaar; ~ *s.t.* **to** *s.o.*, ~ *s.t. in s.o.'s* **hands** iets aan iem oorlaat; iets aan iem. toevertrou; ~ *s.t.* **to** *s.o.*, (*ook*) iets aan iem. nalaat (*in jou testament); I'll ~* **you** *to it* ek laat dit aan jou oor; ek sal jou nie langer ophou nie; ~ *s.t.* **undone** iets ongedaan laat; ~ *s.t.* **up to** *s.o.* iets aan iem. oorlaat; *that ~s s.o.* **where** *he/she was* nou is iem. nog net waar hy/sy was.

**leav·en** *n.* suurdeeg. **leav·en** *ww.* insuur; (*fig.*) deursuur, deurtrek; ~*ed bread* gesuurde brood.

**leav·ing** (die) vertrek, (iem. se) weggaan; oorblyfsel; oor‹ skietsel; (*i.d. mv.*) oorskiet(kos), oorskietsels, reste; oorskot, oorblyfsels, stukkies en brokkies; afval.

**Leb·a·non** (*geog.*) Libanon; *the ~ Mountains* die Libanon. **Leb·a·nese** *n. & adj.* Libanees.

**lech·er** wellusteling, ontugtige, promiskue (man). **lech·er· ous** wellustig, ontugtig, promisku; onkuis, vulgêr; skurf. **lech·er·y** wellus, ontug, ongebreidelde seksualiteit.

**le·chwe** (*<Tsw., soöl.: Kobus* spp.) lechwe, basterwaterbok.

**lec·i·thin** (*biochem.*) lesitien.

**lec·tern** kateder.

**lec·ture** *n.* lesing; voordrag, referaat; klas, les; vermaning, skrobbering, berisping, teregwysing, preek; *deliver/give a ~* 'n lesing gee/hou/lewer; *read s.o. a ~* iem. berispe/kapittel, iem. (goed) die les lees, iem. die leviete (voor)lees. **lec·ture** *ww.* 'n lesing gee/hou/lewer; onderrig, klas/les gee, doseer; bestraf, die les lees, kapittel, katkiseer; ~ *s.o.* **about** *s.t.* iem. oor iets berispe; ~ *on s.t.* 'n lesing oor iets hou; ~ *to* **students** 'n lesing vir/voor studente hou. ~ **hall** lesingsaal. ~ **room** lesinglokaal. ~ **tour** lesingreis.

**lec·tur·er** lektor, (*vr.*) lektrise; dosent; *a ~ in zoology/etc.* 'n lektor in (die) dierkunde/ens.; 'n dosent in (die) dierkunde/ ens.. **lec·ture·ship** lektoraat.

**led** (*verl.t. & volt.dw.*) gelei; →LEAD[1] *ww.*; *be ~ away*, (*ook*) mislei word, jou laat meesleep; ~ *by* ... onder aanvoering/ leiding van ...; *this ~ the way to* ... dit het daartoe gelei dat ... ~ **horse** handperd; pakperd.

**ledge** lys; rotslys; bank; rand, rant; rif, (myn)aar. **ledg·y** vol riwwe/rande/rante.

**ledg·er** grootboek; register; steierbalk; plat grafsteen. ~ (**bait**) lê-aas. ~ **board** steierplank; dekreling. ~ **clerk** groot‹ boekklerk. ~ **fees** grootboekgelde. ~ **line** (*hengel*) setlyn; (*mus.*) hulplyn. ~ **strip** balkriggel.

**lee** ly, lysy, lykant; beskutting, beskerming (*teen d. wind*), windskadu(wee); →LEEWARD, LEEWAY; *be in/under the ~ of* *s.t.,* (*'n eiland ens.)* aan die lykant van iets wees; *under the ~ of ...,* (*ook)* onder beskutting van ... ~**board** lyboord *(v. 'n skip);* swaard *(v. 'n boot).* ~ **bow** lyboeg. ~ **shore** laer wal, lywal. ~ **side** lyboord, lysy; *keep on the ~ ~* onderkant die wind hou.

**leech** *(lett. & fig.)* bloedsuier; *stick like a ~* soos klitsgras vassit/(vas)klou.

**leek** prei.

**leer** *n.* gryns. **leer** *ww.* gryns, boosaardig kyk *(na); ~ at s.o.* iem. aangryns. **leer·y:** *be ~ of s.o.,* (*infml.)* iem. nie vertrou nie.

**lees** *n.* (*mv.)* afsaksel, moer, droesem, grondsop; *drink to the ~* tot op die boom/bodem drink, tot die droesem ledig; (die beker) tot die bodem toe ledig.

**lee·ward** *(hoofs. sk.)* aan ly, aan die lykant, onder die wind, lywaarts; *be on the ~ (side) of s.t.* aan die lykant van iets wees. **L~ Islands** *(geog.)* Benedewindse Eilande, Eilande onder die Wind.

**lee·way** speling, beweeg-, speelruimte; veiligheidsgrens; *(sk.)* drif; *(lugv.)* koersafwyking; *make ~,* (*sk.)* afdryf, afdrywe; *make up (the) ~* die/'n agterstand *(of* verlore tyd) inhaal; *have much ~ to make up* baie agter wees met jou werk, baie werk hê om in te haal.

**left**[1] *n.* linkerhand; linkerkant, hotkant, linkersy; linkervuis; linkerhou; *on the extreme ~* heel links; *keep to the ~* links hou; *on the ~* links, aan die linkerkant, op linkerhand; op die linkerflank; *on s.o.'s ~* aan iem. se linkerkant, links van iem.; *the ~,* (*pol.)* links, die linksgesindes; *to the ~* (na) links, links weg, linkerkant toe, na die linkerkant; aan die linkerkant; *to the ~ of ...* links van ... **left** *adj.* linker-; links; hot. **left** *adv.* links, aan/na die linkerkant; *keep ~* links hou; *~ of ...* links van ...; *~ and right* (or ~*, right and centre),* (*infml.)* links en regs, hot en haar, aan/na alle kante; *turn ~* links af gaan/loop/ry; *~ turn!,* (*mil.)* links om!; *~ wheel!,* (*mil.)* links swenk!. ~ **back** *(sport)* linkeragterspeler. ~ **field** *n., (bofbal)* linkerveld; *be (way) out in ~ ~,* (*infml.)* die kat aan die stert beethê. ~~**field** *adj., (infml.)* ongewoon, onkonvensioneel, alternatief, anders; vreemd, eienaardig, raar *(idees ens.);* radikaal, eksperimenteel *(musiek ens.).* ~ **half** *(sport)* linkerskakel. ~ **hand** *n.* linkerhand; linkerhou. ~~**hand** *adj. (attr.)* links-, linkerhandse, linkerkants(t)e, linker-; *~ bowler,* (*kr.)* linksbouler; *~ drive* linkerstuur, linkerstuurmodel, -motor, -voertuig. ~~**handed** links(handig); *(fig.)* dubbelsinnig; *~ compliment* dubbelsinnige/twyfelagtige kompliment. ~~**hander** linkshandige, hotklou; linksspeler; linkskolwer; linkerhou; *be a ~* links wees/speel. ~~**leaning** linksgeneig. ~~**-of-centre,** *(Am.)* ~~**-of-center** *adj.* (*gew. attr.),* (*pol.)* linkssentristies (*koalisie, party, ens.).* ~ **side** linkerkant; linkersy *(v.d. lyf).* ~ **wing** *n., (sport, mil., pol.)* linkervleuel. ~~**wing** *adj.* links(gesind); *~ group* links(gesind)e groep. ~~**winger** *(sport)* linkervleuel; *(pol.)* linksgesinde.

**left**[2] *(volt.dw.)* →LEAVE[2] *ww.: be ~ for dead* vir dood agtergelaat wees; *get ~ (behind)* agterbly, agtergelaat word; in die steek gelaat word; uitgestof word; *s.o. has (got) ten/etc. ~* iem. het nog tien/ens.; *have you any ~?* het jy nog oor?; *s.o. has no ... ~* iem. het nie meer ... nie; *there is nothing ~* daar is niks oor nie, daar het niks oorgebly/oorgeskiet nie, dit is op; *s.o. has nothing ~* iem. het niks oor(gehou) nie; *be ~ out* weggelaat word. ~~**luggage office** *(Br.)* bagasiedepot. ~**over** *n. (dikw. mv.)* oorblyfsel, oorskietsel, oorskiet(kos).

**left·ish** linksgesind, met linkse neigings.

**left·ist** *n.* linksgesinde. **left·ist** *adj.* linksgesind.

**left·most** mees linkse.

**left·ward(s)** (na) links.

**left·y, left·ie** *-ies, n., (pol., infml.)* linkse, linksgesinde; *(Am., infml.: linkshandige)* hotklou.

**leg** *n.* been; poot *(v. 'n dier);* styl, poot *(v. 'n tafel ens.);* (broeks)- pyp; boud (vleis); boudjie *(v. 'n hoender);* skof, trajek *(v. 'n*

*reis);* seksie *(v. 'n wedren ens.); (kr.)* bykant; skag *(v. 'n stewel);* put one's **best** *~ forward* jou beste beentjie/voet(jie) voorsit; **break** a ~*!,* (*oorspr. teat.sl.)* (alle) sukses/voorspoed!, alles van die beste!; **find** *one's ~s* op die been kom; regkom, op dreef/ stryk kom; touwys/tuis raak *(met iets); get on one's ~s* opstaan; aan die woord kom; *get s.o. back on his/her ~s,* (*fig.)* iem. help om weer op die been te kom; *get up on one's hind ~s,* (*infml.)* jou opruk; *the horse/dog/etc. gets up on its hind ~s* die perd/hond/ens. staan op sy agterpote; *a ~ of lamb/ mutton/pork* 'n lams-/skaap-/varkboud; *s.t. is on its last ~s,* (*infml., 'n ou motor ens.)* iets is oor die muur; *be on one's last ~s,* (*infml.)* pootuit wees; op sterwe na dood wees; klaar met die wêreld wees; *get a/one's ~ over,* (*plat)* 'n (bietjie) seks hê, 'n knypie vang, 'n stekie inkry; *pull s.o.'s ~* iem. terg, met iem. gekskeer *(of* die gek skeer); *you are pulling my ~!* jy speel *(of* skeer die gek) met my!; *shake a ~,* (*infml.)* opskud, jou litte roer; dans, skoffel; *show a ~,* (*infml.)* uit die bed klim; te voorskyn kom/tree; *stand on one's own (two) ~s* op jou eie bene staan; *have no* (or *not have a) ~ to stand on* geen argument *(of* grond onder die voete) hê nie; *stretch one's ~s* 'n entjie gaan stap; litte losmaak; *walk one's ~s off* loop tot jy omslaan; *walk s.o. off his/her ~s* iem. disnis loop; *~ before wicket,* (*kr., afk.:* lbw) been voor paaltjie *(afk.:* bvp). **leg** *adj.* aan die bykant. **leg** *-gg-, ww.: ~ it,* (*infml.)* voetslaan; (die) rieme neerlê. ~ **break** *(kr.)* bybreek(bal). ~ **bye** *(kr.)* bylopie. ~ **gully** *(kr.)* bygang(etjie). ~~**iron** *(gew. i.d. mv.)* voetboei. ~~**room** beweegruimte. ~ **side** *(kr.)* bykant. ~ **slip** *(kr.)* byglip. ~ **spin** *(kr.)* bybreker, bybreekbal. ~~**up** hulp, steun; *give s.o. a ~* iem. help, iem. 'n hupstoot(jie) gee. ~~**warmer** beenkous. ~~**work** *n., (infml.)* loopwerk, ronddrawwery.

**leg·a·cy** *-cies* erfenis, erflating, nalatenskap. ~ **system** *(rek.)* verouderde dog algemeen gebruikte stelsel.

**le·gal** wettig, regsgeldig; wetlik; geregtelik, regskundig, regs-; *~ advice* regsadvies, regskundige advies; *~ adviser* regsadviseur; *~ costs* regs-, hofkoste; *~ firm* prokureursfirma; *~ interpretation* wetsuitleg(ging); *take ~ opinion* regsadvies inwin; *~ practitioner* regspraktisyn; *~ profession* regsberoep; *~ steps* geregtelike stappe, regstappe; *~ system* regstelsel. ~ **aid** regsbystand, -hulp. ~ **capacity** regs-, handelingsbevoegdheid. ~ **claim** regsvordering; wettige/regmatige/afdwingbare eis. ~ **deposit** *(bibl.)* pliglewering. ~ **disability** regs-, handelingsonbevoegdheid. ~ **fiction** regsfiksie. ~ **proceedings** geregtelike stappe; regsgeding. ~ **tender** wettige betaalmiddel.

**le·gal·ese** *(infml.)* regstaal, -jargon.

**le·gal·ise, -ize** wettig, legaliseer. **le·gal·i·sa·tion, -za·tion** wettiging, legalisasie.

**le·gal·ism** wetsverering, wettiesheid; tegniese regspunt. **le·gal·is·tic** wetties, legalisties.

**le·gal·i·ty** wettigheid, wetlikheid, regsgeldigheid.

**le·gal·ly** wettig(lik), regtens, volgens (die) wet.

**leg·ate** *(RK)* gesant. **le·ga·tion** gesantskap.

**leg·a·tee** *(jur.)* erfgenaam.

**le·ga·to** *-tos, n., (It., mus.)* legato(-deel/passasie). **le·ga·to** *adj.* legato, gedrae.

**le·ga·tor** *(jur.)* erflater.

**leg·end** legende, oorlewering; *(infml.)* legende, legendariese figuur; opskrif; randskrif, omskrif *(op 'n medalje/munt);* verklarings, aanduidings, legende *(op 'n landkaart ens.); a soccer ~* 'n sokkerlegende; *~ has it that ...* volgens legende ...; *become a ~ in one's own lifetime* 'n legende in jou eie lewe/ leeftyd word; *a living ~* 'n lewende legende. **leg·end·ar·y** legendaries.

**leg·er·de·main** goëlery, oëverblindery; foppery.

**-leg·ged** *komb.vorm* -benig, met (die) ... bene; -potig, met (die) ... pote; *sit cross-~,* (*op d. grond)* kruisbeen sit; *(op 'n stoel)* met jou bene oorkruis/oormekaar *(of* met gekruiste bene) sit.

**leg·ging** beenbedekking; kamas; beenskut; *(i.d. mv., mode=drag)* spanbroek; *(i.d. mv.)* kruipbroekie *(vir 'n baba); (i.d. mv.)* oorbroek *(vir 'n werker).*

**leg·gy** langbenig, langbeen=; met benevertoon. **leg·gi·ness** langbenigheid.

**Leg·horn (fowl)** leghornhoender. **leg·horn (straw)** Itali=aanse strooi.

**leg·i·ble** leesbaar, duidelik. **leg·i·bil·i·ty** leesbaarheid.

**le·gion** *(Rom., hist., mil.)* legioen; krygsmag; legio; *their name is ~, their numbers are ~* hul aantal is legio, hulle is talloos. **le·gion·ar·y** n. legioensoldaat, lid van 'n legioen. **le·gion·ar·y** *adj.* van 'n legioen, legioen=, talryk.

**le·gion·naire** *(dikw. L~)* lid van 'n legioen. **le·gion·naires' dis·ease** *(patol.)* legionair=, veteransiekte.

**leg·is·late** wette maak; *~ against ...* 'n wet teen ... maak; *~ for ...* 'n wet maak met die oog op ... **leg·is·la·tion** wetgewing, wette; *by ~* deur wetgewing. **leg·is·la·tive** wetgewend; *L~ Assembly* Volksraad, Wetgewende Vergadering; *L~ Council* Wetgewende Raad; *~ proposal* wetsvoorstel. **leg·is·la·tor** wetgewer. **leg·is·la·ture** wetgewende liggaam, wetgewer, parlement; wetgewende mag.

**le·git** *adj., (infml., afk. v. legitimate)* wettig; eerlik; oukei.

**le·git·i·mate** *adj.* wettig *(oorsaak);* wetlik *(erfdeel);* legitiem *(porsie);* wettig, regmatig, erkend; geldig, gegrond, aanvaarbaar, geregverdig, geoorloof; billik, redelik; beredeneerd, logies *(gevolgtrekking);* wettig *(kind);* eg, outentiek, oorspronklik; wettig *(vors);* gegrond *(hoop).* **le·git·i·mate** *ww.* wettig, wettig/geldig verklaar, legitimeer; erken; regverdig; eg verklaar. **le·git·i·ma·cy** wettigheid; regmatigheid; geldigheid; egtheid. **le·git·i·ma·tion** wettiging, legitimasie.

**leg·less** afbeen=, sonder bene *(of* 'n been); *(infml.)* smoordronk, stukkend, hoog in die takke.

**Leg·o** *(handelsnaam)* Lego. *~ blocks* Legoblokkies.

**le·gua(a)n** *(SA)* likkewaan.

**leg·ume, leg·ume** peulvrug; peulplant, =gewas. **le·gu·min** legumien. **le·gu·mi·nous** peuldraend, peul=.

**lei** *(Hawais)* lei, (blom[me])krans.

**Lei·den, Ley·den** *(geog.)* Leiden. *~ jar* Leidse fles.

**lei·sure** ledige/vrye tyd, ledige uurtjies; *be at ~* vry wees; *s.o. can do it at his/her ~* iem. kan dit doen wanneer hy/sy tyd het; *be/become a gentleman/lady of ~, (skerts.)* nie (meer) werk nie; ophou werk; agteroor sit; *have the ~ to do s.t.* tyd hê om iets te doen; *use of ~* vryetydsbesteding. *~ activities* n. (mv.) stokperdjies. *~ centre, ~ complex* ontspanningsentrum. *~ hour* snipperuur(tjie). *~ time* vry(e) tyd. *~wear* vakansie=, ontspannings=, slenterdrag.

**lei·sured** *adj. (gew. attr.)* met baie vrye/orige tyd; *the ~ class(es)* die bevoorregte klas(se)/stand(e).

**lei·sure·ly** bedaard, kalm, op jou gemak.

**leit·mo·tif** *=tifs,* **leit·mo·tiv** *=tivs* leitmotief, hooftema.

**le·kgo·tla** *(N.So., So., Tsw.)* lekgotla, raad, (geregs)hof; le=kgotla, bosberaad.

**lem·ma** *=mas, =mata* lemma, trefwoord. **lem·ma·ti·sa·tion, =za·tion** *(ling.)* lemmatisering. **lem·ma·tise, =tize** lemmatiseer.

**lem·ming** *(soöl.)* lemming.

**lem·on** n. suurlemoen; lemmetjiegeel, lemmetjie=, sitroen=kleur; *(fig., infml.: iets)* power(e)/flou poging, teleurstelling; *(fig., infml.: iem.)* dwaas, swaap. **lem·on** *adj.* lemmetjiegeel, lemmetjie=, sitroenkleurig. *~ balm (bot.)* sitroenkruid. *~ cheese, ~ curd* suurlemoensmeer, =vulsel, sitroensmeer, =vulsel. *~-coloured* lemmetjiegeel, lemmetjie=, sitroenkleurig. *~ cream* sitroenroompie; sitroenbeskuitjie. *~ grass* sitroengras, lemoengras; suurpol. *~ juice* suurlemoensap. *~ meringue (pie)* suurlemoenskuimtert. *~ squeezer* suurlemoenpers, =drukker. *~ verbena (bot.)* suurlemoenverbena, sitroenverbena. *~ yellow* lemmetjiegeel, lemmetjie=, sitroenkleurig.

**lem·on·ade** limonade. *~ tree (infml.)* kremetartboom.

**lem·on·y** *adj.* suurlemoenagtig, met 'n suurlemoengeur/=smaak/=kleur.

**le·mur** *(soöl.)* lemur, vosaap, maki.

**lend** *lent lent, ww.* leen; uitleen; voorskiet; verleen; *~ aid* hulp verleen; *s.o./s.t. ~s dignity* iem./iets verleen waardigheid; *it ~s itself to* ... dit is geskik vir *(of* leen hom tot) ...; *~ s.t. to s.o.* iem. iets leen, iets aan/vir iem. leen.

**lend·er** (uit)lener; geldskieter.

**lend·ing** (die) (uit)leen, (uit)lenery. *~ library* lees=, leen=biblioteek. *~ rate* uitleenkoers.

**length** n. lengte; afstand; duur; grootte; ent, stuk; *keep s.o. at arm's ~* iem. op 'n afstand hou; *at ~* breedvoerig, uitvoerig, in besonderhede; eindelik, ten einde laaste; naderhand; ten slotte; *throughout the ~ and breadth of the country* die hele land deur, oor die hele land heen; *at full ~* uitgestrek, in volle lengte; *go to any ~* niks ontsien nie, alles moontlik doen; vir niks stuit nie; *go to great ~s* groot moeite doen; *at great ~* lank en breed *(fig.); five/etc. metres in ~* vyf/ens. meter lank *(of* in die lengte); *measure one's ~ with the ground, (skerts.)* op die grond neerslaan; *a ~ of rope* 'n stuk tou; *at some ~* taamlik breedvoerig; *some ~ of time* geruime tyd. **-length** *komb.vorm* -lengte=; *knee-~ dress* knielengterok, rok van knielengte, rok tot op die knie.

**length·en** langer maak, verleng; rek; langer word.

**length·en·ing** verlenging, (die) langer maak/word. *~ piece* verlengstuk.

**length·ways, length·wise** in die lengte, oorlangs.

**length·y** lang(durig); omslagtig; langgerek; wydlopig, uitvoerig; vervelend; tydrowend. **length·i·ness** langgerektheid.

**le·ni·ent** sag, nie streng nie. **le·ni·ence, le·ni·en·cy** sagtheid, toegewendheid, toegeeflikheid.

**Len·in·ism** Leninisme. **Len·in·ist, Len·in·ite** n. Leninis=. **Len·in·ist, Len·in·ite** *adj.* Leninisties.

**lens** lens; brilglas; brandglas; *hard/soft ~* harde/sagte lens. *~-shaped* lensvormig.

**lensed** met 'n lens.

**Lent** die Vaste/Vastyd. **Lent·en** vas=; *~ day* Vasdag; *have a ~ face, (skerts.)* mismoedig/droewig lyk.

**len·ti·cel** *(bot.)* asemopening, skorsporie, lentisel.

**len·tic·u·lar** dubbelbol; lensvormig, lensagtig, lens=; lensie=.

**len·ti·go** *=tigines* sproeterigheid, bruinvlek *(veral by bejaardes).*

**len·til** lensie. *~ soup* lensiesop.

**len·ti·vi·rus** *(med.)* lentivirus.

**len·to** *=tos, n., (It., mus.)* lento(-deel/passasie). **len·to** *adj. & adv.* lento, stadig.

**Le·o** *(astron., astrol.)* die Leeu, Leo.

**le·o·nine** leeuagtig, leeu=.

**leop·ard** luiperd; *a ~ can't change his spots, (sprw.)* 'n jakkals verander van hare, maar nie van snare/streke nie. *~ crawl* n., *(SA, mil.)* luiperdkruip. *~ crawl* ww. luiperdkruip. *~ seal* luiperdrob. *~ skin* luiperdvel. *~ tortoise* bergskilpad.

**leop·ard·ess** luiperdwyfie.

**le·o·tard** leotard.

**lep·er** melaatse, leproos, lepralyer; *(moral) ~* verworpeling, verworpene.

**lep·i·dop·ter·an** *=tera(ns), n.* skubvlerkige, =vleuelige, vlinder. **lep·i·dop·ter·an, lep·i·dop·ter·ous** *adj.* skubvlerkig, =vleuelig. **lep·i·dop·ter·ist** lepidopteroloog.

**lep·re·chaun** kabouter, dwerg *(in Ierse sprokies).*

**lep·ro·sy** *(patol.)* melaatsheid. **lep·rous** melaats, lepreus; skurf, skubagtig.

**lep·to·spi·ro·sis, Weil's dis·ease** leptospirose, Weil=siekte.

**les·bi·an** n. lesbiër, lesbiese/gay vrou. **les·bi·an** *adj.* les=bies; *~ love* lesbiese liefde. **les·bi·an·ism** lesbiese liefde.

**le·sion** *(hoofs. med.)* letsel, kwetsuur, kwetsing; skade, be= skadiging; benadeling, nadeel; stoornis.

**Le·so·tho** *(geog.)* Lesotho.

**less** *bep. & pron.* mindere; kleiner deel; ~ *and* ~ al hoe minder, minder en minder; *far/much* ~ *than* ... baie/veel minder as ...; *just* ~ *than* ... iets minder as ...; *a little* ~, *slightly* ~ 'n bietjie/rapsie minder; *no* ~ *a person than* ... niemand minder as ... nie; *be* ~ *of a leader/etc. than* ... minder leier wees as ...; ~ *than a hundred/etc.* minder as honderd/ ens.; *not* ~ *than* ... minstens ... **less** *adv.* minder; kleiner; *not any the* ~ ... nie/niks minder ... nie *(aantreklik, gevaarlik, ens.)*; ~ *than polite* nie juis beleef(d) nie, allesbehalwe/weinig beleef(d); *be* ~ *than fair/etc.* nie heeltemal/juis billik/ens. wees nie. **less** *prep.* min(us); ~ *three* min drie; *a year* ~ *three days* op drie dae na 'n jaar.

**=less** *suff. (vorm adj.)*, =loos; =baar; on=; *speech*~ sprakeloos.

**les·see** huurder.

**less·en** verminder, afneem; verklein; ~ *by* ... verminder met ... **less·en·ing** afname, vermindering; daling; verkleining.

**less·er** minder, kleiner.

**les·son** *n.* les; leesstuk, =gedeelte; Skrifgedeelte; oefening; *give* ~s les(se) gee; *learn a* ~ 'n les leer; *read the* ~ die Skriflesing waarneem; *take* ~*s from s.o.* by iem. les(se) neem; *teach s.o. a* ~ iem. 'n les leer; ... *is a* ~ *to s.o.* ... is vir iem. 'n les; *let that be a* ~ *to you!* laat dit vir jou 'n les wees!.

**les·sor, les·sor** verhuurder.

**lest** *(fml.)* uit vrees dat, (so)dat ... nie.

**let¹** *n.* (die) verhuur, verhuring. **let** =*tt*=; *let let, ww.* laat; toe= laat, toestaan; verhuur *('n huis)*; ~ *s.o./s.t. alone* iem./iets laat bly/staan; iem./iets met rus laat; ~ *alone* ... laat staan ..., om nie (eens/eers) van ... te praat nie; ~ *s.o. be* iem. laat staan/begaan; iem. met rus laat; ~ *s.t. be* iets laat staan; met iets ophou; *don't* ~ ...! moenie dat ... nie!; ~ *s.o. down* iem. in die steek laat; ~ *s.t. down* iets laat sak; iets afblaas *('n band ens.)*; ~ *drop (a hint) that* ... uitlaat *(of laat deurskemer/blyk)* dat ...; ~ *s.t. drop/fall, (lett.)* iets laat val; *(fig., infml.)* iets laat val; ~ *fly* lostrek, afhaak, hard slaan; afskiet; ~ *s.o./s.t. go* iem./iets (laat) los, iem./iets loslaat; iem. vrylaat, iem. laat gaan/loop; ~ *me/him/her go!* los my/hom/haar!; ~'*s go/ etc.* kom ons loop/ens.; ~ *o.s. go* jou laat gaan; *the house is* ~ die huis is verhuur; ~ *s.o. in* iem. binnelaat/inlaat, iem. toelaat; ~ *s.t. in* iets binnelaat/inlaat; iets inlas; ~ *o.s. in for s.t.* jou in iets begeef/begewe; ~ *s.o. in on s.t.* iem. van/met iets op (die) hoogte bring; iem. by/in iets betrek; iem. aan iets laat deelneem; ~ *s.o. into* ... iem. in ... binnelaat/inlaat; iem. in ... inwy *('n geheim)*; iem. van/met ... op (die) hoogte bring; ~ *s.o. know* iem. laat weet; ~ *s.t. loose* iets loslaat; iets ontketen; ~ *s.o. off lightly* iem. lig (daarvan) laat afkom; ~ *s.t. off* iets aftrek/afskiet *('n geweer)*; iets afblaas/uitlaat *(stoom)*; ~ *on about s.t., (infml.)* iets verklap; ~ *on that ..., (infml.)* laat blyk dat ...; ~ *s.o. out* iem. uitlaat; iem. loslaat *('n gevangene)*; ~ *s.t. out* iets uitlaat; iets laat uitkom; iets verklap/verklik *('n geheim)*; iets skiet gee; iets laat skiet *('n tou)*; iets groter/ langer/wyer maak *(klere)*; iets verhuur *('n huis)*; iets uit(er) *('n gil ens.)*; ~ *s.o./s.t. through* iem./iets deurlaat; *to* ~ te huur; ~ *up* verslap, skietgee; ontspan; ophou; ~ *up s.o., (infml.)* minder druk op iem. uitoefen; iem. sagter behandel; *without* ~*ting up* sonder ophou. ~**down** teleurstelling; antiklimaks; versaking; verslapping, insinking. ~~**off** *(infml.)* ontkoming; kwytskelding. ~~**out** *(infml.)* uitweg, uitvlug, uitkomkans. ~~**out clause** *(infml.)* ontsnappingsklousule. ~~**up** *(infml.)* onderbreking, rus(tyd), pouse; verslapping, ontspanning; afwisseling.

**let²** *n., (fml.)* beletsel, verhindering, belemmering; *(tennis)* net; *without* ~ *or hindrance* sonder belemmering, ongehinderd, onverhinderd.

**=let** *suff. (vorm n.)* =ie, =(t)jie; =band; *ank*~ enkelring; enkel= sokkie; *book*~ boekie; *star*~ sterretjie.

**le·thal** dodend, dodelik; *be/look pretty* ~, *(infml.)*, *('n drankie ens.)* giftig *(of* baie sterk) wees/lyk; *('n mes ens.)* baie gevaarlik wees/lyk. **le·thal·i·ty** dodelikheid. **le·thal·ly** dodelik.

**leth·ar·gy** lusteloosheid, dooierigheid, traagheid; lomerig= heid, slaperigheid; ongevoeligheid; *(med.)* letargie, (sieklike) slaapsug. **le·thar·gic** futloos, traag; loom, lomerig, slaperig; ongevoelig; *(med.)* letargies.

**let's** *(sametr.)* = LET US.

**let·ter¹** *n.* letter; skryfteken; brief; *(i.d. mv.)* lettere, letter= kunde; ~ *of acceptance* aanvaardingsbrief; ~ *of advice* adviesbrief; *answer a* ~ 'n brief beantwoord, op 'n brief antwoord; ~ *of application* aansoekbrief *(om 'n betrekking)*; aanvraagbrief *(om aandele)*; ~ *of authority* magtigingsbrief; *by* ~ per brief; skriftelik; *a dead* ~ 'n onbestelbare brief; 'n dooie letter *(v.d. wet)*; *drop s.o. a* ~, *(infml.)* vir iem. 'n reëltjie skryf/skrywe; *an open* ~ 'n ope brief *(i.d. pers)*; ~ *of request* versoekbrief; *in* ~ *and spirit* na die letter en die gees; *stick to the* ~ jou aan die letter hou; ~ *of thanks* dankbrief, (skriftelike) dankbetuiging; *a threatening* ~ 'n dreigbrief; *to the* ~ na die letter, letterlik; tot in die kleinste besonderhede; *write a* ~ 'n brief skryf/skrywe; *write s.o. a* ~ aan/vir iem. skryf/skrywe. **let·ter** *ww.* letter, skryf, druk, plaas *('n naam/titel/ens. op)*; met 'n letter *(of* letters) merk *(skape, linne, ens.).* ~ **bomb** briefbom. ~ **box** pos=, briewebus. ~ **case** briewetas, portefeulje. ~**head** briefhoof. ~ **opener** briewemes. ~~**quality** *adj. (attr.), (rek.)* hoëgehalte= *(druk. ens.).* ~ **writer** briefskrywer; briewboek. ~ **writing** briewe skryf, briefskrywery.

**let·ter²** *n., (hoofs. Br.)* verhuurder.

**let·tered** gemerk, geletter.

**let·ter·ing** letters; titel; opskrif; letterwerk; belettering; let= tersoort.

**let·ters:** ~ **patent** oktrooibrief, ope brief, patent(brief).

**let·ting** *n.* (die) verhuur, verhuring.

**let·tuce** blaar=, kop=, kropslaai; *(leaf)*~ blaarslaai. ~ **salad** groensslaai.

**leu·cin(e)** *(biochem.)* leusien, aminokaproonsuur.

**leu·co·cyte, (Am.) leu·ko·cyte** *(fisiol.)* leukosiet, wit bloed= liggaampie.

**leu·co·ma** *(med.)* leukoom, witvlek, wit=, groustaar.

**leu·co·plast** *(bot.)* leukoplas.

**leu·kae·mi·a, (Am.) leu·ke·mi·a** *(med.)* leukemie, bloed= kanker. **leu·kae·mic, leu·ke·mic** leukemies.

**le·va·tor** *(anat.)* hefspier, heffer, ligter.

**lev·el** *n.* peil, vlak; stand; standaard, hoogte; verdieping; laag; gelykte; waterpas; *that is above s.o.'s* ~ dit is bo iem. se vuurmaakplek; *come down to s.o.'s* ~ tot iem. se peil daal; *at* (or *on the) diplomatic* ~ langs diplomatieke weg; op diplomatieke vlak; *find one's* ~ tuis/touwys raak, jou plek vind; *at a high/low* ~ op 'n hoë/lae vlak/peil; *maintain the* ~ *of s.t.* iets op dieselfde vlak hou *(water in 'n dam ens.)*; iets op peil hou *('n gesprek ens.)*; *be on the* ~, *(infml.), (iem.)* eerlik wees; *(iets)* eg/waar wees; *on a* ~ *with* ... waterpas met ...; op een lyn met *(of* dieselfde peil as) ..., van dieselfde standaard as ...; *raise s.t. to the required* ~ iets tot die vereiste vlak verhoog; iets op peil bring; ~ *of saving(s)* spaarpeil; ~ *of the sea* seespieël, =vlak; *at top* (or *on the highest)* ~ op die hoogste vlak/plan. **lev·el** *adj. & adv.* gelyk, vlak, horisontaal; waterpas; gelykmatig; gelykmoedig; *do one's* ~ *best* jou uiterste bes doen; *come* ~ *with* ... op gelyke hoogte kom ...; ... inhaal; *be dead* ~ waterpas wees; kop aan kop wees; *draw* ~ kop aan kop kom; *draw* ~ *with s.o.* iem. inhaal; *keep* ~ *with* ... by ... byhou, op (die) hoogte van ... bly; *it is a* ~ *race* hulle loop kop aan kop; *be* ~ *with s.o./s.t.* waterpas met iets wees; by iem. wees. **lev·el** =*ll*=, *ww.* gelykmaak, gelyk maak; waterpas/horisontaal maak; nivelleer; sloop; mik, aanlê; ~ *s.t. at s.o.* met iets op iem. aanlê *('n vuurwapen)*; iets op iem. mik *(skimpe ens.)*; iets op iem. uitoefen *(kritiek ens.); ~ s.t. **down** iets gelykmaak (of gelyk maak); iets nivelleer; ~ s.t. to/with the **ground** iets tot op die grond afbreek; iets met die grond gelykmaak (of gelyk maak); s.t. ~s **off** iets plat af; iets verslap; ~ s.t. **off** iets gelykmaak (of gelyk maak); iets afstryk; s.t. ~s **out** iets plat af; (lugv.) iets vlieg horisontaal; ~ling **out** afplatting; ~ s.t. **up** iets opvul/gelykmaak (of gelyk maak); ~ **with** s.o., (infml.)* eerlik/openhartig teenoor iem. wees. ~ **crossing** (spoor)oorgang, *=oorweg.* ~ **flight** gelykvlug. ~ **ground** gelykte. ~-**headed** gelykmatig, ewewigtig, verstandig. ~ **line** hoogte-, kontoerlyn; waterpaslyn. ~ **pegging** *(infml.)* eenderse kanse; *it's* ~ ~ hulle loop gelykop, die stemming/ telling is gelykop. ~ **spoonful** gelyk vol lepel.

**lev·el·ler**, *(Am.)* **lev·el·er** gelykmaker; *(masj.)* nivelleerder; nivelleerapparaat; grondstryker; strekker *(by klipwerk)*.

**lev·el·ling** gelykmaking; nivellering; hoogtemeting; water= passing; slegting; (die) mik/aanlê. ~ **board** korrelplank. ~ **instrument** waterpasinstrument. ~ **machine** grondstryker. ~ **pole**, ~ **rod**, ~ **staff** nivelleerstok.

**lev·el·ness** gelykheid, effenheid.

**lev·er** *n.* hefboom, ligter(hout); stelarm; koevoet. **lev·er** *ww.* met 'n ligter oplig/verskuif; ~ *s.t. off* iets aflig; ~ *s.t. open* iets oopbreek; ~ *s.o. out of a position* iem. uit 'n amp lig. ~ **arch file** drukbooglêer. ~ **frame** hefboomraam. ~ **lock** klawerslot. ~ **rod** hefboomstang.

**lev·er·age** hefboomwerking; hefboommoment; hefvermoë; hefboomstelsel, (stel) hefbome; hefboomverhouding; in= vloed, mag; *(fin.)* hefboomfinansiering, *=finansiëring; s.t. gives s.o. ~* iets gee iem. invloed/mag. **lev·er·aged:** ~ *buyout* hefboomuitkoop.

**le·vi·a·than** *n., (Byb.)* leviatan, seemonster; walvis. **le·vi·a·than** *adj.* reusagtig, kolossaal.

**lev·i·tate** sweef, swewe; (laat) dryf/drywe. **lev·i·ta·tion** swe= wing, (die) swewe, levitasie.

**lev·i·ty** ligsinnigheid; wispelturigheid.

**lev·y** *n.* heffing; vordering; *capital ~, ~ on capital* kapi= taalheffing; *a ~ on ...* 'n heffing op ... **lev·y** *ww.* hef; oplê; invorder; *~ a fine on s.o.* (aan) iem. 'n boete oplê; *~ taxes on goods* belasting op goedere hef; *~ taxes on people* belasting aan mense oplê. **lev·i·a·ble** hefbaar, invorderbaar.

**lewd** wellustig; wulps; suggestief; ~ *remarks* suggestiewe opmerkings. **lewd·ness** onkuisheid, ontugtigheid, wulps= heid, wellustigheid.

**lew·is** *(teg.: soort tap)* wolf. ~ **bolt** wolfsbout.

**lex·i·cal** leksikaal.

**lex·i·cog·ra·phy** leksikografie. **lex·i·cog·ra·pher** leksiko= graaf, woordeboekmaker, *=skrywer.* **lex·i·co·graph·ic, lex·i· co·graph·i·cal** leksikografies.

**lex·i·col·o·gy** leksikologie. **lex·i·co·log·i·cal** leksikologies. **lex·i·col·o·gist** leksikoloog.

**lex·i·con** leksikon; woordeskat.

**lex·is** *(<Gr., ling.)* leksis.

**ley** rus=, grasland. ~ **(crop)** rusoes; herstelgewas.

**lha·sa ap·so** *=sos, (ook L~, soort hond)* lhasa-apso.

**li·a·ble** verantwoordelik; aanspreeklik; *be ~ for damages* skadepligtig wees; *hold s.o. ~* iem. aanspreeklik/verant= woordelik hou; *jointly and severally ~* gesamentlik en hoof= delik/afsonderlik aanspreeklik; *be ~ to ...* vir ... vatbaar wees; aan ... onderhewig wees; aan ... ly, las hê van ...; *be ~ to military service* dienspligtig wees; *render o.s. ~ to ...* jou aan ... blootstel; *s.o. is ~ to forget* iem. vergeet maklik; *s.t. is ~ to occur* iets kan maklik voorkom. **li·a·bil·i·ty** *=ties* verantwoordelikheid; aanspreeklikheid; vatbaarheid; onder= hewigheid; skuld, las, verpligting; hindernis, las, nadeel; *(i.d. mv.)* verpligtinge, laste; *limited ~* beperkte aanspreeklikheid; *meet liabilities* verpligtinge nakom; ~ *to military service* dienspligtig, militêre diensplig(tigheid); *be a ~ to s.o.* vir iem. 'n blok aan die been wees.

**li·aise** verbind, verenig; ~ *with ...* met ... skakel.

**li·ai·son** verbinding; skakeling, skakelwerk, (onderlinge) oorleg; liaison, (ongeoorloofde) (liefdes)verhouding; *estab= lish ~ with ...* verbinding met ... bewerkstellig; *have a ~ with s.o.* met iem. 'n (liefdes)verhouding hê; *maintain ~ with ...* met ... in verbinding bly. ~ **committee** skakelkomitee. ~ **duties** skakeldiens. ~ **officer** skakeloffisier.

**li·a·na, li·ane** *(bot.)* slingerplant, liaan; bobbejaantou.

**li·ar** leuenaar; *call s.o. a ~* iem. tot leuenaar maak; *are you calling me a ~?* sê jy ek lieg?.

**lib** *(infml., afk. v.* liberation) emansipasie, bevryding(sbewe= ging); *women's ~* vroueregte(beweging). **lib·ber** *(infml.)* (kamp)vegter vir vroue-/diereregte/ens..

**li·ba·tion** pleng-, drankoffer; *(skerts.)* drankie, dop.

**li·bel** *n.* smaadskrif; *(jur.)* (skriftelike) laster; *a ~ on ...* 'n belastering van ... **li·bel** *-ll-, ww., (jur.)* (skriftelik) belaster/ beswadder. ~ **action**, ~ **case** lasterproses, *=saak.* **li·bel·ler**, *(Am.)* **li·bel·er** smaadskrifskrywer; (be)lasteraar. **li·bel·lous**, *(Am.)* **li·bel·ous** lasterlik.

**lib·er·al** *n.* liberaal; *L~, (pol.)* Liberaal. **lib·er·al** *adj.* vrysinnig, liberaal; vrygewig, mild(dadig), mededeelsaam, gul(hartig), ruimhartig; mild, kwistig, ruim, oorvloedig, rojaal; *be ~ with ...* kwistig/vrygewig met ... wees. ~ **arts** *(hoofs. Am.)* nie-eksakte wetenskappe. ~ **education** breë/ veelsydige ontwikkeling/opvoeding. ~-**minded** ruimhartig, vrysinnig, liberaal gesind, ruim van gees. **L~ Party** Liberale Party.

**lib·er·al·ise, ize** liberaliseer, vrysinnig maak/word; ver= ruim. **lib·er·al·i·sa·tion, ·za·tion** liberalisasie, liberalisering.

**lib·er·al·ism** liberalisme; vrysinnigheid; *(L~)* Liberalisme. **lib·er·al·ist** *n.* liberalis. **lib·er·al·ist, lib·er·al·is·tic** *adj.* libe= ralisties.

**lib·er·al·i·ty** gul(hartig)heid, mededeelsaamheid, ruimhar= tigheid; vrygewigheid; rojaliteit; offervaardigheid; vrysin= nigheid, ruimheid van gees/blik, liberaliteit.

**lib·er·al·ly** ruim(skoots); ruimhartig.

**lib·er·ate** bevry, vrylaat, *=stel,* loslaat, vrymaak; verlos; *~d country* vrygeworde/bevryde land. **lib·er·a·tor** bevry(d)er, verlosser.

**lib·er·a·tion** bevryding, vrylating, *=stelling,* loslating, vry= making; verlossing; vrywording; *war of ~* vryheidsoorlog. **L~ Day** Bevrydingsdag. ~ **movement** vryheidsbeweging. ~ **theology** bevrydingsteologie.

**lib·er·a·tion·ist** (kamp)vegter vir vroue-/diereregte/ens..

**lib·er·tar·i·an** *n.* vryheidsgesinde; libertyn, voorstander van die leer van die vrye wil. **lib·er·tar·i·an** *adj.* vryheids= gesind; ongebonde.

**lib·er·tine** *n.* vrydenker, *=gees,* libertyn; losbandige, losbol, pierewaaier. **lib·er·tine** *adj.* libertyns; losbandig, tugteloos; **lib·er·tin·ism, lib·er·tin·age** vrydenkery; losbandigheid; on= gebondenheid.

**lib·er·ty** vryheid; *be at ~* vry wees; op vrye voet(e) wees/ verkeer; *be at ~ to ...* dit staan jou vry om te ...; *feel at ~ to ...* die vrymoedigheid hê om te ...; *set s.o. at ~* iem. vrylaat/=stel; ~ *of conscience* gewetensvryheid; *Statue of L~, (Am.)* Vryheidsbeeld, Vryheidstandbeeld; *take the ~ of ...* die vryheid neem om te ...; jou veroorloof om te ...; *take liberties with ..., (dikw. euf.)* jou vryhede met ... veroorloof.

**li·bi·do** *=dos* geslagsdrif, *=drang,* seksuele/erotiese drang, li= bido; *(psig.)* lewensdrif, *=drang,* libido. **li·bid·i·nal** *adj.* libi= dinaal. **li·bid·i·nous** *adj. & adv.* wellustig, wulps; libidineus.

**Li·bra** *(astron. & astrol.)* Libra, die Weegskaal.

**li·brar·i·an** bibliotekaris; *(vr.)* bibliotekaresse. **li·brar·i·an· ship** bibliotekarisskap; biblioteekwese; biblioteekkunde.

**li·brar·y** biblioteek, boekery, boek(e)versameling; boek(e)= reeks; leessaal. ~ **book** biblioteekboek. ~ **science** biblio= teekkunde.

**li·bra·tion** *(hoofs. astron.)* librasie; ewewig; skommeling.
**li·bret·to** =*bretti*, =*brettos* operateks, libretto. **li·bret·tist** li=
brettis, librettoskrywer.
**lice** *n. (mv.)* →LOUSE.
**li·cence,** *(Am.)* **li·cense** *n.* verlof, vergunning, toestem=
ming; lisensie; diploma, sertifikaat; vrybrief; bandeloosheid;
losbandigheid, sedeloosheid; *manufacture s.t. under* ~ iets
onder/in lisensie vervaardig. **li·cense, li·cence** *ww.*
veroorloof, verlof gee, 'n lisensie/vergunning verleen, lisen=
sieer. ~ **fee** lisensiegeld. ~ **holder** lisensiehouer; lisensie=
raampie. ~ **plate** *(Am.)* = NUMBER PLATE.
**li·censed, li·cenced** gelisensieer(d); erken(d).
**li·cen·see** lisensiehouer, gelisensieerde; konsessionaris;
(gelisensieerde) drankhandelaar.
**li·cens·er** lisensieverlener, =uitreiker; ~ *of the press* (pers)=
sensor.
**li·cens·ing** lisensiëring. ~ *act* drankwet. ~ *board* lisensie=
raad.
**li·cen·ti·ate** lisensiaat.
**li·cen·tious** bandeloos; losbandig, sedeloos, wellustig, wulps.
**li·cen·tious·ness** bandeloosheid; losbandigheid, sedeloos=
heid, wellustigheid, wulpsheid.
**li·chee** →LITCHI.
**li·chen** *n., (bot.)* korsmos, ligeen; *(patol.)* huidmos, douwurm.
**li·chen** *ww.* met mos bedek/begroei; ~*ed, (ook)* bemos.
**li·chen·ol·o·gy** korsmoskunde, ligenologie. **li·chen·ous, li·**
**chen·ose** (kors)mosagtig; bemos.
**lic·it** geoorloof, wettig, →LAWFUL.
**lick** *n.* lek; leksel; brakplek; *(infml., mus.)* stukkie, grepie,
snarsie; *(infml.)* hou *(met 'n lat); at full* (or *a great*) ~, *(infml.)*
in/met volle vaart; *a* ~ *of paint* 'n smeerseltjie verf; *give s.t.*
*a* ~ *and a promise, (infml.)* iets bolangs skoonmaak, iets
oppervlakkig was/poets. **lick** *ww.* lek; *(infml.)* klop, vel,
looi, afransel; *(infml.)* kafloop, pak gee; ~ *s.o.'s* **boots/shoes**
iem. lek, voor iem. in die stof kruip; ~ *s.t.* **clean** iets uit=/
skoonlek; *s.o. has got s.t.* ~*ed, (infml.)* iem. het iets onder
die knie; ~ *one's* **lips/chops** jou lippe (af)lek; ~ *s.t.* **off** iets
aflek; ~ ... *into* **shape** ... vorm
gee, ... fatsoeneer; ~ *s.t.* **up** iets oplek; ~ *one's* **wounds** jou
wonde lek. ~**spittle** *n.* lekker, (in)kruiper, witvoetjiesoeker.
~**spittle** *adj.* inkruiperig.
**lick·et·y·split** *(Am., infml.)* in volle vaart.
**lick·ing** *(infml.)* loesing, pak/drag slae; *get/take a* ~, *(lett. &*
*fig.)* ('n) pak kry, ('n pak) slae kry; *give s.o. a* ~, *(lett. & fig.)*
iem. ('n) pak gee.
**lic·o·rice** *(Am.)* →LIQUORICE.
**lid** deksel; (oog)lid; hoed; *(biol.)* dekseltjie; **blow/lift/take**
*the* ~ *off s.t., (infml.)* onthullings oor iets doen, die volle
waarheid oor iets ontbloot; **keep** *the* ~ *on s.t., (infml.)* iets
dighou *(of* dig/stil/geheim hou); iets in toom hou *(inflasie*
*ens.);* **keep** *the* ~ *on one's* **temper** jou humeur beteuel; **put** *the*
~ *on a scheme, (infml.)* 'n plan verydel; *that* **puts** *the* ~ *on it,*
*(infml.)* dit is die toppunt; dis darem te erg. **lid·ded** met 'n
deksel; met ooglede; *heavy-*~ met swaar ooglede.
**li·do** =*dos, (Br.)* openbare swembad, baaistrand.
**lie[1]** *n.* leuen; kluitjie; *a* **barefaced/blatant/downright/out=**
**right** ~ 'n infame/onbeskaamde/skaamtelose leuen; **give**
*s.o. the* ~ iem. tot leuenaar maak; **give** *the* ~ *to s.t.* iets
weerspreek; **nail** *a* ~ 'n leuen aan die kaak stel; *that's* **no**
~, *(infml.)* dis baie waar; *a* **pack** *of* ~*s* 'n boel/hoop/spul
leuens; **tell** *s.o. a* ~ vir iem. 'n leuen vertel; **tell** ~*s, (ook)*
leuens verkoop; *that's a* ~! dit lieg jy!; *a* **web** *of* ~*s* die een
leuen op die ander. **lie** *lied* lied; *lying, ww.* lieg; jok; stories
vertel; →LYING[1]; ~ *away* aanhou (met) lieg; ~ *o.s.* (or *one's*
*way) out of it* jou los lieg; ~ *through one's* **teeth**, *(infml.)* lieg
soos 'n tandetrekker; ~ *to s.o.* vir iem. lieg; ~ *like a* **trooper**
op 'n streep lieg. ~ **detector** leuen(ver)klikker.

**lie[2]** *n.* ligging; rigting, koers; (die) lê; lêplek; *the* ~ *of the land*
die stand van sake, die toestand; die vooruitsig(te). **lie** *lay*
*lain, ww.* lê; geleë wees, lê; in garnisoen lê; rus; *(jur.)* toe=
laatbaar wees; →LYING[2]; ~ *about/around* rondlê; ~ *back*
agteroor lê/leun; *s.t.* ~*s before* (or *ahead for) s.o.* iets lê
vir iem. voor; *s.t.* ~*s* **behind** *s.o., (lett. & fig.)* iets lê agter
iemand; *what* ~*s* **behind** *s.t.* wat agter iets sit/skuil/steek; ~
**beneath/underneath** onder lê; ~ *down* platlê, plat lê; rus,
gaan lê; *s.t.* ~*s* **heavy** *on s.o.* iets druk/rus swaar op iem. se
gewete; **here** ~*s ...,* *(opskrif op grafsteen)* hier rus ...; ~ *in,*
*(infml.)* (laat) in die bed bly, laat slaap; ~ *in s.t.* in iets lê; ~
**low**, *(infml.)* wegkruip, gaan skuil; jou eenkant hou, op die
agtergrond bly; dood=/tjoepstil bly; jou tyd afwag; ~ *at the*
**mercy** *of ...* afhang die genade van ...; *the town* ~*s on*
*a river* die stad lê aan/langs 'n rivier; ~ **open** ooplê; ~ **over**
oorlê, bly lê; ~ **second/etc.** die tweede/ens. plek beklee; ~
**shallow,** *(rugby)* vlak staan; ~ *to, (sk.)* bygedraai lê; ~ *on top*
bo lê; ~ *on top of s.o./s.t.* bo-op iem./iets lê; ~ **under** *s.o./s.t.*
onder iem./iets lê; ~ *up* in die bed bly; skuil; ~ *up* iets
stil=/oorlê *('n skip); it* ~*s with s.o. to ...* iem. behoort te ...;
*s.t.* ~*s with s.o.* iets berus by iem., iets hang van iem. af. ~~
**down** *n., (infml.): have a* ~ skuins lê, 'n bietjie (gaan) rus, 'n
uiltjie knip. ~~**in** *n., (infml.): have a* ~ ('n bietjie) laat slaap.
**Liech·ten·stein** *(geog.)* Liechtenstein.
**lied** *lieder, (D.)* Lied, kunslied.
**liege** *n., (hist.)* leenheer; heer, soewerein.
**lieu** *(Fr.): in* ~ *of ...* in plaas *(of* die plek) van ...
**lieu·ten·ant** *(offisiersrang)* luitenant; ondersteuner, helper,
luitenant. ~ **colonel** =*s* luitenant-kolonel. ~ **commander** =*s,*
*(vlootrang)* luitenant-kommandeur. ~ **general** =*s* luitenant-
generaal.
**life** *lives* lewe; menselewe; lewensbeskrywing; lewenswyse;
lewensduur; gebruiksduur; duursaamheid; draagduur *(v.*
*klere);* bestaansduur; (amps)duur, dienstyd, =termyn *(v. 'n*
*liggaam);* lewendigheid, vuur; *the* **accident** *involved ... lives*
die ongeluk het ... menselewens geëis; *all his/her* ~ sy/haar
hele lewe, sy/haar lewe lank; *s.o.'s* ~ *hangs/is in the* **balance**
iem. sweef/swewe tussen lewe en dood; *s.o.* **began** ~ *as ...*
iem. het (sy/haar) loopbaan) as ... begin; *you* **bet** *your* ~ *it*
*is!, (infml.)* natuurlik is dit!; *a* **blameless** ~ 'n onberispelike
lewe; **breathe** *new* ~ *into s.t.* iets nuwe lewe inblaas; **bring**
*s.t. to* ~ iets in die lewe roep *(of* die lewe gee); **bring** *s.o. back*
*to* ~ iem. bybring; iem. lewend maak; **come** *to* ~ lewendig
word; bykom; in beweging kom; gestalte kry; **hover** *between*
~ *and* **death** tussen lewe en dood sweef/swewe; *this is a*
*matter of* ~ *and* **death** dit is 'n saak van lewe of dood *(of* 'n
lewensbelangrike saak); dis doodsake dié; **depart** *(from) this*
~ die tydelike met die ewige verwissel, sterf, sterwe; *make*
~ **difficult** *for s.o.* die lewe vir iem. moeilik maak; *there's* ~
*in the old* **dog** *yet, (infml.)* iem. is oud maar nog nie koud
nie; iem. is nog lank nie dood nie; **escape** *with one's* ~ met
jou lewe daarvan afkom, lewend(ig) daaruit kom; **eternal/**
**everlasting** ~, ~ **everlasting** die ewige lewe; **fear** *for s.o.'s*
~ vir iem. se lewe vrees *(of* bevrees wees); *go in* **fear** *of one's*
~ vir jou lewe vrees *(of* bevrees wees); *in the* **flower** *of* ~ in
die bloei/fleur van die lewe; **for** ~ lewenslank; vir jou lewe;
*for dear/one's* ~ (as)of jou lewe daarvan afhang, met/uit alle
mag, om/op lewe en dood; *not for the* ~ *of me, (infml.)* om
die dood nie, nie met die beste wil ter *(of* van die) wêreld
nie; *I cannot do it* **for** *the* ~ *of me, (infml.)* al slaan jy my dood,
kan ek dit nie regkry nie; *be* **full** *of* ~ vol lewenslus wees; *be*
**given** *a* ~, *(kr.: 'n kolwer)* 'n lewe gegun word; *a* **good** ~ 'n
goeie lewe; *the* **good** ~ 'n lekker lewe; *take one's* ~ *in one's*
**hands** jou lewe waag *(of* op die spel plaas/sit); *a* **hard** ~ 'n
swaar lewe; *where there's* ~ *there's* **hope** so lank (as) daar
lewe is, is daar hoop; *in* ~ in die lewe; *s.o. does s.t.* **late** *in*
~ iem. doen iets eers laat; iem. doen iets op gevorderde
leeftyd; **lay** *down one's* ~ jou lewe gee; **lead** *s.o. a* ~ iem.
se lewe vergal/versuur; **lead/live** *a ... ~* 'n ... lewe lei, 'n ...

bestaan voer *(arm, eensame, luilekker, moeilike, ens.)*; **lead/live** *a blameless* ~ 'n onbesproke lewe lei, onberispelik leef/lewe; **lead/live** *a dissolute/frugal/quiet/simple/etc.* ~ losbandig/ skraps/suinig/stil/eenvoudig/ens. leef/lewe; *a danger to* ~ *and* **limb** 'n doodsgevaar/lewensgevaar; *escape with* ~ *and* **limb** heelhuids daarvan afkom; *s.o.'s* **line** *of* ~ iem. se lewenslyn; **live one's** ~ *to the full* jou uitleef/-lewe; *s.o.'s* **long** iem. se lewe lank; **lose one's** ~ die lewe laat/verloor; **loss of** ~ lewensverlies, verlies van menselewens; *there was great* **loss** *of* ~ baie (mense) het gesterf/gesterwe/omgekom, daar was 'n groot verlies van menselewens; *five lives were* **lost**, *five* **lost** *their lives* vyf (mense) het gesterf/gesterwe/omgekom *(of* die lewe verloor); *make s.o.'s* ~ *a misery* iem. se lewe vergal/ versuur; *the* **necessaries/necessities** *of* ~ lewensbehoeftes, -benodig(d)hede; *never in (all) my* ~ nog nooit in my lewe nie, nooit in my dag des lewens nie; *begin a new* ~ 'n nuwe lewe begin; *not on your* ~*!, (infml.)* volstrek nie!, om die/de dood nie!, geen sprake van!; *nothing in* ~ *would* ... niks ter wêreld sou ...; *of* ~ van die lewe; *the ... of s.o.'s* ~ die grootste ... van iem. se lewe, die grootste ... wat iem. nog ooit gehad het; *in* **private** ~ in die private/privaat lewe; *prolong the* ~ *of* ... ... in stand hou *('n komitee ens.)*; *in* **public** ~ in die openbare lewe; *restore s.o. to* ~ iem. in die lewe terugroep, iem. opwek; *risk one's* ~ jou lewe waag; *road/path of* ~, ~*'s* **road/way** lewensweg, -pad; *there was great* **sacrifice** *of* ~ daar was 'n groot lewensverlies, daar is baie (mense)lewens opgeoffer; *s.o. can't do s.t to* **save** *his/her* ~, *(infml., dikw. skerts.)* iem. kan iets om die dood *(of* hoegenaamd *of* geheel en al *of* glad en geheel)* nie doen nie; *see* ~ die lewe/wêreld leer ken; *they* **seek** *s.o.'s* ~ hulle wil iem. om die lewe bring; *s.o. has* **seen** ~ iem. ken die lewe, iem. het baie lewenservaring; **sell one's** ~ *dearly, (idm.: dapper veg vir oorlewing)* jou lewe duur verkoop; **sentence** *s.o. for* ~ iem. tot lewenslank *(of* lewenslange gevangenisstraf)* vonnis/veroordeel; *s.o. got the* **shock** *of his/her* ~ iem. was nog nooit so geskok nie; *a* **slice** *of* ~ 'n greep uit die lewe; *a* **soft** ~ 'n luilekker lewe; *the* ~ *(and* **soul)** *of the* ... die siel van die ... *(partytjie, beweging, ens.)*; **stake one's** ~ jou lewe in die weegskaal plaas; *such is* ~ so is *(of* gaan dit in) die lewe; **take** *s.o.'s* ~ iem. doodmaak/ ombring *(of* om die lewe bring)*; **take** *one's own* ~ selfmoord pleeg, jouself om die lewe bring, die hand aan *(of* jou hand aan jou) eie lewe slaan; *this is the* ~*!, (infml.)* dit noem ek lewe!; **throughout** *s.o.'s* ~ iem. se hele lewe lank, gedurende iem. se hele lewe; *at s.o.'s* **time** *of* ~ op iem. se leeftyd/jare; *be* **on trial** *for (one's)* ~ teregstaan weens 'n halsmisdaad; **true** *to* ~ lewensgetrou, getrou na die lewe; ~ *of a* **tyre** looptyd, -afstand, gebruiksduur van 'n (motor)band; *in all* **walks** *(or* every **walk)** *of* ~ in alle (werk)kringe; op alle lewensterreine; *a* **way** *of* ~ 'n leefwyse/lewenswyse; 'n lewensvorm; 'n lewenstyl; *s.t.'s* ~ *is three/etc.* **years** iets hou drie/ens. jaar. ~**-and-death**, ~**-or-death** *adj. (attr.)* van lewensbelang *(pred.)*; *a* ~ *matter* 'n kwessie/saak van lewe of dood *(of* van lewensbelang); *a* ~ *struggle* 'n stryd om/op lewe en dood. ~ **annuity** lewensannuïteit, -jaargeld, lewenslange annuïteit/ jaargeld. ~ **assurance, insurance** lewensversekering. ~ **belt** reddings~, swemgordel. ~**blood** *(poët., liter.)* lewens-bloed, hartebloed; lewe, siel; lewenskrag. ~**boat** reddings-boot. ~ **cycle** *(biol.)* lewensiklus, lewensloop, lewensgeskie-denis. ~ **drawing** figuurtekeninge; figuurtekening. ~ **ex-pectancy** lewensverwagting, gemiddelde/verwagte lewens-duur. ~ **force** lewensdrang. ~ **form** *(biol.)* lewensvorm. ~-**giving** lewegewend, -wekkend, lewenskragtig; besielend, opwekkend, opbeurend. ~**guard** lewens~, menseredder, strandwag. ~ **history** lewensloop, -beskrywing, -geskiedenis. ~ **imprisonment** lewenslange gevangenisstraf. ~ **insurance** →LIFE ASSURANCE. ~ **interest**, ~ **usufruct** lewensreg, le-wenslange vruggebruik. ~**jacket** reddingsbaadjie. ~**line** *(ook fig.)* reddingstou; lewenslyn *(i.d. hand)*. ~**long** *adj. (attr.)* le-wenslange. ~ **member** lewenslange lid. ~ **membership** lewenslange lidmaatskap. ~ **policy** lewenspolis. ~**-saver**

lewens~, menseredder, strandwag; *(fig.)* redder in die nood; *(fig.)* uitkoms; *(fig.)* behoud; *(fig.)* lafenis, laafnis. ~**-saving** *n.* reddingswerk. ~**-saving** *adj. (attr.)* redding(s)~; ~ *appliance* reddingstoestel. ~ **science** lewenswetenskap. ~ **sentence** lewenslange vonnis/gevangenisstraf; *receive a* ~ lewenslank *(of* lewenslange gevangenisstraf)* kry. ~ **size** *n.* lewensgrootte; *twice* ~ ~ twee maal lewensgroot. ~**-size(d)** *adj.* lewensgroot; ~ *portrait* lewensgroot portret. ~ **span** lewensduur, lewenstyd. ~ **story** lewensverhaal, -geskiedenis. ~ **struggle** lewenstryd. ~**style** lewenstyl. ~**-support system** lewensondersteuning~, lewensinstandhoudingstelsel. ~**-threatening** lewensgevaarlik. ~**time** *n.* leeftyd, lewensduur, (mense)lewe; gebruiksduur; *during/in s.o.'s* ~ in iem. se leef-tyd; *last a* ~ lewenslank hou. ~**time** *adj.* lewenslank *(pred.)*; lewenslange *(attr.)*. ~ **weary** lewensmoeg, moeg vir die lewe. ~**work** lewenswerk; lewenstaak.

**life·less** leweloos, dood; *(fig.)* lusteloos, futloos, dooierig, traag, apaties. **life·less·ness** lewelooseid; *(fig.)* dooierigheid, traagheid, apatie.

**life·like** lewensgetrou, lewenseg.

**lif·er** *(infml.)* lewenslank veroordeelde.

**lift** *n.* (die) oplig, opheffing; hef; styging, verhoging; hyser, hysbak, hystoestel; (saamry)geleentheid; *(fig., infml.)* op-beuring, oplugting; *(lugv.)* dra(ag)krag; stygkrag, -vermoë, hefvermoë; hellinghoogte; hefhoogte; slag(lengte) *(v. 'n pomp)*; bultjie; lagie leer *(op 'n sool)*; ligter *(v. 'n venster)*; opklaring *(v. newel)*; *get a* ~ met iem. saamry, opgelaai word, 'n geleentheid kry; *give s.o. a* ~ iem. oplaai *(of* laat saamry); *s.t.* **gives** *s.o. a* ~, *(infml.)* iets beur iem. op; *hitch a* ~, *(infml.)* duimgooi, -ry; **take** *the* ~ met die hyser opgaan/afgaan. **lift** *ww.* (op)hef, (op)lig, optel; (op)hys; optrek; verhef; ophef, herroep, intrek, beëindig; steel; opbreek *('n kamp)*; uithaal *(aartappels, liddorings)*; *(mis)* optrek; *(mis, wolke)* wegtrek; ~ *a corn* 'n liddoring uithaal; ~ *s.t.* **down** iets aftel; ~ *one's* **hand** die hand lig/optel; ~ *a* **hand** *against s.o., (euf.)* 'n hand teen iem. oplig/optel; ~ **off**, *('n vuurpyl ens.)* opstyg; ~ *s.t.* **off** iets aftel; ~ *s.t.* **up** iets optel; ~ *one's* ... **up** jou ... oplig *(kop)*; jou ... ophef/opslaan *(oë)*; jou ... verhef *(stem)*. ~ **and force pump** suigperspomp. ~ **attendant** hyserbediener. ~ **bridge** hefbrug. ~ **club** saamryklub. ~ **latch** duimklink. ~ **lock** ophaalsluis. ~**off** opstyging; *(ruimtev.)* lansering. ~ **pump** hefpomp, lugdrukpomp. ~ **shaft**, ~ **well** hyserskag. ~ **truck** hyswa.

**lift·er** (op)ligter; ligter, handvatsel; *(kr.)* lugbal.

**lift·ing**: ~ **crab** *(meg.)* lier. ~ **crane** hyskraan. ~ **dog** *(meg.)* hysklou. ~ **jack** *(meg.)* domkrag. ~ **power** stygkrag, -vermoë; hefvermoë. ~ **tower** heftoring.

**lig·a·ment** *(anat.)* ligament, (gewrigs)band.

**li·gate** *(med.)* afbind, afsnoer, onderbind. **li·ga·tion** *(med.)* afbinding, afsnoering. **lig·a·ture** *n., (med.)* verband; band; *(med.)* afbinding *(med.)* ligatuur, afbinddraad; *(druk.)* ver-bindingsteken, koppelletter; *(mus.)* ligatuur. **lig·a·ture** *ww.* afbind, afsnoer, onderbind.

**li·ger** *(soöl.)* leeutier.

**light¹** *n.* lig; lamp; lantern; vuurhoutjie; skynsel; lewenslig; *act according to one's* ~*s* handel volgens die lig wat jou gegee is; *a* **beam** *of* ~ 'n ligbundel; *a* **bright** ~ 'n helder lig; **bring** *s.t. to* ~ iets te voorskyn *(of* aan die lig/dag) bring, iets openbaar maak; **come** *to* ~ aan die lig kom, vorendag *(of* voor die dag) kom; *in the cold* ~ *of* **day** nugter beskou; *see s.t. in a* **different** ~ iets in 'n ander lig sien; *a* **dim** ~ 'n dowwe lig; **dim** ~*s* ligte demp/verdof; **dip** ~*s, (mot.)* ligte domp/ neerslaan; *a* **feeble** ~ 'n swak lig; *s.o. is no* **great** ~, *(fig.)* iem. is geen lig nie; **hold** *the* ~ *for s.o.* vir iem. lig; *in the* ~ *of* ... in die lig van ..., met inagneming/inagname van ...; **jump** *the red* ~ *(or [traffic]* ~*s)* deur die verkeerslig *(of* rooi lig) ry/ja(ag), teen die verkeerslig deurry/deurja(ag); **lesser** ~*s, (infml.)* mindere gode; *be the* ~ *of s.o.'s* **life**, *(fig.)* die ligstraal/

sonstraal/sonskyn in iem. se lewe wees; *~s are* **on/off** ligte is aan/af, ligte brand *(of* brand nie); *~s* **out!** ligte dood/uit!; *be ~s* **out,** *(infml.)* katswink wees; *punch s.o.'s ~s* **out,** *(infml.)* iem. disnis/katswink slaan *(of* slaan dat hy sterretjies sien); *place/put ... in a good/favourable/bad/unfavourable ~* ... in 'n goeie/gunstige/slegte/ongunstige lig plaas/stel; **put out** *a ~* 'n lig afskakel; *see the* **red** *~* onraad merk, die gevaar besef, van die gevaar bewus word; *see the ~, (fig.)* die lig sien, tot inkeer/insig kom; *(relig.)* tot bekering kom; *see the ~ (of day), (iem.)* die (eerste) lewenslig aanskou, gebore word; *('n boek ens.)* die lig sien, verskyn, uitgegee/gepubliseer word; *~ and* **shade** lig en skadu(wee); **shed/throw** *~ (up)on s.t.* lig op iets werp, 'n kyk op iets gee; iets in die daglig stel; **shine** *a ~ on s.t.* op iets lig, 'n lig op iets rig; *s.o. is a* **shining** *~, (fig.)* die. is 'n sieraad *(of* 'n ligtende ster); *s.o. is no* **shining** *~* iem. is geen lig *(of* groot gees) nie; **stand** *in s.o.'s ~* in iem. se lig staan; iem. se kanse bederf; **stand** *in one's own ~, (fig.)* in jou eie lig staan; *you're* **standing** *in my ~, (ook)* groot lantern, weinig lig; **strike** *a ~* lig maak, 'n vuurhoutjie trek; **switch** *a ~* **on/off** 'n lig aanskakel/aansit/afskakel/afsit; **transmit** *~* lig deurlaat. **light** *adj.* lig; ligkleurig; helder; lig *(nie donker nie).* **light** *lit lit; lighted lighted, ww.* verlig; voorlig; opsteek, aansteek; aan die brand steek; aan die brand raak/slaan, begin brand, vlam/vuur vat; →LIGTHEN¹, LIGHTER¹ *n.,* LIGHTING, LIT; *~ up* 'n sigaret/ens. aansteek/opsteek; *~ s.t. up* iets verlig; iets aansteek/opsteek *('n pyp/sigaret); s.t. ~s up, (iem. se gesig)* iets verhelder *(of* helder op); daar kom glans in iets *(iem. se oë); ('n lamp ens.)* iets gaan aan *(of* vat vlam). *~* **beacon** ligbaken. *~* **blue** ligblou, lig(te) blou. *~* **bulb** gloeilamp(ie). *~* **buoy** ligboei. *~* **colour** ligte kleur. *~-***coloured** liggekleur(d). *~-***emitting diode** *(elektron., afk.:* LED*)* lig(emissie)diode. *~* **fitting** ligtoebehoorsel; *(i.d. mv.)* ligtoebehore. *~* **flash** ligflits, =flikkering. *~* **grey** liggrys, lig(te) grys; witskimmel *(perd).* *~-***house,** *~* **tower** vuur=, ligtoring. *~-***house keeper** vuurtoring=, ligwagter. *~* **meter** ligmeter. *~* **pen** *(rek.)* ligpen. *~* **pollution** ligbesoedeling. *~-***proof** ligdig. *~-***sabre** *(wet.fiksie)* ligswaard. *~-***sensitive** lig= gevoelig. *~-***ship** ligskip. *~* **show** ligvertoning. *~* **table** *(fot. ens.)* ligtafel. *~* **unit** ligeenheid. *~* **wave** liggolf. *~* **well** lig= skag. *~* **year** ligjaar; *be ~s (removed) from s.t., (fig.)* ligjare (ver/vêr) van iets verwyder(d) wees.

**light²** *adj.* lig, nie swaar nie; lig *(musiek, leesstof, wyn, werk, ens.);* bros; los; ligsinnig; vlug, vinnig; onstandvastig; → LIGHTEN², LIGHTER², LIGHTLY, LIGHTNESS; *a ~* **blow** 'n ligte/ sagte houtjie; *(as) ~ as a* **feather** so lig soos 'n veer(tjie), veerlig; **make** *~ of s.t.* iets as onbelangrik afmaak; iets lig opneem, niks *(of* geen ophef) van iets maak nie; *be* **no** *~* **matter** geen kleinigheid wees nie; *be ~* **on petrol,** *('n voertuig)* min petrol gebruik; *~* **sleep** ligte slaap; *be a ~* **sleeper** baie lig slaap; *~* **step** ligte/sagte stap/tred; *a ~* **touch** 'n ligte/ sagte aanraking; *~* **tread** lugtige tred. **light** *adv.* lig; *travel ~* met min bagasie reis. *~* **aircraft** ligte vliegtuig. *~-***armed** lig gewapen(d). *~* **artillery** ligte geskut/artillerie. *~(-)***bodied) wine** ligte wyn. *~* **breeze** *(met.)* sagte wind(jie), ligte bries. *~* **bridge** ligte brug; voet=, loopbrug. *~* **cavalry** *(hist.)* ligte ruitery/kavallerie. *~* **current** swakstroom. *~* **engine** los lokomotief. *~-***fingered** met rats(e) vingerbewegings, vin= gervlugtig *(pianis ens.); (fig.)* langvingerig, met lang vingers, diefagtig, stelerig. *~* **fingers** *n. (mv.), (fig.)* lang vingers. *~-***footed** rats, ligvoet(ig). *~-***handed** sag/lig van hand; taktvol. *~-***headed** ligsinnig; lig in die kop; yl=, lighoofdig. *~-***headedness** ligsinnigheid; yl=, lighoofdigheid. *~-***hearted** onbesorg, opgewek, opgeruimd, vrolik, onbekommerd; lig=, lughartig. *~-***heartedness** onbesorgdheid, opgewektheid, lig=, lughartigheid. *~-***heavyweight** *(boks)* ligswaargewig(af= deling); ligswaargewig(bokser). *~* **industry** ligte nywerheid. *~* **middleweight** *(boks)* ligmiddelgewig. *~* **opera** operette. *~* **railway** smalspoor. *~* **rain** *(met.)* sagte reën. *~* **reading** ontspanningslektuur, ligte leesstof. *~-***weight** *n., (boks)* lig=

gewig; *(infml.)* nul, onbeduidende persoon; *s.o. is a ~, (ook)* iem. beteken maar min. *~***weight** *adj. (attr.): ~* **concrete** ligte beton; *~* **fabric** dun stof. *~* **welterweight** *(boks)* ligwel= tergewig. *~* **wire** dun draad.

**light³** *lit lit; lighted lighted, ww.* neerkom; beland, te lande kom; →ALIGHT¹ *ww..*

**light·en¹** verlig, verhelder, helderder/ligter maak; weerlig, blits.

**light·en²** ligter maak; ligter word; verlig; opbeur; *~ up!, (Am.)* (ag,) kommaan, moenie so morbied wees nie!, kom/toe nou, dit kan nie so erg wees nie!.

**light·er¹** *n.* opsteker, aansteker.

**light·er²** *adj.: in ~* **moments** in minder ernstige oomblikke, in oomblikke van ontspanning; *the ~* **side** die sonnige sy; *on the ~* **side** in ligte luim. *~-***than-air** *adj. (attr.)* ligter as lug; *~* **aircraft/dirigible** lugskip, aërostaat.

**light·er³** *n.* ligter(skip).

**light·ie, light·y, laait·ie, lait·ie** *n., (SA, infml., soms neerh.: jong seun)* la(a)itie.

**light·ing** *(die)* aansteek/opsteek; verligting; *(teat.)* beligting. *~* **installation** liginstallasie; liginstallering. *~* **intensity** lig= intensiteit.

**light·less** donker, ligloos, onverlig.

**light·ly** lig, ligtelik, liggies, ligweg; saggies; dunnetjies; maklik; ligsinnig, ligvaardig; *~* **come** *~* **go** erfgeld is swerfgeld; so gewonne so geronne; **punish** *s.o. ~* iem. sag straf; *s.t.* **sits** *~ (up)on s.o.* iem. maak geen vertoon van iets nie; **sleep** *~* liggies slaap; **take** *s.t. ~* iets lig opneem/opvat.

**light·ness** ligtheid, gemaklikheid; ligsinnigheid, ligvaardig= heid.

**light·ning** weerlig; weerlig=, bliksemstraal, blits; *a flash of ~* weerlig=, bliksemstraal, blits; *be* **killed** *by (a stroke of) ~* deur (die) weerlig *(of* deur 'n weerlig=/bliksemstraal) dood= geslaan word; *like greased* (or *a streak of) ~, (infml.)* soos ('n vetgesmeerde) blits, blitsig, blitsvinnig, =snel; *be* **struck** *by ~* deur (die) weerlig getref word. *~* **conductor,** *(hoofs. Am.)* *~* **rod** weerlig=, blitsafleier. *~* **discharge** stuwings= ontlading. *~* **flash** weerlig=, bliksemstraal, blits. *~* **protec= tion** stuwingsbeveiliging. *~* **speed:** *with ~* *~* soos ('n vet= gesmeerde) blits, blitsig, blitsvinnig, =snel. *~* **storm** elek= triese storm, weerligstorm. *~* **strike** skielike staking. *~* **stroke** weerlig=, bliksemslag.

**light·y** →LIGHTIE.

**lig·ne·ous** houtagtig, hout=.

**lig·ni·form** houtvormig.

**lig·ni·fy** *(bot.)* verhout, tot hout word/maak; *lignified substance* verhoute stof. **lig·ni·fi·ca·tion** houtvorming, verhouting.

**lig·nin** *(bot.)* houtstof, lignien.

**lig·nite** *(min.)* bruinkool, ligniet.

**lik·a·ble** →LIKEABLE.

**like¹** *n.* gelyke, weerga; iets soortgelyks; *and the ~* en so meer, ensovoort(s); *~* **attracts** (or **draws** *to) ~* soort soek soort; *did you ever hear/see the ~?* het jy al ooit so iets/wat gehoor/gesien?; *we'll* **never** *see his/her ~ again* sy/haar gelyke sal jy nie weer kry nie, daar is maar een soos hy/sy; *the ~s of him/her, (infml.)* mense soos hy/sy, sy/haar soort; *or the ~* of so iets, of iets dergeliks; **render** *~ for ~* gelyk met gelyk vergeld. **like** *adj., adv., prep. & voegw.* soos, nes; so; gelyk; eenders, dieselfde, dergelik(s); *as ~ as* **chalk** *and cheese, (infml.)* heeltemal verskillend; *feel ~ doing s.t.* lus hê om iets te doen; *not feel ~ it* geen lus hê daarvoor nie, nie daarna voel nie; *~ in ..., (infml.)* soos in ...; *that's* **just** *~ him/her* dis nes hy/sy is, ('n) mens kan dit van hom/haar verwag; dis nou van hom/haar; *it* **looks** *~ this* dit lyk so; *that's* **more** *~ it, (infml.)* dis beter; *so, (infml.)* só; *someone ~ him/ her* iem. soos hy/sy; **something** *~ a hundred/etc.* sowat *(of* [so] ongeveer) honderd/ens.; *do not* **talk** *~ that* moenie so praat nie; ~ *this* só, op dié manier; *it's ~ this* die ding is so; *what is he/she ~?* hoe *(of* watse mens) is hy/sy?; *what's it ~?* hoe vind jy dit?; hoe lyk dit?. ~ **fractions** gelyknamige breuke. ~-**minded** eendersdenkend, geesverwant, een van sin; ~ *person* geesgenoot. ~-**mindedness** eensgesindheid. ~ **poles** gelyknamige pole. ~-**sided** gelykbenig. ~ **terms** *(wisk.)* gelyksoortige terme.

**like²** *n.* voorkeur; voorliefde; *s.o.'s* ~s *and dislikes* iem. se voor-en afkeure, iem. se sin en teen-/teësin. **like** *ww.* hou van; wil, verkies; graag wil (hê/sien/ens.), lus *(of* 'n voorliefde) hê vir; sin hê in; *what I ~ about s.o.* wat my by/in iem. trek; *do anything one ~s* doen net wat jy wil; *(just) as you ~ nes* jy wil/verkies; ~ *s.o. best/least* die meeste/minste van iem. hou; *not ~ it one (little) bit* (net) niks daarvan hou nie; *get/ grow to* ~ ... van ... begin hou; *how do you* ~ *it?* hoe vind jy dit?, wat dink jy daarvan?; hoe smaak dit?; hoe drink jy dit? *('n drankie);* hoe gaar moet dit vir jou wees? *('n vleisgereg);* hoe verkies jy dit? *(kos, drank); if you ~* as jy wil *(of* lus het/ is/voel); ~ *it, (ook)* lekker kry; *not ~ s.o.* nie van iem. hou nie, iem. staan jou nie aan nie; *not ~ s.t.* nie van iets hou nie, iets geval jou nie; ~ *it or not, (infml.)* of iem. nou daarvan hou of nie; *quite ~ s.o.* nogal van iem. hou; *I ~ that!* dis 'n mooi grap!; *how do you ~ that!* wat sê jy daarvan!; ~ *to swim/etc.* van swem/ens. hou, graag swem/ens.; *well ~d* ge-wild; *whenever you* ~ net wanneer jy wil; *s.o. would* ~ *a* ... iem. wil graag 'n ... hê; *s.o. would* ~ *to know/etc.* iem. sou (graag) wil weet/ens.; *would you* ~ *a* ...?, *(ook)* hoe lyk dit met 'n ...? *(koppie koffie ens.); I wouldn't ~ to comment on that* ek wil my liewer nie daaroor uitlaat nie.

-**like** *suff. (vorm adj.)* -lik, -agtig; *child~* kinderlik; *god~* god-delik.

**like·a·ble, lik·a·ble** beminlik, innemend, gaaf, aangenaam; aantreklik.

**like·ly** *adj. & adv.* waarskynlik, vermoedelik; geskik; gepaste, waarskynlike *(kandidaat);* aanneemlik; (veel)belowend, knap; *in all* ~ *and unlikely places* op alle moontlike en onmoontlike plekke; *as* ~ *as not* bes/heel moontlik; *most/very* ~ heel/ hoogs waarskynlik, bes/heel moontlik; *not* ~!, *(infml.)* beslis nie!; *it is not* ~ *s.o. will come, s.o. is* **not** ~ *to come* iem. sal waarskynlik nie kom nie; *it is* ~ *to* ... dit sal waarskynlik ... like·li·hood waarskynlikheid; *in all* ~ hoogs/heel waar-skynlik, na alle waarskynlikheid; *is there any* ~ *of it happen-ing?* sal dit dalk gebeur?; *the* ~ *is small* die kans is gering; *what is the* ~ *of it happening?* hoe waarskynlik is dit dat dit sal gebeur?.

**lik·en** vergelyk; ~ *s.t. to* ... iets met ... vergelyk.

**like·ness** gelykenis; ooreenkoms; gedaante, gestalte; vorm; ewebeeld; portret, beeltenis; *bear a* ~ *to* ... op/na ... lyk; *a striking/uncanny* ~ 'n opvallende/ongelooflike ooreenkoms; *take on the* ~ *of* ... die gedaante van 'n ... aanneem.

**like·wise** op dieselfde manier, net so; ook, eweneens, ins-gelyks, desgelyks; *do* ~ dieselfde doen, ook so maak.

**lik·ing** sin, lus, smaak, voorkeur, voorliefde; genoeë; sinnig-heid; behae; *s.o.'s* ~ *for s.t.* iem. se lus/smaak vir iets; *have a* ~ *for s.t.* sin(nigheid) in iets hê; van iets hou; *s.t. is not to s.o.'s* ~ iets is nie na iem. se sin nie, iets geval iem. nie; *take a* ~ *to s.o.* tot iem. aangetrokke voel, baie van iem. begin hou; *s.t. is to s.o.'s* ~ iets is na iem. se sin/smaak.

**li·lac** *n., (bot.)* seringstruik; seringblom, -bloeisel. **li·lac** *adj.* lila, ligpers.

**lil·i·a·ceous** *(bot.)* lelieagtig.

**Lille** *(geog.)* Rys(s)el.

**Lil·li·pu·tian** *n.* lilliputter; dwergie. **Lil·li·pu·tian** *adj.* lilliputterig; dwergagtig.

**li·lo** -*los, n.* lug-, opblaasmatras.

**lilt** *n.* sangerige aksent/uitspraak; *(mus.)* sangerige ritme/ toon/toonkwaliteit. **lilt** *ww.* sangerig praat; 'n deuntjie/lied-jie sing. **lilt·ing** *adj.* sangerig *(aksent);* vrolik, opgewek *(deun-tjie)..* **lilt·ing·ly** *adv.* sangerig; vrolik.

**lil·y** -*ies, n.* lelie; ~ *of the valley* dallelie, lelie(tjie)-van-(die-)-dale, meiklokkie. **lil·y** *adj.* lelieagtig, leliewit, lelieblank. ~-**livered** lafhartig. ~ *pad (Am.)* waterlelie-, plompblaar. ~-**white** *adj.* leliewit *(sportspan ens.); (fig., infml.)* lelieblank, on-skuldig.

**Li·ma** *(geog.)* Lima. **l~ bean** limaboon(tjie); goewerneurs-boon(tjie), hereboon(tjie).

**limb¹** lid, ledemaat; been; arm; tak; *(bot.)* uitloper; (boom)tak; *(i.d. mv. ook)* ledemate; *be out on a* ~, *(infml.)* op jouself aangewese wees; in 'n netelige posisie wees; *tear* ... ~ *from* ~ ... uitmekaarskeur *(of* uitmekaar skeur). -**limbed** *komb. vorm* met ... ledemate; *long-*~ met lang ledemate *(of arms en bene).* **limb·less** sonder ledemate.

**limb²** limbus, verdeelde skaal *(v. 'n wet. instr.); (astron.)* rand.

**lim·ber** *adj.* buigsaam, lenig, rats. **lim·ber** *ww.* buigsaam maak; ~ *up* litte losmaak.

**lim·bo¹** onsekerheid; vergetelheid; *be in* ~ in die lug hang, onseker wees; hangend(e) wees; jou in niemandsland be-vind, in die middel van die wêreld wees; vergete wees.

**lim·bo²** -*bos: the* ~, *(W.Ind. dans)* die limbo.

**Lim·burg** *(geog.)* Limburg; *(of)* ~ Limburgs. **Lim·burg·er** *(inwoner)* Limburger; *(ook:* Limburg cheese) Limburgse kaas, limburgkaas.

**lime¹** *n.* kalk. **lime** *ww.* kalk; kalk gooi/strooi op; in kalkwater week/laat lê; met kalk behandel; met kalk bemes. ~**kiln** kalkoond, -brandery. ~**light** *(lett.)* kalklig; *(fig.)* kollig; *be in the* ~, *(fig.)* op die voorgrond wees, die aandag trek; *steal the* ~ al die aandag trek, jou op die voorgrond dring. ~**stone** kalksteen, -klip. ~**wash** n. witsel, witkalk, muurkalk. ~**wash** *ww.* (af)wit. ~**water** *(chem.)* kalkwater.

**lime²** *n., (bot.)* lemmetjie. ~ **green** *n.* lemmetjiegroen. ~-**green** *adj.* lemmetjiegroen.

**lime·ade** sitroenlimonade.

**lim·er·ick** limeriek, limerick.

**lim·ey** -*eys, (sl., hoofs. neerh., ook L~)* Rooinek, Soutie.

**lim·it** *n.* grens; perk; toppunt, limiet; drumpel-, drempel-, grenswaarde; *go beyond the* ~s jou te buite gaan; *there is a* ~ (or *are* ~s) *to everything* alles het sy perke/grense; *go the* ~ tot die uiterste gaan; *off* ~s verbode (gebied/terrein); *drive over the* ~ te vinnig ry, die snelheidsperk oorskry/oortree; *push s.o. to the* ~ iem. tot die uiterste (aan)dryf/(aan)drywe; *push o.s. to the* ~ jou tot die uiterste inspan; *put/set a* ~ *on s.t.* iets beperk, 'n beperking op iets plaas/stel; *set* ~s *to s.t.* perke *(of* paal en perk) aan iets stel, beperkings op iets plaas/stel; *that/this is the* ~, *(infml.)* dit is die toppunt, nou word dit te erg; *s.o. is the* ~, *(infml.)* iem. is onmoontlik/ onuitstaanbaar; *to the* ~ tot die uiterste; *the utmost* ~s die uiterste grense; *within certain* ~s binne sekere/bepaalde grense/perke. **lim·it** *ww.* beperk, begrens, inperk; bepaal, vasstel; afperk; ~ *s.o.s/s.t. to* ... iem./iets tot ... beperk.

**lim·it·a·ble** beperkbaar, begrensbaar.

**lim·i·ta·tion** beperking, begrensing, inperking; bepaling; af-perking; *know one's (own)* ~s jou (eie) beperkinge/-kings ken.

**lim·i·ta·tive** beperkend.

**lim·it·ed** *adj.* beperk; *(in 'n maatskappynaam, L~, afk.:* Ltd) Beperk *(afk.:* Bpk.); ~ *(liability) company* maatskappy met beperkte aanspreeklikheid; ~ *edition, (druk.)* beperkte op-laag; *be* ~ *to* ... tot ... beperk wees.

**lim·it·less** onbegrens, grens(e)loos, onbeperk.

**lim·nol·o·gy** meerkunde, limnologie, soetwater-, varswa-terbiologie.

**lim·o** -*os, (Am., infml.)* = LIMOUSINE.

**lim·ou·sine, lim·ou·sine** *(<Fr.)* limousine, *(infml.)* lang, slap kar/motor.

**limp¹** *n.* mankheid; *have a* ~ mank loop, hink. **limp** *ww.* mank/kreupel/kruppel loop, mank wees, hink; *(fig.)* mank gaan; ~ *back, (fig.)* terugsukkel.

**limp²** *adj.* slap, pap; buigsaam; hangerig. ~-**wristed** *adj.* polsflappend, slappols=, met flappende/slap polse *(pred.).*

**lim·pet** klipmossel; *stick like a* ~ soos klitsgras kleef/(vas)klou. ~ **mine** kleefmyn.

**lim·pid** (glas/kristal)helder, suiwer; onbesoedel(d); deur= sigtig, deurskynend. **lim·pid·i·ty** helderheid; deursigtigheid.

**limp·ly** slap, pap; ... *s.o. said* ~ ... het iem. floutjies gesê.

**Lim·po·po** *(geog., SA)* Limpopo.

**lim·y** kalkagtig, kalkhoudend, kalk=; lymerig; lym=.

**lin·age** aantal reëls; betaling volgens aantal reëls.

**linch·pin, lynch·pin** luns(pen), steker; *the ~ of ...*, *(fig.)* die spil waarom ... draai.

**linc·tus** hoesstroop.

**lin·den** *(bot.)* linde. ~ **tree** lindeboom.

**line¹** *n., (geom., kuns)* lyn; streep; tou, lyn; draad; baan; gelid, ry *(mense)*; groef, lyn *(i.d. gesig)*; trek *(om d. mond)*; *(druk.)* reël; strafreël; briefie, reëltjie; reeks; (skeepvaart)lyn; *(mil.)* linie; afstamming, lyn, linie; soort; ewenaar, linie; gedragslyn; koers; standpunt; vak, besigheid; *above/below the* ~, *(fin., boekh., ens.)* bo/onder die lyn; *all along the* ~ op alle punte; *(mil.)* langs/oor die hele linie; *along/on these* ~ soos hier aangedui, volgens hierdie beginsels; *along/on the* ~*s of ...* min of meer soos ...; *read between the* ~*s, (fig.)* tussen die reëls lees; *s.o.'s bottom* ~ die minste wat iem. sal aanvaar; *bring s.o. into* ~ iem. tot orde roep *(of* samewerking dwing); *bring s.t. into* ~ *with ...* iets met ... in ooreenstemming bring; *the broad* ~*s of a policy* die hoofsake/hooftrekke van 'n beleid; *in the* ~ *of business* in die loop van sake, op sake= gebied; *come/fall/get into* ~ *with s.t.* met iets saamgaan; met iets saamstem; jou by iets neerlê; ~ *of communication* verbindingsweg, =lyn; *(mil.)* verbindingslinie; ~ *of credit* krediet; *cross the* ~ oortree, oor die tou trap; oor die ewe= naar gaan; *(rugby)* oor die doellyn gaan; ~ *of descent* ge= slagslyn; *down the* ~ langs/met die lyn af; *draw a* ~, *(lett.)* 'n lyn/streep trek; *(fig.)* 'n grens stel; *this is where I draw the* ~ tot hier toe en nie verder/vêrder nie; *one must draw the* ~ *somewhere* êrens moet die grens getrek word; *drop s.o. a* ~ vir iem. 'n briefie skryf/skrywe; *reach* (of *come to) the end of the* ~ nie kan voortgaan nie; ~ *of fire* skootslyn; *take a firm* ~ ferm/kragtig/streng optree; ~ *of force* kraglyn; *the general* ~ die algemene beleid/rigting; *come of a good* ~ van goeie afkoms wees; *s.t. hangs on a* ~, *(wasgoed ens.)* iets hang aan 'n lyn; *hard* ~*s!, (infml.)* jammer!, simpatie!; *it's hard* ~*s on s.o., (infml.)* dis hard/ongelukkig vir iem.; *take a hard* ~ ontoegewend optree; onversoenlik wees; *hold the* ~, *(telef.)* aanbly, wag; *in (a)* ~ in een lyn; *be in s.o.'s* ~ binne iem. se gebied/terrein val/wees, in iem. se kraal wees; *s.o. is in* ~ *for s.t.* iem. kom vir iets in aanmerking, iem. het 'n kans op iets; *in* ~ *with ...* in ooreenstemming met ...; oor= eenkomstig ...; *be in* ~ *with ...* met ... ooreenkom/strook; *keep s.o. in* ~ iem. in die pas hou; *keep to one's own* ~ jou eie koers volg; *lay s.t. on the* ~, *(infml.)* iets waag *(of* in gevaar stel); *lay/put it on the* ~ *to s.o., (infml.)* padlangs/reguit met iem. praat; *a new* ~ 'n nuwe soort artikel *(in 'n winkel)*; 'n nuwe rigting; *be off* ~, *(rek.)* ongekoppel(d) wees, nie (aan die sentrale verwerkingseenheid) gekoppel(d) wees nie; *be on* ~, *(rek.)* gekoppel(d) wees; *on the* ~, *(lett.)* op die lyn; aan die lyn; *(lett.)* op die spoor(lyn); aan die spoor(lyn); *(telef.)* verbind; *(fig.)* in gevaar; *s.o. is on the* ~ *for ...* iem. wil oor die telefoon met ... praat; *out of* ~ uit die lyn (uit); skeef; *be out of* ~ voorbarig wees; onvanpas optree; *by rule and* ~ haarfyn, presies; *s.t. has been done on the same* ~*s* iets is op dieselfde lees geskoei; ~ *of sight* siglyn, gesigslyn; riglyn; visierlyn; *stand in* ~ op/in 'n ry staan; toustaan; *step out of* ~ onvanpas optree; *take a strong* ~ beslis/kragtig optree; 'n sterk standpunt inneem; *take a* ~ 'n gedragslyn/rigting inslaan/volg, 'n standpunt inneem; ~ *of vision* ooglyn, siglyn, gesigslyn; *white/yellow* ~ wit/geel streep. **line** *ww.*

lyne/strepe trek, linieer, streep; groef, rimpel; beset, afset; (in rye) staan langs; in gelid staan; in gelid stel; ~ *s.t. in* iets omlyn; ~ *s.t. off* iets (met 'n streep) afskei; ~ *s.t. out* iets skets/uitstippel; ~ *s.t. through* iets deurhaal, 'n streep deur iets trek; ~ *up* aantree, in gelid/rye gaan staan; ~ *up behind ...*, *(ook, infml.)* jou agter ... skaar, ... steun; ~ *people up* mense in rye laat staan; ~ *s.t. up* iets in lyn bring; iets rangskik/opstel; iets reël; *be* ~*d up*, *(ook)* op 'n lys staan, in aanmerking kom; *have s.t.* ~*d up* iets gereël hê. ~ **dancing** lyn=, skuur=, cowboydans. ~ **drawing** lyntekening. ~**feed** *(rek.)* reëlaanskuiwing. ~**fish** *(SA)* lynvis; bankvis. ~ **function** (bestuurswese) lynfunksie, gesagsfunksie. ~ **manager** *(han.)* lynbestuurder. ~**out** *n., (rugby)* lynstaan. ~**tapping** afluis= ter(der)y. ~**up** *n.* lys; span; groep; program; ry; reeks, op= eenvolging; opstelling, groepering.

**line²** *ww.* (uit)voer, die/'n voering insit; *(infml.)* vul, volprop *(sak ens.)*; *(infml.)* spek *(beurs)*; ~ *s.t. with ...* iets met ... uitvoer *('n laai met papier ens.)*; iets met ... voer *('n kledingstuk met sy ens.)*.

**line·age** afkoms, geslag, stamboom; afstammelinge, nako= melinge; *(antr.)* linie.

**lin·e·al** direk, regstreeks, lynreg; lineêr, lineaal; lyn=; maat=; ~ *descendant* regstreekse afstammeling.

**lin·e·ar** lengte=; lineêr, lyn=; *(bot.)* lynvormig. ~ **accelerator** *(fis.)* lineêre versneller. ~ **drawing** reglynige tekening; *do* ~ reglynig teken. ~ **equation** *(wisk.)* eerstemagsvergelyking. ~ **measure** lengtemaat. ~ **motor** *(elek.)* lineêre motor. ~ **programming** *(wisk., ekon.)* lineêre programmering.

**lin·e·ar·i·ty** lineariteit.

**lin·e·a·tion** liniëring.

**lined** *adj.*: *a* ~ *face*, (deur ouderdom) 'n gesig vol plooie; *(deur kommer ens.)* 'n gegroefde gesig; *a face* ~ *with worry* 'n gesig vol kommerplooie; ~ *paper* lyntjiespapier, gelinieerde papier.

**lin·en** linne; linnegoed; lynwaad; *wash one's dirty* ~ *in public* private onenigheid oopgooi, huishoudelike sake uitbasuin. ~ **fold** plooipatroon, *(infml.)* linneplooi. ~ **goods** linne(goed), linneware.

**lin·er¹** oseaanboot, lynskip, =boot; *(infml.)* oogomlyner.

**lin·er²** voering; voeringstuk; bekleding; vulstuk; glystuk.

**lines·man** =men, *(sport)* grensregter, vlagman; *(tennis)* lyn= regter.

**ling¹** *(igt.)* leng.

**ling²** *(bot.)* struikheide.

**lin·ger** draal, draai, talm, vertoef; weifel, aarsel; kwyn, suk= kel; ~ *away one's time* die/jou tyd verbeusel; ~ *on, (herin= nering)* voortleef; *(pyn ens.)* voortduur; *(oorlog ens.)* voort= sleep; ~ *on a subject/etc.* lank by 'n onderwerp/ens. stilstaan; ~ *over a meal* lank aan tafel sit, tydsaam sit en eet; ~ *round* ronddraai, ronddrentel. **lin·ger·er** draler, talmer, drentel= kous, draaikous. **lin·ger·ing** *n.* draaiery; kwyning; (die) aan= hou. **lin·ger·ing** *adj.* draaierig, dralerig; kwynend, sukke= lend; ~ *death* stadige dood; ~ *disease* slepende/langdurige siekte.

**lin·ge·rie** (vroue)onderklere, (fyn) onderkleding, *(infml.)* on= dergoed.

**lin·go** =goes, *(infml., dikw. skerts)* vreemde taal; jargon, koe= terwaals, bargoens.

**lin·gua fran·ca** verkeerstaal, lingua franca.

**lin·gual** *adj., (anat.)* tong=; taal=.

**lin·gui·ne, lin·gui·ni** *(It. kookk.)* linguini.

**lin·guist** taalkundige, taalkenner, linguis, taalgeleerde; tale= kenner; *be a good* ~ 'n talekenner *(of* verskillende tale mag= tig) wees; taalkundig aangelê wees. **lin·guis·tic** *adj.* taalkun= dig, taalwetenskaplik; taal=, linguisties; ~ *feeling* taalgevoel; ~ *theory* taalteorie. **lin·guis·ti·cal·ly** linguisties, taalkundig, op taalgebied. **lin·guis·tics** *n. (fungeer as ekv.)* taalkunde, =wetenskap, linguistiek.

**lin·i·ment** smeergoed, smeermiddel, smeersel, vloeibare salf, liniment.

**lin·ing** voering; bekleding, bekleedsel; belegstuk.

**link** *n.* skakel; verband *(met);* koppeling *(met, aan); (chem.)* binding; *(telef.)* verbinding; mansjetknoop; spooraansluiting; koppelstang; skakelman; *forge* ~s, *(fig.)* bande smee; *the missing* ~ die ontbrekende skakel. **link** *ww.* koppel, verbind, saamvoeg, snoer, (aaneen/aanmekaar)skakel, koppel, aaneensluit; aansluit; in verband bring; ~ *arms,* ~ *one's arm in/through s.o.'s* by iem. inhaak; *with arms* ~*ed* ingehaak; ~ *on to* ... (jou) aansluit by ... *('n standpunt ens.); they are* **romantically** ~*ed* hulle het glo 'n romantiese verhouding; ~ *s.t. to s.t. else* iets aan iets anders aanhaak; *be* ~*ed to* ... met ... verbind wees; ~ ... *together* ... verbind/skakel/saamvoeg/ snoer/aaneensluit; *people* ~ *up* mense kom saam; *things* ~ *up* dinge hang saam; ~ *up with* ... by ... aansluit; met ... saamhang; by ... aanknoop; ~ *s.o. with* ... iem. met ... in verband bring, iem. aan ... koppel. ~ **chain** skakelketting. ~**up** verbinding, aansluiting. ~ **verb** skakelwerkwoord.

**link·age** verbinding, skakeling; *(chem.)* binding.

**links** *n.* *(ekv. of mv.)* gholfbaan *(a.d. see).*

**li·no** *-nos* →LINOLEUM. ~**cut** linosnee.

**lin·o·le·ic ac·id** *(chem.)* lynoliesuur, linoleïensuur.

**li·no·le·um** linoleum. ~**block print** linoleumdruk. ~ **cut** linoleumsnee. **li·no·le·umed** linoleum-, met linoleum bedek.

**lin·seed** lynsaad. ~ **cake** lynkoek. ~ **oil** lynolie.

**lint** pluksel; pluis; verbandlinne.

**lin·tel** *(bouk.)* latei, dorpel.

**lin·y** *(infml.)* vol lyne/strepe; streperig; gerimpel(d), geplooi(d).

**li·on** leeu; *(i.d. mv., L~, Br. rugbyspan)* Leeus; ~*'s den, (fig.)* leeukuil; *male* ~ leeumannetjie; *a pride of* ~*s* 'n trop leeus; *the* ~*'s share* die leeueaandeel; *the L~, (astron., astrol.)* die Leeu, Leo. ~ **cub,** ~ **whelp** klein leeutjie, (leeu)welp(ie). ~**hearted** dapper, heldhaftig, met leeuemoed. ~ **marmoset,** ~ **monkey** leeuapie.

**li·on·ess** leeuwyfie.

**li·on·ise,** -**ize** verafgo(o)d, ophemel, vier, huldig.

**li·on·like** soos 'n leeu, leeuagtig.

**lip** lip; rand *(v. 'n afgrond, krater, ens.);* tuit; *(sl.)* astrantheid; *bite one's* ~*(s)* op jou lip(pe) byt; *button your* ~*!, (infml.)* bly stil!; *curl one's* ~*s* jou lippe optrek; *hang (up)on s.o.'s* ~*s* se lippe hang, iem. se woorde indrink; *hang one's (or make a)* ~ jou lip/kop laat hang, 'n lang gesig trek; *lick/smack one's* ~*s* jou lippe (vir iets) aflek; *none of your* ~*!, (infml.)* moenie jou astrant/parmantig hou nie!; *s.o. didn't open his/her* ~*s* iem. het nie sy/haar mond oopgemaak nie; *have s.t. from s.o.'s own* ~*s* iets uit iem. se eie mond hê; *nothing has passed s.o.'s* ~*s* iem. het nog niks oor sy/haar lippe gehad nie; *read* ~*s* lippe lees; *read my* ~*s* luister (nou) mooi (na my); *screw up one's* ~*s* jou lippe saamtrek; *s.o.'s* ~*s are sealed* iem. mag niks sê nie; *smack one's* ~*s* →*lick/smack; smack one's* ~*s, (ook)* met jou lippe klap; *keep a stiff upper* ~ selfbeheersing toon, moed hou; *with a stiff upper* ~ met saamgeperste lippe, met selfbeheersing. ~~**deep** onopreg, vals, bolangs. ~ **gloss** lipglans. ~**liner** lipomlyner. ~**read** lippe lees. ~**reader** lipleser. ~~**reading** liplees, lipleesry. ~ **service** lippediens; *pay* ~ ~ *to* ... lippediens aan ... bewys. ~**stick** lipstif(fie). ~~**sync(h)** *n., (infml.: lipsinchronisasie)* lipsink.

**li·pase** *(biochem.)* lipase.

**lip·id(e)** *(biochem.)* lipied, vetstof.

**Lip·iz·zan·er, Lip·pi·zan·er** *(perderas)* Lipizzaner.

**lip·oid** *n.* lipoïed. **lip·oid, li·poi·dal** *adj.* lipoïed, vetagtig.

**lip·o·some** *(biochem.)* liposoom.

**lip·o·suc·tion** *(med.)* vetafsuiging.

**lipped** *adj.* lipvormig, gelip, lippig. -**lipped** *komb.vorm* met ... lippe, -lippig; *thin-*~ met (die) dun lippe, dunlippig; *tight-*~ met (styf) saamgeperste lippe, geslote, swygsaam.

**lip·py** *adj.* met hanglippe, hanglip-; *(infml.)* nie op die/jou mond/bek geval nie, bekkig; astrant, parmantig.

**li·quate** *(metal.)* uitsmelt.

**li·qua·tion** *(metal.)* uitsmelting, smeltskeiding. ~ **furnace** smeltoond.

**liq·ue·fy, liq·ui·fy** smelt; vloeibaar maak; vloeibaar word, vervloei. **liq·ue·fac·tion, liq·ui·fac·tion** smelting, vloeibaarmaking; vloeibaarwording, vervloeiing. **liq·ue·fi·a·ble, liq·ui·fi·a·ble** smeltbaar; vervloeibaar.

**li·queur** likeur. ~ **glass** likeurglas(ie).

**liq·uid** *n.* vloeistof; vog; *(fonet.)* vloeiende letter, likwied. **liq·uid** *adj.* vloeibaar; vloeiend; helder, deurskynend; onvas, veranderlik; waterig; *(fin.)* likied, maklik realiseerbaar; *(poët., liter.)* smeltend *(oë); (mus.)* volrond *(note).* ~**ambar** *(bot.)* amberboom, storaks(boom). ~ **asset** *(fin.)* likiede bate. ~ **capital** *(fin.)* vlottende kapitaal. ~ **crystal** vloeistofkristal. ~~**crystal display** *(elektron., rek., afk.:* LCD) vloei(stof)kristalvertoon. ~ **gas** vloeibare gas. ~ **measure** vogmaat; vloeistofmaat. ~ **paraffin** aptekersparaffien. ~ **refreshment** *(infml.)* dorslesser(tjie), keelnatmaker(tjie). ~ **soap** vloeiseep.

**liq·ui·date** likwideer *('n maatskappy);* ontbind *('n maatskappy, kartel);* afbetaal *('n rekening, lening, skuld);* afwikkel *('n daal- of stygbelang ens.);* te gelde *(of* tot geld) maak *('n bate, boedel);* opruim, realiseer *(voorraad);* afhandel *('n eis); (infml.)* vernietig, uitwis, (permanent) verwyder *(iem.).*

**liq·ui·da·tion** likwidasie, likwidering; ontbinding; vereffening, afbetaling; afwikkeling; tegeldemaking; opruiming, realisasie; afhandeling; *(infml.)* vernietiging, uitwissing; ~ *of debt* skulddelging; *in/under* ~ in likwidasie wees; *go into* ~ in likwidasie gaan, gelikwideer word. ~ **order** likwidasiebevel. ~ **sale** likwidasie-uitverkoping, sluitingsuitverkoping.

**liq·ui·da·tor** likwidateur.

**liq·uid·ise,** -**ize** vloeibaar maak. **liq·uid·is·er,** -**iz·er** versapper, versaptoestel.

**li·quid·i·ty** vloeibaarheid; *(fin.)* likiditeit; likiditeitspeil.

**liq·ui·fy** →LIQUEFY.

**liq·uor** *n.* (sterk) drank; vog; *abuse of* ~ drankmisbruik; *be under the influence of* ~ onder die invloed van drank wees; *be in* (or *the worse for)* ~, *(infml.)* beskonke/besope/dronk wees. **liq·uor** *ww.* in water week; natmaak; met vet/olie smeer *(tuie, leer).* ~ **store** drankwinkel.

**liq·uo·rice, (Am.) lic·o·rice** (swart)drop; *(bot.)* soethout. ~ **allsorts** *n. (mv.)* drop-, reënbooglekkers, -lekkergoed.

**li·ra** lire, liras, (Turkse en voorheen It. geldeenheid) lira.

**Lis·bon** *(geog.)* Lissabon.

**lisle (thread)** katoengaring, -gare.

**lisp** *n.* gelispel; tongstoot; gelisp; *speak with a* ~ met die tong stoot, met 'n tongstoot praat. **lisp** *ww.* lispel; sleeptong praat, met die tong stoot.

**lis·som(e)** soepel, buigsaam, lenig, slap; rats.

**list**[1] *n.* lys, rol; katalogus; ~ *of books* boek(e)lys; ~ *of charges* tarief-, tarieweskaal, -tabel, -lys; *compile/make* (or *draw up) a* ~ 'n lys maak/opstel; *s.t. is high on the* ~ iets geniet voorrang; *a* ~ *of names* 'n lys (van) name, 'n naamlys; *appear/be on a* ~ op 'n (naam)lys staan; *top the* ~, *be at the top of the* ~ boaan (of bo aan *of* eerste op) die lys staan. **list** *ww.* lys, 'n lys maak van; inskryf, skrywe, katalogiseer, inventariseer; opnoem; *(sekuriteitebeurs)* noteer. ~ **price** katalogusprys. ~ **system** *(pol.)* lysstelsel.

**list**[2] *n., (sk.)* oorhelling, slagsy. **list** *ww.* oorhel, oorhang, skuins hang; slagsy maak/hê/gee.

**list·ed** *(ook)* gelys, in 'n lys opgeneem; ~ *building,* *(Br.)* historiese gebou; ~ *hotel* aanbevole hotel; ~ *share* genoteerde aandeel.

**lis·ten** luister; toehoor; ~ *attentively/closely* aandagtig/

goed/mooi luister; ~ *for* ... na ... luister, op ... let; luister of jy ... kan hoor; ~ *to gossip* jou ore uitleen; ~ *in* inluister; ~ *in to a conversation* 'n gesprek afluister; na 'n gesprek luister; ~ *to* ..., *(lett. & fig.)* na ... luister; ... aanhoor *('n versoek)*; ... te woord staan *(iem.)*; ... verhoor *(iem. se gebed)*; ~ *to s.o., (ook)* iem. gehoorsaam; vir iem. luister; ~ *to s.t., (ook)* aan iets gehoor gee *(raad ens.)*; tot iets inwillig *(versoek)*; *just* ~ *to this!* luister ('n) bietjie hier!. **lis·ten·a·ble** *(infml.)* luisterbaar. **lis·ten·er** luisteraar; toehoorder.

**lis·ten·ing** (die) luister. ~ **device, ~ apparatus** (in)luistertoestel. ~**-in jack** *(telef.)* (mee)luister-, saamluisterklink. ~ **post** luisterpos.

**lis·te·ri·o·sis** *(patol.)* listerellose.

**list·less** lusteloos, dooierig, pap; lêerig, hangerig, loom, lomerig.

**lit** verlig; *be* ~ *up* verlig wees.

**lit·a·ny** *(Chr.)* litanie; *a* ~ *of woes, (infml.)* treurmare, gesanik, jeremiade.

**li·tchi, li·chee, ly·chee** lietsjie.

**lite** *adj., (infml., han.:* herspelling v. light) lae-alkohol- *(bier ens.)*; laevet- *(kos)*; lig *(kos, vermaak, ens.)*.

**lit·er·a·cy** →LITERATE.

**lit·er·al** letterlik; woordelik(s); droog, feitelik, prosaïes; ~ *pronunciation* letteruitspraak. **lit·er·al·ism** gebondenheid aan die letter, literalisme. **lit·er·al·ist** letterkneg, -sifter, literalis. **lit·er·al·ly** letterlik, na die letter; woordelik(s).

**lit·er·ar·y** letterkundig, literêr; geletterd; ~ *agent* outeurs-agent; ~ *art* woordkuns; ~ *criticism* literêre kritiek; ~ *history* literatuurgeskiedenis; ~ *magazine* letterkundige tydskrif; ~ *man/woman* letterkundige; ~ *talent* skryftalent, literêre aanleg.

**lit·er·ate** *n.* geletterde. **lit·er·ate** *adj.* geletterd; met kennis van lees en skryf/skrywe; gelettenheid. **lit·er·a·cy** lees-en-skryf-kennis; geletterdheid.

**lit·e·ra·ti** *n. (mv.)* geleerdes, gelettendes.

**lit·er·a·ture** letterkunde, literatuur, lettere; *in* ~ in die letterkunde.

**lithe** soepel, buigsaam, lenig, slap. **lithe·ness** soepelheid, buigsaamheid.

**lith·i·a·sis** *(patol.)* steenvorming, litiase, steensiekte.

**lith·i·um** *(chem., simb.:* Li) litium.

**lith·o** -*os, (infml., afk.)* →LITHOGRAPH, LITHOGRAPHY.

**lith·o·graph** *n.* steendruk(plaat), litografie. **lith·o·graph** *ww.* litografeer. **lith·o·graph·ic** steendruk-, litografies. **li·thog·ra·phy** steendruk(kuns), litografie.

**li·thol·o·gy** litologie, steenkunde. **lith·o·log·i·cal** litologies, steenkundig.

**lith·o·sphere** *(geol.)* litosfeer, (vaste) aardkors.

**li·thot·o·my** *(med.)* steensnyding; steensnee, litotomie.

**lit·i·gate** prosedeer, 'n saak maak/voer, litigeer. **lit·i·gant** *n.* prosedeerder, gedingvoerder, litigant. **lit·i·gant** *adj.* prosederend, proses-, gedingvoerend, litigerend. **lit·i·ga·tion** proses(voering), litigasie; (regs)geding. **li·ti·gious** pleit-, prosedeersiek. **li·ti·gious·ness** pleitsug.

**lit·mus** lakmoes. ~ **paper** lakmoespapier. ~ **test** *(chem. of fig.)* lakmoestoets.

**li·to·tes** litotes.

**li·tre, *(Am.)* li·ter** liter; *hundreds/thousands of* ~s honderde/duisende liters; *many* ~s baie liters; *a* ~ *of milk/etc.* 'n liter melk/ens.; *two* ~s *of milk/etc.* twee liter melk/ens..

**lit·ter** *n.* vullis, vuilgoed, rommel; stukkies en brokkies; oorskiet, afval; warboel, deurmekaarspul; werpsel, nes; stalmis; strooi; ruigte; kooigoed; *the place is in a* ~ die plek is deurmekaar/rommel(r)ig; *the cat is in* ~ die kat is dragtig; *a* ~ *of kittens/pigs/puppies* 'n werpsel katjies/varkies/hondjies; *a* ~ *of* ..., *(infml.)* 'n spul ...; *be strewn with* ~ met rommel

besaai(d)/bestrooi wees. **lit·ter** *ww.* rommel strooi; bemors *('n plek)*; omkrap, deurmekaar maak; hot en haar *(of* rond en bont) gooi; 'n warboel maak van; rondgestrooi lê; kleintjies kry; *be* ~*ed with* ... met ... besaai(d)/bestrooi wees; *a* ~*ed road* 'n bemorste pad. ~ **basket** snippermandjie. ~ **bin** as-, vullis-, vuilgoedblik. ~**bug** *(Am., SA)*, ~ **lout** *(Br.), (infml.)* rommelstrooier, morsjors.

**lit·té·ra·teur** *(Fr.)* literator, letterkundige.

**lit·ter·y** rommel(r)ig, deurmekaar.

**lit·tle** *bep. & pron.* min, weinig; *a* ~ 'n bietjie; *a* ~ *disappointed* effe(ns)/effentjies teleurgestel(d); *after a* ~ na 'n rukkie/tydjie; ~ *if anything*, ~ *or nothing* weinig of niks; *as* ~ *as a rand* selfs *(of* al is dit) net 'n rand; ~ *by* ~ langsamerhand, geleidelik, gaandeweg; bietjie(s)-bietjie(s), voetjie vir voetjie; *there is* ~ *s.o. can do about it* iem. kan nie veel daaraan doen nie; *for a* ~ 'n rukkie/tydjie; *just a* ~ (net) effe(ns)/effentjies; net 'n bietjie *(water ens.)*; *make a* ~ *go a long way* ver/vêr kom met min; *make* ~ *of s.t.* min van iets begryp; min belang aan iets heg; *not a* ~ taamlik (baie), nie min *(of* 'n bietjie) nie; *precious* ~, *(infml.)* bitter/bedroef min, bloedweinig; *a* ~ *at a time* bietjie(s)-bietjie(s); *(far) too* ~ (glad/veels) te min; *very* ~ baie min; *very* ~ *indeed* bitter/bedroef min; *wait a* ~ 'n bietjie wag; *wait a* ~*!* wag 'n bietjie!; *what* ~ *s.o. has/knows* die bietjie wat iem. het/weet. **lit·tle** *adj.* klein; weinig; gering; onaansienlik; kleinsielig; ~ *a/f/l* a'tjie, f'ie, l'etjie; *a* ~ *boy* 'n seuntjie; ~ *children* kindertjies; *a* ~ *girl* 'n dogtertjie/meisietjie; *no* ~ *feat, (infml.)* g'n onaansienlike prestasie nie; *a* ~ *one* 'n kleintjie/kleinding; *a* ~ *sugar* 'n bietjie suiker(tjies); *count ... of* ~ *value* min van ... dink; *a* ~ *way* 'n (klein) entjie; *when I was* ~ toe ek (nog) klein was. **lit·tle** *adv.* weinig; *a* ~ *less* 'n bietjie/rapsie/effe(ns)/effentjies minder, weinig minder; *like s.o.* ~ iem. staan jou nie aan nie; *(infml.)* nie ooghare vir iem. hê nie. ~ **finger** pinkie. ~**-known** weinig bekend, taamlik onbekend. ~ **man** (klein) mannetjie; gewone mens; *(Br.)* kleinskaalprodusent, -handelaar; *(neerh.)* ventjie. ~**-minded** bekrompe, kleinsielig. ~ **ones** kleintjies, kleingoed. ~ **people/folk:** *the* ~ die feëtjies/kabouters/elwe. ~ **toe** kleintoontjie. ~**-used** selde/weinig gebruik; ongebruiklik, weinig gebruiklik.

**lit·tle·ness** kleinheid, kleinte, geringheid; kleinsieligheid.

**lit·tler** *(infml.)* kleiner.

**Lit·tle Red Rid·ing-hood** Rooikappie.

**lit·tlest** *(infml.)* kleinste; *the* ~ *one* die kleinstetjie.

**lit·to·ral** *n.* kusstrook, -streek, -gebied, -land. **lit·to·ral** *adj.* kus-, van die kus(strook), langs die kus, litoraal; ~ *climate* kusklimaat.

**lit·ur·gy** liturgie. **li·tur·gi·cal** liturgies. **li·tur·gics** *n. (fungeer as ekv.)* liturgiek.

**liv·a·ble** →LIV(E)ABLE.

**live¹** *ww.* leef, lewe, bestaan; voortleef, -lewe; woon; →LIVEN, LIVER²; ~ *alone* (or *on one's own* or *by o.s.*) alleen *(of* op jou eentjie) woon; *man shall not* ~ *by bread alone, (AV), man does not* ~ *on bread alone, (NIV), (Matt. 4:4 ens.)* die mens sal van brood alleen nie lewe nie *(OAB)*, 'n mens leef nie net van brood nie *(NAB)*; ~ *by hunting/etc.* van die jag/ens. leef/lewe; ~ *dangerously* met gevaar leef/lewe; ~ *s.t. down* iets te bowe kom; ~ *for s.t.* vir iets leef/lewe; ~ *frugally* skraps/suinig leef/lewe; ~ *in* inwoon; ~ *in a flat/etc.* in 'n woonstel/ens. woon; *be* ~*d in* bewoon word; *look* ~*d in* lyk (as)of dit bewoon word; ~ *and learn* nooit te oud word om te leer nie, elke dag iets leer; deur ondervinding leer; ~ *a lie* veins, huigel; ~ *and let live* leef/lewe en laat leef/lewe; *as long as s.o.* ~s so lank iem. leef/lewe; ~ *off s.t.* ...; ~ *off s.o.* op iem. se koste leef/lewe; ~ *on* voortleef, -lewe, bly bestaan, aan die lewe bly; ~ *on air, (skerts.)* van die wind leef/lewe; ~ *on s.t.* van iets bestaan/leef/lewe *(brood, 'n pensioen, ens.)*; op (on)koste van iets leef/lewe *(d. staat ens.)*;

van die verdienste van iets leef/lewe *(beleggings ens.); ~ out* buite woon; ~ *out one's life* jou lewe uitleef; ~ *s.t. over again* iets herbeleef/herbelewe; ~ *on one's own →alone;* ~ *to see s.t.* iets beleef/belewe; ~ *through s.t.* iets deurmaak; ~ *to a great age* 'n hoë ouderdom bereik; ~ *to be a hundred/etc.* honderd/ens. jaar (oud) word, honderd/ens. haal/word; ~ *together* saamwoon; ~ *together (as man and wife)* saamleef, saamlewe; ~ *it up, (infml.)* dit uitkap; hoog leef/lewe; ~ *up to s.t.* ooreenkomstig/volgens *(of* in ooreenstemming met) iets leef/lewe *(beginsels ens.);* iets hoog hou *(of* eer aandoen) *(jou naam, reputasie);* iets nakom *(of* gestand doen) *('n belofte ens.);* ~ *well* 'n goeie lewe lei; in weelde leef/lewe; *where does s.o. ~?* waar woon iem.?; ~ *with s.o.* by iem. (in)woon; met iem. saamwoon; met iem. saamleef/saamlewe; ~ *with s.t.* iets verdra/verduur; *learn to ~ with s.t.* iets aanvaar, jou by iets neerlê, jou in iets berus; *s.o. will have to ~ with it* iem. sal daarmee moet saamleef/-lewe *(of* sal moet leer om daarmee saam te leef/lewe *of* sal hom/haar daarby moet neerlê). *~ in adj. (attr.):* ~ *lover/partner/etc.* saambly=, saamwoonmaat, =man, =vrou; ~ *maid* inslaaphuishulp, =bediende.

**live²** *adj.* lewend; lewendig; gloeiend *(kole); →LIVELY; a ~ broadcast* 'n regstreekse/direkte/lewende uitsending; ~ *colour* lewendige/helder kleur; ~ *entertainment* lewende vermaak, vermaak in lewende lywe; verhoogvermaak; ~ *issue* 'n aktuele/brandende vraagstuk; *a ~ performance/ show* 'n lewende optrede; *a real ~ movie star etc.* 'n egte filmster/ens., 'n filmster/ens. in lewende lywe; *a ~ record= ing* 'n lewende/direkte opname. ~ *ammunition* skerp/on= ontplofte ammunisie. ~ *axle (meg.)* draaias. ~ *bait* lewende aas. ~-*bearing adj., (soöl.)* lewendbarend, vivipaar. ~ *bomb* onontplofte bom; gewapende bom. ~ *centre (meg.)* draai= senter. ~ *lime* ongebluste kalk. ~ *load (passasiers, goedere, ens.)* mobiele/bewegende/veranderlike belasting. ~ *oak (Quercus virginiana)* immergroen/Amerikaanse eik. ~ *round* skerp patroon. ~ *steam* vars/oop stoom. ~*stock* lewende hawe, vee. ~ *weight* lewende gewig *(v. 'n slagdier).* ~ *wire* gelaaide draad, draad onder stroom/spanning; *(infml.)* deur= drywer, voorslag, vuurslag, woelwater, op en wakker *(of* lewendige entjie) mens, bondel energie.

**liv(e)·a·ble** bewoonbaar, geskik om in te woon; draaglik, die moeite werd, leefbaar; ~ *in, (infml.)* leefbaar, bewoonbaar, geskik om in te woon *(huis ens.);* ~ *with, (infml.), (iem.)* met wie jy maklik oor die weg kan kom; *(iets)* (ver)draaglik, duldbaar, nie te erg nie.

**lived-in** *adj.* gesellig, huislik, knus.

**live·li·hood** broodwinning, (lewens)bestaan, lewensonder= houd, kos, brood; *earn one's ~* 'n heenkome vind, jou brood verdien; *earn/gain/get/make a ~ from ...* 'n bestaan uit ... maak; *eke out a ~* op 'n manier *(of* met moeite) 'n bestaan maak.

**live·long** *(poët., liter.): the ~ day* die hele liewe/goddelike dag, die ganse dag, heeldag deur.

**live·ly** lewendig, hups, wakker; fluks; woelig, druk; vrolik, opgewek; *a ~ interest* lewendige belangstelling; *make it ~ for s.o.* die wêreld vir iem. moeilik maak, iem. laat hotagter kry, iem. hotagter gee. **live·li·ness** lewendigheid, hupsheid, wakkerheid; fluksheid; woeligheid.

**liv·en:** ~ *s.o. up* iem. opbeur/opvrolik; ~ *s.t. up* iets verle= wendig, lewe in iets bring.

**liv·er¹** lewer; →LIVERISH, LIVERY². ~ *bile* lewergal. ~-*coloured* lewerkleurig, lewerbruin. ~ *complaint* lewerkwaal, =aan= doening. ~ *fever* lewerkoors. ~ *fluke* lewerbot, =wurm, =slak. ~ *oil* lewertraan. ~ *pâté* lewerpatee. ~ *salts* lewersout. ~ *sausage* lewerwors. ~ *spot* lewervlek. ~*wort (bot.: Hepatica* sp.*)* lewermos.

**liv·er²:** *clean ~* iem. met sober(e) gewoontes; *fast/loose ~* swierbol, losbol.

**liv·er·ied** in livreidrag; →LIVERY¹; ~ *servant* livreikneg, =be= diende.

**liv·er·ish** *(infml.)* lewersugtig, met die lewer gepla.

**Liv·er·pud·li·an** *n.* Liverpolitaan, inwoner van Liverpool. **Liv·er·pud·li·an** *adj.* Liverpolitaans, van Liverpool.

**liv·er·y¹** *n.* livrei, uniform, drag, mondering; livrei *(op 'n maatskappyvoertuig ens.); →LIVERIED.*

**liv·er·y²** *adj.* lewer=, leweragtig; *(infml.)* lewersugtig, met die lewer gepla.

**liv·id** loodkleurig; potblou, pimpel en pers; *be ~ (with anger), (infml.)* woedend/briesend wees. **liv·id·ness** loodkleur; pot= blou; *(infml.)* woede, toorn, gebelgdheid.

**liv·ing** *n.* lewe; lewensonderhoud, broodwinning, (lewens)= bestaan, heenkome; nering; leefwyse, lewenswyse; *make a comfortable ~* 'n goeie bestaan maak, goed leef/lewe; *the high cost of ~* die lewensduurte; *the cost of ~ is high, (ook)* die lewe is duur; *the ~ and the dead* die lewendes en die dooies; *for a ~* vir 'n bestaan; *what does s.o. do for a ~?* wat is iem. se nering/werk?; *it's a ~, (infml.)* dit hou ('n) mens aan die lewe; *s.o. is still in the land of the ~, (skerts.)* iem. is nog in die land van die lewendes; *make/earn/get a ~* 'n bestaan maak; 'n heenkome vind; jou kos/brood verdien; *do s.t. merely to make a ~* iets om den brode doen; *scrape/scratch a ~* net-net aan die lewe bly; *a standard of ~* 'n lewenstandaard/lewenspeil; *struggle to make a ~* spartel om te bestaan; *s.o.'s way of ~* iem. se leefwyse/le= wenswyse; *wrest a ~ from ...* met moeite 'n bestaan uit ... maak. **liv·ing** *adj.* lewend, lewendig; *a ~ death/hell* hel op aarde; ~ *faith* lewende geloof; ~ *fossil* lewende fossiel; ~ *history* lewende geskiedenis; *a ~ language* 'n lewende taal; *a ~ likeness* 'n sprekende gelykenis; *no man ~* niemand, geen lewende wese nie; *in/within ~ memory* sedert/by menseheug(e)nis; *every ~ soul* al wat leef en beef, elke lewende siel. ~ *conditions* lewensomstandighede, lewe; verblyf, huisvesting, (woon)omgewing. ~ *quarters* woonvertrekke, =kwartier, =geleentheid. ~ *rock* natuurlike rots. ~ *room* woonkamer, gesinskamer, woonvertrek. ~ *space* leefruimte, lewensruimte; woonruimte. ~ *standard* lewenstandaard. ~ *stone (bot.: Lithops* spp.*)* beeskloutjie. ~ *wage* bestaanbare/menswaardige loon. ~ *will* lewende testament.

**Liv·y** *(Rom. historikus)* Livius.

**liz·ard** akkedis. ~ *buzzard* akkedisvalk.

**lla·ma** lama.

**lo:** ~ *and behold!* so waarlik!; siedaar!.

**load** *n.* vrag; lading; dra(ag)vermoë; (dra)las, drag; gewig; pak; las, belasting; *carry a heavy ~* 'n swaar vrag dra; 'n swaar las dra; ~ *of debt, (infml.)* skuld(e)las; *take the ~ off one's feet, (infml.)* gaan sit; *get a ~ of this!, (sl.)* kyk (['n] bietjie) hier!; hoor (['n] bietjie) hier!; *be a ~ off one's mind* 'n las/pak van jou hart af wees, baie verlig voel; *a ~ of ...* 'n vrag ...; *(infml.)* 'n hoop/spul ...; ~*s of ..., (infml.)* baie/hope ...; sakke vol ..., ... soos bossies *(geld); relieve s.o. of a ~* iem. van 'n las bevry. **load** *ww.* (be)laai, oplaai; belas; laai *('n geweer);* bevrag; oorlaai; belaai, belas, beswaar; verswaar; ~ *s.t. onto ...* iets op ... laai; ~ *a premium, (versek.)* 'n premie verhoog/verswaar; ~ *s.t. (up)* iets (op)laai; ~ *s.o. with ...* iem. met ... oorlaai *(geskenke ens.).* ~-*bearing wall* dramuur. ~ *capacity* laaivermoë, dra(ag)vermoë. ~ *line (sk.)* laailyn, diepgangslyn; laslyn. ~ *line mark* diepgangsmerk. ~ *pres= sure* lasdruk. ~ *test* belastoets.

**load·ed** gelaai; *(sl.)* skatryk; *(hoofs. Am. sl.)* dronk, hoog in die takke; ~ *dice* vals dobbelstene; *the dice are heavily ~ against s.o.* iem. het alles teen hom/haar, alles is teen iem.; *be ~ down with ...* met ... belaai wees, swaar aan ... dra *(pakkies ens.);* (swaar) onder ... gebuk gaan *(sorge ens.); a ~ figure* 'n beswaarde syfer; *be heavily ~ with ...* swaar van ... gelaai wees; *a ~ question* 'n vraag met 'n angel; *be ~ with ..., (ook)* met ... belas wees; met ... oorlaai wees *(geskenke ens.).*

**load·er** *(grondwerktuig)* laaier, laaiwa; laaimasjien; geweer= laaier; laaikanonnier.

**load·ing** (op)laaiery; lading, vrag; belading, belasting; be=
swaring; verhoging *(v. 'n premie).* ~ **bay,** ~ **zone** laaivak,
=plek, =gebied. ~ **berth** laaiplek. ~ **capacity** laaivermoë,
dra(ag)vermoë. ~ **hatch** laailuik. ~ **note** laaibrief. ~ **pen**
laaikraal. ~ **pier** laaihoof, =steier. ~ **platform** laaiplatform. ~
**ramp** laaibrug. ~ **truck** laaiwa. ~ **zone** →LOADING BAY.

**load·star** →LODESTAR.

**load·stone** →LODESTONE.

**loaf**[1] *loaves, n.* brood; *(sl.)* kop, bol; *a* ~ *of* **bread** 'n brood;
*a* **brown/white/etc.** ~ 'n bruinbrood/witbrood/ens.; *half a*
~ *is better than no* **bread** 'n halwe eier is beter as 'n leë dop,
beter/liewer(s) 'n halwe eier as 'n leë dop, krummels is ook
brood; *use your* ~*!, (sl.)* gebruik jou kop/verstand!.

**loaf**[2] *n.: on the* ~ aan die ronddrentel/rondloop/rondslenter.
**loaf** *ww.* ronddrentel, =slenter, (vir kwaadgeld) rondloop;
leeglê, lyf wegsteek; ~ *about/around, (infml.)* ronddrentel,
=slenter, (vir kwaadgeld) rondloop. **loaf·er** rondloper; leeg=
lêer, niksdoener; *(soort mokassin)* slenter=, aanglip=, insteek=
skoen. **loaf·ing** rondlopery; leeglêery.

**loam** *n.* leem; klei(grond). **loam** *ww.* pleister, met klei be=
dek. ~ **soil** leemgrond. ~ **water** leemwater. **loam·y** lemerig,
leemagtig; kleierig, kleiagtig, klei=; ~ *clay* leemklei; ~ *ground/
soil* leemgrond.

**loan** *n.* lening; voorskot; *(ling.)* ontlening; **ask** *for the* ~ *of
s.t.* iets te leen vra; ~ *on* **call** daglening, onmiddellik opeis=
bare/opvraagbare lening; *float/issue a* ~ 'n lening uitskryf/
uitskrywe; **get** *the* ~ *of s.t.* iets te leen kry; **grant** *a* ~ 'n
lening toestaan; *let s.o.* **have** *the* ~ *of s.t.* iem. iets te leen
gee; *it is* **on** ~ dit is (uit)geleen; dit is te leen; *have s.t.* **on**
~ iets in (bruik)leen hê; *raise a* ~ 'n lening aangaan/sluit/
verkry; *take up a* ~ 'n lening opneem; *s.o.* **wants** *a* ~ *of*
*R10 000* iem. wil R10 000 leen. **loan** *ww.* (uit)leen. ~
**account** leningsrekening. ~ **capital** lenings=, leenkapitaal,
vreemde kapitaal. ~ **collection** leenversameling. ~ **expen·**
**diture** leningsuitgawe. ~ **fund** leningsfonds. ~ **money** le=
nings=, leengeld, geleende geld. ~ **office** leningskantoor;
pandjieswinkel, pand(jies)huis. ~ **shark** *(infml.)* woekeraar.
~ **stock** leningseffekte. ~ **translation** *(ling.)* leenvertaling. ~
**word** *(ling.)* leenwoord.

**loath, loth** *adj.* ongeneë, onwillig; *be* ~ *to do s.t.* nie lus hê/
voel/wees om iets te doen nie.

**loathe** *ww.* verafsku, verfoei, walg *(of* 'n afkeer/afsku hê*)* van,
nie kan veel nie. **loath·ing** weersin, afkeer, afsku, walging,
verafskuwing, verfoeiing; *s.t. fills s.o. with* ~ iets vervul iem.
met weersin; *have a* ~ *for* ... 'n weersin in ... hê, 'n afkeer
van ... hê. **loath·some** weersinwekkend, walglik, afskuwelik,
verfoeilik.

**lob** *n., (tennis, kr.)* lughou; onderhandse gooi; onderhandse
bal. **lob** *-bb-, ww.* 'n lughou slaan/speel, hoog slaan; onder=
hands gooi.

**lob·by** *n.* (voor)portaal, voorhal, voorsaal; wandelgang *(v.
'n parlement);* drukgroep. **lob·by** *ww.* druk uitoefen, stem=
ming maak, stemme/steun werf, bearbei, lede bewerk, as
drukgroep optree, in die wandelgang boer; ~ *against (or in
favour of)* ... teen/vir ... stemming maak. ~ **correspondent**
parlementêre beriggewer/medewerker. **lob·by·ing** stem=
mingmakery; stem(me)werwery; *do* ~ stemming maak.
**lob·by·ist** stemmingmaker, stem(me)werwer, wandelgang=
politikus.

**lobe** lob; kwab; (oor)lel, (oor)bel, oorlap(pie). **lo·bate,
lobed** lobbig, in lobbe verdeel, gelob, met lobbe; lobvormig;
*lobate leaf* gelobde blaar. **lobe·less** sonder lobbe.

**lo·be·li·a** *(bot.)* lobelia.

**lo·bo·la** *(Xh.),* **lo·bo·lo** *(Z.), n.* lobola, lobôla, bruidsprys.
**lo·bo·la** *ww.* (jou) lobola/lobôla betaal, die/jou bruidsprys
betaal, 'n vrou koop.

**lo·bot·o·my** *(med.)* lobotomie, lobsnyding.

**lob·ster** kreef; →ROCK LOBSTER, SPINY LOBSTER. **~-eyed** uit=

peuloog=. ~ **grounds** kreefwaters. ~ **pot,** ~ **trap** kreef=,
krewefuik. ~ **thermidor** *(kookk.)* kreef thermidor.

**lob·ule** *(hoofs. anat.)* lobbetjie; lelletjie; kwabbetjie. **lob·u·lar,
lob·u·late** lobvormig; gelob.

**lo·cal** *n.* inwoner, boorling, plaaslike persoon; plaaslike trein;
*(Br., infml.)* kroeg. **lo·cal** *adj.* plaaslik, lokaal; inheems; ~
*anaesthesia, (med.)* lokale/plaaslike verdowing; ~ *area*
*network, (rek., akr.:* LAN) plaaslike netwerk; ~ *authority*
plaaslike owerheid; *a* ~ *boy/girl* 'n seun/meisie van hier; ~
*call, (telef.)* plaaslike oproep; ~ *colour, (ook fig.)* lokale kleur;
~ *consumption* plaaslike verbruik; ~ *content* plaaslike
inhoud; ~ *government* plaaslike regering/bestuur; ~ *lore*
heemkunde; ~ *name* pleknaam; streeknaam; ~ *news* plaas=
like nuus; ~ *sense* plaaslike sin/betekenis; ~ *service* plaas=
like diens; ~ *time* plaaslike tyd; ~ *value, (wisk.)* plekwaarde,
posisiewaarde.

**lo·cale** plek, lokaliteit, toneel *(v. 'n gebeurtenis).*

**lo·cal·ise, =ize** lokaliseer, begrens, (tot een plek) beperk,
bepaal; desentraliseer; ~*d, (ook)* plaaslik; omskrewe. **lo·cal·**
**i·sa·tion, =za·tion** lokalisering; lokalisasie, lokalisering.

**lo·cal·ism** gehegtheid aan 'n plek; voorkeur vir plaaslike dinge;
bekrompenheid; plaaslike gesegde/uitdrukking, streek(s)=
uitdrukking; plaaslike gebruik; lokalisme.

**lo·cal·i·ty** plaaslikheid; plek, buurt, streek, gebied, omge=
wing; standplaas; vindplek; ligging; terrein; *bump of* ~ oriën=
tasieknobbel; oriëntasievermoë; *sense of* ~ pleksin, =geheue.
~ *plan* liggingsplan.

**lo·cal·ly** hier (ter plaatse); in die land, hier te lande, bin=
ne(ns)lands; ~ *manufactured car* plaaslik/binne(ns)lands
vervaardigde motor.

**lo·cate** plaas, die plek/ligging bepaal van, die plek aanwys
van; opspoor, opsoek, vind; bepaal, vasstel; die plek vind/
kry; lokaliseer; *be* ~*d* lê, geleë wees.

**lo·ca·tion** plek, ligging; buurt, gebied, plasing, plekaan=
wysing, plekbepaling, liggingsbepaling; opsporing; opstel=
ling; *be/film on* ~ buite verfilm, buiteopnames (vir 'n rol=
prent) maak, met buiteopnames besig wees.

**loc·a·tive** *n., (gram.)* lokatief. **loc·a·tive** *adj., (gram.)* loka=
tief, plekaanduidend.

**loch** *(Sk.)* meer; (beskutte) seearm.

**lock**[1] *n.* slot *(v. 'n deur, geweer);* (kanaal)sluis; *(stoei)* klem;
*(rugby)* slot; *keep s.t. under* ~ *and key* iets agter slot en grendel
hou; *pick a* ~ 'n slot oopsteek; ~, *stock and barrel* romp en
stomp, die hele boel. **lock** *ww.* sluit; toesluit; opsluit; vassit;
insluit; omsluit; (mekaar) vasgryp; klem; 'n sluis insit, van
'n sluis voorsien; skut; ~ *s.t.* **away** iets wegsluit; ~ **horns**
horings vasdraai; *(fig.)* mekaar die stryd aansê; ~ *s.o.* **in** iem.
insluit/opsluit/toesluit; ~ *s.o.* **on to** iets op iets rig; iets aangryp;
~ *s.o.* **out** iem. uitsluit; ~ *o.s.* **out** jouself uitsluit; ~ **up** *before
one leaves* (alles) sluit voor jy vertrek; ~ *s.o.* **up** iem. opsluit;
~ *s.t.* **up** iets toesluit *('n kamer ens.);* iets wegsluit/wegbêre
*(kosbaarhede ens.).* ~ **bar** grendelstaaf. ~ **bolt** slotgrendel. ~
**canal** sluiskanaal. ~ **catch** slotknip. ~ **chamber** sluiskolk.
~ **(forward)** *(rugby)* slot(voorspeler). ~ **gate** sluisdeur, =hek.
**~-jaw** *(patol.)* klem-in-die-kaak, kaakklem, tetanus. **~-keep·**
**er** sluiswagter. **~-nut** sluitmoer. **~-out** uitsluiting, buitesluit=
ting. **~-smith** slotmaker. ~ **stitch** sluit=, bindsteek. ~ **weir**
sluisdam.

**lock**[2] *n.* (haar)lok, krul; klos, vlok *(wol).*

**lock·a·ble** sluitbaar.

**locked** *adj., (ook)* op slot; *be* ~ *in* **combat** in 'n stryd ge=
wikkel wees; ~ *controls* vasgesette stuur; ~ *door* gesluite
deur; *they are* ~ *in an* **embrace** *(or each other's arms)* hulle
hou mekaar styf vas, hulle is in 'n stewige omhelsing; *s.o. is*
~ *up* iem. is opgesluit, iem. sit agter tralies; *s.o.'s capital is* ~
*up* iem. se kapitaal is vasgelê; *be* ~ *up* **securely,** *(ook)* agter
slot en grendel wees.

**lock·er** toesluiter; sluitkas; sluitlaai; kis. ~ **room** kleedkamer.
**~-room** *adj. (attr.)* growwe *(taal, grappe, ens.).*

**lock·et** hangertjie, medaljon.

**lock·ing** sluiting; ineengryping; sluit=. ~ **bar** grendelstaaf. ~ **cap** sluitdop. ~ **catch** sluitknip. ~ **cock** sluitkraan. ~ **device** sluit=, grendeltoestel. ~ **gear** grendel=, sluitinrigting. ~ **lever** sluithefboom, =arm. ~ **nut** sluitmoer. ~ **pin** borg=, sluitpen. ~ **plate** sluitplaat. ~ **ring** borgring. ~ **screw** sluitskroef. ~ **spring** sluitveer.

**lock·up** *n.* sluitingstyd; opsluitkamertjie, opsluitplek; tronk; vaslegging.

**lock-up:** ~-and-go *n., (SA)* toesluit-en-ry-huis/wooneenheid/ens.. ~ **cupboard** sluitkas. ~ **garage** sluitgarage.

**lo·co¹** =cos, *n., (infml.)* →LOCOMOTIVE *n.*.

**lo·co²** *adj., (infml.)* mal, getik.

**lo·co³** *n., (Lat., ablatief v.* locus*):* ~ *citato* op die aangehaalde plek, ter aangehaalde plaatse; *inspection in* ~ ondersoek ter plaatse; *in* ~ *parentis* in die plek van die ouer.

**lo·co·mo·tion** (voort)beweging; voortbewegingsvermoë; verplasing.

**lo·co·mo·tive** *n.* lokomotief. **lo·co·mo·tive** *adj.* bewe= gings=, voortbewegend. ~ **driver** masjinis, treindrywer. ~ **engine** lokomotief. ~ **organs** bewegingsorgane. ~ **power** beweegkrag. ~ **yard** loko(motief)werf.

**lo·co·mo·to·ry** *(hoofs. soöl.)* bewegend, lokomotories; ~ *organ* bewegingsorgaan.

**lo·cum** *(Lat., infml.)* plaasvervanger, waarnemer.

**lo·cus** loci, *(Lat.)* lokus, baan, meetkundige pad. ~ **classicus** *(klass. bewysplaas/passasie; sleutelgesag)* locus classicus. ~ **standi** *(jur.: verskyningsbevoegdheid)* locus standi.

**lo·cust** *(entom.)* sprinkaan; *migratory* ~ treksprinkaan; *wing= less* ~ voetganger(sprinkaan). ~ **bean** *(Ceratonia siliqua)* johannesbroodboom, karob. ~ **officer** sprinkaanbeampte. ~ **tree** *(Robinia pseudoacacia)* witakasia. ~ **wood** *(Senecio ilicifolius)* sprinkaan=, gifbossie, kowannabossie.

**lo·cu·tion** spreekwyse, segswyse, uitdrukkingswyse, uit= drukking.

**lode** ertspleet; ertsaar; ertsafsetting, mynaar. ~**star, load= star** pool=, leid=, noordster. ~**stone, loadstone** magneet=, seilsteen.

**lodge** *n.* huisie; tuiste; tuinierswoning; portiershuis; baan= wagtershuisie; jaghuis(ie); (Vrymesselaars)losie; lêplek, skuilplek; nes; hut; tent. **lodge** *ww.* huisves, loseer, losies verskaf, herberg, loseer, tuisgaan, tuis gaan; deponeer; laat (bly) vasmaak, =druk; vassit, bly steek; ~ *s.t. in s.o.'s hands* iets in iem. se hande laat; iem. magtig *(of* opdrag gee) om iets te doen; ~ *with s.o.* by iem. loseer/inwoon; ~ *s.t. with s.o.* iets by iem. indien/inlewer.

**lodg·er** loseerder, kamerhuurder, inwoner.

**lodg·ing** losies, huisvesting, verblyf(plek), herberg; indie= ning, inlewering; *(i.d. mv.)* woonplek, verblyfplek, losies= (plek); *board and* ~ kos en inwoning. ~ **house** losieshuis. ~ **money** verblyftoelae.

**lodg·ment, lodge·ment** deposito; *(jur.)* indiening, inle= wering.

**lo·ess** *(geol.)* loes, waaigrond.

**loft** *n.* solder; solderkamer; galery; duiwehok; klomp duiwe; lughou; skuinste *(v. 'n gholfstok)*. **loft** *ww.* lig, 'n lughou slaan; duiwe hou; ~ *a ball* 'n bal lig.

**loft·y** hoog; trots, hoogmoedig; gedrae *(styl)*; verhewe. **loft= i·ly** hoog; uit die hoogte. **loft·i·ness** hoogte; trotsheid; ge= draenheid *(v. styl)*; verhewenheid.

**log¹** *n.* blok (hout), stomp; stam; *(sk.)* log; logboek; *(sport)* punteleer, =lys, =stand; opgawe, staat; *keep a* ~ *of s.t.* van iets boekhou; *roll my* ~ *and I'll roll yours* help jy my, dan help ek jou; krap jy my rug, dan krap ek jou(n)e; ~ *of wood* stomp hout, houtblok. **log** =gg=, *ww.* blokke/bome kap; (in die logboek) op=/aanteken; aflê *(kilometers, myle)*; ~ *in/on*, *(rek.)* aanteken, (jou) aanmeld; ~ *out/off*, *(rek.)* af=, uitteken,

(jou) afmeld; ~ *up 500/etc. kilometres* 500/ens. kilometer aflê. ~**book** logboek; skeepsjoernaal; reisjoernaal; ritboek. ~ **cabin,** ~ **house,** ~ **hut** hout=, blokhuis, =hut. ~**in,** ~**on** *n., (rek.)* aanmelding. ~**jam** *(fig.)* opstopping, knelpunt. ~**out,** ~**off** *n., (rek.)* af=, uittekening, afmelding.

**log²** *n.* →LOGARITHM.

**lo·gan·ber·ry** loganbessie.

**log·a·rithm** logaritme. ~ **table** logaritmetafel.

**log·a·rith·mic** logaritmies; ~ *table* logaritmetafel.

**log·ger** houtkapper; houtwa; *(rek.)* logskrywer.

**log·ger·head:** *they are at* ~s hulle is haaks; *be at* ~s *with s.o.* met iem. haak *(of* haaks wees).

**log·gi·a** =gias, =gie, *(It., bouk.)* loggia, oordekte galery; ve= randa.

**log·ging** houtkappery, =saery.

**log·ic** logika; *chop* ~ hare kloof/klowe, redekawel; *cold* ~ nugter logika. ~ **bomb** *(rek.)* logikabom. ~ **chopper** haar= klower, redetwister.

**log·i·cal** logies, ooreenkomstig die logika; ~ *conclusion* lo= giese gevolgtrekking; ~ *positivism, (filos.)* logiese positivisme. **log·i·cal·i·ty** die logiese.

**lo·gi·cian** logikus.

**lo·gis·tic** *adj., (wisk., statist.)* logisties; logaritmies; ~ *curve* logistiese kromme; ~ *spiral* logaritmiese spiraal. **lo·gis·tics** *n. (ekv. of mv.)* logistiek. **lo·gis·ti·cal** logistiek, logisties.

**lo·go** *(han. ens.)* logo, embleem, kenteken.

**log·o·gram, log·o·graph** logogram.

**log·o·griph** logogrief, woordraaisel, letterraaisel.

**Log·os** *(Chr.)* Logos, die Woord; Christus.

**log·o·type** *(druk.)* skakelletter.

**loin** *(anat.)* lende; *(vleissnit)* lendestuk; *gird up one's/the* ~s, *(poët., liter.)* die lendene omgord; ~ *of veal* kalfslende. ~ **chop** lendetjop. ~**cloth** lendedoek, deurtrekker.

**loi·ter** draai, draal, talm; rondhang; ~ *about* rondhang, =drentel; ~*away one's time* die/jou tyd verbeusel. **loi·ter·er** slenteraar; leegloper; draler, draaikous, drentelkous. **loi·ter= ing** rondhangery, (rond)slentery, getalm.

**loll** (uit)hang; laat (uit)hang; luier, lui/lusteloos staan/sit/leun; laat leun/rus; ~ *about/around* rondhang, rondsit.

**lol·li·pop** stokkie=, suiglekker; →LOLLY.

**lol·lop** *(hoofs. Br.)* (rond)slof, (rond)slinger, rondhang.

**lol·ly** *(infml., afk. v.* lollipop*)* stokkie=, suiglekker; *(sl.: geld)* malie, pitte.

**Lom·bar·dy** *(geog.)* Lombardye. ~ **poplar** *(bot.)* vaderlands= populier, Italiaanse/Lombardiese populier.

**Lon·don** *(geog.)* Londen. ~ **plane (tree)** plataan(boom). ~ **pride** *(bot.)* porseleinblom, hoe-langer-hoe-liewer.

**Lon·don·er** Londenaar.

**lone** eensaam, verlate; ~ *bull/wolf, (ook)* alleenloper, eenling, eenkantmens; *play a* ~ *hand* jou eie spel speel, op jou eentjie werk. **lone·some** *(hoofs.Am.)* = LONELY; *on/by one's* ~, *(infml.)* op jou eentjie, stoksielalleen.

**lone·li·ness** eensaamheid, verlatenheid, alleenheid.

**lone·ly** (ver)eensaam, allenig, verlate; afgesonder(d), afge= leë. ~ **hearts** eensames, alleenmense, eensame mense. ~ **hearts column** hoekie vir eensames, soekhoekie, rubriek vir eensames.

**lon·er** alleenloper, eenkantmens.

**long¹** *n.: before* ~ binnekort, een van die (mooi) dae, eers= daags, weldra; kort voor lank; *the* ~ *and the* **short** *of it is that* ... dit kom daarop neer dat ..., om op te som, dit is ...; *it did not* **take** ~ *before* ... dit was nie (te) lank nie of ...; *take* ~ *over s.t.* lank oor iets doen; *not take* ~ *over s.t., (ook)* iets gou afmaak; *it did not* **take** *s.o.* ~ *to* ... dit het iem. nie baie tyd gekos om te ... nie; *it will not* **take** *you* ~ jy kan dit gou klaar hê; *it* **takes** ~

dit duur lank. **long** *adj.* lang, lank; langdurig, (lang)gerek; geruime tyd; *~er and ~er* al hoe langer; *at its ~est* op sy langste; *a ~ distance* 'n groot afstand; →LONG-DISTANCE; *a ~ drink* 'n groot glas; *a ~ glass* 'n hoë glas; *~est-surviving heart patient* langslewende hartpasiënt; *a kilometre ~* 'n kilometer lank; *ten ~ kilometres* tien kilometer en nog 'n ent; *~ lease* langtermynhuur; *the vacation is two months ~* die vakansie duur twee maande (*of* is twee maande lank); *no* (or *not any*) *~er* nie langer/meer nie; *this is no ~er than that* dit is niks langer as daardie een nie; *s.t. is ~ on ...* iets het 'n oormaat van ...; *the ~ one* die lange; *~est ... possible* langs moontlike ...; *~ price* hoë prys; *rather ~* langerig; *~ service* lang(durige) diens; *~ since* al lank, lank gelede; *~ time no see, (infml.)* ek het jou darem lank laas (*of* lanklaas) gesien; *on a ~ view* met die oog op die toekoms; die *~ view* (ver/vêr) in die toekoms kyk, versiende/vêrsiende wees; *a ~ wind* 'n lang asem; →LONG-WINDED. **long** *adv.* lank; *~ ago* lank gelede; lankal; vanmelewe; *as ~ ago as ... reeds ... (verlede jaar, d. vorige eeu, ens.); all day ~* die hele dag (deur); *as/so ~ as ..., (as bw. v. tyd)* solank (*of* so lank as) ...; *(as voegw. v. voorwaarde)* mits ...; *grow as ~ as 10/etc. m* tot 10/ens. m lank groei/word; *not be ~ nie lank (weg)bly nie; gou kom; *s.o. was not ~ in coming* iem. het nie lank weggebly nie; *s.o. was ~ finding it out* dit het lank geduur voor(dat) iem. dit agtergekom het; *it was ~ past midnight/etc.* dit was lank ná middernag/ens.; *times ~ past* langvervloë tye; *it is ~ since* dit is lank gelede; *so ~!, (infml.)* tot siens!, totsiens!; *s.o. has ~ thought so* iem. dink dit lankal, iem. het dit lankal gedink. *~ ago: the ~ ~* die verre/gryse verlede. *~-awaited adj. (attr.)* langverwagte. *~board* lang(brander)plank. *~boat* (groot) sloep; pinas. *~bow* langboog. *~-dated (fin.)* op lang sig, langsig-. *~-distance: ~ aeroplane/aircraft* langafstandvliegtuig; *~ call* hooflynoproep; ver-/vêr oproep; *~ race* langafstandwedren, -wedloop; *~ runner* langafstandatleet, -(hard)loper, langasem(atleet). *~ division (wisk.)* langdeling. *~-drawn(-out)* langgerek, (uit)gerek. *~ drop (SA)* kleinhuisie, buitetoilet. *~-eared* langoor-, met lang ore; eslagtig. *~-established* langgevestig. *~-expected* langverwagte. *~-felt need* langgevoelde behoefte. *~ finger* middelvinger, langeraat, lang vinger. *~-forgotten* langvergete. *~-grained rice* langkorrelrys. *~hair* langhaarkat; *(hoofs.Am.)* langhaar, kunstenaarstipe, hippie. *~-haired* langharig, langhaar-. *~hand* gewone skrif. *~ haul* lang trek; *in for the ~, (infml.)* gereed/oorgehaal vir 'n lang/harde stryd/taak/ens.. *~-haul aeroplane* langafstandvliegtuig. *~ hop (kr.)* stadige kort bal. *~horn* langhoringbees. *~ johns (infml.)* lang onderbroek. *~ jump (atl.)* ver-, vêrsprong. *~-lasting* langdurig *(gevolge, uitwerking); duursaam (afwerking, produk); blywend, bestendig (vriendskap); standvastig (huwelik); lang (loopbaan); met 'n lang lewensduur (battery); wat lank inbly (krulle). ~ leg (kr.)* diep skerpby, skerpby op die grens. *~-legged* langbenig, langbeen-. *~-life adj. (attr.): ~ batteries* batterye met 'n lang lewensduur; *~ milk* hou-, rakmelk, UHT-melk. *~line* langlyn- *(visvangs). ~-lived* langlewend; langdurig. *~-lost adj. (attr.)* langverlore *(vriend ens.). ~-necked* langnek-. *~-nosed* langneus-. *~-off (kr.)* diepweg. *~-on (kr.)* diepby. *~ pants, ~ trousers* langbroek. *~ player, ~-playing record (afk.: LP)* langspeelplaat. *~ range* groot (skoots)afstand. *~-range adj. (attr.)* langtermyn- *(beplanning, voorspelling); ~ aircraft* langafstandvliegtuig. *~-running adj. (attr.)* jare lang(e) *(geskil ens.);* met 'n lang speelvak *(toneelstuk). ~-serving adj. (attr.)* langdiens- *(amptenaar ens.). ~ship* galei. *~shore* kus-, van/langs/aan die kus. *~ shot (lett.)* skoot van ver/vêr; groot (skoots)afstand; *(infml.)* deelnemer met (net) 'n buitekans om te wen; wilde raaiskoot; waagstuk; *(fot.)* afstandskoot; *better by a ~ ~* stukke beter; *not by a ~ ~* beslis/glad/geensins/hoegenaamd/lank/volstrek *(of* op verre na) nie. *~ sight (lett.)* versiendheid, vêrsiendheid. *~-sight=*

*=ed (lett.)* versiende, vêrsiende; *(fig.)* vooruitsiende. *~-sightedness (lett. & fig.)* versiendheid, vêrsiendheid. *~-sleeved* met lang moue; *~ jersey* langmoutrui. *~-standing* oud, langdurig, van lange duur, lank bestaande. *~-stay adj. (gew. attr.)* langtermyn- *(pasiënt). ~-suffering n.* lankmoedigheid, geduld. *~-suffering adj.* lankmoedig. *~-tail(ed)* langstert-; langpant-. *~ term* lang termyn. *~-term adj.* langdurig, van lange duur; op lang termyn, langtermyn-; *~ insurance* langtermynversekering. *~-time adj. (attr.)* ou *(vriend ens.). ~ vacation* langvakansie. *~ wave (rad.)* lang golf. *~-wave* langgolf-; *~ band* langgolfband. *~-wearing* duursaam *(klere, skoene). ~ weekend* langnaweek. *~-winded* omslagtig, langdradig; langasem-, met 'n lang asem.

**long²** *ww.* verlang; →LONGING; *~ for ... na ...* verlang/uitsien/smag/hunker; ... begeer.

**lon·gev·i·ty** hoë ouderdom; lang lewe/lewensduur; lang gebruiksduur.

**long·ing** *n.* verlange, begeerte; *have a ~ for s.t.* 'n verlange na iets hê; *be sick with ~* siek van verlange wees. **long·ing** *adj.* verlangend, hunkerend.

**long·ish** langerig, taamlik lank.

**lon·gi·tude** (geografiese) lengte; lengteligging; *(degree of) ~* lengtegraad. **lon·gi·tu·di·nal** lengte-, in die lengte; oorlangs, langs-; langskeeps; longitudinaal; *~ axis* lengteas; *~ wave* lyngolf.

**longs** *n. (mv.), (ekon.)* langsigwissels.

**loo¹** *n., (infml.)* kleinhuisie, toilet.

**loo²** *n., (kaartspel)* lanterlu.

**loo·fah, (Am.) loo·fa, (Am.) luf·fa** veselspons, luffa(spons).

**look** *n.* blik, kyk; oogopslag; gesig; uitdrukking; voorkoms; aanskyn; skyn; *have/take a ~ around* ('n bietjie) rondkyk; *by the ~(s) of it* soos dit wil voorkom; *just for the ~ of the thing* net vir die skyn, net dat dit beter lyk; *(judging) from s.o.'s ~s* na iem. se voorkoms (te oordeel); *get a ~ at s.t.* iets te sien kry; *give s.o. a ~* iem. kwaad aankyk; *good ~s* mooiheid, skoonheid, 'n mooi gesig; *the place has a Turkish/ etc. ~* die plek lyk Turks/ens.; *have a ~ at s.t.* na iets kyk; *have a good ~ at s.t.* iets van naby bekyk; *come and have a ~* kom kyk; *go and have a ~* gaan kyk; *not like the ~(s) of s.o.* iem. maak 'n onaangename indruk op jou, iem. se gesig/voorkoms geval jou *(of* staan jou nie aan) nie; *iem. lyk vir jou sleg/siek (of nie gesond nie); lose one's ~s* nie meer so mooi wees (as vroeër) nie; *get a new ~* opgeknap word; *have a remote ~ in one's eyes* dromerige/peinsende oë hê; *take a ~* 'n kykie neem; *take a good ~* goed kyk; *take a ~ at s.t.* iets bekyk; iets nagaan/ondersoek; *take a closer ~ at s.t.* iets van nader(by) bekyk/beskou; *take a ~ at that!* kyk net daar!. **look** *ww.* kyk; lyk, voorkom, daar uitsien; deur gelaatsuitdrukking/ blik te kenne gee; soek; *~ about* rondkyk; *~ about o.s.* rondkyk; jou oë goed oophou; *~ after ... na ...* omsien, ... oppas, na ... oplet; 'n ogie oor ... hou; vir ... sorg, ... versorg; *s.o. can ~ after him-/herself* iem. kan sy/haar man staan; *~ after s.o.'s interests* iem. se belange behartig; *~ one's age* so oud lyk soos jy is; *~ ahead* vooruitkyk; *~ alive* wakker/ aktief wees; *~ (a)round* rondkyk; wakker loop; op die uitkyk wees; kyk hoe dit gaan; *~ at ... na ... kyk, ... bekyk/aan= kyk; ~ at s.o.* na iem. kyk, iem. aankyk; *s.o. would not ~ at it* iem. wou niks daarvan hoor/weet nie; *~ away* wegkyk; *the house ~s away from the mountain* die agterkant van die huis kyk op die berg uit; *~ back* terugkyk, omkyk, agteruitkyk; *s.o. has never ~ed back* dit het al beter met iem. gegaan, iem. het van krag tot krag gegaan; *~ back (up)on ... op ...* terugkyk, 'n terugblik op ... werp; *~ing back* agterna beskou; *~ bad* sleg lyk, 'n slegte indruk maak; *if things ~ bad,* (ook) as dit lyk of dit wil lol; *things are ~ing bad* dit/ sake lyk sleg, nou lol dit; *~ behind o.s.* omkyk; *~ closely at s.t.* iets noukeurig bekyk/beskou/betrag; *come and ~* kom kyk; ~ **down** afkyk; *shares are ~ing* **down,** *(ekon.)* (aan=dele)pryse daal *(of* neig afwaarts); ~ **down** *(up)on* ... op ... afkyk/neerkyk; ~ **down** *(up)on s.o.* op iem. neersien, iem. verag; ~ **everywhere** oral(s) (rond)soek; ~ **for** ... (na) ... soek; op ... let, na ... oplet; ~ **forward** vorentoe kyk; ~ **forward** *to s.t.* na iets (voor)uitsien; *s.o. does not* ~ **forward** *to s.t., (ook)* iem. sien teen iets op; ~ *in front of o.s.* voor jou uitkyk; *go and* ~ gaan kyk; ~ *where you're going!* kyk waar jy loop/ry!; ~ **good** goed lyk, 'n goeie indruk maak; ~ **hard** *at s.o.* iem. skerp aankyk; ~ **hard** *at s.t.* aandagtig/stip na iets kyk; ~ **here!** kyk hier!; ~ **in** inkyk; ~ **in** *on s.o., (infml.)* by iem. inkyk/inloer *(of* 'n draai gooi/maak); ~ **into** *s.t.* in iets (in)kyk; op iets ingaan, iets ondersoek; ~ *before you leap* besin eer jy begin; ~ **like** *s.o.* na/op iem. lyk, na iem. trek; ~ *exactly* **like** *s.o.* op 'n druppel/haar na iem. lyk; *it* ~*s* **like** it dit lyk daarna, dit lyk (as)of dit so is; *it* ~*s* **like** *rain* dit lyk na reën, dit lyk of dit gaan reën; *it* ~*s* **like** *this* dit lyk so; ~ **on** *with distrust* wantrouig toekyk; ~ **on/upon** *s.o./s.t. as* ... iem./iets as ... beskou; ~ **onto** ... op ... uitkyk; ~ **o.s.** *again* weer perdfris/gesond lyk; ~ **out** uitkyk, na buite kyk, buite(n)toe kyk; oppas; op die uitkyk staan/wees; ~ **out** *(there)!* pas op (daar)!; ~ **out** *for* ... na ... uitsien, ... verwag; na ... op die uitkyk wees, vir ... gereed/klaar staan/wees; ~ **out** *on* ... op ... uitkyk; ~ **out** *to s.o.* iets bekyk/opneem; iets nagaan/nasien; ~ **over** *one's shoulder* omkyk; ongerus wees, (jou) bedreig voel; onseker wees; ~ **past** *s.o.* iem. miskyk *(of* nie raaksien nie); ~ **round** →*(a)round*; ~ **round,** *(ook)* omkyk; ~ **sharp,** *(infml.)* gou maak, jou litte/riete roer; ~ **small** beteuterd lyk, op jou neus kyk; ~ **smart,** *(lett.)* deftig lyk; *(fig., infml.)* gou maak; ~ **smart/snappy!,** *(infml.)* maak gou!, skud op!, opskud!, roer jou (litte/riete)!; ~ **through** *s.t.* iets deurkyk; deur iets kyk; ~ *(right/straight)* **through** *s.o.* maak (as)of jy iem. (glad) nie sien nie; ~ **to** *s.o.* na iem. opsien; op iem. staatmaak/reken/vertrou; *have s.t.* ~*ed to* iets laat nasien *('n motor ens.)*; iets laat ondersoek *(jou oë ens.)*; ~ **to** *it that* ... sorg dat ...; ~ **toward(s)** ... na ... kyk; op ... uitkyk; ~ **up** opkyk, boontoe kyk; opsien; *s.o./s.t. is ~ing* **up,** *(infml.)* iem./iets verbeter *(of* word beter); *shares are ~ing* **up,** *(ekon.)* (aandeel/aandele)pryse styg; ~ *s.t.***up** iets naslaan/opsoek; ~ *s.o.* **up,** *(infml.)* iem. besoek/opsoek; ~ *s.o.* **up** *and* **down** iem. van kop tot tone bekyk/beskou, iem. van bo tot onder bekyk; ~ **up** *to s.o.* na/tot iem. opsien, iem. vereer. ~**alike** *n., (infml.)* ewebeeld, dubbelganger; *a Marilyn Mon=roe* ~ die ewebeeld van Marilyn Monroe, Marilyn Monroe se dubbelganger. ~**in** *n., (infml.)* beurt; kuiertjie; *not get a* ~ geen kans hê nie. ~**out** →LOOKOUT. ~**over** *n.* oppervlakkige inspeksie/ondersoek; *give s.t. a* ~ gou na iets kyk, iets gou lees. ~**see** *n., (infml.)* kykie; *have a* ~ gou kyk. ~**through** *n.: give s.t. a quick* ~ iets gou deurkyk *('n boek ens.)*.

**look·er** *(infml.)* kyker; mooi mens, pragstuk; *be quite a (or a real)* ~ beeldskoon *(of* asemrawend mooi *of* mooi verby) wees. ~**on** toeskouer, aanskouer, omstander.

**look·ing** *n.* (die) kyk; voorkoms. ~ **glass** spieël; spieëlglas. **-look·ing** *komb.vorm* wat ... lyk; met 'n ... voorkoms; *not be bad-~ at all* glad nie onaardig lyk nie; *good-~* aantreklik, mooi.

**look·out** uitkyk; kykuit; uitkyker, wag; uitsig; *it's a* **bad** ~ *for s.o., (infml., hoofs. Br.)* dit lyk nie te mooi vir iem. nie; *it is* **everybody's** ~, *(infml., hoofs. Br.)* dis elkeen se gouigheid; *keep a* **good/sharp** ~ jou oë goed/wyd oophou, fyn oplet; *keep a* ~ wag hou, waghou, uitkyk, (op) wag staan; *be on the* ~ *for* ... na ... op die uitkyk wees; na ... op soek wees; na ... op die loer wees; *that is s.o.'s* ~, *(infml.)* dit is iem. se (eie) saak/indaba, iem. moet daarvoor sorg. ~ **(man)** uitkyker. ~ **(post)** uitkykpos. ~ **ship** verkenningskip. ~ **tower** uitkyk=toring.

**loom**¹ *n.* (weef)getou; *small* ~ weefstoel. ~ **frame** weefraam.

**loom**² *n.* (die) opdoem, opdoeming. **loom** *ww.* opdoem, oprys, opskemer; *s.t.* ~*s ahead* iets dreig; iets lê voor; *s.t.*

~*s large* iets kom/tree op die voorgrond, iets neem 'n be=langrike plek in.

**loon** *(infml.)* bobbejaan, uilskuiken.

**loon·(e)y** *n., (infml.)* malle, mal mens. **loon·(e)y** *adj., (infml.)* mal(lerig), getik; laf, verspot. ~ **bin** *(neerh.)* malhuis.

**loon·i·ness** malligheid; lawwigheid, verspotheid.

**loop** *n.* oog, lus, lis; *(naaldw.)* trensie; beuel *(v. 'n hangslot);* draai *(in 'n pad);* dubbele draai; *(lugv.)* lus(vlug); *be in (or out of) the* ~, *(infml., hoofs. Am.)* (nie) weet wat gaande is (nie), op (die) hoogte van sake *(of* in die duister) wees; *knock/throw s.o. for a* ~, *(infml.)* iem. totaal uit die veld slaan, die wind uit iem. se seile haal; *loop the* ~, *(lugv.)* 'n lusvlug uitvoer. **loop** *ww.* 'n oog/lus maak; met 'n oog/lus vasmaak; *(lugv.)* 'n lusvlug uitvoer; 'n hingsel maak; ~*ed fabric* lus(sie)stof; ~*ing the loop, (lugv.)* lusvlug; 'n lusvlug uitvoer. ~ **film** kringfilm. ~ **knot** lus=, strikknoop. ~ **lace** galon. ~ **line** uitwykspoor; oog=, ring=, luslyn. ~ **needle** lussiesnaald. ~ **pile** luspool. ~ **stitch** lussteek.

**loop·hole** *n.* kykgat, =gaatjie, skiet=, luggat; *(fig.)* uitweg, uit=vlug, uitkomkans; skuiwergat; *close a* ~ 'n skuiwergat toe=stop; *find a* ~ *in* ... 'n skuiwergat in ... vind; *leave a* ~ 'n skuiwergat laat; 'n agterdeur ooplaat.

**loop·y** vol draaie/bogte; vol lussies; *(infml.)* (van lotjie) getik.

**loose** *n.: in the* ~, *(rugby)* in die los spel; *be on the* ~, *(mis=dadiger)* op vrye voet(e) wees; *(ontsnapte dier)* vry rondloop; *(infml.)* jol, rinkink. **loose** *adj.* los; slap; wyd, ruim *(mou);* krummelrig, bros *(grond);* loslywig; losbandig; los(sinnig); ongebonde; onnoukeurig, slordig, oppervlakkig; onsame=hangend; *cast s.t.* ~ iets losgooi/=maak; ~ *clothing* los klere; **come** ~ losgaan; **get** ~ los raak; *with a* ~ *rein* met los/slap leisels; **set** *s.o.* ~ iem. los=/vrylaat; *a* ~ **tongue** 'n babbeltong; **work** ~, *(tr. & intr.)* loswerk. **loose** *ww.* losmaak; losel; afskiet; aftrek; ~ *s.t. off* iets los(laat); ~ *off a shot* lostrek. ~ **bowels** loslywigheid; *have* ~ ~ loslywig wees. ~ **cannon** *(fig., infml.)* jukskeibreker, ongeleide missiel, eiesinnige man/vrou/ens.; onberekenbare faktor, onvoorspelbare element; bul in 'n glashuis/=kas, aap in 'n porseleinkas. ~ **earth** los grond. ~ **end** rafelpunt. ~~**fitting** lospassend. ~ **forward** *(rugby)* losvoorspeler. ~~**head forward** *(rugby)* loskopstut, loskopvoor(ry)speler, =man. ~~**jointed,** ~~**limbed** lenig, los=lit(tig). ~ **leaf** *n.* los blad *(v. 'n album, lêer).* ~~**leaf** *adj. (attr.):* ~ *book* losbladboek; ~ *system* ringbandstelsel. ~~**lipped,** ~~**mouthed,** ~~**tongued** loslippig. ~~**minded** ligsinnig. ~ **play** *(rugby)* losspel; gebroke spel. ~ **scrum** *(rugby)* losskrum. ~ **sleeve** wye mou. ~ **trio** *(rugby)* losvoorspelers, lostrio.

**loose·ly** lossies, losweg; ~ *woven* slap geweef.

**loos·en** losmaak, loswerk; los word; laat skiet, skiet gee; ~ *discipline* minder streng optree, meer vryheid laat, die teuels laat skiet; ~ *s.o.'s* **tongue,** *(fig.)* iem. se tong losmaak, iem. spraaksaam maak; ~ **up** litte losmaak; *(fig.)* ontdooi; *s.t.* ~*s s.o.* **up** iets laat iem. ontspan.

**loose·ness** losheid; slapheid; ~ *of bowels* loslywigheid; ~ *(of morals)* losbandigheid.

**loose·strife** *(bot.): golden/yellow* ~, *(Lysimachia vulgaris)* we=derik; *purple* ~, *(Lythrum salicaria)* (gewone) katstert.

**loot** *n.* roof, buit. **loot** *ww.* plunder, buit(maak). **loot·er** plunderaar, buitmaker, buiter. **loot·ing** plundering, plun=dery; ~ *at a fire* brandroof.

**lop** ~*pp*- afkap; snoei, kapsnoei; top; ~ *at s.t.* na iets kap; ~ *s.t. away, (infml.)* iets wegkap/ =snoei; ~ *s.t. off* iets afkap/ =snoei. **lopped** getop, afgeknot. **lop·per** takknipper. **lop·pings** *n. (mv.)* snoeihout, =takkies, afgesaagde takkies.

**lope** *n.* lang sprong/haal. **lope** *ww.* met lang sprong hard=loop, lang hale gee.

**lop ears** hang=, flapore. **lop-eared** hangoor=, met hang=/flapore.

**lop·sided** (wind)skeef, oorhangend, swaar aan die een kant; onewewigtig. **lop·sided·ness** oorhang, skeefheid, onewe=wigtigheid.

**lo·qua·cious** spraaksaam, praterig; breedsprakig; babbe= lend, babbel=, praatsiek, praatlustig. **lo·qua·cious·ness, lo= quac·i·ty** praatlus, spraaksaamheid; praat=, babbelsug.

**lo·quat** lukwart, loekwart. ~ **tree** lukwart=, loekwartboom.

**lor** *tw. (Br., infml.)* (my) koot!, magtie!, hete!.

**lord** *n.* heer, meester; lord; *L~ **bless** me/you/us! (or my/your/ our soul[s]!), L~ **have** mercy!* liewe Vader!, goeie hemel/ genade!; *the L~'s **day*** die dag van die Here; *the L~ **God*** God die Heer/Here, die Here God; *good/oh L~!* (goeie/liewe) hemel!, (goeie) genugtig!, Here (ons)!; *(**House** of) L~s, (Br. parl.)* Hoërhuis; *L~ (only) **knows*** die hemel weet; *like a ~* soos wie *(of* 'n grootmeneer); *~ and **master,** (skerts.)* heer en meester; *My L~* U Edele/Edelagbare; *the L~'s **Prayer,** (Chr.)* die Ons(e) Vader; *the L~'s **Supper,** (Chr.)* die Nagmaal/ Avondmaal; *the L~'s **table,** (Chr.)* die Nagmaalstafel; *the L~* die Here. **lord** *ww.* baasspeel; tot lord verhef; *~ it over s.o.* oor iem. baasspeel *(of* koning kraai), iem. hiet en gebied. **L~ Chancellor** *(Br.)* Grootkanselier, Voorsitter van die Hoërhuis. **L~ Chief Justice** *(Br.)* Hoofregter. **L~ Mayor** opperburgemeester *(v. Londen e.a. groot Br. stede).*

**lord·ly** deftig, vernaam, hoog, vorstelik; trots, heerssugtig, baasspelerig, grootmeneeragtig. **lord·li·ness** vernaamheid; deftigheid; vorstelikheid; trotsheid.

**lor·do·sis** =oses, *(med.)* lordose, voorwaartse ruggraat(ver)= kromming; *(soöl.)* holrug.

**lord·ship** heerskappy, mag; lordbesitting; lordskap; *His L~* Sy Lordskap; Sy Edele; *Your L~* U Lordskap; *(jur.)* U Edele/Edelagbare.

**lore** leer, kennis, kunde.

**lor·gnette, lor·gnon** *(lees- of operabril met 'n lang steel)* lorn= jet.

**lor·i·cate** *(soöl.)* gepantser(d).

**lor·i·keet, lor·i·keet** *(orn.)* lorikiet.

**lo·ris** =ris(es) luiaap.

**lor·ry** =ries vragmotor, vragwa, lorrie.

**lo·ry, low·ry, low·rie** *(orn.: Loridae spp.)* lori; →LOURIE.

**lose** *lost lost* verloor, verlies(e) ly; kwytraak; versuim; verbeur; laat verloor; laat wegraak; uit die oog verloor; opgee *(moed); (horlosie)* agterloop; →LOST; *~ a **baby,** (ook)* 'n miskraam hê; *~ s.t. by* ... iets verloor deur ...; *you can't ~* dit kan net tot jou voordeel wees; *~ a **child*** 'n kind aan die dood afgee; *~ a **cold*** van 'n verkoue ontslae raak; *~ **colour*** bleek word, verbleek; *come to ~ s.t.* iets kwytraak; *~ an **election*** 'n verkiesing verloor; *~ s.t. to the **enemy,** (mil.)* iets aan die vyand afgee *('n stelling ens.); ~ the **game*** die wedstryd verloor; *~ **it,** (infml.)* verroes, jou slag verloor; ontplof, jou humeur verloor; *s.o. **may** ~* iem. kan verloor; *~ one's **mind/ marbles,** (infml.)* van jou verstand/kop af raak, die kluts kwytraak; *s.o. (has/had) lost his/her **money,** (ook)* iem. is sy/ haar geld kwyt; *~ **o.s.*** verdwaal; *~ **o.s.** in s.t.* in iets verlore raak; in iets verdiep raak; *~ **out,** (infml.)* 'n verlies ly; uitsak, agterraak; *~ **out** on s.t., (infml.)* 'n verlies op iets ly; *~ a **seat** to the* opposition 'n setel aan die opposisie afstaan. **los·er** verloorder; oorwonnene; *(infml., neerh.)* mislukk(el)ing; *be a born ~* 'n gebore verloorder wees; *be a bad ~* nie kan ver= dra om te verloor nie; *be a good ~* sportief *(of* 'n goeie ver= loorder) wees. **los·ing** *n.* verlies, (die) verloor. **los·ing** *adj.* verloor=, wat verloor; hopeloos; *fight a ~ **battle,** play a ~ **game,** be on the ~ **side*** aan die verloorkant wees, geen kans hê om te wen nie; *a ~ **fight*** 'n ne(d)erlaag; *the ~ **side*** die verloorkant; die lydende party.

**loss** verlies; skade; *(boekh.)* verliespos; *s.o. can ill **afford** the ~* iem. kan dit beswaarlik mis; *sell s.t. at a ~* iets teen 'n verlies verkoop; *be at a ~* dronkgeslaan wees, geen raad weet nie, verslae/verleë wees; *be **at** a ~ for s.t. to say* nie weet wat om te sê nie, met jou mond vol tande sit/staan; *never be **at** a ~ for* ... altyd met ... klaar wees, altyd ... gereed/ klaar hê; *big/heavy ~es* gevoelige/groot/swaar verliese; *~ of*

**blood** bloedverlies; ***compensate** s.o. for a ~* iem. se verlies vergoed; *cut one's ~(es)* jou verlies afskryf/=skrywe; *it's a **dead** ~, (infml.)* dis 'n volslae verlies; *s.o. is a **dead** ~, (infml.)* iem. beteken regtig niks; *~ of **hearing*** gehoorverlies; *~ of **heat,** heat ~* warmteverlies; ***inflict** ~es on the enemy* die vyand verliese laat ly; ***make** (or **meet** with) a ~* 'n verlies ly; *~ of **memory*** geheueverlies; *~ of **office*** verlies van amp; ***recoup** ~es* skade inhaal; ***sell** s.t. at a ~* iets met *(of* teen 'n) verlies verkoop; *a **severe** ~* 'n gevoelige/groot/swaar verlies; ***show** a ~* met 'n verlies werk; *~ of **speech*** spraakverlies, afasie; ***suffer/sustain** ~es* skade ly; verliese ly; *the car was a **total** ~* die motor was 'n volslae wrak. *~ **adjuster** (versek.)* assessor. *~ **leader** (ekon.)* lokartikel. *~ **maker*** verliesmaker, =lyer. *~**making** adj.* verliesmakend, =gewend, =ly(d)end.

**lost** *(volt.dw.)* verlore; vermis, verdwene, weg(geraak); ver= dwaal; verlate; *the amendment/**motion**/etc. was ~, (parl. ens.)* die amendement/voorstel/ens. is verwerp/afgestem; *be ~* verlore wees; verdwaal wees; omkom; *('n **skip)** vergaan, ondergaan; *a ~ **generation*** 'n verlore geslag/generasie; *get ~!, (infml.)* maak dat jy wegkom!; *give s.o./s.t. up for ~* iem./iets as verlore beskou; *s.o. is ~, (ook)* dit is klaar(praat) met iem.; *all is not ~ that is delayed* uitstel is nie afstel nie; *it is ~ on/**upon** s.o.* iem. begryp/snap dit nie; dit is bo(kant) iem. se vuurmaakplek; iem. het niks daaraan nie; *a ~ **soul*** 'n verlore siel; *s.t. is ~ **to** s.o.* iets is vir iem. verlore; *s.o. is ~ **to** a sense of shame* iem. het geen skaamte meer nie; *be ~ **without** s.t.* verlore wees sonder iets. *~**-and-found** n.* kantoor vir vermiste goedere; verlore/vermis en gevind *(in 'n koerant). ~ **cause*** verlore saak. *~ **property*** vermiste goedere. *~ **(property) office*** kan= toor vir vermiste goedere.

**lot** *n.* lot, lotgeval; (aan)deel; stuk grond, perseel, erf; klomp(ie), bossie, hoop, hopie; boel, magdom, groot hoe= veelheid; lot, party, hoeveelheid; oorskietklomp; belasting; *that is a ~ to **ask** of s.o., (infml.)* dit is baie om van iem. te verwag; *buy the ~, (infml.)* alles voor die voet koop; *by ~* deur loting; *cast/draw ~s* lootjies trek, loot; *cast/throw in one's ~ with* ... die lot van *(of* lief en leed met) ... deel, jou aan die kant van ... skaar; *by casting/drawing ~s* deur loting; *s.t. **falls** to the ~ of s.o.* iets val iem. te beurt; iets is iem. beskore; iets is iem. se lot/deel; *the ~ **falls** upon s.o.* die lot val op iem.; *a **fat** ~, (infml., iron.)* baie min, omtrent niks; *a **fat** ~ I care!, (infml.)* wat traak dit my?, wat kan dit my skeel?; *like s.o. a ~, (infml.)* baie van iem. hou; *a ~ (or ~s) of* ..., (infml.) baie/volop/hope ...; 'n groot hoeveelheid ...; *~s of money, (infml.)* hope geld, geld soos bossies; *a ~ of people (infml.)* 'n klomp *(of* baie) mense; ***put** a ~ into s.t., (infml.)* baie moeite met iets doen; ***quite** a ~, (infml.)* sommer baie; *have a ~ to **say,** (infml.)* baie te sê hê; *s.t. **says** a ~ for s.o., (infml.)* iets sê veel vir iem.; *sell in ~s* in lotte verkoop; *a **sorry** ~, (infml.)* 'n armsalige spul; *s.o. **takes** a ~ of stopping, (infml.)* dis moeilik om iem. te keer; *it **takes** a ~ of effort/ trouble to ..., (infml.)* dit is moeilik *(of* kos/verg moeite) om ...; *that ~, (infml.)* daardie spul; *the ~, (infml.)* alles; die hele boel/klomp/spul; *that's the ~, (infml.)* dit is alles; *the ~ of them, (infml.)* hulle almal; ***think** a ~ of ..., (infml.)* baie van ... dink; ***think** a ~ of o.s., (infml.)* jou wonder jy's wie, verwaand wees; *it is s.o.'s ~ **to** be/do s.t.* dit *(of* die lot) is iem. beskore om iets te wees/doen; *the **whole** ~, (infml.)* die hele boel/klomp/spul; *the ~ of **you,** (infml.)* julle almal.

**loth** →LOATH.

**lo·ti** *maloti, (geldeenheid v. Lesotho)* loti.

**lo·tion** vloeiroom; velmiddel, =reiniger, =verfrisser; oogver= frisser.

**lot·ter·y** lotery; verloting. *~ **ticket*** loterykaartjie.

**lot·to** lotto(spel).

**lo·tus** lotus(blom); lotusstruik. *~**-eater** (klass. mit.)* lotuseter, genieter, gemaksugtige dromer. *~**-eating** gemaksugtig. *~ **land*** luilekkerland. *~ **position*** lotusposisie.

**louche** *adj.* onfatsoenlik, suggestief, gewaag(d); berug.

**loud** *adj.* luid, hard; luidrugtig, lawaaierig; opsigtelik, op=vallend, skreeuend; ~ *colours* opsigtelike/skreeuende/skel kleure. **loud** *adv.* luid, luidkeels, hardop; *out* ~ hardop; luidkeels; *talk* ~ hard praat. ~**hailer** megafoon. ~**mouth** skree(u)=, raasbek. ~**mouthed** luidrugtig; grootpraterig, grootbek. ~**speaker** luidspreker. ~-**spoken** luidrugtig; met 'n harde (*of* ['n] luide) stem.

**loud·ly** hard, hardop, luid(keels).

**loud·ness** hardheid, luidrugtigheid, lawaaierigheid; opsig=telikheid, opvallendheid.

**lounge** *n.* sit=, voorkamer, voorhuis; geselskapsaal, =kamer, geselskamer; slenter(der)y, geslenter, rondhangery; slen=tergang; *hotel* ~ hotelsitkamer. **lounge** *ww.* slenter, drentel, draai; rondhang; lui lê/leun/sit; luier; ~ *about/around* rondlê, =luier, =hang; ~ *away one's time* die/jou tyd verbeusel/verluier; ~ *back* gemaklik/lui agteroor lê. ~ **(bar)** *(Br.)* kroegsitkamer. ~ **chair** sitkamerstoel; gemak=, lêstoel. ~ **suit** dagpak. ~ **suite** sitkamerstel.

**loung·er** gemak=, lê=, luiersstoel; rondstaner, slenteraar, rond=lêer.

**loung·ing** *n.* rondlêery, =hangery; slenter(der)y, geslenter. **loung·ing** *adj.* lêerig.

**lour, low·er** *n.* dreigende weer; dreigende blik; nors gesig. **lour, low·er** *ww.,* *(d. weer)* dreig, dik word; *(iem.)* frons, nors/suur/onvriendelik/dreigend kyk. **lour·ing, low·er·ing** *adj.* nors, somber, dreigend. **lour·y, low·er·y** nors, somber, dreigend.

**lou·rie, loe·rie** *(orn.)* loerie.

**louse** *lice, n.* luis. **louse** *ww.* →DELOUSE; ~ *s.t. up, (infml.)* iets bederf/verfoes. **lous·i·ness** *(infml.)* gemeenheid; beroerd=heid; luisigheid. **lous·y** *(infml.)* gemeen; vrot(sig), armsalig, beroerd, miserabel; vol luise, luisig; *the place is* ~ *with ...,* *(infml.)* die plek krioel/wemel van ...

**lout** (gom)tor, takhaar, tang. **lout·ish** torrerig, tangerig.

**lou·vre,** *(Am.)* **lou·ver** hortjies(ruit); ventilasiekoepel *(in* 'n *dak).* ~ **blind** hortjiesblinding. ~ **board** hortjie(plank). ~ **boards,** ~ **boarding** hortjies(luik), latwerk. ~ **door** hor=tjiesdeur.

**lou·vred,** *(Am.)* **lou·vered** met hortjies; ~ *shutter* hortjies=luik.

**lov·a·ble, lov·a·ble·ness** →LOV(E)ABLE, LOV(E)ABLENESS.

**lov·age** *(bot.)* lavas.

**love** *n.* liefde; verliefdheid; geneentheid; *(infml.)* liefling, skat, geliefde, beminde, liefie; *(tennis)* stroop; ~ *of adventure* avontuurlus; ~ *all, (tennis)* stroop elk; *a* ~ *of art* liefde vir die kuns, kunssinnigheid; ~ *is blind* die liefde is blind; ~ *of country* vaderlandsliefde; *deeply/desperately/hopelessly/ madly in* ~ smoorverlief, tot oor die/jou ore verlief; ~ *of ease* gemaksug; *fall in* ~ *with s.o.* op iem. verlief raak, iem. liefkry; *fall out of* ~ *with s.o.* ophou om iem. lief te hê, jou liefde vir iem. verloor; ~ *fifteen/thirty/forty, (tennis)* stroop vyftien/dertig/veertig; *for* ~ *of ...* uit liefde vir ...; *s.o.'s* ~ *for his/her ...* iem. se liefde vir sy/haar ... *(land, eggenoot, ens.);* ~ *of freedom* vryheidsliefde; ~ *of gain* (ge)winsug; *for the* ~ *of the game* uit liefde vir die spel; *(give) my* ~ *to ...* sê groetnis/groete vir ..., (beste) groete aan ...; *s.o.'s* ~ *of God* iem. se godvresendheid/vroomheid; *the* ~ *of God* die liefde van God; *for the* ~ *of God* om godswil; *be head over heels in* ~ smoorverlief *(of* tot oor die/jou ore verlief) wees; *hopelessly in* ~ →*deeply/desperately/hope=lessly/madly; be in* ~ *with s.o.* op iem. verlief wees; ~ *is infectious* 'n warm hart steek die ander aan; *live on* ~ *and fresh air* van liefde en koue water leef/lewe; *there is no* ~ *lost between them* hulle hou niks van mekaar nie, hulle kan mekaar nie uitstaan/veel/verdra nie; *madly in* ~ →*deeply/ desperately/hopelessly/madly; make* ~ *to s.o.* met iem. liefde maak *(of* seks hê), by iem. slaap, *(infml.)* met iem. ka=

foefel; *marry for* ~ uit liefde trou; ~ *of money* hebsug, geldgierigheid; *for* ~ *or money, (infml.)* hoe ook al; *not for* ~ *or money, (infml.)* nie vir geld of mooi woorde nie, vir geen geld nie; ~ *of nature* natuurliefde; ~ *of one's neighbour* naasteliefde; *have no* ~ *for s.t.* nie van iets hou nie; *old* ~ *never dies* (or *lies deep)* ou liefde roes nie; *an old* ~ 'n ou liefde; ~ *of order* ordeliewendheid; *be out of* ~ nie meer verlief wees nie; *do s.t. out of* ~ *for s.o.* iets uit liefde vir iem. doen; *play for* ~ nie vir geld speel nie; *s.o.'s* ~ *of self* iem. se eieliefde; *send one's* ~ groete/groetnis laat weet; *unrequited* ~ onbeantwoorde liefde; *all's fair in* ~ *and war* in die liefde en in oorlog is alles geoorloof; ~ *will find a way* die liefde maak altyd 'n plan; *win s.o.'s* ~ iem. se liefde verwerf; *(yours) with* ~ met liefdegroete. **love** *ww.* liefhê, bemin, baie hou van, lief wees vir, dol wees op/oor; graag wil (hê); (baie) geniet; ~ *s.o. dearly/deeply* iem. innig liefhê; ~ *me,* ~ *my dog, (sprw.)* wie my liefhet, moet my vriende op die koop toe neem; *s.o.* ~*s doing* (or *to do) s.t.* iem. doen graag iets; *s.o.* ~*s it* iem. hou baie daarvan; iem. geniet dit; iem. kan nie genoeg daarvan kry nie; ~*d ones* dierbares; *s.o.* ~*s swim=ming/etc.* iem. swem/ens. graag; *I* ~ *that!* dis kostelik!; *I'd* ~ *to ...* ek sou baie graag (*of* dolgraag) (wil) ...; *I'd* ~ *to!* graag!. ~ **affair** liefdesverhouding, romanse. ~**bird** parkiet; *a couple/pair of* ~*s, (infml.)* 'n verliefde paartjie. ~**bite** lief=desbyt. ~ **child** *(euf.: buite-egtelike kind)* liefdeskind. ~ **feast** *(Chr. teol.)* liefdemaal; →AGAPE². ~ **game** *(tennis)* strooppot, =spel. ~ **generation** hippiegeslag, =generasie. ~ **god** lief=degodjie. ~ **grass:** *Cape* ~ ~, *(Eragrostis capensis)* hartjies=gras; *Lehmann's* ~ ~, *(E. lehmanniana)* knietjiesgras; *(weep=ing)* ~ ~, *(E. curvula)* oulandsgras. ~ **handles** *n. (mv.),* *(skerts.)* rolletjies *(o.d. heupe).* ~~**hate relationship** liefde=haat-verhouding. ~~-**in-a-mist** *(bot.: Nigella damascena)* juf=fertjie-in-die-groen, duiwel-in-die-bos, vinkelblom; →FEN=NEL. ~ **interest** *(filmk. ens.)* liefdesbelangstelling, geliefde *(v.d. hoofkarakter).* ~ **knot, lover's knot** liefdesknoop. ~ **letter** liefdes=, vry=, minnebrief. ~~**lies(-a)-bleeding** *(bot.: Amaranthus caudatus)* hanekam, nooienslok; amarant. ~ **life** liefdeslewe. ~**making** liefdemaak, =makery; seks. ~ **match** huwelik uit liefde. ~ **nest** liefdesnessie. ~ **plant** *(Anacampseros papyracea)* moerplantjie, gansmis, haaskos, hasie(s)kos. ~ **poem** liefdesgedig, minnedig, =lied. ~ **poetry** liefdespoësie. ~ **potion** liefdesdrank(ie), =doepa. ~ **seat** op=sitbank. ~ **set** *(tennis)* stroopstel. ~**sick** smoor=, dood=, dol=verlief. ~**sickness** smoorverliefdheid. ~ **song** liefdes=, min=nelied(jie). ~ **story** liefdesverhaal, =geskiedenis. ~ **token** liefde(s)pand, liefdeblyk. ~ **triangle** liefdesdriehoek.

**lov(e)·a·ble** lief, beminlik, innemend, lieftallig, dierbaar, minlik. **lov(e)·a·ble·ness** beminlikheid, innemendheid, lief=talligheid.

**love·less** liefdeloos; onbemin(d). **love·less·ness** liefde=loosheid; onbemindheid.

**love·ly** lieflik, pragtig, baie mooi; dierbaar, lief, skatlik; al=lerliefs, allerfraais, allerpragtigs; *(infml.)* heerlik, baie lekker; *too* ~ *for words* wondermooi. **love·li·est:** *the* ~ *creature conceivable* die liefs denkbare skepseltjie. **love·li·ness** lief=likheid; beminlikheid; aanvalligheid; heerlikheid; lekkerte.

**lov·er** kêrel, vryer; minnaar; minnares; geliefde; liefhebber; bewonderaar; *(i.d. mv.)* verliefde paar(tjie). ~**boy** *(sl.)* kêrel, ou.

**lov·ers' lane** vryerslaantjie.

**lov·ey** *(Br., infml.)* liefie, hartjie. ~~-**dovey** *n.* skatlam(metjie). ~~-**dovey** *adj.* liefies, verliefderig, klouerig.

**lov·ing** liefhebbend, liefdevol, liefderik; toegeneë *(vriend);* *a* ~ *kiss* 'n liefdevolle soen, 'n liefdesoen; *in* ~ *memory* in liefdevolle herinnering. ~ **kindness** vriendelike goedheid, liefde, goedertierenheid. **lov·ing·ly** liefderik; liefies.

**low¹** *n.* laagtepunt; *(met.)* laag, laagdrukgebied, depressie; *be at* (or *reach) an all-time* ~ laer as ooit wees; *be at a* ~ *by* 'n laagtepunt wees; *reach a new* ~ 'n nuwe laagtepunt bereik.

**low** *adj. & adv.* laag; plat; min, amper/byna op; klein, gering; nederig; sag; gemeen, veragtelik; neerslagtig; swak *(pols, pasiënt, ens.)*; skraal *(dieet)*; ~ **altitude** geringe hoogte; *go as ~ as* ... tot ... daal; *a ~ bow* 'n diep buiging; ~ *down* laag (af), laag by die grond; *s.o. has fallen very ~*, *(fig.)* iem. is diep gesonke; *feel ~* bedruk/neerslagtig voel; *be ~ on s.t.*, *(infml.)* min van iets (oor)hê; *s.t. is running ~* iets raak *(of* is byna) op, iets word min; *sing ~* laag sing. ~- **alcohol beer** lae-alkoholbier. ~-**angle(d)** vlakhoekig. ~**boy** *(Am.)* laaitafel. ~**brow** *adj., (infml., neerh.)* filistyns, platvloers. ~-**budget** *adj. (gew. attr.):* ~ *film* laekosteprent, goedkoop vervaardigde prent. ~-**cal** *adj. (gew. attr.), (afk. v.* low-calorie) laekalorie-. ~-**carbon steel** koolarm staal, laekoolstaal. ~-**caste** *adj.* uit die/'n lae stand. **L~ Church** *(Angl. Kerk)* Low Church. ~-**class** *adj.* van lae klas, laeklas-; minderwaardig, sleg. ~ **comedy** klugspel. ~-**cost** goedkoop, met lae (produksie)koste, laekoste-; ~ *housing* goedkoop huisvesting. **L~ Countries** *n. (mv.): the ~* ~ die Nederlande, die Lae Lande. ~-**cut** diep uitgesny; ~ *neck* lae hals. ~**down** *n., (infml.): get the ~ on s.t.* die ware feite oor iets agterkom; *give s.o. the ~ on s.t.* iem. die ware feite oor iets meedeel. ~-**down** *adj., (infml.)* gemeen. ~-**fat** *adj. (attr.)* laevet- *(kaas, melk, ens.)*. ~-**flying** *adj. (attr.)* laagvlieënde *(vliegtuig, voël)*. ~ **frequency** *n.* lae frekwensie. ~-**frequency** *adj. (attr.)* laefrekwensie- *(sein ens.)*. ~ **gear** eerste/laagste rat. **L~ German** Nederduits; Platduits. ~ **grade** *n.* lae gehalte. ~-**grade** *adj.* van lae gehalte, minderwaardig; ~ *mine* arm myn, myn met 'n lae ertsgehalte; ~ *ore* arm/maer erts. ~-**heeled** met lae hak(ke); ~ *shoe* plathakskoen. ~-**impact** *adj. (attr.)* lae-impak- *(oefeninge, ontwikkeling, ens.)*. ~-**intensity** *adj. (attr.)* lae-intensiteit- *(konflik, oorlogvoering, ens.)*. ~-**key** beskeie *(geleentheid)*. ~**land** *n.* laagland; *the (Scottish) L~* die Skotse Laagland. ~**land** *adj.* laag(geleë). **L~ Latin** Laaglatyn. ~-**level bridge** laagwater-, spoelbrug. ~-**level language** *(rek.)* laevlaktaal. ~ **life** *n. (geen mv.)* boewewêreld. ~**life**-*lifes, n., (infml.)* skurk, skelm, skollie, boef; skuim, gespuis, skorriemorrie. ~**lights** *n. (mv.)* donker/swaar kleurstrepe *(in hare)*. ~**lying** laaggeleë *(terrein)*. **L~ Mass** *(RK)* gewone/stil mis. ~-**minded** gemeen, laag. ~-(**necked**) laag uitgesny, met die/'n lae hals, laehals-. ~-**paid**, ~-**salaried** laagbetaal(d). ~-**pitched**, ~-**toned** laaggestem, laag *(toon)*; sag (klinkend). ~ **point** laagtepunt. ~-**powered** *adj.* met geringe vermoë, laekrag-; ~ *car* laekragmotor. ~-**pressure** *adj. (attr.):* ~ *area, (met.)* laagdrukgebied, depressie, laag; ~ *system, (met.)* laagdrukstelsel, laag; ~ *tyre* laagdrukband. ~-**priced** laag in prys, goedkoop. ~ **profile:** *keep a* ~ ~ op die agtergrond *(of* eenkant) bly, jou op die agtergrond *(of* eenkant) hou, jou skaars/koes hou. ~ **relief** laag-, vlakreliëf. ~-**rider** *n., (Am., mot.)* straatskraper, teerklewer. ~-**rider** *adj. (attr.)* heup- *(jeans ens.)*. ~-**rise building** lae gebou. ~-**rise development** laagbouontwikkeling. ~-**risk** *adj. (attr.)* laerisiko- *(belegging ens.)*. ~ **season** *(toerisme)* buite-, laagseisoen. ~-**slung** laag hangend, met lae swaartepunt. ~-**spirited** neerslagtig, terneergedruk, bekaf, swaarmoedig, mismoedig. ~ **tech** *n., (afk. v.* low technology) lae tegnologie, laag-, laevlaktegnologie. ~-**tech** *adj., (soms skerts.)* laetegnologie-, laagtegnologies. ~ **tension** *n., (elek.)* lae spanning. ~-**tension** *adj. (attr):* ~ *cable* laagspanningskabel; ~ *current* swakstroom. ~ **tide** laagwater. ~**veld** laeveld; *the L~, (SA, geog.)* die Laeveld. ~-**voiced** met die/'n sagte/lae stem. ~ **voltage** lae spanning, swakstroom. ~-**voltage engineering** swakstroomtegniek. ~-**wage** *adj. (attr.)* laagbesoldigde, sleg betaalde *(werker ens.)*; swak betalende *(beroep ens.)*; laeloon- *(ekonomie)*; ~ *countries* lande met lae lone. ~ **water** laagwater; *in ~ ~, (fig.)* in geldnood, platsak. ~-**water mark** laagwaterlyn.

**low²,** **low·ing** *n.* (ge)bulk, geloei. **low** *ww.* bulk, loei.

**low·er** *adj. & adv.* laer; swakker; nederiger, geringer; minder; onder-, benede-; onderste; ~ *down* laer af, meer ondertoe; *the ~ part of the body* die onderlyf. **low·er** *ww.* afbring; neerlaat, laat sak; neerhaal, stryk *('n vlag)*; laer maak; laer

stel; afklap; verlaag, verminder *('n prys); ('n prys)* daal, sak; sagter/swakker word; domp *('n lig)*; verswak; verlaag, verneder; ~ *one's eyes* jou oë neerslaan; ~ *o.s.* jou verlaag; ~ *one's voice* sagter praat, jou stem laat sak. ~ **case** onderkas, kleinletter(s). **L~ Church Street** Onder-Kerkstraat. ~ **class(es)** *(vero.)* →WORKING CLASS(ES). ~ **deck** onderdek, benededek. **L~ Egypt** Laag-Egipte, Benede-Egipte. ~ **house**, ~ **chamber** *(parl.)* laerhuis; →UPPER HOUSE. ~ **income group(s)** minder gegoedes/bemiddeldes. **L~ Jurassic** *(geol.): the ~* ~ die Neder-Jura, die vroeë Jurassiese tydperk. ~ **limit** onderste grens. ~ **lip** onderlip. **L~ Nile:** *the ~* ~ die Benede-Nyl. ~ **reaches** onderloop *(v. 'n rivier)*. ~ **regions** *(arg.)* die onderwêreld. **L~ Rhine:** *the ~* ~ die Neder-Ryn.

**low·er·ing** *n.* verlaging; neerlating; daling.

**low·er·most** laagste.

**low·est** laagste, onderste; kleinste. ~ **common denominator** *(wisk.)* kleinste gemene/gemeenskaplike noemer; *(fig., dikw. neerh.)* kleinste gemene deler. ~ **common multiple** *(wisk.)* kleinste gemene veelvoud.

**low·ly** eenvoudig, nederig, beskeie, gering. **low·li·ness** eenvoudigheid, nederigheid, beskeidenheid, geringheid.

**low·ness** laagheid; geringheid; swakheid; gemeenheid.

**lox¹** *n., (Am. kookk.)* gerookte salm.

**lox²** *n., (afk. v.* liquid oxygen) vloeibare suurstof.

**loy·al** getrou, lojaal; ~ *service* toegewyde diens; *be ~ to* ... aan ... (ge)trou wees, teenoor ... lojaal wees.

**loy·al·ist** *n.* (ge)troue onderdaan/aanhanger; lojalis, lojale (persoon). **loy·al·ist** *adj.* lojalisties. **loy·al·ism** lojalisme.

**loy·al·ty** getrouheid, trou, lojaliteit; *unswerving ~* onwrikbare trou. ~ **card** *(han.)* lojaliteitskaart. **L~ Islands** *(geog.)* Lojaliteitseilande.

**loz·enge** *(med.)* suigtablet, -pil; *(geom.)* ruit; *cough ~* hoeslekker. ~-**shaped** ruitvormig.

**loz·enged** ruitvormig; met ruitjies, geruit.

**lube** *n., (infml.)* smeer(middel). **lube** *ww., (infml.)* smeer.

**lu·bri·cant** *n.* masjien-, smeerolie; smeer(middel), ghries. **lu·bri·cant** *adj.* gladmakend, smerend.

**lu·bri·cate** olie, smeer, gladmaak, glad maak; *lubricating oil* smeerolie. **lu·bri·ca·tion** smering, (die) olie, (die) smeer; omkopery; *forced ~* druksmering. **lu·bri·ca·tor** smeerder; smeer, smeerbus; oliepotjie, ghriespotjie; oliekannetjie.

**lu·cerne** →ALFALFA.

**Lu·cerne** *(geog.)* Luzern; *Lake of ~* Vierwoudstedemeer.

**lu·cid** helder, duidelik, deursigtig; maklik verstaanbaar; *(poët., liter.)* blink(end), skitterend; *a ~ moment* 'n helder oomblik. **lu·cid·i·ty** helderheid, duidelikheid; blinkheid, skittering.

**Lu·ci·fer** Lucifer, Satan.

**luck** *n.* geluk; toeval; *have bad ~* teenspoed/teëspoed kry, ongelukkig wees, dit ongelukkig tref; sleg vaar; *it was plain bad ~* dit was blote teenspoed/teëspoed; *s.o. is pursued by bad ~* die ongeluk ry iem.; *bad ~!* dis jammer/ongelukkig!; *better ~ next time!* dalk gaan dit 'n volgende keer beter!; *be down on one's ~* in die nood wees/sit, in die/'n verknorsing wees/sit, ongelukkig wees, geen geluk hê nie; moedeloos wees; *be the ~ of the draw* blote geluk wees; *for ~* om geluk te bring; *good ~* 'n geluk; 'n gelukskoot; *good ~!* alles van die beste!, alle heil/sukses/voorspoed!, dit gaan jou goed/wel!; *by good ~* by geluk; *as a stroke of* ~ per geluk; *good ~ to him/her!, (iron.)* eerder hy/sy as ek!; *have the ~ to ...* die geluk hê om te ...; *as ~ would have it* soos die toeval/geluk dit wou hê; *ill ~* teenspoed, teëspoed; *as ill ~ would have it* soos die ongeluk dit wou hê; *s.o. is in ~, s.o.'s ~ is in* iem. is gelukkig *(of* het geluk *(of* tref dit gelukkig/goed); *(it's) just my ~* so gaan dit maar met my; *s.o. is out of ~, s.o.'s ~ is out* iem. is *(of* tref dit) ongelukkig, die geluk is teen iem.; *have a piece of (good)* ~ →stroke/piece; *push one's ~ (too far), (infml.)* te veel waag, jou geluk uittart; *it is rotten/rough/tough*

~, *(infml.)* dit is regtig 'n jammerte *(of* 'n nare teenspoed/ teëspoed); *have* **rotten/rough/tough** ~, *(infml.)* teenspoed/ teëspoed hê; *s.o.'s* ~ *has* **run out** die geluk het iem. verlaat; *it's* **sheer** ~ dis pure geluk; *more* ~ *than skill* meer geluk as wysheid; *by a* **stroke** *of* ~ per geluk; *have a* **stroke/piece** *of (good)* ~ 'n gelukskoot/meevaller(tjie) kry; *no* **such** ~, *(infml.)* ongelukkig/helaas nie; *trust to* ~ op goeie geluk afgaan, iets op goeie geloof doen, op die geluk vertrou, hoop alles sal regkom; *try one's* ~ jou geluk beproef, dit probeer/waag; *s.o.'s* ~ *has* **turned** dit gaan voorspoediger met iem., iem. se fortuin het verander; *what (a piece of)* ~*!* wat 'n geluk!; *with* ~ *s.o.* ... as iem. gelukkig is, kan/sal hy/sy ...; *without* ~ sonder geluk; sonder sukses; *worse* ~, *(infml.)* ongelukkig (genoeg). **luck** *ww.:* ~ *out*, *(Am., infml.)* gelukkig wees, dit gelukkig tref; ~ *(up)on* ..., *(infml.)* op ... afkom, ... toevallig kry/raakloop.

**luck·i·ly** gelukkig; ~ *for s.o. it was wrong* gelukkig was dit verkeerd.

**luck·i·ness** geluk(kigheid).

**luck·less** ongelukkig, rampspoedig. **luck·less·ness** ongelukkigheid, rampspoedigheid.

**luck·y** *adj.* gelukkig; gelukbringend; *be* ~ gelukkig wees, geluk hê; *s.o. can* **consider** *him-/herself* ~ dis iem. se geluk, iem. kan van geluk praat; *s.o. was* ~ **enough** *to* ... iem. het die geluk gehad om te ...; *get* (or **strike** *it)* ~ 'n geluk(slag) kry; *a* ~ *hit/shot* 'n gelukskoot; ~ **person** gelukkige; ~ **you!** jy's darem 'n gelukskind/-voël!, jou gelukkige blikskottel!. ~ **dip** grabbelsak. ~ **draw** gelukkige trekking, gelukstrekking. ~ **packet** gelukspakkie.

**lu·cra·tive** winsgewend, voordelig, rendabel. **lu·cra·tive·ness** rendabiliteit.

**lu·cre** *(gew. pej.)* wins, voordeel; *filthy* ~ swart geld, oneerlike gewin.

**Lud·dite** *(Eng. gesk.)* Luddiet; *(infml.)* reaksionêr, verkrampte, konserwatief *(gekant teen tegnol. vooruitgang).*

**lu·di·crous** belaglik, bespotlik, verspot, lagwekkend.

**lu·do** *(speletjie)* ludo.

**lug**[1] -*gg*-, *ww.* sleep, trek; piekel; ~ *s.t. along* iets saamsleep; iets saampiekel; ~ *at s.t.* aan iets trek; aan iets ruk en pluk; ~ *s.t. into a conversation/discussion* iets by 'n gesprek/bespreking insleep. ~**(box)** sleepkassie.

**lug**[2] *n.* handvatsel, oor; oorklap, oorlap; *(masj.)* hingsel; uitsteeksel; tap; neus; klou; *(masj.)* tandjie; verbindingsplaat; *(hoofs. Am. sl.)* domkop.

**luge** *n.* slee. **luge** *ww.* op 'n slee ry; met 'n slee ja(ag).

**lug·gage** bagasie, passasiersgoed; *excess* ~ oorbagasie, oorgewig aan bagasie. ~ **boot** bagasiebak. ~ **carrier** karet; bagasierak. ~**compartment** bagasieruim. ~**rack** bagasierak. ~ **room** pakruimte. ~ **strap** pakriem. ~ **van** bagasiewa.

**lug·ger** *(sk.)* logger.

**lug·sail** *(sk.)* loggerseil.

**lu·gu·bri·ous** treurig, somber, luguber. **lu·gu·bri·ous·ness** treurigheid, somberheid.

**lug·worm** *(Arenicola spp.)* seewurm, borselwurm.

**Luke** *(NT)* Lukas.

**luke·warm** lou, louwarm; *s.o.'s reaction was* ~ iem. se reaksie was maar so-so.

**lull** *n.* (rukkie) stilte/rus; afbreking, verposing, bedaring, stilstand; windstilte; *a* ~ *in the conversation* 'n pouse in die gesprek; *the* ~ *before the storm* die stilte voor die storm. **lull** *ww.* sus; kalmeer, paai, stil; wieg; bedaar, gaan lê; ~ *s.o. to sleep* iem. aan die slaap sus.

**lull·a·by** wiegelied(jie), slaaplied(jie).

**lu·lu** *(Am. sl.)* uitsonderlike mens/ding.

**lum·ba·go** -*gos* lendepyn, lendejig, spit (in die rug).

**lum·bar** *(anat.)* lumbaal, lende-, van die lende; ~ *hernia* lendebreuk; ~ *puncture* lumbale punksie, lendesteek; ~ *region* lendestreek.

**lum·ber**[1] *n.* (ruwe) timmerhout. **lum·ber** *ww., (hoofs. Am.)* kap, saag, vervoer *(hout);* ~ *s.o. with s.t., (infml.)* iem. met iets opsaal; *be* ~*ed with s.t., (infml.)* met iets opgesaal sit/ wees; oorlaai wees met iets *(take ens.).* ~**jack**, ~**man** -*men, (hoofs. in N.Am.)* boswerker, houtkapper. ~**jacket** bosbaadjie, (toe)ritsbaadjie. ~**(man's) saw** treksaag. ~ **mill** saagmeul(e).

**lum·ber**[2] log beweeg; ~ *up* aangerol kom.

**lu·men**[1] *lumens, (fis., afk.:* lm*)* lumen.

**lu·men**[2] *lumina, (anat.)* buisholte; *(bot.)* selholte.

**lu·mi·nar·y** invloedryke persoon, iem. van aansien; *(poët., liter.)* bron van lig.

**lu·mi·nes·cence** *(fis.)* luminessensie. **lu·mi·nes·cent** ligtend, luminesserend, liggewend.

**lu·mi·nous** liggewend, ligtend, glimmend, skitterend, stralend; ophelderend; lumineus; ~ **dial** glimwys(t)erplaat; ~ **paint** glimverf; ~ **source** ligbron; ~ **strip** glimstrook. **lu·mi·nos·i·ty** skittering, helderheid, ligsterkte, liggewendheid.

**lump**[1] *n.* stuk, klont; homp; klomp, hoop; kluit; massa; knop, bult; *(infml.)* bonk, pokkel; lummel; *in a* ~ op een slag; *a* ~ *of sugar* 'n klontjie suiker, 'n suikerklontjie; *a* ~ *in the throat* 'n knop in die keel. **lump** *ww.* opeenhoop, bymekaargooi; opbondel; (saam)koek; hope/klompe vorm/maak; ~ *s.t.* **down** iets neerplak/neerplof; ~ *everything* **on** ... alles op ... wed/waag; ~ *things* **together** dinge saamgooi; ~ *people/ things* **together** mense/dinge oor een/dieselfde kam skeer; mense/dinge saam klassifiseer. ~ **sugar** klont(jie)suiker, broodsuiker. ~ **sum** een bedrag, enkelbedrag.

**lump**[2] *ww., (infml.)* verdra; aanvaar; *if s.o. doesn't like it, he/she can* ~ *it, (infml.)* as iem. nie daarvan hou nie, kan hy/sy maar gaan doppies blaas; *s.o.'ll just have to like it or* ~ *it, (infml.)* iem. sal maar moet vat wat hy/sy kry.

**lum·pec·to·my** -*mies, (med.)* lumpektomie.

**lum·pen** *adj., (neerh.)* kru, onbeskof, agterlik, dom; misvorm(d), wanstaltig, verwronge.

**lump·i·ness** klonterigheid.

**lump·ish** lomp, swaar; onnosel; dooierig; klonterig; knopperig. **lump·ish·ness** lompheid; onnoselheid; dooierigheid; klonterigheid.

**lump·y** knopperig, bulterig; klonterig, gekoek; →LUMPINESS. ~ **sea** woelige see.

**lu·na·cy** *(hoofs. fig.)* kransinnigheid, malheid.

**lu·nar** *adj.* maan(s)-, van die maan; halfmaanvormig; lunaries. ~ **cycle** maankringloop, -siklus, -sirkel. ~ **distance** maanafstand. ~ **(excursion) module** *(afk.:* LEM*)* maanlandingstuig. ~ **month** maanmaand. ~ **observation** maanwaarneming. ~ **year** maanjaar.

**lu·nate** halfmaanvormig; halfmaan-.

**lu·na·tic** *n. (vero. of pej.)* kransinnige, waansinnige, mal mens; *(fig.)* gek, idioot. **lu·na·tic** *adj.* kransinnig, mal, gek. ~ **fringe** fanatiese randeiers, getikte randfigure.

**lu·na·tion** *(astron.)* maansomloop, lunasie.

**lunch** *n.* middagete, middagmaal(tyd), noenmaal; *before/ after* ~ voor/ná (die) middagete; *do* ~, *(infml.)* vir middagete ontmoet, saam (middagete) (gaan) eet; *there's no such thing as a* **free** ~, *(sprw.)* niks val sommer in jou skoot nie, jy kry niks vir niks (en baie min vir 'n sikspens/trippens); *have* ~ ('n) middagete geniet/nuttig, gaan eet; *s.o. is* **out** *for/to* ~ iem. het die gaan eet; *out to* ~, *(ook, infml.)* van stryk (af); die kluts kwyt; ~ *is* **served** die ete/kos is/staan op (die) tafel, die middagete is gereed. **lunch** *ww.* ('n) middagete geniet/ nuttig, gaan eet; 'n noenmaal/middagete aanbied; ~ *out* uitgaan vir middagete. ~**box** kosblik. ~ **hour** middaguur, etensuur. ~**time:** *at* ~ in die middaguur; met etenstyd.

**lunch·eon** *(fml.)* noenmaal, middagete. ~ **voucher** etekaartjie.

**lune** halfmaan, halwemaan; boltweehoek.

**lu·nette** plat horlosieglas; oogklap *(v. 'n perd); (mil.)* bril-skans, lunet; gewelfvenster, halfmaanvenster, lunet.

**lung** long; *at the top of one's* ~*s* uit volle bors; skreeuend. ~**fish** longvis. ~**worm** longwurm.

**lunge**[1] *n.* uitval; stoot, steek; sprong. **lunge** *ww.* uitval; stoot, steek; (weg)spring; slaan; skop; ~ *(out) at s.o.* na iem. slaan/skop/steek; *the dog* ~*d at s.o.* die hond het na iem. gehap.

**lunge**[2], **longe** *n.* lonsriem. **lunge, longe** *ww.* (laat) lons *('n perd).*

**lu·nu·la** *-lae,* **lu·nule** *-nules* naelmaantjie.

**lu·pin(e)** wolfsboon(tjie), lupien.

**lu·pine** wolfagtig, wolf-.

**lu·pus** *(patol.)* lupus, huid-, veltering, vretende uitslag. **lu·pous, lu·poid** lupusagtig, lupus-.

**lurch**[1] *n.* slingering, (die) slinger, (die) steier; *give a* ~ ruk. **lurch** *ww.* slinger, steier, skielik eenkant toe rol/val; *(infml.)* twee rye spore loop.

**lurch**[2] *n.: leave s.o. in the* ~ iem. in die steek laat.

**lure** *n.* lokaas; verlokking; lokmiddel; lokstem, -roep. **lure** *ww.* (aan)lok; ~ *s.o. away* iem. weglok/wegrokkel; ~ *s.o. on* iem. aanlok/verlok.

**lu·rid** skel, skreeuend *(kleure);* onaangenaam, aaklig, skok-kend; onsmaaklik, afstootlik; sensasioneel. **lu·rid·ness** felheid *(v. kleure);* aakligheid, skokkendheid.

**lurk** *n.: be on the* ~ op die loer wees. **lurk** *ww.* wegkruip, skuil; op die loer lê; verborge wees; ~ *about/around* rondsluip. **lurk·er** loerder, spioen.

**lurk·ing** *adj. (attr.)* onduidelike *(gestalte, voorwerp);* vae *(vermoede);* heimlike *(vrees);* verskuilde *(gevaar).*

**lus·cious** heerlik, aanloklik; wulps, wellustig, sin(ne)lik; soetlik, heuningsoet; sappig. **lus·cious·ness** aanloklikheid; wulpsheid; (oor)soetheid.

**lush**[1] *adj.* geil, welig; sappig, mals; oordadig; *(infml.)* wulps. **lush·ness** sappigheid, malsheid; geilheid, weligheid; oordadigheid.

**lush**[2] *n., (hoofs. Am. sl.)* dronklap.

**lust** *n.* wellus, sin(ne)like lus, geilheid; begeerte; ~ *for/of life* lewenslus, lewensdrang; ~ *for/of money* geldsug. **lust** *ww.* vurig begeer; ~ *after/for s.o./s.t.* iem./iets vurig begeer. **lust·ful** wellustig, wulps, geil; →LUSTY; ~ *of ...* begerig na ...

**lus·tral** reinigings-, suiwerings-.

**lus·tre, (Am.) lus·ter** (lig)glans; skittering; luister, roem, glorie; (kroon)lugter, kroonkandelaar; glansstof; *add* ~ *to* ... luister aan ... verleen, ... beroemd maak; *s.t. loses its* ~ iets verloor sy glans. ~ **black** glansswart. ~ **cloth** glansstof.

**lus·tre·less, (Am.) lus·ter·less** glansloos, mat.

**lus·trous** luisterryk, glansryk, roemryk, glansend, glimmend. **lus·trous·ness** luister, glans.

**lust·y** sterk, fris en gesond, fors; opgewek. **lust·i·ly** kragtig, flink, lewendig; met mag en krag. **lust·i·ness** krag, flinkheid; opgewektheid.

**lute**[1] *n., (mus.)* luit. **lu·te·nist, lu·ta·nist** luitspeler, -speelster, luitis.

**lute**[2] *n.* kit(middel), kitlym, kleefstof, lym. **lute** *ww.* toesmeer, dig smeer, lugdig maak, (ver)kit; smeer, bestryk; bevloei.

**lu·te·in** *(biochem.)* luteïen, bladgeel. **lu·te·ous** *adj., (biol.)* oranjegeel.

**lu·te·ti·um** *(chem., simb.: Lu)* lutesium.

**Lu·ther·an** *n.* Lutheraan. **Lu·ther·an** *adj.* Luthers; van Luther; ~ *Church* Lutherse Kerk. **Lu·ther·an·ism** Lutheranisme, Lutherse leer.

**luv** *(Br., infml.)* skattebol, skat(tie).

**lux** *lux, (fis., beligtingseenheid, afk.: lx)* lux.

**luxe:** *de* ~ luukse, weelde-; *edition de* ~ luukse uitgawe, prag-uitgawe, bibliofiele uitgawe.

**Lux·em·bourg** *(geog.)* Luxemburg. **Lux·em·bourg·er** Luxemburger. **Lux·em·burg·ish** *n., (dial.)* Luxemburgs.

**lux·u·ri·ant** geil, welig; bloemryk *(styl).* **lux·u·ri·ance** geilheid, weligheid.

**lux·u·ri·ate** weelderig *(of in weelde)* lewe, luilekker lewe; welig groei; jou verlustig *(in);* ~ *in s.t.* ten volle van iets geniet; *(plante)* in iets gedy; in iets swelg *(oorvloed ens.).*

**lux·u·ri·ous** weelderig; oordrewe gemaksugtig; prag-; wel-lustig; luuks(ueus).

**lux·u·ry** *n.* weelde, luukse; weelderigheid, oordaad; genot-middel, lekkerny; genot; weeldeartikel, luukse artikel; *in-dulge in a* ~ jou 'n weelde veroorloof; *live in (the lap of)* ~ in weelde/oordaad/oorvloed leef/lewe. **lux·u·ry** *adj. (attr.)* luukse, weelde-. ~ **bus** luukse bus, weeldebus. ~ **hotel** weel-dehotel. ~ **tax** weeldebelasting.

**ly·can·thrope** *(mit.)* weerwolf. **ly·can·thro·py** *(mit.)* (die) verandering in 'n weerwolf.

**Ly·ce·um** *the* ~, *(Gr. filos., hist.)* die Lyceum.

**ly·chee** →LITCHI.

**ly·co·pod, ly·co·po·di·um** *(bot.)* wolfsklou. ~ **dust,** ~ **powder** stuif-, strooipoeier.

**Ly·cra** *(tekst.)* lycra.

**lye** loog, loogwater. ~ **bush** *(Psilocaulon* spp.*)* as-, loogbos; *(Atriplex* spp.*)* brak-, soutbos; *(Salsola* spp.*)* brak-, soutganna, ganna(bossie).

**ly·ing**[1] *n.* liegery, geliег, leuentaal. **ly·ing** *adj., (teenw.dw. v.* lie[1] *ww.)* leuenagtig.

**ly·ing**[2] *n.* (die) lê; lêplek; *soft* ~ sagte lêplek/lê. **ly·ing** *adj. & adv., (teenw.dw. v.* lie[2] *ww.)* lêend; geleë; *take s.t.* ~ *down* iets sluk *(of gedwee verdra); not take s.t.* ~ *down* jou teen iets verset; *leave s.t.* ~ *somewhere* iets êrens laat lê; *s.t. is* ~ *on/under the table/etc.* iets lê op/onder die tafel/ens. ~**-in-state** staatsieligging.

**lymph** *(fisiol.)* limf; weefselvog; *(poët., liter.)* suiwer water. ~ **gland,** ~ **node** limfklier.

**lym·phat·ic** *n.* limfvat. **lym·phat·ic** *adj., (fisiol.)* limfaties, limf-. ~ **system** limfstelsel, -sisteem.

**lym·pho·cyte** *(fisiol.)* limfosiet, limfsel.

**lym·phoid** *(anat. & med.)* limfoïed, limf-.

**lym·pho·ma** *-mas, -mata, (med.)* limfoom, limfselgewas.

**lynch** *ww.* lynch. ~ **law** lynchwet.

**lynx** *lynx(es), (soöl., Eur., N.Am.)* los. ~**-eyed** met katoë, skerp-siende, oplettend.

**Ly·ra** *(astron.)* die Lier, Lyra.

**ly·rate, ly·rat·ed** *(biol.)* liervormig.

**lyre** *(mus.)* lier. ~**-shaped** liervormig.

**lyr·ic** *n.* liriese gedig; *(i.d. mv.)* lirieke, woorde *(van 'n liedjie).* **lyr·ic, lyr·i·cal** *adj.* liries; ~ *poet* liriese digter, lierdigter, lirikus. **lyr·i·cism** liriese aard/karakter/toon, geesdrif, lirisme. **lyr·i·cist** liedjieskrywer; lirikus.

**ly·ser·gic:** ~ **acid** diethylamide *(afk.: LSD)* lisergiensuur diëtielamied.

**ly·sine** *(biochem.)* lisien.

**ly·sis** *lyses, (biol.)* vervloeiing, oplossing, langsame daling.

**Ly·sol** *(handelsnaam)* Lysol.

**ly·so·zyme** *(biochem.)* lisosiem.

# Mm

**m, M** *m's, M's, Ms, (dertiende letter v.d. alfabet)* m, M; em; Romeinse syfer 1000; *little m* m'etjie; *small m* klein m. **M-roof** tweegeweldak, M-dak.

**ma** *mas, (infml.)* ma.

**ma'am** *(afk. v. madam)* mevrou.

**maas, a·ma·si** *(Ngu.)* suur=, dikmelk.

**maas·bank·er** *(SA, igt.)* marsbanker, ma(a)sbanker.

**ma·bel·a, ma·bel·e** *(Tsw.)* mabela=, mabêla=, graansor=ghum(pap).

**mac** *(Br., infml.)* →MAC(K)INTOSH.

**ma·ca·bre** aaklig, griesel(r)ig, grillerig, makaber; dode=.

**ma·ca·co** *=cos, (Lemur spp.)* maki, lemur, vosaap.

**mac·ad·am** macadam. ~ **road** macadampad.

**mac·a·da·mi·a** *(bot.)* macadamia, makadamia. ~ **nut** maca=damia=, makadamianeut.

**ma·caque** *(Ouwêreldse aap)* makaak, uil=, kuifaap.

**mac·a·ro·ni** *=ni(e)s, (It. kookk.)* macaroni. ~ **cheese** maca=roni-en-kaas.

**mac·a·roon** makrol(letjie), amandel=, bitterkoekie; klap=perkoekie.

**ma·caw** ara(papegaai).

**Mace** *n., (Am. handelsnaam: soort traangas)* Mace. **Mace** *ww., (dikw. m~)* met Mace bestook, Mace na ... spuit.

**mace**[1] *(spesery)* foelie. ~ **oil, oil of** ~ muskaatolie.

**mace**[2] *(amp)*staf, roede; *(hist.)* knots. ~**bearer** staf=, roede=draer.

**mac·er·ate** week, sag maak/word, masereer; uitloog. **mac·er·a·tion** (deur)weking, maserasie, maserering, uitloging.

**Mach:** ~ **(number)** *(lugv.)* Mach(getal).

**ma·chet·e, match·et** kapmes, panga.

**Mach·i·a·vel·li·an** *n.* Machiavellis. **Mach·i·a·vel·li·an** *adj.* Machiavelliaans, gewete(n)loos, dubbelhartig. **Mach·i·a·vel·li·an·ism** Machiavellisme.

**ma·chin·a·ble** verwerkbaar, masjineerbaar.

**mach·i·nate** saamsweer, konkel, planne *(of 'n komplot)* smee, intrigeer; beraam. **mach·i·na·tion** intrige, sameswe=ring, konkelary, knoeiery, masjinasie. **mach·i·na·tor** intri=gant, sameswerder.

**ma·chine** *n., (ook fig.)* masjien, toestel, werktuig. **ma·chine** *ww.* masjineer, met 'n masjien afwerk. ~**-finished** met masjienafwerking, masjinaal afgewerk; gemasjineer(d). ~ **fitter** masjienmonteur. ~ **gun** *n.* masjiengeweer. ~**-gun** *ww.* met 'n masjiengeweer (neer)skiet. ~ **gunner** masjien=geweerskut(ter). ~**-knitted** masjiengebrei, met 'n masjien gebrei; ~ **fabric** masjienbreistof. ~**-made** masjiengemaak. ~**-moulded** masjiengevorm(de), met 'n masjien gevorm, masjinaal gevorm. ~**-readable** *(rek.)* masjien=, rekenaar=leesbaar. ~ **tool** stuk masjiengereedskap, masjiengereed=skapstuk, =werktuig. ~ **translation** masjienvertaling. ~**-washable** masjienwasbaar. ~ **work** masjienwerk, stikwerk; meganiese arbeid.

**ma·chin·er·y** masjinerie; meganiek; *(liter.)* kunsgrepe, =gre=pies, truuks; ~ *of government* staatsbestel, =bestuur, =masjien, landsbestuur.

**ma·chin·ing** masjinering, masjienafwerking, =bewerking, masjineerwerk.

**ma·chin·ist** masjinis; masjienwerker; masjienmaker; ma=sjienbediener.

**ma·chis·mo** machismo, hipermanlikheid.

**ma·cho** *=chos, n.* macho (man). **ma·cho** *adj.* macho, hipermanlik, (oordrewe) viriel.

**mack·er·el** *=el(s), (igt.)* makriel; *holy* ~*!, (infml.)* goeie ge=nugtig!. ~ **sky** lug met skaap=/kapokwolkies.

**mac(k)·in·tosh,** *(infml.)* **mac(k)** reënjas.

**mack·le, mac·ule** *n., (druk.)* mis=, skuifdruk.

**mac·ra·mé** macramé; kantknoopwerk.

**mac·ro** *(rek.)* makro.

**mac·ro·bi·ot·ic** *adj., (dieetk.)* makrobioties.

**mac·ro·cosm** makrokosmos, heelal. **mac·ro·cos·mic** *adj.,* **mac·ro·cos·mi·cal·ly** *adv.* makrokosmies.

**mac·ro·ec·o·nom·ic** *adj.* makro-ekonomies, makroëko=nomies. **mac·ro·ec·o·nom·ics** *n. (fungeer as ekv.)* makro-ekonomie, makroëkonomie.

**ma·cron** *(fonet.)* lengteteken, makron.

**mac·ro·nu·tri·ent** *(biol.)* makro-element, makroëlement, makrovoedingstof.

**mac·ro·phage** *(fisiol.)* makrofaag, grootvreetsel.

**mac·ro·scop·ic** makroskopies, megaskopies.

**mac·u·la** *=lae,* **mac·ule** *=ules, (anat.)* vlek. **mac·u·la lu·te·a** *maculae luteae* makula lutea, geel vlek *(op d. retina).* **mac·u·lar** gevlek. **mac·u·la·tion** vlek; bevlekking; gevlektheid; besoe=deling.

**mad** *adj.* gek, mal, van jou verstand af, kranksinnig, waan=sinnig; gek, mal, dwaas, onnosel, dom; *(infml.)* gek, mal, dol, versot; *(infml.)* kwaad, woedend, boos; *be* ~ *about/on* ..., *(infml.)* gek wees na ..., dol/versot wees op ..., mal wees oor ...; *be* ~ *at/with s.o., (infml.)* vir iem. kwaad wees; *a* ~ *dog* 'n dol hond; *drive/send s.o.* ~ iem. rasend/gek maak; *go* ~ gek/mal word; *(Am., infml.)* baie kwaad word; *(as)* ~ *as a hatter* (or *March hare)* stapelgek, so mal soos 'n haas; *s.o. is hopping* ~, *(ook, infml.)* iem. kan slange vang; *hopping/raving* ~, *(infml.)* smoorkwaad, briesend; *like* ~, *(infml.)* hewig, heftig; soos 'n besetene; vir die/'n vale, vir die vales; *s.o. must be* ~ *to* ... iem. moet mal wees om ... *(iets te doen/glo/ens.);* *a* ~ *venture* 'n malkop onderneming; *be* ~ *with* ..., *(infml.)* dol wees van ... *(vreugde ens.);* rasend wees van ... *(pyn ens.).* ~**cap** *n.* malkop, maltrap. ~**cap** *adj.* malkop. ~ **cow disease** *(infml. vir bovine spongiform encephalopathy* [BSE]*)* malbeessiekte. ~**house** *(infml.)* malhuis, gestig; *it's (like) a* ~ *(in) here, (infml.)* dit gaan dol hier. ~**man** *=men,* ~**woman** *=women* kranksinnige, waansinnige, mal man/vrou.

**Mad·a·gas·car** *n., (geog.)* Madagaskar. **Mad·a·gas·can** *n.* Madagas, Malgas. **Mad·a·gas·can** *adj.* Madagassies, Mal=gassies.

**mad·am** *(aanspreekvorm)* mevrou, juffrou; bordeeleienares; *(Br., infml.: aanstellerige vrou/meisie)* madam(pie). **M~ Chair** geagte voorsit(s)ter.

**ma·dame, mad·ame** *mesdames, (Fr.)* mevrou; madame.

**mad·den** rasend/woedend/mal/dol maak; mal word. **mad·dened** rasend. **mad·den·ing** *adj.,* **mad·den·ing·ly** *adv.* om van gek te word; sieltergend, irriterend, ergerlik, frustrerend; onuitstaanbaar; ondraaglik, onuithou(d)baar.

**mad·der** *(bot.: Rubia* spp.*)* krapwortel, meekrap; *(kleurstof)* turksrooi.

**made** *(verl.t. & volt.dw.)* gemaak; →MAKE *ww.; be ~ for* ... vir ... uitgeknip wees; *they are ~ for each other* hulle pas uitstekend by mekaar; *s.o. has ~ it* iem. se kop is deur; iem. het geslaag; *s.o. has (got) it ~, (infml.)* iem. se sukses is verseker; *~ in South Africa etc.* in Suid-Afrika/ens. vervaardig; *s.o. is ~ for life* (or a ~ *man/woman), (infml.)* iem. se toekoms is verseker; *s.t. is ~ of* ... iets word van ... gemaak, iets bestaan uit ...; *s.t. was ~ of* ... iets is van ... gemaak; *show s.o. what one is ~ of* iem. wys met wie hy/sy te doen/make het; *a South African etc. ~ article/product* 'n Suid-Afrikaans/ ens. vervaardigde artikel/produk; *be ~ to do s.t.* verplig word om iets te doen; *s.o. was ~ to* ... iem. moes ...; *it is ~ up of* ... dit bestaan *(of* is saamgestel*)* uit ... **~-to-measure** na maat gemaak; *~ suit* snyerspak. **~-up** opgemaak; afgewerk, kompleet; kunsmatig; versonne; *~ story* versinsel.

**Ma·dei·ra** *(geog.)* Madeira; madeirawyn. **~ cake** madeira-koek.

**mad·e·moi·selle** *mesdemoiselles, (Fr.)* mademoiselle, (me)-juffrou.

**mad·ly** gek, mal, dwaas, soos 'n besetene; *~ in love* smoor-, dolverlief.

**mad·ness** gekheid, malheid, kranksinnigheid, waansin; dwaasheid; raserny; *an act of ~* 'n waansinnige daad; *stark ~* louter(e)/pure kranksinnigheid/malheid.

**Ma·don·na** Madonna, Maagd Maria. **~ lily** madonnalelie, St. Josefslelie, wit lelie.

**ma·dras** *(tekst.)* madras; madras(serp).

**ma·dra·sa(h), me·dre·se** *(Moslemskool)* madressa, madrassa.

**mad·ri·gal** *(mus.)* madrigaal, minnelied. **mad·ri·gal·i·an** *adj.* madrigaal-. **mad·ri·gal·ist** madrigalis.

**mael·strom** maalstroom, draaikolk.

**mae·nad, me·nad** *(Gr. mit.)* menade, bacchante. **mae-nad·ic, me·nad·ic** *adj.* bacchanties, wild; waansinnig, rasend, dol, koorsagtig.

**ma·es·to·so** *-sos, n., (It., mus.)* majestueuse beweging/ passasie. **ma·es·to·so** *adj. & adv.* maestoso, majestueus, plegtig, statig.

**maes·tro** *-tros, -tri* maestro, meester.

**Ma·fi·a** Mafia. **ma·fi·o·so** *-osi, -osos* Mafialid.

**mag** *(infml.)* tydskrif; →MAGAZINE.

**mag·a·zine** tydskrif; pakhuis, loods, magasyn; kruithuis; magasyn *(v. 'n geweer).*

**Mag·da·le·ni·an** *n., (argeol.)* Magdalénien. **Mag·da·le-ni·an** *adj.* Magdalenies.

**Mag·el·lan·ic cloud** *(astron.)* Magellaanse Wolk/Vlek, Kaapwolk, Kaapse Wolk.

**ma·gen·ta** magenta, purperrooi.

**ma·ge·u** →MAHEWU.

**mag·got** maaier, wurm. **mag·got·y** vol maaiers.

**ma·gi** *n. (mv.): the (three) M~, (NT)* die (drie) sterrekykers *(of* wyse manne *[OAB])* uit die Ooste; →MAGUS. **ma·gi·an** *n.* towenaar; *(M~)* Magiër. **ma·gi·an** *adj.* magies; *(M~)* Magies.

**mag·ic** *n.* toor-, towerkuns; heksery; toor-, towerkrag; goëlery; *like (or as if by) ~* soos deur toor-/towerkrag, soos by *(of* met 'n) towerslag. **mag·ic** *adj.* toweragtig, betowerend, magies, tower-; *~ formula/spell* tower-, wonderspreuk, towerformule, -woord; *~ potion* towerdrank, doepa; *~ touch* towerslag; *~ wand* towerstaf; *~ word* towerwoord; *~ words* towerspreuk. **mag·ic** *magicked magicked; mag-icking, ww.* toor; *~ ... away* wegtoor. *~ bullet (med., infml.)* wondermiddel; wonderpil. *~ carpet (in sprokies)* towertapyt. *~ circle* towerkring; *(infml.)* binnekring. *~ eye (infml.)* instemoog *(v. 'n rad)*; fotosel, foto-elektriese sel *(in 'n hysbakdeur ens.).* *~* **mushroom** *(infml.: hallusinogene sampioen)* towersampioen. *~* **realism, magical realism** magiese realisme. *~* **realist** magiese realis. *~* **square** magiese vierkant.

**mag·i·cal** magies, toweragtig, betowerend.

**ma·gi·cian** towenaar; goëlaar; magiër.

**mag·is·te·ri·al** heersend; gesaghebbend; meesteragtig; magistraal; magistraats-, landdros-; *~ district* magistraats-, land-drosdistrik.

**mag·is·trate** magistraat; *(SA)* landdros; *~'s clerk* landdros-klerk; magistraatsklerk; *~'s court* landdroshof; magistraats-hof; *~'s office(s)* landdroskantoor; magistraatskantoor. **mag-is·tra·cy** *-cies,* **mag·is·tra·ture** *-tures* magistratuur, die ma-gistrate; magistraatskap; magistraats-, landdrosdistrik; magi-straats-, landdroskantoor.

**Mag·le·mo·si·an, Mag·le·mo·se·an** *n., (argeol.)* Magle-mosekultuur. **Mag·le·mo·si·an, Mag·le·mo·se·an** *adj.* Maglemose-.

**mag·lev** *(afk. v. magnetic levitation):* **~ (train)** magnetiese sweeftrein.

**mag·ma** *-mas, -mata, (geol.)* magma, gesmelte rots; vloeibare laag. **mag·mat·ic** magmaties.

**mag·nan·i·mous** grootmoedig, -hartig. **mag·na·nim·i·ty** grootmoedigheid, -hartigheid.

**mag·nate** magnaat; geldman.

**mag·ne·sia** *(chem.)* →MAGNESIUM OXIDE, MILK OF MAGNESIA. **~ wire** magnesiadraad.

**mag·ne·sian** *adj.* magnesiumhoudend, magnesia-; *~ lime-stone* dolomiet.

**mag·ne·si·um** *(chem., simb.: Mg)* magnesium. **~ oxide, magnesia** *(chem.)* magnesiumoksied, magnesia, bitteraarde. **~ sulphate** magnesiumsulfaat, Engelse sout.

**mag·net** magneet.

**mag·net·ic** magneties; *(infml.)* baie aantreklik. **~ declina-tion** magneetafwyking. **~ dip** magnetiese inklinasie, mag-neethelling. **~ field** magneetveld, magnetiese veld. **~ force** magnetiese krag, magneetkrag. **~ inclination** = MAGNETIC DIP. **~ induction** magnetiese induksie. **~ needle** mag-neetnaald. **~ north** magnetiese noorde. **~ ore** magnetiet. **~ pole** magnetiese pool. **~ resonance imager, MR imager/ scanner** *(med.)* magnetieseresonansiemasjien, -skandeer-der, -aftaster, MR-masjien, -skandeerder, -aftaster. **~ reso-nance imaging** *(afk.: MRI), (med.)* magnetieseresonansie-beelding *(afk.: MRB).* **~ storm** magnetiese storm. **~ strip, ~ stripe** *(op bankkaart ens.)* magneetstrook, -strokie. **~ tape** magneet-, opneemband.

**mag·net·i·cal·ly** magneties; *~ operated* magneties.

**mag·net·ics** *n. (fungeer as ekv.)* magnetisme.

**mag·net·ise, ize** magnetiseer, magneties maak; aantrek; mesmeriseer. **mag·net·is·a·ble, -iz·a·ble** magnetiseerbaar. **mag·net·i·sa·tion, -za·tion** magnetisering. **mag·net·is·er, -iz·er** magnetiseur, magnetiseerder.

**mag·net·ism** magnetisme, aantrekkingskrag, -vermoë; mag-netiese verskynsel; *animal ~* dierlike magnetisme.

**mag·net·ite** *(min.)* magnetiet, magneetyster.

**mag·ne·to** *-tos* magneto.

**mag·ne·to·e·lec·tric** magneto-elektries. **mag·ne·to·e·lec-tric·i·ty** magnetiese elektrisiteit.

**mag·ne·to·graph** magnetograaf.

**mag·ne·tom·e·ter** magnetometer, magnetiese kragmeter. **mag·ne·tom·e·try** magnetometrie.

**mag·ne·to·mo·tive** magnetomotories.

**mag·ne·ton** *(fis.)* magneton.

**mag·ne·to·sphere** magnetosfeer.

**mag·ne·tron** *(elektron.)* magnetron.

**Mag·nif·i·cat** *(Lat., Chr. liturgie)* magnificat; lofsang.

**mag·nif·i·cent** pragtig, heerlik; ryklik versier; groots, man= jifiek, luisterryk, roemryk, skitterend. **mag·nif·i·cence** prag, heerlikheid; grootsheid, luister; kostelikheid.

**mag·ni·fy** vergroot; deur 'n vergrootglas kyk; groter maak; ~*ing glass* vergrootglas; ~*ing power* vergrotingsvermoë. **mag· ni·fi·ca·tion** vergroting. **mag·ni·fi·er** vergroter; vergrootglas; *(elek.)* versterker.

**mag·ni·tude** grootte *(v. omvang);* grootheid *(v. getalle);* om= vang; belangrikheid; *of the first* ~ van die eerste rang; *(astron.)* van die eerste grootte.

**mag·no·li·a** *(bot.)* magnolia.

**mag·nox** *(kernfis., <mag[nesium] n[o] ox[idation])* magnox. ~ **fuel** magnoxbrandstof. ~ **reactor** magnoxreaktor.

**mag·num** =*nums* magnumfles; *(Am. handelsnaam)* magnum= (koeël/pistool/geweer/ens.). ~ **opus** hoof=, meesterwerk, magnum opus.

**Ma·gog** *(Byb.)* Magog; reus; →GOG.

**mag·pie** *(orn.)* ekster; *(fig.)* opgaarder; babbelkous, babbe= laar; raasbek.

**ma·gus** *magi* wyse; magiër, sterrewiggelaar, droomuitlêer; towenaar; →MAGI.

**Mag·yar** *n.* Magjaar, Hongaar; *(taal)* Magjaars, Hongaars. **Mag·yar** *adj.* Magjaars, Hongaars; ~ *sleeve* Hongaarse mou.

**ma·ha·ra·ja(h)** *(hist.: Ind. prins)* maharadja. **ma·ha·ra·ni, ma·ha·ra·nee** *(vr.)* maharani.

**ma·hat·ma** *(<Skt., Hind.)* mahatma.

**Mah·di:** *the* ~, *(Islam)* die Mahdi.

**ma·hem** = GREY CROWNED CRANE.

**ma·he·wu, ma·ge·u** *(Ngu., gegiste slap mieliepap)* magou.

**mah·jong(g)** *(Chin. speletjie)* mahjong.

**ma·hog·a·ny** mahonieboom; mahonie(hout).

**ma·hout** *(Ind.)* kornak, olifantdrywer, =leier.

**maid** *(dikw. neerh. in SA)* diensmeisie, bediende; ~ *of honour* bruidsmeisie; *the M~ of Orléans* die Maagd van Orléans; →JOAN.

**maid·en** *n., (arg. of poët., liter.)* meisie, jong vrou; maagd; *(kr.)* leë boulbeurt; *the answer to a* ~*'s prayer, (infml., skerts.)* 'n droomman. **maid·en** *adj.* maagdelik; ongetroud; eerste; ~ *century, (kr.)* eerste honderdtal; ~ *dividend, (fin.)* eerste dividend; ~ *engagement* vuurdoop; ~ *ewe* wisselooi. ~**hair (fern)** *(bot.: Adiantum* spp.*)* venus(haar)=, vrouehaar=, fyn= blaarvaring. ~ **name** nooiensvan. ~ **(over)** *(kr.)* leë boulbeurt. ~ **plate** *(resies vir perde wat nog nooit gewen het nie)* maiden plate. ~ **speech** *(parl.)* nuwelingstoespraak, intreetoespraak. ~ **voyage** eerste vaart/(see)reis, inwydingsvaart.

**mail**[1] *n.* pos; *(rek., infml.)* e-pos; *by* ~ per pos, met die pos. **mail** *ww.* per pos stuur; pos. ~**bag** possak. ~**box** *(hoofs. Am.)* pos=, briewebus. ~ **drop** *(Am.)* briewebus; posgleuf; korrespondensieadres. ~ **merge, ~ merging** *(rek.)* die saam= voeg van 'n brief/dokument en 'n adres=/poslys. ~ **order** posbestelling. ~**order service** posbestel(lings)diens. ~ **service** posdiens. ~**shot** *(Br.)* posadvertensie, advertensie per *(of* met/oor die*)* pos; advertensieposstuk; posreklame.

**mail**[2] *n., (hist.)* pantser(hemp), harnas, maliekolder. **mail** *ww.* bepantser, harnas; *the* ~*ed fist* die gepantserde vuis, wapengeweld. ~**clad** *adj.* geharnas, gepantser(d), bepant= ser(d).

**mail·a·ble** per pos versendbaar, aannemlik vir die pos.

**mail·ing list** adres=, poslys.

**maim** vermink, skend; lamslaan, 'n knou gee. **maimed** vermink; afgeknot.

**main** *n.* hoofleiding; hoofbuis; hoofpyp; hoofkraan; hoof= riool; hoofkabel; vernaamste deel; krag; groot massa; ~*s current, (elek.)* netstroom; *in the* ~ hoofsaaklik, in hoofsaak; oor die algemeen, in die geheel; in die reël; ~*s voltage* net= spanning. **main** *adj.* vernaamste, grootste, hoof=; eerste; ~ *character* hoofkarakter *(in 'n roman);* ~ *constituent*

hoofbestanddeel; ~ *corridor* hoofgang; ~ *entrance* hoof= ingang; ~ *feature* hoofkenmerk; *the* ~ *force* die hoofmag; *by* ~ *force* met geweld; ~ *point* hoofsaak; vernaamste ar= gument; swaartepunt; ~ *points* hooftrekke; ~ *prize* hoof= prys; ~ *table* hooftafel, eretafel. ~ **beam** hoofbalk. ~ **body** gros; hoofmag; kern. ~**brace** *(sk.)* grootbras; *splice the* ~, *(vloots.l.)* drankies uitdeel; 'n dop steek. ~ **cable** *(elek.)* hoof= kabel. ~ **chance:** *have an eye* (or *look) to the* ~ ~ eiebelang in die oog hou, op eie voordeel bedag wees. ~ **circuit** hoof= kring. ~ **clause** *(gram.)* hoofsin. ~ **course** hoofgereg; *(sk.)* groot onderseil. ~ **deck** hoofdek. ~ **drag** *(infml., hoofs. Am.)* hoofstraat. ~ **estimates** hoofbegroting. ~**frame** *(rek.)* hoofraam, hoof(raam)rekenaar. ~**land** vasteland; *on the* ~, *(ook)* op die *(of* aan*)* vaste wal. ~ **line** *n.* hooflyn, =spoorweg. ~**line** *ww., (dwelmsl.)* jou inspuit *(met heroïen ens.).* ~**line drug** (in)spuitdwelm. ~**liner** *(dwelmsl.)* spuiter. ~ **man** *(infml.)* beste vriend, grootste pêl, gabba; *(infml.)* (groot) kokkedoor. ~**mast** *(sk.)* grootmas. ~ **road** hoofweg, grootpad. ~ **rod** dryfstang; hoofpompstang. ~ **root** penwortel. ~**sail** groot= seil. ~ **shaft** hoofas; hoofskag. ~**sheet** *(sk.)* grootskoot. ~**spring** slag=, grootveer; dryfkrag, =veer; hoofbron; hoof= oorsaak. ~**stay** steunpilaar, staatmaker; hoofsteun; hoof= bestanddeel; bolwerk; houvas; *(sk.)* grootstag. ~**stream** hoof= stroom. ~ **street** hoofstraat. ~ **supply cable** hooftoevoer= kabel. ~ **switch** hoofskakelaar. ~ **tie** *(bouk.)* bindbalk, hoof= bint. ~**top** *(sk.)* grootmars. ~**topmast** *(sk.)* grootmarssteng. ~**topsail** *(sk.)* grootmarsseil. ~ **vein** *(bot.)* hoofnerf. ~ **verb** *(gram.)* hoofwerkwoord. ~ **yard** *(sk.)* grootra.

**main·ly** hoofsaaklik, veral, vernaamlik, oorwegend, in die eerste plek/plaas.

**main·tain** handhaaf, in stand hou; verdedig; betoog, vol= hou, staande hou, voorgee; ophou *(stand);* onderhou *(fami= lie); (mil.)* behou *('n stelling);* voer *('n briefwisseling);* ~ *one's ground* standhou; *s.o.* ~*s that ...* iem. bly daarby dat ...; *I still* ~ *that ...* ek hou vol dat ... **main·tain·a·ble** verdedigbaar, houbaar. **main·tain·er** handhawer; verdediger; versorger; onderhouer.

**main·te·nance** handhawing; onderhoud; instandhouding; onderhouding; verdediging. ~ **and operating expenses** onderhouds- en bedryfskoste. ~ **costs** onderhoudskoste. ~ **crew, ~ gang** onderhoud=, instandhoudingspan. ~ **engi= neer** instandhoudingstegnikus. ~ **money** alimentasie. ~ **workshop** onderhoudswerkplaas.

**Mainz,** *(Fr.)* **Ma·yence** *(geog.)* Mainz.

**ma·iol·i·ca** →MAJOLICA.

**mai·son·(n)ette** maisonnette, dupleks.

**maî·tre** *(Fr.)* meester. ~ **de ballet** balletmeester. ~ **d'(hôtel)** *maître d's, maîtres d'hôtel* hoofkelner; hotelbestuurder.

**maize** mielies; →MEALIE; *shell* ~ mielies afmaak; *a stand of* ~ 'n lap/stand/stuk mielies. ~ **belt,** ~**-producing area** mie= liestreek. ~ **cob** mieliekop. ~ **field** mielieland. ~ **flour** mie= lieblom. ~ **germ oil** mieliekiemolie. ~ **grits** mieliegruis. ~ **oil** mielie-olie. ~ **porridge** mieliepap.

**ma·jat** *(SA dwelmsl.: minderwaardige dagga)* majat.

**maj·es·ty** majesteit; statigheid; grootsheid; *Her/His M~* Haar/Sy Majesteit; *Your M~* (U) Majesteit. **ma·jes·tic** ma= jesteitlik, majestueus, groots, verhewe. **ma·jes·ti·cal·ly** groots, op grootse wyse.

**ma·jol·i·ca, ma·iol·i·ca** *(It. erdewerk)* majolika(ware).

**ma·jor** *n., (mil.)* majoor; *(mus.)* majeur (modus/toonslag); hoofvak; *a math/etc.* ~ 'n student met wiskunde/ens. as hoof= vak. **ma·jor** *adj.* groter; groot, vernaam, belangrik; hoof=, van die eerste rang/grootte; hoër; ~ *course* hoofkursus; *in A sharp* ~, *(mus.)* in A-kruis majeur; ~ *operation* ernstige/groot operasie; ~ *overhaul* algehele opknapping; ~ *part* merendeel; hoofaandeel; hoof= rol; ~ *poet* groot digter; ~ *road* hoof=, grootpad; ~ *subject* hoofvak; ~ *work* hoofwerk. **ma·jor** *ww.:* ~ *in economics/*

*etc.* ekonomie/ens. as hoofvak hê/leer/studeer; ekonomie/ens. as hoofvak kies. ~ **arc** *(geom.)* grootboog. ~ **axis** *(geom.)* hoofas; lang=, grootas; lengteas. ~**domo** *(<Sp.)* hoofkelner; hoofbediende. ~ **general** =*s, (mil.)* generaal-majoor. ~ **league** *(Am., sport)* hoofliga. ~ **piece** *(skaak: koningin, kasteel)* swaar stuk. ~ **planet** *(astron.)* groter planeet. ~ **premise** *(log.)* hoofpremis, =aanname, =veronderstelling. ~ **prophet:** *the M~ Prophets, (OT: Jesaja, Jeremia, Esegiël)* die Groot Profete. ~ **scale** groot skaal; *(mus.)* majeur toonleer. ~ **suit** *(brug: skoppens, harte[ns])* hoë kleur. ~ **term** *(log.)* predikaatterm. ~ **third** *(mus.)* majeur terts/derde.

**Ma·jor·ca** *(geog.)* Majorka. **Ma·jor·can** *n.* Majorkaan. **Major·can** *adj.* Majorkaans.

**ma·jor·i·ty** meerderheid; meerderjarigheid, mondigheid; *at·tain one's ~* mondig/meerderjarig word, meerderjarigheid bereik; *carry s.t. by a ~* iets met 'n meerderheid aanneem; *in the ~ of cases* mees(t)al, merendeels; *get/secure a ~* 'n meerderheid behaal; *the great ~* die grootste gros; *be in the ~* in die meerderheid wees; *a narrow ~* 'n klein/geringe meerderheid; *the ~ of people* die meeste mense; *the ~ of the people* die meerderheid van die mense/volk; *the vast ~ of ...* die oorgrote meerderheid van ...; *the ~ of votes* die meerderheid van stemme; *by a ~ of votes* met/by meerderheid van stemme. ~ **decision** meerderheidsbesluit. ~ **hold·ing** *(fin.)* meerderheidsaandeel. ~ **rule** meerderheidsbegin·sel; meerderheidsregering. ~ **vote** meerderheidstem; *by a ~* ~ by/met meerderheid van stemme.

**ma·jor·ly** *adv., (infml.)* baie, uiters, grootliks, *(plat)* moers(e).

**make** *n.* vorm; maaksel, fabrikaat; opbrengs, opbrings; (han·dels)merk; soort; natuur; *all ~s of cars/etc.* motors/ens. van elke fabrikaat; *be on the ~, (infml.)* eie voordeel soek, op eie voordeel bedag wees; *by iem. aanlê; s.t. is (of) one's own ~* iets is eie maaksel; *South African etc. ~* Suid-Afrikaanse/ens. fabrikaat. **make** *made made, ww.* maak, vervaardig; vorm; fatsoeneer; doen; opmaak *('n bed);* verhef; nader; dwing, verplig; voorberei; stort *('n deposito);* maak, begaan *('n fout);* bereik *('n plek); two and two ~ four* twee en twee is/maak vier; *as ... as they ~ them, (infml.)* so ... as kan kom *(taai ens.);* ~ *as if* ... maak (as)of ..., voorgee dat ...; ~ *away with s.o.* iem. uit die weg ruim, iem. doodmaak; ~ *away/off* padgee, weggaan, wegloop, wegstap; weghardloop; *it's ~ or break* dis reg of weg, dis daarop of daaronder; *... can ~ or break s.o.* ... kan iem. maak en breek; *s.t. ~s s.o. cheerful/sad* iets stem iem. vrolik/hartseer/treurig; ~ *s.t. clear* iets verhelder/verklaar; iets duidelik stel; ~ *an effort* 'n poging aanwend/doen; probeer, jou inspan; *s.t. ~s the evening/etc.* iets is die hoogtepunt/glanspunt van die aand/ens.; ~ *s.t. fast* iets vasmaak; ~ *for* ... koers vat na ... *(of ... se kant toe gaan) ('n plek);* ... se kant toe staan *('n deur ens.);* ~ *straight for* ... op ... afpyl; *s.t. ~s for* ... iets lei tot ...; iets dra tot ... by; ~ *good* presteer, sukses behaal; naam maak; ~ *a good captain/etc.* 'n goeie kaptein/ens. wees/uitmaak; ~ *s.t. good* iets goedmaak, iets vergoed *(skade);* iets bywerk; iets aan·vul *('n tekort);* iets nakom *('n belofte);* iets gestand doen *('n waarborg ens.);* ~ *good one's escape* (dit regkry om te) ont·snap, wegkom; *s.o. a good husband/wife/partner* vir iem. 'n goeie man/vrou/lewensmaat wees; ~ *it, (infml.)* betyds wees; dit haal, dit regkry; lewend uitkom; slaag, sukses be·haal; *s.o. couldn't ~ it, (ook, infml.)* iem. kon nie sy/haar draai *(of* [al] sy/haar draaie) kry nie; ~ *it to a place, (infml.)* 'n plek haal/bereik; ~ *like* ..., *(Am. sl.)* ~*as if; it ~s no matter* dit maak nie saak *(of* geen verskil) nie, dit maak niks, dit kom nie daarop aan nie; *s.o. will never ~ a teacher/etc.* iem. sal nooit 'n onderwyser/ens. word nie; ~ *s.t. of* ... iets van ... maak/vervaardig; iets van ... maak, iets uit ... wys word; *what do you ~ of him/her?* hoe takseer jy hom/haar?; *what do you ~ of that?* hoe verstaan jy dit?; *not know what to ~ of it, (ook)* nie weet hoe jy dit het nie; ~ *off →away/off;* ~ *off with s.t.* iets steel en verdwyn/weghardloop, met iets die

wyk neem; ~ *an offer* 'n aanbod maak/doen; ~ *out that* ... voorgee/beweer dat ...; ~ *out with s.o., (Am., infml.)* 'n vryery met iem. hê; *he/she cannot* ~ *s.o. out* hy/sy kan iem. nie kleinkry *(of* nie vat aan iem. kry) nie, hy/sy verstaan iem. nie; *I cannot* ~ *you out, (ook)* hoe het ek dit met jou?; ~ *s.o. out to be* ... iem. uitmaak vir ... *('n skelm ens.); how do you* ~ *that out?* hoe lê jy dit uit?; hoe kom jy daaraan?; ~ *s.t. out* iets ontsyfer/uitmaak; iets beken/onderskei/sien; iets begryp; iets wys word; iets opstel/opmaak *('n lys ens.);* iets uitskryf/uitskrywe *('n rekening, tjek, ens.);* ~ *s.t. over* iets oormaak; iets oormaak/oordra *(eiendom ens.);* iets verstel *('n kledingstuk);* ~ *s.o. over* 'n nuwe voorkoms vir iem. skep, iem. se voorkoms vernuwe/opknap/opkikker; →MAKEOVER *n.;* ~ *to speak/etc.* probeer *(of* mik om te) praat/ens.; ~ *to·wards* ... na ... koers vat; ~ *up* goedmaak, weer maats/vriende wees; ~ *(o.s.) up* jou grimeer; ~ *s.t. up* iets voltallig maak; iets aanvul/saamstel/voltooi *('n bedrag, getal, ens.);* iets aansuiwer *('n tekort);* iets inhaal *('n agterstand, skade, tyd, ens.);* iets uitdink/versin *(of* uit die duim suig) *('n storie ens.);* iets bylê/skik *('n geskil ens.);* iets grimeer/opmaak *('n gesig);* iets opmaak *('n bed, blad, pakkie, hare, rekeninge, ens.);* iets toeberei *(medisyne);* →MAKE-UP *n.; s.t. ~s up for* ... iets maak ... goed, iets vergoed ... *(skade);* iets weeg teen ... op; ~ *it up to s.o.* iem. vergoed; ~ *it up with s.o.* met iem. versoen raak, weer goeie vriende met iem. word; *s.o. will have to* ~ *it up again, (ook)* iem. moet maar weer goed word; *what do you* ~ ... *to be?* wat dink jy is ...?. ~*-believe* *n.* skyn, voorwendsel; wysmakery; fantastery, versinsel; aanstellerigheid; oëver·blindery; *land of* ~ kammaland. ~*-believe* *adj.* voorgewend, kastig, kamma=; huigelagtig. ~*-or-break* *adj. (attr.)* beslis·sende, deurslaggewende, kritieke. ~*over* *n.* voorkomsver·andering; beeldverandering. ~*-ready* *(druk.)* toestelling. ~*shift* *n.* noodhulp, hulpmiddel; lapmiddel; uitvlug; by·stand. ~*shift* *adj.* tydelik, voorlopig, nood=. ~*-up* *n.* grime·ring; samestelling; versinsel; *(druk.)* opmaak; *mental* ~ gees·testruktuur. ~*-up artist* grimeerkunstenaar, grimeerder. ~*weight* teenwig; toegif.

**mak·er** maker, vervaardiger, fabrikant; skepper; vormer; *meet one's M~, (hoofs. skerts.: sterf)* die tydelike met die ewige verwissel; *at ~'s price* teen/vir fabrieksprys; *the M~* die Skepper.

**mak·ing** (die) maak; maaksel; wording; *(i.d. mv.)* aanleg, kwaliteite; *(i.d. mv., infml.)* verdienste, profyt; *s.o. has the ~s of a* ... daar skuil 'n ... in iem., iem. het aanleg vir ...; *a ... in the ~* 'n ... in wording, 'n wordende ...; *s.t. is in the ~* iets is in die maak; *... will be the ~ of s.o.* ... sal iem. se sukses beteken/verseker *(of* tot iem. se sukses lei); *s.t. is (of) s.o.'s own ~* iets is deur iem. self veroorsaak/bewerk, iets is iem. se eie skuld.

**ma·ko** =*kos, (igt.: Isurus spp.)* mako(haai).

**ma·ko·ti** *(Z.)* (jong) bruid.

**ma·kwe·re·kwe·re** *(SA infml., neerh., Xh.)* uitlanders, vreemdelinge.

**mal·ab·sorp·tion** *(med.)* wanabsorpsie.

**Ma·lac·ca** *(geog.)* Malakka. **m~ (cane)** rottang(kierie).

**Mal·a·chi** *(OT)* Maleagi.

**mal·a·chite** *(min.)* malagiet. ~ **green** berg=, malagietgroen. ~ **sunbird** jangroentjie.

**mal·a·col·o·gy** weekdierkunde, malakologie; molluske·kunde. **mal·a·col·o·gist** weekdierkundige.

**mal·ad·just·ed** *(psig.)* sleg aangepas, wanaangepas; *(teg.)* verkeerd ingestel. **mal·ad·just·ment** wanaanpassing; wan·verhouding; verkeerde/foutiewe instelling.

**mal·ad·min·is·tra·tion** wanbestuur, =beheer.

**mal·a·droit** onhandig, onbeholpe, lomp. **mal·a·droit·ness** onhandigheid, onbeholpenheid, lompheid.

**mal·a·dy** siekte, kwaal.

**ma·la fi·des** *n., (Lat., hoofs. jur.)* kwade trou. **ma·la fi·de** *adv. & adj.: do/use/etc. s.t.* ~ ~ iets te kwader trou doen/gebruik/

ens.; *accuse s.o. of* ~ ~ *negotiation* iem. van bedinging te kwader trou beskuldig.

**Má·la·ga** *(geog.)* Málaga; málaga(wyn).

**Mal·a·gas·y** *n., (inwoner)* Malgas; *(taal)* Malgassies. **Mal= a·gas·y** *adj.* Malgassies.

**ma·laise** *(Fr.)* (algemene) ongesteldheid, malaise; (gevoel van) onbehae/onbehaaglikheid, onbehaaglike gevoel, ma= laise; *(han.)* teruggang, slapte, malaise.

**mal·a·mute, mal·e·mute** *(honderas)* malemoet.

**mal·an·ders, mal·lan·ders, mal·len·ders** *(veearts.)* beenskurfte, rasp *(by perde).*

**mal·a·prop·ism** taalflater, onvanpaste woordgebruik, mal= apropisme.

**ma·lar** *(anat., med.)* van die kake, kakebeen=, kaak=. ~ **bone** kakebeen.

**ma·lar·i·a** *(med.)* malaria. **ma·lar·i·al, ma·lar·i·ous** malaria-, deur malaria geteister; ~ *region* malariastreek.

**ma·lar·k(e)y** *(sl.)* bog, twak, snert, kaf.

**mal·ate** *(chem.)* malaat.

**mal·a·thi·on** *(insekdoder)* malation.

**Ma·la·wi** *(geog.)* Malawi. **Ma·la·wi·an** *n.* Malawiër. **Ma·la= wi·an** *adj.* Malawies.

**Ma·lay** *n.* Maleier; *(taal)* Maleis. **Ma·lay** *adj.* Maleis; Slams *(infml.);* →Cape Malay; ~ *fez* kofia, fes; ~ *Quarter* Ma= leierbuurt *(i.d. Bo-Kaap).* **Ma·lay·an** Maleis; ~ *bridal crown/ veil* medora; ~ *sandal* madaster, kaparrang.

**Ma·lay·a** *(geog.)* Maleia.

**Mal·a·ya·la(a)m** *(taal)* Malajalam, Mal(a)baars.

**Ma·lay·o·Por·tu·guese** *n. & adj.* Maleis-Portugees.

**Ma·lay·sia** *(geog.)* Maleisië.

**mal·con·tent** *n.* ontevredene, misnoegde. **mal·con·tent** *adj.* ontevrede, misnoeg.

**mal·dis·tri·bu·tion** wanverdeling.

**Mal·dive Is·lands, Mal·dives** *(geog.)* Maledive.

**male** *n.* man, manspersoon, *(infml.)* mansmens; mannetjie *(by diere).* **male** *adj.* manlik, mans=; mannetjie(s)=; ~ *chau= vinist (pig),* *(infml., neerh, afk.:* MCP) manlike chauvinis *(of* chauvinistiese swyn/vark); ~ *die,* *(teg.)* matrys, stempel; ~ *and female bend,* *(teg.)* buigstuk met moer- en skroef= draad; ~ *and female parts,* *(teg.)* ineenpassende dele; ~ *fern,* *(bot.: Dryopteris spp.)* mannetjiesvaring; ~ *figure* mans= figuur; ~ *screw,* *(teg.)* buitedraadskroef; ~ *sex* manlike ge= slag; ~ *voice* manstem; ~ *voice choir* mannekoor. **male= ness** manlikheid.

**mal·e·dic·tion** verwensing, vloek. **mal·e·dic·tive, mal·e= dic·to·ry** verwensend, vervloekend, vloek=.

**ma·lef·ic** *(poët., liter., astrol.)* skadelik, kwaadaardig. **ma= lef·i·cence** boosaardigheid, misdadigheid. **ma·lef·i·cent** misdadig, skadelik.

**ma·le·ic ac·id** *(chem.)* maleïensuur.

**ma·lev·o·lent** kwaadwillig, boosaardig, vyandig. **ma·lev·o= lence** kwaadwilligheid.

**mal·fea·sance** *(jur.)* (amps)oortreding, ampsmisdryf.

**mal·for·ma·tion** misvorming, misvormdheid, mismaakt= heid, wanskapenheid. **mal·formed** misvorm(d), mismaak.

**mal·func·tion** *n.* foutwerking, abnormale werking, on= klaarheid. **mal·func·tion** *ww.* weier, sleg werk.

**mal·gas** *(Afr.)* = GANNET.

**Ma·li** *(geog.)* Mali. **Ma·li·an** *n. & adj.* Malinees.

**mal·ic** appel=; ~ *acid, (chem.)* appelsuur.

**mal·ice** boosaardigheid, hatigheid, kwaadwilligheid, venyn; (bose) opset; *bear s.o.* ~ 'n wrok teen iem. hê/koester; *s.o. bears no* ~ iem. is nie haatdraend nie; *out of* ~ uit wrok, kwaadwillig. **ma·li·cious** sleg, boos; kwaadwillig, hatig, boos= aardig; voorbedag, opsetlik, moedswillig; ~ *injury to property* opsetlike saakbeskadiging; ~ *joy/pleasure* leedvermaak. **ma= li·cious·ly** kwaadwillig, moedswillig.

**ma·lign** *adj.* verderflik, nadelig; boos(aardig), kwaadgesind; *(patol.)* kwaadaardig. **ma·lign** *ww.* sleg praat *(of* kwaad= praat) van, beskinder, beswadder. **ma·lig·nan·cy** kwaad= willigheid, boosaardigheid; verderflikheid; venyn(igheid); *(med.)* kwaadaardigheid. **ma·lig·nant** boosaardig; skadelik; kwaadaardig; kwaadgesind; venynig; kwaadwillig; ~ *growth,* *(patol.)* kwaadaardige gewas. **ma·lign·er** kwaadspreker, las= teraar; boosaardige persoon. **ma·lig·ni·ty** boosaardigheid; kwaadwilligheid; haat, vyandigheid; *(med.)* kwaadaardigheid.

**ma·lin·ger** jou siek hou, voorgee dat jy siek is; skoolsiek wees. **ma·lin·ger·er** skynsieke. **ma·lin·ger·ing** skynsiekte; skoolsiekte.

**mall** *(ook* shopping mall*)* winkelpromenade, =wandelhal; *(ook* pedestrian mall*)* wandelstraat, =hal, promenade.

**mal·lard** *(orn.)* wilde-eend.

**mal·le·a·ble** *(metal.)* hamerbaar; smee(d)baar, pletbaar; *(fig.)* buigsaam, gedwee; ~ *iron* smee-yster. **mal·le·a·bil·i·ty** smee(d)baarheid, pletbaarheid.

**mal·le·o·lus** =oli, *n., (anat.)* malleolus, enkelknoets. **mal= le·o·lar** *adj.* malleolêr.

**mal·let** (hout)hamer, klop=, blokhamer, moker, klopper.

**mal·le·us** mallei, *(anat.)* hamer(beentjie) *(i.d. middeloor).*

**mal·low** *(bot.)* k(i)esieblaar, botter-en-brood, malva.

**malm** *n.* sagte kalksteen/=klip; verkrummelde kalksteen/=klip; kunsmerrel.

**mal·nour·ished** ondervoed. **mal·nu·tri·tion** wanvoeding; ondervoeding.

**mal·oc·clu·sion** *(tandh.)* wanpassing, slegte sluiting.

**mal·o·dour** stank, slegte reuk. **mal·o·dor·ous** sleg ruikend, stinkend, onwelriekend; skandalig.

**ma·lo·mbo** *(Ven., SA mus.)* malombo(jazz).

**Mal·pigh·i·an:** ~ *body,* ~ *corpuscle (anat.)* liggaampie van Malpighi, nier(vat)liggaampie; miltlimfsel. ~ *layer (anat., soöl.)* laag van Malpighi.

**mal·prac·tice** wanpraktyk, verkeerde praktyk; oortreding; verkeerde behandeling.

**malt** *n.* mout; *extract of* ~ moutekstrak. **malt** *ww.* mout; ~*ed milk* moutmelk. ~ **extract** moutekstrak. ~**house** moutery, moutmakery. ~ **whisky** moutwhisky.

**Mal·ta** *(geog.)* Malta. **Mal·tese** *n., (inwoner)* Maltees, Mal= tesiër; *(taal)* Maltees, Maltesies. **Mal·tese** *adj.* Maltees, Mal= tesies; ~ *cross* Maltese/Maltesiese kruis, Malteserkruis; je= rusalemblom; ~ *dog/terrier* maltees, maltesie, malteser(hond), Maltese/Maltesiese hond(jie).

**Mal·thu·si·an** *n., (ekon.)* Malthusiaan. **Mal·thu·si·an** *adj.* Malthusiaans, van Malthus.

**malt·ose** *(chem.)* maltose, moutsuiker.

**mal·treat** mishandel, sleg behandel; moor *(trekdiere ens.).* **mal·treat·ment** mishandeling; moordery *(v. trekdiere ens.).*

**malt·y** =ier =iest moutagtig.

**mal·va·ceous** *(bot.)* malvaägtig, malva-agtig.

**mal·va pud·ding** *(SA kookk.)* malvapoeding.

**ma·ma, ma·ma, mam·ma** *(hoofs. vero. of Am.)* ma(m)ma.

**mam·ba** *(<Ngu.)* mamba(slang), makoppa.

**mam·bo** =bos, *(Lat.Am. dans)* mambo.

**ma·mil·la, *(Am.)* mam·mil·la** =lae, *(anat.)* tepel. **ma·mil= lar·y, *(Am.)* mam·mil·lar·y** tepelvormig, tepel=; mamillêr.

**mam·ma** =mae, *(anat.)* mamma, bors(klier); *(soöl.)* uier *(v. 'n soogdier).* **mam·ma·ry** bors=; uier=; ~ *gland* melk=, borsklier.

**mam·mal** soogdier. **mam·ma·li·an** soogdier=.

**mam·mo·gram** *(med.)* mammogram.

**mam·mog·ra·phy** *(med.)* mammografie.

**Mam·mon** *(NT)* Mammon, die geldgod; *(fig.)* hebsug, geld= gierigheid.

**mam·moth** *n.* mammoet. **mam·moth** *adj.* kolossaal, yslik, reusagtig, reuse=.

**mam·my, mam·mie** *(infml.)* mammie.

**mam·pa·ra** *(SA, infml.)* mamparra.

**mam·poer** *(Afr.)* mampoer.

**man** *men, n.* man, manspersoon; *(infml.)* man, eggenoot; kêrel, minnaar, geliefde; *(skaak ens.)* stuk; *(ietwat vero.)* mens; die mens; die mensdom; *(i.d. mv.)* werkers, werksmense; *(mil.)* manskappe; ~ *of* **action** man van die daad; *separate (or sort out) the men from the* **boys**, *(infml.)* vasstel wie's die manne met die harde baard; *be* ~ **enough** (or *enough of a* ~) *to* ... mans/dapper genoeg wees om te ...; ~ *for* ~ een vir een; man vir man; *(now) there's a* ~ *for you* dis (nou) sommer 'n pure man daardie; ~*'s best* **friend,** *(d. hond)* mens se beste vriend; *men in* **(grey) suits,** *(neerh.)* manne in grys pakke *(of* van die establishment); *every* ~ *for* **himself** *(and the devil take the hindmost), (infml.)* red jouself as jy kan; ~ *of* **honour** man van eer; *be every* **inch** *a* ~ pure man wees; *be* **just** *the* ~ *for the job, (infml.)* uitgeknip *(of* die aangewese persoon) vir die taak wees, net die man daarvoor; *be* **just** *the* ~ *s.o. is looking for, (infml.)* net die man wees wat iem. soek *(of* nodig het *of* wil hê); **know** *your* ~ weet met wie jy te doen het; *to the* **last** ~ tot die laaste man (toe); almal; **make** *a* ~ *(out) of s.o.* 'n man van iem. maak, murg in iem. se pype sit; *a* **man's** ~ 'n flink/stewige kêrel; *a* **marked** ~ 'n gebrandmerkte man; 'n verdagte; *the* ~ *of the* **match,** *(sport)* die speler van die wedstryd; *a* ~ *in a* **million/thousand** 'n man honderd/duisend; *so many men, so many* **minds,** *(idm.)* soveel hoofde, soveel sinne; ~ *of the* **moment** van die dag; *know as much about s.t. as the* ~ *in the* **moon,** *(infml.)* soveel van iets weet as die man in die maan *(of* 'n kat van saffraan); ~*'s* **name** mansnaam; *be a* **new** ~ 'n ander/nuwe mens wees; *the* **odd** ~ *out* die man wat oorbly; *(infml.)* die uitsondering; die oddige jukskei *(fig.)*; *as* **one** ~ soos een man; *be one's* **own** ~ jou eie baas wees; *be one's* **own** ~ *again* ten volle herstel wees; *per* ~ per kop/hoof; **play** *a* ~ 'n speler inspan/kies/opneem; **play** *the* ~ jou manlik *(of* soos 'n man) gedra; jou groot/sterk hou; die man speel (nie die bal nie); *be* **quite** *a* ~ 'n man honderd/duisend wees; al 'n man wees; **men's (room)** manstoilet; *a* **solid** ~ 'n man uit een stuk; *the* ~ *in the* **street** die gewone man *(of* groot publiek *of* deursneemens/deursnitmens), Jan Alleman; *to a* ~ soos een man, eenparig, die laaste een; *perish* **to** *a* ~ man en muis vergaan; *as* ~ *to* ~, *as one* ~ *to another* van man tot man; **fight** ~ *to* ~ man teen man veg; *the* **top** ~ die hoofpersoon/grootbaas; *the* **very** ~! die einste hy!; *be* ~ *and* **wife** man en vrou *(of* getroud) wees; ~*'s* **work** mannewerk; ~ *of the* **world** man van die wêreld; wêreldse man; *a* **young** ~ 'n jong man *(of* jongman). **man** *-nn-, ww.* beman, beset; bedien *(geskut ens.); (arg.)* moed inpraat, moed gee. **man** *tw., (infml.):* **stop** *that,* ~! hou op daarmee, man!; ~, *but it's* **hot!** sjoe/mensig, maar dis warm!. ~~**day** mandag. ~~**eater** mensvreter(leeu/tier/haai/ens.); mensvreter, kannibaal; *(infml., neerh.)* mannejagter, manbeluste vrou. ~ **Friday** handlanger; regterhand; algemene assistent. ~~**handle** *ww.* toetakel, mishandel, karnuffel; met die hande pak; *(met mannekrag)* hanteer, met die hand(e) dra/verplaas. ~~**hater** mensehater; mannehater. ~~**hole** luik-, man-, inspeksiegat, toegangsput. ~~**hour** manuur. ~~**hunt** mensejag. ~~**mad** mansiek. ~~**made** kunsmatig, fabrieks-; deur die mens gemaak. ~~**of-war,** ~~**o'-war** *men-of-war, men-o'-war, (hist.)* oorlogskip. ~~**of-war bird** fregatvoël. ~**power** werkkragte, arbeidskrag(te), arbeidspotensiaal; menslike arbeidskrag; leërsterkte, strydkragte. ~~**size(d)** (groot genoeg) vir 'n man; *(infml.: baie groot)* kolossaal, reusagtig, reuse-, enorm, 'n bielie van 'n ... ~~**slaughter** manslag, doodslag. ~~**to-**~ *adj. (attr.)* van man tot man *(pred.),* op die man af *(pred.),* openhartige.

**ma·na** *(etnol.: magiese krag)* mana.

**man·a·cle** *n.* boei, handboei. **man·a·cle** *ww.* boei.

**man·age** bestuur, lei; sorg; versorg; klaarkom, regkom; oor

die weg kom; baasraak; beheer; inrig; hanteer; behartig; behandel; *s.o.* **can** ~ iem. sal regkom; iem. sal oor die weg kom; ~ *on* ... met ... klaarkom; ~ **somehow** sien kom klaar; ~ *(to do) s.t.* iets regkry; ~ *to* ... (dit) regkry om te ...; *s.o.* ~*s* *to do s.t., (ook)* dit geluk iem. om iets te doen; ~ **well** goed regkom. **man·age·a·bil·i·ty, man·age·a·ble·ness** handelbaarheid, regeerbaarheid. **man·age·a·ble** handelbaar, regeerbaar.

**man·aged:** ~ **currency** beheerde geld(stelsel). ~ **fund** geadministreerde/bestuurde fonds.

**man·age·ment** bestuur, (bedryfs)leiding; administrasie, beheer; behartiging; hantering; bestuurswese; bestuur, bestuurders, bestuurslui; direksie; *under the* ~ *of* ... onder beheer van ... ~ **board** bestuursraad. ~ **buyout** *(afk.: MBO)* bestuursuitkoop. ~ **committee** bestuurskomitee. ~ **consultant** bestuurskonsultant, ondernemingsadviseur. ~ **fee** bestuursgeld. ~ **skills** *n. (mv.)* bestuursvaardighede. ~ **style** bestuurstyl.

**man·ag·er** bestuurder, leier, direkteur, administrateur, baas, hoof, gesaghebber. **man·ag·er·ess** bestuurderes, direktrise, (vroulike) hoof, leidster. **man·a·ge·ri·al** bestuurs-, direksie-; bedryfsekonomies; ~ *post* bestuur(der)spos, -amp. **man·ag·er·ship** bestuur(der)skap; leiding, bestuur, beheer.

**man·ag·ing** *adj. (attr.)* besturende, bestuurs-, beherende. ~ **director** *(afk.: MD)* besturende direkteur *(afk.: BD)*.

**ma·ña·na** *(Sp.)* môre, more; later, oor 'n rukkie; een van die dae, in die toekoms.

**man·a·tee, man·a·tee** *(soöl.)* lamantyn, manatee.

**Man·ches·ter** *(geog.)* Manchester. ~ **terrier, black-and-tan (terrier)** manchesterterriër.

**Man·chu** *-chu(s), (bevolkingslid, taal)* Mantsjoe.

**Man·chu·ri·a** *(geog.)* Mantsjoerye. **Man·chu·ri·an** *n.* Mantsjoeryer. **Man·chu·ri·an** *adj.* Mantsjoerys.

**Man·cu·ni·an** *n.* inwoner van Manchester. **Man·cu·ni·an** *adj.* Manchesters, van Manchester, Manchester-.

**man·da·la** *(Hind. & Boeddh., psig.)* mandala.

**man·da·mus** *-muses, (jur.)* bevelskrif, mandamus.

**man·da·rin** *(dikw. pej.)* mandaryn, magtige burokraat; *(ook mandarine)* mandaryn, (geel) nartjie; oranjegeel, -kleur. **M~ (Chinese)** *(taal)* Mandaryns. ~ **collar** mandarynkraag. ~ **duck** mandaryneend. ~ **orange** (losskil)nartjie.

**man·date** *n.* mandaat; opdrag; lasbrief, bevel(skrif); volmag; magtiging. **man·date** *ww.* mandateer. **man·da·tor** lasgewer, mandant. **man·da·to·ry** op bevel, gebiedend, verpligtend; ~ *sanctions* verpligte(nde) sanksies.

**man·di·ble** onderkaak, kaak; *(entom.)* mandibel, voor-, bokaak. **man·dib·u·lar** mandibulêr, (onder)kaak-.

**man·do·lin** *(mus.instr.)* mandolien. **man·do·lin·ist** mandolienspeler.

**man·drake** *(bot.)* alruin, mandragora.

**Man·drax** *(farm., handelsnaam)* Mandrax.

**man·drel** spil; drewel; vormyster; deurslag; (mynwerkers)pik; houer, stam; horing, doring *(v. 'n aambeeld)*.

**man·drill** *(bobbejaan)* mandril, woudduiwel.

**mane** maanhare, maanhaar. **maned** met maanhare; ~ *lion* kraagmannetjie, maanhaar(leeu). **mane·less** sonder maanhare.

**ma·nège** *(Fr.)* rykuns/ryskool.

**man·ful** dapper, vasberade, manmoedig. **man·ful·ness** dapperheid.

**man·ga** *(Jap. strokiesprent- en animasiefilmgenre)* manga.

**man·ga·bey** *(aap)* mangabie.

**man·ga·nate** *(chem.)* manganaat.

**man·ga·nese** *(chem., simb.: Mn)* mangaan. ~ **dioxide** mangaandioksied, bruinsteen. ~ **ore** mangaanerts. ~ **spar** mangaanspaat. ~ **steel** mangaanstaal.

**mange** *(hoofs. veearts.)* skurfte, omloop; brandsiekte. **man**

**g(e)y** skurf(agtig); armoedig, armsalig; gemeen. **man·gi·ness** skurfagtigheid; armsaligheid; gemeenheid.

**man·ger** krip; trog, voerbak.

**mange·tout** *(Fr.)* mangetout, suiker-ertjie.

**man·gle¹** *n.* mangel; *(Am.)* strykmasjien. **man·gle** *ww.* mangel.

**man·gle²** *ww.* kap, verskeur, vermink; verknoei, verdraai. **man·gler** hakmasjien; vleismeul.

**man·go** *-go(e)s* mango, veselperske.

**man·grove** *(bot.)* mangliet, mangrove, wortelboom.

**Man·hat·tan** *(mengeldrankie, dikw. m~)* manhattan. ~ **(Island)** *(geog.)* Manhattan(eiland).

**man·hood** manlike jare; manlikheid; viriliteit; *(infml., euf.: penis)* manlike lid/roede; moed, dapperheid; mans, manlike bevolking; *reach* ~ man word, die manlike jare bereik, meer= derjarig word.

**ma·ni·a** manie; gier, gril; kranksinnigheid.

**-ma·ni·a** *komb.vorm, (psig.)* -manie; *klepto~* kleptomanie, steelsug, -drang; *pyro~* piro-, brandstigtingsmanie. **-ma·ni·ac** *komb.vorm, (psig.)* -maan; *klepto~* kleptomaan, steelsug= tige, -sieke, dwangdief; *pyro~* piromaan.

**ma·ni·ac** *n.* maniak, waansinnige, mal mens. **ma·ni·a·cal** *adj.* mal, waansinnig.

**man·ic** manies. **~-depressive** manies-depressief.

**man·i·cure** *n.* manikuur, naelversorging, handeversorging. **man·i·cure** *ww.* manikuur, hande (en naels) versorg. ~ **set** manikuurstel.

**man·i·cur·ist** manikuris, naelpoetser, -versorger, hande= versorger.

**man·i·fest** *n.* (skeeps)manifes, vraglys; passasierslys; mani= fes. **man·i·fest** *adj.* duidelik; openbaar; klaarblyklik; sig= baar; onmiskenbaar; *become* ~ blyk, aan die lig (*of* te voor= skyn) kom. **man·i·fest** *ww.* duidelik maak; bewys; open= baar, manifesteer, blyk(e) gee, aan die dag lê; verskyn; *God ~s himself* God openbaar hom. **man·i·fes·ta·tion** verskynsel; openbaarmaking, openbaring; manifestasie; betoging. **man· i·fest·ly** klaarblyklik; sigbaar. **man·i·fes·to** *-to(e)s* manifes.

**man·i·fold** *n., (teg.)* spruit, verdeelpyp; spruit(stuk) *(v. 'n pyp).* **man·i·fold** *adj., (fml. of poët., liter.)* menigvuldig, veelvuldig, veelsoortig, menigerlei.

**man·i·kin, man·ni·kin** mannetjie, dwergie; model; (hout) pop.

**Ma·nil·(l)a** *(geog.:* Manila*):* ~ **(hemp)** manillahennep. ~ **(pa= per)** bruin pakpapier.

**ma·nil·la** manilla(ring), armring.

**man·i·oc, man·i·o·ca** = CASSAVA.

**ma·nip·u·late** manipuleer; hanteer; behandel, bewerk; *(fig.)* plooi; bedrieg, knoei *(met).* **ma·nip·u·la·bil·i·ty** manipuleer= baarheid; bewerkbaarheid; plooibaarheid. **ma·nip·u·la·ble, ma·nip·u·lat·a·ble** manipuleerbaar; bewerkbaar; plooibaar. **ma·nip·u·la·tion** hantering, manipulasie; behandeling, be= werking; betasting; handgreep; knoeiery. **ma·nip·u·la·tive** manipulerend, manipulasie-; onderduims, skelm. **ma·nip· u·la·tor** hanteerder; bewerker; knoeier, bedrieër; manipu= leerder, stelbare sweistafel; bedieningsknop; sleutel. **ma· nip·u·la·to·ry** manipulerend.

**man·i·to(u)** *-to(u)s,* **man·i·tu** *-tus, (etnol.: vergoddelikte gees/ krag)* manitoe.

**man·kind** die mensdom.

**man·ky** *(Br., infml.)* swak, oes, power; vuil, smerig; slordig, slonserig.

**man·like** manlik, soos 'n man; managtig, mannetjiesagtig.

**man·ly** manlik; dapper, manmoedig, manhaftig, manne=. **man·li·ness** manlikheid; moed, manmoedigheid.

**man·na** *(OT)* manna; geestelike voedsel. **~-ash** *(Fraxinus ornus)* manna-es(seboom). ~ **grass** *(Clyceria fluitans)* man= nagras. ~ **sugar** mannasuiker, mannitol.

**manned** *adj.* beman *(ruimtetuig ens.).*

**man·ne·quin** (loopplank)model, mannekyn; winkel(ven= ster)pop; *(naaldw.)* paspop; *(kuns)* ledepop. ~ **parade** mo= deparade, -skou.

**man·ner** manier, wyse; metode; aanwen(d)sel; soort, klas; gewoonte; *bad* ~*s* slegte maniere; *do s.t. as to the* ~ *born* iets doen asof dit aangebore is, 'n gebore ... wees; ~*s and customs* sedes en gewoontes; *good* ~*s* goeie maniere; *have (good)* ~*s* (goeie) maniere hê; jou (goed) gedra; *in a* ~ op 'n manier; in sekere sin; *in the* ~ *of* ... op die manier van ..., *soos* ...; in die trant van ... *(Rembrandt ens.); in the modern/ etc.* ~ op die moderne/ens. manier; in die moderne/ens. styl; *in this/that* ~ op dié/hierdie/daardie manier/wyse, langs hierdie/daardie weg; *in like* ~ net so, op gelyke wyse, op dieselfde manier; *s.o. has no* ~*s* iem. het geen/g'n maniere nie; *polished* ~*s* beskaafde/verfynde maniere; *polite* ~*s* hoflike maniere; *in a* ~ *of speaking* by wyse van spreke, so te sê; *in such a* ~ op so 'n manier. **man·nered** gemanierd; gemaniëreerd; maniëristies; geaffekteer(d), gekunsteld, aan= stellerig. **-man·nered** *komb.vorm* -gemanierd; *ill-*~ onge= manierd, onmanierlik; *mild-*~ saggeaard, sagsinnig; *well-*~ goed gemanierd, goedgemanierd. **man·ner·ism** gemaakt= heid, gemaniëreerdheid, gekunsteldheid; maniertjie, aan= wen(d)sel, hebbelikheid; affektasie; maniërisme *(i.d. kuns).* **man·ner·ist** gekunstelde arties; maniëris. **man·ner·is·tic** ge= maniëreerd. **man·ner·less** ongemanierd, onbeskof. **man· ner·li·ness** beleefdheid, goeie maniere, gemanierdheid. **man· ner·ly** *adj.* beleef(d), goed gemanierd, goedgemanierd.

**man·ni·kin** *(orn.: Spermestes* spp.*)* fret.

**man·nish** *(neerh., v. 'n vrou)* mannetjiesagtig, managtig, soos 'n man.

**man·ni·tol, man·nite** *(chem.)* mannitol, mannasuiker.

**ma·noeu·vre,** *(Am.)* **ma·neu·ver** *n.* maneuver, krygs= oefening; beweging, verplasing *(v. troepe);* (taktiese) set; slim plan; kunsgreep; *be on* ~*s* maneuvers hou, krygsoefeninge doen. **ma·noeu·vre,** *(Am.)* **ma·neu·ver** *ww.* maneu= vreer; beweeg, verplaas, bestuur *(troepe);* 'n (taktiese) set doen; maneuvers hou; intrigeer, slim bewerkstellig, plooi, (handig) manipuleer; hanteer; ~ *s.o. into* ... dit so bewerk dat iem. ...; *have room to* ~ speelruimte/bewegingsvryheid hê. **ma·noeu·vra·bil·i·ty,** *(Am.)* **ma·neu·ver·a·bil·i·ty** (be)= stuurbaarheid, regeerbaarheid, hanteerbaarheid, wendbaar= heid. **ma·noeu·vra·ble,** *(Am.)* **ma·neu·ver·a·ble** (be)stuur= baar, regeerbaar, hanteerbaar, wendbaar. **ma·noeu·vring,** *(Am.)* **ma·neu·ver·ing** (die) maneuvreer, maneuvreerdery; ~ *space* beweegruimte, bewegingsruimte.

**ma·nom·e·ter** manometer, druk-, trekmeter. **man·o·met·ric** manometries.

**man·or** landgoed; *lord of the* ~ grond-, landheer. ~ **house** herehuis, -woning, landhuis. **ma·no·ri·al** land-, grondheerlik, ridder-; ~ *estate* landgoed.

**man·qué** *adj. (pred; Fr.): an actor/etc.* ~ 'n mislukte/miskende akteur/ens..

**man·sard** solder(verdieping); solderkamer. ~ **(roof)** man= sardedak.

**manse** pastorie, predikantswoning.

**-man·ship** *suff. (vorm n.)* -kuns; -manskap; *crafts~* vak= manskap, handvaardigheid, vakkundigheid; *horse~* ry-, rui= terkuns; *states~* staatsmanskap, staatsmanswysheid, -kuns.

**man·sion** herehuis, groot woonhuis; *(i.d. mv.)* woonstelge= bou. ~ **house** herehuis; residensie, landheerswoning.

**man·ta (ray)** *(igt.: Manta birostris)* manta(rog).

**man·tel** skoorsteenmantel. **~(piece), ~(shelf)** skoorsteen= mantel, kaggel, kaggelrak.

**man·tic** *(fml.)* waarseggend, profeties.

**man·til·la** *(Sp., kopdoek)* mantilla.

**man·tis** *-tises, -tes, (entom.)* mantis, hottentotsgot, hotnotsgot.

**man·tis·sa** *(wisk.)* mantisse.
**man·tle** *n.* mantel; dekmantel; *(fig.)* bedekking; gloeikousie; *(soöl.;ook* pallium*)* mantel; *(anat.;ook* pallium*)* harsingmantel; *(geog.)* mantel; *s.o.'s ~ has fallen on* ... iem. se mantel het op die skouers van ... geval; *under a ~ of snow* met 'n sneeukleed bedek. **man·tle** *ww., (poët., liter.)* bedek, verberg.
**man·tra** *(Boeddh., Hind.)* mantra.
**man·u·al** *n.* handboek, handleiding; handgreep; *(mot.)* hand=ratmodel; *(mus.)* klawer=, toetsbord; manuaal *(v. 'n orrel);* brand=, handspuit. **man·u·al** *adj.* met die hand, hand=; *~ alphabet* = FINGER ALPHABET; *~ labour* handearbeid, han=dewerk; *~ labourer* handearbeider; *~ skill* vaardigheid, (knap)handigheid; *~ training* ambagsopleiding; *~ training centre* handwerksentrum. **man·u·al·ly** met die hand.
**man·u·fac·ture** *n.* vervaardiging, fabrikasie; fabrikaat, maaksel; maakwerk *(v. 'n kunswerk); of South African ~* in Suid-Afrika vervaardig, Suid-Afrikaanse produk/fabrikaat. **man·u·fac·ture** *ww.* vervaardig, maak; produseer; uit die duim suig, opdis, fabriseer. **man·u·fac·tur·a·ble** produ=seerbaar. **man·u·fac·tured** fabriekmatig; *~ goods* fabrieks=ware. **man·u·fac·tur·er** fabrikant, vervaardiger, bewerker; *~'s representative* fabrieksverteenwoordiger. **man·u·fac·tur·ing** *n.* vervaardiging, fabrikasie. **man·u·fac·tur·ing** *adj.* fa=briserend; *~ company* fabrieksonderneming; *~ industry* ver=vaardigingsbedryf, =nywerheid, fabrieksnywerheid, =wese; *~ jeweller* juwelevervaardiger.
**man·u·mit** =tt=, *(hist.)* vrystel, vrymaak, vrylaat *(slawe).* **man·u·mis·sion** vrystelling, vrylating, manumissie.
**ma·nure** *n.* mis; misstof, messtof. **ma·nure** *ww.* bemes, mis gee. **ma·nu·ri·al** bemestings=; *~ value* bemestingswaarde. **ma·nur·ing** bemesting; *~ machine* misstrooimasjien, mis=strooier.
**man·u·script** *n.* manuskrip; handskrif. **man·u·script** *adj.* in manuskrip, manuskrip=; geskrewe.
**Manx** *n., (taal)* Manx. **Manx** *adj.* Man=, van die eiland Man. *~ cat* stompstertkat.
**man·y** *adj. & pron.* baie, veel, talryk; heelparty; menige; me=nigte; *~ a South African/etc.* menige Suid-Afrikaner/ens.; *one among* ~ een uit/van baie; *as* ~ *again* nog ('n keer) soveel, weer soveel; *as* ~ *as eighty* tot tagtig toe, 'n stuk of tagtig; 'n hele tagtig; *a good* ~ taamlik baie, heelwat; *a great* ~ baie; *a great* ~ *people* 'n groot aantal mense; *how* ~? hoeveel?; *how* ~ *people?* hoeveel mense?; *(so)* ~ *men, (so)* ~ *minds, (idm.)* soveel hoofde, soveel sinne; ~ *people* baie mense; *very* ~ *people* 'n menigte mense; *as* ~ *as possible* soveel moontlik; *so* ~ soveel, so baie; *like* so ~ ... net soos 'n klomp ...; *the* ~ die menigte; *~'s the day/time (that)* ..., *(ietwat vero.)* baiemaal/dikwels het ...; *too* ~ te veel *(mense ens.); far too* ~ veels te veel; *one too* ~ een te veel. **~-angled** veelhoekig, *(wisk.)* poligonaal. **~-coloured, ~-hued** veelkleurig, bont. **~-faceted** veelkantig; meersinnig. **~-headed** veelkoppig, =hoofdig. **~-sided** veelsydig; alsydig; veelkantig; met baie kante, ingewikkeld.
**Mao·ism** Maoïsme. **Mao·ist** Maoïs.
**Mao·ri, Ma·o·ri** =ri(s), *n.* Maori; Maoritaal. **Mao·ri, Ma·o·ri** *adj.* Maori=.
**map** *n.* (land)kaart; omtrek; *it is off the* ~, *(infml.)* dit is af=geleë; dit bestaan nie; *put* ... *on the* ~, *(lett.)* ... in kaart bring; *(fig.)* ... bekend maak *(of* bekendmaak*)*, bekendheid aan ... gee; *read a* ~ 'n kaart lees; *trace a* ~ 'n kaart natrek; *wipe* ... *off the* ~, *(infml.)* ... verwoes. **map** =pp=, *ww.* karteer; *(wisk.)* afbeeld, teken, afteken, beskryf, beskrywe; in kaart bring; ~ *s.t. out* iets ontwerp/uitwerk/=skets/=stippel. **~-maker** kaart=tekenaar, kartograaf. **~-making** kartografie. *~ reading* kaart=vertolking.
**ma·ple** *(ook* maple tree*)* esdoringboom. *~ syrup* esdoring=stroop. *~ (wood)* esdoringhout.
**map·ping** kartering; kartografie; *(wisk.)* afbeelding.

**ma·quette** *(beeldh.)* ontwerpmodel, maket.
**mar** =rr= skend, bederf, ontsier, afbreuk doen aan, aantas; beskadig.
**ma·ra·bi** *(hist. townshipdansmus.)* marabi.
**ma·ra·bou stork** maraboe.
**ma·ra·ca** *(mus.instr.)* marakka, kalbasratel.
**mar·a·schi·no** =nos, *(likeur)* maraschino, maraskyn. *~ cher=*ry maraschino=, maraskynkersie.
**ma·ras·mus** *(med.)* vermaering, uittering, verval, marasme.
**mar·a·thon** *n.* marat(h)on. **mar·a·thon** *adj.* langgerek, langdurig, langasem=, marat(h)on=. *~ race* marat(h)on=wedloop. *~ runner* marat(h)onatleet, =loper, langafstand=loper.
**ma·raud** plunder, roof, steel, buit, stroop. **ma·raud·er** plun=deraar, rower, buiter, stroper. **ma·raud·ing** *n.* plundering, plundery, buitery. **ma·raud·ing** *adj.: ~ hosts* roofbendes; *~ raid* roof=, plundertog.
**mar·ble** *n.* marmer; albaster; *(i.d. mv.)* marmerbeelde; *(i.d. mv.)* albasters; *play* =s albaster speel. **mar·ble** *adj.* mar=mer=, van marmer. **mar·ble** *ww.* marmer. *~ cake* mar=merkoek. **~-edged** *(druk.)* met 'n/die marmerrand. *~ paper* marmerpapier. *~ slab, ~ top* marmerblad.
**mar·bled** gemarmer(d); *~ paper* marmerpapier.
**mar·ble-like** marmeragtig.
**mar·bling** marmering. *~ effect* marmereffek.
**mar·bly** soos marmer, marmeragtig, marmer=.
**Mar·burg dis·ease** →GREEN MONKEY DISEASE.
**marc** druiwe=, vrugtemoer.
**mar·ca·site** *(min.)* markasiet, swa(w)elkies.
**March** Maart; *the month of* ~ Maartmaand. *~ day* Maartdag, dag in Maart.
**march** *n.* mars; opmars; stap; tog; skof; ontwikkeling; be=loop, verloop, gang; *be on the* ~, *(mil.)* op mars wees; *(fig.)* vooruitgaan; *the* ~ *on* ... die (op)mars na ... *('n stad ens.); steal a* ~ *on s.o.* iem. voorspring/uitoorlê; *the* ~ *of time, (poët., liter.)* die gang van (die) dinge, die verloop van die tyd.
**march** *ww.* marsjeer; loop, stap; laat stap/marsjeer; uittrek; *~ against* ... teen ... opruk/optrek; *~ back* terugmars; *~ into battle* ten stryde trek; *forward ~!* voorwaarts mars!; *~ off* afmarsjeer; *~ the soldiers off* die soldate laat afmarsjeer; *~ on* voortmarsjeer; *~ on a place* na/teen 'n plek opruk/optrek; *~ out* uitmarsjeer, uittrek; *~ past* verbymarsjeer, defileer. *~ past* =s, *n., (mil.)* verby=, defileer=, parademars. *~ rhythm* marstempo.
**march·er** marsjeerder; betoger; optogganger.
**march·ing** *n.* (die) marsjeer. **march·ing** *adj.* marsjerend, mars=. *~ column (mil.)* mars=, voetkolonne. *~ order (mil.)* marstenue; marsorde; marsbevel, =order; *in* ~ ~ in marsorde; marsvaardig; volledig toegerus; *give s.o. his/her* ~ =s, *(infml.)* iem. in die pad steek, iem. die trekpas gee.
**Mar·di Gras** *(Fr., RK)* Mardi Gras, Vasaand, Dinsdag voor Aswoensdag/Vaste; Mardi Gras, karnaval.
**mare**[1] merrie. *~'s nest* denkbeeldige vonds/ontdekking; deurmekaarspul; *find/spy a* ~ ~ bly word oor niks. *~'s tail (bot.)* litsteng; *(met.)* windveer, lang veerwolk.
**ma·re**[2] =ria, *(Lat., astron.)* see *(op d. maan/Mars).*
**mar·ga·rine** *(kunsbotter)* margarien.
**mar·ga·ri·ta** *(mengeldrankie)* margarita.
**mar·gay** *(soöl.)* (dwerg)tierkat, margay.
**marge** *(infml.)* = MARGARINE.
**mar·gin** *n.* rand, kant, sy; kantlyn; kant=, syruimte; marge; wins, oorskot; speling, (speel)ruimte; skeiding, grens; *(dak=panne)* sig=, daklengte; *(aandelebeurs)* dekking; *~ of error* foutspeling, =grens; toleransie; *leave a* ~ (speel)ruimte laat; *win by a narrow* ~ net-net/naelskraap(s) wen; *as per* ~ volgens kanttekening; *a twenty point* ~ *of victory* 'n oor=

winning met twintig punte; ~ *of profit* winsgrens, =ruimte, =marge, =speling; *rule* a ~ 'n kantlyn trek; ~ *of safety* veiligheidsgrens; *sell on* ~ op marge verkoop. **mar·gin** *ww.* 'n rand laat; van 'n kantlyn voorsien; 'n kanttekening maak; *(aandelebeurs)* dek. **mar·gin·al** rand=, aan die rand, randstandig, marginaal; grens=; op die randjie, naelskraap(s); ~ *benefit* grensproduk; grensvoordeel; ~ *case* grensgeval; ~ *contribution* grensbydrae; ~ *cost* grenskoste; ~ *demand* grensvraag; ~ *figure* randfiguur; ~ *gain* geringe wins; ~ *issue* bysaak; ~ *line/rule* kantlyn; ~ *mine* marginale myn, (wins)grensmyn; ~ *note* kanttekening; kanttitel *(in wette);* glos; ~ *output* grensproduksie; ~ *product* grensproduk; ~ *rate* grenskoers, marginale koers; ~ *return* grensopbrengs; ~ *seat, (pol.)* grenssetel; ~ *value* grenswaarde; ~ *voter* onseker(e)/twyfelagtige kieser; ~ *wage* grensloon; ~ *zone* randstreek. **mar·gi·na·li·a** *n. (mv.)* kanttekeninge, marginalia. **mar·gin·al·i·sa·tion, =za·tion** marginalisasie. **mar·gin·al·ise, =ize** marginaliseer, uitrangeer, na/op die kantlyn (uit)skuif. **mar·gin·al·ised, =ized** gemarginaliseer(d), na/op die kantlyn (uit)geskuif. **mar·gin·al·is·ing, =iz·ing** marginalisering. **mar·gin·ate** *ww., (biol.)* rand, van 'n rand voorsien. **mar·gin·ate** *adj.* met 'n rand, gerand, rand=.

**mar·grave** *(hist.)* markgraaf.

**mar·gue·rite** *(bot.)* ma(r)griet(jie), gansblom.

**Mar·i·an** *adj.* van (die Maagd) Maria, Maria=; ~ *year* Mariajaar.

**mar·i·cul·ture** *(ekon.)* mari=, seekultuur.

**mar·i·gold** gousblom; ma(r)griet(jie); *corn* ~, *(Chrysanthemum segetum)* Hollandse gousblom, koringkrisant; *English/pot* ~, *(Calendula officinalis)* gousblom; *Mexican* ~, *(Tagetes minuta)* (Transvaalse) kakiebos, stinkbos; *veld* ~ boegoekruid. ~ **window** wielvenster.

**mar·i·jua·na, mar·i·hua·na** dagga.

**ma·rim·ba** *(mus.instr.)* marimba.

**ma·ri·na** marina, jaghawe; *(SA)* marina, waterdorp.

**mar·i·nade** *n.* marineersous, marinade; gemarineerde vis/vleis. **mar·i·nade, mar·i·nate** *ww.* marineer.

**ma·rine** *n.* marine, vloot; seesoldaat, marinier; *tell that to the (horse)* ~s!, *(infml.)* dit kan jy jou grootjie (se kat) gaan wysmaak!. **ma·rine** *adj.* see=, marien; skeeps=; skeepvaart=; marine=, van die marine; ~ *architect* skeepsboumeester; ~ *architecture* skeepsbou(kunde); ~ *biologist* mariene bioloog, seebioloog; ~ *biology* mariene biologie, seebiologie; ~ *blue* marineblou; ~ *climate* seeklimaat; ~ *corps* marinierskorps; ~ *drive* strandweg, kus(ry)weg; ~ *engineer* skeepsingenieur, skeepsboukundige ingenieur; ~ *engineering* skeepsingenieurswese; ~ *insurance* seeversekering, skeepsversekering; ~ *league,* (5,556 km) drie seemyl; ~ *life* seelewe; ~ *vegetation* seeplantegroei, mariene plantegroei; ~ *worm* seewurm.

**mar·i·ner** *(hoofs. poët., liter.)* seeman, =vaarder.

**mar·i·o·nette** marionet, draadpop; *(fig.)* (hout)pop, speelpop.

**Mar·ist** *(RK)* Maris. ~ **Brothers** Mariste-broeders.

**mar·i·tal** egtelik, huweliks=, maritaal; ~ *affection* egtelike liefde; ~ *privileges* huweliksregte; ~ *rape* verkragting binne die huwelik, maritale verkragting; ~ *state/status* huwelikstaat, huwelike staat.

**mar·i·time** maritiem, aan die see geleë, see=; seevaart=; kus=; ~ *climate* seeklimaat; ~ *country* seevarende land; ~ *insurance* seeversekering; ~ *law* seereg; ~ *museum* skeepvaartmuseum; ~ *pine* seeden; ~ *service* seediens; ~ *station* skeepvaartstasie; ~ *trade* seehandel; ~ *war* seeoorlog.

**mar·jo·ram** *(bot.): (sweet)* ~ marjolein, moederkruid; *(wild/pot)* ~, *origan(e)* wildemarjolein.

**Mark** *(NT)* Markus. ~ **Antony** Marcus Antonius.

**mark¹** *n.* merk; merkteken; spoor; blyk; doelwit; kruisie;

afdruksel; punt *(in 'n eksamen);* ~ *of affection* liefdesblyk; *a bad* ~ 'n swak punt *(in 'n toets/eksamen); below the* ~ benede peil, onder die standaard; *beside the* ~ mis; nie ter sake nie; ~ *of distinction* onderskeiding, onderskeidingsteken; ~ *of favour* gunsbetoon; *find the* ~ die doel tref; *get good/high* ~*s* goeie punte behaal *(in 'n eksamen);* ~ *of gratitude* blyk van erkentlikheid; *hit the* ~ raak skiet/slaan; die doel tref; die spyker op die/sy kop slaan; *leave one's* ~ *on* ... jou stempel op ... (af)druk; *poverty leaves its* ~ *on s.o.* armoede druk sy spore op iem. af; *make a* ~, *(rugby)* die bal skoonvang; *make one's* ~ presteer, naam maak, diep spore trap, jou onderskei, sukses/welslae behaal; *a man/woman of* ~ 'n man/vrou van betekenis; *miss the* ~, *(fig.)* die doel mis; die bal misslaan *(of* mis slaan), die pot missit *(of* mis sit); *put a* ~ *against s.o.'s name* 'n merk by iem. se naam plaas; *it is near the* ~ dit is amper/byna maar nog nie; dit is naby die waarheid; *get off the* ~ aan die gang kom; *be quick off the* ~ vinnig wegspring; iets gou begryp/verstaan; geen gras onder jou voete laat groei nie; *be slow off the* ~ stadig aan die gang kom; iets nie gou begryp/verstaan nie; *on your* ~*s!* op jul(le) merke!; *that's over the* ~ dis te erg; *overshoot the* ~ te ver/vêr gaan; *overstep the* ~ jou te buite gaan, te ver/vêr gaan, die grens/perke oorskry; *reach the 1000/etc.* ~ die duisend(tal)/ens. bereik, op duisend/ens. te staan kom; *get top* ~*s* uitstekende punte behaal; *top a* ~ 'n merk verbysteek *(of* te bowe gaan); *s.t. is up to the* ~ iets is op peil *(of* van die gewenste/vereiste gehalte); *be wide of the* ~ die bal mis slaan *(fig.),* dit heeltemal/ver/vêr/mis/verkeerd hê; kant nóg wal raak; *the answer is wide of the* ~ die antwoord is heeltemal/ver/vêr verkeerd. **mark** *ww.* merk, stempel, teken; letter; noteer; aanstreep; opmerk; let op, oplet; kenskets; nasien *(skoolwerk),* punte gee; *(sport)* merk; markeer; →MARKING; *s.t. down* iets laer prys, die prys van iets verlaag/verminder; iets laer noteer *('n aandeel ens.);* ~ *s.o. down* iem. minder punte gee; *do s.t. to* ~ *an event* iets doen by geleentheid *(of* na aanleiding *of* ter viering/ere) van 'n gebeurtenis, iets doen om 'n gebeurtenis te vier/gedenk; ~ *goods at R500* goedere op R500 prys; *that* ~*s the man/woman* dit teken die man/vrou; ~ *me!,* ~ *my words!* let op my woorde!; ~ *s.t. off* iets afmerk; iets aftel/aftik; iets afpen/afgrens/afbaken; iets afsonder; ~ *s.t. out* iets afbaken/aflyn/afmerk/afsteek *(grond ens.);* iets onderskei; ~ *s.o. out for* ... iem. vir ... aanwys/bestem; ~ *s.t. up* iets hoër prys; ~ *you!,* (*hoofs. Br.)* let wel!. ~**down** prysverlaging. ~ **sheet** telkaart, puntelys. ~~**up** prysverhoging, =byvoeging; winsruimte, =grens, *(tip.)* (die) opmaak.

**mark²** *(munt)* mark; *two* ~*s* twee mark.

**marked** *adj.* gemerk; gekenmerk; bestem(d); opvallend, (op)merklik, duidelik, aanmerklik; merkbaar; sterk, hewig; *beautifully* ~, *(diere ens.)* mooi geteken(d); *s.t. is* ~ *by* ... iets word deur ... gekenmerk; *a* ~ *difference* 'n duidelike/tasbare onderskeid; *the project was* ~ *for failure* die projek was tot mislukking/ondergang bestem(d)/gedoem; *a ruler* ~ *in centimetres* 'n liniaal in sentimeters verdeel; *be* ~ *for life* blywende letsels oorhou; *s.o. is* ~ *out for* ... iem. is vir ... bestem(d) *(sukses, groter dinge, ens.);* *a* ~ *person* 'n vooraanstaande persoon; iem. wat in die oog gehou word; 'n verdagte; 'n gebrandmerkte mens; *the* ~ *price* die gemerkte prys; *strongly* ~ *features* skerp besnede trekke; *be* ~ *with* ... vol ... wees *(letsels ens.);* deur ... aangedui word *('n asterisk ens.).* **mark·ed·ly** opvallend, op opvallende wyse; sterk, hewig. **mark·ed·ness** opmerklikheid.

**mark·er** merker, merkpen; neon(merk)pen, glimpen; merker, teller, aantekenaar, opskrywer; *(biljart)* markeur; *(lugv.)* merk; baken; pit *(in spel);* boekmerk. ~ **beacon** merkbaken. ~ **buoy** merkboei. ~ **stone** randklip.

**mar·ket** *n.* mark; (aan)vraag, handel; afset; afsetgebied; *buy s.t. at/on a* ~ iets op 'n mark koop; *buyer's/seller's* ~ kopers=/verkopersmark; *s.t. comes on(to) the* ~ iets kom in/

op die mark; **corner** *the* ~ *in* ... 'n monopolie (van die handel) in ... verkry; **find** *a* ~ *for s.t.* 'n mark vir iets vind; **flood** *the* ~ die mark oorvoer; *s.t. is* **in/on** *the* ~ iets is te koop *(of* in die handel *of* in/op die mark); *be* **in** *the* ~ *for s.t., (infml.)* in iets belangstel *(of* belang stel); **make** *a* ~ *for s.t* 'n mark vir iets skep; **no** ~ *for* ... geen (aan)vraag na ... nie; **in/on the open** ~ in/op die oop mark; **overstock** *the* ~ die mark oorvoer; **play** *the* ~*, (infml.)* met aandele spekuleer; **put/place** *s.t.* **on the** ~ iets in die handel *(of* in/op die mark) bring; iets te koop aanbied; *s.t. finds a* **ready** ~ iets kry/vind goeie aftrek; **rig** *the* ~ die mark manipuleer; *a* **thin** ~ 'n flou mark. **mar·ket** *ww.* bemark, na die mark bring, op die mark aanbied. ~ **agent** markagent. ~ **analysis** markontleding, ‑analise. ~ **behaviour** markgedrag. ~ **booth** markkraam. ~ **day** markdag. ~ **economy** markekonomie. ~ **forces** *n. (mv.)* markkragte. ~ **garden** groentekwekery. ~ **gardener** groenteboer. ~ **gardening** groenteboerdery. ~ **hall** mark(gebou). ~ **leader** markleier. ~ **master** mark‑ meester. ~ **niche** marknis. ~**orientated** markgerig. ~**place** mark(plein). ~ **price** markprys. ~ **report** markberig; koers‑ berig. ~ **research** marknavorsing, ‑ondersoek, ‑peiling. ~ **researcher** marknavorser. ~ **segment** marksegment, ‑deel. ~ **segmentation** marksegmentering, ‑verdeling. ~ **share** markaandeel. ~ **square** markplein. ~ **stall** markstalletjie, ‑kraam(pie). ~ **survey** markopname. ~ **town** markstad, ‑dorp. ~ **trend** markneiging. ~ **value** markwaarde, handels‑ waarde.

**mar·ket·a·ble** verkoopbaar; bemarkbaar; ~ *securities* han‑ delspapier, verhandelbare effekte; ~ *value* markwaarde. **mar·ket·a·bil·i·ty** afsetbaarheid.

**mar·ket·eer** markhandelaar.

**mar·ket·er** bemarker; verkoper; markhandelaar.

**mar·ket·ing** bemarking, afset, verkoop (op die/'n mark); *ready for* ~ markklaar. ~ **research** marknavorsing, ‑onder‑ soek, ‑peiling.

**mark·ing** (die) merk; merkteken; nasien(werk); *(i.d. mv.)* merke, merktekens; *(i.d. mv.)* vlektekening *(op voëleiers)*. ~ **gauge** *(timm.)* kruishout. ~ **ink** letter‑, merkink. ~ **iron** brandyster.

**marks·man** ‑*men* skut, (skerp)skutter. **marks·man·ship** skietkuns, skerpskutterskuns. **marks·wom·an** ‑*women* vrou‑ like skut/(skerp)skutter.

**mar·lin** *(igt.)* marlyn.

**mar·lin(e)** *(sk.: ligte tou)* marlyn, marling. ~**spike** marlpriem, ‑pen.

**mar·ma·lade** marmelade. ~ **cat** rooihaarkat.

**Mar·mite** *(handelsnaam: broodsmeer)* Marmite.

**mar·mo·set** klouapie, syapie.

**mar·mot** marmot, mormeldier.

**ma·roon** maroen, bruinrooi (kleur).

**ma·rooned** (op 'n onbewoonde kus) agtergelaat; geïsoleer, afgesny.

**marque** handelsmerk *(v. 'n motor ens.).*

**mar·quee** markies‑, markeetent, groot veldtent.

**Mar·que·sas (Is·lands)** *(geog.)* Marquesas-eilande.

**mar·que·try, mar·que·tery, mar·que·terie** (hout)in‑ legwerk, marqueterie, houtmosaïek.

**mar·quis** markies; *the* ~ *of Carabas, (sprokieskarakter)* die markies van Carabas. **mar·quise** *(vr.)* markiesin; markiesin‑ ring.

**Mar·ra·kech, Mar·ra·kech, Mar·ra·kesh, Mar·ra· kesh** *(geog.)* Marrakesj *(in Marokko).*

**mar·ram (grass)** sandhawer.

**mar·riage** huwelik, troue, eg; bruilof, trouery; *ask a girl('s hand) in* ~*, (fml.)* 'n meisie om haar hand vra; *relatives* **by** ~ aangetroude familie; **consent** *to a* ~ instem tot 'n huwe‑ lik; *the* **contemplated** ~ die voorgenome huwelik; ~ *of*

**convenience** gerief(likheid)shuwelik; **dissolve** *a* ~ 'n huwelik ontbind; **enter into** *a* ~*, (fml.)* trou, in die huwelik tree; **give** *s.o. in* ~*, (fml.)* iem. ten huwelik gee *('n dogter);* **join** *two people in* ~ twee mense in die eg/huwelik verbind; *one* ~ **makes** *many* van bruilof kom bruilof; *a* **promise** *of* ~ 'n troubelofte; **solemnise** *a* ~ 'n huwelik inseën/voltrek; **take** *s.o. in* ~*, (fml.)* met iem. trou, iem. tot man/vrou neem. ~ **articles,** ~ **contract** huwelikskontrak, ‑voorwaardes. ~ **bed** huweliksbed; huweliksgemeenskap. ~ **bond** huweliksband, egtelike band. ~ **ceremony** huweliksbevestiging. ~ **certificate** huwelik‑, trousertifikaat. ~ **counselling** huweliksberaad, ‑be‑ rading. ~ **guidance** huweliksvoorligting. ~ **(guidance) coun‑ sellor** huweliksberader. ~ **knot,** ~ **tie** huweliksband. ~ **li‑ cence** troulisensie, huwelikslisensie. ~ **partner** lewens‑, hu‑ weliksmaat. ~ **pledge** troupand. ~ **portion** bruidskat. ~ **register** huweliksregister. ~ **vows** *n. (mv.)* huweliksbeloftes; *break one's* ~ ~ jou huweliksbeloftes verbreek; *take one's* ~ ~ jou huweliksbeloftes aflê.

**mar·riage·a·ble** hubaar, troubaar. **mar·riage·a·bil·i·ty** hu‑ baarheid.

**mar·ried** getroud, *(fml.)* gehuud; huweliks‑; verknog *(aan);* *be* ~ getroud wees; *the* ~ **couple,** *(ook)* die egpaar; *get* ~ trou, getroud raak, in die huwelik tree; *s.o. is* **getting** ~ iem. gaan trou; *they got* ~ *yesterday* hulle het gister getrou *(of* is gister getroud); **just** ~ pas getroud; ~ **life** getroude lewe, huwelikslewe; *the* **much** ~ ... die dikwels getroude ...; ~ **name** getroude van; ~ **person** getroude, *(fml.)* gehude; ~ **quarters** gesinskwartier(e), kwartier(e) vir getroudes; ~ **state** huwe‑ likstaat, gehude/egtelike staat; *be* ~ **to** ... met ... getroud wees *('n man/vrou);* aan ... verknog wees *('n stelsel ens.);* *they* **were** ~ *in Durban/etc.* hulle is in Durban/ens. getroud.

**mar·ron** *(Fr.)* kastaiing. ~ **glacé** *marrons glacés, (Fr.)* glans‑ kastaiing.

**mar·row** murg; pit; kern; *(ook vegetable marrow)* murg‑ pampoen; **small** ~ skorsie; **spinal** ~ rugmurg; *to the* ~ deur en deur; in murg/merg en been, in hart en niere; *s.t. goes/penetrates/pierces* **to** *the* ~ iets dring deur murg/merg en been. ~**bone** murgbeen. ~ **cavity** murgholte.

**mar·ry** *ww., (intr.)* trou, in die huwelik tree; *(tr.)* trou, in die eg verbind, in die huwelik verbind/bevestig; verbind; ~ **again** hertrou; **ask** *s.o. to* ~ *you* iem. vra om met jou te trou; ~ *a* **fortune,** ~ *(into)* **money** ryk *(of* met 'n ryk man/vrou) trou; ~ *in* **haste,** *repent at leisure* gou/haastig getrou, lank berou; ~ **into** *a German/etc. family* in 'n Duitse/ens. familie trou; *not be a* ~**ing man/woman** *(or the* ~*ing sort/kind/type)* nie troulustig wees nie, geen man/vrou vir trou wees nie; ~ *for* **money** om geld trou; ~ *s.o.* **off** iem. uithuwelik *('n seun, dogter);* ~ *s.o.* met iem. trou; ~ **well** 'n goeie huwelik doen.

**Mars** *(astron., Rom. mit.)* Mars; →MARTIAN.

**Mar·sa·la** *(soms m~)* marsala(wyn).

**Mar·seil·laise:** *the* ~*, (Fr. volkslied)* die Marseillaise.

**marsh** moeras, vlei. ~ **gas** moerasgas, metaan. ~ **harrier** *(orn.): African* ~ ~*, (Circus ranivorus)* Afrikaanse padda‑ vreter; *Western* ~ ~*, (C. aeruginosus)* Europese paddavreter. ~**land** moerasland. ~ **marigold** *(Caltha palustris)* vleigous‑ blom; *(Eur.)* (groot)botterblom. ~ **owl** vlei-uil. ~ **plant** moe‑ rasplant, heloffiet. ~ **rose** *(Orothamnus zeyheri)* vlei-, berg‑ roos. ~ **warbler** *(Acrocephalus palustris)* Europese rietsanger.

**mar·shal** *n., (mil.)* maarskalk; *(Am.)* balju; *(Am.)* polisiehoof; *(Am.)* brandmeester; ~*'s baton* maarskalkstaf; *(track)* ~*, (atl.)* baanopsiener. **mar·shal** ‑*ll*‑*, ww.* (rang)skik, orden; opstel, monster; aanvoer, (ge)lei; opstel *(treine ens.).* **mar·shal·ler,** *(Am.)* **mar·shal·er** rangskikker; aanvoerder; *train* ~ ran‑ geerder.

**mar·shal·ling,** *(Am.)* **mar·shal·ing** rangskikking; opstel‑ ling. ~ **area** opstelveld, ‑gebied. ~ **yard** *(spw.)* opstelwerf, ‑terrein.

**marsh·mal·low** malvalekker.

**marsh·y** moerasagtig, moerassig, vleierig, vleiagtig; ~ *soil* moerasgrond. **marsh·i·ness** moerasagtigheid, moerassig= heid.

**mar·su·pi·um** =*pia, (soöl.)* buidel. **mar·su·pi·al** *n.* buideldier. **mar·su·pi·al** *adj.* buideldraend, buidel=; buidelvrugdraend.

**mart** mark; markplein; vandisie=, vendusielokaal; verkoop= plek; handelsentrum.

**mar·ten** =*ten(s), (soöl.)* marter; marterpels.

**mar·ten·site** *(metal.)* martensiet.

**Mar·tha** *(NT)* Martha.

**mar·tial** krygshaftig, oorlogs=, krygs=; dapper. ~ **art** *(gew. i.d. mv.)* verweer=, gevegs=, vegkuns. ~ **bearing** militêre/stryd= bare houding. ~ **eagle** breëkoparend. ~ **exploit** wapenfeit. ~ **law** krygswet; *declare/proclaim* ~ ~ (die) krygswet afkondig; *put a territory under* ~ ~ (die) krygswet in 'n gebied afkon= dig. ~ **spirit** krygshaftigheid.

**Mar·tian** *n., (wet.fiksie)* Marsbewoner. **Mar·tian** *adj.* van Mars, Mars=.

**mar·tin** swa(w)el(tjie); *brown-throated* ~ Afrikaanse oewer= swa(w)el; *sand* ~ Europese oewerswa(w)el.

**mar·ti·net** tug=, drilmeester, haantjie, vuurvreter; kwaai (skool)meester. **mar·ti·net·ish** haantjie(s)agtig, kwaai.

**mar·tin·gale** springteuel(s).

**Mar·ti·ni** *(soort vermoet)* Martini.

**mar·tyr** martelaar; lyer; *die a* ~*'s death* as martelaar sterf/ sterwe; *make a* ~ *of o.s.* jouself opoffer; (die rol van) mar= telaar speel; *be a* ~ *to s.t.* erg aan iets ly *(rumatiek ens.).* **mar·tyred** (dood)gemartel; gefolter; opgeoffer. **mar·tyr· dom** marteling; marteldood, martelaarskap.

**ma·ru·la, ma·roe·la** *(SA, bot.)* maroela(boom); *(i.d. mv., vrugte)* maroelas.

**mar·vel** *n.* wonder; wonderlike ding; ... *is a* ~, *(infml.)* ... is wonderlik; *a* ~ *of engineering/etc.* 'n ingenieurswonder/ens.; ~*s of the universe* wonders van die wêreld, wêreldwonders; *the* ~ *of it is that* ... die wonderlikste daarvan is dat ...; *work* ~*s* wonders doen; 'n wonderlike uitwerking hê. **mar·vel** =*ll-, ww.* wonder; ~ *at* ... verbaas wees/staan oor ..., jou oor ... verbaas/verwonder. ~ **of Peru, four o'clock (plant)** *(Mira= bilis jalapa)* wonderblom, vieruurtjie.

**mar·vel·lous,** *(Am.)* **mar·vel·ous** wonderlik, wonder= baarlik, verbasend. **mar·vel·lous·ness,** *(Am.)* **mar·vel·ous· ness** wonderlikheid, wonderbaarlikheid.

**Marx·ism** Marxisme. **Marx·ist** *n.* Marxis. **Marx·ist** *adj.* Marxisties.

**Marx·ism-Len·in·ism** Marxisme-Leninisme. **Marx·ist-Len= in·ist** *n.* Marxis-Leninis. **Marx·ist-Len·in·ist** *adj.* Marxisties-Leninisties.

**Mar·y** Maria; *(Saint)* ~ *Magdalene, (NT)* Maria Magdalena; *the Virgin* ~ die Maagd Maria. ~ **Jane** *(Am. dwelmsl.: ma= rijuana)* dagga, boom, ganja. ~ **Janes** *n. (mv.)* Mary Jane-skoene.

**Mar·y·land** *(geog.)* Maryland. ~ **(tobacco)** baai(tabak).

**mar·zi·pan** marsepein.

**Ma·sai, Ma·sai** =*sai(s), (bevolkingslid, taal)* Masai.

**ma·sa·la** *(kookk.)* masala.

**mas·car·a** maskara.

**mas·car·po·ne** *(It.)* mascarpone(kaas).

**mas·cot** maskot, gelukbringer, gelukspop, talisman; amulet; neusbeeld *(op 'n motor).*

**mas·cu·line** *n., (gram.)* manlike geslag, manlik. **mas·cu· line** *adj.* manlik; mannetjiesagtig, managtig; sterk, fors, ru; ~ *ending, (pros.)* beklem(toon)de slot; ~ **gender,** *(gram.)* manlike geslag; ~ *name* mansnaam; ~ *rhyme, (pros.)* staan= de/manlike rym; ~ *woman* mannetjiesvrou. **mas·cu·lin·i·ty** manlikheid; managtigheid; ~ *of the population* mannever= houding.

**ma·ser** *(teg., akr. <microwave amplification by the stimulated emission of radiation)* maser.

**mash** *mashes, n.* mengsel; mengelmoes; meelkos, =mengsel; pap; kapokaartappels, fyn(gemaakte) aartappels; *laying* ~ lêmeel *(vir henne).* **mash** *ww.* meng; fynstamp, fynmaak, fyndruk; ~ *potatoes* aartappels fynmaak; ~*ed potatoes* kapok= aartappels, fyn(gemaakte) aartappels. ~ **hammer** gruis= hamer.

**mash·er** menger; fynmaker; vergruiser; beslagkuip.

**Ma·sho·na** *(bevolkingsgroep)* Mashona. ~**land** *(geog.)* Masho= naland.

**mash·y** papperig, saf.

**mas·jid** *(Arab.)* moskee, masiet.

**mask** *n.* masker; vermomming; mombakkies; maskerspel; *(arg.)* gemaskerde (persoon); *(fig.)* dekmantel, sluier; voor= wendsel; *drop* (or *throw off) the* ~ die masker afwerp; *put on a* ~ 'n masker aansit; *(kosmetiek)*'n masker aanwend; *under the* ~ *of* ... onder die masker van ... **mask** *ww.* masker; vermom; verklee; bedek, verberg; toeplak; afskerm *(vensters); (kookk.)* bedek; maskeer *(troepe);* onderskep *(vuur);* ~*ed ball* gemaskerde bal, maskerbal; ~ *s.t. out* iets afskerm. **mask·er, mas·quer** gemaskerde (persoon).

**mask·ing** maskering; vermomming; bedekking; plaksel; *(mil.)* afskerming; maskering *(v. troepe ens.).* ~ **tape** maskeerband.

**mas·o·chism** masochisme. **mas·o·chist** masochis. **mas·o· chis·tic** masochisties.

**Ma·son** Vrymesselaar; →FREEMASON. **Ma·son·ic** Vrymesse= laars=; ~ *lodge* Vrymesselaarslosie. **Ma·son·ry** die Vrymes= selary.

**ma·son** *n.* (klip)messelaar. **ma·son** *ww.* messel. ~*'s mark* messelaarsteken. ~ **work** (klip)messelwerk.

**ma·son·ic** messelaars=.

**ma·son·ry** (klip)messelwerk; messelary. ~ **wall** klipmuur.

**masque, mask** maskerspel. **mas·quer** →MASKER. **mas· quer·ade** *n.* maskerade; maskerbal; vermomming; huige= lary. **mas·quer·ade** *ww.* vermom; vermom loop, aan 'n maskerade deelneem; 'n valse voorkoms aanneem; ~ *as* ... jou uitgee vir ..., jou voordoen as ... **mas·quer·ad·er** ver= momde/gemaskerde (man/ens.).

**Mass** *n., (vnl. RK)* mis, altaar=, misdiens; *attend* ~ na die mis gaan, die mis bywoon; *read/say* ~ die mis lees. ~ **vestments** misgewaad.

**mass** *n.* massa; hoop, klomp, trop; opeenhoping; stortvloed; merendeel; *the great* ~ die massa, die groot meerderheid; *in* ~ tesame, en masse; *in the* ~ in massa; oor die algemeen, in die geheel geneem; ~*es of* ... 'n massa ...; *the* ~*es* die massa, die gewone mense. **mass** *ww.* vergader, ophoop; (troepe) konsentreer/saamtrek; verenig opstel; *(dril)* massa vorm. ~ **action** massa-aksie, massaoptrede. ~ **defect** *(fis.)* massadefek, =tekort. ~ **market** massamark. ~ **media** mas= samedia. ~ **murderer** massamoordenaar. ~ **noun** massa= naamwoord. ~ **number** *(fis.)* massagetal. ~**produce** *ww.* in massa produseer. ~ **production** massaproduksie. ~ **selling** massaverkope, grootmaatverkope. ~ **spectograph** *(fis.)* mas= saspektograaf. ~ **spectrometer** *(fis.)* massaspektrometer. ~ **spectrum** *(fis.)* massaspektrum. ~ **storage** *(rek.)* massage= heue.

**mas·sa·cre** *n.* slagting, bloedbad, massamoord; *(infml., hoofs. sport)* slagting, groot loesing (*of* pak [slae]), verpletterende ne(d)erlaag. **mas·sa·cre** *ww.* 'n slagting/bloedbad aanrig *(onder)*, slag, verdelg, uitdelg; *(infml., hoofs. sport)* verpletter, kafloop, kafdraf, 'n verpletterende ne(d)erlaag toedien, 'n wegholoorwinning behaal oor.

**mas·sage, mas·sage** *n.* massering, (die) masseer, *(<Fr.)* massage. **mas·sage, mas·sage** *ww.* masseer, vryf, vry= we; dokter, (be)kook, vervals *(data, statistieke, ens.).* ~ **par= lour** masseersalon; *(euf.)* seksklub, bordeel.

**mas·sag·er, mas·sag·ist** masseur, masseerder, *(vr.)* mas= seuse, masseerster; masseermasjien.

**mas·sé (shot)** *(biljart)* masseerstoot, massé.

**mas·se·ter (mus·cle)** *(anat.)* masseter(spier).

**mas·seur** masseur, masseerder. **mas·seuse** *(vr.)* masseuse, masseerster.

**mas·sif, mas·sif** *(geomorfol.)* (berg)massief.

**mas·sive** massief, massaal, enorm; ~ *search* uitgebreide/ omvattende soektog. **mas·sive·ness** massiwiteit, massaliteit.

**mass·less** sonder massa.

**mast¹** *n.* mas; *strike a* ~ 'n mas stryk. **mast** *ww.* mas; bemas, van 'n mas voorsien. ~ **cell** *(fisiol.)* mas-sel. ~**head** mastop; uitkyk(er); naamblok, kopstuk, gewelnaam *(v. 'n koerant).*

**mast²** *n.* neute, akkers; vark(ens)kos.

**mas·ta·ba(h)** *(<Arab., argeol.)* mastaba.

**mas·tec·to·my** borsverwydering, mastektomie.

**-mast·ed** *komb.vorm, (sk.)* =mas=; *three-~ vessel* driemas= vaartuig.

**mas·ter** *n., (hoofs. hist.)* meester, baas; eienaar, baas *(v. 'n troeteldier); (hoofs. Br.)* meester, onderwyser; (huis)vader; hoof *(v. 'n kollege);* magister; meester, kenner, bobaas; ge= sagvoerder, (see/skeeps)kaptein, skipper; jongeheer; *M~ of Arts, (afk.:* MA) Magister Artium; ~ *of ceremonies* sere= moniemeester; ~*'s degree* meesters=, magister(s)graad; *a ~ of disguise* 'n meesterlike vermommer, 'n vermommings= ekspert; *be ~ of one's own fate* oor jou eie lot beskik; ~ *of the high court* meester van die hooggeregshof, weesheer; *make o.s. ~ of s.t.* iets onder die knie kry; *be ~ of* ... baas wees van ...; ... beheers *('n taal ens.); old ~* (skildery deur 'n) ou meester; *be one's own* ~ jou eie baas wees; *M~ of Science, (afk.:* MSc) Magister Scientiae; *serve two ~s* twee here dien; *M~ of/in Surgery, (afk.:* MCh) Magister Chirurgiae; *be a ~ of one's trade* 'n meester in jou eie vak wees. **mas·ter** *adj.* hoof=.

**mas·ter** *ww.* oormeester, oorkom, te bowe kom, oorwin, die oorhand kry oor; meester word van, baasraak; kleinkry; meester word, onder die knie kry *('n vak);* magtig word, aanleer *('n taal);* bestuur, beheers; ~ *a habit* die oorhand oor 'n gewoonte kry; ~ *oneself* jou(self) beheers. ~**-at-arms** skeepsprovoos. ~ **builder** meesterbouer. ~**class** meesterklas. ~ **copy** oorspronklike, meesterkopie; hoof(-) magnetiese opname. ~ **file** *(rek.)* hooflêer. ~ **hand** meesterhand; hand van die meester; voorman. ~ **key** loper, algemene sleutel. ~ **mariner** seekaptein, skeepskaptein, gesagvoerder. ~ **mason** messelaarsbaas, baas=, meestermesselaar. ~**mind** *n.* groot/ leidende gees *(i.d. musiekwêreld ens.);* brein *(agter 'n projek ens.);* opperbrein *(agter 'n rooftog ens.);* aanstigter *(v. geweld ens.).* ~**mind** *ww.* beplan, organiseer, uitdink, die brein wees agter *('n projek ens.);* die opperbrein wees agter *('n rooftog ens.);* aanstig *(geweld ens.).* ~**piece** meesterstuk; pragstuk. ~ **plan** hoof=, opper=, totaalplan, breë plan. ~**stroke** bril= jante strategie; geniale/meesterlike set; meesterstuk. ~ **switch** hoofskakelaar. ~ **tape** *(rek.)* moederband. ~ **touch** mees= terhand. ~**work** meesterwerk, =stuk.

**mas·ter·ful** meesteragtig, despoties, oorheersend, baasspe= lerig; meesterlik, magistraal.

**mas·ter·hood** meesterskap.

**mas·ter·less** sonder baas/eienaar, onbeheer(d).

**mas·ter·ly** meesterlik, knap. **mas·ter·li·ness** meesterlikheid.

**mas·ter·ship** meesterskap, baasskap, heerskappy; beheer= sing *(v. 'n vak);* onderwyserspos; rektorskap.

**mas·ter·y** heerskappy, oorhand, meesterskap; beheer, be= heersing; vaardigheid, bedrewenheid; *have a ~ of a subject* 'n vak beheers *(of* meester wees).

**mas·tic** mastiek; steenlym, mastiek(gom).

**mas·ti·cate** (fyn)kou *(kos); (teg.)* fynmaal, =stamp. **mas·ti·ca·tion** (die) kou, gekou, kouery. **mas·ti·ca·tor** kouer; kake= been; (vleis)meul(e). **mas·ti·ca·to·ry** kou=; ~ *muscle* kou= spier.

**mas·tiff** *(honderas)* mastiff, bulbyter; *Boer* ~ boerboel.

**mas·ti·tis** borsklier=, melkklierontsteking, mastitis; uieront= steking, mastitis.

**mast·less** sonder mas.

**mas·to·don** *(paleont.)* mastodon. **mas·to·don·tic** masto= donties.

**mas·toid** *n., (anat.)* agteroorbeen, mastoïed. **mas·toid** *adj.* tepelvormig, mastoïed. **mas·toid·i·tis** *(med.)* mastoïedont= steking, mastoïditis.

**mas·tur·bate** masturbeer. **mas·tur·ba·tion** masturbasie. **mas·tur·ba·tor** masturbeerder, masturbant. **mas·tur·ba·to·ry** masturbasie=.

**mat¹** *n.* mat; vloerkleed. **mat** =*tt*-, *ww.* met matte bedek/ belê; mat *('n stoel);* (saam)koek, saamkleef, =klewe. ~ **hut** matjieshuis.

**mat², matt(e)** *adj.* mat, dof; ~ *glass* matglas; ~ *paper* mat papier. **mat, matt(e)** *ww.* mat/dof maak, matteer.

**Mat·a·be·le** *(bevolkingsgroep)* Matabele. **Mat·a·be·le·land** Matabeleland.

**mat·a·dor** matador, stiervegter.

**match¹** *n.* wedstryd; gelyke, portuur; eweknie; weerga; (hu= weliks)party; *find/meet (more than) one's* ~ jou moses teë= kom/teenkom, jou rieme styfloop; *be a* ~ *for s.o.* iem. ewe= naar; teen iem. opgewasse wees; iem. se gelyke wees; *they make a good* ~ hulle maak 'n goeie paar uit; *s.t. is a good* ~ *for s.t. else* iets pas goed by iets anders *(kleure ens.); be more than a* ~ *for s.o.* iem. se moses wees; *have no* ~ geen gelyke hê nie; *be no* ~ *for s.o.* nie teen iem. opgewasse wees nie; vir iem. onderdoen; nie iem. se portuur wees nie; *throw a* ~, *(infml.)* 'n wedstryd (opsetlik) weggooi; *a tight* ~ 'n gelykopstryd, 'n spanningsvolle/spanningbelaaide/taai (wed)= stryd; *a vital* ~ 'n beslissende wedstryd. **match** *ww.* verbind (in die huwelik); pas *(by mekaar);* harmonieer *(met mekaar);* opgewasse wees *(teen mekaar),* ewenaar; saamgaan; ~ *o.s. against s.o.* jou met iem. meet; *can you* ~ *that?* kan jy dit nadoen?; kan jy iets daarteenoor stel?; *the socks don't* ~ die sokkies is nie 'n paar nie; ~ *s.t. up* iets (by mekaar) laat pas; *it* ~*es up* dit pas (by mekaar); dit strook *(m.d. waarheid ens.);* ~ *up to s.o.* iem. se gelyke wees; teen iem. opgewasse wees; ~ *up to s.t.* aan iets voldoen *(iem. se ver= wagtinge ens.);* teen iets opgewasse wees *(d. omstandighede ens.);* ~ *well* goed saamgaan. ~**board** pasplank. ~**maker** huweliksmakelaar; Moeder Kupido, pare=, paartjiemaker; wedstrydorganiseerder; promotor, boks=, stoeiagent; ven= nootskapsmeder. ~ **play** *(gh.)* putjiespel. ~ **point** *(sport)* wed= strydpunt, wenpunt.

**match²** *n.* vuurhoutjie; *set a* ~ *to s.t.* iets aan die brand steek; *a spent* ~ 'n uitgebrande vuurhoutjie; *strike a* ~ 'n vuur= houtjie trek. ~**box** vuurhoutjiedosie; *(SA, fig.)* vuurhoutjie= doos(huis[ie]), =boks(huis[ie]). ~**stick** vuurhoutjie; *(infml.)* dun arm(pie)/been(tjie), spykerbeen(tjie). ~**wood** hout vir vuurhoutjies; brandhout; *make* ~ *of s.t., smash s.t. to* ~ iets versplinter *(of* fyn en flenters breek).

**match·a·ble** passend; vergelykbaar; te ewenaar.

**match·er** passer.

**match·ing** (by)passend, harmoniërend; soortgelyk.

**match·less** weergaloos, onvergelyklik.

**mate¹** *n., (infml.)* maat, tjom(mie), pel; metgesel; *(infml.)* man; *(soöl.)* mannetjie, wyfie; helper, hulp *(v. 'n vakman);* stuurman *(by koopvaardy);* eerste offisier *(i.d. vloot); meet your* ~ jou deel/lewensmaat ontmoet. **mate** *ww., (soöl.)* (laat) paar; *(teg.)* koppel, inmekaar=, opmekaarpas, inmekaar/ opmekaar pas. **mate·less** sonder maat, alleen; ongetroud; weergaloos. **mat(e)·y** *n., (infml. Br. aanspreekvorm)* (ou) maat, matie, tjommie, (ou) pel. **mat(e)·y** *adj. (Br., infml.)* tjommierig, boetie-boetie, pellie-pellie; *be* ~ *with s.o., (infml.)* danig *(of* [te] eie) met iem. wees. **mat·ing** *(soöl.)* paring; ~ *season* paartyd.

**mate²** *n., (afk. v.* checkmate*)* (skaak)mat. **mate** *ww., (afk. v.* checkmate*)* (skaak)mat sit.

**mat·e·lot(t)e** *(Fr. kookk.)* vis in wynsous.

**ma·ter·fa·mil·i·as** *matresfamilias, (Lat.)* huismoeder, ma=terfamilias.

**ma·te·ri·al** *n.* (bou)stof, (bou)materiaal; (kleding)stof, lap, materiaal; gegewens; *(i.d. mv. ook)* benodig(d)hede. **ma·te·ri·al** *adj.* stoflik, materieel, liggaamlik; wesen(t)lik, vernaam, belangrik, beslissend; ~ *difference* wesen(t)like onderskeid; ~ *noun* stofnaam; ~ *well-being* liggaamlike welsyn. **ma·te·ri·al·i·ty** stoflikheid; wesen(t)likheid, belangrikheid; *(i.d. mv. ook)* stoflike dinge. **ma·te·ri·al·ly** materieel, stoflik; wesen(t)=lik, belangrik.

**ma·te·ri·al·ise, =ize** materialiseer, verliggaamlik; verwe=sen(t)lik, realiseer; verstoflik, sigbaar laat word *('n gees)*; voordeel lewer; gebeur, bewaarheid word; *fail to ~, (ook)* agterweë bly. **ma·te·ri·al·i·sa·tion, =za·tion** verwesen(t)liking, verwerkliking; materialisasie, materialisering.

**ma·te·ri·al·ism** materialisme. **ma·te·ri·al·ist** materialis. **ma·te·ri·al·is·tic** materialisties.

**ma·te·ri·el, ma·té·ri·el** gereedskap, toerusting; *(mil.)* leër=voorrade.

**ma·ter·nal** moederlik, moeder(s)=; ~ *aunt* tante aan/van moederskant; ~ *bliss* die vreugde van moederskap; ~ *love* moederliefde; ~ *mortality* moedersterfte. **ma·ter·nal·ism** moederinstink; moederlikheid. **ma·ter·nal·is·tic** moederlik, moeder(s)=.

**ma·ter·ni·ty** moederskap; moederlikheid. ~ *belt* kraam=gordel. ~ *benefit (dikw. i.d. mv.)* kraamvoordeel, =uitkering, =bystand. ~ *blues (infml.)* nageboortelike depressie, nage=boortedepressie. ~ *home,* ~ *hospital* kraaminrigting. ~ *leave* kraamverlof. ~ *ward* kraamsaal, =afdeling. ~ *wear* kraam=drag.

**mate·y** →MATE¹.

**math·e·mat·ics** *n. (fungeer as ekv.)* wiskunde. **math·e·mat·i·cal** wiskundig, wiskunde=, matematies; presies. **math·e·ma·ti·cian** wiskundige, matematikus. **maths,** *(Am.)* **math** *(infml., afk.)* = MATHEMATICS.

**Ma·tie** *(SA, infml.: student v.d. Univ. v. Stellenbosch)* Matie.

**mat·i·nee, mat·i·née** matinee, middagvertoning.

**mat·ins, mat·tins** *n. (fungeer as ekv. of mv.), (Chr.)* vroeë oggenddiens; oggendgebed.

**ma·tri·arch** matriarg, stammoeder. **ma·tri·ar·chal** matri=argaal. **ma·tri·ar·chy** matriargale gemeenskap; matriargaat.

**ma·tric** *(SA, infml.)* matriek; →MATRICULATION. ~ *farewell* matriekafskeid.

**mat·ri·cide** moedermoord; moedermoordenaar. **mat·ri·ci·dal** moedermoordend, moedermoord=.

**ma·tric·u·late** matrikuleer; as student inskryf/inskrywe/toelaat. **ma·tric·u·lant** matrikulant.

**ma·tric·u·la·tion** matrikulasie; inskrywing (as student). **M~ Board:** *Joint ~ ~, (SA, hist., afk.:* JMB) Gemeenskaplike Matrikulasieraad. ~ *examination* matrikulasie-eksamen. ~ *exemption* matrikulasievrystelling.

**mat·ri·lin·e·al** matrilinieër, in die vroulike lyn/linie.

**mat·ri·mo·ny** eg, huwelik, huwelikstaat; *enter into* ~ in die huwelik tree, trou. **mat·ri·mo·ni·al** egtelik, huweliks=.

**ma·trix** =trices, =trixes moedervorm; gietvorm, matrys; moer; *(wisk.)* matriks; *(geol.)* moedergesteente, matriks; gangerts, =steen, grondlaag; kweekplek, voedingsbodem; bindmiddel.

**ma·tron** huismoeder, matrone; (middeljarige) dame, huis=vrou; direktrise; ~ *of honour* eerste bruidsmeisie; hofdame. **ma·tron·al** matrone=; matroneagtig, deftig, statig. **ma·tron·hood** matroneskap. **ma·tron·ly** matrone=; matroneagtig.

**matt** →MAT².

**matte¹** swa(w)elmetaal; →MAT².

**matte²** *(fot.)* afneemmasker, skermraam.

**mat·ter** *n.* stof, materie; inhoud; goed; onderwerp, saak, aangeleentheid; *(jur.)* saak; vraagstuk, kwessie; *about this* ~ oor/aangaande hierdie saak, wat hierdie saak (aan)betref; *is anything the ~?* skeel daar iets?; *as a ~ of course* van=selfsprekend; →MATTER-OF-COURSE *adj.; a different* ~ alto=gether 'n glad/totaal ander saak; *that is a different* ~, *(ook)* dit is iets heeltemal anders; *it is no great* ~ dis nie van veel belang/betekenis nie; dit beteken nie veel nie; *in the* ~ *of* ... wat ... (aan)betref; *no* ~ *how/what/where/who* ... ongeag hoe/wat/waar/wie ...; *s.o. can't do it,* **no** ~ *how hard he/she tries* al probeer iem. ook hoe hard, hy/sy kan dit nie doen/regkry nie; *there is* **nothing** *the* ~ *with* ... ... makeer niks; *a* ~ *of ten/etc. rands/etc.* so(wat)/ongeveer tien/ens. rand/ens.; *in a* ~ *of days/etc.* binne 'n paar dae/ens.; *pursue a* ~ 'n saak verder/vêrder voer; *raise a* ~ 'n saak opper; *that settled the* ~ dit het die deurslag gegee; dit het die saak in die reine gebring; *there is* **something** *the* ~, **something** *is the* ~ *(with s.o.)* daar skort iets (met iem.); *how do* ~s **stand?** hoe lyk dit?, hoe staan sake?; *a* ~ *of* **taste** 'n kwessie van smaak; *for that* ~ wat dit (aan)betref; trouens; *a* **thorny** ~ 'n netelige saak; *what is the* ~? wat makeer/skort?, wat is die fout?; skeel/skort daar iets?. **mat·ter** *ww.* van belang wees, op aan=kom; *it does* ~ dit maak tog/wel saak; *it does* **not** ~ dit maak geen verskil nie, dis niks; *it does* **not** ~ *a brass farthing, (infml.)* dit maak geen (blou) duit verskil nie; *it does* **not** ~ *to s.o.* dit kan iem. nie skeel nie; *what does it* ~? wat maak dit saak?. **~-of-course** *adj.* vanselfsprekend. **~-of-fact** *adj.,* **~-of-factly** *adv.* nugter, droog, saaklik. **~-of-factness** *n.* nugterheid, saaklikheid.

**Mat·thew** Matteus *(NAB),* Matthéüs *(OAB).*

**mat·ting** mat; matwerk; (vloer)matstof; vasklewing; saam=koek(ing).

**mat·tins** →MATINS.

**mat·tock** bylpik, houweel.

**mat·tress** matras; spring(veer)matras; matras, plaatgaas *(v. betonwapening); (waterbouk.)* sinkstuk, vlegwerk. ~ *case* matrassloop, =oortreksel. ~ *needle* seilnaald.

**mat·u·rate** *(med.)* ryp word; laat ryp word; laat etter. **mat·u·ra·tion** ryping, rypwording, maturasie; rypheid; verou=dering *(v. wyn);* ettering.

**ma·ture** *adj.* ryp, geryp; volwasse, uitgegroei(d); ontwik=kel(d), volgroei(d); bekwaam *(oes);* volwaardig; vervalle *(wis=sel);* beleë *(wyn); after* ~ *consideration* ná ryp(e) beraad. **ma·ture** *ww.* ryp word; *(wyn)* verouder; uitgroei, ontwikkel; ryp maak; *(wissel)* verval; *(polis)* opeisbaar/uitkeerbaar word; ~ *plans* planne smee. **ma·tured** ryp; ontwikkel(d); voldrae; ~ *gin* ou jenewer; ~ *policy* uitkeerbare polis; ~ *wine* beleë wyn. **ma·ture·ness** rypheid; beleënheid *(v. wyn ens.);* be=sonkenheid. **ma·tur·ing** *n.* ryping.

**ma·tur·i·ty** rypheid; volwassenheid; volgroeidheid; volwaar=digheid; termynverloop, uitkeerbaarheid, opeisbaarheid *(v. 'n polis);* vervaltyd *(v. 'n tjek, wissel); at* ~, *(fin.)* op die ver=valdag; *day of* ~, *(fin.)* vervaldag, =datum; *reach* ~ tot rypheid kom; volle wasdom bereik; *('n wissel ens.)* verval, opeisbaar word; *('n polis ens.)* verval, uitkeerbaar word.

**mat·zo(h)** =zo(h)s, =zoth, *(<Hebr., Joodse paasbrood)* matso.

**maud·lin** klaerig, huilerig, sentimenteel; sentimenteel-dronk, stroperig; ~ *drunkenness* dronkverdriet; ~ *misery* snot en trane.

**maul** *n.* moker(hamer); *(rugby)* losgemaal, dryfbeweging; (rol)maalbeweging →RUCK¹ *n.;* gestoei, stoeiery. **maul** *ww.* slaan; moker; toetakel, kneus; verskeur, aan flarde/stukke skeur; beskadig; verbrysel; *(rugby)* vorentoe dryf.

**Mau·ri·tius** *(geog.)* Mauritius. **Mau·ri·tian** *n.* Mauritiaan, Mauritiër. **Mau·ri·tian** *adj.* Mauritiaans.

**Mau·ser (ri·fle)** Mauser(geweer), mauser=, mouser(geweer).

**mau·so·le·um** =leums, =lea praalgraf, mausoleum, mouso=leum.

**mauve** lig=, dof=, malvapers, mauve.

**ma·ven, ma·vin** *(Am., infml.)* ekspert, kenner, deskundige.

**mav·er·ick** individualis; onortodokse tipe, onafhanklike denker; jukskeibreker.

**ma·vis** *(orn., poët., liter.)* lyster.

**maw** bek, keel, krop, maag, pens *(v. 'n dier); (infml.)* keelgat *(v. 'n gulsige pers.).*

**mawk·ish** sentimenteel, soetsappig.

**max** *n., (infml., afk. v.* maximum)*: enjoy o.s. to the ~* dit/iets gate uit geniet, dit uitkap; *be stuffed to the ~ with …* knuppeldik/trommeldik aan … geëet wees. **max** *adv.* op die/sy meeste, uiterlik; hoogstens. **max** *ww.: ~ out, (Am., infml.)* alles uithaal, jou bes doen; vir niks stuit nie; jou te buite gaan; jou ooreet; jou vergryp; 'n hoogtepunt bereik.

**max·i** *(vollengtekledingstuk)* maksi. **max·i**= *komb.vorm* maksi=; *~skirt* maksiromp.

**max·il·la** =lae, *(anat., soöl.)* bokaak, maksil; *(entom.)* agter=, onderkaak. **max·il·lar·y** *n., (anat., soöl.)* bokaak(been)= bokaaksenu(wee). **max·il·lar·y** *adj.* maksillêr, bokaak=.

**max·im** grondstelling, (grond)beginsel, stel=, grondreël, prinsipe; spreuk, spreekwoord, leuse; regspreuk.

**max·i·mal** *adj.,* **max·i·mal·ly** *adv.* maksimaal.

**max·i·mise, =mize** vermeerder; vergroot, oordryf, =drywe; maksimaliseer, maksimeer. **max·i·mi·sa·tion, =za·tion** maksimalisering, maksimering. **max·i·mis·er, max·i·miz·er** maksimaliseerder, maksimeerder.

**max·i·mum** =ima, =imums, *n.* maksimum, grootste hoeveel=heid; voltal; *~ and minimum thermometer* maksimum-minimum-termometer; *at a/its ~* op 'n/sy hoogtepunt. **max·i·mum** *adj.* maksimaal, hoogste, maksimum, maksimum=; *~ price* maksimum prys; *~ security prison* maksimumvei=ligheids=, maksimumsekuriteitsgevangenis; *~ speed* topsnel=heid.

**May** *n.* Mei; bloeityd; *the month of ~* Meimaand. **~ Day** Meidag, die eerste Mei. **~day** *(int. noodsein)* Mayday, SOS, noodsein, =roep, =kreet. **m~flower** meiblom; meidoring; lewerplant; aronskelk, vleigousblom. **m~fly** eendagsvlieg. **m~pole** meiboom.

**may** might, *ww.* mag; kan; →MIGHT[1]; *be that as it ~* hoe dit ook (al) sy; *as near as ~ be* na genoeg, so na(by) as moontlik; *it ~ be (so)* dit kan (so) wees; *it ~ or ~ not be …* miskien is dit …, miskien ook nie; *s.t. ~ be bought there* iets is daar te koop; *come what ~* wat ook al gebeur, (laat) kom wat wil; *s.o. ~ do s.t.* dalk/miskien doen iem. iets; iem. mag iets doen, iem. word toegelaat om iets te doen; *it ~ grow as high as four metres* dit groei tot vier meter hoog; *s.o. ~ have bought s.t.* moontlik het iem. iets gekoop; *if I ~* as ek mag; *s.o. ~ lose/win* iem. kan verloor/wen, dalk verloor/wen iem.; *s.o. ~ well be that …* dit is bes/heel moontlik (so) dat …; *s.o. ~ (very) well come* (heel) moontlik kom iem.; *s.o./s.t. ~ well be …* iem./iets is bes/heel moontlik …; *that ~ (very) well happen* dit is heel/goed moontlik; *who ~ you be?* en wie is jy?. **may·be** miskien, dalk, moontlik, altemit(s).

**Ma·ya** =ya(s), *n. (bevolkingslid, taal)* Maja. **Ma·ya(n)** *adj.* Maja=; *~ culture* Majakultuur.

**ma·ya** *(Skt., Hind., Boeddh.)* maya.

**may·hem** chaos; gewelddadigheid.

**may·on·naise, may·on·naise** mayonnaise.

**may·or** burgemeester; *~'s chambers* burgemeesterskantoor. **may·or·al** burgemeesterlik, burgemeesters=. **may·or·al·ty** burgemeesterskap. **may·or·ess** burgemeestersvrou; burge=meestersdame; burgemeesteres. **may·or·ship** burgemees=terskap.

**maze** *n.* doolhof, labirint; *(fig.)* warboel, warnet.

**ma·zur·ka, ma·zour·ka** *(Poolse dans)* masurka.

**mba·qa·nga** *(Z., populêre SA townshipmus.)* mbaqanga.

**mbi·ra** *(Shona, mus.instr.)* mbira, duimklavier.

**mbi·zo** *(Z.)* = IMBIZO.

**Mc·Coy:** *the real ~, (infml.)* die ware Jakob.

**me**[1] *pron.* my; die ek; →I; *it's/that's above ~* dis bo(kant) my vuurmaakplek, dis vir my een te veel; *it's ~* dis ek; *leave it to ~* laat dit aan my oor; *~ and mine* ek en my mense; *~ and my big mouth* ek met my groot mond; *poor ~!* arme ek!; *the real ~* die ware ek; *search ~!, (infml.)* ek het nie die vaagste benul nie!. **me·thinks** methought, *(skerts.)* dit lyk my, ek dink.

**me**[2] *(mus.)* →MI.

**mead** mede, heuningbier, karie, krie.

**mead·ow** wei=, grasland, weiveld. **~land** weiland. **mead·ow·y** weiland=, weiveld=, wei=.

**mea·gre, (Am.) mea·ger** maer, arm, skamel, power, arm=salig; skraps; yl; karig; onvrugbaar, skraal, dor; *~ concrete* maer beton; *~ results* 'n skrale oes, powere resultate. **mea·gre·ly, (Am.) mea·ger·ly** maer, skamel, power. **mea·gre·ness, (Am.) mea·ger·ness** maerheid, maerte, skamelheid, armoe=digheid, powerheid; karigheid; onvrugbaarheid, skraalheid, skraalte.

**meal**[1] *n.* meel. **~worm** meelwurm.

**meal**[2] *n.* maal, maaltyd, ete; voedsel, kos; *at ~s* aan tafel; *during the ~* onder die ete; *a hearty/square/substantial ~* 'n stewige/stywe maal(tyd); *make a ~ of s.t.* (van) iets eet; iets opeet; *(infml.)* iets oordryf/=drywe; 'n groot ding van iets maak; *prepare a ~* 'n maal(tyd) berei/klaarmaak; kos maak; *serve a ~* 'n ete voorsit/opdis. **~ ticket** etebewys, =koepon; *(fig., infml.: bron van inkomste)* melkkoei; broodwinner; broodwinning. **~ time** etenstyd.

**meal·ie, (Afr.) mie·lie** *(SA)* mielie; →MAIZE; *crushed ~s* gebreekte mielies; *green ~* groenmielie. **~ borer** mielie=ruspe(r). **~ cob** mieliekop. **~-meal** mieliemeel. **~-meal porridge** mieliepap. **~ pip** mieliepit. **~ rice** mielierys. **~ stalk** mieliestronk.

**meal·i·ness** meelagtigheid; melerigheid.

**meals-on-wheels** aanryete *(vir bejaardes ens.).*

**meal·y** meelagtig; melerig; bleek; vlekkerig; *~ bug* witluis *(in wingerd); white ~ bug* wolluis; *~ pear* meelpeer; *~ po·tato* melerige aartappel, blusaartappel. **~-mouthed** pap=broek(er)ig.

**mean**[1] meant meant, *ww.* meen, bedoel; beteken; beweer; van plan wees, voorneme (of van voorneme) wees; bestem; *it actually ~s that …* dit beteken eintlik (of kom eintlik daarop neer) dat …; *by that s.o. ~s that …* daarmee wil iem. sê dat …; *s.o. ~s to do s.t.* iem. wil iets doen, iem. is van plan om iets te doen; *~ s.o. to do s.t.* wil hê iem. moet iets doen (of dat iem. iets doen); *what exactly do you ~?* wat bedoel jy presies?; *s.t. is meant for s.o., ('n brief ens.)* iets is vir iem. (bedoel/bestem[d]); *(snedige opmerking ens.)* iets slaan op iem.; *how do you ~?* hoe so?; *that ~s very little* dit beteken/sê nie veel nie; *s.t. ~s nothing to s.o.* iets beteken/sê vir iem. niks; *I ~ to say …* ek bedoel *(of* wil sê) …; *~ what you say* bedoel/meen wat jy sê; *s.t. (seriously) meant* iets (ernstig) bedoel/meen; *that ~s … dit wil sê …; s.t. is meant to be used* iets is vir gebruik bedoel/bestem(d); *s.o. ~s well* iem. bedoel/meen dit goed; *what does the word ~?* wat beteken die woord?; *what does it ~?* wat beteken dit?; watter sin het dit?; *what do you ~ by that?* wat bedoel/meen jy daarmee?. **mean·ing** *n.* betekenis, bedoeling; strekking; plan; sin; *bear/carry a ~* 'n betekenis bevat/dra/hê; *catch the ~* die betekenis snap/vat; *full of (or pregnant with) ~* sinvol, =ryk, veelseggend, =betekenend; *get s.o.'s ~, (infml.)* iem. volg; *what is the ~ of this?* wat be=teken dit (alles)?; *a wider ~* 'n breër/ruimer betekenis; *with ~* nadruklik; betekenisvol, veelseggend, =betekenend; *be charged/dense/loaded with ~* met betekenis gelaai wees. **mean·ing** *adj.* opsetlik; betekenisvol, veelseggend, =beteke=nend. **mean·ing·ful** betekenisvol, veelseggend, =betekenend, sinvol, =ryk. **mean·ing·ful·ness** sinrykheid, geladenheid.

**mean·ing·less** niksseggend, =beduidend, sinloos, =ledig.
**mean·ing·ly** opsetlik; in alle erns, met mening; betekenisvol, veelseggend, =betekenend.
**mean²** *adj.* laag, gemeen, laaghartig; armoedig, nederig, gering; suinig, gierig; *(infml.:uitstekend)* kookwater=, wonderlik, fantasties; →MEANIE, MEANLY, MEANNESS; *no ~ achievement* geen geringe prestasie; *~ behaviour* lae gedrag; *call s.t. ~* dink iets is gemeen, iets gemeen noem; *play a ~ game of tennis* kookwatertennis speel; *~ hovel* treurige pondok; *s.o. is no ~ ...* iem. is 'n goeie ... *~ machine (sl.)* spogvuurwa, kragtige ysterperd, woemawiele; *(sport)* (byna) onoorwinlike span/speler/ens.. *~-spirited* gemeen, laag; lafhartig.
**mean³** *n.* midde(l)weg; gemiddeld(e); middelterm; →MEANS; *the golden/happy ~* die goue/gulde middeweg; *strike the happy ~* die/'n midde(l)weg vind. **mean** *adj.* gemiddeld; middelbaar; middelmatig; middel-, tussen-; *~ distance* gemiddelde afstand. *~ deviation (statist.)* gemiddelde afwyking. *~ life (fis., chem.)* gemiddelde lewensduur. *~ (solar) time (astron.)* middelbare (sonne)tyd. *~ tone (mus.)* middeleweredige.
**me·an·der** *n., (dikw. mv.)* (rivier)kronkel; *(dikw. mv.)* slingering, kronkeling; *(argit.)* Griekse rand; *(i.d. mv.)* kronkelpaaie, slingerweë, doolhof. **me·an·der** *ww.* kronkel, slinger; ronddwaal. **me·an·der·ing** *n., (ook i.d. mv.)* gekronkel; afdwaling. **me·an·der·ing** *adj.* slingerend, kronkel=, slinger=.
**mean·ie, mean·y** *(infml.)* vuilgoed, wetter; *(sport)* vuilspeler.
**mean·ly** sleg, laag; op gemene manier; *pay ~* sleg/min betaal; *think ~ of ...* sleg dink van ...
**mean·ness** gemeenheid, laagheid; suinigheid, gierigheid.
**means** *n. (fungeer as ekv. of mv.)* manier, wyse, metodes; *(fin.)* (geld)middele; vermoë, rykdom, geld; *by all ~* gerus, alte seker, met alle liefde; met alle geweld; *by all (manner of) ~* op alle moontlike maniere; *live beyond one's ~* te groot (of bo jou inkomste) leef/lewe; *by ~ of ...* deur middel van ...; *devise ~ to ...* middele soek om te ...; *the ~ to an end* die middel tot 'n doel; *by every ~* met elke (moontlike) middel; *employ/use every ~* alles in die werk stel, elke (moontlike) middel aanwend; *~ of living* broodwinning; *by no (manner of) ~, not by any (manner of) ~* beslis/glad/hoegenaamd/volstrek nie, geensins; *~ of production* produksiemiddele; *scanty/slender ~* geringe/karige middele; *be s.o. of ~* 'n welgestelde/bemiddelde persoon wees; *within s.o.'s ~* binne iem. se vermoë; *it is not within s.o.'s ~* iets val buite iem. se mag. *~ limit* middelegrens. *~ test* middeletoets.
**meant** *(verl.t. & volt.dw.)* →MEAN¹ *ww..*
**mean·time** *n.* tussentyd; *for the ~* voorlopig; *in the ~* intussen. **mean·time** *adv.* intussen, ondertussen, in die tussentyd, inmiddels; intussen; terselfdertyd; *(infml.)* nogtans, nietemin.
**mean·while** *n. & adv.* →MEANTIME *n. & adv..*
**mean·y** →MEANIE.
**mea·sles** *(med.)* masels; *(veearts.)* masels, pitjies *(by varke).*
**mea·sled** *(veearts.)* vol masels, uitgeslaan (van die masels).
**mea·sly** *(infml.)* armsalig, treurig, ellendig, miserabel; siek aan (of vol) masels; *a ~ little fellow* 'n armsalige vent(jie).
**meas·ure** *n.* maatreël, stap; wetsontwerp; wet; maat; mate; maatbeker, =emmer, =glas; maatstok, =band; (afgemete/vaste) hoeveelheid; maateenheid; maatgetal; maatstaf; omvang; aanduiding; *s.o.'s generosity/etc. is abundant beyond ~* iem. is uitermate/bomatig vrygewig/ens.; *~ of capacity* inhoudsmaat; *the ~ of (the) damage* die omvang van die skade; *full ~* volle maat; *get/have/take the ~ of s.o.* iem. takseer, weet wat jy aan iem. het; *for good ~* op die koop toe; *in (a) great ~, in large ~* grotendeels, in groot/hoë mate; vir 'n groot deel; *half ~s* halwe maatreëls; *be made to ~* na/op maat gemaak wees/word; *have s.t. made to ~* iets na/op maat laat

maak; *a ~ of ...* 'n sekere (mate van) ...; *s.t. is a ~ of ...* iets gee/is 'n aanduiding van ... *(iem. se vasbeslotenheid ens.); set ~s to ...* paal en perk aan ... stel; *give s.o. short ~* iem. te kort doen; *in some ~* in sekere mate, tot (op) sekere hoogte, enigermate, enigsins; *take s.o.'s ~, (lett.)* iem. se maat neem; *(fig.)* iem. takseer; *take ~s* maatreëls tref/neem; *~ of volume* ruimtemaat. **meas·ure** *ww.* meet, afmeet; (die) maat neem; skat; aflê; goed bekyk; *~ o.s. against s.o.* jou met iem. meet; *~ in kilometres/etc.* in kilometres/ens. meet; *s.t. ~s five metres* iets is vyf meter lank; *s.t. ~s five square metres* iets is vyf vierkante meter groot; *a ... measuring five square metres* 'n ... van vyf vierkante meter; *~ s.t. off* iets afmeet; iets aftree; *~ s.t. out* iets uitdeel; iets uitmeet; *~d by those standards* ... na/volgens dié maatstawwe ...; *~ s.o. for a suit* iem. se mate vir 'n pak neem; *~ s.t. up* iets opmeet; *~ up to ...* aan ... beantwoord/voldoen; teen/vir ... opgewasse wees. **meas·ur·a·ble** meetbaar; afsienbaar. **meas·ure·less** onmeetlik, onafsienbaar. **meas·ur·er** meter, maatnemer.
**meas·ured** *(ook)* afgemeet; afgemete; weldeurdag, gematig; *~ angle* gemete hoek; *~ kilometre* afgemete kilometer; *in ~ tones* op afgemete toon. **meas·ured·ness** afgemetenheid.
**meas·ure·ment** maat; inhoud; (op)meting; afmeting; *~ of force* kragmeting; *inside ~* binnemaat; *outside ~* buitemaat; *take ~s* metings doen; *take the ~s of ...* die maat/mate van ... neem.
**meas·ur·ing** *n.* (af)meting, opmeting, maatneming. *~ bar* maatstaf. *~ chain* landmeters=, meetketting. *~ cord* meet= snoer. *~ cup* maatkoppie. *~ instrument* meetinstrument. *~ jug* maatbeker. *~ line* maatlyn. *~ rod* maat=, meetstok; maatstaf. *~ tape* →TAPE MEASURE. *~ unit* maateenheid. *~ worm, inchworm, looper* spanruspe(r), spanner.
**meat** vleis; *curried ~* kerrievleis; *a cut of ~* 'n kap/snit vleis, 'n vleisstuk; *do the ~* die vleis gaarmaak; *this is ~ and drink to s.o.* dit is net na iem. se smaak; *s.o. is easy ~, (infml.)* iem. laat hom/haar maklik kul/ens.; *minced ~* gemaalde vleis, maalvleis; *one man's ~ is another man's poison, (idm.)* smaak verskil; *~ and potatoes, (infml., fig.)* hoofbestanddele, basis, kern, grondslag; *there is no real ~ in it* dit het nie veel om die lyf nie. *~-ball* frikkadel. *~ board* vleisplank; vleisraad. *~ breed* vleisras. *~ chopper* vleisbyltjie. *~ cleaver* vleisbyl. *~ dish* vleisskottel; vleisgereg; vleiskos. *~ extract* vleisekstrak. *~-head (neerh. sl.)* dom=, skaapkop. *~ inspector* vleiskeurder. *~-loaf* vleisbrood. *~ patty* vleiskoekie. *~ tenderiser, =izer* vleisbeuk.
**me·a·tus** *=tus(es), (anat.)* kanaal, gang; in=, deurgang, opening.
**meat·y** vleisagtig, vlesig, vleis=; goed in die vleis; kragtig, stewig; sterk; kernagtig, pittig; inhoudryk. **meat·i·ness** vleisagtigheid, vleisigheid; kragtigheid, stewigheid; kernagtigheid; inhoudrykheid.
**Mec·ca** *(geog.)* Mekka; heilige plek; pelgrimsoord. *~ pilgrim* Mekkaganger.
**me·chan·ic** werktuigkundige, meganikus.
**me·chan·i·cal** meganies, masjinaal; outomaties; werktuigkundig; masjien=; handwerk(s)=; *(fig.)* werktuiglik; *~ advantage* hefvoordeel; nuttigheidskoëffisiënt; *~ drawing* werktuig=, masjientekene; werktuig=, masjientekening; *~ efficiency* nuttigheidsgraad, (meganiese) rendement, nuttige effek; *~ engineer* meganiese ingenieur; *~ excavator* graafmasjien, masjiengraaf; *~ horse* voorhaker, voorspanmotor; *~ loader* meganiese laaier, laaimasjien; *by ~ means* langs meganiese weg; *~ motor* skakelmotor; *~ power, (fis.)* masjienkrag, meganiese krag/vermoë; *~ transport* motorvervoer, =verkeer, =diens; *~ unit* arbeidseenheid, meganiese eenheid; *~ work* meganiese werk; *~ workshop* meganiese/werktuigkundige werk(s)winkel, masjienwerk(s)winkel. **me·chan·i·cal·ly** *(lett.)* meganies, masjinaal; fabriekmatig; *(fig.)* werktuiglik, meganies.

**me·chan·ics** *n. (fungeer as ekv.)* werktuigkunde, meganika; *(practical)* ~ masjienleer.

**mech·a·nise,** =**nize** meganiseer; *~d division, (mil.)* geme= ganiseerde divisie. **mech·a·ni·sa·tion,** =**za·tion** meganisering, meganisasie.

**mech·a·nism** meganisme, samestel, inrigting; meganiek; tegniek; meganistiese filosofie, meganisme. **mech·a·nist** masjienmaker, =bouer; meganikus.

**mech·a·nis·tic** *adj.,* **mech·a·nis·ti·cal·ly** *adv., (filos.)* meganisties; *(wisk.)* meganies.

**mech·a·no·re·cep·tor** *(fisiol.)* meganoreseptor.

**mech·a·tron·ics** *(fungeer as ekv.)* megatronika.

**Mech·e·len,** *(Fr.)* **Ma·lines,** *(Eng.)* **Mech·lin** *(geog.)* Mechelen. **Mech·lin (lace),** **ma·lines** Mechelse kant.

**me·co·ni·um** *(fisiol.: eerste ontlasting v. 'n pasgeborene)* me= konium.

**Med** *(infml., afk. v.* Mediterranean Sea*): the ~* die Middel= landse See.

**med·al** medalje; ordeteken; penning; onderskeidingsteken; *award s.o. a gold/silver ~* iem. met goud/silwer bekroon; *~ of honour* erepenning; *strike a ~* 'n medalje/penning slaan. **med·alled** vol medaljes, met medaljes behang.

**me·dal·lion** medaljon; gedenkpenning. *~ man (sl.)* ketting= haantjie.

**med·al·list,** *(Am.)* **med·al·ist** medaljewenner, bekroonde (student/mededinger/ens.); munt=, medalje=, stempelsnyer; *gold ~* met goud bekroonde; *silver ~* met silwer bekroonde.

**med·dle** jou bemoei *(met),* lol *(met),* jou inlaat *(met),* jou in= meng *(in);* torring *(aan); ~ in ...* jou met ... bemoei, jou in ... inmeng; *~ with ...* met ... lol; aan ... torring. **med·dler** bemoeial, bemoeisieke persoon, lolpot. **med·dle·some** be= moeisiek, lastig, lollerig, neusinsteekerig. **med·dle·some·ness** bemoeisug. **med·dling** *n.* bemoeiing, inmenging. **med·dling** *adj.* →MEDDLESOME.

**Mede** *(hist., bevolkingslid)* Meder, Mediër; *a law of the ~s and* Persians, *(infml.)* 'n wet van Mede en Perse.

**Me·de·a** *(Gr. mit.)* Medea.

**med·e·vac, med·i·vac** *n., (samevoeging van* medical *en* evacuation*)* lugvervoer na 'n hospitaal *(v. beseerdes ens.).* **med·e·vac, med·i·vac** *ww.* per lug na 'n hospitaal ver= voer *(beseerdes ens.).*

**me·di·a**[1] *n., (mv. v.* medium*): the ~, (fungeer as ekv. of mv.)* die media. *~ event* mediageleentheid. *~ release* media= verklaring.

**me·di·a**[2] =*diae, n., (anat., entom.)* media.

**me·di·ae·val** →MEDIEVAL.

**me·di·al** middelste, middel=, tussen=; gemiddeld; binne= waarts; *~ joint* tussenlit; *~ letter* tussenletter; *~ section, (geom.)* gulde sne(d)e. **me·di·al·ly** binnewaarts.

**me·di·an** *n.* mediaanlyn; *(anat.)* mediaansenu(wee); *(geom.)* mediaan, swaartelyn; *(statist.)* mediaan, middelwaarde. **me· di·an** *adj.* mediaan, middel=; *~ line* mediaanlyn; *~ point* swaartepunt *(v. 'n driehoek); ~ strip, (Am.)* verkeerseiland, verkeerstrook; *~ vein* mediaanaar.

**me·di·as·ti·num** =*stina, (anat.)* middelvlies.

**me·di·ate** *adj.* middellik, onregstreeks. **me·di·ate** *ww.* be= middel, as bemiddelaar optree, tussenbei(de) kom; *~ between ...* tussen ... bemiddel. **me·di·ate·ly** middellik, onregstreeks. **me·di·a·tion** bemiddeling, tussenkoms; voorspraak; tussen= spraak; versoening. **me·di·a·tor** (be)middelaar, tussenper= soon, =ganger, skeidsman; voorspraak, voorbidder. **me·di· a·to·ry** bemiddelend.

**med·ic** *(infml.)* medikus; mediese student; hospitaalsoldaat.

**med·i·cal** *n., (infml.)* mediese ondersoek. **med·i·cal** *adj.* medies, geneeskundig, genees=; *~ adviser* mediese advi= seur, geneeskundige raadgewer; *~ aid* mediese hulp/by= stand; geneeskundige hulp/bystand; *~ aid (fund)* sieke=

fonds, mediese (hulp)fonds, mediesehulpfonds; ~ *(aid)* **scheme** mediese (hulp)skema, mediesehulpskema; ~ **bene= fits** siektevoordele, mediese voordele; ~ **care** mediese sorg, gesondheidsorg; ~ **certificate** mediese sertifikaat, dokter= sertifikaat; ~ **corps** mediese korps, geneeskundige diens; ~ **examination** mediese ondersoek; ~ **expenses** dokterskoste; ~ **fees** doktersgelde; ~ **inspection** geneeskundige keuring/ inspeksie; ~ **officer** mediese offisier; ~ **officer of health,** *(afk.:* MOH*)* stadsgeneesheer; gesondheidsamptenaar; ~ **practice** dokterspraktyk; ~ **practitioner** dokter, mediese praktisyn, (praktiserende) geneesheer/arts; ~ **report** me= diese verslag; ~ **school** mediese (opleiding)skool; ~ **science** geneeskunde; ~ **staff** mediese personeel; *(mil.)* geneeskun= dige staf; ~ **student** student in die medisyne, mediese stu= dent; ~ **superintendent** mediese superintendent, genees= heer-direkteur/bestuurder; ~ **training** geneeskundige/me= diese opleiding; ~ **treatment** doktersbehandeling; genees= wyse; ~ **ward** geneeskundesaal.

**med·i·cal·ly** medies, in mediese opsig; ~ *unfit* medies on= geskik.

**med·i·cate** medisyne voorskryf/toedien; geneeskragtig maak, met geneeskragtige kruie versterk. **med·i·cat·ed** medisinaal; geneeskragtig; gesondheids=; ~ *cotton wool* medisinale wat= te; ~ *lint* medisinale lint; ~ *paper* sanitêre papier; ~ *soap/ water* medisinale seep/water; wonderwater. **med·i·ca·tion** medikasie, toediening/gebruik van medisyne; medisyne, ge= neesmiddel, medikament. **med·i·ca·tive** genesend.

**med·ic·i·nal** geneeskragtig, medisinaal, genesend; genees= kundig, medies; ~ *spring* geneeskragtige bron. **me·dic·i· nal·ly** *take ~* as medisyne gebruik.

**med·i·cine** medisyne, geneesmiddel, medikament; genees= kunde; toorgoed; *make up ~* medisyne toeberei; *give s.o. a dose/taste of his/her own ~, (infml.)* iem. met dieselfde/ge= lyke munt betaal; *study ~* (in die) medisyne studeer; vir dokter leer; *take ~* medisyne gebruik/(in)neem/drink; *s.o. must take his/her ~, (infml.)* iem. moet sy/haar straf kry/ ondergaan *(of* die pil sluk). ~ *ball* gimnastiekbal. ~ *bottle* medisynebottel. ~ *chest* medisynekis(sie); verbandkis. ~ *cupboard* medisynekas. ~ *man* toordokter, moetieman.

**med·i·co** =*cos, (infml.)* dokter; mediese student.

**med·i·co-** *(komb.vorm)* medies=; ~-*botanical* medies-bota= nies; ~-*legal* regsgeneeskundig; ~-*social* medies-maat= skaplik.

**me·di·e·val, me·di·ae·val** Middeleeus; *(infml.)* oudoos, uit die oude doos; *go ~ on ..., (infml., skerts.)* barbaars/gru= welik/horribaal met ... te werk gaan; *M~ History, (476-1492)* die Middeleeuse Geskiedenis. **me·di·e·val·ism, me·di·ae· val·ism** Middeleeuse gees. **me·di·e·val·ist, me·di·ae·val·ist** mediëvis.

**me·di·o·cre, me·di·o·cre** middelmatig. **me·di·oc·ri·ty** middelmatigheid.

**med·i·tate** mediteer *(as deel v. godsdiensoefening); ~ (up)on s.t.* (diep) oor iets nadink, iets bepeins/oorpeins/oordink. **med·i·ta·tion** meditasie; (be)peinsing, oorpeinsing, gepeins, nadenke; *be deep in ~* in diepe bepeinsing wees. **med·i·ta·tive** peinsend, nadenkend, in gedagtes verdiep/versonke, dro= merig. **med·i·ta·tor** mediteerder; peinser.

**Med·i·ter·ra·ne·an** *n.* Mediterreen; *the ~* die Middellandse See. **Med·i·ter·ra·ne·an** *adj.* Mediterreens; ~ *climate* Me= diterreense klimaat, Middellandse Seeklimaat; *the ~ Sea* die Middellandse See.

**me·di·um** =*dia,* =*diums, n.* middel; middelsoort; middelmaat; middelstof; middelterm; midde(l)weg; bindmiddel; tussen= stof; hulp(middel); voertaal; *(spiritisme)* medium; *at a ~* gemiddeld, in deursnee/deursnit; *culture ~* voedingsbodem (vir bakterieë); *in the* **English** ~ met Engels as voertaal, deur middel van Engels; ~ *of exchange* ruilmiddel; *the happy ~* die goue/gulde middeweg; **language** ~ voertaal; *through* *the ~ of ...* deur middel van ...; **me·di·um** *adj.* middelmatig, matig, gemiddeld, middelsoortig, deursnee=, middelslag=; middelbaar; middelgroot, middel=; halfgaar *(vleis);* ~ *dis= tance* middelafstand; ~ *dry* half=, mediumdroog *(sjerrie ens.);* ~ *frequency, (rad.)* mediumfrekwensie; ~ *length* gemiddelde lengte, deursnee=, deursnitlengte; middelgroot lengte; →MEDIUM-LENGTH *adj.;* ~ *pressure* middeldruk; *(elek.)* middelspanning; ~ *price* middelprys; →MEDIUM- PRICED *adj.;* ~ *rare* tussen rou en halfgaar *(vleis);* ~ *size* middelgrootte, mediaanformaat; →MEDIUM-SIZED; ~ *wave, (rad.)* mediumgolf;~ *wool* middelslagwol. ~(-fast) bowler, *(infml.)* ~ *pacer (kr.)* mediumsnelbouler, mediumsneller. ~-grained middelkorrelrig. ~-length *adj. (attr.)* halflang. ~-priced *adj. (attr.)* middelpryskas=; ~ *home/wines/etc.* middelpryskashuis/-wyn/ens.; *in the ~ range* in die mid= delpryskas. ~-range *adj. (attr.)* middelafstand=, medium= afstand=; ~ *ballistic missile, (afk.:* MRBM*)* middel-/me= diumafstand(-) ballistiese missiel. ~-sized middelgroot.

**med·lar** *(bot.)* mispel; *(Hyperacanthus amoenus)* opgeitjies. ~ **tree** mispelboom.

**med·ley** *n.* mengelmoes, deurmekaarspul; potpourri, alle= gaartjie; *(swem)* wisselslag. **med·ley** *adj.* deurmekaar, ge= meng(d), bont; ~ *relay* wisselaflos, wissel(slag)wedloop.

**me·dre·se** →MADRASA(H).

**me·dul·la** *-las, -lae, (anat.)* murg; *(bot.)* pit, kern; ~ *oblongata* verlengde (rug)murg; ~ *spinalis* rugmurg. **med·ul·lar·y** murgagtig, murg=, medullêr; ~ *bundle* murgbundel, me= dullêre bundel; ~ *canal/cavity* murgholte, medullêre hol= te; ~ *layer* murglaag, medullêre laag; ~ *ray* murgstraal, medullêre straal; ~ *sheath* murgskede, medullêre skede; ~ *spot* murgvlek, medullêre vlek.

**Me·du·sa** *(Gr. mit.)* Medusa.

**me·du·sa** *-sae, -sas, (soöl.)* medusa, (see)kwal; →JELLYFISH.

**meek** gedwee, sagmoedig, ootmoedig, deemoedig; sagsin= nig, beskeie; verdraagsaam, lydsaam; *as ~ as a lamb* so ge= dwee/sag soos 'n lam; ~ *and mild* sagmoedig en gedwee. **meek·ness** gedweeheid, deemoed(igheid); beskeidenheid; verdraagsaamheid; ootmoed.

**meer·kat, meer·cat** *(<Afr.)* meerkat; →SURICATE.

**meer·schaum** *(min.)* meerskuim. ~ **(pipe)** meerskuimpyp.

**meet**[1] *n.* jaggeselskap; (sport)byeenkoms; vergaderplek; *(geom.)* snypunt; →MEETING. **meet** *met met,* *ww.* ontmoet; teëkom, teenkom; raakloop, kry; tegemoetkom; voldoen aan *(voorwaardes, vereistes, aanvraag);* nakom *(verpligtinge);* bevredig; betaal, voldoen; gevolg gee aan; gehoor gee aan; bymekaarkom, saamloop; saamkom, byeenkom, vergader; kennis maak (met); aanraking kry met; *(geom.: lyne)* mekaar sny; *till we ~ again* tot weersiens; ~ *s.o. at the airport/station/ etc., (ook)* iem. by die lughawe/stasie/ens. afhaal, iem. van die vliegtuig/trein/ens. haal; ~ *debts* skulde dek; *have you met? ken u/julle mekaar?; we have not met yet* ons het mekaar nog nie ontmoet nie; *we have met (before)* ons het al (voorheen) kennis gemaak; ~ *Mr/Mrs X* dit is mnr./mev. X, mag ek jou aan mnr./mev. X voorstel?; *pleased to ~ you* aangename kennis, bly te kenne; *I'll ~ you there* ek kry jou daar, ek sal jou daar kry; ~ *up with ..., (infml.)* ... teëkom/teenkom; *... aantref;* ~ *with s.t.* iets kry *('n teenslag);* iets oorkom *('n ongeluk ens.);* iets vind/kry *('n vriendelike/kille ontvangs);* iets ly *('n verlies);* iets ondervind *(moeilikheid ens.);* iets wegdra *(goedkeuring).*

**meet**[2] *adj., (arg.):* *it is ~ that ...* dit is gepas/paslik/passend *(of* hoort so*)* dat ...

**meet·ing** ontmoeting; samekoms, byeenkoms; samesyn; ver= gadering; samespreking; kennismaking; wedstryd; same= vloeiing *(v. riviere); address* a ~ 'n vergadering toespreek; *at* a ~ op 'n vergadering; *call/convene* a ~ 'n vergadering belê; byeenroep; ~ *of leaders* samekoms/byeenkoms van leiers; samespreking tussen leiers; ~ *of minds* gedagtewisseling;

oorleg, wedersydse tegemoetkoming; *public* ~ openbare vergadering; *religious* ~ diens. ~ **place** vergader=, ver= samelplek, saamkomplek. ~ **point** bymekaarkomplek, ont= moetingsplek, =punt, plek van ontmoeting; sameloop *(v. ri= viere).*

**meg·a** *adj. & adv., (infml.)* vreeslik, verskriklik, ontsettend; ontsaglik, reusagtig, geweldig, yslik; fantasties, wonderlik; ongelooflik, fabelagtig; ~ *rich* skat-skatryk, stinkryk, fabel= agtig ryk; ~ *ugly* skree(u)lelik, so lelik soos die nag.

**meg·a·bit** *(rek.)* megabis.

**meg·a·block·bust·er** *(infml.)* megatreffer.

**meg·a·brand** mega(handels)merk.

**meg·a·bucks** *n. (mv.), (infml.)* miljoene, 'n fortuin *(of* aardige bedrag[gie]/som*),* groot geld, sakke *(of* 'n sak*)* vol geld.

**meg·a·byte** *(rek., afk.:* Mb, MB, mbyte*)* megagreep.

**meg·a·cit·y** megastad.

**meg·a·death** eenmiljoen *(of* een miljoen*)* sterfgevalle/sterf= tes *(in 'n kernoorlog).*

**meg·a·flop** *(rek.: een miljoen wisselpuntopdragte per sek.)* me= gawop.

**meg·a·hertz** *(simb.:* MHz*)* megahertz.

**meg·a·lith** *(argeol.)* megaliet, reuseklip. **meg·a·lith·ic** me= galities.

**meg·a·li·tre, *(Am.)* meg·a·li·ter** *(een miljoen liter)* mega= liter.

**meg·a·lo·ma·ni·a** megalomanie, grootheidswaan(sin); me= galomanie, magsbeheptheid, =belustheid, =wellus, magsug. **meg·a·lo·ma·ni·ac** *n.* megalomaan, =maniak, iem. wat aan grootheidswaan(sin) ly; megalomaan, =maniak, magsbehep= te, =beluste, =wellusteling, magsugtige, magvraat; *be a ~* aan grootheidswaan(sin) ly; magsbehep/magsugtig/magsbelus wees. **meg·a·lo·ma·ni·ac** *adj.* megalomanies; magsbehep, magsugtig, magsbelus.

**meg·a·lop·o·lis** megalopolis, reusestad. **meg·a·lo·pol·i·tan** megalopolitaans.

**meg·a·lo·saur, meg·a·lo·sau·rus** *(paleont.)* megalosou= rus, megalosouriër.

**meg·a·phone** megafoon, spreektrompet; *(sk.)* skeepsroe= per.

**meg·a·star** *(infml.)* megaster. **meg·a·star·dom** megaster= status.

**meg·a·store** megawinkel.

**meg·a·ton(ne)** *(plofkrageenheid, afk.:* mt*)* megaton.

**meg·a·volt** *(afk.:* MV*)* megavolt.

**meg·a·watt** *(afk.:* MW*)* megawatt.

**meg·ohm** *(simb.:* MΩ*)* megohm.

**mei·o·sis** *-oses, (biol.)* reduksiedeling, rypingsdeling, meiose. **mei·ot·ic** meioties.

**mel** *(farm.)* heuning.

**mel·a·mine** melamien. ~ **(resin)** melamien(hars).

**mel·an·chol·y** swartgalligheid, swaarmoedigheid, droef= geestigheid, melancholie, melankolie. **mel·an·cho·li·a** = MEL= ANCHOLY. **mel·an·chol·ic** swartgallig, swaarmoedig, wee= moedig, droefgeestig, melancholies, melankolies, treurig, donker, droef.

**Mel·a·ne·si·a** *(geog.)* Melanesië. **Mel·a·ne·sian** *n.* Melane= siër. **Mel·a·ne·sian** *adj.* Melanesies.

**me·lange, mé·lange** mengsel, mélange.

**mel·a·nin** melanien.

**mel·a·nism** *(hoofs. soöl.)* melanisme, donker velkleur/huids= kleur. **mel·a·nis·tic, me·lan·ic** melanisties, donker.

**mel·a·no·ma** *-mas, -mata, (med.)* melanoom, gewas met swart pigment.

**mel·a·no·sis** *-oses, (med.)* melanose, swartwording. **mel·a· not·ic** melanoties.

**Mel·ba:** *peach* ~ perske-Melba, perskemelba. ~ **toast** mel= baroosterbrood.

**Mel·chiz·e·dek** *(OT)* Melgisedek.

**meld** saamsmelt, ineensmelt, saamvloei, in mekaar oorgaan.

**me·lee,** *(Fr.)* **mê·lée** mêlée, handgemeen; skermutseling; maling, gemaal, gestoei; gespook, spokery.

**mel·ick (grass)** *(Melica nutans)* pêrelgras; *(M. decumbens)* dronkgras; *(M. racemosa)* haakgras.

**mel·lif·er·ous** heuninggewend, =draend.

**mel·lif·lu·ous, mel·lif·lu·ent** heuningsoet; soetvloeiend. **mel·lif·lu·ous·ness, mel·lif·lu·ence** soetvloeiendheid.

**mel·low** *adj.* gemoedelik, ontspanne, rustig, kalm, bedaard; hartlik, joviaal; vrolik, aangeklam; sag, mals; mollig *(wyn, brandewyn, ens.)*; ryk, vrugbaar *(grond)*; ~ *age* ryp leeftyd; ~ *cigar* malse sigaar; ~ *mood* gemoedelike stemming; ~ *notes* mollige klanke; ~ *wine, (ook)* volronde wyn. **mel= low** *ww.* ryp word, ryp; sag(ter)/week word; versag, ryp/ sag maak; temper, versag; laat lê *(wyn)*; ~ *out, (Am. sl.)* ontspan; bedaar, kalm word. **mel·low·ness** rypheid; sagt= heid; malsheid; molligheid.

**me·lo·de·on, me·lo·di·on** *(mus.instr.)* melodeon.

**me·lod·ic** melodies. ~ **minor (scale)** *(mus.)* melodiese mi= neurtoonleer.

**me·lod·i·ca** *(mus.instr.)* melodika.

**me·lo·di·ous** *adj.,* **me·lo·di·ous·ly** *adv.* welluidend, soet= klinkend, melodieus; melodies.

**mel·o·dise, =dize** 'n melodie komponeer; melodieus/wel= luidend maak.

**mel·o·dist** melodiekomponis, =skrywer.

**mel·o·dra·ma** melodrama. **mel·o·dra·mat·ic** *adj.* melo= dramaties. **mel·o·dra·mat·ics** *n.* melodrama, teatrale ge= drag/optrede.

**mel·o·dy** melodie, (sang)wysie; gesang.

**mel·on** spanspek; *sweet* ~ spanspek. ~ **preserve** waatle= moenstukke.

**Me·los,** *(Gr.)* **Mí·los** *(geog.)* Melos, *(Gr.)* Mílos.

**melt** *n.* smeltsel; gesmelte metaal; *on the* ~ aan die smelt. **melt** *=ed =ed/molten, ww.* smelt; giet; oplos; ontdooi; ver= smelt; *(kleure)* vervloei; verteder, versag; verteder word; ~ *away* wegsmelt; ~ *s.t. down* iets (ver)smelt; iets uitbraai; ~ *into* ... tot ... versmelt; geleidelik in/tot ... oorgaan; *it ~s in one's/the mouth* dit smelt in die/jou *(of* ['n] mens se) mond; ~ *s.t. out* iets uitbraai. ~**down** *n.* smelting *(in 'n kernreaktor); (han.)* inploffing *(v. 'n onderneming ens.); (infml.)* ineenstorting, ondergang, katastrofe, ramp.

**melt·er** smelter.

**melt·ing** *n.* smelting, (die) smelt. **melt·ing** *adj.* smeltend, smelt=; smagtend, roerend, vertederend; vertederd; ~ *mo= ment* aandoenlike oomblik; smelt-in-die-mond-koekie, smelt= koekie. ~ **point** smeltpunt. ~ **pot** *(lett.)* smeltpot; *(fig.)* smelt= kroes *(v. kulture); be in the* ~*, (fig.)* deur die smeltkroes gaan; in die wordingstadium wees/verkeer.

**mel·ton** *(tekst.)* melton.

**mem·ber** lid; lidmaat *(v. 'n kerk);* afgevaardigde; deel; part, afdeling; tak; raamdeel *(v. 'n motor); (ietwat vero.: penis)* roede, manlikheid; *the ~ for ..., (parl.)* die lid vir ... (naam v. 'n kiesafdeling); *s.o. is a ~ of* ... iem. is lid van ... *('n liggaam, vereniging, ens.);* ~*s only* net/slegs lede, net vir lede, vir lede alleen; ~ *of Parliament,* (gew. M~, afk.: MP) parlementslid. ~ **nation,** ~ **state** lidstaat, =land.

**mem·ber·ship** lidmaatskap; ledetal; lede; ~ *is open to* ... die lidmaatskap staan oop vir ...; *resign one's ~ of* ... as lid van ... bedank, uit ... bedank. ~ **card** lidmaatskapskaart, bewys van lidmaatskap, ledekaart. ~ **fee** lid=, lede=, lidmaatskaps=, intreegeld.

**mem·brane** membraan, vlies, weefsel; vel, perkament.

**mem·bra·nous, mem·bra·ne·ous, mem·bra·na= ceous** vliesagtig, vlieserig, vliesig; vliesvormig.

**me·men·to** *=to(e)s* herinnering, aandenking, memento. ~ **mori** *(Lat.: doodsherinnering)* memento mori.

**mem·o** *=os, (infml.)* memo; →MEMORANDUM. ~ **book** sak= boekie.

**mem·oir** gedenkskrif, (lewens)berig; verhandeling; *(i.d. mv.)* memoires; lewensbeskrywing; handelinge.

**mem·o·ra·bil·i·a** *n. (mv.)* gedenkwaardighede; gedenk= skrifte.

**mem·o·ra·ble** gedenkwaardig, onvergeetlik. **mem·o·ra= ble·ness** gedenkwaardigheid, heuglikheid.

**mem·o·ran·dum** *=da, =dums* memorandum, nota; aante= kening; berig.

**me·mo·ri·al** *n.* gedenkteken; aandenking; gedenkstuk; her= denking; gedenkskrif; herinnering; *a ~ to* ... 'n gedenkteken vir ... **me·mo·ri·al** *adj.* herdenkings=, herinnerings=; ge= dagtenis=, gedenk=; ~ *ceremony* herdenkingsfees; ~ *service* gedenkdiens; roudiens; ~ *tablet/plaque* gedenkplaat, herden= kingsplaat. **M~ Day** *(Am.)* Memorial Day, Nasionale Rou= dag, Nasionale Dag van Rou.

**mem·o·rise, =rize** van buite *(of* uit jou/die kop [uit]) leer, memoriseer; in die geheue prent; opteken. **mem·o·ri·sa·tion, =za·tion** memorisasie, memorisering.

**mem·o·ry** geheue; herinneringsvermoë; aandenking, (na)= gedagtenis; heugenis; herinnering; *if my ~ does not deceive me* as my geheue my nie bedrieg nie; *s.t. is engraved/ etched in/on (or printed/stamped on) s.o.'s* iets is/staan in iem. se geheue (in)gegrif/(in)geprent; *the ~ of ... has faded* die herinnering aan ... het vervaag; *quote/repeat/etc. from* ~ uit die hoof aanhaal/opsê/ens.; *a good ~* 'n goeie geheue; *in (or to the) ~ of* ... ter (na)gedagtenis aan/van ...; ter aan= denking/herinnering aan ...; *jog/prod s.o.'s ~* iem. aan iets herinner; *live in the ~* in die herinnering (voort)leef/(voort)= lewe; *the ~ of* ... die herinnering aan ...; *print s.t. on one's ~* iets in jou geheue prent; *s.t. is printed on s.o.'s ~* →*en= graved/etched; have a retentive ~* 'n goeie/sterk geheue hê; *if my ~ serves* as ek my goed herinner, as my geheue my nie bedrieg *(of* parte speel) nie; *have a short ~* 'n kort geheue hê, kort van gedagte wees; *s.t. slipped s.o.'s ~* iem. het iets vergeet, iets het iem. ontgaan; *s.t. is stamped on s.o.'s* ~ →*engraved/etched; s.t. stands out in s.o.'s ~* iets staan iem. nog duidelik/helder voor oë *(of* die gees); *s.t. sticks in s.o.'s ~* iets bly iem. by, iem. onthou iets; *a tenacious ~* 'n sterk/taai geheue; *an unretentive ~* 'n slegte/swak geheue. ~ **aid** eselsbrug(gie), geheuebrug. ~ **bank** *(rek.)* geheue=, databank. ~ **card** *(rek.)* geheuekaart. ~ **expansion card** *(rek.)* geheue-uitbreidingskaart. ~ **lane** *(fig., skerts.):* take a trip down ~ ~ in die tyd terugreis, op 'n nostalgietoer gaan. ~ **training** geheueleer, =oefening, mnemo(teg)niek.

**Mem·phis** *(geog.)* Memphis, Nof *(in Eg.);* Memphis *(in Am.).*

**men** *n. (mv.)* →MAN *n.;* ~*'s clothes* manskiere, =kleding; ~*'s doubles, (tennis)* mansdubbelspel; ~*'s shoes* manskoene. ~**folk** mansmense.

**men·ace** *n.* bedreiging, gevaar; dreigement; dreiging; *be a ~ to* ... 'n bedreiging/gevaar vir ... wees. **men·ace** *ww.* dreig, bedreig. **men·ac·ing** dreigend, onheilspellend.

**mé·nage** huisgesin, huishouding. ~ **à trois** *ménages à trois, (Fr.: man, vrou en minnaar/minnares)* ménage à trois.

**me·nag·er·ie** diereversameling, (klein) dieretuin.

**men·ar·che** menarg, eerste maandstonde.

**mend** *n.* las(plek); stopplek; *s.o. is on the ~* iem. word beter/ gesond, iem. herstel. **mend** *ww.* heelmaak, regmaak, her= stel; lap; las; verstel, lap en stop; gesond/beter word, herstel; ~ *or end* verbeter of afskaf; ~ *the fire* hout op die vuur sit; ~ *one's manners* jou beter gedra; ~ *matters* sake regstel/verbeter; ~ *one's pace* gou maak, aanstap. **mend= a·ble** herstelbaar; verstelbaar *(klere).* **mend·er** heelmaker, herstelder, versteller; opknapper; stopper.

**men·da·cious** leuenagtig, vals. **men·dac·i·ty** leuenagtig= heid; leuen, onwaarheid; liegery, gelieg.

**men·de·le·vi·um** *(chem., simb.:* Md*)* mendelevium, men= delewium.

**Men·del·ism** *(biol.)* Mendelisme. **Men·de·li·an** *n.* Men= deliaan. **Men·de·li·an** *adj.* Mendeliaans.

**men·di·cant** *n.* bedelmonnik. **men·di·cant** *adj.* bede= lend, arm, bedel=; ~ *friar* bedelmonnik. **men·di·can·cy, men·dic·i·ty** bedelary, armoede.

**mend·ing** verbetering; (die) stop/heelmaak; herstelling, her= stelwerk, opknapping; reparasie; verstelwerk, (lap- en) stop= werk; stopgoed. ~ *yarn* stopgare, =garing.

**Men·e·la·us** *(Gr. mit.)* Menelaos.

**men·hir** *(argeol.)* menhir, (druïdiese) suil.

**me·ni·al** *n.* diensbode, bediende. **me·ni·al** *adj.* diens=; be= diende=; gering, laag; ~ *work* ongeskoolde werk.

**me·nin·ges** *n. (mv.; ekv.* meninx*)* harsing- en rugmurgvliese, meninges. **me·nin·ge·al** meningeaal.

**men·in·gi·tis** *(med.)* meningitis, harsing-en-rugmurgvlies= ontsteking, ruggraatkoors. **men·in·git·ic** meningities.

**me·nin·go·coc·cus** =cocci meningokokkus.

**me·nis·cus** =nisci meniskus, (half)maanlens; halfmaanvorm; *(anat.)* kraakbeenskyf.

**men·o·pause** menopouse, oorgangsjare. **men·o·paus·al** menopousaal, klimakteries.

**me·no·rah** *(Jud.: sewearmige kandelaar)* menora.

**men·or·rha·gi·a** *(oorvloedige menstruasie)* menoragie.

**men·or·rhoe·a** *(normale menstruasie)* menorree.

**mensch** *(infml., <Jidd.)* eerbare mens, iem. uit een stuk.

**men·ses** *n. (mv.)* maandstonde, menstruasie.

**mens re·a** *(Lat., jur.)* laakbare gesindheid; verwytbare gees= tesgesteldheid; misdadige opset; *(in wyer sin)* skuld.

**men·stru·al** maandeliks; menstrueel. ~ *cycle* menstruele siklus.

**men·stru·ate** menstrueer. **men·stru·a·tion** maandstonde, menstruasie.

**men·sur·a·ble** (af)meetbaar, begrens; mensurabel, meet= baar. **men·sur·a·bil·i·ty** meetbaarheid.

**men·su·ra·tion** meting; meet; meetkuns; oppervlakte- en inhoudsberekening.

**mens·wear** mansklere, =kleding.

**men·tal** geestelik, gees(tes)=; verstandelik, verstands=; *(infml., neerh.)* getik, mal; ~ *age, (psig.)* verstandsouderdom, ver= standelike leeftyd, intelligensieleeftyd; ~ *arithmetic* hoof= rekene; *have a* ~ *block about* ... ... is vir jou 'n sielkundige struikelblok, jou verstand staan botstil as dit by ... kom; *be a* ~ *case* sielsiek wees; ~ *condition/state* geestesgesteld= heid, =toestand; verstandelike toestand; ~ *cruelty* geeste= like mishandeling/teistering; ~ *derangement* geestesver= steuring, geestesteurnis; ~ *disease/illness/disorder* gees= tesongesteldheid, =versteuring, sielsiekte; ~ *handicap* gees= telike/verstandelike gestremdheid; ~ *health* geestesgesond= heid; *make a* ~ *note of s.t.* iets in jou oor knoop *(of* in jou geheue prent); ~ *patient* geeste=, sielsieke; ~ *reservation* bygedagte, heimlike/versweë voorbehoud; ~ *retardation, (psig.)* verstandelike vertraging; ~ *state* →*condition/state*.

**men·tal·ism** *(filos.)* mentalisme. **men·tal·is·tic** *adj.*, =ti·cal·ly *adv.* mentalisties.

**men·tal·i·ty** *(dikw. pej.)* mentaliteit, geestesgesteldheid, denk= wyse; geestesvermoë(ns), geestelike vermoë(ns).

**men·tal·ly** geestelik; verstandelik; uit jou/die kop (uit); by jouself; in gedagte; ~ *defective/deficient* swaksinnig, ag= terlik; ~ *deranged* geestelik versteur(d); ~ *diseased/ill* sielsiek; ~ *disordered* geestelik gekrenk; ~ *disturbed* gees= telik versteur(d); ~ *handicapped* geestelik/verstandelik ge= strem(d); ~ *retarded* (verstandelik) vertraag.

**men·thol** mentol, pepermentkanfer, =kamfer. **men·tho·lat·ed** mentol=, met mentol.

**men·tion** *n.* (ver)melding; opmerking; sprake; aanroering; *honourable* ~ eervolle vermelding; *make* ~ *of* ... van ... melding maak; *make no* ~ *of* ... geen melding *(of* gewag *[fml.])* van ... maak nie, nie van ... melding maak nie, ... nie vermeld nie, ... verswyg; *the very* ~ *of the fact* die blote vermelding van die feit. **men·tion** *ww.* (ver)meld, (op)= noem, aanhaal, praat/skryf/skrywe van, melding maak van, aanroer, verwys na; *don't* ~ *it!* nie te danke!, tot u diens!; *I may* ~ *that* ... ek moet (ook) sê *(of* mag byvoeg) dat ...; dis ook van belang dat ...; *not to* ~ ... afgesien van *(of* wat nog te sê of* laat staan) ..., om nie (eens/eers) van ... te praat nie; *too numerous to* ~ te veel om op te noem; *that should be* ~*ed* dit behoort vermeld te word; ~ *s.t. to s.o.* iets teenoor iem. noem; ~ *me to* ...! (sê) groete aan/vir ...!.

**men·tor** raadsman, raadgewer, mentor.

**men·u** =*us* spyskaart, menu; *(rek.)* kies=, keuselys, menu; *on the* ~ op die spyskaart.

**me·ow, mi·aou, mi·aow** miaau.

**Meph·i·stoph·e·les** Mefistofeles. **Meph·is·to·phe·le·an, Meph·is·to·phe·li·an** Mefistofelies, Mefistofeliaans, duiwels, verleidend.

**me·phit·ic** stinkend, giftig, verpestend.

**me·ran·ti** *(houtsoort)* meranti.

**mer·can·tile** handels=, koop=, kommersieel; koopvaardy=; ~ *theory* leer van die merkantilisme; ~ *usage* handelsgebruik. **mer·can·til·ism** *(ekon., hoofs. hist.)* merkantilisme.

**mer·cap·tan** *(chem.)* = THIOL.

**Mer·ca·tor('s) pro·jec·tion** *(kartogr.)* Mercatorprojeksie.

**mer·ce·nar·y** =*ies, n.* huursoldaat. **mer·ce·nar·y** *adj.* huur=; omkoopbaar; inhalig, geldsugtig; ~ *troops* huurtroepe. **mer·ce·nar·i·ness** inhaligheid, geldsugtigheid.

**mer·cer·ise, ize** *(tekst.)* verfklaar maak, merseriseer. **mer·cer·i·sa·tion, =za·tion** merserisering. **mer·cer·ised, =ized** gemerseriseer(d).

**mer·chan·dise** *n.* koopware, handelsware; *article of* ~ ge= bruiks=, handels=, verbruiksartikel. **mer·chan·dise** *ww.* op die mark bring. **mer·chan·dis·er** handelaar; afsetbe= planner.

**mer·chant** groothandelaar; *(hoofs. Am.)* kleinhandelaar, win= kelier; *gossip* ~, *(infml., neerh.)* skinderbek; *speed* ~, *(infml.)* spoedvraat. ~ *bank (hoofs. Br.)* aksepbank. ~ *navy* han= delsvloot. ~ *ship* handelskip, handelsvaartuig.

**mer·chant·a·ble** verkoopbaar, gewild, in aanvraag.

**mer·ci·ful** genadig, barmhartig, medely(d)end, mede= doënd; *be* ~ *to s.o.* iem. genadig wees, iem. genade betoon. **mer·ci·ful·ly** genadiglik; gelukkig. **mer·ci·ful·ness** genadig= heid, barmhartigheid.

**mer·ci·less** ongenadig, onbarmhartig, wreed, hard.

**mer·cu·ri·al** *n.* kwikmiddel. **mer·cu·ri·al** *adj.* wispeltu= rig, onbestendig, onvoorspelbaar; beweeglik (van aard); kwikhoudend, kwik=; kwikagtig, kwiksilweragtig; ~ *com= pound* kwikverbinding. **mer·cu·ri·al·i·ty** wispelturigheid, on= bestendigheid.

**mer·cu·ric** *(chem.)* kwikhoudend, kwik=; ~ *chloride* mer= kurichloried, kwiksublimaat.

**mer·cu·rous** *(chem.)* kwikhoudend, kwik=; ~ *compound* kwik-I-verbinding, merkuroverbinding.

**Mer·cu·ry** *(Rom. mit., astron.)* Mercurius.

**mer·cu·ry** *(chem., simb.:* Hg*)* kwik, kwiksilwer; *(bot.)* bin= gelkruid. ~ *poisoning* kwikvergiftiging. ~ *vapour lamp* kwik(damp)lamp.

**mer·cy** genade, medely(d)e, barmhartigheid, erbarming; seën, weldaad; geluk; *it's/that's a* ~ dis 'n seën/geluk; *be at the* ~ *of* ... in ... se mag wees, aan (die genade van) ... oor= gelewer/uitgelewer wees; *beg/plead for* ~ om genade pleit/ smeek; *be grateful/thankful for small mercies* met min te= vrede wees, dankbaar wees vir geringe seëninge; *have* ~

*on* ... jou oor ... ontferm; **have** ~ *on us!* wees ons genadig!; **leave** *s.o. to the* ~ *of* ... iem. aan die genade van ... oorlewer/uitlewer; **leave** *s.t. to the* ~ *of* ... iets aan ... prysgee; **pray** *for* ~ (om) genade vra; *for* ~*'s sake* om godswil; **show** *s.o.* ~, **show** ~ *to s.o.* iem. genadig wees, iem. genade betoon; *be* **without** ~ sonder genade wees. ~ **flight** noodvlug, reddingsvlug. ~ **killing** genadedood; →EUTHANASIA.

**mere** *adj.* eenvoudig, bloot, (maar) net, louter, suiwer; *a* ~ *hundred* 'n skrale honderd; *the* ~*st* ... die kleinste/onbenulligste ...; *by a* ~ *toddler* en dit (nogal) deur 'n bogkind. **mere·ly** net, bloot, louter, slegs, enkel, alleen, eenvoudig, sommer, sonder meer.

**mer·e·tri·cious** oneg, bedrieglik.

**mer·gan·ser** =ser(s), **saw·bill** *(orn.)* saagbek, duikergans, botterbek.

**merge** oplos, (laat) saam=, ineensmelt; saam=, ineenvloei; verenig; versink; (laat) ondergaan; *be* ~*d in* ... in ... opgaan; in ... opgeneem word; ~ *into* ... oorgaan in ...; *merging traffic* invloeiende verkeer. **merg·er** samesmelting; oplossing; fusie; ~ *of debts* skuldvermenging.

**me·rid·i·an** *n., (geog.)* meridiaan, lengtesirkel, middaglyn; *(astron.)* meridiaan(sirkel); middaghoogte; top=, hoogtepunt. **me·rid·i·an** *adj.* middag=, hoogste; hoogte=; ~ *altitude* middaghoogte, meridiaanshoogte. ~ **circle** *(astron.)* meridiaankyker.

**me·rid·i·o·nal** *n.* (Franse) suiderling. **me·rid·i·o·nal** *adj.* suidelik; middag=, meridionaal; Suid-Europees; ~ *distance* lengteverskil.

**me·ringue** *(kookk.)* meringue, skuimpie, skuimkoekie. ~ **pie** skuimtert.

**me·ri·no** =nos merino(skaap); merino(stof). ~ **(sheep)** merino(skaap), mofskaap.

**mer·i·stem** *(bot.)* teelweefsel, meristeem. **mer·i·ste·mat·ic** meristematies.

**mer·it** *n.* verdienste, deug; verdienstelikheid, waarde; *(i.d. mv.)* verdienste, voordele, meriete; *according to* ~ na/volgens verdienste/meriete; *the* ~*s and demerits* die voor en teë/teen; *go into the* ~*s of s.t.* op die meriete van iets ingaan; *judge s.t. on* ~ (of *its [own]* ~*s*) iets op sigself beskou, iets na sy intrinsieke waarde beoordeel; *literary* ~*(s)* letterkundige gehalte; *have **no*** ~ waardeloos wees; *(in 'n hofsaak)* sonder grond wees; *see* **no** ~ *in s.t.* geen heil in iets sien nie; *on* ~ na/volgens *(of* op grond van*)* verdienste/meriete; *on its* ~*s* volgens verdienste; *in **order** of* ~ in volgorde van verdienste; **without** ~ waardeloos; *s.o./s.t. is not* **without** ~ iem./iets is nie onverdienstelik *(of* sonder verdienste) nie; *a* **work** *of* ~ 'n verdienstelike werk. **mer·it** *ww.* werd wees, verdien. ~ **rating system** prestasiebeoordelingstelsel.

**mer·it·ed** welverdien(d).

**mer·i·toc·ra·cy** meritokrasie. **mer·i·to·crat·ic** meritokraties.

**mer·i·to·ri·ous** verdienstelik, lofwaardig; goed bedoel(d). **mer·i·to·ri·ous·ness** verdienstelikheid, verdienste, lofwaardigheid.

**mer·lin** *(orn.)* merlyn, steenvalk.

**Mer·lot** *(wynb., soms m~)* Merlot.

**mer·maid** meermin, seenimf; ~*'s purse, (igt.)* eierkapsel, eier(om)hulsel.

=**mer·ous** *komb.vorm, (biol.)* =delig, =ledig, =meer; *di*~ tweedelig, =ledig; *poly*~ veeltallig, =delig, polimeer; *tetra*~ vierdelig, tetrameer.

**mer·ri·ly** vrolik, prettig, lewendig, opgewek, opgeruimd, lekker, lustig.

**mer·ri·ment** vrolikheid, pret, lewendigheid, opgeruimdheid, plesier; laggery.

**mer·ri·ness** plesierigheid, vrolikheid.

**mer·ry** vrolik, prettig, lewendig, opgewek, opgeruimd, plesierig, speels, spelerig, lustig; ~ *Christmas/Xmas!* geseënde Kersfees!; *make* ~ feesvier, vrolik wees, pret/jolyt maak; *the more the merrier* hoe meer siele, hoe meer vreugde. ~**-go-round** mallemeule, rondomtalie; *(fig.)* maalkolk, =stroom, mallemeule. ~**maker** pretmaker, feesvierder. ~**making** *n.* pret(makery), vrolikheid, feesviering, feestelikheid, fuif, fuiwery.

**me·sa** *(geog.)* mesa, tafelkop.

**mes·cal** *(alkoholiese drank)* meskal.

**mes·ca·lin(e)** *(dwelmmiddel)* meskalien.

**mes·dames** *n. (mv.)* →MADAME.

**mes·em·bry·an·the·mum,** *(infml.)* **me·sem** *(SA, bot.)* vygie.

**mes·en·ter·y** *(anat.)* dermskeil, derm(hang)band, mesenterium. **mes·en·ter·ic** dermband=, dermskeil=, mesenteries, mesenteriaal; **mes·en·ter·i·tis** dermvliesontsteking.

**mesh** *n.* maas; oog; netwerk; stofdigtheid; strik, val; inkamming; *in* ~, *(ratte)* ingekam, ingeskakel; *be caught in s.o.'s* ~*es, (fig.)* in iem. se net verstrik raak. **mesh** *ww.* (in 'n net) vang; verstrik; maas; *(ratte)* inkam, ineengryp, inskakel; *s.t.* ~*es with* ... iets skakel by ... in *(planne ens.).* ~ **adjustment** kamverstelling. ~ **connection** veelhoekverbinding. ~ **(fabric)** maasstof. ~ **paper** netpapier. ~ **reinforcement** maaswapening. ~ **stitch** maassteek. ~ **weave** maasbinding. ~ **wire** maasdraad. ~ **work** net=, maaswerk.

**mesh·y** geknoop; netagtig.

**me·si·al** *(anat.)* middel=.

**mes·mer·ise, =ize** betower, bekoor. **mes·mer·ic** mesmeries.

**mes·o·blast** *(embriol.)* mesoblas(t), middel(laag)kiemsel.

**mes·o·derm** *(embriol.)* middelhuid, mesoderm.

**Mes·o·lith·ic** *adj., (argeol., ook m~)* mesolities.

**mes·o·pause** *(met.)* mesopouse.

**mes·o·phyll** *(bot.)* mesofil, bladmoes.

**mes·o·phyte** *(bot.)* mesofiet, klamgrondplant.

**mes·o·sphere** *(met.)* mesosfeer.

**mes·o·the·li·um** *(anat.)* mesoteel.

**Mes·o·zo·ic** *n.: the* ~ die Mesosoïkum. **Mes·o·zo·ic** *adj., (geol.)* Mesosoïes.

**mes·quit(e), mes·quit(e)** *(bot.)* mesquite. ~ **bean** mesquiteboon(tjie).

**mess** *n.* deurmekaarspul, gemors, warboel, harwar, wanorde, knoeiery, geknoei, gebrou; *(infml.)* vuilgoed; vuilheid; *(hoofs. mil.)* gemeenskaplike tafel/ete; menasie *(i.d. leër);* bak *(i.d. vloot);* →MESSY; *get into a* ~ in die/'n verknorsing beland, jou lelik vasloop; *I'm a* ~, *(infml.)* ek lyk soos 'n voëlverskrikker; *be in a* ~, *('n huis ens.)* totaal deurmekaar wees; *make a* ~ *of s.t.* iets verbrou/verknoei/verfoes; *a nice/pretty* ~, *(infml.)* 'n mooi/pragtige gemors; *officers'* ~ offisierstafel, =eetsaal, =menasie. **mess** *ww.* knoei, verknoei, deurmekaar maak; bemors; *(hoofs. mil.)* (saam) eet; kos gee; tafelmaats wees; ~ *about/around* rondpeuter; rondflenter; ~ *s.o. about, (infml.)* iem. sleg behandel; ~ *together* saam eet; ~ *s.t. up, (infml.)* iets deurmekaarkrap/verfoes/verknoei; ~ *with s.o.* saam met iem. aansit/eet; *(infml.)* met iem. lol/sukkel. ~ **dinner** *(mil.)* formele ete. ~ **dress** *(mil.)* tafeltenue. ~ **hall** *(mil.)* menasie, eetsaal. ~ **jacket** *(mil.)* tafeluniform, =(tenue)baadjie. ~ **kit** *(mil., Br.)* tafeltenue; eetgerei. ~**mate** *(mil.)* tafelmaat; *(sk.)* bak(s)maat. ~ **tin** *(Br.)* eetblik, kosblik. ~**-up** gemors.

**mes·sage** *n.* boodskap; berig; *get the* ~, *(infml.)* begryp wat bedoel/verlang word, iets snap; *give s.o. a* ~ iem. 'n boodskap gee; *run* ~*s* boodskappe doen/dra; *send a* ~ 'n boodskap stuur; *take a* ~ 'n boodskap neem. **mes·sage** *ww.* berig, boodskap, meedeel; (oor)sein.

**mes·sen·ger** boodskapper, bode; loper; gesant; *(sk.)* kabelaring, haaltou; *by* ~ per bode; ~ *of the court* geregsbode.

~ **pigeon** posduif. ~ **RNA** *(biochem.)* bode-, boodskapper-RNA. ~ **service** bodediens.

**mes·si·ah** messias; *the M~, (Jud., Chr.)* die Messias. **mes·si·ah·ship** messiasskap. **mes·si·an·ic** *(ook M~)* messiaans. **mes·si·an·ism** messianisme.

**mess·y** vuil, morsig, smerig; slordig; wanordelik. **mess·i·ness** morsigheid, smerigheid; slordigheid; wanordelikheid.

**met** →MEET *ww.*.

**me·tab·o·lism** metabolisme. **met·a·bol·ic** metabolies; ~ *product* metaboliet. **me·tab·o·lise, -lize** metaboliseer, verwerk. **me·tab·o·lite** metaboliet.

**met·a·car·pus** *=carpi, (anat.)* middelhand. **met·a·car·pal** *n.* middelhandbeen. **met·a·car·pal** *adj.* middelhand=; ~ *bone* middelhandbeen.

**met·al** *n.* metaal; klipgruis, verharding, verhardingsmateriaal *(vir paaie);* glasspys; skeepsgeskut; *(mus.)* →HEAVY METAL; *(i.d. mv. ook)* spoorstawe, treinspoor; *base* ~ onedele metaal; *beat* ~ metaal klop; *precious* ~ edele metaal; *road* ~ klipgruis. **met·al** *=ll=, ww.* (met metaal) beklee; metaal ingiet; metalliseer; verhard *('n pad);* *~led road* klipgruispad, verharde pad; *~led surface* harde baan; verharde blad. ~ **detector** metaalverklikker. ~ **fatigue** metaalverswakking. ~ **founder** metaalgieter. ~ **saw** yster=, metaalsaag. ~ **sheet** metaalplaat. *~***work** metaalwerk; deurbeslag; *art* ~ edelsmeekuns. *~***worker** metaal(be)werker. *~***working** metaal=bewerking;

**met·a·lan·guage** *(ling., log.)* metataal.

**met·a·lin·guis·tics** *n. (fungeer as ekv.)* metalinguistiek.

**me·tal·lic** metaalagtig; metaal=, metale; metalliek; ~ *bond* metaalbinding; ~ *cloth* metaalstof; ~ *currency* klinkende munt; ~ *lustre* metaalglans; ~ *paint* metaalverf; ~ *poisoning* metaalvergiftiging; ~ *ring/sound* metaalklank; ~ *voice* metale stem; ~ *water* mineraalwater.

**met·al·lif·er·ous** metaalhoudend.

**met·al·ling** metallisering, verharding *(v. 'n pad);* klipgruis.

**met·al·lise, -lize,** *(Am.)* **met·al·ize** metalliseer; met metaal oortrek/bedek/behandel. **met·al·li·sa·tion, -za·tion,** *(Am.)* **met·al·i·za·tion** metallisering, metallisasie.

**met·al·log·ra·phy** metallografie, metaalbeskrywing. **met·al·lo·graph·ic** *adj.,* **met·al·lo·graph·i·cal·ly** *adv.* metallografies.

**met·al·loid** metalloïed, halfmetaal; →SEMIMETAL.

**met·al·lur·gy,** *(Am.)* **met·al·ur·gy** metallurgie, metaalkunde; metaalbewerking. **met·al·lur·gic, met·al·lur·gi·cal** metallurgies, metaalkundig. **met·al·lur·gist, met·al·lur·gist** metallurg, metaal(erts)kundige, metaalkenner; metaalbewerker.

**met·a·mer·ic** *(chem., soöl.)* metameries. **me·tam·er·ism** *(chem., soöl.)* metamerie.

**met·a·mor·pho·sis** *-phoses, (soöl., fig.)* metamorfose, gedaante(ver)wisseling; *(mus.)* transformasie *(v. temas).* **met·a·mor·phic** metamorf, metamorfies; ~ *rock* metamorfe gesteente. **met·a·mor·phism** *(geol.)* metamorfose, =morfie, =morfisme, struktuurverandering. **met·a·mor·phose** *(soöl.)* (van gedaante) verander; *(geol.)* metamorfoseer.

**met·a·phase** *(biol.)* metafase.

**met·a·phor** metafoor, beeldspraak, beeld. **met·a·phor·ic, met·a·phor·i·cal** metafories, figuurlik. **met·a·phor·i·cal·ly** metafories, figuurlik.

**met·a·phrase** *n.* woordelik(s)e vertaling. **met·a·phrase** *ww.* woordelik(s) vertaal.

**met·a·phys·ics** *n. (fungeer as ekv.)* metafisika. **met·a·phys·i·cal** metafisies; bonatuurlik. **met·a·phy·si·cian** metafisikus.

**met·a·pla·sia** *(fisiol.)* metaplasie.

**met·a·psy·chol·o·gy** metapsigologie.

**met·a·sta·ble** *(fis.)* metastabiel.

**me·tas·ta·sis** *=stases, (med.)* metastase, uitsaaiing; vormverandering. **met·a·stat·ic:** ~ *abscess* uitsaaiingsabses.

**met·a·tar·sus** *=tarsi, (anat.)* middelvoet. **met·a·tar·sal** *n.* middelvoetbeen. **met·a·tar·sal** *adj.* middelvoet(s)=.

**met·a·the·sis** *=theses, (fonet.)* metatesis, klank-, letteromsetting, klank=, letterverspringing, =wisseling; *(chem.)* metatese, atoomomsetting.

**Met·a·zo·a** *(soöl.)* Metasoë. **met·a·zo·an** *n.* metasoön. **met·a·zo·an, met·a·zo·ic** *adj.* metasoïes; ~ *disease* metasoësiekte.

**mete** *(fml.)* uitdeel, toedeel; toedien; ~ *s.t. out* iets uitdeel *(straf ens.).*

**me·te·or** vallende/verskietende ster, meteoor; lugverskynsel. ~ **shower** *(astron.)* meteoorreën.

**me·te·or·ic** meteories, meteoor=; atmosfeer=; skitterend; *(fig.)* (verbasingwekkend) snel; ~ *career* verbasingwekkende loopbaan; ~ *iron(stone)* meteooryster=, spaatyster(steen), sideriet; ~ *shower* meteoorreën; ~ *stone* meteoorsteen; ~ *water* meteoriese water.

**me·te·or·ite** meteoriet, meteoorsteen.

**me·te·or·oid** *(astron.)* meteoroïed.

**me·te·or·ol·o·gy** weerkunde, meteorologie. **me·te·or·o·log·i·cal** weerkundig, weer=, meteorologies; ~ *bureau/office* weerburo; ~ *report* weerberig; ~ *service* weerdiens, weerkundige diens; ~ *station* weerstasie. **me·te·or·ol·o·gist** weerkundige, meteoroloog.

**me·ter**[1] *n.* meter, meettoestel, =apparaat. **me·ter** *ww.* meet; *~ed calls* getelde oproepe; *~ed parking bay* meterstaanplek; *~ed period* (af)gemete tyd. ~ **maid** *(infml.)* boetebessie.

**me·ter**[2] *(Am.)* →METRE.

**me·ter·ing** (die) meet *(met 'n meter).*

**meth·a·don(e)** *(farm.)* metadoon.

**meth·am·phet·a·mine** *(farm.)* metamfetamien; →TIK.

**meth·a·nal** *(chem.)* metanaal, formaldehied.

**me·thane** *(chem.)* metaan; moerasgas, myngas.

**meth·a·nol** *(chem.)* metanol, metielalkohol.

**meth·a·qua·lone** *(dwelmmiddel)* metakaloon; →MANDRAX.

**meth·e·drine** *(dwelmmiddel)* metedrien; →METHAMPHETAMINE.

**me·thinks** →ME[1] *pron.*.

**meth·od** metode, wyse, manier; leerwyse; werkwyse; stelsel, sisteem, sistematiek; orde, reëlmaat; *according to* (or *by) a* ~ volgens 'n metode; *apply/employ/follow/use a* ~ volgens 'n metode te werk gaan; ~ *of construction* bou=, konstruksiemetode; *there is* ~ *in s.o.'s madness, (fig., skerts.)* daar's berekening *(of* daar steek logika) in iem. se malheid *(of* aweregse manier van doen); ~ *of payment* betaalwyse; ~ *of procedure* werk(s)wyse; ~ *of use* gebruikswyse. ~ **acting** *(teat., filmk.)* metodetoneelspel. ~ **actor** metodeakteur.

**mé·thode: M~ Cap Classique** *(SA, wynb.)* Méthode Cap Classique. ~ **champenoise** *(Fr., wynb.)* méthode champenoise.

**me·thod·i·cal, me·thod·ic** metodies, stelselmatig, sistematies.

**meth·od·ise, =ize** *(w.g.)* stelselmatig behandel, metodies rangskik.

**Meth·od·ism** *(Chr.)* Metodisme.

**Meth·od·ist** *n.* Metodis. **Meth·od·ist** *adj.* Metodisties. ~ **Church** Metodistekerk.

**meth·od·ol·o·gy** metodologie, metodiek. **meth·od·o·log·i·cal** metodologies.

**meths** *(infml., afk.)* = METHYLATED SPIRIT(S).

**meth·yl** *(chem.)* metiel. ~ **alcohol** →METHANOL. ~ **bromide** metielbromied.

**meth·yl·ate** metileer, met metiel meng; *~d spirit(s)* brandspiritus.

**meth·yl·ene** *(chem.)* metileen. ~ **blue** metileenblou.

**me·tic·u·lous** nougeset, uiters noukeurig, puntene(u)rig, oorpresies.

**mé·ti·er** *(Fr.)* beroep, ambag, métier; aanleg, vernuf, begaafdheid.

**met·o·nym** metoniem. **met·o·nym·i·cal** metonimies. **me·ton·y·my** metonimie, metonimia, oornoeming.

**me·tre¹,** *(Am.)* **me·ter** *(lengtemaat)* meter; *20* ~s 20 meter; *hundreds/thousands* of ~s honderde/duisende meters; *in* ~s in meters; *many* ~s baie meters; *a* ~ *of rope* 'n meter tou.

**me·tre²,** *(Am.)* **me·ter** *(pros.)* dig=, versmaat, metrum.

**met·ric¹, met·ri·cal** *adj.* metriek. ~ **system** metrieke/tiendelige stelsel. ~ **ton(ne)** *(1000 kg)* metrieke ton.

**met·ric², met·ri·cal** *adj., (pros.)* metries, in verse; ~ *foot* versvoet.

**met·ri·cal·ly¹** *adv.* metriek, volgens die metrieke stelsel.

**met·ri·cal·ly²** *adv., (pros.)* metries, in verse.

**met·ri·cate** metriseer. **met·ri·ca·tion** metrisering, metrikasie.

**me·tri·tis** *(med.)* baarmoederontsteking.

**met·ro** =ros metro, ondergrondse spoorweg.

**me·trol·o·gy** maat- en gewigsleer, metrologie. **met·ro·log·i·cal** metrologies.

**met·ro·man** = METROSEXUAL *n.*.

**met·ro·nome** *(mus.)* metronoom. **met·ro·nom·ic** metronoom=.

**met·ro·pole** moederland *(v. 'n kolonie); (SA)* metropool.

**me·trop·o·lis** =lises hoof=, moeder=, grootstad, metropool; wêreldstad. **met·ro·pol·i·tan** metropolitaans, hoofstedelik; ~ *area* grootstadsgebied; ~ *city* metropool.

**met·ro·sex·u·al** *n., (heteroseksuele man gemaklik met sy vroulike sy)* metroseksueel, metroman. **met·ro·sex·u·al** *adj.* metroseksueel.

**met·tle** moed, energie, ywer, vuur, gees; *a horse* of ~ 'n vurige perd; *show one's* ~ jou slag wys, wys wat jy kan (doen); *s.o.* of ~ 'n staatmaker, iem. van durf (en daad); *try s.o.'s* ~ iem. op die proef stel. **met·tle·some** vurig, driftig *('n perd ens.).*

**meu·nière** *adj., (Fr., kookk.)* meunière.

**mew** *n.* gemiaau. **mew** *ww.* miaau.

**mewl** *('n baba ens.)* grens, kla; *('n kat)* miaau; *('n voël)* skree(u), krys.

**mews** *n. (fungeer as ekv. of mv.), (Br.: stalle omgebou tot woonhuise)* stalhuise; *The Royal M~* die Koninklike Stalle.

**Mex·i·can** *n.* Meksikaan, Mexikaan. **Mex·i·can** *adj.* Meksikaans, Mexikaans; ~ *poppy, (Argemone mexicana)* geelblombloudissel, =distel; Meksikaanse/Mexikaanse papawer. ~ **wave** Meksikaanse/Mexikaanse golf.

**Mex·i·co** *(geog.)* Meksiko, Mexiko. ~ **City** Meksiko=, Mexikostad.

**mez·za·nine** *n.* tussenvloer, =verdieping. **mez·za·nine** *adj., (fin.)* tussen=; ~ *financing* tussenfinansiering, =finansiëring. ~ **floor(ing)** tussenvloer.

**mez·za vo·ce** *adj. & adv., (It., mus.)* mezza voce, met halfstem.

**mez·zo** *adj., (It.)* middel=, tussen=, half=; mezzo=. ~ **forte** *adj. & adv., (mus.)* mezzo forte, halfhard. ~ **piano** *adj. & adv., (mus.)* mezzo piano, halfsag. ~-**relievo,** ~-**rilievo** =vos, *n., (beeldhoukuns)* halfreliëf. ~-**(soprano)** *mezzos, mezzo-sopranos, n., (mus.)* mezzosopraan, tweede sopraan.

**mez·zo·tint** *n.* mezzotint; swartkuns; swartkunsprent. **mez·zo·tint** *ww.* in mezzotint graveer.

**Mfe·ca·ne** *(SA, hist.)* Mfecane.

**mi, me** *(mus.)* mi.

**mi·aou, mi·aow** →MEOW.

**mi·as·ma** =mata, =mas, *(poët., liter.)* goor reuk; skadelike damp; *(lett. & fig.)* miasma. **mi·as·mal, mi·as·mat·ic, mi·as·mic** miasmaties.

**mic** *(infml.)* = MICROPHONE.

**mi·ca** *(min.)* mika, glimmer. **mi·ca·ceous** mikaägtig, mikaagtig, glimmeragtig; mikahoudend, glimmerhoudend. ~ **schist,** ~ **slate** mikaskis, glimmerskis.

**Mi·cah** *(OT)* Miga.

**mice** *n. (mv.)* →MOUSE; *a nest of* ~ 'n broeisel muise.

**Mich·ael·mas** *(29 Sept.)* St. Michiel(sdag/sfees). ~ **daisy** herfs=, wildeaster, sterblom.

**Mi·chell's Pass** *(SA)* Michellspas.

**mick·ey, mick·y:** *take the* ~ *(out of s.o.), (infml.)* (met iem.) gekskeer *(of die gek skeer).*

**Mick·ey** *n.:* ~ *(Finn) (sl.)* gedokterde drankie. ~ **Mouse** *n., (Disneykarakter)* Mickey Muis. ~ **Mouse** *adj., (infml., neerh.)* onbelangrik, nietig, onbenullig, onbeduidend; irrelevant; nikswerd, nutteloos; belaglik, lagwekkend, verspot.

**mi·cro** =cros, *(infml.)* = MICROWAVE OVEN.

**mi·cro·a·nal·y·sis** mikroanalise.

**mi·crobe** mikrobe. **mi·cro·bi·al, mi·cro·bic** mikrobies.

**mi·cro·bi·ol·o·gy** mikrobiologie. **mi·cro·bi·o·log·ic, mi·cro·bi·o·log·i·cal** mikrobiologies. **mi·cro·bi·ol·o·gist** mikrobioloog.

**mi·cro·chip** *(rek.)* mikroskyfie.

**mi·cro·cir·cuit** *(elektron.)* mikrobaan. **mi·cro·cir·cuit·ry** *(elektron.)* mikrobaanwerk.

**mi·cro·cli·mate** mikroklimaat.

**mi·cro·code** *(rek.)* mikrokode.

**mi·cro·com·put·er** mikrorekenaar.

**mi·cro·cosm** mikrokosmos, wêreld in die klein(e). **mi·cro·cos·mic** mikrokosmies.

**mi·cro·dot** mikrofoto *(v. 'n dokument ens.);* mikroskopies klein (LSD-)pilletjie/ens..

**mi·cro·e·co·nom·ics** *n. (fungeer as ekv.)* mikro-ekonomie, mikroëkonomie. **mi·cro·e·co·nom·ic** *adj.* mikro-ekonomies, mikroëkonomies.

**mi·cro·e·lec·tron·ics** *n. (fungeer as ekv.)* mikro-elektronika, mikroëlektronika. **mi·cro·e·lec·tron·ic** *adj.* mikro-elektronies, mikroëlektronies.

**mi·cro·ev·o·lu·tion** *(biol.)* mikro-evolusie, -ewolusie, mikroëvolusie, =ëwolusie. **mi·cro·ev·o·lu·tion·ar·y** mikro-evolusionêr, -ewolusionêr, mikroëvolusionêr, =ëwolusionêr.

**mi·cro·fiche** =fiche mikrofiche, mikrokaart.

**mi·cro·film** *n.* mikrofilm. **mi·cro·film** *ww.* op mikrofilm opneem; 'n mikrofilm maak (van), vermikrofilm. **mi·cro·film·ing** vermikrofilming.

**mi·cro·gram** *(simb.: µg)* mikrogram.

**mi·cro·graph** mikrograaf. **mi·crog·ra·phy** mikrografie.

**mi·cro·grav·i·ty** mikroswaartekrag.

**mi·cro·in·struc·tion** *(rek.)* mikro-opdrag/instruksie, mikroöpdrag, mikroïnstruksie.

**mi·cro·lend·ing** *(fin.)* mikrolening, mikroleenbedryf, =dienste; →MICROLOAN. **mi·cro·lend·er** mikrolener.

**mi·cro·light, mi·cro·lite:** ~ *(aircraft)* mikro(vlieg)tuig, *(infml.)* muggie(vlieg)tuig.

**mi·cro·lith** *(argeol.)* mikroliet.

**mi·cro·li·tre,** *(Am.)* **mi·cro·li·ter** *(simb.: µl)* mikroliter.

**mi·cro·loan** mikrolening, →MICROLENDING.

**mi·cro·man·age** *(dikw. pej.)* mikrobestuur. **mi·cro·man·age·ment** mikrobestuur. **mi·cro·man·ag·er** mikrobestuurder; *(infml.)* bemoeial.

**mi·cro·mesh** *n.* baie fyn maasstof. **mi·cro·mesh** *adj.:* ~ *stockings/etc.* fynmasige kouse/ens..

**mi·crom·e·ter** *(instr.)* mikrometer. **mi·crom·e·try** mikrometrie.

**mi·cro·me·tre,** *(Am.)* **mi·cro·me·ter** *(simb.: μm)* mikro=meter.

**mi·cron** mikron; →MICROMETRE.

**Mi·cro·ne·si·a** *(geog.)* Mikronesië. **Mi·cro·ne·sian** *n.* Mikro=nesiër. **Mi·cro·ne·sian** *adj.* Mikronesies.

**mi·cro·nu·tri·ent** *(biochem.)* mikrovoedingstof.

**mi·cro·or·gan·ism** mikro-organisme, mikroörganisme.

**mi·cro·phone** mikrofoon.

**mi·cro·pho·to·graph** mikrofoto. **mi·cro·pho·tog·ra·phy** mikrofotografie.

**mi·cro·print** mikrodruk.

**mi·cro·pro·ces·sor** *(rek.)* mikroverwerker.

**mi·cro·pyle** *(bot., entom., igt.)* saadpoortjie.

**mi·cro·scope** *n.* mikroskoop; *put s.t. under the ~, (fig.)* iets onder die loep neem. **mi·cro·scop·ic** mikroskopies; *(infml.)* piepklein, minuskuul. **mi·cros·co·py** mikroskopie.

**mi·cro·sec·ond** *(simb.: μs)* mikrosekonde.

**mi·cro·spo·ran·gi·um** *-gia, (bot.)* mikrosporangium.

**mi·cro·spore** *(bot.)* mikrospoor.

**mi·cro·sur·ger·y** mikrochirurgie, =sjirurgie. **mi·cro·sur·gi·cal** mikrochirurgies, =sjirurgies.

**mi·cro·switch** mikroskakelaar.

**mi·cro·tome** *(biol.)* mikrotoom. **mi·crot·o·my** mikrotomie.

**mi·cro·wave** *n., (fis.)* mikrogolf; *(infml.)* mikrogolf(oond). **mi·cro·wave** *ww.* mikrogolf; *~ s.t. for five/etc. minutes* iets vyf/ens. minute lank mikrogolf. **~ background** *(astron.)* mikrogolfagtergrond. **~ oven** mikrogolfoond.

**mi·cro·wave·a·ble, mi·cro·wav·a·ble** kan in 'n/die mi=krogolf(oond) verhit/gekook/ens. word, kan gemikrogolf word *(voedsel);* mikrogolfbestand, =vas *(skottel).*

**mid** *adj.* middelste.

**mid·air:** *a ~ collision* 'n lugbotsing; *in ~* hoog in die lug, tussen hemel en aarde.

**Mi·das** *(Gr. mit.)* Midas. *~* **touch:** *s.o. has the ~ ~, (fig.)* iem. het goue hande; alles wat iem. aanraak, verander in goud.

**mid·brain** *(anat.)* middelharsings, =brein.

**mid·ca·reer:** *in ~* in die middel van 'n loopbaan; *~ crisis* midloopbaankrisis.

**mid·day** *n.* middag; *at ~* op die middaguur. **mid·day** *adj.* middag=; *~ interval* middagpouse; *~ meal* middagete, =maal= (tyd), noenmaal; *~ nap* middagslapie, siësta.

**mid·den** *(hoofs. argeol.)* afval=, puin=, vullishoop.

**mid·dle** *n.* middel, midde; middellyf; middelpunt; mid=de(l)weg; *be in the ~ of s.t.* midde-in iets wees; *be in the ~ of (doing) s.t.* iets aan die doen wees, met iets besig wees; *in the ~ of June/etc.;* ~ *and leg, (kr.)* middel en by; ~ *and off, (kr.)* middel en weg; *cut/tear/etc. s.t.* **right down** *the ~* iets middeldeur sny/skeur/ens.; *right in the ~* reg in die middel. **mid·dle** *adj.* middelste, middel=, tussen=; middelmatig; *of ~ height* van middelmatige hoogte; *~ reaches* middelloop *(v. 'n rivier).* **mid·dle** *ww.* in die mid=del plaas, sentreer; *(sk.)* dubbel vat/vou; halveer; *(sokker)* na binne *(of* binneveld toe*)* speel; *(krieket, tennis, ens.)* met die middel van die kolf/raket/ens. tref/beetkry/slaan/speel. **~ age,** *~* **life** middeljare. **~-aged** middeljarig. **~-age(d) spread** vetjies van die middeljare, middeljaremaag. **M~ Ages:** *the* ~ ~ die Middeleeue. **M~ America** Midde(l)-Amerika; *(fig.)* die Amerikaanse middelklas. **~brow** *(neerh.)* bourgeois, mid=delklas=; konvensioneel; populêr, lig *(musiek, leesstof, ens.).* ~ **C** *(mus.)* middel-C. ~ **class** *n.* middelklas, midde(l)stand, burgerstand. **~-class** *adj.* burgerlik, midde(l)stands=, van die midde(l)stand/burgerstand. ~ **course** midde(l)weg. ~ **cut** *(vleissnit)* middelmoot. ~ **distance** *(kuns)* middelgrond; *(atl.)* middelafstand; *in the ~ ~* op die middelgrond. **~-dis=tance** *adj. (attr.)* middelafstand=; ~ *race* middelafstandwed=loop; ~ *runner* middelafstandatleet, =(hard)loper. ~ **ear** mid=

deloor. **M~ East:** *the ~ ~* Midde-Ooste. **M~ Eastern** Midde-Oosters. **M~ English** Middelengels. ~ **finger** middelvin=ger, lang vinger, *(kindert.)* langeraat; *give s.o. the (~) ~, (vulg. gebaar)* jou middelvinger vir iem. wys. ~ **ground** tussen=grond, kompromis. **~-income** *adj. (attr.)* middelinkomste=; ~ *household* middelinkomstehuishouding. **~man** tussen=persoon, agent; tussenhandelaar, middelman. ~ **manage=ment** middel(vlak)bestuur; middel(vlak)bestuurders, mid=delbestuurskader, =lede, =lui. ~ **manager** middel(vlak)=bestuurder. **~most** middelste. ~ **name** tweede (voor)naam; *(infml.)* tweede natuur; *bad luck is s.o.'s ~ ~* iem. is 'n ge=bore ongeluksvoël; *modesty/etc. is s.o.'s ~ ~* iem. is die be=skeidenheid self. **~-of-the-road** gematig, midde(l)=; ~ *music* middewegmusiek; ~ *party* midde(l)party, gematigde party. **~-of-the-roader** gematigde. **~-rate** middelmatig. **~-sized** middelgroot, van middelbare grootte, middelslag=. ~ **stump** *(kr.)* middelpen. ~ **term** *(log.)* middelterm. **~veld:** *the M~, (SA)* die Middelveld. **~ware** *(rek.)* middelware. ~ **watch** *(sk.: 00:00-04:00)* spookwag. ~ **way** midde(l)weg. **~weight** middelgewig. **~weight (boxing) champion** middelgewig=(boks)kampioen.

**mid·dling** *adj. & adv.* middelmatig, swakkerig, so-so; mid=delsoortig; ~ *coal, (mynb.)* middelskot=, slenter=, tussen=graadsteenkool. **mid·dlings** *n. (mv.)* growwe/mediumfyn meel.

**mid·field** *(sokker)* middelveld.

**midge** *(entom.)* (muskiet)muggie, warmassie, brandassie; *(pers.)* dwergie, muggie.

**midg·et** dwerg, piekie, pikkie; *(lett. & fig.)* muggie. ~ **car** dwerg=, muggiemotor. ~ **submarine** dwergduikboot, tweemansduikboot. ~ **weight** dwerggewig.

**mid-hour** middag.

**MIDI** *(akr.:* musical instrument digital interface*):* ~ *synthesizer* MIDI-sintetiseerder; ~ *system* MIDI-stelsel.

**mid·i** midi, midirok, =romp, =jas. **~-bus** midibus. **~-skirt** midiromp.

**mid·i·ron** *(gh.: vier=, vyf=, ses=, seweyster)* middelyster.

**mid·land** *n.* middelland; *the M~s* die Middelland; Midde(l)-Engeland. **mid·land** *adj.* binne(ns)lands; middellands.

**mid·life** middeljare. ~ **crisis** middeljarekrisis, middeljarig=heidskrisis.

**mid·morn·ing** middel van die oggend; ~ *snack* oggend=happie, (laatoggend)versnapering.

**mid·most** middelste.

**mid·night** *n.* middernag; pikdonker(te); *after ~* in die nanag. **mid·night** *adj.* middernagtelik, middernag=; *burn the ~ oil* tot laat in die nag nog werk/studeer, middernagtelike arbeid/studie verrig. ~ **blue** middernagblou. ~ **feast** mid=dernagfees. ~ **service** middernagdiens. ~ **show** midder=nagvertoning. ~ **sun** middernagson.

**mid-off** *(kr.)* halfweg; *deep ~* diep halfweg; *short ~* vlak halfweg.

**mid-on** *(kr.)* halfby; *deep ~* diep halfby; *short ~* vlak halfby; *silly ~* slagyster 'n bietjie verder/vêrder terug as normaal.

**mid·point** middelpunt.

**mid·rib** middelrib; *(bot.)* hoofrif, =nerf.

**mid·riff** midde(l)rif, mantelvlies, diafragma; *get a ball in one's ~* 'n bal teen jou maag kry; *with a bare ~* met 'n kaal maag.

**mid·sec·tion** middeldeursnee, =deursnit.

**mid·ship** *n., (sk.)* middelskip, skeepsmidde. **~man** =men adelbors.

**midst** *n.* midde, middel; *in the ~ of ...* te midde van ...; midde-in ...; tussen ...; *in our/etc. ~* in ons/ens. midde, onder ons/ens.. **midst** *prep., (arg. of poët., liter.)* te midde van.

**mid·stream** *n.: in ~, (lett.)* in die middel van die stroom; *(fig.)* halfpad. **mid·stream** *adv.* in die middel van die stroom.

**mid·sum·mer** mid-, middelsomer, middel/hartjie van die somer; somersonstilstand. **M~('s) Day** Midsomerdag, Sint Jansdag.

**mid·term** middel van 'n akademiese trimester; *(Am., pol.)* middel van 'n politieke ampstermyn; ~ *elections, (Am., pol.)* tussenverkiesings; ~ *exam* eksamen in die middel van 'n trimester.

**mid·way** halfpad; ~ *between two places* halfpad tussen twee plekke.

**mid·week** *n.* die middel van die week. **mid·week** *adj. & adv.* mid-, midde-, middelweeks; ~ *holiday* vakansiedag in die middel van die week; ~ *match* Woensdagwedstryd, midweekse wedstryd; ~ *team* Woensdagspan.

**Mid·west** *n., (Am.)* Midde(l)-Weste. **Mid·west·ern** *adj.* Midde(l)-Westelik. **Mid·west·ern·er** Midde(l)-Westerling.

**mid·wick·et** *(kr.)* middebaan; *at* ~ op (die) middebaan; *deep* ~ diep middebaan; *short* ~ vlak middebaan.

**mid·wife** -wives vroedvrou. **mid·wife·ry** verloskunde, obstetrie.

**mid·win·ter** midwinter, middel/hartjie van die winter; wintersonstilstand. ~ **day** midwinterdag.

**mien** *(liter.)* voorkoms; houding; gesig, gelaat.

**miff** *(infml.)* slegte bui; rusietjie; *in a* ~ in 'n slegte luim/bui; *be in a* ~ *about s.t.* oor iets gesteur(d) wees; *get into a* ~ *about s.t.* oor iets gesteur(d) raak. **miffed** *(infml.): be/get* ~ *at ...* oor ... omgekrap/gesteur(d) wees/voel/raak, jou oor ... vererg. **mif·fy** *(infml.)* liggeraak.

**might**[1] *(modale hulpww.)* sou kan/mag; sou kan; sal dalk; *s.o.* ~ *as well do it* iem. kan dit gerus maar doen; *s.o.* ~ *do it* dalk doen iem. dit, iem. sal dit dalk doen; *iem.* sou dit kan doen; *you* ~ *have asked me/him/her* jy kon my/hom/haar (darem) gevra het; *s.o.* ~ *have done it* iem. het dit dalk gedoen; *and well s.o.* ~ *be suspicious/etc.* (en) iem. het rede om agterdogtig/ens. te wees. ~**-have-been** *(infml.)* verspeelde kans, wat kon gewees het, wat neusie verby is; iem. wat dit ver/vêr kon gebring het.

**might**[2] *n.* mag, krag, vermoë; geweld; →MIGHTY; *with all one's* ~ met/uit alle mag; *oppose s.t. with all one's* ~ jou vierkant teen iets verset; *with* ~ *and main* met/uit alle mag, met mag en geweld/krag; ~ *is right* mag is reg; *by* ~ *or slight* met geweld of lis.

**mightn't** *(sametr.)* = MIGHT NOT.

**might·y** *n. (koll.)* magtiges, sterkes; *how are the* ~ *fallen!, (AV), how the* ~ *have fallen!, (NIV), (2 Sam. 1:19 ens.)* hoe het die helde geval! *(OAB & NAB); in the seats of the* ~ in die voorgestoelte. **might·y** *adj.* magtig, kragtig, geweldig, sterk; *(infml.)* groot, ontsaglik, massief, kolossaal; *(infml.)* danig; *(infml.)* wonderlik; ~ *cheeky, (infml.)* danig parmantig; ~ *like ..., (infml.)* danig soos ...; ~ *works* wonderwerke. **might·i·ly** magtig, kragtig, geweldig. **might·i·ness** magtigheid, mag; hoogheid.

**mi·graine** migraine, skeelhoofpyn.

**mi·grant** *n.* trekker; swerwer; trekvoël. **mi·grant** *adj.* swerwend, rondtrekkend, nomadies, trek-; →MIGRATORY; ~ *labour* trekarbeid; ~ *labourer* trekarbeider.

**mi·grate** trek, verhuis, migreer; swerf, swerwe; *migrating dune* trekduin. **mi·gra·tion** verhuising, trek, migrasie; verplasing, verskuiwing. **mi·gra·tor** (rond)trekker; trekvoël; trekvis. **mi·gra·to·ry** verhuisend, nomadies, trek-; ~ *bird* trek-, swerfvoël; ~ *buck* trekbok(ke); ~ *fish* trekvis; ~ *locust* treksprinkaan; ~ *route* trekroete.

**mih·rab** *(Islam)* mihrab, gebedsnis, bidnis.

**mi·ka·do** -dos, *(Jap., hist., dikw. M~)* mikado.

**mike** *(infml.)* = MICROPHONE.

**mil** *(infml., afk. v. millimetres, millilitres)* mil; *(afk. v. million)* mil.

**mi·la·dy** *(hist. of skerts., aanspreekvorm vir 'n Eng. adellike vrou)* mevrou, dame.

**Mi·lan** *(geog.)* Milaan. **Mil·a·nese** *n. & adj.* Milanees.

**milch** melkgewend, melk- *(koei ens.).* ~ **cow** *(fig.: bron v. maklike inkomste)* melkkoei.

**mild** sag, sagaardig; sagsinnig; goedaardig; gematig; matig; getemper(d); mild *(fml.),* lig, swak; beskeie; vriendelik, toegeeflik, toegewend; versagtend; →MILDLY, MILDNESS; ~ *attack, (med.)* ligte aanval; ~ *cast steel* sagte gietstaal; ~ *cigar/cigarette* ligte sigaar/sigaret; ~ *climate* sagte klimaat; *cloudy and* ~ bewolk en matig; ~ *dose* matige dosis; ~ *remedy* sagwerkende *(of* sag werkende) middel; ~ *steel* sagte staal; ~ *weather* sagte/aangename weer; ~ *wind* sagte wind(jie); ~ *winter* sagte winter. ~ **(beer)** *(Br.)* ligte bier. ~**-mannered** sagsinnig. ~**-spirited**, ~**-tempered** sagaardig, saggeaard. ~**-spoken** sagsinnig, vriendelik.

**mild·en** sag maak, versag.

**mil·dew** *n.* meeldou; muf; *powdery* ~ witroes. **mil·dewed** skimmel, beskimmel(d), (ge)muf, vermuf. **mil·dew·y** skimmel, beskimmel(d), muf.

**mild·ly** sag, sagkens; lig, ligtelik, effens, enigsins; *to put it* ~ om dit sag uit te druk *(of* sagkens te stel).

**mild·ness** sagtheid, saggeaardheid, sagmoedigheid, sagsinnigheid, goedaardigheid, goedaardigheid; ligtheid; toegewendheid, vriendelikheid.

**mile** myl; ~*s ahead, (infml.)* ver/vêr voor; ~*s away* myle ver/vêr; ~*s easier, (infml.)* (sommer) stukke makliker; *go the extra* ~, *(fig.)* ook die tweede myl saamloop, meer as jou plig doen; *for* ~*s (and* ~*s)* myle ver/vêr; *miss (s.t.) by a* ~ (iets) heeltemal mis gooi/skiet/ens.; *run a* ~, *(infml.)* jou uit die voete maak, die loop neem, ver/vêr weghardloop; *it stands/sticks out a* ~, *(infml.)* dit staan soos 'n paal bo water, 'n blinde kan dit met 'n stok voel. ~**post** *(lett. & fig.)* mylpaal. ~**stone** *(lett.)* mylsteen; *(fig.)* mylpaal.

**mile·age, mil·age** (myl)afstand; *get* ~ *out of s.t., (infml.)* voordeel trek uit iets, iets tot jou voordeel aanwend. ~ **(allowance)** mylgeld, -toelaag, -toelae.

**mil·er** *(infml.: atleet, renperd)* mylloper.

**mil·foil** *(bot.)* duisendblad.

**mi·lieu, mi·lieu** -lieux, -lieus, *(Fr.)* omgewing, milieu, lewensklimaat.

**mil·i·tant** *n.* strydlustige. **mil·i·tant** *adj.* militant, stryd-, veglustig, vegtend, strydend; strydbaar. **mil·i·tan·cy** strydlus(tigheid), veglus; strydbaarheid.

**mil·i·tar·i·ly** op militêre wyse; in militêre opsig, uit militêre oogpunt.

**mil·i·ta·rise, -rize** op oorlogsvoet inrig; militariseer.

**mil·i·ta·rism** militarisme. **mil·i·ta·rist** *n.* militaris; krygskundige. **mil·i·ta·rist, mil·i·ta·ris·tic** *adj.* militaristies.

**mil·i·tar·y** *n.: the* ~ die leër, soldate, troepe. **mil·i·tar·y** *adj.* militêr, landmag-; krygs-, oorlogs-; krygskundig; krygshaftig; ~ *academy/college/school* krygskool, militêre akademie/kollege; ~ *aircraft* militêre vliegtuig, krygsvliegtuig; ~ *attaché* militêre attaché; ~ *aviation* militêre lugvaart; ~ *band* musiekkorps; ~ *chest, (fin.)* oorlogskas; krygskas; M~ *Cross, (medalje, afk.: MC)* Militêre Kruis; ~ *decoration* militêre dekorasie; ~ *dress* uniform; ~ *duty* diensplig; ~ *force* troepe-, leër-, krygs-, oorlogsmag; landmag; wapengeweld; ~ *hero* krygsheld; *with (full)* ~ *honours* met (volle) militêre eer; ~ *intelligence* militêre inligting; militêre inligtingsdiens; ~ *officer* krygs-, leëroffisier; ~ *operation* militêre operasie, krygsverrigting; ~ *pay* soldy; ~ *police* militêre polisie; ~ *science* krygskunde, -wetenskap; ~ *service* diensplig; ~ *strength* militêre krag, weerkrag; ~ *tribunal, (mil., jur.)* militêre regbank. ~**-industrial complex** militêr-industriële kompleks. ~**-minded** militaristies.

**mil·i·tate** oorlog voer; stry; *s.t.* ~*s against ...* iets druis teen ... in *(of* is in stryd met) ...; iets werk teen ...

**mi·li·tia** burgermag, burgerlike verdedigingsmag, milisie; ongereelde troepe, guerrillastryders. **~man** *-men* burgermagslid; guerrillastryder.

**milk** *n.* melk; *be ~ for babies* kinderkos/-speletjies wees; *that accounts for the ~ in the coconut* dit verklaar alles; *come home with the ~, (infml.)* in die vroeë oggendure tuiskom; *dried/powdered ~* melkpoeier; *a glass/jug of ~* 'n glas/beker melk; *a country/land of* (or *flowing with*) *~ and honey, (fig.)* 'n land (wat oorloop) van melk en heuning, 'n land van oorvloed; *the cow is in ~* die koei is in die melk (*of* met 'n kalf); *a cow not in ~* 'n droë koei, 'n guskoei; *the ~ of human kindness* mensliewendheid, menslikheid; *~ of magnesia* magnesiawater; *a complexion of ~ and roses* 'n rosige gelaat; *it is no use crying over spilt ~* gedane sake het geen keer nie; *wat verby is, is verby; ~ of sulphur* swa(w)elmelk; *sweet ~* soetmelk, vars melk. **milk** *ww.* melk; *~ the bull/pigeon/ram* vere van 'n skilpad pluk, bloed uit 'n klip tap; *~ a cow dry/out* 'n koei uitmelk; *~ s.o. dry, (fig., infml.)* iem. uitmelk; *~ the wires* berigte aftap/onderskep; elektriese stroom (af)tap. **~-and-water** *adj. (attr.), (fig.)* nksseggende *(verklaring ens.)*; halfhartige, flou *(verskoning ens.)*; flou *(grap ens.)*; verwaterde *(liberalisme ens.)*; afgewaterde *(stellings ens.)*. **~ bottle** melkbottel. **~ chocolate** melksjokolade. **~ duct** melkbuis, -leier. **~ farm** melkplaas, -boerdery. **~ fever** melkkoors. **~ food** melkkos. **~-free** sonder melk. **~ glass** mat glas, mat-, melkglas. **~ loaf, ~ bread** melkbrood. **~maid** *(hoofs. arg.)* melkmeisie. **~man** *-men* melker; melkverkoper. **~ powder** poeiermelk, melkpoeier. **~ pudding** melkpoeding. **~ round** melkrond(te). **~ run** *(lugv., infml.)* roetinevlug. **~shake** melkskommel, bruis-, roomysmelk. **~sop** papbroek, melkmuil. **~ stout** melkswartbier. **~ sugar** = LACTOSE. **~ tart** melktert. **~ tooth** melk-, wisseltand, muistand(jie). **~ train** melktrein; vroeë oggendtrein. **~ van** melkkar, -wa. **~weed** melkbossie; melkbol. **~-white** melk-, spierwit. **~wood** melkhout(boom).

**milk·er** melkkoei; melkbok; melker.

**milk·i·ness** melkerigheid, melkagtigheid; *(fig.)* weekheid, flouheid.

**milk·ing** (die) melk, melkery. **~ machine** melkmasjien. **~ stool** melkstoeltjie.

**milk·y** *adj.* melkagtig, melkerig, melk-; troebel; *(fig.)* swak, pap; *(fig.)* bang; →MILKINESS. **M~ Way** *(astron.)*: *the ~ ~* → THE **GALAXY.**

**mill** *n.* meul(e); fabriek; maalmasjien; spinnery; walsery; wals(masjien); frees; saery; *the ~s of God grind slowly, but they grind exceedingly small, God's mill grinds slow but sure* Gods meul(e) maal langsaam maar seker; *no ~, no meal* wie nie werk nie, sal nie eet nie; *go through the ~* deur die smeltkroes gaan, 'n swaar tyd deurmaak; deur ervaring wys word; *put s.o. through the ~* iem. laat swaarkry (*of* swaar kry). **mill** *ww.* maal, stamp; vermaal, vergruis; vermerk; pel; verpoeier; frees; wals, plet; saag; vol (*wol*); kartel *(munt)*; ronddraai; *~ about/around, (mense, diere)* rondmaal, -woel. **~ dam** meuldam. **~ edge** kerfrand. **~pond** meuldam. **~race, ~run** meulsloot, -stroom. **~stone** meulsteen; slypsteen; *s.o./s.t. is a ~ round s.o.'s neck* iem./iets is 'n meulsteen/klip om iem. se nek; *tie a ~ round one's neck* jou nek in/deur 'n strop steek. **~stream** meulsloot, -stroom. **~wheel** meulrat. **~wright** meul(e)maker, -bouer; masjienmonteur; freser, freeswerker.

**mill·a·ble** maalbaar.

**milled** gemaal; gevol; gewals; gefrees; gekartel(d) *(geld)* gerand; *~ butter* herbewerkte/herdeurwerkte botter; *~ edge* kartelrand.

**mil·le·nar·y, mil·le·nar·y** *n.* 'n duisend, duisendtal; duisend jaar; duisendste herdenking; millennium. **mil·le·nar·y, mil·le·nar·y** *adj.* duisendjarig. **mil·le·nar·i·an** *(hoofs. teol.)* duisendjarig; chiliasties, van die duisendjarige ryk. **mil·le·nar·i·an·ism** chiliasme.

**mil·len·ni·al** duisendjarig; langdurig.

**mil·len·ni·um** *-niums, -nia* millennium, duisend jaar; duisendjarige (vrede)ryk; →MILLENNIAL. **~ bug** *(rek.)* millenniumgogga.

**mil·ler** meulenaar; frees(masjien).

**mil·les·i·mal** *n.* duisendste (deel). **mil·les·i·mal** *adj.* duisenddelig, uit duisendstes bestaande.

**mil·let** *(Pennisetum glaucum)* babala(gras); *(Setaria italica)* boermanna, katstert(gras), manna(koring). **~ grass** *(Milium effusum)* giersgras.

**mil·liard** *(Br., vero.:* $10^9$) miljard; *a ~ rands* 'n miljard rand. **mil·liard·aire** miljardêr.

**mil·li·bar** *(eenh. v. atmosferiese druk)* millibar.

**mil·li·gram(me)** *(afk.:* mg) milligram.

**mil·li·li·tre,** *(Am.)* **mil·li·li·ter** *(afk.:* ml) milliliter.

**mil·li·me·tre,** *(Am.)* **mil·li·me·ter** *(afk.:* mm) millimeter.

**mil·li·ner** hoedemaker, -maakster; hoedeverkoper, -verkoopster.

**mil·li·ner·y** hoede; hoedehandel; dameshoede; hoedemakery; hoedeafdeling.

**mill·ing** malery, meul(enaars)bedryf; vermaling, vergruising; verwerking; karteling; frees(werk); walsery, walswerk; volling; *~ (about/around)* gemaal. **~ machine** freesbank, frees(masjien); kartelmasjien, -werktuig.

**mil·lion** miljoen; *a ~* 'n miljoen; *by the ~* by die miljoene; *a man/woman in a ~* 'n man/vrou duisend; *one ~ men, (mil.)* een miljoen man; *a ~ people* 'n miljoen mense; *~s of people* miljoene mense. **mil·lion·aire** miljoenêr. **mil·lion·air·ess** (vroulike) miljoenêr. **mil·lion·fold** miljoenvoudig. **mil·lionth** miljoenste.

**mil·li·pede** duisendpoot.

**mil·li·sec·ond** *(afk.:* ms) millisekonde.

**mil·li·watt** *(afk.:* mW) milliwatt.

**mi·lord** *(hist. of skerts.)* my/edele heer.

**Mi·los** *(Gr., geog.)* Milos.

**milt** *n.* hom *(v. 'n vis).* **milt** *ww.* bevrug, kuit laat skiet. **milt·er** milter, homvis, hommer.

**milt·siek·te** *(Afr., veearts.)* miltsiekte.

**mime** *n.* mimiek, gebarespel; *(ook mime artist)* mimikus, gebarespeler; nabootser; hanswors, grapmaker. **mime** *ww.* mimeer, mimies uitbeeld, deur gebare weergee; naboots. **mim·er** mimikus, gebarespeler.

**mi·me·sis** *(fml., kuns)* nabootsing, simulering; *(biol.)* mimetisme. **mi·met·ic** *(liter., biol.)* nabootsend, nabootsings-, aanpassend, simulerend, mimeties.

**mim·ic** *n.* na-aper, nabootser; uitkoggelaar; mimikus. **mim·ic** *adj.* na-apend, mimies; kastig, voorgewend; *~ art* mimiek. **mim·ic** *-icked -icked, ww.* namaak, na-aap, naboots; uitkoggel; presies na/op mekaar lyk. **mim·ick·er** nabootser, na-aper; koggelaar. **mim·ic·ry** na-apery, nabootsing, mimiek; koggelary; *(biol.)* mimikrie, mimetisme; *(soöl.)* (kleur)aanpassing.

**mi·mo·sa** *(bot.)* mimosa; *(Mimosa pudica)* skaamkruid; *(Acacia dealbata)* silwerwattelboom.

**min·a·ret, min·a·ret** minaret.

**min·a·to·ry** *(fml.)* dreigend.

**mince** *n.* gemaalde vleis, maalvleis. **mince** *ww.* (fyn)maal, kleinmaak; fynkap; goedpraat, verskoon; gemaak/aanstellerig praat; *not ~ matters* (or *one's words*) geen/nie doekies omdraai nie; *without mincing matters* onomwonde; *~ one's steps* trippel. **~meat** Kersvulsel, pasteivulsel; gemaalde vleis, maalvleis, frikkadelvleis; *make ~ of s.o., (infml., skerts.)* iem. kafloop, van iem. kleingeld/bredie maak. **~ pie** vleispastei(tjie); Kerspasteitjie, droëvrugtepasteitjie.

**minced:** *~ meat* maalvleis, gemaalde vleis.

**minc·er** vleismeul(e).

**minc·ing** *n.* malery *(v. vleis).* **minc·ing** *adj.* gemaak, ge=affekteer(d); trippelend; verskonend.

**mind** *n.* verstand, intellek; sinne; gees, gemoed, binne(n)ste; bewussyn; mening, sienswyse, opinie; verlange, sin, lus, neiging; herinnering, gedagte(nis); doel, voorneme; *it's all in the* ~ dis net verbeelding; *at the back of s.o.'s* ~ in iem. se agterkop; *push s.t. to the back of one's* ~ iets probeer vergeet; *bear/keep s.t. in* ~ iets onthou, iets in gedagte hou, aan iets dink; *bearing in* ~ *(the fact) that* ... gelet op die feit dat ...; *s.o.'s* ~ *is a (*or *has gone)* **blank** iem. se gedagte staan stil; iem. se geheue is skoon weg; *s.t.* **must be borne in** ~ iets moet onthou (*of* in gedagte gehou) word; *it* **brings/calls to** ~ *the* ... dit herinner ('n) mens (*of* laat ['n] mens terugdink) aan die ..., dit bring die ... in herinnering; *cast one's* ~ *back to* ... aan ... terugdink; *change one's* ~ van gedagte/mening/plan verander; omswaai; jou bedink; *be* **clear** *in one's* ~ *about s.t.* iets ten volle besef; helderheid oor iets hê; *close one's* ~ *to* ... ontoeganklik (*of* doof en blind) vir ... wees; *s.t.* **comes** *to* ~, *s.t.* **crosses** *s.o.'s* ~ iets val iem. by, iets skiet iem. te binne, iets gaan deur iem. se gedagte; *s.o.'s* ~ **dwells** *on s.t.* iem. tob oor iets; *set s.o.'s* ~ *at ease* iem. gerusstel; *in s.o.'s* ~*'s* **eye** voor iem. se geestesoog; *follow one's (own)* ~ jou eie kop volg; *get s.o. in the right* **frame** *of* ~ iem. in die regte stemming bring; *nothing is* **further** *from my* ~*!* ek dink nie (eens/eers) daaraan nie!; *great* ~*s think alike* ons/hul(le) gedagtes het gekruis; *have* **half** *a* ~ *to* ... half lus hê/voel/wees (*of* dit so half oorweeg) om te ...; *have a (good)* ~ *to do s.t.* (baie) lus hê/voel/wees om iets te doen; *have s.t. in* ~ iets in gedagte hê, aan iets dink; iets bedoel; voornemens (*of* van voorneme) wees om iets te doen; *keep s.o.* ~ *on s.t.* jou aandag op iets toespits; *s.o. can't* **keep** *his/her* ~ *off* ... iem. dink net aan ..., iem. dink aan niks anders as ... nie; **know** *s.o.'s* ~ weet hoe iem. dink; *know one's own* ~ weet wat jy wil (hê); weet waarheen jy wil; *not* **know** *one's own* ~, *(ook)* besluiteloos wees; **make up** *one's* ~ besluit, tot 'n besluit kom; **make up** *one's* ~ *to* ... jou voorneem om te ...; ~ *over* **matter** die gees bo die stof; *have s.t.* **on** *one's* ~ iets op die hart hê; deur iets gehinder word; *say what you have* **on** *your* ~*!* sê dit reguit!; *have a* **one-track** ~ net aan een ding dink; jou op een ding blind staar; *have an* **open** ~ onbevange/onbevooroordeel(d) wees; (nog) geen vaste mening hê nie; vir wenke toeganklik wees; *be* **out** *of one's* ~ van jou sinne beroof wees, van jou kop/verstand af wees, nie reg (wys) wees nie; *drive s.o.* **out** *of his/her* ~ iem. (stapel)gek/rasend maak; *are you* **out** *of your* ~*?* is jy van jou sinne beroof (*of* van jou kop/verstand/wysie af)?; *s.o. can't get s.t.* **out** *of his/her* ~ iem. kan iets nie uit sy/haar kop kry nie; *go* **out** *of one's* ~ van jou sinne (af) raak, jou verstand verloor; *s.t.* **passed/went** *out of s.o.'s* ~ iem. het iets vergeet, iets het iem. ontgaan; *have a* ~ *of one's* **own** weet wat jy wil (hê); weet waarheen jy wil; *give s.o. a* **piece/bit** *of one's* ~, *(infml.)* iem. (goed) die waarheid sê/vertel, iem. voor stok kry; *s.o.'s* **presence** *of* ~ iem. se teenwoordigheid van gees; *s.t.* **presses** *on s.o.'s* ~ iets druk swaar op iem. se gemoed, iets beswaar iem.; *put/set s.o.'s* ~ *at rest* iem. gerusstel; *put s.t. out of one's* ~ iets uit jou kop (uit) sit; *put/set one's* ~ *to s.t.* jou op iets toelê; *re*=*call s.t. to* ~ iets onthou, aan iets terugdink; *be in one's* **right** ~ by jou volle verstand wees; *s.o.'s* ~ **runs** *on s.t.* iem. maal (aanhoudend/gedurig) oor iets; *s.o. is still of the* **same** ~ iem. dink nog so, iem. se mening is onverander(d); *set one's* ~ *on s.t.,* *have one's* **set** *on s.t* jou iets voorneem (*of* ten doel stel); vasbeslote wees om iets te kry, iets baie graag wil hê; *s.o. has* **set** *his/her* ~ *on that, (ook)* iem. se kop staan soontoe; *with a* **single** ~ met (net) een doel voor oë; *s.t. has* **slipped** *s.o.'s* ~ iets het iem. ontgaan, iem. het iets vergeet; *be of* **sound** ~ by jou volle verstand wees; **speak** *one's* ~ (reguit) sê wat jy dink, padlangs/reguit praat, jou mening eerlik gee; *s.t.* **springs/leaps** *to (s.o.'s)* ~ iets val iem. skielik by, iets skiet iem. te binne; *a* **state** (or *an* **attitude**) *of* ~ 'n stemming/ geestestoestand/=gesteldheid; *take s.o.'s* ~ *off s.t.* iem. (se

aandag van iets) aflei, iem. iets laat vergeet; *to my* ~ na/volgens my mening/oordeel, myns insiens; *turn s.t. over in one's* ~ iets goed oordink, iets van alle kante beskou; *be in two* ~*s* op twee gedagtes hink; *be in two* ~*s about s.t.* onbeslis/onseker (*of* in twyfel) oor iets wees; *be of* **unsound** ~ nie by jou volle verstand wees nie; *s.o.'s* ~ *seems completely* **vacant** dit lyk of iem. totaal niks in sy/haar kop het nie; *s.o.'s* ~ **wanders** iem. is ingedagte, iem. se gedagtes dwaal; *a* **warped** ~ 'n verdorwe gees. **mind** *ww.* dink aan/om, bedink; oppas, let/pas op, kyk na, sorg vir, versorg; omgee (vir); *do you* ~*?* gee jy om?; asseblief!; hoor hier!; *s.o.* **doesn't** ~ iem. gee nie om nie; iem. het geen beswaar nie; *s.o.* **doesn't** ~ ... iem. het niks teen ... nie; *don't* ~ ... steur jou nie aan ... nie; *don't* ~ *me/us!, (dikw. iron.)* gaan jou gang!, doen wat jy wil!; *I don't* ~ *if I do!* graag!, dit sal ek nie weier nie!; *if you* **don't** ~ as jy nie omgee nie; *never/don't* ~*!* toe maar!, dis niks (nie)!, dit maak niks (*of* nie saak) nie!; *never* ~ ... moet jou nie aan ... steur nie; *never* ~ *about* ...*!* laat ... maar bly/staan!; *never* ~ *what* ongeaag wat; ~ *out (for* ...*), (Br., infml.)* oppas (vir ...); ~ *one's* **p's/P's/Ps and q's/Q's/Qs,** *(infml.)* in/op jou pasoppens wees/bly, in jou spoor/spore trap; ~ *the* **step** pas op vir die trappie; *one has to* ~*/watch one's* **step(s),** *(lett.)* jy moet versigtig trap; *(fig.)* jy moet in/op jou pasoppens wees/bly, jy moet oppas, jy moet kyk wat jy doen; **would** *you* ~ *coming/etc.?* sal jy asseblief kom/ens.?; *I* **wouldn't** ~ ... ek sou graag ...; ~ *you* weliswaar; onthou, moenie vergeet nie; ~ *your* **head/etc.!** pasop vir jou kop!; ~ *yourself!* pas jou op!; gee pad!, uit die pad uit!, staan terug/soontoe!. ~**-bending** *adj., (infml.)* sinsbegogelend, hallusionêr, hallusinogeen, hallusinogenies, psigedelies *(dwelmmiddel);* ingewikkeld, kompleks, moeilik; ongelooflik, verstommend; breinspoel=. ~**-blowing** *adj., (infml.)* sinsbegogelend, hallusionêr, hallusinogeen, hallusi= nogenies, psigedelies *(dwelmmiddel);* ongelooflik, verstom= mend, manjifiek; verskriklik, skokkend. ~**-boggling** *adj., (infml.)* verbysterend, verstommend, ongelooflik, duiseling= wekkend, wat jou (*of* ['n] mens se) verstand laat stilstaan *(pred.).* ~**-expanding** *adj.* bewussynsverruimend. ~ **game** kopspeletjie; *play* ~*s (with s.o.), (infml.)* kopspeletjies (met iem.) speel. ~**-numbing** *adj.,* ~**-numbingly** *adv.* sieldodend, doodvervelig. ~**-reader** gedagteleser. ~**set** *(infml.)* geeste= like ingesteldheid, (geestes)ingesteldheid, (geestelike) instel= ling. ~ **shift** kopskuif.

**mind·ed** gesind, geneig; gerig, aangelê; *mechanically* ~ me= ganies aangelê.

**-mind·ed** *komb.vorm* =denkend; *absent-*~ verstrooid; ver= geetagtig; in 'n dwaal; *bloody-*~ bloeddorstig, moorddadig, wreed; *evil-*~ kwaaddenkend; boosaardig; *fair-*~ regverdig, billik; eerlik, opreg; *feeble-*~ swaksinnig; onnosel, dom, stompsinnig.

**mind·er** oppasser, oppaster; versorger; toesighouer; *(sl.)* lyf= wag, beskermer.

**mind·ful** oplettend, opmerksaam; gedagtig; versigtig; *be* ~ *of* ... aan ... dink, op ... let.

**mind·less** verstandeloos, onnosel, dom; geesteloos; sielloos; onoplettend, onopmerksaam; onversigtig; ~ *of* ... sonder om aan ... te dink (*of* op ... te let), nie gedagtig aan ... nie.

**mine**[1] *pron.* myne, my, van my; *through no fault of* ~ nie deur my skuld nie; *a friend of* ~ een van my vriende, 'n vriend van my; *it is* ~ dit is myne.

**mine**[2] *n., (geol., mil.)* myn; bron *(v. rykdom ens.); department of* ~*s* departement van mynwese; *a* **small** ~ 'n myntjie; **strike** *a* ~ op 'n myn loop (ter see); op 'n myn trap, 'n myn aftrap *(op land);* **sweep** ~*s* myne vee/opruim; **work** *a* ~ 'n myn bedryf/bedrywe. **mine** *ww.* grawe, graaf, delf, delwe; myn; win, ontgin; uithol; *(mil.)* myne lê; bemyn *('n hawe, pad);* ~ *an area for gold* goud in 'n gebied ontgin; ~ *out an area* die myne in 'n gebied uitput. ~ **captain** mynkaptein;

mynopsigter. ~ **clearance** *(mil.)* myn(op)ruiming. ~ **de-tector** *(mil.)* myn(ver)klikker. ~ **dragging** mynveëry. ~ **dump** *(SA)* mynhoop. ~**field** mynveld. ~**hunter** *(vloot)* mynveër. ~ **owner** mynbaas, -eienaar. ~**shaft** mynskag. ~ **surveying** mynopmeting; *(vak)* mynopmeetkunde. ~ **surveyor** myn-(op)meter. ~**sweeper** *(vloot)* mynveër. ~**sweeping** myn-veewerk, -veëry. ~ **timber** mynhout; mynstuthout. ~ **work** mynuitgrawing(s). ~ **worker** mynwerker.

**mine·a·ble, min·a·ble** ontginbaar.

**mined:** ~ *area, (mil.)* myngebied; *be* ~ vol myne lê; op 'n myn loop; ~ *charge* mynlading.

**min·er** mynwerker; delwer; myngrawer; *(teg.)* myner; *(mil.)* mineur; ~*'s phthisis* myntering; ~*'s strike* myn(werker)sta-king; ~*s' union* mynwerkersbond, -unie.

**min·er·al** *n.* mineraal, delfstof. **min·er·al** *adj.* mineraal, mineraal-, delfstof-; ~ *deposit* mineraalafsetting; ~ *green* mineraal-, berg-, malagietgroen; ~ *kingdom* minerale-, delfstowweryk; ~ *oil* minerale olie; aard-, mineraal-, steen-olie; ~ *right* minerale reg; ~ *salt* minerale sout; ~ *spring* minerale bron; ~ *water* mineraalwater; ~ *wool* klip-, rots-wol.

**min·er·al·ise, -ize** mineraliseer; versteen; vererts. **min·er·al·i·sa·tion, -za·tion** mineralisasie, mineralisering; verste-ning; verertsing.

**min·er·al·o·gy** mineralogie, delfstofkunde. **min·er·al·og·ic, min·er·al·og·i·cal** mineralogies, delfstofkundig, delfstof-. **min·er·al·o·gist** mineraloog, delfstofkundige.

**min·e·stro·ne** *(It. kookk.)* minestrone.

**min·gle** meng, vermeng, deurmekaar maak; ineenvloei, -loop, deurmekaar loop; aansluit *(by);* ~ *with* ... met ... omgaan/verkeer, jou by ... aansluit *(gaste ens.);* tussen ... ingaan *(skare ens.);* they ~d *(with one another), (ook)* hulle het gesellig verkeer; *be* ~d *with* ... met ... gemeng/vermeng wees. **min·gling** vermenging; ineenvloeiing.

**min·gy** *(infml.)* suinig, vrekkerig.

**min·i** *n., (rok, motor)* mini. **min·i** *komb.vorm* mini-. ~**bar** minikroeg *(in hotelkamer).* ~**bus** minibus. ~**bus taxi** *(SA)* minibustaxi. ~**cam** mini-videokamera. ~**golf** minigholf. ~**series** *(TV)* minireeks. ~**skirt** minirok. ~**van** miniwa.

**min·i·a·ture** *n.* miniatuur; miniatuurskildery; *in* ~ in die klein(e), in miniatuur; *a* ... *in* ~ 'n klein ... **min·i·a·ture** *adj.* klein, miniatuur-, dwerg-; ~ *golf* minigholf; ~ *pinscher, (honderas)* miniatuur-pinscher; ~ *poodle* dwergpoedel; ~ *railway* miniatuur-treinspoor. ~ **painter** miniatuurskilder.

**min·i·a·tur·ise, -ize** miniaturiseer, verdwerg, op klein skaal vervaardig. **min·i·a·tur·i·sa·tion, -za·tion** miniaturisasie, ver-dwerging.

**min·i·a·tur·ist** miniatuurskilder, miniaturis.

**min·im** *(mus., hoofs. Br.)* halfnoot; *(med.)* druppel; *(aptekers-maat)* minim.

**min·i·mal** minimaal, kleinste, baie klein, miniem. **min·i·mal·ism** minimalisme, minimalistiese kuns. **min·i·mal·ist** minimalis.

**min·i·mise, -mize** verklein, klein maak; minimaliseer, so klein as moontlik maak, tot 'n minimum terugbring; verag, geringag; (ver)kleineer.

**min·i·mum** -imums, -ima, *n.* minste, minimum; *the absolute/ bare* ~ die allerminste, die volstrekte minimum; *keep s.t. to a/the* ~ iets so min moontlik hou; *with a/the* ~ *of* ... met 'n/ die minimum van/aan *(of minste of* mins[te] moontlike) ... *(vertraging/toerusting/personeel/ens.).* **min·i·mum** *adj.* mi-nimaal, kleinste, minimum, minimum-. ~ **thermometer** minimumtermometer. ~ **wage** minimum loon.

**min·ing** mynbou, mynwerk; mynwese; *(mil.)* myne lê; ~ *of coal* steenkoolwinning; *open* ~ dagbou. ~ **depth** mynboudiepte. ~ **engineer** myningenieur. ~ **engineering** mynboukunde, myningenieurswese. ~ **geology** mynbougeologie. ~ **house**

mynmaatskappy. ~ **industry** mynwese, -bedryf. ~ **lease** mynhuur, -pag. ~ **magnate** mynmagnaat. ~ **operations** mynbedrywighede. ~ **share** mynaandeel. ~ **surveyor** myn-opmeter. ~ **title** myntitel, -brief. ~ **union** mynwerkersbond, -unie.

**min·ion** trawant, handlanger, flikflooier; gunsteling; dienaar; *(druk.)* mignonletter.

**min·is·ter** *n.* minister; geestelike, predikant, dominee; ~*'s council,* council of ~s ministerraad; *M~ of External/For-eign Affairs* minister van buitelandse sake; *M~ of the Interior* minister van binnelandse sake; ~ *of religion* gees-telike, predikant. **min·is·ter** *ww.* dien *(as geestelike);* be-dien, versorg, help; diens verrig; ~ *to* ... voorsien in ...; vol-doen aan ...; bydra tot ... **min·is·te·ri·al** ministerieel; amp-telik; geestelik; dienend; ~ *council* ministerraad; ~ *office* mi-nistersamp, ministerskap. **min·is·ter·ship** ministerskap; pre-dikantskap.

**min·is·tra·tion** *(hoofs. fml., skerts.)* bediening; diens; amp *(v. predikant);* medewerking, hulp; verskaffing; *(i.d. mv.)* geestelike bystand.

**min·is·try** ministerie; ministerskap; evangeliebediening; le-raarsamp, predikantskap; prediking; *enter the* ~ minister word; predikant word.

**mink** *(soöl.: Mustela* spp.) nerts; wesel. ~ **coat** nertsjas, we-selpelsjas. ~ **(fur)** nerts; weselpels.

**min·ke (whale)** *(Balaenoptera acutorostrata)* minkewalvis, kleinvinwalvis, dwergvinvis.

**min·now** witvissie, grondeling, stekelbaars; *(Barbus* spp.) ghielie(mientjie); *(fig.: nietige persoon, organisasie, ens.)* klein vissie.

**mi·nor** *n.* mindere, kleinere; minderjarige, onmondige; *(log.)* minderterm, minor; *(mus.)* mineur (modus/toongeslag). **mi·nor** *adj.* minder, klein(er); minderjarig, onmondig; junior; ondergeskik; bykomstig; onbeduidend, gering(er); van laer rang; tweederangs; *(mus.)* mineur; *in A* ~ in A mineur; ~ *arc, (geom.)* kleinboog; ~ *axis, (geom.)* kort/klein as, breedte-as; ~ *character* byfiguur; ~ *chord* mineur akkoord; ~ *damage* geringe skade; ~ *detail* ondergeskikte punt, bykomstigheid; ~ *key* mineur toonsoort/-aard; *in a* ~ *key* in mineur; *(fig.)* gedemp; ~ *league, (Am., sport)* laer liga; *(fig.)* tweederangs; ~ *operation* klein operasie; ~ *planet, (astron.)* asteroïed, planetoïed, klein planeet; ~ *poems* kleiner gedigte; ~ *poet* digter van die tweede *(of mindere)* rang; ~ *road* sekondêre pad; ~ *subject* byvak; ~ *term, (log.)* minor, minderterm; ~ *third, (mus.)* mineur derde/terts.

**mi·nor·i·ty** minderheid; onmondigheid, minderjarigheid; *be in a/the* ~ in die minderheid wees; *find o.s. in a* ~ jou in die minderheid bevind; *s.o. is in a* ~ *of one* iem. staan alleen. ~ **party** minderheidsparty. ~ **vote** minderheidstem.

**Min·o·taur** *(Gr. mit.)* Minotourus, Minotaurus, Minotauros, stiermens.

**min·ster** munster(kerk), dom-, hoof-, kloosterkerk, kate-draal, kapittelkerk.

**min·strel** *(hist.)* minnesanger, minstreel; liedjiesanger; dig-ter.

**mint**[1] *n.* kruisement; ment; groen-, tuinment; peperment; pepermentlekker, pepermentjie. ~ **sauce** kruisementsous. ~ **tea** kruisementtee.

**mint**[2] *n.* munt; *a* ~ *of money, (infml.)* 'n hoop geld. **mint** *adj.* puik; *be in* ~ *condition/state* ongeskonde wees. **mint** *ww.* munt, munt slaan; uitvind, maak, smee; ~ *a word* 'n woord munt/smee. ~ **par (of exchange)** muntpariteit.

**mint·age** munt, geld; muntgeld; muntloon; muntreg; pas gemunte woord.

**mint·er** munter, muntmaker.

**min·u·end** *(wisk.)* aftrektal.

**min·u·et** *(mus.)* menuet.

**mi·nus** =nuses, n. minus(teken), min=, aftrekteken; minus= (getal); nadeel. **mi·nus** adj. minus; waardeloos; negatief; the profits were ~ die wins was nul. **mi·nus** prep. min, minus; sonder; be ~ s.t. sonder iets wees; 8 ~ 3 is 5 8 min(us) 3 is 5; be ~ a few rands, (infml.) 'n paar rand armer/kwyt wees. ~ **quantity** negatiewe hoeveelheid. ~ **sign** min(us)=, aftrekteken.

**mi·nus·cule** minuskuul, baie klein; onbeduidend.

**min·ute**[1] n. minuut; oomblik; a ~ **ago** nou-nou; ~ of arc, (geom.) boogminuut; I shan't be a ~ ek kom nou(-nou); ek is nou(-nou) klaar; ~ by ~ minuut vir minuut; in a ~/ moment, (infml.) nou-nou, netnou; here in ten ~s binne/oor tien minute hier; just a ~!, (infml.) wag (so) 'n bietjie!, (net) 'n oomblik!; at the last ~ op die allerlaaste/nippertjie/tippie (of laaste oomblik), ter elfder ure; a matter of ~s, only ~s net 'n paar minute; depart/leave on the ~ op die minuut vertrek; five (~s) past ten vyf (minute) oor tien; the ~ (that) ... sodra ...; the ~ (that) s.t. happened (op) die oomblik (of dadelik) toe iets gebeur; this ~ nou net, so pas, sopas; op die daad, dadelik, oombliklik; to the ~ op die minuut (af), stip op tyd; five (~s) to ten vyf (minute) voor tien; be up to the ~ die allernuutste wees ('n mode ens.); al die jongste inligting bevat; come here this very ~! kom op die daad/ plek hier!; it happened this very ~ dit het nou net gebeur; wait a ~ 'n bietjie wag; wait a ~! wag (so) 'n bietjie!. ~ **glass** minuutglas, sandloper. ~ **gun** minuutskoot. ~ **hand** minuutwys(t)er, lang wys(t)er. ~ **steak** kits(lende)skyf.

**min·ute**[2] n. memorandum, minuut; konsep, ontwerp; diens= brief; (i.d. mv. ook) notule; accept/adopt/approve/confirm the ~s die notule goedkeur/bevestig; keep/take ~s notule hou/ opstel; take the ~s as read die notule as gelees beskou. **min· ute** ww. presies dateer; notuleer, neerskryf, =skrywe, af= skryf, =skrywe; 'n konsep maak van; ~ s.t. down iets aan= teken/notuleer. **min·utes sec·re·tar·y** notulehouer. **min·ut· ing** notulering.

**mi·nute**[3] adj. piepklein; gering; haarfyn, presies, uitvoerig, noukeurig; ~ quantity titseltjie. **mi·nute·ly** haarfyn, presies, uitvoerig, noukeurig, omstandig. **mi·nute·ness** presiesheid, uitvoerigheid, noukeurigheid, omstandigheid; kleinheid. **mi· nu·ti·a** =tiae besonderheid, detail, onderdeel; kleinigheid, nietigheid.

**minx** (skerts. of neerh.) maltrap; snip, rissie(pit), geitjie.

**Mi·o·cene** n., (geol.) Mioseen. **Mi·o·cene** adj. Mioseens.

**mi·o·sis, my·o·sis** =oses, (med.) miose, vernouing van die pupil.

**mi·ra·cid·i·um** =ia, (soöl.) mirasidium.

**mir·a·cle** wonder, wonderwerk; mirakel; by a ~ s.t. happened (or didn't happen) wonderbaarlik (of wonder bo wonder) het iets gebeur (of nie gebeur nie); faith works ~s die geloof doen wonderwerke; ~ of ~s wonder bo wonder; perform/ work ~s wonderwerke verrig. ~ **drug** wondermiddel. ~ **play** (Me.) mirakelspel. ~ **worker** (gunstig) wonderdoener.

**mi·rac·u·lous** wonderbaarlik, wonderlik, bonatuurlik, won= der=, wonderdadig.

**mi·rage, mi·rage** lugspieëling, opgeefsel, fata morgana; droombeeld, hersenskim, illusie.

**mire** n. slyk, modder, vuiligheid, vuilgoed; drag s.o.'s name through the ~ iem. deur die modder sleep; be (stuck) in the ~ in die/'n verknorsing (of in die pekel) sit/wees. **mire** ww. besoedel; in die modder laat val; (fig.) in die moeilikheid bring (of laat beland). **mir·y** vuil, bemodder(d), beslyk; mod= derig.

**mir·ror** n. spieël; toonbeeld; afspieëling. **mir·ror** ww. spieël, afspieël; weerspieël, weerkaats; met spieëls beklee; ~ed ward= robe spieëlkas. ~ **finish** spieëlblink afwerking. ~ **image** spieëlbeeld. ~ **surface** spieëlvlak. ~ **writing** spieëlskrif.

**mir·ror·like** spieëlglad.

**mirth** vrolikheid, opgeruimdheid, plesier, jolugheid, jolyt, op= gewektheid, pret; gelag. **~-provoking** lagwekkend.

**mirth·ful** vrolik, opgeruimd, plesierig, jolig, opgewek; vol lag.
**mirth·less** treurig, droef(geestig), droewig.
**mis·ad·dress** verkeerd adresseer.
**mis·ad·ven·ture** ongeluk, teen=, teëspoed, ongelukkige toe= val.
**mis·a·lign** wanspoor. **mis·a·lign·ment** wansporing (v. wiele).
**mis·al·li·ance** ongelukkige verbintenis/huwelik, (Fr.) mesal= liance.
**mis·an·thrope, mis·an·thro·pist** mensehater, misan= troop. **mis·an·throp·ic, mis·an·throp·i·cal** mensehatend, misantropies. **mis·an·thro·py** mensehaat, misantropie.
**mis·ap·ply** verkeerd toepas; misbruik, sleg beheer. **mis· ap·pli·ca·tion** wantoepassing, verkeerde toepassing; wanbe= heer; wanbesteding.
**mis·ap·pre·hend** misverstaan, verkeerd verstaan/begryp, misvat. **mis·ap·pre·hen·sion** verkeerde opvatting, wanbe= grip, misvatting; misverstand; be/labour under a ~ onder 'n misverstand verkeer/wees.
**mis·ap·pro·pri·ate** misbruik, wanaanwend, jou weder= regtelik toe-eien. **mis·ap·pro·pri·a·tion** wederregtelike toe= eiening; wanbesteding, =aanwending; wanbeheer.
**mis·be·got·ten** onberade; waardeloos; rampsalig; verag= telik, gemeen.
**mis·be·have** jou sleg gedra, jou wangedra, ongehoorsaam wees. **mis·be·haved** ongehoorsaam; ongemanierd, grof, onopgevoed, onbeskof. **mis·be·hav·iour, (Am.) mis·be·hav· ior** wangedrag, slegte gedrag.
**mis·be·lief** ongeloof; wangeloof, dwaalleer. **mis·be·lieve** dwaal, verkeerd glo. **mis·be·liev·er** dwaler, ongelowige.
**mis·cal·cu·late** misreken, verkeerd bereken, mistel, =skat, verkeerd skat; mistas; jou misreken. **mis·cal·cu·la·tion** mis= rekening, verkeerde berekening, rekenfout, mistelling; mis= tasting; make a ~ jou misreken.
**mis·call** verkeerd noem.
**mis·car·ry** 'n miskraam hê; verongeluk, misluk, misloop; skipbreuk ly, in duie stort. **mis·car·riage** miskraam; mis= geboorte; mislukking; have a ~ 'n miskraam hê; a ~ of justice 'n regsdwaling, 'n regterlike/geregtelike dwaling.
**mis·cast** =cast =cast, (teat.) misplaas ('n akteur). **mis·cast·ing** misplasing.
**mis·ce·ge·na·tion** ras(se)=, bloedvermenging, verbaste= ring.
**mis·cel·la·ne·a** n. (mv.) diverse, varia, allerlei, alles en nog wat; mengelwerk; bont(e) versameling. **mis·cel·la·ne·ous** gemeng(d); allerlei; uiteenlopend, veelsydig; divers, ver= skillend, veelsoortig. **mis·cel·la·ne·ous·ness** verskeidenheid; veelsoortigheid; veelsydigheid. **mis·cel·la·ny, (Am.) mis·cel· la·ny** mengsel; smousvraggie; varia, diverse; mengel=, ver= samelwerk.
**mis·chance** ongeluk; by ~ per ongeluk.
**mis·chief** ondeundheid, kattekwaad, streke; kwaad, onheil, skade; (jur.) wantoestand, misstand; cause/do ~ kwaad doen; be full of ~, (infml.) vol streke wees; keep out of ~ uit die moeilikheid bly; little ~, (infml.) klein klits/ rakker; make ~ kwaad steek/stook; kattekwaad aanvang/ doen; out of pure ~ uit pure moedswilligheid; sow ~ kwaad steek/stig/stook; be up to ~ kwaad doen; kwaad steek/stook; kattekwaad aanvang/doen, met kattekwaad besig wees; iets in die skild/mou voer, iets in die mou hê. **~-maker** onrus=, op=, kwaadstoker, tweedragsaaier, twissoeker. **~-making** n. onrus=, kwaadstokery, twissoekery. **~-making** adj. kwaad= stokerig, twissoekerig.
**mis·chie·vous** ondeund, moedswillig, onnutsig; skadelik, verkeerd, nadelig, verderflik; ~ boy kwajong; ~ child, (ook) kwaaddoener.
**mis·con·ceive** verkeerd opvat/begryp, misvat. **mis·con· cep·tion** wanbegrip, misvatting, dwaling, dwaalbegrip; mis= verstand; a popular ~ 'n algemene dwaling.

**mis·con·duct** *n.* slegte gedrag, wangedrag; wanbestuur. **mis·con·duct** *ww.* wanbestuur, sleg bestuur; ~ *o.s.* jou sleg gedra; oor die tou trap.

**mis·con·strue** verkeerd uitlê/interpreteer, misverstaan, verkeerd verstaan, misvat.

**mis·count** *n.* mistelling, verkeerde (op)telling. **mis·count** *ww.* mistel, verkeerd (op)tel.

**mis·cre·ant** *n.* ellendeling, skurk, skobbejak; vabond. **mis·cre·ant** *adj.* ellendig, laag.

**mis·cue** *(biljart)* misstoot; *(sport)* verbroude hou/skop/vangkans/ens.; *(fig.)* blaps, flater.

**mis·deed** wandaad, misdaad, misdryf, vergryp.

**mis·de·mean·our,** *(Am.)* **mis·de·mean·or** *(jur.)* misdryf, oortreding, vergryp.

**mis·di·ag·nose** verkeerd diagnoseer. **mis·di·ag·no·sis** verkeerde diagnose.

**mis·di·al** *(telef.)* verkeerd skakel.

**mis·di·rect** verkeerd beduie; verkeerd voorlig/inlig; verkeerd rig; verkeerd lei; *(jur.)* verkeerd/onjuis voorlig; *the magistrate ~ed him/herself* die landdros/magistraat het gedwaal *(of 'n* dwaling begaan); *~ed sympathy* misplaaste meegevoel. **mis·di·rec·tion** verkeerde aanduiding/inligting; verkeerde leiding; *(jur.)* dwaling, wanvoorligting; ~ *on fact* misvatting van feite.

**mis·do·ing** wandaad, verkeerde daad, sonde.

**mise en scène** *(Fr., teat.)* toneelskikking.

**mis·em·ploy** misbruik. **mis·em·ploy·ment** misbruik.

**mi·ser** vrek, gierigaard; ellendeling. **mi·ser·li·ness** vrekk(er)igheid, gierigheid. **mi·ser·ly** gierig, vrekk(er)ig; suinig, vreksuinig.

**mis·er·a·ble** haglik, jammerlik, beroerd, ellendig, rampsalig; ellendig, treurig, ongelukkig; aaklig, naar; skamel, karig, power, armoedig, armsalig, miserabel; *(attr.)* veragtelike, lae, gemene *(vent ens.); be/feel* ~ ellendig voel; *you* ~ *wretch* (or *old creep)!, (infml.)* jou ellendeling/misbaksel (of ou sleg)!; *utterly* ~ uiters ellendig, doodongelukkig. **mis·er·a·ble·ness** ellendigheid, jammerlikheid; armsaligheid. **mis·er·a·bly** ellendig; ~ *poor* straatarm.

**mis·er·y** ellende, armoede, nood; narigheid; nare vent; *abject/deep* ~ diepe ellende; *cause* ~ ellende veroorsaak; *make s.o.'s* **life** *a* ~ iem. se lewe vergal/versuur; *put ... out of its/his/her* ~ ... van sy/haar lyding verlos *('n dier);* ... nie langer in spanning hou nie *('n mens); be* **steeped** *in* ~ in ellende gedompel wees; *a* **tale** *of* ~ 'n lydensgeskiedenis; *untold* ~ eindelose/naamlose/namelose ellende; *in* **utter** ~ in die diepste ellende.

**mis·field** *(kr.)* mis vat *(d. bal).*

**mis·fire** *n.* weiering, weier=, afklap=, ketsskoot. **mis·fire** *ww.* doppie afklap; *(geweer)* kets, weier; afklap; *(motor[enjin])* oorslaan.

**mis·fit** wanaangepaste (mens/kind/sukkelaar/ens.); sleg passende kledingstuk; *s.t. is a* ~, *(kledingstuk)* iets pas/sit sleg; *be a social* ~ nie in die maatskappy pas nie, wanaangepas wees.

**mis·formed** misvorm(d), wanskape, mismaak.

**mis·for·tune** ongeluk, teen=, teëspoed, onheil; *s.o. had the* ~ *to ...* die ongeluk het iem. oorgekom dat hy/sy ...; *s.o. had the* ~ *to be ...* ongelukkig was iem. ...; *~s never come singly* 'n ongeluk kom nooit alleen nie; *to s.o.'s* ~ tot iem. se ongeluk.

**mis·giv·ing** twyfel, argwaan; vrees, besorgdheid, bedenking, bekommernis, wantroue; *(i.d. mv.)* bedenkings; *have ~s about s.t.* bedenkings oor iets hê; *voice ~s* bedenkings uitspreek/uit(er).

**mis·gov·ern** wanbestuur, sleg bestuur/regeer. **mis·gov·ern·ment** wanbestuur.

**mis·guide** verkeerd lei; mislei, op 'n dwaalspoor bring. **mis·guid·ance** verkeerde leiding. **mis·guid·ed** mislei(d); onberade, onbedag, onbesonne; onverstandig, dwaas.

**mis·han·dle** mishandel, sleg behandel; verkeerd behandel/hanteer/aanpak. **mis·han·dling** mishandeling, slegte behandeling; verkeerde behandeling/hantering.

**mis·hap** ongeluk(kie), ongeval; teen=, teëspoed; misstap; *have a* ~ teen=/teëspoed kry; *without* ~ sonder teen=/teëspoed.

**mis·hear** *=heard =heard* verkeerd hoor, sleg opvang.

**mis·hit** *n., (sport)* mishou, =skoot, =slag, mis hou/skoot/slag. **mis·hit** *=tt=; =hit =hit, ww.* mis (slaan), misslaan.

**mish·mash** mengelmoes, deurmekaarspul, tjou-tjou.

**mis·i·den·ti·fy** verkeerd identifiseer. **mis·i·den·ti·fi·ca·tion** foutiewe/verkeerde identifikasie.

**mis·in·form** verkeerd inlig, mislei; *you are ~ed* u/jy/julle het dit mis. **mis·in·for·ma·tion** verkeerde inligting, vals(e) berig.

**mis·in·ter·pret** verkeerd vertolk/interpreteer; verkeerd uitlê/verklaar. **mis·in·ter·pre·ta·tion** verkeerde vertolking/interpretasie, wanvertolking, =interpretasie; verkeerde uitleg/verklaring.

**mis·judge** verkeerd (be)oordeel, jou misgis/misreken/vergis (met); verkeerd bereken/skat. **mis·judg(e)·ment** verkeerde oordeel/beoordeling.

**mis·key** *ww.* verkeerd intik/vaslê *(data).*

**mis·kick** *n. & ww.* misskop, mis skop.

**mis·lay** *=laid =laid* verlê, op 'n verkeerde plek sit, laat soek raak; *s.o. has mislaid ...* iem. het ... verlê, iem. se ... is weg/soek *(of* het weggeraak *of* het soek geraak), iem. kan nie ... kry/vind nie *(bril, sleutels, ens.).*

**mis·lead** *=led =led* mislei, op 'n dwaalspoor bring; verlei; bedrieg, kul. **mis·lead·ing** misleidend.

**mis·man·age** wanbestuur, wanbeheer, sleg/swak/verkeerd bestuur/beheer. **mis·man·age·ment** wanbestuur, wanbeheer.

**mis·match** wanverhouding; *(sport)* ongelyke stryd; verkeerde kombinasie; verkeerde huwelik; onpaar (paar[tjie]). **mis·matched** onpaar, wat nie by mekaar pas nie; sleg aangepas; nie teen mekaar opgewasse nie.

**mis·no·mer** verkeerde benaming, wanbenaming; verkeerde/foutiewe naam.

**mi·so** *(Jap. kookk.)* miso.

**mi·sog·y·ny** vrouehaat. **mi·sog·y·nist** vrouehater.

**mis·place** misplaas, verkeerd plaas; verlê. **mis·placed** *(ook)* onbesonne, onvanpas *(opmerking ens.).* **mis·place·ment** misplasing, verkeerde plasing; verlegging.

**mis·play** *ww., (sport)* verkeerd/sleg/slordig/vrot(sig) speel, 'n spelfout maak/begaan; verkeerd/swak afslaan.

**mis·print** *n.* druk=, setfout; *(filat.)* foutdruk. **mis·print** *ww.* verkeerd (af)druk, 'n drukfout maak.

**mis·pro·nounce** verkeerd/foutief uitspreek. **mis·pro·nun·ci·a·tion** uitspraakfout, foutiewe/verkeerde uitspraak.

**mis·quote** verkeerd aanhaal/siteer. **mis·quo·ta·tion** verkeerde aanhaling/sitaat.

**mis·read** *=read =read* verkeerd lees; verkeerd vertolk/interpreteer verkeerd uitlê/verklaar.

**mis·re·port** verkeerd rapporteer/weergee.

**mis·rep·re·sent** verdraai, verwring, verkeerd/vals/skeef voorstel, verkeerd uitlê. **mis·rep·re·sen·ta·tion** verdraaiing, verwringing, wanvoorstelling, verkeerde/valse voorstelling/uitleg; *by* ~ onder valse voorwendsels.

**mis·rule** *n.* wanbestuur, slegte regering. **mis·rule** *ww.* sleg regeer/bestuur.

**miss¹** *n.* misskoot, mis skoot; mishou, mis hou; gemis, verlies; *give s.t. a* ~, *(infml.)* iets (laat) verbygaan, iets opsy laat; *a* ~ *is as good as a mile* amper is (nog) nie stamper nie, amper raak is heeltemal mis; *it is a near* ~ dit is amper/byna raak. **miss** *ww.* mis; misloop; faal; versuim; vermy; ontbeer; oorslaan; mis skiet, misskiet; mis slaan, misslaan; mis vang, misvang; mis vat, misvat; uitlaat; nie hoor nie; *(vuurwapen, enjin)* kets; *(motor)* oorslaan; ~ *a blow* mis slaan, misslaan; ~ *the boat/bus,* *(fig., infml.)* die kans verspeel *(of* laat glip), agter die net vis, ná die maal wees; *narrowly ~ death* die dood net-net vryspring, naelskraap(s)/net-net aan die dood ontsnap/ontkom; ~ *s.o./s.t. out* iem./iets oorslaan/uitlaat/weglaat; ~ *out on s.t.,* *(infml.)* iets nie kry nie; ~ *s.o./s.t. sadly/sorely* iem./iets deerlik mis; *s.o. ~ed his/her step* iem. het misgetrap *(of* mis getrap), iem. se voete het onder hom/haar uitgegly; ~ *a train/etc.* 'n trein/ens. mis/verpas *(of* nie haal nie), te laat kom vir 'n trein/ens.. **miss·ing** verlore, weg, soek, vermis; ontbrekend, afwesig; *be ~* soek/weg wees, vermis word; ontbreek, makeer; *go ~, (mense)* wegraak, vermis raak; *the ~ link* die ontbrekende skakel; *a ~ person* 'n vermiste; *the ~* die vermistes.

**miss²** *n.* juffrou; mejuffrou; *Dear M~* Geagte Mejuffrou/Juffrou; *Dear M~ Solomon* Geagte mej. Solomon; *the M~ Hills,* *the M~es Hill,* *(fml.)* die Hill-meisies, (me)juffroue Hill *(afk.:* mejj.*); M~ South Africa* Mejuffrou Suid-Afrika.

**mis·sal** *(RK)* misboek, missaal.

**mis·shap·en** mismaak, misvorm(d), wanstaltig, wanskape, misskape.

**mis·sile** missiel; projektiel.

**mis·sion** sending; opdrag, boodskap; (vlieg)tog, krygs-, vegvlug; beroep, werk; roeping; bestemming; sendingwerk; sendingveld; sendingpos, -stasie; gesantskap; missie; ~ *accomplished,* *(infml.)* met die taak afgehandel; *foreign ~(s)* buitelandse sending(s); *go on a ~* 'n sending onderneem; *be somewhere on a ~* met 'n sending êrens wees; *the ~ to the lepers/seamen/etc.* die sending onder die melaatses/seelui/ens.. ~ *church* sendingkerk. ~ *control (ruimtev.)* kontrolesentrum, sendingbeheerstasie. ~ *doctor* sendingdokter. ~ *field* sendingveld. ~ *post,* ~ *station* sendingpos, -stasie. ~ *school* sendingskool. ~ *statement* missie-, taakstelling, missieverklaring. ~ *work* sendingwerk.

**mis·sion·ar·y** *n.* sendeling, missionaris; (af)gesant. **mis·sion·ar·y** *adj.* sending-, missionêr; ~ *effort* sendingaksie; ~ *position* (seks)posisie met die vrou onder; ~ *society* sendinggenootskap; ~ *work* sendingwerk.

**Mis·sis·sip·pi** *(geog.)* Mississippi; Mississippi(rivier). **Mis·sis·sip·pi·an** *n.* Mississippiër. **Mis·sis·sip·pi·an** *adj.* Mississippies, Mississippi-.

**mis·sive** (amptelike) brief; *(skerts.)* brief, epistel.

**Mis·sou·ri** *(geog.)* Missouri; Missouri(-rivier).

**mis·spell** -spelled -spelled; -spelt -spelt verkeerd spel. **mis·spell·ing** spelfout.

**mis·spend** -spent -spent verkwis, verkeerd bestee.

**mis·state** verdraai, verkeerd voorstel; verkeerd stel. **mis·state·ment** verdraaiing, verkeerde voorstelling.

**mis·step** *n.* mistrap; misstap, fout, blaps.

**mis·sus** -suses, **mis·sis** -sises, *(infml. aanspreekvorm)* mevrou; *the ~, (infml. of skerts.)* my/jou/sy vrou *(of* [ou] wederhelf[te]).

**miss·y** *(infml. aanspreekvorm)* juffie, juffroutjie; *(neerh.)* madam(pie) *(<Eng.).*

**mist** *n.* mis, newel; mistige weer; (vog)stuifsel; waas *(voor d. oë);* →MISTY; *be in a ~, (infml.)* aan die dwaal wees; *be wrapped in ~* toe wees onder die mis. **mist** *ww.* motreën; benewel; bewasem; ~ *over/up,* *('n ruit ens.)* aanslaan, aangeslaan raak, aanwasem. ~ *belt* newelstreek. ~ *forest* newelbos.

**mis·take** *n.* fout, dwaling, vergissing, glips, onjuistheid; *a bad ~* 'n lelike fout; 'n growwe mistasting/vergissing; 'n flater; *by ~* per abuis; ~ *of fact* feitedwaling; *s.o. will find out his/her ~* iem. sal sy/haar fout agterkom *(of* hom/haar vasloop *of* sy/haar les leer *of* sy/haar kop stamp); ~ *of law* regsdwaling; *make a ~* 'n fout begaan/maak; jou misgis/misreken/vergis; *make no ~, it will happen!, (infml.)* let wel *(of* weet dit), dit sal gebeur!; *there is no ~ about it* dit ly geen

twyfel nie, dit staan buite twyfel; *spot a ~* 'n fout ontdek/raaksien; *it was a ~ to ...* dit was 'n fout om te ... **mis·take** =took =taken, *ww.* misverstaan, misvat, verkeerd verstaan; verwar; ~ *s.o./s.t. for ...* iem./iets vir ... aansien *(of* met ... verwar); *there is no mistaking ...* ('n) mens kan ... nie mis kyk nie; ... staan buite twyfel; ... is onmiskenbaar; *there is no mistaking that ...* sonder enige twyfel is ... **mis·tak(e)·a·ble** vatbaar vir misverstand, onduidelik. **mis·tak·en** verkeerd; foutief, onjuis; misluk; *be (greatly/sadly) ~* dit (hopeloos) mis hê, jou (deerlik/hopeloos) misgis; *(a case of) ~ identity* persoonsvergissing, -verwarring, foutiewe uitkenning/identifikasie; *if I am not ~* as ek dit wel/reg het *(of* my nie bedrieg nie); ~ *notion/idea* waan, wan-, dwaalbegrip, dwaling, misvatting. **mis·tak·en·ly** per abuis; verkeerdelik, ten onregte. **mis·tak·en·ness** misplaastheid.

**mis·ter** =ters, *n.,* *(titel, as aanspreekvorm dikw. neerh., afk.:* Mr*)* meneer; *Mr Big,* *(Am. sl.),* die grootbaas; *Mr Chairman* Meneer die Voorsitter, Geagte Voorsitter; *Mr Clean* die onkreukbaarheid/onbesprokenheid self; *Mr Clever,* *(hoofs. neerh.)* slimjan, wysneus; *Mr Right,* *(skerts.)* die regte man, die ware Jakob; *Mr Smith* mnr. Smith; *Messrs Smith and Jones* mnre. *(of* die here) Smith en Jones. **mis·ter** *ww.* meneer noem, meneer.

**mis·time** op die verkeerde oomblik sê/doen; misreken. **mis·timed** ontydig; misplaas, ongepas, onvanpas.

**mist·i·ness** mistigheid, newelagtigheid; wasigheid; onduidelikheid, vaagheid; mistige weer; dyns(er)igheid.

**mis·tle·toe** *(bot.)* mistel; voëlent. ~ *green* mistelgroen.

**mis·tral, mis·tral** *(wind)* mistral.

**mis·trans·late** verkeerd vertaal. **mis·trans·la·tion** verkeerde vertaling.

**mis·treat** mishandel. **mis·treat·ment** mishandeling.

**mis·tress** =tresses meesteres; eienares *(v. 'n troeteldier ens.);* minnares; ~ *of ceremonies* seremoniemeesteres; *be ~ of ...* baas oor ... wees; *be s/he her own ~* sy is haar eie baas; *she is ~ of her subject* sy beheers haar vak volkome.

**mis·tri·al** *(jur.)* wanverhoor, nietige verhoor.

**mis·trust** *n.* wantroue, verdenking, argwaan. **mis·trust** *ww.* wantrou, twyfel aan, verdink, mistrou. **mis·trust·ful** wantrouig; twyfelagtig. **mis·trust·ful·ness** wantroue, gebrek aan vertroue.

**mist·y** mistig, dyns(er)ig, newelagtig; wasig; onduidelik, vaag; →MISTINESS; ~ *idea,* *(fig.)* vae idee. ~-*eyed (ook)* idealisties, sentimenteel.

**mis·un·der·stand** =stood =stood misverstaan, verkeerd verstaan/begryp; verkeerd opneem; *a misunderstood leader/etc.* 'n misverstane leier/ens.; *a misunderstood metaphor/etc.* 'n nonbegrepe beeld/ens.. **mis·un·der·stand·ing** misverstand, misvatting; geskil, onenigheid; *it is due to a ~* dit berus op 'n misverstand; *clear up a ~* 'n misverstand uit die weg ruim.

**mis·use** *n.* misbruik, verkeerde gebruik; mishandeling; ~ *of words* woordmisbruik. **mis·use** *ww.* misbruik, verkeerd gebruik; mishandel.

**mite¹** myt; *(i.d. mv.)* miet *(in meel ens.).* **mi·ti·cide** mytdoder.

**mite²** kleintjie; kleinigheid; *a ~* ('n) bietjie, effe(ns), ietwat, bra; *contribute one's ~* 'n stuiwer in die armbeurs gooi; *just a ~,* *(infml.)* net 'n bietjie; *not a ~,* *(infml.)* hoegenaamd *(of* geen stuk) nie; *the widow's ~* die weduwee se penning.

**mit·i·gate** versag, lenig; *(jur.)* temper, versag, mitigeer; ~ *anger* woede stil/temper; *mitigating circumstances,* *(jur.)* versagtende omstandighede; ~ *damages,* *(jur.)* skade temper; *mitigating factor* versagtende omstandigheid/faktor; ~ *pain* pyn verlig/lenig; ~ *punishment,* *(jur.)* straf verlig/versag. **mit·i·ga·tion** versagting; matiging; *(jur.)* tempering, versagting, mitigering; ~ *of damage* tempering van skade; *in ~ (of ...)* ter versagting (van ...). **mit·i·ga·tor** versagter, verligter, leniger; versagtende middel. **mit·i·ga·to·ry** versagtend, verligtend, temperend.

**mi·to·sis** *-toses, (biol.)* mitose, indirekte kerndeling. **mi·tot·ic** mitoties, indirek kerndelend.

**mi·tral** *(anat.)* mytervormig; myter-; ~ *cell* mytersel; ~ *valve* myterklep, tweeslipklep.

**mi·tre** *n.* biskopsmus, myter; *(teg., naaldw.)* verstek; *(teg.)* verstekvoeg; *(naaldw.)* versteklas. **mi·tre** *ww.* verstek, in verstek bewerk; ~ *a corner, (naaldw.)* 'n hoek verstek, 'n verstekhoek maak. ~ **angle** verstekhoek. ~ **box** verstekbak. ~ **brick** versteksteen. ~ **corner** *(naaldw.)* verstekhoek. ~ **gear** verstekrat, haakse vertanding. ~ **joint** verstekvoeg. ~ **saw** versteksaag.

**mi·tred** in verstek bewerk, verstek; gemyter(d), met 'n myter op; tot biskop verhef; ~ *corner, (naaldw.)* verstekhoek; ~ *moulding* versteklys.

**mitt** moffie, duimhandskoen; vingerlose handskoen; *(bofbal)* (vang)handskoen; *(sl.: hand)* poot; *(infml.)* bokshandskoen.

**mit·ten** moffie, duimhandskoen; *(infml.)* bokshandskoen; *handle s.o. without ~s* iem. sonder handskoene aanpak.

**mix** *n.* mengsel; aanmaaksel; *(mus., rad., TV)* klankmengeling, -vermenging; *(mus., rad., TV)* mengoorgang; *(infml.)* mengelmoes, allegaartjie, potpourri; *(infml.)* deurmekaarspul, warboel. **mix** *ww.* meng, deurmekaar maak; vermeng; aanmaak; berei; ~ *the cards* die kaarte skommel/was; ~ *a drink* 'n drankie meng; ~ *one's drinks* deurmekaar drink; ~ *s.t. in* iets bymeng; ~ *it, (infml.)* vuisslaan; die pap dik aanmaak; ~ *and match* meng en pas; →MIX-AND-MATCH *adj.;* ~ *in society* in geselskap kom; ~ *...up* ... vermeng; ... verwar; ~ *s.o. up with s.o. else* iem. met iem. anders verwar; ~ *well* (ge)maklik in die omgang wees, jou maklik aanpas, oral(s) tuis wees; ~ *with* ... met ... meng/omgaan/verkeer; *they ~ed (with one another), (ook)* hulle het gesellig verkeer; ~ *s.t. with s.t. else* iets met/by iets anders meng. ~**-and-match** *adj. (attr.)* meng-en-pas- *(uitrusting ens.).* ~**-up** deurmekaarspul; mengelmoes; harwar, verwarring.

**mix·a·ble** mengbaar.

**mixed** gemeng(d), deurmekaar (gemaak); aangemaak; *(infml.)* bont; deurmekaar, in die war; *be ~ up* deurmekaar/verward wees; *be/get ~ up in* ... by/in ... betrokke wees/raak; *be/get ~ up with s.o.* met iem. omgaan; *get ~ up with* ... in ... beland *(d. verkeerde geselskap ens.); be ~ with* ... met ... gemeng wees. ~ **bag** allegaartjie, mengelmoes, verskeidenheid. ~ **blessing** halwe seën. ~ **crystal** mengkristal. ~ **doubles** *(tennis)* gemengde dubbelspel. ~ **economy** gemengde ekonomie. ~ **farming** gemengde boerdery. ~ **feelings** gemengde gevoelens. ~ **grill** allegaartjie. ~ **language** meng(el)taal. ~ **marriage** gemengde huwelik. ~ **media** gemengde media. ~ **metaphor** gemengde/verwarde beeldspraak, vermenging van beelde. ~ **number** *(wisk.)* gemengde getal. ~**-up** *adj., (infml.)* deurmekaar, verwar(d).

**mixed·ness** gemengdheid.

**mix·er** menger; mengmasjien; mengkraan; *be a bad ~* nie maklik met mense omgaan nie, jou nie maklik aanpas nie; *be a good ~* 'n gesellige mens wees, (ge)maklik in die omgang wees, oral(s) tuis wees. ~ **tap** mengkraan.

**mix·ing** aanmaak; (ver)menging. ~ **basin**, ~ **bowl** mengbak. ~ **desk** *(mus.)* mengbank. ~ **ratio** mengverhouding.

**mix·ture** mengsel; menging; mengelmoes; tjou-tjou-spul; sameraapsel; *(mus.)* mikstuur; drankie; allegaartjie. ~ **stop** *(mus.)* mikstuurregister *(v. 'n orrel).*

**miz·(z)en** *(sk.)* besaanseil *(v. 'n jag/kaag);* kruisseil. ~**mast** besaans-, kruis-, druil-, hekmas.

**Mkho·nto we·Si·zwe** →UMKHONTO weSIZWE.

**mne·mon·ic** *n.* geheuebrug, -hulp, eselsbrug(gie), mnemoniek. **mne·mon·ic** *adj.* geheue-, mnemonies. **mne·mon·ics** *n. (fungeer gew. as ekv.)* geheueleer, -kuns, mnemoniek.

**mo** *(infml., hoofs. Br., afk. v. moment):* half a ~! (net) 'n oomblik!, wag (so) 'n bietjie!.

**mo·a** *(uitgestorwe voëlsoort)* moa.

**Mo·ab** *(OT)* Moab. **Mo·ab·ite** *n.* Moabiet; *(taal)* Moabities. **Mo·ab·ite** *adj.* Moabities.

**moan** *n.* gekerm, gekla, gesteun; sugting. **moan** *ww.* kerm, kla; sug; *(infml.)* tjommel; ~ *about* ..., *(infml.)* oor ... kerm. **moan·er** kermkous. **moan·ful** (wee)klaend, jammerend. **moan·ing** *n.* gekerm, gekla, gesteun, gekreun.

**moat** *n.* grag, singel. **moat** *ww.* met 'n grag omring.

**mob** *n., (dikw. neerh.)* gepeupel, gespuis; bende, menigte; skare; *the M~, (Am.)* die Mafia. **mob** *-bb-, ww.* omsingel, aanval, toetakel, mishandel; saamstroom, -skool. ~ **orator** opruier, opsweper. ~ **rule** gepeupel-, straatbewind. ~ **violence** massageweld; massageweldpleging.

**mo·bile** *n.* mobiel; bewertjie; sweefwerk *(v. foto's); (afk.)* → MOBILE (TELE)PHONE. **mo·bile** *adj.* beweeglik; los; veranderlik; (hoogs) vloeibaar; *(mil.)* marsvaardig; op wiele; mobiel; ~ *advertising* roer-reklame; ~ *home* mobiele huis/woning, huis/woning op wiele; ~ *sculpture* mobiele beeldhouwerk; *(tele)phone* dra-, portofoon, draagbare/mobiele (tele)foon; selfoon, sellulêre (tele)foon.

**mo·bi·lise, -lize** mobiliseer, mobiel maak; losmaak *(kapitaal).*

**mo·bil·i·ty** beweeglikheid, mobiliteit; ongestadigheid, veranderlikheid; vloeibaarheid .

**Mö·bi·us strip** *(wisk.)* Möbiusband.

**mob·ster** *(infml.)* rampokker, bendelid.

**moc·ca·sin** mokassin, Indiaanse skoen.

**mo·cha:** ~ **cake** mokkakoek. ~ **(coffee)** mokkakoffie.

**mock** *n.* nabootsing. **mock** *adj.* nagemaak, namaak-, vals, oneg, skyn-, sogenaamd; ~ *exam* proefeksamen; ~ *parliament* skynparlement; ~ *prophet* vals(e) profeet. **mock** *ww.* (be)spot, terg, uitkoggel; naboots, namaak, na-aap; ~ *(at)* ... die spot met ... dryf/drywe; ~ *s.t. up* iets saamflans. ~**-heroic** *(pros.)* komies-heroïes/heroïek. ~ **moon** *(astron.)* bymaan. ~ **orange** *(bot.)* boerejasmyn. ~ **sun** *(astron.)* byson, parhelium. ~ **turtle (soup)** kammaskilpadsop. ~**-up** volskaal-, grootskaalmodel; proefmodel; formaatmodel *(v. 'n boek).*

**mock·er** spotter, spotvoël; na-aper, nabootser; bedrieër.

**mock·er·y** bespotting, (ge)spot, tergery; beskimping; paskwil; uitkoggel(a)ry; *make a ~ of s.t.* van iets 'n klug maak.

**mock·ing** *n.* (ge)spot, tergery. **mock·ing** *adj.* spottend, tergend, spot-; ~ *laugh* spotlag. ~**bird** spotvoël.

**mod** *n., (Br.)* mod. **mod** *adj., (infml. )* modern, byderwets. ~ **cons** *n. mv., (infml., afk. v.* modern conveniences*)* moderne geriewe.

**mod·al** modaal, van wyse; ~ *auxiliary/verb* modale hulpwerkwoord. **mo·dal·i·ty** modaliteit.

**mode** wyse, manier, metode; *(gram.)* vorm, modus; *(mus.)* modus, toongeslag; *(mus.)* modus, kerktoonsoort; mode, gewoonte, gebruik; *(golwe)* orde; *(telekom.)* trillingsvorm, -wyse; ~ *of address* aanspreekvorm; *it is all the ~* dis die nuutste/algemene mode; ~ *of payment* betaalwyse.

**mod·el** *n.* model; voorbeeld; ontwerp; toonbeeld; patroon; *on the ~ of* ... na die model/voorbeeld van ... **mod·el** *adj.* model- *(werkgewer ens.);* voorbeeldig *(leerling);* ~ *train* speelgoedtrein(tjie); treinmodel. **mod·el** *-ll-, ww.* modelleer; vorm, boetseer; as model optree; klere vertoon, as model dra; ~ *s.t. after/on* ... iets na die voorbeeld van ... maak; iets na ... modelleer/vorm; iets op die lees van ... skoei. **M~ T (Ford)** *(mot.)* Model T(-Ford).

**mod·el·ler,** *(Am.)* **mod·el·er** modelleur, modelleerder, boetseerder.

**mod·el·ling,** *(Am.)* **mod·el·ing** modelleerwerk, boetseerwerk; modelleerkuns, boetseerkuns; modellering; werk as model.

**mo·dem** *(rek.)* modem.

**mod·er·ate** *n.* gematigde. **mod·er·ate** *adj.* gematig, matig; middelmatig; redelik, taamlik; getemper(d); *s.o. of ~ means* iem. van gemiddelde inkomste. **mod·er·ate** *ww.* matig, versag; in toom hou; stilmaak; afkoel; afslaan *('n prys);* modereer. **mod·er·ate·ly** gematig, matig; redelik, taamlik; *~ big/great/large* groterig. **mod·er·ate·ness** gematigdheid, matigheid; middelmatigheid. **mod·er·a·tion** gematigdheid, matigheid; matiging, maat; redelikheid; *drinking in ~* matige drankgebruik; *do s.t. in ~* iets matig doen.

**mod·e·ra·to** *adv., (It., mus.)* moderato.

**mod·er·a·tor** moderator; arbiter; demper, regulateur *(aan 'n masjien);* moderateur. **mod·er·a·tor·ship** moderatorskap.

**mod·ern** *n.* moderne. **mod·ern** *adj.* modern; hedendaags; huidig; nuwerwets, nieumodies; *~ times* die nuwe(re) tyd. *~* **dance** moderne dans. *~* **English** Moderne Engels. *~* **Greek** Nieu-Grieks, Moderne/Nuwe Grieks. *~* **history** *(v.d. Renaissance af)* (die) nuwe geskiedenis. *~* **Latin** Moderne Latyn, Neo-Latyn. *~* **pentathlon** moderne vyfkamp.

**mod·ern·ise,** *=ize* moderniseer. **mod·ern·i·sa·tion,** *=za=tion* modernisasie, modernisering.

**mod·ern·ism** modernisme, die moderne gedagte. **mod=ern·ist** modernis. **mod·ern·ist, mod·ern·is·tic** *adj.* modernisties.

**mo·der·ni·ty, mod·ern·ness** nuwerwetsheid, moderniteit.

**mod·est** beskeie; sedig; ingetoë, teruggetrokke; eerbaar, kuis, fatsoenlik; diskreet; nederig; matig *(prys).* **mod·es·ty** beskeidenheid; sedigheid; ingetoënheid; eerbaarheid, fatsoen(likheid); skaamte; skroom; diskresie; *in all ~* in alle beskeidenheid, sonder grootpraat; *be ~ itself* die beskeidenheid self wees.

**mod·i·cum** greintjie, (klein) bietjie.

**mod·i·fy** verander, wysig; versag, beperk, matig; modifiseer; temper; *(gram.)* bepaal. **mod·i·fi·a·ble** veranderbaar. **mod·i·fi·ca·tion** verandering; versagting; modifikasie. **mod·i·fi·er, qual·i·fi·er** *(gram.)* bepaler.

**mod·ish** modieus, na die mode, sjiek.

**Mod·jad·ji, Mu·ja·ji** *(N.So., reënkoningin)* Modjadji.

**mod·u·late** reguleer, reël; *(mus.)* moduleer. **mod·u·la·tion** regulering, reëling; modulasie; oorgang. **mod·u·la·tor** reguleerder, reëlaar; toonaangewer; *(mus.)* modulator.

**mod·ule** standaard, eenheid, model; maat, modulus; *(bouk.)* module. **mod·u·lar** modulêr.

**mod·u·lus** *=uli, (wisk.)* modulus.

**mo·dus** *~ operandi* werkwyse, metode. *~* **vivendi** vergelyk, voorlopige skikking.

**moe·goe, mu·gu** *(neerh./skerts. SA sl.)* moegoe, mugu, mamparra, domkop; jafel, javel.

**mof·fie** *(SA, infml., gew. neerh.)* moffie.

**mog** *mogs,* **mog·gy, mog·gie** *=gies, (Br., infml.)* kat, kiets(ie).

**Mog·a·di·shu, Mog·a·di·scio** *(geog.)* Mogadisjoe.

**Mo·gul, Mo·gul** *n.* Mongool; Mogol; *the Great ~* die Grootmogol *(v. Delhi).* **Mo·gul, Mo·gul** *adj.* Mongools; Mogol=. **mo·gul, mo·gul** *(infml.)* magnaat, grootbaas; outokraat.

**mo·hair** (sy)bokhaar, angorahaar.

**Mo·ham·med, Mu·ham·mad** *(stigter v. Islam)* Mohammed.

**Mo·hawk** *=hawk(s)* Mohawk(-Indiaan); *(taal)* Mohawk; *(sier=skaats, ook m~)* mohawk; *(hoofs. Am.: haarstyl)* →MOHICAN.

**Mo·hi·can** *=can(s),* **Mo·he·gan** *=gan(s), n., (antr.)* Mohikaan. **Mo·hi·can, Mo·he·gan** *adj.* Mohikaans.

**mo·hi·can,** *(Am.)* **Mo·hawk:** *~* **(hairstyle)** Mohikaanse haarstyl, Mohawkhaarstyl.

**moi·e·ty** *(fml. of teg.)* helfte, halwe aandeel; gedeelte (van twee).

**moire, moi·ré** *n.* moiré, gewaterde sy. **moire, moi·ré** *adj.* moiré, gewaterd *(sy).*

**moist** *adj.* vogtig, klam; reënerig; *(med.)* etterig. **mois·ten** natmaak, bevog(tig); vogtig/nat word; *~ one's throat* keel natmaak, 'n dop steek. **moist·ness** vogtigheid, klamheid.

**mois·ture** vog, vogtigheid, klammigheid, nattigheid. *~* **content** voginhoud, *=*gehalte. *~=***proof** vogdig.

**mois·tur·ise,** *=ize* bevog, klam maak. **mois·tur·is·er,** *=iz·er* bevogtiger, vogmiddel.

**mo·jo** *=jo(e)s, (Am., infml.)* bekoring, betowering; toor=, to=werkrag; gelukbringer, talisman; amulet; *lose one's ~, (skerts.)* jou slag kwyt wees.

**moke** *(Br., infml.)* donkie; *(Austr., infml.)* knol.

**mo·lar**[1] *n., (ook molar tooth)* kies=, maal=, agtertand. **mo·lar** *adj.* malend; maal=, kies=.

**mo·lar**[2] *adj.* molêr, massa=, gewig=; *~ weight, (chem.)* mol, grammolekule, =molekuul.

**mo·las·ses** melasse, swartstroop.

**mole**[1] *n.* mol; *(infml.)* mol, spioen. **mole** *ww.* ondergrawe, uithol. *~* **cricket** mol=, waterkriek. *~=***eyed** kortsigtig, by=siende; blind. *~=***hill** molshoop; *make mountains* (or *a moun=tain) (out) of ~s* (or *a ~)* van 'n muggie 'n olifant (*of* 'n berg van 'n molshoop) maak. *~* **rat** tandmol. *~* **snake** molslang.

**mole**[2] *n.* hawe=, seehoof; pier; golfbreker.

**mole**[3] *n.* moesie, moedervlek.

**mole**[4] *n., (chem.)* mol.

**mo·lec·u·lar** molekulêr, molekule=; uiters klein. *~* **biology** molekulêre biologie; *~* **formula** molekulêre formule; *relative ~ mass* relatiewe molekulêre massa.

**mol·e·cule** molekule, molekuul; stofdeeltjie. *~=***sized** mole=kuulgroot.

**mo·lest** treiter, hinder, pla, terg; molesteer. **mo·les·ta·tion** treitering, tergery, oorlas; *(misdryf)* molestering, molestasie. **mo·lest·er** plaer, terger; molesteerder.

**moll** *(infml.: bendelid se nooi)* sheila, morrie; prostituut.

**mol·li·fy** lenig, stil, laat bedaar; versag; vermurf, verteder. **mol·li·fi·a·ble** vermurfbaar. **mol·li·fi·ca·tion** leniging; versagting; vermurwing.

**mol·lusc,** *(Am.)* **mol·lusk** weekdier, mollusk.

**mol·ly·cod·dle** (ver)troetel, pamperlang.

**Mo·loch, Mo·lech** *(OT)* Molog.

**Mo·lo·tov cock·tail** petrol=, bottelbom.

**mol·ten** gesmelt(e); →MELT *ww..*

**mo·ly** wildeknoffel.

**mo·lyb·de·nite** *(min.)* molibdeniet, molibdeenglans.

**mo·lyb·de·num** *(chem., simb.: Mo)* molibdeen.

**mom** *(Am., SA, infml.)* →MUM[1] *n..*

**Mom·ba·sa** *(geog.)* Mombasa.

**mo·ment** oomblik, tydstip, moment; oogwink, oogwenk, kits; rukkie; *(fml.)* gewig, belang, betekenis; *(fis.)* moment *(v. 'n krag); come here a ~!* kom ('n) bietjie hier!; *a ~ ago* nou-nou, nou net, so pas, sopas, netnou; *at any ~* elke oomblik, te eniger tyd; *at the ~* op die oomblik; *s.o. won't be a ~, (infml.)* iem. is nou-nou klaar; iem. kom nou-nou; *at every ~* onophoudelik; *for a ~* (vir) 'n oomblik; *not for a/one ~* geen oomblik nie, hoegenaamd nie; *for the ~* op/vir die oomblik; voorlopig, vir eers, vereers; *half/just a ~!, one ~!* (net) 'n oomblik!, wag (so) 'n bietjie!; *have his/her/its ~s, (infml., iem., iets)* by tye goed wees; *in the heat of the ~* in 'n oomblik van woede; *in a ~* in 'n oomblik; binne 'n oom=blik; netnou, nou-nou, aanstons; *~ of inertia, (fis.)* traag=heidsmoment; *men/women of ~* gewigtige/vername manne/vroue; *men/women of the ~* manne/vroue van die dag; *at the present ~* op die oomblik; *in a rash* (or *an unguarded) ~* in/op 'n onbewaakte oomblik; *can you spare me a ~?* het jy 'n oomblik vir my?, kan ek 'n oomblik met jou praat?; *on the spur of the ~* op die (ingewing van die) oomblik;

*at that* ~ op daardie oomblik, met dié; *do s.t.* **this** ~ iets dadelik/onmiddellik (*of* op die daad/plek) doen; **timed** *to the* ~ absoluut presies; *in a* **weak** ~ in 'n swak oomblik. **mo·men·tar·i·ly** (vir) 'n oomblik; *(Am.)* elke oomblik. **mo·men·tar·y** oombliklik; kortstondig, vlugtig.

**mo·men·tous** gewigtig, belangrik, betekenisvol. **mo·men·tous·ness** gewigtigheid.

**mo·men·tum** =menta, =mentums momentum, vaart; dryf=, stoot=, stukrag; impuls; (aan)drang; *gain/gather* ~ vaart kry; *lose* ~ vaart verloor.

**mom·my** *(Am., SA, infml.)* →MUMMY[1].

**Mon·a·co** *(geog.)* Monaco; *the Principality of* ~ die vorstedom Monaco. **Mon·a·can** *n.* Monegask. **Mon·a·can** *adj.* Monegaskies.

**mo·nad** *(teg.)* monade, eenwaardige element; *(filos.)* monade, ondeelbare bestanddeel; puntdiertjie. **mo·nad·ic** monadies, eenwaardig.

**mo·nan·drous** monandries, eenmannig; *(bot.)* monandries, met een meeldraad. **mo·nan·dry** huwelik met een man; *(soöl.)* monandrie; *(bot.)* eenhelmigheid.

**mon·arch** monarg; koning; (alleen)heerser; vors; *(entom.)* koningvlinder. **mo·nar·chi·al, mo·nar·chic, mo·nar·chi·cal** monargaal, vorstelik; alleenheersend; koningsgesind. **mon·ar·chism** monargisme, koningsgesindheid. **mon·ar·chist** *n.* monargis, koningsgesinde. **mon·ar·chist** *adj.* monargisties, koningsgesind. **mon·ar·chy** monargie; koningskap; alleenheerskappy.

**mon·as·ter·y** (monnike)klooster.

**mo·nas·tic** *n.* monnik, kloosterling. **mo·nas·tic** *adj.* kloosterlik, klooster=; monnike=. **mo·nas·ti·cism** monastisisme, monnike=, kloosterwese; monnike=, kloosterlewe; monnikskap.

**mon·a·tom·ic** *(chem.)* eenatomig, enkelatomig.

**Mon·day** Maandag; *blue* ~ blou Maandag. **Mon·day·ish:** ~ *feeling* Maandagse gevoel, blou-Maandag-gevoel, Maandag= siek.

**mon·e·tar·ism** monetarisme. **mon·e·tar·ist** monetaris.

**mon·e·tar·y** monetêr, geldelik, geld=; ~ *circulation* geld= omloop, =sirkulasie; ~ *flow* monetêre beweging; ~ *matters* geldsake, monetêre sake; ~ *resources* monetêre hulpbronne *(v. 'n land)*; ~ *unit* geldeenheid, monetêre eenheid; ~ *value* monetêre waarde, geldwaarde, waarde in geld.

**mon·e·tise, =tize** monetiseer.

**mon·ey** =eys, =ies, *n.* geld; munt; betaalmiddel; rykdom, vermoë; die geldmag; *(i.d. mv., fml.)* gelde; ~ *of account, (fin.)* rekenmunt, =eenheid; *bags/barrels/loads/stacks/tons/ wads* (or *a barrel*) *of* ~, *(infml.)* hope geld, sakke vol geld, geld soos bossies; *I bet you any* ~, *(infml.)* ek wed jou vir wat jy wil; *blow* ~, *(infml.)* geld verkwis; *have* ~ *to burn, (infml.)* geld soos bossies hê, dik daarin sit; ~ *in cash* beskikbare geld; *coin* ~, *(lett.)* geld munt; *(fig., infml.)* geld soos bossies verdien; *come into* ~ geld kry/ontvang; geld erf; *it is even* ~ *whether* ..., *(infml.)* daar is 'n gelyke kans dat ...; *s.o.'s* ~ *is burning a hole in his/her pocket, (infml.)* iem. se geld pla hom/haar; ~ *from home* meevaller(tjie), onverwagte gelukslag; *be in the* ~, *(infml.)* goed/warmpies daarin sit; *there's* ~ *in it* daar steek geld in; *be* ~ *for jam* (or *old rope*), *(infml.)* 'n vinnige geldjie (*of* geld present) wees; *keep s.o. in* ~ iem. van geld voorsien; *your* ~ *or your life!* jou geld of jou lewe!; *loads of* ~ →*bags/ barrels/loads/stacks/tons/wads; lose* ~ 'n verlies ly; *make* ~ geld maak/verdien; *make* ~ *on s.t.* 'n wins uit iets maak; *make* ~ *out of s.t.* geld uit iets verdien/maak; *put one's* ~ *where one's mouth is, (infml.)* nie net praat nie, maar ook doen; *for my* ~ wat my (aan)betref, vir my; na my mening; ~ *of necessity, necessity* ~ noodgeld; *have* ~ *on one* geld by jou hê; *s.o. has* ~ *on a horse* iem. het geld op 'n perd verwed; *my* ~ *is on* ..., *(infml.)* ek dink ... gaan wen/slaag; ek glo in ...; *be out of* ~ platsak wees; *pay good* ~ *for s.t., (infml.)* baie

vir iets betaal; *be pressed for* (or *short of*) ~ geldnood hê, in geldnood wees, 'n gebrek aan geld hê; *put* ~ *into s.t.* geld in iets steek; *put out* ~ *at interest* geld op rente belê/uitsit; *raise* ~ geld insamel/byeenbring; geld opneem; *relieve s.o. of his/her* ~ iem. sy/haar geld ontneem; *roll in the* ~, *(infml.)* geld soos bossies hê, in die geld swem; *be* ~ *for old rope* → *jam; save* ~ geld spaar; besuinig; *be short of* ~ →*pressed; sink* ~ *into s.t.* geld in iets belê/steek; *s.o. cannot spare the* ~ *for* ... iem. het nie geld vir ... nie; *spend* ~ geld uitgee/ bestee/spandeer; *spend* ~ *like water, (infml.)* met geld mors; *stacks of* ~ →*bags/barrels/loads/stacks/tons/wads;* ~ *talks* geld regeer die wêreld, met geld kry ('n) mens alles reg; *throw* ~ *about/around* geld verkwis; ~ *is tight/close* geld is skaars; ~ *troubles* geldsorge; *turn s.t. into* ~ iets tot geld (*of* te gelde) maak; *the value of* ~ die waarde van geld; *waste* ~ geld mors/verkwis/verspil, geld in die water gooi; ~ *works wonders* geld wat stom is, maak reg wat krom is; *not for all the* ~ *in the world* vir geen geld ter wêreld nie; *get one's* ~*'s worth* waarde vir jou geld kry. ~**bag** geldsak. ~**bags** *n. (as ekv., infml., neerh.:rykaard)* geijan, blinklyf. ~ **bill** *(parl.)* belastingwetsontwerp. ~ **box** spaarbus(sie); geldkis. ~ **chang**= **er** geldwisselaar. ~ **(exchange) economy** geld(verkeers)= ekonomie. ~**-grabber** geldwolf. ~**-grubber** *(infml.)* gierig= aard, vrek. ~**-grubbing** *(infml.)* geldgierigheid. ~ **laundering** geld(wit)wassery. ~**lender** geldskieter. ~**lending** geldskie= tery. ~**maker** *n. (pers.)* geldverdiener; *(produk)* geldmaker. ~**making** geldmaak, =makery, die maak van geld. ~**making** *adj.* (hoogs) winsgewend. ~ **market** geldmark. ~ **matters** geldsake. ~ **order** geldwissel; poswissel. ~**-spinner** *(infml.)* geldmaker. ~ **supply** geldvoorraad. ~ **value, ~ worth** geld= waarde, waarde in geld. ~**wort** *(bot.)* penning=, vetkruid.

**mon·eyed, mon·ied** ryk, vermoënd, welgesteld, gegoed, bemiddeld; kapitaalkragtig; geld=; ~ *interests* geldbelange; ~ *person* welgestelde, kapitalis.

**mon·ey·less** sonder geld, geldloos, platsak, brandarm.

**=mon·ger** komb.vorm =verkoper, =handelaar; *fish*~ visverko= per, =handelaar; *gossip*~ skinderbek, =tong; *war*~ oorlogsug= tige, =soeker, =stoker.

**mon·gol** *n., (med., neerh.: Downsindroomlyer)* mongool. **mon·gol·ism** *(med., neerh.)* mongolisme; →DOWN'S SYNDROME. **mon·gol·oid** *(med., neerh.)* mongools.

**mon·goose** =gooses muishond.

**mon·grel** *n.* basterhond, brak; basterdier; *(infml.)* tussending. **mon·grel** *adj.* baster=; ~ *wool* basterwol.

**mon·i·ker, mon·ick·er** *(infml.)* (by)naam.

**mo·nil·i·form** *(biol.)* pêrelsnoer=, halssnoer=, rosekransvor= mig.

**mo·nism** *(filos., teol.)* eenheidsleer, monisme. **mo·nist** monis. **mo·nis·tic** monisties.

**mon·i·tor** *n. (instr.)* monitor; *(pers.)* monitor, kontroleur, kontroleerder; *(opv.)* monitor, klasleier; *(TV, rek.)* monitor, skerm; *(ook* monitor lizard*)* likkewaan. **mon·i·tor** *ww.* mo= nitor, moniteer, kontroleer; as monitor optree; meeluister; inluister; afluister; opvang. **mon·i·to·ri·al** waarskuwend, ver= manend; monitors=.

**mon·i·tor·ing** *n.* monitering, kontrolering. ~ **group** moni= teringsgroep. ~ **system** monitering=, kontrolestelsel.

**monk** monnik, kloosterling; *(igt.)* monnik; drukklad; ~*'s bench* kisbank; ~*'s choir/chorus* monnikekoor; ~*'s cowl/hood* monnikskap. **monk·dom** monnikedom, =stand. **monk·hood** monnikestand, =dom; kloosterwese; monnikskap. **monk·ish** monnikagtig, monniks=, monnike=. **monks·hood** *(bot.)* mon= nikskap, akoniet.

**mon·key** *n.* aap; *(soöl.)* stertaap; *(infml.)* aapstert, karnallie, vabond, klits; *(teg.)* hei=, ramblok, straatstamper; *have a* ~ *on one's back, (infml.)* totaal verslaaf wees; *make a* ~ *out of s.o., (infml.)* iem. vir die gek hou; *play the* ~ gekskeer, die gek skeer; *there's a* ~*'s wedding, (SA, infml.: reën en sonskyn* *tegelyk)* jakkels trou met wolf se vrou. **mon·key** *ww.:* ~ *about/around, (infml.)* aapstreke uithaal, laf/verspot wees, *(infml.)* nonsens/twak aanjaag; ~ *about with ...,* *(infml.)* met ... lol/peuter. ~ **bread** *(infml.)* kremetart(vrug), apebrood, baobabvrug. ~ **bread tree** *(infml.)* kremetart(boom), baobab. ~ **business** aapstreke, kattekwaad; bedrieëry, bedrogspul, swendelary, kullery, gekul. ~ **gland steak** krui(d)eryskyf. ~ **jacket** matroosbaadjie. ~ **nut** grondboontjie. ~ **orange** *(bot.: Strychnos* spp.*)* klapper(boom). ~ **puzzle** *(Araucaria araucana)* kandelaarkroonspar. ~ **suit** *(infml.)* aandpak. ~ **tricks** *(Br., infml.)* aapstreke, apespel; *don't try any ~ ~ on me* moenie (jou) streke op my uithaal nie. ~ **wrench** skroef-, moerhamer; *throw a ~ ~ into the works, (infml.)* 'n stok in die wiel steek.

**mon·key·ish** *adj.* aapagtig.

**mon·o** *n.* mono-klankweergawe; mono-grammofoonplaat. **mono** *adj., (afk. v.* monophonic*)* mono-, monofonies.

**mon·o·ac·id, mon·ac·id** *(chem.)* monosuur.

**mon·o·ba·sic** *(chem.)* eenbasies, monobasies.

**mon·o·car·pic** *(bot.)* eenmaal-, eenkeerbloeiend, monokar= p(ies). **mon·o·carp** monokarp.

**mon·o·cel·lu·lar** eensellig, monosellulêr.

**mon·o·chord** *(mus.)* monochord.

**mon·o·chro·mat·ic** eenkleurig, monochroom; *(fis., fot.)* monochromaties; *(med.)* kleurblind; *(med.)* eenkleursig-, een= kleursiende. **mon·o·chro·ma·tism** *(med.)* monochromasie.

**mon·o·chrome** *n.* eenkleurige skildery/foto/ens., mono= chroom. **mon·o·chrome, mon·o·chro·mic** *adj.* een= kleurig, monochroom. **mon·o·chro·my** monochromie.

**mon·o·cle** oogglas, monokel.

**mon·o·cline** *n., (geol.)* monoklien. **mon·o·cli·nal** *adj.* mono= klinaal.

**mon·o·clin·ic** *adj., (krist.)* monoklien.

**mon·o·clon·al** *adj., (biol.)* monoklonaal; ~ *antibody* mono= klonale teenliggaam(pie).

**mon·o·coque** *(lugv.)* skulpromp. ~ **construction** skulpbou.

**mon·o·cot·y·le·don, (afk.) mon·o·cot** *(bot.)* eensaadlob= bige (plant), monokotiel. **mon·o·cot·y·le·don·ous** eensaad= lobbig, monokotiel.

**mo·noc·u·lar** eenogig, vir een oog.

**mon·o·cul·ture** *(landb.)* monokultuur.

**mon·o·cyte** *(fisiol.)* monosiet.

**mon·o·dac·tyl, mon·o·dac·ty·lous** *(soöl.)* monodaktiel, eenvingerig, -tonig.

**mon·o·dra·ma** monodrama.

**mon·o·dy** alleensang *(in 'n Gr. tragedie);* treurdig; *(mus.)* monodie.

**mo·noe·cious** *(bot.)* eenhuisig; *(soöl.)* hermafrodities.

**mon·o·fil·a·ment, (afk.) mon·o·fil** *(tekst.)* mono-, enkel= filament.

**mo·nog·a·my** monogamie. **mo·nog·a·mist** monogamis. **mo·nog·a·mous** monogaam.

**mon·o·gen·e·sis** monogenese. **mo·nog·e·ny** monogenie.

**mon·o·glot** *n.* eentalige. **mon·o·glot** *adj.* eentalig.

**mon·o·gram** monogram.

**mon·o·graph** *n.* monografie. **mon·o·graph** *ww.* 'n mo= nografie skryf/skrywe oor. **mo·nog·ra·pher** monografie= skrywer, monografis. **mon·o·graph·ic** monografies.

**mo·nog·y·ny** eenwywery. **mo·nog·y·nous** eenwywig; *(bot.)* eenstylig.

**mon·o·hull** eenrompskuit, enkelrompskuit.

**mon·o·ki·ni** *(bostuklose bikini; soms ook skraps eenstukbaai= pak)* monokini.

**mon·o·lin·gual** een-, enkeltalig.

**mon·o·lith** monoliet. **mon·o·lith·ic** monolities; aaneenge= gote.

**mon·o·logue, (Am.) mon·o·log** monoloog, alleenspraak.

**mon·o·ma·ni·a** monomanie. **mon·o·ma·ni·ac** *n.* mono= maan. **mon·o·ma·ni·ac, mon·o·ma·ni·a·cal** *adj.* monomaan, monomanies.

**mon·o·mer** *n., (chem.)* monomeer. **mon·o·mer·ic** *adj.* mo= nomeries, monomeer-.

**mo·no·mi·al** *n., (wisk.)* monoom; *(biol.)* monomium, mo= nomiaal, eenterm. **mo·no·mi·al** *adj.* monomiaal.

**mon·o·mor·phic** *(biol.)* eenvormig, monomorf. **mon·o·mor·phism** monomorfie.

**mon·o·nu·cle·o·sis** *(med.)* mononukleose, klierkoors.

**mon·o·phon·ic** monofonies *(klankweergawe); (mus.)* homo= foon.

**mon·oph·thong** *(fonet.)* monoftong, vokaal.

**mon·o·plane** *(vliegtuig met een stel vlerke)* eendekker.

**mon·o·pod** *(fot.)* eenpoot.

**mon·o·pole** *(fis.)* monopool.

**mo·nop·o·ly** monopolie, alleenhandel, -verkoop; alleenreg; *gain a ~ of the trade in ...* 'n monopolie van die handel in ... verkry; *have/hold a/the ~ of/on s.t.* die monopolie van iets hê. **mo·nop·o·li·sa·tion, -za·tion** monopolisasie, mono= polisering, monopolievorming. **mo·nop·o·lise, -lize** mono= poliseer; vir jou opeis. **mo·nop·o·list** monopolis, alleenhan= delaar, -verkoper. **mo·nop·o·lis·tic** monopolisties.

**mon·o·rail** eenspoor-, enkelspoor(baan).

**mon·o·sac·cha·ride** *(chem.)* monosakkaried.

**mon·o·so·di·um glu·ta·mate** *(chem., voedselbymiddel, afk.:* MSG*)* mononatriumglutamaat.

**mon·o·syl·la·ble** monosillabe, eenlettergrepige woord. **mon·o·syl·lab·ic** eenlettergrepig, monosillabies; *(fig.)* kortaf *(pers.).*

**mon·o·the·ism** monoteïsme, geloof in een god. **mon·o·the·ist** *n.* monoteïs. **mon·o·the·ist, mon·o·the·is·tic** *adj.* monoteïsties.

**mon·o·tone** een toon; eentonigheid; *in a ~* op een toon. **mon·o·ton·ic** *(wisk.)* monotonies, monotoon. **mo·not·o·nous** eentonig, vervelend, saai, sieldodend; monotoon; eenselwig. **mo·not·o·ny** eentonigheid, vervelendheid; monotonie; een= selwigheid.

**mon·o·treme** *(soöl.)* kloaak-, kloakadier.

**mon·o·type** *(druk., biol.)* monotipe. **mon·o·typ·i·cal** mono= tipies, eensoortig.

**mon·o·va·lent** *(chem.)* eenwaardig, monovalent.

**mon·ox·ide** *(chem.)* monoksied.

**mon·o·zy·got·ic, mon·o·zy·gous** *adj., (genet.)* mono= sigoties *(tweeling).*

**mon·sieur** *messieurs, (Fr.:* meneer*)* monsieur.

**Mon·si·gnor** -gnori, *(RK)* monseigneur.

**mon·soon** moeson; reënseisoen, -tyd.

**mons pu·bis** *montes pubis, (Lat., anat.)* skaamheuwel.

**mon·ster** *n.* monster, gedrog; onmens; ondier, dierasie; misbaksel; gevaarte. **mon·ster** *adj., (infml.)* monsteragtig, reusagtig; ~ *meeting* massa-, monstervergadering. **mon·stros·i·ty** monstruositeit; gedrog, monster; onding; mon= steragtigheid, wanskapenheid, wanstaltigheid; onmenslik= heid. **mon·strous** monsteragtig, wanskape, gedrogtelik, mis= vorm(d); afgryslik, onmenslik; reusagtig, tamaai; verre= gaande. **mon·strous·ly** monsteragtig; verskriklik, vreeslik; reusagtig. **mon·strous·ness** monsteragtigheid; wanskapen= heid; reusagtigheid.

**mon·ste·ra** monstera(plant); geraamteplant.

**mon·tage** montage.

**mon·tane** bergagtig, berg-.

**Mon·te·ne·gro** *(geog.)* Montenegro. **Mon·te·ne·grin** *n.* Montenegryn. **Mon·te·ne·grin** *adj.* Montenegryns.

**Mon·tes·so·ri meth·od** *(opv.)* Montessorimetode *(ook m~).*

**Mon·te·zu·ma's re·venge** *(infml.: diarree wat toeriste in Mexiko tref)* Montezuma se wraak, loopmaag.

**month** maand; ...*a/per* ~ ... per maand; *every* ~ elke maand; maandeliks; *for* ~s maande (lank); maande aaneen; *I have not seen* ... *for* ~s ek het ... maande laas gesien *(of* in geen maande gesien nie); ~ *in*, ~ *out* maand na maand, maandin en maanduit; *in three* ~*s*, *in three* ~*s' time* oor/binne drie maande; *inside (of) a* ~ binne *(of* in minder as) 'n maand; *last* ~ verlede maand; *the last* ~ die laaste maand *(v. 'n tydperk);* die afgelope maand; *next* ~ volgende/aanstaande maand; *the next* ~ die volgende maand; die maand daarop; *the* ~ *of October* Oktobermaand, die maand Oktober; *every other/second* ~ al om die ander maand; ...*per* ~ →*a/per; the previous* ~ die vorige maand; die maand tevore; *a* ~ *of Sundays, (infml.)* 'n eindelose tyd; *this* ~ dié/hierdie maand, vandeesmaand; *this day* ~, *today* ~ vandag oor 'n maand; *throughout the* ~, *the whole* ~ *long* die hele maand (deur), heelmaand; *in a* ~'*s time* oor 'n maand. ~-**long** maand lang(e). ~-**old** maand ou(d)/oue.

**month·ly** =*lies, n.* maandblad, maandelikse tydskrif; *(i.d. mv. ook, infml.)* maandstonde(s). **month·ly** *adj.* maandeliks, per maand, maand=; ~ *average* maandgemiddelde; ~ *maga= zine/periodical/publication* maandblad, maandelikse tydskrif; ~ *periods* maandstonde(s); ~ *report* maandver= slag; ~ *salary* maandelikse salaris/besoldiging, maandsala= ris; ~ *statement* maandstaat; ~ *ticket* maandkaart(jie); ~ *total* maandtotaal; ~ *wage(s)* maandelikse loon/verdienste, maandloon.

**mon·u·ment** monument, gedenkteken; gedenk=, grafsteen; herinnering; *erect a* ~ 'n gedenkteken/monument oprig; *historical* ~ historiese gedenkwaardigheid; ~ *of nature* na= tuurmonument; *sepulchral* ~ grafteken, =monument, =steen; *a* ~ *to* ... 'n gedenkteken/monument vir *(of* ter ere van) ... **mon·u·men·tal** monumentaal; gedenk=; groots, impo= sant; enorm; ~ *approach* monumentale oprit; ~ *fountain* monumentfontein; ~ *mason* grafsteenmaker; ~ *stair(case)* praaltrap; ~ *stupidity, (infml.)* kolossale domheid. **mon·u· men·tal·i·ty** monumentaliteit.

**moo** *n.* (ge)bulk, (ge)loei *(v. 'n bees).* **moo** *ww.* bulk, loei. ~-**cow** *(kindert.)* koei.

**mooch** *(infml.)* slenter; *(Am.)* gaps; ~ *about/around, (Br., infml.)* rondhang, =slenter. **mooch·er** leeglêer; neklêer.

**mood**[1] (gemoed)stemming, bui, luim, gestemdheid; toon; *in a bad/good* ~ in 'n slegte/goeie bui/luim; *be in (a) festive* ~ in 'n feesstemming *(of* feestelike stemming) wees; *be in the* ~ *for* ... vir ... lus hê/voel/wees, in die stemming vir ... wees; *when the* ~ *takes one* as die gees jou pak; *in an ugly* ~ in 'n kwaai bui; in 'n gevaarlike stemming. ~ *music* stem= mingsmusiek.

**mood**[2] manier, wyse, trant; *(gram.)* wys(e), modus.

**mood·y** nukkerig, buierig, humeurig, vol nukke; nors, stuurs; treurig, droewig, swaarmoedig. **mood·i·ness** nukkerigheid, buierigheid, humeurigheid, knorrigheid, slegte luim.

**moo·ing** gebulk, geloei.

**moo·lah** *(sl.: geld)* pitte, malie.

**moon** *n.* maan; *(infml.)* maand; *many* ~s *ago, (infml.)* lank, lank *(of* baie lank) gelede; *once in a blue* ~, *(infml.)* baie/ hoogs selde, elke skrikkeljaar; 'n enkele keer; *make s.o. believe the* ~ *is made of green cheese* iem. om die bos lei *(of* 'n rat voor die oë draai *of* knolle vir sitroene verkoop); *crescent* ~ sekelmaan; *the* ~ *decreases* →*wanes/decreases; the de= creasing* ~ →*waning/decreasing; there is a full* ~, *the* ~ *is full* dis volmaan, die maan is vol; *the* ~ *increases* →*waxes/ increases; the increasing* ~ →*waxing/increasing; there is a* ~ dis ligte maan; *the man in the* ~ die man(netjie) in die maan; *there is a new* ~ dis nuwemaan; *there is no* ~ dis don= kermaan; *be over the* ~, *(infml.)* in die wolke wees, sielsbly wees; *promise s.o. the* ~ iem. goue berge beloof/belowe; *the* 

~ *rises* die maan kom op; *the* ~ *sets* die maan gaan onder; *the* ~ *wanes/decreases* die maan neem af; *the waning/ decreasing* ~ die afnemende/afgaande maan; *the* ~ *waxes/ increases* die maan groei; *the waxing/increasing* ~ die groeiende/wassende/toenemende maan. **moon** *ww.* droom; *(sl.)* jou boude ontbloot, jou agterent/=wêreld/=stewe wys; ~ *about/around* ronddrentel, loop en droom; ~ *away one's time* die/jou tyd verdroom/omdroom. ~**bag** *(SA)* buidelsakkie, heupsak. ~**beam** maan(lig)straal. ~**calf** uilskuiken, gek. ~ **face** volmaangesig. ~**-faced** met 'n volmaangesig. ~**flower** *(Ipomoea alba)* maanblom. ~ **landing** maanlanding. ~ **light** → MOONLIGHT. ~**lit** →MOONLIT. ~**scape** maanlandskap. ~**shine** →MOONSHINE. ~**shot** lansering van 'n maantuig. ~**spot** maan= vlek. ~**stone** maansteen, wateropaal. ~**struck,** ~**stricken** maansiek, half mal; sentimenteel. ~**walk** *n.* maanwandeling; moonwalk(-dans). ~**walk** *ww.* moonwalk.

**Moon·ie** *(infml., dikw. neerh.: lid v.d. Unifikasiekerk, volgeling v. Soen Mjoeng Moon)* Moonie.

**moon·less** sonder maan, maanloos, donker; *it was a* ~ *night* dit was donkermaan.

**moon·light** *n.* maanlig, maanskyn; ~ *and roses* maanskyn en rose, rosegeur en maneskyn/maanskyn. **moon·light** *ww., (infml.)* twee betrekkings *(of* 'n byverdienste) hê, byver= dien, ekstra verdien. ~ **(flit)** *(Br., infml.): do a* ~ *(~)* met die noorderson vertrek/verdwyn.

**moon·light·er** dubbelwerker.

**moon·lit** maanlig=, deur die maan belig; ~ *night* maanlig= aand.

**moon·shine** maanskyn; leë skyn; *(infml.)* bog/kaf(praatjies), onsin; *(infml.)* smokkeldrank; *(Am.)* mampoer, witblits; *s.o.'s claims that he/she can do s.t. is just* ~, *(infml.)* iem. kan iets net so min doen as die man in die maan. **moon·shin·er** drank= smokkelaar; onwettige drankstoker.

**Moor** Moor. **Moor·ish** Moors; ~ *arch, (bouk.)* Moorse boog, hoef(yster)boog.

**moor**[1] *n.* heide, heiveld; vlei, moeras; →MOORISH. ~**hen** *(Gal= linula spp.)* waterhoender. ~**land** *(Br.)* vlei, moeras; heiveld.

**moor**[2] *ww.* (vas)meer, aanlê, vasmaak, anker; ~*ed mine* ge= meerde myn, seemyn; *the ship* ~*ed this morning* die skip het vanmôre geanker, die skip is/het vanmôre (vas)gemeer; ~ *up somewhere, (intr.)* êrens vasmeer. **moor·age** ankerplek, (aan)lêplek; ankergeld, (oor)lêgeld.

**moor·ing** (die) vasmeer; (aan)lêplek, ankerplek; *(i.d. mv.)* ankertoue, meertoue, =werk, =tuig; *the ship was driven from her* ~*s* die skip het losgeraak/losgeruk, die skip se meer=/ ankertoue het gebreek; *the ship lies at her* ~*s* die skip lê (vas)gemeer. ~ *cable* meerkabel. ~ **place** lê=, meerplek. ~ *post* meerpaal. ~ *ring* kaai=, meerring. ~ *rope* meertou.

**moor·ish** moerassig, vleiagtig, vlei erig; heiagtig.

**moose** (Amerikaanse) eland; →ELK.

**moot** *adj.* betwisbaar, disputeerbaar; ~ *point* geskil=, vraag= punt, betwisbare punt, ope/omstrede vraag, strydvraag. **moot** *ww.* opper, te berde *(of* ter sprake) bring; ~ *s.t. about* iets rugbaar maak.

**mop** *n.* mop, dweil; *(fig.)* boskasie, bosgasie; ~ *of hair* bossie= mop=, matraskop, boskasie, bosgasie. **mop** =*pp=, ww.* mop, opvryf, =vrywe, afvee; ~ *s.t. up* iets (op)mop/opdweil; iets insluk; *(mil.)* iets opruim. ~**head** bossie=, mop=, matraskop. ~**-headed** bossiekop=. ~**-up** opruiming(swerk).

**mo·pa·ni, mo·pa·ne** *(<Tsw.)* mopanie(boom), terpen= tynboom. ~ **bush(veld),** ~ **woodland** mopanie(bos)veld. ~ **worm** mopaniewurm.

**mope** *n., (infml.)* knieser, kniesoor, tobber; *the* ~*s, (ook)* knieserigheid; neerslagtigheid, bedruktheid, droefgeestig= heid; *in the* ~*s* knieserig. **mope** *ww.* knies, tob; neerslagtig/ swaarmoedig wees; jou verknies; moedeloos wees; ~ *about/ around* knieserig/mistroostig rondhang/rondslof; ~ *away one's life,* ~ *one's heart out* jou doodknies/verknies. **mop·ish,**

**mop·(e)y** knieserig; droefgeestig, swaarmoedig, neerslag=
tig. **mop·ish·ness, mop·i·ness** knieserigheid; swaarmoe=
digheid.

**mo·ped** *(Br.)* bromponie, help-my-trap, brom=, kragfiets.

**mop·pet** *(infml.)* poplap, pop(pie), skattebol.

**mo·quette** *(tekst.)* trypferweel, moket.

**mo·raine** *(geol.)* moreen, gletserpuinhoop.

**mor·al** *n.* moraal, (sede)les; *(i.d. mv.)* moraal, sedelikheid,
sedes, sedelike gedrag/beginsels; *corrupt/deprave the ~s*
die sedes bederf; *draw a ~* 'n les trek; *lecture in ~s* sede=
preek; *the ~ of a story* die moraal van 'n verhaal/storie.
**mor·al** *adj.* moreel, sedelik; moraal=, sede=; sedekundig; *it's
a ~ certainty* dis 'n uitgemaakte saak *(of* so goed as seker); *~
constraint* gewetensdwang; *~ courage* (sedelike) moed; *~
law* sedewet; *~ leper, (poët., liter.)* verworpeling; *~ majority*
morele meerderheid; *~ philosophy* moraalfilosofie, sede=
kunde, sedeleer, etiek; *M~ Rearmament* Morele Herbe=
wapening; *~ sense* sedelikheid, sedelikheidsgevoel; *~ sup=
port* morele/sedelike steun; *give ~ support to s.o., (ook)* iem.
se hande sterk; *~ victory* morele oorwinning.

**mo·rale** moreel, moraal, (veg)gees, (veg)moed, selfvertroue;
*the ~ is high/low* die moreel/moraal is goed/sleg.

**mor·al·ise, -ize** moraliseer; sedelik verbeter. **mor·al·i·sa=
tion, -za·tion** moralisasie, moralisering; sedeprekery. **mor=
al·is·er, -iz·er** sedepreker, =meester. **mor·al·is·ing, -iz·ing**
moralisasie.

**mor·al·ist** sedemeester; moralis, sedepreker. **mor·al·ism**
moralisme; sedekunde; sedeprekery. **mor·al·is·tic** moralis=
ties.

**mo·ral·i·ty** sedelikheid, sedes; sedeleer, =kunde; sedelike ge=
drag, moraliteit, moraal. **~ (play)** *(hist.)* moraliteit(spel), sin=
nespel.

**mor·al·ly** sedelik; sedekundig.

**mo·rass** moeras; *(fig.)* poel; *(fig.)* uitsiglose situasie.

**mor·a·to·ri·um** *-riums, -ria* moratorium.

**Mo·ra·vi·a** *(geog.)* Morawië. **Mo·ra·vi·an** *n., (relig.)* Morawiër.
**Mo·ra·vi·an** *adj.* Morawies.

**mo·ray (eel)** *(igt.)* bontpaling.

**mor·bid** morbied, swartgallig, somber; sieklik, ongesond;
*(med.)* siekte=; *~ anatomy* patologiese anatomie; *~ de=
pression* sieklike neerslagtigheid; *~ growth* uitwas; *~ hu=
mour* galgehumor; *~ matter* siektestof. **mor·bid·i·ty** mor=
biditeit, swartgalligheid; *(med.)* sieklikheid, siektetoestand;
siektesyfer, morbiditeit. **mor·bid·ness** morbiditeit, swart=
galligheid; *(med.)* sieklikheid.

**mor·dant** *n.* bytstof, =middel, etssuur; beits(middel); heg=
middel. **mor·dant** *adj.* bytend, skerp, sarkasties, bitsig,
vlymend, snydend; beits=; *~ dye* beitskleurstof. **mor·dant**
*ww.* beits *(weefstowwe).*

**Mor·de·cai, Mor·de·cai** *(OT)* Mordegai.

**more** meer; groter; nog; *all the ~* des/soveel te meer; *~ und
~* al (hoe) meer, steeds meer; *any ~ than ...* ewe min as ...;
*are there any ~?* is daar nog (meer)?; *not any ~* (nou) nie
meer nie; nie langer/meer nie; *there isn't any ~, there is no
~* daar is nie/niks meer nie; *~ than anything* oor alles;
hoofsaaklik, vernaamlik; *ask for ~* nog vra; *the ~ the better*
hoe meer hoe beter; *~ can be done* daar kan meer gedoen
word; *far ~* baie/veel meer; *the ~ fool he/she* des te dommer
van hom/haar; *just ~ than ...* iets meer as ...; *~ or less* min
of meer, ongeveer, naaste(n)by, nagenoeg, in meerdere of
mindere mate; *it was ~ or less blackmail/etc.* dit was soveel
as afpersing/ens., dit het op afpersing/ens. neergekom; *nei=
ther ~ nor less* niks meer of minder nie, presies soveel; *that's
~ like it, (infml.)* so moet dit wees; *a little ~, slightly ~* 'n
bietjie/rapsie meer, effens/effe(ntjies)/iets meer; *it is little ~
than ...* dit is weinig meer as ...; *be little ~ than a child* nog
amper/byna 'n kind wees; *many ~* baie/veel meer; *much ~*
baie/veel meer; *s.o. needs ten/etc. ~* ... iem. het nog tien/ens.

... nodig; *no ~* niks meer nie; nie meer/langer nie; *s.o. has no
~ ...* iem. het nie meer ... nie; *s.o. knows no ~ than that* dis al
wat iem. weet; *glory/etc. that is no ~* vergane glorie/ens.; *no
~ did/has he/she* hy/sy (het) ook nie; en hy/sy wee min; *I
want no ~ of this!* dit moet nou end kry!; *no ~ than ...* niks
meer as ... nie; *not ~ than ...* hoogstens ..., op die/sy meeste
...; *it has ~ of a local character* dit is meer plaaslik van *(of* van
meer plaaslike) aard; *s.o. is ~ of a ...* iem. is eerder 'n ...; *...
would be ~ of a comfort* ... sou 'n beter troos wees; *be ~ of a
help* 'n groter hulp wees; *~ often* dikwels; mees(t)al;
*once ~* nog 'n keer/maal/slag, nogmaals, nog eens, nogeens,
weer (eens), weereens, opnuut; al weer; *~ than once* meer
as een keer/maal; herhaaldelik; *one ~ ...* nog 'n ...; nog (net)
een ...; *one/etc. ~* nog een/ens.; *five/etc. or ~ days/etc.* vyf/
ens. dae/ens. of langer; *~ (people) are coming* daar kom nog
mense; *rather ~ than a hundred/thousand* goed/ruim hon=
derd/duisend; *see ~ of s.o.* iem. meer sien; *slightly ~* effens
*(of* 'n rapsie) meer; *some ~* nog (meer); nog 'n bietjie, nog
iets; nog 'n paar; *something ~* nog iets; *still ~* nog meer;
*~ than a hundred/thousand* meer as honderd/duisend, oor
die honderd/duisend; *ten ~ CDs/etc.* nog doen?; wat kan
meer as ...; *~ than it did* meer as voorheen; *~ than it was*
meer as voorheen; *X has ~ ... than Y* X het meer ... as Y;
*the ~ ..., the ~ ...* hoe meer ..., hoe *(of* des te) meer ...; *the ~
s.o. gets, the ~ he/she wants* hoe meer iem. kry, hoe meer wil
hy/sy hê; *there is ~ to it than that* daar sit/skuil/steek meer
agter; *what ~ can s.o. do?* wat kan iem. nog doen?; wat kan
iem. meer doen?; *what ~ does s.o. want?* wat wil iem. nog
hê?; wat wil iem. meer hê?; *what's ~, ...;* wat meer sê, ...;
en verder/vêrder ...; buitendien ...; *yet ~ ...* nog meer ...
**mor(e)·ish** *adj., (infml.): these biscuits are rather ~* dié/hierdie
koekies smaak na meer.

**mo·reen** *(tekst.)* woldamas, moreen.

**more·o·ver** verder, vêrder, origens; buitendien, boonop, bo=
wendien.

**mo·res** *n. (mv.), (Lat.)* sedes (en gewoontes).

**Mo·resque** *n.* Moorse styl; Moorse motief; →ARABESQUE.
**Mo·resque** *adj.* Moors.

**mor·gen** *(hoofs. SA, landmaat gelyk aan ± 0,8 hektaar)* morg;
*two ~* twee morg(e).

**morgue** lyk(s)huis, dodehuis.

**mor·i·bund** *adj.* sterwend, doodsiek, dodelik siek; *be ~* op
sterwe lê.

**Mor·mon** *n., (kerklid)* Mormoon; →LATTER-DAY SAINTS; *the
Book of ~* die Boek van Mormon. **Mor·mon** *adj.* Mor=
moons.

**mor·nay** *(kookk.): eggs ~* eiers met kaas=/mornaysous; *sauce
~* kaas=, mornaysous. *~ (sauce)* kaas=, mornaysous.

**morn·ing** môre, more, oggend; voormiddag; *the ~ after (the
night before), (infml.)* olikheid ná die vrolikheid; *all ~* die hele
oggend/môre/more, heeloggend, =môre, =more; *one fine ~*
op 'n goeie môre/more; *first thing in the ~* vroegoggend,
soggens heel eerste, soggens vroeg-vroeg; vroeg-vroeg/da=
delik môre=, moreoggend; *(good)* ~ (goeie)môre/more!; *good
~ (to you)!, (ook)* môresê, moresê!; *say good ~ to s.o.* (vir iem.)
môre/more sê; *in the ~* in die môre/more/oggend/voor=
middag; soggens, smôrens, smorens; môre=, moreoggend;
*from ~ to night* van die oggend/môre/more tot die aand;
*I'll see you in the ~* ons sien mekaar môre=/moreoggend;
*this ~* vanoggend, vanmôre, vanmore; *throughout the ~*
heeloggend, heelmôre, =more; *tomorrow ~* môre=, more=
oggend; *early tomorrow ~* môre/more vroeg; *toward(s)
~* teen die oggend (se kant); *yesterday ~* gisteroggend.
**~-after feeling** bab(b)elas, babelaas, babalaas. **~-after pill**
nabehoedpil. **~ glory** *(bot.)* (gewone) purperwinde, trompet=
tertjie; *(plat)* oggendstyfte. **~ gun** oggendskoot. **~ (news)
paper** oggendblad, =koerant. **~ prayer** oggendgebed; *(gew.
i.d. mv.)* (vroeë) oggenddiens. **~ roll call** *(mil.)* oggendappèl.

~ **service** oggend=, môre=, morediens. ~ **sickness** oggend=siekte. ~ **star** oggendster, Venus. ~ **tea** oggendtee. ~ **watch** môre=, morewag; *(sk.: 04:00-08:00)* (rooi)dagwag.

**Mo·roc·co** *(geog.)* Marokko. **Mo·roc·can** *n.* Marokkaan. **Mo·roc·can** *adj.* Marokkaans.

**mo·roc·co:** ~ **(leather)** marokyn(leer), saffiaan(leer).

**mo·ron** *(infml., neerh.)* sot, idioot, stommerik. **mo·ron·ic** simpel, onnosel, idioties.

**mo·rose** stuurs, nors, stug, knorrig. **mo·rose·ness** stuursheid, norsheid, stugheid.

**morph** *(filmk.)* morfeer. **morph·ing** morfering.

**mor·pheme** *(ling.)* morfeem. **mor·phe·mics** *n. (fungeer as ekv.), (ling.)* morfologie.

**Mor·phe·us** *(Rom. mit.: god v. slaap)* Morfeus, Morpheus; *in the arms of* ~ in die arms van Morfeus/Morpheus.

**mor·phine** morfien.

**mor·phol·o·gy** morfologie, vormleer. **mor·pho·log·i·cal** morfologies.

**mor·pho·sis** *=phoses, (biol.)* vormingswyse, morfose.

**Mor·ris chair** Morrisstoel *(ook m~).*

**Morse (code)** Morsekode *(ook m~).*

**mor·sel** stukkie, happie, brokkie; proeseltjie, mond vol; *choice* ~ versnapering; *a* ~ *of food* 'n stukkie kos.

**mor·ta·del·la** *(It. worssoort)* mortadella.

**mor·tal** *n.* sterfling, sterweling, mens; *lesser* ~*s* mindere mense. **mor·tal** *adj.* sterflik; dodelik; dood(s)=; vreeslik; menslik; ~ *blow* doodhou; ~ *combat* stryd op/om lewe en dood; ~ *enemy* doodsvyand; ~ *fright* doodskrik; ~ *hour* sterfuur, sterwensuur; *be in a* ~ *hurry* vreeslik haastig wees; *no* ~ *power* geen mag ter wêreld; ~ *remains* stoflike oorskot; ~ *wound* dodelike wond. **mor·tal·ly** sterflik; menslik; dodelik; ~ *wounded* dodelik *(of* tot die dood toe) gewond.

**mor·tal·i·ty** sterflikheid; sterfte, mortaliteit; vrekte *(onder diere);* dodetal; *rate of* ~ sterftesyfer. ~ **list** sterftelys. ~ **rate** sterftesyfer.

**mor·tar** *n.* dagha, mortel, messelklei; bindsel; *(kookk., farm., ens.)* vysel; *(mil.)* mortier. **mor·tar** *ww.* messel, (met dagha/ens.) pleister; *(mil.)* met mortiere beskiet. ~**board** studentebaret, akademiese mus; daghaplank. ~ **bomb** mortierbom. ~ **joint** messelvoeg. ~ **mixer** daghamenger.

**mort·gage** *n.* verband; *foreclose a* ~ 'n verband oproep/opsê; *pay off a* ~ 'n verband afbetaal; *take out a* ~ *on s.t.* 'n verband op iets neem. **mort·gage** *ww.* (met 'n verband) beswaar, onder verband bring/plaas/sit, verbind; *be heavily* ~*d* swaar verbind/belas wees. ~ **bond** verband; verbandakte; *issue a* ~ ~ 'n verbandlening uitreik. ~ **deed** verbandakte. ~ **loan** verbandlening. ~ **rate** verbandkoers.

**mort·ga·gee** verbandhouer, =nemer.

**mort·gag·er, mort·ga·gor** verbandgewer.

**mor·ti·cian** *(hoofs. Am.)* begrafnisondernemer, lykbesorger.

**mor·ti·fy** krenk, kwets, grief, seermaak, beledig, verneder; beskaam, verbouereer; *(relig.)* kasty, tug(tig), dood; *(med.)* gangreen kry/ontwikkel; ~ *the flesh* die vlees dood/kasty. **mor·ti·fi·ca·tion** gekrenktheid, gekwetstheid, belediging, vernedering; beskaamdheid, verbouereerdheid; mortifikasie, (self)kastyding; *(med.)* gangreen, *(infml.)* kouevuur; *to s.o.'s* ~ tot iem. se skande. **mor·ti·fied** *(ook)* bekaf; *feel* ~ afgehaal voel.

**mor·tise, mor·tice** *n.* tapgat; ~ *and tenon* tap en gat; ~ *(and tenon) joint* tapvoeg. **mor·tise, mor·tice** *ww.* tap; insteek, inlaat, inlas, (in)voeg; tapgate *(of* 'n tapgat) maak. ~ **bolt** insteekgrendel. ~ **lock** insteekslot.

**mor·tu·ar·y** *n.* lyk(s)huis, dodehuis. **mor·tu·ar·y** *adj. (attr.)* dode=, lyk(s)=, sterf=, begraaf=; ~ *monument* grafteken; graftombe.

**mo·sa·ic** *n.* mosaïek; *(bot., ook* mosaic disease*)* bontblaar=(siekte), mosaïek(siekte). **mo·sa·ic** *adj.* mosaïek=; ~ *work*

mosaïek(werk). **mo·sa·ic** *=ick=, ww.* met mosaïek inlê. ~ **gold** goudbrons, mosaïekgoud; geel tinsulfied. ~ **virus** *(bot.)* mosaïekvirus.

**mos·bol·le·tjie** *(Afr., kookk.)* mosbolletjie.

**Mos·cow** *(geog.)* Moskou.

**Mo·sel(le)** Moeselwyn; *the* ~, *(rivier)* die Moesel.

**Mo·ses bas·ket** *(Br.)* dramandjie, =wiegie, =bedjie *(vir 'n baba).*

**mo·sey:** ~ *along/on, (infml.)* voortslenter.

**mosh** *(infml.)* wild/woes dans *(by 'n heavy metal- of punkkon=sert).* ~ **pit** dansgat, =put.

**Mo·shesh, Mo·shoe·shoe** *(opperhoof v.d. Basotho's, 1786-1870)* Mosjesj.

**Mos·lem** →MUSLIM.

**mosque** moskee, masiet.

**mos·qui·to** *=toes* muskiet. ~ **curtain**, ~ **net** muskietnet. ~**proof** muskietdig, =vry. ~ **proofing** muskietdigting, =wering. ~ **weight** *(boks)* muskietgewig.

**moss** mos; *a rolling stone gathers no* ~ 'n rollende klip vergaar geen mos nie, 'n swerwer bly 'n derwer. ~ **agate** mos=agaat, mokkasteen. ~**clad**, ~**grown** bemos, met mos bedek/begroei. ~ **stitch** mossteek.

**mos·sie** *(Afr.)* →CAPE SPARROW.

**moss·like** *adj.* mosagtig, mossig.

**mos·so** *adv., (It., mus.: vinnig, lewendig)* mosso.

**moss·y** mosagtig, mossig; bemos. **moss·i·ness** mosagtigheid.

**most** *n., adj. & pron.* (die) meeste, (die) uiterste, (die) grootste; ~ *of all* die allermeeste; *... at (the)* ~, *... at the very* ~ op die/sy meeste ...; hoogstens ...; *make the* ~ *of s.t.* die meeste voordeel uit iets probeer trek; die beste gebruik van iets maak; met iets woeker *(talente ens.);* ~ *people/etc.* die meeste mense/ens.; ~ *of us* die meeste van ons. **most** *adv.* mees, hoogs, uiters; ~ *holy* allerheiligs; ~ *learned* hooggeleerd; geleerdste; ~ *noble* hoogadellik; die edelste; ~ *vilified* politician mees belasterde politikus. ~ **favoured nation** mees begunstigde nasie/land. ~**favoured-nation (trading/trade) status** (handel)status as/van mees begunstigde nasie/land. ~**favoured-nation treatment** behandeling as mees begunstigde nasie/land, meesbegunstiging. ~**favoured-nation treaty** meesbegunstigingsverdrag.

**most·ly** mees(t)al, grotendeels, merendeels, hoofsaaklik, vir die grootste gedeelte.

**mot** *(Fr.)* kwinkslag. ~ *juste mots justes* net die regte woord/uitdrukking, die spyker op die kop.

**mote** stoffie, stofdeeltjie; stipseltjie; splinter; nop; *the* ~ *in another's eye* die splinter in 'n ander se oog.

**mo·tel** motel.

**mo·tet** *(mus.)* motet.

**moth** *n.* mot; *little* ~ motjie. ~**ball** motbal(letjie), =bol(letjie); *keep/put s.t. in* ~*s* iets bêre; iets uit die vaart haal *('n skip).* ~**eaten** van die motte gevreet, vol motgate; verouderd, verslete. ~**proof** motvry, =bestand. **moth·y** vol motte, van die motte gevreet.

**moth·er** *n.* moeder, ma; abdis; huismoeder; moer *(by diere); the M~ of God* die Moeder van God, die Moedermaagd; *at one's* ~*'s knee* aan moedersknie; ~*'s milk* moeder(s)melk; *the* ~ *of all ...*, *(infml.)* die (aller)vreeslikste *... (rusie ens.);* die moeder van alle *... (veldslae ens.);* 'n helse *... (gemors ens.);* die bron van alle *... (kwaad ens.); on the* ~*'s side* aan moederskant/moedersy; *every* ~*'s son, (infml.)* van die eerste tot die laaste, elkeen sonder uitsondering. **moth·er** *ww.* bemoeder; soos 'n ma/moeder sorg vir; vertroetel; as kind aanneem; 'n moeder verskaf. ~**board** *(rek.)* hoof=, moederbord. ~ **city** moederstad, metropool. ~ **figure** moederfiguur. ~**(fucker)** *(vulg. Am. sl.)* bliksem, donder, wetter. **M~ Goose** Moeder Gans. ~**in-law** *mothers-in-law* skoonma,

=moeder. **~-in-law's tongue** *(bot.)* skoonma-se-tong, skoon=
moederstong. **~land** moederland; vaderland. **~ lode** *(mynb.)*
hoofertsspleet. **~-of-pearl** perlemoen, perlemoer. **M~'s Day**
Moedersdag. **~ ship** moederskip. **~ superior** *mother supe=*
*riors, mothers superior* moederowerste. **~-to-be** aanstaande
moeder. **~ tongue** moedertaal. **~-tongue education** moe=
dertaalonderwys, =onderrig.

**moth·er·ing** moedersorg; bemoedering, troetel(a)ry.

**moth·er·less** moederloos; *(sl.)* besope, smoor=, papdronk.

**moth·er·like** moederlik, soos 'n moeder.

**moth·er·ly** moederlik, moeder=. **moth·er·li·ness** moeder=
likheid.

**mo·tif** motief, grondidee.

**mo·tile** *(biol., psig.)* beweeglik, motiel. **mo·til·i·ty** beweeglik=
heid, motiliteit.

**mo·tion** *n.* beweging; roering; gang; gebaar; *(parl. ens.)*
mosie, voorstel; *(jur.)* mosie; aansoek; werking *(v. 'n masjien*
*ens.);* stoelgang, ontlasting, opelyf; *adopt/carry a ~* 'n
mosie/voorstel aanneem; *a ~ of confidence* 'n mosie van
vertroue; *a ~ of no confidence* 'n mosie van wantroue;
*defeat a ~* 'n mosie/voorstel verwerp; *go through the ~s (of*
*doing s.t.)* maak (as)of jy iets doen; *be in ~* in beweging
wees, aan die gang wees; *put/set s.t. in ~* iets in beweging
bring, iets aan die gang maak/sit; iets ontketen; *get in while*
*a vehicle is in ~* in die ry opklim; *put a ~* 'n mosie/voorstel
tot stemming bring; *a ~ of sympathy* 'n mosie van deel=
neming; *table a ~* van 'n mosie/voorstel kennis gee; *an*
*unopposed ~* 'n onbestrede mosie/voorstel. **mo·tion** *ww.*
wys *(met 'n gebaar);* 'n teken gee; 'n handbeweging maak;
*~ to s.o. to do s.t.* (vir) iem. wys dat hy/sy iets moet doen.
**~ picture** *(hoofs. Am.)* rolprent. **~ sickness** bewegingsiekte;
motor=, kar=, rysiekte.

**mo·tion·less** onbeweeglik, bewegingloos, roerloos. **mo·**
**tion·less·ness** roerloosheid.

**mo·ti·vate** motiveer, aandryf (tot), beweeg; *be highly ~d*
aangevuur wees.

**mo·ti·va·tion** motivering, aandrywing. **mo·ti·va·tion·al** mo=
tiverings=; *~ speaker* motiveringspreker.

**mo·tive** *n.* beweegrede, dryfveer, motief, aanleiding, be=
weeggrond; *from certain ~s* uit sekere beweegredes; *have an*
*ulterior ~* 'n bybedoeling *(of* 'n bedekte beweegrede) hê.
**mo·tive** *adj.* bewegend, dryf=; *~ force, (fis., meg.)* beweegkrag,
motoriese krag. **mo·tive·less** ongemotiveer(d).

**mo·tiv·i·ty** beweegkrag.

**mot·ley** *n.* bont spul, bonte mengeling; sameraapsel; deur=
mekaarspul. **mot·ley** *adj.* bont, deurmekaar; uiteenlopend,
gemeng(d); *a crew of ~ characters* 'n bontspul karakters; *a ~*
*team* 'n saamgeraapte span.

**mo·to·cross** veldfiets(wed)ren; veldtydren.

**mo·tor** *n.* motor, masjien, enjin; dryf=, beweegkrag; *(hoofs.*
*Br.)* motor, (motor)kar; *cut the ~* die motor/masjien afsit;
*start a ~* 'n motor/masjien aan die gang sit. **mo·tor** *adj.*
motories; beweeg=, dryf=; *~ area, (anat., fisiol.)* motoriese
area. **mo·tor** *ww., (hoofs. Br.)* ry, per motor reis/ry; *(infml.)*
wikkel, teen 'n behoorlike spoed beweeg. **~bicycle** motor=
fiets; bromponie, help-my-trap, brom=, kragfiets. **~bike**
*(infml.)* = MOTORCYCLE. **~boat** motorboot. **~cade** motor=
stoet. **~car** motor, (motor)kar. **~cycle** motorfiets. **~cycling**
motorfietsry; motorfietssport. **~cyclist** motorfietsryer. **~-**
**driven** motor(aan)gedrewe, met motoraandrywing. **~mouth**
*(Am. sl.)* babbel=, kekkelbek. **~ nerve** *(anat.)* motoriese se=
nuwee. **~ neurone disease** *(med.)* motorneuronsiekte. **~**
**racing**, **~ sport** motor(wed)renne; rensport. **~ vehicle**
motorvoertuig. **~way** snelweg.

**=mo·tored** *komb.vorm* =motorig.

**mo·tor·ing** (motor)ry; motorwese; aandrywing.

**mo·tor·ise, ·ize** motoriseer. **mo·tor·i·sa·tion, ·za·tion** mo=
torisering, motorisasie.

**mo·tor·ist** motoris, motorbestuurder.

**mo·to·ry** motories, bewegend, beweeg=.

**Mo·town** *(Am.), (infml., geog., sametr. v.* Motor Town) Detroit;
*(mus.)* Motown.

**mot·tle** *n.* vlek, kol, spikkel. **mot·tle** *ww.* vlek, streep, stip=
pel, aar, marmer; skakeer. **mot·tled** gevlek, bont, gespik=
kel(d); geskimmel(d) *(papier);* gemarmer(d); *~ glass* dui=
kiesglas; *~ sugar bean* gespikkelde suikerboon(tjie); *~ yarn*
bont garing/gare.

**mot·to** =*toes* motto, leuse, sinspreuk; kenspreuk; strydleuse.

**moue** *(Fr.)* pruil=, tuitmond.

**mouf·(f)lon** moeflon, klip=, bergskaap.

**mould¹**, *(Am.)* **mold** *n.* vorm; gietvorm; matrys; sjabloon;
vorm(gereg); stempel, tipe; lys; *break the ~ of ...,* *(fig.)* weg=
breek van die tradisie van ...; *be cast in the same ~* op dieselfde
lees geskoei wees. **mould**, *(Am.)* **mold** *ww.* vorm, maak,
modelleer, fatsoeneer; profileer; lys; giet; →MOULDABLE,
MOULDER¹, MOULDING; *~ s.t. in wax* iets bosseer; *~ s.o. like*
*wax* met iem. maak wat jy wil. *~ casting* vormgieting; vorm=
gietstuk.

**mould²**, *(Am.)* **mold** *n.* muf, skimmel; *(bot.)* skimmel; →
MOULDER², MOULDY; *~ in wood* houtmolm. *~ spot* skim=
melvlek; skimmelplek *(in botter).*

**mould³**, *(Am.)* **mold** *n.* teelgrond, =aarde, humus; molm.
*~board (landb.)* rysterplaat, =plank, ryster=, strykbord.

**mould·a·ble**, *(Am.)* **mold·a·ble** vormbaar.

**mould·er¹**, *(Am.)* **mold·er** *n.* vormer, (vorm)gieter; model=
gieter; gietvormmaker.

**mould·er²**, *(Am.)* **mold·er** *ww.* verval, verbrokkel; vergaan,
vrot, vermolm; *(graan)* stik.

**mould·ing**, *(Am.)* **mold·ing** lys(werk); omlysting; vorms
maak, vormwerk. *~ board (gietery)* vormplank, =bord; pro=
fileerplank; rysterbord. *~ frame* gietvorm.

**mould·y**, *(Am.)* **mold·y** skimmelrig, skimmelagtig, geskim=
mel(d); (ver)muf, gemuf; *(infml.)* verouderd, uit die ou(e)
doos; *become ~* uitslaan, verskimmel; *~ bread* skimmelbrood.
**mould·i·ness**, *(Am.)* **mold·i·ness** skimmelagtigheid, muf=
heid; skimmel.

**moult**, *(Am.)* **molt** *ww., (voëls)* verveer; *(hond, kat)* verhaar;
*(slang)* vervel; *~ feathers* vere verloor. **moult·er**, *(Am.)* **molt·**
**er** voël wat verveer. **moult·ing**, *(Am.)* **molt·ing** ververing,
verharing; vervelling.

**mound** *n.* hoop, heuweltjie, hopie, bultjie; grondhoop;
(grond)wal. **mound** *ww.* ophoop. **mound·ed** *(ook)* geërd.

**mount¹** *n.* omlysting, montering, montuur *(v. 'n prent);* op=
legsel, beslag *(v. dekoratiewe metaal);* raam; rydier, ryperd;
rit; staander; affuit *(v. 'n kanon);* preparaat *(vir 'n mikroskoop);*
*(ook, i.d. mv.)* rygoed. **mount** *ww.* (be)klim, opklim, be=
styg; opstel, regsit; reël, organiseer, op tou sit; monteer;
inbou, insit; inmekaarsit; oplê; opplak *(foto);* oprol *(kabel);*
rys, (op)styg; beslaan; 'n rydier verskaf; *~ the breach* in die
bres tree/stel; *~ing costs* stygende koste; *~ s.t. in gold/etc.*
iets in goud/ens. set/monteer; *~ a gun* 'n kanon opstel; *s.t.*
*~s (up)* iets styg *(of* neem toe); iets hoop op; iets loop op.
**mount·a·ble** (be)klimbaar, bestygbaar. **mount·ed** berede,
rydend, ruiter=; te perd, opgestyg; met rygoed, voorsien
van rydiere; opgestel, uitgesit *(wagte);* opgestel *(kanon);* op=
geplak *(foto);* beslaan, met beslag; gemonteer(d); *~ guard*
ruiterwag; *~ man/woman* man/vrou te perd, (perde)ruiter;
berede skutter; *~ police* berede polisie.

**mount²** *n., (arg. behalwe in pleknaam)* berg; heuwel, kop. **M~**
**Everest** →EVEREST. **M~ of Olives** Olyfberg.

**moun·tain** berg; kop; *make a ~ out of a molehill, make ~s out*
*of molehills* 'n berg van 'n molshoop/miershoop maak, van
'n muggie/vlooi 'n olifant maak; *move ~s, (idm.: veel uitrig)*
berge versit. *~ ash, rowan (tree) (bot.)* lysterbes(sie)boom;
lysterbeshout. *~ bike (afk.: MTB)* bergfiets. *~ biker* berg=
fietsryer, bergfietser. *~ biking* bergfietsry. *~ chain* berg=

ketting. ~ **club** berg(klim)klub. ~**-high** berghoog. ~ **lion** *(Am.)* →PUMA. ~ **pass** bergpas; nek; poort. ~ **peak** bergspits, =piek. ~ **range** bergreeks, =ketting. ~ **ridge** rant, bergrug, =kam. ~ **sickness, altitude sickness** berg=, hoogtesiekte. ~**side**, ~ **slope** berghang, =helling. ~ **top** bergtop. ~ **zebra:** *Cape* ~ ~ Kaapse bergsebra/=kwagga.

**moun·tain·eer** *n.* bergklimmer; bergbewoner. **moun·tain·eer** *ww.* bergklim. **moun·tain·eer·ing** bergklimmery.

**moun·tain·ous** bergagtig, berg=; ~ *country* bergland, berg= agtige land; bergstreek, =wêreld.

**moun·te·bank** grootprater; bedrieër; charlatan.

**Mount·ie, Mount·y** =ies, *(infml.: lid v.d. Kan. berede polisie)* Mountie.

**mount·ing** (die) opklim; opstelling; montasie; montering; montuur; beslag; affuit *(v. 'n kanon).* ~ **board** monteerkar= ton. ~ **medium** monteermiddel.

**mourn** rou, in (die) rou wees, rou dra, treur, hartseer/be= droef wees *(oor)*; betreur; ~ *(over)* s.o./s.t. oor iem./iets treur; ~ *(for)* s.o., ~ *(over) the death/loss of s.o.* oor (die dood/verlies van) iem. rou/treur. **mourn·er** treurende, roudraer, =klaer. **mourn·ful** treurig, droewig, bedroef. **mourn·ful·ness** treu= righeid; gekla.

**mourn·ing** droefheid; rou; roubedryf, =betoon; rouklere, roudrag; *be in* (or *wear*) ~ in (die) rou wees, rou dra, rou; *go into* ~ in die rou gaan; *be out of* ~ uit die rou wees. ~ **band** rouband. ~ **dove:** *African* ~ rooioogtortelduif.

**mouse** *mice, n.* muis; *(rek.)* (elektroniese) muis, (rekenaar)= muis; *(infml.)* blouoog. **mouse** *ww.* muise vang; loer, snuf= fel; ~ *about* rondsluip, =snuffel. ~ **barley** kruipgras, wilde= gars. ~**bird** muisvoël. ~**-colour** muiskleur, vaal. ~**-driven** *adj.:* ~ *selections, (rek.)* keuses wat met 'n muis uitgeoefen word. ~**-eaten** van muise gevreet. ~ **hare** pika. ~ **mat,** ~ **pad** *(rek.)* muismat(jie). ~**-quiet** muisstil. ~**trap** muisval.

**mouse·like** muisagtig; muisstil.

**mous·er** *(kat ens.)* muisvanger.

**mous·ey** →MOUSY.

**mou(s)·sa·ka, mou(s)·sa·ka** *(Gr. kookk.)* moesaka.

**mousse** *(kookk., haarstilering)* mousse; *chocolate* ~, *(kookk.)* sjokolademousse; *(infml.)* olieskuim *(ná 'n oliestorting ter see)*.

**mousse·line** *(tekst.)* moeselien; *(kookk., ook* mousseline sauce, sauce mousseline) mousseline(sous).

**mous·tache,** *(Am.)* **mus·tache, mus·tache** snor(baard). **mous·tached,** *(Am.)* **mus·tached** met 'n snor(baard), be= snor(d), snor=.

**Mous·te·ri·an** *(argeol.)* Moustérien.

**mous·y, mous·ey** muisagtig; muiskleurig, vaal *(hare)*; kleur= loos, vaal, bedees *(iem.)*; muisstil; vol muise.

**mouth** *n.* mond; bek, muil *(v. dier)*; snoet; mond(ing); uit= loop; opening; stem; *have a* **big** ~, *(infml.)* grootpraat, 'n groot mond hê; gewoonlik alles uitlap; *button up (one's* ~), *(infml.)* stilbly, jou mond hou; ~ *of a* **cave/shaft/etc.** ingang/bek van 'n spelonk/skag/ens.; *be* **down** *in the* ~ bek= af/bedruk/neerslagtig wees, jou kop/ore/lip(pe) (laat) hang, lyk of die hoenders/honde jou kos afgeneem/afgevat het; *be in* **everybody's** ~ almal praat van jou; *it sounds odd/strange in his/her* ~ dit klink vreemd uit sy/haar mond; *make a* ~ skewebek trek; *out of s.o.'s* **own** ~ uit iem. se eie mond, met iem. se eie woorde; *have s.t. from s.o.'s* **own** ~ iets uit iem. se eie mond hê; *pass from* ~ *to* ~ van mond tot mond gaan; *rinse one's* ~ jou mond uitspoel; ~ *of a* **river** ri= viermond(ing); *run at the* ~ kwyl; *screw up one's* ~ jou lippe saamtrek; *shoot one's* ~ *off, (infml.)* uitvaar, jou bek rek; jou mond verbypraat; *keep one's* ~ **shut, shut** *one's* ~, *(infml.)* stilbly, jou mond hou; *shut/stop s.o.'s* ~, *(infml.)* iem. stilmaak/muilband *(of* die swye oplê*)*, iem. se/die mond snoer; *watch one's* ~, *(infml.)* 'n wag voor jou mond hou. **mouth** *ww.* geluidloos *(of* met jou lippe) vorm; geluidloos/onhoor=

baar prewel/uiter; oorduidelik artikuleer/uitspreek; hoog= drawend voordra *(gedigte ens.)*; met die mond/lippe aanraak/ bevoel; ~ *off, (infml.)* uitvaar, jou bek rek; haatlikhede kwyt= raak. ~ **organ** mondfluitjie. ~ **part** *n. (gew. i.d. mv.), (soöl.)* monddeel. ~**piece** mondstuk *(v. 'n musiekinstrument, tele= foon, pyp, ens.); (soms neerh.)* woordvoerder, spreekbuis, segs= persoon; lyfblad. ~**-to-mouth** mond-tot-mond-; *give s.o.* ~ *resuscitation* mond-tot-mond-asemhaling op iem. toepas. ~**wash** mondspoelmiddel. ~**-watering** watertandlekker, heerlik; verruklik.

**-mouthed** *komb.vorm* =mond, =bek-, =bekkig, =praterig; *foul-* ~ vuilbekkig, =praterig; *wide-*~ *jar* wyebekfles.

**mouth·ful** mond vol, hap, kousel(tjie); sluk; *a* ~ *of drink* 'n sopie; *be a* ~, *(infml.)* 'n (hele) mond vol wees; 'n tongbreker wees; *say a* ~, *(infml.)* 'n groot/waar woord praat; 'n hele boel sê.

**mouth·less** sonder mond; sonder uitgang.

**mouth·y** *(infml.)* bekkig; bombasties.

**mov·a·ble** →MOV(E)ABLE.

**move** *n.* beweging; verhuising, trek; verplasing, verskuiwing; stap, maatreël; maneuver; mars, beweging, trek; *(bordspe= letjies)* beurt, skuif, stoot; *make a* **bad** ~ 'n fout maak; *a* **clever** ~ 'n slim set; *one false* ~ een verkeerde stap; *get a* ~ *on, (infml.)* gou maak, opskud; *get a* ~ *on!, (infml.)* gou!, roer jou (litte)!; *a* **good** ~ 'n verstandige stap; *make a* ~, *(lett.)* stoot, skuif, 'n skuif maak *(in skaak ens.)*; in beweging kom; aanstalte(s) maak *(om iets te doen)*; *(fig.)* 'n skuif maak, tot stappe oorgaan; *let's* **make** *a* ~, *(infml.)* kom ons waai/wikkel; *be* **on** *the* ~ aan die beweeg *(of* in beweging *of* aan die gang) wees; aan die rondtrek wees; *keep s.o.* **on** *the* ~ iem. aan die gang hou; *whose* ~ *is it?* wie se beurt/ skuif/stoot is dit?, wie moet speel?; *it's* **your** ~!, *(lett. & fig.)* dis jou beurt/skuif!. **move** *ww.* skuif, skuiwe; beweeg, roer; gaan; marsjeer; laat marsjeer; aandryf, =drywe; verskuif, verplaas; versit, verroer; trek, verhuis; laat trek; oorplaas; verander *(datum ens.); (bordspeletjies)* stoot, skuif; *(brug)* wis= sel; ontroer *(iem.)*; beweeg, roer *(iem. tot trane); (infml.)* loop, padgee, spore maak; *(infml.)* ja(ag), vlieg, baie vinnig ry; *(parl.)* voorstel; *(jur.)* aansoek doen; ~ *about/around* heen en weer loop, rondloop; rondtrek; dikwels verhuis; ~ *s.o./ s.t. about/around* iem./iets rondskuif/=skuiwe *(of* dikwels verskuif/=skuiwe); ~ *along* aanloop, =stap; aanry; aan die beweeg bly; verder gaan/trek; ~ *along!* aanstap!, stap aan!; bly aan die beweeg!; ~ *an* **amendment** *to a bill, (parl.)* 'n amendement/wysiging in 'n wetsontwerp voorstel; ~ *aside* opsy *(of* eenkant toe) staan, plek maak; ~ *s.o./s.t. aside* iem./ iets opsy *(of* eenkant toe) stoot/skuif; ~ *away* wegtrek; ~ *back, (iem.)* agtertoe beweeg, terugstaan, =tree; terugkeer, =trek *(na 'n dorp ens.)*; teruggaan, =keer *(na 'n ou werkplek)*; terugbeweeg *(na 'n tydperk); (motor ens.)* agtertoe beweeg, agteruitbeweeg *(troepe)* terugtrek, =val; ~ *back and forth* heen en weer beweeg; ~ *backwards* teruggaan; *be* **deeply** ~*d by s.t.* diep geroer wees deur iets, diep oor iets aange= daan wees; *s.o. was* **deeply** ~*d, (ook)* iem. se gemoed het volgeskiet; *don't* ~! staan stil!; ~ *down* afgaan; ~ *forward* vorentoe gaan; ~ *s.t. forward* iets na vore bring; iets vo= rentoe skuif/skuiwe; *s.o. is* **going** *to* ~ iem. gaan trek; ~ *house* verhuis; ~ *in* intrek, jou intrek neem; (die gesag) oorneem; ~ *in on ...* nader na ... toe kom; op ... toeslaan *(misdadigers ens.)*; ~ *in with s.o.* by iem. intrek, jou intrek by iem. neem; ~ *into a house* in 'n huis intrek, 'n huis betrek; *the debate* ~*d into its third day* die debat het die derde dag ingegaan; ~ *in a* **matter** stappe doen in 'n saak; *not be* ~*d, (ook)* nie oorreed wees nie; ~ *off* wegstap, =loop; weggaan, padgee; wegry; ~ *on* aanloop, =stap; aanry; aan die beweeg bly; verder gaan/trek; voortgaan; ~ *on!* aanstap!, stap aan!; bly aan die beweeg!; ~ *on to the next item/point (on the agenda)* tot die volgende punt (op die agenda) oorgaan; ~ *out* uittrek, vertrek; wegtrek; ~ *s.t. out* iets verwyder; ~ *out* *of* a *house* uit 'n huis trek; ~ *s.o.* *out of* a *house* iem. uit 'n huis sit; ~ *over* opskuif/-skuiwe, plek maak; ~ *that* ..., *(fml.)* voorstel dat ...; ~ *to* *another flat* na 'n ander woonstel trek; ~ *towards* ... nader na ... toe kom; ~ *up* opskuif/-skuiwe, plek maak; nader kom, naderkom; opgang maak; *(pryse ens.)* styg; ~ *up fast* vinnig aanstoot.

**mov(e)·a·ble** *n.* *(gew. i.d. mv.)* roerende goed(ere), los= goed; meubels, huisraad. **mov(e)·a·ble** *adj.* beweegbaar, beweeglik; los, roerend; roerbaar, verskuif=, verplaasbaar; ~ *feast* veranderlike/verspringende feesdag; ~ *property* roeren= de goed(ere), losgoed. **mov(e)·a·bil·i·ty** beweegbaarheid, be= weeglikheid; verplaasbaarheid.

**move·ment** beweging; aksie; *(mus.)* beweging, deel *(v. 'n meerdelige werk);* ontwikkeling, gang; verplasing; trek; me= ganiek; gemoedsbeweging; *(fig.)* stroming, stap, maatreël; tempo, tyd; ritme, versmaat; uurwerk; ontlasting, stoelgang; omset; *s.o.'s* ~*s* iem. se doen en late *(of* kom en gaan). ~ **control** bewegingsbeheer, =reëling.

**mov·er** *n.* beweger; voorsteller, indiener *(v. 'n mosie);* aan= stigter; verhuisingsmaatskappy; verhuiser; ~*s and shakers, (infml.)* mense wat dinge laat gebeur.

**mov·ie** *(infml.)* fliek, (rol)prent, film; *go to the* ~*s* gaan fliek, bioskoop toe gaan. ~ **camera** rolprentkamera. ~ **fan** fliek= vlooi. ~**goer** fliek=, bioskoopganger. ~ **house** fliek, bio= skoop. ~~**maker** film=, rolprentmaker, =vervaardiger. ~ **star** rolprent=, filmster. ~ **theatre** bioskoop.

**mov·ing** *n.* beweging; verplasing; verskuiwing; verhuising.
**mov·ing** *adj.* bewegend; beweeg=, dryf=; (hart)roerend; treffend, aandoenlik; *get* ~ aan die gang kom; *get s.t.* ~ iets aan die gang/loop kry; *get s.o.* ~ iem. wakker skud; *keep* ~ aanstap; aanry; aan die beweeg bly; *keep* ~*!* aanstap!, stap aan!; bly aan die beweeg!. ~ **force** beweegkrag. ~ **pavement** *(Br.)* rolgang, bewegende loopgang *(op lughawe ens.).* ~ **spirit** dryfkrag; voorbok; aanstoker. ~ **spring** dryfveer. ~ **target** *(mil.)* bewegende skyf. ~ **truck,** ~ **van** meubel=, verhuiswa.

**mov·ing·ly** roerend, aandoenlik, treffend.

**mow** *mowed mowed; mowed mown* sny *(gras, met 'n masjien);* ~ ... *down* ... afmaai *(mense, soldate, ens.).* **mow·er** snyer; grassnyer, =masjien. **mow·ing** snyery, (die) sny.

**Mo·zam·bique** *n., (geog.)* Mosambiek. **Mo·zam·bique** *adj.* Mosambieks. **Mo·zam·bi·can** *n.* Mosambieker. **Mo·zam· bi·can** *adj.* Mosambieks.

**moz·za·rel·la** *(It.)* mozzarella(kaas).

**Mpu·ma·lan·ga** *(SA, geog.)* Mpumalanga.

**mu** Griekse (letter) m.

**much** baie, veel; erg; *as* ~ ewe veel; *as* ~ *again* dubbel *(of* twee maal/keer *of* nog ['n maal/keer]) soveel; *as* ~ *as* ... ewe veel as ...; tot/selfs ...; 'n hele ... *(duisend kilogram ens.); as* ~ *as that* (selfs) soveel; *is it as* ~ *as all that?* is dit regtig/ werklik so baie?; *be as* ~ *as three hours late* tot drie uur laat wees; *it was as* ~ *as s.o. could do to* ... iem. kon skaars ...; *pay as* ~ *as R1000* selfs/tot R1000 betaal; *as* ~ *as to say* ... asof (hy/sy wou sê) ...; *that is as* ~ *as s.o. knows about it* dit is al wat iem. daarvan weet, meer weet iem. nie; *s.o. is chatting/lying/swearing/etc.* ~ *better, (SA sl.)* klets/lieg/ vloek/ens. dat dit 'n aardigheid is; *a bit* ~, *(infml.)* 'n bietjie baie; *darem te erg; s.t. is a bit* ~ *for s.o., (infml.)* iets is vir iem. bietjies *(of* 'n bietjie) te veel; *do* ~ *to* ... baie help *(of* daar= toe bydra) om te ...; ~ *in favour of* ... sterk ten gunste van ...; *how* ~ ... hoeveel ... *(geld ens.); how* ~*?* hoeveel?; wat kos dit?; *how* ~ *longer?* hoe lank nog?; *(as)* ~ *as s.o. would like* (or wants) *to* ... hoe graag iem. ook (al) (sou) wil ...; *not be* ~ *to look at* maar lelik wees; *make* ~ baie verdien; *make* ~ *of* ... baie van ... dink; 'n ophef van ... maak; ... op die hande dra *(iem.); never so* ~ *as* ... nie eens *(of* selfs nie) ... nie; *not all that* ~ nie so danig veel nie; *s.o./s.t. is not* ~ *of a* ... iem./iets is nie 'n danige/wafferse ... nie, as ... beteken iem./iets nie veel nie; *it is nothing* ~ dis niks besonders/watwonders nie, dit beteken nie veel nie; *it*

*is not worth* ~ dit is nie baie/veel werd nie; dit het nie veel om die lyf nie; *as* ~ *as possible* soveel moontlik; *pretty* ~ *done, (infml.)* feitlik *(of* so te sê) klaar; *there is* ~ *to be said for* ... daar kan baie ten gunste van ... gesê word; *(pretty/very)* ~ *the same, (infml.)* baie/omtrent eenders/eners, ongeveer *(of* min of meer) dieselfde; *have* ~ *to say* baie te sê hê; *I'll say that* ~ *for* ... dit moet ek ... ter ere nagee; *it says* ~ *for* ... dit pleit vir ...; dit spreek boekdele vir ...; *see* ~ *of s.o.* baie/ heelwat van iem. te sien kry, baie met iem. te doen hê *(of* in aanraking kom); *so* ~ soveel, so baie; dermate; *not so* ~ *as a* ... nie eens/eers 'n ... nie; *I don't know so* ~, *(ook)* daarvan is ek nie so seker nie; *so* ~ *for that* genoeg daarvan, daarmee is dit afgehandel/gedaan, dit is dit, dit is klaar/verby; *so* ~ *(so) that* ... soseer *(of* so erg *of* in so 'n mate *of* selfs so) dat ...; *not so* ~ *that* ... nie soseer dat ... nie; *so* ~ *the* ... des/soveel te ... *(beter ens.); this* ~ *I know* soveel weet ek; *I thought as* ~ ek dog so, dit kon ek dink, dit het ek gedink, net soos ek gedink het; *s.o. told me as* ~ dit is wat iem. my vertel het; *too* ~ te veel *(geld ens.); far too* ~ veels te veel; *too* ~ *of a* ... 'n alte groot ... *(risiko ens.); s.o. is too* ~ *for me, (infml.)* iem. is een te veel vir my, iem. is my oor; *that was too* ~ *for s.o., (infml.)* dit was vir iem. te erg/moeilik/swaar *(of* eens te veel), dit was bo iem. se krag(te), iem. kon dit nie baasraak nie; *twice as* ~ dubbel soveel; *not be up to* ~, *(infml.)* nie veel beteken nie; niks besonders wees nie; nie te waffers wees nie; *very* ~ besonder baie/veel; *(as)* ~ *as s.o. wants to* ... →*like; without so* ~ *as a goodbye* selfs sonder om te te groet. **much·ly** *(skerts.)* baie, veel. **much·ness** grootte; grootheid; omvang; *much of a* ~ vinkel en koljander, omtrent eenders/eners.

**mu·ci·lage** *(farm.)* slymgom; slym; plant(e)slym. **mu·ci·lag· i·nous** gomagtig; slymagtig, slymerig; slym=.

**muck** *n.* vuilgoed, vullis, vuilis; mis, drek; *(fig.)* smerigheid; *all in a* ~ besmeer(d); *make a* ~ *of s.t., (infml.)* iets verbrou/ verknoei/beduiwel/verfoes. **muck** *ww.:* ~ *about/around, (infml.)* rondpeuter; rondslenter; ~ *s.o. about/around, (infml.)* iem. vir die gek hou; ~ *about/around with s.t., (infml.)* met iets peuter; ~ *in (with* ...), *(Br., infml.)* ('n) hand(jie) bysit (met ...); ~ *s.t. out, (hoofs. Br.)* iets skoonmaak, mis uit iets verwyder *('n stal ens.);* ~ *s.t. up, (infml.)* iets opmors/-dons, 'n gemors van iets maak. ~ **heap,** ~ **hill** mishoop; vuilgoed=, vullishoop. ~**rake** *n.* mishark. ~**rake** *ww., (fig.)* (met) mod= der gooi. ~**raker** *(fig.)* moddergooier; sensasiesoeker; riool= skrywer. ~**raking** *(fig.)* moddergooiery; sensasiesoekery; rioolstories.

**muck·y** vuil, smerig. **muck·i·ness** vuil(ig)heid, smerigheid.

**mu·cor** swam=, broodskimmel.

**mu·cro** =crones, *(biol.)* punt. **mu·cro·nate** skerp; gepunt; ~ *leaf* gepunte blaar.

**mu·cus** slym, mukus, fleim, fluim. **mu·cin** *(biochem.)* slym= stof, musien, gomstof. **mu·coid** slymerig, slymagtigheid, mukoïed. **mu·co·sa** =sae, -sa(s) = MUCOUS MEMBRANE. **mu· cos·i·ty** slymagtigheid, slymerigheid, slym. **mu·cous** slym= agtig, slymerig, slym=; ~ *gland* slymklier; ~ *membrane* slym= vlies.

**mud** modder, slyk, slik; flodder; klei *(as boustof); (fig.)* mod= der; vuilgoed; *be (all) covered with* ~ (die) ene modder wees; *drag s.o.'s name through the* ~ iem. deur die modder sleep; *here's* ~ *in your eye!, (infml. heildronk)* gesondheid (in die rondheid)!, tjorts!, daar gaat hy!; *s.o.'s name is* ~, *(infml.)* iem het sy/haar naam weggegooi; *sling/throw* ~ *at s.o.* met modder gooi, iem. beklad/beswadder/slegmaak; *be stuck in the* ~ in die modder vassit; *(fig.)* agterbly; *get stuck in the* ~ in die modder vasval; *wallow in the* ~ in die modder rol. ~**bath** modderbad. ~ **brick** rousteen. ~~**coloured** mod= derkleurig. ~ **crack** uitdrogingsbars, =kraak, krimpskeur. ~**fish** moddervis. ~ **flat** moddervlakte. ~ **floor** klei=, grond= vloer. ~**guard** modderskerm. ~ **hut** kleihuisie. ~ **mask,** ~ **pack** *(kosmetiek)* kleimasker. ~ **pie** modderkoek(ie). ~ **shield** modderskerm. ~**skipper** *(igt.)* klimvis. ~**slinger** modder=

gooier, swartsmeerder. **~slinging** moddergooiery, swart=
smeerdery. **~ wall** kleimuur. **~-walled** met kleimure.

**mud·died, mud·di·ness** →MUDDY.

**mud·dle** *n.* deurmekaarspul, warboel, harwar, verwarring;
knoeiwerk; **get into a ~,** *(iets)* in die war *(of* deurmekaar)
raak; *(iem.)* in die war raak; onklaar trap *(met wat mens sê);*
*s.t. is in a ~* iets is deurmekaar; *s.o. is in a ~* iem. is in die
war; iem. is deur die wind; **make a ~ of** *s.t.* iets verknoei.
**mud·dle** *ww.* verwar; verfoes, verknoei; troebel maak;
benewel; dronk maak; meng; *~ along/on* voortsukkel, aan=,
voortploeter; *~ through* deursukkel; *~ up people/things* mense/
dinge verwar. **~head** warkop; domkop. **~headed** deurme=
kaar, verwar(d); benewel(d).

**mud·dled** verward, deurmekaar, benewel(d); *~ (with drink)*
aangeklam; *~ thinking* verwarde denke.

**mud·dler** ploeteraar, sukkelaar.

**mud·dy** *adj.* modderig; slykerig; smerig, vuil, morsig; troe=
bel, benewel(d); onduidelik, deurmekaar; *be all ~* (die) ene
modder wees. **mud·dy** *ww.* bemodder; troebel maak, ver=
troebel; benewel; bemors; deurmekaar maak. **mud·died** vol
modder, met modder besmeer, die ene modder. **mud·di=
ness** modderigheid; troebelheid; onduidelikheid.

**mues·li** muesli.

**mu·ez·zin** *(Islam)* muezzin, (gebeds)roeper.

**muff¹** *n.* mof *(vir d. hande).* **~ cap** beermus.

**muff²** *n., (sport)* misvangs; mislukking. **muff** *ww., (infml.)*
bederf, bederwe, verfoes, verknoei; *(sport)* mis vang, mis=
vang.

**muf·fin** muffin, kolwyntjie.

**muf·fle** *n.* moffel *(v. 'n oond).* **muf·fle** *ww.* (warm) toe=
maak/=wikkel *(iem.);* demp *(geluid ens.); (mus.)* bedek, demp
*(pouke);* iem. se mond toebind; *(metal.)* moffel; *~d glass*
moffelglas; *~d tread* sagte tred; *in a ~d voice* met ('n) ge=
dempte/mompelende stem. **muf·fler** halsdoek; (sier)serp;
geluiddemper; *(Am., mot.)* knaldemper, =pot.

**muf·ti¹** *(Moslemregsgeleerde)* moefti.

**muf·ti²** *in ~* in burgerdrag/=klere.

**mug** *n.* beker; *(infml.)* gevreet, smoel, bakkies; *it's a ~'s game*
dis gek/gekkewerk. **mug** *=gg-, ww.* (op straat) beroof; ske=
webek/gesigte trek; **~shot** *(sl.)* gesig(s)foto.

**mug·ger** (straat)rower.

**mug·ging** straatroof.

**mug·gins** *=gins(es), (Br., infml.)* uilskuiken.

**mug·gy** bedompig, benoud, broeierig, broeiend, swoel,
drukkend. **mug·gi·ness** bedompigheid, broeierigheid, broei=
endheid, swoelheid.

**mu·ja·hed·din, mu·ja·he·deen, mu·ja·hi·din, mu·ja·
hi·deen** *n. (mv.), (Islam. guerrillas, soms M~): the ~* die
moedjahedien.

**mu·lat·to** *=to(e)s, n.* mulat(to), halfbloed. **mu·lat·to** *adj.*
halfbloed=; *(kleur)* geelbruin.

**mul·ber·ry** moerbei. **~ tree** moerbeiboom.

**mulch** *n.* molm; grondkombers, deklaag, =blare, strooimis.
**mulch** *ww.* met blare/strooi (be)dek.

**mule¹** muil; *(dier, plant)* baster; *(infml.)* domkop, esel; harde=
kop; *(drug) ~,* *(infml.)* dwelmkoerier, =muil, =draer. **~-drawn**
deur muile getrek, met muile bespan. **~-drawn wag(g)on**
muilwa. **~-headed** koppig. **~-kick** muilskop; *(stoei)* vol=
struisskop. **~ team** muilspan.

**mule²** muil, kamer=, uitskoppantoffel.

**mu·le·teer** muil=, eseldrywer.

**mul·ish** (hard)koppig, hardnekkig, dwars. **mul·ish·ness** kop=
pigheid, dwarsheid.

**mull¹** *ww.* bepeins, oordink; *~ s.t. over* diep oor iets nadink,
iets grondig oorweeg, aan iets herkou.

**mull²** *ww.* krui(e); *~ed wine* gekruide wyn.

**mull³** *n.* neteldoek, dun moeselien; voeringseildoek.

**mul·la(h)** *(Moslemskrifgeleerde)* mo(e)lla.

**mul·lein** *(bot.)* goudroede.

**mul·let¹** *(igt.)* harder; *grey ~* harder; *red ~* mul(vis).

**mul·let²** *(infml.)* mullet(haarstyl), hamerkophaarstyl.

**mul·li·ga·taw·ny:** *~ paste* kerriepasta. *~ soup* kerriesop.

**mul·lion** *n.* vensterroei, tussen=, hoofstyl. **mul·lion** *ww.*
vensterroeie insit.

**mul·tan·gu·lar, mul·ti·an·gu·lar** veelhoekig.

**mul·ti·ac·cess** *adj. (attr.; rek.)* multitoegang(s)=, veeltoe=
gang(s)=.

**mul·ti·cel·lu·lar** *(biol.)* veelsellig.

**mul·ti·chan·nel** *adj., (TV)* multikanaal=, veelkanaal=.

**mul·ti·col·oured,** *(Am.)* **mul·ti·col·ored** veelkleurig, bont.

**mul·ti·cul·tur·al** multikultureel. **mul·ti·cul·tu·ral·ism** mul=
tikulturalisme.

**mul·ti·di·men·sion·al** *adj.,* **mul·ti·di·men·sion·al·ly**
*adv.* meerdimensioneel. **mul·ti·di·men·sion·al·i·ty** meerdi=
mensionaliteit.

**mul·ti·di·rec·tion·al** veelrigting=.

**mul·ti·dis·ci·pli·nar·y** multidissiplinêr.

**mul·ti·eth·nic** veelvolkig, multi-etnies, veeletnies.

**mul·ti·fac·et·ed** *(gew. attr.)* veelsydig; veelvlakkig, meer=
vlakkig; ryk geskakeer(d).

**mul·ti·faith** →INTERFAITH.

**mul·ti·far·i·ous** veelsoortig, =vuldig, uiteenlopend, verskil=
lend, velerlei, talryk.

**mul·ti·flo·rous** veelblommig.

**mul·ti·fo·cal** *adj.* multifokaal *(bril, lens, ens.).* **mul·ti·foc·als**
*n. (mv.)* multifokale bril/ens..

**mul·ti·fold** veelvuldig.

**mul·ti·form** veelvormig, =soortig. **mul·ti·for·mi·ty** veelvor=
migheid, =soortigheid, verskeidenheid.

**mul·ti·func·tion, mul·ti·func·tion·al** multi=, veelfunk=
sioneel, multifunksie=, veelfunksie=.

**mul·ti·grade oil** meergraadolie.

**mul·ti·hull** *n., (sk.)* multiromp(seil)jag. **mul·ti·hull** *adj.*
*(attr.)* multiromp=.

**mul·ti·lat·er·al** *adj.,* **mul·ti·lat·er·al·ly** *adv., (pol.)* multi=
lateraal=; veel=, meersydig; *~ force* gemeenskaplike mag.
**mul·ti·lat·er·al·ism** multilateralisme.

**mul·ti·lev·el** *adj. (attr.)* veel=, meervlakkige, terrasvormige
*(gebou ens.); (han.)* veel=, multivlakkige, multivlak=.

**mul·ti·lin·gual** veeltalig. **mul·ti·lin·gual·ism** veeltaligheid.
**mul·ti·lin·guist** veeltalige, talekenner.

**mul·ti·me·di·a** *n. (mv.)* multimedia. **mul·ti·me·di·a** *adj.*
*(attr.)* multimedia=.

**mul·ti·mil·lion·aire** multimiljoenêr.

**mul·ti·na·tion·al** *n.* multinasionale maatskappy. **mul·ti·
na·tion·al** *adj.* veelvolkig *(land, kultuur);* multinasionaal=
*(org. ens.).*

**mul·tip·a·rous** *(med., soöl.)* veelbarend. **mul·ti·par·i·ty** veel=
barendheid.

**mul·ti·par·tite** veeldelig, =ledig.

**mul·ti·par·ty** *adj. (attr.)* veelparty= *(beraad, verkiesing, ens.).*

**mul·ti·ped(e)** *(entom.)* veelvoetig, =potig.

**mul·ti·phase** meer=, veelfasig.

**mul·ti·ple** *n.* veelvoud; *in ~s of ...* in eenhede van ... elk; *be
a ~ of ...* 'n veelvoud van ... wees. **mul·ti·ple** *adj.* veel=,
meervoudig, veel=, menigvuldig, baie; verskeie, multipel;
veelsoortig; (algemeen) versprei. *~ birth* meerling(ge=
boorte). **~-choice** *adj. (gew. attr.)* meerkeuse=, meerkeusige,
veelkeuse=, veelkeusige, multikeuse=, veelvuldigekeuse=,
meervoudigekeuse= *(vrae ens.).* *~ division* herhaalde deling.
*~ fruit* veelvoudige/veelvuldige vrug. *~ injuries* meervou=

dige/veelvuldige beserings. ~ **jack** multipelklink. ~ **per-sonality** *(psig.)* meervoudige persoonlikheid. ~ **plough** veel=skaarploeg. ~ **proportions** veelvoudige verhoudings. ~ **sclerosis** *(med.)* verspreide/multipele sklerose. ~ **star** *(astron.)* meervoudige/veelvoudige ster. ~ **stitch** veelvoudsteek. ~ **switch** meervoudige skakelaar.

**mul·ti·plex** *n., (telekom.)* multipleks; bioskoop=, rolprent=teaterkompleks. **mul·ti·plex** *adj.* veelvoudig *(gesigsvermoë, skroefdraad)*; saam=, samegesteld *(oog)*; ~ *cinema* bioskoop=, rolprentteaterkompleks; ~ *telegraphy* meervoudige telegra-fie, multiplekstelegrafie; ~ *transmitter* multiplekssender. **mul·ti·plex** *ww., (telekom.)* per multipleks oorsein. **mul-ti·plex·er** vermeervoudiger, multiplekser.

**mul·ti·pli·cand** *(wisk.)* vermenigvuldigtal.

**mul·ti·pli·ca·tion** vermenigvuldiging. ~ **sign** maalteken, vermenigvuldigteken. ~ **table** vermenigvuldigingstafel; ver-menigvuldigingstabel.

**mul·ti·pli·ca·tive, mul·ti·pli·ca·tive** vermenigvuldigend.

**mul·ti·plic·i·ty** menigvuldigheid, veelvuldigheid, menigte, veelheid; ~ *of meaning* veelduidigheid.

**mul·ti·pli·er** vermenigvuldiger; versterker; multiplikator.

**mul·ti·ply** *ww.* vermenigvuldig; verveelvoudig; vermeerder; vergroot; voortplant, =teel; aanteel; aangroei, aanwas; mul-tipliseer; ~ *s.t. by* ... iets met ... vermenigvuldig/maal; ~*ing coil* versterking=, multiplikatorspoel; ~*ing factor* vermenig-vuldigingsfaktor. **mul·ti·pli·a·ble, mul·ti·plic·a·ble** vermenig-vuldigbaar.

**mul·ti·ply** *adv.* veelvoudig, op baie maniere.

**mul·ti·pro·cess·or** *(rek.)* multiverwerker, veelvoudige ver-werker.

**mul·ti·pur·pose** meerdoel=, meerdoelig, veeldoelig; ~ *tools* meer=/veeldoelige gereedskap. ~ **vehicle** *(afk.: MPV)* veel-doelvoertuig *(afk.: VDV)*, meerdoelvoertuig *(afk.: MDV)*.

**mul·ti·ra·cial** veelrassig. **mul·ti·ra·cial·ism** veelrassigheid.

**mul·ti·role** *adj.* veelsydige; multi=, veelfunksionele, multifunksie=, veelfunksie=, met baie funksies *(pred.)*.

**mul·ti·stage** meertrappig; ~ *engine* meertrapmasjien; ~ *rocket* meerstukvuurpyl.

**mul·ti·sto·rey** *adj. (attr.)* multiverdieping=, veelverdieping=, meerverdieping= *(gebou ens.)*. ~ **(car park)** multiverdieping=, veelverdieping=, meerverdiepingparkeergarage.

**mul·ti·task·ing** *(rek. ens.)* die verrigting van verskeie take.

**mul·ti·track** *adj. (attr.), (mus.)* meerbaan= *(opname, band, ens.)*.

**mul·ti·tude** menigte, hoop, skare, swetterjoel, trop; veelheid; *the* ~ die menigte/massa; *a* ~ *of things* 'n menigte dinge; *a vast* ~ 'n ontsaglike/onafsienbare menigte. **mul·ti·tu·di·nous** menigvuldig, talryk, talloos; eindeloos.

**mul·ti·us·er** *adj. (attr.), (rek.):* ~ *system* multigebruikerstelsel, stelsel vir verskillende gebruikers.

**mul·ti·va·lent** veel=, meerwaardig, multivalent.

**mul·ti·valve** *adj.* veelkleppig.

**mul·ti·vit·a·min** *n. & adj.* multivitamien.

**mul·ti·way** *adj. (attr.), (elek.)* meerweg=, veelweg= *(prop, passtuk, ens.)*.

**mum¹** *(Br.)*, **mom** *n., (infml.)* mamma, mam(s); →MUMMY¹.

**mum²** *n.:* ~'s *the word!, (infml.)* bly stil hieroor!; jy sê niks, hoor (jy)!; stilbly!, sjt!; maar hou jou mond, hoor!. **mum** *adj.* stil; *keep* ~, *(infml.)* stilbly; *keep* ~ *about s.t., (infml.)* iets geheim hou, iets stilhou. **mum·mer** vermomde (speler). **mum·mer·y** maskerade, vermomming; komedie.

**Mum·bai** *(geog.)* Moembaai.

**mum·ble** *n.* gemompel. **mum·ble** *ww.* mompel; prewel. **mum·bler** mompelaar, prewelaar. **mum·bling** *n.* gemompel, geprewel. **mum·bling** *adj.* mompelend, prewelend; ondui-delik.

**mum·bo-jum·bo** =*bos, (infml.)* (sinlose) geprewel; hokus-pokus; afgod.

**mum·mer, mum·mer·y** →MUM².

**mum·my¹** mummie. **mum·mi·fi·ca·tion** mummifikasie, mum-mifisering. **mum·mi·fy** mummifiseer; *(liggaam)* opdroog, verdroog.

**mum·my²** *(Br., infml., hoofs. kindert.)* mammie, mamsie, mamma(tjie), mama('tjie).

**mumps** *n. (fungeer as ekv. of mv.), (med.)* pampoentjies.

**mum·sy** =*sier* =*siest, adj., (infml.)* moederlik; aards; huislik, knus, gesellig, snoesig, warm; eenvoudig, onaansienlik; ou-tyds, ouderwets.

**munch** kou; oppeusel; ~ *away at an apple* aan 'n appel knabbel. **munch·ies** *n. (mv.), (infml.)* lekkernye, versnape-ringe, =rings, peusel=, eetgoed; *the* ~s belusting; *have the* ~s hongerig voel/wees.

**Mun·chau·sen** spekskieter, onverbeterlike leuenaar; wol-haar=, spekskietstorie, sak-sarel-storie. ~'s **syndrome** *(psig.)* Münchhausen-sindroom.

**mun·dane, mun·dane** gewoon, alledaags, banaal; aards, wêrelds. **mun·dane·ness, mun·dane·ness** alledaagsheid, banaliteit.

**mung (bean)** mungboontjie.

**Mu·nich** *(geog.)* München.

**mu·nic·i·pal** *adj.* munisipaal, dorps=, stads=, stedelik; ~ *area* dorpsgebied; ~ *corporation/council* stadsraad; ~ *govern-ment* stadsbestuur; ~ *hall* stadsaal; ~ *law* stadswet; stads-reg, munisipale reg; ~ *rate* erfbelasting; ~ *theatre* stad-skouburg. **mu·nic·i·pal·i·ty** munisipaliteit, stadsbestuur; stads=, dorpsgebied. **mu·nic·i·pal·ly** van stadswee.

**mu·nif·i·cent** vrygewig, milddadig, rojaal. **mu·nif·i·cence** vrygewigheid, mild(dadig)heid, rojaalheid, goedheid; *by the* ~ *of* ... deur die vrygewigheid van ...

**mu·ni·tion** *n. (gew. i.d. mv.)* krygsvoorraad, =behoeftes, munisie; ammunisie, skietgoed; krygstuig. **mu·ni·tion** *ww.* bevoorraad, van munisie voorsien; van skietgoed voorsien. ~ **factory**, ~ **works** wapen=, munisiefabriek.

**mu·ral** *n.* muurskildery; muurskilderwerk. **mu·ral** *adj.* muur=; ~ *art* muurkuns; ~ *painting* muurskildering; muurskildery. **mu·ral·ist** muurskilder.

**mur·der** *n.* moord; *cry/scream/shout/yell blue* (or *bloody* [Am.]) ~, *(infml.)* moord en brand skree(u); *a brutal* ~ 'n gruwelike moord; *commit* ~ moord pleeg; *get away with (blue)* ~, *(infml.)* maak/doen net wat jy wil, enigiets regkry, met vermetelheid slaag; *the* ~ *of* ... die moord op ...; ~ *will out* moord bly nie verborge nie; *it is plain* ~ dit is niks anders as moord nie; *(infml.)* dit is verskriklik/vreeslik; ~ *with intent to rob* roofmoord. **mur·der** *ww.* vermoor; moor; vernietig; radbraak *(taal)*. ~ **case** moordsaak. ~ **victim** ver-moorde, moordslagoffer.

**mur·der·er** moordenaar. **mur·der·ess** moordenares.

**mur·der·ous** moorddadig, moord=; bloeddorstig, wreed= (aardig); ~ *attempt* moordaanslag; ~ *road* gevaarlike/slegte pad.

**mu·rex** *murices, murexes* purperslak.

**murk** duisternis, donkerte; mis(tigheid). **murk·i·ness** duis-terheid, donkerheid; morsigheid. **murk·y** donker, somber, duister; morsig; mistig; ~ *darkness* dik duisternis.

**Mur·mansk** *(geog.)* Moermansk.

**mur·mur** *n.* gemurmel, geruis, murmeling; *(med.)* gesuis *(v.d. hart)*; gemompel, geprewel; gemor, gebrom, mompeling, murmurering; *say s.t. in a* ~ iets mompel; *without a* ~ son-der om te hik of te kik. **mur·mur** *ww.* murmel, ruis; mom-pel; mor, brom, murmureer. **mur·mur·ing** gemurmel, ge-ruis; gemor, gebrom, mompeling, murmurering.

**Mur·phy's Law** *(skerts.: as iets verkeerd kan loop, sál dit)* die wet van Murphy, Murphy se wet.

**mur·rain** veepes, =siekte.

**mur·rhine** *adj.* murrinies; ~ *glass* vloeispaatglas, murriniese glas.

**mus·cat** *(wynb.)* muskaat.

**mus·ca·tel, mus·ca·del** muskadel; muskadeldruif; muskadel(wyn).

**mus·cle** *n.* spier; spierkrag; krag; *have political/etc.* ~ politieke/ens. invloed hê; *not move a* ~ geen spier vertrek nie; *pull a* ~ 'n spier verrek. **mus·cle** *ww.:* ~ *in on s.t., (infml.)* in iets indring/indruk/inbars; ~*d* gespier(d). ~**-bound** die ene spiere; met stywe/oorspanne spiere, styf. ~ **bundle** spierbundel. ~ **control** spierbeheersing. ~ **cramp,** ~ **spasm** spierkramp. ~ **curve** spier(krag)kromme. ~ **fibre** spiervesel. ~**man** =men spier=, krag=, sterkman; uitsmyter.

**Mus·co·vite** *n.* Moskowiet, Moskouer, inwoner van Moskou. **Mus·co·vite** *adj.* Moskous, Moskowities, van Moskou.

**mus·co·vite** *(min.)* muskowiet.

**Mus·co·vy duck** makou.

**mus·cu·lar** gespier(d); spier=; sterk; kragtig; ~ *ache/pain* spierpyn; ~ *dystrophy, (med.)* spierdistrofie; ~ *fibre* spiervesel; ~ *spasm/twitch* spiertrekking; ~ *stomach* spiermaag *(v. voëls)*; ~ *strength* spierkrag; ~ *system* spierstelsel; ~ *tension* spierspanning; ~ *tissue* spierweefsel. **mus·cu·lar·i·ty** gespierdheid, spierkrag. **mus·cu·la·ture** spierstelsel, muskulatuur.

**mus·cu·lo·skel·e·tal** *adj. (attr.), (anat.):* ~ *system* spier-skelet-stelsel.

**muse¹** *n., (Gr. & Rom. mit.)* muse, sanggodin; *the M~s* die Muses.

**muse²** *ww.* peins, mymer, nadink; wonder oor; ~ *about/ on/over s.t.* oor iets peins. **mus·er** peinser, dromer, mymeraar. **mus·ing** *n.* gepeins, gemymer, mymering. **mus·ing** *adj.* peinsend, mymerend, nadenkend, dromerig.

**mu·se·ol·o·gy** museumkunde, museologie.

**mu·se·um** =seums museum; *do a* ~, *(infml.)* 'n museum besigtig. ~ **piece** *(lett. & fig.)* museumstuk.

**mush¹** *n.* pappery; moes, bry; *(fig., infml.)* soetsappigheid, stroperigheid, soetlikheid, sentimentaliteit. **mush·i·ness** papperigheid; soetsappigheid, stroperigheid, soetlikheid, sentimentaliteit. **mush·y** papperig, papsag, =saf; slap, pap, sag, week; swak; soetsappig, stroperig, soetlik, sentimenteel.

**mush²** *n., (Am.)* hondesleetog. **mush** *ww.* per hondeslee ry.

**mush·room** *n.* paddastoel; sampioen; *grow like* ~*s, (fig.)* soos paddastoele opskiet/verrys. **mush·room** *ww.* opskiet, paddastoel, soos paddastoele *(of* 'n paddastoel) opskiet/verrys, vinnig uitbrei, uitdy, sprei; (uit)sprei; *(koeël)* oopsprei, ~*krul;* sampioene soek. ~ **city,** ~ **town** opskiet= stad, =dorp. ~ **cloud** paddastoelwolk *(v. 'n kernbomontplof= fing ens.).* ~ **expansion,** ~ **growth** snelle ontwikkeling/ uitbreiding.

**mu·sic** musiek; toonkuns; *dance to the* ~ *of* ... op die musiek van ... dans; *s.t. is like* ~ *to s.o.'s ears, (fig., infml.)* iets is/ klink soos musiek in die *(of* iem. se) ore; *face the* ~, *(infml.)* die gevolge dra; die storm verduur; *in* ~ in die musiek; *make* ~ musiek maak/speel; *a piece of* ~ 'n musiekstuk; *play* ~ musiek speel; *set s.t. to* ~ iets toonset, iets op musiek sit. ~ **book** musiekboek. ~ **box** musiek=, speeldoos. ~ **centre** musieksentrum, =eenheid. ~ **critic** musiekkritikus, =resensent, =beoordelaar. ~ **criticism** musiekkritiek, =resensie, =beoordeling. ~ **hall** *n.* variété(teater); variététeater; musiek= saal, konsertsaal. ~~**hall** *adj. (attr.)* variété=, verskeidenheids=. ~ **lesson** musiekles. ~ **lover** musiekliefhebber. ~ **paper** musiekpapier. ~ **publisher** musiekuitgewer. ~ **room** musiekkamer; konsertsaal. ~ **shop** musiekwinkel. ~ **stand** musiekstaander. ~ **teacher** musiekonderwyser(es). ~ **theatre** musiekteater.

**mu·si·cal** *n.* musiekblyspel; musiek(rol)prent. **mu·si·cal** *adj.* musikaal, musiek=; welluidend, harmonies, melodies; ~ *chairs* stoeledans; ~ *comedy* musiekblyspel, operette, sangspel; *(~) composer* komponis; ~ *evening* musiek=

aand; ~ *film* musiek(rol)prent, musiekfilm; ~ *instru= ment* musiekinstrument; ~ *performance/recital* musiek= uitvoering; ~ *society* musiekvereniging.

**mu·si·cal·i·ty** welluidendheid; musikale aanleg, musikaliteit.

**mu·si·cal·ly** musikaal, op musikale wyse, skoonklinkend; in musikale opsig.

**mu·si·cian** musikant, musiekmaker; musikus, toonkunstenaar; musiekkenner. **mu·si·cian·ship** musikaliteit, toonkunstenaarskap, musikale bekwaamheid/vaardigheid/tegniek.

**mu·si·col·o·gy** musiekwetenskap, musikologie. **mu·si·co· log·i·cal** musikologies. **mu·si·col·o·gist** musiekwetenskap= like, musikoloog.

**musk** muskus, muske(l)jaat; muskusgeur; →MUSKY. ~ **deer** muskushert, =dier. ~**melon** spanspek; leloentjie, laloentjie. ~ **ox** muskusbees. ~**rat** bisam=, muskusrot.

**mus·ket** *(hist.)* roer, musket. ~ **ball** musketkoeël. ~ **barrel** musketloop. ~ **bearer** *(ook fig.)* agterryer, wapendraer.

**mus·ket·eer** *(hist.)* musketier.

**mus·ket·ry** gewere; skietkuns.

**musk·y** muskusagtig; muskus=; ~ *smell* muskusgeur, =reuk. **musk·i·ness** muskusgeur; muskusagtigheid.

**Mus·lim, Mos·lem** *n.* Moslem, Moesliem. **Mus·lim, Mos·lem** *adj.* Moslems, Moesliems.

**mus·lin** *(tekst.)* moeselien; *printed* ~ doerias.

**mus·o** ~*os, (infml., soms neerh.)* (tegno)musikant.

**muss** *n., (Am., infml.)* warboel; rommel. **muss** *ww.:* ~ *s.t. up, (Am., infml.)* iets deurmekaar maak *(hare ens.);* iets ver= frommel *(klere ens.).*

**mus·sel** mossel. ~ **bed** mosselbank. ~**cracker** *(SA, igt.):* black ~, *(Cymatoceps nasutus)* poenskop, swart=, bloubiskop, (bank)bloue, stompkop; *white* ~, *(Sparodon durbanensis)* witbiskop, sandbloue, sandstompkop.

**Mus·sorg·sky, Mous·sorg·sky** *(Rus. komponis, 1839-81)* Moessorgski.

**must¹** *n., (infml.)* verpligting; noodsaaklikheid; moet; *it's a* ~ dis onmisbaar *(of* 'n vereiste); dit moet; dit moet volstrek (gebeur); dit kan nie anders nie; dis 'n moet; *you should see it, it's a* ~ jy behoort jy absoluut te (gaan) sien. **must** *ww.* moet; verplig wees; mag; moes; →SHOULD; *s.o.* ~ *con= fess/etc.* iem. moet beken/ens.; *s.o.* ~ *have confessed/etc.* iem. moet beken/ens. het, iem. het seker/vermoedelik beken/ ens.; *if you* ~ *know* as jy (dan) wil weet; *s.o.* ~ *have known* it iem. moet dit geweet het; *you* ~ *never forget/etc. it/that* jy mag/moet dit nooit vergeet/ens. nie; *I* ~ *say* ... dit moet ek sê ...; *you simply* ~*!* jy moet eenvoudig!; *s.o.* ~ *have thought* it *odd/strange* iem. het dit seker/stellig gedink dis snaaks/vreemd/ eienaardig.

**must²** *n.* skimmel. **must·i·ness** mufheid, skimmelagtigheid, skimmelrigheid, vermuftheid. **mus·ty** muf, gemuf, vermuf, skimmelagtig, geskimmel(d), skimmel(rig); verouderd, af= gesaag; ~ *old books* verstofte/vermufte/muwwe ou boeke; ~ *bread* skimmelbrood; ~ *smell* kelderlug.

**must³, musth** *n.* bronstigheid *(by olifante, kamele).*

**mus·ta·chioed** besnor(d), met 'n snor; →MOUSTACHE.

**mus·tang** mustang, prêrieperd.

**mus·tard** mosterd; *cut the* ~, *(Am., infml.)* dit regkry, slaag; *die mas opkom.* ~ **gas** mosterdgas, ieperiet. ~ **plaster** *(med.)* mosterdpleister. ~ **pot** mosterdpotjie. ~ **seed** mosterdsaad. ~ **tree** *(Salvadora persica)* mosterdboom.

**mus·te·line** *(soöl.)* weselagtig.

**mus·ter** *n., (mil.)* monstering; wapenskou(ing), inspeksie; *pass* ~ die toets deurstaan, goed bevind word; *it will pass* ~, *(ook)* dit is gangbaar *(of* goed genoeg *of* redelik goed). **mus= ter** *ww.* versamel; toestroom, toeloop; aantree; *(mil.)* monstering hou, monster; aanmonster, monster *(troepe);* ~ *in recruits/support/etc., (Am.)* rekrute/steun/ens. werf; ~ *out* *troops, (Am.)* troepe afmonster; ~ *(up) a smile* met moeite glimlag; ~ *all one's strength* alle kragte inspan. ~ **parade** monsteringsparade. ~ **place** monsterplek. ~ **roll** *(mil.)* monsterrol.

**must·n't** *(sametr.)* = MUST NOT.

**mu·ta·ble** veranderlik, wisselvallig, onbestendig. **mu·ta·bil·i·ty** veranderlikheid, wisselvalligheid, onbestendigheid; wispelturigheid.

**mu·ta·gen** *n.* mutageen. **mu·ta·gen·ic** *adj.* mutageen.

**mu·tant** *(biol.)* mutant.

**mu·tate** verander, muteer. **mu·ta·tion** verandering, wisseling; stemverandering *(by 'n seun);* wysiging; *(biol.)* mutasie, spontane variasie; *(fonet.)* klinkerwisseling, umlaut; ~ *theory* mutasieleer, =teorie.

**mu·ta·tis mu·tan·dis** *(Lat.)* mutatis mutandis, met die nodige veranderings.

**mute** *n., (fonet.)* ploffer, plofklank, (eks)plosief, klapper; *(mus.)* (toon)demper, geluiddemper. **mute** *adj.* stom, spraakloos, stil, swygend, sprakeloos; onuitgesproke, woordeloos; stemloos, onuitgesproke, stom *(letter);* (eks)plosief *(medeklinker);* ~ *button* klankknoppie *(v. 'n TV ens.);* ~ *consonant* ploffer, plofklank, klapper, (eks)plosief; *the 'e' in 'late' is* ~ die *e* in *late* word nie uitgespreek nie. **mute** *ww.* demp; *(rad.)* stilmaak; *~d light* gedempte lig; *~d strings* gedempte snare. ~ **swan** *(Cygnus olor)* knobbelswaan.

**mute·ly** stil, swygend.

**mute·ness** stilswyendheid, (stil)swye, sprakeloosheid.

**mu·ti** *(SA, infml., <Z.)* moetie, kruiemedisyne, =(genees)= middel, tradisionele geneesmiddel. ~ **killing,** ~ **murder** moetiemoord. ~ **man** moetieman, kruiedokter, =geneser, tradisionele geneser.

**mu·ti·late** vermink; skend, beskadig; mutileer; radbraak, mors met *('n taal).* **mu·ti·la·tion** verminking; skending, beskadiging; mutilasie. **mu·ti·la·tor** verminker; skender, beskadiger.

**mu·ti·ny** *n.* muitery; opstand, oproer. **mu·ti·ny** *ww.* muit, rebelleer, in opstand kom, oproerig raak/word; ~ *against ...* teen ... muit *(op 'n skip);* teen ... in opstand kom. **mu·ti·neer** muiter, oproermaker. **mu·ti·nous** oproerig, opstandig.

**mut·ism** mutisme, stomheid.

**mutt** *(sl.)* stommerik, uilskuiken; *(skerts. of neerh.)* brak.

**mut·ter** *n.* →MUTTERING. **mut·ter** *ww.* mompel, prewel; mor, mompel, brom, murmureer. **mut·ter·er** mompelaar; murmureerder. **mut·ter·ing** gemompel, geprewel; gemor, gebrom.

**mut·ton** skaapvleis; skaap; *(druk.)* em; ~ *dressed as lamb, (infml., neerh., v. 'n ouerige vrou gesê)* te jonk aangetrek; *return to one's ~s, (infml.)* op die onderwerp terugkom. ~ **chop** skaaptjop, =karmenaadjie; *(i.d. mv., ook:* mutton chop whiskers) bakkebaard. ~ **cloth** kaasdoek. ~ **cutlet** skaapkotelet.

**mut·ton·y** skaapvleisagtig, skaapvleis=.

**mu·tu·al** wederkerig, wedersyds, onderling; gemeenskaplik; ~ *admiration* wedersydse bewondering; ~ *consent* wedersydse toestemming; ~ *fund* onderlinge beleggings= trust; ~ *induction, (fis.)* we(d)ersydse induksie; ~ *interests* gemeenskaplike belange; ~ *life assurance company* onderlinge lewensversekeringsmaatskappy; ~ *will* gesamentlike testament. **mu·tu·al·i·sa·tion,** **=za·tion** mutualisasie. **mu·tu·al·ise, =ize** *(ekon.)* mutualiseer. **mu·tu·al·ism** *(biol. ens.)* mutualisme. **mu·tu·al·i·ty** wederkerigheid; onderlingheid. **mu·tu·al·ly** wedersyds, wederkerig, onderling; ~ *agree* onderling *(of* onder mekaar) ooreenkom.

**muu-muu** *(los, helderkleurige Hawaise rok)* muu-muu.

**mu·zak** *(oorspr. handelsnaam, dikw. pej.)* muzak, hysbak=, supermarkmusiek.

**muz·zle** *n.* snoet, bek, muil; neus *(v. 'n hond);* muilkorf, =band; tromp, bek, monding *(v. 'n geweer).* **muz·zle** *ww.* muil-

band; stilmaak; *(sk.)* stryk *(seil).* ~**-loader** *(hist.)* voorlaaier. ~**-loading** *adj. (attr.)* voorlaai= *(bom, pistool, ens.);* ~ *gun/rifle* voorlaaier. ~ **velocity** trompsnelheid.

**muz·zy** suf, beneweld; verward; vaag, onduidelik; wasig *(oë ens.);* vervloei *(TV-beeld);* vcrdof, vervaag *(klank).* **muz·zi·ness** sufheid; vaagheid.

**my** my; ~ ~*!* wil jy nou meer!; *(oh)* ~*!* (o) goeiste!, goeie genade!, o toggie!.

**my·al·gi·a** *(med.)* spierpyn, mialgie; fibrositis; spierrumatiek. **my·al·gic** mialgies; ~ *encephalomyelitis, (afk.:* ME) mialgiese enkefalomiëlitis/ensefalomiëlitis.

**My·an·mar, Myan·mar** *(geog.)* Mianmar; →BURMA.

**my·ce·li·um** *-lia, (bot.)* swamvlok, miselium.

**My·ce·nae** *(geog., hist.)* Micene. **My·ce·nae·an** *n.* Micener. **My·ce·nae·an** *adj., (argeol.)* Miceens.

**my·col·o·gy** swamkunde, mikologie. **my·co·log·i·cal** swamkundig, mikologies. **my·col·o·gist** swamkundige, mikoloog.

**my·cor·rhi·za, my·co·rhi·za** *=zae, =zas, (bot.)* skimmel=, swamwortel, mikor(r)isa.

**my·co·sis** *=coses* mikose, swam=, skimmelsiekte. **my·cot·ic** mikoties, swam=, skimmel=.

**my·e·li·tis** *(med.)* miëlitis, rugmurgontsteking.

**my·na:** *common* ~ Indiese spreeu.

**my·o·car·di·um** *-dia, (anat.)* hartspier. **my·o·car·di·al** hartspier=; ~ *failure* hartverlamming. **my·o·car·di·tis** hartspierontsteking, hartverswakking, miokarditis.

**my·ol·o·gy** spierkunde, miologie. **my·o·log·ic, my·o·log·i·cal** spierkundig, miologies. **my·ol·o·gist** spierkundige, mioloog.

**my·o·pi·a** miopie, bysiendheid; *extreme* ~ stiksienigheid. **my·op·ic** bysiende, miopies; kortsigtig.

**my·o·sin** *(biochem.)* miosien.

**my·o·so·tis** *(bot.)* vergeet-my-nietjie.

**myr·i·ad** *n., (poët., liter.)* miriade; swerm, tallose menigte. **myr·i·ad** *adj.* ontelbaar, talloos.

**myr·i·a·pod** *(soöl.)* veelpoot.

**Myr·mi·don** *-don(e)s, (Gr. mit.)* Mirmidoon; *(m~, mv. =*dons) trawant; huurling; dienaar.

**myrrh** mirre. **myrrh·y** mirre=, van mirre.

**myr·tle** *(bot.)* mirt; mirtegroen; mirtehout.

**my·self** ek self, ekself; my(self); by= alleen, in my enigheid, op my eentjie; *I did it* ~ ek het dit self gedoen; *for* ~, *I ...* wat my betref, ...; *I hurt* ~ ek het seergekry *(of* my seergemaak); *I could have kicked* ~ ek kon myself skop; *I know* ~ ek ken myself; *I am not* ~ ek voel nie goed *(of* op my stukke) nie; *I saw s.o.* ~ ek het iem. self gesien.

**mys·te·ri·ous** geheimsinnig, raaiselagtig, duister; verborge, misterieus, geheimenisvol; diepsinnig. **mys·te·ri·ous·ness** geheimsinnigheid; verborgenheid; geheimdoenery.

**mys·ter·y** misterie, geheim(enis), raaisel; geheimsinnigheid; *clear up a* ~ 'n geheim opklaar; *the ~ deepens* die geheim raak al hoe duisterder/tergender; *be shrouded/veiled/wrapped in* ~ in ('n waas van) geheimsinnigheid gehul wees. ~ **(play)** *(Me.)* misterie=, passiespel. ~ **(story)** raaiselverhaal. ~ **tour** *(Br.:* toer met 'n onbekende bestemming) verrassingstoer.

**mys·tic** *n.* mistikus. **mys·tic, mys·ti·cal** *adj.* mistiek, misties; allegories, simbolies; geheimsinnig, raaiselagtig; verborge. **mys·ti·cism** mistisisme; mistiek; die geheimsinnige.

**mys·ti·fy** mistifiseer, dronkslaan; flous, fop; met geheimsinnigheid omhul. **mys·ti·fi·ca·tion** mistifikasie; foppery.

**mys·tique** *(Fr.)* waas van verering; mistieke simbool; verborge kuns; mistieke kultus.

**myth** mite; mites; allegorie; bedenksel. ~**maker** miteskrywer.

**myth·i·cal** mities, fabelagtig, fabel=.

**myth·i·cise, =cize** as mite/fabel behandel.

**my·thog·ra·phy** mitografie. **my·thog·ra·pher** miteskrywer.

**my·thol·o·gy** mitologie, godeleer, fabelleer. **myth·o·log·ic,** myth·o·log·i·cal mitologies. **my·thol·o·gise,** =gize mitolo= giseer. **my·thol·o·gist** mitoloog.

**my·thos** =thoi, (<Gr., hoofs. teg.) mite; mitologie.

**myx·oe·de·ma,** (Am.) **myx·e·de·ma** (med.) miksedeem.

**myx·o·ma** =mas, =mata, (med.) miksoom, slymgewas. **myx= o·ma·to·sis** (veearts.) miksomatose.

**myx·o·vi·rus** (patol.) miksovirus.

**Mzi·li·ka·zi** (SA, hist.: opperhoof v.d. Matabeles) Silkaats (Afr.), uMzilikazi (Z.), Moselekatse (So.).

# Nn

**n, N** *n's, N's, Ns, (veertiende letter v.d. alfabet)* n, N; *little ~* n'etjie; *small ~* klein n.

**naart·jie** *=jies, (SA)* nartjie.

**nab** *=bb=, ww., (infml.)* vang, aankeer, arresteer; betrap; gaps, vat.

**Na·both** *(OT)* Nabot; *~'s vineyard* Nabotswingerd.

**na·celle** *(lugv.)* gondel.

**na·cho** *=chos, n. (gew. i.d. mv.), (Mex. kookk.)* nacho, tortilla= skyfie.

**na·cre** *(teg.)* perlemoen, =moer; →MOTHER-OF-PEARL. **na·cre· ous** perlemoen=, perlemoeragtig.

**na·dir** laagtepunt; *(astron.)* nadir, voetpunt; *at a ~* by 'n laag= tepunt.

**nae·vus** *naevi,* **ne·vus** *nevi* geboortevlek, moedervlek; moesie.

**naff** *adj., (Br. sl.)* stylloos, kitscherig *(das ens.);* simpel, be= laglik *(idee ens.);* oes, goor *(musiek ens.).*

**nag¹** *=gg=, ww.* neul, sanik, karring; knaag, torring, pla, lastig val; *~ about s.t.* oor iets sanik/lol; *~ (at) s.o.* aan iem. knaag/ torring. **nag·ger** neulkous. **nag·ging** *n.* geneul, neulery, ge= sanik, gekarring. **nag·ging** *adj.* neulerig, sanikerig, knaend.

**nag²** *n., (infml., dikw. neerh.: ou perd)* knol.

**na·ga·na** *(veearts.)* nagana, tripanosomiase.

**nai·ad** *=ad(e)s, (klass. mit.)* najade, waternimf, watergodin; *(entom.)* najade; *(bot.)* nimfkruid.

**nail** *n.* spyker; nael; *bite one's ~s (to the quick)* jou naels (tot op die lewe/vleis) kou; *be a ~ in s.o.'s coffin, (fig.)* 'n spyker in iem. se dood(s)kis wees; *hit the ~ on the head, (fig.)* die spyker op die/sy kop slaan; *pay (cash) on the ~, (infml.)* dadelik/kontant betaal, dis botter by die vis. **nail** *ww. (vas)=* spyker, bespyker, (met spykers) beslaan/vasslaan; *(infml.)* vas= trek *(booswig ens.); (infml.)* plat trek, plattrek; *(infml., rugby)* in die grond boor; *(infml.)* plat skiet, platskiet; *(infml.)* aan die kaak stel *('n leuen); (infml.)* moker, met mening slaan *('n bal); ~ s.t. down* iets toespyker *('n kis ens.);* iets vasspyker/ vasslaan *('n kennisgewing ens.); ~ s.o. down (to s.t.), (fig.)* iem. (aan iets) vasbind *('n belofte ens.); ~ s.t. on/onto/to ...* iets aan ... vasspyker/vasslaan; *be ~ed to ..., (fig.)* aan ... ge= nael/(vas)geanker wees *(jou stoel ens.); ~ s.t. together* iets aanmekaarspyker/vasspyker; *~ s.t. up* iets toespyker *('n kis ens.);* iets vasspyker *('n kennisgewing ens.).* **~·biting** *n.* nael= bytery, =kouery. **~·biting** *adj. (attr.): ~ match* naelbyt(wed)= stryd, senutergende wedstryd; *~ thriller* naelbytriller; *~ victory/win* naelbytoorwinning, =sege. **~ bomb** spykerbom. **~ brush** naelborsel(tjie). **~ file** naelvyl(tjie). **~ head** spy= kerkop. **~ polish,** **~ lacquer,** **~ varnish** naellak, =politoer. **~ polish remover** naellak=, naelpolitoerverwyderaar. **~ scis= sors** naelskêr(tjie). **~ set,** **~ punch** spykerpons.

**nai·ra** *(Nigeriese geldeenheid)* naira.

**na·ive, na·ïve** naïef, kinderlik, goedgelowig; ongekunsteld, opreg. **na·ive·ty, na·ïve·ty** naïwiteit, kinderlikheid; onge= kunsteldheid.

**na·ked** nakend, naak, kaal, ontbloot; oop *(lig, vlam, ens.);* kaal, ongeïsoleer, onbeklee(d) *(draad);* onbeskerm(d); *(fin.)* ongedek *(koopopsie);* eensydig, onvolledig *(kontrak); ~ aggres= sion* openlike/onverbloemde aggressie; *the ~ ape* die mens,

homo sapiens; *go ~* kaal/naak/nakend loop; *stark ~* poedel=, moedernaak, =nakend; *(infml.)* kaalbas, =stert; *the ~ truth/facts* die naakte waarheid/feite; *a ~ wire* 'n kaal draad. **na·ked·ly** naak, openlik, oop en bloot. **na·ked·ness** naaktheid, kaalheid; weerloosheid.

**Nam** *(Am., infml., afk.)* = VIETNAM.

**Na·ma** *=ma(s),* **Na·ma·qua** *=qua(s), (bevolkingslid, taal)* Nama, Namakwa. **Na·ma·qua·land** *(geog.)* Namakwaland. **Na·ma· qua(·land) dai·sy** Namakwalandse madeliefie, botterblom, jakkalsblom. **Na·ma·qua·land·er** Namakwalander.

**na·ma·ste** *tw., (Hind., groet)* namaste!.

**nam·by-pam·by** *n., (neerh.)* papbroek, lamsak. **nam·by-pam·by** *adj., (neerh.)* papbroek(er)ig, ruggraatloos; slap.

**name** *n.* naam, benaming; roem, reputasie; *against s.o.'s ~* agter iem. se naam; *ask for s.t. by ~* uitdruklik na iets vra; *have a bad ~* 'n slegte naam hê; *become a ~* beroemd word; *be a big ~ in ...* 'n groot naam in *(of* op die gebied van) ... hê; *a boy's ~* 'n seunsnaam; *be ... in all but ~* feitlik ... wees; *by ~* by name; *... by ~* genaamd ...; *by the ~ of ...* met die naam (van) ...; *call s.o. by ~* iem. by name noem; *not catch s.o.'s ~* iem. se naam nie mooi hoor nie; *not have a cent/ penny to one's ~* geen sent op jou naam hê nie, geen sent *(of* [bloue] duit) besit nie, platsak wees; *drop ~s* met name smous *(of* te koop loop); *s.o.'s full ~* iem. se volledige/volle naam; *... is the ~ of the game, (infml.)* ... is die doel/kern van die saak, ... is (al) wat tel, ... is waarom dit gaan; *give one's ~* jou naam sê/verstrek/opgee; *go by the ~ of ...* onder die naam (van) ... gaan, die naam ... dra; *vir ...* deurgaan; *have a good ~* 'n goeie naam hê; *a marriage/etc. in ~ only* net in naam 'n huwelik/ens., 'n skynhuwelik/ens., 'n huwelik/ens. wat slegs op papier bestaan; *in the ~ of s.o.* namens iem.; *the property/etc. is in s.o.'s ~* die eiendom/ens. staan op iem. se naam; *in/under s.o.'s ~* onder iem. se naam; *keep up one's good ~* jou naam hooghou/ophou; *know s.o.'s ~* weet wat iem. se naam is; *know s.o. by ~ (only)* iem. (net) van naam ken; *know s.o. by the ~ of ...* iem. met die naam ... ken; iem. onder die naam ... ken; *live up to one's ~* jou naam ophou *(of* eer aandoen); *make a ~ (for o.s.)* naam maak; *mention ~s* name noem; *no ~s, no pack drill, (infml.)* noem geen name nie, moenie name noem nie; *put s.o.'s ~ down as ...* iem. as ... inskryf/inskrywe *(lid ens.); put s.t. in s.o.'s ~* iets op iem. se naam sit *(eiendom); put one's ~ to s.t.* iets onderteken; *not be able to put a ~ to s.o.* nie op iem. se naam kan kom nie; *the shares/etc. are registered in s.o.'s ~* die aandele/ens. staan op iem. se naam; *take s.o.'s ~* iem. se naam aanteken/neerskryf/ neerskrywe, iem. (se naam) opskryf/opskrywe; *take a ~ in vain* 'n naam ydellik gebruik; *in that ~* op dié/daardie naam; *what is your ~?* hoe/wat is jou naam?, hoe heet jy?; *what did you say his/her ~ was?* hoe/wat is sy/haar naam nou weer?; *what's in a ~?* wat beteken *(of* steek in) 'n naam?; *win a ~ for o.s.* opgang maak; *without a ~* sonder naam; *a ... worthy of the ~* 'n ... wat die naam verdien. **name** *ww.* noem; opnoem; benoem; betitel; doop; met name *(of* by name) noem); *be ~d after/for s.o.* na iem. genoem/vernoem wees, na iem. heet; *~ s.o. as ...* iem. as ... aanwys, iem. tot ... benoem; *be ~d by s.o.* deur iem. by jou naam genoem word; *~ names* name noem *(v. verdagtes ens.); ~ a price* 'n prys maak; *the ship was ~d by the Queen* die skip is deur

1225

die Koningin gedoop; *you ~ it!, (infml.)* noem maar op!. **~-calling** geswets. **~ day** *(RK)* naamdag. **~-drop** *(infml.)* met name te koop loop. **~-dropper** *(infml.)* iem. wat met name te koop loop, naamsmous. **~ part** titelrol. **~plate** naambord(jie), ‑plaat(jie). **~sake** naamgenoot, genant.

**nam(e)·a·ble** noembaar; benoembaar.

**name·less** naamloos, sonder naam, anoniem; onbenoem(d); nameloos, naamloos; onbekend; onbeduidend; ongenoem(d); onnoembaar, onuitspreeklik, walglik; onwettig *(kind)*; *s.o. who shall be/remain ~* iem. wat ongenoem sal bly, iem. wie se naam ek nie sal noem nie.

**name·ly** naamlik, te wete.

**Na·mib·i·a** *(geog.)* Namibië. **Na·mib·i·an** *n.* Namibiër. **Na·mib·i·an** *adj.* Namibies.

**nam·ing** naamgewing, benoeming, vernoeming.

**Na·mur** *(geog.)* Namen.

**nan¹, nan·(n)a** *(Br., infml., kindert.)* ouma, oumie.

**nan², naan** *(Ind. kookk.)* naan(brood).

**nan·cy (boy), nance** *(infml., neerh.)* sissie, mamma-se-seuntjie, melkdermpie; moffie.

**Nan·jing, Nan·king** *(geog.)* Nanjing, Nanking.

**nan·keen** nankin(g), geel katoenstof.

**nan·(n)a** *(Br., infml., kindert.)* →NAN¹.

**nan·ny** ‑nies kinderoppasster. **~ (goat)** bokooi.

**nan·o** *komb.vorm,* (10⁻⁹) nano‑.

**nan·o·me·tre**, *(Am.)* **nan·o·me·ter** *(afk.:* nm) nanometer.

**nan·o·sec·ond** *(afk.:* ns) nanosekonde.

**nan·o·tech·nol·o·gy** nanotegnologie.

**nap¹** *n.* dutjie, slapie; *have/take a ~* 'n uiltjie knip, 'n dutjie/slapie maak/vang. **nap** ‑pp‑, *ww.* dut, slaap, sluimer; *catch s.o. ~ping, (infml.)* iem. (overhoeds) vang/betrap.

**nap²** *n.* pool, pluis, nop *(op klere, in 'n tapyt); (gh.)* nop; *(ook, i.d. mv.)* noppiestof. **nap** ‑pp‑, *ww.* pluis; *~ped fabric* pluisstof.

**nap·a (leath·er)** →NAP(P)A (LEATHER).

**na·palm** *n.* napalm. **na·palm** *ww.* met napalmbomme aanval/bestook/ens..

**nape,** *(soöl., anat.)* **nu·cha** agternek; (agter)nekholte, agterkopholte, nekrug, nekkuil(tjie); *take ... by the ~ of the neck* ... aan die nek beetkry/gryp/vat.

**Naph·ta·li** *(OT)* Naftali.

**naph·tha** *(chem.)* nafta. **naph·tha·lene***(chem.)* naftaleen.

**Na·pier·i·an** Nepers; *~ logarithm* natuurlike/Neperiaanse/Neperse logaritme.

**nap·kin** *n., (ook* table napkin*)* servet; *fold/hide/wrap* (or *lay up) one's talents in a ~* jou lig/lamp onder 'n maatemmer sit/verberg.

**Na·ples** *n., (geog.)* Napels. **Na·ples** *adj.* Napels, Napolitaans; →NEAPOLITAN *adj.*.

**Na·po·le·on** *(Fr. keiser)* Napoleon. **Na·po·le·on·ic** Napoleonties, van Napoleon.

**nap·(p)a (leath·er)** napaleer.

**nap·py** ‑pies, *n.* (baba)doek, luier; *change a baby's ~* vir 'n baba 'n droë/skoon doek/luier aansit; *when s.o. was still in nappies* toe iem. nog doeke gedra het. **~ rash** *(med.)* luieruitslag, brandboudjies.

**Nar·cis·sus** *(Gr. mit.)* Narsissus, Narcissus. **nar·cis·sism** narsis(sis)me, narcis(sis)me, selfliefde. **nar·cis·sist** narsis(sis), narcis(sis). **nar·cis·sis·tic** narsis(sis)ties, narcis(sis)ties.

**nar·cis·sus** ‑cissi, ‑cissuses *(bot.)* narsing.

**nar·co·lep·sy** *(med.)* vaaksug, narkolepsie. **nar·co·lep·tic** *adj.* narkolepties.

**nar·co·sis** ‑coses, *(med.)* narkose, verdowing.

**nar·cot·ic** *n.* slaapmiddel; verdowingsmiddel, dwelm(middel), narkotikum; *~s bureau* narkotikaburo, buro vir narkotika. **nar·cot·ic** *adj.* narkoties, verdowend, slaapwekkend; *~ drug* dwelm(middel). **nar·co·tism** narkotisme, slaapsug.

**nar·ghi·le, nar·gi·le(h)** (Turkse) waterpyp, nargile(h); → HOOKA(H).

**nar·is** *nares, (anat., soöl.)* neusgat.

**nark** *n., (infml.), (hoofs. Br.)* (polisie-)informant, (polisie)spioen, (ver)klikker. **nark** *ww., (hoofs. Br.)* vies maak, omkrap, irriteer; *be/get ~ed* omgesukkel/omgeëllie/omgekrap wees/raak. **nark·y** ‑ier ‑iest, *(Br., infml.)* omgesukkel, omgeëllie; sarkasties, smalend.

**nar·rate** vertel, verhaal, beskryf, beskrywe. **nar·ra·tion** vertelling, verhaal, beskrywing, relaas. **nar·ra·tive** *n.* verhaal, vertelling, relaas; *(lettk.)* narratief. **nar·ra·tive** *adj.* verhalend, vertellend; *(lettk.)* narratief; *~ art* verhaal‑, vertelkuns; *~ poem* verhalende/epiese gedig. **nar·ra·tor** verteller, verhaler.

**nar·row** *n. (gew. i.d. mv.)* (rivier)engte; see-engte; smal deurvaart. **nar·row** *adj.* smal, nou, knap, eng; beperk, gering, skraps; bekrompe, kleingeestig, eng; nougeset, noukeurig, presies; *~ bridge* smal/nou brug; *~ channel* geul; *be in ~ circumstances* dit nie breed hê nie, in armoedige omstandighede leef/lewe; *~ money, (fin.)* primêre geldvoorraad; *the (strait and) ~ path/way, (NT)* die nou(e)/smal pad/weg; *~ river* smal rivier; *the ~ side* die smal kant; *a ~ street/entrance* 'n nou straat/ingang; *a ~ victory* 'n naelskraapoorwinning *(of* naelskraapse oorwinning*)*; *~ views* eng(e)/bekrompe idees/opvattings. **nar·row** *ww.* vereng, vernou, beperk, (in)krimp, kleiner maak; versmal; *~ s.t. down to ...* iets tot ... beperk *('n keuse ens.);* iets tot ... verminder; *it ~s down to this* dit kom hierop neer; *~ one's eyes* jou oë op 'n skrefie trek. **~ band** *n., (rad.)* smal band. **~-band** *adj. (attr.), (rad.)* smalband‑ *(frekwensiemodulasie ens.).* **~boat** kanaalboot. **~ gauge** *(spw.)* smal spoor.

**nar·row·ing** vernouing, verenging; (in)krimping.

**nar·row·ish** nouerig, bra nou; smallerig, bra smal.

**nar·row·ly** naelskraap(s), net-net, ampertjies, (so) amper-amper/byna-byna, so hittete; ternouernood, (so) op 'n nerf na.

**nar·row-mind·ed** *adj.* kleingeestig, ‑sielig, verkramp. **nar·row-mind·ed·ly** *adv.* kleingeestig. **nar·row-mind·ed·ness** kleingeestigheid, benepenheid, verkramptheid.

**nar·row·ness** noute, smalheid, engte; bekrompenheid, kleingeestigheid, engheid.

**nar·thex** ‑thexes, *(bouk.)* kerkportaal, voorhal.

**nar·whal** ‑whals narwal, eenhoringvis.

**nar·y** *(infml. of dial.): ~ a ...* geen (enkele) ... nie.

**na·sal** *n., (fonet.)* neusklank, nasaal. **na·sal** *adj.* nasaal, neus‑. *~ organ* reukorgaan, neus. *~ sound (fonet.)* neusklank, nasale klank. *~ spray* neussproei.

**na·sal·ise, ize** nasaleer, deur die neus uitspreek; deur die neus praat. **na·sal·i·sa·tion, ‑za·tion** nasalering.

**na·sal·i·ty** nasaliteit.

**na·sal·ly** deur die neus; met 'n neusgeluid.

**nas·cent** wordend, ontluikend, opkomend, ontstaande; *(chem.)* nassent. **nas·cen·cy** ontstaan, oorsprong, geboorte; *(chem.)* nassensie.

**na·si go·reng** *(Indon. kookk.)* nasi goreng.

**nas·tur·tium** kappertjie.

**nas·ty** ‑ties, *n., (infml.)* nare entjie mens, gemene/haatlike vent, lae lak, skobbejak; gruwel(rol)prent, ‑fliek, ‑film. **nas·ty** *adj.* vuil, vieslik, morsig, smerig; onaangenaam; beroerd, sleg; naar, gemeen, haatlik, geniepsig, lelik; goor, liederlik; *a ~ accident* 'n lelike ongeluk; *a ~ attack of fever* 'n kwaai koorsaanval; *a ~ customer/fellow* 'n onaangename/nare vent; 'n gevaarlike kalant; *have a ~ fall* lelik val; *a ~ feeling* 'n nare/onaangename gevoel; *a ~ knock* 'n lelike klap/hou; *a ~ letter, (ook)* 'n stink brief; *it was ~ of s.o. to do s.t.* dit was naar van iem. om iets te doen; *a ~ one* 'n kwaai/lelike hou; 'n harde/taai klap; 'n harde/kwaai/lelike slag; *be ~ to s.o.* naar/onbeskof/onvriendelik teenoor iem. wees; *turn ~* onaangenaam word; *~ weather* ellendige/miserabele weer; *s.o. is a ~ piece/bit of work, (infml.)* iem. is 'n nare entjie mens *(of* 'n gemene/haatlike vent *of* 'n skobbejak *of* 'n lae lak). **nas·ti·ness** vuilheid, vieslikheid, smerigheid; gemeenheid, geniepsigheid; liederlikheid, morsigheid; onaangenaamheid.

**Nat** *Nats, (infml., pol., hist., afk. v.* Nationalist*)* Nat.

**Na·tal** *(geog., hist.)* Natal. **Na·tal·ian** *n.* Nataller. **Na·tal·ian** *adj.* Natals.

**na·tal¹** geboorte-; *~ day* geboorte-, verjaar(s)dag; *~ hour* geboorteuur. **na·tal·i·ty** geboortesyfer.

**na·tal²** *(anat.)* boud-; *~ muscle* boudspier.

**natch** *(infml., afk. v.* naturally*)* natuurlik, vanselfsprekend, ongetwyfeld, sonder twyfel.

**na·tion** nasie; volk; staat; moondheid. **~-building** nasiebou. **~-wide** land(s)wyd, oor die hele land.

**na·tion·al** *n.* burger; onderdaan. **na·tion·al** *adj.* nasionaal; lands-; staatlik, staatkundig; vaderlands; volks-; staats-; algemeen; land(s)wyd, van/vir die (hele) land; *~ affairs* landsake; *~ anthem* volkslied; *N~ Assembly, (parl.)* Nasionale Vergadering; *~ budget* staatsbegroting; *~ chairman/president* algemene voorsitter; *~ character* volksaard, -karakter, landaard; *~ consciousness* nasionale bewussyn; *~ convention, (pol.)* nasionale konvensie; *~ costume/dress* nasionale drag, volksdrag; *~ council/committee/executive* hoofbestuur, algemene raad; *N~ Council of Provinces, (SA, parl.)* Nasionale Raad van Provinsies; *~ curriculum* nasionale kurrikulum/leerplan; *~ dance* volksdans; *~ dancing* volksdanse; *~ debt* owerheid-, landskuld, openbare skuld; *~ defence* landsverdediging; *~ economy* landsekonomie, nasionale ekonomie; *~ emergency* nasionale noodtoestand; *~ enemy* landsvyand; *~ executive* hoofbestuur; *~ expenditure* nasionale besteding; *~ festival* nasionale fees, volksfees; *~ flag* landsvlag; *(sk.)* nasievlag; *~ funeral* staatsbegrafnis; *~ game* nasionale spel; *~ grid, (elek.)* nasionale netwerk; *~ health* nasionale gesondheid, volksgesondheid; *~ history* volksgeskiedenis; nasionale/vaderlandse geskiedenis; *~ holiday* nasionale vakansiedag; *~ honour* nasie-eer; *~ identity* volkseie; nasionale identiteit; *~ income/dividend* nasionale inkomste, volksinkomste; *~ interest* landsbelang, nasionale belang; *~ language* nasionale taal, landstaal; *~ law* landsreg; *~ lottery* staatslotery; *~ monument* nasionale gedenkwaardigheid; *~ park* nasionale park; *N~ Party, (pol., hist.)* Nasionale Party; *~ pride* nasietrots; *~ problem* landsvraagstuk, nasionale vraagstuk; *~ product* nasionale opbrengs/opbrings/produk(sie); *~ prosperity* landswelvaart; *~ road* nasionale pad; *~ secretary* hoofsekretaris; *~ security* landsveiligheid; *~ service* diensplig; *N~ Socialism, (hist.)* Nasionaal-sosialisme, Nazi(ï)sme; *N~ Socialist, (adj., hist.)* Nasionaal-sosialisties, Nazi-, Nazi(ï)sties; *~ song* volkslied; *~ spirit* volksgees, -gevoel; nasiegees; *~ treasury* staatskas; *N~ Union of Mineworkers, (afk.:* NUM*)* Nasionale Unie van Mynwerkers; *~ unity* volkseenheid; nasie-eenheid; *~ well-being/welfare* volkswelsyn; *N~ Women's Day, (SA, 9 Aug.)* Nasionale Vrouedag.

**na·tion·al·ise, -ize** nasionaliseer. **na·tion·al·i·sa·tion, -za·tion** nasionalisasie, nasionalisering.

**na·tion·al·ism** nasionalisme, nasionaliteitsgevoel; volksgevoel, -gees. **na·tion·al·ist** *n.* nasionalis, vaderlander, patriot. **na·tion·al·ist, na·tion·al·is·tic** *adj.* nasionalisties. **na·tion·al·is·ti·cal·ly** nasionalisties, op nasionalistiese wyse.

**na·tion·al·i·ty** nasionaliteit; volkskarakter; nasionale aard.

**na·tion·al·ly** land(s)wyd; vir/oor die hele land.

**na·tion·hood** nasieskap; *achieve ~* 'n selfstandige nasie word.

**na·tive** *n.* inwoner, boorling *(v. 'n plek)*; inboorling; inheemse dier/plant; *s.o. is a ~ of the Free State* iem. is in die Vrystaat gebore *(of* 'n gebore Vrystater *of* 'n boorling van die Vrystaat). **na·tive** *adj.* aangebore, ingebore; natuurlik, eie, oorspronklik; van eie bodem, inheems; *(geol.)* natuurlik *(metaal ens.)*; geboorte-; *N~ American* Amerikaanse Indiaan/inboorling; *~ breed* inheemse ras; *~ country/land* vader-, geboorteland; *go ~, (setlaar)* soos 'n inboorling (gaan) leef/lewe, verinlands; *~ law* inheemse reg; *~ plant* inheemse plant; *~ son* landseun; *~ speaker* moedertaalspreker; *s.t. is ~ to* ... iets is in ... inheems; *~ tree* inheemse boom; *~ wit* gesonde verstand; natuurlike gevatheid. **~-born** inheems, in die land gebore; *~ citizen* gebore burger.

**na·tiv·ism** *(antr.)* nativisme.

**na·tiv·i·ty** geboorte, herkoms; *Church of the N~* Geboortekerk; *the N~* die geboorte van Christus. **N~ play** Kersspel.

**na·tron** *(chem.)* natron, was-, kristalsoda, natriumkarbonaat.

**nat·ter** *n., (infml., hoofs. Br.)* geselsie; geklets, gebabbel. **nat·ter** *ww.* (lekker) gesels/klets. **nat·ter·er** klets-, babbelkous. **nat·ter·ing** geklets, gebabbel.

**nat·ter·jack (toad)** rugstreeppadda.

**nat·ty¹** *(infml.)* viets, agtermekaar, netjies, sjiek, (fyn) uitgevat; windmaker(ig), spoggerig. **nat·ti·ness** vietsheid, netheid, keurigheid, sjiekheid.

**nat·ty²** *(sl.)* gekoek *(hare)*. *~ dread* Rasta(fariër); *(ook, i.d. mv.)* Rastalokke.

**nat·u·ral** *n.* natuurlik begaafde; *(mus.)* herstelteken; *be a ~ for s.t., (infml.)* vir iets uitgeknip wees. **nat·u·ral** *adj.* natuurlik; aangebore, eie; ongekunsteld, ongedwonge; natuur-; *~ beauty* natuurskoon; *~ childbirth* natuurlike geboorte; *~ colour* natuurkleur; *~ death* natuurlike dood; *~ disaster* natuurramp; *~ forest* natuur-, houtbos; *~ gas* aard-, natuurgas; *~ history* natuurstudie, -leer, dier- en plantkunde; natuurgeskiedenis; *(med.)* natuurlike verloop *(v. 'n onbehandelde siekte)*; *~ immunity, (med.)* natuurlike immuniteit; *~ language* natuurlike taal; *~ law, (jur.)* natuurreg; *for the term of s.o.'s life* lewenslank; *~ logarithm, (wisk.)* natuurlike logaritme; *~ monument* natuurmonument; natuurlike monument; *~ number, (wisk.)* natuurlike getal; *~ oil* aardolie, petroleum; *perfectly/quite ~* doodnatuurlik; *~ phenomenon* natuurverskynsel; *~ religion* natuurlike godsdiens; deïsme; *~ resources* natuurlike hulpbronne; *~ science* natuurwetenskap; *~ selection, (biol.)* natuurlike seleksie; *~ state* natuurstaat; *~ theology* natuurlike teologie; *in a ~ way* op natuurlike wyse; *~ wonder* natuurwonder; *~ wool* ruwol; *~ world* sigbare wêreld. **~-born** *citizen/subject* gebore burger, burger deur geboorte. **~ history museum** natuurhistoriese museum.

**nat·u·ral·ise, -ize** naturaliseer; *~ o.s.* jou laat naturaliseer. **nat·u·ral·i·sa·tion, -za·tion** naturalisasie.

**nat·u·ral·ism** naturalisme. **nat·u·ral·ist** natuurkenner, -ondersoeker, naturalis. **nat·u·ral·is·tic** naturalisties.

**nat·u·ral·ly** natuurlik, vanselfsprekend; vanself, spontaan; natuurlik(erwys[e]), op natuurlike wyse; van nature; uiteraard; *s.t. comes ~ to s.o.* iets is vir iem. (dood)maklik *(of* kom vir iem. vanself*)*; *perfectly/quite ~* doodnatuurlik.

**nat·u·ral·ness** natuurlikheid, ongekunsteldheid, ongedwongenheid.

**na·ture** natuur; aard, natuur, karakter, geaardheid, eienskap, inbors; aard, soort; wese; gesteldheid; *against ~* teen die natuur, onnatuurlik; *back to ~* terug na die natuur; *... it's/that's the ~ of the beast, (infml.)* so is dit, dis nou (maar) eenmaal so *(of* soos dit is); *by ~* van aard/natuur/nature; *obey the call of ~, (euf.)* 'n draai loop, broek losmaak; *have an* *urgent* **call** *of ~, (euf.)* ('n) groot nood hê; *a* **child** *of ~* 'n natuurkind; *s.o.'s* **good** *~* iem. se goedgeaardheid; *~ of the* **ground** terreingesteldheid; *in ~* in die natuur; *s.t. in the ~ of* ... iets (wat lyk) soos ..., iets van die aard (*of* met die vorm *of* op die geaardheid) van ...; *it is in the ~ of an experiment* dit is 'n soort proefneming; *it is in the ~ of things* dit lê in die aard van die saak; *it is not in s.o.'s ~ to* ... dit lê nie in iem. se aard om te ... nie; *in/from/by the ~ of things (or the case)* uit die aard van die saak, uiteraard; *Mother N~* Moeder Natuur; *of this ~* van hierdie aard/soort/stempel; *s.t. is second ~* iets is 'n tweede natuur; *~ of (the) soil* bodemgesteldheid; *be in a state of ~* in die natuurstaat wees; *(infml.)* poedelnaak/=kaal wees; *(Chr. teol.)* in 'n sondige staat wees/verkeer; *have a sweet ~* 'n liewe geaardheid hê; *true to ~* natuurgetrou; *unspoilt ~* die ongerepte natuur; *from its very ~* in sy wese. *~* **conservation** natuurbewaring, =beskerming. *~* **deity,** *~* **god** natuurgod(heid). *~~friendly* natuur=, omgewingsvriendelik. *~* **healer** = NATUROPATH. *~* **healing** = NATUROPATHY. *~* **lover** natuurliefhebber. *~* **preservation** natuurbewaring. *~* **reserve** natuurreservaat. *~* **study** natuurstudie, =kennis. *~* **trail** natuurpad, =roete. *~* **worshipper** natuuraanbidder.

**-na·tured** *komb.vorm* =geaard, =aardig, =gehumeur(d); *good-~* goedgeaard, =aardig, =gehumeur(d), =hartig, goedig, gemoe= delik, vriendelik, minsaam; *ill-~* sleggeaard, =gehumeur(d), nors, knorrig, nukkerig, stuurs, onvriendelik.

**na·tur·ism** nudisme, naaklopery; natuuraanbidding; *(filos.)* naturalisme. **na·tur·ist** natuurnavolger; naakloper; naturalis.

**na·tur·op·a·thy** naturopatie, natuurgenesing, =geneeskun= de. **na·tur·o·path** naturopaat, natuurgeneser, =geneeskun= dige.

**naught** *n. & vnw., (arg. of poët., liter.)* niks; *(Am.)* nul; → NOUGHT; *... comes to ~* ... loop op niks uit nie; *~* misluk.

**naugh·ty** *(hoofs. kinders)* stout, ondeund, goddeloos, onheb= belik; *(infml.)* stout, skurf, gewaag(d) *(grap ens.); a ~ child, (ook)* 'n ondeug/stouterd/onnut/vabond. **naugh·ti·ly** stout, ondeund. **naugh·ti·ness** stout(ig)heid, ondeundheid, god= deloosheid; kattekwaad, kwajongstreke; onnutsigheid.

**nau·se·a** mislikheid, naarheid; walging, weersin, afkeer, afsku; *suffer from ~* mislik/naar wees. **nau·se·ate** mislik maak, (laat) walg, teë maak; *s.t. ~s s.o., s.o. is ~d by s.t.* iets maak iem. mislik/naar; iets walg iem., iets vervul iem. met walging/weersin/afkeer/afsku, iem. walg (*of* het 'n walging) van iets. **nau·se·at·ing** walglik, weersinwekkend, afstootlik, afskuwelik, om mislik/naar van te word. **nau·se·ous** mislik, naar; walglik, weersinwekkend. **nau·seous·ness** mislikheid, naarheid; walglikheid, afstootlikheid.

**nau·se·am** *ad ~, (Lat.)* tot vervelens/satwordens toe; tot walgens toe.

**nau·ti·cal** skeeps=, see=, seevaart=; *~ almanac* seemansal= manak, seevaartkundige almanak; *~ atlas* seeatlas; *~ chart* seekaart; *~ compass* skeepskompas; *~ knot* knoop, seemyl per uur; *~ language* seemanstaal; *~ mile* seemyl; *~ term* see(mans)=, skeeps=, skeepvaartterm.

**nau·ti·lus** =tiluses, =tili nautilus, seilslak.

**na·val** see=, skeeps=, marine=, vloot=; *~ academy* vlootkol= lege, =gimnasium, =akademie, =opleidingskollege, seevaart= skool; *~ action* seegeveg; *~ affairs* vlootsake; *~ archi= tect* skeepsboukundige, =ontwerper; *~ architecture* skeeps= bou(kunde); *~ base* vlootbasis; *~ battle* seeslag; *~ ca= det* vlootkadet; *~ college* marine=, seevaartskool; *~ disas= ter* seeramp; *~ engagement* seegeveg; *~ engineer* skeeps= masjinis; *~ history* seevaartgeskiedenis, geskiedenis van die seevaart; *~ lieutenant* vlootluitenant; *~ officer* vloot= offisier; *~ port* vloot=, oorlogshawe; *~/maritime power* see= mag, =moondheid, maritieme moondheid; sterkte ter see; *~ review* vlootskou; *~ staff* vlootstaf; vlootpersoneel; *~ stores* skeepsvoorraad, =behoeftes; *~ supremacy* seeheerskappy;

*~ term* vlootterm; *~ vessel* vlootvaartuig; *~ victory* oor= winning ter/op see; *~ war* seeoorlog; seestryd; oorlog ter/op see; *~ warfare* seeoorlogvoering; *~ yard* vlootwerf.

**nave¹** naaf *(v. 'n wiel).* ~ **band,** ~ **hoop** naafband.

**nave²** *(argit.)* (midde)skip *(v. 'n kerk).*

**na·vel** nael(tjie); *(fig.)* middelpunt, sentrum. ~ **contemplat= ing,** ~ **gazing** gepeins, gebroei, broeiery, getob, gemymer, mymery; vrugtelose selfontleding; selfbeheptheid. ~ **(orange)** nawel(lemoen). ~ **rupture** naelbreuk. ~ **string,** ~ **cord** → UMBILICAL CORD.

**na·vic·u·lar** *(anat., ook* navicular bone *of* scaphoid [bone]*)* skuitvormige/navikulêre been, skuit(jie)=, skafoïed(been).

**nav·i·ga·ble** bevaarbaar; vaarbaar; seewaardig; (be)stuur= baar; *~ water(s)* vaarwater. **nav·i·ga·bil·i·ty** bevaarbaarheid; vaarbaarheid; (be)stuurbaarheid; seewaardigheid.

**nav·i·gate** vaar; bevaar; stuur; *(lugv.)* navigeer; *~ by the compass/stars* op die kompas/sterre stuur; *~ the Internet* op die internet rondsoek/=snuffel; *navigating officer* stuurman; navigasieoffisier, navigator.

**nav·i·ga·tion** navigasie, seevaartkunde; skeepvaart, seevaart; *aerial ~* lugvaart; *~ channel* vaargeul; *school of ~* seevaartskool. *~ light* navigasie=, vaarlig *(v. 'n skip);* navigasie=, posisielig *(v. 'n vliegtuig);* seevaartlig *(v. 'n vuurtoring). ~ satellite* navigasiesatelliet.

**nav·i·ga·tion·al** navigasie=, seevaartkundig; *~ error* navi= gasiefout; *~ hazard* gevaar vir die skeepvaart.

**nav·i·ga·tor** seevaarder; navigasieoffisier, navigator; *(instr.)* koerspeiler.

**na·vy** (oorlogs)vloot, seemag, marine, skeepsmag, marine= wese; *in the ~* in die vloot, by die marine. ~ **(blue)** vlootblou. ~ **office** admiraliteit.

**nay** *n., (by stemming, andersins arg. of dial.)* nee, weiering; *the ~s have it* die voorstel is verwerp, die nees is in die meer= derheid.

**Naz·a·reth** *(geog.)* Nasaret. **Naz·a·rene, Naz·a·rene** *n.* Nasa= rener; *(hoofs. hist.)* Christen. **Naz·a·rene, Naz·a·rene** *adj.* Nasareens.

**naze** kaap, landpunt, voorgebergte.

**Na·zi** =zis, *n., (hist.)* Nazi. **Na·zi** *adj., (hist.)* Nazisties, Nazi= ïsties, Nazi=. **Na·zi·ism, Na·zism** *(hist.)* Nazisme, Naziïsme.

**Nde·be·le** =le(s), *(ama)*Ndebele, *(SA, lid v. volk, taal)* Nde= bele.

**Ne·an·der·thal** *n., (paleont.)* Neanderdalmens, Neander= daller; *(fig., infml., soms n~)* barbaar, gomtor, takhaar; (ou) fossiel, troglodiet, verkrampte, verstokte. **Ne·an·der·thal** *adj., (paleont.)* Neanderdal=, *(fig., infml., soms n~)* primitief, barbaars, onbeskaaf(d), onopgevoed, onverfyn(d), agterlik; argaïes, aartskonserwatief, verkramp, verstok, star. ~ **man** Neanderdalmens, Neanderdaller.

**neap** *n., (ook* neap tide*)* dooie gety. **neap** *adj.* aflopend.

**Ne·a·pol·i·tan** *n.* Napolitaan. **Ne·a·pol·i·tan** *adj.* Napo= litaans, Napels; *~ ice cream* reënboogroomys.

**near** *adj.* na, naby, nabygeleë; naburig; nou/na verwant; dus= kants(t)e; *a ~ accident* 'n byna-ongeluk; *at the ~est* op die/sy naaste; *a ~ collision* 'n amperse botsing; *one's ~est and dearest* jou dierbares; *a ~ escape* 'n noue ontkoming; *~est figure* naaste syfer; naaste prys; *the ~est guess* die naaste raaiskoot; *to the ~est rand* tot 'n rand noukeurig; *it was a ~ revolution* dit was amper 'n revolusie; *a ~ shot* 'n rapsskoot; *it was a ~ thing/go, (infml.)* dit was so hitte= te/amper(tjies); dit was 'n noue ontkoming; dit was op 'n nippertjie. **near** *adv.* naby, digby, vlak by, digteby; op han= de; amper, byna, bykans; *~er and ~er* al nader (en nader), al hoe nader; *~ by* →NEARBY *adv.; come ~* nader kom, naderkom; *come ~ falling/etc.* amper/byna val/ens.; *draw ~* nader kom, naderkom, nader; *nowhere ~ ..., (infml.)* glad nie naby ... nie; *s.o.'ll get nowhere ~ it, (infml.)* iem. sal nooit daaraan ruik nie *('n ideaal ens.)*; ~ **on** a month amper/byna 'n maand. **near** *prep.* by, naby, digby, vlak by, digteby; na aan; ~ *here* hier naby; *the sun is* ~ *setting* die son gaan al byna/haas onder; ~ *to* ... na aan ..., naby ...; *be too* ~ *lunch/dinner* te op die ete wees. **near** *ww.* nader, naby/ nader kom, naderkom; *be ~ing 70, (iem.)* kort by die 70 wees. ~-**death experience** amper-dood-ervaring. **N~ East** *n.* Nabye-Ooste. **N~ Eastern** *adj.* Nabye-Oosters. ~ **money** *(fin.)* kwasigeld. ~**side** *n., (Br.)* linkerkant; *on the ~ of the river* aan dié/hierdie kant van *(of* duskant) die rivier; *to the ~* links om. ~**side** *adj. (attr.), (Br.)* linker=; ~ **front tyre** linkervoorband. ~-**sighted** bysiende; *extremely ~* stiksienig. ~-**sightedness** bysiendheid.

**near·by** *adj.* naby; naby(geleë), naburig. **near·by, near by** *adv.* naby, digby, vlak by, digteby.

**near·ly** byna, bykans, ongeveer, nagenoeg; circa; amper= (tjies), haas, so goed as; van naby; *s.t. is ~falling* iets wil val; *not* ~ ... verreweg *(of* op verre na *of* [nog] lank) nie ... nie; *not ~ so* ... glad/lank/verreweg *(of* op verre na) nie so ... nie; ~ *opposite* skuins (teen)oor; *be ~ there* so goed as daar wees; *very ~* (so) amper/byna, baie amper.

**near·ness** nabyheid, naburigheid; intimiteit.

**neat** *adj. & adv.* net(jies); ordelik; sindelik, skoon; suiwer; onverdun, skoon *(sterk drank);* onvermeng(d); versorg; keu= rig; agtermekaar; presies; behendig, knap; *(infml., hoofs. Am.)* bak, fantasties, wonderlik, tops, lekker; *be ~ about one's clothes/etc.* net(jies) op jou klere/ens. wees; *drink s.t.* ~ iets skoon *(of* net so) drink; *be as ~ as a (new) pin* soos 'n (splinter)nuwe sikspens lyk; ~ *style* versorgde styl. **neat·en** afwerk, afrond; ~ *the edge of s.t.* iets afrand. **neat·ly** net(jies); sindelik, skoon; keurig; knap, behendig; ~ *done* knap/handig gedaan. **neat·ness** netheid, ordelikheid; sindelikheid; ver= sorgdheid; presiesheid; knapheid, behendigheid.

**neb·bish** *n., (<Jidd., infml.)* jandooi/jansalie, gevrekte en= tjie mens, bleeksiel, vaal mannetjie, semelbroek. **neb·bish** *adj.* bedremmeld, pateties, lamlendig; bedees, skugter, sku, beskimmel(d); vaal, kleurloos.

**Ne·bras·ka** *(geog.)* Nebraska.

**Neb·u·chad·nez·zar** *(OT vors; ook 15 l-wynbottel)* Nebu= kadnesar.

**neb·u·la** =lae, =las, *(astron.)* newel(wolk); *(med.)* horingvlies= vlek. **neb·u·lar** newelagtig; newel=; wolk=; ~ *theory/hypothe= sis* newelteorie, =hipotese. **neb·u·lise, =lize** benewel; verstuif, verstuiwe. **neb·u·lis·er, =liz·er** verstuiwer, verstuiwingstoe= stel, newelspuit. **neb·u·los·i·ty** *(astron.)* newelagtigheid; *(fig.)* vaagheid. **neb·u·lous** newelagtig; *(fig.)* vaag; ~ *star* newel= ster.

**nec·es·sar·y** =ies, *n., (gew. i.d. mv.)* benodig(d)heid, vereiste; *necessaries (of life), (ook jur.)* lewensbehoeftes, =onderhoud. **nec·es·sar·y** *adj.* nodig, noodsaaklik; noodwendig; *abso= lutely ~* broodnodig; *the ~ care* die vereiste sorg; *the/a ~ consequence/result* die/'n noodwendige gevolg; *find it ~ to* ... dit nodig ag/vind om te ...; *if ~* indien nodig; *most ~* allernodigs; *it is not ~ for s.o. to do s.t.* iem. hoef iets nie te doen nie; *strictly ~* volstrek noodsaaklik; *very ~* hoogs nodig; *not know why s.t. should be ~* nie weet waarom iets nodig is nie. **nec·es·sar·i·ly** noodsaaklik(erwys[e]), nood= wendig; *not ~!* dit hoef nie!

**ne·ces·si·tate** noodsaaklik maak, vereis; noodsaak, dwing, verplig; *it would ~* ... dit sou dit nodig maak om te ...

**ne·ces·si·ty** nood; noodsaaklikheid; onvermydelikheid; be= nodig(d)heid; noodsaak; nodigheid; behoefte, nooddruf; *an absolute ~* 'n volstrekte/gebiedende noodsaaklikheid; *the bare necessities* die allernodigste; *dire ~* droewe noodsaak; *the ~ for/of* ... die noodsaaklikheid van ...; *there is no ~ for it* dit is onnodig, dit hoef nie; daar is geen behoefte aan nie; *forced by ~* uit nood(saak), deur die nood gedrewe; *from/through (of out of) (sheer) ~* uit nood(saak), weens

behoefte, deur die nood gedrewe; ~ *knows no law* nood breek wet; ~ *is the mother of invention* nood leer bid; *of ~* noodwendig, noodgedwonge; *s.o. can(not) see the ~ for s.t.* iem. kan (nie) die nodigheid van iets insien (nie).

**neck** *n., (anat.)* nek; *(kookk.: vleissnit)* nekstuk; hals *(v. 'n kledingstuk);* nck *(v. 'n bottel ens.);* nek, pas, engte *(tuss. berge); about* one's ~ om die nek; *be ~ and ~* kop aan kop loop/ wees; *break the ~ of s.t., (fig.)* oor die hond (se rug/stert) kom, die ergste agter die rug kry; *breathe down s.o.'s ~, (infml.)* kort op iem. se hakke wees; oor iem. se skouer loer; *crane one's ~, (infml.)* jou nek rek; *crick one's ~* jou nek verrek; ~ *and crop, (infml.)* (met) pens en pootjies; *throw s.o. out ~ and crop, (infml.)* iem. uitboender; *be dead from the ~ up, (infml.: onnosel)* so toe soos 'n kleios (se dinges/watsenaam/ hoesenaam) wees; *fall (up)on (of throw one's arms round) s.o.'s* ~ iem. om die hals val; *get it in the ~, (infml.)* uitgetrap word, 'n skrobbering kry; les opsê, dit hotagter kry; *s.o.'ll get it in the ~, (ook, infml.)* iem. sal bars; iem. sal op sy/haar kop kry; *have the ~ to* ..., *(infml.)* die vermetelheid hê *(of* so vermetel wees) om te ...; *a ~ of land* 'n landtong/=engte; ~ *of mutton/veal/etc., (kookk.)* skaapnek, kalfsnek, ens.; *have a rick in the ~* 'n stywe nek hê; *risk one's ~* jou lewe waag; *save one's ~* die galg vryspring; *stick one's ~ out* iets waag; jou blootstel; *talk through (the back of) one's ~, (infml.)* bog/kaf/twak praat; *be in s.t. up to one's ~, (infml.)* (met) pens en pootjies in iets (betrokke) wees; *win by a ~* met 'n nek(lengte) wen; *wring a bird's ~* 'n voël se nek omdraai; *I'd like to wring s.o.'s ~, (infml.)* ek kan iem. se nek omdraai. **neck** *ww.* vernou; *(infml.)* soen en omhels/liefkoos/streel, vry; ~ *with s.o., (infml.)* met iem vry. ~**band** kraagband *(v. 'n kledingstuk);* halsstrook, =band. ~**bar** draaghout. ~ **beef** nekvleis. ~**cloth** krawat. ~ **cushion** nekkussing. ~-**high** *adj. (attr.)* tot aan die nek *(pred.).* ~**lace** →NECKLACE. ~-**line** hals= lyn. ~ **measurement** nekdikte; halsmaat. ~ **muscle** nek= spier. ~ **opening** halsopening. ~ **ornament** halssieraad. ~**piece** halsstuk. ~-**strap** halsriem. ~**tie** *(Am. of vero.)* (knoop)= das. ~**wear** dasse, serpe, ens..

**neck·er·chief** nekdoek.

**neck·ing** *(infml.)* vryery; *(bouk.)* nek.

**neck·lace** *n.* halsketting, =snoer; *(SA, fig.: brandende mo= torband)* halssnoer. **neck·lace** *ww., (SA, fig.)* met/volgens die halssnoermetode *(of* op die halssnoermanier) vermoor/ doodmaak/verbrand/teregstel, halssnoer. ~ *killing,* ~ *murder* halssnoermoord.

**neck·lac·ing** *(SA, fig.)* halssnoermoord(e); halssnoeratereg= stelling.

**nec·ro·man·cy** nekromansie, nigromansie, tower=, swart= kuns, geestebeswering. **nec·ro·man·cer** nekromant, towe= naar, geestebeswerder, =oproeper. **nec·ro·man·tic** nekro= manties, tower=, beswerings=.

**nec·ro·phil·i·a, ne·croph·i·lism** nekrofilie, lykskending. **nec·ro·phile, nec·ro·phil·i·ac** nekrofiel, lykskender.

**ne·crop·o·lis** =lises dodeakker; dodestad, nekropool, nekro= polis.

**ne·cro·sis** =croses, *(biol.)* nekrose, afsterwing, versterwing. **ne·crot·ic** nekroties, afgestorwe, versterwe.

**nec·tar** nektar; *(mit.)* nektar, godedrank. ~ **flower** heuning= blom. ~ **gland** *(bot.)* heuning=, nektarklier. ~ **guide** heu= ningmerk *(op 'n blom).*

**nec·tar·ine** kaalperske, nektarien.

**nec·ta·ry** *(bot.)* heuningkelk; *(bot.)* heuning=, nektarklier; heuningbuis *(v. 'n plantluis).*

**ned·dick·y** *(orn.: Cisticola fulvicapilla)* neddikkie.

**née** *(<Fr., dui op d. nooiensvan v. 'n getroude vrou)* gebore *(afk.: geb.).*

**need** *n.* nood, behoefte, gebrek; *(i.d. mv.)* behoeftes, be= nodig(d)hede; *as/if/when the ~ arises* soos/as/wanneer dit nodig is/word; *if ~ be* as dit nodig is, indien nodig; desnoods, as dit moet; *in case of* ~ in geval van nood, in 'n noodgeval; *a crying* ~ 'n dringende behoefte; *a demonstrated* ~ 'n bewese behoefte; *in case of dire* ~ in die uiterste geval; *fill/ fulfil a* ~ in 'n behoefte voorsien; *have a* ~ *filled* geholpe raak; *the* ~ *for* ... die behoefte aan ...; *have no further* ~ *of s.t.* iets nie langer/meer nodig hê nie; *your* ~ *is greater than mine* jy het dit nodiger as ek; *have* ~ *of s.t., (fml.)* aan iets behoefte hê, iets nodig hê; *in s.o.'s hour of* ~ in iem. se nood; *be in* ~ behoeftig wees, gebrek/nood ly; in ellende verkeer; *be in* ~ *of s.t.* iets nodig hê, 'n behoefte aan iets hê; *be sorely in* ~ *of s.t.* iets baie/dringend/hoogs nodig hê; *meet a* ~ in 'n behoefte voorsien; *there is no* ~ *of that* dit hoef nie, dit is onnodig; *there is no* ~ *to* ... dit is onnodig om te ...; *provide for s.o.'s* ~*s* in iem. se behoeftes voorsien; *s.o. can(not) see the* ~ *for s.t.* iem. kan (nie) die nodigheid van iets insien (nie); *suffer* ~ behoeftig wees, nood/gebrek ly; *supply a* ~ in 'n behoefte voorsien; *in time(s) of* ~ in tyd/tye van nood, in swaar tye, as die nood druk; *an urgent* ~ 'n dringende behoefte; 'n spoedeis; *be in urgent* ~ *of s.t.* dringend aan iets behoefte hê. **need** *ww.* nodig hê, behoefte hê aan; hoef; behoort; makeer; *that's all I* ~*!, (infml.)* en dit ook nog!; ~ *s.t. badly* iets baie/dringend/hoogs nodig hê; iets baie graag wil hê; *s.t. is badly/much* ~*ed* iets is broodnodig (*of* dringend/ hoogs nodig); *s.o.* ~*s to do s.t.* iem. moet iets doen; iem. is verplig om iets te doen; *s.o.* ~ *not do s.t.* iem. hoef iets nie te doen nie; *s.t.* ~*s doing* (or *to be done)* iets moet (volstrek) gedoen word; *everything (that) s.o.* ~*s* alles wat iem. nodig het; *as fast as* ~ *be* so vinnig as kan kom; *s.o. is* ~*ed here/ there* iem. is hier/daar nodig; ~ *s.t. like a hole in the head, (infml.)* regtig sonder iets kan klaarkom; *it* ~*s* ... dit vereis/ verg ... *(moed ens.); it* ~ *not be* dit hoef nie; *it* ~*s only* ... daar is maar net ... nodig; *it* ~*s clever play* dit vereis knap spel, daarvoor moet 'n speler slim/oulik wees; *one* ~ *scarcely* say *that* ... ('n) mens hoef seker nie te sê dat ... nie; *s.o./s.t.* ~*s* ..., *(ook)* iem./iets makeer ...

**need·ful** nodig, noodsaaklik, onmisbaar. **need·ful·ness** noodsaaklikheid.

**need·i·ness** →NEEDY.

**nee·dle** *n.* naald; kompas=, magneetnaald; naald, wys(t)er *(v. 'n meetinstr.);* slagpen *(v. 'n vuurwapen); (infml.)* antagonisme, vyandigheid, wrywing, spanning, wrewel; *from a* ~ *to an anchor* van 'n naald tot 'n koevoet; *give s.o. the* ~, *(infml.)* iem. prikkel; iem. die piep gee *(of* lelik omkrap); *look for a* ~ *in a haystack, (fig.)* 'n naald in 'n hooimied soek. **nee dle** *ww.* stik, met die naald werk; deurboor, =prik, =steek; (met 'n naald) prik; *(infml.)* treiter, tart, vertoorn, pes, iem. se siel versondig; dun kristalle vorm; ~ *one's way through s.t.* deur iets vleg, (jou) deur iets wurm. ~ **book** naaldeboekie. ~ **case** naaldekoker. ~ **chisel** naaldbeitel. ~**cord** *(tekst.)* haarriffelstof. ~**craft** naaldwerk. ~ **cushion** naald=, speldekussing. ~**fish** naaldvis. ~ **game**, ~ **match** taai/hewige/felle/spannende/verbete stryd, groot/harde konfrontasie, kwaai tweestryd. ~ **gun** naaldgeweer. ~ **holder** naaldekoker; naaldvoerder. ~ **ice** naaldys. ~~**leaved tree** naald= (blaar)boom. ~ **point** naaldpunt. ~**point (lace)** naaldkant. ~~**shaped** naaldvormig. ~~**sharp** vlymskerp. ~ **threader** garinginsteker. ~**woman** *=women* naaldwerkster. ~**work** naald=, handwerk.

**nee·dle·like** naaldagtig.

**need·less** onnodig, nodeloos; oorbodig; ~ *to say* onnodig om te sê. **need·less·ness** onnodigheid, nodeloosheid.

**need·n't** *(sametr.)* = NEED NOT.

**need·y** behoeftig, hulpbehoewend, armoedig, nooddruftig. **need·i·ness** behoeftigheid, hulpbehoewendheid, nooddruftigheid.

**ne'er** *(poët., liter. of dial.)* nooit; ~ *a* ... geen enkele ... nie; ~ *a penny* geen bloue duit nie. ~~**do-well** niksnut(s), deugniet, asjas, lieplapper, aslêer.

**ne·far·i·ous** misdadig, gruwelik, skandelik, laaghartig, af= skuwelik; ~ *activities* skanddade. **ne·far·i·ous·ness** misda= digheid, gruwelikheid, skandelikheid, laaghartigheid, afsku= welikheid.

**ne·gate** ontken, weerspreek, loën; tot niet maak. **ne·ga·tion** ontkenning, weerspreking, loëning, negasie.

**neg·a·tive** *n.* ontkenning; *(fot., wisk.)* negatief; negatiewe pool; *the double* ~, *(gram.)* die dubbele ontkenning; *answer in the* ~ ontkennend antwoord; *the answer is in the* ~ die antwoord is nee. **neg·a·tive** *adj.* ontkennend, negatief; weierend; afwysend; *a* ~ *answer* 'n ontkennende antwoord; ~ *electricity* negatiewe elektrisiteit; ~ *equity, (ekon.)* nega= tiewe ekwiteit; ~ *evidence* negatiewe bewysmateriaal; ~ *geotropism, (bot.)* negatiewe geotropie; ~ *pole* negatiewe pool *(v. 'n magneet);* ~ *quantity* negatiewe hoeveelheid, min= der as niks; ~ *sign* min(us)=, aftrekteken; ~ *vote* teen=, teë= stem, stem teen; ~ *word* ontkenningswoord. **neg·a·tive** *ww.* ontken; weerspreek; weerlê; afstem, verwerp; ongedaan maak, neutraliseer.

**neg·a·tive·ness, neg·a·tiv·i·ty** negatiwiteit.

**neg·a·tiv·ism** negativisme.

**ne·ga·tor** *(gram.)* ontkenningswoord; *(elektron.)* negeerder.

**ne·glect** *n.* verwaarlosing, veron(t)agsaming; versuim, na= lating; nalatigheid; agterstelling; afskepery; ~ *of duty* plig(s)= versuim; *fall into* ~ verwaarloos raak; *be in a state of* ~ ver= waarloos wees; *to the* ~ *of* ... met verwaarlosing van ... **ne· glect** *ww.* verwaarloos, afskeep; stiefmoederlik behandel; versuim, nalaat; versaak; veron(t)agsaam; ~ *to do s.t.* iets nalaat; *be* ~*ed, (ook)* onversorg wees; agterstaan. **ne·glect·ful** nalatig, agte(r)losig; afskeperig; *be* ~ *of s.t.* iets verwaarloos.

**neg·li·gee, neg·li·gée** négligé, ligte kamerjas/-japon.

**neg·li·gence** nalatigheid, agte(r)losigheid, versuim; afske= pery; *gross* ~ growwe/verregaande nalatigheid. **neg·li·gent** nalatig, agte(r)losig, onagsaam; *be grossly* ~ erg nalatig wees; *be* ~ *about/of s.t.* nalatig wees wat iets (aan)betref. **neg·li· gent·ly** nalatig, op nalatige wyse, uit nalatigheid/agte(r)= losigheid.

**neg·li·gi·ble** gering, onbeduidend, nietig.

**ne·go·ti·ate** verhandel *('n tjek, wissel);* handel dryf/drywe; onderhandel oor *('n prys, kontrak, klousule, ens.);* beding *(pryse);* deursit *('n transaksie);* verdiskonteer; oorkom, te bowe kom; die deurgang/oorgang bewerkstellig; ~ *a dif= ficulty* 'n moeilikheid oorwin *(of* te bowe kom *of* uit die weg ruim); ~ *a fence* oor 'n heining kom/spring; ~ *for s.t.* vir iets onderhandel; ~ *from (a position of) strength* (van)= uit 'n posisie van mag/krag onderhandel; ~ *on/over s.t.* oor iets onderhandel; ~ *a river* 'n rivier oorsteek, deur 'n drif kom; ~ *a road* oor 'n pad kom; ~*d settlement* oor= eengekome skikking; ~ *with s.o.* met iem. onderhandel. **ne·go·tia·bil·i·ty** verhandelbaarheid; (ver)diskonteerbaar= heid; bedingbaarheid; begaanbaarheid; rybaarheid. **ne·go· tia·ble** verhandelbaar; vervreem(d)baar; (ver)diskonteer= baar; bedingbaar; begaanbaar, rybaar *('n pad);* bruikbaar; oorgaanbaar, deurgaanbaar *('n rivier);* oorkombaar; ~ *de= mand* skikbare eis; ~ *instrument, (ekon.)* verhandelbare instrument; *law of* ~ *instruments* wisselreg; *not* ~ on= verhandelbaar *('n tjek);* onrybaar *('n pad).*

**ne·go·ti·at·ing ta·ble** onderhandelingstafel.

**ne·go·ti·a·tion** onderhandeling, verhandeling; totstand= brenging; ~*s between* ... onderhandelings tussen ...; *break off* ~*s* die onderhandelings staak; *(the)* ~*s were broken off* die onderhandelings is gestaak *(of* het afgespring); *carry on* (or *conduct)* ~*s* onderhandelings voer; *be engaged in* ~*s* in onderhandeling wees; *enter into* (or *open)* ~*s* on= derhandelings aanknoop, in onderhandeling tree; *pending the* ~*s* terwyl die onderhandelings aan die gang (*of* han= gende) is; ~*s with* ... onderhandelings met ... **ne·go·ti·a·tor** onderhandelaar.

**Ne·gro** =groes, (vero., neerh.) Neger.

**Ne·he·mi·ah** (OT) Nehemia.

**Neh·ru jack·et** nehrubaadjie.

**neigh** n. gerunnik. **neigh** ww. runnik. **neigh·ing** gerunnik.

**neigh·bour,** (Am.) **neigh·bor** n. buurman, =vrou; mede= mens, (teol.) naaste; ewenaaste; (i.d. mv.) bure, buurmense; ~'s **child** buurkind; **duty** to one's ~s plig teenoor jou naaste; **love** of one's ~ naasteliefde; ~'s **wife** buurvrou. **neigh·bour,** (Am.) **neigh·bor** ww. grens aan; naby woon.

**neigh·bour·hood,** (Am.) **neigh·bor·hood** buurt(e), na= byheid; omgewing, omstreke, omtrek; in the ~ of ... in die omgewing van ... ('n plek); ongeveer/omtrent/nagenoeg/so= wat (of om en by) ... ('n aantal/bedrag). ~ **watch** buurtwag.

**neigh·bour·ing,** (Am.) **neigh·bor·ing** naburig, nabyge= leë; aangrensend, omliggend; ~ country/state buurland, =staat.

**neigh·bour·ly,** (Am.) **neigh·bor·ly** vriendskaplik, gesellig, soos bure, soos dit goeie bure betaam. **neigh·bour·li·ness,** (Am.) **neigh·bor·li·ness** buurmanskap, (goeie) buurskap.

**nei·ther** pron. geen (v. twee), geeneen (v. beide). **nei·ther** adv. ook nie, ewemin. **nei·ther** voegw.: ~ did/has he/she hy/sy (het) ook nie; he/she doesn't know/etc. and ~ do I hy/sy weet/ens. nie en ek ook nie; that is ~ here nor there dit is nie ter sake nie; ~ ... nor ... nóg ... nóg ...; be ~ one nor the other (nóg) vis nóg vlees wees.

**nek** (SA, geog.) nek.

**nel·ly:** not on your ~!, (Br., infml.) nog nooit (nie)!, om die dood nie!, so nooit aste (of as te) nimmer!, so nimmer aste (of as te) nooit!, (h)aikôna!.

**nel·son (hold)** (stoei) nelson(greep/kopklem); full ~ (~) dubbele nelson(greep/kopklem); half ~ (~) halwe nelson, halfnelson.

**ne·mat·ic** adj., (chem.) nematies (vloeikristal).

**nem·a·to·cyst, nem·a·to·cyst** (soöl.) netelsel, steeksel, nematosist (v. 'n holtedier).

**nem·a·tode** nematode, rondewurm.

**nem·a·tol·o·gist** nematoloog.

**Nem·bu·tal** (Am. handelsnaam) Nembutal, natriumpento= barbitoon.

**ne·mer·te·an, nem·er·tine** (soöl.) snoerwurm.

**ne·me·sia** (bot.) nemesia; (Nemesia strumosa) wildeleeubek= kie; (N. affinis/N. versicolor) weeskindertjies; (N. ligulata) kap= pieblommetjie.

**Nem·e·sis** (Gr. mit.) Nemesis, wraakgodin. **nem·e·sis** =eses nemesis, (bewerker van iem. se) ondergang; s.o. has met his/ her ~ iem. se doppie het geklap; iem. het sy/haar verdiende loon gekry; iem. het sy/haar moses teë-/teengekom.

**ne·o·clas·si·cism** neoklassisisme. **ne·o·clas·sic, ne·o·clas·si·cal** neoklassiek. **ne·o·clas·si·cist** neoklassisis.

**ne·o·co·lo·ni·al·ism** neokolonialisme. **ne·o·co·lo·ni·al, ne·o·co·lo·ni·al·ist** adj. neokolonialisties. **ne·o·co·lo·ni·al·ist** n. neokolonialis.

**ne·o·con·serv·a·tism** neokonserwatisme. **ne·o·con·serv·a·tive** n. & adj. neokonserwatief.

**ne·o·dym·i·um** (chem., simb.: Nd) neodimium.

**ne·o·fas·cism** neofascisme. **ne·o·fas·cist** n. neofascis. **ne·o·fas·cist** adj. neofascisties.

**Ne·o·lith·ic** n., (argeol.) Neolitikum, Nuwe Steentyd(perk). **Ne·o·lith·ic** adj. Neolities, uit/van die Nuwe Steentyd= (perk).

**ne·ol·o·gism** neologisme, nuutskepping, nuwe woord/uit= drukking; nuwe leer, neologie. **ne·ol·o·gist** neoloog.

**ne·o·my·cin** (farm.) neomisien.

**ne·on** (chem., simb: Ne) neon. ~ **light** neon=, buislig. ~ **lighting** neon=, buisverligting. ~ **sign** neonteken, neonre= klame(teken).

**ne·o·na·tal** pasgebore, pas gebore, neonataal.

**ne·o·Na·zi** =zis, n. neonazi. **ne·o·Na·zi** adj. neonazi(ï)sties, neonazi=. **ne·o·Na·zism** neonazi(ï)sme.

**ne·o·phyte** neofiet, pas bekeerde, pasbekeerde; nuweling.

**ne·o·plasm** (patol.) neoplasma, gewas. **ne·o·plas·tic** neo= plasties, nuut gevorm.

**Ne·o·pla·to·nism** (filos.) neoplatonisme. **Ne·o·pla·ton·ic, Ne·o·pla·to·nist** adj. neoplatonies. **Ne·o·pla·to·nist** n. neo= platonis.

**ne·o·prene** (soort kunsrubber) neopreen.

**Ne·pal** (geog.) Nepal. **Nep·a·lese** n. & adj. Nepalees. **Ne·pal·i** n. & adj., (inwoner, taal) Nepalees.

**neph·ew** neef, broers=, susterskind.

**ne·phol·o·gy** nefologie, wolkeleer.

**ne·phrid·i·um** =ia, (soöl.) nefridium.

**neph·rite** (min.) nefriet, niersteen.

**ne·phrit·ic** adj. nefrities, nier=.

**ne·phri·tis** nierontsteking, nefritis.

**ne·phrol·o·gy** nefrologie, nierkunde. **ne·phrol·o·gist** nefro= loog, nierkundige.

**nep·o·tism** nepotisme, familiebegunstiging.

**Nep·tune** (Rom. mit., astron.) Neptunus.

**nep·tu·ni·um** (chem., simb.: Np) neptunium.

**nerd, nurd** (infml., neerh.) bleeksiel; japie, gawie, doffel; rekenaarfoendie, =genie. **nerd·ish, nurd·ish, nerd·y, nurd·y** bleeksiel(er)ig, vaal, valerig; toe, dof, vertraag.

**Ne·re·id** (Gr. mit.) Nereïed, seenimf, watergodin; (astron.: maan v. Neptunus) Nereïed. **ne·re·id** (soöl.) nereïed.

**Ne·re·us** (Gr. mit.: seegod) Nereus.

**ne·ri·ne** (SA, bot.) nerina.

**ner·o·li (oil)** (ook oil of neroli) lemoenblomolie.

**ner·vate** (bot.) beaar, generf.

**nerve** n. senu(wee); krag, moed, durf; (infml.) vermetelheid, astrantheid; (bot.) bladnerf, aar; (i.d. mv., infml.) senuwees, senu(wee)agtigheid; be all ~s (die) ene senuwees wees; s.o.'s ~s have gone to bits, (infml.) iem. het dit erg op sy/haar se= nuwees, iem. se senuwees is op hol; s.o.'s ~s are on edge iem. se senuwees is op hol; with ~s on edge met gespanne senuwees; get on s.o.'s ~s, (infml.) op iem. se senuwees werk, iem. senu(wee)agtig maak; have the ~ to ..., (infml.) die durf/moed hê om te ...; die vermetelheid hê om te ...; lose one's ~ kleinkoppie trek, moed verloor; dit op jou senuwees kry, verbouereerd raak; s.o.'s ~s were shattered/shot iem. se senuwees was gedaan/klaar; have ~s of steel senuwees van staal (of staalsenuwees) hê; strain every ~ alle kragte inspan; strained ~s oorspanne senuwees; touch a (raw/ sensitive) ~, (fig.) 'n (gevoelige/teer/tere) snaar aanraak/aan= roer; what a ~!, (infml.) dis vir jou vermetelheid!. **nerve** ww. sterk (maak), krag gee; ~ o.s. (al) jou moed bymekaar= skraap, jou sterk maak. ~ **cell** senu(wee)sel. ~ **centre** senu= (wee)sentrum. ~ **gas** senu(wee)gas. ~ **knot** senu(wee)knoop. ~ **plexus** senu(wee)pleksus, senu(wee)vleg. ~**-racking, ~- wracking** senu(wee)tergend. ~**-shattering** ontsenuend, se= nu(wee)tergend.

**nerve·less** kragteloos, slap, pap; sonder senuwees; (anat., biol.) aar=, ribloos.

**nerv·ous** senu(wee)agtig, skrikkerig, lugtig; gejaag(d); ver= bouereerd; ~ attack senu(wee)aanval; become ~ senu(wee)= agtig raak/word; ~ breakdown/collapse senu(wee)-instor= ting; have a lot of ~ energy 'n rustelose bondel energie wees; ~ headache senu(wee)hoofpyn; make s.o. ~ iem. senu(wee)agtig maak; ~ system senu(wee)stelsel; ~ twitch senu(wee)trekking; ~ wreck, (infml.) senu(wee)wrak. **nerv· ous·ness** senu(wee)agtigheid, verbouereerdheid, nerveus= heid, nervositeit.

**nerv·y** (hoofs. Br., infml.) senu(wee)agtig; (Am., infml.) voor= barig, astrant.

**nest** *n.* nes; *foul one's own* ~ jou eie nes bevuil; *make a* ~ 'n nes maak; nesskop. **nest** *ww.* nes maak; 'n nes hê; neste uithaal; *~ed boxes/dolls/etc.* dosies/poppies/ens. wat inme= kaarpas; *~ed in s.t.* in iets genestel; in iets ingebed. ~ **box, nesting box** neskas(sie). ~ **egg** neseier; *set aside a* ~ ~ iets vir die oudag spaar.

**nest·ing** nesmaak, nesmakery; ~ *season* broeityd.

**nes·tle** nestel; nesskop; jou tuis maak; lêplek soek; jou (neer)= vly; ~ *close to* ... (jou) styf teen ... nestel; ~ *down,* *('n voël)* nesskop; *(infml.)* jou neervly; ~ *in* induik; ~ *o.s.* nes maak; jou tuis maak; ~ *up against/to s.o.* jou teen iem. aanvly.

**nest·ling** neskuiken, nesvoël; jong(ste) kind.

**Nes·tor** *(Gr. mit.)* Nestor; *(soms n~)* nestor, oudste.

**net**[1] *n.* net; (val)strik; knoop; netwerk; spinnerak; netstof; *at the* ~, *(tennis)* by die net; *at the* ~*(s), (kr.)* in die nette; *sweep everything into one's* ~ alles pak wat jy in die hande kan kry; *the N*~, *(rek.,infml.:d.Internet)* die Net. **net** *-tt-, ww.* (in nette) vang; nette maak; inbring, oplewer; binnehaal; ~ *R5000* R5000 insamel. ~ **ball** *(tennis)* netbal. *~***ball** *(spanspel)* netbal. ~ **curtain** netgordyn. ~ **play,** ~ **game** *(tennis)* netspel. ~ **practice** *(kr.)* netoefening. *~***work** →NETWORK.

**net**[2]**, nett** *adj.* netto, suiwer; ~ *loss* netto verlies; ~ *production* suiwer opbrengs/opbrings; *the* ~ *result* die slotsom.

**neth·er** *(arg. of skerts.)* onderste, onder=; laer, benede=; ~ *re= gions, (ook* nether world*)* onderwêreld, skimmeryk; *(euf.)* agterstewe, =wêreld; skaamte, skaamdele.

**Neth·er·lands:** *the* ~ *East Indies, (hist.)* Nederlands-(Oos-)= Indië, →INDONESIA; *the* ~, *(geog.)* Nederland; →LOW COUN= TRIES. **Neth·er·land·er** Nederlander.

**Neth·er·lands An·til·les** *(geog.)* Nederlandse Antille.

**neth·er·most** onderste, laagste.

**net·su·ke** *=suke(s), (<Jap.)* netske, gordelknoop.

**nett** →NET[2] *adj.*.

**net·ting** netwerk, gaas; sif=, ogiesdraad.

**net·tle** *n.* brandnetel, =nekel; *grasp the* ~ die bul by die ho= rings pak. **net·tle** *ww.* vererg, verbitter, irriteer; met brand= netels/=nekels slaan; *~d* kriewelrig; geraak, beledig. ~ **cell** netelsel, nematosist.

**net·work** *n.* net(werk); gaas; maaswerk. **net·work** *ww.,* *(Br., rad. & TV)* land(s)wyd *(of* via 'n netwerk*)* uitsaai; 'n netwerk van sakevriende opbou, (sake)bande smee, die reg= te mense (op die regte plekke) leer ken; *be ~ed* deel van 'n netwerk uitmaak/wees, aan 'n netwerk gekoppel wees; *~ed computer system* gerekenariseerde netwerkstelsel; *nation= ally ~ed TV* nasionale TV-netwerk; *~ed offices/etc.* kan= tore/ens. met netwerkkoppeling. **net·work·er** netwerker. **net· work·ing** netwerkvorming; netwerkgebruik; netwerkklewe= ring, die lewering van netwerkdienste; die opbou van 'n netwerk van sakevriende, die smee van (sake)bande.

**neu·ral** neuraal, senu(wee)=.

**neu·ral·gia** neuralgie, sinkings, senu(wee)pyn. **neu·ral·gic** neuralgies, senu(wee)=.

**neu·ri·tis** senu(wee)ontsteking, neuritis.

**neuro·lep·tic** *(med.)* neurolepties.

**neu·rol·o·gy** neurologie, senu(wee)siekteleer. **neu·ro·log= i·cal** neurologies. **neu·rol·o·gist** neuroloog, senu(wee)spe= sialis.

**neu·ro·mus·cu·lar** neuromuskulêr.

**neu·ron(e)** neuron, senu(wee)sel.

**neu·rop·a·thy** neuropatie, senu(wee)siekte, =kwaal. **neu= ro·path** neuropaat, senu(wee)lyer. **neu·ro·path·ic** neuropa= ties, senusiek.

**neu·ro·phys·i·ol·o·gy** neurofisiologie.

**neu·ro·psy·chol·o·gy** neuropsigologie.

**neu·rop·ter·an** *n., (entom.)* netvlerkige, =vleuelige. **neu= rop·ter·an, neu·rop·ter·ous** *adj.* netvlerkig, =vleuelig.

**neu·ro·sci·ence** neurowetenskap(pe). **neu·ro·sci·en·tist** neurowetenskaplike.

**neu·ro·sis** *=ses* neurose, senu(wee)siekte, =toestand, =steu= ring.

**neu·ro·sur·ger·y** neurochirurgie, =sjirurgie. **neu·ro·sur= geon** neurochirurg, =sjirurg. **neu·ro·sur·gi·cal** neurochi= rurgies, =sjirurgies.

**neu·rot·ic** *n., (med.)* senu(wee)lyer, senu(wee)pasiënt, neu= ropaat, neuroot. **neu·rot·ic** *adj.* senu(wee)agtig, swak van senuwees, neuroties.

**neu·rot·o·my** *=mies, (med.)* neurotomie.

**neu·ro·tox·in** senu(wee)gif.

**neu·ro·trans·mit·ter** *(fisiol.)* neuro-oordraer, senuoor= draer.

**neu·ter** *n., (gram.)* onsydige geslag, neutrum; geslag(s)lose/ gekastreerde dier; onvrugbare insek; werkby; geslag(s)lose plant. **neu·ter** *adj.* onsydig; onoorganklik; geslag(s)loos; neutraal; gekastreer, gesny. **neu·ter** *ww.* geslag(s)loos maak, kastreer, sny.

**neu·tral** *n.* onsydige, neutrale; onpartydige; neutrale stand; *put the car/gears in(to)* ~ die motor uit rat haal. **neu·tral** *adj.* onsydig, neutraal; *(fonet.)* neutraal, toonloos; onpartydig; *(mot.)* uit rat, uitgeskakel; ~ *gear* neutrale rat, vryloop; ~ *point* nulpunt; ~ *position* russtand; *remain/stay* ~ *in* ... neutraal bly in ... *('n oorlog ens.).* **neu·tral·i·sa·tion, =za·tion** neutralisering, neutralisasie; opheffing. **neu·tral·ise, =ize** neutraliseer; ophef, vernietig; onsydig/neutraal verklaar; opweeg teen. **neu·tral·ism** neutralisme, onsydigheid. **neu= tral·ist** neutralis. **neu·tral·i·ty** onsydigheid, neutraliteit; on= partydigheid.

**neu·tri·no** *=nos, (fis.)* neutrino.

**neu·tron** *(fis.)* neutron. ~ **bomb** neutronbom. ~ **star** neu= tronster.

**Ne·vad·a** *(geog.)* Nevada.

**nev·er** nooit, nimmer; ~ *again* nooit weer nie; ~ *ever* nog nooit nie, so nooit aste *(of* as te*)* nimmer, so nimmer aste *(of* as te*)* nooit; *I ~ knew (that)* ... ek het nie/nooit geweet (dat) ... nie, ek was heeltemal/salig onbewus van *(of* daarvan dat*)* ...; ~ *in (all) my life have I* ... ek het in my (hele) lewe nog nooit ..., nog nooit in my (hele) lewe het ek ..., ek het (nog) nooit in my dag des lewens ...; ~ *for a/one moment* geen *(of* nie [vir] 'n/een enkele*)* oomblik nie; ~ *is a long time/word* nooit is 'n groot woord; *well I* ~*!, (infml.)* nou toe nou!, kan jy nou meer!, reken (nou net)!, dis nou weer te sê!. *~***-ending** eindeloos, nimmereindigend. *~***-never land** kammaland, nêrensland, Utopia. *~***-to-be-forgotten** onvergeetlik.

**nev·er·more** *(poët., liter.)* nimmermeer, nooit weer/meer nie.

**nev·er·the·less** nietemin, desnieteenstaande, desondanks, ewe(n)wel, nogtans, tog.

**new** *n.: the* ~ die nuwe(s). **new** *adj.* nuut; vars; ongebruik; resent; modern; onervare, groen; onbekend; *as* ~ feitlik nuut; *be* ~ *at* ... nog nuut in ... wees, ... nog nie lank doen *(of* goed ken*)* nie *(d. werk ens.);* nog nie veel van ... (af) weet nie *('n stokperdjie ens.);* a ~ *broom sweeps clean, (fig.)* nuwe besems vee skoon; ~ *generation* opkomende geslag; *be* ~ *in* ... nog nie lank in ... woon nie *('n stad);* nog nie lank in/op ... woon nie *('n dorp);* 'n groentjie/nuweling in ... wees *('n span ens.); the* ~ *look* die nuwe styl/voorkoms; *be a* ~ *man/woman/ person* 'n ander/nuwe mens wees; ~ *moon* nuwemaan; ~ *money* nuwe geld; die pasrykes *(of* pas rykes *of* nouveau riche); *a* ~ *one* iets nuuts; *the* ~ *one* die nuwe; ~ *potatoes* jong aartappel(tjie)s; *the* ~ *rich* die pasrykes *(of* pas rykes *of* nouveau riche); *the N*~ *South Africa, (infml., ná 1994)* die nuwe Suid-Afrika; *spanking* ~ splinternuut; ~ *star* nuwe ster; ~ *student* groene, groentjie, nuweling(student); *be* ~ *to* ... 'n groentjie/nuweling in ... wees *(d. sakewêreld ens.);* nog nuut in ... wees, ... nog nie lank doen *(of* goed ken*)* nie *(d. werk ens.);* nog nie veel van ... (af) weet nie *('n stokperdjie* *ens.); nog nie lank in ... woon nie ('n stad); nog nie lank in/op ... woon nie ('n dorp); s.t. is ~ to s.o. iets is vir iem.* nuut; *the ~ year, (d. komende jaar)* die nuwe jaar; →NEW YEAR; *see/bring in the ~ year* die nuwe jaar begroet/inlui *(of welkom heet),* Oujaarsaand *(of die nuwe jaar)* vier. **new** *adv.* onlangs, pas; opnuut. **N~ Age** →NEW AGE. ~**born** pasgebore, pas gebore; we(d)ergebore; nuutgebore. **N~ Brunswick** *(Kan. provinsie)* Nieu-Brunswyk; *(stad in Am.)* New Brunswick. **N~ Caledonia** Nieu-Kaledonië. **N~castle** →NEWCASTLE. ~**comer** nuweling, nuwe aankomeling; nuwe intrekker; *s.o. is a ~ to ...* iem. is nuut in ... **N~ Delhi** Nieu-Delhi. **N~ England** *(Am.)* Nieu-Engeland; *(SA)* New England. ~**found** nuutgevonde, pas gevonde/ontdekte; pas bereikte. **N~foundland** →NEWFOUNDLAND. **N~ Guinea** Nieu-Guinee. **N~ Hampshire** New Hampshire. **N~ Jersey** New Jersey. ~**laid** pas gelê, vars *(eiers).* ~**look** *adj. (attr.)* met die/'n/sy/ens. (splinter)nuwe voorkoms *(pred.).* ~ **man,** *(soms N~ M~): the ~ ~* die moderne man. **N~ Mexico** Nieu-Mexiko/Meksiko. **N~ Orleans** New Orleans. **N~ South Wales** Nieu-Suid-Wallis. ~**speak** nieukoeterwaals, nuwe burokratetaal *(of burokratiese taal),* politiek korrekte reto= riek, hedendaagse clichés. **N~ Style** *(datumberekening, afk.: NS)* Nuwe Styl. ~**style** *adj. (attr.)* nuwerwetse. **N~ Testa= ment:** *the ~ ~, (Byb.)* die Nuwe Testament; *~ ~ scholar* Nieu/ Nuwe-Testamentikus. ~ **wave** *(dikw. hll.)* nuwe beweging/ neiging/stroming/tendens; *(ook new wave music)* new wave= (-musiek). **N~ World:** *the ~ ~* die Nuwe Wêreld. **N~ Year** *(1 Jan.)* Nuwejaar; *~ ~ celebration* Nuwejaarsfees, =viering; *~ ~'s Day* Nuwejaar(sdag); *~ ~'s Eve* Oujaarsaand; Ou= jaarsdag. **N~ York** (die staat) NewYork. **N~ York (City)** (die stad) NewYork. **N~ Zealand** Nieu-Seeland.

**New Age** nuwe tydperk, tydperk van Aquarius *(of die Wa=* terdraer); *(ook New Age music)* New Age(-musiek). **New Ag·er** New Age-aanhanger.

**New·cas·tle** *(geog.)* Newcastle. ~ **disease** newcastlesiekte *(ook N~),* hoenderpes.

**new·el** spil *(v. 'n trap).*

**new·fan·gled** *(neerh.)* nuwerwets.

**New·found·land, New·found·land** *(geog.)* Newfound= land. ~ **(dog)** newfoundlander *(ook N~).* **New·found·land·er, New·found·land·er** *(inwoner)* Newfoundlander; *(hond)* new= foundlander *(ook N~).*

**new·ish** nuwerig, nuterig, halfnuut.

**New·lands** *(Wes-Kaap)* Nuweland; *(Gauteng)* Newlands.

**new·ly** onlangs, pas; vars; *~ appointed* pas benoem/aan= gestel; *~ arrived* pas aangekom(e); *~ born* pasgebore, pas gebore; *~ coined money* pas gemunte geld; *~ coined word* nuwe woord, nuutvorming, =skepping, neologisme; *~ discovered* pas/onlangs ontdekte; *~ elected* pas verkose, pasverkose; *~ formed* pas gestigte, pasgestigte; *~ married* pas getroud, pasgetroud. ~**weds** jonggetroudes, pas getrou= des, pasgetroudes.

**new·ness** nuutheid.

**news** nuus; tyding, berig; *bad/good ~* slegte/goeie nuus/ tyding; *break the ~ (gently) (to s.o.)* (iem.) die nuus/tyding (versigtig) meedeel; *the ~ broke* die nuus het bekend geraak; *country ~* plattelandse berigte; *be in the ~* in die nuus wees; *the latest ~* die laaste/jongste nuus; *make ~* in die nuus kom, groot aandag trek; *that is no ~* dit is ou nuus; *~ of ...* berig/tyding van/omtrent ...; *a piece of ~* 'n nuusbrokkie *(of* brokkie nuus); *receive ~ of s.t.* berig van iets kry; *stale ~* ou nuus; *the ~ that ...* die berig/tyding dat ...; *s.o. had (the) ~ that ...* iem. het verneem *(of* die tyding gekry/ontvang) dat ...; *that's ~ to me, (infml.)* dis die eerste wat ek daarvan hoor, dis vir my nuus; *what (is the) ~?* wat is die nuus/tyding?; *watter* nuus is daar?. ~ **agency, press agency** nuusagentskap. ~**agent** koerantverkoper, =handelaar. ~ **anchor** *(rad., TV)* nuusaanbieder, =leser. ~ **blackout** nuusverbod. ~**brief** kort

nuusbulletin, =boeletien; nuusflits. ~ **bulletin** nuusbulletin, =boeletien; *(Am.)* nuusflits. ~**cast** nuusuitsending, =berig(te). ~**caster** nuusleser, =aanbieder. ~ **conference** nuuskon= ferensie. ~ **coverage** nuusdekking. ~ **desk** nuuskantoor. ~ **editor** nuusredakteur. ~**flash** nuusflits, flitsberig, kort nuusberig. ~ **gathering** nuusinsameling, =inwinning. ~ **headlines** nuushooftrekke. ~**hound,** *(Am.)* ~**hawk** *(infml.)* nuusjagter. ~**-hungry** gretig na nuus. ~ **item** nuusbrokkie. ~**letter** nuusbrief. ~**maker** nuusfiguur, =maker. ~**man** =men, ~**woman** =women koerantman, =vrou, berig=, verslaggewer. ~**paper** →NEWSPAPER. ~**print** koerantpapier. ~**reader** nuus= leser, =aanbieder. ~**reel** nuusfilm, =(rol)prent. ~ **report** nuus= berig. ~**room** redaksie=, nuuskantoor; nagkantoor *(v. 'n oggendblad);* (koerant)leeskamer. ~**-sheet** nuusblaadjie. ~**stand** koerantstalletjie, =kiosk. ~ **story** nuusstorie. ~ **sum= mary** nuusopsomming. ~ **tickers** nuusflitsers. ~ **value** nuus= waarde, belangwekkendheid. ~ **vendor** koerantverkoper. ~**worthiness** belangwekkendheid. ~**worthy** belangwekkend. ~ **writer** koerantskrywer, beriggewer.

**news·less** sonder nuus/tyding.

**news·pa·per** koerant, nuusblad. ~ **article** koerantartikel. ~ **contributor** koerantskrywer; koerantmedewerker. ~ **cut= ting** koerantknipsel. ~ **industry** perswese. ~**man** =men, ~**woman** =women koerantman, =vrou, joernalis. ~ **office** koerantkantoor. ~ **report** koerantberig. ~ **world** perswese.

**news·y** *adj., (infml.)* vol nuus.

**newt** *(soöl.)* watersal(a)mander, molg.

**new·ton** *(fis.)* newton; *two ~s* twee newton; *many ~s* baie newtons. **New·to·ni·an** *adj.* Newtons, Newtoniaans, new= ton=; ~ **telescope** newtonteleskoop.

**next** *n.* (die) volgende; ~ *(please)!* (die) volgende (asseblief)!. **next** *adj.* volgende, aanstaande, eerskomende; langsaan; net bo/voor/ná; *be ~* volg, aan die beurt wees; *coming up ~ is ...* nou volg ...; *the ~ day* die volgende dag, die dag daarop; *the very ~ day* net die volgende dag; *the ~ few days* die volgende paar dae, die eerste dag of wat; *s.o.'s eldest brother/sister* die broer/suster net voor/bo iem.; *be ~ on the list* die volgende op die lys wees; *the ~ person s.o. sees* die eerste die beste (persoon) wat iem. sien; *the ~ station to X* die eerste stasie ná X, die stasie net ná X; ~ *Sunday/day* nou Sondag, aanstaande/eerskomende/volgende Son= dag; ~ *week/year* aanstaande/volgende week/jaar; *what's ~?* wat nou?; *who's ~?* wie volg?, wie se beurt is dit?. **next** *adv.* vervolgens, (daar)na; ~ *before* net voor; ~ *to ...* naas=/ langs(aan) ...; ná/naas ...; ~ *to that* langs(aan) dit, daarnaas; ~ *to this* langs(aan) dit, hiernaas; ~ *to what?* langs(aan) wat?, waarnaas?; *the largest city ~ to Johannesburg* die grootste stad na(as) Johannesburg; *what ~?* kan jy nou meer!, bid jou aan!, nou toe nou!; *what do we do ~?* wat nou (gedaan)?. ~ **best** op een na die beste, (die) naasbeste. ~ **door** *n., (Br., infml.)* die bure, die mense (hier) langsaan. ~ **door** *adv.* langsaan; *the boy/girl ~* die buurseun/=meisie; ~ *to ...* langsaan ... ~**-door** *adj. (attr.):* ~ *neighbour* naaste buurman/=vrou, man/vrou langsaan; *(i.d. mv.)* naaste bure, mense langsaan.

**nex·us** =us(es) neksus, (ver)band, samehang, verbinding, skakel; neksus, reeks, groep, ketting.

**Ngu·ni** *(SA taalgroep)* Nguni. ~ **cattle** Ngunibeeste.

**ni·a·cin** →NICOTINIC ACID.

**nib** penpunt; punt, tand, doring *(v. gereedskap);* snawel, bek *(v. 'n voël); (i.d. mv. ook)* koffiebone, =pitte; gebreekte kakao= bone.

**nib·ble** *n.* mondjie vol; gepeusel, geknabbel; iets om aan te peusel; *(i.d.mv.)* (peusel)=, (snoep)happies, eet=, peuselgoed= jies; sweempie/teken van belangstelling; *feel like a ~* lus hê/ voel/wees vir iets om aan te peusel; *the angler never had a ~* die vis het glad nie gebyt nie. **nib·ble** *ww.* peusel, knabbel, knaag; ~ *at s.t.* aan iets peusel *(kos);* aan iets knabbel/knaag *('n wortel ens.);* aan iets byt *(d. aas);* belangstelling in iets toon *('n aanbod ens.);* ~ *(away) at s.t., (ook)* iets wegkalwe(r) *(iem. se spaargeld);* iets geleidelik aftakel *(iem. se gees).* **nib·bler** peuselaar, knabbelaar. **nib·bling** gepeusel, geknabbel.

**nibs:** *his* ~, *(infml., skerts.)* sy hoogheid.

**nic·co·lite** *(min.)* nikkeliet.

**nice** lekker, aangenaam; mooi, gaaf, vriendelik, lief; fyn; presies; ~ *and* ... lekker ... *(koel, warm, soet, ens.);* mooi ... *(slank ens.);* ~ *boy/girl* gawe seun/meisie; ordentlike seun/meisie; ~ *distinction* fyn onderskeiding; ~ *ear* fyn oor; *you're a* ~ *friend!, (iron.)* jy's 'n mooi vriend!, wat vir 'n vriend is jy?; ~ *job, (infml.)* puik stuk werk; lekker baantjie; *it's* ~ *to know (that)* ... dis goed/lekker om te weet (dat) ...; ~ *to meet you* aangename kennis, bly te kenne, (ek is) bly om (jou/u) te ontmoet; *it's been* ~ *meeting you* dit was gaaf om jou/u te ontmoet, (ek is) bly ons het ontmoet *(of* dat ons ontmoet het); ~ *mess, (infml.)* groot/mooi/lekker gemors; *that's not* ~ *of s.o.* dis nie mooi van iem. nie; *it was* ~ *of s.o. to* ... dit was gaaf/mooi van iem. om te ...; ~ *one!, (Br., infml.)* mooi skoot!, mooi so!, knap gedaan!, (glad) nie sleg nie!; *you're a* ~ *one, (iron.)* jy's (ook) 'n mooi een; *hear/say* ~ *things about s.o./s.t.* mooi dinge van iem./iets hoor/sê; *one of the* ~ *things about* ... een van die lekker dinge omtrent *(of* groot lekkertes van) ...; *be* ~ *to s.o.* gaaf/vriendelik wees teenoor iem.; *that's a* ~ *way to treat a friend, (iron.)* dis nou vir jou 'n manier om 'n vriend te behandel, is dit hoe jy 'n vriend behandel?. **~-looking** *(infml.)* mooi, fraai.

**nice·ly** mooi; netjies; *come along* ~ mooi beter word; mooi vorder; *s.o. is doing* ~ iem. vorder goed, iem. kom reg, dit gaan goed met iem..

**nice·ness** aangenaamheid; gaafheid; vriendelikheid; presiesheid.

**ni·ce·ty** fynheid, noukeurigheid; kieskeurigheid; fynigheid; *to a* ~ haarfyn, presies, eksie-perfeksie, tot in die fynste/kleinste besonderhede.

**niche** nis *(in 'n muur, d. mark, ens.);* hoekie, plekkie; *carve out a* ~ *for o.s.* vir jou 'n plek verower/verseker, vir jou 'n nis(sie) *(of* 'n plek[kie [in die son]) vind; *find one's* ~ jou plek(kie) vind. ~ **business** nisonderneming. ~ **market** nismark. ~ **marketing** nisbemarking.

**Nich·o·las:** *Saint* ~ sint Nikolaas, sinterklaas.

**nick** *n.* kerf, keep; hap, skaar; *in bad/good* ~, *(infml.)* in 'n slegte/goeie toestand; *in the* ~, *(Br., infml.)* in die tjoekie/tronk. **nick** *ww.* inkerf, -keep; sny; tref; snap; *(infml.)* skaai, gaps; *(Am., infml.)* fop, vang; *be/get* ~*ed, (Br., infml.)* gevang/gearresteer word; ~ *the truth,* ~ *it* dit snap, reg raai, die spyker op die kop slaan.

**nick·el** *n., (metal., chem., simb.:* Ni) nikkel; *(Am., infml.)* vyfsentstuk. **nick·el** *-ll-, ww.* vernikkel. ~**-and-dime** *adj., (Am., infml., neerh.)* (spot)goedkoop; waardeloos, klein, nietig, onbenullig, onbeduidend; tweederangs. ~**-plate** *ww.* vernikkel. ~ **plating** vernikkeling. ~ **silver** nieu=, nikkelsilwer, argentaan, witkoper, Duitse/Berlynse silwer. ~ **steel** nikkelstaal.

**nick·el·if·er·ous** nikkelhoudend.

**nick·el·o·de·on** *(Am., infml., vero.: outomatiese platespeler)* blêrkas; pianola; *(hist.)* bioskoop, fliek.

**nick·er** *(sag)* runnik; giggel.

**nick·name** *n.* by=, spotnaam; *facetious* ~ skimpnaam; *(ugly)* ~ skel(d)naam. **nick·name** *ww.* 'n bynaam gee; ~*d by*= genaamd, met die bynaam.

**Ni·çoise:** *salade* ~, *(Fr. kookk.)* Niçoise-slaai, slaai Niçoise, salade Niçoise.

**nic·o·tine** nikotien; pypolie. ~ **patch** nikotienplakker. ~ **poisoning** nikotienvergiftiging. ~**-stained** nikotiengeel, geel van nikotien, met nikotienvlekke.

**nic·o·tin·ic ac·id, ni·a·cin** *(biochem.)* nikotiensuur, niasien.

**nic·ti·tate, nic·tate** *(teg.)* →BLINK *ww.; nic(ti)tating membrane, (soöl.)* derde ooglid, knipvlies.

**ni·dus** *niduses, nidi* nes; *(fig.)* bakermat; *(med.)* nidus, (besmettings/infeksie/siekte)haard; *(fig.)* broeines.

**niece** niggie, susters=, broerskind.

**ni·el·lo** *-elli, =ellos, (graveerkuns)* niëllo.

**nif·ty** *(infml.)* netjies, viets, agtermekaar; sjiek; stylvol; knap, bedrewe, vaardig; fyn, flink, goed *(voetwerk ens.);* lig, rats *(op jou voete ens.).*

**Ni·ge·ri·a** *(geog.)* Nigerië. **Ni·ge·ri·an** *n.* Nigeriër. **Ni·ge·ri·an** *adj.* Nigeries.

**nig·gard** *n.* gierigaard, vrek, suinigaard. **nig·gard·li·ness** inhaligheid, suinigheid, gierigheid, vrekkerigheid, skraapsug. **nig·gard·ly** inhalig, suinig, gierig, vrekkerig.

**nig·ger** *(infml., neerh.)* swart mens.

**nig·gle** *n.* irritasie, lastigheid, probleem(pie); lastige/irriterende beserinkie. **nig·gle** *ww.* pla, krap, vertrief, irriteer; vit; ~ *about/over s.t.* op iets vit; *s.t. is niggling at s.o.'s mind* iets pla iem.. **nig·gler** vitter. **nig·gling, nig·gly** lastig, krapperig, irriterend; beuselagtig, onbenullig; vitterig.

**nigh** *(arg. of poët., liter.)* naby; byna.

**night** nag; aand; →NIGHTS *adv.;* ~ *after* ~ nag ná/vir nag, elke nag; elke aand; *the* ~ *after tomorrow* oormôreaand, oormoreaand; *all* ~ *(long)* heelnag, die hele nag (deur); *keep it up all* ~ →*make a night of it; at* ~ in die nag, snags; in die aand, saans; *have a bad* ~*('s sleep)* sleg/onrustig slaap; *in the black/depth of* ~, *at* (or in the) *dead of* ~, *(ret.)* in die middel/holste van die nag; *by* ~ in die nag, snags, by nag; ~ *is coming* dit word nag; *under cover of* ~ in die donker; ~ *and day* dag en nag; *turn* ~ *into day* van die nag 'n dag maak; *deep in the* ~ diep in die nag; *have an early* (or *a late)* ~ vroeg/laat gaan slaap/lê *(of* in die bed klim *of* bed toe gaan); *first/opening* ~, *(teat.)* openingsaand, première; *have a good* ~*('s sleep)* 'n goeie nagrus hê/geniet, goed/lekker slaap; *in the* ~ in die nag; *(until) far/well into the* ~ tot diep in die nag; *last* ~ gisteraand; gisternag, verlede nag, vannag; *the* ~ *before last* eergisternag; *late at* ~ laat in die aand, laataand; laatnag; *too many late* ~s te min slaap; *make a* ~ *of it, keep it up all* ~, *(infml.)* deurdruk dag(breek) toe, tot ligdag (toe) kuier/dans/ens.; tot laatnag *(of* die nag deur) fuif; *the* ~ *of 12 to 13 June* die nag van 12 op 13 Junie; *a* ~ *off* 'n af/vry(e) aand; *s.t. happened one* ~ iets het een *(of* op 'n sekere) nag gebeur; *the other* ~ nou die aand, 'n paar aande gelede, 'n aand of wat gelede; *a* ~ *out* 'n aand uit; *have a* ~ *out* 'n aand uitgaan; *pass/spend the* ~ die nag deurbring, oornag; *spend the* ~ *with friends* die nag by vriende oorbly/oorslaap; *stay the* ~ oornag, die nag oorbly; *s.o. stayed with ... last* ~ iem. het laas/gister=/vannag *(of* verlede nag) by ... geslaap/oorgebly; *this* ~ vannag, hierdie nag; *throughout* (or all *through) the* ~ heelnag, die hele nag (deur); *at this time of* ~ so laat in die aand; dié/hierdie tyd van die nag. ~ **adder** nagadder. ~ **air** naglug. ~ **attack** nagtelike aanval. ~ **bird** *(lett. & fig.)* nagvoël; *(fig.)* nagwolf, -uil; *(fig.)* nagvlinder. ~**blind** *(med.)* nagblind. ~ **blindness** nagblindheid. ~**cap** nagsopie. ~ **class** aandklas. ~**clothes** nag=, slaapklere. ~**club** nagklub. ~**clubbing:** *go* ~, *(Br.)* in nagklubs uithang/kuier, nagklubs besoek. ~**dress**, ~**gown** nagrok, =hemp. ~ **duty** nagdiens. ~ **editor** nagredakteur. ~**fall** sononder, aandskemer(ing), skemerdonker; *at* ~ (met) sononder. ~ **fighter** *(vliegtuig)* nagjagter. ~ **flight** nagvlug. ~ **flower** aandblom. ~**flying** nagvlieënd *(insek ens.).* ~**gown** →NIGHTDRESS. ~ **guard** nagwag. ~**hawk** *(orn.)* Amerikaanse nagswa(w)el; bokmelker; *(infml.)* naguil, nagmens. ~ **heron** *(orn.)* nagreier. ~**jar** *(orn.)* naguil(tjie); nagswa(w)el. ~ **latch** nagslot. ~**life** naglewe. ~ **light** naglamp(ie), =lig(gie), =kers. ~**long** *adj.* heelnag=, hele nag se. ~**long** *adv.* heelnag, die hele nag (lank). ~**mare** nagmerrie; *have a* ~ 'n nagmerrie hê/kry; *have* ~s nagmerries hê/kry. ~**marish** nagmerrieagtig, skrik=, angs=

wekkend. ~-**night** *tw.* lekker slaap!. ~ **nurse** nagsuster, =verpleegster. ~-**out expenses** oornagkoste. ~ **owl** *(infml., fig.)* naguil, =mens. ~ **quarters** nagverblyf, =kwartier; slaap= plek. ~ **round** nagrond(t)e. ~ **school** aandskool. ~ **shelter** nagskuiling. ~ **shift** nagskof. ~**shirt** naghemp, *(infml.)* nag= kabaai. ~ **sky** naghemel. ~ **soil** nagvuil. ~**spot** = NIGHTCLUB. ~ **table** bedkassie. ~-**time** aand; nag; *at* ~, *in the* ~ saans; snags. ~ **visibility** nagsig. ~ **vision** donkersig, nagtelike ge= sigsvermoë. ~**walker** slaapwandelaar; straatvrou; nagskelm; nagdier. ~ **watch** nagwag, =waak. ~ **watchman** nagwag; *(kr.)* naguiltjie, =wag. ~**wear** slaap=, nagklere. ~ **work** nagwerk. ~ **worker** nagwerker.

**night·ie, night·y** *(infml.)* nagrok, =hemp, *(infml.)* nagka= baai.

**night·in·gale** *(orn.)* nagtegaal.

**night·ly** *adj.* nagtelik; van elke nag/aand. **night·ly** *adv.* elke aand; elke nag; snags.

**nights** *adv., (infml.)* snags; saans.

**night·y** →NIGHTIE.

**ni·hil·ism** nihilisme. **ni·hil·ist** nihilis. **ni·hil·is·tic** nihilisties.

**Nik·kei:** ~ **index,** ~ **(stock) average** *(Jap., fin.)* Nikkei-indeks, Nikkei(-beurs)gemiddelde.

**nil** nul, niks.

**Nile:** *the* ~ die Nyl(rivier). ~ **perch, Victoria perch** *(Lates niloticus)* Nyl=, Victoriabaars.

**nil·gai, nil·ghau, nyl·ghau** *(Ind. wildsbok)* nilg(h)ai, bloubul.

**nim·ble** rats, vinnig, vlug(voetig); behendig. ~-**fingered** vingervlug, met vlugtige vingers. ~-**footed** rats, vinnig, vlugvoetig. ~-**witted** *(hoofs. Am.)* gevat, vlug (van begrip).

**nim·ble·ness** ratsheid, vinnigheid, vlugheid; behendigheid.

**nim·bo·stra·tus** =strati nimbostratus(wolk).

**nim·bus** *nimbi, nimbuses* reënwolk, nimbus(wolk); lig=, stra= lekrans, nimbus.

**Nim·by** =*bys, (infml., akr.:* not in my back yard*)* (omge= wings)beswaarde.

**Nim·rod** *(OT)* Nimrod; *(fig.)* nimrod, groot jagter.

**nin·com·poop** bog, uilskuiken, stommerik, domkop, skaap.

**nine** nege; ~ *hours* nege uur; ~ *(o'clock)* negeuur, nege-uur; *the* N~, *(Gr. mit.)* die nege Muses; *work from* ~ *to five* van nege tot vyf *(of gewone kantoorure)* werk. ~-**day** negedaags. ~-**tenths** nege tiendes; die oorgrote meerderheid. ~-**to-five (job)** nege-tot-vyf-werk, kantoorwerk; *do a* ~ (~) van nege tot vyf *(of gewone kantoorure)* werk. ~-**to-fiver** kantoorwerker.

**nine·fold** *adj. & adv.* negevoudig.

**nine·pins** *(mv., fungeer as ekv.)* kegels; *play (at)* ~ kegel speel; *go down like* ~ holderstebolder val.

**nine·teen** negentien, neëntien.

**nine·teenth** negentiende, neëntiende; ~ *hole, (gh., infml., skerts.: klubhuiskroeg)* negentiende putjie; ~ *century* negen= tiende/neëntiende eeu. ~-**century** negentiende-eeus, neën= tiende-eeus.

**nine·ti·eth** negentigste, neëntigste.

**nine·ty** negentig, neëntig; *be in one's nineties* in die negentig/neëntig *(of* in jou negentiger=/neëntigerjare)* wees; *it happened in the nineties* dit het in die negentiger=/neëntigerjare *(of* die jare negentig/neëntig) gebeur.

**nin·ja** =*ja(s)* ninja.

**nin·jut·su, nin·jit·su** *(Jap. spioenasiekuns)* ninjoetsoe, nin= jitsoe.

**nin·ny** *(infml.)* uilskuiken, bog, swaap, domkop.

**ninth** negende, neënde. **ninth·ly** ten negende/neënde, in die negende/neënde plek.

**ni·o·bi·um** *(chem., simb.:* Nb*)* niobium. **ni·o·bate** *(chem.)* nio= baat. **ni·o·bite** *(min.)* niobiet.

**nip**[1] *n.* knyp; byt; steek; bytende/skerp koue *(v.d. winter);* skerp geur, pikante smaak; *there is a* ~ *in the air* die lug(gie) is skerp. **nip** =*pp=, ww.* knyp; byt; knip; steek; *(hond)* hap; *(iem.)* top *('n plant); (ryp ens.)* beskadig *(plante ens.); (Am., infml.)* gaps, vaslê, vat, skaai; *(SA sl.)* benoud wees, knyp; ~ *along to ..., (infml.)* gou na ... gaan; ~ *s.t. in the bud* iets in die kiem smoor; ~ *down to ...* afglip ... toe; *the grass was* ~ed *by frost* die gras is/het doodgeryp; ~ *in, (infml.)* inglip, inwip; ~ *off, (infml.)* wegspring; ~ *s.t. off* iets afbyt; iets afknyp/afknip; ~ *out, (infml.)* uitglip, uitwip; ~ *round to ..., (infml.)* gou na ... gaan. ~ **and tuck** *n., (infml.:* ontrimpeling[soperasie]*)* sny en stryk; hysbakkies. ~ **and tuck** *adj. & adv., (infml.)* kop aan kop; *win a race* ~ ~ ~ 'n wedren/wedloop naelskraap(s)/net-net wen.

**nip**[2] *n.* kleintjie, klein botteltjie; nip(bottel); *(infml.)* halfie; slukkie, sopie, regmakertjie, opknappertjie. **nip** =*pp=, ww.* nip, klein slukkies drink/neem/vat.

**nip·per** *(Br., infml.)* kind, kleintjie; tjokker(tjie), kannetjie, pikkie, knapie, mannetjie; knyper *(v. 'n krap ens.);* sny=, voor= tand *(v. 'n perd); (i.d. mv.)* knip=, knyptang.

**nip·ping** bytend *(wind ens.);* bitsig, sarkasties, skerp.

**nip·ple** tepel; tiet; speen *(v. 'n dier);* nippel *(v. 'n geweer ens.);* aansluitstuk.

**Nip·pon** *(Jap.)* = JAPAN. **Nip·pon·ese** *n. & adj.* = JAPANESE.

**nip·py** *(infml.)* rats, vinnig, blitsig, haastig; kil, kouerig *(weer ens.);* skerp *(kos).* **nip·pi·ly** kouerig; rats.

**nir·va·na** *(Hind., Boeddh.)* nirwana *(ook* N~*).*

**ni·sei** =*sei(s), (ook* N~, *Am., tweedegeslag-Japanner)* nisei *(ook* N~*).*

**ni·si:** *decree/rule* ~, *(jur.)* bevel nisi.

**nit** *(infml.), (luiseier)* neet; *(hoofs. Br., neerh.)* domkop, uils= kuiken; *pick* ~*s, (Am.)* hare kloof/klowe, haarkloof, =klowe, vit. ~-**pick** *ww., (infml.)* hare kloof/klowe, haarkloof, =klowe, vit. ~-**picker** *(infml.)* haarklower, muggiesifter, vitter. ~-**picking** *n., (infml.)* haarklowery, muggiesiftery, vittery. ~-**picking** *adj., (infml.)* vitterig.

**ni·trate** *n., (chem.)* nitraat; ~ *of lime* kalksalpeter. **ni·trate** *ww.* nitreer; met salpetersuur behandel. **ni·tra·tion** nitrasie, nitrering.

**ni·tric** *(chem.)* salpeter=; ~ *acid* salpetersuur; ~ *oxide* stik= stofmonoksied.

**ni·tride** *(chem.)* nitried.

**ni·tri·fy** *(chem.)* nitrifiseer. **ni·tri·fi·ca·tion** salpetervorming, nitrifikasie, nitrifisering.

**ni·trite** *(chem.)* nitriet.

**ni·tro** *(infml.)* = NITROGLYCERIN(E). ~ **compound** *(chem.)* stik= stofverbinding.

**ni·tro·ben·zene** *(chem.)* nitrobenseen, mirbaanolie.

**ni·tro·cel·lu·lose** *(chem.)* nitrosellulose, sellulosenitraat.

**ni·tro·gen** *(chem., simb.:* N*)* stikstof; ~ *content* stikstofgehalte; ~ *cycle, (ekol.)* stikstofsiklus, =kringloop; ~ *fixation, (biol.)* stikstofbinding. **ni·trog·e·nous** stikstofhoudend; stikstof=; ~ *equilibrium* stikstofewewig.

**ni·tro·glyc·er·in(e)** *(plofstof)* nitrogliserien, gliseroltrinitraat.

**ni·trous** salpeteragtig; ~ *acid* salpetigsuur; ~ *fume* ni= trosegas; ~ *oxide* distikstofmonoksied, laggas.

**nit·ty-grit·ty** *(infml.)* kern van die saak; *come* (or *get down) to the* ~, *(infml.)* die kern van die saak aanpak.

**nit·wit** *(infml.)* domkop, uilskuiken.

**ni·va·tion** *(geog.)* nivasie, sneeuwerking.

**nix** *n., (infml.)* niks. **nix** *ww.* nee sê vir; skrap, 'n streep trek deur, kanselleer; afkeur, van die hand wys, verwerp; veto; verbied.

**Nizh·ni Nov·go·rod** *(geog.)* Nizjni Nowgorod.

**Nko·si Si·ke·lel' i·A·fri·ka** *(SA volkslied, Xh.:* God, seën Afrika*)* Nkosi Sikelel' iAfrika.

**No** →Noh.

**no** *noes, n.* nee, weiering; teen=, teëstem, stem teen; *(i.d. mv.)* nees, teen=, teëstemme, stemme teen; *not take ~ for an answer* geen weiering aanneem nie; *the ~es have it* die voorstel is verwerp, die meerderheid is daarteen *(of* sê nee); *a plain ~* 'n ontkenning/weiering sonder meer. **no** *adj.* geen, g'n; *~ ... at all* glad/hoegenaamd geen ... nie; *~ date* ongedateer(d), sonder datum; *('n publikasie)* sonder jaartal; *~ dumping/entry/etc.* geen storting/toegang/ens., storting/toegang/ens. verbode; *~ man* niemand; geeneen, geen/g'n mens nie; *~ one* =NO ONE. **no** *adv.* nee; niks; *~ better than ...* nie/niks beter as ... nie; *it's ~ go, (infml.)* dit help nie, dis alles verniet, daar's niks aan te doen nie; dis onmoontlik/ verbode/hopeloos; →NO-GO *n. & adj.*; *~ thanks (or thank you)!* nee, dankie!. **~-account** *(infml., hoofs. Am.)* nikswerd, vrotsig, pateties, treurig. **~-alcohol beer** alkoholvrye/nie= alkoholiese bier. **~-ball** *n., (kr.)* foutbal. **~-ball** *ww., (kr.)* vir 'n foutbal straf *('n bouler);* 'n foutbal aandui/beduie/roep, beslis dat dit 'n foutbal is. **~-brainer** *(Am., infml.): it's a ~* dis doodeenvoudig, ('n) mens hoef nie twee maal daaroor te dink nie, dit spreek vanself. **~-claim(s) bonus/discount** *(versek.)* geeneisbonus, =afslag. **~-fly zone** lug=, vlieg-sper= sone. **~-frills** *adj. (attr.)* sonder (allerhande/enige) fieter= jasies/foefies/tierlantyntjies *(pred.),* fieterjasieloos, foefieloos. **~-go** *n.* mislukking; onmoontlike toestand; *it is a ~* ons het ons vasgeloop. **~-go** *adj. (attr.): ~ area* spergebied, verbode gebied. **~-good** *n., (infml.)* niksnut(s), deugniet, bog, jan= rap. **~-good** *adj., (infml.)* nikswerd. **~-growth** *adj. (attr.)* stagnante *(ekonomie ens.); be in a ~ situation* geen (tekens van) groei toon nie. **~-hoper** *(infml., neerh.)* niksnut(s), niks= werd, deugniet, nul op 'n kontrak; mislukking, sukkelaar. **~-man's-land** niemandsland. **~-no** *-no(e)s: it's a ~, (infml.)* dis ontoelaatbaar/taboe/verbode, dis 'n (groot) taboe. **~-nonsense** *adj.* nugter, saaklik, objektief, direk. *~ one,* **one** niemand; geeneen, geen/g'n mens nie; *there is ~ like him/ her* sy/haar weerga is nie te vind nie. **~-score draw** *(sokker)* gelykop telling/uitslag van nul-nul *(of* nul elk). **~-show** *(infml.)* iem. wat nie (vir 'n vlug/ens.) opdaag nie. **~-way(s)** *tw.* nog nooit (nie)!, nog so nooit!, om die dood nie!, so nooit aste *(of* as te) nimmer!, so nimmer aste *(of* as te) nooit!. **~-win** *adj. (attr.): ~ situation* verloorsituasie.

**No·ah** *(OT)* Noag; *~'s ark* die Ark.

**No·bel** *n.:* ~ *laureate* (voormalige) Nobelpryswenner. *~* **peace prize** Nobelvredeprys. *~* **prize winner,** *(Am.)* No= belist Nobelpryswenner.

**no·bel·i·um** *(chem., simb.:* No) nobelium.

**no·bil·i·ty** adel, adelstand; edelheid; adeldom; *~ of soul/ mind* edelmoedigheid, grootmoedigheid, groothartigheid; *the ~* die adel(stand).

**no·ble** *n.* edelman; *(i.d. mv.)* (die) adelstand. **no·ble** *adj.* adellik; edel, grootmoedig; groots, indrukwekkend; *~/rare/ inert gas* edelgas; *~ metal* edelmetaal; roesvrye metaal; *~ rot, (wynb.)* edelvrot; *(the) ~ savage, (romantisme)* (die) edel(e) barbaar. **~-man** *=men* edelman. **~-minded** edel=, grootmoedig, groothartig. **~-mindedness** sieleadel. **~-woman** *=women* adellike vrou.

**no·ble·ness** edelheid, adel, grootmoedigheid; grootsheid.

**no·blesse** *(liter.)* adel(stand); adeldom; adellikheid. *~* **oblige** *(Fr., dikw. iron.)* noblesse oblige, adeldom lê verpligtinge/ =tings op *(of* bring verantwoordelikhede mee).

**no·bly** edel; edelmoedig; groots; *~ born* van adellike ge= boorte.

**no·bod·y** niemand; geeneen, geen/g'n mens nie; *a ~* 'n nul; *~ in particular* niemand in die besonder nie; *next to ~* so goed as niemand (nie).

**noc·tur·nal** nagtelik; *~ bird* nagvoël; *~ flower* nagblom.

**noc·turne** *(mus.)* naglied, nokturne; nagskildery, =stuk, =ta= fereel.

**nod** *n.* (hoof)knik, kopknik; wink; *be dependent on s.o.'s ~* van iem. se toestemming afhanklik wees; *get the ~, (iem.)* toestemming kry; *(iets)* goedgekeur word; *give s.o./s.t. the ~* iem. toestemming gee/verleen; iets goedkeur; *a ~ is as good as a wink (to a blind horse)* 'n goeie begrip/begryper het 'n halwe woord nodig. **nod** *-dd-, ww.* knik; (wil-wil) insluimer, (kort-kort) indut, *(infml.)* visvang; →NODDING; *~ (one's) assent* toestemmend knik; *~ at/to s.o.* vir iem. knik; *~ one's head* (met jou kop) knik; *~ off, (infml.)* indut, insluimer, aan die slaap raak.

**nod·al** →NODE.

**nod·ding** knikkend; oorhangend; *~ plumes* wuiwende vere/ pluime; *sit ~, (ook, infml.)* sit en visvang.

**nod·dy** *(orn.:Anous* spp.*)* bruinsterretjie.

**node** knoop; *(gram.)* knoop=, vertakpunt; knoe(t)s, kwas, knobbel *(in hout); (bot.)* (stingel)knoop, nodus; *(anat.)* knop, knobbel, geswel; *(astron., rek., wisk., fis.)* knooppunt, nodus. **nod·al** nodaal, knoop=; knooppunt=; *~ line, (wisk.)* knoop= puntlyn; *~ point, (fis./med.)* knooppunt, nodus.

**nod·ule** knoe(t)sie, knobbeltjie; *(anat.)* knoppie, knobbeltjie, klein geswel; klontjie; *(bot.)* knolletjie; *(min.)* nier. **nod·u·lar** knoetserig, knoesterig, kwasterig, knobbelrig; knopperig; *~ ore* niererts; *~ worm* knoppieswurm.

**No·el, No·ël** Kersfees.

**no·et·ic** noëties, verstandelik, intellektueel, verstands=, intel= lek=.

**nog·gin** drankie, sopie; bekertjie, kommetjie; *(infml.)* kop, klapperdop, harspan; kop, verstand; *use your ~* gebruik jou kop/verstand.

**Noh, No** *(Jap. teat.)* No(h)(drama).

**noil** *n., (tekst.)* uitkamsel; *(i.d. mv.)* uitkamsels, wolafval. **noil· y:** *~ wool* kamselwol.

**noise** geraas, lawaai, rumoer, gedruis; getier; geluid; herrie; *a big ~, (ook, infml.)* 'n groot kokkedoor; *a great ~* 'n groot geraas/lawaai; *an infernal/unholy ~, (infml.)* 'n woeste la= waai, 'n lawaai dat hoor en sien vergaan, 'n lawaai van die ander wêreld; *kick up a ~* lawaai maak; *make a ~* raas, lawaai maak, rumoer; *make a ~ (in the world), (infml.)* op= spraak (ver)wek; (groot) bekendheid verwerf; *make a ~ about s.t., (infml.)* (groot) lawaai oor *(of* 'n [groot] bohaai oor *of* 'n [groot] ophef van) iets maak; *make (all) the right ~s, (infml.)* (al) die regte dinge sê; *make encouraging/etc. ~s, (infml.)* jou aanmoedigend/ens. uitlaat; *~s off, (teat.)* coulisse-geluide; *stop a ~* ophou (met) raas; *stop that ~!* hou op met raas!, bly stil!. *~* **abatement** geraasbestryding. *~* **level** geraasvlak. **~maker** lawaai=, geraasmaker. *~* **pollution** geraassteurnis.

**noise·less** stil, geluidloos, geruisloos. **noise·less·ness** stilte, geluidloosheid, geruisloosheid.

**noi·sette** *n., (Fr., kookk.)* noisette; *~s de veau* kalfsnoisettes. **noi·sette** *adj.* haselneut=.

**noi·some** *(poët., liter.)* onwelriekend, stinkend; walglik, aaklig, baie onaangenaam; ongesond, skadelik. **noi·some·ness** on= welriekendheid; walglikheid; ongesondheid.

**nois·y** luidrugtig, lawaaierig, raserig, rumoerig, skreeuerig; *(teg.)* ruiserig *(kring); ~ person* lawaaimaker. **nois·i·ness** luidrugtigheid, lawaaierigheid, raserigheid, rumoerigheid.

**no·lens vo·lens** teen wil en dank, goedskiks of kwaad= skiks.

**nol·le pros·e·qui** *(Lat., jur.)* weiering om te vervolg.

**nom** *(Fr.): ~ de guerre* skuilnaam; *~ de plume* skryf=, pen=, skuilnaam, pseudoniem; *write under a ~ de plume* onder 'n skuilnaam skryf/skrywe.

**no·mad** *n.* swerwer, trekker, nomade. **no·mad, no·mad· ic** *adj.* swerwend, (rond)trekkend, nomadies; *~ bird* swerf= voël; *~ people* swerwende volk, nomadevolk; *~ tribe* no= madestam.

**no·men·cla·ture,** *(Am.)* **no·men·cla·ture** nomenklatuur, terminologie, vaktaal; *(fml.)* naam; benaming; naamlys.

**nom·i·nal** nominaal; in naam; *(gram.)* naamwoordelik; ~ *capital* nominale/statutêre kapitaal; ~ *definition, (log.)* woordverklaring; ~ *partner* vennoot in naam; ~ *price* nominale prys; ~ *share* geringe aandeel; *(ekon.)* geregis= treerde aandeel; *(ook, i.d. mv.)* aandele teen sigwaarde; ~ *value, (ekon.)* nominale waarde, stempelwaarde, sigbedrag *(v. munte)*; nominale waarde, pariwaarde, sigwaarde *(v. aandele).* **nom·i·nal·ise,** =ize *ww.,* *(ling.)* nominaliseer. **nom= i·nal·ism** *(filos.)* nominalisme. **nom·i·nal·ly** in naam, nomi= naal.

**nom·i·nate** benoem, nomineer; bepaal, vasstel; noem; ~ *a date* 'n datum bepaal/vasstel; ~ *s.o. as a candidate for* ... iem. as kandidaat vir ... benoem; ~ *s.o. to a council* iem. in 'n raad benoem. **nom·i·na·tor** benoemer; voorsteller.

**nom·i·na·tion** nominasie, benoeming; kandidatuur; voor= stelling, aanwysing; ~ *for a seat* benoeming vir 'n setel; *make a* ~ 'n benoeming doen, 'n kandidaat stel.

**nom·i·na·tive** *n.,* *(gram.)* nominatief, eerste naamval. **nom·i·na·tive** *adj., (gram.)* nominatief; benoem(d); ~ *case* eerste naamval, nominatief; ~ *chamber* benoemde kamer.

**nom·i·nee** benoemde, genomineerde; voorgestelde, kandi= daat; verteenwoordiger.

**non(-)ab·sorb·ent** nieabsorberend.

**non(-)ac·cept·ance** nieaanneming, weiering, nonaksep= tasie.

**non(-)ac·tive** nieaktief. **non(-)ac·tiv·i·ty** nieaktiwiteit.

**non(-)ad·dic·tive** nieverslawend.

**non(-)ad·just·a·ble** nie(ver)stelbaar.

**non(-)ad·mis·si·ble** ontoelaatbaar. **non(-)ad·mis·si·bil·i·ty** ontoelaatbaarheid.

**non·age** *(fml. of jur.)* minderjarigheid, onmondigheid; on= rypheid.

**non·a·ge·nar·i·an** *n.* negentig=, neëntigjarige, negentiger, neëntiger. **no·na·ge·nar·i·an** *adj.* negentig=, neëntigja= rig.

**non(-)ag·gres·sion** ~ *pact, pact of* ~ nieaanvalsverdrag.

**non·a·gon** negehoek. **non·ag·o·nal** negehoekig.

**non(-)al·co·hol·ic** alkoholvry, niealkoholies.

**non(-)a·ligned** ongerig; afsydig; *(pol.)* onverbonde *(land ens.).* **non(-)a·lign·ment** afsydigheid; ongerigtheid; onver= bondenheid.

**non(-)al·ler·gen·ic, non(-)al·ler·gic** nieallergenies, nie= allergies.

**non(-)ap·pear·ance** nieverskyning, wegbly, afwesigheid.

**non(-)ar·ri·val** wegbly.

**non(-)at·tend·ance** niebywoning, afwesigheid; skoolver= suim.

**non(-)a·vail·a·bil·i·ty** onverkrygbaarheid; niebeskikbaar= heid.

**non(-)be·liev·er** ongelowige.

**non(-)bel·lig·er·ent** nieoorlogvoerend(e).

**non-Cath·o·lic** *n. & adj.* nie-Katoliek.

**nonce¹** *n.: for the* ~ dié/hierdie keer/slag; vir die oomblik, voorlopig. ~ *word* geleentheidswoord, eendagsvlieg.

**nonce²** *n., (Br., infml.)* seksuele oortreder; kindermolesteerder; verkragter.

**non·cha·lant** ongeërg, onverskillig, traak-my-nieagtig, non= chalant. **non·cha·lance** ongeërgdheid, onverskilligheid, traak-my-nieagtigheid, nonchalantheid.

**non-Chris·tian** *n.* nie-Christen. **non-Chris·tian** *adj.* nie-Christelik.

**non(-)clas·si·fied** nie geheim nie *(pred.),* niegeheime *(attr.), (dokument, inligting).*

**non(-)com·bat·ant** *n.* nievegter, niestrydende, niestryder. **non(-)com·bat·ant** *adj.* nievegtend, niestrydend.

**non(-)com·mis·sioned:** ~ *officer* onderoffisier.

**non(-)com·mit·tal** onbeslis, ontwykend, niksseggend, nie= verbindend; ~ *answer* ontwykende antwoord.

**non(-)com·mun·ist** *n.* niekommunis. **non(-)com·mun= ist** *adj.* niekommunisties.

**non(-)com·pli·ance** nienakoming; weiering.

**non com·pos men·tis** *adj.* nie by jou volle verstand nie, ontoerekenbaar.

**non(-)con·duc·tor** niegeleier, isolator. **non(-)con·duct·ing** niegeleidend. **non(-)con·duc·tiv·i·ty** niegeleiding.

**non-con·form·ist** *n.* afgeskeidene, nonkonformis; anders= denkende. **non-con·form·ist, non-con·form·ing** *adj.* afgeskeie, nonkonformisties; afwykend; andersdenkend. **non·con·form·i·ty** nonkonformiteit; afskeiding, afgeskeiden= heid; teen=, teëstelling.

**non(-)con·ta·gious** nieaansteeklik.

**non(-)con·trib·u·to·ry:** ~ *pension scheme* niebydraende pensioenskema/=plan/=reëling.

**non(-)co·op·er·a·tion** niesamewerking, weiering om saam te werk *(of* om jou samewerking te gee), niesamewerkende/ ontoegeeflike/ontoeskietlike houding. **non(-)co·op·er·a·tive** niesamewerkend, ontoegeeflik, ontoeskietlik, nie tegemoet= komend nie, ontegemoetkomend.

**non(-)creas·ing** kreukeltraag, =vry; ~ *carpet* nopvaste ta= pyt.

**non(-)dair·y** *adj.* suiwelvry; ~ *cream* kunsroom; ~ *creamer* suiwelvrye (koffie)verroomer.

**non(-)de·liv·er·y** *(hoofs. jur.)* nielewering, niebestelling.

**non(-)de·nom·i·na·tion·al** *(relig.)* niekonfessioneel, nie= kerklik.

**non·de·script** niebeskryfbaar; onopvallend; onbeduidend; karakterloos; vreemdsoortig.

**non(-)de·struc·tive** *adj.* nievernietigend, nievernielend, niedestruktief; ~ *addition, (rek.)* bewarende optel; ~ *read, (rek.)* nie-uitwissende leesproses; ~ *testing, (teg.)* nievernie= tigende/nievernielende/niedestruktiewe toetse, nievernieti= gingstoetse.

**non(-)dis·crim·i·na·tion** niediskriminasie. **non(-)dis·crim= i·na·to·ry** niediskriminerend.

**non(-)drink·er** niedrinker; *be a* ~ nie drink *(of* sterk drank gebruik) nie.

**non(-)drip** *adj.* drupvry *(verf).*

**non(-)du·ra·ble** *adj.* nieduursaam, onduursaam.

**none** *pron.* geeneen, g'n, niemand; niks; ~ *at all* glad/hoe= genaamd niks; ~ *but* ... niemand/niks behalwe ... nie, net ...; *A has s.t. and B has* ~ A het iets en B het niks (nie); ~ *of that!* hou op!; *s.o. would have* ~ *of that* iem. was nie daarmee gedien nie; *be* ~ *of the cleverest/etc.* nie van die slimste/ens. wees nie; ~ *of the money was spent* niks van die geld is bestee nie; ~ *of the teams/etc. is/are* ... een van die spanne/ens. is ... nie; ~ *of them/us* geeneen van hulle/ons nie; ~ *of them/us is/are* ... hulle/ons is geeneen ... nie; ~ *of this* niks hiervan nie; ~ *of your* ...! hou jou ... vir jouself! *(sarkasme ens.);* ~ *other than* ... niemand anders as ... nie; ~ *what(so)ever* geen stuk nie. **none** *adv.* niks; *be* ~ *so fond of* ... glad nie so veel van ... hou nie; *be* ~ *the better/etc.* niks beter/ens. wees nie; *be* ~ *the better for it* niks beter daarom wees nie; ~ *too* ... nie danig/alte ... nie.

**non(-)earn·ing** *adj.* sonder ('n vaste) inkomste, wat geen (vaste) inkomste het nie.

**non·en·ti·ty** nonentiteit, nul (op 'n kontrak), niksbeduidende persoon/ding; niebestaan.

**non(-)es·sen·tial** *adj.* ontbeerlik, misbaar; oortollig. **non(-) es·sen·tials** *n. (mv.)* oortollighede, bykomstighede.

**non(e)·such** *(arg.)* persoon/ding sonder gelyke/weerga, unie= ke/onvergelyklik/weergalose persoon/ding; toonbeeld van volmaaktheid; *(bot.)* hopklawer.

**no·net** *(mus.)* nonet.

**none·the·less** nietemin, nogtans, desnieteenstaande.

**non-Eu·ro·pe·an** *n.* nie-Europeaan; *(SA, vero.)* nieblanke. **non-Eu·ro·pe·an** *adj.* nie-Europees; *(SA, vero.)* nieblank.

**non(-)e·vent** mislukking, niegebeurtenis.

**non(-)ex·ist·ent** niebestaande. **non(-)ex·ist·ence** niebe= staan.

**non(-)fat** *adj.* vetvry *(suiwelprodukte ens.)*. **non(-)fat·ten·ing** *adj.* nievetmakend.

**non(-)fic·tion** niefiksie, algemene lektuur/leesstof, feiteboe= ke, =werke, =literatuur, vakliteratuur.

**non(-)flam·ma·ble** on(ont)vlambaar, onbrandbaar.

**non(-)func·tion·al** nie=, onfunksioneel.

**non(-)gov·ern·men·tal** nieregerings-; ~ *organisation, (afk.:* NGO*)* nieregeringsorganisasie *(afk.:* NRO*)*.

**non(-)in·fec·tious** niebesmetlik.

**non(-)in·ter·ven·tion** nietussenkoms, nie-inmenging, af= sydigheid.

**non(-)in·va·sive** *(med.)* ingreepsvry *(tegniek ens.)*; niever= spreidend *('n siekte)*.

**non(-)judg(e)·men·tal** onbevooroordeeld, onpartydig, onbevange; nieveroordelend; onkrities, sonder kritiek.

**non(-)lin·e·ar** *(wisk.)* nielineêr, nieliniêr.

**non(-)mem·ber** nielid.

**non(-)met·al** niemetaal. **non(-)me·tal·lic** niemetaalagtig; niemetalliek.

**non(-)ne·go·tia·ble** onverhandelbaar.

**non(-)ob·jec·tive** nieobjektief.

**non-pa·reil, non·pa·reil** *(<Fr.)* onvergelyklik, weerga= loos.

**non(-)par·tic·i·pat·ing** *adj.* niedeelnemend; *(versek., aan= delemark)* niewinsdelend, sonder winsdeling.

**non(-)par·ti·san** onpartydig.

**non(-)par·ty** *adj.* partyloos, buite die partye (om), nie= partygebonde.

**non(-)pay·ment** wanbetaling, niebetaling.

**non(-)play·ing** niespelend, niedeelnemend.

**non·plus** *n.* verwarring, verleentheid; *at a* ~ in die war. **non·plus** =ss-, *ww.* verwar, verleë maak, dronkslaan, uit die veld slaan.

**non(-)po·lit·i·cal** niepolitiek, niepolities.

**non(-)po·rous** dig.

**non(-)pro·duc·tive** onproduktief; ~ *capital* dooie kapi= taal.

**non(-)prof·it(-mak·ing)** sonder winsbejag, =oogmerk, =mo= tief.

**non(-)pro·lif·er·a·tion** nievermeerdering, nieverspreiding; *(nuclear)* ~ *treaty* (kern)sperverdrag.

**non(-)ra·cial** nierassig, vir alle rasse.

**non(-)read·er** *(iem. wat nie kan lees nie)* analfabeet, on= geletterde; *(iem. wat nie lees nie)* nieleser.

**non(-)rep·re·sen·ta·tion·al** abstrak, niebeeldend, nie= figuratief.

**non(-)res·i·dent** *n.* nie-inwonende, uitwonende; buite= lander. **non(-)res·i·dent** *adj.* nie-inwonend, ekstern; uit= wonend; buitelands. **non(-)res·i·dence, non(-)res·i·den·cy** afwesigheid, verblyf elders, nie-inwoning.

**non(-)re·sist·ance** nieverset, lydelikheid.

**non(-)re·turn·a·ble** houbaar; nie-inruilbaar; ~ *packing* eenmalige verpakking.

**non(-)rig·id** buigbaar, nie styf/star/strak/stram nie; ~ *airship* druklugskip.

**non(-)sci·en·tif·ic** niewetenskaplik; onwetenskaplik.

**non·sense** onsin, dwaasheid, snert, twak, bog, nonsens, nonsies; onsinnigheid; twak(praatjies); *make (a)* ~ *of s.t.*

iets bederf; *there is* **no** ~ *about him/her* hy/sy is 'n man/vrou sonder krulle; *a piece of* ~ 'n onsinnigheid; *it is so much* ~ dis alles onsin, dit is klinkklare/louter(e)/pure/volslae onsin; **stand** *no* ~, *not* **stand** *any* ~ geen bogtery/spulletjies verdra nie, nie met jou laat speel nie; *stop your* ~*!* skei uit!; *talk* ~ kaf/twak/snert praat/verkoop, bog/nonsens/onsin praat; *in die wind praat*; *what* ~*!* watter onsin!, wat 'n onsin!. ~ **verse(s)** onsinrympie(s), =vers(e), verspotte rympie(s).

**non·sen·si·cal** onsinnig, absurd, belaglik, gek, verspot, sin= loos. **non·sen·si·cal·i·ty** onsinnigheid, absurdheid.

**non se·qui·tur** *(Lat.: onlogiese gevolgtrekking)* non sequitur.

**non(-)skid** glyvry.

**non(-)slip** glyvas.

**non(-)smok·er** nieroker; *(Br., infml.)* (trein)kompartement vir nierokers.

**non(-)spe·cif·ic** niespesifiek, aspesifiek, onbepaald.

**non(-)stand·ard** *adj. (gew. attr.)* niestandaard-; ~ *English* Niestandaardengels.

**non(-)start·er** niedeelnemer; *be a* ~, *(ook, infml.)* geen kans (op sukses) hê nie; 'n hopelose saak wees.

**non(-)stick** kleefvry.

**non·stop** deurlopend, ononderbroke, aanhoudend, aanme= kaar, voortdurend, onophoudelik; ononderbroke *(vlug)*; deur= gaande *(trein)*; *a* ~ *flight* deurvlug.

**non-strik·er** *(kr.)* kolfmaat, medekolwer; niestaker.

**non·such** →NON(E)SUCH.

**non-suit** *n., (jur., Eng.)* absolusie van die instansie. **non-suit** *ww.* absolusie van die instansie toestaan teen.

**non(-)trans·fer·(r)a·ble** onoordraagbaar, nieoordraag= baar *(eiendom ens.)*; onverhandelbaar, nieverhandelbaar *('n tjek ens.)*; onverplaasbaar, nieverplaasbaar *('n werker)*.

**non-U** *(infml., hoofs. Br.)* onfyn *(woord ens.)*.

**non(-)un·ion** nievakbond= *(maatskappy ens.)*. **non(-)un·ion· ist** *n.* ongeorganiseerde arbeider/werker, nievakbondlid. **non(-)un·ion·ist** *adj.* ongeorganiseer(d), buite vakbondver= band.

**non(-)use** niegebruik. **non(-)us·er** niegebruiker; *(jur.)* nie= uitoefening van 'n reg.

**non(-)ver·bal** nieverbaal *(kommunikasie)*.

**non(-)vi·o·lent** geweldloos. **non(-)vi·o·lence** geweldloos= heid.

**non(-)vot·er** niestemmer; niestemgeregtigde. **non(-)vot· ing** *adj.* stemloos, sonder stemreg/kiesreg, niestemgeregtig, niekiesgeregtig; *(fin.)* niestemdraend *(v. 'n aandeel)*.

**non(-)white** *n., (SA, vero.)* nieblanke. **non(-)white** *adj.* nieblank.

**noo·dle**[1] noedel; *home-made* ~*s* snysels.

**noo·dle**[2] *(infml.)* domkop, pampoen(kop), swaap; *(infml.)* kop, klapperdop.

**nook** hoekie, plekkie, sitjie; *in/from every* ~ *and cranny* in/uit elke hoekie en gaatjie.

**nook·y, nook·ie** =ies, *(infml.)* seks, knippie, knypie, geka= foefel, kafoefelry, gevry, vryery; *have (a bit of)* ~ ('n bietjie) kafoefel *(of liefde maak)*, 'n knippie/knypie vang/vat.

**noon** middag, twaalfuur; middaghoogte; *12* ~ twaalfuur in die middag; *at* ~ om twaalfuur ([in] die middag), op die middaguur; *toward(s)* ~ teen twaalfuur (se kant), teen die middaguur. ~**day** middag. ~**time**, ~**tide** *(poët., liter.)* mid= daguur.

**noose** *n.* strik, strop; vangriem; vangstok; (skuif)lus. **noose** *ww.* knoop, strik; in 'n strik vang.

**nope** *(infml.)* 'n-'n, h'n-'n, 'm-'m, h'm-'m, nee.

**nor** nóg; en nie, ook nie.

**Nor·dic** *n.* Nordiër. **Nor·dic** *adj.* Noords, Nordies.

**Nor·folk** *(geog.)* Norfolk. ~ **Island** Norfolkeiland, die eiland Norfolk. ~ **jacket** norfolkbaadjie.

**no·ri** *(Jap. kookk.)* nori. ~ **sheet** norivel(letjie).

**norm** norm, rigsnoer, (vaste) standaard; (regs)reël; *conform to the* ~ aan die norm voldoen. **nor·ma·tive** normatief.

**nor·mal** *n.* (die) normale/gewone; (die) gemiddeld(e); (die) loodregte; *(wisk.)* loodlyn; *be back to* ~ weer normaal wees; *return to* ~ weer normaal word, tot die normale terugkeer. **nor·mal** *adj.* normaal, standaard=. ~ **curve** *(statist.)* normaalkromme. ~ **distribution, Gaussian distribution** *(statist.)* normaalverdeling, Gaussverdeling.

**nor·mal·ise, -ize** normaliseer. **nor·mal·i·sa·tion, -za·tion** normalisasie, normalisering.

**nor·mal·i·ty,** *(hoofs. Am.)* **nor·mal·cy** normaliteit.

**nor·mal·ly** gewoonlik, in die reël, normaal(weg), in die gewone loop van sake.

**Nor·man** *n., (ook hist.)* Normandiër. **Nor·man** *adj.* Normandies. ~ **French** *(taal)* Normandies-Frans.

**Nor·man·dy** *(geog.)* Normandië.

**nor·ma·tive** →NORM.

**Norse** *n., (taal)* Noors; *the* ~, *(fungeer as mv.)* die Nore; die Skandinawiërs. **Norse** *adj.* Noors. **Norse·man** *-men* Noor; *(hist.)* Noorman; →VIKING.

**north** *n.* noorde; *from the* ~ uit die noorde, van die noorde(kant); *the wind is from/in the* ~ die wind is noord; *in the* ~ in die noorde; *from* ~ *to* **south** van noord na suid; *the N~, (noordelike deel v. 'n land; ekonomies en tegnologies gevorderde lande v.d. wêreld)* die Noorde; *to the* ~ noordwaarts; na die noorde; *to the* ~ *of* ... noord *(of* ten noorde*)* van ... **north** *adj.* noordelik, noord(e)=; ~ **coast** noordkus; ~ **end** noordeinde; ~ **latitude** noorderbreedte; ~ **light(s)** noorderlig; ~ **point,** *(kosmogr.)* noordpunt; ~ **side** noordekant; ~ **wind** noordewind. **north** *adv.* noord; noordwaarts; ~ **by** *east/west* noord ten ooste/weste; **due** ~ reg noord; **go** ~ na die noorde gaan; noordwaarts gaan; ~ **of** ... noord *(of* ten noorde*)* van ...; **run** ~ *and* **south** noord-suid loop; **up** ~ in die noorde; na die noorde. **N~ Africa** Noord-Afrika. **N~ African** *n.* Noord-Afrikaan. **N~ African** *adj.* Noord-Afrikaans. **N~ America** Noord-Amerika. **N~ Atlantic (Ocean)** Noord-Atlantiese Oseaan. **N~ Atlantic Treaty Organisation** *(akr.:* NATO, Nato*)* Noord-Atlantiese Verdragsorganisasie *(akr.:* NAVO, Navo*).* **~bound** *adj.:* ~ *train* trein na die noorde; ~ *traffic* verkeer in die/'n noordelike rigting. **~bound** *adv.* noordwaarts. **~east** *n.* noordoos. **~east** *adj.* noordoostelik; ~ *trade wind* noordoospassaat; ~ *wind* noordoostewind. **~east** *adv.* noordoos. **~easter** noordoos(ter), noordoostewind. **~easterly, ~eastern** noordoostelik. **N~east Passage** Noordoostelike Deurvaart. **~eastward** *adj.* noordooswaarts. **~eastward(s)** *adv.* noordoos(waarts), in 'n noordoostelike rigting, na die noordooste. **~facing:** *a ~ house/etc.* 'n huis/ens. wat noord kyk/wys *(of* met 'n noordelike uitsig*).* **N~ Germanic** *(taalgroep)* Noord-Germaans. **N~ Island** die Noord(er)eiland. **N~ Korea** *(amptelike naam:* Democratic People's Republic of Korea*)* Noord-Korea *(amptelike naam:* Demokratiese Volksrepubliek v. Korea*).* **N~ Korean** *n.* Noord-Koreaan. **N~ Korean** *adj.* Noord-Koreaans. **~-northeast** *(afk.:* NNE*)* noordnoordoos *(afk.:* NNO*).* **~-northwest** *(afk.:* NNW*)* noordnoordwes *(afk.:* NNW*).* **N~ Pole** Noordpool. **N~ Sea:** *the* ~ die Noordsee. **N~ Star** Noord=, Poolster, Polaris. **~west** *n.* noordweste. **~west** *adj.* noordwestelik; ~ *wind* noordwestewind. **~west** *adv.* noordwes; ~ *by north* noordwes ten noorde. **~wester** noordwestewind, noordwes(ter). **~westerly, ~western** noordwestelik. **N~west Passage** die Noordwestelike Deurvaart. **N~-West (Province)** *(SA)* Noordwes, die Noordwesprovinsie. **~westward** *adj.* noordweswaarts. **~westward(s)** *adv.* noordwes(waarts), in 'n noordwestelike rigting, na die noordweste.

**north·er·ly** noordelik; noordwaarts.

**north·ern** noordelik, noord(er)=, uit die noorde; *(N~)*

**Noordelik;** *(N~)* Noord-; ~ *border/boundary/frontier* noord(er)grens; ~ *end* noordeinde; ~ *point* noordpunt, noordelike punt. **N~ Cape (Province)** *(SA)* Noord-Kaap, die Noord-Kaapprovinsie. **N~ Cross** *(astron.)* Noorderkruis. **N~ Crown:** *the* ~ ~, *(astron.)* die Noorderkroon, Corona Borealis. ~ **hemisphere** *(dikw. N~ H~)* noordelike halfrond. **N~ Ireland** Noord-Ierland. ~ **lights** noorderlig, aurora borealis. **N~ Province** *(SA, hist.)* Noordelike Provinsie; →LIMPOPO. **N~ Territory:** *the* ~ ~, *(Austr.)* die Noordelike Gebied *(of* Noorder-Territorium*).* **N~ Transvaal** *(SA, hist.)* Noord-Transvaal; →LIMPOPO.

**north·ern·er** *(dikw. N~)* noorderling.

**north·ern·most** noordelikste.

**north·ward, north·ward·ly** *adj.* noordwaarts. **northward(s), north·ward·ly** *adv.* noordwaarts, na die noorde.

**Nor·way** *(geog.)* Noorweë. **Nor·we·gian** *n.* Noor, Noorweër; *(taal)* Noors. **Nor·we·gian** *adj.* Noors, Noorweegs.

**nor'west·er** noordwes(ter), noordwestewind.

**Nor·wich** *(geog.)* Norwich. ~ **terrier** norwichterriër.

**nose** *n., (lett. & fig.)* neus; reuk; tuit; neus *(v. 'n vliegtuig ens.)*; snoet, snuit *(v. 'n dier)*; punt *(v. 'n koeël ens.)*; kop *(v. 'n torpedo ens.)*; boeket *(v. wyn)*; *(infml.)* (polisie-)informant; *with one's* ~ *in the* **air** uit die hoogte; *s.o.'s* ~ *is* **blocked,** *s.o. has a* **blocked** ~ iem. se neus is toe, iem. het 'n toe neus; *bury/have one's* ~ *in a* **book,** *(infml.)* met jou neus in 'n boek sit; *keep one's* ~ **clean,** *(infml.)* in jou spoor/spore trap; *cut off* one's ~ *to spite one's face, (fig.: uit kwaadheid jouself benadeel)* jou eie vensters stukkend gooi; *follow one's* ~ *in* **front** die voortou neem *(in 'n wedstryd ens.)*; *have a* ~ *for* ... 'n fyn neus vir ... hê; *put s.o.'s* ~ *out of* **joint,** *(infml.)* iem. in die gesig vat *(of* te na kom*),* op iem. se tone trap; **lead** *s.o. by the* ~, *(infml.)* iem. aan die neus lei; *look down one's* ~ *at s.o.* op iem. neersien, minagtend na iem. kyk; *take it on the* ~ 'n opstopper kry; **pay** *on the* ~, *(infml.)* dadelik/kontant betaal; **pay** *through the* ~, *(infml.)* deur die nek betaal; *make s.o.* **pay** *through the* ~, *(infml.)* iem. die ore van die kop af vra, iem. die vel oor die ore trek; **pick** *one's* ~ *in jou neus krap*; **poke/stick** *one's* ~ *into* ..., *(infml.)* jou neus in ... steek; **powder** *one's* ~, *(infml., euf.: toilet toe gaan)* 'n draai loop; **rub** *s.o.'s* ~ *in it, (infml.)* dit onder iem. se neus vryf/vrywe; *not* **see** *further than (the end of) one's* ~ nie verder/vêrder kyk/sien as (wat) jou neus lank is, teen jou neus vaskyk; **speak** *through one's* ~ deur jou neus praat; *drive* ~ *to* **tail,** *(voertuie)* buffer teen buffer ry; **turn** *one's* ~ *up at s.t., (infml.)* (die/jou) neus vir iets optrek; *s.o.'s* ~ **turns** *up* iem. het 'n wipneus(ie); *under s.o.'s (very)* ~, *(infml.)* vlak voor iem., voor iem. se neus; **win** *by a* ~, *('n renperd)* met 'n neus(lengte) wen; net-net wen. **nose** *ww.* ruik, snuffel; met die neus vryf/vrywe (teen); *('n voertuig ens.)* kruip, stadig/versigtig beweeg; ~ *about/around* rondsnuffel; ~ *after/for s.t.* na iets soek/snuffel; ~ *at s.t.* aan iets ruik, iets besnuffel; ~ *s.t.* **out** iets uitsnuffel; iets uitvis. **~bag** voersak. **~band,** *(Am.)* **~piece** neusriem. **~bleed** neusbloeding. ~ **dive** *n.* *(lugv.)* (neus)duikvlug; *(fig.)* (skerp) daling *(v. pryse ens.)*; agteruitgang *(v. iem. se aansien ens.)*; *take a* ~, *('n vliegtuig ens.)* duik; *(pryse ens.)* skerp daal; *(sake ens.)* erg agteruitgaan. **~dive** *ww.* *('n vliegtuig ens.)* duik; *(pryse, winste, ens.)* skerp daal/val, *(kwaai/skerp)* (na benede) tuimel; *(aansien ens.)* erg agteruitgaan, vinnig kwyn/taan. **~gay** (klein) ruiker. ~ **job** *(infml.)* (kosmetiese) neusoperasie. **~piece** neusstuk; tuit; objektiefhouer; →NOSEBAND. ~ **ring** neusring. **~-to-tail** *adj.* *(attr.):* ~ *traffic* buffer-teen-buffer-verkeer. ~ **wheel** voorwiel *(v. 'n vliegtuig).*

**-nosed** *komb.vorm* met die/'n ... neus; *long-~* met die/'n lang neus, langneus=.

**nos·ey** →NOSY.

**nosh** *n., (infml., <Jidd.)* kos, eetgoed. **nosh** *ww.* smul; weglê aan. **~-up** *n., (infml.)* groot/lekker ete/maaltyd.

**nos·ing** *n.* neusrand *(v. 'n trap);* ronde rand.

**no·sol·o·gy** nosologie, klassifikasie van siektes.

**nos·tal·gi·a** heimwee; terugverlange, nostalgie; *feel/have* ~ *for* ... na ... terugverlang. **nos·tal·gic** verlangend, nos= talgies.

**Nos·tra·da·mus** *(Fr. astroloog)* Nostradamus; *(fig.)* waar= sêer, voorspeller, toekomsleser, siener, profeet.

**nos·tril** neusgat; *s.t. stinks in s.o.'s* ~*s* iets walg iem.; *s.o.'s* ~*s quivered* iem. se neusvleuels het getril.

**nos·trum** =*trums* raat, (kwaksalwers)middel(tjie).

**nos·y, nos·ey** nuuskierig; neusinstekerig; langneus=; groot= neus=; nasaal; *nosy parker, (infml.)* nuuskierige agie; be= moeial.

**not** nie; g'n; ~ *all politicians are* ... nie alle politici is ... nie; ~ *be hungry at all* niks honger wees nie; ~ *before tomorrow* nie voor môre/more nie, môre/more eers, eers môre/more; *certainly* ~ beslis nie; *damn well* ~, *(infml.)* vervlaks/ver= vloeks nie; *you did it, did you* ~*? (or didn't you?)* jy het dit gedoen, nie waar nie?; ~ *did* ~ *do anything* iem. het niks gedoen nie; ~ *for years* in jare nie; eers oor jare; *if* ~ indien/ so nie; *if* ~ *sooner* miskien selfs vroeër; *one of the best if* ~ *the best* een van die beste of die heel beste; *an important, if* ~ *the most important part* is belangrike of selfs die belangrikste deel; ~ *out, (sport)* nie uit nie; *rather* ~ liewer(s)/liefs nie; ~ *that* ..., *but* ... nie dat ... nie, maar ...; ~ *(just) yet* nog nie; ~ *yet fifty* nog nie vyftig nie.

**no·ta be·ne** *(Lat.)* let wel, nota bene.

**no·ta·ble** *n. (gew. i.d. mv.)* vername/hooggeplaaste (persoon), notabele. **no·ta·ble** *adj.* vernaam, belangrik, befaam(d); aansienlik; vooraanstaande; opmerklik, merkwaardig; merk= baar. **no·ta·bil·i·ty** beroemdheid, befaamdheid; merkwaar= digheid; *s.o. is a* ~ iem. is 'n beroemdheid *(of* 'n belangrike persoon). **no·ta·bly** vernaam(lik), veral, met name; merk= baar.

**no·ta·ry** notaris. **no·tar·i·al** notarieel; ~ *deed* notariële ak= te. **no·ta·rise, =rize** notarieel bekragtig. **no·ta·ry·ship** nota= risskap, notariaat.

**no·tate** noteer *(mus.).* **no·ta·tion** aantekening, skryfwyse, notasie, notering; *scale of* ~ telskaal.

**notch** *n.* keep, kerf; hap, skaar *(in 'n mes); (kleremakery)* merkkepie; kerf *(op 'n salarisskaal);* ~ *(of a sewing machine)* garingkeep; *the top* ~ die boonste kerf. **notch** *ww.* (in)keep, inkerf; opskryf, =skrywe, aanteken; ~*ed segment* getande boog; ~ *s.t. up, (infml.)* iets aanteken/behaal/insamel *(punte).* ~*back (mot.)* keeprug.

**note** *n.* nota; aantekening; briefie; (bank)noot; *(mus.)* noot; klawer, toets *(v. 'n klavier);* teken; *(dipl.)* nota; toon; *com= pare* ~*s* indrukke/ervarings (uit)wissel; *copious* ~*s* uit= voerige aantekenings; *diplomatic* ~ diplomatieke nota; *strike a discordant/false/jarring* ~ 'n wanklank laat hoor *(of* veroorsaak); *s.t. strikes a discordant/false/jarring* ~, *(ook)* iets val uit die toon; *drop s.o. a* ~ vir iem. 'n briefie skryf/skrywe; *make* ~*s* aantekenings maak; *make a* ~ *of s.t.* iets aanteken, van iets aantekening hou; *of* ~ van belang/ betekenis; noemenswaardig; *a man/woman of* ~ 'n man/ vrou van aansien/naam; *a* ~ *of* ... 'n toon van ... *(spot/ens. in iem. se stem); on a* ... ~ op 'n ... toon; *strike the right* ~ die regte toon tref/vind; *strike a* ~ 'n noot aanslaan; *(fig.)* 'n toon aanslaan; *take* ~*s* aantekenings maak; *take* ~ *of* ... van ... kennis neem, op ... let; *speak without* ~*s* uit die vuis (uit) praat; *be worthy of* ~ opmerklik wees; *write s.o. a quick* ~ gou vir iem. ('n briefie) skryf/skrywe. **note** *ww.* let op, oplet; kennis neem van; vir kennisgewing aanneem; aanteken, opskryf, =skrywe; noteer; ~ *a bill* 'n wissel noteer; ~ *s.t. down* iets aanteken/opteken; iets opskryf/=skrywe; ~ *judg(e)ment* vonnis noteer. ~*book* sakboekie, aantekeningboek. ~*book* **(computer)** notaboekrekenaar. ~ **issue** nootuitgifte; skuld= brief=, skuldbewysuitgifte; effekteuitgifte. ~*pad* skryf=, nota=

blok. ~*paper* skryfpapier; *headed* ~ briefhoofpapier. ~*taker* aantekenaar.

**not·ed** (wel)bekend, beroemd, befaam(d), vermaard; aan= geteken, genoteer; *be* ~ *for* ... bekend wees/staan om/van= weë/vir/weens ...; *it should be* ~ *that* ... daar moet op gelet word dat ...

**note·let** briefkaart(jie).

**note·wor·thy** opmerklik, opmerkenswaardig; merkwaar= dig; noemenswaardig; *it is* ~ *that* ... dit is opmerklik dat ... **note·wor·thi·ness** merkwaardigheid.

**noth·ing** niks, nul; glad nie; *be a* ~ 'n (groot) nul wees; *absolutely* ~, ~ *at all* absoluut/glad/heeltemal/hoegenaamd niks; ~ *but* ... net ...; ~ *but good* niks as goeds nie; *care* ~ *for* ... niks van ... hou nie; ~ *will come of it* daar sal niks van teregkom nie; *come to* ~ op niks uitloop nie; *have* ~ *to do* niks te doen hê nie; *have* ~ *to do with* ... niks met ... te doen/make *(of* uit te waai) hê nie; ~ *doing!, (infml.)* daar kom niks van nie!, daar kom dadels van!; *sit doing* ~ sit en vlieë vang; ~ *else* niks anders nie; ~ *else but* ... niks anders as ... nie; *if* ~ *else* al sou dit al wees; *want* ~ *else* niks verder/vêrder wil hê nie; *fade away to* ~ 'n skadu(wee) word; in die niet verdwyn; *in* ~ *flat, (infml.)* in 'n kits/japtrap; *for* ~ verniet; tevergeefs, nutteloos; sonder rede; *not for* ~, *(ook, infml.)* nie om dowe neute nie; *there is* ~ *for it but to* ... daar is niks anders aan te doen *(of* geen ander genade) nie as om te ...; ~ *for* ~ niks verniet nie; *s.o. gains* ~ *by it* iem. verdien niks daarby *(of* daar niks by) nie, dit bring iem. niks in die sak nie; *it goes for* ~ dit tel nie, dit baat niks; dit is tevergeefs; *s.o. is good for* ~ iem. deug vir niks; *have* ~ *against s.o./s.t.* niks teen iem./iets hê nie; *have* ~ *on s.o., (infml.)* niks teen iem. weet nie; ~ *if not* ... bo alles *(of* bowe[n]al) ..., baie/regtig/ werklik ...; *there is* ~ *in it* daar steek niks in nie, dit beteken niks; *(infml.)* die kanse is volkome gelyk; *there is* ~ *in it for s.o.* iem. kry niks daaruit *(of* daar niks uit) nie, iem. het niks daaraan *(of* daar niks aan) nie; *it's* ~*!, (infml.)* nie te danke!; dit maak nie saak nie!; ~ *of the kind/sort!, (infml.)* (daar is) geen/nie sprake van nie!; moenie glo nie!; *lack for* ~ niks kortkom nie; ~ *less than* ... niks minder as ... nie; *there is* ~ *like it, (infml.)* niks kom daarby nie; ~ *like so good, (infml.)* lank nie so goed nie; *make* ~ *of it* niks daarvan *(of* niks van) dink nie; *make/think* ~ *of s.t.* iets as 'n kleinigheid beskou, iets geringag; *s.o. makes/thinks* ~ *of walking twenty kilometres a day* om twintig kilometer op 'n dag te loop, is vir iem. niks (nie); *it means* ~ dit beteken niks; *a mere* ~ som= mer niks *(of* nietigheid); ~ *more* niks meer nie; *it is* ~ *much* dit is niks besonders/watwonders nie, dit beteken nie veel nie; *next to* ~, *(infml.)* amper/byna/omtrent *(of* so te sê *of* so goed as) niks, bitter/bedroef min/weinig; *buy/sell s.t. for next to* ~, *(infml.)* iets vir 'n appel en 'n ei koop/ verkoop; *no* ~, *(infml.)* (absoluut/heeltemal/hoegenaamd *of* net mooi) niks (nie); *there is* ~ *to be said for it* daar is niks voor te sê nie; *to say* ~ *of* ... om nie (eens/eers) van ... te praat nie; *have* ~ *to say for o.s.* nie boe of ba kan sê nie, met 'n mond vol tande sit; *have you* ~ *to say for yourself?* het jy niks te sê nie?, kan jy jou nie verdedig nie?; *see* ~ *but* ... jou op ... blind staar; *sink into* ~ in die niet versink; ~ *of the sort!* →*kind/sort; s.t. is* ~ *to speak of, (infml.)* iets is glad nie besonders/waffers nie; *it is* ~ *to speak of, (ook)* dit is niks besonders/noemenswaardigs nie; *stick/stop at* ~ vir niks stuit/terugdeins nie; tot alles in staat wees; *whisper sweet* ~*s in s.o.'s ear, (infml.)* liefdes=/troetelwoordjies *(of* mooi/soet woordjies) in iem. se oor fluister; *it takes* ~ *from* ... dit doen niks aan ... af nie; *that is* ~ dit is niks; dit is die minste; *think* ~ *of s.t.* →*make/think; think* ~ *of it, (ook)* nie aanstoot neem nie; *there's* ~ *to it, (infml.)* daar's niks aan nie, dis doodmaklik/kinderspeletjies *(of* geen [groot] kuns nie); *it is* ~ *to s.o.* dit beteken vir iem. niks, dit is vir iem. (sommer) niks; iem. het niks daaraan *(of* daar niks aan) nie; dit is vir iem. 'n kleinigheid; *s.o. is* ~ *to him/her* iem. beteken vir hom/haar niks; *it is ~ to you* dit gaan jou nie aan nie, dit (t)raak jou nie; *~ ventured, ~ gained* (or *~ venture, ~ have/ gain/win*) wie nie waag nie, sal nie wen nie; *~ what(so)ever* absoluut/hoegenaamd niks. **noth·ing·ness** niks; nietigheid, onbeduidendheid; *fade into ~* in die niet verdwyn.

**no·tice** *n.* kennis, notisie, aandag, opmerksaamheid; kennisgewing, aankondiging, berig; aantekening; waarskuwing; opsegging; kennisneming; *at fifteen minutes'* (or *half an hour's*) *~* binne tien minute (*of* 'n halfuur); *at a moment's ~* dadelik, (amper/byna) oombliklik, op staande voet; op stel en sprong; *at short ~* op kort kennisgewing; skielik, gou-gou; op kort termyn; *a meeting at short ~* 'n spoedvergadering; *bring s.t. to s.o.'s ~* iets onder iem. se aandag bring, iem. se aandag op iets vestig; *come to s.o.'s ~* onder iem. se aandag kom; *~ of discharge/dismissal* ontslagbrief; *final ~* (*of demand*) laaste waarskuwing; *till/until further ~* tot nader(e) kennisgewing; tot nader berig; *for general ~* vir algemene kennisname; *give ~* kennis gee; huur opgee; *give s.o. ~* iem. afdank, iem. se diens opsê; iem. se huur opsê; *give s.o. ~ of s.t.* iem. van iets kennis gee (*of* laat weet *of* in kennis stel); *give s.o. ~ when ...,* (*ook*) iem. waarsku as ...; *~ is hereby given that ...* kennis geskied hiermee (*of* hiermee word kennis gegee) dat ...; *~ given on either side* wedersydse kennisgewing; *be given ~, receive ~* kennis kry; *judicial ~* geregtelike kennisneming; *serve ~* (*up*)*on s.o.* iem. kennis gee, iem. in kennis stel; *take ~* kennis neem; (*sit up and) take ~* belangstelling toon; wakker skrik/word (*fig.*); *take ~ of ...* notisie van ... neem, op ... let (*of* ag slaan), belangstelling vir ... toon; *take no ~ of ...* nie van ... notisie neem nie, geen ag op ... slaan nie, jou nie aan ... steur nie. **no·tice** *ww.* (op)merk, gewaar, oplet, let op, ag slaan op, notisie neem van; (be)speur; *~ that s.o. is absent* sien/merk dat iem. afwesig is; *don't ~ me* moet jou nie aan my steur nie. *~* **board** kennisgewingbord.

**no·tice·a·ble** merkbaar, bespeurbaar, te bespeur; opmerklik, opmerkenswaardig.

**no·ti·fy** bekend maak, bekendmaak, kennis gee, aankondig, meedeel; verwittig, in kennis stel; aangee, aanmeld, rapporteer (*'n siekte*); *~ s.o. of s.t.* iem. van iets in kennis stel (*of* verwittig). **no·ti·fi·a·ble** aanmeldbaar, rapporteerbaar; *~ disease* aanmeldbare siekte. **no·ti·fi·ca·tion** kennisgewing, bekendmaking, aankondiging, mededeling; verwittiging; aanmelding.

**no·tion** begrip, idee, denkbeeld, gedagte, nosie; inval; *such is the common ~* dit is die algemene opvatting/gedagte, dit meen/dink die mense; *have no ~ of s.t.* geen begrip van iets hê nie; *not have the faintest/foggiest/slightest/vaguest ~ of s.t.* nie die flouste/geringste/minste/vaagste benul/begrip/idee van iets hê nie, geen benul van iets hê nie. **no·tion·al** denkbeeldig; ideëel, begriplik, begrips=; *~ verb* begripswerkwoord.

**no·to·chord** (*soöl.*) rugkoord.

**no·to·ri·ous** berug; welbekend; *be ~ for ...,* (*iem.*) berug wees vir/om/weens ... (*sy skending v. menseregte ens.*); ('*n plek*) berug wees vir/vanweë/om ... (*sy bendegeweld ens.*); ('*n plek*) welbekend wees vir/vanweë/om ... (*sy rookmis ens.*); *it is ~ that ...* dis welbekend dat ... **no·to·ri·e·ty** berugtheid; opspraak; berugte (persoon); rugbaarheid; *attain ~* opspraak (ver)wek, in opspraak kom; *~ for ...* berugtheid vir/ weens ... **no·to·ri·ous·ly** *s.o. is ~ xenophobic/etc.* iem. is berug vir sy/haar xenofobie/ens.; iem. is 'n xenofoob/ens., soos elkeen/iedereen weet.

**not·with·stand·ing** *prep., adv., voegw.* ondanks, ongeag, nieteenstaande, ten spyte van; nietemin, tog; desondanks, desnieteenstaande, in weerwil daarvan; *this ~* desnieteenstaande, desondanks; *do s.t. ~* tog/nietemin iets doen.

**nou·gat** noga, (*Fr.*) nougat.

**nought,** (*Am.*) **naught** nul; (*poët., liter.*) niks; →NAUGHT.

**noughts and crosses,** (*Am.*) **tic(k)-tac(k)-toe** nulletjies-en-kruisies, tik-tak-tol.

**noun** (*gram.*) selfstandige naamwoord, substantief, nomen.

**nour·ish** (*lett. & fig.*) voed; koester (*gevoelens, hoop, ens.*); ondersteun, bevorder; *~ a tradition* 'n tradisie hooghou. **nour·ish·ing** voedend, voedsaam. **nour·ish·ment** voedsel; voeding; voedingskrag; *give ~ to ... ...* voed; *take ~ from ...* deur ... gevoed word.

**nous** (*Br., infml.*) (gesonde) verstand; (*filos.*) verstand, vernuf, intellek.

**nou·veau riche** (*Fr.*): *the ~ ~,* (*fungeer as mv.*) die pasrykes (*of* pas rykes *of* nouveau riche).

**nou·velle** *adj., (Fr.*): *~ cuisine* nouvelle cuisine, nuwe kookkuns.

**no·va** =*vae,* =*vas,* (*astron.*) nuwe ster, nova.

**nov·el**[1] *n.* roman; *~ with a plot* intrigeroman; *~ with a purpose* strekkings=, tendensieroman; *short ~* novelle. **nov·el·ette** (*dikw. neerh.*) novelle, romannetjie; (*mus.*) novelette. **nov·el·ise, =ize** in/tot 'n roman verwerk. **nov·el·ist** romanskrywer, romansier. **nov·el·is·tic** *adj.* roman=. **no·vel·la** =*las, -le* novelle.

**nov·el**[2] *adj.* nuut; eienaardig, vreemd; *~ feeling* vreemde/ ongewone/eienaardige gevoel.

**nov·el·ty** nuutheid, die nuwe; nuwigheid, nuutjie; uitheemsheid; nuwe artikel; (*i.d. mv.*) nuwe goed; fantasie=, sierware, snuisterye. *~* **shop** snuisterywinkel.

**No·vem·ber** November; *the month of ~* die maand November, Novembermaand; *a ~ day* 'n Novemberdag, 'n dag in November.

**nov·ice** nuweling, groene, groentjie; amateur; (*RK*) novise; *a rank ~* 'n volslae beginner/nuweling.

**no·vo·cain** →PROCAINE.

**now** *n.* (die) hede/teenswoordige; *as of ~* dadelik, van nou af; *by ~* teen dié tyd; *s.o. should be there by ~* iem. moet nou al daar wees; *from ~ on* van nou af, voortaan, in die vervolg; *until/till ~, up to ~* tot nou/nog toe, tot dusver/dusvêr; *not until/till ~* nou eers. **now** *adv.* nou; tans, teenswoordig; op die oomblik; (*every*) *~ and again/then* (so) nou en dan, (so) af en toe, (so) van tyd tot tyd; *and ~?* en nou?; *not even ~* (selfs) nou nog nie; (*and*) *~ for a drink* (en) nou 'n drankie; *~ for it* nou regtig; *~ for the news* (en) hier volg die nuus; *how ~?* wat nou (gedaan/gemaak)?; *is/does he/she/it ~?* regtig?; *just ~* op die oomblik; so pas, sopas, nou net, netnou, flussies, so-ewe, nou-nou; aanstons, nou-nou, oor 'n rukkie; *~ or never* nou of nooit; *not ~* nie nou nie; nie meer nie; *only ~* nou eers; *~ really!* ag nee!; *right ~* op die oomblik; op die daad, dadelik; *~ then!* toe dan!, toe tog!, toe nou!; pas op!; *~ then, let's ...* nouja (*of* nou ja), kom ons ...; so ja, kom ons ...; (*every*) *~ and then* →*again/then.* **now** *voegw.* noudat; aangesien; *~ that ...* noudat ...

**now·a·days** teenswoordig, deesdae, hedendaags, tans.

**no·where** nêrens; *appear (as if) from ~, appear out of ~* uit die niet verskyn; uit die lug val; skielik opdaag; *be/come ~,* ('*n renperd ens.*) heeltemal uitsak, ver/vêr agterbly; ('*n kandidaat ens.*) heeltemal uitval; *~ else* nêrens anders (nie); *get ~* niks bereik/uitrig nie, geen hond haaraf maak nie; *it will get s.o. ~* iem. sal niks daarmee bereik nie; *go ~* nêrens heen gaan nie, nêrens kom nie; *have ~ to go* geen heenkome hê nie; *in the middle of ~, miles from ...,* (*infml.*) ver/vêr van alles, in 'n uithoek; *be ~ near (as) ...* nie naaste(n)by (so) ... nie, lank/verreweg (*of* op verre na) nie (so) ... nie.

**nox·ious** skadelik; verderflik; verpestend; *~ gas* gifgas; *~ weed(s)* skadelike onkruid. **nox·ious·ness** skadelikheid; verderflikheid.

**noz·zle** neus, snuit, snoet; tuit, bek; neus=, mondstuk; straal=, sproeipyp (*v. 'n tuinslang ens.*); spuitstuk, =kop (*v. 'n spuitmasjien*); stuifkop (*v. 'n stuifmasjien*). *~***-shaped** tuitvormig.

**nth:** *to the ~ degree* in die hoogste mate.

**nu** Griekse (letter) *n.*

**nu·ance, nu·ance** *n.* nuanse, skakering, graad. **nu·ance, nu·ance** *ww.* nuanseer.

**nub** knobbel, knop; brok; kern(vraag). **nub·ble** klont(jie), stuk(kie).

**nu·bile** (seksueel) aantreklik *(meisie, jong vrou);* hubaar, troubaar *(meisie, jong vrou).* **nu·bil·i·ty** hubaarheid, troubaarheid.

**nu·cel·lus** =celli, (bot.) saadkern.

**nu·chal** *adj.* nekkuil=.

**nu·cle·ar** nukleêr, kern=; kernfisies. ~ **age** atoomeeu, kernera. ~ **bomb** kernbom. ~ **disarmament** kernontwapening. ~ **energy** kern=, atoomenergie. ~ **family** (sosiol.) kerngesin, nukleêre/enkelvoudige gesin. ~ **fission** kern=, atoomsplitsing, =splyting, =klowing. **~-free** *adj.* kern(wapen)vry. ~ **freeze** kernverbod, algehele verbod (op (die vervaardiging van) kernwapens. ~ **magnetic resonance** (afk.: NMR) kernmagnetiese resonansie (afk.: KMR). ~ **physicist** kernfisikus. ~ **physics** *n. (fungeer as ekv.)* kernfisika. ~ **power** kern=, atoomkrag; kernmoondheid; kernmag. **~-powered** kern= aangedrewe, met kernkrag. ~ **(power) plant/station** kern= (krag)=, atoom(krag)sentrale. ~ **reactor** kernreaktor. ~ **submarine** kern=, atoomduikboot. ~ **war(fare)** kern=, atoomoorlog(voering). ~ **waste** kernafval. ~ **weapon** kernwapen.

**nu·cle·ate, nu·cle·at·ed** *adj.* met 'n kern, gekern(d). **nu·cle·ate** *ww., (biol.)* 'n kern vorm, om 'n kern saamtrek. **nu·cle·a·tion** kernvorming.

**nu·cle·ic ac·id** (biochem.) nukleïensuur.

**nu·cle·o·lus** =oli, **nu·cle·ole** =oles, (biol.) kernliggaampie, nukleolus.

**nu·cle·on** (fis.) nukleon. **nu·cle·on·ics** *n. (fungeer as ekv.)* nukleêre elektronika, kernwetenskap.

**nu·cle·o·plasm** (biol.) kernplasma, nukleoplasma.

**nu·cle·us** =clei kern, pit; (biol.) (sel)kern, nukleus; (fis.) kern, nukleus.

**nu·clide** (fis.) nuklied.

**nude** *n., (kuns)* naakfiguur, naakte figuur; naakstudie, =skildery, =skets; *in the ~* kaal, naak, nakend. **nude** *adj.* naak, nakend; ~ *stocking* vleeskleurige kous.

**nudge** *n.* stamp, pomp, stoot *(m.d. elmboog).* **nudge** *ww.* stoot, pomp, stamp.

**nu·di·branch** (soöl.) naak seeslak.

**nud·ism** nudisme, naaklopery.

**nud·ist** *n.* nudis, naakloper. **nud·ist** *adj.* nudisties. ~ **colony** nudiste=, naaklopperskolonie.

**nu·di·ty** naaktheid.

**nuff** (sl.) = ENOUGH.

**nu·ga·to·ry** nietig, beuselagtig, niksbeduidend; nutteloos, waardeloos; buite werking; *render s.t. ~ iets* nutteloos maak; iets buite werking stel.

**nug·get** klont; stuk. ~ **gold** klontgoud.

**nui·sance** las, oorlas; ergernis, steurnis; wantoestand; beslommernis; lollery; laspos, lolpot; (jur.) hinder, ergernis; *be a ~* lastig (of 'n laspos) wees; 'n oorlas wees, tot las wees; *I don't want to be a ~* ek wil nie pla/steur/stoor nie; *a beastly ~, (infml.)* 'n (hele) ellende, 'n narigheid; *be a bit of a ~, (infml.)* nogal lastig wees; *commit a ~, (jur.)* 'n hinder pleeg/ veroorsaak; *common ~* algemene (oor)las/plaag; *be an infernal ~, (infml.)* verduiwels lastig wees; *it's a ~ having to ...* dis lastig om te moet ...; *make a ~ of o.s.* tot oorlas wees, lastig wees; *a ~ to ...* 'n oorlas vir ...; *be a ~ to s.o., (ook)* iem. oorlas aandoen, iem. tot oorlas wees. ~ **industry** hinderlike nywerheid. ~ **value:** *s.t. has ~* iets is (net) 'n ergernis.

**nuke** *n., (Am. sl.)* kern=, atoombom. **nuke** *ww., (Am. sl.)* met kernwapens aanval; met kernwapens uitwis; *(kookk.)* mikrogolf.

**null** nietig, ongeldig, kragteloos; leeg, hol; onbenullig; *be ~*

*and void, (hoofs. jur.)* nietig/ongeldig *(of* van nul en gener waarde *of* kragteloos) wees; *declare s.t. ~ and void* iets nietig verklaar. ~ **character** (rek.) nulkarakter, =teken. ~ **hypothesis** (statist.) nulhipotese. ~ **position** nulstand.

**nul·li·fy** vernietig; verydel; ongeldig/nietig verklaar; ~ *all attempts* alle pogings verydel. **nul·li·fi·ca·tion** vernietiging; verydeling; ongeldig=, nietigverklaring.

**nul·li·ty** (pers.) nul(liteit); (jur.) nietigheid, nulliteit; holheid, leegheid; nietigheid, onbenulligheid; *declaration of ~* nietigheidsverklaring.

**numb** *adj.* verkluim, verstyf, gevoelloos, dood; *become/go ~* verstyf, verstywe, styf word, verkluim; *be ~ with cold* styf wees van (die) koue, verkluim wees van (die) koue; *s.o.'s fingers are ~* iem. se vingers is dood/verkluim; *a ~ hand* botterYingers; 'n onhandige vent. **numb** *ww.* verstyf, verstywe, styf maak, verdoof, laat verkluim; verlam; ~*ed feelings* gevoelloosheid, verstompte gevoel. **numb·ness** styfheid, verkluimdheid; doodse/dooie gevoel.

**num·ber** *n.* nommer; getal; aantal; groep, geselskap, klomp, party; eksemplaar, nommer (v. 'n blad); aflewering (v. 'n boek); nommer (op 'n program); liedjie (op 'n CD ens.); (infml.) kledingstuk; (ook, i.d. mv.) syferkunde; *from among(st) their ~* uit hulle midde; *any ~ you like* 'n willekeurige getal; *any ~ of times, (infml.)* hoeveel maal al; *a back ~* 'n ou/vorige/ vroeëre nommer/aflewering; (infml.) 'n ouderwetse mens; 'n verouderde ding; *be a back ~, (ook, infml.)* uitgedien(d) wees; *by ~s, (mil.)* met tel; *do a ~* 'n nommer aanbied (op 'n program); *do a ~ on s.o., (Am. sl.)* iem. om die bos (of aan die neus *of* op 'n dwaalspoor) lei, iem. 'n rat voor die oë draai; *by force of ~s* deur oormag; *get s.o.'s ~, (infml.)* iem. deurkyk/ skat/takseer/beoordeel, 'n oordeel oor/omtrent iem. vorm; *a great/large ~* 'n groot aantal, 'n menigte, 'n duisternis; *s.t. has s.o.'s ~ on it, (infml.)* iets is vir iem. bedoel, iets gaan iem. tref ('n koeël ens.); *have s.o.'s ~, (infml.)* iem. getakseer (of se taks) hê; *three/etc. in ~* drie/ens. in getal; *in large ~s* in groot getalle; *a little black ~, (infml.)* 'n klein swart nommertjie/ rokkie; *a ~ of ...* 'n aantal (of hele paar) ..., etlike ...; ~*s of ...* 'n hele aantal ...; *a ~ of people are here* 'n aantal mense is hier; *the ~ of people present is small* die aanwesiges is min; ~ *one* nommer een; (euf.) piepie, 'n plassie; ~ *one block* blok (nommer) een; *the ~ one actor/etc.* die eerste/vernaamste toneelspeler/ens.; *enemy ~ one* die hoofvyand; *s.o. is ~ one* iem. is die belangrikste (of in bevel of die hoof); *one of our/ their ~* een van ons/hulle; *not (one) of our/their ~* nie een van ons/hulle (of uit ons/hulle kring) nie; *a round ~* 'n ronde getal; *a ~ nine shoe* 'n nommernegeskoen; *superior ~s* 'n oormag, 'n getalleoorwig/getalsoorwig; *succumb to superior ~s* voor die oormag swig; *take s.o.'s ~, (telef.)* iem. se nommer aanteken/opskryf/opskrywe; *to the ~ of ...* soveel as ...; ~ *two, (infml.)* regterhand; (euf.) poefie, akkies, 'n bollie; *an unlucky ~* 'n ongeluksgetal; *an untold ~* 'n onnoemlike getal; *s.o.'s ~ is up, (infml.)* dis klaar(praat) met iem.; *without ~* talloos, sonder tal; *the wrong ~* die verkeerde getal; die verkeerde nommer; *get the wrong ~, (telef.)* by die verkeerde nommer uitkom. **num·ber** *ww.* nommer, nummereer; tel; reken; (mil.) laat nommer; ~ *s.o. among(st) one's friends* iem. onder jou vriende tel, iem. as ('n) vriend (of tot jou vriende) reken; *s.o.'s days are ~ed* iem. se dae is getel; ~ *s.t. off* iets nommer. ~ **chart** telkaart. ~ **cruncher** (infml., dikw. neerh.) syferkop, =man, =vrou, iem. wat sy/haar syfertaal ken; (infml., rek.) syfervreter. ~ **crunching** (infml.) syfervretery. ~ **plate** nommerplaat. **N**~ **Ten (Downing Street)** (ampswoning v.d. Br. premier) Downingstraat 10. ~ **work** getallewerk.

**num·ber·ing** nommering, numerering.

**num·ber·less** talloos, ongetel(d), sonder tal; ontelbaar.

**Num·bers** (OT) Numeri.

**num·bers:** ~ **game** (gew. pej.) gegoël met syfers; (Am., ook numbers racket) getallelotery.

**num(b)·skull** (infml.) bobbejaan, esel, uilskuiken, mamparra, swaap, dom=, klipkop, pampoen(kop).

**nu·mer·a·ble** telbaar. **nu·mer·a·bil·i·ty** telbaarheid.

**nu·mer·al** *n.* telwoord; syfer; getalteken. **nu·mer·al** *adj.* getalaanduidend, getal-; ~ *adjective* telwoord.

**nu·mer·ate** gcsyfcrd, wiskundig aangelê. **nu·mer·a·cy** gesyferdheid.

**nu·mer·a·tion** telling; nommering, numerering; getalstelsel. ~ **table** rekentafel.

**nu·mer·a·tor** *(wisk.)* teller.

**nu·mer·i·cal** numeries, numeriek, getal(s)-; ~ *analysis* numeriese/numerieke analise; ~ *factor* getallefaktor; ~ *order* numeriese/numerieke orde, getalsorde; ~ *strength* getalsterkte; ~ *superiority* getals-, getalleoorwig, meerderheid; ~ *system* talstelsel; ~ *value* getalwaarde, numeriese/numerieke waarde. **nu·mer·i·cal·ly** in getal(le); ~ *strong* talryk, getalsterk.

**nu·mer·ol·o·gy** (geheime) getalleleer.

**nu·me·ro u·no** *n., (Sp. & It., infml.)*, nommer een, die (aller)beste *(of* heel beste); die (aller)belangrikste *(of* heel belangrikste).

**nu·mer·ous** baie, talle; talryk; groot, sterk *(leër ens.);* veelvuldig. **nu·mer·ous·ness** talrykheid, veelvuldigheid.

**Nu·mid·i·a** *(geog., hist.)* Numidië. **Nu·mid·i·an** *n.* Numidiër. **Nu·mid·i·an** *adj.* Numidies.

**nu·mis·mat·ic** numismaties, penning-, muntkundig, munt-. **nu·mis·mat·ics** *n. (fungeer as ekv.)* munt- en penningkunde, muntkunde, penningleer, numismatiek.

**num-num** *(SA, bot.)* noem-noem.

**num·skull** →NUM(B)SKULL.

**nun** non; kloostersuster; kloosterling; ~'s *choir* nonnekoor; ~'s *dress* nonnekleed; *order of* ~s nonneorde. **nun·like** nonagtig. **nun·ner·y** nonneklooster. **nun·nish** nonagtig.

**nun·cha·ku** *(Jap. verweerkunswapen)* noentjakoe.

**nun·ci·o** -cios, *(RK)* nuntius, pouslike gesant.

**nup·tial** *n., (gew. i.d. mv.* nuptials*)* bruilof, huweliks-, troufees, trouery; huwelik. **nup·tial** *adj.* huweliks-, bruilofs-; ~ *bed* bruidsbed; ~ *benediction* huweliksinseëning; ~ *ceremony* trouplegtigheid; ~ *day* troudag; ~ *flight,* (entom., *ook* honeymoon/wedding flight*)* paringsvlug.

**nurd** →NERD.

**Nu·rem·berg** *(geog.)* Neurenberg. ~ *trial (hist.)* Neurenbergverhoor.

**nurse** *n.* verpleegster, verpleër *(ml.),* verpleegkundige; ~s' *home* verpleegsterswoning; *male* ~ verpleër. **nurse** *ww.* verpleeg; versorg, oppas; suig; soog; voed; kweek *(plante ens.);* bewaar, opspaar, suinig te werk gaan met; ~ *s.o./s.t.* **along** iem./iets troetel; ~ *a* **constituency** na die kiesers vry; ~ *a* **drink** 'n drankie koester/(ver)troetel *(of* rustig geniet); ~ *a* **grievance/grudge** against s.o. 'n grief/wrok teen iem. koester; ~ *a sore leg* 'n seer been behandel; met 'n seer been sit; ~ *a* **secret** 'n geheim sorgvuldig bewaar; ~ *one's* **strength** jou krag(te) *(of* jou lyf) spaar. ~**maid** kinderoppasster, -meisie. ~ **shark** gryshaai.

**nurs·er·y** kinderkamer; *(bot.)* kweekhuis, kwekery; *(igt.)* kweekdam. ~ **chair** kinderstoel. ~ **garden** kwekery. ~**man** -men (blom[me]/boom/plant[e])kweker. ~ **rhyme** kinderrympie, -versie. ~ **school** kleuterskool. ~ **stakes** *n. (mv.)* (perde)wedren vir tweejariges, wedren vir tweejarige vullens. ~ **stock** kweekmateriaal. ~ **tale** sprokie, kinderverhaal, -storie.

**nurs·ing** *n.* verpleging; verpleegkunde; borsvoeding. **nursing** *adj.* verplegend; ~ *baby* suigeling; ~ *mother* borsvoedende/sogende ma/moeder, soogmoeder; ~ *sister* verpleegsuster. ~ **council** verpleegstersraad. ~ **home** verpleeginrigting. ~ **service** verpleegdiens.

**nur·ture** *n.* aankweking; opvoeding; versorging; sorg; troeteling; voeding, voedsel. **nur·ture** *ww.* kweek, opvoed, grootmaak; troetel; ~ *a plan* 'n plan koester. **nur·tur·ance** koestering, koesterende sorg. **nur·tur·ant** koesterend.

**nut** neut; *(teg.)* moer *(v. 'n skroef); (infml.: kop)* klapperdop; *(infml.)* malkop, anderste(r)/eksentrieke entjie mens; *(infml.)* aap, idioot, swaap, sot; *(infml.)* geesdriftige, bewonderaar, entoesias, liefhebber; *(i.d. mv., plat: testikels)* balle, knaters; → NUTS *adj.,* NUTTER, NUTTY; *the* ~s *and* **bolts,** *(fig., infml.)* die werkende (onder)dele, hoe iets werk/inmekaarsteek/-sit; die praktiese besonderhede; die grondbeginsels/hoofsake; ... *is a tough/hard ~ to* **crack,** *(infml.)* ... is 'n harde neut om te kraak *(of* 'n taai toffie om te kou); *do one's* ~, *(infml.)* baie kwaad word; *loosen/tighten a* ~ 'n moer losdraai/vasdraai; *be off one's* ~, *(infml.)* (van lotjie) getik wees, van jou kop/wysie af wees; *shell* ~s neute (af/uit)dop; *s.o. is a tough* ~, *(infml.)* iem. is 'n moeilike klant. ~**brown** lig-, kastaiingbruin. ~ **cake** neut(e)koek. ~**case** *(infml.)* mal mens, versteurde, imbesiel, gek, idioot; *be a* ~ 'n skroef los hê, (van lotjie) getik wees, van jou trollie af wees, in die bol gepik wees, 'n klap van die windmeul weg hê. ~ **coal** neut-, duimsteenkool, neut-, duimkole. ~**cracker(s)** neut(e)kraker. ~ **fabric** knoppiestof. ~**house** *(neerh. sl.)* malhuis, groendakkies. ~ **key** moer-, skroefsleutel. ~ **loaf** neut(e)brood. ~ **oil** neutolie. ~**screw** stelskroef. ~**shell** *(lett.)* neut(e)dop; *in a* ~, *(fig.)* in 'n neutedop, in kort bestek; *put s.t. in a* ~ iets in 'n paar woorde stel/sê, iets kort en saaklik stel; *the world in a* ~ die wêreld in 'n neutedop. ~ **thread** moerdraad. ~ **tree** neut(e)boom. ~**wood** neut(e)hout.

**nu·ta·tion** knikbeweging; *(astron.)* asskudding, -skommeling, nutasie; *(bot.)* knikking, nutasie.

**nut·meg** neutmuskaat, (muskaat)neut. ~ **butter** muskaatbotter. ~ **grater** neutrasper. ~ **oil** muskaatolie; muskaatbotter. ~ **tree** muskaatboom.

**nu·tri·a** bewerrotpels, nutria; →COYPU.

**nu·tri·ent** (plant)voedingstof; voedselbestanddeel. ~ **medium** voedingsbodem, kweekmiddel.

**nu·tri·tion** voeding; voedsel, kos; *science of* ~ voedingsleer. ~ **expert** voedingkundige.

**nu·tri·tion·al** voedings-; ~ *care* dieetkundige versorging; ~ *value* voedingswaarde.

**nu·tri·tion·ist** voedingkundige.

**nu·tri·tious** voedsaam; ~ *matter* voedingstof. **nu·tri·tious·ness** voedsaamheid.

**nu·tri·tive** *n.* voedingsmiddel, voedsel, kos. **nu·tri·tive** *adj.* voedsaam; ~ *value* voedingswaarde. **nu·tri·tive·ness** voedsaamheid.

**nuts** *adj., (infml.)* gek, mal; *be* ~ *about/over* ..., *(infml.)* (skoon) gek wees na ...; *be* ~, *(infml.)* (van lotjie) getik wees, van jou kop/wysie af wees; *drive s.o.* ~, *(infml.)* iem. stapelgek maak; *go* ~, *(infml.)* gek word. **nuts** *tw.* vervlaks!, demmit!, bliksem!; bog!, twak!.

**nut·ter** *(Br. sl.)* mal mens, versteurde, imbesiel, gek, idioot; anderste(r) entjie mens.

**nut·ty** neutagtig; neut-; vol neute; *(infml.)* gek(lik), getik, mallerig; *be* ~ *about s.o./s.t., (infml.)* gek/mal oor *(of* versot op) iem./iets wees; *be (as)* ~ *as a fruitcake, (infml.)* stapelgek *(of* so mal soos 'n haas) wees.

**nuz·zle** snuffel, vroetel; besnuffel; ~ *up against* ... teen ... aankruip, jou teen ... aanvlei.

**nya·la** njala, basterkoedoe.

**ny·lon** nylon; *(i.d. mv.)* nylonkouse. ~ **fleece** vagnylon. ~ **taffeta** nylontaf. ~ **velvet** nylonfluweel.

**nymph** *(mit. of poët., liter.)* nimf; *(entom.)* papie, nimf. **nymph·al, nym·phe·an** nimfagtig; van nimfe *(of* 'n nimf), nimf(e)-. **nymph·like** soos 'n nimf, nimfagtig.

**nymph·et, nymph·et** *(infml.)* sekskatjie, -poppie, warm katjie, wulpse meisie.

**nym·pho** -phos, *(infml.)* = NYMPHOMANIAC.

**nym·pho·ma·ni·a** nimfomanie. **nym·pho·ma·ni·ac** *n. & adj.* nimfomaan.

**nys·tag·mus** *(med.: onwillekeurige oogbeweging)* nistagmus.

# Oo

**o, O** *o's, O's, Os, (vyftiende letter v.d. alfabet)* o, O; *little* ~ o'tjie; *small* ~ klein o.

**oaf** *oafs* lummel, lomperd; (gom)tor, tang, ghwar; swaap, aap. **oaf·ish** lummelagtig; torrerig, tangerig; onnosel.

**oak** *n.* eik(eboom), akkerboom; eik(ehout), akkerhout; *big/tall/great/large* ~*s from little acorns grow, (fig.)* klein begin, groot gewin. **oak** *adj.* eik(e)=, eikehout=, van eikehout. ~ **apple**, ~ **gall** galneut, =appel. ~ **avenue** eikelaan. ~ **wood** eikebos; eik(ehout), akkerhout.

**oar** *n.* roeispaan, (roei)riem; roeier; *have an* ~ *in everyone's boat, (fig.)* jou met ander se sake bemoei, jou neus oral(s) insteek; *put/stick one's* ~ *in, (infml.)* 'n stuiwer in die armbeurs gooi, jou inmeng; *rest on one's* ~*s, (fig.)* ontspan, uitspan, 'n blaaskansie vat; *op jou louere rus*. **oar** *ww.* roei. ~ **blade** roeispaanblad. ~*fish* =*fish(es)* sneesvis.

**oars·man** =*men*, **oars·wom·an** =*women* roeier *(ml.)*, roeister *(vr.)*. **oars·man·ship** roeikuns.

**o·a·sis** *oases* oase.

**oast** moutoond; hopoond; droogoond *(vir vrugte)*.

**oat** *oats* hawerplant; hawerkorrel; *(i.d. mv., fungeer as ekv. of mv.)* hawer; *feel one's* ~*s, (infml.)* bruis van energie, vol lewenslus wees; uitbundig/uitgelate wees; dink jy's kaas; *get one's* ~*s, (Br., infml.)* 'n goeie sekslewe hê; *be off one's* ~*s, (infml.)* geen eetlus hê nie; *sow one's wild* ~*s* wild leef/lewe, jou uitleef/=lewe. ~**cake** hawermeelkoekie. ~**meal** hawermeel. ~**meal biscuit** hawermeelkoekie.

**oath** *oaths* eed; vloek(woord), verwensing, knoop; *administer an* ~ *to s.o.* 'n eed van iem. afneem, iem. beëdig *(of onder eed stel)*; ~ *of allegiance* eed van trou/getrouheid; *break an* ~ 'n eed (ver)breek; *confirm s.t. on* ~ iets onder eed bevestig; *I give you my* ~ *on it* dit sweer ek jou; *keep an* ~ 'n eed hou *(of gestand doen)*; *make/swear/take an* ~ ('n eed) sweer, 'n eed aflê/doen; ~ *of office* ampseed; *on my* ~ dit sweer ek; *be under* ~ onder eed staan, beëdig wees; *put s.o. under* ~ iem. 'n eed laat aflê/sweer. ~ **breaker** eedbreker. ~ **maker**, ~ **taker** sweerder, eedaflegger. ~ **making**, ~ **taking** eedaflegging, =swering.

**O·ba·di·ah** *(OT)* Obadja.

**ob·bli·ga·to**, *(Am.)* **ob·li·ga·to** =*gatos*, =*gati*, *(mus.)* obligaat.

**ob·du·rate** (hard)koppig, halsstarrig; onversetlik, hard(vogtig). **ob·du·ra·cy**, **ob·du·rate·ness** (hard)koppigheid; onversetlikheid.

**o·be·ah** =*ahs*, **o·bi** =*bis*, *(Karibiese/Wes-Indiese toordery/towery)* obeah.

**o·be·di·ence, o·be·di·ent** →OBEY.

**o·bei·sance** buiging; hulde, eerbetoon; eerbied, respek, ontsag; *do/make/pay* ~ *(to s.o.)* jou respek (teenoor iem.) betoon; hulde/eer (aan iem.) betoon/bewys/bring.

**ob·e·lisk** gedenknaald, obelisk; dolk(teken), kruisie.

**ob·e·lus** =*eli* dolk(teken), kruisie.

**o·bese** geset, vet, dik, swaarlywig; vetsugtig. **o·be·si·ty** gesetheid; vetsug.

**o·bey** gehoorsaam (wees), luister na, gehoor gee aan, nakom, voldoen aan *('n bevel)*; opvolg *(voorskrifte)*; ~ *s.o. implicitly* iem. blind *(of deur dik en dun)* gehoorsaam. **o·be·di·ence** gehoorsaamheid; onderdanigheid; *in* ~ *to* ... in

gehoorsaamheid aan ...; ooreenkomstig/ingevolge ... **o·be·di·ent** gehoorsaam, pligsgetrou; onderdanig, gedienstig; dienswillig; *be* ~ *to s.o./s.t.* iem./iets gehoorsaam (wees) *(d. wet ens.)*. **o·be·di·ent·ly** gehoorsaam.

**ob·fus·cate** verduister, verdoesel, benewel; verbluf, verbyster. **ob·fus·ca·tion** verduistering.

**o·bi¹** →OBEAH.

**o·bi²** *(Jap.: kimono/yfband)* obi.

**o·bit** *(infml.)* doodsberig; herdenkingsdiens. **o·bit·u·ar·y** *n.* doodsberig; kennisgewing van 'n sterfgeval; lewensberig. **o·bit·u·ar·y** *adj.* sterf=, doods=; ~ *notice* doodsberig.

**ob·i·ter** *(jur.)* terloops, obiter. ~ **dictum** ~ *dicta, (jur.)* terloopse opmerking, obiter dictum.

**ob·ject** *n.* voorwerp, ding, objek; doel(wit), oogmerk, bedoeling; *(filos.)* objek; *(gram.)* voorwerp; *(rek.)* objek; *achieve/gain one's* ~ jou doel bereik; *with a definite/fixed* ~ doelbewus; *be an* ~ *of desire, (iem.)* onweerstaanbaar wees; *('n huis ens.)* 'n hartsbegeerte wees; *have s.t. as* ~ iets ten doel hê; *(gram.)* iets as voorwerp hê; ~ *in life* lewensdoel; *make it one's* ~ *to* ... dit jou ten doel stel om te ...; *money is no* ~ geld is nie 'n kwessie nie, geld is ('n) bysaak; *be an* ~ *of pity* 'n jammerlike figuur slaan; *pursue an* ~ 'n doel nastreef/nastrewe; *be an* ~ *of scorn/contempt* 'n voorwerp van spot/veragting/minagting wees; *serve no* ~ *but* ... geen ander doel hê nie as ...; *have an ulterior* ~ 'n bybedoeling hê. **ob·ject** *ww.* beswaar/kapsie maak, ('n) beswaar hê, beswaar/protes aanteken, protesteer; *if you don't* ~ as jy geen/nie beswaar het nie; ~ *to* ... teen ... beswaar/kapsie maak *(of beswaar/protes aanteken)*. ~ **ball** *(biljart, snoeker)* mikbal. ~ **language** *(rek.)* doeltaal. ~ **lesson** toonbeeld, praktiese voorbeeld; aanskoulike les.

**ob·jec·ti·fy** beliggaam, objektief voorstel, objektiveer. **ob·jec·ti·fi·ca·tion** objektivering.

**ob·jec·tion** beswaar, bedenking, teen=, teëkanting, teen=, teëwerping, objeksie; *allow/disallow an* ~ 'n beswaar handhaaf/afwys; *meet* ~*s* besware ondervang; *there is no* ~ daar is geen beswaar teen nie, daar is niks op teë nie; *overrule an* ~ 'n beswaar van die hand wys; *raise* ~*s to s.t.* teen iets beswaar/kapsie maak, besware teen iets opper/opwerp/aanvoer; *sustain an* ~ 'n beswaar handhaaf/billik; *have an* ~ *to* ... 'n beswaar teen ... hê. **ob·jec·tion·a·ble** aanstootlik, verwerplik, laakbaar, afkeurenswaardig.

**ob·jec·tive** *n.* mikpunt, doel(wit), oogmerk, teiken; *(gram.)* voorwerpsnaamval, akkusatief; *the* ~ *is to* ... die oogmerk is *(of daar word na gestreef)* om ... **ob·jec·tive** *adj.* objektief, onpartydig; saaklik; *(gram.)* voorwerps=. ~ **(lens), object glass** *(opt.)* objektief, voorwerplens, objektief(lens).

**ob·jec·tiv·ism** *(vnl. filos.)* objektivisme.

**ob·jec·tiv·i·ty** objektiwiteit; saaklikheid.

**ob·ject·less** doelloos.

**ob·jec·tor** beswaarmaker; beswaarde.

**ob·jet d'art** *objets d'art, (Fr.)* kunsvoorwerp.

**ob·late** *(RK)* oblaat. **ob·la·tion** oblasie, Nagmaal; spysoffer; offer(ande), oblaat; gif, skenking.

**ob·li·gate** *ww.* verplig; *be* ~*d to* ... verplig/gebonde wees aan/om ... **ob·li·gate** *adj., (biol.)*: ~ *parasite* vaste parasiet.

**ob·li·ga·tion** verpligting; plig; verbintenis; *have* ~s verpligtings hê; *place/put* *s.o. under an* ~ iem. onder verpligting stel, iem. aan jou verplig; ~s *to* *s.o.* verpligtings teenoor iem.; *be under an* ~ onder verpligting staan; *be under an* ~ *to do* *s.t.* verplig/gebonde wees om iets te doen; *be under an* ~ *to* *s.o.* verpligtings teenoor iem. hê; *without* ~ sonder verpligting. **ob·lig·a·to·ry** *adj. (attr.)* verpligte *(bydrae ens.); (pred.)* verpligtend; bindend, obligatories.

**o·blige** noop, verplig, noodsaak; 'n guns bewys; 'n diens bewys, van diens wees; aan iem. se versoek voldoen; gewens wees; *feel* ~*d to* ... gcnoodsaak/verplig voel om te ...; *much* ~*d!* baie dankie!; *I shall be very much* ~*d if* ..., *(fml.)* ek sal baie bly wees as ...; *s.t.* ~*s* *s.o.* *to* ... iets noop/verplig iem. om te ...; *be* ~*d* *to do* *s.t.* verplig/gebonde/genoodsaak wees om iets te doen. **o·blig·ing** beleef(d), hoflik; vriendelik, gaaf; behulpsaam, hulpvaardig; tegemoetkomend, inskiklik. **o·blig·ing·ness** hulpvaardigheid, behulpsaamheid; inskiklikheid.

**o·blique** *n.* skuinsstreep, solidus. **o·blique** *adj.* skuins, skeef, hellend; afwykend; *(fig.)* sydelings, indirek; onduidelik, dubbelsinnig; *(gram.)* verboë; ~ *angle* skewe hoek; ~ *speech* indirekte rede; *make an* ~ *reference to* ... sydelings na ... verwys. **o·blique·ly** sywaarts, sydelings. **o·blique·ness** skuinsheid, skeefheid; *(astron.)* helling, skuinsheid; afwyking; verkeerdheid.

**ob·lit·er·ate** uitvee, doodvee; doodverf; uitwis; vernietig; *(filat.)* rojeer, (af)stempel. **ob·lit·er·a·tion** (die) uitvee/doodvee; (die) doodverf; uitwissing; vernietiging.

**o·bliv·i·on** vergetelheid; *consign* *s.t. to* ~ iets aan die vergetelheid prysgee; *fall/sink into* ~ in vergetelheid (of die vergeetboek) raak; *save* *s.o./s.t. from* ~ iem./iets aan die vergetelheid ontruk. **o·bliv·i·ous** onbewus; vergeetagtig; ~ *of/to* *s.t.* onbewus van iets; sonder inagneming van iets.

**ob·long** *n.* langwerpige figuur; reghoek; langwerpige stuk. **ob·long** *adj.* langwerpig; ~ *format* dwarsformaat. **ob·long·at·ed** verleng.

**ob·lo·quy** =*quies* openbare veroordeling; laster, smaad; skande, (skand)vlek; slegte naam, berugtheid.

**ob·nox·ious** aanstootlik, onaangenaam, haatlik; *make o.s.* ~ aanstoot gee; *be* ~ *to* *s.o.* iem. aanstoot gee.

**o·boe** *(mus.instr.)* hobo. **o·bo·ist** hobospeler, hoboïs.

**ob·scene** onbetaamlik, onwelvoeglik, obseen. **ob·scen·i·ty** onbetaamlikheid, obseniteit.

**ob·scur·ant·ism** obskurantisme, remskoenpolitiek, verkramptheid. **ob·scur·ant·ist** *n.* remskoen *(fig.)*. **ob·scur·ant·ist** *adj.* remskoen= *(fig.)*.

**ob·scure** *adj.* onduidelik *(teken ens.);* swak *(beeld ens.);* verborge; afgeleë; onopvallend; onbekend, obskuur, onbelangrik; onduidelik, vaag; ondeursigtig; donker, duister, somber; dof *(kleur)*. **ob·scure** *ww.* verberg; verdof; vertroebel; onduidelik/onverstaanbaar maak; verduister, verdonker; in die skadu(wee) stel; die uitsig belemmer; ~*d glass* mat=, troebelglas. **ob·scu·ra·tion** verduistering, verdonkering. **ob·scu·ri·ty** onduidelikheid; verborgenheid; onbekendheid; vaagheid; ondeursigtigheid; donkerheid, duisternis; dofheid.

**ob·se·quies** *n. (mv.)* begrafnis(plegtigheid), teraardebestelling, lykdiens.

**ob·se·qui·ous** slaafs, onderdanig, kruiperig. **ob·se·qui·ous·ness** slaafsheid.

**ob·serv·a·ble** waarneembaar.

**ob·serv·ance** nalewing, inagneming *(v. reëls ens.);* viering *(v. 'n jaardag ens.);* handhawing *(v. stilte);* onderhouding *(v. 'n gebod ens.);* heiliging, viering *(v.d. Sabbat);* voorskrif, reël; gebruik; (godsdienstigc) plegtigheid, seremonie; waarneming; ~ *of the Lord's day* Sabbatsheiliging.

**ob·serv·ant** oplettend, opmerksaam.

**ob·ser·va·tion** waarneming, observasie; aanskouing; opmerking; vicring; *make an* ~ 'n opmerking maak; *place/put* *s.o./s.t. under* ~ iem./iets waarneem; iem./iets dophou; *be*

*under* ~ waargeneem word; dopgehou word. ~ *hole* kykgat, =gaatjie. ~ **point** uitkykpunt, waarnemingspunt. ~ **post** *(mil.)* uitkyk(pos), waarnemings=, observasiepos. ~ **tower** uitkyktoring.

**ob·ser·va·tion·al** waarnemings=. **ob·ser·va·tion·al·ly** deur waarneming.

**ob·ser·va·to·ry** sterrewag, observatorium; *astronomical* ~ sterrewag.

**ob·serve** opmerk, (be)merk, sien; dophou; gadeslaan; waarneem, observeer; opmerk, sê; gedenk, vier *('n jaardag ens.);* hou, vier, heilig *(d. Sabbat);* nakom *('n bevel ens.);* handhaaf *('n stilte v. twee minute ens.);* nakom, gehoorsaam, in ag neem *(d. wet ens.);* ~ *s.o. narrowly* iem. fyn dophou. **ob·serv·er** waarnemer, observator.

**ob·sess** boei, (ten volle) in beslag neem; behep wees, 'n obsessie hê; *be* ~*ed by/with* ... vol van ... wees; met ... behep wees, 'n obsessie oor ... hê. **ob·ses·sion** obsessie, idée fixe; kwelling, kwelgedagte; *have an* ~ *about* *s.t.* met iets behep wees, 'n obsessie oor iets hê; *s.t. is an* ~ *with* *s.o.* iets is 'n obsessie by iem.. **ob·ses·sion·al** obsessioneel.

**ob·ses·sive** obsessief, obsessioneel, geobsedeer(d); obsederend, drukkend. ~~**compulsive neurosis** *(psig.)* obsessief-kompulsiewe neurose, dwangneurose.

**ob·ses·sive·ness** obsessiwiteit, geobsedeerdheid.

**ob·sid·i·an** *(geol.)* obsidiaan, lawaglas.

**ob·so·lesce** verouder, in onbruik raak. **ob·so·les·cence** veroudering. **ob·so·les·cent** verouderend, aan die verouder/uitsterf.

**ob·so·lete** verouderd, in onbruik, uitgedien(d); ouderwets, uit die mode; *(biol.)* rudimentêr.

**ob·sta·cle** struikelblok, hindernis, belemmering; swarigheid; *legal* ~ wetlike beletsel; *place/put an* ~ *in* *s.o.'s way* 'n klip in iem. se pad rol; *sweep all* ~*s from one's path* alle struikelblokke uit die weg vee/ruim; *s.o./s.t. is an* ~ *to* ... iem./iets staan in die pad van ... ~ **course** hindernisbaan; reeks struikelblokke, pad vol hindernisse/duwweltjies; deurmekaarspul, warboel; woesteny; *(Am.)* stormbaan. ~ **race** hindernisswedloop, =wedren.

**ob·stet·ric, ob·stet·ri·cal** *adj.* verloskundig, obstetries; ~ *nurse* kraamverpleegster; ~ *surgeon* verloskundige. **ob·ste·tri·cian** verloskundige, obstetrikus. **ob·stet·rics** *n. (fungeer as ekv.)* verloskunde, obstetrie; kraamverpleging.

**ob·sti·nate** hardnekkig, koppig, eiesinnig, obsternaat, obstinaat; onversetlik. **ob·sti·na·cy** halsstarrigheid; onversetlikheid.

**ob·strep·er·ous** weerbarstig, hardekwas, dwars(trekkerig); astrant, parmantig; luidrugtig, lawaaierig, rumoerig; woelig. **ob·strep·er·ous·ness** weerbarstigheid; astrantheid; luidrugtigheid.

**ob·struct** versper, blokkeer; belemmer, (ver)hinder; opdam; ophou, teen=, teëhou; *(fig.)* dwarsboom, kortwiek, verydel; *(jur.)* obstruksie voer; *(sport)* obstruksie pleeg; ~ *the police* die polisie dwarsboom/hinder. **ob·struc·tion** versperring, obstruksie; belemmering, hindernis, haakplek; dwarsboming, verydeling; *s.t. is an* ~ *to* ... iets staan in die pad van ... **ob·struc·tion·ism** dwarsboming, obstruksievoering, obstruksionisme. **ob·struc·tion·ist** dwarstrekker, dwarsbomer, obstruksionis. **ob·struc·tive** verhinderend, belemmerend; versperrend; dwarstrekkerig. **ob·struc·tive·ness** dwarstrekkerigheid.

**ob·tain** (ver)kry, verwerf, bekom; behaal; aanskaf; *(fml.)* algemeen gebruiklik wees, die gewoonte wees, in swang wees; geld; *s.t. may be* ~*ed from* ... is verkry(g)baar *(of* te kry) by ...; *s.t. is now* ~*ing, (fml.)* iets is tans gebruiklik *(of* in swang). **ob·tain·a·ble** verkry(g)baar; *be* ~ *from* ... by ... verkry(g)baar *(of* te kry) wees; *the best terms* ~ die beste bedingbare voorwaardes.

**ob·trude** opdring; indring; ~ *upon* *s.o.* jou aan iem. opdring.

**ob·trud·er** opdringer. **ob·tru·sion** opdringing, (die) opdring; opdringerigheid; indringerigheid. **ob·tru·sive** opdringerig; indringerig; bemoeisiek; hinderlik; opvallend, opsigtelik. **ob·tru·sive·ness** bemoeisug.

**ob·tuse** stompsinnig, onnosel, traag (van begrip); stomp. **~-angled** stomphoekig.

**ob·tuse·ness** dofheid; stompsinnigheid, botheid, domheid; stompheid.

**ob·verse** n. bo-, voorkant (v. 'n munt ens.); ander kant (fig.), omgekeerde, teenoorgestelde (v. 'n feit ens.). **ob·verse** adj. teenoorgestel(d); omgekeerd. **ob·verse·ly** omgekeerd.

**ob·vi·ate** verwyder, uit die weg ruim; uitskakel; vermy, verhoed, voorkom, verhelp; ondervang; ontduik, omseil. **ob·vi·a·tion** verwydering; uitskakeling; voorkoming.

**ob·vi·ous** duidelik, klaarblyklik, vanselfsprekend, voor die hand liggend, ooglopend, kennelik; aangewese; an ~ **excuse** 'n deursigtige verskoning/ekskuus; a **glimpse** of the ~ 'n waarheid soos 'n koei; for ~ **reasons** om verklaarbare redes; it is **stating** the ~ dis 'n waarheid soos 'n koei; it is ~ **that** ... dit lê voor die hand dat ..., klaarblyklik is/het ...; s.t. is ~ **to** s.o. iets is vir iem. duidelik. **ob·vi·ous·ly** klaarblyklik; begryplikerwys(e); ~ s.o. cannot ... natuurlik kan iem. nie ..., dit spreek vanself dat iem. nie kan ... nie. **ob·vi·ous·ness** klaarblyklikheid, vanselfsprekendheid.

**oc·a·ri·na** (mus.instr.) okarina.

**oc·ca·sion** n. geleentheid; plegtigheid, okkasie; gebeurtenis, voorval; (fml.) rede, grond, oorsaak, aanleiding; an ~ **arose** 'n geleentheid het hom aangebied/voorgedoen; when the ~ **demands** it as die omstandighede dit vereis; as dit nodig blyk; be **equal** (or **rise**) to the ~ opgewasse wees vir die taak, jou goed van jou taak kwyt; on **every** ~ by elke geleentheid; **give** ~ to ..., (fml.) tot ... aanleiding gee, ... veroorsaak; **have** an ~ to ... 'n geleentheid hê om te ...; **have** ~ to ..., (fml.) rede hê om te ...; **on** ~ by geleentheid, soms, af en toe, (so) nou en dan; **on/upon** the ~ of ..., (fml.) by/ter geleentheid van ...; **rise** to the ~ →**equal**. **oc·ca·sion** ww., (fml.), veroorsaak, uitlok, lei (of aanleiding gee) tot; noodsaak; teweegbring, teweeg bring. **oc·ca·sion·al** toevallig; geleentheids-; ~ **expenses** los/sporadiese uitgawes; ~ **poem** geleentheidsgedig; ~ **publication** ongereelde publikasie; ~ **speaker** geleentheidspreker; ~ **speech** geleentheidsrede, -toespraak; an ~ **visit** 'n besoek af en toe (of nou en dan). **oc·ca·sion·al·ly** af en toe, nou en dan, dan en wan, van tyd tot tyd, soms, partykeer, -maal; 'n enkele keer/maal.

**Oc·ci·dent** the ~, (fml. of poët., liter.) die Weste. **Oc·ci·den·tal** n. Westerling. **oc·ci·den·tal** adj. westers.

**oc·ci·put** -puts, -pita, (anat.) agterkop. **oc·cip·i·tal** van die agterkop; ~ bone/lobe/etc. agterkopbeen, -lob, ens., oksipitale been/lob/ens..

**oc·clude** (teg. of fml.) toestop, -maak, (af)sluit; verstop; (chem.) insluit, okkludeer; absorbeer, opsuig (gas); (astron.) afskerm; (geol.) opsluit, okkludeer; ~d front, (met.) okklusiefront, geokkludeerde front. **oc·clu·sion** (die) toestop/ -maak, (af)sluiting; verstopping; (chem.) insluiting, okkludering, okklusie; absorpsie, opsuiging (v. gasse); (astron.) afskerming; (geol.) opsluiting, okklusie; (met.) okklusie; (met.) okklusiefront, geokkludeerde front. **oc·clu·sive** okklusief.

**oc·cult, oc·cult** n.: the ~ die verborgene/geheime/okkulte; (science of) the ~ okkultisme. **oc·cult, oc·cult** adj. verborge, geheim, okkult; (med.) verborge; ~ happenings goëlery; ~ mineral verborge mineraal. **oc·cult** ww. verberg, bedek, verduister; (astron.) okkulteer, verduister. **oc·cul·ta·tion** bedekking; (astron.) eklips, okkultasie, verduistering. **oc·cult·ing** okkulterend, okkult-; verduisterend; ~ light okkulterende/afgebroke lig; ~ star okkulterende/verduisterende ster. **oc·cult·ism** (leer van) die geheime wetenskappe, okkultisme. **oc·cult·ist** okkultis, beoefenaar van die geheime wetenskappe.

**oc·cu·pan·cy** betrekking, bewoning, okkupasie; besetting, inbesitneming.

**oc·cu·pant** bewoner, okkupeerder; inwoner (v. 'n huis); besitter; bekleër, bekleder (v. 'n amp); insittende (v. 'n voertuig); opvarende (v. 'n vaartuig).

**oc·cu·pa·tion** beroep, ambag, nering; bewoning, okkupasie; (mil.) besetting; inbesitneming; **army** of ~ besettingsleër; **by** ~ van beroep; **immediate** ~ onmiddellike woonreg; be **in** ~ of s.t. iets beset; **right** of ~ besit-, okkupasie-, woonreg; **without** ~ werk-, neringloos. ~ **centre** werkplek vir werkloses. ~ **force** besettingsmag; (i.d. mv.) besettingstroepe.

**oc·cu·pa·tion·al** beroeps-; ~ **centre** werkplek vir werkloses; sentrum vir arbeidsterapie; ~ **disease** beroepsiekte; ~ **hazard/risk** beroepsrisiko; ~ **medicine** beroepsgeneeskunde; ~ **therapist** arbeids-, werkterapeut; ~ **therapy** arbeids-, werkterapie.

**oc·cu·py** betrek, bewoon, okkupeer; (mil.) beset, inneem; besit neem van, in besit neem; vervul; besig hou, in beslag neem; beklee ('n amp); ~ the **bench** op die regbank sit; ~ a **chair** 'n stoel beset, op 'n stoel sit; (opv.) 'n leerstoel beklee/ beset; not **fit** to be occupied onbewoonbaar; be occupied **in/ with** s.t. met iets besig wees; ~ a **post** 'n pos/amp beklee; ~ **space** ruimte inneem/beslaan (of in beslag neem); ~ o.s. **with** ... jou met ... besig hou (of besighou). **oc·cu·pi·er** bewoner, inwoner, huurder, okkupeerder; bekleër, bekleder; insittende.

**oc·cur** -rr- voorkom, aangetref word; gebeur, plaasvind, voorval, geskied; byval; s.t. ~s to s.o. iets kom by iem. op, iets val in. by, iem. dink aan iets. **oc·cur·rence** gebeurtenis, voorval; verspreiding; verspreidheid, voorkoms (v. 'n mineraal ens.).

**o·cean** oseaan, see; ~s of ..., (infml.) hope ..., 'n magdom (van) ..., 'n groot hoeveelheid ...; weep ~s of tears, (infml.) jou doodhuil, jou oë uithuil, verskriklik/vreeslik huil. ~ **bed**, ~ **floor** seebodem. ~ **current** seestroom, -stroming. **~-going** seevarend; ~ **fleet** oseaanvloot. ~ **lane** seeroete. ~ **liner** oseaanskip, lynboot. ~ **port** oseaanhawe. ~ **terminal** skeepsterminus, skeepstasie.

**o·cean·ar·i·um** -iums, -ia oseanarium, seeakwarium.

**O·ce·an·i·a** (geog.) Oseanië, die Suidsee-eilande. **O·ce·an·i·an** n. Oseaniër, Suidsee-eilander. **O·ce·an·i·an** adj. Oseanies.

**o·ce·an·ic** oseanies, oseaan-; ~ island oseaniese eiland.

**o·ce·an·og·ra·phy, o·ce·an·ol·o·gy** oseanografie, oseanologie, seewetenskap, -navorsing. **o·ce·an·og·ra·pher, o·ce·an·ol·o·gist** oseanograaf, oseanoloog, seewetenskaplike. **o·ce·an·o·graph·ic, o·ce·an·o·graph·i·cal, o·ce·an·o·log·i·cal** oseanografies, seekundig, see-.

**o·cean·ward(s)** adv. seewaarts.

**oc·el·lat·ed** oogvormig; ogies-; met oogvormige vlekke, geoog, kollerig.

**oc·e·lot** (soöl.) oselot, panter-, pardelkat.

**o·chre,** (Am.) **o·cher** oker, geelklei; geelbruin; red ~ rooiklip. **~-coloured** okerkleurig.

**o·chre·ish, o·chre·ous,** (Am.) **o·cher·ous, o·chroid, o·chrous, o·chry,** (Am.) **o·cher·y** okeragtig, okergeel.

**o'clock** adv.: about one ~ omstreeks (of om en by) eenuur; **at** four ~ om vieruur; aircraft approaching at 3/5/6/9/12/etc. ~ vliegtuig uit die ooste/suidsuidooste/suide/weste/noorde/ ens.; it is **just** five ~ dit is presies (of op die kop) vyfuur; **nine** ~ negeuur, nege-uur; **seven** ~ seweuur, sewe-uur; at **three** ~ **sharp** presies (of op die kop) drieuur/drie-uur.

**oc·ta·gon** oktogoon, ag(t)hoek. **oc·tag·o·nal** ag(t)hoekig, -kantig, oktogonaal.

**oc·ta·he·dron** -drons, -dra okta-eder, oktaëder, ag(t)vlak. **oc·ta·he·dral** okta-edries, oktaëdries, ag(t)vlakkig, -sydig.

**oc·tal (no·ta·tion)** (rek. ens.) oktale/ag(t)delige notasie.

**oc·tane** oktaan. ~ **number,** ~ **rating** oktaangetal, =waarde.

**oc·tant** *(wisk., astron.)* oktant.

**oc·ta·va·lent** *(chem.)* oktavalent, ag(t)waardig.

**oc·tave** *(mus., pros.)* oktaaf; ag(t)tal; *(relig.)* ag(t)ste feesdag; ag(t)daagse fees; ag(t) dae; *(skermkuns)* ag(t)ste parade/pareerposisie. ~ **flute** oktaaffluitjie, piccolo.

**oc·ta·vo** =vos, *(druk.)* oktaaf(formaat), oktavo.

**oc·ten·ni·al** ag(t)jaarliks; ag(t)jarig.

**oc·tet(te)** ag(t)tal; *(mus.)* oktet; *(pros.)* oktaaf; *(chem.)* oktet.

**Oc·to·ber** Oktober; *an* ~ *day* 'n Oktoberdag, 'n dag in Oktober; *the month of* ~ Oktobermaand.

**oc·to·cen·te·nar·y** ag(t)honderdjarige gedenkdag, ag(t)=honderdste gedenk-/jaarfees, ag(t)eeuefees.

**oc·to·ge·nar·i·an** *n.* tagtigjarige, tagtiger. **oc·to·ge·nar·i·an** *adj.* tagtigjarig.

**oc·to·pod** *n., (soöl.)* ag(t)potige, =voetige. **oc·to·pod** *adj.* ag(t)potig, =voetig.

**oc·to·pus** =puses seekat, oktopus; grypende monster; *(fig.: organisasie)* molog.

**oc·to·push** (onder)waterhokkie.

**oc·troi** oktrooi; oktrooibrief.

**oc·tu·ple** *n.* ag(t)voud. **oc·tu·ple** *adj.* ag(t)voudig. **oc·tu·ple** *ww.* met ag(t) vermenigvuldig, verag(t)voudig.

**oc·u·lar** *n.* oogglas, okulêr. **oc·u·lar** *adj.* van/met die oog, gesigs=, oog=; okulêr; ~ *demonstration* sigbare bewys; ~ *witness* ooggetuie.

**oc·u·list** oogarts, =dokter, =heelkundige; oog=, gesigkundige; brilmaker.

**oc·u·lo·mo·tor nerve** okulomotoriese senu(wee).

**OD** *n., (infml., afk. v.* overdose *)* oordosis. **OD** *OD'ing OD'd, ww.* 'n oordosis neem; ~ *on heroin* 'n oordosis heroïen neem; ~ *on milkshakes* te veel melkskommels drink.

**o·da·lisque, o·da·lisk** *(hist.)* odalisk, Oosterse slavin.

**odd** onewe *(getal);* orig; enkel; los; onpaar; sonderling, raar, snaaks, koddig, eienaardig, vreemd, ongewoon; verskillen=de, verskeie; hier en daar, versprei; *in some* ~ *corner* êrens in 'n hoek; ~ *and even* ewe en onewe; gelyk en ongelyk; paar en onpaar; *fifty* ~, *(infml.)* 'n stuk of vyftig, iets in/oor die vyftig, goed/ruim vyftig; *do s.t. at* ~ *moments* iets so tussenin doen; iets doen wanneer jy 'n oomblikkie vry het; ~ *number* onewe getal; los nommer/eksemplaar *(v.* 'n *blad); an* ~ *policeman* 'n konstabel hier en daar; *fifty rands* ~ iets oor die vyftig rand; *an* ~ *shoe* 'n enkele skoen; ~ *shoes* onpaar skoene; *at* ~ *times* op ongereelde tye, af en toe, nou en dan; ~ *volumes* los *(of* 'n paar) dele *(v.* versamelde werke). ~ball, ~ bod, ~ fish *(infml.)* anderste(r)/ek=sentrieke entjie mens, rare/eienaardige/vreemde skepsel. ~ fleece uitskotvag. ~job los werkie, peuselwerkie. ~-jobber, ~jobman handlanger, los werker. ~-looking koddig, ko=mieklik, snaaks. ~ lot los/ongereelde hoeveelheid; gebroke/los/onvolledige party *(aandele);* ongelyke aantal *(effekte).* ~-sounding vreemd klinkend.

**odd·ish** snaaks(erig), komieklik.

**odd·i·ty** snaakse/rare/eksentrieke mens; snaaksigheid, snaakse/vreemde ding/affêre; eienaardigheid, koddigheid, eksentri=siteit.

**odd·ly** vreemd, koddig, snaaks; ~ *enough* merkwaardig ge=noeg.

**odd·ment** *(gew. i.d. mv.)* stukkies en brokkies, oorskiet, rommel, afvalstukke, restante.

**odd·ness** vreemdheid, eienaardigheid, koddigheid, vreemd=soortigheid.

**odds** *n. (mv.)* wedsyfer, =kanse; wedprys, =voorwaardes; kanse, voordeel; voorge; oormag; ongelykheid; verskil; ge=skil, onenigheid; *against (all) the* ~ ondanks alles; *fight/struggle against* ~ teen die oormag stry; *by all* ~ na alle waar=

skynlikheid; verreweg *(die beste ens.);* be *at* ~ *with s.o.* met iem. haak/vassit *(of* haaks wees *of* oorhoop(s) wees/lê); *they are at* ~, *(ook)* hulle kan nie (met mekaar) opskiet *(of* oor die weg kom) nie, hulle is dit oneens; *set people at* ~ mense teen mekaar opmaak; ~ *and ends* stukkies en brokkies, ditjies en datjies, goetertjies; *make the* ~ *even* dinge gelykmaak; *the* ~ *are in s.o.'s favour* iem. het 'n goeie *(of* die beste) kans, die voordeel is aan iem. se kant; *give/lay* ~ *of three to one* drie teen een wed; *at long* ~ met 'n geringe kans; *it is long* ~ dit is tien teen een; *at short* ~ met 'n groot kans; ~ *and sods, (Br., infml.)* ditjies en datjies, stukkies en brokkies; *the* ~ *are that* ... die waarskynlikste is dat ...; waarskynlik sal ...; *what's the* ~?, *(infml.)* wat maak dit saak?, watter verskil maak dit?; *within the* ~ waarskynlik. ~-**on** *adj. & adv.: the* ~ *favourite* die groot/sterk/oorweldigende/onbetwiste guns=teling, loshande die gunsteling; *s.o. is (the)* ~ *favourite for/to* ... iem. het/staan 'n goeie kans *(of* iem. se kanse is goed) om te ...; iem. sal heel waarskynlik *(of* na alle waarskynlikheid *of* heel/bes moontlik) ..., na verwagting sal iem. ...; *it's* ~ *that* ... die kanse is goed *(of* ek is byna/amper/taamlik seker *of* ek wed jou *of* daar word verwag) dat ..., na verwagting sal ...

**ode** ode; *an* ~ *to* ... 'n ode aan ...

**O·din, Wo·den, Wo·tan** *(Skand. mit.)* Odin, Wodan.

**o·di·ous** haatlik, onaangenaam, afskuwelik, verfoeilik.

**o·di·um** haat, vyandskap, veragting, odium; blaam, skande, stigma, odium.

**o·dom·e·ter** *(hoofs. Am.)* afstand(s)meter, odometer, meet=wiel.

**o·don·toid** *adj.* tandvormig, odontoïed.

**o·don·tol·o·gy** tandleer, odontologie. **o·don·tol·o·gist** odon=toloog, tandarts.

**o·dor·if·er·ous** geurig, welriekend, lekkerruik=.

**o·dour,** *(Am.)* **o·dor** reuk, ruik; geur; slegte reuk; *be in good/bad/ill* ~ *with s.o.* goed/sleg aangeskrewe by iem. staan; *no* ~ *of intolerance* geen sweem van onverdraagsaamheid nie; *an* ~ *of sanctity* 'n geur van heiligheid. **o·dor·ous** welriekend, geurig; onwelriekend. **o·dour·less** reukloos.

**O·dys·seus** *(Gr. mit.)* Odusseus. **Od·ys·sey** *(epiese gedig)* Odussee; *(fig., o~)* swerftog.

**oe·de·ma,** *(Am.)* **e·de·ma** =mata, *(patol.)* edeem, watersug, =geswel; *malignant* ~ kwaadaardige edeem, gasgangreen. **oe·dem·a·tous,** *(Am.)* **e·dem·a·tous** edemateus, watersug=tig.

**Oe·di·pus** *(Gr. mit.)* Oedipus, Oidipus. ~ **complex** *(psig.)* Oedipus-kompleks.

**oe·nol·o·gy,** *(Am.)* **e·nol·o·gy** wynkunde, enologie. **oe·no·log·i·cal,** *(Am.)* **e·no·log·i·cal** wynkundig, enologies. **oe·nol·o·gist,** *(Am.)* **e·nol·o·gist** wynkundige, enoloog.

**oe·no·phile,** *(Am.)* **e·no·phile** wynkenner, =deskundige, =liefhebber.

**oe·soph·a·gus,** *(Am.)* **e·soph·a·gus** =agi, =aguses, *(anat.)* esofagus, slukderm. **oe·soph·a·ge·al,** *(Am.)* **e·soph·a·ge·al** slukderm=.

**oes·tro·gen,** *(Am.)* **es·tro·gen** *n.* estrogeen. **oes·tro·gen·ic,** *(Am.)* **es·tro·gen·ic** *adj.* estrogeen.

**oes·trus,** *(Am.)* **es·trus** estrum, bronstigheid, hitsigheid, loopsheid; hingstigheid *(by perde).* **oes·trous,** *(Am.)* **es·trous** bronstig, hitsig, loops; van die bronstyd; ~ *cycle* estrus=, bronssiklus.

**oeu·vre** *(Fr., gesamentlike werke)* oeuvre.

**of** *prep.* van; aan; deur; op; uit; in; na; sonder; met; teen; *all* ~ *us* ons almal; *a basket* ~ *eggs* 'n mandjie eiers; *both* ~ *them* hulle albei *(of* al twee); *the* **city** ~ *Durban* die stad Durban; *department* ~ *education* departement van onderwys; *department* ~ *French/physics* departement Frans/fisika; *the first* ~ *May* die eerste Mei; *trees bare* ~ *leaves* bome sonder blare; *love* ~ *a mother* moederliefde; *a man/woman* ~ *sixty* *(years)* 'n man/vrou van sestig (jaar), 'n sestigjarige man/ vrou; *the **whole** ~ the house* die ganse/hele huis.

**off** *n., (kr.)* wegkant; *to the ~, (kr.)* na die wegkant (toe). **off** *adj. & adv.*: *be **badly*** ~ arm wees, swaar kry/leef/lewe; sleg af *(of daaraan toe)* wees; *s.o. is **badly** ~ for ...* iem. se ... is baie skraps; *be ~* vertrek; wegspring; wegloop, wegstap; vry wees, van diens (af) wees; van stryk (af) wees; onvriendelik wees; siek(erig) voel; *be ~!* weg is jy!, maak dat jy wegkom!, loop!, trap!, skoert!; *be **better** ~* ryker *(of* meer welgesteld) wees; beter af *(of* daaraan toe) wees; *s.t. is **clean** ~* iets is morsaf; *be **comfortably** ~* daar goed/warmpies in sit; ***I'm/ we're** ~* ek/ons moet weg (wees); ek/ons gaan nou weg *(of* vertrek nou); weg is ek/ons; *... **is** ~* ... is afgestel/gekanselleer *(of* van die baan) *('n besoek ens.); ...* gaan nie deur nie *('n koop ens.); ...* is afgeskakel *('n rad., d. elek., ens.); ...* is sleg *(of* het 'n kraak/krakie) *(kos); ...* is suur *(melk); ~ **and on*** af en toe, (so) nou en dan; van tyd tot tyd; onseker; *s.t. is **right** ~* iets is heeltemal af; *chop/etc. s.t.**right** ~* iets heeltemal afkap/ens.; *do s.t. **right/straight** ~, (infml.)* iets dadelik/ onmiddellik *(of* op die daad *of* sonder aarseling/meer) doen; ***they're** ~!* daar gaan/trek hulle!; *where are you ~ **to**?* waar= heen is jy op pad?; ***well/better** ~ without ...* goed af sonder *...* **off** *prep.*: *(a street) ~ Alexander/etc. Street* ('n dwarsstraat) uit Alexanderstraat/ens.; *~ the Cape/etc., (nav.)* voor/teenoor die Kaap/ens.. **off** *ww., (infml.: vertrek)* verkas, verdwyn; *(Am. sl.)* doodmaak. **~beat** *n., (mus.)* tussenslag. **~beat** *adj.* ongewoon, sonderling, eksentriek. **~break** *n., (kr.)* weg= breekbal. **~break** *adj. (attr.)* wegbreek= *(boulwerk ens.); ~ bowler* wegbreekbouler, wegbreker. **~Broadway** *adj., (Am. teat.)* off-Broadway, eksperimenteel, niekommersieel; *~ pro= duction* off-Broadway-produksie. **~centre** uitmiddelpuntig. *~ **chance*** geringe kans; moontlikheid; geluk; *on the ~ ~* vir geval; *on the ~ ~ that ...* vir geval (dat) ... *~ **colour*** *adj. (pred.)* van stryk (af); ongesteld, olik, kroes; oeserig; skurf, gewaag(d); *be ~ ~* nie op jou stukke *(of* op dreef) wees nie, nie lekker/goed voel nie. **~colour** *adj. (attr.): ~ joke* skurwe grap. **~course:** *~ betting* buiteweddenskappe; *~ tote* buite= toto, =totalisator. **~cut** afvalstuk. **~drive** *n., (kr.)* wegkant= dryfhou. **~duty** *adj. (attr.): an ~ nurse/policeman/etc.* 'n ver= pleegster/polisieman/ens. van diens (af) *(of* nie aan/op diens nie), 'n niediensdoende verpleegster/polisieman/ens.. **~hand** *adj.* kortaf, onbeleef(d), bruusk. **~hand** *adv.* prontweg, uit die vuis (uit), sonder om te dink, voetstoots, op stel en sprong. **~handed**, **~handedly** ongeërg, nonchalant; kortaf, onbeleef(d), bruusk. *~ **key*** *adj. (pred.) & adv., (mus.)* vals. **~-key** *adj. (attr.), (mus.)* vals(e). **~limits** *adj. (attr.)* verbode. **~line** *adj. (attr.), (rek.)* niegekoppelde *(geheue, stelsel, ens.).* **~load** *ww.* aflaai *(goedere, passasiers);* ontslae raak van, van die hand sit, wegmaak *(voorrade ens.); ~ ... onto* (or *on to*) *s.o. ...* op iem. pak/laai/afskuif/afskuiwe *(skuld ens.); ...* by iem. laat *(kinders);* iem. met ... opsaal *(jou probleme ens.).* **~peak** *adj. (attr.)* buiteseisoense *(aanbod, korting, verblyfkoste, ens.); ~ bus/etc.* bus/ens. wat buite spitstyd *(of* ná spitsure) loop; *~ call* oproep buite spitstyd *(of* ná spitsure); *~ rate/tariff* tarief vir buitespitsgebruik *(v. elek. ens.);* buiteseisoense ta= rief *(vir kampeerders, v. retoerkaartjies, ens.); during the ~ season* buiteseisoens, in die buiteseisoentyd, buite die hoog= seisoen; *do s.t. at/during ~ times* iets buite spitstye *(of* ná spitsure) doen *(reis, krag gebruik, ens.).* **~piste** *adj. & adv.: ~ resort* ski-oord met ongerepte sneeuhellings; *ski ~* op on= gerepte sneeuhellings *(of* nuwe bane) ski; *~ skier* skiër met 'n voorliefde vir ongerepte sneeuhellings *(of* nuwe bane). **~print** af=, oordruk. **~putting** *(infml.)* hinderlik. **~ramp** *(Am.)* afrit. **~road** *adj. (attr.)* veld= *(baan, motorfiets, [wed]ren, voertuig, ens.); ~ tyres* veldbande, *(infml.)* boendoebande. **~roader** veldryer. **~sales** buiteverkope. **~sales licence** buitelisensie, drankwinkellisensie. **~scourings** *n. (mv.)* af= val, vullis, uitskot; oorskiet, oorskot; *(fig.)* skuim, uitvaagsels, uitskot *(v.d. gemeenskap, samelewing); ~ of humanity* gepeu=

pel. **~screen** *adj. (attr.)* in die werklike lewe *(pred.),* van die doek af *(pred.); ~ personality* werklike persoonlikheid. **~screen** *adv.* in die werklike lewe, van die doek af; buite beeld. *~ **season*** *n.* buiteseisoen, tussenseisoen; *in the ~ ~* buite die seisoen, in die slap tyd. *~ **season*** *adv.* buiten(s)= tyds; buiteseisoens. **~season** *adj. (attr.)* buiteseisoen=. **~set** →OFFSET. **~shoot** *(bot.)* loot, spruit, uitspruitsel, tak, aflêer. **~shore** *adj. & adv.* langs/by die kus; van die kus af, na die water gekeer, seewaarts, aflandig; *~ investment* aflandige be= legging; *~ oil rig* (olie)boortoring/(olie)boorplatform/(olie)= booreiland (in die see); *~ wind* landwind, aflandige wind. **~side** *n., (Br.)* regterkant *(v. 'n voertuig ens.); (sport)* on= kantspel; *(kr.)* wegkant; *disallowed for ~, ('n doel)* weens on= kantspel afgewys *(of* nie toegestaan nie). **~side** *adj. (attr.), (Br.)* regter=; *(sport)* onkant; *be ~* onkant wees; *~ front tyre* regtervoorband; *~ rule* onkantreël. **~side** *adv., (sport)* on= kant. **~size** ongereelde grootte, wangrootte. **~spinner, ~spin bowler** *(kr.)* wegbreekbouler. **~spring** afstammeling(e), nakomeling(e), kind(ers), nageslag; nakomelingskap. **~stage** van die verhoog af; agter die skerms. **~street** systraat; van die straat af. **~-the-cuff** *adj. (attr.)* spontane *(opmerking, antwoord, ens.);* onvoorbereide *(toespraak ens.).* **~-the-record** *adj. (attr.)* nieamptelike, onoffisiële *(opmerking, opdrag, be= spreking, onderhoud, ens.).* **~-the-shelf** *adj. (attr.)* wat van die winkelrak gekoop kan word *(pred.);* pasklaar, maklik bekom= bare/verkry(g)bare *(toerusting, produkte);* kitsklaar *(oplossing ens.).* **~-the-shoulder** *adj. (attr.)* skouerlose *(rok ens.).* **~-the-wall** *adj. (attr.), (Am. sl.)* onortodokse *(sienswyses, styl);* on= konvensionele, eiesoortige, bisar(re) *(humor, styl);* mal, gek *(idee).* **~time** *n.* stil/slap tyd, komkommertyd. **~white** naaswit. *~ **year*** stil jaar *(vir sakemanne ens.);* nie 'n goeie jaar nie *(vir boere ens.).*

**of·fal** *(kookk.)* afval; *(fig.)* oorskiet, uitskot, stukkies en brok= kies.

**of·fence,** *(Am.)* **of·fense** belediging, aanstoot, ergernis, krenking, grief, kwetsing; aanval; misstap; *(jur.)* oortreding, misdryf, misdaad; *(jur.)* strafbare feit; *commit an ~* 'n oortreding begaan; 'n misdryf pleeg; *it **constitutes** an ~* dit maak 'n misdryf/misdaad uit; ***disciplinary** ~* dissiplinêre oortreding; ***give** ~ to s.o.* iem. aanstoot gee, iem. beledig; ***make** s.t. an ~* iets strafbaar maak; ***mean** no ~* geen kwaad bedoel nie; ***take** ~ at s.t.* aanstoot aan iets neem, jou oor iets vererg, jou iets aantrek; *be **apt/quick** to **take** ~* liggeraak wees, (te) gou op jou perdjie wees/klim.

**of·fend** aanstoot gee, beledig, te na kom; ontstig, krenk, kwets; oortree, 'n misstap begaan; 'n misdryf pleeg; *be ~ed at s.t.* oor iets gekrenk/gebelg(d)/gesteur(d) wees, deur iets beledig voel; *be **easily** ~ed* liggeraak wees; *~ed **feelings*** geskokte gevoelens; *be **mortally** ~ed* diep gegrief wees. **of·fend·er** oortreder; delinkwent; beslediger; *first ~* eerste oor= treder; *old ~* gewoontemisdadiger; *previous ~* voorheen veroordeelde; *principal ~* hoofskuldige, dader; *young ~* jeugdige oortreder. **of·fend·ing** *adj. (attr.)* aanstootlike, laak= bare; beledigende, kwetsende, krenkende; oortredende.

**of·fen·sive** *n.* aanval, offensief, aanvallende optrede; *on the ~* aan die aanval; aanvallend/offensief ingestel, in die aan= valshouding; *act/be on the ~* aanval, aanvallend optree; *take the ~* aanval, tot die aanval/offensief oorgaan. **of·fen·sive** *adj.* beledigend, kwetsend, krenkend; aaklig, walglik, sleg, onaangenaam, afskuwelik, aanstootlik, weersinwekkend *(ge= sig, reuk, ens.);* hinderlik; aanvallend, aanvals=, offensief; *~ action* aanstootlike/beledigende daad; *(mil.)* aanvallende/ offensiewe optrede; aanvalsgeveg; *~ arms/weapons* aan= valswapens; *~ capacity/power* aanvalsvermoë; *~ language* beledigende taal, beledigings; *~ tactics* aanvalstaktiek; *~ trade* hinderlike bedryf; *~ war* aanvalsoorlog.

**of·fer** *n.* aanbod, aanbieding; voorstel; aansoek; bod *(by 'n veiling); accept an ~* 'n aanbod aanneem/aanvaar; *decline/ refuse an ~* 'n aanbod weier *(of* van die hand wys); *en=*

***tertain** an ~ 'n aanbod oorweeg; *an ~ for* ... 'n aanbod vir ...; *the* ~ **holds** die aanbod staan nog (*of* is nog van krag); **make** *s.o. an* ~ iem. 'n aanbod doen/maak; iem. 'n bod gee (*by* '*n veiling*); **make** *s.o. an* ~ *of s.t.* iem. iets aanbied; *an* ~ *of marriage* 'n huweliksaanbod; *be on* ~ te koop wees, ver= kry(g)baar wees; **take up** *an* ~ 'n aanbod aanneem/aanvaar, van 'n aanbod gebruik maak. **of·fer** *ww.* aanbied; bereid wees; offer; opper; *s.t.* ~*s itself,* (*fml.*) iets doen hom voor ('*n kans, geleentheid*); ~ *a prize* 'n prys uitloof; 'n prysvraag uitskryf/uitskrywe; ~ *o.s. for re-election* jou herkiesbaar stel; ~ *s.o. s.t.,* ~ *s.t. to s.o.* iem. iets aanbied; ~ *to do s.t.* aanbied om iets te doen. ~ **price** aanbodprys.
**of·fer·ing** aanbieding; geskenk; offer(ande).
**of·fer·to·ry** (*Chr.*) kollekte; offerande; (*mus.*) offertorium. ~ **bag** kollektesakkie. ~ **box** kollektebus. ~ **plate** kollekte= bord.
**of·fice** kantoor; amp, betrekking, pos; ampsbediening; (*i.d. mv.*) kantoor(gebou); **assume** ~ die bewind aanvaar; **as= sume** (*an*) ~ 'n amp aanvaar; *s.o.'s* **assumption** *of* ~ iem. se ampsaanvaarding; iem. se bewindsaanvaarding; *at the* ~ op kantoor; *at the* ~*s of* ... by die kantoor van ...; **badge/sym= bol/insignia** *of* ~ ampsteken; **come to** ~, **get into** ~ aan die bewind kom; **come/go to the** ~ kantoor toe kom/gaan; ~ *of the dead,* (*relig.*) begrafnisformulier; **hold** ~ 'n amp beklee; aan die bewind wees; *be in* ~ aan die bewind (*of* aan die roer) wees; *perform the last* ~*s to* ... die laaste eer aan ... bewys; *be out of* ~ nie aan die bewind wees nie; sonder amp/ betrekking wees; **party in** ~ regeringsparty; **relieve** *s.o. of an* ~ iem. van 'n amp onthef; **retire** *from* ~ 'n amp neerlê; **run for** ~ kandidaat wees; **serve in an** ~ 'n amp/betrekking be= klee; **stand for** ~ kandidaat wees; **take** ~ 'n amp aanvaar; die bewind aanvaar; in diens tree; *s.o.'s* **term** *of* ~ iem. se amps= termyn/dienstyd; *by* **virtue** *of one's* ~ uit hoofde van jou amp. ~ **appliance** kantoortoestel, =apparaat. ~ **appliances,** ~ **equipment** kantoortoerusting. ~ **automation** kantoor= outomatisasie, =outomatisering. ~**-bearer,** ~**-holder** amps= draer, =bekleder, =bekleër; bestuurslid. ~ **block,** ~ **building** kantoor=, sakegebou. ~**chair** kantoorstoel. ~ **desk** lessenaar, skryftafel. ~ **hours** kantoortyd, =ure, diensure, werktyd, =ure; *after* (~) ~ ná kantoortyd/=ure. ~ **junior** (algemene) kantoorklerk. ~ **manager(ess)** kantoorbestuurder(es). ~ **party** kantoorparty(tjie). ~ **requisites,** ~ **supplies** kantoor= benodig(d)hede, =behoeftes. ~ **time** kantoor=, werktyd. ~ **use** kantoorgebruik. ~ **work** kantoorwerk. ~ **worker** kan= toorwerker.
**of·fi·cer** offisier; beampte, amptenaar; ~ *in charge* ver= antwoordelike offisier, offisier oor ...; ~ *commanding* be= velvoerder, bevelvoerende offisier; ~ *on duty* diensdoende offisier; ~ *on exchange* ruiloffisier; ~ *of the guard* wag= offisier; ~*s' mess* offisiersmenasie; ~ *of the watch* offisier van die wag, waghebbende offisier. **of·fi·cer·ship** offisier= skap; offisiersrang.
**of·fi·cial** *n.* amptenaar, beampte; (*elected*) ~ (gekose) amps= bekleder. **of·fi·cial** *adj.* amptelik, amps=, diens=, offisieel; ~ *allowance* ampstoelae, =toelaag; ~ *business* amptelike sake, ampsake; *through* (*the*) ~ *channels* deur amptelike kanale, langs amptelike weë; ~ *competence* ampsgebied; ~ *journal* lyfblad; ~ *language* amptelike taal, ampstaal; ~ *letter* amptelike brief; ~ *order* diensbevel, =order; ~ *resi= dence* ampswoning; ~ *robes* ornaat, ampsgewaad; ~ *secret* staats=, ampsgeheim; ~ *style* kanselarystyl; ~ *title* ampstitel; *for* ~ *use only* alleen vir amptelike gebruik; ~ *visit* amptelike besoek, ampsbesoek. **of·fi·cial·dom** (die) amptenare, amp= tenaredom, amptenary, burokrasie, amptenaarswêreld. **of= fi·cial·ese** amptenare=, burokratetaal, kanselarystyl, =taal. **of·fi·cial·ism** burokrasie. **of·fi·cial·ly** amptelik, offisieel; amps= halwe, van regeringsweë.
**of·fi·ci·ate** 'n amp waarneem; voorgaan, 'n godsdiensoe= fening waarneem, 'n diens lei, preek; ~ *as* ... as ... optree/

fungeer (*of* diens doen); ~ *at a marriage/wedding* 'n huwelik waarneem. **of·fi·ci·at·ing** diensdoende. **of·fi·ci·a·tor** voor= ganger.
**of·fi·cious** bemoeisiek, opdringerig, indringerig, (oor)ge= dienstig; offisieus. **of·fi·cious·ness** (oor)gedienstigheid, be= moeisug, indringerigheid.
**off·ing:** *in the* ~ aan die kom, op koms.
**off·ish** (*infml.*) →STANDOFFISH.
**off·set** *n.* kompensasie, teen=, teëwig; neutralisasie; kontras, teen=, teëstelling; (*fin.*) verrekening; (*landm.*) ordinaat; (*elektron.*) spanningsverskuiwing; (*bot.*) spruit, suier, uitloper, uitloopsel; (*geol.*) uitloper (*v. 'n gebergte*); (*bouk.*) versnyding (*v. 'n funderingsmuur*); (*teg.*) knik, draai, swaai (*in 'n pyp*); geboë ent (*v. 'n stang*); (*mynb.*) afwyking (*v. vlakke*). **off·set** =*tt*= =*set* =*set, ww.* opweeg teen, vergoed, goedmaak; 'n teen=/teëwig skep vir/teen, neutraliseer; (*druk.*) litografeer; (*geol.*) verplaas. ~ **end** swaai-ent. ~ **litho(graphy)** vlakdruk= litografie. ~ **pipe** knikpyp. ~ **press** litopers, litografiese pers, vlakdrukpers. ~ **(printing)** rubberdruk. ~ **tunnel** dwarstonnel.
**of·ten** dikwels, baiemaal, baiekeer, menigmaal, meermaal, =male; *as* ~ *as* ... tot ... (*drie maal op 'n dag ens.*); *as* ~ *as not* dikwels (genoeg); *every* *so* ~ af en toe, van tyd tot tyd; *quite* ~ heel dikwels, sommer baie; *more* ~ *than not* gewoonlik, in die reël.
**o·gee, o·gee** (*argit.*) ojief. ~ **arch** ojiefboog. ~ **moulding** ojiefflys. ~ **plane** ojiefskaaf.
**og·(h)am** (*Keltiese alfabet*) ogam(alfabet); ogamkarakter; ogam= inskripsie.
**o·give, o·give** (*argit.*) ogief(boog), spitsboog, Gotiese boog; (*statist.*) ogief. **o·gi·val** spitsboogvormig, ogivaal; met spits= boë; ~ *arch* ogief(boog), spitsboog, Gotiese boog.
**o·gle** *n.* uitlokkende kyk. **o·gle** *ww.* (aan)staar, verliefderig aankyk; ~ (*at*) ... vir ... ogies maak, bewonderend na ... staar ('*n mooi mens*).
**o·gre,** (*vr.*) **o·gress** mensvreter (*in folklore*); wreedaard; bul= lebak; dierasie, monster. **o·gre·ish, o·grish** mensvreteragtig; wreedaardig, skrikaanjaend.
**oh** *tw.* o!; ag!; *s.t. is* ~ *so pretty* dis tog te fraai; ~ *well* nou ja, nouja.
**O·hi·o** (*geog.*) Ohio.
**ohm** (*elek.: eenh. v. weerstand, simb.:* $\Omega$) ohm; *ten* ~*s, many* ~*s* tien ohm, baie ohms. ~**meter** ohmmeter. **O**~**'s law** (*fis.*) Ohm se wet, die wet van Ohm.
**ohm·age** ohmgetal.
**ohm·ic** ohmies.
**o·ho** *tw.* aha!, oho!.
**oi** *tw.* haai!; ag!; a(a)i!, a(a)i/ag tog(gie)!.
**oik, oick** *n.,* (*infml.*) vent, ou, jafel, javel; ghwar, gawie, japie, fieta, gomtor.
**oil** *n.* olie; petroleum; (*ook i.d. mv.*) olieverf; *add* ~ *to the fire, pour* ~ *on the flames* olie in/op die vuur gooi, die gemoedere/ gevoelens opnuut gaande maak; *paint in* ~*s* in olie(verf) (*of* met olieverf) skilder; *strike* ~ olie raak boor, 'n oliebron ontdek; (*infml.*) skielik ryk word, 'n geluk(slag) kry, met jou neus in die botter val; *pour/spread/throw* ~ *on troubled wa= ters* olie op die golwe/water giet/gooi, die gemoedere kal= meer (*of* tot bedaring bring). **oil** *ww.* olie, smeer; invet; van olie laat deurtrek, in olie laat lê; ~ *one's tongue* vlei, mooi broodjies bak, met die heuningkwas smeer/werk. ~**-based** met 'n oliebasis, wat 'n oliebasis het (*pred.*). ~ **bath** oliebad. ~**-bearing** oliehoudend. ~ **burner** oliebrander; oliestookskip. ~**-burning** met olie gestook; ~ *ship* oliestookskip. ~**cake** oliekoek, lyn=, raapkoek. ~**can** oliekan(netjie). ~ **chamber** olickamer. ~ **change** *n.,* (*mot.*) olievervanging. ~**cloth** olie= doek; wasdoek, olieseildoek. ~ **coat** oliejas. ~ **consumption** olieverbruik. ~ **drill** olieboor. ~ **(-drilling) platform/rig** (olie)=

boortoring, (olie)boorplatform, (olie)booreiland. ~ **drum** oliedrom, -konka. ~ **duct** oliegang, -kanaal. ~ **engine** olie-enjin. ~-**exporting:** ~ *country* olie-uitvoerland. ~ **feed** olie-toevoer. ~**field** olieveld. ~ **film** olievlies, -laag. ~-**fired** met olie gestook. ~**fish** *(Ruvettus pretiosus)* olievis. ~ **fuel** olie-brandstof, brand(stof)-, stookolie. ~ **gauge** oliepeilstok, oliemeter. ~ **gland** vetklier; *(mot.)* oliedrukstuk; *(orn.)* → PREEN GLAND. ~ **heater** olieverwarmer. ~ **kettle** traanketel. ~ **lamp** olielamp. ~ **level** oliestand. ~ **lubrication** olie-smering. ~-**meal** gemaalde lynsaadkoek. ~ **meter** oliemeter. ~ **paint** olieverf. ~ **painting** olieverfskildery; skilderwerk in olieverf; *s.o. is no* ~ ~, *(infml.)* iem. is nie juis mooi nie. ~ **palm** oliepalm. ~ **pan** oliebak, -pan. ~-**press** oliepers. ~ **pressure** oliedruk. ~-**producing** *adj. (attr.)* olieproduseren-de *(land)*. ~ **pump** oliepomp. ~ **refinery** olieraffinadery. ~-**rich** olieryk, ryk aan olie. ~ **sand** oliesandsteen. ~ **screen,** ~ **strainer** oliesif. ~**seed** oliesaad; oliepit. ~ **shale** olieskalie. ~**skin** oliejas; oliekleed; wasdoek; ~ *(suit)*, ~*(s)* oliepak, -klere. ~ **slick** olielaag, -kol *(op d. see).* ~ **spill** *n.* oliestorting. ~ **stain** oliekol, -vlek; oliebeits. ~**stone** oliesteen. ~ **stove** oliestoof. ~ **strike** olievonds. ~ **sump** oliebak. ~ **tank** olie-tenk. ~ **tanker** olietenkskip, olieboot; *(vragmotor)* olietenk-wa. ~ **terminal** olie-eindpunt, olieterminaal; oliehawe. ~-**tight** oliedig. ~ **trap** olievanger. ~ **varnish** olievernis. ~ **well** oliebron, -put.

**oiled** geolie; oliebesoedel(d), met olie besoedel(d); ~ *silk, (tekst.)* oliesy.

**oil·er** oliekan(netjie); oliespuit; silindersmeerpot; olieskip, -boot; olietenkskip.

**oil·less** olievry, olieloos, sonder olie.

**oil·y** olieagtig, olierig, geolie; vetterig; glad; met olie besmeer; vleiend, vleierig. **oil·i·ness** olieagtigheid, olierigheid.

**oink** *tw., (varkgeluid)* oink!.

**oint·ment** salf, smeersel, smeergoed, -middel; smeersalf; *put on* ~ salf aansmeer. ~ **pot** salfpot.

**OK** *OK's,* **O.K.** *O.K.'s,* **o·kay** -*kays, n., (infml.)* goedkeuring, toestemming, verlof, groen lig, seën. **OK, O.K., o·kay** *adj. & adv., (infml.: gangbaar, [redelik] goed, in orde)* OK, O.K., o.k., oukei, orra(a)it; *is it/that* ~ *with you?* pas dit jou?; is dit in die haak wat jou (aan)betref?, keur/vind jy dit goed?. **OK** *OK'd, OK'ing,* **O.K.** *O.K.'d, O.K.'ing,* **o·kay** -*kayed, -kaying, ww., (infml.)* goedkeur; *get s.o. to* ~ *s.t.,* ~ *s.t. with s.o.* iets deur iem. laat goedkeur, iem. se goedkeuring/toestemming/verlof *(of* by iem. die groen lig) vir iets kry.

**o·ka·pi** -*pis,* -*pi* okapi.

**oke** *n., (SA sl.)* ou.

**o·key-doke, o·key-do·key** *adj. & adv., (infml.)* = OK.

**Ok·la·ho·ma** *(geog.)* Oklahoma.

**o·kra** *(bot.)* okra.

**old** *n.: of* ~ uit die verlede, uit/van vroeër tye, uit vanmelewe se dae; van ouds/vroeër *(of* lank gelede); vroeër, lank gelede, toentertyd; *the people of* ~ die ou mense; ~ *and young* die oues en die jonges. **old** *adj.* oud; ouderwets; bejaard, af-geleef; verslete; ervare; *as* ~ *as time/Methuselah/Adam (or the hills)* so oud soos Metusalem *(of* die berge/ark *of* die mensdom [self]), stok-, horing-, oeroud; *grow* ~ oud word; *have an* ~ **head** *on young shoulders* vroeg ryp/wys *(of* [baie] verstandig vir jou jare/ouderdom) wees; *(v. 'n kind gesê)* baie grys wees; ~ *people* ou mense; *in any* ~ *place* net waar jy wil; *quite* ~ al taamlik oud; *any* ~ *thing* net wat voorkom, dis alkant selfkant; *a three-year-~ (child)* 'n driejarige *(of* drie jaar oud/oue/ou) kind, 'n kind van drie (jaar); *be three years* ~ drie jaar (oud) wees; *very* ~ stokoud, horingoud. ~-**age pensioner** ouderdomspensioentrekker. ~ **bird** *(skerts.)* ou kalant (lank in die land). ~ **boy,** ~ **pupil** oudleerling. ~ **boy(s') network** *(infml.)* stelsel van baantjies vir boeties. ~ **country:** *the* ~ ~ die moeder-/vaderland. **O~ English** Oud-engels, Ou Engels. **O~ English sheepdog** Ou Engelse

skaaphond. ~~-**fashioned** ouderwets, outyds, oudmodies, uit die mode, *(infml.)* uit die ou(e) doos. **O~ French** Oud-frans, Ou Frans. ~ **girl** oudleerling, -skolier, -student; *(infml.)* ou mens/tannie/vroutjie. ~ **gold** *(kleur)* ougoud. ~ **guard** ou garde. ~ **hand** ou kalant, lank in die land; *be an* ~ ~ *at s.t.* gekonfyt in *(of* handig met) iets wees, baie ondervinding van iets hê. ~ **hat** *(pred.): that is* ~ ~ dit is afgesaag/uitgebak/uitgedien(d)/verouderd/outyds *(of* uit die ou[e] doos). ~ **lady:** *one's* ~ ~, *(infml.), (eggenote)* jou ou vrou/wederhelf(te), jou beter helfte; *(moeder)* jou oulady *(sl.).* ~ **maid** *(neerh.)* oujongnooi, -meisie. ~ **man** ou man, grysaard, oubaas; *one's* ~ ~, *(infml.), (eggenoot)* jou (ou) man *(of* manlief); *(vader)* jou oukêrel/outoppie/ouballie. ~ **man's beard** *(bot.), (Clematis brachiata)* clematis(klimop); *(Andropogon eucomus)* veer-, kapokgras; *(Tillandsia usneoides)* Spaansmos. ~ **master** *(groot Eur. skilder/skildery uit d. tydperk 1500-1800)* ou meester. ~ **moon** laaste kwartier van die maan. **O~ Nick** *(infml.: d. duiwel)* Joos, Josie, Bokbaard, Pylstert. **O~ Norse** Oudnoors, Ou Noors. ~ **people's home** ouetehuis. ~ **school** *(lett. & fig.)* ou skool. ~**school tie** *(Br.)* oudleerlingdas; oudleerlingsolidariteit; baantjies vir boeties; broederbond-, clanmentaliteit, kliekerigheid; ~ ~ ~ *system* stelsel van baan-tjies vir boeties. ~ **soldier** oudsoldaat, veteraan; *(fig.: ervare pers.)* veteraan, ringkop, ou strydros. **O~ Stone Age** *(argeol.)* Ou Steentyd(perk), Paleolitikum. ~~-**style** *adj. (attr.)* outydse *(meubelstuk ens.); van* die ou garde/skool *(pred.),* konserwa-tiewe, verkrampte *(kommunis ens.); (druk.)* in die ou styl *(pred.).* **O~ Testament** Ou Testament; ~ ~ *scholar* Ou-Testamentikus. ~~-**time** *adj. (attr.)* ouderwetse, outydse. ~~-**timer** ou inwoner; oudgediende; ringkop, veteraan. ~ **wives' tale** ouvroustorie, -praatjie. ~ **woman** ou vrou; *be an* ~ ~, *(neerh., v. 'n man gesê)* ouvrouagtig *(of* 'n ou vrou) wees. **O~ World** Ou Wêreld. ~~-**world** ouderwets, outyds. ~ **year** ou jaar. **O~ Year's Day** Oujaarsdag.

**old·est** oudste; ~ *established* langs gevestig(de); *the* ~ *member* die mees senior lid, die doyen.

**old·ie** *(infml.)* ou liedjie; ou plaat; ou grap; ou storie; ou prent; ou mens, oumens, bejaarde, oue van dae.

**old·ish** ouerig.

**old·ness** oudheid, ouderdom; ouderwetsheid.

**old·ster** *(infml., hoofs. Am.)* ou(erige) man, nie vandag se kind nie; ou mens, oumens, bejaarde, oue van dae.

**o·le·ag·i·nous** olieagtig, olierig, olie-; oliehoudend; vetterig; *(fig.)* kruiperig.

**o·le·an·der** *(bot.)* oleander, selonsroos.

**o·le·as·ter** *(bot.)* oleaster, wildeolyf(boom).

**o·le·ic ac·id** *(chem.)* oleïensuur, oliesuur.

**o·le·if·er·ous** *(bot.)* oliehoudend.

**o·le·o·mar·ga·rin(e)** oleomargarien.

**o·le·o·res·in** harsolie.

**o·le·um** -*lea,* -*leums* oleum, rokende swa(w)elsuur.

**ol·fac·tion** *(teg.)* olfaksie, reuksin; (die) ruik.

**ol·fac·to·ry** *n. (gew. i.d. mv.), (anat.)* reukorgaan. **ol·fac·to·ry** *adj.* reuk-; ~ *area* reukstreek.

**ol·i·garch** *(lid/hoof v. 'n oligargie)* oligarg.

**ol·i·gar·chy** *(lede van 'n)* oligargie. **ol·i·gar·chic, ol·i·gar·chi·cal** oligargies.

**Ol·i·go·cene:** *the* ~, *(geol.)* die Oligoseen.

**ol·i·gop·o·ly** -*lies, (ekon.)* oligopolie.

**o·li·o** -*os, (Sp. kookk.)* hutspot; *(fig.)* hutspot, mengelmoes, deurmekaar gebrou.

**ol·i·va·ceous** *(teg.)* olyfkleurig, olyfgroen, donkergroen, donker groen.

**ol·ive** *n.* olyf; olyfboom; *(anat.)* olyf *(i.d. verlengde [rug]murg);* olyfkleur, -groen; seeslak; olyfskulp. **ol·ive** *adj.* olyfkleurig. ~ **branch** olyftak; *hold out an/the* ~ ~ 'n olyftak aanbied, toenadering soek, versoenend optree. ~ **crown** olyfkrans. ~

**drab** *n.* grysbruin, olyfgrys; grysbruin/olyfgrys uniform. ~-
**drab** *adj. (attr.)* grysbruin, olyfgrys. ~ **(green)** olyfgroen. ~
**oil, sweet oil** olyfolie, soetolie. ~ **(tree)** (swart)olyfboom;
*wild* ~ (~) wildeolyfboom, olienhoutboom; oleaster; yster-
hout.

**ol·i·vine, ol·i·vine** *(min.)* olivien, chrisoliet, peridoot.

**o·lo·ro·so** *(Sp. sjerrie)* oloroso.

**O·lym·pi·a** *(vlakte in Gr.)* Olimpië; *(hoofstad v.d. Am. staat
Washington)* Olympia. **O·lym·pi·ad** Olimpiese Spele, Olim-
piade; *(tydperk)* olimpiade. **O·lym·pi·an** *n.* Olimpiër, bewo-
ner van die Olimpus. **O·lym·pi·an** *adj.* Olimpies; hemels.

**O·lym·pic** *adj.* Olimpies; *the* ~ *Games* die Olimpiese Spele.
**O·lym·pics** *n. (mv.): the* ~ die Olimpiese Spele.

**O·lym·pus** *(Gr. mit.)* Olimpus.

**o·ma·sum** *-masa, (soöl.)* omasum, blaar=, boekpens.

**om·buds·man** *-men* ombudsman.

**o·me·ga, o·me·ga** *(24ste en laaste letter v.d. Gr. alfabet,
simb.: Ω)* omega; *(fig.)* einde, end, slot.

**om·e·lette,** *(Am.)* **om·e·let** omelet; *one cannot make an* ~
*without breaking eggs, (sprw.)* die koste kom voor die winste.

**o·men** omen, voorteken, voorbode; *s.t. is a bad* (or *an ill*) ~
iets is 'n slegte (voor)teken *(of* 'n voorspooksel), iets voor-
spel niks goeds nie; *s.t. is a good* ~ iets is 'n gunstige/ge-
lukkige (voor)teken; *a bird of ill* ~ 'n ongeluksvoël. **om·i·nous**
onheilspellend, dreigend.

**o·men·tum** *-menta, (anat.)* omentum, buiknet.

**o·mer·tà** *(It.)* omertà.

**om·i·cron** *(15de letter v.d. Gr. alfabet, simb.: o)* omikron.

**om·i·nous** →OMEN.

**o·mis·sion** uitlating, weglating; (pligs)versuim, nalating;
nalatigheid, agte(r)losigheid; *mark of* ~, *(')* weglaatteken,
weglatingsteken; *(...)* beletselteken. **o·mis·sive** weglatend,
onvolledig.

**o·mit** *-tt-* weglaat, uitlaat, oorslaan, oorspring, verbygaan;
uitskakel; vergeet, nalaat, versuim, agterweë laat; *be* ~*ted*
wegval; ~ *s.o./s.t. from* ... iem./iets uit ... weglaat; ~ *to do s.t.*
nalaat om iets te doen. **o·mis·si·ble** weglaatbaar.

**om·ni·bus** *-buses, n., (boekw.)* omnibus. **om·ni·bus** *adj.*
omvattende; ~ *edition* omnibusuitgawe.

**om·ni·di·rec·tion·al** *adj., (telekom.)* ongerig *(antenna/an-
tenne, mikrofoon, ens.).*

**om·nip·o·tent** almagtig, alvermoënd; *the* O~ die Almagtige,
God. **om·nip·o·tence** almag(tigheid) alvermoë, almoënd-
heid.

**om·ni·pres·ent** alomteenwoordig. **om·ni·pres·ence** alom-
teenwoordigheid.

**om·nis·cient** alwetend. **om·nis·cience** alwetendheid.

**om·ni·vore** omnivoor, alleseter. **om·niv·o·rous** omnivoor.
**om·niv·o·rous·ness** allesetery.

**om·pha·los** *-phaloi, (poët., liter.)* middelpunt; *(Gr. mit.: steen
in Delphi, beskou as d. nael v.d. aarde)* omfalos; *(Gr., mil.,
hist.)* skilddnop.

**on** *adj. & adv.* aan; deur, verder, vêrder, voort; *be* ~ *about
s.t., (infml.)* aanhou praat oor iets; *s.t. is* ~ *again,* off again
iets is wisselvallig; iets bestaan/gebeur nou, en dan weer nie;
*go* ~ *and* ~ nie ophou *(of* end kry) nie, nimmereindigend
aanhou; aanmekaar/aanhoudend *(of* sonder ophou) babbel/
klets/ens.; knaend kerm/teem/ens.; *and so* ~ ensovoort(s),
en so meer, en wat dies meer sy; *be* ~, *('n deksel, toneelspeler,
ens.)* op wees; *('n elek. toestel)* aan(geskakel) wees; *(klank ens.)*
aan(gedraai) wees; *('n kraan)* oopgedraai wees; *('n fees ens.)*
aan die gang wees, begin het; *('n wedstryd)* gespeel word; *('n
toneelstuk ens.)* opgevoer word; *('n rolprent)* draai, vertoon
word; aan die beurt wees; ter sprake wees; *from* that day ~
van dié/daardie dag af; *it is* **getting** ~ *for two/etc.* o'clock dit
staan *(of* gaan na) twee(-)uur/ens. se kant toe; *I'm* ~!,
*(infml.)* top!; ek doen mee!; *s.t. is (still)* ~ iets sal plaasvind/

voortgaan; *two/etc.* **months/years** ~ twee/ens. maande/jaar
later; *it's (just)* **not** ~, *(infml.)* daar's geen kwessie van nie, dis
(heeltemal) onaanvaarbaar; *have* **nothing** ~, *(sonder klere)*
niks aanhê nie, kaal wees; *(ook* not have anything on) geen
afsprake/planne hê nie, niks doen nie; ~ *to* ... tot by ..., na
...; *op* ...; →ONTO *prep.; move* ~ *to the next point* die volgende
punt/onderwerp bespreek. **on** *prep.* op *(kontrak ens.);* aan
*(boord ens.);* by *(aankoms ens.);* in *(bruikleen ens.);* oor *(iets
saamstem ens.);* teen; met *(vakansie ens.);* na *(verdienste ens.);*
om; te *(voet ens.);* vanweë, op grond van *('n teorie ens.); the
position as* ~ *May 1* die stand van sake op 1 Mei; ~ *or be-
fore* ... voor of op ...; *it is just* ~ *two/etc.* **o'clock** dit is byna
*(of* so te sê) twee(-)uur/ens.; ~ *and* **off** *the field* op en van die
veld (af); *s.t. is (almost)* ~ *us* iets is hier *(of* staan voor die
deur); *the storm is* ~ *us* die storm is op ons. ~**board** *adj.
(attr.)* aan boord van *(pred.),* boord= *(attr.);* ingeboude *(radio/
ens. in 'n voertuig);* ~ *amenities/shop/etc.* geriewe/winkel/ens.
aan boord van die skip; ~ *computer* boordrekenaar *(in 'n
voertuig).* ~**coming** *adj.* naderend, aankomend, aanstaande.
~**going** *adj. (gew. attr.)* voortgesette *(hulp, veldtog);* aanhou-
dende *(bakleiery);* voortdurende *(botsings);* deurlopende, voort-
gaande *(hervorming);* voortslepende *(burgeroorlog);* gestadige
*(ontwikkeling);* lopende *(projek).* ~**line** *(rek.)* gekoppel, aan-
lyn; ~ *service* aanlyndiens. ~**looker** toeskouer, omstander,
aanskouer. ~**off** *adj. (attr.)* aan(-en)-af- *(skakelaar); (lief-
desverhouding)* wat elke nou en dan opvlam *(pred.); (same-
smeltingsplanne ens.)* wat elke nou en dan bespreek word *(of
ter sprake kom) (pred.); (dialoog)* wat stop en dan weer
voortgesit word *(pred.).* ~**screen** *adj. (attr.)* op die/'n doek/
skerm *(pred.).* ~**screen** *adv.* op die/'n doek/skerm. ~**set**
aanvang, begin; *at the first* ~ met die wegspring; *at the (first)*
~ *of* ... by die begin van ... ~**shore** *adj. & adv.* aanlandig,
landwaarts, kuswaarts, see=; aan land, aan/langs/op die
kus, kus=, binne(ns)lands; ~ *gale* aanlandige stormwind. ~
**side** *n., (rugby, sokker, hokkie)* speelkant; *(kr.)* bykant. ~**side**
*adv.* speelkant. ~**-site** *adj. (attr.)* perseel= *(attr.),* terrein=
*(attr.),* op die perseel *(pred.);* ~ *facilities* perseel=, terreinge-
riewe; *conduct/make* (or *carry out*) *an* ~ *inspection* ondersoek
ter plaatse instel, 'n ondersoek ter plaatse doen; *make* ~
*visits* terreinbesoeke doen. ~**slaught** aanval, stormloop.
~**stage** op die verhoog. ~**stream** *adj.* werkend, in bedryf,
aan die gang *(stelsel ens.).* ~**-the-job training** indiensoplei-
ding. ~**-the-spot** *adj. (attr.)* kits=; ~ *fine* kitsboete. ~**to** →
ONTO *prep..*

**on·a·ger** wilde-esel, onager.

**o·nan·ism** *(fml.)* onanie, masturbasie, selfbevrediging; ona-
nie, coitus interruptus, saadstorting buite die vagina. **o·
nan·ist** onanis.

**once** *adj.* vroeër, voormalig, eertyds. **once** *adv., (spesifiek)*
een maal/keer; *(vaag)* eenmaal, eenkeer; eertyds, vroeër; ~ *a
day/month/week/year* een maal per *(of* op 'n) dag, een maal
in 'n/die maand/week/jaar; *all* at ~ skielik, meteens, plot-
seling; alles tegelyk; almal gelyk; tegelyk(ertyd); ~ *(and) for
all* eens (en) vir altyd, ten ene male; *at* ~ dadelik, on-
middellik; *don't all speak at* ~ moenie almal gelyk praat nie;
*two things at* ~ twee dinge tegelyk(ertyd); ~ *is* **enough** *for
s.o.* iem. het aan een maal genoeg; *for* ~ ook 'n keer, (tog)
een keer/maal; *never* ~ nie een enkele keer/maal nie; *(for)
this* ~ hierdie een keer, hierdie keer tog; ~ *upon a time*
lank(, lank) gelede, eenmaal, eendag, eenkeer; vroeër *(van)=*
tevore; ~ *or* **twice** een of twee keer/maal, 'n paar keer/maal;
*(every)* ~ *in a* **while** (so) nou en dan, (so) af en toe, (so) van
tyd tot tyd. **once** *voegw.* sodra, wanneer, as. ~**over** *(infml.)*
vlugtige blik; vinnige ondersoek; *give* ... *the* ~, *(infml.)* ...
vlugtig bekyk/ondersoek *(iem., iets);* ... oppervlakkig aan die
kant maak *('n kamer).*

**onc·er** *(Br., infml.: eenmalige gebeurtenis/ens.)* eendagsvlieg.

**on·co·gene** *(med.)* onkogeen, kankerverwekker.

**on·col·o·gy** *(med.)* onkologie, gewaskunde, gewas(se)leer.
**on·col·o·gist** onkoloog, gewaskundige.

**on dit** *on dits, n., (Fr.)* gerug, hoorsê, (skinder)storie.

**one** *n., pron. & adj.* een; 'n mens; enigste; ~ *and all* die laaste een, almal sonder uitsondering, 'n ieder en 'n elk; *all in* ~ in een stuk; *it is all* ~ *to s.o.* dit is vir iem. om die/'t ewe *(of* eenders/eners); *blame/etc.* ~ *another* mekaar *(of* die een die ander) blameer/ens.; *for* ~ *another* vir mekaar; *write/etc. to* ~ *another* aan/vir mekaar skryf/skrywe/ens.; ~ *after anoth= er* (or *the other)* (die) een na die ander, na/agter mekaar; een-een; *(taken/taking)* ~ *with another* gemiddeld, deur die bank (geneem); *as* ~ soos een man/mens; *be at* ~ dit eens wees, eensgesind wees, saamstem; *bar* ~ op een na, behalwe een; *become* ~ een word, verenig, saamsmelt; *go* ~ *better* meer aanbied; meer waag; verder/vêrder gaan; *go* ~ *better than s.o.* iem. oortroef; *the blue/etc.* ~*(s)* die bloue(s)/ens.; ~ *by* ~ een-een, een vir een, afsonderlik; stuk vir stuk, stuksgewys(e); *one's dear* ~*(s)* jou geliefde(s)/beminde(s)/ liefste(s); *give s.o.* ~ *in the eye* iem. 'n hou/klap gee; *be* ~ *for* ... van ... hou; tot ... geneig wees; *I for* ~ *will* ... ek by= voorbeeld/tenminste *(of* ten minste *of* is een van dié wat) sal ...; ~ *and a half days/etc.* een 'n half/halwe dag/ens., 'n dag/ens. en 'n half, anderhalf/anderhalwe dag/ens.; *s.o./s.t. is* ... *and* ... *in* ~ iem./iets is ... en ... tegelyk; ~ *of its kind* enig in sy soort; *the debate should be a lively* ~ die debat beloof om *(of* behoort) lewendig te wees; ~ *man,* ~ *vote* een mens, een stem; gelyke stemreg; ~ *among many* een uit/van baie; ... *is* ~ *too many for s.o.* ... is iem. se moses; *that was* ~ *too many for s.o.* dit was vir iem. te erg/veel; daarby kon iem. nie haal nie; dit was meer as wat iem. kon uitstaan; dit was bo(kant) iem. se vuurmaakplek; ~ *of* ... een van ...; *be* ~ *of the* ... 'n lid van die ... wees *(groep, span, ens.);* ~ *of his/her* ... sy/haar een ...; *have* ~ *on me!, (infml.)* drink een saam met my!; *the* ~ *and only* die enigste; *a* ~ *and only opportunity/etc.* 'n unieke geleentheid/ens.; ~ *or other* (die) een of ander; *from* ~ *to the other* van die een na die ander; *have a quick* ~*, (infml.)* gou 'n drankie drink; ~ *for the road* loopdop; ~ *and the same* een en dieselfde; presies dieselfde; ~ *says one thing and the other another* die een sê sus en die ander so; *such a* ~ so een/iemand; *that* ~ daardie een; *not* ~ *of them is* ... hulle is geeneen ... nie; *this* ~ dié/hierdie een; ~ *or two people* 'n paar *(of* enkele) mense; *come in/by* ~*s and twos* een-een en twee-twee kom; *be* ~ *up on s.o.* iem. een voor wees, 'n voorsprong op iem. hê; *which* ~*?* watter een?. ~**armed** eenarmig, eenarm=; afarm=; ~ *bandit* dobbeloutomaat. ~**-day** *(attr.)* eendaagse, eendag=; ~ *international, (kr., afk.:* ODI) internasionale eendagwedstryd; ~ *match, (kr.)* een= daagse wedstryd, eendagwedstryd. ~**-horse** met een perd, eenperd= *(rytuig ens.); (infml.)* derderangs, power, oes; *(infml.)* eensydig, uiters voorspelbaar *(wedloop/wedstryd/ens.);* ~ *town* gehuggie, stil dorpie. ~**legged** eenbenig, eenbeen=; afbeen=; ongelyk, skeef. ~**line** *adj. (attr.)* eenreël=, enkelreël= *(opskrif ens.).* ~**liner** *(infml.)* kwinkslag; spreuk. ~**man** *adj. (attr.)* eenman(s)=, eenpersoon(s)=; ~ *band* eenmankes *(fig., infml.)* eenmansaak, eenman(s)onderneming; ~ *business* eenmansaak. ~**night stand** *(infml.)* (een/'n *of* 'n enkele) nag van passie, 'n (enkele) passie=/liefdesnag; eennagpassie; *(teat.)* enkele/eenmalige opvoering/optrede/konsert. ~**-off** *n., (infml.)* iets eenmaligs, enkele/eenmalige aanbieding/uitvoe= ring/vertoning/ens.; enig in sy soort, unieke mens; uit= sondering. ~**-parent family, single-parent family** enkel= ouer=, eenouergesin. ~**piece** eenstuk=, uit een stuk. ~**room(ed)** *adj. (attr.)* eenkamer=, eenvertrek= *(woonstel ens.).* ~**self** →ONESELF. ~**-shot** *adj., (infml.)* eenmalig. ~**-sided** eensydig; partydig. ~**-step** *(soort dans)* eenpasdans. ~**-stop** *adj. (attr.)* eenstop= *(diens, inkope, winkel, ens.).* ~**-storeyed,** *(Am.)* ~**-storied** eenverdieping=. ~**time** voormalig, eertyds; eenmalig. ~**-to-** *adj. & adv.: have a* ~ *chat with s.o., talk to s.o.* ~ alleen *(of* onder vier oë) met iem. gesels; ~ *correlation* presiese verband; ~ *translation* woord-vir-woord-vertaling, woordelikse vertaling; ~**-track** *(fig.)* beperk, eensydig; ~ *mind* eenspoorverstand, eensydige gees; *have a* ~ *mind* jou op

een ding blind staar; net aan een ding dink. ~**-two** *(boks)* kombinasiehou; *(sokker)* dubbelaangee. ~**-upmanship** *(infml.)* loefafstekery. ~**-way** *adj. (gew. attr.)* eenrigting=, in een rigting; ~ *process* eenrigtingproses; ~ *relationship* verhouding wat net van een kant af kom; ~ *street* eenrigtingstraat. ~**-wheeled** eenwielig, eenwiel=. ~**-woman** *adj. (attr.)* eenvrou= *(opvoering ens.).* ~**-year-old** *adj. (attr.)* eenjarige *(kind ens.);* jaar oud/ou(e) *(hond ens.).*

**o·nei·ro·man·cy** *(fml.)* voorspelling/waarsêery deur drome.

**one·ness** eenheid, enigheid.

**on·er·ous** veeleisend, swaar, moeilik; lastig; drukkend, knel= lend *(skuld ens.); (jur.)* beswaar(d) *(eiendom).* **on·er·ous·ness** veeleisendheid, druk, las, gewig.

**one's** 'n mens se, jou.

**one·self** jou(self); *(all) by* ~ (vinger)=, stoksiel(salig)alleen, heeltemal alleen; op jou eentjie/eie; sonder (enige) hulp; *come to* ~ tot besinning kom; *know s.t.* ~ iets self weet; *do s.t. of* ~ iets vanself *(of* uit eie beweging) doen; *think to* ~ by jouself dink.

**on·ion** *n.* ui; *know one's* ~*s, (Br., infml.)* weet waarvan jy praat. ~ **dome** *(bouk.)* uivormige koepel. ~**-shaped** ui= vormig. ~**skin** uieskil; uievliespapier. ~ **soup** uiesop.

**on·ion·like, on·ion·y** uiagtig.

**on·ly** *adj.* enigste; *s.o.'s* ~ *child* iem. se enigste kind, al kind wat iem. het; *s.o.'s one and* ~ *hope* iem. se enigste hoop; *be the* ~ *one to* ... al *(of* die enigste) wees wat ... **on·ly** *adv.* al= leen(lik); maar, net (maar), slegs; alte; pas, so pas, sopas; *it is* ~ *fair to say* billikheidshalwe moet gesê word; *it is* ~ *human* dis maar menslik; ~ *last week* nog (pas) verlede week; *not* ~ *hear s.t., but (also) see it* iets nie net/alleen hoor nie, maar ook sien; ~ *one more day* nog net een dag; ~ *yesterday* pas gister (nog); gister eers. **on·ly** *voegw.* maar; as; *s.o. is a good player,* ~ *he/she does not practise* iem. is 'n goeie speler, maar hy/sy oefen nie. ~**-begotten** *(poët., liter.)* eniggebore.

**on·o·mas·tic** *adj.* onomasties, naamkundig. **on·o·mas·tics** *n. (fungeer as ekv.)* onomastiek, naamkunde.

**on·o·mat·o·poe·ia** onomatopee, klanknabootsing, klank= nabootsende/onomatopeïese woord. **on·o·mat·o·poe·ic, on· o·mat·o·po·et·ic** onomatopeïes, klanknabootsend.

**on·to** *(ook* on to*), prep.* op, tot by, na; →ON *adj. & adv.; be* ~ *a good thing, (infml.)* iets goeds beethê; *jump* ~ ... op ... spring; *be* ~ *s.o., (infml.)* deur iem. sien, nie deur iem. mislei word nie; *(d. polisie)* op iem. se spoor wees; *be* ~ *s.t., (infml.)* iets snap; agter iets wees *('n geheim).*

**on·to·gen·e·sis** *(biol.)* ontogenese, ontwikkelings=, ontstaans= geskiedenis, evolusie, ewolusie.

**on·tog·e·ny** ontogenie, wordingsleer; ontogenese, ontwikke= lingsgeskiedenis.

**on·tol·o·gy** ontologie, syns=, wesensleer. **on·to·log·i·cal** on= tologies.

**o·nus** =*nuses* las; verantwoordelikheid, plig, onus; *the* ~ *of proof lies/rests with* ..., *(jur.)* die bewyslas rus op ...

**on·ward** *adj.* voorwaarts. **on·ward(s)** *adv.* voorwaarts, ver= der, vêrder, vooruit, vorentoe.

**on·yx** =*yxes* oniks(steen). ~ **marble** oniksmarmer.

**o·o·cyte** *(biol.)* oösiet.

**oo·dles** *n. (mv.), (infml.)* sakke vol, hope, volop; ~ *of money* geld soos bossies.

**o·o·gen·e·sis** *(biol.)* oögenese, eiervorming.

**ooh** *ww.:* ~ *and ah over s.t.* oor iets oe en aa; *there was a lot of* ~*ing and ahing* daar is wyd en syd ge-oe en (ge)-aa, daar was heelwat oe's en aa's. **ooh** *tw.* o!, alla!. ~**-la-la** *adj. & tw., (Fr., skerts.)* oe-la-la(!), aitsa(!).

**o·o·lite** *(geol.)* oöliet, kuitsteen. **o·o·lith** oölietkorrel, kuit= steenkorrel.

**oo·long** woeloengtee.

**oom·pah** *n., (infml., ook* oompah-pah*)* oempapa *(v. 'n blaas= orkes.* ~ **band** oempaorkes.

**oomph** *(infml.)* vitaliteit, vonk, vuur, woema, oemf; aan= trekkingskrag, persoonlikheid, sjarme, flair, panache.

**o·o·pho·rec·to·my, o·var·i·ec·to·my** =*mies, (med.)* oöfo= rektomie, ovariëktomie.

**oops** *tw., (infml.)* oeps(ie)!. ~-**a-daisy** = UPSY-DAISY.

**ooze**[1] *n.* sypeling, syfering; looiwater. **ooze** *ww.* sypel, sy= fer, syg, lek; druip, druppel; deurdring; uitsweet; ~ *away* wegsyfer, =sypel; verdwyn; *(jou moed)* jou begewe; ~ *(with) confidence* oorloop van selfvertroue; ~ *out* uitlek; uitsyfer, =sypel; ~ *out of ...* uit ... syfer/sypel.

**ooze**[2] *n.* modder, slik, slyk; slib. **ooz·i·ness** modderigheid, slykerigheid. **ooz·y** modderig, slykerig.

**op** *(infml.)* = OPERATION.

**o·pac·i·ty** ondeursigtigheid; *(fis.)* ondeurlatendheid *(v. deel= tjies); (straling)* ondeurskynendheid; *(astron.)* absorpsiekoëf= fisiënt *(v. 'n ster); (fot.)* ondeurskynendheid, opasiteit; *(med.)* ondeurskynendheid, donkerheid, opasiteit; *(fig.)* duisterheid, onduidelikheid.

**o·pah** *(igt.)* opah.

**o·pal** opaal. ~ **glass** opaalglas.

**o·pal·es·cent, o·pal·ine** opaalagtig; opaliserend; melk= agtig *('n kleur);* ~ *lustre* opaalglans. **o·pal·es·cence** opales= sensie, opaalglans.

**o·paque** *n.* duisternis, donkerheid. **o·paque** *adj.* ondeur= sigtig, dof, donker; opaak, ondeurskynend; *(fig.)* duister, on= duidelik; onbegryplik; →OPACITY.

**op art, op·ti·cal art** opkuns, optiese kuns.

**o·pen** *n.* ruimte; oop veld; ope lug; *in the* ~ buite(kant), in die buitelug *(of* ope lug *of* vrye natuur), onder die blote hemel; oop en bloot; *bring s.t. (out) into the* ~ iets aan die lig *(of* op die lappe) bring; *come into the* ~ te voorskyn tree; *the O~(s), (sport)* die Ope. **o·pen** *adj.* oop; ope; openbaar, openlik; blootgestel; openhartig, rondborstig, reguit, vry= moedig; ontvanklik; toeganklik; onbevooroordeeld; ~ *arrest* ope arres; ~ *ballot* openbare stemming; ~ *championship* ope (kampioenskap); ~ *championships* ope (kampioen= skapsbyeenkoms/=toernooi); *s.t. comes* ~ iets gaan oop; ~ *country* oop wêreld; ~ *enmity* openlike vyandskap; ~ *every day* elke dag oop; ~ *face* oop/eerlike gesig; ~ *fire* oop vuur; *be* ~ *(for)* 24 *hours* 24 uur oop wees; *hit ... with the* ~ *hand* ... met die plat hand slaan; *keep a day* ~ *for s.t.* 'n dag vry hou vir iets; ~ *record* ope rekord; ~ *space* oopte; *stay* ~ oop bly; *s.t. is* ~ *to ...* iets leen hom tot ... *(misbruike ens.);* iets is vatbaar vir ... *(bespreking ens.);* iets is onderhewig aan ... *(twyfel ens.); s.o. is* ~ *to ...* iem. is vir ... vatbaar *(oortuiging ens.);* iem. luister na ... *(kritiek ens.); it is* ~ *to s.o. to do s.t.* dit staan iem. vry om iets te doen; *be* **wide** ~ (wa)wyd oop wees; *(infml.)* hoogs onseker wees *(d. uitslag ens.); be* ~ *with s.o.* openhartig met iem. praat; niks vir iem. wegsteek nie. **o·pen** *ww.* oopmaak *('n deur ens.);* ooptrek *('n laai);* oophou *('n hand);* open *('n byeenkoms, rekening, skool, ens.);* aanlê *('n lys, register, ens.);* oopstel *('n natuurreservaat ens.); (kr.)* begin *('n beurt); ('n deur ens.)* oopgaan; *('n blom)* oopgaan, ontvou, ontluik; ~ *a cut on s.o.'s brow* iem. se oogbank oopslaan; ~ *one's designs* jou planne bekend maak *(of* bekendmaak); *the door* ~*s* **into** *the passage* (or **onto** *the stoep)* die deur kom/ gaan in die gang *(of* op die stoep) uit; ~ *out, ('n paadjie ens.)* breër word; *('n rivier)* uitmond *('n land)* uitstrek *(n.d. suide ens.); ('n blom)* oopgaan, ontluik, ontvou; *(iem.)* ontdooi, uit sy/haar dop/skulp kruip; *('n mpy. ens.)* uitbrei, ontwikkel; versnel; ~ *out before one('s eyes), ('n vallei ens.)* voor jou (oë) oopvou/uitsprei; ~ *s.t. out* iets oopmaak/=vou/=slaan *('n kaart, koerant, ens.);* iets uitsprei; iets verbreed *(of* breër maak); ~ *a shop* 'n winkel open/begin; ~ *s.t. to ...* iets vir ... oopstel; ~ *up* (die deur) oopmaak; *(mil.)* begin skiet; *(rugby)* oper word; *(infml.)* openhartig praat, uitpak; ~ *s.t. up* iets oop=

maak; iets ontsluit; iets toeganklik maak; iets aan die gang sit *('n myn ens.); (rugby)* iets oopmaak *(d. spel);* ~ *s.t.* **wide** iets oopsper. ~~-**access library** vryetoegangs-, ooprakbiblioteek. ~ **account** ope rekening. ~ **admissions** *n. (mv.), (Am., opv.)* inskrywing/registrasie sonder toelatingsvereistes. ~ **air** *n.: the* ~ = die buitelug, die ope lug. ~~-**air** *adj. (attr.):* ~ *museum* opelugmuseum; ~ *theatre* buitelug-, opelugteater. ~~-**and- shut** (dood)eenvoudig, =maklik, duidelik; *an* ~ *case* 'n uit= gemaakte saak. ~~-**armed** hartlik, vriendelik, met oop/ope arms. ~ **book** *(lett.)* oop boek; *(fig.)* oop/ope boek. ~**cast mine** dagboumyn. ~~-**cast mining** dag(myn)bou, oop myn= bou. ~ **circuit** *(elek.)* oop kring. ~ **day** oop/ope dag *(by 'n skool ens.).* ~~-**door policy** *(gegrond op toeganklikheid)* oop= deurbeleid; *(han.)* vryhandelsbeleid. ~~-**eared** met oop ore, aandagtig. ~~-**ended** oop, onbepaald; vry; ~ *contract* oop kontrak; ~ *debate/discussion* oop/ope debat/bespreking; ~ *pipe* oopentpyp; ~ *project* projek waarop geen tydsbe= perking gestel is nie; ~ *spanner* oopbeksleutel. ~~-**end (in= vestment trust)** ope beleggingstrust. ~~-**eyed** *adj. & adv.* grootoog, met groot oë *(na iem./iets staar);* met die/jou oë wyd oop, wakker, waaksaam; met oop oë, goed ingelig, op (die) hoogte. ~~-**faced** *(iem.)* met 'n oop gesig, oopgesig=, openhartig, opreg, eerlik. ~~-**fronted** *adj. (attr.)* wat voor oop is *(pred.);* ~ *jacket* oopborsbaadjie; ~ *shop* oopfrontwinkel. ~~-**handed:** *be* ~ gulhartig/vrygewig/rojaal wees. ~~-**heart:** ~ *operation* opehartoperasie; ~ *surgery* opehartchirurgie, =sji= rurgie. ~~-**hearted** openhartig. ~~-**heartedness** openhartig= heid. ~~-**hearth process** ooperdproses. ~ **house** *(Am.)* skouhuis; *keep* ~, *(Am.)* 'n oop/ope dag hou. ~ **letter** ope brief. ~ **market:** *in the* ~ = op die ope mark. ~ **marriage** oop huwelik *(wat ander seksmaats duld).* ~~-**minded** ontvank= lik, vatbaar vir indrukke; onbevange, onbevooroordeeld, sonder vooroordeel. ~~-**mindedness** ontvanklikheid; onbe= vangenheid. ~~-**mouthed** *(lett. & fig.)* oopmond, met 'n oop mond; dronkgeslaan, stom van verbasing. ~~-**necked** oop= nek= *(hemp, bloes).* ~~-**plan** *adj. (attr.)* oopplan= *(kombuis ens.).* ~ **question** ope vraag, onuitgemaakte saak; vryantwoord= vraag. ~ **sandwich** oopbroodjie. ~ **sea** oop/ope see. ~ **season** *(jag, hengel)* oop seisoen. ~ **secret** ope geheim, alle= mansgeheim. ~~-**shelf library** ooprak-, vryetoegangsbiblio= teek. ~ **shelves** *n. (mv.)* oop rakke, vrye toegang. ~ **shop** *(vakbondwese)* oop geledere. ~ **shop agreement** oopgele= dereooreenkoms. ~ **side** *(rugby)* oop kant. ~ **society** oop samelewing. ~ **title** *(sport)* ope titel; *(jur.)* onbeswaarde eien= dom. ~~-**toe(d)** *adj. (attr.)* ooptoon- *(skoene ens.).* ~~-**top(ped)** oop *(bus ens.).* **O~ University:** *the* ~ ~, *(Br.)* die Oop/Ope Universiteit. ~ **verdict** onbesliste uitspraak. ~ **vowel** *(fonet.)* oop klinker. ~~-**weave fabric** ylgeweefde materiaal. ~**work** oopwerk; gaatjies= *(borduurwerk, kous, ens.).*

**o·pen·er** oopmaker; inleier *(v. 'n debat); (kr.)* aanvangskol= wer; *for* ~*s, (infml.)* om mee te begin.

**o·pen·ing** *n.* opening; gat, in=, deurgang; aanvang, begin; ingebruikneming; inleiding; kans, geleentheid; vakature; afsetgebied; ~*s for ...* moontlikhede vir ... **o·pen·ing** *adj.* openings=, aanvangs=, begin=, inleidend; ontluikend; ~ *bats= man, (kr.)* aanvangskolwer; ~ *ceremony* opening(splegtig= heid); ~ *paragraph* eerste paragraaf, beginparagraaf; ~ *prayer* aanvangs=, voorgebed; ~ *price* openings=, aan= vangskoers, =prys *(op d. beurs);* inset=, openingsprys *(op 'n veiling);* ~ *speech* openingsrede. ~ **hours** *n. (mv.)* bank-, biblioteek-, kliniek-, winkelure, ens. ~ **night** openingsaand, première. ~ **time** oopmaaktyd. ~ **up** *n.* oopstelling.

**o·pen·ly** openlik; openhartig, rondborstig, ruiterlik.

**o·pen·ness** openheid, oopheid, oopte; openhartigheid, rond= borstigheid.

**op·er·a** opera; opera(uitvoering); *grand* ~ (groot) opera; *light* ~ operette; *perform an* ~ 'n opera uitvoer. ~ **company** operageselskap. ~ **glasses** *n. (mv.)* toneelkyker. ~ **house** operahuis. ~ **season** operaseisoen, =speelvak. ~ **singer** operasanger(es).

**op·er·and** *(wisk.)* operand.

**op·er·ate** bedien, hanteer *('n masjien, toestel);* bestuur *('n voertuig, winkel, ens.);* onderhou, in stand hou *('n stelsel ens.);* (aan)dryf/‑drywe, laat werk, in werking/beweging bring, aan die gang *(of* in bedryf) hou; funksioneer, werk, in werking wees; *('n masjien ens.)* loop; geld, van krag wees, in werking tree; bewerk, veroorsaak, teweegbring, tot stand bring, lei tot; *(han.)* sake doen, werksaam wees; bedryf *('n onderneming);* ontgin, bewerk *('n myn ens.);* werk, te werk gaan, opereer; optree, handel *(binne/kragtens bepalings ens.); (weermag)* militêre aksies onderneem/uitvoer, bewegings uitvoer; *(med.)* opereer, 'n operasie doen/uitvoer; ~ *on a leg (med.)* (aan) 'n been opereer; ~ *on a patient for* ... 'n pasiënt opereer weens ...; ~ *on an ulcer* 'n sweer opereer; *be* ~*d on* geopereer word; ~ *(up)on* ..., *(ook)* misbruik maak van ... *(iem. se liggelowigheid ens.).* **op·er·a·ble** opereerbaar; operasioneel; haalbaar.

**op·er·at·ic** *adj.* opera‑; ~ *performance* operaopvoering, ‑uitvoering; ~ *score* operapartituur; ~ *singer* operasanger(es); ~ *star* operaster. **op·er·at·ics** *n. (dikw. as ekv.)* opera(opvoering/uitvoering); *(fig.)* melodrama, melodramatiese/teatrale gedrag/optrede.

**op·er·at·ing** (goed) werkend; bedryfs‑. ~ **costs** bedryfs‑, eksploitasiekoste; werkkoste. ~ **loss** bedryfsverlies. ~ **profit** bedryfswins. ~ **results** bedryfsresultate. ~ **room** *(med.)* operasiekamer, teater; *(mil.)* seinkamer. ~ **staff** bedryfspersoneel. ~ **system** *(rek.)* bedryfstelsel. ~ **table** operasietafel. ~ **theatre** operasiesaal, teater. ~ **voltage** werkspanning.

**op·er·a·tion** handeling, werksaamheid; werking; bewerking; *(med.)* operasie; bediening *(v. 'n masjien);* die dryf/bestuur; proses; *(mil.)* krygsverrigting, gevegshandeling, operasie, maneuver; gelding *(v. 'n wet); centre of* ~*s* middelpunt van werksaamhede, hoofkwartier; *come into* ~ in werking tree; *an* ~ *for* ... 'n operasie weens ...; *have/undergo an* ~ geopereer word, 'n operasie ondergaan; *be in* ~ in werking/bedryf wees; in (volle) gang/swang wees; *an* ~ *on a patient* 'n operasie op 'n pasiënt; *perform an* ~ 'n operasie doen/uitvoer; *perform an* ~ *on s.o.* iem. opereer; *put s.t. into* ~ iets in bedryf stel. **op·er·a·tion·al** operatief, operasie‑; bedryfs‑, werkings‑; stryd‑, gevegs‑; ~ *area* gevegsgebied, operasionele gebied; ~ *arms* wapens in (volle) gebruik; ~ *instruction* bedryfs‑, bedieningsvoorskrif; ~/*operations research, (ekon.)* bedryfsekonometrie, ‑besluitkunde, ‑besliskunde, operasionele navorsing; *stay* ~ in werking bly; in gebruik bly; ~ *troops* gevegstroepe.

**op·er·a·tive** *n.* ambagsman; werktuigkundige; speurder; agent. **op·er·a·tive** *adj.* doeltreffend, werksaam, werkend; effektief, deurslaggewend, werk‑; prakties, meganies; snykundig, operatief; geldig, van krag; *become* ~ in werking tree; in gebruik kom; *the* ~ *word* die belangrikste/relevante woord.

**op·er·a·tor** operateur; bediener *(v. 'n masjien);* werker; telegrafis; telefonis; seiner; ondernemer, eksploitant; opnemer; *(infml.)* konkelaar, knoeier.

**o·per·cu·lum** ‑cula, ‑culums, *(bot., soöl.)* operkulum, (sluit)klep, dekvlies, dekseltjie; kieu‑, kiefdeksel *(v. visse en amfibieë).*

**op·er·et·ta** *(mus.)* operette.

**o·phid·i·an** *n., (soöl.)* slang(agtige). **o·phid·i·an** *adj.* slangagtig.

**oph·thal·mi·a** *(med.)* oftalmie, oogontsteking. **oph·thal·mic** *adj.* oog‑; oftalmies; ~ *clinic* oogkliniek; ~ *nerve* oogsenu(wee), oftalmiese senu(wee); ~ *surgeon* oftalmoloog, oogarts, ‑chirurg, ‑sjirurg.

**oph·thal·mol·o·gy** oftalmologie, oogheelkunde. **oph·thal·mo·log·i·cal** oogheelkundig. **oph·thal·mol·o·gist** oftalmoloog, oogarts, ‑heelkundige.

**oph·thal·mo·scope** oftalmoskoop, oogspieël.

**o·pi·ate** *n.* opiaat, opiumpreparaat, verdowingsmiddel; pynstiller, pynstillende middel. **o·pi·ate** *adj.* opiumbevattend, opium‑; bedwelmend, verdowend, pynstillend, slaapwekkend, slaap‑; sussend, kalmerend. **o·pi·ate** *ww.* met opium meng.

**o·pine** *(fml.)* meen, van mening wees, dink; 'n mening uitspreek.

**o·pin·ion** mening, siening, sienswyse, beskouing, opvatting, opinie, oordeel, gedagte, denkwyse; gevoel(ens); gesindheid; (gedagte)rigting; dunk; advies; stem; *advance an* ~ 'n mening opper; *be of another* ~ anders dink; *s.o. of another* ~ 'n andersdenkende; *have a bad/low* ~ *of* ... min van ... dink, 'n swak dunk van ... hê; *a clash of* ~*s* 'n meningsverskil; *a considered* ~ 'n oorwoë mening; *take counsel's* ~ regsadvies *(of* 'n regsmening) inwin/verkry; *they differ in* ~ hulle verskil van mening; *a difference of* ~ 'n meningsverskil, 'n verskil van mening; 'n geskil; *express/give an* ~ *(on* ...*)* 'n mening/oordeel (oor ...) gee/uitspreek; *have a good* ~ *of* ... baie van ... dink, 'n goeie/hoë dunk van ... hê; *hazard/venture an* ~ 'n mening waag; *hold an* ~ 'n mening/sienswyse hê/huldig; *hold* (or *be of)* *the* ~ *that* ... meen *(of* van gedagte/mening/oordeel wees) dat ..., die mening huldig dat ...; *in my humble* ~ na/volgens my beskeie mening; *in s.o.'s* ~ na/volgens iem. se mening/beskouing/oordeel; *in my/his/our* ~ myns/syns/onses insiens; *legal* ~ regsadvies, 'n regsmening; *have a low* ~ *of* ... →*bad/low*; *it is a matter of* ~ daar bestaan/is verskil van mening oor, dit is 'n onuitgemaakte saak; *be of the* ~ *that* ... →*hold* the opinion that ...; *s.o.'s* ~ *of s.t.* iem. se mening omtrent iets; *offer an* ~ 'n mening uitspreek; *an* ~ *on* ... 'n mening/oordeel/sienswyse oor ...; *s.o.'s private* ~ iem. se persoonlike mening; *public* ~ die openbare mening; *get a second* ~ bykomende advies inwin, nog iem. *(of* 'n kenner) raadpleeg; *share s.o.'s* ~ met iem. saamstem, iem. se mening deel; *state/voice an* ~ 'n mening uitspreek/ lug; *stick to one's* ~ by jou mening bly; *venture an* ~ →*hazard/venture; be wedded to one's* ~*s* onwillig wees om van jou menings af te sien; *the weight of* ~ *is* ... die meeste mense meen ... ~ **forming** mening(s)vormend. ~ **maker,** ~ **shaper,** ~ **former** mening(s)vormer. ~ **poll** meningspeiling.

**o·pin·ion·at·ed** eiewys, ‑sinnig, ‑willig.

**o·pi·oid** *n. & adj., (biochem.)* opioïed.

**o·pi·um** opium. ~ **poppy** *(bot.)* slaapbol, ‑kruid, ‑papawer, ‑maankop. ~ **traffic** opiumhandel.

**o·pos·sum** ‑*sum(s), (soöl.)* opossum, buidelrot.

**op·po·nent** teen‑, teëstander, ‑party, opponent; opponent, teenspeler; *a worthy* ~ 'n waardige teen‑/teëstander. ~ **(muscle)** *(anat.)* antagonis, antagonistiese spier, opponensspier.

**op·por·tune** geleë, gunstig, geskik, net van pas, net op die regte tyd. **op·por·tune·ness, op·por·tune·ness** geskiktheid, gepastheid. **op·por·tun·ism** opportunisme. **op·por·tun·ist** *n.* opportunis. **op·por·tun·ist, op·por·tun·is·tic** *adj.* opportunisties. **op·por·tun·is·ti·cal·ly** opportunisties, op opportunistiese wyse.

**op·por·tu·ni·ty** geleentheid, kans; *afford/give s.o. an* ~ *to* ... iem. geleentheid bied/gee om te ...; *avail o.s. of the* ~ → *take; have equality of* ~ gelyke geleenthede hê; *an excellent* (or *a golden)* ~ 'n gulde geleentheid; *get/have an/the* ~ *to* ... geleentheid hê/kry om te ...; *grasp/seize an* ~ 'n geleentheid aangryp; ~ *knocks (for s.o.)* die geleentheid wink (vir iem.); *miss an* ~ 'n geleentheid laat verbygaan, 'n kans verspeel; *when an* ~ *presents itself* as die geleentheid hom aanbied/voordoen; *take (advantage of)* (or *avail o.s. of)* *the* ~ die geleentheid aangryp/benut/gebruik, van die geleentheid gebruik maak; ~ *makes a/the thief, (idm.)* die geleentheid maak die dief; *use one's opportunities* van jou geleenthede gebruik maak, die geleenthede aangryp. ~ **cost** *(ekon.)* alternatiewe koste.

**op·pose** bestry, opponeer, teen-, teëwerk, -gaan, -staan, dwarsboom, stelling neem teen, weerstaan, keer; ~ *s.t., (ook)* jou teen iets verset. **op·pos·a·ble** weerlegbaar, bestrybaar; teen-, teëstelbaar; *(anat., soöl.)* opponeerbaar *(duim).* **op posed** *(ook)* teen-, teëgesteld; *s.t. is diametrically ~ to ...* iets is lynreg in stryd *(of* in lynregte teen-/teëstelling) met ...; *two strongly ~ characters* twee karakters in sterk teen-/ teëstelling met mekaar, twee uiterstes; *be strongly/vehemently ~ to s.t.* sterk/heftig teen iets gekant wees; *as ~ to ...* teenoor *(of* in teen-/teëstelling met) ...; *as ~ to that/this* daarteenoor/hierteenoor, in teen-/teëstelling daarmee/hiermee; *be ~ to ...* teen ... gekant wees. **op·pos·er** teen-, teëstander, bestryder, opponent. **op·pos·ing:** ~ *party* teen-, teëparty; ~ *player* teenspeler.

**op·po·site** *n.* (die) teenoorgestelde, teendeel; teen-, teëvoeter. **op·po·site** *adj.* teenoorgestel(d); teen-, teëgesteld; ander; oorkants(t)e; teenoorstaande; ~ *angle/side* teenoorstaande hoek/sy; ~ *bank* oorkants(t)e wal; *in ~ directions* in teenoorgestelde rigtings; *just ~ (to) ...* regoor ...; *s.o.'s ~ number* iem. se eweknie/ampsgenoot/kollega; *(sport)* iem. se eweknie; *(teat.)* iem. se teenspeler; ~ *page* teenoorstaande bladsy; *the ~ sex* die ander geslag; ~ *side* → *angle/side;* ~ *to ...* regoor/oorkant ... **op·po·site** *adv. & prep.* oorkant, anderkant, aan die oorkant *(of* ander kant), hierteenoor, regoor, teenoor; *the house ~* die oorkants(t)e huis; *the tree/etc. ~ to the house* die boom/ens. regoor/oorkant die huis.

**op·po·si·tion** teen-, teëstand, -kanting, verset; teen-, teëparty; teen-, teëstelling; opposisie; *encounter ~* teen-/teëstand/teen-/teëkanting kry/ondervind; *be in ~, (parl.)* die oppoisisie wees, tot die opposisie behoort; *(astron.)* in opposisie wees; *be in ~ to ...* teen ... wees; *met ... in stryd wees; leader of the O~, (parl.)* leier van die Opposisie; *meet with (no) ~* (geen) teen-/teëstand kry/ondervind (nie); *offer ~* teen-/teëstand bied; *strong ~* sterk teen-/teëstand; *to ...* teen-/teëstand/verset teen ...; *wide ~* teëstand oor die hele linie. **op·po·si·tion·al** opposisioneel, opposisie-.

**op·press** verdruk, onderdruk; bedruk maak, swaar druk op, beswaar, benou, beknel, oorheers; *the ~ed* die verdruktes. **op·pres·sion** verdrukking, onderdrukking, oorheersing; druk; *(feeling of)* ~ neerslagtigheid, swaarmoedigheid, bedruktheid, terneergedruktheid. **op·pres·sive** verdrukkend, onderdrukkend, tiranniek; benouend, drukkend; hinderlik, lastig. **op·pres·sive·ness** druk; drukkendheid. **op·pres·sor** verdrukker, onderdrukker, tiran.

**op·pro·bri·um** *(fml.)* afkeer, minagting, hoon, smaad; (openbare) skandaal, skande(likheid); oneer. **op·pro·bri·ous** beledigend; minagtend, honend, smalend; skandelik, veragtelik; ~ *language* skeltaal.

**op·pugn** *(arg.)* betwis, bestry, betwyfel, in twyfel trek; weerspreek.

**opt** kies, 'n keuse uitoefen; ~ *for* (or *in favour of) ... ...* (ver)kies; ~ *out of ...* jou aan ... onttrek; uit ... tree; verkies om nie te ... nie; ... ontduik *(verpligtings ens.).*

**op·tic** opties, gesig(s)-, oog-; ~ *angle* gesigshoek; ~ *glass* lens; ~ *nerve* gesigsenu(wee), oogsenu(wee), optiese senu(wee). **op·ti·cal** opties, gesigs-; ~ *character recognition, (rek., afk.* OCR*)* optiese karakterherkenning *(afk.:* OKH*);* ~ *fibre* optiese vesel; ~ *glass* optiese glas; ~ *illusion* optiese bedrog, gesigs-, oogbedrog; ~ *instruments* optiese instrumente, optika; ~ *path* gesigsbaan. **op·ti·cian** brilmaker. **op·tics** *n. (fungeer as ekv.)* optika, optiek; *(visual)* ~ gesigkunde.

**op·ti·mal** optimaal, beste, gunstigste.

**op·ti·mise, -mize** optimaliseer.

**op·ti·mism** optimisme. **op·ti·mist** optimis. **op·ti·mis·tic** optimisties, vol moed.

**op·ti·mum** -tima, -timums, *n.* optimum. **op·ti·mum** *adj.* optimaal, beste, gunstigste.

**op·tion** keuse, alternatief, opsie; reg om te kies; voorkeur(reg); *exercise* (or *take up) an ~* 'n opsie uitoefen; *keep/leave one's ~s open* jou keuse voorbehou; alle moontlikhede ooplaat; *s.o. has no ~ but to ...* iem. kan nie anders as ... nie, daar is vir iem. geen keuse nie as om te ... nie; *leave s.o. no ~* iem. geen keuse laat nie; *have an ~ on s.t.* 'n opsie op iets hê *('n stuk grond ens.); all ~s are open* die keuse is vry; *have an ~ to ...* 'n opsie hê om te ...; *without the ~ (of a fine)* sonder keuse van ('n) boete. **op·tion·al** onverplig, nieverplig, na keuse, fakultatief, opsioneel, keuse-; ~ *extra, (nie b.d. prys inbegrepe nie)* opsionele ekstra; ~ *subject* keusevak.

**op·to·e·lec·tron·ics** *n. (fungeer as ekv.)* opto-elektronika, optoëlektronika.

**op·tom·e·ter** optometer, gesigsmeter.

**op·tom·e·try** optometrie, oogkunde. **op·to·met·ric** gesig-, oogkundig. **op·tom·e·trist** oogkundige, optometris, brilmaker.

**op·u·lent** ryk, vermoënd; oorvloedig, weelderig. **op·u·lence** rykdom, vermoë; oorvloed, weelde.

**o·pus** opuses, opera opus, (musiek)werk, musiekstuk; opus, werk(stuk), kunswerk; *Symphony No. 9, O~ 95* Simfonie nr. 9, Opus 95.

**or** *voegw.* of; anders; *either ... ~ ...* óf ... óf ...; ~ *isn't it?* of hoe (sê ek)?; ~ *so s.o. said* so het iem. ten minste gesê; *a day ~ so* 'n dag of wat; *three ~ four days, three days ~ so* 'n dag of drie; ~ *something* of so (iets).

**or·ache, or·ach** *(bot.: Atriplex hortensis)* (hof)melde.

**or·a·cle** orakel; vraagbaak, kennisbron. **o·rac·u·lar** orakelagtig, geheimsinnig, duister; ~ *language* orakeltaal.

**o·ral** *n.* mondeling(s)e eksamen, mondeling. **o·ral** *adj.* mondeling(s); mondelik(s); mond-, oraal; ~ *cavity* mondholte; ~ *contraceptive* mondelik(s)e/orale voorbehoedmiddel, die Pil; ~ *examination* mondeling(s)e eksamen, mondeling; ~ *history* mondeling(s)e/orale geskiedenis; ~ *sex* orale seks; ~ *tradition* mondeling(s)e oorlewering; ~ *vaccine* slukentstof. **o·ral·ly** mondeling(s); mondelik(s); *administer s.t. ~* iets mondelik(s) *(of* deur die mond) toedien.

**or·ange** *n.* (soet)lemoen; oranje(kleur); *the House of O~* die Oranjehuis, die Huis van Oranje. **or·ange** *adj.* oranjegeel, oranje(kleurig); *the ~ one* die oranje. ~ *blossom* lemoenbloeisel. ~ *creeper* oranjeklimop. ~ *flower water* lemoenbloeiselwater. **O~ Free State** *(SA, hist.)* Oranje-Vrystaat; → FREE STATE. ~ *grove* lemoenboord. ~ *juice* lemoensap. ~ *leaf: Feast of the O~ Leaves, (SA, Islam)* Fees van die Lemoenblare, *(infml.)* rampiesny. *O~man* Oranjeman, Orangis, Oranjegesinde. ~ *oil* lemoenolie. ~ *peel* n. lemoenskil. *~peel adj. (attr.)* lemoenskil- *(vel, voorkoms).* ~ *pekoe* (tea) oranje pekko(tee). **O~ (River)** *(SA)* Oranje(rivier); →GARIEP. **O~ River lily** *(Crinum bulbispermum)* oranjerivierlelie. ~ *squash* lemoendrank, -kwas. ~ *stick* naelstokkie. ~ (tree) lemoenboom. ~ *wood* lemoenhout.

**o·rang-u·tan(g)** orang-oetang.

**o·rate** oreer, die woord voer, 'n orasie/rede hou, 'n toespraak afsteek/hou/lewer. **o·ra·tion** (hoogdrawende) rede(voering), orasie. **or·a·tor** redenaar, spreker; orator, redekunstenaar.

**or·a·to·ri·o** -os, *(mus.)* oratorium.

**or·a·to·ry** welsprekendheid, redenaarskuns; retoriek. **or·a·tor·i·cal** oratories, redenaars-; ~ *gifts* redenaarsgawe.

**orb** bol, sfeer. ~ *weaver,* ~ *web spider* wawielspinnekop. ~ *web* wawielweb.

**or·bic·u·lar** *(teg.)* sirkel-, ringvormig; bolrond, -vormig; *(anat., bot., geol.)* orbikulêr.

**or·bit** *n., (astron.)* (wentel)baan; *(fig.)* (invloed)sfeer; belangstellingsveld, (ervarings)wêreld; *(anat.)* orbita, oogkas, -holte; *the earth's ~ (a)round the sun* die aarde se (wentel)baan om die son; *be in ~* in 'n wentelbaan wees; *go into ~* in 'n wentelbaan beweeg; *(infml.)* in ekstase/vervoering raak; *(infml.)* die aapstuipe kry, ontplof; *put/launch/send a satellite/etc. into* ~ 'n satelliet/ens. in 'n wentelbaan plaas. **or·bit** *ww.* (in 'n baan) wentel; omkring, 'n kring maak, omsirkel. **or·bit·al** *n.*, *(fis.)* orbitaal. **or·bit·al** *adj.* baan=, wentel-; ~ *flight, (astron.)* baan=, wentelvlug; ~ *sander* wentelskuurder. **or·bit·er (ve·hi·cle)** wenteltuig.

**orc** *(in sprokies en fantasiespeletjies)* gedrog, monster, wreed= aard.

**or·ca** moordvis; →KILLER WHALE.

**or·chard** boord. ~ **grass** soet=, os=, tuin=, maandgras.

**or·ches·tra** orkes; *conduct an* ~ 'n orkes dirigeer; *small* ~ orkessie. ~ **box**, ~ **pit** orkesbak, =put. ~ **stalls** voorste sit= plekke *(in 'n teat.).*

**or·ches·tral** orkestraal, orkes=; ~ *music* orkesmusiek; ~ *score* orkespartituur.

**or·ches·trate** *(mus.)* orkestreer, vir (die) orkes bewerk/ komponeer, instrumenteer; *(fig.)* bewimpel *('n situasie ens.).* **or·ches·tra·tion** orkestrasie, orkesbewerking, instrumenta= sie.

**or·chid** orgidee. ~ **grower** orgidee=, orgideëkweker. ~ **pe= largonium** muishondbossie. ~ **show** orgidee=, orgideëskou. ~ **tree** orgideeboom, bauhinia.

**or·chi·tis** *(med.)* orgitis, kalbassies.

**or·dain** orden, inseën; bevestig; bepaal, vasstel; bestem, be= skik; beveel, verorden, verordineer, dekreteer; →ORDINATION; ~ *s.o. with the laying on of hands* iem. met handoplegging bevestig; ~ *s.o. a priest* iem. tot priester wy; *be ~ed a priest, (ook)* die priesterwyding ontvang. **or·dain·ment** ordening, inseëning; beskikking, bestiering.

**or·deal** beproewing; (swaar) toets; ontbering, pynlike er= varing; *s.t. is an ~ for s.o.* iets is vir iem. 'n beproewing; *go/ pass through* (or *undergo*) *an* ~ 'n beproewing deurmaak/ deurstaan.

**or·der** *n.* orde; rang, stand; klas; rangorde; volgorde, skik= king; bevel, las(gewing), gebod, order; bedeling, (staats) bestel; bestelling, order; orde(teken), dekorasie, onderskei= ding; *in alphabetical* ~ in alfabetiese volgorde; ~ *of ap= pearance* volgorde van optrede; ~*s are* ~*s* 'n bevel is 'n be= vel; *at s.o.'s* ~ op iem. se bevel; ~ *of battle* slagorde; *by* ~ op las; *by* ~ *of* ...; in opdrag van ...; op las van ...; *call s.o. to* ~ iem. tot orde roep; *call a meeting to* ~ 'n vergadering open; *in chronological* ~ in tydsorde *(of* chro= nologiese/kronologiese orde); *in close* ~ in geslote geledere/ orde; kort opmekaar; ~ *of the day, (parl.)* dagorde; *(mil.)* dagorder; *s.t. is the ~ of the day, (fig.)* iets is aan die orde van die dag; *execute an* ~ 'n bevel uitvoer; 'n bestelling uitvoer; *an express* ~ 'n uitdruklike bevel; *in extended/loose* ~ in verspreide orde; *find s.t. in* ~ iets in orde bevind; *an* ~ *for s.t.* 'n bestelling vir iets; *until further* ~*s* voorlopig, tot nader(e) kennisgewing; *get things in* ~ sake agtermekaar kry; *give (s.o.) an* ~ (iem.) 'n bevel gee; *s.t. is in good* ~ iets is agtermekaar/reg *(of* in die haak *of* in goeie orde); *in* ~ in orde, in die haak; pluis; in volgorde; binne die orde *(op 'n vergadering); the motion is not in* ~ die voorstel is buite die orde; *s.t. is in* ~, *(ook)* iets werk; *in that* ~ in dié/daardie volgorde; *B, X and R in that* ~ agtereenvolgens B, X en R; *in* ~ *that* ... sodat ...; *in* ~ *to* ... om te (kan) ..., met die oogmerk om *(of* ten einde) te ...; *issue an* ~ 'n bevel uitreik/ uitvaardig; *keep* ~ orde hou, die orde handhaaf, die tug bewaar; *keep s.o. in* ~ iem. in bedwang hou; *keep s.t. in* ~ iets aan die kant hou *('n kamer ens.); the lower* ~*s* die laer stande; ~ *of magnitude* grootteorde; *maintain* ~ (die) orde handhaaf; *make an* ~ 'n bevel uitreik; ~ *of march* marsorde; *the natural* ~ *of things* die natuurlike gang van sake; *the new* ~ die nuwe bedeling; *of/in the* ~ *of* ... ongeveer *(of* om en by) ...; *the old* ~ die ou bedeling; *s.t. is on* ~ iets is bestel *(of* op bestelling); *be out of* ~ onklaar *(of* buite werking) wees;

*('n saak/spreker op 'n vergadering)* buite die orde wees; deur= mekaar wees; *rule s.o./s.t. out of* ~ iem./iets buite die orde verklaar; *pay the* ~ *of X* betaal aan die order van X; *place an* ~ 'n bestelling plaas/gee, bestel; *place* (or *put in*) *an* ~ *for s.t., put s.t. on* ~ iets bestel, 'n bestelling vir iets plaas; *on a point of* ~ op 'n punt van orde; *raise a point of* ~ 'n punt van orde opper; ~ *of precedence/rank* voorranglys, rang= orde; ~ *of priority* rangorde; ~ *of proceedings* orde van verrigtinge; *put s.t. in* ~ iets regmaak; iets in orde bring; iets aan die kant maak; *religious* ~ geestelike orde; *restore* ~ die orde herstel; *in reverse* ~ in omgekeerde volgorde; *s.t. is in running/working* ~ iets is in goeie orde, iets is agter= mekaar, iets werk (goed); ~ *of service* (orde van) ver= rigtinge; *in* ~ *of size* volgens/na grootte; *small* ~ bestellinkie; *solicit* ~*s* bestellings werf/opneem; *take an* ~ 'n bevel in ontvangs neem; 'n bestelling neem; *take* ~*s* bevele volg; be= stellings opneem; *take* ~*s from s.o.* iem. gehoorsaam; *take (holy)* ~*s* predikant/priester word, in die bediening/kerkdiens gaan, bevestig/georden word; *s.o. does not take* ~*s* iem. laat hom/haar nie (hiet en) gebied nie; *that's a tall* ~ dis 'n strawwe opdrag, dis geen kleinigheid nie, dit wil gedoen wees; dis 'n bietjie *(of* bietjies) te veel gevra/geverg; *it is in the* ~ *of things* dit lê in die aard van die saak; *eggs/etc. to* ~ eiers/ens. na bestelling; *goods to* ~ goedere op bestelling; *be under* ~*s* onder bevel staan; *s.t. is in working* ~ →*running/ working.* **or·der** *ww.* beveel, gebied, gelas, aansê, opdrag gee, kommandeer; bestel *(kos ens.);* ontbied, laat kom *('n taxi ens.);* rangskik, reël, orden, in orde bring; inrig; ~ *s.o. about/around* iem. rondstuur; oor iem. baasspeel, iem. hiet en gebied; ~ *arms!* sit af geweer!; ~ *s.t. from* ... iets by ... bestel *('n winkel, vervaardiger, ens.);* iets aan ... bestel *('n stad ens.);* iets uit ... bestel *('n land ens.);* ~ *s.o. home* iem. huis toe stuur; iem. gelas om terug te keer; ~ *s.o. off (the field)* iem. afstuur *(of* van die veld stuur); ~ *s.o. out* iem. uitja(ag), iem. beveel om die klaskamer/saal/ens. te verlaat; ~ *s.o. out of the* ... iem. uit die ... ja(ag)/stuur; ~ *s.o. right and left* oor iem. baasspeel, iem. hiet en gebied; ~ *s.o. to be removed/etc.* beveel dat iem. verwyder/ens. word. **or·der** *tw.* ~! *(~!),* *(parl. ens.)* orde! (orde!). ~ **book** bestelboek; *(mil.)* orderboek. ~ **form** bestelvorm. ~ **list** bestellys. ~ **number** bestelnommer. ~ **paper** *(parl., dikw. O~ P~)* ordelys, agen= da, dagorde.

**or·der·li·ness** ordelikheid; reëlmatigheid, reëlmaat.

**or·der·ly** *n., (mil., med.)* ordonnans; oppasser, oppaster. **or· der·ly** *adj.* ordelik, ordeliewend, op orde gesteld; gereeld, reëlmatig. ~ **book** *(mil.)* ordonnansboek; diensboek. ~ **offi= cer** offisier van diens. ~ **room** *(mil.)* (kaserne)kantoor, diens= kamer.

**or·di·nal** rangskikkend, ordinaal; ~ *measurement* rangorde= meting, ordinale meting; ~ *numeral* ranggetal. ~ **(number)** *(wisk.)* ordinaalgetal.

**or·di·nance** ordonnansie, (provinsiale) wet; instelling, kerk= like gebruik, reglement, ordinansie.

**or·di·nar·i·ly** gewoonlik, in die gewone loop van sake, in die reël, normaalweg.

**or·di·nar·i·ness** gewoonheid, alledaagsheid.

**or·di·nar·y** *n.: s.t. out of the* ~ iets buitengewoons/ongewoons; *... is nothing out of the ~, ('n gebeurtenis, verskynsel, ens.)* ... is iets gewoons *(of* niks buitengewoons nie); *something* ~ iets gewoons. **or·di·nar·y** *adj.* gewoon, alledaags, gebruiklik; ordinêr; *in the* ~ *course* gewoonlik, in gewone omstandig= hede, in die gewone loop van sake; *the* ~ *dose* die gewone/ gebruiklike dosis; ~ *shares, (fin.)* gewone aandele.

**or·di·nate** *n., (wisk.)* ordinaat.

**or·di·na·tion** klassifikasie, rangskikking; bevestiging, inseë= ning, ordening, ordinering; (in)wyding; besluit, bepaling.

**ord·nance** geskut, artillerie, kanonne; krygsbehoeftes; *a piece of* ~ 'n kanon *(of* stuk geskut). ~ **datum** *(sk.)* topo=

grafiese stelmerk/uitgangspunt. ~ **factory** geskutfabriek, artilleriewerkplaas. ~ **map** topografiese kaart, stafkaart. ~ **stores** krygsbehoeftes. ~ **survey** triangulasie; topografiese opmeting. ~ **survey map** topografiese kaart, stafkaart.

**Or·do·vi·cian** *n., the ~, (geol.)* die Ordovisium. **Or·do=vi·cian** *adj.* Ordovisies, Ordovisium=.

**ore** erts. ~ **bearing** ertshoudend. ~ **bed** ertslaag. ~ **body** ertsliggaam. ~ **carrier** ertsdraer. ~ **content** ertsgehalte. ~ **crusher** ertsbreker. ~ **crushing plant** ertsbrekery, ertsver=gruisaanleg, =installasie. ~ **deposit** ertsafsetting. ~ **dressing** ertsbereiding. ~ **dust** ertsstof. ~ **extraction** ertswinning. ~ **shoot** (ryk) ertsstrook/ertstong.

**o·re·ad** *(Gr. & Rom. mit.)* bergnimf.

**o·re·ga·no, o·reg·a·no** →ORIGANUM.

**Or·e·gon** *(geog.)* Oregon. ~ **pine/fir, Douglas fir** oregon=, douglasden.

**O·res·tes** *(Gr. mit.)* Orestes.

**orfe** *(igt.: Leuciscus idus)* winde.

**or·gan** *(mus.instr.)* orrel; *(anat.)* orgaan; *(dept. of org.)* orgaan, instrument, instelling, diens; *(kommunikasiemiddel)* orgaan, spreekbuis, (lyf)blad, tydskrif, koerant; ~ *of Corti, (anat.)* Corti-orgaan; *(male)* ~, *(euf.: penis)* (manlike geslags)orgaan. ~ **grinder** orreldraaier. ~ **recital** orreluitvoering. ~ **stop** orrelregister.

**or·gan·die, or·gan·die, (**Am.**) or·gan·dy** *(tekst.)* organ=die.

**or·gan·elle** *(biol.)* organel, selorgaan(tjie).

**or·gan·ic** organies; ~ *chemistry* organiese chemie/skeikunde.

**or·gan·is·a·ble, =iz·a·ble** organiseerbaar.

**or·gan·i·sa·tion, =za·tion** organisasie, organisering, die organiseer, reëling; struktuur, samestelling; organisasie, in=rigting, instelling, instansie; *O~ of African Unity, (1963-2002, afk.:* OAU) Organisasie vir Afrika-eenheid *(afk.:* OAE); →AFRICAN UNION; *O~ for Economic Cooperation and De=velopment, (afk.:* OECD) Organisasie vir Ekonomiese Same=werking en Ontwikkeling *(afk.:* OESO). ~ **chart** organisa=sieskema. ~ **man** organisasiemens.

**or·gan·i·sa·tion·al, =za·tion·al** organisatories, organisa=sie=; *for ~ purposes* met die oog op organisasie.

**or·gan·ise, =ize** organiseer, reël, inrig. **or·gan·ised, =ized** georganiseer(d); gestruktureer(d); *get ~* alles agtermekaar kry; *well ~* goed georganiseer(d) *(bende, span, ens.)*; goed georganiseer(d)/gereël *(byeenkoms, wedloop, ens.)*; goed ge=orden *(boek, stelsel, samelewing, ens.)*; goed ingerig *(huis, operasiekamer, ens.)*; metodies *(student ens.)*; *be well ~, (ook)* alles agtermekaar hê; dinge stelselmatig aanpak. **or·gan·is·er, =iz·er** organiseerder. **or·gan·is·ing, =iz·ing** ~ *committee* reë=lingskomitee.

**or·gan·ism** organisme.

**or·gan·ist** orrelis, *(vr.)* orreliste.

**or·gan·o·me·tal·lic com·pound** *(chem.)* organometaal=verbinding.

**or·gan·za** *(tekst.)* organza.

**or·gasm** orgasme; (hewige) opwinding, vervoering. **or·gas=mic, or·gas·tic** orgasmies, orgasties.

**or·gy** orgie, drinkparty, dronknes. **or·gi·as·tic** orgiasties, orgie=.

**or·i·bi** *=bi(s)* oribie, oorbietjie.

**o·ri·el** *(bouk.)* erker. ~ **(window)** erker(venster), komven=ster.

**o·ri·ent** *n., (poët., liter.)* ooste; glanspêrel; pêrelglans; *the O~, (poët., liter.)* die Ooste/Oriënt. **o·ri·ent** *adj., (poët., liter.)* Oosters; skitterend; kosbaar. **o·ri·ent, o·ri·en·tate** *ww.* oriënteer; die ligging bepaal; ~ *o.s.* jou oriënteer. **O·ri·en·tal** *n., (dikw. neerh.)* Oosterling. **o·ri·en·tal** *adj., (ook O~)* Oos=ters, Oriëntaal; →EASTERN.

**o·ri·en·ta·tion** oriëntering, oriëntasie; plekbepaling, liggings=

bepaling; rangskikking. ~ **course** oriënterings=, oriëntasie=kursus.

**or·i·en·teer** *n., (sport)* oriënteringsatleet. **or·i·en·teer** *ww.* aan oriëntering deelneem. **or·i·en·teer·ing** *n.* oriëntering.

**or·i·fice** *(hoofs. teg.)* opening, gat, mond(opening).

**or·i·flamme** *(hist.)* oriflamme, banier/vaandel (van St. Denis); *(fig., poët., liter.)* vaandel.

**o·ri·ga·mi** *(Jap. papiervoukuns)* origami.

**o·rig·a·num, o·re·ga·no, o·reg·a·no** origanum, orego.

**or·i·gin** oorsprong, begin, bron; herkoms, afkoms; oorsaak; ontstaan; kiem; wording; bronaar; *s.t. has its ~ in ...* iets spruit uit ...; *be Italian/etc. in ~, be of Italian/etc. ~* van Ita=liaanse/ens. oorsprong wees, uit Italië/ens. afkomstig wees; *country of ~* land van herkoms; *office of ~* kantoor van af=sending; *point of ~* uitgangspunt.

**o·rig·i·nal** *n.* (die) oorspronklike; eksentrieke/rare mens, sonderling. **o·rig·i·nal** *adj.* oorspronklik, aanvanklik, eer=ste, origineel; uitgangs=; ~ *meaning* grondbetekenis; ~ *print* oorspronklike afdruk *(v. 'n ets, houtsnee, ens.)*; ~ *sin, (Chr. teol.)* erfsonde, =smet. **o·rig·i·nal·i·ty** oorspronklikheid. **o·rig=i·nal·ly** oorspronklik, aanvanklik, eers, in die begin.

**o·rig·i·nate** ontstaan, begin; ontspring; veroorsaak (word); voortbring; ~ *from ...* uit ... voortkom; uit ... afkomstig wees; ~ *from/in ...* uit ... ontstaan; ~ *from/with ...* van ... uitgaan. **o·rig·i·na·tion** oorsprong, begin, ontstaan. **o·rig·i·na·tor** ont=werper, bewerker, opsteller; veroorsaker; stigter, skepper.

**o·ri·ole** wielewaal; *African golden ~* Afrikaanse wielewaal; *black-headed ~* swartkopwielewaal.

**O·ri·on** *(Gr. mit., astron.)* Orion; ~'s *Belt, (astron.)* die Gordel van Orion, Orion se gordel.

**Ork·ney (Is·lands), Ork·neys** Orkney-eilande.

**Or·lé·ans** *(geog.)* Orléans.

**Or·lon** *(tekst., handelsnaam)* orlon.

**or·mo·lu** vergulde brons, goudbrons, mosaïekgoud.

**or·na·ment** *n.* ornament, versiering. **or·na·ment** *ww.* versier, verfraai; *(mus.)* ornamenteer, versier. **or·na·men·tal** ornamenteel, dekoratief, dekorasie=, sier=; ~ *art* ornamen=tiek, versieringskuns; ~ *edition* praguitgawe; ~ *writing* sier=skrif. **or·na·men·ta·tion** versiering, tooi, ornamentasie.

**or·nate** oorlade, swierig, ryklik versier; beeld=, bloemryk, opgesmuk *(styl)*. **or·nate·ness** oorladenheid; bloemrykheid.

**or·ni·thol·o·gy** ornitologie, voëlkunde. **or·ni·tho·log·i·cal** ornitologies, voëlkundig. **or·ni·thol·o·gist** ornitoloog, voël=kundige, voëlkenner.

**o·rog·e·ny, o·ro·gen·e·sis** *(geol.)* orogenese, bergvor=ming.

**o·ro·tund** vol, rond, imposant *(iem. se stem)*; bombasties, geswolle *(styl, skryfwerk, ens.)*. **o·ro·tun·di·ty** hoogdrawend=heid, geswollenheid.

**or·phan** *n.* wees(kind); *(tip.)* hang=, enkelreël *(onderaan 'n bl.)*; →WIDOW *n.* **or·phan** *adj.* wees=; ~ *boy/girl/child* wees=seun/-meisie/-kind; *leave/make s.o. an ~* iem. wees maak. **or·phan** *ww.* wees maak, ouerloos maak/wees; ~*ed child* wees(kind), verweesde kind. ~ **house** weeshuis.

**or·phan·age** weeshuis.

**or·phan·hood** verweesdheid, ouerloosheid.

**Or·phe·us** *(Gr. mit.)* Orfeus, Orpheus. **Or·phe·an** Orfies, Orphies, van Orfeus/Orpheus; melodieus, meeslepend. **Or=phic** Orfies, Orphies, van Orfeus/Orpheus; *(soms o~)* mis=tiek, esoteries. **Or·phism** Orfisme, Orphisme.

**or·ris** Florentynse iris/lisblom.

**or·tho·chro·mat·ic** *(fot.)* kleurgevoelig.

**or·tho·clase** *(min.)* ortoklaas.

**or·tho·don·tics, or·tho·don·ti·a** *n. (fungeer as ekv.)* or=todonsie. **or·tho·don·tic** ortodonties. **or·tho·don·tist** orto=dontis.

**or·tho·dox** ortodoks, regsinnig; reggelowig; *O~ Church* Ortodokse Kerk. **or·tho·dox·y** ortodoksie, regsinnigheid.

**or·tho·e·py, or·tho·e·py** uitspraakleer, orto-epie, ortoë= pie. **or·tho·ep·ic** orto-epies, ortoëpies, uitspraakkundig, uit= spraak=. **or·tho·e·pist, or·tho·e·pist** uitspraakkundige.

**or·thog·o·nal** *adj., (wisk.)* ortogonaal, ortogonies, reghoe= kig.

**or·thog·ra·phy** ortografie, skriftekens, skryfstelsel; orto= grafie, (juiste) spelling, spel=, skryfwyse. **or·thog·ra·pher** ortograaf, spellingkundige. **or·tho·graph·ic, or·tho·graph· i·cal** ortografies, spel=, spelling=; *~ error* spelfout; *~ mark* skryf=, skrifteken.

**or·tho·pae·dics, (Am.) or·tho·pe·dics** *n. (fungeer as ekv.)* ortopedie. **or·tho·pae·dic, (Am.) or·tho·pe·dic** *adj.* or= topedies; *~ surgeon* ortopedis. **or·tho·pae·dist, (Am.) or·tho· pe·dist** ortopedis.

**or·thop·ter·an** *n., (entom.)* regvleuelige, =vlerkige. **or·thop· ter·an, or·thop·ter·ous** *adj.* regvleuelig, =vlerkig.

**or·thop·tics** *n. (fungeer as ekv.)* ortoptiek, ortoptika, oog= spierafrigting. **or·thop·tist** ortoptis, oogspierafrigter.

**Or·well·i·an** *adj.* Orwelliaans.

**o·ryx** *=ryx(es)* gemsbok. *~ bull* gemsbokbul. *~ cow* gems= bokkoei.

**Os·car** *(Am. filmk.)* Oscar.

**os·cil·late** ossilleer, swaai, heen en weer beweeg; weifel, aarsel, op twee gedagtes hink. **os·cil·lat·ing** *adj.* ossillerend, ossilleer=; *~/oscillatory circuit* ossilleerkring. **os·cil·la·tion** ossillasie, swaaiing, slingerslag, geslinger; weifeling. **os·cil· la·tor** ossillator, wisselaar. **os·cil·la·to·ry** ossillerend, skom= melend. **os·cil·lo·graph** *(elektron.)* ossillograaf. **os·cil·lo· scope** *(elektron.)* ossilloskoop.

**os·cu·lum** *(soöl.)* tuit, oskulum.

**o·sier** *(bot., ook* osier willow*)* kat=, bind=, mandjiewilg(er); wilgerlat; *(ook, i.d. mv.)* mandjiesgoed.

**O·si·ris** *(Eg. mit.)* Osiris.

**os·mic** *adj.* reuk=.

**os·mi·rid·i·um** *(metal.)* osmiridium.

**os·mi·um** *(chem., simb.:* Os*)* osmium.

**os·mo·sis** *=moses, n., (biol., chem.)* osmose. **os·mot·ic** os= moties; *~ pressure, (chem.)* osmotiese druk.

**os·prey** *(orn.)* visvalk.

**os·se·ous** *(hoofs. soöl. & med.)* beenagtig, benig, been=.

**os·si·cle** *(anat., soöl.)* (oor)beentjie.

**os·si·fy** in been verander, verbeen, ossifiseer; *(fig.)* stagneer, verhard, verstok. **os·si·fi·ca·tion** ossifikasie, verbening.

**os·so buc·co** *(It. kookk.)* osso bucco.

**os·su·ar·y** ossuarium, beenderehuis.

**os·te·i·tis** *(med.)* beenontsteking.

**Ost·end** *(geog.)* Oostende.

**os·ten·si·ble** oënskynlik, skynbaar, kastig. **os·ten·si·bly** oënskynlik, kwansuis, kamma.

**os·ten·sive** *(ling.)* ostensief.

**os·ten·ta·tion** vertoon(sug), spoggerigheid, pronkery, ydel= heid, ostentasie. **os·ten·ta·tious** spoggerig, vertonerig, ydel, ostentatief.

**os·te·o·ar·thri·tis** *(med.)* osteoartritis.

**os·te·ol·o·gy** osteologie, beenkunde. **os·te·o·log·i·cal** oste= ologies, beenkundig. **os·te·ol·o·gist** osteoloog, beenkun= dige.

**os·te·o·ma·la·ci·a** osteomalasie, beenversagting.

**os·te·o·my·e·li·tis** *(med.)* osteomiëlitis, beenmurgontste= king.

**os·te·op·a·thy** osteopatie. **os·te·o·path·ic** osteopaties.

**os·te·o·po·ro·sis** *(med., veearts.)* osteoporose.

**os·ti·um** *=tia, (anat., soöl.)* opening, (uit)monding, mond.

**ost·ler, host·ler** *(hist.)* stal=, perdekneg.

**os·tra·cise, =cize** uitsluit, verstoot, uitstoot. **os·tra·cism** uitsluiting.

**os·trich** *=trich(es)* volstruis; *have the digestion of an ~* 'n vol= struismaag hê. *~ farm* volstruisplaas. *~ feather* volstruisveer. *~ mentality* kop-in-die-sand-mentaliteit, volstruismentali= teit. *~ policy* volstruispolitiek.

**os·trich·like** volstruisagtig *(dinosourus ens.)*; kop-in-die= sand-, volstruis= *(benadering ens.)*.

**oth·er** ander; anders; *all the ~s* al die ander; *among ~s* onder andere; *each ~* mekaar, die een die ander; *and a few ~s* en nog 'n paar, en nog enkeles; *one's ~ half* jou weder= helf(te); *see how the ~ half lives* sien hoe *(of* in watter omstandighede*)* ander mense leef/lewe, sien hoe mense aan die ander kant van die draad/spoorlyn leef/lewe; *s.o. can do no ~* iem. kan nie anders nie; *~ than* ... buiten/be= halwe ...; *things ~ than* ... ander dinge as ...; *among ~ things* onder meer/andere; *the ~ woman/man, (getroude man/vrou se minnares/minnaar)* die ander man/vrou; *the ~ world* die geestewêreld; die hiernamaals. **oth·er·ness** andersheid. **oth· er·wise** *adj. (pred.)* anders, verskillend; *(SA, infml.)* aweregs, dwars(trekkerig), stroomop; *and/or ~* of *(of* al dan*)* nie. **oth· er·wise** *adv.* anders; andersins; so nie; in ander opsigte; op 'n ander manier; origens, verder, vêrder; *~ not bad* anders/ origens nie sleg nie; *Mrs X, ~ (called) the Peahen* mev. X, oftewel *(of* ofte wel *of* ook/anders genoem*)* die Pouwyfie; *do it now, ~* ... doen dit nou, anders ...; *be ~ minded* anders daaroor dink, 'n ander mening hê/huldig. **oth·er·world·li· ness** anderwêrelds; bonatuurlikheid. **oth·er·world·ly** ander= wêreldsheid; boaards, bonatuurlik.

**o·tic** oor=, van die oor. **o·ti·tis** *(med.)* oorontsteking.

**o·to·lith** *(soöl.)* otoliet, oorsteen(tjie).

**o·tol·o·gy** otologie, oorheelkunde. **o·to·log·i·cal** oorheel= kundig. **o·tol·o·gist** otoloog, oorspesialis.

**o·to·(rhi·no·)lar·yn·gol·o·gy** oto(rino)laringologie, oor= neus-en-keel-heelkunde. **o·to·(rhi·no·)lar·yn·gol·o·gist** oto= rinoloog, oor-neus-en-keel-arts.

**o·to·scope** *(med.)* otoskoop, oorspieël.

**ot·ter** *=ter(s)* otter; *sea ~, (Enhydra lutris)* see-otter. *~ dog, ~ hound* otterhond.

**Ot·to·man** *n., (hist.)* Ottoman, Turk. **Ot·to·man** *adj.* Ot= tomaans, Turks, Osmaans, Osmanies.

**ot·to·man** *(soort sofa/ribstof)* ottoman; *box ~* gestoffeerde kis.

**ouch** *tw.* eina!.

**ought** *ww.* behoort; *s.o. ~ to* ... iem. behoort te ...; *s.o. ~ to be here soon* iem. behoort binnekort hier te wees; *~ to have done s.t.* iem. moes iets *(of* behoort iets te*)* gedoen het.

**Oui·ja board** *(handelsnaam)* ouijabord.

**ounce**[1] *(afk.:* oz*)* ons; *two ~s* twee ons.

**ounce**[2] →SNOW LEOPARD.

**our** ons(e); *to ~ way of thinking* onses insiens. **ours** *bes.vnw.* ons s'n; ons; *~ is a different system* ons gebruik/het 'n ander stelsel, ons stelsel is/werk anders; *it is ~* dit is ons s'n; *it is ~ to* ... dit is ons plig om te ... *(gehoorsaam ens.)*; *I like ~ better* ek hou meer van ons s'n; *of ~* van ons.

**our·selves** *(ook* ourself *as na mense i.d. alg. verwys word)* ons; onsself, ons self; *between ~* (net) onder ons (gesê); *by ~* alleen; *we shall only harm ~* ons sal onsself *(of* ons self*)* net skade aandoen; *we'll see to it ~* ons sal self daarvoor sorg.

**oust** uitdryf, =drywe, verdryf, =drywe; verdring, uitstoot, =druk; uitlig, ontsetel, uitstem; *~ s.o. from* ... iem. uit ... sit/ verwyder; *~ a rival* 'n mededinger se hand in die as slaan. **oust·ed** ontsetel. **oust·er** *(jur.)* uitdrywing, =sluiting.

**out** *n., (infml., fig.)* skuiwergat; *the ~s, (pol.)* die verloorders. **out** *adj. (pred.) & adv.* uit, buite; uit, nie tuis nie, weg van die huis; nie op kantoor nie; bekend, openbaar; *('n boek)* het verskyn; *('n geheim)* het uitgelek; *('n vuur ens.)* uit, dood; *('n brand)* geblus; om, verby; van die baan; *(infml.)* uit (die mode); uitgeslote; uitgebak; buite die kwessie; flou, be= wusteloos, katswink; *(bal, speler)* uit; *be ~ and about* op die been wees; *go all/full ~* (alles) uithaal; *~ and ~* deur en deur; *~ and away* the best verreweg die beste; *the daisies are ~* die madeliefies blom; *an evening ~* 'n aand(jie) uit; *(not) be far ~* (nie) ver/vêr verkeerd wees (nie); dit (nie) ver/vêr mis hê (nie); *be ~ for s.t.* agter iets aan wees *(geld ens.)*; *be ~ in front* heel vooraan *(of los voor)* wees; *~ here* hier buite; *~ loud* hardop, luidkeels; *not ~, (sport)* nie uit nie; *do s.t. ~ of* ... iets uit ... doen *(wrok ens.)*; *s.o./s.t. is ~ of* ... iem./iets is buite ... *(bereik, gevaar, beheer, werking, ens.)*; iem./iets is buite(kant) ... *('n dorp, stad)*; iem./iets is uit ... *(d. mode, pas, tyd, ens.)*; iem. is sonder ... *(werk ens.)*; *s.o. is (clean/clear) ~ of* sugar iem. het nie meer suiker *(of* geen suiker meer) nie, iem. se suiker is op/klaar/gedaan; *s.o. is fresh ~ of* ... iem. se ... is pas/net op *(suiker ens.)*; iem. het pas uit ... gekom *(d. tronk ens.)*; *make s.t. ~ of* ... iets uit/van ... maak; iets uit ... verdien; *ten kilometres ~ of* ... tien kilometer van/buite(kant) ...; *walk ~ of the door* by die deur uitstap; *~ of the house* buitenshuis, uit die huis (uit); *~ of South Africa* uit/bui= te(kant) Suid-Afrika; *be ~ of it* nie meetel nie; nie betrokke wees nie; oningelig wees; *(Br.)* dronk wees; *(Am.)* nie helder/ logies kan dink nie; *s.o. is well ~ of it* iem. kan bly wees *(of* van geluk spreek) dat hy/sy daaruit *(of* daarvan ontslae) is; *be ~ on strike, (werkers)* staak; *that is ~!, (infml.)* daar kom niks van nie!; *be ~ to do s.t.* daarop uit wees om iets te doen; *~ with them!* weg met hulle!; gooi hulle uit!; *~ with it!* (kom) uit daarmee!; *~ you go!* uit is jy!. **out** *prep.: walk ~ the door, (Niestandaardengels)* by die deur uitstap. **out** *ww.* onthul, openbaar (maak), aan die lig bring. **~-and-~** *adj. (attr.)* deur en deur; deeglik, volslae; aarts-. **~back** *n.* diep platteland *(of* afgeleë deel/gebiede) (van Australië); agter= veld, boendoe, gramadoelas. **~back** *bep.* agterveldse, boen= doe=; *~ life* die lewe in die boendoe. **~bid** -*dd*-; -*bid* -*bid(den)* hoër bes as; oortref. **~board** buiteboords; -*motor* buite= boordmotor. **~bound** uitgaande, op die uitreis. **~break** uit= breking, (die) uitbreek; uitbarsting; opwelling *(v. 'n gevoel)*; uitval; opstand, oproer; *at the ~ of (the) war* toe die oorlog uitbreek, by die uitbreek van die oorlog. **~building** buite= gebou. **~burst** uit-, losbarsting. **~cast** *n.* verstoteling, ver= stotene, verworpene, verworpeling, uitgeworpene; verson= kene; banneling. **~cast** *adj.* verstote, verwerp(te), verworpe, uitgewerp(te), uitgeworpe, uitgeskop(te); verban(ne). **~class** oortref, -skadu, in die skadu stel; maklik verslaan. **~come** → OUTCOME. **~crop** *(geol.)* dagsoom; verskyning. **~cry** ge= skree(u), lawaai, geroep, uitroep; protes; *an ~ against* ... luide protes teen ...; *raise an ~ against* ... luid(keels) teen ... protesteer. **~dated** verouderd; uit die mode. **~distance** uit=, verby(hard)loop, disnis loop; agterlaat. **~do** -*did* -*done* oortref, verbystreef, -strewe, baasraak; *s.o. was not to be outdone* iem. wou nie agterbly nie. **~door** → OUTDOOR. **~face** trotseer, uitdaag, die hoof bied. **~fall** uitloop *(v. 'n rivier ens.)*. **~field** *(sport, vnl. kr. en bofbal)* buiteveld; buiteveld= werkers; afgeleë veld *(v. 'n plaas)*; *in the ~, (ook)* aan die grens. **~fielder** *(kr., bofbal)* buiteveldwerker. **~fight** -*fought* -*fought* baasraak, uitklop, -stof. **~fit** *n.* uitrusting, toerusting; uitset *(vir 'n bruid, baba)*; *(infml.)* geselskap, span. **~fit** -*tt*-; *ww.* uitrus, toerus. **~flank** *(mil.)* omtrek, -vleuel, oorvleuel; *(fig.)* uitoorlê. **~flow** uitloop; uitstroming, afvloei(ing). **~flung** *adj.* uitgestrek, oopgesprei. **~fly** -*flew* -*flown* vinniger/verder vlieg as. **~fox** *(infml.)* uitoorlê. **~gassing** ontgassing; gas= verlies. **~going** → OUTGOING. **~grow** -*grew* -*grown* ontgroei, te groot word vir; uit-, verbygroei; *~ one's strength, (Br.)* uit jou kragte groei. **~growth** uitwas; -groeisel; gevolg, uitkoms, resultaat. **~guess** *ww.: ~ s.o.* iem. te vlug *(of* te slim vir iem. wees. **~gun** -*nn*- oortref *(in wapensterkte)*; *(infml.)* troef, koudsit, oorskadu, in die skadu stel. **~house** buitegebou; *(Am.)* buitetoilet. **~last** oorleef, -lewe, langer duur/uithou as.

~**law** → OUTLAW. **~lay** uitgawe, besteding, (produksie)koste. **~let** → OUTLET. **~line** *n.* omtrek, buitelyn; opset; oorsig; ske= ma; omtrek(lyn); omtreksskets; belyning, omlyning, profiel; *(ook, i.d. mv.)* hoofpunte, breë/algemene trekke; *in (broad) ~* in hooftrekke, in breë/algemene trekke; *a sketchy ~* 'n vae omtrek. **~line** *ww.* omlyn, belyn, afteken; skets, uitstippel, in hooftrekke beskryf/beskrywe. **~line map** oorsigkaart. **~live** oorleef, -lewe, langer leef/lewe as. **~look** vooruitsig; uitsig, gesig; opvatting, beskouing; kyk; *a bleak ~* 'n droewe/droe= wige/slegte vooruitsig; *the ~ is dark* dit lyk maar donker; *s.o.'s ~ (on life)* iem. se lewensbeskouing/-opvatting; *a nar= row ~* 'n eng/bekrompe lewensopvatting; *a warped ~* 'n skewe/verwronge kyk op die lewe. **~manoeuvre** uitoorlê, te slim wees vir. **~match** oortref. **~number** in getal oortref; *be ~ed* in die minderheid wees; teen 'n oormag te staan kom. **~-of-body experience** buiteliggaamlike ervaring. **~-of-court settlement** *(jur.)* skikking buite die hof. **~-of-date** *(attr.)*, *~ of date (pred.)* verouderd, ouderwets, oudmodies. **~-of-doors** *n. (as ekv.)* ope lug. **~-of-pocket** *adj. (attr.): ~ expenses* kontantuitgawes, klein/los uitgawes; *~ payment* di= rekte betaling. **~-of-season** *adj. (attr.)* buiteseisoen-. **~-of-the-way** *adj. (attr.)* afgeleë; uitsonderlike, seldsame; *~ place* uithoek, agterhoek. **~-of-town** *adj. (attr.)*, *('n winkelsentrum ens.)* wat buite die dorp/stad geleë is *(pred.)*; *('n prokureur ens.)* van 'n ander dorp/stad *(pred.)*. **~-of-towner** *(Am.)* vreemdeling op die dorp *(of* in die stad), besoeker van el= ders. **~-of-work** *adj. (attr.)* werklose. **~pace** verbygaan, uit=, verbyhardloop; oortref. **~patient** buitepasiënt; *~(s') depart= ment* buitepasiëntafdeling, -departement. **~perform** oortref. **~placement** uitplasing *(v. personeel ens.)*. **~play** uitstof, -klop. **~point** *(boks ens.)* met punte klop; *(sk.)* digter by die wind seil as. **~post** voorpos; buitepos. **~pouring** uitstorting, uitstroming. **~put** produksie, opbrengs, opbrings *(v. 'n fa= briek ens.)*; vermoë *(v. 'n masjien)*; *(elek.)* lewering; *(rek.)* af= voer. **~rank** in rang oortref, 'n hoër rang beklee as; *a full Col. ~s a Lt Col.* 'n volle kol. staan bo *(of* is hoër [in rang] as) 'n lt.kol. **~reach** reikwydte; *(sosiol.)* uitreik(ings)= program; uitreik(ings)aksie *(na gestremdes ens.)*. **~reach** *adj. (attr.)* uitreik(ings)= *(diens ens.)*. **~reach** *ww.* verder/vêrder reik as, oortref. **~ride** -*rode* -*ridden* verbyry, wegry van/vir; vinniger ry as. **~rider** eskort; voorryer; agterryer. **~rigger** loefbalk, papegaaistok *(v. 'n seilskip)*; vlerk *(aan 'n roeiboot)*; *(ook* outrigger boat/canoe*)* vlerkprou; arm, balk *(v. 'n kraan)*; *(meg.)* uithouer. **~rival** oortref, uitstof, oorskadu, in die skadu stel, die oorhand kry oor. **~run** -*nn*-; -*ran* -*run* uit=, verbyhardloop, verbysteek, vinniger hardloop as; ontvlug; die grense oorskry. **~sell** -*sold* -*sold* meer verkoop as; 'n groter verkoop(s)opbrengs/-opbrings lewer as. **~set** begin, aanvang; *at the ~* in/aan/by die begin, eers, aanvanklik; *at the very ~* sommer aan/in die begin; *from the ~* van die begin/staanspoor (af), uit die staanspoor (uit), (sommer) met die intrap(slag), van meet af (aan). **~shine** -*shone* -*shone* oortref, -skadu, in die skadu stel, uitblink/uitmunt bo. **~size** *n., (kledingstuk)* (ekstra) groot grootte/maat/nommer; kolos, reus. **~size(d)** *adj.* ekstra groot; reuse-. **~smart** *(infml.)* uitoorlê, kul, fop. **~source** uitkontrakteer, uitbestee *(werk ens.)*. **~sourcing** uitkontraktering, -besteding *(v. werk ens.)*. **~span** *n., (SA, hoofs. hist.)* uitspan-, rusplek; uitspanning. **~span** -*nn*-, *ww.* uitspan, rus. **~spend** meer bestee/uitgee as. **~spread** uitgesprei, -gestrek. **~stare:** *~ s.o.* iem. laat weg= kyk. **~station** buitepos; buite-, bystasie. **~stay** te lank bly. **~stretch** *ww.* uitstrek, sprei; verder/vêrder strek/reik as; *~ed hand* uitgestrekte hand. **~strip** -*pp*- oortref; oorskry; agter= laat, verby(hard)loop. **~swing** *(kr.)* uitswenk(ing), uitswaai. **~swinger** *(kr.)* uitswaaibal, uit-, wegswaaier. **~take** *n., (filmk.)* afgekeurde opname. **~talk** doodpraat. **~think** uitoorlê, te slim wees vir. **~tray** uitmandjie. **~turn** produksie, opbrengs, opbrings; resultaat. **~vote** oorstem; afstem; uitstem. **~wash** *n.* glasiofluviale/fluvioglasiale puin. **~weigh** oortref; van groter belang wees as; *be ~ed by ..., (ook)* nie teen ... opweeg nie. **~wit** =*tt*= uitoorlê, fop, kul, te slim wees vir. **~work** *n.*, *(mil.)* buitewerk.

**out·age** *n.* kragonderbreking; weiering *(v. 'n enjin ens.).*

**out·come** uitslag, uitkoms, gevolg, uitvloeisel, resultaat. **out·comes-based ed·u·ca·tion** *(SA, opv., afk.:* OBE*)* uitkoms= gebaseerde onderwys *(afk.:* UGO*).*

**out·door** *adj. (attr.)* buitelug=, opelug=, buitenshuis; buite=; ~ **activities** buitelugaktiwiteite; ~ **game** opelugspel; ~ **life/ living** buitelewe, lewe in die buitelug; ~ **paint** buiteverf; ~ **swimming pool** opelug=, buitelugswembad, buitenshuise swembad. **out·doors** *n. (as ekv.)* buitelug, ope lug; *the great* ~ die (vrye) natuur. **out·doors** *adv.* buitenshuis, in die bui= telug *(of* ope lug).

**out·er** *adj. (attr.)* buitenste, buite=; uiterlike; ~ **door** buite= deur; ~ **egg** randeier; ~ **garments** boklere; ~ **space** die bui= teruimte, die buitenste ruimte; *the ~ world* die buitewêreld. **out·er·most** verste, vêrste, uiterste, buitenste.

**out·er·wear** oorklere; boklere.

**out·go·ing** uitgaande; vertrekkend; uit=, aftredend; ~ *perso= nality* spontane/innemende/ekstroverte persoonlikheid; ~ *tide* uitgaande/aflopende gety. **out·goings** *n. (mv.), (Br.)* (on)= koste, uitgawe.

**out·ing** uitstappie, ekskursie, (plesier)toggie; kuier(tjie); *(infml.)* onthulling, openbaarmaking *(v. iem. se homoseksua= liteit); go on an ~* 'n uitstappie doen/maak/onderneem.

**out·land·ish** vreemd, eksentriek, bisar. **out·land·ish·ness** vreemdheid, eksentrisiteit, bisarheid.

**out·law** *n.* voëlvryverklaarde; misdadiger, boef. **out·law** *ww.* verbied, 'n verbod plaas op; voëlvry verklaar *(iem.); (Am.)* nietig verklaar *('n kontrak ens.).* **out·law·ry** voëlvry= verklaring; (volslae) verbod; ~ *of war* verbod op alle oorlog.

**out·let** *(teg.)* uitlaat(klep); uitlaat(pyp); afvoerbuis, =pyp; opening; deurlaat; uitgang *(v. 'n myn ens.);* mond(ing) *(v. 'n rivier);* uitloop *(v. 'n dam ens.); (med.)* uitlaat, uitmonding, uitgang; *(Am., elek.)* kragpunt; *(han.)* afsetgebied, mark; *(han.)* verkooppunt; *(han.)* afsetplek; *(fig.)* uitlaatklep *(vir emo= sies ens.).*

**out·li·er** uitloper; losliggende deel; *(geol.)* loslap, erosierelik; *(statist.)* uitskieter; satellietkantoor; buitestander.

**out·ly·ing** afgeleë, ver/vêr (verwyder[d]); ~ *districts* buite= gebiede, =distrikte; ~ *farm* buiteplaas; ~ *post* buitepos.

**out·mod·ed** verouderd, uit die mode, oudmodies, uit= gedien(d), ouderwets, uit die ou(e) doos.

**out·rage** *n.* woede, verontwaardiging; (growwe) beledising, vergryp, wan=, gruweldaad; aanranding, gewelddaad, aan= slag; *an ~ against* ... 'n vergryp teen ...; *express (one's) ~ at* s.t. uiting gee aan jou verontwaardiging oor iets; *a sense of* ~ woede; *it is an ~ to* ... dit is verregaande/skandelik om te ... **out·rage** *ww.* verontwaardig; beledig, krenk; oortree, (ver)breek, skend, geweld aandoen. **out·raged** *(ook)* woe= dend, buite jouself (van woede), briesend, rasend; (erg) ver= ontwaardig, geskok; *be ~ by s.t.* hoogs verontwaardig *(of* woedend) oor iets wees. **out·ra·geous** verregaande; skan= delik, skandalig; ergerlik; beledigend; skokkend, vreeslik, verskriklik; gewelddadig, woes.

**ou·tré** *(Fr.)* onwelvoeglik, aanstootlik; eksentriek, eienaardig.

**out·right** *adj.* volledig; volkome; onvoorwaardelik; rond= borstig, reguit; onmiskenbaar; *an ~ defeat/win* 'n volkome ne(d)erlaag/oorwinning. **out·right** *adv.* heeltemal, totaal, geheel en al, volkome; openlik, ronduit, rondborstig; reg= streeks, ineens; *s.o. was killed* ~ iem. is op slag dood.

**out·side** *n.* buitekant, buitenste; uiterlik(e), uiterste; *a hun= dred at the* ~ uiterlik/hoogstens honderd, honderd op sy meeste/hoogste; *from the* ~ van buite (af); *on the* ~ aan die buitekant; buiteop; =kant; buitekant; van buite; *round the* ~ buiteom. **out·side** *adj.* buitenste, buite=, van buite; uiterste; ~ *agency* buitekrag, krag van buite; ~ *broadcast,* *(rad., TV)* buiteopname; ~ *chance* heel/uiters geringe kans; ~ *edge*

buiterand; ~ *elevation* buiteaansig; ~ *half, (rugby)* losska= kel; ~ *interest* buitebelang; ~ *lane* buitebaan *(v. 'n pad);* ~ *left, (sokker)* linkerbuitespeler; ~ *price* uiterste *(of* hoogs moontlike) prys; ~ *right, (sokker)* regterbuitespeler; ~ *room* buitekamer; ~ *track, (sport)* buitebaan; ~ *work* bui= tewerk, bybaantjie; ~ *world* buitewêreld. **out·side** *adv.* buite(kant); na buite, buite(n)toe; in die buitelug *(of* ope lug); *red* ~ rooi van buite, buitekant rooi. **out·side** *prep.* buite(kant); afgesien van, buiten; ~ *(of) his/her own family* he/she knows no one buiten sy/haar huismense ken hy/sy niemand nie; *just* ~ *the town* kort buite(kant) die dorp/stad. **out·sid·er** randfiguur, =eier; buitestander; *(lettk.)* buitestan= der(figuur), outsider; *(sport)* buiteperd; *be a rank* ~, *('n perd ens.)* geen kans hê nie.

**out·skirts** *n. (mv.)* grens; uithoeke; buitewyke, rand(e), bui= terand(e), omgewing, omstreke; *the ~ of a forest* die soom van 'n bos; *on the ~ of the town* aan die rand *(of* in die bui= tewyke) van die dorp/stad.

**out·spo·ken** reguit, onomwonde, *(<Eng.)* uitgesproke, open= hartig, rondborstig, opreg, vrymoedig; *be* ~ baie reguit wees, geen/nie doekies omdraai nie; padlangs/reguit/ronduit praat. **out·spo·ken·ly** padlangs, reguit, ronduit, rondborstig, openlik, openhartig, vrymoedig. **out·spo·ken·ness** open= hartigheid, rondborstigheid, *(<Eng.)* uitgesprokenheid, op= regtheid, openheid, vrymoedigheid.

**out·stand·ing** buitengewoon, uitsonderlik, puik, uitstekend, skitterend, briljant, uitmuntend, voortreflik, uitnemend; op= vallend, opmerklik, ooglopend; besonder; oorheersend; on= afgehandel(d), agterstallig *(werk ens.);* onopgelos *(geheim ens.);* onbeslis *(bevinding ens.);* uitstaande *(skuld ens.);* onbe= taal(d), onvereffen *(rekening ens.);* agterstallig *(huur, rente, ens.);* onafgelos *(lening ens.);* *(ook, i.d. mv.)* uitstaande/on= betaalde/onvereffende skulde; *be* ~ uitblink, uitmunt; ~ *fea= ture* besondere kenmerk; ~ *person* uitblinker.

**out·ward** *n.* uiterlik(e). **out·ward** *adj.* uiterlik; buite=, uit= waarts; uitwendig; *the* ~ *eye* die liggaamlike oog; ~ *flight* heenvlug; ~ *form* die uiterlik(e); ~ *journey* heen=, uitreis; ~ *mail* uitgaande pos; buitelandse pos. ~ *bound* uitgaande, =varende, op die uit=/heenreis. **~-going** *adj.* ekstrovert; ~/ *outward-looking policy, (ekon.)* uitwaartse beleid.

**out·ward·ly** uitwendig; oënskynlik, op die oog (af), uiter= lik, van buite (af).

**out·ward(s)** *adv.* buitekant toe, na die buitekant, na buite, buite=, uitwaarts; *outwards movement* uitwaartse beweging.

**out·wear** =*wore* -*worn,* langer hou/dra as; uitput. **out·worn** verslete; verouderd.

**ou·zo** *(Gr. drank)* ouzo.

**o·val** *n.* ovaal. **o·val** *adj.* ovaal, eiervormig, ellipties; ~ *table* ovaal/ovale tafel. **~-shaped** ovaalvormig.

**O·vam·bo** Ovambo, Wambo. **~land** Ovambo/Owambo(land).

**o·va·ry** *(anat.)* eierstok, ovarium; *(bot.)* vrugbeginsel, ova= rium. **o·var·i·an** van die eierstok/vrugbeginsel; eierstok=.

**o·vate** *(of* vormig), eiervormig, =rond.

**o·va·tion** ovasie, toejuiging, applous; *get a standing* ~ staan= de toegejuig word; *give s.o. a standing* ~ iem. staande toe= juig.

**ov·en** oond; *like an* ~, *(infml.)* (so warm) soos 'n bakoond, snikheet; *a medium/moderate* ~ 'n matige oond; *put s.t. in the* ~ iets in die oond sit/steek. ~ **cloth** vatlap. ~ **glove** oond= handskoen. **~proof** oond=, vuurvas. **~-ready** *adj.* bakklaar. ~ **roast** oondbraaistuk. **~-roast** *ww.* oondbraai. **~-to-table** *adj. (attr.)* oond=, vuurvaste *(bakskottel ens.).* **~ware** oond= skottels, vuurvaste bakke.

**o·ver** *n., (kr.)* boulbeurt; *a maiden (~)* 'n leë (boul)beurt. **o·ver** *adv.* oor; omver, omvêr, onderstebo, om; opnuut; verby; *(all)* ~ *again* van voor af (aan), nog 'n keer/slag, nog= maals, nog eens, nogeens; *all* ~ oral(s); in alle rigtings; in alle opsigte; van kop tot tone/toon; deur en deur; *that's him/*

*her all* ~ dis net soos *(of* nes) hy/sy is, dis nou van hom/ haar; *it is all* ~ dit is (alles) verby; dit is die end/ɡinde; dit is klaarpraat; *it is all* ~ *between them* dit is alles uit tussen hulle; *it is all* ~ *with s.o.* dit is klaar(praat) met iem., iem. is oor die muur; *fifty/etc.* **and** ~ vyftig/ens. en daarbo; ~ **and** ~ *(again)* oor en oor, keer op keer, herhaaldelik, telkens; tot vervelens toe; *it is* ~ *and* **done** *with* dit is uit en gedaan; dit is gedane sake; *s.o. is* ~ *in America/etc.* iem. is oorkant in Amerika/ens.; ~ *and* **out,** *(rad.)* oor en af; ~ *to* ... ... is aan die beurt, nou is dit ... se beurt; nou skakel ons oor na ... **o·ver** *prep.* oor, bo(kant), bo-op; oor, oorkant; by; oor, vanweë, in verband met; gedurende, tydens; ~ *and* **above** ... buiten/benewens *(of* bo en behalwe) ...; ~ *and* **above** *that* boonop, buiten= dien; *be all* ~ *s.o., (infml.)* 'n ophef van iem. maak; *travel all* ~ *Namibia/etc.* die hele Namibië/ens. deurreis; *draw a hat* ~ *one's eyes* 'n hoed oor jou oë trek; ~ *a* **hundred/ thousand** meer as *(of* oor die) honderd/duisend; *just* ~ ... effens/effe(ntjies)/iets meer as ...; *well* ~ *an hour* ruim 'n uur, 'n goeie/ronde uur; *well* ~ *a* **hundred** ruim/goed hon= derd. ~**abundance** oorvloed, (te groot) oorvloedigheid, oordaad. ~**abundant** te oorvloedig/volop, meer as volop, oordadig. ~**accentuate** oorbeklemtoon. ~**achieve** oorpres= teer, beter presteer as verwag. ~**achievement** oorprestasie. ~**achiever** oorpresteerder. ~**act** *(teat.)* oordrewe speel, oor= speel, oordryf, oordrywe. ~**active** hiperaktief *(kind ens.);* ooraktief *(skildklier, verbeelding, ens.).* ~**activity** hiper=, oor= aktiwiteit. ~**age** *(attr.),* ~ **age** *(pred.)* te oud. ~**all** →OVERALL. ~**ambition** oorambisie. ~**ambitious** oorambisieus, (al)te am= bisieus. ~**anxiety** oorbesorgdheid; oorgretigheid. ~**anxious** oorbesorg, oorbekommerd; oorangstig; oorgretig. ~**arch** *ww.* oorwelf, oorwelwe, oorkoepel. ~**arching** *adj. (attr.)* oor= koepelende *(raamwerk, funksie, ooreenkoms, doelwit, probleem, ens.).* ~**arm** *adj., (sport)* oorarm, oorhands; ~/*overhand* bowl= *ing* oorhandse boulwerk; ~ *stroke* boarmslag; *throw s.t.* ~ *iets* oorarm/bo-oor gooi. ~**awe** intimideer, ontsag/vrees inboe= sem, oorbluf. ~**balance** jou ewewig verloor; omslaan, (om)= kantel, omtuimel; omgooi, laat (om)kantel; van groter be= lang wees *(of* swaarder weeg) as. **O~berg:** *the* ~, *(SA)* die Overberg. ~**bid** =*bid* =*bid(den)* oorbie. ~**bite** *n., (tandh.)* oor= byt. ~**board** oorboord; go ~ *about/for* ..., *(infml.)* oorloop van geesdrif vir ...; *fall/go* ~ oorboord val; *go* ~, *(infml.)* iets oordryf/oordrywe, meegevoer raak; *throw s.t.* ~, *(lett. & fig.)* iets oorboord gooi; *be washed* ~ oorboord gespoel word. ~**book** *ww.* oorbespreek, te vol bespreek *('n vlug, hotel, ens.).* ~**build** =*built* =*built* te dig bebou; te veel bou. ~**burden** *n., (geol.)* bolaag, deklaag; oorbelasting. ~**burden** *ww.* oorlaai, oorbelas; ooreis. ~**buy** =*bought* =*bought* oorin= koop, te veel koop. ~**capacity** oorkapasiteit. ~**capitalisation, =zation** oorkapitalisasie. ~**capitalise, =ize** oorkapitaliseer. ~**careful** oorversigtig, te versigtig. ~**cast** *n.* betrokke/be= wolkte lug; *(met.)* wolkbolaag; *(mynb.)* lugkruising. ~**cast** *adj.* betrokke, bewolk, toegetrek; ~ *sky, (ook)* onweerslug. ~**cast** *ww.* bewolk, verduister; *(naaldw.)* omkap. ~**casting** *(naaldw.)* omkapwerk. ~**cautious** te versigtig, oorversigtig. ~**charge** te veel vra/vorder *(of* laat betaal); oorlaai *('n battery ens.);* oorvoer *('n vergruiser);* oorstook *('n oond);* te swaar laai, oorbelas, oorlaai. ~**cloud** *ww.* verdonker, verduister; verdof; vertroebel; ontsier. ~**coat** jas, oorjas; bolaag. ~**come** =*came* =*come, ww.* oormeester, te bowe kom, oorkom, oorwin, die oorwinning behaal oor, die oorhand kry oor; afleer; ~ *a handicap* 'n agterstand inhaal; 'n gebrek te bowe kom. ~**come** *adj. (pred., volt.dw.)* oorstelp, magteloos, verslae, oorweldig; *s.o. was* ~ *by/with emotion* iem. was geweldig aangedaan, iem. se gemoed het volgeskiet; *be* ~ *by sleep* deur die slaap oorval word. ~**commit** *ww.:* ~ *o.s.* te veel op jou neem, te veel verpligtinge aangaan. ~**compensate** oor= kompenseer. ~**compensation** oorkompensasie. ~**confidence** te veel (self)vertroue, oormoed(igheid), oorgerustheid. ~**con= fident** oormoedig, oorgerus. ~**cook** te gaar/lank kook, dood= kook. ~**correction** oorkorreksie. ~**critical** oorkrities, (al)te

krities. ~**crop** =*pp*= (deur roofbou) uitput *(grond).* ~**cropping** roofbou, gronduitputting. ~**crowd** te vol maak/laai/pak, oorlaai; oorvol maak, oorvul; oorbewoon, oorbevolk, te dig bevolk; verdring. ~**crowded** te vol, oorvol; oorlaai; oor= bevolk, oorbewoon(d); oorbeset. ~**crowding** oorbevolking, oorbewoning; oorlading; verdringing. ~**develop** ooront= wikkel. ~**development** oorontwikkeling. ~**do** =*did* =*done* oordryf, oordrywe, te ver/vêr gaan; doodkook, te gaar kook/ maak; ~ *it/things* te hard werk, jou ooreis; te ver/vêr gaan, te erg aangaan, dit/dingɡe te ver/vêr dryf/drywe/voer. ~**done** oordrewe; doodgekook, te gaar gekook/gebraai; oorwerk, uitgeput. ~**dose** *n.* oordosis, te groot dosis; →OD *n..* ~**dose** *ww.* te veel *(of* 'n oordosis) (in)gee; →OD *ww.;* ~ *on heroin/ pills/etc.* 'n oordosis heroïen/pille/ens. (in)neem. ~**draft** → OVERDRAFT. ~**dramatic** oordramaties. ~**dramatise, =tize** oordramatiseer. ~**dress** *ww.* te deftig aantrek. ~**drive** → OVERDRIVE. ~**due** (te) laat; oor sy/haar tyd, laat gebore *('n baba ens.);* agterstallig *('n biblioteekboek ens.);* ~ *account* ag= terstallige rekening; ~ *bill* vervalle wissel; *it is long* ~ dit moes lankal gebeur het, ons wag al lank daarop, dit is lankal meer as tyd. ~**eager** oorywerig, te gretig. ~**eagerness** oor= ywer(igheid). ~**eat** =*ate* =*eaten* te veel eet; ~ *o.s.* te veel eet, jou ooreet. ~**elaborate** *adj.* oorlade. ~**elaboration** oorla= denheid. ~**emotional** ooremosioneel. ~**emphasis** oor= klemtoning. ~**emphasise, =ize** oorbeklemtoon. ~**enthu= siasm** te groot geesdrif, oorywer(igheid). ~**enthusiastic** oorywerig, alte geesdriftig. ~**estimate** *n.* oorskatting; te hoë raming/skatting. ~**estimate** *ww.* oorskat, te hoog skat. ~**excite** oorprikkel; *(elek.)* ooropwek. ~**excited** oorspanne; *(elek.)* ooropgewek. ~**excitement** oorprikkeling, oorspan= ning. ~**exercise** *n.* oormatige *(of* te veel) oefening. ~**exer= cise** *ww.* oormatig *(of* te veel) oefen. ~**exert** oorspan; ~ *o.s.* jou kragte ooreis, jou oorspan *(of* te veel inspan). ~**exertion** oorspanning. ~**expose** te veel blootstel; *(fot.)* oorbelig. ~**ex= posure** erge blootstelling; *(fot.)* oorbeligting. ~**extend** *ww.:* ~ *o.s.* te veel hooi op jou vurk laai/neem. ~**familiar** oor= bekend; familiêr. ~**fatigued** oorvermoeid. ~**feed** =*fed* =*fed* te veel kos gee; te veel voer, oorvoer; *an overfed fellow* 'n uit= gevrete kêrel. ~**fill** oorvul. ~**fish** oorbevis. ~**fishing** oorbe= vissing. ~**flight** oorvlug. ~**flow** *n., (watertegnol., rek.)* (die) oorloop; *(ook* overflow pipe) oorlooppyp; oorstroming; oor= skryding; oorskot, oorvloed, surplus. ~**flow** =*flowed* =*flown, ww.* oorloop; oorstroom; *the river* ~*s (its banks)* die rivier loop oor *(of* oorstroom) sy walle; *the tumbler/etc.* ~*s* die glas/ ens. loop oor. ~**flowing** *n.* (die) oorloop; oorstroming; oor= vloed; *full to* ~ tot oorlopens (toe) vol, boorde(ns)=, stamp= oorvol. ~**flowing** *adj.* boorde(ns)=, stampvol, tot oorlopens toe (vol). ~**fly** =*flew* =*flown* vlieg oor, oorvlieg. ~**fold** *ww.* oorplooi. ~**fold(ing)** *n., (geol.)* oorplooiing. ~**fond** (al)te lief. ~**fondness** versotheid. ~**full** oor=, prop=, stampvol. ~**gar= ment** bokleed. ~**generalise, =ize** oorveralgemeen. ~**gener= ous** oordadig; te edelmoedig. ~**glaze** *n.* boonste glasuurlaag. ~**graze** oorbewei, vertrap; ~*ed veld* oorbeweide/vertrapte veld. ~**grazing** oorbeweiding. ~**ground** bogronds. ~**grow** =*grew* =*grown* begroei; toegroei; te vinnig groei. ~**grown** toegegroei(d), begroei(d); te lank uitgegroei(d); te geil ge= groei(d); *be an* ~ *child, (hoofs. neerh., v. 'n grootmens gesê)* 'n groot kind wees; *be thickly* ~ ruig wees; ~ *village* dor= pie wat uit sy nate bars; ~ *wool* oorjarige wol. ~**growth** te geil/welige groei, oorgroeiing; uitwas. ~**hand** *adj.* oorhands; ~ *bowling* →OVERARM/OVERHAND BOWLING; ~ *knot* halwe/ oorhandse knoop; ~ *stitch* oorhandse steek; ~ *stope* rug= afbouplek. ~**hand** *adv.* oorhands, van bo (af); *throw* ~ bo= oor gooi. ~**hang** *n.* oorhang(ende deel). ~**hang** =*hung* =*hung, ww.* oorhang; hang oor, uitsteek (oor); oorsteek; oorhel; *(fig.)* bedreig. ~**hanging:** ~ *eaves* oorstekende dakrand; ~ *nest* hangnes; ~ *rock* hangklip; ~ *stair* vrydraende trap. ~**hasty** oorhaastig, halsoorkop, onbekook. ~**haul** *n.* op= knapping; deeglike ondersoek. ~**haul** *ww.* opknap, hersien, regmaak, deeglik ondersoek/nasien/nagaan, onder hande

neem; uitmekaar haal, uitmekaarhaal; *(Br.)* inhaal, verby=
steek. **~head** →OVERHEAD. **~hear** =heard =heard toevallig
hoor; afluister. **~heat** oorverhit, te warm maak. **~heated**
oorverhit *(vertrek, enjin, ekonomie, ens.);* vuurwarm *(argument,
bespreking, ens.);* ontstoke *(skare ens.).* **~heating** oorverhit=
ting. **~indulge** jou ooreet/oordrink; te veel eet/drink; te veel
toegee (aan), te toegeeflik wees (met); verwen *('n kind).* **~in-
dulgence** oormatige gebruik, onmatigheid, oordaad; ver=
wenning. **~indulgent** alte toegeeflik. **~kill** *n.* (gebruik van)
oormatige (militêre) mag; oordrewe gebruik. **~laden** *('n
tafel ens.)* oorlaai *(met kos ens.).* **~land** *adj.* oor land; ~ *journey*
landreis, reis oor *(of* dwarsdeur die) land. **~land** *adv.* oor
land. **~lap** →OVERLAP. **~lay** →OVERLAY. **~leaf** *adv.* op die
keersy *(of* anderkants[t]e bladsy), agterop, op die agterkant;
*turn* ~ blaai om. **~lie** =lying; =lay =lain lê op, oordek, bedek;
doodlê, versmoor *('n kind); overlying layer* deklaag. **~load** *n.*
te swaar vrag/las; oorbelasting, oorlading, oordruk. **~load**
*ww.* oorlaai, te swaar laai; oorbelas. **~loading** oorlading;
oorbelasting. **~locker** omkapmasjien. **~long** te lank *(pred.),*
te lang *(attr.),* ellelank *(pred.),* ellelange *(attr.).* **~look** uitkyk
op/oor; oor die hoof sien, ignoreer; misken, miskyk, ver=
bysien, nie raaksien nie; verskoon, deur die vingers sien=
oorsien; toesig hou oor. **~lord** opper(leen)heer; heerser.
**~lordship** opperheerskappy. **~man** =men, *n.* voorman;
skeidsregter; *(filos.)* oppermens. **~man** =nn=, *ww.* oorbeman;
oorbeset. **~mantel** skoorsteenmantel, =stuk, bomantel;
skoorsteenspieël. **~match** te sterk wees vir, baas wees (oor).
**~much** (al)te veel. **~night** *adj. (attr.)* (oor)nag=; ~ *bag/case*
nagtas; ~ *guest* slaapgas; *the* ~ *score, (kr.)* die oornag=/aan=
staanelling; ~ *stay* oornagting; ~ *success* blits=, kitssukses.
**~night** *adv.* oornag, gedurende *(of* in die) nag; die vorige
nag; plotseling, skielik; *stay* ~ oornag, die/'n nag oorbly. **~-
optimistic** ooroptimisties. **~paint** *ww.* oorskilder; te sterk
kleur/beskryf/beskrywe. **~pass** bo=, oorpad; *(ook* overpass
bridge*)* oor=, kruisbrug. **~pay** =paid =paid oorbetaal, te veel
betaal. **~payment** oorbetaling. **~pitch** *ww., (kr.)* te vol plant
*('n bal); (Br.)* oordryf, oordrywe. **~play** oordryf, oordrywe;
*(teat.)* →OVERACT; ~ *one's hand, (fig.)* te veel waag, te ver/vêr
gaan, dit te ver/vêr dryf/drywe. **~populate** oorbevolk, te dig
bevolk. **~population** oorbevolking. **~power** oorweldig, oor=
meester, baasraak; ondersit; oorstelp; *be* ~*ed with* ... van ...
oorstelp wees *(smart, vreugde, ens.).* **~powering** *(ook)* on=
weerstaanbaar. **~price** 'n te hoë prys vra vir; te duur maak.
**~print** *n.* op=, oordruk. **~print** *ww.* op=, oordruk, bo-oor
druk; te veel druk; *(fot.)* te donker afdruk. **~produce** oor=
produseer. **~production** oorproduksie. **~protect** oorbe=
skerm. **~protective** oorbeskermend. **~qualified** oorgekwa=
lifiseer(d). **~rate** oorskat, te hoog skat/aanslaan; ~ *o.s.* jou
wat verbeel. **~reach** jou verrek; uitoorlê, fop, kul; *('n perd
ens.)* aankap, aanslaan; ~ *o.s.* te veel op jou neem; jou doel
verydel/verbystreef/=strewe. **~react** oorreageer. **~reaction**
oorreaksie. **~ride** =rode =ridden omverwerp, omvêrwerp, nie=
tig verklaar, ophef, herroep, neutraliseer *('n bepaling ens.);*
tersyde *(of* ter syde) stel *('n uitspraak ens.);* baas wees oor;
*(ook elek., rek.)* oorheers; *(teg.)* oorvleuel, strek oor; plat trap,
plattrap, (met die voete) vertrap; kapot/flou/gedaan ry; oor=
ry; ~ *one's commission* jou bevoegdheid/magte te buite gaan
*(of* oorskry); *overridden mass, (mynb.)* onderbou. **~riding**
oorheersend; ~ *commission* bykommissie; ~ *factor* oor=
heersende faktor; ~ *jurisdiction* meerdere jurisdiksie/regs=
bevoegdheid; ~ *principle* grondbeginsel, deurslaggewende
beginsel. **~ripe** oor=, papryp. **~rule** kragteloos maak *('n be-
sluit, regering, ens.);* verwerp *('n voorstel, beslissing, ens.);* van
die hand wys *('n beswaar);* oorheers; *s.o. was* ~d iem. moes
swig. **~run** *n.* oorskryding *(v. 'n begroting ens.); (druk.)* oor=
loop *(v. 'n reël);* noodagterbaan *(v. 'n vliegveld); cost* ~ koste=
oorskryding. **~run** =ran =run, *ww.* wemel; knoei; krioel; vervuil;
swerm; oorgroei; oorstroom; oorrompel, platloop; verwoes;
*('n generator ens.)* vryloop; *(elek.)* oorbelas; *(druk.)* oorloop;
oorskry *('n begroting ens.); be* ~ *with vermin/etc.* van goggas/

ongedierte/ens. wemel *(of* vervuil wees); *be* ~ *with weeds* van
onkruid vervuil wees. **~seam** oornaat. **~seas** →OVERSEAS.
**~see** →OVERSEE. **~sell** =sold =sold te veel verkoop, meer
verkoop as wat jy kan lewer; (jou ware) opdring; te hoog
aanslaan, oordrewe aanprys. **~sensitive** oorgevoelig, lig=
geraak, kleinserig. **~sensitiveness** oorgevoeligheid. **~sew**
=sewed =sewed/=sewn oorhands werk. **~sewing** oorhandse
steek. **~shadow** oorskadu, in die skadu stel, oortref, uitblink
bo, verbystrewe, =streef. **~shoe** oorskoen. **~shoot** =shot
=shot, *('n vliegtuig ens.)* verbyskiet (by) *('n landingsbaan ens.);*
oorskry *('n begroting).* **~shot** *adj.* bovoorbytend; boslag=; ~
*jaw* bovoorbyter, *(infml.)* varktande; papegaaibek *(by skape).*
**~side** *adv.* oorboord, oor die kant. **~sight** vergissing, fout,
onoplettendheid, nalatigheid, versuim; toesig; *through* (or
*owing to) an* ~ per abuis. **~simplification** oorvereenvoudiging.
**~simplify** oorvereenvoudig. **~-sixties** *n. (mv.)* mense/per=
sone bo *(of* ouer as) sestig. **~size** bonormale grootte.
**~size(d)** oorgroot, bonormaal; uitgevreet. **~sleep** =slept
=slept (jou) verslaap; ~ *by two/etc. hours* twee/ens. uur te lank
slaap. **~spend** =spent =spent, *(ekon.)* oorbestee; spandabel
wees, te veel spandeer; uitput. **~spending** spandabelheid;
*(ekon.)* oorbesteding; oorskryding. **~spill** →OVERSPILL. **~staff**
oorbeset, van te veel personeel voorsien, oorbeman, te sterk
beman. **~staffed** oorbeset, oorbeman, met te veel personeel.
**~state** oordryf, oordrywe, te sterk stel, oorbeklemtoon; te
hoog opgee; ~ *one's case* oordryf, oordrywe, te ver/vêr gaan.
**~statement** oordrywing, oordrewe bewering/stelling, oor=
beklemtoning. **~stay** te lank bly, langer bly as. **~steer** *ww.,
(mot.)* oorstuur. **~steering** *n., (mot.)* oorstuur. **~step** =pp=
oorskry, te buite gaan. **~stimulate** oorstimuleer. **~stimu-
lation** oorstimulasie, oorstimulering. **~stitch** *n., (naaldw.)*
oorsteek. **~stitch** *ww. (naaldw.)* oorsteke werk. **~stock** →
OVERSTOCK. **~strain** *n.* ooreising, oorspanning; verrekking.
**~strain** *ww.* ooreis; verrek; oorspan; oorrek. **~strained** oor=
spanne; ~ *word* afgesaagde *(of* holrug geryde) woord. **~stress**
oorbeklemtoon. **~stretch** verrek, oorspan; *(fig.)* oorbelas;
ooreis. **~strewn** *(poët., liter.): be* ~ *with* ... met ... besaai(d)/
bestrooi wees. **~strung** oorspanne, oorvermoei(d); kruis=
snarig *(klavier);* oorkruis gespan *(klaviersnare);* ~ *condition*
oorspanning, oorvermoeidheid, sufheid. **~stuff** te vol prop/
stop *('n koffer ens.).* **~stuffed** oorvol; korpulent, swaarlywig;
goed gestoffeer(d) *(meubels).* **~subscribe** →OVERSUBSCRIBE.
**~supply** *n.* ooraanbod, oormatige aanbod, aanbodoorskot.
**~supply** *ww.* oorvoer. **~take** =took =taken inhaal, verbysteek,
vang; oorval *(deur 'n storm, ramp, ens.); no overtaking* nie
verbysteek nie. **~tax** oorbelas, te swaar belas; ooreis, te veel
verg/verwag van; afrem. **~taxation** oorbelasting. **~-the-
counter** *adj. (attr.), (han.)* toonbank=; ~ *drugs* toonbank=
medisyne, medisyne sonder voorskrif; ~ *securities* toon=
bankeffekte. **~throw** *n.* ne(d)erlaag, omverwerping, omvêr=
werping, ondergang, val; *(kr.)* daar=, verbygooi. **~throw**
=threw =thrown, *ww.* omvergooi, omvêrgooi; verslaan, die
nekslag gee, tot 'n val bring. **~thrust** *(geol.)* oorskuiwing,
oorstoting. **~time** *n.* oortyd(werk); oortyd(betaling/vergoe=
ding/besoldiging); *(Am., sport)* ekstra tyd. **~time** *adj.* oor=
tyd=; ~ *work* oortyd(werk). **~time** *adv.* ná ure; *work* ~ oor=
tyd werk; *(fig.)* werk dat dit kraak, (alles) uithaal, jou uiterste
(bes) doen, niks ontsien nie, al jou kragte inspan; *(verbeel-
ding)* (met jou) op loop gaan/sit. **~tired** afgemat, uitgeput,
oorvermoeid, pootuit. **~tiredness** afmatting, uitputting,
oorvermoeidheid. **~tone** *(mus., fis.)* botoon; *(fig.)* ondertoon,
bysmaak, bybetekenis, implikasie; *political* ~*s* 'n politieke
inslag. **~top** =pp= uitsteek bo(kant), groter/langer word as;
oortref. **~train** te veel/lank oefen, jou ooreis. **~turn** *n.* om=
kering, ommekeer; omverwerping, omvêrwerping, val. **~turn**
*ww.* omkeer, omslaan, omval; omkeer, omkantel, omgooi,
omsmyt, onderstebo gooi; tot 'n val bring, verslaan. **~type**
*n., (rek.)* oortikfunksie. **~type** *ww.* oortik, bo-oor tik. **~use**
*n.* oormatige gebruik, misbruik. **~use** *ww.* oormatig *(of* te
veel) gebruik, misbruik. **~value** te hoog waardeer/skat, oor=

waardeer. **~view** *n.* oorsig. **~water** *ww.* te veel water gee *('n plant).* **~weight** *n.* oorgewig, te groot gewig; oorwig. **~weight** *adj.* bo die gewig, te swaar, oorgewig=; ~ *luggage* oorgewig= bagasie. **~wind** *ww.* oorlaai, oorbelas. **~wind** =wound =wound te styf opwen; oordraad draai; oorhys. **~winter** *ww.* oorwinter; laat oorwinter. **~work** →OVERWORK. **~write** bo= oor/bo-op skryf/skrywe; *(rek.)* oorskryf, =skrywe; te veel skryf/ skrywe; oorstileer, hoogdrawend skryf/skrywe. **~written** *(ook)* oorlade *(styl).* **~zealous** oorywerig.

**o·ver·age** *n.* oorskot, surplus.

**o·ver·all** *n. (gew. i.d. mv.)* oor=, werkpak; *(Br., mil., i.d. mv.)* tenuebroek. **o·ver·all** *adj. (attr.)* algemene, globale; alge= hele, totale, totaal=; ~ *impression* geheelindruk; ~ *majority* volstrekte meerderheid; ~ *measure* bruto maat; ~ *winner* algehele wenner. **o·ver·all** *adv.* geheel en al.

**o·ver·bear·ing** oorheersend, baasspelerig, dominerend, heerssugtig; aanmatigend, arrogant, uit die hoogte.

**o·ver·blown** opgeblase, verwaand; hoogdrawend, geswol= le; oordrewe; aanmatigend, pretensieus, vol pretensie.

**o·ver·draft** oortrekking, oortrokke (bank)rekening. ~ **fa= cility** oortrekkingsgerief, =fasiliteit.

**o·ver·draw** =drew =drawn oortrek *('n rekening);* oordryf, oor= drywe, 'n oordrewe beskrywing gee. **o·ver·drawn** oortrokke *(rekening);* oordrewe.

**o·ver·drive** *n., (mot.)* snelgang; *go into* ~, *(infml.)* freneties begin werk/ens., alles in die stryd werp.

**o·ver·head** *adj.* bo=, lug=; bogronds; ~ *bridge* oor=, lug=, bobrug; ~ *cable* lugkabel, bogrondse kabel; ~ *cam(shaft)* bonokas; ~ *clearance* kopruimte; ~ *costs/expenses* → OVERHEADS *n.*; ~ *flight* oorvlug; ~ *irrigation* sprinkelbe= sproeiing; ~ *lighting* bowerligting; ~ *line, (elek., telef.)* bogrondse/oorhoofse lyn, luglyn, =leiding; ~ *projector* oor= hoofse projektor, truprojektor; ~ *railway* lugspoor(weg); ~ *roadway* lugpad, viaduk; ~ *wire* bogrondse/oorhoofse draad, lugdraad; ~ *wires, (ook)* luggeleiding. **o·ver·head** *adv.* bo die kop, bo *(i.d. lug); danger – workmen* ~ gevaar *(of* pas op) – werkers bo. **o·ver·heads** *n.* bo=, drakoste, oorkoe= pelende koste, algemene administrasiekoste/bedryfskoste.

**o·ver·joyed** opgetoë, sielsbly; *be* ~ *at s.t.* verruk *(of* in die wolke) wees oor iets.

**o·ver·lap** *n.* oorslag; *(ook geol.)* oorvleueling; oorhang; *create an/the* ~, *(rugby, sokker)* 'n/die man oor bewerkstellig; *have an/the* ~, *(rugby, sokker)* 'n/die man oor hê. **o·ver·lap** =pp=, *ww.* oorvleuel, gedeeltelik saamval; oormekaar slaan; oor= mekaarslaan, oormekaar val, oormekaarval; oormekaar vou; oormekaarvou; oorhang; ~*ping grip* oorslaggreep; ~*ping part* oorslag. **o·ver·lap·ping** *n.* oorvleueling; oorslag; ver= band; verdubbeling, duplikasie.

**o·ver·lay** *n.* deken; tafelkleedjie; *(druk.)* oorlegsel; beleglaag, =blad, bolaag. **o·ver·lay** =laid =laid, *ww.* bedek, belê.

**o·ver·ly** *adv.* (al)te, oordrewe.

**o·ver·seas** *n. (fungeer as ekv.), (infml.)* die buiteland, oorsee; *from* ~ van oorsee. **o·ver·seas** *adj.* oorsees, buitelands. **o·ver·seas** *adv.* oorsee; in/na die buiteland.

**o·ver·see** =saw =seen toesig hê/hou oor. **o·ver·seer** opsigter, opsiener.

**o·ver·sexed** seksbehep.

**o·ver·spill** *n.* oorloop *(v. water ens.);* oorskot, surplus; oor= bevolking. **o·ver·spill** =spilt =spilt, =spilled =spilled, *ww.* oor= loop. ~ **town** satellietstad.

**o·ver·stock** *n.* oortollige voorraad. **o·ver·stock** *ww.* 'n te groot voorraad aanhou/hê, te veel aanhou; oorlaai; oor= voer *(d. mark);* oorbewei. **o·ver·stock·ing** oorvoering; oor= beweiding.

**o·ver·sub·scribe** oorvolskryf *(aandeeluitgifte ens.).* **o·ver· sub·scribed** oor(vol)teken. **o·ver·sub·scrip·tion** oor(vol)= tekening, =skrywing.

**o·vert, o·vert** openlik; duidelik, klaarblyklik; openbaar; waarneembaar, uiterlik (waarneembaar), sigbaar.

**o·ver·ture** *(mus.)* voorspel, ouverture; *(gew. i.d. mv.)* voorstel, aanbod; toenadering, begin van onderhandelinge; inleiding, begin, aanvang; *make* ~*s to* ... toenadering tot ... soek; *the* ~ *to* ..., *(mus.)* die voorspel/ouverture tot/uit ...; *(fig.)* die voor= spel van/tot ...

**o·ver·ween·ing** *adj.* verwaand, aanmatigend, arrogant; buitensporig, oordrewe.

**o·ver·whelm** oorweldig, oorrompel, oorstelp, verpletter; kafdraf; oorlaai *(met lof).*

**o·ver·work** *n.* ekstra werk; te veel/swaar werk. **o·ver·work** *ww.* te hard/veel (laat) werk; te dikwels gebruik; holrug ry *(kwinkslae, 'n storie, ens.);* ~ *o.s.* jou oorwerk/uitput. **o·ver· worked** oorwerk; *an* ~ *phrase* 'n afgesaagde *(of* holrug ge= ryde) uitdrukking.

**o·ver·wrought** oorspanne; oorlade *(styl).*

**Ov·id** *(Rom. digter)* Ovidius.

**o·vi·duct** *(anat.)* oviduk, eierleier, Fallopiusbuis.

**o·vi·form** *(biol.)* eiervormig.

**o·vine** skaapagtig, skaap=.

**o·vip·a·rous** *(soöl.)* ovipaar, eierlêend.

**o·vi·pos·i·tor** *(soöl.)* lê=, eierboor, eierlêer.

**o·void** *n.* eiervormige liggaam/oppervlak. **o·void** *adj.* eier= vormig.

**o·vo·vi·vip·a·rous** *(soöl.)* ovovivipaar, eierlewendbarend.

**ov·u·late** ovuleer. **ov·u·la·tion** ovulasie.

**ov·ule** =les, *(bot.)* saadknop(pie); *(soöl.)* kiemsel, eierkiem. **ov· u·lar** eier=.

**o·vum** ova, *(biol.)* ovum, eiersel.

**ow** *tw.* eina!.

**owe** skuld; verskuldig wees, te danke hê (aan); ~ *it to s.o. to* ... dit aan iem. verskuldig wees om te ...; ~ *s.o. much* iem. baie skuld *(geld ens.);* iem. baie/veel verskuldig wees, baie/ veel aan iem. verskuldig wees *(dank ens.).* **ow·ing** (ver)skul= dig; uitstaande, onbetaal(d); ~ *to* ... weens/vanweë ...; *te* wyte aan ...

**owl** uil; uilskuiken, swaap. ~ **light** skemer(ing), skemeraand.

**owl·et** uiltjie. ~ **moth** uilmot.

**owl·ish** uilagtig, uil=.

**owl·like** uilagtig.

**own** *adj. & pron.* eie; *s.t. has a value/etc. all its* ~ iets het 'n besondere waarde/ens.; ~ *brand/label* huismerk, eie (han= dels)merk, handelaarshandelsnaam; *come into one's* ~ kry wat jou toekom, tot jou reg kom, jou regmatige plek in= neem; *get one's* ~ *back on s.o. for s.t., (infml.)* iem. vir iets uitbetaal *(fig.),* (weer)wraak op iem. neem vir iets; ~ *goal,* (sokker) eie doelhok; *doel teen jou eie span,* tuisdoel; *(Br., infml.)* groot verleentheid, foefie/strategie/ens. wat teen jou boemerang *(of* in jou gesig ontplof); *hold one's* ~ jou man staan, jouself handhaaf; *hold one's* ~ *with the best* gelyk staan met die beste; *more than hold one's* ~ jou man staan en meer; *s.t. has a ... of its* ~ iets het 'n eie ... *(bekoring ens.); have a ... of one's* ~ 'n/jou eie ... hê *(webwerf ens.); have noth= ing of one's* ~ self niks hê nie, niks hê wat jy jou eie kan noem nie; *s.t. of one's* ~ iets van jouself (alleen); *have two/ etc. of one's* ~ self twee/ens. hê; *on one's* ~ op jou eie (bene), selfstandig; op eie houtjie/verantwoording, vir eie rekening; uit jou eie; *do s.t. (all) on one's* ~ iets (man/vrou)alleen doen; *one's time is one's* ~ heeltemal oor jou tyd beskik; *his/her very* ~ sy/haar eie alleen, geheel en al sy/haar eie. **own** *ww.* besit; *(fml.)* erken, beken, toegee; *be South African-*~*ed* in Suid-Afrikaanse besit/hande wees; ~ *o.s.* beaten, *(ook, fml.)* tou opgooi; *s.t. is* ~*ed by s.o.* iets behoort aan iem. *(of* is iem. se besit/eiendom); ~ *up* beken, alles erken. **~·brand, ~·la= bel** *adj. (attr.)* huismerk= *(produkte ens.).*

**own·er** eienaar, *(vr.)* eienares, besitter; *at* ~*'s risk* vir eie ri=

siko. **~-driver** eienaar-bestuurder. **~-occupied:** *be* ~ deur die eienaar bewoon word; ~ *home/etc.* huis/ens. wat deur die eienaar bewoon word, eienaarbewoonde huis/ens..

**own·er·less** sonder eienaar, eienaarloos.

**own·er·ship** eiendom, eiendomsreg; eienaarskap.

**own·some** *pron., (infml.): on one's* ~ stoksiel(salig)=, moedersielalleen.

**ox** *oxen* os; bees; *dumb* ~, *(infml., fig.)* uilskuiken, domkop; *young* ~ tollie. **~bow** boogjuk; rivierdraai, =kronkel, meander. **~eye** osoogvenster, kolvenster. **~eye (daisy)** witma(r)griet. **~lip** *(Primula elatior)* sleutelblom. **~pecker** *(orn.: Buphagus* spp.) renostervoël. **~tail** *(kookk.)* bees=, osstert. **~tongue** *(kookk.)* beestong; *(bot.)* ostong; *(bot.)* bitterkruid.

**ox·a·late** *(chem.)* oksalaat.

**ox·al·ic ac·id** *(chem.)* oksaalsuur.

**ox·a·lis** *(bot.)* suring.

**Ox·bridge** *(universiteite v. Oxford en Cambridge)* Oxbridge.

**ox·er** beesdraad, slootheining.

**Ox·ford** *(geog.)* Oxford. ~ **(shoe)** plat veter-/rygskoen. ~ **University** die Universiteit van Oxford.

**ox·ide** oksied, suurstofverbinding; ~ *of calcium* kalsiumoksied.

**ox·i·dise, =dize** oksideer. **ox·i·da·tion** oksidasie, oksidering, suurstofopname. **ox·i·dis·ing, =diz·ing** oksiderend; oksideer=; ~ *agent* oksideermiddel; ~ *reaction* oksiderende reaksie.

**Ox·o·ni·an** *n.* Oxfordstudent; Oxfordgeleerde. **Ox·o·ni·an** *adj.* van Oxford.

**ox·y·a·cet·y·lene** oksiasetileen.

**ox·y·gen** *(chem., simb.:* O) suurstof. ~ **apparatus** suurstof=toestel. **~-free** suurstofvry. ~ **tent** suurstoftent.

**ox·y·gen·ate** oksigeneer, met suurstof verbind; oksideer. **ox·y·gen·at·ed** suurstofhoudend. **ox·y·gen·a·tion** oksigenering.

**ox·yg·e·nous** suurstofhoudend; suurstofagtig; uit suurstof bestaande.

**ox·y·hy·dro·gen:** ~ **flame** suurstof-waterstof-vlam, knalgasvlam.

**ox·y·mo·ron** =*mora, (ret.)* oksimoron.

**ox·y·to·cin** geboorteversneller, oksitosien.

**oys·ter** oester; *the world is one's* ~ die wêreld staan vir jou oop. ~ **bed** oesterbed. **~catcher** *(orn.): African black* ~ swarttobie; *Eurasian* ~ bonttobie. ~ **culture** oesterteelt. ~ **farm** oesterkwekery. ~ **mushroom** oestersampioen. ~ **white** *n.* oester=, gryswit. **~-white** *adj. (attr.)* oester=, gryswit.

**Oz** *n., (infml.:Australië)* Aussieland. **Oz** *adj., (infml.:Australies)* Aussie=.

**o·zo·ce·rite, o·zo·ke·rite, min·er·al wax** osokeriet, mineraalwas.

**o·zone, o·zone** osoon. **~-friendly** osoonvriendelik, =gunstig, =beskermend. ~ **hole** osoongat, gat in die osoonlaag. ~ **layer** osoonlaag.

**o·zo·nise, =nize** met osoon verbind/versadig; in osoon verander; osoniseer. **o·zo·ni·sa·tion, =za·tion** osonisering. **o·zo·nis·er, =niz·er** osoniseertoestel.

**o·zo·no·sphere** = OZONE LAYER.

**Oz·zie** *n. & adj.* = AUSSIE.

# Pp

**p** *p's,* **P** *P's, Ps, (16de letter v.d. alfabet)* p, P; *little p* p'tjie; *small p* klein p.

**Paarl** *(geog.)* Paarl; *at/in* ~ in die Paarl.

**pace** *n.* tree, pas, stap; stryk, (pas/tel)gang *(v. 'n perd);* spoed, vaart, snelheid, tempo; *(kr.)* vaart *(v. 'n kolfblad); at a ...* ~ met 'n ... pas; met 'n ... vaart; *at a breakneck* ~ met 'n dolle/ woeste vaart; *set a cracking* ~, *(infml.)* baie vinnig hardloop/ ry/vaar/vlieg; *the* ~ *is too hot for s.o., (infml.)* iem. kan nie by= hou nie; *keep the* ~ bybly, =hou; *keep* ~ *with ... by* ... byhou, met ... tred hou; *keep up the* ~ die pas/vaart volhou; *last the* ~ dit volhou; *off the* ~, *(infml.)* stadiger as die wenner/beste; *put s.o. through his/her* ~s iem. toets/beproef, kyk wat iem. kan doen, iem. sy/haar passies laat maak; *at a quick* ~ met 'n vinnige/snelle pas; *quicken the/one's* ~ die pas versnel, aan= stoot, jou roer; *set the* ~ die pas aangee; die botoon voer; *show one's* ~s wys wat jy kan doen, jou passies maak; *slack= en the* ~ stadiger gaan, vaart verminder; *stand/stay the* ~ byhou, =bly; enduit hou; (die pas/tempo) volhou; *keep up a steady* ~ 'n gereelde pas volhou, eenstryk aanhou; *a stiff* ~ 'n stewige/stywe pas; *take a* ~ 'n tree gee; *a tearing* ~ 'n vlieënde vaart. **pace** *ww.* stap; afstap; aftree; *('n perd)* 'n pas loop, strykloop; die pas aangee *(by wedlope ens.); s.t. off/out* iets aftree; ~ *up and down* op en af/neer loop. ~ **bowler,** ~**man** *(kr.)* snelbouler. ~ **bowling** *(kr.)* snelboulwerk. ~ **car** *(motorsport)* pasaangeemotor. ~**maker** *(sport, med.)* pasaan= geër. ~**making** pasaangeëry. ~**setter** *(sport)* pasaangeër.

**pac·er** *(sport, med.)* pasaangeër; *('n perd)* strykloper; *(kr.)* snel= bouler.

**pac·ey, pac·y** vinnig; ~ *pitch, (kr.)* vinnige blad.

**pach·y·derm** *(soöl.)* pagiderm, dikhuid. **pach·y·der·ma·tous, pach·y·der·mic, pach·y·der·mal** dikhuidig, =vellig.

**Pa·cif·ic** *n.: the* ~ = PACIFIC OCEAN. **Pa·cif·ic** *adj.* Pasifies; ~ *island* eiland in die Stille Oseaan, Stille Oseaan-eiland; ~ *region* Pasifiese streek. ~ **Ocean** Stille Oseaan. ~ **Rim** Pasi= fiese Kom. ~ **Rim countries** lande in die Pasifiese Kom. ~ **Standard Time** Pasifiese Standaardtyd, Stille Oseaan-tyd.

**pa·cif·ic** vreedsaam, vredeliewend.

**pac·i·fism** pasifisme. **pac·i·fist** *n.* pasifis, voorstander van wêreldvrede. **pac·i·fist, pac·i·fist·ic** *adj.* pasifisties.

**pac·i·fy** kalmeer, paai, stilmaak, tot bedaring bring, sus; die vrede herstel, vrede maak, versoen. **pac·i·fi·ca·tion** versoe= ning, bevrediging; vredestigting. **pac·i·fi·er** vredemaker, =stigter, versoener; trooster; fopspeen; tand(e)ring.

**pac·ing** (die) stap; pasaangeëry.

**pack**[1] *n.* pak *(dokumente, vleis, groente, ens.);* pakkie *(sigarette ens.); (Br.)* pak/stel kaarte; rugsak; knap=, bladsak; *(rugby)* ag(t)tal, (pak) voorspelers, voorhoede; *(med.)* yssak; *(med.)* omslag; *(ook face pack)* gesigpap; *a* ~ *of ...* 'n trop ... *(wolwe ens.);* 'n boel/hoop/spul ... *(leuens ens.);* 'n bende/klomp ... *(skurke ens.); the* ~ die bondel *(atlete ens.); stay ahead of the* ~ voor die bondel bly. **pack** *ww.* pak *('n tas ens.);* inpak *(klere ens.);* verpak; bepak, oppak; inmaak *(vrugte, groente);* vol= prop, =stop *('n ruimte ens.);* onderstop; stop; vas teen mekaar druk, in 'n klomp/hoop bymekaarkom; dig maak; ~ *s.t. away* iets wegpak/opberg; ~ *one's bags and leave* jou goed vat en loop; ~ *down, (rugby)* skrum, 'n skrum vorm; ~ *(or be* ~*ing)* *them in, (infml.)* vol sale kry/lok; ~ *it in, (infml.)* ophou; ~

*into a hall* in 'n saal saamdrom; ~ *a nasty left, (boks)* 'n giftige linker hê; ~ *s.o. off, (infml.)* iem. wegja(ag)/=boender/ =stuur; iem. in die pad steek; ~ *out a hall, (Br., infml.)* 'n saal van hoek tot kant vol sit; ~ *a (heavy/hard) punch* dinamiet in jou vuiste hê; *('n drankie ens.)* lekker skop (hê); *send s.o.* ~*ing, (infml.)* iem. wegstuur/=ja(ag); iem. die trekpas gee *(of in die pad steek);* ~ *up* inpak; *(infml., 'n masjien ens.)* onklaar raak, die gees gee; trap; opgee, tou opgooi; ~ *it up, (infml.)* ophou. ~ **animal** pak=, lasdier. ~ **drill** *(mil.)* pak=, strafdril. ~ **house** pakhuis, pakkery. ~ **ice** pakys. ~ **leader** tropleier; bendeleier; voorperd, =bok; *(rugby)* leier van die voorspelers; voorste pakdier. ~ **train** karavaan pakdiere.

**pack**[2] *ww.:* ~ *a/the jury* 'n jurie partydig saamstel.

**pack·age** *n.* pakkie; pak, bondel; verpakking; houer; (ver= goedings)pakket; (uittree)pakket; (afdankings)pakket; *(rek.)* (program)pakket, stel (programme). **pack·age** *ww.* ver= pak. ~ **(deal)** pakketooreenkoms, =plan; pakket=, koppel= transaksie. ~ **holiday,** ~ **tour** allesomvattende toer; groep= toer.

**pack·ag·ing** verpakking.

**packed** prop=, stamp=, tjokvol; *closely* ~ dig opmekaar; *be* ~ *into ...* in ... gepak word *('n blik ens.);* in ... opmekaargedruk wees *('n oorvol bus ens.);* in ... geprop/gestop word *('n gebou ens.);* ~ *lunch* kospakkie; *a place is* ~ *(out* or *to capacity)* daar is nie (meer) plek vir 'n muis nie; ~ *like sardines* op= mekaar geprop; ~ *tight* bank=, blokvas; *be* ~ *with ...* prop=/ stampvol ... wees.

**pack·er** pakker; verpakker; inmaker, =leër; pak=, verpakkings= masjien; *(bouk.)* pak=, vulstuk.

**pack·et** pakkie *(sigarette ens.); (rek.)* pakkie, pakket; *cost/make a* ~, *(infml.)* 'n fortuin kos/maak. ~ **soup** pakkiesop.

**pack·ing** *n.* pakkery, (die) pak, pakwerk; verpakking; pak=, verpakkingsmateriaal; opvulsel, (op)vulling *(b.d. verpakking v. breekware ens.);* pakkoste, verpakkingskoste; digtingsmid= del; *(meg.)* pakking, paksel. ~ **case** pakkis, =kas. ~ **house,** ~ **plant** pakhuis, pakkery. ~ **material** pakgoed, =materiaal. ~ **sheet** paklinne, =doek; pakgoiing; verpakkingstrook.

**pact** ooreenkoms, verbond, verdrag, pakt; *make a* ~ *with s.o.* 'n ooreenkoms/verbond met iem. sluit/aangaan.

**pac·y** →PACEY.

**pad**[1] *n.* kussing, kussinkie; ink=, stempelkussing, =kussinkie; *(sport)* (been/elmboog/enkel/knie/skeen/skouer/voorarm)skut; skryfblok; tekenblok; landingsblad *(v. 'n helikopter);* lanseer= blad *(v. 'n vuurpyl ens.); (rek.)* mat *(v. 'n muis); (infml.)* bly= plek. **pad** *=dd=, ww.* (op)stop, opvul; watteer; stoffeer; ~ *a ball away, (kr.)* 'n bal met jou beenskutte wegspeel/=stamp; ~ *s.t. (out)* iets opstop; iets uitrek *('n toespraak ens.);* iets met onnodige detail/woorde/ens. belaai *('n verhaal ens.);* te veel bestanddele in iets gebruik; ~ *up, (kr.)* beenskutte aansit. ~**saw** skropsaag.

**pad**[2] *n.* gedempte geluid; *hear the* ~ *of feet* sagte voetstappe hoor. **pad** *=dd=, ww.* (saggies) loop; stap, te voet gaan; ~ *around* rondstap.

**pad·ded** opgestop; gekussing *('n hysbak ens.);* gewatteer; ~ *envelope* opgestopte koevert; ~ *jersey* trui met opgestopte skouers *(of* skouerkussings/=kussinkies); *(sport ens.)* opge= stopte/gewatteerde trui.

**pad·ding** (op)stopsel, =vulsel; watteersel; bladvulling; om-
haal van woorde; vals inskrywings *(in 'n uitgawerekening ens.)*.

**pad·dle**[1] *n.* roeispaan; roeiery, (die) roei; *(kookk., tafeltennis,
ens.)* spaan; *(Am., infml.)* plak *(vir lyfstraf)*; skepbord, =plank
*(v. 'n waterwiel ens.)*; vin, swempoot, =voet *(v. 'n waterdier/
=voël)*. **pad·dle** *ww.* roei; losroei; ~ *one's own canoe, (infml.)*
jou eie potjie krap. ~ **boat**, ~ **steamer** wielstoomboot. ~ **ski**
*n.* roeiski. ~**-ski** *ww.*, *-'d*, *-ed* skiroei, roeiski. ~ **skiing** ski=
roei(=), roeiski(sport). ~ **wheel** skepwiel, =rat.

**pad·dle**[2] *ww.* speel, plas, spat *(in water ens.)*; waggel, strom-
pel, val-val loop.

**pad·dler**[1] roeier.

**pad·dler**[2] plasser.

**pad·dling** plassery. ~ **pool** plasdam, =swembad.

**pad·dock** (vee)kampie; paradekamp *(by 'n renbaan); grazing
~* weikamp; *large ~* (vee)kamp.

**pad·dy** *(<Mal.)* (ongepelde) rys. ~ **(field)** rysland, =akker.

**pad·lock** *n.* hangslot. **pad·lock** *ww.* (met 'n hangslot) toe-
sluit.

**pa·dre** *(infml., soms P~)* pater; priester; kapelaan; veldpre-
diker.

**pae·an**, **pa·en** lof=, danklied.

**paed·er·ast** →PEDERAST.

**pae·di·at·rics**, *(Am.)* **pe·di·at·rics** *n. (as ekv.)* pediatrie,
kindergeneeskunde, =siekteleer. **pae·di·at·ric** pediatries, kin-
dergeneeskundig. **pae·di·a·tri·cian** pediater, kinderarts, =spe-
sialis.

**pae·do·phil·i·a**, *(Am.)* **pe·do·phil·i·a** *n.* pedofilie. **pae-
do·phile**, **pae·do·phil·i·ac** *n.* pedofiel. **pae·do·phil·i·ac**, **pae-
do·phil·ic** *adj.* pedofiel.

**pa·el·la** *(Sp. kookk.)* paella.

**pa·gan** *n.* heiden, paganis. **pa·gan** *adj.* heidens, paganisties.
**pa·gan·ise**, **ize** verheidens, heidens maak/word. **pa·gan·ism**
heidendom, paganisme.

**page**[1] *n.* bladsy, *(fml.)* pagina; *turn a/the ~* omblaai. **page**
*ww.: ~ through a book* 'n boek deurblaai. ~ **break** *(rek.)* blad=
syoorgang, =skeiding. ~ **make-up** *(tip.)* bladopmaak. ~ **proof**
blad(sy)proef. ~**-turner** *(infml.)* meesleurende/pakkende
boek.

**page**[2] *n.* (hotel/klub)joggie; hofknaap, =knapie *(by 'n troue);
(hist.)* skildknaap, wapendraer, page *(v. 'n ridder); (hist.)* li-
vreikneg. **page** *ww.* aansê; (op)roep. ~**boy** *(vrouehaarsnit)*
hofknaapstyl; (hotel/klub)joggie; hofknaap, =knapie *(by 'n
troue)*.

**pag·eant** dramatiese voorstelling; skouspel; (kleurvolle) ver-
toning; *(Am., ook beauty pageant)* skoonheidswedstryd. **pag·
eant·ry** pragtige vertoning.

**pag·er** roepradio.

**pag·i·nal** *adj.* bladsy=

**pag·i·nate** *ww.* pagineer, bladsye nommer. **pag·i·na·tion** pa-
ginering.

**pag·ing num·ber** roepnommer.

**pa·go·da** pagoda, pagode.

**paid** betaal, voldaan; →PAY *ww.; ~ in advance* vooruitbetaal;
*be badly/well ~* min/baie betaal word; *be/get ~* betaal
word; ~ *leave* betaalde verlof; ~ *off* afbetaal, afgelos, gedelg
*(skuld);* betaal *(wissel);* afgedank *(werkers); put ~ to s.t., (infml.)*
iets verydel *('n plan ens.); reply ~* antwoord betaal. ~**-up**
*adj. (attr.)* betaal; *(fully) ~ capital/shares* vol(op)betaalde kapi-
taal/aandele; *(fully) ~ member* opbetaalde lid *(v. 'n vereniging
ens.); ~ policy* (op)betaalde polis.

**pail** emmer; *half a ~ of milk* 'n halfemmer *(of* halwe emmer)
melk. **pail·ful** emmer vol; *two ~s of wheat* twee emmer ko-
ring.

**pail·lette** blinker(tjie).

**pain** *n.* pyn; ongemak; leed, verdriet, smart; straf; *(ook, i.d.*

*mv.)* moeite, inspanning; *alleviate/relieve ~* pyn stil/verlig;
*be at (great) ~s to ...* (baie) moeite doen om te ...; *cry with ~*
huil van (die) pyn; *excruciating ~* ondraaglike pyn; *for
one's ~s* vir jou moeite; ondanks al jou moeite; *give ~*
seermaak; *be in ~* pyn hê/voel; *be in great ~* baie pyn hê/
verduur; *be a ~ in the neck, (infml.)* onuitstaanbaar wees; ...
*gives s.o. a ~ in the neck, (infml.)* ... gee iem. 'n pyn *(of* 'n
[vet] kramp); *on/under ~ of ...* op straf van ... *(d. dood ens.);
put s.o. out of his/her ~* iem. uit sy/haar pyn verlos; *relieve ~*
→alleviate/relieve; *you may save your ~s* spaar jou die
moeite; *spare no ~s* geen moeite ontsien/spaar nie; *stand ~*
pyn verdra/uithou; *suffer ~* pyn verduur/ly; *take (great) ~s
over/with s.t.* (baie/groot) moeite doen met iets; *under ~ of*
... →on/under. **pain** *ww.* pyn, pynig, seer maak; leed/droef-
heid/smart veroorsaak; seer wees, pyn. ~ **barrier** pyndrem-
pel, =drumpel, =grens. ~**killer** pynstiller, pynstillende middel.
~**killing** pynstillend. ~ **threshold** *(med.)* pyndrempel, =drum-
pel.

**pain·ful** pynlik *('n operasie, ervaring, ens.);* seer *(rug ens.);* (baie)
moeilik *(omstandighede ens.);* moeisaam *('n proses ens.);* smart=
lik *(lyding ens.)*.

**pain·less** pynloos; moeiteloos.

**pains·tak·ing** noukeurig, sorgvuldig, presies, deeglik, sorg=
saam.

**paint** *n.* verf; *(infml.)* grimering; grimeersel; *a coat of ~* 'n
laag verf; 'n verflaag; *give s.t. a coat of ~* iets verf/skilder; *a
lick of ~* 'n smeerseltjie verf. **paint** *ww.* verf; skilder; uitverf
*('n kamer ens.);* afteken; afbeeld; (jou) grimeer; bestryk met;
(lewendig) voorstel/beskrywe; ~ *in oils* in olie(verf) skilder;
~ *s.t. out* iets doodverf/=skilder; ~ *over s.t.* oor iets verf/skil-
der; ~ *the town red, (infml.)* die dorp/stad op horings neem.
~**ball** *(oorlogspel)* verfbal. ~**box** verfdoos, =boks. ~**brush** verf=
kwas; penseel; *(bot.)* poeierkwas. ~ **pot** verfpot. ~ **roller** verf=
roller. ~ **shop** verfwinkel; (spuit)verfwinkel, spuitverfaanleg.
~ **spray(er)** verfspuit. ~ **stripper** verfstroper, =verwyderaar.
~**work** verfwerk, verwery; skilderwerk; verf.

**paint·a·ble** verfbaar *('n oppervlak ens.)*.

**paint·ed** geverf; geskilder; gevlek; *not so black as it is ~ed*
nie so erg soos dit voorgestel word nie; ~ *glass* skilderglas;
~ *lady,* *(entom.: Vanessa* spp.) distelvlinder; *(bot.: Gladiolus
carneus)* bergpypie, katjietee; ~ *line* verfstreep.

**paint·er**[1] *(kuns)*skilder; verwer, skilder.

**paint·er**[2] *(sk.)* vanglyn, =tou; *cut the ~, (fig.)* die bande ver=
breek.

**paint·ing** skilderstuk, skildery; (skilder)doek; skilderkuns;
verwery, verf=, skilderwerk; *a ~ by ...* 'n skildery deur/van ...;
*do a ~* 'n skildery maak; *exhibit/show ~s* skilderye ten toon
stel. ~ **room** ateljee. ~ **shop** verwery.

**pair** *n.* paar; *(kr., infml.)* dubbele nul; *in ~s* twee=twee, paars=
gewys(e); *they are not a ~* hulle is onpaar; *two ~s of dancers*
twee pare dansers. **pair** *ww.* paar; twee-twee opstel/rang=
skik; verenig, saamvoeg; ~ *off* in pare gaan; ~ *... off ...* in
pare plaas *(of* twee-twee bymekaarsit); ~ *off with s.o.* 'n paar
vorm saam met iem.; met iem. trou; *(parl.)* met iem. afpaar;
~ *up with s.o.* 'n paar vorm saam met iem.. ~ **skating** pare=
skaats.

**paired** *adj.* gepaard.

**pair·ing** paring; afparing; ~ *off* afparing. ~ **season**, ~ **time**
paartyd.

**pais·ley** paisley. ~ **pattern** paisleypatroon, =motief.

**pa·ja·mas** *(Am.)* →PYJAMAS.

**pa·ke·ha** *(Maori)* blanke, wit mens.

**pal** *n., (infml.)* pel, tjom(mie), maat; *jobs for ~s* baantjies vir
boeties. **pal** *-ll-, ww., (infml.): ~ up with s.o.* met iem. maats
pelle/pels maak. **pal·ly** dik bevriend; vriendskaplik.

**pal·ace** paleis; →PALATIAL. ~ **revolution**, ~ **coup** paleisrevo=
lusie, =rewolusie.

**pal·a·din** *(hist.)* paladyn, ridder.

**Pal·ae·arc·tic,** *(Am.)* **Pal·e·arc·tic** *adj., (soöl.)* Pale(o)= arkties.

**pal·ae·o·an·thro·pol·o·gy,** *(Am.)* **pal·e·o·an·thro·pol·o·gy** paleoantropologie. **pal·ae·o·an·thro·po·log·i·cal** pale= oantropologies. **pal·ae·o·an·thro·pol·o·gist** paleoantropo= loog.

**Pal·ae·o·cene,** *(Am.)* **Pal·e·o·cene** *n., (geol.)* Paleoseen. **Pal·ae·o·cene,** *(Am.)* **Pal·e·o·cene** *adj.* Paleoseens.

**Pal·ae·o·lith·ic,** *(Am.)* **Pal·e·o·lith·ic** *n.: the ~, (argeol.)* die Paleolitikum. **Pal·ae·o·lith·ic,** *(Am.)* **Pal·e·o·lith·ic** *adj., (soms p~)* Paleolities.

**pal·ae·o·mag·net·ism,** *(Am.)* **pal·e·o·mag·net·ism** paleomagnetisme. **pal·ae·o·mag·net·ic,** *(Am.)* **pal·e·o·mag·net·ic** paleomagneties.

**pal·ae·on·tol·o·gy,** *(Am.)* **pal·e·on·tol·o·gy** paleonto= logie. **pal·ae·on·to·log·i·cal,** *(Am.)* **pal·e·on·to·log·i·cal** pale= ontologies. **pal·ae·on·tol·o·gist,** *(Am.)* **pal·e·on·tol·o·gist** paleontoloog.

**Pal·ae·o·zo·ic,** *(Am.)* **Pal·e·o·zo·ic** *n.: the ~, (geol.)* Pale= osoïkum. **Pal·ae·o·zo·ic,** *(Am.)* **Pal·e·o·zo·ic** *adj.* Pale= osoïes.

**pal·at·a·ble** smaaklik, lekker, aangenaam (vir die smaak). **pal·at·a·bil·i·ty** smaaklikheid.

**pal·a·tal** *n., (fonet.)* palataal, palatale medeklinker/konsonant. **pal·a·tal** *adj.* palataal, verhemelte=. **pal·a·tal·ise, =ize** *(fonet.)* palataliseer.

**pal·ate** verhemelte; smaak; *not to one's ~* nie na jou smaak nie; *be pleasing to the ~* die smaak streel; *tickle the ~* die smaak prikkel, eetlus opwek.

**pa·la·tial** paleisagtig, paleis=; vorstelik, pragtig; *a ~ dwelling* 'n paleis van 'n woning.

**pal·a·tine** *adj., (hoofs. hist.)* paltsgraaflik; paleisagtig. **pa·lat·i·nate** palatinaat, paltsgraafskap.

**pa·la·ver** *(infml.)* palawer, heen-en-weer-pratery, redekawe= ling, nuttelose geredekawel; ophef, gedoe, gedoente.

**pale¹** *adj.* lig, bleek, dof *(kleur);* bleek, vaal *(iem. [se gelaats= kleur] ens.);* flou, yl *(lig, sonnetjie, ens.);* dof, flets, sonder glans *(oë);* →PALELY, PALISH; *~ ale* ligte bier; *~ blue/green/etc.* lig=, bleek=, dofblou, =groen, ens., ligte/dowwe blou/groen/ens.; *as ~ as death* (or *a sheet)* so bleek soos die dood *(of* 'n laken), asvaal; *deathly ~* doodsbleek; *go/grow/turn ~ (with fright)* verbleek, bleek word (van skrik). **pale** *ww.* bleek word, verbleek; bleek maak; dof word, verdof, verskiet; taan; *~ at ...* bleek word by ... (*d. gedagte aan iets, d. vooruitsig v. iets, ens.); it ~s beside/before* ... dit is nie te vergelyk met ... nie. **=face** *(Am., neerh.)* bleekgesig. **=faced** bleekgesig=.

**pale²** *n.* paal(tjie); spar; *(fig.)* grens; *beyond the ~* buite die perke/grens; ontoelaatbaar, verregaande; *within the ~ of ...* binne die perke van ... **pal·ing** spitspaalheining.

**pale·ly** *adv.* bleek.

**Pal·es·tine** *(geog.)* Palestina. *~ Liberation Organisation (afk.:* PLO*)* Palestynse Bevrydingsorganisasie *(afk.:* PBO*)*.

**Pal·es·tin·i·an** *n.* Palestyn. **Pal·es·tin·i·an** *adj.* Palestyns.

**pal·ette, pal·let** palet, skilder=, verfbord(jie); (kleur)palet. *~ knife* palet=, tempermes, skildersmes, spatel.

**pal·i·mo·ny** *(Am., infml.)* metgeselonderhoud; *sue s.o. for ~* 'n onderhoudseis teen jou gewese metgesel (*of* teen jou voormalige minnaar/minnares) instel.

**pal·imp·sest** palimpses.

**pal·in·drome** palindroom; kreefdig; alkant-selfkant-woord/ sin. **pal·in·drom·ic** palindromies.

**pal·i·sade** *n.* palissade, spitspaalheining. **pal·i·sade** *ww.* ompaal, verskans, met skanspale afsluit. *~ parenchyma, ~ tissue (bot.)* palissadeparenchiem, =weefsel.

**pal·ish** blekerig, valerig.

**pal·is·(s)an·der** palissander(hout).

---

**pall¹** *n.* lyk=, roukleed; dood(s)kis; *(fig.)* sluier, mantel; *cast a ~ (of gloom) over s.t.* 'n (donker) skadu(wee) oor iets werp/ gooi; *a ~ of pessimism hung over s.t.* swaarmoedigheid het soos 'n donker wolk oor iets gehang; *a ~ of smoke* 'n rook= wolk. **~bearer** slippedraer.

**pall²** *ww.* smaakloos word, walg; *it ~s on one* ('n) mens raak/ word moeg/sat daarvan (*of* word teë daarvoor).

**pal·la·di·um** *(chem., simb.:* Pd*)* palladium.

**pal·let¹** strooimatras, =bed; krismisbed.

**pal·let²** laai=, stapelbord; palet, strykmes *(v. 'n pottebakker ens.);* (skilders)palet.

**pal·li·ate** verlig, versag, lenig, stil, matig *(leed, pyn, smart, ens.);* besweer *(vrees);* uit die weg ruim *(agterdog);* verbloem, verdoesel, goedpraat *('n verkeerde daad).* **pal·li·a·tion** ver= ligting, versagting; verbloeming, verdoeseling. **pal·li·a·tive** *n.* palliatief, palliatiewe middel. **pal·li·a·tive** *adj.* versagtend, verligtend; verontskuldigend, verbloemend.

**pal·lid** (ongesond) bleek, asvaal; flou.

**pal·lor** bleekheid.

**palm¹** *n.* (hand)palm; *cross/grease/oil s.o.'s ~, (infml.)* iem. iets in die hand stop; iem. se hande smeer, iem. omkoop; *have/ hold s.o. in the ~ of one's hand* iem. volkome in jou mag hê; *have an itching/itchy ~* inhalig wees, altyd beloon wil word. **palm** *ww.* in die hand(palm) verberg/wegsteek; (met die hand) streel; *~ s.t. away* iets met die hand wegstamp *('n bal ens.); ~ s.t. off as ..., (infml.)* voorgee dat iets ... is; *~ s.t. off on s.o., (infml.)* iets aan iem. afsmeer; *~ s.o. off with ..., (infml.)* iem. met ... (probeer) tevrede hou. **~corder** *(fot.)* palmopnemer. *~ print* handafdruk. *~ reader* handleser, =kyker. **~top** *(rek.)* handrekenaar.

**palm²** *n.* palm(boom); *bear* (or *carry off) the ~* die louere/ palm wegdra, die oorwinning behaal; *~ of victory* oorwin= ningspalm. **~-fringed** met palmbome omsoom. *~ leaf* palm= blaar. **~-nut vulture** witaasvoël. *~ oil* palmolie. **P~ Sunday** *(Chr.)* Palmsondag. *~ tree* palmboom. *~ wine* palmwyn.

**pal·met·to** *=tos, =toes* dwergpalm; waaierpalm.

**palm·is·try** handkykery, =kykkuns, =lesery. **palm·ist** hand= kyker, =kykster, handleser, =leseres.

**palm·y** bloeiend, voorspoedig; palmagtig, palmryk, palm=; *~ days* bloeityd(perk), =periode.

**Pal·my·ra** *(geog.)* Palmyra. **p~ (palm/tree)** waaierpalm. **p~ wood** waaierpalmhout; palmhout.

**pal·o·mi·no** *=nos, (perd)* palomino.

**pa·loo·ka** *(Am., infml.)* paloeka; lummel.

**palp** palps, *(soöl.)* taster, voeler, voelspriet.

**pal·pa·ble** tasbaar, voelbaar; duidelik, klaarblyklik, kennelik, sigbaar. **pal·pa·bil·i·ty** tasbaarheid, voelbaarheid, duidelik= heid. **pal·pa·bly** tasbaar, voelbaar; duidelik, kennelik, sig= baar.

**pal·pi·tate** *(d. hart)* klop, tril, fladder; *(iem.)* tril, bewe, sid= der. **pal·pi·ta·tion** palpitasie, hartkloppings, =trillings.

**pal·sy** *(vero.)* verlamming. **pal·sied** verlam, lam.

**pal·try** waardeloos, nietig, niksbeduidend, klein, beuselagtig. **pal·tri·ness** nietigheid, niksbeduidendheid, beuselagtigheid.

**pa·lu·dal, pa·lu·dal** *(ekol.)* moerasagtig, moerassig, vleie= rig; moeras=, vlei=; malaria=; *~ fever* moeraskoors, malaria.

**pal·y·nol·o·gy** *(studie v. stuifmeelkorrels en spore in argeol. fondse ens.)* palinologie.

**pam·pas:** *the P~, (S.Am. grasvlakte)* die Pampas. *~ grass* pampasgras.

**pam·pel·moes, pom·pel·moes** *(SA, Citrus decumana)* pampel=, pompelmoes.

**pam·per** bederf, vertroetel, verwen, koester. **pam·per·ing** vertroeteling.

**pam·phlet** pamflet, brosjure, vlugskrif. **pam·phlet·eer** *n.* pamflet=, brosjure=, vlugskrifskrywer. **pam·phlet·eer** *ww.*

pamflette/vlugskrifte skryf/skrywe/publiseer, brosjures op=
stel.

**Pan** *(Gr. mit.)* Pan. **p~pipes, p~ flute** panfluit.

**pan**[1] *n.* (braai/koek)pan; skaal(bak); pan *(vir spoelgoud); (mus.=
instr.)* staaltrom; *(Br.)* toiletbak; (sout)pan; (water)pan; *go
down the ~, (infml.)* op die ashoop beland; *a ~(ful) of ...* 'n
bak *... (water ens.).* **pan** =nn=, *ww.* (in 'n pan) was, uitwas;
win *(sout);* (in 'n pan) gaarmaak; *(infml.)* uittrap, uitvreet,
inklim, afklim op; ~ **out** was *(goud);* goud oplewer; *(infml.)*
uitval, afloop; ~ **out badly,** *(infml.)* sleg uitval/afloop; ~ **out
well,** *(infml.)* goed uitval/afloop, slaag, geluk; *not ~ out well,
(ook, infml.)* 'n misoes wees. **~cake** →PANCAKE. **~-fry** pan=
braai. **~handle** *n.* pansteel; *(Am.)* smal strook grond, pyp=
steel. **~handle** *ww., (Am., infml.)* bedel. **~handler** *(Am.,
infml.)* bedelaar. **~tile** (S-vormige) dakpan.

**pan**[2] =nn=, *ww.* swenk *('n kamera).*

**pan·a·ce·a** wondermiddel, panasee, geneesal.

**pa·nache** panache, swier(igheid), windmakerigheid, spog=
gerigheid.

**Pan-Af·ri·can** Pan-Afrikaans. **Pan-Af·ri·can·ism** Pan-Afri=
kanisme.

**Pan-Af·ri·can·ist** *n.* Pan-Afrikanis; *(SA)* lid van die Pan-
Africanist Congress. **Pan-Af·ri·can·ist** *adj.* Pan-Afrika=
nisties; *(SA)* van die Pan-Africanist Congress. ~ **Congress**
*(SA, afk.:* PAC) Pan-Africanist Congress.

**Pan·a·ma, Pan·a·ma** *(geog.)* Panama. ~ **Canal** Panama=
kanaal. **p~ (hat)** panama(hoed). **Pan·a·ma·ni·an** *n. & adj.*
Panamees.

**Pan-A·mer·i·can** Pan-Amerikaans. **Pan-A·mer·i·can·ism**
Pan-Amerikanisme.

**Pan-Ar·ab·ism** Pan-Arabisme. **Pan-Ar·ab, Pan-Ar·ab·ic**
Pan-Arabies.

**pan·a·tel·la** *(Sp.Am., lang, dun sigaar)* panatella.

**pan·cake** *(ook mynb.)* pannekoek; *(as) flat as a ~* so plat soos
'n pannekoek; *thin ~* flensie; *toss ~s* pannekoeke omgooi/
omkeer. ~ **(landing)** buik=, vallanding. ~ **(make-up)** *(teat.)*
pancake-grimering.

**pan·chro·mat·ic** *(fot.)* panchromaties.

**pan·cre·as** pankreas, alvlees=, alvleisklier. **pan·cre·at·ic** pan=
kreaties, pankreas=, alvlees=, alvlees/alvleis(klier)=; ~ *juice* pankreas=,
alvlees=, alvleis=, spysverteringsap. **pan·cre·a·ti·tis** pankre=
atitis, alvleisklierontsteking.

**pan·da:** *(giant) ~, (Ailuropoda melanoleuca)* (reuse)panda,
bamboesbeer; *lesser/red ~, (Ailurus fulgens)* katbeer. ~ **car**
*(Br., infml.)* (polisie)patrolliemotor, =wa.

**pan·da·nus** =nuses, *(bot.)* pandaan, skroefpalm.

**pan·dem·ic** *n.* pandemie, pandemiese siekte. **pan·dem·ic**
*adj.* pandemies, algemeen, wydversprei(d).

**pan·de·mo·ni·um** pandemonium, hel; oorverdowende la=
waai.

**pan·der:** ~ *to ...* aan ... toegee *(iem. se grille ens.);* ... paai *(of
probeer behaag) (iem.).*

**pan·dit, pun·dit** *(Hindoegeleerde)* pandit.

**Pan·do·ra** *(Gr. mit.)* Pandora; *open a ~'s box of problems/etc.,
(fig.)* 'n Pandora-kis van probleme/ens. oopmaak/open.

**pane** (venster)ruit, glasruit; paneel, vak *(v. 'n muur, deur,
ens.);* pen *(v. 'n hamer);* faset *(v. 'n diamant); (filat.)* veldeel.

**pan·e·gyr·ic** lofrede; lofdig; lofuiting, =prysing. **pan·e·gyr·
i·cal** lofprysend, =uitend, lof=; ophemelend. **pan·e·gy·rise,
=rize** lofprys, lof toeswaai, 'n lofrede hou oor; ophemel.
**pan·e·gyr·ist** lofredenaar; lofdigter.

**pan·el** *n., (bouk., mot., kuns, ens.)* paneel; baan, pant *(v. 'n
rok);* paneel, span *(beoordelaars ens.); (hoofs.Am.,jur.)* jurielys;
*on the ~* op die rol; op die groslys; ~ *of a wall* muurvak.
**pan·el** -ll-, *ww.* panele insit/aansit, van panele voorsien;
bane/pante inlas; op die rol plaas. ~ **beater** metaal=, duik=
klopper. ~ **beating** metaal=, duikkloppery. ~ **board** skakel=,

verdeelbord. ~ **box** sekeringskas. ~ **discussion** paneel=
bespreking. ~ **game** *(rad., TV)* spanspeletjie. ~ **heater** pa=
neelverwarmer. ~ **heating** paneelverwarming. ~ **pin** paneel=
pen, =spyker. ~ **plane** paneelskaaf. ~ **saw** paneelsaag. ~ **van**
paneelwa. ~ **work** paneelwerk.

**pan·el·ling,** *(Am.)* **pan·el·ing** paneelwerk, beskot.

**pan·el·list,** *(Am.)* **pan·el·ist** paneellid.

**pang** skerp pyn, steek; kwelling, angs.

**pan·ga**[1] panga, (Oos-Afrikaanse) kapmes.

**pan·ga**[2] *(igt.: Pterogymnus laniarius)* panga.

**Pan-Ger·man** *n.* Pan-Germanis *(ook p~).* **Pan-Ger·man,
Pan-Ger·man·ic** *adj.* Pan-Germaans *(ook p~).* **Pan-Ger·man·
ism** Pan-Germanisme *(ook p~).*

**pan·go·lin:** *(Cape) ~, (Manis temminckii)* ietermagog, =mago,
=magô.

**Pan·hel·len·ic** Pan-Hellenisties. **Pan·hel·len·ism** Pan-Hel=
lenisme. **Pan·hel·len·ist** Pan-Hellenis.

**pan·ic**[1] *n.* paniek; plotselinge skrik/vrees; →PANICKY; ~ *arises*
('n) paniek ontstaan; *cause/create* ~ ('n) paniek veroor=
saak; *get into a ~ about s.t.* oor iets paniekerig/paniekbevange
raak; *be in a ~ about s.t.* paniekerig/paniekbevange wees oor
iets; *throw s.o. into a ~* iem. angs/skrik aanja(ag). **pan·ic**
*adj.* panies; ~ *fear* paniese angs, paniek. **pan·ic** =king=, =ked
=ked, *ww.* groot skrik, beangs/benoud raak, in angs/vrees
verval, jou selfbeheersing/kop verloor; verskrik, met skrik
vervul, die skrik op die lyf ja(ag). ~ **attack** angsaanval. ~
**bolt** noodgrendel. ~ **button** noodknop(pie); *hit/press/push
the ~ ~, (fig., infml.)* paniekerig raak/optree/reageer, blin=
delings optree/reageer, (jou) kop verloor. ~ **gas** paniekgas.
**~monger** alarmis, alarmmaker. ~ **stations** *n. (mv.), (infml.,
fig.)* 'n groot geskarrel, 'n (kwaai/taamlike) gefladder in die
hoenderhok, konsternasie op die stasie. **~-stricken, ~-struck**
angstig, bang, beangs, verskrik, paniekerig.

**pan·ic**[2] *n.:* ~ **(grass)** vinger=, panikgras.

**pan·ick·y** verskrik, beangs, angstig, paniekerig, paniekbe=
vange.

**pan·i·cle** *(bot.)* pluim. **pan·i·cled** gepluim(d); in pluime, in
'n pluim.

**panne (vel·vet)** *(tekst.)* glansfluweel.

**pan·ni·er** (pak)mandjie, dra(ag)mandjie.

**pan·o·ply** versameling, reeks; prag en praal.

**pan·o·ra·ma** panorama, vergesig, vêrgesig; *(skilderk., fot.)*
panorama; oorsig. **pan·o·ram·ic** panoramies, panorama=; ~
*view* breë oorsig.

**pan·sy** *(bot.)* gesiggie. ~ **(boy)** *(infml., neerh.)* moffie.

**pant** *n.* (die) hyg, hyging. **pant** *ww.* hyg, kortasem wees;
snak *(na);* uitasem praat; ~ *after/for ...* na ... hunker/smag.

**pan·ta·lettes,** *(hoofs.Am.)* **pan·ta·lets** *n. (mv.)* lang dames=
onderbroek.

**pan·ta·loon** *(teat.)* hanswors, paljas; *(i.d. mv., infml.)* kar=
doesbroek.

**pan·tech·ni·con** (groot) vervoerwa.

**pan·the·ism** panteïsme. **pan·the·ist** panteïs. **pan·the·is·tic**
panteïsties.

**pan·the·on, pan·the·on** *(tempel vir al d. gode)* panteon;
panteon, godedom; *(gebou wat gestorwe helde herdenk)* pan=
teon; *the P~, (in Rome)* die Pant(h)eon.

**pan·ther** (swart) luiperd/panter; *(Am.)* poema; *(Am.)* jaguar.

**pant·ies** *n. (mv.), (infml.)* (dames)broekie.

**pan·ti·hose** →PANTYHOSE.

**pan·to** *(Br., infml., afk.)* = PANTOMIME *n..*

**pan·to·graph** *(meg.)* pantograaf; tekenaap, pantograaf.

**pan·to·mime** *n.* pantomime, gebarespel; sprokieskonsert
*(vir kinders).* **pan·to·mime** *ww.* mimeer, deur gebare voor=
stel. **pan·to·mim·ic** pantomimies. **pan·to·mim·ist** pantomi=
mis, gebarespeler.

**pan·to·then·ic ac·id** *(biochem.)* pantoteensuur.

**pan·try** spens, voorraadkamer. ~ **(cupboard)** koskas. ~ **shelf** spensrak.

**pants** *n. (mv.)* broek; *bore the ~ off s.o., (infml.)* iem. tot die dood toe verveel, iem. lang gape laat gaap; *be caught with one's ~ down, (infml.)* onvoorbereid betrap word, onverwags in verleentheid gebring word; *charm the ~ off s.o., (infml.)* iem. met jou sjarme oorweldig, iem. voor jou sjarme laat swig; *(a pair of)* ~ 'n (lang)broek; *put on* (or *take off*) ~ 'n broek aantrek/uittrek; *scare/frighten the ~ off s.o., (infml.)* iem. se broek behoorlik laat bewe/beef, iem. 'n groot *(of behoorlik/skoon die)* skrik op die lyf jaag/ja; *talk the ~ off s.o., (infml.)* iem. se ore van sy/haar *(of die ore van iem. se)* kop (af) praat; *wear ~* ('n) broek dra; *wear the ~, (infml., v. 'n vrou gesê)* die broek dra, baasspeel, die baas wees. ~ **suit, pantsuit** broekpak.

**pa·ntsu·la** *(SA, infml.: gesofistikeerde townshipjeugdige; dansvorm)* pantsula.

**pan·ty·hose, pan·ti·hose** broekiekouse, kousbroekie.

**pan·ty·lin·er** minidoekie.

**pan·zer** *(D., mil.)* pantser(oorlogstuig); pantser(eenhede). ~ **division** pantserdivisie.

**pap**[1] pap; moes; bog, twak.

**pap**[2] *(arg. of dial.)* tepel; bors.

**pa·pa** *(Am. of vero.)* papa, pappa.

**pa·pa·cy** pousdom, pouslike mag; pouslike waardigheid.

**pa·pa·in, pa·pa·in** papaïen.

**pa·pal** pouslik, papaal; paaps; ~ *legate* pouslike gesant.

**pa·pa·raz·zo** *=razzi, n. (gew. i.d. mv.), (It.)* paparazzo, steel=fotograaf.

**pa·pa·ya, pa(w)·paw** papaja.

**pa·per** *n.* papier; koerant, nuus=, dagblad; muur=, plakpapier; vraestel; stuk; dokument; referaat, lesing; tesis, skripsie; *(teat. sl.)* vrykaartjie; papiergeld; wissel; *(i.d. mv.)* stukke; *(i.d. mv.)* dokumente; *(i.d. mv.)* getuigskrifte; *(i.d. mv., jur.)* prosesstukke; *a ~ about/on ...* 'n referaat/lesing oor ...; *deliver/ present/read a ~* 'n referaat hou/lewer; *get into the ~s* in die koerante kom; *on ~* op skrif; op papier, in teorie; *put s.t. on ~* iets op skrif stel; *set a ~* 'n vraestel opstel; *a sheet of ~* 'n vel(letjie) papier; *not worth the ~ it is printed/written on* waardeloos. **pa·per** *ww.* plak *('n muur)*; (in papier) toe=draai; van papier voorsien; ~ *over s.t., (lett.)* iets toeplak; *(fig.)* iets toesmeer. ~**back**, ~ **cover** sagte band; sagteband(boek), slapband(boek). ~**bark (tree)** papierbasmirt. ~**boy** koerant=joggie. ~ **chase** *(infml.)* burokratiese rompslomp; *(Br.: soort veldloop)* snipperjag. ~**clip** skuifspeld; papierklem, =knip, papierknyper. ~ **cup** karton=, weggooibeker(tjie); *(kookk.)* papiervormpie *(vir 'n vormkoekie).* ~ **feed** *(rek.)* papiervoer. ~**hanger, paperer** (muur)plakker; ~*'s knife* plakkersmes; ~*'s paste* plakpap. ~**knife** briewemes, briefoopmaker, papier=mes. ~**maker** *(pers. of masjien)* papiermaker; *(firma)* papier=vervaardiger, =produsent. ~ **money,** ~ **currency** papiergeld. ~ **mulberry** *(bot.)* papiermoerbei. ~ **plate** papierbord. ~ **profit** wins op papier, papier=, skynwins. ~ **round,** ~ **route** koerant(aflewerings)ronde, =roete. ~ **shredder** snipper=masjien. ~ **tape** papier=, ponsband. ~**-thin** papier=, rafeldun. ~ **tiger** *(fig.)* papiertier. ~ **trail** papierspoor. ~**weight** pa=piergewig, =drukker. ~**work** papierwerk.

**pa·per·less** papierloos.

**pa·per·y** papieragtig.

**pa·pier-mâ·ché, -mâ·ché** papier-maché.

**pa·pil·la** *=lae* (haar)papil; (tong)tepel(tjie), smaaktepel; *(bot.)* papil, tepel(tjie). **pa·pil·lar·y** papillêr, tepelvormig, tepel=; ~ *muscle* tepelspier.

**pap·il·lo·ma** *=mata, =mas, (med.)* papilloom.

**pa·pi·no** *=nos, (vrug)* papino.

**pa·pist** *n., (hoofs. neerh.: RK)* papis. **pa·pist** *adj.* pousgesind;

Rooms(gesind); papisties, paaps. **pa·pism, pa·pist·ry** papis=tery, papisme, pousgesindheid; paapsheid; Rooms(gesind)=heid.

**pa·poose, pap·poose** abbasak; *(hoofs. neerh.)* Rooihuidjie.

**pap·pus** *pappi, (bot.)* saad=, haarpluis.

**pap·py**[1] *n., (kindert.)* pappie, pappa.

**pap·py**[2] *adj.* papperig, sag.

**pap·ri·ka, pap·ri·ka** paprika.

**Pap smear, Pap test** *(med.)* Pap=, servikssmeer, Paptoets.

**Pa·pu·an** *n., (inboorling)* Papoea; *(taalgroep)* Papoeas. **Pa·pu·an** *adj.* Papoeaas.

**Pa·pu·a New Guin·ea** *(geog.)* Papoea-Nieu-Guinee.

**pap·u·la** *=lae,* **pap·ule** *=ules, (med.)* papel, puisie(tjie), knobbeltjie, knoppie. **pap·u·lar** puisieagtig, puisierig, knop=pieagtig.

**pap·y·rol·o·gy** papirologie.

**pa·py·rus** *=pyri, =pyruses* papirus; papirusrol; papirus, pa=pierriet.

**par** pari, gelykheid; *(gh.)* (baan)syfer; *above ~* bo pari; bo die gemiddeld(e); *at ~* teen/op pari; *below ~* benede/onder pari; onder die gemiddeld(e); *(infml.)* benede peil; *s.t. is ~ for the course, (infml.)* iets is gewoon, iets was te verwagte; *be on a ~ with ...* met ... gelykstaan, op gelyke voet/hoogte met ... staan/wees; *over/under ~, (gh.)* beter/minder as syfer *(of die baansyfer)*; *put s.t. on a ~ with ...* iets met ... gelykstel; *be up to ~, (infml.)* voldoende wees; *feel up to ~, (infml.)* goed voel.

**pa·ra** *(Br., infml.)* valskermman, =soldaat.

**pa·rab·a·sis** *=ases, (antieke Gr. blyspel)* parabasis.

**pa·ra·bat** *(SA, infml.)* valskermman, =soldaat.

**par·a·ble** gelykenis, allegorie; *speak in ~s* in gelykenisse praat.

**pa·rab·o·la** *=las, =lae, (wisk.)* parabool.

**par·a·bol·ic, par·a·bol·i·cal** parabolies, in die vorm van 'n gelykenis, deur gelykenisse *(of 'n gelykenis); (wisk.)* para=bolies, parabool=.

**pa·rab·o·loid** *n.:* ~ *(of revolution)* (omwentelings)paraboloïed. **pa·rab·o·loi·dal** *adj.* paraboloïdaal.

**pa·ra·ce·ta·mol** *(farm.)* parasetamol.

**par·a·chute** *n.* valskerm. **par·a·chute** *ww.* met 'n val=skerm daal/neerlaat. ~ **drop** valskermaflewering *(v. voor=rade);* valskermlanding *(v. troepe).* ~ **jump,** ~ **leap** valskerm=sprong.

**par·a·chut·ist** valskermspringer; valskermsoldaat.

**par·a·clete:** *the P~, (Chr.)* die Parakleet, die Heilige Gees.

**pa·rade** *n.* optog; parade, wapenskou; vertoning; parade=(plein), paradeterrein; *hold a ~* parade hou; *make a ~ of s.t.* met iets spog *(of te koop loop); be on ~* op parade wees; *(fig.)* paradeer, pronk. **pa·rade** *ww.* parade hou, paradeer; pa=radeer, pronk; laat paradeer; te koop loop met, pronk/spog met. ~ **ground** paradegrond, =terrein.

**par·a·did·dle** *(mus.)* paradiddel.

**par·a·digm** voorbeeld; *(gram.)* paradigma; klas, paradigma, patroon. ~ **shift** paradigmaskuif, =verskuiwing, =verande=ring.

**par·a·dig·mat·ic** paradigmaties.

**par·a·dis·al, par·a·di·si·a·cal, par·a·dis·i·cal, par·a·di·sa·i·cal** paradysagtig.

**par·a·dise** *(relig., alg.)* hemel; *(NT)* paradys; *(OT)* tuin van Eden; *(fig.)* paradys, hemel. ~ **flycatcher** *(orn.)* paradys=vlieëvanger.

**par·a·dox** paradoks; skynbare teenstrydigheid. **par·a·dox·i·cal** paradoksaal.

**par·af·fin** paraffien, lampolie. ~ **(wax)** paraffienwas.

**par·a·glide** *ww.* (val)skermsweef. **par·a·glid·er** *n.* (val)=skermswewer. **par·a·glid·ing** *n.* (val)skermsweef.

**par·a·go·ge, par·a·gogue** *(ling.)* paragoge, agter(aan)=voeging. **par·a·gog·ic** paragogies.

**par·a·gon** toonbeeld, model *(v. voortreflikheid ens.); (druk.)* paragon; *(diamant)* paragon.

**par·a·graph** *n.* paragraaf, alinea; beriggie, aankondiging. **par·a·graph** *ww.* paragrafeer, in paragrawe verdeel; 'n beriggie skryf/skrywe oor. ~ **mark** paragraafteken.

**par·a·graph·ing** paragrafering, verdeling in paragrawe.

**Par·a·guay** *(geog.)* Paraguay. **Par·a·guay·an** *n.* Paragu(ay)= aan. **Par·a·guay·an** *adj.* Paragu(ay)aans.

**par·a·keet, par·ra·keet** parkiet.

**par·al·de·hyde** *(chem.)* paraldehied.

**par·a·le·gal** *n., (hoofs. Am.)* regsassistent, parajuris, =regs= geleerde. **par·a·le·gal** *adj.* parajuridies, pararegs= *(advies, studies, ens.).*

**par·a·lip·sis** *-ses, (ret.)* paralipsis.

**par·al·lax** *(ook astron.)* parallaks, verskilsig. **par·al·lac·tic** parallakties.

**par·al·lel** *n., (wisk.)* parallel, ewewydige lyn; *(fig.)* ooreen= koms; *draw a ~ between ...* 'n parallel tussen ... trek, ... met mekaar vergelyk; *have no ~* geen gelyke hê nie; *be without ~* sonder gelyke/weerga wees. **par·al·lel** *adj.* parallel, ewe= wydig; gelyk, ooreenstemmend, analoog; *~ to/with ...* ewe= wydig/parallel aan/met ... **par·al·lel** *ww.* ewewydig wees/ loop met; gelykstel, vergelyk; ooreenstem met; 'n soortgelyke geval noem; ewenaar. *~ bars (gimn.)* brug. *~ parking* paral= lelle parkering. *~ processing (rek.)* parallelle/gelyklopende verwerking.

**par·al·lel·e·pi·ped, par·al·lel·e·pi·ped** *(geom.)* paralle= lepipedum.

**par·al·lel·ism** parallelisme, ewewydigheid; ooreenkoms, gelykheid; *(pros., lettk.)* parallelisme.

**par·al·lel·o·gram** parallelogram; *~ of forces* parallelogram van kragte, kragteparallelogram.

**pa·ral·o·gism** paralogisme, verkeerde gevolgtrekking/sluit= rede.

**Par·a·lym·pic** *adj.* Paralimpies. *~ Games, Paralympics n. (mv.)* Paralimpiese Spele.

**par·a·lyse** verlam; *(fig.)* verlam, lamlê, tot stilstand bring; *s.o. was ~d with fright* iem. het hom/haar (boeg)lam geskrik.

**pa·ral·y·sis** *-lyses* verlamming, paralise; lamheid; *(fig.)* mag= teloosheid.

**par·a·lyt·ic** *n.* verlamde, lamme, paralitikus. **par·a·lyt·ic** *adj.* (ver)lam, paralities; *(Br., infml.: baie dronk)* smoor=, pap= dronk, gaar, stukkend.

**par·a·mag·net·ic** *(fis.)* paramagneties.

**par·a·me·ci·um** *-cia* pantoffeldiertjie.

**par·a·med·ic** *n.* paramedikus, paramediese beampte. **par·a·med·i·cal** *adj.* paramedies.

**pa·ram·e·ter** *(wisk., statist.)* parameter; *(fig.)* grens, beper= king.

**par·a·me·tri·um** *-tria, (anat.)* parametrium, baarmoeder= weefselrok.

**par·a·mil·i·tar·y** halfmilitêr, semimilitêr.

**par·a·mount** oorheersend; vernaamste, grootste, opper=; van die grootste belang; *~ chief* opperhoof; hoofkaptein; *be ~ to ...* van groter belang as ... wees. **par·a·mount·cy** supe= rioriteit; opperheerskappy; oppergesag.

**par·a·mour** *(arg. of neerh.)* houvrou; minnaar, minnares, geliefde.

**pa·rang** *(Mal. kapmes)* parang.

**par·a·noi·a** paranoia, vervolgingswaan.

**par·a·noid** *n.* paranoïkus. **par·a·noid** *adj.* paranoïes.

**par·a·nor·mal** paranormaal; *the ~* die paranormale, para= normale verskynsels.

**par·a·pet** muurtjie; reling; balustrade; *(mil.)* borswering.

**par·aph** *n.* paraaf. **par·aph** *ww.* parafeer.

**par·a·pher·na·li·a** besittings; toerusting; bybehore, toebe= hore; goeters.

**par·a·phrase** *n.* parafrase, omskrywing. **par·a·phrase** *ww.* parafraseer, omskrywe. **par·a·phras·tic** omskrywend.

**par·a·ple·gia** paraplegie. **par·a·ple·gic** *n.* parapleeg. **par·a·ple·gic** *adj.* paraplegies.

**par·a·psy·chol·o·gy** parapsigologie. **par·a·psy·cho·log·i·cal** parapsigologies.

**par·a·sail** *ww.* valskerm=, sweefseil. **par·a·sail·er** *n.* val= skerm=, sweefseiler. **par·a·sail·ing** *n.* valskerm=, sweefseil.

**par·as·cend·ing** valskermvaar.

**par·a·se·le·ne** *-lenae, (astron.)* by=, skynmaan, maanhond.

**par·a·site** parasiet, woekerplant; parasiet, woekerdier; *(fig., neerh.)* parasiet, bloedsuier, uitbuiter. **par·a·sit·ic** parasiet= agtig, parasities; parasitêr; *~ disease* parasitêre siekte; *~ plant* woekerplant. **par·a·si·tise, -tize** parasiteer, as parasiet lewe. **par·a·sit·ism** parasitisme; parasietbesmetting; para= sietbestaan. **par·a·si·to·log·i·cal** parasitologies. **par·a·sit·ol·o·gist** parasitoloog. **par·a·sit·ol·o·gy** parasitologie.

**par·a·ski·ing** valskermski.

**par·a·sol** parasol, sambreel, sonskerm. *~ tree* sambreel= boom, kiepersol.

**par·a·stat·al** semistaatsinstelling, parastataal.

**par·a·su·i·cide** *(psig.)* pseudoselfmoord(poging), gewaan= de selfmoord(poging).

**par·a·sym·pa·thet·ic** *(fisiol.)* parasimpaties.

**par·a·syn·the·sis** *(ling.)* parasintese.

**par·a·tax·is** *(gram.)* paratakse, parataksis, neweskikking.

**par·a·thy·roid** *n., (anat.)* byskildklier. **par·a·thy·roid** *adj.* paratiroïed=, byskildklier=. *~ gland* paratiroïedklier, by= skildklier.

**par·a·troop·er** valskermsoldaat. **par·a·troops** valskerm= troepe.

**par·a·ty·phoid (fe·ver), par·a·ty·phus** *(med.)* parati= foïedkoors, paratifus.

**par·boil** halfgaar kook, blansjeer; *~ed rice* halfgaar/stoom= behandelde rys.

**par·cel** *n.* pak(kie), pakket; stuk, deel; lot, party; perseel; *make up a ~* 'n pakkie (op)maak. **par·cel** *-ll-, ww.* verdeel; inpak; toeplak; *(sk.)* smart *(tou)*; *~ s.t. out* iets uitdeel, iets (onder)verdeel; *~ s.t. (up)* iets inpak, 'n pakkie van iets maak. *~ bomb* pakketbom. *~ post* pakket=, pakkiespos.

**parch** (ver)skroei, verdroog, verdor; rooster, braai; *~ed lips* droë lippe; *~ed with thirst* versmag/vergaan van die dors.

**parch·ment** perkament. *~ (paper)* perkamentpapier. *~ scroll* perkamentrol.

**par·don** *n.* vergif(fe)nis, vergewing; kwytskelding; bege= nadiging, genadeverlening; grasie, pardon; ekskuus, ver= skoning; *beg s.o.'s ~* iem. (om) verskoning vra; *I beg your ~!* ekskuus (tog)!; verskoon my (asseblief); *(I beg your) ~?* ekskuus?, wat sê jy?; *general ~* amnestie; *get a ~* begenadig word; *grant s.o. a ~* iem. begenadig. **par·don** *ww.* vergewe, vergif(fe)nis skenk; begenadig, grasie/genade verleen; vry= spreek; kwytskeld; verskoon; *~ s.o. for (doing) s.t.* iets van iem. verskoon; *~ me!* ekskuus (tog)!, verskoon my!; *~ me?* ekskuus?, wat sê jy?. **par·don·a·ble** vergeeflik, verskoon= baar.

**pare** (af)skil, afsny, (af)knip; afvyl; afskaaf, =skawe; besnoei, verminder; *~ s.t. away/off* iets afknip/=sny/wegsny; *~ s.t. down, (fig.)* iets verminder/afskaal *(eise ens.)*; *~ s.t. out* iets uitsny. **par·er** *(af)*skiller; skilmasjien; skilmes; hoefmes.

**par·e·gor·ic** *n., (med., hist.)* paregorie, paregoor.

**pa·ren·chy·ma** *(anat.)* parenchiem; *(bot.)* parenchiem, grondweefsel. **par·en·chym·al** *(hoofs. anat.)*, **par·en·chym·a·tous** *(hoofs. bot.)* parenchimaties, grondweefselagtig.

**par·ent** ouer, vader, moeder; *(i.d. mv.)* ouers; voog; bron, oorsaak; *(chem.)* moeder, stam. ~ **company** moedermaat= skappy. ~ **language** stamtaal. ~**-teacher association** *(afk.:* PTA*)* ouer-onderwyser-vereniging, ouer-onderwysersver= eniging *(afk.:* OOV*)*.

**par·ent·age** afkoms, herkoms; oorsprong, bron; ouerskap.

**pa·ren·tal** ouerlik; ~ *joy* ouervreugde; ~ *love* ouerliefde.

**par·en·ter·al** *adj., (med.)* parenteraal, buitederms.

**pa·ren·the·sis** =*theses* parentese, tussensin; inlassing; *(gew. i.d. mv.)* ronde hakie; *in parentheses, (lett. & fig.)* tussen hakies. **pa·ren·the·sise,** =**size** (woorde) inlas/invoeg; tussen hakies plaas. **par·en·thet·ic, par·en·thet·i·cal** parenteties, tussen hakies. **par·en·thet·i·cal·ly** tussen hakies, terloops.

**par·ent·hood** ouerskap.

**par·ent·ing** ouerskap, ouerwees.

**par·ent·less** ouerloos.

**par·ent·ship** ouerskap.

**pa·re·sis, pa·re·sis** =*reses, (med.)* parese, gedeeltelike ver= lamming.

**par ex·cel·lence, par ex·cel·lence** *(Fr.)* by uitstek, by uitnemendheid.

**par ex·em·ple** *(Fr.)* byvoorbeeld.

**par·fait** *(<Fr., kookk.)* parfait.

**par·get, par·get·ing** *n.* sierpleister; voeringpleister; sier= pleisterwerk; voeringpleisterwerk. **par·get** *ww.* sierpleister, 'n sierlaag/voeringlaag gee. **par·get·er** sierpleisteraar. **par· get·ry** sierpleisterwerk.

**par·he·li·on** =*helia* parhelium, by=, skynson.

**pa·ri·ah, pa·ri·ah** paria, uitgeworpene, verstoteling.

**pa·ri·e·tal** *(anat., biol.)* pariëtaal, wandstandig, wand=. ~ **bone** pariëtale been.

**par·ing** *(dikw. i.d. mv.)* skil; skaafsel, krul; bas; (die) skil/sny/ knip/ens.. ~ **knife** skilmes; hoefmes.

**par·i pas·su** *adv., (Lat.)* pari passu; gelyktydig en in gelyke mate; op gelyke voet, sonder voortrekkery.

**Par·is**[1] *(geog.)* Parys. ~ **green** parysgroen.

**Par·is**[2] *(Gr. mit.)* Paris.

**par·ish** gemeente, parogie. ~ **clerk** koster. ~**-pump** *adj. (attr.), (Br.):* ~ *politics* kleinlike politiek. ~ **register** kerkregister.

**pa·rish·ion·er** gemeentelid, lidmaat.

**Pa·ris·i·an** *n.* Parysenaar. **Pa·ris·i·an** *adj.* Parys(e), van Parys. **Pa·ri·si·enne** Parisienne, Paryse vrou.

**par·i·ty**[1] gelykheid, gelykwaardigheid, pariteit; ooreenkoms, analogie, ooreenstemming; *(fin.)* pariteit, gelykheid; *(wisk., fis., rek.)* pariteit.

**par·i·ty**[2] *(med.)* pariteit, swangerskapgetal.

**park** *n.* park; natuurreservaat; wildtuin; *(mot.)* parkeermodus. **park** *ww.* parkeer; *(infml.)* neer=, wegsit; inpark, omhein, toemaak; ~*ed car* geparkeerde motor; ~ *o.s. in/on ..., (infml.)* in/op ... gaan sit; ~ *s.o. in* iem. vasparkeer. ~**-and-ride scheme/system** parkeer-en-ry-stelsel. ~ **attendant** park= opsigter. ~**land** oop grasveld; parkgebied; parkgrond. ~**way** parkweg.

**par·ka** parka(baadjie), =(jas), anorak.

**park·ade** parkade, parkeergarage.

**park·ing** parkering; parkeerruimte; *no* ~ geen parkering/ staanplek, parkeer verbode. ~ **area** parkeerterrein, =gebied, =plek, =ruimte, (motor)staanplek. ~ **attendant** parkeerbe= ampte. ~ **bay, ~ place** parkeerinham, parkeer=, staanplek. ~ **disc** parkeerskyf(ie). ~ **fee** parkeergeld. ~ **garage** parkeer= garage, parkade. ~ **meter** parkeermeter. ~ **space** parkeer= plek, =ruimte, =gebied. ~ **ticket** parkeerkaartjie.

**Par·kin·son's (dis·ease), Par·kin·son·ism** Parkinson se siekte, parkinsonisme.

**Park·town prawn** *(SA, infml., entom.: Libanasidus vittatus)* Afrikaanse koningkriek, *(infml.)* Parktown prawn.

**par·lance** uitdrukkingswyse, manier van praat; taal, spraak= (gebruik); *in common* ~ in gewone/alledaagse taal; *in legal* ~ in die regstaal; *in popular* ~ in die volksmond.

**par·ley** *n.* onderhandeling; gesprek. **par·ley** *ww.* onder= handel; bespreek.

**par·lia·ment** parlement; *dissolve* P~ die Parlement ont= bind; *houses of* ~ parlementsgebou; *in* P~ in die Parlement; P~ *is sitting* die Parlement sit; *stand for* P~ kandidaat vir die Parlement wees. **par·lia·men·tar·i·an** parlementariër; parlementslid. **par·lia·men·tar·i·an·ism** parlementarisme.

**par·lia·men·ta·ry** *adj.* parlementêr, parlement(s)=. ~ **elec· tion** parlementêre verkiesing. ~ **session** parlementsitting.

**par·lour, *(Am.)* par·lor** ontvang=, spreekkamer; salon; *(vero.)* sit=, voorkamer. ~ **game** huisspeletjie.

**Par·ma ham** parmaham.

**Par·me·san (cheese)** parmesaan(kaas), Parmesaanse kaas.

**pa·ro·chi·al** parogiaal, provinsialisties; eng, bekrompe. **pa· ro·chi·al·ism** engheid, bekrompenheid, beperktheid; paro= gialisme; verkramptheid.

**par·o·dy** *n.* parodie; bespotting; *a* ~ *of ...* 'n bespotting van ... *(d. gereg ens.);* *a* ~ *on ...* 'n parodie op ... **par·o·dy** *ww.* parodieer. **pa·rod·ic** parodies. **par·o·dist** parodis, parodie= skrywer.

**pa·rol** *(jur.):* *by* ~ mondeling(s), deur mondelinge ooreen= koms; ~ *evidence* ekstrinsieke getuienis.

**pa·role** *n.* parool; *(be released)* on ~ op parool (vrygelaat word); *break/violate one's* ~ jou paroolvoorwaardes verbreek/ oortree/skend, nie jou paroolvoorwaardes nakom nie. **pa· role** *ww.* op parool *(of* voorwaardelik) vrylaat. **pa·rol·ee** paroolganger.

**par·o·no·ma·si·a** *(ret.)* paronomasia, woordspeling.

**par·o·nym** *(ling.)* paroniem, stamverwante woord. **par·o· nym·ic, pa·ron·y·mous** paroniem, (stam)verwant.

**pa·rot·id** *n., (anat.)* parotidium, parotis=, oorspeekselklier. **pa·rot·id** *adj.:* ~ *duct* oorspeekselklierbuis. **par·o·ti·tis** *(med.)* parotitis, oorspeekselklierontsteking.

**par·ox·ysm** bui, vlaag; *(med.)* paroksisme, hewige/skielike aanval, toeval, plotsaanval; *a* ~ *of anger* 'n woedeaanval; *a* ~ *of laughter* 'n onbedaarlike lagbui. **par·ox·ys·mal** hewig, geweldig; *(med.)* paroksismaal.

**par·quet** *n.* parket; parketvloer. **par·quet** *ww.* parketteer, 'n parketvloer insit. ~ **floor(ing)** parketvloer. **par·quet·ry** parketwerk; parketvloer.

**par·ri·cide** ouer=, familiemoord; ouer=, familiemoordenaar, =moordenares. **par·ri·cid·al** ouer=, familiemoord=; skuldig aan ouer=/familiemoord.

**par·rot** *n.* papegaai. **par·rot** *ww.* na-aap, naboots, =praat. ~**-fashion** papegaaiagtig, soos 'n papegaai. ~**fish** papegaai= vis. **par·rot-like** papegaaiagtig; napraterig.

**par·ry** *n.* afwering, keerslag; ontwyking. **par·ry** *ww.* af=, (weg)keer, afwend, skerm; ontwyk.

**parse** *(gram.)* ontleed, woordsoorte benoem; *(rek.)* ontleed. **pars·er** *(rek.)* sintaksisontleder. **pars·ing** grammatiese ont= leding, sinsontleding, woordbenoeming; *(rek.)* sintaksisont= leding.

**par·sec** *(astron.: sametr. v.* parallax second*)* parsek *(sametr. v.* parallakssekonde*)*.

**Par·see** *(aanhanger v.d. Zoroastrianisme)* Pars, Parsi.

**par·si·mo·ny** spaarsaamheid; suinigheid; gierigheid. **par· si·mo·ni·ous** spaarsaam; suinig; gierig.

**pars·ley** pietersielie.

**pars·nip** witwortel.

**par·son** predikant, dominee, geestelike. ~**'s nose** *(infml.)* stuitjie(stuk) *(v. gaar pluimvee).*

**par·son·age** pastorie, predikantswoning.

**part** *n.* deel, gedeelte, aandeel; *(med.)* deel, stuk; *(teat.)* rol; onderdeel, stuk, part *(v. 'n masjien ens.); (mus.)* party, stem; afdeling, deel, gedeelte *(v. 'n boek);* aflewering, episode *(v. 'n TV-program); act a* ~ 'n rol speel; *take an active* ~ *in s.t.* 'n daadwerklike aandeel aan iets hê; *be/form (a)* ~ *of s.t.* deel van iets uitmaak; *the best/better/greater* ~ *of* ... die grootste/oorgrote deel (*of* die meeste/merendeel) van ...; *for the best/better/greater* ~ *of an hour* (or *a day/etc.)* amper/ byna 'n uur/dag/ens. (lank); ~*s of the body* liggaamsdele; ledemate; *do one's* ~ jou plig doen, jou deel bydra; *s.o. doubles* ~*s* iem. speel twee rolle; *in foreign* ~*s* in die vreemde; *form (a)* ~ *of s.t.* →*be/form; for the greater* ~ grotendeels; *the greater* ~ *of* ... → *best/better/greater; by far the greater* ~ *of* ... verreweg die meeste van ...; verreweg die grootste deel (*of* oorgrote meerderheid) van ...; *have a* ~ *in* ... aan ... deel hê; 'n rol in ... speel/vervul *('n toneelstuk ens.); in* ~*(s)* deels, gedeeltelik, ten dele, vir 'n deel; *s.o. looks the* ~ iem. lyk ook so; *most* ~*s of the country* die grootste gedeelte van die land; *for the most* ~ hoofsaaklik, in hoofsaak; vir die grootste deel/gedeelte, merendeels; mees(t)al, in die meeste gevalle, gewoonlik; *for my* ~ wat my aangaan/(aan)betref; *s.o. wants no* ~ *in s.t., (infml.)* iem. wil niks met iets te doen hê nie; ~ *of* ... 'n deel/gedeelte van ...; *it is* ~ *of* ... dit maak deel van ... uit, dit is ('n) deel van ...; *on the* ~ *of the government* by die regering, aan/van regeringskant; *it is a mistake on s.o.'s* ~ dit is iem. se eie fout, iem. het self die fout gemaak; *an objection on s.o.'s* ~ 'n beswaar van iem. se kant af (*of* by iem.); *be* ~ *and parcel of s.t.* 'n onafskeidelike/integrerende deel van iets uitmaak; *play a* ~ 'n rol speel; huigel, veins; *play an important* (or *a leading)* ~ *in* ... 'n belangrike rol in ... speel, 'n groot aandeel aan ... hê; *play the leading* ~, *(teat.)* die hoofrol speel; ... *plays a* ~ *in it, (ook)* daar is ... in die spel *(wraak ens.);* ~ *of speech, (gram.)* woordsoort, rededeel; *study a* ~ 'n rol instudeer; *take* ~ *in* ... aan ... deelneem; *take s.o.'s* ~, *take the* ~ *of s.o.* iem. se kant/party kies, vir iem. opkom (*of* party trek); *the terrible* ~ *of it* die vreeslike daarvan; *in/round these/those* ~*s* hier/ daar rond/langs, in hierdie/daardie buurt/geweste/omgewing; *two* ~*s of X to three* ~*s of Y* twee dele X op drie dele Y; *the worst* ~ *of it is* ... die ergste is ..., die naarheid daarvan is ... **part** *adv.* deels, gedeeltelik; ~ *heard, (jur.)* onafgehandel(d), gedeeltelik verhoor. **part** *ww.* (ver)deel; uitmekaar maak, skei; uiteengaan, uitmekaar gaan, skei, afskeid neem; uiteenloop; breek; skei *(d. hare);* ooptrek *(gordyne); (tou)* breek; *('n naat)* bars, skeur; ~ *company* skei, uitmekaar gaan; *let us* ~ *friends* laat ons as vriende uitmekaar gaan; ~ *from* ... van ... skei (*of* afskeid neem), ... verlaat/agterlaat; met ... breek; jou skei/losmaak van ...; weggaan van ...; ~ *s.o./s.t. from* ... iem./iets van ... skei/losmaak; ~ *one's hair in the middle* jou hare (met 'n) middelpaadjie dra, jou hare in/met 'n middelpaadjie kam; ~ *with* ... van ... afsien (*of* afstand doen), ... afstaan/opgee/weggee (*of* laat vaar). **appropriation** voorskot op die begroting, begrotingsvoorskot. ~ **author** medeskrywer, -outeur. ~**-exchange** *ww.* inruil. ~**owner** mede-eienaar, medebesitter; deelgenoot. ~**-payment** gedeeltelike betaling/vereffening, paaiement; *in* ~ *for* ... ter gedeeltelike vereffening van ... ~**-singing** meerstemmige sang. ~**-song** meerstemmige lied. ~**-time** deeltyds. ~**-timer** deeltydse werker. ~**-way** *adv.:* ~ *down/up the slope* 'n ent teen die hang af/op; *penetrate* ~ *into s.t.* iets gedeeltelik binnedring; *have s.t.* ~ *on* iets halfpad aanhê; ~ *through a speech* (or *the day/etc.)* in die middel van 'n toespraak (*of* die dag/ens.); *be* ~ *through the tunnel* 'n stuk/deel/gedeelte van die tonnel agter jou hê. ~ *work (Br.: publikasie in aflewerings)* deelpublikasie.

**par·take** *-took -taken, (fml.)* deelneem; deel hê; ~ *in s.t.* aan iets deelneem; ~ *of s.t.* iets eet/gebruik/nuttig/geniet *('n maaltyd);* aan iets deel hê; aan iets deelneem *(d. Nagmaal).* **par·tak·er** deelnemer, -hebber, -genoot.

**part·ed** verdeel(d), geskei; *(biol.)* gesplete, lobbig.

**par·terre** blomakkertjie, -bedding; *(teat., hoofs. Am.)* parterre.

**par·the·no·gen·e·sis** *(biol.)* partenogenese.

**par·tial** gedeeltelik; bevooroordeel(d); partydig, eensydig, onregverdig; *(wisk.)* parsieel *(afgeleide, differensiasie, ens.); (bot.)* sekondêr; ~ *eclipse* gedeeltelike verduistering; ~ *pressure, (chem.)* parsiële/gedeeltelike druk; *s.t. was only a* ~ *success* iets het maar gedeeltelik geslaag; *be* ~ *to s.t.* vir iets lief wees, 'n voorliefde vir iets hê, baie van iets hou. **par·ti·al·i·ty** partydigheid, eensydigheid, bevooroordeel(d)heid, voortrekkery; *s.o.'s* ~ *for s.t.* iem. se voorliefde vir iets; ~ *for/ towards* ... partydigheid vir ...; *show* ~ partydig wees; met twee mate meet. **par·tial·ly** deels, gedeeltelik, ten dele, vir 'n deel/gedeelte; partydig, op partydige wyse; ~ *sighted* swaksiende.

**par·ti·ble** (ver)deelbaar; skei(d)baar.

**par·tic·i·pant** deelnemer; deelgenoot; medegeregtigde; *be a* ~ *in s.t.* 'n deelgenoot aan/in iets wees.

**par·tic·i·pate** deelneem, deel hê, meedoen; ~ *in s.t.* aan iets deelneem *(sport, 'n debat, ens.);* in iets deel *(d. wins, 'n onderneming, ens.);* deelgenoot aan/in iets wees. **par·tic·i·pat·ing** deelnemend; *(ekon.)* deelnemend *(maatskappy); (ekon.)* winsdelend *(obligasie, versekering, aandeel).*

**par·tic·i·pa·tion** deelneming, deelname; inspraak; deelgenootskap, medeseggenskap; ~ *in* ... deelname aan ... *(sport, 'n debat, ens.);* deelneming in ... *(d. wins, 'n onderneming, ens.).* ~ **bond** deelnemingsverband. ~ **loan** partisipasie-, deelnemingslening.

**par·tic·i·pa·tor·y** deelnemend; ~ *democracy* deelnemende demokrasie.

**par·ti·ci·ple** *(gram.)* deelwoord, partisipium. **par·ti·cip·i·al** *(gram.)* partisipiaal, deelwoord-; deelwoordelik; ~ *construction* deelwoordkonstruksie.

**par·ti·cle** deeltjie, stukkie; *(fis.)* deeltjie; *(gram.)* partikel; krieseltjie; greintjie.

**par·ti·col·oured** bont, veel-, meerkleurig.

**par·tic·u·lar** *n.* besonderheid; *enter/go into* ~*s* in besonderhede tree; *give/state full* ~*s* volledige besonderhede verstrek/verskaf/(aan)gee/vermeld; *require further* ~*s* nader(e)/ verder(e)/vêrder(e) besonderhede/inligting verlang; *in* ~ in die besonder, veral; *nothing in* ~ niks besonders/spesiaals nie. **par·tic·u·lar** *adj.* besonder, bepaald; spesiaal, buitengewoon, merkwaardig; kieskeurig, presies, puntene(u)rig, noulettend; *be* ~ *about/over s.t.* besondere aandag/sorg aan iets bestee; kieskeurig wees met iets, kieskeurig wees wat iets (aan)betref *(kos ens.);* puntene(u)rig wees oor iets; *on a* ~ *day* op 'n bepaalde/sekere dag; *a* ~ *friend* 'n intieme vriend; *for no* ~ *reason* om geen besondere/bepaalde rede nie; ~ *trouble* besonder (baie) moeite. **par·tic·u·lar·ise, -ize** *(fml.)* in besonderhede tree, een vir een noem, spesifiseer. **par·tic·u·lar·ism** partikularisme. **par·tic·u·lar·i·ty** besonderheid, eienaardigheid; kieskeurigheid; noukeurigheid, presiesheid; noulettendheid. **par·tic·u·lar·ly** in die besonder, veral, vernaamlik, besonderlik; *more* ~ meer in die besonder, omstandiger.

**par·tic·u·late** *n.* stofdeeltjie. **par·tic·u·late** *adj.* deeltjie-, partikel-.

**part·ing** *n.* afskeid; skeiding; paadjie *(i.d. hare);* skeiding, kliewing; *(mynb.)* skei(dings)laag; *(krist.)* skeiding; *at the* ~ *of the ways* waar die paaie/weë uitmekaar loop; *we have arrived at* (or *come to) the* ~ *of the ways* hier skei ons weë. **part·ing** *adj.* afskeids-, vaarwel-; skei-. ~ **kiss** afskeidsoen. ~ **line** skeidslyn. ~ **shot** *(fig.)* laaste skoot/woord. ~ **word** afskeidswoord.

**par·ti·san, par·ti·zan** *n.* volgeling, aanhanger, voorstander, partyman, -ganger; partisaan, guerrillastryder. **par·ti·san, par·ti·zan** *adj.* partydig, eensydig; partysugtig. ~ **conflict**, ~ **struggle** guerrillastryd. ~ **force** guerrillamag.

**par·ti·san·ship, par·ti·zan·ship** partygees, ₌skap, ₌sug; partydigheid.

**par·ti·ta** ₌te, ₌tas, (mus.) partita, suite; partita, variasie.

**₌par·tite** komb.vorm ₌delig, ₌ledig, ₌voudig; bi₌ tweedelig, ₌ledig, ₌voudig.

**par·ti·tion** n. deling, verdeling, partisie; afskorting, afdeling, vakkie; beskot; skeid(ing)smuur; (biol.) skeiding(swand), tussenskot; (chem.) verdeling; (rek.) segment, deel, partisie; (wisk.) partisie, verdeling; ~ of an estate boedelskeiding; (territorial) ~, ~ of territory gebiedsdeling; treaty of ~, ~ treaty verdelingsverdrag. **par·ti·tion** ww. (ver)deel; afskort, 'n afskorting maak; afskei; ~ s.t. off iets afskort/₌skei/₌sluit. ~ **wall** skeid(ing)s₌, afskortingsmuur.

**part·ly** gedeeltelik, ten dele, deels, vir 'n gedeelte/deel.

**part·ner** n. vennoot; maat; medespeler, spanmaat; huwe₌liksmaat; deelgenoot; **active** ~ werkende/aktiewe vennoot; ~ in crime medepligtige, aandadige; golf(ing) ~ gholfmaat; be ~s with s.o. iem. se (spel₌/span)maat wees, saam met iem. speel. **part·ner** ww. maat/vennoot wees van; saam₌speel/₌dans met. **part·ner·ship** vennootskap; deelgenootskap; samespel; enter into ~ with s.o. ('n) vennootskap met iem. aangaan; a first-wicket/etc. ~, (kr.) 'n vennootskap om die eerste/ens. paaltjie; they are in ~ hulle is vennote; hulle speel saam; in ~ with s.o. tesame met iem., as vennoot van iem., met iem. as vennoot.

**par·tridge** patrys.

**par·tu·ri·tion** (fml. of teg.) parturisie, kindergeboorte.

**par·ty** n. party(tjie), geselligheid; (pol.) party; geselskap; ge₌volg; afdeling, groep, span; (jur.) party; deelnemer; (infml.) persoon; X and ~ X en geselskap (of met sy/haar gevolg); change parties, (parl.) oorstap, draai; ~ and ~ costs party-en-partykoste, koste tussen party en party; crash a ~, (infml.) by 'n party(tjie) indring; give a ~ 'n party(tjie) gee; the guilty ~ die skuldige; interested parties belanghebbende/betrokke partye, belanghebbendes/betrokkenes; interested and affected parties belanghebbendes en partye wat geraak word; ~ of the first/second part, (jur.) eerste/tweede party; throw a ~, (infml.) 'n party(tjie) gee/hou; be a ~ to ... aan ... deelneem, in/aan ... deel hê; 'n party by/in/tot ... wees, ... onderskryf ('n ooreenkoms), 'n deelnemer aan (of 'n party/deelhebber in) ... wees ('n kontrak), 'n medepligtige aan ... wees ('n misdaad), 'n party in ... wees ('n geding); become a ~ to ... aan ... deelneem, tot ... toetree; s.o. will not be a ~ to s.t. iem. wil niks met iets te doen hê nie. **par·ty** ww., (infml.) partytjie hou, jol. ~ **animal** (infml.: partytjieliefhebber) party₌tjiedier; ₌mens, bok vir ('n) jol, joller. ~ **executive** party₌bestuur. ~ **game** partytjiespel(etjie). ~**goer** partytjieganger. ~ **line** partystandpunt, beleid; (telef.) partylyn; (telef.) groep₌, multipersoonslyn. ~ **list** (pol.) partylys. ~ **political** adj. (attr.) partypolitieke (stelsel ens.). ~ **politics** n. (as ekv.) partypolitiek. ~ **pooper** (infml.) pretbederwer. ~ **rally** stryddag. ~ **spirit** partytjiegees; (pol.) partygees; get into the ~ ~ gees vang. ~ **spokesman,** ~ **spokesperson,** ~ **spokeswoman** party₌woordvoerder, woordvoerder van die party. ~ **wall** gemeen₌skaplike muur.

**pas** n., (Fr., ballet:) ~ de chat pas de chat, katsprong; ~ de deux pas de deux, dans vir twee; ~ seul pas seul, solodans.

**pas·cal** (fis., afk.: Pa) pascal.

**pas·chal** (fml.) Paas₌ (ook p~); (Jud.) Pasga₌; P~ Lamb, (OT) Lam van God.

**pashm** (ondervag v. 'n kasjmierbok) pasjimhaar. **pash·mi·na** (wolstof, tjalie) pasjmina.

**pas·qui·nade, pas·quil** paskwil, skimp₌, spotskrif.

**pass** n. (berg)pas, deurgang; toegangspermit; (verlof)pas, verlofbrief; (sport) aan₌, uitgee; slaagpunt, ₌syfer; (rek.) gang, deurgang; (SA, hist.) (verblyf)pas; →PASSING n.; things have **come** to (or reached) a fine/pretty/sad ~, (infml.) sake het 'n ernstige wending geneem, die toestand is nou beroerd; the

crest/altitude of a ~ die pashoogte; **get** a ~ deurkom, slaag; **list** of ~es lys van geslaagdes; **make** a ~ at s.o., (infml.) by iem. aanlê; be on a ~ 'n verlofpas hê; **percentage** for a ~ persentasie vir slaag; **sell** the ~ jou eie mense verraai, ver₌raad pleeg. **pass** ww. verbygaan, ₌loop, ₌ry, ₌steek, ₌vaar; deurkom, ₌loop; deurlaat (by doeane); geskied, gebeur; deur₌gaan, oorgaan, oorsteek; toelaat; aanneem, goedkeur ('n voorstel, wetsontwerp, ens.); oplê, vel, uitspreek ('n vonnis); uitgee, in omloop bring ('n tjek); maak ('n aanmerking); ver₌bysteek (d. telling); (tennis) verbyspeel; slaag, deurkom ('n eksamen); deurstaan ('n toets); (pyn) oor₌, weggaan; oorskry, oortref, te bowe gaan; uitoefen (kritiek); deurbring, slyt (tyd); verdryf, omkry (tyd); (tyd) verloop, verbygaan; (kaartspel) pas, passeer; (sport) aangee, ₌stuur; **allow** s.t. to ~, **let** s.t. ~ iets deurlaat; iets daar laat, iets daarby laat (bly); **allow** s.o. to ~ iem. deurlaat; iem. laat deurgaan/verbygaan; ~ **along** verder/vêrder gaan, aanstap; ~ **along** s.t. iets aangee; ~ **as** ... vir ... deurgaan; ~ **away/on,** (euf.) heengaan, sterf/sterwe; ~ **between** ... tussen ... deurgaan; a current/wave/pulse ~es **between** A and B 'n stroom/golf/puls vloei van A na B; a look/glance ~es **between** them hulle gee mekaar 'n beteke₌nisvolle blik/kyk; messages that ~ **between** A and B boodskappe wat tussen A en B oorgedra word; the virus can be ~ed **between** partners/etc. die virus kan tussen huweliks₌/slaapmaats oorgedra word; s.t. has ~ed **between** them iets het tussen hulle gebeur; ~ **beyond** ... by ... verbygaan; ~ **by** s.o./s.t. by iem./iets verbygaan; by iem./iets verbyry; iem./iets verbysteek; ~ s.t. **by,** (ook) iets opsy laat, van iets wegskram; ~ s.o. **by,** (ook) iem. oorslaan; iem. oor die hoof sien; ~ **by on** the other side verlangs verbygaan; s.t. **comes** to ~, (hoofs. poët., liter.) iets gebeur/geskied; ~ **down** s.t. iets ondertoe aangee; iets deurgee ('n tradisie ens.); ~ **an exam(ination)** (in) 'n eksamen slaag/deurkom, 'n eksamen met goeie ge₌volg aflê; ~ **for** ... vir ... deurgaan; ~ s.t. **forward** iets vo₌rentoe aangee; ~ **into** ... in ... oorgaan; na/tot ... oorgaan; let s.t. ~ →allow; ~ **by the name** of ... deurgaan onder die naam (van) ...; ~ the **night** oornag, vernag, die nag deurbring; ... ~ed **off** well/badly, ('n geleentheid, gebeure, sake) ... het goed/sleg afgeloop/verloop; ~ o.s. **off** as ... jou as ... voordoen; ~ s.t. **off** as ... voorgee dat iets ... is, iets as ... voorstel; ~ s.t. **off** (up)on s.o. iets aan iem. afsmeer; iets op iem. afskuif/₌skuiwe; ~ **on** verder/vêrder gaan; verder/vêrder vertel; ~ **on** →away/on; ~ **on** s.t. (to ...) iets (vir ...) aangee, iets (aan ...) deurgee/deurstuur; ~ **on** to ... na ... oorgaan ('n plek); tot ... oorgaan (iets anders, 'n volgende stap); ~ **out** uitgaan, na buite gaan; 'n kursus voltooi; 'n skool/kollege verlaat; (infml.) flou word/val, bewusteloos raak; ~ **out** s.t. iets uitreik/₌gee; iets uit₌/ronddeel; iets aflewer; iets uitskei; ~ **over** oorstap; verby₌gaan; ~ **over** s.t. iets oorslaan, iets links laat lê; ~ **over** s.o. iem. oorslaan/verbygaan, iem. oor die hoof sien; ~ one's hand **over** s.t. (met) jou/die hand oor iets stryk; ~ **over** s.t. in silence iets stilswyend (of met stilswye) verbygaan, iets in die midde laat, nie oor iets praat nie; ~ **round** s.t. iets ronddien/rondgee; iets uitdeel; ~ **through** s.t. deur iets gaan; deur iets reis ('n dorp, land, ens.); deur iets loop ('n kamer ens.); deur iets breek; iets deurmaak/₌leef/₌lewe/ondervind; time ~es rapidly die tyd gaan gou om/verby; ~ **to** ... tot ... oorgaan (iets anders); ~ s.t. **to** s.o. iets vir iem. aangee; s.t. ~es **to** s.o. iets gaan op iem. oor (eiendom); s.t. ~es **to** another heir (or the State) iets verval aan 'n ander erfgenaam (of die Staat); ~ **transfer** oordrag/transport gee, transport passeer; ~ **under** s.t. onder iets deurgaan/₌loop/₌ry/₌vaar; ~ **up** s.t. iets boontoe aangee; (infml.) iets laat verbygaan ('n kans ens.); ~ (judg[e]ment) **upon** ... uitspraak doen (of 'n oordeel vel) oor ...; ~ **water** water, urineer; it will ~ dit sal oorgaan/ver₌bygaan; ~ the **winter** deurwinter. ~**book** (SA, hist.) pasboek. ~ **key** loper, algemene sleutel; private sleutel. ~ **laws** n. (mv.), (SA, hist.) paswette. ~ **list** lys van geslaagdes. ~ **mark** slaagpunt. ~**-out (ticket)** deurpas, uitgangskaart(jie). ~**word** wagwoord, herkenningswoord; (mil.) parool; (rek.) wag₌, kenwoord.

**pass·a·ble** gangbaar, redelik, bevredigend; begaanbaar, rybaar *('n pad)*. **pass·a·ble·ness** gangbaarheid; begaanbaar=heid. **pass·a·bly** taamlik, nie (te) sleg nie, gangbaar.

**pas·sage**[1] *n.* deurgang, =tog, =reis; deurvaart; *(sk.)* oortog, =vaart, passasie; deurlaat; gang *(in 'n huis ens.); (anat.)* ka=naal, gang, opening; deurloop, =gang; reisgeld, oorvaartgeld; afhandeling *(v. 'n voorstel);* aanneming *(v. 'n wetsontwerp);* (die) deurstuur, deursending; uittreksel, gedeelte, passasie; *(mus.)* passasie; *(elek.)* deurgang; *have a* **rough** ~ dit op=draand(e)/hotagter kry/hê; *have a* **smooth** ~ 'n kalm seereis hê; *('n voorstel, wetsontwerp)* maklik aangeneem word; ~ *of* **time** verloop van tyd; **work** *one's* ~ jou passasie/oortog verdien, vir jou passasie/oortog werk. ~ **money** reis=, pas=sasie=, oorvaartgeld. **~way** deurloop, (deur)gang.

**pas·sage**[2] *n., (dressage)* tel=, trippelgang. **pas·sage** *ww., ('n perd)* skuins/dwars loop.

**pas·sé** *(Fr.)* verouderd, uit die mode; afgesaag; verwelk.

**pas·sen·ger** passasier; insittende; meeloper; *be a* ~, *(lett.)* 'n passasier wees; 'n insittende wees *(in 'n motor); (fig., infml.)* nutteloos wees, 'n vyfde wiel aan die wa wees, vir spek en boontjies daar wees; *drop a* ~ 'n passasier afsit; *pick/take up* ~s passasiers oplaai/opneem; *(sk.)* passasiers aan boord neem. ~ **aircraft** passasiersvliegtuig. ~ **list** passasierslys. ~ **lounge** vertreksaal *(op 'n lughawe ens.).* ~ **pigeon** trekduif. ~ **seat** passasiersitplek. ~ **service** passasiersdiens. ~ **ship** passa=sierskip. ~ **traffic** passasiersverkeer, =vervoer. ~ **train** pas=sasierstrein.

**passe-par·tout** =touts, *(Fr., monteerpapier)* passe-partout.

**pass·er** keurder; geslaagde; *(sokker ens.)* aangeër. **~-by** ver=byganger.

**pas·sim** *(Lat.)* passim, versprei(d), op verskillende plekke *(in 'n boek).*

**pass·ing** *n.* (die) deurgaan, deurgang; (die) deurkom/slaag; aanneming *(v. 'n voorstel, wet, ens.),* (die) aanneem; (die) verbygaan; *(euf.)* heengaan, afsterwe; aangeespel; (die) oor=gang *(v. 'n eiendom, titel);* ~ *of an act, (parl.)* aanname van 'n wet; *in* ~ in die verbygaan, terloops. **pass·ing** *adj.* ver=bygaande; kortstondig; ~ *fancy* tydelike gril; tydelike ver=liefdheid; ~ *reference* terloopse verwysing; ~ *showers* los buie; ~ *thought* opwellende gedagte. ~ **beam** *(mot.)* domp=lig, gedompte lig. **~-out parade** voorstellings=, uittredings=parade. ~ **shot** *(tennis ens.)* verbyhou. ~ **trade** verbygaande klante.

**pas·sion** hartstog, passie; geesdrif; drif; vurigheid; lyding; *(Chr., P~)* Passie, Lydensgeskiedenis, =verhaal; *fly into a* ~ driftig/woedend word, *(infml.)* die aap=/apiestuipe kry; *have a* ~ *for* ... 'n hartstogtelike liefhebber van ... wees; *have a* ~ *for cycling/squash/etc., (ook)* 'n geesdriftige fietsryer/muur=balspeler/ens. wees; *in a* ~ driftig, woedend; *indulge one's* ~s jou luste laat botvier, vrye teuels aan jou luste gee; *s.t. puts s.o.* **in(to)** *a* ~ iets maak iem. woedend/briesend; *the* **Lord's** *P~, (Chr.)* die lyding van Christus, die Passie; *rouse* ~s hartstogte wek; *a* **slave** *to one's* ~s 'n slaaf van jou drifte/luste. **~flower** passie=, kruisblom; grenadellablom. ~ **fruit** grenadella. ~ **music** *(soms ook P~)* passiemusiek. ~ **play** *(soms ook P~)* passiespel, =spele. **P~ Sunday** Passie=, Lyden=sondag. **P~ Week** Lydens=, Passieweek.

**pas·sion·ate** geesdriftig, hartstogtelik; vurig, opvlieënd, driftig; onstuimig.

**pas·sion·less** sonder hartstog, koel, koud.

**pas·sive** *n., (gram.)* passief, lydende vorm. **pas·sive** *adj., (gram., chem., elek., ens.)* passief; onderdanig, gedwee; willoos; dadeloos; rustend; *(ekon.)* ongebruik, passief *(saldo);* rente=loos, ledig *(kapitaal);* ~ *balance of payments* nadelige/on=gunstige/passiewe betalingsbalans; ~ *debt* skuld; rentelose/passiewe vordering; ~ *mine* stil myn, tydelik geslote myn; ~ *voice, (gram.)* passief, lydende vorm. ~ **immunity** *(med.)* passiewe immuniteit. ~ **obedience** blinde gehoorsaamheid;

onvoorwaardelike gehoorsaamheid. ~ **resistance** lydelike verset; passiewe weerstand. ~ **smoking** passiewe rook/ro=kery.

**pas·sive·ly** gedwee; willoos.

**pas·sive·ness, pas·siv·i·ty** passiwiteit, lydelikheid; ge=dweeheid; bewegingloosheid; willoosheid; dadeloosheid.

**Pass·o·ver** Pasga, Joodse Paasfees; Paas=, paaslam.

**pass·port** paspoort; reisbrief, =pas; *s.t. is a* ~ *to* ... iets maak die pad na ... oop *(geluk, sukses, ens.); travel on a South Afri=can* ~ met 'n Suid-Afrikaanse paspoort reis. ~ **control** pas=poortbeheer. ~ **photo** paspoortfoto.

**past** *n.* die verlede; *(gram.)* verlede tyd; *in the* **dim/remote/distant** ~ in die gryse/verre verlede, in die voortyd, in die jaar vroeg; *live in the* ~ in die verlede leef/lewe; ~ *and* *present* (die) hede en (die) verlede; *be a* **thing** *of the* ~ tot die verlede behoort, (klaar) verby wees; agter die rug wees; *one cannot* **undo** *the* ~ wat verby is, is verby; 'n mens kan die verlede nie ongedaan maak nie; *s.o.* **with** *a* ~ iem. met 'n verlede. **past** *adj.* verby; verlede; afgelope; vergange; vo=rige, gewese, voormalig, eertyds; oud=; *be* ~ verby wees; *the* ~ *century* die vorige eeu; ~ *glories* verbygegane/vergane glorie; *it's* ~ *and gone* dis klaar verby, dit behoort tot die ver=lede, dis gedane sake; *the* ~ *month/etc.* die afgelope maand/ens.; *s.o.'s* **prime** *is* ~ iem. se beste jare is verby; ~ *tense* verlede tyd; *for some* **time** ~ nou al 'n tyd lank; *s.o.'s/s.t.'s* **time** *is* ~ iem./iets is uitgedien(d); ~ *years* vergange jare, jare wat verby is. **past** *adv.* verby; hasten ~ verbysnel. **past** *prep.* oor, verby; langs; *be* ~ *s.t.* te oud wees vir iets *(of* om iets te doen); *drive/run/walk/etc.* ~ ... by ... verbyry/=hard=loop/=stap/ens.; *s.t. is* ~ *endurance* iets is ondraaglik *(of* on=moontlik om langer uit te hou); *five/etc. (minutes)* (or *a quar=ter)* ~ *five/etc., (tyd)* vyf/ens. (minute) (of kwart) oor vyf/ens.; *half* ~ *five/etc., (tyd)* halfses/ens.; *it's* ~ *five/etc., (tyd)* dis oor vyf/ens., dis klaar vyfuur/ens., dis vyfuur/ens. verby; *you cannot* **get** ~ *that* daar kom jy nie verby nie; ~ *hope* ho=peloos; *it is* ~ *praying for* daar help niks meer aan *(of* is geen salf meer aan te smeer) nie; *one can't/shouldn't* **put** *anything* ~ *him/her* hy/sy is tot alles/enigiets in staat; ~ *redemption* reddeloos verlore; ~ *that* **stage** dié stadium verby. ~ **master** meester, bobaas, doring; *be a* ~ *at cards/etc.* 'n baas=/uit=halerkaartspeler/ens. wees. ~ **participle** *(gram.)* verlede/vol=tooide deelwoord.

**pas·ta** *(It.)* pasta.

**paste** *n.* pasta; gom, lym; smeer *(vir brood);* deeg; pap; plak=stysel; bry; kleimassa; vals/onegte edelgesteente, kunssteen; kunsdiamant; *fish* ~ vissmeer. **paste** *ww.* (vas)plak; *(rek.)* invoeg; *(infml.)* uitskel, =vreet; ~ *in s.t.* iets inplak; ~ *on s.t.* iets opplak; ~ *over s.t.* iets toeplak; ~ *up s.t.* iets aanplak/vasplak. **~board** bordpapier, karton, stywe papier; persbord, plak(laag)bord. ~ **brush** pap=, lym=, gomkwas. **~-up** *n., (tip.)* plaksel; *do a* ~ 'n plaksel maak.

**pas·tel, pas·tel** pastel; pastelstif; pastel(tekening). ~ **colour,** ~ **shade** pastelkleur. **pas·tel·(l)ist** pasteltekenaar, =kunste=naar.

**pas·teur·ise, ·ize** pasteuriseer. **pas·teur·i·sa·tion, ·za·tion** pasteurisasie, pasteurisering.

**pas·tiche** =tiches pastiche, nabootsing.

**pas·til(le)** pastil, pil(letjie), tabletjie.

**pas·time** tydverdryf, stokperdjie, vermaak; ontspanning; spel, speletjie.

**past·i·ness** deegagtigheid; bleekheid, vaalheid.

**past·ing** *(infml.)* pak slae; *get a* ~, *(infml.)* slae kry, 'n pak kry; *give s.o. a* ~, *(infml.)* iem. 'n pak (slae) gee; iem. uittrap/uit=vreet.

**pas·tor** *(relig.)* pastoor; pastor, predikant; ~ *of souls* siele=herder. **pas·tor·ship** pastoraat; pastoorskap; pastoorsamp.

**pas·to·ral** *n.* pastorale; herderspel; herdersdig. **pas·to·ral** *adj.* landelik; herderlik, herders=; *(relig.)* pastoraal. ~ **letter**

**pastorale** brief. ~ **people** herdersvolk. ~ **poem** herdersdig. ~ **romance** herdersroman. ~ **visit** huisbesoek. ~ **work** siel=(e)sorg.

**pas·to·rale** *(mus.)* pastorale.

**pas·tra·mi** *(kookk.: sterk gekruide, gerookte beesvleis)* pastrami.

**pas·try** tert=, pasteideeg; tert=, pasteikors; fyngebak; pastei. ~ **blender** deegmenger. ~ **board** deeg=, rolplank. ~ **brush** smeer=, deegkwassie. ~ **cook** soetbakker; pasteibakker. ~ **crust** tertkors. ~ **cutter** deegafdrukker; deegsnyer. ~ **shell** tertdop. ~ **wheel** deegwiel(etjie).

**pas·tur·age** weiveld, -land, -plek; weiding(sgewasse); wei=reg; beweiding.

**pas·ture** *n.* weiveld, =plek, grasveld; gras, weiding(sgewasse); ~*s new, (fig.)* nuwe geleenthede; *put s.o. out to ~, (fig.: iem. pensioeneer)* iem. die halter afhaal. **pas·ture** *ww.* wei; laat wei. ~ **management** weidingsbestuur. ~ **rotation** wissel=weiding.

**past·y** deegagtig, deeg=; bleek, vaal *(gelaatskleur)*; →PASTINESS. ~**-faced** papbleek.

**pat**[1] *n.* tik(kie), klappie, kloppie; klont(jie), stukkie; *get a ~ on the back, (fig.)* 'n pluimpie kry; *give s.o. a ~ on the back, (fig.)* iem. op die skouer klop, iem. 'n pluimpie gee; *a ~ of butter* 'n klontjie botter. **pat** =*tt*=, *ww.* tik, klop; streel; platstryk; ~ *o.s. on the **back**, (fig.)* jouself gelukwens; oor jouself tevrede wees, in jou skik wees met jou werk; ~ *s.o. on the **back**, (fig.)* iem. op die skouer klop, iem. 'n pluimpie gee; ~ *s.t.* **down** iets plattik/=klop; iets platstryk *(d. hare)*; ~ *disinfectant on(to) an abrasion* 'n skraap met ontsmettingsmiddel bet. ~**-a-cake** *(kinderspeletjie)* handjieslap. ~**ball** tikbal.

**pat**[2] *adj.* gepas, geskik; vlot; paraat; perfek. **pat** *adv.* van pas, raak; gevat; *have the story (down/off)* ~ die verhaal op jou duimpie ken; *say s.t.* ~ *off* iets glad opsê; *stand* ~, *(hoofs. Am.)* onversetlik wees, vas/pal staan.

**Pat·a·go·ni·a** *(geog.)* Patagonië. **Pat·a·go·ni·an** *n.* Patago=niër. **Pat·a·go·ni·an** *adj.* Patagonies; ~ *toothfish* Patagoniese tandvis.

**patch** *n.* lap(pie), stuk materiaal; laslap; oogklap(pie) *(houtw.)* inlegsel; kenteken; *(rek.)* (program)regstelling/verbetering/korreksie; *(med.)* pleister; *(med.)* lap(pie); vlek, kol *(op 'n dier, voël)*; akker(tjie) *(aartappels ens.)*; lap *(koring ens.)*; plaat *(bome ens.)*; strook, stuk(kie), lap(pie) *(grond)*; kol *(mis)*; stuk *(blou lug)*; hit/strike a **bad** ~, *(lett.)* op 'n voos kol afkom; *go through a **bad** ~, (fig.)* 'n moeilike tyd beleef/belewe/deur=gaan/=maak; *a **bald** ~* 'n bles; *in ~es* plek-plek, kol-kol; *not be a ~ on ..., (infml.)* nie met ... te vergelyk wees *(of by ... haal of naby ... kom)* nie. **patch** *ww.* lap, heelmaak; bywerk, regstel, korrigeer; ~ *...**through**, (Am.)* ... verbind/deurskakel; ~ *together* iets haastig klaarmaak *(of tot stand bring)*; iets saamflans *(of aanmekaar ryg)*; knoeiwerk doen; ~ *up s.o.* iem. op 'n manier regdokter; ~ *s.t.* **up** iets lap/heelmaak; iets opknap; iets kalfater *('n houtskuit ens.)*; iets in orde bring; iets skik/bylê *(of* [tydelik] *beëindig)* *('n twis, geskil, rusie).* ~ **board**, ~ **panel, plugboard** *(elek.)* propbord. ~ **cord** *(elek.)* verbindkoord. ~ **pocket** aangewerkte/opgestikte sak. ~ **test** *(med.: allergietoets)* koltoets. ~**-up** oplappery; lapmiddel. ~ **word** stoplap, =woord. ~**work** lappieswerk; stukwerk; knoei=, konkelwerk. ~**work quilt** lappiesdeken, =kombers.

**pa(t)ch·ou·li, pa(t)ch·ou·li** *(Tamil, bot.)* patsjoelie; pa=tsjoelie(parfuum).

**patch·y** *adj.* gelap *(klere)*; ongelyk, van ongelyke gehalte; on=reëlmatig; sporadies; kollerig, kol-kol, in kolle; vol vlekke, gevlek, vlekkerig. **patch·il·y** *adv.* ongelyk, wisselvallig; kols=gewys, kol-kol, hier en daar; onreëlmatig, oneweredig; spo=radies, ongereeld. **patch·i·ness** ongelykheid, wisselvalligheid; onreëlmatigheid, oneweredigheid; vlekkerigheid.

**pate** *(arg. of skerts.)* kop, klapperdop.

**pâ·té** *(Fr. kookk.)* pastei; patee, smeer; ~ *de foie* pâté de foie, lewerpatee; ~ *de foie gras* pâté de foie gras; ganslewerpastei; ganslewersmeer, =patee.

**pa·tel·la** =*lae, (anat.)* patella, knieskyf; *(argeol.)* pannetjie. **pa·tel·lar, pa·tel·late** patella=, knie(skyf)=; skottelvormig; *patellar reflex* patellarefleks.

**pa·ten·cy** klaarblyklikheid, duidelikheid; *(med.)* oopheid, deurganklikheid.

**pa·tent** *n.* patent, oktrooi; gepatenteerde artikel/uitvindsel; vergunning; eksklusiewe reg; *apply for a* ~ 'n patent aanvra; *grant s.o. a* ~ 'n patent aan iem. verleen; *law of* ~*s* patentreg; ~ *pending* patent toegestaan/toegesê; *take out a* ~ *for ...* 'n patent op ... (uit)neem. **pa·tent** *adj.* gepatenteer(d); pa=tent=; kennelik, klaarblyklik, duidelik, vanselfsprekend; *(med.)* oop, deurganklik; →PATENCY; ~ *defect* sigbare gebrek; ~ *leather* verlakte leer, lak=, blinkleer; ~ *medicine* huismiddel, patente medisyne/geneesmiddel; ~ *nonsense* klaarblyklike/klinkklare onsin. **pa·tent** *ww.* patenteer, patent/oktrooi neem op. ~ *infringement* patentaantasting, =skending. ~ *law* patentreg. ~ *office* patentkantoor. ~ *right* patentreg.

**pa·tent·a·ble** patenteerbaar.

**pa·tent·ly** kennelik, klaarblyklik, sigbaar.

**pa·ter·fa·mil·i·as** *patresfamilias* paterfamilias, gesinshoof.

**pa·ter·nal** paternaal, vaderlik, vader(s)=; van/aan vaderskant. ~ *home* vaderhuis; ~ *side* vaderskant. **pa·ter·nal·ism** pater=nalisme. **pa·ter·nal·ist** *n.* paternalis. **pa·ter·nal·ist, pa·ter·nal·is·tic** *adj.* paternalisties. **pa·ter·nal·ly** vaderlik.

**pa·ter·ni·ty** vaderskap, paterniteit; outeurskap; bron, oor=sprong. ~ *leave* vaderskap(s)verlof. ~ *suit (jur.)* vader=skapsaak, vaderskap(s)geding. ~ *test* vaderskap(s)toets.

**pat·er·nos·ter** *(RK)* Onse Vader, paternoster; rosekrans. ~ *(line) (hengel)* setlyn.

**path** *(ook fig.)* pad, weg; paadjie; voetpad; wandelpad; *(rek.)* pad, roete *(tuss. nodusse in 'n netwerk ens.)*; *beat a* ~ 'n pad/weg baan; *baan breek*; *beat a* ~ *to s.o.'s door* op iem. toesak; *tread a **perilous** ~* 'n gevaarlike weg bewandel; ~ *of a **projectile** vlugbaan, projektielbaan; *stand in s.o.'s* ~ in iem. se pad staan; *deviate from the **straight** ~* op sygange gaan; *the ~ of **virtue*** die pad van die deug. ~**-breaking** baanbrekend; ~ *book* baanbrekerboek. ~**finder** padvinder, verkenner; baanbreker. ~**way** pad, paadjie; voetpad; baan.

**pa·thet·ic** *adj.* pateties, aandoenlik, (hart)roerend; gevoel=vol; ontoereikend, onvoldoende *(poging ens.)*; *(infml.)* pate=ties, hopeloos *(in sport ens.)*; →PATHOS. ~ *fallacy (lettk. ens.)* vermensliking van die natuur.

**path·less** onbegaanbaar; sonder pad/paaie.

**path·o·gen(e)** *(med.)* patogeen, siektekiem, =verwekker. **path·o·gen·ic, path·o·ge·nous** patogeen, patogenies; siektever=wekkend, siekmakend.

**path·o·gen·e·sis, pa·thog·e·ny** *(med.)* patogenese, pa=togenie, siekteontstaan.

**pa·thol·o·gy** *(med.)* patologie, siektekunde. **path·o·log·i·cal** pato=logies. **pa·thol·o·gist** patoloog.

**pa·thos** patos, aandoenlikheid.

**pa·tience** geduld, verdraagsaamheid, lydsaamheid; volhar=ding; *(kaartspel)* solitêr; *have* ~ *(with ...)* geduld (met ...) hê; *have the* ~ *of Job* jobsgeduld hê, Job se geduld hê; *lose* ~ *with s.o.* jou geduld met iem. verloor; *have **no** ~ with ...* geen geduld met ... hê nie; *s.o. is **out** of* ~ se geduld is op *('n end)*; *be **out** of* ~ *with s.o./s.t.* iem./iets nie langer kan verdra/uitstaan nie; *it is enough to try the* ~ *of a **saint*** dit sal 'n engel se geduld op die proef stel; *tax/try s.o.'s* ~ iem. se geduld op die proef stel; ~ *is a **virtue**** geduld oorwin alles; *s.o.'s ~ was **worn** out* iem. se geduld het opgeraak.

**pa·tient** *n.* pasiënt, sieke; *(gram.)* pasiënt; *see a* ~ 'n pasiënt besoek/ondersoek; *treat/attend a* ~ 'n pasiënt behandel. **pa·tient** *adj.* geduldig, lankmoedig, verdraagsaam; vol=hardend; *be* ~ *with s.o.* geduld hê *(of geduldig wees)* met iem..

**pat·i·na** =*nas* patina, verweringslaag, groenspaan. **pat·i·nate**

patineer, 'n patina gee; 'n patina kry. **pat·i·na·tion** patine= ring.

**pa·ti·o** =*tios* patio, binnehof.

**pa·tis·se·rie** patisserie, banketbakkery; patisserie, fynge= bak, tertjies.

**Pat·na rice** *(soort langkorrelrys)* patnarys.

**pat·ois, pat·ois** *(Fr.)* patois; dialek; jargon; kombuistaal.

**pa·tri·arch** patriarg, familiehoof; patriarg, aarts=, stamvader; patriarg, volksvader; patriarg, kerkvader; *(fig.)* veteraan, ringkop; *(fig.)* grondlegger, stigter. **pa·tri·ar·chal** patriargaal, vaderregtelik, aartsvaderlik. **pa·tri·ar·chate** patriargaat. **pa·tri·ar·chy** patriargaat, patriargale regeringsvorm.

**pa·tri·cian** *n.* patrisiër. **pa·tri·cian** *adj.* patrisies.

**pat·ri·cide** vadermoord; vadermoordenaar. **pat·ri·cid·al** vadermoord=.

**pat·ri·lin·e·al** patrilineêr, patriliniêr, patrilineaal, in die manlike linie/lyn; van vaderskant.

**pat·ri·mo·ny** patrimonium, (vaderlike) erfdeel, =goed; *(jur.)* (stoflike) vermoë. **pat·ri·mo·ni·al** (oor)geërf, patrimoniaal.

**pa·tri·ot** patriot, vaderlander. **pat·ri·ot·ic** patrioties, vader= landsliewend. **pat·ri·ot·i·cal·ly** patrioties. **pat·ri·ot·ism** patrio= tisme, vaderlandsliefde.

**pa·trol** *n.* patrollie; rond(t)e; *on* ~ op patrollie; *school (cross= ing)* ~ skoolpatrollie. **pa·trol** =*ll-*, *ww.* patrolleer; 'n rond(t)e doen/maak; ~ *the streets* (in) die strate patrolleer. ~ **car** pa= trolliemotor.

**pa·trol·ler** patrolliebeampte, =lid; patrolleerder.

**pa·tron** beskermheer; weldoener; donateur; begunstiger; klant; beskermheilige; *(teat.)* skouburgganger. ~ **saint** be= skermheilige.

**pat·ron·age** beskerming, ondersteuning, patronaat; be= gunstiging; klante, klandisie; benoemingsreg; benoemings=, neerbuigendheid.

**pa·tron·ess** patrones, beskermheilige; beskermvrou.

**pat·ron·ise, ·ize** uit die hoogte behandel *(iem.);* (onder)= steun, beskerm, begunstig *(d. kunste ens.);* *be well* ~*d, ('n winkel)* baie klante hê. **pat·ron·is·ing, ·iz·ing** neerbuigend.

**pat·ro·nym·ic** *n.* patronimikum, patroniem, afstammings=, vadersnaam. **pat·ro·nym·ic** *adj.* patronimies; vader=, af= stammings=.

**pat·sy** *(infml., hoofs. Am.)* slagoffer *(v. bedrog, spot, ens.);* son= debok.

**pat·ter**[1] *n.* gekletter *(v. reën ens.);* getrippel *(v. voete ens.);* ge= trappel *(v. hoewe).* **pat·ter** *ww.* kletter; trippel, trappel; ~ *about/around* rondtrippel.

**pat·ter**[2] *n.* gepraat, gebabbel, gesnater; jargon, koeterwaals. **pat·ter** *ww.* snater, babbel; aframmel.

**pat·tern** *n.* patroon; model, vorm; monster; voorbeeld, toonbeeld; beeld; *establish/set a* ~ *for s.t.* 'n voorbeeld vir iets wees; *s.t. follows the usual* ~ iets het die gewone verloop. **pat·tern** *ww.* volgens model/patroon maak; 'n patroon vorm; met patrone versier; ~ *s.t. after/on* ... iets na/volgens ... maak/vorm, ... navolg/naboots. ~ **book** patroonboek; mon= sterkaart. ~ **maker** patroonmaker; modelmaker.

**pat·tern·ing** patroon, patrone; gedragspatroon, =patrone.

**pat·ty** =*ties* pasteitjie; *(Am.)* frikkadel, vleiskoekie; *hamburger* ~ hamburgerfrikkadel. ~**pan (squash)** vlapampoentjie.

**pau·ci·ty** geringheid; skaarste, gebrek.

**Paul** *(apostel)* Paulus; *St.* ~*'s Cathedral* die St. Paulus-kate= draal. ~ **Jones** *(wisseldans)* Paul Jones.

**Paul·ine** *adj., (Chr. teol.)* Paulinies, van Paulus.

**paunch** *n.* pens; boepens, boep(maag), boepie; *(soöl.)* groot= pens *(v. 'n herkouer).* **paunch** *ww.* die binnegoed/ingewande uithaal. **paunch·y** boepens=, dikbuikig.

**pau·per** *n.* arme, armlastige, behoeftige, pouper. ~**'s burial/ funeral** armebegrafnis.

**pau·per·ise, ·ize** arm(lastig) maak, verarm.

**pau·per·ism** armoede, armlastigheid, pouperisme.

**pause** *n.* (rus)pouse; tussenpose, rustyd; verposing, onder= breking; weifeling; ruspunt; *(mus.)* pouse; *(pros.)* sesuur; *s.t. gives s.o.* ~ iets bring iem. tot nadenke; *make a* ~ ('n rukkie) rus, 'n pouse maak. **pause** *ww.* onderbreek; wag; aarsel, weifel, twyfel; ophou; stilhou, =staan; rus, pouseer; stilbly; nadink; ~ *(up)on* ... stilstaan by ..., nadink oor ... ~ **button** pouseknoppie, =kontrole.

**pa·van(e), pav·an** *(dans, mus.)* pavane.

**pave** plavei, uitlê; bedek; *where the streets are* ~*d with gold, (fig.)* waar die strate van goud gemaak *(of* met goud geplavei) is, waar goud in die strate opgetel kan word; ~ *the way* die weg baan/berei, die pad oopmaak; ~ *s.t. with* ... iets met ... plavei/uitlê.

**pave·ment** sypaadjie; geplaveide paadjie; plaveisel; *(geol.)* vloer. ~ **art** sypaadjie=, plaveiselkuns.

**pav·er** plaveier; straatmaker; plaveiklip, =steen.

**pa·vil·ion** paviljoen, pawiljoen; tent. ~ **roof** paviljoen=, pa= wiljoendak.

**pav·ing** plaveisel; plaveiklip(pe), =stene. ~ **flag** straatteël. ~ **stone** plaveiklip, =steen.

**pav·lo·va** *(kookk.)* pawlowa.

**Pav·lo·vi·an** *adj. (attr.)* Pawlowiaanse, gekondisioneerde *(refleks);* Pawlowiaanse, onwillekeurige, outomatiese, werk= tuiglike *(reaksie ens.).*

**paw** *n.* poot, klou; *keep your* ~*s off ...!, (infml.)* hou jou kloue/ pote van ... af!. **paw** *ww.* (met die poot) kap/klap/krap; klou; *(infml.)* betas, beklou; *don't* ~ *me (about)* moenie so aan my klou/vat nie.

**pawl** *(teg.)* pal, klink. ~ **cog** sperrattand.

**pawn**[1] *n.* pand; *accept s.t. in* ~ iets in pand neem; *give s.t. in* ~ iets verpand; *be in* ~ *to* ... aan ... verpand wees; *take s.t. out of* ~ iets aflos/inlos. **pawn** *ww.* verpand, in pand gee, beleen. ~**broker** pandjieshouer, pandjiesbaas. ~**shop** pand= jieswinkel, pand(jies)huis.

**pawn**[2] *n., (skaak)* pion, boer; *(fig.)* pion, marionet.

**paw-paw, pa·paw** papaja. ~ **(tree)** papaja(boom); →PA= PAYA.

**pay** *n.* salaris, betaling, loon, vergoeding; ampsbesoldiging *(v. 'n predikant ens.);* *(mil.)* soldy; *on full* ~ met volle salaris/ loon/betaling; met behoud van salaris; *(mil.)* met volle soldy; *in the* ~ *of* ... in die diens van ...; *deur* ... besoldig; *leave without* ~ onbetaalde/onbesoldigde verlof. **pay** *paid paid, ww.* betaal, besoldig, vergoed *('n werker);* (af)betaal, vereffen *('n rekening);* deponeer, stort *(geld);* betaal, uitkeer *('n divi= dend);* boet *(met jou lewe ens.);* baat, lonend wees; wins(te) afwerp/oplewer; ~ *s.t. back* iets terugbetaal; ~ *s.o. back (for s.t.)* iem. (vir iets) laat boet/opdok, met iem. afreken, iem. straf; ~ *in cash* (in) kontant betaal; ~ *dearly for s.t.* swaar vir iets boet; ~ *down* (in) kontant betaal; 'n storting doen; ~ *as you earn,* (afk. PAYE) deurlopend/algaande betaal; → PAY-AS-YOU-EARN *adj.;* ~ *for s.t.* (vir) iets betaal; vir iets boet; *you'll* ~ *for this!* hiervoor sal jy boet!, jy sal dit ontgeld!; ~ *as you go* deurlopend betaal; →PAY-AS-YOU-GO *adj.;* ~ *s.t. in* iets stort/deponeer; ~ *s.t. into an account* iets op 'n rekening stort, iets in 'n rekening inbetaal; ~ *meanly* min/sleg betaal; *s.t. does not* ~ iets is nie lonend/winsgewend nie, iets betaal sleg; ~ *s.t. off* iem. afdank *('n werknemer); (infml.)* iem. af= koop; ~ *s.t. off* iets afbetaal/delg/aflos *(skuld);* iets buite diens stel; iets uit die vaart haal/neem *('n skip); s.t.* ~*s off, (infml.)* iets is lonend; iets slaag *(of* behaal sukses); ~ *s.t. out* iets uit= betaal; iets skiet gee, iets uittol/uitvier/uitpalm *('n tou ens.);* ~ *s.t. over* iets uitbetaal/stort; ~ *s.t. towards* ... iets vir ... by= dra/betaal; *s.o. has to* ~ *up, (infml.)* iem. moet opdok; ~ *s.t. up* iets aansuiwer/(af)betaal *(skuld, 'n tekort);* iets volstort *(aandele ens.);* ~ *one's way* jou onkoste dek, uit die skuld bly; ~ *well* goed betaal. ~**-and-display** *adj. (attr.):* ~ *parking* *area* betaal-en-vertoon-parkeerterrein. **~-as-you-earn** *adj.* *(attr.):* ~ *system* lopende betaalstelsel *(afk.:* LBS); ~ *tax* lo= pend teruggehoue belasting. **~-as-you-go** *adj. (attr.):* ~ *fi= nancing* deurlopende finansiering/finansiëring; voorafbe= taalstelsel *(vir selfoonoproepe ens.).* **~-back** *n.* terugbetaling; rendement, opbrengs, opbrings; kapitaalherwinning; ver= goeding; *(infml.)* wraak, vergelding; *it's* ~ *time!, (infml.)* nou's die gort gaar! *(of* duiwel los!), nou gaan die poppe dans!. **~-back (period)** tydperk van kapitaalherwinning. **~ channel** *(TV)* betaalkanaal. **~ cheque** salaristjek; loontjek. **~ claim** looneis. **~-day** betaaldag; verrekenings=, vereffeningsdag. **~ dirt** *(mynb., hoofs. Am.)* loongrond; *hit/strike* ~ ~, *(infml.)* sukses behaal; die kol tref; 'n gelukslag kry. **~-master** betaal= meester, =beampte. **~-off** uitbetaling *(v. 'n salaris ens.);* be= taaltyd; afbetaling; *(fig.)* afrekening; resultaat; *(infml.)* om= koopgeld; *(infml.)* klimaks, hoogtepunt. **~ office** betaalkan= toor. **~-out** *n.* uitbetaling. **~ packet** loonkoevert; loon. **~ phone** munt(tele)foon, betaal(tele)foon, openbare/publieke (tele)foon, *(infml.)* tiekieboks. **~-roll** betaallys, =rol, loonlys; *(mil.)* soldystaat; *be on s.o.'s* ~ in iem. se diens wees. **~ slip** salarisstrokie; loonstrokie. **~ television, subscription tele= vision** betaal=, subskripsietelevisie.

**pay·a·ble** betaalbaar; winsgewend, lonend, betalend; ver= skuldig; ~ *in advance* vooruit betaalbaar; ~ *in arrear* agterna betaalbaar. **pay·a·bles** *n. (mv.)* laste *(v. 'n sakeman).*

**pay·ee** begunstigde, nemer *(v. 'n tjek, wissel);* ontvanger *(v. 'n betaling);* geadresseerde *(v. 'n poswissel);* begunstigde *(v. 'n polis).*

**pay·er** betaler; akseptant *(v. 'n poswissel).*

**pay·ing** *adj.* (uit)betalend; winsgewend, lonend, voordelig; ~ *guest* loseerder; ~ *office* betaalkantoor.

**pay·ment** betaling; uitbetaling *(v. 'n poswissel);* betaling, ver= goeding *(vir dienste);* delging, vereffening, (af)betaling *(v. skuld);* paaiement, bedrag; vergelding; *deferred* ~, ~ *of balance, (SA)* agterskot *(aan 'n mielieboer, produsent, ens.);* in ~ *for* ... as betaling/vergoeding vir ... *(dienste);* in ~ *of* ... ter betaling/vereffening van ... *('n rekening, skuld);* ~ *in kind* betaling in goedere/natura; *make* ~ betaal; *make a* ~ be= taal, 'n betaling/storting doen, 'n paaiement betaal/stort; *meet a* ~ 'n betaling voldoen; *on* ~ *of* ... teen betaling van ... ~ **order, pay order** betaalorder, betalingsmagtiging, =mandaat.

**pay·o·la** *(hoofs. Am., infml.)* omkoopgeld; omkopery.

**pea** ert(jie); *(i.d. mv.)* erte, ertjies; ertjie=, gruiskole, =steenkool, albasterkole; *green* ~s dop-ertjies, =erte, groen erte/ertjies; *shell* ~s ertjies (uit)dop; *be like* ~s *in a pod, be as (a)like as two* ~s *(in a pod)* sprekend na/op mekaar lyk, op 'n haar (na) eenders/eners lyk. **~-brained** *adj., (infml.)* dom, onnosel. ~ **green** *n.* ertjie=, geelgroen. **~-green** *adj. (attr.)* ertjie=, geel= groen. **~-shooter** ertjieskieter, =blaser, blaaspyp(ie). ~ **soup** ertjiesop. **~-soupy** dik en geel *(mis).*

**peace** vrede; rus, kalmte, stilte; harmonie; gemoedsrus, gerustheid; vredesperiode; *(dikw.* P~) vredesverdrag; *at* ~ in vrede; ~ *between* ... vrede tussen ...; *break the* ~ die rus verstoor/versteur; die vrede verbreek; *find* ~ tot rus kom; *hold one's* ~ stilbly, swyg; *do s.t. in* ~ iets rustig doen, iets doen sonder om lastig geval te word; *there is* ~ daar heers vrede; *keep the* ~ die vrede bewaar; *leave s.o. in* ~ iem. uit= los; *make* ~ *with* ... met ... vrede maak *(iem.);* met ... vrede sluit *('n oorlogvoerende land);* ~ *of mind* gemoedsrus, gerust= heid; *not have a moment's* ~ geen (oomblik) rus hê nie; ~ *and quiet* rus en vrede, pais en vree; *for* ~ '*sake, for the sake of* ~ om vredeswil, in vredesnaam; *P~ (Treaty) of Veree= niging, (SA gesk.)* Vrede van Vereeniging. **~ breaker** vrede=, rusverstoorder, rusiemaker. ~ **campaign** vredesveldtog, =aksie, =beweging. ~ **campaigner** vredestryder. ~ **dividend** vredesdividend. **~-keeper** vredebewaarder, =bewaker, =hou= er, =beskermer. **~-keeping** *n.* vredebewaring, =handhawing. **~-keeping** *adj.* vrede(s)=, vredebewarings=, vredehandha= wings=; ~ *force* vredesmag. **~-maker** vredestigter, =maker. ~

**negotiator** vredesonderhandelaar. ~ **offering** vredeoffer; *(Byb.)* dank-, soenoffer; *(fig.)* olyftak. ~ **pipe** vredespyp. ~ **sign** vredesteken. ~ **talks** *n. (mv.)* vredesonderhandelings, -linge, vredesamesprekings, =kinge. **~-time** vredestyd; *on a* ~ *basis* op vredesvoet. **~(time) strength** *(mil.)* vredesterkte, sterkte in vredestyd. ~ **treaty** vredesverdrag.

**peace·a·ble** vreedsaam; vredeliewend.

**peace·ful** rustig, stil, vreedsaam; ~ *use* vredesgebruik. **peace·ful·ly** rustig, vreedsaam; *pass away* ~, *(euf.: sterf)* sag heengaan. **peace·ful·ness** vreedsaamheid; vredeliewendheid.

**peace·less** sonder vrede; rusteloos.

**peach¹** *n.* perske; perskeboom; perske(kleur); *a peach of a* ..., *(infml.)* 'n pragtige/voortreflike/besonderse ...; *wild* ~, *(Kiggelaria africana)* wildeperske, spekhout, speekhout(boom), vaderlandsrooihout; *(Landolphia capensis)* wildeappelkoos. ~ **brandy** *(veral in SA)* perskebrandewyn, =blits. **~-coloured** perskekleurig. ~ **Melba** *(kookk.)* perske-Melba, perskemelba. ~ **stone,** ~ **pip** *(SA),* ~ **pit** *(hoofs. Am.)* perskepit. ~ **tree** per= skeboom. ~ **yellow** perskegeel.

**peach²** *ww., (infml.)* klik; ~ *on s.o.* iem. verklap/verklik/ver= raai.

**peach·es-and-cream** *adj. (attr.)* perskekleurige, =pienk *('n hoed, rok, ens.);* ~ *complexion* perskebloeiselgelaat, rosige gelaat.

**pea·chick** poukuiken.

**peach·y** perskeagtig; perskekleurig; *(infml., hoofs. Am.)* bak, wonderlik, fantasties.

**pea·cock** =cock(s) pou(mannetjie), (mannetjie)pou. ~ **blue** poublou.

**pea·fowl** =fowl(s) pou(mannetjie), (mannetjie)pou; pou= wyfie, wyfiepou.

**pea·hen** pouwyfie, wyfiepou.

**pea jack·et, pea coat** dubbelborsbaadjie; *(hist.)* growwe matroosbaadjie.

**peak** *n.* piek, spits, (berg)top; spits, top *(v. 'n dak);* toppunt; sonskerm *(v. 'n pet);* piek, spits, top *(v. 'n grafiek);* *(elek.)* spitsverlies; *(sk.)* (gaffel)piek; *(fig.)* hoogtepunt, toppunt; *at the* ~ *of* ... op die hoogtepunt van ...; *reach a* ~ 'n hoogtepunt bereik; *rise to a* ~ tot 'n hoogtepunt styg. **peak** *ww.* 'n hoogtepunt bereik. ~ **cap** pet. ~ **hour** spitsuur. ~ **load** *(elek.)* spits=, topbelasting, spits=, toplas. ~ **period** spitstyd; *(elek.)* spitslas=, toplastydperk. ~ **traffic** spitsverkeer. ~ **(viewing/ listening) hours/time** *(TV)* spits(kyk)tyd; *(rad.)* spits(luis= ter)tyd.

**peaked¹** spits, skerp, gepunt, puntig; ~ *hat* punthoed.

**peaked²** *(pred.)* sieklik, siekerig.

**peal** *n.* (klok)gelui; klokkespel; (donder)slag, =knal; galm; sarsie; ~ *of bells* klokkestel; ~ *of laughter* skaterlag, geskater. **peal** *ww., (klokke)* lui, beier, (weer)galm, weerklink. **peal= ing** gebeier.

**pea·nut** grondboontjie; *(i.d. mv., fig.)* kleingeld; *be* ~s *com= pared to* ..., *(infml.)* kleingeld wees in vergelyking met ...; *it's* ~s dis nie veel nie, dis maar klein geldjies; *get paid* ~s, *(infml.)* doppies verdien; *sell s.t. for* ~s, *(infml.)* iets vir 'n appel en 'n ei verkoop; *be worth* ~s, *(infml.)* byna *(of* so te sê) niks werd wees nie. ~ **brittle** grondboontjiebroslekker. ~ **butter** grondboontjiebotter. ~ **gallery** *(infml.)* agterste ge= stoeltes.

**pear** peer. ~ **drop** *(lekkertjie)* peersuurtjie; peervormige oor= bel/hangertjie. **~-shaped** peervormig *(diamant, liggaamsbou, ens.); s.t. goes* ~, *(infml.)* iets loop skeef. ~ **(tree)** peerboom.

**pearl** *n.* pêrel; *a string of* ~s 'n pêrel(hals)snoer, ('n string) pêrels; *string* ~s pêrels inryg/string; *cast* ~s *before swine* pê= rels voor/vir die swyne werp/gooi. ~ **barley** pêrelgort. ~ **bulb** *(Br.)* mat gloeilamp. ~ **button** perlemoen-, perlemoerknoop, =knopie. ~ **(colour)** pêrelkleur. **~-coloured** pêrelkleurig. ~ **diver,** ~ **fisher** pêrelduiker, =visser. ~ **eye** *(patol.)* katarak, (oog)pêrel, (grou)staar. ~ **necklace** pêrel(hals)snoer. ~ **onion** pêreluitjie. ~ **oyster** pêreloester. ~ **rope** pêrelsnoer. ~ **shell** perlemoen, perlemoer. ~ **spar** *(min.)* bruinspaat. ~-**studded** met pêrels versier/geborduur. ~ **white** pêrelwit.

**pearled** *adj.* bepêrel(d), met pêrels (versier), vol pêrels; met perlemoen/perlemoer (versier); pêrel-; perlemoen-, perle= moer=; *(fig., poët.)* bepêrel(d); pêrelvormig; pêrelagtig.

**pearl·er** pêrelduiker, =visser; pêrelvissersboot.

**pearl·es·cent** *adj.* perlemoen=, perlemoeragtig.

**pearl·ing** pêrelduikery, =vissery.

**pearl·ised,** =**ized** *adj.* pêrelagtig, pêrel=.

**pearl-like** pêrelagtig.

**pearl·y** =*ies, n., (gew. i.d. mv., Br.)* bepêrelde drag *(v. straat= venters/vrugtesmouse in Londen); (i.d. mv., infml.: tande)* by= ters. **pearl·y** *adj.* pêrelagtig, pêrel=; bepêrel(d), vol pêrels; ~ *lustre* pêrelglans. P~ **Gates** *(infml.)* hemelpoort. ~ (**king/ queen**) *(Br.)* (Londense) straatventer/vrugtesmous in be= pêrelde drag.

**peas·ant** kleinboer; plattelander, landbewoner; *(infml.)* (gom)tor. **peas·ant·ry** kleinboerestand.

**pease pud·ding** *(hoofs. Br.)* ertjiepoeding.

**peat** veen(grond), (moeras)turf. ~ **bog,** ~ **moor** turfmoeras, =laagte, veenland, =grond. ~ **moss, bog moss** veenmos. ~-**stained** bruin gekleurde *(water).*

**peat·y** turfagtig, turf=, veenagtig, veen=.

**peb·ble** spoelklip(pie), (ronde) klippie, rolsteen, =klip, kie= sel. ~ **bed reactor** *(kernfis.)* gruisbedreaktor. ~ **dash** grint= strooi. ~ **finish** spoelklip=, kieselafwerking.

**peb·bly** vol rolsteentjies/spoelklippies.

**pec** *n. (gew. i.d. mv.), (infml.)* borsspier; →PECTORAL *n.*.

**pe·can, pe·can** pekan(boom); pekan(neut). ~ **nut** pekan= neut. ~ **pie** pekanneuttert.

**pec·ca·dil·lo** =*lo(e)s* sondetjie, oortredinkie; *(i.d. mv.)* mane= wales.

**pec·ca·ry** *(soöl.)* pekari, bisamswyn.

**peck**[1] *n.* pik *(v. 'n voël);* piksoen(tjie). **peck** *ww.* pik; pik= soen(tjie) gee; ~ *at s.t.* na iets pik; vit op iets; ~ *at one's food* met lang tande eet; ~ *s.o* **on** *the cheek* iem. 'n piksoen(tjie) op die wang gee; ~ *s.t.* **out/up** iets uit=/oppik.

**peck**[2] *n., (droë inhoudsmaat)* peck.

**peck·er** pikker; *(plat Am. sl.: penis)* voël; *keep one's* ~ *up, (Br., infml.)* die blink kant bo hou.

**peck·ing** gepik. ~ **order** pikorde *(by hoenders ens.);* leer, hiërargie.

**peck·ish** *(infml.)* honger(ig).

**pe·co·ri·no** =*nos, (It.),* pecorino(kaas), skaapmelkkaas.

**pec·ten** =*tens,* =*tines, (soöl.)* kam; kammossel. **pec·ti·nat·ed** kamvormig; getand, gekam(d).

**pec·tin** pektien, plantjellie. **pec·tic, pec·tin·ous** pekties; ~ *acid* pektiensuur.

**pec·to·ral** *n.* borsspier; borsplaat, pektoraal. **pec·to·ral** *adj.* bors=, van die bors, pektoraal; bors(kas)=; bors(spier)=. ~ (**muscle**) borsspier. ~ **fin** *(igt.)* borsvin.

**pec·tose** *(biochem.)* pektose.

**pec·u·late** *(fml.)* verduister *(geld).* **pec·u·la·tion** (geld)ver= duistering. **pec·u·la·tor** (geld)verduisteraar.

**pe·cu·li·ar** besonder, spesiaal, buitengewoon; besonder, on= gewoon; eienaardig, vreemd; uniek, tipies; *be* ~ *to* ... eie aan ... wees. **pe·cu·li·ar·i·ty** besonderheid, eienaardigheid, vreemd= heid; uniekheid; eksentriekheid; hebbelikheid. **pe·cu·li·ar·ly** besonder; eienaardig; kenmerkend, tipies; *it does not affect s.o.* ~ persoonlik raak dit iem. nie; ~ *annoying* besonder las= tig; *dress* ~ snaaks aantrek.

**pe·cu·ni·ar·y** *(fml. of skerts.)* geld=, geldelik, finansieel; ~ *aid* geldelike steun; ~ *difficulties* geldnood, geldelike moeilik= hede; ~ *resources* geldmiddele.

**ped·a·gogue** *(fml. of skerts.)* pedagoog, opvoedkundige; opvoeder; onderwyser. **ped·a·gog·i·cal** pedagogies, opvoed= kundig. **ped·a·gog·ics** *n. (as ekv.)* = PEDAGOGY. **ped·a·go·gy** pedagogie(k), opvoedkunde, onderwysleer.

**ped·al**[1] *n.* pedaal. **ped·al** =*ll-, ww.* trap, die pedale gebruik; fietsry; ~ *faster* vinniger trap. ~ **bin** trapblik. ~ **boat** wa= terfiets, trapboot(jie). ~ (**note**) *(mus.)* pedaalnoot. ~ **pusher** *(infml.)* trapper, fietsryer, fietser; *(i.d. mv.)* kuitbroek.

**ped·al**[2] *adj., (med.)* voet=; *(soöl.)* hoef=; ~ *bone* hoefbeen; ~ *curve, (geom.)* voetpuntkromme.

**ped·a·lo** =*lo(e)s* waterfiets, trapboot(jie).

**ped·ant** pedant; wysneus, beterweter. **pe·dan·tic** pedant, skoolmeesteragtig, wysneusig. **ped·ant·ry** pedanterie, skool= meesteragtigheid, wysneusigheid.

**ped·dle** smous; verkondig *(teorieë ens.);* ~ *drugs* (met) dwelms smous; ~ *gossip* skinder. **ped·dler** *(Am.)* →PEDLAR.

**ped·er·ast, paed·er·ast** pederas, seunskender. **ped·er· as·ty, paed·er·as·ty** pederastie, seunskending.

**ped·es·tal** voetstuk, pedestal; staander *(v. 'n wasbak ens.);* poot *(v. 'n lessenaar); (fig.)* troontjie, voetstuk; *bed* ~ nag=, bedkassie; *place/put/set s.o. on a* ~ iem. op 'n troontjie/voet= stuk plaas; *knock s.o. off his/her* ~ iem. van sy/haar troontjie/ voetstuk stoot. ~ **basin** staanwasbak. ~ **lamp** staanlamp. ~ **table** voetstuktafel.

**pe·des·tri·an** *n.* voetganger. **pe·des·tri·an** *adj.* voet=, voetganger(s)=, loop=; gewoon, alledaags, oninteressant, saai. ~ **bridge** voet=, loop=, voetgangerbrug. ~ **crossing** voet= gangeroorgang. ~ **mall,** ~ **precinct** wandellaan, =straat, voet= gangerstraat. ~ **traffic** voetgangerverkeer.

**pe·des·tri·an·ise,** =**ize** verkeersvry maak, in/tot 'n voet= gangersgebied omskep.

**Ped·i** *n., Pedi(s), Bapedi, (SA, antr.)* Pedi; *(geen mv.), (ling., ook* Sepedi*)* Pedi, Sepedi. **Pedi** *adj.* Pedi=.

**pe·di·at·rics, pe·di·a·tri·cian** *(Am.)* →PAEDIATRICS, PAE= DIATRICIAN.

**ped·i·cab** riksjafiets, =driewiel, fietstaxi.

**ped·i·cel** *(bot.)* steel(tjie), stingel(tjie) *(v. 'n druiwekorrel, blom, ens.); (soöl., anat., med., ook* pedicle*)* pedikel, stingel.

**pe·dic·u·lo·sis** *(med.)* pedikulose, luisbesmetting.

**ped·i·cure** *n.* pedikuur; voetbehandeling; voetversorging, =heelkunde, =sorg, chiropodie; voetversorger, =heelkundige, =dokter, chiropodis. **ped·i·cure** *ww.* 'n pedikuur/voet= behandeling gee.

**ped·i·gree** *n.* stamboom, geslagsboom, =register; stamboek; *(infml.)* rasegte dier, stamboekdier; afstamming, afkoms; *of* ~ van goeie afkoms. **ped·i·gree** *adj.* opreg (geteel), raseg; ras=, stamboek=; ~ *cattle* stamboekvee; ~ *dog* opregte/ rasegte hond, stamboekhond; ~ *horse* ras=, stamboekperd; ~ *stock* stamboekvee. ~ **book** stamboek.

**ped·i·ment** *(argit.)* fronton, geweldriehoek, kroonlys; *(geol.)* voetvlakte.

**ped·lar,** *(Am.)* **ped·dler** smous, (straat)venter, kramer; ~*'s load* smousvraggie; ~*'s tray* penswinkel(tjie) *(infml.).*

**pe·dol·o·gy** pedologie, bodemkunde. **pe·do·log·i·cal** pedo= logies. **pe·dol·o·gist** pedoloog.

**pe·dom·e·ter** pedometer, pasmeter, treëteller.

**pe·do·phil·i·a, pe·do·phile** *(Am.)* →PAEDOPHILIA, PAEDO= PHILE.

**pe·dun·cle** *(bot.)* bloeisteel; *(biol.)* stingel(tjie), steel(tjie); voetjie. **pe·dun·cu·lar, pe·dun·cu·late** *(biol.)* gesteeld.

**pee**[1] *n., (16de letter v.d. alfabet)* p.

**pee**[2] *n., (infml.: urien)* pie(pie). **pee**[2] *ww., (infml.: urineer)* pie(pie). **pee-pee** *(kindert.)* piepie; *(penis)* voëltjie, totter= mannetjie.

**peek** *n.* kykie; *get a* ~ *at* ..., *(infml.)* 'n (vlugtige) kykie op ... kry, 'n glimp van ... sien; *have/take a* ~ *at* ..., *(infml.)* vlugtig/ skelm(pies) na ... kyk. **peek** *ww.* loer, (vlugtig) kyk; ~ *at* ..., *(infml.)* vlugtig na ... kyk; ... beloer/afloer.

**peek·a·boo, peek-a-boo** *n., (speletjie)* kiekeboe. **peek=a·boo, peek-a-boo** *adj. (attr.):* ~ *blouse* deurskynende bloes(e); gaatjiesbloes(e); ~ *(hair)style* koekeloer(haar)styl.

**peel** *n.* skil, dop. **peel** *ww.* (af)skil, =dop; afskilfer; vervel; ~ *off, (verf ens.)* afdop, =skilfer; *('n vliegtuig)* die formasie verlaat; *(Br., infml.)* (jou klere) uittrek; ~ *s.t. off* iets af=/lostrek; iets afstroop. **peel·er** (af)skiller; skilmes; skilmasjien. **peel=ing** *n. (gew. i.d. mv.)* skille; afgestroopte bas.

**peen** *n.* pen *(v. 'n hamer).* **peen** *ww.* (om)klop.

**peep**[1] *n.* kykie, (die) loer; *have/take a* ~ *at ...* na ... loer. **peep** *ww.* loer, (vlugtig) kyk; koekeloer; ~ *at ...* na ... loer, ... afloer/beloer; ~ *into ...* in ... loer; ~ *out* uitloer; meteens effe(ns)/effentjies te sien wees. ~**hole** loer=, kykgat, =gaatjie. ~**ing Tom** *(ook P~ T~)* (af)loerder, loervink. ~**show** loervertoning; kykspel; kykkas. ~ **sight** gaatjie=, spleetvisier. ~**toe, ~toe(d) shoe** ooptoonskoen.

**peep**[2] *n.* gepiep; *not a* ~, *(infml.)* nie 'n dooie woord *(of* geen kik) nie. **peep** *ww.* piep.

**peep·er** (af)loerder; *(sl.: oog)* kyker.

**peer**[1] *n.* edelman, lord; weerga, gelyke, eweknie; portuur; *you will not easily find his/her* ~ van sy/haar soort is daar min; *be without* ~ sonder gelyke/weerga wees. ~ **group** portuurgroep. ~ **pressure** (die) druk van maats, portuur(groep)druk, groepdruk. ~ **review** portuurbeoordeling, =evaluering.

**peer**[2] *ww.* loer, tuur; effentjies sigbaar word *(of* te voorskyn kom); ~ *at ...* na ... tuur.

**peer·age** adels=, lordstitel, lordskap; aristokrasie, adel= (stand); adelboek; *raise s.o. to the* ~ iem. in/tot die adelstand *(of* tot lord) verhef, 'n lordskap aan iem. toeken.

**peer·ess** =esses edelvrou, lady.

**peer·less** weergaloos, ongeëwenaar(d), onvergelyklik, sonder gelyke/weerga.

**peeve** *n., (infml.)* irritasie; misnoeë, grief, wrewel, ergernis; *s.o.'s pet* ~ iem. se grootste grief, iets waaraan iem. 'n broertjie dood het. **peeve** *ww.: it* ~*s me that ..., (infml.)* dit grief my *(of* stuit my teen die bors *of* steek my dwars in die krop) dat ... **peeved** vies, omgekrap. **peev·ish** prikkelbaar, nors, stuurs, knorrig, humeurig, liggeraak; dwars, weerbarstig.

**peg** *n.* pen; paaltjie; wasgoedpennetjie; *(kr.)* paaltjie; *(fig.)* kapstok; *a* ~ *to hang s.t. on, (fig.)* 'n aanleiding/aankno= pingspunt; 'n voorwendsel; *buy clothes off the* ~ klere van die rak koop; *bring/take s.o. down a* ~ *or* **two**, *(infml.)* iem. op sy/haar plek sit; iem. 'n toontjie laer laat sing; *come down a* ~ *or* **two** glad anders praat/gesels. **peg** =*gg*-, *ww.* afpen, =steek; vaspen, met penne vasslaan; met wasgoedpennetjies ophang; *(ekon.)* vaspen *(prys ens.)*; aandui; *(Am., infml.)* kategoriseer; ~ *s.t. at ...* iets op ... vaslê/=stel; ~ **away** *at s.t., (infml.)* met iets volhou/volhard; ~ *s.o.* **down**, *(infml.)* 'n beperking aan iem. oplê; ~ *s.o.* **down** *to s.t., (infml.)* iem. aan iets bind *(fig.)*; iem. tot iets beperk; ~ *s.t.* **down** iets vaspen; ~ **out**, *(hoofs. Br., infml.: sterf)* afklop, lepel in die dak steek; *be* ~*ged* **out**, *(infml.)* kapot/gedaan wees; ~ *s.t.* **out** iets afpen/=steek. ~**board** spyker=, prik=, gaatjiesbord. ~ **(leg)** *(infml.)* houtbeen. ~ **stake** merkpen; merkpaaltjie. ~**top** *(speelding)* prik=, kap=, draaitol.

**peg·ging** afpenning; vaspenning.

**peg·ma·tite** *(geol.)* pegmatiet.

**pei·gnoir, pei·gnoir** *(kamer)jas, =japon *(v. 'n vrou).*

**pe·jor·a·tive, pe·jor·a·tive** pejoratief, ongunstig; (ver)kleinerend.

**Pe·king duck** *(Chin. kookk.)* pekingeend.

**Pe·kin(g)·ese** *Pekin(g)ese, n., (inwoner, dialek)* Pekinees; *(hond)* pekinees. **Pe·kin(g)·ese** *adj.* Pekinees.

**pe·koe** pekkotee.

**pel·age** *(soöl.)* hare, wol, pels.

**pe·lag·ic** pelagies; (diep)see= *(diere, vis).*

**pel·ar·go·ni·um** *(bot.)* pelargonium.

**pel·i·can** *(orn.)* pelikaan. ~ **crossing** *(Br.)* voetoorgang met 'n verkeerslig.

**pe·li·le** *adj. (<Z., SA, infml.), (baie moeg)* pelile, pootuit, poegaai, kapot; *(opgebruik)* pelile, klaar, op; *(afgehandel)* pelile, klaar.

**pe·lisse** *(hist.)* pelsmantel.

**pel·let** *n.* balletjie; korrel; pil(letjie); koeëltjie; *(orn.)* braakbal; *(faecal)* ~ keutel; ~ *of shot* haelkorrel. **pel·let** *ww.* in 'n balletjie rol; met balletjies/koeëltjies gooi/skiet; ~*ed seed* verpilde saad.

**pel·li·cle** velletjie, vliesie, lagie; *(soöl., bot., fot.)* vliesie.

**pell-mell** *n.* deurmekaarspul, harwar, warboel, verwarring. **pell-mell** *adj. & adv.* deurmekaar, verward, holderste= bolder; halsoorkop.

**pel·lu·cid** deurskynend; deursigtig; *(ook fig.)* helder; duidelik. **pel·lu·cid·i·ty** deurskynendheid; deursigtigheid; helderheid.

**pel·met** gordynkap; gordynval(letjie).

**pe·lo·ton** *(fietsry)* peloton, *(infml.)* bondel, bus.

**pelt**[1] *n.: (at) full* ~ in volle vaart. **pelt** *ww.* gooi, peper; aanval; *(infml.)* nael, hardloop; ~ **(down),** *(reën, hael)* (neer)= kletter, neerstort; *the rain is* ~*ing* **down,** *it is* ~*ing with rain* dit reën dat dit giet; *a* ~*ing* **shower** 'n stortbui; ~ *s.o.* **with** *questions* iem. met vrae bestook; ~ *s.o.* **with** *stones* iem. onder die klippe steek, iem. met klippe gooi.

**pelt**[2] *n.* vel, huid *(v. 'n dier)*; vag *(v. 'n skaap, bok)*; pels.

**pel·tate** skildvormig *(blare).*

**pel·vis** *pelvises, pelves, n., (anat.)* bekken. **pel·vic** *adj.* bekken= *(been, holte, ens.)*; ~ *fin, (igt.)* buikvin; ~ *floor* bekkenbodem; ~ *girdle* bekken=, heupgordel; ~ *massage* bekkenmasse= ring.

**pem·(m)i·can** *(koekie v. gedroogde vleis, vet en vrugte)* pem= mikaan.

**pem·phi·gus** *(med.)* blaarkoors.

**pen**[1] *n.* pen; (pen)punt; *(orn.)* veer; binneskulp *(v. 'n inkvis)*; *from s.o.'s* ~/*hand* uit iem. se pen; *put/set* ~ *to paper* die hand op papier sit; *the* **product** *of s.o.'s* ~ iem. se pennevrug; *have a* **ready** ~ vaardig wees met die pen; *a* **slip** *of the* ~ 'n skryffout/verskrywing; *with a* **stroke** *of the* ~ met 'n haal van die pen, met 'n pen(ne)streep. **pen** -*nn*-, *ww.* skryf, skrywe, pen. ~**-and-ink drawing/sketch** pen-en-ink= tekening, pentekening. ~**craft** skryfkuns; skoonskrif; ou= teurskap. ~ **friend** →PEN PAL. ~**knife** sak=, knipmes. ~**light** penflits. ~ **name** skuil=, skryfnaam. ~ **(nib)** penpunt. ~ **pal,** ~ **friend** penmaat, penvriend(in). ~ **portrait** *(lett. & fig.)* pensketts. ~**pusher** *(infml., dikw. neerh.)* pennelekker. ~**push= ing** *(infml., dikw. neerh.)* pennelekkery.

**pen**[2] *n.* hok; kraal(tjie); speelhok, =kampie *(vir babas)*; dok *(vir duikbote)*; *(infml.)* tjoekie; *a* ~ *of chickens* 'n toom hoen= ders; *(sleeping)* ~ slaaphok, -nes. **pen** -*nn*-, *ww.* inhok; kraal; op=, insluit; aankeer; *feel* ~*ned* **in** *by ..., (fig.)* ingehok voel deur ... *(jou bestaan ens.)*; vasgevang voel in ... *('n huwelik)*; ... beklemmend/benouend vind *(die/jou lewe)*; ~ *s.o.* **in** *a corner* iem. in 'n hoek dryf/drywe; ~ *... up ...* inhok *(diere, mense)*; *stay* ~*ned* **up** *in ... like a prisoner* soos 'n gevangene in ... ingekerker bly. ~**stock** sluis(deur); sluisklep; handwiel=, skuifsluis.

**pen**[3] *(Am., infml.)* = PENITENTIARY.

**pen**[4] *n.* wyfieswaan, swaanwyfie.

**pe·nal** penaal; strafbaar; strafregtelik; straf= *(bepaling, wette, ens.)*; bestraffend. ~ **code** *(jur.)* strafwetboek; strafreg. ~ **servitude** dwangarbeid.

**pe·nal·ise, ize** penaliseer; straf; beboet; strafbaar stel; be= nadeel; strafpunte toeken. **pe·nal·i·sa·tion, =za·tion** straf= baarmaking, =stelling; (die) straf.

**pen·al·ty** straf; boete; *award a ~ to ...*, *(rugby, sokker)* 'n strafskop aan ... toeken/gee; *it carries the ~ of death* dis 'n halsmisdaad; *on/under penalty of ...* op straf van ...; *pay the ~ for s.t.* vir iets boet; *pay the supreme ~* die doodstraf kry/ondergaan. ~ **area** *(sokker)* strafgebied. ~ **box** *(sokker)* strafgebied; *(yshokkie)* koelkas. ~ **clause** boeteklousule, =bepaling; strafklousule, =bepaling. ~ **goal** strafdoel. ~ **(kick)** strafskop. ~ **line** grens van die strafgebied. ~ **shoot-out** *(sokker)* strafskop=, strafdoelstryd. ~ **try** strafdrie.

**pen·ance** *n.* boete; straf; *(relig.)* boetedoening; berouvolheid, boetvaardigheid; *do ~ for s.t.* vir iets boete doen.

**pe·nang (nut), pi·nang (nut)** pienang=, betelneut.

**pe·na·tes** *n. (mv.), (Rom. mit.)* penate, huisgode; →LARES AND PENATES.

**pen·chant** neiging, geneigdheid; *have a ~ for ...* 'n neiging tot ... hê; 'n voorliefde/swak vir ... hê.

**pen·cil** *n.* potlood; *(fis.)* (strale)bundel; *(lead)* ~ potlood; *write in ~* met ('n) potlood skryf/skrywe. **pen·cil** =*ll*-, *ww.* met ('n) potlood skryf/skrywe; met ('n) potlood merk/teken; ~ *s.t. in* iets met potlood aanbring; *(infml.)* iets voorlopig/tentatief reël *('n vergadering ens.).* ~ **box**, ~ **case** potloodhouer, =sakkie. ~ **cedar** potlood=, rooiseder. ~ **drawing** potloodtekening. ~ **moustache** potlood=, strepiesnor. ~-**shaped** potloodvormig. ~ **sharpener** potloodskerpmaker. ~ **sketch** potloodskets. ~ **skirt** regaf/noupassende/nousluitende romp. ~ **stripe** potloodstrepie.

**pen·cilled**, *(Am.)* **pen·ciled** *(ook)* fyn gestreep, fynstrepig.

**pen·dant** *n.* hanger(tjie); kandelaar; teenhanger, teëhanger, pendant; *(sk., tou)* skinkel.

**pen·dent** *adj.* hangend, hang=; oorhangend; hangende, onbeslis; ~ *keystone* hangsluitsteen. **pen·den·cy** onsekerheid; *during the ~ of the matter* terwyl die saak nog hangende is.

**pend·ing** *adj.* hangende, onbeslis; ~ *file/tray* lêer/mandjie met hangende korrespondensie; *patent* ~ patent toegestaan/toegesê. **pend·ing** *prep.* in afwagting van, hangende; gedurende; ~ *the negotiations* terwyl die onderhandelinge hangende *(of* aan die gang) is; ~ *a reply* in afwagting van 'n antwoord; ~ *s.o.'s return* totdat iem. terugkom; ~ *(the) trial* hangende die verhoor.

**pen·du·lous** (af)hangend, slingerend, slinger=; swaaiend; →PENDULUM; ~ *abdomen* hang=, slingerbuik; ~ *breast* hang=bors.

**pen·du·lum** =*lums* slinger; *the swing of the ~* die swaai van die slinger. ~ **clock** slingerklok. ~ **motion** slingerbeweging. ~ **saw** hangsaag. ~ **weight** slingergewig, =stuk.

**pen·e·trate** penetreer; binne=, deur=, indring; *(ook mil.)* deurbreek; *(mil.)* infiltreer; binnedring, penetreer *('n mark); (woorde)* deurdring; ~ *into s.t.* in iets indring. **pen·e·tra·bil·i·ty** deurdringbaarheid; indringvermoë. **pen·e·tra·ble** deurdringbaar; toeganklik, ontvanklik. **pen·e·trat·ing** deurdringend, skerp *(geluid)*; skerpsinnig; diepgaande; indringend *(ontleding ens.)*; ~ *power* deurdring=, indringvermoë. **pen·e·tra·tion** penetrasie; deur=, binne=, indringing; *(mil.)* infiltrasie; deurdring=, indringvermoë; *point of ~* indringingspunt. **pen·e·tra·tive** deurdringend, deurdringings=, skerp; skerpsinnig; ~ *power* deurdring=, indringvermoë.

**pen·guin** pikkewyn.

**pen·i·cil·lin** penisillien. **pen·i·cil·li·um** *(bot.)* penseelskimmel, =swam.

**pe·nile** penis=, van die penis.

**pen·in·su·la** skiereiland; *the (Cape) P~* die (Kaapse) Skiereiland; *situated on a ~* op 'n skiereiland geleë. **pen·in·su·lar** *adj.* van 'n skiereiland, skiereiland=.

**pe·nis** *penises, penes, (anat.)* penis. ~ **envy** *(psig.)* penisafguns, =nyd.

**pen·i·tent** *n.* boetvaardige, boeteling. **pen·i·tent** *adj.* boetvaardig, berouvol. **pen·i·tence** berou, boetedoening, boet=

vaardigheid, verootmoediging, penitensie. **pen·i·ten·tial** boet=vaardig, berouvol; boet=; *the ~ psalms* die boetepsalms; ~ *tears* trane van berou. **pen·i·ten·tia·ry** *n.* gevangenis; rehabilitasiesentrum; verbeteringskool. **pen·i·ten·tia·ry** *adj.* boet=vaardig; verbeter(ings)=; penitensiêr.

**pen·nant** *(sk.)* wimpel, (smal) vlaggie.

**pen·nate, pen·nat·ed** *(biol.)* gevleuel(d), met vlerke; geveer(d).

**pen·ne** *(It., soort pasta)* penne.

**pen·ni·less** brand=, doodarm, behoeftig, platsak, sonder 'n duit, *(fig.)* kaal. **pen·ni·less·ness** behoeftigheid.

**Penn·syl·va·ni·a** *(geog.)* Pennsilvanië. ~ **Dutch**, ~ **German** *(Pennsilvaniese D.)* Pennsilvaans. **Penn·syl·va·ni·an** *n.* Pennsilvaniër. **Penn·syl·va·ni·an** *adj.* Pennsilvanies.

**pen·ny** *(mv. vir muntstukke* pennies *en vir 'n geldsom* pence), *(Br. of hist.)* pennie; *(Am., infml.)* sent; *(AV)* penning *(OAB)*; →PENNILESS; *turn up like a bad ~* onwelkom wees, ontydig opdaag; *it will not cost a ~* dit sal niks kos nie; *the ~ (has) dropped, (infml.)* daar gaan 'n lig op, iem. snap dit nou; *pennies from heaven, (fig.)* manna uit die hemel; *earn/turn an honest ~* 'n eerlike stukkie brood verdien; *not have a ~ to one's name* geen (bloue) duit besit nie; *in for a ~, in for a pound* as jy A gesê het, moet jy ook B sê; daarop of daaronder; *a pretty ~, (infml.)* 'n aardige/mooi/taamlike sommetjie; *a ~ saved is a ~ earned/gained/got* 'n stuiwer gespaar is 'n stuiwer gewin; *spend a ~, (infml.)* 'n draai loop; *spend every ~ on ...* alles aan ... bestee/uitgee, alles in ... steek; *they are ten/two a ~, (infml.)* jy kan hulle agter elke bos(sie) uitskop, hulle is volop; hulle is nie veel werd nie; *a ~ for your thoughts* waaroor sit jy (so) en dink/peins?. ~ **dreadful** *(Br., infml.)* goedkoop prulboek/(sensasie)roman; smerige/stomende (storie)boek; goedkoop prikkelblad; prullerige strokiesprent. ~-**farthing (cycle)** *(Br., hist.: outydse fiets)* tiekiewawiel. ~-**pincher** *(infml., neerh.: inhalige mens)* vrek, gierigaard, suinigaard. ~-**pinching** *(infml.)* inhalig, vrekkerig. ~**royal** *(bot.: Mentha pulegium)* polei. ~ **whistle** kwê=lafluit(jie). ~ **whistler** kwêlafluiter. ~ **wise** verkeerd suinig; ~ ~ *and pound foolish* suinig in die kleine, verkwisterig in die grote; suinig met die sente, rojaal met die rande. ~**wort** *(bot.)* naelkruid, waternael. ~**worth** *(of* ter waarde van) 'n pennie; *(fig.)* klein bietjie; die minste; *not a ~* nie 'n krieseltjie/greintjie nie; nie (in) die minste nie; *a ~ of ...* 'n pennie se ...; *put one's ~ in, (Br.)* (ook) 'n stuiwer in die arm=beurs gooi, jou sê sê.

**pen·sile** hangend, skommelend; ~ *nest, (orn.)* hangnes.

**pen·sion**[1] *n.* (aftree)pensioen, aftreegeld; *commute a ~* 'n pensioen (in kontant) omsit; *be entitled to a ~* op pensioen geregtig wees; *go on ~* (or *retire on [a]*) ~ met pensioen aftree/uittree/gaan; *grant a ~* 'n pensioen toestaan/verleen/toeken/gee; *receive/draw a ~* ('n) pensioen kry/ontvang/trek. **pen·sion** *ww.:* ~ *s.o. (off)* iem. pensioeneer, iem. met (vervroegde/vroeë) pensioen stuur *(of* laat aftree/uittree/gaan); ~ *s.t. off* iets weggooi/afskryf/afskrywe *(of* nie meer gebruik nie); iets uit die diens neem *(of* buite diens stel); iets uit die vaart haal/neem *('n skip).* ~ **contribution** pensioen=(fonds)bydrae. ~ **fund** pensioenfonds. ~ **scheme** pensioen=skema, =plan, =reëling.

**pen·sion**[2] *(Fr.),* **pen·si·o·ne** *(It.)* losieshuis, pension.

**pen·sion·a·ble** pensioengeregtig *(iem.)*; pensioengewend *(salaris)*; ~ *age* pensioenouderdom, =leeftyd.

**pen·sion·er** pensioenaris, pensioentrekker, gepensioeneerde.

**pen·sive** peinsend, nadenkend, ingedagte; swaarmoedig. **pen·sive·ness** gepeins; nadenkendheid; swaarmoedigheid, somberheid.

**pen·stock** →PEN[2].

**pen·ta·chord** *(mus.)* vyfsnarige instrument; reeks van vyf note.

**pen·ta·cle** towerfiguur; gelukbringer; pentagram.

**pen·tad** vyftal; vyf; lustrum.

**pen·ta·gon** pentagoon, vyfhoek; *the P~, (hoofkwartier v.d. Am. dept. v. verdediging)* die Pentagon. **pen·tag·o·nal** pen=tagonaal, vyfhoekig.

**pen·ta·gram** pentagram, vyfhoekige ster; →PENTACLE.

**pen·ta·he·dron** *-hedra, -hedrons* pentaëder, penta-eder, vyf=vlak. **pen·ta·he·dral** pentaëdries, penta-edries, vyfvlakkig.

**pen·tam·e·ter** *(pros.)* pentameter, vyfvoetige versreël.

**pen·tane** *(chem.)* pentaan.

**Pen·ta·teuch** *(OT)* Pentateug.

**pen·tath·lete** *n.* vyfkampatleet, vyfkamper. **pen·tath·lon** vyfkamp, pentatlon.

**pen·ta·ton·ic** *(mus.)* pentatonies,vyftonig. **pen·ta·ton·i·cism** pentatoniek.

**pen·ta·va·lent** *(chem.)* vyfwaardig.

**Pen·te·cost** *(relig.)* Pinkster; Pinksterfees. **Pen·te·cos·tal** Pinkster=. **Pen·te·cos·tal·ism** Pentekostalisme. **Pen·te·cos·tal·ist** *n.* Pinkstergelowige, Pentekostalis. **Pen·te·cos·tal·ist** *adj.* Pinkster=, Pentekostalisties; ~ *preacher* Pinksterleraar.

**pent·house** dakwoning, =huis, =woonstel.

**pent·ste·mon,** *(Am.)* **pen·ste·mon** *(bot.)* skildblom.

**pent up** *(pred.),* **pent-up** *(attr.)* opgekrop, onderdruk; ingehoue; ingehok; *be pent up in an office/etc.* in 'n kantoor/ ens. ingehok wees; *pent-up emotions* opgekropte/onderdrukte gevoelens.

**pe·nul·ti·mate** *adj.* voorlaaste.

**pe·num·bra** *-brae, -bras* halfdonker(te), skemerdonker; *(astron.)* penumbra, halfskadu(wee). **pe·num·bral** halfdon=ker, =duister; *(astron.)* penumbra=, halfskadu(wee)=.

**pe·nu·ri·ous** baie arm, armoedig, behoeftig, nooddruftig; suinig, gierig, inhalig. **pe·nu·ri·ous·ness, pen·u·ry** armoede, armoedigheid, behoeftigheid; gebrek, skaarste; *live in penury* gebrek ly.

**pe·on** plaaswerker; dagloner. **pe·on·age** daglonerskap.

**pe·o·ny, pae·o·ny** *(bot.)* pioen=, pinksterroos.

**peo·ple** *n. (fungeer as mv.)* mense, persone; *(mv.:* peoples*)* volk, nasie; *among the* ~ onder die mense; *the chosen* ~ die uitverkore volk; ~'s *democracy* volksdemokrasie; *friend of the* ~ volksvriend; *go to the* ~ 'n verkiesing hou, die volk laat beslis; *hundreds/etc. of* ~ honderde/ens. mense; *one's* ~, *(familie, werknemers, ondersteuners, ens.)* jou mense; ~ *say* hulle *(of* die mense) sê; *what will* ~ *say?* wat sal die mense (daarvan) sê?; *the* ~ die volk; die mense; die publiek. **peo·ple** *ww.* bevolk; *be thickly ~ed* dig bevolk *(of* digbevolk) wees; ~ *a country with ...* 'n land met ... bevolk. ~ *person: be a* ~ ~, *(infml.)* goed met mense oor die weg kom, 'n in=nemende persoonlikheid hê. ~ *power* volksmag, mag vir die massas. ~'s *bank* volksbank. ~'s *court (SA)* hof vir klein eise; volkshof. ~'s *republic* volksrepubliek.

**pep** *n., (infml.)* vuur, fut; *full of* ~, *(infml.)* vol vuur/woema. **pep** *-pp-, ww.: ~ s.o. up, (infml.)* iem. opkikker; ~ *s.t. up, (infml.)* (aan) iets smaak gee *(kos, drank, ens.).* ~ **pill** *(infml.)* opkikker. ~ **talk** *(infml.)* motiverings=, opkikkerpraatjie; *give s.o. a* ~ ~ iem. aanmoedig/aanspoor/motiveer; iem. opbeur/ bemoedig *(of* moed inpraat).

**pep·per** *n., (Piper nigrum)* peper; *(P. capense)* wildepeper; *(P. cubeba)* sterkpeper; *(Capsicum frutescens)* brandrissie; *(C. annuum)* sier=, rooirissie; *pungent* ~ brandrissie. **pep·per** *ww.* peper (strooi); peper (ingooi); inpeper; bestook; afran=sel; *be ~ed with ..., (fig.)* deurspek wees met *(verwysings ens.);* wemel van *(aanhalings, verwysings, ens.);* besaai wees met *(glaskerwe ens.);* ~ *s.o./s.t. with ...* iem./iets met ... bestook *(vrae ens.).* ~**-and-salt** grys, peper-en-sout-kleurig. ~ **mill** pepermeul(e). ~ **pot** peperpot(jie); *(W.Ind. kookk.)* vleis=ragoût. ~ **spray** pepersproei. ~ **steak** *(kookk.)* peperbiefstuk, =steak. ~ **tree** peperboom. ~**wort** *(Marsilea vestita)* water=klawer.

**pep·per·corn** peperkorrel. ~ **hair** peperkorrels. ~ **rent** nominale huur.

**pep·per·mint** *(bot.: Mentha piperita)* peper=, pipperment. ~ **(drop),** ~ **(lozenge)** peper=, pipperment(lekker). ~ **liqueur** peper=, pippermentlikeur. ~ **oil** (peper/pipper)mentolie.

**pe(p)·per·o·ni** *-ni(s), n., (sterk gekruide It. wors)* pepperoni.

**pep·per·y** peperagtig, peper=; gepeper(d); opvlieënd, kort=gebonde, kort van draad; skerp, bytend, bitsig.

**pep·py** *(infml.)* lewendig, vurig, energiek.

**pep·sin(e)** *(biochem.)* pepsien.

**pep·tic** pepties, spysverterend, (spys)verterings=; maag=; pepsienbevattend. ~ **gland** *(anat.)* maagklier. ~ **ulcer** *(patol.)* peptiese ulkus, maagseer.

**pep·tide** *(biochem.)* peptied.

**pep·tone** *(biochem.)* peptoon.

**per** per, deur, deur middel van; ~ *annum* jaarliks, per jaar; *as* ~ ... volgens/ooreenkomstig ...; ~ *cent(um)* per honderd, persent; →PERCENT; ~ *diem, (fin.)* per dag, *(Lat.)* per diem; ~ *head* per persoon; ~ *mil(l)* per duisend; ~ *post* per pos, met/oor die pos; ~ *se* op sigself, per se; *as* ~ *usual, (skerts.)* soos gewoonlik.

**per·am·bu·late** *(fml.)* (deur)loop, rondloop, =wandel, =dwaal; omloop; inspekteer. **per·am·bu·la·tion** (die) deurloop/rond=loop/afloop, (rond)wandeling; voetreis; omtrek, grens; in=speksie. **per·am·bu·la·to·ry** ronddwalend, kuierend; rond=trekkend; breedsprakig, afdwalend.

**per·bo·rate** *(chem.)* perboraat.

**per·cale** *(tekst.)* perkal.

**per·ceive** bespeur, bemerk, gewaar (word), waarneem, sien; verstaan, begryp, insien; ~ *with the naked eye* met die blote oog waarneem. **per·ceiv·a·ble** waarneembaar.

**per·cent** *(Am.),* **per cent** *(simb.: %)* persent, per honderd; →PERCENTAGE. **per·cen·tile** *(statist.)* persentiel.

**per·cent·age** persentasie; *there's no* ~ *in it* daar steek geen voordeel in nie; *a large* ~ *of the children/etc.* are ... 'n groot deel van die kinders/ens. is ...; ~ *of votes cast* stempersentasie; ~ *by weight* gewigspersentasie. ~ **error** persentasiefout. ~ **increase** persentasiestyging, =toename *(v. produksie);* per=sentasieverhoging, =vermeerdering *(v. 'n salaris).* ~ **point** persentasiepunt. ~ **vote** stempersentasie.

**per·cept** *(filos.)* waarnemingsinhoud, =voorwerp, beeld.

**per·cep·ti·ble** waarneembaar, merkbaar, bespeurbaar, sig=baar, hoorbaar; begryplik. **per·cep·ti·bil·i·ty** waarneembaar=heid, merkbaarheid; begryplikheid. **per·cep·ti·bly** sienderoë, merkbaar.

**per·cep·tion** persepsie; gewaarwording, waarneming; in=sig, begrip.

**per·cep·tive** opmerksaam, waarnemend, waarnemings=; ~ *faculty* kenvermoë. **per·cep·tive·ness, per·cep·tiv·i·ty** waar=nemingsvermoë; insig.

**per·cep·tu·al** perseptueel, waarnemings=.

**perch[1]** *n.* (dwars)stok, -houtjie *(in 'n voëlkou);* stellasie *(vir hoenders ens.);* sitplek; *(ook fig.)* verhewe posisie; *the bird takes its* ~ die voël gaan sit; *knock s.o. off his/her* ~, *(infml.)* iem. van sy/haar troontjie/voetstuk stoot. **perch** *ww., ('n voël)* neerstryk, rus; *('n mens)* (gaan) sit; ~ *(up)on ..., ('n voël)* op ... gaan sit; ~*ed block* swerfblok, =steen; *be ~ed on/upon ...* hoog op ... sit; op ... geleë wees.

**perch[2]** *n., (igt.)* baars; *black* ~ swartbaars; *climbing* ~ klim=baars.

**per·chance** *(arg.)* miskien, dalk.

**Per·che·ron** *(soms p~)* percheron(perd).

**per·chlo·rate** *(chem.)* perchloraat.

**per·cip·i·ent** gewaarwordend, bewus(wordend); waarne=mend; skerp(sinnig), skerpsiende; →PERCEPTIVE. **per·cip·i·ence** gewaarwording; insig, skerpsinnigheid.

**per·co·late** perkoleer; *(lett. & fig.)* (deur)sypel, =syfer, fil=
treer. **per·co·la·tion** perkolering; (deur)sypeling, =syfering,
filtrasie. **per·co·la·tor** perkoleerder, perkoleerkan; filtreer=
masjien; *(med.)* filtreer=, sypelkan.
**per·cuss** *(med.)* (be)klop, tik, perkuteer.
**per·cus·sion** (aan)slag, skok, stamp; *(med.)* beklopping,
perkussie; *(mus.)* slagwerk, =instrumente, perkussie. **~ band**
slagorkes. **~ bomb** skokbom. **~ cap** slag=, knaldoppie. **~
charge** skoklading. **~ drill** slagboor. **~ fuse** *(mil., mynb.)*
slagbuis. **~ instrument** *(mus.)* slaginstrument; *(ook, i.d. mv.)*
slagwerk. **~ mine** trapmyn. **~ section** *(mus.)* slagwerk=, slag=
instrument=, perkussieafdeling.
**per·cus·sion·ist** *(mus.)* slaginstrument=, perkussiespeler.
**per·cus·sive** *adj.* slag=, perkussie=.
**per·cu·ta·ne·ous** *(med.)* perkutaan, veldeurdringend, deur
die huid/vel.
**per·di·tion** *(Chr. teol.)* verdoemenis, verderf; ewige ramp=
saligheid; *the road to ~* die pad na die verderf(enis), die breë
weg; die afdraande pad.
**per·e·grine fal·con** swerfvalk.
**per·emp·to·ry** beslissend, finaal, afdoende, onafwysbaar;
dogmaties, gebiedend, dwingend, baasspelerig, heerssugtig;
*(jur.)* volstrek, peremptories. **per·emp·to·ri·ly** gebiedend, op
gebiedende wyse; *be ~ dismissed* onmiddellik/summier ont=
slaan word, op staande voet *(of* sonder kennisgewing) af=
gedank/ontslaan word. **per·emp·to·ri·ness** beslistheid, seker=
heid; dringendheid, noodsaaklikheid.
**per·en·ni·al** *n.* meerjarige plant/gewas; deurbloeier. **per·
en·ni·al** *adj.* aanhoudend, blywend; *(bot.)* meerjarig; terug=
kerend *('n probleem ens.);* standhoudend *('n rivier ens.);* ewig=
durend; deur die jaar.
**per·e·stroi·ka** *(hoofs. hist., Rus.: ekon.-pol. heropbouing)* pe=
restroika.
**per·fect** *n., (gram.)* voltooide teenwoordige tyd, perfektum.
**per·fect** *adj.* volmaak, volkome, volslae, perfek; uitstekend;
fout(e)loos; suiwer; totaal, volledig; *(gram.)* voltooi(d); *be ~
for ...* uitermate geskik wees vir ...; *~ participle* verlede/
voltooide deelwoord; *~ stranger* wildvreemde, volslae
vreemdeling; *~ tense* = PERFECT *n..* **per·fect** *ww.* (ver)vol=
maak, tot volmaaktheid bring. **~ binding** *(druk.)* lymin=
binding; lymband. **~ pitch** *(mus.)* absolute toonhoogtesin/
gehoor.
**per·fect·i·ble** vervolmaakbaar. **per·fect·i·bil·i·ty** vervol=
maakbaarheid.
**per·fec·tion** volmaaktheid, volkomenheid, perfeksie; ver=
volmaking, voltooiing; toppunt *(v. skoonheid);* voortreflikheid;
*attain ~* volmaaktheid bereik; *do s.t. to ~* iets perfek doen.
**per·fec·tion·ism** perfeksionisme. **per·fec·tion·ist** *n.* perfek=
sionis. **per·fec·tion·ist, per·fec·tion·is·tic** *adj.* perfeksionis=
ties. **per·fect·ly** volkome, volmaak, volstrek.
**per·fi·dy** verraad, valsheid, troubreuk, bedrog. **per·fid·i·ous**
vals, verraderlik, troueloos, arglistig.
**per·fo·rate** perforeer; deurboor, =steek; gaatjies steek/maak.
**per·fo·ra·ted** geperforeer(d), met afskeurgaatjies; *~ line*
perforasie(lyn/streep), geperforeerde lyn/streep; *~ spoon*
gaatjieslepel. **per·fo·ra·tion** perforasie; deurboring, =steking;
gat, gaatjie. **per·fo·ra·tor** perforeer=, ponsmasjien.
**per·form** doen, verrig *(d. onmoontlike ens.);* doen, uitvoer *('n
operasie);* uitvoer, verrig *('n taak);* nakom *('n plig);* doen,
uitvoer *('n eksperiment);* uitoefen *('n funksie);* optree, speel;
aanbied, opvoer *('n toneelstuk);* uitvoer, voordra *('n musiek=
stuk);* uitvoer, dans *('n ballet);* voltrek *('n plegtigheid);* behaal
*('n driekuns);* *('n motor)* werk, presteer. **per·form·a·ble** uit=
voerbaar; opvoerbaar.
**per·form·ance** aanbieding, opvoering *(v. 'n toneelstuk);*
uitvoering *(v. 'n ballet, musiekstuk);* uitvoering, nakoming,
voldoening; prestasie *(v. 'n pers.);* prestasie, werkverrigting
*(v. 'n masjien);* *in the ~ of ...* in die uitvoering van ... *(pligte*

*ens.);* *put up* (or *turn in) a good ~* (goed) presteer, 'n goeie
vertoning maak. **~ artist** vertoonkunstenaar. **~-related pay**
prestasiegebonde loon; prestasiegebonde salaris.
**per·form·er** presteerder; (toneel)speler, uitvoerende kuns=
tenaar; *(mus.)* voordraer, uitvoerder. **per·form·ing** *adj. (attr.)*
gedresseerde, afgerigte *(diere);* uitvoerende *(kunste).*
**per·fume** *n.* parfuum, reukwater; (aangename) geur/reuk.
**per·fume** *ww.* parfumeer, welriekend maak. **per·fumed**
geparfumeer(d). **per·fum·er** parfumeur. **per·fum·er·y** par=
fumerie, ruikgoed; parfumerie, parfuum=, reukwaterwinkel;
parfuum=, reukwaterfabriek. **per·fum·y** *adj.* parfuumagtig.
**per·func·to·ry** traak-my-nieagtig; meganies; oppervlakkig;
terloops. **per·func·to·ri·ly** terloops, in die verbygaan. **per·
func·to·ri·ness** traak-my-nieagtigheid; oppervlakkigheid.
**per·fuse** natspat, besprinkel; oorgiet; *(med.)* deurspoel,
=stroom; deurgiet; deursypel, =syfer; deurdrenk; *(fig.)* deur=
straal. **per·fu·sion** besprinkeling; oorgieting; *(med.)* deur=
stroming; deurgieting; deursypeling, =syfering; *(fig.)* deur=
straling.
**per·go·la** pergola.
**per·haps** miskien, moontlik, dalk; ongeveer, omtrent, om
en by; *~ so* miskien (wel), dit kan (so) wees.
**Per·i·an·der** *(hist.: tiran v. Korinte)* Periandros.
**per·i·anth** *(bot.)* periant, blomdek.
**per·i·car·di·um** =dia, *(anat.)* perikardium, hartsak. **per·i·
car·di·al** hartsak=; *~ sac* hartsak. **per·i·car·di·tis** perikarditis,
hartsakontsteking.
**per·i·carp** *(bot.)* perikarp, vrugwand, saadvlies.
**per·i·clase** *(min.)* periklaas.
**per·i·cra·ni·um** =nia, *(anat.)* perikranium, skedelvlies.
**per·i·dot** *(min.)* peridoot, chrisoliet, olivien.
**per·i·gee** *(astron.)* perigeum.
**per·i·gla·cial** *adj., (geol.)* periglasiaal.
**per·i·he·li·on** =lia, *(astron.)* perihelium, sonsafstand.
**per·il** gevaar; risiko; *at one's ~* met groot gevaar/risiko; *do s.t.
at one's (own) ~* iets op eie risiko doen; *survive all ~s* alle ge=
vare te bowe kom. **per·i·lous** (lewens)gevaarlik.
**pe·rim·e·ter** perimeter, omtrek; buitegrens(e), =rand; ge=
sigsveldmeter, perimeter; *on the ~* aan die buiterand.
**per·i·na·tal** *adj., (med.)* perinataal.
**per·i·ne·um** =nea, *(anat.)* perineum, boud=, bilnaat. **per·i·
ne·al** pirineaal, boudnaat=, bilnaat=.
**pe·ri·od** periode, tyd(perk/vak); (tyds)duur, termyn; tyd=
ruimte; *(chem., elek., fis., mus., wisk.)* periode; *(geol.)* periode,
tydvak, =perk; *(astron.)* periode, omloop=, rotasietyd; les=
(uur); *(ook* menstrual period) maandstonde; *(ret.)* volsin;
*(hoofs. Am.)* punt; *the ~ during which ...* die tydperk waarin
...; *have one's/a ~* menstrueer, jou maandstonde hê; *I'm not
going to do it, ~!, (infml.)* ek gaan dit nie doen nie, en daarmee
basta!; *of the/that ~* uit daardie tyd; *of the/this ~* uit hierdie
tyd; *~ of/in office* ampstermyn. **~ pain** menstruasie=,
maandstondepyn. **~ piece** geskiedenisstuk; geskiedenisskil=
dery. **~ play** kostuumstuk. **~ style** antieke/historiese styl.
**pe·ri·od·ic** periodiek; periodies; wederkerend. **~ acid** per=
jodiumsuur. **~ decimal** *(wisk.)* repeterende desimaal. **~
function** *(wisk.)* periodiese funksie. **~ law** *(chem.)* periodieke
wet. **~ lease** termynhuur. **~ table** *(chem.)* periodieke tabel
*(v. elemente).*
**pe·ri·od·i·cal** *n.* (vak)tydskrif, blad. **pe·ri·od·i·cal** *adj.*
periodiek; tydskrif=. **pe·ri·od·i·cal·ly** periodiek, van tyd tot
tyd.
**pe·ri·o·dic·i·ty** *(hoofs. teg.)* periodisiteit, gereelde/periodieke
terugkeer.
**per·i·o·don·tics** *(fungeer as ekv.)* periodontie. **per·i·o·don·
tist** periodontis.
**per·i·os·te·um** =tea, *(anat.)* periosteum, beenvlies.
**per·i·pa·tet·ic** wandelend; rondtrekkend; peripateties.

**pe·riph·er·y** periferie; buitekant, (buite)rand; (sirkel)omtrek; omranding; oppervlak; *on the ~ of* ... aan die rand van ... **pe·riph·er·al** perifeer, periferies, omtrek(s)-; randstandig; rand-; wand-; *~ area* randgebied; *the ~ nervous system, (anat.)* die perifere senu(wee)stelsel; *~ speed* omtrekspoed.

**pe·riph·ra·sis** *-rases* perifrase; omskrywing. **per·i·phras·tic** perifrasties; omskrywend.

**per·ish** omkom, doodgaan, sterf, sterwe; *(rubber ens.)* verweer; *(vrugte ens.)* bederf, sleg/vrot word; *(organiese stowwe)* vergaan, verrot, vrot, ontbind; *~ed material, (ook)* geskifte materiaal/stof; *~ the thought!* God behoed ons!; *~ with ...* van ... vergaan *(d. honger ens.)*. **per·ish·a·ble** bederfbaar; verganklik. **per·ish·a·ble·ness** bederfbaarheid; verganklikheid. **per·ish·a·bles** *n. (mv.)* bederfbare (voedsel)produkte/goedere. **per·ish·ing** *adj., (Br., infml.)* ysig, bitter/snerpend koud.

**per·i·sperm** *(bot.)* perisperm.

**per·i·stal·sis** *-stalses, (fisiol.)* peristalse, peristaltiese bewegings, peristaltiek, dermbeweging. **per·i·stal·tic** peristalties, dermbeweging-, dermbewegend.

**per·i·stome** *(bot., soöl.)* peristoom, mondrand.

**per·i·style** *(argit.)* peristyl, suilery, kolonnade; peristyl, suilegalery. **per·i·sty·lar** peristiel.

**per·i·to·ne·um** *-neums, -nea, (anat.)* peritoneum, buikvlies. **per·i·to·ne·al** peritoneaal, buikvlies-.

**per·i·ur·ban** buitestedelik; *~ area, (ook)* randgebied, -dorp.

**per·i·wig** pruik.

**per·i·win·kle**[1] *(seeslak)* ari-, alikreukel, -kruikel.

**per·i·win·kle**[2] *(bot.), (Catharantus spp.)* kanniedood; *(Vinca spp.)* maagdeblom.

**per·jure:** *~ o.s., (jur.)* meineed pleeg, vals sweer, 'n vals(e) eed aflê. **per·jured** meinedig, skuldig aan meineed. **per·jur·er** meinedige, eedbreker. **per·jur·y** meineed; eedbreuk.

**perk**[1] *ww.: ~ up* moed skep; opflikker, opgewekter raak/word; *(iem. se gesig ens.)* verlewendig, lewendiger word; *(d. ekon. ens.)* opleef, oplewe; *~ s.o. up* iem. opbeur/opvrolik; *~ s.t. up* iets opvrolik/opkikker *('n uitrusting ens.)*; iets verlewendig *('n opvoering ens.)*; iets laat opleef/oplewe *(d. ekon. ens.)*; iets opknap *('n huis ens.)*; iets spits *('n dier sy ore)*; iets oplig *(jou kop ens.)*. **perk·i·ness** lewendigheid; astrantheid. **perk·y** lewendig, opgeruimd; astrant, parmantig.

**perk**[2] *n. (gew. i.d. mv.), (infml.)* voordeel, bonus; byvoordeel; →PERQUISITE.

**per·le·moen** *(Afr., soöl.)* perlemoen, -moer, *(infml.)* klipkous; →ABALONE.

**per·lé (wine)** *(SA)* perlé(wyn).

**per·lite, pearl·ite** *(geol.)* perliet.

**perm** *n.* (permanente/vaste) golwing/karteling, *(infml., <Eng.)* perm. **perm** *ww.* (permanent) golf/kartel, *(infml., <Eng.)* perm.

**per·ma·frost** ysgrond.

**perm·al·loy** permallooi.

**per·ma·nence, per·ma·nen·cy** permanensie, blywendheid, vastheid.

**per·ma·nent** permanent, blywend *(ongeskiktheid ens.)*; vas *('n adres ens.)*; vas, duursaam *(kleure)*; duursaam, konstant *(kapitaal ens.)*; standhoudend *(water)*; *(teg.)* permanent *(gas, magneet, ens.)*; voortdurend, bestendig. *~ force (SA, mil., hist., ook P~ F~)* staande mag *(ook S~ M~)*. *~ hardness* permanente hardheid *(v. water)*. *~ magnet* permanente magneet. *~ storage (rek.)* permanente/onuitwisbare geheue. *~ tooth* blywende tand. *~ wave* permanente/vaste golwing/karteling. **per·ma·nent·ly** blywend, vas, vir goed/altyd.

**per·man·ga·nate** *(chem.)* permanganaat. **per·man·gan·ic** *adj. (attr.): ~ acid, (chem.)* permangaansuur.

**per·me·a·ble** deurdringbaar; *(fis.)* permeabel. **per·me·a·bil·i·ty** deurdringbaarheid, deurtrekbaarheid; *(fis.)* permeabiliteit.

**per·me·ance** (magnetiese) deurdringings-/geleidingsvermoë; *(fis.)* permeansie.

**per·me·ate** deurlaat, -dring, -trek; *be ~d with ...* van ... deurtrek wees. **per·me·a·tion** deurdringing, deurlating.

**Per·mi·an** *n., (geol.)* Perm. **Per·mi·an** *adj.* Permies.

**per·mis·si·ble** toelaatbaar, geoorloof; verskoonbaar. **per·mis·si·bil·i·ty** toelaatbaarheid; verskoonbaarheid.

**per·mis·sion** toestemming, verlof, permissie; *by* (or *with the) ~ of* ... met verlof/toestemming van ...; *give/grant ~* verlof/toestemming gee; *~ to* ... verlof/toestemming om te ...

**per·mis·sive** permissief, liberaal; losbandig, bandeloos; toegeeflik, verdraagsaam, tolerant; veroorlowend, toelatend; *(jur.)* opsioneel, nieverplig; *~ legislation* vryblywende/opsionele wette; *~ society* permissiewe gemeenskap. **per·mis·sive·ness** ongebondenheid, permissiwiteit.

**per·mit, per·mit** *n.* (toegangs)permit, (verlof)pas; geleivrybrief. **per·mit** *-tt-, ww.* toelaat, toestaan, veroorloof, vergun, duld; *be ~ted* veroorloof wees; vrystaan; *not ~ted, (ook)* ongeoorloof; *weather/etc. ~ting* as die weer/ens. daarna is *(of* dit toelaat).

**per·mute** herorden, (om)wissel, verwissel, omsit; *(wisk.)* permuteer. **per·mut·a·ble** verwisselbaar; *(wisk.)* permuteerbaar. **per·mu·ta·tion** herordening; verandering, omsetting, omwisseling; rangskikking, kombinasie; *(wisk.)* permutasie. **per·mu·ta·tor** *(elek.)* permutator, stroomwisselaar.

**per·ni·cious** skadelik, vernietigend, destruktief; *(med.)* pernisieus, kwaadaardig. **per·ni·cious·ness** skadelikheid; kwaadaardigheid.

**per·nick·e·ty** *(infml.)* puntene(u)rig, kieskeurig, veeleisend, lastig; aanmatigend. **per·nick·e·ti·ness** puntene(u)righeid; lastigheid.

**per·o·ne·al** *(anat.)* peroneaal, kuit(been)-.

**per·o·rate** *(fml.)* oreer; afsluit, opsom. **per·o·ra·tion** redevoering; slotrede, slotwoord(e).

**per·ox·ide** *n., (chem.)* peroksied. **per·ox·ide** *ww.* bleik *(d. hare)*. *~ blonde (gew. neerh.)* bottelblondine.

**perp** *(Am., infml.)* = PERPETRATOR.

**per·pen·dic·u·lar** *n.* loodlyn, loodregte lyn; *(instr.)* loodlynbepaler; *let fall a ~* 'n loodlyn neerlaat; *out of the ~* uit die lood. **per·pen·dic·u·lar** *adj.* lood-, lynreg, vertikaal, regstandig; regop, penorent; *~ line* loodlyn. **per·pen·dic·u·lar·i·ty** loodregte stand, loodregtheid.

**per·pe·trate** pleeg, begaan. **per·pe·tra·tion** pleging, (die) pleeg. **per·pe·tra·tor** skuldige, aanrigter.

**per·pet·u·al** altyddurend, ewig(durend) *(regte ens.)*; onophoudelik, gedurig; *(attr.)* vaste *(voorsitter ens.)*; *~ calendar* ewige/ewigdurende kalender; *~ motion* ewigdurende beweging. **per·pet·u·al·ly** gedurig(deur), onophoudelik.

**per·pet·u·ate** bestendig, verewig, perpetueer. **per·pet·u·a·tion** bestendiging, voortbestaan.

**per·pe·tu·i·ty** bestendigheid, ewigdurendheid; lewenslange besit; lewenslange lyfrente; voortdurende annuïteit; *in ~* onbepaald, vir ewig en altyd.

**per·plex** *ww.* verwar, onthuts, verbyster, deurmekaar maak; bemoeilik, kompliseer. **per·plexed** verward, verbysterd, verleë; moeilik, ingewikkeld. **per·plex·ing** *adj., ~ly adv.* verbysterend, verstommend, verwarrend. **per·plex·i·ty** verslaen(t)heid, verbystering; verwarring; verbouereerdheid; *(gew. mv.)* ingewikkeldheid, gekompliseerdheid.

**per·qui·site** byvoordeel, byverdienste; gebruiklike voordeel; uitsluitende reg; (gebruiklike) fooi(tjie); *(i.d. mv., ook* perks) voorregte, byvoordele; los winste.

**per·se·cute** vervolg, teister; lastig val, pla.

**per·se·cu·tion** vervolging; *suffer ~ for* ... weens ... vervolg word; *victim of* ~ vervolgde. ~ **complex** *(psig.)* vervol= gingswaan.

**per·se·cu·tor** vervolger.

**Per·seph·o·ne** *(Gr. mit.)* Persefone, Persefonê, Persephone, Persephonê.

**per·se·vere** volhard, volhou, deurdruk; ~ *in/with s.t.* met iets volhou, in/met iets volhard. **per·se·ver·ance** volharding, deursettingsvermoë; ~ *wins the day* (or *will be rewarded*) aanhouer wen (*of* klein begin, aanhou win). **per·se·ver·er** volhouer, volharder. **per·se·ver·ing** volhardend.

**Per·sia** *(geog., hist.)* Persië.

**Per·sian** *n., (inwoner)* Pers; *(taal)* Persies. **Per·sian** *adj.* Persies(e). ~ **carpet**, ~ **rug** Persiese tapyt/mat. ~ **(cat)** Per= siese kat. ~ **Gulf:** *the (~)* ~, *(geog.)* die Persiese Golf. ~ **lamb** *(ook)* karakoel(pels).

**per·sim·mon** *(bot.)* persimmon, tamatiepruim; *(Diospyros virginiana)* Amerikaanse dadelpruim.

**per·sist** volhard, volhou, deurdruk; voortduur, =bestaan; nawerk; ~ *in/with* ... met ... volhou/aanhou; in/met ... vol= hard. **per·sis·tence, per·sis·ten·cy** volharding, deursettings= vermoë; koppigheid, hardnekkigheid; nawerking *(v.d. oog); (elek.)* nagloed. **per·sis·tent** volhardend; aanhoudend; kop= pig, hardnekkig; *(bot.)* (na)blywend; nawerkend *(gas).* **per· sist·er** aanhouer, volhouer, kanniedood.

**per·snick·e·ty** *(Am.)* = PERNICKETY.

**per·son** persoon, mens, individu, indiwidu; liggaam, figuur, voorkoms; *(jur.)* regspersoon; *(gram.)* persoon; *(Chr. teol.)* persoon; *quite another* ~ glad iem. anders, 'n totaal ander persoon; ~ *in* **authority** gesagdraer, =hebber; ~ *in custody* aangehoudene; *in* ~ in eie persoon, persoonlik, in lewende lywe; *in the* ~ *of* ... in die persoon van ...; ~ *of importance* gesiene persoon; *the last* ~ *that* ... die laaste mens wat ...; *have s.t. on one's* ~ iets by jou hê; *per* ~ per kop/persoon; *the* ~ *in question* die betrokke persoon. ~**-to-person** *adj. (attr.)* persoonlike *(kontak, onderhoud, ens.).* ~ **to person** *adv.* per= soonlik *(gesels ens.);* van persoon tot persoon *(versprei ens.).*

**per·so·na** *=nas, =nae, (psig.)* persona; *(teat.)* rol, karakter. ~ **grata** *personae gratae, (Lat.)* persona grata *(vnl. b.d. regering v. 'n land).* ~ **non grata** *personae non gratae, (Lat.)* persona non grata.

**per·son·a·ble** knap; aantreklik, aanvallig; innemend.

**per·son·age** persoon, personasie; *(teat.)* rol.

**per·son·al** persoonlik; individueel; eie *(voordeel);* lyf= *(arts ens.); for* ~ *gain/benefit/profit* vir eie gewin, vir (jou) eie sak; *give s.t. a* ~ *touch* 'n persoonlike stempel op iets afdruk. ~ **ad(vertisement)** persoonlike advertensie. ~ **assistant** per= soonlike assistant. ~ **column** persoonlike kolom/rubriek. ~ **computer** *(afk.:* PC) persoonlike rekenaar. ~ **identification number** *(afk.:* PIN) persoonlike identifikasienommer. ~ **organiser,** ~ **organizer** dagbeplanner; elektroniese dagbe= planner. ~ **pronoun** *(gram.)* persoonlike voornaamwoord. ~ **property** *(jur.)* persoonlike eiendom, roerende goed. ~ **serv= ice** persoonlike diens. ~ **space** persoonlike ruimte. ~ **tax** persoonsbelasting.

**per·son·al·ise, ·ize** verpersoonlik, beliggaam; merk; ~ *a remark* 'n opmerking persoonlik opneem. **per·son·al·i·sa· tion, ·za·tion** verpersoonliking.

**per·son·al·i·ty** persoonlikheid, karakter; persoonlikheid, bekende; individualiteit. ~ **cult** *(dikw. neerh.)* persoonlik= heidskultus. ~ **disorder** persoonlikheid(sver)steuring, per= soonlikheidsafwyking.

**per·son·al·ly** persoonlik; *take s.t.* ~ jou iets persoonlik aan= trek; ~, *I think/etc. that* ... ek persoonlik/self dink/ens. dat ...

**per·son·i·fy** personifieer; verpersoonlik, beliggaam; *personi= fied by/in* ... persoonlike deur/in ... **per·son·i·fi·ca·tion** per= sonifikasie, verpersoonliking.

**per·son·nel** personeel, werknemers, werkers; *(mil.)* troepe, manskappe; *(sk.)* bemanning. ~ **agency** personeelagentskap.

~ **carrier** *(mil.)* (gepantserde) troepedraer/=wa. ~ **depart= ment** personeelafdeling. ~ **manager** personeelbestuurder.

**per·spec·tive** perspektief, dimensie; perspektieftekening, perspektiwiese tekening; *(wisk.)* perspektief; standpunt; vooruitsig, toekomsperspektief; *in* ~ in perspektief; *get/keep things in* ~ sake nugter beskou; *out of* ~ nie in perspektief nie; *look at s.t. in the* **right/wrong** ~ iets uit die regte/ver= keerde hoek beskou.

**per·spex** *(handelsnaam)* perspex.

**per·spi·ca·cious** skerpsinnig, fyn van begrip, oordeelkun= dig, insigryk. **per·spi·cac·i·ty** skerpsinnigheid, oordeelkun= digheid.

**per·spic·u·ous** *(fml.)* duidelik, helder. **per·spi·cu·i·ty** dui= delikheid, helderheid, klaarheid.

**per·spire** perspireer, (uit)sweet. **per·spi·ra·tion** perspirasie, sweet; (die) (uit)sweet; *beads of* ~ sweetdruppels; *s.o. is drip= ping/streaming with* ~ die sweet loop/tap (van) iem. af, iem. is papnat van die sweet. **per·spir·a·to·ry** perspiratories, sweet=.

**per·suade** oorreed, oorhaal, ompraat, omhaal, beweeg; oortuig; *be* ~*d that* ... (daarvan) oortuig wees (*of* vas glo) dat ...; ~ *s.o. into* (or *to do) s.t.* iem. oorreed/oor=/omhaal om iets te doen, iem. tot iets oor=/omhaal; iem. daartoe bring om iets te doen; ~ *s.o. of s.t.* iem. van iets oortuig; ~ *s.o. out of s.t.* iets uit iem. se (*of* iem. iets uit die) kop praat. **per· suad·a·bil·i·ty, per·sua·si·bil·i·ty** oorreedbaarheid, oortuig= baarheid. **per·suad·a·ble, per·sua·si·ble** oorreedbaar, oor= haalbaar, oortuigbaar, vatbaar vir oorreding. **per·suad·er** oorreder; oorredingsmiddel. **per·sua·sion** oorreding, oor= redingskrag; oortuiging, geloof; soort; groepering; *by* ~ deur oorreding; *be of the Catholic/etc.* ~ tot die Roomse/ens. ge= loof behoort; *power(s) of* ~ oorredings=, oortuigingskrag. **per· sua·sive** oorredend, oortuigend; oortuigings=, oorredings=; ~ *power(s)* oorredings=, oortuigingskrag. **per·sua·sive·ness** oorredings=, oortuigingskrag.

**pert** opgewek, opgeruimd, lig=, lughartig; swierig; lewendig, hups; snipperig, vrypostig, parmantig, astrant. **pert·ness** opgewektheid; swierigheid; lewendigheid; snipperigheid.

**per·tain:** *s.t.* ~*s to* ... iets (be)hoort/pas by ...; iets slaan op ... (*of* het op ... betrekking).

**per·ti·na·cious** *(fml.)* volhardend; koppig, halsstarrig, eie= sinnig; hardnekkig *(koors).* **per·ti·nac·i·ty** volharding; kop= pigheid, eiesinnigheid; hardnekkigheid.

**per·turb** versteur, verstoor, verontrus, in die war bring. **per· tur·ba·tion** versteuring, verstoring, verstoordheid, veront= rusting, beroering; *(astron.)* perturbasie, steuring; *(elek.)* steu= ring. **per·turb·ing** *adj.,* **·ly** *adv.* verontrustend, kommerwek= kend, onrusbarend, sorgwekkend.

**per·tus·sis** *(med.)* kinkhoes.

**Pe·ru** *(geog.)* Peru. **Pe·ru·vi·an** *n.* Peruaan. **Pe·ru·vi·an** *adj.* Peruaans.

**pe·ruse** sorgvuldig (deur)lees, (met aandag) lees; noukeurig bekyk, fyn oplet na, ondersoek. **pe·rus·al** (die) lees; nou= keurige/sorgvuldige deurlesing; *send for* ~ ter insae stuur.

**per·vade** versprei; *(lett. & fig.)* deurtrek, =dring. **per·va·sion** verspreiding; deurdringing. **per·va·sive** deurdringend; om= vattend; diepgaande. **per·va·sive·ness** diepgaande/verrei= kende/vêrreikende invloed/uitwerking.

**perv(e)** *n., (infml.)* (seks)pervert, (seksuele) pervert. **perv(e)** *ww., (infml.)* met jou oë verslind. **per·vy** pervers, wellustig.

**per·verse** pervers, sleg, verdorwe; verkeerd, dwars(trek= kerig), befoeterd, eiewys, stroomop; aweregs; *a* ~ *judg(e)ment* 'n skewe oordeel. **per·ver·sion** perversie; verdraaiing; ver= steuring, verstoring; omkering; verleiding; afvalligheid; ver= dorwenheid; *a* ~ *of the law* 'n verdraaiing van die wet. **per· ver·si·ty** perversiteit, verdorwenheid, slegtheid; verkeerd= heid, dwarsheid, dwarstrekkerigheid, befoeterdheid; afval= ligheid.

**per·vert** *n.* (seks)pervert, (seksuele) pervert; afwykende; verdorwene, ontaarde; afgedwaalde, afvallige. **per·vert** *ww.* verdraai; verderf, verlei, op die dwaalspoor bring, afvallig maak; misbruik maak van; ~ *words* woorde verdraai/verwring. **per·vert·ed** verdorwe, pervers; verdraai(d), verkeerd.

**per·vi·ous** deurdringbaar, deurtrekbaar, deurlatend; vatbaar; toeganklik, ontvanklik *(vir); be* ~ *to* ... vatbaar vir ... wees *(oortuiging ens.).*

**Pe·sach, Pe·sah** *(<Hebr.)* Pasga; →PASSOVER.

**pesk·y** *(infml.)* lastig, hinderlik, verpestelik. **pesk·i·ness** lastigheid, hinderlikheid.

**pes·sa·ry** *(med.)* pessarium; baarmoederring; vaginale setpil.

**pes·si·mism** pessimisme, swaarmoedigheid, swartgalligheid. **pes·si·mist** pessimis. **pes·si·mis·tic** pessimisties, swaarmoedig, swartgallig.

**pest** plaag; pes, plaag=, kwelgees; pes, nare mens; *be a* ~ 'n plaag wees *(i.d. landbou ens.); (infml., iem.)* 'n pes wees; *control ~s* plae bestry; *a* ~ *of* ... 'n plaag by ... *(skape, koring, ens.).* ~ **control** plaagbestryding. ~ **plant** plaagplant.

**pes·ter** lastig val, terg, teister, treiter, pla; ~ *s.o. for s.t.* by iem. oor iets neul; ~ *s.o. with s.t.* iem. met iets lastig val.

**pes·ti·cide** plaag=, onkruiddoder.

**pes·ti·lent** skadelik, dodelik. **pes·ti·len·tial** pesveroorsakend, pes=; besmetlik, aansteeklik; *(infml.)* verpestelik.

**pes·tle** *n.* stamper; ~ *and mortar* stamper en vysel. **pes·tle** *ww.* (fyn)stamp.

**pes·to** *(It. kookk.)* pesto.

**pet** *n.* troeteldier; gunsteling, oogappel, witbroodjie; troetelkind; *(aanspreekvorm)* liefling, skat. **pet** *adj.* liefling(s)=, geliefkoos(de); troetel=; ~ *calf/lamb/etc.* hanskalf, =lam, ens.; ~ *dog* skoothondjie, troeteldier; lieflingshond. **pet** *-tt-, ww.* (ver)troetel, bederf; liefkoos, streel; vry (met). ~ **food** troeteldier=, dierekos. ~ **name** troetelnaam(pie). ~ **shop** troeteldier=, dierewinkel.

**pet·al** kroonblaar. **~-shaped** kroonblaarvormig.

**pet·alled,** *(Am.)* **pet·aled** kroonblaardraend. **-pe·talled,** *(Am.)* **-pet·aled** *komb.vorm* met ... kroon=/blomblare; *white-* ~ met wit kroon=/blomblare.

**pe·tard** *(hist.)* kruitbom, springbus; *be hoisted with/by one's own* ~ in jou eie strik gevang word.

**Pete:** *for* ~'s *sake!, (infml.)* in hemelsnaam!, om hemelswil!.

**Pe·ter** *(NT)* Petrus; ~ *the Great* Peter die Grote; *rob* ~ *to pay Paul* die een beroof om die ander te betaal, onder afsny om bo aan te las, skuld maak om skuld te betaal. ~ **Pan** *(fig., infml.: jeugdige/onvolwasse man)* Peter Pan. ~ **Principle:** *the* ~ ~ die Peterbeginsel.

**pe·ter:** ~ *out, ('n pad ens.)* doodloop; *(kos ens.)* opraak; *op=* droog; op niks uitloop.

**peth·i·dine** *(med.)* petidien.

**pet·i·ole** *(bot.)* petiool, blaarsteel, =stingel.

**pet·it** *(Fr.)* klein; →PETTY. ~ **bourgeois** *petits bourgeois, n.* kleinburgerlike persoon. ~ **bourgeois** *adj.* kleinburgerlik. ~ **bourgeoisie** kleinburgery. ~ **four** *petits fours, (Fr. kookk.)* petit-four. ~ **mal** *(ligte epilepsieaanval)* petit mal. ~ **point** petit point, tentsteek.

**pe·tite** fyn(tjies), tenger, tinger.

**pe·ti·tion** *n.* petisie, versoek=, smeekskrif; klagskrif. **pe·ti·tion** *ww.* versoek; smeek; 'n petisie/versoekskrif indien, petisioneer; by wyse van petisie aansoek doen; ~ *s.o. for s.t.* iem. in 'n petisie/versoekskrif om iets vra; 'n versoekskrif oor iets tot iem. rig. **pe·ti·tion·ar·y** versoekend, smekend, versoek=, smeek=. **pe·ti·tion·er** petisionaris, ondertekenaar *(v. 'n petisie);* versoeker.

**Pet·rarch** *(It. digter)* Petrarca. **Pet·rar·chan** *adj.* Petrarcaans, Petrarkaans *(ook p~);* ~ *sonnet, Italian sonnet* Petrarcaanse/Petrarkaanse/Italiaanse sonnet *(ook p~).*

**pet·rel** *(orn.)* stormvoël; *giant* ~ nellie; *storm* ~ stormswael.

**Pe·tri dish** *(bakteriol. ens.)* petribakkie.

**pet·ri·fy** *ww., (organiese stof)* versteen, petrifiseer; verhard; oorbluf; verstar. **pet·ri·fac·tion, pet·ri·fi·ca·tion** *n.* verstening, petrifikasie; verstarring. **pet·ri·fied** *adj.* verlam van vrees, versteen van (die) skrik, doodbang, vrees=, paniek=, angsbevange; *be* ~ *at the prospect/thought of s.t.* sidder by die gedagte aan iets; ~ *insects/trees/etc.* versteende insekte/bome/ens.; *be* ~ *of s.t.* 'n heilige vrees vir iets hê.

**pet·ro·chem·i·cal** *n.* petrochemikalie. **pet·ro·chem·i·cal** *adj.* petrochemies. **pet·ro·chem·is·try** petrochemie.

**pet·ro·dol·lar** oliedollar.

**pet·ro·glyph** petroglief, rotstekening.

**pe·trog·ra·phy** petrografie, gesteente=, rotsbeskrywing. **pe·trog·ra·pher** petrograaf. **pet·ro·graph·i·cal** petrografies.

**pet·rol** petrol; *be heavy on* ~, *(motor ens.)* baie petrol gebruik; *go and put* ~ *in a car* gaan petrol ingooi; *the car runs on* ~ die motor loop met petrol. ~ **bomb** petrolbom. ~ **cap** petrol=, brandstofdop. ~ **pump** petrolpomp. ~ **station** vulstasie. ~ **supply** petrolvoorraad; petroltoevoer, =lewering. ~ **tank** petroltenk. ~ **tanker** petroltenkkwa, =vragmotor; petroltenk= vliegtuig; petroltenkspoorwa.

**pe·tro·le·um** petroleum, aard=, steenolie. ~ **jelly** petroleumjellie, petrolatum.

**pe·trol·o·gy** petrologie, rotskunde, gesteenteleer. **pet·ro·log·i·cal** petrologies. **pe·trol·o·gist** petroloog.

**pet·ti·coat** onderrok. ~ **government** *(dikw. neerh.)* pantoffelregering.

**pet·ti·fog·ging** knoeierig; vitterig, kleingeestig; beuselagtig, nietig.

**pet·ti·ness** nietigheid, kleinheid, beuselagtigheid, niksbeduidendheid; kleingeestigheid, bekrompenheid; →PETTY.

**pet·ting** liefkosery; vryery. ~ **zoo** *(Am.)* hansdieretuin.

**pet·ty** =tier =tiest, adj. klein, nietig, niksbeduidend, beuselagtig, kinderagtig; kleingeestig, bekrompe, kleinlik; onder= geskik, onder=. ~ **apartheid** *(hist.)* kleinapartheid. ~ **cash** kleinkas; los kontant. ~ **-minded** kleingeestig. ~ **offence** geringe oortreding. ~ **officer** *(vloot)* onderoffisier, bootsman. ~ **theft** klein/geringe diefstal, kleindiefstal, =diewery. ~ **thief** kleindief.

**pet·u·lant** prikkelbaar, humeurig, liggeraak, ontvrede, ongeduldig, kriewelrig, iesegrimmig, knorrig, moedswillig. **pet·u·lance** prikkelbaarheid, humeurigheid, iesegrimmigheid, knorrigheid, moedswilligheid.

**pe·tu·ni·a** *(bot.)* petunia.

**pew** *n.* (kerk)bank.

**pew·ter** piouter; piouterware, =stukke. ~ **work** piouterwerk.

**pe·yo·te** *n., (Sp.Am., bot.)* meskal; *(hallusinogeen)* meskalien.

**phae·ton** *(hist.)* faëton, ligte koets; *(Am.)* (antieke) toermotor.

**phag·o·cyte** *(fisiol.)* fagosiet, vreet-sel. **phag·o·cyt·ic** fago= sities.

**pha·lange** *(anat.)* = PHALANX.

**pha·lanx** *(mv.* phalanxes) falanks, slagorde; *(anat., mv.* phalanges) falanks, vinger=, toonbeentjie; *(bot.)* falanks, bundel meeldrade; *(soöl.)* falanks.

**phal·a·rope** *(orn.)* fraiingpoot.

**phal·lo·cen·tric** fallosentries.

**phal·lus** *phalli, phalluses* fallus, penis, roede. **phal·lic** fallies. **phal·lism** fallisme.

**phan·tasm** fantasma, (hersen)skim, skyn=, spookbeeld; geesverskyning. **phan·tas·mal** spookagtig.

**phan·tas·ma·go·ri·a** fantasmagorie; skynbeeld, towerbeeld. **phan·tas·ma·go·ric** fantasmagories.

**phan·tom** spook, skim, spookbeeld, =gestalte, fantoom; hersenskim, drog=, droombeeld. ~ **circuit** *(elek.)* fantoomverbinding, =kring. ~ **limb** *(med.)* fantoom=, skynledemaat. ~

**pain** *(med.)* fantoom=, spookpyn. ~ **pregnancy** *(med.)* skyn=swangerskap. ~ **ship** spookskip.

**phar·aoh** farao. **phar·aon·ic** faraonies.

**Phar·i·see** *(Jud.)* Fariseër; *(fig., dikw. p~)* fariseër, huigelaar, skynheilige. **Phar·i·sa·ic, Phar·i·sa·i·cal** Farisees; *(fig., dikw. p~)* fariseëragtig, skynheilig, huigelagtig. **Phar·i·sa·ism, Phar·i·see·ism** Fariseïsme; *(fig., dikw. p~)* fariseïsme, skynheiligheid, huigelagtigheid, huigelary.

**phar·ma·ceu·ti·cal** farmaseuties. **phar·ma·ceu·tics** *n. (fungeer as ekv.)* farmasie.

**phar·ma·col·o·gy** farmakologie. **phar·ma·co·log·i·cal** farmakologies. **phar·ma·col·o·gist** farmakoloog.

**phar·ma·co·poe·ia, (Am.) phar·ma·co·pe·ia** farmakopee, aptekersboek.

**phar·ma·cy** apteek; farmasie, geneesmiddelbereiding; apteekwese, aptekerswese. **phar·ma·cist** apteker, farmaseut.

**Pha·ros** *(hist. vuurtoring)* Pharos; *a p~* 'n vuurtoring/ligbaken.

**phar·ynx** =ynges, =ynxes farinks, keelholte. **phar·yn·ge·al, pha·ryn·gal** van die keelholte, keelholte=. **phar·yn·gi·tis** faringitis, keelontsteking.

**phase** *n., (astron., fis., chem., biol., elek.)* fase; trap; stadium; fase, skyngestalte *(v.d. maan); in* ~ gelykfasig; ~ *of the moon* maangestalte, =fase, stand van die maan; *out of* ~ ongelykfasig. **phase** *ww.* faseer; ~ *s.t. in* iets infaseer *(of* geleidelik invoer *of* geleidelik in gebruik neem), geleidelik met die produksie van iets begin; ~ *s.t. out* iets uitfaseer *(of* geleidelik uitskuif/=skuiwe/uitskakel), die produksie van iets geleidelik beëindig. ~ **shift** *(fis.)* faseverskuiwing. ~ **velocity** *(fis.)* fasesnelheid.

**phased** trapsgewys(e), geleidelik.

**phas·ing** fasering.

**phat** *(sl.: uitstekend)* bakgat, kwaai, kief, lekker.

**phat·ic** faties *(taalgebruik).*

**pheas·ant** *(orn.)* fisant. **pheas·ant·ry** =ries fisantpark, =tuin; fisanthok.

**phe·no·bar·bi·tone, phe·no·bar·bi·tal** *(med.)* fenobarbitoon.

**phe·nol** *(chem.)* fenol, karbolsuur. **phe·nol·ic** fenolies, fenol=.

**phe·nol·phtha·lein** *(chem.)* fenolftaleïen.

**phe·nom·e·nol·o·gy** *(filos.)* fenomenologie, leer van die verskynsels. **phe·nom·e·no·log·i·cal** fenomenologies.

**phe·nom·e·non** =ena fenomeen; verskynsel; wonder(mens), genie. **phe·nom·e·nal** fenomenaal, buitengewoon, merkwaardig, verstommend; *(filos.)* waarneembaar, fenomenaal. **phe·nom·e·nal·ism** *(filos.)* fenomenalisme.

**phe·no·type** *(biol.)* fenotipe. **phe·no·typ·ic, phe·no·typ·i·cal** fenotipies.

**phen·yl** *(chem.)* feniel. **~alanine** *(biochem.)* fenielalanien.

**pher·o·mone** *(biochem.)* feromoon, sekslokstof.

**phew** *tw.* sjoe!, mensig!, genade!; ~, *it's hot!* sjoe, (maar) dis warm!.

**phi** *(21ste letter v.d. Gr. alfabet)* fi.

**phi·al** flessie, botteltjie.

**phi·lan·der** *ww.* flirt(eer), koketteer, vry. **phi·lan·der·er** flirt, vryer, meisies=, vrouegek.

**phi·lan·thro·pist** filantroop, mensevriend, weldoener. **phi·lan·thro·py** filantropie, mensliewendheid, menseliefde, liefdadigheid. **phil·an·throp·ic** filantropies, mensliewend, liefdadig. **phi·lan·thro·pise, =pize** liefdadigheid betoon.

**phi·lat·e·ly** filatelie, posseëlkunde, (die) versamel van posseëls. **phil·a·tel·ic** filatelies, filatelisties, posseëlversameling(s)=. **phi·lat·e·list** filatelis, posseëlversamelaar.

**Phi·le·mon** *(NT, Gr. mit.)* Filemon.

**phil·har·mon·ic** *n., (P~ in 'n eienaam)* filharmoniese orkes/konsert. **phil·har·mon·ic** *adj.* filharmonies.

**phil·hel·lene, phil·hel·len·ist** *n.* Griekevriend, filhelleen. **phil·hel·le·nic** *adj.* Grieksgesind, filhelleens. **phil·hel·len·ism** Grieksgesindheid, filhellenisme.

**Phil·ip** *(NT)* Filippus.

**Phi·lip·pi·ans:** *(The Epistle of Paul the Apostle to the)* ~, *(NT)* (Die Brief aan die) Filippense.

**phi·lip·pic** *(poët., liter.)* filippika, strafrede, heftige aanval.

**Phil·ip·pines, Phil·ip·pines** *n.: the* ~ *(or Phillipine Islands), (geog.)* die Filippyne *(of* Filippynse Eilande). **Phil·ip·pine** *adj.* Filippyns.

**Phil·is·tine** *n.* Filistyn; *(ook p~)* filistyn. **Phil·is·tine** *adj.* Filistyns; *(gew. p~)* filistyns, kultuurloos. **phil·is·tin·ism** kultuurloosheid, bekrompenheid.

**Phil·lips screw** *(handelsnaam)* Phillips=, stertskroef.

**phil·o·den·dron** =dendrons, =dendra, *(bot.)* filodendron.

**phi·lol·o·gy** filologie, vergelykende taalwetenskap. **phil·o·log·ic, phil·o·log·i·cal** filologies, taalwetenskaplik. **phi·lol·o·gist** filoloog.

**phi·los·o·phy** filosofie, wysbegeerte; ~ *of life* lewensbeskouing, =opvatting; ~ *of religion* godsdiensfilosofie. **phi·los·o·pher** filosoof, wysgeer; ~*'s stone* steen van die wyse(s). **phil·o·soph·i·cal, phil·o·soph·ic** filosofies; wysgerig; kalm, gematig, rustig; wys; lewensbeskoulik; ~ *spirit* wysgerigheid. **phil·o·soph·i·cal·ly** filosofies; wysgerig; gelate, rustig, kalm. **phil·o·soph·i·cal·ness** wysgerigheid; gelatenheid, rustigheid. **phi·los·o·phise, =phize** filosofeer; teoretiseer; moraliseer.

**phil·tre, (Am.) phil·ter** liefdes=, minnedrank(ie).

**phish** internetbedrog pleeg. **phish·er** internetbedrieër. **phish·ing** internetbedrog.

**phlegm** slym, fleim, fluim; *(hist.)* flegma, traagheid, onverskilligheid; apatie. **phleg·mat·ic** flegmaties, kalm, onverstoor(d). **phlegm·y** slym=, slymerig, fleim=, fluim=.

**phlo·em** *(bot.)* floëem, binnebas, basweefsel.

**phlox** *(bot.)* floksie.

**pho·bi·a** fobie, sieklike vrees. =**pho·bi·a** *komb.vorm* =fobie, =vrees; *claustro*~ kloustrofobie, engtevrees. **pho·bic** fobies. =**pho·bic** *komb.vorm* =fobies; *claustro*~ kloustrofobies.

**Phoe·ni·ci·a** *(geog., hist.)* Fenisië. **Phoe·ni·ci·an** *n.* Fenisiër. **Phoe·ni·ci·an** *adj.* Fenisies.

**phoe·nix, (Am.) phe·nix** *(klass. mit.)* feniks.

**phon** *(eenh. v. luidheid)* fo(o)n; *two* ~*s, many* ~*s* twee fon, baie fons.

**pho·nate** *(fonet.)* foneer, stem/spraakklank(e) voortbring, klank. **pho·na·tion** *(fonet.)* fonering, die voortbring van stem/spraakklanke.

**phone**[1] *(afk. v. telephone), n.* (tele)foon; *answer the* ~ die (tele)foon antwoord; *by* ~ oor die (tele)foon, per (tele)foon, telefonies; *be on the* ~ oor die (tele)foon praat, met 'n (tele)foongesprek besig wees; *s.o. is on the* ~ *for you, you are wanted on the* ~ daar is 'n [tele]foon]oproep vir jou; *on/over the* ~ oor die (tele)foon, telefonies, per (tele)foon; *pick the* ~ *up* die (tele)foon optel; *put the* ~ *down* die (tele)foon neersit; *put the* ~ *down on s.o.* die (tele)foon neersmyt *(of* summier neersit); *the* ~ *is ringing!* die (tele)foon lui!. *a* ~ *rings* 'n (tele)foon lui. **phone** *(afk. v. telephone), ww.* (op)bel, skakel, telefoneer; ~ *(s.o.) back* (iem.) terugbel/=skakel; ~ *in* bel; ~ *s.t. in* iets inbel; ~ *through* deurbel; ~ *s.o. up* iem. (op)bel. ~ **book** (tele)foongids, =boek. ~ **call:** *make a* ~ ~ 'n [tele]foon]oproep doen. ~**card** (tele)foonkaart. ~~**in** *(rad., TV)* inbelprogram. ~~**tapping** (telefoniese) afluistery.

**phone**[2] *n., (fonet.)* foon=, spraakklank.

**pho·neme** *(fonet.)* foneem. **pho·ne·mic** *adj.,* =**mi·cal·ly** *adv.* fonologies, fonemies, foneem=.

**pho·net·ic** *(fonet.)* fonoties; *(attr.)* fonetiese, klank= *(spelling, stelsel, skrif, ens.).* **pho·net·i·cist** fonetikus. **pho·net·ics** *(fungeer as ekv.)* fonetiek, klankleer.

**pho·ney,** *(Am.)* **pho·ny** *n., (infml.)* onopregte persoon, veinser, bedrieër; nagemaakte/onegte/(ver)valste voorwerp/ ding. **pho·ney,** *(Am.)* **pho·ny** *adj., (infml.)* bedrieglik, on= eg, nageboots, vals, verdag, skyn.

**phon·ic** fonies, klank-; ~ *method* klankmetode. **phon·ics** *(fun= geer as ekv.)* geluidsleer; fonetiese metode, klankmetode.

**pho·no·lite** *(geol.)* fonoliet, klanksteen.

**pho·nol·o·gy** fonologie. **pho·no·log·i·cal** fonologies. **pho= nol·o·gist** fonoloog.

**phoo·ey** *tw.* twak!, kaf!.

**phor·mi·um** *(bot.)* formium.

**phos·gene** *(chem.)* fosgeen, karbonielchloried.

**phos·phate** *(chem.)* fosfaat. ~ **rock** fosfaatgesteente, =rots.

**phos·phat·ic** fosfatiese, fosfaatbevattend; ~ *fertiliser/=izer* fosfaatkunsmis.

**phos·phide** *(chem.)* fosfied.

**phos·phine** *(chem.)* fosfien.

**phos·phor** fosfor. ~ **bronze** fosforbrons.

**phos·pho·res·cence** fosforessensie. **phos·pho·resce** *(fis.)* fosforesseer, lig afgee. **phos·pho·res·cent** fosforesserend, fosfories.

**phos·pho·rite** *(min.)* fosforiet.

**phos·pho·rus** *n., (chem., simb.:* P*)* fosfor; *red* ~ rooifosfor; *white/yellow* ~ wit-, geelfosfor. **phos·phor·ic** fosfories, fos= for=; ~ *acid* (orto)fosforsuur; ~ *oxide* fosforoksied. **phos= pho·rous** *adj.* fosforagtig; fosfories; fosforhoudend; ~ *acid* fosforigsuur.

**pho·tic** lig-, foties; *(water)* binne bereik van sonlig.

**pho·to** =tos, *(infml., afk. v.* photograph*)* foto; *in/on a* ~ in/op 'n foto; *take a* ~ 'n foto neem. ~ **album** fotoalbum. ~**biology** fotobiologie. ~ **booth** fotohokkie. ~ **call** fotosamekoms. ~**cell,** ~**electric cell, electric eye** fotosel, foto-elektriese sel, elektriese oog. ~**chemical** fotochemies; ~ *smog* foto= chemiese rookmis. ~**chemistry** fotochemie, aktinochemie. ~**copier** fotostaat-, fotokopieermasjien, fotokopieerder. ~**copy** *n.* fotokopie. ~**copy** *ww.* fotokopieer. ~**degradable** ligafbreekbaar *(plastiek).* ~**diode** *(elek., fis.)* fotodiode. ~**elec= tric** foto-elektries; ~ *cell* →PHOTOCELL. ~**electron** *(fis.)* foto= elektron. ~**emission** *(elek., fis.)* foto-emissie. ~ **finish** *(sport)* fotobeslissing, foto-einde; wenpaalfoto. ~**finish camera** wenpaalkamera. **P~fit** *(Br., handelsnaam)* saam=/samege= stelde foto. ~**flash** fotoflits. ~**flood (lamp)** *(fot.)* jupiterlamp. ~**gravure** fotogravure(proses). ~**journalism** fotojoernalis= tiek. ~**journalist** fotojoernalis. ~**lithograph** fotolitografie, ligsteendruk(plaat). ~**lithographer** fotolitograaf. ~**litho= graphic** fotolitografies. ~**lithography** fotolitografie, lig= steendrukkuns. ~**mechanical** fotomeganies. ~**montage** fotomontage. ~**offset** *n., (druk.)* fotovlakdruk. ~ **oppor= tunity,** *(Am., infml.)* ~ **op** fotogeleentheid. ~**period** *(bot., soöl.)* foto=, ligperiode. ~**realism** *(kuns)* fotorealisme. ~**re= ceptor** *(fisiol., soöl.)* fotoreseptor, liggevoelige orgaan. ~**sen= sitise,** =**tize** liggevoelig maak. ~**sensitive** liggevoelig. ~**sen= sitivity** liggevoeligheid. ~ **session** fotosessie. ~**set** *ww., (druk.)* fotoset. ~ **shoot** fotosessie. ~**sphere** *(astron.)* foto= sfeer. ~**synthesis** =**theses** fotosintese. ~**synthesise,** =**size** fotosintetiseer. ~**synthetic** fotosinteties. ~**transistor** foto= transistor. ~**tube** fotobuis, foto-elektriese buis. ~**type** *n.* ligdruk(plaat), fototipie. ~**type** *ww.* fototipeer, ligdrukke *(of* 'n ligdruk*)* maak. ~**(type)setter** fotosetter, fotosetmasjien; *(pers.)* fotosetter. ~**(type)setting** fotoset. ~**typic** fototipies. ~**voltaic** fotovoltaïes.

**pho·to·chro·my** fotochromie; kleurfotografie. **pho·to= chrom·ic** fotochromies *(glas, plastiek, lens, sonbril).*

**pho·to·gen·ic** fotogeen, liggewend; fotogeen, =genies.

**pho·to·gram·me·try** fotogrammetrie, fotografiese opname. **pho·to·gram·met·ric** fotogrammetries; ~ *expert* fotogram= tegnikus.

**pho·to·graph** *n.* foto; portret; *take a* ~ 'n foto neem. **pho·to·graph** *ww.* afneem, fotografeer; *s.o.* ~*s well* iem. is fotogenies. ~ **album** fotoalbum.

**pho·tog·ra·pher** fotograaf. **pho·to·graph·ic** fotografies, foto-; ~ *film* fotofilm, fotografiese film; ~ *map* fotokaart, fotografiese (land)kaart; ~ *memory* fotografiese geheue; ~ *society* fotografiese vereniging/genootskap; ~ *studio* foto= ateljee, fotografiese ateljee; ~ *survey(ing)* fotogrammetrie; fotografiese opname; ~ *surveyor* fotokarteerder. **pho·tog= ra·phy** fotografie.

**pho·tol·y·sis** *(chem.)* fotolise.

**pho·tom·e·ter** fotometer, lig(sterkte)meter. **pho·tom·e·try** fotometrie, lig(sterkte)meting. **pho·to·met·ric, pho·to·met= ri·cal** fotometries.

**pho·ton** *(fis.)* foton, ligkwantum.

**pho·to·pho·bi·a** fotofobie, ligskuheid. **pho·to·pho·bic** foto= fobies, fotofoob, ligsku.

**pho·to·stat** *n.* fotostaat; *make a* ~ 'n fotostaat maak. **pho= to·stat** *ww.* fotokopieer. **pho·to·stat·ic** fotostaties; ~ *copy* fotostaat(afdruk).

**pho·to·tax·is** *(biol.)* fototaksis. **pho·to·tac·tic** fototakties.

**pho·tot·ro·pism** *(biol.)* fototropie, ligkromming. **pho·to= trop·ic** fototroop.

**phras·al** *adj.:* ~ *verb* deeltjiewerkwoord.

**phrase** *n.,=(ook mus.)* frase; uitdrukking, segswyse, spreek= wyse; *(gram.)* sinsnede, sinsdeel; *hollow* ~*s* hol/leë frases; *in simple* ~ in eenvoudige taal/bewoordinge; *a Dickensian/etc. turn of* ~ 'n Dickensiaanse/ens. styl/uitdrukkingswyse *(of* manier van praat*); s.o. has a good turn of* ~, *(ook)* iem. kan hom/haar goed uitdruk. **phrase** *ww.* formuleer, uitdruk, bewoord; *(mus.)* fraseer. ~ **book** taalgids *(vir toeriste).* ~ **marker** *(ling.)* stukbeeld.

**phra·se·ol·o·gy** fraseologie; formulering, styl, woordkeuse; *scientific* ~ wetenskaplike jargon.

**phras·ing** formulering, bewoording; *(mus.)* frasering.

**phre·at·ic** *(geol.)* freaties, ondergronds; ~ *water* grondwater.

**Phryg·i·a** *(geog., hist.)* Frigië. **Phryg·i·an** *n.* Frigiër; *(taal)* Frigies. **Phryg·i·an** *adj.* Frigies; ~ *cap* Frigiese mus, vry= heidsmus; ~ *mode, (mus.)* Frigiese modus.

**phthal·ate** *(chem.)* ftalaat. **phthal·ic ac·id** ftaalsuur.

**phut** *tw.* doef!; *go* ~, *(infml.)* inmekaarstort, =val *(of* inmekaar stort/val*);* misluk.

**phy·col·o·gy** fikologie, wierkunde.

**phy·lac·ter·y** filakterie; gebedsriem; talisman.

**phy·let·ic, phy·lo·ge·net·ic** *(biol.)* fileties, afstammings=, stam=.

**phyl·lite** *(geol.)* filliet.

**phyl·lo** *n.* →FILO.

**phyl·loph·a·gous** *adj., (soöl.)* blaar(vr)etend.

**phyl·lo·qui·none, vit·a·min K,** fillokinoon, vitamien K$_1$.

**phyl·lo·tax·is, phyl·lo·tax·y** *(bot.)* fillotaksis, blaarstand. **phyl·lo·tac·tic** fillotakties.

**phyl·lox·e·ra, phyl·lox·e·ra** filloksera, druifluis.

**phy·lo·gen·e·sis, phy·log·e·ny** *(biol.)* filogenese, filo= genie. **phy·lo·ge·net·ic, phy·lo·gen·ic** filogeneties.

**phy·lum** *phyla, (biol.)* phylum, stam, hoofgroep.

**phys·i·cal** *n., (infml.)* liggaamlike ondersoek, mediese keu= ring; *(i.d. mv.)* kontant=, lokogoedere. **phys·i·cal** *adj.* fisiek, liggaamlik, liggaams=; fisies, natuurkundig; kontak-; *a* ~ *impossibility* 'n fisieke onmoontlikheid. ~ **astronomy** fisiese sterrekunde, meganika van die hemel(ruim). ~ **chemistry** fisiese chemie. ~ **constant** fisiese konstante. ~ **defect** lig= gaamsgebrek. ~ **development** liggaamsontwikkeling. ~ **education** *(afk.:* PE*)* liggaamsopvoeding, liggaamlike op= voeding. ~ **energy** lewensenergie; liggaamskrag. ~ **exercise** liggaamsoefening; liggaamsbeweging. ~ **features** terrein=

gesteldheid. ~ **force** natuurkrag; (fisieke/liggaamlike) ge=
weld. ~ **geography** fisiografie, natuurbeskrywing. ~ **plan-**
**ning** ruimtelike ordening. ~ **property** fisiese eienskap. ~
**science** natuurkunde; *the ~ ~s* die natuurwetenskappe. ~
**strength** liggaamskrag. ~ **therapist** →PHYSIOTHERAPIST. ~
**therapy** →PHYSIOTHERAPY. ~ **training** liggaamlike opvoe=
ding.

**phys·i·cal·ly** liggaamlik, fisiek; natuurkundig, fisies; ~ *im-*
*possible* fisiek onmoontlik.

**phy·si·cian** dokter, geneesheer, arts, medikus, geneeskun=
dige; *specialist* ~ internis.

**phys·i·cist** fisikus, natuurkundige; *nuclear* ~ kernfisikus.

**phys·ics** *(fungeer as ekv.)* fisika, natuurkunde.

**phys·i·o** *-os, n., (infml.)* fisio(terapeut); *(geen mv.)* fisio(te=
rapie).

**phys·i·og·no·my** fisionomie, gesigsuitdrukking; gelaat, ge=
sig, voorkoms; fisionomiek, gelaatkunde. **phys·i·og·nom·i·cal**
fisionomies, gelaatkundig.

**phys·i·ol·o·gy** fisiologie; *animal* ~ dier(e)fisiologie; *human*
~ fisiologie van die mens; *plant* ~ plant(e)fisiologie. **phys-**
**i·o·log·i·cal** fisiologies. **phys·i·ol·o·gist** fisioloog.

**phys·i·o·ther·a·py,** *(Am.)* **phys·i·cal ther·a·py** fisio=
terapie. **phys·i·o·ther·a·pist,** *(Am.)* **phys·i·cal ther·a·pist**
fisioterapeut.

**phy·sique** liggaamsbou, fisiek.

**phy·to·chem·is·try** *n.* fitochemie. **phy·to·chem·i·cal** *adj.*
fitochemies. **phy·to·chem·ist** *n.* fitochemikus.

**phy·to·ge·og·ra·phy** plantegeografie, plantaardrykskunde.

**phy·to·pa·thol·o·gy** fitopatologie, plantsiektekunde.

**phy·toph·a·gous** plantetend *('n insek ens.).*

**phy·to·plank·ton** fitoplankton, plantaardige plankton.

**phy·to·tox·in** fitotoksien, plantgif; fitotoksien, plantaardige
gif. **phy·to·tox·ic** fitotoksies, giftig vir plante.

**pi** *(16de letter v.d. Gr. alfabet)* pi; *(wisk.)* pi.

**pi·affe** *ww., (perdesport)* drafstap, stadig draf.

**pi·a (ma·ter)** *(Lat., anat.: binne[n]ste vlies wat d. brein en rug-*
*murg omsluit)* pia mater.

**pi·a·nis·si·mo** *-simos, -simi, n., (mus.)* pianissimo(-passasie).
**pi·a·nis·si·mo** *adj. & adv.* pianissimo, baie sag.

**pi·a·nist** pianis, klavierspeler.

**pi·an·o**[1] *-nos, n., (mus.instr.)* klavier; *at the* ~ voor die klavier;
*play the* ~ klavier speel, klavierspeel. ~ **accompaniment** kla=
vierbegeleiding. ~ **accordion** trekklavier. ~ **recital** klavier=
uitvoering. ~ **stool** klavierstoel(tjie). ~ **trio** klaviertrio. ~
**tuner** klavierstemmer.

**pi·an·o**[2] *adj. & adv., (mus.)* piano, sag.

**pi·an·o·for·te** = PIANO[1] *n..*

**pi·a·no·la** *(handelsnaam, soms P~)* pianola.

**pi·as·tre,** *(Am.)* **pi·as·ter** *(geldeenheid)* piaster.

**pi·az·za** *(It.)* piazza, (mark)plein.

**pic** *pics, pix, (infml.)* prent, tekening, skets; illustrasie; kiekie,
foto; fliek, film, (rol)prent. **pic·cy** *-cies, (infml.)* prentjie;
foto'tjie.

**pi·ca**[1]**, (pi·ca) em** *(druk.)* pika.

**pi·ca**[2] *(med.: onnatuurlike eetlus vir nievoedsame/skadelike stow-*
*we)* pika.

**pic·a·dor** pikador *(in stiergevegte).*

**Pic·ar·dy** *(geog.)* Pikardië. **Pi·card** *n.* Pikardiër. **Pi·card**
*adj.* Pikardies.

**pic·a·resque** pikaresk, skelm=; ~ *novel/romance* skelmroman,
pikareske roman.

**pic·a·yune** *(infml.)* nietigheid, kleinigheid; *(infml.)* onbelang=
rike persoon, nul.

**pic·ca·lil·li** *(kookk.)* piccalilli, mosterdsuurtjies.

**pic·ca·nin·ny,** *(Am.)* **pick·a·nin·ny** *n., (dikw. neerh.)* pie=
kanien.

**pic·co·lo** *-los, (klein dwarsfluit)* piccolo. ~ **player** piccolo=
speler.

**pic·cy** →PIC.

**pick**[1] *n.* keuse; (die) uitsoek; elite, (die) beste/keur; *have first*
~ die eerste keuse hê; *take one's* ~ uitsoek; *take your* ~!
soek maar uit!; *the* ~ *(of the bunch)* die (aller)beste/(aller)
mooiste, die blom/keur. **pick** *ww.* (uit)kies, uitsoek; (af)=
pluk; afknaag, *-eet ('n been);* pik; steel; (uit)pluis *(tou);* (in)=
oes, insamel; steek; soek, uitlok *(rusie, twis);* (op)pik; peusel,
langtand eet; pluk *('n snaar);* oopsteek *('n slot);* krap *(in jou*
*neus);* ~ ... *apart* →*pieces;* ~ *at s.t.* aan iets pluk; aan iets
peusel *(kos);* ~ *and choose* sorgvuldig uitsoek; uitsoekerig
wees; kus/kies en keur; ~ ... *off* ... (een vir een) neerskiet
*(duiwe ens.);* ... afpluk *(vrugte ens.);* (sport) ... onderskep *('n*
*bal);* ~ *on s.o., (infml.)* op iem. pik, iem. vir kritiek/straf uit=
sonder; *why* ~ *on me?, (ook)* waarom ek?; waarom dit op my
uithaal?; waarom altyd met my lol?; ~ ... *out* ... uitsoek/uit=
kies *(iets);* ... onderskei *(iets, iem.); (infml.)* ... inklim *(iem.);* 'n
paar note van ... speel *('n deuntjie);* *be* ~*ed out, (ook, argit.)*
geaksentueer(d) wees *(verfwerk);* ~ *over/through s.t.* iets
goed deurkyk; iets deursoek; die beste uitsoek; ~ ... *to pieces*
(or *apart), (lett.)* ... uitmekaartrek *(of* uitmekaar trek) *(iem.,*
*iets); (lett.)* ... uitmekaarpluk *(of* uitmekaar pluk) *(iets); (fig.)*
... uitmekaartrek *(of* uitmekaar trek *of* hewig kritiseer *of*
skerp/kwaai beoordeel) *(iem., iets);* ~ *s.o.'s* **pockets** uit iem.
se sak(ke) steel; ~ *through s.t.* →*over/through;* ~ *up* herstel,
word, verbeter, herstel, regkom; opleef, oplewe; *(produksie*
*ens.)* styg; *(d. wind ens.)* versnel, vaart kry; aansit *(gewig);* ~
*s.o./s.t.* **up** iem./iets optel; iem./iets oppik; iem./iets oplaai *(of*
kom/gaan haal); ~ *s.o.* **up,** *(ook)* iem. aankeer/arresteer/vang;
iem. oppik *('n drenkeling); (infml.)* toevallig met iem. kennis
maak; ~ *s.t.* **up,** *(ook)* iets afhaal; iets opvang *(oor d. rad.);*
iets oplig *(jou voete ens.);* iets kry/opdoen *(verkoue ens.);* iets
aanleer *('n gewoonte, taal);* iets opdoen *(kennis);* iets te wete
kom *(of* uitvis) *(inligting);* iets teë=/teenkom/ondervind *('n*
*probleem ens.);* iets kry/ondervind *(teen=/teëspoed);* iets agter=
kom, van iets bewus word *('n verandering, atmosfeer, ens.);*
iets goedkoop *(of* teen 'n winskoop) kry; iets hervat *('n ge-*
*sprek, storie, ens.);* iets betaal *('n rekening); (Am.)* iets skoon=
maak *('n kamer, gebou ens.);* iets terugvind *('n spoor, paadjie,*
*ens.);* ~ *o.s.* **up** opstaan, (weer) orent kom; →PICKUP *n.;* ~ **up**
*the pieces, (infml.)* die breekspul herstel; ~ **up after** *s.o., (hoofs.*
*Am.)* agter iem. (aan) opruim; ~ **up (on)** *s.t.* iets agterkom,
van iets bewus word; iets hervat. ~**axe** →PICKAXE. ~**lock**
inbreker; slotoopsteker; steeksleutel. ~**-me-up** *(infml.: toni-*
*kum)* (hart)versterkertjie, hartversterkinkie, regmakertjie.
~**pocket** sakkeroller, goudief. ~**pocketing** sakkerollery,
goudiewery. ~**-up** →PICKUP. ~**-your-own** *adj. (gew. attr.)* self=
pluk= *(vrugteplaas ens.).*

**pick**[2] *n.* pik; yspriem; tandestokkie; *(mus.)* plektrum *(om 'n*
*snaar mee te pluk).*

**pick·a·nin·ny** →PICCANINNY.

**pick·axe,** *(Am.)* **pick·ax** *n.* bylpik, houweel. **pick·axe,**
*(Am.)* **pick·ax** *ww.* pik, met 'n pik kap/werk.

**picked** gepluk ens.; →PICK[1] *ww.;* uitgesoek, uitgelese, uit=
soek=, keur=. **pick·er** plukker *(v. blomme);* pluiser *(v. katoen);*
uitsoeker; plukmasjien.

**pick·et** *n.* paaltjie, spitspaal; *(mil., ook* picquet) (brand)wag,
voorpos; (staak=/stakings=/optog)wag. **pick·et** *ww.* staak=/
stakings=/optogwagte plaas; protesteer. ~ **fence** spitspaal=
heining.

**pick·et·er** (staak=/stakings=/optog)wag; protesteerder.

**pick·et·ing** wag(op)stelling; staakwagopstelling; protes aan=
teken.

**pick·ing** plukkery, (die) pluk *(v. vrugte);* pluksel; pluisery,
(die) pluis *(v. katoen, wol);* (die) uitsoek/uitkies, uitsoekery,
uitkiesery; *(i.d. mv.)* oorskiet, oorblyfsels; (maklike/oneer=
bare) winste.

**pick·le** *n.* pekel; piekelasyn; *(infml.)* moeilikheid; *(ook, i.d.*

*mv.*) piekels, atjar; *be in a (sad/nice)* ~, *(infml.)* (lelik) in die pekel sit/wees, in die/'n verknorsing sit/wees; *get (o.s.) into a* ~, *(infml.)* in die pekel beland. **pick·le** *ww.* piekel *(in asyn)*; insout, (in)pekel; *(chem.)* byt *(in suur)*; inlê, inmaak *(in asyn)*; marineer; skoonbyt *(metaal)*. ~ **herring** pekelharing. ~ **onion** piekelui(tjie).

**pick·led** *(ook, infml.)* aangeklam, dronk; ~ *fish* ingelegde vis; pekelvis; ~ *onions* suuruitjies, piekeluie; ~ *rib* soutribbetjie.

**pick·up** *n.* (die) optel *(v. passasiers)*; (die) afhaal *(v. goedere)*; (die) opneem; toename, styging; *(infml.)* verbetering; *(mot.)* bakkie; afleweringswa; opvangs *(v. 'n rad.)*; ophaker *(toestel)*; *(infml.)* optelmeisie, =man; *(infml.)* regmakertjie.

**pick·y** *(infml.)* puntene(u)rig, kieskeurig, vol fiemies.

**pic·nic** *n.* piekniek; *go for a* ~ gaan piekniek hou; *have a* ~ piekniek hou; *be no* ~, *(infml.)* nie maklik wees nie, geen plesier wees nie. **pic·nic** =nicked, *ww.* piekniek hou. ~ **bas= ket,** ~ **hamper** piekniekmandjie. ~ **lunch** piekniekete.

**pic·nick·er** piekniekganger, =maker.

**pic·ric ac·id** *(chem.)* pikriensuur, karbasotiensuur.

**Pict** *(lid v. 'n antieke volk)* Pikt. **Pict·ish** *n. & adj.* Pikties.

**pic·to·graph, pic·to·gram** piktogram, beeldskrifteken, hiëroglief; *(i.d. mv.)* hiërogliewe, beeldskrif. **pic·to·graph·ic** piktografies. **pic·tog·ra·phy** piktografie, beeldskrif.

**pic·to·ri·al** *n.* prenteblad, =tydskrif, geïllustreerde blad/tyd= skrif. **pic·to·ri·al** *adj.* geïllustreer(d); prent(e)=; beeldend *(taal)*; skilderagtig; ~ *atlas* geïllustreerde atlas.

**pic·ture** *n.* prent, afbeelding; portret; foto; skildery, skil= derstuk; tekening; toonbeeld; ewebeeld; *(TV)* beeld; rol= prent; tafereel; *(fig.)* skets, beeld, voorstelling, oorsig; situ= asie, omstandighede, toestand, vooruitsig(te); *(i.d. mv.)* bio= skoop; *(as) pretty as a* ~ prentjiemooi; *be/look a* ~ beeld= skoon/pragtig wees; *a broad* ~ 'n breë oorsig; *get the* ~, *(infml.)* iets begryp, agterkom hoe sake staan; *in/on a* ~ in/ op 'n prent/foto/afbeelding/ens.; *be in the* ~ op (die) hoogte wees; meetel; *put s.o. in the* ~, *(infml.)* iem. op (die) hoogte bring; *come into the* ~ 'n rol speel; ter sake wees; betrokke raak, op die toneel verskyn; *leave ... out of the* ~ ... buite rekening laat; *be a/the* ~ *of ...*, *(infml.)* 'n/die toonbeeld van ... wees *(gesondheid ens.)*; *be a* ~ *of health, (ook)* blakend gesond wees; *be out of the* ~ nie meetel nie; nie ter sake wees nie, irrelevant wees; *the other side of the* ~ die keersy van die munt. **pic·ture** *ww.* skilder, afbeeld; uitbeeld, voorstel; skets; beskryf, beskrywe; ~ *s.t. to o.s.* jou iets voorstel, jou 'n voor= stelling van iets maak. ~ **book** prenteboek. ~ **card** prent= kaart. ~ **frame** prent(e)raam. ~ **gallery** kunssaal, =galery. ~**-perfect** *(Am.)* (amper) perfek *('n blom)*; beeldskoon *('n blondine ens.)*; skilderagtig *('n omgewing ens.)*. ~ **postcard** *n.* prentposkaart, =briefkaart. ~**-postcard** *adj.* prentjie=, pos= kaartmooi, skilderagtig *(uitsig, dorpie, ens.)*. ~ **rail,** ~ **rod,** ~ **moulding** prentelys. ~ **tube** *(TV)* beeldbuis, kineskoop. ~ **window** venster met 'n uitsig. ~ **writing** beeldskrif.

**pic·tur·esque** skilderagtig. **pic·tur·esque·ness** skilderag= tigheid.

**pid·dle** *n., (infml.)* piepie, water, plassie. **pid·dle** *ww., (infml.)* piepie, water afslaan, 'n plassie maak; ~ *around/about* rond= drentel; rondpeuter; ~ *away one's time* jou tyd verspil. **pid= dling** *(infml.)* beuselagtig, onbenullig, belaglik (klein).

**pidg·in** *(ling.)* pidgin.

**pie** *n.* pastei(tjie); *(Am.)* tert; *a piece/slice of the* ~ 'n deel van die geld/begroting; *it's/that's all* ~ *in the sky, (infml.)* dis net holle beloftes *(of blote wensdenkery)*; *be (as) sweet/nice as* ~ goed en gaaf wees; oorloop van vriendelikheid. ~ **chart** sek= tor=, sirkeldiagram. ~**crust** pasteikors; *(Am.)* broskors. ~**crust promise** waardelose belofte. ~**crust table** kartelrandtafel. ~**-eyed** *(infml.)* (lekker) getrek, poegaai, stukkend, gekait, smoordronk.

**pie·bald** swart=, witbont *(perd ens.)*.

**piece** *n.* stuk; deel; hap; *(infml.)* vuurwapen; stuk (werk),

artikel; skilderstuk, musiekstuk, ens.; stuk *(in bordspeletjies)*; skerf, fragment; munt(stuk), geldstuk; *R10 a* ~ R10 stuk/ elk; *break in* ~s stukkend raak, breek; *break s.t. to* ~s iets in stukke breek; ~ *by* ~ stuksgewys(e), stuk vir stuk, een vir een, broksgewys(e); *cut s.t. in(to)* ~s iets stukkend *(of aan/in stukke)* sny, iets opsny/versnipper; *go to* ~s, *(iets)* stukkend raak, breek; *(iets)* in duie stort/val; *(iem.)* ineenstort; *(iem.)* veragter, versleg; *be in* ~s stukkend *(of in stukke)* wees; uit= mekaar wees; *have a* ~ *of (good)* **luck** 'n meevaller/geluksslag kry; *a* ~ *of* ... 'n stuk(kie) ... *(werk ens.)*; 'n ent *(pad)*; *in one* ~ in een stuk; *(infml.)* heel, ongedeerd; *pick/pull/tear s.t. to* ~s iets aan/in stukke pluk/ruk/skeur/trek; *(infml.)* iets uit= mekaartrek *(of uitmekaar trek of skerp/hewig kritiseer)*; *say one's* ~, *(infml.)* jou sê sê, sê wat jy te sê het; ~ *of shit/crap, (plat), (iem.)* sleg, vark, vuilgoed, bliksem; *(iets)* stuk gemors; *a* ~ *of string* 'n toutjie; *take s.t. to* ~s iets uitmekaarhaal *(of uitmekaar haal)*; iets aftakel/demonteer; *(infml.)* iets uit= mekaartrek *(of uitmekaar trek of skerp/hewig kritiseer)*; *trample/tread s.t. to* ~s iets stukkend trap. **piece** *ww.: ~ s.t. together* iets saamvoeg/aanmekaarsit; iets opbou; iets ag= termekaar kry *(feite ens.)*. ~ **goods** stukgoed(ere). ~**meal** stuksgewys(e), broksgewys(e), stuk(kie) vir stuk(kie). ~**work** stukwerk. ~**worker** stukwerker.

**pièce de ré·sis·tance** *pièces de résistance, (Fr.)* pièce de résistance; pronkstuk; hoogtepunt, toppunt.

**pied** bont, gespikkel(d), gevlek; ~ *crow* witborskraai; ~ *king= fisher* bontvisvanger; *the P~* **Piper** *(of Hamelin)* die Rot= tevanger (van Hamelen); ~ *starling* witgatspreeu.

**pied-à-terre** *pieds-à-terre, (Fr.)* pied-à-terre, tweede huis/ woning/woonstel/ens..

**Pied·mont** *(geog.)* Piëmont. **Pied·mont·ese** *n.* Piëmonter. **Pied·mont·ese** *adj.* Piëmonts.

**pier** landingshoof, pier; wandelhoof, =pier; penant *(tussen vensters)*; pyler, tussensteun, steunpilaar *(v. 'n brug)*; *(bouk.)* beer.

**pierce** deur=, oopsteek, deurboor, 'n gat steek in; deurpriem; deurdring; *have one's ears* ~d gaatjies in jou ore laat maak/ skiet. **pierc·er** priem; angel; lêboor *(v. 'n insek)*; deurslag. **pierc·ing** ~ *cold* snydende/deurdringende koue; ~ *wit* skerp/ vlymende geestigheid.

**pier·rot, pier·rot** pierrot, hanswors.

**pie·tà** *(skilderk., beeldh.)* piëta.

**pi·e·tism** piëtisme; oordrewe vroomheid. **pi·e·tist** piëtis; (alte) vrome, skynheilige. **pi·e·tis·tic** piëtisties.

**pi·e·ty** piëteit; vroomheid, gelowigheid.

**pi·e·zo·e·lec·tric·i·ty** piësoëlektrisiteit, piëso-elektrisiteit. **pi·e·zo·e·lec·tric, pi·e·zo·e·lec·tri·cal** piësoëlektries, piëso-elektries.

**pif·fle** *(infml.)* kaf, bog(praatjies), twak. **pif·fling** *(infml.)* on= benullig, beuselagtig, nietig; nutteloos.

**pig** *n.* vark, ot *(infml.)*, swyn *(poët., liter.)*; *(infml.: iem.)* vark, ot, smeerlap; *(sl.: polisieman)* (plat)poot, boer; gieteling, yster=, gietbrood, ruysterstaaf; →PIGGY; *bleed like a (stuck)* ~ he= wig/vry(e)lik bloei; ~*s might/can fly* 'n koei kan moontlik 'n haas vang; *when* ~*s fly* (or *have wings)* as die perde horings *(of dassie stert)* kry; *make a* ~ *of o.s.* jou soos 'n vark gedra; vraterig wees; *make a* ~*'s ear (out) of s.t., (infml.)* iets opdons, 'n (mooi) gemors van iets maak. **pig** =gg=, *ww.* kleintjies kry; (soos varke) saampak; ~ *it, (infml.)* soos varke saamboer, vuil wees; ~ *out (on s.t.), (plat)* jou kaduks *(of oor 'n mik)* (aan iets) eet, jou (aan iets) ooreet/vergryp. ~**-headed** dwars, koppig, eiewys; dom. ~**-ignorant** *(infml.)* so toe soos 'n klei= os. ~ **iron** ruyster. ~**skin** varkvel; varkleer; *(Am., infml.)* voetbal. ~**sticking** wildevarkjag. ~**sty,** *(Am.)* ~**pen** *(ook fig.)* varkhok. ~**swill** varkvoer. ~**tail** varkstert; haarvlegsel; *(elek.)* varkstert. ~**weed** *(Amaranthus hybridus)* marog, misbredie.

**pi·geon** *n.* duif. ~ **breast,** ~ **chest** hoenderbors. ~ **fancier** duiweteler, =boer. ~**-hearted** lafhartig. ~**hole** *n.* duiwenes;

vak(kie), hok(kie) *(v. 'n rak, lessenaar).* ~**hole** *ww.* (in 'n vakkie/hokkie) wegsit/(weg)bêre; rangskik, klassifiseer. ~ **pair** *(Br.)* tweeling-seun-en-dogter; 'n seun(tjie) en 'n dog= ter(tjie) *(as enigste kinders).* ~**'s milk** duiwemelk, kropkos. ~~**toed** met tone wat na binne draai, met binnegedraaide tone; *s.o. is* ~ iem. is 'n toontrapper.

**pig·ger·y** varkboerdery; varkhok(ke); varkerigheid.

**pig·gish** varkerig, vark=; vuil, smerig; vraterig; *(infml.)* kop= pig; lastig. **pig·gish·ness** varkerigheid; smerigheid.

**pig·gy** *n.* varkie, otjie; *(igt.)* varkie, orgie; *be* ~ *in the middle* in die middel vasgevang wees. **pig·gy** *adj.* = PIGGISH; ~ *eyes* varkogies. ~ **bank** spaarvarkie.

**pig·gy·back** *n.: give s.o. a* ~ iem. abba *(of* op die/jou rug/ skouers dra). **pig·gy·back** *adv.: carry s.o.* ~ iem. abba *(of* op die/jou rug/skouers dra). **pig·gy·back** *ww.* abba, op die/jou rug/skouers dra; *s.t.* ~*s on s.t. else, (geldeenheid, be= markingsveldtog, ens.)* iets ry op die rug van *(of* trek voordeel uit *of* word aangehelp deur) iets anders. ~ **heart** abbahart.

**pig·let, pig·ling** (klein) varkie.

**pig·like** varkerig.

**pig·ment** pigment, kleurstof, kleursel, verfstof. **pig·men= ta·tion** pigmentasie, kleuring.

**pig·my** →PYGMY.

**pike**[1] *pike(s), n., (igt.)* Europese snoek, varswatersnoek.

**pike**[2] *n., (hist.)* piek, lans, spies. **pike** *ww., (hist.)* met 'n spies/ ens. (deur)steek. ~**staff** lansstok.

**pike**[3] *n., (duik, gimn.)* buksprong.

**piked** puntig, gepunt

**pil·af(f), pi·lau, pi·law** *(kookk.)* pilaf.

**pi·las·ter** pilaster, muurpilaar.

**Pi·late** *(NT)* Pilatus; *Pontius* ~ Pontius Pilatus.

**pil·chard** *(igt.)* sardyn, pelser.

**pile**[1] *n.* hoop, stapel, klomp *(boeke ens.); (infml.)* hoop, stapel *(werk);* hoë gebou, geboukompleks; *(infml.)* hoop/berg geld, fortuin; mied; brandstapel; steekbaken; (geweer)piramied/ piramide; *(elek.)* stapel, suil; *(elek.)* voltaïese stapel; pylpunt; *make a/one's* ~, *(infml.)* ryk word, 'n fortuin maak; *make a* ~ *of s.t.* iets op 'n hoop pak; *put things on a* ~ goed op(een)= stapel/op(een)hoop. **pile** *ww.* stapel, ophoop; ~ *in* in= stroom; inklim; ~ *things in* goed oplaai; ~ *into s.t., (infml.)* goed aan iets weglê *(kos ens.);* ~ *s.t. on* iets ophoop/opstapel; ~ *it on, (infml.)* dit dik aanmaak, oordryf, oordrywe; ~ *s.t. on/upon s.o.* iem. met iets oorlaai *(werk ens.);* ~ *out* uit= stroom, uitborrel *(fig.);* ~ *up, (dokumente ens.)* ophoop; *(infml., motors)* bots, in 'n kettingbotsing wees; ~ *s.t. up* iets op= (een)stapel/op(een)hoop. ~~**up** *n., (infml.)* kettingbotsing; op(een)hoping.

**pile**[2] *n.* paal, balk; heipaal; pyler. **pile** *ww.* pale inslaan, (in)= hei. ~**driver** hei(masjien); *(infml.)* opstopper. ~ **dwelling**, ~ **house** paalwoning.

**pile**[3] *n., (med., nieteg., gew. i.d. mv.)* aambei; →HAEMORRHOID. ~**wort** speenkruid.

**pile**[4] *n.* pool, nop, pluis *(v. 'n tapyt);* wol(lerigheid), donsies, hare, pluis. ~ **carpet** pooltapyt. ~ **fabric** poolstof.

**pi·le·us** *pilei, (bot.)* pileus, hoed, sambreel.

**pil·fer** skaai, steel. **pil·fer·age, pil·fer·ing** diewery, stelery. **pil·fer·er** dief, steler.

**pil·grim** *n.* pelgrim, bedevaarder, =vaartganger; reisiger. **pil= grim·age** *n.* pelgrimstog, =reis, bedevaart; *go on* (or *make) a* ~ 'n pelgrimstog/=reis onderneem. **pil·grim·age** *ww.* 'n pel= grimstog/=reis onderneem, op 'n bedevaart gaan.

**pill** *n.* pil; *s.t. is a bitter* ~ *for s.o. to swallow* iets is vir iem. 'n bitter pil; *be on the* ~, *(infml.)* die pil gebruik; *take a* ~ 'n pil drink/(in)neem/sluk; *the* ~, *(ook P=: voorbehoedmiddel)* die pil. **pill** *ww., (gebreide stof)* pille maak. ~**box** pil(le)doos, =dosie; pildooshoedjie. ~~**popper** *(infml.)* pilslukker.

**pil·lage** *n.* roof, buit; plundering, plundery, stroping; buit=

(goed), plundergoed. **pil·lage** *ww.* buit(maak), plunder, beroof. **pil·lag·er** plunderaar, stroper.

**pil·lar** pilaar, suil, kolom; pyler; steun, stut; *(fig.)* steunpilaar; wolk=, vuurkolom, ens.; *from* ~ *to post* van bakboord na stuurboord, heen en weer, van Pontius na Pilatus. ~ **box** *(Br.)* straatbriewebus. ~~**box** *adj.:* ~ *red* briewebusrooi. ~ **lamp** staanlamp.

**pil·lion** agtersaal, =sitplek *(v. 'n motorfiets); ride* ~ agterop ry. ~ **passenger,** ~ **rider** agterpassasier.

**pil·lock** *(Br., infml.)* domkop, idioot, swaap.

**pil·lo·ry** *n.* skandpaal; *s.o. is in the* ~ iem. is aan die skandpaal. **pil·lo·ry** *ww.* aan die skandpaal bind; in die openbaar aan= val/bespot.

**pil·low** *n.* (bed)kussing, kop=, slaapkussing. **pil·low** *ww.* kussing, met kussings ondersteun, kussings onder ... sit; op 'n kussing lê. ~ **book** *(oorspr. klass. Jap. lettk.)* kussingboek. ~**case,** ~**slip** kussingsloop. ~ **fight** kussinggeveg. ~ **lace** kloskant. ~ **lava** *(geol.)* kussinglawa. ~ **talk** *(intieme fluiste= rings tuss. minnaars i.d. bed)* kussinggeselsies, liefdespraatjies. **pil·low·y** soos 'n kussing, sag.

**pi·lose, pi·lous** *(biol.)* behaar(d), harig, harerig. **pi·los·i·ty** (lang)harigheid.

**pi·lot** *n.* vlieënier, loods; gids, loods *(in 'n hawe);* stuurman; bestuurder; *(elek.)* loods(golf); navigator. **pi·lot** *ww.* vlieg, bestuur; loods; *(fig.)* stuur, lei, loods, die pad wys; deurloods *('n wetsontwerp);* stuur, inloods *('n skip);* ~ *s.t. through* iets deurloods. ~ **balloon** *(weerk.)* gidsballon. ~ **boat** loodsboot. ~ **chute** loodsskerm. ~ **fish** loodsvis. ~ **house** stuurhuis. ~ **light,** ~ **lamp** kliklig(gie); kliklampie. ~ **officer** offisier= vlieënier. ~ **plan,** ~ **scheme** gidsplan. ~**'s licence** loods= lisensie *(v. 'n loodsboot);* vlieglisensie. ~ **study** loodsondersoek. ~ **survey** voor=, loods=, proef=, gidsopname. ~**'s wings** vlieënierskenteken, *(infml.)* vlerkies. ~ **test** aanvoortoets, loodstoets. ~ **whale** loodswalvis.

**pi·lot·age** loodsing; loodskuns; loodsdiens, =wese; loods= kunde; kunsnavigasie.

**pi·lot·less** sonder loods; ~ *aircraft* onbemande vliegtuig.

**Pils·ner, Pil·sen·er, Pils** *(bier)* pils(ener).

**pi·men·to** =*tos* →ALLSPICE; PIMIENTO.

**pi·mien·to, pi·men·to** =*tos, (Sp.)* rooi soetrissie.

**pimp** *n.* koppelaar; *(SA sl.)* informant, (ver)klikker; spioen; luistervink. **pimp** *ww.* koppel; ~ *on s.o., (SA sl.)* iem. verklik/ verklap/verraai; op iem. spioeneer. **pimp·ing** *n.* koppelary. **pimp·ing** *adj.* koppelend; klein, niksbeduidend, gering; pe= tieterig; miserabel; sieklik.

**pim·per·nel** *(bot.)* pimpernel, muurkruid, blouselblomme= tjie.

**pim·ple** puisie. **pim·pled, pim·ply** puisierig, vol puisies.

**PIN** *n., (afk.: personal identification number)* PIN *(afk.: per= soonlike identifikasienommer).* ~ **(number)** PIN(-nommer).

**pin** *n.* speld; pen, stif; bout; spyker, spy, spie, wig; as *(v. 'n katrol);* borsspeld; *(infml., i.d. mv.)* bene; *centre* ~ spil; *(dressmaker's)* ~ kopspeld; *one could have heard a* ~ *drop* jy kon 'n speld hoor val; *have* ~*s and* **needles** *in one's foot/ etc., one's foot/etc. is all* ~*s and* **needles,** *(infml.)* jou voet/ens. slaap; *be on* ~*s and* **needles,** *(infml.)* op hete kole *(of* op naalde en spelde) sit; *for two* ~*s I'd do it, (infml.)* as ek my sonde nie ontsien nie(, doen ek dit). **pin** =*nn-, ww.* (vas)= speld; vassteek; deursteek; vassit; vaspen; opsluit; ~ *s.o. against* ... iem. teen ... vasdruk; ~ *s.o. down* iem. vaspen/ =druk/-lê; ~ *s.o. down to* ... iem. aan ... hou *('n belofte);* ~ *s.t. down* iets vasspeld; ~ *s.t. down (exactly)* mooi agterkom wat iets is; ~ *s.t. on* iets aanspeld/=steek; ~ *s.t. on s.o.* die skuld (van iets) op iem. pak; ~ *s.t. onto* (or *on to*) ... iets aan ... vasspeld; ~ *s.t. together* iets aanmekaarspeld; *be* ~*ed under* ... onder ... vasgedruk/=gepen wees; ~ *s.t. up* iets op=/vas= toespeld. ~**ball** spykerbal. ~**ball machine** spykertafel. ~**board** prikbord, kennisgewingbord. ~**cushion** speldekussing;

*(bot.: Leucospermum* spp.*)* speldekussing. ~**feather** onont=
wikkelde veer. ~**head** speldekop; *(infml.)* uilskuiken. ~**head=
ed** *(infml.)* dom, onnosel. ~**-high** *(gh.)* penhoog. ~**hole** spel=
de=, prikgaatjie. ~**point** *n.* speldepunt; stippel; stippunt.
~**point** *ww.* aanstip, noukeurig/haarfyn aanwys. ~**prick** *n.*
speldeprik; irritasie. ~**prick** *ww.* 'n speldeprik gee; onnodig
irriteer. ~**stripe** potloodstrepie. ~**stripe suit** strepiespak. ~
**table** spykertafel. ~**tail** *(orn.)* pylsterteend. ~ **tuck** haar=
opnaaisel. ~**-up** prikkelpopplakkaat. ~**-up (girl)** prikkelpop,
kalendermeisie. ~**wheel** klein vuurwiel; windmeultjie; lug=
fiets. ~**worm** naaldwurm.

**pi·ña co·la·da** *(Sp.: mengeldrankie)* piña colada.
**pin·a·fore** *(Br.)* voorskoot. ~ **(dress)** voorskootrok.
**pi·nang (nut)** →PENANG (NUT).
**pince-nez** *pince-nez, (<Fr.)* pince-nez, knypbril.
**pin·cer** *(gew. i.d. mv.)* knyptang; tangetjie; knyper *(v. 'n kreef,
krap); (pair of)* ~s knyptang. ~ **movement** *(mil.)* knyp=
(tang)beweging.
**pinch** *n.* knyp; knypie; knippie; knyping; snuifie; nood,
moeilikheid, verleentheid; *at/in a ~, if/when it comes to the ~*
as dit moet, desnoods, as die nood druk; *feel the ~* in die nood
wees/raak; *a ~ of ...* 'n knippie/knypie ... *(peper ens.)*. **pinch**
*ww.* knyp; klem; druk, seermaak; afpers; suinig/vrekk(er)ig
wees; steel, gaps, vaslê; *(infml.)* vang, arresteer; *(sk.)* digby
die wind seil; *(sk., d. wind)* knyp; ~ **back/off** *buds/leaves*
knoppe/blare afknyp/=knip/=top/terugsnoei; ~*ed* **face** inge=
valle gesig; ~ *a finger* 'n vinger vasknel/=knyp; *s.o. is ~ed for
money* iem. se geld is skraps; ~ *s.t. from s.o., (infml.)* iets van
iem. steel/gaps; ~ *money from ...* geld afpers van ...; ~ ...
**out** ... uitknyp *('n loot ens.); (geol.) ...* uitwig/=knyp; *(mynb.)*
... toeknyp *('n rif);* ~ *and scrape* raap en skraap; *the shoe
~es* die skoen druk; *that is where the shoe ~es, (fig.)* daar lê
die knoop; *be ~ed with* cold verkluim wees van (die) koue.
~ **bar** breekyster, stootkoevoet. ~**cock** klemkraan. ~**-hit**
*(Am., infml.)* (vir ander) inspring/=val. ~ **hitter** *(bofbal)* plaas=
vervanger; *(kr.)* mokerman; *(infml.)* plaasvervanger. ~**penny**
*n.* gierigaard. ~**penny** *adj.* gierig, suinig.
**pinch·beck** *n., (legering v. koper en sink)* pinsbek, klatergoud;
(goedkoop) namaaksel. **pinch·beck** *adj.* pinsbek=; nage=
maak, kunsmatig, vals, oneg; goedkoop, smaakloos.
**pine**[1] *n.* (gewone) den(neboom). ~ **cone** dennebol. ~ **forest**
denne=, naaldbos. ~ **kernel** dennepit. ~ **needle** dennenaald.
~ **nut** dennepit. ~ **seed** dennepit, =saad. ~ **timber** denne=,
greinhout. ~ **(tree)** den(neboom). ~ **wood** dennebos; den=
ne=, greinhout, mashout.
**pine**[2] *ww.* kwyn, vergaan, knies, treur; ~ *for ...* na ... hunker/
smag *(iets);* vurig na ... verlang *(iem.);* ~ *away* wegkwyn,
uitteer.
**pin·e·al** keëlvormig, keël=; pineaal; ~ *body/gland, (anat.)* pi=
neale liggaam/klier, pynappelklier, epifise.
**pine·ap·ple** pynappel; *(mil. sl.)* handgranaat.
**pine·y** →PINY.
**ping** *n.* ping; *(mot.)* gepingel. **ping** *ww.* ping; *(mot.)* pingel.
**ping·er** *(toestel)* pienger; *(Br.)* tydklokkie, pienger *(v. 'n mi=
krogolfoond ens.)*.
**pin·go** *-go(e)s, (geomorfol.)* pingo.
**ping-pong** *(infml.: tafeltennis)* pingpong.
**pin·ion**[1] *n.* vleuel, vlerk, *(poët., liter.)* wiek; vlerkpunt; slag=
veer. **pin·ion** *ww.* die vlerke knip; vasbind, =maak, boei *(bene,
arms)*.
**pin·ion**[2] *n.* kleinrat; rondsel; dryfrat, =wiel.
**pink**[1] *n.* pienk, ligroos; *(bot.)* grasangelier; rosé(wyn) *(infml.,
dikw. neerh.)* linksgesinde; *be in the ~* dit gaan klopdisselboom;
*(infml.)* perdfris *(of blakend gesond)* wees. **pink** *adj.* pienk,
ligroos, rooskleurig; rosé *(kwaliteit); (Br., infml., dikw. neerh.)*
linksgesind; homoseksueel; *the ~ one* die pienke; *shocking ~*
fel pienk; *strike me ~!, (infml.)* nou toe nou!. ~**-cheeked** met

rosige/rooi wange, rooiwang=. ~**-collar job** vrouewerk. ~
**disease** rooskleursiekte. ~ **elephants** *(infml.: dronkmans=
hallusinasies)* pienk olifante. ~**eye** pienkoog; →CONJUNC=
TIVITIS. ~**-eyed** rooioog=, met rooi oë. ~ **gin** *(jenewer met
angosturabitter)* pienk jenewer. ~ **slip** *(Am., infml.)* ontslag=
brief; *get a ~ ~, (fig.)* die trekpas kry.
**pink**[2] *ww.* deursteek, =boor; perforeer; uittand; mooimaak,
versier; →PINKING; ~*ed edge* getande rand.
**pink**[3] *adj.* halftoe. **pink** *ww.* (jou oë) knip(per); knipoog; met
half toegeknypte oë kyk; loer; tuur. ~**-eyed** met skrefiesoë.
**pink**[4] *n., (mot.)* (ge)klop, ontstekingsklop. **pink** *ww., (mot.)*
pingel, klop.
**pink·ie, pink·y** *(vinger)* pinkie.
**pink·ing** uittanding. ~ **scissors**, ~ **shears** tand=, kartelskêr.
**pink·ish** pienkerig, rosig.
**pink·o** *-o(e)s, (Am., neerh.)* linksgesinde.
**pin·na** *-nae, =nas, (anat., soöl.)* oorskulp, pinna; *(bot.)* veer,
pinna; vin. **pin·nate** geveer(d), veeragtig; gevin; getak. **pin·
nule** *-nules, (bot.)* veertjie, pinnuul.
**pin·na·cle** torinkie, toringspits; spits torinkie; *(bouk.)* sier=
torinkie, pinakel; top, spits, piek; *(fig.)* hoogte=, toppunt.
**pin·na·cled** met torinkies; *(poët., liter.)* verhef; (be)kroon.
**pi·no·tage** *(SA, rooi wyn)* pinotage; pinotagedruif.
**pint** pint; *a ~ of ...* 'n pint ...; *two ~s* twee pint; *several ~s*
etlike pinte. ~ **measure** pintmaat. ~**-size(d)** *(infml.)* baie
klein, piepklein.
**pin·tle** spilpen; skarnierhaak; sleephaak, haakbout; *(sk.)* roer=
haak, vingerling.
**pin·to** *-tos, (Am.)* bont perd. ~ **bean** pintoboontjie.
**pin·y, pine·y** denneagtig, denne=; vol dennebome; ~ *fragrance*
dennegeur.
**Pin·yin** *(transliterasiestelsel v. Chin. begriptekens)* Pinjin.
**pi·o·neer** *n.* pionier, baanbreker, voorloper, wegbereider;
*(mil.)* padmaker, pionier. **pi·o·neer** *ww.* baanbrekerswerk
doen, die weg baan/berei, die pad oop=/skoonmaak. ~ **corps**
pionierskorps. ~ **work** baanbrekers=, pionierswerk.
**pi·o·neer·ing** *adj.* baanbrekend; ~ *spirit* pioniersgees.
**pi·ous** vroom, godsdienstig, gelowig.
**pip**[1] *n.* pit(jie).
**pip**[2] *n.* rangteken, ster(retjie) *(op uniform);* kolletjie, ogie *(op
dobbelsteen);* stoot *(by seine)*.
**pip**[3] *-pp-, ww., (Br., infml.)* kafloop; klop; ~ *s.o. at/to the post,
(infml.)* iem. op die laaste uitknikker; ~ *s.o. out of ...* iem. op
die laaste oomblik van ... beroof.
**pip**[4] *n., (hoendersiekte)* piep; *get/have the ~, (infml., iem.)* die
piep kry/hê; *give s.o. the ~, (infml.)* iem. die piep gee.
**pipe** *n.* pyp; buis; pyp, stop *(tabak); (mus.)* pyp, fluit(jie); port=
vat *(vir wyn); (wynkapasiteit)* pyp; *(i.d. mv.)* doedelsakke; ge=
sing, gefluit; *fill a ~* 'n pyp stop; *light a ~* ('n) pyp opsteek;
*puff at one's ~* trek/damp aan jou pyp; *smoke a ~* ('n) pyp
rook; *put that in your ~ and smoke it!, (infml.)* kou maar daar=
aan *(of aan daardie pruimpie)!*. **pipe** *ww.* fluit speel, fluit=
speel, fluit; piep, met 'n piepstem praat; pype lê/insit/aan=
bring; van pype voorsien; deur 'n pyp lei; ~ *s.o. aboard* iem.
die fluitsaluut gee; ~ *down, (infml.)* stilbly; bedaar; 'n toon=
tjie laer sing; ~ *down!* bly stil!, stilte!; ~*d music* agtergrond=
musiek, geblikte musiek; ~ *up* begin speel/sing; *(infml.)*
(skielik) begin praat, tussenin praat. ~ **band** *(mil.)* doedelsak=
korps; *(mil.)* doedelsakkorps. ~ **bend** pypbuig(stuk); pypbuiging.
~ **bowl** pypkop. ~**clay** *n.* pypaarde. ~**clay** *ww.* met pypaarde
wit maak. ~ **cleaner** pypskoonmaker. ~ **dream** dromery,
waan; waan=, droombeeld, hersenskim. ~**fish** naaldvis. ~**fit·
ter** pyplêer, =monteur. ~**-line** pyplyn, =leiding, buisleiding; *be
in the ~* aan die/'t *(of* aan't) kom wees. ~ **major** *(mil.)* doe=
delsakmajoor. ~ **organ** pyporrel. ~ **rack** pyprakkie *(vir pype);*
pyprak *(v. 'n orrel)*. ~ **stem** pypsteel. ~ **tobacco** pyptabak.
~**work** pypwerk *(v. 'n orrel)*.

**pipe·ful** pyp, stop *(tabak); a ~ of tobacco* 'n stop tabak.

**pip·er** fluitspeler; doedelsakspeler; *pay the ~, (infml.)* die ge= lag betaal, (vir iets) opdok.

**pi·pette** pipet, suigbuis.

**pip·ing** *n.* pypwerk, pype(net), pypleiding; pypstelsel; be= pyping; buis=, spuitversiering; buis=, spuitversiersel; om= boorsel, koord, galon, buisboorsel *(op 'n uniform);* gefluit; gepiep; →PIPE *ww..* **pip·ing** *adj.* fluitend; *~ voice* pieperige stemmetjie. *~ bag (kookk.)* versier=, spuitsak.

**pip·i·strelle (bat)** *(vlermuis)* pipistrel.

**pip·it** *(orn.)* koester.

**pip·kin** erdepannetjie, =potjie.

**pip·pin** *(soort appel)* pippeling.

**pip·squeak** *(infml.)* nul, niksnut(s).

**pi·quant** pikant, skerp, prikkelend *(smaak, geur);* prikkelend, pittig, pikant. **pi·quan·cy** pittigheid, pikantheid, pikanterie, prikkeling, die pikante/prikkelende.

**pique** *n.* gekrenktheid, wrok, hekel, gebelgdheid, gesteurd= heid, verergdheid, ergernis; *in a (fit of) ~* gebelg(d), gekrenk, gesteur(d), vererg. **pique** *ww.* krenk, te na kom, op ... se tone trap; wek, prikkel; *~ o.s. on s.t.* op iets trots wees. **piqued** gebelg(d), gekrenk, vererg, gesteur(d).

**pi·qué** *(tekst.)* pikee.

**pi·quet, pic·quet** *(kaartspel)* piket(spel).

**pi·ra·cy** seeroof, =rowery; plagiaat, letterdiewery, =diefstal; ongeoorloofde toe-eiening; *commit/practise ~* seeroof pleeg. **pi·rat·ic, pi·rat·i·cal** seerowers=; roof=.

**pi·ra·nha, pi·ra·ña** *(Port., igt.)* piranha.

**pi·rate** *n.* seerower, kaper, vrybuiter; *(infml.)* kopieregskender, =oortreder. **pi·rate** *ww.* plagiaat/letterdiewery pleeg, pla= gieer, (sonder toestemming) nadruk/naboots; sonder verlof sake doen; roofonderdele maak; af=, wegrokkel *(werkers); ~d edition* roofuitgawe, =druk, onwettige uitgawe/nadruk. *~ copy* roofkopie, onwettige/ongeoorloofde kopie. *~ flag* seerowers= vlag. *~ ship* roof=, seerowerskip. *~ taxi* roof=, indringertaxi. *~ viewer (TV)* roofkyker.

**pi·rogue, pi·ra·gua** kano *(v. 'n uitgeholde boomstam).*

**pir·ou·ette** *n., (hoofs. ballet)* pirouette. **pir·ou·ette** *ww.* pi= rouetteer.

**pis·ca·to·ri·al, pis·ca·to·ry** vis=, visvangs=, visser(s)=.

**Pi·sces** *n., (astron., astrol.)* Pisces, Visse; *(astrol. ook* Piscean*)* Vis. **Pi·sces, Pis·ce·an** *adj.* Pisces-, Vis=.

**pis·ci·cul·ture** visteelt, =broeiery, =kwekery. **pis·ci·cul·tur·ist** visteler.

**pis·cine** *adj.* visagtig, vis=.

**pis·civ·o·rous** visetend.

**pish** *tw.* ba!, foei!, ga!.

**piss** *n., (plat)* pis; *have* (or *go for*) *a ~* (gaan) pis/fluit; *it's a piece of ~* dis doodmaklik/kinderspeletjies, daar is niks aan nie; *take the ~ out of s.o.* iem. vir die gek hou. **piss** *ww., (plat)* pis, fluit, water afslaan; *~ about/around, (Br.)* rondneuk, =foeter; *~ s.o. about/around, (Br.)* iem. rondneuk; *~ money away* geld blaas; *~ off!* fokkof!, voertsek!, trap!; *it ~es me off* dit maak my die moer/hel in; *~ on s.o./s.t., (fig.)* op iem./iets spoeg; *~ o.s.* jou bepis/natpis; *~ all over s.o., (fig.)* iem. op sy herrie gee; *~ in the wind, (fig.)* in/teen die wind fluit. *~ artist (Br., plat)* dronk=, suiplap; windgat, grootbek. *~pot (plat)* pispot. *~-up n., (plat)* suipsessie.

**pissed** *adj., (plat: besope)* poepdronk, gaar, stukkend; *be ~ at/ with s.o., (Am., plat)* die moer/hel in *(of* gatvol) wees vir iem.; *be ~ off, (plat)* die moer/hel in wees; gatvol wees.

**pis·soir, pis·soir** *(Fr.: openbare urinaal)* pissoir.

**pis·ta·chi·o** =os pistachio, pistasie, groenamandelboom. *~ (nut)* pistachio=, pimperneut, groenamandel.

**piste** *(Fr.)* skibaan; skihelling; *(skermkuns)* piste.

---

**pis·til** *(bot.)* stamper. **pis·til·late** met (slegs) 'n stamper. **pis· til·lif·er·ous** stamperdraend.

**pis·tol** pistool; *beat the ~* te gou wegspring; te vroeg begin; *draw a ~* 'n pistool uitpluk. *~ case* holster. *~-packing* pis= tooldraend. *~ point: at ~ ~* onder bedreiging met 'n pistool. *~ shot* pistoolskoot. *~-whip* =pp=, *ww.* met 'n pistool slaan.

**pis·ton** suier; klep. *~ engine* suierenjin. *~ rod* suierstang; dryf=, verbindingstang.

**pit¹** *n.* put; kuil; gat; groef; *(myn)*skag; (steenkool)myn; *(med.)* gaatjie, holte, inkeping; *(bot.)* pit, stippel, holte; *(ook* orches= tral pit*)* bak, parterre, agterste stalles; herstelkuil; vanggat; kuip *(by 'n motorrenbaan); a bottomless ~* 'n bodemlose put; *dig a ~* 'n kuil/put/gat grawe; *~ of the stomach* krop van die maag, maagholte; *the ~s, (infml.)* een te veel, iets alleraakligs, 'n ondraaglike situasie. **pit** =tt=, *ww.* inkuil; holtejies/gaatjies veroorsaak; invreet; *~ one's strength against ...* kragte met ... meet, ... aandurf; *~ s.o. against ...* iem. met ... kragte laat meet. *~ bull (terrier)* Amerikaanse veghond. *~ coal* steen= kool. *~fall* vanggat, =kuil; *(fig.)* slaggat, valstrik. *~ gravel* put= gruis. *~head* skag=, mynbek, =ingang. *~ hole* pokgaatjie. *~man* =men (steenkool)mynwerker. *~ silo* voerkuil. *~ stop (motorwedrenne)* kuipstop; *make a ~ ~* 'n kuipstop doen; *(infml.)* stilhou *(of* jou reis onderbreek) om te rus *(of* bene te rek *of* brandstof in te gooi *of* iets te eet). *~ work* mynwerk.

**pit²** *n.* pit *(v. 'n vrug).*

**pi·ta (bread)** *(Am.)* →PITTA (BREAD).

**pit-a-pat, pit·a·pat** tik(ke)tak, klop-klop, rikketik; *s.o.'s heart went ~* iem. se hart het wild begin klop.

**pitch¹** *n.* helling *(v. 'n dak, trap, ens.);* hellingshoek, skuinste; *(geol.)* duik(ing); heibeweging, (die) stamp, duik *(v. 'n skip);* gooi; *(kr.)* (baan)blad, (kolf)blad; *(sport)* (speel)veld; *(kr., ten= nis)* valplek *(v. 'n bal);* hoogte; graad; toestand; *(mus.)* toon= hoogte; *(gh.)* nadervalhou; *make a ~ for ...* 'n aanbod/voor= legging doen vir ... *('n kontrak ens.);* voorbrand maak vir ... *('n saak ens.); queer the ~ for s.o., queer s.o.'s ~* iem. se saak bederf, iem. (se planne) in die wiele ry; *(infml.)* in iem. se slaai krap; *s.t. reaches such a ~ that ...* iets word so hewig dat ...; *(sales) ~* verkooppraatjies. **pitch** *ww.* gooi, opslaan, opsit *('n tent);* bepaal, vasstel *('n prys);* vassit, =maak; uitstal; aangee *(d. toon); (kr.)* plant; *('n bal)* grondvat; *('n skip)* hei, stamp, duik; vertel *('n storie);* val, neerslaan, te lande kom; keil; *~ for ..., (infml.)* 'n aanbod/voorlegging doen vir ... *('n kontrak ens.); ~ in, (infml.)* inspring, aan die werk spring; wegval *(met eet); ~ in with s.t., (infml.)* met iets vorendag *(of* voor die dag) kom *('n aanbod ens.);* iets aanbied; iets bydra; *~ into s.t., (infml.)* iets pak *(werk ens.);* aan iets weglê *(kos ens.); ~ out s.t.* iets uitgooi; iets weggooi; *be ~ed out* uitge= slinger word; *~ed short, (kr.: 'n bal)* kort geplant; *~ a talk/ etc. at the level of one's audience* 'n praatjie/ens. op die peil/ vlak van jou gehoor rig/mik; *~ed up, (kr.: 'n bal)* vol geplant; *~ up at ..., (infml.)* by ... opdaag. *~fork n.* gaffel, hooivurk. *~fork ww.* gaffel, vurk, met 'n vurk/gaffel gooi. *~ pipe (mus.)* stemfluitjie. *~ sea* stampsee. *~ shot* nadervalhou. *~ tone* grondtoon.

**pitch²** *n.* pik. *~-black* pikswart. *~-blende (min.)* pikblende, uraniniet. *~-dark* pik=, stikdonker. *~-darkness* pik=, stik= donker(te). *~ pine (bot.)* pikden. *~-stone* piksteen.

**pitched:** *~ battle* gereelde/vaste veldslag; *~ roof* staan=, kap= dak.

**pitch·er¹** (water)beker, (erde)kruik, kan; lampetbeker, =kan; *little ~s have long ears, (infml.)* klein muisies het groot ore, oppas wat jy voor kinders sê. *~ plant (bot.)* bekerplant.

**pitch·er²** *(bof=, sagtebal)* gooier; *~'s base* gooiersplaat.

**pit·e·ous** jammerlik, ellendig. **pit·e·ous·ness** jammerlikheid.

**pith** *n.* pit, kern; *(bot.)* murg, medulla; krag; energie; *(fig.)* hart, kwintessens, wese; gewig, betekenis. **pith** *ww.* 'n pit uithaal. *~ helmet* topi, helmhoed, kurkhelm. *~ ray (bot.)* murgstraal, medullêre straal.

**pith·less** swak, futloos.

**pith·y** pittig, kernagtig, kragtig; beknop; saakryk. **pith·i·ness** pittigheid, kernagtigheid.

**pit·i·a·ble** bejammerenswaardig, jammerlik, armsalig, ellen= dig, droewig.

**pit·i·ful** medely(d)end, deernisvol; ellendig, treurig, droe= wig, miserabel.

**pit·i·less** meedoënloos, wreed, hardvogtig. **pit·i·less·ness** wreedheid, hardvogtigheid.

**pi·ton** *(bergklim)* klimpen, =kram.

**pi·tot (tube)** pitotbuis.

**pit·ta (bread)**, *(Am.)* **pi·ta (bread)** pita(brood).

**pit·tance** hongerloon, toelagie, beloninkie, vergoedinkie; porsie, deeltjie, bietjie; *work for a (mere)* ~ vir 'n hongerloon *(of* karige loon*)* werk.

**pit·ted** pokagtig, pokkerig, gepit; ingevreet; *(bot.)* gestippel.

**pit·ter-pat·ter** *n.* getik(ke)tak, gerikketik, getik, tik-tik, tip= petap; getrippel. **pit·ter-pat·ter** *ww.* tik(ke)tak, rikketik, tik-tik; *('n kind)* trippel.

**pit·to·spor·um** *(bot.)* kasuur, bosboekenhout.

**pi·tu·i·tar·y** *adj.* pituïtêr, hipofise=. ~ **(gland)**, ~ **(body)**, **hypophysis** *(anat.)* pituïtêre klier, hipofise.

**pit·y** *n.* jammer(te); medely(d)e, simpatie, deernis; jammer= hartigheid; ontferming; *feel* ~ *for s.o.* iem. jammer kry; medely(d)e met iem. hê; *for* ~*'s sake!* in hemelsnaam!, om hemelswil!; *it is a (great)* ~ dit is (baie/bitter) jammer; *more's the* ~ jammer genoeg, des te jammerder/erger; *the* ~ *of it is that ...* die ongeluk is dat ...; *have/take* ~ *on ...* jou oor ... ontferm, ... genadig wees; *out of* ~ uit jammerte/medely(d)e; *what a* ~*!* hoe jammer (tog)!, dis 'n jammerte!, sies tog!.

**pit·y** *ww.* bejammer, jammer kry, jammer voel vir, mede= ly(d)e hê met. **pit·y·ing** *adj.*, =**ly** *adv.* vol medely(d)e, mede= ly(d)end, jammerhartig, deernisvol, simpatiek.

**piv·ot** *n.* (draai)spil; *(fig.)* middelpunt. **piv·ot** *ww.* (om 'n spil) draai; laat draai; *(wisk.)* omspil; ~ *(a)round ...* om ... draai; ~ *(up)on s.t,* *(fig.)* om iets draai, van iets afhang. ~ **break** *(rugby)* draaibreekslag. ~ **bridge** draai=, swaaibrug. ~ **joint** draaigewrig. ~ **pin** spilpen. ~ **stage** swaaiverhoog.

**piv·ot·al** sentraal, vernaamste, deurslaggewend, beslissend; *(wisk.)* spil=; ~ **axis** draai=, spilas; ~ **fault**, *(geol.)* spilver= skuiwing; ~ **industry** sleutelbedryf; ~ **question** hoofsaak.

**pix** *n. (mv.), ( infml.)* →PIC.

**pix·el** *(rek.)* beeldelement.

**pix·ie, pix·y** fee; kabouter. ~ **cap**, ~ **hat** punthoedjie, =mus. ~ **hood** puntkap.

**piz·za** *(kookk.)* pizza. ~ **parlor** *(Am.)* pizzeria, pizza-eetplek, pizzarestaurant, =restourant.

**piz·zazz, pi·zazz, p·zazz** *(infml.)* flair, styl, panache, swier; vonk, vuur, woema, oemf.

**piz·ze·ri·a** pizzeria, pizza-eetplek, pizzarestaurant, =restou= rant.

**plac·ard** *n.* plakkaat, aanplakbiljet. **plac·ard, plac·ard** *ww.* 'n plakkaat aan-/opplak, met plakkate adverteer/bekendstel *(of* bekend stel*)*.

**pla·cate** tot bedaring bring, bevredig, tevrede stel; paai; versoen. **pla·ca·tion** bevrediging; paaiery; versoening. **plac·a·to·ry** paaierig, paaiend, versoenend.

**place** *n.* plek; dorp, stad; *(infml.)* woonplek; huis; oord; (sit)= plek *(aan tafel);* posisie, stand, status; amp, betrekking, pos; *(wisk.)* plek; *be/lie all over the* ~, *(infml.)* oral(s) rond wees *(of* die wêreld*)* vol wees/lê, oral(s) rond wees/lê; *it is all over the* ~, *(infml.)* die hele wêreld weet *(of* almal praat*)* daarvan; ~ *of assembly* vergaderplek, plek van samekoms; *at s.o.'s* ~ by iem. (se huis); ~ *of birth* geboorteplek, =plaas; *find a* ~ *for s.o./s.t.* vir iem./iets plek inruim; *in the first* ~ in die eerste plek/plaas; allereers, vir eers, vereers, ten eerste; in die be= gin, aanvanklik, oorspronklik; *gain/take first/etc.* ~ eerste/ ens. wees; *give* ~ *to ...* vir ... plek maak; vir ... agteruitstaan;

deur ... gevolg word; *go* ~*s, (infml.)* uitgaan; rondreis; op= gang maak; ~ *of honour* ereplek, =plaas; *in* ~ op sy plek; gepas, geskik; *(planne ens.)* gereed; *in a* ~ op 'n plek; *in* ~*s* op sommige/party plekke, hier en daar, plek-plek; *in* ~ *of ...* pleks *(of* in plaas*)* van ...; *keep s.o. in his/her* ~ iem. op sy/ haar plek sit; ~*s of interest* besienswaardighede, interessante plekke; *everything will fall into* ~ alles sal duidelik word; *know one's* ~ beskeie wees, jou nie/niks aanmatig nie; *lay/ set a* ~ 'n plek dek, vir iem. (tafel) dek; *make a* ~ 'n plek bereik; *no* ~, *(infml.)* nêrens; *this is no* ~ *for ... ...* hoort nie hier (tuis) nie; *it is not one's* ~ *to ...* dit is nie jou saak *(of* lê nie op jou weg*)* om te ... nie; *out of* ~ nie op sy plek nie; misplaas; onvanpas, ongeskik; *feel out of* ~ ontuis voel; *it/s.o. looks out of* ~ dit lyk of dit/iem. nie daar hoort nie; *put s.t. in* ~ iets in gereedheid bring *('n plan, installasie, ens.);* *put s.o. in his/her* ~ iem. op sy/haar plek/nommer sit, iem. hokslaan; *(infml.)* iem. regsien; *put o.s. in s.o. else's* ~ jou in iem. anders se plek stel; *in the second/etc.* ~ ten tweede/ens., in die tweede/ens. plaas/plek, tweedens/ens.; *swap/swop/switch* ~*s* plekke (om)ruil; *take* ~ plaasvind, gebeur, voorval; *s.t. will take* ~ in spite of ... iets gaan deur ondanks ...; *take the* ~ *of s.o.* iem. vervang, die plek van iem. inneem; *take first/ etc.* →*gain/take; take your* ~*s!* neem julle plekke in!, gaan sit!; ~ *of worship* plek van aanbidding; kerk; *(if I were) in your* ~ (as ek) in jou plek (was), as ek jy was. **place** *ww.* plaas, (neer)sit, regsit; aanstel; belê, (op rente) uitsit *(geld);* deponeer; plaas *(aandele);* plaas, 'n betrekking verskaf; oplê *('n beperking);* stel *('n perk);* gooi *(beton);* (uit)plaas *(personeel);* ~ *s.t. above ...* iets belangriker/beter as ... ag; *be* ~*d, (perde= wedrenne)* geplaas word, 'n plek (onder die eerste drie/vier) kry; ~ *s.t. behind ...* iets agter ... stel; ~ *s.t. on/upon s.o.* iets aan iem. oplê *('n beperking, las, ens.);* ~ *s.o. out* iem. in 'n betrekking plaas; iem. uitplaas *('n kind);* ~ *s.o.* iem. eien; weet wat om van iem. te dink. ~ **accumulator** *(perdewedrenne)* plekpot. ~ **bet** *(perdewedrenne)* plekweddenskap. ~ **card** naamkaartjie *(by 'n tafelsitplek).* ~ **kick** n. stelskop; *take a* ~ ~ 'n stelskop waarneem. ~**-kick** *ww.* stelskop. ~**-kicker** stelskopper. ~**-kicking** stelskoppery. ~ **mat** tafel=, plek= matjie. ~ **name** pleknaam. ~ **setting** gedekte plek, plek= dekking, dekplek *(aan tafel);* plek(dek)stel.

**pla·ce·bo** =*bo(e)s, (med.)* plasebo, skynmiddel, foppil; *(med.)* troosmedisyne, =middel; *(fig.)* suikerpil. ~ **effect** *(med.)* plasebo-effek.

**place·less** onbegrens; swerwend.

**place·ment** plasing *(v. aandele ens.);* uitplasing *(v. ontslane werknemers ens.).*

**pla·cen·ta** =*tas,* =*tae* plasenta, nageboorte; *(bot.)* plasenta, saaddraer. **pla·cen·tal** plasentaal, plasenta=, nageboorte=.

**plac·er** goudafsetting; goudwassery. ~ **(deposit)** spoelerts= afsetting. ~ **gold** spoelgoud.

**plac·id** gelykmatig, kalm; vreedsaam, stil, rustig. **pla·cid·i·ty** gelykmatigheid, kalmte; vreedsaamheid, stilte, rus.

**plac·ing** plasing; gooi *(v. beton).* ~ **price** uitgifteprys, =koers *(v. aandele).*

**plage** *(astron.: helder kol i.d. sonchromosfeer)* flokkulus, gloei= ende kol, plage.

**pla·gia·rise, =rize** plagiaat/letterdiewery pleeg, naskryf, =skrywe, plagieer. **pla·gia·rism** plagiaat, letterdiewery, =dief= stal. **pla·gia·rist** plagiaris, letterdief, na=, afskrywer.

**plague** *n.* plaag; pes(siekte), pestilensie; *(infml.)* laspos; *like the* ~ soos die pes; *'n* ~ *of finches/lice/locusts/etc.* 'n vink-/ luis-/sprinkaanplaag/ens.; ~*s and pests* peste/siektes en plae.

**plague** *ww.* (met plae) teister; *(infml.)* pes, pla, lastig val, treiter, kwel, versondig; vervolg; ~ *s.o., (ook)* iem. se lewe versuur; iem. se siel uittrek.

**plaice** *plaice(s), (igt.)* skol.

**plaid** Skotse wolgeruit, (geruite) Skotse wolstof; Skotse man= tel.

**plain** *n.* vlakte; gelykte; *Great P~s (of North America)* Noord-

Amerikaanse Laagvlakte. **plain** *adj.* duidelik, klaarblyklik, helder, verstaanbaar, ondubbelsinnig; gelyk; eenvoudig *(taal, 'n koek);* onaansienlik *('n meisie);* gewoon, alledaags; rond= borstig, openhartig, eerlik, onomwonde; effekleurig; effe, onversier(d) *('n rand);* ongetooi(d), onopgesmuk; vlamloos, figuurloos *(hout);* ongekurk *(sigarette);* skoon, ongelyn(d), ongelinieer(d) *(papier); in* ~ *black/etc.* in effe swart/ens.; *it is (as)* ~ *as a **pikestaff** (or as the **nose** on one's face), (infml.)* dit is so duidelik soos daglig *(of die dag),* dit staan soos 'n paal bo water; *in* ~ **terms** sonder om doekies om te draai; *make s.t.* ~ *to s.o.* iem. iets duidelik te verstaan gee; *the* ~ **truth** die naakte waarheid; *be* ~ **with** *s.o.* openlik met iem. praat, *(infml.)* nie/geen doekies omdraai nie; ~ **words** eenvoudige taal. **plain** *adv.* duidelik, klaarblyklik; *knit* ~ regs brei. ~ **card** *(kaartspel)* bykaart. ~**chant** →PLAINSONG. ~ **clothes** burgerdrag, gewone klere/drag. ~**clothes** police officer polisiebeampte in burgerdrag. ~**coloured** een=, effekleurig. ~ **dealing** opregtheid, eerlikheid, openhartigheid. ~ **flour** meelblom sonder bakpoeier. ~ **Jane** *(infml.)* vaal meisie/ muisie, bleeksiel(meisie). ~ **knitting** regsbrei; regsbreiwerk. ~ **language** eenvoudige taal. ~ **sailing:** *it was* ~ ~, *(infml.)* dit het klopdisselboom *(of* so glad soos seep) gegaan. ~**song,** ~**chant** *(mus.: eenstemmige liturgiese sang)* cantus planus, gelyksang; →GREGORIAN CHANT. ~ **stitch** regssteek. ~ **suit** *(kaartspel: kleur wat nie 'n troef is nie)* bykaarte. ~ **tile** plat dakpan. ~ **weave** effebinding.

**plain·ly** klaarblyklik, duidelik; rondborstig, openhartig, on= omwonde, onverbloem(d); eenvoudig, gewoonweg.

**plains:** ~**man** =men vlaktebewoner. ~ **zebra** vlakte=, bont= sebra, bontkwagga.

**plain·tiff** eiser, eiseres; *appear for the* ~ vir die eiser verskyn.

**plain·tive** klaend, klaaglik, klaag=. **plain·tive·ness** klaaglik= heid.

**plait** *n.* (haar)vlegsel. **plait** *ww.* vleg; strengel; ~ *round* om= vleg; ~ *through* deurvleg.

**plan** *n.* plan; voorneme, plan; (bestek)tekening, (bou)plan; diagram, skets, skema, ontwerp; metode, manier; indeling; opset; situasietekening; ~ *of* **action** plan van aksie/optrede; gevegsplan; ~ *of* **attack** aanvalsplan; *draw up* ~s planne opstel/ontwerp *(vir 'n huis ens.); have a* ~ *to* ... 'n plan hê om te ...; *hatch* ~s planne smee; *make a* ~ 'n plan maak/ beraam. **plan** =nn=, *ww.* planne maak, prakseer, beplan, be= raam, bedink; uitlê *('n stad);* smee *('n komplot);* mik na, beoog; ontwerp; skets, teken *('n plan);* ~ *ahead* planne vir die toekoms maak; *(iets)* vooruit reël; ~ *on doing s.t.* van plan *(of* voornemens) wees *(of* beoog) om iets te doen; ~ *out s.t.* iets haarfyn *(of* [tot] in besonderhede) uitwerk; ~ *to* ... van plan *(of* voornemens) wees om te ...

**pla·nar** vlak=; ~ *element* vlakelement.

**pla·nar·i·an** platwurm.

**planch·et** muntskyf, =plaatjie.

**plane¹** *n.* (plat) vlak; *(wisk.)* platvlak; oppervlak; gelykte; dra(ag)vlak; trap, hoogte, peil; basis; *on a* **higher** ~ op 'n hoër plan/peil/vlak; ~ *of* **projection** projeksievlak; ~ *of* **ro= tation** omwentelingsvlak; *place ... on the* **same** ~ ... gelyk= stel; ~ *of* **section** snyvlak; ~ *of* **slope** hellingsvlak; ~ *of* **sym= metry** simmetrievlak. **plane** *adj.* plat, vlak; ~ *figure* vlak= plat figuur; ~ *surface* platvlak. *(wisk.)* platvlak. **plane** *ww.* sweef, swewe; vlieg; *('n spoedboot)* skeer. ~ **geometry** vlak= meetkunde, planimetrie. ~ **polarisation,** =**zation** vlak po= larisasie. ~ **table** meettafel(tjie), plansjet.

**plane²** *n.* skaaf; →PLANER. **plane** *ww.* skaaf, skawe; ~ *s.t. down* iets afskaaf/=skawe/wegskaaf/=skawe. ~ *iron* skaafbeitel, =mes; *double* ~ ~ dubbelskaafbeitel. ~ **stock** skaafblok.

**plane³** *n.:* ~ (tree) plataan(boom).

**plane⁴** *n., (infml.)* = AEROPLANE. ~**load** vliegtuigvrag; *a* ~ *of refugees* 'n vliegtuig vol vlugtelinge.

**plan·er** skawer; skaafmasjien.

**plan·et** planeet; *(live) on another* ~, *(fig.)* in 'n droomwêreld leef/lewe; *(the)* ~ *earth* die planeet aarde; *what* ~ *is s.o. (living) on?, (fig.)* waar kom iem. vandaan?, iem. moet wakker skrik *(of* ophou lugkastele bou) (en terugkeer aarde toe *of* terug= keer na die werklikheid).

**plan·e·tar·i·um** =iums, =ia planetarium.

**plan·e·tar·y** planetêr, planeet=, van die planete; aards; ~ **motion** planetêre beweging; ~ **nebula,** *(astron.)* planetêre newel; ~ *orbit* planeet(wentel)baan; ~ **system** planeetstelsel, planetêre stelsel.

**plan·e·tes·i·mal** *n. & adj., (astron.)* planetesimaal. ~ **hy= pothesis** planetesimale hipotese.

**plan·et·oid** *(astron.)* planetoïed, asteroïed, klein planeet. **plan·e·toi·dal** planetoïdaal, asteroïdaal.

**pla·nim·e·ter** planimeter, vlaktemeter. **pla·ni·met·ric** pla= nimetries; ~ *map* vlak/plat kaart. **pla·nim·e·try** planimetrie, vlakmeetkunde.

**plan·ish** glad/plat maak, gelykmaak, plet, uitrol, =pers *(munt= metaal);* planeer, uitklop, =hamer; polys *(metaal).*

**plan·i·sphere** planisfeer.

**plank** *n.* plank; *(pol.)* grond=, hoofbeginsel, prinsiep; *walk the* ~, *(sk.)* oor die plank loop; jou werk verloor, uitgeskop word. **plank** *ww.* planke lê, beplank; bevloer, vloere insit/lê. ~ **bed** plankbed.

**plank·ing** beplanking, plankwerk.

**plank·ton** plankton. **plank·ton·ic** *adj. (attr.)* plankton=.

**plan·less** plan=, stelselloos.

**planned** vooruitbeplan(de), =beraam(de), beoog(de), be= doel(de), voorgenome; planmatig, volgens plan, met oorleg; *as* ~ volgens plan, volgens/soos besluit. ~ **economy** plan= ekonomie, geordende ekonomie. ~ **obsolescence** beplan= de/ingeboude veroudering, opsetlike onduursaamheid. ~ **parenthood** beplande ouerskap.

**plan·ner** ontwerper; beplanner; plan(ne)maker; →TOWN PLANNER.

**plan·ning** beplanning; oorleg; ordening; beraming; ontwer= ping; voorbereiding; aanleg; →TOWN PLANNING. ~ **council** beplanningsraad. ~ **permission** *(Br.)* bougoedkeuring, =ver= gunning.

**pla·no:** ~**concave** plankonkaaf, plat=, vlakhol. ~**convex** plan= konveks, plat=, vlakbol.

**plant** *n.* plant, gewas; aanleg, inrigting, installasie; (be= dryfs)uitrusting/toerusting, masjinerie; werkplaas, fabriek; spioen, informant; →PLANTING; *in* ~ aan die groei. **plant** *ww.* plant; beplant; aanplant; vestig, stig; neersit; uitsit; toe= dien *('n slag);* plaas, plant, versteek *('n bom);* ~ *on s.o., (infml.)* iets aan iem. versteek; ~ *o.s. somewhere* êrens gaan staan; ~ *s.t. out* iets uitplant; ~*ed trees* geplante bome; ~ *with* ... met ... beplant. ~ **cell** plantsel. ~ **control** plantbeheer. ~ **cover** plantekleed, =dek. ~ **hire** masjinerie=, toerusting= verhuring. ~ **kingdom** planteryk. ~ **life** plantelewe; plante= groei; plantebiologie. ~ **louse** blad=, plantluis. ~ **operator** masjienbediener. ~ **pathology** plantsiektekunde, =leer, plant= patologie. ~ **physiology** plantefisiologie. ~ **tissue** plant= weefsel.

**plan·tain¹** *(Musa* spp.*)* meelpiesang.

**plan·tain²** *(Plantago* spp.*)* weegbree, weeblaar, tongblaar.

**plan·tar** *(anat.)* plantaar=, (voet)sool=; ~ *arch* plantaar=, (voet)soolboog; ~ *reflex* plantaar=, (voet)soolrefleks; ~ *wart* plantaar=, (voet)soolvrat(jie).

**plan·ta·tion** plantasie; aanplanting, bos=, boomaanplanting. ~ **song** *(Am., mus.)* plantasielied.

**plant·er** planter; plant=, saaimasjien.

**plan·ti·grade** *n., (soöl.)* soolganger. **plan·ti·grade** *adj.* soolganger=.

**plant·ing** plantery, (aan)planting, beplanting. ~ **machine** plant=, saaimasjien, planter. ~ **season,** ~ **time** planttyd.

**plant·let** plantjie.

**plaque** gedenkplaat; plaak, tandaanpaksel; *(med.)* plaak.

**plas·ma** *(fisiol.)* (bloed)plasma; *(biol.*, *ook* plasm*)* (proto)= plasma; *(fis.)* plasma; *(geol.)* groenkwarts. **plas·mat·ic, plas= mic** plasmaties.

**plas·ter** *n.* gips; *(ook* sticking plaster*)* (heg/kleef)pleister; *be in* ~ in gips wees. **plas·ter** *ww.* (be)pleister; (be)smeer; 'n pleister opsit; aanstryk; bestook *(met bomme)*; ~ *s.t. all over the place* iets uitbasuin, iets wyd en syd versprei *('n storie ens.)*; ~ *s.t. with* ... iets met ... besmeer/beplak; iets met ... oorlaai. ~**board** pleisterbord. ~ **(of Paris)** (gebrande) gips. ~ **of Paris** bandage gipsverband. ~ **saint** heilige boontjie, brawe Hendrik/Maria; fariseër, skynheilige. ~**work** pleister= werk.

**plas·tered** *(infml.)* dronk, poegaai.

**plas·ter·er** pleisteraar.

**plas·ter·ing** pleistering; pleisterwerk.

**plas·tic** *n.* plastiek(stof); *(infml.: kredietkaarte ens.*, *ook* plas= tic money*)* plastiek(geld). **plas·tic** *adj.* plasties; plastiek=; beeldend; vormbaar, plasties, buigsaam; vervormbaar. ~ **arts** *n. (mv.)* beeldende kunste. ~ **bomb** plastiekbom. ~ **bul= let** plastiekkoeël. ~ **explosive** plastiese plof-/springstof. ~ **surgery** plastiese chirurgie/sjirurgie. ~ **wood** plastiekhout.

**Plas·ti·cine** *(handelsnaam)* Plasticine.

**plas·tic·i·ty** plastisiteit, vormbaarheid; vervormbaarheid.

**plas·tic·ky** *adj.*, *(infml.*, *neerh.)* plastiekagtig, plastiekerig.

**plas·tid** =tids, *(bot.)* plastied.

**plas·tron** *(soöl.)* plastron, borsplaat, =stuk.

**plat du jour** *plats du jour*, *(Fr.)* (spesiale) gereg van die dag.

**plate** *n.* bord; bord vol; kollektebord; plaat *(glas, hout)*; *(bouk.)* spieëlglas; naambord; beker; plaatwedstryd; plaatwedren; tafelsilwer; *(elek.)* anode, plaat; *(druk.)* plaat; *(ook* number plate*)* nommerplaat; *hand s.o. s.t. on a* ~, *(infml.,fig.)* iem. iets op 'n skinkbord aanbied; *have too much on one's* ~, *(fig.)* te veel hooi op jou vurk hê. **plate** *ww.* plateer; versilwer, ver= guld, verchroom, ens.; oorblaas; pantser *('n skip)*; metaal= plaatjies opsit; met plaatjies versier. ~ **armour** plaatpantser. ~ **glass** spieëlglas. ~ **rack** bord(e)rak. ~ **tectonics** *(geol.)* plaattektoniek.

**plat·eau** =teaus, =teaux plato, tafel=, hoogland; *reach a* ~, *(fig.)* 'n plato bereik.

**plate·ful** =fuls bord (vol); *a* ~ *of pasta/etc.* 'n bord pasta/ ens..

**plate·let** *(fisiol.)* (bloed)plaatjie.

**plat·en** *(druk.)* degel; tikrol, (skryf)rol.

**plat·er** plateerder; *(spw.)* plaatwerker.

**plat·form** *n.* platform, verhoog, rostrum, podium; platform, perron; buik *(v. 'n wa)*; dek *(v. 'n brug)*; omloop; (politieke) program, beleid; *(i.d. mv.)* = PLATFORM SHOES. ~ **shoes** plat= formskoene.

**plat·ing** plateerwerk; plaatwerk; pantserplaatbedekking.

**plat·i·nise, ·nize** platineer, met platina bedek.

**plat·i·num** *(metal.*, *simb.:* Pt) platinum. ~ **blonde** *n.* maan= ligblondine. ~**blonde** *adj.* maanligblond. ~ **disc** *(mus.)* pla= tinumplaat. ~**plated** geplatineer(d).

**plat·i·tude** afgesaagde/alledaagse uitdrukking, alledaagsheid.

**Pla·to** *(Gr. filosoof)* Plato. **Pla·ton·ic** Platonies, van Plato; *p~ friends* platoniese vriende. **Pla·to·nism** Platonisme *(ook p~)*. **Pla·ton·ist** Platonis *(ook p~)*.

**pla·toon** peloton, afdeling. ~ **system** *(SA*, *opv.)* dubbel= skofstelsel *(in oorvol skole)*.

**plat·te·land** *(Afr.)* platteland.

**plat·ter** (groot) plat bord; vleisskottel; maaltyd; *hand s.o. s.t. on a* ~, *(infml.,fig.)* icm. iets op 'n skinkbord aanbied.

**plat·y·hel·minth** *(soöl.)* platwurm.

**plat·y·pus** =puses eend=, voëlbekdier.

---

**plat·yr·rhine** *(soöl.)* breedneusig.

**plau·dit** *(gew. i.d. mv.)* toejuiging, hand(e)geklap, applous.

**plau·si·ble** aanneemlik, aanvaarbaar. **plau·si·bil·i·ty** aan= neemlikheid, aanvaarbaarheid.

**play** *n.* toneelstuk, =spel, drama, verhoogstuk; opvoering; spel; vermaak; speling, speelruimte; *do/perform/present/ stage* (or *put on) a* ~ 'n (toneel)stuk opvoer *(of* op die planke bring)*; make a* ~ *for* ..., *(infml.)* by ... aanlê, na ... vry *('n meisie)*; na ... vry *(stemme)*; *allow/give free/full* ~ *to* ... vrye teuels aan ... gee, ... sy vrye loop laat neem; *in full* ~ in volle werking; *give* ~ *to* ..., *(ook)* speelruimte aan ... laat, ruimte aan ... gee; *go to a* ~ na 'n opvoering gaan, 'n op= voering gaan kyk; *the ball is in* ~ die bal is in spel; *say s.t. in* ~ iets vir/uit die grap sê; *bring/call s.t. into* ~ iets aanwend; iets te voorskyn roep; *make great* ~ *of s.t.* 'n ophef van iets maak; *the ball is out of* ~ die bal is buite spel; *produce a* ~ 'n (toneel)stuk regisseer; 'n (toneel)stuk opvoer *(of* op die planke bring)*; rain stopped* ~ die spel is weens reën gestaak; ~ *started late* die spel het laat begin; *a* ~ *(up)on words* 'n woordspeling. **play** *ww.* speel; baljaar; speel *(klavier ens.)*; wed *(op perde)*; (be)speel *('n instrument)*; laat speel; *('n fon= tein)* spring; vervul; ~ *about/around* rondspeel; ~ *about/ around with* ... met ... gekskeer; met ... peuter; met ... (rond)= foeter; ~ *A against B* A teen B laat speel; ~ *along with* ... met ... saamgaan; met ... gemene saak maak; ~ *at writing/ photography/etc.* skrywer/fotograaf/ens. speel; spel-speel/ kamma skryf/fotografeer; ~ *at centre/wing*, *(rugby)* senter/ vleuel speel; ~ *s.t. away* iets uitdobbel *(geld ens.)*; iets ver= speel *(kanse ens.)*; ~ *s.t. back* iets terugspeel/oorspeel; ~ *s.t. down* iets onderspeel *(of* as onbelangrik afmaak)*; iets op die agtergrond hou; ~ *false* bedrieg, oneerlik handel; ~ *s.o. false* iem. bedrieg; ~ *fast and loose* onbetroubaar wees; on= verantwoordelik handel; rond en bont spring *(infml.)*, heen en weer swaai; ~ *fast and loose with s.o.* van iem. 'n speelbal maak; ~ *for time* tyd (probeer) wen; ~ *o.s. in* jou inspeel; die/jou pad oopspeel; ~ *s.o. off against another* iem. teen 'n ander uitspeel; ~ *on* voortspeel; *(kr.)* die bal op die paaltjies speel; ~ *out* uitspeel; beëindig; *be ~ed out*, *(ook)* uitgedien(d)/ verouderd wees; pootuit/uitgeput wees; afgesaag wees; *s.o. is ~ed out*, *(ook)* iem. se blus/gô/pê is uit; iem. se gesang is uit; ~ *itself out* afloop; ~ *(it) safe* aan die veilige kant bly, niks waag nie; ~ *it smart*, *(infml.)* verstandig/slim wees; *the team ~ed to their strength* die span het na sy sterkte gespeel; ~ *up* hard speel; *(mus.)* begin speel; *(mus.)* harder speel; lol; lastig wees; ~ *s.t. up* iets opblaas *(fig.)*; iets op die voorgrond stel; ~ *up to s.o.* iem. vlei/pamperlang; iem. ondersteun; ~ *(up)= on s.t.* op iets speel, iets bespeel *('n instrument)*; van iets ge= bruik maak *(iem. se goedhartigheid ens.)*; ~ *(up)on words* woordspelings maak; ~ *with* ... met ... speel; met ... gekskeer *(of* die gek skeer)*, ... vir die gek hou; in ... speel *('n orkes)*; ~ *with o.s.*, *(euf.: masturbeer)* met jouself speel. ~~**act** toneel= speel; *(fig.)* toneelspeel, voorgee, maak asof. ~~**actor** toneel= speler, akteur; *(neerh.*, *fig.)* komediant. ~~**back** *n.* die terug= speel *(v. 'n opname)*; terugspeelaksie; terugspeler *(v. 'n band= masjien)*; reproduksie; weergawe. ~**bill** plakkaat, aanplakbiljet *(v. 'n opvoering)*; teaterprogram. ~**boy** pierewaaier, plesier= soeker, lawenteljaan, swierbol, losbol. ~**by-play** *n.*, *(Am.*, *rad.*, *TV*, *sport)* deurlopende/regstreekse dekking; deurlo= pende/regstreekse kommentaar. ~~**by-play** *adj. (attr.)* reg= streekse *(dekking, kommentaar, ens.)*. ~ **dough** klei=, speel= deeg. ~**girl** sekskat(jie), =poppie, leëkoppie. ~**goer** toneel= ganger, teaterbesoeker. ~**ground** speelplek, =terrein, =veld, =ruimte. ~**group** speelgroep(ie). ~**house** teater, skouburg; speelhuis(ie). ~**list** *(rad.)* speellys. ~**maker** *(rugby, sokker, ens.)* spelskepper, =maker. ~**mate** speelmaat; *(euf.)* seksmaat. ~~**off** *n.* uitspeelwedstryd, beslisser. ~**pen** speelhok, =kampie. ~**room** speel=, kinderkamer. ~**school** speelskool. ~**thing** speelding, stuk speelgoed; *(fig.)* speelbal. ~**time** speeltyd, pouse; *at* ~ in die speeltyd/pouse. ~**wright, ~writer** toneel= skrywer, dramaturg.

**pla·ya** *(Sp.Am., geomorfol.: pan)* plaja.

**play·a·ble** speelbaar; opvoerbaar. **play·a·bil·i·ty** speelbaar= heid; opvoerbaarheid.

**play·er** speler; speelster; (toneel)speler/speelster; rolspeler; *(infml.)* losbol. **~-manager** speler-bestuurder. **~ piano** pi= anola, meganiese klavier.

**play·ful** speels, spelerig, vrolik. **play·ful·ly** speelsgewys(e), spelenderwys(e). **play·ful·ness** speelsheid, vrolikheid.

**play·ing** spelery, (die) speel. **~ card** speelkaart. **~ field** *(Br.)* sport=, speelveld, =terrein; *compete on a level* ~ ~, *(fig.)* op gelyke voet meeding; *level the* (or *create a level) ~ ~, (fig.)* die speelveld gelyk maak, 'n gelyke mededingingsgrondslag bewerkstellig.

**play·let** toneelstukkie.

**pla·za** *(Sp.)* plaza.

**plea** pleidooi, pleitrede; verontskuldiging; verweer; *(siviele prosesreg)* pleit; *(siviele prosesreg)* verweerskrif; *(strafprosesreg)* pleit; *cop a ~, (infml.)* op 'n minder ernstige aanklag skuld beken; *enter a ~* 'n pleidooi lewer; *(i.d. hof)* 'n pleit aanteken; *make* (or *put in) a ~ for* ... 'n pleidooi vir ... lewer; ~ *of guilty* (or *not guilty)* pleit van skuldig *(of* onskuldig); *on/ under the ~ that* ... onder die voorwendsel dat ... **~-bar= gaining** *(jur.)* pleitbedinging, =onderhandeling.

**plead** pleit, smeek, 'n pleidooi lewer/hou; bepleit; veront= skuldig; *(jur.)* pleit; ~ *for s.t.* om iets pleit/smeek *(genade ens.);* ~ *for s.o.* with ... vir iem. by ... pleit *(of* voorspraak doen/ wees), iem. se saak by ... bepleit; ~ *guilty* (or *not guilty)* skuld erken *(of* ontken), *(jur.)* skuldig *(of* onskuldig) pleit; ~ *to* ... op ... pleit *('n aanklag);* ~ *with s.o.* (not) *to do s.t.* by iem. pleit om iets (nie) te doen (nie). **plead·er** *(jur.)* pleiter, pleitbesorger, woordvoerder. **plead·ing** *(jur.)* pleidooi, (die) pleit; *(gew. i.d. mv., jur.)* pleitskrif, =stuk. **plead·ing** *adj.,* **-ly** *adv.,* pleitend, smekend.

**pleas·ant** aangenaam, lekker *(weer ens.);* genoeglik, behaag= lik; vriendelik, innemend *(iem.).* **pleas·ant·ly** aangenaam, op 'n aangename manier. **pleas·ant·ness** aangenaamheid. **pleas·ant·ry** *(gew. i.d. mv.)* grappie; humor, grappigheid; vro= likheid; *exchange pleasantries* geselsies/praatjies maak, oor koeitjies en kalfies gesels.

**please** tevrede stel; geval, aanstaan, behaag, genoeë verskaf; *do just as one ~s, (ook)* maak en breek (soos jy wil); *do as you ~!* gaan jou gang!; *be ~d at s.t.* oor iets bly/verheug wees; ~ *do!* doen dit gerus!; ~ *do it!* doen dit asseblief (tog)!; *do what(ever) one ~s* doen (net) wat jy wil; *no,* ~ *don't!* nee, asseblief nie!; *enclosed* ~ *find* ... ingeslote vind u ...; *s.o. is hard to* ~ dis moeilik om iem. tevrede te stel; *(infml.)* iem. is vol bestellings; *if you* ~! asseblief!; *be (as)* ~*d as Punch, be highly/tremendously/very* ~*d* geweldig/hoog(s) in jou skik wees; *do s.t. to* ~ *s.o. else* iets doen om iem. anders te behaag; *s.o. is* ~*d to do s.t.* iem. sal graag iets doen; *be* ~*d with* ... in jou skik/noppies *(of* ingenome) met ... wees; ~ *yourself!* gaan jou gang!, maak soos jy wil!. **pleas·ing** aangenaam, in= nemend.

**pleas·ur·a·ble** aangenaam, lekker; →PLEASANT.

**pleas·ure** *n.* plesier, genot, lekkerte, pret; begeerte, wens; *do s.o. the* ~ *of* ... iem. die genoeë doen om te ...; *find* ~ *in s.t.* behae in iets skep; *s.o. gets a lot of* ~ *out of s.t.* iem. het baie plesier van iets; *I have* ~ *in/to* ..., *it's a* ~ *to* ... dit is vir my 'n genoeë *(of* dit is vir my aangenaam) om te ...; dit is vir my 'n eer om te ...; *take* ~ *in* ... behae in ... skep, jou in ... verlekker *(iem. anders se teen=/teëspoed);* *take* ~ *in doing s.t.* iets met lus doen; *the* ~ *is mine* dit was 'n plesier; *after* ~ *comes pain* na vrolikheid kom olikheid; *do s.t. with* ~ iets graag doen; *with* ~! ek doen dit graag!, met graagte/plesier!. **pleas·ure** *ww.* genot verskaf, plesier gee; behae skep *(in); (euf.)* seksueel bevredig. ~ **boat,** ~ **craft** plesierboot. ~ **cruise** plesiervaart. **~-loving** pretliewend; genotsiek. **~-seeker** ge= not=, plesiersoeker.

**pleat** *n.* (plat) plooi, vou. **pleat** *ww.* plooi, vou; inplooi; afplooi; ~*ed skirt* plooiromp, geplooide romp.

**pleb** *(infml., dikw. neerh.)* pleb; *(i.d. mv.)* plebs, skorriemorrie, gepeupel.

**ple·be·ian** *n.* laeklasmens, vulgêre persoon. **ple·be·ian** *adj.* gemeen, laag.

**pleb·i·scite** volksbesluit, volkstemming; *(Rom. gesk.)* plebis= siet.

**plec·trum** =tra, =trums, *(mus.)* plektrum.

**pledge** *n.* pand; waarborg; belofte; *give s.t. in* ~ iets verpand; *hold s.t. in* ~ iets in pand hou; *sign/take the* ~ afskaffer word, die onthoudingsbelofte aflê. **pledge** *ww.* verpand, in pand gee, beleen; jou woord gee; ~ *o.s. to s.t.* jou tot iets verbind; ~ *one's word* plegtig belowe. **pledg·a·ble** verpandbaar.

**Plei·a·des** *(Gr. mit.)* Plejades; *(astron.)* Plejades, Sewester, Sewe Susters.

**Pleis·to·cene** *n.: the* ~, *(geol.)* die Pleistoseen(tydperk). **Pleis·to·cene** *adj.* Pleistoseen=, Pleistoseens.

**ple·na·ry** volkome, onbeperk; voltallig; ~ *committee* breë kommissie; ~ *meeting* volle/voltallige vergadering; ~ *power(s)* volmag.

**plen·i·po·ten·ti·ar·y** *n.* gevolmagtigde, plenipotensiaris. **plen·i·po·ten·ti·ar·y** *adj.* gevolmagtig.

**plen·i·tude** volheid; oorvloed.

**plen·te·ous** oorvloedig. **plen·te·ous·ness** oorvloed(igheid).

**plen·ti·ful** oorvloedig, volop; talryk. **plen·ti·ful·ness** oor= vloed, volopheid; talrykheid.

**plen·ty** *n.* oorvloed, volopheid; *here are* ~ *(of them)* hier is volop/baie (van hulle); *here is* ~ *(of it)* hier is volop/baie (daarvan); *in* ~ volop, in oorvloed, te kus/kies en te keur. **plen·ty** *adj. & adv.* oorvloedig, genoeg, baie, volop.

**ple·num** volle sitting/vergadering; *(fis.)* plenum; volte, vol= heid;

**ple·o·nasm** pleonasme, (woord)oortolligheid. **ple·o·nas·tic** pleonasties.

**ple·si·o·saur, ple·si·o·saur·us** *(paleont.)* plesiosourus, =souriër.

**pleth·o·ra** *(med.)* volbloedigheid; oorvloed, oorvloedigheid, oormaat; *a* ~ *of words* 'n stroom/oorvloed woorde. **ple= thor·ic** *(med.)* volbloedig; oortollig.

**pleu·ra** =rae pleura, longvlies, borskasvlies. **pleu·ral** pleuraal, longvlies=, borskasvlies=; ~ *rib* borsrib. **pleu·ri·sy** *(med.)* pleuritis, borsvliesontsteking. **pleu·rit·ic** pleuris=.

**plex·us** =uses, *(anat.)* pleksus, vleg.

**pli·a·ble** buigsaam; buigbaar; soepel; gedwee. **pli·a·bil·i·ty** buigsaamheid; buigbaarheid; gedweeheid; →PLIANCY.

**pli·ant** buigsaam, lenig, smedig; plooibaar; toegewend, toe= geeflik, inskiklik. **pli·an·cy** buigsaamheid, soepelheid; plooi= baarheid; toegewendheid.

**pli·é** *(Fr., balletposisie)* plié.

**pli·ers:** *(pair of)* ~ (knyp)tang; draadtang.

**plight** toestand, gesteldheid; posisie; *in a sad/sorry* ~ in 'n benarde/ellendige toestand; in die nood.

**plim·soll, plim·sole** *(Br.)* seilskoen.

**Plim·soll line, Plim·soll mark** *(sk.)* plimsollmerk *(ook P~).*

**plinth** plint, vloerlys; voetstuk.

**Plin·y** *(Rom. staatsman/skrywer)* Plinius.

**Pli·o·cene** *n.: the* ~, *(geol.)* die Plioseen(tydperk). **Pli·o· cene** *adj.* Plioseen=.

**plis·sé** *n., (tekst.)* plissee. **plis·sé** *adj.* geplisseer(d).

**plod** *n.* slepende pas; geswoeg, gesloof. **plod** -dd-, *ww.* swoeg, (voort)sukkel, ploeter; ~ *along/on* voortsukkel; ~ *away at s.t.* aan iets voortswoeg. **plod·der** ploeteraar, werkesel. **plod· ding** sukkelend; stadig; volhardend.

**plonk[1]** →PLUNK.

**plonk²** *(infml.)* goedkoop wyn.

**plonk·er** *(infml.)* sukkelaar; domkop, mamparra.

**plop** *n.* plons. **plop** *adv.* ploems, pardoems. **plop** =pp=, *ww.* ploems, plons.

**plo·sion** *(fonet.)* plof.

**plo·sive** *n., (fonet.)* (eks)plosief, klapper, ploffer, plofklank. **plo·sive** *adj.* (eks)plosief.

**plot** *n.* erf, (bou)perseel; plasie, kleinhoewe, stuk(kie) grond; akker; terrein; plot, intrige, knoop *(v. 'n verhaal);* komplot, sameswering; *(statist., wisk.)* (uit)stipping; *hatch a ~* 'n komplot/sameswering *(of* planne) smee; *lose the ~, (infml.)* die kluts kwytraak, die spoor byster raak. **plot** =tt=, *ww.* saamsweer, =span, planne beraam/smee; skets, teken; *(wisk.)* trek, teken *('n kromme);* ontwerp, beraam; afbaken; karteer; inteken; (uit)stip, =stippel *('n grafiek); ~ against s.o.* teen iem. saamsweer; *~ s.t. out* iets afbaken; *~ and scheme* konkel; *~ together* saamsweer. **plot·ter** samesweerder, knoeier, konkelaar; *(rek.)* stipper; stipinstrument, meetdriehoek. **plot·ting** samesweerdery, intrige(s), konkel(a)ry, geknoei; kartering, intekening; *(statist., wisk.)* (uit)stipping, stipwerk.

**plough** *n.* ploeg; ploegland; *the P~, (astron.)* die Groot Beer *(of* [Groot] Wa); *put/set one's hand to the ~, (fig.)* die hand aan die ploeg slaan; *land under the ~* ploegland. **plough** *ww.* ploeg, omploeg, beploeg, omwerk; 'n ploegvoor trek; groef; klief; *~ s.t. in* iets in-/onderploeg; *(fig.)* iets in die saak belê; *~ into s.t., (motor ens.)* in iets vasjaag; *~ through s.t.* deur iets ploeg *(modder ens.);* iets deurworstel *('n boek ens.); ~ s.t. under* iets in-/onderploeg; *~ s.t. up* iets omploeg. ~**land** ploegbare grond. ~**man** =men ploeër; plaaswerker. ~**man's lunch** *(Br.)* brood en kaas met piekels/suurtjies en slaai. ~**share** ploegskaar.

**plough·er** ploeër.

**plough·ing** ploeëry, ploegwerk. *~* **season** ploegtyd.

**plov·er** *(orn.: Charadrius & Pluvialis* spp.*)* strandkiewiet(jie).

**ploy** set, strik, listige plan.

**pluck** *n.* moed(igheid); durf, waagmoed; ruk, pluk, trek; harslag; *have ~* murg in jou pype hê. **pluck** *ww.* (af)pluk *(blomme);* pluk *('n hoender);* trek, ruk; uitdun *(wenkbroue);* tokkel *(snare); ~ at ...* aan ... trek; *~ s.t. away* iets wegruk; *~ed instrument* tokkelinstrument; *~ s.t. out* iets uitruk/ =pluk; *~ s.t. up* iets bymekaarskraap *(moed ens.).* **pluck·y** moedig, dapper, kordaat; *~ deed* kordaatstuk.

**plug** *n.* prop; (krag)prop, kontakprop; stopper, stopprop *(vir lekkasie in pype);* pen, tap, stop; pruimpie, koutjie; stuk pruimtabak; *(geol.)* prop; vonk=, ontstekingsprop; *(hengel)* kunsaas; *(contact) ~* (kontak)prop; *give a ~ to* (or *put in a ~ for*) ..., *(infml.)* vir ... reklame maak; *pull the ~* die prop uittrek *(v. 'n bad ens.); pull the ~ on s.o./s.t., (fig., infml.)* die mat onder iem. se voete uittrek/=pluk/=ruk; die kraan/geldkraan(tjie) na iets toedraai. **plug** =gg=, *ww.* (toe)stop, toesteek; toe=, vasprop; 'n prop insteek; 'n tap inslaan; van 'n prop *(of* proppe) voorsien; *(infml.)* 'n opstopper gee; *(infml.)* skiet; gedurig adverteer, opvysel; *(SA, infml.)* aftjop, druip, dop; *~ away at s.t., (infml.)* aan iets voortswoeg; *~ the gaps (in s.t.), (fig.)* die gate (in iets) toestop; *~ s.t. in* inprop; iets inskakel; *~ s.t. through* iets deurskakel; *~ s.t. up* iets toestop; *~ s.t. with ...* iets met ... toestop. ~**hole** prop=, stopgat; *go down the ~, (Am., infml.)* deur die mat val, skipbreuk ly, misluk; te gronde gaan. ~~**in** *(rek.)* inpropprogram. *~* **outlet** propuitlaat, uitlaatkontak. *~* **switch** prop=, stopskakelaar. *~* **tap** propkraan; boomsnytap. *~* **wire** vonk(prop)= draad.

**plum** pruim; pruim(kleur); die beste; vet baantjie; *speak with a ~ in one's mouth, (fig., infml.)* jou klanke (oor)rond, met geronde klanke praat. *~* **brandy** pruimbrandewyn. *~* **duff** vrugtedoekpoeding. *~* **jam** pruimkonfyt. *~* **job** keurbetrekking. *~* **pudding** vrugtestoompoeding. *~* **stone** pruimpit. *~* **tomato** pruimtamatie.

**plum·age** vere, verekleed, =drag.

**plumb** *n., (bouk.)* pas=, skietlood; diep=, peil=, sink=, werplood; *out of ~* uit die lood, skuins, nie regop/vertikaal nie. **plumb** *adj. & adv.* vertikaal, regop; loodreg, in die lood; *(infml.)* absoluut; *(infml., hoofs. Am.)* verskriklik; *~ centre* dood= waterpas; ingespeel *(d. lugbelletjie v. 'n waterpas); ~ crazy* stapelgek; *~ nonsense* pure bog; *~ point* loodregte/vertikale punt; *~ wicket, (kr.)* mak kolfblad. **plumb** *ww.* peil, meet *(diepte);* loodreg stel/maak, waterpas maak; met die loodlyn toets. *~* **level** waterpas. *~* **line** loodlyn, loodregte lyn; diep=, skietlood; peillood. *~* **rule** skietloodplank.

**plumb·a·go** =gos, *(bot.)* syselbos; grafiet.

**plumb·er** loodgieter. **plumb** *ww.* loodgieterswerk voorsien *(by 'n huis ens.).* **plumb·ing** loodgiet(ers)werk, loodgietery.

**plum·bic** *(chem.)* loodhoudend.

**plume** *n.* pluim, veer; vere=, pluimbos; *(bot.)* pluim; *with borrowed ~s* met geleende vere; *a ~ of smoke* 'n rookpluim. *~~* **like** veeragtig, =vormig.

**plumed** van vere voorsien; uitgedos; *~ hat* pluimhoed.

**plum·met** *n.* diep=, peil=, sinklood; skiet=, paslood. **plummet** *ww.* peil; met 'n dieplood visvang; *(pryse ens.)* skerp daal/val, (kwaai/skerp) (na benede) tuimel, op 'n glybaan wees; *~ (down)* neerstort; *send the dollar/etc. ~ing* die dollar/ ens. op 'n glybaan laat beland.

**plum·my** pruimagtig; vol pruime; *(Br., infml.)* begeerlik; *~ voice, (Br., infml.)* vol stem.

**plu·mose** *(hoofs. biol.)* gepluim(d), geveer(d); veeragtig, =vormig.

**plump¹** *adj.* mollig, plomp, geset, dik, vet; vol, rond, vlesig; sag; rondborstig; *as ~ as a partridge* spekvet. **plump** *ww.* dik/vet word; (op)swel; dik/vet maak. **plump·ish** aan die mollige kant, plomperig, dikkerig. **plump·ness** molligheid, plompheid, gesetheid.

**plump²** *adv., (infml.)* plof, pardoems; *tell s.o. ~* iem. reguit sê. **plump** *ww.: ~ down* neerplof; *~ s.t. down* iets neergooi; *~ for s.t.* iets kies, ten gunste van iets besluit; *~ for s.o.* soos een man vir iem. stem, sterk vir iem. uitkom.

**plu·mule** *(bot.)* pluimpie; donsie; *(orn.)* donsveer(tjie).

**plum·y** gepluim(d), geveer(d), veer=; dons(er)ig.

**plun·der** *n.* plundergoed, buit; plundering. **plun·der** *ww.* buit(maak), (be)roof, plunder, steel. **plun·der·er** plunderaar, buiter, buitmaker.

**plunge** *n.* sprong, duik(slag); neerstorting, val; indompeling; *take the ~* dit waag, die sprong waag. **plunge** *ww.* (in)= spring, duik, (in)plons; (onder)=, (in)dompel; (in)stoot; val, stort; vorentoe spring; *(pryse ens.)* skerp daal/val, (kwaai/ skerp) tuimel; *~ down* neerstort, =plons, *~ down from s.t.* van iets afstort/=tuimel; *~ in* inspring; *(infml.)* indons; *be ~ed in ...* in ... verdiep wees *(gedagtes ens.);* in ... gedompel wees *(oorlog ens.); ~ s.t. in* iets indompel; *~ s.t. into ...* iets in ... dompel; *~ into* a matter met die deur in die huis val; *~ into ... ...* binnestorm *('n kamer ens.);* jou halsoorkop in ... begeef/ begewe *('n onderneming ens.); plunging neckline* lae halslyn. *~* **pool** duikpoel; duikbad, diep (swem)bad.

**plung·er** dompelaar; duiker; suier; skieter; drukker; koker; *(mus.)* dekdemper *(vir koperblaasinstrumente).* *~* **coffee pot/ maker** dompelkoffiepot.

**plunk, plonk** *n.* plof. **plunk, plonk** *ww., (infml.)* tokkel; (neer)plof; *(Am.)* (onverwags) slaan; *~ s.t. down, (infml.)* iets neerplak=/gooi/=smyt.

**plu·per·fect** *(gram.)* plusquamperfectum, =fektum, voltooide verlede (tyd), voorverlede tyd.

**plu·ral** *n.* meervoud. **plu·ral** *adj.* meervoudig, pluraal; *~ ending* meervoudsuitgang; *~ form* meervoudsvorm; *~ marriage* veelwywery, poligamie; *~ society* plurale samelewing. **plu·ral·ise, =ize** meervoudig word; meervoudig maak; in die meervoud uitdruk; meer as een (kerklike) amp beklee. **plu**=

**ral·ism** pluralisme; meervoudigheid. **plu·ral·ist** pluralis. **plu·ral·ist·ic** pluralisties. **plu·ral·i·ty** pluraliteit; pluraliteit, relatiewe meerderheid *(v. stemme)*; menigte, groot aantal; veelheid, talrykheid; meervoudigheid.

**plus** *plus(s)es, n.* plus(teken); plus(punt), voordeel. **plus** *adj.* ekstra, plus=; *(elek.)* positief. **plus** *prep.* plus. ~ **fours** *(vero.)* pof=, kardoes=, kuitbroek; gholfbroek. **~-minus, ~/minus** *adv., (SA, aangedui deur d. teken* ±*)* plus-minus, min of meer, ongeveer, omtrent. ~ **(point)** pluspunt, voordeel. ~ **(sign)** plusteken.

**plus ça change** *tw., (Fr.)* hoe meer dinge verander, hoe *(of* des te) meer bly dit/hulle dieselfde.

**plush** *n., (tekst.)* pluche, wolfluweel. **plush, plush·y** *adj., (infml.)* fluweelagtig; weelderig, luuks(ueus).

**Plu·to** *(Rom. mit., astron.)* Pluto.

**plu·toc·ra·cy** plutokrasie, geldheerskappy, =adel. **plu·to·crat** plutokraat, geldkoning, =baas, =magnaat. **plu·to·crat·ic** plutokraties.

**plu·ton·ic** *(geol.)* plutonies; *(Rom. mit., P~)* Plutonies *(ook p~)*. **plu·ton·ism** *(geol.)* plutonisme.

**plu·to·ni·um** *(chem., simb.:* Pu*)* plutonium.

**plu·vi·al** *n., (weerk.)* reëntyd. **plu·vi·al** *adj.* reënagtig, reën=; deur reën veroorsaak/ontstaan.

**plu·vi·om·e·ter** pluvio=, reënmeter.

**ply**[1] *n.* laag *(hout)*; vou; dikte; draad *(wol)*; twyn *(gare, tou)*. **~wood** laaghout.

**ply**[2] *ww.* hanteer, gebruik; beoefen, uitoefen *('n beroep)*; doen, verrig *(werk)*; gereeld ry/vlieg/vaar; bevaar; ~ **between** ... *and* ... tussen ... en ... heen en weer vaar/ry; ~ *for* **hire** huurrytuie aanhou; teen huur ry; *the ship plies to* ... die skip vaar na ...; ~ *s.o. with* ... iem. met ... oorlaai/volstop *(kos, drank, ens.)*; iem. met ... bestook *(vrae)*.

**ply·ing** twyning. ~ **iron** buigyster.

**pneu·mat·ic** pneumaties, met druklug, (druk)lug=; ~ *brake*, *(mot.)* pneumatiese rem, lug(druk)rem; ~ *drill* pneumatiese boor, (druk)lugboor, lug(druk)boor; ~ *pressure* pneumatiese druk; ~ *(tyre)* lugband. **pneu·mat·ics** *(fungeer as ekv.)* druklugkunde, pneumatiek, pneumatika.

**pneu·mat·o·phore** pneumatofoor *(v. 'n bloublasie)*; pneumatofoor, knie=, steltwortel *(v. 'n mangrove)*.

**pneu·mo·coc·cus** =cocci, *n., (med.)* pneumokokkus.

**pneu·mo·co·ni·o·sis** *(med.)* pneumokoniose, stoflong(siekte), myntering.

**pneu·mo·ni·a** longontsteking, inflammasie van die longe, pneumonie. **pneu·mon·ic** longontstekings=, long=; ~ *plague* longpes.

**pneu·mon·it·is** *(med.)* pneumonitis, viruspneumonie.

**pneu·mo·tho·rax** *(med.)* pneumotoraks, longvlieslugbreuk.

**poach**[1] posjeer; *~ed egg* geposjeerde eier.

**poach**[2] steel *(wild, vis)*; stroop *(wild)*; oortree; steel *(in tennis)*; af=, wegrokkel *(werkers)*; steek; *('n dier)* (met die pote) kap, vertrap; *(grond)* pap/deurslagtig word; ~ *on s.o.'s preserve(s)/ territory* op iem. se regte inbreuk maak; *(infml.)* in iem. se slaai krap. **poach·ing** wilddiewery, (wild)stropery; stelery; inbreuk. **poach·y** vleierig, moerassig.

**poach·er**[1] *(kookk.)* posjeerpan.

**poach·er**[2] wilddief, =steler, (wild)stroper; visdief, =steler; afrokkelaar *(v. werkers)*; steler *(in tennis)*.

**po·chard:** *southern* ~ bruineend.

**po·chette** (palm)handsakkie.

**pock** *n.* pokkie; pok(kies)merk; →POCKY. **~-marked** met pok=(kies)merke.

**pock·et** *n.* sak *(in klere)*; (lug)knik; sak(kie) *(aartappels ens.)*; holte *(in gas, lug)*; *with empty ~s* (or *an empty ~), (infml.)* platsak; *s.o. is R50 in* ~ iem. het nog R50; iem. het R50 gewen; *have s.o. in one's* ~ iem. om jou vinger/pinkie draai

*(of* [skoon] in die sak hê); *have s.t. in one's* ~, *(fig.)* iets so te sê reeds (reg)gekry/gewen het; *they live in each other's ~s, (infml.)* hulle is altyd bymekaar; *line one's ~(s)* jou sak(ke) vul; ~ *of ore* ertsholte; *be out of* ~ geen geld hê nie; *s.o. is R100 out of* ~ iem. het R100 verloor; *put/stick s.t. in one's* ~ iets in jou sak steek; ~ *of resistance* weerstandskol; *turn out one's ~s* jou sakke omkeer/leegskud. **pock·et** *ww.* in die sak steek, inpalm; *(lett.)* in 'n sak steek; *(biljart)* stop; onderdruk *(gevoelens)*; sluk *('n belediging)*. **~book** *(Br.)* nota=, sakboek(ie); *(Am.)* slapbandboek(ie). ~ **dictionary** sakwoordeboek. ~ **expenses** los/klein uitgawes. **~knife** sak=, knipmes. ~ **money** sakgeld. ~ **size** *n.* sakformaat. **~-size(d)** *adj.* klein, in sakformaat. ~ **watch** sakhorlosie.

**pock·et·a·ble** geskik vir die sak, handig.

**pock·et·ful** sak vol.

**pock·y** pokagtig, pokk(er)ig.

**po·co** *adv., (It., mus.)* poco, effens, 'n bietjie; taamlik.

**pod**[1] *n.* peul, dop. **pod** =*dd*-, *ww.* uitdop, =peul; peule dra. **pod·ded** peuldraend, peul=.

**pod**[2] *n.* skool *(visse, walvisse, ens.)*.

**po·dag·ra** *(med.)* podagra, voet=, toonjig, *(infml.)* pootjie. **po·dag·ral, po·dag·ric, po·dag·rous** podagreus, jigtig, jigagtig.

**pod·cast** *n. & ww., (infml., rek.)* podgooi; →iPOD. **pod·cast·er** podgooier.

**podge** *(Br., infml.)* vaatjie, vetsak, potjierol. **podg·i·ness** vetheid *ens..* **podg·y** vet, kort en dik, rond.

**po·di·a·try** *(Am.)* = CHIROPODY. **po·di·a·trist** *(Am.)* = CHIROPODIST.

**po·di·um** =*diums,* =*dia* podium, verhoog; terras *(v. 'n gebou)*.

**pod·zol, pod·sol:** ~ *(soil)* podzol, podsol.

**po·em** gedig, digwerk. →POETRY.

**po·et** digter. **P~ Laureate** hofdigter.

**po·et·ess** digteres.

**po·et·ic** *adj.* digterlik, poëties; dig=; ~ *form* digvorm; ~ *licence* digterlike/poëtiese vryheid; ~ *quality* digterlikheid; ~ *style* digtrant; gebonde styl; ~ *work* digwerk. **po·et·i·cal** *adj.* = POETIC. **po·et·ics** *(fungeer as ekv.)* poëtika, digkunde, verskuns.

**po·et·i·cise, ·cize** poëtiseer; besing.

**po·et·ry** digkuns, poësie; gedigte, digwerk; *book of* ~ digbundel, verseboek; *in* ~ in die digkuns/poësie; in verse; *kind of* ~ verssoort. ~ **award** poësieprys.

**po-faced** *(Br.)* met 'n strak gesig.

**po·go stick** spring=, hopstok.

**po·grom, po·grom** *(Rus.)* pogrom, etniese uitwissing/slagting.

**poign·ant** pynlik; hartverskeurend, aangrypend, aandoenlik; knaende *(verdriet)*; skrynend *(smart)*. **poign·an·cy** pynlikheid; aandoenlikheid.

**poi·ki·lo·therm** *n., (soöl.)* poikiloterm, koudbloedige dier. **poi·ki·lo·ther·mal, poi·ki·lo·ther·mic** poikilotermies, koudbloedig. **poi·ki·lo·ther·my** poikilotermie, koudbloedigheid.

**poin·ci·an·a** *(bot.)* flambojant.

**poin·set·ti·a** *(bot.)* poinsettia, karlien(blom).

**point** *n.* punt; plek; stip(pel); teken; desimaalteken; leesteken; *(grafiekteorie)* nodus, punt; (skeer)punt *(v. 'n tou)*; top(punt), spits; (voor)punt; uiteinde, ent; (land)punt, kaap; (wind)streek *(op 'n kompas)*; *(druk.)* paspen; eienskap; *(kr.)* punt; *(mil.)* spits(man) *(voor 'n patrollie)*; (skermkuns) steek; *(gew. i.d. mv.)* wissel *(op 'n spoor)*; *agree on a* ~ oor 'n punt saamstem; *agree on one* ~ dit oor een punt eens wees; *at all ~s* oral(s); in elke opsig; *a* ~ *arises* 'n punt is ter sake; *at a* ~ op 'n punt; *at one* ~ op een tydstip; *at that* ~ op dié/daardie tydstip; *at this* ~ *(in time)* op dié tydstip, nou; *backward* ~, *(kr.)* punt effe(ns) terug; ~ *by* ~ punt vir punt, puntsgewys(e); ~ *of contact, (lett. & fig.)* aanrakingspunt; *(fig.)* raakpunt; *(elek.)* kontakpunt; *(wisk.)* raakpunt; *deep* ~, *(kr.)*

diep punt; *not to put too* **fine** *a ~ on it* sonder om doekies om te draai; *the* **finer** *~s* die fynighede *(of* fyner puntjies); **gain** *a ~* 'n punt aanteken; 'n slag slaan; *s.o. can* **give** *s.o. else ~s* iem. kan iem. anders iets leer; *~ of* **growth** groeipunt; *you* **have** *a ~ there* daar het jy iets (beet); *a case in ~* 'n goeie voorbeeld, 'n dergelike geval; *that is not a case in ~* dit gaan nie daarom nie; *the ~ in question* die saak waarom/=oor dit gaan; *that is* **just** *the ~* dit is juis waarom/=oor dit gaan; **make** *a ~* 'n punt/argument stel/opper/aanvoer; *(jur.)* 'n punt beredeneer; **make** *one's ~* jou argument duidelik ge= stel; **make** *a ~ of doing s.t.* daarvoor sorg dat jy iets doen; **make** *a ~ of it* jou dit ten doel stel, jou daarop toelê/=spits, werk daarvan maak; daarop staan; **miss** *the ~* die kern/saak mis kyk, iets nie snap nie; **my** *~ is that ...* my betoog is *(of* ek wil beklemtoon) dat ...; *waarop* dit neerkom, is dat ...; *at* **no** *~* nêrens; nooit; *there is* **no** *~ in doing s.t.* dit het geen sin om iets te doen nie; *that is* **not** *the ~* dit is nie die vraag nie, dit gaan nie daaroor/=om nie; *~ of* **no return** punt waar geen terugkeer meer moontlik is nie; beslissende punt; veilig= heidskeerpunt; *on the ~ of ...* op die rand van ... *('n honger= dood ens.);* *be* **on** *the ~ of doing s.t.* op die punt staan/wees om iets te doen; *be* **on** *the ~ of going* op vertrek staan; *beat/defeat/* **win** *s.o.* **on** *~s, (sport)* iem. met punte klop/verslaan; **on** *that ~* wat daardie/dié punt (aan)betref; **press** *the ~ ...* (daarop) aandring dat ...; *~ of* **purchase/sale** koopplek, =punt; *the* **salient** *~* die hoofpunt; *(fig.)* valk; **take** *a ~* 'n punt/ argument stel/aanvoer; **take** *s.o.'s ~* iem. (se argument) be= gryp; *to* **the** *~* ter sake, relevant; raak; saaklik, op die man af; *to the ~ of ...* tot ... toe; *come* **to** *a ~* in een punt uitloop; *come/get* **to** *the ~* ter sake kom; *when it comes to the ~* op stuk van sake; as dit daarop aankom; *get/go* **right/straight** *to the ~* nie doekies omdraai nie; met die daar in die huis val; *never get/go* **right/straight** *to the ~* altyd met 'n draai loop; **up** *to a ~* tot (op) sekere hoogte, in sekere mate; **up** *to that ~* tot op daardie/dié tydstip; **what's** *the ~ of trying?* waarom nog probeer?; *the ~ is* **well taken** die argument is gegrond *(of* hou steek), dit is 'n sterk argument; *that's the* **whole** *~* pre= sies, daarom/=oor gaan dit juis; **yield** *a ~* (op 'n punt) toe= gee. **point** *ww.* spits/skerp maak; wys, dui; 'n punt maak aan; rig, mik, aanlê *('n vuurwapen); (ballet)* punt *(d. tone);* toelig, ophelder; stippel; *(messelwerk)* instryk, voeg; stryk *(voeë);* vul *(voeë, teëls, ens.); (klipwerk)* prik; *('n jaghond)* aan= wys *(wild); ~ at ...* na ... wys; na/op ... mik; die aandag op ... vestig; *~ s.t.* **out** na iets wys/beduie; iets wys/aantoon; op iets wys; iets aanstip; *~ s.t.* **out** *to s.o.* iem. op iets wys; *~ s.o.* **out** iem. uitwys; *~* **out** *that ...* daarop wys dat ...; *it must be ~ed* **out** *that ...* daar moet op gewys word dat ...; *~* **to** *...* na ... wys; op ... wys; die aandag op ... vestig; op ... dui, na ... heenwys. **~=blank** *adj. & adv.* reguit, rondborstig, op die man af; botweg; trompop; reëlreg; horisontaal; *fire ~ (or at ~ range)* trompop *(of* op kort afstand) skiet; *~* **fire** tromp= vuur. *~* **duty** verkeerspuntdiens; *be on ~ ~* die verkeer reël; *policeman on ~ ~* verkeerskonstabel. *~* **lace** naaldkant. *~= of=sale* *adj. (attr.)* verkooppunt=; kasregister=; *~* **display** uit= stalling by die verkooppunt, verkooppuntuitstalling; *~* **sys=** *tem* kasregisterstelsel. **~(s) system** puntestelsel.

**point d'ap·pui** *points d'appui, (Fr.)* steunpunt.

**point·ed** spits, skerp, gepunt, gespits; gevat, raak, geestig; snedig; *(lett. & fig.)* puntig; punt=; gestryk *(messelvoeë); ~* **bodice** puntlyf; *~* **bullet** spits koeël; *~* **cabbage** spitskool; *~* **cap** puntmus; *~* **gable** puntgewel; *~* **shoe** spitspuntskoen; *~* **weapon** steekwapen. **point·er** wys(t)er *(v. 'n klok ens.);* naald, arm; (wys)stok; wenk, aanwysing, vinger=, heenwy= sing, aanduiding; *(honderas)* pointer; *give s.o. ~s on s.t.* iem. wenke oor iets gee; *s.t. is a ~ to what ...,* (*ook*) iets is 'n aan= duiding/vingerwysing van wat ...

**poin·til·lism** *(skilderk.)* pointillisme. **poin·til·list** *n.* pointillis. **poin·til·list, poin·til·lis·tic** *adj.* pointillisties.

**point·ing** *(messelwerk)* voegwerk, voegstryking; spitswerk;

voegvulling *(v. teëls). ~* **lime** voegkalk. *~* **trowel** *(messelwerk)* voegtroffel.

**point·less** stomp, sonder 'n punt; sinloos, sonder sin, be= tekenisloos, onsaaklik, laf, flou.

**point·y** puntig; gepunt.

**poise** statigheid; kalmte, ewewigtigheid, selfbeheersing; (kor= rekte) houding; selfversekerdheid, selfbewussyn. **poised** statig; selfversekerd, selfbewus; gebalanseer(d), in ewewig; swewend; *~ (for a leap)* spronggereed.

**poi·son** *n.* gif; *hate ... like ~ ...* haat soos die pes; *take ~* gif drink; *what's your ~?, (infml.)* wat sal dit wees?, wat drink jy?, wat wil jy drink?. **poi·son** *ww.* vergiftig; verpes, besmet; be= derf; verbitter; *~ed arrow* gifpyl; *~ed chalice, (fig.)* tameletjie; *~ s.o.'s mind against s.o./s.t.* iem. teen iem./iets opmaak/op= stook, iem. se denke/gedagtes oor iem./iets besoedel/vergif= tig. *~* **fang** giftand. *~* **gas** gifgas. *~=***pen** *(fig.)* gifstrooier, haatskrywer. *~=***pen letter** *([anonieme] las= terbrief)* gif=, haatbrief. *~* **pill** *(fin.)* gifpil. *~* **sac** gifklier.

**poi·son·er** vergiftiger, gifmoordenaar, =moordenares.

**poi·son·ing** vergiftiging.

**poi·son·ous** giftig; verderflik; *s.o. is ~* iem. is 'n gifappel; *s.t. is ~ to ...* iets is giftig vir ... *(vee ens.).*

**poke** *n.* stoot, stamp, pomp; *(infml.)* vuishou; tuit *(v. 'n hoed); a ~ in the ribs* 'n pomp in die ribbes; *take a ~ at s.o.* na iem. slaan. **poke** *ww.* stoot, stamp, pomp; steek; roer, pook, rakel *('n vuur); ~ about/around* rondsnuffel; *~ s.o. in the ribs* iem. in die ribbes pomp; *~ up the fire* die vuur oppook/ oprakel. *~* **(bonnet)** tuitkappie, =hoed.

**pok·er¹** *n.* pook(yster), stook=, vuuryster; brandwerk doen; met brandwerk versier *(hout, leer).*

**pok·er²** *n.* poker(spel). *~* **dice** pokerstene, =steentjies; poker met pokerstene/=steentjies, steentjiespoker. *~* **face** *n., (infml.)* uitdrukkinglose gesig. *~=***faced** *adj.* uitdrukkingloos, met 'n uitdrukkinglose gesig.

**pok·ey** *=eys,* **pok·y** *=ies, n., (Am. sl.: tronk)* tjoekie, hok. **pok= ey, pok·y** *adj.* nou, klein, beknop *('n kamer ens.).*

**Po·land** *(geog.)* Pole.

**po·lar** pool=, van die poolstreke; *(bot., chem.)* polêr; *(astron., geom.)* pool=; teenoorgestel(d). *~* **bear** ysbeer. *~* **cap** *(astron.)* poolkap. *~* **circle** poolsirkel. *~* **coordinates** *n. (mv.), (geom.)* poolkoördinate, =ko-ordinate. *~* **expedition** pooltog, =eks= pedisie. *~* **explorer** poolreisiger. *~* **front** *(weerk.)* polêre front, poolfront. *~* **light** *(astron.)* poollig, aurora polaris. *~* **sea** yssee. *~* **star** poolster.

**po·lar·im·e·ter** *(opt.)* polarimeter.

**Po·la·ris** *(astron.)* Polaris, die Pool=/Noord=/Noordpoolster.

**po·lar·ise, ize** *(fis. of fig.)* polariseer. **po·lar·i·sa·tion, =za= tion** polarisasie.

**po·lar·i·ty** polariteit.

**Po·lar·oid** *(handelsnaam)* Polaroid; Polaroidkamera; Pola= roidfoto; *(i.d. mv.)* Polaroidbril.

**pol·der** polder *(vnl. in Ndl.).*

**Pole** Pool. **Po·lish** *n. & adj.* Pools. **Po·lish no·ta·tion** *(log., rek.)* voorvoeg=, prefiksnotasie.

**pole¹** *n.* paal, stok; stang; *(atl.)* spring=, polsstok; disselboom; *be up the ~, (Br., infml.)* (van lotjie) getik wees, nie al jou varkies (op hok) hê nie; *drive s.o. up the ~, (Br., infml.)* iem. gek/rasend maak. **pole** *ww.* boom *('n boot). ~=***jump, ~= vault** *ww.* paalspring. *~=***jumper, ~=vaulter** paalspringer. *~=***jumping, ~=vaulting** paalspring(ery). *~* **position** *(mot.)* voorste wegspringplek. *~=***sitter** paalsitter. *~=***sitting** paal= sittery.

**pole²** *n.* pool; *be ~s apart* hemelsbreed *(of* soos dag en nag) verskil; *~s of the heavens, celestial ~s, (astron.)* hemelpole. *~* **piece** *(fis.)* poolstuk. **P~ Star** Poolster, Polaris, Noordster; *(fig., p~ s~)* leidster.

**pole·axe, (Am.) pole·ax** *n.* slag(ters)byl; strydbyl; *(hist.)*

enterbyl; *(hist.)* hellebaard. **pole·axe,** *(Am.)* **pole·ax** *ww.* met 'n byl aanval/neerslaan; katswink slaan.

**pole·cat** stinkdier; *(SA)* muishond; *striped* ~ stinkmuis=hond.

**po·lem·ic** *n.* polemiek, pennestryd, twisgeskryf. **po·lem·ic, po·lem·i·cal** *adj.* polemies, twis=. **po·lem·i·cist** polemikus, polemis. **po·lem·ics** *(fungeer as ekv.)* polemiek. **po·lem·ise,** =**ize** polemiseer, polemiek voer.

**po·len·ta** *(It. kookk.)* polenta.

**po·lice** *n.* polisie; *two* ~ twee konstabels. **po·lice** *ww.* po=lisieer; die orde handhaaf; bewaak. ~ **constable** konstabel. ~ **dog** polisie=, speurhond. ~ **escort** polisiegeleide. ~ **force** polisiemag. ~ **informer** polisie-informant. ~**man** =*men* poli=sieman, =lid. ~ **officer** polisiebeampte. ~ **presence** polisie=teenwoordigheid. ~ **protection** polisiebewaking, =besker=ming. ~ **raid** polisieoptrede, =klopjag. ~ **record** misdaad=rekord. ~ **reporter** misdaadverslaggewer. ~ **state** polisie=staat. ~ **station** polisiekantoor. ~ **trap** polisiestrik, lokval; lokvink. ~ **van** polisie=, vangwa. ~**woman** =*women* polisie=vrou, vroulike konstabel. ~ **work** polisiewerk.

**po·lic·ing** polisiëring.

**pol·i·cy**[1] (staats)beleid; politiek, (beleids)rigting, koers; *(ook, i.d. mv.)* beleidsrigtings; beleidspunte, beleid; *s.t. is* **Govern=ment** ~ iets is die regeringsbeleid; *lay down a* ~ 'n beleid bepaal; *a* ~ *on s.t.* 'n beleid oor *(of* ten opsigte van *of* met betrekking tot) iets; *stand for a* ~ 'n beleid voorstaan; *state=ment of* ~ beleidsverklaring; *under a* ~ kragtens/volgens 'n beleid; ~ *of violence* geweldpolitiek. ~**maker** beleidvormer, =bepaler. ~ **making** beleidbepaling, =making. ~**-making** *adj.* beleidbepalend, =makend. ~ **statement** beleidsverkla=ring.

**pol·i·cy**[2] *(versek.)* polis; ~ *of insurance* versekerings=, assu=ransiepolis; *a* ~ *on …* 'n polis op … *(iem. se lewe, huis, ens.); take out a* ~ 'n polis sluit/aangaan; *under a* ~ kragtens 'n polis. ~**holder** polishouer. ~ **loan** polislening.

**po·li·o** *(afk. v. poliomyelitis)* polio.

**po·li·o·my·e·li·tis** *(med.)* poliomiëlitis, rugmurg=, grys=murgontsteking; *acute anterior* ~ akute anterieure polio=miëlitis, kinderverlamming.

**Po·lish** →POLE.

**pol·ish** *n.* politoer; poleermiddel; glans, blinkheid, skyn; (die) opvryf/poets; verfyning, beskawing; versorgdheid. **pol·ish** *ww.* opvryf, opvrywe, poleer, politoer (aansmeer), (op)=poets, blink maak/skuur; slyp *(diamante, glas);* afslyp; afvee *(brilglase);* verfyn, beskaaf; ~ *s.t. off* iets gou *(of* in 'n kits) klaarmaak, (gou) met iets klaarspeel *(werk ens.);* iets weg=sluk/verorber *(of* gou klaar eet) *(kos, 'n maaltyd);* ~ *s.o. off, (infml.)* iem. kafloop, met iem. afreken/klaarspeel; ~ *s.t. up* iets poleer/(op)poets *(of* blink vryf); iets opknap/opfris. **pol·ished:** ~ *cotton* glanskatoen; ~ *diamond* geslypte dia=mant; ~ *manners* beskaafde/verfynde maniere; ~ *rice* ge=poleerde rys; ~ *speaker* knap spreker; ~ *style* (goed) ver=sorgde styl; ~ *wood* gepoleerde hout. **pol·ish·er** poetser, poleerder; poleermasjien, poleerder; slyper *(by diamante, glas).*

**pol·ish·ing** polering; polysting. ~ **brush** poetsborsel. ~ **cloth** vryfdoek, =lap, poetsdoek, =lap. ~ **machine** poleer=masjien; slypmasjien.

**Pol·it·bu·ro** *(vnl. hist.)* Politburo.

**po·lite** beleef(d), hoflik, vriendelik; verfyn(d), beskaaf(d); ~ *manners* hoflike maniere; verfyning, beskawing; *be* ~ *to s.o.* beleef(d) wees teenoor iem.. **po·lite·ness** beleefdheid, hof=likheid, vriendelikheid.

**pol·i·tic** verstandig, taktvol, oordeelkundig; takties. **pol·i·tick·ing** *(dikw. neerh.)* politiekery; (die speel van) politieke speletjies; *cheap* ~ goedkoop politiekery.

**po·lit·i·cal** politiek; staatkundig, polities; staats=; ~ *correct=ness* politieke korrektheid; ~ *philosophy* staatsfilosofie; ~

*prisoner* politieke gevangene, staatsgevangene; ~ *science* politieke wetenskap, staatsleer; ~ *scientist* politieke weten=skaplike; ~ *system* politieke stelsel, staatsbestel. **po·lit·i·cal·ly** politiek, polities, in politieke/staatkundige opsig; op poli=tieke/staatkundige gebied/terrein; ~ *correct/incorrect* politiek/polities korrek/verkeerd; ~ *minded* politiek/polities aangelê.

**pol·i·ti·cian** politikus, staatkundige.

**po·lit·i·cise,** =**cize** politiseer; verpolitiseer. **po·lit·i·ci·sa=tion,** =**za·tion** politisering; verpolitisering.

**po·lit·i·co** =*cos, (infml., hoofs. neerh.)* politikus.

**pol·i·tics** *(fungeer gew. as ekv.)* (die) politiek, staatkunde, staatsleer; politiekery; politiekery; *what are s.o.'s* ~? wat is iem. se poli=tiek(e gesindheid)?; *in* ~ in die politiek; *play* ~ konkel; *talk* ~ oor die politiek praat; *rotten with* ~ verpolitiek, verpo=litiseer(d).

**pol·i·ty** bestuursvorm; staats=, regeringsvorm; politieke be=stel, staatsbestel, staat.

**pol·ka** *n., (dans, mus.)* polka. **pol·ka** =*kas* =*kaing* =*kaed, ww.* polka, die polka dans. ~ **dot** *n.* polkakol; polkakolstof; kol=lepatroon. ~**-dot** *adj. (attr.)* polkakol=, *(pred.)* met polkakolle; *a* ~ *dress* 'n polkakolrok, 'n rok met polkakolle.

**poll** *n.* stemming, stemmery; verkiesing; stemmetal; stemlys; meningspeiling; poenskop(dier), poena; →POLLING; *at the* ~*s* by die stembus; *be at the* **bottom** *of the* ~ die minste stemme kry; *declare the* ~ die uitslag (van die stemming) bekend maak *(of* bekendmaak); *be* **excluded** *from the* ~ geen stemreg hê nie; *go to the* ~*s* gaan stem; *head/top the* ~ die meeste stemme kry; *take a* ~ 'n stemming hou; *the* ~*s* die stemplek. **poll** *ww.* stem; stemme registreer/opneem; stemme *(of* 'n stem) uitbring; top, knot; afsny; afsaag *(ho=rings);* ~ *a hundred votes* honderd stemme ontvang/kry/trek; ~ *many votes, (ook)* baie stemme op jou verenig; *votes* ~*ed* uitgebragte stemme. ~ **cattle** poenskopbeeste. ~ **tax** kop=, hoofbelasting, hoofgeld, *(infml.)* opgaaf.

**pol·lack, pol·lock** *(igt.)* koljander.

**pol·lard** *n.* knotstam, getopte boom; *(ook, i.d. mv.)* knothout. **pol·lard** *ww., (bot.)* knot, (af)top. ~**willow** knotwilg(eboom), =wilger(boom).

**pol·len** stuifmeel; →POLLINATE. ~ **basket** *(entom.)* stuifmeel=mandjie. ~ **carrier** *(entom.)* stuifmeeldraer. ~ **cell** stuif=meelsel. ~ **count** stuifmeeltelling, =vlak; *a high/low* ~ ~ 'n hoë/lae stuifmeeltelling/=vlak. ~ **grain** stuifmeelkorrel. ~ **tube** stuifmeelbuis.

**pol·lex** =*lices, (anat., soöl.)* duim.

**pol·li·nate** bestuif. **pol·li·na·tion** bestuiwing. **pol·li·na·tor** bestuiwer.

**pol·ling** stemmery, stemming; snoeiing. ~ **booth** stemhokkie. ~ **day** stemdag. ~ **district** stemdistrik. ~ **officer** stembe=ampte, verkiesingsbeampte. ~ **station** stemlokaal, =buro.

**poll·ster** stemopnemer; meningspeiler.

**pol·lute** besoedel, bevlek, besmet; vuil maak, vervuil, bevuil, verontreinig; ontwy; ~ *s.o.'s mind* iem. se gedagtes/denke be=soedel/vergiftig. **pol·lu·tant** besoedelende stof. **pol·lut·er** besoedelaar. **pol·lu·tion** besoedeling, bevlekking, besmet=ting; vervuiling, bevuiling, verontreiniging; ontwyding.

**po·lo** *(sport)* polo. ~ **jersey** polotrui. ~ **match** polowedstryd. ~**neck (sweater)** polohals=, rolhalstrui. ~ **pony** poloponie. ~ **shirt** polohemp. ~ **stick** polokolf.

**pol·o·naise** *(dans)* polonaise.

**po·lo·ni·um** *(chem., simb.:* Po*)* polonium.

**po·lo·ny** polonie.

**pol·ter·geist** poltergeist, polter=, klopgees.

**pol·y·an·dry** poliandrie; veelmannery; *(bot.)* veelhelmigheid. **pol·y·an·drous** poliandries; veelmannig; *(bot.)* veelhelmig.

**pol·y·an·thus** *(bot.)* sleutelblom, primula. ~ **(narcissus)** tasetnarsing.

**pol·y·chaete** *(soöl.)* borselwurm.

**pol·y·chro·mat·ic** meer=, veelkleurig; polichromaties, ge=polichromeer(d).

**pol·y·chrome** *n.* polichromie, polichrome beeld/skildering; veelkleurigheid. **pol·y·chrome** *adj.* meer=, veelkleurig, polichroom. **pol·y·chro·my** polichromie.

**pol·y·clin·ic** polikliniek.

**pol·y·es·ter** poliëster, poli-ester.

**pol·y·eth·yl·ene** →POLYTHENE.

**po·lyg·a·my** poligamie; *(bot.)* meerslagtigheid. **po·lyg·a·mist** poligamis. **po·lyg·a·mous** poligaam; *(bot.)* meerslagtig.

**pol·y·gen·e·sis** *(biol.)* meerslagtigheid. **pol·y·ge·net·ic** poligeen. **po·lyg·e·nism** poligenisme.

**pol·y·glot** *n.* poliglot, veeltalige. **pol·y·glot** *adj.* poliglotties, veeltalig.

**pol·y·gon** *(geom.)* poligoon, veelhoek. **po·lyg·o·nal** poligonaal, veelhoekig.

**pol·y·graph** poligraaf. ~ **(machine)** leuenverklikker.

**po·lyg·y·ny** poliginie, veelwywery. **po·lyg·y·nous** veelwy=wig; *(bot.)* veelstylig.

**pol·y·he·dron** =hedrons, =hedra, *(geom.)* poliëder, poli-eder, veelvlak. **pol·y·he·dral, pol·y·he·dric** poliëdries, poli-edries, veelvlakkig; ~ *angle* veelvlakhoek.

**pol·y·math** veelweter. **pol·y·math·ic** *adj.* veelwetend, met 'n ensiklopediese kennis. **po·lym·a·thy** *n.* veelwetendheid.

**pol·y·mer** *n., (chem.)* polimeer. **pol·y·mer·ic** *adj.* polimeer. **po·lym·er·i·sa·tion, =za·tion** polimerisasie. **pol·y·mer·ise, =ize** polimeriseer. **po·lym·er·ism** polimerie; polimerisasie. **po·lym·er·ous** *adj.* veeltallig, =delig; *(bot.)* polimeer, polimeries.

**pol·y·morph** *n.* polimorf. **pol·y·mor·phic, pol·y·mor·phous** polimorf, veelvormig. **pol·y·mor·phism** polimorfie, veelvor=migheid.

**Pol·y·ne·sia** *(geog.)* Polinesië. **Pol·y·ne·sian** *n.* Polinesiër. **Pol·y·ne·sian** *adj.* Polinesies.

**pol·y·no·mi·al** *n.* veelterm; *(wisk.)* polinoom, veelterm. **pol·y·no·mi·al** *adj.* veeltermig, veelnamig, polinoom=.

**pol·yp** *(soöl., med.)* poliep. **pol·yp·oid, pol·yp·ous** poliep=agtig.

**po·lyph·a·gous** *(soöl.)* polifaag, veelvretend.

**pol·y·phon·ic** *(mus.)* polifonies, veelstemmig. **po·lyph·o·ny** polifonie, veelstemmigheid.

**pol·y·pro·pyl·ene** polipropileen.

**pol·y·sac·cha·ride** *(biochem.)* polisakkaried.

**pol·y·se·my** *(ling.)* polisemie.

**pol·y·sty·rene** polistireen.

**pol·y·syl·la·ble** veellettergrepige woord, polisillabe. **pol·y·syl·lab·ic** veellettergrepig, polisillabies.

**pol·y·syn·de·ton** *(gram.)* veelverbinding, polisindeton.

**pol·y·tech·nic** *n., (Br.)* politegniese skool; ambagskool. **pol·y·tech·nic** *adj.* politegnies.

**pol·y·the·ism** politeïsme, veelgodery. **pol·y·the·ist** politeïs. **pol·y·the·is·tic** politeïsties.

**pol·y·thene, pol·y·eth·yl·ene** politeen, poliëtileen, poli-etileen.

**pol·y·to·nal·i·ty** *(mus.)* politonaliteit.

**pol·y·un·sat·u·rat·ed:** ~ *fatty acids* poli-onversadigde/po=liönversadigde vetsure.

**pol·y·u·re·than(e)** *(chem.)* poliuretaan.

**pol·y·va·lent** *(med., chem.)* polivalent, meerwaardig, veel=waardig. **pol·y·va·lence, pol·y·va·len·cy** polivalensie, meer=waardigheid, veelwaardigheid.

**pol·y·vi·nyl** *(chem.)* poliviniel. ~ **acetate** *(afk.:* PVA*)* poli-vinilasetaat. ~ **chloride** *(afk.:* PVC*)* polivinielchloried.

**pom**[1] →POMMY.

**pom**[2] *(honderas)* →POMERANIAN *n.*.

**pom·ace** appelpulp; reste. ~ **fly** asynvliegie.

**po·made** *n.* pommade, (haar)salf. **po·made** *ww.* pom=madeer, insmeer.

**po·man·der** reukbal.

**pome** *(bot.)* appel=, kernvrug.

**pome·gran·ate** *(bot.)* granaat(boom); *(vrug)* granaat.

**pom·e·lo** =los pomelo; →GRAPEFRUIT, SHADDOCK.

**Pom·er·a·ni·an,** *(infml.)* **(toy) pom** *n., (honderas)* pommer, dwergkees.

**pom·fret** *(igt.)* pomfret.

**pom·i·cul·ture** vrugteteelt, vrugtekwekery.

**pom·mel** *n.* sier=, kroonknop; sabel=, swaardknop; saalboog, saalboom(knop). **pom·mel** *ww.* = PUMMEL *ww..* ~ **horse** *(gimn.)* beuelperd.

**pom·my, pom·mie, pom** *(soms P~, infml., neerh.: Engels=man)* Pom(mie).

**po·mol·o·gy** pomologie, vrugtekunde. **pom·o·log·i·cal** po=mologies, vrugtekundig.

**pomp** prag, praal, vertoon; ~ *and ceremony|circumstance|glory|pageantry* prag en praal.

**pom·pa·dour** pompadoer(haarstyl).

**Pom·pei·i** *(geog.)* Pompeji. **Pom·pei·ian** *n.* Pompejaan. **Pom·pei·ian** *adj.* Pompejaans.

**pom·pel·moes** →PAMPELMOES.

**pom·pom, pom·pon** pompon; tossel; strikkie, kwassie. ~ **(dahlia)** pompon(dahlia).

**pomp·ous** vertonerig, vernaam; deftig, statig; verwaand, opgeblase; aanstellerig, geswolle. **pom·pos·i·ty** vertoon, praalsug; deftigheid; verwaandheid; hoogdrawendheid.

**ponce** *n., (Br. neerh. sl.: verwyfde man)* moffie, poefter; kop=pelaar. **ponce** *ww.:* ~ *about|around* polsflappend rond=trippel. **pon·c(e)y** *adj.* met wikkelheupies *(pred.),* met flap=pende/slap polse *(pred.),* moffierig, verwyf(d).

**pon·cho** =chos poncho.

**pond** *n.* dammetjie, poel. **pond** *ww.* (op)dam. ~**weed** fon=teinkruid.

**pon·der** (be)peins, oorweeg; besin; mymer; ~ *(on|over) s.t.* oor iets (na)dink. **pon·der·a·ble** *adj., (poët., liter.)* oorweeg=baar; gewigtig. **pon·der·a·bles** *n. (mv.): the* ~ *of life, (dikw. skerts.)* die vraagstukke van die lewe.

**pon·der·ous** swaar, gewigtig; swaarwigtig; lomp; droog, eentonig. **pon·der·ous·ness** swaarte, gewigtigheid; swaar=wigtigheid.

**Pon·do, Mpon·do** =do(s), *(SA, antr.)* Pondo, Mpondo. **Pon·do·land** Pondoland.

**pong** *n., (infml.)* stank, slegte reuk. **pong** *ww.* stink, sleg ruik.

**pon·gee** *(tekst.)* pongee; sagte Chinese/Sjinese sy(stof).

**pon·gid** *n., (soöl.)* mensaap. **pon·gid** *adj. (attr.)* mensaap=.

**pons (Va·ro·li·i)** *pontes Varolii, (anat.)* pons (Varolii).

**pont** *(SA)* pont.

**Pon·tic Sea** Swart See.

**pon·tiff** *(RK)* pous.

**pon·tif·i·cal** *n.* biskoplike seremonieboek; *(i.d. mv.: pouslike gewaad)* pontifikaal; ornaat *(v. 'n priester).* **pon·tif·i·cal** *adj., (RK)* pouslik, pontifikaal. **P~ Mass** *(RK)* pontifikale mis.

**pon·tif·i·cate** *n., (RK)* pontifikaat, pouslike regering; *(RK)* pousskap. **pon·tif·i·cate** *ww., (RK)* as biskop optree; *(RK)* die pontifikale mis opdra; *(pej.)* jou onfeilbaar hou.

**pon·toon**[1] ponton; pont. ~ **bridge** pontonbrug.

**pon·toon**[2] *(kaartspel)* een-en-twintig, een en twintig.

**po·ny** =nies ponie, bossiekop; (klein) glasie; kleintjie. ~**tail** *(haarstyl)* poniestert.

**poo** *n. & ww.* →POOH.

**pooch** *(infml.)* brak.

**poo·dle** *n.* poedel(hond); *(Br., fig.: kruiperige mens)* skoot=hondjie, lakei. **poo·dle** *ww.:* ~ *along, (infml.)* aankruie, aanpiekel.

**poof¹, poof·ter, pouf** *n., (infml.: manlike homoseksueel)* poefter.

**poof², pouf** *tw., (om afsku of skielike verdwyning uit te druk)* poef!.

**pooh, poo** *n., (infml., kindert.)* poef(ie), akka, akkie(s); *do a* ~ poef(ie), akkie(s). **pooh, poo** *ww.* poef(ie), akka, ak=kie(s). **pooh, poo** *tw., (afsku)* poef!, sies!, ga!; *(minagting)* bog!, twak!.

**Pooh-Bah** *(ook p~-b~)* groot kokkedoor.

**pooh-pooh** *(infml.)* wegpraat, weglag, lag vir; *(die/jou)* neus optrek vir.

**pool¹** *n.* poel, dam(metjie), plas; kolk; kuil, gat; (swem)dam/gat; swembad, ~ *of blood* bloedplas, plas bloed; ~ *of water* (water)kuil, gat water. **pool** *ww.* (op)dam. ~**side** *n.* rand van die swembad; *at the* ~ langs die swembad. ~**side** *adj. (attr.)* by/langs die swembad *(pred.)*, swembad= *(attr.)*; ~ *bar* kroeg by/langs die swembad, swembadkroeg.

**pool²** *n.* pot(geld), inset=, inlê=, speelgeld; potspel; kartel; sportlotery; saamvoeging; potdeelnemers; kombinasie van spekulante; spekulasiefonds; *(spel verwant aan biljart)* pot=spel; ~ *of typists* tiksterspoel. **pool** *ww.* saamsmelt, =gooi; in die pot gooi; in een pot gooi; winste deel; langs een kanaal verkoop; gemene saak maak; ~ *resources* saammaak. ~**room** potspelkamer, =lokaal.

**poop¹** *n., (sk.)* agterstewe, =skip, =dek. **poop** *ww., ('n golf)* oor die agterstewe breek/slaan. ~ **(deck)** agterdek.

**poop²** *ww.:* ~ *out, (Am., infml.)* die gees gee; *be* ~*ed (out)* pê/pootuit/doodmoeg wees.

**poop³** *n., (infml.: ontlasting)* poef, bol. **poop** *ww., (infml.)* nommer twee hê, vuilmaak. ~ **scoop, pooper-scooper** *(infml.)* bolskop, bollieskoppie.

**poor** *n.: the* ~ die armes *(of minder gegoedes)*. **poor** *adj.* arm, behoeftig, hulpbehoewend; armlastig; agteraf; karig, armoedig; skraal, onvrugbaar *(grond)*; swak, skraal *(oes)*; min=derwaardig, swak *(gehalte)*; gering, klein; armsalig, treurig; beskeie, nederig; ongelukkig; flou *('n grap)*; a ~ **attendance** 'n slegte/swak opkoms; *(as)* ~ *as a* **church mouse** *(or as church mice)* so arm/kaal soos 'n kerkmuis; *be* ~ *in* ... arm wees aan ...; *(the)* ~ **thing!** (die) arme ding!, foeitog *(of foei tog)!*, siestog *(of sies tog)!*; *take a* ~ **view** *of s.t.* min van iets dink. ~ **box** *(hist.)* arm(e)bus, arm(e)beurs. ~ **relief** arm=(e)sorg, arm(e)versorging. ~ **white** *(neerh.)* armblanke.

**poor·ly** *adj.* sleg(terig), swak; armoedig; ongesteld, siekerig. **poor·ly** *adv.* sleg(terig), swak; min; ellendig, armoedig; sie=kerig; laag, gemeen; ~ *attended* sleg/swak bygewoon.

**poor·ness** skamelheid; swakheid; armsaligheid; skraalheid *(v. grond)*; gebrekkigheid.

**poort** *(Afr.)* poort.

**pop¹** *n.* klap, slag, knal; kol, merk; *(Am., infml.)* limonade ens.; *have/take a* ~ *at* ... losbrand/lostrek op ... **pop** =*pp=*, *ww.* knal, skiet, klap; skielik vorendag *(of voor die dag)* kom *(met)*; *(ore)* toeslaan; *(Br., infml.)* verpand, in pand gee; ~ *back* (gou) teruggaan; (gou) terugkom; ~ *down to the café/ etc.* gou kafee/ens. toe gaan/ry/stap, afglip kafee/ens. toe; ~ *down to Durban/etc.* (net) vir 'n heen-en-weertjie Durban/ ens. toe gaan/ry/vlieg; ~ *in, (infml.)* skielik binnekom; inwip, 'n oomblik *(by iem.)* aangaan/inloer; ~ *s.t. in, (infml.)* iets instop; iets insteek; ~ *into a shop/etc.* by 'n winkel/ens. aan=gaan; ~ *s.t. into* ..., *(infml.)* iets in ... steek *(d. oond ens.)*; ~ *open* oopspring; ~ *out, (infml.)* uitglip, uitwip; ~ *s.t. out, (infml.)* iets uitsteek; ~ *out from behind s.t.* agter iets uit=spring; ~ *one's head out of the window* jou kop by die venster uitsteek; ~ *over to* ..., *(infml.)* gou na ... gaan; ~ *pills, (infml.)* pille sluk; ~ *a* **question** skielik iets vra; ~ *the* **question**, *(infml.)* die jawoord vra; ~ *up, (iets)* opskiet; *(infml.)* opduik;

*(iem.)* skielik opdaag. **pop** *adv.* met 'n klapgeluid/plof/knal/ slag; *go* ~, *('n prop)* klap; *('n ballon)* (met 'n klapgeluid) bars; *(ore)* toeslaan. ~**corn** spring=, kiepiemielies. ~~**eyed** *(infml.)* met uitpeuloë; grootoog, verstom. ~**gun** propgeweertjie, propskieter. ~ **rivet** plofklinknael. ~~**up** *adj.* (op)wip=; ~ *book* wipprentboek; ~ *menu, (rek.)* opwipkieslys; ~ *toaster* wiprooster.

**pop²** *n.* popmusiek; *be top of the* ~*s* die toptreffer wees; *(iem.)* die gewildste wees. **pop** *adj.* pop=; →POPULAR. ~ **art** pop=kuns. ~ **culture** popkultuur. ~ **music** popmusiek. ~ **star** popster.

**pop³** *n.* →POPPA.

**pope** pous; pope, Russiese priester; *have the P*~*'s blessing for s.t.* die jawoord vir iets hê. **P**~**mobile** *(pous se koeëlvaste voertuig)* pousmobiel.

**pope·dom** pousdom.

**pop·ish** *(neerh.)* pouslik, paaps, Rooms.

**pop·lar** *(bot.)* populier(boom).

**pop·lin** *(tekst.)* popelien.

**pop·pa, pop** *(Am., infml.)* paps, pappa.

**pop·(p)a·dam, pop·(p)a·dom, pop·(p)a·dum** *(Ind. kookk.)* poppadom, poppadum.

**pop·per** *n.* knaller; *(Br., infml.)* drukknopie, drukkertjie; *(Am.)* springmieliepan; *(dwelmsl.)* kapsule amielnitriet.

**pop·pet** *(infml.)* skattebol, skatlam; skagtoring, skagbok.

**pop·ping crease** *(kr.)* kolfstreep; kolfkampie.

**pop·py** *(bot.)* papawer. **P**~ **Day** *(Br., infml.: herdenking v.d. einde v. WO1)* Papawerdag, Wapenstilstandsdag. ~**head** maankop *(v. 'n papawer)*; papawerkop *(v. 'n kerkbank)*. ~ **seed** papawer=, maansaad.

**pop·py·cock** *(infml.)* bog/kaf/twak(praatjies).

**pop·u·lace** (volks)menigte, massa; bevolking; gepeupel.

**pop·u·lar** populêr, gewild; algemeen, gewoon; eenvoudig, populêr; volks= *(gewoonte ens.)*; *become* ~, *(iem., iets)* gewild word; *(iets)* ingang vind; *P*~ **Front**, *(pol.)* Volksfront; ~ *music* populêre musiek; ~ *name* volksnaam; *be* ~ *with* ... by ... gewild/bemind wees; *by* ... in tel wees; *by* ... in die smaak val. **pop·u·lar·i·sa·tion, ·za·tion** popularisasie. **pop·u·lar·ise, ·ize** populêr/gewild maak, bekend maak, bekend= maak. **pop·u·lar·is·er, ·iz·er** populariseerder. **pop·u·lar·i·ty** gewildheid, bemindheid, populariteit; *lose* ~ gewildheid inboet; *(infml.)* uitbak, uitgebak raak. **pop·u·lar·ly** algemeen, populêr, onder die volk; ~ *called* ... in die wandel/volksmond ... genoem.

**pop·u·late** bevolk; *be* ~*d by* ... deur ... bewoon word; *be densely/heavily/thickly* ~*d* dig bevolk wees; *be sparsely* ~*d* yl bevolk wees.

**pop·u·la·tion** bevolking, inwoners; bevolkingstal, inwoner=tal; *the growth of* (or *increase in) the* ~ die bevolkingsaanwas. ~ **census** sensus, volkstelling. ~ **density** bevolkingsdigtheid. ~ **explosion** bevolkingsontploffing. ~ **group** bevolkings=groep. ~ **returns** bevolkingstatistiek.

**pop·u·list** populis. **pop·u·lism** populisme.

**pop·u·lous** dig bevolk, digbevolk. **pop·u·lous·ness** digte bevolking.

**por·bea·gle** *(igt.)* haringhaai.

**por·ce·lain** *n.* porselein; porseleingoed, =ware. ~ **(ware)** porseleinware, =goed.

**porch** buiteportaal, portiek; stoep, veranda.

**por·cine** varkagtig, vark=.

**por·cu·pine** ystervark. ~ **fish** penvis. ~ **quill** ystervarkpen.

**pore¹** *n., (anat., soöl.)* sweetgaatjie, porie; *(bot.)* porie, stippel; openinkie.

**pore²** *ww.:* ~ *over s.t.* in iets verdiep wees; iets aandagtig (be)studeer.

**pork** vark(vleis). ~ **barrel** *(Am. sl.)* stemwerwingsprojek. ~~

**barrel** *adj. (attr.)* stemwerwings=. ~ **chop** varktjop. ~ **cutlet** varkkotelet. ~ **pie** vark(vleis)pastei. ~-**pie hat** plat staan= randhoed.

**pork·er** vark; voer=, slagvark; vleisvark.

**pork·ling** klein varkie, speenvark(ie).

**pork·y** varkerig, vark=; *(infml.)* spekvet. ~ **(pie)** *(Br. sl.)* lieg= storie.

**porn, por·no** *n., (infml.: pornografie)* porno. **porn, por·no** *adj., (infml.: pornografies)* porno=. ~ **film** pornofilm, =fliek, =rolprent.

**por·nog·ra·phy** pornografie. **por·nog·ra·pher** pornograaf. **por·no·graph·ic** pornografies.

**po·rous** poreus. **po·ros·i·ty** poreusheid, porositeit.

**por·phy·ri·a** *(med.)* porfirie.

**por·phy·ry** *(geol.)* porfier. **por·phy·rit·ic** porfieragtig.

**por·poise** =poise(s), *(soöl.)* seevark, tornyn, bruinvis.

**por·ridge** pap; *(Br. sl.)* tronkstraf; *do* ~ agter (die) tralies sit.

**port**[1] *n.* hawe; hawestad; see=, oseaanhawe; ~ *of arrival* aan= komshawe; ~ *of call* aanloophawe; *(fig.)* aangaanplek; ~ *of departure* vertrek=, afvaarhawe; ~ *of destination* bestem= mingshawe; ~ *of entry* binnekomshawe, hawe van binne= koms; inklaringshawe; *in* ~ in die hawe; ~ *of London* Lon= dense hawe; *any* ~ *in a storm* in geval van nood is alles wel= kom. ~ **charge**, ~ **dues**, ~ **duty**, ~ **toll** hawegeld, =reg. **P~ Jackson willow** portjackson(boom), goudwilg(er), goud= wilgerboom.

**port**[2] *n., (linkerkant v. 'n skip/vliegtuig)* bakboord. **port** *ww.* na bakboord draai, bakboord gee. ~ **side:** *on the* ~ ~ aan bakboord; *to the* ~ *(side)* na bakboord.

**port**[3] *n.* patryspoort; poort, ingang; poort, opening, uitlaat; *(rek.)* poort, aansluiting, deurgang; →PORTER[2]. ~**hole** pa= tryspoort, kajuitvenster(tjie); geskutpoort, skietgat.

**port**[4] *n.* port(wyn).

**port**[5] *ww., (rek.)* oorplaas, oordra; →PORTABLE, PORTAGE, POR= TER[1]; ~ *arms!, (mil.)* inspeksiestand (geweer)!.

**port·a·ble** dra(ag)baar; vervoerbaar; verplaasbaar, verskuif= baar; ~ *radio* draradio; ~ *telephone* dra(tele)foon, dra(ag)bare (tele)foon; hand(tele)foon; veld(tele)foon. **port·a·bil·i·ty** dra(ag)baarheid; vervoerbaarheid; verplaasbaarheid, ver= skuifbaarheid.

**por·tage** *(sk.)* bootvervoer; bootvervoergeld; bootvervoer= roete; dra(ag)loon, drageld; dra(ag)plek.

**por·tal** *n.* ingang, portaal; hek; poort; portiek; *(rek.)* toe= gangspoort, *(infml.)* voordeur. **por·tal** *adj.* poort=. ~ **vein** poortaar.

**por·ta·men·to** =menti, *n., (It., mus.)* portamento. **por·ta·men·to** *adj. & adv.* glyend.

**port·cul·lis** valpoort, =hek.

**por·tend** (voor)spel, bedui, beteken. **por·tent** (voor)teken, voorbode; wonder. **por·ten·tous** veelbetekenend; gewigtig, plegtig; onheilspellend.

**por·ter**[1] kruier *(op 'n stasie ens.);* draer.

**por·ter**[2] *(Br.)* deurwagter, portier; hekwagter, portier; *(spw.)* oorwegwagter; onderhoudsman *(v. 'n gebou).*

**por·ter·house** *(hist., hoofs. Am.)* bierhuis, eetplek. ~ **(steak)** bolendeskyf.

**port·fo·li·o** akte=, dokumente=, briewetas; portefeulje; *the* ~ *of finance* die portefeulje van finansies.

**por·ti·co** =co(e)s portiek, (oordekte) suilegang, kolonnade.

**por·tière** *(Fr.)* deur=, skortgordyn.

**por·tion** *n.* (aan)deel, gedeelte, porsie *(kos); (jur.)* erfdeel, =porsie. **por·tion** *ww.* deel, verdeel; ~ *s.t. out* iets uitdeel.

**Port·land** *n.:* ~ **cement** portlandsement. ~ **stone** port= landsteen.

**port·ly** geset, swaarlywig. **port·li·ness** gesetheid.

**port·man·teau** =teaus, =teaux reistas, handkoffer, =sak. ~ **word** kombinasiewoord, saamgesmelte woord.

**Por·to Ri·co** *(geog., hist.)* →PUERTO RICO.

**por·trait** portret; beeld, weergawe; *do/paint s.o.'s* ~ iem. se portret skilder; ~ *of a child, child* ~ kinderportret. ~ **painter** portretskilder.

**por·trait·ist** portrettis, portretkunstenaar, =skilder.

**por·trai·ture** portretkuns; uitbeelding; *(fml.)* portret.

**por·tray** skilder, uitbeeld, skets; afbeeld; ~ *in words* uitbeeld, beskryf, beskrywe. **por·tray·al** skildering, uitbeelding; af= beelding; weergawe; ~ *of character* karaktertekening.

**Por·tu·gal** *(geog.)* Portugal. **Por·tu·guese** *n. & adj.* Portu= gees; ~ *man-of-war* bloublasie.

**por·tu·lac·a** *(bot.)* portulak; postelein, misbredie, varkens= kos.

**pose** *n.* houding, pose; aanstellery; *assume/strike* (or *take up)* *a* ~ poseer, 'n houding aanneem. **pose** *ww.* poseer, 'n houding aanneem; figureer; jou aanstel; voorgee; stel *('n vraag);* oplewer *('n probleem ens.); (dominospel)* plaas; ~ *as ...* jou vir ... uitgee, jou as ... voordoen; ~ *a threat (to ...)* gevaar (vir ...) inhou.

**pos·er**[1] poseerder, sitter, model *(vir 'n kunstenaar); (infml.)* aansteller.

**pos·er**[2] raaisel, strikvraag.

**po·seur** *(vr.* poseuse*)* poseur, aansteller.

**po·sey, pos·er·ish** *(infml.)* pretensieus.

**posh** *(infml.)* deftig, weelderig.

**pos·it** aanneem, vooropstel, poneer, postuleer.

**po·si·tion** *n.* posisie, stelling; stand; (mark)belang/posisie; *(mil.)* opstelling; ligging, plek; houding; *(mus.)* posisie *(op 'n strykinstr.);* standpunt; posisie, status, rang; posisie *(in sport);* pos, amp, betrekking; stand van sake, situasie, toe= stand; ~ *of authority* gesagsposisie; *financial* ~ finansiële omstandighede, geldelike situasie; *jockey/manoeuvre for* ~ 'n goeie/gunstige posisie probeer verkry; *of high* ~ hoog= geplaas; *in* ~ op sy plek, reg, klaar; *be in a/no* ~ *to* ... (nie) in staat *(of* by magte) wees *(of* die geleentheid hê) om te ... (nie); *place s.t. in* ~ iets op sy plek aanbring; *kneeling* ~ knielende houding; *s.o. is not in a* ~ *to* ... iem. kan nie ... nie, iem. is nie in staat *(of* by magte) om te ... nie; *out of* ~ nie op sy plek nie, nie klaar/reg nie; ~ *of the parties* stand van die partye; ~ *of power* magsposisie; *present* ~ huidige stand; *take a* ~, *(mil.)* 'n stelling inneem/verower; *take up a* ~ stelling inneem; 'n standpunt inneem; *take (up) one's* ~ *somewhere* êrens stelling inneem; *be in a ticklish/tricky* ~ in 'n netelige posisie wees; *an untenable* ~ 'n onhoudbare po= sisie. **po·si·tion** *ww.* plaas, opstel, op sy plek aanbring, in posisie stel; die plek bepaal van; ~ *o.s. somewhere* êrens stel= ling inneem; *well* ~*ed* goed geplaas/geleë. ~ **paper** *(pol., han.)* situasieskrif.

**po·si·tion·al** posisioneel, posisie=; ~ *play* posisionele spel; ~ *war(fare)* stellingoorlog(voering).

**po·si·tion·ing** plasing; opstelling; plekbepaling.

**pos·i·tive** *n., (gram.)* stellende trap, positief; *(fot., wisk.)* po= sitief. **pos·i·tive** *adj.* positief; vas, bepaald, stellig; seker, oortuig, beslis; *be (quite)* ~ *about/of s.t.* heeltemal seker van iets wees; *be/become a* ~ *nuisance* bepaald 'n oorlas wees/ raak. ~ **discrimination** positiewe diskriminasie; →AFFIRMA= TIVE ACTION. ~ **feedback** positiewe terugvoer(ing). ~ **pole** *(fis.)* positiewe pool. ~ **proof** seker/afdoende/genoegsame bewys.

**pos·i·tive·ness, pos·i·tiv·i·ty** sekerheid, stelligheid, be= slistheid, versekerdheid.

**pos·i·tiv·ism** *(filos.)* positivisme. **pos·i·tiv·ist** *n.* positivis. **pos·i·tiv·ist, pos·i·tiv·is·tic** *adj.* positivisties.

**pos·i·tron** *(fis.)* positron.

**pos·se** *(Am.; hist.)* posse; *(infml.)* bende.

**pos·sess** besit, hê, in besit wees van; beheers; *be* ~*ed by/ with s.t.* (aanhoudend/gedurig) oor een ding maal, nie van iets kan loskom nie *('n gedagte ens.); like one* ~*ed* soos 'n besetene; *not know what* ~*es s.o.* nie weet wat iem. makeer *(of* wat in iem. gevaar het) nie. **pos·ses·sion** besitting, bate; *(sport)* besit; besetenheid; *(ook, i.d. mv.)* besittings, eiendom, goed, rykdom; *be in* ~ *of s.t.* in besit van iets wees, iets besit; *s.t. is in the* ~ *of s.o.* iets behoort aan iem.; *s.t. comes into s.o.'s* ~ iets kom in iem. se besit; *get* ~ *of s.t.* in die besit van iets kom; *take* ~ *of s.t.* iets in *(of* van iets) besit neem; op iets beslag lê; iets beset; *take* ~ *of s.o., ('n bose gees)* in iem. vaar. **pos·ses·sor** besitter; *the proud* ~ *of ...,* *(dikw. skerts.)* die trotse eienaar van ... **pos·ses·so·ry** besittend; besit(s)=; ~ *remedy, (jur.)* besitsaksie.

**pos·ses·sive** *n., (gram., ook* possessive case*)* genitief, besit= like vorm. **pos·ses·sive** *adj.* besitlik; besittend; possessief. ~ **pronoun** besitlike voornaamwoord.

**pos·ses·sive·ness** besitlikheid.

**pos·si·bil·i·ty** moontlikheid; gebeurlikheid; *s.o. cannot by any* ~ ... iem. kan onmoontlik ...; *is there any* ~ *that* ...? bestaan/is daar 'n moontlikheid dat ...?; *there is a distinct* ~ *that* ... die moontlikheid dat ... is glad nie uitgesluit nie; *exhaust all possibilities* alle moontlikhede ondersoek; *have (great) possibilities* (groot) moontlikhede inhou; *preclude a* ~ 'n moontlikheid uitskakel; *s.t. is within the range of* ~ iets is moontlik *(of* nie onmoontlik nie); *a real* ~ 'n besliste moontlikheid; *a remote/slender/slight* ~ 'n geringe moont= likheid; *a world of possibilities* eindelose moontlikheid.

**pos·si·ble** *n.* moontlike kandidaat/keuse; *the* ~ die waar= skynlike; die haalbare. **pos·si·ble** *adj.* moontlik, gebeurlik; doenlik; *as early as* ~ so vroeg (as) moontlik; *as many/much (...) as* ~ soveel (...) (as) moontlik; *as soon as* ~ so gou (as) *(of* so spoedig) moontlik; *would it be* ~ *(for s.o.) to do s.t.?* sal dit (vir iem.) moontlik wees om iets te doen?; *the biggest* ... ~ die groots(te) moontlike ...; *the biggest/heaviest/etc.* ~, *(ook)* die allergrootste/=swaartste/ens.; ~ *claim* eventuele eis; *do everything* ~ al die moontlike doen; alles in jou vermoë doen; *if (at all)* ~ indien (enigsins) moontlik; *it is* ~ *to do s.t.* dit is moontlik om iets te doen, iets is moontlik; iets kan; *it is just* ~ dis nie onmoontlik nie; dit kan net gebeur; *it is quite* ~ dit is heel/bes moontlik; *it is quite* ~ *that* ..., *(ook)* die moontlikheid dat ... is (glad) nie uitgesluit nie; *it is still* ~ *that* ..., *(ook)* daar is nog 'n moontlikheid dat ...; *only one* ~ *person among them* net een geskikte persoon onder hulle; *where/wherever/whenever* ~ waar/wanneer (enigsins) moontlik, waar/wanneer dit ook al moontlik is.

**pos·si·bly** moontlik, dalk, straks, miskien, eventueel, wie weet; *s.o. cannot* ~ *do it* iem. kan dit onmoontlik doen; *quite* ~ heel/bes moontlik.

**pos·sum** *(infml.)* →OPOSSUM; *play* ~, *(infml.)* maak (as)of jy slaap; voorgee jy weet (niks) nie.

**post¹** *n.* stut, paal; styl; *(mynb.)* pilaar; *(perdewedrenne)* begin= paal; eindpaal; staander; doelhok; *be beaten at the* ~ op die nippertjie geklop word; *be left at the* ~ ver/vêr agtergelaat word, uit die staanspoor agter wees. **post** *ww.* aanplak; be= kend maak, bekendmaak; ~ *s.t. up* iets op=/aanplak *('n ken= nisgewing ens.).*

**post²** *n.* pos; poskantoor; posdiens, =wese; *by* ~ per *(of* met/ oor die) pos; *by return of* ~ per kerende pos; *send s.t. by separate* ~ iets onder afsonderlike/aparte omslag stuur; ~*s and telecommunications* pos= en telekommunikasiewese. **post** *ww.* pos, per pos stuur; oorskryf, =plaas; boek; ~ *an entry, (boekh.)* 'n pos boek/inskryf; *keep s.o.* ~*ed* iem. op (die) hoogte hou; *be* ~*ed missing* as vermis aangegee word; ~ *off* ... ... wegstuur. ~*bag (Br.)* possak; pos. ~*box* pos=, briewebus. ~*card* poskaart; *(pictorial)* ~ prentkaart. ~*code* poskode. ~*-free, ~-paid* posvry, vry(gestel) van posgeld. ~*haste* met groot/alle haas, halsoorkop, in aller yl. ~*man men* posbode, =man, briewebesteller. ~*mark* *n.* posmerk, (pos)stempel, stempelafdruk. ~*mark ww.* posmerk; (af)= stempel. ~*master* posmeester. ~*master general* posmees=

ter-generaal. ~ **office** poskantoor; *general* ~ hoofposkantoor. ~ **office box** (private/privaat) posbus. ~ **office worker** poskantoorwerker. ~*-paid* posgeld betaal(d).

**post³** *n.* pos, posisie, amp, betrekking; standplaas; wag, pos; *(mil.)* taptoe; *assume a* ~ 'n betrekking/pos aanvaar; *be at one's* ~ op jou pos wees; *fill/hold a* ~ 'n betrekking/pos beklee; *the last* ~, *(mil.)* die laaste taptoe; *relinquish a* ~ 'n betrekking neerlê; *a vacant* ~ 'n vakante pos/betrekking. **post** *ww.* plaas, stasioneer; indeel *(by 'n eenheid ens.); (mil.)* uitsit, opstel, op wag sit; ~ *s.o. to ...* iem. na ... stuur, iem. in/ op ... aanstel.

**post·age** posgeld; ~ *due* verskuldigde posgeld; ~ *(pre)paid* posgeld betaal(d), gefrankeer(d). ~ **rate** postarief. ~ **stamp** posseël.

**post·al** pos=; ~ *address* posadres; ~ *article* posstuk; ~ *au= thorities* die poswese; ~ *code* = POSTCODE; ~ *delivery* pos= aflewering; *go* ~, *(Am. sl.)* berserk raak, rasend word, amok maak; ~ *order* posorder; ~ *rate(s)* postarief; ~ *service* pos= diens; ~ *vote* posstem.

**post·co·i·tal** postkoïtaal, *(pred.)* ná die geslags=/liefdesdaad.

**post·date** *ww.* vooruit=, postdateer, later dateer; ~*d cheque* vooruitgedateerde *(of* later gedateerde) tjek.

**post·doc·to·ral** post=, nadoktoraal; ~ *research* post=/nadok= torale navorsing.

**post·en·try** latere boeking/inskrywing, naboeking; latere inklaring, later ingeklaarde goed; laat inskrywing *(vir 'n wedren).*

**post·er** plakkaat, aanplakbiljet; aanplakker; versender *(v. 'n brief ens.).* ~ **paint** plakkaatverf.

**poste res·tante** poste restante.

**pos·te·ri·or** *n., (skerts.)* agterstewe, =ent, =stel. **pos·te·ri·or** *adj.* agterste, agter=; later. **pos·te·ri·or·i·ty** (die) later kom; later dagtekening; posterioriteit.

**pos·ter·i·ty** nageslag; nakomelingskap; afstammelinge.

**pos·tern** *n.* agterdeur; sydeur. **pos·tern** *adj.* agter=. ~ *(gate)* agterhek.

**post·fem·in·ism** postfeminisme. **post·fem·in·ist** *n.* post= feminis. **post·fem·in·ist** *adj.* postfeministies.

**post·gla·cial** *(geol.)* postglasiaal, (van) ná die ystyd.

**post·grad** *n. & adj., (infml.)* = POSTGRADUATE.

**post·grad·u·ate** *n.* nagraadse student. **post·grad·u·ate** *adj.* nagraads *(kursus ens.).*

**post·hu·mous** postuum; ná die dood gebore/verskyn; na= gelate; ~ *child* nakind, postume kind; ~ *writings* nagelate werke. **post·hu·mous·ly** postuum, ná die dood.

**post·im·pres·sion·ism** *(skilderk.)* postimpressionisme, post-Impressionisme *(ook P~).* **post·im·pres·sion·ist** *n.* postimpressionis, post-Impressionis *(ook P~).* **post·im= pres·sion·ist, post·im·pres·sion·is·tic** *adj.* postimpressio= nisties, post-Impressionisties *(ook P~).*

**post·in·dus·tri·al** postindustrieel.

**post·ing** standplaas; oorplasing; (die) pos, versending; *(boekh.)* boeking, inskrywing; plasing, indeling *(v. personeel ens.);* ~ *to a section* indeling by 'n afdeling.

**Post-it** *(handelsnaam)* Post-it(-plakkertjie), plaknota(tjie), =boodskap(pie).

**post·lude** *(mus.)* naspel.

**post·ma·tric** *(SA opv., infml.)* postmatriek=, naskoolse *(kwa= lifikasie ens.).*

**post·mil·len·ni·al·ism** postmillennialisme. **post·mil·len= ni·al** postmillennialisties.

**post·mod·ern** postmodern. **post·mod·ern·ism** postmoder= nisme, post-Modernisme *(ook P~).* **post·mod·ern·ist** *n.* postmodernis, post-Modernis *(ook P~).* **post·mod·ern·ist** *adj.* postmodernisties, post-Modernisties *(ook P~).* **post·mo= der·ni·ty** postmoderniteit.

**post·mor·tem** *n.* lykskouing, nadoodse ondersoek,

outopsie, (mediese) doodsondersoek, post mortem; *(infml.)* nabetragting; *conduct/do a ~ on s.o.* 'n nadoodse ondersoek van iem. uitvoer; 'n lykskouing van iem. hou/verrig; *have/ hold a ~ on s.t., (infml.)* nabetragting oor iets hou. **post= mor·tem** *adj.* ná die dood; *~ examination* lykskouing, na= doodse ondersoek.

**post·na·tal** nageboortelik, postnataal; *~ care* nageboorte=, kraamsorg, nageboortelike sorg; *~ depression* nageboortelike/ postnatale depressie.

**post·nup·tial** nahuweliks.

**post·op·er·a·tive:** *~ condition* postoperatiewe toestand, toestand ná 'n operasie.

**post·par·tum** *adj., (Lat., med., veearts.)* postpartum, nage= boortelik; *~ depression* postpartum-depressie, nageboortelike depressie.

**post·pone** uitstel, verskuif, laat oorstaan. *~ s.t. indefinitely* iets afstel, iets onbepaald uitstel; *~ s.t. for a week* iets 'n week uitstel; *~ s.t. till/until/to tomorrow* iets tot môre/more uitstel. **post·pon·a·ble** vatbaar vir uitstel, verskuifbaar. **post·pone= ment** uitstel, verskuiwing.

**post·po·si·tion** *(gram.)* postposisie; agtersetting; agterset= sel.

**post·pran·di·al** *(fml. of skerts.)* ná die maaltyd, tafel=; *(med.)* postprandiaal; *~ speech* tafelrede, =toespraak.

**post·pro·duc·tion** *n.* naproduksie(werk). **post·pro= duc·tion** *adj. (attr.)* naproduksie=.

**post·script** naskrif, =berig, byskrif.

**post·struc·tu·ral·ism** poststrukturalisme, post-Struktu= ralisme *(ook P~).* **post·struc·tu·ra·list** *n.* poststrukturalis, post-Strukturalis *(ook P~).* **post·struc·tu·ra·list** *adj.* post= strukturalisties, post-Strukturalisties *(ook P~).*

**post·trau·mat·ic** posttraumaties, =troumaties; *~ stress (dis= order/syndrome), (med.)* posttraumatiese/=troumatiese stres= (versteuring/sindroom).

**pos·tu·lant** kandidaat, aansoeker; *(relig.)* postulant, pro= ponent. **pos·tu·lan·cy** kandidaatskap.

**pos·tu·late** *n.* postulaat, veronderstelling, aksioma. **pos= tu·late** *ww.* postuleer, (as vasstaande) aanneem, veron= derstel, vooropstel; eis, aanspraak maak op. **pos·tu·la·tion** postulasie; veronderstelling; eis.

**pos·ture** *n.* (liggaams)houding, postuur; toestand, staat. **pos·ture** *ww.* 'n houding aanneem; poseer; plaas, sit; *~ as ... jou vir ...* uitgee *(of as ...* voordoen).

**post·vi·ral** postviraal; *~ (fatigue) syndrome, (med.)* postvirale (moegheid/uitputting)sindroom, mialgiese enke=/ensefalo= miëlitis.

**post-war** naoorlogs, (van) ná die oorlog.

**po·sy** ruiker(tjie).

**pot¹** *n.* pot; kan; blompot; *(infml.)* (prys)beker; *(infml.)* boe= pens; kamer=, nagpot; *keep the ~ boiling* die pot aan die kook hou; *go to ~, (infml.)* na die hoenders gaan; verwaarloos *(of op die koffie)* raak; *the ~ calls the kettle black* die pot verwyt die ketel (dat hy swart is); *~s (or a ~) of ..., (infml.)* hope/baie ...; *~s of money, (infml.)* sakke vol *(of* hope) geld, geld soos bossies; *~s and pans* potte en panne. **pot** =tt=, *ww.* inmaak, =lê; pot, in 'n pot plant; *(biljart)* stop; *(infml.)* neer= skiet, klits, ompiets, =kap; inpalm; *~ at ...* na ... skiet; *~ away* wild skiet. **~belly** →POTBELLY. **~boiler** *(infml.)* brood-en- botter-boek/film/ens.. **~-bound** potvas *('n plant).* **~ bread** *(SA)* potbrood. **~herb** kombuiskruid. **~holder** pot=, vatlap. **~hole** →POTHOLE. **~hook** pothaak. **~hunter** *(infml.)* prysjagter; eersoeker. **~hunting** potjag; prys(e)jag; eer= soekery. **~ luck** *(infml.)* wat die pot verskaf; *we have poor ~ ~ today* skraalhans is vandag kok; *take ~ ~* vir lief neem met wat jy (te ete) kry. **~ plant** potplant. **~ roast** *n.* potbraaistuk. **~-roast** *ww.* potbraai. **~sherd, ~shard** potskerf. **~shot** pot= skoot; trompop skoot; *take a ~ at ...* op goeie geluk (af) na ... skiet.

**pot²** *(infml.)* dagga, boom. *~head (sl.)* daggaroker.

**po·ta·ble** drinkbaar.

**po·tage** *(Fr.: dik sop)* potage. **po·ta·ger** *(Fr.)* groentetuin.

**pot·ash** potas, kaliumkarbonaat, =hidroksied.

**po·tas·si·um** *(chem., simb.: K)* kalium. *~-argon dating (geol.)* kalium-argon-datering. *~ carbonate* kaliumkarbonaat. *~ chlorate* kaliumchloraat. *~ chloride (simb.: KCl)* ka= liumchloried. *~ iodide* kaliumjodied. *~ nitrate* kaliumnitraat, salpeter. *~ permanganate* kaliumpermanganaat.

**po·ta·to** =toes aartappel, ertappel; *shoestring ~es, (kookk.)* aartappelriempies; *be small potatoes, (infml.)* van min/weinig belang wees. *~ blight, ~ disease* aartappelsiekte, swart=, aartappelroes. *~ chip* →CHIP *n.. ~ crisp* →CRISP *n.. ~ flour* aartappelmeel. *~ fritter* aartappelpoffertjie. *~ lifter* aar= tappeluithaler, =uithaalmasjien. *~ masher* aartappeldrukker, =fynmaker. *~ peel* aartappelskil. *~ peeler* aartappelskiller. *~ skin* aartappelskil.

**pot-au-feu** *(Fr. kookk.)* pot-au-feu.

**pot·bel·ly** boepens, boepie, boepmaag. **pot·bel·lied** *adj.* boe= pens=, dikpens=; *~ pig* dikpensvarkie.

**po·teen** *(hoofs. Ier.)* onwettig gestookte whisky.

**po·tent** magtig, sterk, kragtig, kragdadig; *~ brew* kragtige/ stewige brousel. **po·ten·cy, po·tence** mag, sterkte, krag, vermoë; potensie. **po·ten·tate** potentaat, heerser, magheb= ber, vors, monarg. **po·ten·ti·ate** versterk, kragtiger/effek= tiewer maak, die werking van ... versterk.

**po·ten·tial** *n.* vermoë, potensiaal; moontlikheid; spanning; *(gram.)* potensialis; *(fis., elek.)* potensiaal. **po·ten·tial** *adj.* potensieel, latent, moontlik; *~ buyer* moontlike/eventuele koper. *~ difference (fis.)* potensiaal=, spanningsverskil. *~ energy (fis.)* potensiële energie.

**po·ten·ti·al·i·ty** moontlikheid; potensialiteit.

**po·ten·ti·om·e·ter** *(elek.)* potensiometer.

**pot·ful** pot (vol).

**pot·hole** *n.* maal=, kolkgat, maalkolk *(in 'n rivier);* slaggat *(in 'n pad);* spelonk. **pot·hole** *ww., (Br.)* spelonke ondersoek. **pot·hol·er** speleoloog, spelonker. **pot·hol·ing** spelonkery.

**po·tion** drank; dosis; gifdrank.

**pot·jie·kos** *(Afr., kookk.)* potjiekos.

**pot·pour·ri** potpourri; mengsel; *(mus.)* keurspel.

**pot·tage** (dik) sop; groentegereg; bredie.

**pot·ted** ingemaak; *(infml.)* verkort; *~ history* verkorte ge= skiedenis; *~ meat* blikkiesvleis, ingemaakte vleis; *~ plant* potplant.

**pot·ter¹** *n.* pottebakker. **pot·ter·y** pottebakkery; pottebak= kerskuns; pottebakkerswinkel; erdewerk.

**pot·ter², (Am.)** put·ter *n.: have* (or *go for) a ~* (gaan) rond= drentel/=peuter. **pot·ter, (Am.)** put·ter *ww.* peuter, sukkel; *~ about/around* ronddrentel; rondwerskaf, =woel; *~ away one's time* die/jou tyd verbeusel. **pot·ter·er, (Am.)** put·ter·er *n.* drentelaar; beuselaar.

**pot·ter's:** *~ clay, ~ earth* pottebakkersaarde, potklei. *~ wheel* pottebakkerswiel, pottebakker=, draaiskyf.

**pot·ting:** *not know what's ~, (SA, infml.)* nie weet wat aan= gaan nie. *~ mixture* potmengsel. *~ shed* tuinskuurtjie. *~ soil* potgrond.

**pot·to** =tos, *(soöl.: Perodictius potto)* potto.

**pot·ty¹** =tier =tiest, *adj., (infml.)* gek(lik), dwaas, getik, in die bol gepik; *be ~ about s.o./s.t.* dol/mal oor *(of* gek na) iem./iets wees; *drive s.o. ~* iem. gek/rasend maak.

**pot·ty²** =ties, *n., (infml.)* potjie. *~-train: a ~* toddler 'n peuter leer om 'n potjie te gebruik. *~-trained: a ~ toddler* 'n peuter wat nie meer doek(e) dra nie. *~-training* potjiedissipline, sindelikheid.

**pouch** *n.* sak(kie), tas(sie); patroonsak, =tas; tabaksak; beur= sie; *(soöl.)* buidel; *(anat.)* sak(kie), holte, ruimte. **pouch** *ww.*

in die/jou sak steek; *(infml.)* vat, inpalm, toe-eien; *(kr.)* vang; (in)sluk; 'n sak vorm; soos 'n sak (laat) hang; *~ed mouse* wangsakmuis.

**pouf(fe)** *(Fr.)* poef, sit=, vloerkussing.

**poult** kuiken, klein kalkoentjie/ens., kalkoenkuiken.

**poul·tice** *n., (med.)* pap, pleister. **poul·tice** *ww.* pap.

**poul·try** pluimvee. ~ **farming,** ~ **rearing** pluimveeboerdery, =teelt. ~ **house** pluimveehok.

**pounce** *n.* sprong; grypslag; *make a ~ at/on s.t.* op iets neerskiet/afspring/toeslaan. **pounce** *ww.:* ~ *on/upon* ... op ... neerskiet/afspring/toeslaan, ... gryp *(of* skielik aanval); ... aangryp.

**pound**[1] *n., (gewigs= of geldeenh.)* pond; *five/etc. ~s* vyf/ens. pond; *claim/demand/want one's ~ of flesh, (fig.)* jou pond vleis (op)eis/soek *(of* wil hê), aandring op jou pond vleis, tot die laaste druppel bloed wil hê; *get one's ~ of flesh, (fig.)* jou pond vleis kry. ~ **cake** pondkoek. ~ **sign** *(d. teken £)* pondteken. ~ **sterling** Britse pond, (pond) sterling.

**pound**[2] *ww.* vergruis, (fyn)stamp; vasstamp; timmer, moker, met die vuis inklim, pap slaan; bestook; ~ *along/away* aan= sukkel, voortsukkel, =ploeter, =beur; ~ *away at* ... ... aan= houdend bombardeer; ~ *s.t. out* iets uithamer *(op 'n tik= masjien ens.);* ~*ed spices* gestampte/fyngemaakte speserye.

**pound**[3] *n.* skut, skutkraal, =hok. **pound** *ww.* skut, in die skut ja(ag), skut toe stuur. ~ **keeper,** ~ **master** skutmeester. ~ **money** skutgeld. ~ **sale** skutveiling.

**pound·er** stamper; vysel.

**pound·ing** *n.* gehamer *(v.d. hart);* gedawer *(v. geskut, bran= ders, voete, ens.);* gedreun, dreuning, gedruis *(v.d. see, branders, perdehoewe, ens.);* gedoef-doef, gebulder, polsing *(v. pop= musiek ens.);* bombardement *(v. bomme, granate, ens.); take a ~, (d. ekonomie ens.)* hewige/strawwe aanslae verduur, kwaai onder die aanslae *(of* onder meedoënlose aanslae) deurloop; *(sport)* 'n groot loesing *(of* pak [slae]) kry *(of* op die lyf loop), behoorlik/deeglik afgeransel word; *('n oorloggeteisterde plek)* onder 'n bombardement deurloop. ~ **block** stampblok.

**pour** giet, (in)skink; gooi; stort, stroom; uitstort; stortreën; laat instroom; ~ *s.t. away* iets weggooi; ~ *down* stortreën; *(reën)* neergiet; ~ *forth* uitstroom; ~ *in* instroom; ~ *s.t. in* iets ingooi; iets inskink; ~ *into s.t.* iets binnestroom; ~ *s.t. into* ... iets in ... gooi; iets in ... skink; ~ *money into s.t.* geld in iets pomp; *s.t. ~s off* ... iets stroom van ... af; ~ *s.t. off* iets afgiet; iets afskink; iets afwater; ~ *it on, (infml.)* dit dik aanmaak; ~ *out* uitstroom; uitstort; ~ *s.t. out* iets uitgiet; iets skink; ~ *out of the* ... uit die ... stroom; ~ *s.t. over* ... iets oor ... giet/gooi; ~ *cold water on* ... koue water op ... gooi; 'n remmende invloed op ... uitoefen; ... afkeur; ... doodpraat.

**pour·ing** *adj.:* ~ *rain* stortreën. ~ **batter** gietbeslag. ~ **cus= tard** gietvla. ~ **point** vloeipunt. ~ **sauce** dun sous.

**pous·sin** *(Fr.)* (braai)kuiken.

**pout** *n.* tuit=, pruilmond; (die) pruil; *in the ~s* nors, stuurs, suur. **pout** *ww.* pruil, mok, dikmond wees; 'n suur gesig trek, jou lippe tuit *(of* op 'n tuit trek), dikmond *(of* 'n tuit= mond) maak, tuitmond staan. **pout·er** suurgesig, dikmond, pruiler; *(ook* pouter pigeon) kropduif.

**pov·er·ty** armoede, behoeftigheid; gebrek, behoefte; karig= heid; skaarste; skamelheid; *from* ~ uit armoede; *grinding* ~ knellende/uitmergelende armoede; *live in* ~ in armoede leef/lewe, armoede ly; *s.o.'s* ~ *of* ... iem. se gebrek aan ...; iem. se gebrekkige ...; *plunge s.o. into* ~ iem. in armoede dompel. ~ **(datum) line** broodlyn, bestaansgrens. ~**strick= en** brand=, doodarm, armoedig. ~ **trap** armoedestrik.

**pow** *tw.* woeps!.

**pow·der** *n.* poeier; stof; (bus)kruit; *black* ~ swart poeier; ge= wone/swart (bus)kruit; *keep one's* ~ *dry* jou kruit droog hou; *take a* ~, *(Am., infml.)* met die noorderson vertrek/verdwyn. **pow·der** *ww.* poeier; fynmaak, =stamp, verpoeier; ~*ed* alum aluinpoeier; ~*ed milk* melkpoeier, poeiermelk; ~ *one's*

*nose, (euf.: toilet toe gaan)* jou neus (gaan) poeier; ~*ed soap* seeppoeier. ~ **blue** *n.* poeier=, hemelsblou. ~=**blue** *adj. (attr.)* poeier=, hemelsblou. ~ **box** poeierdoos, =dosie; kruitdoos. ~ **compact** (flap/sak)poeierdosie. ~ **horn** *(hist.)* kruithoring. ~ **keg** *(hist.)* kruitvaatjie; *(fig.)* kruitvat. ~ **metallurgy** poei= ermetallurgie. ~=**post beetle** houtpoeierkewer. ~ **puff** poei= erkwas(sie);poeierkussinkie. ~**room** *(euf.)* dames(rus)kamer, kleedkamer. ~ **snow** poeiersneeu. **pow·der·y** poeieragtig, poeierig; gepoeier(d); ~ *mildew* poeieragtige skimmel, wit= roes.

**pow·er** *n.* krag; kapasiteit, vermoë *(v. 'n enjin);* sterkte *(v. 'n gloeilamp, lens, ens.);* drywing, arbeids=, werkstempo; *(wisk.)* mag; *(statist.)* onderskeidingsvermoë; bevoegdheid, gesag, mag; moondheid; arbeidsvermoë; kragdadigheid; bekwaam= heid; (elektriese) krag; magpunt *(v. 'n hefboom); do all in one's* ~ alles in jou vermoë doen; *appetite/craving/lust for* ~ magshonger; ~ *of attraction* aantrekkingskrag, =vermoë; *the ~s that be* die owerheid/gesag=/maghebbers; *to the best/ extent/uttermost of one's* ~ na jou beste vermoë, so goed jy kan, so goed moontlik; *beyond one's ~(s)* bo jou krag(te)/ vermoë; *buite jou bevoegdheid;* ~ *of conviction* oortuigings= krag; *cut off the* ~ die krag afsluit/afsny; *more* ~ *to your elbow!, (infml.)* sterkte!, alle voorspoed!; *fall from* ~ die mag verloor; *generate* ~ krag opwek; *s.t. does s.o. a* ~ *of good, (infml.)* iets doen iem. baie goed; *the great ~s* die groot moondhede; ~ *of imagination, imaginative* ~ verbeel= dingskrag, =vermoë; *be in* ~ aan die bewind/roer wees, die mag (in die hande) hê, regeer; *the party in* ~ die regerende party; *be in s.o.'s* ~ in iem. se mag wees; *s.t. is/lies in s.o.'s* ~ iets is in iem. se mag; *s.t. is not* (or *does not lie) in s.o.'s* ~, *(ook)* iets is bo(kant) iem. se mag; *come/get into* ~ aan die bewind kom, die mag in die hande kry; *lust for* ~ →*appetite/crav= ing/lust;* ~ *of nature* natuurmag; *s.t. is out of s.o.'s* ~ iets is buite iem. se mag; *raise s.t. to the third/etc.* ~, *(wisk.)* iets tot die derde/ens. mag verhef; ~ *of recovery* herstelvermoë; ~*(s) of resistance* weerstandsvermoë; *return to* ~ weer aan die bewind kom; *be returned to* ~ weer aan die bewind gebring word; *rise to* ~ mag kry; *take* ~ die bewind in hande neem; *s.t. taxes s.o.'s* ~*s* iets stel groot/hoë eise aan iem.; *the* ~ *behind the throne* die mag agter die skerms; *under one's own* ~ met eie krag; *unlimited* ~*(s)* onbeperkte mag(te); *to the uttermost of one's* ~ →*best/extent/uttermost; a task well within s.o.'s* ~*s* 'n taak waartoe iem. goed in staat is.

**pow·er** *ww.* aandryf, van krag/werkvermoë voorsien; krag opwek; ~ *ahead, (infml.)* voortstorm; met kragtige hale voor= uit beur; ~ *forward, (infml.)* vorentoe storm; ~ *through the defence, (infml.)* (soos 'n stoomroller) deur die verdediging bars. ~ **base** magsbasis. ~ **belt** aandryfband. ~ **block** mags= blok; kragblok. ~**boat** motorboot. ~ **brake** kragrem. ~ **bro= ker** magsbemiddelaar. ~ **cable** kragkabel, =draad. ~ **con= ductor** kragleiding. ~ **consumption** kragverbruik. ~ **crazy** magsbehep. ~ **current cable** sterkstroomkabel. ~ **cut** krag= afsnyding. ~ **dive** *n., (lugv.)* motorduikvlug. ~=**dive** *ww.* 'n motorduikvlug doen/uitvoer. ~ **drill** kragboor. ~ **drive** krag= aandrywing. ~=**driven** met kragaandrywing/=bediening, krag= aangedrewe. ~ **drunk** magswellustig, vol magswellus. ~ **factor** arbeids=, kragfaktor. ~ **failure** kragonderbreking. ~ **grid** kragnet(werk). ~ **head** kragkop. ~**house** kragsentrale; masjienkamer; *(fig.)* dryf=, stukrag; *(fig.)* uiters dinamiese mens; *(infml.)* kragman, sterk derduiwel; *an intellectual* ~ 'n intellektuele reus. ~=**hungry** magshonger(ig), honger na mag. ~**lifting** *(sport)* kragoptel. ~ **line** kragdraad. ~ **mains** hoofleiding, kragnet. ~=**operated** kraggedrewe, met krag= bediening/=aandrywing. ~ **pack** *(elek.)* kragvoereenheid. ~ **plant** kragbron; kragmasjinerie; kragaanleg, =installasie, =sentrale. ~ **play** magspolitiek; magsvertoon; *(sport)* kragspel. ~ **plug** kragprop. ~ **point** kragpunt. ~ **politics** magspolitiek. ~ **pylon** kragmas. ~ **saw** kragsaag. ~ **shaft** kragas. ~= **sharing** magsdeling. ~ **station** kragsentrale, =stasie. ~ **steer= ing** kragstuur. ~ **stroke** kragslag. ~ **structure** magstruktuur.

~ **struggle** magstryd. ~ **supply** krag=, stroomtoevoer; krag= voorsiening. ~ **tools** kraggereedskap. ~ **train** *(mot.)* krag= oorbringstelsel. ~ **transmission** kragoorbringing, kragtrans= missie. ~ **trip**: *be on a* ~ ~, *(infml.)* jou (lyf) grootmeneer hou, jou laat geld, baasspeel, baasspelerig wees. ~ **unit** krag= eenheid. ~ **vacuum** magsleemte.

**pow·ered** *adj.* krag=. **-pow·ered** *komb.vorm* =aangedrewe; *battery-~* batteryaangedrewe, wat met batterye werk; *high-* ~ kragtig *('n motor ens.);* energiek *('n bestuurder ens.);* nu= *clear-*~ kernaangedrewe, met kernkrag.

**pow·er·ful** sterk, kragtig, magtig, invloedryk; vermoënd; kragdadig; geweldig. **pow·er·ful·ness** krag; invloedrykheid; kragdadigheid; geweldigheid.

**pow·er·less** magteloos, kragteloos, hulpeloos, impotent; onmagtig; *be* ~ *against* ... niks teen ... kan vermag nie. **pow·er·less·ness** magte=, kragteloosheid.

**pow·wow** *n., (infml.)* beraad, byeenkoms, konferensie, in= daba, koukus. **pow·wow** *ww., (infml.)* beraadslaag, raad hou.

**pox** pokkies, pokke; *the* ~, *(infml.)* vuilsiekte, sifilis.

**poz·z(u)o·la·na** *(vulkaniese as)* pozzolaan.

**prac·ti·ca·ble** moontlik, uitvoerbaar, doenbaar, doenlik; bruikbaar; geskik; begaanbaar; rybaar. **prac·ti·ca·bil·i·ty** uit= voerbaarheid, doenlikheid.

**prac·ti·cal** *n.* praktiese eksamen/les. **prac·ti·cal** *adj.* prak= ties, doelmatig; werklik; ~ *class* praktiese klas; ~ *examina= tion* praktiese eksamen; ~ *geometry* toegepaste meetkunde; *play a* ~ *joke (up)on s.o.* iem. 'n poets bak; ~ *joker* poets= bakker; ~ *knowledge* praktiese kennis; ~ *lesson* praktiese les; *a* ~ *mind* 'n praktiese aanleg; ~ *person* praktikus. **prac·ti·cal·i·ty** praktiese aspek; *(ook, i.d. mv.)* praktiese sy/ kant *(v. 'n saak).* **prac·ti·cal·ly** prakties, in die praktyk; feitlik, so te sê; *s.t. is* ~ *finished* iets is so te sê *(of* so goed as *of* feitlik) klaar.

**prac·tice** *n.* gewoonte, gebruik; praktyk; oefening; uitoe= fening; uitvoering; *commercial* ~ handelsgebruik, =ge= woonte; *have a large* ~, *('n dokter ens.)* 'n groot praktyk hê; *in* ~ in die praktyk/werklikheid; *be in* ~ praktiseer, 'n praktyk hê, in die praktyk staan; in oefening wees; *keep in* ~ in oefening bly; *put s.t. into* ~ iets toepas, iets ten uitvoer bring; *make a* ~ *of s.t.* van iets 'n gewoonte maak; *make a* ~ *of doing s.t.* 'n gewoonte daarvan maak om iets te doen; *s.o. is out of* ~ iem. is uit oefening, iem. het lank laas geoefen; ~ *makes perfect* oefening baar kuns, al doende leer ('n) mens; *shady* ~s twyfelagtige praktyke; *turn out for* ~ vir oefening opdaag; *with* ~ deur/met oefening. **prac·tice** *ww., (Am.)* →PRACTISE. ~ **drill** oefendril, driloefening. ~ **ground** oefenveld. ~ **run**: *make a* ~ ~ 'n oefenlopie doen. ~ **teacher** aspirant=, proefonderwyser. ~ **teaching** proefonderrig, =on= derwys.

**prac·tise,** *(Am.)* **prac·tice** *ww.* oefen; instudeer; toepas, beoefen, uitoefen; praktiseer; ~ *as a doctor/etc.* as ('n) dok= ter/ens. praktiseer; ~ *what one preaches* doen wat jy sê, jou woorde en dade stem ooreen, jou dade strook met jou woorde; ~ *scales* toonlere oefen. **prac·tised** *(ook)* geroeti= neer(d), geskool(d), ervare. **prac·tis·ing:** ~ *Christian* be= lydende Christen. **prac·ti·tion·er** praktisyn; beoefenaar; *general* ~ algemene praktisyn, dokter; *legal* ~ regspraktisyn; *medical* ~ mediese praktisyn, geneesheer, dokter.

**prae·tor,** *(Am.)* **pre·tor** *(Rom. gesk.)* pretor, Romeinse stad= houer. **prae·to·ri·an,** *(Am.)* **pre·to·ri·an** *(hist.)* pretoriaans; ~ *guard, (Rom. gesk.)* pretoriaanse garde.

**prag·mat·ic** pragmaties. **prag·ma·tics** *(fungeer as ekv.),* *(taalk.)* pragmatiek. **prag·ma·tism** pragmatisme. **prag·ma·tist** pragmatis.

**Prague** *(geog.)* Praag.

**prai·rie** prêrie, grasvlakte. ~ **chicken,** ~ **hen** prêriehoender. ~ **dog** prêriehond. ~ **oyster** (rou) eierdrankie. ~ **wolf** prê= riewolf.

**praise** *n.* lof, eer, roem; lofprysing, =spraak, =uiting; *deserve* (or *be* **deserving** *of)* ~ lof verdien; *earn/win* ~ lof verwerf; *give* ~ *to s.o.* iem. loof; *have nothing but* ~ *for* ... net lof vir ... hê; *high* ~ groot/hoë lof; *in* ~ *of* ... tot lof van ...; ~ *be to* *the* **Lord** die Here sy dank; *be loud in one's* ~s *of s.o./s.t.* iem./iets ophemel, hoog opgee van/oor iem./iets; *get more* ~ *than* **pudding** net mooi woorde as loon ontvang; *sing s.o.'s/* *s.t.'s* ~s iem./iets ophemel/aanprys/opvysel, iem./iets se lof verkondig/uitbasuin. **praise** *ww.* ophemel, opvysel; loof, verheerlik; roem; lof toeswaai; ~ *s.o. for s.t.* iem. oor iets prys; ~ *s.o. highly* iem. groot/hoë lof toeswaai; ~ *the Lord* die Here loof/prys. ~ **name** *(SA)* stamnaam. ~ **poem** lofdig. ~ **singer,** ~ **poet** lof=, pryssanger; →IMBONGI. ~**-singing** lof= uiting. ~**worthiness** lofwaardigheid, loflikheid. ~**worthy** prysenswaardig, lofwaardig, loflik.

**pra·line** pralien, neutlekker.

**pram** stoot=, kinderwaentjie.

**prance** *n., (iem.)* windmakerige stap; *('n perd)* pronkstap. **prance** *ww.* bokspring; windmaker(ig) stap, spog, pronk; laat bokspring; ~ *about/around* rondloop, =spring. **pranc·ing** bokspringery.

**pran·di·al** *(fml., soms skerts.)* maal(tyd)=; *by* 'n maaltyd.

**prang** *n., (infml.)* botsing. **prang** *ww., (infml.)* bots; te pletter ry; beskadig.

**prank** grap, poets; kaskenade, streek; *be full of* ~s vol streke wees; *play a* ~ *on s.o.* iem. 'n poets bak. **prank·ster** grap= maker, gekskeerder, poetsbakker.

**pra·se·o·dym·i·um** *(chem., simb.: Pr)* praseodimium.

**prat** *(Br., infml.)* bobbejaan, mamparra, dom=, klipkop.

**prate** gebabbel, geklets, gesnater, gesanik.

**prat·in·cole** *(orn.: Glareola* spp.*)* sprinkaanvoël.

**prat·tle** *n.* kindergebabbel; praatjies, geklets, gepraat. **prat·tle** *ww.* klets, babbel.

**prawn** (steur)garnaal, krewel. ~ **cocktail** garnaalkelkie. ~ **cracker** *(Oosterse kookk.)* garnaalkoekie, =skyfie, kroepoek.

**prawn·ing** garnalevangs.

**prax·is** praxises, praxes, *(fml.)* praktyk; gewoonte, gebruik.

**pray** *ww.* bid; smeek, pleit; versoek, ernstig vra; ~ *for rain/* *etc.* om reën/ens. bid; ~ *for s.o.* vir iem. bid *(of* voorbidding doen); *it is past* ~*ing for* daar is geen salf meer aan te smeer nie; ~ *to God* tot God bid. **pray** *adv., (fml. of arg.):* ~ *be careful!* pas tog op!; ~ *do!* doen dit gerus!; ~ *tell me!* sê my asseblief/tog!.

**prayer** gebed; bede, smeking, versugting; versoek; *(ook, i.d.* *mv.)* godsdiensoefening, (bid)diens; *an* **answer** *to* ~ ge= bedsverhoring; *brief/ejaculatory* ~ skietgebed(jie); *call s.o.* *to* ~ iem. tot die gebed oproep; *family* ~s huisgodsdiens; *not have a* ~, *(infml.)* geen hoop/kans hê nie; *in s.o.'s* ~s in iem. se gebede; *offer up a* ~ 'n gebed opstuur; *say a* ~ bid, 'n gebed doen; *say one's* ~s bid, jou gebed opsê; *they unite* *in* ~ hulle verenig (hulle) in gebed. ~ **bead** bidkraal; *(ook,* *i.d. mv., RK)* rosekrans; *Malay* ~ ~ tasbie. ~ **book** gebede= boek. ~ **carpet,** ~ **rug,** ~ **mat** bidmat. ~ **meeting** biduur. ~ **shawl** →TALLITH. ~ **wheel** bidwiel, gebedsmeul(e).

**pre-** *pref.* voor=, pre-; ~*meditation* voorbedagtheid, preme= ditasie; ~*molar (tooth)* voorkies(tand); ~*school, (adj.)* voor= skools.

**preach** *ww.* preek; predik, verkondig; voorstaan; ~ *at s.o.* vir iem. preek, iem. bepreek; ~ *to* ... vir ... preek. **preach·er** pre= diker; predikant, leraar; verkondiger. **preach·i·fy** *(infml.)* preek, moraliseer. **preach·ing** prediking; verkondiging; ge= preek, prekery. **preach·i·ness** *(infml.)* prekerigheid. **preach·** **y** *(infml.)* prekerig; predikantagtig.

**pre·ad·o·les·cence** *n.* preadolessensie, voorpuberteit. **pre·** **ad·o·les·cent** *n.* preadolessent. **pre·ad·o·les·cent** *adj.* pre= adolessent.

**pre·am·ble** *n.* inleiding, voorrede; aanhef, voorrede *(v.d. wet).* **pre·am·bu·lar** inleidend, voorafgaande.

**pre·am·pli·fi·er**, *(infml., afk.)* **pre·amp** voorversterker.

**pre·ar·range** vooraf skik/reël/bepaal/beraam. **pre·ar·range·ment** voorafgaande reëling.

**pre·bake** vooraf bak.

**Pre·cam·bri·an** *n., (geol.: oudste hooftydperk)* Prekambrium, pre-Kambriese tydperk/era. **Pre·cam·bri·an** *adj.* pre-Kambries.

**pre·can·cer·ous** *adj., (med.)* premaligne, voorkanker=.

**pre·car·i·ous** onseker, wisselvallig, onbestendig; haglik, onveilig, gevaarvol; sorgwekkend; twyfelagtig; sukkelend; ~ *assumption* twyfelagtige veronderstelling; *the ~ life* die gevaarvolle lewe. **pre·car·i·ous·ness** onsekerheid; haglikheid; sorgwekkendheid.

**pre·cast** vooraf giet; ~ *concrete* voorafgegiete/=gegote *(of* vooraf gegiete/gegote) beton.

**pre·cau·tion** voorsorg(maatreël); *(ook, i.d. mv., euf.: voorbehoedmiddel)* voorsorg; *take ~s against s.t.* voorsorg(maatreëls) teen iets tref. **pre·cau·tion·ar·y** voorsorg=; ~ *measure* voorsorg(maatreël), veiligheidsmaatreël.

**pre·cede** voor(af)gaan, die voorrang kry bo; antesedeer; presedeer; *s.t. is ~d by ...* iets word deur ... voorafgegaan. **pre·ced·ence** voorrang, voorkeur, prioriteit; *in order of ~* in volgorde van belangrikheid; *have/take ~ over ...* die voorrang bo ... hê; *give ~ to s.o.* iem. laat voorgaan; aan iem. die voorrang verleen. **prec·e·dent** *n.* voorbeeld, presedent, vorige besluit/geval; *take s.t. as a ~* iets as voorbeeld neem, 'n presedent deur iets skep; *it is without ~* daar bestaan nie nog so 'n geval nie; dit is ongehoord. **prec·e·dent** *adj.* voorafgaande, voorgaande; ~ *to ...* voorafgaande aan ... **pre·ced·ing** voor= (af)gaande, vorige.

**pre·cen·tor** voorsanger, sangleier; kantor, kerkkoorleier.

**pre·cept** bevel, voorskrif, grond=, stelreël. **pre·cep·tive** gebiedend, voorgeskrewe.

**pre·ces·sion** *(fis., astron.)* presessie.

**pre·cinct** gebied; buurt, wyk; *(Am.)* (stem)distrik; (inge= slote) ruimte; *(ook, i.d. mv.)* omgewing, omstreke, (onmiddellike) nabyheid; *within the ~s of ...* binne die grense van ...

**pre·cious** *n.: my ~* my liefste/skat. **pre·cious** *adj.* kosbaar; kostelik; dierbaar; *(neerh.)* gekunsteld, opgesmuk *(styl); be ~ about ...*, *(infml., neerh.)* behep wees met ..., gesteld wees op ..., oormatig besorg wees oor ... *(voorkoms, status, ens.).* **pre·cious** *adv.:* ~ *little/few, (infml.)* uiters min, weinig. **pre·ci·os·i·ty** gemaaktheid, onnatuurlikheid, gekunsteldheid *(v. styl).* **pre·cious·ness** kosbaarheid; kostelikheid; gekunsteld= heid.

**prec·i·pice** afgrond, krans, berg=, rotswand; *stand on the edge of a ~, (fig.)* op die rand van 'n afgrond wees, in groot gevaar verkeer.

**pre·cip·i·tant** aanlyding, oorsaak; *(chem.)* presipiteer=, neer= slaanmiddel. **pre·cip·i·tan·cy** onbesonnenheid, oorhaastig= heid.

**pre·cip·i·tate** *n., (chem.)* neerslag, presipitaat, afsaksel. **pre·cip·i·tate** *adj.* (oor)haastig, halsoorkop. **pre·cip·i·tate** *ww.* (neer)stort; neergooi; aanja(ag), aandryf, =drywe; ver= snel, bespoedig; aan die gang sit; ontketen, laat losbars; *(chem.)* presipiteer, neerslaan. **pre·cip·i·tate·ly** halsoorkop, skielik, (oor)haastig. **pre·cip·i·ta·tion** *(chem.)* presipitasie, presipitering, (die) neerslaan; *(weerk.)* neerslag, presipitasie, presipitering; afsaksel, neerslag, presipitaat. **pre·cip·i·ta·tor** *(chem.)* presipiteerder; presipiteermasjien.

**pre·cip·i·tous** steil; skielik; oorhaastig.

**pre·cis** *precis*, **pré·cis** *précis* uittreksel, opsomming, kort inhoud. **~-writing** opsommingskuns, opsomming.

**pre·cise** presies, noukeurig, nougeset; juis, eksak; *at the ~ moment* net op die regte oomblik; presies op daardie oom= blik. **pre·cise·ly** presies; net so. **pre·cise·ness** presiesheid; juistheid.

**pre·ci·sion** presiesheid, akkuraatheid, juistheid, noukeurig= heid; presisie; *with ~* noukeurig. ~ **adjustment** presisie-instelling; fynstelling; fyn aanpassing. ~**-made** met groot presisie vervaardig, presisie=.

**pre·clude** uitsluit; belet; verhinder, voorkom; *(not)* ~ *s.o. from doing s.t.* iem. (nie) verhinder om iets te doen (nie). **pre·clu·sion** uitsluiting; verhindering, voorkoming. **pre·clu·sive** uitsluitend; verhinderend.

**pre·co·cial** *adj., (soöl.)* jonk=, vroegselfstandig.

**pre·co·cious** vroegryp, vroeg; vrypostig, voor op die wa *('n kind).* **pre·co·cious·ness**, **pre·coc·i·ty** vroegrypheid; vry= postigheid *(v. 'n kind).*

**pre·cog·ni·tion** voorkennis; *(jur.)* voorondersoek.

**pre·Co·lum·bi·an** *(argeol.)* pre-Columbiaans.

**pre·con·ceive** vooraf uitdink/begryp; vooraf vorm *('n me= ning); ~d idea/notion* vooroordeel, vooropgesette mening. **pre·con·cep·tion** vooropgesette mening; vooroordeel; pre= konsepsie.

**pre·con·di·tion** voorwaarde, (voor)vereiste.

**pre·con·scious** *n., (psig.)* voorbewuste. **pre·con·scious** *adj.* voorbewus. **pre·con·scious·ness** voorbewustheid.

**pre·cook** vooraf gaarmaak, halfgaar kook.

**pre·cool** voor(ver)koel.

**pre·cor·di·al** *adj., (med.: voor d. hart geleë)* prekordiaal.

**pre·cur·sor** voorloper, aankondiger; voorbode, =teken; voor= ganger; *(chem.)* voorloper. **pre·cur·so·ry** inleidend, vooraf= gaande, voorlopig.

**pre·cut** *adj.* klaar/vooraf gesny.

**pre·da·cious**, **pre·da·ceous** roof=; roofgierig, =sugtig; ~ *animal* roofdier. **pre·dac·i·ty** roofsug.

**pre·date** antedateer, te vroeg dateer; vervroegde dagteke= ning.

**pre·da·tion** plundering, plundery; *(soöl.)* predasie.

**pred·a·tor** roofdier; plunderaar, rower. **pred·a·to·ri·ness** roofsug. **pred·a·to·ry** roof=; roofsugtig; ~ *animal* roofdier.

**pre·de·cease** eerste te sterwe kom; *should A ~ B* as A voor B sterf/sterwe; ~*d* eerssterwend.

**pre·de·ces·sor** voorganger; voorloper; voorouer, =vader; *immediate ~* onmiddellike voorganger.

**pre·des·tine** predestineer, uitverkies, voorbeskik. **pre·des·ti·na·tion** predestinasie, uitverkorenheid, voorbeskikking, uitverkiesing. **pre·des·tined** voorbestem(d), =beskik; *be ~ to fail* tot mislukking gedoem wees.

**pre·de·ter·mine** vooraf bepaal; voorbestem, =beskik. **pre·de·ter·mi·na·tion** vooraf gemaakte bepaling; voorbestem= ming.

**pred·i·ca·ble** *n.* kenmerk, attribuut. **pred·i·ca·ble** *adj.* bepaalbaar, bevestigbaar; voorspelbaar; beweerbaar. **pred·i·ca·bil·i·ty** bepaalbaarheid; voorspelbaarheid; beweerbaar= heid.

**pre·dic·a·ment** penarie, haglike toestand, verknorsing; toe= stand; *be in a ~* in 'n penarie sit/wees, in die nood wees.

**pred·i·cate** *n., (gram.)* predikaat, gesegde; *(log.)* predikaat; karaktertrek, eienskap. **pred·i·cate** *ww.* beweer; bevestig, vasstel; *be ~d on/upon ..., (fml.)* op ... berus. **pre·dic·a·tive** be= vestigend; *(gram.)* predikatief. **pre·dic·a·tive·ly** predikatief.

**pre·dict** voorspel, voorsê; ~ *that ...* voorspel dat ... **pre·dict·a·bil·i·ty** voorspelbaarheid. **pre·dict·a·ble** voorspelbaar, te verwagte. **pre·dict·a·bly** soos te verwagte/voorsien was, soos voorspel kon word. **pre·dic·tion** voorspelling, voorseg= ging; profesie; *make a ~* 'n voorspelling doen/maak. **pre·dic·tor** voorspeller; profeet.

**pre·di·gest** *ww.* maklik verteerbaar maak *(kos); (fig.)* ont= sluit, vereenvoudig *('n boek ens.).* **pre·di·ges·tion** *n.* voor= vertering.

**pred·i·kant** *(SA)* predikant.

**pre·di·lec·tion** voorliefde, voorkeur; partydigheid, voor= ingenomenheid.

**pre·dis·pose** voorbestem, =beskik, aanleiding gee; predis= poneer; *be ~d to* ... vir ... ontvanklik/vatbaar wees; geneig wees om te ...; *s.t. ~s s.o. to* ... iets maak iem. vir ... ontvanklik/ vatbaar; iets maak iem. tot ... geneig. **pre·dis·po·si·tion** nei= ging; ontvanklikheid, vatbaarheid; voorbeskiktheid; predis= posisie.

**pred·ni·sone** *(med.)* prednisoon.

**pre·dom·i·nate** die oorhand hê, oorheers, gesag voer oor; in die meerderheid wees. **pre·dom·i·nance** oorheersing, oor= mag, gesag. **pre·dom·i·nant** oorheersend, deurslaggewend. **pre·dom·i·nant·ly** hoofsaaklik, oorwegend. **pre·dom·i·nat= ing** allesbeheersend, =oorheersend, oorwegend.

**pre·dy·nas·tic** *adj.* predinasties.

**pre·ech·o** *-oes, n.* vooreggo; *(fig.)* voorsmaak, =bode.

**pre·ec·lamp·si·a** *n., (med.)* preëklampsie, pre-eklampsie. **pre·ec·lamp·tic** *adj.* preëklampties, pre-eklampties.

**pre·e·lect** vooraf (ver)kies. **pre·e·lect·ed** vooraf gekose/ge= kies/verkose/verkies. **pre·e·lec·tion** voorafverkiesing. **pre= e·lec·tion prom·ise** verkiesingsbelofte.

**pre·em·bry·o** *n., (med.)* preëmbrio, pre-embrio. **pre·em= bry·on·ic** *adj.* preëmbrionaal, pre-embrionaal.

**pre·em·i·nent** uitstekend, voortreflik, uitnemend. **pre·em·i= nence** voorrang, superioriteit. **pre·em·i·nent·ly** by uitstek/ uitnemendheid.

**pre·empt** voorspring; voorkoop, deur voorkoop verkry, voor= uit koop; *(kaartspel)* 'n afsluitbod maak. **pre·emp·tion** voor= koop; *right of ~* reg van voorkoop. **pre·emp·tive** voorkoop=; voorbehoedend; *~ right* voorkoopreg.

**preen** pluis, glad stryk *(vere); ~ o.s.* jou uitvat *(of* mooi maak); *~ o.s. on* ... op ... roem, trots op ... wees. *~* **gland, oil gland** *(orn.)* oliekannetjie.

**pre·es·tab·lish** vooraf bepaal. **pre·es·tab·lish·ment** voor= afgaande bepaling.

**pre·ex·ist** vooraf bestaan. **pre·ex·ist·ence** voorbestaan. **pre= ex·ist·ent** vooraf bestaande.

**pre·fab** *(infml.)* opslaan=, montasiegebou, vooraf vervaardig= de *(of* voorafvervaardigde) gebou.

**pre·fab·ri·cate** vooraf vervaardig, voorafvervaardig; op= slaan; *~d building* opslaan=, montasiegebou, vooraf ver= vaardigde *(of* voorafvervaardigde) gebou. **pre·fab·ri·ca·tion** voorafvervaardiging; opslaan=, montasiebou.

**pref·ace** *n.* voorwoord, =rede; inleiding; *the ~ to* ... die voorwoord by ... **pref·ace** *ww.* van 'n voorwoord/voorrede voorsien; inlei; *~ s.t. with* ... iets deur ... laat voorafgaan. **pref·a·to·ry** inleidend, voorafgaande.

**pre·fect** prefek. **pre·fec·to·ri·al, pre·fec·to·ral** prefektoraal. **pre·fec·ture** prefektuur.

**pre·fer** *-rr-* verkies, meer hou van, liewer wil hê; *(fml.)* indien *('n verklaring, aanklag, ens.); s.o. ~s A to B* iem. verkies *(of* gee die voorkeur) aan A bo B; *I would much ~ to* ... ek sou baie/veel eerder ...; *which do you ~?* watter een wil jy liefs hê?. **pref·er·a·ble** verkieslik; *be ~ to* ... bo ... verkieslik wees. **pref·er·a·bly** liefs, liewer(s), verkieslik. **pref·er·en·tial** be= gunstigend, preferent, voorkeur=, prioriteits=; *~ duties* voor= keurregte, preferensiële regte; *~ treatment* voorkeurbehan= deling. **pre·fer·ment** verhoging, bevordering. **pre·ferred** pre= ferent; *be ~ die voorkeur geniet; ~ bidder* voorkeurbieër; *if ~ as* (iem.) dit (so) verkies; *~ share* →PREFERENCE SHARE; *s.o./s.t. is ~ to s.o./s.t. else* iem./iets is verkieslik bo iem./iets anders.

**pref·er·ence** voorkeur, voorrang; rangorde; *(fml.)* prefe= rensie; predileksie; *have ~* die voorkeur geniet; *have a ~ for* ... 'n voorkeur vir ... hê; ... verkies, meer van ... hou; *choose X in ~ to Y* eerder X as Y kies; *give ~ to* ... die voorkeur aan ... gee. *~* **share,** *(Am.)* **preferred share** preferente aandeel, voorkeuraandeel.

**pre·fig·ure** die voorloper wees van, prefigureer, voorafska= du; vooraf oorweeg. **pre·fig·u·ra·tion** prefigurasie, vooraf= skaduwing; voorafgaande oorweging.

**pre·fix** *n.* prefiks, voorvoegsel. **pre·fix** *ww.* voorvoeg, voor= aan plaas. **pre·fix·ion** voorvoeging, vooraanplasing.

**pre·flight** *adj. (attr.)* voor die vlug *(pred.),* voorvlug= *(attr.).*

**pre·form** vooraf vorm.

**pre·fron·tal** *adj., (med.)* prefrontaal.

**preg·gers, preg·gy** *(infml.: swanger): be ~* verwag, in die ander tyd wees.

**pre·gla·ci·al** *(geol.: v. voor d. Ystydperk)* preglasiaal.

**preg·nan·cy** swangerskap *(by 'n vrou);* dragtigheid *(by 'n dier);* vrugbaarheid; betekenisvolheid, gewigtigheid. *~* **test** swangerskaptoets.

**preg·nant** swanger *('n vrou);* dragtig *('n dier);* grootuier *('n koei);* bevrug; vrugbaar; betekenisvol, veelbetekenend, ge= wigtig; *become/fall ~* swanger word/raak; *~ remark* in= houdryke opmerking; *~ statement* veelseggende verklaring; *be ~ with consequences* ernstige gevolge inhou; *be ~ with meaning* ryk aan betekenis wees, met betekenis gelaai wees; *be ~ with one's second/etc. child* jou tweede/ens. kind verwag; *be ~ with possibilities* vol moontlikhede wees, groot moont= likhede inhou.

**pre·heat** voorverhit.

**pre·hen·sile** grypend, gryp=; *~ tail* grypstert.

**pre·his·to·ry** voor=, oergeskiedenis. **pre·his·tor·ic** pre=, voor= histories, uit die oertyd; *~ times* die oer=/voortyd; *~ world* voorwêreld.

**pre·ig·ni·tion** *(teg.)* voorontsteking.

**pre·in·dus·tri·al** preïndustrieel, pre-industrieel.

**pre·judge** vooruit veroordeel; vooruit beoordeel; voortydig *(of* sonder gegronde rede) oordeel; prejudiseer. **pre·judg(e)= ment** vooroordeel.

**prej·u·dice** *n.* vooroordeel, partydigheid; *(hoofs. jur.)* nadeel, benadeling, skade; *have a ~ against* ... 'n vooroordeel teen ... hê, teen ... bevooroordeel(d) wees; *break down ~s* vooroordele oorwin; *to the ~ of* ... tot nadeel/skade van ..., skadelik vir ...; *without ~* onbevooroordeel(d), sonder voor= oordeel; sonder inkorting (van regte); *without ~ to* ... behoudens ..., sonder om aan ... af te doen. **prej·u·dice** *ww.* bevooroordeeld maak; afbreuk doen aan, skade aan= doen, benadeel. **prej·u·diced** bevooroordeel(d), vooringe= nome; benadeel(d); *be ~, (iem.)* bevooroordeel(d) wees; *(iets)* benadeel word, in die gedrang kom; *be ~ against* ... teen ... bevooroordeel(d)/vooringenome wees. **prej·u·di·cial** nade= lig, skadelik; beswarend; *~ to* ... tot nadeel/skade van ..., skadelik vir ...; *be ~ to* ..., *(ook)* aan ... afbreuk doen.

**prel·ate** *(fml. of hist.)* prelaat, kerkheer, =voog, =vors, biskop. **pre·lat·ic, pre·lat·i·cal** prelaats=, kerkvorstelik.

**pre·lim·i·nar·y** *-ies, n.* voorafgaande reëling, voorlopige skikking; inleiding, voorbereiding; *(ook, i.d. mv.)* voorbe= reidende eksamen; voorwerk *(v. 'n boek); (jur.)* preliminêre artikels; *(sport)* kwalifiserende rond(t)e/wedstryd/ens., voor= rond(t)e. **pre·lim·i·nar·y** *adj.* voorafgaande, inleidend, voorlopig, preliminêr; *~ examination* voorbereidende ek= samen; *(jur.)* voorondersoek, voorlopige ondersoek; *~ pages* voorwerk *(v. 'n boek); ~ to* ... voor ...; *~ work* aanvoorwerk, voorbereidingswerk.

**pre·lims** *n. (mv.), (infml.)* voorwerk *(v. 'n boek);* voorberei= dende eksamen; *(sport)* kwalifiserende rond(t)e/wedstryd/ ens., voorrond(t)e.

**prel·ude** *n.* inleiding; aanvang; *(mus.)* voorspel, prelude; *the ~ to* ... die voorspel tot ... **prel·ude** *ww.* inlei, 'n begin maak; 'n voorspel speel.

**pre·mar·i·tal** voorhuweliks; *~ sex* voorhuwelikse seks.

**prem·a·ture** te vroeg, voortydig, ontydig; te haastig; vroeg= gebore; *~ birth* voortydige/vroeë geboorte, vroeggeboorte;

~ *death* vroeë/ontydige dood; ~ *decision* voorbarige besluit. **prem·a·ture·ly:** *die* ~ ontydig sterf/sterwe. **prem·a·tur·i·ty** vroegtydigheid, voortydigheid, ontydigheid; oorhaastigheid.

**pre·med·i·ca·tion,** *(afk., infml.)* **pre·med(·ic)** *(med.)* premedikasie.

**pre·med·i·tate** vooraf bedink/beraam, premediteer. **pre·med·i·tat·ed** voorbedag, gepremediteer(d); ~ *murder* moord met voorbedagte rade (gepleeg). **pre·med·i·tat·ed·ly** voorbedagtelik, met voorbedagte rade. **pre·med·i·ta·tion** opset, premeditasie.

**pre·men·stru·al** *adj.* premenstrueel; ~ *syndrome, (afk.:* PMS*)* premenstruele sindroom *(afk.:* PMS*)*; ~ *tension, (afk.:* PMT*)* premenstruele spanning *(afk.:* PMS*)*.

**pre·mier** *n.* premier; eerste minister. **pre·mier** *adj.* eerste, vernaamste, belangrikste. **pre·mier·ship** premierskap; eersteministerskap.

**prem·i·ere** eerste opvoering, première.

**pre·mil·len·ni·al** premillennialisties.

**prem·ise** -s, *(Br.)* **prem·iss** -es, *n.* voorafgaande bepaling/stelling, uitgangspunt, veronderstelling, aanname, vooronderstelling, gegewe, premis, basis; *by these premis(s)es* op grond hiervan, gevolglik; *on the ~ that* ... in die veronderstelling dat ... **prem·ise** *ww.* vooropstel, vooronderstel, van 'n (ver)onderstelling/vooronderstelling uitgaan.

**prem·i·ses** *n. (mv.)* perseel, plek, grond, huis en erf, gebou, kantore; *business ~* sakeperseel; *on the ~* op die perseel/plek, ter plaatse.

**pre·mi·um** premie; (versekerings)premie; opgeld, premie, agio; subsidie; toekenning; beloning, prys; *s.t. is at a ~* daar is 'n sterk (aan)vraag na iets, iets is sterk in aanvraag; iets is hoog op prys; iets is skaars; *put a ~ on s.t.* 'n premie op iets stel, iets aanmoedig; *sell s.t. at a ~* iets met 'n wins verkoop. ~ *bond* premie-obligasie. ~ *crop* winsgewende/voordelige gewas. ~ *rate* versekeringstarief; premietarief. ~ *rebate* premiekorting.

**pre·mix** *n.* voormengsel. **pre·mix, pre·mix** *ww.* voormeng, vooraf meng/aanmaak.

**prem·mie** *(infml.)* vroeggebore baba.

**pre·mo·lar (tooth)** voorkies(tand).

**pre·mo·ni·tion** voorafgaande waarskuwing; voorteken, -gevoel; *have a ~ that* ... 'n voorgevoel hê dat ... **pre·mon·i·to·ry** waarskuwend; ~ *symptom* voorteken.

**pre·na·tal** voorgeboortelik, prenataal, (van) voor die geboorte.

**pre·nup·tial** voorhuweliks; ~ *contract* voorhuwelikse kontrak, huweliks(voorwaarde)kontrak.

**pre·oc·cu·py** besig hou, besighou *(gedagtes);* vroeër besit/bewoon. **pre·oc·cu·pa·tion** betrokkenheid; vooringenomenheid, preokkupasie; afgetrokkenheid, verstrooidheid, afwesigheid; vroeëre inbesitneming; vooroordeel; *s.o.'s ~ with/over s.t.* iem. se besorgdheid oor iets. **pre·oc·cu·pied** afgetrokke, verstrooid, mymerend, ingedagte; *be ~ with* ... deur ... in beslag geneem word.

**pre·op·er·a·tive** *(med.)* pre-operatief.

**pre·or·dain** vooraf bestem/bepaal/verorden, voorbestem, -beskik, preordineer.

**pre·owned** tweedehands *(motor).*

**prep** *n., (infml.)* skool-, studiewerk; studietyd; →PREPARATION. **prep** *ww., (Am., infml.)* na 'n voorbereidingskool gaan; voorberei *(iem., iets);* jou voorberei. **prep** *adj., (infml.)* voorbereidend; →PREPARATORY; ~ *school* voorbereidingskool; →PREPPIE.

**pre·pack·age, pre·pack** *ww.* vooraf verpak; *pre-packed foods* voor(af)verpakte *(of* vooraf verpakte) kos. **pre·pack·ag·ing** voorverpakking, vooraf verpakking.

**pre·paid** →PREPAY.

**prep·a·ra·tion** voorbereiding; gereedmaking; klaarmakery;

(voor)bereiding, klaarmaak *(v. 'n maaltyd);* opstel(ling) *(v. 'n dokument);* preparaat; *(mus.)* voorbereiding; *in ~ for* ... as voorbereiding vir ...; *be in (course of)* ~ in voorbereiding wees; *make ~s for* ... vir ... voorbereiding/voorbereidsels tref.

**pre·par·a·tive** *n.* voorbereiding. **pre·par·a·tive** *adj.* voorbereidend.

**pre·par·a·to·ry** voorbereidend, voorbereidings-; ~ *class* voorbereidingsklas; ~ *examination* voorbereidende eksamen; ~ *examination of an allegation* voorlopige ondersoek *(of* voorondersoek) na 'n aanklag(te); ~ *school* voorbereidingskool; ~ *study* voorstudie; ~ *to s.t. being done* voordat iets gedoen word; ~ *work* aanvoor-, voorbereidingswerk.

**pre·pare** (voor)berei, regmaak, gereed maak, klaarmaak; in gereedheid bring; (voor)berei, gaarmaak *('n ete ens.);* voorberei *('n lesing);* maak *('n afskrif);* bewerk, omwerk *(grond);* aanmaak; oplei; opstel *('n dokument);* brei *(leer);* ~ *s.o. for* iem. vir iets voorberei *('n eksamen ens.);* iem. op iets voorberei *(slegte tyding ens.);* ~ *o.s. for* ... jou vir ... voorberei/klaarmaak, *(infml.)* jou lyf vir ... reg hou. **pre·pared** bereid, gereed, oorgehaal; oorwoë *(verklaring);* wakker, paraat; aangemaak *(mosterd ens.); be ~ for* ... op ... voorberei wees; vir ... gereed wees; op ... bedag wees; *be ~ to* ... bereid wees om te ... **pre·par·ed·ness** gereedheid, bereidheid, voorbereidheid, paraatheid; bereidwilligheid; ~ *for war* strydbaarheid; *mental* ~ geestelike weerbaarheid; *be in a state of* ~ in gereedheid wees. **pre·par·er** bereider; voorbereider.

**pre·pay** -paid -paid vooruit betaal. **pre·paid** *verl.dw.* vooruit betaal. **pre·pay·a·ble** vooruitbetaalbaar. **pre·pay·ment** vooruitbetaling.

**pre·plan** *ww.* vooraf beplan.

**pre·pon·der·ant** oorwegend. **pre·pon·der·ance** oormag, oorhand. **pre·pon·der·ant·ly** hoofsaaklik, oorwegend.

**prep·o·si·tion** *(gram.)* voorsetsel, preposisie. **prep·o·si·tion·al** voorsetsel-, preposisioneel; ~ *phrase, (ling.)* voorsetselstuk.

**pre·pos·i·tive** voorgevoeg, vooraan geplaas.

**pre·pos·sess** beïnvloed; (vooraf) besit neem; vooraf in beslag neem *(of* beslag lê op). **pre·pos·sess·ing** *(ook)* innemend, aanvallig. **pre·pos·ses·sion** vooroordeel; beheptheid; vroeëre besit; vroeëre inbeslagneming.

**pre·pos·ter·ous** belaglik, gek, onsinnig, absurd, verregaande.

**prep·pie, prep·py** -pies, *n., (Am., infml.)* voorbereidingskoolleerling. **prep·pie, prep·py** *adj.* netjies geklee, deftig; verwaand, neusoptrekkerig; preuts.

**pre·pran·di·al** *adj., (fml. of skerts.)* voor ete.

**pre·pri·ma·ry school** preprimêre skool.

**pre·pro·cess** *(rek.)* voorverwerk, vooraf verwerk. **pre·pro·ces·sor** voorverwerker.

**pre·pro·duc·tion** voorproduksie.

**pre·pro·gram** *(rek.)* voorprogrammeer, vooraf programmeer.

**pre·pu·bes·cent** *n.* prepuber. **pre·pu·bes·cent** *adj.* prepuberteits-.

**pre·pub·li·ca·tion price** voorpublikasieprys.

**pre·puce** *(anat., teg.)* voorhuid.

**pre·qual·i·fy** vooraf kwalifiseer.

**pre·quel** *n.* voorvolg *(v. 'n boek, rolprent, ens.).*

**pre·re·cord** vooraf opneem. **pre·re·cord·ed** *adj.* vooraf opgeneemde *(attr.),* wat vooraf opgeneem is *(pred.).*

**pre·req·ui·site** *n.* voorvereiste, noodsaaklike vereiste; *a ~ for* ... 'n voorvereiste *(of* eerste/onmisbare vereiste) vir ... **pre·req·ui·site** *adj.* noodsaaklik, vereis.

**pre·rog·a·tive** *n.* prerogatief, voorreg; *exercise a ~* 'n prerogatief uitoefen; *have the ~ of doing s.t.* die voorreg hê om iets te doen. **pre·rog·a·tive** *adj.* bevoorreg, met voorrang.

**pres·age** *n.* voorteken, -bode; voorgevoel. **pres·age** *ww.* 'n voorbode/-teken wees van; 'n voorgevoel hê.

**pres·by·o·pi·a** *(med.)* presbiopie. **pres·by·op·ic** *adj.* presbioop.

**pres·by·ter** *(hist.)* presbiter; ouderling; priester. **Pres·by·ter·i·an** *n., (lid v.d. Presbiteriaanse Kerk)* Presbiteriaan. **Pres·by·ter·i·an** *adj.* Presbiteriaans; ~ *Church* Presbiteriaanse Kerk. **pres·by·ter·y** *(as ekv. of mv.)* (kerklike) ring; ringsressort; heiligdom *(in 'n kerk);* priesterwoning; pastorie.

**pre-school** *n.* kleuterskool. **pre-school** *adj.* voorskools. **pre-school·er** voorskoolse kind.

**pre·sci·ent** vooruitsiende, voorwetend; met die helm gebore. **pre·sci·ence** voorkennis, =wetendheid, vooruitsiendheid; voorgevoel; *have* ~ *of s.t.* voorkennis van iets hê.

**pre·scind** afsny; ~ *from* ..., *(fml.)* ... buite rekening laat.

**pre·scribe** voorskryf, =skrywe *(medisyne);* aanbeveel; *(jur.)* bepaal, verorden, voorskryf; *(jur.)* verjaar; *as* ~*d* volgens voorskrif; ~*d debt* verjaarde skuld; ~ *s.t. for* ... iets vir ... voorskryf/ =skrywe; ~*d work* voorgeskrewe werk. **pre·scrib·er** voorskrywer. **pre·scrip·tion** *(med.)* voorskrif, =skripsie; (die) voorskryf; *(jur.)* verjaring, preskripsie; *(jur.)* bepaling, verordening, voorskrif; *acquisition by* ~ verkryging deur verjaring; *make up* (or *fill/dispense/prepare) a* ~, *(med.)* 'n voorskrif berei; *on* ~ op voorskrif. **pre·scrip·tive** voorskrywend, preskriptief, voorskriftelik; deur lang gebruik verkry/verwerf; ~ *right*, *(jur.)* verjaringsreg, reg deur verjaring verkry/verwerf.

**pre·sea·son** *n.* voorseisoen. **pre·sea·son·al** *adj.* voorseisoens.

**pre·se·lect** vooraf kies, voorselekteer. **pre·se·lec·tion** voorkeuse, voor=, preseleksie. **pre·se·lec·tive** voorkeuse=. **pre·se·lec·tor** voorkieser.

**pres·ence** teenwoordigheid, aanwesigheid; nabyheid; persoonlikheid; houding; *make one's* ~ *felt* jou laat geld; *in the* ~ *of* ... in aanwesigheid/teenwoordigheid van ...; *ten aanhore/aanskoue van* ...; *admit s.o. to the royal* ~ iem. by die koning(in) toelaat. ~ **chamber** oudiënsiesaal.

**pres·ent**[1] *n.* hede; *(gram.)* teenwoordige tyd, presens; *at* ~ teenwoordig, tans, deesdae; nou, op die oomblik; *for the* ~ vir eers, vereers, voorlopig, op/vir die oomblik, vir die huidige; *(there is) no time like the* ~ van uitstel kom afstel; *up to the* ~ tot nou/nog toe, tot op hede. **pres·ent** *adj.* teenwoordig *(mense);* aanwesig *(mense, dinge, ens.);* huidig; *at the* ~ *day/time* tans, deesdae, teenswoordig; *be* ~ *at* ... by ... (aanwesig/teenwoordig) wees, ... bywoon; *in the* ~ *circumstances* in die huidige omstandighede; *those* ~ die aanwesiges; ~ *value* huidige waarde; *the* ~ *volume* die boek onder bespreking. ~**-day** *(attr.)* hedendaagse, huidige. ~ **participle** *(gram.)* teenwoordige deelwoord. ~ **perfect** *(gram.)* volmaak/voltooide teenwoordige tyd, perfektum. ~ **tense** *(gram.)* teenwoordige tyd, presens.

**pre·sent**[2] *ww.* uitdeel, uitreik *(sertifikate);* uitdeel *(pryse);* indien, voorlê *('n begroting);* lewer *('n referaat);* skenk, present gee; stel *('n saak);* (ver)toon, wys; aanbied, presenteer *('n tjek, wissel, ens.);* indien *('n klag[te]);* voorstel; introduseer; opvoer, op die planke bring *('n toneelstuk);* vertoon *('n prent);* uitbeeld; oplewer; inklee; opdis; (aan)bied; aanbeveel, voorstel, voordra; *(mil.)* presenteer *('n geweer); the case will* ~ *some difficulty* die geval sal moeite gee *(of* moeilikheid oplewer); ~ *o.s.* jou aanmeld; ~ *s.t. to s.o.*, ~ *s.o. with s.t.* iem. iets aanbied; iem. iets gee/skenk *(of* present gee); iets aan iem. oorhandig.

**pres·ent**[3] geskenk, present; *a* ~ *for* ... *from* ... 'n present/geskenk vir ... van ...; *s.o. gets a* ~ iem. kry 'n present; *s.o. gets s.t. as a* ~ iem. kry iets present; *give s.o. s.t. as a* ~ iem. iets skenk *(of* present gee); *give s.o. s.t. as a* ~ iem. iets present gee); *make s.o. a* ~ *of s.t.* iem. iets present gee.

**pre·sent·a·ble** (ver)toonbaar, fatsoenlik.

**pres·en·ta·tion** oorhandiging, uitreiking; aanbieding; indiening, voorlegging; voorstelling, vertoning; opvoering; uitbeelding; behandeling, voorstelling, vermelding; voorstelling *(v. feite);* inkleding *(v. nuus ens.);* stel *(v. 'n saak);* indiening; presentasie; *(verlosk.)* ligging; *make s.o. a* ~ *of s.t.* iem. iets aanbied; *on* ~ *of* ... by aanbieding *(of* op vertoon) van ... ~ **copy** presenteksemplaar. ~ **cup** prysbeker.

**pre·sent·er** voorsteller; *(rad., TV)* aanbieder.

**pres·ent·ly** teenswoordig, tans, op die oomblik, nou; netnou, nou-nou, aanstons, flus(sies), weldra, oor 'n rukkie, straks; kort daarna.

**pre·serve** *n.* heelvrug(te)=, stukkonfyt; wildpark; *(fig.)* gebied; *poach on s.o.'s* ~*(s)* op iem. se regte inbreuk maak; *(infml.)* in iem. se slaai krap. **pre·serve** *ww.* bewaar, beskerm; in stand hou; red, behou; inlê, inmaak, blik; preserveer; ~ *s.o. from* ... iem. van ... red; ~*d egg* ingelegde eier; ~*d meat* blikkiesvleis; *s.o. is well* ~*d* iem. dra sy/haar jare goed. **pre·serv·a·ble** behoubaar. **pres·er·va·tion** (die) inmaak/-lê, inmakery; bewaring, behoud, redding; verduursaming; instandhouding, handhawing; preservering; *for the* ~ *of* ... tot behoud van ...; *in good* ~ in 'n goeie toestand; ~ *of nature* natuurbeskerming, =bewaring. **pres·er·va·tion·ist** bewaarder, bewaringsbewuste. **pre·serv·a·tive** *n.* preserveer=, bewaarmiddel, bederfwerende middel. **pre·serv·a·tive** *adj.* bewarend, behoudend, behoed=, behoud=; ~ *coat* beskermingslaag. **pre·serv·er** bewaarder; inmaker; wildbewaarder, =beskermer; preserveer=, bewaarmiddel, bederfwerende middel.

**pre·set** *ww.* vooraf instel.

**pre·shrunk** vooraf gekrimp; ~ *fabric* voorkrimpstof.

**pre·side** voorsit, die voorsitterstoel inneem/beklee, presideer; lei, bestuur; ~ *at/over a meeting* op 'n vergadering voorsit, die voorsitter van 'n vergadering wees; ~*d by* ... onder voorsitterskap/leiding van ...; ~ *over an organisation* 'n organisasie lei, die leier van 'n organisasie wees; ~ *over s.t.* die toesig oor iets hê; aan die bewind wees wanneer iets gebeur. **pre·sid·ing of·fi·cer** voorsittende beampte, voorsitter.

**pres·i·den·cy** presidentskap; erevoorsitterskap; voorsitterskap; *(SA, hist.)* presidentswoning.

**pres·i·dent** (staats)president; voorsitter, president; *(Am.)* hoofbestuurder; ~'*s wife/lady* presidentsvrou. ~**-elect** aangewese/pasgekose *(of* pas gekose) president; aangewese voorsitter.

**pres·i·den·tial** presidents=, presidensieel; voorsitters=, van die voorsitter; ~ *address* voorsitters=, openingsrede; ~ *campaign* presidensiële veldtog, presidentsveldtog; ~ *candidate* kandidaat vir die presidentskap; ~ *election* presidentsverkiesing; ~ *residence* presidentswoning. **pres·i·dent·ship** voorsitterskap; presidentskap.

**pre·soak** *n.* weekmiddel *(vir wasgoed).* **pre·soak** *ww.* vooraf week.

**press** *n., (toestel, masjien)* pers; (druk)pers, drukkery; pers; perswese; druk(te), gedrang; *(gewigoptel)* drukhef; *get/have a bad/good* ~ (on)gunstig deur die pers beoordeel word; *be in the* ~, *('n boek)* in die pers *(of* ter perse) wees; *be off the* ~ gedruk *(of* van die pers) wees; *a* ~ *of people* 'n gedrang; *a report in the* ~ 'n berig in die pers/koerante; *go to* ~ ter perse gaan; *at the time of going to* ~ by die ter perse gaan, met druktyd; *send s.t. to* ~ iets na die pers stuur; *watch the* ~ *for s.t.* gereeld kyk of iets in die koerante is. **press** *ww.* druk *('n knoppie);* pars, pers *(druiwe);* pars *(klere);* druk uitoefen; plat=, saamdruk, =pers; beur; aan=, opdring, dwing; aanspoor, haastig maak; ~ *against* ... teen ... (aan)druk; ~ *ahead/on* gou maak, voortbeur; voortruk; ~ *ahead/forward/on with s.t.* haastig/onverwyld met iets voortgaan, iets deurdruk; ~ *along* aanstoot, verder/vêrder gaan; ~ *for* ... op ... aandring *('n antwoord ens.);* ~ *s.o. for s.t.* by iem. op iets aandring *('n antwoord ens.),* ~ *s.o. for payment* iem.

opskroef (om te betaal); ~ *forward* vooruitbeur; ~ *s.o.* *(hard)* iem. opkeil; ~ *s.t.* *home* iets (diep) indruk *('n mes ens.);* iets deurdryf/=drywe *(jou sienswyse ens.);* iets uitbuit *('n voordeel ens.); s.t.* ~*es on s.o.'s* *mind* iets druk swaar op iem. se gemoed; ~ *on s.t.* op iets druk; ~ *s.t.* *on/upon s.o.* iets aan iem. opdring; ~ *s.t.* *out* iets uitpers/=druk. ~ **agent** rekla= meagent. ~ **attaché** persattaché. ~ **baron** *(infml.)* koerant=, persmagnaat. ~**board** persbord. ~ **campaign** persveldtog. ~ **clipping,** ~ **cutting** koerant(uit)knipsel. ~ **conference, news conference** pers=, nuuskonferensie. ~ **council** pers=, mediaraad. ~-**cutting service** knipseldiens. ~ **gallery** pers= bank, =galery. ~ **magnate** persmagnaat, koerantkoning. ~ **office** pers=, mediakantoor. ~ **officer** pers=, mediabeampte. ~ **photographer** persfotograaf. ~ **release, news release** persverklaring. ~ **report** persberig. ~ **review** persoorsig. ~ **secretary** pers=, mediasekretaris. ~ **stud** drukknoop, =kno= pie, drukkertjie. ~-**up** *n.,* opstoot(oefening); *do twenty* ~*s* twintig opstote doen.

**pressed** geperste *(beesvleis, blom, ens.);* be ~ *for* ... 'n gebrek aan ... hê *(geld ens.);* min/beperkte ... hê *(tyd); be hard* ~ in die knyp/nood sit/wees, noustrop trek; opgedruk word; skerp agtervolg word; ~ **steel** persstaal, geperste staal.

**press·er** drukker; parser; pers. ~ **plate** *(mot.)* drukplaat.

**pres·sie** →PREZZIE.

**press·ing** *n.* persstuk; strykwerk; *(vero.)* (grammofoon)plaat. **press·ing** *adj.* dringend *(uitnodiging ens.);* dreigend *(gevaar); since you are so* ~ aangesien jy so daarop aandring. ~ **cloth** parslap. ~ **season** parstyd.

**pres·sure** *n.* druk(king); aandrang, dringendheid; span= ning; drukte; moeilikheid; *at full* ~ met volle krag; *at high* ~ onder hoë druk; *bring* ~ *to bear* (or *put* ~) *on/upon* ... druk op ... uitoefen, ... aan druk onderwerp; *area of low* ~ laagdrukgebied; *put the* ~ *on* druk uitoefen, die skroef aandraai; *sustained* ~ volgehoue druk; *be under* ~ onder druk verkeer/wees, aan druk onderhewig wees; noustrop trek; *do s.t. under* ~ iets haastig doen; iets onder dwang doen; *owing to* ~ *of work* weens werkdruk *(of* te veel werk). **pres·sure** *ww.* druk uitoefen op; dwing. ~ **bandage** druk= verband. ~ **burst** drukbars. ~-**cook** *ww.* drukkook. ~ **cook= er** drukkastrol, =(kook)pot. ~ **face** drukvlak. ~ **feed** druk= toevoer. ~ **gauge** drukmeter. ~ **group** drukgroep. ~ **main** hoofpyp. ~ **plate** drukplaat. ~ **point** drukpunt. ~ **stove** pompstofie. ~ **tank,** ~ **vessel** drukketel. ~ **welding** druk= sweising.

**pres·sur·ise,** =**ize** *ww., (lugv., ruimtev.)* van drukreëling voorsien, drukreël, onder druk plaas, drukbestand maak; onder druk plaas, druk uitoefen op *(iem.).* **pres·sur·i·sa·tion,** =**za·tion** (lug)drukreëling. **pres·sur·ised,** =**ized** drukvas; *aircraft* drukvaste vliegtuig, vliegtuig met drukreëling; ~ *cabin* drukkajuit.

**pres·tige** aansien, prestige; invloed, gewig, gesag; *enjoy/ have* ~ hoë aansien geniet, hoog in aansien staan; *gain (in)* ~ aan aansien wen. ~ **value** prestigewaarde.

**pres·tig·ious** invloedryk, toonaangewend, gesaghebbend.

**Pres·tik** *(SA handelsnaam)* Prestik, kleefgom.

**pres·tis·si·mo** *(It., mus.: so vinnig as moontlik)* prestissimo.

**pres·to** *(It., mus.: baie vinnig)* presto.

**pre·stress** vooraf span; ~*ed concrete* spanbeton, voorge= spanne beton; ~*ed reinforced concrete* gewapende spanbeton. **pre·stress·ing** voorspanning.

**pre·sume** veronderstel, vermoed, aanneem; aanmatig; waag, die vryheid neem; ~*d dead* vermoedelik dood, as dood be= skou; ~ *to* ... jou aanmatig om te ... **pre·sum·a·bly** ver= moedelik, seker, glo. **pre·sumed** vermoedelik. **pre·sum·ing** verwaand, astrant, aanmatigend; *s.o. is* ~, *(ook)* iem. ver= oorloof hom/haar vryhede; ~ *that* ... veronderstel dat ... **pre·sump·tion** vermoede, veronderstelling; aanmatiging, verwaandheid, onbeskaamdheid, vermetelheid, vrypostig=

heid; *act on the* ~ *that* ... van die veronderstelling uitgaan dat ...; ~ *of fact* afleiding uit feite, feitelike vermoede; ~ *of guilt* skuldvermoede; ~ *of law* regsvermoede, weerlegbare vermoede. **pre·sump·tive** vermoedelik. **pre·sump·tu·ous** ver= waand, vermetel, astrant, aanmatigend, voorbarig, vrypos= tig. **pre·sump·tu·ous·ness** verwaandheid, vermetelheid, aan= matiging, vrypostigheid.

**pre·sup·pose** aanneem, vooronderstel. **pre·sup·po·si·tion** vooronderstelling.

**prêt-à-por·ter** *n., (Fr.)* pasklaar uitrusting.

**pre-tax** *adj. (attr.)* voorbelaste, *(pred.)* voor belasting; ~ *in= come/profit/etc.* voorbelaste inkomste/wins/ens., inkomste/ wins/ens. voor belasting.

**pre·teen** *n., (Am.: kind tuss. 9 en 12)* preadolessent. **pre= teen** *adj.* preadolessent.

**pre·tend** voorgee, maak (as)of; beweer; veins, huigel, die skyn aanneem; ~ *to be* ... voorgee dat jy ... is; *s.t. does not* ~ *to be exhaustive/etc.* iets maak geen aanspraak op volledig= heid/ens. nie; ~ *illness* maak (as)of *(of* voorgee dat) jy siek is; ~ *to s.t.* aanspraak maak op iets. **pre·tence** (valse) skyn, voorwendsel; skynvertoon; oëverblindery; veinsing; aan= spraak; (die) voorgee; aanmatiging, pretensie; *a* ~ *at a* ... 'n sogenaamde ... *(onthaal ens.); by/under false* ~*s* onder valse voorwendsels; *s.t. makes no* ~ *of being exhaustive/etc.* iets maak geen aanspraak op volledigheid/ens. nie; *on the slight= est* ~ by die geringste aanleiding; *under the* ~ *of* ... onder (die) voorwendsel van ...; *do s.t. under the* ~ *of charity/etc.* iets onder die naam/skyn van liefdadigheid/ens. doen; ~ *of virtue/etc.* skyndeug ens.. **pre·tend·er** aanspraakmaker, pretendent; skynheilige, huigelaar; *the* ~ *to the throne* die troonpretendent. **pre·ten·sion** aanspraak; aanmatiging, ver= waandheid; pretensie; voorwendsel; *s.o.'s* ~ *to* ... iem. se pretensie op ...; *without* ~ sonder pretensie. **pre·ten·tious** aanmatigend, pretensieus, vol pretensie; pronkerig; ver= waand. **pre·ten·tious·ness** aanmatiging, verwaandheid.

**pre-term** *adj. & adv., (med.)* te vroeg, voortydig, ontydig; ~ *baby* vroeggebore/premature baba; ~ *birth* voortydige/on= tydige/premature geboorte, vroeggeboorte; *be born* ~ te vroeg gebore word.

**pre·text** voorwendsel; dekmantel; *on/under/upon the* ~ *of* ... onder die skyn/voorwendsel van ...; *on the slightest* ~ by die geringste aanleiding.

**pre·tor** →PRAETOR. **pre·to·ri·an** →PRAETORIAN.

**Pre·to·ri·a** *(geog.)* Pretoria; →TSHWANE. **Pre·to·ri·an** *n.* Pre= torianer. **Pre·to·ri·an** *adj.* Pretoriase, van Pretoria.

**pre·treat** voorbehandel. **pre·treat·ment** voorbehandeling.

**pret·ti·fy** mooimaak, mooi voorstel. **pret·ti·fi·ca·tion** mooi= makery, vermooiing.

**pret·ti·ly** mooi, fraai, netjies, oulik, liefies.

**pret·ti·ness** mooiheid, fraaiheid; gesogtheid.

**pret·ty** =*ties, n.* mooi mensie/dingetjie, mooie(tjie); liefie; *(ook, i.d. mv.)* (fyn) onderklere. **pret·ty** *adj.* mooi, fraai; lief(ies), aanvallig; aardig; *s.o.'s not just a* ~ *face, (infml.)* iem. het/is nie net 'n mooi gesiggie nie, iem. is meer as net 'n mooi gesiggie; *my* ~ *one* my liefie; *prettiest pet/etc. imaginable* moois denkbare troeteldier/ens.; *not a* ~ *sight, (iem.)* maar sleg lyk; *(iets)* nie 'n mooi gesig *(of* mooi om te aanskou/ sien) nie. **pret·ty** *adv., (infml.)* taamlik; redelik; *be sitting* ~, *(infml.)* goed af wees, in 'n gunstige posisie wees/verkeer. **pret·ty** *ww.:* ~ ... *up, (infml.)* ... opsmuk. ~ **boy** *(infml., dikw. neerh.)* fat, laventelhaantjie, verwyfde man(netjie). ~-**pretty** *(infml.)* popmooi; popperig; ~ *face* popgesig(gie).

**pret·ty·ish** mooierig.

**pret·zel** pretzel.

**pre·vail** die oorhand kry, seëvier, wen, heers; die oorhand hê; in swang wees, algemeen wees; ~ *against/over* ... die oorhand oor ... kry, oor ... seëvier, ... oorwin; ~ *on/upon s.o. to do s.t.* iem. omhaal/ompraat/oorhaal/oorreed om iets te doen. **pre·vail·ing** heersend, geldend; algemeen; ~ *wind* heersende wind. **prev·a·lence** (die) heers; oorwig, oorhand; algemeenheid; voorkoms(syfer). **prev·a·lent** oorwegend; heersend, algemeen; *sickness/etc. is* ~ *here* siekte/ens. heers (*of* is baie algemeen) hier.

**pre·var·i·cate** jok; dubbelsinnig praat/handel, rondspring, uitvlugte soek, jakkalsdraaie maak. **pre·var·i·ca·tion** jokkery, leuen(tjie), dubbelsinnigheid, jakkalsdraaie, bontpratery, skelmstreke. **pre·var·i·ca·tor** bedrieër, huigelaar, jakkals.

**pre·vent** verhinder, belet, voorkom; verhoed; vermy; keer, afweer; teëhou, teenhou; ~ *an evil* 'n kwaad verhoed; ~ *s.o. from doing s.t.* iem. verhinder om iets te doen; iem. belet om iets te doen; *be ~ed from doing s.t.* verhinder word om iets te doen. **pre·vent·a·bil·i·ty, pre·vent·i·bil·i·ty** voorkombaarheid; vermybaarheid; afweerbaarheid. **pre·vent·a·ble, pre·vent·i·ble** voorkombaar; vermybaar; afweerbaar. **pre·ven·ta·tive** = PREVENTIVE. **pre·vent·er** bolt katbout. **pre·ven·tion** verhindering, voorkoming; verhoeding; afwering; voorbehoeding; ~ *is better than cure* voorkoming is beter as genesing, voorsorg voorkom nasorg; *for the* ~ *of ...* ter voorkoming van ... **pre·ven·tive** *n.* voorbehoedmiddel. **pre·ven·tive** *adj.* verhinderend, voorkomend; voorbehoedend; afwerend; preventief; ~ *arrest/detention* voorkomende aanhouding, preventiewe arres/aanhouding; *take* ~ *measures* voorsorg-/voorkomingsmaatreëls (*of* voorkomende maatreëls) tref; ~ *medicine* voorkomende geneeskunde; ~ *war* preventiewe oorlog.

**pre·ver·bal** *adj.* preverbaal.

**pre·view** *n.* voorskou, voorbesigtiging; voorvertoning; voorbeskouing; voorafskaduwing. **pre·view** *ww.* vooraf sien.

**pre·vi·ous** *adj.* vorige, voor(af)gaande, vroeër(e); *the* ~ *day/etc.* die vorige dag/ens., die dag/ens. tevore; *plead a* ~ *engagement* 'n vroeër afspraak voorhou; ~ *existence* voorbestaan. **pre·vi·ous** *adv.* voor; ~ *to ...* voor ... **pre·vi·ous·ly** (van)tevore, vooraf, voorheen, vooruit, hiervóór; ~ *held ideas* voormalige opvattinge/opvattings.

**pre·war** vooroorlogs, voor die oorlog.

**pre·wash** *n.* voorwassiklus (*v.* '*n wasmasjien*). **pre·wash** *ww.* vooraf was.

**prey** *n.* prooi; slagoffer; *be* ~ *to ...* 'n prooi/slagoffer van ... wees; *fall (a)* ~ *to ...* die/'n slagoffer van ... word, ... ten prooi val. **prey** *ww.:* ~ *on/upon ...* op ... aas; ... beroof/plunder; *s.t. ~s (up)on s.o.'s mind* iets kwel (*of* spook by) iem., iets bly in/deur iem. se gedagtes/kop maal.

**prez·zie, pres·sie** *(infml.)* present(jie), geskenk(ie).

**Pri·am** *(Gr. mit.)* Priamos.

**pri·ap·ic, pri·a·pe·an** priapies, wellustig, onverbloemd eroties; fallies. **pri·a·pism** *(med.)* priapisme.

**price** *n., (ook fig.)* prys; prys, koers *(v. effekte); above/beyond/without* ~ onskatbaar, onbetaalbaar, nie vir geld te koop nie; *at a* ~ as jy bereid is om te betaal; *at any* ~ tot elke prys; *not at any* ~ vir geen geld ter wêreld nie, in/onder geen omstandighede nie, glad/hoegenaamd nie; *beat down the* ~ *of s.t.* op die prys van iets afding; *cut* ~*s* die pryse verlaag/(be)snoei; ~*s are down* die pryse is laer; ~*s drop* die pryse daal/sak; *a drop/fall in* ~*s* 'n prysdaling; *what's that got to do with the* ~ *of eggs?* wat het dit (miskien/nou) daarmee (*of* met die saak) te doen/make (*of* uit te waai)?; *at a fair/etc.* ~ vir/teen 'n billike/ens. prys; *potatoes/etc. are fetching good* ~*s* aartappels/ens. is goed op prys (*of* behaal goeie pryse); *fix a* ~ 'n prys vasstel; *a fixed* ~ 'n vaste prys; *freeze* ~*s* die pryse vaspen; ~*s go down* die pryse daal/sak; ~*s go up* die pryse styg; *a ... of great* ~ 'n baie waardevolle ...; *s.o. has a* ~ iem. kan omgekoop word; *place/put/set a* ~ *on s.o.'s head* 'n prys op iem. se kop sit (*of* hoof plaas); *the* ~ *is ...* dit kos (*of* die prys is) ...; ~ *of money* rentekoers, -voet; *name a* ~ 'n prys maak; *you can't put a* ~ *on friendship/etc.* vriendskap/ens. kan nie in terme van geld gemeet word nie;

*pay a high* ~ *for s.t.* iets duur koop *(vryheid ens.); every person has his/her* ~ as jy maar dik smeer, word elke hand glad; *put a* ~ *on s.t.* die waarde van iets bepaal; *put up the* ~ die prys verhoog/opstoot; *quote a* ~ 'n prys opgee/verstrek/noteer; *sell (s.t.) at reduced* ~*s* iets teen verminderde/verlaagde pryse verkoop; ~*s rise* die pryse styg; *two articles are the same* ~ twee artikels kos ewe veel; *scale of* ~*s* prysskaal; *set a* ~ 'n prys maak; *set a* ~ *on s.t.* 'n prys vir iets bepaal/vasstel; ~*s skyrocket* die pryse skiet die hoogte in; *state a* ~ 'n prys opgee; *what* ~ *... now?* hoe staan kanse dat ... nou sal gebeur/ens.?; *what is the* ~ *of ...?* wat kos ...?; *without* ~ →*above/beyond/without*. **price** *ww.* prys, 'n prys maak/vasstel; van 'n prys voorsien; 'n prysetiket aanhang; (na) die prys vra; *be ~d at ...* ... kos; die prys op ... vasgelê hê; ~ *o.s./s.t. out of the market* jou/die prys onmoontlik hoog maak, onmoontlik duur produseer. ~ *bracket* prysklas. ~ *ceiling* prysplafon, boonste prysgrens. ~ *control* prysbeheer. ~ *cut,* ~ *reduction* prysverlaging, -vermindering. ~*-fixing* prysvasstelling, -bepaling; prysknoeiery. ~ *freeze* prysvaspenning. ~ *increase* prysverhoging; prysstyging, -toename. ~ *index* prysindeks. ~ *list* koers-, pryslys; pryslys, -katalogus. ~ *range* prysreeks; prysklas. ~ *regulation* prysreëling. ~ *rigging* manipulasie van pryse, prysmanipulasie. ~ *ring* pryskartel. ~ *rise* prysstyging. ~*-sensitive* prysgevoelig. ~ *tag* pryskaartjie, -etiket. ~ *war* prysoorlog.

**price·less** onbetaalbaar, kosbaar, onskatbaar; ~ *joke* kostelike/onverbeterlike grap.

**price·y, pri·cy** *(infml.)* duur, aan die duur kant. **pric·i·ness** *(infml.)* duurheid, duurte.

**pric·ing** prysberekening, -bepaling, -vasstelling, -setting. ~ *policy* prys(vasstellings)beleid.

**prick** *n.* steek, prik; gaatjie; kwelling, wroeging; *(plat)* voël, piel; *(plat, neerh.: veragtelike mens)* poephol, bliksem, doos, trut; *kick against the* ~*s* teen die prikkels skop; teëstribbel, teenstribbel. **prick** *ww.* prik, steek; oopsteek, 'n gaatjie maak/steek in; deursteek; aanspoor, aansit, aanpor; spits; kwel, knaag; ~ *one's finger with/on s.t.* jou vinger met iets prik; ~ *s.t. off/out, (ook)* iets uitstippel (*of* deur stippies aangee). **prick·er** steker; priem, prikker.

**prick·le** *n.* stekel, doring, pen; prikkel. **prick·le** *ww.* steek, prik.

**prick·ly** stekel(r)ig, stekerig, steek-; doringrig, doring-; prikkelend; jeukerig; lastig, netelig *('n probleem ens.);* ~ *apple* doringappel; *have a* ~ *character* 'n beduiwelde/driftige/(oor)haastige geaardheid hê, haastig/opvlieënd/vinnig van geaardheid wees, beduiweld/befoeterd/beneuk (*of* vol draadwerk) wees; ~ *pear* turksvy; *thornless* ~ *pear* kaalblaar-, kaalbladturksvy. **prick·li·ness** stekel(r)igheid, stekerigheid; doringrigheid, doringagtigheid; prikkelrigheid; jeukerigheid; prikkelbaarheid, kriewelrigheid, liggeraaktheid; neteligheid, lastigheid *(v. 'n probleem ens.).*

**pride** *n.* trots, eergevoel; verwaandheid, hoogmoed, hooghartigheid, trotsheid; glorie, luister; trop *(leeus); burst with* ~ baie trots wees; *be consumed (of eaten up) with* ~ vergaan van (*of* verteer wees deur) hoogmoed; ~ *will have (or comes/goes before) a fall* hoogmoed kom tot 'n (*of* voor die) val; *be filled with* ~ *in s.t.* met trots op iets vervul wees; *hurt/wound s.o.'s* ~ iem. se eer te na kom; *be s.o.'s* ~ *(and joy)* iem. se trots (en vreugde) wees; iem. se oogappel wees; *be the* ~ *of ...* die trots van ... wees *(jou familie ens.); s.o.'s offended* ~ iem. se gekrenkte trots; *a peacock in his* ~ 'n pronkende pou; *give* ~ *of place to ...* die voorrang/ereplek aan ... gee; *have/hold/take* ~ *of place* die ereplek inneem, vooraan staan; *pocket/swallow one's* ~, *(infml.)* jou trots (in)sluk; *s.o. has to put his/her* ~ *in his/her pocket* (or *pocket his/her* ~), *(infml.)* iem. moet sy/haar trots sluk (*of* moet sy/haar hoogmoed [maar] tot later bêre); *take* ~ *in s.t.* trots op iets wees; jou trots/eer in iets stel; *wound s.o.'s* ~ →*hurt/wound*. **pride**

*ww.:* ~ *o.s. (up)on* ... op ... roem, jou op ... beroem, trots op ... wees, met ... spog. **pride·ful(·ness)** trots.

**priest** priester; geestelike; *(neerh.)* paap. **priest·ess** *n. (vr.)* priesteres, vroulike priester. **priest·hood** priesterskap, priesteramp; priesterdom, priesterstand. **priest·ly** priesterlik, priester-; ~ *robe/habit* priesterkleed.

**prig** pedant, verwaande persoon, wysneus. **prig·gish** verwaand, wysneusig, eiewys, aanstellerig, pedanties. **prig·gish·ness, prig·ger·y** verwaandheid, wysneusigheid, aanstellery, aanstellerigheid, pedanterie.

**prim** *adj.* styf, gemaak, aanstellerig; preuts, sedig; presies, netjies; ~ *and proper* keurig netjies; ewe/danig sedig. **prim** -*mm-, ww.* tuit *(jou mond, lippe);* uit die hoogte kyk. **prim-ness** preutsheid, sedigheid.

**pri·ma** prima, eerste, beste, hoof-; ~ *ballerina* prima ballerina, hoofdanseres; ~ *donna* primadonna, hoofsangeres; *(infml., neerh.: verwaande, wispelturige mens)* primadonna; ~ *facie, (jur.)* prima facie, op die oog.

**pri·ma·cy** voortreflikheid, aartsbiskoplike amp, primaatskap; *(psig.)* voorrang.

**pri·mae·val** = PRIMEVAL.

**pri·mal** primitief; vernaamste, fundamenteel; oorspronklik, grond-, oer-; ~ *scream, (psig.)* oerkreet; ~ *(scream) therapy, (psig.)* oerkreetterapie; ~ *source* oerbron.

**pri·ma·ri·ly, pri·mar·i·ly** allereers, in die eerste plek, hoofsaaklik, in hoofsaak.

**pri·ma·ry** *n., (Am.)* benoemingsverkiesing, voorverkiesing; hoofsaak; primêre kleur; *(orn.)* primêre vlerkveer; *(elek.)* primêre wikkeling; *(astron.)* hoofliggaam, primêr, primêre liggaam. **pri·ma·ry** *adj.* (aller)eerste, primêr; aanvanklik; eersteling; elementêr; inleidend; vroegste, oorspronklik, grond-; vernaamste, hoof-; ~ *axis* hoofas; ~ *cancer* oorspronklike/primêre kanker; ~ *cause* aanleidende oorsaak; ~ *cell, (elek.)* primêre sel; ~ *coil, (elek.)* primêre spoel; ~ *colour* primêre kleur; grond-, hoof-, basiskleur; ~ *education* laer onderwys; ~ *election* voorverkiesing; ~ *feather* primêre vlerkveer; ~ *health care* primêre gesondheidsorg; ~ *industry* primêre nywerheid; ~ *meaning* grondbetekenis; ~ *planet* hoofplaneet; ~ *product* primêre produk; ~ *pupil* laerskoolleerling; ~ *rate* prima koers; ~ *rib, (bot.)* hoofnerf, -rib; ~ *rocks, (geol.)* primêre gesteentes; ~ *root* hoofwortel; ~ *role* hoofrol; ~ *school* laer skool, laerskool; ~ *stem* hoofstingel; ~ *stress* hoofklem; ~ *teacher* laerskoolonderwyser(es); ~ *winding, (elek.)* primêre wikkeling.

**pri·mate** *(Chr.)* aartsbiskop, primaat; *(soöl.)* primaat. **pri·mate·ship** primaatskap. **pri·ma·tial** primaats-.

**pri·ma·tol·o·gy** *(soöl.)* primatologie. **pri·ma·to·log·i·cal** primatologies. **pri·ma·tol·o·gist** primatoloog.

**pri·ma·ve·ra** *adj., (It. kookk.): pasta* ~ pasta primavera, pasta met lig gesoteerde jong groente.

**prime¹** *n.* fleur, bloeityd; *(wisk.)* priemgetal; *(skermk.)* eerste parade, pareerposisie; *(druk.)* aksent; *(bankw., afk. v.* prime rate*)* prima koers; *in s.o.'s* ~ in iem. se fleur; op iem. se toppunt; *in the* ~ *of life* in die bloei van die lewe; *s.o. is past his/her* ~ iem. se beste jare is verby *(of* agter die rug). **prime** *adj.* vernaamste, belangrikste, eerste, hoof-; prima, puik, eersteklas; primêr, fundamenteel, oorspronklik; ~ *beef* prima beesvleis; ~ *cattle* prima/eersteklas beeste; ~ *coat* grond-, onderlaag; ~ *colour* grondlaagkleur; ~ *cost* direkte koste; primêre koste; ~ *example* treffende voorbeeld; ~ *factor, (wisk.)* priemfaktor; *be of* ~ *importance* van die grootste/hoogste belang wees; ~ *meridian* nulmeridiaan; ~ *minister* eerste minister; ~ *ministership/ministry* premierskap, eersteministerskap; ~ *minister's office* premierskantoor, eersteministerskantoor; ~ *mover* dryfkrag, -veer, leidende persoon; primêre kragbron; ~ *number, (wisk.)* priemgetal, ondeelbare getal; *the* ~ *object* die hoofdoel *(of* vernaamste oogmerk); ~ *rate, (bankw.)* prima koers; ~ *rib* prima rib; ~

*suspect* hoofverdagte; ~ *time, (rad., TV)* spitstyd; ~ *vertical, (astron.)* eerste vertikaal.

**prime²** *ww.* laai *('n vuurwapen, springdoppie, ens.);* 'n grondlaag gee, grondverf aanbring, grondverf; voorvoer *('n pomp); (mot.)* inspuit; *('n stoomketel)* opkook, water trek; *(med., biochem.)* voorvoer; →PRIMING; ~ *a witness, (jur.)* 'n getuie afrig/voorsê *(of* sy/haar getuienis laat instudeer).

**pri·mer¹** leesboekie, ABC-boek; boek vir beginners; inleiding; (leke-)gebedeboek.

**pri·mer²** ontsteker, ontstekingsmiddel; grond-, onderlaag; inspuitpomp; grondverf; voorvoerder *(v. 'n motor);* ruimnaald; aanmaker. ~ **(cartridge)** doppiepatroon. ~ **(charge)** ontsteek-, slaglading.

**pri·me·val** primitief, oorspronklik, eerste, oer-; voorwêreldlik; oeroud; ~ *force* oerkrag; ~ *forest* oerwoud.

**prim·i·grav·i·da** *-das, -dae, (med.: vrou wat vir d. 1ste keer swanger is)* primigravida.

**prim·ing** inspuiting, voorvoering *(v. brandstof);* aanwakkering; ontstekingslading; opkoking *(v. 'n stoomketel).* ~ **hole** sundgat. ~ **iron,** ~ **needle** ruimnaald. ~ **pump** inspuit-, voorvoerpomp. ~ **valve** voorvoerklep. ~ **wire** ruimnaald, aansteekdraad.

**prim·i·pa·ra** *-ras, -rae, (med.: vrou wat vir d. 1ste keer geboorte skenk)* primipara. **prim·ip·a·rous** eersbarend.

**prim·i·tive** *n.* primitiewe mens; primitief, primitiewe skilder; primitiewe werk/skildery; primitiewe (skilder)kuns; *(ling.)* stam; *(wisk., rek.)* primitief; *the Flemish* ~*s* die Vlaamse primitiewe. **prim·i·tive** *adj.* primitief; oudste, oorspronklik, eerste, oer-; oeroud, uit die oertyd; outyds; *(ling.)* stam-; *(wisk.)* primitief, stam-; ~ *force* grondvorm; ~ *language* oertaal; ~ *man* die oermens; ~ *people* natuurvolk; ~ *urge* oerdrang, -drif; ~ *water* grondwater; ~ *word* stamwoord. **prim·i·tive·ness** primitiwiteit. **prim·i·tiv·ism** primitivisme. **prim·i·tiv·ist** primitivis.

**pri·mo** *-mos, -mi, (It., mus.)* primo.

**pri·mo·gen·i·tor** stamvader. **pri·mo·gen·i·ture** eersgeboorte; eersgeboortereg, reg van die eersgeborene.

**pri·mor·di·al** oorspronklik, fundamenteel; oudste, allereerste, oer-; uit die oertyd; *(embriol.)* primordiaal; onontwikkel(d); ~ *cell* oersel; ~ *soup* oersop; ~ *tissue* grondweefsel.

**primp** jou mooimaak/opsmuk.

**prim·rose** *(bot.: Primula spp.)* sleutelblom, primula; *tread the* ~ *path, (idm.:* <Hamlet *v. Shakespeare)* die breë pad/weg bewandel. ~ **(yellow)** liggeel.

**prim·u·la** →PRIMROSE.

**pri·mum mo·bi·le** *(Lat.)* kragbron; *(fig.)* dryfkrag, dryfveer, beweegrede.

**Pri·mus** *-muses, (handelsnaam):* ~ **(stove)** primus(stofie), paraffien-, druk-, pompstofie.

**pri·mus in·ter pa·res** *(Lat.: d. eerste onder [sy/haar] gelykes; d. woordvoerder)* primus inter pares.

**prince** prins, koningseun; vorsteseun; *(ook fig.)* vors; heerser; *P~ Charming* die Towerprins; *(fig.)* die prins van jou drome; *the P~ of Darkness* die vors van die duisternis, die duiwel; *the P~ Imperial* die Keiserlike Prins; *live like a* ~ soos 'n prins leef/lewe; *the P~ of Peace* die Vredevors; *the P~ of Wales* die Prins van Wallis, die Britse kroonprins. ~ **consort** prins-gemaal. ~ **royal** kroonprins. ~**'s feather** *(bot.)* basteramarant; duisendknoop.

**prince·dom** prinsdom; vorstedom; prinslike waardigheid.

**prince·ling** *(hoofs. neerh.)* prinsie; jong prins.

**prince·ly** *-lier -liest, adj.* prinslik; vorstelik; skitterend, luisterryk; ~ *state* vorstelike praal; vorstedom; prinsdom; ~ *sum* koninklike bedrag/som.

**prin·cess** prinses, koningsdogter; vorstin. ~ **regent** prinses-regentes. ~ **royal** kroonprinses.

**prin·ci·pal** *n.* hoof; hoofpersoon; skoolhoof, prinsipaal; rektor *(v. 'n universiteit); (jur.)* lasgewer, opdraggewer; hoof=beskuldigde; kapitaal, kapitaalbedrag, =som; hoofbalk; kap *(v. 'n dak).* **prin·ci·pal** *adj.* vernaamste, belangrikste, hoof=; ~ *argument* hoofgrond; ~ *language* hooftaal; ~ *offender* dader, hoofskuldige, werklike pleger; ~ *parts, (gram.)* hoof=dele *(v.d. ww.); ~ sentence, (gram.)* hoofsin; ~ *stress* hoof=klem. **prin·ci·pal·i·ty** prinsdom, vorstedom; prinslike/vors=telike waardigheid; vorstelike regering; *the P~, (Br.)* die prinsdom Wallis. **prin·ci·pal·ly** hoofsaaklik, in hoofsaak, ver=al, oorwegend. **prin·ci·pal·ship** hoofskap, prinsipaalskap.

**prin·ci·ple** beginsel, prinsiep, prinsipe; grondslag; bestand=deel; rigsnoer; stelreël; *against s.o.'s ~s* teen iem. se beginsels; *of firm ~s* beginselvas; *in ~* in beginsel, prinsipieel; *a lack of ~(s)* beginselloosheid; *lay down a ~* 'n beginsel bepaal/vasstel; *as a matter of ~* uit beginsel; *on ~* uit beginsel; *a person of ~* 'n beginselvaste mens/persoon; *s.o. of sound ~s* iem. met vaste beginsels; *stick* (or *be true*) *to one's ~s* beginselvas wees; *be without ~* beginselloos wees. **prin·ci·pled** beginsel=, koersvas.

**print** *n.* druk; afdruk *(v. 'n skildery);* prent; merk, stem=pel(afdruk); spoor; druk, (druk)oplaag; (druk)skrif/letter; gedrukte (katoen)stof, sis; *see s.t. in cold ~* iets swart op wit sien; *fine/small ~* fyn druk; *read the fine/small ~* op die fyner bepalings let; *in ~* in druk, (nog) (in die handel) ver=kry(g)baar; in gedrukte vorm; *appear in ~* in gedrukte vorm verskyn, uitgegee/gepubliseer word; *rush s.t. into ~* iets (oor)haastig laat druk/publiseer; *make a ~* 'n afdruk maak; *be out of ~* uit druk *(of* onverkry[g]baar) wees; *take s.o.'s ~s* iem. se vingerafdrukke neem. **print** *ww.* druk; bedruk; afdruk; merk, stempel; plaas, opneem; uitgee, publiseer, druk; met drukletters skryf/skrywe; *(fig.)* inprent; ~ *s.t. off* iets druk *(dokumente ens.);* ~ *s.t. out* 'n drukstuk van iets maak. ~**head** *(rek.)* drukkop. ~ **letter** drukletter. ~**maker** afdrukmaker. ~ **on demand** *n., (afk.:* POD*)* druk op aan=vraag. ~**-on-demand** *adj. (attr.):* ~ *title* druk-op-aanvraag-titel. ~**out** *n.* drukstuk; afdruk. ~ **run** oplaag. ~ **speed** *(rek.)* drukspoed, =tempo.

**print·a·ble** drukbaar; publiseerbaar.

**print·ed:** ~ *circuit* etskring; ~ *fabric/material* gedrukte/bedrukte (kleding)stof; *have s.t. ~* iets laat druk; ~ *matter* drukwerk.

**print·er** drukker; ~*'s devil* drukkersduiwel; ~*'s error* druk=, setfout; ~*'s mark* drukkersmerk; ~*'s proof* drukproef.

**print·ing** druk; drukwerk; oplaag; uitgawe, druk; *(art of)* ~ (boek)drukkuns. ~ **house** drukkery. ~ **industry** drukkers=bedryf. ~ **machine**, ~ **press** drukpers. ~ **type** lettervorm, drukletter. ~ **works** drukkery.

**pri·or¹** *adj.* vroeër, voorafgaande, eerste, voor=; ~ *approval* vooraf goedkeuring; *have a ~ engagement* reeds 'n (ander) afspraak hê. **pri·or** *adv.:* ~ *to* ... voor ...

**pri·or²** *n., (relig.)* prior, kloosterhoof, owerste. **pri·or·ess** priores, priorin. **pri·or·y** priory.

**pri·or·i·tise,** =**tize** prioriteit *(of* [die] voorkeur*)* gee aan, vooropstel, prioriteseer; hoog op die agenda plaas; in volgorde van belangrikheid aanpak/afhandel/ens.. **pri·or·i·ti·sa·tion,** =**za·tion** vooropstelling, prioritisering.

**pri·or·i·ty** voorrang, prioriteit; voorkeur, preferensie; *s.t. gets ~* iets geniet voorrang; *give ~ to* ... die voorrang aan ... ver=leen; *have/take ~ over* ... die voorrang bo ... hê; *s.t. is high/low on s.o.'s list of priorities* iets is vir iem. belangrik *(of* van minder belang); *s.o. must get his/her priorities right* iem. moet besef wat die belangrikste is; *s.t. is s.o.'s top ~* iets is vir iem. die dringendste saak. ~ **mail** voorkeurpos. ~ **treatment** voor=keurbehandeling.

**prise,** *(Am.)* **prize** wikkel; oopbreek, =maak; ~ *s.t. loose* loswikkel; ~ *s.t. off* iets loswikkel; ~ *s.t. open* iets oopbreek; ~ *s.t. out* iets uitlig; ~ *s.t. out of s.o.* iets uit iem. kry *(inligting ens.).*

**prism** *(geom.)* prisma. **pris·mat·ic** *adj.* prismaties, prisma=.

**pris·on** *n.* gevangenis, tronk; gevangenisstraf; *break (out of)* ~ uit die tronk (uit)breek; *go to ~ for* ... weens ... tronk toe gaan *('n misdaad); in* ~ in die gevangenis/tronk; gevange; *put s.o. in* ~ iem. in die gevangenis/tronk sit; *send s.o. to* ~ iem. tronk toe stuur. ~ **bars** (tronk)tralies; *behind* ~ ~ agter (die) tralies. ~**-break** ontsnapping uit die tronk. ~ **camp** gevangeniskamp, gevangenekamp. ~ **farm** gevangenisplaas. ~ **sentence** tronkstraf; *get a* ~ gevangenisstraf/tronkstraf kry; *serve a* ~ ~ gevangenisstraf/tronkstraf uitdien. ~ **term** straftyd, =termyn. ~ **warder** tronkbewaarder, sipier.

**pris·on·er** gevangene, prisonier; bandiet; ~*'s camp* gevan=genekamp; *keep s.o.* ~ iem. gevange hou; *make/take s.o.* ~ iem. gevange neem; *take no ~s, (infml.)* meedoënloos/ver=bete optree, niks (en niemand) ontsien nie; ~ *of war* krygs=gevangene.

**pris·sy** danig sedig; preuts. **pris·si·ness** sedigheid; preuts=heid.

**pris·tine** oorspronklik *(toestand, staat);* ongerep, suiwer, on=bedorwe; silwerskoon, vlek(ke)loos.

**pri·va·cy** privaatheid; afsondering, eensaamheid; stilte; ge=heimhouding; *in* ~ privaat, afgesonder(d).

**pri·vate** *n.* manskap, gewone soldaat; *(SA)* weerman; *(ook, i.d. mv.)* geslagsdele; *in* ~ privaat; in die geheim; onder vier oë; agter/met geslote deure *(vergader).* **pri·vate** *adj.* privaat; persoonlik, eie; vertroulik, heimlik; afgesonder(d), gereser=veer(d); ~ *act* privaat/private wet; ~ *bag* privaat/private sak; ~ *bill* privaat/private wetsontwerp; ~ *company* privaat/private maatskappy; ~ *detective/investigator* privaat/pri=vate speurder; ~ *enterprise* privaat/private inisiatief; pri=vaat/private onderneming; ~ *eye, (infml.)* privaat/private speurder; ~ *house* woonhuis, privaat/private woning; ~ *income* privaat/private inkomste; ~ *life* privaat/private lewe; *have* ~ *means* 'n privaat/private inkomste hê, oor privaat/private middele beskik; ~ *member* gewone lid *(v. wetgewende liggaam);* ~ *parts, (euf.)* geslags=, skaamdele; *be in* ~ *practice* privaat praktiseer, 'n privaat/private praktyk hê; *go into* ~ *practice* 'n privaat/private praktyk begin; ~ *school* privaat/private skool; ~ *secretary* privaat/private sekretaris; *the* ~ *sector, (ekon.)* die privaat/private sektor; ~ *soldier* weer=man, manskap, gewone soldaat; *for* ~ *use* vir eie/privaat/private gebruik; ~ *view* persoonlike sienswyse; voorverto=ning, voorskou; ~ *war* familietwis, =vete; privaat/private oorlog.

**pri·vate·ly** alleen, in afsondering; in die geheim, heimlik; onder vier oë; privaat; agter/met geslote deure; onderhands; *sell s.t.* ~ iets uit die hand verkoop.

**pri·va·tion** ontbering, gebrek; *suffer ~s* ontberings deur=maak/verduur.

**pri·vat·ise,** =**ize** privatiseer. **pri·vat·i·sa·tion,** =**za·tion** pri=vatisering.

**priv·et** *(bot.)* liguster.

**priv·i·lege** *n.* voorreg; vrywaring; *(jur.)* bevoorregting; pri=vilegie; *enjoy ~s* voorregte geniet; *it is a ~ to* ... dit is 'n voorreg om te ... **priv·i·lege** *ww.* bevoorreg; magtig; reg=verdig, verontskuldig; privileg(i)eer; ~ *from* ... vrystel van ...; vrywaar teen ... **priv·i·leged** *(jur.)* bevoorreg, geprivi=leg(i)eer; beskerm(d); *be in a ~ position, (ook)* die naaste aan/by die vuur sit; *be ~ to* ... die eer/voorreg hê om te ...

**priv·y** *n.* gemak(huisie), kleinhuisie; *(jur.)* betrokkene *(by 'n kontrak).* **priv·y** *adj.* ingelig; *P~ Council* Geheime Raad; ~ *seal* geheimseël; *be ~ to s.t.* in iets ingewy wees *('n geheim);* van iets weet, op (die) hoogte van/met iets wees; *(jur.)* aan iets aandadig wees. **priv·i·ly** heimlik, in die geheim.

**prize¹** *n.* prys; bekroning; beloning; *award a ~ to* ... 'n prys aan ... toeken; *get a* ~ 'n prys kry; *(there are) no ~s for guessing, (infml.)* ek gee jou drie raaie; *present ~s* pryse uitdeel; *take a* (or *the first/etc.)* ~ 'n *(of* die eerste/ens.*)* prys wen/kry/behaal/verwerf. **prize** *adj. (attr.)* bekroonde, prys=; ~ *essay* prysopstel, bekroonde opstel; ~ *idiot* aartsgek; ~ *poem* bekroonde gedig. **prize** *ww.* waardeer, op prys stel, hoogskat; *s.t. is highly ~d* iets is gesog; *s.o.'s most ~d possession* iem. se kosbaarste/waardevolste besitting. ~**fight** bokswed= stryd, vuisgeveg. ~**giving** prysuitdeling. ~ **list** lys van pry= se/pryswenners. ~ **money** prysgeld; buitgeld. ~**winner** pryswenner, bekroonde. ~**winning** bekroon(d), prys=; ~ *drama* prysdrama, bekroonde drama.

**prize²** *ww.* →PRISE.

**pro¹** *pros, n. (infml.: afk. v.* professional*)* professioneel; *(sport)* beroepspeler; *golf* ~ beroepsgholfspeler, professionele gholf= speler; *old* ~, *(ervare pers.)* ou/uitgeslape kalant. ~**-am** *n., ([gholf]toernooi vir beroepspelers en amateurs)* pro-am(-[gholf] toernooi), oop/ope (gholf)toernooi. ~**-am** *adj. (attr.)* pro-am-, oop, ope *([gholf]toernooi ens.).*

**pro²** *prep., (Lat.)* vir; voor, ten gunste van; *the ~s and* **cons** die voor en teen; die voordele en nadele; *weigh the ~s and* **cons** wik en weeg; ~ *forma invoice* pro forma-faktuur; ~ *rata* pro rata, na verhouding/eweredigheid.

**pro·ac·tive** *adj.,* -**ly** *adv.* proaktief; ~ *inhibition, (psig.)* pro= aktiewe inhibisie.

**pro-Af·ri·kaans** Afrikaansgesind, pro-Afrikaans; ~ *feeling* Afrikaansgesindheid.

**pro-A·mer·i·can** Amerikaansgesind, pro-Amerikaans.

**prob·a·bil·i·ty** -*ties, n.* waarskynlikheid; gebeurlikheid; *in all* ~ na alle waarskynlikheid, stellig; *the probabilities are that* ... waarskynlik sal ...; *know the probabilities* weet wat waar= skynlik sal gebeur; *the weight of probabilities is that* ... die waarskynlikste is dat ... ~ **curve** waarskynlikheidskromme.

**prob·a·ble** waarskynlik, vermoedelik; ~ *cause, (jur., hoofs. Am.)* redelike gronde; *it is highly* ~ dit is hoogs waarskynlik; *the most* ~ ... die waarskynlikste ... **prob·a·bly** waarskynlik, vermoedelik, seker; *more* ~ eerder; *most/very* ~ heel/hoogs waarskynlik.

**pro·bate** verifikasie van 'n testament.

**pro·ba·tion** proef(tyd); ondersoek; voorwaardelike vryla= ting; *be on* ~ op proef wees; *serve one's* ~ 'n proeftyd uitdien/ deurloop. ~ **officer** proefbeampte. ~ **period** proeftyd(perk).

**pro·ba·tion·ar·y** proef=; ~ *period* proeftyd(perk); ~ *year* proefjaar.

**pro·ba·tion·er** iem. in sy/haar proeftyd; proefleerling; proe= weling; kwekeling; leerlingverpleegster; voorwaardelik vry= gestelde persoon.

**probe** *n., (med.)* peilstif, sonde, voelstafie, =pen, sondeerstif; wondpeiling; sondeerder, toetspen, proefstif; *(elek.)* peiler; (noulettende) ondersoek. **probe** *ww.* peil, ondersoek, na= gaan; *(med.)* sondeer; proef; ~ *into s.t.* iets (noulettend) on= dersoek, iets deurdring. **prob·ing** *adj.:* ~ *eyes* deurdrin= gende oë; ~ *inquiries* grondige/diepgaande/deurtastende on= dersoek; ~ *questions* indringende vrae.

**pro·bi·ty** *(fml.)* opregtheid, eerlikheid, onkreukbaarheid.

**prob·lem** probleem, vraagstuk; vraag; werkstuk; raaisel; kwessie; moeilikheid, hindernis, struikelblok; *address a* ~ 'n probleem aanpak; *(in 'n geskrif)* 'n probleem behandel; *a bit of a* ~, *(infml.)* 'n probleempie, 'n bietjie moeilikheid; *cause* ~s hoofbrekens/hoofbrekings ver= oorsaak, las gee; *experience* ~s probleme ondervind; las/ moeite hê/ondervind; *have financial* ~s in 'n finansiële/ geldelike verknorsing sit/wees; in geldnood verkeer; *the* ~ *is how* to do it die vraag is hoe om dit te doen; *the* ~ *s of life* die raaisels van die lewe; *no* ~ geen probleem nie; *no* ~*(s) with* ... geen moeite/moeilikheid met ... nie; *pick up* ~s moeilikhede/probleme ondervind; *s.t. poses a* ~ iets lewer 'n probleem op; *solve a* ~ 'n probleem/vraagstuk oplos; *tackle a* ~ 'n probleem/vraagstuk (aan)pak; *that is the* ~ daar lê/sit die knoop; *a thorny* ~ 'n netelige probleem/ vraagstuk. ~ **child** probleemkind.

**prob·lem·at·i·cal** twyfelagtig, onseker, problematies.

**pro-Boer** *n., (vnl. hist.)* Boerevriend. **pro-Boer** *adj.* Boer= gesind.

**pro bo·no** *adj., (Lat., jur.)* pro bono, gratis, sonder ver= goeding; ~ ~ *publico* pro bono publico, in (die) belang van die gemeenskap.

**pro·bos·cis** =*cises*, =*cides* proboskis; slurp; snoet, snuit; *(entom.)* roltong, suigslurp, =tong; *(entom.)* steeksnuit. ~ **monkey, nose ape/monkey** neusaap.

**pro·caine** *(voordowingsmiddel)* prokaïen.

**pro·ce·dure** prosedure, handel(s)wyse, werk(s)wyse, me= tode; *(jur.)* prosedure; *follow a* ~ 'n prosedure volg; *rules of* ~ reglement van orde; *(vergadering)* reëls van prosedure; *(jur.)* prosesreëls. **pro·ce·dur·al** prosedure=; prosessueel; ~ *rules* reglement van orde.

**pro·ceed** voortgaan, verder/vêrder gaan, vervolg; voortduur; optree; te werk gaan; voortgang maak; ~ *against s.o.* 'n saak teen iem. maak, hy 'n aksie teen iem. instel; ~ *to do s.t.* iets doen, daartoe oorgaan om iets te doen; *s.t. ~s from* ... iets ontstaan uit ... *(of* kom/spruit uit ... voort); ~ *further* ver= dere/vêrdere stappe doen; *how to* ~ hoe om te werk te gaan, hoe om te maak; ~ *to* ... na ... gaan, jou na ... begeef/begewe *('n plek);* tot ... oorgaan *(d. aanval ens.);* ~ *with s.t.* met iets deurgaan/voortgaan, iets voortsit. **pro·ceed·ings** *n. (mv.)* verrigtinge; *institute/start/take (legal)* ~ *against s.o.* 'n geding/ aksie teen iem. instel, 'n saak teen iem. maak; geregtelike stappe teen iem. doen; iem. vervolg. **pro·ceeds** *n. (mv.)* op= brengs, opbrings.

**pro·cess** *n.* proses; (ver)loop, (voort)gang, ontwikkeling; werk(s)wyse, metode, procédé; *(biol., anat.)* uitsteeksel; *(jur.)* prosesstukke; regspleging, (geregtelike) proses; hofsaak, (regs)geding; verwerking; bereidingswyse; *be in* ~ aan die gang wees; *in the* ~ he/she ...terwyl hy/sy daarmee besig was, het hy/sy ...; terselfdertyd het hy/sy ...; *be in the* ~ *of doing s.t.* met iets besig wees, iets aan die doen wees; *in the* ~ algaande; sodoende; op die koop toe; *serve* ~ *on/upon s.o.* prosesstukke aan iem. beteken/bestel. **pro·cess** *ww.* pro= sedeer, 'n aksie instel, geregtelike stappe doen; behandel; af= handel; reproduseer; verwerk; bewerk; voorberei *(rekening= boeke);* inmaak; *(fot.)* ontwikkel; ~*ed cheese* proseskaas, ge= prosesseerde/verwerkte kaas. ~ **block** fotoblok. ~ **printing** meerkleurdruk, driekleuredruk. ~ **server** besteller van (pro= ses)stukke. ~**serving** bestelling van (proses)stukke.

**pro·cess·ing** verwerking; behandeling. ~ **plant** verwer= kingsaanleg. ~ **unit** *(rek.)* verwerker, prosesseerder, ver= werk(ings)eenheid.

**pro·ces·sion** prosessie; optog, stoet; omgang; staatsie; *form a* ~ 'n stoet vorm; *in (a)* ~ in optog. **pro·ces·sion·al** *adj.* prosessie=.

**pro·ces·sor** verwerker.

**pro·cès-ver·bal** =*verbaux, (Fr.)* notule; (geskrewe) verslag; skriftelike verklaring.

**pro-chan·cel·lor** onder=, visekanselier.

**pro-choice** *(ten gunste v. 'n keusebeleid oor vrugafdrywing)* pro-keuse- *(beweging ens.).*

**pro·claim** aan=, afkondig, bekend maak, bekendmaak; ver= klaar; proklameer; uitroep; rondbasuin; verkondig; stempel, laat ken (as); ~ *o.s.* ... jou opwerp as ...; ~ *war* oorlog ver= klaar. **proc·la·ma·tion** aan=, afkondiging, bekendmaking; proklamering; *(stuk)* proklamasie; verklaring; uitroeping; *issue a* ~ *that* ... 'n proklamasie uitvaardig dat ...

**pro·cliv·i·ty** neiging, beheptheid, drang; *a* ~ *to* ... 'n neiging tot ...

**pro·con·sul** prokonsul; landvoog. **pro·con·su·lar** prokon= sulêr. **pro·con·su·late** prokonsulaat; landvoogskap. **pro·con· sul·ship** prokonsulskap; landvoogskap.

**pro·cras·ti·nate** uitstel, verskuif, =skuiwe; sloer, talm. **pro· cras·ti·na·tion** uitstellery; gesloer, sloerdery, getalm, talme= ry. **pro·cras·ti·na·tor** uitsteller; sloerder, talmer.

**pro·cre·ate** verwek, (voort)teel, voortbring, =plant, pro= kreëer. **pro·cre·a·tion** verwekking, voortplanting, (voort)= teling, voortbrenging, prokreasie. **pro·cre·a·tive** verwekkend, voortplantend, =brengend, =bringend; teelkragtig; voort= plantings=. **pro·cre·a·tive·ness** teelkrag, voortplantingsver= moë. **pro·cre·a·tor** verwekker, voortplanter.

**proc·tol·o·gy** *(med.)* proktologie. **proc·to·log·i·cal** prokto= logies. **proc·tol·o·gist** proktoloog.

**proc·tor** *(Am.)* (universitêre) opsiener/toesighouer; tugmees= ter; saakgelastigde, =waarnemer; prokurasiehouer.

**proc·to·scope** *(med.)* proktoskoop.

**pro·cum·bent** *(bot.)* plat, uitgestrek, vooroor(liggend), leu= nend, neerliggend; kruipend, (op die grond) rankend; ~ *plant* kruipplant.

**proc·u·ra·tion** verkryging, aanskaffing; verskaffing; *(jur.)* volmag, prokurasie, magtiging; koppelary *(vir ontug).* ~ **fee,** ~ **money** besorgingskommissie, =geld.

**proc·u·ra·tor** *(jur.)* agent, prokurasiehouer, saakwaarnemer, =gelastigde, gevolmagtigde.

**pro·cure** (ver)kry, besorg, verskaf, aanskaf; koop, in=, aan= koop *(goedere); werf (arbeid); (jur.)* bewerkstellig, verkry, ver= skaf; veroorsaak; (ontugtig) koppel. **pro·cure·ment** verkry= ging, aanskaffing; verskaffing; bemiddeling; koppelary. **pro·cur·er** verskaffer; koppelaar. **pro·cur·a·ble** verkry(g)baar.

**prod** *n.* druk(kie), steek, por; priem, steekding; prikkel; *give s.o. a ~* iem. aanpor. **prod** *-dd-, ww.* druk, steek; por; aanspoor, =por; ~ *s.o. into doing s.t.* iem. aanpor om iets te doen. **prod·der** steker; aanspoorder, aanporder.

**prod·i·gal** *n.* verkwister, deurbringer. **prod·i·gal** *adj.* span= dabel, verkwistend, verspillend, deurbringerig, spilsiek; *lead a ~ life* in oordaad lewe; *be ~ of s.t.* kwistig/rojaal met iets wees/werk; *the ~ son, (NT)* die verlore seun. **prod·i·gal·i·ty** verkwisting, verspilling, deurbringerigheid, oordadigheid; kwistigheid, oorvloed; vrygewigheid.

**prod·i·gy** wonder; wondermens; *infant ~* wonderkind; ~ *of nature* natuurwonder. **pro·di·gious** wonderbaarlik, verba= send; ontsaglik, geweldig, enorm, kolossaal.

**pro·duce** *n.* produkte, oes; opbrengs, =brings, produksie; resultaat; voortbrengsels; groente, vars produkte; ~ *of South Africa* produk van Suid-Afrika. **pro·duce** *ww.* vervaardig, maak, produseer, fabriseer; skep; opwek *(elek.);* (op)lewer, op=, inbring; voortbring, genereer; kweek; in die wêreld bring; uithaal, toon, wys, te voorskyn haal/bring; lewer, ver= skaf, aanvoer *(bewyse); (jur.)* bloot=, voorlê *('n dokument);* regisseer *('n toneelstuk);* opvoer, op die planke bring *('n toneelstuk);* uitgee; verleng, deurtrek *('n lyn); best ~d book* bes versorgde boek; *~d by ..., (teat.)* onder regie van ...; ~ *proof* bewys lewer; ~ *witnesses* getuies bring. **pro·duc·er** produsent; produksieleier *(v. 'n rolprent);* regisseur, regis= seuse, spelleier, =leidster, opvoerder *(v. 'n toneelstuk);* ont= werper; uitgewer; *(TV, filmk.)* vervaardiger, produksieleier; *~('s) goods* kapitaal=, produksiegoedere; *~'s price* produsen= teprys. **pro·duc·i·ble** produseerbaar; lewerbaar; opvoerbaar. **pro·duc·ing** *adj.* produserend, produksie=; ~ *country* pro= duserende land; ~ *sector* produksiesektor, produserende sektor.

**prod·uct** produk, artikel; resultaat; fabrikaat; *(wisk.)* produk; *(ook, i.d. mv.)* ware, goedere; ~ *of South Africa* produk van Suid-Afrika, in Suid-Afrika vervaardig. ~ **placement** *(filmk., TV)* produkplasing.

**pro·duc·tion** produksie; opbrengs, =brings; voortbrenging, vervaardiging; voortbrengsel, produk; opvoering; regie *(v. 'n toneelstuk);* bloot=, ooplegging *(v. 'n dokument);* voorleg= ging, aanvoering *(v. getuienis);* lewering *(v. bewyse);* verlen= ging *(v. 'n lyn);* produsering; *s.t. is in ~* iets word vervaardig *(of* is in produksie); *s.t. goes into ~* die produksie van iets begin; *make a (big) ~ (out) of s.t., (infml.)* 'n (groot) bohaai oor/van iets maak; *on ~ of ...* op vertoon van ...; *s.t. is/went

*out of* ~ iets word nie meer vervaardig nie, die produksie/ vervaardiging van iets is gestaak; *step up the ~ of s.t.* meer van iets produseer, die produksie van iets verhoog/versnel. ~ **capacity** produksievermoë, =kapasiteit. ~ **control** pro= duksiebeheer. ~ **cost(s)** produksiekoste. ~ **flow** produksie= stroom, =gang. ~ **foreman** bedryfsvoorman. ~ **line** produk= siebaan, =lyn. ~ **machine** *(ekon.)* produksieapparaat. ~ **man= ager** produksiebestuurder. ~ **platform** produksie-eiland, =toring *(vir olieontginning).* ~ **rate** produksietempo. ~ **run** produksiereeks.

**pro·duc·tive** produktief, opbrengs=, opbringsgewend; pro= duserend; ~ *capacity* produksievermoë, =kapasiteit; *be ~ of ... aanleiding tot ...* wees; die oorsaak van ... wees.

**prod·uc·tiv·i·ty** produktiwiteit; vrugbaarheid. ~ **incentive** produktiwiteitsaansporing.

**pro·em** *(fml.)* voorwoord, =rede, =berig; inleiding; proloog; voorspel.

**pro-Eng·lish** Engelsgesind.

**pro·fane** *adj.* profaan; wêrelds; niekerklik; ontheiligend, gods= lasterlik; ongewyd; heidens; ~ *language* vloektaal. **pro·fane** *ww.* ontheilig, skend, profaneer. **prof·a·na·tion** ontheiliging, =wyding, skending, profanasie. **pro·fan·i·ty** ontheiliging; ver= wêreldliking; goddeloosheid; godslastering; heiligskennis, on= eerbiedigheid; geswets, swetsery, gevloek, vloekery; *indulge in ~* vloek en swets.

**pro·fess** verklaar, betuig; erken, bely; beweer, voorgee; aan= spraak maak op; ~ *to be ...* voorgee dat jy ... is, jou as ... voordoen; ~ *that ...* erken dat ... **pro·fessed** erkende; be= weerde; sogenaamde, vals; openlik; *(relig.)* belydend; beroeps=. **pro·fess·ed·ly** oënskynlik; kastig, kamma, kwansuis; open= lik.

**pro·fes·sion** beroep, professie; verklaring, belydenis, pro= fessie; aflegging van kloostergeloftes, professie; *s.o. is a ... by ~* iem. is ('n) ... van beroep; *follow/practise/pursue a ~* 'n beroep beoefen/uitoefen; *take up a ~* 'n beroep kies, in 'n beroep gaan.

**pro·fes·sion·al** *n.* beroepsmens, =man, =vrou; vakman; pro= fessionele persoon/mens; beroepspeler, professionele spe= ler; *become a (or turn) ~* ('n) beroepspeler word, professioneel begin speel; *golf ~* beroepsgholfspeler, professionele gholf= speler. **pro·fes·sion·al** *adj.* professioneel, beroeps=, vak=; ambagtelik; amptelik; *seek/take ~ advice* professionele raad/ advies vra/inwin; ~ *conduct* professionele gedrag; ~ *ex= pertise* vakkundigheid; ~ *fees* honoraria, professionele gel= de; ~ *foul, (euf., sport)* doelbewuste/opsetlike oortreding; ~ *knowledge* vakkennis; ~ *liar* gewoonteleuenaar; ~ *officer* vakkundige amptenaar/beampte; ~ *paper* vakblad; ~ *play= er* beroepspeler, professionele speler; ~ *politician* beroeps= politikus; ~ *skill* vakkundigheid; ~ *staff* vakkundige per= soneel; ~ *training* beroeps=, vakopleiding, professionele opleiding; ~ *woman* beroeps=, sakevrou, professionele vrou. **pro·fes·sion·al·ism** professionalisme; vakkundigheid; be= kwaamheid. **pro·fes·sion·al·ly** beroepshalwe, van beroep.

**pro·fes·sor** professor, hoogleraar; belyer; *be a ~ of English/ botany/etc.* ('n) professor in Engels *(of* [die] plantkunde) wees. **pro·fes·so·ri·al** professoraal. **pro·fes·so·ri·ate** profes= soraat; *the ~, (ook)* die professore. **pro·fes·sor·ship** profes= soraat, professor=, hoogleraarskap, hoogleraarsamp.

**prof·fer** aanbied.

**pro·fi·cien·cy** bekwaamheid, knapheid, bedrewenheid, vaar= digheid, meesterskap. ~ **certificate** bekwaamheid=, vaardig= heidsertifikaat. ~ **test** bekwaamheids=, vaardigheidstoets.

**pro·fi·cient** bekwaam, knap, bedrewe, vaardig; *be ~ in a language* 'n taal goed ken/beheers; *be ~ in a subject* knap wees in 'n vak; *be ~ with ...* handig met ... wees.

**pro·file** *n.* profiel; vertikale deursnee; profiel, karakterskets; *draw a ~ of s.o.* 'n profiel van iem. skets. **pro·file** *ww.* pro= fileer, in profiel teken. ~ **drawing** profieltekening.

**pro·fil·ing** profielsamestelling, die samestelling van 'n pro= fiel; *psychological* ~ sielkundige profilering.

**prof·it** *n.* wins, voordeel, profyt; gewin; rendement, op= brengs, =brings, voordeligheid; verdienste; *at a* ~ met 'n wins; *at a* ~ *of R...* met 'n wins van R...; *derive* ~ *from s.t.* nut uit iets haal/trek; by iets baat vind; van iets profiteer; *exorbitant* ~ oormatige/buitensporige wins; ~ *and loss* wins en verlies; ~ *and loss account* wins-en-verlies-rekening; *make a* ~ *on s.t.* wins op iets maak; *the net(t)* ~ die netto/skoon wins; *not for* ~ sonder winsoogmerk/=motief; *return/yield a* ~ wins afwerp/oplewer; *sell s.t. at a* ~ iets met 'n wins verkoop; *a share in the* ~*s* 'n winsaandeel; *the firm shows a* ~ die firma werk met 'n wins; ~ *before tax* wins voor be= lasting; *do s.t. to one's* ~ by iets baat vind; veel aan iets hê. **prof·it** *ww.* profiteer, wins maak, wen; baat, help; ~ *by/from s.t.* voordeel uit iets trek, deur iets bevoordeel word, voor= deel van iets hê; uit iets munt slaan. ~ **centre** winssentrum. ~**-earning** winsgewend. ~**-making** *adj.* winsgewend, lonend, betalend. ~ **margin** winsruimte, =grens, =marge. ~ **motive** winsoogmerk, =motief. ~**-seeker** winsnastrewer. ~**-seeking** winsbejag. ~**-sharing** winsdeling. ~**-taker** winsnemer. ~**-taking** winsneming.

**prof·it·a·ble** winsgewend, lonend; nuttig, voordelig. **prof·it-a·bil·i·ty** winsgewendheid; nut(tigheid), voordeligheid. **prof·it·a·bly** voordelig, met wins; met vrug.

**prof·i·teer** *n.* woekerwinsmaker, woekeraar; oorwinsmaker. **prof·i·teer** *ww.* woeker=/oorwins maak. **prof·i·teer·ing** (woe= ker)winsbejag.

**pro·fit·er·ole, pro·fit·er·ole, pro·fit·er·ole** *(Fr. kookk.)* profiterool, roompoffertjie.

**prof·it·less** niewinsgewend, onlonend; nutteloos.

**prof·li·gate** *n.* losbandige; ontugtige, sedelose persoon, los= bol; (roekelose) verkwister. **prof·li·gate** *adj.* losbandig; ontugtig, sedeloos; (roekeloos) verkwistend. **prof·li·ga·cy** losbandigheid; ontugtigheid, sedeloosheid; (roekelose) ver= kwisting.

**pro·found** diep(gaande); diepsinnig; deeglik, grondig; ~ *mistake* growwe dwaling; *a* ~ *scholar* 'n deeglike/diepsinnige geleerde. **pro·found·ly** diep, deur en deur, innig, grondig. **pro·fun·di·ty** diepte, onpeilbaarheid; diepsinnigheid; diep= gang; deeglikheid, grondigheid; weldeurdagtheid.

**pro·fuse** milddadig, vrygewig; kwistig, oordadig; oorvloe= dig, volop; ryklik. **pro·fuse·ly** *praise ...* ~ ... uitbundig prys. **pro·fu·sion** oorvloed; oordaad, kwistigheid; mildheid; ryk= dom, skat; *in* ~ in oorvloed; *a* ~ *of ...* 'n oorvloed van ...; 'n magdom (van) ...; 'n weelde van ...

**pro·gen·i·tor** voorvader, =saat, stamvader; voorloper.

**prog·e·ny** nageslag, kroos, afstammelinge; gevolg, resultaat.

**pro·ger·i·a** *(med.)* progerie, vroegbejaardheid.

**pro·ges·ter·one** *(biochem.)* progesteroon.

**pro·ges·to·gen, pro·ges·tin** *(biochem.)* progestogeen, progestien.

**prog·na·thous** met uitsteekkakebene; vooruitspringend, vooruitstekend, uitsteek=, prognaties; ~ *jaws* uitstaande kake. **prog·na·thism** prognatisme.

**prog·no·sis** =*noses, (med.)* prognose; voorspelling; *make a* ~ 'n prognose maak. **prog·nos·tic** prognosties; aanduidend, voorspellend. **prog·nos·ti·cate** voorspel, aandui. **prog·nos-ti·ca·tion** voorspelling; voorteken. **prog·nos·ti·ca·tor** voor= speller, profeet.

**pro·gra·da·tion** *(geol.)* voortbouing, progradasie.

**pro·gram·ma·ble** *(rek.)* programmeerbaar.

**pro·gram·mat·ic** programmaties.

**pro·gramme,** *(Am. en rek.)* **pro·gram** *n.* program; *draw up a* ~ 'n program opstel. **pro·gramme,** *(Am. en rek.)* **pro-gram** *ww.* 'n program opstel; in 'n program opneem; aan= kondig; programmeer. ~ **note** *(dikw. i.d. mv.)* program=

aantekening, =nota. ~ **planner** *(rad., TV)* programbeplan= ner.

**pro·grammed,** *(Am.)* **pro·gramed** *adj.* geprogrammeer *(kursus ens.)*.

**pro·gram·mer,** *(Am.)* **pro·gram·er** *(rek.)* programmeur, programmeerder; programopsteller.

**pro·gram·ming,** *(Am.)* **pro·gram·ing** programmering. ~ **language** *(rek.)* programmeer=, programmerings=, program= taal.

**pro·gress** *n.* vooruitgang, voortgang; *(fig.)* vordering, ont= wikkeling; verloop. **pro·gress** *ww.* vooruitgaan, vordering maak, vorder; bevorder, deur=, uitvoer. ~ **chaser** produk= siekontroleur. ~ **payment** vorderingsbetaling, betaling vol= gens vordering. ~ **report** vorderingsverslag.

**pro·gres·sion** progressie; opklimming; voortgang; vorde= ring, vooruitgang; *(statist.)* reeks; *(statist.)* ry. **pro·gres·sion·al** vorderend, vooruitgaande. **pro·gres·sive** *n.* progressief; vooruitstrewende (persoon); *(gram.)* progressiewe vorm. **pro·gres·sive** *adj.* toenemend, progressief, groeiend, voor= uitgaande; vooruitstrewend, modern, progressief; voortdu= rend, =gaande; *(med., attr.)* erger wordende; ~ *nation* voor= uitstrewende volk; ~ *number* volgnommer; P~ *Party, (SA pol. gesk.)* Progressiewe Party. **pro·gres·sive·ly** voortdurend, aanhoudend, steeds meer, in toenemende mate. **pro·gres·sive·ness** vooruitstrewendheid, progressiwiteit.

**pro·hib·it** belet, verbied; ~ *s.o. from doing s.t.* iem. belet/ verbied om iets te doen. **pro·hib·it·ed** verbode; *be* ~ *from smoking* verbied word om te rook; ~ *immigrant* verbode im= migrant; *s.t. is strictly* ~ iets is streng verbode. **pro·hi·bi·tion** verbod, prohibisie; *(jur.)* verbodsbepaling; *(soms P~)* drank= verbod; *a* ~ *against/on s.t.* 'n verbod op iets; *impose a* ~ 'n verbod instel. **pro·hi·bi·tion·ist** *n., (soms P~)* prohibisionis, voorstander van die drankverbod. **pro·hi·bi·tion·ist** *adj.* pro= hibisionisties, ten gunste van drankverbod. **pro·hib·i·tive** verbiedend, belettend, verbod(s)=; belemmerend, afskrik= kend; ~ *price* onmoontlike/afskrikkende prys; ~ *sign* verbod= teken; ~ *terms* onaanneemlike voorwaardes. **pro·hib·i·to·ry** verbiedend; ~ *interdict* verbiedende interdik.

**proj·ect** *n.* projek; plan, ontwerp; projek, onderneming; (studie)projek; **pro·ject** *ww.* projekteer; beraam, skat, voorspel; ontwerp; (laat) uitspring/=steek/=staan; vooruit= steek, =spring; werp, uitskiet; 'n projeksietekening maak; ~ *a picture* 'n beeld projekteer *(of* op die doek werp); 'n rolprent wys/vertoon; ~ *one's problems onto s.o., (psig.)* jou probleme op iem. projekteer. **pro·ject·ed** *(ook)* voorgenome.

**pro·jec·tile** *n.* projektiel. **pro·jec·tile** *adj.* voortdrywend; skiet=, stoot=; ~ *force* dryfkrag.

**pro·jec·tion** projeksie; skatting, raming; projeksie, afbeel= ding, beeld; uitsteeksel; *(psig.)* projeksie; uitsteking, =sprin= ging; ontwerp, plan; verlenging; uitbousel; *make a* ~ 'n projeksie maak. **pro·jec·tion·ist** rolprent=, projektor=, film= operateur; projeksiemaker.

**pro·jec·tive** projekterend, projeksie=.

**pro·jec·tor** projektor, projeksietoestel; *(geom.)* projektor.

**pro·lac·tin** *(biochem.)* proklaktien.

**pro·lapse** *n., (patol.)* prolaps, af=, uitsakking. **pro·lapse** *ww.* af=, uitsak.

**pro·late** versprei(d), uitgestrek; *(wisk.)* lang=.

**prole** *n., (hoofs. Br., infml., neerh.; afk. v. proletarian)* pleb, boer. **prole** *adj.* pleb, boers.

**pro·leg** *(entom.)* buikpoot, vals poot.

**pro·lep·sis** =*lepses* prolepsis, antisipasie; *(gram.)* prolepsis. **pro·lep·tic** prolepties, antisiperend.

**pro·le·tar·i·an** *n.* proletariër. **pro·le·tar·i·an** *adj.* pro= letaries. **pro·le·tar·i·at** proletariaat, arbeiders=, werkersklas; gepeupel.

**pro·life** *adj.* pro-lewe=.

**pro·lif·er·ate** vinnig toeneem/vermeerder/uitbrei; *(biol.)* (deur deling) vermenigvuldig; voortplant; *(plante)* vervuil; *(selle)* vorm; prolifereer. **pro·lif·er·a·tion** uitbreiding; vermenigvuldiging; voortplanting; vervuiling; selvorming; proliferasie.

**pro·lif·ic** vrugbaar, teelkragtig, prolifiek; *(fig.)* oorvloedig, ryk; *be ~ of ... veel ... oplewer, ryk wees aan ...; a ~ writer* 'n produktiewe skrywer. **pro·lif·i·ca·cy, pro·lif·ic·ness** vrugbaarheid; oorvloedigheid. **pro·lif·i·cal·ly** vrugbaar; oorvloedig, in oorvloed.

**pro·lix, pro·lix** breedsprakig, langdradig, wydlopig, woordryk. **pro·lix·i·ty** breedsprakigheid, langdradigheid, wydlopigheid; *with great ~* met groot omhaal van woorde.

**pro·logue, *(Am.)* pro·log** *n.* proloog; voorspel; voorrede; inleiding; *the ~ to ...* die inleiding tot ...; die voorspel van ... **pro·logue** *ww.* inlei.

**pro·long** verleng, langer maak, (uit)rek; prolongeer *('n wissel).* **pro·lon·ga·tion** uitstel, verlenging; termynverlenging; prolongasie; hernuwing *(v. 'n lening).* **pro·longed** *(ook)* langdurig.

**prom** *(afk.), (Br., infml., dikw. i.d. mv.)* promenadekonsert; *(Am., infml.)* skool-, kollege-, universiteitsdans.

**prom·e·nade, prom·e·nade** *n.* wandelpad, promenade; wandeling. **prom·e·nade, prom·e·nade** *ww.* wandel. *~ concert* promenadekonsert.

**pro·meth·a·zine** *(med.)* prometasien.

**Pro·me·the·us** *(Gr. mit.)* Promet(h)eus. **Pro·me·the·an** Promet(h)eïes.

**pro·me·thi·um** *(chem., simb.:* Pm*)* prometium.

**prom·i·nence** vernaamheid, belangrikheid; bekendheid; prominensie, opvallendheid, opmerklikheid, duidelikheid; vername plek; verhewenheid, uitsteeksel, bult; *(astron.)* vuurtong; *come into* (or *acquire/gain) ~* op die voorgrond kom/tree, bekendheid verwerf; *give ~ to s.t.* iets na vore *(of* op die voorgrond *of* onder die aandag) bring; aan iets prominensie gee/verleen.

**prom·i·nent** prominent, opvallend, opmerklik; bekend, beroemd; belangrik; uitstekend; vooruitstekend; *be ~* na vore tree; *a ~ chin/etc.* 'n prominente ken/ens.; *a ~ person* 'n vooraanstaande persoon; *a ~ place* 'n vername plek.

**pro·mis·cu·ous** promisku, losbandig; willekeurig, deur die bank, onselektief; deurmekaar; onverskillig; uitgebreid; *it was a ~ massacre* dit was moord voor die voet. **prom·is·cu·i·ty** promiskuïteit, losbandigheid; willekeurigheid; onverskilligheid; verwarring. **pro·mis·cu·ous·ly** promisku; voor die voet, sonder onderskeid; deurmekaar; toevallig.

**prom·ise** *n.* belofte; verbintenis; *break a ~* 'n belofte (ver)breek *(of* nie nakom nie); *claim a ~ from s.o.* iem. vra om sy/haar belofte gestand te doen; *a firm ~* 'n vaste belofte; *be full of ~* veelbelowend wees, veel beloof/belowe; *hold s.o. to his/her ~* iem. aan sy/haar belofte hou; *a ~ is a ~* 'n belofte maak skuld; *keep/fulfil a ~* 'n belofte hou/nakom *(of* gestand doen); aan 'n belofte voldoen; *make a ~* 'n belofte aflê/doen/maak; *a player/etc. of (great) ~* 'n (veel)belowende speler/ens.; *show ~* belowend lyk, veel beloof/belowe; *stand by a ~* 'n belofte hou/nakom *(of* gestand doen); *give ~ of success* welslae/sukses beloof/belowe; *an unredeemed ~* 'n onvervulde belofte. **prom·ise** *ww.* beloof, belowe, jou woord gee; verseker; toesê; *~ faithfully* vas *(of* [met] hand en mond) beloof/belowe; *~ that ...* beloof/belowe dat ...; *s.o. ~s to ...* iem. beloof/belowe om te ...; *you ~d to, (ook)* jy het dit beloof/belowe; *~ s.t. to s.o.* iets aan iem. *(of* iem. iets) beloof/belowe; *it ~s to be ...* dit lyk na ..., dit beloof/belowe om ... te word, ... kan verwag word; *~ well* goed beloof/belowe; *s.o. ~d he/she would ...* iem. het beloof/belowe hy/sy sal ...; *I ~ you* ek verseker jou. **prom·is·ing** belowend, hoopvol; veelbelowend; *~ beginning* goeie begin; *~ child* veelbelowende kind; *matters look ~* sake staan goed. **prom·is·so·ry** belowend, bindend; *~ note* promesse, skuldbewys.

**pro·mo** *=mos, n., (infml.: promosie[rol]prent, =video, ens.)* promo. **pro·mo** *adj.* promo-.

**prom·on·to·ry** kaap, voorgebergte; *(anat.)* uitsteeksel.

**pro·mote** bevorder, begunstig, (voort)help, vooruithelp, (onder)steun, aanmoedig, stoot; werk in die belang van, bewerk(stellig), in die hand werk; verhoging gee, bevorder, promoveer; deurvoer *('n wetsontwerp);* verhoog; bespoedig; stig, oprig *('n mpy.);* be ~d bevorder word; *~ a competition* 'n wedstryd uitskryf/-skrywe; *~ s.o. from ... to ...* iem. van ... tot ... bevorder; *~ s.o. to a higher class* iem. na 'n hoër klas oorsit. **pro·mot·er** promotor; bevorderaar, voorstander; stigter, oprigter; bestuurder; *(chem.)* versneller. **pro·mo·tive** bevorderend.

**pro·mo·tion** bevordering, verhoging, promosie; bevordering *(v. 'n produk);* stigting, oprigting *(v. 'n mpy.);* verheffing *(tot 'n rang); get/win ~* bevorder word; *sales/trade ~* →SALES, TRADE; *transfer s.o. on ~* iem. met bevordering oorplaas. *~ executive* reklame-, afset-, verkoophoof. *~ manager* reklamebestuurder. *~ system* bevorderingstelsel.

**pro·mo·tion·al** bevorderend; bevorderings-; reklame-.

**prompt** *n.* (die) voorsê; wat voorgesê word; souffleur; *(rek.)* por, (aan)porboodskap. **prompt** *adj.* snel, spoedig, onmiddellik, stip; vaardig; fluks; kontant; *~ payment* stipte(like) betaling. **prompt** *ww.* aanspoor, aanhits, aansit, voorpraat; besiel, inspireer; voorsê, influister; aanleiding gee tot; *~ed by ...* na aanleiding van ...; *feel ~ed to do s.t.* gedronge voel om iets te doen; *what ~s you to ...?* wat besiel jou om te ...?. *~ book* souffleursboek. *~ note* aanmaningsbrief.

**prompt·er** souffleur, souffleuse, voorsêer; teksprojektor.

**prompt·ing** aansporing, aanhitsing; (die) voorsê; *(ook, i.d. mv.)* ingewing, stem *(v.d. gewete).*

**prompt·ly** spoedig; onmiddellik, stiptelik; gereedelik; fluks.

**prompt·ness** snelheid, vlugheid, stiptheid, prontheid; vaardigheid.

**prom·ul·gate** openbaar/bekend maak, bekendmaak, afkondig; uitvaardig, proklameer; versprei; promulgeer. **prom·ul·ga·tion** openbaarmaking, bekendmaking, afkondiging; uitvaardiging, proklamasie; promulgasie. **prom·ul·ga·tor** bekendmaker, afkondiger; uitvaardiger.

**pro·nate** binnetoe draai/buig; plat lê; plat (uit)strek. **pro·na·tion** pronasie, binnewaartse draaiing/buiging; voorwaartse draaiing.

**prone** plat (op die/jou gesig/maag), uitgestrek, lankuit, vooroor; *be ~ to ...* tot ... geneig wees; aan ... onderhewig wees; vir ... vatbaar wees; vir ... ontvanklik wees; *~ position* (plat) lêhouding, liggende houding; lêskiethouding. **prone·ness** geneigdheid, neiging; vatbaarheid.

**prong** *n.* tand *(v. 'n eg, vurk, ens.);* punt; uitsteeksel; *(elek.)* voetpen; *(Am.)* rivierarm. **prong** *ww.,* (met *'n vurk)* steek. *~horn* (Amerikaanse) takbok, gaffelbok. *~-horned* met gaffelhorings.

**pronged** *adj.* gevurk, getand, met tande; gaffelvormig. **-pronged** *komb.vorm* =tand-, =tandig; *four-~ fork* viertand-vurk, viertandige vurk; *three-~ attack, (fig.)* drieledige aanval.

**pro·nom·i·nal** *adj., =ly adv., (ling.)* pronominaal, voornaamwoordelik.

**pro·noun** voornaamwoord, pronomen; *demonstrative ~* aanwysende voornaamwoord; *indefinite ~* onbepaalde voornaamwoord; *interrogative ~* vraende voornaamwoord; *personal ~* persoonlike voornaamwoord; *possessive ~* besitlike voornaamwoord; *relative ~* betreklike voornaamwoord.

**pro·nounce** uitspreek; verklaar, uitspraak doen; konstateer; *~ o.s. against/for ...* jou teen *(of* ten gunste van) ... uitspreek; *~ on/upon s.t.* oor iets uitsluitsel gee; jou oor iets uitlaat, 'n/jou mening oor iets uitspreek; *~ a sentence* 'n vonnis vel/uitspreek; *~ a word as in English/etc.* 'n woord op Engels/

ens. uitspreek. **pro·nounce·a·ble** uitspreekbaar. **pro·nounced** *(ook)* sterk, skerp, duidelik, klaarblyklik; *a* ~ *success* 'n ontwyfelbare sukses. **pro·nounce·ment** verklaring, uitspraak; *make a* ~ *on/upon s.t.* 'n verklaring omtrent/oor iets doen.

**pron·to** *(infml.)* gou-gou, dadelik, op die daad.

**pro·nun·ci·a·tion** uitspraak; *s.o.'s* ~ *is faulty* iem. het 'n gebrekkige uitspraak, iem. se uitspraak is gebrekkig.

**proof** *n.* bewys; bewysmiddel; proef, toets; sterktegraad, proef *(v. alkohol);* drukkersproef; *bring/put ... to the* ~ ... op die proef stel; *be capable* ~ *a* bewysbaar wees; *cast–iron* ~ onomstootlike bewys; ~ *to the contrary* teen=, teëbewys; ~ *of debt* skuldvordering; *as/in* ~ *of* ... as bewys *(of* tot/ter stawing) van ...; *the* ~ *of the pudding is in the eating* as ('n) mens dit opgeëet het, weet jy hoe dit smaak; *serve as* ~ as/ tot bewys dien; *stand the* ~ die proef deurstaan. **proof** *ww.* bestand maak teen; waterdig maak. ~ **coin** proefmunt. **positive** afdoende/sprekende/onweerlegbare/onomstootlike bewys. **~read** proeflees, proewe lees. **~reader** proefleser. ~ **sheet** proefblad, =vel. ~ **spirit** proefspiritus. ~ **strength** proefsterkte.

=**proof** *komb.vorm* =vas, =dig, =vry, =bestand; *bullet~* koeëlvas, =bestand, =dig, =vry; *sound~* klankdig.

**proof·less** onbewese, sonder bewys.

**prop**[1] *n.* paal, stut; *(rugby)* stut; *(fig.)* steunpilaar, staatmaker. **prop** =*pp*=, *ww.* stut, (onder)steun; *(fig.)* onderskraag; ~ *s.t. against ...* iets teen ... (regop) neersit, iets teen ... staanmaak; ~ *s.o./s.t. up* iem./iets stut; iem./iets staande hou; iem./iets aan die gang hou; ~ *s.o. up, (ook)* iem. regop laat sit *('n sieke i.d. bed).* ~ **forward** *(rugby)* stut. ~ **root** stutwortel.

**prop**[2] *n., (infml., afk. v. propeller):* ~**jet** turbineskroefenjin; turbineskroefvliegtuig. ~ **shaft** skroefas.

**prop**[3] *n., (teat., gew. i.d. mv.)* rekwisiet; →PROPERTY. ~**man** *(teat., afk.)* = PROPERTY MAN.

**prop·a·gan·da** propaganda; ~ *against/for ...* propaganda teen/vir ...; *carry on* (or *conduct*) ~ *for ...* vir ... propaganda maak, ... propageer. **prop·a·gan·dise,** =**dize** propaganda maak (vir), propageer. **prop·a·gan·dist** *n.* propagandis. **prop·a·gan·dist, prop·a·gan·dis·tic** *adj.* propagandisties.

**prop·a·gate** voortplant; voortteel; kweek; versprei; voortsit; progaeer, bevorder, voorstaan. **prop·a·ga·tion** voortplanting; teling; verspreiding, uitbreiding. **prop·a·ga·tive** voortplantend, voortplantings=. **prop·a·ga·tor** voortplanter; *(chem.)* kweekvat; verspreider, bevorderaar.

**pro·pane** *(chem.)* propaan.

**pro·pel** =*ll*= (voort)dryf, voortstoot, vooruitstoot, voortstu, aandryf, (voort)beweeg; *~ling agent* dryfmiddel; *~ling force* dryf=, stukrag; *~ling rod* dryfstang. **pro·pel·lant** *n.* dryfmiddel; dryfspringstof; stumiddel. **pro·pel·lent** *adj.* (voort)= drywend, voortstuwend, dryf=; ~ *charge* dryflading; ~ *explo= sive/gas* dryfgas; ladingsgas.

**pro·pel·ler** drywer; skroef *(v. 'n stoomboot, vliegtuig, ens.).* ~ **blade** skroefblad. ~ **engine** skroefenjin. ~ **fan** skroefwaaier. ~ **shaft** skroef=, dryfas. ~ **turbine** skroefturbine.

**pro·pen·si·ty** geneigdheid, neiging; aanleg; hebbelikheid; *a* ~ *to* (or *for doing*) *s.t.* 'n neiging tot iets *(of* om iets te doen).

**prop·er** eg; reg, gepas, geskik; behoorlik, in orde; bevoeg; eintlik; ordentlik, fatsoenlik, betaamlik; geoorloof, regmatig; *the* ~ *authorities* die betrokke instansies; ~ *cause* gegronde redes; *the city/etc.* ~ die eintlike stad/ens.; *a* ~ *fight* 'n regte bakleiery; ~ *fraction, (wisk.)* egte breuk; ~ *name* eienaam; *it is not quite* ~ dit hoort nie heeltemal so nie; *in the* ~ *sense of the word* in die eintlike/werklike betekenis van die woord; *the* ~ *time* die regte/geskikte tyd. **prop·er·ly** behoorlik, fat= soenlik; eintlik; regmatig, na regte; na behore; tereg, met reg; terdeë; *be* ~ *angry* éérs/regtig kwaad wees; *see s.t.* ~ iets mooi sien; *not understand* ~ nie mooi/reg verstaan nie; *very* ~ heel tereg.

**prop·er·tied** besittend, gegoed.

**prop·er·ty** besitting, eiendom, goed; (vaste/onroerende) eiendom; *(jur.)* eiendomsreg; eienskap, hoedanigheid; land= goed; boedel; *(teat.)* rekwisiet, dekorstuk; *s.t. is s.o.'s* ~ iets behoort aan iem., iets is iem. se eiendom; *private* ~ privaat/ private besit; *a (wo)man of* ~ 'n grondbesitter. ~ **developer** eiendomsontwikkelaar. ~ **man** *(teat.)* rekwisiteur. ~ **market** eiendomsmark. ~ **owner** eiendomsbesitter. ~ **rate** eien= doms=, erfbelasting. ~ **room** *(teat.)* rekwisiet(e)kamer. ~ **speculation** eiendomspekulasie. ~ **speculator** eiendom= spekulant. ~ **tax** eiendomsbelasting, belasting op vaste eiendom.

**prop·er·ty·less** besitloos.

**pro·phase** *(biol.)* pro=, voor=, beginfase.

**proph·e·cy** *n.* profesie, voorspelling; waarsegging. **proph· e·sy** *ww.* profeteer, voorspel.

**proph·et** profeet, siener, voorspeller; ~ *of doom* onheils=, doemprofeet; *the P~ (Muhammad), (Islam)* die Profeet (Mohammed); *the P~s, (OT)* die Profete. **proph·et·ess** pro= fetes, sieneres. **pro·phet·ic** profeties; ~ *eye* sienersblik, =oog.

**proph·y·lac·tic** *n.* profilaktikum, voorbehoedmiddel; *(Am.)* →CONDOM. **proph·y·lac·tic** *adj.* profilakties, voorbehoe= dend. **proph·y·lax·is** =*laxes* profilakse, voorbehoeding.

**pro·pin·qui·ty** nabyheid, naburigheid; ooreenkoms; *(teg.)* verwantskap.

**pro·pi·on·ic ac·id** *(chem.)* propionsuur.

**pro·pi·ti·ate** versoen; paai, gunstig stem. **pro·pi·ti·a·tion** *(vnl. relig.)* versoening; soenoffer. **pro·pi·tious** gunstig, gena= dig; goedgesind, gunstig gesind. **pro·pi·tious·ness** gunstig= heid; goedgesindheid.

**prop·o·lis** propolis, byekos, =voedsel, byebrood.

**pro·po·nent** *n.* voorsteller, indiener; voorstander. **pro·po· nent** *adj.* voorstellend.

**pro·por·tion** *n.* verhouding, proporsie; *(wisk.)* eweredigheid, proporsionaliteit; deel; *(ook, i.d. mv.)* afmetings;; ~ *between ...* verhouding tussen/van ...; *blow s.t. (all) out of* ~ iets (heeltemal) uit verband ruk *(of* erger laat klink as wat dit is); iets te ernstig opneem/opvat; *be blown (up) out of (all)* ~ heeltemal oordryf word *(of* uit verband geruk wees), erger klink as wat dit is; *compound* ~ saamgestelde/samegestelde eweredigheid; *in* ~ na verhouding/eweredigheid; dienoor= eenkomstig; *in the* ~ *of ... to ...* in die verhouding van ... tot ...; *in* ~ *to ...* in verhouding tot *(of* na verhouding/ewere= digheid/gelang van) ...; *get things out of* ~ jou/alle sin vir verhoudings verloor, dinge uit verband ruk, oorreageer, dinge te ernstig opneem/opvat; *out of (all)* ~ *to/with ...* buite (alle) verhouding tot ...; *a* ~ *of the profits* 'n (vaste) deel van die wins; *have a sense of* ~ 'n gevoel/sin vir verhoudings hê. **pro·por·tion** *ww.* proporsioneer; afmeet; eweredig maak, in verhouding bring; eweredig verdeel. **pro·por·tion·al** ewe= redig, proporsioneel, ewematig; ~ *error, (statist.)* verhou= dingsfout, eweredige fout; ~ *mean* middeleweredige; ~ *representation* proporsionele/eweredige verteenwoordiging; ~ *scale* verhoudingskaal; ~ *to ...* eweredig aan ... **pro·por· tion·al·i·ty** eweredigheid, proporsionaliteit. **pro·por·tion·al·ly** na verhouding/eweredigheid, eweredig, proporsioneel.

**pro·po·sal** voorstel; aanbod, aansoek; mosie; *accept/adopt a* ~ 'n voorstel aanneem; *make* (or *put forward) a* ~ 'n voorstel doen/maak; ~ *(of marriage)* huweliksaanbod, =aansoek.

**pro·pose** voorstel; aanbied; aanvra, aansoek doen om; voor= nemens *(of* van plan) wees; 'n huweliksaanbod doen/maak; *~d action* voorgenome optrede; ~ *that ...* voorstel dat ...; ~ *to ...* van plan/voorneme *(of* voornemens) wees om te ...; ~ *to s.o.* iem. vra om met jou te trou, iem. die jawoord vra,'n huweliksaanbod aan iem. doen/maak. **pro·pos·er** voorsteller; indiener.

**prop·o·si·tion** *n., (ook wisk.)* stelling; voorstel, aanbod, pro= posisie; probleem; *advance the* ~ *that ...* die stelling ver= kondig dat ...; *an attractive* ~ 'n aanloklike aanbod/voorstel;

*face an extremely* **difficult** ~ voor 'n uiters moeilike vraagstuk staan; **make** *s.o. a* ~ iem. 'n aanbod/voorstel doen/maak; *s.t.* *is a* **paying** ~ iets is lonend/betalend. **prop·o·si·tion** *ww.:* ~ *s.o., (infml.)* iem. vra om met jou bed toe te gaan (*of* seks te hê *of* liefde te maak).

**pro·pound** voorstel, voorlê, poneer; aanbied. **pro·pound·er** ontwerper, skepper *(v. 'n teorie).*

**pro·pri·e·tar·y** besittend, eienaars-, eiendoms-; privaat, partikulier; patent-, gepantenteer(d); patentregtelik; ~ **article** handelsmerkartikel, gepatenteerde artikel, patentartikel; ~ **company** geslote/privaat/private maatskappy; ~ **medicine** patente middel/medisyne; ~ **name** handelsnaam; ~ **right** vermoënsreg. **pro·pri·e·tor** eienaar, besitter; *(Br.)* aandeelhouer. **pro·pri·e·tor·ship** besitterskap, eienaarskap.

**pro·pri·e·ty** juistheid, korrektheid; gepastheid; welvoeglikheid, fatsoen(likheid), behoorlikheid, ordentlikheid; geoorloofdheid, regmatigheid; *s.t. is a* **breach** *of* ~ iets is in stryd met die welvoeglikheid; **conduct** *o.s. with* ~ jou ordelik gedra; **observe** *the* **proprieties** die fatsoen/ordentlikheid/vorm in ag neem, die fatsoen bewaar, nie buite die perke van die welvoeglikheid gaan nie; *be a* **stickler** *for the* **proprieties** baie op jou fatsoen gesteld wees.

**pro·pul·sion** aandrywing, voortdrywing, voortstuwing, voortstoting; *(lett. & fig.)* dryf-, stukrag; dryfveer. **pro·pul·sive** aandrywend, voortdrywend, dryf-.

**pro·pyl·ene** *(chem.)* propileen.

**pro·rogue** *(parl.)* (af)sluit, prorogeer *('n sitting);* op reses gaan; *Parliament stands* ~*d* die Parlement is op reses. **pro·ro·ga·tion** (af)sluiting, prorogasie *(v. 'n sitting).*

**pro·sa·ic** prosaïes; alledaags, gewoon; onromanties, ondigterlik; →PROSE. **pro·sa·ist** prosaskrywer, prosaïs.

**pro·sciut·to** *(It. kookk.)* prosciutto.

**pro·scribe** veroordeel; verbied; buite die wet stel. **pro·scrip·tion** veroordeling; verbod. **pro·scrip·tive** verbiedend, tiranniek.

**prose** prosa; alledaagsheid. ~ **writer** prosaskrywer, prosaïs. ~ **writing** prosa.

**pros·e·cute** aankla, (geregtelik) vervolg; voortsit; uitoefen; *prosecuting attorney, (Am.)* openbare aanklaer, staatsaanklaer; *prosecuting counsel* aanklaer/advokaat vir die staat; ~ *s.o. for* ... iem. weens ... vervolg. **pros·e·cut·a·ble** vervolgbaar. **pros·e·cu·tion** vervolging; voortsetting; uitoefening; *the* ~, *(jur.)* die vervolging/prosekusie. **pros·e·cu·tor** aanklaer, vervolger; *public* ~ openbare/publieke aanklaer, staatsaanklaer.

**pros·e·lyte** *n.* bekeerling, proseliet. **pros·e·lyt·ise**, -**ize** bekeer, proseliete/bekeerlinge maak. **pros·e·lyt·is·er**, -**iz·er** bekeerder, proseliet(e)maker. **pros·e·lyt·ism** proseliet(e)makery, proselitisme, bekeerdery.

**pros·en·chy·ma** *(biol.)* prosenchiem.

**Pro·ser·pi·na** *(Rom. mit.)* Proserpina; →PERSEPHONE.

**pro·sim·i·an** *(soöl.)* halfaap.

**pro·sit, prost** *tw., (D.)* prosit!, gesondheid!.

**pros·o·dy** prosodie, versleer, metriek. **pro·sod·ic** prosodies. **pros·o·dist** prosodis.

**pros·o·po·po(e)·ia** *(ret.)* prosopopeia; personifikasie.

**pros·pect** *n.* vooruitsig, verwagting, moontlikheid; moontlike kliënt; moontlike versekerde; *(min.)* prospekteerplek; mineraalmonster; uitsig; *s.o. is a* ~ *as* ... iem. is 'n moontlike ...; *in* ~ in die vooruitsig; *have* **no** ~*s* geen toekoms hê nie; *this job has* **no** ~*s* hierdie betrekking/werk is sonder vooruitsigte; *there's no* ~ *of* ... daar is geen vooruitsig op ... nie. **pro·spect** *ww.* prospekteer, soek (na); ondersoek; ~ *for* ... na ... soek/prospekteer *(goud ens.).* **pro·spec·tive** toekomstig, aanstaande *(bruid);* voorgenome *(maatreël);* voornemende *(koper ens.);* te wagte; waarskynlike *(kliënt ens.);* in die vooruitsig; ~ **candidate** aspirantkandidaat. **pro·spec·tor** prospekteerder, prospektor. **pro·spec·tus** -*tuses* prospektus.

**pros·per** voorspoedig wees, bloei, floreer, vooruitgaan. **pros·per·i·ty** voorspoed, welvaart, welvarendheid. **pros·per·ous** voorspoedig, welvarend; gunstig, gelukkig; *be* ~, *(ook)* goed vaar. **pros·per·ous·ness** voorspoedigheid; voorspoed; → PROSPERITY.

**pros·sie, pros·sy** *(infml.)* prossie, straatvrou.

**prost** →PROSIT.

**pros·ta·glan·din** *(biochem.)* prostaglandien.

**pros·tate** *n.* prostaat, voorstanderklier. **pros·tate, pro·stat·ic** *adj.* prostaties; ~ *(gland)* prostaat(klier), voorstanderklier. **pros·ta·ti·tis** prostatitis, prostaatontsteking.

**pros·the·sis** -*theses* pro(s)tese, prostesis, kunsarm, -been. **pros·thet·ic** *adj.* pro(s)teties. **pros·thet·ics** *n. (mv.)* pro(s)tetika, pro(s)tetiek. **pros·the·tist** pro(s)tetikus.

**pros·ti·tute** *n.* prostituut. **pros·ti·tute** *ww.* prostitueer; onteer; aan ontug oorgee; ~ *o.s.* jou liggaam verkoop, prostitueer; *(fig., neerh.)* jou verlaag *(of* goedkoop maak). **pros·ti·tu·tion** prostitusie, ontug; ontering.

**pros·trate** *adj.* uitgestrek, plat, lankuit; neergeboë, -gebuig; ootmoedig; verneder(d), verslaan; uitgeput, gedaan; *(bot.)* kruipend, (op die grond) rankend. **pros·trate** *ww.* neergooi, neerwerp; onderwerp, verneder; verniel; uitput, gedaan maak; ~ *o.s.* (jou) neerbuig, neerkniel. **pros·tra·tion** neerwerping; vernedering; neerbuiging, neerknieling; voetval; (ernstige) uitputting, groot verswakking.

**pro·style** *(argit.)* prostyl, tempelportiek, suilegang.

**pros·y** alledaags, saai, prosaïes. **pros·i·ness** verveling, saaiheid.

**pro·tac·tin·i·um** *(chem., simb.: Pa)* protaktinium.

**pro·tag·o·nist** hooffiguur, hoof(rol)speler; leier, hoofpersoon; kampvegter, stryder, woordvoerder; teenspeler.

**pro·te·a** *(bot.)* protea; suikerbosblom.

**pro·te·an, pro·te·an** proteïes; veranderlik, onbestendig.

**pro·tect** beskerm, bewaar, behoed; dek, honoreer *('n wissel);* ~ *s.o. against* ... iem. teen ... vrywaar; ~ *s.o./s.t. from* ... iem./iets teen ... beskerm; ~*ed species* beskermde spesie.

**pro·tec·tion** beskerming, beskutting, beveiliging; begunstiging; dekking; vrywaring; ~ *against* ... beskerming/beskutting teen ... *(d. reën ens.);* vrywaring teen ... *(verlies ens.); for the* ~ *of* ... ter beskerming van ...; *under the* ~ *of* ... onder beskerming van ... ~ **money** beskermingsgeld. ~ **racket** *(infml.)* beskermingswendelary; swendelbeskermingskema.

**pro·tec·tion·ism** proteksionisme. **pro·tec·tion·ist** *n.* proteksionis. **pro·tec·tion·ist** *adj.* proteksionisties, beskermend.

**pro·tec·tive** beskermend, beskermings-, beskuttend; ~ **clothing** beskermende klere, veiligheidsklere; *in* ~ **custody** in beskermende bewaring; ~ **measure** beskermingsmaatreël, beskermende maatreël; ~ **policy** beskermingsbeleid; ~ **wire** draadversperring, versperringsdraad.

**pro·tec·tor** beskermer; bewaarder. **pro·tec·tor·ate** protektoraat.

**pro·té·gé** protégé, beskermling. **pro·té·gée** *(vr.)* protégée.

**pro·tein** proteïen. ~ **value** proteïenwaarde.

**pro·te·ol·y·sis** *(biochem.)* proteolise.

**Pro·te·ro·zo·ic** *n., (geol.)* Proterosoïkum, Proterosoïese tydperk/era. **Pro·te·ro·zo·ic** *adj.* Proterosoïes.

**pro·test** *n.* protes, verset; betoging; (teen)verklaring; *enter/ lodge/register a* ~ *against* ... protes teen ... aanteken, teen ... protesteer *(of* ... beswaar maak); *under* ~ onder protes; *do s.t. without* ~ iets sonder protes doen. **pro·test** *ww.* protesteer, protes aanteken, beswaar maak; betoog; 'n betoging hou; plegtig verklaar, betuig; jou teë-/teensit; teen beterwete stry; ~ *against* ... teen ... protesteer *(of* protes aanteken *of* beswaar maak); teen ... betoog; ~ *to* ... by ... protesteer *(of* beswaar maak); ~ **vociferously** luidkeels protesteer, *(infml.)* 'n keel opsit.

**Prot·es·tant** *n., (teol.)* Protestant. **Prot·es·tant** *adj.* Pro-

testants; ~ *(work) ethic* Protestantse (werk)etiek. **Prot·es**=
**tant·ism** Protestantisme.

**pro·tes·ta·tion** protestasie; protes; (plegtige) verklaring.

**pro·test·er, pro·test·or** beswaarmaker, protesteerder, pro=
testerende.

**Pro·teus** *(Gr. mit. & astron.)* Proteus.

**pro·thal·li·um** =*thallia,* **pro·thal·lus** =*thalli, (bot.)* protal=
lus, voorkiem *(v. 'n varing).*

**pro·throm·bin** *(biochem.)* protrombien.

**pro·tist** *(biol.)* protis, eensellige (organisme).

**pro·ti·um** *(chem.: mees alg. waterstofisotoop)* protium.

**pro·to·col** *n.* protokol; akte, oorkonde; amptelike verslag.

**Pro·to-Ger·man·ic** Proto-Germaans.

**pro·to·mar·tyr** eerste martelaar.

**pro·ton** *(fis.)* proton.

**pro·to·plasm** *(biol.)* protoplasma. **pro·to·plas·mic** proto=
plasmaties. **pro·to·plast** *(biol.)* protoplas(t), selliggaam; oer=
vorm, prototipe.

**pro·to·team** *(mynb.)* protospan.

**pro·to·type** prototipe, oertipe; prototipe, model.

**pro·to·zo·an, pro·to·zo·on** =*zoa(ns), n.* protosoön, oer=
dier. **pro·to·zo·an, pro·to·zo·al, pro·to·zo·ic** *adj.* pro=
tosoïes.

**pro·tract** uitstel; op skaal teken; *(anat.)* rek, verleng. **pro**=
**tract·ed** langgerek, langdurig. **pro·trac·tile** rekbaar, ver=
lengbaar. **pro·trac·tion** *(gram.)* (lettergreep)verlenging; *(biol.)*
strekbeweging; tekening op skaal.

**pro·trac·tor** gradeboog; *(landm.)* (kaart)hoekmeter. **~ (muscle)**
*(anat.)* strekspier.

**pro·trude** (voor)uitsteek, uitspring, uitstaan; uitpeul. **pro**=
**trud·ing:** ~ *ears* bakore; ~ *eyes* peuloë. **pro·tru·sion** (die)
(voor)uitsteek, (voor)uitsteking; uitsteeksel, (voor)uitste=
kende deel. **pro·tru·sive** (voor)uitstekend; opvallend.

**pro·tu·ber·ant** opgeswel; uitpeulend, uitpeul=; knop=; ~ *eye*
uitpeuloog. **pro·tu·ber·ance** uitwas, (stomp) uitsteeksel;
uitgroeisel; knop, swelsel, swelling.

**proud** trots; fier; hooghartig, hoogmoedig; waardig; indruk=
wekkend; groots, pragtig; *do s.o. ~, (infml.)* iem. eer aandoen;
iem. goed onthaal/trakteer; iem. ekstra goed behandel; *be ~*
*of* ... trots wees op ...; *(as) ~ as a peacock* (or *as Punch*) so
trots soos 'n pou; *be ~ that* ... trots wees daarop dat ...

**prove** *(verl.dw.* proved *of* proven) bewys *('n eis ens.);* toon,
wys; blyk; probeer, toets, beproef; staaf *(bewerings);* inskiet
*('n geweer); (brooddeeg)* rys; *it/that goes to ~ that* ... dit toon
*(of* wys net) dat ...; *s.t. ~s itself* iets wys sy waarde; ~ *o.s.*
wys wat jy kan doen, jou slag/vermoë wys, presteer; jou man
staan; ~ *o.s. the better person* jou meerderheid bewys; ~ *s.o.*
*a* ... bewys dat iem. 'n ... is; ~ *that* ... bewys dat ...; *s.t. ~s to*
*be true/etc.* dit blyk dat iets waar/ens. is; ~ *a will* 'n testament
verifieer. **prov·a·ble** bewysbaar. **prov·a·ble·ness** bewys=
baarheid. **proved** bewese; *a ~ friend* 'n beproefde vriend.
**prov·en** bewese; *not ~, (jur.)* nóg skuldig nóg onskuldig; *a ~*
*remedy* 'n beproefde middel.

**prov·e·nance** herkoms, oorsprong; bron.

**Pro·vence** *n., (geog.)* (die) Provence. **Pro·ven·çal** *n., (inwo=*
*ner)* Provensaal; *(taal)* Provensaals. **Pro·ven·çal** *adj.* Proven=
saals.

**prov·erb** spreekwoord, spreuk; *(Book of) P~s* Spreuke (van
Salomo). **pro·ver·bi·al** spreekwoordelik.

**pro·vide** lewer, verskaf, voorsien; verstrek *(inligting);* sorg
vir; *('n wet)* bepaal; voorskryf, =skrywe; maatreëls neem
teen; ~ *against s.t.* (voorsorg)maatreëls *(of* voorsorg) teen
iets neem/tref; vir iets sorg; ~ *for s.o.* vir iem. sorg, in die
behoeftes van iem. voorsien; ~ *for s.t.* iets moontlik maak;
vir iets voorsiening maak *(aftrede ens.); ('n wet)* bepaal dat
iets gedoen moet/sal word; ~ *for o.s., (ook, infml.)* jou eie
potjie krap; *be ~d for* al die nodige hê; ~ *one's own food/etc.*

jou eie kos/ens. verskaf/bring; ~ *s.o. with s.t.* iem. van iets
voorsien, iets aan iem. verskaf. **pro·vid·ed** op voorwaarde
dat, mits; *it was ~ by* ... dit is deur ... verskaf; *be ~ for* versorg
wees; al die nodige hê; ~ *(that)* ... mits ..., op voorwaarde dat
... **prov·i·dence** sorg(saamheid), spaarsaamheid; voorsie=
ning, voorsorg; *(P~, Chr.)* die Voorsienigheid; *tempt ~* die
noodlot/gevaar trotseer, roekeloos wees. **prov·i·dent** sorg=
saam, versigtig; sorgvuldig; spaarsaam, spaarsamig; voor=
sorg=,voorsiening=; ~*fund* voorsorgfonds, voorsieningsfonds;
bystandsfonds, hulpfonds; ~ *society* bystandsvereniging,
=kas. **prov·i·den·tial** beskik deur die Voorsienigheid; won=
derlik; gelukkig; net op die regte tyd; toevallig; *s.t. is* ~ iets is
'n bestiering. **pro·vid·er** versorger; onderhouer; verskaffer;
leweransier. **pro·vid·ing** mits; →PROVIDED; ~ *(that)* ... mits *(of*
op voorwaarde dat) ...

**prov·ince** provinsie; afdeling; vak, gebied, terrein; ressort;
bevoegdheid, gebied, sfeer. **pro·vin·cial** *n.* inwoner van die/
'n provinsie; plattelander. **pro·vin·cial** *adj.* provinsiaal; plaas=
lik; ongesofistikeerd; bekrompe, nougeset. **pro·vin·cial·ism**
provinsialisme, provinsialiteit.

**pro·vi·sion** *n.* voorwaarde, bepaling, stipulasie; bepaling,
voorskrif; →PROVISO; voorsiening, voorsorg; provisie; bewil=
liging *(deur te stem);* reserwe *(vir oninbare skuld); (ook, i.d.*
*mv.)* kos=, voedselvoorraad, lewensmiddel, =middels; *make ~*
*for* ... vir ... sorg, in ... voorsien, vir ... voorsiening maak; ...
behels; *under the ~s of* ... kragtens/volgens die bepalings van
... **pro·vi·sion** *ww.* proviandeer, proviand verskaf, bevoor=
raad, van lewensmiddele/=middels voorsien.

**Pro·vi·sion·al, Pro·vo** *(lid v. 'n IRL-faksie)* Provo.
**pro·vi·sion·al** voorlopig.

**pro·vi·so** =*sos* voorbehoud(sbepaling), voorwaarde, stipula=
sie; *make (or put in) a ~* 'n voorbehoud maak/stel; *with the ~*
*that* ... onder voorbehoud dat ...; mits ... **pro·vi·so·ry** voor=
waardelik; voorlopig; voorsorgs=.

**pro·voke** uitlok, veroorsaak, teweegbring, teweeg bring;
terg, treiter, (uit)tart; aanhits, opstook, provokeer; ~ *s.o. to*
(or *into doing*) *s.t.* iem. so treiter dat hy/sy iets doen; iem.
(uit)tart totdat hy/sy iets doen, iem. uitlok om iets te doen.
**prov·o·ca·tion** uitlokking; aanleiding; treitering, (uit)tarting;
ergernis; aanhitsing, provokasie; *at/on the slightest ~* by die
geringste aanleiding; *without the least/slightest ~* sonder die
minste aanleiding. **pro·voc·a·tive** uitdagend, tergend, (uit)=
tartend; prikkelend, stimulerend; aanstootlik; *be ~ of* ... tot
... aanleiding gee, ... wek. **pro·vok·ing** *adj.,* =ly *adv.* (uit)tar=
tend, uitdagend; irriterend, sieltergend; astrant, parmantig.

**prov·ost** *(Br.)* hoof van die/'n universiteit/kollege; *(mil.)*
provoos. ~ *marshall (mil.)* hoofprovoos.

**prow** boeg, voorstewe *(v. 'n skip).*

**prow·ess** moed, dapperheid; bekwaamheid, vaardigheid.

**prowl** *n.* roof=, strooptog; *be on the ~* op roof uit wees; op die
loer wees, rondsluip. **prowl** *ww.* op roof uit wees; rondsluip,
op die loer wees. **prowl·er** sluiper; sluipdief.

**prox·i·mal** *(anat.)* naaste, proksimaal.

**prox·i·mate** naaste, eerste; ~ *cause* onmiddellike oorsaak.

**prox·im·i·ty** nabyheid, naburigheid; ~ *of blood* bloedver=
wantskap. ~ *fuse* nabyheidsbuis.

**prox·y** volmag, prokurasie; gevolmagtigde; sekundus; gelas=
tigde; *by ~* by volmag *(stem ens.); make s.o. one's ~* iem. vol=
mag gee. ~ *vote* volmagstem.

**prude** preutse/skynsedige persoon. **prud·er·y** preutsheid,
skynsedigheid. **prud·ish** preuts, skynsedig, (skyn)vroom.
**prud·ish·ness** preutsheid.

**pru·dent** versigtig, taktvol; verstandig, wys. **pru·dence** ver=
sigtigheid; verstandigheid, wysheid. **pru·den·tial** versigtig;
verstandig.

**prune¹** *n.* (gedroogde) pruimedant; *(infml.)* droogpruim;
pruimkleur, rooipers.

**prune²** *ww.* snoei; (af)top, (af)knot; besnoei, sny; ~ *s.t. away* iets wegsnoei/afsnoei; ~ *s.t. back* iets wegsnoei; iets besnoei; ~ *up* opsnoei. **prun·er** snoeier; *(i.d. mv.)* snoeiskêr.

**pru·nel·la, pru·nelle, pru·nel·lo** *(tekst.)* prunella.

**prun·ing** besnoeiing; snoeiwerk; snoeiing; snoeiery; snoei-; *(i.d. mv.)* snoeisels. ~ **hook** snoeihaak. ~ **shears** snoeiskêr; wingerdskêr.

**pru·ri·ent** wellustig, wulps. **pru·ri·ence, pru·ri·en·cy** wellus(tigheid), wulpsheid, vleeslike begeerte.

**pru·ri·go** *(med.: [chroniese] jeuksiekte)* prurigo. **pru·ri·gi·nous** jeukerig, jeuk-.

**pru·ri·tus** *(med.)* pruritus, gejeuk, jeukerigheid.

**Prus·sia** *(geog., hist.)* Pruise. **Prus·sian** *n.* Pruis. **Prus·sian** *adj.* Pruisies; ~ *blue* pruisiesblou, berlynsblou.

**pry[1]** nuuskierig kyk, loer; snuffel; spioeneer; ~ *about* rondsnuffel; ~ *into s.o.'s affairs* jou neus in iem. se sake steek. **pry·ing** nuuskierig, loerend, indringerig; ~ *eyes* loeroë.

**pry[2]** *(hoofs. Am.)* = PRISE.

**psalm** psalm; *(the Book of) P~s, the P~s* (die Boek van die) Psalms. **psalm·ist** psalmdigter, psalmis. **psalm·o·dy** psalmgesang, psalmodie. **psalm·o·dist** psalmdigter. **psal·ter** *(ook P~, relig.)* psalmboek, psalter.

**pse·phol·o·gy** psefologie, demoskopie, verkiesingstudie.

**pseud** *(infml.)* huigelaar, skynheilige.

**pseu·do** pseudo-; oneg, vals; sogenaamd, skyn-.

**pseu·do·carp, false fruit, ac·ces·so·ry fruit** *(bot.)* pseudokarp, skynvrug.

**pseu·do·morph** *(krist.)* pseudomorf, skynstruktuur. **pseu·do·morph·ic, pseu·do·morph·ous** *adj.* pseudomorf. **pseu·do·morph·ism** pseudomorfie, skynstruktuur.

**pseu·do·nym** skuilnaam, pseudoniem. **pseu·don·y·mous** onder 'n skuilnaam geskryf/geskrywe, pseudoniem.

**pseu·do·po·di·um** -*dia, (biol.: skynvoet)* pseudopodium.

**psi** *(23ste letter v.d. Gr. alfabet)* psi.

**psit·ta·cine** *(orn.)* papegaaiagtig, papegaai-. **psit·ta·co·sis** -*coses* psittakose, papegaaisiekte.

**pso·ri·a·sis** -*ases, (med.)* psoriase.

**ps(s)t** *tw.* ps(s)t!.

**psych, psyche** *ww., (infml.):* ~ *s.o. (out)* iem. opsom; iem. intimideer; ~ *o.s. up* (*or get ~ed [up]*) *for s.t.* jou (emosioneel) vir iets oppomp.

**Psyche** *(Gr. mit.)* Psugê, Psukhê.

**psyche** *n.* gees, siel, psige. **psyche** *ww.* →PSYCH *ww..*

**psy·che·del·ic** psigedelies.

**psy·chi·a·try** psigiatrie, senusiekteleer. **psy·chi·at·ric** *adj.* psigiatries; ~ *hospital/patient/etc.* psigiatriese hospitaal/pasiënt/ens.. **psy·chi·a·trist** psigiater, senu(wee)arts, senu(wee)spesialis.

**psy·chic** *n.* spiritistiese medium. **psy·chic, psy·chi·cal** *adj.* psigies, geestes-, siels-; spiritisties.

**psy·cho** -*chos, n., (infml.)* psigopaat. **psy·cho** *adj.* psigopaties.

**psy·cho·ac·tive, psy·cho·trop·ic** psigoaktief, psigotropies *(dwelm).*

**psy·cho·a·nal·y·sis** *n.* psigoanalise. **psy·cho·an·a·lyse** *ww.* psigoanaliseer. **psy·cho·an·a·lyst** *n.* psigoanalis. **psy·cho·an·a·lyt·ic, psy·cho·an·a·lyt·i·cal** *adj.* psigoanalities.

**psy·cho·bab·ble** *(infml., neerh.)* psigogebabbel; psigologisering.

**psy·cho·bi·ol·o·gy** psigobiologie.

**psy·cho·dra·ma** *(psig.)* psigodrama.

**psy·cho·dy·nam·ics** *n. (fungeer as ekv.)* psigodinamika. **psy·cho·dy·nam·ic** *adj.,* -**i·cal·ly** *adv.* psigodinamies.

**psy·cho·gen·e·sis** *(psig.)* psigogenese. **psy·cho·gen·ic** sielkundig, psigogeen.

**psy·cho·graph·ics** *n. (fungeer as ekv.)* psigografika.

**psy·cho·ki·ne·sis** psigokinese. **psy·cho·ki·net·ic** psigokineties.

**psy·cho·lin·guis·tics** *n. (fungeer as ekv.)* psigolinguistiek. **psy·cho·lin·guist** psigolinguis. **psy·cho·lin·guis·tic** psigolinguisties.

**psy·chol·o·gy** sielkunde, psigologie; ~ *of education* opvoedkundige sielkunde. **psy·cho·log·i·cal** sielkundig, psigologies; psigies; ~ *make-up* sielkundige samestelling; ~ *warfare* sielkundige oorlogvoering. **psy·chol·o·gist** sielkundige, psigoloog.

**psy·cho·met·ric** psigometries. **psy·cho·met·rics** *n. (fungeer as ekv.)* psigometrie. **psy·chom·e·try** psigometrie.

**psy·cho·mo·tor** psigomotories.

**psy·cho·path** psigopaat, sielsieke. **psy·cho·path·ic** psigopaties.

**psy·cho·pa·thol·o·gy** psigopatologie, sielsiekte. **psy·cho·path·o·log·i·cal** psigopatologies, sielsiek.

**psy·chop·a·thy** psigopatie.

**psy·cho·phys·ics** *n. (fungeer as ekv.)* psigofisika. **psy·cho·phys·i·cal** psigofisies.

**psy·cho·phys·i·ol·o·gy** psigofisiologie. **psy·cho·phys·i·o·log·i·cal** psigofisiologies. **psy·cho·phys·i·ol·o·gist** psigofisioloog.

**psy·cho·sex·u·al** *adj.,* -**ly** *adv.* psigoseksueel.

**psy·cho·sis** -*choses* psigose, sielsiekte. **psy·chot·ic** *n.* psigoot. **psy·chot·ic** *adj.* psigoties.

**psy·cho·so·cial** *adj.,* -**ly** *adv.* psigososiaal.

**psy·cho·so·mat·ic** *(med.)* psigosomaties.

**psy·cho·sur·ger·y** psigochirurgie, -sjirurgie.

**psy·cho·ther·a·py** psigoterapie, behandeling van sielsiektes. **psy·cho·ther·a·peu·tic** psigoterapeuties. **psy·cho·ther·a·pist** psigoterapeut.

**psy·chrom·e·ter** *(met.)* psigrometer.

**ptar·mi·gan** *(orn.)* sneeuhoender.

**pter·i·dol·o·gy** *(bot.)* varingstudie. **pter·i·do·phyte** varingplant.

**pter·o·dac·tyl** *(paleont.)* pterodaktiel.

**pter·o·saur** *(paleont.)* pterosourus, pterosouriër.

**pter·y·gote** *(entom.)* gevleuelde (insek).

**Ptol·e·my** *(naam v.d. Masedoniese konings v. Eg.)* Ptolemeus, Ptolemaios; *the Ptolemies* die Ptolemeërs. **Ptol·e·mae·an** *n.* Ptolemeër. **Ptol·e·ma·ic** *adj.* Ptolemeïes.

**pto·sis** *ptoses, (med.)* ptose.

**pty·a·lin** *(biochem.)* ptialien.

**pub** kroeg, kantien, drinkplek. ~~-**crawl** *ww., (infml.)* van kroeg tot kroeg *(of van die een kroeg na die ander)* slinger/swerf/trek, op 'n kroegtoer/-vaart gaan. ~~-**crawler** *(infml.)* kroegloper. ~~-**crawl(ing)** *(infml.)* kroeglopery, -vaart.

**pu·ber·ty** puberteit, geslagsrypheid; rypingsjare, -periode; *person at the age of* ~ puber. **pu·ber·tal** puberteits-, geslagsryp; ~ *child* puber.

**pu·bes** skaamstreek; *(infml.)* skaamhare.

**pu·bes·cence** aanvang van die puberteit, geslagsrypheid; manbaarheid; *(bot., soöl.)* donsies, dons(er)igheid. **pu·bes·cent** in die puberteitsperiode, geslagsryp; *(bot., soöl.)* dons(er)ig.

**pu·bis** *pubes* skaambeen. **pu·bic** skaam-; ~ *bone* skaambeen; ~ *region* skaamstreek.

**pub·lic** *n.* publiek; *in* ~ in die openbaar. **pub·lic** *adj.* openbaar, publiek; openlik; algemeen; van die publiek; staats-, lands-; volks-; ~ *access* openbare toegang, toeganklikheid vir die publiek; ~ *accounts* staatsrekeninge; ~ *address system* omroep, afkondiging-, omroep-, luidsprekerstelsel; ~ *administration* publieke/openbare administrasie, staatsadministrasie; ~ *affairs* openbare aangeleenthede/sake; ~ *auction* openbare veiling; ~ *authorities* staatsinstansies; ~

*authority* staatsgesag; ~ *body* openbare liggaam; ~ *build*‑*ing* openbare gebou, owerheidsgebou; ~ *cause* die open‑bare saak/belang; ~ *company* ope/publieke maatskappy; ~ *conveniences* openbare geriewe; *s.t. is a* ~ *danger* iets is 'n gevaar vir die publiek; ~ *debt* openbare skuld, ower‑heidskuld, land‑, staatskuld; ~ *defender,* *(Am., jur.)* pro Deo‑advokaat; *by* ~ *demand* op aandrang van die publiek; ~ *dissatisfaction* ontevredenheid onder/by die publiek; *become* ~ *domain, (grond ens.)* openbare besit word; *(liedjies ens.)* allemans‑/gemeengoed word; *be in the* ~ *domain* alle‑mans‑/gemeengoed wees; kopieregvry wees; die patentreg het verval; ~ *education* openbare onderwys; ~ *expenditure* staats‑, owerheidsbesteding, ‑uitgawe(s); ~ *expense* staats‑koste; *be in the* ~ *eye* in die openbare oog wees; ~ *figure* openbare figuur, bekende persoonlikheid; ~ *funds/money* staatsgeld, ‑fondse, openbare geld/fondse, owerheidsgeld, ‑fondse; ~ *gathering* openbare vergadering; volksverga‑dering; *go* ~*, (ekon.)* beurs toe gaan, genoteer word, sy aan‑dele op die beurs noteer; alles/dinge/dit/ens. openbaar *(of* algemeen bekend) maak; ~ *health* openbare gesondheid; volksgesondheid; ~ *holiday* openbare vakansie(dag); ~ *in*‑*quiry* amptelike ondersoek *(na iem. se dood ens.);* ~ *insti*‑*tution* openbare instelling, staatsinrigting; ~ *interest* alge‑mene belang; landsbelang, openbare belang; *be/become* ~ *knowledge* algemeen bekend wees/raak/word; ~ *law* publiek‑reg; ~ *law/statute* staatswet; ~ *lending right* openbare leenreg; ~ *liability* aanspreeklikheid teenoor die publiek; aanspreeklikheid teenoor derdes; ~ *libel, (jur.)* skriftelike laster; ~ *library* openbare biblioteek; ~ *life* die openbare lewe; *make s.t.* ~ iets wêreldkundig/rugbaar maak; ~ *money* →*funds/money; be a* ~ *nuisance* 'n openbare oorlas/steur‑nis *(of* 'n publieke laspos) wees; ~ *opinion* die openbare mening; ~ *policy* openbare belang/beleid, lands‑, staatsbe‑lang, gemeenskapsbelang; *contrary to* (or *against)* ~ *policy* strydig met die lands‑/samelewingsbelang *(of* openbare be‑lang), teen die volksbelang *(of* algemene belang); ~ *prop*‑*erty* staatseiendom, ‑besit; openbare/publieke eiendom; ~ *prosecutor* staatsaanklaer; ~ *protector, (SA)* openbare be‑skermer; *the* ~ *purse* die skatkis/staatskas/fiskus; ~ *reaction* openbare reaksie; ~ *record* argiefstuk, oorkonde; *(ook, i.d. mv.)* staatsargief; ~ *relations exercise* oefening in openbare betrekkinge; ~ *relations officer* skakel‑, publisiteits‑, rekla‑mebeampte; ~ *relations (work)* skakelwerk, ‑wese; *by* ~ *request* op aandrang van die publiek; ~ *revenue* openbare inkomste, owerheidsinkomste; ~ *road* openbare pad; ~ *safety* openbare veiligheid, landsveiligheid; ~ *sale* openbare/publieke veiling; openbare/publieke verkoping; ~ *school* openbare skool, staatskool; ~ *sector, (ekon.)* openbare sek‑tor; ~ *servant* staatsamptenaar; ~ *service* staatsdiens; openbare/publieke diens; ~ *speaker* openbare spreker, spre‑ker by openbare geleenthede, redenaar; ~ *speaking* rede‑naarskuns; ~ *spending* owerheidsuitgawe; ~ *spirit* bur‑gersin; ~ *taste* die publiek se smaak; ~ *transport* openbare vervoer; ~ *utilities* openbare nutsdienste; ~ *violence, (jur.)* publieke geweld; ~ *welfare* openbare welsyn; ~ *works, n. (mv.)* openbare werke; ~ *worship* ere‑, kerkdiens; ~ *wrong* misdryf teen die samelewing. ~**-liability insurance** verse‑kering teen openbare aanspreeklikheid. ~**-spirited** maat‑skaplik/sosiaal gesind; ~ *citizen* gemeenskapsmens.

**pub·li·can** *(Br.)* kroegbaas; *(Byb.)* tollenaar.

**pub·li·ca·tion** verskyning *(v. 'n blad, boek, ens.);* bekend‑making, ‑stelling, openbaarmaking; uitgawe, publikasie; *day/ date of* ~ verskyningsdag, ‑datum. ~ **day**, ~ **date** versky‑ningsdag, ‑datum.

**pub·li·cise, ‑cize** bekend stel, bekendstel, publisiteit gee aan, rugbaar maak; reklame maak vir; *much ~d, (ook)* op‑spraakwekkend. **pub·li·cist** reklameagent.

**pub·lic·i·ty** bekendheid, openbaarheid, reklame, rugbaar‑heid, publisiteit; reklame(wese); *the* ~ *for ...* die publisiteit

vir ...; *s.o./s.t. gets/receives extensive/wide* ~ iem./iets kry baie/ groot publisiteit; *give* ~ *to ...* publisiteit aan ... gee, ... pu‑blisiteit gee *(iem., iets).* ~ **agent** reklameagent. ~ **campaign** reklameveldtog. ~ **manager** reklamebestuurder. ~ **material** reklamemateriaal. ~ **officer** reklamebeampte. ~**-shy** publisi‑teitsku. ~ **stunt** reklamefoefie, ‑set.

**pub·lic·ly** openlik, publiek; in die openbaar; van ower‑heidsweë.

**pub·lish** uitgee, publiseer *(boeke ens.);* plaas *(in 'n blad);* be‑kend maak, bekendmaak, rugbaar maak; uitroep, afkondig; *be ~ed, (ook)* (in druk) verskyn, die lig sien; geplaas word. **pub·lish·a·ble** publiseerbaar, geskik vir publikasie. **pub**‑**lish·er** uitgewer; ~*'s catalogue* fonds‑, uitgewerskatalogus, ‑lys.

**pub·lish·ing** uitgewery, uitgewersbedryf. ~ **business, ~ company, ~ firm, ~ house** uitgewery, uitgewersaak, uitge‑wersmaatskappy, ‑firma. ~ **trade** uitgewersbedryf.

**puce** pers‑, donkerbruin.

**puck** *(yshokkie)* skyf; ghoen.

**puck·er** *n.* rimpel, plooi, kreukel, vou. **puck·er** *ww.* vou, plooi, frons, rimpel, saamtrek; *('n mou ens.)* optrek; ~ *one's brows* frons, jou wenkbroue saamtrek; ~ *one's lips/mouth* jou lippe/mond tuit *(of* op 'n tuit trek); ~ *s.t.* **up** voue in iets maak; ~ *up one's face* jou gesig vertrek; ~ *up for a kiss* jou lippe tuit trek vir 'n soen. **puck·ered** getuit, op 'n plooi getrek, gekreukel, verkreukel(d), geplooi, verrimpel(d), gevou; gerimpel(d); fyngeplooi(d); ~ *brow* gefronste wenk‑brou; ~ *nylon* rimpelnylon.

**puck·ish** *adj.,* **‑ly** *adv.* ondeund, guitig, skalks, stout, on‑nutsig.

**pud·ding** poeding, nagereg. ~ **basin** poedingbak. ~ **bowl** poedingbakkie. ~ **face** poffer‑, volmaangesig. ~ **mould** poe‑dingvorm. ~**stone** *(geol.)* konglomeraat; ou‑, kaiing‑, poe‑dingklip.

**pud·dle** *n.* (modder)plas, waterplas, poel(etjie); stop‑, vul‑klei; *(mynb.)* porrel *(by diamantwassery).* **pud·dle** *ww.* plas; modderig/troebel maak; vuilmaak; mors; brei *(klei);* karring *(beton);* vasstamp; met (stop‑/vul)klei dig (maak); aanklam; pleister; puddel, ruwe yster bewerk. ~ **(clay), puddled clay** stop‑, vulklei. ~ **duck** huiseend.

**pud·dly** vuil, modderig.

**pu·den·dum** *‑denda* skaamdeel, (uitwendige) geslagsdeel. **pu·den·dal, pu·dic** van die skaamdele, skaam‑.

**pudge** *(infml.)* dikkerd, buks(ie), vaatjie, potjierol. **pudg·y** *(infml.)* dikkerig, kort en dik, plomp; ~ *hand* pofferhand‑(jie).

**pueb·lo** *‑los, (Sp.)* pueblo; Indiaanse nedersetting; dorp(ie).

**pu·er·ile** kinderagtig; beuselagtig, niksbeduidend. **pu·er·il**‑**ism** *(psig.)* puerilisme. **pu·er·il·i·ty** kinderagtigheid.

**pu·er·per·i·um** *‑ia* puerperium, kraamtyd; nageboortetyd. **pu·er·per·al** puerperaal, kraam(bed)‑; ~ *fever* kraamkoors; ~ *mortality* moedersterfte(syfer).

**Puer·to Ri·co** *(geog.)* Puerto Rico. **Puer·to Ri·can** *n.* Puerto Ricaan. **Puer·to Ri·can** *adj.* Puerto Ricaans.

**puff** *n.* asemstoot; windstoot; rookwolkie, damp; trek, damp *(aan 'n pyp, sigaret, ens.);* pof; (poeier)kwas; *(kookk.)* poffer‑tjie; ophemeling, opvyseling, opblasery; ~ *of air* windjie; *get one's* ~ *back, (Br., infml.)* jou asem terugkry, (weer) asem kry; *have/take a* ~ *on ...* 'n skuif(ie)/teug aan ... trek, 'n trek aan ... gee, aan ... trek/suig *('n sigaret ens.); be/run out of* ~*, (Br., infml.)* uitasem wees/raak. **puff** *ww.* blaas, hyg, trek, puf; opblaas, ‑swel; aanprys, ophemel, ‑vysel, reklame maak vir; pryse opja(ag); ~ *at a pipe* aan 'n pyp damp/trek; *the train* ~s *away* die trein stoom weg; ~ *s.t. away* iets wegblaas; ~ *and blow* hyg en blaas; ~ *out one's cheeks* jou wange bol maak; ~ *out one's chest* jou bors uitstoot; ~ *s.t. up* iets op‑blaas. ~ **adder** pofadder. ~**ball** stuifswam, slangkop, dui‑wel‑, bobbejaansnuif. ~ **pastry,** *(Am.)* ~ **paste** skilfer‑, blaar‑

deeg; skilfer=, blaarkors; skilferkors=, blaarkorsgebak(kie). ~ **piece** *(infml.)* reklamestuk; →PUFFERY. ~ **sleeve** pofmou.

**puffed** opgeblaas(de); uitasem; kortasem; opgehewe; gepof= (te); *be ~ out* uitasem wees; ~ *rice* pofrys; ~ *sleeve* pofmou; *be ~ up with* ... opgeblase wees van ...; ~ *wheat* pofkoring.

**puff·er** *(infml.)* roker; spogger, windsak; opjaer *(by vendusies);* reklamemaker. ~**(fish), globefish** blaasop(pie).

**puff·er·y** *-ies* oordrewe reklame/propaganda/publisiteit, oor= drewe opvyseling (van produkte/ens.); (hele) bohaai, (groot) ophef, lofliedere, =sange.

**puf·fin** *(orn.)* papegaaiduiker.

**puff·y** winderig; uitasem; kortasem; dik, opgeblaas, swaar= lywig; bombasties. **puff·i·ness** winderigheid; swelsel; ~ *un= der the eyes* sakke onder die oë.

**pug**[1] *n.:* ~ **(dog)** mopshond. ~ **nose** stompneus. ~**-nosed** stompneus=.

**pug**[2] *n.* steenklei. **pug** =gg=, *ww.* klei aanmaak/brei; met klei/ ens. opvul. ~ **mill** kleimeul(e), rondomtalie(meul[e]).

**pug**[3] *n.* dier(e)spoor.

**pu·gi·lism** *(vero. of skerts.)* (die) boks, vuisvegtery. **pu·gi·list** bokser, vuisvegter; bakleier. **pu·gi·lis·tic** boks=.

**pug·na·cious** veg=, strydlustig, bakleierig, twissoekerig; ~ *ant* malmier, balbyter. **pug·nac·i·ty** veg=, strydlus, bakleie= righeid, twissoekerigheid.

**puis·sance** *(arg. of poët.)* mag, krag, invloed.

**puke** *n.,* *(infml.)* braking, (die) opbring; braakmiddel. **puke** *ww.* opbring, =gooi, kots, braak, vomeer.

**puk·ka(h)** *(infml., <Hind.)* eg; puik, eersteklas, agtermekaar, uitmuntend.

**pu·la** *(geldeenh. v. Botswana)* pula.

**pul·chri·tude** *(poët., liter.)* skoonheid, mooiheid.

**Pu·litz·er Prize** *(Am.)* Pulitzerprys. ~ ~ **winner** Pulitzer= pryswenner.

**pull** *n.* ruk, pluk; trek; trekker, knoppie *(v. 'n klokkie ens.);* trekskoot; *(kr., gh.)* trekhou; roeitoggie; galeiproef; proefblad, =vel; teug, sluk, trek, skuif(ie) *(rook);* greep *(v. 'n deur),* handvatsel; trekkoord; aantrekkingskrag, trekkrag; spanning; invloed; *a long ~* 'n hele/stywe ent, 'n lang tog; 'n groot skuif *(aan 'n pyp, sigaret, ens.);* 'n groot sluk/teug *(uit 'n glas ens.);* *a ~ of* ... 'n sluk ... *(brandewyn ens.);* have a ~ on *s.o.* invloed by *(of* mag oor) iem. hê; *take a ~ on* ... 'n skuif(ie)/teug aan ... trek, 'n trek aan ... gee, aan ... trek/suig *('n sigaret ens.);* 'n sluk/teug uit ... neem *('n glas ens.);* have ~ *with s.o., (infml.)* invloed by iem. hê. **pull** *ww.* ruk, pluk; trek *(ore, tande, ens.);* roei; sluk, drink, rem; sleep; trek *('n bal);* toetrek *(gordyne);* uitpluk *('n rewolwer); (druk.)* trek *(proewe);* ~ *s.o./s.t.* **about/ around** iem./iets rondtrek/=pluk/=ruk; ~ *ahead* die voortou neem, voorkom; ~ *ahead of s.o., ('n motor)* by iem. verbyry; *('n fietsryer, atleet, ens.)* iem. verbysteek; *(fig.)* iem. verbysteek *(in gewildheid ens.);* ~ *alongside* ... langs ... stilhou; langs ... kom ry; ~ ... *apart* ... uitmekaarhaal *(of* uitmekaar haal) *('n motor ens.); ('n voël)* ... uitmekaarpluk *(of* uitmekaar pluk) *('n nes);* ... uitmekaarmaak *(of* uitmekaar maak) *(bakleiers); (hewig kritiseer)* ... uitmekaartrek/=skeur *(of* uitmekaar trek/ skeur) *('n plan ens.);* ... kwaai/skerp kritiseer; ... uit=/vanme= kaar trek; ... uitmekaardryf/=skeur *(of* uitmekaar dryf/skeur), ... verskeur *(gemeenskappe ens.);* ~ *at* ... aan ... trek; ~ *at/on s.t.* aan iets suig/teug *('n pyp, sigaret, ens.);* ~ *away* wegtrek; aanhou trek; ~ *away from* ... ... agterlaat, onder ... uithard= loop *(ander atlete ens.);* van ... wegsleep *('n wrak ens.);* van ... wegbeur *(iem. wat jou probeer soen);* ~ *s.o./s.t.* **away** *from* ... iem./iets van ... wegtrek; ~ *back* terugtrek; retireer; ~ ... *down, (med.)* ... aftakel *(of* laat agteruitgaan/verswak) ... bykom *(rykes ens.);* ... afbring *(punte);* ... laat daal *(winste);* ... nadelig raak *('n mpy. ens.);* ... afdruk *(d. rand, dollar, ens.);* ... neer=/aftrek *(iets, iem.);* ... plattrek *(iets, iem.);* ... afbreek/sloop/ platslaan *(of* plat slaan) *('n gebou);* ~ *down* a menu, *(rek.)* 'n (balk-)kieslys oopmaak; ~ *in, ('n bus ens.)* inry; *('n trein)*

instoom; ~ *s.o. in* iem. intrek/betrek; *(infml.)* iem. lok *(toe= skouers);* iem. aankeer *('n verdagte);* ~ *s.t. in* iets intrek; *(infml.)* iets verdien *(geld);* ~ *in to the side of the road* van die pad aftrek (en stilhou); ~ *into a parking lot* by 'n parkeerterrein inry; *be ~ed into a war* by 'n oorlog betrek *(of* by/in 'n oorlog ingesleep) word; ~ *s.o.'s licence, (infml.)* iem. se rybewys in= trek; ~*ed muscle* verrekte spier; ~ *s.t. off* iets aftrek/=ruk; iets uittrek *(skoene ens.);* iets regkry; ~ *it off* dit regkry, die paal haal; ~ *s.t. on* iets aantrek *(skoene ens.);* ~ *out* uit=, weg= trek; retireer, uitskei; uitwyk *('n trein ens.)* wegtrek; ~ *s.t. out* iets uittrek *(onkruid ens.);* iets onttrek *(soldate ens.);* ~ *out of* ... jou aan/uit ... onttrek; *(infml.)* maak dat jy uit ... wegkom, uit ... trap; ~ *over* uit die pad *(of* eenkant toe) trek *(met 'n motor);* ~ *s.t. over* iets oortrek; ~ *s.t. over one's head* iets oor jou kop trek; ~ one's *punches* met halwe krag slaan, krag ag= terhou, die/jou teen=/teëstander spaar; ~ *no punches* nie doekies omdraai nie; ~ *round* regkom, herstel, gesond word; ~ *s.o. round* iem. deurhaal *(of* laat regkom/herstel); ~ *s.t.* **straight** iets regruk; ~ *strings/wires* toutjies trek, knoei, agter die skerms werk; ~ *through* deurtrek; deurkom; reg= kom, herstel, gesond word; ternouernood slaag; ~ *s.o. through* iem. deurhaal *(of* laat regkom/herstel); ~ *s.t. tight* iets vas= trek *(of* styf trek); ~ *s.t. to* iets toetrek *('n deur ens.);* ~ *to= gether* saamwerk, =staan; ~ *o.s. together, (infml.)* jou regruk; ~ *yourself together!, (infml.)* ruk jou reg!; ~ *and tug* ruk en pluk; ~ *up* stilhou; gaan staan; ~ *up short* skielik gaan staan; skielik stilhou; ~ *s.t. up* iets uittrek *('n plant ens.);* iets inhou, iets tot staan bring *('n perd ens.);* ~ *s.o. up (short)* iem. be= rispe/teregwys, *(infml.)* iem. in die bek ruk; *s.t. ~s s.o. up (short)* iets bring iem. tot besinning; ~ ~*strings/ wires.* ~**back** remskoen, struikelblok; *(Am., mil.)* terug= trekking. ~**-down** *adj. (attr.):* ~ *bed* (af)klapbed; ~ *blind* rol= blinding, ~ *menu, (rek.)* (balk-)kieslys. ~**-off** *adj. (attr.)* af= trek= *(strokie ens.).* ~**-on** *adj. (attr.)* oortrek= *(hemp ens.);* aan= glip= *(broek ens.).* ~**-out** *n.* oopvoublad *(in 'n boek);* uithaal= seksie *(in 'n tydskrif);* terugtrekking, ontruiming. ~**-out** *adj. (attr.)* uittrek= *(sitplek).* ~**over** oortrektrui. ~ **rod** trekstang. ~ **switch** trekskakelaar. ~**-up** *n.* optrekoefening.

**pul·let** hennetjie, jong hen. ~ **size** jonghengrootte.

**pul·ley** *n.* katrol; katrolwiel; bandkatrol. **pul·ley** *ww.* katrol, met 'n katrol ophys; van 'n katrol voorsien. ~ **boss** katrol= naaf. ~ **chain,** ~ **cord,** ~ **rope** loper.

**Pull·man (car)** salonwa; slaapsalon, =wa.

**pul·mo·nar·y** pulmonaal, long=; ~ *artery* longslagaar; ~ *circulation* longbloedsomloop, klein bloedsomloop; ~ *dis= ease* longkwaal; ~ *vein* longaar.

**pulp** *n.* pulp, moes, pap, bry, sagte massa; vrugtemoes; vleis *(v. vrugte); (anat.)* murg; *beat s.o. to* (or *knock s.o. into) a ~* iem. vermorsel *(of* pap/voos slaan), *(infml.)* fyngoed/klein= geld van iem. maak; ~ *of fruit* vrugtemoes, =pulp. **pulp** *ww.* pulp maak van; pap maak; papsag word. ~ **fiction** pulp= lektuur, =literatuur, =fiksie. ~ **magazine** prultydskrif. ~**wood** papierhout.

**pulp·er** pulpmasjien.

**pul·pit** preekstoel, kansel; *the ~, (ook)* die predikante. ~ **cloth** kanselkleed. ~ **orator** kanselredenaar. ~ **sermon** kanselrede. ~ **style** kanselstyl.

**pulp·ous** pap, sag.

**pulp·y** pap, sag, vlesig. **pulp·i·ness** papheid; vlesigheid *(v. vrugte).*

**pul·sar** *(astron.)* pulsar.

**pul·sate, pul·sate** klop, slaan; tril, pulseer; *pulsating star* pulsar. **pul·sa·tion** slag, klopping; hart=, polsslag; pulsasie, pulsering. **pul·sa·tor** klopper; *(masj.)* pulsator. **pul·sa·to·ry** kloppend, klop=, slag=.

**pulse**[1] *n.* pols(slag); trilling; puls; *(elek.)* impuls; *feel/take s.o.'s ~* iem. se pols voel; *the ~ is quickening* die pols klop vinniger; *set s.o.'s ~ racing* iem. se hart vinniger laat klop *(of* bol[le]makiesie laat slaan); *a rapid* ~ 'n vinnige pols(slag); *stir s.o.'s* ~ iem. in vervoering bring; *a weak* ~ 'n swak pols(slag). **pulse** *ww.* klop, slaan, pulseer; tril. ~ **beat,** ~ **rate** pols=, aarslag. ~ **code modulation** *(telekom.)* puls=kodemodulasie. ~ **pressure** polsdruk.

**pulse²** *n.* peulvrug(te); peulplant(e).

**pul·ver·ise, =ize** fynstamp, =maal, =vryf; tot poeier maak, verpoeier, verstuif, vergruis; stof word; verpletter, vernietig, vermorsel, fyngoed maak van. **pul·ver·i·sa·tion, =za·tion** fynmaking, =stamping, (ver)poeiering, vergruising. **pul·ver·is·er, =iz·er** poeiermeul(e), vergruiser; verstuiwingstoestel, verstuiwer.

**pu·ma, moun·tain li·on** poema, bergleeu; →COUGAR.

**pum·ice** puimsteen.

**pum·mel, pom·mel** *-ll-* slaan, karnuffel, afransel, opdons, moker.

**pump¹** *n.* pomp. **pump** *ww.* pomp; oppomp; uitpomp, leeg pomp; ~ *bullets into s.o.,* *(infml.)* iem. vol lood pomp; ~ *s.o.* *dry,* *(infml.)* iem. uitsuig; ~ *s.t.* *dry* iets droogpomp *(of* leeg pomp); ~ *s.o. full of ...,* *(infml.)* iem. vol ... pomp *(koeëls ens.);* iem. vol ... stop *(leuens ens.);* ~ *s.t. in* iets inpomp; ~ *s.t. into* ... iets in ... pomp; iets in ... stop *(geld in 'n onderneming);* ~ *s.t. out* iets uitpomp; ~ *s.t. out of* ... iets uit ... pomp; ~ *s.o.* iem. uitvra/invra; die boer die kuns afvra; ~ *o.s.* **up,** *(infml.)* jou (emosioneel) oppomp; ~ *s.o.* **up,** *(infml.)* iem. aanvuur/ opsweep/besiel; ~ *s.t.* **up** iets oppomp; *(infml.)* iets opstoot *(aandele);* iets stimuleer *(of* 'n hupstoot gee *of* 'n finansiële inspuiting gee) *(d. ekonomie);* iets opdraai *(of* hoër draai) *(d. volume);* iets harder stel/draai *(klank);* iets laat toeneem/ver= meerder *(toeskouergetalle ens.);* iets oppomp *(jou spiere).* ~**=action** *adj. (attr.):* ~ *shotgun* pompaksie-haelgeweer; ~ *sprayer* pompspuit. ~ **attendant** pompjoggie. ~ **dredger** sandsuier. ~ **gear** pompwerk, =uitrusting. ~ **handle** pompslinger, =stert. ~ **head** pompkop; pompslag, =leweringshoogte. ~ **house** pomphuis. ~ **lever** pompswingel, =hefboom. ~ **lift** pompslag(lengte). ~ **priming** voorvulling; aanwakkering, aansetting; *(ekon., infml.)* stimulering, inspuiting, hupstoot. ~ **rod,** ~ **staff** pompstang, =stok. ~ **room** pompkamer; drink= saal. ~ **valve** pompklep. ~ **well** sinkgat.

**pump²** *n.* hofskoen; aand=, dansskoen.

**pum·per·nick·el** swart rogbrood, *(D.)* Pumpernickel, pom= pernikkel.

**pump·ing** (die) pomp, pompery, pompwerk. ~ **engine** pomp= enjin. ~ **station** pompstasie.

**pump·kin** pampoen. ~ **field,** ~ **patch** pampoenland. ~ **frit= ter** pampoenkoekie. ~ **pie** pampoentert. ~**seed** pampoen= saad; *(igt.: Lepomis gibbosus)* sonvissie.

**pun** *n.* woordspeling; *make a* ~ 'n woordspeling maak; *a* ~ *on* ... 'n woordspeling met ... **pun** *ww.* woordspelings maak; ~ *on* ... woordspelings met ... maak. **pun·ster** woordspeler.

**Punch:** ~ *and Judy* Jan en Tryn; ~ *and Judy show* poppekas, poppespel; *be (as) pleased/proud as* ~ in jou noppies *(of* hoog in jou skik) wees.

**punch¹** *n.* opstopper, vuishou, opneuker; *(fig., infml.)* slaan=, trefkrag *(v. 'n argument);* *beat s.o. to the* ~ die eerste hou slaan; iem. voorspring; *pack a (hard)* ~, *(infml.)* 'n (harde) hou slaan; *roll with the* ~ wegkoes voor die hou; *swing/throw a* ~ 'n (vuis)hou slaan; *take the* ~ die hou vat. **punch** *ww.* 'n opstopper gee, met die vuis slaan, moker; ~ *above one's weight, (infml.)* vir meer kans sien as wat van jou verwag word; ~ *the air (triumphantly* or *in triumph/delight)* met jou vuis in die lug slaan, jou vuis (triomfant[e]lik *of* uitgelate *of* uit vreugde) in die lug druk/gooi/steek/stoot; ~ *holes in ...,* *(fig.)* ... vernietig *('n mite);* ... weerlê *('n argument);* ~ *in,* *(Am.)* inklok; ~ *out,* *(Am.)* uitklok; ~ *s.o.* **out** iem. uitslaan *(of* 'n uitklophou gee); ~ *a (time) clock,* *(Am., infml.)* 'n tydkaart in 'n stempelklok druk/steek; ~ *s.t.* **up** iets registreer *(op 'n kasregister).* ~**bag** slaansak. ~**ball** boks=, peerbal. ~**=drunk**

vuis=, boksvoos, duiselig, beneweld; deur die wind, verwese. ~ **line** trefreël. ~**=up** *(infml.)* vuisslanery, bakleiery.

**punch²** *n.* deurslag, pons; (gaatjie)knipper, kniptang. **punch** *ww.* deurdruk, deurslaan; gate inslaan; steek; pons; per= foreer; knip *(kaartjies);* ~*ed card* ponskaart; ~ *in,* *(rek.)* invoer *(data ens.);* *(rek.)* intik *('n kodenommer ens.);* ~ *(out)* uitpons. ~ **card** ponskaart. ~ **hole** ponsgat. ~ **pliers** ponstang. ~ **stitch** ponssteek. ~ **tape, punched tape** ponsband.

**punch³** *n., (drank)* pons. ~**bowl** ponskom. ~ **glass** pons= glas.

**punch·ing** (die) slaan, slanery; (die) deurslaan, deurdruk; ponswerk. ~ **die** snyblok. ~ **machine** deurslag=, ponsmasjien. ~ **power** slaankrag. ~ **tool** pons.

**punch·y** *-ier -iest, adj., (infml.)* pittig, (kort en) bondig, kern= agtig, kragtig.

**punc·til·i·ous** nougeset, noukeurig, baie presies, puntene(u)= rig; oordrewe vormlik. **punc·til·i·ous·ness** nougesetheid, puntene(u)righeid.

**punc·tu·al** presies, stip (op tyd); *try to be* ~ probeer om op tyd te wees. **punc·tu·al·i·ty** presiesheid, stiptheid, nougeset= heid. **punc·tu·al·ly** stip op tyd, op die uur.

**punc·tu·ate** punktueer, leestekens insit; onderbreek, in die rede val; *be* ~*d by/with* ... (telkens) deur ... onderbreek word; deur ... beklemtoon/benadruk/onderstreep word; deur/met ... geaksentueer wees/word ...; met ... deurspek wees *(vloek= woorde ens.).*

**punc·tu·a·tion** punktuasie; leestekens. ~ **mark** leesteken.

**punc·ture** *n.* gaatjie; lek(plek); *(med.)* punksie, deursteking, punktuur; *get/have a* ~ 'n pap band kry, 'n lek kry/opdoen; *mend a* ~ 'n lek(plek) heelmaak. **punc·ture** *ww.* prik, 'n gat insteek; deursteek; 'n lek kry; ~ *s.o.'s pride* iem. op sy/ haar neus laat kyk; ~*d tyre* lekband; pap band.

**pun·dit** gesaghebbende, geleerde, kenner; →PANDIT.

**pun·gent** skerp, bytend, prikkelend, pikant; vinnig, bitsig. **pun·gen·cy** skerpte, skerpheid, skerpheid, pikantheid; bitsigheid.

**Pu·nic** Punies, Kartaags, Carthaags; ~ *faith, (troueloosheid)* Puniese trou; ~ *Wars* Puniese Oorloë.

**pu·ni·ness** →PUNY.

**pun·ish** straf; kasty, toetakel, afransel; ~ *s.o. for s.t.* iem. vir/ weens iets straf; ~ *s.o. severely* iem. swaar straf; *be* ~*ed for doing s.t.* gestraf word omdat jy iets gedoen het. **pun·ish·a·ble** strafbaar *(iem.);* strafwaardig *('n daad); s.t. is* ~ *by death* iets is met die dood strafbaar. **pun·ish·ing** *n.: take a* ~, *(sport, infml.)* kwaai deurloop, baie/kwaai straf verduur, (erg) ge= kasty word, swaar leef/lewe. **pun·ish·ing** *adj.* moordend, veel= eisend, baie swaar, kwaai, straf; *a* ~ *blow* 'n allemintige hou; *have a* ~ *schedule* 'n moordende program volg; *a* ~ *workload* 'n enorme/ondraaglike *(of* baie swaar) werklas. **pun·ish·ment** straf; boete; kastyding; tugtiging; *administer (or* **hand/ mete out)** ~ straf uitdeel; *as a* ~ vir/tot *(of* by wyse van) straf; *come in for (or* **receive/take)** ~ straf kry/ondergaan, deurloop, swaar leef/lewe, gekasty word; *s.t. is deserving of* ~ iets is strafwaardig; *exempt from* ~ straf(fe)loos; vrygestel van straf; *inflict* ~ *on/upon s.o.* iem. straf laat verduur; *a se= vere* ~ 'n swaar straf.

**pu·ni·tive** bestraffend, straf=; ~ *damages* bestraffende ska= devergoeding; ~ *expedition* straftog, =ekspedisie; ~ *juris= diction* strafbevoegdheid; ~ *measure* strafmaatreël.

**Pun·jab:** *the* ~, *(geog.)* die Pandjab. **Pun·ja·bi** *n., (antr., ling.)* Pandjabi. **Pun·ja·bi** *adj.* Pandjabs.

**punk** *(rebelse teenkultuurbeweging)* punk; *(aanhanger)* punk= (er); *(mus.)* punk(rock); *(mus.)* punkrocker; boef, skurk, swernoot, skobbejak, niksnut(s), vabond, sleg. ~ **music** punkmusiek. ~ **rock** *(mus.)* punkrock. ~ **rocker** *(mus.)* punk= rocker.

**punk·ish, punk·y** *adj.* punkerig.

**pun·net** handmandjie, vrugtemandjie; bakkie.

**punt¹** *n.* paalskuit, platboomskuit, vlet. **punt** *ww.* voortstoot,

(voort)boom; met 'n pont vaar; ~ *along* voortboom. ~**(ing)**
**pole** vaarboom, =paal, boomstok.

**punt²** *n., (sport)* kortskoppie. **punt** *ww.* 'n kortskoppie gee.

**punt³** *ww.* wed, verwed, speel; spekuleer; teen die bank
speel.

**punt·er¹** bomer; visser/jagter in 'n skuit.

**punt·er²** beroepswedder; gereelde wedder; (beurs)spekulant;
speler teen die bank; beroepsdobbelaar; kleinspekulant.

**pu·ny** klein, swak, tingerig, tengerig, pieperig; nietig, niks=
beduidend, onbeduidend; armoedig; karig. **pu·ni·ness** swak=
heid, tingerigheid, tengerigheid, pieperigheid; nietigheid,
niksbeduidendheid, onbeduidendheid; armoedigheid; karig=
heid.

**pup** *n.* klein/jong hondjie; robwelpie; → PUPPY; *be in ~, ('n
hond)* dragtig wees; *sell s.o. a ~, (infml.)* iem. bedrieg/kul *(of
knolle vir sitroene verkoop)*. **pup** =*pp*-, *ww.* kleintjies kry,
jong. ~ **tent** skuiltent, tweemanstent.

**pu·pa** =*pae*, =*pas* papie. **pu·pal:** *~ stage* papiestadium. **pu·pate**
verpop, in 'n papie verander. **pu·pa·tion** verpopping.

**pu·pil¹** leerder, leerling, skolier; *(jur.)* pupil. **pu·pil·lage,** *(Am.)*
**pu·pil·age** leertyd; *(jur.)* pupilskap.

**pu·pil²** pupil, kyker *(v.d. oog)*. **pu·pil·(l)ar·y** pupillêr, kyker=.

**pup·pet** marionet, hout-, speel-, toneelpop; *(fig.)* strooipop,
werktuig, speelbal, handlanger. ~ **government**, ~ **regime**
skyn=, marionetregering. ~ **master** poppespeler. ~ **play**
poppe=, marionet(te)spel. ~ **show** poppekas, =spel, mario=
net(te)teater. ~ **state** vasalstaat.

**pup·pet·eer** poppespeler.

**pup·pet·ry** poppespel, =spelery, poppekastery.

**pup·py** jong hond(jie). ~-**dog** hondjie. ~ **fat** jeugvet. ~ **love**
kalwerliefde.

**pup·py·hood** kleinhondjiestadium.

**pup·py·ish** soos 'n klein hondjie, hondjieagtig.

**pur·chas·a·ble** verkry(g)baar, koopbaar, te koop.

**pur·chase** *n.* koop, inkoop, aankoop; verwerwing, aanskaf=
fing, verkryging; takel(stel), kragtakel; hefinrigting; hefkrag;
vashou=, vastrapplek, vat(plek); *s.o. made a bad ~* iem. het
hom/haar vasgekoop; *by ~* deur aankoop; *contract of ~ and
sale* koopkontrak; *~ of discharge* uitkoping; *make a ~* iets
(aan)koop; *get/obtain a ~ on ...* vatplek aan/op ... kry. **pur·**
**chase** *ww.* (aan)koop, inkoop; oorneem; verwerf, (ver)kry,
aanskaf; optrek, oplig, ophys; *it may be ~d at ...* dit is by ...
te koop/kry. ~ **deed** koopakte, =brief. ~ **money** koopsom,
=geld. ~ **order** (in)koopopdrag. ~ **price** koopprys; *(vnl. jur.)*
koopsom, =skat. ~ **sample** koop=, bestelmonster. ~ **tax**
koopbelasting.

**pur·chas·er** koper, aankoper, inkoper.

**pur·chas·ing:** ~ **agent** aankoper, inkoper. ~ **power** koop=
krag. ~ **value** aanskaffingswaarde.

**pur·dah** skermgordyn; sluier; sluiering; afsondering *(v. vroue)*;
*in ~, (fig.)* in afsondering.

**pure** rein, suiwer, skoon; ongemeng(d); eg, kuis, onbevlek,
vlek(ke)loos; onbesmet; onvervals; raseg; louter, puur; *by ~
chance* doodtoevallig; *~ culture, (biol.)* reinkultuur; *(as) ~
as (the) driven snow* engelrein, so onskuldig/rein soos 'n pas=
gebore babatjie/kind; *~ gold* louter goud; *~ nonsense*
louter(e) onsin, pure twak/bog; *~ science* suiwer wetenskap;
*s.t. is ..., ~ and simple* iets is sonder meer ..., iets is blote/
(dood)eenvoudig/gewoonweg/louter(e) ..., iets is niks an=
ders as ... nie; *~ water* skoon/suiwer water; *~ white* spierwit.
~-**blooded** raseg, =suiwer, volbloed. ~-**bred** raseg, =suiwer,
opreg (geteel). ~-**minded** onbedorwe, edel.

**pu·rée** *n.* puree, moes; deurgevryfde groente/vrugte/ens..
**pu·rée** *ww.* fynmaak, tot puree maak.

**pure·ly** suiwer, alleen, uitsluitend, geheel en al; *do s.t. ~ for
fun* iets uit skone plesier doen; *~ and simply ...* bloot/(dood)
eenvoudig/gewoonweg ..., niks anders as ... nie, sonder
meer ...

**pur·ga·tion** suiwering, reiniging; purgasie.

**pur·ga·tive** *n.* purgeermiddel, purgasie, afvoermiddel, rei=
nigingsmiddel. **pur·ga·tive** *adj.* purgerend, purgeer=; sui=
werend.

**pur·ga·to·ry** *(RK)* vaevuur.

**purge** *n.* (uit)suiwering, reiniging, skoonmaak; purgeer=
middel. **purge** *ww.* (uit)suiwer, reinig, skoonmaak; pur=
geer; ontsondig; *(meg.)* spui; *(jur.)* goedmaak, aansuiwer; *~d
by ...* verwyder/uitgestoot deur ...; *~ s.t. of ...* iets van ... sui=
wer. **purg·er** suiweraar; *(meg.)* spuier. **purg·ing** (uit)suiwe=
ring, reiniging; laksering; maagwerking.

**pu·ri·fi·ca·tion** reiniging, suiwering, loutering. ~ **plant** sui=
weringsaanleg, =inrigting, =toestel.

**pu·ri·fy** reinig, suiwer, louter; skoonmaak; *~ing agent* sui=
weringsmiddel. **pu·ri·fi·er** reiniger, suiweraar, skoonmaker.

**Pu·rim** *(Joodse fees)* Purim(fees).

**pu·rine** *(chem.)* purien.

**pur·ism** purisme; taalsuiwering. **pur·ist** puris, (taal)suiwe=
raar. **pu·rist·ic** puristies, taalsuiwerend.

**Pu·ri·tan** *n.* Puritein *(ook p~)*. **Pu·ri·tan** *adj.* Puriteins *(ook
p~)*. **pu·ri·tan·i·cal** puriteins. **Pu·ri·tan·ism** Puriteinse leer
*(ook p~)*, Puritanisme *(ook p~)*.

**pu·ri·ty** reinheid, suiwerheid, skoonheid; kuisheid, vlek(ke)=
loosheid, ongereptheid, onverdorwenheid; *the degree of ~*
die suiwerheidsgraad.

**purl** *n.* borduurdraad; knooprand; aweregssteek, aweregse
breisteek. **purl** *ww.* borduur; omboor; aweregs brei, awe=
regse steke brei.

**pur·lieu** =*lieus*, =*lieux* grens, perk; houplek; *(i.d. mv.)* bui=
tewyk(e), kant, rand; omgewing.

**pur·lin** *(bouk.)* kaplat.

**pur·loin** *(fml. of skerts.)* steel, vat, ontfutsel, skaai, gaps.

**pur·ple** *n.* purper, pers; purperkleed, koningskleed; kardi=
naalskleed; koninklike waardigheid; *be born in/to the ~* van
koninklike afkoms/bloed wees; *be raised to the ~* tot kardinaal
verhef word. **pur·ple** *adj.* purper, pers; *go ~ (in the face)*
rooi word van woede; van skaamte bloos; *~ passage* swie=
rige/bloemryke/opgesmukte gedeelte/passasie *(in 'n teks)*;
*s.o. enjoys a ~ patch, (infml.)* iem. beleef voorspoed, dit gaan
voor die wind met iem.; *~ prose* mooiskrywery, bloem=
rykheid. **pur·ple** *ww.* 'n purperkleur aanneem, pers word;
purper kleur, pers maak. ~ **emperor** *(entom.)* groot weer=
skynvlinder. ~ **grunter** *(igt.)* knorhaan. ~ **heart** purperhart=
hout; *(P~ H~: Am.* eremedalje vir gewonde soldate) Purple
Heart. ~ **wood** amaranthout; purperharthout. ~ **wreath**
*(bot.)* petrea, perskransie.

**pur·plish, pur·ply** perserig, purperagtig.

**pur·port** *n.* betekenis, bedoeling, strekking, inhoud, sin. **pur·**
**port** *ww.* bedoel, behels, inhou, bevat; voorgee, beweer.

**pur·pose** *n.* doel(wit), mikpunt, plan, voorneme, oogmerk,
bedoeling, doelstelling, =einde; sin, nut, voordeel; gevolg,
resultaat; *achieve one's ~* jou doel bereik; *for all ~s, (ook)* in
alle opsigte; *s.t. alters s.o.'s ~* iets laat iem. van plan verander,
iets bring iem. van sy/haar plan af; *answer/serve a/the ~*
aan 'n/die doel beantwoord; *s.t. does not answer/serve the
~* iets beantwoord/deug nie; *fit for the ~* doelmatig; *fixity of
~ →singleness/fixity; for this/that ~* met dié/daardie doel,
te dien einde; *for the ~(s) of ...* met die doel om ...; ten
behoewe van ...; *for business ~s* vir sake; *for recreational/
commercial/etc. ~s* vir ontspanning *(of* die handel) ens.; *for
income-tax/etc. ~s* met die oog op inkomstebelasting/ens.;
*for no other ~ than ...* met geen ander doel nie as ...; *full of
~* doelgerig; vasberade; *general ~s* algemene doeleindes;
algemene sake; *to good ~* met goeie gevolg, doeltreffend,
met sukses/voordeel; *to little ~* met min/weinig gevolg/suk=
ses/voordeel; *to no ~* tevergeefs, verniet, vrugteloos, sonder
gevolg; *all to no ~* alles verniet; *s.t. is to no ~, (ook)* iets baat/

help niks; *the ~ of* ... die doel van ...; *on* ~ opsetlik, met op=
set, aspris, aspres, moedswillig; met voorbedagte rade; *for
all **practical** ~s* prakties, in die praktyk; in die gewone loop;
*for all **practical** ~s it is* ... dit is feitlik/prakties ...; *sense of* ~
doelgerigtheid; *have a **sense** of* ~ doelgerig wees; *s.t. **serves**
the* ~ iets is geskik vir (*of* beantwoord aan) die doel; *s.t. has
**served** its* ~ iets het sy doel bereik; iets is uitgedien(d); *s.t.
**serves** a good/useful* ~ iets het (*of* is van) nut, iets kom (goed)
te/van pas, iets deug; *s.t. **serves** no (good/useful)* ~ iets is nut=
teloos (*of* sonder nut), iets het (*of* is van) geen nut nie; iets
baat/help niks; *have a **set*** ~ 'n vaste/bepaalde doel (*of* 'n
vaste voorneme) hê; *with a **single*** ~ met (net) een doel voor
oë; *singleness/fixity of* ~ doelgerigtheid, koersvastheid;
*(statement) of* ~ doelstelling; *s.t. **suits** s.o.'s* ~ iets pas in iem.
se kraam; *swerve from one's* ~ die doel uit die oog verloor,
van die spoor afwyk; *to* ~ *the* ~ doeltreffend; ter sake, toe=
paslik, relevant; *it is more to the* ~ *to* ... dit sou beter wees om
te ...; *wanting in* ~ besluiteloos; sonder beslistheid. **pur**‧
**pose** *ww., (fml.)* beoog, van plan wees, voornemens (*of* van
voorneme) wees; ~ *to* ..., *(ook)* jou voorneem om te ... ~‧
**built** spesiaal gebou, doelgebou; ~ *car* doelgeboude motor.
~**made** spesiaal vervaardig, doelgemaak.

**pur‧pose‧ful** doelbewus, doelgerig, vasberade. **pur‧pose**‧
**ful‧ly** met 'n bepaalde doel. **pur‧pose‧ful‧ness** doelbewust=
heid, vasberadenheid.

**pur‧pose‧less** doelloos; vrugteloos.

**pur‧pose‧ly** opsetlik, aspris, aspres.

**pur‧pu‧ra** *(med.)* purpura, puntbloeding.

**purr** *n.* (die) spin, gespin *(v. 'n kat);* ronk *(v. 'n masjien).* **purr**
*ww., ('n kat)* spin; *(iem.)* liefies praat/vra; *('n masjien)* ronk.
**purr‧ing** gespin *(v. 'n kat);* geronk *(v. 'n masjien).*

**purse** *n.* beursie, geldbeurs(ie); *(Am.)* dameshandsak; beurs,
som geld; (geld)middele; *give (or put up) a* ~ 'n prys uitloof;
*a slender* ~ 'n skrale beurs. **purse** *ww.* plooi, op 'n plooi
trek; ~ *s.t. (up)* iets plooi *(jou mond).* ~ **seine** saknet. ~ **strings**
*hold/control the* ~ ~ oor die beurs/geld beskik; *loosen the* ~ ~
die hand in die sak steek, ruimskoots gee; *tighten the* ~ ~
suinig met die geld werk.

**purs‧er** betaalmeester *(op 'n passasierskip ens.).*

**purs‧lane** *(bot.)* postelein, porselein, vark(ens)kos.

**pur‧su‧ance, pur‧su‧ant** →PURSUE.

**pur‧sue** nastreef, nastrewe, naja(ag); voortsit; uitoefen; volg;
jag, agternasit, agtervolg; vervolg; ~ *s.o. **hotly/closely*** op
iem. se hakke wees; ~ *pleasure* plesier naja(ag); ~ *a **point***
op 'n punt deurgaan; ~ *a **policy*** 'n beleid volg. **pur‧su‧ance**
nastrewing; uitvoering, nakoming, voortsetting; *in (the)* ~ *of*
... ooreenkomstig/kragtens/ingevolge ... **pur‧su‧ant:** ~ *to* ...
ooreenkomstig/kragtens/ingevolge ... **pur‧su‧er** agtervolger,
najaer; vervolger.

**pur‧suit** najaging, nastrewing, strewe; agtervolging; jag; ver=
volging; beroep; *(ook, i.d. mv.)* aktiwiteite, werksaamhede; *in
close/hot* ~ *of the enemy* op die vyand se hakke, kort agter
die vyand; *be in* ~ *of* ..., *(ook)* op jag na ... wees *(roem ens.);
be in* ~ *of s.o.* agter iem. aan wees; *go in (hot)* ~ *of s.o.* iem.
(vinnig) agternasit; *scientific* ~*s* wetenskaplike studies/na=
vorsing. ~ **race** agtervolgingswedstryd.

**pu‧ru‧lent** *(med.)* etteragtig, etterig, swerend. **pu‧ru‧lence**
etterigheid; etter, vuilgoed.

**pur‧vey** verskaf, lewer *(kos ens.);* ~ *s.t. to s.o.* iem. van iets
voorsien. **pur‧vey‧ance** verskaffing; lewering van voorraad,
proviandering. **pur‧vey‧or** leweransier, verskaffer; proviand=
meester.

**pur‧view** inhoud, strekking; bepaling, bestek; oogmerk; *in/
within the* ~ *of* ... binne die bestek van ...; *outside the* ~ *of* ...
buite die bestek van ...

**pus** etter, vuilgoed, sug *(v. 'n wond).*

**push** *n.* stoot, stamp, druk; stu=, stootkrag; volharding, deur=
settingsvermoë, dryfkrag; voortvarendheid; fut, flinkheid;

voorwaartse beweging/poging; biljartstoot; *at a* ~, *(infml.)*
ineens, in een slag; in geval van nood, as dit regtig nodig is;
*when it **comes** to the* ~, *when* ~ *comes to shove* as dit moet,
desnoods, as die nood druk, *(infml.)* as dit begin knyp, as
puntjie by paaltjie kom; *give s.o./s.t. a* ~ iem./iets stoot; *give
s.o. the* ~, *(infml.)* iem. die trekpas gee *(of* in die pad steek).

**push** *ww.* stoot, stamp, druk; aanja(ag), aanpor, aandryf;
voorthelp; deurdryf; bevorder, reklame maak vir; uitbrei;
voortgaan met; ~ ... *about* ... rondstoot/=druk; ... rondstamp/
=ruk; ... rondjaag *(of* hiet en gebied); ~ *ahead/on, (infml.)*
aanstoot, deurdruk; *(mil.)* opruk; ~ *ahead/forward/on with
s.t., (infml.)* iets voortsit; vasbeslote met iets voortgaan; ~
*along/on, (infml.)* in die pad val, spore maak; ~ *s.t. **around***
iets rondstoot; ~ *s.o. **around*** iem. rondstamp/rondruk; *(infml.)*
iem. hiet en gebied; ~ *s.o./s.t. **away*** iem./iets wegstoot; ~
*by/past s.o.* iem. uit jou pad druk om verby te kom; ~ *s.t.
**down*** iets afdruk/afstoot; iets instamp; ~ *s.o. too **far*** iem. oor
die kerf stoot; ~ *s.t. too **far*** iets te ver/vêr dryf/drywe; ~ *for*
... op ... aandring; *be* ~*ed for* ..., *(infml.)* 'n gebrek aan ... hê
*(geld);* min ... hê *(tyd);* ~ *o.s. **forward*** na vore dring; jou op=
dring; ~ *s.o. **forward*** iem. aandryf/=drywe; iem. bevorder; ~
*s.t. **forward*** iets voortstoot; ~ *s.o. **hard*** iem. opdruk/opkeil;
~ *in (in front of s.o.)* (voor iem.) indruk; ~ *s.t. **in*** iets instoot;
iets indruk; ~ *off, (lett., sk.)* van wal steek; *(infml., fig.)* verkas;
~ *s.o./s.t. **off*** iem./iets afstoot; ~ *s.o. **off** s.t.* iem. van iets af=
druk/afstoot; ~ *off!, (infml.)* trap!, weg hier!; ~ *s.t. on* iets
voortstoot/vooruitstoot; ~ *out* uitsteek; ~ *s.o. **out**, (ook)* iem.
uitskuif/=skuiwe; iem. uitstuur; ~ *s.o./s.t. **out*** iem./iets uit=
stoot; ~ *s.o./s.t. **over*** iem./iets omstoot/omstamp; iem./iets
oorstoot; ~ *through, ('n plantjie)* opkom; ~ *s.t. **through*** iets
deurdryf/=drywe/deurdruk/deurvoer; ~ *s.t. **up*** iets opstoot;
iets opskuif/=skuiwe; iets opja(ag) *(pryse ens.).* ~**bike** *(infml.)*
trapfiets. ~ **button** *n.* drukknop(pie), drukkontak. ~**button**
*adj. (attr.):* ~ *control* drukknopkontrole, =beheer; ~ *(tele)phone*
druktelefoon. ~**cart** handkar, stootkar(retjie). ~**chair** stoot=,
kinderkarretjie. ~**over** *(infml.)* maklike/swak teen=/teëstan=
der; maklike oorwinning; nikswerd; *s.t. is a* ~, *(ook)* iets is
doodmaklik. ~**over (try)** *(rugby)* oorstootdrie. ~**pull** balans
(skakeling). ~**rod** stootstang. ~**start** *n., (lett. & fig.)* brand=
stoot; *give s.o. a* ~ iem. se motor brandstoot *(of* aan die gang
stoot); *(fig.)* iem. brandstoot *(of* aan die gang kry). ~**start**
*ww.* aan die gang stoot, brandstoot. ~**up** *n.* opstoot(oefe=
ning); *do twenty* ~*s* twintig opstote doen.

**push‧er** *(infml.)* dwelmsmous; stoter, drukker; *(infml.)* op=
dringer, indringerige mens.

**push‧ing** *n.* gestoot, stotery; ~ *and shoving* 'n gestoot en
gestamp. **push‧ing** *adj.* stoot=; ondernemend, fluks, wak=
ker; opdringerig, voor op die wa; voortvarend; *be* ~ *fifty/etc.,
(infml.)* amper/byna vyftig/ens. (jaar oud) wees.

**push‧y** -*ier* -*iest, adj.,* =**i‧ly** *adv., (infml.)* opdringerig, voor=
barig, voor op die wa; voortvarend; wilskragtig. **push‧i‧ness**
opdringerigheid; voortvarendheid; wilskragtigheid.

**pu‧sil‧lan‧i‧mous** papbroek(er)ig, lamsakk(er)ig. **pu‧sil‧**
**la‧nim‧i‧ty** papbroek(er)igheid, lafhartigheid.

**puss** *(infml.)* kat; meisie; *P~ in Boots* die Gestewelde Kat; *a
sly* ~ 'n geslepe meisiekind.

**puss‧y** -*ies, (infml.)* kietsie(kat), katjie; *(plat: vulva)* koek,
paddatjie; *(neerh.: vrouens as seksobjekte)* lekker meisies/
wywe, poes. ~**cat** *(infml.)* kietsie(kat). ~**foot** *ww.* saggies
loop; versigtig/dubbelsinnig handel; ~ *around s.t., (fig.)* suut=
jies/soetjies om iets trap. ~ **willow** katwilg(er), katwilge(r)=
boom.

**pus‧tule** *(med.)* puisie(tjie); vratjie; sweertjie. **pus‧tu‧lar** vol
puisies, puisieagtig, puisierig.

**put** *n.* (die) gooi/stoot *(v. 'n gewig);* (aandelebeurs) verkoop=,
leweropsie. **put** -*tt*-; *put put, ww.* sit, stel, plaas; lewer; steek;
stoot; uitdruk, stel, sê; stel, in stemming bring *('n mosie);*
*s.t. **about*** iets die wêreld instuur *('n gerug ens.);* ~ *s.t. **across**,
(lett.)* iets oorsit; *(fig.)* iets oorbring; ~ *s.t. **against*** ... iets teen

... plaas/sit; iets by ... plaas *(iem. se naam ens.); ~ s.t.* **aside** iets opsy sit *(of* wegsit); iets tersyde *(of* ter syde) laat/stel; iets uitskakel; *~ s.t.* **at** ... iets op ... skat; *~ s.t.* **away** iets wegsit/wegpak/bêre; iets spaar *(geld);* iets opeet, *(infml.)* iets wegslaan *(kos);* iets van kant maak *('n dier);* iets laat vaar *('n gedagte ens.); ~ s.o.* **away,** *(infml.)* iem. opsluit *(of* agter die tralies sit); iem. uit die weg ruim; iem. verstoot; *~ s.t.* **back** iets agteruitsit; iets weer op sy plek sit; iets agteruit stel *('n horlosie ens.);* iets uitstel/vertraag; *~ s.t.* **before** *s.o.* iets aan iem. voorlê; *~ s.t.* **before** *s.t.* **else** iets bo iets anders stel; *s.o. has ~ it* **behind** *him/her* wat iem. (aan)betref, is dit agter die rug; *I would not ~ it* **beyond/past** *him/her, (infml.)* hy/sy is kapabel en doen dit; *to ~ it* **bluntly** om dit maar prontuit/ reguit/ronduit te sê; *~ s.t.* **clearly** iets duidelik uitdruk/stel; *~ s.t.* **down** iets neersit/neerlê; iets van kant maak *('n dier);* iets neerskryf/-skrywe; iets indien *('n voorstel);* iets onderdruk *('n opstand);* iets deponeer *(geld);* met iets neerstryk *('n vliegtuig ens.); ~ s.o.* **down,** *(infml.)* iem. op sy/haar plek sit; iem. afjak; *~ s.t.* **down** *to* ... iets aan ... toeskryf/-skrywe; *~ s.t.* **forward** iets voorstel *('n plan);* iets indien/voorbring *('n voorstel);* iets opper *('n gedagte);* iets aan die hand doen; iets te berde bring; iets verkondig; iets op die voorgrond bring; iets vervroeg *('n vergadering);* iets vorentoe sit *('n horlosie ens.);* iets aanvoer *('n argument); ~ o.s.* **forward** jou op die voorgrond stel; *~ in for* ... om ... aansoek doen *(verlof); ~ money* **in(to)** *an undertaking* geld in 'n onderneming steek; *~ o.s.* **in** *s.o.'s position* jou in iem. se toestand verplaas; *~ s.t.* **in** iets insit/insteek; iets ingooi; iets indien/inlewer *('n dokument); ~ s.t.* **in** ... iets in ... sit; iets in ... gooi *(water in 'n ketel ens.); ~* **in** *a word* 'n woordjie te sê kry/hê; *~* **in** *a word for s.o.* vir iem. 'n goeie woordjie doen; *~ s.t.* **into** ... iets in ... sit/ plaas; iets in ... vertaal/oorsit; iets in ... opneem/plaas/sit *(d. koerant);* iets in diens stel; *how shall I ~ it?* hoe sal ek sê?; *~ s.o.* **off** iem. afskrik; iem. onthuts; iem. van stryk (af) bring; uitvlugte soek; *~ s.t.* **off** iets uitstel; iets op die lange baan skuif/skuiwe; *that won't ~ me* **off,** *(ook)* ek is nie Vermaak se kind nie; *~* **on** jou aanstel; aanstellerig wees; tekere *(of* te kere) gaan, tekeregaan; *~ s.t.* **on** iets opsit *('n hoed ens.);* iets aansit/omsit *('n das);* iets aantrek *(klere);* iets aansmeer *(salf);* iets reël *('n wedren ens.);* iets opvoer *('n toneelstuk); (kr.)* iets aanteken *(lopies); s.o.'s anger/etc. is all ~* **on** iem. maak (as)of hy/sy kwaad/ens. is; *~ s.t.* **on** ... iets op ... skat; *~ s.t.* **(up)on** ... iets op ... sit/plaas; iets aan ... oplê; *~ money* **on** *a horse* geld op 'n perd sit/verwed; op 'n perd wed; *~ s.o.* **onto** *s.o. else* iem. met iem. anders in aanraking bring; *(telef.)* iem. met iem. anders verbind; iem. op iem. anders se spoor bring; *~ s.o.* **onto** *s.t.* iem. op iets bring; *~ o.s.* **out** moeite doen; *~ s.o.* **out** iem. ongerief aandoen; iem. van stryk (af) bring; iem. bewusteloos maak; iem. onder narkose bring/sit; *~ s.t.* **out** iets uitsit; iets uitsteek *(jou hand);* iets uitgee/publiseer; iets verstuit *(jou skouer ens.);* iets doodmaak/doodblaas *('n kers);* iets doodmaak/blus/doof *('n vuur);* iets blus *('n brand);* iets afskakel *('n lig);* iets uithang/uitsteek *('n vlag);* iets gereed sit *(klere);* iets belê/uitsit *(geld); ~ s.t.* **over** ... iets oor/bo ... sit; *I would not ~ it* **past** *him/her →***beyond/past;** *~ s.o.* **right** iem. reghelp/korrigeer; *~ s.t.* **right** iets reg stel; iets in orde bring; iets opknap; iets regmaak/herstel/verhelp; *~ it* **there!,** *(infml.)* vat so!; *~ s.t* **through** iets deurvoer; iets deurloods *('n wetsontwerp);* iets klaarmaak/voltooi *('n taak); ~ s.o.* **through** *school/college/etc.* iem. laat leer; *~ s.o.* **through** *to* ... iem. na ... deurskakel; *I ~ it* **to** *you* ek stel dit aan jou; *s.o. is hard ~ to it* dit gaan broekskeur met iem. *(infml.),* iem. kry/leef/lewe swaar; *~ s.t.* **together** iets saamstel/bymekaarsit; *~ heads together* koppe bymekaarsit/-steek, saam beraadslaag/besin; *~ s.t. on top of* ... iets (bo-)op ... sit; *~ s.o.* **under** iem. narkotiseer; *~ s.t.* **under** ... iets onder ... sit; *~ s.t.* **up** *at* ... by ... tuisgaan, by ... oorbly *('n hotel),* jou intrek by ... neem; *~ up with s.o.* iem. verdra/veel; *~* **up** *with s.t.* iets verdra/duld, in iets berus; *have to ~* **up** *with s.o./s.t.* met iem./iets opgeskeep sit/wees; *~ s.o.* **up** iem. herberg/huisves, *~ s.o.* **up** *to s.t.* iem.

aanhits/ophits/opsteek om iets te doen; *~ s.t.* **up** iets opsit; iets opstoot/verhoog *('n prys ens.);* iets opsteek *(jou hand ens.);* iets in die lug steek *(jou hande);* iets voorstel *('n plan ens.);* iets hang *(gordyne ens.);* iets hys *('n vlag ens.);* iets bou/oprig/ optrek *('n huis ens.);* iets opslaan *('n tent ens.);* iets aanteken/ behaal/bereik *(lopies);* iets afkondig *(gebooie);* iets opkam/opsteek *(hare);* iets span *(draad);* iets verskaf/voorskiet *(geld);* ~ *s.t.* **up** *at/to auction* iets opveil; *~ s.t.* **up** *for sale* iets te koop aanbied; *~ s.t.* **well** iets goed uitdruk/stel. **~-down** *n., (infml.)* afjak. **~-in** *(rugby)* ingooi. **~-off** *n., (infml.)* ontwyking, uitvlug. **~-on** *n., (infml.)* gekskeerdery, grap; aanstellery. **~ option** *(fin.)* verkoopopsie. **~-up** *job* knoeiery, gekonkel. **~-upon** *adj.* misbruik, veron(t)reg; *feel* ~ misbruik/veron(t)reg voel.

**pu·ta·tive** veronderstel(d), vermeen(d), beweer(d); *(jur.)* putatief.

**put-put** *-tt-, n. & ww., (onom.)* tuk-tuk, puf-puf.

**pu·tre·fy** verrot, vrot, sleg word; sweer; ontaard. **pu·trefac·tion** verrotting, ontbinding; vrotheid. **pu·tre·fy·ing** verrottend.

**pu·trid** verrot, vrot, stink(end); bederwe, bedorwe; ontaard. **pu·trid·ness** verrotheid, vrotheid.

**putsch** staatsgreep.

**putt** *n., (gh.)* set(hou); *sink a ~, (gh.)* die bal inspeel. **putt** *ww., (gh.)* set, 'n sethou *(of* sethoue) slaan/speel.

**put·tee** *(<Hind.)* beenband.

**put·ter**[1] *n., (gh.)* setter; setstok.

**put·ter**[2] *n. & ww., (onom.)* tuk-tuk, puf-puf.

**put·ter**[3] *(Am.)* →POTTER[2].

**putt·ing** *(gh.)* setwerk, sethoue, setspel. *~* **green** setperk.

**put·to** *o putti, (beeldende kuns)* putto.

**put·ty** *n.* stopverf; *be ~ in s.o.'s hands* deeg/klei in iem. se hande wees. **put·ty** *ww.* stop, met stopverf toesmeer. *~* **knife** stop(verf)mes.

**pu·tu (pap), pu·to(·pap)** *(SA)* poetoe(pap), krummelpap.

**puz·zle** *n.* legkaart; sukkelspel; rebus; raaisel, kopkrapper; moeilikheid, probleem; *solve a ~* 'n raaisel oplos. **puz·zle** *ww.* verwar, dronkslaan; *~ about/over s.t.* oor iets wonder/ kopkrap; *(infml.)* jou kop oor iets breek; *be ~d* dronkgeslaan wees; *look ~d* dronkgeslaan/verward lyk; *~ s.t.* **out** iets oplos/uitpluis/ontsyfer; *be ~d over a problem* nie weet hoe om 'n vraagstuk op te los nie; *s.t. ~s s.o.* iets is vir iem. 'n raaisel. **puz·zle·ment** verleentheid, verwarring, hoofbrekens. **puzzler** kopkrapper, tameletjie, probleem. **puz·zling** onbegryplik, onverklaarbaar, vreemd, duister, raaiselagtig.

**pye-dog, pi(e)-dog** basterbrak.

**py·e·li·tis** *(med.)* piëlitis.

**pyg·my, pig·my** *n.* dwerg, pigmee; *(fig., neerh.)* onbeduidende persoon, nonentiteit. **pyg·my, pig·my** *adj.* dwergagtig, dwerg-; *~ mouse* dwergmuis. **pyg·mae·an, pig·mae·an** pigmoïed, dwergagtig, dwerg-.

**py·ja·mas,** *(Am.)* **pa·ja·mas** *(mv.)* pajamas, slaap-, nagklere; *(i.d. ekv.)* los (Oosterse) broek; *a pair of ~* 'n slaappak. **py·ja·ma,** *(Am.)* **pa·ja·ma** *bep.: ~ jacket/top* pajamabaadjie; *~ trousers* pajamabroek.

**py·lon** mas; traliemas, vakwerkmas; piloon; spantoring, -mas.

**py·lo·rus** *-lori, (anat.)* pilorus, maagslot, maagsluitspier. **pylo·ric** pilories, maagslot-, maagsluitspier-; *~ valve* maagslotklep, portierklep; maagslotkringspier.

**py·o·gen·ic** *(med.)* ettervormend.

**py·ra·can·tha** *(bot.)* vuurdoring.

**pyr·a·mid** piramide, piramied. *~* **selling** piramied(verkoop)skema.

**py·ram·i·dal** piramidaal, piramide-, piramiedvormig.

**pyre** brandstapel.

**Pyr·e·nees:** *the ~, (geog.)* die Pirenëe. **Pyr·e·ne·an** *n.* Pirenees. **Pyr·e·ne·an** *adj.* Pirenees; *~ mountain dog* Pirenese berghond.

**py·re·thrum** *(bot.)* kwylwortel, vuurplant, bertramkruid, pi-retrum; moederkruid; krisant; *(insek[te]doder)* piretrum.

**py·ret·ic** koorswekkend; koors-.

**Py·rex** *(handelsnaam)* Pyrex. ~ **dish** Pyrexbak.

**pyr·i·dine** *(chem.)* piridien.

**pyr·i·dox·ine, vit·a·min B₆** *(biochem.)* piridoksien, vita-mien $B_6$.

**py·rim·i·dine** *(chem.)* pirimidien.

**py·rite, (i·ron) py·ri·tes** *(min.)* (yster)piriet. **py·rit·ic** piriet-agtig.

**py·ro·gen·ic** *(med.)* pirogeen; warmtewekkend; koors(ver)-wekkend; deur koors veroorsaak.

**py·rog·ra·phy, pok·er·work** pirografie, brandwerk *(op leer ens.)*.

**py·ro·ma·ni·a** *(psig.)* piromanie, brandstigtingsmanie. **py·ro·ma·ni·ac** piromaan.

**py·rom·e·ter** piro-, hitte-, vuurmeter.

**py·rope** *(geol.)* piroop.

**py·ro·tech·nic, py·ro·tech·ni·cal** *adj.* pirotegnies, vuur-werk-; skitterend; ~ *bomb* ligbom. **py·ro·tech·nics** *n. (fungeer as ekv.)* vuurwerk; vuurwerkkuns, pirotegniek. **py·ro·tech·nist** vuurwerkmaker.

**py·rox·ene** *(min.)* piroxeen.

**Pyr·rhus** *(318-272 v.C., koning v. Epirus)* Pirros, Pirrius, Pyrrhus. **Pyr·rhic** van Pirros/Pirrius/Pyrrhus; *a ~ victory* 'n Pirros-/Pirrius-/Pyrrhusoorwinning, 'n skynsukses.

**py·ru·vic ac·id** *(biochem.)* pirodruiwesuur.

**Py·thag·o·ras** *(Gr. wysgeer)* Pit(h)agoras; ~' *theorem, theorem of ~, (wisk.)* stelling van Pit(h)agoras. **Py·thag·o·re·an** *n.* Pit(h)agoreër, volgeling van Pit(h)agoras. **Py·thag·o·re·an** *adj.* Pit(h)agories *(ook p~)*, van Pit(h)agoras; *the ~ proposition/theorem, (wisk.)* die stelling van Pit(h)agoras.

**py·thon** luislang. ~ **dance** *(SA)* Dombo-, luislangdans *(v. Vendameisies)*.

**py·u·ri·a** *(med.)* piurie.

**p·zazz** →PIZZAZZ.

# Qq

**q** *q's,* **Q** *Q's, Qs, (17de letter v.d. alfabet)* q, Q; *little* ~ q'tjie; *small* ~ klein q. **Q fever** Q-koors. **Q-ship** *(hist.)* Q-skip.

**Qa·tar, Ka·tar** *n., (geog.)* Katar. **Qa·ta·ri, Ka·ta·ri** *n.* Katarees. **Qa·ta·ri, Ka·ta·ri** *adj.* Katarees.

**q.t.:** *on the ~, (infml.)* stilletjies, stil-stil, skelm(pies).

**qua** *voegw., (fml.)* as, qua, in die hoedanigheid van.

**quack¹** *n.* gekwaak. **quack** *ww.* kwaak, kwak.

**quack²** *n.* kwaksalwer, kwak; *(infml.: dokter)* kwak. **quack** *adj.* kwaksalwer=; ~ *doctor* kwak(salwer). **quack·er·y** kwaksalwery; charlatanerie. **quack·ish** kwaksalweragtig.

**quad** *n., (infml. afk.)* →QUADRANGLE, QUADRUPLET; *(druk.)* kwadraat. **quad** *adj., (infml. afk.)* →QUADRAPHONIC. ~ **(bike)** vierwiel(motor)fiets, vierwieler.

**quad·ra·ge·nar·i·an** *n.* veertigjarige. **quad·ra·ge·nar·i·an** *adj.* veertigjarig.

**quad·ran·gle** vierhoek; vierkant; binneplaas, =plein, =hof. **quad·ran·gu·lar** vierhoekig; vierkantig.

**quad·rant** *(geom., teg.)* kwadrant. **quad·ran·tal** regsydig, kwadrant=.

**quad·ra·phon·ic, quad·ro·phon·ic** *adj.* kwadrafonies, kwadrofonies. **quad·ra·phon·ics, quad·ro·phon·ics** *n. (fungeer as ekv.)* kwadrafonie, kwadrofonie.

**quad·rat** *(ekol.)* kwadraat, vierkant.

**quad·rate** *n., (soöl.)* vierkantbeen. **quad·rate** *adj.* vierkant(ig); ~ *number* kwadraatgetal, vierkante getal. **quad·rat·ed** *(astron.)* in kwadratuur.

**quad·rat·ic** *(wisk.)* kwadraties, vierkant(ig); ~ *equation* kwadraats=, vierkantsvergelyking.

**quad·ra·ture** *(wisk.)* kwadratuur, vierkantsvoltooiing.

**quad·ren·ni·um** =*niums,* =*nia* kwadrennium, (tydperk van) vier jaar. **quad·ren·ni·al** vierjaarliks; vierjarig.

**quad·ric** *(wisk.)* van die tweede graad.

**quad·ri·ceps** *(anat.)* vierkopspier, kwadriseps.

**quad·ri·lat·er·al** *n.* vierhoek. **quad·ri·lat·er·al** *adj.* vierhoekig, =sydig.

**quad·rille** *(dans)* kadriel.

**quad·ril·lion** *(10¹⁵)* kwadriljoen.

**quad·ri·no·mi·al** *(wisk.)* viertermig.

**quad·ri·pleg·i·a** *(med.)* kwadruplegie. **quad·ri·pleg·ic** *n.* kwadrupleeg. **quad·ri·pleg·ic** *adj.* kwadruplegies.

**quad·ri·va·lent** *(chem.)* vierwaardig, tetravalent.

**quad·riv·i·um** *(Me. opv.)* quadrivium.

**quad·ru·ma·nous, quad·ru·ma·nous** *(soöl., vero.)* vierhandig *(ape).*

**quad·ru·ped** viervoetige dier, viervoeter. **quad·ru·ped·al** viervoetig.

**quad·ru·ple** *n.* viervoud. **quad·ru·ple** *adj.* viervoudig; ~ *time/metre/rhythm, (mus.)* vierslagmaat, =kwartsmaat, =tydmaat. **quad·ru·ple** *ww.* verviervoudig. **quad·ru·plet, quad·ru·plet** viertal; (een van 'n) vierling; *(i.d. mv.)* 'n vierling; *(mus.)* kwartool. **quad·ru·pli·cate** *n.: in* ~ in viervoud, in vicrvoudige afskrif/kopie. **quad·ru·pli·cate** *adj.* viervoudig. **quad·ru·pli·cate** *ww.* verviervoudig, vervierdubbel. **quad·ru·pli·ca·tion** verviervoudiging, vervierdubbeling. **quad·ru·plic·i·ty** viervoudigheid.

**quaes·tor** *(Rom.)* skat=, betaalmeester, kwestor.

**quaff** (met groot slukke) drink, (gulsig) sluk.

**quag·ga** =*ga(s), (<Khoi)* kwagga.

**quag·gy** moerasagtig, moeras=, modder=.

**quag·mire** moeras, vlei; modderpoel.

**quail¹** *quail(s), n., (orn.)* kwartel. ~**finch:** *African* ~ gewone kwartelvinkie.

**quail²** *ww.* terugdeins, sidder; bang word; moedeloos word; ~ *at/before s.t.* vir iets terugdeins.

**quaint** ouwêrelds, sonderling *('n dorpie ens.);* eienaardig, vreemd *(pligsgevoel ens.).* **quaint·ness** ouwêreldsheid, sonderlingheid.

**quake** *n.* trilling, siddering, skudding; *(infml.)* aardbewing. **quake** *ww., (d. aarde ens.)* skud, beef, bewe, tril; *(iem.)* beef, bewe, sidder *(v. woede ens.);* ~ *in one's boots, (infml.)* jou broek beef/bewe; ~ *with ...* beef/bewe/bibber van ... *(d. koue ens.).* **quak·y** bewerig.

**Quak·er** *(Chr. beweging)* Kwaker. ~ **meeting** Kwakersbyeenkoms; swygsame geselskap.

**quak·ing** bewend, skuddend, trillend. ~ **grass** *(Briza* spp.*)* bewe(rtjie)gras, trilgras, klok(kies)gras.

**qual·i·fi·ca·tion** *(opv.)* kwalifikasie; bevoegdheid, bekwaamheid *(vir 'n werk ens.);* vereiste *(vir 'n pos ens.);* voorbehoud, beperking, kwalifikasie; wysiging, modifikasie; *have the necessary ~s for ...* die nodige bevoegdheid/kwalifikasies vir ... hê; *s.t. needs* ~ iets moet gekwalifiseer word *('n stelling ens.).*

**qual·i·fied** bekwaam, geskik, bevoeg; gediplomeer(d); geregtig; gewysig; getemper(d); verkiesbaar; gekwalifiseer(d), voorwaardelik; ~ *person* bevoegde persoon; *be well* ~ goed onderleg/ onderlê wees.

**qual·i·fi·er** *(sport ens.)* kwalifiseerder; *(gram.)* →MODIFIER.

**qual·i·fy** *(oorg.)* bekwaam/bevoeg/geskik maak *(vir 'n pos ens.); (onoorg.)* bekwaam/bevoeg/geskik wees *(vir 'n pos ens.);* 'n diploma verwerf, die/jou eindeksamen slaag; in aanmerking kom; aan vereistes voldoen; kwalifiseer, beperk; *(gram.)* bepaal; ~ *as a teacher/etc.* jou as onderwyser/ens. bekwaam; ~ *for ...* vir ... in aanmerking kom; aan die kwalifikasies/vereistes vir ... voldoen; ~ *a statement* 'n bewering kwalifiseer.

**qual·i·fy·ing** *adj. (attr.), (sport)* kwalifiserende *(rond[t]e ens.);* ~ *examination* eind=, diploma-, graadeksamen.

**qual·i·ta·tive** kwalitatief; ~ *analysis, (chem.)* kwalitatiewe analise.

**qual·i·ty** *n.* gehalte, kwaliteit; waarde; eienskap, kenmerk, hoedanigheid; *be of the best/finest* ~ van die beste/suiwerste gehalte/kwaliteit wees; *be of good/high* ~ van goeie/hoë gehalte/kwaliteit wees; *s.o./s.t. has ... qualities* iem./iets het ... eienskappe; ~ *of life* lewensgehalte, =kwaliteit; *be of low/poor* ~ van lae/slegte/swak gehalte/kwaliteit wees. **qual·i·ty** *adj. (attr.):* ~ *wine* kwaliteitswyn, wyn van gehalte. ~ **assurance** gehalte=, kwaliteitsversekering. ~ **control** gehaltebeheer. ~ **time** gehalte=, kwaliteittyd.

**qualm** bedenking, twyfel, (gewetens)beswaar, wroeging, angsgevoel; *he beset by* ~*s* bedenkings kry; *feel/have ~s about s.t.* bedenkings oor iets hê; *without any ~s, without the slightest* ~ sonder die minste kwelling. **qualm·ish** twyfelmoedig, vol bedenkings.

**quan·da·ry** moeilikheid, verknorsing, penarie; *be in a ~ in* verleentheid wees, nie mooi weet wat om te doen nie, in die knyp sit/wees, in die middel van die wêreld wees.

**quan·ti·fy** versyfer, hoeveelheid bepaal, kwantifiseer. **quan·ti·fi·ca·tion** hoeveelheidsbepaling, kwantifisering. **quan·ti·fi·er** *(log.)* kwantor, kwantifiseerder; *(gram.)* kwantor, kwantifi= seerder.

**quan·tise**, **-tize** *(fis., elektron.)* kwantiseer. **quan·ti·sa·tion**, **-za·tion** kwantisering, kwantisasie.

**quan·ti·ta·tive**, **quan·ti·tive** kwantitatief; *~ analysis*, *(chem.)* kwantitatiewe analise/ontleding.

**quan·ti·ty** hoeveelheid, kwantiteit; dosis; *(wisk.)* grootheid; klomp, menigte; *(fonet.)* lengte, kwantiteit *(v. 'n klinker)*; *in* **large** *quantities* in groot hoeveelhede; *by die groot maat; s.o./s.t. is a negligible ~* iem./iets kan buite rekening gelaat word; *~ and quality* getal en gehalte; *an unknown ~* 'n onbekende hoeveelheid; *(wisk.)* 'n onbekende grootheid; *s.o. is an unknown ~* ('n) mens weet nie wat jy aan iem. het nie. *~ surveyor* bourekenaar, bestekopnemer. *~ theory (ekon.)* kwantiteitsteorie.

**quan·tum** *quanta* hoeveelheid, omvang, kwantum, deel; *(fis.)* kwantum, kwant. *~ leap*, *~ jump (fis. of fig.)* kwantumsprong. *~ mechanics* n. *(fungeer as ekv.)* kwantum=, kwantemeganika. *~ number (fis.)* kwantumgetal. *~ theory* kwantum=, kwan= teteorie.

**quar·an·tine** n. kwarantyn, isolering, afsondering; *be in ~* onder/in kwarantyn wees; *keep s.o./s.t. in ~* iem./iets onder/in kwarantyn hou; *put s.o./s.t. in ~* iem./iets onder/in kwarantyn plaas/sit. **quar·an·tine** ww. in/onder kwarantyn hou, iso= leer, afsonder.

**quark**[1] *(fis.)* kwark.

**quark**[2] *(D.)* kwark, dikmelkkaas.

**quar·rel**[1] n. twis, rusie, woorde(wisseling), geskil; vete; ge= ding; *a ~ about/over ...* 'n rusie/twis oor ...; *the ~ between A and B* die rusie/twis/uitval tussen A en B; *have a ~ with s.o.* met iem. rusie kry/maak; *have no ~ with/against ...* niks teen ... hê nie *(iem.)*; niks op ... teë hê nie, geen beswaar teen ... hê nie *(iets)*; *an old ~* 'n ou twis; *pick/seek a ~* rusie/skoor soek; *settle a ~* 'n rusie/geskil besleg/bylê/skik. **quar·rel** -ll-, ww. twis, rusie maak; dwarstrek, skoor; 'n uitval hê; kibbel; *they ~ among themselves* hulle maak onder mekaar rusie; *don't ~ with your bread and butter, (idm.)* moenie in jou eie lig staan *(of* jou eie ruite stukkend gooi*)* nie; *~ with s.o. about/over s.t.* met iem. twis oor iets; *nobody can (or you can't) ~ with that* daar is niks teen in te bring nie. **quar·rel·ler** rusiemaker, twissoeker. **quar·rel·some** ru= siemakerig, twissiek, skoorsoekerig, bakleierig.

**quar·rel**[2] n., *(hist.)* pyl (met 'n vierkantige kop) *(v. 'n kruis= boog)*; ruitvormige/vierkantige ruit(jie)/teël; snydiamant.

**quar·ry**[1] n. prooi, slagoffer; buit; wild.

**quar·ry**[2] n. steengroef, klipbreekgat, =plek, klipgroef; gruis= gat, =groef. **quar·ry** ww. (uit)grawe, (uit)breek. *~man* -men klipbreker, steengroef=, klipgroefwerker. *~ tile* kleiteël.

**quart** *(vero. inhoudsmaat: 1,13 liter)* kwart(gelling), twee pin= te; *(Fr., skermk., ook* quarte *of* carte*)* vierde parade/pareer= posisie.

**quar·tan** n., *(med.)* vierdedaagse koors, kwartaan(malaria). **quar·tan** adj. vierdedaags.

**quar·ter** n. kwart, vierde (deel); *(ekon. ens.)* kwartaal; wyk, buurt; hoek *(v. waar d. wind waai)*; windveer; *(her. ens.)* kwar= tier; *(ook, i.d. mv.)* kwartier(e), woonkamer(s); *(mil.)* verblyf, kwartiering, leëring; *from all ~s* van alle kante; *from all ~s of ...* uit alle oorde van ...; *by the ~* per kwartaal; *in certain ~s* in sekere kringe; *first ~* eerste kwartier *(v.d. maan)*; *from a good ~* uit goeie bron; *give/receive no ~* geen genade betoon/ontvang nie; *in high ~s* in hoë kringe; *appeal to higher ~s* jou op 'n hoër gesag beroep; *a ~ of an hour* 'n kwartier; →QUARTER-HOUR; *three ~s of an hour* driekwartier;

*~ of an orange* lemoenskyfie, =huisie; *it is a ~ past ten/etc.* dit is kwart oor tien/ens.; *prepare ~s, (mil.)* kwartier inrig/ maak; *for ~ the price* teen/vir 'n kwart van die prys; *receive no ~* →*give/receive*; *take up one's ~s* jou intrek neem; *from that ~* van daardie kant, uit daardie oord; *it is a ~ to ten/etc.* dit is kwart voor tien/ens.; *what ~ is the wind in?* van watter kant waai die wind?; hoe staan sake?. **quar·ter** ww. in vier verdeel; *(her. ens.)* vierendeel; kamp opslaan, leër; inkwartier. *~back* n., *(Am. voetbal)* quarterback. *~back* ww., *(Am. voetbal)* quarterback speel; die aanslag lei; *(Am., infml.)* lei, die leiding neem, aan die roer van sake staan; bestuur. *~bound* adj., *(boekbindery)* met rugbinding *(pred.)*, ruggebonde *(attr.)*. *~deck (sk.)* kwartdek. *~final* kwarteind(wed)stryd. *~~hour* kwartier; *on the ~* om kwart oor/voor. *~light (Br., mot.)* syruit, =venstertjie. *~master (mil.)* kwartiermeester. *~ tone (mus.)* kwarttoon.

**quar·ter·ing** vierendeling; inkwartiering.

**quar·ter·ly** n. kwartaalblad. **quar·ter·ly** adj. driemaande= liks, kwartaal=; *~ report* kwartaalverslag; kwartaalrapport *(i.d. skool)*. **quar·ter·ly** adv. driemaandeliks, elke drie maan= de, kwartaalliks, al om die derde maand.

**quar·tet(te)** *(mus. ens.)* kwartet, viertal.

**quar·tic** n., *(wisk.)* vierde mag, bikwadraat; vierdemags= vergelyking, bikwadratiese vergelyking. **quar·tic** adj. van die vierde mag, vierdemags=, bikwadraties.

**quar·tile** n., *(statist.)* kwartiel. **quar·tile** adj. kwartiel=.

**quar·to** -tos, *(papiergrootte)* kwarto(formaat); *(boek in kwarto= formaat)* kwartyn.

**quartz** *(min.)* kwarts. *~ clock* kwartsklok, =horlosie, =oor= losie. *~ glass* kwartsglas. *~ lamp* kwartslamp. *~ watch* kwartshorlosie, =oorlosie.

**quartz·ite** *(geol.)* kwartsiet.

**qua·sar** *(astron., afk. v. quasi-stellar)* kwasar.

**quash** *(hoofs. jur.)* nietig verklaar, vernietig, verwerp; plat= druk, verpletter; *a rumour* 'n gerug die nek inslaan.

**qua·si** adv., *(<Lat.)* kwansuis, sogenaamd, kastig. **qua·si-komb.vorm** kwasi-, skyn-, pseudo-; *quasi-scientific* kwasi-, pseudowetenskaplik. *~-stellar object (astron.)* kwasar, kwa= sisteragtige voorwerp.

**quas·sia** bitterhout, kwassie.

**qua·ter·cen·te·nar·y** vierhonderdste verjaar(s)dag/her= denking, vierhonderdjarige bestaan, vierde eeufees, vier= eeue-fees.

**Qua·ter·nar·y** n. & adj., *(geol.)* Kwartêr, Kwaternêr. **qua·ter·nar·y** n. viertal, vier. **qua·ter·nar·y** adj. vierdelig, kwa= ternêr.

**quat·rain** kwatryn, vierreëlige vers.

**quat·re·foil** *(bot., argit.)* vierblad.

**quat·tro·cen·to** *(tydperk i.d. It. kuns & lettk.)* quattro= cento.

**qua·ver** n., *(mus.)* ag(t)ste(noot); triller; trilling *(i.d. stem)*. **qua·ver** ww. tril, vibreer, beef, bewe; met 'n trillende stem sing. **qua·ver·y** bewerig.

**quay** *(aanlê)*kaai. *~side* kaai.

**quay·age** kaairuimte; kaaigeld.

**quea·sy** naar, mislik, aardig; swak *(maag)*; *(fig.)* ongerus; ongemaklik; met bedenkinge; onaangenaam. **quea·si·ness** naarheid; ongemak(likheid), onbehaaglikheid.

**Quech·ua, Kech·ua, Quich·ua** -ua(s), *(Sp.)* Quechua(- indiaan); Quechua, die Quechuataal. **Quech·uan, Kech· uan, Quich·uan** adj. Quechua=.

**queen** n., *(ook fig.)* koningin; vorstin; vrou *(in kaartspel)*; dame, koningin *(in skaak)*; *(entom.: bye, miere, ens.)* koningin; wyfiekat; *(neerh. sl.: homoseksueel)* queen; →KING n.; *~ of clubs/diamonds/hearts/spades/trumps, (kaartspel)* kla= wer-/ruite(ns)-/harte(ns)-/skoppe(ns)-/troefvrou; *Q~'s English* Standaardengels; *~ of puddings* spogbroodpoeding;

*the ~ of roses* die pragtigste roos, die pronkroos; *think one is the Q~ of Sheba,* (fig.) dink jy is kaas, jou wat (wonders) verbeel; *the Q~,* (ook) die Britse volkslied. **queen** *ww.* tot koningin kroon; *(skaak)* dame/koningin maak *('n pion);* ~ *it over* ... oor ... baasspeel. **Q~-Anne** *adj. (gew. attr.), (meu= belontwerp, argit.)* koningin Anna- *(attr.),* in die styl van koningin Anna *(pred.).* ~ **bee** *(entom.)* by(e)koningin, ko= ningin(by), moederby; *(infml.)* voorvrou. ~ **consort** gema= lin van die koning. ~ **dowager** koningin-weduwee. **Q~ Maud Land** *(geog.)* Koningin Maud-land. ~ **mother** konin= gin-moeder. **Q~'s Birthday** Koninginnedag. **~-size(d)** *adj. (attr.)* koningingrootte=, in koningingrootte *(pred.).* **~'s bi= shop/knight/pawn/rook** *(skaak)* damesloper, dameruiter, damespion, damestoring.

**queen·dom** koninkryk *(v. 'n koningin);* koninginskap.

**queen·like, queen·ly** vorstelik, statig, soos 'n koningin.

**Queens·ber·ry rules** *(boks)* Queensberry-reëls; geldende reëls.

**queen·ship** koninginskap.

**queer** *n., (infml., hoofs. neerh.:* homoseksueel) moffie. **queer** *adj.* vreemd, snaaks, raar, eienaardig; twyfelagtig, verdag; onbetroubaar; olik, siekerig; *(infml., neerh.:* homoseksueel) moffie=; eksentriek, anderste(r), mallerig; *come over ~, (infml.)* 'n nare gevoel kry; *feel ~* naar voel, nie lekker voel nie; ~ *fellow/fish* snaakse kêrel/vent; ~ *in the head, (infml.)* (van lotjie) getik . **queer** *ww., (infml.)* bederf, bederwe, verbrou; ~ *the pitch for s.o.* iem. (se planne) in die wiele ry, in iem. se slaai krap; die spul verbrou. **~-bashing** *(infml.)* gay-treitering.

**queer·ish** snaakserig.

**quell** onderdruk, oorweldig, bedwing, demp, oorrompel; ~ *a revolt* 'n opstand onderdruk.

**quench** les *(dors);* versadig, bevredig *(begeertes);* blus, dood= maak, (uit)doof *('n vuur);* onderdruk, bedwing, smoor *(ge= voelens); (fis.)* verminder; *(metal.)* afkoel. **quench·a·ble** les= baar; blusbaar. **quench·er** (uit)blusser; *(infml.)* dorslesser= (tjie), keelnatmaker(tjie). **quench·ing tub** *(metal.)* smeebak. **quench·less** *(poët., liter.)* onlesbaar; onblusbaar.

**que·nelle** *(Fr. kookk.)* quenelle.

**quern** handmeul(e). **~stone** meulsteen.

**quer·u·lous** ontevrede, klaerig, klaend, iesegrimmig, brom= merig, mopperig, klaagsiek; ~ *person* iesegrim. **quer·u· lous·ness** iesegrimmigheid.

**que·ry** *n.* vraag; navraag; betwyfeling, vraag=, twyfelpunt; *(hoofs. tip.)* vraagteken; *raise a ~ about s.t.* iets in twyfel trek. **que·ry** *ww.* navraag doen oor; betwyfel, in twyfel trek, bevraagteken; vra, 'n vraag stel; *(hoofs. Am.)* uit=, ondervra; ~ *s.o. about s.t.* iem. oor iets uit=/ondervra; ~ *s.t. with s.o.* by iem. oor iets navraag doen; by iem. vasstel of iets in orde is. ~ **(mark)** vraagteken. ~ **sheet** vraelys.

**quest** *n., (fml., ret.)* (die) soek; soekery; soektog; ondersoek; *in ~ of* ... op soek na ... **quest** *ww., (fml., ret.)* soek na; ~ ... *out* ... opspoor. **quest·er** soeker.

**ques·tion** *n.* vraag; vraagstuk, kwessie; (vraag)punt, saak, probleem; twyfel; *that is another ~* dis 'n (ander) vraag; dis heeltemal iets anders; *answer a ~* 'n vraag beantwoord, op 'n vraag antwoord; *the ~ arises whether* ... die vraag ontstaan of ...; *ask a ~* 'n vraag vra/stel; *no ~s asked, (infml.)* sonder allerlei vrae; *be assailed with ~s* met vrae bestook/oorval word; *that is begging the ~* dit ontwyk die punt; dit neem aan wat bewys moet word; *it is beside the ~* dit is nie ter sake *(of* het niks daarmee te doen/make) nie; *beyond (all) ~* sonder twyfel, ongetwyfeld; buite kwessie; *a burning ~* 'n brandende vraagstuk; *call s.t. in(to) ~* iets betwyfel *(of* in twyfel trek); ~ *of fact* saaklike kwessie, kwessie van feite; *if it is a fair ~* ... as ek (dit) mag vra ...; *that's a good ~* vra dit!; *be in ~* in die gedrang wees; *come into ~* ter sprake *(of* onder bespreking) kom; van praktiese belang wees; *the ~ (at*

*issue)* die vraagpunt; ~ *of law* regspunt, =vraag; *a leading ~* 'n voorsêvraag *(of* suggestiewe vraag); *put a leading ~* die getuie voorsê; *a loaded ~* 'n vraag met 'n angel; *there can be no ~ of it* daar kan geen sprake van wees nie; *there's no ~ that* ... dit ly geen twyfel nie dat ..., daar is geen twyfel dat ... nie; *there's no ~ (but) that s.o. has/will* ... iem. het/sal ongetwyfeld ...; *that is not the ~* dit is nie die vraag nie, dit gaan nie daaroor/-om nie; *it is an open ~ whether* ... dit is 'n ope *(of* nog 'n) vraag of ...; *be open to ~* aan twyfel onderhewig wees; *it is out of the ~* dit is buite die kwessie *(of* onmoontlik), daar is geen sprake *(of* kom niks) van nie; *the point in ~* die saak waaroor/-om dit gaan; *pop a ~, (infml.)* skielik iets vra; *pop the ~, (infml.)* die jawoord vra; *put a ~* 'n vraag stel/vra; *put the ~* die voorstel tot stemming bring, tot stemming oorgaan; *put s.o. to the ~* iem. onder verhoor neem; *raise a ~* 'n vraag opper; *set ~s for an examination* vrae vir 'n eksamen opstel; *that settles the ~* daarmee is die saak afgehandel/opgelos; *speak to the ~!, (parl. ens.)* bly/hou by die punt (van bespreking)!; *spring a ~ on s.o.* skielik met 'n vraag op iem. afkom; *ask a straight ~* iets op die man af vra; *that is the ~* dit is die vraag, daaroor/-om gaan dit; *that is not the ~ →not; a ticklish ~* 'n netelige kwessie; *a tricky ~* 'n pootjievraag; *a vexed ~* 'n lastige/omstrede vraagstuk; *a vital ~* 'n uiters belangrike vraag(stuk); *without ~* son= der twyfel, ongetwyfeld; sonder teen-/teëspraak, sonder meer.

**ques·tion** *ww.* vra; ondervra, in verhoor neem; interpel= leer; verhoor; betwyfel, in twyfel trek; beswaar maak teen; ~ *s.o. about/on s.t.* iem. oor iets uitvra; *it cannot be ~ed (but) that* ... dit is seker *(of* nie te betwyfel nie) dat ...; ~ *s.o. closely* iem. indringend/skerp ondervra; ~ *whether* ... dit betwyfel of ... ~ **mark** vraagteken; *a ~ ~ hangs* (or *there is a ~ ~) over s.t.* daar bestaan/is (nog) twyfel oor iets. ~ **master** vraesteller. ~ **paper** vraestel. ~ **time** *(parl. ens.)* vraetyd.

**ques·tion·a·ble** twyfelagtig, betwyfelbaar, verdag, aanveg= baar, betwisbaar.

**ques·tion·er** vraesteller, ondervraer.

**ques·tion·ing** ondervraging; betwyfeling; *close ~* indrin= gende/skerp ondervraging; *without ~* sonder om vrae te stel, klakkeloos, voetstoots. **ques·tion·ing·ly** vraenderwys(e).

**ques·tion·naire** vraelys.

**queue** *n.* ry, streep, tou *(mense); (rek.)* tou, wag=, volgtou; *form a ~* toustaan, in/op 'n ry staan; *stand in a/the ~* toustaan, in 'n/die tou staan. **queue** *ww.:* ~ *for tickets* toustaan om kaartjies te koop; ~ *(up)* toustaan, in/op 'n ry staan. **~-jump** (by die/'n tou) indruk. **~ jumper** indrukker.

**queu·er** toustaner.

**queu·ing** toustanery.

**quib·ble** *n.* gekibbel, haarklowery; beuselagtige/kleinlike kritiek. **quib·ble** *ww.* kibbel, hare kloof/klowe, haarkloof, =klowe; vit; ~ *about/over s.t.* oor iets kibbel; oor iets hare kloof. **quib·bler** haarklower, woordsifter; vitter. **quib·bling** haarklowery, woordsiftery; vittery.

**quiche** *(Fr. kookk.)* quiche. ~ **Lorraine** quiche Lorraine, spek(vleis)-en-kaas-quiche.

**quick** *n.* lewe *(onder d. nael); bite one's nails to the ~* jou naels tot op die lewe/vleis byt; *the insult cut/stung s.o. to the ~* die belediging het iem. diep gekwets; *the ~/living and the dead,* (AV/NIV, 2 Tim. 4:1 ens.) die lewende(s) en die dode/dooies *(OAB/NAB); a republican/etc. to the ~* 'n republikein/ens. deur en deur *(of* in murg/merg en been).

**quick** *adj. & adv.* vinnig, gou, snel, vlug, vlugtig, skielik, haastig; lewendig; hups, fluks, rats; skerp, intelligent, vinnig/ vlug van begrip; skerp *(oë, gehoor);* ~ *is* ~ *about it* iem. maak gou daarmee *(of* laat nie op hom/haar wag nie); *be ~ (about it)!* maak gou!, roer jou!; *be ~ at* ... vinnig wees met ... *(syfers ens.); a ~ child* 'n skrander/intelligente kind; *a ~ ear* 'n fyn/skerp oor; *a ~ eye* 'n skerp oog; *(as) ~ as a flash* (or *as lightning/thought)* blitsig, blitsvinnig, =snel, soos blits;

**~ march!** voorwaarts mars!; gewone pas mars!; *a ~ one,* *(drankie)* 'n kleintjie; *have a ~ temper* liggeraak/prikkelbaar/ driftig/opvlieënd *(of* kort van draad) wees; *s.o.'s ~ thinking* iem. se teenwoordigheid van gees; *be ~ to do s.t.* iets sommer doen, nie wag om iets te doen nie; *be ~ to understand* vinnig/vlug van begrip wees; *have ~ wits* skerpsinnig/ skrander *(of* vlug van begrip) wees; gevat/slagvaardig/ gewiks wees *(in 'n debat ens.); that was ~ work* dit het gou gegaan. **~-acting** snelwerkend. **~-eyed** skerpsiende, skerp van oog/blik. **~-fire** *adj. (attr.)* vinnig/snel opeenvolgende, vinnige *(vrae ens.);* snelvuur= *(geweer ens.).* ~ **fix** *(infml.)* kitsoplossing. **~-freeze** *ww.* snelvries. **~-freezing** *n.* snelbevriesing. **~-frozen** *adj.* snelbevries, =bevrore. **~-hard- ening** cement snelsement. **~-lime** ongebluste/gebrande kalk, bytkalk. ~ **march** gewone marspas/=tempo; versnelde pas; *(mus.)* vinnige mars. **~-reference work** snelnaslaanwerk. **~-sand(s)** dryf=, suig=, wil=, wel=, vlugsand. **~-setting** *adj. (attr.), (lym ens.)* wat vinnig droog word *(pred.); (poeding ens.)* wat gou stol *(pred.);* snelbind= *(sement ens.).* **~-sighted** skerpsiende. **~-silver** *(chem., simb.:* Hg) kwik(silwer); *(fig.)* kwiksilwer. **~-silver** *adj. (attr.), (fig.)* kwiksilwer. **~-step** snel= pasdans, vinnige jakkalsdraf. **~-tempered** liggeraak, kort= gebonde, driftig, opvlieënd. **~-thinking** *adj.* op-en-wakker, slaggereed. ~ **time** *(mil.)* gewone marspas/=tempo. **~-witted** *adj.* skerpsinnig, skrander; gevat, slagvaardig *(in 'n debat ens.).*

**quick·en** versnel, verhaas; *(hoofs. fig.)* opwek, aanspoor, =vuur, =moedig; lewendig word; vinniger word; ~ *the pace* die pas versnel, aanroer, aanstoot; *s.o.'s pulse ~ed* iem. se polsslag het versnel. **quick·en·ing** versnelling; verlewendi= ging; lewendmaking, opwekking; herlewing.

**quick·ie** *n., (infml.), (kr.)* blits(bouler); blits=, kitsboek; blits= besoekie, kitskuiertjie; kort briefie/ens.; *have a ~* gou enetjie *(of* 'n kleintjie) maak, gou 'n dop steek; *(seksueel)* 'n knippie/ knypie vang/vat. **quick·ie** *adj. (attr.)* blits=, kits=; ~ *divorce* kitsegskeiding.

**quick·ly** gou, vinnig, snel, vlug, sonder versuim; haastig, inderhaas, halsoorkop; rats.

**quick·ness** vinnigheid, snelheid, vlugheid; ratsheid; ~ *of temper* liggeraaktheid, opvlieëndheid.

**quid**[1] *quid, (Br., infml.)* pond (sterling); *two ~* twee pond.

**quid**[2]: *a ~ pro quo* 'n quid pro quo *(of* teenprestasie).

**quid·di·ty** *(hoofs. filos.)* wesen(t)likheid, wese.

**qui·es·cent** rustig, stil, kalm; sluimerend; rustend; stom *(konsonant in Hebreeus);* latent *('n siekte);* ~ *state* rustyd, =periode, =stadium; ~ *volcano* rustende vulkaan. **qui·es·cence** rus, stilte, kalmte; berusting.

**qui·et** *n.* stilte, rus, kalmte, vrede; *a deadly ~* 'n doodse stilte; *do s.t. on the ~* iets stilletjies/stil-stil/skelm(pies) *(of* in die stilligheid) doen; iets agteraf doen. **qui·et** *adj. & adv.* stil, rustig, kalm, vreedsaam; ongestoord; gerus; be= daard, stemmig; onopsigtelik; mak; swygend; *be ~!* bly stil!; *deadly ~* doodstil; *go ~* stil word; ~ *horse* mak perd; *keep ~* stilbly, swyg; *keep ~!* bly stil!; *keep s.t. ~, keep ~ about s.t.* iets verswyg; iets stil=/dighou; *(as) ~ as a lamb* so mak soos 'n lam(metjie); *(as) ~ as a mouse* so stil soos 'n muis, dood=, tjoepstil; ~ *resentment* stille wrok; ~ *time* stil(te)tyd. **qui·et·en** tot bedaring bring, stilmaak, kalmeer, sus; gerustel; bedaar, stil word; ~ *down* rustig word; ~ *s.o. down* iem. kalmeer. **qui·et·ism** *(Chr.)* quiëtisme; berus= ting, onderwerping. **qui·et·ist** *n., (Chr.)* quiëtis; stil en on= derworpe persoon. **qui·et·ist, qui·et·is·tic** *adj., (Chr.)* quië= tisties. **qui·et·ly** stil(weg), stil-stil, stilletjies, soetjies, suut= jies; kalmweg. **qui·et·ness** stilte, rus, kalmte, vrede; ge= ruisloosheid *(v. 'n enjin ens.).* **qui·e·tude** stilte, rus, kalmte, vrede. **qui·e·tus** =tuses dood, uitvaart; genadeslag, doodsteek; *receive one's ~* die doodsteek kry *(of* genadeslag ontvang).

**quiff** *(hoofs. Br.)* kuif.

**quill** *n.* slagveer, =pen, skag; penveer; (ystervark)pen; fluit;

spoel. **quill** *ww.* plooi; gare/garing om 'n spoel draai. ~ **bit** lang lipboor. ~ **(pen)** veerpen.

**quil·ling** papierkrulwerk.

**quilt** kwilt, deurgestikte/gewatteerde (bed)deken/=sprei; kwilt, dons=, verekombers. **quilt·ed** gekwilt, deurgestik, gewatteer. **quilt·er** kwilter, kwiltmaker, =werker; kwiltmasjien; deur= steekvoetjie. **quilt·ing** deurstik=, kwiltwerk *(m.d. masjien),* deurnaaiwerk *(m.d. hand);* kwiltstof.

**qui·na·ry** vyftallig, uit vyf bestaande, kwinêr, vyfdelig, =ledig.

**qui·nate** *(bot.)* vyftallig.

**quince** kweper. ~ **jelly** kweperjellie. ~ **stick** kweperlat. ~ **tree** kweperboom.

**quin·cen·te·nar·y** *n.* vyfhonderdste gedenkdag, vyfhon= derdjarige fees, vyfde eeufees, vyf-eeue-fees. **quin·cen·te· nar·y** *adj.* vyfhonderdjarig.

**quin·cunx** =cunxes vyfpunt. **quin·cun·cial** *adj.,* **quin·cun= cial·ly** *adv.* vyfpuntig.

**qui·nel·la** *(weddery)* dupla.

**qui·nine** *(farm.)* kinien. ~ **bush** pienang(bossie). ~ **wine** kinawyn.

**quin·o·line** *(chem.)* kinolien.

**qui·none** *(chem.)* kinoon.

**quin·quen·ni·al** vyfjaarliks; vyfjarig.

**quin·quen·ni·um** =niums, =nia lustrum, vyfjarige tydperk.

**quin·sy** *(med.)* mangelsweer, =ontsteking, mangelabses.

**quin·tal** *(gewigsmaat)* sentenaar, kwintaal.

**quinte** *(Fr., skermkuns)* vyfde parade/pareerposisie.

**quin·tes·sence** kern, beliggaming, kwintessens, essensie. **quin·tes·sen·tial** *adj.,* **quin·tes·sen·tial·ly** *adv.* tipies; fun= damenteel, wesen(t)lik, grondig; heeltemal, volkome, totaal, deur en deur.

**quin·tet(te)** *(mus.)* kwintet; vyftal, groep van vyf.

**quin·til·lion** (10[18]) kwintiljoen.

**quin·tu·ple** *n.* vyfvoud. **quin·tu·ple** *adj.* vyfvoudig. **quin· tu·ple** *ww.* vervyfvoudig, met vyf vermenigvuldig. **quin· tu·plet, quin·tu·plet** vyftal, stel van vyf; (een van 'n) vyf= ling; *(i.d. mv.)* 'n vyfling. **quin·tu·pli·cate** *n.* vyfvoud. **quin· tu·pli·cate** *adj.* vyfvoudig. **quin·tu·pli·cate** *ww.* vervyfvou= dig. **quin·tu·pli·ca·tion** vervyfvoudiging.

**quip** *n.* kwinkslag, woordspeling, geestigheid, sêding, spits= vondigheid, grap; *make a ~* 'n kwinkslag maak. **quip** =pp=, *ww.* 'n grap *(of* grappe/kwinkslae) maak. **quip·ster** hekelaar, spotvoël.

**qui·pu** knoopskrif *(v.d. Inkas).*

**quire** *(25 [vroeër 24] velle papier)* katern.

**quirk** gril, nuk, gier, streek; hebbelikheid; eienaardigheid; streep *(in iem. se karakter);* kronkel; krul *(in iem. se handskrif ens.);* *(argit.)* lysgroef; *a ~ of circumstance* 'n toeval(ligheid); *by a ~ of fate* ... dis 'n gril van die noodlot *(of* die noodlot het bepaal) dat ...; *s.o. is full of ~s* iem. is vol draadwerk/grille/ krulle. ~ **bead,** ~ **moulding** groeflys.

**quirk·y** vol draadwerk/grille/krulle. **quirk·i·ness** grilligheid.

**quirt** rysweep, peits, karwats.

**quis·ling** quisling, (land)verraaier.

**quit** *adj.* vry, ontslae van; *be (well) ~ of ...* (gelukkig) van ... ontslae wees. **quit** =tt=, *ww.* verlaat *('n plek);* vertrek *(uit 'n stad ens.);* trek, die/jou huur opsê; *(infml.)* bedank; ophou *(rook ens.);* laat staan/vaar, opgee; *(infml., hoofs. Am.)* tou opgooi; ~ *the ranks* uit die gelid tree; ~ *the service* die diens verlaat. **quit·ter** *(infml.)* tou(-)opgooier, hen(d)sopper, slap= peling.

**quite** taamlik; heeltemal, geheel en al, glad, totaal, volkome, volslae, volstrek; skoon; glad en al; ewe; *it's ~ all right* dis alles in die haak; ~ *alone/natural(ly)/simple/etc.* dood= alleen, =natuurlik, =eenvoudig, ens.; ~ *another matter/person* glad 'n ander saak *(of* iemand anders), 'n totaal ander saak/

persoon; ~ *a child still* nog maar 'n kind; *be ~ cool about it* ewe ongeërg daaroor wees; ~ *different* heel anders; ~ *enough* heeltemal (*of* meer as) genoeg, oorgenoeg; ~ *a few* 'n hele paar; ~ *frankly/honestly,* ... om (heeltemal) eerlik te wees, ...; *it was ~ a good thing (that* ...) dit was glad nie 'n slegte ding nie (dat ...); *be ~ happy to* ... heeltemal be= reid/tevrede wees (*of* [glad] nie omgee nie) om te ...; *not ~ know what* ... nie mooi/reg/bra weet wat ...; ~ *like s.o.* nogal van iem. hou; ~ *a lot* sommer baie; *s.o. is ~ a man/woman* iem. is 'n man/vrou honderd/duisend; iem. is nie sommer 'n hierjy nie; *not ~* ... nie eintlik/heeltemal ... nie; *not ~ ten (years) yet* nog nie heeltemal tien (jaar) nie; *~ often* heel dikwels; *not be ~ o.s.* nie goed/lekker voel nie; ~ *(so)!* presies!, net so!, juistement!; *be ~ the thing* die jongste/nuutste mode wees; die ware Jakob/jakob (*of* net die regte ding) wees; *it is ~ warm* dit is taamlik/nogal warm; ~ *young* nog maar jonk.

**quits** kiets; *we are ~* ons is kiets/gelyk; *let's call it ~* kom ons sê ons is kiets; *cry ~* kopgee; *be ~ with s.o.* kiets wees met iem.; *get ~ with s.o.* met iem. afreken, iem. kry.

**quiv·er**[1] *n.* pylkoker; *have an arrow left in one's ~* nog 'n plan hê. ~ **tree** kokerboom.

**quiv·er**[2] *n.: in a ~* sidderend; *be in a ~* sidder. **quiv·er** *ww.* bewe, tril, ril, sidder; ritsel; dril; ~ *with* ... sidder van ... *(vrees ens.)*; tintel van ... *(opwinding ens.).*

**qui vive:** *be on the ~* ~ wakker loop, op jou hoede wees.

**Quix·ote:** *(Don)* ~ Don Quichot. **quix·ot·ic** buitensporig, oor= drewe romanties, dwaas-idealisties, Don-Quichotterig. **quix= o·tism, quix·o·try** Don-Quichotterie.

**quiz** *quizzes, n.* ondervraery; vasvraery. **quiz** =zz=, *ww.* on= dervra, vasvra. ~ **(contest)** vasvra(wedstryd). ~**master** vas= vraer, vraesteller. ~ **show** *(rad., TV)* vasvraprogram.

**quiz·zi·cal** *adj.* vraend; grappig, snaaks; *arch a ~ eyebrow* 'n wenkbrou vraend lig; *give s.o. a ~ look* vraend na iem. kyk, iem. vraend aankyk; *give s.o. a ~ smile* skewerig (en ongelowig/onseker) vir iem. glimlag; *have a ~ smile on one's*

*face* fronsend glimlag. **quiz·zi·cal·ly** *adv.* vraend, met opge= trekte wenkbroue; *shrug ~* jou skouers vraend ophaal/=trek.

**quod:** ~ **erat demonstrandum** *(Lat.: wat te bewys was, afk.:* QED*)* quod erat demonstrandum. ~ **vide** *(Lat.: sien aldaar, afk.:* q.v.*)* quod vide.

**quoin** *n.* buitehoek *(v. 'n muur);* binnehoek *(v. 'n kamer);* keil, wigstuk. **quoin** *ww.* keil, wig.

**quoit** *n.* gooiskyf; gooiring; *(i.d. mv., d. spel)* skyfgooi; ringgooi.

**Quon·set (hut)** *(Am., mil.)* tenkhut.

**quor·um** =rums kworum. **quor·ate** *adj., (Br.): be ~, ('n ver= gadering)* 'n kworum hê.

**quo·ta** kwota, deel, aandeel.

**quot·a·ble** siteerbaar, pittig, treffend. **quot·a·bil·i·ty** pittig= heid.

**quo·ta·tion** aanhaling, sitaat; bewysplaas; kwotasie, prys= opgawe, (prys)notering; koers; *give s.o. a ~ for* ... (aan) iem. 'n kwotasie/prysopgawe vir ... gee; *a ~ from* ... 'n aanhaling uit ... *('n geskrif);* *a hackneyed ~* 'n afgesaagde aanhaling. ~ **mark:** *in ~ ~s* tussen aanhalingstekens.

**quote** *n.* aanhaling; aanhalingsteken; *(infml.)* kwotasie; *in ~s, (infml.)* tussen aanhalingstekens. **quote** *ww.* aanhaal, siteer; kwoteer, opgee, noteer, verstrek *('n prys);* bybring *(voorbeelde); the shares are ~d at* ... die aandele word teen ... genoteer; *don't ~ me (on this/that)* moet asseblief nie herhaal wat ek sê nie; ~ *from* ... uit ... aanhaal *('n geskrif);* ~ *s.o. on s.t.* iem. oor iets aanhaal; *in reply please ~* ... in antwoord meld asseblief ...; ~, *"...,"* *un~, (infml.)* aanhaal, *"...,"* afhaal *(of* haal aan, *"...,"* sluit die aanhaling); *s.o. is/was ~d as say= ing (that)* ... iem. het glo *(of* het na bewering) gesê (dat) ..., vol= gens iem. ...

**quo·tid·i·an** *n.* aldagse koors. **quo·tid·i·an** *adj.* daagliks; ~ *fever* aldagse koors.

**quo·tient** kwosiënt, syfer; *(wisk.)* kwosiënt, uitkoms *(v. 'n deelsom);* blood ~ bloedsyfer, =kwosiënt; *growth ~* groeisyfer.

**qwer·ty, QWER·TY:** ~ **keyboard** qwerty/QWERTY-toets= bord.

# Rr

**r** *r's,* **R** *R's, Rs, (18de letter v.d. alfabet)* r, R; *little* r r'etjie; *roll one's r's* bry, jou r'e laat rol; *small* r klein r; *the three R's/Rs* lees, skryf en reken. **R acid** *(chem.)* R-suur.

**Ra** *(Eg. mit.: songod)* Ra.

**rab·bi** *(Hebr.)* rabbi, rabbyn; *chief ~* opperrabbyn. **rab·bin·ate** rabbinaat. **rab·bin·i·cal** rabbyns.

**rab·bit** *n.* konyn; konynpels; *(infml.)* swak speler; beginner, nuweling. **rab·bit** *ww.* konyne jag; *go rabbiting* konyne (gaan) jag; *~ on, (Br., infml., neerh.)* voortbabbel, aanhoudend/aanmekaar/aaneen babbel. *~* **food** konynvoer; *(fig., skerts.: blaargroente ens.)* haaskos. *~* **hole,** *~* **burrow** konyngat. *~* **hutch** konynhok. *~* **punch** nekhou, -kap. *~* **warren** konynkolonie.

**rab·ble** gespuis, gepeupel, skorriemorrie, plebs. **~-rouser** opsweper, opruier, demagoog. **~-rousing** *n.* opswepery, opruiery, opruiing, demagogie. **~-rousing** *adj.* opruiend, demagogies, skreeuerig.

**rab·id** woes, rasend, mal, woedend; dol *(hond).* **ra·bid·i·ty, rab·id·ness** woestheid, woede; dolheid.

**ra·bies** *(patol.)* hondsdolheid, rabies, rabiës.

**rac·(c)oon** *(soöl.)* (gewone) wasbeer.

**race¹** *n.* wedren, wedloop, re(i)sies; wedvlug; *(fig.)* snelle vaart *(v.d. tyd ens.);* loop; *(meg.)* ring *(vir laers);* waterstroom; stroombed, -voor; *at the ~s* by die perdewedrenne/-re(i)sies; *it is a close* (or *an even)* *~* dit is baie gelykop; *enter a ~* (jou) vir 'n wedloop inskryf/-skrywe, jou vir 'n wedloop laat inskryf/-skrywe; *be in the ~ for ...* aan die wedloop om ... deelneem; *it is a level ~* hulle loop kop aan kop; *run a ~* aan 'n wedren deelneem; in 'n wedloop hardloop. **race** *ww.* hardloop, ja(ag), nael, hol; ren; re(i)sies ja(ag); vinnig loop; vinnig laat loop; →RACING; *~ against ...* teen ... hardloop; teen ... ja(ag); teen ... re(i)sies ja(ag); *~ along/on* voortsnel; *~ an engine* 'n enjin ja(ag), 'n enjin se toere opja(ag); *go racing* na die wedrenne gaan; *the bill was ~d through (the House), (parl.)* die wetsontwerp is deurgeja(ag). **~card** (wed)-renprogram. **~course** ren-, re(i)siesbaan. **~goer** wedrenganger. **~horse** ren-, re(i)siesperd. *~* **meeting** wedrenne, wedrenbyeenkoms. **~track** renbaan. **~way** toevoersloot, watergang; leikanaal, meulstroom; renbaan.

**race²** *n.* ras; geslag, stam, familie; soort; afkoms; →RACIAL, RACISM. *~* **conscious** rasbewus. *~* **consciousness** rasgevoel, -bewussyn, -bewustheid. *~* **hatred** rassehaat. *~* **problem,** *~* **question** rassevraagstuk. *~* **relations** rassebetrekkinge, -verhoudinge. *~* **riot** rasseoproer, -opstand, -onlus. *~* **superiority** rassewaan.

**ra·ceme** *(bot.)* (blom)tros, raseem. **rac·e·mose, rac·e·mous** *(bot., anat.)* trosvormig, rasemeus.

**ra·ce·mic** *(chem.)* rasemies; *~ acid* druiwesuur; *~ mixture* rasemaat(mengsel). **rac·e·mate** *(chem.)* rasemaat.

**rac·er** naelloper; renjaer, motorwedrenjaer, (ren)motorjaer; renfietsjaer; ren-, re(i)siesperd; ren-, re(i)siesmotor; ren-, re(i)siesfiets; renmotorfiets; *(mil.)* draaiskyf.

**Ra·chel** *(OT)* Ragel.

**ra·chis, rha·chis** -chises, -chides, *(bot.)* hoofas, bloei-as, bloeispil, ragis; blaarspil; aarspil; *(orn.)* veerskag.

**ra·cial** *adj.* ras(se)-; *~ attack/assault* rasseaanval; *~ discrimination* rassediskriminasie; *~ group* ras(se)groep; *~*

**harmony** rasseharmonie; *~* **hatred** rassehaat; *~* **policy** rassebeleid, -politiek; *~* **prejudice** rassevooroordeel; *~* **separation** rasseskeiding; *~* **type** rastipe. **ra·cial·ism** ras(se)gevoel; rassehaat; rassewaan. **ra·cial·ist** rassehater. **ra·cial·ly** *adv.* rassisties; *~* **biased/prejudiced** rasbevooroordeel(d); *discriminate ~* op grond van ras (of op ras[se]grondslag/ras[se]gronde) diskrimineer; *~* **inspired/motivated** rasgedrewe *(doodslag, konflik, ens.);* **oppress** *s.o. ~* iem. op grond van ras onderdruk; *~* **segregated** *schools, (SA, hist.)* apartheidskole.

**rac·i·ness** →RACY.

**rac·ing** *n.* (wed)renne; jaery. **rac·ing** *adj.* ren-, jaag-; *~ clouds* drywende/vlieënde wolke. **~ bicycle** ren-, re(i)siesfiets. *~* **boat** renboot. *~* **car** renmotor. *~* **club** renklub. *~* **colours** *n. (mv.)* renkleure. *~* **driver** renjaer, motorwedrenjaer, (ren)-motorjaer. *~* **pigeon** wedvlugduif. *~* **stable** renstal. *~* **track** ren-, re(i)siesbaan. *~* **tyres** *n. (mv.)* renbande.

**rac·ism** rassisme, rassewaan, ras(se)gevoel, rassehaat. **rac·ist** *n.* rassis. **rac·ist** *adj.* rassisties.

**rack¹** *n.* rak; kapstok; *(meg.)* tandstang; *(meg.)* rooster; → RACKING *n.; be on the ~* in die nood (of uiterste spanning) wees/verkeer; *put s.o. on the ~, (hist. of fig.)* iem. op die pynbank plaas; *~ and pawl, (meg.)* tandstang en/met klink/pal; *~ and pinion, (meg.)* tandstang en kleinrat; →RACK-AND-PINION *adj..* **rack** *ww.* folter, pynig, uitrek; martel; afpers; uitput; teister; →RACKING *adj.; ~ up ...* laat instroom *(rekeninge); ... ly (oplopende verliese); ...* opstapel/opbou/aanteken *(punte, 'n telling); ...* behaal *(verkope, 'n oorwinning); ...* kry/ontvang/trek *(of* op jou verenig) *(stemme);* met ... wen *('n yslike telling).* **~-and-pinion** *adj. (attr.): ~ jack* (tandrat)domkrag; *~ steering, (mot.)* tandstang-en-kleinrat(-)stuur. *~* **railway** tandratspoor. *~* **rent** woekerhuur. *~* **wheel** kam-, stang-, tandrat.

**rack²** ribstuk; *~ of lamb* lamsribstuk.

**rack³** *n.* ondergang, verwoesting; *go to ~/wrack and ruin* tot niet gaan; te gronde (of na die verderf[enis]) gaan, ondergaan.

**rack·et¹** *n.* raket; *(ook, i.d. mv.)* (soort) muurbal. *~* **cover** raketsloop. *~* **press** raketpers.

**rack·et²** *n.* rumoer, lawaai, geraas; herrie, kabaal; opskudding, tumult; *(infml.)* afpersing, uitbuitery; swendelary, bedrieëry, bedrogspul; *an infernal/unholy ~, (infml.)* 'n woeste lawaai, 'n lawaai van die ander wêreld; *kick up* (or *make) a ~* 'n lawaai maak; *what's your ~?, (infml.)* watse werk doen jy?. **rack·et** *ww.* lawaai maak; *~ about/around* rondjakker. **rack·et·eer** afperser, uitsuier. **rack·et·eer·ing** afpersing, afpersery, uitsuiery.

**rack·ing** *n.* rakwerk. **rack·ing** *adj.* folterend, pynigend; *a ~ cough* 'n folterende hoes. *~* **stress** *(teg.)* dwarsspanning.

**rac·on·teur,** *(vr.)* **rac·on·teuse** *(Fr.)* (baas)verteller.

**rac·quet** = RACKET¹ *n..* **~ball** *(Am. sportsoort)* raketbal.

**rac·y** geurig, sterk, kragtig; pittig, pikant; geestig, lewendig; gewaag(d); raseg; *~ language* pittige/sappige taal. **rac·i·ness** geurigheid; pittigheid; gewaagdheid.

**rad¹** *n., (fis., bestralingseenheid, akr.: radiation absorbed dose)* rad.

**rad²** *adj., (Am. sl.)* bak(gat), wonderlik, fantasties, ongelooflik.

**ra·dar** *(akr.: radio detection and ranging)* radar. *~* **beacon**

radarbaken. ~ **control** radarkontrole, =leiding. ~ **gun** *(spoed= meter)* radarpistool. ~ **operator** radarbediener. ~ **station** radarstasie. ~ **trap** radarstrik.

**ra·di·al** straalvormig; straalsgewys; radiaal, straal=; *(anat.)* speekbeen=; ~ **artery** speekbeen=, polsslagaar; ~ **axis** magpunt; ~ **axle**, *(spw.)* radiale as; ~ **bone** speekbeen; ~ **engine/motor** stermotor; ~ **line** straallyn; ~ **symmetry**, *(hoofs. biol.)* straalsgewyse simmetrie; ~ **vein** polsaar; ~ **velocity**, *(hoofs. astron.)* radiale snelheid. ~**(-ply) tyre** straal= (laag)band.

**ra·di·al·ly** straalsgewys(e).

**ra·di·an** *(geom.)* straalhoek, =boog, radiaal. ~ **measure** boog= maat.

**ra·di·ant** *n., (geom.)* straallyn; *(astron.)* uitstralingspunt. **ra= di·ant** *adj.* (uit)stralend; skitterend; luisterryk, pragtig, glansryk; stralings=; ~ **energy,** *(fis.)* stralingsenergie; ~ **face** stralende gesig; ~ **health** blakende/stralende gesondheid; ~ **heat,** *(fis.)* stralingswarmte; ~ **point** uitstralingspunt. **ra= di·ance** glans, skittering, straling; luister, prag.

**ra·di·ate** (uit)straal; glinster, skitter; versprei; afstraal; *roads* ~ *from* ... paaie loop in alle rigtings uit/van ...; ~*d light* straallig; *radiating power* stralingsvermoë.

**ra·di·a·tion** straling; uitstraling, straalwerping; *(med.)* be= straling; ~ *of heat* hitte(uit)straling, warmte(uit)straling; *scattering of* ~ straalstrooiing; *solar* ~ sonstraling. ~ **leak= (age)** stralingslekkasie. ~ **meter** (uit)stralingsmeter. ~ **sick= ness** stralingsiekte.

**ra·di·a·tor** (uit)straler, radiator, warmteverspreider, ver= warmingstoestel, straalkaggel, (elektriese) verwarmer; ver= koeler *(v. 'n motor)*. ~ **cap** verkoelerdop. ~ **cowl**, ~ **scuttle** waaierkap. ~ **grill(e)**, ~ **grid** verkoelerrooster. ~ **water** ver= koelerwater.

**rad·i·cal** *n., (bot.)* wortel; *(chem.)* grondstof; *(wisk.)* wor= telteken; *(ling.)* wortel=, grondwoord; *(pol.)* radikale. **rad·i= cal** *adj.* radikaal, ingrypend; diepgaande; fundamenteel; volkome; oorspronklik, wortel=, stam=; *(bot.)* wortelstandig, grondstandig, wortel=; ~ *change* grondige verandering; ~ *chic* linkse sjiek; ~ *hair,* *(bot.)* wortelhaar; ~ *idea* grond= gedagte; ~ *leaf* wortelblaar; ~ *quantity/value,* *(wisk.)* wor= telgrootheid; ~ *reform* deurtastende/radikale hervorming; ~ *sign,* *(wisk.)* wortelteken; ~ *surgery,* *(med.)* ingrypende chirurgie/sjirurgie; ~ *word,* *(ling.)* grond=, wortelwoord.

**rad·i·cal·ise, -ize** radikaliseer.

**rad·i·cal·ism** radikalisme.

**rad·i·cal·ly** radikaal, (tot) in die grond; *there is s.t.* ~ *wrong* daar is iets radikaal verkeerd.

**rad·i·cle** worteltjie; wortelkiem, kiemwortel(tjie).

**ra·di·o** =*dios, n.* radio, radio(toe)stel; radio(telegrafie/tele= fonie); radiowese; radiodiens, omroep; *by* ~ per radio; *commercial* ~ handelsradio, kommersiële radio; *s.o. was on the* ~ iem. het oor/op die radio opgetree; *it was on the* ~ dit is oor die radio uitgesaai; *announce/broadcast/hear s.t.* on/ *over the* ~ iets oor die radio aankondig/uitsaai/hoor; *listen* **to** *the* ~ na die radio luister. **ra·di·o** *ww.* uitsend, uitsaai; sein *(met 'n rad.)*; ~ *for help* per *(of* oor die/jou) radio hulp ontbied; *a* ~*ed message* 'n geseinde boodskap; ~ *s.o.* per ra= dio met iem. in verbinding tree; iem. per radio laat weet *(of* in kennis stel). ~ **alarm (clock)** radiowekker. ~ **announcer** radio-omroeper. ~ **astronomy** radioastronomie. ~ **beacon** radiobaken. ~ **broadcast** radio-uitsending. ~ **car** *(met 'n tweerigtingrad. toegerus)* radiomotor. ~**-cassette player** ra= diokassetspeler. ~ **communication** radioberig; radiover= binding. ~ **contact** radioverbinding. ~ **control** radioleiding, =reëling; radiobeheer, =besturing. ~**-controlled** met radio= beheer. ~ **fix** *n., (posisiebepaling met rad.)* radiobestek. ~ **frequency** =*cies* radiofrekwensie. ~ **ham** *(infml.)* radio= amateur. ~ **link** radioverbinding. ~**location** radio-opsporing, radioplekbepaling, radar. ~ **mast** radiomas. ~ **operator** radio-

operateur, radiobediener. ~**pager** radioroeper. ~**paging** ra= dioroep. ~ **play** radiodrama, hoorspel. ~ **script** radioteks. ~ **scriptwriter** radioskrywer. ~ **signal** radiosein; radioberig. ~ **star** *(astron.)* radioster. ~ **station** radiostasie, omroep. ~**telephone,** ~**phone** radio(tele)foon. ~**telephony** radio= telefonie. ~ **telescope** radioteleskoop. ~ **wave** radiogolf.

**ra·di·o=** *komb.vorm* radio=. ~**carbon** *(chem.)* radiokoolstof, radioaktiewe koolstof. ~**element** radio-element, radioële= ment, radioaktiewe element. ~**immunology** radio-immuno= logie. ~**isotope** *(chem.)* radio-isotoop. ~**nuclide** *(chem.)* radionuklied.

**ra·di·o·ac·tive** radioaktief; ~ *decay* radioaktiewe verval; ~ *waste* radioaktiewe afval, kernafval. **ra·di·o·ac·tiv·i·ty** radio= aktiwiteit.

**ra·di·o·chem·is·try** radiochemie. **ra·di·o·chem·i·cal** *adj.* radiochemies.

**ra·di·o·gen·ic** radiogeen; geskik vir uitsaai; ~ *heat* radio= gene hitte.

**ra·di·o·graph** *n.* röntgenfoto, X-straalfoto *(ook x~)*. **ra·di= o·graph** *ww.* radiografeer. **ra·di·og·ra·phy** radiografie, röntgenografie, röntgenondersoek, X-straalondersoek *(ook x~)*. **ra·di·og·ra·pher** radiografis. **ra·di·o·graph·ic** radio= grafies.

**Ra·di·o·lar·i·a** *n. (mv.), (soöl.)* Radiolarieë, Straaldiertjies.

**ra·di·ol·o·gy** *(med.)* radiologie. **ra·di·o·log·ic, ra·di·o·log·i·cal** radiologies. **ra·di·ol·o·gist** radioloog.

**ra·di·om·e·ter** *(fis.)* radiometer. **ra·di·o·met·ric** radiome= tries; ~ *dating* radiometriese datering. **ra·di·om·e·try** radio= metrie.

**ra·di·o·paque, ra·di·o·o·paque** ondeurstraalbaar *(vir X-strale)*.

**ra·di·o·phon·ic** radiofonies.

**ra·di·os·co·py** *(fis.)* straalondersoek, radioskopie.

**ra·di·o·ther·a·py** radioterapie, bestraling, straalbehande= ling. **ra·di·o·ther·a·peu·tic, =peu·ti·cal, =peu·ti·cal·ly** radio= terapeuties. **ra·di·o·ther·a·pist** radioterapeut.

**rad·ish** radys; *black* ~ ramenas.

**ra·di·um** *(chem., simb.:* Ra*)* radium.

**ra·di·us** =*dii, =diuses* straal, radius; ~ *of action* aksieradius, =straal, vlieglengte; ~ *of curvature* krommingstraal; *within a* ~ *of* ... binne 'n omtrek van ... *(tien kilometer ens.)*. ~ **(bone)** speekbeen. ~ **vector** voerstraal.

**ra·dix** =*dices, =dixes, (fml.)* wortel; *(wisk.)* wortelgetal, grond= tal.

**ra·dome** *(lugv.)* radarkoepel.

**ra·don** *(chem., simb.:* Rn*)* radon.

**rad·u·la** =*lae, (soöl.)* raspertong.

**rad·waste** *(infml.)* radioaktiewe afval.

**raf·fi·a** raffia.

**raf·fi·nate** *(chem.)* raffinaat, geraffineerde produk.

**raff·ish** onfatsoenlik, liederlik; losbandig, wild.

**raf·fle** *n.* uitloting, lotery. **raf·fle** *ww.* loot; uitloot.

**raft**[1] *n.* vlot; dryfhout. **raft** *ww.* vlot, dryf, drywe; op 'n vlot vaar/vervoer. ~ **bridge** vlotbrug. ~ **wood** vlothout.

**raft**[2] *n.: a (whole)* ~ *of* ... 'n duisternis *(of* 'n [hele] klomp/ spul/boel/swetterjoel/horde/magdom) ...

**raft·er** dakbalk, =spar, kapspar; *filled to the* ~*s* geen plek vir 'n muis nie, stampvol; *principal* ~ kapbeen; hoofspar; *make the* ~*s ring* die lug laat dawer/weergalm.

**raft·ing** *n.* vlotvaart.

**rag**[1] *n.* flenter, lap(pie), vodjie; *(ook, i.d. mv.)* toiings, flarde(s), vodde, vodde(n)s; vadoek; *(infml., neerh.)* smeerblad(jie); poniekoerant(jie); *chew the* ~, *(infml.)* (eindeloos) gesels/ klets; ~*s of clouds* los wolkies; *cook s.t. to* ~*s* iets fyn/pap kook; *not a* ~ *of evidence* geen greintjie bewys nie; *glad* ~*s, (infml.)* kisklere; *go in* ~*s* in verflenterde klere loop; *be* *in* ~*s* verflenter(d)/vertoiing/flenters (*of* aan flarde[s]) wees; gehawend wees; *lose one's* ~, *(infml.)* die hoenders in raak/word; *from* ~*s to riches* van armoede tot rykdom, van lompe tot luukse; →RAGS-TO-RICHES; *in* ~*s and tatters* verflenter(d); *feel like a wet* ~, *(infml.)* stokflou/gedaan/kapot/pootuit/vodde wees. **rag** =gg=, *ww.* verflenter; stukkend skeur; →RAGGED. ~ **baby,** ~ **doll** lappop. ~**bag** lappe=, voddesak; mengelmoes, bontspul; *(infml.)* slons(kous), slodderkous, sloerie. ~**man** =men voddekoper, lappiesmous; rommelsmous, =handelaar, =verkoper. ~**tag** *n.*: ~ *(and bobtail),* *(neerh.)* die skorrie=morrie, (die) kretie en (die) pletie, Jan Rap en sy maat (*of* Piet, Paul en Klaas). ~**tag** *adj.* verslons; deurmekaar. ~**top** *(infml.)* afslaankap/wisselkap/afslaandak(motor). ~ **trade** *(infml.)* voddehandel; klerebedryf; modebedryf. ~**wort** *(Senecio vulgaris)* kruiskruid; *(S. consanguineus)* bankrotbos, hongerbos(-senecio), *(infml.)* radiatorbossie, *(S. latifolius)* krakerbossie.

**rag²** *n.* jool. **rag** *ww.* uitskel; treiter, terg, tart; bespot, gek=skeer (*of* die gek skeer) met, uitkoggel; skoor met; molesteer; lawaai maak; in rep en roer bring, op horings neem. ~ **queen** joolkoningin.

**rag³** *n.* leidakpan. ~**(stone)** *(min.)* brokkelklip, growwe sand=klip.

**rag⁴** *n.*: ~**(time)** *(mus.)* ragtime. ~**time music** ragtime-mu=siek.

**rag·a·muf·fin** *n.* flenterkous, verflenterde kind/man/vrou; boemelaar, rondloper; *(mus.)* →RAGGA. **rag·a·muf·fin** *adj.* slordig, verflenter(d).

**rage** *n.* woede, gramskap, toorn; woedeaanval; *be in a blind* ~ blind van woede wees; *a fit of* ~ 'n woedeaanval; *have a* ~ *for s.t.* 'n manie hê vir iets (*of* om iets te doen); *be in a* ~ woedend wees, *(infml.)* die josie in wees; *fall/fly/get into a* ~ woedend word, in woede verval; *the* ~ *of the storm* die woede van die storm; *be (all) the* ~, *(infml.)* hoog in die mode wees; *become/go purple with* ~ rooi word van woede; *be beside o.s. with* ~ buite jouself van woede wees. **rage** *ww.* woed, raas, tier, tekere (*of* te kere) gaan, tekeregaan; ~ *against* ... teen ... woed/toorn; teen ... uitvaar; ~ *on* voortwoed; *the storm* ~*d itself out* die storm het (hom) uitgewoed. **rag·ing** *adj.* tierend *('n wind ens.);* hewig, verwoed *('n brand);* woes *('n see ens.);* brandend, vreslik, verskriklik *(dors);* onkeerbaar *('n plaag ens.);* *be* ~ *rasend* (*of* briesend [kwaad]) wees; *a* ~ *success* 'n dawerende sukses.

**rag·ga** *(mus.)* ragga.

**rag·ged** gerafel(d), geskeur(d), toiingrig, verflenter(d); slor=dig; ru, ongelyk; gebrekkig; onreëlmatig; *run s.o.* ~, *(infml.)* iem. gedaan maak, iem. se tong laat uithang. ~ **robin** *(bot.)* koekoeksblom. ~**tooth shark** skeurtandhaai, vaalpenshaai.

**raggle-taggle** *adj.* bontspul, uiteenlopende klomp, klomp uiteenlopende *(skrywers ens.);* onversorg, verwaarloos, ge=hawend.

**rag·lan** raglan. ~ **sleeve** raglanmou, aangesnyde mou.

**ra·gout** *n., (kookk.)* ragoût. **ra·gout** *ww.* ragoût maak van.

**rags-to-rich·es** *adj. (attr.): a* ~ *businessman* 'n ryk sakeman wat uit die as van armoede verrys het; *a* ~ *story/tale* 'n armoede-tot-rykdom-storie, 'n verhaal van armoede tot ryk=dom.

**rah** *tw., (infml., hoofs. Am.)* hoera!. **rah-rah** *adj., (Am., hoofs. infml.)* voortvarend, grootdoenerig, voor op die wa.

**raid** *n.* inval; *(ook aandelemark)* strooptog; uitval, oorval, aan=val; klopjag *(deur d. polisie);* opruiming; plundering; rooftog; kaapvaart; *make a* ~ 'n klopjag hou/uitvoer; 'n inval doen; *a* ~ *on* ... 'n klopjag op ...; 'n inval in ... **raid** *ww.* inval, 'n inval doen; strooptog; 'n klopjag hou/uitvoer; 'n uitval doen; aanval *(uit d. lug);* kaap *(ter see);* wegvoer, roof, rowe. **raid·er** invaller; aanvaller; *(ook aandelemark)* stroper; kaper(skip), kaapvaarder.

**rail¹** *n.* dwarshout, =paal, stang, staaf; hangstaaf; reling, leer

*(v. 'n wa);* leuning; riggel; sport *(v. 'n stoel);* lat(werk); spoor=staaf; *by* ~ per spoor; *jump/leave the* ~*s, ('n trein)* ontspoor, van die spoor (af) loop; *keep/stay on the* ~*s* op die regte pad bly; *go off the* ~*s* ontspoor; van die spoor (af) loop/raak; *(van lotjie)* getik raak. **rail** *ww.* per spoor reis; per spoor stuur; ~ *s.t. in/off* iets met tralies afhok/toemaak. ~ **fence** paalheining, skutting. ~**head** kopstasie, spoor(weg)hoof, =eindpunt; spoorstaafkop. ~**road** *n., (Am.)* →RAILWAY. ~**road** *ww.*: ~ *s.o. into doing s.t., (infml.)* iem. dwing om iets teen sy/haar sin te doen; ~ *s.t. through, (infml.)* iets deurdryf/-drywe *('n voorstel ens.).*

**rail²** *ww.* spot, hoon; skel; ~ *against/at* ... teen ... uitvaar; ~ *at s.o.* iem. uitskel/beledig, met iem. raas, op iem. skel. **rail·ler·y** plaery, gekskeerdery.

**rail³** *n., (orn.)* ral; *African* ~ grootriethaan.

**rail·age** spoorvrag, vraggeld.

**rail·ing** tralie(werk); *(i.d. mv.)* tralies; reling, leuning; afskut=ting.

**rail·way** spoor(weg), treinspoor. ~ **carriage** trein=, spoorwa. ~ **connection** spoorverbinding, spoor(weg)aansluiting. ~ **crossing** spooroorweg. ~ **junction** spoor(weg)knoop, =aan=sluiting, kruis=/knooppunt van spoorweë. ~ **line** spoor(lyn). ~ **sleeper** *(teg.)* (spoor)dwarslêer. ~ **station** spoor(weg)stasie. ~**train** spoortrein. ~**worker** spoor(weg)werker, spoor(weg)=man. ~ **yard** spoor(weg)werf.

**rain** *n.* reën; *a* ~ *of ashes* 'n asreën; *a* ~ *of congratulations/ etc.* 'n stortvloed van gelukwense/ens.; *driving* ~ swiepende reën; *during the* ~*s* in die reëntyd; *late* ~*s* laat reëns; *the roof let the* ~ *through* die dak het begin lek, dit het deurgereën; *light* ~ ligte reën; *it looks like* ~ dit lyk na reën, dit lyk of dit gaan reën; *(in droogtegebied)* die weer is belowend/mooi; ~ *stopped play* die spel is weens reën gestaak; *(come)* ~ *or shine,* *(fig.)* in voorspoed en teen=/teëspoed, in lief en leed; *a shower of* ~ 'n reënbui/-vlaag; *soaking* ~ deurdringende reën; *the* ~*s* die reën(s); die reënseisoen/-tyd. **rain** *ww.,* reën; laat reën/neerdaal; *s.t.* ~*s down on s.o., (houe ens.)* iets reën op iem. neer; *it is going to* ~ dit gaan reën; *it is* ~*ing heavily* dit giet/stort(reën); *it* ~*ed invitations/etc.* uitnodigings/ens. het ingestroom; *it is* ~*ing* dit reën; *the match/etc.* ~*ed off/out* die wedstryd/ens. het doodgereën; ~ ... *on/upon s.o.* ... op iem. laat reën *(houe ens.);* iem. met ... oorlaai *(geskenke/ens.);* *it never* ~*s but it pours,* *(idm.)* 'n ongeluk kom nooit alleen nie; *tears* ~*ed down s.o.'s cheeks* trane het oor iem. se wange gerol/gestroom. ~**bird** *(SA, infml.)* reënvoël; →COUCAL. ~ **check:** *take a* ~, *(infml.)* 'n uitnodiging/aanbod vir eers van die hand wys. ~ **cloud** reën=wolk. ~**coat** reënjas. ~ **daisy** *(Dimorphotheca pluvialis)* wit=botterblom. ~**drop** reëndruppel. ~**fall** reënval, neerslag. ~**forest** reënwoud. ~ **gauge, udometer** reënmeter. ~**maker** reënmaker. ~**proof,** ~**tight** reëndig. ~ **queen** *(SA, ook R~ Q~)* reënkoningin. ~ **shadow** reënskadu(wee). ~ **shower** reënbui. ~**storm** reënstorm, onweersbui. ~**swept** deur reën geteister. ~**water** reënwater. ~**wear** reënklere, =drag.

**rain·bow** reënboog; *in all the colours of the* ~ in alle (*of* al die) kleure van die reënboog. ~ **coalition** reënboogkoalisie. ~ **nation** reënboognasie. ~ **trout** reënboogforel.

**rain·less** reënloos.

**rain·y** reënerig, reënryk; souserig; ~ *day* reëndag; ~ *season* reëntyd, =seisoen; ~ *weather* reënweer, reënerige/nat weer. **rain·i·ness** reënerigheid.

**raise** *n.* opheffing; verhoging *(v. 'n bedrag);* *(hoofs. Am.)* sa=larisverhoging; opdraand(e); *(mynb.)* styggang; *get a* ~, *(hoofs. Am.)* 'n verhoging kry. **raise** *ww.* (op)lig, oprig, op=tel; (op)hef; ophys; ophelp; laat (regop) staan, *(infml.)* staan=maak; opsteek *(jou hand);* hys *('n vlag);* optrek *('n gordyn);* na bo bring *(erts);* (op)bou; oprig, optrek *('n gebou);* ver=hoog *(belasting ens.);* verhoog *(jou aansien ens.);* verhef *(jou stem);* bevorder *('n werknemer);* opper, ter sprake bring *('n* *kwessie ens.);* aanvoer *('n argument);* opper *(bedenkings);* wek *(verwagtings ens.);* aanvuur *(moed);* aanhef *('n lied ens.);* (ver)= wek *(spot);* (aan)werf, op die been bring *('n krysgmag);* insa= mel *(geld);* aangaan, verkry *('n lening);* hef *(belasting);* groot= maak *(kinders ens.);* teel *(diere);* oproep *('n gees);* ophef *('n blokkade);* opbreek *('n beleg);* laat rys *(brood); (metaalw.)* dryf, in reliëf bring *(goud ens.); (med.)* trek *('n blaar);* maak, ontwikkel, opwek *(stoom ens.);* opjaag *(wild); (jur.)* aanhangig maak; ~ *the devil, (infml.)* 'n kabaal maak/opskop, 'n yslike lawaai maak; ~ *the market* die pryse verhoog; ~ *s.o. to ...* iem. tot ... verhef; ~ *s.t. to ...* iets tot ... verhoog; ~ *o.s. up on one elbow* op 'n elmboog orent kom, jou op 'n elmboog orent druk; ~ *s.t. with s.o.* iets by iem. opper, iets met iem. bespreek.

**raised** verhoog; opgehewe; gelig. ~ **beach** strandterras. ~ **ground** ophoging, hoogte(tjie), bult(jie). ~ **letters** verhewe letters, reliëfletters.

**rai·sin** rosyn(tjie). ~ **bread,** ~ **loaf** rosyntjiebrood.

**rais·ing** (op)heffing, verhoging, ligting; opneming *(v. geld);* dryfwerk; plooiing *(v. verf);* verwekking; teling. ~ **agent** rys= middel.

**rai·son d'être** *raisons d'être, (Fr.)* rede van bestaan, bestaans= rede.

**ra·i·ta** *(Ind. kookk.)* raïta.

**raj** *(Hindi)* ryk, heerskappy, bewind; *the R~, (Anglo-Ind. gesk.)* die Raj. **ra·ja(h)** *(hist.: heerser)* radja.

**Ra·jas·than** *(geog.)* Radjastan.

**rake**[1] *n.* hark; skraapyster; roervurk; *as thin as a* ~ plankdun, rietskraal. **rake** *ww.* hark, bymekaarskraap, op 'n hoop hark; omhark; ~ *it in, (infml.)* geld soos bossies verdien; ~ *s.t. out* iets uithark; iets uitkrap; iets doodmaak *('n vuur);* ~ *s.t. over* iets omhark; ~ *through s.t.* iets deursoek/=snuffel *(ou manuskripte ens.);* ~ *together s.t.* iets bymekaarskraap *(versonne aanklagtes ens.);* ~ *up/over (old)* grievances (ou) griewe oprakel/ophaal, ou koeie uit die sloot grawe. ~~-off *(infml.)* buitaandeel, (oneerlike) winsaandeel/kommissie.

**rake**[2] *n.* losbol, swierbol, pierewaaier. **rak·ish** swierig, wind= maker(ig); losbandig, ontugtig; snelvarend *('n skip);* vaart=, stroombelyn *('n motor).*

**rake**[3] *n.* val, helling; hellingsvlak; hellingshoek. **rake** *ww.* oorhang, oorhel; afhel; ~*d floor* hellende vloer.

**ra·ki** *(Turkse likeur)* raki.

**ra·ku** *(Jap. erdewerk)* raku.

**rale, râle** *(med.)* reutel.

**ral·len·tan·do** *(It., mus.: al hoe stadiger)* rallentando.

**ral·ly** *n.* saamtrek, byeenkoms, reünie, re-unie; herstel *(v.d. gemoedere ens.); (ekon.)* herstel, oplewing *(v.d. mark);* styging, verbetering *(v. aandele); (motorsport)* tydren; hernieude aan= val; *(tennis)* sarsie; houereeks, =serie. **ral·ly** *ww.* saamtrek, versamel; byeenbring, bymekaarmaak; herenig; bykom, her= stel; aansterk; moed skep; moed inpraat; bystaan, te hulp kom; *(ekon.: d. mark)* herstel *(aandele)* styg, oploop; *(motor= sport)* aan 'n tydren deelneem; *(tennis)* houe verwissel; ~ *from ...* van ... herstel; *they* ~ *(a)round ...* hulle kom/snel ... te hulp. ~**cross** veldtydren. ~ **driver** tydrenjaer, =bestuurder.

**ral·ly·ing point** saamtrekpunt.

**ram** *n.* (skaap)ram; *(werktuig)* ram; stormram, muurbreker; (straat)stamper; suier; *the R~, (astrol.)* die Ram, Ariës. **ram** =*mm*=, *ww.* ram; hei; (vas)stamp, instamp; inslaan; instoot, inprop, instop; ~ *(s.t.) against/into ...* (iets) teen ... stamp; ~ *s.t. down* iets vasstamp; ~ *s.t. down ...* iets in ... afdruk *(ook iem. se keel);* ~ *s.t. home, (lett.)* iets vasstamp; *(fig.)* iets sterk benadruk *('n argument ens.);* iem. iets aan die verstand bring; ~ *s.t. in* iets instop/inpomp/inprop *(ook kennis);* ~ *s.t. into ...* iets in ... stop. ~ **raid** *(Br., infml.)* tref-en-trap(-) rooftog. ~ **raider** tref-en-trap(-)rower. ~**rod** *n.* laaistok; *(Am.: hardvogtige baas)* slawedrywer. ~**rod** *adj. & adv.* stok= styf *(iem. se rug); sit/stand* ~ *straight* kiertsregop/pen=/kersregop sit/staan.

**Ra·ma** *(Ind. godheid)* Rama.

**Ram·a·d(h)an** *(Islam)* Ramadan.

**ram·ble** *n.* wandeling, uitstappie; loop=, staptog; swerftog. **ram·ble** *ww.* 'n uitstappie maak; ronddwaal, =swerf, =swerwe; ~ *(on)* eindeloos/deurmekaar voortpraat, afdwaal. **ram·bler** omswerwer. **ram·bling** *n.* omswerwing, swerwery; swerftog; bonttrappery; *(ook, i.d. mv.)* deurmekaar pratery. **ram·bling** *adj.* omswerwend, dwalend; deurmekaar, onsame= hangend; *(bot.)* rankend, klimmend, rank=, slinger=; onreël= matig gebou/aangelê; ~ *house, (ook)* kasarm; ~ *rose* rank=, klimroos; ~ *story* wydlopige storie.

**ram·bunc·tious** weerbarstig, wild; lawaaierig.

**ram·e·kin, ram·e·quin** *(kookk.)* kaasgereg, =gebak. ~ **(dish)** ramekin(bakkie).

**ram·e·ron pi·geon, Af·ri·can ol·ive pi·geon** geelbek= bosduif.

**Ram·e·ses, Ram·ses** *(Eg. farao)* Ramses.

**ram·i·fy** vertak, takke gee, takke uitskiet; in takke verdeel. **ram·i·fi·ca·tion** vertakking.

**ram·mer** stamper, heiblok; laaistok; laaistang.

**ramp** *n.* helling, skuinste; hang; oploop, opgang; opswaai; (skeeps)helling; (visier)trap; *(infml.)* bedrogspul, swende= lary; *(access)* ~ oprit, afrit, op=/afrybaan; *(loading)* ~ laaibrug. **ramp** *ww.* baljaar, wild tekere gaan *(of te kere gaan of te= keregaan); (fin.)* die prys opja(ag) *(v. aandele);* ~ *over s.t.* oor iets spring/jaag/skiet/storm; ~ *s.t. up* iets verhoog/vergroot/ opstoot *(of laat toeneem) (produksie ens.).*

**ram·page, ram·page** *n.* stormloop; uitgelatenheid; uit= bundigheid; wildheid, woestheid; *be on the* ~ amok maak, (woes) tekere gaan *(of te kere gaan of tekeregaan); go on a/ the* ~ amok maak. **ram·page** *ww.* rondhardloop, uitgelate wees, raas, baljaar; woed, tekere gaan *(of te kere gaan of tekeregaan).*

**ram·pant** wild, woes, verwoed; buitensporig, verregaande; geil, welig; *(algemeen)* heersend, onstuitbaar; ongehinderd; *dishonesty/etc. is* ~ oneerlikheid/ens. vier hoogty. **ram·pan·cy** uitgelatenheid; woekering; verbreidheid, algemeenheid.

**ram·part** bolwerk, (vesting)wal, skans; verdediging, besker= ming.

**ram·pi·on** *(bot.)* raponsie.

**ram·shack·le** bouvallig, vervalle; mankoliek, lendelam.

**ram·sons** *n. (fungeer as ekv.), (Allium ursinum)* wildeknof= fel.

**ran** *ww. (verl.t.)* het gehardloop; →RUN *ww..*

**ranch** *n.* (groot) bees=/veeplaas; groot boerdery. **ranch** *ww.* met grootvee/beeste boer. ~ **house** *(Am.)* (plaas)opstal; (enkelverdieping-)staandakhuis.

**ranch·er** (groot) veeboer/beesboer.

**ran·che·ro** =*ros*, *(<Sp., hoofs. Am.)* vee=, beesboer; plaas= werker.

**ran·cid** galsterig; rens, suur; goor. **ran·cid·i·ty** galsterigheid.

**ran·cour,** *(Am.)* **ran·cor** haatdraendheid, vyandskap, wrok, wrewel; *feel no* ~ *against s.o., bear s.o. no* ~ geen wrok teen iem. hê/koester nie. **ran·cor·ous** haatdraend, kwaadaardig, wrewel(r)ig.

**rand** rant, heuwelreeks; *(SA, geldeenheid, afk.: R)* rand; *at R100 a/per square metre* vir/teen R100 per vierkante meter; *convert ... to ~s ...* in rande omreken; *the East/West R~, (SA, geog.)* die Oos/Wes-Rand; →WITWATERSRAND; ~ *for* ~ rand vir rand; *in* ~*s* in rande; *many* ~*s* baie rande; *R500 in notes* R500 in note; *thirty* ~*s odd* iets oor die dertig rand; *on the R~, (SA, geog.)* aan die Rand; *twenty/etc. ~(s)* twintig/ens. rand. ~~-**dollar exchange rate** *(fin.)* rand-dollar- wisselkoers. ~~-**for-rand system** rand-vir-rand-stelsel. **R~ Show:** *the* ~ ~ die Randse Skou.

**rand·i·ness** →RANDY

**ran·dom** *n.; at* ~ lukraak, op goeie geluk (af); los en vas;

die eerste die beste. **ran·dom** *adj.* lukraak, toevallig; willekeurig; ewekansig; onreëlmatig. **~-access memory** *(rek., afk.:* RAM*)* lees-en-skryf-geheue. ~ **selection,** ~ **choice** *(statist.)* ewekansige keuse/seleksie, willekeurige seleksie. ~ **shot** blinde/los skoot, dwaalskoot. ~ **test** *(statist.)* steekproef, ewekansige/stogastiese toets; *take a* ~ ~ 'n steekproef neem. ~ **variable** *(statist.)* stogastiese veranderlike, variaat.

**ran·dom·ise, -ize** *(statist.)* ewekansig maak, verewekansig.
**ran·dom·i·sa·tion, -za·tion** *(statist.)* verewekansiging.
**ran·dom·ly** lukraak.
**ran·dom·ness** ewekansigheid.
**rand·y** *(infml.)* jags, katools. **rand·i·ness** *(infml.)* wellus(tigheid), hitsigheid, sinlikheid.
**rang** *(verl.t.)* →RING² *ww..*
**range** *n.* ry, reeks, opeenvolging, aaneenskakeling; laag; (berg)reeks; rant; (kook)stoof; skiet-, jagveld; weiveld; skietbaan; veld, ruimte, terrein, (reik)wydte, omvang, perke, speling, grens, bereik, bestek *(v. 'n studie ens.);* meetgebied, -bestek, -grens *(v. 'n instr.);* (verspreidings)gebied *(v. 'n plant, dier, ens.);* verskeidenheid *(v. goedere);* (rad. ens.) afstand; skoot(s)-, trefafstand; *(lett. & fig.)* trefwydte; *(fig.)* draagwydte; vaarbereik; vliegbereik; werkingslengte; visierstand, -hoogte; *at close* ~ op kort afstand; *find the* ~ die afstand bepaal; iem./iets onder skoot kry; jou inskiet; ~ *of flight, flight* ~ vliegbereik, -lengte, aksieradius; *give free* ~ *to one's thoughts* jou gedagtes vrye teuels gee; *the full* ~ *of ...* die volledige stel/reeks ...; *in* ~ *with ...* in 'n lyn met ...; ~ *of mountains* bergreeks; *out of* ~ buite bereik; buite skoot(s)afstand; buite hoorafstand; ~ *of vision* gesigsveld, -kring; ~ *of the voice* stemomvang, -register; *a wide* ~ *of ...* 'n groot verskeidenheid (van) ...; *within* ~ onder skoot, binne skoot(s)afstand; binne trefafstand. **range** *ww.* op 'n ry plaas, (rang)skik, skaar, opstel; plek inneem; reik, (uit)strek; loop, varieer; voorkom, te vinde wees; swerf, swerwe, dwaal, deurkruis; *('n geweer)* dra; inskiet; vaar, seil; *(rad.)* aftas; *be ~d against ...* teen ... opgestel wees; ~ *far, (iem. se gedagtes ens.)* ver/vêr dwaal; ~ *free* los loop, in die veld wei; ~ *from ...* *to ...* van ... tot ... wissel; ~ *o.s.* *on s.o.'s side* jou aan iem. se kant skaar; *it ~s over ...* dit strek ... ver/vêr; dit omvat ... **~finder** afstandmeter.
**rang·er** swerwer; veld-, boswagter; berede polisieman/soldaat; *(Am.)* kommandosoldaat.
**rang·ing** opstelling; omswerwing; *(rad.)* aftasting. ~ **pole,** ~ **rod** *(landm.)* peilpaal(tjie).
**rang·y** slank, (lank en) skraal.
**rank¹** *n.* ry, gelid; rang; stand; graad; (taxi)staanplek; *(skaak)* gelid; *(ook, i.d. mv., mil.)* manskappe; *break* ~*(s)* uit die gelid tree; *close (the)* ~*s, (ook fig.)* die geledere sluit; ~ *of corporal* korporaalsrang, korporaalskap; *with depleted* ~*s* met uitgedunde geledere; *the* ~ *and* **fashion** die elite; *the* ~ *and* **file** die laer range *(of* gewone soldate); die gewone lede; die gewone mense; die laer stande; *give* **first** ~ *to ...* die eerste plek aan ... toeken; *a player of the* **first** ~ een van die (aller)beste spelers; *in the* **front** ~, *(lett.)* in die voorste ry; *(fig.)* van die eerste rang; *hold a* **high** ~ 'n hoë rang beklee; *join the* ~*s* soldaat word; *join the* ~*s of ...* jou by ... skaar; *keep* ~*(s)* in die gelid bly; *persons of* ~ mense van stand; *other* ~*s* manskappe, minderes; *pull* ~ *on s.o.* iem. met jou (groter) gesag (probeer) oordonder/imponeer; *quit the* ~*s* uit die gelid tree; *reduce s.o. to the* ~*s, (mil.)* iem. degradeer; *rise from/through the* ~*s* van onder af opkom. **rank** *ww.* (rang)skik, in orde stel, in gelid (op)stel; stel, plaas; klassifiseer; beskou/geag word; getel word, tel; op die ranglys plaas; boaan staan, 'n vername plek inneem; ~ *above ...* in rang bo ... staan; ~ *after/below ...* in rang op ... volg; ~ *among ...* onder ... tel *(of* getel word), 'n plek onder ... inneem; ~ *as ...* as ... beskou word; ... wees; **first**-~*ed player* eerste speler op die ranglys; ~ *off* in gelid afmarsjeer; ~

*with ...* met ... gelykstaan, op een lyn met ... staan; ~ *s.o./s.t.*
**with ...** iem./iets met ... gelykstel, iem./iets op een lyn met ... stel.
**rank²** *adj.* te welig/geil/vet, (te) weelderig; vervuil; galsterig, rens, suur, stink(end); walglik, aan-, afstootlik; *(attr.), (gew. neerh.)* absolute *(onnoselheid ens.);* volslae, louter(e), klinkklare, die grootste *(onsin);* flagrante *(onregverdigheid ens.);* ongehoorde *(verwaandheid ens.);* rou *(amateur ens.);* uiterste *(konserwatief ens.);* grow ~ woeker; *it is* ~ *treason* dis niks anders as verraad nie. **rank·ness** geilheid, geilte, weligheid; galsterigheid *(v. botter).*
**rank·er** manskap. ~ **(officer)** offisier uit die gelid.
**rank·ing** *n.* rangskikking, opstelling; rangorde; *list of* ~*s* ranglys. **rank·ing** *adj., (hoofs. Am.)* hooggeplaas; senior; ~ *historian* geskiedskrywer van rang/naam; ~ *officer* offisier met die hoogste rang; ~ *official* hooggeplaaste amptenaar. ~ **list** ranglys.
**ran·kle** leed veroorsaak; *(fig.)* knaag, vreet; *(fig.)* skryn; *s.t.* ~*s (with) s.o.* iets krap aan iem..
**ran·sack** deursoek, -snuffel, fynkam; plunder, roof, rowe; beroof.
**ran·som** *n.* losprys, -geld; vrylating; *hold s.o. to* ~ 'n losprys van iem. eis; iem. afdreig; *not for a king's* ~ vir geen geld ter wêreld nie. **ran·som** *ww.* los, vry-, los-, afkoop; afdreig; losgeld eis vir.
**rant** *n.* hoogdrawende taal, bombasme; grootpratery; gebulder. **rant** *ww.* bombastiese taal gebruik; grootpraat; tekere *(of* te kere) gaan, tekeregaan, (uit)bulder, uitvaar; ~ *and rave* raas/vloek en skel. **rant·er** skreeuer; grootprater. **rant·ing** *adj.* tierend.
**ra·nun·cu·lus** *-culuses, -culi* ranonkel.
**rap¹** *n.* tik, slag; klop; *(infml.)* berisping; *(mus.)* rap(musiek), kletsrym; *(infml., hoofs. Am.)* geselsie; *(infml., hoofs. Am.)* aanklag(te); *beat the* ~, *(infml.)* vrykom; *get a* **bum** ~, *(infml.)* onverdiend gestraf word; *get a* ~ *on/over the* **knuckles** op die vingers getik word; *take the* ~, *(infml.)* die gelag betaal, die gevolge dra. **rap** *-pp-, ww.* tik; klop; berispe; afkeur; *(mus.)* rap, kletsrym; *(infml., hoofs. Am.)* gesels, klets, praat; →RAPPER, RAPPING; ~ *at the door* aan die deur klop; ~ *s.o. on/ over the knuckles/fingers* iem. op die vingers tik; ~ *s.t. out* iets (uit)blaf, iets kortaf uiter *(bevele ens.).* ~ **(music)** rap(musiek), kletsrym. ~ **sheet** *(Am., infml.)* misdaadrekord.
**rap²** *n.: not care/give a* ~, *(infml.)* geen/g'n *(of* nie 'n) flenter omgee nie.
**ra·pa·cious** roofgierig, -sugtig; hebsugtig, inhalig, (geld)gierig, gulsig. **ra·pa·cious·ness, ra·pac·i·ty** roofgierigheid, roofsug; hebsug, inhaligheid, (geld)gierigheid, gulsigheid.
**rape¹** *n.* verkragting; skending *(v.d. reg ens.);* roof, plundering *(v. 'n plek); (poët., liter.)* ontvoering, wegvoering. **rape** *ww.* verkrag; skend *(d. reg ens.);* roof, plunder *('n plek); (poët., liter.)* ontvoer, wegvoer. **rap·ist** verkragter.
**rape²** *n.* koolraap. ~ **oil** raapolie. **~seed** raapsaad, kool(raap)saad.
**rap·id** *n. (gew. i.d. mv.)* stroomversnelling, snelstroom; *shoot the* ~*s* oor die stroomversnellings (heen)skiet. **rap·id** *adj. & adv.* vinnig, snel; vlugtig, gou; skielik; fluks *(werktempo ens.);* ~ *river* snelstromende rivier. ~ **eye movement** *(afk.:* REM*)* vinnige oogbewegings. ~ **fire** *n.* snelvuur. **~-fire** *adj., (ook fig., v. vrae ens.)* snelvuur-. **~-firing gun** snelvuurkanon; *(i.d. mv.)* snelvuurgeskut. ~ **transit** snelvervoer.
**ra·pid·i·ty** snelheid, vinnigheid.
**rap·id·ly** *adv.* vinnig, snel.
**ra·pi·er** rapier.
**rap·per** *(mus.)* rapper, kletsrymer.
**rap·ping** getik, geklop; *(mus.)* gerap, kletsrym.
**rap·port** verstandhouding; ooreenkoms; vertroudheid, rapport, (aan)voeling; betrekking, verhouding, verband; *be in*

~ *with s.o.* 'n goeie verstandhouding met iem. hê; *point of* ~ punt van ooreenkoms. **rap·por·teur** rapporteur, referent.

**rap·proche·ment** *(Fr.)* toenadering *(tuss. lande).*

**rapt** *(fig.)* weggevoer, meegesleep; verruk, opgetoë; versonke; *listen with* ~ *attention* met gespanne aandag luister.

**rap·tor** roofvoël. **rap·to·ri·al** roof-; roofvoël-; ~ *bird* roof-voël.

**rap·ture** verrukking, vervoering, geesdrif, ekstase; opge-toënheid; *be in* ~*s, be filled with* ~ verruk *(of* in vervoering/ ekstase) wees; *go into* ~*s* in vervoering/ekstase raak. **rap·tur·ous** verruk, in verrukking, opgetoë, ekstaties, in ekstase.

**rare**[1] skaars; buitengewoon, seldsaam; weinig gebruiklik, on-gebruiklik; dun, yl *(atmosfeer ens.);* pragtig; *a* ~ *sight* 'n seld-same gesig; ~ *species* skaars dier/plant. ~**-earth element/ metal** *(chem.)* seldsame aardelement/-metaal. ~ **gas** *(chem.)* edelgas.

**rare**[2] ongaar, halfrou *(vleis);* sag gekook, saggekook *(eier).*

**rare·bit** →WELSH RABBIT.

**rar·e·fac·tion** verdunning, veryling, rarefaksie.

**rar·e·fied** yl, verdun; ~ *atmosphere* dun/yl atmosfeer.

**rare·ly** selde, min, by uitsondering; *very* ~ baie/uiters selde, by hoë uitsondering.

**rare·ness** seldsaamheid, skaarsheid.

**rar·ing:** *be* ~ *to go,* *(infml.)* jeuk om te begin *(of* weg te spring).

**rar·i·ty** seldsaamheid, skaarsheid; rariteit; dunheid, ylheid *(v.d. lug).*

**ras·cal** *(dikw. skerts.)* rakker, skelm, karnallie, vabond, niks-nut(s); *you young* ~*!* jou klein klits!. **ras·cal·i·ty** skelmheid, kattekwaad, streke. **ras·cal·ly** skelm, onnutsig.

**rash**[1] *n.* (vel-/huid)uitslag, brand; *get* (or *break/come out in) a* ~ uitslaan, 'n uitslag kry; *a* ~ *of ...,* *(infml.)* 'n vlaag/stort-vloed/(vloed)golf/stroom (van) ... *(kritiek);* 'n (hele) rits ... *(ongelukke, oproepe);* 'n dramatiese toename in ... *(aanvalle, rooftogte).*

**rash**[2] *adj.* onbesonne, roekeloos, vermetel, ondeurdag, on-bekook; oorhaastig, voortvarend, voorbarig. **rash·ness** on-besonnenheid; voortvarendheid, oormoedigheid.

**rash·er** sny, reep; *a* ~ *of bacon* 'n reep spek; *a* ~ *of ham* 'n sny ham.

**rasp** *n.* rasper; raspergeluid. **rasp** *ww.* rasper, skraap; krap; laat gril; kras; ~ *s.t. out* iets uitkrys.

**rasp·ber·ry** *n.* framboos; framboosdrank; framboosrooi; *(Br., infml.)* minagtende proesgeluid; *blow a* ~ minagtend proes; *get a* ~ *from s.o.* deur iem. uitgejou word; *give s.o. a* ~ iem. uitjou. **rasp·ber·ry** *adj.* framboosrooi, -kleurig. ~ **cordial** framboosdrank.

**rasp·er** rasper; raspermasjien.

**rasp·ing:** ~ *off* afrasping; ~ *voice* kraakstem, krassende stem.

**Ras·ta** *(afk. v.* Rastafarian) Rasta. ~ **man** Rastaman.

**Ras·ta·far·i·an** *n.* Rastafariër *(ook r~).* **Ras·ta·far·i·an** *adj.* Rastafaries *(ook r~).* **Ras·ta·far·i·an·ism** Rastafarianisme *(ook r~).* Rastafariese geloof *(ook r~).*

**ras·ter** raster *(op 'n TV- of rekenaarskerm).*

**rat** *n.* rot; *(infml., neerh.)* oorloper, afvallige, renegaat, weg-loper; *(infml., neerh.)* onderkruiper; *(infml., neerh.)* skobbejak, skurk; *(infml., neerh.)* verklikker; polisiespioen; →RATTY; *a plague of* ~*s* 'n rot(te)plaag; *smell a* ~ hond se gedagte kry, lont ruik, onraad merk. **rat** -tt-, *ww.* rotte jag/vang; *(infml.)* afvallig word, oorloop; *(infml.)* onderkruip; *(infml.)* uitlap, verklap, verklik, verraai; *(infml.)* laat vaar; →RATTED, RATTER, RATTING; ~ *on s.o.,* *(infml.)* iem. verraai. ~**bag** *(Br. sl.)* vuilgoed, skurk. ~**catcher** rot(te)vanger. ~**hole** *(infml.)* krot, hool; *(oliebedryf)* vlak borgat; *pour ... down the* ~, *(Am., infml.)* ... in 'n bodemlose put stort. ~ **kangaroo** *(soöl.)* rot-kangaroe. ~**pack** *(infml.,neerh.,joern.)* spul/trop bloedhonde. ~ **plague** rot(te)pes. ~ **poison** rot(te)gif. ~**proof** rotdig. ~ **race** *(infml.)* dolle gejaag *(na sukses).* ~ **run:** *use a* ~ ~, *(infml.)*

kortpad deur 'n woonbuurt kies *(in spitstye).* ~**-tail** rotstert. ~ **trap** rot(te)val; haglike situasie, penarie, verknorsing; *(infml.)* krot, hool.

**rat·a·ble, rate·a·ble** belasbaar; belastingpligtig; ~ *value* belasbare waarde. **rat·a·bil·i·ty, rate·a·bil·i·ty** belasbaarheid, belastingpligtigheid.

**rat·a·fi·a** ratafia, amandellikeur.

**rat-(a-)tat, rat-(a-)tat-tat** *(onom.)* tok-tok, klop-klop.

**ra·ta·touille** *(Fr. kookk.)* ratatouille, ratjietoe.

**ratch·et** *n.* sper-, palrat. **ratch·et** *ww.:* ~ *up s.t.* iets ver-meerder/verhoog/opstoot *(of* laat oplaai) *(produksie, span-ning, verwagtinge, ens.).* ~ **drill** ratelboor. ~ **effect** *(ekon.)* (vang)ratwerking, rateffek *(by rentekoerse).* ~ **gear** palwerk, sper-, palrat. ~ **pawl** ratpal, sperklink. ~ **spanner,** ~ **wrench** ratelsleutel. ~ **wheel** pal-, sperrat, tandskyf.

**rate** *n.* skaal, tarief; standaard, maatstaf; koers, voet; waarde, prys; spoed, snelheid; tempo; syfer, eenheid; graad, klas; *(gew. i.d. mv.)* eiendoms-, erfbelasting, plaaslike belasting; ~ *of acceleration,* *(fis.)* versnellingstempo; ~ *of advance,* *(mil.)* opmarstempo; vorderingstempo; *at any* ~ in elk/ieder/ alle geval, ten minste; *at the* ~ *of ...* teen *(die koers/tarief* van) ...; *at a cheap* ~ goedkoop; ~ *of cooling* (af)koel-, verkoelingstempo; ~ *of development* ontwikkelingstempo; ontwikkelingskoers; *flat* ~ 'n eenvormige tarief; *at a great/ rapid/terrific* ~, *at a* ~ *of knots,* *(infml.)* in/teen 'n vinnige/ geweldige tempo, in *(of* teen 'n) dolle vaart, met 'n (vinnige/ vlieënde) vaart, blitsvinnig, blitsig; *sell s.t. at a high* ~ iets duur *(of* vir 'n hoë prys) verkoop; ~ *of movement,* *(meg.)* gang; ~ *of pay/wages* loontarief; ~ *of return* opbrengskoers; ~*s and taxes* eiendomsbelasting en diensgelde, munisipale belasting(s). **rate** *ww.* skat, waardeer, takseer, valueer; aan-slaan; beoordeel, beskou, reken; beraam, bepaal, vasstel; be-reken; belas; verdien, in aanmerking kom vir; gereken word; *(Am.)* verdien, waardig wees; ~ *s.o./s.t. among/with ...* iem./ iets onder ... reken; *s.o./s.t.* ~*s as ...* iem./iets geld as ...; ~ *s.o./ s.t. highly* iem./iets hoog aanslaan; *s.o. does not* ~ *high(ly)* iem. staan nie hoog aangeskrewe nie. ~**payer** (plaaslike) belastingbetaler; belastingpligtige. ~**payers' association** be-lastingbetalersvereniging.

**rate·a·ble** →RATABLE.

**rat·ed** bereken, beskou; ontwerp-; ~ *capacity* ontwerpver-moë; ~ *load* ontwerpbelasting.

**ra·tel** ratel; →HONEY BADGER.

**ra·ther** liefs, liewer(s), (veel) eerder, by voorkeur; taamlik, effe(ns), effentjies, nogal, ('n) bietjie, ietwat, bra, enigsins, vry; *be* ~ *early* ('n) bietjie vroeg wees; ~ *good* nogal goed; ~ *long* langerig; ~ *more than a hundred* goed/ruim honderd; *much* ~ veel eerder/liewer(s); ~ *not* liefs/liewer(s) nie; ~ *pretty* nogal mooi, mooierig; *it* ~ *seems to me ...* dit wil my voorkom ...; ~ *short* korterig; *be* ~ *surprised* nogal/ietwat verbaas wees; ~ *than ...* liewer(s) as (om) ...; in plaas van ...; ~ *you than me* liewer jy as ek.

**rat·i·fy** bekragtig, ratifiseer. **rat·i·fi·ca·tion** bekragtiging, goed-keuring, ratifikasie; *subject to* ~ onderworpe aan bekrag-tiging.

**rat·ing** skatting; aanslag; waardering, taksering, taksasie; waardebepaling, -skatting; beoordeling, tariefbepaling; be-dryfsvermoë; groepering, klas, stand, graad; (plaaslike) be-lasting; matroos, manskap *(ter see);* *(gew. i.d. mv.),* *(rad.)* luistersyfer, *(TV)* kyksyfer; *credit* ~ kredietstand, -waardig-heid; *top the* ~*s* die hoogste luister-/kyksyfer behaal. ~ **policy** tarief-, tariewebeleid. ~ **system** tarief-, tariewestelsel.

**ra·ti·o** -tios verhouding; verhoudingsgetal; grond, rede, ratio; *in the* ~ *of 3 to 10* in die verhouding 3 tot 10.

**ra·tion** *n.* rantsoen, porsie; *(ook, i.d. mv.)* rant-soen(e), voedsel, kos, provisie; *on short* ~*s* op halwe rant-socn. **ra·tion** *ww.* op rantsoen sit, rantsoeneer; ~ *s.t. out* iets uitdeel; ~ *s.o. to ...* iem. net ... toelaat. **ra·tion·ing** *n.* rant-soenering.

**ra·tion·al** redelik; billik; verstandig, rasioneel; *(wisk.)* meet= baar, rasionaal; ~ *number* meetbare/rasionale getal. **ra·tion= ale** grondrede, ratio, opgaaf/opgawe van redes, logiese/re= delike grond, beredeneerde opgaaf/opgawe, (redelike) uit= eensetting, beredenering; *the ~ behind/for/of s.t.* die logika agter iets, die grond(e)/grondrede *(of* logiese verklaring) vir iets. **ra·tion·al·i·sa·tion, =za·tion** rasionalisasie; *(ekon.)* rasionalisering, sanering. **ra·tion·al·ise, =ize** rasionaliseer, verstandelik uitlê/verklaar; *(ekon.)* rasionaliseer, saneer; *(wisk.)* rasionaal maak, worteltekens verwyder. **ra·tion·al= ism** rasionalisme, redegeloof, redelike godsdiens. **ra·tion= al·ist** *n.* rasionalis. **ra·tion·al·is·tic** rasionalisties. **ra·tion·al= i·ty** redelikheid; rasionaliteit; denkvermoë.

**rat·ite** *(orn.)* loopvoël.

**ra·toon** (suikerriet)spruit; *(i.d. mv.)* (suikerriet)spruite, =op= slag.

**rats** *tw.* deksels!, verbrands!.

**rat·tan** rottang, spaansriet. ~ **(cane)** (rottang)kierie.

**rat-tat, rat-tat-tat** →RAT-(A-)TAT, RAT-(A-)TAT-TAT.

**rat·ted** *adj.: get ~, (Br. sl.)* smoordronk word, hoenderkop *(of* lekker gekoring/getrek) raak.

**rat·teen, ra·tine** *(tekst.)* ratyn.

**rat·ter** rot(te)vanger; *(infml., neerh.)* oorloper, afvallige, dros= ter.

**rat·ting** rot(te)vangery; *(infml., neerh.)* oorlopery.

**rat·tle** *n.* ratel; *(speelding)* rammelaar; klopper; geratel, ge= rammel; geraas; geroggel; gebabbel, geklets, gekekkel. **rat= tle** *ww.* ratel, raas; rammel; kletter; babbel, klets; roggel; klapper; van stryk (af) bring, verbouereer, verbouereerd maak, onthuts; senuweeagtig maak; ~ *along/away/on* voortbabbel, =klets; *be ~d by s.t., (infml.)* deur iets van stryk (af) gebring word; ~ *down a road, ('n voertuig)* by die straat aframmel, straataf rammel; *get ~d, (infml.)* verbouereerd *(of* van stryk [af]) raak; ~ *s.t.* **off** iets aframmel; ~ *a bill* **through,** *(parl., infml.)* 'n wetsontwerp deurja(ag); ~ *up an anchor* 'n anker ophys/=haal; ~ *up a good score, (kr., infml.)* vinnig 'n stewige telling opstapel. ~**snake** ratelslang. ~**trap** *n.* lendelam rytuig; tjor(rie), rammelkas, skedonk. ~**trap** *adj.* lendelam.

**rat·tler** rammelaar; *(Am., infml.)* ratelslang.

**rat·tling** ratelend; *(infml.)* vinnig, snel; *a ~ pace* 'n vinnige vaart.

**rat·ty** vol rotte, rot(te)=; *(infml.)* katterig, iesegrimmig, vie= serig, beneukterig.

**rau·cous** skor, hees; skel *(stem ens.).* **rau·cous·ness** skor= heid, heesheid; skelheid.

**raun·chy** =chier =chiest, *(infml.)* wellustig, sin(ne)lik, seks= behep; prikkelend, uitlokkend, uitdagend; vulgêr, boers, kru, plat, grof.

**rau·wol·fi·a, rau·vol·fi·a** *(bot.)* rauwolfia.

**rav·age** *n. (dikw. i.d. mv.)* vernieling, verwoesting, plunde= ring, skade; *the ~s of time* die tand van die tyd. **rav·age** *ww.* verniel, verwoes, plunder, stroop.

**rave** *n., (infml.)* ophemeling, lofuiting; geraas; *(infml.)* dans= party(tjie), fuif(party), jollifikasie, makietie, opskop; *(dans= byeenkoms, infml.)* rave; *(mus., infml.)* rave(-musiek); *s.t. is all the ~, (infml.)* iets is hoog in die mode. **rave** *ww.* raas, tekere *(of* te kere) gaan, tekeregaan, uitvaar; yl; *(infml.)* by 'n rave wees, 'n rave bywoon, rave; →RAVER, RAVING; ~ *about* ..., *(infml.)* met ... dweep, in vervoering/verrukking oor ... wees; ~ *against/at* ... teen ... uitvaar *(of* tekere gaan *of* te kere gaan *of* tekeregaan); *the storm ~d itself* **out** die storm het (hom) uitgewoed; ~ *it up, (infml.)* wild jolyt maak. ~ **culture** *(infml.)* rave-kultuur. ~ **notice,** ~ **review** ophemeling, opvyseling.

**rav·el** -ll- verwar, deurmekaar maak; losmaak; ~ *s.t. out* iets ontwar; *s.t. ~s out* iets rafel uit.

**ra·ven** *n.* raaf; *white-necked ~, (Corvus albicollis)* withalskraai. **ra·ven** *adj.* raaf=, pik=, gitswart.

**rav·en·ing** roofsugtig; gulsig, vraatsugtig; wild, woes; on= beheers(d), rasend, siedend.

**rav·en·ous** *(infml., gew. skerts.)* dood/vaal van die honger; uitgehonger(d); gulsig, vraatsugtig; verslindend; roofsug= tig.

**rav·er** besetene, waansinnige; *(Br., infml.)* partytjiedier, jol= ler, opskopper, bok vir sports; *(infml.: iem. wat raves toe gaan)* raver.

**ra·vine** (berg)kloof, skeur, ravyn.

**rav·ing** *n., (dikw. i.d. mv.)* geraas; yling; *ranting and ~* ge= raas/gevloek en geskel. **rav·ing** *adj.* ylend, deurmekaar; waansinnig, rasend, dol; *be a ~ beauty* beeldskoon *(of* asem= rowend/ongelooflik/verruklik mooi) wees; *be a ~ lunatic* stapelgek wees, heeltemal mal *(of* van jou trollie af) wees.

**ra·vi·o·li** *(It. kookk.)* ravioli.

**rav·ish** *(poët., liter.)* in verrukking bring, bekoor, betower, verruk; *(arg.)* (ontvoer en) verkrag, onteer, ontmaagd. **rav= ish·ing** *(ook)* verruklik.

**raw** *n., (hoofs. fig.)* seer plek; *in the ~* primitief, rou; *(infml.)* poedelkaal, =naak; *touch s.o. on the ~* 'n teer plek by iem. aanraak, 'n teer/tere snaar by iem. aanroer. **raw** *adj.* rou, ongekook; ongaar; ru, onbewerk; onbehandel(d); onverwerk; onervare, baar, groen; ongeoefen(d), onopgelei(d); seer, skry= nerig; onverbloem(d) *(emosies);* ~ *brick* rou steen, rousteen; ~ *coffee* ongebrande koffie; ~ *edge* ruwe kant; rafelkant, =rand; ~ *linseed oil* rou lynolie, roulynolie; ~ *material* grondstof; ~ *product* ruwe/onbewerkte produk; ~ *recruit* baar/ongeoefende rekruut; ~ *silk* ru-sy; ~ *taste* wrede smaak; ~ *water* ongesuiwerde/onbehandelde water; ~ *weather* gure weer; ~ *wool* ru(we) wol. ~**boned** maer en benerig, vel en been, brandmaer, uitgeteer.

**raw·hide** ongebreide/ongelooide/rou huid/vel. ~ **thong** rou riem.

**raw·ish** rouerig.

**raw·ness** guurheid; rouheid; baarheid.

**ray**[1] *n.* straal; ligstreep; *a bundle of ~s* 'n stralebundel; *a ~ of hope* 'n straal van hoop; *a ~ of light* 'n ligstraal; *a ~ of sunshine* 'n sonstraal. **ray** *ww.* (uit)straal, deurstraal, strale skiet. ~ **floret,** ~ **flower** rand=, straal=, lintblom. ~ **fungus** straalswam, =skimmel. ~ **gun** *(wet.fiksie)* straalpistool.

**ray**[2] *n., (igt.)* rog.

**ray**[3]**, re** *n., (mus.)* re.

**ray·on** *(tekst.)* rayon.

**raze, rase** sloop, afbreek; uitvee, uitwis, uitkrap, skrap; *s.t. was ~d by fire* iets het platgebrand *(of* plat gebrand); ~ *s.t. (to the ground)* iets vernietig/uitwis *(of* totaal verwoes *of* met die grond gelykmaak).

**ra·zor** skeermes. ~ **blade** skeer(mes)lem(metjie). ~ **cut** *n.* skeersnit. ~**cut** *ww.* skeerknip *(hare).* ~ **edge** snykant, skerp kant *(v. 'n skeermes);* skerp skeidslyn; *be on a ~* in 'n netelige toestand verkeer/wees; in lewensgevaar verkeer/wees, aan 'n draadjie hang; op 'n tweesprong staan. ~**edged,** ~**keen,** ~**sharp** vlymskerp. ~**shell** knipmesmossel. ~ **strop** skeer=, slypriem. ~ **wire** lemmetjiesdraad.

**ra·zor-like** vlymskerp.

**raz·zle:** *be/go on the ~, (infml.)* groot pret maak.

**raz·zle-daz·zle, razz·ma·tazz** opwinding, gewoel, druk= te; grootdoenery; lawaai.

**re**[1] *(Lat.)* insake, aangaande, na aanleiding van, met betrek= king tot, met verwysing na.

**re**[2] *(mus.)* →RAY[3] n..

**reach** *n.* bereik; armbereik; mag; omvang, uitgestrektheid, afstand; loop *(v. 'n rivier); be above s.o.'s ~, (lett.)* te hoog wees vir iem. om by te kom; *(fig.)* bo(kant) iem. se vuurmaakplek wees; *beyond the ~ of the eye* onafsienbaar; *the lower ~es* die benedeloop *(v. 'n rivier); be out of* ~ buite bereik wees; *the upper* ~*es* die boloop *(v. 'n rivier); be within* ~ binne bereik wees, byderhand/naby wees; *within easy* ~ *of* ... naby ... **reach** *ww.* uitstrek, uitsteek; bereik; bykom; aanreik; strek; reik; deurdring tot; aangee; ~ *across s.o./s.t.* oor iem./iets leun; ~ *back* agteroor leun *(om iets te vat ens.);* teruggryp *(na tradisionele waardes ens.);* terugstrek *(tot 1920 ens.);* ~ *back into the past* teruggryp na die verlede; ~ *for s.t.* die/jou hand na iets uitsteek/uitstrek; na iets reik; na iets gryp *('n geweer ens.); s.t.* ~*es from the Cape to Cairo* iets strek van die Kaap tot Kairo; ~ *high* hoog bykom; *the law cannot* ~ *it* dit val buite die (bestek van die) wet; ~ *land* land bereik; ~ *middle age* die middelbare/middeljarige leeftyd bereik; *the number has* ~*ed* ... die getal staan op ...; ~ *out for s.t.* jou hand uitsteek om iets te vat; ~ *out a hand* 'n hand uitsteek; ~ *out to s.o.* met iem. probeer kommunikeer *(of* kontak maak); ~ *a place* op 'n plek aankom/uitkom; ~ *one's target audience, (rad.)* jou teikengehoor bereik; ~ *to* ... tot ... reik; tot ... hoorbaar wees; ~ *up, ('n boom ens.)* opreik; op jou tone staan en jou arms strek *(om iets te doen); every word* ~*ed the audience* elke woord het op die gehoor indruk gemaak *(of* by die gehoor aanklank/byval/inslag gevind).

**reach·a·ble** bereikbaar; bekombaar; bykombaar.

**re·act** reageer; ~ *against* ... teen ... in verset kom; ~ *(up)on* ... op ... reageer; deur ... beïnvloed word; *s.o. is quick/ slow to* ~ iem. reageer vinnig/stadig; ~ *to* ... op ... reageer. **re·ac·tion** reaksie; uitwerking; teen-, teëstand; *in* ~ by wyse van reaksie; ~ *sets in* daar kom 'n reaksie, daar tree 'n reaksie in; *the* ~ *to(wards)* ... die reaksie op ... **re·ac·tion·ar·y** *n., (hoofs. pol.)* reaksionêr. **re·ac·tion·ar·y** *adj.* reaksionêr; terug-, teen-, teëwerkend. **re·ac·tive** reagerend. **re·ac·tor** reaktor; reaksievat, -ketel; kern-, atoomreaktor.

**re·ac·ti·vate** reaktiveer, weer in beweging bring. **re·ac·ti·va·tion** reaktivering.

**read** *n.* leesstof; *a beautifully written, compelling* ~ 'n pragtig geskrewe, meesleurende boek; *an easy* ~ 'n lekkerleesboek; *this book is a good* ~ dié boek lees lekker. **read** *adj.* gelees; belees; *be deeply* ~ goed belese wees; *take s.t. as* ~ iets as gelees/gelese beskou; *s.o. is well* ~ iem. is belese; iem. is gekonfyt *(in iets); a widely* ~ ... 'n belese ... *(pers.);* 'n algemeen gelese ... *(boek);* 'n veelgelese ... *(blad).* **read** *read read, ww.* lees; voorlees; verklaar, uitlê; raai; lui; studeer *('n vak); aflees ('n instr.); beoordeel; meet ('n temperatuur); deursien (iem.); proeflees, korrigeer (proewe); oplos ('n raaisel);* →READING; ~ *about s.t.* oor/van iets lees; ~ *all about it!* lees alles daarvan!; ~ *s.t. again* iets oorlees/herlees; ~ *aloud* hardop lees; ~ *s.t. back to s.o.* iets vir iem. teruglees; *the book* ~*s easily* die boek lees maklik *(of* is maklik om te lees); ~ *a dream* 'n droom uitlê; ~ *for* ... vir ... werk *('n graad);* vir ... studeer *('n eksamen);* ~ *(aloud) from a book* uit 'n boek voorlees; ~ *s.o.'s hand* iem. se hand lees; ~ ... *in, (rek.)* ... inlees *(teks, data, ens.);* ~ *too much into a report/etc.* te veel uit 'n verslag/ens. aflei; ~ *s.o.'s mind/thoughts* agterkom wat iem. werklik dink, besef wat iem. se ware gevoelens is; *the secretary* ~*s the minutes* die sekretaris lees die notule voor; ~ *s.t. off* iets aflees; ~ *on* verder/vêrder lees; ~ *s.t. out* iets voorlees/aflees; iets teruglees; ~ *s.o.'s silence as consent* iem. se (stil)swye as toestemming uitlê; ~ *s.t. over* iets oorlees; ~ *tea leaves* die toekoms in teeblare lees; *the thermometer* ~*s 30 degrees* die termometer wys 30 grade; ~ *through s.t.* iets deurlees; *the title* ~*s* ... die titel lui ...; ~ *s.t. to s.o.* iets aan/vir iem. (voor)lees; ~ *up (on) a subject* 'n onderwerp naslaan/bestudeer/nalees, jou in 'n onderwerp inwerk; ~ *widely* uitgebrei(d) lees. ~**-only memory** *(rek., afk.:* ROM) lees(alleen)geheue, permanente geheue. ~**-out** *n., (rek.)* uitlesing.

**read·a·ble** lesenswaardig; (maklik) leesbaar *('n geskrif).* **read·a·bil·i·ty** lesenswaardigheid.

**read·er** leser; keurder, (manuskrip)leser; proefleser; lees-

boek; leestoestel, -apparaat; *(ook, i.d. mv.)* lesers(kring); *an avid* ~ 'n ywerige leser. **read·er·ship** leserskring, leserstal.

**read·i·ly** geredelik, graag; maklik.

**read·i·ness** gereedheid, paraatheid; bereidwilligheid, gewilligheid; gemak; *be in* ~ gereed/klaar wees, in gereedheid wees; *hold s.t. in* ~ iets gereed/klaar hou; ~ *to learn* gewilligheid om te leer; *military* ~ militêre paraatheid; *in a state of* ~ in gereedheid; ~ *for war* strydvaardigheid; ~ *of wit* gevatheid.

**read·ing** *n.* lees, lesery; verklaring; vertolking, interpretasie; opvatting; lesing *(v. 'n teks);* voorlesing; lektuur, leesstof; leesstuk; *(parl.)* lesing *(v. 'n wetsontwerp);* meting, stand, (af)-lesing *(v. 'n instr.);* aanwysing; *the book is dull* ~ dis 'n droë boek; *what is your* ~ *of the facts?* hoe sien jy die feite?, wat is jou opvatting van die saak?; *be fond of* ~ graag lees; *light* ~ ontspanningsleesstof, -lektuur, ligte leesstof/lektuur; *at a second* ~ by herlesing; *the second* ~, *(parl.)* die tweede lesing *(v. 'n wetsontwerp); take a thermometer/etc.* ~ die stand van die termometer/ens. (af)lees; *wide* ~ (groot) belesenheid; *s.o. of wide* ~ 'n belese mens; *s.t. is worth* ~ iets is lesenswaardig. **read·ing** *adj.* lesend; lees-; ~ *public* leserskring, -publiek, lesende publiek. ~ *age* leesouderdom; *a* ~ *of seven* die leesvermoë/-vaardigheid van 'n sewejarige (kind). ~ **book** leesboek. ~ **glasses**, ~ **spectacles** leesbril. ~ **knowledge** leeskennis *(v. 'n taal).* ~ **lamp** studeer-, leeslamp. ~ **list** leeslys. ~ **matter** leesstof, lektuur. ~ **room** leessaal, -kamer.

**re·ad·just** verstel, oorstel, weer stel; herreël; herskik; opnuut orden; heraanpas. **re·ad·just·ment** verstelling, oorstelling; herreëling, herskikking; heraanpassing.

**re·ad·mit** *-tt-* weer toelaat, hertoelaat; heropneem. **re·ad·mis·sion** hertoelating; heropname. **re·ad·mit·tance** hertoelating; heropname.

**re·ad·ver·tise** weer/opnuut adverteer, heradverteer.

**read·y** *-ies, n.: at the* ~ gereed, in gereedheid, oorgehaal; slaggereed; *be at the* ~, *(ook)* gereed staan. **read·y** *adj. & adv.* klaar, gereed; paraat; bereid, gewillig; oorgehaal; snel, vlug, vinnig; byderhand, by die hand; geneig; bekwaam *(vir oes);* geredelik (beskikbaar); →READINESS; *all but* ~ amper/byna gereed; *too* ~ *to get angry* te geneig om kwaad te word, te gou op jou perdjie; *be* ~ *to depart* op die punt van vertrek staan; *be* ~ *for* ... klaar/gereed wees *(of* regstaan) vir ..., klaar wees om te ...; *get* ~ klaarmaak, gereed maak, in gereedheid kom, *(infml.)* die/jou vere regskud; *get s.t.* ~ iets gereed maak; iets in gereedheid bring; *get/make* ~ *for* ..., *(ook)* regmaak *(of* gereed maak) vir ...; *get/make* ~ *to* ..., *(ook)* (jou) klaarmaak om te ...; *good and* ~, *(infml.)* heeltemal gereed; *make s.t.* ~ iets klaarmaak *(of* gereed maak *of* in gereedheid bring); ~ *to march* marsvaardig; ~ *market* goeie mark; *have a* ~ *pen* vaardig met die pen wees; *quite* ~ heeltemal gereed/klaar; ~ *for the road* reisvaardig; padvaardig; marsvaardig; ~ *sale* vinnige verkoop, gerede/vlot afset; *stand* ~ gereed wees; ~, *steady, go!* op julle/jou merke, gereed, weg!, een, twee, drie!; *be* ~ *to* ... gereed wees om te ...; *be much too* ~ *with s.t.* glad te kontant wees met iets *(jou vuiste ens.); always be* ~ *with s.t.* altyd iets klaar hê, altyd met iets klaar wees *('n antwoord ens.).* **read·y** *ww.* klaarmaak, gereed maak, in gereedheid bring, voorberei. ~ **cash** →READY MONEY. ~**-cooked** *adj. (attr.)* klaargaar, vooraf gekookte. ~**-made** *adj. (attr.)* klaar vir gebruik, pasklaar, klaar gemaak/gekoop; ~ *suit* winkelpak. ~**-mixed** *adj. (attr.)* aangemaak; ~ *paint* klaar/aangemaakte verf. ~ **money**, ~ **cash** kontant(geld). ~ **position** gereedheidshouding. ~**-to-eat** *adj. (attr.)* klaargaar. ~**-to-wear** *adj. (attr.)* drageread.

**re·af·firm** herbevestig, opnuut bevestig/bekragtig. **re·af·fir·ma·tion** herbevestiging.

**re·af·for·est** weer bebos, herbebos, weer met bos beplant. **re·af·for·es·ta·tion** herbebossing.

**re·a·gent** *(chem.)* reageermiddel, reagens, teen-/teëwerkende middel. **re·a·gen·cy** reaksievermoë.

**real**[1] *n.: for ~, (infml.)* werklikwaar; *be for ~, (infml.)* eg wees; ernstig bedoel wees; opreg wees; *the ~* die werklikheid. **real** *adj.* werklik, waar, wesen(t)lik, eintlik, reëel; daadwerklik; feitlik; aktueel; eg; *(jur.)* saaklik; →REALISE, REALISM, REALIS= TIC, REALITY, REALLY; *have a ~ chance of winning* 'n uit= stekende kans hê om te wen; *there is a very ~ danger of/ that* ... iets loop groot gevaar om te ..., daar is/bestaan 'n wesen(t)like gevaar dat ...; *get ~!, (Am.)* moenie besimpeld wees nie!, kry jou kop in rat!, waar kom jy vandaan?, word wakker!; *offer ~ hope* werklike hoop bied; *a ~ idiot* 'n regte aap/skaap; *in ~ life* in die werklikheid; *it's a ~ miracle* dis 'n absolute wonderwerk, dis niks minder as 'n wonderwerk nie; *there is a very ~ possibility that* ... daar is 'n besliste *(of* daar bestaan 'n baie sterk) moontlikheid dat ...; *the ~ reason for s.t.* die werklike rede vir iets; *~ silk* egte sy; *be a ~ Springbok/etc.* 'n pure *(of* deur en deur 'n) Springbok/ens. wees; *be the ~ thing, (infml.)* eg *(of* die ware Jakob/jakob) wees; *welcome to the ~ world* welkom in die werklikheid. **real** *adv.* werklik, regtig; *a ~ fine day* 'n regte lekker dag, regtig 'n lekker dag; *a ~ live tiger/etc.* 'n regte, egte tier/ ens.. ~ **ale**, ~ **beer** *(Br.: vatbier sonder ekstra gasdruk)* egte bier. ~ **estate**, ~ **property** (vaste/onroerende) eiendom, vasgoed. ~ **income** reële inkomste. ~ **load** *(teg.)* werklike las/belasting. ~ **number** *(wisk.)* reële getal. ~ **right** *(jur.)* saaklike reg. ~ **time** *(rek.)* reële tyd. ~**-time** *adj. (attr.), (rek.)* intydse *(horlosie, verwerking, stelsel, ens.).* ~ **wage** reële loon. ~ **yellowwood** *(Podocarpus latifolius)* opregte geelhout.

**real**[2] *real(e)s, n. (hist. Sp. munt; geldeenheid v. Bras.)* reaal.

**re·al·gar** *(min.)* realgar, rooiglas, arseenrooi, robynswa(w)el.

**re·a·lign** weer rig; herskik; hergroepeer; *(mot.)* herspoor; *~ o.s. with* ... jou houding jeens *(of* ten opsigte van) ... verander; jou weer/opnuut agter/by ... skaar. **re·a·lign·ment** herskikking; verskuiwing; *(mot.)* hersporing.

**re·al·ise**, =**ize** besef, bewus wees/word van, weet, insien; verwesen(t)lik, verwerklik, tot werklikheid maak; *(mus.)* re= aliseer *('n besyferde bas ens.); (fin.)* te gelde *(of* tot geld) maak, realiseer; haal, opbring, oplewer *('n prys);* maak *('n fortuin, wins);* likwideer *('n boedel); make s.o. ~ s.t.* iem. iets bybring *(of* aan die verstand bring); *~ o.s.* jou potensiaal bereik; jou ideale verwesen(t)lik; jou uitleef; *realising/-izing the risk/ etc. s.o.* ... onder die besef van die risiko/ens. het iem. ...; *~ that* ... besef *(of* tot die besef/insig kom) dat ... **re·al·is·a·ble**, =**iz·a·ble** verwerklikbaar. **re·al·i·sa·tion**, =**za·tion** besef, be= wuswording; realisasie, realisering; verwesen(t)liking, ver= werkliking, vervulling; totstandkoming; realisasie, tegelde= making; *come to the ~ that* ... besef *(of* tot die besef/insig kom) dat ...

**re·al·ism** realisme, werklikheidsin; aanskoulikheid. **re·al·ist** *n.* realis.

**re·al·is·tic** realisties.

**re·al·i·ty** werklikheid, wesen(t)likheid, realiteit; *become a ~* werklikheid word, verwesen(t)lik word; *s.t. is divorced from ~* iets is ver/vêr van die werklikheid; *the harsh ~* die harde/rou/wrede werklikheid; *in ~* in werklikheid, werklik, waarlik, inderdaad; in feite; *sense of ~* werklikheidsin, werk= likheidsbesef. ~ **TV** realiteits-TV.

**re·al·lo·cate** hertoewys *(geld ens.).* **re·al·lo·ca·tion** hertoe= wysing.

**re·al·ly** werklik, in werklikheid, waarlik, regtig, inderdaad; waaragtig; tog; darem; bra; *then s.o. became ~ angry* toe word iem. éérs kwaad; *(not) ~?* werklik?, regtig?, sowaar?, ag/o so?, wat vertel jy my?, haai!, nooit!, ag kom (nou)!; nou toe nou!; *~ and truly* weldeeglik, waarlikwaar.

**realm** gebied, terrein; *(arg. of poët., liter. of jur.)* ryk, koninkryk; *the ~ of the dead* die doderyk; *the ~ of nature* die natuurryk.

**re·al·po·li·tik** *(D.)* realpolitik.

**re·al·ty** *(jur.)* vasgoed, vaste eiendom, onroerende goed. **re·al·tor** *(Am.)* eiendomsagent, =makelaar.

**ream**[1] *n., (hoeveelheid papier)* riem.

**ream**[2] *ww.* ruim; verwyd, wyer maak; uitboor; *(Am.)* uitpers *(sitrusvrugte); ~ing machine* ruimmasjien.

**ream·er** *(stuk gereedskap)* ruimer; ruimnaald; *(Am.)* sitrus= pers. ~ **bit** ruimboor.

**re·an·i·mate** weer besiel; laat herleef/herlewe. **re·an·i·ma= tion** herlewing.

**reap** maai; oes, inoes; insamel; pluk; *consider the ravens: for they neither sow nor ~* (or *they do not sow or ~), (AV/NIV), (Luk.* 12:24) kyk na die kraaie, want hulle saai nie en hulle maai nie *(of* hulle saai nie en oes nie) *(OAB/NAB).* **reap·er** maaier, snyer, oester; snymasjien; *the (Grim) R~* die Dood.

**reap·ing** maaiery, oestery, oeswerk, insameling. ~ **hook** sekel. ~ **machine** sny=, maaimasjien, selfbinder, selfbindmasjien.

**re·ap·pear** weer verskyn, herverskyn. **re·ap·pear·ance** her= verskyning.

**re·ap·ply** weer/opnuut aansoek doen; weer/opnuut aanwend.

**re·ap·point** weer aanstel; herbenoem. **re·ap·point·ment** heraanstelling; herbenoeming.

**re·ap·praise** herwaardeer; hersien, heroorweeg. **re·ap·prais= al** herwaardering; hersiening, heroorweging; herbetragting.

**rear**[1] *n.* agterhoede; rug; agterkant; agtergrond; *(infml.)* ag= terent, agterstewe; *at the ~* agter, aan die agterkant; *at the ~ of* ... agter ...; *bring up the ~* die agterhoede vorm; *from the ~* van agter (af); *go to the ~* agtertoe gaan; *(infml.)* 'n draai gaan loop; *in the ~* agter; *get a kick in the ~, (infml.)* 'n skop onder die/jou agterstel/sitvlak kry; *second from the ~* naasagter. ~ **admiral** *(vloot)* skout-admiraal. ~ **brake** agterrem. ~ **entrance** agteringang. ~ **exit** agter-uitgang. ~**guard** agterhoede. ~**guard action** agterhoedegeveg. ~ **light** agterlig. ~ **view** agteruitsig. ~**-view mirror** truspieël(tjie). ~**- wheel** agterwiel. ~**-wheel drive** *n.* agterwielaandrywing. ~**- wheel-drive** *adj. (attr.)* agterwielaangedrewe. ~ **wind** mee= wind, rugwind, wind van agter.

**rear**[2] *ww.* grootmaak; oplei, vorm; teel, kweek; opsteek; stei= er; (op)lig, ophef, verhef; oprys, jou (op)lig; ~ *a building* 'n gebou oprig; ~ *children* kinders grootmaak; ... ~*s its head, ('n slang)* ... lig sy kop, ... (gaan) staan regop; ... ~*s its (ugly) head (again), ('n onaangename saak)* ... steek (weer) kop uit; *the horse ~s* die perd steier; ~ *up, ('n perd)* steier, op sy agterpote gaan staan; *('n gebou ens.)* uittroon, hoog uitsteek; *(fig.)* jou opruk, op jou perdjie klim. **rear** *adj.* agterste, agter=.

**re·arm** weer bewapen, herbewapen. **re·arm·a·ment** herbe= wapening.

**rear·most** heel agterste.

**re·ar·range** herrangskik, verander, herskik, anders skik; her= reël; herindeel. **re·ar·range·ment** herrangskikking, omskik= king; herindeling.

**rear·ward** *adj.* agterste, agter=; agterwaarts. **rear·ward, rear·wards** *adv.* (na) agtertoe, agteruit; in die agter= hoede.

**rea·son** *n.* rede *(vir/tot iets);* (die) rede, verstand; dryf= veer, motief; oorsaak, aanleiding; grond; redelikheid, billik= heid; *against ~* strydig met die rede; *be beyond (all) ~* buitensporig wees; *by ~ of ..., (fml.)* weens/vanweë ...; omrede (van) ...; op grond *(of* uit krag) van ...; uit hoofde van ...; *for a ~* om 'n rede; *give ~s for s.t.* iets motiveer; *for no ~* sonder rede; *for obvious ~s* om verklaarbare redes; *for the slightest ~* by die geringste aanleiding; *for some ~ or (an)other* om (die) een *(of* ander rede; *for that ~* daarom, daaroor, om dié/daardie rede; derhalwe; *for that very ~* juis om dié/daardie rede; *for this ~* hierom, hieroor, om dié/ hierdie rede; *not for this or that ~* nie hieroor of daaroor nie; *for whatever ~* om watter rede ook (al); *have (every) ~*

*to* ... *(alle)* rede hê om te ...; **hear** *(or* **listen** *to)* ~ na rede luister, rede verstaan; *there is* ~ *in what s.o. says* daar sit waarheid in wat iem. sê; *in/within* ~ redelikerwys(e); *do anything in/within* ~ alles doen wat redelik is; *the main* ~ die hoofrede, die vernaamste rede; *no earthly* ~ *(or* ~ *under the sun) why* ... geen rede hoegenaamd *(of* op aarde) waarom ... nie; *there is* **no** ~ *to* ... daar is geen rede om te ... nie; *see* ~ tot besinning kom, rede verstaan; *bring s.o.* *to* ~ iem. tot besinning bring, iem. rede laat verstaan; *give s.o.* ~ *to* ... iem. aanleiding gee om te ...; *be open* **to** ~ vir oortuiging vatbaar wees; *it stands* **to** ~ dit spreek vanself *(of* is vanselfsprekend); dit lê voor die hand; dit is te be= grype/verstaan; *it stands* ~ *that* ..., *(ook)* uiteraard ...; *with (good)* ~ tereg, met reg. **rea·son** *ww.* redeneer, argu= menteer; beredeneer; bespreek; ~ *s.t. away* iets wegrede= neer; ~ *s.t. out* iets uitredeneer; iets bereken *(d. gevolge ens.)*; ~ *with s.o.* met iem. redeneer. **rea·son·a·ble** billik, redelik, aanvaarbaar; verstandig; ~ *doubt* gegronde twyfel; *find s.t.* ~ iets redelik ag/vind. **rea·son·a·ble·ness** redelikheid. **rea· son·a·bly** redelikerwys(e), billikerwys(e), redelik; *talk* ~ ver= standig praat. **rea·soned** beredeneer(d), weloorwoë; *be close= ly* ~ logies beredeneer(d) wees. **rea·son·ing** redenering; redenasie; *there's no* ~ *with s.o.* iem. luister nie na rede nie.

**re·as·sem·ble** weer versamel/bymekaarmaak; opnuut by= eenkom; weer inmekaarsit *(of* inmekaar sit), hermonteer.

**re·as·sess** herwaardeer, opnuut skat; hersien.

**re·as·sign** weer/opnuut aanwys, heraanwys; weer/opnuut toewys, hertoewys.

**re·as·sure** gerusstel; weer verseker; *(versek.)* herverseker. **re·as·sur·ance** gerusstelling; *(versek.)* hersversekering. **re·as· sur·ing** *adj.* gerusstellend; *it is* ~ *to know that* ... dit is ge= russtellend om te weet dat ... **re·as·sur·ing·ly** *adv.* gerus= stellend.

**re·a·wak·en** *ww.* weer wakker word; weer wakker maak; weer laat ontwaak/herleef/herlewe *(nasionalisme ens.)*; weer wek *(geesdrif ens.)*. **re·a·wak·en·ing** *n., (fig.)* herlewing.

**re·bate** *n.* afslag, korting, vermindering, rabat; *give a* ~ 'n afslag/korting gee. **re·bate** *ww.* korting gee, verminder, afslaan. ~ **brandy** *(SA)* rabatbrandewyn. ~ **wine** *(SA)* ra= batwyn.

**Re·bec·ca, Re·bek·ah** *(OT)* Rebekka.

**re·bel** *n.* rebel, opstandige, opstandeling; oproermaker, mui= ter. **re·bel** *-ll-, ww.* rebelleer, opstaan *(teen)*, in opstand kom, jou teen=/teësit; ~ *against* ... teen ... rebelleer/opstaan *(of* in opstand/verset kom); jou teen ... verset. **re·bel·lion** opstand, oproer, rebellie; *crush* (or *put down*) *a* ~ 'n opstand/ oproer/rebellie onderdruk; *be in* ~ in opstand wees; *stir up* ~ opstand aanblaas. **re·bel·lious** oproerig, opstandig, rebels; onregeerbaar, weerbarstig. **re·bel·lious·ness** oproerigheid; onregeerbaarheid.

**re·birth** we(d)ergeboorte; herlewing.

**re·boot** *(rek.)* (die/'n bedryfstelsel) herlaai.

**re·bore** *n.* herboring; *(mot.)* herboorde silinder/enjin. **re· bore** *ww.* herboor. **re·bor·ing** herboring.

**re·born** we(d)ergebore, herbore.

**re·bound** *n.* terugspringing, =sprong; terugslag, =stoot; weer= klank; reaksie; weeromslag; oorreaksie; *catch s.o. on/at the* ~ van iem. se reaksie gebruik maak; *catch/hit a ball on the* ~ 'n bal vang/slaan wanneer dit terugspring/opspring; *on the* ~ uit reaksie; *marry s.o. on the* ~ kort ná 'n egskeiding/ liefdesteleurstelling met iem. trou. **re·bound** *ww.* terug= spring, =stoot; afstuit; opwip; *it will* ~ *(up)on him/her* dit sal op hom=/haarself terugkom.

**re·brand·ing** handelsmerkvernuwing.

**re·buff** *n.* affront(asie); afjak, klap in die gesig; *meet with a* ~ jou kop stamp; *meet with* ~*s* stampe en stote kry. **re·buff** *ww.* afjak, afwys; vir ... 'n struikelblok in die weg lê, ver= hinder; weier.

**re·build** =*built* =*built* herbou, weer opbou; ombou, verbou. **re·build·ing** herbouing; heropbou, weeropbou(ing); ver= bouing.

**re·buke** *n.* bestraffing, bestrawwing, berisping, teregwysing. **re·buke** *ww.* bestraf, berispe, teregwys; ~ *s.o. for s.t.* iem. oor iets berispe.

**re·but** =*tt*= weerlê; antwoord op, beantwoord, weerspreek; *(arg.)* afweer, stuit. **re·but·ta·ble** weerlegbaar. **re·but·tal** weerlegging; repliek.

**re·cal·ci·trant** *n.* weerspannige. **re·cal·ci·trant** *adj.* dwars, weerbarstig, balhorig, on(ge)willig. **re·cal·ci·trance** weerbarstigheid, balhorigheid, on(ge)willigheid; verset.

**re·call, re·call** *n.* terugroeping *(v. iem.)*; herroeping, in= trekking *(v. bewerings ens.)*; herinneringsvermoë; *be beyond/ past* ~ onherroeplik wees. **re·call** *ww.* terugroep, weer laat kom *(iem.)*; terugbring *('n weggelate speler ens.)*; terugroep, weer oproep *('n getuie)*; herroep, intrek *('n lisensie ens.)*; her= roep *(defekte voertuie ens.)*; terugdink aan, onthou; laat dink aan, herinner aan; *s.o. can't* ~ *s.t.* iem. kan iets nie onthou nie, iets het iem. ontgaan; ~ *memories* herinnerings ophaal; ~ *s.o. to s.t.* iem. aan iets herinner *(sy/haar plig ens.)*.

**re·cant** herroep, terugtrek, terugneem, intrek *('n bewering ens.)*; jou geloof versaak. **re·can·ta·tion** herroeping, terug= trekking.

**re·cap** *n.: give a* ~ *of s.t., (infml.)* iets kortliks herhaal. **re·cap** =*pp*=, *ww., (infml.)* opsom; →RECAPITULATE.

**re·cap·i·tal·ise, ·ize** herkapitaliseer. **re·cap·i·tal·i·sa·tion, ·za·tion** herkapitalisasie, herkapitalisering.

**re·ca·pit·u·late** opsom, (beknop) saamvat, kortliks her= haal. **re·ca·pit·u·la·tion** opsomming, samevatting; *(mus.)* rekapitulasie, terugkeer, reprise. **re·ca·pit·u·la·to·ry** opsom= mend, samevattend.

**re·cap·ture** *n.* herowering, herneming; hergevangeneming. **re·cap·ture** *ww.* herower, herneem; weer gevange neem; herwin; ~ *the past* terugverlang na die verlede.

**re·cast** =*cast* =*cast* hergiet, opnuut giet, weer vorm; wysig, verwerk; *(teat., filmk.)* herbeset *(rolle)*; *be* ~ *as* ... voortaan die rol van ... speel.

**rec·ce** *(infml.)* verkenning(stog); verkenningsoldaat; →RE= CONNAISSANCE.

**re·cede** terugtree, (terug)wyk, teruggaan, agteruitgaan; te= rugloop; daal, sak, afneem; (uit die oog) verdwyn; *the danger/ threat of* ... *has* ~*d* die gevaar/bedreiging van ... het af= geneem; ~ *into the background* op die agtergrond raak/tree. **re·ced·ing** ~ *chin/forehead* skuins ken/voorkop; ~ *hairline* halfmaanbles.

**re·ceipt** ontvangs; inontvangsneming; kwitansie *(vir geld)*; ontvangsbewys *(vir goedere)*; *(ook, i.d. mv.)* inkomste, ont= vangste; gelde; *acknowledge* (the) ~ *of* ... die ontvangs van ... erken; *be in* ~ *of s.t.* iets ontvang het, in besit van iets wees; *make out a* ~ *for* ... 'n kwitansie vir ... uitskryf/=skrywe *(geld)*; 'n ontvangsbewys vir ... uitskryf/=skrywe *(goedere)*; *on* ~ *of s.t.* by ontvangs van iets. **re·ceipt·ed** gekwiteer.

**re·ceipts:** ~ **and expenditure account** rekening van ont= vangste en uitgawes, ontvangste-en-uitgawe(-)rekening.

**re·ceiv·a·ble** *adj.* aanneemlik, ontvangbaar; invorderbaar; *(jur.)* ontvanklik; (ver)diskonteerbaar. **re·ceiv·a·bles** *n. (mv.)* ontvangbare rekenings.

**re·ceive** ontvang, kry; in ontvangs neem, aanneem; toelaat; onthaal, verwelkom; opneem *('n pasiënt)*; *(jur.)* heel, ontvang *(gesteelde goed)*; *(jur.)* resipieer; *(rad.)* opvang; ~ *s.t. from s.o.* iets van iem. ontvang; *news was* ~*d yesterday* berig het gister (in)gekom; *tenders will be* ~*d until* ... inskrywings/tenders word tot ... ingewag.

**re·ceived** *adj. (attr.):* ~ *opinion* geldende mening. **R~ Pro= nunciation** *(Br.)* standaarduitspraak. **R~ Standard (English)** Britse Standaardengels, Oxfordengels.

**re·ceiv·er** ontvanger; *(telef.)* gehoorstuk, =buis; ontvang(s)= toestel; vergaarbak; heler *(v. gesteelde goed); (jur.)* kurator *(v. 'n gesekwestreerde boedel); (telegr.)* seinontvanger; *(tennis)* terugslaner; ~ *of revenue* ontvanger van inkomste, belas= tinggaarder. **re·ceiv·er·ship** *(jur.)* kuratorskap; *be in* ~ onder kuratorskap staan.

**re·ceiv·ing** ontvangs; heling *(v. gesteelde goed).* ~ **set** ont= vang(s)=, opvangtoestel.

**re·cent** onlangs, resent, pas gebeur, met 'n onlangse datum; nuut, vars; modern; *the* ~ *examinations* die afgelope ek= samens; *a* ~ *issue of the magazine* een van die jongste nommers van die tydskrif; *most* ~ jongste; *in* ~ *years* in die laaste jare. **re·cen·cy** onlangsheid, resentheid; nuwigheid. **re·cent·ly** kort *(of* 'n tydjie) gelede, onlangs, nou kort; *just* ~ *so* pas, sopas; *more* ~ korter gelede; *quite* ~ heel onlangs.

**re·cep·ta·cle** (vergaar)bak, houer, bevatter; bewaarplek; *(elek.)* steeksok; *(bot.)* blombodem, torus.

**re·cep·tion** ontvangs, onthaal; huweliksonthaal; verwelko= ming; ontvangs(toonbank) *(in 'n hotel ens.); (telekom.)* ont= vangs; resepsie *(v. 'n nuwe literêre werk ens.); a* ~ *for* (or *in honour of) s.o.* 'n onthaal vir *(of* ter ere van) iem.; *give/hold a* ~ 'n onthaal gee; *give s.o. a* ... ~ iem. 'n ... ontvangs gee; *a warm* ~ 'n hartlike/warm(e) ontvangs; 'n vyandige ontvangs. ~ **centre** ontvangsentrum. ~ **(desk)** ontvangs(toonbank). ~ **room** ontvangs=, onthaal=, voorkamer.

**re·cep·tion·ist** ontvangsdame; ontvangsklerk.

**re·cep·tive** ontvanklik, vatbaar, opnemings=; *be* ~ *to* ... vir ... ontvanklik wees. **re·cep·tive·ness, re·cep·tiv·i·ty** ontvank= likheid, opnemings=, opneemvermoë, kapasiteit.

**re·cep·tor** ontvanger; *(fisiol.)* reseptor; transfusieontvanger.

**re·cess, re·cess** *n.* vakansie, *(t.o.v. 'n parl. ens.)* reses; opskorting; *(hoofs. Am.)* speeltyd, pouse; terugwyking; hoek, alkoof; inbuiging, inham; inlating; wegsnyding; nis; holte, uitholling; uitkeping; versinking; *(dikw. i.d. mv.)* skuilplek, =hoek; *be in* ~ op reses wees; *the innermost* ~*es* die diepste skuilhoeke; *go into* ~ op reses gaan. **re·cess** *ww.* inspring; verdiep; inlaat, versink; uitkeep; uithol; wegsny; *(hoofs. Am.)* op reses gaan; verdaag; op reses stel.

**re·ces·sion** *(ekon.)* resessie, terugsakking, insinking; terug= trekking; teruggang, agteruitgang; afstand, (die) afsien van= **re·ces·sion·al** *n., (relig.)* slot(ge)sang; slot(musiek)stuk. **re·ces·sion·al** *adj.* reses=; resessie=.

**re·ces·sive** terugtredend, terugwykend, resessief; skuilend; *(genet.)* resessief.

**re·charge** weer laai, herlaai; weer vul; weer beskuldig; weer aanval; *(fig.)* jou krag(te) herwin. **re·charge·a·ble** herlaai= baar; hervulbaar. **re·charg·er** (battery)herlaaier.

**re·cid·i·vism** *(krim.)* residivisme, terugvalling. **re·cid·i·vist** *(krim.)* residivis, terugvaller, *(infml.)* ou sondaar.

**rec·i·pe** *(kookk. of fig.)* resep; *follow a* ~ 'n resep volg; *a* ~ *for* ... 'n resep vir ... *('n koek ens.);* 'n (sekere) resep vir ... *(rampspoed ens.).* ~ **book** reseptebook.

**re·cip·i·ent** *n.* ontvanger. **re·cip·i·ent** *adj.* ontvangend; ontvanklik.

**re·cip·ro·cal** *n.* omgekeerde; *(wisk.)* resiproke getal. **re· cip·ro·cal** *adj.* wederkerig, wedersyds, onderling; omge= keerd, resiprook; ~ *action* wisselwerking; ~ *love* wedersydse liefde; ~ *pronoun* wederkerige voornaamwoord. **re·cip·ro· cal·ly** wedersyds, oor en weer.

**re·cip·ro·cate** vergoed, op gelyke wyse behandel; 'n we= derdiens bewys; vergeld, met gelyke munt betaal; heen en weer gaan; *reciprocating motion* wederkerige beweging, heen- en-weer(-)beweging, slingerbeweging; *your good wishes are* ~*d* dis wedersyds!. **re·cip·ro·ca·tion** uitwisseling; wis= selwerking; heen-en-weer(-)beweging. **rec·i·proc·i·ty** weder= kerigheid, wisselwerking; *(vnl. ekon.)* wederkerigheid, resi= prositeit.

**re·cite** opsê, voordra, resiteer; opnoem, vermeld. **re·cit·al** voordrag; *(mus.)* uitvoering; relaas, verhaal; *(jur.)* aanhef *(v. 'n akte); give a* ~ 'n uitvoering gee; 'n voordrag lewer. **rec·i·ta·tion** voordrag, resitasie; deklamasie; *give a* ~ 'n voor= drag gee/lewer. **rec·i·ta·tive,** *(It.)* **re·ci·ta·ti·vo** *n., (mus.)* re= sitatief. **re·cit·er** voordraer; resitasieboek, voordragbundel.

**reck·less** roekeloos, onverskillig, waaghalsig; onbesonne, onbedag; *be* ~ *of danger* jou nie/niks aan gevaar steur nie.

**reck·on** reken; tel; *(infml.)* beskou, dink, meen; veronderstel; takseer; ~ *s.o./s.t. among* ... iem./iets onder ... tel; ~ *by* ... met ... reken; *I* ~ *we'll have finished by this evening, (infml.)* ek skat ons sal teen vanaand klaar wees; *I* ~ *it won't rain tomorrow, (infml.)* ek dink nie dit gaan môre/more reën nie, ek twyfel of dit môre/more gaan reën; ~ *s.t. in* iets bytel; ~ *on/upon* ... op ... reken/staatmaak; ~ *s.t. out* iets uitreken; ~ *(that)* ..., *(infml.)* dink/meen (dat) ...; *s.o. is* ~*ed (to be)* ..., *(infml.)* iem. word as ... beskou/gereken/geag; ~ *s.t. up* iets uitreken/optel; *what do you* ~ *our chances are?, (infml.)* hoe dink jy staan ons kanse?; *s.o./s.t. to be* ~*ed with* iem. met wie *(of* iets waarmee) rekening gehou moet word; ~ *without the/one's host, (idm.)* jou misreken, nie met iets rekening hou nie. **reck·on·er** rekenaar. **reck·on·ing** berekening; (af)re= kening; siening, mening, opvatting, opinie; oordeel; *by my* ~, *(infml.)* soos ek die saak sien, na/volgens my mening/ oordeel; *the day of* ~, *(relig., ook fig.)* die dag van afrekening/ vergelding.

**re·claim** *n.* herroeping; *be beyond/past* ~ onherroeplik ver= lore wees. **re·claim** *ww.* herwin, terugwin; terugeis; terug= vorder; terugkry; ontgin, bebou, bewerk; drooglê, aanwin; inpolder; red; hervorm, verbeter; verlos *(iem. v. sonde);* ~ *s.t. from* ... iets van ... herwin; ~*ed land* drooggelegde gebied; herwonne grond. **re·claim·a·ble** op=, terugeisbaar; herwin= baar *(grond, papier, ens.).* **rec·la·ma·tion** herwinning, terug= winning; opeising, eis; terugvordering; ontginning; (land)= aanwinning, drooglegging; inpoldering; hervorming, verbe= tering.

**re·clas·si·fy** herindeel. **re·clas·si·fi·ca·tion** herindeling.

**re·cline** (agteroor) lê, leun, rus; laat rus; ~ *in* ... in ... ag= teroor lê; ~ *on/upon* ... op ... lê/leun; *a reclining seat* 'n stoel met 'n verstelbare rugleuning. **re·clin·a·ble:** *fully* ~ *seats* platstelbare *(of* plat stelbare) rugleunings. **re·clin·er** *(ook reclining chair)* lêstoel, verstelbare leun-/gemakstoel.

**re·cluse** *n.* kluisenaar, hermiet. **re·cluse** *adj.* afgesonder(d), eensaam, kluisenaars=. **re·clu·sion** eensaamheid, afsonde= ring. **re·clu·sive** eenselwig; kluisenaaragtig.

**rec·og·nise, -nize** herken, eien *(iem.);* uitken *(iem.);* er= ken *(feite);* erkenning verleen aan *('n regering ens.);* huldig *('n beginsel);* insien, besef *(d. waarheid);* ~ *s.o./s.t. as* ... iem./ iets as ... herken/eien *(wat tevore gesien is);* iem./iets as ... erken *(d. wettige regering ens.); be* ~*d, ('n woord ens.)* ge= bruiklik word, ingeburger raak; ingevoer word; gerugerreg verkry; *a* ~*d essential* 'n vasstaande vereiste; *be* ~*d for* ... erkenning vir ... kry. **rec·og·nis·a·ble, -niz·a·ble** herkenbaar, kennelik. **re· cog·ni·sance, -zance** *(jur.)* borgakte; borggeld; verbintenis, verpligting; *enter into* ~*(s)* 'n borgakte aangaan; *on one's own* ~*(s)* op eie verantwoordelikheid/borgakte. **rec·og·ni·tion** herkenning; erkenning; besef; waardering, erkentlikheid, dankbaarheid; *accord* ~ *to* ... aan ... erkenning verleen; *change beyond* (or *out of all)* ~ onherkenbaar verander; *gain* ~ erkenning verkry; *in* ~ *of* ... ter erkenning van *(of* uit erkentlikheid vir) ...; *receive* ~ erkenning verkry; erkenning geniet.

**re·coil** *n.* terugslag, =sprong, =stoot; weer(om)slag; terug= deinsing; *('n geweer)* skop; *('n kanon)* terugloop. **re·coil** *ww.* terugslaan, =spring, =stoot; skop *(v. 'n geweer);* terugloop *(v. 'n kanon);* terugtree, =skrik, =deins, (terug)stuit; ~ *at* ... vir ... (terug)skrik; ~ *from* ... vir/van ... terugdeins; *s.t.* ~*s (up)on s.o.* iets kom op iem. self terug. **re·coil·less** skopvry *(kanon ens.).*

**rec·ol·lect** onthou, jou herinner, terugdink. **rec·ol·lec·tion** herinnering; *to the **best** of s.o.'s* ~ so ver/vêr iem. (kan) onthou; *have a (faint)* ~ *of s.t.* iets vaagweg kan onthou, 'n herinnering van iets hê; *not to my* ~ nie so ver/vêr ek kan onthou nie; *s.o.'s* ~*s of* ... iem. se herinnerings aan ... *(mense, dinge, ens.);* iem. se herinnerings uit/van ... *(d. oorlog ens.); a **vague** ~* 'n vae/flou herinnering; *have a **vivid** · - of s.t.* iets (nog baie) duidelik kan onthou, jou iets nog helder/lewendig kan voorstel *(of voor die gees kan roep).*

**re·com·bine** herverbind; oorbind; weer (laat) bind. **re·com·bi·nant DNA** *(genet.)* rekombinante DNS. **re·com·bi·na·tion** *(genet., fis.)* herkombinasie, herverbinding.

**re·com·mence** hervat, weer begin, herbegin; heropen. **re·com·mence·ment** hervatting; heropening.

**rec·om·mend** aanbeveel, aanprys; aanraai; aantreklik maak; ~ *a **book*** 'n boek aanbeveel; ~*ed **books*** aanbevole boeke; ~ *s.o. for* ... iem. vir ... aanbeveel *('n betrekking ens.);* ~ *s.o./s.t.* **highly/strongly** iem./iets sterk aanbeveel; ~ *s.o./s.t. **to*** ... iem./iets by ... aanbeveel; *...has little **to** ~ it* ... is niks besonders nie. **rec·om·mend·a·ble** aanbevelenswaardig, aan te beveel. **rec·om·men·da·tion** aanbeveling; aanrading; *at/on the* ~ *of* ... op aanbeveling van ...; *letter of* ~ aanbevelingsbrief; *make a* ~ *to s.o.* 'n aanbeveling by iem. doen.

**rec·om·pense** *n.* beloning, vergoeding; skadeloosstelling *(v. iem., vir 'n verlies).* **rec·om·pense** *ww.* beloon, vergoed; skadeloos stel *(iem., vir 'n verlies).*

**re·con** *n., (Am. mil. sl.)* = RECONNAISSANCE. **re·con** *ww., (Am. mil. sl.)* = RECONNOITRE.

**rec·on·cile** versoen; bevredig; bylê *('n geskil);* verenig met, ooreenbring *(of in ooreenstemming bring)* met; aanpas, rekonsilieer *(rekeninge);* **be** ~*d* (met mekaar) versoen wees; ~ *o.s. **to** one's fate* in jou lot berus; *be* ~*d **to*** ... met ... versoen wees, in ... berus *(jou rol/taak/ens.);* ~ *s.o. **with** s.o. else* iem. met iem. anders versoen; ~ *s.t. **with*** ... iets met ... ooreenbring *(of in ooreenstemming bring);* iets met ... rym *(d. feite ens.);* iets met ... verenig. **rec·on·cil·a·ble** *(mense)* versoenbaar; *(iets)* verenigbaar; *s.t. is* ~ *with* ... iets is met ... te rym; iets kan met ... versoen word. **rec·on·cil·i·a·to·ry** versoenend, versoenings-.

**rec·on·cil·i·a·tion** versoening, rekonsiliasie; *(rekeningk.)* aanpassing, rekonsiliasie. ~ **statement** *(rekeningk.)* aanpassing-, rekonsiliasiestaat.

**re·con·di·tion** opknap, herstel, vernu(we), vernieu; *(psig.)* herkondisioneer; ~*ed engine* opgeknapte/vernude/vernieude enjin; ~*ed tyre* herboude/vernude/vernieude band. **re·con·di·tion·ing** opknapping, herstel, vernuwing; *(psig.)* herkondisionering.

**re·con·fig·ure** *(rek.)* hersaamstel. **re·con·fig·u·ra·tion** hersamestelling.

**re·con·nais·sance** verkenning, verkennings-, spioen(eer)tog; →RECONNOITRE. ~ **aircraft,** ~ **plane** verkenningsvliegtuig. ~ **flight** verkenningsvlug.

**re·con·nect** heraansluit, -verbind, -konnekteer, -koppel; weer in verbinding kom/tree *(met ou vriende ens.);* jou verhouding herstel *(met d. natuur ens.).* **re·con·nec·tion** heraansluiting.

**re·con·noi·tre,** *(Am.)* **re·con·noi·ter** *n.* verkenning, verkennings-, spioen(eer)tog; →RECONNAISSANCE. **re·con·noi·tre,** *(Am.)* **re·con·noi·ter** *ww.* verken, spioen(eer).

**re·con·sid·er** heroorweeg, in heroorweging neem, hersien. **re·con·sid·er·a·tion** heroorweging, hersiening.

**re·con·sti·tute** omvorm; herstig, opnuut saamstel. **re·con·sti·tu·tion** omvorming; hersamestelling.

**re·con·struct** her(op)bou, weer bou; rekonstrueer, weer saamstel. **re·con·struc·tion** heropbou, weeropbou; herbouing, rekonstruksie; *R~ and Development Programme, (SA pol., afk.: RDP)* Heropbou-en-ontwikkelingsprogram *(afk.: HOP, Hop).*

**re·con·vene** weer belê/byeenroep; weer vergader/byeenkom; hervat. **re·con·ven·tion** *(jur.)* teeneis; *a claim in* ~ 'n teeneis; *a plaintiff in* ~ 'n teeneiser; *a plea in* ~ 'n teenpleit.

**rec·ord** *n.* op-, aantekening, vermelding; (offisiële) afskrif; dossier; opgawe, staat, register; inskrywing, boeking; gedenkskrif, geskiedrol; oorkonde; dokument; lys, tabel; relaas; strafregister; notule, verslag; gedenkteken; staat van diens; geskiedenis, verlede, loopbaan, prestasies *(v. 'n pers.);* misdaadagtergrond; *(mus.)* opname, *(vero. tegnol.)* plaat; *(sport)* rekord; *(i.d. mv.)* argief, argiewe, archivalia, (argief)optekeninge; stukke; annale; geskiedblaaie; *s.o.'s* ~ *is **against** him/her* iem. se verlede tel teen hom/haar; *attorney of* ~ prokureur in die saak *(of volgens die stukke);* **better/break/beat/ improve** *a* ~, *(sport ens.)* 'n rekord verbeter/slaan/breek/klop; *a **blot** on s.o.'s* ~ 'n klad op iem. se (goeie) naam; *s.o. **with** a clean* ~ iem. met 'n skoon verlede/lei/rekord; **criminal** ~ strafregister, register van strafsake; vorige oortredings/veroordelings; *s.o. has a* **(criminal/police)** ~ iem. het 'n vorige oortredings *(of is al gevonnis);* **for** *the* ~ om die feite te gee; om dit reg te stel; **go** *on* ~ geboekstaaf/aangeteken word; **go** *on* ~ *as saying that* ... in die openbaar verklaar dat ...; **have** *a* ~ *of s.t.,* have s.t. **on** ~ 'n rekord van iets *(of iets op rekord)* hê; **hold** *the* ~, *(sport ens.)* die rekord hou; **improve** *a* ~ →*better/break/beat/improve;* **inside** *the* ~, *(hoofs. sport)* beter as die rekord; **keep** *to the* ~ by die saak bly; **keep** *a* ~ *of s.t.,* keep s.t. **on** ~ 'n rekord van iets *(of iets op rekord)* hou, iets aanteken/opskryf/-skrywe, van iets aantekening hou; *as a **matter** of* ~ as 'n geboekstaafde feit; *there is no* ~ *that it happened* so ver/vêr bekend het dit nie gebeur nie; *it is **of** ~ that* staan genotuleer; **off** *the* ~ nieamptelik, onoffisieel; *be **on** ~* op rekord staan, opgeteken/bekend wees; *cases are **on** ~* daar is gevalle bekend; *have s.t. **on** ~* →have a record of s.t.; *keep s.t. **on** ~* →keep a record of s.t.; *the biggest **on** ~* die grootste wat bekend is; *the only ... **on** ~* die enigste bekende ...; *outside the* ~, *(hoofs. sport)* onder die rekord; **place/put** *s.t. on* ~ iets opteken/neerskryf/-skrywe/boekstaaf *(of op skrif stel);* iets te boek stel; *s.o. has a* **(police)** ~ → **(criminal/police); public** ~*s* argiewe; staatsargief; *for* ~ **purposes** vir dokumentasie; ~ *(of **service)*** staat van diens; *set up a* ~, *(sport ens.)* 'n rekord opstel; *the* ~ *was **shattered,** (infml., hoofs. sport)* die rekord het gespat; *keep the* ~ **straight** by die feite bly; *put/set the* ~ **straight** die (ware) feite gee; *an **unbeaten** ~, (sport ens.)* 'n onoorwonne rekord. **rec·ord** *adj.* ongekend, ongeëwenaar(d), onoortroffe; *a* ~ *price* 'n ongehoorde prys. **rec·ord** *ww.* op-, aanteken, noteer, op-, neerskryf, -skrywe, op skrif stel, te boek stel, boekstaaf, vermeld; notuleer, registreer; *(mus. ens.)* opneem, vaslê *(op band, CD, ens.);* inskryf, -skrywe, boek. ~ **album** *(vero.)* (plate)album. ~~**breaker** *(sport ens.)* rekordbreker, oortreffer; *(infml.)* bobaas. ~~**breaking** *adj. (attr.)* rekord- *(attr.),* wat die rekords laat spat *(of die rekords maai) (pred.); a* ~ *five goals in one game* 'n rekordgetal van vyf doele in een wedstryd. ~ **card** aantekenkaart; kontrolekaart. ~ **clerk** registerklerk. ~~**holder** *(hoofs. sport)* rekordhouer. ~~**keeping** optekening. ~ **library** platebiblioteek. ~ **office** registrasiekantoor; *public* ~ ~ staatsargief. ~ **player** *(vero.)* platespeler. ~~**(s) system** argiefstelsel; optekenstelsel. ~ **time** rekordtyd; *beat the* ~ die tyd verbeter, 'n rekord opstel.

**re·cord·a·ble** (ver)meldenswaardig.

**re·cord·ed** op-, aangeteken, genoteer, geboekstaaf; genotuleer; opgeneem; ~ *history* (neer)geskrewe/opgetekende geskiedenis; ~ *music* opgeneemde musiek.

**re·cord·er** kroniekskrywer; aan-, optekenaar, opnemer, registreerder; notulehouer; opname-, opneemtoestel; opvang-, registreertoestel; *(mus.)* blokfluit.

**re·cord·ing** (musiek)opname; op-, aantekening; vaslegging; meting; *make a* ~ 'n opname maak. ~ **artist** opnamekunstenaar. ~ **instrument** kontroletoestel; registreertoestel. ~ **machine** opname-, opneemtoestel. ~ **office** argief. ~ **secretary**

notulehouer. ~ **session** opname(sessie). ~ **studio** opname=
ateljee. ~ **tape** klankband.

**re·cord·ist:** *(sound)* ~ opneem=, opnametegnikus.

**re·count** *n.* oor=, her=, natelling. **re-c̲o̲u̲n̲t̲** *ww.* oor=, her=,
natel.

**re·count** *ww.* vertel, meedeel, verhaal.

**re·coup** goedmaak, vergoed, skadeloos stel *('n verlies);* te=
rughou, aftrek *('n deel v. 'n verskuldigde bedrag);* herwin *(jou
krag[te]);* herstel, aansterk *(ná 'n siekte);* ~ *a deficit* 'n tekort
goedmaak; 'n agterstand inhaal. **re·coup·ment** goedmaking,
vergoeding, skadeloosstelling; verhaling, terugontvangs; te=
rughouding.

**re·course** toevlug; verhaal, *(jur.)* regres; *have* ~ *to* ... toe=
gang tot ... hê *('n hof);* beroep hê op *('n ombudsman ens.);* jou
toevlug tot ... neem *(onwettige maatreëls ens.); without* ~ son=
der beroep/verhaal; *do s.t. without* ~ *to* ... iets doen sonder
gebruikmaking van ...

**re·cov·er** terugkry, herkry; terugvind; herwin, terugwin; te=
rugneem, herneem; inhaal *(verlore tyd);* goedmaak *(verliese);*
verhaal, invorder *(skuld);* ontvang, kry *(skadevergoeding); (iem.)*
herstel, genees, aansterk, gesond/beter word; bykom; tot
verhaal kom; *(ekon. ens.)* herstel, herlewe; ~ *one's* **appetite**
jou eetlus herwin; *the plaintiff* **cannot** ~ *(his/her losses), (jur.)*
die eiser het geen verhaal nie; ~ *from* illness gesond/beter
word; ~ *from* ..., *(ook)* bykom van ... *('n floute ens.);* tot ver=
haal kom van ... *('n groot skrik ens.);* ~ *s.t. from* ... iets uit
... haal *('n lyk uit 'n rivier ens.);* iets uit ... win *(metaal uit
erts ens.);* iets van/uit ... terugkry; iets uit ... terugvind; ~
*s.t. from s.o., (ook)* iets op/van iem. verhaal *(skade);* ~ *one's*
senses weer tot besinning kom. **re·cov·er·a·ble** *(jur.)* ver=
haalbaar, inbaar.

**re·cov·er·y** terug=, herkryging; terug=, herneming; verhaling
*(v. koste);* invordering *(v. skuld);* herwinning; ontginning,
winning *(v. metaal uit erts);* *(rek.)* herwinning *(v. inligting);*
herlewing, herstel *(v.d. ekon.);* herstel, genesing, beterskap
*(v. 'n pasiënt); (ook, i.d. mv.)* verhaalde bedrae, terugbetalings;
*s.o.'s right of* ~ *against* ..., *(jur.)* iem. se reg van verhaal op
...; *be beyond/past* ~ reddeloos *(of* onherstelbaar [verlore])
wees; buite hoop wees; ongeneeslik wees; *make a* **complete**
~ volkome herstel; *make a* **good** ~ mooi herstel/regkom;
**make a** ~ *from s.t.* oor iets (heen) kom; *right of* ~ ver=
haalreg; *be on the* **road** *to* ~ aan die herstel wees; *wish s.o.
a* **speedy** ~ iem. 'n spoedige herstel toewens. ~ **program**
*(Am.)* rehabilitasieprogram. ~ **room** *(med.)* herstelkamer. ~
**service** insleepdiens. ~ **vehicle** insleepvoertuig.

**re·cre·ate** herskep, weer skep, omskep. **re·cre·a·tion** her=
skepping.

**rec·re·a·tion** ontspanning, vermaak, tydverdryf, rekreasie,
spel. ~ **centre** ontspanning=, rekreasiesentrum. ~ **ground(s)**
ontspanningsterrein; sportterrein; speelterrein, -tuin. ~ **pe=
riod** ontspannings=, rekreasietyd *(i.d. gevangenis ens.).*

**rec·re·a·tion·al** ontspannings=, rekreasie=; ~ *drug use* dwelm=
gebruik vir ontspanning; ~ *trip* uitstappie; ~ *vehicle, (Am.)*
motorwoonwa.

**rec·re·a·tive, re·cre·a·tive** ontspannend, ontspannings=.

**re·crim·i·nate** teenbeskuldigings inbring, wedersyds ver=
wyt, mekaar (oor en weer) beskuldig. **re·crim·i·na·tion** teen=
beskuldiging; *(ook, i.d. mv.)* (wedersydse) verwyte.

**re·cruit** *n.* rekruut; nuweling; *the latest* ~ *to* ... die nuut=
ste aanwins vir ...; *raise* ~s rekrute werf; *a* ~ *to* ... 'n nuwe
lid/ondersteuner/aanhanger van ... **re·cruit** *ww.* werf, re=
kruteer; aanvul; versterk. **re·cruit·er** werwer, rekruteerder.

**re·cruit·ing** werwing, rekrutering. ~ **office** werf=, werwings=
kantoor. ~ **officer** werfoffisier, werwingsoffisier; werwings=
beampte.

**re·cruit·ment** werwing, rekrutering; *(ekol.)* aanwas, aanteelt,
aanvulling. ~ **advertising** werwingsreklame.

**rec·tal** →RECTUM.

**rec·tan·gle** reghoek. **rec·tan·gu·lar** reghoekig.

**rec·ti·fy** regmaak, herstel, regstel, verbeter, in orde bring;
verhelp; suiwer, oorstook, oordistilleer, rektifiseer; *(elek.)*
gelykrig; *rectified spirit(s)* wyngees, gerektifiseerde *(of* dub=
bel oorgehaalde) spiritus. **rec·ti·fi·a·ble** herstelbaar. **rec·ti·
fi·ca·tion** herstelling, regstelling, verbetering; teregwysing;
oordistillasie, =distillering, rektifisering, rektifikasie; *(elek.)*
gelykrigting. **rec·ti·fi·er** *(chem.)* rektifikator; *(elek.)* gelykrig=
ter.

**rec·ti·lin·e·al, rec·ti·lin·e·ar** reglynig. **rec·ti·lin·e·ar·i·ty**
reglynigheid.

**rec·ti·tude** *(fml.)* opregtheid, eerlikheid; korrektheid.

**rec·to** =tos regterbladsy *(v. 'n boek);* voorkant *(v. 'n blad).*

**rec·tor** *(opv.)* rektor, universiteitshoof; *(Angl., RK)* leraar.
**rec·tor·i·al** rektoraal. **rec·tor·ship** rektoraat, rektorskap, rek=
torsamp; *(Angl., RK)* leraarskap. **rec·to·ry** *(Angl., RK)* pas=
torie, rektorswoning; rektoraat.

**rec·trix** =trices, *(orn.)* stuur=, stertpen.

**rec·tum** recta, rectums, *(anat.)* rektum, vet=, ners=, endelderm.
**rec·tal** rektaal, nersderm=, endelderm=.

**re·cum·bent** *n.* lêfiets. **re·cum·bent** *adj.* rustend, (agter=
oor) leunend/liggend. **re·cum·ben·cy** rustende/leunende
houding, rus.

**re·cu·per·ate** herstel, aansterk, gesond/beter word; tot
verhaal kom; *(fin.)* goedmaak, vergoed *('n verlies);* ~ *from
an illness* gesond/beter word, aansterk ná 'n siekte. **re·cu·
per·a·tion** herstel, aansterking. **re·cu·per·a·tive** herstellend,
herstellings=, versterkend; ~ *power(s)* herstelvermoë.

**re·cur** =rr= herhaal word, hom=/hul(le)self herhaal, weer
voorkom, terugkeer, weer gebeur; *(wisk.)* repeteer; *s.t. ~s to
s.o.'s mind* iets val iem. by *(of* skiet iem. te binne); ~ *to a
subject* op 'n onderwerp terugkom. **re·cur·rence** herhaling,
herhaling, repetisie; hernude/hernieude aanval *(v. 'n siekte).*
**re·cur·rent** terugkerend, =komend, =gaande, veelvuldig, (tel=
kens) herhaal(d); ~ *fever* wederkerende koors. **re·cur·ring**
*adj. (attr.):* ~ *decimal, (wisk.)* repeterende desimaal.

**re·cur·sion** *n.*, *(ling., wisk.)* rekursie. ~ **formula** *(wisk.)* re=
kursieformule.

**re·cur·sive** *adj.*, **re·cur·sive·ly** *adv.*, *(ling., rek., wisk.)*
rekursief.

**re·curve** *(hoofs. biol.)* terug=, ombuig, terugkrom. **re·cur=
va·ture** terug=, ombuiging.

**re·cuse** *(jur., hoofs. Am. en SA: 'n regter)* hom/haar onttrek
*(aan 'n saak).* **re·cus·al** *(jur.)* onttrekking *(deur 'n regter).*

**re·cy·cle** hergebruik, =benut; herwin, hersikleer, weer bruik=
baar maak *(glas, papier, ens.);* hersirkuleer, weer in omloop
bring *(geld);* ~d *paper* herwonne papier. **re·cy·cla·ble** her=
winbaar, hersikleerbaar *(glas, papier, ens.);* hersirkuleerbaar
*(geld).*

**re·cy·cling** herbenutting, hergebruik; herwinning. ~ **plant**
herwinningsaanleg.

**red** *n.* rooie; rooi, rooiheid, rooi kleur; *(biljart)* rooi bal; *(ook
R~, infml., hoofs. neerh.)* rooie, kommunis, sosialis; *be in the*
~ met 'n verlies werk; in die skuld wees; oortrokke wees;
*see* ~ woedend word, jou bloedig vererg, jou selfbeheersing
verloor; *s.t. makes s.o. see* ~ iets maak iem. woedend,
iets vererg iem. bloedig. **red** *adj.* rooi; *(ook R~, infml.,
hoofs. neerh.)* rooi; kommunisties, sosialisties; →REDLY,
REDNESS; *be* ~ *with* **anger** rooi van woede *(of* woedend
kwaad) wees; *(as)* ~ *as a* **beetroot/lobster/turkeycock**
so rooi soos 'n beet/kreef/kalkoen, bloedrooi; *go/grow* ~
rooi word, bloos; *the* ~ **one** die rooie; *be like a* ~ **rag** *to
a* bull soos 'n rooi doek/lap vir 'n bul wees; *turn* ~ rooi
word; ~ *and* **white** cattle rooibont beeste; ~ *and* **white**
chequered rooiwit geruit. ~ **admiral** admiraalskoenlapper,
=vlinder. ~ **alert** volle staat van paraatheid; *be/put on* ~ ~ in
'n volle staat van paraatheid wees/bring. ~ **ant** *(Dorylus* spp.)*

rooimier, (Afrikaanse) swerfmier; →DRIVER ANT. **R~ Army** *(hist.)* Rooi Leër *(v.d. USSR).* **~-backed shrike** rooiruglaks= man. **~-bait** rooiaas; →SEA SQUIRT. **~-billed teal** rooibek= eend(jie), smee-eend(jie). ~ **bishop** *(orn.)* rooivink. ~ **(blood) cell** →ERYTHROCYTE. **~-blooded** lewenskragtig, vurig; *~ man* pure man, vurige man, robuuste kêrel. ~ **cabbage** rooikool. ~ **card** *(sokker, rugby)* rooi kaart. **~-carpet treatment** vor= stelike behandeling; *give s.o. the ~ ~, (fig.)* iem. met trompet= geskal ontvang. **~-cheeked** *(pred.)* met rooi wange, *(attr.)* rooiwang=. **~-coat** *(hist.: Br. soldaat)* rooibaadjie. **R~ Cres= cent** *(in Moslemlande d. ekwivalent v.d. Rooi Kruis)* Rooi Half= maan. **R~ Cross** *(int. noodlenigingsorganisasie)* Rooi Kruis. **~currant** rooiaalbessie. **~currant jam** rooiaalbessiekonfyt. ~ **deal** (rooi)greinhout. ~ **deer** edelhert. ~ **disa** *(Disa uniflora)* rooidisa, bakkiesblom. ~ **duiker** rooiduiker. ~ **dwarf** *(astron.)* rooidwerg. **R~ Ensign** *(sk.)* Britse handelsvlag. ~ **eye** *(fot.)* rooi-oog. **~-eyed** met rooi/bloedbelope oë; met rooi gehuilde oë. **~eye (flight)** *(infml., hoofs. Am.)* (laat)nagvlug. **~-faced** rooi in die gesig; skaamrooi, rooiblosend van skaamte. ~ **flag** rooi vlag. ~ **giant** *(astron.)* rooireus. ~ **grouse** *(Br. orn.: Lagopus lagopus scoticus)* korhoender. **~-haired** rooiharig, rooihaar=, rooikop=. **~-handed:** *catch s.o. ~* iem. op heter= daad *(of* heter daad*)* betrap. ~ **hart(e)beest** rooihart(e)= bees. **~head** rooikop, voskop. **~-headed** rooiharig, rooihaar=, rooikop=; *(infml.)* opvlieënd. **~-hot** rooiwarm, gloeiend (warm); vuurwarm; vurig. **~-hot poker** *(bot.: Kniphofia sp.)* vuurpyl, vlamblom, soldaat(blom). **R~ Indian** *(vero., neerh.)* Rooihuid; →AMERICAN INDIAN. ~ **ivory** *(Berchemia zeyheri)* rooi-ivoor= (houtboom), rooihout(boom). ~ **lead** rooilood, =minie= =menie. **~-letter day** vierdag, gedenkdag; geluksdag, groot dag. ~ **light** rooi (verkeers)lig; waarskuwingslig; *see the ~ ~* onraad merk. **~-light district** rooiligbuurt. **~line** *ww., (infml.), (verbandfinansiering)* rooi omlyn *('n woonbuurt); (mot.)* die toereteller tot by die rooi merk/streep opja(ag). **~lining** *n., (infml., verbandfinansiering)* rooiomlyning *(v. 'n woonbuurt).* **~-(-winged) locust** rooi(vlerk)sprinkaan. ~ **meat** *(bees- en skaapvleis)* rooivleis. ~ **millet** rooimanna. ~ **mite** rooimyt. **~neck** *(neerh. Am. sl.)* sandtrapper, agtervelder, japie, gawie; verkrampte/bekrompe mens. **~-nosed** met 'n rooi neus, rooineus=. ~ **pepper** rooi soetrissie; rooi skerprissie; →CAY= ENNE PEPPER. ~ **poll** *(beesras)* rooipoenskop *(ook R~).* ~ **roan** *n.* rooiskimmel. ~ **roan** *adj.* rooiskimmel *(perd ens.).* ~ **rock rabbit** *(Pronolagus spp.)* rooiklipkonyn. **R~ Sea** *(geog.)* Rooi See. **~shank** *(orn.: Tringa spp.)* rooipootruiter, tureluur. ~ **shift** *(astron.)* rooiverskuiwing. ~ **spider (mite)** *(tuinplaag)* rooispinmyt, rooispinnekop. **R~ Spot** *(astron.)* Rooivlek. **~start** *(orn.)* rooistertjie. **~steenbras** *(igt.)* rooisteenbras. ~ **stinkwood** *(Prunus africana)* rooistinkhout, bitteramandel, nuwehout. ~ **stumpnose** *(igt.)* rooistompneus. ~ **tape** (ad= ministratiewe/amptelike/burokratiese) rompslomp, (buro= kratiese) omslagtigheid/formaliteite, burokrasie. ~ **thorn** *(Acacia gerrardii)* rooi(haak)doring, aapkop. ~ **tide** rooigety, rooiwater. **~water (fever)** *(veearts.)* rooiwater(koors), piro= plasmose (by beeste); ooskuskoors. ~ **wine** rooi wyn, rooi= wyn. **~wood** rooihout; rooigreinhout; *California/coast ~* Kaliforniese rooihout; *giant ~* mammoetboom.

**red·den** rooi word, bloos, kleur; rooi maak.

**red·dish** rooierig, rooiagtig; vos; *~ brown* rooibruin; *~ grey* rooiskimmel.

**re·dec·o·rate** herversier, opknap. **re·dec·o·ra·tion** herver= siering, opknapping.

**re·ded·i·cate** hertoewy, opnuut wy. **re·ded·i·ca·tion** her= toewyding.

**re·deem** *(fin.)* terugkoop; afkoop; delg, (af)los; verkoop, tot geld maak; goedmaak, vergoed; *(relig.)* verlos, bevry; →RE= DEMPTION; *a debt* 'n skuld aflos/delg; *~ a pledge* 'n pand aflos; *'n belofte gestand doen;* ~ *a promise* 'n belofte ver= vul/nakom/inlos. **re·deem·a·ble** afkoopbaar; aflosbaar. **re· deem·er** losser, afkoper; *(Chr., R~)* Verlosser, Heiland.

**re·deem·ing:** *~ death, (Chr.)* soendood; *s.o.'s only ~ feature* al wat ten gunste van iem. gesê kan word, iem. se enigste goeie eienskap.

**re·de·fine** herdefinieer, herbepaal.

**re·demp·tion** *(fin.)* delging, (af)lossing, amortisasie; af= koop; *(relig.)* verlossing, bevryding, redding; *beyond/past ~* reddeloos (verlore); *s.o. is beyond/past ~, (ook)* daar is vir iem. geen redding meer nie. ~ **fund** delgings=, amortisasiefonds. ~ **money** afkoopgeld, =prys, =som. **re·demp·tive** verlossend, verlossings=.

**re·de·ploy** herontplooi *(troepe);* heraanwend *(personeel).* **re· de·ploy·ment** herontplooiing; heraanwending.

**re·de·sign** herontwerp.

**re·de·ter·mine** herbepaal.

**re·de·vel·op** herontwikkel. **re·de·vel·op·ment** herontwik= keling.

**re·di·al** *-ll-, (telef.)* weer skakel.

**red·in·gote** redingote, ruiterjas.

**re·di·rect** heradresseer; nastuur, nasend, agterna stuur *('n brief ens.);* nasein. **re·di·rec·tion** nasending; naseining.

**re·dis·cov·er** herontdek. **re·dis·cov·er·y** herontdekking.

**re·dis·trib·ute** herverdeel, weer verdeel; anders uitdeel/in= deel; herindeel. **re·dis·tri·bu·tion** herverdeling, nuwe verde= ling; heruitdeling; herindeling.

**re·di·vide** herverdeel. **re·di·vi·sion** herverdeling.

**red·ly** *adv.* rooi.

**red·ness** rooiheid.

**re·do** *-did -done* oordoen, weer/opnuut doen.

**red·o·lent** geurig, welriekend; *s.t. is ~ of ...* iets ruik na ...; iets herinner aan ... **red·o·lence** (soet) geur, welriekendheid.

**re·dou·ble** verdubbel; vermeerder, versterk; aangroei, toe= neem; *(brugspel)* redoebleer.

**re·doubt·a·ble** *(dikw. skerts.)* gedug, gevrees.

**re·dox** *(chem., afk. v. oxidation-reduction)* redoks= *(afk. v.* oksidasie-reduksie*).* ~ **potential** redokspotensiaal. ~ **reac= tion** redoksreaksie.

**re·draft** *n.* omwerking; nuwe ontwerp; retoerwissel, her= wissel. **re·draft** *ww.* omwerk, weer opstel; herformuleer; weer ontwerp.

**re·draw** *-drew -drawn* oorteken.

**re·dress** *n.* herstel, regstelling, vergoeding, verhaal, redres; *s.o. has no ~* iem. het geen verhaal nie; *~ of ...* herstel van ... *(onreg); seek ~* vergoeding vra/ herstel (van onreg) verlang; *without ~* sonder verhaal. **re·dress** *ww.* verhelp; herstel, regstel, vergoed, goedmaak, redresseer.

**re·duce** verminder, verklein, inkrimp, inkort; wegwerk *(laste, oortollighede, ens.);* verlaag, verminder, besnoei *(d. prys v. iets);* terugbring, teruglei *(na 'n eenvoudiger vorm); (wisk.)* herlei *('n vergelyking); (wisk.)* verklein, vereenvoudig *('n breuk); (chem.)* reduseer; *(med.)* reponeer *('n breuk); (fonet.)* reduseer *('n vokaal); ~ s.t. by boiling, (hoofs. kookk.)* iets inkook; *~ the establishment* die saak inkrimp, personeel afdank; *~ a fraction (to its lowest terms), (wisk.)* 'n breuk verklein; *~ s.o.'s power* iem. se mag inkort; *~ speed* stadiger ry; *in a ~d state* in 'n verswakte toestand; *~d steel* reduksiestaal; *... ~s the temperature ...* verminder die warmte; *... laat die koors sak; ~ s.o. to ...* iem. tot ... dwing *(onderwerping ens.);* iem. tot ... bring *(armoede, wanhoop, ens.);* iem. tot ... bring *(armoede, wanhoop ens.); ~ s.o. to the ranks, (mil.)* iem. degradeer; *~ s.t. to ...* iets tot ... herlei; iets tot ... verminder; *~ fractions to a common denominator, (wisk.)* breuke gelykmatig maak *(of* tot 'n gemene deler her= lei); *~ s.t. to powder* iets fynmaak/verpoeier/vergruis; *~ ... to zero ...* tot niks verminder/verklein *(of* heeltemal uitska= kel/verwyder); *(wisk.) ...* op nul herlei; *~d vowel, (fonet.)* reduksievokaal; *~ one's weight* verslank, jou gewig vermin= der/afbring. **re·duc·er** *(teg.)* reduseerder, verloopsok, =stuk;

*(fot.)* verswakker. **re·duc·i·ble** verminderbaar, verkleinbaar; herleibaar; reduseerbaar; ~ *hernia*, *(med.)* reponeerbare breuk. **re·duc·tive** verminderend; reduksie=.

**re·duc·ing:** ~ **agent** reduseer=, reduksiemiddel. ~ **diet** verslankingsdieet. ~ **furnace** reduksieoond. ~ **socket** verloop= sok. ~ **valve** drukverligtingsklep.

**re·duc·ti·o ad ab·sur·dum** *(Lat.: d. weerlegging v. 'n stelling deur te bewys dat dit tot onsinnige gevolgtrekkings lei)* reductio ad absurdum.

**re·duc·tion** vermindering, verkleining, inkrimping, inkor= ting; besnoeiing; afname; verlaging; korting, afslag, rabat; terugbrenging; *(wisk.)* herleiding; *(med.)* setting; *(chem.)* reduksie; *(fot.)* verswakking; degradering *(in rang); sweeping ~s* algemene/kolossale/reusagtige prysverlagings. ~ **division** reduksiedeling. ~ **works** reduksiewerkplaas, smeltoond.

**re·duc·tion·ism** *(dikw.neerh.)* reduksionisme.**re·duc·tion·ist** *n.* reduksionis. **re·duc·tion·ist, re·duc·tion·is·tic** *adj.* reduk= sionisties.

**re·dun·dan·cy** oortolligheid, oorbodigheid. ~ **payment** skeidingspakket.

**re·dun·dant** oortollig, oorbodig, orig; *be made ~, (werkers ens.)* oortollig verklaar word.

**re·du·pli·cate** verdubbel, herhaal; *(gram.)* redupliseer. **re·du·pli·ca·tion** verdubbeling, reduplikasie. **re·du·pli·ca·tive** verdubbelend.

**re·ech·o** *n.* weergalm(ing); weerkaatsing; naklank. **re·ech·o** *ww.* weergalm, weerklink; weerkaats; herhaal; ~ *with* ... van ... weergalm/weerklink.

**reed** riet; biesie; rib; mondstuk, rietjie; tongetjie *(v. 'n orrelpyp); a broken ~, (fig.)* 'n geknakte riet; *common ~,* (*Phragmites australis*) gewone fluitjiesriet. ~**buck** *(Redunca arundinum)* rietbok; *mountain ~,* (*R. fulvorufula*) rooiribbok. ~ **cormorant** *(orn.)* rietduiker. ~ **dance** *(tradisioneel, vnl.in KZN & Swaziland)* rietdans *(deur ongehude meisies).* ~ **in= strument** *(mus.)* fluit=, tonginstrument. ~ **marsh** rietvlei. ~ **pipe** rietfluit; tongstem *(v. 'n orrel).* ~ **stop** *(mus.)* tongregister *(v. 'n orrel).* ~ **warbler** *(orn.:Acrocephalus* spp.) rietsanger.

**reed·ed** gerib.

**reed·like** rietagtig; skraal, tingerig, tengerig.

**re·ed·u·cate** heropvoed, omskool. **re·ed·u·ca·tion** heropvoeding, omskoling.

**reed·y** rietagtig; vol riet(e); skraal, tingerig, tengerig, swak; krassend, skril; *a ~ voice* 'n dun stem. **reed·i·ness** rietag= tigheid; skrilheid.

**reef**[1] *n., (sk.)* reef, rif *(v. 'n seil); take in a ~* reef, 'n seil ver= klein; 'n reef inbind/inneem; *(fig.)* besnoei; stadig oor die klippe gaan, met oorleg werk. **reef** *ww.* (in)reef, seile in= bind/inrol/oprol; →REEFER[1]. ~ **knot** platknoop. ~**point** reef= bindsel.

**reef**[2] *n., (geog., mynb.)* rif; rotsbank, rotslaag; *the R~* →WIT= WATERSRAND. ~ **width** rifdikte.

**reef·er**[1] *(sk.)* rewer; platknoop. ~ **(jacket)** jekker, rewers= baadjie.

**reef·er**[2] *(dwelmsl.), (daggasigaret)* zol; *(dagga)* boom, dagga.

**reek** *n.* stank. **reek** *ww.* stink *(na); ~ of* ... stink na ...; ruik na ...; *(fig.)* deurtrek wees van ... *(kruiperigheid, haatdraendheid, ens.).*

**reel**[1] *n.* rol, tol, tolletjie, klos; spoel; katrol; haspel. **reel** *ww.:* ~ *s.t.* **in** iets inkatrol; iets inhaal/oprol; ~ *s.t.* **off** iets aframmel; iets uitkraam; ~ *s.t.* **out** iets afrol/afdraai/uitvier; ~*ed* **yarn** stringgare, =garing. ~**-to-~ (tape) recorder** tol(band)opnemer.

**reel**[2] *n.* wankelende/waggelende gang, slingering; *(volksdans)* riel; warreling; *dance a ~,* *(ook)* asoek slaan); *without a ~ or a stagger* sonder om te wankel of te struikel. **reel** *ww.* wankel, waggel, slinger; swier, swaai; duiselig word; 'n riel dans; ~ *back* terugsteier; *s.t. ~ed before s.o.'s* **eyes** iets het voor iem.

gedraai *(of* op en neer gedans); ~ *from/under* ... onder ... steier *(houe, skok, ens.);* **make** *s.o.* ~, **send** *s.o.* ~*ing* iem. laat steier/waggel; ~ *to and fro* heen en weer slinger.

**re·e·lect** herkies; ~ *as* ... herkies as/tot ... **re·e·lec·tion** her= kiesing; *s.o. (is eligible and) offers him-/herself (or makes him-/ herself available) for* ~ iem. (is en) stel hom/haar herkiesbaar; ~ *to the council* herkiesing in die raad.

**re·el·i·gi·ble** herkiesbaar. **re·el·i·gi·bil·i·ty** herkiesbaarheid.

**re·e·merge** weer bo *(of* te voorskyn) kom. **re·e·mer·gence** weerverskyning.

**re·em·ploy** weer in diens neem. **re·em·ploy·ment** herin= diensneming, =name.

**re·en·act** weer bepaal/vasstel, herverorden. **re·en·act·ment** herverordening.

**re·en·ter** weer binnekom, terugkom; *(pendeltuig ens.)* weer binnedring *(d. atmosfeer); (kaartspel)* weer aan die slag kom; herinskryf, =skrywe. **re·en·try** terugkeer; herinskrywing; weer= intreding.

**re·es·tab·lish** weer oprig, herstel. **re·es·tab·lish·ment** her= oprigting, herstel.

**re·e·val·u·ate** herevalueer, herbeoordeel. **re·e·val·u·a·tion** herevaluering, herbeoordeling.

**re·ex·am·ine** hersien, herondersoek; hereksamineer; *(jur.)* weer ondervra, herondervra. **re·ex·am·i·na·tion** hersiening; nader ondersoek; herondersoek; hereksamen, aanvullings= eksamen; herkeuring; *(jur.)* herondervraging.

**re·ex·port** *n.* heruitvoer. **re·ex·port** *ww.* heruitvoer. **re·ex·por·ta·tion** heruitvoer.

**ref** *(sport, infml.)* = REFEREE.

**re·fash·ion** verander, omvorm, omwerk. **re·fash·ion·ing, re·fash·ion·ment** verandering, omvorming, omwerking.

**re·fec·to·ry** eetsaal, refter. ~ **table** reftertafel.

**re·fer** =*rr=* verwys, refereer *(na);* voorlê *(aan);* opdra *(aan);* laat sak/dop/druip *('n kandidaat in 'n eksamen);* jou beroep *(op);* ~ *s.t.* **back to** ... iets na ... terugverwys; ~ *to* **drawer,** *(bankw.)* verwys na trekker; ~ *to* ... van ... praat/skryf/skrywe *(of* melding maak), ... vermeld, na ... verwys, 'n verwysing na ... maak, ... bedoel; ... naslaan/raadpleeg *('n woordeboek ens.); s.t. ~s to* ... iets het betrekking *(of* slaan/sien/doel *of* is bedoel) op ...; ~*ring* **to** ... met betrekking tot *(of* met verwysing na) ...; na aanleiding van ...; ~ *to s.o. as* ... iem. ... noem; ~ *to s.o. as a* ... iem. as 'n ... bestempel; *I would like to ~ you to* ... ek wil ... graag onder u/jou aandag bring, ek wil u/jou/die aandag graag op ... vestig, let asseblief op *(of* kyk asseblief na) ...; ~ *s.o./s.t.* **to** ... iem./iets na ... verwys *('n pasiënt na 'n spesialis, 'n wetsontwerp na 'n komitee, ens.).*

**ref·er·a·ble, re·fer·ra·ble** verwysbaar, te verwys *(na);* op te dra *(aan).* **ref·er·ee** *n., (sport)* skeidsregter, *(infml.)* blaser, *(infml., kr.)* witjas; referent *(v. 'n aansoeker om 'n pos ens.).* **ref·er·ee** *ww.* as skeidsregter optree, skeidsregter wees, *(infml.)* blaas. **ref·er·ee·ing** skeidsregterswerk. **ref·er·en·dum** =*endums,* =*enda* referendum, volkstemming. **ref·er·ent, ref·er·ent** *(ling.)* referent. **ref·er·en·tial** verwysings=. **re·fer·ral** verwysing. **re·ferred** verwese; ~ *pain* verwyspyn, verplaaste pyn, straal= pyn, uitstralingspyn.

**ref·er·ence** verwysing; aanhaling, bron, bewysplaas, aan= duiding; trefwoord, lemma; aanbeveling, getuigskrif; ver= band, verhouding, betrekking; (ver)melding, gewag; *(ekon.)* referent, referensie; *contemporary ~s* aktuele toespelings/ sinspelings; *for future* ~ vir toekomstige gebruik; *give s.o. a* **good** ~ iem. 'n goeie getuigskrif gee; *list of ~s* bronnelys; *make (a)* ~ *to* ... van ... melding maak, na ... verwys, 'n verwysing na ... maak; *A and B have* **no** ~ *to each other* A en B hou geen verband met mekaar nie; *no* ~ *was made to it* daar is niks van gesê *(of* geen melding van gemaak) nie; *an oblique* ~ *to* ... 'n sydelingse verwysing na ...; *make an oblique* ~ *to* ... sydelings na ... verwys; *with special* ~ *to* ... met besondere aandag aan ...; *terms of* ~ opdrag *(aan 'n* *kommissie); with wide/broad* **terms** *of* ~ met 'n uitgebreide opdrag; **with** ~ **to** ... met betrekking tot (*of* met verwysing na) ...; na aanleiding van ...; in aansluiting by ...; **without** ~ *to s.o.* sonder om iem. te raadpleeg (*of* in 'n saak te ken). ~ **library** naslaanbiblioteek. ~ **number** verwysingsnommer. ~ **point** uitgangspunt; verwysingspunt. ~ **work** naslaanwerk.

**ref·er·en·dum** →REFER.

**re·fill** *n.* hervulling, byvulling, nuwe vulling; (nuwe) inkpatroon *(vir 'n pen);* hervulloodjie *(vir 'n draaipotlood);* hervulsakkie, -houer, ens.. **re·fill** *ww.* hervul, opnuut vul, weer volmaak.

**re·fine** verfyn, veredel, beskaaf; suiwer, louter; afdryf, =drywe; affineer *(metale);* raffineer *(olie ens.);* verfraai; suiwer word; beskaaf(d) word; ~ *(up)on s.t.* iets (probeer) verbeter; iets uitspin. **re·fined** verfyn(d); gesuiwer(d); geraffineer(d); ~ *features* gedistingeerde trekke; ~ *manners* beskaafde maniere; ~ *metal* keurmetaal; ~ *morals* verfynde sedes; ~ *sugar* geraffineerde suiker. **re·fine·ment** verfyning, verfyndheid, veredeling, beskawing; suiwering, loutering; gesogtheid; geraffineerdheid. **re·fin·er·y** *(metal.)* affineerdery; raffinadery.

**re·fin·ing** verfyning; suiwering, loutering; affinering *(v. metale);* raffinering. ~ **plant** suiweringsinstallasie. ~ **works** raffinadery; *(metal.)* affineerdery.

**re·fit** *n.* herstel; nuwe uitrusting. **re·fit** =*tt*-, *ww.* weer aanpas; herstel; in orde bring, opknap; weer uitrus.

**re·flate** *(ekon.)* reflasie bewerkstellig. **re·fla·tion** reflasie. **re·fla·tion·ar·y** reflasionêr, reflasionisties.

**re·flect** weerkaats, terugkaats; *(fig.)* weergee, weerspieël; peins, nadink; *the statement* ~*s an* **amount** die rekening gee 'n bedrag aan/weer; *be* ~*ed* **onto** ... op ... afstraal; *it* ~*s the true* **position** dit is 'n juiste weergawe; *s.t.* ~*s* **(up)on** *s.o.* iets stel iem. in 'n slegte lig, iets werp 'n refleksie *(of* blaam) op iem., iets tas iem. se karakter aan.; ~ **(up)on** *s.t.* iets oordink/oorweeg/bepeins, oor/omtrent iets besin.

**re·flec·tance** *(fis.)* weerkaatsings-, refleksiekoëffisiënt, =koeffisiënt.

**re·flect·ing** weerkaatsend, (terug)kaatsend; weerspieëlend; peinsend. ~ **paper** glimpapier. ~ **telescope** spieëlteleskoop.

**re·flec·tion** weerkaatsing, (terug)kaatsing, weerspieëling, refleksie; weergawe; spieëlbeeld, spieëling; afskynsel; terugbuiging; oorweging, gedagte, nadenke; inkeer; blaam, verwyt, afkeuring; *angle of* ~, *(fis.)* uitvalshoek, hoek van uitval; *cast* ~*s* **(up)on** *s.o.* iem. se karakter aantas, 'n refleksie op iem. werp, iem. in 'n slegte lig stel; *s.t. is a* ~ **(up)on** *s.o.* iets is 'n belediging vir *(of* 'n beskuldiging teen) iem., iets tas iem. se karakter aan, iets werp 'n refleksie op iem..

**re·flec·tive** weerkaatsend, terugkaatsend, weerspieëlend; peinsend, denkend; wederkerend; reflektief; ~ *index,* *(fis.)* brekingsindeks. **re·flec·tiv·i·ty** *(fis.)* refleksie-, weerkaatsvermoë, weerkaatsbaarheid.

**re·flec·tor** weerkaatser, terugkaatser; spieël, reflektor *(v. 'n golfgeleier);* ligspieël *(v. 'n seinlamp); (astron.)* spieëlteleskoop, reflektor. ~ **(mirror)** loopspieël.

**re·flex** *n.* refleks(beweging); *(ook, i.d. mv.)* reflekse. **re·flex** *adj.* onwillekeurig, outomaties, impulsief *(reaksie); (geom.)* inspringend. ~ **arc** *(fisiol.)* refleksboog, =baan. ~ **camera** reflekskamera.

**re·flexed** *(bot.)* omgeboë, omgebuig.

**re·flex·i·ble** weerkaatsbaar. **re·flex·i·bil·i·ty** weerkaatsbaarheid.

**re·flex·ive** *n., (gram.)* refleksief. **re·flex·ive** *adj.* wederkerend, terugwerkend, refleksief.

**re·flex·ol·o·gy** refleksologie. **re·flex·ol·o·gist** refleksoloog.

**re·flux** terugvloeiing, eb; teenstroom. ~ **valve** *(teg.)* terugslagklep.

**re·form** *n.* hervorming, verbetering; omskepping. **re·form**

*ww.* hervorm, verbeter; omskep; bekeer; jou bekeer, tot inkeer kom, jou verbeter; *the R~ed Church, (SA)* die Gereformeerde Kerk; die Hervormde Kerk. **re·form·a·ble** hervormbaar. **re·for·ma·tive** hervormend, hervormings-, reformatories; verbeterend, verbeterings-. **re·form·er** hervormer; *(R~, kerkgesk.)* Hervormer, Reformator.

**re·for·mat** *(rek.)* herformateer.

**ref·or·ma·tion** hervorming, reformasie, verbetering; *the R~,* *(kerkgesk.)* die Hervorming/Reformasie.

**re·for·ma·to·ry** *n., (vero.)* tugskool, verbeter(ing)skool. **re·for·ma·to·ry** *adj.* = REFORMATIVE.

**re·form·ist** *n.* hervormer, hervormingsgesinde, reformis. **re·form·ist** *adj.* hervormingsgesind, reformisties. **re·form·ism** hervormingsug.

**re·fract** *(strale)* breek; ~*ing surface* brekingsvlak. **re·frac·tion** *(fis.)* (straal)breking, (lig)breking, refraksie; *angle of* ~ brekingshoek. **re·frac·tive** straalbrekend, brekings-; ~ *index* brekingsindeks. **re·frac·tom·e·ter** refraktometer. **re·frac·tor** refraktor; dioptriese kyker. **re·frac·to·ry** *(fml.)* dwarstrekkerig, we(d)erstrewig, koppig; *(teg.)* vuurvas; moeilik smeltbaar/reduseerbaar; *(med.)* refraktêr; *be* ~ jou verset; ~ *clay* vuurklei, vuurvaste klei.

**re·frain¹** *n.* refrein.

**re·frain²** *ww.* jou inhou/bedwing/beteuel; ~ *from doing s.t.* jou daarvan weerhou om iets te doen; *please* ~ *from* ... moet asseblief nie ... nie.

**re·fresh** verkwik, verfris, opfris; ververs; verkoel; ~ *s.o.'s drink* vir iem. nog 'n drankie skink; ~ *one's memory* jou geheue opfris/opskerp.

**re·fresh·er** opknappertjie, verfrissinkie, versterkertjie; herinnering. ~ **course** *(opv.)* herhalingskursus; opknappings-, aanvullings-, opfrissingskursus.

**re·fresh·ing** verkwikkend; verfrissend. **re·fresh·ing·ly** *(ook)* verrassend.

**re·fresh·ment** verversing, verkwikking, lafenis; *(ook, i.d. mv.)* verversings, versnaperings; *serve* ~*s* verversings bedien; verversings verskaf. ~ **room** koffiekamer, verversingskamer. ~ **trolley** buffetwaentjie.

**re·fried beans** *n. (mv.), (Mex. kookk.)* herbraaide bone.

**re·frig·er·ant** *n.* koelmiddel, =stof. **re·frig·er·ant** *adj.* (ver)koelend, koel-; ~ *gas* koelgas.

**re·frig·er·ate** (ver)koel, koel/koud maak; koel hou. **re·frig·er·at·ing** koelend, koel-; ~ *chamber* koelkamer; yskamer.

**re·frig·er·a·tion** koeling, verkoeling; koeltegniek. ~ **plant** koelinstallasie.

**re·frig·er·a·tor** ys-, koelkas; koelvat; koelmasjien, koeler; koelinrigting. ~ **room** koel-, yskamer. ~ **ship** koelskip.

**re·fu·el** =*ll*- brandstof inneem/intap; bunker.

**re·fu·el·ling** brandstofinname, =intapping; bunkering. ~ **station** vulstasie.

**ref·uge** *n.* toevlug, beskerming; skuiling, skuilte, skuiloord, toevlugsoord; *find* ~ 'n heenkome vind; *grant* ~ *to s.o.* aan iem. skuilplek verleen; *seek* ~ *with* ... by ... skuiling soek, die toevlug tot ... neem; *take* ~ *behind* ... agter ... skuil; *take* ~ *in a country* in 'n land skuiling soek, die toevlug tot 'n land neem.

**ref·u·gee** vlugteling, uitgewekene. ~ **camp** vlugtelingekamp.

**re·fund** *n.* terugbetaling. **re·fund** *ww.* terugbetaal, teruggee, vergoed; ~ *s.t. to s.o.* die koste van iets aan iem. terugbetaal. **re·fund·a·ble** terugbetaalbaar.

**re·fur·bish** (weer) opknap.

**re·fus·al** →REFUSE² *ww.*.

**ref·use¹** *n.* vullis, vuilgoed, afval, uitskot; *remove* ~ vullis verwyder. ~ **bin** vullis-, vuilgoed-, asbak. ~ **collector** vullisverwyderaar, vullisman. ~ **dump,** ~ **heap** vullis-, vuilgoed-, ashoop. ~ **removal,** ~ **collection** vullisverwydering. ~ **tip** ashoop; stortterrein. ~ **yard** vuilgoed-, vulliswerf.

**re·fuse²** *ww.* weier, van die hand wys, verwerp; ontsê; ~ *s.o.* **admission** iem. wegwys, (aan) iem. toegang weier, iem. toegang ontsê; *I* ~ *to* **believe** *it* ek laat my dit nie vertel nie; ~ *bluntly/flatly/point-blank* (or *out of hand)* botweg/ vierkant weier; verseg; ~ *s.o.* iem. se versoek van die hand wys, iem. iets weier/ontsê, vir iem. nee sê; ~ *to do s.t.* weier om iets te doen; verseg om iets te doen. **re·fus·al** weiering; verwerping; neewoord; ontsegging; afwysing, afwysende antwoord; *a blunt/flat/point-blank* ~ 'n volstrekte weiering; *meet with a* ~ iets geweier word.

**re·fus(e)·nik** *(hist.)* dissidente Sowjetjood; andersdenkende, dissident.

**re·fute** weerlê; teëspreek, teenspreek. **re·fut·a·ble, re·fut·a·ble** weerlegbaar. **ref·u·ta·tion** weerlegging; *in* ~ *of* ... ter weerlegging van ...

**re·gain** terugkry, herwin; ~ *one's feet/footing* weer op die been kom; ~ *a place* 'n plek weer bereik, weer by 'n plek uitkom.

**re·gal** koninklik, vorstelik. **re·ga·li·a** *n. (fungeer as ekv. of mv.)* regaliëë, regalia; ampsierade; kroonsierade, (koninklike/vorstelike) attribute. **re·gal·i·ty** koningskap.

**re·gale** onthaal, trakteer, vergas; genot verskaf; geniet van; ~ *o.s.* smul; ~ *s.o. with* ... iem. op ... trakteer/vergas.

**re·gard** *n.* agting, eerbied, respek; aansien; verband; opsig; notisie, aandag; *have (a)* **deep/great** ~ *for s.o.,* hold s.o. in *high* ~ groot agting/eerbied vir iem. hê, iem. hoogag; *kind* ~*s to* ... beste groete aan ...; *with kind* ~*s* met beste/ vriendelike groete; *have no* ~ *for s.o.'s advice* geen ag op iem. se raad slaan nie; *out of* ~ *for* ... uit agting vir ...; *pay* ~ *to* ... op ... let, ... in aanmerking neem, met ... rekening hou; *pay no* ~ *to* ... geen notisie van ... neem nie, jou niks aan ... steur nie; *in this* ~ in hierdie/dié opsig; *in/with* ~ *to* ... in verband met *(of* met betrekking tot *of* ten opsigte van) ... **re·gard** *ww.* bekyk, beskou, gadeslaan; in aanmerking neem; agting hê vir, (hoog)ag, waardeer; omgee; aangaan, betref; ~ *s.o./ s.t. as* ... iem./iets as ... beskou; ~ *s.o.* **as one of the greatest/** *etc.* iem. onder die grootstes/ens. reken; ~ *s.o.* **as a friend,** *(ook)* iem. onder jou vriende reken/tel; ~ *s.o.* **intently** iem. aandagtig beskou/betrag; *not* ~ *s.o.'s advice* nie op iem. se raad ag slaan nie; ~ *s.o./s.t.* **with** ... iem./iets met ... bejeën *(agterdog ens.)*. **re·gard·ful** *(fml.)* oplettend, aandagtig; ~ *of* ... met inagneming/inagname van ...; *be* ~ *of s.t.* iets in ag neem. **re·gard·ing** betreffende, aangaande, in verband met, met betrekking tot, ten opsigte van; ~ ... wat ... betref. **re·gard·less** onagsaam, agteloos; ondanks alles; *be* ~ *of* **expense** geen onkoste ontsien nie; ~ *how/what/where/* *who* ... ongeag/sel(f)de hoe/wat/waar/wie ...; ~ *of* ... sonder om op ... te let; ongeag ... *(d. koste ens.);* ~ *of* **persons** sonder aansien van die persoon *(of* des persoons); ~ *of* **whether** ... ongeag of ...

**re·gat·ta** seil-, vaar-, roeiwedstryd, regatta.

**re·gen·cy** regentskap; *the R*~ die Regentskapstyd.

**re·gen·er·ate** *adj., (hoofs. relig.)* we(d)ergebore, herbore. **re·gen·er·ate** *ww.* herskep, laat herlewe, met nuwe lewe besiel; hernu(we), hernieu; hervorm; herleef; *(biol.)* regenereer. **re·gen·er·a·tion** herlewing, we(d)ergeboorte; hervorming; regenerasie; vernuwing; *(rad.)* positiewe terugkoppeling. **re·gen·er·a·tive** herskeppend. **re·gen·er·a·tor** regenerator.

**re·gent** *n.* regent; regentes; ryksbestuurder, bewindhebber. **re·gent** *adj.* regerend, heersend.

**reg·gae** *(mus.)* reggae.

**reg·i·cide** koningsmoord; koningsmoordenaar. **reg·i·cid·al** koningsmoordend.

**re·gime** bewind, (regering)stelsel, staatsbestel, regime; geordende/stelselmatige werk(s)wyse.

**reg·i·men** leefwyse, leefreël; dieet.

**reg·i·ment** *(hoofs. mil.)* regiment. **reg·i·men·tal** *adj.* regi-

ments-, van die regiment; voorgeskrewe, reglementêr; ~ *colours* regimentsvaandel; ~ *sergeant major, (afk.:* RSM*)* regiment-sersant-majoor *(afk.:* RSM*).* **reg·i·men·ta·tion** reglementering; dissiplinering. **reg·i·ment·ed** georden(d), gereglementeer(d); gedissiplineer(d).

**Re·gi·na** *(Lat.)* koningin; *Elizabeth* ~ koningin Elizabeth.

**re·gion** streek; landstreek, kontrei, gewes(te); gebied; lugstreek; *a fertile/etc.* ~ 'n vrugbare/ens. streek; *in higher* ~*s* in hoër sfere; *in the* ~ *of* ... in die omgewing van ...; ongeveer/ sowat/omtrent ... *(100, R100, ens.).* **re·gion·al** gewestelik, streek-, van 'n (land)streek, regionaal; ~ *art* kontreikuns; ~ *dialect* streektaal; ~ *manager* streekbestuurder; ~ *news* streeknuus; ~ *planning* streek(s)beplanning. **re·gion·al·ism** regionalisme. **re·gion·al·ist** regionalis. **re·gion·al·is·tic** regionalisties, streek-. **re·gion·al·ly** streeksgewys(e).

**reg·is·ter** *n.* register; lys, rol; indeks; katalogus; inskrywingsboek; inskrywing; besoekersboek; kasregister; *(mus.)* orrelregister; *(fonet.)* stemregister; *(ling.)* register; ~ *of* **attendance** presensielys; *keep a* ~ *of* ... van ... register hou; *be* **on** *the* ~ op die lys/rol/register staan; *vocal* ~ stemomvang; ~ *of* **voters** kieserslys. **reg·is·ter** *ww.* inskryf, -skrywe, registreer; laat inskryf/-skrywe; aanteken, noteer, boek; aanwys *(deur 'n instr.);* ~*ed* **as** ... as ... ingeskryf/geregistreer *(handelsbank ens.);* be ~*ed in the* **books** *of* ... in die register van ... staan; ~*ed* **letter/parcel/etc.** aangetekende brief/pakkie/ens.; ~*ed* **mail/post** geregistreerde pos; ~*ed* **owner** geregistreerde eienaar; ~ *as a* **student** (jou) as student inskryf/-skrywe, jou as student laat inskryf/-skrywe; ~*ed* **trademark** geregistreerde handelsmerk; *s.t. does not* ~ *with s.o.* iets dring nie tot iem. deur *(of* maak geen indruk op iem.) nie. ~ **book** inskrywingsboek; skeepsregister.

**reg·is·tra·ble** registreerbaar. **reg·is·tra·bil·i·ty** registreerbaarheid.

**reg·is·trar** registrateur; sekretaris; *(med.)* kliniese assistent; ~ *of* **companies/deeds/patents** registrateur van maatskappye/ aktes/patente; ~ *of the court* griffier.

**reg·is·tra·tion** registrasie, inskrywing; aanmonstering; teboekstelling. ~ **document** registrasiebewys, -dokument, -sertifikaat *(v. 'n voertuig).* ~ **fee** inskrywingsgeld; registrasiekoste, aantekenkoste. ~ **number** registrasienommer *(v. 'n voertuig).* ~ **plate** nommerplaat *(v. 'n voertuig).*

**reg·is·try** registrasie, inskrywing; argief; register. ~ **(office)** registrasie(kantoor).

**reg·let** *(bouk.)* skeilys, plat lysie; *(druk.)* voegloodgroef; setlyn; reglet.

**reg·nal** regerings-; ~ *year* regeringsjaar.

**re·gress** *n.* teruggang; agteruitgang. **re·gress** *ww.* agteruitgaan; agteruit beweeg.

**re·gres·sion** teruggang; agteruitgang; terugkeer; regressie. ~ *curve (statist.)* regressiekromme.

**re·gres·sive** terugkerend, regressief; ~ *tax* regressiewe belasting.

**re·gret** *n.* berou; verdriet, hartseer, smart; *(dikw. i.d. mv.)* teleurstelling, spyt, leedwese; verontskuldiging; *express* ~ *for s.t.* spyt oor iets te kenne gee; *it is a* **matter** *of* ~ dit is jammer *(of* te betreur); *have no* ~*s* jou niks te verwyt hê nie; *to s.o.'s* ~ tot iem. se spyt/leedwese; *with (deep/great/much)* ~ met (innige/groot) spyt; met (diep[e]/groot) leedwese. **re·gret** =tt-, *ww.* berou/spyt hê oor; treur oor; betreur; *s.o. has* **nothing** *to* ~ iem. hoef nie spyt te wees nie; *I* ~ *to do it* dit spyt my om dit te doen; *I* ~ *to* say/state that ... dit spyt my om te sê dat ...; *he/she* **will** ~ *it* dit sal hom/haar berou *(of* duur te staan kom); *you* **won't** ~ *it* jy sal nie spyt wees nie. **re·gret·ful** berouvol; smartlik. **re·gret·ful·ly** vol spyt, met leedwese; *most* ~ met groot leedwese. **re·gret·ta·ble** betreurenswaardig, spytig. **re·gret·ta·bly** tot iem. se spyt, jammer genoeg.

**re·group** hergroepeer, opnuut groepeer, herindeel. **re·group·ing** hergroepering, -indeling.

**re·growth** *n.* opslag.

**reg·u·lar** *n.* gereelde/vaste besoeker/klant/ens.; gereelde soldaat; *(ook, i.d. mv.)* gereelde troepe, beroepsoldate. **reg·u·lar** *adj.* gereeld; reëlmatig; vas; gewoon, gebruiklik; ordelik; behoorlik, korrek, reglementêr; gekwalifiseer(d), gediplomeer(d); beroeps=; *(wisk., gram., ens.)* reëlmatig; ~ *army* staande leër, beroepsleër; ~ *cheat*, *(infml.)* aartsbedrieër; ~ *clergy* ordegeestelikes; ~ *flight* diens=, lynvlug; ~ *fool*, *(infml.)* regte swaap; ~ *habit* vaste gewoonte; ~ *hours* gereelde/vaste ure; *at* ~ *intervals* op vaste/gesette tye; ~ *retreat*, *(mil.)* ordelike aftog; ~ *slope* reëlmatige/konstante helling; ~ *soldiers/troops* beroepsoldate, gereelde troepe. **reg·u·lar·i·sa·tion**, **-za·tion** regularisasie, regularisering. **reg·u·lar·ise**, **-ize** regulariseer. **reg·u·lar·i·ty** gereeldheid, reëlmatigheid, reëlmaat. **reg·u·lar·ly** gereeld, reëlmatig.

**reg·u·late** stel, regsit; reël, reguleer; kontroleer; reglementeer; bepaal, verorden; ~ *by statute* by wet bepaal. **reg·u·la·tive** reëlend, regulerend, regulatief, reëlings=. **reg·u·la·tor** reëlaar; slinger; regulator, reguleerder, reguleerapparaat; *(spw.)* regulateur.

**reg·u·la·tion** *n.* reëling, skikking; bestuur; regulering, regulasie; statuut; reglement, reël, voorskrif, bepaling, verordening, regulasie. **reg·u·la·tion** *adj.* gereeld, gebruiklik, voorgeskrewe, reglementêr, volgens voorskrif.

**re·gur·gi·tate** opbring, opgooi, uitbraak, vomeer; *(fig.)* slaafs *(of soos 'n papegaai)* herhaal/opsê/weergee. **re·gur·gi·ta·tion** uitbraking; gekots.

**re·hab** *(infml. afk.)* = REHABILITATION.

**re·ha·bil·i·tate** rehabiliteer; herstel, teruggee *(voorregte, posisie, ens.)*. **re·ha·bil·i·ta·tion** rehabilitasie; herstel(ling).

**re·hash** *n., (hoofs. fig.)* opgewarmde kos; blote herhaling; geherkou. **re·hash** *ww.* weer opdis; opwarm.

**re·hearse** repeteer; (in)oefen, instudeer; opsê; herhaal, opsom. **re·hears·al** repetisie; (in)oefening, instudering; herhaling.

**re·heat** opwarm; weer verhit; oorwarm.

**re·house** hervestig, opnuut behuis.

**re·hy·drate** rehidreer.

**Reich** *(D. gesk.): the Third* ~, *(1933-1945)* die Derde Ryk. **Reichs·tag** *(parl.)* Ryksdag.

**re·i·fy** *(fml.)* verdinglik, reïfiseer, re-ifiseer, konkretiseer. **re·i·fi·ca·tion** verdingliking, reïfikasie, re-ifikasie, konkretisering.

**reign** *n.* bewind, bestuur, regering; regeertyd; oorheersing, heerskappy *(v. 'n sportspan ens.); during/in/under the* ~ *of* ... onder die regering *(of tydens die bewind)* van ...; ~ *of terror* skrikbewind. **reign** *ww.*, regeer, *(ook fig.)* heers; *('n sportspan ens.)* koning kraai; *the ~ing champion* die huidige kampioen; *~ing house* vorstehuis; ~ *over* ... oor ... heers; *silence ~s* stilte heers, alles is doodstil; *s.t. ~s supreme* iets vier hoogty.

**re·ig·nite** weer aan die brand steek; weer (laat) opvlam.

**re·im·burse** terugbetaal, vergoed; ~ *s.o. for s.t.* die koste van iets aan iem. terugbetaal. **re·im·burse·ment** terugbetaling, vergoeding.

**re·im·port** *n.* herinvoer. **re·im·port** *ww.* weer invoer, herinvoer.

**rein** *n. (gew. i.d. mv.)* leisel; teuel *(v. 'n toom)*; beheer; stuurkabel; *draw* ~, *('n ruiter)* stilhou; *(fig.)* jou inhou; *give free* ~ *to* ..., *give the ~(s) to* ... aan ... vrye teuels gee, ... sy vrye loop laat neem *(of laat botvier)*; *give a horse the ~s* 'n perd die teuels gee *(of sy gang laat gaan)*; *with a loose* ~ met los/slap leisels; *pull in the* ~s die teuels/leisels stywer trek; *keep a slack* ~ laks wees, sake hul eie gang laat gaan; *take over the ~s of office* die leisels/bewind oorneem; *keep s.o./s.t. on a tight* ~, *keep a tight* ~ *on s.o./s.t.* iem./iets streng in toom hou. **rein** *ww.* stuur, leisels hou; ~ *s.o./s.t. in* iem./iets beteuel *(of in toom hou)*.

**re·in·car·nate** weer vlees word, reïnkarneer. **re·in·car·na·tion** reïnkarnasie.

**rein·deer** rendier.

**re·in·fect** herbesmet. **re·in·fec·tion** herbesmetting, reïnfeksie, re-infeksie.

**re·in·force** *ww.* versterk; wapen; verswaar; ~ *an argument* 'n argument versterk; nuwe bewyse aanvoer; ~ *a fortress* 'n vesting versterk.

**re·in·forced:** ~ *concrete* gewapende beton. ~ *concrete framework* gewapendebetonraamwerk. ~ *joint* versterkte las. ~ *plastic* versterkte plastiek.

**re·in·force·ment** versterking; wapening; verswaring; *(ook, i.d. mv.)* versterkings(troepe).

**re·in·state** herstel *(in 'n amp)*; weer in besit stel. **re·in·state·ment** herstel *(in 'n amp)*; inbesitstelling.

**re·in·sure** herverseker, weer verassureer. **re·in·sur·ance** herversekering.

**re·in·te·grate** herstel, vernu(we), vernieu; herintegreer. **re·in·te·gra·tion** herstel, vernuwing; herintegrasie.

**re·in·ter·pret** hervertolk. **re·in·ter·pre·ta·tion** hervertolking.

**re·in·tro·duce** herinvoer. **re·in·tro·duc·tion** herinvoering.

**re·in·vent** weer/opnuut uitvind; herskep; ~ *o.s.* vir jou 'n nuwe identiteit skep; ~ *the wheel*, *(infml., dikw. neerh.)* weer die wiel uitvind. **re·in·ven·tion** heruitvinding.

**re·in·vest** weer belê, herbelê; weer beklee; weer verleen. **re·in·vest·ment** herbelegging; herbekleding.

**re·in·vig·o·rate** weer krag gee, weer versterk; nuwe lewe blaas in, 'n hupstoot gee.

**re·is·sue** *n.* nuwe uitgawe, heruitgawe; heruitsending; heruitreiking. **re·is·sue** *ww.* weer uitgee.

**re·it·er·ate** herhaal. **re·it·er·a·tion** herhaling. **re·it·er·a·tive** herhalend.

**re·ject** *n.* afgekeurde; afgekeurde voorwerp; uitskotstof; *(factory) ~s* (fabrieks)uitskot. **re·ject** *ww.* verwerp *('n dogma ens.)*; weier *('n versoek ens.)*; afwys, van die hand wys *('n appèl ens.)*; afkeur; afstem *('n voorstel)*; afslaan *('n versoek ens.)*; afwys, uitstem *('n kandidaat)*; verstoot *(iem.); (med.)* verwerp *('n orgaan)*. **re·ject·a·ble** verwerplik. **re·ject·ed** verworpe.

**re·jec·tion** verwerping; weiering; afwysing; afkeuring; verworpenheid. ~ *slip* afkeurbriefie.

**re·jig** *n., (Br., infml.)* omskepping; (grootskaalse) herskikking, (ingrypende) verandering. **re·jig** *-gg-*, *ww.* (heeltemal) omskep *('n fabriek ens.)*; (heeltemal) herskik, (ingrypend) verander.

**re·joice** bly/verheug wees, jou verbly/verheug; ~ *at/over s.t.* oor iets verheug wees, jou oor iets verbly/verheug; *s.o. is ~d to hear that* ... iem. is bly *(of [fml.]* dit verheug iem.) om te hoor/verneem dat ...; ~ *in s.t.* jou in/oor iets verheug. **re·joic·ing(s)** blydskap, vreugde, gejuig; vreugdebetoon; verheuging.

**re·join¹** weer inhaal; weer bykom; weer aansluit; weer verenig/saamvoeg; jou weer voeg by.

**re·join²** antwoord, *(jur.)* dupliseer, dupliek lewer. **re·join·der** *(hoofs. jur.)* antwoord, we(d)erwoord, dupliek.

**re·ju·ve·nate** verjong, weer jonk maak; *(tuinb.)* verjong, rejuveneer. **re·ju·ve·na·tion** verjonging, verjongingskuur; *(tuinb.)* verjonging, rejuvenasie. **re·ju·ve·nesce** verjong; weer jonk word. **re·ju·ve·nes·cence** verjonging.

**re·key** *(rek.)* weer intik.

**re·kin·dle** weer aan die brand maak, weer aansteek; weer aanvuur/aanspoor.

**re·lapse** *n.* insinking *(v. 'n pasiënt)*; terugval *(in slegte gewoontes); have a* ~, *('n sieke)* 'n insinking hê, agteruitgaan; terugval. **re·lapse** *ww.*, *('n pasiënt)* agteruitgaan, 'n insinking hê; terugval, weer verval; weer instort; insink; *relapsing fever* terugval=, spirogetekoors; ~ *into* ... in ... terugval, weer in ... verval.

**re·late** verhaal, vertel; verslag doen van; verband hou met; aansluiting vind by; *strange* to ~, ... hoe ongelooflik dit ook al is, ...; *A* ~s *to* B A het betrekking op B, A hou (*of* staan in) verband met B; ~ *to* ... aansluiting vind by ...; simpatie hê met ...; ~ *s.t. to* ... iets met ... in verband bring; iets aan/ vir ... vertel; *relating to* ... aangaande/betreffende/rakende (*of* met betrekking tot *of* in verband met) ...; ~ *s.t. with* ... iets met ... in verband bring. **re·lat·ed** (aan)verwant; saam=, samehorig; verwant, familie; *be closely* ~, *(mense)* na verwant wees; *(dinge)* nou verwant wees; *they are closely* ~ hulle is na familie; *be distantly/remotely* ~ ver/vêr (langs) verwant/familie wees; *be* ~ *to s.o.* aan/met iem. verwant wees, familie van iem. wees; *be* ~ *to s.t.* aan/met iets verwant wees (*'n taal ens.*). **re·lat·ed·ness** verwantskap. **re·lat·er, re·lat·or** verhaler, verteller.

**re·la·tion** verhouding, betrekking, relasie; verband; ver= wantskap; bloedverwantskap; bloedverwant, familielid, =be= trekking; vertelling, verhaal, relaas; verslag, berig; (*ook, i.d. mv.*) familie(betrekkinge); (*ook, i.d. mv., fml.*) (geslags)ge= meenskap, =omgang; *bear/have* ~ *to* ... op ... betrekking hê, met ... verband hou; *the* ~s *between two people* die ver= houding tussen twee mense; *the* ~ *between two things* die verband tussen twee dinge; *break* off ~s →*sever; have busi= ness/friendly* ~s *with s.o.* sakebetrekkinge (*of* vriendskaplike betrekkinge) met iem. hê; *diplomatic/financial* ~s diplo= matieke/finansiële betrekkinge; *establish* (or *enter into*) ~s *with* ... betrekkinge met ... aanknoop (*'n staat ens.*); *have* ~ *to* ... →*bear/have; in/with* ~ *to* ... met betrekking tot ..., in verband met ...; ~s *by marriage* skoonfamilie, aangetroude familie; *a near* ~ 'n naasbestaande; *s.o. is no* ~ *of* ... iem. is nie familie van ... nie, iem. en ... is nie familie nie; *out of all* ~ *to* ... buite alle verhouding tot ...; *sever* (or *break off*) ~s die betrekkinge verbreek; *have* (*sexual*) ~s, (*fml.*) (geslags)gemeenskap/=omgang hê; *strained* ~s 'n gespanne verhouding; *is he/she any* ~ *to* ...? is hy/sy familie van ...?; *with* ~ *to* ... →*in/with*. **re·la·tion·al** verwant; relasioneel; ~ *database*, (*rek.*) relasionele databasis. **re·la·tion·ship** ver= band, verwantskap; familieskap, bloedverwantskap; *the* ~ *be= tween two people* die verhouding tussen twee mense; die verwantskap tussen twee mense; *the* ~ *between two things* die verband tussen twee dinge; *the* ~ *of s.t. to* ... die verhouding van iets tot ...

**rel·a·tive** *n.* familielid, =betrekking, bloedverwant; betreklike voornaamwoord, relatief; (*ook, i.d. mv.*) familie(betrekkinge); *a close/near* ~ 'n naasbestaande; *s.o. is a distant* ~ *of* ... iem. is ver/vêr (langs) familie van ...; ~s *by marriage* skoonfamilie, aangetroude familie. **rel·a·tive** *adj.* betreklik, relatief; oor= eenstemmend; *the* ~ *facts* die betrokke feite; *the facts* ~ *to the matter* die feite wat betrekking het op (*of* verband hou met) die saak; ~ *rank* ooreenstemmende rang; ~ *terms* relatiewe/betreklike terme; ~ *to* ... met betrekking tot (*of* in verband met) ... ~ *atomic mass* (*chem.*) relatiewe atoom= massa. ~ *clause* (*gram.*) betreklike/relatiewe bysin.

**rel·a·tive·ly** betreklik; na verhouding.

**rel·a·tive·ness** betreklikheid.

**rel·a·tiv·ise, -ize,** =ize relativeer. **rel·a·tiv·i·sa·tion, =za·tion** rela= tivering.

**rel·a·tiv·ism** (*filos.*) relativisme. **rel·a·tiv·ist** *n.*, (*filos.*) rela= tivis. **rel·a·tiv·is·tic** *adj.*, **rel·a·tiv·is·ti·cal·ly** *adv.*, (*filos., fis.*) relativisties.

**rel·a·tiv·i·ty** betreklikheid, relatiwiteit; *theory of* ~, (*fis.*) rela= tiwiteitstorie.

**re·la·tor** →RELATER.

**re·launch** *n.* herbekendstelling (*v. 'n produk, boek, ens.*); (*mus.*) hervrystelling (*v. 'n album*). **re·launch** *ww.* weer bekend stel (*of* bekendstel), herbekendstel; weer vrystel, her= vrystel; weer op koers kry (*jou loopbaan*).

**re·lax** *ww.* (*onoorg.*) ontspan; 'n blaaskans geniet/neem/vat;

(*oorg.*) ontspan, verslap (*jou spiere ens.*); versag; laat skiet, skiet gee; verslap, verflou (*maatreëls ens.*); (*imp.*) bedaar!, kalmte!, bly kalm!; ~ *the attention* die aandag laat verflou; *s.o.'s endeavours* ~ed iem. se pogings het verflou; *don't* ~ *your grasp* moenie laat skiet (*of* loslaat) nie. **re·lax·ant** (*med.*) ont= spanningsmiddel; spierverslapper. **re·lax·a·tion** ontspan= ning; rustigheid; verslapping, verflouing; verposing; verade= ming; ~ *of tension* ontspanning; (*pol.*) détente. **re·lax·in** (*biochem., verlosk.*) relaksien. **re·lax·ing** ontspannend.

**re·lay** *n.*, (*werkers*) aflosspan, aflossers, vars span; (*telekom.*) heruitsending; herleier, aflosser; (*elek.*) oordraer, relê; *in* ~s aflosgewys(e); (*work*) *in* ~s mekaar (in die werk) aflos. **re·lay** =layed =layed, *ww.* heruitsaai, =uitsend; deurstuur, =gee, oor= dra; ~ *s.t. to* ... iets aan ... oordra. ~ *lever* oordrahefboom. ~ *message* deurgeeberig. ~ *race* afloswedloop, =wedren, spanwedloop.

**re·lease** *n.* los=, vrylating, vrystelling, ontslag (*v. 'n gevan= gene*); verlossing, lossing, bevryding; ontheffing; kwytskel= ding (*v. skuld*); lossing (*uit 'n doeanepakhuis*); verklaring, mededeling (*a.d. media*); vrystelling, uitreiking (*v. 'n nuwe rolprent, produk*); uitreiking, beskikbaarstelling, openbaar= making, vrystelling, uitgawe (*v. dokumente, inligting*); ophef= fing (*v. druk*); uitlating (*v. stoom*); uitlaat (*v. 'n masjien*); ont= spanning (*v. 'n veer*); (*fot.*) ontspanner; *on general* ~, (*'n rol= prent ens.*) oral(s) te sien. **re·lease** *ww.* los=, vrylaat, vrystel, ontslaan, in vryheid stel; verlos, bevry; kwytskeld; afstaan, oordra, =maak; los; onthef; laat gaan; bekendmaak, bekend (*druk*); ontspan (*'n veer*); uitlaat (*stoom*); vrystel, uitreik (*'n nuwe rolprent, treffer, ens.*); uitreik, =gee, vrystel (*inligting, 'n verslag, ens.*); ~*d area* oopgestelde gebied; ~ *s.o. from* ... iem. uit ... ontslaan/vrylaat/=stel (*bewaring ens.*); iem. van ... losmaak (*pligte ens.*); ~ *manpower* (*werk*)kragte beskikbaar stel/maak; ~ *names* name aankondig/bekendmaak (*of* be= kend maak); ~ *s.t. for publication* iets uitreik/vrystel (*of* openbaar maak *of* beskikbaar stel). ~ *date* vrystellingsdatum, datum van vrystelling. ~ *lever* losser, loshefboom. ~ *spring* terugtrekveer.

**rel·e·gate** terugsit; afskuif, =skuiwe, terugskuif, =skuiwe; (*sport*) relegeer; verwys; verplaas; verban; ~ *s.o./s.t. to* ... iem./ iets na ... afskuif/=skuiwe. **rel·e·ga·tion** terugsetting; af=, te= rugskuiwing; (*sport*) relegasie; verwysing; verplasing; verban= ning.

**re·lent** toegee, week/vriendeliker word, bedaar, meer ge= matig word. **re·lent·less** meedoënloos, genadeloos, onver= soenlik, onverbiddelik, hardvogtig. **re·lent·less·ness** mee= doënloosheid, genadeloosheid.

**rel·e·vant** toepaslik, van pas, ter sake, pertinent, (ter)saak= lik; bybehorend; betrokke, van toepassing (*op*), relevant; ~ *facts* tersaaklike feite; *be* ~ *to s.t.* op iets betrekking hê; op iets van toepassing wees. **rel·e·vance, rel·e·van·cy** toepas= likheid; saaklikheid; verband, relevansie, pertinensie; *bear* ~ *to* ... met ... verband hou, op ... slaan (*of* betrekking hê).

**re·li·a·ble** betroubaar, vertroubaar; deeglik; →RELY; *on* ~ *authority* uit gesaghebbende bron; ~ *person* staatmaker; *from a* ~ *source* uit betroubare/gesaghebbende bron. **re·li·a·bil·i·ty** betroubaarheid, vertroubaarheid. **re·li·a·bly** op betroubare wyse; *be* ~ *informed* uit goeie bron verneem.

**re·li·ance** vertroue, fidusie; →RELY; ... *is s.o.'s* ~ iem. maak staat op ...; *place* ~ (*up*)*on* ... vertroue in ... hê, op ... vertrou; *s.o.'s* ~ *is* (*up*)*on* ... iem. se vertroue is op ... **re·li·ant:** ~ *on* ... vertrouend op ...

**rel·ic** oorblyfsel, relik; aandenking; (*RK*) relikwie, reliek; (*ook, i.d. mv.*) oorskiet; oorblyfsels; oudhede.

**rel·ict** oorblyfsel, relik.

**re·lief** *n.* verligting, versagting (*v. pyn, angs, ens.*); oplugting; verposing, lafenis; afwisseling; steun, noodleniging, onder= stand; regshulp; (*jur.*) herstel (*v. griewe*); aflosser; aflossing;

aflossingstroepe; ontsettingstroepe; verlossing, (uit)redding, uitkoms; ontset *(v. 'n vesting); (beeldh., argit.)* reliëf(werk), verhewe beeldwerk; *it's a ~ to come across ..., (ook)* dis 'n aangename afwisseling om ... teë/teen te kom; **bring ~,** *(medisyne ens.)* verligting gee; *get ~ from ...* verligting kry van ... *(pyn ens.); ~ of the* **guard** aflossing van die wag; *s.o./ s.t. provides light ~* iem./iets verlig die spanning/erns; *throw s.t. into* **sharp/stark** ~ iets duidelik laat uitkom/-staan; *(fig.)* iets op die voorgrond plaas; *breathe a* **sigh** *of ~* 'n sug van verligting slaak; *s.t.* **stands out** *in* ~ iets is skerp afgeteken *(of* staan duidelik uit); *to s.o.'s ~* tot iem. se verligting; *... is a ~ to s.o.* ... laat iem. verlig voel, *... is vir iem.* 'n verligting; *by* **way** *of ~* by wyse van afwisseling. ~ **fund** steun-, noodlenigings-, bystandsfonds. ~ **map** reliëfkaart. ~ **road** *(Br.)* verbypad.

**re·lieve** verlig, versag *(pyn, stres, ens.);* help, (onder)steun; gerusstel; bevry *(v. 'n las ens.);* uitred, =help; aflos; afwissel *(mil.)* ontset *('n beleërde stad); ~ s.o. of ...* iem. van ... onthef *('n amp ens.);* iem. van ... bevry *('n las);* iem. ... ontneem *(sy/haar geld ens.); ~ o.s., (fml., euf.)* jou ontlas, jou behoefte doen; ~ *s.o.* iem. aflos; met iem. afwissel. **re·lieved:** *feel ~* verlig voel; *be ~ of* **responsibility** vry wees van verantwoordelikheid; *s.o. is ~ to hear it* iem. is bly *(of* dit is vir iem. 'n verligting) om dit te hoor/verneem; *black/etc. ~ with white/etc.* swart/ ens. afgeset met wit/ens.. **re·liev·ing** verligtend, versagtend; helpend, ondersteunend; bevrydend; (uit)reddend, =hel= pend; aflossend; ontsettings-; ontlastend; afwisselend; ~ **arch,** *(bouk.)* steunboog; ~ **army** ontsettingsleër; ~ **feature** ligpunt; ~ **guard** aflossende wag; opkomende/nuwe wag; ~ **minister,** *(relig.)* konsulent; ~ **staff** aflospersoneel.

**re·lie·vo,** *(It.)* **ri·lie·vo** =vos, *(beeldh., argit.)* reliëf(werk), ver= hewe beeldwerk.

**re·li·gion** godsdiens; religie; geloof; *enter into ~* monnik/ non word, in 'n klooster gaan; *get ~, (infml.)* meteens erg godsdienstig word; *s.o.* **makes** *a ~ of s.t.* iets is vir iem. heilig, iets is vir iem. 'n gewete(n)saak, iem. beskou iets as 'n heilige plig; *war of ~* godsdiensoorlog. **re·li·gion·ism** gods= dienswer, oordrewe vroomheid. **re·li·gion·ist** godsdiens= yweraar; dweper. **re·li·gi·ose** oordrewe godsdienstig, skyn= heilig. **re·li·gi·os·i·ty** godsdienstigheid, religiositeit; dweep= sug. **re·li·gious** godsdienstig, godvresend, vroom; geeste= lik; religieus; godsdiens-; stip, streng; ~ **affiliation** kerk= verband; *with ~* **care** met die strengste sorg; ~ **conviction** geloofsoortuiging, godsdienstige gesindheid; ~ **denomi= nation** kerkgenootskap, =verband; ~ **education/instruc= tion** godsdiensonderrig, =opvoeding, =onderwys; ~ **holiday** gewyde vakansiedag/feesdag; ~ **persecution** godsdiensver= volging, geloofsvervolging; ~ **scruple** geloofsbeswaar; ~ **studies** die godsdienswetenskap; ~ **war** godsdiensoorlog. **re·li·gious·ly** godsdienstig, op godsdienstige wyse; angs= vallig, getrou, stip, streng, met stiptheid/strengheid; *follow an example ~* jou stip(telik) aan 'n voorbeeld hou. **re·li= gious·ness** godsdienstigheid, godsdienssin.

**re·lin·quish** opgee, laat vaar/staan; afstaan; afsien van; los= laat; ophef *('n beleg).* **re·lin·quish·ment** afstand, afstand= doening; (die) opgee *(of* laat vaar); loslating.

**rel·i·quar·y** relikwieëkassie, =kissie, reliekhouer, =kissie, re= liekskryn. **re·liq·ui·ae** *n. (mv.), (Lat.)* oorblyfsels, relikte; → RELIC.

**rel·ish** *n.* genot, behae, lus, smaak; genieting; *(kookk.)* (pi= kante) sous; piekels; suurtjies; voorgereggie; *do s.t. with little* ~ iets traag/teësinnig/teensinnig *(of* met lang tande) doen; *have no ~ for ...* geen sin/smaak vir ... hê nie; geen behae in ... skep nie; *do s.t. with* ~ iets met lus doen; iets met lus/ smaak doen *(eet ens.).* **rel·ish** *ww.* behae skep in, hou van, in die smaak val by; geniet; *s.o.* **does not** ~ *the prospect* die vooruitsig staan iem. nie aan nie; *not ~ the prospect of s.t., (ook)* teen iets opsien.

**re·live** herleef, =lewe, weer opleef/-lewe; her(be)leef, =lewe, weer deurleef/-lewe.

**re·load** herlaai, weer laai; oorlaai.

**re·lo·cate** verplaas; hervestig. **re·lo·ca·tion** verplasing; her= vestiging.

**re·luc·tance** teen-, teësin, teen-, teësinnigheid, huiwerig= heid; onwil(ligheid), we(d)erstrewigheid, teen-, teëstribbe= ling; ongenoeë; *(fis.)* reluktansie, magnetiese weerstand; *with great ~* met groot teen-/teësin, baie teen-/teësinnig/onwillig; *show a marked ~ to do s.t.* 'n groot onwilligheid toon om iets te doen. **re·luc·tant** teen-, teësinnig, huiwerig, onwillig; teen-, teëstribbelrig, skoorvoetend, we(d)erstrewig; *be ~ to admit s.t.* iets nie graag wil erken nie. **re·luc·tant·ly** onwillig, langtand, teen jou sin, teen heug en meug, skoorvoetend.

**re·ly** vertrou; →RELIABLE, RELIANCE; ~ *(up)on ...* op ... staat= maak/reken/steun/vertrou, jou op ... verlaat.

**re·main** *ww.* oorbly, oorskiet; agterbly; aanbly; bly; *(jur.)* res= teer; ~ **behind** agterbly; ~*ing* **extent,** *(jur.)* restant, res= terende gedeelte *(v. 'n stuk grond); let s.t. ~ as it is* iets laat bly/staan soos dit is; **nothing** ~*s for s.o. but to ...* al wat iem. nog moet doen, is om te ...; ~ *in* **office,** *(pol.)* aanbly; ~ **to= gether** aanmekaarbly; bymekaarbly; **what** ~*s is soon told* wat volg kan gou vertel word. **re·mains** *n. (mv.)* oorblyfsels, oorskot; oorskiet; stoflike oorskot; ruïne; nagelate werke; reste.

**re·main·der** *n.* oorskot, oorskiet, oorblyfsel, restant, res, (die) orige; resgetal; oorblywende inhoud; *(publisher's)* ~*s* oorskot-, oorskietboeke, resvoorraad, restante. **re·main= der** *ww.* as restant(e)/resvoorraad verkoop. ~ **theorem** *(wisk.)* resstelling.

**re·make** *n.* nuwe weergawe *(v. 'n oorspr. rolprent, treffer, ens.).* **re·make** =made =made, *ww.* oormaak, weer/opnuut maak.

**re·mand** *n., (jur.)* uitstel; terugsending; verwysing; *bring an accused up on ~* 'n beskuldigde se verhoor hervat, 'n beskuldigde by hervatting vervolg; *grant a ~* uitstel verleen; *be on/under ~* in aanhouding wees terwyl jou saak uitgestel/ verdaag is. **re·mand** *ww., (jur.)* uitstel, verdaag *('n saak);* voorarres verleng, terugstuur *(n.d. gevangenis);* verwys.

**re-mark** *ww.* oormerk, weer/opnuut merk.

**re·mark** *n.* opmerking; aanmerking; uitlating; *address a ~ to s.o.* iem. iets toevoeg; *a* **cutting** ~ 'n bitsige/bytende/ snydende aanmerking; *drop/make a ~* 'n opmerking maak/ kwytraak; *make an* **invidious** ~ 'n haatlikheid kwytraak; *make ~s about ..., (pej.)* aanmerkings op ... maak; *make/pass a ~* 'n aanmerking maak; *a* **snide** ~ 'n kwetsende/honende/ snedige aanmerking; *it is* **worthy** *of ~* dit is opmerklik. **re· mark** *ww.* opmerk; aanmerk; ~ *(up)on ...* 'n opmerking oor ... maak; opmerking op ... maak; ~ *that ...* opmerk dat ... **re·mark·a·ble** opmerklik, merkwaardig, buitengewoon, opvallend. **re·mark·a·ble·ness** merkwaardigheid.

**re·mar·ry** hertrou, weer trou. **re·mar·riage** tweede/ens. hu= welik, hertroue, nuwe huwelik.

**re·mas·ter** *ww., (mus.)* 'n nuwe (digitale) meesteropname *(of* nuwe [digitale] meesteropnames) van ... maak.

**re·match** *n., (sport)* tweede wedstryd, herontmoeting.

**rem·e·dy** *n.* geneesmiddel, (teen)middel, (hulp)middel; raat; *(jur.)* regsmiddel, verhaal; *a ~* **against/for** ... 'n middel teen ...; 'n teen-/teëmiddel teen/vir ...; *(jur.)* 'n regsmiddel teen *(of* verhaal op) ...; *be* **beyond/past** ~ onherstelbaar wees; ongeneeslik wees; *a* **desperate** ~ 'n wanhoopsmiddel; *the* ~ **lies** *in ...* die teëmiddel moet in ... gesoek word; *a* **proven** ~ 'n beproefde middel. **rem·e·dy** *ww.* genees, herstel, verhelp, remedieer; regstel; ~ *a* **deficiency** 'n tekort aanvul. **re·me·di·a·ble** geneesbaar, herstelbaar. **re·me·di·al** heilsaam, genesend, herstellend, batend, helend; ~ **action** remediërende optrede/stappe; ~ **education** remediërende onderwys/onderrig.

**re·mem·ber** onthou, jou herinner; gedenk, dink aan; *s.o. is ~ed as ...* iem. se naam leef/lewe voort as ...; *if I ~* **correctly/ right(ly)** as ek reg onthou *(of* my goed herinner *(of* my nie vergis nie *(of* dit wel het), as my geheue my nie in die steek laat nie; *not ~ to do s.t., (ook)* vergeet om iets te doen; *s.o. does not ~ doing s.t.* iem. kan nie onthou of hy/sy iets gedoen het nie; *not as far as s.o. can ~* nie so ver/vêr iem. kan onthou nie; *s.o. can still ~ it* dit staan iem. nog voor die gees, dit het iem. bygebly; *s.o. ~s that ...* iem. onthou dat ...; dit val iem. by *(of* skiet iem. te binne ) dat ...; *one should ~ that ...* ('n) mens moet daaraan dink dat ...; *it is a day to ~* dit is 'n gedenkwaardige dag; *~ to do s.t.* onthou om iets te doen; *~ me to him/her* sê groete aan/vir hom/haar; *~ the waiter* die kelner 'n fooi gee; *~ s.t. well* iets goed onthou; *~ s.o. in one's will* in jou testament aan iem. dink; *~ s.t. as if it happened yesterday* iets onthou soos die dag van gister.

**re·mem·brance** herinnering, geheue; aandenking; gedag= tenis; heugenis; *day of ~* gedenkdag, herdenkingsdag; *garden of ~* gedenktuin; *in ~ of ...* ter aandenking/herinnering aan ... R~ **Day**, R~ **Sunday** Wapenstilstandsdag.

**re·mex** *=miges, (orn.)* voorvlerkveer.

**re·mind** herinner, help onthou; *~ s.o. of s.t.* iem. aan iets herinner, iem. iets help onthou; *A ~s s.o. of B* A laat iem. aan B dink ; *be ~ed of s.t.* aan iets herinner word; *that ~s me* nou dink ek aan iets; *please ~ me to ...* help my tog onthou om te ...

**re·mind·er** herinnering; wenk; aanmaning, maanbrief; aan= denking; *a gentle ~* 'n aanmaninkie, 'n vriendelike waar= skuwing; *give s.o. a ~ to do s.t.* iem. daaraan herinner om iets te doen; op iem. se nommer druk; *send s.o. a sharp/stern ~* 'n brander aan iem. stuur. ~ **notice** aanmaning.

**rem·i·nisce** herinneringe ophaal. **rem·i·nis·cence** herin= nering; *~s of the war* herinneringe aan/van/uit die oorlog. **rem·i·nis·cent:** *it is ~ of ...* dit herinner *(of* laat ['n] mens dink) aan ...

**re·miss** agte(r)losig, nalatig; slap, flou, traag, lui; *be ~ in one's duty* jou pligte verwaarloos.

**re·mis·sion** kwytskelding *(v. 'n boete, vonnis, ens.)*; vermin= dering, afslag; *(med.)* afwisseling; *the cancer is in ~* die kanker is in remissie; *~ of sin(s)* vergewing van sonde.

**re·mit** *=tt=, ww.* oormaak, remitteer *(geld)*; *(jur.)* terugverwys *('n saak)*; verminder, verlig, versag *('n vonnis)*; terugstuur; uitstel; *~ a case to a magistrate* 'n saak na 'n landdros te= rugverwys; *~ a fine* 'n boete verminder; 'n boete kwytskeld; *~ money* geld stuur/remitteer; *~ a sentence* 'n vonnis ver= sag; 'n vonnis ophef/kwytskeld; *~ s.t. to s.o.* iets aan iem. oormaak. **re·mit·tal** oorsending *(v. 'n betaling)*; *(jur.)* terug= verwysing; kwytskelding; *try a case on ~* 'n terugverwysde saak verhoor.

**re·mit·tance** betaling, oormaking, geldsending, oorgemaak= te bedrag.

**re·mit·tent** afwisselend, remitterend, tydelik afnemend, op= en afgaande *(koors)*.

**re·mix** *n., (mus.)* her(ver)menging, her(ver)mengde weer= gawe *(v. 'n liedjie ens.)*. **re·mix** *ww.* her(ver)meng. **re·mix·er** her(ver)menger.

**rem·nant** oorblyfsel, oorskiet, oorskot; res, restant; stukkie, brokkie.

**re·mod·el** *=ll=* vervorm, omwerk, verwerk, omvorm; *(spw.)* ombou.

**re·mold** *(Am.)* →REMOULD.

**re·mon·strate** beswaar maak, protesteer, remonstreer; be= toog; berispe, teregwys, vermaan; *~ with s.o. about s.t.* iem. oor iets berispe/teregwys/vermaan. **re·mon·strance** protes, remonstransie; vertoog. **re·mon·stra·tive** protesterend.

**rem·o·ra** *(igt.)* remora.

**re·morse** berou, selfverwyt, (gewetens)wroeging, gewetens= knaging; *feel* (or *be filled with) ~ for s.t.* berou/wroeging hê oor iets; *have no ~* geen berou hê nie; *pangs of ~* kna= ende wroeging; *be stricken/stung with ~* berouvol *(of* deur wroeging gekwel) wees; *~ is ever too late* naberou is gal(g)= berou; *a twinge of ~* wroeging; *be without ~* geen berou/

wroeging hê nie; meedoënloos wees. **re·morse·ful** berouvol, boetvaardig. **re·morse·less** meedoënloos, hardvogtig, on= barmhartig. **re·morse·less·ness** meedoënloosheid, hard= vogtigheid, onbarmhartigheid.

**re·mort·gage** *n.* tweede verband. **re·mort·gage** *ww.* met 'n tweede verband beswaar; 'n tweede verband uitneem.

**re·mote** afgeleë, afgesonder(d), ver/vêr (vanmekaar), ver= spreid; eensaam, vergeleë, vêrgeleë, ver/vêr weg, (ver/vêr) ver= wyder(d); *a ~ chance/possibility* 'n geringe kans/moont= likheid; *not have the ~st conception of ...* nie die geringste idee *(of* flouste benul) van ... hê nie; *s.t. is ~ from ...* iets is ver/vêr van ... *(d. stad ens.)*; iets hou weinig verband met ... *(d. onderwerp ens.)*; *live ~* afgesonder(d) leef/lewe; *have a ~ look in one's eyes* sulke dromerige/peinsende oë hê; *in ~ parts* in afgeleë streke; *the ~st parts of the earth* die uithoeke van die aarde; *the ~ past* die gryse/verre verlede; *be a ~ relative of s.o.* ver/vêr langs van iem. familie wees. ~ **control** afstand(s)beheer, =bediening, =reëling; afstand(s)beheerder, =reëlaar. **~-controlled** met afstand(s)beheer/=bediening/=reë= ling, afstand(s)=. ~ **control switch** afstandskakelaar. ~ **sens= ing** afstand(s)waarneming.

**re·mote·ly** veraf, vêraf; enigsins; indirek; *the subjects are not ~ connected* die sake het nie die minste verband (met me= kaar) nie; *we are ~ related* ons is ver/vêr langs familie.

**re·mote·ness** afgeleëheid, verheid, vêrheid, groot afstand; verwyderdheid; afgesonderdheid; gereserveerdheid.

**re·mould,** *(Am.)* **re·mold** hervorm; vervorm, omvorm; oor= giet, omgiet; omwerk.

**re·mount** *n.* nuwe omlysting *(vir 'n skildery ens.)*; vars perd, remonteperd. **re·mount** *ww.* weer opklim/bestyg/beklim; weer omlys *('n skildery ens.)*.

**re·mov·al** verwydering, wegruiming, wegneming, wegdoe= ning; opheffing *(v. beperkings ens.)*; verplasing; oorplasing; ontslag *(uit 'n pos)*; trek(kery), verhuising. ~ **contractor** ver= huiskontrakteur. ~ **order** verwyderingsbevel. ~ **van** meu= belwa.

**re·move** *n.* graad, trap; afstand; verwydering, verplasing; *at a ~* op 'n afstand; *one ~ from ...* een trap van ... **re·move** *ww.* wegneem, verwyder *(skottelgoed v.d. tafel ens.)*; verplaas; uit die weg ruim, ontslae raak van *(moeilikhede, twyfel, ens.)*; uittrek *('n kledingstuk)*; afhaal *('n das, hoed, ens.)*; ontslaan, afsit, afdank *('n posbekleër)*; ontsetel *('n politikus)*; vervoer, karwei *(meubels)*; *~ s.o. from office* iem. afsit; *be far ~d from ... ver/vêr ... wees; baie anders as ... wees; ~ s.t. from ...* iets van ... verwyder; *have s.o./s.t. ~d* iem./iets laat verwyder/ wegneem; *~ mountains* berge versit, wonderwerke ver= rig; *a cousin once ~d* 'n kleinneef/=niggie. **re·mov·a·ble** ver= plaasbaar; verwyderbaar; vervangbaar; afneembaar; uit= neembaar; afsitbaar. **re·mov·er** verwyderaar; verhuiser.

**re·mu·ner·ate** beloon, vergoed, besoldig, betaal; *~ s.o. for his/her services* iem. vergoed vir sy/haar dienste. **re·mu·ner= a·tion** beloning, vergoeding, besoldiging, betaling. **re·mu= ner·a·tive** winsgewend, voordelig, lonend.

**Ren·ais·sance, Ren·ais·sance,** *(Am.)* **Ren·ais·sance** Renaissance; *(r~, ook* renascence*)* herlewing, oplewing, her= rysing, vernuwing. *~* **man,** *~* **woman** *(fig.: hoogs gekultiveerde mens)* Renaissancemens.

**Ren·ais·san·cist** Renaissancis.

**re·nal** nier=; *~ calculus* niersteen; *~ calyx* nierkelk; *~ in= fection* nierontsteking; *~ tubule* nierbuisie; *~ vessel* nier= vat.

**re·name** hernoem, vernoem *(tot)*. **re·nam·ing** hernoeming, vernoeming, naamsverandering.

**rend** rent rent, *(poët., liter.)* (stukkend) skeur, verskeur, uit= mekaarruk, =skeur, uitmekaar ruk/skeur; verdeel; *a shout rent the air* 'n geroep het deur die lug weerklink; *be rent asunder* in twee geskeur wees. **rend·ing** (ver)skeuring.

**ren·der** *n., (bouk.)* raaplaag. **ren·der** *ww.* teruggee, vergeld;

gee, (op)lewer; maak, bewys; weergee; *(mus.)* vertolk, speel *('n rol ens.)*; vertaal, oorsit, oorbring; uitbraai *(vet)*; *(bouk.: ru bepleister)* (be)raap *(mure)*; verleen *(hulp, bystand)*; ~ *s.t. down* iets uitsmelt; ~ *s.o./s.t. harmless* iem./iets onskadelik maak/stel; ~ *s.o. helpless* iem. lamslaan; ~ *s.t. into* ... iets in ... vertaal; ~ *s.t. in another language* iets in 'n ander taal weergee/oorsit/vertaal; ~ *o.s. liable to* ... jou blootstel aan ...; ~, *float and set plaster, (bouk.)* pleister raap, afstryk en afwerk.

**ren·der·ing** *(mus.)* vertolking, weergawe, uitvoering; verta= ling; *(bouk.)* beraping; *free* ~ vrye vertaling. ~ **coat** *(bouk.)* raaplaag.

**ren·dez·vous** *-vous, n.* saamkom=, bymekaarkom=, verga= derplek, rendezvous; afspraak. **ren·dez·vous** *=voused =vousing, ww.* bymekaarkom, byeenkom, rendezvous hou.

**ren·di·tion** *(mus.)* vertolking, weergawe, uitvoering; verta= ling.

**ren·dzi·na** *n., (grondk.)* rendzina.

**ren·e·gade** verraaier, oorloper, renegaat.

**re·nege** jou woord (ver)breek; *(kaartspel)* kleur versaak; ~ *on s.t.* iets (ver)breek *(of nie gestand doen nie) ('n belofte ens.)*; kop uittrek uit iets *(jou voornemens ens.)*.

**re·ne·go·ti·ate** heronderhandel (oor), weer/opnuut onder= handel (oor). **re·ne·go·ti·a·ble** heronderhandelbaar. **re·ne· go·ti·a·tion** heronderhandeling.

**re·new** vernuwe, hernu(we), hernieu; herhaal; hervat, weer begin; verlewendig; herstel, laat herleef/herlewe; versterk; verstel, opknap, heelmaak; ~ *the attack* die aanval hervat; ~ *a correspondence* 'n briefwisseling hervat *(of weer aan die gang sit)*. **re·new·a·ble** vernubaar, hern(ie)ubaar. **re·newed:** ~ *allegations/attacks/determination/etc.* hern(ie)ude aan= tygings/aanvalle/vasberadenheid/ens.; *place ~ emphasis on s.t.* iets opnuut beklemtoon; *feel ~* soos 'n nuwe mens voel; *give s.o. ~ hope* (aan/vir) iem. nuwe hoop bied/bring/gee; *come under ~ pressure* hern(ie)ude druk ervaar, aan hern(ie)u= de druk onderwerp word.

**re·new·al** vernuwing, hernuwing; verjonging; vervanging. ~ **date** hernuwingsdatum; herbeleggingsdatum.

**ren·i·form** *(hoofs. bot. en min.)* niervormig.

**re·nin** *(biochem.)* renien.

**ren·net** stremsel, leb, stremstof; renet(appel). ~ **bag**, ~ **stom= ach** leb(maag) *(v. 'n herkouer)*. ~ **curd** dikmelk=, suur= melkkaas.

**ren·nin** *(biochem.)* rennien.

**re·nounce** afsien *(of afstand doen)* van, opgee, laat vaar *(jou regte, slegte gewoontes, ens.)*; versaak, verwerp, verloën *(jou geloof, beginsels, ens.)*; *(kaartspel)* renonseer; →RENUNCIATION; ~ *one's friendship with s.o.* jou vriendskapsbande met iem. verbreek; ~ *the world* die wêreld vaarwel sê *(of die rug toekeer of versaak/afsweer)*, jou aan die wêreld onttrek *(of uit die wêreld terugtrek)*. **re·nounce·a·ble:** ~ *letter of application, (aandelemark)* vervreem(d)bare aansoekbrief; ~ *rights, (aan= delemark)* afwysbare regte. **re·nounce·ment** afstand; versa= king; verloëning; ~ *of the world* wêreldversaking.

**ren·o·vate** regmaak, vernuwe, opknap, herstel, restoureer. **ren·o·va·tion** vernuwing, opknapping, herstel; restourasie. **ren·o·va·tor** vernuwer; opknapper; restourateur.

**re·nowned** beroemd, vermaard, befaam(d), gevierd, roem= ryk, roemvol.

**rent**[1] *n.* skeur *(in 'n kledingstuk)*; bars; opening; →REND.

**rent**[2] *n.* huur; pag; *for ~, (hoofs. Am.)* te huur. **rent** *ww.* huur *('n huis)*; pag *(grond)*; verhuur; verpag; ~*ed accommodation* huurhuisvesting, =verblyf, =kamers; ~*ed house* huurhuis. ~**-a- car** motorhuur=, =verhuringsmaatskappy, =firma, =onderne= ming; gehuurde motor. ~**-a-cop** huurpolisiediens; gehuur= de polisieman, gemeenskapspolisiebeampte. ~**-a-crowd** *(dikw. skerts.)* gehuurde skare *(vir pol. byeenkomste ens.)*;

*(filmk., teat., ens.)* gehuurde figurante/byspelers. ~**-a-mob** gehuurde betogers/oproermakers. ~ **boy** *(Br., infml.)* jong manlike prostituut. ~ **boycott** huurboikot. ~ **collecting** huur= insameling, =invordering. ~ **collector** huurinvorderaar, =in= samelaar. ~ **control** huurbeheer. ~**-controlled** huurbeheerde *(attr.)*, wat onder huurbeheer val *(pred.)*. ~**-free** vry van huur.

**rent·a·ble** huurbaar; verhuurbaar.

**rent·al** *n.* huur(geld), huuropbrengs, =opbrings. **rent·al** *adj.* huur=. ~**-earning** huurtrekkend. ~**-free** huurvry. ~ **value** huurwaarde.

**rent·er** huurder; pagter.

**re·num·ber** oornommer, hernommer.

**re·nun·ci·a·tion** afstand; selfverloëning; afswering, versa= king; ~ *of the world* wêreldversaking.

**re·oc·cu·py** herbeset, weer beset/inneem; weer intrek neem in. **re·oc·cu·pa·tion** herbesetting; hern(ie)ude bewoning.

**re·o·pen** heropen, weer oopmaak; weer oopgaan; weer aan= roer; weer begin.

**re·or·der** *n.* herbestelling, nabestelling. **re·or·der** *ww.* her= bestel, nabestel; hervorm; reorganiseer.

**re·or·gan·ise**, **-ize** reorganiseer, hergroepeer. **re·or·gan· i·sa·tion**, **=za·tion** reorganisasie, herskikking.

**re·or·i·ent**, **re·o·ri·en·tate** reoriënteer. **re·o·ri·en·ta·tion** reoriëntasie.

**rep** *n., (infml.)* verteenwoordiger; →REPRESENTATIVE *n.*.. **rep** *=pp=, ww.* verteenwoordig *('n mpy.)*; as verteenwoordiger werk/optree *(v. 'n mpy.)*; →REPRESENT.

**re·pack·age** *ww.* herverpak. **re·pack·a·ging** *n.* herverpak= king.

**re·pair**[1] *n.* herstel(ling), reparasie; *(ook, i.d. mv.)* herstelwerk; *be in bad ~*, *be in a bad state of* ~ vervalle/verwaarloos wees; *sleg onderhou wees*; *beyond ~* onherstelbaar; *be in good ~* in 'n goeie toestand wees; goed onderhou wees; *keep s.t. in ~* iets onderhou; *s.t. is in need of* ~ iets moet reggemaak word *('n masjien ens.)*; iets moet opgeknap word *('n huis ens.)*; *s.t. is under* ~ iets word herstel/reggemaak. **re·pair** *ww.* regmaak, heelmaak, repareer; versien, opknap *('n huis)*; verstel; vergoed *(skade)* goedmaak *('n versuim)*; herstel *('n fout)*; opknap; *(sk.)* kalfater. ~**man** hersteller, herstelwerker. ~ **work** herstelwerk. ~ **(work)shop** herstelwerkplaas, =winkel.

**re·pair**[2] *ww., (fml. of skerts.)*: ~ *to* ... jou na ... begeef/begewe; ... besoek.

**re·pair·a·ble** = REPARABLE.

**re·pair·er** hersteller, herstelwerker.

**rep·a·ra·ble** herstelbaar; verstelbaar.

**rep·a·ra·tion** reparasie, herstel(ling); *(gew. i.d. mv.)* ver= goeding, skadeloosstelling, kompensasie; *make ~ for s.t.* iets goedmaak; *make ~ to s.o.* iem. skadeloos stel.

**rep·ar·tee** teenantwoord, gevatte antwoord; gevatheid; *be good/quick at* ~ gevat wees.

**re·past** *(fml.)* maal(tyd).

**re·pa·tri·ate** *n.* gerepatrieerde. **re·pa·tri·ate** *ww.* repa= trieer, terugvoer. **re·pa·tri·a·tion** repatriasie, terugvoering.

**re·pay** *=paid =paid* terugbetaal; vergeld; vergoed, beloon; ~ *a debt* 'n skuld vereffen; ~ *s.o. for s.t.* iem. vir iets vergeld; iem. vir iets beloon. **re·pay·a·ble** terugbetaalbaar, opeisbaar. **re· pay·ment** terugbetaling; vergoeding, betaling; *in* ~ *of* ... ter vereffening van ... *(skuld ens.)*.

**re·peal** *n.* herroeping, intrekking; nietigverklaring; afskaf= fing, opheffing. **re·peal** *ww.* herroep, intrek *('n wet ens.)*; nietig verklaar *('n vonnis)*; afskaf, ophef. **re·peal·a·ble** her= roepbaar, intrekbaar; afskafbaar.

**re·peat** *n.* herhaling, herhalingsteken; herplasing. **re·peat** *ww.* herhaal; oordeel; nasê; oorvertel; herplaas *('n adver= tensie)*; ~ *s.t. after s.o.* iets agter iem. aan sê, iem. iets nasê; ~ *it, please* sê dit weer, asseblief; *spicy food tends to ~ (on one)* gekruide kos laat dikwels 'n (onaangename) nasmaak; ~ *an* *order* *(for s.t.)* (iets) nabestel; ~ **o.s.** jou herhaal, dieselfde oor en oor sê. ~ **broadcast** *(rad., TV)* heruitsending. ~ **order** herhaalbestelling, nabestelling. ~ **performance** herhaling; heropvoering; heroptrede. ~ **prescription** *(farm.)* herhaalvoorskrif.

**re·peat·a·ble** herhaalbaar.

**re·peat·ed·ly** herhaaldelik, by herhaling, oor en oor.

**re·peat·er** herhaler; opsêer; *(telef.)* versterker; repeteergeweer, snelvuurgeweer.

**re·peat·ing** *adj.* herhalend; repeterend; ~ *pattern* herhalingspatroon; ~ *rifle* repeteergeweer, snelvuurgeweer.

**rep·e·chage, rep·e·chage** *n., (kanovaart ens.)* heruitdun.

**re·pel** -*ll*- afweer, afslaan; terugdryf, -drywe, -slaan; weerstaan; afstoot; *be* ~*led by s.t.* iets laat jou walg; ~ *s.o. from* ... iem. van ... terugdryf/-drywe. **re·pel·lent** *n.* afweermiddel; afstootmiddel; afstotende krag. **re·pel·lent** *adj.* afwerend; terugdrywend; weersinwekkend, afstootlik.

**re·pent** berou hê; spyt voel; tot inkeer kom; *you shall* ~ *this* jy sal dit berou. **re·pent·ance** berou; inkeer; ~ *always comes too late* naberou is gal(g)berou. **re·pent·ant** berouvol, boetvaardig.

**re·per·cus·sion** *(gew. i.d. mv.)* nadraai, nasleep, reperkussie; *cause/have* ~*s* opslae maak, 'n nadraai/nasleep hê; *have* ~*s on* ... 'n uitwerking op ... hê. **re·per·cus·sive** terugkaatsend; terugslaande.

**rep·er·toire** repertoire, repertorium.

**rep·er·to·ry** *(teat., mus., ens.)* repertoire, repertorium; lys, gids, inligtingsboek, repertorium. ~ **company** vaste toneelgeselskap, repertoriumgeselskap, repertoire-geselskap. ~ **play** repertoriumstuk, repertoire-stuk.

**ré·pé·ti·teur** *(Fr., mus.)* repetiteur, hulpdirigent.

**rep·e·ti·tion** herhaling, repetisie; weergawe, kopie. ~ **les·son** herhalingsles.

**rep·e·ti·tious** steeds herhaald/herhalend, eentonig, vol herhaling(e).

**re·pet·i·tive** steeds herhaald/herhalend, eentonig, vol herhaling(s). ~ **strain/stress injury** *(med., afk.:* RSI*)* ooreisingsaandoening.

**re·place** terugplaas, terugsit; opvolg; vernuwe; vervang, in die plek stel van; terugbetaal; ~ *A with/by B* A deur B vervang. **re·place·a·ble** vervangbaar.

**re·place·ment** vernuwing; vervanging; plaasvervanger; opvolger; vervangdeel. ~ **value** *(versek.)* vervangingswaarde.

**re·play** *n.* herhaalwedstryd; herhaling; *(action/instant)* ~, *(TV)* kykweer. **re·play** *ww.* oorspeel; herhaal.

**re·plen·ish** (weer) vol maak; aanvul. **re·plen·ish·ment** aanvulling.

**re·plete** vol, gevul(d); versadig; goed voorsien *(van)*; *be* ~ *with* ... versadig wees van ...; sat wees van ...; oorlaai wees met ...; van ... voorsien wees, met ... toegerus/uitgerus wees; *s.t. is* ~ *with* ... iets is (tot oorlopens toe) vol ...; iets is oorlaai met ...; iets is voorsien van ... **re·ple·tion** volheid; oorlading; versadigdheid, versadiging.

**rep·li·ca** replika, duplikaat, presiese weergawe/kopie; faksimilee; nabootsing; ewebeeld; skaalmodel.

**rep·li·cate** *ww.* kopieer, dupliseer, 'n presiese weergawe maak (van); *(genet.)* repliseer; herhaal. **rep·li·cate, rep·li·cat·ed** *adj., (biol.)* teruggevou *('n blaar ens.)*; gekopieer(d), gedupliseer(d); veelvoudig, herhaal(d). **rep·li·ca·tion** kopie; herhaling; *(genet.)* replisering.

**re·ply** *n.* antwoord; repliek; *in* ~ *to* ... in antwoord op ...; *say nothing in* ~ *to s.t.* niks op iets antwoord nie; *make no* ~ nie antwoord nie, geen antwoord gee nie; *a witty* ~ 'n gevatte antwoord. **re·ply** *ww.* antwoord (gee); *(jur.)* repliseer; ~ *to* ... op ... antwoord, ... beantwoord. ~-**paid envelope/etc.** vooruitbetaalde/antwoordbetaalde koevert/ens..

**re·po** =*pos, n., (fin., infml.)* terugkoopooreenkoms; →REPUR=

=CHASE *n.; (Am., infml.)* terugneming *(v. eiendom ens.)*; teruggenome eiendom/goedere/ens.; →REPOSSESS. ~ **rate** *(bankw., infml.)* terugkoopkoers, repokoers.

**re·pop·u·late** herbevolk. **re·pop·u·la·tion** herbevolking.

**re·port** *n.* verslag, rapport, mededeling, berig, tyding; opgawe; relaas; gerug; knal, skoot, slag; aangifte, aangewing; (aan)melding; *according to a* ~ volgens/luidens 'n berig; *according to* ~*s, (ook)* na berig word; *a* ~ *of* ... 'n verslag van ... *('n vergadering ens.)*; *a* ~ *on* ... 'n verslag oor ... *('n vraagstuk ens.)*; 'n berig oor ...; *table a* ~*, (parl. ens.)* 'n verslag ter tafel lê. **re·port** *ww.* berig, meld, meedeel, vertel; rapporteer, verslag doen/gee; (aan)meld, rapporteer; jou aanmeld; verkla, aankla, aangee; ~ *back* terugrapporteer, verslag kom doen; ~ *for* ... jou vir ... aanmeld *(diens ens.)*; verslag doen/gee vir ... *('n koerant ens.)*; ~ *on* ... van ... verslag doen/gee *('n vergadering ens.)*; verslag oor ... uitbring *('n vraagstuk ens.)*; ~*ed speech* = INDIRECT SPEECH; *it is* ~*ed that* ... daar word berig dat ...; daar word gesê dat ...; ~ *to* ... jou by ... aanmeld; aan ... verantwoordelik wees; ~ *s.o. to* ... iem. by ... verkla; ~ *s.t. to s.o.* iets by iem. aanmeld; ~ *s.t. to the police* iets by die polisie aangee; *s.o. is* ~*ed to have done s.t.* na bewering het iem. iets gedoen; *it is* **widely** ~*ed that* ... van oral(s) word berig dat ...; algemeen word vertel dat ... ~-**back meeting** verslagvergadering. ~ **card** (skool)rapport.

**re·port·a·ble** rapporteerbaar, aanmeldbaar.

**re·port·age** verslaggewing, beriggewing.

**re·port·ed·ly** volgens berig; na bewering, na beweer/berig word, volgens gerug(te).

**re·port·er** verslaggewer, beriggewer.

**re·port·ing** verslaggewing, beriggewing.

**re·pose**[1] *n.* rus, verposing, kalmte; slaap; *be in* ~ rustig wees. **re·pose** *ww.* rus, uitrus; neerlê; lê; berus; rus gee. **re·pose·ful** rustig, kalm, stil.

**re·pose**[2] *ww.:* ~ *one's confidence/trust in* ... op ... vertrou, jou vertroue in ... stel.

**re·po·si·tion** *n.* bewaring; deponering; *(med.)* reponering. **re·po·si·tion** *ww.* 'n nuwe houding/posisie inneem; in 'n nuwe plek/posisie plaas; *(han.)* herposisioneer.

**re·pos·i·to·ry** bewaarplek; pakhuis; vindplek, bron; graftombe.

**re·pos·sess** terugneem, herinbesitneem *(eiendom ens.)*; weer in besit stel *(iem.)*; ~*ed goods* teruggenome goedere. **re·pos·ses·sion** terugneming, herbesitneming.

**re·pous·sé** *n., (Fr., metaalw.)* dryfwerk, gedrewe werk, bosseleerwerk. **re·pous·sé** *adj.* gedrewe, gebosseleer(d).

**rep·re·hend** berispe, teregwys, voor stok kry. **rep·re·hen·si·ble** afkeurenswaardig, laakbaar. **rep·re·hen·sion** berisping, teregwysing; bestraffing.

**rep·re·sent** voorstel, weergee, uitbeeld, afbeeld; verteenwoordig; ~ *o.s. as* ... jou vir ... uitgee; *be* ~*ed as* ..., *(skilderk.)* soos ... afgebeeld word; *not* ~*ed, (jur.)* onverteenwoordig, sonder regsverteenwoordiging; *(vnl. in strafsake)* onverdedig; ~ *o.s. to be* ... voorgee dat jy ... is. **rep·re·sen·ta·tion** voorstelling, uitbeelding, afbeelding; verteenwoordiging; *(dikw. i.d. mv.)* vertoog; bedenking; protes; *a false* ~ 'n valse voorstelling, 'n wanvoorstelling. **rep·re·sen·ta·tion·al:** ~ *art* figuratiewe/weergewende kuns, voorwerpskuns. **rep·re·sen·ta·tive** *n.* verteenwoordiger; werwer; saakwaarnemer; saakgelastigde; *a* ~ *on a body* 'n verteenwoordiger in 'n liggaam. **rep·re·sen·ta·tive** *adj.* verteenwoordigend, representatief; voorstellend; kenmerkend, tipies; toonaangewend; *students'* ~ *council, (afk.:* SRC*)* studenteraad *(afk.:* SR*)*; ~ *government* verteenwoordigende bestuur/regering; *be* ~ *of* ... tipies/verteenwoordigend van/vir *(of* 'n goeie voorbeeld van*)* ... wees.

**re·press** onderdruk, beteuel, bedwing; onderdruk, verdruk *('n volk ens.)*; onderdruk, opkrop *(gevoelens ens.)*; *(psig.)* verdring. **re·pressed** *adj.* onderdruk; *(psig.)* verdronge. **re·pres**=

**sion** onderdrukking; verdrukking; *(psig.)* verdringing. **re=pres·sive** onderdrukkend, onderdrukkings=, beteuelings=; verdrukkend; ~ *measure* dwangmaatreël.

**re·prieve** *n.* uitstel, opskorting *(v. 'n vonnis);* begenadiging, kwytskelding. **re·prieve** *ww.* uitstel, opskort *('n vonnis);* begenadig.

**rep·ri·mand** *n.* teregwysing, bestraffing, bestrawwing; skrob=bering. **rep·ri·mand** *ww.* teregwys, bestraf, berispe; ~ *s.o. for s.t.* iem. oor iets teregwys; *a* ~*ing letter* 'n brander.

**re·print** *n.* herdruk; oordruk *(uit 'n tydskrif);* nadruk. **re·print** *ww.* herdruk.

**re·pri·sal** weerwraak, (weer)wraakmaatreël, vergelding(smaat=reël); *a* ~ *against* ... weerwraak teen ...; *as a* (or *in* or *by way of)* ~ uit weerwraak; *in* ~ *for* ... uit weerwraak vir ...

**re·prise** *(mus.)* reprise, terugkeer, rekapitulasie; herhaling; hervatting.

**re·pro** =*pros, n., (infml.)* reproduksie; →REPRODUCTION. ~ **(proof)** reproduksieproef.

**re·proach** *n.* verwyt, beskuldiging, berisping; oneer, skande; *be above/beyond* ~ bo verdenking wees; *abstain from* ~ jou van verwyte weerhou; *heap* ~*es on s.o.* iem. verwyte toe=slinger; *term of* ~ berisping, verwyt. **re·proach** *ww.* ver=wyt, beskuldig, berispe; ~ *o.s. for one's* ... jou verwyt oor jou ...; ~ *s.o. for being miserly/etc.* iem. sy/haar vrekkerigheid/ens. verwyt; ~ *s.o. with s.t.* iem. oor iets berispe. **re·proach·ful** verwytend; skandelik, skandalig, oneervol. **re·proach·less** onberispelik.

**rep·ro·bate** *n.* sedelose, verdorwene, losbandige. **rep·ro·bate** *adj.* sedeloos, immoreel, losbandig, pervers.

**re·pro·cess** herverwerk. **re·pro·cess·ing** *adj.* herverwer=kings=; ~ *plant* herverwerkingsaanleg.

**re·pro·duce** weer voortbring; voortplant; reproduseer, ko=pieer; weergee; vermenigvuldig; afdruk. **re·pro·duc·i·ble** re=produseerbaar. **re·pro·duc·tion** reproduksie; voortplanting; weergawe; *(druk.)* plaat, afdruk, prent, kopie. **re·pro·duc·tive** *adj.* reproduktief, voortplantings=; ~ *cell* voortplantingsel.

**re·pro·gramme** =*mm=, (hoofs.Am.)* **re·pro·gram** =*m=, (rek.)* herprogrammeer. **re·pro·gram·ma·ble, re·pro·gram·ma·ble** *(rek.)* herprogrammeerbaar.

**re·prog·ra·phy** reprografie. **re·pro·graph·ic** reprografies.

**re·proof** *n.* berisping, skrobbering, teregwysing, verwyt.

**re·prove** berispe, bestraf, teregwys. **re·prov·a·ble** berispelik. **re·prov·ing** *adj.,* **re·prov·ing·ly** *adv.* berispend, verwytend, afkeurend.

**rep·tile** *n.* reptiel, kruipende dier; *(infml., neerh.)* wurm, lae lak. **rep·tile** *adj.,* reptiel=, kruipend; *(infml., neerh.)* laag, ver=agtelik; kruiperig. **rep·til·i·an** *n.* reptiel, kruipende dier. **rep·til·i·an** *adj.* van reptiele; *(infml., neerh.)* veragtelik, agterbaks.

**re·pub·lic** republiek; *the French R*~ die Franse Republiek; *proclaim a* ~ 'n republiek uitroep; *the R*~ *of South Africa* die Republiek van Suid-Afrika. **R**~ **Day** *(SA gesk.: 31 Mei)* Republiekdag.

**re·pub·li·can** *n.* republikein, republikeinsgesinde. **re·pub·li·can** *adj.* republikeins. **R**~ **Party** *(Am. pol.)* Republikeinse Party.

**re·pub·li·can·ism** republikanisme, republikeinse gesind=heid, republikeinsgesindheid.

**re·pub·lish** opnuut/weer uitgee. **re·pub·li·ca·tion** nuwe uit=gawe, heruitgawe.

**re·pu·di·ate** verwerp *(aantygings ens.);* ontken *(aanspreek=likheid ens.);* nie erken nie *('n verdrag ens.);* *(hoofs. jur.)* re=pudieer *('n kontrak ens.);* verstoot *('n kind ens.).* **re·pu·di·a·tion** verwerping; ontkenning; repudiasie; verstoting.

**re·pug·nance, re·pug·nan·cy** afkeer, weersin; teen=, teë=spraak; teenstrydigheid; *s.o.'s* ~ *for/to(wards)* ... iem. se af=keer/afsku van ...; *iem.* se weersin/teen=/teësin in ...; iem. se walging van ... **re·pug·nant** afstootlik, verfoeilik; walglik,

weersinwekkend; teenstrydig; onverenigbaar, strydig *(met); s.t. is* ~ *to s.o.* iets is vir iem. walglik; iem. walg van iets; iets stuit iem. teen die bors; *s.t. is* ~ *to s.t. else* iets is onverenigbaar/ strydig met iets anders; *be* ~ *to s.t., (ook)* onversetlik teen iets gekant wees.

**re·pulse** *n.* terugdrywing, terugslag; weiering, afwysing; af=stoting; *suffer* (or *meet with) a* ~ 'n bloutjie loop, 'n klap in die gesig kry; *(mil.)* teruggeslaan word. **re·pulse** *ww.* terug=dryf, =drywe, verslaan; afskrik; weier; afstoot; ~ *s.o. from* ... iem. van ... terugdryf/=drywe. **re·pul·sion** afstoting, te=rugstoting; *feel (a)* ~ *for* ... 'n afkeer van *(of* 'n weersin in) ... hê. **re·pul·sive** terugstotend; afstootlik, afskuwelik, walglik.

**re·pur·chase** *n.* terugkoop. **re·pur·chase** *ww.* terug=koop, weer koop. ~ *agreement (fin.)* terugkoopooreenkoms.

**rep·u·ta·tion** aansien, (goeie) naam, reputasie, eer, faam; *have a bad* ~ 'n slegte naam/reputasie hê; *have a* ~ *for* ... die naam/reputasie hê dat jy ...; bekend staan as ...; *s.o.'s* ~ *for* ... iem. se reputasie dat hy/sy ...; *have a good* ~ 'n goeie naam hê; *keep up* (or *live up to) one's* ~ jou naam hoog hou; *live on one's* ~ op jou roem teer; *s.o. of* ~ iem. van aan=sien/stand; *have the* ~ *of being* ... die naam/reputasie hê dat jy ...; *raise one's* ~ jou aansien/reputasie verhoog; *win a* ~ *(for o.s.)* naam maak.

**re·pute** *n.* naam, aansien, reputasie, faam, eer; *by* ~ na be=wering, volgens gerug; volgens reputasie; *be held in high* ~ hoog aangeskrewe staan, hoog in *(of* in hoë) aansien staan; *be of ill* ~ 'n slegte naam hê; *know s.o. by* ~ baie van iem. gehoor het; *a dealer/etc. of* ~ 'n handelaar/ens. van aansien/ naam. **rep·u·ta·ble** fatsoenlik, van goeie naam, geëer, eer=vol, geag. **re·put·ed** *adj. (attr.)* beweerde, vermeende, soge=naamde; aangeskrewe; *highly* ~ in hoë aansien; *s.o. is* ~ *(to be)* ... iem. gaan vir ... deur *(ryk ens.);* iem. word ... geag *(of* as ... beskou *of* as/vir ... gereken) *(d. beste ens.); the* ~ *owner* die bewerde/vermeende eienaar. **re·put·ed·ly** na bewering; volgens reputasie.

**re·quest** *n.* versoek; versoekskrif, petisie; bede; aanvraag; *accede to a* ~ →*grant; address a* ~ *to s.o.* 'n versoek tot iem. rig; *at the* ~ *of* ... op versoek van ...; *at s.o.'s* ~ op iem. se versoek; *by* ~ op versoek; *comply with* (or *consent to) a* ~ →*grant; consider/entertain a* ~ 'n versoek oorweeg, op 'n versoek ingaan; *a* ~ *for* ... 'n aanvraag om ...; *grant* (or *comply with* or *accede/consent to) a* ~ 'n versoek toestaan, aan 'n versoek voldoen; *s.o. shall have his/her* ~ iem. se versoek sal toegestaan word; *make a* ~ *for* ... 'n versoek om ... doen, om ... aanvraag doen; *on* ~ op aanvraag; *by popular* ~ op algemene aandrang; *by public* ~ op aandrang van die publiek; *refuse/reject* (or *turn down) a* ~ 'n versoek weier *(of* van die hand wys). **re·quest** *ww.* versoek, vra; verlang, begeer; aanvra; ~ *the company of* ..., *(fml.)* ... uitnooi; ~ *an interview* om 'n onderhoud vra; ~ *that* ... versoek dat ...; ~ *s.o. to* ... iem. versoek om te ...; *s.o. is* ~*ed to* ... iem. word versoek om te ... ~ *programme (rad.)* versoekprogram.

**req·ui·em (mass)** *(vnl. RK)* dodemis, sielmis, requiem.

**req·ui·es·cat** *n., (Lat.: sielerusgebed v. 'n oorledene)* requies=cat; ~ *in pace* rus in vrede.

**re·quire** (ver)eis, verg; eis, voorskryf, =skrywe; begeer, ver=lang; nodig hê; ~ *s all s.o.'s attention* iets vra al iem. se aandag; *how much does s.o.* ~? hoeveel het iem. nodig?; *it* ~*s* ... dit vereis ..., daarvoor is ... nodig; ~ *s.t. of s.o.* iets van iem. vereis; *s.o.'s work* ~*s that he/she* ... iem. se werk vereis *(of* bring mee) dat hy/sy ...; *the court* ~*s s.o. to* ... die hof eis dat iem. ... *re·quired* nodig; benodig(d); voorgeskryf, verplig, vereis; *as* ~ na gelang van behoefte; *if* ~ as dit nodig word; as dit vereis/verlang word; ... *is* ~ *by law* ... word deur die wet voorgeskryf/geëis; ~ *reading* voorgeskrewe leeswerk; *s.t.* ~ die gevraagde/benodigde; *be* ~ *to attend/etc.* verplig wees om te woon ens., bywoning/ens. word vereis. **re·quire·ment** vereiste, eis, voorskrif; lasgewing; behoefte; ~*s of an act* voorskrifte van 'n wet; *conform* (or *come up) to* ~*s, meet/satisfy* ~*s* aan vereistes/eise voldoen, vereistes nakom.

**req·ui·site** *n.* vereiste; rekwisiet; *(ook, i.d. mv.)* toebehore; benodig(d)hede. **req·ui·site** *adj.* nodig, vereis.

**req·ui·si·tion** *n.* aansoek, aanvraag, eis, rekwisisie; *(mil ens.)* opeising, oproep, kommandeerbrief. **req·ui·si·tion** *ww.* aanvraag doen (om), aanvra; (op)eis, verlang; *(mil.)* kommandeer; ~ *s.t. from s.o.* iets van iem. kommandeer. **req·ui·si·tion·ing** kommandering.

**re·quite** *(fml.)* vergeld, beloon; weerwraak neem, wreek; ~ *like for like* met gelyke munt terugbetaal. **re·quit·al** vergelding, beloning; wraak; *in* ~ *as* beloning; uit wraak.

**re·re·lease** *n.* heruitreiking *(v. 'n rolprent ens.).* **re·re·lease** *ww.* heruitreik.

**re·route** omstuur; verlê *('n roete).* **re·rout·ing** omsturing; verlegging.

**re·run** *n.* hervertoning, =opvoering, =aanbieding, ens.. **re·run** =*nn*=; =*ran* =*run, ww.* hervertoon, =opvoer, =aanbied, ens. *('n rolprent ens.).*

**re·sale, re·sale** her=, weerverkoop; *on* ~ *by* her=/weerverkoop. ~ **price maintenance** prysbinding.

**re·sched·ule** *ww.* herskeduleer.

**re·scind** herroep, intrek, nietig verklaar; ophef, afskaf. **re·scind·a·ble** herroepbaar, intrekbaar.

**res·cue** *n.* redding, verlossing; bevryding; *come to the* ~ redding bring; *come to s.o.'s* ~ iem. red; iem. te hulp kom/ snel; vir iem. in die bres tree. **res·cue** *ww.* red, te hulp kom, uithelp, in/na veiligheid bring/neem; verlos, bevry; ~ *s.o. from* ... iem. van ... red *(bankrotskap ens.);* iem. uit ... red *(d. see, 'n verleentheid, ens.).* ~ **operation** reddingsaksie. ~ **party** reddingspan, =geselskap. ~ **services** reddingsdiens.

**res·cu·er** redder, uithelper, verlosser; bevry(d)er.

**re·seal** her(ver)seël.

**re·search, re·search** *n.* navorsing, ondersoek(ing); ~ *and development,* *(afk.:* R & D*)* navorsing en ontwikkeling *(afk.:* N & O*); do* ~ navorsing doen; *field of* ~ navorsingsterrein; ~ *into/on* ... navorsing na/oor ... **re·search, re·search** *ww.* navors, navorsingswerk doen; ondersoek, naspoor; *meticulously ~ed, (ook)* gedokumenteer; *well ~ed* goed nagevors(te). ~ **assistant** navorsingsassistent. ~ **fellowship** navorsingsbeurs. ~ **team** navorsingspan. ~ **work** navorsingswerk.

**re·search·er** navorser, ondersoeker.

**re·seat** van nuwe sitplek(ke) voorsien *('n bus ens.);* mat *('n stoel);* op ander plekke laat sit *(passasiers ens.);* ~ *o.s.* weer gaan sit.

**re·sect** *(chir.)* uit=, wegsny. **re·sec·tion** uit=, wegsnyding, reseksie; *(landm.)* inpeiling.

**re·sell** =*sold* =*sold* weer verkoop, herverkoop.

**re·sem·ble** lyk na/op; aard/trek na; ~ *each other, (ook)* met mekaar ooreenkom. **re·sem·blance** ooreenkoms, gelykenis; *bear a* ~ *to* ... na/op ... lyk; *the* ~ *between* ... die ooreenkoms tussen ...; *a close* ~ 'n sterk ooreenkoms; *there is no* ~ *what(so)ever between them* hulle lyk hoegenaamd nie na/op mekaar nie.

**re·sent** kwalik neem, geraak/gekrenk/gegrief voel deur, beledig voel *(of gebelg[d] wees)* oor; ~ *s.t. bitterly/strongly* erg gegrief voel oor iets, iem. iets erg kwalik neem. **re·sent·ful** gebelg(d), gegrief, beledig; liggeraak, fyngevoelig; wrokkig, wrewel(r)ig. **re·sent·ment** gegriefdheid, gekrenktheid, geraaktheid, gebelgdheid; wrok, wrewel; teensin, teësin, weersin, afkeer; *arouse/cause* ~ aanstoot gee, verontwaardiging wek.

**re·ser·pine, re·ser·pine** *(farm.)* reserpien.

**res·er·va·tion** voorbehoud, reserwe; behoud; terughoudendheid; (plek)bespreking; reservaat; *mental* ~ versweë/ heimlike voorbehoud; *with a* ~ onder voorbehoud.

**re·serve** *n.* reserwe; noodvoorraad; *(fin.)* surpluskapitaal; reserwespeler; reservaat, gereserveerde terrein; voorraad; voorbehoud; geslotenheid, terughoudendheid, gereserveerdheid,

stugheid, teruggetrokkenheid; beskeidenheid, ingetoënheid; *(ook, i.d. mv.)* reserwe(troepe), reserviste; reserwe(voorraad); reserwespan; *have/hold/keep s.t. in* ~ iets in reserwe/voorraad hou; *the country's ~s of coal/etc.* die land se steenkoolreserwe *(of* reserwe aan steenkool/ens.*);* *with all proper ~(s)* met die nodige voorbehoud; *accept s.t. without* ~ iets onvoorwaardelik *(of* sonder voorbehoud) aanneem; *sell s.t. without* ~ iets onvoorwaardelik/voetstoots verkoop. **re·serve** *ww.* terug=, uit=, agterhou; bewaar; spaar; bespreek; voorbehou, reserveer; bestem; ~ *s.t. for* ... iets vir ... bespreek; iets vir ... hou; iets vir ... in reserwe hou; ~ *judg(e)ment, (jur.)* uitspraak voorbehou; 'n oordeel opskort; ~ *o.s.* jou lyf spaar; ~ *(to o.s.) the right to* ... die reg behou *(of* jou die reg voorbehou) om te ...; *all rights ~d, (kopiereg)* alle regte voorbehou. ~ **bank** reserwebank. ~ **fund** reserwefonds. ~ **player** reserwespeler. ~ **price** minimum prys.

**re·served** voorbehoue; bespreek(te) *(plek);* terughoudend, ingetoë, teruggetrokke, stug, gereserveer(d); *of a* ~ *nature* terughoudend/geslote van aard. **re·serv·ed·ly** op ingetoë/terughoudende wyse, ingetoë. **re·serv·ed·ness** ingetoënheid, geslotenheid, terughoudendheid.

**re·serv·ist** reservis.

**res·er·voir** reservoir, opgaar=, opvangdam; opgaartenk; opgaar=, vergaarbak; *(fig.)* reserwe; bron; voorraad.

**re·set** =*set* =*set, ww., (druk.)* herset, oorset *(teks);* hermonteer *('n edelsteen ens.);* weer spalk *('n been);* oorplant, weer insit *(plantjies);* oorstel, weer stel *('n wekker ens.);* *(elektron.)* terugstel, op nul stel; *(kookk. ens.)* weer styf word.

**re·set·tle** weer in orde bring; hervestig. **re·set·tle·ment** hervestiging.

**re·shape** omvorm, hervorm.

**re·shoot** =*shot* =*shot* heropneem *('n filmtoneel ens.).*

**re·shuf·fle** *n.* (om)skommeling *(v. kaarte); (pol.)* skommeling, hervorming, verskuiwing(s) *(in 'n kabinet ens.).* **re·shuf·fle** *ww.* (om)skommel, weer skud *(kaarte);* skommel, hervorm *('n kabinet);* omvorm, verskuif.

**re·side** woon; setel; berus; ~ *at/in* ... op ... woon *('n dorp);* in ... woon *('n stad, voorstad, ens.);* by ... woon *('n adres); s.t. ~s in* ... iets *(gesag, regte)* berus by *(of* is gesetel in) ...; iets *(eienskappe, kenmerke)* word in/by ... aangetref.

**res·i·dence** woning, verblyf(plek), woonplek; (woon)huis; ampswoning *(v. 'n minister ens.);* residensie *(v. 'n ambassadeur, goewerneur, ens.);* inwoning, verblyf; *be in* ~ inwoon *(in 'n koshuis ens.);* tuis wees *(in 'n ampswoning ens.); men's* ~ manskoshuis; *royal* ~ koninklike verblyf; *take up* ~ *at/in* ... op/in ... kom/gaan woon, jou op/in ... vestig; *take up* ~ *with s.o.* jou intrek by iem. neem; *women's* ~ dameskoshuis. ~ **permit** verblyfpermit, verblyfsvergunning.

**res·i·den·cy** inwoning, verblyf; *(Am., med.)* kliniese opleidingsperiode.

**res·i·dent** *n.* inwoner, bewoner; loseerder; hotelgas; *(amptenaar)* resident; ~*s' association* inwonersvereniging; ~*s' parking* parkering vir inwoners. **res·i·dent** *adj.* woonagtig; inwonend; resident=; *be* ~ *at/in* ... op/in ... woonagtig wees; *characteristics* ~ *in* ... karaktertrekke inherent aan ...; *s.t. is* ~ *in* ... iets *(gesag ens.)* is gesetel in ...; ~ *physician* inwonende geneesheer. **res·i·den·tiar·y** inwonend, woonagtig; met ampswoning. **res·i·dent·ship** residentsamp; residentsgebied.

**res·i·den·tial** wonings=, woon=; huis=, verblyf=; residensieel, inwonend; ~ *address* woon=, huisadres; ~ *allowance* huur=, verblyftoelae, =toelaag; ~ *area* woongebied; ~ *care* tuissorg; ~ *density* woondigtheid; ~ *hotel* privaat/private hotel; ~ *permit* verblyfpermit, verblyfsvergunning; ~ *plot* woonerf, =perseel; ~ *qualification* woonbevoegdheid; ~ *town* woonstad; ~ *township* woondorp.

**res·i·due** oorblyfsel, res, oorskot; besinksel, residu; *(jur.)* oorskot *(v. 'n boedel).* **re·sid·u·al** *n.* res; residu; afvalproduk;

*(wisk.)* verskil. **re·sid·u·al** *adj.* oorblywend, oorgeblewe, ag=
terblywend, res=; na=; *(teg.)* remanent, residueel; ~ *air*
oorblywende lug; ~ *effect* nawerking; ~ *product* afvalpro=
duk; ~ *stress* naspanning, oorblywende/remanente/resi=
duele spanning; ~ *value* reswaarde. **re·sid·u·ar·y** *n.* residu;
*(jur.)* erfgenaam. **re·sid·u·ar·y** *adj.* orig, oorblywend; ~ *le=
gatee* universele erfgenaam.

**re·sign** bedank; af=, uittree; neerlê *('n amp)*; jou ontslag
neem; jou onderwerp *(aan)*, jou neerlê *(by)*, berus *(in)*; ~
*from* ... uit ... bedank *('n pos, vereniging, ens.)*; ... neerlê *(jou
amp ens.)*; ~ *o.s. to* ... jou by ... neerlê *('n beslissing ens.)*;
in ... berus, jou aan ... onderwerp *(jou lot ens.)*. **res·ig·na·
tion** bedanking; ontslag; uittreding; gelatenheid, berus=
ting, onderwerping; oorgawe *(a.d. wil v. God)*; *letter of* ~
bedankingsbrief; *hand/send in* (or *tender*) *one's* ~ jou bedan=
king indien, jou ontslag neem. **re·signed** berustend, onder=
worpe, gelate; *be* ~ *to* ... in ... berus. **re·sign·ed·ly** gelate, met
gelatenheid. **re·sign·ed·ness** berusting, gelatenheid.

**re·sil·i·ent** veerkragtig; elasties; terugspringend; *(fig.)* sterk,
gehard, taai, lewens=, geeskragtig. **re·sil·i·ence, re·sil·i·en·cy**
veerkrag, =vermoë; elastisiteit.

**res·in** *n.* harpuis, hars, gom. **res·in** *ww.* met harpuis be=
smeer/bestryk. ~ *bush* harpuisbos.

**res·in·ous** harpuis=, hars=, gomagtig.

**re·sist** weerstaan, weerstand/teen=/teëstand bied *(aan)*, jou
verset *(teen)*; jou verweer, teen=, teëstribbel; keer; ~ *s.o.* teen
iem. opstaan; ~ *temptation* die versoeking weerstaan; ~ *s.o.'s
will* jou teen iem. se wil verset. **re·sist·ant** *adj.* bestand;
weerstandbiedend, werend; *be* ~ *to* ... teen ... bestand
wees. =**re·sist·ant** *komb.vorm* =bestand, =vas, bestand teen;
*drought-*~ droogtebestand; *fire-*~ vuur=, brandvas, =bestand,
brandvry; *heat-*~ vuurvas, hittevas, =bestand, bestand teen
hitte. **re·sist·er** weerstandbieder. **re·sist·i·bil·i·ty** weerstaan=
baarheid; weerstandsvermoë. **re·sist·i·ble** weerstaanbaar.
**re·sis·tive** *(teg.)* weerstandbiedend, weerstands=. **re·sis·tiv·i·
ty** *(fis.)* weerstand(svermoë); soortlike weerstand, resistiwi=
teit; werkweerstand. **re·sis·tor** *(fis.)* weerstand, resistor.

**re·sist·ance** teen=, teëstand, weerstand, teen=, teëkanting;
verset; verweer; weerstandsvermoë; bestandheid; remming;
las; *(fis.)* resistensie; *break the* ~ die verset breek; *crushing*
~, *(teg.)* breukweerstand; *(chem.)* drukweerstand; *take the
line of least* ~ die maklikste weg volg; *meet with* ~ teen=/
teëstand/weerstand ondervind; *offer* ~ *to* ... aan/teen ...
teen=/teëstand/weerstand bied; *offer* ~, *(ook)* jou teen=/teësit/
verset; *passive* ~ lydelike verset; *point of* ~ laspunt; *put up*
~ teen=/teëstand/weerstand bied; *stiff/stout* ~ taai teen=/
teëstand/weerstand; ~ *to drought* bestandheid teen droogte;
~ *to impact/shock* skokvastheid; ~ *to s.o./s.t.* teen=/teëstand/
weerstand/verset teen iem./iets. ~ *coil* weerstandspoel. ~
*fighter* versetstryder. ~ *line (mil.)* weerstandslinie. ~ *move=
ment* versetbeweging.

**re·size** *ww.* vergroot of verklein, groter of kleiner maak, ver=
stel, die grootte aanpas/verander.

**re·sole** versool *(skoene)*; halfsool *(bande)*. **re·sol·ing** versool=
werk, versoling.

**res·o·lute** vasberade, beslis, onverskrokke, standvastig. **res·
o·lute·ly** op vasberade/onverskrokke wyse. **res·o·lute·ness**
vasberadenheid, beslistheid, standvastigheid.

**res·o·lu·tion** besluit, resolusie; voorstel, beskrywingspunt;
voorneme; beslistheid, vasberadenheid, onverskrokkenheid;
*(chem., opt.)* skeiding, oplossing; *(med.)* resolusie; *(mus.)* op=
lossing *(v. 'n akkoord)*; *(TV ens.)* beeldskerpte, resolusie;
*(wisk.)* oplossing *(v. 'n vergelyking)*; *abandon a* ~ van 'n
voorstel/beskrywingspunt afstap; ~ *of forces* ontbinding
van kragte; *good* ~s goeie voornemens; *move/propose* (or
*put down*) *a* ~ 'n voorstel/beskrywingspunt indien; *pass a*
~ 'n voorstel/beskrywingspunt aanneem.

**re·solve** *n.* besluit; voorneme; *keep one's* ~ by jou besluit

bly. **re·solve** *ww.* besluit, 'n besluit neem; jou voorneem;
laat besluit; oplos; skei, ontbind; ontleed; afhandel; ~
*differences* geskille bylê *(of* uit die weg ruim)*; ~ *doubts*
twyfel wegneem *(of* uit die weg ruim *of* laat verdwyn)*; ~
*s.t. into various elements, (hoofs. chem.)* iets in verskillende
bestanddele oplos; ~ *that* ... besluit *(of* 'n besluit neem)*
dat ... **re·solv·a·ble** oplosbaar; ontbindbaar; herleibaar.
**re·solved** *adj.* vasbeslote, beslis; voornemens, van voorne=
me; *be* ~ *to do s.t.* vasbeslote wees om iets te doen. **re·sol·
vent** oplosmiddel. **re·solv·er** oplosser. **re·solv·ing pow·er**
*(opt.)* oplosvermoë; *(fot.)* skei(dings)vermoë; *(fot.)* skerp=
heid.

**res·o·nance** weerklank; *(teg.)* resonansie. ~ *box* klankkas. ~
*cavity* resonansieholte.

**res·o·nant** weerklinkend, =galmend; klinkend; *be* ~ *with* ...
van ... weerklink/weergalm.

**res·o·nate** weerklink, weergalm, resoneer; ~*d* met 'n klank=
bodem. **res·o·na·tor** resonator; klankbord; klankkas; klank=
bodem.

**re·sorb** *(teg., fisiol.)* resorbeer; weer opsuig/absorbeer. **re·
sorb·ence** resorpsie. **re·sorb·ent** resorberend; (weer)op=
suigend. **re·sorp·tion** resorpsie; insuiging.

**re·sort** *n.* toevlug, uitvlug, uitweg, redmiddel; oord; *means
of first/last* ~ allereerste/=laaste middel; *as a* (or *in the*) *last*
~ as laaste uitweg; *be s.o.'s last* ~ iem. se laaste toevlug wees;
*court of last* ~ hof van laaste/hoogste instansie; *s.o.'s only* ~
iem. se enigste uitweg. **re·sort** *ww.:* ~ *to* ... jou toevlug tot
... neem, van ... gebruik maak; na ... gryp *(geweld ens.)*.

**re·sound** weergalm, =klink, dawer, op=, naklink; resoneer;
uitbasuin; *a shot* ~*s* 'n skoot klap; *a* ~*ing success* 'n
dawerende sukses; *a* ~*ing victory* 'n klinkende oorwinning;
~ *with* ... van ... weergalm/=klink.

**re·source** hulpmiddel, hulpbron; *(ook, i.d. mv.)* (geld)mid=
dele, geld; *be at the end of one's* ~s raadop/radeloos *(of* ten
einde raad) wees; *be full of* ~ vindingryk/vernuftig *(of* vol
planne) wees; *legal* ~s regsmiddele; ... *was s.o.'s only* ~ ...
was iem. se enigste uitweg; *be left to* (or *thrown on/upon*) *one's
own* ~s self/alleen die mas moet opkom, op jou eie bene
moet staan, op jouself aangewese wees; *pool* ~s saam maak.
**re·source·ful** vindingryk, vernuftig. **re·source·ful·ness** vin=
dingrykheid, vernuf(tigheid). **re·source·less** hopeloos, rade=
loos; sonder middele; sonder planne.

**re·spect** *n.* agting, eerbied, ontsag, respek; aansien; onder=
skeiding; *in all* ~s in alle opsigte; *with all due* ~*with (all
due) respect; command* ~ agting afdwing, ontsag inboesem
*(by iem.)*; *in every* ~ in elke opsig; *gain/win (s.o.'s)* ~ agting
afdwing/inboesem, (iem. se) agting verwerf; *s.t. gains/wins
s.o.* ~ iets laat iem. in mense se agting styg; *give* ... *my/our*
~s (sê) groete aan/vir ...; *have* ~ *for* ... agting/respek vir ...
hê; ontsag vir ... hê; *be held in (great)* ~ (hoog)geag word,
hoog in aansien staan; *hold s.o. in* ~ agting vir iem. hê; *in
~ of* ..., *with* ~ *to* ... ten opsigte van *(of* in verband met *of*
met betrekking tot *of* aangaande) ..., wat ... betref; *pay one's
last* ~s to s.o. die/jou laaste eer aan iem. bewys/betoon; *a
mark of* ~ 'n eerbewys/eerbetoon; *have no* ~ *for* anything
niks ontsien nie; *out of* ~ *for* ... uit eerbied/respek vir ...;
*pay one's* ~s to s.o. iem. gaan begroet/besoek; *without* ~ *of
persons* sonder aansien des persoons *(of* van die persoon),
onpartydig; *show* ~ *to* ... eerbied aan ... betoon; *in some* ~s
in party/sommige opsigte; *win (s.o.'s)* ~ →*gain/win; with
(all due)* ~ met (alle verskuldigde) agting/eerbied/respek;
*with* ~ *to* ... →*in*. **re·spect** *ww.* (hoog)ag, eerbiedig, re=
spekteer, agting/eerbied/ontsag hê vir; reken; ontsien; ~
*feelings* gevoelens ontsien; ~ *s.o. for s.t.* iem. om iets hoog=
ag/respekteer; ~ *s.o.'s old age* iem. se ouderdom ontsien. **re·
spect·a·bil·i·ty** ordentlikheid, aansien, fatsoen(likheid). **re·
spect·a·ble** ordentlik, fatsoenlik, agtenswaardig; aansienlik;
respektabel; solied; *one can never look* ~ *in a crumpled suit*
in 'n verkreukelde pak lyk ('n) mens nooit nctjies nie; *a* ~

*sum* 'n aansienlike som. **re·spect·ful** eerbiedig, beleef(d); *at a ~ distance* op 'n eerbiedige afstand. **re·spect·ful·ly** beleef(d); hoogagtend; *yours ~, (briefslot)* hoogagtend die uwe. **re·spect·ing** *prep.* aangaande, betreffende, rakende; met betrekking tot, ten aansien van. **re·spec·tive** respektief, besonder, eie; *put them in their ~ places* sit elkeen op sy eie plek; *employees are placed according to their ~ qualifications* werknemers word geplaas volgens elkeen se besondere kwa= lifikasie; *A and B contributed the ~ sums of R400 and R300* A en B het onderskeidelik/respektiewelik/respektieflik R400 en R300 bygedra. **re·spec·tive·ly** onderskeidelik, respektie= welik, respektieflik; *A and B contributed R400 and R300 ~* A en B het onderskeidelik/respektiewelik/respektieflik R400 en R300 bygedra.

**res·pi·ra·to·ry, res·pi·ra·to·ry** respiratories, asem=, asem= halings=; *~ disease* asemhalingsiekte; *~ failure* asemha= lingsversaking, respiratoriese versaking; *~ organ* asemha= lingsorgaan; *~ quotient, (fisiol., afk.:* RQ*)* respiratoriese kwosiënt *(afk.:* RK*); serious acute ~ syndrome, (afk.:* Sars*)* ernstige akute respiratoriese sindroom *(afk.* Ears, ears*); ~ system* asemhalingstelsel, lugweë; *~ tract* asemhalings= kanaal; *~ tube* lugpyp.

**re·spire** asemhaal, respireer; uitasem; inasem. **res·pi·ra·tion** asemhaling, respirasie. **res·pi·ra·tor** asemhalingstoestel, res= pirator; gasmasker.

**res·pi·rom·e·ter** *(biol., med.)* asemmeter, respirometer.

**res·pite** verposing, verademing, rus, verligting, stilstand, pouse, blaaskans; uitstel, respyt; *get/have a ~ from work* 'n ruskans kry/hê; *without ~* sonder onderbreking.

**re·splen·dent** skitterend, blinkend, glansend, luisterryk. **re·splen·dence** skittering, glans; luister.

**re·spond** antwoord; reageer *(op); ~ to* ... op ... reageer; aan ... gehoor gee *('n oproep ens.);* op ... antwoord, ... beantwoord *('n heildronk ens.); s.o. does not ~ to s.t.* iets maak geen indruk op iem. nie. **re·spon·dent** *n., (jur.)* gedaagde, respondent; ondervraagde, respondent *(in 'n meningspeiling ens.).* **re= spon·dent** *adj.* antwoordend; reagerend; gedaag; *be ~ to* ... aan ... gehoor gee; op ... reageer; op ... antwoord gee.

**re·sponse** antwoord; reaksie, gedrag; *(fig.)* weerklank; ge= voeligheid; *(psig., fisiol.)* responsie, respons; *(relig.)* teensang, responsorie; *in ~ to* ... as antwoord op ...; ingevolge ...; *make no ~* geen antwoord gee nie; *~ on the part of* ... reaksie by ...; *show ~ to treatment, (med.)* op behandeling reageer. **re·spon·sive** antwoordend; reagerend; vatbaar; deelnemend, simpatiek; responsief; *be ~ to* ... op ... antwoord, aan ... ge= hoor gee; op ... reageer.

**re·spon·si·ble** verantwoordelik; aanspreeklik; betroubaar; *collectively and individually ~* gesamentlik en hoofdelik aan= spreeklik; *the ~ committee* die betrokke komitee; *criminally ~* toerekeningsvatbaar; *be ~ for* ... vir ... verantwoordelik wees; met ... belas wees; *s.t. is ~ for* ... iets is die oorsaak van ...; *~ government* verantwoordelike bestuur; *not ~ for one's actions* nie toerekenbaar/toerekeningsvatbaar nie; *~ post* verantwoordelike betrekking; *be ~ to* ... teenoor ... ver= antwoordelik/aanspreeklik wees, aan ... verantwoording (ver)skuldig wees. **re·spon·si·bil·i·ty** verantwoordelikheid, aanspreeklikheid; verantwoording; *accept/take ~ for s.t.* vir iets vader staan, vir iets jou rekening neem; *criminal ~* toerekeningsvatbaarheid; *s.t. is s.o.'s ~* iem. is verant= woordelik *(of* dra die verantwoordelikheid*)* vir iets, iem. is met iets belas, iets is iem. se werk, iem. moet vir iets sorg; die verantwoordelikheid vir iets rus op iem.; *on s.o.'s own ~* op eie verantwoordelikheid; op eie houtjie; *be relieved of ~* vry wees van verantwoordelikheid; *have a sense of ~* verantwoordelikheidsgevoel/-besef hê; *shirk ~* die verant= woordelikheid van jou afskuif/-skuiwe; *shoulder the ~* die verantwoordelikheid op jou neem. **re·spon·si·bly** op ver= antwoordelike/verantwoorde wyse.

**re·spray** *n.* oorspuit-verfwerk. **re·spray** *ww.* herspuit, oor= spuit *('n motor ens.).*

**rest**[1] *n.* rus; slaap; kalmte; pouse; ruspouse; respyt; ruspunt, steun(punt) *(v. 'n hefboom ens.);* stut, steun(sel); draagesel, bok; *(biljart)* bok; statief, drievoet *(v. 'n instr.); (mus.)* rus= (teken); →RESTFUL, RESTLESS; *be at ~* rustig wees; stil wees; in rus *(of* in die russtelling*)* wees; *come to ~* tot rus kom; tot stilstand kom; *('n vliegtuig)* neerstryk, gaan sit; *a day of ~* 'n rusdag; *give s.o. a ~* iem. laat (uit)rus; *give s.t. a ~, (infml.)* iets laat ophou; *lay s.o. to ~, (ret.)* iem. ter ruste lê *(of* ter aarde bestel*); lay s.t. to ~* 'n end/einde aan iets maak *('n gerug ens.);* iets beswer *(of* uit die weg ruim*) (vrees ens.); have no ~* geen rus hê nie; *~ and recreation, (afk.:* R & R*)* rus en ontspanning; *set s.o.'s mind/heart at ~* iem. gerusstel; *take a ~* (gaan) rus; (uit)rus; verpoos, 'n ruskans kry; *without ~* sonder rus. **rest** *ww.* rus, uitrus; laat rus, rus gee; leun, steun; *~ against* ... teen ... leun; *~ a case, (jur.)* 'n betoog (af)sluit; *~ from* ... van ... uitrus *(jou werk); let s.o. ~* iem. laat (uit)rus; *let s.t. ~* iets daarby laat *(of* laat rus*); the matter cannot ~ here* die saak kan nie hierby gelaat word nie; *there the matter ~ed* die saak het daarby gebly; *be quite ~ed* heeltemal uitgerus wees; *the outcome ~s on s.o.'s shoulders* dit kom op iem. neer *(of* hang van iem. af *of* lê by iem.) hoe sake verloop; *~ up, (infml.)* goed/heeltemal uitrus; *s.t. ~s (up)on* ... iets lê/rus/leun op ...; iets *(iem. se oë/blik)* is op ... gevestig; iets *('n voorstel, bewys, ens.)* berus op ...; *~ s.t. (up)on* ... iets *(jou hand ens.)* op ... plaas *(of* [laat] rus/lê*);* met iets *(jou elmboog ens.)* op ... leun; iets *('n redenasie ens.)* op ... baseer/grond; *be well ~ed* goed uitgerus wees; *s.o. will not ~ until* ... iem. sal nie rus voordat ... nie; *s.t. ~s with s.o.* iets berus by iem. *(of* is iem. se saak *of* hang van iem. af*). ~ area, ~ stop (Am.)* rusplek (langs die pad), stilhouplek. *~ camp* ruskamp. *~ cure* ruskuur. *~ day* rusdag. *~ home* ouetehuis. *~ house* herberg. *~ room (hoofs. Am.)* openbare toilet.

**rest**[2] *n.* oorskot, oorskiet, res, restant, (die) orige/origes; re= serwefonds; *among the ~* onder andere; *for the ~* wat die res aangaan/(aan)betref; vir die orige/res, origens, verder, vêrder; *(just) like the ~ of them* nes al die ander; *the ~ of* ... die orige ... **rest** *ww.* oorbly, oorskiet; *s.o. can ~ assured* iem. kan gerus wees; *~ assured!* wees gerus!.

**re·start** hervat, weer begin; weer aansit *(of* aan die gang sit*).*

**res·tau·rant** restaurant, restourant, eetplek. *~ car (Br.)* eet= salon, =wa *(op 'n trein).*

**res·tau·ra·teur** restaurant=, restouranthouer, restaurateur, restourateur.

**rest·ful** rustig, stil, kalm; rusgewend. **rest·ful·ness** rustig= heid.

**res·ti·o** *(bot.)* restio, dekriet, besemgoed, Kaapse riet, ka= net.

**res·ti·tu·tion** *(hoofs. jur.)* teruggawe, restitusie *(v. goed ens.);* herstel, restitusie *(v. regte ens.);* vergoeding, restitusie *(v. skade ens.); make ~ of s.t. to s.o.* iets aan iem. teruggee. *~ order* herstelbevel.

**res·tive** weerbarstig, weerspannig, dwars, koppig, onge= duldig; woelig, kriewelrig *('n perd).* **res·tive·ness** ongeduld; woeligheid.

**rest·less** rusteloos, onrustig, ongedurig; woelig; gejaag(d); *be very ~, (ook)* rus nóg duur(te) hê, geen rus of duur(te) hê nie. **rest·less·ness** rusteloosheid, ongedurigheid; ge= jaagdheid.

**re·stock** opnuut bevoorraad/voorsien; weer van vee voor= sien, (vee) heraanskaf.

**res·to·ra·tion** herstel(ling); teruggawe; opknapping; res= tourasie *(v. 'n gebou, meubels, ens.); the R~, (Br. gesk.)* die Restourasie.

**re·store** teruggee; *(ook rek.)* herstel; vernuwe, opknap; ge=

nees; terugbring, terugsit, terugbesorg; verkwik; restoureer *(kunswerke, geboue, ens.); ~ s.t. to ...* iets aan ... terugbesorg/teruggee. **re·stor·a·ble** herstelbaar. **re·stor·a·tive** *n.* genees=, versterk=, herstelmiddel. **re·stor·a·tive** *adj.* genesend, versterkend, herstellings=. **re·stor·er** hersteller; restoureerder, restourateur *(v. kunswerke);* opknapper.

**re·strain** inhou, in toom hou, bedwing, beheers, beteuel, rem, inteuel; verkrop; temper; beperk; belet, weerhou, verhinder; *~ s.o. from s.t.* iem. van iets weerhou; *~ s.o. from doing s.t.* iem. verhinder *(of* daarvan weerhou) om iets te doen; *~ o.s.* jou bedwing. **re·strain·a·ble** bedwingbaar, beteuelbaar, beperkbaar. **re·strained** gematig; *~ acting* beheerste spel. **re·straint** beperking, remming, bedwang, dwang, verbod; intoming; selfbeheersing; beheerstheid; *exercise ~* beheers wees; matig wees; *~ of trade* handelsbeperking, inkorting van handelsvryheid; *be under ~* onder bedwang wees; in aanhouding wees, in hegtenis gehou word; onder dwang verkeer; *be under no ~* geheel en al vry wees; *with ~* ingehoue, besadig, beheers; *without ~* onbeperk, vry(e)lik; onbeheers.

**re·strict** beperk; bepaal; inperk *(iem.);* inkrimp; *~ s.o./s.t. to ...* iem./iets tot ... beperk. **re·strict·ed** beperk *('n keuse, voorraad, ens.); ~ application* beperkte toepassing *(v. 'n term, reël, ens.); ~ area* beperkte gebied; *(mil.)* spergebied, verbode gebied; *be ~ to ...* tot ... beperk wees. **re·stric·tion** beperking, restriksie; voorbehoud, restriksie; inperking; inkrimping; vernouing; *the ~s on s.t.* die beperkings op iets; *place ~s (up)on s.o.* beperkings aan iem. oplê; *be under ~* onder beperking(s) staan; *without ~* sonder beperking; sonder voorbehoud. **re·stric·tive** beperkend, bepalend; *~ practice, (Br., han.)* beperkende praktyk.

**re·string** =strung =strung herbesnaar. **re·string·ing** herbesnaring.

**re·struc·ture** *ww.* hersaamstel, herstruktureer.

**re·sult** *n.* uitslag, afloop, resultaat; gevolg, uitwerking, uitvloeisel, effek; resultaat, uitkoms, antwoord *(v. 'n rekensom ens.); (sport)* eindtelling, uitslag; *(i.d. mv., han.)* (bedryfs)resultate; *as a ~ of ...* weens/vanweë ..., as gevolg *(of* ten gevolge) van ...; *get ~s* iets bereik; *get no ~s* niks bereik nie; *meagre ~s* 'n skrale oes, power(e) resultate; *a satisfactory ~* 'n bevredigende uitslag; *s.o. wants to see ~s* iem. wil hê iets moet bereik word; *the ~ is wide open* die uitslag is hoogs onseker; *with the ~ that ...* sodat ...; *without ~* tevergeefs, vrugteloos. **re·sult** *ww.* volg, tot gevolg hê; *s.t. ~s from ...* iets vloei/kom uit ... voort; iets spruit uit ... (voort); iets word deur ... veroorsaak; *s.t. ~s in ...* iets lei tot *(of* loop uit op) ..., iets het ... tot gevolg, iets gee ... af; iets veroorsaak ... *(d. dood ens.); s.t. ~s in failure* iets misluk *(of* loop op 'n mislukking uit). **re·sul·tant** *n., (fis., wisk.)* resultante; einduitkoms, resultaat. **re·sul·tant** *adj.* gevolglik; *~ action/equation/force/etc.* resulterende werking/vergelyking/krag/ens..

**re·sume** hervat, weer begin, vervat, voortsit; vervolg; weer inneem *(jou sitplek ens.);* herneem, terugneem; *~ a discourse* 'n gesprek voortsit/hervat; *the House ~d, (parl.)* die Raad het weer vergader; *the House ~d its business, (parl.)* die Raad het sy werksaamhede hervat; *~ the thread of the conversation* die draad van die gesprek weer opneem; *s.o. ~d his/her training/etc.* iem. het weer begin oefen/ens.. **re·sump·tion** hervatting; herneming, terugneming.

**ré·su·mé** opsomming, samevatting, kortbegrip, beknopte oorsig, resumé; curriculum vitae; *make a ~ of s.t.* iets kort saamvat.

**re·sur·face** hervlak; 'n blad vernuwe; weer bokom. **re·sur·fac·ing** hervlakking; bladvernuwing.

**re·sur·gent** *(attr.)* hern(ie)ude *(ywer, nasionalisme, ens.).* **re·sur·gence** herlewing.

**res·ur·rect** opwek *(iem.); (fig.)* laat herleef/=lewe *('n ou gewoonte);* laat opvlam/opflikker *(hoop);* weer in gebruik neem *(iets buite diens gestel);* oprakel *('n ou twispunt).* **res·ur·rect·ed** verrese; *(geol.)* herstelde *(rivier, skiervlakte, ens.).* **res·ur·rec·tion** (weder)opstanding; herrysenis, verrysenis; heringebruikneming; herlewing, oplewing; opwekking; *the R~, (Chr. teol.)* die opstanding *(v. Christus).*

**re·sus·ci·tate** laat herleef/=lewe, opwek; bybring, die bewussyn herstel; bykom. **re·sus·ci·ta·tion** herlewing, opwekking; bybrenging, resussitasie. **re·sus·ci·ta·tive** opwekkings=. **re·sus·ci·ta·tor** opwekker; opwekkingsmiddel; asemhalingsmasjien.

**re·tail** *n.* kleinhandel; *sell s.t. at/by ~* iets by die klein maat verkoop. **re·tail** *adj. & adv.* kleinhandel(s)=, in die kleinhandel, by die klein maat; *sell s.t. ~* iets by die klein maat verkoop. **re·tail, re·tail** *ww.* in die kleinhandel verkoop; kleinhandel dryf; in klein partye verkoop *(effekte ens.); it ~s at ...* die kleinhandel(s)prys/winkelprys daarvan is ..., jy koop dit in die winkel vir ... **business** kleinhandelsaak. **~ outlet** kleinhandel(s)afsetpunt. **~ price** kleinhandel(s)prys. **~ price index** *(afk.:* RPI) kleinhandel(s)prysindeks *(afk.:* KPI). **~ shop, ~ store** winkel. **~ trade** kleinhandel([s]bedryf).

**re·tail·er** kleinhandelaar.

**re·tain** hou, behou; agter=, terug=, teen=, teëhou; onthou *(i.d. geheue);* in diens neem, aanhou; retineer *('n advokaat);* →RETENTION, RETENTIVE; *~ s.o. as a member/etc.* iem. as lid/ens. handhaaf; *~ed surplus* onaangewende oorskot. **re·tain·er** *(teg.)* knip, (sluit)pen; keerder *(v. 'n masjien);* bind=, retensiegeld *(v. 'n advokaat ens.);* toelaag, toelae *(v. 'n agent).* **re·tain·ing** agter=, teë=, teenhoudend; *~ bolt* klembout; *~ catch* keer=, hou=, vangknip; *~ clip* keer=, hou=, borgklem; *~ dam* stu=, keerdam; *~ fee* bind=, retensiegeld, vooruitbetaalde honorarium; *~ nut* keer=, borgmoer; *~ pay* waggeld; *~ plate* keerplaat; *~ wall* keer=, stut=, steunmuur.

**re·take** *n., (filmk., mus.)* heropname. **re·take** =took =taken, *ww.* terugneem, herneem, weer neem; herower; *(filmk., mus.)* weer opneem.

**re·tal·i·ate** terugbetaal, vergeld; terugkap; weerwraak neem, met gelyke munt (terug)betaal; *~ against s.o. by doing s.t.* op iem. weerwraak neem deur iets te doen. **re·tal·i·a·tion** vergelding, wraakneming, weerwraak; *in ~ for ...* uit weerwraak vir ... **re·tal·i·a·to·ry** wraaknemend, vergeldings=, wraak=; *~ measure* vergeldingsmaatreël.

**re·tard** *n., (neerh.)* vertraagde. **re·tard** *ww.* vertraag, ophou, teenhou, teëhou; terugsit, agteruitsit; belemmer; strem, rem; *a (mentally) ~ed child* 'n agterlike *(of* [verstandelik] vertraagde) kind. **re·tar·da·tion** vertraging; *mental ~* agterlikheid, verstandelike vertraging.

**retch** braakgeluide/=bewegings maak, sukkel om te braak/vomeer, sukkelbraak, kokhals. **retch·ing** sukkelbraking.

**re·tell** =told =told oorvertel.

**re·ten·tion** behoud; inhouding, terughouding, retensie; weerhouding; onthouvermoë; *(fin.)* inhouding, terughouding *(v. 'n wins ens.); ~ of urine* urienretensie; *right of ~* retensiereg; *with ~ of ...* met behoud van ... **~ money** retensie=, bindgeld.

**re·ten·tive** vashoudend; terughoudend, inhoudend. **re·ten·tive·ness** vashoudendheid; *(teg.)* behouvermoë. **re·ten·tiv·i·ty** retentiwiteit, houvermoë *(v. 'n magneet);* terughouding; behoud, bewaring *(v. eienskappe).*

**re·think** *n.: have a ~ about s.t.* iets heroorweeg. **re·think** =thought =thought, *ww.* heroorweeg, opnuut deurdink, herbedink.

**ret·i·cent** terughoudend; swygsaam, stil(lerig). **ret·i·cence** terughoudendheid, swygsaamheid, onmededeelsaamheid; verswyging.

**re·tic·u·lar** netvormig, *(med.)* retikulêr. *~ formation, ~ activating system (anat.)* netbou, =struktuur, retikulêre formasie.

**re·tic·u·late** *adj., (hoofs. biol.)* netvormig; benet; *(bot.)* netnerwig; *(med.)* retikulaat. **re·tic·u·late** *ww.* benet, netvormig rangskik/indeel.

**re·tic·u·lat·ed** netvormig, netsgewys(e); benet; ~ *vessel* net‑ vat. ~ *python* gevlekte luislang.

**re·tic·u·la·tion** netwerk, netvormige verdeling; benetting; netvorming.

**re·tic·u·lum** *=cula* netwerk; *(soöl.)* netpens, kleinpensie, rui‑ tjiespens *(v. herkouers).*

**ret·i·na** *=nas, =nae* (oog)netvlies, retina. **ret·i·ni·tis** netvlies‑ ontsteking, retinitis.

**ret·i·nol** →VITAMIN A.

**ret·i·nue** stoet, gevolg.

**re·tire** aftree, bedank, uit (die) diens tree, uittree; die tuig neerlê, die diens verlaat; terugstaan *(v. mededinging); (mil.)* (terug)wyk, terugtrek, retireer; jou terugtrek/afsonder; jou verwyder; afdank, ontslaan *('n werknemer);* van sy/haar amp onthef; *(fin.)* (af)betaal, vereffen, delg *(skuld ens.); (ekon.)* intrek, uit omloop neem *(banknote ens.); (sport)* die veld ver‑ laat; ~ *(to bed* or *for the night)* bed toe gaan, gaan slaap; ~ *from ...* uit ... tree, ... verlaat; ... neerlê *(d. praktyk); (ook)* jou onttrek aan ... *(d. openbare lewe).* **re·tired** gewese, rustende, afgetrede, gepensioeneer(d); emeritus; stil, afgetrokke; af‑ gesonder(d); *s.o. is* ~ iem. het afgetree, iem. is gepensioe‑ neer(d); *a* ~ *person* 'n afgetredene/pensioenaris. **re·tir·ing** stil, teruggetrokke, terughoudend, ingetoë; beskeie; sedig; aftredend, uittredend; wykend; ~ *age* aftreeleeftyd.

**re·tire·ment** uitdienstreding, uittrede, aftrede, pensioene‑ ring; onttrekking, terugtrekking; (vrywillige) aftog; afson‑ dering, eensaamheid, teruggetrokkenheid; *come out of* ~ terugkeer; *go into* ~ stil gaan leef/lewe; *live in* ~ stil leef/ lewe; *on s.o.'s* ~ by iem. se aftrede. ~ *age* aftree‑ouderdom. ~ **home** aftree‑oord, ouetehuis, tehuis vir bejaardes. ~ **pen· sion** ouderdomspensioen.

**re·tool** met nuwe gereedskap/werktuie toerus, van nuwe werktuie/masjinerie voorsien *('n fabriek ens.); (Am., infml.)* reorganiseer, herskik *(d. ekonomie ens.).*

**re·tort¹** *n.* (vinnige/gevatte/bekkige) antwoord; teë‑, teenwer‑ ping; teregwysing; *a crushing* ~ 'n verpletterende antwoord. **re·tort** *ww.* vinnig/gevat antwoord gee, terugantwoord, teë‑, teenkap, teë‑, teenwerp; ~ *sharply* skerp antwoord, terugkap, teëkap, teenkap.

**re·tort²** *n.* retort *(vir distillering); (hist.)* kolf(fles), kromnek. **re·tort** *ww.* in 'n retort suiwer/kook.

**re·touch, re·touch** *n., (skilderk., fot., ens.)* bywerking, re‑ toesjering. **re·touch** *ww.* weer aanraak; *(skilderk., fot., ens.)* bywerk, retoesjeer, finale verbeteringe aanbring.

**re·trace** naspoor, weer nagaan; weer oortrek; ~ *one's steps* (op jou voetspore) teruggaan.

**re·tract** intrek; terugtrek, herroep; terugneem. **re·tract·a·ble** *(soöl.)* intrekbaar; terugtrekbaar. **re·trac·tile** intrekbaar. **re· trac·tion** intrekking; terugtrekking, herroeping, retraksie. **re·trac·tor** terugtrekker; oophouer; *(chir.)* wondhaak, =spatel; *(soöl., anat.)* krimp‑, terugtrek‑, optrek‑, retraktorspier.

**re·train** heroplei, herskool, herbekwaam. **re·train·ing** her‑ opleiding, herskoling.

**re·tread** *n.* versoolde band. **re·tread** *=treaded =treaded, ww.* versool *(bande).* **re·tread·ed** *(ook, infml.)* (aanmekaar) gelap *(span ens.);* opgewarm *(storie ens.).*

**re·treat** *n., (hoofs. mil.)* terugtog, (gedwonge) aftog, terug‑ wyking; afsondering, eensaamheid; skuilplek, rusplek, toe‑ vlugsoord; stil verblyf, (geestelike) afsondering; *(RK)* retrai‑ te; tehuis, inrigting *(vir sieklikes ens.); (mil.)* vlagstryking; aandsinjaal; *beat a hasty* ~ haastig die aftog blaas, haastig terugtrek/wyk; *be in (full)* ~ in (volle) aftog wees; *make good one's* ~ veilig wegkom, daarin slaag om weg te kom; *sound the* ~ die aftog blaas; die aandsinjaal blaas. **re·treat** *ww.* (terug)wyk, terugtrek, terugtree, retireer, die aftog blaas; agter‑ uitstaan; aftrek; deins; terugsit *('n skaakstuk); ~ from ...* uit ... wyk; ~ *to ...* na ... uitwyk. ~ **ceremony** (plegtige) vlag‑ stryking. ~ **march** aftog(s)mars.

**re·trench** besuinig, besnoei; *(Austr., SA)* afdank. **re·trench· ment** besuiniging; *(Austr., SA)* afdanking.

**re·tri·al** herverhoor.

**ret·ri·bu·tion** vergelding, straf. **re·trib·u·tive** wraaknemend, vergeldend, vergeldings‑.

**re·trieve** *n.* herstel; *beyond/past* ~ onherstelbaar. **re·trieve** *ww., (ook rek.)* terugvind, terugkry; goedmaak *('n verlies);* herwin, herstel; red *('n netelige situasie ens.);* opspoor; (te‑ rug)bring, aandra; *('n jaghond)* (aan)bring; ~ *s.t. from ...* iets uit ... red. **re·triev·a·ble** herstelbaar; herkry(g)baar; hervindbaar. **re·triev·al** herkryging, (die) terugkry; herstel, vergoeding; *beyond/past* ~ onherstelbaar. **re·triev·er** aan‑ bringer; *(honderas)* retriever.

**ret·ro** *=ros, n.* retro(‑ontwerp); retro(voorkoms); retro(styl); retro(pop[musiek]), retro(rock); retro(liedjie); tru‑vuurpyl. **ret·ro** *adj.* retro‑; ~ *jazz* retro‑jazz. **ret·ro** *komb.vorm* terug‑, agter(uit)‑, agterwaarts, tru‑, retro‑.

**ret·ro·ac·tion** terugwerking, reaksie; *(rad.)* terugkoppe‑ ling.

**ret·ro·ac·tive** terugwerkend, van terugwerkende krag, re‑ troaktief.

**ret·ro·cede** terugtree, terugwyk; teruggee, weer afstaan. **ret·ro·ces·sion** terugtreding, terugwyking; teruggawe, af‑ stand.

**ret·ro·fit** *ww.* met nuwe onderdele herbou *('n motor ens.).*

**ret·ro·flex(ed)** *adj., (anat., med., biol.)* teruggebuig, agteroor geboë; *(fonet.)* retrofleks. **ret·ro·flex·ion, ret·ro·flec·tion** te‑ rugbuiging, agteroorbuiging, retrofleksie.

**ret·ro·grade** *adj.* teruggaande, terugwaarts, agteruitgaande, agteruit‑; *(teg., astron., ens.)* agterwaarts, retrogressief, re‑ trograde; verslegtend; ~ *step* stap agteruit. **ret·ro·grade** *ww.* agteruitgaan, (terug)wyk, teruggaan; versleg, ontaard. **ret·ro·gra·da·tion** agteruitbeweging; agteruitgang, ontaar‑ ding.

**ret·ro·gress** agteruitgaan; taan; versleg, ontaard. **ret·ro· gres·sion** teruggang; agteruitgang, verslegting, kreeftegang; terugslag. **ret·ro·gres·sive** teruggaande; terugslaande; → RETROGRADE *adj..*

**ret·ro·rock·et** tru‑vuurpyl.

**ret·ro·spect** terugblik; oorsig; *in* ~ agteraf/agterna beskou. **ret·ro·spec·tion** terugblik; (die) terugkyk. **ret·ro·spec·tive** *n.* oorsig‑, terugbliktentoonstelling. **ret·ro·spec·tive** *adj.* te‑ rugwerkend, met terugwerkende krag; terugblikkend; retro‑ spektief; terug‑; *with* ~ *effect* met terugwerkende krag. **ret· ro·spec·tive·ly:** ~ *from ...* met terugwerkende krag tot ...

**re·trous·sé, re·trous·sé** *(Fr.)* opgebuig; ~ *nose* wipneus.

**ret·ro·verse, ret·ro·vert·ed** *adj., (anat., med.)* terugge‑ buig, agteroor geboë/gekantel. **ret·ro·ver·sion** terugstoting; *(anat.)* terughelling, retroversie *(v.d. uterus ens.).*

**ret·ro·vi·rus** *(biol.)* retrovirus. **ret·ro·vi·ral** *adj., (med.)* re‑ troviraal, retrovirus‑.

**ret·si·na** *(Gr. harswyn)* retsina.

**re·tune** *ww.* her(in)stem *('n mus.instr.);* herinstel *('n rad. ens.).*

**re·turn** *n.* terugkoms; =keer, tuiskoms; we(d)erkoms; te‑ rugbetaling, =sending, =besorging; *(fin.)* voordeel, wins, pro‑ fyt; opbrengs, opbrings, rendement; staat, statistiek, verslag, opgawe; *(pol.)* verkiesing *(v. 'n verteenwoordiger); (bouk.)* om‑ loop; *(med.)* nuwe aanval; *(ook, i.d. mv.)* statistiek(e), op‑ gawes; opbrengs, opbrings; omset; ontvangste; *by* ~ *(of post/ mail)* per kerende pos; ~ *on capital* kapitaalopbrengs, =op‑ brings; *diminishing* ~*s* afnemende/dalende opbrengs/op‑ brings; *empty* ~*s* leë houers; *many happy* ~*s (of the day)!* geluk met die/jou verjaar(s)dag!, nog baie jare!; *in* ~ *for ...* in ruil vir ...; as beloning vir ...; *get nothing in* ~ niks vir iets kry nie; *ask s.o. for the* ~ *of s.t.* iem. vra om iets terug te besorg; *on s.o.'s* ~ by iem. se terugkeer/terugkoms; *pending* *s.o.'s* ~ totdat iem. terugkom; *render a* ~ opgawe doen; *the* ~ *to* ... die terugkeer na ... *('n plek);* die terugkeer tot ... *('n vorige standpunt ens.).* **re·turn** *adj.* terug-; retoer-.

**re·turn** *ww.* terugkom, -keer, -gaan; teruggee, -stuur, -besorg; terugbetaal; beantwoord *('n kompliment ens.);* te-ruggooi, -slaan *('n bal); (brug)* terugspeel *(in jou maat se kleur); (gh.)* die laaste nege putjies speel/voltooi; ~ *an answer* antwoord; ~ *a blow* terugslaan; ~ *from* ... van ... terugkeer/ terugkom; ~ *like for like* (iem.) met gelyke munt betaal; *leave never to* ~ vertrek en nooit terugkeer/terugkom nie; *s.t.* ~*s a profit* iets maak wins; ~ *to* ... in ... terugkom *('n kamer ens.);* na ... terugkom *('n plek);* tot ... terugkeer *('n metode ens.);* op ... terugkom *('n onderwerp ens.);* ~ *s.t. to s.o.* iets aan iem. teruggee/terugbesorg. ~ **crease** *(kr.)* retoer-, systreep. ~ **fare** retoertarief, prys van 'n retoerkaartjie; te-rugreistarief. ~ **flight** terugvlug; retoervlug. ~ **journey** tuis-reis, terugreis. ~ **key** *(rek.)* = ENTER KEY. ~ **match** *(sport)* herontmoeting. ~ **ticket** retoerkaartjie.

**re·turn·a·ble** terug te stuur, nie behoubaar; teruggeebaar; inruilbaar; ~ *containers* terugstuurhouers, *(infml.)* leës; ~ *deposit* terugbetaalbare deposito.

**re·turn·ee** teruggekeerde.

**re·turn·ing of·fi·cer** kies-, stembeampte, stemopnemer.

**re·type** oortik.

**re·u·ni·fy** herenig. **re·u·ni·fi·ca·tion** hereniging.

**re·un·ion** hereniging; reünie, re-unie; weerontmoeting; *fam-ily* ~ familiefees, -byeenkoms.

**re·u·nite** herenig, weer byeenkom; versoen.

**re·use** hergebruik, weer gebruik. **re·us·a·ble** vir hergebruik, weer bruikbaar.

**re·u·til·ise**, -**ize** hergebruik, weer gebruik, herbenut.

**rev** *n. (gew. i.d. mv.), (infml.)* toer, omwenteling, revolusie, rewolusie; →REVOLUTION. **rev** -*vv*-, *ww., (infml.)* vinnig laat draai/loop, ja(ag) *('n enjin);* ~ *(up) an engine* 'n enjin se toere opja(ag). ~ **counter** *(mot.)* toereteller.

**re·val·ue** herskat, weer skat, herwaardeer. **re·val·u·a·tion** herskatting, herwaardering.

**re·vamp** *n.* opknapping, vernuwing, verbetering; opgeknap-te/verbeterde weergawe/ens.. **re·vamp** *ww.* opknap, opkik-ker; oormaak, omwerk.

**re·vanch·ism** *(pol.)* revanchisme, vergeldingspolitiek. **re·vanch·ist** *n.* revanchis. **re·vanch·ist** *adj.* revanchisties, ver-geldend, vergeldings-.

**re·veal**[1] *n., (bouk.)* dagwang, deur-, vensteropening; per-spektief *(op 'n toneel).*

**re·veal**[2] *ww.* openbaar (maak), aan die dag/lig bring, bekend maak, bekendmaak, onthul, blootlê; verraai; →REVELATION; ~ *o.s. as* ... (jou) ontpop as ...; *be* ~*ed* aan die lig kom; ~ *s.t. to s.o.* iets aan iem. onthul/openbaar. **re·veal·ing** onthullend; ontblotend, skraps *('n kledingstuk).*

**re·veg·e·tate** *ww., (plante)* weer uitloop/uitspruit; weer be-plant *(grond).*

**rev·eil·le**, *(Am.)* **rev·eil·le** *(mil.)* môre-, more-, oggend-sinjaal.

**rev·el** *n. (dikw. i.d. mv.)* fuif, fees; swelg-, drinkparty; luid-rugtigheid, uitgelatenheid. **rev·el** -*ll*-, *ww.* pret maak, uit-gelate/luidrugtig wees; rinkink, fuif; drink, oordadig eet en drink; ~ *in* ... jou in ... verlustig, ... geniet. **rev·el·ler** pret-, plesiermaker, partytjie-, feesganger; jolige kêrel/meisie, losbol, swierbol, *(infml.)* bok vir sports. **rev·el·ry** gefuif, fuiwery; brassery; rinkinkery, gerinkink, luidrugtigheid.

**rev·e·la·tion** openbaring; bekendmaking, onthulling; *(R~, NT)* Openbaring.

**rev·e·la·to·ry, rev·e·la·to·ry** *adj.* onthullend, openbarend.

**re·venge** *n.* wraak, wraakoefening, wraakneming; wraaksug; *get/have one's* ~ wraak neem, jou wreek; *in* ~ *for* ... uit wraak vir ...; ~ *is sweet* die wraak is soet; *take* ~ *on s.o. for*

*s.t.* op iem. wraak neem vir iets. **re·venge** *ww.:* ~ *o.s. (on s.o. for s.t.)* wraak neem *(of* jou wreek) (op iem. vir iets). **re·venge·ful** wraakgierig, wraaksugtig. **re·venge·ful·ness** wraaksug. **re·veng·er** wreker.

**rev·e·nue** inkomste; staatsinkomste, ontvangste; *receiver of* ~ ontvanger van inkomste, belastinggaarder; *South African R~ Services, (afk.:* SARS) Suid-Afrikaanse Inkomstediens *(afk.:* SAID). ~ **office** belastingkantoor, ontvangerskantoor.

**re·verb** *(mus., infml., afk.:* reverberation*)* nagalm, eggo; na-galmversterker; eggomasjien.

**re·ver·ber·ate** weergalm, weerklink; natril, nagalm; rever-bereer; *(fig.)* ernstige (na)gevolge hê, 'n ernstige nadraai/ nasleep hê. **re·ver·ber·a·tor** weerkaatser.

**re·ver·ber·a·tion** weergalming, weerklank; natrilling, na-galm(ing); reverberasie. ~ **time** *(akoestiek)* nagalmtyd.

**re·ver·ber·a·to·ry** *adj.* weergalmend; reverbererend. ~ **(furnace)** reverbereer-, vlam-, kaatsoond.

**re·vere** (ver)eer, eerbiedig, eerbied/ontsag hê vir, hoogag, bewonder. **rev·er·ence** *n.* eerbied, ontsag, respek; verering; ~ *for* ... eerbied vir ...; *hold* ... *in* ~ eerbied vir ... koester, ... vereer; *pay* ~ *to s.o.* (aan) iem. eer/hulde betoon. **rev·er·ence** *ww.* eerbiedig, vereer, hoogag. **rev·er·end** *n., (infml.)* domi-nee, eerwaarde. **rev·er·end** *adj.* eerwaardig; eerwaarde; *R~ Mother,* (RK) Eerwaarde Moeder, moederowerste; *the R~ J. Murray* ds. J. Murray; eerw. J. Murray; *the R~ Mr Murray* dominee/ds. Murray; eerwaarde/eerw. Murray. **rev·er·ent, rev·er·en·tial** eerbiedig.

**rev·er·ie** mymering, gemymer, gepeins, (dag)dromery; *(mus.)* reverie; *be lost in (a)* ~ mymer, in gepeins versink/versonke wees.

**re·vers** *revers, (Fr.)* (baadjie)omslag, lapel, revers. ~ **collar** omslaankraag, lapelkraag.

**re·ver·sal** omverwerping, omvêrwerping, herroeping, ver-nietiging; omstelling, om(me)keer, om(me)swaai.

**re·verse** *n.* teenoorgestelde, omgekeerde; keersy, agterkant; teen-, teëspoed, teen-, teëslag, terugslag, ne(d)erlaag; *(mot.)* keerkoppeling; *(mot.)* trurat, -versnelling; *in* ~ omgekeerd; *(mot.)* in trurat; *do s.t. in* ~ iets agterstevoor doen; *be the* ~ *of* ... alles behalwe ... wees; *put a car in* ~ 'n motor in trurat sit; *just the* ~ net/presies die teenoorgestelde. **re·verse** *adj.* teenoorgestel(d), omgekeerd; *in the* ~ *direction* in die teenoorgestelde rigting. **re·verse** *ww.* omdraai, onderstebo draai, omkeer; omsit, omstel; *(mot.)* agteruit ry, tru; *(jur. ens.)* herroep, ongedaan maak; omverwerp, omvêrwerp; ~ *a decision* 'n besluit intrek. ~ **current** *(elek.)* teen-, trustroom. ~ **dictionary** retrograde woordeboek. ~ **discrimination** om-gekeerde diskriminasie. ~ **engineering** omgekeerde ont-wikkelingswerk, demontering en rekonstruering; *(rek.)* ont-manteling (van programkodes). ~ **gear** *(mot.)* trurat. ~ **light** *(mot.)* trulig. ~ **takeover** *(fin.)* omgekeerde oorname. ~ **thrust** *(lugv. ens.)* tru-stukrag, trudrukkrag. ~ **transcriptase** *(biochem.)* trutranskriptase.

**re·versed:** ~ *call* terugoproep; ~ *charge call, (telef.)* kollek-teeroproep; ~ *image* omgekeerde beeld.

**re·vers·i·ble** omkeerbaar, dubbelkantig, tweesydig, twee-le-dig; alkant selfkant; omstelbaar, omstel-, omkeer-; herroep-baar, herroeplik; ~ *coat* omkeerjas. **re·vers·i·bil·i·ty** om-keerbaarheid; omstelbaarheid; herroepbaarheid.

**re·ver·sion** *(jur.)* terugval(ling), reversie *(v. eiendom ens. a.d. skenker of sy/haar erfgename);* terugkering; omkering; teruggang; terugstelling; *(mil.)* degradasie; *(biol.)* atavisme; ~ *to* ... terugkeer tot ...; terugval(ling) in ...

**re·vert** *ww.* terugkeer, terugkom; teruggaan, terugwend; ~ *to* ... tot ... terugkeer; op ... terugkom *('n onderwerp ens.); (jur.)* aan ... terugval/verval *('n ander erfgenaam).* **re·vert·i·ble** terugvallend.

**re·vet** -*tt*-, *(bouk.)* beklee, bemantel, uitstaat *('n damwal ens.).*

**re·vet·ment** *(bouk.)* bekleding, bekleedsel. ~ **(wall)** bekle= dings=, keermuur.

**re·view** *n.* hersiening; *(mil.)* wapenskou(ing), inspeksie, revue; beskouing, oorsig; resensie, beoordeling, bespreking, kritiek *(v. 'n boek, film, ens.)*; tydskrif; *give* a ~ *of s.t.* 'n oorsig van iets gee; *be/come* **under** *(or* **up for***)* ~ in hersiening *(of* opnuut in oënskou) geneem word; *the year* **under** ~ die oorsigjaar, die jaar onder beskouing, die verslagjaar; *write* a ~ *of s.t.* iets resenseer *('n boek ens.)*; 'n beskouing oor iets skryf/skrywe. **re·view** *ww.* hersien, nasien, nagaan; terugkyk op; beoordeel, resenseer; inspeksie hou, inspekteer *(troepe)*; laat passeer *(d. revue)*; wapenskou(ing) hou. ~ **copy, press copy** resensie-eksemplaar.

**re·view·er** resensent, beoordelaar.

**re·vile** beskimp, verguis, uitskel, uitkryt. **re·vile·ment** be= skimping, verguising.

**re·vise** *n.* hersiening; *(druk.)* revisie, tweede drukproef. **re· vise** *ww.* nasien, hersien, korrigeer; wysig; *~d edition* her= siene uitgawe. **re·vis·al** hersiening. **re·vis·er** hersiener, na= siener, reviseur.

**re·vi·sion** hersiening, revisie; repetisiewerk.

**re·vi·sion·ism** *(dikw. neerh.)* revisionisme. **re·vi·sion·ist** *n.* revisionis. **re·vi·sion·ist** *adj.* revisionisties.

**re·vis·it** *ww.* weer besoek.

**re·vi·so·ry** hersienings=.

**re·vi·tal·ise, ize** nuwe lewe in ... blaas, ... nuwe lewe gee; ... nuwe krag gee.

**re·viv·al** herlewing, oplewing; opwekking; herstel; hernu= wing, vernuwing; renaissance; opbloei; weer=, heropvoering. ~ **meeting** *(relig.)* opwekkingsdiens.

**re·viv·al·ism** opwekkingsbeweging. **re·viv·al·ist** *n.* opwek= kingsprediker. **re·viv·al·ist** *adj.* opwekkings=.

**re·vive** *ww.* herleef, lewe, weer opleef/lewe; bykom; op= bloei; bybring; =kry; (weer) opwek, verlewendig, weer aan= vuur, met nuwe moed besiel; weer in die lewe roep, weer aan die gang sit; heroprig; opnuut onder die aandag bring; hernu(we), hernieu, vernuwe. **re·viv·er** opwekker.

**re·viv·i·fy** weer opwek, met nuwe lewe besiel, weer aan= wakker, verlewendig. **re·viv·i·fi·ca·tion** weeropwekking, her= lewing.

**re·voke** *n.: beyond* ~ onherroeplik. **re·voke** *ww.* herroep, in=, terugtrek; ophef; *(kaartspel)* nie beken nie. **rev·o·ca·bil·i·ty** herroepbaarheid; intrekbaarheid. **rev·o·ca·ble** herroepbaar, herroeplik; intrekbaar. **rev·o·ca·tion** herroeping; intrekking.

**re·volt** *n.* opstand, oproer, rebellie; *break out in* ~ in opstand kom; *be in* ~ *against* ... teen ... in opstand wees; *quell* a ~ 'n opstand onderdruk; *stir up* ~ opstand aanblaas. **re·volt** *ww.* rebelleer, opstaan, in opstand kom *(teen)*, opstandig word; muit; jou verset; ~ *against* ... teen ... in opstand kom *(of* opstaan); *s.o.* ~s *at/against/from s.t.*, *s.t.* ~s *s.o.*, *s.o. is* ~*ed by s.t.* iets walg iem., iets laat iem. walg, iem. walg van iets; iets stuit iem. teen die bors. **re·volt·er** opstandeling, oproerling, rebel. **re·volt·ing** opstandig, oproerig; walglik, weersinwekkend, afstootlik; afsigtelik; stuitend; *s.t. is* ~ *to s.o.* iem. vind iets walglik.

**rev·o·lute** *(bot.)* omgekrul *(blaarrande)*.

**rev·o·lu·tion** opstand, revolusie, rewolusie; omwenteling, (radikale) verandering; *(teg.)* omwenteling, revolusie, rewo= lusie, toer, omloop; *bring about* a ~ *in s.t.* 'n omwenteling in iets teweegbring; ~s *per* **minute** omwentelings per mi= nuut; **number** *of* ~s toeretal, =telling; **period/time** *of* ~ omwentelings=, omlooptyd. ~ **counter,** ~ **indicator** toere= teller, tagometer.

**rev·o·lu·tion·ar·y** *n.* oproermaker, oproerling, revolusio= nêr, rewolusionêr, opstandeling, opstandige. **rev·o·lu·tion· ar·y** *adj.* revolusionêr, rewolusionêr; opstandig; radikaal, vernuwend, innoverend, progressief, avant-garde.

**rev·o·lu·tion·ise, ize** 'n omwenteling teweegbring (in), 'n om(me)keer veroorsaak (in), revolusioneer, rewolusioneer, totaal hervorm.

**rev·o·lu·tion·ism** revolusionisme, rewolusionisme. **rev·o· lu·tion·ist** oproermaker, oproerling, revolusionêr, rewolu= sionêr, opstandeling, opstandige.

**re·volve** draai/wentel om; *the earth ~s about/(a)round the sun* die aarde draai/wentel om die son; *s.t. ~s around ..., (fig.)* iets draai om ..., ... is die middelpunt van iets; *the earth ~s on its axis* die aarde draai/wentel om sy as. **re·volv·a·ble** draaibaar.

**re·volv·er** rewolwer; *draw* a ~ 'n rewolwer uitpluk.

**re·volv·ing** draaibaar, draaiend, draai=; ~ *credit* wentel=, herhaalkrediet; ~ *door* swaai=, draaideur; ~ *fund* wentel= fonds, selfaanvullende fonds; ~ *spit* draaispit.

**re·vote** *n.* herstemming. **re·vote** *ww.* herstem, oorstem.

**re·vue** *(teat.)* revue.

**re·vul·sion** (heftige) afkeer; *(fig.)* onttrekking; om(me)keer, plotselinge verandering; *have* a ~ *against/from ...* van ... walg.

**re·ward** *n.* beloning, vergoeding; vergelding; *as* a ~ *for* ... as beloning vir ...; *get one's (due/just)* ~, *(gew. pej.)* jou ver= diende loon kry; *in* ~ *for* ... ter beloning vir ...; *offer* a ~ *for s.t.* 'n beloning vir iets uitloof; *a princely* ~ 'n vorstelike beloning. **re·ward** *ww.* beloon, vergoed; baat; vergeld, te= rugbetaal; *be* ~*ed* **abundantly** ryklik/ruimskoots beloon/ vergoed word; *a* ~*ing* **experience** 'n lonende ondervinding; *a* ~*ing* **task** 'n dankbare taak; ~ *s.o.* **with** ... *for* ... iem. met ... vir ... beloon.

**re·wind** *rewound rewound* weer opwen; terugspoel *('n film, band, ens.)*.

**re·wire** *(elek.)* herbedraad. **re·wir·ing** herbedrading.

**re·word, re·phrase** herformuleer, anders stel/uitdruk, die bewoording wysig.

**re·work** oordoen, hersien, wysig.

**re·write** *n.* verwerking. **re·write** *rewrote rewritten, ww.* oorskryf, =skrywe, weer skryf/skrywe, herskryf, =skrywe; verwerk, redigeer. **re·writ·ten** herskrewe.

**Rex** *n., (Lat.)* koning.

**re·zone** hersoneer, =indeel *(grond, eiendom).* **re·zon·ing** her= sonering, =indeling.

**rhap·so·dy** *(mus., pros.)* rapsodie; *go into rhapsodies about ..., (infml.)* in ekstase wees *(of* oorborrel van entoesiasme) oor ... **rhap·sod·ic** rapsodies. **rhap·so·dise, dize** rapsodieë skryf/skrywe/voordra; *(infml.)* entoesiasties vertel/skryf/skry= we/ens. oor, gaande wees oor. **rhap·so·dist** rapsodis.

**rhe·a** *(orn.)* nandoe.

**rhe·bok, rhe·buck** ribbok.

**Rhe·ma Church** *(SA)* Rhemakerk.

**Rhen·ish** *n.* Rynwyn. **Rhen·ish** *adj.* Ryns, Ryn=; ~ *wine* Rynwyn.

**rhe·ni·um** *(chem., simb.:* Re) renium.

**rhe·ol·o·gy** *(fis.)* reologie, vloei(ings)=, stromings=, stroom= leer. **rhe·o·log·i·cal** reologies.

**rhe·om·e·ter** reometer, stroommeter.

**rhe·o·stat** *(elek.)* reostaat, weerstandsklos, verstelbare/reël= bare weerstand.

**rhe·sus:** ~ *baby* resusbaba. ~ **factor, Rh factor** *(patol.)* re= susfaktor, Rh-faktor. ~ **monkey** resus(aap). ~ **negative** *adj.* resusnegatief. ~ **positive** *adj.* resuspositief.

**rhet·o·ric** retorika, retoriek, welsprekendheid(sleer), rede= naarskuns; hoogdrawendheid, bombasme, retoriek, dekla= masie. **rhe·tor·i·cal** retories, rederyk, redekunstig; ~ *question* retoriese vraag. **rhe·tor·i·cian** retorikus, redekunstenaar; (bombastiese) redenaar.

**rheum** *(hoofs. poët., liter.)* verkoue; slym, kwyl, waterigheid *(i.d. oë, neus).* **rheum·y** klam, vogtig; druipend, druip-; ~ *eyes* waterende/waterige oë.

**rheu·mat·ic** *n.* rumatieklyer; *(ook, i.d. mv., infml.)* rumatiek. **rheu·mat·ic** *adj.* rumaties; ~ *fever* rumatiekkoors, sinkingskoors; ~ *pains* rumatiek, sinkings. **rheu·mat·ick·y** rumatiekerig.

**rheu·ma·tism** rumatiek; *a touch of* ~ 'n ligte aanval van rumatiek.

**rheu·ma·toid** rumaties, rumatiekagtig, rumatoïed; ~ *arthritis* gewrigsrumatiek, rumatoïede artritis, misvormende gewrigsontsteking.

**rheu·ma·tol·o·gy** rumatologie. **rheu·ma·tol·o·gist** rumatoloog.

**Rhine:** *the* ~ die Ryn. ~**land:** *the* ~ die Rynland. ~ *wine* Rynwyn, Rynse wyn.

**rhine·stone** rynsteen.

**rhi·ni·tis** *(med.)* rinitis, neusslymvliesontsteking; *allergic* ~ hooikoors.

**rhi·no** *(infml.)* renoster; →RHINOCEROS.

**rhi·noc·er·os** -oses renoster; *black/hook-lipped* ~ swartrenoster; *white/square-lipped* ~ witrenoster. ~ **beetle** renosterkewer. ~ **bull** renosterbul. ~ **cow** renosterkoei.

**rhi·no·plas·ty** *(med.)* rinoplastiek, neusoperasie. **rhi·no·plastic** rinoplasties.

**rhi·nos·co·py** *(med.)* neusondersoek, rinoskopie. **rhi·no·scope** neusspieël, rinoskoop.

**rhi·zoid** *n., (bot.)* risoïed. **rhi·zoi·dal** risoïdaal, wortelagtig.

**rhi·zome** *(bot.)* risoom.

**rhi·zo·pod** *(soöl.)* risopode, wortelpotige.

**rho** die Griekse r.

**rho·da·mine** *(chem.: rooi kleurstof)* rodamien.

**Rhodes**[1] *(Gr. eiland)* Rhodus, Rhodos. **Rho·di·an** *n.* Rhodiër. **Rho·di·an** *adj.* Rhodies.

**Rhodes**[2]: ~ **scholar** Rhodesbeurshouer. ~ **scholarship** Rhodesbeurs.

**Rho·de·sia** *(geog., hist.)* Rhodesië; →ZIMBABWE. **Rho·de·sian** *n., (hist.)* Rhodesiër. **Rho·de·sian** *adj., (hist.)* Rhodesies; ~ *ridgeback, (honderas)* Rhodesiese rifrug.

**rho·di·um** *(chem., simb.: Rh)* rodium.

**rho·do·chro·site** *(min.)* mangaanspaat, rodochrosiet.

**rho·do·den·dron** *(bot.)* rododendron, bergroos.

**rho·dop·sin** → VISUAL PURPLE.

**rhomb** *(geom.)* ruit, rombus; *(krist.)* romboëder, romboeder. **rhom·bic** ruitvormig, rombies. **rhom·bo·he·dron** *(vnl. krist.)* romboëder, rombo-eder. **rhom·boid** *n.* romboïed; langwerpige ruit. **rhom·boid, rhom·boi·dal** *adj.* ruitvormig, romboïdaal, romboïed. **rhom·bus** -buses, -bi, *(geom.)* rombus, ruit.

**rho·tic** *adj., (fonet.)* roties.

**rhu·barb** rabarber; *(Br., infml., teat.)* gemompel, (ge)roesemoes.

**rhumb** *(sk.)* wind-, kompasstreek. ~ **line** loksodroom.

**rhum·ba** →RUMBA.

**rhyme** *n.* rym; rymwoord; rympie; berymde vers; *alternate* ~ wisselrym; *in* ~ op/in rym; *without* ~ *or reason* sonder sin/betekenis; sonder die minste rede. **rhyme** *ww.* rym; laat rym; op rym bring; ~*d verse* berymde verse; ~ *with* ... met/ op ... rym. ~ **sceme** rymskema.

**rhyme·less** rymloos, onberym(d).

**rhym·er, rhyme·ster** rymelaar, rymer, versemaker.

**rhym·ing** *n.* gerymel. **rhym·ing** *adj.* rym-. ~ **couplet** rymende koeplet, rympaar. ~ **dictionary** rymwoordeboek. ~ **slang** rymende slang/sleng.

**rhy·o·lite** *(geol.)* rioliet.

**rhythm** maat, ritme; ~ *and blues, (mus., afk.: R & B)* rhythm and blues. **rhyth·mic, rhyth·mi·cal** *adj.* ritmies; gereeld;

gelykmatig; *rhythmic gymnastics* ritmiese gimnastiek. **rhyth·mic·i·ty** ritmisiteit. **rhyth·mics** *n. (as ekv.)* ritmiek.

**ri·a** *(geog.)* ria, Spaanse fjord. ~ **coast** riaskus.

**ri·al** *(geldeenh. v. Iran en Oman)* rial.

**rib** *n.* rib, ribbebeen; *(vleissnit)* ribstuk, ribbetjie; *(bot.)* hoof-, middelnerf *(v. 'n blaar); (orn.)* pen *(v. 'n veer); (entom.)* aar *(v. 'n vlerk); (bouk.)* gewelfrib; *(sk., lugv., bouk.)* spant, rib *(v. 'n romp, dak, ens.); (ing.)* brugpyler; speek, balein *(v. 'n sambreel); (breiwerk)* riffel; *(mynb.)* (erts)aar; *dig/poke s.o. in the* ~s iem. in die ribbe(s) pomp/por/stamp. **rib** -bb-, *ww.* riffel; van ribbe/spante/pylers voorsien; aweregs brei; ~ *s.o., (infml.)* iem. terg, met iem. gekskeer *(of die gek skeer).* ~ **cage** ribbekas. ~ **chop** ribtjop. ~ **cord** ribkoord. ~ **stitch** *(breiwerk)* riffelsteek. ~-**tickler** *(infml.)* grap; snaakse fliek/ storie/ens..

**rib·ald** liederlik, vuil, smerig, onbehoorlik, ongeskik, vuilbekkig, skabreus. **rib·ald·ry** vuil/gemene taal; skabreuse geskryf.

**ribbed** geriffel(d); *(bouk.)* gerib; ~ *arch* rib(be)boog; ~ *fabric* ribstof, geribde stof, riffelstof; ~ *glass* riffelglas.

**rib·bing** ribwerk, geribde werk; ribverband; *(breiwerk)* rif, riffel(stuk); *(infml.)* uitkoggelry, tergery, gekskeerdery.

**rib·bon** lint, band; wimpel; strook; dekorasie; strikkie; *in* ~s aan flenters/flarde(s)/toiings; *torn to* ~s (aan) flenters/ens. geskeur. ~ **development** *(stadsbeplanning)* strook-, lintbou, lintbebouing. ~ **embroidery** lintborduurwerk. ~**fish** *(fam. Trachipteridae)* lintvis; *(fam. Regalecidae)* sneesvis; *(fam. Trichiuridae)* kalkvis. ~ **grass** *(Phalaris arundinacea)* bandgras. ~ **lightning** strookblits, -weerlig. ~ **seal** *(Phoca fasciata)* gestreepte pelsrob, geelbandrob. ~ **worm** snoerwurm.

**rib·bon·like** lintagtig.

**ri·bo·fla·vin(e), vi·ta·min B$_2$, lac·to·fla·vin** *(biochem.)* riboflavien, vitamien B$_2$, laktoflavien.

**ri·bo·nu·cle·ic ac·id** *(biochem., afk.: RNA)* ribonukleïensuur.

**ri·bose** *n., (biochem.)* ribose.

**ri·bo·some** *(biochem.)* ribosoom.

**rice** rys. ~ **beer** rysbier. ~ **bowl** rysbak; rysgebied. ~ **field** rysland. ~ **paddy** rysland, -akker. ~ **paper** ryspapier. ~ **table** *(Indon. kookk.)* rystafel. ~ **wine** ryswyn.

**rich** *n. (mv.): the* ~ die rykes. **rich** *adj.* ryk, welgesteld, vermoënd, bemiddeld *(iem.);* welvarend *('n land ens.);* ryk, weelderig, kosbaar, duur *(meubilering, versiering, ens.);* ryk, warm, diep *(kleure, klanke);* ryk, vetterig, olierig *(kos);* ryk, vrugbaar, vet, geil *(grond);* vet *(klei, kalk, ens.); grow* ~ ryk word; *be* ~ *in* ... ryk wees aan ...; *a* ~ *person* 'n ryke/rykaard; *be stinking* ~, *(infml.)* vrot wees van die geld; *strike it* ~ 'n slag slaan; ~ *iy* vonds doen/maak; *that's* ~! dis kostelik!; *(iron.)* wil jy nou meer!, nou toe nou!. **rich·en** ryker word; ryker maak. **rich·es** rykdom, weelde, vermoë. **rich·ly** ryklik, dubbel en dwars. **rich·ness** rykheid; oorvloed.

**Rich·ter scale** *(geol.)* richterskaal *(ook R~).*

**rick**[1] *n.* mied. **rick** *ww.* mied pak.

**rick**[2] *n.* verrekking *(v. jou nek ens.).* **rick** *ww.* verrek, verdraai *(jou nek ens.).*

**rick·ets** *n. (ekv. of mv.), (med.)* ragitis.

**rick·ett·si·a** -siae, -sias, *(mikroörganisme wat tifus/ens. veroorsaak)* rickettsia. **rick·ett·si·o·sis** rickettsiose, vlektifus.

**rick·et·y** swak, lendelam, onvas, waggelend, wankel(end); lamlendig; *(med.)* ragities. **rick·et·i·ness** swakheid, onvastheid; lamlendigheid.

**rick·rack, ric·rac** *(tekst.):* ~ **(braid)** kartelband, -koord.

**rick·sha(w)** *(<Jap.)* riksja.

**ric·o·chet** *n.* opslag; opslagkoeël; opslagskoot. **ric·o·chet** -chet(t)ed -chet(t)ed, *ww.* terugspring, opslaan; met 'n opslag raak; *ricochet(t)ing bullet* opslagkoeël.

**ri·cot·ta** *(It. skaapmelkkaas)* ricotta(kaas).

**ric·tus** =*tus(es)* sperwydte *(v. 'n voël se bek);* mondopening; (versteende) grynslag, grimas.

**rid** *rid rid ridding* bevry, verlos; *be/get ~ of ...* van ... ontslae wees/raak; *~ o.s. of ...* jou van ... vrymaak; *be well ~ of ...* (gelukkig) van ... ontslae wees. **rid·dance** bevryding, verlossing; *good ~!* dankie tog!; *and good ~ too* en (die) gode sy dank, en ek/ons is maar dankiebly.

**rid·den** *ww. (volt.dw.)* gery; *~ by fears* met vrees bevange; *~ by disagreements/etc.* oorheers deur meningsverskille/ens.. **-rid·den** *komb.vorm:* be **bureaucracy-**~ in die hande van die burokrate wees; *be* **disease-**~ deur siektes geteister word; *be* **fear-**~ vreesbevange wees; *be* **guilt-**~ deur skuldgevoelens gepla word; *be* **mosquito-**~ van die muskiete wemel.

**rid·dle¹** *n.* raaisel.

**rid·dle²** *n.* gruissif, growwe sif; graansif. **rid·dle** *ww.* sif, uitsif; vol gate skiet; *(fig.)* ontsenu, met feite weerlê *(argumente);* peper, oorval, bestook *(met vrae); be ~d with ...* deur ... deurboor wees *(koeëls);* van ... deurtrek wees, vrot wees van die ... *(siekte).*

**ride** *n.* rit, rytog; (pretpark)rit; rypad *(vnl. vir perdry); (infml.)* (saamry)geleentheid; *have* (or *be in for)* a **bumpy** ~, *(infml.)* 'n moeilike tyd beleef/belewe/deurmaak *(of* tegemoetgaan); **come/go** *along for the* ~ sommer *(of* vir die lekker[te]) saamkom/=gaan; *get a* **free** ~ *on ...* verniet op ... saamry; *(fig., infml.)* op ... se rug *(of* op die rug van ...) ry; **give** *s.o. a* ~ iem. oplaai; **go** *for a* ~ ('n entjie) gaan ry; *give s.o. a* **rough** ~, *(infml.)* iem. hotagter gee; *have a* **rough** ~, *(infml.)* dit hotagter hê/kry; **take** *s.o. for a* ~ met iem. gaan ry; *(infml.)* iem. bedrieg/kul/verneuk. **ride** *rode ridden, ww.* ry; laat ry; →RIDDEN, RIDING; *s.o./s.t.* ~s **again**, *(infml.)* iem./iets kom weer; ~ **around** rondry; ~ **by** ... by ... verbyry; ~ *s.o.* **down** iem. omry; iem. doodry; iem. inry/-haal *(te perd); let s.t.* ~, *(infml.)* iets daarby laat; ~ **off** wegry; ~ **on** aanry; ~ **on** *s.t.* op iets ry; *the success of s.t.* ~s **on** ... die sukses van iets is afhanklik van ...; ~ *s.o.* **on** *one's back* iem. abba; ~ *s.t.* **out** veilig deur iets kom, iets trotseer *('n storm ens.);* ~ **over** *s.t.* oor iets ry; ~ *a* **punch/blow** met 'n hou meegee; ~ *a* **race** aan 'n wedren deelneem; ~ *the* **streets** *looking for ...* die strate deurkruis/invaar op soek na ...; ~ **up,** *('n romp ens.)* opkruip.

**rid·er** ruiter, ryer; skuifgewig *(op 'n skaal); (jur.)* bygevoegde klousule, by=, toevoeging; verlengstuk *(v. 'n wet); (bouk.)* ruiterstut.

**ridge** *n.* rif, kam, rant, (berg)rug, bult; rif, riffel; *(bouk.)* vors, nok *(v. 'n dak); (met.)* rug, uitloper *(v. hoë druk ens.);* middelmannetjie, maanhaar *(in 'n pad); (landb.)* hart, bank *(v. 'n omgeploegde akker);* ~ *(of hair)* pronk. **ridge** *ww.* rimpel, riffel; (band)gooi/maak/gooi *(in 'n land);* operd; akker(tjie)s maak. ~**back** →RHODESIAN RIDGEBACK. ~ **beam,** ~ **board,** ~ **piece,** ~ **tree** *(bouk.)* nokbalk. ~ **pole** *(bouk.)* nokpaal; tentpaal. ~ **roof** *(bouk.)* saal=, geweldak. ~ **tile** *(bouk.)* nok=, vors= pan. ~ **turret** *(bouk.)* dakruiter, noktorinkie.

**ridg·ing** *n., (bouk.)* vors, nokdekking. ~ **plough** operdploeg.

**ridg·y** ranterig; gerimpel(d); geriffel(d).

**rid·i·cule** *n.* spot, spottery, bespotting; *hold s.o./s.t. up to* ~, *subject s.o./s.t. to* ~ iem./iets belaglik/bespotlik maak, met iem./iets die spot dryf/drywe; *lay o.s. open to* ~ jou belaglik/bespotlik maak; *be an object of* ~ 'n (voorwerp van) spot wees. **rid·i·cule** *ww.* belaglik/bespotlik maak, die spot dryf/drywe met, bespot. **ri·dic·u·lous** belaglik, verspot, absurd, ongerymd; bespotlik, lagwekkend; *be faintly* ~ effens/effe(ntjies) verspot wees; ~ *price* spotprys. **ri·dic·u·lous·ness** belaglikheid, verspotheid, absurditeit; lagwekkendheid.

**rid·ing** (die) ry, gery, ryery; rykuns. ~ **boot** rystewel. ~ **breeches** rybroek. ~ **crop,** ~ **whip** karwats, rysweep, peits, (hand)sambok, horssweep *(<Eng.).* ~ **gear** rygoed. ~ **habit** rypak, =kostuum. ~ **light** *(sk.)* ankerlig. ~ **master** pikeur. ~ **school** ryskool.

**riem** *(Afr.)* riem.

**ries·ling** *(soort wit wyn)* riesling; riesling(druif).

**rife** *(gew. pej.)* heersend, algemeen; *be* ~ baie voorkom, algemeen wees, heers; *(gerugte)* oral(s) rondgaan; *be* ~ *with ...* vol van ... wees, van ... krioel/wemel.

**riff** *(popmus., jazz)* riff.

**rif·fle** *n., (mynb.)* riffel; *(hoofs.Am.)* stroomversnelling. **rif·fle** *ww., (mynb.)* riffel; skud, skommel *('n pak kaarte);* ~ *through s.t.* vinnig deur iets blaai.

**riff·raff** gepeupel, skorriemorrie, gespuis, hoipolloi, uitskot, uitvaagsel(s).

**ri·fle¹** *n.* geweer; *(ook, i.d. mv.)* (geweer)skutters; skutters= regiment(e); *mounted* ~s berede skutters. **ri·fle** *ww.* trek, spiraalvormig groef *('n geweerloop);* skiet *(met 'n geweer);* ~ *a ball home* (or *into the net), (infml.)* 'n bal in die net bêre/ ja(ag)/klits/moker/skiet; ~*d barrel/bore* getrokke loop. ~ **as= sociation,** ~ **club** skietvereniging. ~ **barrel** geweerloop. ~ **butt** geweerkolf. ~ **corps** skutterskorps. ~ **fire** geweervuur. ~**man** =*men* skut(ter). ~ **pit** skuilplek, skans *(vir skutters);* skutterskuil. ~ **range** skietbaan; drag, skietafstand, skoot(s)= afstand *(v. 'n geweer).*

**ri·fle²** *ww.* (be)roof, plunder, leeg/kaal steel; buitmaak; ~ *s.o. of s.t.* iem. van iets beroof; ~ *through s.t.* haastig/gejaag(d) naarstig(lik) deur iets soek *(of* in iets krap) *(papiere ens.).*

**rift** *n.* bars, skeur, spleet; skeuring, onenigheid; *a ~ between ...* onenigheid tussen ...; *cause a* ~ onenigheid veroorsaak; *heal a* ~ onenigheid bylê; *a ~ in ...* 'n skeuring in ... *('n party ens.).* **rift** *ww., (hoofs. geol.)* bars, skeur, splyt, kloof, klowe. ~ **valley** sink=, slenk=, skeurdal; *the Great R~ V~* die Groot Sinkdal/Slenkdal/Skeurvallei.

**rig¹** *n., (sk.)* takel=, tou=, maswerk, (seil)tuig; ekwipasie, kar en perd; *(hoofs. Am. en Austr.)* voorhaker; (dirk)kraan; uit= rusting, toerusting; gerei; boortoring; *be in full* ~, *(infml.)* uitgedos/uitgevat wees. **rig** =*gg=, ww.* optuig, optakel *('n skip);* toerus, uitrus; inrig; oprig, opstel, opsit, aanbring, monteer; *(mynb.)* optakel; ~ *s.o.* **out** iem. uitrus; ~ *s.o. in ...* jou in ... uitdos/uitvat; *be ~ged* **out** *in ...* in ... uitgedos/ uitgevat wees; ~ *s.t.* **up** iets optakel *('n skip);* iets opstel *(toerusting);* iets aanmekaartimmer; iets saamflans. **rig·ger** touwerker; takelaar; (raamwerk)monteur. **rig·ging** *(sk.)* takel=, tou=, maswerk, (seil)tuig; optuiging, optakeling; uit= rusting; montasie; *(mynb.)* takeling.

**rig²** *ww.* kul, fop, bedrieg; knoei/konkel met, beknoei, be= konkel; manipuleer *(d. mark).* **rig·ger** swendelaar; manipu= leerder *(v.d. mark).* **rig·ging** kullery, bedrieëry; knoeiery, konkelwerk; beknoeiing, manipulasie.

**ri·ga·to·ni** *(It. kookk.)* rigatoni, elmboognoedels.

**right** *n.* reg; aanspraak; regter=, regterkant; regterhand; *(boks)* regterhou; ~ *of* **abode,** *(Br.)* verblyfreg; ~ *of* **admission** reg van toegang; ~ *of* **appeal** appèlreg, reg van appèl; *assert a* ~ op 'n reg staan; *at/on the* ~ regs, aan die regterkant, op regterhand; *(mil.)* op die regterflank; *have s.o.* **bang** (or [Am.] **dead**) *to* ~s, *(infml.)* iem. behoorlik vas hê *(of* geen uitkom=/wegkomkans bied nie); iem. op heterdaad *(of* heter daad) betrap; *by ~(s)* na regte, eintlik; regtens, van regsweë; *cut across* ~s op regte inbreuk maak, regte skend; *diminish* ~s regte inkort; *by* **divine** ~ by die grasie Gods; *have* **every** ~ *to ...* alle reg hê om te ...; ~ *of* **existence** bestaansreg; *on the* **extreme** ~ heel regs; *forfeit a* ~ 'n reg verbeur; *s.o.* **has** *the* ~ dit is iem. se reg; *s.o.* **has** *a* ~ *to s.t.* iem. het reg op iets, iets kom iem. toe; *have a/the* ~ *to do s.t.* die reg hê om iets te doen; *be in the* ~ gelyk/reg hê; **keep** *(to the)* ~ regs hou; *have* **no** ~ *to s.t.* geen reg/aanspraak op iets hê nie; *on the* ~ =*at/on;* **on** *s.o.'s* ~ aan iem. se regterkant; *in his/her* **own** ~ self; uit eie reg; op eie gesag/verantwoording, onafhanklik, selfstandig; *in its* **own** ~ op sigself; *a ... in its* **own** ~ 'n volwaardige ... *(taal, sport, ens.);* ~ *of* **ownership** eiendomsreg; **put/set** *s.t. to* ~s iets in orde bring; **reserve** *a*

~ 'n reg voorbehou; *all* ~*s* **reserved** alle regte voorbehou; *a* **sacred** ~ 'n heilige reg; ~ *of* **say** medeseggenskap; ~ *of* **search**, *(jur.)* deursoekings-, visenteringsreg; *have* ~ *on one's* **side** reg aan jou kant hê; **stand** *(up)on one's* ~*s* op jou regte staan; ~ *of* **succession** opvolgingsreg; **surrender** *a* ~ 'n reg afstaan, van 'n reg afstand doen; **the** ~, *(pol., dikw. R~)* die regsgesindes/regses; *s.o.'s* ~ *to s.t.* iem. se reg op iets; *to the* ~ regs; na regs, regterkant toe, na die regterkant; op regs; *to the* ~ *of ...* regs van ...; ~ *of* **transfer** oorgangsreg; **uphold** *a* ~ 'n reg handhaaf; *a* **vested** ~ 'n gevestigde/verkreë/onvervreem(d)bare reg; **violate** ~*s* regte skend; ~ *of* **way** ryreg, ryvoorrang *(vir motors)*; voorrang *(vir voetgangers)*; deurgangsreg, reg van deurgang/oorpad, reg van weg; *s.o. is* **within** *his/her* ~*s* dit is sy/haar reg; ~ *and* **wrong** reg en onreg; *the* ~*s and* **wrongs** *of a matter* alle kante van 'n saak. **right** *adv.* reg, presies; regs; behoorlik; regverdig; heel(temal); dadelik; direk; ~ *about* **face/turn!**, *(drilbevel)* regsomkeer!; →RIGHT-ABOUT FACE *n.*; *s.o. is a ... all* ~ iem. is 'n ..., dis (nou) maar klaar; *the wind was* ~ **behind** *s.o.* die wind was reg (van) agter; *do* ~ *by s.o.*, *(infml.)* iem. billik behandel; *dress* ~ goed geklee(d) gaan; behoorlik aangetrek wees; *s.t.* **goes** ~ iets gaan/verloop goed; *keep ...* ~ *...* op sy plek *(of* in orde) hou; ~ *on!*, *(infml.)* mooi skoot!, wonderlik!, fantasties!; ditsem!, presies!, absoluut!; ~ *on top* heel bo. **right** *adj.* reg; regverdig, billik; korrek, juis, reg, gelyk, waar; gesond, reg, beter, fiks; in orde, agtermekaar; regter- *('n arm, oog, hand, ens.)*; regs(gesind); *be* ~ *about s.t.* dit gelyk/reg hê oor iets, iets by die regte ent hê; *be a bit of* **all** ~, *(infml.)* glad nie sleg wees nie; *be* ~, *(iets)* reg wees; *(iem.)* reg/gelyk hê; ~ **hook**, *(boks)* regterhaakhou; *s.o. is* ~ *in saying so* daarmee het iem. reg/gelyk; *it is only* ~ *that ...* dit is nie meer as reg nie dat ... *(of* billikheidshalwe behoort) ...; *be* **perfectly** ~ groot/volkome gelyk/reg hê; *the* ~ **person** *for the job* die aangewese mens vir die taak; *the* ~ **person** *in the* ~ **place** die aangewese/regte mens op die aangewese/regte plek; **prove** *s.o.* ~ iem. in die gelyk stel; *be* **quite** ~ volkome/groot gelyk/reg hê; *(as)* ~ *as* **rain**, *(infml.)* so reg soos 'n roer; *is* **that** ~*?* is dit reg?; is dit waar?; **that's** ~ so is dit, dis waar, presies, juis(tement); dis in orde; dis goed (so); mooi so!; *it is not* ~ *to ...* dit is nie reg om te ... nie; *it is* ~ *of s.o.* (or *s.o. is* ~) *to ...* dit is reg dat iem. *(of* dit is reg van iem. om te) ...; ~ *or* **wrong** reg of verkeerd. **right** *ww.* herstel, regstel, regmaak, in orde bring, verbeter; regruk; regsit, regop/orent laat staan, staanmaak; *s.t.* ~*s itself* iets kom vanself reg; ~ *o.s.* orent kom; ~ *a wrong* 'n onreg herstel. ~*~***about face,** ~*~***about turn** *n.* regsomkeer; *make a* ~ ~ 'n regsomkeer maak, kort omspring; *(fig.: v. mening verander)* 'n ander deuntjie sing. ~ **angle** regte hoek; *at* ~ ~*s* haaks, reghoekig. ~*~***angled** haaks, reghoekig; ~ **branch** haakse vertakking. ~*~***angled triangle** reghoekige driehoek. ~ **arm** regterarm; *(fig., infml.)* regterhand, steunpilaar, staatmaker; *(kr.)* regterarmbouler, regsbouler. ~ **ascension** *(astron.)* regte klimming. ~ **back** *(sokker, hokkie, ens.)* regteragterspeler. ~ **bank** regteroewer, -wal. ~ **brain** *n., (anat.)* regterbrein. ~*~***brain** *adj., (emosioneel, kreatief)* regterbrein- *(mens, aktiwiteit, ens.).* ~ **field** *(bofbal)* regterbuiteveld. ~*~***footed** *adj.* regsvoetig *('n sokkerspeler ens.); score a* ~ *goal* 'n doel met die regtervoet aanteken; *a* ~ *shot* 'n skoot met die regtervoet. ~ **half(back)** *(sokker, hokkie, ens.)* regterskakel. ~ **hand** →RIGHT HAND. ~*~***minded** reggeaard, weldenkend, reggesind, goedgesind. ~*~***of-centre**, *(Am.)* ~*~***of-center** *adj. (gew. attr.), (pol.)* regssentristies *(koalisie, party, ens.).* ~ **side** regterkant; ~ ~ *(of the body)* regtersy. ~*~***size** →RIGHTSIZE. ~*~***thinking** regdenkend, reggesind, weldenkend. ~*~***to-life** *adj.* pro-lewe- *(drukgroep ens.).* ~ **turn** *n.* regsdraai, draai na regs; *take a* ~ ~ na regs draai. ~ **whale** *(sokker, hokkie, ens.)* southern ~ ~, *(Balaena glacialis)* suidelike noorkapper/noor(d)kaper. ~ **wing** *n., (pol., sport)* regtervleuel. ~*~***wing** *adj., (pol.)* regsgesind. ~*~***winger** regsgesinde.

**right·eous** regverdig, regskape *(pers.)*; (moreel) geregverdig *(houding, optrede, ens.).* **right·eous·ness** regverdigheid, regskapenheid.

**right·ful** wettig, regmatig; regverdig; ~ *inheritance* wettige erfenis; ~ *owner* regmatige eienaar, reghebbende; ~ *place/ position* regmatige plek/posisie.

**right hand** *n., (lett. & fig.)* regterhand. **right-hand** *adj. (attr.)* regse, regterhandse, regterkants(t)e, regter-. **right-hand·ed** regs, regshandig; met die regterhand; *(gereedskap)* vir die regterhand gemaak. **right-hand·ed·ness** regshandigheid. **right-hand·er** regse persoon, regshandige; regsspeler; regskolwer; regterhou.

**right-hand:** ~ **drive** *adj. (attr.)* regterstuur-. ~ **man** staatmaker; *s.o.'s* ~ ~, *(fig.)* iem. se regterhand. ~ **side** regterkant.

**right·ist** *n., (pol.)* regsgesinde, konserwatief. **right·ist** *adj.* regs(gesind), konserwatief. **right·ism** regsgesindheid, konserwatisme.

**right·less** regteloos. **right·less·ness** regteloosheid.

**right·ly** tereg; met reg; regverdig; behoorlik; ~ *or wrongly* tereg of ten onregte, reg of verkeerd.

**right·ness** korrektheid.

**right·o** *tw., (Br., infml.)* goed!, mooi!, reg so!; afgesproke!.

**rights is·sue** *(effektebeurs)* regte-uitgifte.

**right·size** *(hoofs. Am.)* regskik, regskaal *('n mpy., instansie, ens.).* **right·siz·ing** regskikking, regskaling.

**right·ward(s)** (na) regs.

**rig·id** styf, star, stram; onbuigsaam, onbeweeglik, onveranderlik; doktrinêr; vas, nieverend; stewig; streng; stip; ~ *constitution* onbuigsame grondwet; ~ *discipline* strenge/harde tug; ~ *stay* vaste anker. **ri·gid·i·fy** verstyf, verstywe, verstar, verstram, styf/star/stram/onbuigsaam/onbeweeglik word/maak *(of* laat word). **ri·gid·i·ty, rig·id·ness** styfheid, styfte, starheid, stramheid; onbuigsaamheid; vastheid; stewigheid; strengheid; stiptheid.

**rig·ma·role** *n.* rompslomp, beslommernis, beslommering; onsamehangende/langdradige verklaring/storie/praatjies/gebabbel/geklets. **rig·ma·role** *adj.* onsamehangend, langdradig.

**ri·gor** *(med.)* kouekoors, koue rillings; rigor, koudheid, styfheid. ~ **mortis** rigor mortis, lykverstywing.

**rig·or·ism** rigorisme. **rig·or·ist** *n.* rigoris. **rig·or·ist** *adj.* rigoristies.

**rig·our, *(Am.)* rig·or** strengheid, strafheid, hardheid; nougesetheid, stiptheid; *the full* ~ *of the law* die uiterste strengheid van die wet. **rig·or·ous** streng, straf, hard; nougeset, stip.

**Rig-Ve·da** *(Skt.: oudste Hindoedigbundel)* Rig-Veda.

**rile** *(infml.)* vererg, irriteer, die hoenders/josie in maak.

**Ri·ley:** *live the life of* ~, *(infml.)* (lui)lekker leef/lewe.

**rill** stroompie, beek, lopie. ~ **mark** afloopgroefie.

**rill(e)** *(astron.)* maanspleet, skeur in die maankors.

**rim** *n.* kant, rand; raam, lys; kim; velling *(v. 'n wiel)*; →RIMLESS. **rim** *-mm-, ww.* omraam, omlys, van 'n rand voorsien; 'n velling insit; →RIMMED. ~ **brake** vellingrem.

**rime** ryp; ruigryp. **rim·y** vol ryp, wit geryp.

**rim·less** sonder rand.

**-rim·med** *komb.vorm* met 'n ... rand, met ... rande; met ... kringe om; *gold-*~ *glasses* goueraambril; *red-*~ *eyes* oë met rooi kringe om; *rubber-*~ met 'n rubberrand.

**Rim·sky-Kor·sa·kov** *(Rus. komponis)* Rimski-Korsakof.

**rind** skil; kors; bas, skors; buitenste.

**rin·der·pest** *(veearts.)* runderpes.

**ring¹** *n.* ring; kring; sirkel; krans; gordel; oog *(v. 'n tou)*; ringgeut; kartel, sindikaat, net(werk) *(boks, stoei)* kryt; arena; → RINGLET; *blow* ~*s* kringe blaas; *get into the* ~, *(boks, stoei)* in die kryt (*of* deur die toue) klim; ***put/slip*** *a ~ on s.o.'s finger* 'n ring aan iem. se vinger steek; ***run*** *~s (a)round s.o., (infml.)* iem. ver/vêr oortref (*of* die loef afsteek); iem. uitstof/kafloop; *the ~s of* **Saturn** die ringe van Saturnus; *~s of* **smoke** rookkringe. **ring** *ringed ringed, ww.* omring; omkring; *(orn.)* ring, van 'n ring voorsien, 'n ring aansit; ringel, 'n ring in die neus sit *(v. 'n bul ens.);* →RINGED; *~ about/in/round ...* 'n kring om ... maak, ... omsingel/insluit. **~-a-~ o' roses** *(kinderspel)* patertjie-langs-die-kant. **~bark** *ww.* ringeleer *('n boomstam).* **~ binder** ringlêer. **~bolt** ringbout. **~ cartilage** ringvormige kraakbeen. **~ circuit** *(elek.)* ringbaan, ⸗kring. **~craft** boks⸗ vernuf. **~ dance** rondedans. **~ fence** *n.* omheining; *(ook fig.)* ringmuur. **~-fence** *ww.* omhein *(grond); (fig.)* be⸗ skerm, beveilig *(werk); (fig.)* oormerk, reserveer, bestem, opsy sit *(vir 'n bep. doel).* **~ finger** ringvinger. **~ fracture** ringbreuk. **~ head** ringkop. **~leader** belhamel, voorbok, voorperd, aanvoerder; kaatjie van die baan. **~master** sir⸗ kusbaas, pikeur. **~-neck(ed)** rinkhals *(duif ens.).* **~ plate** oogplaat. **~-pull** ooptrekdeksel. **~-pull can/tin** blik met 'n ooptrekdeksel. **~ road** ringpad, ⸗weg. **~ rot** ringvrot. **~-shaped** ringvormig. **~side** voorry, voorste/beste plekke. **~side seat** voorry, voorste plek, plek vooraan; *(i.d. mv.)* voorgestoelte. **~ spanner** toebek(moer)sleutel. **~-tailed** met kringe/dwarsstrepe op die stert. **~ wall** ringmuur. **~worm** ring⸗, douwurm, omloop, kruipseer.

**ring²** *n.* (ge)lui; toon, klank; klokkespel; *give the* **bell** *a ~* die klok lui; *there's a ~ at the* **door** daar word by die deur gelui, die (voor)deurklokkie lui; *it has a familiar ~* dit klink bekend; *give s.o. a ~, (infml.)* iem. (op)bel. **ring** *rang rung, ww.* lui, klink; weerklink; *(iem. se ore)* tuit, suis; laat klink, rammel (met) *('n muntstuk ens.);* bel; beier; →RINGER, RING⸗ ING; *~ back* terugbel; *~ down the* **curtain,** *(teat.)* die gordyn laat sak; *~ down the curtain on s.t., (fig.)* iets staak/stopsit/ opskort *('n projek ens.);* iets afsluit/beëindig *('n era ens.); s.t. ~s false* iets klink oneg/onopreg/vals; *~ for ...* (die klokkie) lui om ... *(iem. te roep, iets te bestel, ens.);* (die klokkie) lui vir ... *(aandete ens.); ~ s.t. in* iets inlui; *~ off* afbel, aflui; *s.t. ~s out* iets weerklink; *('n skoot)* iets klap; *~ s.t. out* iets uitlui; *s.t. ~s true* iets klink eg/opreg; *~ s.o. (up)* iem. (op)bel; *~ s.t. up* iets (laat) ophaal *(d. gordyn);* iets registreer/aanteken *('n verkoop); ~ with ...* weergalm/weerklink van ... *~ circuit (telef.)* luiverbinding. **~(ing) tone** *(telef.)* luitoon.

**ringed** gering⸗, ring⸗, met 'n ring, met ringe; omsingel(d); ringnek⸗; *be ~ about/around by/with ...* deur ... omring wees *(bome ens.); ~ bird* geringde voël.

**ring·er** klokluier; lui⸗, roeptoestel; *be a dead ~ for s.o., (infml.)* op 'n druppel/haar na iem. lyk, die ewebeeld van iem. wees.

**ring·ing** *n.* gelui; getuit, gesuis *(i.d. ore);* (die) lui, gelui, weergalming, weerklank, gebel. **ring·ing** *adj. (attr.)* (luid) klinkende; *~ cheer(s)* luide toejuiging; *~ denunciation* klinkende veroordeling; *in ~ tones* met luide/galmende stem; *(fig.)* duidelik, onomwonde, sonder om doekies om te draai; *~ voice* skallende/(klok)helder stem.

**ring·let** (haar)krulletjie; ringetjie.

**rink** rolskaatsbaan; ysbaan; rolbalbaan; rolbalspan.

**rink·hals** *(Hemachatus haemachatus)* rinkhals(slang).

**rink·y-dink** *adj., (Am. sl.)* oes, goor, vrot, sleg, nikswerd, treurig; afgesaag, flou.

**rinse** *n.* spoeling; spoelmiddel, mondspoeling, ⸗water; kleur⸗ spoel(middel); *give s.t. a good ~* iets goed uitspoel; iets goed afspoel. **rinse** *ww.* (uit)spoel, afspoel; kleurspoel *(hare); ~ s.t. (out)* iets (uit)spoel; *~ s.t. out of ...* iets uit ... spoel.

**Ri·o (de Ja·nei·ro)** *(geog.)* Rio (de Janeiro).

**ri·o·ja** *(Sp. wyn)* rioja.

**ri·ot** *n.* oproer, rel(letjie), opstootjie; opskudding, lawaai, ru⸗ moer, tumult; *(infml.)* skree(u)snaakse vertoning/opvoering/ ens.; *(ook, i.d. mv.)* onluste, wanordelikhede; *cause a ~* oproer

verwek; *a ~ of colour* 'n fees/weelde van kleur(e); 'n bont(e) kleureprag; *run ~* handuit ruk, hand uitruk, amok maak; tekere *(of* te kere) gaan, tekeregaan; hoogty vier; wild groei; *(iem. se verbeelding)* op hol wees. **ri·ot** *ww.* oproer maak, oproerig word; *~ against ...* gewelddadig teen ... betoog. **R~ Act:** *read s.o. the ~ ~* iem. die leviete (voor)lees. *~* **gear** onluste⸗, oproerdrag; onlustoerusting. *~* **police** onlus(te)⸗, oproerpolisie. *~* **squad** oproerafdeling, onlus(te)afdeling.

**ri·ot·er** oproermaker, oproerling; rusverstoorder.

**ri·ot·ing** oproerigheid, onluste.

**ri·ot·ous** wanordelik, oproerig; wild, losbandig; *~ assembly* sameskoling, oproerige byeenkoms.

**rip¹** *n.* skeur, sny. **rip** *⸗pp⸗, ww.* (oop)skeur, (los)skeur, (af)skeur, oopsny, (los)torring; kloof *(hout);* met vlieënde vaart gaan, ja(ag), vlieg; →RIPPER; *~ along, (infml.)* voort⸗ snel; *~ s.t. apart* iets uiteenskeur, iets uitmekaar skeur; *~ s.t. down* iets afskeur/afruk; *~ into s.o., (fig.)* iem. 'n skrobbering gee *(of* die leviete voorlees); *let ~, (infml.)* los⸗ brand, lostrek; dit uitkap; *~ s.t. off* iets afskeur/afruk; *~ s.o. off, (infml.)* iem. te veel laat betaal, iem. besteel/bedrieg; *~ s.t. open* iets oopskeur/oopruk; *~ s.t. out* iets uitskeur/ uitruk; iets uittorring *('n voering ens.); ~ s.t. up* iets opskeur; iets opgrawe *('n ou twispunt ens.).* **~cord** trekkoord *(v. 'n valskerm);* skeurbaankabel *(v. 'n ballon).* **~-off** *(infml.)* be⸗ drogspul; goedkoop namaaksel. **~-roaring** uitbundig, la⸗ waaierig, uitgelate, luidrugtig. **~saw** kloofsaag, growwe saag, skulpsaag. **~snorter** *(sl.)* doring, ramkat, beslis; skit⸗ terende/uitstekende/manjifieke/fantastiese ...; ... uit die boon⸗ ste rakke *(of* sonder weerga); *a ~ of a match* 'n bulstryd, 'n wedstryd en 'n half *(of* soos min). **~stop** *adj. (attr.), (tekst.)* skeurvrye *(nylon ens.).*

**rip²** *n.* onstuimige water. **~tide, ~ current** trekstroom.

**ri·par·i·an** oewer⸗, wal⸗; *~ rights* oewerregte.

**ripe** ryp; beleë *(kaas, wyn); be ~ for ...* ryp/gereed wees vir ...; *(tyd)* reg/geleë wees vir ...; *~ old age* hoë ouderdom; *soon ~, soon rotten* vroeg ryp, vroeg (v)rot; *be ~ with ...* vol ... wees *(betekenis ens.).*

**rip·en** ryp word; ryp maak, laat ryp word. **rip·en·ing** ryp⸗ (word)ing.

**ripe·ness** rypheid.

**ri·poste** *n.* gevatte/raak antwoord; *(skermk.)* terugsteek, teen⸗ stoot. **ri·poste** *ww.* gevat/raak antwoord; *(skermk.)* ripos⸗ teer, 'n terugstoot gee, terugsteek.

**rip·per** (oop)skeurder, oopsnyer; padbreker; skeur⸗, tand⸗ ploeg; kloofsaag; klouyster, spykerhaak; torringmes(sie); *(infml.)* gruwelmoordenaar; *(infml.)* 'n ... en 'n half; *(infml.)* doring, haan, bul(perd).

**rip·ple** *n.* rimpel(ing), riffel; kabbeling, gekabbel; golfie, golwing; *(elek.)* rimpelspanning; *~ of laughter* gegiggel. **rip·ple** *ww.* rimpel, riffel; kabbel; golf. *~* **effect** rimpeleffek, ⸗uitwerking, (uit)kringeffek. *~* **mark** (golf/sand)riffel. **rip·ply** gerimpel(d), geriffel(d).

**rise** *n.* opgang, styging; opkoms; toeneming, toename; ver⸗ hoging, bevordering; (salaris)verhoging; →RAISE *n.;* (rivier) oorsprong; opdraand(e); hoogte, bult; verheffing, verhe⸗ wenheid; styghoogte *(v. 'n trap); (mynb.)* styggang; *the ~ and* **fall** *of ...* die opkoms en ondergang van ... *('n ryk ens.);* die styging en daling van ... *(pryse ens.); the ~ and fall of ground* die terreindeining; *get a ~* 'n verhoging kry; *get/take a ~ out of s.o., (infml.)* 'n verergde/geïrriteerde reaksie aan iem. ontlok; *give ~ to ...* tot ... aanleiding gee, ... veroorsaak; *on a ~* teen 'n bult; *be on the ~, (pryse ens.)* aan die styg wees; *the ~ in* **prices** die styging van die pryse, die prysstyging; *a ~ in* **salary** 'n salarisverhoging; *a* **wage** *~* 'n loonsverhoging. **rise** *rose risen, ww.* opstaan; opgaan, rys, styg; in opstand kom, opstaan; vooruitgaan; opkom, toeneem; op⸗ loop; *('n rivier)* ontspring; ontstaan, begin, voortspruit, af⸗ komstig wees *(uit);* opvlieg; *(d. wind)* opkom; *(brood)* rys; gis;

*(water)* opstoot; ~ *above s.t.* bo(kant) iets uitstyg; bo iets verhewe wees; ~ *against* ... teen ... in opstand kom; ~ *by* ... met ... styg *(aantal eenhede);* ~ *from* ... van die ... (af) opstaan *(tafel ens.);* uit ... verrys *(d. see ens.);* uit ... opstaan *(d. dood);* ~ *from* ... *to* ... van ... tot ... styg; *s.t.* ~*s from* ... iets ontstaan uit ...; ~ *to* **power** mag kry, die bewind oorneem; ~ *and* **shine!**, *(infml.)* opstaan!; ~ *to* ... tot ... styg; tot ... vorder; ~ *in the* **world** vooruitkom in die wêreld, opgang maak. **ris·en** opgestaan; verrese, herrese; gestyg; *the* ~ *Christ* die opgestane Christus.

**ris·er** opstaner; optree, stygstuk, stootbord *(v. 'n trap); (messelwerk)* klimmer; *(pypwerk)* stygleiding; hangband *(v. 'n valskerm);* *be an early* ~ vroeg opstaan; *a late* ~ 'n laat=slaper.

**rish·i** =*i(s), (Skt.)* wysgeer, wyse.

**ris·i·ble** lagwekkend, belaglik. **ris·i·bil·i·ty** lagwekkendheid, belaglikheid.

**ris·ing** *n.* (die) opstaan; opgang; styging; opkoms *(v.d. son);* opdraand(e), hoogte(tjie), bult(jie), heuweltjie; geswel, swel=sel; opstand, oproer; opstanding; verdaging *(v.d. hof ens.).* **ris·ing** *adj.* opgaande, opkomend, stygend; *the* ~ *generation* die opkomende geslag; ~ *ground* verhewenheid, op=draand(e), hoogte, bult; ~ *tide* stygende/opkomende gety. ~ **damp** *(bouk.)* stygende klammigheid.

**risk** *n.* gevaar, risiko; waagstuk; *be at* ~ in gevaar wees; *at the* ~ *of* ... op gevaar (af) van ...; ... *is a bad* ~ ... is onbetroubaar; *take a big* ~ baie waag; ... *is a good* ~ ('n) mens kan met ... iets waag; *at the* ~ *of one's* **life** met lewensgevaar; *at one's own* ~ op eie risiko; *put s.o./s.t. at* ~ iem./iets in gevaar stel; *run a* ~ 'n risiko loop; *run the* ~ *of* ... gevaar loop om te ...; *take a* ~ 'n risiko loop/aanvaar; jou aan gevaar blootstel; *take* ~*s* dinge/iets waag, iets in die weegskaal stel; *take the* ~ *of doing s.t.* dit waag om iets te doen; *take too big a* ~ te veel waag; *take too many* ~*s* te veel waag. **risk** *ww.* waag, riskeer, in die weegskaal stel, op die spel plaas/sit; durf; ~ *s.t. on* ... iets aan ... waag. ~**(-bearing) capital, venture capital** risikokapitaal, risikodraende kapitaal, waag=kapitaal. ~ **management** risikobestuur, =beheer. ~**-taker** waagmoedige; waaglustige. **risk·y** =*ier* =*iest* gevaarlik, ge=waag(d); onseker, riskant; *a (very)* ~ *business* (baie) riskant, 'n (groot) waagstuk.

**ris·ot·to** =*tos, (It. rysgereg)* risotto.

**ris·qué** *(Fr.)* gewaag(d), gedurf.

**ris·sole** frikkadel(letjie).

**Rit·a·lin** *(farm., handelsnaam: middel vir d. behandeling v. aandaggebrek)* Ritalin.

**rite** rite, ritus; (kerk)gebruik; plegtigheid, seremonie; ~*s of passage* deurgangsrites.

**rit·u·al** *n.* ritueel, ritus; kerkgebruik(e); rituaal, (kerklike) voorskrif; rituaal(boek); *(fig.: stereotipiese gedrag)* ritueel. **rit·u·al** *adj.* ritueel; ~ *murder* rituele moord. **rit·u·al·ism** ri=tualisme. **rit·u·al·ist** *n.* ritualis. **rit·u·al·is·tic** *adj.* ritualisties.

**ritz** *(Am., infml.): put on the* ~ uithang; pronk; met jou neus in die lug loop, pretensieus wees. **ritz·y** =*ier* =*iest, (infml.)* weelderig, luuks; peperduur; swierig, spoggerig, deftig.

**ri·val** *n.* mededinger; *cut out a* ~ iem. se hand in die as slaan; *be without a* ~ sonder weerga wees. **ri·val** *adj.* wedywerend, mededingend; ~ *candidate* teenkandidaat. **ri·val** =*ll-, ww.* wedywer met, meeding met/teen. **ri·val·ry** wedywer, mede=dinging.

**riv·er** rivier; stroom; *the* ~ *burst its banks* die rivier het sy oewers oorstroom; *down (the)* ~ stroomaf, laer af aan/langs die rivier; *the town is on the* ~ die dorp lê aan/langs die rivier *(of* is aan/langs die rivier geleë); *row/sail/etc. on a* ~ op 'n rivier roei/seil/ens.; *sell s.o. down the* ~, *(infml.)* iem. verraai *(of* aan sy/haar vyande oorlewer/uitlewer); *small* ~ riviertjie, spruit; *a swollen* ~ 'n vol rivier; *up (the)* ~ stroomop, hoër op aan/langs die rivier. ~ **basin** stroomgebied, rivierkom.

~ **capture** *(geol.)* rivierrowing, =aftapping, stroomrowing. ~**side** rivieroewer, =wal. ~**-side dweller** oewerbewoner.

**riv·er·ine** *adj.* rivier=, oewer=. ~ **rabbit** oewer=, rivierkonyn, doekvoet(jie).

**riv·et** *n.* klinknael. **riv·et** *ww.* (vas)klink, opklink; omklink; vasnael; boei; *s.t.* ~*s the* **attention** iets boei die aandag; ~*ed* **bolt** klinkbout; *s.o.'s attention is* (or *eyes are)* ~*ed on* ... iem. se aandag/oë is stip op ... gevestig, iem. kyk stip/strak na ...; *s.t. is* ~*ed on* iets is aan=/opgeklink; *be* ~*ed to* ... aan ... (vas)genael wees *(d. grond ens.);* aan ... vassit *(jou pos ens.).*

**riv·et·er** klinkwerker, (nael)klinker; klinkmasjien.

**riv·et·ing** *n.* klinkwerk. **riv·et·ing** *adj.* meesleurend, pak=kend, boeiend.

**riv·i·er·a** *(It.)* riviera, warm kusstreek; *the R~* die Riviera *(in S.Fr. en NW.It.).*

**riv·u·let** lopie, spruitjie, stroompie.

**Ri·yadh** *(geog.)* Riad.

**ri·yal** *(geldeenh. v. Katar, Saoedi-Arabië en Jemen)* rial; →RIAL.

**roach**¹ *(igt.)* karper; *(as) sound as a* ~ so gesond soos 'n vis (in die water), kerngesond.

**roach**² *(hoofs. Am.)* = COCKROACH.

**road** pad, weg; *by* ~ padlangs, met die pad; per motor/bus; *the* ~ *crosses the farm* die pad loop deur die plaas; *at the* **end** *of the* ~ aan die end van die pad; *s.o. has come to* (or *reached) the* **end** *of the* ~, *(fig.)* iem. kan nie voortgaan nie; *go off the* ~ van die pad (af) loop; *the* ~ *goes/leads to* ... die pad gaan/lei na ...; *the* **high** ~ die grootpad; *hit the* ~, *(infml.)* in die pad val, die pad vat; *hog the* ~, *(infml.)* maak of die (hele) pad joune is, in die middel van die pad ry; *hold the* ~ *well, (mot.)* padvas wees; *in the* ~ in die pad; *keep to the* ~ op/in die pad bly, in die pad hou; *leave the* ~, *('n motor ens.)* van die pad (af) loop; *a narrow* ~ 'n smal pad; *by the* **nearest/shortest** ~ met die kortste/naaste pad; *on the* ~ op pad, onderweg; *meet s.o. on the* ~, *(ook)* iem. langs die pad ontmoet; *have one for the* ~, *(infml.)* 'n loopdop maak; *the* **rule** *of the* ~ die uitwykreël; *(sk.)* die vaarreël; *rules of the* ~ verkeersreëls; *take to the* ~ op reis gaan, gaan reis/swerf/swerwe; *a wide* ~ 'n breë pad. ~ **accident** padongeluk. **R~ Accident Fund** *(SA, afk.: RAF)* Padongelukkefonds *(afk.: POF).* ~**block,** ~ **barrier** padversperring, =afsluiting. ~ **construction** padbou, =aanleg; straatbou, =aanleg. ~ **crossing** padoorgang. ~ **curve** padboog, draai in die pad. ~ **deviation** padverlegging. ~ **engineering** padboukunde. ~ **fork** tweesprong, padvertakking. ~ **fund** paaiefonds, padboufonds. ~ **hog** *(infml., neerh.)* padbuffel. ~**-holding (ability)** padhouvermoë. ~**house** padkafee, inrykafee; her=berg. ~ **junction** padknoop(punt), =aansluiting, =kruising. ~ **kill** *(Am.)* dier wat doodgery is, doodgeryde dier. ~**man** padmaker, =werker; handelsreisiger; tydrenjaer. ~ **manager** toerbestuurder, =organiseerder *(v. 'n rockgroep ens.).* ~ **map** padkaart. ~ **metal** pad=, klipgruis, padverharding. ~ **movie** *(Am.filmgenre)* roadmovie. ~**network** padnet(werk). ~**race** padwedren. ~**rage** padwoede. ~ **repair(s)** padherstel(werk). ~**roller** padwals, =roller. ~ **runner** *(orn.)* draf=, renkoekoek. ~ **running** padloop. ~ **safety** padveiligheid, verkeersveiligheid. ~ **sense** ryvernuf; padsin, =vernuf. ~**show** promosietoer; *(pol.)* verkiesingstoer; *(mus.)* poptoer; *(rad., TV)* plaaslike uitsending; *(teat.)* toeropvoering, =vertoning. ~**side** n. kant van die pad. ~**side** adj. pad=, langs die pad. ~ **sign** pad=, ryteken. ~ **surface** padvlak, =blad. ~ **sweeper** straatveër. ~ **tax** tol, padbelasting. ~ **test** n. padtoets. ~**-test** ww. aan 'n padtoets onderwerp *('n voertuig).* ~ **traffic** padverkeer. ~ **transport** padvervoer; padvoertuie. ~ **user** padgebruiker. ~**way** rypad, =baan, =vlak; rydek *(v. 'n brug).* ~**work** *(deel v. 'n fiksheidsprogram)* padwerk, =oefening(e); *(i.d mv.)* pad(bou)werk; pad(herstel)werk. ~ **worker** padwerker.

**road·ie** *(infml.)* toerassistent *(v. 'n rockgroep ens.).*

**road·less** ongebaan, sonder paaie/weë.

**road·ster** toermotor; tweesitplekmotor; padfiets; ryperd.

**road·wor·thy** padwaardig. **road·wor·thi·ness** padwaardigheid.

**roam** swerf, (rond)dool, rondtrek, dwaal; ~ *about/around* rondswerf, =swerwe; ronddwaal. **roam·er** swerwer, swerweling.

**roan** *n.* skimmel(perd); (rooi)skilderbees; bastergemsbok. **roan** *adj.* (rooi)skimmel=.

**roar** *n.* (ge)brul, (ge)bulk; gebulder, gedonder, gedreun; gedruis, druising; geloei *(v.d. wind)*; geskater; ~ *of guns* kanongebulder. **roar** *ww.* brul, bulk; bulder, donder, dreun; druis; dawer; *(wind)* bulder, gier, loei; *('n perd met laringitis)* roggel; ~ *at s.o.* teen iem. bulder; ~ *off* met 'n lawaai wegtrek; ~ *with* ... skater/brul van ... *(d. lag)*; kerm/brul van ... *([d.] pyn)*. **roar·ing** *n.* gebrul. **roar·ing** *adj. & adv.* brullend; dreunend; dawerend; *have a* ~ *appetite* rasend honger wees; *be* ~ *drunk* smoordronk wees; *a* ~ *fire* 'n knetterende vuur; *the* ~ *forties, (nav.)* die stormbreedtes/westewindgebied; *be in* ~ *health* in blakende gesondheid verkeer, blakend gesond wees; *a* ~ *success* 'n reusesukses; *have a* ~ *time* jou gate uit geniet, groot pret hê; *drive a* ~ *trade* voordelige sake doen, geld soos bossies maak.

**roast** *n.* braaiboud, gebraad; braaistuk, =vleis; braaiery. **roast** *adj.* gebraai, braai=; ~ *beef/lamb/pork/etc.* gebraaide bees=/lams=/varkvleis/ens., bees=, lams=, varkbraad, ens.; *chicken* gebraaide hoender, braaihoender; ~ *leg of mutton* braaiboud. **roast** *ww.* (oond)braai; rooster; brand *(koffie)*; roskam, 'n skrobbering gee; die spot dryf met, vir die gek hou; ~*ed coffee* gebrande koffie. **roast·er** braaier; koffiebrander; braai-oond; braaivark; braaihoender; *(infml.)* snikhete dag.

**roast·ing** (die) braai, braaiery; *a* ~ *(of coffee)* 'n brandsel; *give s.o. a* ~ iem. roskam *(of* 'n skrobbering gee). ~ *tin* oondbraaipan.

**rob** =*bb*= (be)steel, (be)roof; plunder; ontneem van *('n geleentheid ens.)*; ~ *s.o. of s.t.* iem. van iets beroof.

**Rob·ben Is·land** *(SA, geog.)* Robbeneiland.

**rob·ber** rower; *a nest of* ~*s* 'n rowersnes. ~ **band** rowerbende. ~ **baron** *(neerh.: gewete[n]lose rykaard)* uitbuiter, plutokraat. **rob·ber·y** roof; berowing, roofaanval; rowery; *(infml.)* bedrieëry; *armed* ~ gewapende roof.

**robe** *n.* mantel, kleed, gewaad; *(jur.)* toga; japon, kamerjas. **robe** *ww.* (met 'n toga) beklee; aantrek, aanklee.

**rob·in** *(orn.)* rooiborsie; *scrub-*~, *(orn.: Cercotrichas* spp.*)* wipstert. ~-**chat** *(orn.: Cossypha* spp.*)* janfrederik. ~ **redbreast** rooiborsie.

**Rob·in Hood** *(Me. Eng. legende; ook fig.)* Robin Hood.

**ro·bot** robot, masjienmens, outomaat; *(SA)* verkeerslig, robot. **ro·bot·ic** *adj.* robotagtig. **ro·bot·ics** *n. (fungeer as ekv.)* robotika.

**ro·bust** sterk, kragtig, stewig, robuus; gesond, gespier(d), fris (gebou), frisgebou, fors; ~ *health* blakende gesondheid. **ro·bust·ness** robuustheid; stewigheid; gespierdheid.

**ro·bus·ta** robusta(koffie); robusta(bone); *(bot.)* robusta= (plant).

**roc** *(<Pers.: mit. voël)* rok.

**ro·caille** *(Fr., kuns- of argitektoniese styl)* rocaille.

**rock**[1] *n.* rots *(ook i.d. see)*; klip; *(fig.)* rotssteen, steen(rots); *(infml.)* (edel)gesteente; *(dwelmsl.)* crack-kristal; *(i.d. mv., plat: testikels)* balle, knaters; *built* on *the* ~ op vaste fondament *(of* op 'n steenrots) gebou; *be* ~ *firm* rotsvas wees; *the R*~ *of Gibraltar, (geog.)* die Rots van Gibraltar; *find o.s.* (or *be caught/wedged) between a* ~ *and a hard place, (infml.)* tussen hamer en aambeeld (vasgevang) wees, in die knyp wees; *get one's* ~*s off, (vulg. sl.:* 'n orgasme kry; ejakuleer) kom; skiet; *be* **on** *the* ~*s, (lett.)* op die rotse wees; *(infml.,* 'n huwelik *ens.)* verbrokkel wees; platsak/bankrot wees; *a drink* **on** *the* ~*s, (infml.)* 'n skoon drankie met ys; *run* (up)on *the* ~*s, ('n*

*skip)* op die rotse loop, *(ook fig.)* skipbreuk ly. ~ **alder** *(bot.)* klipels. ~ **alum** steenaluin. ~ **art** *(argeol.)* rotskuns. ~ **bed** rotsbodem. ~ **bottom** diepste bodem; nabank, hardebank, vaste rots/klip; *(fig.)* laaste hoepel; *be at* ~ ~ vasgebrand wees; *reach/touch* ~ ~ die (aller)laagste punt bereik. ~-**bottom price** allerlaagste prys, minimum prys. ~-**bound** *adj. (attr.)* deur rotse omring *(pred.)*; rotsagtige. ~**burst** rotsbarsting. ~ **carving,** ~ **engraving** *(argeol.)* rotstekening, =gravering, =gravure. ~ **climbing** rotsklim. ~ **cod** *(igt.)* klipkabeljou. ~ **crystal** bergkristal. ~ **dassie,** ~ **hyrax** *(soöl.)* klipdas, dassie. ~ **dove, feral pigeon** *(Columba livia)* tuinduif. ~ **face** rotswand; breekvlak; krans. ~-**faced** randbekap. ~**fall** rots=, klipstorting. ~ **foundation** rotsfondament. ~ **garden** rots=, kliptuin. ~-**hard** kliphard. ~-**hewn** *adj. (attr.)* uit klip *(of* uit [die] rots) gekap *(pred.)*. ~**hopper (penguin)** geelkuifpikkewyn. ~**jumper** *(orn.)* berglyster. ~ **kestrel** *(orn.: Falco rupicolus)* kransvalk. ~ **ledge** kranslys. ~-**living** *adj. (attr.)* rotsbewonende. ~ **lobster** (see)kreef. ~ **oil** petroleum, ruolie, aardolie. ~ **painting** *(argeol.)* rotsskildering. ~ **pigeon, speckled pigeon** *(Columba guinea)* kransduif. ~ **pipit** *(orn.: Anthus crenatus)* klipkoester. ~ **plant** rotsplant. ~ **pool** rots= poel. ~ **rose** *(Helianthemum* spp.*)* sonrosie; *(Cistus* spp.*)* kliproos. ~ **salt** klip=, lek=, steensout, haliet. ~**shaft** rotsskag. ~**slide** berg=, rotsstorting, rotsafskuiwing. ~-**solid** *adj. (attr.)* deur en deur betroubaar. ~ **tomb** rotsgraf. ~ **wall** rotswand, =muur. ~ **work** klip=, rotswerk; klip=, rotstuin.

**rock**[2] *n.* wiegbeweging; skudding; *(mus.)* rock. **rock** *ww.* wieg, skommel; wiegel; hobbel; wankel, waggel, steier; skud, ruk; laat steier; *(infml.)* rock(musiek) speel; *(infml.)* op rock(musiek) dans; *(sl.: groot opwinding veroorsaak)* vuurwarm wees; ~*ed by an earthquake* deur 'n aardbewing geskud; ~ *s.o. to sleep* iem. aan die slaap wieg/sus; ~ *with* ... skud van ... *(d. lag)*. ~ **and roll,** ~ *'n' roll (mus.)* ruk-en-rol.

**rock·er** wieg; skommelhout *(v. 'n wieg)*; ry=, skommelstoel; hobbelperd; skommelaar, wasmasjien *(vir grond)*; *(masj.)* skudder; *(mot.)* tuimelaar; *(infml.)* rocker, rock(musiek) aanhanger; rocker, rockmusikant; *be off one's* ~, *(infml.)* (van lotjie) getik wees. ~ **gear** *(mynb.)* skudgerei; *(mynb.)* tuimelgerei.

**rock·er·y** rotswerk; rots=, kliptuin.

**rock·et**[1] *n.* vuurpyl. **rock·et** *ww., (pryse ens.)* die hoogte inskiet; met vuurpyle bestook/aanval; *(infml.)* wegskiet; voortsnel. ~-**assisted** met vuurpyl(hulp). ~ **engine,** ~ **motor** vuurpylmotor. ~ **projector** vuurpylwerper. ~-**propelled** *adj. (attr.)* vuurpylaangedrewe *(granaat ens.)*. ~ **propulsion** vuurpylaandrywing. ~ **range** vuurpyllanseerterrein, =gebied. ~ **scientist** *(infml.)* vuurpylwetenskaplike; *it doesn't take a* ~ ~ *to* ... ('n) mens hoef nouliks geniaal te wees om te ...

**rock·et**[2] *(bot.: Eruca sativa, ook* garden/salad *rocket)* roket, slaai-eruca.

**rock·et·eer** vuurpylwerker.

**rock·et·ry** vuurpylwerk, =wetenskap, =tegnologie.

**rock·ing** skommelend. ~ **chair** ry=, skommelstoel. ~ **horse** hobbel=, skommelperd. ~ **screen** skommelsif.

**rock·like** rotsvas, onwrikbaar, onwankelbaar, onversetlik, klipstandvast.

**rock·y**[1] rotsagtig, rotsig, rots=; klipperig, steenagtig; klipsteenhard; ~ *bed* rotsbodem; *(geol.)* nabank; klipperige (rivier)bedding; ~ *hill* kliprant; ~ *ledge* klipbank; *the R*~ *Mountains, the Rockies* die Rotsgebergte.

**rock·y**[2] bewerig, slap; wankelrig.

**ro·co·co** *(Eur. ontwerpstyl v.d. 18de eeu)* rococo *(ook R*~*).*

**rod** staaf, stang; stafie; trekbout; stok; staf; (tug/gesel)roede; *make a* ~ *for one's own back, (infml.)* 'n lat vir jou eie bas/stert pluk. ~ **chisel** steelbeitel. ~ **coupling** stangkoppeling. ~ **fishing** stokvisvangs. ~ **glass** staafglas. ~ **iron** stangyster.

**ro·dent** *n.* knaagdier. **ro·dent** *adj.* knaag=; ~ *ulcer, (med.)* vretende seer, knaagseer, ulcus rodens. ~-**proof** rotdig.

**ro·den·ti·cide** knaagdierdoder.

**ro·de·o, ro·de·o** =*deos* rodeo.

**rod·o·mon·tade** grootpratery, windmakerigheid, spoggery.

**roe**[1] *(soöl.)* ree. ~**buck** reebokram. ~ **deer** reebok.

**roe**[2] viskuit, viseiers. ~**stone** kuit=, eiersteen, oöliet.

**roent·gen, rönt·gen** *(bestralingseenheid)* röntgen.

**ro·ga·tion** *(Chr.)* smeking. R~ **days** Kruisdae.

**rog·er** *tw., (radiokommunikasie)* roger!, boodskap ontvang en verstaan!; *(infml.)* goed!, reg!.

**rogue** *n.* skurk, skelm, skobbejak; vabond, karnallie, niksnut(s), rakker; *(bot.)* afwyker. **rogue** *ww.* van swak plante suiwer. ~ **elephant** eenloperolifant.

**ro·guer·y** skelmstreke, skelmery, skurkery; ondeundheid.

**rogues' gal·ler·y** *(infml.: polisiefoto's)* skurkegalery, =museum.

**ro·guish** skelmagtig, skurkagtig; ondeund, skalks. **ro·guish·ness** ondeundheid, skalksheid.

**Ro·hyp·nol** *(farm., handelsnaam: berug as afspraakverkragtingsdwelm)* Rohypnol.

**roil** vertroebel *('n vloeistof);* versteur; omkrap, irriteer.

**rois·ter** *ww.* fuif, pret maak; lawaai maak, raas, luidrugtig wees, tekere *(of* te kere) gaan, tekeregaan. **rois·ter·er** fuiwer, pretmaker; lawaaimaker. **rois·ter·ous** fuiwend; uitbundig; lawaaierig, luidrugtig.

**role, rôle** rol; taak; funksie; *dance a* ~ 'n rol dans; *fill a* ~ 'n rol beset/vervul; *a minor* ~ 'n (ondergeskikte) rol(letjie); *play a* ~ 'n rol speel. ~ **model** rolmodel, toonbeeld, voorbeeld. ~ **player** rolspeler; betrokkene. ~ **play(ing)** *(hoofs. psig.)* rolspel. ~ **reversal** rolwisseling.

**roll** *n.* rol; register, lys, rol; presensielys; krul; (brood)rolletjie; (karton)silinder; *(teg.)* wals; *(teg.)* windas, wenas; *(lugv.)* rol(vlug); *(gimn., atl.)* rolsprong; klont/stuk botter; *(kookk.)* rollade; rolnaat; gerommel; roffel *(op 'n tamboer);* slingering; golwing; deining; *call the* ~ appèl hou, die name af=/uitroep, die rol/register lees; ~ *of court* sakelys; ~ *of honour* ererol, =lys; *strike s.o.('s name) off the* ~ iem. (se naam) (van die rol) skrap; *be on a* ~, *(infml.)* voorspoed beleef, dit keer op keer gelukkig tref; *put s.o.('s name) on the* ~*(s)* iem. (se naam) inskryf/=skrywe. **roll** *ww.* rol; oprol, inrol; uitrol, plat rol, platrol; laat rol; draai; golf; slinger; skommel; baljaar; ~ *about* rondrol; ~ *against s.t.* teen iets vas=/aanrol; ~ *along* voortrol; ~ *away* wegrol; *(jare)* verbygaan; *(mis, wolke)* wegtrek; ~ *back* terugrol; ~ *s.t. back* ooprol; iets op die lange baan skuif/skuiwe; ~ *by* verbyrol; *(d. jare ens.)* verbygaan; ~ *a cigarette* 'n sigaret draai; ~ *down* afrol; ~ *s.t. down* iets afrol/=stroop *(moue ens.);* iets neerlaat *('n venster ens.);* ~ *in, (briewe, geld, ens.)* instroom; *(iem.)* opdaag, aangesit kom; ~ *in* ... in ... rol; *(infml.)* baie ... hê *(geld ens.);* ~ *s.t. in* iets inrol; ... *and* ... ~*ed into one* in ... in een; ... en ... in een persoon verenig; ~ *s.t. off* iets afwentel; ~ *on* voortrol; *(d. jare ens.)* verbygaan; ~ *on the holidays!,* *(infml.)* ek wens dit was al vakansie!; ~ *s.t. out* iets uit=/platrol *(of* plat rol); iets ooprol; iets bekendstel *(of* bekend stel) *('n produk);* iets van stapel laat loop *('n program, projek);* ~ *over* omrol; ~ *over s.t.* oor iets rol; ~ *s.t. over* iets vernu(we) *('n lening);* ~ *and pitch, (sk.)* slinger en stamp; ~ *s.t. up* iets oprol *(wol, moue, ens.).* ~**back** *n., (hoofs. Am.)* prysverlaging, =vermindering; loon(s)verlaging, =vermindering; herroeping *(v. 'n besluit).* ~**bar** *(mot.)* rolstaaf. ~ **call** rol(-)lesing, appèl. ~ **collar** rolkraag. ~ **film** rolfilm. ~**mop** *(kookk.)* rolmops. ~**neck** *n.* rolhals=, rolnek=, rolkraag(trui=/hemp). ~**neck** *adj. (attr.)* rolhals=, rolnek=, rolkraag= *(trui, hemp, ens.).* ~**-on** *n.* aanroldeodorant. ~**-on** *adj. (attr.): deodorant* aanroldeodorant; ~ *lawn* kitsgrasperk. ~**-on** ~**-off** *adj. (attr.), (Br.):* ~ ~ *ferry* ry-op-ry-af-veerboot. ~**-out** *n.* bekendstelling *(v. 'n diens, produk, ens.).* ~**-over** *n., (ekon.)* verlenging *(v. 'n lening);* hernuwing *(v. skuld);* heruitreiking *(v. 'n staatseffek);* *(infml.)* die omslaan *(v. 'n voertuig).* ~ **seam** rolnaat.

**sulphur** pypswa(w)el. ~ **tobacco** roltabak. ~ **top** roldeksel, =luik. ~**-top desk** lessenaar met 'n roldeksel, rolluik=, roltoplessenaar. ~**-up,** ~**-your-own** *n., (Br., infml.)* handgerolde sigaret.

**rolled** gerol(d); opgerol(d); geplet; gewals; gekrul(d); ~ *edge* rolrand, walskant; ~ *gold* goudpleet, geplette goud; oorgeblaasde goud; ~ *meat* rolstuk, rolvleis, rollade; ~ *oats* hawermout; ~ *r, (fonet.)* tril-r, tongpunt-r, triller; ~ *sirloin of beef* beeslenderol; ~ *steel* gewalste/geplette staal; ~ *stocking* rolkous.

**roll·er** rol *(v. 'n masjien);* silinder, wals; *(kookk.)* rolstok; krulpen *(vir hare);* golf, brander, roller; *(duif)* tuimelaar, roller; *(orn.: Coracias* spp.) troupant. ~**ball** rolpuntpen. ~ **bandage** rolverband, windsel. ~ **bearing** rollaer. ~**blade** *n. (gew. i.d. mv.)* rollemskaats. ~**blade** *ww.* rollemskaats. ~**blader** rollemskaatser. ~ **blind** rolgordyn, =blinding. ~ **canary** trilkanarie. ~ **coaster** →BIG DIPPER. ~ **mill** rollermeul(e) *(vir graan);* pletmeul(e), walsery, walswerk *(vir metaal).* ~ **press** silinderpers. ~ **skate** *n.* rolskaats. ~**-skate** *ww.* rolskaats (ry). ~ **skater** rolskaatser. ~**-skating** rolskaats(ery). ~ **towel** rolhanddoek.

**roll·lick** baljaar, pret maak, vrolik wees, fuif, kattemaai. **rollick·ing** dartelend, uitbundig, uitgelate, vrolik.

**roll·ing** rollend, golwend; ~ *hills* golwende heuwels; ~ *motion* rolling, rolbeweging; slingering; *send s.o.* ~ *down the stairs* iem. die trap afsmyt *(of* laat aftuimel); ~ *strike* (uitgebreide) reeks stakings. ~**door** skuifdeur. ~ **machine** wals(masjien), pletmasjien. ~ **mill** walsery, walswerk, pletmeul(e). ~ **pin** deegroller, rolstok. ~ **press** rolpers. ~ **stage** rolverhoog. ~ **stock** rollende materiaal, spoorvoertuie. ~ **stone** maalklip; *(fig.: rustelose mens)* tolbos, rondvaller, voël op 'n tak; *be a* ~ vandag hier en môre/more daar wees, geen vastigheid hê nie; *a* ~ ~ *gathers no moss* 'n rollende klip vergaar geen mos nie, 'n swerwer bly 'n derwer.

**ro·ly-po·ly** *n.* potjierol, vaatjie. **ro·ly-po·ly** *adj.* mollig, plomp, poffer=. ~ **(pudding)** rolpoeding.

**Rom** Roma, *n. (ml.)* sigeuner.

**ro·maine (let·tuce)** bindslaai.

**Ro·man** *n.* Romein; *(tip.)* romein, gewone/romeinse/Latynse lettertipe; *(i.d. mv., NT)* Romeine. **Ro·man** *adj.* Romeins; *(relig.)* Rooms. ~ **blind** Romeinse blinding. ~ **Catholic** *n.* Rooms-Katoliek. ~ **Catholic** *adj.* Rooms-Katoliek, Rooms. ~ **Catholic Church** Rooms-Katolieke Kerk. ~**-Dutch** *adj., (jur.)* Romeins-Hollands *(reg).* ~ **Empire** *(hist.)* Romeinse Ryk. ~ **holiday** leedvermaak. ~ **law** Romeinse reg. ~ **nose** arendsneus; ramskop *(v. 'n perd).* ~ **numeral** Romeinse syfer.

**ro·man**[1] *n., (Afr.): (red)* ~, *(igt.)* roman.

**ro·man**[2] *(Fr.):* ~ *à clef romans à clef* sleutelroman. ~**-fleuve** *romans-fleuves* familieroman; romansiklus.

**Ro·mance, Ro·mance** *n.* Romaanse tale/taalgroep. **Ro·mance, Ro·mance** *adj.* Romaans; ~ *language* Romaanse taal.

**ro·mance** *n.* romantiek, die romantiese; liefdesverhouding; romanse; liefdesverhaal; *(Me. lettk.)* romanse, verhaal, (ridder)roman; romantiese oordrywing; *full of* ~ vol romantiek. **ro·mance** *ww.* romantiseer; fantaseer, romantiese verhale opdis, stories verkoop; oordryf, =drywe, vergroot, spekskiet; flikflooi *(met).* **ro·man·cer** fabelaar, spekskieter.

**Ro·man·esque** *n., (argit.)* (die) Romaanse styl. **Ro·man·esque** *adj.* Romaans.

**Ro·ma·ni·a, Ru·ma·ni·a** *(geog.)* Roemenië. **Ro·ma·ni·an, Ru·ma·ni·an** *n., (lid v. volk)* Roemeen, Roemeniër; *(taal)* Roemeens. **Ro·ma·ni·an, Ru·ma·ni·an** *adj.* Roemeens.

**Ro·man·ise, ize** Rooms word/maak, verrooms; *(hist.)* romaniseer, latiniseer.

**ro·man·tic** *n.* romantikus. **ro·man·tic** *adj.* romanties; romanesk; idealisties; onprakties; onrealisties; *the R~ Move-*

*ment* die Romantiek. **ro·man·ti·cise,** =**cize** romantiseer. **ro·
man·ti·cism** *(kunsrigting)* romantiek, romantisme. **ro·man·
ti·cist** romantikus.

**Rom·a·ny, Rom·a·ni** sigeuner; *(sigeunertaal)* Romani.

**Rome** *(geog.)* Rome; die Roomse kerk, die pousdom; die Ro
meinse Ryk; ~ *was not built in a day* môre/more is nog 'n
dag.

**Ro·me·o** =*meos, (vurige minnaar)* romeo, Don Juan; *(kode-
woord vir d. letter* r*)* Romeo; ~ *and Juliet* Romeo en Juliet.

**romp** *n.* stoeiery, gejakker, baljaardery; lighartige/speelse
fliek/ens.; *(infml.)* maklike oorwinning; *(infml.)* gekafoefel,
kafoefelry. **romp** *ww.* baljaar, stoei, (ker)jakker; *(infml.)* ka
foefel; ~ *ahead/away* wegsnel, =skiet, voorloop, los voor
wees; ~ *home* maklik/fluit-fluit/loshand(e) wen; ~ *off with*
... met ... wegloop; ~ *past* verbysnel, =skiet, =seil, =glip; ~
*through s.t., (infml.)* iets maklik deurkom *('n eksamen ens.).*
**romp·er** baljaarder; *(ook, i.d. mv.)* speel=, kruipbroekie,
=pakkie. **romp·ing, romp·ish, romp·y** wild, uitgelate, dar
tel(end).

**ron·da·vel** *(SA)* rondawel.

**ron·deau** =*deaus,* =*deaux, (Fr., gedig)* rondeel, keerdig, ron
deau; refrein; *(mus.)* rondeau.

**ron·do** =*dos, (mus.)* rondo.

**rönt·gen** →ROENTGEN.

**roo** *(Austr., infml.)* kangaroe.

**rood** kruisbeeld; kruis; *the* ~ kruishout. ~ **loft** kruisgalery. ~
**screen** koorskerm, =afsluiting.

**roof** *n.* dak; *(ekon. ens.)* boonste perk; *a flat* ~ 'n plat dak; *a*
~ *of foliage* 'n blaredak; *have a* ~ *over one's head* onderdak
hê, 'n dak bo/oor jou kop hê; *hit the* ~ →*go through the
roof; the* ~ *of the mouth, (anat.)* die verhemelte; *under one's
own* ~ onder jou eie dak, in jou eie huis; *raise a* ~ 'n dak
opsit; *raise the* ~, *(infml.)* 'n yslike lawaai maak, die balke
laat dreun; 'n kabaal opskop; *a steep* ~ 'n spits/steil dak;
*a thatched* ~ 'n riet=/grasdak; *go through* (or *hit*) *the* ~,
*(infml.)* die aap=/apiestuipe kry, baie kwaad word, 'n kabaal
opskop; *prices are going through the* ~, *(infml.)* die pryse
styg hemelhoog *(of* ruk handuit); *a tiled* ~ 'n teëldak; *wet
the* ~, *(infml.: 'n nuwe huis inwy)* die dak natmaak. **roof**
*ww.* dak opsit, onder dak bring, oordek; ~ *s.t. in/over* 'n
dak op iets sit; iets bedek, 'n dak oor iets vorm. ~ **beam**
dakbalk. ~ **carrier**→ROOF RACK. ~ **garden** daktuin. ~ **house**
kapstylhuis. ~ **light** daklig, =venster *(in 'n gebou);* daklig
*(op 'n ambulans ens.);* daklig(gie) *(in 'n motor).* ~ **rack,** ~
**carrier** dakrak, =rooster, =reling *(op 'n motor).* ~ **ridge** nok,
(dak)vors. ~ **slate** daklei. ~ **slater** leidekker. ~ **support** dak
stut, =steun. ~ **tie** hanebalk; dakbint. ~ **tile** dakpan. ~ **tiler**
pandekker. ~ **timber** dakhout; *(ook, i.d. mv.)* balkwerk,
dakgeraamte, =timmerasie. ~**top** dak; *shout it/s.t. from the*
~*s, (fig.)* dit/iets uitbasuin *(of* van die dakke [af] verkondig).
~**top terrace** dakterras. ~**tree** nok=, vorsbalk. ~**-wetting**
dak natmaak/=gooi, dakbegieting.

**roof·age** dakwerk; dakbedekking; dakoppervlakte.

**roofed** *volt.dw.* oordek, onder dak. **-roofed** *komb.vorm* =dak=,
met die/'n ... dak; *red-*~ *building* rooidakgebou, gebou met
die/'n rooi dak.

**roof·er** dakdekker.

**roof·ing** dakwerk; (die) dak opsit, (die) dek; dakbedekking,
=materiaal. ~ **contractor** dakmaker. ~ **rafter** dak=, kapspar.
~ **sheet** dakplaat. ~ **shingle** dakspaan.

**roof·less** sonder dak; *(ook fig.)* dakloos.

**rooi**= *adj., (Afr.)* rooi=. ~**bos (tea)** rooibos(tee). ~**-els** *(bot.)*
rooi-els. ~**gras** rooigras. ~**krans** *(bot.)* rooikrans. ~**nek**
*(infml., neerh. of skerts.: Engelssprekende)* rooinek.

**rook¹** *n., (Eur., orn.)* roek. **rook** *ww., (infml.)* bedrieg,
oneerlik speel, kierang; geld afpers; ~ *s.o. of his/her money*
iem. se geld afrokkel. **rook·er·y** kraaines; pikkewynkolonie;
robkolonie.

**rook²** *n., (skaak)* kasteel, toring. **rook** *ww., (skaak)* rokeer.

**rook·ie, rook·y** *(infml.)* (baar) rekruut; nuweling, beginner;
groentjie.

**room** *n.* kamer, vertrek; lokaal; plek; ruimte, spasie; ge
leentheid; aanleiding; *find* ~ plek kry; ~ *for* ... plek vir ...;
ruimte vir ...; grond vir ...; *give* ~ *to* ... vir ... plek maak;
*keep to one's* ~ in die/jou kamer bly; *leave* ~ *for* ... vir ...
ruimte laat; *make* ~ plek maak; padgee; *make* ~ *for* ... vir ...
plek maak/inruim; *plenty of* ~ baie/volop plek/ruimte; *take
up* ~ plek/ruimte inneem *(of* in beslag neem); *tidy a* ~ 'n
kamer/vertrek aan (die) kant maak. **room** *ww.* kamer
bewoon; ~ *with s.o.* 'n kamer met iem. deel; by iem. in
woon. ~ **divider** kamerverdeler, =skeiding. ~**mate** kamer=
maat. ~ **service** kamerbediening. ~ **temperature** kamer=
temperatuur.

**-roomed** *komb.vorm* =kamer=, =vertrek=, met ... kamers/ver
trekke; *three-*~ *flat* driekamer=, drievertrekwoonstel, woon
stel met drie kamers/vertrekke.

**room·ful:** *a* ~ *of* ... 'n kamer vol ...

**room·ie** *(Am., infml.)* kammie, kamermaat.

**room·y** ruim, breed, wyd. **room·i·ness** ruimheid, wydheid.

**roost** *n.* slaapstok, stellasie, steier; slaap=, sitplek *(v. voëls);*
houplek; *at* ~, *(voëls)* op stok; *go to* ~, *(voëls)* op stok gaan; ...
*will come home to* ~, *(lett.)* ... sal hok toe kom *(hoenders ens.);*
*(fig.)* ... sal op jou eie kop neerkom. **roost** *ww.* op stok gaan;
gaan slaap. **roost·er** *(hoofs. Am.)* (hoender)haan.

**root¹** *n.* wortel; wortelgetal; oorsprong, bron, oorsaak; *at
the* ~ in sy kern, in wese; *be/lie at the* ~ *of s.t.* aan iets ten
grondslag lê; ~ *and branch* met wortel en tak, grondig; *the*
~ *of all evil* die wortel van alle kwaad; *extract/find a* ~,
*(wisk.)* 'n wortel trek; *blush to the* ~*s of one's hair* so rooi soos
'n kalkoen word, tot agter jou ore (toe) bloos; *s.t. has its* ~*s
in* ... iets spruit uit ... (voort); *get/go to the* ~ *of a matter* tot
die kern van 'n saak deurdring, 'n saak grondig ondersoek;
*pull s.t. up by the* ~*s, (ook fig.)* iets met wortel(s) en al uittrek;
*pull up one's* ~*s* jou ontwortel, jou bekende omgewing
verlaat; *push out* (or *put down*) ~*s* wortelskiet; *strike at the*
~ *of s.t.* die wortel van iets raak/aantas; iets met ondergang
bedreig; *take/strike* ~ wortelskiet, groei; posvat; *tear s.t.
up by the* ~*s* iets met wortel(s) en al uitruk/=trek. **root** *ww.*
wortelskiet; ingewortel(d) wees; laat wortel vat; ~ *s.t. out.*
iets (met wortel en tak) uitroei; ~ *s.t. up* iets ontwortel, iets
met wortel(s) en al uitruk/=trek. ~ **beer** *(Am.)* wortelbier.
~**bound** *adj., ('n plant)* potvas. ~ **canal** wortelkanaal *(v.
'n tand).* ~ **cause** grondoorsaak. ~ **language** stamtaal. ~
**mean square** *(wisk.)* wortel van die gemiddelde kwadraat
*(of* tweede moment). ~ **rot** vrotpootjie, wortelvrot; wor
telskimmel. ~ **stalk** risoom. ~**stock** wortelstok, risoom;
onderstam, =stok. ~ **vegetable(s)** wortelgroente. ~ **word**
wortel=, grondwoord.

**root²** *ww.* vroetel; *(varke)* dowwel; ~ *about* rondvroetel, =snuf
fel; ~ *for s.o., (infml.)* iem. aanmoedig/toejuig; vir iem.
propaganda maak; ~ *s.t. out* iets uitsnuffel; ~ *s.t. up* iets
omvroetel/rondvroetel; iets uitsnuffel.

**root·ed** gewortel(d); in=, diepgewortel(d); *s.o.'s deeply* ~ ...
iem. se diepgewortelde ... *(liefde ens.); s.t. is* ~ *in* ... iets spruit
uit ...; *be/stand* ~ *to the spot* aan die grond (vas)genael wees.
**root·ed·ly** ingewortel(d); ~ *opposed to* ... radikaal gekant
teen ... **root·ed·ness** geworteldheid.

**root·le** *(Br., infml.)* vroetel, omwoel.

**root·less** wortelloos.

**root·let** worteltjie.

**root·like** wortelagtig.

**root·sy** *adj., (infml., mus.)* outentiek, onkommersieel, eg, sui
wer, sonder tierlantyntjies, rou.

**rope** *n.* tou; lyn; *ease/let/pay out a* ~ 'n tou laat skiet; *the
end of a* ~ die ent/punt van 'n tou; *get the* ~, *(infml.)* die
strop kry; *give s.o. (plenty of)* ~ iem. (baie) skiet gee *(of* sy/

haar [vrye] gang laat gaan *of* vryheid van beweging gee); *give s.o. enough ~ to hang him=/herself* iem. kans gee om sy/ haar eie ondergang te bewerk; *know the ~s, (infml.)* tou= wys/gekonfyt wees, weet wat om te doen; *learn (or get to know) the ~s* jou inwerk; *a length of ~* 'n stuk tou; *a ~ of ... 'n string ... (uie);* 'n snoer *... (pêrels); be on the ~s, (lett., boks)* teen die toue wees; *(fig., infml.)* so goed as verslaan wees; *the ~ parts* die tou breek; *show s.o. the ~s* iem. touwys maak *(of* inlig *of* wenke gee). **rope** *ww.* vasmaak, vasbind; (met 'n tou) trek; *(Am.)* met die/'n vangriem/lasso vang; draderig/klewerig word; *~ s.o. in* iem. inspan; iem. (as helper/lid) werf; *get ~d into s.t.* by iets betrek/ingesleep word/raak; *~ s.t. off* iets met toue tocspan; *~ ... together ...* saambind; *~ s.o./s.t. up* iem./iets vasbind. **~ bridge** toubrug. **~ dancer** koorddanser(es). **~ dancing** koorddansery. **~ ladder** touleer, valreep. **~ moulding** *(argit.)* gedraaide lys. **~-soled shoes** tousoolskoene. **~work** touwerk. **~ yarn** kaal=, tougare, =garing.

**rop·y, rop·ey** touagtig, toutjiesrig; draderig; rimpelrig; *(infml.)* oes, power; **bread** draderige brood; *feel ~, (infml.)* olik/mislik voel; *~ milk* langmelk; *~ wool* toutjieswol. **rop·i·ness** touagtigheid, draderigheid, leng *(in brood); (infml.)* powerheid; olikheid.

**Roque·fort** roquefort(kaas) *(ook R~).*

**ro-ro** *adj. (attr.), (Br., akr.:* roll-on roll-off*)* ro-ra- *(akr.:* ry-op- ry-af*); ~ ferry* ro-ra-veerboot.

**ror·qual** vinwalvis.

**Ror·schach test** *(psig.)* Rorschach=, inkkladtoets.

**ro·sace** *(argit.)* rosetpaneel; roosvenster.

**Ro·sa·ce·ae** *(bot.)* Rosaseë. **ro·sa·ceous** rosig, roosagtig; roosvormig; rosetvormig; rooskleurig.

**ro·sar·y** *(RK: reeks gebede)* rosekrans, paternoster; *(RK ens.)* rosekrans, bidsnoer.

**rose**[1] *n.* roos; roset; rooskleur; *(med.)* roos; kompasroos; roos= venster; →ROSEATE, ROSELIKE, ROSY; *his/hers is not a bed of ~s, it is not ~s all the way for him/her* sy/haar pad gaan nie oor rose nie; *everything is coming up ~s* alles gaan eerste= klas *(of* voor die wind); *an English ~, (fig.)* 'n Engelse roos/ skoonheid; *~ of Jericho, (Anastatica hierochuntica)* jerigo= roos; *moonlight and ~s* rosegeur en maneskyn; *~ of Sharon, (Hypericum calycinum)* hertshooi; *(Hibiscus syria= cus)* roos-van-Saron; *(OT)* narsing/affodil van Saron *(OAB/ NAB); come up/out smelling of ~s* met ongeskonde eer deur 'n beproewing kom; jou goed van jou taak kwyt; *s.o.'s path is strewn with ~s* iem. se pad is met rose bestrooi, alles gaan vir iem. voor die wind; *no ~ without a thorn* geen roos sonder dorings nie. **rose** *adj.* rooskleurig. **~apple** *(Syzy= gium* spp.*)* jamboes. **~bay** *(Nereum oleander)* selonsroos. **~ bowl** roosbak. **~bud** roosknop. **~ bush** roosboom, =struik. **~-cheeked** met blo(e)sende wange. **~ colour** rooskleur, pienk. **~-coloured, ~-tinted** rooskleurig; roosrooi; *see/ view (or look at) s.t. through ~ glasses/spectacles* iets deur 'n gekleurde/rooskleurige bril sien/bekyk, deur 'n gekleurde/ rooskleurige bril na iets kyk, iets van die ligte kant bekyk. **~ cross** rosekruis. **~-cut** *adj.* as rosetsteen geslyp. **~ diamond** rosetsteen. **~ grower** rooskweker. **~ head** sproei=, gieterkop. **~ hip** roosbottel. **~-lipped** met rosige lippe. **~ mallow** *(bot.: Hibiscus* spp.*)* stokroos. **~ oil** roosolie. **~ petal** roosblaar. **~-pink** rosig. **~ point** roosnaaldkant. **~ quartz** rooskwarts. **~ show** roostentoonstelling. **~-tinted** →ROSE-COLOURED. **~ tree** roosboom; stamroos. **~ water** rooswater. **~ window** roosvenster. **~wood** rooshout.

**rose**[2] *ww. (verl.t.)* het opgestaan/opgekom/gestyg/ens.; → RISE *ww.*.

**ro·sé** *(wynsoort)* rosé.

**ro·se·ate** rooskleurig.

**rose·like** roosagtig.

**rose·mar·y** roosmaryn.

**ro·se·o·la** *(med.)* roosuitslag, rooi uitslag; rooihond.

**Ro·set·ta** *(geog.)* Rosetta. **~ Stone** Rosettasteen.

**ro·sette** roset, kokarde, strikkie; *(bot.)* rosetsiekte. **~ plant** rosetplant.

**Rosh Ha·sha·na(h)** Roosj Hasjana, Joodse Nuwejaar.

**Rosh·i** *=is, (Jap., Zen-Boeddhisteleier, Zen-leermeester)* rosji.

**Ro·si·cru·cian** *n., (hist.)* Rosekruiser. **Ro·si·cru·cian** *adj.* Rosekruiser(s)=. **Ro·si·cru·cian·ism** Rosekruisersleer.

**ros·in** *n.* hars; vioolhars. **ros·in** *ww.* (met hars) smeer/ bestryk. **~ oil** harsolie. **ros·in·y** harsagtig, hars=; vol hars.

**ros·ter** (diens)rooster; (naam)lys.

**ros·trum** *-trums, -tra* spreekgestoelte, tribune, podium; sna= wel, bek. **ros·tral** snawelvormig, snawel=; rostraal. **ros·trate** gesnawel(d).

**ros·y** rooskleurig, rosig, blo(e)send; *~ cross* rosekruis.

**rot** *n.* verrotting, vrotheid, (die) vrot; verderf, ontaarding, agteruitgang; ontbinding; →ROTTEN; *the ~ has set in* die agteruitgang/verderf/ontaarding het begin, dit gaan nou alles afdraand(e); *stop the ~* 'n end/einde maak aan die verderf; *talk ~, (infml.)* kaf/twak praat/verkoop; *that's utter ~, (infml.)* dis die grootste onsin. **rot** *-tt-, ww.* (ver)rot, vrot, sleg word, vergaan, bederf, bederwe; wegkwyn; *s.t. ~s away/off* iets vrot af; *leave s.o. to ~ in jail* iem. in die tronk laat wegkwyn. **~gut** *(infml.: sterk alkoholiese brousel)* doringdraad, skokiaan.

**Ro·tar·i·an** Rotariër.

**Ro·ta·ry** Rotariërbeweging. **~ Club** Rotariërklub.

**ro·ta·ry** *n.* rotasiemasjien. **ro·ta·ry** *adj.* draaiend, draai=/ roterend, rondgaande; rotasie=; *~ motion* kringloop, =be= weging, kringvormige beweging, draaibeweging, rotasie. **~ cultivation** wisselbou. **~ cultivator** woel-eg. **~ engine** draaimotor, =enjin, rotasie-enjin. **~ plough** kapploeg; (soort) sneeuploeg. **~ press** draaipers, rol=, snelpers. **~ printing** rotasiedruk. **~ table** *(teg.)* draaitafel. **~ wing** rotorlem *(v. 'n helikopter).* **~-wing aircraft** rotorvliegtuig.

**ro·tate** draai; laat draai; roteer; omloop, omwentel; (af)= wissel, beurtelings (op)volg. **ro·tat·a·ble** draaibaar. **ro·tat· a·bil·i·ty** draaibaarheid. **ro·tat·ing** draaiend, draai=, roterend; *~ current* draaistroom; *~ disc* draaiskyf; *~ door* draaideur; *~ drum* draaitrommel; *~ engine* draaimotor, =enjin, rota= sie-enjin; *~ grass mower* draailem-grassnyer.

**ro·ta·tion** rotasie, rotering, (om)draaiing, (om)wenteling, aswenteling; omgang; omloop(tyd); afwisseling, opvolging; *axis of ~* rotasie=, draaias; *by/in ~* beurtelings, om die beurt. **~ crop** wisselgewas.

**ro·ta·tion·al** draaiend, afwisselend; omwentelings=; volgens rooster; *~ cropping* wisselbou; *~ grazing* wisselweiding, beur= telingse beweiding.

**ro·ta·tor** omdraaier; *(anat.)* draaispier.

**ro·ta·to·ry, ro·ta·to·ry** draaiend, draai=, afwisselend; *~ cur= rent* draaistroom; *~ movement* draaibeweging; *~ pump* draai= pomp.

**rote** gewoonte; *learn s.t. by ~* iets soos 'n papegaai leer. **~ learning** papegaaiwerk, masjinale leerproses. **~ subject** geheuevak.

**ro·te·none** *(chem.)* rotenoon.

**ro·ti** *-tis, (Mal. kookk.: soort pannekoek)* roti, roetie.

**ro·ti·fer** *(soöl.)* wiel=, raderdiertjie, rotifeer.

**ro·tis·ser·ie** *(Fr.)* draaispit, draairooster.

**ro·tor** rotor, draaivlerk; *(elek.)* rotor. **~ blade** rotorlem.

**rot·ten** vrot, bederwe; vergaan; beroerd, ellendig, sleg, vrot= sig; verrot, korrup; *be ~ to the core* deur en deur verrot *(of* tot in die grond bedorwe) wees; *feel ~, (infml.)* ellendig voel. **rot·ten·ly** beroerd, ellendig; *treat s.o. ~* iem. smerig behandel. **rot·ten·ness** vrotheid, voosheid; slegtigheid.

**Rott·wei·ler** *(honderas)* rottweiler *(ook R~).*

**ro·tund** rond, bolvormig; plomp, vet. **ro·tun·di·ty** rondheid.

**ro·tun·da** rotonde; koepelgebou; uitkykkoepel.

**rou·ble, ru·ble** *(Rus. geldeenh.)* roebel; *two/etc.* ~*s* twee/ens. roebel.

**rou·é** *(Fr.)* losbol, pierewaaier, swierbol.

**Rou·en** *(geog.)* Rouaan.

**rouge** *n.* (rooi) blanketsel, rooisel; polysrooi(sel). ~ **et noir** *(soort dobbelspel)* rouge-et-noir.

**rough** *n.* oneffenheid, hobbelagtigheid; *(gh.)* ruveld; *(infml.)* bullebak, buffel; *write ... in* ~ ... in klad skryf/skrywe; *in the* ~ onafgewerk; in die ruwe/natuurlike staat; *(gh.)* in die ruveld; *(fig.)* in die moeilikheid; *the* ~ *and the smooth* lief en leed, die soet en (die) suur van die lewe; *take the* ~ *with the smooth* dit neem soos dit val, teen-/teëslae vir lief neem. **rough** *adj.* grof, rof, ru *(attr.:* ru[we]*),* skurf *(oppervlak ens.);* ongelyk, hobbelrig, oneffe *(pad ens.);* skurf, gebroke *(terrein);* stormagtig, onstuimig, woes *(see ens.);* skor, skel, hard *(stem);* kras, kru *(woorde ens.);* vrank; onbeskof, ongepoets, onge= manierd *(gedrag, behandeling, ens.);* onafgewerk, half klaar; ~ *bandage* noodverband; *get a* ~ *deal* onbillik/onregverdig/ skurf behandel word; ~ *draft* klad, skets, ruwe ontwerp; ~ *edge* rowwe/ru(we)/onbewerkte rand/kant; ~ *floor* pri= mitiewe vloer; ondervloer; ~ *grain* growwe korrel *(sand ens.);* ~ *guess* rowwe/ruwe skatting; *make a* ~ *guess* min of meer skat; *get a* ~ *handling* ongenadig behandel word; *give a* ~ *idea* ongeveer 'n idee gee; *be* ~ *on s.o.* iem. hard behandel; iem. swaar laat kry/leef/lewe; *s.t. is* ~ *on s.o.* iets is hard/swaar vir iem.; ~ *play* (g)rowwe/ruwe spel; ~ *proof* eerste/ruwe/vuil proef; ~ *remedy,* *(fig.)* perdemiddel; *do a* ~ *sketch, (ook)* iets vlugtig skets; *be* ~ *with s.o.* iem. hard behandel. **rough** *ww.* ru/grof maak; ru bewerk; hard/grof behandel; grof word; 'n ruwe skets/ontwerp maak; ~ *s.t. in* iets inskets; ~ *it* ongerief/ontberings deurmaak/verduur *(of vir lief neem);* ~ *s.t. out* 'n rowwe/ruwe skets/ontwerp van iets maak, iets uitstippel/voorteken; iets ru bewerk; ~ *s.o. up,* *(infml.)* iem. karnuffel/mishandel; ~ *s.t. up* iets deurmekaarmaak *(hare ens.).* ~**-and-ready** *adj.* grof, primi= tief, onafgewerk; ongeërg; ondeurdag, oppervlakkig. ~**-and-tumble** *n.* stoeiery, gemaal, geharwar, woeling, deurmekaar bakleiery. ~**-and-tumble** *adj. (attr.)* slordige, onordelike, wilde; ongereelde, deurmekaar. ~**-axed** *adj.* ru gekap. ~**cast** *n.* grintspatpleister, *(infml.)* rofkas; ruwe skets/ontwerp. ~**cast** *adj.* ru gewals; gegrintspat. ~**cast** *ww.* grintspat, *(infml.)* rofkas. ~ **coat** *(verf)* eerste laag; *(pleistering)* raap= laag. ~ **copy** klad. ~ **cut** *(filmk.)* eerste/ruwe weergawe. ~ **diamond** *(lett. & fig.)* ruwe diamant. ~ **file** growwe vyl. ~ **grazing** onbewerkte weiland. ~**-grind** *ww.* grof maal/slyp. ~**-ground** *adj.* grof gemaal(d). ~**-haired,** ~**-coated** *adj.* ruharig *('n hond ens.).* ~**-handle** *ww.* hardhandig hanteer. ~**-hew** *-hewed -hewed/-hewn* voorkap, ru bekap; 'n ruwe model maak van. ~**-hewn** *adj.* voorbekap, ru bekap; ru, ongepolys; onafgewerk; *a* ~ *character* 'n rowwe/ruwe karakter. ~**house** *n., (infml., hoofs. Am.)* opskudding, tumult, gedoente, ka= baal, herrie, moles, relletjie, bakleiery, onderonsie. ~**house** *ww.* hard(handig) aanpak. ~ **justice** hardhandige/haastige beregting, summiere geregtigheid. ~**neck** *(infml.)* tor, tang, fieta. ~ **passage** onstuimige oortog; *have a* ~ ~ dit op= draand(e) kry/hê. ~ **plane** roffel. ~**rider** *(Am.)* perdetemmer, jongperdryer, pikeur; baasruiter; ongereelde ruiter (soldaat). ~**-sawn** *adj.* rof/ru gesaag. ~**shod** *adv.: ride* ~ *over ...* oor ... baasspeel *(iem.);* ... vertrap *(iem., iets);* ... nie ontsien nie *(of* totaal veron[t]agsaam) *(iem., iets).* ~**-spoken** *adj.* ru/grof in die mond, met 'n growwe bek. ~ **stuff** *(verf)* onderlaag; *(infml.)* hardhandigheid, karnuffelry. ~ **trade** *(gaysl.)* vuil= pomp(e), straathoer(e), ruwe jongens; gevaarseks. ~ **work** ru(we)/growwe werk; voorwerk.

**rough·age** growwigheid, growwe voedsel, ru-kos, ruvoed= sel; veselstof, ru(we) stof.

**rough·en** ru/grof maak; ru/grof word.

**rough·ish** growwerig *('n oppervlak ens.).*

**rough·ly** ru, rof, hardhandig; wild, woes; sketsmatig; glo= baal; ~ *(speaking)* naaste(n)by, ongeveer, min of meer, by benadering, in/oor die algemeen; ~ *a hundred metres* sowat honderd meter.

**rough·ness** rofheid, ruheid; oneffenheid; skurfte *(v. vel);* stroefheid; hardhandigheid.

**rou·lade** *(Fr., kookk., mus.)* rollade.

**rou·lette** roulette, roelet.

**round** *n.* kring, sirkel, ring; skyf; silinder; rond(t)e, rondgang *(v. 'n wag, afleweraar, bode, ens.); (atl., boks, ens.)* rond(t)e; *(stadium in 'n kompetisie)* rond(t)e; *(mus.)* rondelied; *a* ~ *(of ammunition)* 'n patroon/koeël; 'n skoot/lading; *the daily* ~ die daaglikse roetine/arbeid; die alledaagse/daaglikse sleur; *do/go/make the* ~*s,* *('n skildwag ens.)* die rond(t)e doen; *a* ~ *of drinks* 'n rondjie; *a* ~ *of golf* 'n rond(t)e gholf; *the story goes the* ~*s that ...* die verhaal doen die rond(t)e *(of* daar word vertel) dat ... **round** *adj.* rond; sirkel-, kringvormig; bolvormig; vloeiend *(styl);* vol, welluidend *(iem. se stem);* rondborstig, openhartig *('n verklaring); a* ~ *dozen* 'n volle dosyn; *a* ~ *figure* 'n ronde syfer; *attain a* ~ *hundred, (kr. ens.)* die volle honderd bereik; *a* ~ *number* 'n ronde getal; *a* ~ *sum* 'n ronde/afgeronde som/bedrag. **round** *adv.* om; rondom; ~ *about* in die rondte/omtrek; rondom(heen); met 'n ompad; *all* ~ oral(s) rond; in alle opsigte; vir almal; deur die bank; voor die voet; in/oor die algemeen, in die geheel; *all (the) year* ~ die hele jaar (deur), heeljaar; ~ *and* om en om; *get s.o.* ~ iem. vermurwe; *go a/the long way* ~ 'n groot draai/ompad loop/ry; *right* ~ heeltemal om; rondom. **round** *ww.* rond word; rond maak; afrond; omring, omsluit; omgaan; omseil; ~ *s.t. off* iets afrond; iets afwerk/voltooi; ~ *on s.o.* iem. inklim/invlieg/roskam; ~ *out* rond word; ~ *s.t. out* iets uitrond; iets uitbou/aanvul; iets afrond; ~ *up animals* diere bymekaarmaak/-dryf/-drywe/-ja(ag)/aankeer; ~ *up people* mense byeenbring; mense aankeer/vang, mense gevange neem. **round** *prep.* (rond)om; ~ *(about) a hundred* omtrent/ongeveer/sowat honderd, om en by die honderd; ~ *(about) eight/etc. (o'clock)* omtrent/omstreeks *(of* om en by) ag(t)uur/ens.; *go right* ~ *the country* deur/oor die hele land gaan. ~**about** *n., (Br.)* verkeersirkel; *(Br.)* mallemeule; rondedans; *(kinderspel)* wieliewalie, rondomtalie; ompad, draai, omweg, sirkelpad. ~**about** *adj.* omslagtig, wydlopig; *a* ~ *way* 'n ompad/omweg; *in a* ~ *way* met 'n groot omhaal van woorde; *take a* ~ *way* 'n draai loop. ~**arm** *adj. (gew. attr.), (kr.)* swaaiarm= *(bouler, boulwerk).* ~ **brackets** *n. (mv.)* ronde hakies. ~**-cheeked** rondewang= *(attr.),* met ronde wange(tjies) *(pred.).* ~ **dance** rondedans; wals. ~**-eyed** grootoog= *(attr.),* verwonderd, met groot oë *(pred.).* ~**-faced** rondegesig= *(attr.),* met 'n ronde gesig *(pred.).* ~ **hand** rondskrif. ~**head** rondekop. ~**-headed** rondekop=. ~**house** *(infml.)* swaaihou. ~ **lettuce** kropslaai. ~**-neck(ed)** *adj. (gew. attr.)* rondenek=, rondehals= *(trui ens.).* ~**-nose(d)** rondeneus=. ~**-nose pliers** ronde tang. ~ **robin** rondklag= skrif; *(sport)* rondomtalietoernooi. ~**-shouldered** krom, ge= boë, met 'n krom rug. ~ **stone** keisteen. ~ **table** *(lett.)* ronde tafel; *(fig.)* konferensietafel; *(R~ T~)* Ronde Tafel *(v.d. Arturlegende); (R~ T~, int. diensorganisasie)* Tafelronde. ~**-table conference** tafelronde, onderhandelingskonferen= sie. ~**-the-clock** *adj. (attr.)* vier-en-twintig-uur- *(beskerming, bewaking, uitsending, ens.);* ~ *care* vier-en-twintig-uur-ver= sorging, dag-en-nag-versorging. ~ **trip** rondreis; rondvaart; rondvlug; heen-en-terug(-)reis, reis heen en terug. ~**up** opsomming; aankeerdery, klopjag. ~**worm** ronde-, spoel-, draad-, aalwurm, aaltjie.

**round·ed** gerond, rond; ~ *angle* geronde hoek; *a* ~ *sentence* 'n afgeronde sin; *a* ~ *spoonful* 'n hoogvol lepel. **round·ed·ness** gerondheid, welwing.

**roun·del** medalje; medaljon; kenteken *(op 'n mil. vliegtuig);* skyfie; *(pros.)* rondeau, rondeel; *(mus.)* rondedans.

**round·ers** *(balspel)* rounders.

**round·ing** ronding.

**round·ish** ronderig, rondagtig.

**round·ly** kortaf, botweg; ronduit, prontweg, vierkant; in 'n kring; sirkelvormig; vinnig; *tell s.o. ~ that ...* iem. ronduit sê dat ...

**round·ness** rondheid, rondte.

**roup** *n., (veearts.: hoendersiekte)* roep, aansteeklike katar, *(infml.)* (die) piep.

**rouse** wakker maak, wek; wakker word; opwek, aanspoor; opsweep, gaande maak; opja(ag); *~ s.o. to anger* iem. kwaad maak, iem. die harnas in ja(ag); *~ o.s.* wakker word; jou regruk; *~ s.o. (up)* iem. wakker skud. **rous·ing** opwekkend, besielend, inspirerend; kragtig; *~ applause* dawerende toejuiging; *~ reception* geesdriftige/warm ontvangs.

**roust** wakker maak, wek; opwek, aanspoor; uitwis; *(Am., infml.)* stamp, stoot; toetakel, bydam; lastig val, teister.

**roust·a·bout** handlanger, algemene werk(s)man; olieboorwerker.

**rout¹** *n.* wilde vlug, verpletterende ne(d)erlaag; lawaai, rumoer, oproer; *put s.o. to ~* iem. totaal verslaan, iem. op die vlug ja(ag). **rout** *ww.* totaal verslaan, op die vlug ja(ag).

**rout²** *ww.* uitdiep; verdiep; vroetel; *~ s.o. out* iem. uitwoel/uitja(ag)/opja(ag).

**route** *n.* weg, koers, roete; (aflewerings)roete, rond(t)e; *(Am.)* hoofpad; *en ~ to ...* op pad/weg *(of* onderweg*)* na ...; *follow a ~* 'n roete volg; *on the ~* op die roete; *take the longest/shortest ~* die langste/kortste roete/pad kies. **route** *ww.* roete(s) bepaal; roeteer, dirigeer *(na); ~ s.t. through De Aar etc.* iets oor De Aar ens. stuur *('n pakket ens.);* iets oor De Aar ens. laat loop *('n trein ens.).* *~ map* roetekaart. *~ march (hoofs. mil.)* buitemars, afstand(s)mars.

**route·ing, *(Am.)* rout·ing** roetebepaling; roetering, dirigering *(na).*

**rout·er¹** *(rek.)* roeteerder, versender.

**rout·er²** verdieper. *~ (plane)* verdiepskaaf.

**rou·tine** *n.* roetine, diensreëling; program; sleur; *the daily ~* die daaglikse roetine; die alledaagse/daaglikse sleur; *as a matter of ~* in die gewone loop van sake. **rou·tine** *adj.* gereeld, reëlmatig, daagliks, roetine-; alledaags; *~ call* vaste besoek; roetine-oproep; *(mil.)* roetinesinjaal. **rou·tine·ly** volgens die roetine.

**roux** roux, *(Fr. kookk.)* roux.

**rove** *n.* omswerwing; *on the ~* aan die rondswerf/-swerwe. **rove** *ww.* (rond)swerf, (rond)swerwe, dwaal; *(oë)* dwaal, rondkyk, -soek. **rov·er** swerwer, swerweling; losspeler; onbestendige minnaar. **rov·ing** *n.* swerwery, omswerwing. **rov·ing** *adj.* swerwend, dolend; reisend; *have a ~ eye* 'n dwalende oog hê; *~ life* swerwerslewe; *~ shot* verdwaalde/wilde skoot.

**row¹** *n.* (die) roei; roeitog. **row** *ww.* roei; *~ on a river* op 'n rivier roei. *~boat* roeiboot.

**row²** *n.* ry; reeks; *have a hard ~ to hoe* 'n swaar/moeisame taak hê; *in a ~* op/in 'n ry; op 'n streep, agter mekaar; *(infml.)* na mekaar, aaneen, agtereen(volgens); *in ~s* in rye, ry aan ry; *a ~ of ...* 'n ry ...; *stand in a ~* op/in 'n ry staan; *~ upon ~ of seats* rye-rye banke, die een ry banke op die ander.

**row³** *n., (infml.)* rusie, twis, struweling; rumoer, lawaai; skrobbering; *get into a ~, (infml.)* by/in 'n rusie/twis betrokke raak; *have a ~, (infml.)* rusie maak, twis; *kick up* (or *make) a ~, (infml.)* lawaai *(of* 'n herrie*)* maak/opskop; *kick up* (or *make) a ~ over s.t., (ook, infml.)* oor iets tekeregaan *(of* te kere gaan *(of* tekere gaan*); a ~ with s.o. over s.t., (infml.)* 'n rusie/twis met iem. oor iets. **row** *ww.* rusie maak; *~ with s.o., (infml.)* met iem. rusie maak; iem. 'n skrobbering gee.

**ro·wan:** *~ berry* lysterbessie.

**row·dy** *-dies, n.* lawaai-, rumoermaker, ruwe kêrel. **row·dy**
adj. lawaaierig; wanordelik, onordelik. **row·di·ness** lawaaierigheid, luidrugtigheid; oproerigheid. **row·dy·ism** lawaai(makery), herrie; oproerigheid, wanordelikheid.

**row·el** *n., (rykuns)* spoor(rat), wieletjie *(v. 'n spoor).* **row·el** *-ll-, ww.* spoor, die spore gee *('n perd).*

**row·er** roeier.

**row·ing** (die) roei, roeiery; roeisport. *~ boat* roeiboot(jie). *~ machine* roeimasjien.

**roy·al** *n., (infml.)* koninklike. **roy·al** *adj.* koninklik, vorstelik, van die konings-/vorstehuis, konings-, vorste-; rojaal; puik, uitstekend, eersteklas; *~ couple* koningspaar; *Your/Her/His R~ Highness* U/Haar/Sy Koninklike Hoogheid; *the ~ house* die konings-/vorstehuis *(of* koninklike huis); *in ~ spirits* uiters vrolik/opgewek; *~ visit* koningsbesoek, koninklike besoek, vorstebesoek; *the ~ we, (ook skerts.)* koninklike meervoud, pluralis majestatis. **R~ Academy** Koninklike Akademie. **R~ Air Force** *(Br.)* Koninklike Lugmag. *~ assent* koninklike goedkeuring *(v. 'n wetsontwerp).* *~ blue* koningsblou. **R~ Commission** *(Br.)* koninklike kommissie van ondersoek. *~ family* koningsgesin; koninklike familie. *~ fern* koningsvaring. *~ flush (poker)* suite met 'n aas. *~ jelly* prinsesselei *(v. bye).* **R~ Navy** *(Br.)* Koninklike Vloot. *~ road* koninklike weg; maklike weg; *the ~ ~ to ...* die maklike weg na ... *~ warrant* koninklike besluit/bevelskrif.

**roy·al·ist** *n.* koningsgesinde, rojalis. **roy·al·ist** *adj.* koningsgesind, rojalisties. **roy·al·ism** koningsgesindheid, rojalisme.

**roy·al·ly** op koninklike/vorstelike wyse, koninklik, vorstelik; heerlik.

**roy·al·ty** koningskap; die konings-/vorstehuis, die koninklike familie, vorstelike persone; winsaandeel; tantième, tantieme; outeursaandeel; -geld, skrywerspersentasie; vrugreg; patenthouersaandeel, -reg; eienaarsaandeel, -reg; staatsaandeel; mynreg; huurtol.

**rub** *n.* (die) vrywe, vrywing; vryf-, smeermiddel; moeilikheid, onaangenaamheid; hinderpaal, knoop; *give s.t. a ~* iets ('n bietjie) opvryf/-vrywe; *the ~ of the green, (gh.)* die toeval op die baan; *(infml.)* 'n (on)gelukkige toeval; *there's the ~* daar lê die moeilikheid/ding *(of* sit die knoop/haakplek). **rub** *-bb-, ww.* vryf, vrywe; poets, opvryf, -vrywe, blink maak; *~ against ...* teen ... skuur; *~ along/on/through* regkom, deurkom; *~ along (together* or *with s.o.)* oor die weg kom *(met mekaar/iem.);* *~ o.s. down* jou afdroog; *~ s.t. down* iets droog-/glad-/skoonvryf, -vrywe; iets roskam *('n perd);* *~ one's eyes* jou oë uitvryf/-vrywe; *~ s.t. in* iets invryf/-vrywe; *~ it in* dit onder iem. se neus vryf/vrywe; *don't ~ it in* moenie sout in die wond vryf/vrywe nie; moenie (so) daarop hamer nie; *~ s.t. off* iets afvryf/-vrywe; *... ~s off on s.o. ...* beïnvloed *(of* het 'n uitwerking op) iem.; *~ off on s.t.* op iets afgee; *~ s.t. out* iets uitvryf/-vrywe; iets uitvee; *not have two pennies to ~ together* geen *(of* nie 'n) (blou[e]) duit besit nie; *~ s.t. up* iets opvryf/-vrywe/poets/poleer, iets blink maak; iets opknap/opfris *(kennis).* **~down** *n.: give s.t. a ~* iets droog-/glad-/skoonvryf, -vrywe; iets roskam *('n perd).* *~ joint* vryflas. **~stone** vryfsteen. **~-up** *n.* polering.

**rub-a-dub** *n., (onom.)* rataplan, getrommel, geroffel. **rub-a-dub** *-bb-, ww.* trommel, roffel.

**ru·ba·to** *(It., mus.)* rubato, (in 'n) vrye tempo.

**rubbed** gevryf, gevrywe; *~ effect* mat effek; *~ face/surface* gevryfde vlak; pasvlak *(v. 'n steen).* *~ joint* vryflas.

**rub·ber¹** rubber, gomlastiek; uitveër, wisser; *(Am., infml.: kondoom)* effie; vryf-, poetsdoek, -lap; *(elek.)* vryfkussing; vrywer; masseur; *(ook, i.d. mv., Am.)* rubber-, waterstewels, oorskoene. **~band, elastic band** rekkie. **~bullet** rubberkoeël. *~ cheque (infml.)* ongedekte/gedishonoreerde tjek. **~duck** rubberboot. **~neck** *(infml.)* nuuskierige, rondkyker; *(toeris)* ky'daar. *~ plant* rubberplant. *~ stamp n.* rubberstempel, -tjap; *(fig.)* rubberstempel. **~-stamp** *ww.* stempel, tjap; *(infml.)* outomaties goedkeur. *~ tree* rubberboom.

**rub·ber²** *(sport)* reeks; *square the* ~ die reeks deel.

**rub·ber·ise,** =ize met rubber/gomlastiek behandel. **rub·ber·is·ing,** =iz·ing rubberbehandeling.

**rub·ber·y** rubberagtig, rubberig; (so taai) soos rubber *(vleis ens.)*; wankelrig *(bene)*.

**rub·bing** (die) vrywe, gevryf; vryfsel, vryfafdruk, vryfprent; smeersel.

**rub·bish** vuilgoed, vullis, afval; (waardelose) rommel; bog, snert, onsin, kaf(praatjies); gekheid; prulwerk; *the book/movie/show/etc. is* ~ die boek/fliek/vertoning/ens. is snert/gemors, dis 'n snertboek/=fliek/=vertoning/ens.; *(oh)* ~*!* (watse) onsin/nonsens/nonsies!, (ag,) twak (, man)!; *it's so much* ~ dis pure kaf. ~ **bin** vullisblik, =bak, asblik, vuilgoedblik. ~ **chute** vullisgeut. ~ **collector** vullis=, vuilgoedverwyderaar. ~ **dump** vullis=, vuilgoed=, afvalhoop, stortterrein. ~ **heap** vullis=, ashoop; *relegate s.t. to the* ~ ~, *(hoofs. fig.)* iets op die ashoop gooi. ~ **removal,** ~ **collection** vullisverwydering. ~ **tip** stortterrein. **rub·bish·y** bogterig, twakkerig.

**rub·ble** puin, rommel; ru=klip; steenslag. ~ **dump** puin= hoop.

**ru·bel·la** *(med.)* rubella, Duitse masels, rooihond.

**ru·be·o·la** *(med.)* rubeola, masels.

**Ru·bi·con** *(geog.)* Rubicon; *cross the* ~, *(idm.: d. beslissende stap doen)* die Rubicon oorsteek.

**ru·bi·cund** rooi, blo(e)send. **ru·bi·cun·di·ty** rooiheid, blo(e)= sende kleur.

**ru·bid·i·um** *(chem., simb.:* Rb*)* rubidium.

**ru·bric** rubriek; afdeling; hoofstuk; titel; kanttekening *(in 'n wet)*.

**ru·by** *n.* robyn; robynkleur; *be above rubies* onskatbaar wees. **ru·by** *adj.* robynkleurig. ~ **red** robynrooi. ~ **wedding** *(40ste huweliksherdenking)* robynbruilof.

**ruche** *(naaldw.)* ruche. **ruch·ing** ruchewerk, ruches.

**ruck¹** *n.* trop, hoop, klomp, massa; *(rugby)* los=, trapskrum; →MAUL *n.*. **ruck** *ww.* saamdrom, saampak, maal; *(rugby)* 'n losskrum vorm. **ruck·ing** losskrumspel.

**ruck²** *n.* kreukel, plooi, vou. **ruck** *ww.* kreukel, plooi, vou; ~ *up, (klere)* opkreukel, =trek, =kruip.

**ruck·sack** rugsak, knapsak.

**ruck·us** rusie, bakleiery; rumoer, lawaai.

**ruc·tion** *(infml.)* rumoer, lawaai, herrie; relletjie, struweling, bakleiery; *(ook, i.d. mv.)* onenigheid, twis, rusie; moeilikheid; *there will be* ~*s* daar sal 'n herrie wees *(of* moleste kom).

**ru·da·ceous** *adj., (geol.)* grofklasties, gruisig, gruis= *(gesteen= te)*.

**rud·der** roer, stuur; rigtingsroer *(v. 'n vliegtuig)*. **rud·der·less** stuurloos; ontredder(d), koersloos.

**rud·dy** *adj.* blo(e)send, rossig, rooi; *(Br., infml., vero., euf.:* bloody*)* vervlakste, verbrande; ~ *complexion* blo(e)sende (gelaats)kleur; ~ *health* blakende gesondheid. **rud·dy** *ww.* rooi maak; rooi verf.

**rude** onbeskof, ongeskik, onmanierlik; lomp, kru, obseen, vulgêr *(humor ens.)*; *a* ~ **answer** 'n skewe/dwars antwoord; *a* ~ **awakening** 'n ontnugtering; *a* ~ **shock** 'n hewige skok; *be* ~ **to** *s.o.* onbeskof wees teenoor iem.. **rude·ly** onbeskof, ongemanierd. **rude·ness** onbeskoftheid.

**ru·di·ment** grondslag; beginsel; aanleg; half ontwikkelde orgaan; oorblyfsel; rudiment; *(ook, i.d. mv.)* grondslae, eerste beginsels, grondbeginsels. **ru·di·men·ta·ry** begin=, ele= mentêr; onontwikkel(d), onvolledig; rudimentêr.

**rue¹** *ruing, rueing, ww.* betreur, berou hê oor/van; *s.o.'ll (live to)* ~ *it* (or ~ *the day)* iem. sal dit (nog) berou. **rue·ful** droe= wig, bedroef; meewarig. **rue·ful·ness** droewigheid, bedroefd= heid.

**rue²** *n.* wynruit. ~ **oil** wynruitolie.

**ruff¹** *n.* plooi=, pypkraag; plooi; kraagduif; *(orn.)* kemphaan. **ruff** *ww.* plooi; plooie aanbring, van plooie voorsien.

**ruff²** *n., (kaartspel)* (die) troef. **ruff** *ww.* troef, aftroef.

**ruf·fi·an** booswig, skurk, boef. **ruf·fi·an·ly** skurkagtig, woes, gemeen.

**ruf·fle¹** *n.* rimpeling; plooi; valletjie; storing, steurnis, ver= warring. **ruf·fle** *ww.* deurmekaar maak; frommel; plooie aanbring, (in)plooi; valletjies aanbring; vererg, versteur, ver= stoor; in die war bring; ontstel, ontstem; ~ *s.o.'s feathers* iem. kwaad maak *(of* vererg); *nothing* ~*s him/her* niks bring hom/ haar van stryk (af) nie. **ruf·fled:** ~ *hair* deurmekaar hare.

**ruf·fle²** *n.* roffel *(op 'n tamboer)*.

**ru·fous** rooibruin; geelbruin; rooiagtig.

**rug** *n.* mat, vloerkleedjie, tapytjie; reiskombers, (reis)deken; *pull the* ~ *(out) from under s.t.* (or *s.o.['s feet])*, *(fig.)* die mat onder iets *(of* iem. [se voete]) uitpluk/uitruk/uittrek, iem. pootjie. ~ **rat** *(Am., infml.)* kruipkind.

**rug·by** rugby. ~ **ball** rugbybal. ~ **football** rugbyvoetbal. ~ **league** rugbyliga. ~ **player** rugbyspeler. ~ **union** rugbyunie, =bond.

**rug·ged** ru, ruig, ongelyk; kragtig, sterk, grof (gebou), ro= buus; taai, gehard; ~ *habits, (ook)* takhaargewoontes. **rug· ged·ness** ruigheid; oneffenheid; stoerheid; weerstandsver= moë, taaiheid.

**rug·ger** *(hoofs. Br., infml.)* = RUGBY. ~**bugger** *(SA sl.)* rugby= buffel; rugby-braaivleis-en-bier-man.

**ru·gose** *(hoofs. biol.)* gerimpel(d), rimpel(r)ig, geriffel(d); geplooi(d), gevou. **ru·gos·i·ty** gerimpeldheid.

**Ruhr:** *the* ~ *(river)* die Ruhr; *the* ~ *(district)* die Ruhrgebied.

**ru·in** *n.* ruïne, bouval, murasie; puinhoop; ondergang, on= geluk, verderf; *be the* ~ *of s.o.* iem. se ondergang wees; *bring about s.o.'s* ~ iem. se ondergang/val bewerk; *bring s.o. to* ~ iem. ruïneer; iem. in die ongeluk stort; *fall into* ~*(s), go to* ~ verval, bouvallig word, in puin val; *go to* ~, *(ook, fig.)* in duie stort/val; *s.t. is/lies in* ~*s, (lett.)* iets lê/is in puin; *(fig.)* iets het in duie gestort/geval. **ru·in** *ww.* ruïneer, rinneweer, bederf, verniel; tot 'n val bring; vernietig; *be* ~*ed* ten onder gaan; ~ *one's eyes* jou oë bederf; *s.o.'s hopes were* ~*ed* iem. se verwagtinge is die bodem ingeslaan; ~ *o.s.* jou eie *(of* self jou) ondergang bewerk; ~ *one's prospects* jou kanse bederf. **ru·in·a·tion** ongeluk, verderf(enis), ondergang; verwoesting, vernieling. **ru·in·ous** verderflik, nadelig; vervalle, bouvallig.

**rule** *n.* reël, bepaling, reglement, wet; voorskrif; *(jur.)* bevel; lewensreël, leefreël; rigsnoer, stelreël; maatstaf, standaard; bestuur, bewind, regering; beheer, beheersing; liniaal, maat=, meetstok; *(tip.)* streep; lyn; *(ook, i.d. mv.)* reglement; *against the* ~*s* teen die reëls; *apply/enforce the* ~*s* die reëls toepas; *as a (general)* ~ oor/in die algemeen, gewoonlik, in die reël; *bend the* ~*s* die reëls uitlê soos dit jou pas; *break the* ~*s* die reëls oortree; *(fixed)* ~ stelreël; rigsnoer; ~*s of the game, (sport ens.)* speelreëls, reëls van die spel; *(infml.: sosiale/ens. konvensies)* hoe dit hoort, hoe dinge gedoen word; *a* ~ *to go by* 'n reël om te volg; *a hard and fast* ~ 'n bin= dende/vaste reël; *keep/stick to the* ~*s* die reëls nakom *(of* in ag neem); *the* ~ *of law* regsoewereiniteit, oppergesag van die reg; *lay down a* ~ 'n reël voorskryf/=skrywe; *make it a* ~ (or *make a* ~ *of it) to* ... 'n reël daarvan maak om te ...; ~ *of play* spelreël; *the* ~*s and regulations* die reglement; *a standing* ~ 'n vaste/vasstaande reël; 'n erkende gebruik; *a* ~ *of thumb* 'n praktiese reël/metode; *under s.o.'s* ~ onder iem. se bewind; *work to* ~ presies/streng volgens reël werk, stadig werk, sloerstaak. **rule** *ww.* regeer, bestuur, beheer; bedwing, beheers; heers, heerskappy voer; bepaal, vasstel; beslis; lyn, linieer, strepe trek; ~ *against s.t.* teen iets beslis; ~ *s.t. off* 'n streep onder/langs iets trek; ~ *s.t. out* iets uitsluit; iets buite beskouing/rekening laat; *that is* ~*d out* dit is uitgeslote; ~ *(over)* ... oor ... heers, ... regeer; ~ *the roost* baasspeel, die lakens uitdeel. ~**book** reëlboek; *go by the* ~, *(infml.)* streng by die reëls hou.

**rul·er** heerser, vors, regeerder, maghebber; liniaal; ~ *of the world* wêreldheerser.

**rul·ing** *n.* beslissing, uitwysing; *give a* ~ 'n beslissing gee.
**rul·ing** *adj.* heersend; geldend; ~ **grade** bepalende hel=
ling; ~ **idea** leidende gedagte, hoofgedagte; ~ **passion**
oorheersende hartstog; ~ **price** markprys, heersende prys.
**rum**[1] *n.* rum.
**rum**[2] *adj.,* (*Br., infml., vero.*): *the* ~ *thing is that* ... die eien=
aardige/vreemdheid is dat ...
**Ru·ma·ni·a** →ROMANIA.
**rum·ba, rhum·ba** (*Kubaanse dans*) rumba.
**rum·ble** *n.* gerommel, gedreun; gebrom; gemor, gemur=
mureer; (*Am., infml.*) bende=, straatgeveg. **rum·ble** *ww.*
rommel, dreun; (*Br., infml.*) blootlê (*iem. se planne*), aan die
kaak stel (*iem.*); (*Am., infml.*) by/in 'n bende=/straatgeveg
betrokke wees; ~ *along* voortdreun; *the thunder* ~*s* die
donder rommel. ~ **strip** dreunstrook (*op 'n pad*). **rum·bling**
gerommel; gebrom.
**rum·bus·tious** uitbundig, rumoerig, luidrugtig, lawaaierig;
weerbarstig, wild.
**ru·men** -*mens,* -*mina* grootpens. **ru·mi·nant** *n.* herkouer,
herkouende dier. **ru·mi·nant** *adj.* herkouend. **ru·mi·nate** her=
kou; ~ *about/on/over s.t.* iets oorpeins, nadink (*of diep dink*)
oor iets. **ru·mi·na·tion** herkouing; oorpeinsing, mymering.
**ru·mi·na·tive** peinsend, mymerend, nadenkend.
**rum·mage** *n.* (die) deursoek, deursnuffeling, visentering.
**rum·mage** *ww.* visenteer, (deur)snuffel, deursoek; deur=
mekaar maak, omkrap; vroetel, snuffel, rommel, skarrel; ~
*in s.t.* in iets snuffel (*'n laai ens.*). ~ **sale** rommelverkoping.
**rum·mer** (*groot wynglas*) roemer.
**rum·my** *n., (kaartspel*) rummy, rommé.
**ru·mour,** (*Am.*) **ru·mor** *n.* gerug; riemtelegram; *there are*
~*s* (*abroad*), ~*s are* **afloat** (*or going* **around/round**) gerugte
doen die rond(t)e (*of is in omloop*); *deny a* ~ 'n gerug ontken;
~ *has* it that ... die gerug wil (*of* hulle sê) dat ..., volgens die
gerug het/is ...; *hear a* (*vague*) ~ *that* ... 'n voëltjie hoor fluit
dat ... (*infml.*); *an idle* ~ 'n los gerug; *put about* (*or spread*) *a*
~ 'n gerug versprei (*of* in omloop bring); *quash/scotch a* ~
'n gerug die nek inslaan. **ru·mour,** (*Am.*) **ru·mor** *ww.: it is*
~*ed that* ... daar gaan gerugte (rond) (*of* hulle sê *of* die storie
gaan) dat ... (*infml.*) ~~-**monger** nuus(aan)draer, gerugstrooier. ~~-
**mongering** nuus(aan)draery, gerugstrooiery.
**rump** kruis, stuit; (*hoofs. skerts.*) stuitjie, agterste; agterste
deel; (*vleissnit*) kruisstuk; oorskot, restant. ~ **bone** stuitbeen.
~ **steak** kruisskyf.
**Rum·pel·stilts·kin** (*sprokie*) Repelsteeltjie.
**rum·ple** kreukel, vou, verfrommel; deurmekaar maak; ver=
fomfaai; ~*d hair* deurmekaar hare; ~*d suit* verkreukelde
pak. **rum·ply** verkreukel, verfrommel.
**rum·pus** opstootjie, rusie, bakleiery, herrie, relletjie, moles;
*cause a* ~, (*infml.*) 'n herrie veroorsaak; *kick up* (*or make*) *a* ~,
(*infml.*) 'n herrie opskop. ~ **room** (*Am., Austr.*) speelkelder.
**rump·y** *n.* stompstertkat; →MANX CAT. ~~-**pumpy** (*Br., skerts:
seks*) gekafoefel, kafoefelry.
**run** *n.* hardloop=, drafsessie; wedloop; veldloop; wedren;
rit(jie), tog(gie), uitstappie; afgelegde afstand; aanloop (*v.
'n vliegtuig*); (*mil.*) krygs=, vegvlug; bomaanval; (*kr.*) lopie;
hardlooppas; stroom=, getyloop; stroompie, loop, lopie,
spruitjie; kampie; loophok, (hoender)kamp; skihelling; geut,
voor; (*mynb.*) strook, ertsaar; stuk, lengte (*v. pype ens.*); leer
(*in 'n kous*); toeloop; opeenvolging, reeks; klas; serie, reeks
(*v. 'n tydskrif ens.*); (*teat.*) speelvak; *do s.t. at a* ~ iets op 'n
draf doen; *the* **book** *is having a considerable* ~ daar is 'n
aansienlike vraag na die boek; *it was a close* ~ dit was so
hittete; *the* **common/general/ordinary** ~ *of* ... die deursnee-/deursnit-...; *make a* **dry** ~ 'n oefenlopie
doen; *there is a* ~ *of fish* die vis loop; *the general* ~ *of affairs*
die gewone loop van sake; *get/make* ~*s,* (*kr.*) lopies kry/
aanteken; *go for a* ~ 'n ent gaan draf/hardloop; *go on the* ~

op loop gaan/sit; *have the* ~ *of a house* oral(s) mag gaan in
'n huis; vrye toegang tot 'n huis hê; *the* ~ *of the* **hills** *is west*
die heuwels loop in 'n westelike rigting; *in the* **long** ~ op die
lange duur; mettertyd; op lang termyn; *s.o. has a* ~ *of* **luck**
dit gaan voor die wind met iem.; *make* ~*s* →**get/make;**
*make a* ~ *for it* weghardloop, vlug; *have a* (good) ~ *for one's*
**money** (goeie) waarde vir jou geld kry; (*infml.*) nie vergeefs
moeite doen nie; *give s.o. a* (good) ~ *for his/her* **money** iem.
sterk teen=/teëstand bied; *be on the* ~ op die vlug (*of*
voortvlugtig) wees; *have s.o. on the* ~ iem. op loop ja(ag); *s.o.
was shot on the* ~ iem. is in die hardloop geskiet; *a* ~ *on s.t.*
'n groot vraag na iets (*goudaandele ens.*); *the* **ordinary** ~ *of*
... →**common/general/ordinary;** *have a long/extended/un=
interrupted* ~ *of* **power** lank/ononderbroke aan die bewind
bly; *in the* **short** ~ op kort termyn; *with a* ~ met 'n vaart.
**run** *ran run, ww.* hardloop, hol; (*sk.*) (met die wind reg van
agter) vaar; (*migrerende vis*) loop; (rond)skarrel; stroom,
vloei; (*kleurstof*) vloei; traan, drup; smelt; bestuur; laat loop/
werk, bedien, hanteer ('*n masjien ens.*); ('*n masjien ens.*) loop,
werk, in werking wees, funksioneer; publiseer, plaas (*in 'n
blad*); smokkel; ~ **about** rondhardloop; ~ **across** *s.o.* iem.
raakloop; ~ *an* **advertisement** 'n advertensie plaas; ~ **after**
*s.o.* agter iem. aanhardloop, iem. agternahardloop; iem. ag=
ternaloop; ~ **after** *s.t.* iets naja(ag); *the* **ship** *has* ~ **aground/
ashore** die skip het gestrand (*of* op die strand geloop); ~
**ahead** vooruithardloop, ~ **ahead** *of things* dinge vooruitloop;
~ **along!,** (*infml.*) weg is jy!; ~ *at* ... op ... afstorm, ...
stormloop/bestorm; ~ **away** weghardloop, die loop neem;
wegloop; dros; ~ **away** *from s.o.* vir iem. weghardloop;
(onder) iem. uithardloop; ~ **away** *from s.t.* iets ontwyk/
ontduik; ~ **away** *with s.o.* met iem. wegloop; ~ **away** *with
s.t.* iets maklik wen; ~ *s.t.* **back** iets laat terugloop ('*n film,
band, ens.*); ~ *the* **ball** *along the line,* (*rugby*) die bal langs die
agterlyn laat loop; ~ **behind** agter wees; ~ **s.** *s.t.* **by/past** *s.o.*
iets aan iem. toets; ~ *s.o.* **close** op iem. se hakke wees; iem.
amper/byna ewenaar; ~ **concurrently** saamval; *the sentences*
~ **concurrently** die vonnisse is gelyklopend; ~ **counter** *to*
... met ... in stryd wees; ~ **down** opraak; agteruitgaan; ('*n
horlosie, rivier, ens.*) afloop; ~ *s.o./s.t.* **down** iem./iets omry;
iem./iets slegmaak; iem./iets opspoor; ~ *s.t.* **down,** (*ook*) iets
afbreek/aftakel; *be* ~ **down** afgewerk wees; ('*n horlosie*)
afgeloop wees; *s.t.* ~*s* **down** *to* ... iets loop/strek tot by ...; ~
**dry** opdroog; leegloop, leeg raak; droogloop; *s.o.'s* **eyes** ~
iem. se oë traan; ~ **fast** vinnig hardloop; ~ *as* **fast** *as one can*
hardloop so al wat jy kan; ~ *for* ... hardloop om ... te haal (*d.
bus ens.*); ('n) kandidaat vir ... wees ('*n amp*); ~ *for* it
weghardloop; ~ **from** ... van/vir ... weghardloop; *the period*
~*s from* ... *to* ... die tydperk loop van ... tot ...; ~ **hard** vinnig
hardloop; ~ **high,** (*koers ens.*) hoog wees; (*verwagtings ens.*)
hooggespanne wees; (*opgewondenheid ens.*) (hoog) styg; (*d.
gemoedere ens.*) gaande wees, hoog loop; ~ *in* inhardloop;
inloer (*by iem.*), 'n vlugtige besoek aflê; ~ *in among the people*
onder/tussen die mense in hardloop; ~ *s.o. in,* (*infml.*) iem.
gevange neem; ~ *s.t. in* iets inry ('*n motor ens.*); iets laat
inloop ('*n masjien*); ~ *in three tries,* (*rugby*) drie keer gaan
druk; ~ *into* ... teen ... vasloop/bots (*iem., iets*); in ... beland
(*moeilikheid*); ... raakloop/teëkom/teenkom (*iem.*); ... raak ry,
teen ... vasry (*iem., iets*); in ... raak (*d. skuld, moeilikheid, ens.*);
... ondervind ('*n probleem ens.*); *the book ran* **into** *four editions*
die boek het vier drukke beleef/belewe; *a salary running*
**into** *seven figures* 'n sewesyfersalaris; *water* ~*s* **into** ... water
loop in ... (*in*) ('*n emmer ens.*); *let water* ~ **into** ... water in ...
laat (in)loop ('*n emmer ens.*); ~ *a car* **into** ... met 'n motor
teen ... vasry ('*n boom ens.*); ~ *for one's* **life** vir jou lewe
hardloop; ~ *like* **hell/mad,** (*infml.*) die wêreld skeur; ~ **loose**
los loop, vry loop; vir kwaadgeld rondloop; *s.t.* ~*s* **low** iets word min
(*of* raak op *of* is amper/byna op); ~ *to* **meet** *s.o.* iem.
tegemoethardloop; ~ **off** weghardloop; wegloop; afvloei,
afloop; ~ *s.t.* **off** iets afdruk (*druk*); iets aframmel (*name, sy=
fers, ens.*); ~ **off** *with* ... met ... wegloop; saam met ... wegloop;

~ **on** voorthardloop; (voort)babbel; verbygaan; *(teks)* aan-loop; ~ **on** petrol, *('n voertuig)* met petrol loop; ~ **out** uit-hardloop, na buite hardloop; *(vloeistof, sand, ens.)* uitloop, =stroom; opraak; *('n termyn ens.)* verstryk; *('n kontrak ens.)* afloop; *(tyd)* kort/min raak; *let s.t.* ~ **out** iets laat uitloop *(water ens.)*; ~ *o.s.* **out** jou flou hardloop; ~ *s.o.* **out,** *(kr.)* iem. uitloop; ~ *s.t.* **out** iets afrol/=wikkel *('n tou ens.)*; *s.o.* has ~ **out** of ... iem. se ... is op *(of* het opgeraak) *(geld, geduld, ens.)*; *time is* ~*ning out* die tyd raak kort/min; ~ **out** *on s.o.* iem. verlaat; iem. in die steek laat; ~ **over,** *('n dam ens.)* oorloop/oorry; ~ **over** *s.t.* iets oor-/nagaan; ~ **over** *s.o.* iem. omry; ~ **over** *to* ... na ... oorloop *('n ander bladsy)*; ~ **over** *with* ... oorloop van ... *(geesdrif ens.)*; ~ ... **over** *s.t.* ... oor iets laat gaan/gly *(vingers ens.)*; ~ **past** *s.o./s.t.* by iem./iets verbyhardloop; ~ *s.t.* **past** *s.o.* →*by/past;* ~ *(through) a red (traffic) light, (infml.)* deur 'n rooi (verkeers)lig ja(ag); ~ **second** tweede wees/eindig; ~ **short** *of s.t.* iets kortkom; *s.t. ran short* iets het skaars geword *(of* opgeraak) *; a stocking* ~*s* 'n kous leer; *the story* ~*s that* ... daar word vertel dat ...; ~ *s.t.* **through** iets deursteek; ~ **through** *s.t.* iets vlugtig deurlees; ~ *one's fingers* **through** one's hair jou vingers deur jou hare stoot; ~ *s.o.* **through** *with s.t.* iem. met iets deurboor *('n bajonet ens.)*; *it* ~*s* *to* ... dit beloop ...; ~ **together** saam hardloop; inmekaar loop; vervloei; *a tune* ~*s in s.o.'s head* 'n deuntjie draai in iem. se kop; ~ **up** aangehardloop kom; *('n bouler ens.)* 'n aanloop neem; ~ *s.t.* **up** iets maak *(skuld)*; iets laat oploop *(rekenings)*; iets hys *('n vlag)*; ~ **up** *against s.t.* op iets stuit *(teenstand, 'n probleem, ens.)*; ~ *before one can* **walk,** *(idm.)* loop voor(dat) jy kan kruip; ~ **wild** vry (rond)loop; wild tekeregaan *(of* te kere gaan *of* tekere gaan); verwilder; *(plante)* vervuil; ~ **with** *s.t.* met iets voortgaan; iets versprei/bemark/bekendstel *(of* bekend stel). ~**about** *n.* ligte motor. ~-**around** *n., (infml.)* ontwyking; *give s.o. the* ~ iem. (se versoeke/vrae) ontwyk. ~**away** *n.* droster, vlugteling, weg-loper. ~**away** *adj.* voortvlugtig, *(attr.)* weggelopte, weg-loop=; verlope; op hol/loop, *(attr.)* weghollende, weghol-=; ~ *inflation* wegholinflasie; ~ *marriage* skelm trouery; ~ *vic-tory* reuse-, wegholoorwinning, doodmaklike oorwinning; *score a* ~ *victory* speel-speel/fluit-fluit wen; los voor loop. ~**down** *n.* oorsig; verslag; verslapping, teruggang; aftakeling; ontleding; *give s.o. a* ~ *on s.t.* iem. 'n oorsig van iets gee. ~**down** *adj.* gedaan, afgerem, afgewerk; veragter(d); vervalle; ~ *battery/watch* afgelopte battery/horlosie. ~**in** *n.* aanvlug; *(infml.)* rusie, onderonsie. ~**off** *n.* afloop, =vloei; afloopwa-ter; beslissende wedloop. ~**off election** herstemming. ~**-of-the-mill** *adj.* alledaags, gemiddeld, deursnee=, gewoon. ~**out** *n., (kr.)* uit(hard)loopkans; *(meg.ing.)* waggeling. ~**-time** *(rek.)* looptyd *(v. 'n program)*. ~**-through** *n.* repetisie; oefen=, proeflopie; kort oorsig/opsomming/samevatting; *give s.t. a* ~ iets vinnig deurlees. ~**-up** *n.* aanloop; aanvlug; proefdraai *(v. 'n motor); take a long* ~ 'n lang aanloop neem; *in the* ~ *to* ... in die tyd voor *(of* aan die vooraand van) ... ~**way** baan; stygbaan, aanloopbaan, landingsbaan; glyplank; groef; spon-ning.

**rune** *(ou Germ. letter)* rune; geheimsinnige/magiese teken; runelied. **ru·nic** runies, rune=; ~ *alphabet* rune-alfabet; ~ *cross* Keltiese kruis; ~ *writing* runeskrif.

**rung** sport; *the lowest* ~ die onderste sport.

**run·nel** riviertjie, stroompie, loop; slootjie; geut.

**run·ner** (hard)loper; boodskapper, (ren)bode; konstabel; wer-wer, agent; smokkelaar; masjienbediener; loper, gangtapyt; *(bot.)* rank, uitloper; hysdraad; leibalk; skuifring; stutplank; draer *(by steiers ens.)*; skaats; loopvoël; loper, yster *(v. 'n slee)*; deelnemer *(aan 'n perdewedren)*; gleuf; gietvoor. ~ **(bean)** rank=, klimboon(tjie). ~ **block** hysblok. ~ **crop** rankgewas. ~ **fuse** snellont. ~ **guide** katrolbaan. ~**-up** naaswenner, naas-beste, tweede pryswenner; *s.o. was the* ~ iem. was tweede.

**run·ning** *n.* (die) loop; (die) hardloop; *the* ~ *aground/ashore of* ... die stranding van ...; *be in the* ~ *for s.t.* vir iets in

aanmerking kom, 'n (goeie) kans hê om iets te kry; *make (most of)* (or *take up*) *the* ~ die voortou neem; die toon aangee; *be* **out** *of the* ~ geen kans hê nie, nie in aanmerking kom nie, uitgesak het; nie meetel nie. **run·ning** *adj.* lopend *(water, seer, ens.)*; deurlopend, ononderbroke, onafgebroke, agtereenvolgens; vlietend; loperig *(neus ens.); three days* ~ drie dae aanmekaar/aaneen. ~ **account** lopende rekening. ~ **allowance** gebruikstoelaag, =toelae. ~ **battle** lopende geveg. ~ **board** treeplank. ~ **commentary** (deur)lopende kommentaar. ~ **costs** bedryfskoste, lopende koste; loop=, rykoste. ~ **debts** lopende skulde. ~ **gear** loopwerk *(v. 'n voertuig); (sk.)* lopende tuig. ~ **head(line),** ~ **title** lopende opskrif; kolomhofie, =titel. ~ **joint** streklas. ~ **jump,** ~ **leap** aanloopsprong; *go take a* ~, *(infml.)* loop vlieg. ~ **knot** skuifknoop. ~ **light** *n. (dikw. i.d. mv.), (sk.)* navigasie=, vaarlig. ~ **mate** *(hoofs. Am.)* span=, stalmaat; medekandidaat. ~ **order:** *in* ~ ~ in werkende toestand. ~ **repairs** *n. (mv.)* lopende herstelwerk; *(spw., mynb., ens.)* bedryfsherstelwerk. ~ **shoe** hardloopskoen. ~ **start** aanloop. ~ **time** looptyd; draaityd *(v. 'n film)*.

**run·ny** lopend *(iem. se neus, maag, ens.)*; vloeibaar; loperig *('n mengsel, omelet, stroop, ens.);* dun *(room)*; gesmelt *(botter ens.);* ~ *eyes* waterige/tranerige oë; ~ *nose, (ook)* loopneus.

**runt** kleinste varkie/ens. *(v. 'n werpsel); (neerh.)* dwerg; (groot) Spaanse duif.

**ru·pee** *(geldeenh. v. Ind., Pakistan, ens.)* roepee.

**ru·pi·ah** *(geldeenh. v. Indon.)* roepia.

**rup·ture** *n., (ook med.)* breuk, bars, skeur, ruptuur; splitsing; tweespalt, skeuring. **rup·ture** *ww.* breek, bars, (in)skeur; verbreek; 'n breuk kry.

**ru·ral** landelik, plattelands; landbou=, agraries; ~ *districts* buitedistrikte, platteland; ~ *economy* landbou-ekonomie. **ru·ral·i·ty** landelikheid.

**ruse** streek, lis, kunsgreep; oëverblindery.

**rush**[1] *n.* biesie, riet; *(i.d. mv.)* ruigte; *bed of* ~*es* rietkooi; *not worth a* ~ niks werd nie. ~ **carpet,** ~ **mat** biesiemat.

**rush**[2] *n.* vaart, haas; stormloop; toestroming, toeloop; druk-te; *(dwelmsl.)* ekstase, euforie; *(i.d. mv., filmk.)* eerste onge-redigeerde opnames) snellers, spoed-, vlugafdrukke; *come with a* ~ met geweld kom; *a* ~ *for* ... 'n groot vraag na ...; *make a* ~ *for* ... na ... toe storm; op ... afstorm; storm om ... te kry; *what's the/your* ~*?* waarheen is die/jou haas?, hoekom so haastig? **rush** *ww.* hardloop, hol, storm; stroom; snel; yl; oorrompel; bestorm, stormloop, ja(ag), voortsnel; oorhaas; aanja(ag); ~ *about/around* rondja(ag), =jakker; ~ *at* ... (na) ... storm, ... stormloop/(be)storm, op ... afstorm; *be* ~*ed* min tyd hê; gejaag(d) wees; *refuse to be* ~*ed* jou nie laat aanja(ag) nie; ~ *in* instorm; sterk invloei; ~ *into s.t.* iets in-/binnestorm *('n kamer ens.)*; iets oorhaastig doen *('n besluit neem ens.)*; ~ *matters* oorhaastig wees *(of* te werk gaan); ~ *out* uitstorm; sterk uitvloei; ~ *s.t.* **out** iets inderhaas uitstuur; ~ *past* verbyja(ag); ~ **past** *s.o.* by iem./iets verbyja(ag); ~ *s.o.* aanja(ag); ~ *s.t.* **through,** *(lett. & fig.)* iets deurja(ag); ~ **through** *s.t.* deur iets ja(ag); deur iets skiet; ~ *s.o. to* ... met iem. na ... haas/ja(ag) *(d. hospitaal ens.)*; ~ *up* opstorm; nader storm; ~ *up to* ... na ... toe storm. ~ **hour** spitsuur. ~ **order** spoedbestelling.

**rusk** (droë) beskuit.

**rus·set** rooibruin.

**Rus·sia** *(geog.)* Rusland.

**Rus·sian** *n.* Rus; *(taal)* Russies; *(kookk.)* Russiese wors. **Rus·sian** *adj.* Russies. ~ **doll** Russiese pop. ~ **Orthodox Church** Russies-Ortodokse Kerk. ~ **roulette** Russiese roulette/roe-let.

**Rus·sian·ise, ·ize, Rus·si·fy** russifiseer. **Rus·sian·i·sa·tion, ·za·tion, Rus·si·fi·ca·tion** russifikasie, russifisering.

**Rus·so·phil(e)** Russofiel. **Rus·so·phil·i·a** Russofilie.

**Rus·so·phobe** Russofoob, Russehater. **Rus·so·pho·bi·a** Russofobie, Russevrees, =haat.

**rust** *n.* roes; *brown* ~ bruinroes. **rust** *ww.* roes, verroes; vasroes; laat roes; agteruitgaan; ~ *away* oproes. ~ **bucket** *(infml., skerts.)* skedonk, rammelkas; geroeste boot/skip/skuit/ ens.. ~ **colour** roeskleur. ~**-coloured** roeskleurig. ~**-eaten** verroes. ~ **prevention** roeswering. ~**proof** *adj.* roesvry. ~**proof** *ww.* roesvry maak. ~**proofing** roesvrymaking; roesweerder, roeswerende middel. ~**-red** roesrooi. ~**-resistant, ~-resist**ing roeswerend.

**rus·tic** *n.* landbewoner, boer; *(neerh.)* plaasjapie; takhaar; *(bouk.)* rustieksteen. **rus·tic** *adj.* landelik, plattelands, rustiek; lomp, boers; ongekunsteld, eenvoudig; ~ *dance* boeredans; ~ *furniture* rustieke meubels; *go* ~ verboer(s); ~ *work, (bouk.)* rustiekwerk. **rus·ti·cate** *(bouk.)* afskuins *(rustiekvoë);* ~*d window* rustiekvenster. **rus·tic·i·ty** landelikheid, rustisiteit; boersheid; eenvoud, ongekunsteldheid.

**rust·ing** verroesting.

**rus·tle** *n.* geritsel, geruis, ritseling; suising. **rus·tle** *ww.* ritsel, ruis; laat ritsel; steel, roof *(vee);* ~ *up a meal, (infml.)* iets te ete saamflans. **rus·tler** veedief, -rower. **rus·tling** ritseling, geritsel, geruis; veediewery.

**rust·less** roesvry.

**rust·y** geroes, roes(t)erig, verroes; stram; ouderwets; krassend, skor *(stem);* verwaarloos; roeskleurig; *grow* ~ verroes;

*s.o.'s French/etc. is a little* ~ iem. het sy/haar Frans/ens. al 'n bietjie vergeet. **rust·i·ness** roes(t)erigheid *(v. masjien ens.);* verroestheid *(v. 'n speler ens.).*

**rut**[1] *n.* wa-, wielspoor, uitgeryde spoor; groef; (vaste) gewoonte; roetine, sleur; *be in a* ~ *in 'n groef wees; fall/get into a* ~, *(fig.)* in 'n groef raak, in sleur verval. **rut·ted, rut·ty** vol wa-/wielspore, uitgery.

**rut**[2] *n.* bronstyd. **rut** *-tt-, ww.* bronstig/loops wees; ~*ting season* bronstyd. **rut·tish** bronstig, hitsig, loops, speuls; *('n bees)* buls; *('n perd)* hingstig; *('n volstruiswyfie)* kloeks. **rut·tish·ness** bronstigheid, hitsigheid, loopsheid, speulsheid.

**ru·ta·ba·ga** *(Am.)* kool-, knolraap; →SWEDE.

**Ruth** *(OT)* Rut.

**ru·the·ni·um** *(chem., simb.:* Ru) rutenium. **ru·then·ic** *adj., (chem.)* rutenium-.

**ruth·less** meedoënloos, genadeloos, wreed, harteloos, onverbiddelik. **ruth·less·ness** meedoënloosheid, hardvogtigheid, onbarmhartigheid.

**ru·tile** *n., (min.)* rutiel.

**Rwan·da** *(geog., vroeër* Ruanda) Rwanda. **Rwan·dan, Rwan·dese** *n. & adj.* Rwandees.

**rye** rog. ~ **bread** rogbrood. ~ **grass** raaigras. ~ **(whisky)** rogwhisky.

# Ss

**s, S** *s's, S's, Ss, (19e letter v.d. alfabet)* s, S; *little* ~ s'ie; *small* ~ klein s. **S-bend** S-draai. **S level** *(Br. opv.)* spesiale vlak.

**-'s** *suff.* -'s; se; *3's* 3's, 3'e; *b's* b's; *children's clothes* kinderklere; *father's* ... pa se ...; *it's* ..., *(infml.)* dis *(of* dit is) ...; *let's* ..., *(infml.)* kom ons ...; *she's* here, *(infml.)* sy's *(of* sy is) hier.

**Saar:** *the* ~, *(geog.)* die Saarland; *(rivier)* die Saar. **~land** Saar-land.

**Sab·bath** Sabbat(dag), rusdag; *break the* ~ die Sabbat skend/ontheilig; *keep the* ~ die Sabbat hou/vier/heilig. **~-break-er** Sabbatskender. **~-breaking** Sabbatskending, Sabbat(s)-ontheiliging. **~ day** Sabbatdag. **~-day's journey** *(hist., Jud.; fig.: klein, maklike reis)* sabbatsreis. **~-keeping** Sabbats-heiliging.

**sab·bat·i·cal** *n.* studie-, sabbatsverlof; *take a* ~ met studie-/sabbatsverlof gaan. **sab·bat·i·cal** *adj.* studie-, sabbats-; *be on ~ leave* met studie-/sabbatsverlof wees; *take a ~ year off* 'n sabbatsjaar *(of* 'n jaar studieverlof) neem.

**sa·ble¹** *n., (soöl.)* sabel(dier); sabelpels.

**sa·ble²** *n., (poët., liter. of her.)* swart; donker kleur. **sa·ble** *adj., (poët., liter. of her.)* swart; donker. ~ **(antelope)** swart-witpens(bok).

**sa·bot** klomp, blok-, houtskoen; klomp *(v. 'n projektiel).*

**sab·o·tage** *n.* sabotasie; *commit ~ on s.t.* op iets sabotasie pleeg. **sab·o·tage** *ww.* saboteer. **sab·o·teur** saboteur.

**sa·bra** sabra, gebore Israeli.

**sa·bre,** *(Am.)* **sa·ber** *(ruiter)*sabel. **~-rattling** *(mil. intimi-dasie)* sabel-, swaardgekletter. ~ **saw** steek-, sabelsaag. **~-tooth, ~-toothed tiger** *(paleont.)* sabeltand(tier).

**sa·breur** *(Fr.)* sabreur, sabeldraer; sabelskermer.

**sac** *(biol.)* sak(kie). **sac·cate** sakagtig, sakvormig; *(med.)* om-slote, ingekapsel *('n abses ens.).*

**sac·cha·ride** *(chem.)* sakkaried.

**sac·cha·rim·e·ter** sakkarimeter, suikerpennetjie.

**sac·cha·rin, sac·cha·rine** *n.* saggarien, sakkarien. **sac·cha·rine** *adj.* suikeragtig; suiker-; *(fig.)* stroperig, stroop-soet.

**sac·cule** *(vnl. anat.)* sakkie. **sac·cu·lat·ed** sakkievormig.

**sac·er·do·tal** priesterlik, priester-. **sac·er·do·tal·ism** pries-terlike amp, priesterskap; *(dikw. neerh.)* priesterheerskappy.

**sa·chet** sakkie; reuk-, ruiksakkie, reukkussinkie, *(<Fr.)* sa-chet.

**sack¹** *n.* sak; *get the ~, (infml.)* in die pad gesteek word, die trekpas kry, afgedank/ontslaan/uitgeskop word; *hit the ~, (infml.)* in die kooi kruip, (gaan) inkruip, gaan slaap. **sack** *ww., (infml.)* afdank, uitskop, in die pad steek; afsê; in sakke gooi. **~cloth** saklinne; *be in ~ and ashes* in sak en as sit. ~ **race** sakre(i)sies, sak(wed)loop.

**sack²** *n.* plundering; verwoesting. **sack** *ww.* plunder, ver-woes.

**sack³** *n., (hist.: Sp. wit wyn)* sek.

**sack·but** *(hist.)* skuiftrompet.

**sack·ful** *a ~ of ...* 'n sak vol ...

**sack·ing¹** sakstof, goiing; *(infml.)* afdanking.

**sack·ing²** plundering, verwoesting.

**sa·cral** *n., (anat.)* heiligsenu(wee); kruiswerwel; →SACRUM.

**sa·cral** *adj., (anat.)* sakraal; *(antr., relig.)* sakraal, heilig; ~ *bone* kruis-, heiligbeen; ~ *nerve* heiligsenu(wee).

**sac·ra·ment** sakrament. **sac·ra·men·tal** gewyd, sakramen-teel, sakraments-, van 'n sakrament; Nagmaals-; ~ *wine* Nagmaal(s)wyn.

**sa·cred** heilig; gewyd; onskendbaar; *hold s.t.* ~ iets heilig ag; ~ *to the memory of* ... gewy aan die (na)gedagtenis van ...; ter nagedagtenis van/aan ...; *nothing is ~ to him/her* niks is vir hom/haar heilig nie; ~ *right* heilige reg; *the tree/etc. is* ~ *to* ... die boom/ens. is aan ... gewy, dit is 'n heilige boom/ens. van ... *('n godheid).* **S~ College:** *the* ~ ~, *(RK)* die Heilige Kollege *(wat d. nuwe pous kies).* ~ **history** Bybelse geskiedenis, Bybelgeskiedenis. ~ **ibis** *(orn.)* skoorsteenveêr. ~ **music** kerkmusiek, gewyde musiek. ~ **number** heilige getal.

**sac·ri·fice** *n.* offerande, offer; slagoffer, offering; opoffe-ring; verlies; *at the ~ of* ... ten koste *(of* met opoffering) van ...; *sell s.t. at a* ~ iets met (groot) verlies verkoop; *make ~s* offers bring, opofferings doen/maak; *make the supreme* ~ die hoogste offer bring, jou lewe opoffer. **sac·ri·fice** *ww.* offer; opoffer, afstaan; *be ready to ~ one's life* jou lewe veil hê. **sac·ri·fi·cial** vol opofferings, offer-; ~ *death* offerdood; ~ *rites* offerplegtigheid.

**sac·ri·lege** heiligskennis, ontheiliging. **sac·ri·le·gious** ont-heiligend, heiligskennend.

**sa·cring bell** *(RK)* altaar-, misklokkie.

**sac·ris·ty** sakristie. **sac·rist, sac·ris·tan** sakristein, koster.

**sac·ro·il·i·ac** *(anat.)* iliosakraal, sakro-iliakaal.

**sac·ro·sanct** (hoog)heilig, onskendbaar, onaantasbaar. **sac·ro·sanc·ti·ty** (hoog)heiligheid, onskendbaarheid.

**sa·crum** *sacra, (anat.)* heilig-, kruisbeen, sakrum; →SACRAL.

**sad** treurig, droewig, bedroef, hartseer, verdrietig, terneer-gedruk, somber; *be* ~ hartseer/treurig wees; *feel* ~ *about s.t.* hartseer/treurig oor iets wees; *s.t. makes s.o.* ~ iets stem iem. treurig; ~ *tidings* 'n treurmare; *be ~der but wiser* gryser maar wyser wees. ~ **sack** *(hoofs. Am., infml.)* sukkelaar, ('n) droefheid op note.

**sad·den** bedroef/treurig stem; somber/droewig word.

**sad·dle** *n.* saal; saal(stuk); rugstuk; lendestuk; *(geog.)* nek; stut; rug(dakkie); (dak)vors; topsteen; *(meg.)* glystuk; beuel, pypklem; *sit firmly in the* ~, *(lett. & fig.)* vas/stewig in die saal sit; *get into the* ~ in die saal klim; *be in the* ~, *(lett.)* in die saal wees; *(fig.)* in die saal *(of* aan die bewind) wees; ~ *of lamb/mutton* lams-/skaaprug, lendestuk, heupbeenstuk. **sad·dle** *ww.* opsaal; belas (met); ~ *up* opsaal; ~ *s.o. with s.t.* iem. met iets opsaal; *be ~d with s.t.* met iets opgesaal/opgeskeep sit/wees, met iets sit; met iets belas wees. **~back** saalrug; *(geol.)* plooirug; rugglas; *(ook saddleback roof)* saal-, geweldak. **~backed** holrug; met 'n saaldak. **~bag** saalsak. **~-billed stork, ~-bill** saalbekooievaar. ~ **blanket, ~-cloth** saalkleedjie. **~-fast** saalvas; *be* ~ vas in die saal sit. ~ **horse** ryperd; *(American)* ~ ~ (Amerikaanse) saalperd. ~ **roof** saal-, geweldak. **~-shaped** saalvormig. ~ **soap** saalseep. ~ **sore** *n.* saalseer, skaafplek. **~-sore** *adj.* deurgery, deur die saal geskawe, gaar, *(infml.)* blikners. ~ **stitch** *n., (naaldw.)* saalsteek; *(boekbindery)* saalhegting. **~-stitch** *ww., (naaldw.)* saalsteke werk; *(boekbindery)* saalheg. ~ **tree** saalbok, -ge-raamte.

**sad·dler** saalmaker, tuiemaker. **sad·dler·y** saalmakery; saal=tuig; saalmakersware.

**Sad·du·cee** *n., (hist., Jud.)* Sadduseër. **Sad·du·ce·an** *adj.* Saddusees.

**sa·dhu, sad·dhu** *(<Skt., Hind.: heilige, askeet)* sadhoe.

**sad·ism** sadisme. **sad·ist** sadis. **sa·dis·tic** sadisties.

**sad·ly** droewig; meewarig; *be ~ lacking* ver/vêr tekortskiet (*of te kort skiet of tekort skiet*); *miss s.o./s.t. ~* iem./iets deerlik mis.

**sad·ness** droefheid, hartseer, terneergedruktheid; *a touch of ~* iets treurigs.

**sa·do·mas·o·chism** sado-masochisme. **sa·do·mas·o·chist** *n.* sado-masochis. **sa·do·mas·o·chis·tic** *adj.* sado-masochisties.

**sad·za** *(Shona)* sadza, stywe pap.

**sa·fa·ri** *n.* safari; (jag)ekspedisie; karavaan; *go on ~* op safari gaan. **sa·fa·ri** *ww.* op safari gaan/wees. *~ ant* safarimier. *~ lodge* safarigastehuis. *~ park* wildpark, =tuin. *~ suit* safari=pak.

**safe** *n.* brandkas; (brand)kluis. **safe** *adj.* veilig, seker; on=gedeerd; behoue; gevaarloos; *be a ~first* seker wees van die eerste plek; *it is ~ for s.o. to ...* dit is vir iem. veilig om te ...; *be ~ from ...* teen ... (be)veilig wees; teen ... beskut wees; teen ... gevrywaar wees; *have s.o. ~* iem. vas hê, iem. kan jou nie ontsnap nie; *~ return* veilige terugkeer; *it is ~ to say (that) ...* ('n) mens kan met sekerheid sê (dat) ...; *be on the ~ side* versigtig wees, aan die veilige kant bly; *better (to be) ~ than sorry* spyt kom altyd te laat; *~ and sound* veilig/gesond en wel, fris en gesond. *~-blower, ~-breaker, ~-cracker* brandkasbreker. *~-breaking, ~-cracking* brand=kasbraak. *~ conduct* vrygeleide; geleibrief; versekerde ge=leide. *~ deposit* bewaargewing; bewaar=, brandkluis; ver=sekeringsloket. *~-deposit box* bewaarkissie, kleinkluis. *~guard* *n.* beveiliging, beskerming; voorsorg; waarborg, garansie; sekerheid(stelling); bewaking; vrywaring. *~guard* *ww.* be=skerm, beveilig; voorsorg tref; verseker, waarborg; bewaak; *~ s.o. against s.t.* iem. teen iets vrywaar. *~ haven* veilige hawe, toevlugsoord. *~ house* skuilhuis, geheime skuilplek *(vir terroriste, geheime agente, ens.);* veilige huis/hawe/plek *(vir mishandelde kinders en vroue).* *~keeping* bewaring, veilig=heid, hoede. *~ period* nievrugbare tyd, veilige dae *(by na=tuurlike geboortebeperking).* *~ seat (pol.)* veilige setel. *~ sex* veilige seks.

**safe·ly** gerus, veilig, met veiligheid; in veiligheid; *arrive ~* veilig aankom; *~ assume (that) ...* gerus (of met gerustheid) aanneem (dat) ...; *drive ~* versigtig ry.

**safe·ness** veiligheid, sekerheid.

**safe·ty** veiligheid, sekerheid; *~ first* veiligheid/versigtigheid bo alles, versigtigheid is die moeder van wysheid; *a haven of ~, (fig.)* 'n veilige hawe *(of* toevlugsoord); *there's ~ in numbers* in 'n groep is dit veiliger; *place of ~* veilige plek; veiligheidsoord, bewaringsoord; *play for ~, (lett.)* versigtig speel; *(fig.)* versigtig te werk gaan, geen risiko neem nie; *reach ~* in veiligheid kom; *remove/take s.o./s.t. to ~* iem./iets in/na veiligheid bring/neem; *for ~'s sake* veiligheids=, sekerheidshalwe; *set s.t. at ~* iets veilig stel. *~ belt* →SEAT BELT. *~ cage (mot. ens.)* veiligheidshok. *~raam.* *~catch* vei=ligheidsknip *(v. 'n deur); (meg.)* veiligheidspal *(hyswerk)* vei=ligheidsgryper; *the gun's ~ ~ is on* die geweer se veilig=heidsknip is aan, die geweer is op rus. *~ curtain* brandskerm. *~ factor (ook teg.)* veiligheidsfaktor. *~ fuse* (veiligheid)=sekering; veiligheidslont. *~ glass* veiligheidsglas. *~ guard* veiligheidshem, beskermer. *~ limit* veiligheidsgrens. *~ match* (veiligheids)vuurhoutjie, (veilige) vuurhoutjie. *~ measure* veiligheidsmaatreël. *~ net* veiligheidsnet. *~ pin* haak=, knipspeld. *~ razor* veiligheidskeermes. *~ speed* vei=lige snelheid. *~ valve* veiligheidsklep. *~ zone* veiligheids=

gebied, veiligheidsone, =streek; *(Am.)* verkeerseiland, vlug=heuwel.

**saf·fi·an** saffiaan, fyn marokyn(leer).

**saf·flow·er** *(bot.)* saffloer.

**saf·fron** *n.* saffraan; saffraankleur, =geel. *~wood: common ~, (Cassine papillosa)* gewone saffraan(hout); *red ~, (C. crocea)* rooisaffraan(hout).

**sag** *n.* afsakking; deursakking; insakking; versakking; ver=slapping; daling. **sag** *=gg=, ww.* afsak, afhang, pap/slap hang; insak, versak; deurhang, deursak; meegee; insink; laat afsak; daal. **sag·gy** uitgesak; afgesak; ingesak; versak; *~ breasts* hangborste.

**sa·ga** *(Noors)* saga; sage, legende; reeks familieromans.

**sa·ga·cious** skerpsinnig, skrander. **sa·gac·i·ty** skerpsinnig=heid.

**sage**[1] *n.* wyse, wysgeer. **sage** *adj.* wys, verstandig.

**sage**[2] *n., (kruiesoort)* salie; *mountain ~, (boomsoort)* bergsalie; *~ and onion (stuffing)* salie-en-uie-vulsel. *~brush, ~bush* wildeals, (Amerikaanse) byvoet. *~ (green)* saliegroen, lig=geelgroen, ligte geelgroen.

**sag·gy** →SAG.

**sag·it·tal** pylvormig; pyl=; *(anat.)* sagittaal, swaard(lyn)=; *~ crest, (soöl.)* sagittale kam.

**Sag·it·ta·ri·us** *(astron., astrol.)* die Boogskutter, Sagittarius. **Sag·it·tar·i·an** *n., (astrol.)* Boogskutter. **Sag·it·tar·i·an** *adj.* van die Boogskutter *(pred.).*

**sag·it·tate** *(bot.)* pylpuntvormig.

**sa·go** sago. *~ pudding* sagopoeding.

**Sa·ha·ra** Sahara.

**sa·hib** *(beleefde Ind. aanspreekvorm)* meneer.

**said** *ww., (volt.dw.)* gesê; *(verl.t.)* het gesê; →SAY *ww.; when all is ~ and done* op stuk van sake, per slot van rekening, alles in aanmerking/ag geneem/genome; *that may be ~ of all of us* dit geld (vir/van) ons almal; *it is ~ that ...* daar word beweer/gesê dat ..., die mense *(of* hulle) sê ...; *it is being ~ that ..., (ook)* daar is sprake dat ...; *the ~ X* genoemde/gemelde X; *s.o. is ~ to be ...* iem. is glo ...; *s.o. is ~ to have ...* iem. het na bewering ..., iem. sou ...; *you('ve) ~ it!, (infml.)* presies!, inderdaad!, net so!, ek stem saam!.

**sail** *n.* seil; seiltog(gie); wiek *(v. 'n windmeul); go for a ~* gaan vaar, op 'n seiltog(gie) gaan; *make ~* seil bysit; *set ~* uitvaar, onder seil gaan; *set ~s* seile span; *with all ~s set* met volle/staande seile; *take in ~* seil (ver)minder, die seile inbind; *(fig.)* stadig oor die klippe gaan, jou matig/inbind; *under ~* onder seil. **sail** *ww.* seil; vaar; *(maklik beweeg)* seil, gly, trek; afvaar, (per skip) vertrek; *~ along/on* voortseil, =vaar; *~ away* wegseil, onder seil gaan, wegvaar; *~ into a port* 'n hawe binnevaar; *~ into s.o., (infml.)* iem. invlieg; iem. te lyf gaan; *~ the sea* die see bevaar; *~ through* deurseil, deurvaar; *(fig.)* met vlieënde vaandels deurkom; *~ through the air* deur die lug trek. *~board* seilplank. *~cloth* seil(doek); seilstof. *~fish (igt.)* seilvis.

**sail·a·ble** bevaarbaar.

**sail·er** seilskip.

**sail·ing** (die) seil; (die) vertrek *(v. 'n skip);* (die) afvaart; *it is plain ~* dit is maklik genoeg; dit gaan klopdisselboom *(of* so glad soos seep). *~ boat (Br.), ~boat (Am.)* seilboot. *~ competition* wedvaart. *~ date* vertrekdatum *(v. 'n skip).* *~ master* skipper. *~ ship, ~ vessel* seilskip.

**sail·or** matroos; seeman; seevaarder; *be a bad ~* gou seesiek word. *~ blouse* matroosbloes(ie). *~ blue* matroosblou. *~ collar* matrooskraag. *~man =men, (hoofs. infml.)* seeman. *~s' home* seemanshuis. *~'s knot* seemansknoop. *~ suit* ma=troospak.

**sail·plane** sweef(vlieg)tuig. **sail·plan·ing** sweefvlieg.

**Saint** *(gew. afgekort tot St)* sint, heilige. *~ Andrew's cross (nas. embleem v. Sk.)* Sint Andries=/Andreaskruis. *~ Bernard*

**(dog)** sint bernard(hond) *(ook S~ B~).* ~ **Elmo's fire** Sint Elm(u)svuur. ~ **George's Cross** *(nas. embleem v. Eng.)* Sint Joriskruis. ~ **Helena** *(geog.)* Sint Helena. ~ **James** sint Jakobus. ~ **John Ambulance** St. John Ambulans, St. John-ambulans. ~ **John's wort/herb** *(bot.: Hypericum* spp.*)* sint janskruid *(ook S~ J~),* wonderkruid. ~ **Joseph's lily** sint josefslelie *(ook S~ J~).* ~ **Nicholas** sint Nikolaas, sinterklaas. ~ **Petersburg** *(geog.)* Sint Petersburg. ~ **Peter's (Church)** Sint Pieterskerk.

**saint** *n.* heilige; ~*'s day* heiligedag; *play the* ~ jou hoogheilig hou. **saint** *ww.* heilig; heilig verklaar. **saint·ed** vroom; salig. **saint·hood** heiligheid; heiliges. **saint·like** heilig; vroom. **saint·ly** heilig; vroom. **saint·li·ness** heiligheid; vroomheid. **saint·ship** heiligheid.

**saint·pau·li·a** usambaraviooltjie, saintpaulia; →AFRICAN VIOLET.

**sa·ka·bu·la, sa·ka·bu·li** *(<Z., orn.)* = LONG-TAILED **WIDOW-BIRD.**

**sake**[1]**:** *for the* ~ *of clarity* duidelikheidshalwe; *be glad/ ashamed for s.o.'s* ~ bly wees *(of* skaam kry) vir iem. (se part); *for the* ~ *of love* uit liefde; *for the* ~ *of …* ter wille van …; *for the* ~ *of doing s.t.* om iets te (kan) doen; *for both our* ~*s* om ons albei se ontwil, ter wille van ons albei; *for all our* ~*s* om ons almal se ontwil; *for the* ~ *of religion* geloofshalwe; *for s.o.'s* ~ om iem. se ontwil/onthalwe, ter wille van iem.; *for their* ~*s* om hulle onthalwe; *for Thy name's* ~, *(in 'n gebed)* om u naams ontwil; *for your* ~ om jou onthalwe.

**sa·ke², sa·ké, sa·ki¹** *(Jap.)* rysbier, sake.

**sa·ki²** =*kis, (S.Am. aap)* saki.

**sal** *(farm.)* sout. ~ **ammoniac** = AMMONIUM CHLORIDE. ~ **soda** wassoda. ~ **volatile** vlugsout.

**sa·laam** *n., (<Arab.)* groet, buiging, salaam. **sa·laam** *ww.* groet, buig, salaam.

**sal·a·ble** →SALEABLE.

**sa·la·cious** wellustig, ontugtig *(iem. [se gedrag] ens.);* gewaag(d), skurf, onfatsoenlik, obseen, onwelvoeglik *(leesstof, 'n grap, ens.);* ~ *literature* prikkellektuur. **sa·la·cious·ness** wellustigheid, ontugtigheid.

**sal·ad** slaai. ~ **bar** slaaitafel. ~ **bean** slaaiboontjie. ~ **bowl** slaaibak. ~ **cream** *(Br.)* romerige slaaisous. ~ **days:** *s.o.'s* ~ ~ iem. se onervare jeug. ~ **dressing** slaaisous. ~ **oil** slaaiolie. ~ **plate** slaaibordjie. ~ **servers** slaailepel-en-vurk. ~ **veg-etable(s)** slaaigroente.

**sal·a·man·der** *(amfibie)* sal(a)mander; *(mit. reptiel)* vuur-vreter; *(okkulte filos.)* vuurgees. **sal·a·man·drine** sal(a)man-deragtig, sal(a)mander=.

**sa·la·mi** salami.

**sa·lar·i·at** salariaat, salaristrekkers, witboordjiewerkers.

**sal·a·ried** gesalarieer(d), besoldig(de).

**sal·a·ry** *n.* salaris, besoldiging; traktement *(v. 'n predikant); at/on a* ~ *of …* met/op 'n salaris van …; *draw a* ~ 'n salaris trek; *earn a good* ~ 'n goeie salaris kry/verdien; *on/with full* ~ met volle salaris; met behoud van salaris. **sal·a·ry** *ww.* besoldig, salarieer. ~ **adjustment** salarisaanpassing. ~ **agree-ment** salarisooreenkoms. ~ **cut** salarisverlaging. ~ **increase** salarisverhoging. ~ **package** salarispakket. ~ **scale** salaris-skaal.

**sale** *n.* verkoop; verkoping; uitverkoping; *be for* ~ te koop wees; *make a* ~ iets verkoop; *offer s.t. for* ~ iets te koop aanbied; *on a* ~ op 'n uitverkoping; *be on* ~ verkry(g)baar *(of* te koop) wees; *put s.t. up for* ~ iets te koop aanbied; iets (laat) opveil; *find a ready* ~ goed verkoop, goeie/gou aftrek kry/vind; ~ *or return* verkoop of terug; *s.t. is up for* ~ iets is te koop, iets word te koop aangebied. ~**-and-leaseback** *adj. (attr.):* ~ *scheme* verkoop-en-terughuur-skema. ~ **price** uitverkoopprys, uitverkopings=, opruimingsprys.

**sale·a·ble,** *(Am.)* **sal·a·ble** verkoopbaar.

**sales** *n. (mv.)* verkoop, afset, debiet; omset; *the* ~ *were enormous* die afset was geweldig, daar is ontsaglik baie verkoop; *increase* ~ die verkoop/afset uitbrei; ~ *increased* die afset het toegeneem. ~ **account** omset=, verkooprekening. ~ **book** verkopeboek. ~ **campaign,** ~ **drive** verkoop(s)= veldtog. ~**clerk** *(Am.)* winkelklerk, verkoop(s)persoon. ~ **contract** verkoop(s)kontrak. ~ **department** verkoop(s)= afdeling. ~ **duty** aksyns. ~ **figures** *n. (mv.)* verkoopsyfers. ~ **force** verkoop(s)personeel. ~**man** →SALESMAN. ~ **manager** verkoop(s)bestuurder. ~ **note, sold note** verkoopbriefie, =nota. ~ **pitch** →SALES TALK. ~ **point** trefpunt, attraksie. ~ **promotion** afsetbevordering. ~ **promotion manager** afset-bestuurder. ~ **rep** *(infml.),* ~ **representative** verkoop(s)ver-teenwoordiger. ~ **resistance** kopersweerstand. ~ **slip** *(Am.)* verkoopstrokie. ~ **staff** verkoop(s)personeel. ~ **talk,** ~ **pitch** verkoopspraatjies. ~ **tax** verkoop(s)belasting. ~ **turnover** verkoop(s)omset. ~ **value** koopwaarde. ~ **volume** afset.

**Sa·le·sian** *n., (lid v. 'n RK orde)* Salesiaan. **Sa·le·sian** *adj.* Salesiaans.

**sales·man** =*men,* **sales·per·son** =*s,* **sales·wom·an** =*women* winkelklerk, verkoop(s)klerk, =persoon, =dame; verkoop(s)agent; *travelling* ~ handelsreisiger. **sales·man·ship** verkoopkuns; *high-pressure* ~ drang=, drukverkoop.

**sal·i·cyl** *(chem.)* salisiel. **sal·i·cyl·ic ac·id** *(chem.)* salisielsuur.

**sa·li·ent** *n.* uitspringende hoek; *(mil.)* uitloper, uitsprong, =springer; spits *(v. 'n bastion).* **sa·li·ent** *adj.* (voor)uit-springend, uitstaande; treffend, opvallend, ooglopend; per-tinent; ~ *angle* uitspringende hoek; spitshoek *(v. 'n bastion);* ~ *features* hooftrekke, =punte, besondere kenmerke; hoof-vorme *(v. 'n terrein);* ~ *point* hoofpunt. **sa·li·ence, sa·li·en·cy** opvallendheid; uitspringende hoek.

**sa·lif·er·ous** southoudend.

**sa·li·na** soutpan, =meer; soutbron; soutmakery.

**sa·line** *n., (hoofs. med.)* soutoplossing; *(med.)* soutpurgasie; soutpan, =meer. **sa·line** *adj.* southoudend; soutagtig, sou-terig, sout=; ~ *deposit* soutneerslag; ~ *solution* soutoplossing; ~ *water* soutwater. **sal·i·ni·sa·tion, za·tion** versouting. **sal·i·nise, nize** versout. **sa·lin·i·ty** southeid, soutgehalte. **sal·i·nom·e·ter** sout(gehalte)meter, salinometer.

**sa·li·va** speeksel, spoeg, spuug. **sal·i·var·y, sal·i·var·y** speek-sel=, spoeg= *(klier ens.).* **sal·i·vate** kwyl. **sal·i·va·tion** kwyling, (die) kwyl; speekselafskeiding.

**sal·low¹** waterwilg(er).

**sal·low²** *adj.* bleek, vaal, (sieklik) geel/soel/blas. **sal·low·ness** bleekheid, vaalheid, soelheid, blasheid.

**sal·ly** =*lies, n., (mil.)* uitval; uitstappie, uittog; kwinkslag, geestigheid, raak gesegde. **sal·ly** *ww.* uitstorm; ~ *forth/out* uitgaan; *(mil.)* uittrek, =breek.

**sal·ma·gun·di** *(kookk.)* salmagundi; *(fig.)* mengelmoes, deur-mekaarspul.

**sal·mi** *(kookk.)* voëlpastei, salmi.

**salm·on** =*mon(s), n.* salm; *(infml., in KZN)* kabeljou, kob. **salm·on** *adj.* salmkleurig. ~ **ladder,** ~ **leap,** ~ **pass,** ~ **stair** salmtrap. ~ **pink** *n.* salmkleur. ~ **pink** *adj.* salm-kleurig.

**sal·mo·nel·la** *(bakterie)* salmonella. **sal·mo·nel·lo·sis** =*loses, (med.)* salmonellose, salmonella-infeksie.

**sa·lo·mi** *(Mal. kookk.)* salomi(e).

**sa·lon** salon. ~ **music** salonmusiek.

**sa·loon** salon, saal; *(Am., hist.)* kroeg; *(Br.)* sedan(motor); *(Br., spw.)* salonrytuig, passasierswa; *dining* ~ eetsalon. ~ **deck** ontspanningsdek. ~ **keeper** *(Am.)* kroegbaas, =eienaar, kantieneienaar.

**sal·o·pettes** *n. (mv.), (Fr.)* skibroek.

**sal·pin·gec·to·my** =*mies, (med.: verwydering v. 'n eierleier)* salpingektomie.

**sal·pin·gi·tis** *(med.)* salpingitis, eierleier=, Fallopiusbuis-ontsteking.

**sal·sa** *(Lat.Am. dansmus.)* salsa; *(Mex. kookk.)* salsa(sous). ~ **verde** *(It. & Mex. kookk.: groen sous)* salsa verde(-sous).

**sal·si·fy** =fies, *(bot., ook* vegetable oyster, oysterplant*)* bokbaard, sydissel; *black* ~ skorsenier.

**salt** *n., (kookk., chem.)* sout; soutpotjie, =vaatjie; *(poët., liter.)* gevatheid, geestigheid; *(ook, i.d. mv.)* soutpurgasie; *acid* ~, *(chem.)* suursout; *common* ~ (growwe) sout; *the* ~ *of the earth, (idm.)* die sout van die aarde; *in* ~ ingesout; ~ *of lemon(s)/sorrel* suringsout; *(old )* ~ pikbroek, seerob; *a pinch of* ~ 'n knippie/knypie sout; *take s.t. with a pinch/ grain of* ~ iets met 'n korreltjie/greintjie sout neem/opvat; *rub* ~ *into the wound* (or *s.o.'s wounds)* sout in die (*of* iem. se) wonde vryf/vrywe; ~ *of tartar* wynsteen; *be worth one's* ~ jou loon werd wees, jou sout verdien. **salt** *adj.* sout, gesout, pekel=; soutagtig; brak. **salt** *ww.* sout, insout, pekel; ~ *s.t. away/down, (infml.)* iets opgaar/wegsteek *(geld ens.);* ~ *s.t. (ook, infml.)* iets dik maak *('n rekening);* iets aandik/vervals *(inkomste).* ~**-and-pepper** *adj.* sout-en-peper, spikkelgrys *(hare).* ~**bush** *(Atriplex spp.)* brak=, soutbos. ~**cellar** sout= potjie. ~ **content** soutgehalte. ~ **fish** *(ingesoute vis, vnl. kabeljou)* labberdaan. ~ **flat** soutvlakte. ~ **lake** sout(water)= meer. ~ **lick** brak(plek); beeslek; soutlek(plek). ~ **maker** soutboer. ~**-making** soutwinning, =makery. ~ **marsh** brak vlei. ~ **mine** soutmyn; *be back at the* ~ ~s, *(skerts.)* terug in die tuig wees. ~ **pan** soutpan. ~**-rising bread** soetsuur= deegbrood. ~ **shaker** *(Am.)* soutstrooier, =potjie. ~ **spoon** soutlepeltjie. ~ **water** *n.* sout(erige)/brakkerige water; sout=, pekelwater; seewater. ~**water** *adj. (attr.)* soutwater=; ~ *fish* soutwatervis. ~**works** soutery, soutmakery.

**sal·ta·tion** *(biol.)* (skielike) mutasie; *(geomorfol.)* saltasie, sprongbeweging *(v. sandkorrels ens.).* **sal·ta·to·ry** *(hoofs. entom.)* springend.

**salt·ed** gesout; beproef, gehard; immuun; ~ *fish* soutvis, gesoute vis; ~ *horse, (siektebestand)* gesoute perd; ~ *meat* soutvleis, (in)gesoute vleis; ~*peanuts/etc.* sout grondbone/ ens.; ~ *rib* soutribbetjie; ~ *snoek* soutsnoek.

**sal·ti·grade** *adj., (soöl.)* springend.

**salt·ing** souting. ~ **tub** soutkuip.

**salt·ish** soutagtig, souterig, brak, siltig.

**salt·less** vars, sonder sout.

**salt·ness** soutigheid, southeid.

**salt·pet·re,** *(Am.)* **salt·pe·ter** salpeter, kaliumnitraat; *Chile* ~ chilisalpeter, natriumnitraat.

**salt·y** souterig, brak; *(fig.)* pikant; ~ *language* gekruide taal. **salt·i·ness** sout(er)igheid; *(fig.)* pikanterie.

**sa·lu·bri·ous** heilsaam, gesond, goed vir die gesondheid. **sa·lu·bri·ous·ness, sa·lu·bri·ty** heilsaamheid, gesondheid.

**sa·lu·ki** *(honderas)* saloeki.

**sal·u·tar·y** heilsaam, goed, voordelig. **sal·u·tar·i·ness** heil= saamheid, voordeligheid.

**sa·lute** *n.* groet, begroeting; hulde(betoon), =(betoning); *(mil.)* saluut; ere=, saluutskote; saluuthouding; *acknowledge a* ~ 'n saluut beantwoord; *come to the* ~ in die saluuthouding kom; *fire a* ~ saluutskote los; *give the* ~ die saluut bring/ gee; *in* ~ as groet/begroeting; *return a* ~ terugsalueer, 'n saluut erken/beantwoord; *stand at the* ~ in die saluuthouding staan; *take the* ~ die saluut beantwoord/waarneem. **sa·lute** *ww.* groet, begroet; huldig; salueer, die saluut bring/gee; ereskote los/afskiet; *saluting flag* defileer=, salueervlag. **sal· u·ta·tion** groet, begroeting, salutasie, aanspreking. **sa·lu·ta· to·ry** (be)groetend.

**Sal·va·do·re·an** *n., (burger v. El Salvador)* Salvadoriaan. **Sal·va·do·re·an** *adj.* Salvadoriaans.

**sal·vage** *n.* berging; reddingswerk; *(jur.)* bergloon; wrak=, strandgoed; *right of* ~ strandreg. **sal·vage** *ww.* red, berg; benut; herwin; ~ *s.t. from the* ... iets uit die ... red; ~*d goods* gebergde goed(ere). ~ **operation** bergingsoperasie; *(fig.)*

reddingsoperasie. ~ **ship,** ~ **vessel** bergingskip. ~ **(work)** bergingswerk. ~ **yard** skrootwerf.

**sal·va·tion** redding, verlossing, heil, behoud; *(vnl. Chr. teol.)* saligmaking, sieleheil, saligheid; *find* ~ redding vind; *(Chr. teol.)* tot bekering kom; *work out one's own* ~ jou eie heil uitwerk. **S~ Army** Heilsleër. **sal·va·tion·ist** *adj.* saligheids=, heils=; *(S~)* van die Heilsleër.

**salve** *n.* salf, smeergoed; balsem. **salve** *ww.* salf, insmeer; genees, heel; versag; ~ *one's conscience* die/jou gewete sus; ~ *one's vanity* die/jou ydelheid streel.

**sal·ver** skinkbord.

**sal·vi·a** *(kruiesoort)* salie; →SAGE[2].

**sal·vo** =vo(e)s salvo, sarsie; *a* ~ *of applause* dawerende toe= juiging.

**sal·vor** berger, redder *(v. wrakgoed).*

**sal·war** *(lang Ind. damesbroek)* salwar. ~**-kameez** *(broek met slooprok)* salwar-kameez.

**Sal·yut** *(hist. Rus. ruimtestasie)* Saljoet.

**sa·man·go mon·key** *(Cercopithecus mitis)* samango-aap.

**sa·ma·ra, sa·ma·ra** vleuel=, vlerkneut, gevleuelde/gevlerk= te neut, sleutelvrug.

**Sa·mar·i·a** *(geog., hist.)* Samaria. **Sa·mar·i·tan** *n.* Samaritaan; *a good* ~ 'n barmhartige Samaritaan. **Sa·mar·i·tan** *adj.* Sa= maritaans.

**sa·mar·i·um** *(chem., simb.:* Sm) samarium.

**sam·ba** *(Bras. dans)* samba.

**sam·bal** *(Mal. kookk.)* sambal.

**sam·bu·ca** *(It. likeur)* sambuca.

**same** (die)selfde; einste; genoemde; eenders, eners; gelyk; eentonig; *the* ~ *again, please* nog so een, asseblief; *all/just the* ~ tog, nietemin, nogtans, desondanks, desnieteenstaande; *it's all the* ~ *to me* dis vir my om't (*of* om 't/die) ewe; *if it is all the* ~ *to you* as jy nie omgee nie; *always the* ~ altyd eenders/eners; *s.o./s.t. is the* ~ *as always* iem./iets het nog niks verander nie; *be the* ~ *as* ... net soos (*of* dieselfde as) ... wees; *(it's the)* ~ *difference, (infml.)* dis om't (*of* om 't/die) ewe, dit kom op dieselfde neer; *exactly the* ~ presies die= selfde; *powers of the* ~ *exponent, (wisk.)* gelyknamige magte; ~ *here!, (infml.)* ook so!; ek ook!; ek stem saam!; *just the* ~ →*all/just; towns/etc. of the* ~ *name* gelyknamige dorpe/ens.; *the* ~ dieselfde; ewe veel; *it amounts/comes to the* ~ *thing* dit kom op dieselfde neer; *the very* ~ die einste, presies die= selfde; *the* ~ *to you!* vir jou ook!. ~**-day service** eendag(s)= diens. ~**-sex marriage** gay troue.

**same·ness** gelykheid; eentonigheid; eendersheid, eners= heid.

**Sa·mi** *(nomadiese volk v. Lapland)* Sami.

**Sa·mi·an** *n., (bewoner v.d. Gr. eiland Samos)* Samiër. **Sa· mi·an** *adj., (v. Samos)* Samies.

**sam·i·sen** *(mus.: Jap. langhalsluit)* samisen.

**sam·ite** *(hist., tekst.)* sameet.

**sa·miz·dat** *(hist.)* sluikpublikasie *(in Rus.).*

**Sa·mo·a** *(geog.)* Samoa. ~ **Islands** Samoa-eilande. **Sa·mo·an** *n.* Samoaan. **Sa·mo·an** *adj.* Samoaans.

**sa·moo·sa, sa·mo·sa** *(Ind. kookk.)* samo(e)sa.

**Sa·mos** *(Gr. eiland)* Samos; →SAMIAN *n. & adj..*

**Sam·o·thrace** *(Gr. eiland)* Samothrake.

**sam·o·var** *(Rus. teekan)* samowar.

**Sam·o·yed** *n., (lid. v. 'n Siberiese volk; honderas)* Samojeed *(hond ook s~).* **Sam·o·yed** *adj.* Samojeeds. **Sam·o·yed·ic** *n., (taalgroep)* Samojeeds. **Sam·o·yed·ic** *adj.* Samojeeds.

**samp** *(SA)* stampmielies.

**sam·pan** *(Oosterse bootjie)* sampan.

**sam·phire** *(bot.)* seevinkel.

**sam·ple** *n.* monster, eksemplaar, voorbeeld, proef, proef= stuk, staaltjie; *(statist.)* steekproef; *buy from* ~ op monster

koop; *a ~ of cheese* 'n monster kaas; *a random ~* 'n ewe=
kansige steekproef; *take a ~ at random* 'n ewekansige steek=
proef neem. **sam·ple** *ww.* monsters neem; probeer, toets,
proe; *(statist.)* 'n steekproef neem. ~ **print** proefafdruk.

**sam·pler** borduurlap; merk=, letterlap; toetser; *(mus.)* mon=
sternemer, =versamelaar.

**sam·pling** toetsing; monster; steekproef; *(statist.)* steek=
proefneming; *(mus.)* monsterneming, =versameling. ~ **error**
*(statist.)* steekproeffout. ~ **frame** *(statist.)* steekproefraam=
werk.

**sam·sa·ra** *(Skt., Hind. & Boeddh.: eindelose siklus v. geboorte,
dood en we[d]ergeboorte)* samsara.

**Sam·son** *(fig.: besonder sterk mens)* simson.

**sam·u·rai** =urai, *(Jap., hist.: krygerkaste)* samoerai.

**San** *n., (lid v. 'n volk; taal[groep])* San; →BUSHMAN; *the ~* die
San.

**san·a·to·ri·um** =riums, =ria sanatorium, herstel(lings)oord,
gesondheids=, geneesinrigting.

**sanc·ti·fy** heilig, heilig maak; wy; regverdig; *the end sanctifies
the means* die doel heilig die middele. **sanc·ti·fi·ca·tion**
heiliging, heiligmaking, wyding. **sanc·ti·fied** heilig, geheilig;
vroom; skynheilig.

**sanc·ti·mo·ni·ous** skynheilig, skynvroom, hoogheilig, hui=
gelagtig. **sanc·ti·mo·ni·ous·ness**, **sanc·ti·mo·ny** skynheilig=
heid, skynvroomheid, hoogheiligheid, huigelary.

**sanc·tion** *n.* goedkeuring, toestemming, verlof; bevestiging,
bekragtiging, sanksie; *(dikw. i.d. mv.)* sanksie, strafbepaling,
=maatreël; *apply ~s against ...* sanksies teen ... toepas; *give
one's ~ to s.t.* jou goedkeuring aan iets gee/heg, iets toelaat.
**sanc·tion** *ww.* goedkeur, bekragtig, sanksioneer.

**sanc·ti·ty** heiligheid; reinheid; onskendbaarheid.

**sanc·tu·ar·y** heiligdom; toevlugsoord, skuilplek, (veilige)
hawe, vry=, wykplaas; asiel; reservaat; *seek/take ~* ('n) skuil=
plek soek.

**sanc·tum** heiligdom; private/privaat vertrek, studeerkamer;
~ *sanctorum* allerheiligste.

**sand** *n.* sand; sandkleur; *(ook, i.d. mv.)* sandstreek; sandbank;
sand, sandkorrels; →SANDY; *be built on ~* op sand gebou
wees; *fine ~* strooisand; *a grain of ~* 'n sandkorrel(tjie); *the
~s are running out, (fig.)* die tyd raak kort *(of* is amper/byna
om), die uur nader. **sand** *ww.* afskuur; met sand skuur; →
SANDED, SANDER, SANDING; ~ *s.t. down* iets glad skuur. ~
**apple** sand=, grysappel; goorappel. ~**bag** *n.* sandsak. ~**bag**
*ww.* sandsakke pak; met sandsakke versterk; met 'n sandsak
slaan. ~**bank** sandbank, (sand)plaat. ~ **bar** sandbank. ~
**bath** sandbad. ~ **bed** sandbedding; sandbodem. ~**blast** *n.*
sandstraal; sandspuit; sandstuiwing. ~**blast** *ww.* sandblaas,
=spuit; ~*ed glass* sandgeblaasde/=te glas. ~**blaster** sandblaser,
=spuit, sandblaastoestel. ~**blasting** sandspuiting, =bestraling.
~**box** sandkas, =hok *(vir kinders)*; sandstrooier *(v. 'n loko=
motief)*. ~ **cake** sandkoek; sandkoekie. ~ **castle** sandkasteel.
~ **drift** sandstuiwing. ~ **dune** sandduin. ~ **eel**, ~ **lance**,
**launce** *(igt.)* sand-aal, sanddolk. ~**flats** sandvlakte. ~**fly** =flies,
*(entom.)* sandvlieg(ie). ~**glass** uurglas, sandloper. ~**grouse**
sandpatrys; *Namaqua ~* kelkiewyn. ~**hill** sandduin; sand=
bult. ~ **hole** *(vlak syferwatergat)* gora, gorê, gorra. ~ **hopper,**
~ **flea, beach flea** *(entom.)* strand=, seevlooi. ~ **iron** *(gh.)*
sandyster. ~ **jet** sandstraal. ~**man** =men Klaas Vaak/Vakie,
die sandmannetjie. ~**paper** *n.* skuurpapier. ~**paper** *ww.*
met skuurpapier skuur/vryf/vrywe. ~**piper** *(orn.)* ruiter,
strandloper. ~**pit** sandput *(vir kinders om in te speel)*; sand=
groef, =gat, =kuil. ~ **plover** strandkiewiet. ~ **shark** honds=
penhaai; sandkruiper; skeurtandhaai. ~ **snake** sandslang.
~**spray** *ww.* sandspuit. ~**stone** sandsteen, =klip. ~**storm**
sandstorm. ~ **trap** *(filter)* sandvanger; *(Am., gh.)* (sand)kuil.
~**veld** sandveld. ~**worm** sand=, see=, borselwurm. ~ **yacht**
strandboot.

**san·dal**[1] sandaal; skoenriem. **san·dalled** met sandale aan.

**san·dal**[2] sandelhout. ~ **(tree)** sandelboom. ~**wood** sandel=
hout. ~**wood oil** sandelolie.

**sand·ed** sanderig.

**sand·er** skuurder, skuurmasjien.

**sand·er·ling** *(orn.)* drietoonstrandloper.

**sand·i·ness** sanderigheid.

**sand·ing** afskuring. ~ **belt** skuurband. ~ **drum** skuurtrom=
mel. ~ **machine** skuurmasjien.

**sand·wich** *n.* toebroodjie. **sand·wich** *ww.* invoeg, inskuif,
inklem, insluit, tussenin druk/skuif/sit, tussenvoeg. ~ **cake**
laagkoek. ~ **paper** botterpapier. ~ **spread** brood=, toebrood=
jie=, groentesmeer.

**sand·y** sanderig, rooierig; ~ *beach* sandstrand; ~ *desert*
sandwoestyn; ~ *hair* rooierige hare; ~ *region* sandveld; ~
*road* sandpad. ~**coloured** rooierig.

**sane** gesond (van gees), van gesonde verstand; verstandig,
gematig; *be quite ~* by jou volle verstand/positiewe wees.

**sang** het gesing; →SING.

**sang-froid** *(Fr.)* kalmte, selfbeheersing, koel(bloedig)heid,
bedaardheid.

**san·go·ma** *(Z., tradisionele geneser)* sangoma.

**san·gri·a** *(Sp., wynpons)* sangria.

**san·guine** *n.* rooi kryt; rooi kryttekening. **san·guine** *adj.*
optimisties, hoopvol; opgewek; vurig, hartstogtelik; *(Me.
fisiol.)* bloedryk, sanguinies. **san·guine·ness** optimisme,
hoopvolheid, goeie hoop; opgewektheid.

**San·hed·rin, San·hed·rim** *(Jud., hist.)* Sanhedrin, Joodse
Raad.

**san·i·tar·y** higiënies; gesondheids=; sanitêr; gesond, heil=
saam; ~ *conditions* higiëniese toestande; ~*fittings* sanitêre
toebehore; ~ *laws* gesondheidswette; ~ *measure* gesond=
heidsmaatreël; ~ *service* gesondheidsdiens; reinigingsdiens.
~ **engineer** sanitêre tegnikus. ~ **engineering** sanitêre inge=
nieurswese. ~ **inspector** gesondheidsinspekteur. ~ **pad**, ~
**towel** sanitêre doekie. ~ **ware** sanitêre ware.

**san·i·ta·tion** higiëniese versorging; sanitêre reëlings, sani=
tasie, gesondheidswese.

**san·i·tise, ize** ontsmet, steriliseer; *(neerh.)* kuis, suiwer *('n
boek ens., v. vuil woorde ens.)*.

**san·i·ty** geestesgesondheid, verstandelike/geestelike gesond=
heid, gesondheid van verstand; verstandigheid, gematigd=
heid.

**sank** het gesink; →SINK *ww.*.

**sans** *(Fr.; poët., liter. of skerts.)* sonder.

**San·skrit** *n.* Sanskrit. **San·skrit·ic** *adj.* Sanskrities. **San·
skrit·ist** Sanskritis.

**sans se·rif, san·se·rif** *n., (tip.)* skreeflose letter(soort).
**sans se·rif, san·se·rif** *adj.* skreefloos.

**San·ta Claus** Sinterklaas, sint Nikolaas, Kers(fees)vader.

**sap**[1] *n.* sap, sop, vog *(v. 'n plant)*; lewenskrag, lewensap. **sap**
=pp=, *ww.* tap; droogmaak; ondermyn, verswak; ~ *s.o.'s
energy/health/etc.* iem. se kragte/gesondheid/ens. ondermyn.
~ **green** sapgroen. ~ **streak** spintstreep. ~**wood** spint=,
jonghout.

**sap**[2] *n., (hist.)* ingrawing, loop=, myngraaf, sap; ondermyning.
**sap** =pp=, *ww., (hist.)* loopgrawe maak, sappeer; *(geol.)*
uitkalwe(r); *the cliffs were ~ped by the stream* die stroom het
die rotse uitgekalwe(r). **sap·per** myngrawer, sappeur; *(i.d.
mv.)* genietroepe.

**sa·pe·le** sapele(hout).

**sap·ful** sapryk, sapp(er)ig.

**sap·less** saploos; droog; swak, uitgeput.

**sap·ling** boompie, jong boom.

**sap·o·na·ceous** seepagtig, seperig, seep=; glibberig, glip=
perig.

**sap·pan, sa·pan:** ~**wood** sapanhout.

**sap·phire** saffier. **~ (blue)** *n.* saffier(blou). **~(-blue)** *adj.* *(attr.)* saffier(blou).

**sap·phir·ine** saffieragtig; saffierblou; saffier=.

**sap·py** *=pier=piest* sapp(er)ig, sapryk; energiek; lewenskragtig; *(infml., hoofs. Am.)* soetsappig, stroperig, sentimenteel. **sap·pi·ness** sapp(er)igheid.

**sap·ro·phyte** *(biol.)* saprofiet, rottingskimmel. **sap·ro·phyt·ic** saprofities.

**Sar·a·cen** *n., (hist.)* Saraseen. **Sar·a·cen** *adj.* Saraseens.

**sar·casm** sarkasme, bytende spot, skamperheid; *scathing* ~ vlymende sarkasme. **sar·cas·tic** sarkasties, bytend, spottend, skamper.

**sar·co·ma** *=mas, =mata, (med.)* sarkoom, kwaadaardige (bindweefsel)gewas.

**sar·coph·a·gus** *=agi, =aguses* sarkofaag, lykkis *(v. klip)*.

**sar·dine** sardien(tjie); *be (packed) like* ~*s* saamgehok wees. **~ fever** *(SA, fig.: opgewondenheid m.d. jaarlikse sardientjieloop)* sardientjiekoors. **~ run** *(SA: jaarlikse verskyning v. skole sardientjies a.d. suidkus v. KZN)* sardientjieloop.

**sar·don·ic** bitter, sinies, spottend, sardonies; ~ *humour* galgehumor; ~ *laugh* grynslag.

**sar·gas·so, sar·gas·sum** *(seewier)* sargasso. **Sar·gas·so Sea** Sargasso-see, Wiersee.

**sarge** *(infml.)* = SERGEANT.

**sa·ri** *=ris,* **sa·ree** *=rees, (Ind. vrouekledingstuk)* sari.

**sar·ky** *=kier =kiest, (Br., infml.)* sarkasties.

**sar·mie** *(SA, infml.: toebroodjie)* toebie.

**sa·rong** *(Mal. lyfdoek)* sarong.

**sar·sa·pa·ril·la** *(bot.; ook preparaat of stroop v.d. wortel gemaak)* sarsaparilla.

**sarse·net, sarce·net** *(tekst.)* voeringsy.

**sar·to·ri·al** kleremakers=; klere=.

**sash**[1] serp, lyfband; ~ *of office* ampserp.

**sash**[2] (skuif)raam, vensterraam. ~ **cord,** ~ **line,** ~ **rope** vensterkoord, raamkoord, =tou. ~ **door** halfglasdeur. ~ **weight** raamgewig, vensterlood. ~ **window** skuif(raam)= venster.

**sa·shay** *(Am., infml.)* windmakerig/parmantig loop; 'n glyende danspas *(of glyende danspasse)* maak; ~ *up to s.o.* nonchalant na iem. toe loop.

**sa·shi·mi** *n., (Jap. kookk.)* sasjimi.

**sass** *(Am., infml.)* parmantigheid; durf. **sas·sy** parmantig.

**sas·sa·fras** *(bot.)* sassafras. ~ **oil** sassafras-olie.

**sat** (het) gesit; →SIT; *s.o. does not want to be* ~ *on/upon, (infml.)* iem. laat nie op sy/haar kop sit nie.

**Sa·tan** Satan, die duiwel; ~ *finds some mischief still for idle hands to do* ledigheid is die duiwel se oorkussing; ~ *quoting Scripture,* ~ *rebuking sin* die vos wat die passie preek. **sa·tan·ic** satanies, duiwels, hels; ~ *ritual* satanistiese riteuel. **Sa·tan·ism** *(ook s~)* Satanisme *(ook s~)*, duiwel(s)aanbidding. **Sa·tan·ist** *(ook s~)* Satanis *(ook s~)*, duiwel(s)aanbidder.

**sa·tay, sa·tai, sa·té** *n., (Mal./Indon. kookk.: sosaties)* saté. ~ **sauce** grondboontjiesous.

**satch·el** tas; *school* ~ boeksak, skooltas, =sak.

**sate** versadig; oorlaai; →SATIATE. **sat·ed** *(ook)* trommeldik; *be* ~ *with* ... versadig wees van ...; sat wees van ...; →SATIATED.

**sa·teen** glanssatyn.

**sat·el·lite** *(ruimtev.)* satelliet; *(astron.)* satelliet, byplaneet; *(afhanklike dorp, staat, kampus, ens.)* satelliet; volgeling, satelliet, aanhanger, dienaar. ~ **broadcasting** satellietuitsaai; satellietuitsending. ~ **television,** ~ **TV** satelliettelevisie, satelliet-TV. ~ **town** satellietdorp. **sat·el·loid** *(ruimtev.)* satelloïde.

**sa·ti·ate** versadig, bevredig; oorversadig, sat maak; →SATE. **sa·ti·a·ted** versadig, bevredig; →SATED. **sa·ti·a·tion** versadiging; satheid.

**sa·ti·e·ty** satheid, volheid, versadigdheid; oorversadiging; *to* ~ tot satwordens/walgens toe.

**sat·in** *n.* satyn. **sat·in** *adj.* satyn=; ~ *finish* satynglans, =afwerking. **sat·in** *ww.* satineer, glad en blink maak. ~ **paper** satyn=, atlas=, velynpapier. ~ **stitch** satynsteek. ~ **weave** satynbinding. **~wood** satyn=, atlashout.

**sat·in·et(te)** *(tekst.)* kunssatyn, satinet; *(orn.)* satynduif.

**sat·in·y** satynagtig.

**sat·ire** satire, spot=, hekelskrif, hekeldig. **sa·tir·ic** satiries, spot=, hekel=; ~ *humour* satiriese humor; ~ *poem* hekel=, spotdig. **sa·tir·i·cal** satiries, bytend, spottend, hekelend. **sat·i·rise, =rize** hekel, spot met. **sat·i·rist** satirikus, hekeldigter; spotter, hekelaar.

**sat·is·fac·tion** voldoening, bevrediging, tevredenheid, satisfaksie, voldaanheid; tevredestelling; genoeë, genoegdoening; betaling; *a* **cause** *for* ~ 'n rede vir tevredenheid; **demand** ~ voldoening eis; **feel** ~ *at s.t.* tevrede wees oor iets; **find** ~ *in* (or **take** ~ *from) s.t.* voldoening vind in iets; **give** ~ bevrediging, voldoening gee; **receive** ~ bevredig word; *to s.o.'s* ~ tot iem. se bevrediging; **prove** *s.t. to s.o.'s* ~ iem. van iets oortuig; *to the* ~ *of the court* ten genoeë van die regbank; *to the* ~ *of everybody* tot almal se tevredenheid.

**sat·is·fac·to·ry** bevredigend; voldoende, genoegsaam, afdoende; ~ *proof* genoegsame/afdoende bewys; ~ *result* bevredigende uitslag. **sat·is·fac·to·ri·ly** bevredigend, genoegsaam), afdoende.

**sat·is·fice** *(fml.)* aan die minimum vereistes voldoen.

**sat·is·fy** bevredig, tevrede stel; versadig, stil *(honger)*; voldoen aan *(eise)*; voorsien in *('n behoefte)*; oortuig van; gerusstel; weerlê, uit die weg ruim *(besware); not* ~ *the examiners* nie slaag nie; ~ *o.s.* jou (daarvan) oortuig; ~ *o.s. as to s.t.* jou van/omtrent iets vergewis; ~ *the court/etc. that* ... die hof/ens. (daarvan) oortuig dat ... **sat·is·fied:** *be* **completely/perfectly** ~ heeltemal/volkome tevrede wees; *be* **quite** ~ *that* ... iem. kan gerus/seker wees dat ...; *be* ~ *that* ..., *(ook)* (daarvan) oortuig wees dat ...; *be* ~ *with* ... tevrede wees (of genoeë neem) met ...; jou by ... neerlê. **sat·is·fy·ing** bevredigend *(reaksie, tempo, ens.)*; vervullend *(ervaring, lewe, sekslewe, ens.)*; versadigend *(kos)*; dorslessend *(drankie)*.

**sat·nav** *n.* satellietnavigasie. ~ **system** satellietnavigasiestelsel.

**sa·to·ri** *(Jap., Zen-Boeddh.)* satori, geestelike insig.

**sat·su·ma** *n., (Jap., soort sitrusboom; vrug v. dié boom)* satsoema.

**sat·u·rate** deurweek, deurtrek; versadig; satureer; ~ *o.s. in a subject* jou in 'n vak verdiep; ~ *s.t. with water* iets met water deurdrenk. **sat·u·ra·ble** deurweekbaar, deurtrekbaar; versadigbaar. **sat·u·rat·ed:** *be* ~, *(infml., iem.)* deurnat wees; ~ *fat/market/solution/etc.* versadigde vet/mark/oplossing/ens.; *be* ~ *with* ... met ... deurdrenk wees, van ... deurtrokke wees. **sat·u·rat·ing:** ~ *tank* weektenk.

**sat·u·ra·tion** deurweking, deurtrekking; versadiging; deurdrenking; *degree of* ~ versadigingsgraad. ~ **point:** *reach* ~ ~ die versadigingspunt bereik.

**Sat·ur·day** Saterdag; *do s.t. on* ~ iets Saterdag doen; *on a* ~ op 'n Saterdag; *(on)* ~*s* (op) Saterdag, Saterdae. ~ **issue** Saterdaguitgawe, Saterdagse uitgawe *(v. 'n koerant)*.

**Sat·urn** *(astron. en Rom. mit.)* Saturnus. **sat·ur·na·li·a** *(fungeer as ekv. of mv.)* uitbundige pret, uitspattinge, losbandigheid; *the S~, (Rom.)* die Saturnalieë/Saturnusfees. **sat·ur·na·li·an** losbandig, uitspattig, dol. **Sa·tur·ni·an** Saturnies *(ook)*. **sat·ur·nine** somber, swaarmoedig; flegmaties.

**sa·tyr** *(Gr. mit.)* sater, faun, bos=, veldgod; wellusteling. **sa·tyr·ic** saters=, van saters; ~ *drama* saterspel.

**sauce** *n.* sous; *serve s.o. with the same* ~ iem. met gelyke munt terugbetaal. **sauce** *ww.* smaaklik maak; sous, kruie;

~ *s.o.*, *(infml.)* astrant/parmantig teenoor iem. wees. ~ **boat** souskom(metjie), ⸗potjie. ~**-ladle** souslepel. ~**pan** kastrol; *small* ~ kastrolletjie.

**sauce·less** sousloos, sonder sous.

**sau·cer** piering. **sau·cer·ful** ⸗*fuls: a* ~ *of* ... 'n piering (vol) ...

**sauc·y** *(infml.)* astrant, parmantig; wulps, gewaagd; geestig, lewendig. **sau·ci·ness** astrantheid, parmantigheid; wulps⸗ heid.

**Sau·di** ⸗*dis, n.* Saoedi, Saoediër; lid van die Saoedi-dinastie. **Sau·di** *adj.* Saoedies. ~ **Arabia** *(geog.)* Saoedi-Arabië. ~ **Arabian** *n.* Saoedi, Saoediër. ~ **Arabian** *adj.* Saoedi-Arabies, Saoedies.

**sau·er·kraut** suurkool.

**sau·na** sauna.

**saun·ter** *n.* slenter⸗, drentelgang. **saun·ter** *ww.* slenter, drentel; ~*ing gait* slentergang; ~ *off* wegdrentel. **saun·ter·er** slentenaar, drentelaar.

**sau·ri·an** *n.*, *(groot reptiel, vnl. 'n dinosourus)* souriër. **sau·ri·an** *adj.* akkedisagtig, souriër⸗.

**sau·ro·pod** *(paleont.)* souropode.

**sau·sage** wors; *small* ~ worsie. ~ **dog** *(infml.)* worshond(jie); →DACHSHUND. ~**-filler** worsstopper, ⸗horinkie. ~ **machine** *(lett. & fig.)* worsmasjien. ~ **roll** worsrolletjie, ⸗broodjie. ~**-shaped** worsvormig, allantoïed.

**sau·té** *n.* panbraad; ~ *of lamb* pangebraaide lamsvleis, lamsvleis sauté. **sau·té** *adj.* pangebraai, sauté. **sau·té** ⸗*té(e)d, ww.* soteer, panbraai.

**Sau·vi·gnon Blanc** *(witwynsoort)* Sauvignon Blanc.

**sav·age** *n.* wilde mens/dier; woestaard, wreedaard; *(in hist./liter. konteks)* barbaar, onbeskaafde. **sav·age** *adj.* wild, woes, barbaars; wreed; boos, woedend; ~ *conduct* barbaarse gedrag; ~ *region* woeste/onherbergsame landstreek. **sav·age** *ww.* verskeur, byt, knou; toetakel; beseer; *(fig.)* kwaai kritiseer, skerp veroordeel, afkraak. **sav·age·ness** wildheid, woestheid, onbeheerstheid; wreed(aardig)heid; barbaars⸗ heid; meedoënloosheid, hardvogtigheid; felheid, hewigheid. **sav·age·ry** barbaarsheid, woestheid; wreedheid.

**sa·van·na(h)** grasvlakte, bontveld, savanna, savanne.

**sa·vant** geleerde.

**save**¹ *n.*, *(sport)* keerslag; *(rek.)* bewaring, berging, (die) stoor. **save** *ww.* red, verlos; *(vnl. Chr. teol.)* salig maak; behoed, bewaar; *(sport)* verhoed *(doel ens.)*; (op)spaar, op⸗ sysit, wegsit, oorhou; besuinig; *(rek.)* bewaar, berg, stoor; *be* ~*d*, *(vnl. Chr. teol.)* gered/salig word/wees; ~ *(up) for* ... uit ... spaar; ~ *s.o. from s.t.* iem. uit/van iets red; ~ *on s.t.* op iets besuinig; ~ *the pieces* red wat (daar nog) te red(de) is; ~ *the situation* die situasie red; ~ *one's strength* jou kragte spaar; ~ *up s.t.* iets opgaar/oppot; iets bêre/bewaar.

**save**² *prep. & voegw.*, *(fml. of poët., liter.)* behalwe, buiten, behoudens; tensy, behalwe dat; *all* ~ ... almal behalwe ...; ~ *for* ... afgesien van ..., (buite en) behalwe ...; met uitsondering van ...; *the last* ~ *one* die voorlaaste.

**sav·e·loy** serwelaatwors.

**sav·er** redder; spaarder.

**sav·ing** *n.* redding, verlossing; *(vnl. Chr. teol.)* saligmaking; besparing, besuiniging; voorbehoud; *effect a* ~ bespaar, 'n besparing bewerkstellig; *be past* ~ reddeloos wees. **sav·ing** *adj.* reddend, verlossend; saligmakend; spaarsaam, suinig; ~ *clause* stipulasie, voorbehoud(sbepaling); *have the* ~ *grace of humour/etc.* iem. se humorsin/ens. is sy/haar redding. **sav·ing** *prep.* behalwe, buiten, uitgesonder(d), buite en be⸗ halwe.

**sav·ings** *n. (mv.)* spaargeld; besparing. ~ **account** spaar⸗ rekening. ~ **bank** spaarbank. ~ **rate** besparingskoers, spaar⸗ koers.

**sav·iour**, *(Am.)* **sav·ior** redder, verlosser; *the S~*, *(Chr. teol.)* die Heiland/Verlosser/Saligmaker.

**sa·voir-faire** *n.*, *(Fr.)* savoir-faire, sosiale vaardigheid.

**sa·vor·y** *n.* bonekruid, steentiemie.

**sa·vour**, *(Am.)* **sa·vor** *n.* smaak; smaaklikheid; geur(igheid). **sa·vour**, *(Am.)* **sa·vor** *ww.* smaak; geniet; *it* ~*s of* ... dit ruik/smaak na ..., dit laat dink aan ... **sa·vour·i·ness**, *(Am.)* **sa·vor·i·ness** smaaklikheid, geurigheid. **sa·vour·less**, *(Am.)* **sa·vor·less** smaakloos, geurloos. **sa·vour·y**, *(Am.)* **sa·vor·y** *n.* southappie, soutigheidjie, soutgereg(gie); sout nagereg⸗ gie; snoepgereggie. **sa·vour·y**, *(Am.)* **sa·vor·y** *adj.* smaaklik, geurig, lekker; pikant; gekrui(d), gekrui(e); ~ *mince* ge⸗ kruide maalvleis; ~ *tart* souttert.

**Sa·voy** *(geog.)* Savoje. **s~ (cabbage)** savojekool, witkool.

**sav·vy** *n.*, *(infml.)* begrip, verstand. **sav·vy** *adj.*, *(infml.)* skrander, vinnig van begrip.

**saw**¹ *n.* spreekwoord, segswyse, spreuk, gesegde; *the old* ~ *that* ... die ou gesegde dat ...

**saw**² *n.* saag; *set a* ~ 'n saag skerpmaak/aansit. **saw** *sawed sawn; sawed sawed, ww.* saag; ~ *down s.t.* iets plat saag; ~ *off s.t.* iets afsaag; ~ *out s.t.* iets uitsaag; ~ *through s.t.* iets deursaag; ~ *up s.t.* iets in stukke saag. ~**dust** saagsel, saagmeel; *let the* ~ *out of s.o.* iem. se ware karakter ontbloot. ~**-edged** getand. ~ **file** saagvyl. ~**fish** saagvis. ~**horse**, ~ **trestle** saag⸗, timmerbok. ~**mill** saagmeul(e). ~**tooth(ed)** saagtand⸗, saagtandig.

**saw**³ *ww. (verl.t.)* het gesien; →SEE¹ *ww..*

**saw·ing** saery; saagwerk. ~ **machine** saagmasjien.

**saw·like** saagagtig.

**sawn-off**, *(Am.)* **sawed-off** *adj. (attr.)* afgesaagde *(hael⸗ geweer ens.)*; *(infml.)* kort, klein *(mannetjie ens.)*.

**saw·yer** saer.

**sax** *n.*, *(infml., afk.)* = SAXOPHONE. ~**horn** *(mus.)* sax⸗, saks⸗ horing.

**saxe (blue)** saksiesblou.

**sax·i·frage** *(bot.)* steenbreek.

**Sax·on** *n.*, *(inwoner v. 'n D. staat)* Sakser; *(D. dial.)* Saksies, Plat⸗, Nederduits; Engelsman. **Sax·on** *adj.* Saksies. **Sax·on·y** *(D. staat)* Sakse; *Lower* ~ Neder-Sakse.

**sax·o·phone** saxofoon. **sax·o·phon·ic** saxofonies, saksofo⸗ nies. **sax·o·phon·ist, sax·o·phon·ist** saxofoon⸗, saksofoon⸗ speler, ⸗blaser, saxofonis, saksofonis.

**say** *n.* mening, sê; inspraak, (mede)seggenskap, sê; praat⸗, sêkans; *have all the* ~ volle seggenskap hê; *have the final* ~ die laaste woord hê/spreek; *have/say one's* ~ jou sê sê, sê wat jy te sê het; *have a* ~ *(in a matter)* seggenskap/sê (in 'n saak) hê, (oor 'n saak) saam⸗/meepraat; *let s.o. have his/her* ~ iem. sy/haar sê laat sê, iem. kans gee om te praat; *have no* ~ *(in a matter)* geen seggenskap sê (in 'n saak) hê nie, niks (in 'n saak) te sê hê nie. **say** *said said, ww.* sê, spreek; *('n les)* uitspreek; ~ *s.t. about* ... iets omtrent/oor/van ... sê; ~ *s.t. after s.o.* iets agter iem. aan sê, iem. iets nasê; *you can* ~ *that again!*, *(infml.)* presies!, net so!, ek stem saam!, ~ *s.t. against* ... iets op ... aanmerk; *I'm not* ~*ing anything* ek sê niks; *as they* ~, *(infml.)* soos (wat) hulle sê; *s.o. begins by* ~*ing that* ... iem. begin met te sê dat ...; *it* ~*s in the Bible that* ... in die Bybel staan *(of die Bybel sê)* dat ...; *I cannot* ~ ek weet *(of kan nie sê)* nie; *you don't* ~ *(so)!*, *(infml.)* regtig?, sowaar?, dit kan nie waar wees nie!; *what s.o.* ~*s goes* iem. se woord is wet; *it happens,* ~ *once a month* dit gebeur ongeveer/sowat *(of* dit gebeur, laat ons sê,) een keer per maand; *I'll* ~!, *(infml.)* net so!, ek stem saam!; ~ *what you like!* al sê jy wat!; ~ *what one likes* sê wat jy wil; ~ *s.t. out loud* iets hardop sê; *as you might* ~ so te sê; ~ *no more!* genoeg gesê!; *I cannot* ~ *more (than that)* meer kan ek nie sê nie; *that is not* ~*ing much* dit sê nie baie/veel nie; *I must* ~ ... dit moet ek sê, ...; *although I* ~ *it myself* al sê ek dit self; ~ *no, (ook)* weier; ~ *no to s.o.* vir iem. nee sê; *I wouldn't* ~ *no to a* ..., *(infml.)* ek sou nogal van 'n ... hou; *not to* ~ ... om nie

te sê ... nie; amper/byna/selfs ...; *take a **number,** ~ ten* neem
'n getal, byvoorbeeld *(of* sê nou maar) tien; *~ s.t. over* iets
herhaal, iets nog 'n slag sê; *sad to ~* helaas, jammer genoeg;
*shall we ~* ... laat ons maar sê ...; *and so ~ I* en ek stem
saam; *and so ~ all of us* en ons stem almal saam; *so they ~*
so word vertel; *so to ~* so te sê, by wyse van spreke; *~ s.t.*
*straight out* iets prontuit/reguit/ronduit sê; *strange to ~*
vreemd genoeg; *there were ~ ten people* daar was 'n stuk of
tien mense; *that is to ~* ... dit wil *(of* is te) sê ..., met ander
woorde ...; *~ that* ... sê dat ...; *it ~s here that* ... hier staan
dat ...; *they ~* ... die mense *(of* hulle) sê ..., daar word vertel
...; *~ to o.s.* ... by jouself sê ...; *~ s.t. to s.o.* iets aan/vir iem.
sê; *it/that is for s.o. to ~* dit hang van iem. af, dit berus by
iem.; *what do you ~?* hoe voel jy daaroor?; *~ when!, (infml.)*
hoeveel?; *~s who?, (infml.)* wie sê (so)?; *why do you ~ that?*
hoekom/waarom sê jy so?; *~s you!, (infml.)* dis wat jy dink!.
*~-so: (just) on s.o.'s ~, (infml.)* (net) op iem. se blote woord.

**say·ing** *n.* gesegde, spreuk, segswyse, woord, spreekwoord;
*as the ~ goes* soos die spreekwoord sê, soos die gesegde lui;
*it goes without ~* dit spreek vanself *(of* is vanselfsprekend).

**scab** *n.* roof, rofie, kors; skurwigheid, skilfer, skilferroof;
brandsiekte *(by skape);* skurfsiekte, skurfte *(by plante);*
*(infml., neerh.)* onderkruiper, stakingbreker, instaanwerker.
**scab** -*bb-, ww.* rofies *(of* 'n rofie) maak/gee. **scab·by** skurf,
skurfagtig, brandsiek; *~ mouth* vuilbek *(by skape).*

**scab·bard** skede.

**sca·bies** skabies, jeuk-, brandsiekte, skurfte, *(infml.)* lek-
kerjeuk, help-my-krap.

**sca·bi·ous** *n., (bot.)* skurfkruid, speldekussinkie, hen-en-
kuikentjie. **sca·bi·ous** *adj.* skurf, skurfagtig.

**sca·brous** skurf(agtig), ongelyk, ru, oneffe; skurf, onfat-
soenlik, onwelvoeglik.

**scad** *(igt.)* skad.

**scads** *n. (mv.), (infml., hoofs.Am.): ~ of* ... hope/massas *(of* 'n
groot klomp) ...

**scaf·fold** *n.* steier, stellasie; *(hist.)* skavot. **scaf·fold** *ww.*
van 'n steier/stellasie voorsien; 'n steier/stellasie opsit. *~*
**trestle** steierbok.

**scaf·fold·ing** steierwerk, steiers, stellasie.

**scal·a·ble** beklimbaar.

**sca·lar** *n., (wisk., fis.)* skalaar. **sca·lar** *adj.* skalêr; trap-
vormig.

**scald** *n.* skroeiwond, brandplek, -wond, vogbrand(plek),
brandseer; verbruining *(v. vrugte).* **scald** *ww.* (met klam
hitte) brand, skroei; *(byna tot kookpunt verhit)* wel *(melk
ens.);* blansjeer *(tamaties in kookwater); (arg.)* broei; *~ing hot*
kokend/skroeiend warm.

**scale**[1] *n.* skub *(v. 'n vis);* dek-, huidskub *(v. 'n soogdier);* skub
*(v. 'n plant);* skilfer; lagie; dop; tandsteen; ketelsteen; aanslag;
*armoured ~* pantserdopluis. **scale** *ww.* skubbe afkrap; af-
skub; (af)skilfer, opskilfer; uitdop; afdop; (af)skraap; tand-
steen/ketelsteen verwyder; *~ a gun* 'n kanon uitgloei; *s.t. ~s*
*off* iets skilfer af; *s.t. is ~d (up)* iets is verskaal. *~* **(insect)**
dop-, skildluis.

**scale**[2] *n.* skaal; maatstaf; *(mus.)* toonleer; omvang *(v. 'n*
*fenomeen ens.);* grootte *(v. 'n skip ens.); ~ of charges/fares*
tarief; *draw s.t. to ~* iets op skaal teken; *~ of forces* krag-
teskaal; *on a large ~* op groot skaal, in die groot; *practise*
*~s* toonlere oefen; *a sliding ~* 'n wisselskaal; *on a small ~*
op klein skaal, in die klein(e); *the social ~* die maatskaplike
leer; *to a ~ of 1 in 50* op 'n skaal van 1 op 50. **scale** *ww.*
(be)klim, (op)klouter; klim oor; volgens skaal teken; →
SCALER; *~ down s.t.* iets afskaal; iets na verhouding verklein
*(of* kleiner maak); iets na verhouding verlaag; iets inkrimp;
*~ up s.t.* iets opskaal; iets na verhouding vergroot *(of* groter
maak); iets na verhouding verhoog; iets uitbrei. *~* **drawing**
skaaltekening.

**scale**[3] *n., (gew. i.d. mv.)* (weeg)skaal; *hold the ~s even* on-

partydig oordeel; *(a pair of) ~s* 'n (weeg)skaal; *the S~s,*
*(astron., astrol.)* die Weegskaal, Libra; *tip/turn the ~s* die
deurslag gee; *tip/turn the ~s at ... kg ...* kg weeg.

**sca·lene** *adj., (wisk.)* ongelyksydig; *~ triangle* ongelykbenige/
ongelyksydige driehoek.

**scal·er** klimmer; *(fis.)* deler.

**scal·i·ness** →SCALY.

**scal·ing**[1] afskilfering; afskraping; *~ up* verskaling. *~* **ham-**
**mer** bikhamer.

**scal·ing**[2] beklimming; gradering. *~* **ladder** stormleer; brand-
leer.

**scal·lion** *(uiesoort)* salot.

**scal·lop** *n.* kammossel; skulpwerk, uitskulping; pasteiskulp.
**scal·lop** *ww.* uitskulp; in die skulp kook. *~* **shell**
mantelskulp.

**scal·loped:** *~ edge* geskulpte rand, skulprand.

**scal·ly·wag, scal·a·wag, scal·la·wag** *(infml.)* niksnut(s),
deugniet, skelm, skurk.

**scalp** *n.* kopvel. **scalp** *ww., (hist.)* skalpeer, die kopvel
afsny/afslag; *(infml., fig.)* afslag; *(infml., hoofs.Am.)* 'n vinnige
spekulasiewins maak; *(infml., hoofs. Am.)* kaartjies op die
swartmark verkoop/verkwansel. *~* **hunter** koppesneller. *~*
**massage** kopmassering.

**scal·pel** ontleedmes, skalpel, lanset.

**scalp·er** skalpeerder; *(infml., hoofs.Am.)* kaartjiespekulant.

**scal·y** skubb(er)ig, geskub; skubagtig, skaalagtig; *(infml.)*
gemeen, laag, goor; *~ ant-eater* ietermago(g). **scal·i·ness**
skubb(er)igheid; skaalagtigheid, skurfheid.

**scam** *(infml.)* boereverneukery, bedrog(spul), swendelary,
skelmstreek. **scam·mer** bedrieër, skelm.

**scamp** *n., (infml.)* kwajong, deugniet; platjie, vabond, kar-
nallie.

**scamp·er** *n.* gehol, draf; vlugtige toer; *take a ~ through a*
*book* 'n boek vlugtig deurlees. **scamp·er** *ww.* hardloop,
hol; *~ away/off* weghardloop, weghol.

**scam·pi** *n. (mv.), (It., groot garnale)* scampi.

**scan** *n., (med.)* skandering. **scan** -*nn-, ww.* bespied *('n ge-*
*bied);* noukeurig bestudeer/ondersoek/bekyk *(inligting ens.);*
deurblaai, vinnig/vlugtig (deur)lees, vluglees *('n koerant ens.);*
jou oë laat dwaal oor *(d. skare ens.); (pros.)* skandeer, in
versvoete verdeel; *(pros.)* die regte versmaat/metrum hê;
*(elektron., fis., radar)* aftas; *(rek.)* skandeer *('n dokument ens.);*
*(med.)* skandeer, aftas; *~ s.t. in, (rek.)* iets inskandeer *('n*
*dokument ens.).* **scan·ner** *(med., rek.)* skandeerder, aftaster,
skandeermasjien, -toestel; *(rad., TV, radar)* aftaster.

**scan·dal** skandaal, skande; aanstoot; kwaadpratery, geskin-
der, laster; opspraak; *cause* (or *give rise to) a ~* opspraak
(ver)wek. *~***monger** skindertong, -bek, kwaadprater, skin-
deraar. *~* **sheet** *(neerh.)* skandaalblad.

**scan·dal·ise, -ize** belaster; aanstoot gee, beledig; *be ~d,*
*(ook)* verontwaardig wees.

**scan·dal·ous** skandelik, skandalig; lasterlik, verregaande.
**scan·dal·ous·ness** skandaligheid.

**scan·da·roon** *(soort sierduif)* skanderoen.

**scan·dent** klimmend; *~ plant* klimplant.

**Scan·di·na·vi·a** Skandinawië. **Scan·di·na·vi·an** *n.* Skandi-
nawiër; *(taalgroep)* Skandinawies. **Scan·di·na·vi·an** *adj.*
Skandinawies.

**scan·di·um** *(chem., simb.: Sc)* skandium.

**scan·ning** *(med.)* skandering, aftasting; *(rek.)* skandering;
*(pros.)* skandering; bespieding *(v. 'n terrein ens.);* vlugtige
deurlees, vluglees *(v. teks).* *~* **electron microscope** skan-
deer(-)elektronmikroskoop, aftas(-)elektronmikroskoop.

**scan·sion** *(pros.)* skandering.

**scant** *adj.* karig, armoedig, skraal, gering; *be ~ of breath*
kortasem wees. **scant·ness** karigheid.

**scant·ling** *(houtw.)* balkie, maatplank, lat, kleinhout; *(bouk.)* langklip.

**scant·y** skaars, karig, skraal, min, gering, skraps; bekrompe, suinig; ~ *means* geringe/karige middele; ~ *panties* amper=, einabroekie. **scant·ies** *n. (mv.)* amperbroekie(s), knap= broekie(s). **scant·i·ly** karig, skraal, effentjies, dun, armoedig; knap(pies); ~ *clad* karig/skraps geklee(d), met min klere aan; armoedig geklee(d), dun aangetrek. **scant·i·ness** ka= righeid; skaarsheid.

**scape** *n.* skag, vlug *(v. 'n suil); (bot.)* bloeistingel, =spil; *(entom.: basis v. 'n voeler)* skapus.

**scape·goat** *n.* sondebok; *be the ~ for s.t.* die sondebok vir iets wees; *make a ~ of s.o.* iem. die sondebok maak. **scape= goat** *ww.:* ~ *s.o.* iem. die/tot sondebok maak, van iem. 'n sondebok maak.

**scaph·oid** *(anat.)* skuitvormig, skafoïed, navikulêr.

**scap·u·la** =lae, =las, *(anat.)* (skouer)blad, bladbeen. **scap·u= lar** *n., (monnikskleed)* skapulier, skouerkleed; *(med.)* skouer= verband. **scap·u·lar** *adj.* van die skouerblad; ~ *region* blad= streek.

**scar[1]** *n.* litteken, kwesplek; *(psig.)* letsel. **scar** =rr=, *ww.* (met littekens) merk; *('n wond)* 'n litteken vorm; *a ~red face* 'n gelittekende gesig, 'n gesig vol littekens. ~ *tissue (med.)* litteken=, letselweefsel.

**scar[2]** *n.* krans, steil rotswand.

**scar·ab** miskruier, heilige kewer *(v.d. ou Egiptenare); (antieke Eg. juweel)* skarabee.

**scarce** skaars; ondervoorsien; seldsaam; *make o.s. ~, (infml.)* jou uit die voete maak, verdwyn; *very ~* baie/bitter skaars. **scarce·ly** nouliks, ternouernood, skaars; kwalik; nie juis nie; *s.o. had ~ arrived when he/she had to leave again* iem. het skaars aangekom of hy/sy moes weer vertrek; *I ~ knew him/ her* ek het hom/haar byna nie geken/herken nie; ~ *know s.o.* iem. skaars ken, iem. amper nie ken nie; *it is ~ polite to ...* dit is nie juis beleef(d) om ... nie; ~ *seventeen* years old nouliks/skaars sewentien jaar oud. **scarce·ness** skaarsheid; seldsaamheid; skaarste *(van),* gebrek *(aan).* **scar·ci·ty** skaars= te *(aan);* gebrek *(aan);* seldsaamheid; *a ~ of ...* 'n skaarste aan ...; *a ~ of houses/money/etc.* 'n woningnood/geldnood/ ens..

**scare** *n.* skrik; vrees, beangstheid; paniek; alarm; →SCARY; *cause/create a ~* ('n) paniek veroorsaak; *get a ~* skrik, 'n skrik kry; *give s.o. a ~* iem. laat skrik; *get the ~ of one's life* (baie) groot skrik; *give s.o. the ~ of his/her life* iem. groot laat skrik, iem. die *(of* 'n groot) skrik op die lyf ja(ag). **scare** *ww.* skrikmaak, bang maak, laat skrik, die skrik op die lyf ja(ag); verskrik; afskrik; →SCARIFY[1]; ~ *s.o./s.t.away/off* iem./ iets wegja(ag)/verwilder; iem./iets op loop ja(ag); iets op= ja(ag) *(wild);* ~ *easily* gou skrik *(of* bang word); ~ *s.o. off, (ook)* iem. afskrik; →*away/off;* ~ *s.o. out of his/her senses/ wits* iem. die *(of* 'n groot) skrik op die lyf ja(ag). ~**crow** *(lett. & fig.)* voëlverskrikker; lelikerd. ~**monger** bangmaker, alarmis, onrus=, panieksaaier. ~**mongering** paniekstokery. ~ *story* bangmaakpraatjie, =storie. ~ **tactic** bangmaaktaktiek; afskriktaktiek.

**scared** bang; *be ~ to death* dood(s)bang wees; *be ~ of ...* bang wees vir ...; *be running ~, (infml.)* die skrik op die lyf hê; *be ~ silly/stiff* (or *out of one's senses/wits), (infml.)* dood(s)bang wees, jou (boeg)lam skrik.

**scare·dy-cat** *(infml.)* bangbroek.

**scarf[1]** *scarves, scarfs, n.* serp; halsdoek; omslagdoek; *head ~* kopdoek.

**scarf[2]** *scarfs, n., (houtw.)* lip. **scarf** *ww.* 'n lip(las) maak; afskuins. ~ **(joint)** liplas.

**scarf[3]** *ww., (Am., infml.):* ~ *s.t. down* iets verorber/verslind.

**scar·i·fy[1]** *(infml.)* bang maak. **scar·i·fy·ing** skrik=, angswek= kend; griesel(r)ig.

**scar·i·fy[2]** kerf; *(med.)* insnydings in die vel maak; skraap;

*(landb.)* eg, losmaak, =werk; kwel; seer maak; hekel. **scar·i= fi·ca·tion** insnyding, (in)kerwing; skraping; hekeling. **scar= i·fi·er** *(padbou)* pad-eg, kors=, bladbreker; *(med.)* skraapmes, snepper; *(landb.)* (mes=)eg, skeurploeg.

**scar·la·ti·na** *(med.)* skarlakenkoors, skarlatina; →SCARLET FEVER.

**scar·let** *n. & adj.* skarlaken(rooi), helderrooi; *turn ~* vuur= rooi word. ~ *fever* skarlakenkoors. ~ **hat** *(RK)* kardinaals= hoed. ~ **runner (bean)** pronk=, sierboon(tjie). ~ **woman** *(neerh.)* sedelose/promiskue vrou, prostituut.

**scarp** *n.* steilte, skuinste; steil wal/helling; *(geol.)* eskarp. **scarp** *ww.* skuins maak, eskarpeer. **scarped** steil, skuins; ~ *plain* bankeveld.

**scarp·er** *(Br., infml.)* laat spat/spaander, die hasepad kies; skoert, spore maak; vlug.

**scar·y** *(infml.)* bangerig, skrikkerig; angswekkend, skrikaan= jaend.

**scat[1]** *n.* scat(sang), lalsang; *sing ~* scat, lal. **scat** =tt=, *ww.* scat, lal.

**scat[2]** *tw.* trap, loop, skoert, weg is jy. **scat** =tt=, *ww.* trap, loop.

**scat[3]** *n. (massanaamwoord)* kuttels, keutels, mis.

**scath·ing** vlymend, skerp, snydend, vernietigend; ~ *criti= cism* snydende/vernietigende kritiek; ~ *sarcasm* vlymende sarkasme.

**sca·tol·o·gy** *(med., paleont. of beheptheid met uitwerpsels)* skatologie. **scat·o·log·i·cal** skatologies.

**scat·ter** *n.* spreiding; *(ook statist.)* verspreiding. **scat·ter** *ww.* strooi; verstrooi, rondstrooi, versprei; uiteenstuif, =vlieg; uiteendryf, =drywe, verdryf, verdrywe, uitmekaar ja(ag); verydel *(hoop);* ~ *things about/around* goed rondstrooi; ~ *a crowd* 'n skare uitmekaar laat spat; ~ *s.t. with ...* iets met ... bestrooi. ~**brain** warkop. ~**brained** warhoofdig, =koppig. ~ **cushion** los kussing, sierkussing. ~ **diagram,** ~**gram,** ~**graph** *(statist.)* spreidingsdiagram. ~**gun** *(hoofs. Am.)* hael= geweer. ~ **rug** los mat(jie). ~**shot** *adj., (Am.)* onoordeel= kundig; lukraak, planloos; ondeurdag, onbesonne, halsoor= kop, blindelings.

**scat·tered** *(ook)* onreëlmatig; ~ *instances* sporadiese gevalle; ~ *showers, (met.)* verspreide/los buie.

**scat·ty** *(infml.)* ligsinnig; dwaas.

**scav·enge** *('n dier)* aas vreet; *(teg.)* reinig, skoonmaak, (uit)= spoel; *(chem.)* opruim; *(metal.)* deoksideer; *(mot.)* afsuig *(verbrandingsprodukte);* ~ *from ...* deur ... sif, ... deursoek, in ... (rond)krap *(afval, rommel, vullis, ens.).*

**scav·en·ger** aasvreter, =dier; vullisraper; *(chem.)* opruimer; *(teg.)* reinigingsmiddel; spoelpomp. ~ **cell** *(biol.)* fagosiet, vreet-sel. ~ **hunt** aasjag. ~ **pump** *(mot.)* afsuigpomp.

**scav·eng·ing** aasvretery; vullisrapery; *(teg.)* reiniging; *(chem.)* opruiming.

**sce·nar·i·o** =ios scenario *(v. 'n toneelstuk, opera, ens.); (filmk.)* draaiboek; *(fig.: veronderstelde loop v. gebeurtenisse)* scenario. **sce·nar·ist** draaiboekskrywer.

**scend, send** *n.* golwing, deining, stuwing; *(sk.)* (die) wip. **scend, send** *ww., ('n skip)* wip.

**scene** toneel; gesig; skouspel; tafereel; landskap; *(infml.)* omgewing, terrein; *(teat., mus.)* toneel; (toneel)skerm, *ap= pear/come on the ~* op die toneel verskyn; *behind the ~s* agter die skerms; *a change of ~* 'n verandering van om= gewing; *disappear from the ~* →*quit; a ~ in "Hamlet"* 'n toneel uit "Hamlet"; *the ~ is laid in ...* →*set/laid; make a ~, (infml.)* 'n herrie/lawaai opskop; *it is not s.o.'s ~, (infml.)* dit is nie iem. se gebied nie, iem. weet nie juis iets daarvan nie; iem. stel nie daarin belang nie; *a ~ of ...* 'n toneel van ... *(ellende ens.); the ~ of the accident* die toneel van die ongeluk, die ongelukstoneel; ~*s of ...,* sketse uit ... *(d. oorlogsjare ens.); be on the ~* daar *(of* op die toneel) wees *(v. 'n ongeluk ens.);*

**quit** (or **disappear** from) the ~ van die toneel verdwyn; sterf; **set** a ~ die toneel skik/monteer; **set** the ~ for s.t. iets voorberei; the ~ is **set** alles is gereed; the ~ is **set/laid** in ... die stuk/verhaal speel (hom) af in ... (of het ... as agtergrond) ('n plek/tyd); **steal** the ~, (infml.) met die applous wegloop. ~ **change** toneelverandering, =wisseling. ~ **painter** dekora= sieskilder; (teat.) toneel=, dekorskilder. ~ **painting** (teat.) de= korskildering. ~**shifter** (teat.) toneelhandlanger. ~**shifting** (teat.) dekorwisseling.

**scen·er·y** natuurtonele, natuurskoon; toneel; toneeldeko= rasie, dekor.

**sce·nic** skilderagtig; natuurskoon=; landskap=; dekoratief; dramaties, toneel=; ~ **artist** dekorskilder; ~ **beauty** natuur= skoon; ~ **drive** landskaps=, uitsigrit; ~ **drive/road/path** landskaps=, uitsigpad; ~ **railway** panoramaspoor.

**sce·nog·ra·phy** perspektieftekening; toneelskilderkuns, sce= nografie. **sce·nog·raph·er** toneelskilder. **sce·no·graph·ic** in perspektief (geteken).

**scent** n. reuk; geur; reukwater, parfuum, laventel, lekker= ruikgoed; (reuk)spoor (van 'n dier); **follow** up the ~ die spoor volg; **get** the ~ of s.t. die/'n snuf in die neus kry van iets; s.t. **has no** ~, ('n blom ens.) iets ruik nie; be **on** the ~ of ... op die spoor van ... wees; **pick** up the ~, ('n hond ens.) die spoor vind/vat; **put/throw** s.o. off the ~ iem. van die spoor (of op 'n dwaalspoor) bring. **scent** ww. met geur vul, deurgeur; parfumeer; ruik; insnuif; vermoed, in die neus kry; die lug kry van; the roses ~ the **air** die rose vul die lug met hulle geur; ~ the **air**, (ook) die lug insnuif; ~ s.t. **out** iets uitsnuffel/-ruik; (fig.) iets uitvis; ~ **treachery** verraad ver= moed; ~ **victory** (die) oorwinning ruik. ~**-bag** reuksakkie. ~**-bottle** reuk=, parfuumbottel(tjie), =flessie. ~ **gland**, ~ **or= gan** reuk=, stinkklier (v. 'n dier). ~**-spray** spuitflessie, par= fuumspuitjie.

**scent·ed** adj. geparfumeer(d). ~ **heath** (Erica denticulata) lekkerruikheide. ~ **thorn** (tree) (Acacia nilotica) lekker= ruikpeul=, stinkpeul(boom).

**scent·less** reukloos.

**scep·tic** twyfelaar, skeptikus. **scep·ti·cal** skepties, twyfel= sugtig, ongelowig. **scep·ti·cism** skeptisisme, twyfelsug, on= gelowigheid, skepsis.

**scep·tre** septer, staf; wield/sway the ~ die septer swaai.

**scha·den·freu·de** (D.) leedvermaak.

**sched·ule** n. rooster; diensreëling; (spw.) looptyd; program, skedule, lys, inventaris, opgawe, staat, tabel; bylae; s.t. goes **according** to ~ iets verloop/vorder volgens plan/rooster; s.t. is **ahead** of ~ iets is voor sy tyd, iets is vroeg; as **per** ~ volgens rooster; be **behind** ~ agter wees; have a **full/tight** ~ 'n vol program hê; be **on** ~ op tyd wees; be **up** to ~ op tyd (of by) wees; not be **up** to ~ agter wees; (infml.) onvoldoende wees, nie goed genoeg wees nie. **sched·ule** ww. skeduleer, reël, beplan; op 'n lys/tabel plaas; 'n lys/staat maak; as bylae voeg by. **sched·uled**: ~ **area** aangewese gebied; s.o./s.t. is ~ to **arrive** at ... iem./iets word om ... verwag; ~ **flight** lyn=, diensvlug; s.o./s.t. is ~ to **leave** at ... iem./iets moet om ... vertrek; iem./iets se vertrek is vir ... gereël; ~ **service** gereelde diens, lyndiens; s.t. is ~ to **take place** at ... iets is vir ... bepaal; ~ **time** aangegewe/bepaalde tyd.

**scheel·ite** (min.) scheeliet.

**Sche·her·a·zade** n., (prinses i.d. Duisend-en-een Nag[te]) Sjeherazade.

**Scheldt:** the ~, (Eur. rivier) die Skelde.

**sche·ma** =mata skema. **sche·mat·ic** skematies. **sche·ma·tise, =tize** skematiseer.

**scheme** n. stelsel, sisteem, reëling, ordening, plan, skema, program, skets, ontwerp; plan, voorneme, oogmerk; kom= plot; **abandon** a ~ 'n plan opgee (of laat vaar); **hatch** ~s planne smee; the ~ of **things** die bestel van die wêreld; **wild= cat** ~s onbekookte planne, wolhaarplanne. **scheme** ww.

planne maak/beraam; knoei, konkel; ~ **against** s.o. teen iem. saamsweer; ~ **for** ... planne beraam vir ... **schem·er** plan= (ne)maker; knoeier, konkelaar. **schem·ing** n. konkel(a)ry, gekonkel, gekonkel, geknoei. **schem·ing** adj. konkelend, skelm, slinks, geslepe; onderduims, agterbaks.

**scher·zan·do** (It., mus.) scherzando, skertsend, speels, dar= telend.

**scher·zo** (It., mus.: lewendige, speelse stuk) scherzo.

**schip·per·ke** (honderas) skipperke.

**schism** tweespalt, verdeeldheid, skeuring, skisma, breuk (in 'n kerk ens.). **schis·mat·ic** verdelend, skeurmakend, skisma= tiek; ~ **church** skeurkerk.

**schist** (geol.) skis. **schis·tose** leisteenagtig, skisagtig, skisteus. **schis·tos·i·ty** skistositeit.

**schis·to·some** (soöl., med.) bloedslakwurm, bloedbot, ser= karia. **schis·to·so·mi·a·sis** =ases, (patol.) skistosomiase, bil= harziase, rooiwater.

**schiz·o** =os, n., (infml., neerh.) skisofreen. **schiz·o** adj. ski= sofreen.

**schiz·o·carp** (bot.) splitvrug.

**schiz·oid** (psig.) gesplete, skisoïde (persoonlikheid).

**schiz·o·phre·ni·a** (psig.) skisofrenie, geslotenheid, gesple= te/dubbele persoonlikheid. **schiz·o·phren·ic** n. gesplete per= soonlikheid, skisofreen. **schiz·o·phren·ic** adj. skisofreen, ge= splete.

**schle·miel** (Am., infml., <Jidd.) sjlemiel, slungel, stommerik, sukkelaar.

**schlep(p)** n., (Am., infml., <Jidd.) (hele) optog, beslom= mernis. **schlep(p)** -pp-, ww. piekel, karwei; ~ s.t. **along** iets saampiekel/=sleep.

**schlie·ren** n. (mv.), (fis., geol.) sliere.

**schlock** n., (Am., infml., <Jidd.) gemors. **schlock, schlock· y** adj. vrot(sig), nikswerd.

**schmaltz** (infml., <Jidd.) sentimentaliteit. **schmaltz·y** -ier =iest soetsappig, stroperig.

**schmuck** (Am., infml., <Jidd.) ghwar, vent; aap, swaap, sot.

**schnapps** (sterk drank) snaps.

**schnau·zer** (honderas) schnauzer.

**schnit·zel** (kookk.) schnitzel.

**schnoz, schnoz·zle** (Am., infml., <Jidd.: neus) snoet, snawel.

**schol·ar** skolier, skoolkind, leerling, leerder; geleerde, vak= kundige; beurshouer; a German/Greek/etc. ~ 'n Duitse/ Griekse/ens. skolier/geleerde; 'n kenner van Duits/Grieks/ ens.; ~s' patrol skolierpatrollie. **schol·ar·ly** geleerd, (vak)= kundig, wetenskaplik; ~ recluse kamergeleerde. **schol·ar·ship** (vak)kundigheid, kunde, wetenskap, (vak)geleerdheid; stu= diebeurs; stipendium.

**scho·las·tic** adj. skolasties, skools; akademies, universitêr; pedant(ies). **scho·las·ti·cism** (soms S~) skolastiek; skools= heid.

**school¹** n. skool; leer=, oefenskool; fakulteit; rigting, groep, skool (i.d. lettere, kuns, ens.); skoolgebou; be **absent** from ~ van die skool afwesig wees; ~ of (fine) **art** kunsskool; **at** ~ op skool; in die skool; **attend** ~ skoolgaan; **before** ~ voor skool(tyd); when the ~s **break** up wanneer die skole sluit; ~ of **engineering** ingenieurskool; (mil.) genieskool; **go** to ~ skoolgaan; skool toe gaan; **go** to the ~ na die skool toe gaan; **in** ~ in die skool; ~ of **languages** taleskool; **leave** ~ die skool verlaat; ~ of **music** musiekskool; **out** of ~ uit die skool; buite skoolverband; **put/send** a child to ~ 'n kind in die skool sit; **stay** (in) after ~ ná skool bly, skoolsit; ~ of **thought** (denk)rigting, denkwyse, gedagtegang. **school** ww. skool, afrig, oefen, dril; (fml. of Am.) leer, onderrig, onderwys; ~ o.s. to ... gewoond raak aan ... ('n roetine ens.); ~ o.s. to be ... leer om ... te wees (geduldig ens.). ~ **administration** skoolbestuur. ~ **age** skoolgaande leeftyd; of ~ ~ leer=, skoolpligtig;

skoolryp. ~ **attendance** skoolbywoning. ~ **badge** skool=wapen. ~**bag**, ~ **case** skoolsak, =tas. ~**boy** skoolseun. ~**child** skoolkind. ~**children** *(ook)* skoolgaande jeug. ~ **clothes**, ~ **clothing** skoolklere, =drag. ~**day** skooldag; *after the* ~ na=skools. ~ **desk** skoolbank. ~ **fees** skoolgeld; leergeld. ~ **friend** skoolvriend, =maat. ~**girl** skoolmeisie, =dogter. ~ **grounds** skoolterrein, =grond. ~ **holidays** skoolvakansie. ~ **hostel** skoolkoshuis. ~ **hours** skoolure; *during* ~ ~ in skool=tyd. ~ **inspector** skoolinspekteur, inspekteur van onderwys. ~ **knowledge** skoolse geleerdheid. ~ **learning** skoolge=leerdheid; skoolwysheid. ~~-**leaver** skoolverlater. ~~-**leaving**: *s.o. is of* ~ *age* iem. het sy/haar skoolplig voltooi; ~ *examination* skooleindeksamen. ~ **magazine** skoolblad. ~**marm**, ~**ma'am** *(infml., oorspr. Am.)* skooljuffrou. ~**marmish** *adj., (infml.)* oujongnooiagtig, preuts; vitterig, puntene(u)rig. ~**master** onderwyser. ~**masterish** skoolmeesteragtig, skoolvosserig. ~**mate** skoolmaat. ~**mistress** onderwyseres, skooljuffrou. ~ **outing** skooluitstappie. ~ **principal** skoolhoof. ~ **report** skoolrapport. ~ **sports** skoolsportwedstryd. ~ **subject** skool=, leervak. ~**teacher** onderwyser(es), opvoeder. ~**teaching** skoolonderwys; skoolhouery. ~ **team** skoolspan. ~ **term** skoolkwartaal. ~ **timetable** skoolrooster.

**school²** *n.* skool *(visse).* **school** *ww.* skole vorm, skool.

**schooled** geskoold; *be well* ~ *in s.t.* goed in iets opgelei/ge=oefen wees.

**school·ing** opvoeding, onderwys, onderrig, skool; skoling; *s.o. had little* ~ iem. het min skoolopleiding gehad.

**schoon·er** *(sk.)* skoener.

**schwa, shwa** *(fonet.)* sjwa, neutrale/toonlose klinker.

**schwar·ma, shwar·ma** *(Mid.Oos. kookk.: pitabroodjie met vleis)* sjwarma, swarma.

**sci·at·ic** *(anat.)* heup= *(senuwee, pyn, ens.)*; wat aan heupjig ly. **sci·at·i·ca** heupjig, iskias.

**sci·ence** wetenskap; natuurwetenskap; ~ *of building* bou=kunde; ~ *of law* regswetenskap; ~ *of nutrition* voedingsleer; ~ *of politics* staatsleer; ~ *of religion* godsdienswetenskap; ~ *of war* krygskunde, =wetenskap. ~ **building** gebou vir na=tuurwetenskappe. ~ **fiction** wetenskap(s)fiksie. ~ **park** weten=skap(s)=, navorsingspark.

**sci·en·tif·ic** wetenskaplik; natuurwetenskaplik; ~ *character/spirit* wetenskaplikheid; *the* ~ *world* die geleerde wêreld, die wêreld van die wetenskap.

**sci·en·tism** sciëntisme, skiëntisme.

**sci·en·tist** (natuur)wetenskaplike, natuurkundige; navorser.

**Sci·en·tol·o·gy** *(relig., handelsnaam)* Sciëntologie, Skiënto=logie. **Sci·en·tol·o·gist** *(aanhanger)* Sciëntoloog, Skiënto=loog.

**sci-fi** *(infml.)* = SCIENCE FICTION.

**scil·i·cet** *adv., (Lat.)* naamlik, te wete, scilicet.

**scim·i·tar** kromswaard.

**scin·ti·gram** *(med.)* flikkergram. **scin·tig·ra·phy** *(med.)* sin=tigrafie, flikkergrafie.

**scin·til·la** vonkie; greintjie; *not a* ~ *of* ... geen *(of* nie 'n) sweempie ... nie.

**scin·til·late** vonke skiet, flonker, vonkel, sprankel, flikker, skitter. **scin·til·lat·ing** *(lett.)* glinsterend, vonkelend, flikke=rend; *(fig.)* skitterend *('n debuut ens.); (fig.)* boeiend, fassine=rend, prikkelend *('n boek ens.); (fig.)* sprankelend, heerlik *(humor);* ~ *play* skitter=, sprankelspel. **scin·til·la·tion** vonke=ling, sprankeling, flikkering, flonkering, skittering.

**sci·on** ent, entloot, spruit, steggie; afstammeling, spruit, telg.

**scis·sion** *(teg.)* (die) sny, snyding, skeur(ing) *(tuss. mense, partye, ens.).*

**scis·sor** *ww.* knip; 'n skêrbeweging uitvoer. ~**bill** *(orn.)* skêr=bek, waterploeër. ~**(s) grinder** skêrslyper. ~**(s) kick** *(swem, sokker, ens.)* skêrskop.

**scis·sors** *n. (mv.)* skêr; *(a pair of)* ~ 'n skêr. ~ **lock** *(stoei)* skêrklem. ~ **movement** *(vnl. rugby)* skêrbeweging.

**scis·sure** skeur, spleet.

**scle·ra** =ras, =rae, *(anat.)* buiteoogvlies, harde oogrok, sklera.

**scle·rosed** *(med.)* verhard.

**scle·ro·sis** =roses, *(med.)* sklerose, verharding; *(bot.)* verhou=ting. **scle·rot·ic** skleroties, verhard(end); *(fig.)* skleroties, ri=gied, onbuigsaam, verkramp.

**scoff¹** *n.* spot, skimp, bespotting. **scoff** *ww.* spot, skimp, bespot; ~ *at* ... met ... spot, ... bespot. **scoff·er** spotter, skimper. **scoff·ing·ly** spottend.

**scoff²** inprop, weglê *(aan kos)*, verorber, opvreet; eet.

**scold** (uit)skel, raas met, roskam, 'n uitbrander gee, inklim, uittrap, skrobbeer. **scold·ing** uitbrander, raas; *get a* ~ raas kry.

**sco·li·o·sis** =oses, *(med.)* skoliose, sywaartse ruggraat(ver)=kromming.

**sconce** (arm)kandelaar, muurblaker; muurlamp.

**scone** skon, botterbroodjie.

**scoop** *n.* skop(pie), skepbakkie, =lepel, =ding; (kaas)boor; spatel, (skep)lepel; (dam)skrop, =skraper; *(infml.)* geluksslag, (fortuin)slag, meevaller, buitekansie, voordeel, winsslag; *(infml.)* voorspringslag, voorsprong; *(infml., joern.)* scoop, eksklusiewe berig/nuus, nuustreffer; *get a* ~ jou opponente met die nuus klop; *make a big* ~ 'n groot slag slaan; *three* ~*s of ice cream* drie skeppe roomys. **scoop** *ww.* skep;'n slag slaan, groot wins maak; troef, voorspring, die loef afsteek *(iem.);* ~ *other newspapers* ander koerante scoop/klop/voorspring *(of* voor wees) *(met nuus ens.);* ~ *out s.t.* iets uitskep; iets uithol; ~ *up s.t.* iets opskep; iets optel; ~ *up a child in one's arms* 'n kind in jou arms opraap. ~ **neck** uit=geholde hals *(v. 'n rok ens.).* ~ **net** sleep=, skep=, baggernet.

**scoop·ful** =fuls skep; lepel (vol); emmer (vol); bak (vol).

**scoot** *(infml.)* laat spat, (laat) spaander, laat vat, weghol, die rieme bêre/neersit/neerlê, skoert. **scoot·er** skopfiets, ryplank; *(motor)* ~ bromponie. **scoot·er·ist** bromponieryer.

**scope¹** *n.* (speel)ruimte, geleentheid, kans; vryheid; bestek, bereik, gebied, omvang; gesigskring; draag=, trefwydte; voor=uitsigte; *allow s.o. more* ~ iem. meer vryheid laat; *ample* ~ oorgenoeg vryheid/ruimte; *it is beyond/outside the* ~ *of* ... dit val buite die bestek van ...; *give s.o. ample/free/full* ~ (aan) iem. vry(e) spel laat/gee; *there is* ~ *for improvement* dit kan (nog) beter; *of wide* ~ van groot omvang; *offer a wide* ~ ruim veld bied; *within the* ~ *of* ... deel van ... *(iem. se werk ens.)*, binne ... *(iem. se bevoegdheid, vermoë, ens.).*

**scope²** *ww.* evalueer, assesseer, opweeg; *(infml.)* bekyk.

**scops owl:** *African* ~ ~ skopsuil.

**scorch** *n.* skroeimerk; brandsel(s); skroeihitte; *(landb.)* skroei=roes, =siekte. **scorch** *ww.* (ver)skroei, verseng; brand; verdor; *(infml.)* nael, woes/wild ry. ~ **mark** skroeimerk.

**scorched:** ~ *earth* verskroeide/geskroeide aarde; ~ *flavour/taste* brandsmaak. ~ **earth policy** *(mil.)* verskroeideaarde=beleid, afbrandbeleid, verwoestingstaktiek.

**scorch·er** iets wat skroei; *(fig.)* doodhou, doodsê, kopskoot, snydende antwoord/kritiek; *(infml.)* bloedige/hittige dag; *(infml.)* pragstuk.

**scorch·ing** *adj.* snikheet, bloedig warm, hittig *('n dag, somer);* bloedig, versengend, fel *(hitte);* skroeiend *(d. son, temperature);* moordend *('n pas, werk).*

**score** *n.* (punte)telling, puntestand; (doel)punt; puntetotaal; *(infml.)* stand van sake; twintigtal; *(mus.)* partituur; *(filmk., teat.)* agtergrondmusiek; keep, kerf, groef, krap, skraap, streep, merk; *the* ~ *is* ... die telling is *(of* staan op) ...; *keep* ~ die telling hou, die punte opskryf, tel; *know the* ~, *(fig., infml.)* weet hoe sake staan; *lose (count of) the* ~ die tel(ling) kwytraak; ~*s of* ... hope ... *(mense ens.)*, 'n duisternis ... *(foute ens.);* *on that* ~ wat dit (aan)betref, in daardie/dié opsig; *pay* off old ~s against s.o., **settle** old ~s with s.o., (fig.) met iem. afreken, jou op iem. wreek; **what** is the ~? wat is die telling?.

**score** ww. punte (of 'n doel) aanteken; sukses behaal; (infml.) 'n slag slaan (met 'n winskopie ens.); (infml.) dwelms/ ens. in die hande kry; (infml.) iem. in die bed kry (vir seks); opskryf, tel, (die) telling hou, opteken, boek; (mus.) orkes= treer; op musiek sit; inkeep, groef, kerf, krap; (stukkend) skuur/skawe (vel ens.); ~ s.t. **against** s.o. iem. uitoorlê/voor= spring; iem. iets ten laste lê; ~ **by** s.t. deur/by iets wen; **fail to** ~ geen punte/lopies aanteken nie; ~ (points) **off** s.o., (infml.) iem. oortroef; ten koste van iem. skitter; ~ runs **off** a bowler, (kr.) lopies teen 'n bouler aanteken; ~ s.t. **out** iets skrap/deurhaal (woorde ens.); ~ (points) punte behaal/aan= teken/insamel; ~ a **success** sukses hê/behaal; that is **where** s.o. ~s dit is waar iem. die voorsprong het. ~**board** telbord. ~**book** punteboek; skietboek; tellingboek. ~**card**, ~**sheet** tel-, punte-, keurkaart; puntelys. ~**line** (punte)telling, uit= slag.

**scored** gegroef(de); ~ **binding** geribde band.

**score·less** sonder punte; ~/pointless draw puntelose uitslag/ wedstryd.

**scor·er** teller, tellinghouer.

**scorn** n. veragting, (ge)hoon, versmading; **bitter** ~ bittere spot; **heap/pour** ~ on s.o./s.t. iem./iets bespot; **hold** s.o./s.t. **up to** ~ iem./iets bespot (of 'n voorwerp van minagting maak); s.o.'s **intense** ~ for ... iem. se diep(e) minagting/ veragting vir ...; **treat** s.o./s.t. **with** ~ iem./iets met minagting behandel. **scorn** ww. verag, versmaai, versmaad, benede jou ag; minag; bespot, hoon; ~ lying/etc. dit benede jou ag om te lieg/ens.. **scorn·ful** minagtend, veragtelik, vol verag= ting, honend, smadelik, skamper; ~ **laughter** hoongelag; be ~ of s.o./s.t. iem./iets verag/versmaai. **scorn·ful·ness** minag= ting, veragtelikheid.

**Scor·pi·o** (astron., astrol.) die Skerpioen, Scorpio.

**scor·pi·on** skerpioen; book/false ~, (ook pseudoscorpion) boek-, valsskerpioen; the S~, (astrol.) die Skerpioen, Scorpio. ~ **fish** skerpioenvis. ~ **fly** skerpioenvlieg.

**Scot** Skot.

**Scotch** n. (Skotse) whisky. ~ **broth** (Br. kookk.) Skotse gort- en-groente-sop. ~ **egg** eierfrikkadel. ~ **mist** mot-, stuif-, misreën. ~ **tape** (handelsnaam) kleeflint.

**scotch** ww. verydel, verongeluk, fnuik, laat skipbreuk ly, 'n stokkie voor ... steek (planne); die nek inslaan (gerugte); uit die weg ruim (agterdag); onderdruk ('n idee).

**scot-free** belastingvry; skotvry, ongedeerd, vry, ongestraf; go/escape (or get off) ~ vrykom, loskom, ongestraf/skotvry daarvan afkom, skotvry bly.

**Sco·tia** (<Lat., poët., liter.) Skotland.

**Scot·land** Skotland. ~ **Yard** (hoofkwartier v.d. Londense metropolitaanse polisie) Scotland Yard.

**Scots** n., (taal) Skots. **Scots** adj. Skots. ~**man** -men Skot, Skotsman. ~ **pine** gewone den; rooigreinhout, Europese/ Baltiese greinhout. ~**woman** -women Skotse vrou.

**Scot·ti·cism, Scot·i·cism** Skotse gesegde/idioom/uitdruk= king; Skotsgesindheid.

**Scot·tie, Scot·ty** -ties, (infml.) Skot. ~ (**dog**) (infml.) Skotse terriër.

**Scot·tish** n.: the ~ die Skotte. **Scot·tish** adj. Skots. ~ **plaid** Skotse geruit. ~ **terrier** Skotse terriër.

**scoun·drel** skurk, skobbejak, skelm; a consummate/thorough(- paced) (or an unmitigated) ~ 'n deurtrapte skurk, 'n aarts= skurk, 'n skurk deur en deur, 'n aartsskelm; you ~!, (ook) jou lae lak!. **scoun·drel·ism** skurkagtigheid. **scoun·drel·ly** skurk= agtig.

**scour**[1] n. (die) skuur, vrywing; spoeling; uitgeskuurde plek; (veearts., ook scours) buiteloop, diarree, (plat) skittery; **give** s.t. a ~ iets skuur/skoonmaak. **scour** ww. (oorg.) skuur, vrywe;

skrop; uitspoel; wegvreet; skoonmaak, suiwer; purgeer; (beeste ens.) aan buikloop ly; ~ s.t. out iets uitskuur; ~ed **wool** gewaste wol; ~ed **yield** skoonopbrengs. **scour·er** skuurder; wasser; reiniger; reinigingstoestel.

**scour**[2] ww. deurkruis; rondtrek, swerf; hardloop; rondsoek, deursoek; fynkam ('n terrein); ~ the **coast** langs die kus vaar; ~ the **woods** die bosse deursoek.

**scourge** n. plaag, kastyding, straf, teistering; (hist.) gesel, roede. **scourge** ww. kasty, teister; (hist.) gesel.

**scour·ing** n. skuring; spoeling; (i.d. mv.) uitvaagsel; (i.d. mv.) skuursel. ~ **agent** skuurmiddel. ~ **pad** skuurkussinkie.

**scout** n. verkenner, verspieder; verkenning; (Boy) S~ Pad= vinder; be on the ~ op verkenning uit wees. **scout** ww. ver= ken, verspied, spioen(eer); ~ about/around for s.t. na iets soek; ~ s.t. out, (infml.) iets verken. S~ **Association** Pad= vinder(s)vereniging. ~ **car** (mil.) verkenningsvoertuig. ~**craft** verkennerskuns; padvindery. ~ **patrol** sluippatrollie.

**scout·ing** verkenning(swerk); verkennerskuns.

**scowl** n. frons, suur/kwaai gesig. **scowl** ww. frons, suur/ boos (aan)kyk, swart kyk; ~ at s.o. iem. boos/kwaad/nors/ suur aankyk. **scowl·ing** fronsend, grimmig.

**scrab·ble** n. gekrabbel, gekrap; geskarrel. **scrab·ble** ww. krabbel, krap; skarrel; (hoenders) skrop.

**Scrab·ble** n., (handelsnaam, woordspeletjie) krabbel, Scrab= ble.

**scrag** n. maer mens/dier. **scrag** -gg-, ww., (hoofs. Br., infml.) aan die nek gryp/trek; karnuffel. ~**end** (Br.) (bo)nekstuk, maer nekstuk (v. skaapvleis). **scrag·gly** (hoofs. Am.): ~ **beard** yl baardjie. **scrag·gy** (brand)maer, rietskraal, (speek)bene= rig, net vel en been.

**scram** ww., (infml.) weghol, trap. **scram** tw. trap!, maak dat jy wegkom!, skoert!, voert!, weg is jy!, loop!.

**scram·ble** n. geklouter; gespook, gestoei, geworstel, oor= mekaarvallery, gewoel; stormloop; berg-, veldrit; a ~ **for** s.t. 'n stormloop/wedloop om iets. **scram·ble** ww. (hande= viervoet) klouter; spook, oor mekaar val, stoei, ruk en pluk, worstel, woel; verwar, omroer, vermeng ('n telefoongesprek, uitsending, ens.); deurmekaar krap; krabbel; (bot.) rank; (mil.) vinnig laat opstyg ('n vegvliegtuig); ~ **eggs**, (kookk.) eiers roer; ~d **egg(s)**, (kookk.) roereier; ~ **to** one's **feet** orent sukkel; ~ **for** s.t. om iets wedywer; oor mekaar val om iets te kry ('n plek ens.); ~d **speech**, (telef.) warspraak. **scram·bler** klouteraar; klouterplant; (telef.) wartoestel; veldmotorfiets. **scram·bling** deurmekaar, slordig, haastig; ~ **plant** klouter= plant.

**scrap**[1] n. stukkie, brokkie; flenter, vodjie; knipsel; rommel, afval(materiaal), afvalgoed; skroot, skrot, afvalmetaal; (ook, i.d. mv.) oorskietkos; **every** ~ elke stukkie/brokkie; **there** is **not** a ~ **left** daar is geen krieseltjie oor nie; a ~ of **paper/etc.** 'n stukkie/flenter papier/ens.; **sell** s.t. for ~ iets vir aftakeling/ afbraak verkoop. **scrap** -pp-, ww. weggooi; waardeloos ag, afkeur; skrap; aftakel ('n skip); tot niet maak; uitskakel, verwerp, wegdoen, afskaf, afdank; sloop, aftakel. ~**book** plakboek, knipselboek. ~ **dealer** skroothandelaar; rommel-, afvalhandelaar. ~ **heap** as-, vullis-, afval-, vuilgoedhoop; hoop ou yster; be thrown on (or consigned to) the ~ ~ weggegooi word, op die ashoop gegooi word; in die doofpot gestop word ('n plan ens.). ~ **iron** ou yster, afvalyster, skroot, skrot. ~ (**metal**) ou metaal, skroot, skrot, afvalmetaal. ~ **paper** afvalpapier; krap-, krabbelpapier; rofwerkpapier. ~ **value** rommelwaarde. ~ **wood** afvalhout. ~**yard** skroot-, rommel-, wrak-, sloop-, roeswerf.

**scrap**[2] n. bakleiery, twis, rusie; have (a bit of) a ~, (infml.) baadjie uittrek, ('n bietjie) baklei; haak; be in a ~, (infml.) in 'n bakleiery wees. **scrap** ww., (infml.) twis, rusie maak; ~ with s.o., (infml.) met iem. baklei (of rusie maak). **scrap·per** bakleier, vegter, twissoeker, rusiemaker.

**scrape** n. gekrap; gekras; krap-, skraap(merk); (infml.) moei=

likheid, verleentheid; *in a bad* ~ tussen hamer en aambeeld; *be in a* ~, *(infml.)* in die knyp/moeilikheid/nood sit/wees, in die/'n verknorsing sit/wees; *get into a* ~, *(infml.)* in die moeilikheid beland/kom, in die nood raak. **scrape** *ww.* skraap, krap; kras; polys, skuur; skaaf; skrop *(grond);* raap *(sout);* ~ *against s.t.* teen iets krap/skuur; ~ *along/by on* ... met ... klaarkom; ~ *away s.t.* iets afkrap/afskraap; ~ *down s.t.* iets afkrap; ~ *home* naelskraap(s)/net-net wen; net die paal haal; ~ *off s.t.* iets afkrap/afskraap; ~ *out s.t.* iets uitkrap/uitskraap; iets uithol; ~ *through* net-net deurglip/deurkom/slaag; net die paal haal; ~ *together s.t.* iets bymekaarskraap, raap en skraap; ~ *(on) the violin, (skerts.)* saag, op die viool kras.

**scrap·er** skraper; krapper; skraapmes; skraapyster; rasper; skrop *(vir grond); (soutmakery)* raper; krasser; tekenmes, vrek, gierigaard; baardskeerder. ~**board** mestekenbord. ~**board drawing** wit-op-swart-tekening, mestekening.

**scrap·ing** gekrap; gekras; geskuifel *(v. voete); (ook, i.d. mv.)* snippers, skraapsels. ~ **knife** skraapmes. ~ **tool** skraapyster.

**scrap·py** onsamehangend, fragmentaries, in stukkies en brokkies, toiingrig; ongelyk; *have a* ~ *win* naelskraap(s) wen. **scrap·pi·ness** onsamehangendheid.

**scratch** *n.* krap, skraap, skrapie; krapmerk; *(infml.: geld)* malie, pitte; *start from* ~ met niks *(of* by nul) begin; *get off with a* ~ *or two* net 'n paar skrape opdoen; *be/come* **up to** ~ aan die eise voldoen, bevredigend wees; *s.o.'s work is not up to* ~ iem. se werk is onbevredigend *(of* nie van die vereiste gehalte nie); *without a* ~ ongedeerd. **scratch** *adj.* deurmekaar, bymekaargeskraap, saamgeraap; ~ *majority* toevallige/onegte meerderheid; ~ *team* raap-en-skraapspan, saamgeraapte span; ~ *vote* saamgeraapte stemming. **scratch** *ww.* krap, skraap; *(hoenders)* skarrel, skrop; kras; afkrabbel; uitskraap, uithol; terugtrek, skrap; ~ *about for* ... rondkrap op soek na ...; ~ *s.o.'s face* iem. in die gesig krap; ~ *a horse from a race* 'n perd aan 'n wedren onttrek; ~ *s.t. out* iets uitkrap; iets skrap/deurhaal/doodkrap/doodtrek *(woorde op papier ens.);* ~ *through s.t.* iets deurhaal/skrap; deur iets sukkel; ~ *together s.t.* iets bymekaarskraap. ~ **card** krapkaart(jie). ~ **mark** krapmerk, kras; afsitstreep. ~ **player** *(vnl. gh.)* nullospeler. ~ **race** gelykstaan-wedloop. ~ **test** *(med.)* skraaptoets *(om oorsaaklike allergene te identifiseer).*

**scratch·ing** *n.* skrapping, terugtrekking; onttrekking *(aan 'n wedren ens.); (rapmus.)* scratch-tegniek.

**scratch·y** krapperig; krassend; sleg geteken, onduidelik, krabbelig.

**scrawl** *n.* gekrap, gekrabbel, slordige skrif, krabbelskrif, poot. **scrawl** *ww.* krap, krabbel, onleesbaar/lelik skryf/skrywe.

**scrawn·y** rietskraal, plankdun, benerig, maer; ~ *arms, (ook)* garingbiltonge.

**scream** *n.* skree(u), gil, kreet; *a blood-curdling (of an unearthly)* ~ 'n bloedstollende kreet; *give a* ~ 'n skree(u) gee; ~*s of laughter* laggille, uitbundige geskater; *it was a (perfect)* ~, *(infml.)* dit was skree(u)snaaks *(of* baie verspot *of* om jou dood/slap te lag). **scream** *ww.* skree(u), gier, gil, keel opsit; krys; *(sirene ens.)* loei; ~ *for* ... om ... skree(u) *(iets wat jy wil hê);* om ... skree(u)/gil *(hulp ens.);* ~ *one's head off, (infml.)* soos 'n maer vark skree(u); ~ *with* ... skree(u)/gil/ brul van ... *(d. lag, pyn, ens.).* **scream·er** skreeuer; *(sokker, hokkie)* allemintige/allamintige skoot; *(kr.)* blitsbal; *(infml.)* skree(u)snaakse komediant/komedie/fliek/ens.. **scream·ing·ly** dol, om te gier, skreeuend; ~ *funny* om jou slap te lag, allerdols, allersnaaks, skree(u)snaaks.

**scree** *(geol.)* klippieshelling, glooiingspuin, talus; klippies.

**screech** *n.* skree(u), gil. **screech** *ww.* gil, skree(u), gier; krys, kras. ~ **owl** = BARN OWL.

**screed** *n.* tirade, lang skryfsel; *(bouk.)* gidspleister; vlaklaag. **screed** *ww., (bouk.)* afvlak.

**screen** *n.* (kamer)skerm; beskutting, skut; tussenskot; projeksiedoek, ·skerm; *(TV)* (beeld)skerm; *(rek.)* skerm, moni-

tor; ligskerm; *(druk.)* raster; doek; sandsif, growwe sif; filter; sifdraad; groot sif; vooruit *(v. 'n motor); the big* ~, *(infml.: d. bioskoop)* die wye doek; *the small* ~, *(infml.: TV)* die kassie. **screen** *ww.* beskerm, beskut; sif; keur, skif; gradeer; ondervra; *(radiologie)* deurlig; vertoon *('n film ens.);* maskeer; ~ *s.o./s.t. from* ... iem./iets teen ... beskerm; ~ *(off) s.t.* iets afskerm/afskut. ~ **actor** rolprent·, filmakteur. ~ **actress** rolprent·, filmaktrise. ~ **door** gaasdeur. ~**play** *(filmk.)* draaiboek, rolprentteks. ~ **print** skermdruk. ~**printing** skermdruk. ~ **saver** *(rek.)* skermskut, ·beskermer, ·beveiliger. ~ **test** film·, rolprenttoets. ~ **version** film·, rolprentweergawe. ~**writer** draaiboekskrywer, rolprent(teks)skrywer.

**screen·ing** beskerming, beskutting; afskerming; ommanteling; (film)vertoning; sifting; skifting, keuring; gradering; *(druk.)* rasterwerk; *(ook, i.d. mv.)* sifsels, (steenkool)gruis. ~ **effect** skermeffek, ·werking. ~ **test** keuringstoets.

**screw** *n., (teg.)* skroef; *(lugv., sk.)* skroef; *(biljart)* krulstoot; krul, draai-effek *(v. 'n tennisbal ens.);* trekbal; tolbal; *(tennis)* krulhou; *have a* ~, *(plat: seks hê)* naai, pomp; *have a* ~ *loose (somewhere), (infml.)* (van lotjie) getik gewees, daar is 'n skroef los by iem.; *there's a* ~ *loose* daar's iets verkeerd; *put/ tighten/turn the* ~*(s) on s.o., (infml.)* iem. opkeil, vir iem. die duimskroef aansit; *tighten a* ~ 'n skroef aandraai. **screw** *ww.* (vas)skroef; draadsny, 'n skroefdraad (in)sny; *(infml.)* opdruk, opkeil *(iem.); (infml.)* uitsuig, afpers *(iem.); (plat)* naai, steek *(iem.); (infml.)* gierig wees; ~ *around, (plat)* rondfok, ·neuk, ·slaap; ~ *a ball* 'n bal laat krul/tol; effek aan 'n bal gee; ~ *down s.t.* iets vasskroef; iets toeskroef; ~ *in s.t.* iets inskroef/indraai; ~ *s.t. into* ... iets in ... indraai/inskroef; ~ *off s.t.* iets afskroef; ~ *on s.t.* iets aanskroef; ~ *s.t. out of s.o.* iets van iem. afpers; ~ *s.o. up, (infml.)* iem. (se lewe) opmors; ~ *s.t. up* iets toeskroef *('n fles ens.);* iets opfrommel *('n papier ens.);* iets vertrek *(of* op 'n plooi trek) *(jou oë);* iets vertrek *(of* op 'n plooi trek) *(jou gesig);* iets saamtrek *(jou lippe);* iets rimpel *(of* op 'n plooi trek) *(jou neus); (infml.)* iets verbrou; ~ *you!, (plat)* fok *(of* te hel met) jou!, jou moer!. ~**ball** *n., (hoofs. Am., infml.)* sonderling, mal vent, getikte. ~**ball** *adj., (hoofs. Am., infml.)* dwaas, gek. ~ **cap** skroefdop; holmoer. ~ **coupling** skroefkoppeling. ~**driver** skroewedraaier. ~ **eye** skroefogie, oogskroef. ~**jack** (skroef)domkrag, vysel. ~**on** *adj. (attr.):* ~ *cap/top* skroefdop; ~ *lid* skroefdeksel. ~ **palm**, ~ **pine** pandaan, skroefpalm. ~ **propeller** skroef *(v. 'n skip).* ~ **top** skroefdop. ~**top(ped)** *adj. (attr.)* met 'n skroefdop *(pred.),* skroefdop· *(bottel ens.);* met 'n skroefdeksel *(pred.),* skroefdeksel· *(fles ens.).* ~**up** *n., (sl.)* fiasko, deurmekaarspul.

**screwed** *(teg.)* met skroefdraad; *be* ~, *(infml.)* kniediep in die dinges wees; *get (all)* ~ *up about s.t., (infml.)* (heeltemal) op hol raak oor iets. ~**up** *adj.* opgefrommel, verfrommel *('n stukkie papier ens.); (infml.)* verwar(d), deurmekaar *(iem.).*

**screw·y** *(infml., hoofs.Am.)* getik, snaaks, dwaas. **screw·i·ness** getiktheid.

**scrib·ble** *n.* gekrap, slegte skrif, (ge)krabbel; skryfsel. **scribble** *ww.* krap, krabbel, sleg/onduidelik skryf/skrywe; vinnig skryf/skrywe; *(infml.)* vir eie plesier skryf/skrywe. **scrib·bler** kladboek, ·skrif; krapper, krabbelaar; *(infml., neerh.)* derderangse/nikswerd skrywer; *(infml.)* skrywer vir eie plesier.

**scrib·bling** gekrabbel, gekrap; *(infml.)* skrywery. ~ **book** kladskrif, ·boek. ~ **paper** kladpapier.

**scribe** *n., (hist.)* sekretaris, skriba; skribent; *(Byb.)* skrifgeleerde; *(infml., dikw. skerts.)* skrywer; kraspen. **scribe** *ww.* merk *(met 'n kraspen ens.).* ~ **mark** krasmerk. ~ **saw** profielsaag.

**scrim** voeringlinne, goiingnet; toneellinne; pleisterdoek.

**scrim·mage** stoeiery, gestoei, gemaal; *(Am. voetbal)* spelperiode.

**scrimp** vrekk(er)ig/suinig wees; afskeep; ~ *and save/scrape* uiters spaarsaam/suinig leef/lewe. **scrimp·y** vrekk(er)ig, suinig.

**scrim·shaw** versier, dekoreer *(skulpe ens.)*.

**scrip** briefie, bewys; stukkie papier; *(fin.)* (voorlopige) aan=
delebewys.

**script** skrif, handskrif; *(tip.)* skryfletters; *(filmk.)* draaiboek;
*(Br. opv.)* antwoordstel; *(jur.)* oorspronklike dokument; *(infml.,
farm., afk. v.* prescription*)* voorskrif; *(afk. v.* manuscript*)*
manuskrip; *(afk. v.* typescript*)* tiksel, tikwerk; *radio* ~
radioteks. ~**writer** draaiboekskrywer.

**scrip·tur·al** Skriftuurlik, volgens die Skrif, Bybels; skriftelik,
skrif=.

**scrip·ture** heilige geskrif; *(infml.)* die heilige waarheid; *(the)
S~(s), the Holy S~, (Chr.)* die (Heilige) Skrif, die Bybel. **S~
reading** Skriflesing. **S~ story** Bybelverhaal.

**scrof·u·la** *(med., hoofs. hist.)* kliertuberkulose, kliersiekte,
skrofulose; limfatiese diatese. **scrof·u·lous** skrofuleus; *(fig.)*
moreel besoedel(d).

**scroll** *n.* (boek)rol, perkamentrol; lys, krul; krulversiering;
krullys; *(her.)* lint. **scroll** *ww.* oprol, opkrul; met krulle(tjies)
versier; ~ *down, (rek.)* afrol; ~ *up, (rek.)* oprol. ~ **bar** *(rek.)*
rolstaaf. ~**work** krulwerk.

**Scrooge** *(n.d. gierige karakter in Charles Dickens se* A Christ=
mas Carol*)* vrek, gierigaard, suinigaard.

**scro·tum** =ta, =tums, *(anat.)* skrotum, teelsak, balsak. **scro·tal**
skrotaal, teelsak=, balsak=.

**scrounge** *n.: be on the* ~ loop en bedel, kyk wat jy kan aas.
**scrounge** *ww.* skaai, gaps, debs; bedel; opskeploer; ~
*around for s.t., (infml.)* rondkrap/rondsnuffel op soek na iets;
~ *s.t. from/off s.o., (infml.)* iets by/van iem. bedel. **scroung·er**
gapser, debser; bedelaar; opskeploerder.

**scrub¹** *n.* (die) skrop; (stomp) besem/borsel; *(i.d. mv., ook)*
chirurgiese/sjirurgiese drag. **scrub** =bb=, *ww.* skrop, skuur;
poleer *(klip)*; suiwer *(gas)*; *(infml.)* afstel, kanselleer, laat vaar;
~ *s.t. off* iets afskrop; ~ *s.t. out* iets uitvryf; ~ *up* skoonskrop,
deeglik skrop *(jou hande en arms, voor 'n med. operasie, ens.)*.
~ **board** spatlys. ~ **plane** skropskaaf. ~=**up room** skrop=
kamer.

**scrub²** ruigte, struikgewas, fynbos, bossies. ~**land** struikveld,
=wêreld, struikbegroeide terrein.

**scrub·ber** skropper; skroptoestel; gaswasser, =reiniger.

**scrub·bing** geskrop, geskuur. ~ **brush** skropborsel.

**scrub·by** met struikgewas begroei, vol struike, ruig.

**scruff¹** agternek, nekvel; *take s.o. by the* ~ *of the neck* iem.
agter die nek beetkry.

**scruff²** *(infml.: slordige mens)* slons(kous), teertou, gomtor,
tang. **scruff·i·ness** slordige voorkoms. **scruff·y** slordig,
vuil(erig); skurf, goor.

**scrum** *n., (rugby)* skrum; *a* ~ *of ..., (infml.)* 'n horde ... *(foto=
grawe ens.)*. **scrum** =mm=, *ww., (rugby)* skrum, sak. ~ **half**
skrumskakel.

**scrum·mage** skrum. **scrum·mag·er** skrummer. **scrum=
mag·ing** skrumwerk.

**scrump·tious, scrum·my** *(infml.)* heerlik, smullekker *(kos)*;
aantreklik, aanloklik *(mens)*.

**scrump·y** *(Br.)* sider, appelwyn.

**scrunch** opfrommel, verfrommel; saamdruk, =pers; kners,
knars. **scrunch·y, scrunch·ie** =ies, *n.* frommelhaarband.
**scrunch·y** *adj.* bros, korrelrig, krakerig.

**scru·ple** *n.* (gemoeds)beswaar, gewetensbeswaar, aarseling,
*have* ~*s about s.t.* bedenkings teen iets hê; *have no* ~*s* niks
ontsien nie; *a person of no* ~*s* *of without* ~*[s]* 'n gewetenlose
persoon. **scru·ple** *ww.* aarsel, swarigheid sien, beswaar hê/
maak; *not* ~ *to do s.t.* (dit) nie ontsien *(of* nie aarsel*)* om iets
te doen nie, iets sonder die minste kwelling doen. **scru·pu·
lous·ness** nougesetheid, noulettendheid; skroomvalligheid.
**scru·pu·lous** nougeset, versigtig, noulettend; angsvallig, ge=
wetensvol. **scru·pu·lous·ly** nougeset, met nougesetheid.

**scru·ti·nise, =nize** betrag, bestudeer, goed deurkyk; nou=

keurig ondersoek, skrutineer; navors; nagaan, natel *(stemme)*.
**scru·ti·neer** ondersoeker; *(hoofs. Br.)* stemopnemer. **scru·
ti·ny** betragting, bestudering, noukeurige ondersoek/beskou=
ing; die nagaan/natel *(v. stemme); close* ~ noukeurige onder=
soek, skrutinering; *be* **subject** *to* ~ aan ondersoek onder=
worpe wees; **subject** *s.t. to* ~ iets ondersoek, die soeklig op
iets werp; *be* **under** ~ ondersoek word, onder die loep wees.

**scry** in die kristalbal kyk, die toekoms voorspel, waarsê, wiggel.

**scu·ba** *(akr.:* self-contained underwater breathing apparatus*)*
duiklong. ~ **diver** skuba=, vryduiker. ~ **diving** skubaduik;
onderwaterwerk.

**scud** *n.* vlug, vaart; *(hoofs. poët., liter.)* drywende wolke. **scud**
=dd=, *ww.* gly, seil, drywe.

**scuff** skuifel, sleepvoet loop; skuur. ~ **mark** voetmerk.

**scuffed** nerfaf *(knieë, skoene, ens.)*.

**scuf·fle** *n.* gestoei, stoeiery, worsteling, gespook. **scuf·fle**
*ww.* worstel, baklei, stoei, spook; skuifel; ~ *with s.o.* met iem.
handgemeen raak.

**scull** *n.* kort roeispaan; skul=, wrikriem; skulboot. **scull** *ww.*
skif=, skulroei. **scull·er** skifroeier, skuller; skulboot.

**scul·ler·y** (op)waskamer, =plek, opwaskombuis. ~ **maid** kom=
buisbediende.

**sculp(t)** = SCULPTURE *ww.*.

**sculp·ture** *n.* beeldhoukuns, beeldhouery, skulptuur; beeld=
houwerk, skulptuur; *(soöl., bot.)* riffels, insnydings; *wood* ~
houtsnykuns. **sculp·ture** *ww.* beeldhou, uithou; graveer,
uitsny. **sculp·tor** beeldhouer; ~*'s plaster* vormgips. **sculp·
tress** beeldhou(d)ster, beeldhoueres. **sculp·tur·al** skulptu=
reel, beeldhou=, beeldhouers=. **sculp·tur·esque** geskulptuur.

**scum** *n.* skuim; kim(laag); vel *(op melk)*; drifsel; *(infml., neerh.)*
uitvaagsel, uitskot; *the* ~ *of the earth, (infml., neerh.)* gespuis.
**scum** =mm=, *ww.* skuim; afskuim. ~**bag** *(neerh. sl.)* blikslaer,
vuilgoed, vloek, pes. **scum·ming** skuiming, afskuiming. **scum=
my** skuimagtig, skuimerig; vol skuim.

**scup·per¹** *n., (sk., bouk.)* spui(t)gat, skuiwergat.

**scup·per²** *ww.* kelder, laat sink/vergaan *('n skip); (infml.)*
dwarsboom, fnuik, in die wiele ry *(planne ens.)*.

**scurf** skilfers; skurfte; kors, aanpaksel; nerf. **scurf·y** skurf,
vol skilfers.

**scur·ril·ous** laag, gemeen, beledigend, lasterlik. **scur·ril·i·ty**
laagheid, gemeenheid.

**scur·ry** *n.* haas; geloop, gejaag. **scur·ry** *ww.* (weg)hardloop,
wegtrippel; ~ *for ...* in aller yl ... soek *(skuiling ens.)*.

**scur·vy** skeurbuik, skorbuut.

**'scuse** *ww., (infml.):* ~ *me* askies/'skuus (tog); →EXCUSE *ww.*.

**scut** stompstert(jie).

**scu·tate** *(bot.)* skildvormig; *(soöl.)* skubbig, met groot skubbe.

**scutch** *ww.* uitslaan; suiwer, uitkam *(vlas ens.)*; snoei *('n hei=
ning)*; glad afwerk *('n stuk hout)*; bewerk, afwerk *(stene, klip)*.

**scute** *(soöl.)* skildplaat; →SCUTATE, SCUTUM.

**scu·tel·lum** →SCUTUM.

**scu·ti·form** →SCUTUM.

**scut·tle¹** *n., (sk.)* luik; valdeur; luikgat. **scut·tle** *ww.* kelder,
laat sink *('n skip)*; dwarsboom, fnuik, in die wiele ry *(planne
ens.)*. ~**butt** *(sk.)* watervat; drinkfontein *(op 'n skip); (infml.,
hoofs. Am.)* gerug(te), nagpraatjie, skinderstorie(s).

**scut·tle²** *n.* haas, vlug, (die) hardloop; aftog. **scut·tle** *ww.*
hardloop, vlug, weghol; ~ *away/off* weghardloop.

**scut·tle³** *n.* kolebak, kole-emmer; mandjie.

**scu·tum** scuta, *(soöl.)* skildplaat; skouerskild *(v. 'n bosluis)*.
**scu·tel·lum** =tella, *(biol.)* skildjie; doppie; mieliesaadlob. **scu·
ti·form** skildvormig.

**Scyl·la** *(Gr. mit.)* Skilla; *between* ~ *and Charybdis, (idm.)* tussen
Skilla en Charibdis, tussen twee vure.

**scythe** *n.* sens, seis. **scythe** *ww.* (met 'n sens) maai.

**Scyth·i·a** *(geog., hist.)* Skit(h)ië. **Scyth·i·an** *n., (inwoner)* Skit(h)=
iër; *(taal)* Skit(h)ies. **Scyth·i·an** *adj.* Skit(h)ies.

**sea** see; seewater; golwe, deining; *at* ~ op/ter see, op die see; *be (all) at* ~ dit mis hê, in 'n dwaal wees, die kluts (glad) kwyt wees; *by* ~ oor see *(reis)*, per skip; *by/on the* ~ aan/by die see; *go to* ~ op *(of* na die) see gaan, matroos word; *there is a heavy/high* ~ die see is onstuimig; *on the high* ~*s* in die oop/ope see, in volle see; *by* ~ *and land, by land and* ~ op see en op land, ter see en te land; *a* ~ *of* ... 'n see van ... *(vlamme ens.),* ... sonder end *(terugslae ens.); the town is situated on the* ~ die stad/dorp lê aan die see; *put (out) to* ~ uitvaar, van wal steek, die see invaar, see-in gaan/vaar/steek; *ready for* ~ seevaardig, seeklaar; *the seven* ~*s* die sewe *(of* al die) oseane; *sail the seven* ~*s* die wêreld se oseane bevaar; *on the* ~ *side* aan die seekant; →SEASIDE *n.*. ~ **anchor** sleepanker, see-anker. ~ **anemone** see-anemoon, seeroos. ~ **bamboo** seebamboes; →KELP. ~ **bass** *(igt.)* seebaars. ~**bed** seebodem, =bedding. ~**bird** seevoël. ~**blue** seeblou. ~**board** seekus, kusstreek, =strook, =gebied, =land, =soom. ~**borne** *adj.* oor= sees, uit verre lande; oor see vervoer. ~ **bream** *(igt.)* see= brasem. ~ **breeze** seebries, =wind. ~ **change** *(<Shakesp.)* ge= daante(ver)wisseling, transformasie, metamorfose. ~**coast** seekus. ~ **cucumber** *(soöl.)* seekomkommer, tripang, holo= turiër. ~ **dog** *(infml.: ervare matroos)* (ou) seerob/=rot, pik= broek; seerower; *(igt.)* hondshaai. ~ **eagle** see-arend. ~**farer** seevaarder, seeman; skepeling. ~**faring** *n.* seevaart. ~**faring** *adj.* seevarend; ~ *man* seeman, seevaarder, matroos. ~**food** seekos. ~**front** seekant, waterkant *(in 'n stad),* seeboulevard; *on the* ~ aan die strand/waterkant. ~ **god** seegod. ~**going** *adj. (attr.)* seevarend, see=; ~ *ship* seeskip. ~**green** seegroen. ~**gull** seemeeu. ~ **horse** *(igt.)* seeperdjie. ~**island cotton** *(tekst.)* see-eilandkatoen. ~**jack** *n.* kaping van die/'n skip/ boot. ~**jack** *ww.* kaap *('n skip, boot).* ~ **kale,** ~ **cabbage** see=, meerkool. ~ **lane** seeweg, vaargeul. ~ **legs** seebene; *s.o. doesn't have his/her* ~ ~ *yet* iem. het nog nie sy/haar seebene *(of* kan nog nie op 'n skip loop) nie. ~ **level:** *above/below* ~ ~ bo/onder seespieël/seevlak; *at* ~ ~ by/op seespieël/seevlak. ~ **lily** seelelie. ~ **lion** seeleeu. ~**man** →SEAMAN. ~ **mile** see= myl. ~**plane** seevliegtuig. ~**port** seehawe. ~ **salt** seesout. ~ **sand** seesand; *on the* ~ ~ *s* op die strand. ~**scape** seegesig, seestuk. ~ **serpent** *(mit.)* seeslang. ~ **shell** seeskulp. ~**shore** seestrand. ~**sick** *adj.* seesiek. ~**side** *n.* see, strand, kus; *at the* ~ aan/by die see, aan die kus; op die strand; *go to the* ~ see/ strand toe gaan. ~**side** *adj. (attr.)* strand=, kus=; ~ *bungalow/ house* strandhuis; ~ *city* kusstad; ~ *cottage* strandhuisie; ~ *hotel* strandhotel; ~ *resort* strand=, kusoord; ~ *town* kus= dorp. ~ **snail** seeslak. ~ **snake** seeslang. ~ **squirt** sakpyp; rooiaas. ~ **urchin** see-egel, =kastaiing. ~ **wall** seewering, strandmuur. ~**water** seewater. ~**way** seeweg, =roete; see= kanaal; seegang, deining. ~**weed** seegras, seewier. ~**worthi= ness** seewaardigheid. ~**worthy** seewaardig.

**seal**[1] *n.* rob, seehond; *Cape fur* ~ Kaapse pelsrob; *club/kill* ~*s* robbe (dood)slaan; *fur/eared* ~ pelsrob; *true/earless* ~ oorlose rob. **seal** *ww.* robbe vang/jag/slaan, op 'n robbe= vangs/=jag wees/gaan. ~ **bull** robbul. ~ **colony,** ~ **rookery** robbekolonie. ~ **cow** robkoei. ~ **fishery** robbevangs, =jag. ~**point** Siamese kat met robbruin kleurpunte. ~**skin** rob= (be)vel. ~**skin (coat)** rob(be)veljas.

**seal**[2] *n.* seël; seëlafdruk; stempel; lak; verseëling; (af)sluiting, digting; bevestiging; *(riolering)* waterslot; *leave one's* ~ *on s.o., (fig.)* jou stempel op iem. afdruk; ~ *of love* liefde(s)pand; ~ *of office, official* ~ ampseël; *under* ~ *of secrecy* onder seël van geheimhouding; *under* ~ verseël. **seal** *ww.* seël, ver= seël, (toe)lak; beseël, bevestig; dig maak, afdig; ~ *in s.t.* iets insluit; *to* ~ *in the flavour* sodat (of om te sorg dat) die geur behoue bly; ~ *s.t. off* iets afdig; ~ *s.t. up* iets verseël/toeplak/ toesoldeer/ens.; ~ *it with* ... dit met ... beseël *('n soen ens.).* ~ **coat** deklaag.

**seal·ant** (ver)seëlaar, (ver)seëlmiddel, digtingsmiddel.

**sealed** *adj. (volt.dw.):* *a* ~ *envelope* 'n toegeplakte/verseëlde koevert; *a* ~ *letter* 'n verseëlde/toegelakte brief; ~ *lips* strenge stilswye; *a* ~ *will* 'n beslote testament.

**seal·er**[1] robbevanger, =jagter, =slaner; robbeskip.

**seal·er**[2] verseëlaar; deklaag; afdiglaag.

**seal·ing**[1] robbevangs, =jag; ~ *vessel* robbeskip.

**seal·ing**[2] beseëling, verseëling; digting. ~ **agent** digtings= middel. ~ **coat** afdiglaag. ~ **ring** sluit=, digtingsring. ~ **wax** (seël)lak, deklaag.

**seam** *n.* naat; voeg; las; litteken; laag; aar; *be bursting at the* ~*s* propvol *(of* tot barstens/oorlopens toe vol)* wees; *('n stad ens.)* baie vinnig groei; *come/fall apart at the* ~*s, (infml.)* in duie stort/val. **seam** *ww.* aanmekaar werk/stik, 'n naat stik. ~ **ball** *(kr.)* naat=, swaaibal. ~ **bowler** *(kr.)* naat=, swaaibouler. ~ **bowling** *(kr.)* naat=, swaaiboul(werk). ~ **presser** parsyster; naatstryker. ~ **welding** naatsweiswerk.

**sea·man** =*men* seeman, matroos; seevaarder; ~*'s bag* see= mansak; ~*'s home* seemanshuis. **sea·man·ship** seemanskap; stuurmanskap; seevaartkunde.

**seamed** *(ook)* gerimpel(d); vol littekens, met littekens bedek.

**seam·er** naattang; *(kr.)* naat=, swaaibouler.

**seam·less** sonder naat, naatloos.

**seam·stress** naald=, klerewerkster.

**seam·y** met nate; *the* ~ *side* die keersy/verkeerde kant *(v. 'n rok ens.); (ook fig.)* die lelike/donker kant.

**se·ance, sé·ance** *(<Fr.)* séance.

**sear** brand, skroei, (ver)seng; *a* ~*ed conscience* 'n afgestompte/ verstokte gewete.

**search** *n.* (die) soek; soekery; soektog; ondersoek; naspo= ring; deursoeking; visentering; *conduct/make a* ~ *for* ... na ... soek; *the* ~ *for* ... die soektog/soekery na ... *(iem./iets wat vermis is);* die soeke na ... *(d. raaisel v.d. lewe ens.); in* ~ *of s.t.* op soek na iets; *a massive* ~ 'n uitgebreide/omvattende soek= tog. **search** *ww.* soek; ondersoek, naspeur, =vors; nagaan; deursoek, visenteer; *(fig.)* deurgrond *(iem. se hart ens.); (chir.)* peil *('n wond ens.);* afsoek *(met radar);* ~ *for s.t.* na iets soek; ~ *s.o. for s.t.* iem. visenteer op soek na iets *(wapens ens.); a place for* ... 'n plek deursoek vir ...; ~ *high and low* oral(s) (rond)soek; ~ *me!, (infml.)* moenie (vir) my vra nie!, hoe moet ek weet?; ~ *s.o. out* iem. opspoor *(d. skuldige ens.);* ~ *s.t. out* iets naspoor/vasstel *(d. oorsaak ens.);* ~ *through s.t.* iets deursoek; ~ *through s.t. for* ... deur iets soek na ... *(vir oor= lewendes in puin ens.).* ~ **engine** *(rek.)* soekenjin. ~**light** soek= lig. ~ **party** soekgeselskap. ~ **warrant** visenteringslasbrief.

**search·er** soeker; proefsonde.

**search·ing** *n.* soekery; ondersoek. **search·ing** *adj.* onder= soekend; skerp; deurdringend; noukeurig, diepgaande, streng, grondig; ~ *look* skerp/deurdringende blik; ~ *wind* snerpende wind. **search·ing·ly:** *look* ~ *at* ... ... ondersoekend aankyk.

**sear·ing** *adj. (attr.)* ontsettende, verskriklike, hewige *(pyn);* bloedige, versengende *(hitte);* skerp, kwaai, hewige, fel, sny= dende *(kritiek);* volslae, totale *(minagting).* ~~**iron** brandyster.

**sea·son** *n.* seisoen, jaargety; tyd; *(teat.)* speelvak; bronstyd; *the festive* ~ die feestyd/=dae; *the football* ~ die voetbal= seisoen; *the four* ~*s* die vier jaargetye; ~ *of goodwill* tyd van welwillendheid; *S~'s Greetings, (boodskap in 'n Kerskaartjie/ ens.)* Geseënde Kersfees en 'n voorspoedige nuwe jaar; *at the height of the* ~ in die drukte van die seisoen; *the holiday* ~ die vakansietyd; *in* ~ *and out* te alle tye; *cherries/etc. are (or snoek/etc. is) in* ~ *(or out of)* ~ dit is (nie) nou kersie=/snoektyd/ ens. (nie); *it is not the* ~ *now* dit is nou nie die tyd (daarvoor) nie; *in the off* ~ buiten(s)tyds; *out of* ~ buiten(s)tyds; *the rainy* ~ die reëntyd; *the shooting* ~ die jagtyd. **sea·son** *ww.,* smaaklik maak, *(ook fig.)* krui(e); laat ryp word; (laat) droog word, droog (maak) *(hout);* temper, matig; geskik/ bruikbaar maak; gewoond maak aan; akklimatiseer. ~ **ticket** seisoenkaart(jie).

**sea·son·a·ble** tydig *(hulp ens.);* ~ *weather* die regte/gewone weer vir die tyd van die jaar.

**sea·son·al** seisoen=, seisoenaal; ~ *affective disorder, (psig.; akr.:* SAD*)* seisoenale gemoedsteuring; ~ *industry/trade* seisoen= bedryf; ~ *worker* seisoenwerker, =arbeider. **sea·son·al·i·ty** seisoensgebondenheid, =gerigtheid.

**sea·soned** *(fig.)* ervare, gebrei, gekonfyt, deurwinter(d); *highly ~ food* sterk gekruide kos; ~ *iron* getemperde yster; ~ *soldiers* geharde soldate; ~ *traveller* ervare reisiger; ~ *wood* gedroogde/beleë hout.

**sea·son·ing** toebereiding; (die) kruie; krui(d)ery, krui=, smaak= middel; droging *(v. hout).*

**seat** *n.* sitplek; (sit)bank; stoel; setel; gestoelte; sitplek, mat *(v. 'n stoel);* bedding; toncel; brandpunt; landgoed, buiteplaas; sit, sitvlak; *all ~s!, (op 'n trein ens.)* inklim!, instap!; *take a back ~, (infml.)* 'n ondergeskikte plek inneem, op die agter= grond bly; *have a ~ on the board* sitting in die raad/direksie hê; *book* ~s plek(ke) bespreek; *carry a ~, (pol.)* in 'n setel verkies word, 'n setel wen; *contest/fight a ~, (pol.)* 'n setel betwis; *a contested ~, (pol.)* 'n betwiste setel; *be in the dri= ver's ~, (fig.)* die hef in die hande hê; *an empty ~* 'n oop sitplek; *gain a ~ from the opposition, (pol.)* 'n setel van die opposisie wen; ~ *of government* regeringsetel, hoofstad; *s.t. has its ~ in ...* iets setel *(of* het sy oorsprong) in ..., iets is in ... gesetel *('n siekte i.d. lewer ens.); have/take a ~!* sit (gerus)!; kom sit!; ~ *of infection* besmettingshaard; *keep one's ~* bly sit; *('n ruiter)* in die saal bly; jou setel behou *(in 'n verkiesing); lose one's ~, (pol.)* jou setel verloor, nie herkies word nie; *lose a ~ to the opposition, (pol.)* 'n setel aan die oppossisie afstaan; ~*s please!, (op 'n trein ens.)* inklim!, instap!; *sit as= seblief!; resume one's ~* weer gaan sit; *show people to their* ~s plekke aanwys; *take a ~* gaan sit; 'n setel wen, in 'n setel verkies word; *take a ~! →have/take; take one's ~* gaan sit, jou plek inneem; sitting neem *(i.d. Parlement ens.); uncom= fortable* ~s ongemaklike sitplekke; *an unopposed ~, (pol.)* 'n onbetwiste setel; *vacate one's ~, (pol.)* afstand doen van jou setel; *the ~ of war* die oorlogstoneel. **seat** *ww.* laat sit, plaas, plek aanwys; van sitplekke voorsien, sitplek bied; ('n) plek gee; sitting verleen; mat *('n stoel);* ~ *a child on s.t.* 'n kind op iets neersit *(of* laat sit); *the hall* ~s ... die saal bied sitplek aan *(of* het sitplek vir) ... mense; *o.s.* gaan sit, plaasneem, plaas neem. ~ *back* rugleuning. ~ *belt, safety belt (mot. ens.)* veiligheids=, sitplekgordel. ~ *cover* sitplekoortreksel; bank= oortreksel. ~ *rock,* ~ *stone (geol.)* vloerklip, =steen.

**seat·ed** *adj. & ww. (volt.dw.): please be* ~ (gaan) sit, asseblief; *s.t. is deeply* ~ iets is diep (in)gewortel; *s.o. is* ~ iem. sit; ~ *passenger* sittende passasier; *remain* ~ bly sit.

**-seat·er** *komb.vorm* =sitplek=, met ... sitplekke; *an eight-~ bus* 'n ag(t)sitplekbus, 'n bus met ag(t) sitplekke.

**seat·ing** sitplekke; sitgeleentheid; fondament; helling; bed= ding; *have ~ for 500/etc.* sitplek vir 500/ens. hê. ~ **accom= modation,** ~ **capacity,** ~ **room** sitplek, =ruimte. ~ **arrange= ments** sitgeriewe; sitplekreëling.

**sea·ward** *adj.* seewaarts; ~ *defence* seeweer, kusverdediging; ~ *defence vessel* seeweerboot, haweverdedigingsboot; ~ *side* seekant.

**seb·or·rhoe·a, (Am.) seb·or·rhe·a** *(med.)* seborree, dou= wurm, (huid/vel)smeerafskeiding.

**se·bum** *(fisiol.)* huid=, velsmeer, =vet, talg. **se·ba·ceous** vet= terig, vetagtig; vet=; olierig; talgagtig; ~ *gland* vetklier, (huid/ vel)smeerklier, talgklier.

**sec** *n., (infml., afk. v.* second*): I'll be with you in a* ~ ek is nou(-nou) by jou; *just a* ~ (wag) net 'n oomblik, wag ('n) bietjie.

**se·cant** *n., (wisk., geom., afk.:* sec.*)* snylyn, sekans *(afk.:* sek.*).* **se·cant** *adj.* snydend, sny=.

**sec·a·teur(s), sec·a·teur(s)** snoei=, tuinskêr; draadknip= per.

**sec·co** =cos, *n., (It., kuns)* secco. **sec·co** *adj.* droog *(wyn).*

**se·cede** afskei; afstig; terugtrek; ~ *from* ... van ... afskei. **se= ces·sion** afskeiding, sesessie; afstigting. **se·ces·sion·ist** *n.*

afskeier, sesessionis, voorstander van afskeiding; afgeskei= dene. **se·ces·sion·ist** *adj.* afskeidingsgesind.

**se·clude** uitsluit; afsonder; ~*d place* afgesonderde/afgeleë/ afgeslote plek. **se·clu·sion** afsondering; afgeleënheid; afge= slotenheid; stil/eensame plek.

**sec·ond¹** *n.* tweede; ander; *(mus.)* tweede stem; helper, se= kundus, sekondant, getuie; plaasvervanger; *(ook, i.d. mv., infml.)* 'n tweede porsie/bord (kos); *the ~ in command* die onderbevelhebber; *the ~ from the front* die een naasvoor; *be a good ~* kort agter die wenner wees; *have ~s, (infml.)* nog daarvan eet, nog 'n porsie kry/eet; *the ~ from the rear* die een naasagter. **sec·ond** *adj.* tweede; ander; ondergeskik; →SECONDLY; *S~ Avenue/Street* Tweede Laan/Straat, Twee= delaan/=straat; *come off ~ best* aan die kortste ent trek; → SECOND-BEST *adj.; come in ~, gain ~ place* tweede wees/ eindig, die tweede plek behaal; *be ~ to none* vir niemand terugstaan *(of* agteruit staan) nie, bobaas wees. **sec·ond** *ww.* bystaan, help, steun; sekondeer; →SECONDER; ~ *words with deeds* dit nie by woorde laat nie, die daad by die woord voeg. ~ **ballot** herstemming. ~ **base** *(bofbal)* tweede rus. ~**- best** *adj. (attr.)* naasbeste, op een na die beste. ~**-biggest** *adj.* op een na die grootste. ~ **blossom,** ~ **bloom** nabloei. ~ **chamber** *(parl.)* hoërhuis. ~ **childhood** kindsheid, seniliteit. ~ **class** *n.* tweede klas. ~**-class** *adj.* tweederangs, tweedeklas; ~ *citizen* tweedeklasburger, tweederangse burger. **S~ Com= ing:** *the ~ ~, (Chr. teol.)* die Wederkoms (van Christus). ~ **cousin** kleinneef; kleinniggie. ~**-degree burn** tweedegraadse brandwond. ~ **fiddle** *(infml., mus.)* tweede viool; onder= geskikte; *play ~ ~* tweede viool speel, 'n ondergeskikte plek inneem. ~ **floor** tweede verdieping/vloer. ~ **gear** tweede rat. ~**-generation** *adj. (attr.)* tweedegeslag=, van die tweede ge= slag *(pred.).* ~**-guess** *ww., (Am., infml.)* voorspel *('n taktiek);* vooruitloop *('n besluit);* ~ *s.o.* iem. agterna kritiseer/veroor= deel; iem. een voor wees; te slim wees vir iem.. ~ **hand** *n.: at ~ ~* uit die tweede hand. ~**-hand** *adj.* tweedehands, gebruik; ~ *bookseller* antikwaar, tweedehandsboekhandelaar; ~ *book= shop* antikwariaat; ~ *clothes* tweedehandse klere. ~ **home** tweede huis/woning/blyplek; tweede tuiste. ~ **language** twee= de taal. ~**-last** *adj.* voorlaaste, op een na laaste. ~ **leader** *(joern.)* tweede hoofartikel. ~ **lieutenant** tweede luitenant. ~ **mate** *(sk.)* tweede stuurman, onderstuurman. ~ **name** van, familienaam. ~ **nature** tweede natuur. **S~ New Year's Day** *(SA, vnl. i.d. W.Kaap)* Tweede Nuwejaar. ~ **officer** tweede offisier. ~ **person** *(gram.)* tweede persoon. ~**-phase play** *(rugby)* tweedefasespel. ~**-rate** *adj.* tweederangs, =klas; min= derwaardig. ~**-rater** *n.* tweedeklas/=rangse kêrel, minder= waardige. ~ **reading** tweede lesing; herlesing; *a ~ ~* by herlesing. ~**-reading** *adj.: ~ debate, (parl.)* tweedelesingsdebat. ~ **sight** heldersiendheid; profetiese gawe; ouderdomsby= siendheid. ~ **string** *(Br.)* alternatief, alternatiewe plan; *(Am.)* reserwe(speler). ~ **thought** *n. (gew. i.d. mv.): have ~ s* be= denkinge kry, jou bedink/besin, iets anders insien; *on ~ ~s* by nader insien/beskouing/oorweging. ~ **wind** tweede asem. ~**-year** *adj.: ~ class* tweedejaarsklas; ~ *student* tweedejaar= (student).

**sec·ond²** *n.* sekonde; oomblik, oogwink, =wenk; *in a fraction of a* (or *in a split)* ~ in minder as *(of* in 'n breukdeel van) 'n sekonde, in 'n oogwink/=wenk, blitsvinnig, oombliklik; *in/ within* ~s binne enkele oomblikke; *wait a* ~*!, (infml.)* wag (net) 'n oomblik(kie)!, (net) 'n oomblikkie!. ~**(s) hand** se= kondewys(t)er.

**se·cond³** *ww.* afstaan, leen *('n amptenaar); (mil.)* detasjeer; ~ *s.o. to ...* iem. (tydelik) aan ... afstaan/leen. **se·cond·ment** (die) afstaan/leen, detasjering.

**sec·ond·ar·y** *n.* afgevaardigde; *(astron.)* sekondêr, sekon= dêre liggaam. **sec·ond·ar·y** *adj.* sekondêr; ondergeskik, bykomstig; afgelei(d); minder belangrik; by=, newe=. ~ **cause** byoorsaak. ~ **character** byfiguur. ~ **colour** sekondêre kleur. ~ **education** sekondêre/middelbare onderwys. ~ **effect** newe-effek. ~ **feather** *(orn.)* sekondêre veer. ~ **industry** *(ekon.)* sekondêre bedryf; sekondêre nywerheid, fabrieksnywerheid. ~ **meaning** bybetekenis. ~ **school** sekondêre/middelbare skool, hoërskool. ~ **sexual characteristics** *n. (mv.)* sekondêre geslagskenmerke. ~ **stream** systroom. ~ **tone** bytoon.

**se·conde** *n., (Fr., skermkuns)* tweede parade/pareerposisie.

**sec·ond·er** sekondant.

**sec·ond·ly** in die tweede plek, ten tweede, tweedens.

**se·cre·cy** geheimhouding; verborgenheid; heimlikheid; stilligheid; diskresie; *under a* **blanket** *of* ~ agter 'n sluier van geheimhouding; *in the* **deepest/greatest** ~ onder die diepste geheimhouding; *there is* **no** ~ *about it* dit is geen geheim nie; **promise** ~ belowe om die stilswye te bewaar; **rely on** *s.o.'s* ~ daarop reken dat iem. iets geheim sal hou, op iem. se stilswye staatmaak; *be* **shrouded/veiled** *in* ~ in geheimhouding gehul wees; *be* **sworn** *to* ~ 'n eed van geheimhouding aflê.

**se·cret** *n.* geheim; *confide a* ~ *to s.o.* vir iem. 'n geheim vertel, (aan) iem. 'n geheim toevertrou; *a* **dark** ~ 'n diep(e) geheim; **divulge** *a* ~ 'n geheim openbaar; **give away** *(or* **let out***) a* ~ 'n geheim verklap/uitlap; **have no** ~*s from one another* niks vir mekaar wegsteek nie; **in** ~ in die geheim, stilletjies; *be* **in** *(on) a* ~ in 'n geheim wees, ingewyd wees; **initiate/let** *s.o. into a* ~ iem. in 'n geheim inwy; **keep** *a* ~ 'n geheim bewaar; **keep** *s.t. a* ~ iets geheim/dig hou; *it's* **no** *(or an* **open***)* ~ almal weet dit, dis 'n ope/openbare geheim; **nurse** *a* ~ 'n geheim sorgvuldig bewaar; *the* ~*s of* ... die geheime(nisse) van ... *(d. natuur ens.); the* ~ *is* **out** die geheim het uitgelek; *s.t.* **remains** *a* ~ iets bly verborge. **se·cret** *adj.* geheim; bedek, verborge, heimlik; onderhands; stil, eensaam, afgesonder(d); →SECRETIVE, SECRETLY, SECRETNESS; ~ **admirer** geheime/stille bewonderaar; ~ **characters/code** geheimskrif; **keep** *s.t.* ~ *from s.o.* iets vir iem. geheim hou; *it is* **top** ~ dit is hoogs geheim. ~ **agent** spioen, geheime agent. ~ **ballot** geheime stemming. ~ **life** verborge lewe. ~ **police** geheime polisie. ~ **service** geheime (inligtings)diens, spioenasiediens. ~ **society** geheime genootskap.

**sec·re·taire** skryfkas, -tafel.

**sec·re·tar·i·al** sekretarieel, sekretaris-.

**sec·re·tar·i·at** sekretariaat, sekretarie; sekretarisskap.

**sec·re·tar·y** sekretaris; sekretaresse; *(VK, VS, ens.)* minister; *Foreign S~, (VK)* minister van buitelandse sake; *general* ~ *(to ...)* hoofsekretaris (van ...); *Home S~, (VK)* minister van binnelandse sake; ~ *and* **treasurer** sekretaris-penningmeester. ~ **bird** sekretarisvoël. ~ **general** *secretaries general, (dikw. S~ G~)* sekretaris-generaal. **S~ of State** *(VK)* minister *(v. 'n staatsdepartement); (VS)* minister van buitelandse sake.

**sec·re·tar·y·ship** sekretarisskap.

**se·crete¹** *(biol.)* afskei. **se·cre·tion** afskeiding; afgeskeie vog, sekresie. **se·cre·to·ry** *adj.* afskeidings- *(orgaan, klierweefsel, ens.).*

**se·crete²** wegsteek, versteek, verberg. **se·cre·tion** verberging; versteking.

**se·cre·tive** geheimsinnig; geslote, geheimhoudend, stil. **se·cre·tive·ness** geheimsinnigheid; geslotenheid, geheimhoudendheid.

**se·cret·ly** in die geheim, stilletjies, in die stilligheid, agteraf.

**se·cret·ness** geheimhouding.

**sect** sekte. **sec·tar·i·an** *n.* sektariër, sektaris, sekte-aanhanger. **sec·tar·i·an** *adj.* sektaries; ~ *movement* sektebeweging. **sec·tar·i·an·ism** sektewese; sektegees, -ywer.

**sec·tion** *n.* (onder)afdeling, deel, gedeelte, seksie; vak; verdeling; sny(ding), seksie; deursnee, seksie; profiel; (wets)artikel; *(spw.)* baanvak, trajek; huisie *(v. 'n vrug); horizontal* ~ lengte(deur)snee, -(deur)snit; *a* ~ *of a* **journey** 'n deel/ent/skof van 'n reis; *a* ~ *of the* **population** 'n deel van die bevolking; **under** *the* ~ *(of the Act)* ingevolge/volgens/krag-

tens die artikel (van die wet). **sec·tion** *ww.* in seksies/afdelings verdeel; *(chir. ens.)* sny; ~ *s.t.* **off** iets afsonder; iets afsper. ~ **commander,** ~ **leader** *(mil.)* seksie-aanvoerder.

**sec·tion·al** afdelings-, van 'n seksie/afdeling, seksioneel; seksie-; geleed; deursnee-; ~ **drawing** deursneetekening; ~ **interests** groepbelange; ~ **title** deeltitel; *sell a property under* ~ **title** 'n eiendom ingevolge deeltitel verkoop; ~ **view** eensydige beskouing; deursnee-, deursnitaansig. **sec·tion·al·ism** partikularisme. **sec·tion·al·ist** *n.* partikularis. **sec·tion·al·ist** *adj.* partikularisties.

**sec·tor** *(ekon., opv., mil., rek., ens.)* sektor; *(geom.)* sektor *(v. 'n sirkel of ellips); (geom.)* tandboog; ~ *of a sphere, (geom.)* bolsektor. **sec·tor·al** *adj., (ekon.)* sektoraal.

**sec·u·lar** wêreldlik, tydelik, sekulêr, onkerklik; *(astron.)* sekulêr *(steuring ens.); (ekon.)* sekulêr, langtermyn-, langdurig; ~ **change** gestadige verandering; *(astron.)* sekulêre verandering; ~ **cooling** langsame/sekulêre afkoeling; ~ **fame** blywende roem; ~ **music** ongewyde musiek; ~ **struggle** jarelange stryd. **sec·u·lar·i·sa·tion,** **-za·tion** verwêreldliking; *(jur.)* verbeurdverklaring, sekularisasie *(v. kerkeiendom).* **sec·u·lar·ise,** **-ize** verwêreldlik; *(jur.)* kerkeiendom sekulariseer *(of* verbeurd verklaar). **sec·u·lar·ism** sekularisme. **sec·u·lar·ist** *n.* sekularis. **sec·u·lar·i·ty** wêreldsgesindheid, wêreldlikheid.

**se·cure** *adj.* veilig, beveilig; seker; geborge; gerus; vas; *be* ~ *against/from* ... teen ... (be)veilig wees; ~ **foundation** vaste/hegte fondament; *be* ~ *of victory* seker van die oorwinning wees. **se·cure** *ww.* beveilig, beskerm, in/na veiligheid bring/neem, in veiligheid stel; vasmaak, toemaak, sluit; vassit; vrywaar, waarborg, verseker, versekureer; (ver)kry, bereik; aanskaf; ~ *s.t.* **against/from** ... iets teen ... beveilig; ~ *a* **debt** 'n skuld dek/versekureer, sekuriteit gee *(of* sekerheid stel) vir 'n skuld; ~ *one's* **ends** jou doel bereik; ~ *two/etc.* **seats** twee/ens. (sit)plekke in die hande kry. **se·cur·a·ble** verkry(g)baar; versekerbaar. **se·cured** gedek; gesluit; verkry; veilig gemaak.

**se·cu·ri·ties** *n. (mv.)* effekte; waardepapiere, geld(s)waardige papiere. ~ **rand** *(SA ekon., hist.)* effekterand. ~ **tax** effektebelasting.

**se·cu·ri·tise, -tize** sekuriteer *(skuld ens.).* **se·cu·ri·ti·sa·tion,** **-za·tion** *(fin.)* sekuritasie, sekuritering.

**se·cu·ri·ty** sekerheid, veiligheid, versekerdheid, geborgenheid, vastigheid, beveiliging; veiligheidsmaatreëls, beskutting; voorsorg; *(fin.)* sekerheidstelling, sekuriteit, borgstelling, waarborg, (onder)pand, garansie; vrywaring, obligasie; **against** ~ op onderpand/sekuriteit; **find/furnish** ~ sekerheid stel; *in* ~ in veiligheid; *in* ~ *for* ... as sekuriteit/pand/waarborg vir ...; *as borg vir* ...; ~ *of* **justice** regsekerheid. ~ **area** veiligheids-, sekuriteitsgebied. ~ **blanket** trooskombersie *(v. 'n kind); (fig.)* sekerheidsnet; *(fig.)* anker (in jou lewe); *(fig., infml.:* iets wat gerusstelling verskaf*)* fopspeen. ~ **check** veiligheidskontrole(ring). **S~ Council** Veiligheidsraad *(v.d. VN).* ~ **firm** sekuriteits-, sekerheidsfirma. ~ **forces** veiligheidstroepe. ~ **gate** veiligheidshek. ~ **guard** veiligheids-, sekuriteitswag. ~ **measure** sekuriteits-, sekerheidsmaatreël. ~ **officer** sekuriteitsbeampte. ~ **police** veiligheids-, sekerheids-, sekuriteitspolisie. ~ **risk** onbetroubare (persoon); *s.o. is a* ~ ~ iem. is onbetroubaar.

**se·cu·ro·crat** sekurokraat.

**se·dan** sedan. ~ **(car)** sedan(motor). ~ **(chair)** draagstoel.

**se·date** *adj.* bedaard, stemmig, kalm, besadig, ingetoë. **se·date** *ww.* kalmeer, stil; *(med.)* verdoof. **se·date·ly** bedaard, kalm. **se·date·ness** bedaardheid, stemmigheid, kalmte, besadigdheid. **se·da·tion** kalmering; *be under* ~ onder verdowing wees. **sed·a·tive** *n.* kalmeer-, sus-, stilmiddel. **sed·a·tive** *adj.* kalmerend, sussend, stillend.

**sed·en·tar·y** sittend; *(soöl.)* sedentêr; ~ **life** sittende lewe; ~ **population** gesete bevolking.

**sedge** biesie, matjiesgoed, watergras. ~ **warbler** *(orn.)* vlei=
sanger.

**sed·i·ment** afsaksel, besinksel, neerslag, sediment; droesem,
moer, grondsop; *(geol.)* sediment. **sed·i·men·ta·ry** sedi=
mentêr, afsettings=, afsak=, sink=; ~ *rock* afsettingsgesteente,
sedimentgesteente.

**sed·i·men·ta·tion** besinking, afsakking, afsetting, sedimen=
tasie, sedimentering. ~ *rate* (bloed)besinkingstyd.

**se·di·tion** opruiing, opstoking, ophitsing, oproerstokery;
oproer, sedisie. **se·di·tion·ist** opruier, oproerstoker. **se·di·
tious** oproerig; opruiend, ophitsend, sedisieus.

**se·duce** verlei, verlok. **se·duc·er** verlei(d)er. **se·duc·tion**
verleiding, verlokking. **se·duc·tive** verleidelik, aanloklik, ver=
loklik, verlokkend. **se·duc·tive·ness** verleidelikheid; aanlok=
likheid; onweerstaanbaarheid. **se·duc·tress** verlei(d)ster.

**sed·u·lous** ywerig, vlytig, naarstig. **se·du·li·ty, sed·u·lous·
ness** ywer, vlyt, naarstigheid.

**see¹** *saw seen, ww.* sien; aanskou; kyk; bemerk; begryp, in=
sien, verstaan; toesien, sorg, oppas; besoek; spreek; te woord
staan; voor(uit)sien, verwag; →SEEING, SEEN *ww. (volt.dw.),*
SEER; ~ *about s.t.* vir iets sorg, werk maak van iets; oor iets
dink; ~ *s.o. about s.t.* iem. oor iets spreek; *we'll ~ about that,
(ook)* dit sal ons nog moet sien; *for all to ~* oop en bloot; ~
*s.t. as ...* iets as ... opneem/opvat; iets as ... beskou; iets ... ag;
*as s.o. ~s it* na/volgens iem. se mening/oordeel; ~ *s.t. dif-
ferently now* iets nou anders insien; *(do you) ~?* sien/begryp/
verstaan/snap jy?; ~ *that s.t. is done* sorg/toesien dat iets ge=
doen word; *s.o. ~s double* iem. sien dubbel; *as far as I can ~*
so ver/vêr ek kan sien/oordeel; ~ *fit to do s.t.* dit goed/diens=
tig/raadsaam/gepas ag/dink/vind om iets te doen; *(come and)
~ for yourself!* (kom) kyk self!; *I ~ from your letter ...* ek sien
in jou brief ...; *go and ~ s.o.* iem. gaan besoek/opsoek; by
iem. gaan kuier; *I saw s.o. grow up* iem. het voor my groot=
geword; ~ *here!* kyk hier!; ~ *s.o. home* iem. huis toe bring/
vergesel; ~ *how big/etc. it is* kyk hoe groot/ens. dit is; ~ *how
big/etc. it is!* kyk hoe groot/ens. is dit!; *s.o. can't ~ how ...* iem.
kan nie insien *(of* begryp/weet nie) hoe ... nie; *I ~!* ek be=
gryp/verstaan!; nou snap ek dit!; ag so!; *I ~ you are right* ek
sien (in) dat jy gelyk/reg het; *I'll (or I will) ~* ek sal kyk *(of
daaroor dink)*; ~ *s.t. in s.o.* van iem. hou; *not know what s.o.
~s in ...* nie weet waarom iem. van ... hou nie; ~ *the new year
in* die nuwe jaar inlui; ~ *instructions overleaf* lees/sien die
aanwysings op die keersy; ~ *into s.t., (hoofs. fig.)* iets deur=
grond/peil; *let me ~, (lett.)* laat my sien/kyk; *(fig.)* laat ek
sien, laat ek eers dink, wag net so 'n bietjie; *let me ~ it* laat
ek/my dit sien, wys dit vir my, wys my dit; *may I ~ you?*
mag ek u spreek?; *s.o. ~s but does not perceive* iem. is siende
blind; ~ *s.o. off at the airport/station* iem. by die lughawe/
stasie gaan groet *(of* afsien/wegsien); iem. lughawe/stasie toe
wegbring; ~ *s.t. for o.s.* self na iets kyk; ~ *s.o. out* iem. uitlaat,
iem. deur toe bring; ~ *out ...* die einde van ... beleef/mee=
maak/aanskou *('n tydperk ens.); s.t. won't ~ out ..., (infml.)*
iets sal nie tot die end van ... hou nie *('n seisoen ens.)*; ~ *out
the old year* die ou jaar uitlui; ~ *the point* iets snap/insien/
raaksien; *fail to ~ s.o.'s point* nie begryp wat iem. bedoel nie;
*s.o. can ~ no reason why ...* iem. sien nie in waarom ... nie;
*refuse to ~ s.o.* weier om iem. te ontvang; ~ *s.o. right* iem.
weghelp; iem. goed behandel; ~ *s.o.* iem. sien; iem. ontvang
*(of* te woord staan) *('n afvaardiging, kliënt, ens.)*; iem. raad=
pleeg/spreek *('n dokter, prokureur, ens.); (infml.)* iem. raak=
ontmoet/raakloop; by iem. kuier; *be ~ing s.o., (infml.)* met
iem. uitgaan, 'n ding met iem. aanhê, 'n verhouding met
iem. hê; *s.o. can't ~ a thing* iem. kan geen steek sien nie; ~
*through s.o.* deur iem. sien, nie deur iem. mislei word nie; ~
*s.o. through* iem. deurhelp/weghelp; ~ *through s.t.* begryp
wat agter iets skuil, iets deurgrond/agterkom *('n plan ens.)*;
~ *s.t. through* iets deurvoer/afhandel/klaarmaak; *s.t. will ~
s.o. through the day/etc.* iets sal vir iem. genoeg wees vir die
dag/ens.; ~ *to s.o.* iem. oppas *('n kind ens.)*; ~ *to s.t.* vir iets

sorg; op iets let; vir iets oppas; iets opknap/nasien *(of* in
orde bring); werk van iets maak; na iets kyk *('n stukkende
toestel ens.)*; ~ *to it that ...* sorg/toesien *(of* sorg dra) dat ...; *I
will ~ to it* ek sal daarvoor sorg *(of* daarvan werk maak); ~
*what can be done* kyk wat gedoen/gedaan kan word; ~ *what
s.o. means* begryp/sien wat iem. bedoel; ~ *whether ...* kyk of
...; ~ *you (again/later)!, (I'll) be ~ing you!, (infml.)* tot siens!,
(tot) wederom!, ons sien mekaar weer!; ~ *you later!, (ook,
infml.)* tot straks!; ~ *you don't ...* pas op dat jy nie ... nie.
~-**through** *adj.* deurskynend, deursigtig; ~ *blouse* deurskyn=
bloes(e).

**see²** *n.* (aarts)bisdom; (aarts)biskopsetel; *the Holy S~* die
Heilige Stoel.

**seed** *n.* saad; *(ook fig.)* kiem; pit *(v. 'n lemoen); (sport)* gekeurde
speler; *sow the ~s of discord* tweedrag saai; *go/run to ~,
(lett.)* saadskiet; *(fig.)* verwaarloos/afgetakel(d)/verslons raak;
*let o.s. go/run to ~* jou aan die verwaarlosing oorgee; *plants
that are in ~* plante wat in die saad staan *(of* saadgeskiet
het); *the list of ~s, (sport)* die keurlys. **seed** *ww.* saadskiet;
saai; die saad uithaal; ontpit; *(sport)* keur; ~*ed list* keurlys;
~*ed player* gekeurde speler; ~*ed raisins* ontpitte rosyne. ~
**bead** saadkraal. ~-**bearing** saaddraend. ~**bed** saadbedding,
=akker, kweekbedding; *(bot.)* saaddraer, plasenta; *(fig.)* broei=
nes. ~ **box** saaikas, =pan. ~**cake** karwysaadkoek, anyskoek,
kruiekoek. ~ **corn** saadkoring; *(fig.)* langtermynbate, =beleg=
ging. ~ **dispersal** saadverspreiding. ~**eater** *(orn.)* saadeter.
~ **formation** saadvorming. ~ **head** saadhoof. ~ **leaf**
kiemblaar, =lob, kotiel, saadlob. ~ **money,** ~ **capital** *(fin.)*
saaikapitaal *(vir d. vestiging v. 'n onderneming).* ~ **pearl**
stofpêreltjie; *(ook, i.d. mv.)* pêrelgruis. ~ **potato** (aartappel)=
moer. ~ **time** saaityd. ~ **tray** saadkissie.

**seed·er** saaimasjien.

**seed·ing** saai, besaaiing; *(sport)* keuring; *list of ~s* keurlys.

**seed·less** saadloos; pitloos.

**seed·ling** saailing, saaiplant, kiemplant(jie). ~ *tree* pitboom.

**seeds·man** saadhandelaar; saaier.

**seed·y** vol saad, in die saad; vuil, smerig, goor, onguur,
slordig, verslete. **seed·i·ness** smerigheid; versletenheid.

**see·ing** *n.* (die) sien, sig; gesig, gesigsvermoë; *(astron.)* sig=
(kwaliteit); ~ *is believing* sien is glo; *s.t. is worth ~* iets is
(be)sienswaardig *(of* werd om te sien). **see·ing** *adj.* siende;
~ *eye* skouende oog. **see·ing** *voegw.* aangesien, omdat; ~
*that ...* aangesien ... S~ **Eye (dog)** *(hoofs. Am., handelsnaam)*
lei=, gidshond.

**seek** *sought sought* soek; probeer, poog; nastreef, streef na,
najaag, beoog, verlang, begeer; versoek, aanvra; →SOUGHT
*ww. (verl.t. & volt.dw.)*; ~ *advice* raad vra; ~ *after s.t.* iets
nastreef/nastrewe, na iets streef/strewe; iets soek *(d. waarheid
ens.)*; ~ *s.o.'s aid* hulp van iem. verlang; ~, *and ye shall find,
(AV),* ~ *and you will find, (NIV),* (Matt. 7:7 ens.) soek, en julle
sal vind/kry *(OAB/NAB)*; ~ *for s.t.* (na) iets soek; ~ *s.t. from
s.o.* iets by iem. aanvra; ~ *s.o.'s life* iem. om die lewe probeer
bring, dreig om iem. dood te maak; ~ *out s.o.* iem. opsoek;
iem. opspoor; ~ *a quarrel* rusie soek. **seek·er** soeker. **seek·
ing** *n.: the ~ after ...* die sug na ... *(mag ens.); it was of s.o.'s
(own) ~* iem. het daarna gesoek *(negatiewe publisiteit ens.)*.

**seem** lyk, skyn, voorkom; die skyn hê van, deurgaan vir; *it
~s as if ...* dit lyk (as)of ...; *silly/etc. as it may ~* hoe dwaas/
ens. dit ook (al) mag lyk; *s.o. can't ~ to understand/etc., (infml.)*
iem. kan blykbaar nie verstaan/ens. nie, iem. is blykbaar nie
in staat om te verstaan/ens. nie; *he/she ~s deaf/etc. today* dit
lyk my hy/sy is vandag doof/ens.; *it ~s not* dit lyk nie so nie;
*things are not always what they ~* skyn bedrieg; *it ~s so, so
it ~s* dit lyk so, so lyk it *(of* would ~) *that s.o. is ...* iem.
is blykbaar ...; *s.o. ~s to be ...* iem. lyk ... *(moeg ens.); the
person who ~ed to be the leader/etc.* die persoon wat blykbaar
die leier/ens. was; *s.o. ~s to have done s.t.* blykbaar het iem. iets
gedoen; *it ~s to me ...* dit lyk (vir) my *(of* smaak my *of* kom

my voor) ...; *it ~s funny/etc. (to me)* dit lyk/klink/is (vir my) snaaks/ens.; *I ~ to see him/her still* dit is of ek hom/haar nog sien; *it would ~ that* (or *as if*) ... dit lyk amper/byna/half/ enigsins (*of* wil voorkom) (as)of ... **seem·ing** *adj.* skynbaar, oënskynlik; *~ contradiction* skynbare teenspraak; *~ death* skyndood. **seem·ing·ly** skynbaar, in skyn, na dit skyn, oënskynlik, glo, op die oog (af).

**seem·ly** gepas, betaamlik, welvoeglik. **seem·li·ness** gepastheid, betaamlikheid.

**seen** *ww. (volt.dw.)* gesien; *be ~ as ... as ...* beskou word; *s.t. can be ~* iets is te sien; iets is sigbaar; *as can be ~* soos te sien is; *s.o. cannot be ~ now* iem. is nie nou te spreek nie; *it remains to be ~ to* dit is nog die vraag, dit moet ons nog sien, dit moet nog blyk; *have s.t. ~ to* iets laat nasien *('n motor ens.);* iets laat ondersoek *(jou oë ens.); s.o. was ~ to fall/etc.* hulle het iem. sien val/ens..

**seep** *n.* fonteintjie. **seep** *ww.* sypel, syfer; *~ away, (water ens.)* wegsypel, wegsyfer; *(krag)* kwyn; *~ into s.t., (water ens.)* in iets insypel/insyfer; *(fig.)* in iets inkruip/insypel/insyfer; *~ out of s.t.* uit iets syfer/sypel.

**seep·age** (deur)sypeling, lekkery; syfer-, sypelwater. *~ dam* sypeldam.

**seer** siener, profeet.

**seer·suck·er** *(tekst.)* sirsakar.

**see·saw** *n.* wipplank. **see·saw** *adj.* op en neer (*of* heen en weer) gaande. **see·saw** *adv.* op en neer, heen en weer. **see·saw** *ww.* wip, wipplank ry; op en neer gaan, skommel.

**seethe** *seethed seethed, ww. (onoorg.)* kook, sied; gis; bruis; wemel, wriemel, krioel (van); *~ with rage* kook van woede, briesend (kwaad) wees, siedend wees. **seeth·ing** kokend, siedend; wemelend, krioelend.

**seg·ment** *n.* segment; afdeling, gedeelte, lit; huisie *(v. 'n lemoen).* **seg·ment** *ww.* in segmente verdeel. **seg·men·tal, seg·men·tar·y** segmentvormig, segmentaal. **seg·men·ta·tion** segmentasie, segmentering, verdeling (in segmente), kliewing, splitsing.

**seg·re·gate** afsonder, afskei, segregeer, isoleer. **seg·re·gat·ed** afgeskei, afgesonder(d). **seg·re·ga·tion** afsondering, afskeiding, segregasie. **seg·re·ga·tion·ist** segregasionis.

**se·gue** *n., (It., mus.)* segue. **se·gue** *-gued -gueing, ww.* segue; *~ into ...* oorgaan in ...

**Seine:** *the ~, (Fr. rivier)* die Seine.

**seine** *n.* seën, sleep-, treknet. **seine** *ww.* trek, seën, met 'n treknet/seën visvang. **sein·er** trekvisser.

**seis·mic** seismies, aardbewings-; *~ shock* aardbewing, aardskok; *~ survey* seismiese opname. **seis·mic·i·ty** *(geol.)* seismisiteit.

**seis·mo·gram** *(grafiese voorstelling v. 'n aardbewing)* seismogram.

**seis·mo·graph** seismograaf, aardbewingsaanwyser, -meter. **seis·mog·ra·phy** seismografie.

**seis·mol·o·gy** seismologie, aardbewingsleer. **seis·mol·o·gist** seismoloog.

**sei whale** seiwalvis, Noordse (*of* Rudolphi se) vin(wal)vis, pollakwalvis.

**seize** *ww. (oorg.)* vat, gryp, neem; buitmaak; in beslag neem, beslag lê op; konfiskeer; verbeurd verklaar; beset *('n gebied); (onoorg., meg.)* vasbrand; *~ s.o. by the neck/etc.* iem. aan die nek/ens. gryp; *be ~d by ...* deur ... getref word *('n beroerte ens.); ~ the essence of the matter* onmiddellik die kern van die saak begryp; *~ a fortress* 'n vesting (in besit) neem; *~ (on/upon) s.t.* iets aangryp *('n geleentheid ens.); ~ (up)* vasbrand; vassit; vas raak; *be ~d with ...* ... besiel wees *('n ideaal ens.);* deur ... bevange wees *(skrik ens.).* **seiz·a·ble** grypbaar, neembaar; vatbaar vir beslag.

**sei·zure** beslaglegging (op), inbeslagneming (van); toeval, oorval, (siekte)aanval; stuipe; oorrompeling.

**Se·khu·khu·ne** *(SA gesk.: 19de-eeuse Bapedi-koning)* Sekoekoeni. *~land* Sekoekoeniland.

**sel·dom** selde, min; *~ if ever* selde of (n)ooit.

**se·lect** *adj.* uitgekose, uitgesoek, uitgesog, uitverkore, uitgelese, gekeur, uitsoek-, prag-; keurig; vernaam, deftig; *~ audience* uitgelese gehoor; *~ committee, (parl., SA )* gekose komitee *(v.d. Nasionale Raad v. Provinsies); ~ neighbourhood* uitsoekbuurt, deftige (woon)buurt. **se·lect** *ww.* (uit)kies, uitsoek, selekteer; *be ~ed for ...* as lid van ... aangewys word *('n span ens.);* gekies word weens/om ... *(sekere hoedanighede); ~ed list* keurlys; *be ~ed on ...* op grond van ... aangewys/ gekies word; *~ed stock* uitsoekvee; *~ed timber* keurhout.

**se·lec·tion** keuse, seleksie; keur; keuring, seleksie; aanwysing; *(mus.)* keurspel; versameling, seleksie; sortering, seleksie; grepie; teelkuns; *a fine ~ of ...* 'n ruim keuse van ... *(stowwe ens.);* 'n keurige versameling (van) ... *(kunswerke ens.); a ~ from ...* 'n keuse uit ...; 'n keur uit ..., uittreksels uit ...; *a ~ of ...* 'n sortering ... *(goedere ens.); a wide ~ of ...* 'n groot verskeidenheid (van) ... **~ board** keurraad. **~ committee** keurkomitee.

**se·lec·tive** selektief; uitsoekerig, kieskeurig; *~ affinity* keurverwantskap; *~ breeding* keusteelt. **se·lec·tive·ness, se·lec·tiv·i·ty** selektiwiteit; uitsoekerigheid, kieskeurigheid.

**se·lec·tor** uitsoeker; keurder. *~ switch* kiesskakelaar.

**se·le·nog·ra·phy** maanbeskrywing, selenografie. **se·le·no·graph** maankaart. **se·le·no·graph·ic** selenografies *(koördinaat-, ko-ordinaatstelsel).*

**self** *n.* self, eie persoonlikheid, individualiteit; ekheid, (die) ek; *s.o.'s better ~* iem. se beter natuur/inbors; *care for nothing but ~* alleen aan jouself *(of* jou eie ek) dink; *consciousness of ~* selfbewussyn; *be one's former/old ~* wees wat jy *(of* soos jy vroeër) was; *s.o.'s other/second ~* iem. se tweede ek *(of* onafskeidelike helper/vriend). **~-abandon(ment)** ongebondenheid. **~-abasement** selfvernedering. **~-abhorrence** selfveragting. **~-absorbed** selfbehep. **~-abuse** selfmishandeling; selfbeskimping. **~-accusation** selfbeskuldiging. **~-acting** selfwerkend, outomaties, selfbewegend. **~-addressed:** *~ envelope* geadresseerde koevert. **~-adhesive** selfklewend; *~ paper* kleefpapier. **~-adjusting** selfreëlend, -stellend. **~-admiration** selfbewondering. **~-advancement** selfbevordering. **~-advertisement** selfpromosie. **~-affirmation** selfbevestiging. **~-aggrandisement, -dizement** selfverheffing. **~-alienation** *(psig.)* selfvervreemding. **~-analysis** selfontleding. **~-appointed** selfbenoem; *~ task* selfopgelegde taak. **~-appreciation** selfwaardering. **~-assembly** selfmontering. **~-assembly** *adj. (attr.)* selfmonteerbare *(meubels ens.).* **~-assertion** aanmatiging; selfhandhawing; *(urge of) ~* geldingsdrang. **~-assertive** aanmatigend. **~-assurance** selfvertroue, -versekerdheid. **~-assured** selfversekerd, vol selfvertroue. **~-aware** selfbewus. **~-betrayal** selfmisleiding; selfverraad. **~-binder** selfbinder, -bindmasjien. **~-build** *adj. (attr.)* selfbou- *(huis, projek, ens.).* **~-built** selfgebou. **~-catering** *n.* selfversorging. **~-catering** *adj. (attr.)* selfsorg- *(vakansie ens.).* **~-censorship** selfsensuur. **~-centred** egosentries, egotisties, selfbehep; selfgerig; selfstandig. **~-cleaning, ~-cleansing** *adj.* selfreinigend. **~-closing** selfsluitend. **~-coloured** een-, effekleurig. **~-command** beheerstheid, selfbeheersing. **~-complacent** selfingenome, -voldaan. **~-conceit** verwaandheid, eiedunk. **~-concern** eiebelang, selfgerigtheid. **~-condemnation** selfveroordeling. **~-confessed** selferken(d). **~-confidence** selfvertroue. **~-confident** selfversekerd, vol selfvertroue. **~-congratulatory** selfvoldaan, -genoegsaam, -tevrede. **~-conscious** selfbewus; verleë, bedees, ongemaklik, skamerig. **~-constituted** eiemagtig; selfaangestel, -benoem. **~-contained** selfstandig, kompleet; selfstandig, -genoegsaam, onafhanklik *(pers.);* teruggetrokke, stil, ongesellig *(persoonlikheid); ~ flat* volledig toegeruste woonstel; *~ unit* selfstandige eenheid. **~-contempt** selfveragting. **~-content(ed)** selfvoldaan, -genoegsaam, -tevrede, tevrede met jouself, vol selfbehae. **~-contradiction** selfweerspreking, bontpratery, =trappery. **~-contradictory** met jouself in stryd. **~-control** beheerstheid, selfbeheersing; *lose one's* ~ jou selfbeheersing verloor, nie jou drif beteuel nie; *regain one's* ~ jou selfbeheersing terugkry/herwin. **~-convicted** uit eie mond veroordeel. **~-correcting** selfkorrigerend. **~-created** selfgemaak, =geskep. **~-critical** selfkrities. **~-deceit, ~-deception** self= bedrog. **~-defeating** selfverydelend. **~-defence** selfverde= diging; *(jur.)* noodweer; *in* ~ uit selfverdediging/noodweer. **~-delusion** selfbedrog, =begoëling. **~-denial** selfverloëning, onselfsugtigheid. **~-dependent** selfstandig. **~-deprecation** =elfvcragting, =minagting. **~-despair** selfvertwyfeling. **~-destruct** *ww., (ruimtetuig, bom, ens.)* homself vernietig *(of* tot niet maak)*. **~-destruction** selfvernietiging; selfmoord. **~-destructive, ~-destroying** selfvernietigend; selfmoor= dend. **~-determination** vrye wil, eie keuse; selfbeskikking, =bestemming. **~-development** selfontplooiing, =ontwikke= ling. **~-discipline** selfdissipline. **~-discovery** selfontdekking. **~-doubt** gebrek aan selfvertroue, onsekerheid. **~-drive** self= bestuur= *(safari, toer, ens.)*. **~-educated** selfonderrig, =opge= lei(d). **~-effacement** teruggetrokkenheid, oorbeskeiden= heid. **~-elective** selfaanvullend *('n komitee ens.)*. **~-employed** selfstandig, in eie diens; selfwerksaam. **~-esteem** selfagting, =respek, gevoel van eiewaarde, selfgevoel. **~-evident** klaar= blyklik, vanselfsprekend; *on the hand liggend*; *it is ~ that* ... dit spreek vanself dat ...; dit lê voor die hand dat ...; klaar= blyklik ... **~-examination** selfondersoek. **~-explaining, ~-ex= planatory** selfverklarend. **~-expression** selfontplooiing; self= uiting; selfuitlewing. **~-faced** ru, ongekap, onbewerk *('n steen)*. **~-feed(er)** selfvoerder; voerhok. **~-fertilisation, =za= tion** selfbevrugting. **~-financing** *adj.* selffinansierend, =finan= siërend. **~-flagellation** *(lett. en fig.)* selfkastyding. **~-flattery** selfstreling. **~-fulfilling** selfvervullend. **~-fulfilment** selfver= wesenliking. **~-generating** selfgenererend; selfontwikke= lend. **~-glorification** selfverheerliking. **~-governing** selfbestu= rend, met selfbestuur. **~-government** selfbestuur. **~-hate, ~-hatred** selfhaat. **~-help** eiehulp. **~-image** selfbeeld. **~-im= molation** selfoffering. **~-importance** verwaandheid, eiedunk, =waan. **~-important** verwaand, vol eiewaan/eiedunk. **~-im= posed** selfopgeleg. **~-improvement** selfverbetering. **~-in= duced** *adj. (attr.)* selfveroorsaakte; *(elek.)* selfgeïnduseerde. **~-inductance** *(elek.)* selfinduktansie. **~-induction** *(elek.)* self= induksie. **~-indulgence** selfbevrediging, =verwenning, gemak= sug. **~-indulgent** gemak=, genotsugtig. **~-inflicted** selftoe= gedien(d). **~-interest** eiebelang, baatsug. **~-interested** baat= sugtig. **~-involved** selfbehep. **~-justification** selfregver= diging. **~-knowledge** selfkennis. **~-loader, ~-loading rifle** selflaaier. **~-locking** selfsluitend. **~-love** eieliefde, selfsug. **~-lubricating** selfsmerend. **~-made** eiegemaak; ~ *man/wo= man* iem. wat hom-/haarself opgewerk het. **~-mate** *n., (skaak)* selfmat. **~-mocking** selfspottend. **~-motion** spontane be= weging. **~-motivating** selfmotiverend, selfmotiverings=. **~-mutilation** selfverminking. **~-neglect** selfverwaarlosing. **~-operating** selfwerkend. **~-opinionated, ~-opinioned** eiesin= nig, eiewys, wysneusig; verwaand. **~-parody** selfspot, =pa= rodie. **~-perpetuating** selfbestendigend; selfvernuwend. **~-pity** selfbejammering, =beklag. **~-pollination** selfbestuiwing. **~-portrait** selfportret. **~-possessed** kalm, bedaard, selfver= sekerd. **~-praise** ~ *is no recommendation* eie lof/roem stink. **~-preservation** selfbehoud. **~-proclaimed** *adj. (attr.)* self= verklaarde *(demokraat ens.)*; selfgeproklameerde *(veiligheid= sone ens.)*. **~-propagating** selfvoortplantend. **~-propelled** selfgedrewe. **~-propelling** selfbewegend; ~ *pencil* draai=, vul= potlood. **~-raising** selfrysend; ~ *flour* bruismeel. **~-realisa= tion, =zation** selfverwerkliking, =verwesenliking, =ontplooi= ing. **~-recording** selfregistrerend. **~-regard** selfagting. **~-regulating, ~-regulatory** selfreëlend, =regulerend. **~-reliance** selfvertroue, selfstandigheid. **~-reliant** selfstandig, vol self= vertroue. **~-renewing** selfvernuwend, =aanvullend. **~-reproach** selfverwyt. **~-respect** selfagting, =gevoel, =respek, gevoel van

eiewaarde; *wound s.o.'s* ~ iem. te na kom. **~-restraint** self= beheersing, =bedwang; selfbeperking. **~-righteous** selfvol= daan, eiegeregtig. **~-righteousness** eiegeregtigheid, selfvol= daanheid. **~-righting** *(sk.)* wat vanself regop rol *(pred.)*. **~-rule** selfbestuur. **~-sacrifice** selfopoffering. **~-satisfaction** selfvoldaanheid, =voldoening, =ingenomenheid. **~-satisfied** selfvoldaan, =ingenome. **~-sealing** selfdigtend *('n binneband ens.)*; selfklewend *('n koevert ens.)*. **~-seeking** *n.* selfsug. **~-seeking** *adj.* selfsugtig. **~-service** selfbediening; ~ *shop/store* selfdien=, selfbedienings=, selfhelpwinkel. **~-serving** selfsug= tig. **~-sown** opslag= *(plant)*. **~-starter** selfgcmotiverde (per= soon), ambisieuse persoon, iem. met eie inisiatief/onder= nemingsgees. **~-sterile** *(biol.)* nie selfbevrugtend nie, outo= steriel. **~-study** selfondersoek. **~-styled** *adj. (attr.)* kastige, kam(s)tige, sogenaamde. **~-sufficient** selfonderhoudend, =versorgend; selfstandig, onafhanklik *(v. denke, gees)*. **~-sup= port** selfversorging. **~-supporting** selfversorgend, =onder= houdend; selfdraend; selfstandig; ~ *wall* vrystaande muur. **~-surrender** selfoorgawe. **~-sustaining** selfversorgend, =on= derhoudend. **~-tapping screw** selfsnyskroef. **~-taught** self= onderrig, =opgelei(d); ~ *man/woman* outodidak. **~-timer** *(fot.)* selfontspanner, outomatiese ontspanner. **~-torture** selfpyni= ging, =foltering, =kwelling. **~-will** eiegeregtigheid, =wysheid, =sinnigheid. **~-willed** eiegeregtig, eiewys, hardkoppig. **~-winding watch** outomatiese horlosie/oorlosie.

**self·hood** selfheid, persoonlikheid, ekheid.
**self·ish** selfsugtig, baatsugtig. **self·ish·ness** selfsug, baatsug.
**self·less** onselfsugtig, onbaatsugtig. **self·less·ness** onself= sugtigheid.
**self·same** einste, presies dieselfde.
**Sel·juk** *n., (hist.)* Seldjoek, Seldjuk. **Sel·juk** *adj.* Seldjoeks, Seldjuks.
**sell** *sells, n.* verkoop, verhandeling. **sell** *sold sold, ww.* verkoop, van die hand sit; verkoop word; afset vind, aftrek kry; aan= beveel; ingang laat vind, aan die man bring; ~ *s.t. as is* iets voetstoots verkoop; *s.t.* ~*s at R50 each* iets verkoop vir/teen R50 stuk; ~ *by* ... verkoop voor ... *('n datum)*; ~ *one's coun= try* jou land verraai; ~ *s.t. for R500/etc.* iets vir R500/ens. ver= koop; *it is* ~ *ing* ..., die prys is ...; ~ *like hot cakes* soos soetkoek *(of* vlot van die hand*)* gaan; ~ *s.t. off* iets uit= verkoop *(goedere)*; iets afverkoop *(grond)*; ~ *s.o. on s.t., (infml.)* iem. tot iets oorhaal *(of* van iets oortuig*)*; ~ *o.s.* jouself *(vir* seks*)* verkoop; ~ *out* alles verkoop; jou hele voorraad ver= koop; uitverkoop, jou saak/plaas verkoop; ~ *out s.t.* iets uitverkoop; ~ *out s.o.* iem. verraai/uitlewer; ~ *s.t. privately* iets uit die hand verkoop; ~ *short, (aandelemark)* op daling verkoop; ~ *s.o. short* iem. nie na waarde skat nie, iem. te kort doen; ~ *one's soul* jou siel verkoop; ~ *s.t. to s.o.* iets aan iem. verkoop; ~ *up* uitverkoop, jou saak/plaas ver= koop; *it* ~*s well* dit kry/geniet/vind goeie aftrek. **~-by date** vervaldatum; *s.t is (long) past its* ~ die vervaldatum van iets het (lankal) verstryk; *(infml.)* iets is (lankal) uitgedien(d); *s.o. is past his/her* ~ ~, *(infml.)* iem. is oor die muur, iem. se beste dae is verby, iem. het beter dae geken. **~-off** *n.* uitver= koping. **~-out** *n.* uitverkoping; verraad; prysgewing, uitle= wering, oorgawe; *(vnl. SA)* verraaier, kollaborateur, hen(d)s= opper, *(Ngu.)* impimpi.
**sell·er** verkoper; ~*s' market* verkopersmark.
**sell·ing** *n.* verkoop; *art of* ~ verkoopkuns; *heavy* ~ druk ver= kope. ~ **point** verkoopargument. ~ **price** verkoopprys; ver= koopsom. ~ **value** verkoopwaarde.
**Sel·lo·tape** *n., (handelsnaam, ook s~)* kleefband, =lint. **Sel= lo·tape** *ww., (gew. s~)* met kleefband/kleeflint vasplak/toe= plak/ens..
**sel·va** oerwoud, selva *(vnl. i.d. Amasonekom)*.
**sel·vedge, *(hoofs. Am.)* sel·vage** *(tekst., geol.)* selfkant. ~ **thread** sterk=, skering=, lengtedraad.
**se·man·tic** *adj.* semanties, betekenis=. **se·man·ti·cist** scman=

tikus. **se·man·tics** *n. (fungeer gew. as ekv.)* betekenisleer, se=
mantiek.

**sem·a·phore** semafoor, seintoestel, armtelegraaf, seinpaal.

**sem·blance** skyn, voorkoms; sweem; *avoid any ~ of ...* alle/
elke skyn van ... vermy *(partydigheid ens.); bear the ~ of ...*
na ... lyk, die voorkoms van ... hê; *have the ~ of ...* die skyn
van ... hê; *not a ~ of ...* geen skyn van ... nie *(d. waarheid
ens.); put on a ~ of ...* maak (as)of jy ... is *(spyt ens.),* jou ...
voordoen *(vriendelik ens.); without a ~ of ...* sonder 'n sweem
van ... *(berou ens.).*

**se·meme** *(ling.)* semeem.

**se·men** saad, sperma.

**se·mes·ter** semester, halfjaar.

**sem·i** *-is, n., (infml.), (afk. v.* semidetached house*)* skakelhuis,
halfvrystaande huis; *(afk. v.* semifinal*)* halfeindstryd; *(afk. v.*
semitrailer*)* voorhaker.

**sem·i** *pref.* half-, semi-; deels. ~**annual** halfjaarliks. ~**arid**
halfdor. ~**automatic** semi-, half-outomaties; ~ *rifle* semi=
outomatiese geweer, selflaaier. ~**autonomous** semi-outonoom
*('n streek ens.);* deels onafhanklik. ~**breve** *(mus.)* hele noot.
~**circle** halwe sirkel, halfsirkel, halwe kring, halfmaan. ~**cir**=
**cular** halfrond, halfkring=, halfsirkelvormig; ~ *arch* half=
ronde boog; ~ *vault, (bouk.)* tongewelf. ~**colon** kommapunt.
~**conductor** *(elek.)* halfgeleier. ~**conscious** half bewusteloos.
~**darkness** halfdonkerte. ~**detached** halfvrystaande, half=
los; ~ *house* skakelhuis, halfvrystaande huis. ~**final** halfeind=
stryd; halfeindwedstryd. ~**finalist** halfeinddeelnemer. ~**fluid**
*n.* halfvloeibare stof, halfvloeistof. ~**fluid** *adj.* halfvloeibaar.
~**independent** semi-onafhanklik. ~**literate** half geletterd.
~**lunar** halfmaanvormig; ~ *valve, (anat.)* halfmaanklep. ~**metal**
*(chem.)* halfmetaal. ~**monthly** *(hoofs. Am.)* halfmaandeliks.
~**opaque** halfdeurskynend. ~**permanent** half=, semiperma=
nent. ~**permeable** halfdeurlatend, =deurdringbaar. ~**precious
stone** halfedelsteen, siersteen. ~**pro** =pros, *(infml., afk.),* ~**pro**=
**fessional** *n.* semi-/halfprofessionele musikant/sportmens/
ens.. ~**pro** *(infml., afk.),* ~**professional** *adj.* semi-, halfpro=
fessioneel. ~**quaver** *(mus.)* sestiende noot. ~**rigid** halfstyf.
~**skilled** half geskool(d). ~**solid diet** ligte dieet. ~**sweet** half=
soet. ~**trailer** voorhaker; →ARTICULATED TRUCK. ~**transparent**
halfdeurskynend. ~**urban** halfstedelik. ~**vowel** halfvokaal,
=klinker. ~**weekly** halfweekliks.

**sem·i·nal** saad=; kiem=; ~ *book* gedagteryke *(of hoogs in*=
*vloedryke)* boek; ~ *discharge* saadlosing, =loop, =skieting; ~
*duct* saadbuis, =leier; ~ *fluid* saadvog, =vloeistof; ~ *mind*
bevrugtende gees; *in the ~ state* onontwikkel(d), rudimentêr.

**sem·i·nar** seminaar, studiegroep. **sem·i·nar·i·an,** **sem·i·nar**=
**ist** seminaris. **sem·i·nar·y** seminarie; *theological ~* (teolo=
giese) kweekskool.

**sem·i·nif·er·ous** saaddraend, =voortbrengend.

**se·mi·ot·ics** *n. (fungeer as ekv.)* semiotiek. **se·mi·ot·ic** *adj.*
semioties.

**Sem·ite** *(lid v. 'n volk)* Semiet. **Se·mit·ic** *n., (taalgroep)* Semi=
ties. **Se·mit·ic** *adj.* Semities. **Sem·i·tism** Semitisme.

**sem·o·li·na** griesmeel, semolina.

**sem·pi·ter·nal** altyddurend, ewigdurend.

**sem·pli·ce** *(It., mus.)* semplice, eenvoudig.

**sem·pre** *(It., mus.)* sempre, deurgaans.

**Sem·tex** *(plofstof)* Semtex.

**sen·ate** *(parl.)* senaat; hoërhuis. **sen·a·tor** senator. **sen·a·to**=
**ri·al** senatoriaal, senaats=, van die senaat.

**send**[1] *sent sent, ww.* stuur, uitstuur, wegstuur, (ver)send; toe=
stuur; ~ *s.o./s.t.* **across** iem./iets oorstuur; ~ *s.o.* **after** *s.o. else*
iem. agter iem. anders aan stuur; ~ *s.o.* **ahead** iem. voor=
uitstuur; ~ *s.o./s.t.* **away** iem./iets wegstuur; ~ *s.o./s.t.* **back**
iem./iets terugstuur; ~ *s.t.* **down** iets afstuur, iets ondertoe
stuur; iets laat daal *(pryse ens.);* iets verminder; ~ **for** *s.o.* iem.
ontbied *(of* laat kom); iem. laat haal/roep; ~ *s.o./s.t.* **forth**

iem./iets uitstuur; ~ *s.o.* **home** iem. huis toe stuur; ~ *s.o./s.t.*
**in** iem./iets instuur; ~ *s.t.* **off** iets af=/wegstuur; ~ *s.o.* **off** iem.
wegsien; iem. van die veld stuur *('n speler);* ~ *s.o.* **on** iets
deur-/aan-/vooruit-/nastuur; ~ *s.t.* **out** iets uit=/wegstuur;
iets versprei *('n reuk ens.);* ~ *s.o./s.t.* **over** iem./iets oorstuur;
~ *s.t.* **round** iets om-/rondstuur; ~ *s.o.* **to sleep** iem. aan die
slaap maak *(of* laat raak); ~ *s.o./s.t.* **to** ... iem./iets na ... stuur;
~ *s.t.* **up** iets opstuur, iets boontoe stuur; iets laat styg *(pryse
ens.);* iets verhoog *(iem. se koors ens.);* iets laat opstyg *('n ballon
ens.);* ~ *s.o./s.t.* **up,** *(infml.)* met iem./iets die draak steek; ~
*s.o. on his/her* **way** iem. weghelp. ~**off** afskeid; afskeidsparty;
*give s.o. a good ~* deeglik van iem. afskeid neem. ~**up:** *a ~ of
s.o./s.t., (infml.)* 'n draakstekery met iem./iets.

**send**[2] *n. & ww., (sk.)* →SCEND.

**send·er** sender; afsender; *(telegr.)* seingewer; *(telef.)* mikro=
foon; sleutel. ~ **unit** sendeenheid.

**Sen·e·gal** *(geog.)* Senegal. **Sen·e·ga·lese** *n. & adj.* Senegalees.

**se·nes·cent** *(biol.)* verouderend. **se·nes·cence** veroudering.

**se·nhor** =nhor(e)s, *(Port.)* meneer; heer. **se·nho·ra** =ras, *(Port.)*
mevrou; dame. **se·nho·ri·ta** =tas, *(Port.)* juffrou; meisie, jong
dame.

**se·nile** kinds, seniel, afgetakel(d), afgeleef, *(fig.)* aftands;
ouderdoms=; ~ *decay* ouderdomsverval, seniele aftakeling;
~ *dementia* ouderdomsdemensie. **se·nil·i·ty** ouderdomswakte,
seniliteit, afgeleefdheid.

**sen·ior** *n.* senior, meerdere; *(student)* senior; *(sport)* senior
(deelnemer); senior, bejaarde, pensioenaris; *s.o. is ... years
s.o. else's ~* iem. is ... jaar ouer as iem. anders; iem. is ... jaar
voor/bo iem. anders; *the most ~* die hoogste in rang; die
oudste in diensjare. **sen·ior** *adj.* ouer, oudste; hoër in rang;
hoog(geplaas), senior; ~ *deputy chairman* eerste onder=
voorsitter; *the ~* **members** *of the family* die oudste lede van
die gesin; *most ~* vernaamste, hoogste in rang, oudste in
diensjare; ~ *officer/official* hooggeplaaste amptenaar; *s.o.
is ... years ~ to s.o. else* iem. is ... jaar ouer as iem. anders;
iem. is ... jaar voor/bo iem. anders. **S~ Certificate Exami**=
**nation** *(opv.)* Senior Sertifikaat-eksamen. ~ **citizen** senior
burger. **S~ Counsel** *(jur., afk:* SC) Senior Advokaat *(afk.:* SA),
Senior Consultus *(afk.:* SC). ~ **officer** *(mil.)* hoë offisier. ~
**partner** hoof van die firma, hoofvennoot. ~ **registrar** *(med.)*
senior registrateur *(of* kliniese assistent).

**sen·ior·i·ty** voorrang; senioriteit; hoër ouderdom; hoër rang.

**sen·na** *(Cassia* spp.) kassie, kassia, senna(plant), seneplant;
*(purgeermiddel)* senna(blare), seneblare. ~ **pod** senna=, sene=
peul. ~ **tea** aftreksel van senna-/seneblare.

**sen·net** *(teat., hist.)* trompetgeskal, fanfare.

**se·ñor** =ñor(e)s, *(Sp.)* meneer; man. **se·ño·ra** =ras, *(Sp.)* me=
vrou; vrou. **se·ño·ri·ta** =tas, *(Sp.)* juffrou; meisie, jong dame.

**sen·sate** *adj.* sintuiglik waarnemend; sintuiglik ingestel(d).

**sen·sa·tion** gewaarwording, gevoel, sensasie, aandoening;
sensasie, opskudding, opspraak; *cause/create/produce a ~* 'n
opskudding veroorsaak, opspraak/sensasie maak/(ver)wek;
*have a ~ of giddiness/etc.* duiselig/ens. voel. ~ **monger** sensa=
siewekker. ~ **seeker** sensasiesoeker. ~**seeking** *n.* sensasie=
jag. ~**seeking,** ~**loving** *adj.* sensasiebelus.

**sen·sa·tion·al** opsienbarend, sensasioneel, sensasie=, op=
spraakwekkend; *(infml.)* sensasioneel, fantasties; gevoels=,
gewaarwordings=; ~ *news* sensasieberig; ~ *play* sensasiestuk;
~ *reading matter* prikkellektuur. **sen·sa·tion·al·ism** sensa=
siewekkende gedrag/geskryf/ens.; sensasielus, =sug; effek=,
sensasiebejag; *(filos.)* sensualisme, sinlike-gewaarwordings=
leer. **sen·sa·tion·al·ist** *n.* sensasiesoeker; *(filos.)* sensualis.
**sen·sa·tion·al·ist, sen·sa·tion·al·is·tic** *adj.* sensasiebelus,
=soekend, sensasie=; *(filos.)* sensualisties.

**sense** *n.* sin(tuig); gevoel, gewaarwording; besef, begrip,
verstand; betekenis, sin; strekking; *aesthetic ~, ~ of beauty*
skoonheidsgevoel, skoonheidsin; *be bereft of one's ~s* van jou
sinne beroof wees; *bring s.o. to his/her ~s* iem. tot besinning

bring; **come** *to one's* ~*s* weer by jou sinne kom; *have a high* ~ *of* **duty** plig(s)getrou wees; *in every* ~ in elke opsig; in alle opsigte; ~ *of* **feeling** →**touch/feeling;** *the* **five** ~*s* die vyf sinne/sintuie; *have the* **good** ~ *to do s.t.* so verstandig wees (*of die verstand hê*) om iets te doen; *it* **gratifies** *the* ~*s* dit streel die sinne; ~ *of* **guilt** skuldgevoel, =besef; ~ *of* **honour** eergevoel; *in a (certain)* ~ in sekere sin; ~ *of* **justice** regs= gevoel, =bewussyn; **knock** *some* ~ *into s.o.* iem. tot rede bring; *take* **leave** *of one's* ~*s* van jou verstand/kop/wysie af raak, van jou sinne beroof wees; **make** ~ *(out) of s.t.* iets verstaan; *it doesn't* **make** ~ *to ...* dit is onsinnig (*of het geen/nie sin nie*) om ...; *it* **makes** ~ dit het sin, dit is sinvol; *it* **makes** *no* ~, *there is no* ~ *in it* dit is sinloos (*of het geen sin nie*); ('n) mens kan niks daaruit wys word nie; *it* **makes** ~ *to ...* dit is verstandig om te ...; *in the* **narrow** ~ in die beperkte sin; *of the* ~*s* sin(ne)lik; *be* **out** *of one's* ~*s* van jou verstand/kop/ wysie af (*of van jou sinne/verstand beroof*) wees; *not have a* **particle** *of* ~ geen greintjie verstand hê nie; **recover** (*or* **return** *to) one's* ~*s* weer by jou sinne kom; *in the* **same** ~ in dieselfde gees; ~ *of* **shame** skaamtegevoel; ~ *of* **sin** sonde= besef; *one's* **sixth** ~ ('n) mens se sesde sintuig; *be* **s.o.** *of* ~ 'n verstandige mens wees; *in one's* **sound** *and sober* ~*s* by jou volle verstand; *in the* **strict** ~ in engere (*of in die enge*) sin; noukeurig beskou; *take the* ~ *of the meeting* die gevoel(ens) van die vergadering toets; **talk** ~, *(infml.)* verstandig praat; **talk** ~*!*, *(infml.)* moenie kaf praat nie!; *now you're* **talking** ~*!*, *(infml.)* nou praat jy!; ~ *of* **touch/feeling,** **tactile** ~ tas= sin, gevoel(sin); *in the strict/full/proper* ~ *of the* **word** in die volle/eintlike/werklike sin/betekenis van die woord. **sense** *ww.* gewaarword, (aan)voel, besef. ~ **datum** *(filos.)* sintuig= like gegewe. ~ **impression** gewaarwording, gevoelsindruk. ~ **organ** sintuig.

**sen·sei** *(Jap.: leermeester)* sensei.

**sense·less** gevoelloos; bewusteloos; dwaas, verstandeloos, geesteloos; onsinnig, sinloos; *knock s.o.* ~ iem. bewusteloos slaan. **sense·less·ly** dwaas(lik). **sense·less·ness** gevoelloos= heid; bewusteloosheid; sinloosheid; dwaasheid.

**sen·si·ble** verstandig; oordeelkundig; *be* ~ *about s.t.* iets ver= standig beskou; *be* ~ *of/to s.t.* iets besef; van iets bewus wees; vir iets gevoelig wees. **sen·si·bil·i·ty** gevoeligheid, ontvank= likheid, vatbaarheid; fyngevoeligheid; erkentlikheid; *offend s.o.'s sensibilities* iem. se gevoelens kwets. **sen·si·ble·ness** ver= standigheid. **sen·si·bly** verstandig.

**sen·si·tise,** =**tize** sensitiseer, sensibiliseer, gevoelig/vatbaar maak. **sen·si·ti·sa·tion,** =**za·tion** sensitisasie, sensitisering, sensibilisasie, sensibilisering, gevoelig=, vatbaarmaking.

**sen·si·tive** *n.* medium, gevoelige persoon, heldersiende. **sen= si·tive** *adj.* gevoelig, sensitief; fyngevoelig, liggeraak; ~ **drill** snelboor; ~ **nerve** gevoelsenu(wee); ~ **plant,** *(Mimosa pudica)* skaamkruid; *(Melianthus* spp.*)* kruidjie-roer-my-nie; *be* ~ *to ...* vir ... gevoelig wees. **sen·si·tive·ness** (fyn)gevoe= ligheid; liggeraaktheid; prikkelbaarheid. **sen·si·tiv·i·ty** gevoe= ligheid, sensitiwiteit; *(ook, i.d. mv.)* gevoelens.

**sen·sor** sensor.

**sen·so·ri·um** =**ria,** =**riums** gevoelsetel, bewussynsentrum, sensorium. **sen·so·ri·al** sensories, sensoriaal.

**sen·so·ry** gewaarwordend, sintuiglik, sensories, gevoels=; ~ **cell** sintuigsel; ~ **hair** voelhaar; ~ **nerve** gevoelsenu(wee); ~ **organ** voelorgaan, gevoels=, sinsorgaan.

**sen·su·al** sin(ne)lik, sensueel, vleeslik, wellustig; ~ *enjoy= ment* singenot. **sen·su·al·ise,** =**ize** versin(ne)lik. **sen·su·al= ism** sin(ne)likheid; wellustigheid; *(filos.)* sensualisme, sin(ne)= like-gewaarwordingsleer. **sen·su·al·ist** sin(ne)like mens; wel= lusteling; *(filos.)* sensualis. **sen·su·al·i·ty** sin(ne)likheid, vlees= likheid, sensualiteit; wellus. **sen·su·al·ly** sin(ne)lik.

**sen·sum** *sensa, (filos.)* sintuiglike gegewe.

**sen·su·ous** van die sinne, sintuiglik; sin(ne)lik, sinstrelend, sins=. **sen·su·ous·ness** sintuiglikheid; sin(ne)likheid.

**sent** (het) gestuur; →SEND[1] *ww.*.

**sen·tence** *n., (gram.)* (vol)sin; *(jur.)* vonnis, oordeel; *exe= cute* (or **carry out**) *a* ~ 'n vonnis voltrek; *impose a* ~ *on s.o.* iem. 'n vonnis oplê, 'n vonnis aan iem. oplê; *pass* ~ *on s.o.* 'n vonnis oor iem. vel/uitspreek, iem. vonnis; *pronounce/ deliver* ~ die vonnis vel/uitspreek; *serve a* ~ 'n vonnis uit= dien; *a person* **under** ~ 'n veroordeelde. **sen·tence** *ww.* veroordeel, vonnis; ~ *s.o. to death* iem. ter dood veroordeel; ~ *s.o. to five years(' imprisonment)* iem. tot vyf jaar tronk=/ gevangenisstraf vonnis, iem. vyf jaar tronk=/gevangenisstraf oplê.

**sen·ten·tious** orakelagtig, (kamma) diepsinnig; bondig, kernagtig, pittig, sentensieus. **sen·ten·tious·ness** orakelag= tigheid; bondigheid.

**sen·tient** *n.* voelende wese. **sen·tient** *adj.* voelend, met gevoel, waarnemend. **sen·tience** waarnemings=, gevoelsver= moë, gevoel.

**sen·ti·ment** gevoel, sentiment; sentimentaliteit; mening, ge= dagte, idee; *create* ~ stemming maak; *these are* **my** ~*s* dit is my mening; *share s.o.'s* ~*s on s.t.* dit met iem. oor iets eens wees; *be* **swayed** *by* ~ jou deur jou gevoel laat lei. **sen·ti= men·tal** sentimenteel, oorgevoelig; verliefderig; stroperig; ~ *value* sentimentele waarde. **sen·ti·men·tal·ise,** =**ize** senti= menteel wees/maak, sentimentaliseer. **sen·ti·men·tal·ism** sen= timentalisme. **sen·ti·men·tal·ist** (oordrewe) gevoelsmens, sen= timentalis. **sen·ti·men·tal·i·ty** sentimentaliteit, oorgevoelig= heid; *sloppy* ~, *(infml.)* stroperigheid.

**sen·ti·nel** *n.* (skild)wag; brandwag. **sen·ti·nel** =*ll-, ww.* wag= hou (*of* wag hou) oor, bewaak; op wag sit.

**sen·try** skildwag; skildwagdiens; *post sentries* wagte uitsit; *stand* ~, *be on* ~ *duty* (op) wag staan. ~ **box** (skild)waghuisie. ~ **post** wagpos.

**Seoul** *(geog.)* Seoel.

**se·pal** *(bot.)* kelkblaar.

**sep·a·ra·ble** skei(d)baar. **sep·a·ra·bil·i·ty** skei(d)baarheid.

**sep·a·rate** *n., (druk.)* separaat, oordruk; *(i.d. mv.: kleding= stukke)* paarstelle. **sep·a·rate** *adj.* afsonderlik, apart, afge= sonder(d), (af)geskei(e); ~ *estate* afsonderlike boedel (*v.* 'n eggenote*)*; *send by* ~ *post* onder afsonderlike omslag stuur. **sep·a·rate** *ww.* (af)skei, verdeel, afsonder; afhok, =kamp; uitmekaar maak; uitmekaar gaan, uiteengaan; *a* ~*d couple* 'n geskeide paar(tjie); ~ *cream* melk afroom; ~ *s.o./s.t.* ... *from ...* iem./iets van ... losmaak/skei; *the ingredients will* ~ die bestanddele sal skif; ~*d milk* afgeroomde melk; ~ ... *out* ... skei; ... afsonder; ... afskei; ... onderskei; ... uitmekaar hou (*of* uitmekaarhou); *s.t.* ~*s out, (teg.)* iets skei (*of* word geskei). **sep·a·rate·ly** afsonderlik, apart. **sep·a·rate·ness** afsonder= likheid, apartheid, geskeidenheid.

**sep·a·ra·tion** skeiding; afskeiding, afsondering; verwyde= ring; geskeidenheid; *judicial* ~, ~ *from bed and board* ge= regtelike skeiding, skeiding van tafel en bed; ~ *of goods* boe= delskeiding. ~ **allowance** skeidingstoelae. ~ **order** skeidings= bevel.

**sep·a·ra·tism** separatisme; strewe na onafhanklikheid/af= skeiding. **sep·a·ra·tist** *n.* separatis, afskeier; afgeskeidene. **sep·a·ra·tist** *adj.* separatisties, afskeidingsgesind; ~ *church* afgeskeie kerk.

**sep·a·ra·tive** (af)skeidend.

**sep·a·ra·tor** skeier; afskeier; roomafskeier, roommasjien, afromer. ~ **plate** skeiplaat.

**Se·pe·di** *(SA dial.)* Sepedi; →SESOTHO SA LEBOA.

**Se·phar·di** =*dim, (Sp./Port. Jood)* Sefardi; →ASHKENAZI. **Se= phar·dic** Sefardies.

**se·pi·a** sepia(kleur), rooi=, donker=, sjokolade=, swartbruin; sepia(foto); sepia-ink, rooi=/donker=/sjokolade=/swartbruin verf/kleurstof/ink; sepiaskets; *(vog v.d. inkvis)* sepia.

**sep·sis** *sepses, (med.)* sepsis, bloedvergiftiging, besmetting.

**sep·tal** *(anat., biol.)* septaal, septum-, (tussen)skot-, tussen-wand-; *(argeol.)* skei(dings)-, tussen-; ~ *cartilage* neuskraakbeen, -septum, -tussenskot.

**sep·tate(d)** *(anat., biol.)* gekamer(d), met tussenskotte.

**Sep·tem·ber** September; *the month of* ~ Septembermaand. ~ **day** Septemberdag, dag in September.

**sep·te·na·ry, sep·te·na·ry** *n.* sewe; sewetal; sewejarige tydperk. **sep·te·na·ry, sep·te·na·ry** *adj.* sewetallig; sewevoudig; sewejarig.

**sep·ten·ni·al** sewejaarliks, om die sewe jaar.

**sep·tet(te)** sewetal; *(mus.)* septet.

**sep·tic** septies, bederfbevorderend, besmet. ~ **tank** vrotkelder, verteer-, rottingsput, -riool.

**sep·ti·cae·mi·a,** *(Am.)* **sep·ti·ce·mi·a** bloedvergiftiging, septisemie. **sep·ti·cae·mic,** *(Am.)* **sep·ti·ce·mic** bloedvergiftigend, septisemies.

**sep·time** *(<Lat., skermk.)* sewende parade/pareerposisie.

**sep·tu·a·ge·nar·i·an** *n.* sewentiger; sewentigjarige. **sep·tu·a·ge·nar·i·an** *adj.* sewentigjarig.

**sep·tum** *septa, (biol., anat.)* (tussen)skot, skeidings-, tussenwand; →SEPTAL, SEPTATE(D).

**sep·tu·ple** *n.* sewevoud. **sep·tu·ple** *adj.* sewevoudig. **sep·tu·ple** *ww.* versewevoudig. **sep·tu·plet, sep·tu·plet** (een van 'n) seweling; *(mus.)* septimool; ~*s* 'n seweling.

**sep·ul·chre,** *(Am.)* **sep·ul·cher** graf; *the Holy S*~ die Heilige Graf *(v. Christus).* **se·pul·chral** graf-, van die graf; begrafnis-; ~ *stone* graf-, gedenksteen; ~ *vault* grafkelder.

**se·quel** *(filmk., lettk.)* vervolg(stuk); gevolg, resultaat, uitvloeisel, nasleep, -spel, -draai; *as a* ~ *to* ... as gevolg van ...; *the* ~ *to* ... die vervolg op ...; die nasleep van ...; *have an unfortunate* ~ sleg afloop. **se·que·la** *-lae, (med.)* gevolg, nasleep *(v. 'n siekte ens.).*

**se·quence** reeks, op(een)volging, (volg)orde, sekwensie; volgreeks; ~ *of cards* volgkaarte; *a/the* ~ *of events* 'n/die opeenvolging van gebeurtenisse; *in* ~ in volgorde; *logical* ~ logiese volgorde; *in rapid* ~ kort na/agter mekaar, die een op die ander; ~ *of tenses,* (gram.) ooreenstemming/opvolging van tye. **se·quenc·er** *(mus.)* sekwenseerder; *(rek.)* sorteerder, rangskikker; *(biochem.)* opeenvolgings-, volgorde-bepaler. **se·quen·tial** opvolgend; daaruit volgend; voortvloeiend; *be* ~ *to/upon s.t.* op iets volg.

**se·ques·ter** afsonder, isoleer; *(jur.)* in beslag/bewaring neem, sekwestreer; ~*ed estate* gesekwestreerde boedel; ~*ed life* afgesonderde lewe, lewe van afsondering; ~*ed spot* afgeleë/eensame plek. **se·ques·trate** *(jur.)* sekwestreer, beslag lê op, in beslag/bewaring neem. **se·ques·tra·tion** *(jur.)* beslaglegging, inbeslagneming, sekwestrasie; *compulsory* ~ gedwonge sekwestrasie. **se·ques·tra·tor** *(jur.)* beslaglegger, -lêer, sekwester.

**se·quin** blinker(tjie). **se·quin(n)ed** *adj.* wat met blinker(tjie)s versier is *(pred.).*

**se·quoi·a** sequoia, mammoetboom.

**se·rac** *(geomorfol.)* gletser-yssmeltkeël, -yspiramied, -yspiramide.

**se·ra·gli·o** *-os* harem.

**ser·aph** *-aphim, -aphs, (Byb.)* serafyn, seraf, engel. **se·raph·ic** serafies, engelagtig, hemels.

**Serb, Ser·bi·an** *n.* Serwiër; *(taal)* Serwies. **Serb, Ser·bi·an** *adj.* Serwies. **Ser·bi·a** *(geog.)* Serwië. **Ser·bo·Cro·at, -Cro·a·tian** *n. & adj., (taal)* Serwo-Kroaats, -Kroaties.

**ser·e·nade** *n.* serenade. **ser·e·nade** *ww.* (vir iem.) 'n serenade sing/speel.

**se·re·na·ta** *(mus.)* serenade.

**ser·en·dip·i·ty** gelukkige toeval; meer geluk as wysheid; die gawe/vermoë om blye, onverwagte dinge te ontdek. **ser·en·dip·i·tous** gelukkig-toevallig.

**se·rene** kalm, stil; bedaard, rustig; onverstoord, onverstoor-

baar, onberoer(d); *His/Her S*~ *Highness* Sy/Haar Deurlugtige Hoogheid *(of* Deurlugtigheid). **se·ren·i·ty** kalmte, rus, sereniteit; gemoedsrus, onverstoordheid, onverstoorbaarheid, kalmte *(v. gees),* sereniteit.

**serf** *(hist.)* lyfeiene, onvrye; slaaf. **serf·dom** *(hist.)* lyfeienskap, onvryheid; slawerny.

**serge** serge, sersje, soort kamstof. **ser·gette** dun serge, sergette, sersjet.

**ser·gean·cy, ser·geant·ship** sersantskap, sersantsrang.

**ser·geant** sersant. ~ **at arms** *(parl.)* ampswag; stafdraer. ~ **major** sersant-majoor.

**se·ri·al** *n.* vervolgverhaal; tydskrif *(in 'n biblioteek).* **se·ri·al** *adj.* in (opeenvolgende) aflewerings; serieel; periodiek; reeks-gewys, reeks-, serie-; ~ *killer* reeksmoordenaar; ~ *killing* reeksmoord; ~ *number* volg-, reeks-, serienommer; ~ *publication* vervolgwerk, periodiek, werk in aflewerings; ~ *rights* outeursreg van 'n vervolgverhaal; ~ *story* vervolgverhaal. **se·ri·al·ly** in aflewerings; reeksgewys(e).

**se·ri·al·ise, -ize** in aflewerings plaas/uitgee/rangskik. **se·ri·al·i·sa·tion, -za·tion** reeksgewyse plasing/verskyning.

**se·ries** *series* reeks, ry, serie; aaneenskakeling, opeenvolging; volgreeks; rits; *a* ~ *of accidents* 'n aaneenskakeling van ongelukke, die een ongeluk op die ander; *a* ~ *of events* 'n reeks (van) gebeurtenisse; *in* ~ agtereenvolgens; *(elek.)* in serie; ~ *of novels* romanreeks; *square the* ~, *(sport)* die reeks deel. ~ **circuit** *(elek.)* seriebaan. ~ **connection** *(elek.)* serie-skakeling.

**ser·in** (wilde)kanarie.

**se·rin·ga** sering(boom).

**se·ri·o·com·ic** half-ernstig, half-grappig.

**se·ri·ous** ernstig, stemmig; belangrik, gewigtig; gevaarlik; deeglik; *s.o. is* ~ *about s.t.* iets is iem. se erns; iem. bedoel iets in alle erns; *be* ~ *about s.o.* dit ernstig meen met iem.; *are you* ~? meen/bedoel jy dit?, is dit jou erns?; *deadly* ~ doodernstig, uiters/hoogs ernstig; *now it's getting* ~ nou raak dit ernstig; ~ *illness* ernstige/gevaarlike siekte; *things look* ~ sake lyk sleg; *no* ~ *problem* geen swarigheid nie, nie doodsake nie; *and now to be* ~ alle gekheid/grappies op 'n stokkie. ~**-minded** ernstig (gesind).

**se·ri·ous·ly** ernstig, in (alle) erns; ~ *ill* ernstig siek; *take s.o.* ~ iem. ernstig opneem *(of* met erns bejeën); *take s.t.* ~ iets ernstig opneem/opvat; *don't take it so* ~!, *(ook, infml.)* moet dit nie kop toe vat nie!; *not take things too* ~ dit nie te ernstig opneem/opvat/beskou nie; *treat s.t.* ~ erns maak met iets.

**se·ri·ous·ness** erns; serieusheid; *in all* ~ in alle/volle erns; *in dead* ~ in dodelike erns.

**ser·mon** *n.* preek, leerrede, predikasie; *(infml.)* vermaning, teregwysing; *deliver/hold/preach a* ~ *on* ... 'n preek oor ... hou/lewer; *the S*~ *on the Mount* die Bergrede/-predikasie *(v. Jesus).* **ser·mon·ise, -ize** *ww* preek; vermaan; bestraf, bepreek, kapittel. **ser·mon·is·er, -iz·er** sedepreker. **ser·mon·is·ing, -iz·ing** prekery, gepreek.

**se·rol·o·gy** *(med.)* serologie, weikunde.

**se·ro·neg·a·tive, se·ro·pos·i·tive** *(med.:* met 'n negatiewe/positiewe reaksie op serumtoetse) seronegatief, seropositief.

**ser·o·tine** *n., (soöl.)* dakvlermuis.

**ser·o·to·nin** *(biochem.)* serotonien.

**ser·pent** *(hoofs. poët., liter.)* slang, adder; *(fig.)* bedrieër; *cherish a* ~ *in one's bosom* 'n adder aan jou bors koester; *the (old) S*~ ou Satan, die slang. ~ **aloe** *(Aloe broomii)* slangaalwyn. **ser·pen·tine** *n., (min.)* serpentynsteen. **ser·pen·tine** *adj.* slangagtig, slang-; slangvormig; kronkelend; vals, slu; ~ *course* kronkelloop; ~ *dance* slang-, kronkeldans; ~ *windings* kronkel-, slingerdraaie.

**ser·rate** *adj., (hoofs. bot.)* gesaag. **ser·rat·ed** getand, vertand; tandvormig; saagagtig, saagtandig; ~ *edge* getande rand. **ser·ra·tion** tand; vertanding, getandheid; riffel; riffeling; veselskub.

**ser·ried** vas teen mekaar, in digte rye, kompak, (aaneen)=
geslote; ~ *ranks* aaneengeslote geledere.

**se·rum** =*rums,* =*ra* serum, wei; *(blood)* ~ bloedserum, =wei,
=vloeistof, =water. ~ **sickness** serumsiekte.

**ser·val** tierboskat.

**serv·ant** bediende; amptenaar, beampte. ~**'s room** bedien=
dekamer.

**serve** *n., (tennis ens.)* (die) afslaan. **serve** *ww.* dien, van diens
wees, diens(te) bewys; in diens staan van; krygsdiens verrig;
behandel; help, baat; voldoende wees; uitdien; bedien; op=
dis, voorsit, opdien, opskep *(ete);* ronddien, =bring, =deel, =gee,
uitdeel *(verversings ens.);* skink *(drankies);* verskaf; *(tennis ens.)*
afslaan; dek *('n merrie ens.);* ~ *as* ... as/tot ... dien *(bewys ens.);*
as ... diens doen; as ... fungeer; ~ *at table* aan tafel bedien;
*are you being ~d?* is u (al) gehelp?; ~ *s.o.* *faithfully/loyally/*
*truly* iem. trou dien; ~ *on* ... in ... dien/sit *(of* sitting hê), lid
van ... wees *('n komitee, raad, jurie, ens.);* ~ *on a jury/etc.,*
*(ook)* as jurielid/ens. dien; ~ *s.t. on s.o.* iets aan iem. bestel/
beteken *('n dagvaarding ens.);* ~ *s.t. out* iets uitdien *('n ter=*
*myn ens.);* *it/that ~s s.o. right!* dit is iem. se verdiende loon!,
dit het iem. verdien!, goed so!, boontjie kry sy loontjie!; ~
*round s.t.* iets uitdeel/rondgee; *it ~s to* ... dit strek om ...; ~
*under s.o* onder iem. dien; ~ *up s.t.* iets opskep/opdien/
opdis, iets op tafel sit; *s.t. ~s s.o. well* iets lewer goeie diens
aan iem.; *that excuse will not* ~ *s.o.* dié verskoning/uitvlug
sal iem. nie baat/help nie; ~ *with s.o.* onder iem. dien *('n*
*generaal ens.);* ~ *s.o. with s.t.* iets vir iem. inskep *(kos);* iem.
van iets voorsien; ~ *s.t. with* ..., *(kookk.)* iets met ... voorsit.
~-**and-volley** *adj. (attr.), (tennis)* afslaan-en-vlughou- *(spel,*
*speler, taktiek, ens.).*

**serv·er** dienaar; *(rek.)* bediener; tafelbediende, opskepper;
skinkbord; dienwaentjie; koekspaan; *(tennis)* afslaner; *host a*
~, *(rek.)* 'n bediener huisves. ~ **hosting room** *(rek.)* bedie=
nerkamer.

**ser·vice** *n.* diens; bediening; diensbetoon; diensvervulling;
=verrigting; versiening *(v. 'n motor);* onderhoud, instandhou=
ding; dekking *(v. diere);* voorsiening *(v. water ens.);* diens=
baarheid; (kerk)diens; formulier; bestelling, betekening *(v. 'n*
*dagvaarding);* *(breekware)* stel, servies; *(tennis ens.)* afslaan=
(hou); *(i.d. mv., ekon.)* diensbedrywe; *acceptance of* ~ diens=
neming; *on active* ~ in aktiewe diens, in krygsdiens, te
velde, aktief; *at your* ~ tot u diens; *breach of* ~ diensverlating;
*conduct a (divine)* ~ 'n (kerk)diens *(of* gewyde diens) lei; ~
*of dedication* wydingsdiens; *discharge s.o. from* ~ iem. uit
die diens ontslaan; *do s.o. a* ~ iem. 'n diens bewys, iem. van
diens wees; *enlist s.o.'s* ~s iem. se dienste verkry; *be exempt*
*from (military)* ~ diensvry wees; *hold a* ~ 'n diens hou, gods=
diens hou; *be in* ~, *(iets)* in gebruik wees; ~ *of intercession*
gebedsdiens; *long* ~ lang diensjare; *of* ~ *to s.o.* iem. van
diens wees; iem. 'n diens bewys; *offer/tender/volunteer*
*one's* ~s jou dienste aanbied; *be out of* ~ buite gebruik wees;
*press s.o. into* ~ iem. inspan; *be pressed into* ~ ingespan
word; ~ *(of process), (jur.)* betekening/bestelling (van proses=
stukke); *put s.t. into* ~ iets in gebruik neem; *quit the* ~ die
diens verlaat; *religious* ~ godsdiensoefening; *for* ~*s ren=*
*dered* vir gelewerde/bewese dienste; *rendering of* ~ diens=
betoon; *see* ~ krygsdiens verrig, in die weermag dien; 'n
kampanje/veldtog meemaak; *s.t. has seen* ~ iets is al baie
gebruik; *take a* ~ 'n diens hou/lei/waarneem, 'n godsdiens=
oefening lei; *take a vehicle in for a* ~ 'n voertuig (garage toe)
neem vir versiening *(of* om versien te word), *(<Eng.)* 'n
voertuig vir 'n diens (garage toe) neem; *take s.o. into one's*
~ iem. in diens neem; *take* ~ *with* ... by ... in diens gaan;
*term of* ~ dienstyd; ~ *to the nation/people* volksdiens; ~ *to*
*the nation/state* diens aan die land/staat; *unstinting* ~ toe=
gewyde diens; *whose* ~ *is it?*, *(tennis)* wie moet afslaan?; *with=*
*draw s.t. from* ~ iets uit die gebruik neem; iets uit die vaart
haal/neem *('n skip);* *years of* ~ diensjare, =tydperk. **ser·vice**
*ww.* bedien, besorg; versorg, onderhou; in stand hou, ver=

sien *('n motor);* dek *('n merrie ens.);* ~ *a debt* delging en rente
dek; *have a machine/vehicle ~d* 'n masjien/voertuig laat ver=
sien *(of [<Eng.]* laat diens). ~ **area** diensstasie(kompleks);
*(rad.)* reikwydte. ~ **book** kerkboek; misboek, missaal. ~ **charge**
diensgeld, bedieningsgeld; *(mil.)* dienslading. ~ **connection**
verbruikersaansluiting. ~ **court** *(tennis ens.)* afslaanblok,
=hok. ~ **engineer** diensingenieur. ~ **entrance** diensingang;
*(elek.)* aansluitplek. ~ **fuse** *(elek.)* dienssekering. ~ **hatch**
(be)dienluik. ~ **industry** diensbedryf. ~ **lift** goederehyser.
~ **line** *(tennis ens.)* afslaanlyn. ~**man** =**men** weermagslid, weer=
(mags)man; hersteller, herstelwerker. ··**medal** diensmedalje.
~ **provider** diensverskaffer. ~ **revolver** diensrewolwer. ~
**road** bedieningspad, dienspad. ~ **sector** *(ekon.)* diensektor,
diensverlenende sektor, dienslewingsektor. ~ **station** diens=
stasie, garage. ~ **switch** hoofskakelaar. ~**woman** =**women**
vroulike weermagslid.

**ser·vice·a·ble** nuttig, bruikbaar, dienlik; geskik; ~ *colour*
sindelike kleur; *not* ~ ondoelmatig. **ser·vice·a·bil·i·ty** nut=
(tigheid), bruikbaarheid, dienlikheid; doelmatigheid, geskikt=
heid; stewigheid; duursaamheid.

**ser·vic·ing** bediening, besorging; versiening *(v. 'n motor*
*ens.),* onderhoud, instandhouding.

**ser·vi·ette** servet. ~ **ring** servetring.

**ser·vile** slaafs, onderworpe, knegs; kruiperig. **ser·vil·i·ty** slaafs=
heid, onderworpenheid; kruiperigheid.

**serv·ing** diens; bediening; porsie, skep(pie). ~ **dish**, ~ **plat=**
**ter** opdienskottel, opskepskottel. ~ **hatch** dienluik. ~ **spoon**
(op)skeplepel. ~ **tongs** dientang.

**ser·vi·tude** slawerny, knegskap, diensbaarheid; *(jur.)* serwi=
tuut.

**ser·vo-:** ~**brake** servorem. ~**mechanism** servomeganiek.
~**motor** servomotor.

**ses·a·me** *(bot.)* sesam(plant/kruid); *open* ~*!*, *(towerspreuk v.*
*Ali Baba in* Die Duisend-en-Een Nag[te]*)* sesam, gaan oop!;
*an/the open* ~ *to* ... 'n/die towersleutel tot ... *(rykdom, 'n goeie*
*werk, ens.).*

**Se·so·tho** *(SA taal)* Sotho, Sesotho. ~ **sa Leboa** *(SA taal)*
Noord-Sotho.

**ses·qui·cen·ten·ni·al** *n.* anderhalfeeufees. **ses·qui·cen·**
**ten·ni·al** *adj.* honderd-en-vyftigjarig.

**ses·sile** *(biol.)* sessiel, sonder steel, steelloos, ongesteel(d),
sittend.

**ses·sion** sitting, sessie; byeenkoms; vertoning *(in 'n bioskoop);*
*parliament is in* ~ die parlement sit *(of* is in sitting *of* hou
sitting); *at/in the present* ~ in die huidige sitting; *training* ~
oefening. ~ **musician** sessiemusikant.

**ses·tet** *(pros.)* sekstet, sesreëlige vers.

**ses·ti·na** *(pros.: gedig met ses sesreëlige strofes gevolg deur 'n*
*driereëlige slotstrofe)* sestina.

**set¹** *set set setting, ww.* sit, set; plaas, stel; verstel; aansit; be=
paal, reël, skik; bepaal, vasstel *('n dag);* opstel *(vrae);* omlys;
opdra, oplê *('n taak);* aangee *(d. toon, 'n mode);* dek *('n tafel);*
set, monteer *(juwele); (druk.)* set *(letters);* afwerk *(pleister);*
indraai, set *(hare);* beset; stel *('n saag);* spalk *('n been);* insit
*(plantjies);* in die broei sit *(eiers);* laat broei, op eiers sit *('n*
*hen); (onoorg.)* stol, styf word, verstyf; verhard, hard word;
*(sement)* bind; *(d. son, maan)* ondergaan; ~ *about s.o.* iem.
aanpak/aanval; ~ *about s.t.* iets aanpak, met iets begin,
aanstalte(s) maak met iets; ~ *s.t. against* ... iets teenoor ...
plaas; ~ *s.o. against* ... iem. teen ... opstook; ~ *o.s. against*
... jou teen ... verset, weerstand aan/teen ... bied, teen ... ge=
kant wees; ~ *s.t. apart* iets apart hou, iets afsonder; iets op=
sy sit, iets reserveer; *s.t. ~s s.o. apart from* ... iets onderskei
iem. van ...; ~ *s.t. aside* iets opsy sit, iets bêre; iets herroep/
vernietig/ophef/verwerp, iets nietig verklaar *('n uitspraak,*
*vonnis, ens.);* iets buite beskouing laat; ~ *aside a time for* ...
'n tyd vir ... uithou; ~ *s.t. back* iets terugsit; iets agteruitsit;
iets vertraag; *(druk.)* iets (laat) inspring; *s.t.* ~ *s.o. back R500,*

*(infml.)* iets het iem. R500 gekos *(of* uit die sak [uit] geja[ag]); ~ *s.o./s.t.* **beside** ... iem./iets met ... vergelyk; ~ *s.t.* **down** iets neersit; iets neerskryf/neerskrywe/opteken; ~ *s.o.* **down** iem. neersit; iem. aflaai, iem. laat afklim; *a case is* ~ **down** *for a certain day* 'n saak sal op 'n bepaalde dag dien; ~ *a case* **down** *for hearing* 'n saak op die rol plaas; ~ *s.t.* **down to** ... iets aan ... toeskryf/toeskrywe; iets op rekening van ... sit; ~ **forth** vertrek, op reis gaan, 'n reis begin; ~ *s.t.* **forth** iets bekend/openbaar maak; iets uiteensit, 'n uiteensetting van iets gee; ~ *s.t.* **going** iets aan die gang sit/maak; iets op dreef bring; *s.t.* ~*s in* iets begin; *it* ~*s in to rain/etc.* dit begin (te) reën/ ens.; ~ *s.t.* **in** *gold/etc.* iets in goud/ens. set/monteer; ~ *s.o.* **laughing/talking/etc.** iem. aan die lag/praat/ens. kry/maak/ sit; ~ *off* vertrek, op reis gaan, 'n reis begin; ~ *s.t.* *off* iets aan die gang sit/maak; iets laat ontplof *('n bom, myn, ens.); s.t.* ~*s* *off* ..., *(ook)* iets versier ... *('n kledingstuk ens.);* iets laat ... uitkom *(d. kleur ens.);* ~ *s.o.* *off* iem. aan die praat/lag maak; ~ *off* *s.t. to advantage* iets goed laat uitkom/vertoon; ~ *off* *s.t. against* ... iets teenoor ... stel; iets teen ... laat opweeg; iets teen ... in rekening bring; iets teen ... verreken *('n bedrag ens.);* ~ *s.t.* **on** ... iets op ... plaas/sit; ~ ... **on/upon** *s.o.* ... op iem. loslaat *('n hond ens.);* ~ *out* vertrek, op reis gaan; begin; ~ *s.t.* **out** iets uitsit; iets uiteensit; iets uitlê; iets afmerk/ afpen/afsteek; iets uitplant/verplant; iets ten toon stel; iets aanwys, iets gereed sit *(werk ens.);* ~ *s.o.* **right** iem. reghelp/ korrigeer; ~ *s.t.* **right** iets reg stel; iets korrigeer; iets in orde bring; iets opknap; iets herstel/regmaak/verhelp; ~ *s.t.* *to* **rights** iets reg stel; iets in orde bring; ~ *one's* **teeth** op jou tande byt *(om nie jou geduld te verloor nie ens.);* ~ *to* begin, iets aanpak; ~ *up as a* ... 'n ... begin *(slagtery ens.);* ~ ... begin praktiseer *(tandarts ens.);* ~ *o.s.* **up** *as a* ... jou vir 'n ... uitgee, jou as 'n ... voordoen; ~ *up on one's own* 'n eie saak/ huishouding begin; ~ *up in business* 'n saak begin; ~ *s.o.* **up** iem. weer op die been bring *(infml.)* vir iem. 'n strik/(lok)val stel; ~ *s.t.* **up** iets begin/oprig/stig/open, iets op die been bring *('n organisasie, skool, ens.);* iets opstel *('n kamera, rekord, ens.);* iets instel; iets monteer; iets stel *('n masjien);* iets aanhef *('n geskree[u] ens.);* iets opsit *('n keel, gesanik, ens.);* iets opwerp *('n verdediging ens.); (jur.)* iets aanvoer *('n verweer);* iets uitlok/veroorsaak *('n reaksie);* ~ *upon s.o.* iem. aanval/ aanrand; ~ *s.t.* **upright** iets regop laat staan, iets staanmaak. ~**back** *n.* teenslag, terugslag, klap, knak, knou; *(med.)* insinking; *(argit.)* inspringing; perspektief *(op 'n toneel);* **suffer** *a* ~ 'n terugslag/teenslag kry; *a* ~ *to* ... 'n terugslag/teenslag vir ... ~**down** *n.* teregwysing, skrobbering; afjak, bitsige antwoord; plasing. ~ **hammer** sethamer. ~**off** *n.* kontras, teen= teëstelling; kompensasie, vergoeding; teenwig, teëwig; teen= eis; verrekening, skuldvergelyking; versnyding *(v. 'n muur).* ~**out** *n.* begin, aanvang; vertoning; uitrusting. ~**to** *n., (infml.)* bakleiery, geveg; rusie, twis, woordestryd. ~**up** *n.* in= stelling; situasie; stelsel; opset; bestel, ordening, reëling, be= deling; *political* ~ staatsbestel.

**set²** *n.* setting; stel; servies; groep, klompie, reeks, span; kliek, kring; plantjie, steggie; ondergang *(v.d. son);* rigting, neiging; gestemdheid, gereedheid; houding; plasing; ligging; snit *(v. klere); (tennis)* stel; broeisel; spel *(skaakstukke);* installasie, toestel; *(ook, i.d. mv., teat.)* dekor, toneelskikking; *make a* **dead** ~ *at s.o.* hard probeer om in iem. se guns te kom; 'n hewige aanval op/teen iem. rig, op iem. toeslaan; *things are at a* **dead** ~ alles sit vas; *a* ~ *of lectures* 'n reeks lesings; *a* **stage** ~ dekor, toneelskikking; *win in* **straight** ~*s, (tennis)* in skoon/opeenvolgende stelle wen; *a* ~ *of teeth* 'n stel tande, gebit. ~ **point** *(tennis)* stelpunt. ~ **theory** *(wisk.)* versame= lingsleer.

**set³** *adj.* vas, bepaal(d), gereeld, vasgestel(d); onbeweeglik; verstrak; gereed; *be (dead)* ~ *against* ... (heeltemal/sterk/ vierkant) teen ... gekant wees; *be all* ~ (slag)gereed wees, oorgehaal wees, kant en klaar wees; *a* ~ *book* 'n voorgeskrewe boek/werk; *a* ~ *face* 'n strak gesig; *be all* ~ *for the journey* reisvaardig wees; *get* ~ in gereedheid kom; *get* ~*!* gereed!;

*get* ~ *for* ... jou vir ... gereed maak; *s.t. is* **hard** ~ iets is hard/ vas; *the house is* ~ *in an acre* die huis staan op 'n acre; *a* ~ **idea** 'n vooropgesette mening; ~ **increases,** *(ekon.)* perio= dieke verhogings; *a* ~ **menu** 'n vaste spyskaart; *be (dead)* ~ *on an idea* vasbeslote wees; *a* ~ **purpose** 'n bepaalde/vaste doel; *of* ~ **purpose** opsetlik, met voorbedagte rade; *at* ~ **times** op gesette tye; *be (all)* ~ **to do** *s.t.* gereed wees om iets te doen; oorgehaal wees om iets te doen; *have* ~ (or *be* ~ *in one's)* **ways** vaste gewoontes hê, 'n gewoontemens wees. ~ **phrase** geykte/vaste uitdrukking. ~ **piece** toonstuk; stelstuk. ~ **scrum** *(rugby)* vaste skrum. ~ **square** *(geom.)* tekendrie= hoek.

**Se·tswa·na** *(SA taal)* Tswana, Setswana.

**set·tee** rus=, sit=, leuningbank.

**set·ter** *(honderas)* setter; steller; versteller; setter; lokvoël; spioen.

**set·ting** setting; stelling; raam, omlysting, montuur, mon= tering; omgewing, agtergrond; broeisel; toonsetting; stol= ling, verstywing; verharding; binding; ondergaan *(v.d. son, maan);* vrugvorming; ~ **aside** nietigverklaring, ongeldigver= klaring; ~ **lotion** setmiddel, (haar)kartelmiddel; ~ **out** ver= trek; uitsetting; (die) uitlê; *(stage)* ~ (toneel)skikking, de= kor; ~ **time** verhardingstyd; ~ **up** oprigting.

**set·tle¹** *n.* leuningbank, sofa, rusbank.

**set·tle²** *ww.* vestig, plaas; jou vestig, gaan woon; koloniseer *('n land);* tot bedaring/stilstand kom; tot rus/bedaring bring; afspreek, bepaal, vasstel *('n datum vir 'n geleentheid ens.);* af= handel; reël, in orde bring *(sake);* regmaak, vereffen; gaan sit; *(modder ens.)* afsak; besink; helder word; vassak; versak; ~ *one's* **account** *with s.o.* jou rekening by iem. betaal/ver= effen; *(fig.)* met iem. afreken; ~ *s.t.* **amicably** iets in der min= ne skik; ~ **back** agteroor leun; ~ *a case out of* **court** 'n saak buite die hof skik; ~ **down** rustig gaan sit; jou vestig; tot rus/stilstand kom; bedaar; ~ **down** *to a meal* aan tafel gaan sit, aansit vir ete; *let s.t.* ~ **down** iets laat bedaar *(d. opwinding ens.);* ~ **down** *to work* aan die werk kom; ~ **down!** kom tot rus!; ~ *for s.t.* iets aanvaar, met iets genoeë neem; ~ **in** jou vestig; gevestig raak; intrek; jou inrig, jou tuismaak *(of tuis maak);* ~ **in** *Durban/etc.* jou in Durban/ens. vestig, in Dur= ban/ens. gaan woon; *that* ~*s it* (or *the* **matter)** daarmee is die saak opgelos, dit gee die deurslag; ~ **on** *s.t.* iets kies, tot/ op iets besluit; *('n vlieg, voël, ens.)* op iets gaan sit; ~ *(up)* **with** *s.o.* iem. betaal; ~ **with** *s.o. in* ... saam met iem. in/op ... nes= skop *(of* huis opsit); ~ **with** *s.o. on s.t.* met iem. oor iets skik *(of* 'n ooreenkoms aangaan/bereik). **set·tled** gevestig; vas= gestel; gereeld; bestendig; betaal(d); afgespreke, afgehandel; ingetrek, ingerig *(in 'n nuwe huis); get* ~ jou vestig; *well then, that's* ~ dit is dan afgespreek/afgesproke. **set·tle·ment** skik= king, reëling; plasing, vestiging; volksplanting, nedersetting, kolonie; kolonisasie; gehug, klein dorpie; (die) vassak, ver= sakking *(v. grond);* besinking; *(jur.)* oormaking, oordrag; be= making; skikking, beslegting, akkoord; verrekening, kwyting, uitbetaling, afrekening *(v. skuld ens.); in* ~ *of* ... ter vereffening van ... *(skuld ens.).* **set·tler** setlaar, nedersetter, volksplanter, kolonis, pionier, immigrant, intrekker; besinkbak; *(fig.)* dood= hou, doodsê.

**sev·en** sewe; →EIGHT; ~ *of hearts* harte-sewe, hartenssewe; ~ *hours* sewe uur; ~ *o'clock* seweuur, sewe-uur; *the* S~ **Wonders** *of the World* die sewe wonders van die wêreld. ~**branched candlestick** sewearmige kandelaar. ~**day** *adj. (attr.)* sewedaags. ~**fold** sewevoudig. S~ **Sisters:** *the* ~ ~, *(astron.)* die Sewegesternte/Sewester *(of* Sewe Susters); → PLEIADES. ~**year itch** *(infml., med.)* help-my-krap, lekker= jeuk; →SCABIES; *(infml.)* huwelikskriewels (ná sewe jaar van getroude lewe). ~**year-old** *n.* sewejarige. ~**year-old** *adj. (attr.)* sewejarig, sewe jaar oud. S~ **Years' War** *(wêreldwye stryd i.d. 18ᵈᵉ eeu)* Sewejarige Oorlog.

**sev·en·teen** sewentien; *be sweet* ~ 'n nooientjie van sewen= tien wees.

**sev·en·teenth, sev·en·teenth** sewentiende; →EIGH=
TEENTH; *the ~ century* die sewentiende eeu. **~-century** *adj.*
sewentiende-eeus.

**sev·enth** *n.* sewende; *(mus.)* septiem. **sev·enth** *adj.* se=
wende; →EIGHTH. **S~ Avenue** Sewende Laan, Sewendelaan.
**S~-day Adventist** *(lid v. 'n Prot. sekte)* Sewendedag-
Adventis, Sabbatariër. **sev·enth·ly** in die sewende plek/
plaas, ten sewende.

**sev·en·ti·eth** sewentigste.

**sev·en·ty** sewentig; →EIGHTY; *be in one's seventies* in die
sewentig *(of jou sewentigerjare/sewentigs)* wees; *it happened
in the seventies/Seventies* dit het in die sewentigerjare/sewen=
tigs *(of die jare sewentig)* gebeur. **~-four** vier-en-sewentig;
*(igt.)* vier-en-sewentig, streepvis.

**sev·er** skei; verbreek, afbreek; afskeur, afkap, afsny; *~ o.s.
from ...* jou van ... afskei *(d. kerk ens.)*; *~ relations* die
betrekkinge afbreek/verbreek. **sev·er·a·ble** skei(d)baar.

**sev·er·al** verskeie, etlike, menige; onderskeie, afsonderlik;
*(jur.)* hoofdelik; *~ others* verskeie *(of 'n hele paar)* ander;
*they went their ~ ways* elkeen het sy eie pad gegaan. **sev·er-
al·ly** (elkeen) afsonderlik, elkeen op sigself; onderskeidelik.

**sev·er·ance** afsnyding; (af)skeiding, skeuring. *~ package*
skeidings-, diensbeëindigingspakket. *~ pay* skeidingsalaris,
-vergoeding.

**se·vere** straf, hard, swaar, ernstig, skerp; wreed; kwaai; ge=
dug; strak; *~ competition* skerp mededinging/wedywer; *~
loss* swaar verlies; *~ remarks* skerp aanmerkings; *~ treat-
ment* strenge/harde behandeling; *~ winter* strawwe winter.
**se·vere·ly** straf, hard, swaar, ernstig; wreed; kwaai; strak.
**se·ver·i·ty** strengheid, hardheid; hewigheid; felheid; erns.

**Se·ville** Sevilla. *~ orange* bitterlemoen. **Se·vil·li·an** *n.* Se=
villiaan. **Se·vil·li·an** *adj.* Sevilliaans.

**Sè·vres** *(Fr.)* sèvres(porselein).

**sew** *sewed sewn/sewed* naai, naaldwerk/naaiwerk doen, met
die naald werk; *~ down s.t.* iets vaswerk; *s.t. is ~n in* iets is
ingenaai(d) *('n boek ens.)*; *~ s.t. on* iets aanwerk/vaswerk/
aannaai/aansit *('n knoop ens.)*; *~ together s.t.* iets aanmekaar=
werk; *~ s.t. up* iets toewerk; *(infml.)* iets geheel en al oplos;
iets beklink *('n benoeming ens.)*; *have s.t. (all) ~n up, (infml.)*
volkome beheer oor iets hê; iets in kanne en kruike hê.

**sew·age** rioolvuil, -vullis; →SEWERAGE. *~ disposal* rioolver=
wydering. *~ farm* →SEWAGE WORKS. *~ system* rioleringstelsel.
*~ treatment plant* rioolsuiwerings-, rioolbehandelingswer=
ke, -aanleg. *~ water* rioolwater. *~ works, ~ farm* rioolwerke,
-plaas, -aanleg.

**sew·er**[1] naaldwerker, -werkster.

**sew·er**[2] straat-, vuilriool. *~ pipe* rioolpyp. *~ rat* rioolrot.

**sew·er·age** riolering. *~ system* rioolstelsel.

**sew·ing** naaldwerk, naaiwerk. *~ cotton* (naai)garing, -gare.
*~ kit* naaldwerkstel. *~ machine* naaimasjien.

**sewn** genaai(d); →SEW.

**sex** *n.* geslag; geslagtelikheid; seks, (geslags)omgang, -gemeen=
skap; seks, erotiek, geslagslewe; *the fair/gentle ~* die skone
geslag; *have ~ with s.o., (infml.)* seks met iem. hê, met iem.
bed toe gaan; *safe ~* veilige seks. **sex** *ww.* seks, die geslag
bepaal; *be highly ~ed* 'n sterk seksdrang hê, seksbehep wees.
*~ act* seks-, geslagsdaad. *~ appeal* seksuele aantreklikheid,
geslagsattraksie. *~ bomb (infml.)* seksbom. *~ change* ge=
slagsverandering. *~ chromosome* geslagschromosoom. *~
drive* seks-, geslagsdrang, -drif, libido. *~ hormone* geslags=
hormoon. *~ kitten (infml.)* sekskatjie. *~ life* sekslewe, sek=
suele lewe. *~ maniac* seksmaniak, erotomaan. *~ object* seks=
objek, -voorwerp. *~ offender* seksmisdadiger, -oortreder. *~
pervert* geslagtelik afwykende/verdorwene. **~pot** *(infml.)* seks=
pot. *~ shop* sekswinkel. *~ symbol* sekssimbool. *~ tourism*
sekstoerisme. *~ worker (euf.: prostituut)* sekswerker.

**sex·a·ge·nar·i·an** *n.* sestigjarige, sestiger. **sex·a·ge·nar·
i·an** *adj.* sestigjarig.

**sex·a·ges·i·mal** sestigtallig.

**sex·an·gu·lar** seshoekig.

**sex·ca·pade** *(infml.)* sekskapade.

**sex·cen·te·nar·y** *n.* sesde eeufees, seseeue-fees. **sex·cen=
te·nar·y** *adj.* seshonderdjarig.

**sex·en·ni·al** sesjaarliks; sesjarig.

**sex·er** geslagbepaler, sekser.

**sex·i·ly, sex·i·ness** →SEXY.

**sex·ing** geslagbepaling.

**sex·ism** seksisme. **sex·ist** *n.* seksis. **sex·ist** *adj.* seksisties.

**sex·less** geslag(s)loos. **sex·less·ness** geslagloosheid.

**sex·ol·o·gy** seks(u)ologie. **sex·o·log·i·cal** seks(u)ologies.
**sex·ol·o·gist** seks(u)oloog.

**sex·pert** *(infml.)* seksghoeroe.

**sex·ploit** *ww., (infml.)* seksueel uitbuit. **sex·ploi·ta·tion** (kom=
mersiële) seksuele uitbuiting, seksuitbuiting.

**sex·tant** *(nav., landm.)* sekstant.

**sex·tet(te)** *(mus.)* sekstet; *(alg.)* sestal.

**sex·ton** koster; doodgrawer. *~ beetle* miskruier, doodgrawer.

**sex·tu·ple** *n.* sesvoud. **sex·tu·ple** *adj.* sesvoudig. **sex=
tu·ple** *ww.* versesvoudig. **sex·tup·let** sestal; (een van 'n)
sesling; *(i.d. mv.)* sesling(e).

**sex·u·al** *adj.* seksueel, geslagtelik, geslags-; *~ act* parings-,
geslagsdaad; *~ passion* geslagsdrif. *~ desire* geslagsdrang,
libido. *~ discrimination* geslagsdiskriminasie, seksuele dis=
kriminasie. *~ harassment* seksuele teistering. *~ intercourse*
geslagsomgang, -gemeenskap, -verkeer. *~ perversion* sek=
suele perversie, geslagsafwyking. *~ reproduction (biol.)* ge=
slagtelike voortplanting. *~ selection (soöl.)* teeltkeuse.

**sex·u·al·i·ty** seksualiteit, geslagtelikheid, die geslagslewe.

**sex·u·al·ly** *adv.* seksueel; *~ mature* geslagsryp. *~ transmitted
disease (afk.:* STD) seksueel oordraagbare siekte *(afk.:* SOS).

**sex·y** *-ier -iest, adj.,* **sex·i·ly** *adv., (infml.)* sexy, sensueel,
eroties, begeerlik, prikkelend. **sex·i·ness** sensualiteit, verlei=
delikheid.

**Sey·chelles** Seychelle(-eilande).

**sfor·zan·do, sfor·za·to** *(It., mus)* sforzando, sforzato, ge=
forseer(d), met skielike nadruk.

**sfu·ma·to** *(It., kuns)* sfumato(tegniek).

**sgraf·fi·to** *(It.)* sgraffito(tegniek).

**sh** *tw.* sjt!, sjuut!, st!.

**shab·by** armoedig, verslete, armsalig; laag, gemeen, verag=
telik; *play s.o. a ~ trick* iem. gemeen behandel. **shab·bi·ness**
versletenheid, skamelheid; gemeenheid.

**shack** *n.* pondok, krot, hut(jie); houthuisie. **shack** *ww.: ~
up somewhere, (infml.)* êrens 'n lêplek vind; *~ up together,
(infml.)* saamwoon sonder om te trou. **~land** *(infml.)* plak=
kersgebied, -buurt(e); →INFORMAL SETTLEMENT.

**shack·le** *n.* boei; koppeling; penskakel; *(mot.)* skommel *(v.
vere); (teg.)* harp *(v. 'n ketting); (ook, i.d. mv., fig.)* hindernis(se),
belemmering(e), beperking(e). **shack·le** *ww.* boei; koppel;
aaneenskakel, aanmekaar skakel; belemmer, beperk; *be ~d
with s.t.* met iets opgesaal sit/wees. *~ bolt* harpbout.

**shad** *(SA, igt.)* elf; →ELF(T).

**shad·dock** pampelmoes, pompelmoes; →POMELO.

**shade** *n.* skadu(wee); koelte; tint, nuanse, kleur(skakering);
skerm, kap; ligskerm; rapsie, ietsie, tikkie; *(ook, i.d. mv., infml.)*
donkerbril; *a ~ better* effens *(of* 'n ietsie) beter; *~s of blue/
green/etc.* skakerings van blou/groen/*ens.*; *cast/put/throw
... in(to) the ~, (infml.)* ... in die skadu(wee) stel, ... ver/vêr
oortref; *~ of colour* kleurskakering; *in the ~* in die skadu=
(wee); *~s of meaning* betekenisverskille, (betekenis)nuanses;
*sit in the ~* in die koelte sit. **shade** *ww.* beskadu, oorskadu;
beskerm, beskut, bedek; versomber; skakeer; nuanseer; ar=
seer *('n tekening); donker kleur, verdonker; *~ one's eyes with
your hand* jou hand oor jou oë hou; *~ an opponent* 'n teen=/

teëstander in die skaduwee stel. **shade·less** skaduloos. **shad·i·ness** skadurykheid; dubbelsinnigheid, verdagtheid. **shad·ing** beskaduwing; bedekking; skakering; arsering. **shad·y** lommerryk, skaduryk; beskadu; duister, twyfelagtig; *a ~ character* 'n verdagte vent; *~ side* skadu(wee)kant; *on the ~ side of forty* aan die verkeerde kant van veertig; *~ spot* koelte.

**sha·doof** *(Eg.)* water=, skepwiel.

**shad·ow** *n.* skadu(wee); skadubeeld; afbeeldsel; nabootsing; *(fig.)* skadu, somberheid, bedruktheid; *(fig.)* onbekendheid, obskuriteit; oorblyfsel; aanduiding, bewys, spoor; naloper; agtervolger; *be afraid* of one's own *~* vir koue pampoen *(of jou eie skadu[wee])* skrik; *cast a ~ on/upon s.t., (lett. & fig.)* 'n skadu(wee) op/oor iets gooi/werp; *the ~ of death* die doodskadu(wee); *beyond/without the ~ of a* (or *without a ~ of) doubt* sonder die minste twyfel; *~s under the eyes* kringe onder die oë; *be in ~* in die skadu(wee) wees; *be a ~ of one's former self* erg afgetakel(d) wees, 'n skim/skadu(wee) wees van wat jy was; *be s.o.'s ~* iem. soos sy/haar skadu(wee) volg; *a ~ of truth* 'n sweem van waarheid. **shad·ow** *ww.* oor= skadu, beskadu; dophou, op die voet *(of stilletjies)* volg, in die oog hou. *~-boxing* skynboks; skyngeveg. *~ economy* skadu-ekonomie, grys ekonomie. *~graph* skadubeeld; röntgenfoto; skimmespel. *~ pantomime, ~ play, ~ show (teat.)* skimmespel. *~ price (ekon.)* skynprys, fiktiewe prys. *~ work (borduurwerk)* skaduwerk.

**shad·ow·er** volger.

**shad·ow·y** skadu(wee)agtig, skaduryk; vaag, hersenskim= mig, onwerklik.

**shad·y** →SHADE.

**shaft** *n.* steel, stok *(v. 'n graaf ens.); (orn.)* pen, skag, rib *(v. 'n veer); (anat.)* beenpyp; *(argit.)* suil, pilaar, kolom; spies, pyl; *(meg.)* as; disselboom; lig=, bliksemstraal; *(fig.)* gevatte/sne= dige/kwetsende opmerking; *(plat:penis)* piel; *(myn)*skag, myn= put; hyserskag; skoorsteen *(op 'n dak); put down* (or *sink) a ~* 'n skag grawe/sink. **shaft** *ww.: ~ s.o., (Am., infml.)* iem. druk/knel *(of* laat les opsê); iem. bedrieg; *(plat, 'n man)* iem. naai. *~ digger, ~ sinker* skaggrawer. *~ wall* skagwand.

**shaft·ing** asleiding; skagbekleding. *~ lathe* as(se)draaibank.

**shag¹** *n.* ruie hare, boskasie; struikgewas; pluis; →SHAGGY. *~ carpet, ~ rug* langhaarmat. *~ tobacco* kerftabak.

**shag²** *n., (Br., plat)* knippie, knypie, gekafoefel; *get/have a ~* kafoefel, 'n knippie/knypie vang/vat. **shag** *ww., (Br., plat)* 'n knippie/knypie gee, pomp, stoot, kafoefel met; *be ~ged (out)* pootuit/pê/doodmoeg/gedaan wees.

**shag·gi·ness** harigheid; ruigheid.

**shag·gy** wollerig, wolhaar=; ruig(harig). *~-dog story* wol= haarstorie.

**sha·green** sagryn(leer).

**shah** *(<Pers., hist.: koning)* sjah.

**Sha·ka, Cha·ka** *(SA gesk., 1787-1828)* Tsjaka, Shaka.

**shake** *n.* skok, ruk, skudding; bewing, rilling, trilling; (hand)= druk; *(infml.)* melkskommel; →MILKSHAKE; *(mus.)* triller; skeur, bars *(in hout);* kloofdakspaan; *get the ~s, (infml.)* die bewerasie kry; *give s.t. a ~* iets (uit)skud; *give s.o. the ~s, (infml.)* iem. die bewerasie gee; *... is no great ~s, (infml.) ...* is nie (te) watwonders/waffers nie; *the ~s, (infml.)* kouekoors; bewerasie, ritteltit; *in two ~s (of a duck's/lamb's tail), (infml.)* in 'n kits/japtrap, sommer gou-gou. **shake** *shook shaken, ww.* skud; ruk, skok, verbaas, verstom; uitskud; wankel, skommel; bewe, rittel, bibber; laat tril/wankel; aantas; ver= swak; *~ down (into ...)* aanpas (by ...), tuis raak (met/in ...); *~ s.t. down* iets afskud; iets uitsprei; *~ s.o. down, (infml., hoofs. Am.)* iem. afpers; *~ like a leaf* beef/bewe soos 'n riet; *~ s.o./s.t. off* iem./iets afskud; van iem./iets ontslae raak *('n verkoue ens.); ~ (hands) on s.t.* iets met 'n handdruk beklink; *~ s.t. out* iets uitskud; iets regskud; *~ s.t. up* iets deurme= kaarskud, iets opskud; iets opskommel; iets regruk, iets ra=

dikaal verander; *~ s.o. up* iem. wakker skud, vuur maak onder iem.; *s.t. ~s s.o. (up)* iets ontstel/skok/verbaas/verstom iem.; *~ with ...* bewe/bibber/rittel van ... *(d. koue, angs, ens.).* *~down (infml.)* radikale verandering, herstrukturering; visentering; proeflopie *(v. 'n nuwe produk/model).* *~-out* uit= skudding; regskudding; peildaling *(o.d. beurs).* *~-up (infml.)* wakkerskudding.

**shak·en** geskok, ontdaan; geskud; *badly ~* baie ontdaan.

**shak·er** skudder; skudgeut; *the S~s, (Am. Chr. sekte)* die Shakers.

**Shake·spear·e·an, Shake·spear·i·an** *n.* Shakespeare= kenner. **Shake·spear·e·an, Shake·spear·i·an** *adj.* Shakespeariaans.

**shak·o** *=os, (mil. hoofdeksel)* sjako.

**shak·y** onvas, wankel(end), wankelrig; wikkelrig; onbetrou= baar; bewerig; swak, onseker, wrak, lendelam; geskeur, ge= bars, gekraak *(hout); feel ~* bewerig voel; *a ~ house* 'n bou= vallige huis; *s.o. looks ~* iem. sien daar vaal/sleg uit. **shak·i·ly** onvas, onseker, bewerig. **shak·i·ness** bewerigheid.

**shale** leiaarde, skalie. *~ oil* lei(klip)olie, skalie-olie. **shal·y** skalieagtig, lei(klip)agtig.

**shall** *should* sal; moet; mag; *no one ~ cast two votes* niemand mag twee stemme uitbring nie; *the committee ~ consist of five members* die bestuur bestaan uit vyf lede; *I ~ do it* ek sal dit doen; *thou shalt* (or *you ~) not steal, (AV/NIV), (Ex. 20:15)* jy mag nie steel nie *(OAB/NAB); we ~ win* ons gaan wen.

**shal·lot** *(kookk., bot.)* salot.

**shal·low** *n. (gew. i.d. mv.)* vlak water/plek. **shal·low** *adj.* vlak; oppervlakkig; *become ~* vlak word; vervlak; *~ breath= ing* flou(e) asemhaling; *~ frying* vlakvetbraai. **shal·low** *ww.* vlak word. *~-brained, ~-minded, ~-witted* onnosel, dom. *~-lying backs (rugby)* vlak staande agterlyn, agterlyn wat vlak staan *(of* min beweegruimte laat). **shal·low·ness** vlakheid; oppervlakkigheid; ondeurdagtheid.

**sha·lom** *tw., (<Hebr.: vrede)* sjalo(o)m!.

**sham** *n.* bedrog, foppery; voorwendsel, aanstellery, skyn. **sham** *adj.* vals, nagemaak, kastig, voorgewend, geveins, oneg; *~ attack* skynaanval; *~ door* blinde deur; *~ fight* skyn=, spieëlgeveg. **sham** *-mm-, ww.* voorgee, veins, jou aanstel (as), jou uitgee vir; maak asof; fop, bedrieg; *~ illness* jou siek hou, maak of jy siek is; *s.o. is only ~ming* iem. hou hom/haar maar so. **sham·mer** aansteller, bedrieër, fopper; veinsaard. **sham·ming** veinsing.

**sha·man** *-mans* sjamaan. **sha·man·ic** sjamaans. **sha·man= ism** sjamanisme. **sha·man·ist** *n.* sjamanis. **sha·man·ist, sha= man·is·tic** *adj.* sjamanisties.

**sham·a·teur** *(neerh.)* pseudo-amateur.

**sham·ble** *n.* slofgang, geslof. **sham·ble** *ww.* sleepvoet loop, skuifel, slof; *~ off* wegwaggel. **sham·bling** *n.* slofgang, ge= slof. **sham·bling** *adj.* waggelend, sloffend, sleepvoet; *~ gait* slofgang(etjie), waggelende gang.

**sham·bles** *n. (mv., fungeer as ekv.), (infml.)* warboel, gemors; verwoesting; *a (complete) ~* 'n volslae warboel; *s.t. is in a ~, ('n kamer ens.)* iets in (die uiterste) wanorde; *make a ~ of s.t.* 'n gemors van iets maak.

**sham·bol·ic** *adj., (infml.)* chaoties, deurmekaar; wanordelik, onordelik; ongeorden(d), ordeloos; ongedissiplineer(d); on= versorg, verwaarloos.

**shame** *n.* skaamte; skande, oneer; skandaal; *it is a ~* dit is 'n skande; dit is gemeen; dit is (baie/bitter) jammer; *full of angry ~* skaamkwaad; *bring ... to ~, bring ~ (up)on ... ...* in die skande steek, ... tot skande strek; *a crying/downright ~* 'n skreiende skande; *be devoid of* (or *lost to* or *without) ~, have no ~* skaamteloos *(of* sonder skaamte) wees; *die of ~* jou (mors)doodskaam; *feel no ~ for one's actions* nie skaam oor jou optrede wees nie; *be flushed with ~* skaamrooi wees; *~ (on you)!* skaam jou!, jy behoort jou te skaam!; sies!; *a* *mortal* ~ 'n ewige skande; *have **no** ~, be lost to* ~ →*devoid; the* ~ *of it!* wat 'n skande!; *put s.o. to* ~ iem. in die skande steek; iem. tot skande strek; *through* ~ uit skaamte; *be a* ~ *to* ... 'n skande vir ... wees; *to s.o.'s* ~ tot iem. se skande; *what a* ~*!* hoe jammer tog!; wat 'n skande!; *be without* ~ →*devoid*. **shame** *ww.* beskaam(d maak); laat bloos; oneer aan= doen, tot skande strek, in die skande steek; ~ *s.o. into doing s.t.* iem. so beskaam(d) maak dat hy/sy iets doen; *s.t.* ~*s.o.* iets laat iem. beskaamd staan, iets steek iem. in die skande. **shame** *tw., (SA, infml.)* foei/fooi/sies tog! *(ook as een woord geskryf).* **shame·faced** bedees, beskroomd, verleë, bedrem= meld, skamerig; beskaamd. **shame·fac·ed·ly** skamerig, be= dremmeld; beskaamd. **shame·ful** skandelik, skreiend, skro= melik. **shame·ful·ly** met skande, skandelik, skromelik. **shame· ful·ness** skandelikheid. **shame·less** skaamteloos. **shame· less·ly** skaamteloos, sonder skaamte; *lie* ~ onbeskaamd/ skaamteloos lieg. **shame·less·ness** skaamteloosheid. **sham· ing** *adj.* beskamend.

**sham·my (leath·er)** *(infml.)* leerlap, seemsleer; →CHAMOIS LEATHER.

**sham·poo** *n.* sjampoe. **sham·poo** *ww.* sjampoe, met sjam= poe was.

**sham·rock** klawer. ~ **(leaf)** klawerblaar.

**shan·dy** =dies, *(bier met limonade/gemmerbier)* shandy.

**Shan·gaan** *(SA, lid v. 'n volk; taal)* Sjangaan.

**Shang·hai, Shang·hai** *n., (Chin. hæwestad)* Sjanghai. **shang= hai, shang·hai** *ww., (infml.)* (deur lis *of* onder dwang) oor= haal, dwing *(tot).*

**Shan·gri-La** *(fig.)* Shangri-La, (aardse) paradys, utopie.

**shank** *n.* been; skeen, maermerrie; skenkel(vleis); steunpyp; skag; steel, doring, angel *(v. gereedskap);* skag *(v. 'n anker);* stammetjie *(v. 'n knoop); (gh.)* skeen; skeenhou; *long* ~*s* ooie= vaarsbene; *ride* (or go on) *S~s's pony/mare, (infml.: te voet)* met dapper en stapper gaan; ~ *and trotter, (varkvleis)* sken= kel en pootjie. **shank** *ww., (gh.)* 'n skeenhou slaan. ~ **bone** skeenbeen. ~ **end** *(fig.)* agterkant; uitloopsel. **shank·ings** pootjieswol.

**shan't** *(sametr.)* = SHALL NOT.

**shan·tung** *(tekst.)* sjantoeng.

**shan·ty¹** *(matrose)*liedjie.

**shan·ty²** pondok(kie), hut(jie); krot. ~**town** blikkies=, sak=, plakkersdorp; onderdorp.

**shap·a·ble, shape·a·ble** vormbaar, plasties.

**shape** *n.* vorm, fatsoen; formaat; model, patroon; gedaante, gestalte; *in/of **all** ~s and sizes* in/van alle vorms en groottes; *in **any** ~ (or form)* in watter vorm ook al; *be in **bad** ~* in slegte kondisie wees; *give* ~ *to s.t.* (aan) iets vorm gee; *be in **good** ~* perdfris *(of* in goeie kondisie) wees, daar goed uit= sien; *in **human** ~* in die gedaante van 'n mens, in menslike gedaante; *be/keep **in** ~* fiks wees/bly; *get/knock/whip s.o. **into** ~, (infml.)* iem. (weer) op peil bring; iem. (weer) fiks kry; iem. regruk; *get/lick/put/throw s.t. **into** ~* iets in orde bring; iets agtermekaar kry; (aan) iets vorm gee; *a* ~ ***loomed** through the mist* 'n gedaante het uit die mis opgedoem; *in the* ~ *of* ... in die gedaante van ...; *come in the* ~ *of* ... die vorm van ('n) ... aanneem; in die vorm van ('n) ... verkry(g)= baar wees; *show one's gratitude in the* ~ *of* ... jou dankbaarheid toon deur middel van ...; *be **out** of* ~, *(lett.)* uit fatsoen wees; *(fig.)* onfiks wees; *take* ~ vorm aanneem/kry; *the* ~ *of **things** to come* die toekomsbeeld. **shape** *ww.* vorm, maak; fatsoen= gee, fatsoeneer; modelleer; afdraai *(in 'n draaibank);* uitwerk, =dink; inrig, reël; jou vorm/ontwikkel; ~*d **charge,** (mil.)* vormlading; ~*d **edge** gefatsoeneerde rand; ~ *s.t. **into** a* ... 'n ... uit iets vorm; ~*d **like** ... in die vorm van ...; *be* ~*d **like** bells/stars* klok=/stervormig wees; ~ *s.t. **roughly*** iets bosseer; ~*d **steel*** profiel=, vormstaal; *see how **things** ~ die verloop van sake dophou; ~ **up** vorm kry/aanneem; ontwikkel; vor= der; vertoon; ~ *(up) **well*** mooi op stryk kom; veel beloof/ belowe. ~**-retaining** vormvas.

**-shaped** *komb.vorm* =vormig; *L-*~ L-vormig; *pear-*~ peer= vormig.

**shape·less** vormloos, uit fatsoen; wanstaltig, mismaak. **shape·less·ness** vormloosheid; mismaaktheid, wanstaltig= heid.

**shape·ly** mooi/goed gevorm/gebou, welgevorm(d). **shape= li·ness** welgevormdheid.

**shard, sherd** potskerf; eierdop; *(entom.)* vlerkskild.

**share¹** *n.* deel, gedeelte, porsie; aandeel; kwota; *entitled to a* ~ deelgeregtig; *in equal* ~*s* in gelyke dele; *s.o.'s **fair*** ~ iem. se regmatige deel; *get one's* ~ jou deel kry; *give s.o. a* ~ *in s.t.* iem. in iets laat deel; *go* ~*s with s.o.* met iem. deel; *have a* ~ *in s.t.* deel hê in iets; met iets te doen/make hê, tot iets bydra; *have* ~*s in s.t.* aandele in iets hê *('n sakeonderneming); **issue*** ~*s* aandele uitreik; *it is s.o.'s* ~ dit kom iem. toe; *take up* ~*s* aandele neem. **share** *ww.* deel; verdeel; uitdeel; ('n) deel hê in; ~ *and **alike*** gelykop deel; ~ *a **belief*** ~*d* by ... iets wat ... glo; *they* ~ ... ***between** them* hulle verdeel ... tussen hulle; hulle deel ... met/onder mekaar; ~ *a **feeling*** 'n gevoel onder= skryf; jou in iets invoel; ~ *in s.t.* in iets deel *(d. wins ens.),* deelgenoot in/aan iets wees; iets met iem. deel *(d. koste ens.);* iem. met iets help *(d. werk ens.);* an *opinion* ~*d by* ... 'n mening wat ... huldig; ~ *out s.t.* iets uitdeel; ~ *out s.t. among* ... iets onder ... uitdeel; ~*d **responsibility*** gesamentlike ver= antwoordelikheid; ~*d **service** deeldiens; ~ *s.o.'s **view*** iem. se beskouing deel; ~ *a **room** with s.o.* 'n kamer met iem. deel. ~ **certificate** aandeel=, aandelebewys, =sertifikaat. ~**crop** *ww., (hoofs. Am.)* om 'n deel boer/saai. ~**cropper** *(hoofs. Am.)* by= deelsaaier, bywoner. ~**cropping** deelsaaiery, boerdery om 'n deel. ~**holder** aandeelhouer. ~**holding** aandelebesit; aandeel= belang *(v. 'n mpy.);* aandeel *(v. 'n mpy. in 'n ander mpy.).* ~ **index** aandele-indeks. ~ **issue** aandele-uitgifte. ~ **market** aandelemark; →STOCK MARKET. ~ **option** aandele-opsie. ~**ware** *(rek.)* deelware, =programmatuur. ~ **warrant** koop= opsiebewys *(vir aandele).*

**share²** *n.* (ploeg)skaar.

**sha·ri·a(h)** *(Arab.)* sjaria, Islamitiese wet.

**shark¹** *n.* haai; *great white* ~ witdoodshaai; *be infested with* ~*s* vol haaie wees. ~ **diving, cage diving** haai=, hokduik. ~**jaw spanner** haaibek(sleutel). ~ **net** haainet.

**shark²** *n., (infml.)* woekeraar, uitsuier.

**sharp** *n., (mus.)* (noot met 'n) kruis. **sharp** *adj.* skerp, spits, puntig; skerp, intens, brandend *('n smaak, reuk); (fig.)* bitsig, venynig, vlymend *(kritiek ens.); (fig.)* bytend, snydend *(toon, spot; koue, d. wind, ens.);* deurdringend *(klank); (fonet.)* stem= loos; skerpsinnig, slim, vinnig, skrander; geslepe, listig; vin= nig, haastig, snel; *A* ~ *(major/minor), (mus.)* A kruis (majeur/ mineur); *a* ~ ***attack*** 'n hewige aanval; ~ ***dealing** skelmstreek, =stuk; *a* ~ ***lesson*** 'n gevoelige les; *look* ~, *(Am., infml.)* (baie) goed *(of* spiekeries) lyk; *as* ~ *as **needles**, (infml.)* so slim soos die houtjie van die galg; *as* ~ *as a **razor**, (lett.)* vlymskerp; *(fig., infml.)* so slim soos die houtjie van die galg; *a* ~ ***remark*** 'n bitsige/snedige aanmerking; *a* ~ ***retort*** 'n skerp antwoord; *be too* ~ *for s.o.* te slim wees vir iem.; *take a* ~ ***walk*** ('n ent) vinnig gaan stap. **sharp** *adv.* gou; presies; *at ten o'clock* ~ presies om tienuur, om tienuur op die kop; *sing* ~ te hoog sing. ~**-edged** skerp, met 'n skerp kant, skerpsnydend; skerpkantig. ~ **end** *(Br., skerts.)* boeg *(v. 'n skip); (fig.)* voor= punt, spits; *be at the* ~ ~ *of s.t.* aan/op die voorpunt *(of* aan die spits) van iets staan/wees; in die brandpunt van iets staan/ wees; *feel the* ~ ~ *of s.o.'s **tongue*** onder iem. se (skerp) tong deurloop. ~**-eyed** skerpsiende. ~**-featured** met gebeitelde gelaatstrekke. ~**-pointed** puntig, spitspunt=. ~**practice** slim= streke, bedrog, knoeiery, kullery. ~**-shooter** skerpskutter. ~**-sighted** skerp van blik, skerpsiende; *(fig.)* skerpsinnig. ~**-tongued** met die/'n skerp tong, bitsig, venynig. ~**-witted** skerpsinnig; gevat.

**Shar Pei** *(Chin. honderas)* Sjar Pei(-hond).

**sharp·en** skerp maak, slyp; punt; *(fig.)* verskerp, opskerp; toespits. **sharp·en·er** skerpmaker.

**sharp·ish** skerperig, taamlik skerp; taamlik gou/vinnig.

**sharp·ly** skerp; *rise* ~ vinnig/skerp/sterk styg.

**sharp·ness** skerpheid, skerpte, spitsheid; stekeligheid; vinnigheid.

**Shas·ta dai·sy** *-sies* shastamadeliefie.

**shat·ter** verpletter, versplinter, verbrysel, vergruis; *(fig.)* ruïneer, vernietig, verwoes, verydel; in stukke val, aan stukke spat/breek, fyn breek; uitmekaar ja(ag), laat spat; knak, skok; *feel ~ed* geskok voel; *s.o.'s nerves were ~ed* iem. se senuwees was gedaan. **~proof** splintervas.

**shat·ter·ing** vreeslik, verskriklik, ontsettend; skokkend, ontstellend, onthutsend; *a* ~ *blow* 'n ernstige terugslag; *be a* ~ *blow to s.o.'s ego* iem. se ego erg kneus; ~ *effect* verwoestende uitwerking; ~ *experience* traumatiese/verskriklike ondervinding; ~ *news* ontstellende/skokkende/verpletterende nuus.

**shave** *n.* (die) skeer; snytjie, flenter, spaander; skaafmes; *it was a close/narrow* ~ dit was 'n noue ontkoming, *(infml.)* dit was so hittete; *have a* ~ jou (laat) skeer; *he needs a* ~ hy moet hom (laat) skeer. **shave** *shaved shaved/shaven, ww.* skeer; skawe; stryk langs, verbyskram, *=*glip; in repies sny; afstroop; *he is shaving* hy skeer (hom); ~ *s.t. off* iets afskeer *('n baard ens.).*

**shav·en** kaalgeskeer *(kop ens.).* **~-headed** *adj. (attr.)* met die/ 'n kaalgeskeerde kop *(pred.).*

**shav·er** skeerder; skeertoestel.

**shav·ing** *n.* (die) skeer, skeerdery; (hout)krul, skaafkrul, skaafsel; *(i.d. mv.)* afskaafsel, strooisel(s). ~ **brush** skeer*=*, seepkwas. ~ **cream** skeerroom. ~ **foam** skeerskuim. ~ **horse** *(houtw.)* skaafbank. ~ **kit**, ~ **set** skeergerei. ~ **lotion** (na)skeermiddel. ~ **soap** skeerseep.

**Sha·vu·ot, Sha·bu·oth** *(Hebr., Jud.)* Sjavuot, (Joodse) Pink*=*sterfees.

**shawl** *n.* tjalie, *(deftiger)* sjaal. **shawl** *ww.* 'n tjalie/sjaal omhang. ~ **collar** sjaalkraag.

**shawm** *(hist. mus.instr.)* herdersfluit, skalmei.

**she** *n. & pron.* sy; *('n trein, skip, ens.)* hy; *a he or a* ~ 'n hy of 'n sy, 'n seun of 'n dogter.

**she-** *komb.vorm* wyfie*=*, *=*wyfie. **~-ass** esel, donkiemerrie, eselin. **~-bear** beerwyfie, berin. **~-cat** wyfiekat, katwyfie; *(infml., fig.)* kat (van 'n meisiemens), katterige vrou(mens). **~-devil** satanse vrou, satan van 'n vrou; *(fig.)* duiwelin. **~-goat** bokooi. **~-lamb** ooilam. **~-oak** kasuarisboom. **~-wolf** *-wolves* wolvin, wolfwyfie, wyfiewolf.

**she·a-but·ter** galambotter.

**sheaf** *sheaves, n.* gerf; bondel; bos; *sheaves of corn/wheat* koringgerwe, gerwe koring; *a* ~ *of flowers* 'n gerf blomme; *a* ~ *of papers* 'n bondel/hand vol papiere. **sheaf** *ww.* (in gerwe) bind, opbind; →SHEAVE² *ww..*

**shear** *n., (geol.)* skuifskeur; *(fis., meg.)* afskuiwing, skuifwerking; *(i.d. mv., ook* a pair of shears) tuin*=*, skaap*=*, plaat*=*, masjien(skêr); *(i.d. mv.)* knipmasjien; *(i.d. mv.)* katrolbok. **shear** *sheared shorn/sheared, ww.* skeer; (af)knip, *=*sny; kaal maak, pluk; *(teg.)* afskuif; *come back shorn, (fig.)* kaal daarvan afkom; ~ *off s.t.* iets afskeer; ~ *sheep* (skape) skeer; ~ *through* ... deur ... sny. ~ **blade** kniplem. ~ **effect** afskuiwing, skuifwerking. ~ **plane** skuifvlak.

**shear·er** skeerder.

**shear·ing** (die) skeer, skeerdery, skeerwerk; skeersel; knipwerk; *(geol.)* skuifskeuring; *(fis., meg.)* (dwars)afskuiwing, skuifwerking. ~ **force** (af)skuifkrag. ~ **machine** skeermasjien; knipmasjien; plaatskêr. ~ **pen** skeerkraal, *=*hok. ~ **resistance** skuifweerstand. ~ **season** skeertyd. ~ **shed** skeerhuis, *=*skuur. ~ **strain** skuifvervorming. ~ **strength** skuifvastheid. ~ **stress** skuifspanning. ~ **time** skeertyd.

**shear·ling** wissellam, een jaar ou(e)/oud skaap. ~ **(wool)** wissellamwol.

**shear·wa·ter** *(orn.: Puffinus spp.)* pylstormvoël; *sooty* ~, *(P. griseus)* malbaa(r)tjie.

**sheath** *n.* skede; blaar*=*, bladskede; koker; huisie; *(entom.)* (vlerk)skild, dop; *(teg.)* mantel, bekleding, huls, omhulsel; kondoom. ~ **dress** skederok. ~ **knife** skedemes. **~-winged** skildvlerkig.

**sheathe** *ww.* in die skede steek, insteek; beklee, oortrek, omhul; beplaat.

**sheath·ing** bekleding; betimmering; beplating; skutbekleding; bemanteling; omhulling, omhulsel; neusbeslag *(v. 'n vliegtuig);* dubbeling *(v. 'n skip).* ~ **paper** boupapier.

**sheave¹** *n.* katrolwiel, *=*skyf.

**sheave²** *ww.* bind, opbind *(in gerwe);* →SHEAF *n. & ww..*

**She·ba** *(OT)* Skeba; *the queen of* ~ die koningin van Skeba.

**she·bang:** *the whole* ~, *(infml.)* die hele affêre/gedoente; die hele boel/spulletjie.

**she·been** smokkel*=*, sluikkroeg, smokkelhuis, sjebeen, sjebien. ~ **king** *(SA)* sjebien*=*, sjebeenbaas, *=*eienaar. ~ **queen** *(SA)* sjebien*=*, sjebeenbaas, *=*eienares, *=*mamma.

**shed¹** *n.* skuur, afdak; loods; skuthok; werkwinkel, *=*plek. ~ **roof** halfsaaldak, afdak.

**shed²** *shed shed, ww.* stort, vergiet; *(boom ens.)* verloor *(blare ens.);* (ver)sprei, werp; afwerp; laat val *(blare);* uitstraal; ~ *blood* bloed vergiet/stort; ~ *one's clothes* van jou klere ontslae raak, jou klere afstroop/afgooi; ~ *feathers* verveer; ~ *hair* verhaar; ~ *light on s.t.* lig werp *(of* 'n kyk gee) *op iets; the snake ~s its skin* die slang vervel; ~ *tears* trane stort; ~ *teeth* wissel. **shed·der** vergieter; ~ *of blood* bloedvergieter.

**she'd** *(sametr.)* = SHE WOULD/HAD.

**sheen** (lig)glans, skynsel, glinstering. **sheen·y** blinkend, glansend, glinsterend, skynend.

**sheep** *sheep* skaap; *~'s fleece* skaapvag; *a flock of* ~ 'n trop skape, 'n skaaptrop; ~ *and goats, (ook)* kleinvee; *~'s head* skaapkop; *like* ~ soos 'n trop skape; *the lost* ~ die verlore skaap; *two* ~ twee skape; *~'s wool* skaapwol. ~ **breeder** skaapteler. ~ **breeding** skaapteelt. ~ **dip** skaapdip. **~-dog** skaaphond. **~-faced** skaapagtig. **~-farming area/country/region** skaapwêreld. ~ **hook** haakstok, *=*kierie, herderstaf. ~ **lifting** veediefstal. ~ **pen** skaapkraal. ~ **raising** skaapteelt, *=*boerdery. **~-shank** *(sk.)* trompetsteek. **~-shearing** skaapskeerdery. **~-shears** skaapskêr. **~-skin** skaapvel; skaapleer.

**sheep·ish** skaapagtig, skaap*=*; onnosel, dom; verleë, bedremmeld, beteuterd. **sheep·ish·ness** skaapagtigheid; onnoselheid; verleentheid, beteuterdheid.

**sheep·like** skaapagtig; onderdanig, gedwee.

**sheer¹** *n.* giering *(v. 'n skip);* afwyking. **sheer** *ww.* uit die koers raak, gier; laat gier; ~ *away from* ... van ... wegdraai; *(fig.)* van ... wegskram; ~ *off* wegdraai, padgee; van koers verander.

**sheer²** *adj.* louter, puur, suiwer; volstrek, volslae; onvermeng; absoluut; loodreg, regaf, steil; ~ *drop* ononderbroke val; ~ *fabric* deurskynende stof; *by* ~ *force* deur brute krag/geweld; ~ *hose* ragfyn kouse; *it is a* ~ *impossibility* dit is volstrek onmoontlik; ~ *luck* pure geluk; *from* ~ *necessity* deur die nood gedrewe; ~ *nonsense* pure bog, louter(e) onsin; *it is* ~ *propaganda* dis gewoonweg propaganda; *by* ~ *will-power* deur louter(e) wilskrag. **sheer** *adv.* loodreg, regaf; totaal; reëlreg; *torn* ~ *out by the roots* met wortels en al uitgeruk. **sheer·ness** steilte, steilheid.

**sheer·legs** katrolbok, maskraan.

**sheet¹** *n.* laken; (dun) plaat; vlak, oppervlak; vel *(papier);* blad, blaadjie, koerantjie; staat; *between the* ~s in die vere/bed, onder die kombers(e); *change* ~s skoon lakens oortrek, lakens wissel; *a* ~ *of corrugated/galvanised iron* 'n sinkplaat; ~ *of fire* vuursee; ~ *of glass* glasplaat; *the rain is coming down in* ~s dit stort(reën), die reën val in strome; ~ *of iron* ysterplaat; ~ *of snow* sneeulaken; ~ *of water* watervlak, plas/dam water. **sheet** *ww.* in lakens toedraai, met 'n laken bedek; met blik beklee, beslaan; beplaat. ~ **lightning** weer= lig(bundel), weerkaatste weerlig. ~ **metal** plaatmetaal. ~ **music** bladmusiek.

**sheet²** *n., (sk.)* skoot; *with flowing ~s* met volle seile; *be three ~s in the wind, (infml.)* aangeklam/dronk *(of* hoog in die tak= ke) wees, die skoot hoog deur hê. **sheet** *ww.* die seile vas= maak. ~ **anchor** noodanker, pleganker; toeverlaat, behoud. ~ **bend** skootsteek.

**sheet·ed** *(ook)* platig; bandom= *(bees ens.);* ~ **rain** stortreën.

**sheet·ing** lakenlinne, =stof, =goed; beplating, plaatbekleding.

**sheik(h)** *(Arab. stamhoof)* sjeik; *(Moslemleier)* sjeg. **sheik(h)= dom** sjeikdom.

**shei·la** *(Austr., infml.)* meisie, jong vrou.

**shek·el** *(Isr. of hist. Mid.Oos. munt)* sikkel; *(ook, i.d. mv., infml.)* geld, pitte, duite.

**shel·duck** =duck(s) bergeend; *South African* ~ kopereend.

**shelf** *shelves* rak; plank; laag, bank *(v. 'n krans);* sandbank; *(geol.)* plat; vooruitstekende rand; →SHELVE; *buy s.t. off the* ~ iets van die winkelrak koop; *s.t. can be used straight off the* ~ iets is gebruiksgereed; *be on the* ~ vergete wees; afgedank wees; afgeskryf wees; *('n onjongnooi)* op die rak sit. ~ **life** raklewe, =leeftyd; *s.t. has a* ~ *of ... weeks/months/years* iets het 'n raklewe/=leeftyd van ... weke/maande/jaar. ~ **mark** rakmerk. ~ **room** rakruimte, =spasie.

**shell** *n.* skulp; dop, peul, skil; mantel, huls, (om)hulsel; hui= sie *(v. 'n slak);* patroon=, bomdop; bom, granaat; geraamte; romp *(v. 'n gebou);* ligte roeiboot, snelboot; voering *(v. laers);* vertoon, skyn; *come out of one's* ~ uit jou dop/skulp kruip, ontpop; *an empty* ~ 'n leë dop; *go/retire into one's* ~ in jou dop/skulp kruip; *in the* ~ in die dop. **shell** *ww.* (uit)dop; (af)pel; bombardeer, beskiet, kanonneer; ~ *out for s.t., (infml.)* vir iets opdok/betaal. ~ **bit** skulpboor. ~ **case,** ~ **casing,** ~ **cover** bomdop. ~ **company** *(effektebeurs)* dopmaatskappy. ~ **crater** granaattregter, bomkrater. ~ **egg** dopeier, eier in die dop. ~**fire** granaat=, artillerievuur. ~**fish** skulpvis, =dier. ~ **heap,** ~ **mound** *(argeol.)* (primitiewe) afvalhoop. ~ **jacket** *(mil.)* buisbaadjie, *(skerts.)* bobbejaanpakbaadjie. ~ **lime** skulpkalk. ~ **pink** skulproos(kleur). ~ **(program)** *(rek.)* inter= aksieprogram. ~**-shaped** skulpvormig. ~ **shock** bom=, gra= naatskok. ~**-shocked** met granaat=/bomskok. ~ **suit** poliës= terpak. ~**-work** skulpwerk.

**she'll** *(sametr.)* = SHE WILL.

**shel·lac, shel·lac** *n.* skellak, gomlak, vernislak. **shel·lac** =lacked, *ww.* (met skellak) vernis. ~ **cement** laksement.

**shell·er** uitdopper; (af)peller; afmaker; *(maize)* ~ mielie= afmaker.

**shell·ing** bombardering, bombardement, kanonnade, artil= lerievuur; (af)skilfering; (die) afdop, uitdop; *within ~ distance* binne 'n kanonskoot.

**shell-like** skulpagtig.

**shel·ter** *n.* beskutting, beskerming; skuiling, skuilplek, skuil= te, dekking; asiel; toevlug; onderdak; afdak, skerm; *give* ~ *from ... teen ...* beskut, beskutting gee teen ...; *in the* ~ *of ...* onder die beskutting van ...; *make for* ~ skuiling soek; *take* ~ skuiling soek, skuil; *be under* ~ beskut wees, onder dak wees. **shel·ter** *ww.* beskut, beskerm; skuiling gee aan; on= derbring; onder dak bring; ~ *from ... teen/vir ...* skuil *(d. reën ens.);* ~ *s.o./s.t. from ... iem./iets teen ...* beskut; ~*ed housing* beskutte huisvesting; ~ *o.s.* skuil. ~ **belt** *(bosbou)* skerm= gordel. **shel·ter·less** onbeskut, sonder dak.

**shel·tie, shel·ty** =*ties* shetlandponie *(ook S~);* shetland= skaaphond *(ook S~).*

**shelve** op 'n rak plaas; rakke insit; uitstel, op die lang(e) baan skuif; afstel, opsy skuif; in die doofpot stop; skuins afloop, afhel, glooi.

**shelv·ing** *n.* rakke; rakplanke; rakwerk; rakruimte; opsyskui=

wing, uitstel. **shelv·ing** *adj.* skuins, hellend. ~ **board** rak= plank.

**she·moz·zle** *(Jidd., infml.)* herrie, bohaai; deurmekaarspul.

**she·nan·i·gans** *n. (mv.)* kaskenades; spulletjies; kullery.

**She·ol** *(<Hebr.)* Sjeool, die doderyk/onderwêreld; die hel.

**shep·herd** *n.* skaap=, veewagter, herder; *(fig.: geestelike leier)* herder; *the good ~, (NT: Jesus)* die goeie herder. **shep·herd** *ww.* oppas; (ge)lei; ~ *... along ...* aankeer. ~ **boy** skaapwag= tertjie. ~ **dog** skaaphond; *German* ~ ~ Duitse herdershond/ skaaphond.

**shep·herd's:** ~ **crook** herderstaf, herdershaak, haakkierie. ~ **pie** herderspastei. ~ **plaid,** ~ **check** herdersgeruit. ~ **tree** witgat=, deurmekaarboom.

**sher·bet** sorbet, waterys; vrugtedrank. ~ **(powder)** suursui= ker, sorbet.

**sher·iff** *(SA, jur.)* balju; *(Am.)* sheriff; ~'s *sale* baljuveiling, =verkoping; *deputy* ~ onderbalju. **sher·iff·dom, sher·iff·hood, sher·iff·ship** baljuskap.

**Sher·pa** *(lid. v. 'n Himalajavolk)* Sjerpa.

**sher·ry** sjerrie. ~ **glass** sjerrieglas(ie).

**she's** *(sametr.)* = SHE IS, SHE HAS.

**Shet·land** Shetland. ~ **Islands** Shetlandeilande. ~ **lace** *(klos= kant)* shetlandkant *(ook S~).* ~ **pony** shetlandponie *(ook S~).* ~ **sheepdog** shetlandskaaphond *(ook S~),* Skotse herders= hond. ~ **wool** shetlandwol *(ook S~).*

**Shet·land·er** Shetlandeilander; shetlandponie *(ook S~).*

**Shi·a(h), Shi'a** *(tak v. Islam)* Sjia; *(navolger)* Sjiiet; →SHIITE, SHI'ITE *n. & adj..*

**shi·at·su, ac·u·pres·sure** sjiatsoe, vingerdruk=, drukpunt= terapie.

**shib·bo·leth** sjibbolet; wagwoord.

**shield** *n.* skild; wapenskild; skildvel; beskerming, skerm, skut. **shield** *ww.* beskut, beskerm, dek; ~ *s.o.* iem. in be= skerming neem, iem. die hand bo die hoof hou; ~ *s.o./s.t. from ... iem./iets teen ...* beskerm. ~ **bug** skildluis. ~ **volcano** *(geol.)* skildvulkaan.

**shield·ing** beskerming; afskerming.

**shift** *n.* verskuiwing, verandering, (af)wisseling; verplasing, verstelling; verspringing; *(astron.)* verskuiwing; *(ling.)* klank= verskuiwing; *(geol.)* verlegging; *(rek.)* hoofletertoets *(v. 'n toetsbord);* klankverskuiwing; skof, werktyd; ploeg *(werkers);* *(ook:* shift dress) slooprok; *(hist.)* onderrok; *be on day/night* ~ dag=/nagskof werk. **shift** *ww.* beweeg, roer, (ver)skuif, =skui= we, versit, verplaas; verspring, verander; omruil, vervang; vertrek, verkas, verhuis; ~ *down* verder/vêrder (weg)skuif/ (weg)skuiwe; *(mot.)* laer skakel; ~ *fire, (mil.)* die vuur verlê; ~ *for o.s.* self die mas opkom, self sien kom klaar, jou eie potjie krap; ~ *one's* **ground** van standpunt verander; ~ *s.t. off* iets afskuif/afskuiwe *(d. verantwoordelikheid ens.);* ~ *the* **scene** die toneel verander; *the wind ~s* **to** *the east* die wind draai oos; ~ *up* opskuif, opskuiwe, plek maak; *(mot.)* hoër skakel. **shift** *tw.* trap!. ~ **boss,** ~ **foreman** skofbaas. ~ **sys= tem** ploegstelsel. ~**work** skofwerk. ~ **worker** skofwerker.

**shift·er** manteldraaier, onbetroubare persoon; (ver)skuiwer; *(scene-)* ~ (toneel)masjinis.

**shift·ing** *n.* verandering, verskuiwing; verplasing, trek, ver= huising. **shift·ing** *adj.* veranderlik; ~ *cultivation* wissel= bou; ~ *sand* dryf=, stuif=, vlugsand; ~ *(sand-)dune* waai= sandduin; ~ *spanner* skroef=, stel=, skuifsleutel; skroef= hamer.

**shift·less** hulpeloos, onbeholpe, onbekwaam; lui.

**shift·y** *(infml.)* skelm, onvertroubaar, onbetroubaar; ~ *eyes* skelm/onrustige oë.

**shih-tzu** *(Chin. honderas)* sjitsoe.

**shi·i·ta·ke (mush·room)** *(Jap.)* sjiitake(-sampioen), eik= sampioen.

**Shi·ite, Shi'ite** *n., (lid v.d. Sjia-tak v. Islam)* Sjiiet. **Shi·ite, Shi'Ite** *adj.* Sjiïties.

**shik·sa, shik·se** *(Jidd., neerh: niejoodse meisie/vrou)* sjiksa, sjikse.

**shil·ling** sjieling.

**shil·ly-shal·ly** *n., (infml.)* weifeling; weifelagtigheid, beslui= teloosheid. **shil·ly-shal·ly** *ww.* aarsel, weifel, op twee ge= dagtes hink, besluiteloos wees.

**shim** *n.* keil, wig; latoenplaatjie, onderlegplaat(jie), tussen= plaat(jie), stelplaatjie; vulplaatjie *(tuss. spoorstawe).* **shim** =mm=, *ww.* keil.

**shim·mer** *n.* glans, glinstering, skynsel. **shim·mer** *ww.* glinster, glans, glim(mer), skyn.

**shim·my** *n.* dril=, trildans; wielslingering, =waggeling. **shim= my** *ww.* dril=, trildans; slinger, waggel.

**shin** *n.* skeen, *(infml.)* maermerrie; skenkel *(v. 'n dier);* skenkelvleis. **shin** =nn=, *ww.* die skene skop; ~ *down/up s.t.* teen iets af=/opklouter *('n paal, boom, ens.).* ~**bone** skeenbeen. ~ **guard** been=, =skeenskut, =bedekking. ~ **pad** skeenskut. ~ **splints** (mediale) skeenpyn.

**shin·dig, shin·dy** *(infml.)* fuif, partytjie, feestelikheid; bo= haai, herrie, moles.

**shine** *n.* glans, skyn; *give a ~ to* (or *put a ~ on) s.t.* iets blink maak/poets *(of* laat blink); *s.t. has a ~* iets (is) blink; *take the ~ off* (or *out of) s.t.* iets van sy glans beroof; *take a ~ to s.o., (infml.)* baie van iem. begin hou. **shine** shone shone, *ww.* skyn, blink, glinster; uitblink, skitter, pryk; lig; blink maak, waks, poets; ~ *down* neerskyn; ~ *forth s.t.* iets afstraal; ~ *one's lamp in s.o.'s face* met jou lamp in iem. se gesig lig; ~ *out* opval; duidelik na vore kom; *s.t. ~s out of s.o.'s eyes* iets straal uit iem. se oë; ~ *through* deurskyn; duidelik waar= neembaar/sigbaar *(of* te sien) wees; duidelik na vore kom; opval; deurskemer; ~ *with* ... van ... straal *(vreugde ens.);* ~ *with a lantern* met 'n lantern lig. **shin·er** iets blink(s), blin= ker; poleerder, poetser; *(infml.)* blouoog. **shin·i·ness** glans, blinkheid. **shin·ing** *n.* glans, skyn(sel). **shin·ing** *adj.* blink, skitterend, glansend; ligtend; *a ~ example* 'n skitterende/lig= tende voorbeeld; ~ *light, (fig.)* sieraad *(vir jou familie, gemeen= skap, ens.),* ligtende ster; *s.o. is no ~ light* iem. is geen lig *(of* groot gees) nie. **shin·y** glansend, blink, glans=.

**shin·gle**[1] *n.* dakspaan, =plankie; *hang out/up one's ~, (infml.)* jou/'n eie praktyk begin *(as dokter ens.).* **shin·gle** *ww.* met dakspane dek; ~*d roof* spaandak. ~ **roof** spaandak. **shin·gler** (spaan)dekker, dakdekker.

**shin·gle**[2] *n.* ronde klippie(s), spoelklippie(s), spoel=, strand= gruis. **shin·gle** *ww.* met gruis bedek. **shin·gly** vol spoel= klippies; ~ *beach* klipperige/klippiesrige strand, klippiestrand.

**shin·gles** *n. (fungeer as ekv.)* gordelroos.

**shin·ny** *ww.:* ~ *down/up s.t.* teen iets af=/opklouter *('n paal, boom, ens.).*

**Shin·to** *(Jap., relig.)* Sjinto. **Shin·to·ism** Sjintoïsme. **Shin·to= ist** *n.* Sjintoïs. **Shin·to·ist** *adj.* Sjintoïsties.

**ship** *n.* skip; vaartuig; *abandon ~* die skip verlaat; ~ *ahoy!* skip ahooi!; *arrive on/in a ~* (or *by ~)* op/met 'n skip aan= kom; *a ~ berths* 'n skip lê aan; *board a ~* aan boord van 'n skip gaan; 'n skip aanklamp/enter; *send a ~ to the bottom* → *sink; by ~* met 'n skip, per skip; *when my ~ comes home/in, (skerts.)* as my skip (met geld) kom; ~ *of the desert, (poët., liter.: kameel)* woestynskip; *the ~ was lost* die skip het vergaan; *a ~ moors* (or *is moored)* 'n skip word vasgemeer; *name a ~* 'n skip doop; ~*s that pass in the night* oom= blikskennisse; *on board; raise a ~* 'n skip vlot maak; *sink a ~, send a ~ to the bottom* 'n skip kelder; *a sinking ~, (fig.)* 'n falende/ondergaande onderneming/orga= nisasie/ens.; *run a tight ~* streng beheer/dissipline toepas. **ship** =pp=, *ww.* laai, verskeep, (met 'n skip) wegstuur; laai, aan boord neem; inskeep *(mense);* aanmonster, (as matroos) op 'n skip gaan; versend *(goedere);* ~ *s.t. off* iets verskeep; *s.o. off, (infml.)* iem. wegstuur; ~ *out* as matroos skeepgaan; ~ *s.t. out* iets per skip stuur; ~ *s.t. by train* iets per spoor

stuur. ~**board** skeepsboord, =dek; *on ~* aan boord. ~**borne** per skip vervoer, skeeps=. ~**breaker** skeepsloper. ~**breaker's yard** (skeep)slopery. ~**breaking** skeepslopery. ~**broker** skeepsmakelaar, kargadoor. ~**builder** skeepsboumeester, =bouer. ~**building** skeepsbou; ~ *yard* skeeps(timmer)werf, skeepsbouwerf. ~ **burial** *(argeol.)* skeepsbegraafplaas. ~ **canal** skeepvaartkanaal. ~**lap** *ww.* dakpansgewys(e) oor mekaar lê *(planke ens.).* ~**master** skeepskaptein, gesagvoerder. ~**mate** skeepsmaat, =kameraad, boordkameraad, mede-op= varende. ~**owner** reder, skeepseienaar. ~**rigged** *(sk.)* vier= kant getuig, met raseile. ~**shape:** *be ~ (and Bristol fashion)* agtermekaar/netjies *(of* in orde *of* in die haak *of* aan [die] kant) wees. ~**to-shore** *adj. (attr.)* skip-kus-; ~ *call* skip-kus= oproep. ~**way** skeepshelling, sleephelling; skeepvaartkanaal. ~**worm** paalwurm, skeepswurm. ~**wreck** *n.* skipbreuk, stran= ding; wrak; *(fig.)* vernietiging, ruïnering. ~**wreck** *ww.: be ~ed* strand, skipbreuk ly; *the ~ed* die skipbreukelinge. ~**wright** skeepsboumeester; skeepstimmerman. ~**yard** skeeps= (timmer)werf, skeepsbouwerf.

**ship·ment** (skeeps)lading, vrag, besending; afsending; ver= skeping.

**ship·per** verskeper, skeepsagent; invoerder; uitvoerder; geld= skieter.

**ship·ping** inskeping; verskeping; skepe, skeepsmag, (han= dels)vloot, marine; skeepvaart; skeepsruimte. ~ **agency** skeepsagentskap, =agentuur. ~ **agent** skeepsagent, verske= pingsagent, ekspediteur. ~ **business** verskepingsonderne= ming; skeepvaart(bedryf). ~ **charges** ladingskoste. ~ **clerk** versendings=, verskepingsklerk. ~ **company** skeepvaart= maatskappy, redery. ~ **costs** versendings=, verskepingskoste. ~**forecast** skeepsvoorspelling. ~**industry** skeepvaartbedryf. ~ **lane** vaarwater. ~ **line** skeepvaartmaatskappy, redery. ~ **mark** vragmerk. ~ **office** verskepingskantoor, skeepsagents= kantoor. ~ **service** vaart.

**ship's:** ~ **biscuit** skeepsbeskuit. ~ **boat** skeepsboot. ~ **cap= tain** skeepskaptein. ~ **company** (skeeps)bemanning. ~ **hus= band** walkaptein; skeepsboekhouer. ~ **officer** skeepsoffisier.

**Shi·raz** *(Irannese stad)* Sjiras; *(druifsoort, wynkultivar)* shiraz *(ook S~).*

**shire** graafskap; *S~ (horse)* Shire-perd, Middellandse perd.

**shirk** ontduik, ontwyk, vermy, van jou afskuif/=skuiwe *(ver= antwoordelikheid ens.);* versuim veron(t)agsaam *(plig ens.);* lyf wegsteek; ~ *one's work, (ook)* jou lyf spaar. **shirk·er** lyf= wegsteker, pligversuimer, =versaker, werkskuwe.

**shirr** *n.* rimpelwerk, rimpelplooitjies. **shirr** *ww.* rimpelplooi= tjies maak, rimpel. **shirr·ing** rimpelwerk, rimpelplooitjies.

**shirt** hemp; *not have a ~ to one's back* geen hemp aan jou lyf hê nie, nie 'n hemp hê om aan te trek nie; *bet one's ~, (infml.)* alles wed wat jy het; *give away the ~ off one's back, (infml.)* jou baadjie vir iem. uittrek; *keep your ~ on!, (infml.)* moenie so kwaad word *(of* so vinnig op jou perdjie klim) nie!, bedaar!; *lose one's ~, (infml.)* alles/baie verloor; *a stuffed ~, (infml.)* 'n opgeblase persoon. ~ **collar** hempkraag; hemp= boordjie *(v. mans).* ~ **front** hempbors. ~ **pocket** hempsak. ~**sleeve** hempsmou; *in (one's) ~s* in hempsmoue, sonder baadjie. ~**tail** hempslip. ~**waister** hemprok.

**shirt·ing** hemdegoed, =stof.

**shirt·less** sonder 'n hemp (aan), hemploos.

**shirt·y** *adj., (Br., infml.)* kwaad, omgekrap, vies; *get ~* jou (ver)vies/vererg/opruk, jou (stert) wip, moeilik raak/word; ongeduldig raak/word.

**shish ke·bab** *(Turkse kookk.)* priem-kebab.

**shit** *n., (plat)* kak, stront; *(neerh.: veragtelike pers.)* (stuk) stront, kakjas, =gat; *(dwelmsl.: dagga)* boom, trompie; *beat the ~ out of s.o.* iem. opneuk/opdonder, iem. pimpel en pers *(of* bont en blou) slaan; *feel like ~* kaksleg *(of* bleddie goor) voel; *be full of ~* vol kak/stront wees, jou vol kak/stront hou; *not give/ care a ~ (about s.o./s.t.)* nie 'n moer *(of* geen hel) (vir iem./

iets) omgee nie, vere (vir iem./iets) voel; **have/get** *the* ~*s* skitterysiekte/maagwerkings hê/kry; *be in the* ~ in kak=/stront=straat sit/wees; **land** *o.s. in the* ~ in kak=/strontstraat beland; **scare** *the* ~ *out of s.o.* iem. sy maag leeg laat skrik; **tough** ~*!* sy/ens. moer!; dan kan hy/ens. in sy/ens. moer vlieg!. **shit** *adj., (plat)* kak=; *be up* ~ *creek (without a paddle)* in kak=/strontstraat sit/wees; *it's a really* ~ *idea* dis nou vir jou 'n kak=gedagte/=idee/=plan. **shit** *shitting shit(ted)/shat, ww., (plat)* skyt, kak; ~ *bricks* (or *a brick*) klippe kak; ~ *o.s.* jou beskyt, in jou broek skyt; skyt=/vrekbang wees; *you're* ~*ting me!* dis nou stront!, jy lieg vir my!. **shit** *tw., (plat)* fok, bliksem, dêm(mit), demmit, verdomp; *oh* ~*!* o (my [liewe]) fok!, fokkit!. ~**head** *(plat: veragtelike pers.)* (klein) stront, drol, poephol, bliksem, donder. ~**-hot** *adj., (plat)* bakgat. ~**load** *(plat): a* ~ *of* ... 'n helse/moerse klomp/spul/vrag ..., 'n (hele) kakhuis vol ... ~**-scared** *adj. (pred.), (plat)* skyt=, vrekbang. ~ **stirrer** *(plat)* kwaadstoker, =steker.

**shit·less** *adj. (pred.), (plat)* *be scared* ~ skyt=/vrekbang wees; *scare s.o.* ~ iem. sy/haar maag leeg laat skrik.

**shit·ty** *adj., (plat)* ingat, mislik, goor; smerig, vieslik, walglik, aaklig, horribaal, naar; ~ *life* ingat/mislike lewe; *be in a* ~ *mood* befoeter(d)/bedonderd/beneuk wees; ~ *world* krom wêreld, hel-wêreld.

**shiv·er**[1] *n.* bewerasie, rilling; *s.t. gives s.o. the cold* ~*s* iets laat iem. kouekoors kry; *s.t. sends a cold* ~ *down/up* (or *cold* ~*s [up and] down*) *s.o.'s back/spine* iets gee iem. (die) koue rillings, iets stuur (koue) rillings langs iem. se ruggraat af; *get/have the* ~*s, (fig., infml.)* hoendervleis (*of die rillings/bewerasie*) kry/hê; *s.t. gives s.o. the* ~*s* iem. kry hoendervleis (*of die rillings/bewerasie*) van iets. **shiv·er** *ww.* bewe, bibber, sidder, ril, gril; ~ *with* ... ril van ... *(vrees ens.)*. **shiv·er·y** *be·werig; a* ~ *morning/etc.* 'n bibberkoue oggend/ens..

**shiv·er**[2] *n.* stukkie, brokkie, splinter, stopklip. **shiv·er** *ww.* stukkend/flenters breek, fyngoed maak van, versplinter.

**shoal**[1] *n.* vlak plek, ondiepte, vlak water; (sand)plaat, sand=bank; *(ook, i.d. mv.)* verborge gevare. **shoal** *ww.* vlakker word. **shoal·y** vol sandbanke, vlak.

**shoal**[2] *n.* skool (visse). **shoal** *ww.* wemel, saamskool.

**shock**[1] *n.* skok; geskoktheid; ruk; skudding; botsing; **express** ~ *at s.t.* ontsteltenis oor iets lug; *get a* ~ skrik; *(elek.)* 'n skok kry; *give s.o. a* ~ iem. laat skrik; *(elek.)* iem. 'n skok gee/toe=dien; *a* **nasty/rude** ~ 'n kwaai skok; *get a* **nasty/rude** ~ onaangenaam verras word; jou dreuning/teenkom; *s.t. is (or comes as) a* ~ *to s.o.* iets is vir iem. 'n skok; *be* **treated** *for* ~ vir/teen skok behandel word. **shock** *ww.* skok; aan=stoot gee, 'n skok gee; *s.o. is* ~*ed at/by s.t.* iets is vir iem. 'n skok; iets laat iem. skrik; iets ontstig iem.; *be* ~*ed to hear s.t.* verstom wees om iets te hoor. ~ **absorber** skokdemper, =breker. ~**proof** skokvas, =veilig, =vry, =bestand. ~ **tactics** skoktaktiek. ~ **therapy,** ~ **treatment** skokbehandeling. ~ **troops** stormtroepe. ~ **wave** skokgolf.

**shock**[2] *n.* hopie gerwe. **shock** *ww.* gerwe opper.

**shock**[3] *n.* boskasie, kroeskop. **shock-head·ed** wolhaar=.

**shock·a·ble** skokbaar, vatbaar vir skokke.

**shock·er** *(infml.)* skokaankondiging, =besluit, =nuus, =uitslag, ens.; skokboek, =fliek, =verhaal, ens..

**shock·ing** skokkend, verskriklik; ongehoord, gruwelik, ver=stommend; aanstootlik; ~*(ly) bad* beroerd sleg; ~ *news* skok=kende nuus; ~ *pink* skel=, skree(u)=, knalpienk.

**shod** (het) geskoei; →SHOE *ww.*.

**shod·dy** =dies, *n.* lompe=, voddewol; prulstof. **shod·dy** *adj.* slordig, knoeierig; prullerig, bogterig, bog=; nagemaak; ~ *work* knoei=, prulwerk. **shod·di·ness** slordigheid *(v. werk).*

**shoe** *n.* skoen; hoefyster; remskoen; onderstuk; geutpypvoet; *(mynb.)* stampervoet; yster; *wait for* **dead men's** ~*s* op 'n erfenis wag; *fill* (or *step into*) *s.o.'s* ~*s* iem. se plek inneem; *if the* ~ **fits,** *wear it* as die skoen jou pas, trek hom aan; *not wish to be* (or *put o.s.*) *in another person's* ~*s* nie graag in iem.

anders se skoene wil staan nie; *a* **pair** *of* ~*s* 'n paar skoene; *two* **pairs** *of* ~*s* twee paar skoene; ~*s that* **pinch** skoene wat druk; *that is where the* ~ **pinches** daar lê/sit die knoop; *put the* ~ *on the* **right foot,** *(idm.)* die kind by sy regte naam noem, geen doekies omdraai nie, die spyker op die kop slaan; **shake** *in one's* ~*s* sidder en beef/bewe; **step** *into s.o.'s* ~*s* → **fill; tight** ~*s* skoene wat druk; **try** *on* ~*s* skoene aanpas; **wear** ~*s* skoene aanhê. **shoe** *shod shod, ww.* beslaan; skoei, van skoene voorsien. ~**bill** *(orn.)* skoenbek(-ooievaar). ~**box** skoen(e)doos. ~ **buckle** skoengespe. ~**horn,** ~**lift** skoen=horing, =lepel. ~**lace** skoenveter, =riempie. ~ **leather** skoen=leer. ~**maker** skoenmaker; skoenevervaardiger; skoenlapper. ~**shine** *(hoofs. Am.)* skoenpoets. ~**string** skoenveter; *on a* ~, *(infml.)* op die goedkoopste (manier). ~**string budget** baie beperkte begroting. ~**tree** skoenvorm, =lees.

**shoe·less** kaalvoet, sonder skoene.

**sho·far** =fars, =froth, *(Jud.)* ramshoring.

**sho·gun** *(Jap., hist.)* sjogoen. **sho·gun·ate** sjogoenaat.

**Sho·na** *(lid v. 'n volk; taal)* Shona; →MASHONA.

**shoo** *ww.* ja(ag); ~ *away/off people/animals* mense/diere weg=ja(ag). **shoo** *tw.* weg hierso!.

**shoo-in** *n., (Am., infml.)* kinderspeletjies; uitgemaakte saak; seker keuse; groot gunsteling.

**shook** →SHAKE *ww.*.

**shoot** *n.* skietery; skietwedstryd; skietoefening; *(hoofs. Br.)* jag(party), jagtog; *(infml.)* foto=, filmsessie, filmopname; *(bot.)* spruit, loot, spriet; stroomversnelling; (gly)geut, gly=plank, =gang, =kanaal, stortgeut; val=, vultregter; →CHUTE; *wild* ~*s* opslag; *the whole (bang)* ~, *(infml.)* die hele boel/spul. **shoot** *shot shot, ww.* skiet; doodskiet; fusilleer; vuur; losbrand; af=neem, fotografeer, verfilm; *(sport)* skop, slaan, moker *(d. bal n.d. doelhok ens.);* *(gh.)* aanteken *('n syfer); (houtw.)* reg skaaf/skawe; *(plant)* bot, uitloop, (ont)kiem, uitspruit; *(pyn)* steek; *(ster)* verskiet; vlieg, trek; ~ **accurately** net/raak/sekuur skiet; ~ **ahead** vooruitskiet; vinnig vooruitgaan; ~ *at* ... na/op ... skiet, ... beskiet; ~ **away** uitskiet; ~ *s.t.* **away** iets wegskiet; ~ *s.o.* **dead,** ~ *and* **kill** *s.o.* iem. doodskiet; ~ *s.t.* **down** iets neerskiet *('n vliegtuig ens.); (infml.)* iets afkeur/torpedeer *('n plan ens.);* ~ *o.s. in the* **foot,** *(infml.)* jou eie saak beduiwel, jouself in die voet skiet; ~ **for** *s.t., (infml.)* na iets streef/strewe; iets probeer bereik; ~ *s.o. for* **treason**/*etc.* iem. weens verraad/ens. doodskiet; ~ *from the* **hip,** *(infml.)* wild/halsoor=kop/oorhaastig reageer, 'n onbesonne ding sê; ~ *to* **kill** skiet om dood te maak; ~ *o.s.* jouself skiet; ~ **out** uitskiet; uitsteek; uitspring; ~ *it* **out,** *(infml.)* dit met gewere/rewolwers uitveg; ~ *out of* ... uit ... skiet; ~ **straight,** *(lett.)* net/raak/sekuur skiet; *(fig., infml.)* eerlik handel/wees; ~ **through** deurskiet, deur=snel; ~ **through** *s.t.* deur iets skiet; deur iets trek; *it* ~*s* **through/across** *s.o.'s mind* dit val iem. skielik by, dit skiet iem. te binne; ~ **up** opskiet; in die hoogte skiet, skielik styg; *('n kind)* opskiet, vinnig groei; ~ *s.o./s.t.* **up** iem./iets beskiet/bestook; ~ **wide** mis skiet. **shoot** *tw., (Am., infml., euf. vir shit)* demmit, dêmmit, (ag) bliksem; praat/vra (maar), jou beurt. ~**-out** skietery.

**shoot·er** skieter, skutter; *(infml.)* twa, yster, skietding; *(infml.)* sopie, dop(pie), knertsie.

**shoot·ing** *n.* (die) skiet, skietery; skietkuns; jag; jagreg; (die) jag. **shoot·ing** *adj.* skietend, skiet=. ~ **accident** skieton=geluk. ~ **box,** ~ **lodge** jaghuis(ie). ~ **licence** jaglisensie. ~ **match** skietwedstryd; skietery; *the whole* ~ ~, *(infml.)* die hele affêre/gedoente; die hele boel/spulletjie/katoetie. ~ **range** skietbaan, =terrein. ~ **star** *(infml.: meteoor)* skietster, vallende/verskietende ster; *(bot.)* twaalfgodekruid. ~ **war** skietoorlog.

**shop** *n.* winkel; werkplaas, werkwinkel; magasyn; *keep a* ~ 'n winkel hou; *all over the* ~, *(infml.)* links en regs, hot en haar; *set up* ~ *as a baker*/*etc.* 'n bakkersaak/ens. begin; **shut up** ~ die winkel toemaak/sluit; die hortjies toemaak/sluit; tou opgooi; *they* **talk** ~ hulle praat/gesels oor hul werk/vak.

**shop** -pp-, ww. inkope/inkopies doen, winkel toe gaan; ~ *around* van winkel tot winkel loop, goed rondkyk voor jy koop; ~ *at* ... by ... koop; ~ *for a* ... 'n ... soek om te koop; *go* ~ping inkopies/inkope gaan doen, winkel(s) toe gaan. ~ **assistant** winkelklerk, =bediende, verkoopklerk, verkoper. ~-**bought** adj. (attr.) winkel= (koekies, goed[ere], ens.). ~**fitter** winkelinrigter. ~ **floor** winkelvloer; fabrieksvloer; (georga- niseerde) werkers/arbeiders. ~**front** winkelfront; winkel- venster. ~**keeper** winkelier. ~**lift** ww. winkeldiefstal pleeg, uit die/'n winkel steel. ~**lifter** winkeldief. ~**soiled** ongaaf, gevlek, verkleur, verbleik, winkelvuil. ~ **steward** vakbond=, werkersverteenwoordiger. ~**talk** vakpraatjies, =geselsery.

**shop·a·hol·ic** (infml.) koopmaniak, kompulsiewe koper, in- kopieslaaf.

**shop·per** koper, klant, winkelbesoeker.

**shop·ping** kopery, inkoop, winkelbesoek; do one's ~ jou in- kope/inkopies doen. ~ **arcade** winkelgalery, =gang, =arkade. ~ **cart** →SHOPPING TROLLEY. ~ **centre** winkelsentrum, in- koopsentrum; winkelwyk. ~ **list** inkopielys(ie). ~ **mall** win- kelpromenade, =wandelhal. ~ **spree** kooptog, =jol, =ekspe- disie; go on a ~ ~ die koopgier kry, jou kooplus bevredig. ~ **trolley,** ~ **cart** winkeltrollie, =waentjie. ~ **voucher** koopbe- wys.

**shore¹** n. balk, stut, steun, steunsel, stutpaal. **shore** ww. stut, skoor; ~ up s.t. iets stut/steun. **shor·ing** skoring, stut- werk.

**shore²** n. kus, strand, oewer; in ~ naby die kus/strand; off the ~ naby die kus; on ~ aan wal, aan/op land; on the ~(s) of ... op die oewer van ... ('n meer ens.). ~-**based** aan wal. ~ **bird** waadvoël, steltloper. ~ **leave** land=, walverlof (a.d. be- manning v. 'n skip). ~**line** kuslyn.

**shore·less** sonder strand; (poët., liter.) grens(e)loos.

**shore·ward** adj. landwaarts, aanlandig. **shore·ward, shore·wards** adv. landwaarts, na die land/kus toe.

**shorn** geskeer; →SHEAR ww.; be ~ of ... sonder ... wees.

**short** n. tekort; kortsluiting; kort skoot; kort prent; kort noot; kort klank; kort lettergreep; kort trok; onverdunde drank; (i.d. mv.) kortbroek; (i.d. mv.) kort wol; (i.d. mv., filmk.) kort opnames; (i.d. mv., voer) veesemels; (i.d. mv., fin.) korttermyn= effekte; for ~ sommer, kortweg; in ~ kortom; kortliks, kort- weg, in ('t) kort; the long and the ~ of it is dit kom hierop neer. **short** adj. kort; kortstondig; klein; kortaf, kortge- bonde, nors; bros; beknop; skraps; be R10 ~, (iem.) R10 te min hê; ('n bedrag) R10 te min wees; s.t. is ~ for ... iets is die afkorting van ...; get/have s.o. by the ~ **hairs** (or by the ~ and **curlies**), (infml.) iem. in 'n hoek hê; win by a ~ **head** met 'n kort kop wen; **keep** s.o. ~ iem. korthou/kortvat; s.t. is little/ **nothing** ~ of ... iets is niks anders/minder as ... nie, iets is eenvoudig/gewoonweg (of in een woord) ... (verraad, twak, ens.); be ~ **of** money geld kort(kom); 3 metres ~ **of** the record 3 meter duskant/deuskant/buite (of korter as) die rekord; anything ~ **of** ... alles buiten ... (geweld ens.); be ~ **on** ..., (infml.) sonder veel ... wees, min ... hê; the ~ **one** die korte(tjie); be ~ and to the **point,** ('n spreker ens.) kort en bondig wees; **rather** ~ korterig; ~ **side** smal kant (v. 'n kis); be on the ~ **side** korterig (of aan die kort kant) wees; in ~ **supply** skaars; ~ and **sweet** kort en klaar; ~ **title** verkorte titel; be ~ **with** s.o. iem. kortaf behandel; make ~ **work** of s.o./s.t. gou speel met iem./iets, kort[e] mette met iem./iets maak. **short** adv. plotseling, skielik; ~er **and** ~er al hoe korter; s.o. **ran** ~ of ... iem. se ... het opgeraak; s.t. **runs** ~ iets word skaars; iets raak op; **take** s.o. up ~ iem. in die rede val; (fig.) iem. opruk. **short** ww. kortsluit, 'n kortsluiting maak. ~**bread** brosbe- skuit. ~**cake** broskoek. ~ **change** n. te min kleingeld. ~- **change** ww. kul, bedot, fop, te kort doen. ~ **circuit** n. kort- sluiting. ~-**circuit** ww. kortsluit, 'n kortsluiting veroorsaak; (infml.) versnel, kortsny ('n proses ens.). ~**coming** tekort= koming, gebrek. ~ **course** (opv.) kortkursus, kort kursus. ~**crust** broskors. ~ **cut** kortpad. ~-**day** adj. (attr.), (bot.)

kortdag= (plant ens.). ~**fall** tekort, agterstand; make good the ~ die tekort aanvul. ~**hand** snelskrif, stenografie. ~-**handed** onderbeman(d), kort van personeel. ~ **head** (perderesies ens.) kort kop. ~**horn** korthoring(bees). ~ **lease** korttermynhuur. ~ **list** n. kortlys. ~-**list** ww. op die/'n/hul/ens. kortlys plaas. ~-**lived** kortstondig, kort van duur; kort van lewe; verby= gaande. ~ **order** n., (Am.) kitskos; in ~ ~, (Am., infml.) in 'n japtrap/kits, gou-gou, tjoef-tjaf; onmiddellik, dadelik. ~- **order** adj. (attr.), (Am.) kitskos= (toonbank ens.). ~-**pitched** (kr.) kort (boulwerk); ~ ball kort (geplante) bal. ~-**range** adj. kortafstand= (navigasie, missiel, ens.); korttermyn= (beplanning ens.). ~-**run** adj. (attr.) korttermyn= (voordele ens.). ~ **shrift:** get ~ ~ (from s.o.) onvriendelik/onhoflik/onbeleef(d)/bars (deur iem.) behandel word; give s.o. ~ ~ kortaf met (of stuurs teenoor) iem. wees; give s.t. ~ ~ gou speel met iets, kort(e) mette maak met iets. ~ **sight** (lett.) bysiendheid; →MYOPIA; (fig.) kortsigtigheid. ~-**sighted** bysiende; kortsigtig, stiksie- nig. ~ **sleeve** kort mou. ~-**sleeved dress** kortmourok. ~- **staffed** kort van personeel, onderbeman(d). ~ **story** kort= verhaal; kort verhaal; novelle. ~ **temper:** have a ~ op- vlieënd/oplopend/kortgebonde wees, kort van draad wees. ~-**tempered** opvlieënd, kort van draad, kortgebonde. ~-**term loan** korttermynlening, lening op kort termyn. ~ **time** kort= tyd, werktydverkorting; work (or be on) ~ kort(tyd) (of kor- ter [werk]ure) werk, verkorte werktyd hê; put workers on ~ ~ werkers se tyd inkort. ~ **view:** take ~ ~s kortsigtig wees. ~-**waisted** adj.: be ~, (iem.) 'n kort bolyf hê. ~ **wave** (rad. ens.) kortgolf. ~-**winded** aamborstig, kortasemrig. ~-**winded= ness** aamborstigheid, kortasemrigheid.

**short·age** tekort; gebrek; an acute (or a desperate) ~ 'n ny- pende tekort; experience a ~ of ... 'n gebrek/tekort aan ... hê; a ~ **of** ... 'n tekort aan ... (geld ens.); 'n gebrek aan ...; a ~ **of** capital/labour/etc. 'n kapitaaltekort, 'n arbeidstekort, ens.; a **water** ~ 'n waternood.

**short·en** verkort, korter maak; korter word; bekort, afkort, inkort; besnoei; insnoei, knot; ~ sail(s) seil (ver)minder. **short= en·ing** verkorting, bekorting; bakvet, smeer.

**short·ie** →SHORTY.

**short·ish** korterig.

**short·ly** spoedig, eersdaags, binnekort; kortliks; kortaf; ~ afterwards kort daarna; ~ before ... skuins voor ...; net (of 'n rukkie) voor(dat) ...

**short·ness** kortheid; kortstondigheid; skrapsheid; brosheid; ~ of breath kortasemrigheid.

**short·y, short·ie** (infml.) kortman, kortetjie; kort kleding= stuk.

**shot¹** n. skoot (met 'n geweer ens.); skut(ter); probeerslag; raai- (slag/skoot), gissing; (infml.) (snedige) opmerking; (kr., ten- nis, gh., ens.) hou; (rolbal, netbal, ens.) skoot; (sokker) skop; (sokker, rugby, hokkie, ens.) doelpoging; (hamergooi ens.) gooi; (gewigstoot) stoot; (gewigstoot) gewig; skroot, lopers; koeël, soliede projektiel; (fot.) foto, (infml.) skoot; (filmk.) opname; (infml.) sopie; inspuiting (met heroïen ens.); lansering (v. 'n vuurpyl ens.); dwarsdraad (v. 'n sak); give ... a ~ in the **arm,** (infml.) ... aanspoor, ... 'n stoot (vorentoe) gee; ... opkikker; make a **bad** ~ swak skiet; swak raai; give it one's **best** ~, (infml.) jou uiterste bes doen; a **big** ~, (infml.) 'n grootbaas/ kokkedoor; a ~ across the **bows** 'n waarskuwing; a ~ in the **dark** 'n skoot op goeie geluk (af); 'n blinde raai(skoot); do s.o. a ~ in the **eye** iem. 'n kool stowe (of 'n lelike poets bak); iem. 'n steek gee; fire a ~ 'n skoot skiet; (good) ~! doodhou!, mooi skoot!, skote Pe(r)toors/Pretoors!; have/make/take a ~ at s.t., (fig., infml.) iets ('n slag) probeer (doen); have another ~, (infml.) nog 'n slag probeer; a ~ in the **head** 'n kopskoot; **like** a ~, (infml.) op die daad/plek, onmiddellik, soos 'n koeël uit 'n roer/geweer; sonder aarseling, alte graag; it is a **long** ~ dit is ver/vêr om te skiet; (infml.) dit is 'n waagstuk; not by a **long** ~, (infml.) lank nie, op verre na nie, verreweg nie; out of ~ buite skoot, te ver/vêr; put the ~

gewigstoot *(ww.); a* ~ *rings out* 'n skoot klap; *take a* ~ 'n skoot skiet; *(fot.)* 'n opname maak; *take a* ~ *at ..., (lett.)* na/op ... skiet; *within* ~ onder skoot. ~ **glass** sopieglas. ~**gun** haelgeweer. ~**gun marriage/wedding** *(infml.)* gedwonge huwelik; *it was a* ~ ~ hulle moes trou. ~~**proof** koeëlvry, =vas. ~~**putter** *(atl.)* gewigstoter, gewigstootatleet. ~~**put(ting)** *n., (atl.)* gewigstoot. **shot·tist** skut.

**shot²** *n., (tekst.)* weerskynsy, changeantsy. **shot** *adj. & ww. (volt.dw.)* geskiet; →SHOOT *ww.; (infml., iem.)* pootuit, kapot, gedaan, klaar, pê, vodde; *(infml., iets)* kapot, op die koffie; *(tekst.)* met 'n weerskyneffek; *I'll be* ~ *if* ... mag ek doodval as ...; *s.o. was* ~ *and killed* iem. is doodgeskiet; *s.o.'s nerves are* ~ iem. se senuwees is gedaan/klaar/kapot/op; *be* ~ *of ..., (infml.)* van ... ontslae wees; *get* ~ *of ..., (infml.)* van ... ontslae raak; *the game has been* ~ *out in that area* die wild is uitgeskiet in daardie gebied; ~ *silk* weerskynsy, changeantsy; *be* ~ *up* flenters geskiet wees; *be* ~ *(through) with* ... met ... deurweef wees; van ... deurtrek wees; *dark hair* ~ *with grey/silver* donker hare met grys/silwer strepe (daarin).

**should** sou; behoort; moes, moet; *s.o.* ~ *be home by now* iem. moet nou al tuis wees; *s.o.* ~ *have known (that ...)* iem. moes geweet het (dat ...); *I* ~ *think so* ek sou so dink; *the total* ~ *be about* ... die totaal moet sowat ... wees; *this horse* ~ *win* hierdie perd sal waarskynlik wen.

**shoul·der** *n.* skouer; skouerstuk; skof *(v. 'n perd ens.)*; blad *(vleis)*; skouergewrig; skouer *(v. 'n pad)*; neus *(v. 'n berg)*; *s.o. has broad* ~s, *(fig.)* iem. se skouers is breed, iem. kan die las/verantwoordelikheid dra; *get the cold* ~ *from s.o.* deur iem. geïgnoreer/veron(t)agsaam word; *give s.o. the cold* ~, *(ook)* iem. die rug toekeer; iem. nie wil ken nie; ~ *of lamb/mutton/pork* lams=, skaap=, varkblad; *look over one's* ~, *(lett.)* omkyk; *(fig.)* ongerus wees, (jou) bedreig voel; *(fig.)* onseker wees; *open one's* ~s, *(fig.)* afhaak, vastrap, lostrek; *rub* ~s *with* ... met ... omgaan *(of* in aanraking kom); *shrug one's* ~s jou skouers ophaal; *tap s.o. on the* ~ iem. op die skouer tik; ~ *to* ~ skouer aan skouer; *put/set one's* ~ *to the wheel* skouer aan/teen die wiel sit, alle kragte inspan. **shoul·der** *ww.* (met die skouer) stoot/stamp; skouer *('n geweer)*; op die skouer(s) neem; op jou neem *('n las, verantwoordelikheid)*; ~ *s.o. aside* iem. uit die pad stoot/stamp, iem. wegstoot/=stamp; ~ *(one's way) in* jou inbeur; ~ *s.o. out* iem. uit=/wegstamp. ~ **bag** skouersak. ~ **belt** draagband, bandelier. ~ **blade** skouerblad; skildbeen *(v. 'n bees)*. ~ **guard** skouerskut. ~ **height** skouerhoogte. ~~**high** op skouerhoogte; *carry s.o.* ~ iem. op die skouers dra. ~ **holster** skouerholster, =pistoolsak. ~ **joint** skouergewrig. ~ **knot** skouerbelegsel, =kwas; skouerbedek=king. ~~**length hair** hare wat (tot) op die/jou skouers hang, skouerlengtehare. ~ **pad** skouerkussing, =skut. ~ **season** middelseisoen. ~ **spray** skouerruiker, =takkie. ~ **strap** skou=erband, =riem; skouerlus; skouerstrook *(v. 'n vlootoffisier)*.

**should·n't** *(sametr.)* = SHOULD NOT.

**shout** *n.* kreet, geskree(u), geroep; uitroep; gejuig, gejubel; *give a* ~ 'n skree(u) gee; *give s.o. a, (infml.)* iem. roep; met iem. in verbinding tree; iem. bel; *be in with a* ~, *(infml.)* 'n goeie kans hê/staan; *a* ~ *of joy/triumph* 'n juig=/triomfkreet; *a* ~ *of surprise* 'n verbaasde uitroep, 'n (uit)roep van verbasing. **shout** *ww.* skree(u), (hard) roep, uitroep; juig; ~ *at s.o.* vir iem. skree(u); ~ *s.o. down* doodskree(u); ~ *for s.o.* na iem. roep/skree(u); iem. toejuig; ~ *for help* om hulp roep/skree(u); ~ *for joy* juig/jubel van blydskap; ~ *with laughter* skaterlag; ~ *out* uitroep; ~ *to s.o.* vir iem. skree(u), na iem. roep; ~ *at the top of one's voice* skree(u) so hard as jy kan. **shout·er** skreeuer; roeper. **shout·ing** geroep, ge=skree(u); gejuig, toejuiging, applous; ~ *distance* roepafstand; *it's all over bar/but the* ~, *(infml.)* dis feitlik alles verby.

**shove** *n.* stoot, stamp; du; *give s.o./s.t. a* ~ iem./iets 'n stoot gee. **shove** *ww.* stoot, stamp; skuif; ~ *s.t. about/around* iets rondskuif/=skuiwe/=stoot; ~ *s.o. about/around, (infml.)* iem. rondja(ag) *(of* hiet en gebied); ~ *s.o./s.t. aside* iem./iets

wegdruk/=stoot *(of* opsy stoot); ~ *s.o./s.t. away* iem./iets wegstoot; ~ *s.o./s.t. back* iem./iets terugskuif/=skuiwe/=stoot; ~ *s.t. down* iets afdruk/=skuif/=skuiwe; ~ *s.t. in a drawer, (infml.)* iets in 'n laai sit/stop/prop; ~ *it!, (infml.)* genoeg is genoeg!, te hel hiermee/daarmee!; kry end daarmee!, los dit!; ~ *off, (infml.: vertrek)* waai, trap; van wal steek *(met 'n boot)*; ~ *s.o./s.t. out* iem./iets uitstoot/=stamp; ~ *s.t. over* iets oor=skuif/=skuiwe.

**shov·el** *n.* skop; skop=, bakgraaf; skep; *mechanical* ~ laai=graaf. **shov·el** =*ll-, ww.* skep; ~ *food into one's mouth, (infml.)* kos inlaai; ~ *the sidewalk/etc., (Am.)* sneeu van die sypaadjie/ens. (af) weggrawe. ~**board** *(Br.)*, **shuffleboard** *(Am.), (spel)* sjoelbak.

**shov·el·ful** skop (vol).

**shov·el·ler,** *(Am.)* **shov·el·er** skepper. **shov·el·er** *(orn.)* slopeend.

**show** *n.* vertoning; tentoonstelling, skou; voorstelling; uit=stalling; skyn; praal, vertoon; onderneming; *it is all* ~ dit is alles skyn; *bad/poor* ~!, *(infml.)* swak!; *put on a brave* ~, *(infml.)* jou moedig gedra; *just for* ~ net vir die skyn *(of* om te spog); ~ *of force/strength* magsvertoon; *give the* ~ *away, (infml.)* die aap uit die mou laat; *go to a* ~ na 'n tentoonstelling gaan; na die teater *(of* 'n opvoering) gaan; *good* ~!, *(infml.)* mooi so/skoot!; *make* (or *put on*) *a good* ~, *(infml.)* 'n goeie indruk/vertoning maak; *make a* ~ *of regret* maak (as)of jy spyt is; *this is my* ~, *(infml.)* dit is hier ek die baas; *make no* ~ *of ..., (infml.)* nie met ... te koop loop nie; *be on* ~ vertoon/uitgestal word; *the* ~ *must go on!* die spel gaan voort!; *all over the* ~, *(infml.)* rond en bont; *make a poor* ~, *(infml.)* 'n treurige vertoning maak, sleg afsteek; swak ver=toon; 'n treurige figuur slaan; *poor* ~! →*bad/poor*; *put on* (or *stage*) *a* ~ 'n vertoning aanbied; 'n tentoonstelling hou; *get the* ~ *on the road, (infml.)* aan die gang kom *(met iets)*; *run the whole* ~, *(infml.)* die baas wees; *steal the* ~ die mees=te aandag trek; ~ *of strength* →*force/strength*; *the whole* ~, *(infml.)* die hele boel/spul. **show** *showed shown/showed, ww.* wys, toon, laat sien; vertoon; ten toon stel; uitstal; aan=toon, bewys; aanstip; verduidelik; (aan)wys; sigbaar wees/word, te sien wees, uitkom, te voorskyn kom; ~ *s.o. (a)round a place* iem. 'n plek wys; ~ *(by example)* voordoen; ~ *films* rolprente vertoon; *have nothing to* ~ *for it* geen resultaat kan wys/toon nie; niks oorhou nie; *what has s.o. got to* ~ *for it?* wat het dit iem. in die sak gebring?; *it/that goes to* ~ *that ...* dit wys net *(of* toon/bewys) dat ...; *I'll* ~ *him/her!, (infml.)* ek sal hom/haar leer!; ~ *s.o. in* iem. binnelaat *(of* laat bin=nekom); ~ *s.o. into the* ... iem. die ... laat binnegaan; ~ *new goods* nuwe ware uitstal; *not* ~, *(infml.)* nie opdaag nie; *now* ~*ing* draai nou *(i.d. bioskoop)*; ~ *off, (infml.)* spog, probeer aandag trek; ~ *s.t. off* iets (duidelik) laat uitkom; *(infml.)* met iets spog *(of* te koop loop); *hardly ever* ~ *o.s.* jou amper/byna nooit laat sien nie; selde uitgaan; ~ *s.o. out* iem. uitlaat; ~ *s.o. round a place* →*(a)round*; *s.o.'s slip is* ~*ing, (ook fig.)* iem. se onderrok hang uit; *it* ~*s that* ... dit toon/wys dat ...; ~ *s.o. a thing or two, (infml.)* iem. (die) een en ander leer; iem. 'n punt wys; *it* ~*s through the* ... ('n) mens kan dit deur die ... sien; ~ *s.t. to s.o.,* ~ *s.o. s.t.* iets aan iem. wys, iem. iets wys; ~ *s.o. up* iem. aan die kaak stel; *s.t.* ~*s up* iets is (duidelik) te sien; ~ *up at ..., (infml.)* by ... opdaag; ~ *up badly/well* sleg/goed vertoon; ~ *the way, (lett.)* die pad wys; *(fig.)* voorloop, die weg (aan)wys; ~ *s.o. the way, (fig.)* iem. teregwys; *it* ~*s white* dit lyk wit; *that* ~*s you!* daar het jy dit!. ~~**and-tell** *n.* wys-en-vertel-aktiwiteit *(op skool)*; wys-en-vertel-byeenkoms, =tentoonstelling. ~**band** extravaganza= (jazz)groep/=orkes. ~ **bill** aanplakbiljet. ~**boat** *n., (Am.)* tea=terboot; *(Am., infml.)* windmaker, windlawaai. ~**boat** *ww., (Am., infml.)* spog, die aandag probeer trek. ~ **business,** *(infml.)* ~**biz** die vermaaklikheidsbedryf; verhoogkuns. ~**case** *n.* (ver)toon=, uitstal=, glaskas. ~**case** *ww.* vertoon, uitstal. ~ **day** skoudag. ~**down** (beslissende/deurslaggewende) bot=

sing, konfrontasie, kragmeting, eindstryd, beslissende stryd. **~girl** verhoogmeisie; figurante. **~grounds** skou-, tentoon= stellingsterrein. **~ horse** spogperd. **~ house** (ver)toonhuis. **~jump** *ww.* toonspring. **~jumper** springruiter, perdespring= ger; springperd. **~jumping** perdespring=, ruiterspringsport, toonspring. **~man** →SHOWMAN. **~-off** *n.* windmaker, aan= steller; vertoning. **~piece** (ver)toonstuk. **~place** besiens= waardige plek, spogplek. **~ riding** toonry. **~room** toon=, uit= stalkamer; (ver)toonlokaal. **~ stopper** *(infml.)* apploustrek= ker; liedjie/nommer/ens. wat die dak laat lig; spelstopper. **~-stopping** *adj. (attr.)* wat uitgerekte applous ontvang *(pred.).* **~ trial** vertoonverhoor. **~ window** winkel=, toon=, uitstal= venster.

**show·er** *n.* stortvloed; stroom; bui, vlaag; stort(bad); *a ~ of bullets* 'n koeëlreën; *have/take a ~* stort, 'n stortbad neem; *... came in ~s, (briewe ens.) ...* het ingestroom; *kitchen ~* kombuistee; *a ~ of meteors/stars* meteoor=, sterrereën; *scattered ~s* los buie. **show·er** *ww.* reën; neerstroom; stort, 'n stortbad neem; *~ s.t. on/upon s.o., ~ s.o. with s.t.* iem. met iets oorlaai *(geskenke ens.);* iets op iem. laat reën/hael *(klippe ens.).* **~ cap** stortmus, =kep. **~ cubicle** stort(hokkie). **~proof** reëndig. **show·er·y** buierig, reënerig.

**show·ing** *n.* vertoning; bewys, verklaring; *~ the flag* vlag= vertoon; *make a good/poor ~* goed/sleg/swak vertoon/vaar; *on the present ~* soos sake nou staan. **~-off** aanstellery; pronkery; vertoonsug. **~-up** ontmaskering.

**show·man** =men sirkusbaas; windmaker. **show·man·ship** vertoonkuns; reklamekuns; windmakery, vertoon(sug).

**show·y** windmaker(ig), spoggerig, vertonerig, pronkerig; opvallend, opsigtelik; *~ person* uithaler. **show·i·ness** aan= dagtrekkery, vertoonsug, pronkerigheid.

**shrank** →SHRINK *ww..*

**shrap·nel** (granaat)kartets, skrapnel. **~ helmet** staalhelm.

**shred** *n.* flenter, stukkie, lappie, repie; greintjie; sweem *(v. 'n bewys);* **hang in ~s** verflenter wees; *in ~s* aan flarde(s)/ flenters; *not a ~ of evidence/truth* geen *(of* nie 'n) greintjie bewys/getuienis/waarheid nie; *tear s.t. to ~s* iets (aan) flen= ters skeur; *tear s.o. to ~s, (fig.)* kleingeld maak van iem.; *with= out a ~ of clothing* sonder 'n draad klere. **shred** =dd=, *ww.* kerf, snipper; fynskeur, stukkend *(of* aan repies) sny/skeur. **shred·ded** gekerf(de), gesnipper(de); *~ jam* snipperkonfyt; *~ wheat* draadjies=, toutjiesmeel, koringrepies. **shred·der** snippermasjien. **shred·ding ma·chine** snippermasjien, (pa= pier)versnipperaar.

**shrew** *(soöl.)* skeerbek(muis), spitsmuis; *(infml.)* wyf, feeks, geitjie, rissie, gifpil. **shrew·ish** kyfagtig, twissiek, rissieagtig, raserig. **shrew·ish·ness** kyfagtigheid; raserigheid.

**shrewd** skerpsinnig, skrander, slim, fyn (van begryp); uit= geslape, listig, slu, skelm; *a ~ blow* 'n gevoelige slag/hou; *a ~ reply* 'n slim antwoord; *have a ~ suspicion that ...* 'n nare voorgevoel hê dat ... **shrewd·ness** skranderheid, slimheid; uitgeslapenheid, sluheid.

**shriek** *n.* gil, skreeu, kreet; *give a ~* gil, skree(u). **shriek** *ww.* gil, skree(u); *~ing headline* skreeuende opskrif; *~ out* uitgil; *~ with ...* skree(u) van (die) *... ( pyn ens.).*

**shrike** *(orn.)* laksman.

**shrill** *adj.* deurdringend, snerpend, skerp, skril. **shrill** *ww.* gil, skree(u), snerp, skril. **shrill·ness** skrilheid, deurdrin= gendheid; felheid. **shril·ly** skril, op skrille toon, skerp.

**shrimp** *n.* garnaal, krewel; *(infml., neerh.)* tingerige/tengerige/ pieperige persoon. **shrimp** *ww.* garnale vang. **~ cocktail** *(kookk.)* garnaalkelkie. **~ flower** *(Justicia brandegeana)* gar= naal=, kreefblom. **shrimp·ing** garnalevangs.

**shrine** *n.* heiligdom; pelgrimsoord, bedevaartplek; relikwieë= kissie; graftombe; altaar; tempel.

**shrink** *n.* krimp, (in)krimping; *(infml.: psigiater)* kopdokter. **shrink** *shrank shrunk(en), ww.* krimp; in(een)krimp; laat krimp; verskrompel; *~ back* terugdeins; *~ from ... vir ...*

terugdeins; *van ... wegskram;* huiwer om te ...; *~ into o.s.* in jou dop kruip; *~ s.t. on, (teg.)* iets aan=/vas=/opkrimp *('n band ens.); ~ up* inmekaar krimp. *~* **fit** krimppassing. *~-proof* krimpvry. **~-resistant, ~-resisting** krimptraag. **~ wrap** *n.* krimpplastiek; krimpverpakking. **~-wrap** *ww.* krimpverpak, in krimpplastiek verpak.

**shrink·age** krimp, (in)krimping; krimpmaat; (krimp)verlies; *(ekon.)* voorraadverlies *(deur brekasie, kleindiefstal, ens.);* (waarde)vermindering, afname; *(mynb.)* krimperts. **~ crack** krimpskeur, =bars. **~ limit** krimp(ings)grens. **~ test** krimp= toets.

**shrink·ing** *n.* (in)krimping. **shrink·ing** *adj.* bedees, skug= ter; *~ violet, (infml.)* skamerige/skugter meisie/ens..

**shriv·el** =ll= krimp, rimpel, verskrompel, verlep, uitdroog, =droë, verdor; *~ (up)* verskrompel; *be ~led (up)* verskrompel(d) wees.

**shroud** *n.* omhulsel; kleed; lyk=, doodskleed. **shroud** *ww.* omhul; verberg, bedek, wegsteek; in 'n doodskleed wikkel/ hul; *be ~ed in ...* in ... gehul wees *(geheimsinnigheid ens.).*

**shrub** struik, bossie; *(ook, i.d. mv.)* fynbos. **shrub·ber·y** struik= gewas, boskasie, =gasie; fynbos; struiketuin. **shrub·by** struik= agtig, ruig, bosagtig, bos=; *~ tree* boomstruik. **shrub·like** struikagtig.

**shrug** *n.* skbouerophaling; *give a ~* jou skouers ophaal. **shrug** =gg=, *ww.* jou/die skouers ophaal/=trek; *~ s.t. off* iets veron(t)= agsaam, iets (met 'n skouerophaling) afmaak.

**shrunk, shrunk·en** gekrimp; vervalle; →SHRINK *ww.; shrunken head* skrompelkop; *shrunk joint* krimplas.

**shtick** *n., (<Jidd., Am., infml.)* grapjassery; komiese toneel.

**shuck** *n., (hoofs. Am.)* dop, peul; (mielie)blaar; (oester)skulp. **shuck** *ww.* uitdop; *~ corn, (Am.)* mielies skoonmaak/af= blaar.

**shucks** *tw.* deksels!, vervlaks!.

**shud·der** *n.* huiwering, siddering, rilling, gril; *give a ~* ril, gril; *give s.o. the ~s* iem. laat ril/gril; *it gives one the ~s* dit is om van te ril/gril, dit laat ('n) mens ril/gril. **shud·der** *ww.* huiwer, sidder, gril, ril, ys; *~ at the thought* (or *to think) of ...* gril by die gedagte aan ..., gril as jy aan ... dink; *~ at the thought of what might have happened* ys as jy dink wat kon gebeur het; *~ with ... van ...* sidder *(angs ens.).* **shud·der·ing** *adj.,* **shud·der·ing·ly** *adv.* sidderend, bewend, rukkerig; hui= werig, angstig; skrikwekkend, verontrustend, onrusbarend; beangstigend.

**shuf·fle** *n.* geskuifel; geslof, slofgang; (die) skud, (die) deur= mekaar maak; (die) skommel/was *(v. kaarte);* herrangskikking, skommeling *(v. portefeuljes ens.).* **shuf·fle** *ww.* skuifel, slof; (deurmekaar) skud, verwar; herrangskik, skommel; *~ along* aanslof, =sukkel; *~ into s.t., ~ s.t. on* iets halsoorkop aantrek *(klere); ~ s.t. off* iets afskuif/=skuiwe *(d. verantwoordelikheid ens.); ~ out of s.t.* jou uit iets (los)draai/=wikkel *(d. verant= woordelikheid, 'n taak, ens.).* **shuf·fler** skuifelaar; skommelaar *(v. kaarte).* **shuf·fling** *n.* geskuifel; geslof; herrangskikking. **shuf·fling** *adj.* sloffend, slof=; skuifelend; veranderlik, vol draaie; *~ gait* slofgang.

**shul, schul** *(Jidd.)* sinagoge.

**shun** =nn= vermy, ontwyk.

**shunt** *n.* rangering, rangeerwerk; wisseling; *(spw.)* spoorweg= wissel, syspoor; *(elek.)* aftakking, newesluiting, sytak; *(med.)* omleiding, aftakking. **shunt** *ww.* rangeer, op 'n syspoor bring; reg stoot; uit die pad stoot; *(elek.)* om=, aftak; *(fig.)* uitstel; afsien van, laat vaar; *~ ... back, (fig.) ...* terugskuif/ =skuiwe. **~ line** wisselspoor.

**shunt·er** rangeerder.

**shunt·ing** rangeerwerk; rangering. **~ switch** rangeerwissel. **~ yard** rangeerwerf.

**shush** *ww.* stilmaak; stilbly. **shush** *tw.* sjt!, sjuut!, (bly) stil!.

**shut** *adj. (volt.dw.)* toe; dig; *be ~ away* opgesluit wees; *be ~*

*away from* ... van ... afgesluit wees; *keep s.o.* ~ *away from s.t.* iem. van iets weghou; *be* ~ *fast* styf toe wees; *be* ~ *in* ingesluit wees; omring wees; *be tightly* ~ dig toe wees; *be* ~ *up in* ... in ... opgesluit wees. **shut** =*tt*=; *shut shut, ww.* toe= maak, sluit; toegaan; toeslaan, =klap *('n boek); s.t.* ~*s auto= matically* iets gaan vanself toe; ~ ... *away* ... wegbêre; ... afsonder; ~ *the door!* maak toe die deur!; *s.t.* ~*s down* iets sluit, iets maak toe; ~ *s.t. down* iets sluit; iets stopsit; ~ *your face/mouth/trap!, (infml.)* bly stil!, hou jou mond!; ~ *s.t. off* iets afsluit; ~ *s.o. off from* ... iem. van ... uitsluit; ~ *s.o. out* iem. uitsluit; ~ *s.t. out* keer dat iets nie inkom nie; ~ *up, (infml.)* stilbly; ~ *up!, (infml.)* bly stil!, hou jou mond!; ~ *s.o. up, (lett.)* iem. opsluit; *(fig., infml.)* iem. stilmaak; ~ *s.t. up* iets toesluit; ~ *up like a clam, (infml.)* tjoepstil bly/raak. ~**down** *n.* sluiting; stopsetting. ~**eye** *(infml.)* dutjie. ~**-off** *n.* afslui= ting. ~**-off valve** afsluitklep.

**shut·ter** *n.* luik, hortjies; sluiting; sluiter *(v. 'n kamera);* skuif; valkleppie; sluis; *put up the* ~*s, (fig., infml.)* toemaak, die saak sluit. **shut·ter** *ww.* die hortjies/luike toemaak.

**shut·tle** *n.* (skiet)spoel; weefspoel; skuitjie, skoentjie *(v. 'n naaimasjien);* pendelbus(sie); *space* ~ pendeltuig. **shut·tle** *ww.* heen en weer skiet/beweeg; heen en weer ry/vaar/ens., pendel. ~**cock** pluim=, kuif=, veer=, raketbal. ~ **diplomacy** pendeldiplomasie. ~ **service** heen-en-weerdiens, wisseldiens.

**shwar·ma** →SCHWARMA.

**shy**[1] *n.* (sy)sprong, skrik. **shy** *shyer/shier shyest/shiest, adj.* sku, menssku, bedees, skugter, skamerig, verleë, beskroomd, inkennig, beskimmel(d); wild *(diere);* wantrouig, agterdogtig; *be* ~ *of* ... skaam wees vir ...; sku wees vir ...; *(just) two/etc. months/rand/metres* ~ *of* ..., *(infml.)* (net) twee/ens. maande voor ... *(iem. se verjaar[s]dag);* (net) twee/ens. rand onder *(of minder as)* ... *(d. prys);* (net) twee/ens. meter onder ... *(d. rekord).* **shy** *ww.* skrik, wegvlie(g), wegspring; ~ *at* ... vir ... skrik; ~ *away from* ... van ... wegskram, vir ... terugdeins, kopsku wees vir ...; ~*ing horse* skrikkerige perd. **shy·ly** ska= merig, bedees. **shy·ness** skuheid, verleentheid, beskroomd= heid, bedeesdheid; mensskuheid.

**shy**[2] *n.* gooi; probeerslag; *have/take a* ~ *at s.t., (infml.)* na iets gooi/mik, iets probeer raak gooi; iets probeer (doen). **shy** *ww.* gooi, smyt, slinger.

**shy·ster** *(infml.)* knoeier, konkelaar.

**Si·a·mese** *n.* Siamese kat, siamees *(ook S~).* ~ **cat** Siamese kat. ~ **twins** Siamese tweeling.

**Si·be·ri·a** Siberië. **Si·be·ri·an** *n.* Siberiër. **Si·be·ri·an** *adj.* Siberies.

**sib·i·lant** *n., (fonet.)* sisklank. **sib·i·lant** *adj.* sissend, sis=. **sib·i·lance** sisgeluid, gesis.

**sib·ling** broer, suster.

**sib·yl** *(poët., liter.)* sibille, waarsegster, profetes. **sib·yl·line** profeties, sibillyns.

**sic**[1] *adv., (Lat.)* sic, net so, woordelik(s).

**sic**[2] *ww.* →SIC(K).

**sic·ca·tive** *n.* droogmiddel, opdroënde middel, sikkatief. **sic·ca·tive** *adj.* (op)drogend, (op)droënd, sikkatief.

**Si·ci·ly** Sisilië. **Si·cil·ian** *n.* Sisiliaan; *(dial.)* Sisiliaans. **Si·cil· ian** *adj.* Sisiliaans..

**sick** *n.: the* ~ *and the well* die siekes en die gesondes. **sick** *adj.* siek, ongesteld; mislik, naar; *be* ~ siek wees; opbring, vomeer; *be* ~ *to death* (or *heartily* ~ *or* ~ *and tired) of s.t., (infml.)* moeg/sat/keelvol/buikvol *(of* siek en sat) van/vir iets wees; *(as)* ~ *as a dog* so siek soos 'n hond, hondsiek; *feel* ~ siek/ongesteld voel; naar/mislik voel; *be heartily* ~ *of s.t.* → *death; look* ~ siek lyk; *(infml.)* sleg afsteek; *s.t. makes s.o.* ~ iets maak iem. naar; iets laat iem. walg, iem. walg van iets; *(infml.)* iets gee iem. die piep; *be* ~ *of s.o., (infml.)* sat/dik/ buikvol vir iem. wees; *be off* ~ met siekte tuis/weg wees, met/op siekteverlof wees; *take* (or *be taken)* ~ siek word; *be* ~ *and tired of s.t.* → *death; be* ~ *with s.t.* siek wees aan iets, aan iets ly. ~**bay** siekeboeg, =vak; siekelokaal. ~**bed** siekbed.

~ **building syndrome** siekgebousindroom. ~ **fund** sieke= fonds. ~ **headache** migraine, hoofpyn met mislikheid. ~ **leave** siekteverlof; *be on* ~ ~ met/op siekteverlof wees. ~**- making** *(infml.)* naar, walglik, aaklig, weersinwekkend; ver= skriklik, skokkend; afskuwelik, verfoeilik, skandalig. ~ **note** siekbrief(ie); doktersbrief(ie). ~**room** siekekamer. ~ **ward** siekesaal.

**sic(k)** *sic(k)s sicking sicked, ww.:* ~ *a dog on* 'n hond aanhits; ~ *a dog on s.o.* 'n hond op iem. loslaat.

**sick·en** siek word; mislik/naar word; walg, mislik maak; laat walg; kwyn, verswak; ~ *at the sight of* ... mislik word by die sien van ...; *be* ~*ing for/with s.t.* iets onder lede hê *('n siekte);* ~ *of s.t.* buikvol/dik/moeg/sat raak van iets. **sick·en·er:** ... *is a* ~, *(infml.)* ... is genoeg om van siek te word *(of* jou siek te maak), ... is 'n nare besigheid; ... is (maar) swaar om te sluk; ... is 'n groot teleurstelling; ... is 'n groot terugslag. **sick= en·ing** *adj.,* **sick·en·ing·ly** *adv., (infml.)* naar, walglik, aaklig, weersinwekkend; verskriklik, ongelooflik, skokkend; afsku= welik, verfoeilik, skandalig; *to a sickening extent* ad nauseam; *a sickening sight* 'n gesig/toneel om van te walg *(of* naar/mis= lik van te word).

**sick·le** sekel. ~ **cell** *(med.)* sekelsel. ~**-cell anaemia** sekelsel= anemie. ~ **moon** sekelmaan.

**sick·ly** sieklik, swak; ongesond; flou; mislik; walglik; *have a* ~ *look* siek/bleek lyk; *a* ~ *smile* 'n flou glimlag(gie); ~ *sun= shine* flou sonskyn; ~ *sweet* stroperig/walglik soet; ~ *taste* nare smaak. **sick·li·ness** sieklikheid, ongesondheid.

**sick·ness** siekte; naarheid, mislikheid; ongesondheid.

**sick·o** =*os, (infml.)* siek/versteurde mens, pervert.

**side** *n.* sy, kant; sy *(v.d. lyf);* aspek, faset, sy *(v. 'n saak);* rand; hang, helling; *(biljart)* effek, sywaartse beweging; *(rugby, sokker, ens.)* span; *(rolbal)* kant; *from all* ~*s* van alle kante; *on all* ~*s* oral(s), allerweë; *study all* ~*s of a question* 'n saak grondig *(of* van alle kante) ondersoek, 'n noukeurige studie van iets maak; *at/by s.o.'s* ~, *(lett.)* langs iem.; *(lett. & fig.)* aan iem. se sy; ~ *of beef* beeshelfte; *on/round the blind* ~, *(rugby)* aan/om die steelkant; *on both* ~*s of* ... weerskant(e) *(of* aan albei kante) van ...; *there is much to be said on both* ~*s* daar is baie daarvoor sowel as daarteen te sê; ~ *by* ~ sy aan sy, langs mekaar; *change* ~*s* plekke (om)ruil; van party/ ens. verander; *choose/pick* ~*s* spanne kies; *the dark* ~, *(lett. & fig.)* die donker kant; *(fig.)* die skadu(wee)sy; *err on the* ~ *of leniency* eerder te sag wees; *on every* ~ aan elke kant; *on the far/opposite/other* ~ *of the river/etc.* anderkant/oorkant *(of* aan die ander kant van *of* aan die oorkant van) die rivier/ ens.; *from* ~ *to* ~ heen en weer; *on the high/etc.* ~ aan die hoë/ens. kant, taamlik hoog/ens.; *on the large* ~ groterig, aan die groot kant; *on s.o.'s left-hand* ~ aan iem. se linker= kant; *let the* ~ *down* jou vriende/ens. in die steek laat; *the light* ~, *(lett.)* die ligte kant; *(fig.)* die ligkant/ligsy *(of* ligte kant/sy); *on the lighter* ~ in ligte luim; *be on the losing* ~ aan die verloorkant wees, geen kans hê om te wen nie; die lyden= de party wees; ~ *of a mountain* berghang, =helling; *on the* ~ aan een kant; as bysaak; agteraf; *bet on the* ~ bywedden= skap(pe) maak; *earn s.t. on the* ~ 'n byverdienste hê; *be on s.o.'s* ~ aan iem. se kant wees; *on/to one* ~ eenkant, opsy; *the other* ~ die keersy, die ander kant; die oorkant; (die) om= mesy(de); *on the other* ~ anderkant, oorkant, aan die ander kant; *pass by on the other* ~ verlangs/vêrlangs verbygaan (sonder om te help); *on the right* ~ op regs; *on the right/ better/sunny* ~ *of forty/etc., (skerts.)* duskant/deuskant/on= der die veertig/ens. (jaar); *keep/stay on the right* ~ *of s.o.* iem. se guns behou; *right* ~ *up* met die regte kant bo; *err on the safe* ~ (alte) versigtig wees; *to be on the safe* ~ versig= tigheidshalwe; *the seamy* ~ *of life* die donker/lelike kant van die lewe; *on the shady/wrong* ~ *of forty/etc., (skerts.)* aan die verkeerde kant van veertig/ens., oor die veertig/ens. (jaar); *(nearly) split/burst one's* ~*s (with laughter)* jou (amper/ byna) 'n boggel(tjie)/papie lag; *the sunny* ~ *of life* die ligte

kant van die lewe; **take** ~s kant/party kies; *not* **take** ~s on=
partydig bly, nie kant/party kies nie; *on that* ~ aan daardie
kant; **this** ~ *of* ... duskant/deuskant ...; *(infml.)* sonder om ...
*(iem. 'n leuenaar te noem ens.)*; ~s *of a* **triangle** sye van 'n
driehoek; *there are* **two** ~s *to every question* elke saak het
twee kante; *be on the* **ugly** ~ 'n bietjie lelik wees; *this* ~ *up*
dié kant bo; *the* **wrong** ~, *(tekst.)* die agterkant/keersy; *on the*
**wrong** ~ aan die verkeerde kant; *get out of bed on the* **wrong**
~ met die verkeerde been/voet uit die bed klim; *get on the*
**wrong** ~ *of s.o.* by iem. in onguns raak; **wrong** ~ *out* bin=
ne(n)stebuite. **side** *ww.* party trek, party kies; ~ *against s.o.*
teen iem. kant/party kies, jou teen iem. verklaar; ~ *with s.o.*
vir iem. kant/party kies, iem. se kant kies; vir iem. opkom;
die stryd/ens. vir iem. opneem. ~ **arm** *(pistool ens.)* sywapen.
~**band** *(rad.)* syband. ~**bar** *(jur.)* sybalie. ~ **bet** byweddenskap.
~**board** buffet, skinktafel. ~**burns** (kort) bakkebaardjie. ~**car**
sywaentjie, syspan(waentjie). ~ **chain** *(chem.)* syketting. ~
**dish** tussengereg; bygereg, bykos. ~ **door** sydeur. ~ **drum**
konserttrom, klein trom/tamboer. ~ **effect** newe-effek; *have*
~ ~s newe-effekte hê; *a* ~ ~ *of* ... 'n newe-effek van ... ~
**entrance** syingang. ~ **glance** sydelingse blik. ~ **issue** by=
saak, ondergeskikte kwessie. ~**kick** *(infml.)* vennoot; helper;
maat. ~**light** sylig, kantlig; syvenster; patrysvenster *(op 'n
skip)*; beligting, kykie (op); sydelingse inligting/illustrasie;
sylig *(fig.)*; *throw a curious* ~ *on* ... 'n snaakse lig werp op ...
~**line** *n.* sylyn; *(sport)* kantlyn; byverdienste; byvak; lief=
hebbery; newe-artikel; bysaak; *be on the* ~s toeskouer wees.
~**line** *adj.* bykomstig. ~**line** *ww.:* ~ *s.o.* iem. verwyder/weg=
laat *(uit 'n span ens.)*; iem. opsyskuif/-stoot *(of* opsy skuif/
stoot)*, iem. buite rekening laat *(wat besluitneming ens. betref)*.
~ **mirror** syspieël. ~ **note** kanttekening; kantverwysing. ~=
**on** *adj. (attr.)* sydelingse *(botsing ens.)*. ~-**on** *adv.* sydelings,
van die kant af; *the car hit us* ~ die motor het ons sydelings
*(of* van die kant af) getref. ~ **order** bygereg. ~ **plate** syplaat;
klein=, broodbordjie. ~ **road** uitdraaipad; afrit. ~ **saddle**
vroue=, dame=, dwarssaal. ~**show** byvertoning; bysaak; kraam=
(pie). ~**slip** *n.* (die) gly, glips; *(lugv.)* (sy)slip; loot, spruit.
~**slip** -*pp*-, *ww.* uitgly; slip; *(lugv.)* laat slip. ~-**splitting**
*(infml.)* skreeu=, kieliesnaaks, baie snaaks. ~ **step** *n.* trappie;
systap; liemaakstappie, swenk. ~**step** -*pp*-, *ww.* ontduik, ont=
wyk, verbyspring, koe(t)s. ~ **street** systraat, dwarsstraat.
~**stroke** syslag; kanthou. ~**swipe** *n.* veeghou; *(fig.)* sydeling=
se hou; skuinsbotsing. ~**swipe** *ww.* skuins bots; 'n veeghou
slaan/toedien. ~**track** *n.* syspoor, wisselspoor. ~**track** *ww.*
uitskuif, uitrangeer, op 'n syspoor bring; uitstel, opsy skuif,
op die lang(e) baan skuif; koudlei. ~ **view** profiel; syaansig;
*get a* ~ ~ *of* ... ... van die kant te sien kry. ~**walk** sypaadjie.
~**walk artist** sypaadjiekunstenaar. ~**walk café** straatkafee.
~**wall** symuur; sywand; sywal; wand *(v. 'n buiteband)*. ~
**whiskers** bakkebaard, wangbaard. ~ **wind** dwarswind, sy=
wind. ~ **window** syvenster; syruit *(v. 'n rytuig)*.

**side·long** sydelings, sywaarts.

**si·de·re·al** *(astron.)* sterre=, sideries, sideraal. ~ **day** sterre=
dag. ~ **time** sterretyd. ~ **year** sterrejaar.

**side·ways** *adj.* skuins, sywaarts, sydelings. **side·ways** *adv.*
sywaarts, sydelings, na die sykant.

**side·wind·er** *(Am., soöl.)* horingratelslang; *(boks)* haakhou;
*(S~, mil.)* Sidewindermissiel.

**sid·ing** syspoor, sylyn, wisselspoor; (spoorweg)halte.

**si·dle** *n.* systap, sywaartse beweging. **si·dle** *ww.* skuins/skeef/
dwars loop; skuifel, sluip; ~ *over/up to s.o.* iem. aarselend/
huiwerig nader; iem. kruiperig nader.

**siege** beleg, beleëring; *lay* ~ *to a town* 'n stad beleër; *raise a*
~ 'n beleg opbreek/ophef, 'n stad/vesting/ens. ontset; *in a
state of* ~ in staat van beleg. ~ **mentality** belegmentaliteit.

**sie·mens** *(elek.:* SI-eenh. v. *konduktansie)* siemens.

**si·en·na** *(soort oker)* Siënese aarde, siënna; *burnt* ~ gebrande
siënna; *raw* ~ rou siënna.

**si·er·ra** *(Sp.)* siërra, getande bergreeks.

**Si·er·ra Le·one** *(geog.)* Sierra Leone. **Si·er·ra Le·o·ne·an** *n.*
& *adj.* Sierra-Leonees.

**Si·er·ra Ne·va·da:** *the* ~ ~, *(bergreekse in Sp. en Kalifornië)*
die Sierra Nevada.

**si·es·ta** *(Sp.)* middagdutjie, =slapie, siësta; *have/take a* ~ 'n
middagslapie/-dutjie geniet.

**sieve** *n.* sif; *(try to) carry water in a* ~, *(fig.)* water in 'n
mandjie (probeer) dra, sop met 'n vurk (probeer) eet; *have
a head/memory/mind like a* ~, *(infml.)* vergeetagtig *(of* kort
van gedagte) wees, 'n kop/geheue soos 'n sif hê. **sieve** *ww.*
sif. ~ **cell** sif-sel. ~ **tube** sifvat.

**sieve·like** sifagtig.

**sift** sif; skif; ondersoek, uitpluis, naspeur; ~ *down, (as, stof,
kapok, ens.)* neersif, neerstuif, neerdaal; ~ *s.t. out* iets uitsif;
iets uitpluis; ~ *through s.t.* iets deurgaan/deursoek. **sift·er**
*(kookk.)* (meel)strooier; (suiker)strooier; draaisif. **sift·ing** sif=
ting; skifting; *(i.d. mv.)* sifsel.

**sigh** *n.* sug; *a deep* ~ 'n diep/swaar sug; *breathe/give/heave (or
let out) a* ~ *of relief* 'n sug van verligting slaak. **sigh** *ww.* sug;
*(d. wind ens.)* suis; ~ *with* ... sug van ... *(verligting ens.)*.

**sight** *n.* (die) sien, gesig, sig; uitsig; vertoning; visioen; skou=
spel; besienswaardigheid; peiling, waarneming; visier, korrel,
rigmiddel; *at the* ~ *of* ..., *(teenw.t.)* as iem. ... sien; *(verl.t.)* toe
iem. ... sien; *at/on* ~ op sig; *s.o. cannot bear the* ~ *of s.t.* iem.
kan nie na iets kyk nie; *a* ~ *to* **behold**, *('n tuin ens.)* 'n lus om
te sien; *a (long)* ~ **better/etc.** *than* ..., *(infml.)* stukke *(of* 'n
hele ent) beter/ens. as ...; *catch* (or *get a)* ~ *of* ... ... te sien
*(of* in die oog) kry; *s.o.* **comes** *in* ~ *of* ... iem. kan ... sien; ...
**comes** *in* ~ ... kom in sig; *draw s.t. at* ~, *(fin.)* iets op sig
trek; *far* ~, *(lett.)* versiendheid, vêrsiendheid; *at* **first** ~ op
die eerste gesig, by die eerste aanblik, by/met die eerste
oogopslag; *love at* **first** ~ liefde met die eerste oogopslag *(of
op* die eerste gesig *of* by die eerste aanblik); *get a* ~ *of* ... →
**catch; (get)** *out of my* ~! weg *(of* gee pad) onder my oë
(uit)!, maak dat jy wegkom!; *have* **good** ~ goeie/skerp oë hê;
*s.o.* **hates** (or *cannot* **bear/stand**) *the* ~ *of* ... iem. kan ... nie
uitstaan/veel *(of* onder sy/haar oë verdra) nie; *have s.t. in
one's* ~s, **have/set** *one's* ~s *on s.t.* na/op iets mik, iets op die
oog hê; *in/within* ~ in sig, sigbaar; *s.t. happens* **in/within** ~
*of s.o.* iets gebeur waar iem. dit kan sien *(of* voor iem. se oë
*of* ten aanskoue van iem.); *have* **keen/sharp** ~ skerp oë hê,
'n skerp gesig hê; *keep in* ~ *of s.o.* bly waar iem. jou kan
sien; *keep s.o./s.t. in* ~ iem./iets in die oog hou; *keep out of*
~ uit die gesig bly, sorg dat niemand jou sien nie; jou skaars
hou; *know s.o. by* ~ iem. van sien ken; *a* ~ *less/more than*
..., *(infml.)* 'n hele boel minder/meer as ...; *long* ~, *(lett.)*
versiendheid, vêrsiendheid; *not by a* **long** ~, *(infml.)* lank/
glad nie; *look a* ~, *(infml.)* afgryslik/potsierlik/snaaks *(of*
soos 'n voëlverskrikker) lyk; *lose* ~ *of s.o./s.t.*, *(lett. & fig.)*
iem./iets uit die oog verloor; *be* **lost** *to* ~ uit die gesig wees;
*lower/raise one's* ~s, *(fig.)* jou visier laer/hoër stel, laer/hoër
mik, minder/groter eise stel; *make a* ~ *of o.s.*, *(infml.)* jou
belaglik maak; *near* ~ bysiendheid; *out of* ~ uit sig, uit die
gesig/oog, onder die oë uit; *(infml., pryse ens.)* baie hoog;
uitstekend; *out of* ~, *out of mind* uit die oog, uit die hart; *pay
at* ~ op sig betaal; *payable at* ~ op sig betaalbaar; *play
(music) at* ~ (musiek) van die blad speel; *a* **proud** ~ 'n trotse/
pragtige gesig; *a* **rare** ~ 'n seldsame gesig; *read s.t. at* ~ iets
voor die vuis lees; *it is a* **revolting** ~ dit is 'n aaklige gesig;
dit maak ('n) mens naar; *have* (or *be gifted with)* **second** ~
heldersiende *(of* met die helm gebore) wees; *see the* ~s die
besienswaardighede bekyk/besigtig; *a* ~ *to* **see** pragtig; *(infml.)*
'n spektakel; *sense of* ~ gesig(sin); *shoot at/on* ~ dadelik *(of
op* staande voet *of* voor die voet) skiet; *short* ~ bysiendheid;
*a* ~ *for* **sore eyes**, *(infml.)* 'n lus vir die oë; *a* **sorry** ~ 'n
treurige gesig; *be a* **sorry** ~ sleg lyk; *take* ~ korrelvat, korrel=
vat; *buy s.t.* ~ **unseen** iets onbesiens/ongesiens koop. **sight**
*ww.* sien, in die oog/gesig kry, aanskou, te sien kry; beken,

waarneem; korrel(vat), korrel vat, mik; in die visier kry; peil; stel, visiervas maak, op skoot bring/sit; *(sport)* uitwys *('n vuil= speler); (fin.)* aksepteer *('n wissel).* ~ **bill,** ~ **draft** *(fin.)* sigwis= sel. ~ **glass** sigglas. ~**line** rig=, visierlyn. ~**-read** *ww.* blad= lees. ~**-reading** *n.* bladlees. ~**screen** *(kr.)* sigskerm. ~**seeing** (die) kyk na besienswaardighede; toerisme; *go* ~ op besig= tiging gaan; *go* ~ *in the town* die stad gaan bekyk. ~**seeing tour** besigtigingsreis, =toer, kyktoer, toeristereis. ~**seer** toe= ris. ~ **test** oogtoets; visiertoets. ~**worthy** besienswaardig.

**sight·ed** *(ook)* siende.

**sight·ing** waarneming; korrelvat; visierstelling, visierstand. ~ **angle** korrelhoek; bekenhoek. ~ **shot, sighter** peilskoot; proefskoot.

**sight·less** blind. **sight·less·ness** blindheid.

**sight·ly** mooi, fraai, aangenaam vir die oog.

**sig·ma** sigma, Griekse *s.* **sig·mate** S-vormig.

**sig·moid** S-vormig; ~ *colon, (anat.)* S-derm, S-boog. **sig= moi·dal** S-vormig.

**sign** *n.* teken, merk; aanduiding, beduidenis; voorteken; wag= woord; uithangbord, =teken, reklame(teken); simbool, sin= nebeeld; spoor; *as a* ~ *of* ... as teken van ...; as blyk van ...; ~*s and* **countersigns** geheime afgesproke tekens; *make the* ~ *of the* **cross** die kruisteken maak; *give a* ~ 'n teken gee; *no* ~ *of* **life** geen teken van lewe nie; *make a* ~ 'n teken gee; *show* ~*s of* ... tekens van ... toon; aanstalte(s) maak om ...; *a* **sure** ~ *of/that* ... 'n seker teken van/dat ...; *a* ~ *of the* **times** 'n teken van die tyd; ~ *of* **weakness** teken van swakheid; ~*s and* **wonders** tekens en wonders. **sign** *ww.* teken, onder= teken; 'n teken gee; sinjeer *('n tekening, skildery);* →SIGNED, SIGNING; ~ *(one's)* **assent** toestemmend knik; ~ *s.t.* **away** iets wegteken, skriftelik van iets afstand doen; ~ *for s.o.* namens/ vir iem. teken; ~ *for s.t.* teken dat jy iets ontvang het; teken vir iets *('n bedrag);* ~ *in* inteken, by jou aankoms teken; ~ *one's* **name** naam teken; ~ *one's* **name** *to s.t.* iets on= derteken, jou naam onder iets teken; ~ *off* uittree; *(rad.)* 'n uitsending afsluit; ~*ing* **officer** rekenpligtige amptenaar; ~ *on* aansluit; *(rad.)* 'n uitsending begin; ~ *s.o.* **on** iem. in diens neem, iem. se dienste verkry; iem. aanmonster *('n matroos ens.);* ~ **out** by jou vertrek teken; ~ *over s.t. to s.o.* iets aan iem. oormaak/oordra; ~ *up* aansluit; ~ *s.o.* **up** iem. in diens neem, iem. se dienste verkry. ~**board** uithang=, reklamebord. ~ **language** gebaretaal. ~**post** *n.* uithangbord; hand=, weg=, padwyser, naambord. ~**post** *ww.* padwysers/naamborde aanbring; *the roads are well/badly* ~*ed* die padaanwysings is goed *(of* nie alte goed nie). ~**writer,** ~ **painter** sierverwer, dekorateur, dekorasieskilder. ~**writing,** ~**-painting** sierverf= werk.

**sign·age** aanwysings; reklame=, uithangborde; naamborde.

**sig·nal** *n.* teken; sein; sinjaal; *(mil.)* berig; *s.t. is the* ~ *for* ... iets sit ... aan die gang, iets laat ... begin; *give s.o. a* ~ iem. 'n sein gee, vir iem. sein; ~ *for retreat* aftogsein. **sig·nal** *adj.* duidelik, beslis, onmiskenbaar, sprekend; treffend, merk= waardig, voortreflik, skitterend; ~ *success* glansryke sukses; ~ *victory* klinkende oorwinning. **sig·nal** -*ll-, ww.* tekens *(of* 'n teken/wenk) gee; aankondig; sein; oorsein; sinjaleer; ~ *to s.o.* vir iem. sein, iem. die/'n sein/teken gee. ~ **box,** ~ **cabin** sein=, sinjaalhuis(ie). ~ **light** seinlig. ~**man** seiner; *(spw.)* seinwagter. ~ **red** sinjaalrooi. ~**-to-noise ratio** *(rad.)* sein= (ge)ruis-verhouding. ~ **tower** seintoring.

**sig·nal·ise,** -**ize** kenmerk; onderskei; beskrywe, sinjaleer.

**sig·nal·ler** seiner; seingewer; ~*'s* **key** seinsleutel.

**sig·nal·ling** seine, seinwerk; seingewing. ~ **code** seinkode. ~ **disc,** ~ **disk** seinskyf. ~ **flag** seinvlag; aanwysvlag. ~ **key** seinsleutel.

**sig·nal·ly** *adv.* duidelik; opmerklik; klaarblyklik, kennelik; glansryk; ~ *fail to do s.t.* kennelik nie daarin slaag om iets te doen nie.

**sig·na·to·ry** *n.* ondertekenaar; *the signatories to/of a treaty*

die ondertekenaars van 'n verdrag. **sig·na·to·ry** *adj.* onder= tekenend.

**sig·na·ture** naam=, handtekening, ondertekening; *(druk.)* teken, sinjatuur; onderskrif; *(mus.)* voorteken(ing); voor= koms; voorteken; aanduiding, aanwysing; *affix one's* ~ *to s.t.,* *put one's* ~ *on s.t.* iets onderteken, jou handtekening aan iets heg; *trace a* ~ 'n handtekening nateken. ~ **dish** *(kookk.)* spesialiteitsgereg. ~ **tune** kenwysie.

**signed** geteken(d); *(jur.)* was geteken(d); ~, *sealed and de= livered* kant en klaar; in die allerbeste orde.

**sig·net** *(hoofs. hist.)* seël; seëlring. ~ **ring** seëlring. ~ **seal** handseël.

**sig·nif·i·cance** betekenis, gewig, belang; betekenisinhoud, beduidenis, draagwydte; sinrykheid, veelseggendheid; *have great* ~ *for* ..., *be of great* ~ *to* ... van groot belang vir ... wees; *be of no* ~ onbelangrik wees; onbeduidend wees; *read* ~ *into s.t.* betekenis aan iets heg.

**sig·nif·i·cant** betekenisvol, gewigtig, veelbetekenend, opval= lend, sinryk, veelseggend, sinvol; opmerklik; noemenswaar= dig, beduidend, belangrik; belangwekkend; *s.t. is* ~ *of* ... iets is 'n teken van ..., iets dui aan dat ...; iets is kenmerkend vir ... ~ **figures** *(wisk.)* tellende/geldende syfers. ~ **other** *(infml.)* geliefde, lewensmaat, wederhelf(te).

**sig·nif·i·cant·ly** aanmerklik, aansienlik; *look at s.o.* ~ iem. betekenisvol aankyk.

**sig·ni·fy** aandui; beteken; te kenne gee; openbaar, aandui, uitdruk; *it does not* ~ dit is van geen belang nie. **sig·ni·fi·ca= tion** betekenis; aanduiding. **sig·nif·i·ca·tive** betekenisvol; aanduidend; *be* ~ *of s.t.* iets aandui. **sig·ni·fi·er** *(ling.)* aanduier.

**sign·ing** ondertekening; *(sport)* kontrakspeler.

**si·gnor, si·gnor** =*gnors,* =*gnori, (It.)* meneer. **si·gno·ra** -*gno= ras,* =*gnore, (It.)* mevrou. **si·gno·ri·na** =*rinas,* =*rine, (It.)* (me)= juffrou.

**Sikh** *(lid v. 'n Ind. godsdiens)* Sikh. **Sikh·ism** Sikhisme.

**si·lage** *n.* kuilvoer. **si·lage** *ww.* inkuil, ensileer.

**sild** sild, *('n jong haring)* sild.

**si·lence** *n.* stilte; geluidloosheid; stilswye, stilswygendheid; geheimhouding; vergetelheid; *break the* ~ die stilte ver= breek; *break* ~ jou stilswye verbreek; ~ *gives* **consent** wie swyg, stem toe; *there is dead* ~ doodse stilte heers; ~ *can be* **eloquent** swye/swyg is ook 'n antwoord; *a* ~ *falls* dit word stil; ~ *is* **gold(en)** swye is goud; *in* ~ in stilte; *keep* ~ swyg, stilbly, die swye bewaar; *listen to s.o. in* ~ iem. stil= swy(g)end aanhoor; *be* **met** *by* ~ met stilswye begroet/ beantwoord word; *observe* ~ stilbly, die stilswye bewaar; *s.o.'s* ~ *on s.t.* iem. se stilswye oor iets; *pass s.t. over in* ~ iets stilswy(g)end verbygaan; *put/reduce s.o. to* ~ iem. stilmaak *(of* laat swyg); ~ *reigns* alles is (dood)stil, stilte heers; *swear s.o. to* ~ iem. laat sweer om nie oor/van iets te praat nie; *an uneasy* ~ 'n gespanne stilte. **si·lence** *ww.* stilmaak, laat swyg, die swye oplê, tot swye bring; dooddruk; ~ *s.o., (ook)* iem. se/die mond snoer, iem. die domper opsit. **si·lenc·er** *(mot.)* (knal)demper, knalpot; geluiddemper; magspreuk.

**si·lent** stil, geluidloos; swygend, stilswy(g)end, swygsaam; *(fonet.)* onuitgesproke, stom *('n letter); (med.)* simptoomvry; *be* ~ *about s.t.* nie oor/van iets praat nie, oor iets swyg; *be/ keep/remain* ~ stilbly, swyg, die swye bewaar; *be* ~! bly stil!; *become/fall* ~ stil raak/word; *be as* ~ *as the* **grave** swyg soos die graf; doodstil wees. ~ **film** stilprent, stil/stom film. ~ **majority:** *the* ~ ~ die swygende meerderheid. ~ **partner** *(Am.)* →SLEEPING PARTNER.

**si·lent·ly** stil; (stil)swygend; in stilte; *read* ~ stil lees.

**si·lent·ness** swygsaamheid.

**Si·le·si·a** *(geog.)* Silesië. **si·le·si·a** Silesiese linne. **Si·le·si·an** *n.* Silesiër. **Si·le·si·an** *adj.* Silesies.

**si·lex** sileks, kwartsglas.

**sil·hou·ette** *n.* silhoeët, skadubeeld; profiel. **sil·hou·ette**

*ww.* silhoeëtteer, afskadu; *be ~d against* ... teen ... afgeteken staan.

**sil·i·ca** silika, kieselaarde. ~ **gel** silika=, kieseljel. ~ **rock** kie= selsteen.

**sil·i·cate** silikaat, kieselsuursout; ~ *of lime* kieselkalk; ~ *min= eral* silikaatgesteente.

**si·li·ceous, si·li·cious** silikahoudend; ~ *sinter* kieselsinter; ~ *varnish* waterglas.

**si·lic·ic** silisies, kiesel=; ~ *acid* kiesel=, silikonsuur.

**si·lic·i·fy** verkiesel, silisifiseer. **si·lic·i·fi·ca·tion** verkieseling, silisifikasie, silisifisering.

**sil·i·con** *(chem., simb.:* Si) silikon, kiesel. ~ **carbide** silikon= karbied; →CARBORUNDUM. ~ **chip** = MICROCHIP. ~-**controlled rectifier, thyristor** *(elektron.)* beheerde silikongelykrigter, tiristor. **S~ Valley** *(d. hart v. Am. se IT-bedryf)* Silikonvallei; *(alg.)* silikonvallei, tegno(logie)park.

**sil·i·cone** silikoon; ~ *implant* silikooninplanting.

**sil·i·co·sis** *(med.)* silikose, stoflong.

**silk** sy; systof; senior advokaat; →SENIOR COUNSEL; *(ook, i.d. mv.)* syklere; *take* ~ senior advokaat word. ~ **cotton** kapok. ~-**cotton tree** *(Ceiba pentandra)* kapokboom; *(Bombax ceiba)* sywol=, kaasboom. ~ **gland** spinklier. ~ **hat** pluiskeil, hoë hoed. **S~ Road, S~ Route:** *the* ~ ~, *(hist.)* die Chinese/Sji= nese syroete. ~ **screen** *n.* syskerm. ~-**screen** *ww.* sifdruk. ~-**screen (print)** *n.* sifdruk. ~ **taffeta** tafsy. ~ **thread** sydraad. ~ **weaver** sywewer. ~**worm** sywurm.

**silk·en** sy=, van sy; syerig, syagtig; ~ *thread* sydraad(jie).

**silk·i·ness** syagtigheid, syerigheid *(v. materiaal ens.)*; flu= weelsagtheid *(v. 'n stem ens.)*.

**silk-like** syagtig, syerig.

**silk·y** syagtig, syerig, sag; stroperig, vleierig; *a* ~ *lustre* 'n syglans. ~-**haired** syharig. ~ **oak** *(Grevillea robusta)* silwer= eik.

**sill** vensterbank; drumpel; voetstuk; =balk; dwarslêer; *(geol.)* (intrusie)plaat; bodem *(in 'n dok)*.

**sil·li·ma·nite** *(min.)* sillimaniet.

**sil·li·ness** dwaasheid, domheid; lawwigheid, lafheid, ver= spot(tig)heid; flouheid.

**sil·ly** *-lies, n.* swaap; dwaas. **sil·ly** *adj.* verspot, laf, stuitig; kinderagtig; onnosel, dom, dwaas; onbenullig; *don't be* ~*!* moenie laf/verspot wees nie!; *you* ~*fool!* jou aap/bobbejaan!; *look* ~ verspot lyk; op jou neus kyk; *make s.o. look* ~ iem. op sy/haar neus laat kyk, iem. laat belaglik lyk; *the* ~ *season* (die) komkommertyd; ~ *talk* lawwe praatjies; *be utterly* ~ die verspotheid self wees; *too* ~ *for words* te gek om los te loop. ~-(-**billy)** *(infml.)* asjas, aspatat. ~-**clever** domslim.

**si·lo** *-los, n.* voer=, kuiltoring, silo; *(pit)* ~ voerkuil; graankuil. **si·lo** *ww.* inkuil, ensileer.

**silt** *n.* slik, slib, aanslibsel, aansliksel, slyk. **silt** *ww.* toeslik, vol slik loop; aanslik, aanslib; ~ *up* toeslik, verslik, verslib, toespoel; versand. ~**stone** sliksteen.

**silt·a·tion** aanslikking; toeslikking, verslikking; versanding.

**silt·ing** mynvulling; aanslikking, aanslibbing; ~ *up* toeslik= king, toespoeling; versanding.

**Si·lu·ri·an** *-lurians, -lures, n., (lid v. 'n antieke Walliese volk)* Siluriër; *the* ~, *(geol.)* die Siluur(tydperk). **Si·lu·ri·an** *adj.* Siluries; *(geol.)* Siluur=.

**sil·ver** *n., (metal., simb.:* Ag) silwer; silwergeld; silwergoed, =ware, tafelsilwer; *leaf* ~ bladsilwer. **sil·ver** *adj.* silwer=; silwer(kleurig). **sil·ver** *ww.* wit/grys word; versilwer; ver= foelie; ~ *s.t. over* iets oorsilwer. ~ **age** silwer eeu. ~**back (gorilla)** *(volwasse mannetjie)* silwerrug(gorilla). ~ **birch** *(bot.: Betula pendula)* silwerberk. ~ **fern** *(plant)* silwervaring; *(em= bleem)* silwer varing. ~ **fir** silwerden. ~**fish** *(igt.: Argyrozona argyrozona)* kapenaar, silwervis, doppie, rooitjie; *(igt.: Petrus rupestris)* rooi steenbras, silwervis; *(entom.: Lepisma saccha=*

*rina)* silwervis(sie), silwer=, vis=, papiermot, varkie; →FISH MOTH. ~ **fox** *(Am.)* silwervos. ~ **gilt** vergulde silwer. ~-**grey** silwergrys. ~-**haired** silwerharig, met (die) silwerwit hare. ~ **jubilee** silwerjubileum, kwarteeufees. ~ **leaf** bladsilwer. ~ **lining:** *every cloud has a* ~ ~ agter die wolke skyn tog die son, daar is altyd 'n geluk by 'n ongeluk, geen kwaad sonder baat. ~ **medal** silwermedalje, =penning. ~ **nitrate** silwer= nitraat, helsteen. ~ **paper** silwer=, blinkpapier. ~ **plate** *n.* tafelsilwer, silwerware, =gerei. ~-**plate** *ww.* versilwer, oor= silwer. ~-**plate(d)** *adj.* versilwer(d), silwerpleet=. ~ **screen** rolprentskerm, silwerdoek; *the* ~ ~ die rolprentbedryf. ~**side** *(beesvleis)* dy, biltongvleis, binneboudstuk; *(igt.)* spierinkie; *(igt.)* (Kaapse) ansjovis, assous, assoois. ~**smith** silwersmid. ~ **solution** silweroplossing. ~ **tongue** gladde/welsprekende tong; *have a* ~ ~, *(ook)* welbespraak/welsprekend wees. ~-**tongued** welsprekend, welbespraak. ~ **tree, ~-leaf (tree)** *(Leucadendron argenteum)* silwerboom. ~**ware** silwergoed, =ware, =werk, =gerei, tafelsilwer. ~ **wedding** silwerbruilof. ~**weed** *(Potentilla anserina)* silwerskoon, =kruid. ~ **white** *n., (witlood wat as verfgrondstof dien)* franswit. ~-**white** *adj.* silwerwit.

**sil·ver·y** silweragtig, silwer; silwerkleurig; wit glansend; ~ *moonshine* silwer maanskyn.

**sil·vi·cul·ture** houtteelt, bosbou, =kultuur; bosboukunde. **sil·vi·cul·tur·al** bosboukundig. **sil·vi·cul·tur·ist** bosbouer; bos= boukundige; houtkweker.

**si·ma** *(geol.)* sima.

**SIM card** *(telekom., afk.:* subscriber identity module*)* SIM-kaart.

**sim·i·an** *n., (soöl.)* aap. **sim·i·an** *adj.* aapagtig, aap=.

**sim·i·lar** eenders, (soort)gelyk, ooreenkomstig, gelyksoortig; gelykvormig; ~ *causes* ~ *effects* gelyke oorsake gelyke ge= volge; ~ *figures/surfaces/etc.* gelykvormige figure/vlakke/ ens.; ~ *fractions, (wisk.)* gelyknamige breuke; ~ *terms, (wisk.)* gelyksoortige terme; *be* ~ *to* ... soortgelyk wees aan ...; gelykvormig wees aan ...; *they are very* ~ hulle is baie eenders/eners; *they are very* ~ *in appearance* hulle lyk baie eenders/eners. **sim·i·lar·i·ty** eendersheid, ooreenkoms, gely= kenis, gelykheid; gelyksoortigheid; gelykvormigheid; *the* ~ *between* ... *and* ... die ooreenkoms tussen ... en ...; ~ *is not identity* soortgelykheid is nie (noodwendig) identiteit nie; *the* ~ *of* ... *to* ... die ooreenkoms van ... met ... **sim·i·lar·ly** op dieselfde manier, net so, eweneens.

**sim·i·le** vergelyking, beeld.

**si·mil·i·tude** eendersheid, ooreenkoms, gelykenis.

**Sim·men·t(h)a·ler** Simmentaler(-bees).

**sim·mer** *n.: s.t. is on the* ~ iets is saggies/effens/effe(ntjies) aan die kook, iets prut; *s.o. is on the* ~ dit kook in iem.; *bring s.t. to a* ~ iets laat prut. **sim·mer** *ww.* borrel; *('n ketel)* sing; prut, saggies/effentjies kook; saggies (laat) kook; *(fig.)* gis, kook; borrel van opwinding; *s.o.* ~*s down, (fig.)* iem. koel af *(of* bedaar).

**sim·nel (cake)** *(hoofs. Br.)* simnelkoek.

**Si·mon:** ~ **Pure** *n.: the real* ~ ~ die ware Jakob, die egte/on= vervalste. **s~-pure** *adj.* eg, suiwer, onvervals, outentiek. ~'**s Town** Simonstad.

**si·moom, si·moon** samoem, warm woestynwind.

**sim·pa·ti·co** *adj., (It., Am., infml.)* aangenaam, gaaf, vrien= delik; simpatiek, warm; *be in* ~ *about many things* oor baie dinge saamstem; geesgenote/geesverwante wees.

**sim·per** *n.* aanstellerige/gemaakte glimlaggie. **sim·per** *ww.* aanstellerig/gemaak glimlag, grynslag. **sim·per·ing** *adj., sim= per·ing·ly** *adv.* aanstellerig, pretensieus; selfvoldaan, self= ingenome; kokketerig; verspot, stuitig.

**sim·ple** eenvoudig; enkel, skoon; *(wisk.)* enkelvoudig; opsig= selfstaande; onskuldig; onnosel, simpel; *(bot.)* onvertak; on= gekunsteld, ongemaak; *as* ~ *as ABC* doodeenvoudig; *a* ~ *farmer* 'n eenvoudige boer, *(neerh.)* 'n plat boer; *a* ~ *life* 'n eenvoudige leefwyse/lewenswyse; *that would be* ~ **murder/** *etc.* dit sou niks anders as moord/ens. wees nie; *the problem is very* ~ die vraagstuk is baie eenvoudig; *s.t. is quite* ~ iets is doodeenvoudig; iets is baie maklik. ~ **addition** *(wisk.)* eenvoudige optelling. ~ **eye** *(entom.)* enkelvoudige oog. ~ **fraction** *(wisk.)* eenvoudige breuk. ~ **fracture** *(med.)* gewone beenbreuk. ~**-hearted** opreg, eenvoudig. ~ **interest** *(fin.)* enkelvoudige rente. ~ **interval** *(mus.: interval kleiner as 'n oktaaf)* enkelvoudige interval. ~ **machine** eenvoudige masjien; *(meg.)* enkelvoudige werktuig. ~**-minded** onskuldig; eenvoudig (van gees); simpel, onnosel, dom, swaksinnig. ~ **sentence** *(ling.)* enkelvoudige sin. **S**~ **Simon** Jan Pampoen, uilskuiken. ~ **time** *(mus.)* enkelvoudige tydmaat.

**sim·ple·ton** onnosel(e), swaap, domkop.

**sim·plex** *=plexes, =plices* simpleks; *(ling.)* enkelwoord.

**sim·plic·i·ty** eenvoud; eenvoudigheid, natuurlikheid, onskuld; *it is* ~ *itself* dit is doodeenvoudig; dit is doodmaklik.

**sim·pli·fy** vereenvoudig. **sim·pli·fi·ca·tion** vereenvoudiging.

**sim·plis·tic** simplisties.

**sim·ply** enkel, eenvoudig, louter, niks anders as, puur, gewoon(weg); *quite* ~ doodeenvoudig; ~ *and solely* enkel en alleen.

**sim·u·la·crum** *=lacra, =lacrums* skyn(beeld), beeltenis, namaaksel.

**sim·u·late** veins, voorgee, voorwend; simuleer, naboots, namaak; fingeer. **sim·u·lat·ed** *(ook)* aangeplak; ~ *smile* aangeplakte glimlag. **sim·u·la·tion** nabootsing; simulasie; voorwendsel, veinsing. **sim·u·la·tor** nabootser *(vir vliegopleiding ens.);* simulant.

**sim·ul·cast** *n., (rad., TV)* koppeluitsending. **sim·ul·cast** *ww.* gelyktydig (oor die radio en TV) uitsaai.

**sim·ul·ta·ne·ous** gelyktydig; ~ *equations, (wisk.)* gelyktydige vergelykings. **sim·ul·ta·ne·ous·ly** tegelyk(ertyd); ~ *with* ... gelyktydig/tegelyk met ... **sim·ul·ta·ne·ous·ness, sim·ul·ta·ne·i·ty** gelyktydigheid.

**sin** *n.* sonde; oortreding; →SINFUL; *burden of* ~ skuld(e)las, sondelas, =skuld; *a capital* ~ 'n hoofsonde; *commit a* ~ sonde doen; *confess one's* ~s jou sonde bely/bieg, belydenis doen van jou sonde; *a deadly/mortal* ~ 'n doodsonde; *for one's* ~s, *(dikw. skerts.)* vir jou straf; *s.o.'s* ~s *are forgiven* iem. se sonde is vergewe; *live in* ~, *(dikw. skerts.: 'n ongetroude paartjie)* in sonde leef/lewe; *a secret* ~ 'n verborge sonde; *it's a* ~ *to* ... dit is sonde om ... **sin** *=nn-, ww.* sonde doen, sondig; ~ *against* ... teen ... sondig. ~ **bin** *n., (infml., yshokkie, rugby, ens.)* koelkas. ~**-bin** *ww., (infml., sport)* koelkas toe stuur.

**Si·nai** *(geog.)* Sinai; *Mount* ~ Sinaiberg. **Si·na·it·ic** Sinaïties.

**since** *adv.* daarna, van toe af; gelede; *how long is it* ~? hoe lank gelede is dit?. **since** *prep.* sedert, sinds, van ... af; *it is months/years* ~ *s.o. saw* ... iem. het ... in geen maande/jare gesien nie *(of* maande/jare laas gesien)*; ~ *then* sedertdien; ~ *time immemorial* uit jare/eeue her. **since** *voegw.* nadat, sedert, vandat; aangesien, omdat; *know s.o.* ~ *he/she was twelve/etc.* iem. ken vandat hy/sy twaalf/ens. is/was; *what has happened* ~ ...? wat het gebeur vandat/sedert ...?; ~ *that is so* aangesien dit so is.

**sin·cere** openhartig, opreg, eerlik. **sin·cere·ly** opreg; openhartig; *thank s.o. most* ~ iem. die hartlikste dank betuig; ~ *yours, yours* ~ geheel die uwe. **sin·cer·i·ty** opregtheid, openhartigheid; hartlikheid; *in all* ~ in alle opregtheid.

**sin·ci·put** *(anat.)* bokop, skedelkruin. **sin·cip·i·tal** kruin=, bokops=.

**Si·nde·be·le, i·si·Nde·be·le, Nde·be·le** *(taal)* Ndebele.

**sine¹** *n., (wisk.)* sinus. ~ **curve** sinuskromme.

**si·ne²** *prep., (Lat.)* sonder; ~ *causa* sonder oorsaak; ~ *die* vir onbepaalde tyd; ~ *qua non* sine qua non, noodsaaklike/ absolute voorwaarde/voorvereiste.

**si·ne·cure** sinekuur, lui baantjie, amp sonder werk.

**sin·ew** sening. **sin·ew·y** seningagtig; seningrig; sterk, gespier(d), kragtig.

**sin·fo·ni·a** *=nie, (It., mus.:* simfonie; ouverture; simfonieorkes) sinfonia. **sin·fo·niet·ta** *(It., mus.:* ligte simfonie; klein simfonieorkes) sinfonietta.

**sin·ful** sondig. **sin·ful·ness** sondigheid.

**sing** sang sung sing; *(bye)* gons, zoem; *(infml.)* klik; *(infml.)* bieg, (skuld) beken, met die waarheid uitkom; ~ *along* saamsing; ~ *away* (lustig) voortsing; ~ *s.t. away* iets wegsing *(sorge);* ~ *high/low* hoog/laag sing; ~ *off key* vals sing; ~ *out* uit volle bors sing, hard sing; ~ *small* in jou skulp kruip; mooi broodjies bak; ~ *the same song/tune* ander napraat; ~ *to s.o.* vir iem. sing; ~ *to an audience* vir/voor 'n gehoor sing; ~ *to a piano/etc.* by 'n klavier/ens. sing; ~ *s.o. to sleep* iem. aan die slaap sing. ~**along** *n.* saamsingaand, =geleentheid; saamsingery; saamsingmusiek, =liedjie. ~**song** *n.* eentonige wysie; eentonigheid; amateur(s)konsert; singery, sangoefening; sang=, liedereaand *(students')* ~ rasie. ~**song** *adj.* eentonig, temerig; *in a* ~ *tone* op sangerige toon. ~**song** *=songed =songed, ww.* opdreun, eentonig praat/voordra/ens..

**sing·a·ble** singbaar. **sing·a·ble·ness** singbaarheid.

**Sin·ga·pore** *(geog.)* Singapoer.

**singe** skroei; sing, afbrand; ~ *one's feathers/wings, (infml.)* jou vingers verbrand; ~ *the hair* die hare skroei; ~ *a pig* die hare van 'n vark afbrand/-skroei. **singe·ing** (die) skroei, skroeiing.

**sing·er** sanger; *(female)* ~ sangeres. ~**-songwriter** sanger-liedjieskrywer.

**sing·ing** *n.* sang; singery, (die) sing; getuit, gesuis *(i.d. ore);* sanglesse; sangkuns; *lead the* ~ die gesang insit; *school of* ~ sangskool; *study* ~ sang studeer. **sing·ing** *adj.* singend; sang=. ~ **bird** sangvoël. ~ **lesson** sangles. ~ **teacher** sang-onderwyser(es). ~ **star** sang-ster.

**sin·gle** *n.* een, eentjie; enkeling; enkelsnit(-CD); *(kr.)* enkellopie. **sin·gle** *adj.* enkel(d); een; enkelvoudig; ongetroud; alleen(lopend); alleenstaande; afsonderlik; enkel=; eenpersoons=; *(bot.)* enkelblommig; *there was a* ~ ... daar was een (enkele) ...; *with a* ~ *mind/purpose* met (net) een doel voor oë; *not a* ~ *person* niemand; *not speak a* ~ *word* geen *(of* nie 'n) enkele/dooie woord sê nie. **sin·gle** *ww.:* ~ *s.o./s.t. out* iem./iets uitkies/-soek/aanwys; iem./iets uitsonder; ~ *s.t. out, (ook)* iets uitlig *(of* na vore bring); iets uitdun *(plantjies).* ~**action** *adj. (attr.):* ~ *pump* eenslag=, enkelslagpomp. ~ **bed** enkelbed. ~**-breasted** met 'n ry knope *(pred.),* enkelbors= *(baadjie ens.).* ~**-cell protein** enkelselproteïen. ~ **combat:** *in* ~ ~ in 'n tweegeveg. ~ **cream** *(Br.)* dun room. ~**-decker,** ~**-deck(er) bus** eendekker(bus). ~**-engined** eenmotorig. ~**-entry (bookkeeping)** enkele boekhouding. ~**-eyed** met een oog *(pred.),* eenoog= *(fig.)* eerlik, opreg; onselfsugtig; doelbewus. ~**-handed** *adj. & adv.* met een hand; vir een hand; (man-/vrou-)alleen, op jou eie/eentjie; ~ *race* alleenwedvaart. ~**-handedly** *adv.* met een hand; (man-/vrou-)alleen, op jou eie/eentjie. ~ **journey** enkelreis. ~**-lane road** enkelbaanpad. ~**-lens reflex (camera)** enkel=, eenlensrefleks(kamera). ~ **life** ongetroude lewe. ~**-line traffic** eenstroomverkeer. ~ **man,** ~ **woman** vrygesel, ongetroude man/vrou. ~ **market** *(ekon.)* enkelmark, enkele mark. ~**-masted vessel** eenmaster. ~**-minded** doelgerig; eerlik; opreg. ~**-mindedly** met (net) een doel voor oë. ~**-mindedness** doelgerigtheid; eerlikheid; opregtheid. ~ **parent** enkelouer. ~**-party** *adj. (attr.)* eenparty= *(stelsel ens.).* ~**-phase** *adj.* eenfasig. ~ **premium** koopsom, enkele premie. ~ **quarters** enkelkwartier(e). ~ **room** enkelkamer, kamer vir een. ~**-seater** eenpersoonsrytuig; eenpersoonsmotor; eenpersoonsvliegtuig. ~**-sex** *adj. (attr.)* enkelgeslag= *(hostelle ens.);* ~ *schools* enkelgeslagskole, afsonderlike skole vir seuns en meisies. ~**-storeyed,** *(Am.)* ~**-storied** eenkelverdieping=. ~ **switch** enkelskakelaar. ~ **ticket** enkelkaartjie. ~ **track** enkelspoor.

**sin·gle·ness** enkelvoudigheid; ongetroude staat; ~ *of pur-*

*pose* doelgerigtheid, doelbewustheid, koersvastheid; *with ~ of purpose* doelgerig, met (net) een doel voor oë.

**sin·gles** *n. (mv.)* ene; *(tennis)* enkelspel; *boys'/girls'/men's/ women's ~* seuns-/meisies-/mans-/vroue-enkelspel. *~* **bar** alleenloperkroeg. *~* **champion** enkelspelkampioen. *~* **match** enkel(spel)wedstryd. *~* **play** enkelspel. *~* **player** enkelspeler, =speelster.

**sin·glet** onderhemp, frok(kie).

**sin·gle·ton** enkeling; eenling; enetjie.

**sin·gly** een vir een, een-een, afsonderlik, alleen, stuksgewys(e); *sell s.t. ~* iets per stuk verkoop.

**sin·gu·lar** *n.* enkelvoud. **sin·gu·lar** *adj.* enkelvoudig; buitengewoon; vreemd, eienaardig, sonderling; seldsaam; *all and ~* almal en elkeen in die besonder; *~ form, (ling.)* enkelvoudsvorm, singularis; *~ fraction, (wisk.)* singuliere breuk. **sin·gu·lar·i·ty** sonderlingheid, eienaardigheid, merkwaardigheid, enkelvoudigheid. **sin·gu·lar·ly** besonder(lik).

**Sin·ha·lese, Sin·gha·lese** *-lese(s), n., (lid v. 'n volk; taal)* Singalees; →SRI LANKA. **Sin·ha·lese, Sin·gha·lese** *adj.* Singalees.

**sin·is·ter** onheilspellend, somber; boosaardig; slinks, vals, sinister; noodlottig, rampspoedig; *a ~ character* 'n ongure karakter.

**sin·is·tral** *n.* linkshandige. **sin·is·tral** *adj.* links; linker=; linkshandig; *(soöl.)* na links gedraai *('n skulp).* **sin·is·tral·i·ty** linkshandigheid.

**sink** *n.* (op)wasbak; spoelbak; flotteringsbak; poel; moeras; sinkput; *~ of iniquity* poel van ongeregtigheid. **sink** *sank sunk(en), ww., ('n skip, boot)* sink, vergaan; *(d. son)* sak, ondergaan; *(fig.)* verdwyn; kelder, laat sink/vergaan *('n skip, boot);* laat sak *(jou kop ens.);* neerslaan *(jou oë); (fig.)* kelder, verongeluk *(planne ens.); (fig.)* vergeet, ignoreer, by ... verbykyk *(verskille ens.);* (weg)sink, (af)=, (weg)sak, daal, val; afneem, verminder; *(d. wind ens.)* bedaar, gaan lê; *('n pasiënt ens.)* agteruitgaan, verswak, swakker word; inlaat *('n skroef ens.);* grawe, sink *('n mynskag ens.);* boor, maak, slaan, sink *('n boorgat);* (biljart, snoeker) in die sakkie skiet/stoot *('n bal); (gh.)* inspeel *(die bal); (infml.)* wegslaan *('n bier ens.);* delg, betaal, vereffen *(skuld); ~ away* wegsink, =sak; *~ back* terugsink; *~ down* in=, wegsink; neersak, =sink, =syg; *~ in* insink; deurdring *(reën ens.)* intrek; *~ money in s.t.* geld in iets belê/steek; *~ into* ... in ... wegsink; *~ one's teeth into* ... jou tande in ... (vas)slaan; *s.o.'s spirits sank* iem. se moed het hom/haar begewe; *~ like a stone* soos 'n baksteen/klip sink; *~ or swim* buig of bars. **~hole** sinkgat.

**sink·a·ble** sinkbaar.

**sink·age** (die) sink, sinking; insinking; agteruitgang; inlaat; mynskag.

**sink·er** put=, skaggrawer; (sink)lood, sinker *(aan 'n vislyn/ =net); (bot.)* boorwortel, sinker; skagpomp. *~* **nail** draadspyker.

**sink·ing** *n.* (die) sink, sinking; vergaan, ondergaan; keldering; versinking, inlating; daling, sakking, afsak(king); mynskag; naarheid; beklemming; delging. **sink·ing** *adj. & ww. (teenw.dw.)* sinkend; afnemend; *a ~ feeling* 'n bang (voor)gevoel, ('n gevoel van) naarheid; *be ~* daal, sak; swak word, agteruitgaan. *~* **fund** delgingsfonds. *~* **pump** skagpomp.

**sin·less** sondeloos, sonder sonde. **sin·less·ness** sondeloosheid.

**sin·ner** sondaar; *a hardened ~* 'n verstokte sondaar.

**Sinn Fein** *(pol. vleuel v.d. Ierse Republikeinse Leër)* Sinn Fein. **Sinn Fein·er** lid van Sinn Fein, Sinn Fein-lid, Sinn Feiner.

**Si·nol·o·gy** Sinologie. **Si·nol·o·gist** Sinoloog.

**Si·no-Ti·bet·an** *n. & adj.* Sino-Tibettaans.

**sin·ter** *n., (geol.)* sinter; druipsteen. **sin·ter** *ww.* sinter. **~glass** sinterglas.

**sin·u·ate** *(bot., soöl.)* gekartel(d), gegolf; *~ leaf* gekartelde blaar.

**sin·u·ous** kronkelend, kronkelagtig, vol draaie; soepel, lenig; ingewikkeld; onbetroubaar, oneerlik. **sin·u·os·i·ty** kronkeling; kromming, draai, bog; karteling, golwing; soepelheid, lenigheid; ingewikkeldheid. **sin·u·ous·ness** kronkeling; soepelheid, lenigheid.

**si·nus** *=nuses, (anat.)* (neus)sinus; holte, opening; sak; aarkuil; *(med.)* fistel, ettergang; *(bot.)* sinus. **si·nus·i·tis** sinusontsteking, sinusitis. **si·nus·oid** bloedholte; *(wisk.)* sinuskromme. **si·nus·oi·dal** sinusoïdaal.

**sip** *n.* slukkie, mondjie vol, teugie; *take a ~ of ...* 'n slukkie *(of mondjie vol) ... drink.* **sip** *=pp=, ww.* met klein teugies/slukkies neem/drink; slurp, insuig; *~ at s.t.* 'n slukkie *(of mondjie vol) van iets drink.*

**si·phon, sy·phon** *n.* hewel, sifon; spuitwaterfles. **si·phon, sy·phon** *ww.* hewel, deur 'n hewel (laat) loop, opsuig, af=, oortap; *~ s.t. off* iets afhewel; *~ s.t. off from ... into ...* iets uit ... in ... oorhewel *('n vloeistof);* iets uit ... in ... oorplaas *(geld ens.).* **si·phon·age** heweling, hewelwerking.

**si·phon·o·phore, si·phon·o·phore** *(soöl.)* pypkwal.

**sir** *n., (aanspreekvorm)* meneer; *(in briewe)* heer; *(S~, Eng. adellike titel)* sir; *(Dear) S~, (in 'n brief)* Geagte Heer. **sir** *-rr-, ww.* as meneer aanspreek; *don't ~ me!* moenie my meneer (noem) nie!. **sir·ree** *tw., (Am., infml.): no ~!* beslis/glad/hoegenaamd nie!; *yes ~!* beslis!, definitief!, vir seker!.

**sire** *n.* vaar *(v. 'n dier);* teel=, dekhings; voorvader; vader. **sire** *ww., (by diere)* teel, vaar, die vaar wees van.

**si·ren** sirene, skril=, stoomfluit; loeier; waarskuwingsein; *(Gr. mit., soms S~)* sirene; verlei(d)ster; *the ~ screams* die sirene loei. *~* **call** lokroep. *~* **song** sirenesang.

**Sir·i·us** *(astron.)* Sirius, die Hondster.

**sir·loin** lendestuk, beeslende. *~* **steak** lendeskyf, ribfilet.

**si·roc·co, sci·roc·co** *=cos* sirokko.

**sis¹** *n., (infml.)* sus(ter).

**sis²** *tw., (SA)* sies!, ga!, foei!.

**si·sal** sisal. *~* **(hemp)** sisal(hennep). *~* **plant** garingboom, sisalplant, agave.

**sis·kin** *(orn.)* pietjiekanarie.

**sis·sy, cis·sy** *n.* sissie, bang=, papbroek; meisieagtige/meisierige/verwyfde seun. **sis·sy, cis·sy** *adj.* sissierige, bang=, papbroek(er)ig; pieperig; meisieagtig. **sis·si·fied, cis·si·fied** *adj.* meisieagtig, meisierig, verwyf(d).

**sis·ter** suster; non; verpleegsuster; *big ~* ousus; *little ~* kleinsus. *~* **church** susterkerk. *~* **city** susterstad. *~-***in-law** *sisters-in-law* skoonsuster. *~* **ship** susterskip.

**sis·ter·hood** susterskap.

**sis·ter·ly** susterlik.

**Sis·tine** *adj.* Sixtyns, Sistyns; *~ Chapel* Sixtynse/Sistynse kapel.

**sis·trum** *sistra, n., (mus.: Ou Eg. ratel)* sistrum.

**si·Swa·ti, Swa·ti** *(taal)* Swati.

**Sis·y·phus** *(Gr. mit.)* Sisufos. **Sis·y·phe·an, Sis·y·phi·an:** *~ labour(s)* Sisufos-arbeid.

**sit** *=tt=; sat sat* sit; sitting hê/hou; pas; broei; poseer; laat sit; *~ about/around* rondsit; *~ back* agteroor sit; *~ down* gaan sit; *~ down!* sit!; *~ s.o. down* iem. laat sit; *~ down to a meal* aansit; *~ for s.t.* vir iets sit/poseer *('n portret);* iets aflê/skryf/ skrywe *('n eksamen);* iets verteenwoordig *('n kiesafdeling); the hen wants to ~* die hen is broeis; *the House is ~ting, (parl.)* die Raad sit; *~ in* 'n sitbetoging hou; *~ in at/on s.t.* aan iets deelneem, by iets aanwesig wees; *~ next to s.o.* langs iem. sit; *~ o.s. next to s.o.* langs iem. gaan/kom sit; jou langs iem. neerplak; *~ on s.t.* op iets sit; *(infml.)* met iets sloer; *~ on a case* in/oor 'n saak sit; *~ on a chair* op 'n stoel sit; *~ s.o. on a chair* iem. op 'n stoel laat sit; *~ on a committee/council* in 'n komitee/raad dien/sit *(of* sitting hê), lid van 'n komitee/raad wees, komitee=/raadslid wees; *~ on a question* oor 'n saak beraadslaag; *~ on/upon s.o., (infml.)* op iem. se kop sit; iem.

kortvat; iem. afjak; ~ *opposite s.o.* teenoor iem. sit; ~ *out* buitekant sit; ~ *s.t. out* nie aan iets deelneem nie; tot die end/einde van iets bly (sit), iets uitsit *('n opvoering ens.);* ~ *reading/etc.* sit en lees/ens.; ~ *still* stilsit; bly sit; ~ *through s.t.* iets uitsit *('n vergadering ens.);* ~ *tight, (infml.)* vas/stewig/ styf sit; doodstil sit, niks doen nie; vas in die saal sit; vastrap; jou nie laat bang maak nie; jou kans/tyd afwag; *s.t.* ~*s tightly* iets is noupassend *(of* kleef/klou aan iem. se lyf); ~ *up* reg= op/orent sit; opbly, wakker bly; *(infml.)* skrik, verbaas wees; *make s.o.* ~ *up, (infml.)* iem. laat opkyk; iem. verbaas (laat staan); ~ *up and take notice, (infml.)* belangstelling toon; ~ *upon s.o.* →*on/upon;* ~ *up with s.o.* by iem. waak; *s.t.* ~*s well on s.o.* iets pas iem. goed. ~*-down* sittend; ~ *dinner* volledige dinee; ~ *meal* aansit-ete; ~ *strike* sit=, plakstaking. ~*-in n.* sitbetoging; *hold/stage a* ~ 'n sitbetoging hou. ~*-up n.: do* ~*s* opsitoefeninge doen.

**si·tar, si·tar** *(Ind. mus.instr.)* sitar.

**sit·a·tun·ga** *(soöl.:Tragelaphus spekei)* waterkoedoe.

**sit·com** *(infml.)* sitkom; →SITUATION COMEDY.

**site** *n.* ligging; terrein; vindplek; vergaderplek; *building* ~ bou= plek, =terrein. **site** *ww.* plaas; terrein kies; ~ *a position* 'n plek bepaal/aanwys; *(mil.)* stelling kies; ~ *a road* 'n pad afsteek; *the story is* ~*d in Botswana* die verhaal speel in Bo= tswana. ~ *map* terreinkaart. ~ *plan* terreinplan. ~ *valuation* grondwaardering. ~ *value* liggingswaarde; terreinwaarde. **sit·ing** plasing; aanleg.

**sit·rep** *(mil., afk. v.* situation report*)* sitrap.

**sit·ter** sitter; model, poseerder, sitter; *(infml.)* broeihen; *(Am.)* babaoppasser; *(infml.)* maklike vangkans/skoot/ens.; *(infml.)* maklike taak/werkie.

**sit·ting** *n.* sitting; broeisel (eiers); sitplek; *at a/one* ~ in een slag; *give a* ~ poseer. **sit·ting** *adj.* sittend; *a* ~ *hen* 'n broei= hen. ~ *duck,* ~ *target:* ... *is a* ~ ~, *(fig.)* ... is 'n doodmaklike skyf/teiken; ... is heeltemal weerloos. ~ *member (pol.)* sitten= de lid. ~ *room* sitkamer, voorhuis, =kamer; sitplek, =ruimte, =geleentheid. ~ *tenant (Br.)* bestaande/huidige huurder.

**si·tu** *(Lat.): in* ~ op die plek.

**sit·u·ate** plaas; indeel. **sit·u·at·ed:** *be* ~ *at* ... te ... geleë wees; *awkwardly* ~ ongerieflik geleë; in die moeilikheid, in 'n moeilike posisie; *similarly* ~ gelykstandig; *well* ~ welgeleë.

**sit·u·a·tion** situasie, stand, posisie, toestand, omstandighede; ligging; betrekking, pos, werkgeleentheid; *a difficult/tricky* ~ 'n netelige situasie; *an ugly* ~ 'n gevaarlike/dreigende toe= stand; ~*s vacant, (Br.)* vakante poste/betrekkings. ~ *comedy* situasiekomedie.

**sit·u·a·tion·al** *adj.* omstandigheids= *(attr.),* wat met omstan= dighede verband hou *(pred.),* situasioneel; ~ *factors* omstan= digheidsfaktore; ~ *problems* situasionele probleme.

**sit·u·a·tion·ism** situasionisme. **sit·u·a·tion·ist** *n.* situasionis.

**Si·va, Shi·va** *(<Skt., Ind. relig.)* Siwa, Sjiwa. **Si·va·ism, Shi· va·ism** Siwaïsme, Sjiwaïsme.

**six** *sixes* ses; *(kr.)* ses, seshou; *get* ~ *of the best, (infml.)* ses houe kry; ~ *of clubs/diamonds/hearts/spades, (kaartspel)* klawer=, ruite(ns)=, harte(ns)=, skoppensses; *be* ~ *feet under, (infml., skerts.)* onder die kluite wees, dood en begrawe wees; *it is* ~ *of one and half a dozen of the other* dis vinkel en koljander (die een is soos die ander), dis om 't/die ewe; *hit a* ~, *(kr.)* 'n ses(hou) slaan; *hit s.o.* (or *the bowler) for (a)* ~, *(kr.)* 'n ses(hou) teen iem. *(of* die bouler) slaan, 'n ses(hou) van die bouler *(of* iem. se boulwerk) slaan/aanteken; *hit/ knock s.o. for (a)* ~, *(fig., infml.)* iem. uit die veld slaan, iem. sprakeloos laat; iem. platslaan *(of* plat slaan), iem. verpletter; *do s.t. for* ~ *hours* iets ses uur lank doen; ~ *o'clock* sesuur; *be at* ~*es and sevens, (iem., iets)* in die war wees, in 'n harwar wees; onenig wees; ... *is* ~ *years old* ... is ses jaar oud *(of* sesjarig). ~*-day week* sesdaagse werkweek, sesdaeweek. ~*- figure adj. (attr.)* sessyfer= *(salaris ens.).* ~*-footer* sesvoeter. ~ *hundred* seshonderd, ses honderd. ~ *million* sesmiljoen,

ses miljoen. ~*-pack n., (infml.)* sespak. ~*pence (hist.)* siks= pens, ses pennies. ~*-shooter, (Am.)* ~*-gun* seskamerrewolwer. ~*-sided adj.* seskantig, =sydig, =hoekig. ~ *thousand* sesdui= send, ses duisend. ~*-year-old n.* sesjarige. ~*-year-old adj. (attr.)* ses jaar oud/oue, sesjarig(e).

**six·er** *(kr.)* ses(hou).

**six·fold** *adj.* sesvoudig. **six·fold** *adv.* sesvoud(ig).

**six·ish** *adv.* (so) teen *(of* om en by) sesuur, teen sesuur se kant.

**six·teen** sestien; ~ *hundred* sestienhonderd; *be sweet* ~ 'n nooientjie van sestien wees. ~*-hundreds: in the* ~ in die se= wentiende eeu.

**six·teenth** sestiende; *the* ~ *century* die sestiende eeu. ~*-cen= tury adj.* sestiende-eeus; *a* ~ *man* 'n sestiende-eeuer.

**sixth** sesde. **S~ Avenue** Sesde Laan, Sesdelaan. ~ *sense* sesde sintuig. **S~ Street** Sesde Straat, Sesdestraat.

**sixth·ly** in die sesde plek, ten sesde.

**six·ti·eth** sestigste.

**six·ty** sestig; *be in one's sixties* in die sestig *(of* jou sestigerjare/ sestigs) wees; *it happened in the sixties/Sixties* dit het in die sestigerjare/sestigs *(of* die jare sestig) gebeur. ~*-four (thou= sand) dollar question (infml.)* kernvraag, groot vraag, maak- of-breek-vraag. ~*-one* een-en-sestig, een en sestig. ~*-year- old n.* sestigjarige. ~*-year-old adj. (attr.)* sestigjarige.

**six·ty·ish** *adj.* ongeveer sestig (jaar oud).

**size**[1] *n.* grootte; omvang; afmetings, maat; nommer *(v. klere);* formaat *(v. 'n boek, papier, ens.);* gestalte; *cut s.t. down to* ~ iets op die ware grootte terugbring; *cut s.o. down to* ~, *(infml.)* iem. op sy/haar plek/nommer sit, iem. hokslaan, iem. se tjank aftrap; *fight s.o. your own* ~*!* baklei met jou portuur!; *that's (about) the* ~ *of it, (infml.)* so is dit (ongeveer/naaste[n]by), dit kom daarop neer; *arrange ... in order of* ~ ... volgens/na grootte rangskik; *be s.o.'s* ~ so groot soos iem. wees; *take a* ~ *six/etc.* 'n nommer ses/ens. dra; *try s.t. for* ~ kyk of iets pas; *try that on for* ~*!, (infml.)* wat dink jy daarvan!; *what* ~ *do you take?* watter nommer dra jy?. **size** *ww.* sorteer, klas= sifiseer, rangskik; ~ *s.o./s.t. up, (lett.)* die grootte van iem./iets skat; *(fig., infml.)* iem./iets deurkyk/skat/takseer/beoordeel, 'n oordeel oor/omtrent iem./iets vorm; ~ *up a situation, (infml.)* sake deurkyk, kyk hoe sake staan, poolshoogte neem.

**size**[2] *n.* planeersel, muurlym; (kleef)pap. **size** *ww.* lym, gom, planeer; pap; grondeer. ~ *water* lym=, gom=, planeerwater.

**siz(e)·a·ble** aanmerklik, aansienlik.

**siz·er** sorteerder; sorteer=, gradeermasjien.

**siz·ing**[1] skikking na grootte; lengteskikking.

**siz·ing**[2] planering; planeersel; papping; grondering; ~ *agent* styfmiddel.

**siz·zle** *n.* knettering, sputtering. **siz·zle** *ww.* braai, spat, sis, knetter, spetter, sputter; *sizzling hot* snikheet, skroeiend warm/ heet. **siz·zler** *(infml.)* snikhete *(of* bloedig warm) dag.

**sjam·bok** *n., (Afr.)* sambok, aapstert. **sjam·bok** =*kk*=, *ww.* met 'n sambok slaan, 'n pak slae gee.

**skate**[1] *n., (igt.)* rog, vleet.

**skate**[2] *n.* skaats. **skate** *ww.* skaatsry, skaats; ~ *on thin ice* jou op gladde ys *(of* gevaarlike terrein) waag/begewe. ~*board* skaatsplank. ~*boarder* skaatsplankryer. ~*boarding* skaats= plankry. ~*park* skaats(plank)park.

**skat·er** skaatser, skaatsryer.

**skat·ing** skaats(ry). ~ *rink* skaatsbaan; ysbaan.

**ske·dad·dle** *(infml.)* trap, wikkel, (laat) spaander, laat spat, jou knieë dra.

**skeet (shoot·ing)** pieringskiet.

**skein** string; knoop, warboel; ~ *of wool* string wol.

**skel·e·tal** van 'n geraamte, geraamte=, skelet=; uitgeteer(d); onuitgewerk *('n plan).*

**skel·e·ton** geraamte, skelet; karkas; raamwerk, kader; skets;

*be a* ~ uitgeteer wees, 'n wandelende geraamte wees; *a* ~ *in the cupboard/closet* 'n geheime skande. **S~ Coast** Seekus van die Dood. ~ **key** loper, slotoopsteker, passe-partout, diewe=sleutel. ~ **service** nood=, minimumdiens, beperkte diens. ~ **staff** minimum=, kern=, kaderpersoneel, uitgedunde perso=neel; *(mil.)* kernstaf.

**skelm** *(SA, infml.)* skelm.

**sketch** *n.* skets; ontwerp; krabbel; *make a* ~ 'n skets maak. **sketch** *ww.* skets, (af)teken; ~ *s.t. in* iets inteken; *(fig.)* iets skets/uitstippel *(of in* hooftrekke beskryf/beskrywe); ~ *s.t. out* iets skets/ontwerp. ~**book** sketsboek. ~ **map** sketskaart. ~ **pad** sketsblok.

**sketch·er** sketser, tekenaar.

**sketch·y** sketsmatig, onafgewerk, vlugtig geteken/geskets; los, onsamehangend, onvolledig, vaag; karig, ontoereikend, onvoldoende; ~ *knowledge* oppervlakkige kennis; ~ *outline* vae omtrek. **sketch·i·ly** sketsmatig, oppervlakkig; vaag(weg); onsamehangend.

**skew** *n.* skuinste, helling. **skew** *adj.* skeef, skuins, skots. **skew** *ww.* skeeftrek, verdraai, verwring. ~ **arch**, ~ **bridge** skewe/skuins boog/brug. ~**back** boogstuiter; boogstuitvlak. ~**bald** *n.* bont perd. ~**bald** *adj.* (rooi)bont *('n dier).* ~ **(bevel) gear** skewetandkeëlrat. ~**-eyed** skeel.

**skew·er** *n.* vleis=, sosatiepen; steekpen; opsteekpen; rygpen. **skew·er** *ww.* met 'n (vleis)pen vassteek; insteek.

**skew·ness** skeefheid, skuinsheid.

**ski** *n.* ski, sneeuskaats. **ski** *skis skied/ski'd skiing/ski-ing, ww.* ski, sneeuskaatse ry. ~ **boat** skiboot. ~**bob** *n.* skibob. ~**bob** *ww.* skibob ry. ~ **jump** *n.* ski-sprong; ski-skans. ~**jump** *ww.* ski-spring. ~ **lift** hysstoel. ~ **mask** ski-masker. ~ **pants** ski-broek. ~**plane** ski-vliegtuig. ~ **resort** ski-oord. ~ **stick**, ~ **pole** ski-stok.

**skid** *n.* (die) gly, skuif, skuiwing; glyplek; rem; remskoen, briekblok; *go into a* ~ aan die gly gaan/raak; *hit the* ~*s*, *(infml.)* op 'n glybaan *(of* die afdraand[e]) beland; *be on the* ~*s*, *(infml.)* jou op 'n glybaan bevind, op die afdraand(e) wees; *(loopbaan ens.)* vinnig aan die taan wees; *(aandele ens.)* tuimel, skerp daal/val; *put the* ~*s under* ..., *(infml.)* ... op 'n glybaan plaas *(of* na die verdoemenis help *of* laat misluk); ... laat tuimel *(of* skerp laat daal/val) *(aandele ens.).* **skid** =*dd*=, *ww.* gly, uitgly, afgly, glip, skuiwe; dwars gly; *(wiele)* sleep; rem. ~ **mark** glymerk. ~**pan** glybaan. ~ **resistance** =stand. ~**-resistant** *adj.* glywerend. ~ **row** *(Am.sl.)* onderdorp, agter=, krotbuurt; *be on* ~ ~ op straat sit.

**ski·er** skiër, skiloper.

**skiff** *n.* bootjie, skuitjie, skif. **skiff** *ww.* skifroei.

**ski·ing** skisport, skiëry.

**skil·ful**, *(Am.)* **skill·ful** bekwaam, knap, handig, kundig, kunstig, bedrewe, vaardig.

**skill** bekwaamheid, knapheid; handigheid, behendigheid; vaardigheid, geskooldheid, skoling; *(i.d. mv.)* bekwaamhede, vaardighede; *game of* ~ vaardigheid=, behendigheidspel; ver=nufspel; *test of* ~ vaardigheidstoets. **skilled** bekwaam, be=drewe; ervare, geskool(d); geroetineer(d); *be* ~ *in* ... in ... bedrewe/geskool(d)/ervare/gekonfyt wees; ~ *labour* geskool=de arbeid, vakarbeid; ~ *labourer* vakarbeider.

**skil·let** braaipannetjie.

**skim** *n.* lagie *(op vloeistof).* **skim** =*mm*=, *ww.* afskep; afroom *(melk);* afskuim *(konfyt);* skil *(metaal);* deurblaai, =kyk, =vlieg, vlugtig lees, blaailees; slinger *('n plat klippie oor 'n water=oppervlak);* ~ *along s.t.* langs/oor iets gly/skeer; ~ *([money] from) a fund/etc., (infml.)* geld uit 'n fonds/ens. verduister; ~ *the cream off the milk* die melk afroom; ~ *off the best* (net) die beste afskep; ~ *over s.t.* oor iets heengly; ~ *(through) a book* 'n boek vlugtig lees, 'n boek blaailees; ~ *the water* oor die water skeer/stryk.

**skimmed** afgeroom. ~ **milk**, **skim milk** afgeroomde melk. ~ **milk cheese**, **skim-milk cheese** afgeroomdemelkkaas, maer kaas, weikaas.

**skim·mer** skuimspaan, afskuimlepel; *African* ~, *(orn.)* wa=terploeër.

**skim·ming** afskepping, afskuiming; afroming; skilwerk, (die) skil *(v. metale).*

**skimp** suinig/vrekk(er)ig wees; beknibbel, afknyp, skraps(ies)/ontoereikend uitdeel, skraal bedeel, kort hou; afskeep *(werk);* ~ *on s.t.* op iets besuinig; ~ *and save* suinig leef/lewe, jou bekrimp. **skimp·i·ness** skrapsheid, karigheid. **skimp·y** ka=rig, afgeskeep, afskeperig, skraal, skraps; *(infml.: ontblotend)* skraps, eina *(kledingstuk).*

**skin** *n.* vel, huid; skil, vlies; kors; huid *(v. 'n skip);* dop *(v. druiwe); s.o. is (just or* reduced to*)* ~ *and bone(s)* iem. is (net) vel en been, iem. is brandmaer; *give s.o. some* ~, *(Am. sl.)* iem. die hand gee, iem. handgee; *get into/under the* ~ *of a part* jou in 'n rol inleef; *jump/leap out of one's* ~, *(infml.)* uit jou vel (uit) spring, buite jouself wees *(v. blydskap/vreugde); wear s.t. next to the* ~ iets op die blote lyf/vel dra; *it's no* ~ *off s.o.'s nose, (infml.)* dit traak iem. nie; *save one's* ~, *(infml.)* heelhuids daarvan afkom; lyf wegsteek; *(in order) to save one's* ~, *(infml.)* om jou bas te red; *escape by the* ~ *of one's teeth, (infml.)* (net) met jou lewe daarvan afkom, naelskraap(s)/ternouernood ontkom, amper/byna in die slag bly; *have a thick* ~ dikvellig/onbeskaam(d)/ongevoelig wees, 'n dik vel hê; *have a thin* ~ dunvellig/fyngevoelig/liggeraak wees; *un=der the* ~ in wese; *get under s.o.'s* ~, *(infml.)* iem. (hewig) irriteer/omkrap; *be wet to the* ~ tot op die/jou vel nat wees.

**skin** =*nn*=, *ww.* afdop, afskil; afslag; die vel afstroop; *(infml.)* uitsuig, afset, bedrieg, kul; toegroei; ~ *s.o. alive, (infml., fig.)* iem. afslag *(of* oor die kole haal *of* se kop goed/lekker vir hom/haar was); *keep one's eyes* ~*ned, (infml.)* jou oë oophou, fyn dophou; *fall and* ~ *one's knee* jou knie nerf-af/vel-af val. ~ **cancer** velkanker. ~**care** velsorg, =versorging. ~ **colour** vel=, huidkleur. ~ **complaint** velaandoening. ~ **cream** vel=room. ~**-deep** *adj.* vlak, oppervlakkig; *beauty is but* ~ mooi vergaan, maar deug bly staan; mooiheid sit maar bo-op. ~ **disease** vel=, huidsiekte. ~ **diver** vry=, swemduiker. ~ **diving** swemduik. ~ **flick** *(sl.)* porno=, seksfliek. ~**flint** vrek, geld=wolf, gierigaard, inhalige persoon, suinigaard, taai-oulap. ~ **graft** veloorplanting. ~**head** *(lid v. 'n jeugbende)* poens=, skeerkop. ~ **irritant** huidprikkelstof. ~ **lotion** velmiddel. ~ **specialist** dermatoloog, velarts. ~ **test** *(med.)* veltoets. ~**tight** *adj.* styf gespan, baie nou, nousluitend; ~ *trousers* span=, kleefbroek.

**skin·ful** leersak vol; volle deel/porsie; *have a* ~, *(infml.)* be=sope wees.

**skink** *(soort akkedis)* skink.

**skin·less** sonder vel.

**skin·ny** (brand)maer, plankdun; ~ *legs* spykerbene. ~**-dip** =*pp*=, *ww.* kaal/naak swem/baai. ~**-dipper** kaal=, naakbaaier. ~**-dipping** naak=, kaalbaaiery, kaalswemmery.

**skip**[1] *n.* sprongetjie, springetjie; sprong *(in hout);* heimlike vlug. **skip** =*pp*=, *ww.* spring, huppel; touspring, riemspring; wip; oorslaan, oorspring; weglaat, uitlaat; ~ *across/over s.t.* oor iets spring; oor iets wip; ~ *across to Paris* 'n blitsbesoek aan Parys bring; ~ *it, (infml.)* met die noorderson vertrek; ~ *off, (Br., infml.)* wegglip; ~ *school* stokkiesdraai; ~ *through a book* 'n boek (vinnig) deurblaai. ~**jack** *(igt.), (Katsuwonus pelamis)* pensstreeptuna; *(Pomatomus saltatrix)* elf; *(Elops machnata)* springer, wildevis, tienponder; *(entom.)* spring=kewer, kniptor. ~ **zone** *(rad.)* stil sone.

**skip**[2] *n.* hysbak, =emmer, =mandjie; stortbak; mynhyser.

**skip**[3] *n., (infml., sport)* kaptein, *(rolbal)* skipper; →SKIPPER[2].

**skip·per**[1] *(oor)springer; ('n vlinder)* springertjie, dartelaar=tjie; kaasmiet; *(igt.)* saurie, skipper.

**skip·per**[2] *n.* skipper, kaptein *(v. 'n skip);* kaptein, aanvoerder *(v. 'n sportspan),* skipper *(v. 'n rolbalspan).* **skip·per** *ww.* kaptein wees van *('n skip, 'n sportspan, ens.);* aanvoer *('n sportspan).*

**skip·ping** gehuppel; touspringery. ~ **rope** springtou.

**skirl** *n., (Sk.)* gedoedel. **skirl** *ww.* doedel.

**skir·mish** *n.* skermutseling. **skir·mish** *ww.* skermutsel. **skir-mish·er** skermutselaar.

**skirt** *n.* romp, half-, heuprok; onderstuk *(v. 'n rok); (teg.)* (buite)rand, kant; oorsteeksel *(v. 'n dak);* bekleding, mantel; soom; rok *(v. 'n isolator); (ook, i.d. mv.)* oorstek *(v. 'n dak);* buitewyke *(v. 'n stad);* stiegriem, stiebeuelkleppe; afrandsels; *bit of ~, (sl.: meisie, vrou)* stuk(kie), ding(etjie); *divided ~* broekromp. **skirt** *ww.* langs die kant loop/gaan; vermy, ontwyk; vaar/seil langs; begrens, omrand, omsoom; afrand; *~ around/round s.t.* om iets gaan; *~ s.t. off* iets afrand. *~* **board** strykplank. *~* **chaser** meisiesgek, vrouejagter.

**skirt·ing** rand, omranding; rokstof, -goed; afranding; *(i.d. mv.)* afrandsel(s). *~* **board** spatlys; vloerlys.

**skit** parodie; paskwil, spotskrif, spotstuk(kie); steek, set; *a ~ on ...* 'n parodie op ...; 'n hekeling van ...

**skit·ter** skeer, gly, seil *(oor 'n oppervlak);* aas sleep.

**skit·tish** skrikkerig, kopsku *('n perd);* skigtig; wispelturig, veranderlik; uitgelate, lewendig.

**skit·tle** *n.* kegel; *(i.d. mv.)* kegelspel. **skit·tle** *ww.* omgooi *(soos kegels).* ~ **alley,** ~ **ground** kegelbaan. ~ **pin** kegel. ~ **player** kegelspeler, -speelster.

**skive¹** *(Br., infml.):* ~ *(off)* stilletjies verdwyn; stokkiesdraai *(op skool);* wegbly van die werk/skool.

**skive²** *(teg.)* glad sny, afskil, splits *(leer);* slyp *(edelstene);* skuins kerf. **skiv·er** dun leer, nerf; kerfmes; leermes.

**skiv·vy** *n., (Br. infml., dikw. neerh.)* diensmeisie; kneg, werk-esel. **skiv·vy** *ww., (Br., infml.)* handearbeid verrig; vuil werk doen, sleur-/donkiewerk doen.

**skok·i·aan** *(SA: tuisgemaakte drank)* skokiaan.

**skol, skoal** *tw., (Skand.)* gesondheid.

**skol·ly, skol·lie** *(<Afr.)* skollie.

**sko·ro·ko·ro** *(<Tsw., SA sl.)* (ou) tjor(rie)/rammelkas/ske-donk.

**sku·a** roofmeeu.

**skul·dug·ger·y** *(Am.)* **skull·dug·ger·y** swendelary, kul-lery, verneukery.

**skulk** loer, sluip, skuil; lyf wegsteek. **skulk·er** wegkruiper; lamsak, bangbroek.

**skull** *n.* skedel, kopbeen, harspan; *(gevaarteken)* doodskop; *~ and crossbones* skedel en doodsbeendere, seerowersvlag; *be out of one's ~, (infml.)* van jou kop/verstand af wees. **skull** *ww., (infml.)* oor die kop moker. ~**cap** skedelpan; kalotjie, mussie; skrumpet; kop-, oorbedekking.

**skunk** *(N.Am., Memphitis memphitis)* stinkdier; *(infml.)* stinkerd, smeerlap, lae hond/lak.

**sky** *n.* lug, hemel, uitspansel; *a clear ~* 'n helder lug; *out of a clear (blue) ~* onverwags, ewe skielik; *in the ~* in die lug; aan die hemel/uitspansel; *laud/praise s.o. to the skies* iem. he-melhoog prys; *the ~'s the limit, (infml.)* daar is geen grens(e) nie; *under the open ~* onder die blote hemel; *reach to the skies* na die hemel reik. **sky** *ww.* in die lug gooi/slaan; hoog ophang; *~ a ball* 'n lughou slaan. ~ **blue** hemelsblou, asuur. ~**dive** *(valskermspring)* vryval, 'n vryval doen. ~**diver** vry-valler, vryvalkunstenaar. ~**diving** vryval. ~~**high** *adj.* hemel-hoog; *blow s.t. ~, (infml.)* iets in die lug blaas, iets vernietig; *go ~, (pryse ens.)* die hoogte inskiet. ~**jacking** lugkapery, -kaping. ~**lark** *n., (orn.)* lewerkie, lewe-rik(ie), leeurik. ~**lark** *ww., (infml.)* streke uithaal, poetse bak. ~**light** daglig; dakvenster, daklig. ~**line** kimlyn, silhoeët *(v. 'n stad),* stadsprofiel. ~**rocket** *n.* vuurpyl. ~**rocket** *ww.* die hoogte inskiet. ~**sail** *n., (sk.)* vliegseil. ~**scape** lugland-skap; luggesig, wolkeskildering. ~**scraper** wolkekrabber, toringgebou. ~ **sign** dakreklame. ~**writer** lugskrywer. ~**writ-ing** rookskrif, lugskrif.

**Skye** *n., (geog.)* Skye. ~ **terrier** skyeterriër.

**sky·er** lughou, -skoot.

**sky·ward** *adj.* hemelwaarts. **sky·ward(s)** *adv.* hemelwaarts, na die hemel.

**slab** *n.* plat klip/steen, plaat; (plat) blok; blad, plak; aanreg; skaalplank, skaaldeel; *~ of concrete, concrete ~* betonblad; *~ of rock* plat rots. ~ **cork** plaatkurk. ~-**sided** platsydig. ~ **timber** gekante stompe.

**slack¹** *n.* slapte, losheid; slap (hangende) ent *(v. 'n tou);* slap draad; speling; slap tyd, slapte; *(i.d. mv.)* slenterbroek; lang broek; *cut s.o. some ~, (Am., infml.)* iem. 'n bietjie speling/speelruimte gee/toelaat/gun; *take up the ~* iets styf trek *('n tou ens.);* die agterstand inhaal; die daling wegwerk. **slack** *adj. & adv.* slap *(tou);* los *(moer);* traag, lui; stil *(tyd, water);* laks; *grow ~* slap word; laks word; *keep a ~ hand/rein, (fig.)* laks wees, sake hul eie gang laat gaan; *~ lime* gebluste kalk; *trade is ~* die handel is maar slap(pies). **slack** *ww.* verslap; vertraag; verminder; laat skiet, skiet gee; luier, laat slap lê; rus; *~ off* verslap; minder bedrywig word; nie so hard werk nie; *~ off/up* stadiger ry; *~ s.t. off/up* iets uitvier *('n tou).* ~**(s) suit** broek-, slenterpak.

**slack²** *n.* steenkoolgruis. ~ **coal, small coal** gruiskole.

**slack·en** slap word; laat skiet; vier; verflou; afneem; verslap, verminder; *~ speed (or the pace)* vaart verminder.

**slack·er** luiaard; pligversaker; papbroek.

**slack·ly** slap.

**slack·ness** slapheid; losheid; laksheid; traagheid; slapte.

**slag** *n., (metal.)* metaalskuim, slak(ke); ysterghwano; slak(ke)-meel; uitgebrande steenkool, sintel(s); *(geol.)* vulkaanslak. **slag** -gg-, *ww.* verslak; *~ s.o. off, (sl.)* iem. afkraak/kritiseer; iem. swartsmeer; aanmerkings maak oor iem.. ~ **heap** *(mynb.)* slakhoop. ~ **wool** klip-, rotswol, slakkewol.

**slain** →SLAY; *the ~* die gevallenes/gesneuweldes *(in 'n oorlog);* die slagoffers *(v. 'n moord).*

**slake** les; blus; laaf; *~d lime* gebluste kalk, bluskalk; *~ one's thirst* die/jou dors les. **slak·ing** lessing; blussing.

**sla·lom** *(ski, kanovaart)* slalom.

**slam¹** *n.* harde slag/klap. **slam** -mm-, *ww.* smyt; toesmyt, -klap, -slaan *('n deur); (infml.)* hewig kritiseer, aanval, ver-oordeel, kap; *~ s.t. down* iets neersmyt/neerplak; *~ into ...* teen ... bots. ~ **dunk** *n., (basketbal)* dompelskoot. ~~**dunk** *ww.* dompel.

**slam²** *n., (brug):* grand ~ groot kap/slag; *little ~* klein kap/slag.

**slam·mer** *n., (sl.: tronk)* tjoekie, hok.

**slan·der** *n., (jur.)* (mondelinge) laster. **slan·der** *ww.* laster; skinder, kwaadpraat; swartsmeer; *~ s.o.* iem. belaster/beskin-der. **slan·der·er** lasteraar, kwaadprater, skindertong. **slan-der·ous** lasterlik, laster-.

**slang** sleng; jargon; bargoens, groeptaal.

**slant** *n.* skuinste, helling; neiging, rigting; *(druk.)* skuins-, dwarsstreep; *give s.t. a ~* 'n kleur/aksent aan iets gee; *a ~ on a subject* 'n kyk op 'n saak; *on/at a/the ~* skuins. **slant** *adj.* skuins, skeef. **slant** *ww.* skuins/skeef loop/staan; afhel; skeef trek; *~ed news* skewe/eensydige berig(te). ~~**eyed** met skuins/skewe oë. ~ **height** skuins hoogte.

**slant·ing** *n.* skeeftrekking; skewe voorstelling. **slant·ing** *adj.* skuins, skeef; hellend.

**slant·wise, slant·ways** *adj. & adv.* skuins, skeef; hel-lend.

**slap** *n.* klap, slag, veeg; *give s.o. a ~ on the back* iem. op die skouer klop; *a ~ in the face, (lett.)* 'n klap in/deur die gesig; *(fig.: belediging)* 'n klap in die gesig; *receive a ~ on the wrist, (infml., fig.)* oor die vingers geraps word. **slap** *adv.* plot-seling; reg; *hit s.o. ~ in the eye* iem. reg in/op die oog slaan; *run ~ into s.o.* reg teen iem. vasloop. **slap** -pp-, *ww.* klap, 'n klap gee, slaan; *~ s.t. away* iets wegslaan; *~ s.t. down* iets neerplak/neersmyt; *~ on sentiment/etc.* aandik, oordryf, oordrywe; ~ *s.t.* **on** iets opplak *(verf ens.);* ~ *s.t.* **on** *s.o.* iets op iem. laai *(belasting ens.).* ~**-bang** *adv.* halsoorkop; pardoems, kaplaks. ~**dash** *adj. & adv.* halsoorkop, onverskillig; slordig; ~ *work* afskeepwerk. ~**happy** *(infml.)* verwese, deur die wind; uitbundig, uitgelate. ~**stick** *n.* growwe humor; harlekyn= streke; lawaai. ~**stick** *adj.* klugtig; lawaaierig; ~ *comedy/farce* dolle klug. ~**-up** *adj., (infml., vnl. v. 'n maaltyd)* rojaal, uit= gebrei; piekfyn, eersteklas.

**slash** *n.* hou, sny, kap, slag; split *(in 'n mou ens.);* skuinsstreep, solidus. **slash** *ww.* sny; insny; kerf; slaan, kap; drasties ver= laag *(pryse);* kwaai besnoei *(uitgawes);* ~ *s.t. open* iets oopvlek; ~*ed prices* sterk verlaagde pryse. ~**-and-burn** *adj. (attr.)* kap= en-brand- *(landbou, metodes, ens.).* ~ **hammer** mokerhamer. ~ **(mark)** skuinsstreep, dwarsstreep.

**slash·er** kapper, snyer; kapwapen; mesmaniak; vegjas, veg= tersbaas.

**slash·ing** skerp; kras, vernietigend; ~ *attack* striemende aan= val; ~ *criticism* vernietigende kritiek.

**slat** *n.* lat, plankie; hortjie. **slat** *-tt-, ww.* belat. ~ **fence** lat= (te)heining, skutting. **slat·ted** belat.

**slate** *n.* leisteen, leiklip; lei; daklei; leikleur; *(Am.)* lys *(v. kan= didate ens.);* start *with a* **clean** ~ met 'n skoon lei begin; *wipe the* ~ **clean** die dinge van die verlede agterlaat; *s.o. has a* ~ **loose**, *(infml.)* daar is 'n skroef los by iem.; *put s.t. on the* ~, *(infml.)* iets opskryf/opskrywe *(op 'n rekening).* **slate** *adj.* lei=; leikleurig; ~ *roof* leidak. **slate** *ww.* 'n leidak opsit; dek; aanwys, op 'n lys plaas; aanteken, inskryf; *(infml.)* inklim, striem, kwaai kritiseer; *be* ~*d for* ... vir ... bestem(d) wees *(bevordering ens.);* a ~*d roof* 'n leidak. ~ **axe**, ~ **cutter** lei= dekkersbyl. ~ **blue** leiblou. ~ **colour** leikleur. ~**-coloured**, ~**-grey** leikleurig. ~ **pencil** griffel, griffie.

**slat·er** lei=, dakdekker.

**slat·tern·ly** slonserig, slordig. **slat·tern·li·ness** verslonsd= heid, verslonstheid.

**slaugh·ter** *n.* slagting; bloedbad; *a wholesale* ~ 'n groot slag= ting. **slaugh·ter** *ww.* slag; vermoor; 'n slagting aanrig (onder); *(fig.)* moor. ~**house** slaghuis; slagplaas, =plek, =abat= toir. ~ **stock** slagvee, =goed, =diere.

**slaugh·ter·er** slagter; bloedvergieter; moordenaar.

**Slav** *n., (lid v.d. Slawiese volk)* Slaaf. **Slav** *adj.* Slawies. **Slav· ic** *n. & adj.* →SLAVONIC *n. & adj.*.

**slave** *n.* slaaf; *(vr.)* slavin; werkesel; kneg; *be a* ~ *of* ... 'n slaaf van ... wees; *be s.o.'s* ~ iem. se voetveeg wees; *be a* ~ *to* ... aan ... verslaaf wees, die slaaf van ... wees *(drank ens.); become a* ~ *to* ... 'n slaaf van ... word *(iem.);* jou aan ... oorgee *(iets).* **slave** *ww.* slaaf, sloof, swoeg; ~ *away at s.t.* aan iets swoeg. ~**-born** in slawerny gebore. ~ **dealer** slawehandelaar. ~ **driver** *(ook infml.)* (slawe)drywer. ~ **labour** *(ook infml.)* slawearbeid, =werk. ~ **trade** slawehandel.

**slav·er** *n.* kwyl; lekkery. **slav·er** *ww.* kwyl; ~ *over s.o.* iem. bekwyl.

**slav·er·y** slawerny; slawearbeid; knegskap.

**Slav·ic** →SLAVONIC.

**slav·ish** slaafs. **slav·ish·ness** slaafsheid.

**Sla·vo·nic**, *(hoofs. Am.)* **Slav·ic** *n., (O.Eur. taalgroep)* Sla= wies. **Sla·vo·nic**, *(hoofs. Am.)* **Slav·ic** *adj.* Slawies; ~ *scholar* Slavis, Slawis *(ook s~).*

**slaw** *(Am.)* koolslaai.

**slay** *slew slain* doodmaak, vermoor, ombring; →SLAIN. **slay· er** doodsla(n)er, doder; moordenaar.

**sleaze** *n., (infml.)* laakbaarheid; onsmaaklikheid, aanstoot= likheid; skandaalpolitiek; *(infml.)* laakbare mens, lae luis. ~**bag**, ~**ball** *(sl.)* teertou, tang; korrupte politikus/amptenaar/ens.. **slea·zy** laakbaar *(gedrag);* onsmaaklik, aanstootlik *(gedrag);* goor, smerig, onguur *(plek).*

**sled** →SLEDGE[1], SLEDDING. ~ **dog** sleehond.

**sled·ding** slee-ry; *have hard* ~ swaar kry, les opsê.

**sledge**[1], *(Am.)* **sled, sleigh** *n.* slee. **sledge,** *(Am.)* **sled** =*dd*=, **sleigh** *ww.* slee ry, met 'n slee ry; met 'n slee ver= voer.

**sledge**[2] *n.* voorhamer. **sledge** *ww., (Austr., infml., kr.)* sleg= sê, beledig, kleineer, bespot. ~**(hammer)** voor=, smee(d)=, smidshamer. **sledg·er** *(Austr., infml., kr.)* sledger. **sledg·ing** *n., (Austr., infml., kr.)* beledigings, slegsêery, bespotting.

**sleek** *adj.* glad, glansend, blink; sag. **sleek** *ww.* glad/blink maak; glad stryk.

**sleep** *n.* slaap; vaak; *be in a* **deep** ~ vas slaap; *s.o.'s* **foot** *has gone to* ~ iem. se voet slaap; *try to* **get** *some* ~ probeer om ('n bietjie) te slaap; **get** *to* ~ *(at ...)* (teen ...) aan die slaap raak; **go** *to* ~ aan die slaap raak; gaan slaap; *s.o. can do s.t.* **in** *his/ her* ~, *(infml.)* iem. kan iets baie maklik doen; *a* **light** ~ 'n ligte slaap; *not* **lose** ~ *over s.t.*, *(infml.)* nie oor iets wakker lê nie; **put** *s.o. to* ~ iem. aan die slaap maak; iem. aan die slaap sus *('n kind);* (boks, *infml.)* iem. uitslaan/uitklop; **put** *an ani= mal to* ~, *(euf.)* 'n dier uitsit *(of* aan die slaap maak); **sound** ~ vaste slaap. **sleep** *slept slept, ww.* slaap; rus; ~ *around*, *(infml.: promisku wees)* rondslaap; ~ *badly* sleg/onrustig slaap; *get s.o. to* ~ iem. aan die slaap kry; ~ *in* laat slaap; by die werk slaap; *like a* **log**/**top** soos 'n klip/os slaap; ~ *off a hangover* 'n roes uitslaap; ~ *it off*, *(infml.)* 'n roes uitslaap; ~ *on* voortslaap; ~ *on/over s.t.* oor iets slaap *('n besluit ens.);* ~ *out* uitslaap, by ander mense slaap; in die ope lug slaap; ~ *over* oorslaap; *the room* ~*s four/etc.* die kamer het slaap= plek vir vier/ens.; ~ *through s.t.* deur iets heen slaap; ~ *tight!*, *(infml.)* lekker slaap!; ~ *together*, *(seksueel verkeer)* saam slaap, by mekaar slaap; →*with*; ~ *well* goed/lekker slaap, 'n goeie nagrus hê/geniet; ~ *well!* slaap gerus!, lekker slaap!; ~ *with s.o.*, *(seksueel verkeer)* by iem. slaap; →*together*. ~**over** *n.* uitslaapaand; *be on a* ~ (gaan) uitslaap, by 'n maat (gaan) slaap. ~**walk** *ww.* in jou slaap loop. ~**walker** slaapwandelaar. ~**walking** slaapwandel(ary). ~**wear** slaapklere, =goed.

**sleep·er** slaper; *(spw.)* slaapwa; *(spw.)* dwarslêer; moerbalk; oorringetjie; *(infml.)* dormante agent/spioen; *(infml., 'n film/ boek/ens.)* onverwagse sukses. ~ **couch** bankbed, uittrekbed.

**sleep·i·ness** slaperigheid, vaakheid, slaapsug; dooierigheid *(v. 'n plek).*

**sleep·ing** *n.* slaap. **sleep·ing** *adj.* slapend; *find s.o.* ~ iem. aan die slaap kry. ~ **accommodation** slaapplek. ~ **bag** slaap= sak. **S~ Beauty** Doringrosie, die Skone Slaapster. ~ **car (riage)** slaapwa. ~ **partner** *(ook, Am.,* silent partner*)* 'n rus= tende/stil(le)/naamlose vennoot; slaap=, bedmaat. ~ **pill,** ~ **tablet** slaappil. ~ **quarters** nagkwartier. ~ **sickness:** *(Afri= can)* ~ ~ slaapsiekte.

**sleep·less** slapeloos, slaaploos. **sleep·less·ness** slaap=, sla= peloosheid.

**sleep·y** vaak, slaperig, sluimerig; stil, vervelend, dooierig; → SLEEPINESS; *be* ~ vaak wees; *become/get* ~ vaak word. ~**head** *(infml.)* slaapkop, =kous, langslaper; jandooi. ~ **hollow,** ~ **village** dutjies=, uiltjiesdorp, dooierige/stil dorp. ~ **sickness** *(med.: encephalitis lethargica)* epidemiese ensefalitis/enkefa= litis.

**sleet** *n.* ysreën, sneeuhael, nat sneeu. **sleet** *ww.* sneeu/hael en reën deurmekaar.

**sleeve** *n.* mou; mantel; buis; skuif; bus; huls; sok; mof; voe= ring *(v. 'n silinder);* *have/keep s.t. up one's* ~ iets in die mou/ skild voer, iets in die mou hê, (geheime) planne hê; *roll/turn up one's* ~*s* (jou) moue oprol, jou hande uit die moue steek *(om te werk),* jou klaarmaak *(om te werk/baklei).* **sleeve** *ww.* van hulse *(of* 'n huls) voorsien; uitvoer, voering insit. ~ **board** mouplank. ~ **coupling** hulskoppeling. ~ **guard,** ~ **protector** moubeskermer. ~ **hole** mous=, skouergat. ~ **link** *(Br.)* mansjetknoop. ~ **note** *n.* (gew. *mv.)* omslagaantekening, =nota, =teks *(v. 'n CD, kasset).* ~ **nut** hulsmoer. ~ **valve** huls= klep; skuif=, glyklep.

**-sleeved** *komb.vorm* =mou=, met ... moue; *long-*~ *T-shirt* lang=

mou-T-hemp, T-hemp met lang moue; *short-~ white shirt* wit kortmouhemp, wit hemp met kort moue.

**sleeve·less** mouloos, sonder moue.

**sleev·ing** *n., (elek.)* isolasie-, isoleerkous.

**sleigh** *n. & ww.* →SLEDGE[1] *n. & ww..* ~ **bell, sledge bell** sleeklokkie *(ook, i.d. mv., mus.)* sleeklokkies, *(It.)* sonagli. ~ **ride** sleerit, =tog.

**sleight:** ~ *of hand* kunsie, truuk; oëverblindery.

**slen·der** dun, skraal, maer, tingerig; slank; gering, karig, min; ~ *chance/hope/possibility* geringe kans/hoop/moontlikheid; *hold a* ~ *lead* net-net/effens voorloop, 'n geringe voorsprong hê/behou. **slen·der·ness** dunheid, maerheid, maerte, slank= heid.

**slept** geslaap; →SLEEP *ww..*

**sleuth** *n.* speurhond; speurder. **sleuth** *ww.* speur. ~ **hound** *(lett. & fig.)* speurhond.

**slew**[1], *(hoofs. Am.)* **slue** *n.* swaai, draai. **slew** *slewed, (hoofs. Am.)* **slue** *slued, ww.* swaai; verskuif; ~ *around/round* om= swaai; ~ *off* wegswaai.

**slew**[2] *ww. (verl.t.)* →SLAY.

**slew**[3] *n., (infml., hoofs. Am.)* (hele) klomp/spul/hoop.

**slice** *n.* sny, skyf; moot(jie); vislepel; vuurskop; deel; *(gh.)* haar=, snyhou, uitswenker, uitswenkhou; *a ~ of ...* 'n sny ... *(brood ens.);* 'n stuk(kie) ... *(koek ens.);* 'n skyf ... *(waatlemoen ens.);* 'n deel van ... *(d. wins ens.).* **slice** *ww.* skywe sny; dun sny; deursny; *(die lug)* klief; kerf; *(gh.)* haar(om) slaan, uitswenk; *any way you* ~ *it, (infml.)* hoe jy dit ook al bekyk; *a slicing cut* 'n skilsny; ~ *into s.t.* 'n sny in iets maak; ~ *s.t. off* iets afsny; ~ *s.t. up* iets sny *(brood ens.);* iets stukkend sny *(iem. se gesig ens.).* **sliced** *adj.* (in skywe) gesny; ~ *bread* ge= snyde brood; ~ *drive, (gh.)* haardryfhou. **slic·er** snyer, skaaf; kerfmasjien; *bread* ~ broodsnymasjien.

**slick** *n.* gladde kol/plek; *(mot.)* gladdevlakband; *(teg.)* breed= beitel. **slick** *adj.* blink, glad, glansend; handig, rats, glad; (alte) vlot, vaardig, gemaklik; gelek, olieagtig; geslepe, on= betroubaar. **slick** *adv.* reg, vlak, mooi, skoon, netjies, glad; ~ *in the eye* reg/mooi in die oog. **slick** *ww.* glad maak/stryk; poets; smeer, verf; ~ *s.t. down* iets glad stryk *(jou hare ens.).* **slick·er** bedrieër; gladstryker; vormstryktroffel. **slick·ness** gladheid, blinkheid; handigheid, vlotheid.

**slide** *n.* (die) gly/glip; glykabel, =draad; glyplank; glybaan; leibaan; skuinste, helling; insinking, (in)storting; grond=, aardverskuiwing, afskuiwing; *(fot.)* skyfie; glyplaatjie *(v. 'n naaimasjien ens.);* knip; objek=, voorwerpglas; preparaat *(vir 'n mikroskoop).* **slide** *slid slid, ww.* gly, glip; skuif; laat gly/ glip; ~ *into s.t.* in iets ingly *(d. water ens.);* in iets verval *(son= de ens.); let things* ~*, (infml.)* sake hul gang laat gaan, Gods water oor Gods akker laat loop, dinge aan hulself oorlaat; ~ *off* afgly; ~ *over a matter* 'n saak net effe aanroer, lossies oor 'n saak heen gly; *prices* ~ die pryse sak ineen. ~ **cal(l)iper(s)** skuifpasser. ~ *fit* skuifpassing. ~ **guitar** *(bluesmus.)* glykitaar, =ghitaar. ~ **lecture** skyfielesing. ~ **plate** skuifplaat. ~ **pro= jector** skyfieprojektor. ~ **rod** skuifstang. ~ **rule** rekenliniaal. ~ **valve** skuifklep.

**slid·ing** glydend, glippend, skuiwend; gly=; skuif=; wissel=; ~ *bolt* (skuif)grendel; ~ *cal(l)iper(s)* skuifpasser; ~ *chute/ shute* glybaan; ~ *door* skuifdeur; ~*fit* skuifpassing; ~ *joint* skuifkoppeling; ~ *knot* gly=, skuifknoop; ~ *motion* gly=, skuif= beweging; ~ *roof* skuifdak; ~ *rule* rekenliniaal; ~ *scale* wis= selskaal; ~ *table* skuiftafel; ~ *top desk* silinderburo; ~ *valve* skuifklep; ~ *window* skuifvenster.

**slight** *n.* minagting, geringskatting; aanstoot, kleinering; *not in the ~est* nie in die minste nie; *put a ~ (up)on s.o.* aanstoot gee aan iem.. **slight** *adj.* klein, gering, min, bietjie; slank, tingerig, skraal, tenger *(mens);* effens; oppervlakkig; ~ *attack, (med.)* ligte aanval; ~ *of build* klein van persoon, tingerig; *have a ~ cold* effens verkoue wees; ~ *drizzle* motreëntjie; ~ *observation* oppervlakkige waarneming; ~ *sea* ligte see; ~

*slope* skotige op=/afdraand(e); ~ *smile* effense glimlaggie; *not the ~est trace of it* geen spoor daarvan nie. **slight** *ww.* min=, geringag, versmaai; (opsetlik) veron(t)agsaam; aan= stoot gee, kleineer; *feel ~ed* gekrenk/gegrief voel. **slight·ing** minagtend. **slight·ly** effens, effe(ntjies), ('n) bietjie; ~ *built* slank, tingerig (gebou); ~ *injured* lig beseer; ~ *more, (ook)* 'n rapsie meer. **slight·ness** geringheid; tingerigheid.

**slim** *adj.* dun, skraal, maer, tingerig; slank; ~ *chance* geringe kans/moontlikheid. **slim** =*mm*=, *ww.* verslank; ~ *down, (iem.)* verslank; *(fig.)* verskraal *('n kabinet, d. staatsdiens, ens.).* ~**line** *adj. (attr.)* slanke *(voorkoms ens.); (motor ens.)* met (lang,) slanke lyne; *(kledingstuk)* met verslankende lyne; ~ *nozzle* lang, dun spuitkop.

**slime** *n.* slym; *(fisiol.)* fleim, fluim; *(ook, i.d. mv., mynb.)* slyk. **slime** *ww.* met slym bedek; verslyk; ~ *through* deurglip. ~**ball** *(infml., neerh.: veragtelike mens)* luis, lae lak, (stuk) skuim. ~ **gland** slymklier. ~(**s) dam** slykdam. **slim·i·ness** slyme= righeid; glibberigheid; inkruiperigheid. **slim·y** slymerig, glyerig, glibberig, glad; inkruiperig; slykerig.

**slim·ming** verslanking. ~ **diet** verslankingsdieet.

**slim·ness** skraalheid; slankheid.

**sling** *n.* slinger; (draag)doek; hangverband, draagband; ge= weerband; strop. **sling** *slung slung, ww.* swaai; slinger, gooi; in 'n hangverband sit; ~ *s.t. across* ... iets oor ... span; ~ *s.t. at s.o., (infml.)* iem. met iets gooi; ~ *s.o. out, (infml.)* iem. uit= smyt; ~ *a bag over one's shoulder* 'n sak oor jou skouer swaai. ~**back (shoe)** oophakskoen, skoen met 'n hakbandjie. ~ **bag** skouersak. ~**dog** gryphaak. ~**fruit** skietvrug. ~(**shot**) voëlrek(ker). ~**stone** slingersteen, =klip.

**slink** *slunk slunk* sluip; kruip; ~ *away/off* wegsluip; ~ *out* uit= sluip. **slink·y** sluipend; slank; tenger; ~ *dress* nousluitende rok.

**slip**[1] *n.* (die) gly, glip, uitgly; glyding; fout, vergissing, abuis; misstap; (kussing)sloop; oortreksel; onderrok; sleep=, skeeps= helling; ketting/riem *(vir 'n hond);* strik; *(geol.)* verskuiwinkie; *(lugv.)* slip; *(sk.)* sliphaak; vulstuk; *(kr.)* glip; *first/second/ third* ~, *(kr.)* eerste/tweede/derde glip; *give s.o. the* ~ iem. ontglip; *in the* ~*s, (kr.)* in die glippe; *make a* ~ 'n flater/fout begaan/maak; *there's many a* ~ *'twixt the cup and the lip* van die hand na die mond val die pap op die grond; *perpendicu= lar* ~, *(geol.)* loodregte glip; *s.o.'s* ~ *is showing, (infml., fig.)* iem. se onderrok hang uit. **slip** =*pp*=, *ww.* gly; glip; ontglip; 'n fout begaan; jou vergis/verspreek; laat glip/gly; loslaat; slip; *(lugv., sk.)* laat slip; ~ *across to* ... na ... oorwip; ~ *away, (iets)* wegglip, =gly; *(iem.)* wegsluip; *(d. tyd)* omvlieg; ~ *back* terug= gly; *(atleet ens.)* uitsak; *(pryse, aandele, ens.)* terugsak; ~ *back into bed* weer in die bed glip; ~ *back into a country* 'n land weer (stil-stil) binneglip; ~ *back into one's old ways* weer in jou ou gewoontes verval, na jou ou weë terugkeer; ~ *by, (iem.)* verbyglip; *(d. tyd ens.)* ongemerk verbygaan; *let a chance/op= portunity* ~ *by* 'n geleentheid/kans laat verbygaan *(of deur jou vingers laat glip),* 'n kans verspeel; ~ *a calf, (veearts.: abor= teer)* 'n kalf afgooi; ~ *down* afgly; ~ *in, (iets)* inglip, =gly; *(iem.)* insluip; ~ *s.t. in* iets invoeg *('n woord ens.);* ~ *into s.t.* iets haastig aantrek, in iets spring *(klere);* ~ *s.t. into s.o.'s hand* iem. iets in die hand stop; *let s.t.* ~ iets laat glip/ver= bygaan *('n kans);* iets laat uitglip *('n geheim ens.);* ~ *off, (iets)* afskuif, =skuiwe; *(iem.)* wegsluip; ~ *off one's clothes* (jou kle= re) haastig uittrek, uit jou klere glip/gly, jou klere afgooi; ~ *on s.t.* op iets gly; ~ *s.t. on* iets aanglip; iets inskuif/=skuiwe; iets oorgooi *(of* haastig aantrek) *(klere);* iets aanpas *('n kle= dingstuk);* ~ *out, (iets, iem.)* uitglip; *(iem.)* stilletjies uitgaan; ~ *out of s.t.* uit iets glip; iets haastig uittrek *(klere);* ~ *past* ... by ... verbyglip *(d. wagte ens.);* ~ *s.t. past* ... iets by ... verby= smokkel; ~ *s.o. s.t.* iem. iets in die hand stop; ~ *through* deurglip; ~ *through s.t.* deur iets glip; *the opportunity* ~*ped through s.o.'s fingers* icm. het die kans laat verbygaan; ~ *up* uitgly; *(infml.)* 'n flater/fout/glips begaan/maak. ~ **bolt** gren= del. ~**case** (boek)kasset, boekkoker. ~**cover** *(Am.)* los oor=

1427

treksel *(v. 'n gestoffeerde meubelstuk)*; stofomslag *(v. 'n boek)*. ~ **form** *(bouk.)* glyvorm. ~ **hook** sliphaak. ~ **joint** skuiflas; skuifkoppeling; aanbouvoeg; *(geol.)* skuifskeurnaat. ~**knot** strik(knoop); skuifknoop. ~-**on** oorrok; oorjas; oortrui. ~-**on (shoe)** aanglip-, insteekskoen; plakkie. ~**over** oorgooitrui; kortmoutrui, moulose trui. ~-**resistant** glipvry. ~ **ring** gly-ring; sleepring. ~ **road** *(Br.)* op-, afrit *(v. 'n snelweg)*. ~ **rope** sliptou. ~**shod** slordig. ~**slop** *n. (dikw. i.d. mv.), (SA: plat sandaal)* plakkie, sloffie; →FLIP-FLOP. ~ **stitch** glipsteek. ~**stream** *(lugv.)* skroefwind; volg-, suigstroom; windskadu. ~ **surface** glyvlak. ~-**up** vergissing, flater. ~**way** skeepshel-ling; sleephelling; inglipbaan *(op 'n snelweg)*.

**slip²** *n.* stukkie; strokie; steggie, stiggie; ~ *of paper* papiertjie, strokie/strook papier.

**slip³** *n., (keramiek)* slib. ~ **glaze** slibglasuur. ~**ware** slibkera-miek.

**slip·page** gly; glip.

**slip·per** pantoffel; oop skoen; *(teg.)* mof, sok; *(mot.)* remskoen, sluitblok. **slip·pered** met pantoffels aan, op pantoffels.

**slip·per·y** glibberig, glipperig, glyerig, glad; slibberig; onse-ker; listig, slu; *a ~ customer* 'n jakkals; *as ~ as an eel* so glad soos 'n paling.

**slit** *n.* (lang) sny; gleuf; spleet; skrefie; kier; groef; slip *(in 'n baadjie)*; split *(in 'n bloes)*. **slit** *-tt-; slit slit, ww.* aan repe sny; skeur; splits; splyt; kloof, klowe; insny, ~knip; ~ *s.o.'s throat* iem. keelaf sny. ~-**eyed** met skrefiesoë/skrefie-oë. ~ **skirt** spleetromp. ~ **trench** *(tuinb.)* grip(pie); *(mil.)* skuilsloot.

**slith·er** gly, glip; modder-ry, modderpaaie maak. **slith·er·y** glyerig, glibberig, glipperig.

**slit·ting** (die) sny; klowing. ~ **file** gleufvyl. ~ **machine** groef-masjien; kloofmasjien. ~ **saw** vylsaag.

**slit·ty** *adj.:* ~ *eyes, (hoofs. neerh.)* skrefiesoë, skrefie-oë.

**sliv·er** *n.* splinter, spaander, flenter; katoenreep; wolreep; veselband. **sliv·er** *ww.* aan spaanders breek; (af)splinter.

**sliv·o·vitz** sliwowits, pruimbrandewyn.

**slob** *(infml.)* ploert, slordige vent; twak, ghwar.

**slob·ber** *n.* kwyl; (ge)slobber; sentimentaliteit, stroperigheid. **slob·ber** *ww.* kwyl, slobber; bekwyl, bemors; ~ *over s.o., (infml.)* stroperig wees oor iem.. **slob·ber·y** kwylerig, kwy-lend, slobberig.

**sloe** *(bot.:Prunus spinosa)* sleedoring(boom); sleepruim, (Ame-rikaanse) wildepruim. ~-**eyed** donkerogig, donkeroog-. ~ **gin**, ~ **liqueur** sleepruimlikeur.

**slog** *n.* geswoeg, gesukkel; harde hou; *a hard ~ lies ahead* daar sal nog hard gewerk moet word; daar lê 'n moeilike skof voor. **slog** *-gg-, ww.* swoeg, sukkel, ploeter; beur; hard slaan, moker; ~ *along/on* jou voortsleep; ~ *away* vooruitbeur, vol-hou; ~ *away at s.t.* aan iets voortswoeg; ~ *it* voetslaan. **slog·ger** swoeger, ploeteraar; mokeraar.

**slo·gan** slagspreuk, -woord, -sin, (stryd)leuse, wagwoord. **slo·gan·eer** *n., (Am., hoofs. pol.)* slagspreukpolitikus; slag-spreukskrywer, -skepper. **slo·gan·eer** *ww.* slagspreuke ge-bruik, slagspreukpolitiek beoefen; slagspreuke skryf/skep.

**slo-mo** *(infml.)* = SLOW MOTION.

**sloop** *(sk.)* sloep.

**sloot** *(Afr.)* sloot.

**slop** *n.* morsery; *(Am.)* oordrewenheid, sentimentaliteit; *(i.d. mv.)* watertjie, spoeling; pappery; sop, slap drank; siekekos, pap kos; waswater; spoelwater. **slop** *-pp-, ww.* mors, stort; ~ *about/around, (vloeistof)* rondklots; *(infml., iem.)* rondslof; ~ *over* oorstort; ~ *over s.o., (infml.)* stroperig/sentimenteel wees oor iem. ~ **basin**, ~ **bowl** spoelbak, -kom. ~ **bucket**, ~ **pail** kamer-emmer, toiletemmer.

**slope** *n.* helling, skuinste, hang; wal; afdraand(e), daling, val; steilte, styging, opdraand(e); ~ *of fall* valhelling; glooi-ing; *gentle/slight* ~ 'n skotige af-/opdraand(e); *grassed* ~ graswal; *longitudinal* ~ langshelling; *on the* ~ teen die skuins-

te; *be on the* **slippery** ~ op 'n gevaarlike koers wees; *steep* ~ 'n steil op-/afdraand(e); *transverse* ~ dwarshelling. **slope** *ww.* daal, val, afloop; helling gee; skuins/afdraand loop, (af)-hel; oorhel; skuins hou; skuins maak; ~ *away* skuins na on-der loop; ~ *down to* ... na ... afloop; ~ *off/away, (infml.)* wegsluip, jou (ongemerk) uit die voete maak; ~ *up* skuins na bo loop; ~ *upwards* oploop. **slop·ing** skuins; opdraand; afdraand, dalend, hellend; ~ *hand* skuins handskrif; ~ *roof* skuins dak; ~ *shoulders* hangskouers.

**slop·py** modderig, nat, morsig; slap, pap(perig); lamlendig; slordig, gemaksugtig, onnet; huilerig, sentimentelerig, week, laf; oordrewe; ~ *joe, (infml.: lospassende oortrektrui)* slobtrui; *(Am.)* broodrolletjie met vleissous; ~ *sentimentality* stroperige sentimentaliteit; ~ *work* brouwerk, slordige werk. **slop·pi·ness** morsigheid; slapheid, papheid; lamlendigheid; laf-heid; weekheid; slordigheid.

**slosh** *n.* pappery; nat modder; pap kos, pappie; soort biljart. **slosh** *ww.* ploeter, plas; ~ *about* rondplas; ~ *s.t. about* iets rondroer; ~ *s.t. on* ... iets op ... stort. **sloshed** *adj., (sl.)* smoor-dronk, stukkend; *be/get* ~ getrek/aangeklam/besope/ens. wees/raak. **slosh·y** papperig; modderig.

**slot¹** *n.* gleuf; sponning; groef, spleet; uitsnyding, insinking; *fill a* ~ 'n plek inneem; 'n plek vul. **slot** *-tt-, ww.* gleuf, van gleuwe (of 'n gleuf) voorsien; ~ *in s.t.* iets (laat) inpas; vir iets plek vind; vir iets tyd vind; *two things* ~ *together* twee dinge pas inmekaar; ~ *things together* dinge saamvoeg. ~ **machine** munt-outomaat. ~ **seam** groefnaat. **slot·ted** gegleuf(de), gleuf-; spleet-; met splete; uitgesny, versink; ~ *hole* gleufgat; ~ *propeller* spleetskroef; ~ *screw* gleufkopskroef; ~ *spoon* gaatjies-, gleuf(ies)lepel. **slot·ter** groefmaker.

**slot²** *n.* spoor *(v. 'n dier)*;

**sloth** luiheid, traagheid; *(soöl.)* luidier, luiaard; *three-toed* ~, *(Bradypus* spp.) drievingerige luidier/luiaard, ai; *two-toed* ~, *(Choloepus* spp.) tweevingerige luidier/luiaard, unau. ~ **bear** *(Melursus ursinus)* lippebeer. **sloth·ful** lui, traag. **sloth·ful·ness** luiheid, traagheid.

**slot·ting** gleufwerk. ~ **machine** gleufmasjien. ~ **saw** gleuf-saag. ~ **tool** steekbeitel.

**slouch** *n.* slofgang, geslof; slofkous; knoeier; luiaard; *s.o. is no* ~, *(infml.)* iem. laat nie op hom/haar wag nie; *be no* ~ *at ..., (infml.)* nogal handig wees met ... **slouch** *ww.* pap hang; jou neerplak; slof, gebukkend loop; slenter; ~ *about/around* rondhang, -luier. ~ **(hat)** flap-, slaprandhoed; toonhoed.

**slouch·er** slenteraar.

**slough¹** *n.* (modder)poel, moeras; *be in the S~ of Despond* op moedverloor se vlakte wees/sit. **slough·y** modderig, moeras-agtig.

**slough²** *n.* vervelsel; slangvel; roof, kors; dooie weefsel. **slough** *ww.* vervel; (laat) afval; weggooi; *(weefsels)* afsterf, losgaan; ~ *s.t. off* iets afwerp *(sorge ens.)*.

**Slo·vak** *n., (inwoner v. Slowakye)* Slowaak; *(taal)* Slowaaks. **Slo·vak** *adj.* Slowaaks. **Slo·va·ki·a** *(geog.)* Slowakye.

**Slo·vene, Slo·ve·ni·an** *n., (inwoner v. Slowenië)* Sloween; *(taal)* Sloweens. **Slo·vene, Slo·ve·ni·an** *adj.* Sloweens. **Slo·ve·ni·a** *(geog.)* Slowenië.

**slov·en·ly** slordig, slonserig; verslons, onversorg; vuil, mor-sig. **slov·en·li·ness** slordigheid; verslonsdheid, verslonstheid; vuilheid.

**slow** *adj.* stadig, langsaam, tydsaam; traag, lomerig; dooierig, vervelend; agterlik; agter; *a ~ affair* 'n dooierige spul; *do a* ~ *burn, (Am., infml.)* keelvol begin raak; ~ *to learn* dom, swaar van begrip; ~ *but sure* stadig maar seker; *be ~ to anger* nie gou kwaad word nie; *be ~ to do s.t.* iets nie gou/sommer doen nie; in gebreke bly om iets te doen; *not be ~ to* ... nie talm om ... nie; *the watch is a minute* ~ die horlosie/oorlosie is 'n minuut agter; *the work was* ~ die werk was ver-velend/stadig. **slow** *adv.* stadig, suutjies, soetjies, langsaam; *dead* ~ doodstadig; *go* ~ stadig gaan/loop/ry; rem, sloer;

stadig/versigtig te werk gaan; briek aandraai *(fig.);* sloerstaak; **go** ~ *with s.t.* spaarsaam met iets wees, suinig met iets werk; **take** it ~, *(infml.)* versigtig wees. **slow** *ww.* vertraag, verlangsaam; ~ *down/up/off* stadiger gaan/loop/ry; ~ *s.o./s.t. down* iem./iets vertraag. ~**coach** draaikous, trapsoetjies, harmansdrup. ~ **cooker** prutpot. ~**down** verlangsaming; vertraging. ~-**footed** stadig, lomp. ~ **march** *(mus.)* langsame mars; *(mil.)* stadige mars; begrafnis-, seremoniepas. ~ **motion** *n.: in* ~ in vertraagde tempo. ~-**motion** *adj. (attr.):* ~ *film/picture* stadige-aksieprent. ~ **movement** stadige beweging; *(mus.)* langsame deel. ~-**moving**, ~-**paced** stadig (lopend); traag; lomp; *slow-moving stock* trae voorraad. ~ **pitch** *(kr.)* stadige baan-/kolfblad. ~ **poison** langsaam werkende gif. ~**poke** *(Am., infml.)* = SLOWCOACH. ~ **puncture**, ~ **leak** stadige lek. ~ **reactor** *(fis.)* termiese reaktor. ~-**setting** langsaam bindend/verhardend; ~ *cement* trae sement. ~-**witted** traag van begrip.

**slow·ly** stadig, langsaam; ~ *but surely* stadig maar seker.

**slow·ness** stadigheid, langsaamheid; traagheid.

**slow·worm** *(pootlose akkedis)* blindewurm.

**slub** -*bb-*, *ww.* voorspin. ~ *linen* voorspinlinne, ru-linne. ~ **yarn** bultgaring.

**sludge** *n.* modder; slyk; slob, pappery; boorslik; boorsel; modderas. **sludge** *ww.* verslyk. ~ **pipe** slykpyp. ~ **well** sinkput.

**slug**[1] *n.* (naakte) slak, naakslak; luilak. ~ **pellet** slakpil.

**slug**[2] *n.* loper, ruwe koeël; metaalklomp; prop; brok(kie); homp, *(infml.)* sluk, skeut *(drank).*

**slug**[3] *n., (infml., hoofs. Am.)* opstopper. **slug** -*gg-*, *ww.* slaan, moker, neuk, foeter; ~ *it out* dit uitbaklei; volhou, volhard, deurdruk, deurbyt, nie opgee nie. **slug·ger** *(bofbal ens.)* mokerman; *(boks)* (baie) harde slaner.

**slug·gard** luiaard, luilak, leeglêer. **slug·gard·ly** *adj.* lui, traag.

**slug·gish** traag, dooierig, lui; stadig vloeiend.

**sluice** *n.* sluis; sluiswater; watervoor. **sluice** *ww.* laat uitloop/uitstroom; water gooi op; spoel; ~ *s.t. out* iets skoonspoel/skoonspuit. ~**gate** sluisdeur. ~**way** sluiskanaal.

**sluic·ing** spoeling.

**slum** *n.* krot(te)buurt, agterbuurt; *(i.d. mv.), (ook)* gopse. **slum** -*mm-*, *ww.* agterbuurte besoek; ~ *it, (infml.)* soos die armes leef/lewe. ~ **dweller** krotbewoner. ~ **dwelling** krot(woning). ~**lord**, ~ **landlord** krot(te)melker. **slum·ming** krotbesoek, agterbuurtbesoek. **slum·my** agteraf, gopserig, krot(er)ig.

**slum·ber** *n. & ww.* sluimer, slaap. ~ **party** *(Am.)* pajamapartytjie.

**slump** *n., (fin.)* in(een)storting, depressie, skielike prysdaling, slegte tyd; in(een)sakking, (weg)sakking. **slump** *ww.* in(een)stort; in(een)sak, inmekaar sak, inmekaarsak; wegsak; versak; *(pryse)* daal, skielik sak; *be ~ed over a chair* oor 'n stoel hang.

**slur** *n.* klad, smet, skandvlek; verwyt, blaam; slordige uitspraak; *(mus.)* fraseboog; *(mus.)* legato-boog; *speak with a* ~ onduidelik/slordig/diktong praat; *a* ~ *(up)on s.o.'s name/reputation* 'n klad op iem. se naam. **slur** -*rr-*, *ww.* sleg/slordig/onduidelik uitspreek/skrywe; beklad; *(mus.)* bind *('n noot);* ~ *over s.t.* iets agteloos verbygaan, iets oppervlakkig beskou, iets net aanraak; iets insluk *(klanke); s.o.'s speech is ~red* iem. praat diktong(ig).

**slurp** *n., (infml.)* geslurp. **slurp** *ww.* slurp.

**slur·ry** flodder, pappery, slyk, bry, pap.

**slush** modder, slyk; sneeumodder, half gesmelte sneeu, ysmodder; flodder, slob; pappery, bry; sentimentele bog, sentimenteelgheid. ~ **fund** omkoopgeld. **slush·y** modderig, slykerig, papperig, morsig; stroperig, sentimenteel.

**slut** slons, slordige vrou, sloerie; slet, slegte vrou, hoer. **slut·tish** slordig, verslons, slons(er)ig; sletterig, ontugtig.

**sly** *n.: on the* ~ stilletjies, in die stilligheid, agteraf, in die geheim, om die hoekie; tersluiks. **sly** *slyer/slier slyest/sliest, adj.* skelm, listig, slu, onderduims, agterbaks, slim, geslepe, oorlams; ~ *dog* platjie, slimmerd, geslepe kêrel. ~**boots** *(infml.)* karnallie, skelm, platjie. **sly·ly**, **sli·ly** onderduims, op listige/skelmagtige wyse, onderlangs, agterbaks, in die stilligheid. **sly·ness** sluheid, skelm(agtig)heid, geslepenheid, onderduimsheid, deurtraptheid.

**smack**[1] *n.* klap, slag, wiks; *a* ~ *in the eye/face, (ook fig.)* 'n klap in/deur die gesig; *give s.o. a* ~ iem. 'n klap gee; *a hearty* ~, *(ook)* 'n lekker klapsoen. **smack** *adv., (ook smack bang)* reg, pardoems; *hit s.o.* ~ *in the eye, (infml.)* iem. mooi/reg op/in sy/haar oog slaan/tref; *go* ~ *into the water* ploems/pardoems/kerplaks in die water val; *be* ~ *up against ..., (infml.)* reg teenaan ... wees. **smack** *ww.* klap, slaan, wiks; smak, met die lippe klap; ~*ing kiss* klapsoen. **smack·er** *(infml., ook* smackeroo*)* klapsoen; rand *(in SA)*, pond *(i.d.VK)*, dollar *(i.d.VS)*. **smack·ing** *adj. (attr.)* stewige, stywe *(bries).*

**smack**[2] *n.* smakie, geur(tjie); ietsie, tikkie; sweem; *(dwelmsl.: heroïen)* H; *a* ~ *of ...* 'n tikkie/knypie ... *(peper ens.).* **smack** *ww.: s.t.* ~*s of ...* iets ruik/smaak na ...; iets sweem na ... *(bedrog ens.).*

**smack**[3] *n., (bootjie)* bakkie.

**small** *n., (i.d. mv.)* geklassifiseerde (klein) advertensies, soekertjies; ~ *of the back* kruis. **small** *adj.* klein, gering; weinig, min; niksbeduidend; *a* ~ *boy* 'n seuntjie; *feel* ~ klein/skaam/nederig voel; *a* ~ *girl* 'n meisietjie, 'n dogtertjie; *look* ~ beteuterd lyk, op jou neus kyk; *the* ~ *ones* die kleintjies; *a* ~ *part, (ook)* 'n aks; ~ *profits quick returns* 'n klein winsie 'n soet winsie; *on a* ~ *scale* op klein skaal; *a* ~ *thing* 'n kleinigheid; ~ *things amuse* ~ *minds* onbenullighede vermaak nulle; *in a* ~ *voice* met 'n sagte/fyn stemmetjie; *the still* ~ *voice* die stem van die gewete; *in a* ~ *way* in geringe mate; op klein skaal, op beskeie voet; ~ *wonder!* geen wonder!. **small** *adv.* klein, fyn; *chop s.t. up* ~ iets fynkap. ~ **arms** kleingewere, handvuurwapens. ~-**arms fire** kleingeweervuur. ~ **bore** klein kaliber. ~-**bore rifle** geweer van klein kaliber. ~ **business** kleinsakeonderneming; kleinsakebedryf. ~ **businessman**, =**woman** kleinsakeman, =vrou. ~ **business sector** kleinsakesektor. ~ **capital** klein hoofletter. ~ **change** kleingeld(jies); *(infml.)* onbenulligheid, beuselagtigheid, kleinigheid. ~ **claims court** hof vir klein eise. ~ **end** kleinkop *(v. 'n dryfstang).* ~-**end bush** suierpenbus. ~ **farmer** kleinboer, knapsakboer. ~-**holding** klein plasie; hoewe. ~ **hours:** *the* ~ ~ *(of the morning)* die nanag, die ure ná middernag. ~ **intestine** dunderm. ~ **letter** kleinletter *(teenoor hoofletter)*, minuskel. ~-**minded** bekrompe, benepe, kleingeestig, =sielig. ~-**mindedness** bekrompenheid, benepenheid, kleingeestigheid, =sieligheid. ~-**pox** pokkies, pokke, variola. ~-**scale** *adj.* kleinskaals, kleinskaal-; kleinskalig, kleinskaal-; ~ *farmer* kleinskaalse boer, kleinskaalboer; ~ *integration, (rek.)* kleinskaalse integrasie, kleinskaalintegrasie. ~ **screen** *(infml.: televisie)* kassie, TV. ~ **talk** (ligte) geselsery, geklets, kletsery, praatjies oor koeitjies en kalfies; *make (or indulge in)* ~ ~ oor koeitjies en kalfies gesels/praat. ~-**time** *adj.* nietig, klein, onbeduidend; peuterig. ~-**town** *adj. (attr.)* kleindorpse *(mense, bestaan, ens.);* kleindorpse, =burgerlike, =steedse, bekrompe, eng *(beskouings, mentaliteit, ens.).*

**small·er:** ~ *and* ~ al hoe kleiner; *be* ~ *than ...* kleiner as ... wees.

**small·ish** kleinerig.

**small·ness** kleinheid, geringheid.

**smarm** *n.* flikflooiery, geflikflooi, vleiery; kruiperigheid, onderdanigheid. **smarm** *ww.: ~ up to s.o.* iem. heuning om die mond smeer, by iem. flikflooi, iem. se guns probeer wen. **smarm·y** flikflooierig; stroperig.

**smart** *n.* pyn, smart; skrynerigheid, branderigheid. **smart** *adj.* flink, skerp, vinnig; oulik, geslepe, slim; gevat, skrander,

knap; flink, fluks; agtermekaar, netjies, viets; piekfyn; mo=
dieus, deftig, windmaker(ig), sjiek, swierig; *a ~ rap over the
knuckles* 'n taai raps op die vingers; *a ~ retort* 'n gevatte
antwoord. **smart** *ww.* pyn, seer wees, brand, skryn, steek;
smart veroorsaak; ly; *s.o.'s finger ~s* iem. se vinger brand/
pyn/steek; *~ under s.t.* bitter voel oor iets *('n teenslag ens.).* ~
**alec** *(infml.)* wysneus, slimjan. **~-alecky** *adj.* domslim, wys=
neusig. **~arse,** *(Am.)* **~ass** *(neerh. sl.)* wysneus, slimjan. ~
**bomb** *(mil., infml.: met teikensoekstelsel)* slimbom. ~ **card** slim=,
knapkaart. ~ **casual** deftig informeel. ~ **money** slim beleg=
ging/weddenskap; slim beleggers/wedders; *the ~ ~ is on ...*
die slim wedders het hul geld op ... geplaas. ~ **set:** *the ~ ~*
die windmaker klas, die elite.
**smart·en** opknap, mooimaak; ~ *up* jou beter aantrek, meer
aandag aan jou voorkoms gee.
**smart·ly** *adv.* flink, skerp, vinnig, kragtig, met krag; knap;
flink, fluks; netjies; windmaker(ig), swierig; ~ *dressed* fyn
uitgevat; *come ~ to attention* fluks op aandag staan.
**smart·ness** slimheid, geslepenheid; gevatheid, skrander=
heid; netheid; swierigheid, deftigheid; vietsheid.
**smart·y-pants** *(infml.)* wysneus, slimjan.
**smash** *n.* brekery, breekspul; vernieling; botsing, ongeluk,
ramp, debakel; bankrotskap; *(tennis)* kis=, moker=, doodhou;
*be (involved) in a ~* in 'n botsing (betrokke) wees. **smash**
*adv.* reg, vierkant; *go ~ into ...* vierkant teen ... vasja(ag).
**smash** *ww.* (stukkend) breek, stukkend slaan, flenters/stuk=
kend gooi, verbrysel, verpletter; totaal verslaan; *(tennis)* mo=
ker; ~ *s.t.* **down** iets afbreek; iets intrap *('n deur ens.)*; ~ *in
s.o.'s face, (infml.)* iem. se gesig pap slaan; ~ *s.t.* **in** iets inslaan
*('n ruit ens.)*; ~ **into** ... teen ... bots; teen ... vasloop; ~ *up
one's car* jou motor in 'n botsing verwoes. **~-and-grab:** ~
*attack* grypaanval; ~ *thief* gryprower. ~ **hit** moker=, dood=,
kishou; groot sukses, voltreffer. **~-up** hewige botsing; ver=
nieling, breekspul; totale mislukking, ineenstorting.
**smashed** *adj., (ook, sl.)* (lekker) getrek, gaar, stukkend, smoor=
dronk, hoog in die takke.
**smash·ing** verpletterend; buitengewoon, oorweldigend; kos=
telik, heerlik, pragtig, skitterend; ~ *blow* dood=, mokerhou;
~ *success* reuse-sukses; *have a ~ time, (infml.)* baie groot/
heerlike/hope/lekker/tonne *(of* die grootste *of* 'n klomp) pret
hê, dit gate uit geniet.
**smat·ter·ing** mondjie vol; oppervlakkige kennis; *have a ~
of French/etc.* 'n paar woordjies Frans/ens. ken, so 'n mondjie
vol Frans/ens. ken.
**smear** *n.* vlek; vuil kol; veeg; smeer(sel). **smear** *ww.* smeer,
bestryk; bemors; besmeer, bevlek; swartsmeer, beklad, be=
swadder; ~ *s.t. on ...* iets aan/op ... smeer; ~ *s.t. with ...* iets met
... besmeer; iets met ... insmeer. ~ **campaign** beswaddering,
swartsmeerdery. ~ **(test)** *(med.)* Papsmeer, =toets, serviks=
smeer. **smear·y** besmeer, bevlek; klewerig, taai.
**smell** *n.* reuk, ruik, geur, lug; ~ *of death* doodsreuk, =ruik; *s.t.
has* a bad/nice ~ iets ruik sleg/lekker; *have a keen ~* 'n fyn
reuk(sin) hê, fyn van reuk wees; *sense of ~* reuksin. **smell**
*smelt/smelled smelt/smelled, ww.* ruik; snuif, snuffel; ~ *at s.t.*
aan iets ruik; *s.t. ~s* **good** iets ruik lekker; *s.o./s.t. ~s* **like/of**
... iem./iets ruik na ...; ~ *s.o.* **out** iem. opspoor; ~ *s.t.* **out** iets
uitruik; *(fig.)* iets uitsnuffel/uitvis; ~ **strongly** *of s.t.* sterk na
iets ruik; ... *could ~* **victory** 'n oorwinning/sege het vir ...
gewink. **smell·y** stink(end), stinkerig, onwelriekend, sleg rui=
kend.
**smell·ing** (die) ruik. ~ **bottle** reuk=, ruikflessie. ~ **salts** reuk=,
ruiksout; vlugsout.
**smelt**[1] *ww. (verl.t.)* →SMELL *ww..*
**smelt**[2] *smelt(s), n., (igt.)* spiering.
**smelt**[3] *ww., (metal.)* (uit)smelt. **smelt·er** smelter; smeltery.
**smelt·ing** smeltery, smelting, smeltwerk. ~ **furnace** smelt=
oond. ~ **pot** smeltkroes. ~ **works** smeltery.
**smid·gen, smid·geon, smid·gin** *(infml.)* titseltjie.

**smile** *n.* glimlag, laggie; *be all ~s* van oor tot oor glimlag,
(die) ene vriendelikheid wees; *a broad ~* 'n breë glimlag; *a
feigned ~* 'n aangeplakte glimlag; *a forced ~* 'n gedwonge
glimlag; *have a ready ~* maklik glimlag; *a vacuous ~* 'n on=
nosele/wesenlose glimlag; *a warm ~* 'n vriendelike glimlag;
*with a wry ~* met 'n wrange glimlag. **smile** *ww.* glimlag; ~
*one's approval of s.t.* iets glimlaggend goedkeur; ~ *at s.o.* vir
iem. glimlag; ~ *at s.t.* oor iets glimlag; ~ *broadly, ~ from ear
to ear* van oor tot oor glimlag, breed glimlag; ~ *wryly* grim.
**smil·ing** glimlaggend, vol glimlagge; *come up ~, (infml.)* nuwe
moed kry; *keep ~* goeie moed hou; *keep ~!* hou goeie moed!,
hou die blink kant bo!. **smil·ing·ly** glimlaggend, met 'n glim=
lag.
**smirch** *n.* vlek, klad, smet; kol, veeg. **smirch** *ww.* besmeer;
*(hoofs. fig.)* bevlek, beklad, besoedel.
**smirk** *n.* grimlag, grynslag, selfvoldane glimlag; gemaakte
laggie. **smirk** *ww.* grimlag, grynslag; gemaak glimlag.
**smith** smid, smit. **smith·er·y** smedery, smidse, smidswinkel;
smidswerk, smee(d)werk. **smith·ing** smidswerk, smee(d)=
werk.
**smith·er·eens, smith·ers** *n. (mv.), (infml.)* stukkies, flen=
ters, gruis; *smash s.t. (in)to ~* iets fyn en flenters slaan.
**smith·y** smidswinkel, smidse, smedery. ~ **coal** smidsteenkool,
smidskole.
**smit·ten:** *be ~ with s.o.* smoorverlief wees op iem.; *be ~ with
s.t.* met iets ingenome wees; deur iets geteister word *(d. pes
ens.).*
**smock** *n.* oorbloes; oorrok; kraamrok, =jakkie; jurk; oorbroek.
**smock** *ww., (naaldw.)* smok.
**smock·ing** *(naaldw.)* smok=, wafelwerk. ~ **(stitch)** smoksteek.
**smog** rookmis; *(fig.)* waas, newel.
**smok·a·ble, smoke·a·ble** *adj.* rookbaar.
**smoke** *n.* rook; damp; skietdamp(e) *(in 'n myn)*; *(i.d. mv.)*
rookgoed; *a column of ~* 'n rookkolom; *end/vanish* (or *go
up*) *in ~, (lett. & fig.)* in rook opgaan/verdwyn; *(fig.)* op niks
uitloop, in duie stort; *(there's) no ~ without fire, where there's
~ there's fire* geen rokie sonder vuur(tjie) nie, waar daar 'n
rokie is, is daar 'n vuurtjie; *have a ~, (infml.)* 'n dampie maak/
slaan, rook; *inhale ~* rook intrek/inasem; *~ and mirrors,
(infml.)* verdoeseling, misleiding, bedrog, oëverblindery; *s.o.
wants a ~, (infml.)* iem. wil rook. **smoke** *ww.* rook; damp;
berook; uitrook; beroet; ~ *like a chimney* van jou mond 'n
skoorsteen maak, rook soos 'n skoorsteen; ~ *heavily* kwaai/
straf/sterk rook, *(infml.)* kwaai stook; ~ *opium* opium skuif;
~ *s.o.* **out** iem. uitrook. ~ **alarm** rookalarm. ~ **ball** rookkoeël;
rookbom; stuifswam. ~ **bomb** rookbom. ~ **detector** rook=
verklikker. **~-dried** *adj.* gerook. **~-free** *adj.* rookvry; ~ *area/
zone/etc.* rookvry(e) gebied/omgewing/sone/ens.. ~ **grenade**
rookgranaat. **~house** rokery, rookhok. **~screen** *(lett. & fig.)*
rookskerm. ~ **signal** *(lett. & fig.)* rooksein. **~stack** skoor=
steenpyp; skeepskoorsteen; fabriekskoorsteen. **~stack in=
dustry** *(infml.)* swaarnywerheid.
**smoked** gerook; berook; ~ *bacon* rookspek; ~ *glass* be=
rookte glas; rookglas; ~ *haddock* skelvis; ~ *ham* rookham,
gerookte ham; ~ *sausage* rookwors.
**smoke·less** rookvry, rookloos; ~ *fuel* rooklose brandstof; ~
*zone* rookvry(e) sone.
**smok·er** roker, damper; ~*'s cough* rokershoes(ie); *a heavy ~*
'n kwaai/strawwe/sterk roker; *a light ~* 'n matige roker.
**smok·er·y** rookkamer, =huis; rookgerei.
**smok·ing** *n.* (die) rook, rokery; beroking; *no ~* rook ver=
bode. **smok·ing** *adj.* rokend, rook=; walmend; dampend;
~ *gun/pistol, (fig.)* onweerlegbare/onomstootlike/onbetwis=
bare/vaste bewys. ~ **habit** rookgewoonte. ~ **jacket** rook=
baadjie. ~ **room** rookkamer, =salon.
**smok·y** rokerig, rookagtig, rook=; berook; vol rook; rook=
kleurig; ~ *quartz* rookkwarts.
**smolt** jong salm.

**smooch** *n.* soen; soenery, gesoen. **smooch** *ww., (infml.)* vry. **smooch·y** *adj.* innig, lank, intiem *('n soen).*

**smooth** *adj.* glad, sag; gelyk, effe, egalig; kaal, naak, gaaf *('n oppervlak);* vlot; vloeiend *('n styl);* soetvloeiend *(klanke, poësie, ens.);* aangenaam, kalm *('n seereis);* sag *('n smaak);* sag *(likeur ens.);* fyn *(konfyt);* beleef(d), vriendelik; vleiend, vleierig, flikflooierig; ~ *operator, (infml.)* gladdejan. **smooth, smoothe** *ww.* gelykmaak, glad maak, glad stryk; planeer; skaaf; afglad, glad afwerk; maklik maak; bedek, bewimpel; ~ *s.t.* iets wegstryk; iets uit die weg ruim *(moeilikhede ens.);* ~ *s.t. down* iets glad stryk; ~ *s.t. off* iets glad afwerk; ~ *s.t. out, (lett.)* iets glad stryk, iets uitstryk; *(fig.)* iets uitstryk, iets uit die weg ruim *(verskille ens.);* ~ *the way, (fig.)* die pad skoonmaak, die weg baan. ~**bore** *n.* gladdeloopgeweer. ~**cut file** soetvyl. ~**faced** baardloos, met 'n gladde gesig; skynvriendelik. ~**flowing** gelykvloeiend. ~**haired** glad(de)haar-, gladharig. ~ **hound** *(igt.)* hondhaai. ~ **muscle** *(fisiol.)* onwillekeurige/gladde spier. ~**shaven** glad geskeer. ~**spoken,** ~**tongued** glad van tong, vleierig. ~ **talk** gladde praatjies, mooi-, slimpraatjies, vleitaal. ~ **talker** gladdemond. ~**talking** *adj. (attr.)* gladdemond-, met 'n gladde mond/tong *(pred.).*

**smooth·ie, smooth·y** *-ies, (infml., gew. neerh.)* gladdejan; *(infml.)* skommeldrankie; *fruit* ~ vrugteskommel.

**smooth·ing** effening, gladmaking; afvlakking. ~ **plane** soet-, blokskaaf, smoelpleen.

**smooth·ly** *adv.* glad; egalig; vlot; vloeiend; *s.t. goes* ~ iets gaan orrelstryk.

**smooth·ness** gladheid; vlotheid.

**smor·gas·bord** *(Skand. kookk.)* smorgasbord, oopbroodjies, oop toebroodjies; *(fig.)* potpourri, allegaartjie, mengelmoes; mengsel, verskeidenheid.

**smoth·er** *n.* dik rook, (stof)damp, walm; digte miswolk; stofwolk; smeuling; onderdrukking; verstikking; kolking. **smother** *ww.* (ver)smoor, (ver)stik; doodsmoor; smoor *(vlamme);* smoor, dooddruk *('n bal);* onderdruk *('n gaap ens.);* geheim hou; in die doofpot stop. ~ **tackle** *(rugby)* smoorvat.

**smoth·ered:** *be ~ in ...* onder ... begrawe wees, toe wees onder ...; *be ~ up* stilgehou word; *be ~ with ...* met ... oorlaai word.

**smoth·er·y** verstikkend, benoud.

**smoul·der** *n.* smeulvuur. **smoul·der** *ww.* smeul.

**SMS** *SMSs, SMS's, n., (telekom., afk.:* short message service) SMS; *send (s.o.) an ~* (vir iem.) 'n SMS stuur; *send an ~ to* ... 'n SMS na ... stuur *('n nommer).* **SMS** *-ed, ww.* SMS; ~ *(s.t. to) s.o., ~ s.o. (s.t.)* (iets aan) iem. SMS, iem. (iets) SMS *('n boodskap).*

**smudge** *n.* klad, (vuil) kol; vlek, smet; soldeerroet. **smudge** *ww.* bemors, besmeer; (be)vlek. **smudg·y** vuil, smerig, bemors.

**smug** selfingenome, -voldaan. **smug·ly** op 'n selfingenome wyse. **smug·ness** selfvoldaanheid.

**smug·gle** smokkel; ~ *s.t. in/out* iets in-/uitsmokkel; ~ *s.t. past* ... iets by ... verbysmokkel. **smug·gler** smokkelaar, sluikhandelaar

**smug·gling** smokkel(a)ry, smokkelhandel. ~ **ring** smokkelring.

**smut** *n.* roetkol, -vlek, roet; vuil/obsene taal/blad/fliek/ens.; vuiligheid, vieslikheid; *(plantsiekte)* brand; brandswamme. **smut** *-tt-, ww.* vlek, vuil maak; (laat) brand kry; ~*ted grain* brandgraan. **smut·ti·ness** morsigheid, vuiligheid. **smut·ty** vuil, vieslik; vol roet; branderig; *a ~ joke* 'n vuil/skurwe grap.

**snack** *n.* versnapering, (peusel)happie; snoepgereg(gie), ligte maaltyd; *(i.d. mv.)* eet-, peuselgoedjies; *have a ~* 'n happie eet. **snack** *ww.:* ~ *(on s.t.), (infml.)* (aan iets) peusel. ~ **bar** peusel-, snoepkroeg; kitskoskafee.

**snaf·fle** *n., (eenvoudige stang)* trens. **snaf·fle** *ww.* met 'n

trens ry; beteuel; *(infml.)* gryp, gaps. ~ **bit** trens.

**sna·fu** *n., (Am. sl., oorspr. mil. akr.:* situation normal: all fouled/ fucked up) chaos, deurmekaarspul. **sna·fu** *ww.* chaos (of 'n deurmekaarspul) veroorsaak.

**snag** *n.* struikelblok, hindernis; stomp, knoe(t)s, kwas; uitsteeksel; skeurtjie, haakplekkie *(in lap); hit/strike a ~* vashaak; *that's/there's the ~* dit is die moeilikheid, daar lê/sit die knoop; *what's the ~?* waar lê/sit die knoop?. **snag** *-gg-, ww.* (vas)haak; *('n lap)* skeur; *(hoofs. Am., boot)* stuit teen 'n verdronke boomstomp; stompe uit-/afkap, knoetse/knoeste afkap; ~ *on s.t.* aan iets vashaak. **snagged** kwasterig, vol knoetse/knoeste/uitsteeksels; geskeur(d); *get ~* vashaak. **snag·gy** kwasterig, vol knoetse/knoeste/uitsteeksels.

**snag·gle** *n.* deurmekaarspul, warboel. **snag·gle** *ww.* geknoop/gekoek raak; verstrik raak. ~**tooth** *-teeth* uitsteektand; *(igt.)* lostandvis.

**snail** (skulp)slak; snekrat, slakvormige rat *(in 'n horlosie); at a ~'s pace* voetjie vir voetjie; met 'n slakkegang. ~ **fever** rooiwater, skistosomiase, bilharziase. ~ **mail** *(skerts.: gewone papierpos teenoor e-pos)* slakkepos. ~**paced** doodstadig, met 'n slakkegang.

**snail·like** slakagtig; doodstadig.

**snake** *n.* slang; *be bitten by a ~* deur 'n slang gepik word; *there's a ~ in the grass, (infml.)* daar is 'n slang in die gras, *the ~ struck* die slang het gepik. **snake** *ww.* kronkel, krul, kruip; seil, gly; ~ *along* voortseil, -kronkel; *the road ~s through ...* die pad kronkel/slinger deur ... ~ **charmer** slangbeswoerder. ~ **oil** *(infml.)* kwakmedisyne; kaf-, twak-, bog(praatjies). ~ **park** slangtuin, -park. ~**root** *(Polygala seneca ens.)* slangwortel. ~**s and ladders** *n. (mv.)* slangetjies-en-leertjies. ~**skin** slangvel; slangleer. ~ **venom** slanggif. **snak·y** slangagtig; vol slange; slang-.

**snap** *n.* klap, knal, slag; hap, byt; knip; slotjie; (harde) beskuitjie; kiekie; (die) breek; snapbreuk; *(gereedskap)* snapper; pit, fut; (veer)krag; *a cold ~* 'n skielike koue. **snap** *adj.* skielik, vinnig; blits-, kits- *(debat ens.);* onvoorbereid, onvoorbedag; verrassend; onverhoeds *('n stemming);* onbedag, onoorwoë *('n beslissing ens.).* **snap** *-pp-, ww.* hap, gryp; knal, klap; laat klap/knal; ruk, vinnig beweeg; toeklap; knip; byt; (af)breek, (af)knak; spring; afneem, foto's/kiekies neem; aftrek; snou; *('n vuurwapen)* kets, nie afgaan nie; ~ *at ...* na ... hap/byt; na ... gryp; ... gretig aanneem; ~ *at s.o., (ook)* iem. afjak; iem. toesnou; ~ *off s.o.'s head/nose, (fig.)* iem. invlie; ~ *s.t. (off)* iets afbreek/afbyt/afknak; ~ *s.t. on* iets aanknip; ~ *out of it!, (infml.)* ruk jou reg!, komaan!; *s.t. ~ped to* iets het toegeklap/-knip; ~ *s.t. up* iets opraap/oppik/opgryp/inpalm; iets aangryp/beetpak *('n geleentheid ens.).* ~**down brim** afslaanrand. ~**dragon** *(bot.), (Nemesia* spp.) leeubekkie; *(Antirrhinum majus)* (tuin)leeubekkie. ~**fastener** knip, drukknoop. ~ **lock,** ~ **bolt** knip-, veerslot *(aan 'n deur).* ~**on** *adj. (attr.)* aanknip- *(blinding ens.).* ~**shot** *n.* foto, kiekie, *(ook fig.)* momentopname; *(rek.)* flitsbeeld. ~**shot** *-tt-, ww.* 'n foto/kiekie neem, kiek.

**snap·per** byter, happer; snouerige mens; snapskilpad.

**snap·ping** happend, knallend, klappend; knakkend; bytend; snouend; ~ *turtle* snapskilpad.

**snap·pish** vinnig, skerp, bitsig; byterig. **snap·pish·ness** bitsigheid; byterigheid.

**snap·py** lewendig, opgewek; pittig; viets; kort afgebete *(styl); make it ~!, (infml.)* skud op!, roer jou (litte)!.

**snare** *n.* strik, wip, val; valstrik; vanggat; snaar *(v. 'n trom); lay/set a ~ for ...* 'n strik vir ... span/stel, 'n wip vir ... stel. **snare** *ww.* in 'n strik vang, verstrik. ~ **drum** konserttrom, klein trom.

**snarl**[1] *n.* geknor, gegrom, snou. **snarl** *ww.* knor, grom; snou; ~ *at s.o.* iem. toesnou. **snarl·er** brompot, knorder.

**snarl**[2] *n.* verwarring, verwardheid; warboel; kinkel; *traffic ~* verkeersknoop. **snarl** *ww.* verwar; deurmekaar raak; deurmekaar maak; *be ~ed (up)* totaal verward wees; in die war wees; opgekinkel wees; *become/get ~ed up in s.t.* in iets ver= strik raak; in iets vasgevang raak *(d. verkeer)*. **~-up** kinkel, warboel, knoop.

**snatch** *n.* gryp, greep, ruk; gryphef *(by gewigoptel); (infml.)* diefstal; stukkie, brokkie; *make a ~ at* ... na ... gryp; *~es from* ... grepe uit ... *(d. geskiedenis ens.); in/by ~es* met rukke en stote; by/met tussenposes. **snatch** *ww.* gryp, vat, ruk; gaps; hap; *~ at* ... na ... gryp; ... aangryp *('n aanbod ens.); ~ s.t. away* iets weggryp; iets wegruk; *~ ...from death* ... aan die dood ontruk; *~ s.t. from* ... iets van ... wegruk; *~ s.t. from s.o.'s hands* iets uit iem. se hande ruk; *~ s.t. off* iets afruk; *~ s.o./s.t. out of* ... iem./iets uit ... red; *~ s.t. up* iets (op)gryp.

**snaz·zy** *(infml.)* piekfyn; viets.

**sneak** *n., (infml.)* sluiper; agterbakse mens, valsaard; *(hoofs. Br.)* verklikker, nuusdraer. **sneak** *sneaked sneaked* (of, infml., hoofs. Am.) *snuck, ww.* sluip, kruip, stilletjies gaan; *(infml.)* skaai, steel; *(infml., hoofs. Br.)* (ver)klik, verklap; *~ away/off* wegsluip, stilletjies wegloop/wegraak; *~ in* insluip; inkruip; *~ s.t. into the house* iets die huis insmokkel; *~ out* uitsluip; *~ up behind s.o.* iem. van agter bekruip; *~ up on s.o.* iem. be= kruip. *~* **preview** spesiale voorskou *(v. 'n rolprent ens.); be treated to a ~ ~ of* ... 'n lokloertjie na ... kry. *~* **thief** sluip= dief.

**sneak·er** sluiper; *(hoofs. Am.)* seilskoen, tekkie.

**sneak·ing** kruiperig; gluiperig; geheim; *have a ~ suspicion that* ... 'n nare vermoede/spesmaas hê dat ...

**sneak·y** sluipend, gluiperig; *~ blow* onverhoedse hou.

**sneer** *n.* gryns(lag), spot=, hoonlag; spot. **sneer** *ww.* spot (met), hoon; smaal, gryns, spottend/honend lag; veragting te kenne gee, die/jou neus optrek; *~ at* ... met ... spot, ... be= spot; (die/jou) neus optrek vir ... **sneer·ing** smalend; *~ laugh* spot=, hoonlag.

**sneeze** *n.* nies. **sneeze** *ww.* nies; proes; *not to be ~d at* nie te versmaai nie, glad nie so sleg nie. **~wort** *(Achillea ptar= mica)* nieswortel.

**sneez·ing:** *~* **gas** niesgas.

**sneez·y** nieserig, proes(t)erig, (swaar) verkoue. **sneez·i·ness** nieserigheid.

**snick** *n.* kerf, keep; deurklink; *(kr.)* tik=, tip=, skramhou; dun plek. **snick** *ww.* 'n kerfie sny, keep; *(kr.)* tik; *~ed saw* haas= beksaag.

**snick·er** *n.* gegiggel; sagte runnik; →SNIGGER *n.*. **snick·er** *ww.* saggies runnik; giggel; →SNIGGER *ww.*.

**snide** smalend; kwaadwillig; *(Am.)* gemeen, laag, vals, oneg; bedrieglik.

**sniff** *n.* gesnuif, gesnuffel; snuffie. **sniff** *ww.* snuif, snuiwe; snuffel; *~ at* ... aan ... ruik/snuffel, ... besnuffel; effens/effe= (ntjies) in ... belangstel *(of belang stel)*; (die/jou) neus op= trek vir ...; *it is not to be ~ed at* ('n) mens kan nie jou neus daarvoor optrek nie; *~ s.t. out* iets uitsnuffel; *~ s.t. up* iets opsnuif/opsnuiwe.

**sniff·er** snuiwer *(v. verfverdunners ens.)*; gom=, lymsnuiwer. *~* **dog** *(infml.)* snuffelhond.

**snif·fle** *n.* gesnuf(fel); *the ~s, (infml.)* gesnuif, verkoue. **snif= fle** *ww.* snuf, snuffel; grens.

**snif·fy** *(infml.)* minagtend, neusoptrekkerig; *be a bit ~* 'n ligte verkoue hê. **sniff·i·ness** neusoptrekkerigheid.

**snif·ter** *(infml.)* sopie, dop, regmaker(tjie) *(hoofs. Am.)* bran= dewynglas; *take a ~, (infml.)* 'n dop(pie) maak/steek.

**snig·ger** *n.* gegiggel, gegrinnik. **snig·ger** *ww.* giggel, grin= nik, ginnegaap.

**snip** *n.* sny(tjie), knip; snipper; knipsel; hap; stukkie, brokkie; *(Am., infml.)* ventjie, snuiter, snip; *(Br., infml.)* winskopie; *(infml.)* seker(e) kans, sekerheid; *(iets makliks)* kinderspe= letjies; *(ook, i.d. mv.)* blikskêr. **snip** *-pp-, ww.* (af)sny, (af)= knip; *~ s.t. off* iets afknip. **snip·pet** snipper, stukkie, brokkie; *(ook, i.d. mv.)* stukkies en brokkies. **snip·pe·ty** snipperagtig.

**snipe** *snipe(s), n., (orn.)* snip; *great ~* dubbelsnip. **snipe** *ww.* uit 'n skuilplek skiet, sluipskiet; *~ at s.o.* uit 'n hinderlaag op iem. skiet; iem. kap, iem. (geniepsig) aanval. **~fish** snipvis. **snip·er** sluip=, skerpskutter. **snip·ing** sluipskietery.

**snit** *(Am., infml.): be in a ~* die hoenders/josie in wees; dikbek wees; *go into a ~* jou lelik vervies.

**snitch** *n.* verklikker. **snitch** *ww.* skaai, gaps; verklik.

**sniv·el** *n.* gegrens, getjank; snot; huigelary. **sniv·el** *-ll-, ww.* snotter; grens, huil, tjank; femel. **sniv·el·ler** tjankbalie, skree(u)= bek. **sniv·el·ling** *n.* gesnotter; gegrens, getjank. **sniv·el·ling** *adj.* snotterend; grensend, tjankend.

**snob** snob. **snob·ber·y** snobisme. **snob·bish** snobagtig, snob= berig. **snob·bish·ness** = SNOBBERY.

**snoek** *n., (SA, igt.: Thyrsites atun)* snoek. **snoek** *ww.* snoek vang.

**snoek·ing** snoekvangs. *~* **fleet** snoekvloot.

**snog** *n., (Br., infml.)* knippie, knypie, gekafoefel. **snog** *ww.* kafoefel, vry; kafoefel/vry met.

**snood** hareband, haarlint.

**snook**[1] *(Karibiese sportvis)* (see)snoek.

**snook**[2]: *cock a ~ at s.o., (infml., hoofs. Br.)* iem. uitkoggel, langneus maak vir iem..

**snook·er** *n., (spel)* snoeker. **snook·er** *ww.* snoeker, blinder; *~ed* gesnoeker, geblinder(d); *(fig.)* gefnuik.

**snoop** *n.* spioen, (rond)snuffelaar; (af)loerder; bemoeial; sluipdief; gluiper(d). **snoop** *ww.* snuffel, rondloer; afloer; neus insteek; *~ about/around* rondsnuffel.

**snoop·er** = SNOOP *n.*. **~scope** *(Am., mil.)* infrarooi=, nagky= ker.

**snoop·y** indringerig, neusinstekerig, bemoeisiek.

**snoot** *(sl.)* neus; *(sl.)* snob. **snoot·i·ly** neus-in-die-lug, uit die hoogte. **snoot·i·ness** neusoptrekkerigheid, verwaandheid. **snoot·y** neusoptrekkerig, verwaand.

**snooze** *n.* dutjie, slapie, sluimer(ing); *have/take a ~, (infml.)* 'n uiltjie knip, ('n bietjie) dut. **snooze** *ww.* dut, sluimer, 'n uiltjie knip; leeglê; *~ the time away* die tyd ledig deurbring.

**snore** *n.* snork, gesnork. **snore** *ww.* snork; *~ s.o. awake* iem. wakker snork. **snor·er** snorker. **snor·ing** snorkery, gesnork.

**snor·kel** *n.* snorkel. **snor·kel** *-ll-, ww.* snorkel(duik), met 'n snorkel duik; *go ~ling* gaan snorkel(duik), met 'n snorkel gaan duik.

**snort** *n.* snork, proes; *(infml.)* regmakertjie, skrikmaker(tjie), dop(pie); *(dwelmsl.)* dosis opgesnuifde/-te kokaïen; *have a ~, (infml.)* 'n dop(pie) maak. **snort** *ww.* snork, proes, snuif; met verontwaardiging sê; *(dwelmsl.)* kokaïen snuif; *~ at* ... (die/jou) neus optrek vir ... **snort·er** snorker; stormwind; mooi skoot, doodhou.

**snot** *(infml.)* snot; *(veragtelike persoon)* snotneus. **~-nosed** *adj. (gew. attr.), (neerh. sl.: kinderagtig; verwaand)* snotneus=.

**snot·ty** *n.* snotneus. **snot·ty** *adj.* snotterig; gemeen, laag; neusoptrekkerig, minagtend. **~-nosed** *adj. (gew. attr.), (sl.)* snotneus=; neusoptrekkerig.

**snout** *n.* snoet, snuit; neus; tuit, bek. *~* **beetle** *(Am.)* kalander, snuittor, =kewer; →WEEVIL. **snout·ed** met 'n snuit, snuit=, ge= bek.

**snow** *n.* kapok, sneeu; *(dwelmsl.)* kokaïen; *(i.d. mv.), (ook)* sneeumassa; sneeuveld; *perpetual ~* ewigdurende sneeu. **snow** *ww.* sneeu, kapok; soos sneeu val; *be ~ed in/up* toegesneeu wees; *it is ~ing* dit sneeu; *be ~ed off* weens sneeu afgelas word; *be ~ed under* (met werk) oorlaai wees. **~ball** *n.* sneeu= bal. **~ball** *ww.* met sneeuballe gooi; (soos 'n sneeubal) aan= groei. **~berry, waxberry** *(Symphoricarpus albus)* sneeubessie. **~-blind** sneeublind. **~-boarding** sneeuplankry. **~-bound** sa= gesneeu. *~* **bunting** sneeuvink. **~cap** sneeupiek, =kruin. **~-capped, ~-clad, ~-crowned** met sneeu bedek, besneeu. **~drift** sneeubank, =wal, =hoop. **~drop** *(bot.: Galanthus niva= lis)* sneeuklokkie. **~fall** sneeuval. **~flake** sneeuvlok(kie); *(bot.:*

*Leucojum* spp.*)* sneeuvlokkie, =klokkie, lenteklokkie; sneeu=
vlokstof. **~ goose** sneeugans. **~ leopard, ounce** sneeu=
luiperd, =panter. **~ line, ~ limit** sneeugrens. **~man** sneeu=
man, =pop. **~mobile** sneeumobiel. **~plough** sneeuploeg.
**~scape** sneeulandskap. **~storm** sneeustorm. **~ tyre** sneeu=
band. **~-white** *adj.* sneeu=, spier=, haelwit. **S~-white** *n.,*
*(sprokieskarakter)* Sneeuwitjie. **snow·y** sneeuagtig, sneeu=;
besneeu(d); sneeuwit, spierwit; S~ *Mountains, (Austr.)* Sneeu=
berge; ~ *owl* sneeu-uil.

**snub** *n.* afjak; snou, berisping, venynige/bitsige antwoord;
wipneus; *get a ~ from s.o.* van iem. 'n afjak kry; *give s.o. a ~*
iem. afjak. **snub** *adj.* stomp. **snub** *-bb-, ww.* afjak, berispe;
met minagting behandel; *be ~bed by s.o.* van iem. 'n afjak kry.
**~-nosed** wipneus=, stompneus=. **-nose pistol** stompneus=
pistool.

**snub·ber** afjakker; *(sk.)* skokdemper; *(mot.)* wiegdemper.

**snuff**[1] *n.* snuif; snuf; snuitsel; *a pinch of ~* 'n snuifie, 'n
snuifknippie; *take ~* snuif; *be up to ~, (infml.)* op peil wees.
**snuff** *ww.* snuif, snuiwe; snuffel, ruik aan. **~box** snuif=
doos.

**snuff**[2] *ww.* snuit *('n kers); ~ it, (Br. sl.: doodgaan)* aftjop, bok=
veld toe gaan; *~ s.t. out* iets uitsnuit/dooddruk *('n kers);* iets
onderdruk *('n opstand ens.).* **~ movie, ~ film** *(sl.)* porno-
moordfliek.

**snuf·fer**[1] snuiwer.

**snuf·fer**[2] (kers)snuiter.

**snuf·fle** *n.* gesnuif, gesnuiwe; pratery deur die neus; *(ook,*
*i.d. mv.)* snuifsiekte, neusverstopping. **snuf·fle** *ww.* snuif,
snuiwe; deur die neus praat.

**snug** *adj. & adv.* knus(sig), behaaglik; beskut, toe; aange=
naam, gesellig; *be as ~ as a bug in a rug, (infml.)* so knus
wees soos 'n vlooi in 'n kooi; leef/lewe soos 'n koning; *a ~*
*fit* nommerpas, nommer pas; *lie ~* lekker lê; wegkruip; *make*
*o.s. ~* voorsorg maak; jou behaaglik inrig. **snug** *=gg=, ww.*
behaaglik maak/inrig; ~ *down* (lekker) gaan lê; gaan slaap.
**snug·gle** inkruip; knuffel, vasdruk teen; ~ *s.o. close to one*
iem. knuffel *(of* teen jou vasdruk) *(jou kind ens.);* ~ *down*
lekker gaan lê; ~ *up to s.o.* jou teen iem. aanvly/nestel; ~ *up*
*to the fire* nader aan/by die vuur kruip. **snug·ly** behaaglik; →
SNUG *adj. & adv..* **snug·ness** behaaglikheid; geselligheid.

**so**[1] *adv. & voegw.* so, sodanig; dus, daarom, derhalwe; so=
doende; toe; *(and) ~ s.o. ...* (en) toe het iem. ...; (en) daarom
het iem. ...; ~ *as not to ...* om nie te ... nie; ~ *be it* laat dit so
wees; ~ *it can be* dit kan, ja; *that being ~* aangesien dit so is,
derhalwe; ~ *big/long a ...* so 'n groot/lang ...; *it is ~ cold* dis
so koud; *s.o. did ~* iem. het dit gedoen; ~ *do I* ek ook; ~ *s.o.*
*will have to ...* iem. moet dus ...; *how ~?* hoe so?; hoe dan?;
*if ~* indien wel, as dit so/waar is; *and ~ it is* en dit is ook so;
~ *...is back?* ... is dus terug?, dan is ... terug?; *is that ~?* so?,
waarlik?, regtig?, ag nee!; *just ~!* juis!, net so!, presies!; ~ *s.o.*
*might* ja, dit sou iem. kan doen; *more ~* nog meer; *(all) the*
*more ~* des te meer; *even more ~* selfs (nog) meer; *only*
*more ~* des te meer, net nog meer; *(just) as fast or perhaps*
*more ~* ewe *(of* net so) vinnig of dalk nog vinniger; *the more*
~ *as/because ...* te meer omdat/aangesien daar ...; *not ~* glad
nie; dis nie so nie; *not ~?* nie waar nie?, dan nie?; dit is so,
nè?; *a day or ~* 'n dag of wat; *three days or ~* 'n dag of drie,
ongeveer drie dae; *half a dozen or ~* (so) 'n stuk of ses; *a*
*hundred or ~* honderd of so, ongeveer/so honderd; *a week*
*or ~* ongeveer *(of* om en by) 'n week; *quite ~!* presies!, net
so!; ~ *I think that ...* ek dink dus dat ...; ~ *are you!* (en) jy
ook!. **~-and-so** *=sos, n., (infml.)* so-en-so, dinges; *that con-*
*niving ~!* daardie agterbakse blikskottel!. **~-called** sogenaamd.
**~-so** *(infml.)* so-so, so op 'n manier; *it was only ~* dit was
maar matig, niks om van te praat nie.

**so**[2] *n., (mus.)* →SOH.

**soak** *n.* (die) week; *s.t. needs a good ~* iets moet deurweek
word; *an old ~, (infml.)* 'n dronklap; *put s.t. to/in ~* iets laat
week. **soak** *ww.* (laat) week; deurweek, =nat; drenk; deur-
trek; deurverhit *(metaal); be ~ed* deur-/papnat wees; ~ *o.s. in*
*...* jou in ... verdiep; *s.t. ~s in* iets trek in; iets dring deur *(tot*
*iem.);* ~ *s.t. in* iets insuig; *be ~ed in/with ...* met ... deurweek
wees; van ... deurtrek wees; van ... deurdrenk wees; ~ *into*
*s.t.* in iets indring/=trek *(water i.d. grond ens.);* ~ *s.t. in lye* iets
uitloog; ~ *s.t. off* iets af=/losweek; ~ *s.t. out* iets uitweek
*(vlekke ens.);* ~ *the rich, (infml.)* die rykes laat opdok; ~ *s.t.*
*up* iets opsuig. **~ bath** week=, dompelbad.

**soak·er** drenker; *(infml.)* drink(e)broer, suiplap; stortbui;
*(bouk.)* onderlood.

**soak·ing** *n.* (deur)weking; drenking; stortbui; *get a ~* deur-/
papnat word; 'n nat pak kry. **soak·ing** *adj. & adv.* deur-
dringend, =wekend; ~ *wet* pap=, deurnat. **~ solution** ber-
gingsoplossing *(vir kontaklense).* **~ tank** weektenk.

**soap** *n.* seep; *a bar of ~* 'n steen seep; *a cake of ~* 'n koekie
seep; *liquid ~* vloeiseep. **soap** *ww.* inseep, seep smeer; met
seep was. **~bark, quillai bark** seepbas. **~box** seepkis(sie).
**~box cart** kaskar, seepkiskar. **~box orator** straat=, seepkis=
redenaar. **~ bubble** seepbel. ~ **dish** seepbakkie. ~ **(opera)**
*(infml.)* sepie, strooisage. ~ **powder** seeppoeier. ~ **queen**
sepiekoningin. **~stone** *(min., geol.)* spek=, seepsteen, steatiet.
**~suds** seepwater; seepskuim.

**soap·y** seepagtig, seperig, seep=, vol seep; vleierig. **soap·i·**
**ness** seperigheid.

**soar** sweef, swewe, hoog vlieg, opstyg, seil; *('n gebou ens.)*
(hoog) in die lug steek; sweef(vlieg), staties vlieg; ~ *above ...*
bo ... sweef/swewe/uitstyg; *prices are ~ing* die pryse styg vin-
nig *(of* skiet die hoogte in). **soar·ing** *adj. (attr.)* hoogvlieënde
*(arend ens.); (pryse)* wat die hoogte inskiet; steeds stygende
*(winste, temperature, misdaadsyfers);* versnellende *(inflasie);*
toringhoë *(wolkekrabber ens.);* baie hoë *(toring ens.); ('n stem)*
wat dra.

**sob** *n.* snik; *give a ~* snik. **sob** *=bb=, ww.* snik, (hewig) huil; ~
*out s.t.* iets uitsnik; ~ *with tears* snik van die huil. ~ **singer**
sniksanger. ~ **sister** sentimentele skryfster. ~ **story** jammer=
verhaal. ~ **stuff** tranerigheid, snikke en trane; melodramatiese
vertellings.

**so·ber** *adj.* nugter; matig; verstandig, gematig, bedaard, kalm;
sober, stemmig, eenvoudig; *in ~ fact* sonder oordrywing; *as*
~ *as a judge* so sedig/stemmig soos 'n ouderling; *be a ~ man/*
*woman* nie drink nie. **so·ber** *ww.* bedaar; kalm word; tot
bedaring bring; ontnugter; nugter maak; ~ *down* bedaar,
kalm word; ~ *up* nugter word; ~ *s.o. up* iem. nugter maak;
iem. ontnugter. **~-minded** bedaard, nugter (denkend), besa-
dig. **~-mindedness** besadigdheid, nugterheid. **~-suited**
stemmig geklee(d).

**so·ber·ing:** *a ~ (down)* 'n ontnugtering.

**so·bri·e·ty** soberheid, matigheid, nugterheid; bedaardheid;
stemmigheid.

**so·bri·quet, sou·bri·quet** *(Fr.)* bynaam.

**soc·cer** sokker. ~ **ball** sokkerbal. ~ **match** sokkerwedstryd.
~ **team** sokkerspan.

**so·cia·ble** *adj.* gesellig, aangenaam in die omgang; ~ *weav-*
*er, (Philetairus socius)* versamelvoël. **so·cia·bil·i·ty** gesellig-
heid, sosialiteit. **so·cia·bly** *adv.* gesellig.

**so·cial** *n.* geselligheid, gesellige byeenkoms. **so·cial** *adj.*
gesellig; maatskaplik, sosiaal; *(biol.)* kolonievormend; *man is*
*a ~ animal* die mens is 'n sosiale wese; ~ *benefits* by-
standsfondse; ~ *blunder* faux pas, sosiale misstap; ~ *class*
sosiale/maatskaplike klas/stand; ~ *climber, (neerh.)* aansien-
soeker, *(fig.)* klimvoël; ~ *club* sosiale klub; ~ *conscience* so-
siale gewete; ~ *democracy* sosiale demokrasie; ~ *democrat*
sosiaal-demokraat; ~ *democratic* sosiaal-demokraties; ~
*drinker* geleentheidsdrinker; ~ *drinking* gesellige drank-
gebruik; ~ *duties* sosiale/maatskaplike pligte; ~ *engineering*
sosiale manipulasie; ~ *equal* standgenoot; ~ *evil* maatskap-
like euwel; *the ~ gospel* sosiale prediking; ~ *insect* samel=

insek; ~ *intercourse* gesellige verkeer; ~ *justice* maat=
skaplike/sosiale geregtigheid; ~ *life* sosiale lewe; *the* ~ *order*
die maatskaplike bestel; ~ *position* sosiale stand, stand in
die samelewing; ~ *science* sosiale wetenskap; ~ *scientist*
sosiaal-wetenskaplike; ~ *secretary* persoonlike sekretaris/
sekretaresse; organiseerdersekretaris, =sekretaresse; ~ *secu=
rity* bestaansbeveiliging; bestaansekerheid; bestaansorg; ~
*service* gemeenskapsdiens; ~ *studies* sosiale studie; ~ *wel=
fare* volkswelsyn, maatskaplike welsyn; ~ *work* maatskaplike
werk, welsynwerk; ~ *worker* maatskaplike werker/werkster,
welsynwerker, =werkster.

**so·cial·ise, -ize** sosialiseer; ~*ized medicine, (Am., dikw. neerh.)*
openbare gesondheidsorg; ~ *with* ... met ... omgaan. **so·cial=
i·sa·tion, -za·tion** sosialisasie.

**so·cial·ism** sosialisme. **so·cial·ist** *n.* sosialis. **so·cial·ist, so=
cial·is·tic** *adj.* sosialisties.

**so·cial·ite** sosiale vlinder; swierbol, pierewaaier.

**so·ci·al·i·ty** geselligheid; gesellige verkeer; gemeenskapsin;
*(soöl., antr.)* sosialiteit.

**so·ci·e·tal** van die samelewing, samelewings=; gemeen=
skaps=.

**so·ci·e·ty** =*ties* samelewing, maatskappy; gemeenskap; ge=
nootskap, vereniging; omgang, gesellegheid, geselskap, ver=
keer; *the* *affluent* ~ die gegoedes, die gegoede gemeenskap;
~ *of arts* kunsvereniging, =genootskap; *Law S*~ Prokureurs=
orde; *learned* ~ geleerde genootskap; *a menace to* ~ 'n
gevaar vir die samelewing; *in polite* ~ in beskaafde gesel=
skap; *S*~ *for the* **Prevention** of Cruelty to Animals, (afk.:
SPCA) Dierebeskermingsvereniging *(afk.:* DBV*).* ~ **column**
sosiale rubriek. ~ **lady**, ~ **woman** sosiale vlinder/vrou, glans=
vrou. ~ **life** sosiale lewe. ~ **(people)** deftige/hoë/vername
kringe, die elite/hoëlui, glansmense. ~ **wedding** hoëklas=
bruilof, =troue.

**so·ci·o·bi·ol·o·gy** sosiobiologie.

**so·ci·o·ec·o·nom·ic** sosiaal-ekonomies.

**so·ci·o·lin·guis·tics** *n. (fungeer as ekv.)* sosiolinguistiek.
**so·ci·o·lin·guist** sosiolinguis.

**so·ci·ol·o·gy** sosiologie, gemeenskapsleer. **so·ci·o·log·i·cal**
sosiologies. **so·ci·ol·o·gist** sosioloog.

**so·ci·om·e·try** sosiometrie. **so·ci·o·met·ric** *adj.,* **so·ci·o·
met·ric·al·ly** *adv.* sosiometries.

**so·ci·o·path** *n., (psig.)* sosiopaat. **so·ci·o·path·ic** sosiopaties.
**so·ci·op·a·thy** sosiopatie.

**so·ci·o·po·lit·i·cal** sosiaal-polities.

**sock**[1] *n.* sokkie; binnesool; *knock s.o.'s* ~*s off, (Am., infml.)* iem.
se voete onder hom/haar uitslaan, iem. (heeltemal/totaal)
uit die veld slaan; *pull one's* ~*s up, (infml.)* jou regruk, wakker
skrik; *put a* ~ *in it!, (infml.)* bly stil!, hou jou mond!. **sock**
*ww.: be* ~*ed in, (Am.),* ('*n lughawe)* weens mis gesluit wees;
*('n vliegtuig)* weens mis nie kan opstyg nie. ~ **suspender**
kous=, sok(kie)-ophouer.

**sock**[2] *n., (infml.)* slag, hou; *a* ~ *in the eye* 'n hou op die oog.
**sock** *ww., (infml.)* slaan, moker; ~ *it to s.o.* iem. op sy/haar
herrie gee; iem. goed die waarheid sê/vertel. **sock·ing** *adv.:*
*a* ~ *great hole/etc, (Br., infml.)* 'n yslike/massiewe/enorme gat/
ens.; *give s.o. a* ~ *great kiss, (Br., infml.)* iem. 'n klapsoen gee.

**sock**[3] *adv., (hoofs. Br., infml.)* vlak, vierkant, reg; *hit s.o.* ~ *on*
*the jaw, (infml.)* iem. mooi/reg op die kakebeen slaan/tref.

**sock·et** holte; kas *(v. 'n tand, oog);* geledingsholte, potjie *(v.d.*
*heup);* sok, koker, huls, bus; *(elek.)* (kontak)sok, steeksok,
klempot; pyp *(v. 'n kandelaar);* mof, buis. ~ **joint** *(anat.)*
koeëlgewrig; sokverbinding. ~ **wrench** soksleutel.

**sock·eye (salm·on)** *(Oncorhynchus nerka)* blourugsalm.

**so·cle** *(argit.)* sokkel, voetstuk, suilvoet.

**Soc·ra·tes** Sokrates, Socrates. **So·crat·ic** *n.* aanhanger van
Sokrates. **So·crat·ic** *adj.* Sokraties.

**sod**[1] *n.* sooi; grassooi; *turn the first* ~ die eerste sooi spit;

*under the* ~ onder die sooie/kluite, in die graf. ~ **culture**
groesbebouing. ~ **house** sooihuis. ~ **plough** braakploeg.

**sod**[2] *n., (plat, hoofs. Br.: veragtelike persoon)* donder, wetter,
doos; *poor* ~ arme drommel/sot; *stupid* ~ simpel sot/ding,
dik/simpel doos. **sod** *ww., (plat):* ~ *it!* fokkit, demmit!, ver=
domp!; ~ *off!* fokkof!, voertsek!, kry jou ry!.

**so·da** soda; soda=, spuitwater. ~ **ash** soda-as. ~ **bread** soda=
brood. ~ **fountain** *(hoofs. Am.)* sodapomp; koeldrankbuffet.
~ **lime** natronkalk. ~ **siphon** spuitwaterbottel, =fles. ~ **water**
soda=, spuitwater.

**sod·den** *adj.* deurweek, =trek; deur=, papnat; dooierig; klam,
kleierig *(brood);* ('*n dronkaard)* opgeswel; *be* ~ *with* ... met ...
deurweek *(of* van ... deurtrek) wees; *be* ~ *(with drink)* besope
wees.

**sod·ding**[1] *n.* besooiing, sooibekleding.

**sod·ding**[2] *adj. (attr.), (plat, hoofs. Br.)* vervloek(s)te, ver=
vlakste, blerrie, bleddie, flippen.

**so·di·um** *(chem., simb.:* Na) natrium. ~ **bicarbonate** koek=
soda. ~ **carbonate** wassoda. ~ **chloride** natriumchloried,
tafel=, kombuissout. ~ **hydroxide** seepsoda. ~ **nitrate** na=
triumnitraat, natronsalpeter, Chili-salpeter. ~**(-vapour) lamp**
natrium(damp)lamp.

**Sod·om** *(OT, ook fig.:* '*n verdorwe plek)* Sodom. **Sod·om·ite**
Sodomiet, inwoner van Sodom.

**sod·o·my** sodomie. **sod·om·ise, -ize** sodomiseer. **sod·om·ite**
sodomiet(er).

**so·fa** rusbank, sofa. ~ **bed** bedbank.

**sof·fit** *(argit.)* soffiet, binnewelwing *(v. 'n boog).*

**soft** *adj. & adv.* sag; saf, pap; soel ('*n windjie);* pieperig; week;
soetsappig; teer, goedhartig, simpatiek; onnosel; *become/*
*go* ~ pap word; *be* ~ *on s.o., (infml.)* saggies/sagkens met iem.
handel/werk; op iem. verlief wees; *be* ~ *on s.t., (infml.)* sag=
gies/sagkens met iets handel/werk, pap optree teen *(of* in
verband met) iets. ~**ball** *(spel)* sagtebal. ~**-boiled** saggekook,
sag gekook. ~**-centred** *(sjokolade ens.)* met 'n sagte kern; *(fig.)*
saggeaard, sagmoedig, =sinnig. ~ **coal** vetkole. ~**-core** *adj.*
*(attr.)* sagteporno= *(fliek, foto, ens.).* ~ **cover** slap band. ~**cov=
er book** slapbandboek. ~ **detergent** omgewingsvriendelike
skoonmaakmiddel. ~ **drink** koeldrank, alkoholvrye drank. ~
**drug** *(dagga ens.)* sagte dwelm(middel). ~ **focus** *(fot.)* sagte
fokus. ~**-focus lens** *(fot.)* sagtefokuslens. ~ **fruit** sagte vrug=
(te). ~ **goods** *(Br.)* weef=, tekstielstowwe, =ware. ~**-headed**
*(infml.)* dommerig. ~**-hearted** teerhartig, week(hartig). ~
**landing** sagte landing. ~ **loan** sagte lening. ~ **option** *(dikw.*
*neerh.)* weg van die minste weerstand, maklike uitweg. ~
**palate** sagte verhemelte. ~ **pedal** *n., (mus.)* sagte pedaal.
~**-pedal** =*ll-, ww.* matig, temper. ~ **porn(ography)** sagte
porno(grafie). ~ **rot** sagte vrot, natvrot. ~ **sell** *n.* vriendelike/
oorredende verkoopmetode. ~**-serve ice cream** draairoom=
ys. ~ **soap** *n., (med.)* sagte seep; *(infml.)* mooipraatjies,
vleiery, vleitaal. ~**-soap** *ww.* flikflooi, vlei, heuning om die
mond smeer. ~**-spoken** sagaardig, minsaam. ~ **steel** week
staal. ~ **talk** vleiery, mooipraatjies. ~ **target** maklike teiken.
~ **tissues** *n. (mv.)* sagte weefsels. ~ **top** sagte afslaankap;
motor met 'n sagte afslaankap. ~ **toy** sagte speelding. ~**ware**
*(rek.)* programmatuur. ~**wood** spint(hout), jonghout; grein=,
naaldhout, sagtehout.

**sof·ten** week; sag/week maak/word; onthard; versag; temper;
*(pryse)* daal; ~ *s.o. up* iem. mak/week maak; ~ *s.t. up* iets ver=
swak *(d. weerstand ens.).* **sof·ten·er** versagmiddel; onthar=
dingsmiddel.

**sof·ten·ing** *n.* versagting; sagwording; verslapping; ~ *up*
makmakery. **sof·ten·ing** *adj.* versagtend, versagtings=.

**soft·ie, soft·y** =*ies, (infml.)* papperd; goeierd; sukkelaar; sim=
pel vent.

**soft·ly** *adv.* saggies, sagkens. ~**-softly** *adj. (attr.)* versigtige,
subtiele, oordeelkundige.

**soft·ness** sagtheid; papheid; weekheid; teerheid.

**sog·gy** papnat, deurweek; papperig; ~ *mass* pappery. **sog**-**gi·ness** papperigheid; deurweektheid.

**soh, so** *(mus.)* so.

**soi·gné,** *(vr.)* **soi·gnée** *adj., (Fr., fml.)* (goed) versorg; elegant.

**soil**[1] *n.* vuilgoed, vullis. **soil** *ww.* vlek, bevuil, vuil maak, besmeer; besmet, besoedel, verontreinig. ~ *pipe* riool-, vuilpyp; afvoerpyp.

**soil**[2] *n.* grond, bodem; aarde; grond(gebied); *(i.d. mv.)* grondsoorte; *cultivate/till the* ~ die grond bebou/bewerk; *fall on fertile* ~ in/op goeie aarde val; *s.o.'s native* ~ iem. se geboortegrond; *be native to the* ~ plaaslik gebore (en getoë) wees; *poor* ~ skraal grond; *rich* ~ ryk/vrugbare grond. ~ **conservation** grondbewaring. ~ **erosion** gronderosie. ~ **expert** bodemkundige. ~ **fertility** grondvrugbaarheid. ~ **survey** grond-, bodemopname. ~ **water** bodemwater.

**soiled** (be)vuil. ~**-linen bag** wasgoedsak.

**soil·less** sonder grond; ~ *agriculture* waterboerdery, =kultuur, =kwekery.

**soi·ree, soi·rée** *(Fr.)* aandparty, soiree.

**so·journ** *n., (fml.)* verblyf. **so·journ** *ww., (fml.)* vertoef, verwyl, (tydelik) bly. **so·journ·er** reisiger, besoeker, gas.

**sol**[1] *(mus.)* sol.

**sol**[2] *(chem., afk. v.* solution*)* sol.

**sol·ace** *n.* troos, vertroosting, verkwikking; *find/seek* ~ *in s.t.* by/in iets troos vind/soek. **sol·ace** *ww.* (ver)troos, opbeur.

**so·lar** son(s)-, van die son; ~ *battery* sonbattery; ~ *cell* sonsel; ~ *constant* sonkonstante; ~ *day* sonnedag; ~ *eclipse* sonsverduistering; ~ *energy* son(ne)krag; ~ *flare, (astron.)* sonvlam; ~ *panel* sonpaneel; ~ *plexus, (anat.)* sonne-, buikvleg; ~ *power* sonkrag, =energie; ~ *system* sonnestelsel; ~ *year* son(ne)jaar. **so·lar·im·e·ter** sonmeter, solarimeter. **so·lar·i·sa·tion, =za·tion** solarisasie, solarisering, sonbeligting. **so·lar·ise, =ize** *(fot. ens.)* aan sonlig blootstel; solariseer.

**so·lar·i·um** =iums, =ia sonbadkamer, solarium.

**so·la·ti·um** =tia, *(fml., jur.)* vergoeding; troosgeld.

**sold** *ww. (verl.t. & verl.dw.)* (het/is) verkoop; gefop, gekul, bedroë; →SELL *ww.; s.t. was* ~ *for ...,* *(ook)* iets het ... opgebring/opgelewer *('n bedrag); be* ~ *on ..., (infml.)* geesdriftig wees oor ..., hoog(s)/baie in jou skik wees met ...; *be* ~ *out, (iets)* uitverkoop wees, nie meer in voorraad wees nie, onverkry(g)baar wees; *(iem.)* nie meer voorraad hê nie; vol bespreek wees. ~**-out** *adj. (attr.)* uitverkoopte *(konsert, toer, ens.).*

**sol·der** *n.* soldeersel. **sol·der** *ww.* soldeer; ~ *s.t. on* iets aansoldeer; ~ *s.t. up* iets toesoldeer.

**sol·der·ing** soldeerwerk. ~ *bit,* ~ *bolt,* ~ *copper,* ~ *iron* soldeerbout. ~ **flame** soldeervlam, steekvlam. ~ **gun** soldeerspuit.

**sol·dier** *n.* soldaat, manskap; militêr; krygsman; *(bot.)* vuurpyl, soldaat; *a* ~ *of fortune* 'n huursoldaat; 'n avonturier; *old* ~*s never die(, they only fade away)* ou strydrosse doodkry is min; *play at* ~*s* soldaatjie speel; *seasoned* ~*s* geharde soldate. **sol·dier** *ww.* as soldaat dien, krygsdiens verrig; ~ *on* voortstry, =beur, in die stryd volhard, die stryd volhou/voortsit. ~ **(ant)** soldaat, strydmier. ~ **(crab)** hermietkreef. **sol·dier·ly** krygshaftig; militêr, soldaat-, krygsmans-; ~ *bearing/carriage* krygshaftige houding, krygsmanshouding, militêre houding. **sol·dier·y** krygsvolk, soldate; krygsmanskap.

**sole**[1] *n.* sool, skoensool; voetsool; *(igt.)* tong(vis). **sole** *ww.* versool; →SOLING.

**sole**[2] *adj.* enigste, enkel; allenig; ~ *agency* alleenagentskap; ~ *agent* alleenagent, alleenverkoper; ~ *authority* volmag; ~ *control/management* alleenbeheer; enigste voog; ~ *guardianship* uitsluitende voogdy; ~ *possession* alleenbesit; *on s.o.'s own* ~ *responsibility* enkel op iem. se eie verantwoordelikheid; ~ *right* alleenreg; *s.o.'s* ~ *task* iem. se enigste/uitsluitlike taak. **sole·ly** alleen(lik), net, uitsluitend, enkel (en alleen).

**sol·e·cism** solesisme, (growwe) taalfout; onbehoorlikheid, onmanierlikheid; afwyking, vergryp.

**sol·emn** plegtig, ernstig; deftig, statig; gewigtig; ~ *face* ernstige gesig; ~ *oath* dure eed. **sol·em·nise, =nize** vier; voltrek, inseën *('n huwelik).* **so·lem·ni·ty** plegtigheid; statigheid, deftigheid; gewigtigheid.

**so·le·noid** *(elek.)* solenoïed, draadspoel. **so·le·noi·dal** solenoïdaal.

**so·lic·it** versoek, vra, smeek; aansoek doen om, aanvra; onsedelike voorstelle (op straat) doen/maak, seksuele dienste (op straat) aanbied, tot onsedelikheid *(of* vir onsedelike doeleindes) uitlok; ~ *s.o. for s.t.,* ~ *s.t. of s.o.* iem. om iets vra/smeek. **so·lic·i·ta·tion** versoek; aansoek; aandrang. **so·lic·i·ting** uitlokking (tot onsedelikheid).

**so·lic·i·tor** *(Br.)* prokureur.

**so·lic·i·tous** bekommerd, begaan, besorg, sorgsaam; *be* ~ *about/for/of ...* oor ... begaan/besorg wees. **so·lic·i·tous·ness, so·lic·i·tude** besorgdheid, bekommerdheid, sorg(saamheid).

**sol·id** *n.* vaste liggaam; vaste stof. **sol·id** *adj.* vas; solied, sterk, stewig, massief; onverdeeld, eenparig; gegrond, deeglik, eg; vasstaande; kubiek; ~ *angle* ruimtehoek, liggaamshoek; ~ *argument* gegronde argument; ~ *content* kubieke inhoud; ~ *food* vaste kos/spyse; swaar kos; ~ *fuel* vaste brandstof; ~ *ground* vaste grond/aarde; *for a* ~ *hour* 'n ronde/volle uur; ~ *line* volstreep; ~ *matter* vaste stof; ~ *measure* inhoudsmaat, kubieke maat; ~ *person* iemand uit een stuk; ~ *solution, (chem.)* vaste oplossing; ~ *state* vaste toestand; ~ *wheel* blokwiel; *put in two hours of* ~ *work* twee uur aaneen/aanmekaar *(of* oor een/'n boeg) werk. ~**-drawn** naatloos getrokke. ~**-state** *adj. (attr.)* vastetoestand- *(fisika, laser, onderdeel, ens.).*

**sol·i·da·ry** solidêr, saamhorig. **sol·i·dar·i·ty** saamhorigheid, solidariteit, eenheid, eensgesindheid; *in* ~ *with ...* uit saam-/samehorigheid met ...

**so·lid·i·fy** vas/styf/hard maak/word; verdig, stol; bevries. **so·lid·i·fi·ca·tion** vaswording; verdigting, stolling; hardwording.

**so·lid·i·ty** vastheid, stewigheid; grondigheid, deeglikheid, egtheid; soliditeit; massiwiteit.

**sol·id·ly** op soliede wyse; aaneen, bankvas; *booked* ~ blokvas bespreek.

**so·lil·o·quy** =quies alleenspraak. **so·lil·o·quise, =quize** 'n alleenspraak hou; met jouself praat, alleen praat.

**sol·ing** versoling.

**sol·ip·sism** *(filos.: leer dat alleen d. self kenbaar is)* solipsisme. **sol·ip·sist** solipsis. **sol·ip·sis·tic** solipsisties.

**sol·i·taire, sol·i·taire** *(spel)* solitêr(spel), eenmanskaart, wolf en skaap; solitêrsteen *(in 'n ring ens.).*

**sol·i·tar·y** *n.* kluisenaar; alleenloper. **sol·i·tar·y** *adj.* eensaam, verlate, afgesonder(d), stokalleen, eenselwig, alleenstaande; enkel; *(biol.)* alleenlewend; ~ *bee* aardby; ~ *confinement* eensame opsluiting, selstraf, alleenopsluiting; *one* ~ *instance* een enkele/alleenstaande geval. **sol·i·tar·i·ness** alleenheid, eensaamheid; eenspaaierigheid, eenselwigheid.

**sol·i·tude** eensaamheid, verlatenheid, afsondering, afgesonderdheid; afgesonderde/eensame plek; *live in* ~ in afsondering leef/lewe.

**so·lo** solos, soli solo. ~ **climber** soloklimmer. ~ **climbing** soloklim. ~ **flight** alleen-, solovlug. ~ **part** *(mus.)* soloparty, =stem. ~ **stop** *(mus.)* soloregister *(v. 'n orrel).*

**so·lo·ist** solosanger, =sangeres; solospeler, =speelster, solis, soliste.

**sol·stice** son(ne)stilstand, sonnewende; sonstilstandspunt, sonkeerpunt.

**sol·u·ble** oplosbaar; ~ *glass* waterglas; *be* ~ *in ...* in ... oplosbaar wees; *water-*~ in water oplosbaar. **sol·u·bil·i·ty** oplosbaarheid.

**sol·ute, sol·ute** *(chem.)* opgeloste stof.

**so·lu·tion** *n., (alg., wisk., chem.)* oplossing; *find a ~ to s.t.* iets oplos *('n vraagstuk ens.); the ~ **for/of/to** a problem* die oplossing van/vir 'n vraagstuk; *in ~* in opgeloste vorm; *~ of salt* soutoplossing, soutwater.

**sol·vate** *n., (chem.)* solvaat. **sol·vate** *ww.* solveer.

**solve** oplos; verklaar, uitlê, ophelder. **solv·a·bil·i·ty** oplosbaarheid. **solv·a·ble** oplosbaar *('n probleem).* **solv·er** oplosser.

**sol·ven·cy** betaalvermoë, solvensie, kredietwaardigheid.

**sol·vent** *n.* oplosmiddel, oplos(sings)vloeistof. **sol·vent** *adj.* oplossend, oplossings=; solvent, kredietwaardig, in staat om te betaal. *~ abuse* die misbruik van oplosmiddels. *~ abuser* (gom)snuiwer.

**so·ma** =mas, =mata, *n., (biol.)* soma, liggaam. **so·mat·ic** liggaamlik, somaties, liggaams=; *~ cell* liggaamsel, somatiese sel.

**So·ma·li** Somaliër, Somali; Somali(-taal). **So·ma·li·a** Somalië. **So·ma·li(·an)** Somalies.

**so·ma·tol·o·gy** somatologie, liggaamsleer, leer van die mens= like liggaam.

**so·ma·to·type** somatotipe, liggaamstipe, =bouvorm.

**som·bre,** *(Am.)* **som·ber** somber, donker, duister; swaarmoedig, swartgallig; *~ greenbul/bulbul, (orn.)* gewone willie. **som·bre·ness,** *(Am.)* **som·ber·ness** somberheid.

**som·bre·ro** =ros sombrero, breërandhoed, sonhoed.

**some** *adj., adv. & pron.* sommige, party; etlike, 'n paar, iets; ('n) bietjie; enige, enkele; (die) een of ander; sowat, ongeveer, naastenby, omtrent; *~ days/months/years ago* 'n paar dae/maande/jaar gelede; *drink ~ water/etc.* 'n bietjie water/ ens. drink; *eat ~ bread/etc.* 'n stukkie brood/ens. eet; *give s.o. ~* iem. 'n bietjie gee; *think o.s. ~ guy/lady/etc.* dink jy is wie *(of wat wonders),* reken jy is 'n wafferse kêrel/dame/ens.; *have ~* kry *(suiker ens.);* 'n bietjie eet/drink; 'n paar *(neute ens.)* neem/kry; *have ~ of mine!* kry van myne!; stop van myne! *(tabak/twak);* *may we have ~ tea?* kan ons 'n bietjie tee kry?; *~ of ...* (party/sommige) van ... *(d. mense ens.);* 'n deel van ... *(d. water ens.);* *~ of the best* ... van die beste ...; *~ of those present* were X,Y and Z onder die aanwesiges was X, Y en Z; *~ of them/us/you* (party/sommige) van hulle/ons/ julle; *~ ... or other* (die) een of ander ...; *bring ~ pens/etc.* bring 'n paar penne/ens.; *~ (people) say* party (mense) sê; *and then ~!, (infml.)* en nog baie meer!; *try ~!* probeer daarvan!; proe daarvan!; *~ twenty/etc. people* ongeveer/ sowat *(of* om en by [die] *of* 'n stuk of) twintig/ens. mense. *~body* iemand; *think you're ~* jou (nogal) wat verbeel, dink jy's wie. *~how: ~ (or other)* op (die) een of ander manier/ wyse, hoe dan ook. *~one* iemand, (die) een of ander; *~ else* iemand anders; nog iemand; *~ like that* so iemand; *~ or other* (die) een of ander. *~place adv., (Am., infml.)* êrens, iewers, op een of ander plek. *~thing* iets; *be ~ in the civil service etc.* (die) een of ander pos in die staatsdiens/ens. hê; *that will be ~* dit is ten minste iets; *do ~ about ...* iets in verband met ... doen; *it does ~ for s.o., (infml.)* dit staan iem. goed; *it does ~ to s.o., (infml.)* dit het 'n besondere uitwerking op iem.; *a drop of ~, (ook)* 'n snapsie; *~ else* iets anders; *(infml.)* iets besonders; *~ good* iets goeds; *you have ~ there* nou sê jy iets; *let o.s. in for ~* jou iets op die hals haal; *there is ~ in/to what you say* jy het iets beet, daar sit iets in wat jy sê, daar is iets van waar; *~ like ...* 'n bietjie soos ...; *~ like a hundred/etc.* so ongeveer *(of* sowat) honderd/ens.; *make ~ of o.s.* êrens in die lewe kom; *do you want to make ~ of it?, (infml.)* wil jy moeilikheid soek daaroor?; *~ more* nog iets; *this is not ~ new* dit is niks nuuts nie; *it is ~ of a disappointment, (infml.)* dit is in sekere mate *(of* enigsins) teleurstellend; *be ~ of a carpenter/etc., (infml.)* nogal *(of* op jou manier) 'n timmerman/ens. wees; *it is ~ of a miracle, (infml.)* dit is 'n klein/taamlike wonderwerk; *be ~ of a sportsman, (infml.)* nogal sportief wees; *s.o. is a ...or ~, (infml.)* iem. is 'n ... of so iets; *s.o. is ill or ~, (infml.)* iem. is glo siek; *are you stupid or ~?, (infml.)* is jy onnosel of wat?;

*I'll think of ~ or other* iets sal my (wel) byval; *be quite ~, (infml.)* iets besonders wees; *fifty/etc. rands ~, (infml.)* vyftig/ ens. rand en nog wat; *that is really ~, (infml.)* daar's (vir jou) 'n ding; *and that's saying ~, (infml.)* en dit wil wat sê; *see ~ of s.o.* af en toe met iem. gesels; *~ of the sort* so iets; *start ~, (infml.)* moeilikheid maak; *~ tells me ..., (infml.)* ek vermoed ...; *there's ~ for you, (infml.)* daar's (vir jou) 'n ding, dis nou weer te sê; *think ~ of s.o.* nogal iets van iem. dink; *think o.s. ~* jou (nogal) wat verbeel, dink jy's wie; *s.o. has ~ to do with ...* iem. het iets met ... te doen/make; iem. se werk staan in verband met ... **~time** *adj. (attr.)* voormalige, vorige, vroeër(e). **~time** *adv.* soms; eertyds; (op die) een of ander tyd; *~ between one and two* êrens tussen een en twee-uur; *~ or other* eendag, een van die (mooi) dae. **~times** somtyds, soms, partymaal, partykeer, by tye. **~what** enigsins, ('n) bietjie, effens, ietwat, bra; enigermate; *~ cool* koelerig; *~ like ...* 'n bietjie soos ...; *be more than ~ ...* nie bietjie ... wees nie *(verbaas ens.).* **~where** êrens, iewers; *~ about ...* ongeveer ...; *~ else* êrens anders; elders; *get ~, (lett.)* êrens kom; *(fig., infml.)* iets bereik; opgang maak; *or ~ of so* 'n plek; *~ or other* op (die) een of ander plek, êrens, iewers; *~ there* daar êrens/ rond/langs.

**som·er·sault** *n.* salto, bolmakiesie(sprong), bolmakiesie-slag, duikeling, tuimeling; (radikale/drastiese/totale) ommekeer, omswaai *(in beleid ens.);* *turn ~s* bol(le)makiesie slaan. **som·er·sault** *ww.* 'n salto doen, bolmakiesie slaan, buitel.

**som·mer** *adv., (SA, infml.)* sommer.

**som·nam·bu·lism** slaapwandelary, somnambulisme. **som·nam·bu·list** slaapwandelaar. **som·nam·bu·lis·tic** slaapwandelend.

**som·no·lent** vaak, slaperig; slaapwekkend; dooierig. **som·no·lence, som·no·len·cy** slaperigheid, slaaplus, vaak(heid); dooierigheid.

**son** seun; *he is his father's ~* hy aard/lyk na sy pa; *the S~ of God* die Seun van God; *~ of man* mensekind; *the S~ of Man, (Chr. teol.: Christus)* die Menseseun, die Seun van die Mens; *the prodigal ~, (NT)* die verlore seun. **~-in-law** sons-in-law skoonseun. *~ of a bitch* sons of bitches, *(plat, neerh.)* bliksem, donder, bokker, bogher, moerskont.

**so·nant** *n., (fonet.)* stemhebbende klank, sonans. **so·nant** *adj.* stemhebbend, sonanties.

**so·nar** *(nav., mil., akr.: sound navigation ranging)* sonar.

**so·na·ta** *(mus.)* sonate. **son·a·ti·na** sonatine.

**song** lied, sang; liedjie; chanson; gesang, sangstuk; (voël)sang; *break/burst into ~* begin sing, aan die sing gaan, 'n lied aanhef, met 'n lied lostrek; *buy/sell s.t. for a (mere) ~, (infml.)* iets vir 'n appel en 'n ei koop/verkoop; *make a ~ and dance about s.t., (infml.)* 'n ophef van iets maak; oor iets te kere gaan; *evening of ~* liederaand; *give us a ~!* sing iets!, sing 'n stukkie!; *join in a ~* saamsing; *be on ~, (infml.)* behoorlik/goed op dreef wees; *(sport ens.)* 'n barshou speel; *the same old ~, (fig.)* die(selfde) ou liedjie/deuntjie; *S~ of Songs/ Solomon, (OT)* Hooglied van Salomo. **~bird** sangvoël, sanger. **~book** liederboek, =bundel, sangbundel. **~ box** sangorgaan *(v. 'n voël).* **~ cycle** lied=, sangsiklus. **~ festival** sangfees. **~smith** *(liedjieskrywer)* liedjieboer, liedjie(s)maker. **~ thrush** *(orn.)* sanglyster. **~writer** liedjieskrywer. **~writing** liedjieskryf.

**song·less** *adj. (attr.)* niesingende *(voël).*

**son·go·lo·lo** *(Xh.),* **shon·go·lo·lo** *(Z.), n.* duisendpoot.

**song·ster,** *(vr.)* **song·stress** sanger, *(vr.)* sangeres, sang= ster; digter, *(vr.)* digteres; sangvoël.

**son·ic** *adj.* sonies; *~ boom/bang* supersoniese knal, klank= grensknal; *~ barrier* klankgrens, geluidsgrens; *~ depth finder* klankdieptepeiler.

**son·net** sonnet, klinkdig. *~ cycle, ~ sequence* sonnettekrans, =siklus. **son·net·eer** sonnetskrywer, =digter.

**son·ny** *(infml. aanspreekvorm)* ou seun, jongie, boetie, mannetjie.

**so·no=** komb.vorm sono=, klank=. **~buoy** sono=, klankboei. **~gram** (fis. & med.) sonogram. **~graph** sonograaf.

**so·nom·e·ter** (mus.) toon=, geluid=, sono=, klankmeter; gehoormeter.

**son·o·rous, son·o·rous** klankryk, klankvol, helderklinkend, welluidend, sonoor. **so·nor·i·ty** klankrykheid, welluidendheid, sonoriteit.

**son·ship** seunskap.

**soon** gou, spoedig, weldra, binnekort, eersdaags, aanstons; as ~ as ... sodra (of so gou as) ...; s.o. would (just) as ~ ... iem. sou liewer(s) ...; the ~er the **better** hoe eerder hoe beter; s.o. would ~er die than ... iem. sou liewer(s) sterf/sterwe as ...; ~er or later vroeër of later, môre-oormôre; no ~er said than done so gesê, so gedaan/gemaak; no ~er had s.o. said this than ... skaars het iem. dit gesê of ...; we had no ~er arrived than ... ons het skaars aangekom of ...; **quite** ~ ... dit was nie hoe lank (of honderd jaar) nie of ...; why did you not **speak** ~er? hoekom het jy nie eerder gepraat nie?; all too ~ veels te gou, (maar) alte gou.

**soot** n. roet. **soot** ww. met roet bedek/besmeer. **soot·y** roetagtig, vol roet, vuil; roetswart; roet=.

**soothe** kalmeer, versag, stil; vlei, paai, sus, streel, tevrede stel; gerusstel; ~ one's conscience jou gewete sus. **sooth·er** fopspeen, foppertjie. **sooth·ing** adj. kalmerend ('n uitwerking); strelend (mus., iem. se stem); gerusstellend ('n geluid); behaaglik, weldadig (warmte). **sooth·ing·ly** adv. kalmerend; strelend; gerusstellend; behaaglik, weldadig.

**sooth·say·er** waarsêer, =segster; wiggelaar; dolosgooier. **sooth·say·ing** waarsêery, waarsêerskuns; waarsegging.

**sop** n. sop, geweekte brood; troos=, paaimiddel; omkoopmiddel; (i.d. mv.), (ook) broodpap; as a ~ to s.o.'s pride as troos vir iem.. **sop** =pp=, ww. week, deurweek; indoop; papnat maak, sop; ~ up s.t. iets opsuig; iets opdroog. **sop·ping** pap=, klets=, waternat; ~ wet deurweek. **sop·py** sopperig; papnat; sentimenteel, soetsappig, soetlik; smoorverlief.

**soph·ism** sofisme, drogrede.

**soph·ist** sofis, drogredenaar. **so·phis·tic, so·phis·ti·cal** sofisties, bedrieglik, misleidend. **soph·ist·ry** drogredenering, sofistery, sofisme.

**so·phis·ti·cate** n. gekunstelde persoon; wêreldwyse persoon. **so·phis·ti·cate** ww. gekunsteld maak; kompleks maak; verfyn. **so·phis·ti·cat·ed** gekultiveerd, wêreldwys, wêrelds, gesofistikeerd, ervare; op (die) hoogte, (goed) ingelig, lewenswys; fyn, subtiel (oordeelsvermoë ens.); skerpsinnig; intellektueel; fyn, verfyn(d), gesofistikeerd, kieskeurig (smaak); byderwets, modieus; gevorderd, verfyn(d), gesofistikeerd, hoogs ontwikkel(d), kompleks ('n tegniek, teorie, toerusting, ens.); geraffineerd; ingewikkeld; (hiper)=, (ultra)modern; ~ weapons (hiper)=/(ultra)moderne wapens. **so·phis·ti·ca·tion** verfyndheid, swierigheid, wêreldwysheid, sofistikasie; bedrewenheid; volwassenheid; moderniteit; geraffineerdheid.

**Soph·o·cles** (antieke Gr. dramaturg) Sophokles, Sofokles. **Soph·o·cle·an** Sophoklessies, Sofoklessies (ook s~).

**soph·o·more** (Am.) tweedejaar(student).

**sop·o·rif·ic** n. slaapmiddel, =drank, hipnotikum, soporatief. **sop·o·rif·ic** adj. sussend, slaapwekkend, slaap=, soporatief.

**so·pra·no** =pranos, =prani sopraan, diskant. ~ **clef** (mus.) sopraansleutel.

**sorb** (bot.) lysterbes(sie), sorbe, sorbeboom, lysterbes(sie)boom.

**sor·bet** sorbet; (Br.) vrugtedrank; →SHERBET.

**sorb·ic ac·id** (chem.) sorbiensuur.

**sor·bi·tol** (chem.) sorbitol.

**sor·cer·er** towenaar, duiwelskunstenaar, heksemeester. **sor·cer·ess** towenares, heks. **sor·cer·y** towery, toordery, heksery, duiwelskunste.

**sor·did** gemeen, vuil; morsig; onguur, veragtelik, walglik. **sor·did·ness** laagheid; veragtelikheid.

**sore** n. seer; wond; (re)open old ~s ou wonde oopkrap/oopmaak, ou koeie uit die sloot grawe. **sore** adj. & adv. seer, pynlik; gevoelig; (infml., hoofs. Am.) gekrenk, vererg; prikkelbaar; swaar, hewig; be/feel ~ about s.t., (infml.) oor iets gekrenk/vies voel; gevoelig wees oor iets; ~ head seer kop; kopseer, hoofpyn; touch on a ~ place aan 'n teer/gevoelige plek raak; (fig.) 'n teer/tere snaar aanraak/aanroer; s.t. is a ~ point with s.o. iets is by icm. 'n gcvoelige/teer punt; ~ throat keelseer, seerkeel, faringitis. **sore·ly** seer, ten seerste, erg; miss ... ~ ... deerlik mis; be ~ tried swaar beproef wees. **sore·ness** seerheid.

**sor·ghum** sorghum; grain ~ brood=, graansorghum. ~ **beer** sorghumbier.

**So·rop·ti·mist** (lid v. int. beroepsvrou-org., ook s~) Soroptimis, soroptimis.

**so·ror·i·ty** (Am.) vrouestudentevereniging.

**sorp·tion** (chem., fis.) sorpsie.

**sor·rel[1]** n., (Rumex acetosa) suring.

**sor·rel[2]** n. rooibruin; vosperd. **sor·rel** adj. rooibruin; vos.

**sor·row** n. smart, droefheid, verdriet; spyt; cause s.o. ~ iem. verdriet aandoen/berokken; drown one's ~s jou verdriet verdrink, troos by/in die bottel soek; feel ~ at s.t. bedroef voel/wees oor iets; be in ~ verdriet hê; be a (great) ~ to s.o. iem. (groot) kommer besorg; to s.o.'s ~ tot iem. se spyt; with ~ met droefheid. **sor·row** ww. treur; ~ over/at/for s.t. treur oor iets. **~-stricken** diep bedroef.

**sor·row·ful** treurig, verdrietig, droewig. **sor·row·ful·ness** treurigheid.

**sor·ry** jammer, spyt; ellendig, treurig, armsalig; be ~ about s.t. oor iets spyt wees/voel/hê; s.o. is ~ about s.t., (ook) iets spyt iem.; s.o. is awfully/terribly ~ dit spyt iem. verskriklik; cut a ~ figure 'n patetiese figuur slaan; be/feel ~ for s.o. vir iem. jammer wees, iem. jammer kry; look ~ for o.s. bekaf lyk; don't feel so ~ for yourself! moenie so oor jouself begaan wees nie!; (I'm) ~! ekskuus (tog)!, verskoon my!; I'm ~ to hear it dit spyt my om dit te hoor; I'm ~ to say ... tot my spyt moet ek sê ...; you'll be ~! dit sal jou berou!, jy sal dit berou!.

**sort** n. soort; klas; slag; genre; (i.d. mv.), (ook) paswol; all ~s of ... alle soorte ...; people of all ~s alle soorte mense; all ~s of things allerhande/allerlei dinge, alles en nog wat; it takes all ~s (to make a/the world) sulke mense moet daar ook wees; and all that ~ of thing en so voort(s); not a bad ~ nie 'n onaardige mens/kêrel/meisie nie; be a good ~ 'n gawe mens/kêrel/meisie wees; nothing of the ~ niks van die aard nie; a ~ of ... 'n soort ...; be ~ of ..., (infml.) taamlik (of so half) ... wees; ~ of expect s.t., (infml.) iets so half (en half) verwag; a ... of ~s (or of a ~) 'n soort/tipe ..., 'n ... van een of ander aard; nie juis 'n danige/wafferse ... nie; feel out of ~s nie lekker voel nie, olik/oeserig voel; some ~ of ... (die) een of ander soort ...; something of the ~ so iets, iets dergeliks; not be that ~ nie daardie soort/slag mens wees nie. **sort** ww. sorteer, uitsoek; orden, rangskik; indeel; klassifiseer; skif; ~ s.t. out iets (uit)sorteer; iets uitpluis (sake ens.); iets uit die weg ruim, iets uitstryk/oplos (moeilikhede ens.); ~ s.o. out, (infml.) met iem. afreken; ~ o.s. out jou sake in orde kry; met jouself in die reine kom; things will ~ themselves out dit/sake sal vanself regkom. **sort·a·ble** sorteerbaar. **sort·er** sorteerder.

**sor·tie** (mil.) uitval; stryd=, vegvlug, gevegs=, krygsvlug; (fig.) uitstappie; make a ~ 'n uitval doen.

**sort·ing** sortering; sorteerwerk; rangskikking; indeling; skifting. ~ **belt** sorteerband. ~ **technique** sorteertegniek.

**SOS** SOSs, SOS's noodsein, =kreet, =roep, SOS.

**so·sa·tie** (SA kookk.) sosatie.

**so-so** →SO[1] adv. & voegw..

**sot** dronk=, suiplap. **sot·tish** besope.

**so·te·ri·ol·o·gy** (teol.) soteriologie. **so·te·ri·o·log·i·cal** soteriologies.

**So·tho** *(SA, lid v. bevolkingsgroep, taal)* Sotho. **~-Tswana** *(bevolkingsgroep, taalgroep)* Sotho-Tswana.

**sot·to vo·ce** *(Lat.)* op gedempte toon; binnensmonds.

**sou** *(hist.)* stuiwer, sent; *not a* ~ geen *(of* nie 'n) duit nie.

**sou·brette** *(Fr., hoofs. teat.: parmantige diensmeisie)* soubrette.

**souf·flé, souf·flé** *(kookk.)* soufflé.

**sough** *n.* gesuis, sug *(v.d. wind, see, ens.).* **sough** *ww., (d. wind, see, ens.)* suis, sug.

**sought** *ww. (verl.t. & volt.dw.)* gesoek; →SEEK; *it is* ~ *after* dit is gesog/gewild, daar is aanvraag na/om. **~-after** gesog, gewild.

**souk, suk** soek, Arabiese mark.

**soul** siel; wese, skepsel; *(mus.)* soul(musiek); *with **all** my* ~ met my hele hart, van ganser harte; ***bare** one's* ~ *to s.o.* jou hart aan/teen(oor) iem. uitstort; *be a **good*** ~ 'n goeie siel/mens wees; *be **good** for the* ~ salf vir die siel wees; *like a **lost*** ~ soos 'n verlore siel; *not a (living)* ~ geen sterfling/sterweling *(of* lewende wese/siel) nie, g'n mens nie; *be the* ~ *of* ... uiters ... wees, die ... self wees *(eerlikheid ens.),* (die) ene ... wees *(diskresie ens.),* die ... in persoon wees *(deug ens.); (the)* ***poor*** ~*!* (die) arme skepsel/ding/drommel!; ..., *God **rest** his/her* ~ ..., saliger; *sell one's* ~ jou siel verkoop. **~-destroying, ~-killing** sielsdodend, geesdodend. ~ **food** *(fig.)* sielkos, =voedsel; *(infml.)* tradisionele Afro-Amerikaanse kos. ~ **mate** sielsverwant, =vriend(in). ~ **music** soulmusiek. **~-searching** *n.* gewetensondersoek; *do some* (or *a little*) ~ jou (eie) gewete ondersoek. **~-searching** *adj.* sieldeursoekend, =vorsend. **~-stirring** sielroerend, aangrypend.

**soul·ful** (siel)verheffend; hartroerend; gevoelvol, sielvol; ~ *eyes* gevoelvolle/sprekende oë.

**soul·less** sielloos. **soul·less·ness** sielloosheid.

**sound¹** *n., (mus., taalk.)* geluid; klank; toon; *s.o. does not **like** the* ~ *of s.t.* iets klink vir iem. nie goed/lekker/pluis nie; ***make** a* ~, *(iets)* 'n geluid gee; *not **make** a* ~, *(ook, iem.)* doodstil/tjoepstil bly; nie hik of kik nie; *be of the **same*** ~ gelykklinkend wees; *not **utter** a* ~ nie 'n geluid laat hoor nie; geen *(of* nie 'n) kik gee nie, nie hik of kik nie; *without **uttering** a* ~ sonder 'n geluid/kik; *hear the* ~ *of **voices*** stemme hoor. **sound** *ww.* klink, lui; laat klink; laat hoor; uitbasuin, verkondig; blaas *(sinjaal); (med.)* ondersoek, beklop; *it* ~*s as **if*** ... dit klink/gaan (as)of ...; *that* ~*s **good*** dit klink goed; *it* ~*s **like** a* ... dit klink na *(of* gaan soos) 'n ...; ~ *a **note** of **warning*** 'n waarskuwing laat hoor; ~ *off* hard praat; 'n mening luid verkondig/lug; lawaai maak *(oor iets); a* ~*ing **oration*** klinkende/hoogdrawende rede; ~ *s.o.'s **praises** far and **wide*** iem. se lof heinde en ver uitbasuin. **~alike** *n.* klanknaar/sanger/ens. wat nes *(of* net soos) ... klink. ~ **barrier** klankgrens. ~ **bite** klankgreep; raak sêding, treffende aanhaling. **~board** klankbord; klankbodem. **~box** klank=, geluidgewer, klankkop *(v. 'n platespeler); (mus.)* klankkas, resonansiebodem *(v. 'n snaarinstr.).* ~ **card** *(rek.)* klankkaart. **~check** klanktoets *(voor 'n konsert, opname, ens.).* ~ **effect** klankeffek; *(rad.)* byklank. ~ **engineer**, ~ **technician** klankingenieur, =tegnikus. **~proof** geluid=, klankdig, geluid=, klankvry. **~proofing** klank=, geluiddigting. ~ **spectrograph** klankspektrograaf. ~ **system** klankstelsel. **~track** klankbaan. ~ **wave** klankgolf, geluidsgolf.

**sound²** *n.* (proef)sonde, sondeer=, peilstif; peiling. **sound** *ww.* peil *(diepte);* sondeer; ondersoek; afpeil *('n hawe);* uithoor, pols, aan die tand voel *(iem.);* ~ *s.o. out **about** s.t.* iem. oor iets pols.

**sound³** *n.* nou seestraat, sont; *the S*~, *(geog.)* die Sont.

**sound⁴** *adj.* gesond, sterk, goed; gaaf, onbeskadig, ongeskonde, onaangetas; gaaf *(stene, hout);* treksterk *(wol);* gegrond *('n argument);* grondig *('n ondersoek);* gesond *(eetlus, tande);* betroubaar, deeglik; vas, solied; gedug; deugdelik; onaanvegbaar *('n titel);* steekhoudend; suiwer in die leer; *(as)* ~ *as a **bell*** fris en gesond, perdfris; kerngesond. **sound·ly** terdeë,

flink; gaaf, goed; sterk; ~ *beaten* deeglik geklop. **sound·ness** gesondheid; vryheid van gebreke, gaafheid, onbeskadigdheid; deeglikheid; gegrondheid; soliditeit; treksterkte *(v. wol).*

**sound·ing¹** geklank. ~ **board** klank=, galmbord, resonansie=, klankbodem; *(fig.)* klankbord; *(ook)* spreekbuis.

**sound·ing²** (diepte)peiling, loding; *(i.d. mv.)* peiling, diepte, peilbare diepte; *take* ~*s* iets peil *(d. diepte, menings, ens.).* ~ **lead** diep=, werp=, sink=, peillood. ~ **line** skietlood; loodlyn. ~ **rod** peilstok.

**sound·less** geluidloos. **sound·less·ness** geluidloosheid.

**soup** *n.* sop; *be/land in the* ~, *(infml.)* in die/'n verknorsing *(of* in die pekel/sop) sit/wees/beland. **soup** *ww.:* ~ *s.t. up,* *(infml.)* iets opwoema/aanja(ag) *(of* warm maak) *('n motor, enjin).* ~ **kitchen** sopkombuis. ~ **plate** sop=, diepbord. ~ **spoon** soplepel. **soup·y** sopagtig; sopperig; dig bewolk; (onder mis) toegetrek.

**soup·çon, soup·çon** *(Fr., dikw. skerts.)* tikkie, rapsie, titseltjie; lekseltjie.

**souped-up** *(infml.)* warmgemaak, opgewoema, aangejaag *('n motor, enjin);* opgedollie *(kos);* opgewoema *('n liedjie);* opgekikker *('n rekenaar ens.).*

**sour** *adj.* suur; asynagtig; vrank; rens *(melk);* stuurs, nors; *feel ~ about s.t.* oor iets verbitter(d) wees; *go/turn* ~, *(melk ens.)* suur word; *(iem., 'n verhouding, ens.)* versuur; *('n plan ens.)* sleg afloop; ~ ***grapes**, (fig.)* suur druiwe; *the **joke** has gone* ~ dit is nie meer 'n grap nie. **sour** *ww.* suur word; suur maak; insuur; aansuur; versuur; verbitter; *be* ~*ed by* ... deur ... verbitter word. ~ **cherry** suurkersie; morel. ~ **cream** suurroom. **~dough** suurdeeg. **~face** *n.* = SOURPUSS. **~-faced** *adj.* met die/'n suur gesig, suurpruim=. ~ **fig** suur=, perdevy. **~-fig jam** suurvyekonfyt. **~puss** *(sl.:iem.)* suurknol, =pruim, pretbederwer. **~veld** *(SA)* suurveld.

**source** *n.* bron; bronaar; oorsprong; segsman; woordvoerder; *(ook, i.d. mv.)* bronnemateriaal; *at the* ~ aan die bron; *draw on the* ~*s* uit die bronne put; ~ *of **energy*** energie=, kragbron; ~ *of **food*** voedselbron; *from this* ~ uit dié bron; ~ *of **income*** bron van inkomste; ~ *of **infection*** besmettingsbron; ~ *of **information*** bron van inligting; ~ *of **law*** regsbron; ~ *of **light*** ligbron; ~ *of **power*** kragbron; *s.o. is a* ~ *of **strength*** daar gaan krag van iem. uit. **source** *ww.* vind, kry; opspoor *(bronne ens.).* **~book** *(opv.)* bronnewerk. ~ **code** *(rek.)* bronkode. ~ **criticism** *(hoofs. Byb.studie)* bronnekritiek. ~ **language** *(by vertaling)* brontaal. ~ **material(s)** bronnemateriaal.

**sour·ing** versuring; insuring; aansuring; verbittering.

**sour·ish** suuragtig, suurderig; renserig *(melk).*

**sour·ly** suur; nukkerig, knorrig.

**sour·ness** suurheid.

**sou·sa·phone** *(mus.: soort tuba)* sousafoon. **sou·sa·phon·ist** sousafoonspeler, =blaser.

**sous-chef** *(Fr.)* sous-chef, assistent=, ondersjef, =(hoof)kok.

**souse** *n.* pekelsous; *(Am., infml.)* dronkie. **souse** *ww.* (in)pekel; onderdompel, indompel; oorgooi, besprinkel, giet oor. **soused:** *be* ~, *(infml.)* bespe/dronk wees.

**sou·tane** *(RK priesterkleed)* soetane.

**sou·ter·rain** *(Fr., argeol.)* ondergrondse kamer/gang.

**south** *n.* suide; *the S~ of **France*** Suid-Frankryk; *from the* ~ uit die suide, van die suide(kant); *the **wind** is **from/in** the* ~ die wind is suid; *in the* ~ in die suide; *the S~, (bepaalde streek)* die Suide; *to the* ~ na die suide; *to the* ~ *of* ... suid *(of* ten suide) van ... **south** *adj.* suidelik; suid(e)=; ~ *coast* suidkus; ~ *side* suidekant. **south** *adv.* suid, suidwaarts, in 'n suidelike rigting; *the **wind** blows* ~ die wind is suid *(of* kom uit die suide); *by **east/west*** suid ten ooste/weste; *down* ~ in die suide; *due* ~ reg suid; *go* ~ suidwaarts gaan; ~ *of* ... suid *(of* ten suide) van ... **south** *ww.* suidwaarts gaan. **S~ Africa** Suid-Afrika. **S~ African** *n.* Suid-Afrikaner. **S~ African** *adj.* Suid-Afrikaans. **S~ African Communist Party** *(afk.: SACP)*

Suid-Afrikaanse Kommunistiese Party. **S~ African National Defence Force** *(afk.:* SANDF*)* Suid-Afrikaanse Nasionale Weermag *(afk.:* SANW*).* **S~ African Police Service** *(afk.:* SAPS*)* Suid-Afrikaanse Polisiediens *(afk.:* SAPD*).* **S~ African War** *(gesk.)* Engelse Oorlog, Driejarige Oorlog, Tweede Vryheidsoorlog; →ANGLO-BOER WAR. **S~ America** Suid-Amerika. **S~ American** *n.* Suid-Amerikaner. **S~ American** *adj.* Suid-Amerikaans. **S~ Atlantic (Ocean)** Suid-Atlantiese Oseaan. **~bound** suidwaarts. **~east** *n.* suidooste. **~east** *adj. & adv.* suidoostelik; suidoos(waarts), in 'n suidoostelike rigting; *(wind)* suidoos, uit die suidooste. **~easter** suidoos(ter), suidoostewind. **~easterly** suidoostelik; suidooswaarts; *~ wind* suidoostewind, wind uit die suidooste. **~eastern** suidoostelik. **~eastward** *adj.,* **~eastward(s)** *adv.* suidooswaarts. **S~ European** Suid-Europeër. **~-facing** met 'n suidelike uitsig, met uitsig op die suide. **S~ Island** *(NS)* die Suid(er)eiland. **S~ Korea** Suid-Korea. **S~ Korean** *n.* Suid-Koreaan. **S~ Korean** *adj.* Suid-Koreaans. **S~ Pacific (Ocean)** (Stille) Suidsee, Suidelike Stille Oseaan, Suid-Pasifiese Oseaan. **~paw** *(Am.)* hotklou; linkskolwer; linksspeler; linksbokser; linkshandige. **S~ Pole** Suidpool. **S~ Sea(s)** (Stille) Suidsee. **S~ Sea Islands** Suidsee-eilande. **S~ Sotho** *(lid v. bevolkingsgroep, taal)* Suid-Sotho. **~-southeast** suidsuidoos. **~-southwest** suidsuidwes. **~west** *n.* suidweste; *the S~, (bepaalde streek)* die Suidweste. **~west** *adj. & adv.* suidwestelik; suidwes(waarts), in 'n suidwestelike rigting; *(wind)* uit die suidweste, suidweste-. **~wester** suidwester, suidwestewind. **~westerly** suidwestelik; suidweswaarts; *~ wind* suidwestewind, wind uit die suidweste. **~western** suidwestelik. **~westward** *adj.,* **~westward(s)** *adv.* suidweswaarts.

**south·er·ly** suidelik; suidwaarts; *~ wind* suidewind, wind uit die suide.

**south·ern** suidelik, suid-; *~ border/boundary/frontier* suid(er)grens; *~ coast* suidkus; *~ lights* suiderlig. **S~ Africa** Suider-Afrika. **S~ Cross:** *the ~ ~, (astron.)* die Suiderkruis, Crux. **S~ Crown:** *the ~ ~, (astron.)* die Suiderkroon, Corona Australis. **S~ Hemisphere:** *the ~ ~* die Suidelike Halfrond. **S~ States** *n. (mv.)* Suidelike State *(v.d. VS).* **~wood** sitroenkruid, aweruit.

**south·ern·er** suiderling, mens uit die suide, bewoner van die suide.

**south(·ern)·most** suidelikste.

**south·ward** *adj.,* **south·ward(s)** *adv.* suidwaarts.

**sou·ve·nir**, **sou·ve·nir** aandenking, soewenier, gedenkstuk.

**sou·vla·ki** *-kia, -kis, (Gr. kookk.)* soewlaki.

**sou'west·er** *('n hoed)* suidwester, seemanshoed; *(infml., wind)* suidwester.

**sov·er·eign** *n.* vors(tin), heerser(es), soewerein; *(golden) ~* (goue) pond. **sov·er·eign** *adj.* soewerein, oppermagtig, opper-; voortreflik, uitstekend. **sov·er·eign·ty** soewereiniteit, oppermag, opperheerskappy.

**so·vi·et** sowjet; *Union of S~ Socialist Republics, (hist., afk.:* USSR*)* Unie van Sosialistiese Sowjetrepublieke *(afk.:* USSR*).* **S~ Union:** *the ~ ~, (hist.)* die Sowjetunie.

**sow¹** *sowed sown/sowed, ww.* saai, uitsaai, strooi; versprei; *be thickly/thinly ~n* dik/dun gesaai wees; *~ a field with wheat/ etc.* koring/ens. op 'n land saai; *be ~n with ...* met ... besaai(d) wees. *~* **bag** saaisak. **sow·er** saaier; saaimasjien.

**sow²** *n.* sog; *(metal.)* gietvoor; ru-ysterklont; *~ in pig* dragtige sog. **~back** *(geol.)* (sand)-, (kiesel)rug, -walletjie. **~ thistle** *(Sonchus oleraceus)* sui-, sei-, melkdissel, -distel.

**So·we·tan** *n.* inwoner van Soweto. **So·we·tan** *adj.* van Soweto, Soweto-.

**So·we·to** *(SA, akr.:* South Western Townships*)* Soweto. **~ Day** *(infml.)* Sowetodag; →YOUTH DAY.

**sow·ing** (die) saai, saaiery; aansaaiing; gesaaide. *~* **machine** saaimasjien. *~* **plough** saaiploeg. *~* **seed** saaisaad.

**soy:** *~bean (Am.)* →SOYA BEAN. *~* **(sauce)** sojasous.

**soy·a:** *~ bean, (Am.)* **soybean** sojaboon(tjie). *~* **meal** sojameel. *~* **milk** sojamelk.

**So·yuz** *(bemande Rus. ruimtetuig)* Sojoez.

**soz·zled** *(infml.)* besope.

**spa** spa, badplaas, mineraal-, mineralebron; kruitbad.

**space** *n.* ruimte, plek, spasie; afstand; streek; holte; duur, tyd; die ruimte, die (hemel)ruim, die lugruim; *after a short ~* na 'n rukkie/tydjie; *gaze/look/stare into (vacant) ~* voor jou uitstaar; *in the ~ of an hour* binne 'n uur; *infinite ~* die oneindige ruimte; *a lack of ~* 'n gebrek aan ruimte; *limitations of ~* ruimtebeperkings; *outer ~* die buitenste ruimte; *~ does not permit* die ruimte ontbreek *(of* laat dit nie toe nie)*; *take up ~* ruimte/plek inneem *(of* in beslag neem)*; *vanish into ~* in die niet verdwyn; in die lugruim verdwyn; *in the wide open ~s* in die vrye natuur. **space** *ww.* spasieer; *~ s.t. out* iets spasieer; *houses are ~d out along the highway* hier en daar staan huise langs die grootpad. *~* **age** ruimteeeu, -tydperk. *~* **bar** spasiebalk *(op 'n toetsbord).* *~* **blanket** ruimtekombers *(deur bergklimmers ens. gebruik).* *~* **capsule** ruimtekapsule. **~craft** ruimte(vaar)tuig. *~* **flight** ruimtereis; ruimtevaart, -vlug. *~* **helmet** ruimtehelm. **~lab** ruimtelaboratorium. **~man** *-men* ruimteman, ruim(te)vaarder, -reisiger. *~* **medicine** ruimtegeneeskunde. *~* **platform** ruimtestasie. **~port** ruimtevlugsentrum. *~* **probe** (ruimte)verkenningstuig. *~* **programme** ruimteprogram. *~* **rocket** ruimtevuurpyl. **~-saving** ruimtebesparend. **~ship** ruim(te)tuig, -skip. *~* **shuttle** pendel-, retoertuig. *~* **station** ruimtestasie. **~suit** ruimtepak. **~-time** *(fis.)* ruimtetyd. *~* **travel** ruim(te)vaart, -vlug. *~* **traveller** ruim(te)reisiger, -vaarder. *~* **vehicle** ruim(te)tuig. **~walk** *n.* ruimtewandeling. **~woman** ruimtevrou.

**spaced** *adj.: ~ (out), (sl.)* deur die blare/mis/wind, in 'n dwaal; in 'n dwelmroes; gerook.

**spac·er** spasieerder; spasiebalk; skeier; afstandstuk.

**spac·(e)y** *-ier -iest, adj.* ruim; uitgestrek; wyd; *(Am. sl.)* eksentriek, onkonvensioneel; deur die blare/mis/wind, in 'n dwaal; in 'n dwelmroes; gerook.

**spa·cial** →SPATIAL.

**spac·ing** spasiëring; spasie; *double ~, (tip.)* dubbele spasiëring, dubbelspasiëring; dubbele tussenruimte.

**spa·cious** ruim; uitgestrek; wyd. **spa·cious·ness** ruimheid; uitgestrektheid; wydheid.

**spade¹** *n.* graaf, spitgraaf; sperplaat; *call a ~ a ~, (infml.)* 'n ding by sy naam noem, nie doekies omdraai nie, padlangs/ reguit praat; *wield a ~* met 'n graaf werk. **spade** *ww.* spit, omspit. **~work** spit-, graafwerk; aanvoor-, baanbrekerswerk; harde werk.

**spade²** *n. (gew. i.d. mv.), (kaartspel)* skoppens; *in ~s, (infml.)* omtrent, behoorlik, uiters, uitermate; hope, heelwat, sommer baie; met mening; dubbel en dwars; op groot skaal.

**spade·ful** graaf (vol), spit, skep.

**spa·dix** *-dices, (bot.)* blom-, bloeikolf.

**spa·ghet·ti** spaghetti. *~* **bolognese** *(It. kookk.)* spaghetti bolognese. *~* **junction** *(Br., infml.)* snelwegknoop(punt). *~* **strap** spaghettibandjie *(v. 'n rok ens.).* *~* **western** *(infml., gew. neerh.)* Italiaanse cowboyfliek/-prent.

**Spain** Spanje; *castles in ~, (ook)* lugkastele.

**spall** *n.* stukkie, (klip)splinter; *(i.d. mv.)* brokklip; afvalerts. **spall** *ww.* fynmaak, vergruis, breek; afsplinter; *~ed edge* splinterkant. **spall·a·tion** *(fis.)* versplintering.

**spall·ing** afsplintering; grofbreking. *~* **hammer** *(klip)* splinterhamer; *(metaal)* skroothamer.

**spam** *n., (handelsnaam, oorspr. hl.)* ingemaakte ham, blikkiesham; *(rek.)* rommel-, gemors-, strooipos. **spam** *ww., (rek.)* bestook, toegooi *(met rommelpos).* **spam·ming** *n., (rek.)* bestoking met rommelpos, rommelposbestoking.

**span** *n.* spanwydte; omvang; *(oor)spanning (v. 'n brug ens.);*

vak *(v. 'n brug)*; kort tyd/duur; *(lengte-eenh., afstand tuss. punt v. duim en pinkie: 23 cm)* span; →SPANLESS; ~ *of life* lewens= duur, =tyd; ~ *of tobacco* span tabak. **span** =nn-, *ww.* span, af=, omspan, omvat; oorbrug, =span; →SPANNING. ~ **roof** staandak. **~-worm** spanruspe(r), spanner.

**span·dex** *(tekst.: sintetiese rekstof)* spandeks.

**span·drel** *(argit.)* hoekvlak. ~ **steps** driehoekstreetjies. ~ **wall** booghoekmuur.

**span·gle** *n.* blinker(tjie), blink stukkie; goud=, silwerver= sierseltjie; galappel. **span·gle** *ww.* met blinkers/blinkertjies versier; skitter, vonkel; *the ~d sky* die vonkelende sterrelug.

**Span·glish** *(Am., skerts.)* mengsel van Spaans en Engels.

**Span·iard** Spanjaard.

**span·iel** *(honderas)* spanjoel, spaniël; *(fig.)* vleier, kruiper.

**Span·ish** *n., (taal)* Spaans; *the ~, (mv.)* die Spanjaarde. **Span·ish** *adj.* Spaans; *become ~* verspaans; *make ... ~ ...* verspaans. ~ **America** Spaans-Amerika. ~ **American** *adj.* Spaans-Amerikaans. ~ **fly** *(farm., hist.)* spaans=, groenvlieg. ~ **guitar** Spaanse kitaar/ghitaar. ~ **leather** Corduaanse leer. ~ **mackerel** *(Scomberomorus* spp.*)* katonkel.

**spank** *n.* klap. **spank** *ww.* pak gee, looi, wiks. **spank·er** opstopper; doodhou; knewel, reus. **spank·ing** *n.* pak (slae), loesing, drag slae; *get a ~* pak kry. **spank·ing** *adj., (infml.)* gaaf, eersteklas, uitstekend; sterk, groot; ~ *horse* pronkperd; ~ *lie* yslike leuen; ~ *pace* vinnige draf; *at a ~ pace* op 'n vinnige draf; *met 'n vinnige vaart; have a ~ time* groot pret hê, dit gate uit geniet.

**span·less** onmeetlik.

**span·ner** moer=, skroefsleutel; *throw a ~ in(to) the works, (infml.)* 'n stok in die wiel steek. ~ **jaw** sleutelbek. ~ **pipe** sleutelpyp.

**span·ning** oorbrugging.

**spar**[1] *n.* spar, paal; *(sk., lugv.)* spar; rondhout *(v. 'n skip)*; (dak)spar, hanskapbeen. ~ **buoy** *(sk.)* sparboei. ~ **deck** *(sk.)* spardek.

**spar**[2] *n., (min.)* spaat; *brown ~* bruinspaat; *heavy ~* swaar= spaat, bariet. **spar·ry** spatig, spaatagtig.

**spar**[3] *n.* (die) skerm; vuisgeveg; *(boks)* skermoefening; hane= geveg. **spar** =rr-, *ww.* skerm *(m.d. vuiste)*; redetwis, sker= mutsel *(met woorde)*.

**spar·ax·is** *(bot.: Sparaxis grandiflora)* fluweeltjie, ferweeltjie, botterblom.

**spare** *n.* onderdeel, reservewedeel, wisselstuk, masjiendeel. **spare** *adj.* skraal, maer; vry; orig; los; sober; *a person of ~ frame* 'n skraal geboude mens; *a ~ moment* 'n vry oomblik; ~ *time* vrye/ledige tyd. **spare** *ww.* spaar, bespaar; klaarkom sonder, mis; ontsien; *s.o. cannot ~ ...* iem. kan nie sonder ... klaarkom nie; *s.o. cannot ~ the money for ...* iem. het nie geld vir ... nie; ~ *one's energy* jou kragte spaar; ~ *s.o.'s life* iem. se lewe spaar; iem. begenadig; *can you ~ me R100?* kan jy my R100 leen?; ~ *neither pains nor expense* moeite nóg koste ontsien; *not ~ o.s.* jou nie spaar nie; ~ *s.o. s.t.* iem. iets spaar *(d. vernedering ens.)*; *s.o. has been ~d s.t.* iets is/het iem. gespaar gebly *(d. vernedering ens.)*; *there is one to ~* daar is een oor; *enough and to ~* meer as genoeg; *have a few ... to ~* 'n paar orige ... hê; *there is an hour to ~* daar is 'n uur oor. ~ **(bed)room** vry=, =gastekamer. ~ **cash** los geld. ~ **part** on= derdeel, reservewedeel, (ver)wisselstuk, masjiendeel, los deel. **~-rib** ribbetjie, varkrib. **~-time** *adj.: ~ occupation* tweede be= roep, bynering; liefhebbery. ~ **tyre** nood=, reserweband, ek= stra/orige band; *(fig., infml.)* maagwal(letjie). ~ **wheel** nood=, reserwe=, bywiel, orige/ekstra wiel.

**sparge** sproei, sprinkel; *(bouk.)* grintspat. ~ **pipe** sproeipyp.

**spar·ing** spaarsaam, suinig, karig; *be ~ with/of s.t.* spaarsaam wees met iets; *be ~ with/of words* swygsaam wees. **spar·ing·ly** spaarsaam, suinig; *eat ~* matig eet.

**spark** *n.* vonk; sprankie, greintjie, tikkie; *be a bright ~, (infml.,*

*ook iron.)* skrander wees, 'n skrander kop hê; *emit* (or *give/ throw off)* ~s vonke afgee; *a ~ of feeling* 'n greintjie gevoel; *make the ~s fly, (fig.)* die vonke laat spat; *~s are flying, (fig.)* die vonke spat; *lay a ~ to s.t.* iets aan die brand steek; *not a ~ of life* geen vonkie/sprankie lewe nie; *the vital ~* die lewensvonk. **spark** *ww.* vonke afgee, vonk; ~ *off s.t.* iets aan die gang sit, iets veroorsaak, tot iets aanleiding gee, iets uit= lok; ~ *over, (elek. verbinding)* oorvonk, =slaan, =spring. ~ **ac= tion** vonkwerking. ~ **chamber** *(fis.)* vonkkamer. ~ **control** vonkreëling; =reëlaar. ~ **gap** slagwydte; vonkbrug, =baan, =weg. ~ **plug,** *(Br.)* **sparking plug** vonkprop, ontstekings= prop.

**spark·ing** ontsteking. ~ **distance** slagwydte.

**spar·kle** *n.* glans, flikkering, flonkering, sprankeling, geskit= ter, gevonkel, vonkeling; lewendigheid; tinteling. **spar·kle** *ww.* vonkel, flonker, sprankel, skitter, flikker, vonke skiet; *(drank)* skuim, bruis; tintel; ~ *with ...* van ... vonkel. **spar·kler** *(vuurwerk)* vonkstok; edelsteen; vonkel=, bruiswyn. **spar= kling** vonkelend, sprankelend, skitterend; tintelend; geestig; ~ *wine* vonkel=, bruiswyn. **spark·less** vonkvry.

**spar·ring** *(boks ens.)* (die) skerm; *verbal ~* geredetwis. ~ **bout** skermoefening. ~ **match** *(boks)* skermoefening; *(fig.)* stryery, woordewisseling, getwis. ~ **partner** skerm=, oefenmaat.

**spar·row** mossie. **~-hawk** *(Accipiter* spp.*)* sperwer. **~-lark** *(Eremopterix* spp.*)* lewerik. **~-weaver:** *white-browed ~* koring= voël.

**spar·ry** →SPAR[2] *n..*

**sparse** skaars, versprei(d), yl, dun (gesaai). **sparse·ly** net hier en daar (een).

**Spar·ta** Sparta. **Spar·tan** *n.* Spartaan. **Spar·tan** *adj., (fig. ook s~)* Spartaans, spartaans.

**spasm** spasma, spasme, kramp; vlaag, bevlieging, beroering; ~ *of coughing* hoesbui; ~ *of grief* opwelling van smart. **spas= mod·ic** rukkerig, spasmodies, krampagtig. **spas·mod·i·cal·ly** rukkerig, met rukke en stote, krampagtig.

**spas·tic** *n., (vero., neerh.)* spastikus, serebraal gestremde/ verlamde; *(infml., neerh.)* lomperd, mampara, stommerik. **spas·tic** *adj.* krampagtig, spasties; serebraal gestrem(d); ~ *colon* spastiese dikderm/kolon; ~ *gait* spastiese gang. **spas= tic·i·ty** krampagtigheid, spastisiteit, spierstyfheid, =styfte.

**spat**[1] *n.* saad *(v. skaaldiere)*; jong oesters. **spat** =tt-, *ww.* saadskiet.

**spat**[2] *n., ('n enkelskut)* slobkous.

**spat**[3] *n., (infml.)* rusietjie. **spat** =tt-, *ww.* rusie maak, stry.

**spat**[4] *ww. (verl.t.)* gespoeg; →SPIT[2] *ww..*

**spatch·cock** *n.* spithoender. **spatch·cock** *ww.* aanvul, inlas *(onvanpaste teks ens.)*.

**spate** vloed, stortvloed, oorstroming; *(fig.)* vloedgolf, stroom; *the river is in ~* die rivier kom af *(of* lê kant en wal *of* is vol); ~ *of words* woordevloed.

**spathe** *(bot.)* bloei=, blomskede.

**spa·tial, spa·cial** ruimtelik, ruimte=; ~ *research* ruim(te)= navorsing.

**spa·ti·o·tem·po·ral** *adj.,* **spa·ti·o·tem·po·ral·ly** *adv., (fis., filos.)* tydruimtelik.

**spat·ter** *n.* spatsel; gespat; gekletter. **spat·ter** *ww.* spat, be= spat, bemors; beklad; spetter; ~ *s.t. on ...,* ~ *... with s.t.* iets op ... (laat) spat.

**spat·u·la** spatel; tempermes; strykmes; slaplemmes; roer= spaan. **spat·u·late** spatelvormig.

**spav·in** spat, swam *(by perde)*. **spav·ined** *adj., (ook fig.)* afge= takel(d).

**spawn** *n.* viseiers, kuit; padda-eiers; saad; *(neerh.)* gebroed= (sel). **spawn** *ww.* kuit skiet; voortbring, uitbroei. ~ **season** broeityd *(v. visse)*.

**spay** steriliseer, *(infml.)* regmaak, dokter *('n vr. dier)*.

**spa·za (shop)** *(SA)* spaza(winkel), huiswinkel.

**speak** *spoke spoken* praat, spreek, die woord voer; ~ *about* ... oor ... praat; ~ *against* ... teen ... praat, jou teen ... uit= spreek; ~ *authoritatively* met gesag praat; *call (up)on s.o. to* ~ iem. aan die woord stel; *be called (up)on to* ~ aan die woord gestel word; ~ *evenly* rustig/bedaard praat; *it ~s for itself* dit spreek vanself (*of* is vanselfsprekend); ~ *for s.o.* namens iem. praat; vir iem. opkom; *it ~s well for* ... dit getuig vir ...; ~ *for yourself!* dit geld nie vir my nie; *hardly* ~ *(to each other)* skaars met mekaar praat; ~ *highly of* ... met lof van ... praat, hoog opgee oor/van ...; ~ *low* sag(gies) praat; ~ *of* ... van ... praat; *hear s.o.* ~ *of s.t.* iem. van iets hoor praat; *... is nothing to* ~ *of,* (*infml.*) ... is niks besonders nie; ~ *on s.t.* oor iets praat (*'n onderwerp*); ~ *out* hard praat; padlangs/reguit praat, (reguit) sê wat jy dink; ~ *out against* ... jou uitspreek teen ...; ~ *out for* ... vir ... opkom; *the photograph* ~s die foto is sprekend; *so to* ~ (om) so te sê, by wyse van spreke, om dit so uit te druk; ~ *to s.o.* met iem. praat; iem. aanspreek; iem. toespreek; (*infml.*) iem. vermaan; ~ *to s.o. about s.t.* met iem. oor iets praat; iem. oor iets aanspreek; ~ *to s.t.* oor iets praat (*'n voorstel ens.*); volgens iets praat (*'n opdrag*); ~ *up* harder praat; (*please*) ~ *up!* praat (asseblief) harder!; ~ *up against* ... teen ... opkom; ~ *up for* ... vir ... opkom; ~ *well of* ... met lof van ... praat; ~ *well of s.o.,* (*ook*) goed van iem. praat.

=**speak** *komb.vorm,* (*infml., dikw. neerh.*) =jargon, =taal; com= puter~ rekenaarjargon.

**speak·er** spreker, spreekster; redevoerder, referent; luid= spreker; (*parl.*) speaker, voorsitter; *call (up)on a* ~ 'n spreker aan die woord stel; *be a good* ~ 'n goeie spreker (*of* wel ter tale) wees; *the ~s of a language* die taalgebruikers (*of* spraak= makende gemeenskap); *Mr/Madam S~,* (*parl., aanspreek= vorm*) meneer/mevrou die Speaker; *a polished* ~ 'n gladde spreker; ~*'s stand* rostrum.

**speak·ing** *n.* (die) praat, spreek; *in a manner of* ~ by wyse van spreke, (om) so te sê; *public* ~ spreek=, redenaarskuns.

**speak·ing** *adj.* sprekend, pratend; aan die woord; *Mar= wan/etc. ~,* (*telef.*) Marwan/ens. hier; ~ *at* ... in 'n toespraak op/in ...; *broadly* ~ oor die algemeen; *comparatively* ~ betreklik; vergelykenderwys(e); ~ *for myself* wat my (aan)= betref; *generally* ~ oor die algemeen; *legally* ~ van 'n reg= standpunt beskou; *a* ~ *likeness* 'n sprekende gelykenis; 'n lewensgetroue beeld; ~ *of that* wat dít (aan)betref, daarvan gepraat, in verband daarmee; *practically* ~ prakties, in die praktyk; *roughly* ~ so min of meer; *strictly* ~ streng ge= nome, na regte. ~ **acquaintance** oppervlakkige kennis/be= kendheid. ~ **distance:** *within* ~ ~ binne praatafstand. ~ **terms:** *we are not on* ~ ~ ons praat nie met mekaar nie, ons is kwaai= vriende.

**spear** *n.* spies. **spear** *ww.* (met 'n spies) steek/deurboor, spies; opskiet, vinnig groei. ~**fish** (*Tetrapturus* spp.) speervis. ~ **fisherman** visjagter, spiesvisser. ~**-fishing** visjag, spies= vissery, =hengel. ~ **grass** (*Heteropogon* spp.) assegaai=, pyl= gras. ~ **gun** vis=, spiesgeweer. ~**head** *n.* spiespunt; (*fig.*) wig, spits. ~**head** *ww.* aan die spits staan van. ~**mint** groen=, tuinment. ~**-shaped** spiesvormig. ~ **side** (*geneal.*) manlike kant/linie; vaderskant.

**spec**[1] *n.,* (*infml.*) spekulasie; *on* ~ by wyse van spekulasie; op goeie geluk (af); *buy/etc. s.t. on* ~ iets op spekulasie koop/ens..

**spec**[2] *n.* (*dikw. i.d. mv.*), (*infml.*) spesifikasie.

**spe·cial** *n.,* (*infml., han.*) spesiale aanbod/aanbieding; spe= siale gereg; ekstra blad; ekstra trein; spesiale pas. **spe·cial** *adj.* spesiaal, besonder, buitengewoon; ~ *agent* spesiale agent; ~ *care* spesiale sorg; *take* ~ *care* besonder versigtig wees; besondere moeite doen; ~ *character,* (*rek.*) spesiale teken; ~ *constable* spesiale konstabel; ~ *correspondent* spesiale korrespondent (*v. 'n koerant ens.*); ~ *delivery* spesiale afle= wering; ~ *edition* ekstra blad/uitgawe, buitengewone/spe= siale uitgawe, feesuitgawe; ~ *education* spesiale onderwys; ~ *effects,* (*filmk.*) spesiale effekte; ~ *forces* spesiale troepe;

*have a* ~ *interest in s.t.* 'n besondere belangstelling in/vir iets hê; ~ *meeting* buitengewone vergadering; ~ *needs* spe= siale behoeftes (*v. gestremdes ens.*); ~ *offer* spesiale aanbod/ aanbieding; ~ *school* spesiale skool; *be something* ~ iets besonders wees. ~**-care** *adj.* (*attr.*) spesialesorg=; ~ *unit* spe= sialesorgeenheid. ~**-purpose vehicle** eendoelvoertuig.

**spe·cial·ise, -ize** spesialiseer; wysig, beperk; differensieer, onderskei; ~ *in* ... spesialiseer in ...; jou op ... toelê; 'n studie van ... maak; ~*d knowledge* besondere kennis; vakkennis, deskundige/vakkundige kennis. **spe·cial·i·sa·tion, -za·tion** spesialisasie.

**spe·cial·ist** spesialis, vakman, vakkundige. ~ **staff** spesialis= personeel.

**spe·ci·al·i·ty** (*kookk. ens.*) spesialiteit; vakgebied; besonder= heid.

**spe·cial·ly** spesiaal; uitdruklik.

**spe·cial·ty** (*jur.*) verseëlde akte; (*med.*) spesialisasie, spesia= lisgebied.

**spe·ci·a·tion** (*biol.*) soortvorming.

**spe·cie** spesie, (klinkende) munt, muntgeld (*teenoor papier= geld*); gemunte goud (*teenoor staafgoud*); *in* ~ in klinkende munt.

**spe·cies** *n.* (*fungeer as ekv. of mv.*), (*biol.*) soort, spesie(s); *a* ~ *of animal/plant* 'n dier=/plantsoort; *an endangered* (*or a threat= ened*) ~ 'n bedreigde/kwynende/uitsterwende soort/spesie; *an extinct* ~ 'n uitgestorwe soort/spesie.

**spe·cif·ic** *adj.* uitdruklik, bepaald, besonder, spesifiek; soort= lik; ~ *cause,* (*med.*) spesifieke oorsaak (*v. 'n siekte*); ~ *heat capacity,* (*fis.*) soortlike/spesifieke warmtekapasiteit; ~ *intent* besondere opset; *be more* ~ iets presieser stel/beskryf/be= skrywe; ~ *performance,* (*jur.*) spesifieke nakoming, reële eksekusie; *s.t. is* ~ *to* ... iets is kenmerkend vir ...; ..., *to be* ..., om presies te wees. **spe·cif·i·cal·ly** uitdruklik, spesifiek, met name, meer bepaald (*of in* die besonder). **spec·i·fic·i·ty** spesifieke hoedanigheid, spesifisiteit. **spe·cif·ic·ness** uitdruk= likheid. **spe·cif·ics** *n.* (*mv.*) besonderhede, detail.

**spec·i·fi·ca·tion** spesifikasie, (noukeurige) opgawe; (*i.d. mv.*), (*ook, bouk.*) bestek; *to s.o.'s ~s,* (*ook*) volgens iem. se opdrag.

**spec·i·fy** spesifiseer, in besonderhede noem/vermeld/aan= gee; aanwys; opgee; *as specified above* soos hierbo (*of* hier bo) omskryf/aangegee/genoem/vermeld; *specified area* aan= gewese gebied; *unless otherwise specified* tensy anders aange= dui/vermeld/genoem/gespesifiseer.

**spec·i·men** monster, proef, toets=, proefstuk, spesimen; staaltjie, voorbeeld; (*biol.*) eksemplaar; *collect* ~*s* plante/na= tuurvoorwerpe/ens. versamel; *what a* ~*!,* (*infml.*) wat 'n vent!; wat 'n spektakel!. ~ **box,** ~ **tin** botaniseertrommel. ~ **page** proefblad. ~ **signature** proefhandtekening.

**spe·cious** skoonklinkend, =skynend, plousibel; (*misleidend*) bevallig; ~ *argument,* (*ook*) drogrede, valse argument. **spe· ci·os·i·ty** skoonklinkendheid, =skynendheid, plousibiliteit. **spe· cious·ly** met 'n skyn van waarheid.

**speck** *n.* stippel, spikkel, kolletjie; stukkie, deeltjie; spatseltjie; vlekkie. **speck** *ww.* (be)spikkel.

**speck·le** *n.* stippel, vlekkie, spikkel. **speck·le** *ww.* (be)spikkel. **speck·led** gespikkel(d), bont, skilder; bespikkeld.

**specs** *n.* (*mv.*), (*infml.*) bril; →SPECTACLE.

**spec·ta·cle** skouspel, toneel, vertoning; kykspel, spektakel; (*ook, i.d. mv.*) 'n bril; *dark* ~*s* 'n donker bril; *make a* ~ *of o.s.* jou verspot gedra; jou verspot aantrek; *put on* ~*s* 'n bril opsit; *s.o. wears* ~*s* iem. dra ('n) bril. ~ **case** brilhuisie, bril= (le)doos. ~ **frame** brilraam. ~ **maker** brilmaker, =slyper.

**spec·ta·cled** bebril(d), gebril(d), met 'n bril; bril=; ~ *bear* brilbeer.

**spec·tac·u·lar** pragtig, skitterend; skouspelagtig, kykspel= agtig, spektakulêr; opvallend, opsienbarend; toneelmatig.

**spec·tate** *ww.* ('n) toeskouer wees, na die/'n wedstryd kyk.

**spec·ta·tor** toeskouer, aanskouer, toekyker; *be a ~ at ... ...* bywoon *(wedstryd ens.).* ~ **sport** kyksport.

**spec·tre,** *(Am.)* **spec·ter** spook(gedaante), gees(versky‑ning), skim, gedaante, spookbeeld, ‑gestalte; skrikbeeld *(v. 'n kernoorlog ens.).* **spec·tral** spookagtig, spook‑; *(fis. ens.)* spektraal, van die spektrum; *~ analysis* spektrum(‑)analise; *~ colour* spektrale kleur; *~ image* newelbeeld; *~ line* spek‑trumlyn.

**spec·trom·e·ter** spektrometer. **spec·tro·met·ric** spektro‑metries. **spec·trom·e·try** spektrometrie.

**spec·tro·scope** spektroskoop. **spec·tro·scop·ic** spektro‑skopies. **spec·tros·co·py** spektroskopie.

**spec·trum** *spectra* spektrum; kleurskifting; kleurebeeld. *~ analyser* spektrum(‑)analiseerder, spektrum(‑)ontleder. *~ analysis* spektrum(‑)analise. *~ colour* spektrumkleur.

**spec·u·lar** spieël‑, soos 'n spieël; *~ surface* spieëlvlak.

**spec·u·late** bepeins, bereken, uitreken; gis, gissings maak; spekuleer; *~ about/on/upon ...* oor ... bespiegel *(d. aard v.d. heelal ens.);* oor ... gis *(kanse ens.); ~ in ...* met ... spekuleer *(goudaandele ens.).* **spec·u·la·tion** (be)peinsing, oorpeinsing; berekening; gegis, gissing(s); bespiegeling, spekulasie; spe‑kulasie, onsekere onderneming; *on ~* by wyse van spekulasie; *buy on ~* op spekulasie koop. **spec·u·la·tive** bespiegelend, beskou(e)lik, teoreties; spekulatief, onseker, riskant. **spec·u·la·tor** teoretikus, bespiegelaar; spekulant.

**spec·u·lum** ‑*ula,* ‑*ulums* dokterspieël; *(med.)* tregter; (me‑taal)spieël.

**sped** →SPEED *ww..*

**speech** spraak, taal; toespraak, rede(voering), *(sl., skerts.)* spiets; uitlating; *colloquial/everyday ~* omgangstaal, ge‑wone/alledaagse taal/spraakgebruik; *deliver/give/make a ~* 'n toespraak hou/afsteek/lewer; *direct ~, (gram.)* die di‑rekte rede; *free ~, freedom of ~* die vrye woord, vryheid van spraak; *indirect ~, (gram.)* die indirekte rede; *maiden ~, (parl. ens.)* nuwelings‑, intreetoespraak; *parts of ~, (gram.)* rededele, woordsoorte; *lose the power of ~* jou spraak ver‑loor; *~ is silver, silence is gold(en), (idm.)* spreek is silwer, swye is goud; *s.o.'s ~ is slurred* iem. praat sleeptong, iem. se tong sleep, iem. sleep met sy/haar tong; *thick ~* belemmerde spraak; *a ~ to ...* 'n toespraak voor ...; *a turn of ~* 'n segswyse/spraakwending. *~ act (filos., taalk.)* taaldaad, ‑handeling. *~ centre* spraaksentrum *(i.d. brein).* *~ community* taalgroep, ‑gemeenskap. *~ defect* spraakgebrek, ‑stoornis. *~ impedi‑ment* spraakgebrek, ‑belemmering. *~ lesson* spreekles. *~ ma‑ker* spreker, redenaar, redevoerder. *~‑making* redenaars‑kuns; oreerdery. *~ recognition (rek.)* spraakherkenning. *~ synthesizer (rek.)* spraaksintetiseerder. *~ therapist* spraak‑terapeut. *~ therapy* spraakheelkunde, ‑terapie. *~ writer* toe‑spraakskrywer.

**speech·i·fy** oreer, 'n toespraak afsteek.

**speech·less** sprakeloos; stom, spraakloos; *in ~ amazement* in stomme verbasing; met die mond vol tande staan; *render s.o. ~* iem. verstom; *be ~ with ...* spraakloos/sprakeloos wees van ... *(verbasing ens.).*

**speed** *n.* snelheid, vaart; vinnigheid, vlugheid; versnelling; spoed, haas; gang *(v. 'n ratkas); (dwelmsl.)* amfetamien; *at ~* in die vaart; *at a ~ of ...* met 'n snelheid van ... *(km/h);* in 'n tempo van ... *(lopies per boulbeurt); drive at ~* vinnig/hard ry; *at a breakneck ~* met 'n dolle/rasende/vlieënde/woeste vaart; *gather* (or *pick up) ~* vaart kry, versnel; *do s.t. at great/high ~* iets baie vinnig doen; iets in aller yl doen; *a high ~* 'n hoë snelheid; *at a high ~* met 'n groot snelheid, baie vin‑nig; *~ of reaction* reaksiesnelheid; *reduce/slacken ~* jou snelheid/vaart verminder, stadiger ry/ens.; *at top ~* so vin‑nig (as) moontlik. **speed** *sped/speeded sped/speeded, ww.* snel, spoed, ja(ag); gou maak; bevorder; *('n motoris)* te vinnig ry; *('n motor)* versnel; *~ along* voortsnel, ‑jaag; *~ away/off* weg‑jaag, vinnig wegry; *~ on* voortsnel; *~ up* vinniger ry; *~ s.t. up* iets bespoedig/verhaas/versnel. *~ball (dwelmsl.)* koka‑

heroïen‑mengsel, mengsel van kokaïen en heroïen; *(boks)* spoedbal. *~boat* snelboot. *~boating* snelbootvaart. *~ bump, ~hump* spoedbult, ‑hobbel. *~ cop (infml.)* verkeerskonstabel. *~ limit* snelheidsgrens, ‑perk, snelperk. *~ reading* snellees. *~ reduction* vaartvermindering. *~ skater* snelskaatser. *~ trap* snelstrik, spoed(lok)val. *~ trapping* spoedbetrapping. *~ trial* snelheidstoets. *~way* snelweg; (motor)renbaan, jaag‑baan. *~well (bot.)* ereprys. *~ wobble* vaartrukking(s).

**speed·er** aanjaer; jaagduiwel, (snel)jaer.

**speed·ing** voortsnelling; jaery.

**speed·om·e·ter** snelheidsmeter; kilometerteller, mylmeter, ‑teller. *~ reading* kilometerstand, mylestand.

**speed·ster** (snel)jaer, jaagduiwel; jaagmotor.

**speed·y** spoedig; snel, vinnig; haastig; *~ recovery* spoedige herstel.

**spek·boom** *(Afr., bot.)* spekboom.

**spe·l(a)e·ol·o·gy** spelonkkunde, speleologie. **spe·l(a)e·o·log‑i·cal** spelonkkundig, speleologies. **spe·l(a)e·ol·o·gist** spelonk‑ondersoeker, spelonkkundige, speleoloog.

**spell**[1] *n.* towerspreuk, ‑formule; bekoring, betowering; aan‑trekkingskrag; *break the ~* die betowering verbreek; *cast/put a ~ on s.o.* iem. betower; *fall under the ~ of ...* deur ... betower word, onder die bekoring van ... kom. *~bind ww.* betower, fassineer. *~binder* boeiende redenaar, hipnotiese spreker, spreker honderd. *~binding* boeiend, pakkend, fassinerend; betowerend; verruklik, bekoorlik. *~bound adj. (volt.dw.)* betower(d), verruk, in verrukking; *hold s.o. ~ with one's sto‑ries* iem. verluister hom/haar aan jou stories.

**spell**[2] *spelt/spelled spelt/spelled, ww.* spel; (voor)spel, beteken; *s.t. ~s ... for s.o.* iets beteken ... vir iem.; *~ s.t. out* iets uitspel; iets uitstippel. *~check n., (rek.)* spel(ling)kontrole, speltoets. *~check ww.* die spelling (van ...) kontroleer/nagaan/toets. *~checker, spelling checker (rek.)* speltoetser, spellingkon‑troleerder, spelkontroleprogram. **spell·er** speller; spelwoord.

**spell**[3] *n.* poos, tyd(jie), ruk(kie); beurt; (diens)beurt; *a cold ~* 'n skielike koue; *for a ~* 'n ruk/tyd lank; *take a ~ at s.t.* 'n ruk lank iets doen; *take ~s at s.t.* iets om die beurt doen. **spell** *ww.* aflos; beurte neem/maak.

**spell·ing** spelling; spelwyse, spelvorm, skryfwyse. *~ bee, ~ match* spelwedstryd. *~ error, ~ mistake* spelfout. *~ list* spellys. *~ rule* spelreël. *~ system* skryfwyse, spellingstelsel.

**spelt**[1], **spelled** *ww. (verl.t. & volt.dw.)* →SPELL[2] *ww..*

**spelt**[2] *n., (soort koring)* spelt.

**spel·ter** staaf‑, handelsink, spelter. *~ (solder)* harde soldeer‑sel.

**spe·lunk·er** *(hoofs. Am.)* spelonk‑ondersoeker, spelonker. **spe·lunk·ing** spelonkery.

**spen·cer** spencer, langmoufrokkie.

**spend** *spent spent* uitgee; bestee; spandeer; verteer; verkwis, deurbring; *~ everything, (ook)* alles opleef; *~ freely* kwistig wees met geld; *s.t. ~s itself, ('n storm ens.)* iets woed hom uit; *(iem. se kwaai bui ens.)* iets is oor; *~ one's life* jou lewe slyt; *~ money on s.t.* geld aan iets bestee/uitgee/spandeer; *how do you ~ your time?* hoe bring jy jou tyd deur?. *~thrift n.* deurbringer, verkwister, verspiller. *~thrift adj.* deurbringerig, verkwisterig, verkwistend.

**spend·ing** uitgee, besteding *(v. geld);* spandeer(dery); uit‑putting. *~ money* sakgeld. *~ power* koopkrag. *~ spree* kooptog, ‑jol, ‑ekspedisie; *go on a ~* die koopgier kry, jou kooplus bevredig, uiting aan jou kooplus gee; wild begin geld uitgee.

**spent** *adj. & ww. (verl.t. & volt.dw.): s.o.'s ammunition is (all) ~* iem. se skietgoed is op; *s.o. ~ much money/time on it* iem. het baie geld/tyd daaraan bestee *(of* daarvoor gebruik); *s.o. is ~* iem. is uitgeput/gedaan/kapot.

**sperm** saad, sperma; saaddiertjie; saad, oorsprong; sperma‑ceti. *~ bank* sperm‑, saadbank. *~ cell* saadsel. *~ count* sperm‑, saadtelling. *~ whale* potvis, spermaceti‑walvis.

**sper·ma·ce·ti** spermaceti. ~ **oil** sperm(aceti)-olie.

**sper·mat·ic** *(soöl.)* saad=; ~ *cord* saadstring; ~ *fluid* saadvog, =vloeistof.

**sper·mat·o·phore** *(soöl.)* spermatofoor.

**sper·mat·o·phyte** *(bot.)* saadplant, spermatofiet.

**sper·ma·to·zo·on** =*zoa*, *(soöl.)* saaddiertjie, spermatosoön, saadsel.

**sper·mi·cide** *n.* spermdoder. **sper·mi·ci·dal** *adj.* spermdo=dend.

**spew** opbring; ~ *s.t. out* iets uitspoeg/uitspu(ug).

**sphere** *n.* bol, globe; bal; hemelliggaam; sfeer, (werk)kring; omgewing, gebied; terrein; ryk; omvang; ~ *of action/labour/work* arbeidsveld; ~ *of influence* invloedsfeer, magsgebied; ~ *of interest* belangesfeer. **spher·ic** *adj.* sferies. **spher·i·cal** bol=vormig, bolrond, sferies; ~ *aberration* rondingsafwyking; ~ *angle* bolhoek, sferiese hoek; ~ *triangle* boldriehoek. **sphe·ric·i·ty** bolvormigheid. **sphe·roid** *n.* sferoïed, afgeplatte bol. **sphe·roi·dal** *adj.* sferoïdaal. **spher·ule** koeëltjie, bolletjie, klein bol.

**sphinc·ter** *(anat.)* sluit=, ringspier.

**sphinx** sfinks. **sphinx·like** sfinksagtig.

**sphyg·mo·graph** *(instrument wat d. polsslag registreer)* sfig=mograaf, polsmeter. **sphyg·mog·ra·phy** sfigmografie.

**spice** *n.* spesery(e); geur; smakie, sweempie; *(ook, i.d. mv.)* kruie, krui(d)ery; *add* ~ *to s.t.* iets krui(e); (aan) iets smaak gee; *the* ~ *of life* die pikante in die lewe. **spice** *ww.* krui(e), smaak gee aan; ~ *s.t. up, (infml.)* iets opkikker; ~ *s.t. with ...* iets met ... krui(e). **spiced** gekrui(d), gekrui(e); ~ *cake* kruie=koek, kruidkoek; ~ *salad* sambalslaai. **spic·y** speseryagtig, krui(d)erig, spesery=; gekrui(d); geurig, smaaklik; pittig, pi=kant, skerp; netjies, piekfyn; *(infml.)* gewaag(d), stout.

**spic(k)-and-span** *adj.* piekfyn, agtermekaar, splinternuut; vlekloos, silwerskoon.

**spic·ule** *(soöl.)* puntjie, spits, naaldjie, sponsnaald. **spic·u·lar** skerp, puntig, naaldvormig. **spic·u·late** stekel(r)ig, geste=kel(d).

**spi·der** spinnekop; *(snoeker, biljart)* drievoet. ~ *crab* see=spinnekop. ~ *mite* *(tuinplaag)* spinmyt. ~ *monkey* slinger=, spinaap. ~ *web* spinnerak. ~ *weight* *(boks)* spinnekopgewig.

**spi·der·like** spinnekopagtig.

**spi·der·y** *adj.* spinnekop=; spinnekopagtig; ~ *hand/writing* krapperige (hand)skrif, krapskrif(fie); ~ *legs* spinnekopbene, =beentjies, kieriebene, =beentjies.

**spiel** *n., (infml.)* relaas, storie, verhaal; lang verduideliking; stortvloed van woorde, woordestroom, =vloed.

**spiff:** ~ *s.t. up, (infml.)* iets opdollie. **spif·fy** *(infml.)* deftig; uitstekend.

**spig·ot** prop; pen, tap, swik.

**spike**[1] *n.* skerp punt; (lang) spyker; priem; (grond)pen; (helm)spits; prikkel; piek *(in 'n grafiek);* *(running)* ~s spy=kerskoene. **spike** *ww.* vasspyker, (vas)pen; spykers/penne inslaan; op die pen slaan; deursteek; verongeluk, torpedeer; *(infml.)* dokter *('n drankie);* ~ *s.o.'s guns* iem. droogsit; ~ *a project* van 'n plan afsien; ~ *a rumour* 'n gerug dooddruk. ~ **boot** klimstewel. ~ **heel** spykerhak.

**spike**[2] *n.* (blom)aar; (mielie)kop.

**spiked** *adj.* spyker=; pennetjies=; ~ *club* spykerknuppel; ~ *drink* gedokterde drankie; ~ *hair* pennetjieshare; ~ *tyre* spykerband.

**spik·ing** vaspenning; vernaeling; deursteking.

**spik·y** skerp, puntig, spits, spigtig; *(infml.)* prikkelbaar, lig=geraak, kortgebaken(d), =gebaker(d).

**spile** *n.* houtpen, =prop; (hei)paal; sirkelstok. **spile** *ww.* 'n gat maak *(in 'n vat).* **spil·ing** paalwerk.

**spill**[1] *n.* storting; val; *have/take a (nasty)* ~ (lelik) neerslaan/val. **spill** *spilt/spilled* spilt/spilled, *ww.* stort, mors, uitgooi; *('n perd)* afgooi *('n ruiter);* vergiet, uitstort *(bloed);* ~ *out of the*

... uit die ... val/stort/stroom; ~ *over into* ... na ... oorloop. ~*over* *n.* (die) oorloop; oorskot, surplus. ~*way* uitloop(voor), oorloop.

**spill**[2] *n.* brandstokkie; opsteekpapiertjie.

**spill·age** stortsel; oorloop, uitloopverlies. ·

**spil·li·kin** splint(er), spaander; *(i.d. mv., fungeer as ekv.)* knib=belspel.

**spilt** →SPILL[1] *ww.*.

**spin** *n.* (rond)draai; ritjie, toertjie; tolvlug; (rond)draaiing; wenteling; tolling; *(kr.)* draaiboulwerk; *be in a flat* ~, *(infml.)* die kluts kwyt wees, nie weet waar jy is nie *(fig.),* in 'n ligte paniek wees; *go for* (or *take) a* ~, *(infml.)* ('n entjie) gaan ry; *go into a* ~, *('n vliegtuig)* begin tol; *put* ~ *on a ball* 'n bal laat draai/tol. **spin** *-nn-, spun spun, ww.* spin; laat draai; wentel; tol, in die rondte draai; tol(vlieg); →SPINNER, SPINNING, SPUN; ~ *the ball, (kr.)* draaiballe boul; *the blow sent s.o.* ~*ning* die slag het iem. in die rondte laat draai/tol; ~ *like a top* rond=omtalie draai; ~ *round* in die rondte draai. ~ **(ball)** *(kr.)* draai=bal. ~**bowler** *(kr.)* draaibouler. ~**bowling** *(kr.)* draaiboulwerk. ~ **doctor** *(infml.: woordvoerder wat 'n gunstige vertolking a.d. media voer)* beeldpoetser, kopdraaier, woordtowenaar. ~**dry** *-dries -drying -dried, ww.* wentel=, toldroog. ~**dryer**, ~**drier** wentel=, toldroër. ~**-off:** *a* ~ *from ...* 'n byvoordeel by ...; 'n neweproduk van ...

**spi·na bi·fi·da** *(Lat., med.: kongenitale spleet, gew. i.d. onderste gedeelte v.d. werwelkolom)* spina bifida.

**spin·ach** spinasie. ~ **beet** sny=, blaarbeet.

**spi·nal** van die ruggraat, ruggraat=; ~ *canal* rugmurgkanaal; ~ *column* ruggraat, =string, werwelkolom; ~ *cord* rugmurg; ~ *curvature* ruggraats(ver)kromming; ~ *meningitis* rug=murgvliesontsteking; ~ *nerve* rugmurgsenu(wee); ~ *tap* = LUMBAR PUNCTURE.

**spin·dle** spoel; spil, as; spinspil; *(tekst.)* spindel. ~**-legged** met speekbene, speekbeen=. ~**-shaped** spoelvormig. ~ **tree** papemus. **spin·dling, spin·dly** *adj.* spigtig; ~ *legs* speekbene, spykerbeentjies.

**spin·drift** waaiskuim; waaisneeu.

**spine** ruggraat, rugstring, werwelkolom; rug *(v. 'n boek);* doring, stekel, pen; lawanaald; doringuitsteeksel. ~**-chiller** riller; ril(ler)storie, =verhaal; ril(ler)fliek, =prent. ~**-chilling** skrik=, angswekkend.

**spi·nel** *(min.)* spinel.

**spine·less** sonder ruggraat; pap, slap, papbroek(er)ig; do=ringloos. **spine·less·ness** papheid, slapheid.

**spin·et** *(mus.)* spinet.

**spin·na·ker** *(seilvaart)* spinnaker, bolseil.

**spin·ner** spinner; spinorgaan; spinmasjien; *(kr.)* draaibal; *(kr.)* draaibouler; draaibord; skroefnaafdop, =kap, toldop; *(hengelary)* lepel. **spin·ner·et** *(soöl.)* spinorgaan, =klier, =tepel, spin=nertjie; *(tekst.)* lepel.

**spin·ney** =*neys*, **spin·ny** =*nies,* *(Br.)* klein bos, woudjie; kreu=pelbos; klompie bome; klein plantasie.

**spin·ning** spinnery, spinwerk; spinsel; tolling, (rond)draai=ing; tolvlieg, =vlug(te); spinning, toltrap *(b.d. gim).* ~ **mill** spinnery, spinfabriek. ~ **top** draaitol. ~ **wheel** spin(ne)=wiel.

**spi·nose, spi·nose, spi·nous** *(bot., soöl.)* doringrig, vol dorings, stekel(r)ig, gestekel(d); doringagtig, stekelagtig; *(fig.)* netelig, moeilik.

**spin·ster** ongetroude vrou/meisie, *(fml.)* vrygesellin, *(dikw. neerh.)* oujongnooi. **spin·ster·hood** ongehude staat. **spin·ster·ish** oujongnooiagtig.

**spin·y** =*ier* =*iest* doringrig, vol dorings; gestekel(d), stekel(r)ig; moeilik, lastig. ~ **dogfish** *(Squalus* spp.*)* pen=, doring=, ste=kelhaai. ~ **lobster** *(Jasus lalandii)* (see)kreef; →CRAYFISH.

**spir·a·cle** *(soöl.)* luggaatjie, =opening, asemhalingsopening, spirakel.

**spi·ral** *n.* spiraal(lyn), skroefvorm. **spi·ral** *adj.* spiraal=
vormig, spiraalsgewys(e); skroefvormig; ~ *bandage* spi=
raalwindsel; ~ *galaxy,* (*astron.*) spiraalgalaksie, =galaktika; ~
*spring* spring=, spiraalveer; ~ *staircase* wentel=, spiraal=,
slinger=, draaitrap. **spi·ral** *-ll-, ww.* draai, (op)kronkel, krul,
'n spiraal vorm; (omhoog) wentel, skerp (*of* in 'n spiraal)
styg; tol; ~ *down(ward)* afwaarts tol/wentel/draai/kronkel;
(*pryse*) al hoe laer dael/sak; ~ *out of control* buite beheer (be=
gin) tol; (*fig.*) die spoor (heeltemal) byster raak; ~ *up,* (*rook
ens.*) boontoe kring; (*pryse ens.*) al hoe hoër styg. ~-**binding**
spiraalbinding (*v. 'n dokument ens.*).

**spi·ral·ly** spiraalsgewys(e), skroefsgewys(e).

**spi·rant** (*fonet.*) glyer, spirant.

**spire** toringspits, (top van) kerktoring; top; spits punt. **spir·y**
spits, skerppuntig.

**spi·ril·lum** =rilla spiril, skroefbakterie=.

**spir·it** *n.* gees; moed, lewenskrag, energie; opgeruimdheid;
siel, inspirasie; aard; (*i.d. mv.*), (*ook*) sterk drank, spiritualieë;
spiritus; stemming; *the ~ of the age/time(s)* die tydgees;
*damp(en) s.o.'s ~s* iem. se geesdrif demp (*of* se stemming
bederf); *enter into the ~* meedoen, jou by die stemming
aanpas; *evil ~* bose gees; *the ~ is willing but the flesh is weak*
die gees is gewillig, maar die vlees is swak; *be in good ~s* in
'n goeie bui (*of* 'n opgewekte stemming) wees; *in (the) ~* in
die gees; *be with s.o. in (the) ~* in die gees (*of* jou gedagtes)
by iem. wees; *in a ~ of ...* aangevuur deur ..., uit ... (*hulp=
vaardigheid ens.*); *infuse ~ into s.o.* iem. moed gee, iem. in=
spireer; *keep up one's ~s* moed hou; opgeruimd bly; *lack of
~* papheid, lamlendigheid; *s.t. lifts s.o.'s ~s* iets beur iem. op;
*low ~s* mismoedigheid, moedeloosheid; *when the ~ moves
s.o., (infml., dikw. skerts.)* wanneer iem. lus/daarna voel; *pick
up one's ~s* (weer) moed skep; *raise s.o.'s ~s* iem. opbeur;
*s.o.'s ~s are rising* iem. skep weer moed; *the ~ in which s.t. is
said* die gees waarin iets gesê word; *in the same ~* in die=
selfde gees; *s.o.'s ~ sinks* iem. se moed begeef/begewe hom/
haar; *take s.t. in the right/wrong ~* iets reg/verkeerd (*of* in die
regte/verkeerde gees) opneem/opvat; *that's the ~!, (infml.)*
mooi so!; ~ *of victory* wengees, oorwinningsgees; *with ~*
vol vuur. **spir·it** *ww.: ~ s.o. away/off* iem. heimlik wegvoer;
~ *s.t. away/off* iets laat verdwyn, iets verdonkermaan/weg=
toor. ~ **gum** haargom. ~ **lamp** spirituslamp. ~ **level** (lug=
bel)waterpas. ~ **world** geesteryk. ~ **worship** geestevering.

**spir·it·ed** vurig, opgewek, lewenslustig; moedig, vol gees.

**spir·it·ism** spiritisme; →SPIRITUALISM. **spir·it·ist** spiritis.

**spir·it·less** sonder gees, geesteloos, slap, lusteloos, dooierig;
*a ~ fellow* 'n Jan Salie. **spir·it·less·ness** dooierigheid,
futloosheid, lamlendigheid.

**spir·i·tu·al** *n.: (Negro) ~, (geestelike Afro-Am. volksliedjie)*
(Negro) spiritual. **spir·it·u·al** *adj.* geestelik, onstoflik, gees=
tes=; spiritueel; ~ *experience* sielservaring; ~ *life* geestes=
lewe; geestelike lewe; ~ *trend* geestestroming; ~ *welfare*
sieleheil. ~-**minded** geestelik aangelê.

**spir·i·tu·al·ise, =ize** verinnerlik, vergeestelik; verhef; besiel.
**spir·i·tu·al·i·sa·tion, =za·tion** vergeesteliking, verinnerliking.

**spir·i·tu·al·ism** (*relig.:verbinding met gestorwenes*) spiritisme;
(*filos.*) spiritualisme. **spir·it·u·al·ist** spiritis, geestesiener; (*filo=
soof*) spiritualis.

**spir·i·tu·al·i·ty** geestelikheid, geestelike aard; onstoflikheid,
spiritualiteit.

**spi·ro·ch(a)ete** spirocheet, spiraalvormige bakterie.

**spi·ro·gy·ra** (*varswateralg*) paddakombers, =slyk, =slym.

**spi·rom·e·ter** (*med.: longkapasiteitsmeter*) spirometer.

**spir·y** →SPIRE.

**spit**[1] *n.* (braai)spit; landtong, =punt, haakwal, uitham. **spit**
=tt-, *ww.* aan 'n spit steek, 'n spit steek deur; deurboor,
=steek. ~-**roast(ed meat)** spitbraad. ~-**roast** *ww.* aan/op 'n
spit braai, spitbraai.

**spit**[2] *n.* spoeg, spuug; *be the dead ~* (or *the ~ and image) of ...,*
(*infml.*) uitgedruk/uitgeknip (*of* die ewebeeld van) ... wees;
~ *and polish* poetswerk. **spit** =tt-, *spat/spit spat/spit, ww.*
spoeg, spu(ug); ~ *on/upon ...,* (*lett.*) op ... spoeg/spu(ug);
(*fig.*) op ... spoeg/spu(ug), ... verag; ~ *s.t. out* iets uitspoeg/
uitspu(ug); ~ *it out!, (infml.)* sê dit reguit!, (kom) uit daar=
mee!. ~**fire** *n.* kwaai=, drifkop, rissie, geitjie; kanon; woeden=
de kat. ~**fire** *adj.* kwaai, driftig; woedend. **spit·ter** spuwer.

**spite** *n.* wrok, haatlikheid, boos=, kwaadaardigheid, nyd, wre=
wel, rankune; *do s.t. from* (or *out of*) ~ iets kwaadwillig
doen; *have a ~ against s.o.* 'n wrok teen iem. hê/koester, iets
teen iem. hê; *in ~ of ...* ten spyte van ..., ondanks/ongeag ...;
*in ~ of o.s.* teen wil en dank; *in ~ of that/this* ten spyte daar=
van, desondanks, desnieteenstaande; *in ~ of the fact that s.o.
did it* al het iem. dit (ook) gedoen, hoewel iem. dit gedoen
het. **spite** *ww.* vererg; terg, vermaak; dwarsboom. **spite·ful**
haatlik, hatig, nydig, kwaadwillig; ~ *remark* haatlikheid; *he ~
towards s.o.* hatig wees op iem.. **spite·ful·ness** nydigheid,
haatlikheid.

**spit·ting** *n.* gespoeg, gespu(ug); spuwing; geproes (*v. 'n ver=
gasser*); afspatting. **spit·ting** *adj.* spuwend; ~ *cobra,* (*Naja
spp.*) spoegkobra; *within ~ distance of ...* 'n katspoegie van
... af.

**spit·tle** speeksel, spoeg, spuug. ~**bug** = FROGHOPPER.

**spit·toon** spoegbak, spu(ug)bak, kwispedoor; (*med.*) spoel=
fontein.

**spitz (dog)** spits(hond), keeshond; dwergkees; →POMERA=
NIAN.

**spiv** (*Br. sl.*) sluikhandelaar, bedrieër. **spiv·vish, spiv·vy** slinks,
geslepe, slu; windmaker(ig).

**splanch·nic** ingewands=, van die ingewande.

**splash** *n.* geplas, gespat, geplons; spat(sel); ~ *of colour* kleur=
spat; *make a ~, (fig.)* uithang, 'n groot vertoon maak; *make
a ~ of s.t.* 'n ophef van iets maak, iets in groot letters druk
(*i.d. pers.*). **splash** *ww.* plas, spat, plons; bespat, nat spat;
klets; klots; in groot letters druk, 'n ophef maak van; ~
*about* rondplas; ~ *down* neerplons; ~ *on* ... op ... spat; ~
*out on s.t., (infml.)* baie geld aan iets uitgee; iets op groot
skaal koop. ~**board** spatbord; keerplank; (*mot.*) instrument(e)=
bord. ~**down** neerplonsing. ~ **guard,** ~ **shield** spatskerm.
~-**proof** spatdig.

**splash·er** plasser; modderskerm; spatbord.

**splash·y** spatterig, bespat, modderig; (*infml.*) opsienbarend,
gerugmakend; (*infml.*) windmaker(ig), piekfyn.

**splat**[1] dekstrook; ruglat.

**splat**[2] *n. & adv., (infml.)* kaplaks. **splat** *ww.* kaplaks.

**splat·ter** plas, spat. ~ *movie* (*sl.*) bloedbespatte gruwelfliek.

**splay** *n.* skuinste; uitskuinsing. **splay** *adj.* plat; oopgesprei;
na buite gekeer; lomp. **splay** *ww.* oopsprei; skuins maak/
bou, uitskuins; (*veearts.*) verstuit, verswik, verrek; ~ *s.t. back*
iets terugskuins; ~ *(back) a corner* 'n (straat)hoek afsny/
(af)skuins/(af)rond; ~ *s.t. out* iets uitsprei; iets oopvlek. ~-
**footed** met uitstaande voete, platvoet.

**splayed:** ~ *leg* uitstaanpoot; ~ *toes* weglêtone.

**spleen** (*anat.*) milt; slegte luim, humeurigheid; *a fit of ~* 'n
woedebui; *vent one's ~ against/on ...* gal braak/afgaan teen
...; *jou ergernis teenoor ... lug.* ~**wort** (*bot.:Asplenium spp.*)
miltkruid.

**spleen·ful** brommerig; swaarmoedig, neerslagtig.

**splen·dent** (*fml.*) glinsterend, blink; skitterend.

**splen·did** *adj.* pragtig, skitterend, groots; uitstekend, koste=
lik; kapitaal; *a ~ example* 'n uitstekende voorbeeld; 'n prag=
eksemplaar. **splen·did** *tw.* mooi so!, eersteklas!.

**splen·dour, (Am.) splen·dor** prag, luister, praal, glans.

**sple·net·ic** *n.* knorpot, iesegrim. **sple·net·ic** *adj.* slegge=
humeurd, knorrig.

**splen·ic** milt=, van die milt; ~ *artery* miltslagaar; ~ *trouble*
miltkwaal.

**sple·ni·tis** *(med.)* splenitis, miltontsteking.

**sple·no·meg·a·ly** =lies, *(med.)* splenomegalie, vergroting van die milt.

**splice** *n.* splitsing; splitslas *(v. toue); (houtw.)* spalklas. **splice** *ww.* splits, las *('n tou)*, insplits; *(houtw.)* spalk; verbind; las *(films); trou; they are getting ~d, (infml.: trou)* hulle ja(ag) hul(le) skapics (of gooi hul[le] velletjies) bymekaar.

**splic·er** splitser; spalker; lasser; lastoestel.

**spliff** *n., (sl.: daggasigaret)* zol, skyf.

**spline** *n.* latjie *(v. 'n waaier ens.);* rib; glyspy; gleuf, groef. **spline** *ww.* gleuf, groef; latjie(s) insit.

**splint** *n.* spalk(verband); splint(er); kuitbeen; knoppie, splint *(aan 'n perd se been); be in ~s gespalk wees; put s.t. in ~s iets* spalk *('n been ens.).* **splint** *ww.* spalk. ~ **bone** *(anat.)* kuitbeen; griffelbeen *(v. 'n perd).*

**splin·ter** *n.* splinter, splint, spaander; skerf *(glas ens.).* **splin·ter** *ww.* splinter, versplinter; ~ *off* afsplinter. ~ **group** splintergroep. ~-**proof** skerfvry, =vas, splintervas.

**splin·ter·less** skerfvry.

**splin·ter·y** splinterig, vol splinters, splinter=.

**split** *n.* spleet; skeur, bars; splyting; splitsing; klowing; skeuring, tweespalt, verdeeldheid, onenigheid; halfbottel; half=glas; *(drank)* half-om-half; *do the ~s* spreibeen sak; *a ~ in a party* 'n skeuring in 'n party. **split** *adj.* gesplits; gesplete; gebars; geskeur(d); verdeel(d); ~ *decision, (boks)* nie-eenparige/nie-eenstemmige (punte)beslissing; ~ *hair* gesplete hare; ~ *infinitive, (gram.)* geskeie infinitief; ~ *peas* split=erte/ertjies; ~ *personality, (psig.)* gesplete persoonlikheid; ~ *screen, (rek.)* deelskerm, verdeelde skerm; ~ *shift* onderbroke skof; ~ *skirt* spleetrok. **split** =tt-; *split split, ww.* splits, splyt; bars; skeur; kloof, klowe; verdeel; *(infml.)* verkas, waai, spore maak, laat spat; ~ *into two* in twee splits; ~ *the job* die werk verdeel; ~ *off from* ... van ... afbreek; van ... losgaan; van ... wegbreek; ~ *on s.o., (infml.)* iem. verklap/verklik; ~ *open* oopbars; ~ *s.t. open* iets oopkloof/=klowe; iets oop=splyt/=splits; ~ *up* ontbind; uitmekaar gaan; skei, 'n verhouding verbreek/beëindig; ~ *s.t. up* iets splits; iets verdeel; ~ *up people/things into groups* mense/dinge in groepe verdeel; ~ *the vote* die stemme verdeel. ~-**level** tweevlakkig. ~-**level house** meer=, tweevlakhuis. ~-**second timing** presisie. ~-**up** *n.* skeuring *(in 'n pol. party);* egskeiding *(v. 'n paartjie);* breuk *(tuss. vriende).*

**split·ter** splyter, splitser; klower; verdeler, skeurder, skeurmaker.

**split·ting** *n.* splitsing; splyting *(v. atome/rotse);* klowing *(v. hout/diamante);* verdeling; afspatting *(v. 'n rots).* **split·ting** *adj.:* ~ *headache* barstende hoofpyn.

**splosh** *n., (infml.)* plof. **splosh** *adv., (infml.)* kaplaks, plof. **splosh** *ww., (infml.)* (neer)plof.

**splotch** *(infml.)* vlek, vuil kol. **splotch·y** *(infml.)* gevlek, beklad.

**splurge** *n., (infml.)* verkwisting; drukte, vertoon. **splurge** *ww., (infml.)* (geld) verkwis; drukte/vertoon maak; ~ *on s.t., (infml.)* baie geld aan iets uitgee.

**splut·ter** brabbel; sputter; spat, spetter; bespat; *cough and ~* hoes en proes; ~ *s.t. out* iets vinnig brabbel; *the candle ~ed out* die kers het doodgegaan.

**spode** *(soms S~)* spode(-porselein).

**spoil** *n. (gew. i.d. mv.)* buit, roof; *(hoofs. Am., pol.)* voordeel; ~*s of war* oorlogsbuit. **spoil** *spoilt/spoiled spoilt/spoiled, ww.* bederf, bederwe; *(kos ens.)* bederf/bedorwe raak; verniel; verfoes; verknoei, verbrou; verwen, bederf; *(verl.t. & volt.dw.: spoiled spoiled)* plunder, berowe, beroof; ~*t ballot/vote* (or *voting paper)* bedorwe stembrief(ie); *be ~t for choice* te veel hê om van te kies; *s.o. is ~ing for a fight* iem. soek skoor/rusie, iem. se hande jeuk om te baklei, iem. is strydlustig/veglustig; ~*ing tactics* afbrekende taktiek; ~ *s.o. ut-*

**terly** iem. tot in die (af)grond bederf *(vnl. 'n kind).* ~**sport** pretbederwer, spelbreker, suurpruim.

**spoil·age** bederf, bederwing; bedorwe goed; misdruk.

**spoil·er** bederwer; rower, plunderaar; *(lugv. ens.)* (stromings)=versteurder.

**spoke**[1] *n.* speck; *put a ~ in s.o.'s wheel* vir iem. 'n stok in die wiel steek, iem. in die wiele ry. ~**shave** skaafmes, speekstaaf, trek=, stokmes. ~ **tightener** speeksleutel.

**spoke**[2] *ww. (verl.t.)* →SPEAK.

**spo·ken** *(volt.dw.)* gespreek, gesproke; mondeling(s); →SPEAK; *be ~ for* (al) bespreek wees; *s.o. is well ~ of* iem. geniet groot/hoë agting, iem. het 'n goeie naam; *well ~!* goed gesê!, so moet 'n mond/bek praat!; *the ~ word* die gesproke woord. =spo·ken *komb.vorm* =sprekend; *a soft-~ person* iem. met 'n sagte stem; 'n saggeaarde mens; *well-~* welsprekend, wel ter tale.

**spokes·man** =men, *(vr.)* **spokes·wom·an** =women, **spokes·per·son** =persons, =people woordvoerder, segspersoon, spreekbuis; *a ~ for s.o./s.t.* 'n woordvoerder/segspersoon van/vir iem./iets.

**spon·dee** *(pros.)* spondee. **spon·da·ic** spondeïes.

**spon·dy·li·tis** werwelontsteking.

**sponge** *n., (ook soöl.)* spons; sponsing; sponsbad; wisser; gerysde deeg; *(infml.)* parasiet, klaploper, opskeploerder; *(infml.)* dronklap; *chuck/throw in/up the ~, (infml.)* tou opgooi, dit gewonne gee. **sponge** *ww.* spons; (met 'n spons) afvee, uitvee; optrek, opsuig; *(infml.)* klaploop, opskeploer; ~ *s.o./s.t. down* iem./iets afspons; ~ *s.t. from/off s.o., (infml.)* iets by/van iem. afbedel; ~ *on s.o., (infml.)* op iem. se nek lê, op iem. teer; ~ *s.t. up* iets opdroog; iets opsuig. ~ **bath** sponsbad. ~ **biscuit** sponsbeskuitjie. ~ **cake** sponskoek; *true ~* suikerbrood. ~-**down** *n.* afsponsing. ~ **pudding** sponspoeding. ~ **rubber** sponsrubber.

**sponge·like** sponsagtig.

**spong·er** *(infml.)* parasiet, neklêer, opskeploerder; sponsvisser, =duiker.

**spon·gi·form** *(hoofs. veearts.)* sponsvormig.

**spon·gy** sponserig, sponsagtig; drassig; ~ *gold/lead/silver* sponsgoud, =lood, =silwer; *tissue* sponsweefsel. **spon·gi·ness** sponserigheid, sponsagtigheid.

**spon·sion** *(jur.)* borg, waarborg, pand; *(pol.)* ongemagtigde/ongeoorloofde belofte/verbintenis, onbekragtigde ooreenkoms.

**spon·son** beuling *(v. 'n vaartuig).*

**spon·sor** *n.* borg; geldskieter; beskermheer; onderskrywer, ondersteuner; *(pol.)* indiener *(v. 'n wetsontwerp);* peetvader, =oom; peetmoeder, =tante; doopgetuie; *stand ~ for a child* peetma/-pa van 'n kind wees. **spon·sor** *ww.* borg staan vir, borg, waarborg; (sterk) steun, voorstaan, beskerm, bevorder; naam leen aan, instaan vir, begunstig. **spon·sored** *adj.* geborg; ~ *advertisement* geborgde/gesubsidieerde/ondersteunde advertensie; *s.t. is ~ by* ... iets word geborg deur (of staan onder beskerming van) ...; ~ *walk/etc.* geborgde pretloop/staptog/ens.. **spon·sor·ship** borgskap; peetskap.

**spon·ta·ne·ous** spontaan, vrywillig, ongedwonge; instinktief; natuurlik; ~ *combustion* selfverbranding; selfontbranding; ~ *generation* selfontstaan, =voortbrenging, abiogenese, spontane generasie; ~ *ignition* selfontsteking. **spon·ta·ne·i·ty** spontaneïteit, spontaniteit, ongedwongenheid. **spon·ta·ne·ous·ly** vanself, uit eie beweging, spontaan.

**spoof** *n.* parodie; kullery, foppery, gekskeerdery, grap; *a ~ on ..., (infml.)* 'n parodie op ... **spoof** *adj.* nagemaak, kastig, kamma=. **spoof** *ww.* parodieer; gekskeer *(of die gek skeer)* (met), die draak steek met; *(w.g.)* kul, fop. **spoof·er** gekskeerder.

**spook** *n., (infml.)* spook; spioen, geheime agent. **spook** *ww., (infml.)* spook by; bang maak. **spooked** *(ook, Am., infml.)*

onthuts, ontmoedig, van stryk af. **spook·i·ness** spookag=
tigheid. **spook·y** spookagtig; vreemd, onheilspellend.

**spool** *n.* spoel; klos; tol; ~ *of thread* tol(letjie)/rol(letjie) gare/
garing. **spool** *ww.* opdraai, =tol. ~ **pin** spoelpen. ~ **valve**
skietklep.

**spoon** *n.* lepel; *(roei)* lepelspaan; *be born with a silver* ~ *in
one's mouth* ryk gebore wees, 'n geluks=/Sondagskind wees,
met 'n silwerlepel *(of* goue lepel) in die mond gebore wees;
*get the wooden* ~ laaste wees. **spoon** *ww.* (met 'n lepel) skep;
lepel; *(kr.)* sag *(of* in die lug in) slaan; ~ *s.t. over* ... iets oor ...
skep; ~ *s.t. out* iets uitskep; ~ *s.t. up* iets oplepel/=skep. ~**bill**
*(orn.)* lepelaar. ~**feed** *ww.* met 'n lepel voer; *(fig.)* met die
lepel ingee. ~**feeding** *(fig.)* kunsmatige instandhouding. ~**shaped** lepelvormig.

**spoon·er·ism** spoonerisme, grappige omsetting.

**spoon·ful** =*fuls* (eet)lepel (vol); *by* ~*s* lepelsgewys(e); *a* ~ *of*
... 'n lepel (vol) ...; *two* ~*s of* ... twee lepels ...

**spoor** *n., (Afr.)* spoor. **spoor** *ww.* spoorsny, die spoor volg,
op die spoor loop.

**spo·rad·ic** sporadies, versprei(d), hier en daar voorkomend.
**spo·rad·i·cal·ly** verspreid, plek-plek, kol-kol, sporadies, hier
en daar.

**spo·ran·gi·um** =*gia, (bot.)* sporekapsel, =houer, sporangium.

**spore** *n., (bot.)* spoor. **spore** *ww., (bot.)* spore vorm/dra/vry=
stel. ~**bearing** sporedraend. ~ **case** sporekapsel, =houer,
sporangium. ~ **fruit** sporevrug.

**spo·ro·carp** *(bot.)* sporevrug, sporokarp.

**spo·ro·cyst** *(soöl.)* sporosist.

**spo·ro·gen·e·sis** *(biol.)* sporevorming.

**spo·ro·phore** *(bot.)* sporedraer.

**spo·ro·phyte** *(bot.)* sporofiet, sporeplant. **spo·ro·phyt·ic** spo=
rofities.

**spo·ro·zo·ite** *(soöl., med.)* sporosoïet.

**spor·ran** sporran, roktassie *(v. 'n Hooglander)*.

**sport** *n.* sport; *(infml.)* sportiewe persoon; *(biol.)* mutasie,
afwykende vorm, afwyking; *(i.d. mv.)* sportsoorte, sporte;
*(infml.)* pret, vermaak, *(<Eng.)* sports; *be a* ~ sportief/gaaf/
tegemoetkomend wees; *be a* ~*!* moenie naar wees nie!; *a
good* ~ 'n gawe ou/meisie; *be good at* ~*(s)* 'n goeie sportman/
=vrou wees; *in* ~ in die sport(lewe); ~ *of kings* perde=
wedrenne; *make* ~ *of s.o.* met iem. gekskeer *(of* die draak
steek), iem. vir die gek hou; *old* ~, *(infml.)* ou maat; *take
part in* ~ aan sport deelneem; *take up a* ~ 'n sport aanpak.
**sport** *ww.* vertoon, spog/pronk met; speel, jou verlustig/
vermaak; dartel; ~ *a beard* 'n baard laat groei, met 'n baard
spog. ~ **lover** sportliefhebber. ~**loving,** ~**minded** lief vir
sport, sportief (aangelê). ~**(s)-mad** sportmal. ~ **utility ve·**
**hicle** *(afk.:* SUV) sportnutsvoertuig.

**sport·ing** sportief, sport=; sportliewend; spelend; *take a* ~
*chance* 'n kans waag; ~ *code* spelreëls, sportregulasies; *(ook
sports* code) sportsoort; ~ *enthusiast* sportliefhebber, =en=
toesias; ~ *event* sportgebeurtenis; ~ *fellow* sportiewe kêrel;
~ *news* sportnuus; ~ *offer* vrygewige/gulle aanbod; ~
*spirit* sportgees, sportiwiteit; *the* ~ *world* die sportwêreld.
**sport·ing·ly** sportief, op sportiewe wyse.

**spor·tive** vrolik, opgeruimd, spelerig, lewendig. **spor·tive·ness** vrolikheid, spelerigheid.

**sports:** ~ **bar** sportkroeg. ~ **car** sportmotor. ~**cast** *n., (Am.)*
sportuitsending; sportnuus. ~**caster** *(Am.)* sportaanbieder,
=uitsaaier, =omroeper. ~ **clothes** sportklere, =drag. ~ **club**
sportklub. ~ **commentator** sportkommentator, =verslagge=
wer. ~ **day** sportdag. ~ **drink** sportdrankie. ~ **field,** ~ **ground**
sportveld, =terrein. ~ **jacket** sportbaadjie. ~ **meeting** sport=
byeenkoms. ~ **news** sportnuus. ~ **page** sportblad. ~**wear**
sport=, buitedrag. ~ **writer** sportskrywer, =verslaggewer.

**sports·man** sportman, =liefhebber; sportiewe man. **sports·**
**man-like** sportief. **sports·man·ship** sportiwiteit, sportgees;

sportbedrewenheid; *bad* ~ onsportiwiteit, onsportiewe ge=
drag. **sports·wom·an** sportvrou.

**sport·y** lief vir sport; lig=, lughartig; windmaker(ig).

**spor·ule** *(biol.)* spoortjie.

**spot** *n.* plek; plekkie; merkie; kol(letjie); spikkel; puisie; vlek;
klad, smet; *(infml., hoofs. Br.)* sopie, drankie, mondjie vol,
slukkie; happie, stukkie; (radio)=, (televisie)flits; *a blind* ~,
*(lett. & fig.)* 'n blinde kol; *have a blind* ~ *for s.t.* vir iets blind
wees; *s.o.* **comes out** *in* ~*s* iem. slaan uit *(of* kry 'n uitslag);
*that hits the* ~, *(infml.)* dis net die ding *(of* wat nodig is), dis
nommerpas; *in* ~*s* hier en daar; plek-plek; af en toe; *be
killed on the* ~ op slag dood wees; *a* ~ *of* ..., *(infml.)* 'n bietjie
...; 'n effense ...; *on the* ~ op die plek, ter plaatse, byderhand;
dadelik, onmiddellik, op die daad; in die knyp/nood; *be on
the* ~, *(ook)* daar/by wees, op jou pos wees; *put s.o. on the* ~
iem. in verleentheid bring; *be put on the* ~ in die knyp/nood
raak; in verleentheid gebring word; *a* ~ *on s.o.'s reputation*
'n klad op iem. se naam; *be rooted to the* ~ aan die grond
genael wees; *soft* ~ *in the defence* swak plek in die verdediging;
*have a soft* ~ *for s.o.* 'n swak vir iem. hê; *know where s.o.'s soft*
~ *lies* iem. se swak kant ken; *be in a tight* ~ in die knyp/
moeilikheid wees; *put s.o. in a tight* ~ iem. in die knyp/
moeilikheid laat beland; *touch a sensitive/tender* ~ 'n teer
snaar aanraak/=roer; *the very* ~ die presiese plek; *s.t. is s.o.'s
weak* ~ iets is iem. se swak punt. **spot** *adv.: be* ~ *on time,*
*(infml.)* presies op tyd kom/wees. **spot** =*tt*=, *ww.* merk; be=
spikkel; beklad; besoedel, besmet; raaksien, (be)merk, op=
merk, bespeur, agterkom; uitken; opspoor; waarneem; voor=
uitsien, (raak/reg) raai *(vrae)*; ~ *s.o. at once as an American/etc.*
dadelik sien iem. is 'n Amerikaner/ens.. ~ **cash** klinkende
munt, kontant betaling. ~ **check** *n.* steekproef. ~**check**
*ww.* 'n steekproef neem. ~ **fine** afkoopboete. ~ **height** punt=
hoogte; hoogtesyfer. ~ **landing** puntlanding. ~ **level** punt=
hoogte. ~**light** *n.* soeklig; skietlig; stippel=, draailig; kollig; *in
the* ~, *(fig.)* op die voorgrond; *turn the* ~ *on s.t.* die soeklig op
iets werp; *the* ~ *is turned on s.t.* die soeklig val op iets. ~**light**
=*lighted*/=*lit* =*lighted*/=*lit, ww.* uitlig, na vore bring, laat uitkom.
~**on** *adj.: be* ~, *(infml.)* in die kol *(of* presies reg) wees. ~
**price** kontantprys. ~ **remover** vlekverwyderaar. ~ **sale** on=
middellike/kontant verkoop. ~ **sample** steek=, grypmonster.
~ **weave** spikkelbinding. ~**welding** puntsweiswerk. ~ **yarn**
knoppiesgaring.

**spot·less** vlek(ke)loos, smet(te)loos. **spot·less·ly** sonder
smet/vlek; ~ *clean* silwerskoon. **spot·less·ness** vlek(ke)loos=
heid, smet(te)loosheid.

**spot·ted** gespikkel(d), gevlek, gekol, kollerig; bont; skilder=
*(bees)*; besoedel(d). ~ **crake** *(orn.)* gevlekte riethaan, porse=
leinhoendertjie. ~ **dick** *(Br.kookk.)* korente=, korintepoeding;
rosyntjiepoeding; doekpoeding. ~ **fever** vlektifus, =koors. ~
**hyena** *(Crocuta crocuta)* gevlekte hiëna. ~ **lily** bontlelie.

**spot·ter** waarnemer; uitkenner; opspoorder; soeker *(v. 'n
soeklig)*. ~ **aircraft,** ~ **plane** opsporingsvliegtuig; *(mil.)* vuur=
leidingsvliegtuig.

**spot·ty** gespikkel(d), kollerig, vlekkerig, vol vlekke; kol-kol;
ongelykmatig, onreëlmatig; verspreid, sporadies. **spot·ti·**
**ness** gespikkeldheid, kollerigheid; onreëlmatigheid, onge=
lykmatigheid.

**spouse** *(ml. of vr.)* huweliksmaat, gade, wederhelf(te); *(ml.)*
eggenoot; *(vr.)* eggenote. **spous·al** *adj.* bruilofs=, huweliks=.

**spout** *n.* tuit; spuier; stortgeut; straal (vloeistof); tregter;
slurp; hoos; *up the* ~, *(infml.), (iets)* niks werd nie; *('n vrou)*
swanger. **spout** *ww.* spuit; gulp, guts; deklameer, oreer,
*(infml.)* spoeg; *the blood* ~*s from the wound* die bloed spuit uit
die wond.

**spout·er** spuiter; spuier; oreerder, deklameerder.

**sprain** *n.* verstuiting, verswikking. **sprain** *ww.* verstuit, ver=
swik.

**sprang** *ww. (verl.t.)* →SPRING *ww.*.

**sprat** *(igt.: Sprattus sprattus)* sprot.

**sprawl** *n.* lui houding; *(stadsbeplanning, ook* urban sprawl*)* stadskruip; *a ~ of streets* 'n wydstrekkende stratenet. **sprawl** *ww.* uitrek, jou uitstrek, arms en bene uitstrek; uitgestrek/lui lê; (uit)sprei; *('n handskrif)* wyd uiteenloop; *~ out* uitgestrek *(of* plat op jou rug) (gaan) lê; *be ~ed out* uitgestrek lê/wees. **sprawl·ing** (wyd) uitgestrek, wydstrekkend *('n woonbuurt ens.);* wydlopig *('n gebou);* wydverspreid *(geboue ens.); ~ on one's back* bene in die lug; *come down ~* hande-viervoet neerkom; *send s.o. ~* iem. in die grond laat ploeg, iem. plat slaan.

**spray**[1] *n.* takkie, spruitjie, loot; blom-, bloei(sel)tak; ruiker; *shoulder ~* skouerruiker, =takkie.

**spray**[2] *n.* sproei-, spuit-, bruiswater; stuifwater; (water)damp, stofreën; skuim; sproeier, spuit; newelspuit, verstuiwer; verstuiwing; spuitmiddel, =stof; sproeisel, sproeimiddel; gas= reën. **spray** *ww.* (be)sproei; (be)spuit; bestuif; verstuif; (be) sprinkel; *~ ... on s.t., ~ s.t. with ...* iets met ... (be)spuit. *~* **aircraft** spuitvliegtuig. *~* **application** bespuiting. *~* **can** spuitkan. *~-dried* spuitgedroog. *~* **drying** spuitdroging. *~* **gun** sproeispuit, spuitpistool; verfspuit. *~* **irrigation** sprin= kelbesproeiing, besprinkeling. *~* **lacquer** spuitlak. *~-on adj.* *(attr.)* spuit= *(politoer ens.).* *~* **paint** *n.* spuitverf. *~-paint ww.* spuitverf. *~-painter* spuitverwer. *~-painting* spuitverfwerk. *~* **pump** spuit-, stuifpomp, sproeispuit.

**spray·er** spuit; (be)sproeier; spuiter; verstuiwer. *~* **valve** sproeiklep.

**spray·ing** (be)spuiting, spuitwerk; bestuiwing; besprinke= ling. *~* **apparatus** spuittoestel. *~* **machine** sproei-, spuit-, stuifmasjien. *~* **nozzle** sproeipyp, =kop.

**spread** *n.* omvang; wydte, uitgestrektheid; uitgebreidheid; spreiding; verspreiding; spanwydte; sprei, tafelkleed; fees; maaltyd; smeer; *arches of equal ~, (argit.)* boë met gelyke spanning; *~ of investments* spreiding van beleggings. **spread** *spread spread, ww.* sprei, versprei, uitsprei, uitbrei; (oop)= strooi, uitstrooi; rondvertel; (uit)strek; ontplooi, ontvou, ooprol, =sit, =gooi; smeer *(botter);* span *(seile);* uitslaan *(vlerke);* dek *(tafel); ~ s.t. (abroad)* iets rugbaar maak *(of* rondvertel); *~ s.t. on ...* iets op ... oopgooi/uitsprei *('n kombers op 'n grasperk ens.);* iets op ... smeer *(botter op brood ens.); ~ o.s.* uithang *(fig.);* uitwei; *~ out, (fig.)* breër word; *('n vlakte ens.)* (hom) uitstrek; *s.t. is ~ out on the table* iets lê oop op die tafel; *~ s.t. out* iets oopgooi/uitsprei *('n kombers ens.);* iets ooprol *('n tapyt ens.);* iets ontplooi *('n vlag ens.); the rains were ~ over five days* die reën het oor vyf dae geval; *rumour ~ from mouth to mouth* die gerug is rondgestrooi; *the peacock ~s its tail* die pou pronk; *~ o.s. too thin, (infml.)* te veel hooi op jou vurk hê/laai/neem; *s.t. ~s to ...* iets versprei na ..., iets word na ... versprei; *~ing tree* wydstrekkende/breedgetakte boom; *~ unchecked* ongehinderd versprei; *~ like wildfire* soos 'n veldbrand versprei; *be ~ with ...* met ... bedek/oor= trek wees *(blomme ens.);* met ... belaai wees *('n tafel met lek= kernye ens.).* *~* **betting** spreiweddenskappe. *~* **eagle** *n., (em= bleem)* arend met uitgespreide vlerke. *~-eagle ww.* uitsprei, oopspalk. *~-eagled (ook)* platpens. *~-sheet (rek.)* sigblad, (elektroniese) ontledingstaat.

**spread·ing** (ver)spreiding; verbreiding. *~* **capacity** sprei= vermoë; strekvermoë *(v. verf).*

**spree** jolyt, *(sl.)* makietie, drinkparty; *be on the ~, (infml.)* aan die fuif wees; *go on the* (or *have a) ~, (infml.)* fuif, jol, katte= maai, rinkink.

**sprig**[1] *n.* ruitklem. **sprig** *=gg=, ww.* vastik. *~* **(nail)** ruit=, tik= spykertjie, skotspyker.

**sprig**[2] *n.* takkie, loot, spruit; spriet; versiersel; *who is this ~?* wie is hierdie snuiter? **sprig** *=gg=, ww.* met takkies/blom= me(tjies) versier; *~ged muslin* geblomde neteldoek.

**spright·ly** vrolik, lewendig, opgeruimd, opgewek. **spright= li·ness** lewendigheid, opgewektheid.

**spring** *n.* lente, voorjaar; bron, fontein; bronaar; spring(ge)ty, =vloed; sprong; veer; veerkrag; *(bouk.)* geboorte *(v. 'n boog);* vlug *(v. 'n pilaar); the advent of ~* die koms/intrede van die lente; *s.t. has its ~ in ...* iets ontstaan *(of* het sy oorsprong) in ...; *in ~* in die lente; *have no ~* geen veerkrag hê nie; *rise with a ~* skielik opvlie(g). **spring** *sprang sprung,* (hoofs. Am.) *sprung sprung, ww.* spring, opspring; voortkom, ont= spruit, ontstaan; *(hout)* krom trek, bars; opja(ag) *(wild);* *(infml.)* loslaat, =kry *(gevangene);* van vere voorsien, veer; *~ an arch, (bouk.)* 'n boog begin/bou; *~ away* wegspring; *~ back* terugspring; *~ed cart/wag(g)on* vere-, veerwa, =kar; *~ from ...* uit ... ontspruit; van ... afstam; uit ... ontstaan/ spruit; *where did you ~ from?* waar kom jy so skielik van= daan?; *~ s.t. on s.o.* skielik met iets op iem. afkom; *~ out* uitspring; *~ s.t.* (skielik) met iets vorendag *(of* voor die dag) kom *('n teorie ens.); ~ a surprise* 'n verrassing besorg; *~ a surprise on s.o.* iem. verras; *s.t. ~s to, ('n deur ens.)* iets slaan/ spring toe; *~ up* opspring; soos paddastoele opskiet; ont= staan; vorendag kom, verskyn; verrys; *(d. wind)* opsteek; *~ a well* putwater kry. *~* **action** veerwerking. *~* **balance** trek-, hangskaal, veerbalans. *~board* springplank; duikplank; *(fig.)* wegspring-, afspringplek. *~bok bok(s)* springbok; *(S~: SA rugbyspeler)* Springbok. *~* **catch** veerknip. *~* **chicken** jong hoender; *s.o. is no ~* iem. is geen piepkuiken nie. *~-clean ww.* heeltemal skoonmaak, huis skoonmaak. *~-clean(ing)* huisskoonmaak, groot skoonmaak. *~* **fashion** lentemode. *~* **greens** *n. (mv.)* jong blaargroente. *~-loaded* geveer(d), veer=. *~* **mattress** binneveermatras. *~* **onion** sprietui, steek-ui. *~* **rain** lente-, voorjaarsreën. *~* **roll** *(kookk.)* Chinese/Sjinese rolletjie. *~* **tide** spring(ge)ty, =vloed. *~time* lente(tyd). *~* **vegetables** jong groente. *~* **water** bron-, fonteinwater.

**springe** *n.* strik, val, wip.

**spring·er** springer; *(igt.: Elops machnata, ook* ladyfish*)* sprin= ger, wildevis; veerwerker; *(argit.)* boogstuiter. *~* **(spaniel)** springerspanjoel, =spaniël.

**spring·less** sonder veer/vere; *~ cart* skots-, stampkar.

**spring·like** lenteagtig, lente-, voorjaars-.

**spring·y** elasties, veerkragtig; *~ wool* veerkragtige wol. **spring= i·ness** veerkrag, elastisiteit.

**sprin·kle** *n.* sprinkeling; klein buitjie, stofreën. **sprin·kle** *ww.* sprinkel, strooi; besprinkel; bereën; stofreën; *~ ... on s.t., ~ s.t. with ...* iets met ... besprinkel/bestrooi.

**sprin·kler** sprinkelaar; bestrooier, strooibus, strooier; spuit= kop, sproeier; sproei-, waterwa, =kar; sprinkelblusser. *~* **head** spuitkop *(v.'n tuinslang ens.).* *~irrigation* sprinkelbesproeiing, besprinkeling. *~* **system** *(landb., tuinb.)* sprinkelbesproeiing= stelsel; *(brandbestryding)* sprinkelstelsel.

**sprin·kling** sprinkeling; besprinkeling; *a ~ of Scots* 'n Skot hier en daar. *~* **can** gieter.

**sprint** *n.* naelloop; naelrit. **sprint** *ww.* nael, hardloop; nael= ry; snelroei. *~* **champion** naelrykampioen. **sprint·er** nael= loper; naelryer; snelroeier; *(perd)* hardloper.

**sprit** *(sk.)* spriet. *~sail* sprietseil. *~sail barge* tjalk.

**sprite** elf, feetjie, (water)gees.

**spritz** *ww., (Am.)* (be)spuit; (be)sproei; (be)sprinkel. *~* **(cook= ies)** sprits, brosgebak. **spritz·er** wit wyn met sodawater.

**sprock·et** *(rat)tand. *~* **chain** skarnierketting. *~* **(wheel)** ket= tingrat.

**sprog** *(Br. sl.)* baba, kleintjie; spruit, kind.

**sprout** *n.* spruit, loot, uitloper, uitloopsel, uitspruitsel; telg. **sprout** *ww.* opkom, (ont)kiem, uitspruit, =loop, spruit, uit= bot, =skiet, opskiet; laat groei; *~ed grain* uitgeloopte graan; *~ a moustache* jou snor laat groei, 'n snor kweek.

**spruce**[1] *n.* spar(den); sparhout. *~* **(fir)** Noorse spar(den).

**spruce**[2] *adj.* netjies, piekfyn, agtermekaar, viets. **spruce** *ww.: ~ o.s. up, get ~d up* jou uitvat; *~ s.o. up* iem. mooi/netjies aantrek; iem. mooimaak; *~ s.t. up* iets netjies aan die kant maak *('n huis ens.).*

**sprue**¹ gietopening; =gaatjie; gietopeningafval.

**sprue**² *(keelsiekte)* sproei, spru.

**sprung** geveer(d); →SPRING *ww.; ~ seat* veermat *(v. 'n stoel).*

**spry** lewendig, vlug, wakker, hups; rats; *the old man is still ~* die oubaas is nog pure perd. **spry·ness** hupsheid; ratsheid.

**spud** *n.* grafie; *(infml.)* aartappel; *(teg.)* koppelstuk; *(sl.)* vet=sak, vaatjie; dik stuk. **spud** *=dd-, ww.* skoffel; begin boor *('n olieput); ~ s.t.* out/up iets uitskoffel/=steek.

**spu·man·te** *(It.)* spumante, Italiaanse vonkelwyn.

**spume** *n. & ww., (poët., liter.)* skuim. **spu·mes·cence** skui=merigheid. **spu·mes·cent** skuimerig. **spum·y, spu·mous** skuimend, skuimerig, skuimagtig.

**spun** gespin, gesponne; →SPIN *ww.; ~ glass* gesponne glas=wol, spinglas; veselglas; *~ gold* gouddraad; *~ silk* sygare, =garing; *~ sugar* spinsuiker; *~ yarn* skiemansgare, =garing.

**spunk** *(infml.)* moed, vuur, gees, fut, kocrasie, pit. **spunk·less** jansalieagtig, futloos, sonder durf, lamsakk(er)ig; *a ~ fellow* 'n Jan Salie, jansalie. **spunk·y** vurig, moedig, vol gees.

**spur** *n.* spoor; spoorslag, aansporing, prikkel; uitloper *(v. 'n berg);* uitsteeksel; snytand *(v. 'n boor);* stut; dwergloot; *(spw.)* blinde spoor; *clap/put ~s to a horse* 'n perd die spore gee. **spur** *-rr-, ww.* die spore gee; (aan)spoor, aansit, aanja(ag); van spore voorsien; spore aansit; *~ s.t. forward* iets aan=ja(ag)/aanspoor; iets vinnig ry; *~ s.o. on to* ... iem. aanspoor/aanpor tot/om ...; *~ s.t. ~ s.o. on to* ..., *(ook)* iets is vir iem. 'n spoorslag om ...; *be ~red on by* ... deur ... aangespoor/aan=gepor word *(iem.);* deur ... aangevuur word *(ambisie, vader=landsliefde, ens.).* ~ **gear,** ~ **wheel** reguit tandrat. ~**-of-the-moment** *adj. (attr.)* spontane, impulsiewe; onbeplande. ~ **wheel** groefwiel.

**spurge** *(bot.: Euphorbia* spp.) wolfsmelk, melkbos, =kruid.

**spu·ri·ous** oneg, vals, vervals, nagemaak. **spu·ri·ous·ness** onegtheid, valsheid.

**spurn** versmaai, verag, verstoot, *(fig.)* wegskop, *(fig.)* vertrap, *(fig.)* verskop.

**spurred** gespoor(d), met spore (aan).

**spur·rey** *-reys,* **spur·ry** *-ries, n., (bot.: Spergula* spp.) spur=rie.

**spurt** *n.* uitbarsting, uitspuiting, sterk straal; (vaart)versnel=ling; naelloop; krag(s)inspanning, kragtige poging; opwel=ling, vlaag; *in ~s* met rukke (en stote), by/in/met vlae; *make (or put on) a ~* (vaart) versnel. **spurt** *ww.* spat, spuit, spet=ter; nael, weglê, uithaal, sny, (vaart) versnel; *~ from* ... uit ... spuit; *~ out* uitspuit.

**sput·nik** *(Rus., ruimtev., hist.)* spoetnik.

**sput·ter** *n.* gesputter; gebrabbel. **sput·ter** *ww.* spat; sput=ter, spetter; aframmel, brabbel; *~ out, ('n kers ens.)* sputterend doodgaan; *('n opstand ens.)* doodloop.

**spu·tum** *sputa* speeksel; fluim.

**spy** *n.* spioen, bespieder; verspieder; afloerder. **spy** *ww. (onoorg.)* spioeneer, spioen wees; *(oorg.)* bespeur, raaksien, in die oog kry; *~ on/upon s.o.* iem. bespied, op iem. spioeneer; iem. afloer, op iem. loer; *~ out the land* die land verspied/verken; *(fig.)* die terrein verken; *~ s.t.* iets in die oog kry *('n man te perd ens.).* ~**glass** verkyker. ~**master** *(infml.)* spioe=nasiehoof, =baas. ~ **plane** verkenningsvliegtuig. ~ **ring** spioene=net, spioenasienet, spioenasie-ring. ~ **story** spioenasiever=haal.

**spy·ing** spioenasie, bespieding, verspieding; bespeuring; *~ on* ... bespieding van ..., spioenasie teenoor ...

**squab** *n.* jong duif; rugkussing, opgestopte kussing; otto=man; vetsak, vaatjie. ~ **pie** duiwepastie.

**squab·ble** *n.* rusie, twis, dwarstrekkery, gekibbel. **squab·ble** *ww.* rusie maak, twis, skoor, kibbel; *~ with s.o. about/over s.t.* met iem. oor iets kibbel; *~ over s.t., (ook)* oor iets toutrek *(infml.).* **squab·bling** getwis, gekibbel, kibbelry, ru=siemakery.

**squac·co her·on** ralreier.

**squad** *n., (mil., polisie)* afdeling; ploeg, span *(werksmense); (sport)* oefengroep *(waaruit finale span gekies word);* seksie, klompie; *flying ~* blitspatrollie. **squad** *=dd-, ww.* in afdelings verdeel. ~ **car** blits=, snel=, patrolliemotor.

**squad·ron** eskadron *(v.d. leër);* smaldeel, eskader *(v.d. vloot);* eskader, eskadrielje *(v.d. lugmag).* ~ **leader** eskaderleier *(i.d. lugmag).*

**squal·id** vuil, liederlik, smerig, morsig, goor.

**squall** *n., (weerk.)* windvlaag, =bui, val=, rukwind; skreeu, gil; *rain ~* reënwindbui. **squall** *ww.* skreeu, gil. ~ **line** *(weerk.)* stormvlaaglyn. **squal·ly** onstuimig, stormagtig, winderig, buierig, vlaerig.

**squal·or** smerigheid, vuilheid, goorheid, morsigheid, lie=derlikheid.

**squa·mous** skubagtig, skubvormig; skubb(er)ig, geskub, met skubbe; plaveisel=; *~ cell* plaveisel-sel.

**squan·der** verkwis, verspil, (ver)mors, opmaak, verboemel. **squan·der·er** verkwister.

**square** *n.* vierkant; blokkie, vlakkie; blok (huise); ruit; *(skaak)* vak, veld; plein; *(wisk.)* tweede mag, vierkantsgetal, kwadraat; *(infml.: ouderwetse/konvensionele mens)* ou knol; *the ~ of 3 is 9* 3 kwadraat is 9; *on the ~, (ook)* op die dwarste, reghoekig; gelyk; *(infml.)* eerlik; *on/in the ~, ('n vergadering ens.)* op die plein; *('n gebou ens.)* aan die plein; *be back to ~ one, (infml.)* 'n terug wees waar jy begin het, weer van voor af moet begin; *out of ~* nie haaks/reghoekig nie, uit die haak. **square** *adj.* vierkantig, reghoekig; haaks, loodreg; kantreg *(hout);* vier=kant; in orde, in die haak; eerlik, billik; gelyk, kiet(s), niks skuldig nie; *(infml.)* oudoos, preuts, styf; *all ~* gelykop; son=der verlies; sonder skuld; *be (all) ~ with s.o.* met iem. kiets wees; iem. niks skuld nie; *get ~ eyes* vierkantige oë kry, jou oë trek vierkant *(v. te veel TV kyk); get ~* uit die skuld raak; *get things ~* sake in orde bring, sake agtermekaar *(of in die haak) kry; get ~ with s.o.* iem. betaal, met iem. afreken; *a ~ metre/etc.* 'n vierkante meter ens.; *10 metres ~* 10 meter in die kwadraat/vierkant; *~ on* ... haaks/loodreg op .... **square** *adv.* vierkant, reg; *hit s.o. ~ on the jaw, (infml.)* iem. mooi/reg op die kakebeen slaan/tref. **square** *ww.* vierkantig/reghoe=kig maak, vierkant; haaks maak; *(wisk.)* kwadreer, tot die tweede mag verhef; vereffen, betaal; in orde bring; *~ s.t. away* iets in orde bring, iets agtermekaar kry; *3 ~d is 9* die tweede mag van 3 is 9; *~ off* reg staan (om te baklei), in die aanvalshouding kom; *~ s.t. off* iets reghoekig maak; *~ o.s.* jou lyf regtrek; jou skouers breed maak; *~ up* reg staan (om te baklei), in die aanvalshouding kom; afreken, die rekening betaal; *~ s.t. up* iets loodreg plaas; iets reghoekig maak; iets in orde bring; *~ up to s.o.* vir iem. reg staan, iem. aandurf, teen iem. in die aanvalshouding kom; *~ up to s.t.* iets onder die oë sien; *~ up with s.o.* met iem. afreken/regmaak, skuld by iem. betaal/vereffen; *s.t. ~s with* ... iets strook/klop *(of* kan versoen word *of* is te rym *of* is in ooreenstemming) met ...; *x ~d, (wisk. ens.)* x in die kwadraat. ~**-cut** *(kr.)* 'n regkaphou slaan, haaks kap. ~ **dance** kadriel. ~**-eyed** *adj., (skerts.)* skeeloog. ~**-headed** *adj.* met 'n vierkantige kop; ~*-head(ed) bolt* vierkantkopbout. ~**-jawed** *adj.* met 'n sterk ken. ~ **knot** kruis=, platknoop. ~ **leg** *(kr.)* regby; *backward ~ ~* agter=regby, regby effe(ns) terug/agtertoe; *deep ~ ~* regby op die grens; *deep backward ~ ~* wye regby op die grens. ~ **meal** stewige maal(tyd). ~ **measure** oppervlaktemaat. ~ **number** kwadraat(getal). ~ **piano** tafelpiano, =klavier. ~ **rig** *(sk.)* vier=kanttuig. ~**-rigged** *adj.* met raseile, vierkant getuig. ~ **root** *(wisk.)* vierkants=, tweedemagswortel. ~**-toed:** ~ *shoe* stomp=neusskoen. ~ **wave** *(elek. & fis.)* reghoekgolf.

**squared** geruit; vierkant/sterk gebou; *~ paper* ruitjiespapier, geruite papier, grafiekpapier.

**square·ly** vierkant; onmiskenbaar; ronduit, openhartig, eer=lik; *look s.o. ~ in the face* iem. reg in die gesig *(of* vas/waterpas in die oë) kyk.

**square·ness** vierkantigheid.

**squar·ing** (die) haaks maak; kwadrering; vlakte(maat)be= rekening; ~ *of the circle* kwadratuur van die sirkel; die on= moontlike.

**squar·ish** *adj.* amper vierkantig.

**squash**[1] *n.* gedrang, samedromming; moes, pap, pulp; muur= bal; kwas. **squash** *ww.* plat/pap druk; fyn druk, fynmaak, tot pap/moes maak; verbrysel; *(fig.)* doodsê, =sit, 'n kopskoot gee, doodgooi; ~ *s.t. in* iets indruk/inprop; *be ~ed into* ... in ... saamgedruk wees; *be ~ed up* saamgedruk wees. ~ **(rackets)** *(d. spel)* muurbal.

**squash**[2] *squash(es), n.* murg=, pasteipampoen, skorsie, patat= bo-die-grond.

**squash·y** sag, saf, pap(perig). **squash·i·ness** pap(perig)= heid, sagtheid.

**squat**[1] *n.* gehurkte houding; *(gewigoptel)* hurksit; plakkershut, =huis(ie), =woning. **squat** *adj.* gehurk; kort, dik, geset, platterig, plomp; ~ *heel* blokhak, dik hak. **squat** =tt=, *ww.* (neer)hurk, gehurk *(of* op die hurke) sit; wegkruip; plak; ~ *(down)* op jou hurke gaan sit, (neer) hurk; jou neerplak. ~ **thrust** *(oefening)* hurkskop.

**squat**[2] *n.:* *(diddly-)~, (Am., infml.)* hoegenaamd niks nie.

**squat·ter** neerhurker; plakker; *~s' settlement* plakkersdorp, =buurt. ~ **camp** plakkerskamp; →INFORMAL SETTLEMENT.

**squat·ting** gehurk; plakkery.

**squawk** *n.* gekrys, geskree(u). **squawk** *ww.* skree(u), krys.

**squeak** *n.* piepgeluid, gepiep; gil(letjie); *a narrow ~* 'n noue ontkoming; *speak in a ~* met 'n piepstem praat. **squeak** *ww.* piep; skree(u), gil; knars; *(infml.)* verkla, verklik; ~ *through, (infml.)* net-net deurglip/deurkom *('n Eksamen).* **squeak·i·ly** piepend; knarsend. **squeak·y** =ier =iest piepend; ~ *clean, (infml.)* silwer=, blink=, kraakskoon; *(dikw. effe neerh.)* onberispelik, onbesproke, vlek(ke)loos *(iem. se beeld, reputasie, ens.);* ~ *noise* piepgeluid; ~ *voice* piepstem(me= tjie).

**squeal** *n.* gil, skree(u), kreet. **squeal** *ww.* gil, skree(u); kerm, tjank; *(infml.)* verkla, verklik; klik; ~ *like a stuck pig, (infml.)* soos 'n maer vark skree(u). **squeal·er** skreeuer; *(infml.)* klaer, kermer, kermkous; *(infml.)* grens=, tjankbalie; *(infml.)* verraaier, (ver)klikker. **squeal·ing** geskree(u); *(infml.)* (ver)= klikkery.

**squeam·ish** gou mislik; angsvallig, oorgevoelig; preuts; kieskeurig, puntene(u)rig.

**squee·gee** wisser; skuiwer; waterbesem; *(fot.)* aanstryker.

**squeeze** *n.* druk; afdruk; *(infml.)* gedrang, samedromming; stewige omhelsing, omarming; afpersing; *give s.t. a ~* iets druk; *give s.o. a ~* iem. omhels *(of* 'n drukkie gee); *a ~ of the hand* 'n handdruk; *be in a (tight)* ~ in die klem sit, in die/'n verknorsing sit/wees; *s.o.'s (main)* ~, *(sl.)* iem. se meisie/kêrel; *put the ~ on s.o., (infml.)* druk op iem. uitoefen; *it is a tight* ~, *(klere ens.)* dit pas/sit knap; daar is min plek. **squeeze** *ww.* druk; vasdruk; omhels, 'n drukkie gee *(iem.);* pers; af= pers; druk uitoefen op; 'n afdruk maak, afdruk knyp; knel; *s.o. was ~d to death in the crowd* iem. is in die gedrang doodgedruk; ~ *in* inbeur; net-net/ternouernood inkom; ~ *s.t. in* iets indruk/inprop; ~ *into a room* in 'n kamer inbeur; *a ~d orange* 'n uitgedrukte lemoen; ~ *s.t. out* iets uitdruk; iets uitpers; iets uitwring *('n nat doek ens.);* ~ *s.t. out of s.o.* iets uit iem. pers; ~ *money out of s.o.* geld van iem. afpers; ~ *through* net-net deurkom *(deur 'n nou opening ens.).* ~ **box** *(infml.), (konsertina)* krismiswurm, trekkorrel(tjie), knorkissie; *(trekklavier)* pensklavier. **squeez·er** drukker; pers. **squeez·y** drukbaar; ~ *bottle* drukbottel.

**squelch** *n.* plasgeluid; *(infml.)* doodhou; *(infml.)* doodsê. **squelch** *ww.* plas, ploeter *(deur modder);* verpletter; 'n einde maak aan, onderdruk; *(infml.)* tot swye bring, stilmaak, doodsê, doodsit. ~ **(circuit)** *(elektron.)* onderdrukking. **squelch·y** papperig *('n mengsel, vrug, ens.).*

**squib** voetsoeker, klapper; ontstekingspatroon; spot=, smaad=, skimpskrif, paskwil; *a damp ~, (infml.)* 'n fiasko/mislukking/ misoes.

**squid** *squid(s), n.* pylinkvis; *common ~* tjokka. **squid** =dd=, *ww.* visvang met pylinkvis *(as aas).*

**squid·gy** *(infml., hoofs. Br.)* sag en klam.

**squig·gle** *n.* krabbel; kronkel(lyn). **squig·gle** *ww.* kronkel, wriemel. **squig·gly** kronkelend.

**squint** *n.* skeelkyk, skeel oë; *(infml.)* kykie; *have a ~* oor= mekaar/skeel kyk; *have a slight ~* soetskeel kyk; *have/take a ~ at s.t., (infml.)* 'n bietjie na iets kyk/loer. **squint** *adj.* skeel; skeef. **squint** *ww.* skeel kyk/wees, oormekaar kyk; die oë vinnig knip; ~ *at* ... skuins na ... kyk; na ... loer. ~ **eye(s)** skeel= oog. ~**-eyed** *(ietwat neerh.)* skeel, skeeloog=.

**squire** *n.* landheer, =edelman, =jonker. **squire** *ww., ('n man)* vergesel, begelei *('n dame).*

**squirm** *n.* gewriemel, gekriewel. **squirm** *ww.* kriewel, krimp, kronkel, wriemel; (ineen)krimp, kruip; skrikkerig/krieuwelrig word; ~ *out of s.t.* uit iets loskom, jou uit iets loswikkel; ~ *with ...* van (die) ... (ineen)krimp *(pyn, verleentheid, ens.).*

**squir·rel** *n.* eekhoring, eekhorinkie; eekhoringgrys. **squir· rel** *ww.:* ~ *s.t. away* iets opgaar/oppot/wegsit/wegbêre. ~ **cage** eekhoringhok, =kou, trapmeulhok, =kou; *(fig.)* sieldo= dende alledaagsheid/werk/ens., sleur=, roetinewerk; *(elek.)* kou=, kooianker. ~ **monkey** eekhoringaap.

**squir·rel·like** eekhoringagtig.

**squir·rel·ly** eekhoringagtig.

**squirt** *n.* spuit; straal(tjie); woordevloed; *(infml.)* snuiter, windbuks. **squirt** *ww.* spuit; ~ *water at s.o.,* ~ *s.o. with water* iem. natspuit; ~ *out of s.t.* uit iets spuit.

**squish** *n.* swiesj=, sjoepgeluid. **squish** *ww.* swiesj, sjoep; *(infml.)* (plat) druk, (plat)druk; ~ ... *together* ... saamdruk. **squish·y** papsag, =saf.

**Sri Lan·ka** *(geog., vroeër* Ceylon*)* Sri Lanka. **Sri Lan·kan** *n.* Sri Lankaan. **Sri Lan·kan** *adj.* Sri Lankaans.

**stab** *n.* steek, dolk=, messteek; wond; beledging, belastering; probeerslag; *a ~ in the back* 'n steek in die rug, 'n verraderlike aanval; *give s.o. a ~ in the back, (lett. & fig.)* iem. in die rug steek; *have a ~ at s.t., (infml.)* iets ('n slag) probeer (doen). **stab** =bb=, *ww.* steek; prik; deursteek; wond, grief; ~ *at ... na* ... steek; ~ *s.o. to death* iem. doodsteek. ~ **wound** steek= wond.

**stab·ber** (dood)steker, messteker.

**stab·bing** (mes)stekery.

**sta·bi·lise**, *(Am.)* **sta·bi·lize** stabiliseer, bestendig. **sta·bi· li·sa·tion**, *(Am.)* **sta·bi·li·za·tion** bestendiging, stabilisasie, stabilisering.

**sta·bi·lis·er**, *(Am.)* **sta·bi·liz·er** roldemper, stabilisator; stabiliseerder; stabilisasievlak; stertvlak; *(rad.)* stabilisator= (buis). ~ **bar** stabiliseerstaaf.

**sta·bil·i·ty** stabiliteit, soliditeit, vastheid; standvastigheid; bestendigheid.

**sta·ble**[1] *n.* stal; (ren)perde. **sta·ble** *ww.* stal, op stal hou, op *(of* in die) stal sit; *be ~d* op *(of* in die) stal staan. ~ **ac= commodation** stalling, stalruimte. ~**boy**, *(Br.)* ~ **lad** stal= jonge, =kneg. ~ **companion** stalmaat; perd uit dieselfde stal; skool=, klubmaat, ens.. ~ **door** staldeur; bo-en-onderdeur; *lock the ~ ~ after the horse has bolted* (of *been stolen*) die put demp as die kalf verdrink het. ~ **fly** steek=, stalvlieg. ~**mate** stalmaat. **sta·bling** stalling, stalruimte; stal, staanplek *(vir perde);* stalgeld.

**sta·ble**[2] *adj.* stabiel, vas(staande), solied; bestendig; duur= saam; standhoudend; standvastig, vasberade; ~ *equilibrium/ market* bestendige/stabiele ewewig/mark; ~ *price* bestendige prys.

**stac·ca·to** *(It., mus.)* staccato, geskei.

**stack** *n.* hoop; stapel; oeshoop; mied; skoorsteen(pyp);

skoorsteenbundel, groep skoorstene; *(rek.: versameling pro=tokols)* stapel; ~ *of corn* koringmied; ~s *of ..., (infml.)* hope ... *(geld, tyd, werk, ens.);* 'n massa/boel ... *(werk ens.).* **stack** *ww.* mied pak; (op)stapel, op 'n hoop pak; (op)hoop; ~ *s.t. away* iets wegbêre; *that is how things ~ up, (infml.)* dit is hoe sake staan; *how s.t. ~s up against ..., (infml.)* hoe iets met ... mee=ding.

**stacked** *adj.:* ~ *heel* stapelhak; *be ~ (up), (kiste ens.)* opge=stapel wees; *(verkeer)* ophoop.

**stack·er** *n.* stapelaar, stapelmasjien.

**stack·ing** (die) pak; stapeling. ~ **area** stapelplek.

**sta·di·um** =*diums,* =*dia* stadion; *sports at/in the ~* sport in die stadion.

**staff** *staffs, n.* stok, staf; staaf; paal; stut, steun; sport *(v. 'n leer); (messelwerk)* hoekskutplank; personeel; *(mil.)* staf; *(mus.)* notebalk; **bread** *is the ~ of life* sonder brood kan die mens nie leef/lewe nie; *the ~s of ...* die stawwe van ... *(krygsmagte);* die personeel/leerkragte van ... *(skole ens.); be on the ~* ('n) lid van die personeel *(of* ['n] personeellid) wees; *(mil.)* ('n) lid van die staf *(of* ['n] staflid) wees; *be on the ~ of a school/ etc., (ook)* aan 'n skool/ens. verbonde wees; *the permanent ~* die vaste personeel. **staff** *ww.* beman, beset, van per=soneel voorsien; *(mil.)* van 'n staf voorsien; ~ *s.t. with ...* iets met ... beset. ~ **association** personeelvereniging. ~ **college** *(mil.)* stafkollege. ~ **corps** *(mil.)* stafkorps. ~ **nurse** staf=verpleegster. ~ **officer** *(mil.)* stafoffisier. ~ **room** personeel=kamer. ~ **sergeant** stafsersant. ~ **turnover** personeelwis=seling. ~ **writer** redaksielid, vaste medewerker.

**staff·er** personeellid.

**staff·ing** personeelvoorsiening. ~ **costs** personeelkoste.

**Staf·ford·shire (bull) ter·ri·er,** *(infml.)* **Staf·fie** stafford=shire(bul)terriër, *(infml.)* staffie.

**stag** takbok, hert; ramhamel; *(effektebeurs)* voor=, stigting=spekulant, premiejaer. ~ **beetle** boktor. ~ **knees** bokknieë. ~ **night,** ~ **party** ramparty(tjie).

**stage** *n.* toneel; steier, stellasie; platform, verhoog; speel=toneel; stadium, staat, fase; trap, rant; *(geol.)* etage; skof, trek, trajek; tafel *(v. 'n mikroskoop ens.);* →STAGY; *at one ~* op een tydstip; in een stadium; *at that ~* toe; op dié/daardie tydstip; in dié/daardie stadium; op dié/daardie punt; *at this ~* tans, op die oomblik; op dié/hierdie tydstip; in dié/hierdie stadium; op dié/hierdie punt; *not at this ~* nou nog nie; *bring/put s.t. on the ~* iets opvoer, iets op die planke/toneel bring; ~ *of development* ontwikkelingstadium; *by/in easy ~s* geleidelik; rus-rus; *travel by easy ~s* kort skofte reis/ry; *hold the (centre of the) ~* alle aandag/belangstelling trek; *in ~s* trapsgewys(e); stap vir stap; geleidelik; *leave/quit the ~* die teaterwêreld verlaat; *(fig.)* van die toneel verdwyn; *get down at the next ~* by die volgende halte afklim *(op 'n bus=roete ens.); be on the ~* toneelspeel *(of* toneel speel), ('n) akteur/aktrise/toneelspeler wees; *be past that ~* dié/daardie stadium verby wees; *reach a ~ where ...* 'n punt bereik waar ...; *set the ~* die toneel inrig; alles klaarmaak; *set the ~ for ...* die weg vir ... berei; *the ~ was set for ...* alles was voorberei *(of* die tyd was ryp) vir ...; *up to that ~* tot dan toe, tot op daardie tydstip; tot daardie stadium. **stage** *ww.* opvoer, op die planke bring; monteer; op tou sit; ~ *a landing* 'n landing uitvoer. ~**coach** *(hist.)* poskoets, =wa. ~**craft** toneelkuns. ~ **direction** teateraanwysing. ~ **door** artieste-ingang, toneel=ingang. ~ **fright** plankekoors, =vrees. ~**hand** toneelhelper. ~ **hero** teaterheld. ~ **left/right** *adv.* aan die linker=/regterkant van die verhoog. ~~**manage** *ww.* ensceneer; verhoogbestuur doen; *(fig.)* bekonkel. ~ **manager** verhoogbestuurder, to=neelmeester. ~ **set** (toneel)dekor. ~ **setting** teaterskikking, =inkleding, mis-en-scène. ~~**struck** *adj.* versot op die toneel, teatermal, toneelbehep. ~ **whisper** hoorbare fluistering; *say s.t. in a ~* iets hoorbaar fluister.

**stag·er:** *an old* ~ 'n veteraan, 'n ringkop.

**stag·fla·tion** *(ekon.:* stagnation + inflation*)* stagflasie.

**stag·ger** *n.* waggelende gang, gewaggel; verspringing; *the ~s* duiseligheid; *(veearts.)* malkopsiekte. **stag·ger** *ww.* wan=kel, waggel, slinger; laat wankel/waggel; aarsel, weifel; oor=bluf, verstom, skok; (ver)sprei, trapsgewyse rangskik/inrig; sprei; ~ *about/around* rondsteier. **stag·gered** verstom, ver=steld; gesprei(d); getrap, trapsgewyse; verspringend; *be ~ by s.t.* verstom/versteld staan oor iets; ~ *holidays/time,* ~ *working hours* gespreide vakansies/werk(s)ure, spreityd; ~ *lines* verspringende reëls/lyne; ~ *rows* skuins geplante rye. **stag·ger·ing** *n.* waggeling, gewaggel; verspringing; sprei=ding; *(elek.)* slingering. **stag·ger·ing** *adj.* waggelend; onge=looflik, verstommend; ~ *blow* doodhou, verpletterende slag/hou.

**stag·ing** montering, enscenering *(v. 'n toneelstuk),* opvoer=(ing); stellasies, steiering, steierwerk; skofreëling. ~ **area** *(mil.)* skofgebied; *(mil.)* vormingsgebied. ~ **post** *(mil.)* skofpos.

**stag·nate, stag·nate** stilstaan; lui/traag wees/word; stag=neer. **stag·nan·cy** stilstand; traagheid; malaise; stagnasie. **stag·nant** (stil)staande, stil; doods; traag; stagnant; ~ *air* dooie lug; ~ *water* staande water. **stag·na·tion** (die) stilstaan, stilstand, doodsheid, stagnasie.

**stag·y, stag·ey** teatraal, toneelagtig, aanstellerig.

**staid** bedaard, stemmig, onavontuurlik; solied, nugter. **staid·ness** bedaardheid; nugterheid.

**stain** *n.* vlek; smet, klad, skande, skandvlek; kol; beits, kleur=stof, tint; *be covered with ~s* vol vlekke wees; *s.t. leaves a ~* iets laat 'n vlek agter, iets vlek; *a ~ on s.o.'s character/repu=tation* 'n klad op iem. se (goeie) naam; *remove (or take out) a ~* 'n vlek verwyder. **stain** *ww.* bevlek, besoedel; vlek, afgee, vlekke maak; kleur; beits *(hout);* brandskilder *(glas).* ~~**proof** vlekvry. ~ **remover** vlekverwyderaar. ~~**resistant,** ~~**resisting** vlekvry, vlekbestand.

**stained:** ~ *glass* kleurglas, gekleurde/beskilderde/gebrand=skilderde glas, brandskilderglas, glas-in-lood; ~ *wallpaper* gekleurde plakpapier. ~~**glass window** kleurvenster, ge=brandskilderde venster.

**stain·ing** bevlekking; kleuring; beitsing; brandskildering. ~ **power** beitsvermoë.

**stain·less** onbevlek, skoon, smet(te)loos, onbesmet, vlek=(ke)loos; vlekvry; ~ *steel* vlekvry(e)/roesvry(e) staal. **stain·less·ness** onbevlektheid, vlek(ke)loosheid; vlekvryheid.

**stair** trappie, treetjie; *(i.d. mv.)* trap; landingsteier; *below ~s* ondertoe, na onder; in die kelder; *go down/up the ~s* (met) die trap afgaan/opgaan; *on the ~s* op die trap; *meet s.o. on the ~s* iem. op die trap teëkom; *at the top of the ~s* bo-op die trap; *the top ~* die boonste treetjie. ~ **carpet** traploper. ~~**case** trap. ~~**head** traptop. ~~**landing** (trap)oorloop; (trap) portaal. ~**lift** traphyser *(in 'n verdiepinghuis, vir 'n bejaarde/ gestremde).* ~ **rod** traproei. ~~**way** trap. ~~**well** trapkuil, trap=(pe)huis.

**stake** *n.* paal, stok; blomstok; steekbaken; pen; *(teg.)* bank=aambeeld; folterpaal; marteldood; inset, wed=, speelgeld; aandeel; *(i.d. mv.), (ook)* pot(geld), speelgeld; ~ *is at ~ ...* staan op die spel, ... hang daarvan af, dit gaan om ... *(iem. se lewe ens.); die/perish at (or go to) the ~* op die brandstapel sterf/sterwe; *have a ~ in s.t.* belang by iets hê; *play for high ~s* baie op die spel plaas/sit; *pull (up) ~s, (infml.)* verhuis. **stake** *ww.* met pale stut; blomstok(ke) inplant/aanbring, aan 'n stok(kie) bind; ompaal, afbaken, pale omsit; afsteek, afpen; vaspen; waag; wed, inlê, insit, op die spel plaas/sit; trakteer, instaan vir; ~ *off s.t.* iets afpen; ~ *s.t. on ...* iets op ... verwed; ~ *s.t. out* iets afpen; iets aan paaltjies/stokkies op=bind *(plante); (infml.)* iets dophou/waarneem *('n gebou ens.).* ~**building** *(fin.)* aandeelbesitvergroting. ~**holder** insethouer, belanghebbende; potbewaarder; *(jur.)* skeidsman. ~~**out** *n.,* *(infml.)* waarneming(sdiens), observasie(diens); gebou/ens. wat dopgehou/waargeneem word.

# stalactite

**sta·lac·tite** stalaktiet, (hang)druipsteen. ~ **cave** druipkel=
der, druipsteengrot. **stal·ac·tit·ic** druipsteenagtig, druip=
steen-, stalaktities.

**sta·lag·mite** stalagmiet, staandruipsteen. **stal·ag·mit·ic** sta=
lagmities.

**stale** *adj.* onfris, muf; afgesaag *('n grap ens.);* bevange *('n
atleet ens., weens ooreising);* suf, tam, afgerem, afgewerk; oud
*(nuus ens.);* verouder(d), ou(d)bakke; verjaard, veroudcrd
*('n tjek);* alledaags; verswak, verflou; verslaan, vcrskaal(d)
*(bier ens.);* dood *(lug); get* ~, *(iem.)* suf raak; *(iets)* afgesaag
raak; *(sport)* bevange raak; *go/turn* ~, *(brood)* muf word; *(bier)*
verslaan, verskaal. **stale** *ww.* bevange raak; verswak; oud/
afgesaag word. **~mate** *n., (skaak)* pat, remise; dooie punt,
dooiepunt. **~mate** *ww.* pat sit; in 'n hoek ja(ag), vaskeer, op
die dooie punt *(of* dooiepunt) bring. **stale·ness** mufheid;
sufheid; afgesaagdheid; bevangenheid; alledaagsheid.

**Sta·lin·ism** Stalinisme. **Sta·lin·ist** *n.* Stalinis. **Sta·lin·ist** *adj.*
Stalinisties.

**stalk**[1] *n.* bekruipery; deftige stap. **stalk** *ww.* aansluip; be=
kruip *(wild);* pla, lastig val, teister *(beroemde persoon, kollega,
ens.);* deftig/hoog stap, (voort)skry; *(spoke)* wandel; ~ *out*
(kwaad) uitstap. **stalk·er** bekruiper; sluipjagter; teisteraar;
hoogstapper.

**stalk**[2] *n.* stingel, halm, steel; stronk *(v. kool ens.);* formed like
a ~ stingelvormig. **~-eyed** *(soöl.)* met oë op steeltjies.

**stalked** gesteeld; ~ *flower* steelblom.

**stalk·ing** bekruipery; teistering. ~ **horse** jag=, skiet=, be=
kruipperd; *(fig.)* voorwendsel, skuifmeul.

**stalk·less** stingelloos, steelloos.

**stalk·y** stingelrig, stokkerig.

**stall** *n.* stal, hok; hok *(in 'n stal);* toonbank; stalletjie, kraam=
(pie), kiosk; kerkbank; koorbank, =stoel; kamer; staking *(v. 'n
motor); (lugv.)* staakpunt; vertraging, vertragingsaksie; *(i.d.
mv.)* stalles *(in 'n teat.).* **stall** *ww.* op stal sit; op stal hou; *('n
masjien)* staak, gaan staan, *(infml.)* afslaan; in die modder
vassit; tyd (probeer) win; *~ed ox* gemeste/vetgevoerde os.
**~-fed** *be* ~ op stal/hok staan. **~-feed** *-fed -fed, ww.* op stal/
hok voer. **~holder, ~keeper** kraameienaar, =houer.

**stall·age** mark=, staangeld; weigeld.

**stal·lion** hings, dekhings.

**stal·wart** *n.* staatmaker, *(infml.)* ringkop, getroue, bielie.
**stal·wart** *adj.* standvastig, lojaal; flink, dapper.

**sta·men** =mens, =mina, *(bot.)* meeldraad. **sta·mi·nate** meel=
draad=; ~ *flower* meeldraadblom, manlike blom.

**stam·i·na** uithouvermoë, weerstandsvermoë, taaiheid, sta=
mina.

**stam·mer** *n.* gehakkel, gestotter; gestamel. **stam·mer** *ww.*
hakkel, stotter; stamel; haper; ~ *s.t. out* iets mompel/uit=
stotter *('n verskoning ens.).* **stam·mer·er** hakkelaar, stotteraar;
stamelaar. **stam·mer·ing·ly** *adv.* stotterend, stamelend.

**stamp** *n.* stempel, seël, tjap; stempelafdruk, tjap; waarmerk;
kasjet; keurmerk; soort, aard, karakter; stamper; stamp, trap;
*give one's ~ of approval to s.t.* jou stempel van goedkeuring
op iets plaas; *bear the ~ of ...* die stempel van ... dra; *cancel
a ~* 'n seël afstempel; *leave one's ~ on ...* jou stempel op ...
(af)druk; *of a certain ~* van 'n sekere soort/stempel. **stamp**
*ww.* stempel, tjap, merk; waarmerk; bestempel; frankeer, seël,
'n posseël sit op; stamp, trap; stans; fynmaak, fyn stamp;
trappel; *~ed addressed envelope* geadresseerde, gefrankeerde
koevert; ~ *s.o. as a coward/etc.* iem. as 'n lafaard/ens. brand=
merk/bestempel; ~ *on the floor* op die vloer stamp; ~ *one's
foot* (met) jou voet stamp; ~ *s.t. (up)on the mind of ...* iets by
... inprent; ~ *on s.t.* op iets trap; iets vertrap *(of* plat trap); ~
*s.t. out* uitpons/stans; iets doodtrap *('n vuur ens.);* iets
end/einde aan iets maak *('n wanpraktyk ens.);* iets demp/on=
derdruk *('n opstand ens.);* iets uitroei/uitwis; ~ *out of ...* uit ...
storm *('n kamer ens.).* ~ **album** posseëlalbum. ~ **collection**

# stand

posseëlversameling. ~ **duty** seëlreg, =belasting. ~ **machine**
seëloutomaat.

**stam·pede** *n.* (die) weghol, dolle vlug; toeloop, stormloop.
**stam·pede** *ww.* weghol, wegbreek, op loop sit/gaan; op
loop ja(ag).

**stamp·ing** (af)stempeling; gestamp; stanswerk; waarmer=
king. ~ **ground** *(lett. & fig.)* rolplck; *(fig.)* houplek. ~ **machine**
stempelmasjien; stansmasjien. ~ **press** stempelpers; munt=
pers.

**stance** houding, stand, posisie; standpunt.

**stanch, staunch** *n.* stelping; stuiting; stelpmiddel. **stanch,
staunch** *ww.* stelp, laat ophou, stopsit; stuit; waterdig
maak.

**stan·chion** *n.* pilaar, stut; paal; styl; staander; rong; in=
sluitvoertrog. **stan·chion** *ww.* stut, van pilare/stutte voor=
sien; vassit.

**stand** *n.* stand, stelling, posisie; stilstand; oponthoud; staan=
plek, standplaas; stand *(op 'n tentoonstelling);* standpunt;
weerstand; staander; *(fot.)* statief; tafeltjie; rak(kie); stalletjie;
kraam(pie); pawiljoen, pawiljoen; stellasie; verhoog; ploeg=
suil; voetstuk; bank *(in 'n werkplaas);* perseel, standplaas,
erf; dikte *(v. 'n oes);* opstand; *make a ~ against ...* jou teen ...
verset, weerstand bied aan/teen ...; *bring s.t. to a ~* iets tot
staan/stilstand bring; *come to a ~* tot staan/stilstand kom;
*take a (firm) ~ on/over s.t.* sterk stelling inneem oor iets;
*make a ~ for ...* opkom vir ...; *s.o.'s last ~* iem. se laaste
verset; *make a last ~* tot die laaste (toe) weerstand bied;
*make a ~* weerstand bied; vastrap, vasskop, standhou, pal
staan; stelling inneem; *take a ~* 'n standpunt inneem; *take
one's ~ on s.t.* van iets uitgaan *('n beginsel ens.);* *take the ~,
(Am.)* in die getuiebank gaan. **stand** *stood stood, ww.* staan;
gaan staan; plaas, opsit, oprig, opstel, laat (regop) staan;
neersit; uithou, uitstaan, deurstaan; verdra, verduur, duld,
uitstaan; gedoog; veel; bly staan, van krag wees/bly; jou ver=
kiesbaar stel; ~ *about/around* rondstaan; ~ *against* X jou
teen X verkiesbaar stel; ~ *alone* geen gelyke hê nie; ~ *apart*
eenkant staan; ~ *apart from ...* van ... afgesonder(d) wees;
~ *as a Democrat/etc.* die kandidaat van die Demokrate/ens.
wees; *buy s.t. as it* ~s voetstoots koop; ~ *aside* opsy *(of*
eenkant toe) staan, opsy gaan (staan); *the fund ~s at ...* die
fonds staan op ...; ~ *back* agteruitstaan, terugstaan; ~ *back
from ...* 'n entjie van ... geleë wees; ~ *by* bystaan; toeskouer
wees; klaar/gereed wees, in gereedheid staan/wees; ~ *by s.o.,
(lett.)* by iem. staan; *(fig.)* (onder)steun, iem. bystaan;
iem. steun, agter iem. staan *('n leier ens.);* ~ *by s.t.* iets ge=
stand doen, iets hou *('n belofte ens.);* by iets bly, iets handhaaf,
in iets volhard *('n beleid ens.);* ~ *by for ...* op/vir ... wag; vir ...
gereed wees; ~ *by for the news!* die nuus sal nou gelees
word; *s.o. cannot* ~ ... iem. kan nie ... verdra/uithou nie *(pyn
ens.);* *these conditions still* ~ hierdie voorwaardes is nog van
krag *(of* geld nog); ~ *down* terugstaan, nie meer kandidaat
wees nie; uit die getuiebank gaan; *(mil.)* verdaag word; ~
*down soldiers* soldate laat rus; ~ *easy!* staan in rus!; ~ *or fall
by s.t.* by/met iets staan of val; ~ *fast!* bly staan!; ~ *first on
the list* bo-aan (op) die lys staan; ~ *for s.t., (afk., simb., ens.)*
iets beteken, vir iets staan; iets steun *('n beleid ens.);* iets
beoog *(versoening ens.);* vir iets ('n) kandidaat wees *(d. Parl.
ens.);* iets betwis *('n setel ens.);* ~ *in for s.o.* iem. se plek
(in)neem, vir iem. waarneem; ~ *to lose s.t.* gevaar loop om
iets te verloor; *make s.t.* ~ iets laat staan *('n besem teen 'n
muur ens.);* *the matter ~s thus* die saak staan so; *not ~ (for)
s.t.* iets nie veel/verdra nie; *not ~ s.o.* iem. nie veel/verdra
nie; ~ *off* wegstaan, opsy staan, op 'n afstand bly; *(sk.)*
seewaarts hou; ~ *on/upon s.t.* op iets staan *(lett.);* op iets
aandring/staan; op iets berus; op iets gegrond wees; vir iets
opkom *('n mens se regte ens.);* op iets gesteld wees *('n mens se
waardigheid ens.);* *if you ~ on/upon it* as jy daarop aandring/
staan; ~ *out* uitblink, skitter; na vore tree; duidelik afgeteken
staan; nie meedoen/deelneem nie; *s.o.'s ears ~ out* iem. het

bakore; ~ *out above ...*, *(toringgebou ens.)* bo(kant) ... uitrys/ uitsteek; *(iem.)* bo(kant) ... uittroon; ~ *out against* ... teen ... afsteek; *s.o.* ~*s out (from the rest)* iem. val op, iem. trek die aandag; *s.t.* ~*s over* iets staan oor, iets word uitgestel; ~ *to one's post* op jou pos bly; ~ *or I shoot!* staan of ek skiet!; ~ *still* stilstaan; ~ *talking/etc.* staan en praat/ens.; ~ *to* klaarstaan, gereed staan; ~ *together* saamstaan, byme= kaarstaan; ~ *up* opstaan; regop staan; orent staan; geldig bly; vasstaan, pal staan; ~ *up and be counted* openlik vir/teen iem./iets opkom; ~ *s.t. up* iets regop sit/plaas, iets regop laat staan; ~ *s.o. up*, *(infml.)* iem. verniet laat wag, 'n afspraak met iem. nie nakom nie; ~ *up for* ... vir ... opkom, ... on= dersteun; ~ *up to* ... weerstand aan/teen ... bied, jou man teen ... staan; *s.t.* ~*s up to* ... iets is teen ... bestand; iets deurstaan ...; ~ *up under s.t.* iets verduur; *know where one* ~*s* weet waar jy staan *(of* wat jou posisie is *of* waar jy aan of af is); ~ *to win* kans hê om te wen. ~**-alone** *adj. (attr.)*, *(rek.)* losstaande, ongekoppelde *(rekenaar ens.)*; selfstandige, onaf= hanklike *(program ens.)*. ~**-by** *n.* staatmaker, steun; houvas; reserwe; (gevegs)gereedheid; *be on* ~ gereed staan, jou ge= reed hou. ~**-by** *adj.* paraat, gereed; plaasvervangend; ~ *arrangement* voorlopige reëling. ~**-in** *n.* invaller *(vir iem. anders)*, plaasvervanger; *(rolprentbedryf)* dubbelganger. ~**-in** *adj.* plaasvervangend, tydelik, voorlopig. ~**-off** *n.* dooie punt, dooiepunt. ~**-off** *adj.* eenkant; ~ *bomb* afstandbom; ~ *half*, *(rugby)* losskakel. ~**offish** eenkant, op 'n afstand; onvrien= delik, neusoptrekkerig. ~**offishness** afsydigheid; hooghar= tigheid. ~**-out** *n.*, *(Am., infml.)* uitblinker; puik/uitstekende speler/wyn/ens., topspeler, =wyn, ens.. ~**-out** *adj.* puik, uit= stekend, top=. ~**pipe** staanpyp. ~**point** standpunt, oogpunt. ~**still** stilstand; ~ *agreement* stilhou-akkoord, opskortings= akkoord; *be at a* ~ stilstaan; *bring s.t. to a* ~ iets tot stilstand bring; *chase ... to a* ~ ... flou ja(ag) *(mens, wildsbok, ens.)*; *come to a* ~ tot stilstand/staan kom; *work o.s. to a* ~ jou gedaan/kapot *(of* oor 'n mik) werk. ~**-up** *adj.* regop; ~ *bar* staankroeg; ~ *collar* staankraag, opslaankraag; hoë boordjie; ~ *comedy* skerpskertsery; ~ *comedian* skerpskertser.

**stand·ard** *n.* standaard, maatstaf, norm; vereiste, rigsnoer; gehalte, peil; *(SA, hist.)* (skool)standerd; standaard *(v. 'n muntstelsel)*; vlag, vaandel, banier; *(mil.)* onderskeidingsvlag, veldteken; standaard, ruiteryvlag; staander; (staan)paal; *(bot.)* hoofstamboom; *apply a* ~ 'n maatstaf/norm aanlê; *be below* ~ benede peil wees; *by s.o.'s* ~*s* volgens iem. se eise/vereistes; *by today's* ~*s* volgens hedendaagse *(of* vandag se) stan= daarde; *come up to* ~*(s)*, *reach the required* ~ die gewenste/ vereiste peil/gehalte/standaard bereik; *a high* ~ 'n hoë peil/ standaard; *be of low* ~ van lae gehalte wees; *maintain a* ~ 'n peil/standaard handhaaf; *maintain the* ~ *of s.t.*, *(ook)* iets op peil hou; *measured by these* ~*s* volgens dié maatstawwe; *moral* ~*s* sedelike norme; *reach the required* ~ →*come; be up to* ~ op peil wees, van die vereiste/gewenste gehalte/ standaard wees, aan norme *(of* die norm) voldoen. **stand= ard** *adj.* normaal, standaard=; *(bot.)* stam=; hoogstammig; staan=; ~ *book* standaardwerk, gesaghebbende werk; ~ *de= viation, (statist.)* ~ *measure* standaardeenheid; ~ *proce= dure* standaardprosedure; ~ *size* standaardgrootte; ~ *time* standaardtyd; ~ *wage* standaardloon; ~ *weight* standaard=, ykgewig. ~**-bearer** vaandeldraer; standaarddraer *(by rui= tery)*. ~**-issue** *adj.*, *(mil.)* standaard=; *(infml.)* (dood)gewoon, alledaags, algemeen, gebruiklik, tipies.

**stand·ard·ise, ize** standaardiseer; normeer, gehalte/norm vasstel. **stand·ard·i·sa·tion, za·tion** vasstelling, regulering, standaardisering, standaardisasie, normering.

**stand·ing** *n.* (die) staan; stand, rang; naam, posisie, re= putasie; duur; staanplek; status; *in good* ~ van goeie naam, van aansien; *a member in good* ~ 'n gerespekteerde lid; *s.t. is of long* ~ iets bestaan al lank; iets is gevestig; *a dispute of long* ~ 'n ou twis; *s.o. of (high)* ~ iem. van naam/aansien; *a newspaper of* ~ 'n invloedryke koerant. **stand·ing** *adj.*

staande; vas, bestaande, vasstaande, bepaald, erken(d); bly= wend; *leave s.o.* ~ iem. ver/vêr agter laat; *remain* ~ bly staan. ~ **advertisement** vaste/staande advertensie. ~ **army** staande leër. ~ **bar** staankroeg. ~ **charge(s)** vaste/vasstaande koste. ~ **committee** vaste/staande komitee; dagbestuur. ~ **joke** bekende/ou grap. ~ **ladder** staanleer. ~ **offer** vaste/blywende aanbod. ~ **order** vaste bestelling; vaste opdrag; vaste be= taalopdrag *(aan 'n bank); (i.d. mv.)*, *(mil.)* algemene/staande orders; *(parl.)* reglement van orde, prosedurereëls. ~ **ovation** staande toejuiging/ovasie. ~ **passenger** staande passasier. ~ **phrase** vaste uitdrukking; geykte uitdrukking. ~ **room** staanplek; stand=, groeiruimte; ~ ~ *only* net staanplekke. ~ **rule** vaste/vasstaande reël; erkende gebruik. ~ **stone** regop klip, menhir, monoliet. ~ **water** staande water, staanwater. ~ **wave** *(fis.)* staande golf, staangolf.

**stank** *(verl.t.)* →STINK *ww.*.

**stan·nic** *(chem.)* tin=; ~ *acid* tinsuur.

**stan·nous** *adj.*, *(chem.)* tin=, stanno=; ~ *oxide* tinoksied, stanno-oksied.

**stan·za** stansa, vers, koeplet, strofe.

**sta·pe·li·a** stapelia, aasblom.

**sta·pes** *stapes*, *(anat.)* stiebeuel *(i.d. oor)*.

**staph·y·lo·coc·cus** =cocci, *(infml.)* **staph** *(bakterium)* sta= filokok(kus), troskiem.

**sta·ple**[1] *n.* kram(metjie), hegdraad. **sta·ple** *ww.* (vas)kram, met 'n kram heg/vassit; draadheg. ~ **gun** kramgeweer, =skie= ter, =masjien. **sta·pler** kramhegter, =binder, krammer; kram= mer, kramdrukker, =skieter; draadhegter *(by boekbindery)*; draadhegmasjien.

**sta·ple**[2] *n.* vernaamste produk; mark; ruwe materiaal; hoof= bestanddeel; *this formed the* ~ *of the conversation* die gesprek het hoofsaaklik hieroor gegaan; *wool* ~ woldraad, =vesel; wolgroei, =stapel. **sta·ple** *adj.* vernaamste, hoof=. ~ **diet/ food** stapeldieet, =voedsel, =kos.

**star** *n.* ster; asterisk; sterretjie; (film)ster; hooffiguur; kol *(voor 'n perd se kop); (i.d. mv., koerantrubriek ens.)* sterre (voor= spel), horoskoop; *the* ~*s are against s.t.* die noodlot wil iets nie hê nie; *s.o.'s* ~ *is in the ascendant (or rising)* iem. maak opgang; *with* ~*s in one's eyes* in vervoering; *see* ~*s, (fig.)* sterre(tjies) sien; *studded with* ~*s* met sterre besaai(d); *s.o. can thank his/her (lucky)* ~*s* iem. kan van geluk spreek *(of* sy/haar sterre dank); *an unlucky* ~ 'n ongelukster; *be born under an unlucky* ~ vir die ongeluk gebore wees; *s.o.'s* ~ *is waning* iem. se ster verbleek/verdof. **star** =rr=, *ww.* met sterre versier; met 'n sterretjie merk; tot hoofspeler maak; 'n/die hoofrol speel; ~*ring* ... met ... in 'n/die hoofrol. ~ **anise/aniseed** steranys. ~**-apple** *(Chrysophyllum* spp.*)* ster= appel. ~ **billing** sterindeling; sterstatus. ~**-burst** steruitbars= ting. ~ **chart** sterrekaart. ~ **coral** sterkoraal. ~**-crossed** deur die noodlot vervolg/gedwarsboom; ~ *lovers* gedoemde paartjie. ~**dust** sterrehope, =gewemel; *have* ~ *in one's eyes*, *(fig.)* sterre in jou oë hê. ~**fish** seester. ~ **fruit** →CARAMBOLA. ~**gazer** sterrekyker; (dag)dromer. ~**gazing** sterrekykery; (dag)dromery; afgetrokkenheid, verstrooidheid; dromerig= heid. ~**light** ster(re)lig. ~**lit** sterverlig. **S~ of Bethlehem** *(NT)* die ster van Betlehem. **S~ of David** *(Joodse sespunt= ster)* Dawidster. ~ **part/role** hoofrol. **S~s and Stripes** *(Am. vlag)* Sterre en Strepe, Sterre-en-Strepe-vlag. ~ **sapphire** stersaffier. ~**-shaped** stervormig. ~ **shell** *(mil.)* liggranaat. ~**ship** *(wetenskap[s]fiksie)* ruimteskip. ~ **shower** sterrereën. ~**-spangled:** *the S~-S~ Banner* die Amerikaanse volkslied; die Amerikaanse vlag. ~ **stream** *(astron.)* sterrestroom. ~**struck** swymelend; in 'n waas. ~**-studded** sterbelaai(d); *a* ~ *cast* 'n sterbelaaide rolverdeling/=besetting. ~ **turn** glans= nommer, hoogtepunt; hoof=, glansrol. ~ **worshipper** sterre= dienaar. ~**wort** see-aster, sterblom.

**star·board** *(regterkant v. 'n skip)* stuurboord; *on the* ~ *side* aan stuurboord; *to* ~ na stuurboord.

**starch** *n.* stysel; setmeel. **starch** *ww.* stywe, styf; *a ~ed collar* 'n gestyfde boordjie. *~* **grain** styselkorrel. *~* **paste** plakstysel. *~* **sugar** dekstrose.

**starch·y** styselagtig; setmeelagtig; vol stysel; *(fig.)* styf, stok= kerig, formeel; *~ food(s)* styselkos. **starch·i·ness** styselag= tigheid; *(fig.)* styfheid, gemaaktheid.

**star·dom** sterstatus; *s.o.'s rise to ~* iem. se verwerwing van roem; *shoot/rise to ~* oornag sterstatus verwerf.

**stare** *n.* getuur; starende blik; *an icy* (or *a stony*) *~* 'n kil/ koue/strakke blik; *an unwinking ~* 'n starende blik; *a vacant ~* 'n wesenlose blik. **stare** *ww.* tuur, staar; staroog/stip kyk; *~ at s.o.* iem. aanstaar/=gaap, iem. stip aankyk, na iem. staar; *~ s.o.* ***down/out*** iem. laat wegkyk, iem. sy/haar oë laat neerslaan; *~ s.o. in the* ***eye/face*** iem. reg(uit)/vas/waterpas in die oë kyk; *s.t. is staring s.o. in the face* iets staar iem. in die gesig *('n nederlaag ens.)*; iets lê/is vlak voor iem. (se neus); iets is so duidelik soos die dag; *~* ***into*** *space* voor jou uit staar. **star·ing** starend; skril, skel, opvallend, opsigtelik *(kleure)*; *~ green* knalgroen; *~ red* knalrooi.

**stark** *adj.* styf, strak; *(fig.)* skril; verlate, kaal, barre *(landskap)*; sterk. **stark** *adv.* gans, totaal, geheel en al, volslae; louter; *~ naked* poedelkaal, =naak, =nakend; *~ raving/staring mad/bon= kers* stapelgek, heeltemal van jou trollie/wysie af *(of* die kluts kwyt); *~ white* spierwit. **stark·ers** *adj., (infml.)* poedelkaal, =nakend, =naak.

**star·less** sonder sterre, ster(re)loos.

**star·let** sterretjie; *(infml.)* opkomende aktrise/sportster.

**star·like** soos 'n ster, ster=.

**star·ling** *(orn.)* spreeu.

**star·ry** sterbesaai(d), met sterre besaai, sterre=; stervormig; *~ eyes* skitterende oë; *the ~* ***heavens*** die sterrehemel/=ruim; *~ sky/vault* sterrehemel; *~ splendour* sterreprag. **~-eyed** met stralende oë; alte optimisties/idealisties.

**start** *n.* begin, aanvang; vertrekpunt; skok *(v. verbasing)*; af= sit, wegspring; afrit; wegspringplek; voorsprong; voorgee; *at the ~* eers, aanvanklik; aan/by/in die begin; *be at the ~ of ...* aan die begin van ... staan *(jou loopbaan ens.)*; *get/be off to a* ***bad/good*** *~* sleg/goed begin, 'n slegte/goeie begin maak; *(sport)* sleg/goed wegspring; *make an* ***early*** *~* vroeg begin; *make a* ***false*** *~* verkeerd begin; *(sport)* ongelyk/onklaar weg= spring, te gou wegspring; *from ~ to* ***finish*** van (die) begin tot (die) end/einde, deurgaans; *get/be off to a* ***flying*** *~* vinnig wegspring; dadelik 'n voorsprong hê; *for a ~, (infml.)* vir eers, vereers, om mee te begin; *make a* ***fresh*** *~* oorbegin, opnuut begin, 'n nuwe begin maak; 'n nuwe lewe begin; *(right) from the ~* van die begin af, uit die staanspoor (uit), van die staanspoor (af), *(infml.)* (sommer) met die intrap= (slag); *get a ~ on s.o.* 'n voorsprong op iem. behaal/kry; *give s.o. a ~* iem. voorgee; iem. laat skrik; *give s.o. a ~ (in life)* iem. op die been *(of* aan die gang *of* op dreef) help; *have a ~ on/over s.o.* 'n voorsprong op iem. hê; *make a ~* begin, 'n begin/aanvang maak; vertrek; *make a ~ on s.t.* met iets begin *('n taak ens.)*; *make a* ***shaky*** *~* swak begin; *get off to a* ***slow*** *~* stadig begin; *(sport)* stadig wegspring; *with a ~* met 'n ruk; *look up with a ~* verskrik opkyk; *wake with a ~* wakker skrik. **start** *ww.* begin (met), 'n begin maak, aan= voor, 'n aanvang maak (met), aan die gang sit; aansit, =ska= kel, aan die gang/loop sit; *('n enjin, motor)* vat; aansteek *('n vuur)*; ontketen *('n oorlog)*; stig, oprig, begin *('n onderneming)*; (laat) wegspring, afsit; skrik, opspring; vertrek; opja(ag) *(wild)*; *~* ***afresh/anew*** (or *[all]* ***over*** *[again]*) oorbegin, op= nuut/weer *(of* van nuuts/voor af) begin; met 'n skoon lei begin; *~ at ...* by ... begin; vir ... skrik; *~ at six* om sesuur begin/vertrek; *~* ***back*** terugskrik; *~* ***crying*** aan die huil gaan/raak, begin huil; *~* ***doing*** *s.t.,* *~ to do s.t.* iets begin (te) doen, begin om iets te doen; *~ (out) for ...* na ... vertrek; *~ from ...* uit ... wakker skrik *('n droom)*; *get s.t. to ~* iets aan die gang kry *('n motor ens.)*; *get ~ed* begin, 'n begin maak;

aan die gang kom; *get ~ed on s.t.* met iets begin, 'n begin met iets maak; *~* ***off*** begin; *(infml.)* wegval; vertrek; *~* ***off*** *on s.t.* (met) iets begin *('n lang storie ens.)*; op iets vertrek *('n reis)*; *~ s.o.* ***off*** *on s.t.* iem. met iets laat begin; *~* ***on*** *s.t.* met iets begin; *~* ***out*** vertrek; *~ out from ...* van ... uitgaan *(d. veronderstelling ens.)*; *~* ***over,*** *(Am.)* →*afresh/anew; ~* ***some= thing,*** *(infml.)* moeilikheid veroorsaak; *~* ***talking*** begin praat; *~* ***up*** opspring; skrik; aan die gang kom; *~ s.t.* ***up*** iets aan die gang sit *('n motor ens.)*; *to ~* ***with*** vir eers, vereers, om mee te begin, in die eerste plek; *~* ***working*** aan die werk spring, begin werk, inval. **~-up** *n.* begin, stigting, ves= tiging; nuwe onderneming/maatskappy/ens.. **~-up** *adj.* aanvangs= *(koste, belegging, kapitaal, ens.)*.

**start·er** beginner; deelnemer; voorgereg; aansitter, aanska= kelaar *(v. 'n motor)*; *(sport)* afsitter; beginnermeel; giskultuur; *a* ***doubtful*** *~* 'n onsekere deelnemer; *for ~s, (infml.)* om mee te begin; *be under ~'s* ***orders*** op die afsitter se teken wag; *s.o. is a* ***slow*** *~* iem. kom stadig aan die gang. *~* **button** aansit= knop. *~* **motor** aansitmotor. *~'s* **pistol** afsitpistool. *~* **switch** aansitskakelaar.

**start·ing** (die) begin/wegspring; aansetting. *~* **block** weg= springblok. *~* **gate** wegspringhek. *~* **grid** *(motorwedrenne)* wegspringrooster. *~* **gun,** *~* **pistol** afsitpistool. *~* **motor** (self)aansitter, aansitmotor. *~* **point** beginpunt; uitgangs= punt; staanspoor; wegtrek=, wegspringplek, vertrekpunt, af= springplek. *~* **post** wegspringpaal. *~* **price** openingsprys; inset=/insitprys. *~* **salary** begin=, aanvangsalaris. *~* **signal** wegspringsein; vertreksein. *~* **switch** aansitskakelaar. *~* **time** begin=, aanvangstyd; *(sport)* afskoptyd.

**star·tle** skrikmaak, laat skrik; verbaas, verras; ontstel. **star= tler** skrikmaker; verrassing; ontnugtering. **star·tling** ont= stellend, skrikwekkend; verrassend, opsienbarend.

**star·va·tion** verhongering, uithongering; gebrek, honger= snood; *(mot.)* ondervoering; *die of ~* van honger sterf/sterwe. *~* **diet** hongerdieet. *~* **wage(s)** hongerloon.

**starve** verhonger, van honger omkom; honger/gebrek ly, verhonger; honger wees; uithonger, gebrek laat ly; kwyn; ondervoer *('n motor)*; *be ~ed/starving, (infml.)* vergaan van die honger; *~ for s.t.* na iets smag/hunker *(liefde ens.)*; *~ ... into surrender ...* deur honger tot oorgawe dwing; *be ~ed of ...* 'n groot behoefte aan ... hê, te min ... kry; *~* ***out*** *s.o.* iem. uithonger; *~ s.o. to* ***death*** iem. van honger laat omkom. **starv·ing** *adj.* verhonger(d); uitgehonger(d).

**stash** *n.* wegsteekplek; geheime voorraad. **stash** *ww.:* *~ s.t. away* iets wegsteek; iets opberg.

**sta·sis** *stases, (fml. of teg. en med.)* stuwing, stilstand.

**state** *n.* toestand, staat; gesteldheid; stemming; staat, land; waardigheid; rang; prag, luister; statigheid, staatsie; stand; *be in an* ***advanced*** *~ of ...* in 'n gevorderde staat van ... wees; *be in a ~ of* ***alert/readiness/preparedness*** in gereedheid wees; *the ~ of the* ***art*** die jongste stand (van sake *of* van die tegnologie/ens.); *~'s* ***evidence,*** *(jur.)* getuienis teen mede= pligtiges; *get into* (or *be in*) *a ~, (infml.)* ontsteld/oorstuur/ opgewonde/senu(wee)agtig raak/wees, van stryk (af) raak/ wees; *lie in ~* in staatsie lê; *in a* ***reduced*** *~* in 'n verswakte toestand; *robes of ~* staatsiegewaad; *in/with* ***solemn*** *~* met groot staatsie; *be in a* ***terrible*** *~ about s.t.* erg/hewig ontsteld wees oor iets; *the S~s, (infml.)* = UNITED STATES (OF AME= RICA); *what a ~ you are in!, (infml.)* kyk hoe lyk jy!. **state** *adj.* staats=, regerings=, owerheids=; staatlik; plegtig, staatsie=. **state** *ww.* (ver)meld, noem, verklaar; konstateer; meedeel; sê, aangee, uitspreek, opgee; aangee, bepaal *(tyd)*; vasstel; *(jur.)* uiteensit, stel, voorlê *('n saak)*; *as ~d* soos opgegee; *as already ~ed* soos reeds gesê; *~ the* ***case*** *clearly* die saak duidelik stel *(of* uiteensit); *a condition is* ***expressly*** *~ed* 'n voorwaarde word uitdruklik gestel; *~ in* ***evidence*** getuig; *unless* ***otherwise*** *~d* tensy anders vermeld; *~* ***that ...*** ver= klaar dat ...; *one's* ***views*** jou mening/oordeel gee/uitspreek. *~* **affairs** staatsake. *~* **aid** staatsteun. **~-aided school** staats=

ondersteunde skool. ~ **attorney** staatsprokureur. ~ **capitalism** staatskapitalisme. ~ **coffers** staatskas, =kis, fiskus. ~ **council** staatsraad. ~**craft** staatkunde; diplomasie. ~ **criminal** politieke misdadiger. ~ **dinner** staatsdinee. ~ **education** staatsonderwys, =onderrig, =opvoeding. ~ **employee** staatsamptenaar. ~ **funeral** staatsbegrafnis. ~ **interference** staatsbemoeiing, =inmenging; staatsingryping. ~ **occasion** staatsgeleentheid; plegtige geleentheid. ~~**of-the-art** *adj. (attr.)* hiper=, ultra=, supermoderne; oorsig=; *(pred.)* wat van die jongste/voorste tegnologie getuig; ~ *technology* voorloper=, voorpunttegnologie, die jongste/nuutste tegnologie. ~~**owned** van die staat, in staatsbesit, staats=. ~ **president** staatspresident. ~ **prison** staatsgevangenis. ~ **prisoner, prisoner of** ~ staatsgevangene, politieke gevangene. ~ **revenue** staatsinkomste. ~**room** luukse kajuit/kompartement/ens.; slaapkajuit, private kajuit; staatsaal. ~**run** onder staatsbeheer. ~ **school** staatskool. ~ **secret** staatsgeheim. ~ **secretary** staatsekretaris; →SECRETARY OF STATE. ~ **security** staats= veiligheid. ~~**subsidised, =ized** met 'n staatstoelae, deur die staat gesubsidieer. ~ **subsidy** staatstoelae, staatsubsidie. ~ **treaty** staatsverdrag. ~ **trial** politieke verhoor. ~ **visit** staats= besoek. ~ **witness** staatsgetuie; *turn* ~ ~ staatsgetuie word.

**state·less** staatloos. **state·less·ness** staatloosheid.

**state·ly** statig, deftig, waardig, imposant, groots; pragtig, luisterryk; ~ *home* pragwoning, groot herehuis. **state·li·ness** statigheid, deftigheid; luisterrykheid.

**state·ment** verklaring; mededeling; konstatering; uitlating; stelling *(v. 'n saak);* bewering; opgawe, staat; rekening, staat; standpunt; aankondiging; ~ *of claim* uiteensetting/besonderhede van eis; *contest a* ~ 'n verklaring weerspreek/betwis; *draw up a* ~ opgawe doen; 'n verklaring opstel; *issue a* ~ 'n verklaring uitreik; *make a* ~ 'n bewering maak; 'n verklaring doen/aflê; ~ *of service* diensstaat; *the* ~ *is unfounded* die bewering is ongegrond *(of* van alle waarheid ontbloot).

**states·man** =men staatsman; politikus; *(i.d. mv.)* staatslui. **states·man·like** soos dit 'n staatsman betaam; diplomaties, takties. **states·man·ship** staatkunde; staatsbeleid; staatkundige beleid. **states·per·son** staatsman; staatsvrou; politikus. **states·wom·an** =women staatsvrou; politikus.

**stat·ic** *n.* lugsteuring, =steurnis, =storing =stoornis; radio= steuring, =steurnis; *(i.d. mv.)* statika, ewewigsleer. **stat·ic** *adj.* stilstaande, staties, vas; ewewigs=, in ewewig/rus; radio= steurend; ~*(al) electricity* statiese elektrisiteit; ~ *energy* sta= tiese energie;

**sta·tion** *n.* stasie; standplaas; staanplek; pos, plek; stand, rang, status, posisie; *(elek.)* sentrale; *(landm.)* punt; diens= kamer; *all* ~*s from* ... *to* ... elke stasie van ... tot ...; *get* (or *pick up) a* ~, *(rad., TV)* 'n stasie opvang; *of high* ~ van hoë rang; *men/women of (high/exalted)* ~ hooggeplaaste manne/vroue; *take up one's* ~ jou plek inneem. **sta·tion** *ww.* plaas, stasioneer, uitplaas; opstel *(soldate); s.o. is* ~*ed at* ... iem. is op/in ... gestasioneer(d). ~**master** stasiemeester. ~ **wag(g)on** stasiewa.

**sta·tion·ar·y** (stil)staande, blywend, vas; *(wisk.)* stasionêr; ~ *bicycle* oefenfiets; ~ *crane* standhyskraan; ~ *engine* vaste enjin; standmasjien; standmotor; ~ *plant* vaste ma= sjinerie; ~ *point, (wisk.)* stasionêre punt; *the temperature is* ~ die temperatuur bly onveranderd; ~ *troops* vaste troepe; ~ *vehicle* stilstaande voertuig; ~ *wave* staande golf, staan= golf.

**sta·tion·er** skryfbehoeftehandelaar.

**sta·tion·er·y** skryfbehoeftes, =goed, =materiaal, =ware, =be= nodig(d)hede.

**stat·ism** staatsbemoeiing, =ingryping, =inmenging. **stat·ist** voorstander van staatsbemoeiing.

**sta·tis·tic** *n., (syfer)* statistiek; steekproefgrootheid, statis= tiek; *(i.d. mv., syfers)* statistieke; *(i.d. mv., 'n vak)* statistiek.

**sta·tis·ti·cal, sta·tis·tic** *adj.* statisties; ~ *physics* statistiese fisika. **stat·is·ti·cian** statistikus.

**stat·o·cyst** *(soöl.)* statosist, otosist, ewewigsorgaan.

**stat·o·lith** *(soöl.)* statoliet, ewewigsteentjie.

**stat·o·scope** *(soort barometer)* statoskoop.

**stat·ue** (stand)beeld. **stat·u·esque** soos 'n (stand)beeld; sta= tig; plasties; ~ *woman* statige vrou. **stat·u·ette** (stand)beeld= jie.

**stat·ure** lengte, gestalte, grootte; liggaamsbou; postuur; *(fig.)* statuur; *of* ~ van formaat/kaliber; *be short in* ~ kort wees, klein van gestalte/postuur/persoon wees.

**sta·tus** =tuses stand, rang, status, posisie; *have* ~, *(ook)* 'n man/vrou van aansien wees; *most favoured nation* ~ status van mees begunstigde nasie. ~~**conscious** statusbewus. ~ **report** verslag oor die stand van sake. ~ **symbol** statussim= bool.

**sta·tus quo** *(Lat.)* status quo, bestaande toestand.

**stat·ute** wet, statuut, wetsbepaling; verordening; *by* ~ by wet; deur wetgewing. ~ **book** wetboek; *place s.t. in/on the* ~ iets in die wetboek opneem *(of* op die wetboek plaas). ~ **law** wettereg, landswette, geskrewe reg/wette.

**stat·u·to·ry** statutêr, wetlik, volgens wet; wetteregtelik; ~ *law* statute, landswette, wettereg; ~ *offence* statutêre oortre= ding; ~ *rape, (Am.: seks met 'n minderjarige)* statutêre ver= kragting.

**staunch**[1] *adj.* trou, betroubaar, staatmaker=; stoer, onwan= kelbaar; ~ *supporter* stoere ondersteuner. **staunch·ly** trou. **staunch·ness** trou, beginselvastheid.

**staunch**[2] *ww.* →STANCH *ww..*

**stave** *n.* duig, plankie, houtjie, stuik; sport *(v. 'n leer);* staaf, paal(tjie); stansa, strofe, vers; *(mus.)* notebalk. **stave** *staved/ stove staved/stove, ww.: ~ s.t. in* iets in duie slaan; 'n gat in iets slaan; ~ *s.t. off* iets afweer/afwend *('n krisis ens.).*

**stay** *n.* verblyf; kuier; rem; hinderpaal; uitstel, skorsing; op= skorting; stuiting; stut, anker; stag, mastou; ~ *of execution* uitstel/opskorting van eksekusie; *s.o.'s* ~ *has been short* iem. het maar kort gebly/vertoef; *iem. se kuiertjie was maar kort.*

**stay** *ww.* bly; woon; loseer; kuier; vertoef, wag; versuim; verwyl; oorbly; uit=, volhou; teen=, teë=, weerhou, stuit; in bedwang hou; tot stilstand bring, stopsit; uitstel, opskort; ~ *abreast* bybly; op (die) hoogte bly; ~ *ahead* voorbly; ~ *ahead of* ... voor ... bly; ~ *at* ... in ... bly, by/in ... tuisgaan *(of* tuis gaan), by/in ... wees, by/in ... loseer *('n hotel ens.);* ~ *away* weg=, uitbly; ~ *away from s.t.* van iets wegbly *('n ver= gadering ens.);* ~ *behind* agterbly; ~ *clear of s.o./s.t.* iem./iets vermy; iem./iets ontwyk; *s.t. has come* (or *is here) to* ~ iets het ingeburger geraak *(of* 'n vaste instelling geword); *s.o. is coming to* ~ iem. kom kuier; ~ *the distance* deurhou, end= uit hou, volhard; ~ *down* onder bly; bly lê; *(kos)* binne bly; ~ *for/to dinner/etc.* vir aandete/ens. bly; ~ *in* binne bly; tuisbly; ná skool bly; ~ *off the bottle/drink/booze, (infml.)* van die bottel gespeen wees, nie meer drink nie; ~ *off drugs* skoon bly, nie meer dwelms gebruik nie; ~ *off school/etc.* van die skool/ens. af wegbly, nie skool/ens. toe gaan nie; ~ *on* aanbly, aan die brand bly; aanbly, in diens bly; langer bly; ~ *out* uitbly; buite bly; ~ *out late* laat uitbly; ~ *out of* ... wegbly van ... *(d. kroeg ens.);* jou uit ... hou *(ander se twiste ens.);* ~ *over* oorlê, oorstaan; ~ *put* op die/een plek bly; bly waar jy is; ~ *up* opbly; opsit; ~ *up with s.o.* by iem. waak *('n sieke);* ~ *with s.o.* by iem. bly; by iem. woon; by iem. tuis wees; by iem. kuier; by iem. byhou; *(infml.)* die draad van iem. se sto= rie volg; ~ *without s.t.* sonder iets bly/klaarkom. ~~**at-home** *n., (infml.)* huishen, tuisblyer. ~~**at-home** *adj.* huis=, hokvas; ~ *strike* tuisblystaking. ~~**away** *n.* wegblyery, tuisblyery; staking. ~~**away** *adj.* wegbly=; ~ *vote* wegblystem. ~ **bar** ankerstang; dwarsroesteun *(v. 'n loodglasvenster).* ~ **rope** ankertou. ~**sail** stagseil.

**stay·er** aanhouer, volhouer, volharder; langasem; besoeker, gas.

**stay·ing** verblyf; opskorting; stutting; verankering. ~ **power** uithou(dings)vermoë, volharding, volhardingsvermoë.

**stead:** *in s.o.'s* ~ in iem. se plek; *s.t. stands s.o. in good* ~ iets kom iem. goed te/van pas.

**stead·fast** standvastig; bestendig; onwankelbaar, onwrik= baar. **stead·fast·ness** standvastigheid; onwrikbaarheid.

**stead·i·ly** voortdurend; kalm.

**stead·i·ness** vastheid; egaligheid; gelykmatigheid; besten= digheid; standvastigheid; kalmte, besadigdheid.

**stead·y** *n., (infml.)* vaste vriend(in)/ou/meisie. **stead·y** *adj. & adv.* vas; gereeld, gestadig; konstant *(spoed)*; bestendig; geleidelik; deurlopend; matig *('n pas);* standhoudend; egalig, gelykmatig; berekenbaar; standhoudend; ferm, standvastig; besadig, kalm; solied; *(as)* ~ *as a rock* rotsvas; *go* ~ *(with s.o.), (infml.)* vas (met iem.) uitgaan; *keep a ship* ~ 'n skip reguit stuur; *not* ~ *on one's legs* onvas op jou bene; *make s.t.* ~ iets vas laat staan *('n tafel ens.);* ~ *state* bestendige/stabiele toestand; *(elek.)* ewewigstoestand; *(wisk.)* blywende toestand. **stead·y** *ww.* steun, stut, vashou, teëhou, teenhou; besten= dig/besadig maak/word; bedaar, tot bedaring bring/kom; gelyk hou; ~ *o.s., (ook)* vastrap. ~**-going** kalm, bedaard; ~ *person* soliede persoon. ~**-state theory** *(astron.)* bestendige= toestand=, ewewigstoestandteorie.

**steak** biefstuk, steak; skyf; *(vis)*moot; ~ *and kidney pie* bief= (stuk)-en-niertjie-pastei. ~**house** steakeetplek, =restaurant, =restourant. ~ **knife** biefstuk=, steakmes. ~ **tartare** *(kookk.)* Tartaarse biefstuk/steak.

**steal** *n., (infml.)* winskoop; *it's a* ~, *(infml.)* dis spotgoedkoop. **steal** *stole stolen, ww.* steel, vat, *(infml.)* gaps; roof; ont= vreem; glip, sluip; ~ *away* wegsluip, stilletjies weggaan; ~ *everything s.o. possesses* iem. rot en kaal steel; ~ *from s.o.* iem. besteel; ~ *s.t. from s.o.* iets by iem. steel; ~ *in* insluip, stilletjies inkom/ingaan; ~ *a ride* stilletjies saamry; ~ *through* deursluip; ~ *up on s.o./s.t.* iem./iets bekruip/besluip.

**stealth** stilligheid, heimlikheid, geheime handel(s)wyse; slinksheid; *by* ~ stilletjies, steels, heimlik; agterbaks, onder= duims. ~ **bomber** *(mil. lugv.: vnl. d. B-2 Spirit)* stealth=, sluip= bomwerper.

**stealth·y** skelm, onderduims, slinks; steelsgewys(e), heim= lik. **stealth·i·ly** heimlik, stilletjies, steelsgewys(e), tersluiks.

**steam** *n.* stoom; wasem, damp; *blow/let/work* off ~, *(lett. & fig.)* stoom afblaas; *(fig.)* jou gemoed lug gee; *get up* ~, *(lett.)* stoom maak; *(fig.)* vaart kry; *under one's own* ~ met/op eie krag; *run out of* ~, *(fig.)* vaart verloor; fut verloor, moeg/ uitgeput raak. **steam** *ww.* stoom; vaar; damp; gaar stoom *(kos);* uitstoom; ~ *ahead* voortstoom, =vaar; ~*ed food* ge= stoomde kos; ~ *s.t. off* iets afstoom *('n seël ens.);* ~*ed pudding* stoompoeding, gestoomde poeding; ~ *up, (lett.)* aanwasem, vol wasem raak, beslaan raak; *be/get (all)* ~*ed up about s.t., (infml.)* briesend/vererg/woedend wees/raak oor iets. ~ **bath** stoombad. ~**boat** stoomboot. ~ **cleaning** stoomreiniging, (die) stoomskoonmaak. ~ **cooker** stoomkoker, =kookpot. ~**-driven** stoom(aan)gedrewe, met stoomkrag/=aandrywing; ~ *generator* stoom(aan)gedrewe ontwikkelaar/generator. ~ **dryer,** ~ **drier** stoomdroër. ~ **engine** stoomenjin; lokomotief. ~ **gauge** stoomdrukmeter. ~ **iron** stoomyster. ~ **jacket** stoommantel. ~ **locomotive** stoomloko(motief). ~ **power** stoomkrag, =vermoë. ~**roller** *n.* stoomroller. ~**roller** *ww.* verpletter; deurstoot, =dryf, =ja(ag), (met geweld) deurdruk. ~**ship** stoomskip. ~ **train** stoomtrein. ~ **train enthusiast** stoom(trein)entoesias, =geesdriftige. ~ **turbine** stoomtur= bine.

**steam·er** stoomskip, =boot; *(infml.)* stoomlokomotief; stoom= ketel; stoomkoker; stoombrandspuit; *by* ~ per stoomskip/ =boot.

**steam·y** *-ier -iest, adj.* stomend, wasemend, dampend; vol stoom; *(infml.)* stomend, warm, eroties, sensueel; ~ *heat* dam= pende warmte.

**ste·ar·ic ac·id** *(chem.)* steariensuur.

**steed** *(arg. of poët., liter.)* (stryd)ros.

**steel** *n.* staal; swaard; slypstaal; boorstaal. **steel** *ww.* staal, verhard; verstaal; *be* ~*ed against s.t.* teen iets gehard wees *(teen=/teëspoed ens.);* ~ *o.s. against/for* ... jou op ... voorberei; ~ *one's heart* die/jou hart verhard; ~ *o.s. to* ... jou(self) dwing om te ... ~**-armoured** staalgepantser(d), met staal gepantser. ~ **band** *(mus.)* staal(trom)orkes. ~**-clad** (met staal) gepantser(d), staalpantser=; met 'n (staal)harnas. ~ **en= graver** staalgraveur. ~ **engraving** staalgravure; staalgra= veerkuns, =gravering. ~**-faced** met staal beklee(d). ~ **foun= dry** staalgietery. ~ **frame** staalraam; staalskelet *(v. 'n gebou).* ~ **girder** staallêer, =balk. ~ **guitar** staal(snaar)kitaar, =ghitaar. ~**-hearted** onverskrokke, moedig; onversetlik; hardvogtig. ~ **jacket** staalmantel. ~**-like** staalagtig, soos staal. ~ **mill** staalplettery, =walsery. ~ **plate** staalplaat. ~**-plated** met staal beslaan/beklee, staalplaat=. ~ **reinforcement** staalwapening. ~ **rope** staalkabel. ~ **wire** staaldraad. ~ **wool** staalwol. ~**worker** staalwerker. ~**works** staalfabriek.

**steel·ing** *(lett.)* verstaling; verstewiging; *(fig.)* verharding.

**steel·y** staalagtig; *(fig.)* (staal)hard; staal=; ~ *determination* stale wilskrag/vasberadenheid; ~ *grey* staalgrys.

**steen·bok** =*bok(s),* **steen·buck** =*buck(s)* steenbok.

**steen·bras** *n. (fungeer as ekv. of mv.), (igt., SA)* steenbras.

**steep**[1] *adj.* steil; skerp; kras, kwaai *(prys); that's a bit* (or *pretty)* ~, *(infml.)* dit is ('n) bietjie erg/kwaai, dit is nogal kras, dit is 'n bietjie *(of* bietjies) te veel gevra/geverg; ~ *hill* remhoogte, steil opdraand(e). **steep·en** steiler word; steiler maak. **steep= ly** steil; ~ *inclined* steil hellend, steil opdraand(e)/afdraand= (e); ~ *rise* ~ skerp styg. **steep·ness** steilheid.

**steep**[2] *ww.* indoop, (in)dompel; deurdrenk; week; *be* ~*ed in* ... met ... deurtrek/deurweek wees *(wyn ens.);* in ... gekonfyt wees *('n onderwerp);* in ... verhard/verstok wees *(misdadigheid);* in ... gedompel wees *(ellende);* ~ *o.s. in* ... jou in ... verdiep.

**stee·ple** (spits) toring, kerktoring. ~**chase** hindernis(wed= loop); hinderniswedren *(v. perde);* hindernisre(i)sies. ~**chaser** hindernisloper. ~**jack** toringwerker, =klimmer.

**stee·pled** met torings, getoring.

**steer**[1] *ww.* stuur; loods; ~ *away from* ... van ... wegskram; ~ *by the compass/stars* op die kompas/sterre stuur; ~ *for* ... na ... koers vat.

**steer**[2] *n.* bulletjie; tollie, jong os.

**steer·age** *(sk., hist.)* tussendek. ~ **passenger** tussendek= passasier.

**steer·ing** stuur(wiel) *(v. 'n motor);* navigasie. ~ **arm** krink= arm; stuurarm, =hefboom. ~ **axle/shaft** stuuras. ~ **cabin** stuurkajuit. ~ **column** stuurkolom. ~ **committee** dagbe= stuur; beheerkomitee; reëlingskomitee. ~ **wheel** stuurwiel.

**steers·man** =*men* stuurman. **steers·man·ship** stuurman= skap; stuurmanskuns.

**steg·o·saur·us, steg·o·saur** *(paleont.)* stegosourus.

**stein** *(semisoet witwyn)* stein.

**ste·le** *(bot.: sentrale silinder)* stele. **ste·lar** stelêr.

**stel·lar** stellêr, ster(re)=; stervormig; ~ *month* sterremaand, sideriese maand.

**stem**[1] *n.* stam, stingel; stronk *(v. 'n mielie, tabak);* (woord)= stam; steel *(v. 'n pyp, klep, ens.);* skag *(v. 'n veer, pyl, bout, ens.);* geslag; boeg, voorstewe *(v. 'n skip); from* ~ *to stern* van voor tot agter. **stem** =*mm=, ww.* afstroop *(blare ens.);* ontstingel *(rosyntjies ens.);* ~ *from* ... uit ... ontstaan/(voort)spruit. ~ **bud** stingelknop. ~ **cell** *(biol.)* stamsel. ~ **leaf** stingelblaar. ~ **rot** stamverrotting. ~ **stitch** steelsteek. ~ **vowel** stamklin= ker.

**stem**[2] *ww.* stelp *(bloed);* stuit, teë=, teenhou, wal gooi teen; die hoof bied; keer, opdam; stroomop roei.

**stem·less** stingelloos.

**stem·let** stingeltjie.

**stench** stank.

**sten·cil** *n.* stensil; sjabloon; wasvel. **sten·cil** *-ll-*, *ww.* stensil; sjabloneer. ~ **cutter** sjabloon=, patroonsnyer. ~ **paper** wasvel, =papier, sjabloonpapier.

**sten·cil·ling** sjabloonwerk, sjablonering, sjabloneerwerk; sjabloondruk.

**Sten (gun)** stengeweer.

**ste·nog·ra·phy** *(Am.)* stenografie, snelskrif. **sten·o·graph** stenogram. **ste·nog·ra·pher** stenograaf, snelskrywer, =skryf=ster.

**stent** *(med.: inwendige spalking)* stent.

**sten·to·ri·an** hard, luid, bulderend; ~ *tone(s)/voice* stentor=stem, bulderende stem.

**step** *n.* tree, stap, skrede; pas; voetstap; voetspoor; trap *(in 'n rang);* treetjie; trappie; optree *(v. 'n trap);* sport *(v. 'n leer);* insnyding *(in 'n kraag);* a ~ **backward/forward** 'n stap agter=/vooruit; ~ **by** ~ stap vir stap, staps=, trapsgewys(e); voetjie vir voetjie, versigtig; a ~ *in the right/wrong* **direction** 'n stap in die regte/verkeerde rigting; *fall into* ~ *with* ... in die pas met ... loop; dit met ... eens wees; *fall/get out of (or* **lose)** ~ uit die pas raak; *in* ~ in (die) pas; *be in* ~ *with* ... met ... tred hou; *keep* ~ in die pas bly; *keep in* ~ *with* ... met ... tred hou; a *light* ~ 'n ligte/sagte stap/tred; *keep one* ~ *ahead of* ... net voor ... bly; *out of* ~ uit die pas; *be out of* ~ *with* ... nie met ... tred hou nie; *retrace one's* ~s (op jou voetspore) teruggaan; *take a* ~ 'n tree gee; *take* ~s stappe doen, (handelend) optree; maatreëls tref/neem; *walk in* ~ in die pas loop. **step** *-pp-, ww.* stap, tree, loop; trap; ~ *across s.t.* oor iets loop; oor iets tree; ~ *along* aanstap; ~ *aside* opsy staan/stap/tree; ~ *back* agteruitstaan, terugstaan, =tree; *(bouk.)* terugspring; ~ *carefully, (lett.)* versigtig loop/trap; *(fig.)* fyn trap; ~ *down* afklim, afstap; terugstaan, =tree, jou terugtrek; aftree; ~ *forward* vorentoe tree; ~ *in* binnestap, tree; in=gryp, intree, tussenbei(de) kom/tree; ~ *in(side)* ingaan, in=kom, instap; ~ *lively!, (infml.)* roer jou (litte/riete)!; ~ *off s.t.* van iets afstap; iets aftree *('n afstand);* ~ *on s.t.* op iets trap; ~ *on a thorn* in 'n doring trap; ~ *on it!, (infml.)* gee vet!, vinniger!; ~ *out* uitgaan, uitloop, uitstap, buite(n)toe gaan/loop/stap; (vinnig) aanstap, die treë rek; pret maak; ~ *out=side, (infml.)* dit met die vuis uitmaak; ~ *over s.t.* oor iets tree; ~ *this way* kom hiernatoe/hierlangs *(of* hier langs); ~ *up* vorentoe tree; aantree; ~ *up to s.o.* na iem. toe loop, iem. nader; ~ *s.t. up* iets opstoot *(produksie ens.);* iets versnel *(d. pas ens.);* iets verhoog/vermeerder *(d. spanning ens.);* iets ver=skerp *(beheer ens.);* iets verhewig *(druk ens.);* ~ *warily* oppas, in/op jou pasoppens bly, kyk wat jy doen. ~ **aerobics** *n. (fungeer as ekv. of mv.)* (aërobiese) trapoefeninge. **~-by-step:** ~ *progress* stapsgewyse vordering. ~ **dance** stapdans. ~ **down transformer** *(elek.)* verlagingstransformator. **~ladder** trap=, staanleer. ~ **switch** stapskakelaar. **~-up** *(infml.)* verhoging *(v. lone, spanning); (versek.)* lokpremie; versterking, verhewiging. **~-up transformer** *(elek.)* verhogingstransfor=mator.

**step-** *komb.vorm* stief=. **~brother** stiefbroer. **~child** stiefkind. **~daughter** stiefdogter. **~father** stiefvader. **~mother** stief=moeder. **~-parent** stiefouer. **~sister** stiefsuster. **~son** stief=seun.

**steppe** steppe, (boomlose) grasvlakte, vlakteland.

**stepped** trap=, trapvormig; getrap; ~ *foundation* trapvormige fondament; ~ *gable* trapgewel; ~ *path* trappiespaadjie.

**step·ping stone** stap=, trapklip; *(fig.)* stap, oorgang, middel.

**ste·re·o** stereo(klank), stereofoniese klank; stereo(speler), stereo(stel); stereo(fotografie), stereoskopiese fotografie; stereo(foto), stereoskopiese foto; *(druk.)* stereo(tipie); in/on ~ in/op stereo. ~ **press** stereo(tipie)pers. ~ **recording** stereo-opname. ~ **system** stereostel.

**ster·e·o·chem·is·try** stereochemie. **ster·e·o·chem·i·cal** stereochemies.

**ster·e·o·graph** stereograaf. **ster·e·o·graph·ic** stereografies.

**ster·e·o·phon·ic** stereofonies. **ster·e·oph·o·ny** stereofonie.

**ster·e·o·scope** stereoskoop. **ster·e·o·scop·ic** stereoskopies; ~ *photograph* stereofoto, stereoskopiese foto. **ster·e·os·co·py** stereoskopie.

**ster·e·o·type** *n.* stereotipe, stereotipeplaat, drukplaat; *(fig.)* stereotipe; stereotipedruk, stereotipie; *the* ~ *of* ... 'n tipiese ... **ster·e·o·type** *ww.* stereotipeer. **ster·e·o·typed** geste=reotipeer(d); stereotiep, onveranderlik. **ster·e·o·ty·py** ste=reotipie.

**ster·ile** onvrugbaar, steriel; skraal, maer, dor *(grond);* gus *(dier);* steriel, kiemvry, gesteriliseer(d). **ster·i·li·sa·tion, =za=tion** onvrugbaarmaking, sterilisasie, sterilisering; ontsmet=ting. **ster·i·lise, =lize** kiemvry maak, kieme doodmaak; ont=smet; onvrugbaar maak; steriliseer; *sterilising room* sterili=seerkamer. **ster·i·lis·er, =izer** sterilisator; steriliseerder; ont=smetter; ontsmettingsmiddel. **ste·ril·i·ty** onvrugbaarheid, steriliteit; dorheid; kiemvryheid.

**ster·ling** *n., (Br. geld)* sterling. **ster·ling** *adj.* sterling; eg, onvervals, suiwer; deeglik, verdienstelik; a ~ *fellow* 'n staat=maker; *pound* ~ pond sterling. ~ **silver** sterlingsilwer; ster=lingware.

**stern¹** *adj.* ernstig, stroef; streng; hardvogtig; *speak ~ly, (ook)* jou stem dik maak.

**stern²** *n.* agterstewe, hek, spieël *(v. 'n skip),* agterskip; ag=terste, stert; *the ship is down by the* ~ die skip se agterstewe is onder water; *settle down by the* ~ agteroor hel, agterswaar raak. ~ **fast/line/rope** agtertou, vasmaaktou. **~post** agter=stewe. **~way** tru=, deinsvaart; *make* ~ agteruit vaar. **~-wheeler** *(sk.)* hekwielboot, hekwieler.

**stern·most** *adj., (sk.)* agterste.

**ster·num** =nums, =na borsbeen; *(orn.)* kambeen; *(entom.)* borsplaat. **ster·nal** *adj.* borsbeen=, sternaal.

**ster·oid** =oids, *(biochem.)* steroïed.

**ster·ol** *(biochem.)* sterol.

**ster·to·rous** snorkend; roggelend.

**stet** *ww., (Lat., tip.: ignoreer d. korreksie)* stet.

**steth·o·scope** stetoskoop. **steth·o·scop·ic** stetoskopies.

**stet·son** stetson(hoed).

**ste·ve·dore** stuwadoor, dokwerker.

**stew** *n.* bredie; stowegereg, gestoofde gereg; *(infml.)* benoud=heid; *be/get in a* ~ *(about s.t.)* opgewen wees/raak (oor iets); senu(wee)agtig wees/raak/word (oor iets); verbouereerd wees/raak (oor iets); *(infml.)* kook (oor iets); die josie in wees (oor iets); in die knyp sit; *vegetable* ~ groentebredie; *the whole* ~ *of them, (infml.)* daardie hele sous. **stew** *ww.* stoof, stoof; *let s.o.* ~ *in his/her own juice, (infml.)* laat iem. in sy/haar eie sop/vet gaar kook; *~ed meat* stowevleis, gestoofde vleis; *~ed sweet potato* stowepatat(ta). ~ **meat** stowevleis.

**stew·ard** kelner; opsiener, opsigter; toesighouer, opsigter; rentmeester, saakwaarnemer; buswaard; lugwaard; huis=meester, huishoudingsbestuurder; hoofkelner; hofmeester *(op 'n skip, trein, ens.); (sport)* baanbeampte, =opsiener. **stew·ard·ess** kelnerin; waardin; buswaardin; lugwaardin; hof=huismeesteres; treinkelnerin. **stew·ard·ship** hof=, rentmees=terskap.

**stewed** baie sterk, wat te lank getrek het *(tee); be/get ~, (infml.)* gekoring/dronk wees/raak; *be completely* ~, *(infml.)* gaar/smoordronk wees.

**stew·ing** (die) stowe. ~ **apple** stoofappel. ~ **meat** stowe=vleis.

**stick¹** *n.* stok; wandelstok, kierie; lat; steel; stuurstok *(v. 'n vliegtuig); (sk.)* spar, paal; *(druk.)* (set)haak; *it is easy to find a* ~ *to beat a* **dog** as jy 'n hond wil slaan, kry jy maklik 'n stok; *get the dirty end of the* ~, *(infml.)* aan die kortste end trek/wees; *get (hold of) the wrong end of the* ~, *(infml.)* dit by die verkeerde ent *(of* die kat aan die stert) beethê; *give s.o./*

*s.t. (a lot of)* ~, *(infml.)* iem./iets kwaai kritiseer; *in the* ~*s, (infml.)* in die gram(m)adoelas; *up* ~*s, (infml.)* verhuis. ~ **fighting** *(SA)* stokveg. ~ **insect** stokkieduiwel, stokinsek, wandelende tak.

**stick²** *stuck stuck, ww.* steek; vassteek; (vas)klewe, (vas)klou; vassit; vasplak; aanhou; bly voortduur, standhou; bly steek; getrou bly; *(infml.)* verdra, veel; ~ *about/around, (infml.)* rondhang; in die buurt bly; nie weggaan nie; ~ *at s.t., (infml.)* met iets volhou; ~ *at nothing* vir niks stuit/terugdeins nie; *tot alles in staat wees;* ~ *at it, (infml.)* vasbyt, volhard, volhou; ~ *by s.o.* (aan) iem. trou bly; ~ *by/to s.t.* by iets hou *('n argument ens.);* aan iets vashou *(of getrou bly) (beginsels ens.);* by iets bly *(jou woord ens.);* ~ *s.t. down* iets vasplak/vassteek; *(infml.)* iets neerskryf/neerskrywe; iets toeplak *('n koevert ens.);* ~ *in s.t.* in iets vassit *(modder ens.);* ~ *s.t. in* ... iets in ... steek; ~ *like a bur(r)/leech/limpet* klou soos klitsgras, (vas)klou; *make s.t.* ~ iets laat vassit; *(infml.)* iets laat insink; *not* ~ *s.o., (infml.)* iem. nie verdra/veel nie; *not* ~ *s.t. any longer, (infml.)* iets nie langer uithou/verdra nie; ~ *s.t. on* iets opplak *('n posseël ens.);* ~ *out* uitsteek; ~ *it out, (infml.)* deurbyt, volhard, volhou, nie opgee nie; ~ *to* ... aan ... vassit, aan ... (vas)kleef/(vas)klewe, aan ... (vas)klou; ~ *to it, (infml.)* vasbyt, volhard; ~ *together, (infml.)* bymekaar bly; aan mekaar getrou bly; ~ *together s.t.* iets aanmekaarplak; ~ *up, (iets)* regop staan; ~ *s.o. up, (infml.)* iem. hen(d)sop; ~ *up for o.s.* jou man staan; ~ *up for s.o.* vir iem. opkom; ~ *s.t. up* iets omhoog hou; iets regop sit; iets opsit *('n skyf ens.);* ~ *with* ..., *(infml.)* by ... bly. **~-in-the-mud** =muds, *n., (infml.)* rem=skoen, jandooi, agterblyer, sukkelaar, jansalie, twak. **~-in-the-mud** *adj.* dooierig. **~-on** *adj. (attr.)* (aan)plak=, selfkleef=, selfklewende, selfheg=. **~-up** *n., (infml.)* aanhouding; *this is a* ~*!, (infml.)* gee jou geld!; jou geld of jou lewe! →HOLD-UP. **~-up** *adj.* opstaande; ~ *collar* staankraag, stywe/hoë boord=jie.

**stick·a·bil·i·ty** *(infml.)* deursettingsvermoë, uithou(dings)=vermoë, volhardingsvermoë.

**stick·er** plakker; aanplakker; plakstrook, plaksel; kleefstrook; plak=, kleefseël; stapellat; volhouer, aanhouer, volharder; *parking* ~ parkeerbewys.

**stick·ing plas·ter** heg=, kleefpleister.

**stick·le·back** *(igt.)* stekelbaars.

**stick·ler** puntene(u)rige mens; *be a* ~ *for* ... 'n voorstander vir ... wees; baie/erg op ... gesteld wees *(presiesheid ens.).*

**stick·y** klewerig, taai; klouerig; bedompig, broeierig, benoud *(d. weer);* ~ *tape* plaklint, kleefband, =lint. **stick·i·ness** taai=heid, klewerigheid.

**stiff** *n., (infml.)* lyk; jandooi, jansalie, slaapkous; niksnuts, nikswerd. **stiff** *adj.* styf; stram *('n skarnier ens.);* onbuigsaam; stroef, afgemete; moeilik, swaar; sterk; stewig *('n pas ens.);* straf, streng, kwaai; hard *(stamp);* taai *(weerstand);* stroef *(styl);* ~ *binding/cover(s)* harde band; *that's a bit (or pret=ty)* ~*, (infml.)* dit is 'n bietjie erg/kwaai, dit is bietjies te veel gevra/geverg; ~ *collar* stywe/gestyfde boordjie; *meet s.t. with a* ~ *denial* iets beslis ontken; *(as)* ~ *as a poker* stokstyf, lyk of jy 'n laaistok ingesluk het; ~ *price* hoë/kwaai prys; *charge s.o. a* ~ *price, (infml.)* iem. ruk; *be* ~ *with* ... styf wees van (die) ... *(koue ens.).* **stiff** *ww., (infml.)* verneuk; doodmaak. **~-arm** *ww., (rugby ens.):* ~ *s.o.* iem met 'n stywe arm loop/stuit *(of* afstamp/wegstamp). **~-necked** (hard)koppig, eiesinnig.

**stiff·en** styf maak, styf, stywe; styf word; verstar; verstram; verstewig; versterk. **stiff·en·er** verstywer; styfmiddel; versterker; regmakertjie.

**stiff·en·ing** verstywing; versterking; styfgaas; verstyfmiddel.

**stiff·ish** stywerig; taamlik moeilik.

**stiff·ness** styfheid, styfte; stroefheid; stewigheid.

**stif·fy** =fies, *(plat: ereksie)* styfte, horing. ~ **(disk/disc)** *(SA, rek.)* stiffie(skyf).

**sti·fle¹** *ww.* (ver)stik, (ver)smoor; smoor *('n lag);* onderdruk

*('n gaap);* doodsmoor; ~ *s.t. at birth, (fig.)* iets in die kiem smoor. **sti·fler** smoorder; galg; stikwarm dag. **sti·fling** ver=stikkend; bedompig, broeiend, broeierig; ~ *day* stikwarm dag; ~*ly hot* snikheet, =warm.

**sti·fle²** *n., (soöl.)* kniegewrig, agterlit. ~ **bone** knieskyf.

**stig·ma** =mas, =mata stigma; brandmerk, skandvlek, =teken, skande, smet, klad; littekcn, *(med.)* merk(teken), vlek; *(soöl.)* luggaatjie; *(soöl.)* oogvlek; *(bot.)* stempel; *(i.d. mv. stigmata), (relig.)* wondtekens *(v. Christus).* **stig·ma·ti·sa·tion, =za·tion** stigmatisasie; *(fig.)* brandmerking. **stig·ma·tise, =tize** stigma=tiseer; skandmerk, skandvlek; ~ *s.o. as* ... iem. as ... brand=merk/doodverf/bestempel.

**stil·boes·trol** *(biochem.)* stilbestrol.

**stile¹** oorklimtrap, oorstap, oor=, klim=, traphek, steg.

**stile²** styl *(v. 'n deur, venster).*

**sti·let·to** =to(e)s, *n.* stilet, dolkie, priem. **sti·let·to** *ww.* met 'n stilet deursteek/deurboor. ~ **heel** spykerhak.

**still¹** *n.* stilbeeld; stilfoto; stilte; *the* ~ *of the night* die stilte van die nag. **still** *adj.* stil; kalm; stilstaande, roerloos; geluidloos, stil, gedemp; ~ *air* stil lug; windstilte; *be* ~ *as the grave* so stil soos die graf wees; soos die graf swyg; ~ *as a stone* stokstil; ~ *water* staande water. **still** *adv.* nog, nog steeds, nog altyd; (en) nog, nogtans, nietemin; ~ *do it* dit nog steeds doen; ~ *have ten/etc.* ... nog tien/ens. ... hê; *s.o. has* ~ *not come/etc.* iem. het nog nie gekom/ens. nie. **still** *ww.* stil(maak), kalmeer, (laat) bedaar; wegneem *(agterdog ens.).* ~**birth** dood=, stilgeboorte; doodgebore baba/kind. ~**born** *(lett. & fig.)* dood=gebore *(baba, plan, ens.).* ~ *life* still lifes, *(skilderk.)* stillewe. ~**-life** *adj. (attr.)* stillewe=; ~ *painting* stillewe; stilleweskil=derkuns.

**still²** *n.* distiller=, stookketel; distiller=, stooktoestel; distilleer=dery, stokery. **still** *ww.* stook, distilleer.

**still·ness** stilte, geluidloosheid; stilte, rustigheid, kalmte; onbeweeglikheid, roerloosheid.

**stilt** *n.* stelt; stilpoot; ploegstert; draagsilinder; *on* ~*s* op stelte. **stilt** *ww.* op stelte sit. ~ **bird** steltvoël, =loper. ~ **walk·er** steltloper.

**stilt·ed** op stelte; hoogdrawend, onnatuurlik, geswolle *(spraak);* ~ *arch* steltboog. **stilt·ed·ness** hoogdrawendheid, bombas=me.

**Stil·ton (cheese)** stilton(kaas).

**stim·u·late** stimuleer, prikkel; *(fig.)* aanspoor, aanwakker, aanmoedig; opwek; bevorder; *stimulating lecture* gedagte=prikkelende lesing. **stim·u·lant** *n.* stimulant, stimuleermiddel; *(fig.)* aansporing, prikkel, stimulans, stimulant, stimulus; al=kohol. **stim·u·lant** *adj.* prikkelend, opwekkend, opbeurend. **stim·u·la·tion** stimulasie, stimulering, prikkeling; *(fig.)* aan=wakkering, aansporing; aanporring; opwekking. **stim·u·la·tive** *n.* prikkel. **stim·u·la·tive** *adj.* prikkelend, opwekkend.

**stim·u·lus** =uli, *(lett. & fig.)* stimulus; *(fig.)* prikkel, aan=sporing.

**sting** *n.* steek; angel; *(bot.)* netelhaar; *(infml.)* geheime operasie; prikkel; venyn; ~ *of hunger* knaende honger; *have a* ~ *in it, (d. lug)* skerp/prikkelend wees; *(woorde, boulwerk)* venynig wees; *take the* ~ *out of s.t.* die angel uit iets haal; *the* ~ *is in the tail* die angel sit in die stert. **sting** *stung stung, ww.* steek, prik; brand; pyn/wroeging/leed veroorsaak; pep=per ~ *one's tongue* peper brand op die tong. ~ **fly** steek=, blinde=, perdevlieg. ~**ray** *(igt.)* pylstert(rog/vis).

**sting·er** stekelplant; steekinsek; angel; *(infml.)* taai klap, seer hou.

**sting·ing** vlymend; stekel(r)ig; snydend; ~ *attack* venynige/snydende aanval; ~ *blow* taai klap; ~ *cell* netelsel, brand=sel, nematosist; ~ *insult* griewende belediging; ~ *nettle* brandnetel, =nekel. **sting·less** *(lett. & fig.)* angelloos; sonder angel/stekel; onaanstootlik; goedaardig.

**stin·gy** suinig, vrekkerig, gierig; *be* ~ *with s.t.* suinig/snoep wees met iets. **stin·gi·ness** suinigheid, vrekk(er)igheid.

**stink** *n.* stank; *kick up* (or *raise*) *a ~, (infml.)* 'n herrie maak/ opskop. **stink** *stank/stunk stunk, ww., (lett. & fig.)* stink; sleg ruik; afsku inboesem, verafsku word; *~ of money* stinkryk wees; *s.o./s.t. ~s of ...* iem./iets stink na ...; *~ a place out, (infml.)* 'n plek stink maak. *~* **bomb** stinkbom. *~* **bug** stinkbesie. *~***weed** stinkblaar, doringappel. *~***wood** stinkhout; *black ~* swartstinkhout; *red ~* bitteramandel, rooistinkhout, nuwehout; *white/Camdeboo ~* witstinkhout, Kamdeboostinkhout. *~***wood tree** stinkhoutboom, Kaapse lourier.

**stink·er** *(infml.)* stinker(d); vrotterd, nikswerd; *the paper was a ~* die vraestel was moeilik.

**stink·ing** stinkend; *(infml.)* walglik, miserabel; *have a ~ cold, (infml.)* 'n swaar/kwaai/hewige verkoue hê, vrot van die verkoue wees; *cry ~ fish* jou eie goed slegmaak, jou eie neus skend; *write s.o. a ~ letter* aan iem. 'n brander (of 'n kwaai brief) skryf/skrywe; *be ~ rich, (infml.)* stinkryk wees.

**stint¹** *n.* skof, (diens)beurt; deel, rantsoen; karigheid, suinigheid; beperking; *do a ~ at ...* 'n beurt hê/kry om te ...; *do one's daily ~* jou dagtaak verrig; *without ~* sonder beperking, volop. **stint** *ww.* beperk; suinig/spaarsaam wees; skraps uitdeel/toemeet, afskeep; op rantsoen stel; *~ o.s.* jouself te kort doen.

**stint²** *n., (orn.)* strandloper(tjie).

**stipe** *(bot.)* steel; blaarsteel *(v. 'n varing).*

**sti·pend** besoldiging, salaris; toelae; (studie)beurs, stipendium *(aan 'n student);* soldy, soldateloon. **sti·pen·di·a·ry** *n.* beurshouer, stipendiaat, stipendium, houer; salaristrekker. **sti·pen·di·a·ry** *adj.* besoldig, betaal(d); gesalarieer(d), salaristrekkend.

**sti·pes** *=pites, (soöl.)* steel *(v. 'n voelspriet ens.); (bot.)* →STIPE.

**stip·ple** *n.* stippel; stippel=, punteerwerk. **stip·ple** *ww.* (be)stippel; uitstippel, punteer; *~d glass* stippelglas. **stip·pler** stippelaar; punteerstif, =penseel, stippelpenseel.

**stip·pling** stippeling; stippel=, punteerwerk. *~* **brush** stippelkwas.

**stip·u·late** *ww.* bepaal, as voorwaarde stel, stipuleer. **stip·u·la·tion** bepaling, voorwaarde, stipulasie.

**stip·ule** *(bot.)* steunblaar(tjie). **stip·u·late** *adj., (bot.)* steunblaardraend, met steunblare.

**stir** *n.* opskudding, opgewondenheid, sensasie; gewoel, (ge)roesemoes; *cause/create/make a ~* opspraak (ver)wek, 'n opskudding veroorsaak. **stir** *=rr=, ww.* roer, (ver)roer, beweeg; omroer, in beweging bring; aanpor, opwek; aansit, aanhits; aanstook; rakel *('n vuur);* aangryp; *~ early* (or *at an early hour*) vroeg opstaan, vroeg op (of aan die gang) wees; *not ~ from the house/etc.* nie uit die huis/ens. sit nie, nie jou neus by die deur uitsteek nie; *~ s.t. in* iets inroer; *there is no news ~ring* daar is geen nuus nie; *not be ~ring yet* nog nie op wees nie; *~ o.s.* begin roer; *~ people up* mense aanhits/ophits/oprui; *~ s.t. up* iets omroer; iets (ver)wek *(ontevredenheid);* iets gaande maak *(nuuskierigheid);* iets aanblaas *('n opstand);* iets aanwakker *(vyandskap); ~ up strife, (ook)* kwaad stook; *s.o. needs/wants ~ring up* iem. moet wakker geskud word. *~***-fried** roerbraai=; *~ vegetables* roerbraaigroente. *~***-fry** *n.* roerbraai(gereg). *~***-fry** *ww.* roerbraai.

**stirps** *stirpes, (geneal.)* stamvader; stam, familietak; *(soöl.)* bloedlyn, ras.

**stir·rer** roerder; roerlepel, =spaan; roervurk; roertoestel, =stok; roerstafie; *(infml.)* kwaadstoker, =steker, skoorsoeker; oproermaker, aanhitser.

**stir·ring** *adj.* (ont)roerend, aangrypend, treffend *(gedig ens.);* opwindend *(tye ens.);* besielend *(toespraak ens.);* spannend *(verhaal ens.). ~ rod* roerspaan, =stafie.

**stir·rings** *n. (mv.)* (eerste) tekens *(v. verandering ens.);* gevoelens *(v. begeerte ens.); sexual ~* seksuele prikkeling; *soul ~* roeringe van die siel.

**stir·rup** stiebeuel; beuel; hanger; spanlyn. *~* **cup** loopdop, afskeidsbeker, =glasie, =drankie. *~* **pump** stiebeuelpomp.

**stitch** *n.* steek; *drop a ~, (breiwerk)* 'n steek laat val; *be (or have s.o.) in ~es, (infml.)* (iem. laat) krom lê (of skater/ skree[u]) van die lag; *not have a ~ on, not be wearing a ~, be without a ~ of clothing* geen draad (klere) aanhê nie; *pick up a ~, (breiwerk)* 'n steek optel; *put in ~es* 'n wond heg/ toewerk; *a ~ in the side* 'n steek in die sy; *take out ~es* steke uithaal. **stitch** *ww.* naai *(m.d. hand);* stik *(met 'n masjien);* draadheg, brosjeer *('n boek); ~ed book* gedraadhegte boek; *~ on s.t.* iets aanwerk; *~ s.o. up, (Br., infml.)* iem. met 'n slap riem (of 'n [slim] slenter) vang; *~ s.t. up* iets heelmaak/toe=/ vaswerk; iets heg/toewerk. **stitch·er** stikker; draadhegter; stik=, draadhegmasjien.

**stitch·ing** steke, naaisel, naaiwerk; hegting; omstiksel; *(machine) ~* stiksel. *~* **machine** stikmasjien. *~* **needle** stiknaald; boekbindersnaald. *~* **wire** hegdraad.

**stoat** *(soöl.)* wesel; hermelyn.

**sto·chas·tic** *adj., (statist.)* stochasties, stogasties.

**stock** *n.* voorraad; aandelekapitaal; *(kookk.)* aftreksel; steel, handvatsel; laai *(v. 'n geweer);* kolf, greep *(v. 'n pistool);* hef *(v. gereedskap);* (boom)stam; afkoms, afstamming; geslag, ras, familie; aansien, prestige; vee(stapel), lewende hawe; onderstam, =stok, wortelstok; onderstok *(by druiwe);* onderstam *(by geënte bome); (i.d. mv.)* skeepsboustellasie, =steier; effekte; *carry ~s* voorraad aanhou; *clear ~s* voorraad op= ruim; *s.o.'s ~ is falling/rising* iem. se aansien daal/styg; *be/ come of good ~* van goeie afkoms wees; *be in ~* in voorraad wees; *have/keep s.t. in ~* iets in voorraad hê/hou; *large ~* grootvee; *be on the ~s* in voorbereiding wees; *('n skip)* op stapel wees; *('n boek)* in bewerking wees; *s.o. is out of ~* iem. het iets nie in voorraad nie, iem. is uitverkoop; *s.t. is out of ~* iets is uitverkoop (of nie in voorraad nie); *s.t. sends up s.o.'s ~(s)* iets verhoog iem. se aansien; *~s and shares* effekte en aandele; *small ~* kleinvee; *take ~* (die) voorraad op= neem; *take ~ of s.o.* iem. opsom/deurkyk; iem. noukeurig beskou, iem. van kop tot tone bekyk; *take ~ of s.t.* iets in oënskou neem, iets betrag. **stock** *adj.* oud, afgesaag, stereotiep; vas(staande), geyk, gebruiklik; gereeld; uit (die) voorraad. **stock** *ww.* in voorraad hê/hou; voorsien van; die nodige aankoop/aanvul; bevoorraad; beset; toe=, uitrus; vee aanskaf; weiding gee; *~ a dam* 'n dam bevis; *~ a farm* 'n boerdery aan die gang (of op tou) sit, al die nodige vir 'n plaas aanskaf; *~ up on/with s.t.* voorraad van iets aanskaf, iets in voorraad neem; *~ ... with s.t. ...* van iets voorsien; ... met iets toerus. *~* **account** effekterekening; voorraadrekening. *~* **answer** onveranderlike/gereelde antwoord. *~* **book** effekteboek; voorraadboek, =register. *~***breeder** veeteler. *~***breeding** veeteelt. *~* **brick** pleistersteen. *~***broker** aandelemakelaar; effektemakelaar. *~***broking** aandelemakelary. *~* **car** stampkar, =motor. *~* **car racing** stampwedrenne. *~* **commodity** stapelartikel, artikel met 'n vaste vraag. *~* **cube** *(kookk.)* aftreksel=, ekstrakblokkie. *~* **dealer** effektehandelaar. *~* **exchange** effektebeurs; aandelebeurs; *on the ~ ~* op die (effekte)beurs. *~* **farm** veeplaas. *~* **farming** veeboerdery. *~* **feed** veevoer. *~* **fish** stokvis. *~***holder** aandeelhouer; effektehouer; voorraadhouer. *~***holding** effektebesit; aandelebesit. *~***in-trade** (handels)voorraad. *~* **joke** staande grap. *~***list** beursnotering; fondskatalogus *(v. 'n uitgewer). ~* **market** effektemark; aandelemark; veemark. *~* **pattern** standaardpatroon; standaardgietvorm. *~* **phrase** geykte uitdrukking. *~***pile** *n.* voorraadstapel, opgegaarde voorraad. *~***pile** *ww.* voorrade stapel/opgaar/ophoop. *~***piling** voorraadopgaring. *~* **raising** veeteelt, =boerdery. *~***room** (voorraad)magasyn, voorraadkamer, pakhuis. *~* **size** standaardgrootte; standaardformaat *(v. papier). ~***still** dood=, bot=, stokstil, roerloos. *~***taker** voorraadopnemer. *~***taking** voorraadopname; *(fig.)* terugblik, oorsig. *~* **theft** veediefstal. *~* **thief** veedief.

**stock·ade** *n.* verskansing, skanspale; palissade, paalheining, (paal)skutting; *(Am.)* strafgevangenis. **stock·ade** *ww.* verskans, palissadeer.

**stock·i·ness** →STOCKY.

**stock·i·net(te)** *(tekst.)* stokkinet.

**stock·ing** kous; *in one's* ~*s* op jou kouse, op kousvoete, sonder skoene. ~ **filler** *(Br.)*, ~ **stuffer** *(Am.)* Kerskousge= skenkie, =presentjie. ~ **foot** kousvoet. ~ **mask** (nylon)kous= masker. ~ **stitch** koussteek.

**stock·inged** gekous(te), =(de); *in* ~ *feet* op kousvoete.

**stock·ist** lcwcransier, voorraadhouer; *be* ~*s of all makes* alle (handels)merke aanhou.

**stock·y** breed/swaar gebou, bonkig, stewig; geset, kort en dik. **stock·i·ness** bonkigheid, gesetheid.

**stodge** *(infml.)* swaar/onverteerbare kos; *(fig.)* oninteressante/ moeilike stof. **stodg·i·ness** onverteerbaarheid; swaarwigtig= heid. **stodg·y** vullend; swaar, onverteerbaar; dik; volgeprop, propvol; oorlaai; swaarwigtig; dooierig, oninteressant.

**stoep** *(Afr.)* stoep.

**sto·gy, sto·gey** *(Am.: dun sigaartjie)* stinkstok.

**sto·ic** *n.* stoïsyn. **sto·ic, sto·i·cal** *adj.* stoïsyns, onver= stoorbaar, gelate. **sto·i·cism** stoïsisme, onverstoorbaarheid, gelatenheid.

**stoi·ch(e)i·om·e·try** *(chem.)* stoïgiometrie.

**stoke** stook; *(infml.)* volstop; ~ *(up)*, *(infml.: baie eet)* wegpak; ~ *s.t. up* iets opstook *('n vuur)*. ~**hold** stookruim, =plek. ~**hole** stookgat. **stok·er** stoker.

**stok·vel** *(SA, ekon.: informele spaarskema)* stokvel, *(infml.)* gooi-gooi.

**stole**[1] *n.* stola, lang serp/pels.

**stole**[2] *(verl.t.)* het gesteel; →STEAL *ww.*. **stol·en** gesteel; ge= roof.

**stol·id** onverstoorbaar, onversteurbaar; ongevoelig, stomp= sinnig, afgestomp; dooierig, traag. **sto·lid·i·ty** onverstoor= baarheid, onversteurbaarheid; ongevoeligheid, stompsinnig= heid.

**stol·len** stollen(s), *(D. kookk.)* stollen(koek).

**sto·lon** *(bot., soöl.)* stolon; *(bot.)* uitloper.

**sto·ma** =mas, =mata, *(bot., soöl., med.)* stoma; *(bot.)* huid= mondjie; *(soöl.)* mondjie; *(med.)* mond. **sto·mal** *adj., (med.)* stomaal. **sto·ma·tal, sto·mat·ic** *(adj.)* huidmond=, ~ *cell* sluit-sel.

**stom·ach** *n.* maag; buik; pens *(v. diere)*; eetlus; neiging, sin, lus; *on an empty* ~ op 'n leë/nugter maag; *fourth* ~, *(soöl.)* leb(maag); *on a full* ~ op 'n vol maag; *have no* ~ *for s.t.* nie/niks lus hê/voel/wees vir iets nie *(baklei ens.)*; *at/in the pit of the* ~ op die krop van die maag; *food sits heavy on s.o.'s* ~ kos lê swaar op iem. se maag; *s.o. has a strong* ~ iem. se maag kan baie verdra; *s.t. turns s.o.'s* ~ iets maak iem. naar/ mislik, iets walg iem., iets laat iem. walg; *s.o.'s* ~ *is upset* iem. se maag is onderstebo. **stom·ach** *ww.* sluk; verteer; verkrop; *(fig.)* sluk, verdra; *s.o. cannot* ~ *s.t.* iem. kan iets nie verdra/sluk nie. ~**ache** maagpyn. ~ **complaint** maagaan= doening. ~ **pump** maagpomp. ~ **trouble** maagaandoening. ~ **tube** maagbuis, =pyp. ~ **ulcer** maagseer. ~ **wall** maag= wand.

**stom·ach·ful** =*fuls* maag vol.

**sto·mal, sto·ma·tal, sto·mat·ic** →STOMA.

**sto·ma·ti·tis** *(med.)* stomatitis, mondontsteking.

**stomp** stamp, trap; ~ *out, (infml.)* (kwaad) uitstap.

**stone** *n.* klip, steen; juweelsteen; pit *(v. 'n vrug)*; haelsteen; *(druk.)* inslaantafel; *(med.)* (nier)=, (blaas)steen, graweel; *(med.)* (gal)steen; *(Br. gewigsmaat: 6.35 kg)* stone; ~*s fly* die klippe reën/spat; *harden into* ~ versteen; *precious* ~ edel= steen, =gesteente; *throw* ~*s at s.o.* iem. met klippe gooi/ bestook, iem. onder die klippe steek; *(only) a* ~*'s throw (from/to ...)* (net) 'n hanetreetjie/klipgooi (van/na ...); *leave no* ~ *unturned (to ...)* alles in die werk stel (om te ...), hemel en aarde beweeg (om te ...), geen steen onaangeroer laat (om te ...) nie. **stone** *ww.* met klippe gooi; stenig; ontpit,

pitte uithaal; uitstraat, =plavei; ~*d dates/etc.* ontpitte dadels/ ens.; ~ *s.o. to death* iem. stenig, iem. met klippe doodgooi. **S~Age** Steentyd(perk). ~**blind** stokblind. ~**breaker** klip= breker; klipbreekmasjien. ~**breaking** klipbrekery, =breek= werk. ~**chat** *(orn.): African* ~ gewone bontrokkie. ~ **chisel** klipbeitel. ~ **circle** *(argeol.)* steensirkel. ~ **coal** antrasiet. ~**cold** yskoud; straalkoud, volkome/totaal koud; *the/a* ~ *fact* die/'n nugtere waarheid; *s.t. leaves s.o.* ~ iets laat iem. (ys)= koud; ~ *sober* volkome nugter. ~ **colour** klipgrys, =kleur. ~**crop** *(bot.: Sedum spp.)* vetkruid. ~**crusher** klipbreker, klipbreekmasjien, klipmeul(e). ~**crushing** klipbrekery. ~**cut= ter**, ~ **dresser** klipkapper, steenhouer; klipkapmasjien. ~**cut= ter's yard** steenhouery, klipkappery, klipkapperswerkplaas. ~ **dead** morsdood. ~ **deaf** stokdoof, so doof soos 'n kwartel. ~**fish** pangaljoen; steenvis; duiwelvis. ~ **floor** klipvloer. ~**fly** *(entom.: orde Plecoptera)* steenvlieg. ~ **fruit** pit=, steenvrug. ~**ground flour** steengemaalde meel. ~ **guard** *(bouk.)* klip= skut; *(mot.)* klipskerm; spoorruimer *(v. 'n lokomotief)*. ~ **ham= mer** kliphamer. ~ **jug** kruik. ~**laying** klipmesselwerk; (hoek)= steenlegging. ~ **marten** *(soöl.)* steenmarter. ~ **mason** klip= messelaar; steenhouer. ~**masonry** klipmesselwerk. ~ **pine** kroonden. ~ **pit**, ~ **quarry** klipgat, =groef, steengroef. ~ **throw= er** klipgooier. ~**throwing** klipgooiery. ~ **wall** *n.* klipmuur. ~**wall** *ww., (kr.)* soos 'n klipmuur *(of 'n rots)* staan; *(pol.)* obstruksie pleeg. ~**waller** *n., (kr.)* kanniedood; *(pol.)* obstruk= sionis. ~**walling** *(kr.)* omsigtige kolfwerk; *(pol.)* obstruksie. ~**ware** steengoed, (swaar) erdewerk. ~**washed** klipgewas, met klippe gewas *(denim ens.)*. ~**work** klipwerk.

**stoned** *(infml.)* bedwelm(d), dwelmdof, in 'n dwelmdwaal/ =roes; smoordronk, besope.

**stone·less** pitloos, sonder pit(te).

**ston·ing** steniging; klipgooiery; ontpitting.

**ston·y** klipperig, vol klippe; klip=, steen=; koud, strak; hard; ongevoelig; ~ *silence* kille (stil)swye; ~ *stare* strakke/koue blik. ~**broke** (totaal) platsak, boomskraap. ~**faced** uit= drukkingloos, emosieloos, gevoelloos, onbewoë, kil, koel, koud, strak, stug, stroef. ~**hearted** hardvogtig, genadeloos, meedoënloos.

**stood** *(verl.t.)* (het) gestaan; →STAND *ww.*.

**stooge** *(neerh.)* hansie-my-kneg, handlanger, strooipop, ma= rionet; *(teat.)* voerman.

**stool** *n.* stoel(tjie); bankie; kruk; sitbankie; *(bot.)* stoel; *(hoofs. med.)* stoelgang, ontlasting; *fall between two* ~*s, (idm.)* tussen twee stoele (deur)val; al twee stoele mis sit. **stool** *ww., (bot.)* stoel; ~ *forth/out* uitstoel. ~ **(pigeon)** polisiespioen, lokvink.

**stoop**[1] *n.* krom houding; *have (or walk with) a* ~ vooroor/ krom/gebukkend loop. **stoop** *ww.* buk, vooroor buig, krom/ vooroor/gebukkend loop; jou verwerdig; ~ *to ... tot ... afdaal; jou tot ... verneder/verlaag. ~**shouldered** krom(rug).

**stoop**[2] *n., (Am.)* stoep; stoepportaal; stoeptrappie; →STOEP.

**stooped** *adj.* krom.

**stoop·ing** gebuk(kend), krom.

**stop** *n.* einde, end; (die) stilhou, stilstaan, stilstand; halte; stilhouplek; stopplek; aanslag; stuiter; leesteken; klep *(v. 'n blaasinstr.)*; register *(v. 'n orrel)*; (die) opgee *(v. rook, drank)*; *(fonet.)* klapper, ploffer, (eks)plosief; *(fot.)* diafragma; *bring s.t. to a* ~ iets tot stilstand bring; *come to a* ~ tot stilstand kom; gaan staan; stilhou; end kry, eindig, ophou; *come to a dead* ~ botstil (gaan) staan; in jou vier spore vassteek; *pull out (all) the* ~*s* iets met mening doen; *put a* ~ *to s.t.* iets stopsit, 'n end/einde aan iets maak; *without a* ~ sonder ophou, eenstryk, een stryk deur; sonder om stil te staan/ hou. **stop** =*pp=, ww.* stop, toestop, digmaak; stelp *(bloeding)*; vul; belet, verhinder; staak, beëindig, 'n end/einde maak aan; skors; (voor)keer; stuit, laat stilstaan; stop(sit); keer *('n tjek)*; staak *('n betaling)*; in=, terug=, agterhou *(iem. se loon/salaris)*; *('n horlosie)* staan; end kry, ophou (met); stilhou, stop, gaan staan; loseer, (oor)bly, vertoef; *(pyn)* oorgaan; opgee *(rook,* *drank);* ~ **at** *a hotel* by/in 'n hotel tuisgaan *(of* tuis gaan); ~ **by** *s.o.'s house* by iem. se huis langs gaan; ~ **dead/short** skielik stilstaan/vassteek *(of* gaan staan); skielik afbreek/ophou/vassteek; skielik stilhou; skielik stilbly; ~ **doing** *s.t.* met iets ophou, ophou om iets te doen; *the river has* ~**ped flowing** die rivier het gaan staan; ~ *s.o.* **from** *doing s.t.* iem. verhinder/belet om iets te doen; *this has (got) to* ~! dit moet end kry!; ~ *it!, (ook)* hou op (daarmee)!, skei uit (daarmee)!, kry nou end (daarmee)!; ~ *s.o.'s* **mouth** iem. se mond snoer; *there is no* ~**ping** ... daar is geen keer aan ... nie *(iem., iets);* ... is onkeerbaar *(iem.); it will* **not** ~ *there* dit sal nie daarby bly nie; ~ **off** *s.t.* iets toe-/digstop; ~ **over** *somewhere* êrens oorbly/staan/vertoef; êrens oornag; 'n reis êrens onderbreek; *it* ~*s* **raining**/*etc.* dit hou op met reën/ens.; ~ **short** →**dead/short;** ~ **short** at/of ... van ... terugdeins; by ... vassteek; ~ **talking/***etc.* ophou (met) praat/ens.; ~ **up** *s.t.* iets toestop. ~ **block** keer-, stopblok. ~**cock** afsluitkraan, afsluiter. ~**gap** stopmiddel, -lap; stopklip; noodhulp; stopwoord. ~**gap measure** oorbruggingsmaatreël, tussentydse maatreël. ~**go policy** *(ekon.)* hortende beleid, horte-en-stote-beleid, stampe-en-stote-beleid *(deur afwisselende beperking/stimulering v. aanvraag ens.).* ~ **knob** *(mus.)* registerknop *(v. 'n orrel ens.).* ~**light** stoplig. ~**off point** oornagplek, -punt. ~ **order** aftrekorder. ~**over** (die) oorbly, verblyf, oornagting; stilhouplek. ~ **plug** stopprop, stopper. ~ **press** laat berig(te). ~ **sign** stopteken. ~ **street** stopstraat. ~ **valve** afsluitklep. ~ **volley** *(tennis)* stopvlughou. ~**watch** stophorlosie, -oorlosie.

**stope** *n., (gew. i.d. mv.), (mynb.)* afbouplek, (werk)gang. **stope** *ww.* afbou.

**stop·pa·ble** keer-, stuitbaar.

**stop·page** verstopping; stilstand, staking; belemmering, obstruksie; (die) stilhou, stilstaan; verstopping *(v. 'n riool);* oponthoud, onderbreking *(v. werk);* stillegging; skorsing; storing; inhouding, agter-, terughouding *(v. iem. se loon);* aanhouding.

**stopped** (toe)gestop; gekeer; verstop; ~ **consonant** (eks)plosief, klapper, ploffer; ~ **end** doodloopent; ~ **groove** doodloopgroef; ~ **pipe** verstopte pyp. ~**-end gutter** doodloopgeut.

**stop·per** *n.* prop, stop, stopprop; stopper; kabelprop; sluiting; *(elek.)* stopweerstand; *put a* ~ to/on *s.t.* 'n end/einde aan iets maak. **stop·per** *ww.* toestop, 'n prop opsit.

**stop·ping** (die) stilhou; stopsel; beëindiging, stopsetting; verstopping, opstopping; vulling; vulsel; lugstop; *s.o. takes a lot of* ~ dis moeilik om iem. te keer; *no* ~ stilhou verbode. ~ **device** stoptoestel; remtoestel. ~ **distance** stilhou-, stopafstand. ~ **place** stilhou-, stopplek, halte.

**stor·age** bewaring, (op)berging, opslag, wegpak(king); bêre-, berg-, pakplek; (op)berg-, pak(huis)-, opslagruimte; opberggeld, -loon, opslaggeld; opgaring, ophoping; *be in* ~ weggepak/-gebêre wees; *cold* ~ koelbewaring; koelkamers, -inrigting; *put s.t. into cold* ~, *(fig.)* iets opsy *(of* op die lange baan) skuif/skuiwe. ~ **battery** akkumulator(battery), sekondêre battery. ~ **bin** spenskis, -bak; opgaar-, opslagbak. ~ **capacity** berg(ings)kapasiteit, -vermoë *(v. 'n pakhuis ens.); (rek.)* geheuekapasiteit, -vermoë. ~ **(charge[s]),** ~ **fee** opberggloon, -geld, opslaggeld. ~ **dam** opgaar-, opvangdam. ~ **device** *(rek.)* geheuetoestel. ~ **heater** warmteakkumulator. ~ **room** pakkamer; pakruimte. ~ **site** opslagplek, -terrein. ~ **space** berg-, opslagruimte; pakplek. ~ **tank** opgaar-, bewaartenk.

**store** *n.* voorraad; oorvloed; pakhuis, magasyn, bêre-, opslagplek; pakkamer; skuur; winkel; vetmaak-, slagdier; *(fig.)* skatkamer *(v. kennis); (ook, i.d. mv.)* voorrade; proviand; *be in* ~ in voorraad wees; *s.t. is/lies in* ~ *for s.o.* iets staan vir iem. voor die deur, iets is iem. se voorland; *what the future has in* ~ wat die toekoms sal bring; *there is a surprise in* ~ *for s.o.* daar wag 'n verrassing vir/op iem.; *set/put* ~ *by/on s.t.* op iets gesteld wees, waarde aan iets heg, iets op prys stel; *set/put great/little* ~ *by/on s.t.* baie/min waarde aan iets heg.

**store** *ww.* bêre, bewaar; versamel, opgaar; (op)berg; insamel; ~ *away s.t.* iets wegbêre/-pak; ~ *up s.t.* iets opgaar. ~ **brand** *(Am.)* huis(handels)merk. ~ **card** winkelkaart. ~ **cattle** vetmaak-, voerbeeste. ~ **detective** winkelspeurder. ~**house** pakhuis, magasyn, voorraadskuur; *(fig.)* skatkamer. ~**keeper** winkelier; magasyn-, pakhuismeester. ~**room** pak-, voorraadkamer, (voorraad)magasyn; bêreplek. ~**-wide sale** alomvattende uitverkoping.

**sto·rey** -reys, *(Am.)* **sto·ry** -ries verdieping, vlak; laag; *first* ~ eerste verdieping; *lower* ~ onderverdieping; *upper* ~ boverdieping; *be wrong in the upper* ~, *(infml.)* nie al jou varkies (in die hok) hê nie. **sto·reyed,** *(Am.)* **sto·ried** met verdiepings; *(double/two-)~ house* (dubbel)verdiepinghuis; *three-~ house* huis van drie verdiepings.

**sto·ried¹** beroemd, in die geskiedenis vermeld; histories; beskilder(d); geriffel(d) *(hout); the* ~ *past* die historiese verlede.

**sto·ried²** *(Am.)* →STOREYED.

**stork** ooievaar. ~ **party** ooievaarsparty(tjie).

**storm** *n.* storm; onweersbui, stortbui; *(mil.)* bestorming, (storm)aanval; *(fig.)* storm, beroering, bohaai; *a* ~ *is* **brewing** *(or* **blowing** *up)* 'n storm *(of* die weer) steek op, 'n storm is aan die broei/kom, daar is onweer in die lug; *Cape of S~s* Stormkaap; *eye of a* ~ stormkern; *s.t.* **goes down** *a* ~, *(infml.)* iets word entoesiasties *(of* met groot geesdrif) ontvang; ~ *of applause/cheers* dawerende toejuiging; *the* ~ **sinks/subsides** die storm bedaar *(of* gaan lê); *the* ~ *is* **spent** die storm het (hom) uitgewoed; *take s.o./s.t. by* ~ iem./iets stormenderhand verower; *a* ~ *in a* **teacup** 'n groot bohaai/geraas/lawaai oor niks; *cook/etc.* **up** *a* ~, *(infml.)* entoesiasties *(of* met groot geesdrif/ywer) kos maak ens.. **storm** *ww.* storm; woed, hard waai; tekere *(of* te kere) gaan, tekeregaan, raas; *(mil.)* (be)storm, stormja(ag), stormloop; ~ *at s.o.* teen iem. uitvaar, iem. uitskel/inklim, met iem. raas; ~ *in* instorm; ~ *into a room* 'n kamer binnestorm; *it is* ~*ing* dit storm; ~ *out* uitstorm. ~ **area** stormgebied. ~**-beaten** stormgeteister(d), deur storm(s) geteister, windverwaai(d). ~**bound** deur 'n storm vasgekeer/teengehou. ~ **centre** stormsentrum. ~ **cloud** stormwolk, onweerswolk. ~ **damage** stormskade. ~ **door** stormdeur. ~ **lamp,** ~ **lantern** stormlamp, -lantern. ~**proof** stormbestand. ~ **sail** stormseil. ~ **signal** stormsein. ~ **tide** stormgety. ~**-tossed** deur die storm geslinger. ~ **troops** stormtroepe. ~ **trooper** stormsoldaat. ~ **warning** stormwaarskuwing. ~ **water** storm-, vloed-, reën-, afvoerwater. ~**(-water) drain** storm-, vloed(water)drein, -riool. ~ **water drainage** storm-, vloedwaterdreinering, -afvoer. ~ **water pipe** storm-, vloedwaterpyp.

**storm·ing** bestorming, stormaanval. ~ **party** *(mil.)* stormtroep.

**storm·y** stormagtig, onstuimig; hewig, heftig; ~ *night* stormnag; ~ *weather* stormagtige weer, stormweer, noodweer. **storm·i·ness** stormagtigheid, onstuimigheid.

**sto·ry** -ries geskiedenis, verhaal, vertelling; storie, verdigsel; sage; leuen(tjie); berig; verslag; relaas; bewering, verklaring; *that is quite* **another** ~ dit is glad 'n ander ding; *it is quite* **another** ~ *now* die saak is nou heeltemal anders; *the* ~ **goes** *that* ... daar word gesê/vertel dat ...; die verhaal lui dat ...; *a* **gripping** ~ 'n boeiende/pakkende/spannende verhaal; *that is his/her* ~ dis wat hy/sy sê; *know* one's ~ jou sit en opstaan ken; *the* ~ *of s.o.'s* **life,** *(infml., skerts.)* al weer dieselfde ellende/terugslag; *it's a* **long** ~ dis 'n lang geskiedenis; *to cut/make a* **long** ~ *short* kortom, om kort te gaan; *make up a* ~ 'n storie uitdink/versin; *the* ~ **of** ... die verhaal van ...; *the (same) old* ~ dieselfde ou deuntjie; *short* ~ kortverhaal; *a* **tall** ~, *(infml.)* 'n wolhaarstorie; *tell* **tall** stories, *(infml.)* spekskiet, met spek skiet, kluitjies bak/verkoop, wolhaarstories vertel; *tell a* ~ *to s.o.* aan/vir iem. 'n verhaal vertel; *don't* **tell** stories!, *(infml.)* moenie jok nie!; *that is not the* **whole** ~ dis nie al *(of* die end/einde) nie, daarmee is dit (nog) nie klaar nie. ~**board** *(TV, filmk., advt.)* beelddraaiboek. ~**book** storieboek. ~**book** *adj.*

*(attr.)* sprokiesagtige, sprokies-; ~ **ending** sprokieseinde, sprokiesagtige einde. ~ **hour** vertel-uur(tjie). ~**line** intrige. ~**teller** verteller, verhaler, romansier; *(infml.)* spekskieter, jokker. ~**telling** vertelkuns; *(infml.)* spekskietery.

**stout** *n.*, *(Eng. moutbier)* swartbier, donker bier. **stout** *adj.* kragtig, sterk, stewig; dapper, stoutmoedig; geset, swaarly= wig, plomp. **stout·heart·ed** onverskrokke, moedig, dapper. **stout·heart·ed·ness** mannemoed, onverskrokkenheid, moe= dighcid. **stout·ish** mocdig; (taamlik) geset, fris. **stout·ly** dap= per; taai, volhardend. **stout·ness** gesetheid, swaarlywigheid.

**stove** stoof; (voet)stoof, =stofie; kaggel; droog(maak)oond. ~ **enamel** oondemalje. ~**-enamelled** *adj. (attr.)* oondemalje=. ~ **hood** stoofkap. ~**pipe** kaggelpyp, skoorsteenpyp. ~**pipe (hat)** kaggelpyp(hoed). ~**pipe trousers,** ~**pipes** noupyp= broek. ~ **plate** stoofplaat.

**stow** bêre, wegpak; onderdek plaas; opvul, vul; stou, stu *('n skip, vliegtuig);* ~ *away* op die/'n skip wegkruip, jou op die/'n skip versteek; ~ *s.t. away* iets wegbêre/wegpak/wegsit. ~**away** verstekeling.

**stow·age** bêreplek; laairuimte; laaivermoë; pakhuisgeld, bergloon; lading; inlaai, berging.

**stra·bis·mus** *(med.)* strabisme, skeelheid.

**strad·dle** *n.* (die) wydsbeen staan/loop/sit; *(ekon.)* wigopsie. **strad·dle** *ww.* wydsbeen staan/sit; wydsbeen loop/ry; weerskante staan, lê; oorvurk; *(fig.)* op twee gedagtes hink.

**strafe** *n.* lugbombardement. **strafe** *ww.* beskiet, bestook, peper; hewig aanval; *(sl.)* kasty.

**strag·gle** swerf, swerwe, dwaal; afdwaal, wegdwaal, uitval; agterbly, versprei(d) raak; streep-streep *(of versprei[d])* loop; hier en daar voorkom; *('n plant)* lank uitgroei; ~ *along behind s.o./s.t.* agter iem./iets aantou. **strag·gler** verdwaalde, swer= wer; agterblyer, agteros; *(bot.)* uitloper. **strag·gling** ver= sprei(d), verstrooi(d), uitgestrek, ver/vêr van mekaar; ~ *gait* onreëlmatige gang; stap/loop met uitgespreide bene. **strag= gly** versprei(d), verstrooi(d).

**straight** *n.* reguit stuk; reguit ent; pylvak; *(kaartspel)* volg= kaarte; *(infml.)* konvensionele tipe; *(infml.)* hetero(seksueel); *be on the* ~ reglynig wees; ewewydig wees; *keep on/to the* ~ *and narrow, (fig.)* die smal pad bewandel, op die regte pad bly; eerlik bly; *be out of the* ~ skeef/krom wees. **straight** *adj.* reguit; reglynig; direk; opreg, eerlik, reguit, openhartig; glad; in orde; skoon, suiwer, onverdun *(drank);* ononder= broke, *(infml.)* hetero(seksueel); *(infml.)* konvensioneel; preuts; ~ *arrow, (Am., infml.)* reguit/beginselvaste/deugdelike/on= kreukbare *(of* baie korrekte) mens, 'n mens van *(of* met 'n) onbesproke karakter; *(as)* ~ *as an arrow* pylreguit; ~ *bat* regop kolf; *for three/etc.* ~ *days/etc.* drie/ens. agtereenvol= gende dae/ens., drie/ens. dae/ens. aaneen/agtereenvolgens *(of* agter/na mekaar); *win four/etc.* ~ *games* vier/ens. potte/ spelle op 'n streep *(of* aaneen) wen; die vierde agtereen= volgende spel/pot wen; *get/put* things ~ sake in orde bring; *s.o. is perfectly* ~ iem. is volkome betroubaar; *give s.o. a* ~ *talk* openhartig met iem. praat; ~ *thinking* helder/logiese denke. **straight** *adv.* reg; reguit; regstreeks; reëlreg; dade= lik; onmiddellik, direk; *go* ~, *(lett.)* reguit gaan/loop/ry; koers hou; *(fig.)* die regte pad/weg bewandel, die slegtigheid laat staan, jou bose weë verlaat, geen misdaad meer pleeg nie; *go* ~ *for s.o.* iem. trompop loop; *keep* ~ op die regte pad bly, in jou spoor trap; *keep* ~ *on* koers hou; *I cannot tell you* ~ *off, (infml.)* ek kan jou dit nie op die oomblik sê nie; ~ *on* reg deur; ~ *out, (infml.)* prontuit, reguit, ronduit, kort en klaar; *pull* ... ~ ... regruk; *shoot* ~ raak/net/sekuur skiet; eerlik wees/handel; ~ *through* reg deur, dwarsdeur; ~ *up* regop; penorent; *be unable to walk* ~ hoog en laag trap. ~ **angle** *(wisk.)* gestrekte hoek. ~**away,** ~ **away** onmiddellik, dadelik. ~**-backed** regop *(stoel);* kiertsregop *(iem.).* ~ **chain** *(chem.)* reguit ketting. ~ **edge** rei(hout). ~ **eight** *(mot.)* agt= in-lyn. ~**-faced** *adj.* ernstig. ~**-faced** *adv.* sonder om 'n

spier(tjie) te verroer/vertrek. ~ **fight** tweekandidaat-verkie= sing; *(fig.)* tweegeveg. ~ **flush** vyf volgkaarte in een kleur. ~**forward** eerlik, opreg; rondborstig, onomwonde, open= hartig; eenvoudig. ~**forwardly** reguit, padlangs; opreg. ~ **hair** steil/reguit hare. ~**-line** reguit lyn. ~**-lined** reglynig. ~ **man** *(teat.)* strooiman. ~**-out** *(infml.)* openhartig, eerlik. ~ **sets** *(tennis)* skoon stelle. ~ **switch** omruiling. ~ **thinking** logiese denkwyse, padlangse denke. ~**-up** *adj.*, *(infml.)* eg, suiwer; betroubaar.

**straight·en** reguit maak; reg trek; reg buig; glad stryk; *s.t.* ~*s out* iets word reguit *('n pad);* iets word glad *(hare);* ~ *(out) s.t.* iets reguit maak; iets in orde bring; iets opknap; iets regruk; iets rangskik; iets uitrek/uitstrek *(jou bene);* iets in die reine bring; *s.t. will* ~ *itself out* iets sal vanself regkom; ~ *out s.o.* iem. reghelp, iem. die ware toedrag meedeel; iem. op die regte pad bring; iem. iets aan die verstand bring; *s.o.* ~*s up* iem. kom regop.

**straight·en·er** *(haarkappery)* versteiler.

**straight·ness** reglynigheid; eerlikheid; steilheid.

**strain**[1] *n.* inspanning, sterk poging, kragtige strewe; span= ning; druk; belasting; ooreising, oorspanning; vormver= dering, vervorming *(v. materiaal);* verrekking; ~ *on the eyes* oogspanning; *the* ~ *of modern life* die druk/spanning van die hedendaagse lewe; *s.t. is a* ~ *on s.o.* iets eis/verg baie van iem.; *put too much* ~ *on s.o./s.t.* iem./iets oorspan/ooreis; *relieve* ~ spanning verlig; *in the same* ~ in dieselfde trant; *take the* ~ die spanning verduur; die spanning opneem; *the* ~ *tells on s.o.* die spanning tas iem. aan; *to the* ~*s of* ... onder die klanke/tone van ... *('n lied);* *be under a* ~ onder druk verkeer; in spanning verkeer. **strain** *ww.* rek, span, styf trek; oorspan, ooreis, forseer; verrek; vervorm *(materiaal);* filtreer, deurgiet, =gooi, =syfer, =syg, afgiet, suiwer *(vloeistof);* span *(draad);* ~ *at s.t.* hard aan iets beur/trek; ~ *s.t. into a bowl/etc.* iets in 'n bak/ens. (in) deursyg; ~ *a/the point* te ver/vêr gaan, oordryf, oordrywe; ~ *under s.t.* onder iets swoeg *('n swaar las);* ~ *one's voice* jou stem forseer. ~ **gauge** rekmeter; vervormingsmeter.

**strain**[2] stam, bloedlyn *(v. vee);* neiging, karaktertrek; plant= lyn; *there is a* ~ *of cruelty/etc. in s.o.* iem. het 'n wrede/ens. trek, daar is 'n trek van wreedheid/ens. in iem..

**strained** gespan(ne); onnatuurlik, gemaak, geforseer(d); gedwonge *(lag);* oorspanne *(senuwees);* gespanne *(verhouding); their relations are* ~ hulle verkeer op gespanne voet; ~ *vege= tables* afgegiete groente.

**strain·er** sif(fie); filtreerder; broes, syg=, melkdoek, deur= gooidoek; vergiettes; *tea* ~ teesiffie.

**strain·ing:** ~ **arch** steunboog. ~ **beam** spanbalk. ~ **post** trek=, span=, ankerpaal.

**strait** *n.* (see)straat, (see-)engte; *(geog., S~)* Straat; *be in dire* ~*s* hoog in die nood/verknorsing wees; *the S~ of Dover* die Straat van Dover; *financial* ~*s* geldnood. ~**jacket, straight= jacket** dwangbuis. ~**-laced, straight-laced** *(fig.)* nougeset, bekrompe, kleingeestig, preuts.

**strait·en** beperk; *be* ~*ed for* ... gebrek aan ... hê, knap van ... wees; ~*ed circumstances* armoedige/behoeftige omstandig= hede.

**strand**[1] *n.*, *(poët., liter.)* strand, kus. **strand** *ww.* strand; laat strand, op die kus sit; ~*ed* gestrand; *be* ~*ed* nie verder/vêrder kan kom nie; alleen agtergelaat wees; ~*ed goods* strandgoed.

**strand**[2] *n.* string, draad; *(biol.)* bundel, string; ~ *of wire* draad. **strand·ed** *adj.* string=, vesel=; ~ *cable* stringkabel; ~ *con= ductor* stringgeleier; ~*cotton* stringgare; ~ *steel* veselstaal; ~ *wire* stringdraad.

**strange** vreemd; onbekend; eienaardig, sonderling, buiten= gewoon, snaaks; uitheems; ~ *bedfellows, (fig.)* vreemde bondgenote; *feel* ~ ontuis voel; naar voel, nie lekker voel nie; *be very* ~ *in one's manner* snaaks wees, lyk of jy nie heeltemal reg is nie; regtig eienaardige handel(s)wyse hê;

*quite* ~ heeltemal vreemd/onbekend; *s.t. seems* ~ iets lyk/ klink vreemd; *s.t. is* ~ *to s.o.* iem. ken iets nie; ~ *but* (or *[and] yet) true* raar maar waar. **strange·ly** vreemd; eienaardig, snaaks; ~ *enough* vreemd genoeg. **strange·ness** vreemdheid; onbekendheid. **stran·ger** vreemdeling, vreemde, onbeken= de; uitlander; *(jur.)* derde; *be a* ~ 'n vreemdeling wees; on= bekend wees; *a* **complete/perfect** ~ 'n wildvreemde, 'n vol= slae vreemdeling; *he/she is* **no** ~ *to me* ons twee ken mekaar; *be* **no** ~ *to ...,* *(ook)* baie ervaring van ... hê; *become a* ~ *to ...* jou vervreem(d) van ...

**stran·gle** (ver)wurg, doodwurg; onderdruk. ~**hold** wurg= greep; *break a/the* ~ jou uit 'n/die wurggreep losruk; *have a* ~ *on s.o.* iem. in jou greep/mag hê, 'n wurggreep op iem. hê.

**stran·gler** wurger, wurgrower.

**stran·gu·late** *(med.)* knel, vasbind, toebind; beklem; *(infml.)* (ver)wurg. **stran·gu·la·tion** (ver)wurging; knelling; *(med.)* beklemming *(v. 'n breuk).*

**strap** *n.* band; riem; (gespe)riem, platriem; (leer)band; strop; gord; skeerriem; lus; beuel. **strap** *-pp-, ww.* (vas)gord, vasgespe; vasmaak, (vas)bind; verbind/toeplak *('n wond);* belat *('n muur);* slaan, afransel, uitlooi *(met 'n riem);* span *('n koei); be* ~*ped (for cash), (infml.)* platsak wees; ~ *s.t.* **down** iets toegespe; ~ *s.t.* **on** iets aangespe; ~ *s.t.* **up** iets vasgespe; iets stewig verbind *('n wond).* ~ **hinge** tongskarnier. ~**line** *(joern.)* subhofie, onderopskrif, onderkop. ~~**shaped** bandvormig. ~**work** bandversiering.

**strap·less** bandloos, sonder band; ~ *bra* bra sonder skouer= bande; ~ *gown* skouerlose aandrok; ~ *sandal* oop sandaal, plakkie.

**strap·ping** *adj.* groot, sterk, stewig, fris (gebou), hups.

**stra·ta** *n. (mv.)* →STRATUM.

**strat·a·gem** krygslis; slim plan/streek.

**strat·e·gy** strategie. **stra·te·gic** strategies. **stra·te·gise, -gize** strategie beplan/uitwerk. **strat·e·gist** strateeg.

**strat·i·fy** in lae op mekaar lê; in lae indeel, lae vorm. **strat· i·fi·ca·tion** stratifikasie; laagvorming; gelaagdheid. **strat·i· fied** gelaag; meerlagig. **strat·i·form** *(teg.)* laagvormig, gelaag, laag=.

**stra·tig·ra·phy** *(beskrywing v.d. aardlae)* stratigrafie. **strat· i·graph·i·cal** stratigrafies.

**strat·o·sphere** stratosfeer. **strat·o·spher·ic** stratosferies.

**stra·tum** *strata, stratums* stratum, laag; aardlaag; *(rock)* ~ rotslaag.

**stra·tus** *strati* stratus, wolk(e)laag, wolk(e)bank.

**straw** strooi; strooitjie; strooihalm; kleinigheid, nietigheid; *catch/clutch/grasp at* ~s, *(fig.)* aan strooihalms vasklou; *draw* ~*s* lootjies trek; *drink through a* ~ deur 'n strooitjie suig; *this is the* **last** ~ dit is die end; nou kan iem. nie meer nie; *it's the* **last** ~ *that breaks the camel's back* die laaste druppel laat die emmer oorloop, die laaste opdraand(e) maak die perd flou; *draw the* **short** ~, *(infml.)* vir 'n onaan= gename takie uitgekies word; *a* ~ *in the* **wind** 'n aanduiding/ aanwysing. ~ **boater** (harde) strooihoed. ~ **colour** strooi= kleur. ~~**coloured** strooikleurig. ~ **cutter** strooisnyer, -sny= masjien. ~**flower** strooiblom. ~ **hat** strooihoed. ~ **hut** strooihuis. ~ **man** *(lett. & fig.)* strooipop. ~ **poll,** *(Am.)* ~ **vote** (steek)proefstemming.

**straw·ber·ry** aarbei; *strawberries and cream* aarbeie met room. ~ **blond(e)** *n.* rooiblonde hare; vrou/ens. met rooi= blonde hare. ~ **blond(e)** *(pred.),* ~~**blond(e)** *(attr.), adj.* rooi= blond. ~ **mark** *(sagte rooi vaskulêre moedervlek)* aarbeivlek. ~ **roan** rooi=, vosskimmel. ~ **shortcake** broskoek met aarbeie. ~ **tomato** jodekers. ~ **tree** aarbeiboom.

**straw·y** strooiagtig, strooierig, strooi=.

**stray** *n.* verdwaalde/verlore dier; loslopende dier; verwaar= loosde/verlate kind; afgedwaalde; rondloper; swerwer, swer= weling; *(teg., gew. i.d. mv.)* lugstoring, -steuring. **stray** *adj.* afgedwaal, verdwaal, verlore; loslopend; onbeheer(d); los,

sporadies; ~ *bullet* verdwaalde koeël; ~ *current* swerf= stroom; ~ *dog* rondloperhond; ~ *horse* loslopende perd; ~ *thoughts* los gedagtes; ~ *visitors* toevallige gaste. **stray** *ww.* dwaal, swerf, swerwe, rondloop; wegloop; afdwaal; afwyk; verdwaal; wegraak; ontrou wees *(aan jou huweliks=/ lewensmaat);* ~ *from ...* van ... afdwaal *('n paadjie ens.);* ~ *from the subject* (van die onderwerp) afdwaal.

**streak** *n.* streep; strook; slier; *a cruel* ~ *(in s.o.'s character)* 'n wrede trek (in iem. se geaardheid); *a* ~ *of humour* 'n tikkie humor; *have a* ~ *of insanity* 'n streep hê; ~ *of lightning* blits(straal), weerlig=, bliksemstraal; *like a* ~ *(of lightning), (infml.)* soos ('n vetgesmeerde) blits, blitsig, blitsvinnig, =snel; *be on a* **winning/losing** ~ aan die wen/verloor bly; *black/etc.* **with** *red/etc.* ~*s* swart/ens. met rooi/ens. strepe; *have a* **yellow** ~ 'n taamlike lafaard wees. **streak** *ww.* streep, merk; snel; ja(ag), nael, hol; flits; ~ *along* voortsnel; ~ *into ...* inja(ag)/ inskiet in ...; ~ *past* verbyflits. **streaked** gestreep, streperig. **streak·er** (kaal)naeler, =holler, kaalbas. **streak·ing** (kaal)= naelery, =hollery. **streak·y** *-ier -iest* gestreep, vol strepe, stre= perig; *(geol.)* slierig, geaar(d); ~ *bacon* streepspek(vleis), stre= piespek.

**stream** *n.* stroom, lopende water; rivier, spruit; stroming; *against the* ~ stroomop, teen die stroom (in); *go against the* ~ teen die stroom ingaan; *down (the)* ~ stroomaf; *be on* ~ in werking wees, op dreef wees; *come/go on* ~ begin pro= duseer; *up (the)* ~ stroomop, teen die stroom (op); ~ *of water* straal water; *with the* ~ stroomaf; *go with the* ~ met die stroom saamgaan/meegaan/dryf. **stream** *ww.* stroom, vloei, loop; laat uitloop; wapper, waai; ~ *down* afstroom; ~ *in* instroom; ~ *into s.t.* iets binnestroom; ~ *out* uitstroom; ~ *out of s.t.* uit iets stroom; ~ *past* verbystroom. ~ **anchor** werpanker. ~ **bed** stroombed(ding). ~ **flow** stroomvloei.

**stream·er** lint, papierlint; banierkop, =opskrif; *(lugv.)* wind= kous, windsak; *(met.)* straal *(v. weerlig); (astron.)* wimpel; swaar verkoue.

**stream·ing:** ~ *eyes* betraande/lopende oë; ~ *nose* lopende neus.

**stream·let** stroompie, spruitjie, lopie, watertjie.

**stream·line** *n.* stroom=, vaartlyn. **stream·line** *ww.* stroom= lyn; *(fig.)* vereenvoudig, rasionaliseer. **stream·lined** gestroom= lyn, met stroomlyne. **stream·lin·ing** stroomlynvorm, =bely= ning; *(fig.)* vereenvoudiging, rasionalisering.

**street** straat; *be* ~*s ahead of ..., (infml.)* stukke beter as ... wees; *Church and Market S~* Kerk- en Markstraat; *cross the* ~ die straat oorsteek; *down the* ~ straataf, in die straat af; laer af in die straat; onder in die straat; *in the* ~ in die straat, op straat; *off the* ~ van die straat af; *a* ~ *off Church S~* 'n straat uit Kerkstraat; *be on the* ~(s) dakloos wees; 'n straatvrou wees; *take to the* ~*s* 'n (straat)betoging hou; *turn s.o. out into the* ~ iem. op straat sit; *up the* ~ in die straat op; bo in die straat; *be (right)* **up** *one's* ~, *(infml.)* (so reg) in jou kraal wees. ~**car** *(Am.)* trem. ~ **child,** *(infml.)* ~ **kid** straatkind. ~ **cleaner,** ~ **sweeper** straatveër. ~ **corner** straathoek. ~ **cred(ibility)** *(infml.)* populariteit, geloofwaar= digheid *(vnl. b.d. jeug),* straatbeeld. ~ **door** voordeur. ~ **entertainer** straatkunstenaar. ~**fight** straatbakleiery, =geveg. ~ **fighter** straatbakleier. ~ **floor** grondverdieping; *on the* ~ ~ gelykvloers. ~**lamp,** ~**light** straatlamp, =lig. ~~**legal** *adj., (mot.)* pad=, straatwettig. ~ **level** straatvlak. ~ **map** straatkaart. ~ **market** straatmark. ~ **musician** straatmusikant. ~ **name** straatnaam. ~ **party** straatparty(tjie). ~ **people** *(mv.)* straat= mense, dakloses. ~ **plan** straatplan. ~ **scene** straattoneel; *(skilderk.)* straatgesig. ~ **singer** straatsanger. ~~**smart** *(Am.)* →STREETWISE. ~ **song** straatlied(jie). ~ **trader** straatsmous, =handelaar. ~ **value** straatverkeer. ~ **value** straatwaarde *(v. dagga, crack, ens.).* ~**walker** straatloper, =swerwer; straat= vlinder, =vrou, =meisie, slet. ~ **wisdom** straatwysheid. ~**wise,** *(Am.)* ~~**smart** *(infml.)* straatwys, =slim.

**stre·lit·zi·a** *(bot.)* strelitzia, piesangblom.

**strength** sterkte, krag; mag; (werklike) getalsterkte; (draag)=
vermoë; vastheid, hegtheid; kragdadigheid; treksterkte *(v.
wol)*; *be **below/under** ~* nie op volle krag/sterkte wees nie;
*go (on) **from** ~ to ~* van krag tot krag gaan; *at **full** ~* met/op
volle sterkte; voltallig; op volle krag/sterkte; *in **full** ~* voltallig,
met man en mag; ***gain/gather** ~* in kragte toeneem;
aansterk *(ná 'n siekte)*; ***gather** ~, (ook)* kragte versamel; *in ~*
in groot getalle; ***measure** one's ~ with s.o.* met iem. kragte
meet; *on the ~ of ...* op grond van ...; kragtens ...; *na aan=
leiding van ...*; ***recover** one's ~* aansterk *(ná 'n siekte); s.t. is a
**sign** of ~* iets getuig van krag; *a **test/trial** of ~ (between ...
and ...)* 'n kragmeting (tussen ... en ...); *be a **tower/pillar** of
~* 'n steunpilaar/staatmaker wees; *be **up** to ~* voltallig wees;
op volle krag/sterkte wees; *bring s.t. **up** to ~* iets voltallig
maak. **strength·en** versterk, sterk maak, verstewig; sterker
word; verswaar; *(aandele)* styg. **strength·en·er** versterker.

**stren·u·ous** veeleisend, inspannend; energiek, wakker, ywe=
rig. **stren·u·ous·ly** met inspanning; kragtig, met krag; *~
**deny** s.t.* iets heftig/nadruklik *(of* ten sterkste) ontken. **stren·
u·ous·ness** inspanning; energie, krag.

**stre·pie** *(igt.)* strepie, mooinooientjie.

**strep·to·coc·cus** *-cocci, (med.)* streptokokkus. **strep·to=
coc·cal** streptokokke=.

**strep·to·my·cin** *(farm.)* streptomisien.

**stress** *n.* stres, spanningsdruk; werk(s)druk, werkspanning;
inspanning; spanning; stremming; klem, nadruk; klemtoon,
aksent; *lay/**put** (the utmost) ~ on s.t.* iets (ten sterkste) be=
klemtoon/benadruk, (die grootste) klem/nadruk op iets lê;
*be **put** under ~* aan spanning onderwerp word; *~es and
**strains** spannings (v.d. lewe); the ~ is on the first **syllable*** die
klem(toon) val op die eerste lettergreep; ***under** the ~ of ...*
onder die drang/druk van ... *(omstandighede ens.);* deur ...
genoodsaak *(armoede ens.); **under** ~ of weather* in/weens on=
gunstige/swaar weer. **stress** *ww.* nadruk lê op, beklem=
(toon), klem lê op; na vore bring; onderstreep; *~ **out*** be=
hoorlik stres; *a word/**syllable**, (ook)* op 'n woord/lettergreep
druk. *~ **disease*** stressiekte, stresverwante siekte. *~ **fracture***
stresfraktuur. *~ **mark*** klemteken. *~ **threshold*** stremmings=
drumpel.

**stressed:** *get ~* stres; *be ~ **out*** onder geweldige stres/span=
ningsdruk verkeer, aan geweldige stres ly, geweldige stres/
spanningsdruk ervaar/ondervind; →STRESSED-OUT *adj.; the
first syllable is ~* die klem(toon) val op die eerste lettergreep.
*~-**out** adj. (attr.)* gestresde, gestreste *(bestuurder ens.).*

**stress·ful** gespanne, spanningsvol, vol spanning.

**stretch** *n.* uitgestrektheid; streek; vlakte; rek; spanning; ent,
afstand; ruk, tydperk; *at a ~* aaneen, aanmekaar; as dit
moet; *at **full** ~* volledig uitgestrek; met inspanning van al
jou kragte; *by no (or not by any) ~ of the **imagination*** nie in
jou wildste drome nie; *not by a **long** ~* lank/glad nie; ver=
reweg nie; *~ of **road*** ent pad. **stretch** *ww.* rek, trek; uitrek;
uitstrek; uitsteek; strek; span; oordrywe; *s.t. ~es from **east** to
**west*** iets strek van oos tot wes; *~ s.t. to the **limit*** iets so lank
(as) moontlik uitrek; *~ **o.s.** out* jou uitstrek; *~ s.t. **out*** iets
reik/uitsteek/uitstrek *(jou hand ens.); ~ a **point*** oordryf, oor=
drywe, te ver/vêr gaan; 'n uitsondering maak, soepel wees;
*van die reël afwyk; ~ a **point** for s.o.* iem. tegemoetkom; *~
one's **powers*** jou bevoegdheid te buite gaan; jou kragte oor=
eis. *~ **limo/limousine*** lang, slap motor/kar. *~ **marks*** *n. (mv.)*
rekmerke. *~ **pants*** *n. (mv.)* span=, rekbroek.

**stretch·er** *n.* rekker; draagbaar; veld=, seil=, voubed; voet=
bankie *(in 'n skuit);* voetsport *(v. 'n stoel);* spanstuk(raam);
staanstuk; strek=, stryksteen; leuen. **stretch·er** *ww.* op 'n
draagbaar dra; *~ s.o. **away*** icm. op 'n draagbaar wegdra; *~
s.o. **off*** iem. op 'n draagbaar afdra. *~ **frame*** spanraam. *~
**plate*** spanplaat.

**stretch·ing** rekking. *~ **force*** spankrag.

**stretch·y** *adj.* elasties, rekbaar *(materiaal).*

**strew** *strewed strewn/strewed* strooi, bestrooi; besaai; *be ~n
with ...* met ... bestrooi/besaai(d) wees.

**strewth** *tw., (Br., infml.: sametr. v. God's truth)* (liewe) he=
mel/vader!, vaderland!.

**stri·a** *-ae, (anat.)* groef(ie), strepie, skrapie; *(teg.)* fyn aar *(in
glas, marmer); (bouk.)* skeirib *(in 'n suil).* **stri·ate** *ww.* groef;
skraap. **stri·ate, stri·at·ed** *adj.* gegroef; geskraap; gestreep;
geaar; mct skeirib; *striated muscle, (anat.)* gestreepte/wille=
keurige spier; →VOLUNTARY MUSCLE. **stri·a·tion** groef; skraap;
groewing; skraping; strepie; strepies, gestreeptheid.

**strick·en** swaar beproef; geslaan, getref; gepla, siek; verslae
*(gesig);* →STRIKE *ww.; ~ **heart*** gebroke hart; *~ with **terror***
uiters beangs, doodverskrik; *in a ~ **voice*** met diepbedroefde
stem; *be ~ in **years*** hoog bejaard wees.

**-strick·en** *komb.vorm* =bevange; =geteister; deur ... geteister;
met ... vervul; *drought-~* droogtegeteister, deur droogte ge=
teister; *terror-~* vrees=, angsbevange.

**strict** streng; stip, presies, noulettend; eng; *(bot.)* reguit, styf;
*be ~ on s.t.* nougeset op iets wees/let; *be ~ with s.o.* streng
teenoor iem. wees. **strict·ly** streng; stip(telik); *~ no parking*
parkeer streng verbode. **strict·ness** strengheid; stiptheid,
presiesheid; nougesetheid; engheid.

**stric·ture** afkeuring, ongunstige kritiek; *(med.)* vernouing,
striktuur; *make/pass ~s on/upon ...* aanmerkings op ... maak,
... kritiseer.

**stride** *n.* stap, tree; *at/in a ~* in een stap; *get **into** (or **hit**)
one's ~* op dreef/stryk kom; *with **long** ~s* met lang treë/hale;
*make **great** ~s* goeie vordering maak; *with **rapid** ~s, (lett.)*
met vinnige stappe; *(fig.)* met rasse skrede; *take s.t. in one's
~* iets maklik/fluit-fluit doen *(infml.),* iets doen sonder (om
te) sukkel; jou nie oor iets bekommer nie; oor iets heen gly
*('n struikelblok); **throw** s.o. out of his/her ~* iem. van stryk (af)
bring. **stride** *strode stridden, ww.* stap, lang treë gee; *~ **along***
voortstap; *~ **away/off*** wegstap; *~ **out*** uitstap; jou treë rek.
*~-**legged*** wydsbeen.

**stri·dent** skel, skril, skerp, deurdringend *('n geluid).* **stri·den·
cy** skerpte, deurdringendheid *(v. 'n geluid).*

**strid·u·late** *(insekte)* kras, tjirp, skree. **strid·u·la·tion** gekras,
getjirp *(v. insekte).*

**strife** stryd, twis, tweedrag; onvrede, onmin; *be at ~ with ...*
met ... twis; *stir up ~* kwaad steek/stig/stook. *~-**torn*** vol
tweedrag, twistend.

**strike** *n.* (werk)staking; *(mil.)* aanval; aanslag; slag; klap; aan=
boring; vonds; byt *(v. vis); (geol.)* strekking; *call a ~* 'n staking
uitroep; *call off a ~* 'n staking afgelas; *go **on** ~, **stage** a ~*
staak, tot 'n staking oorgaan; *make a **lucky** ~* 'n gelukslag
kry; ***make** a ~* groot sukses behaal; iets vind *(of* raak boor)
*(olie); be **on** ~* staak. **strike** *struck struck, ww.* slaan, (werk)
staak, begin staak; slaan *('n bal);* aanslaan *(klawers);* stoot,
stamp, bots; stryk *('n vlag);* opbreek *('n kamp);* afslaan,
=breek *('n tent);* steek; pik; toeslaan; teëkom, teenkom; raak
boor; opval, tref; trek *('n vuurhoutjie); ('n klok)* lui; *('n vis)*
byt; lyk, skyn, voorkom; verwyder; *~ attitudes* met uit protes
teen iets staak; *s.t. ~s s.o. **as** ...* iets lyk vir iem. ...; *s.t. ~s s.o.
**as** funny* iem. vind iets grappig; *~ **at** ...* na ... slaan; op ...
toeslaan *(d. vyand);* ... aantas, op ... inbreuk maak *(regte); ~
**back*** terugslaan; *s.o. is struck **by** s.t., (lett. & fig.)* iem. word
deur iets getref; *(fig.)* iets val iem. op; *~ me **dead!**, (infml.)*
nou toe nou!; *~ **down** s.o.* iem. plat slaan; iem. tot 'n val
bring; *~ **for** ...* om ... staak *(hoër lone ens.); ~ **into** ...* begin ...
*(galop, draf, ens.);* ... aanhef/insit *('n lied);* ... inslaan *('n pad);*
... binnegaan *('n bos); ~ ... **into** s.o.* iem. met ... vervul, ... by
iem. inboesem *(vrees ens.); it ~s s.o. that ...* dit val iem. op dat
...; *how **does** it ~ you?* hoe lyk dit vir jou?; *~ **off** s.t.* iets afkap/
afslaan; iets aftik; iets skrap/deurhaal; iets van die rol skrap;
*~ **on/upon** s.t.* iets raak/tref, teen iets bots; op iets kom *('n
gedagte); ~ **out*** aanstap; 'n hou slaan; kragtig swem; *~ **out** at
s.o.* iem. te lyf gaan; *~ **out** on one's own, **out** for o.s.* jou eie

weg baan; ~ *out* for/towards ... vinnig na ... begin stap/swem; ~ *out/through* s.t. iets skrap/deurhaal; *right to* ~ reg van staking, stakingsreg; ~ *a snag* vashaak; ~ *up*, ('*n orkes*) in= val, begin speel; ~ s.t. *up* iets aanknoop ('*n gesprek ens.*); iets aanhef/insit ('*n lied*); *be struck with* terror angsbevange wees. ~ **action** staking(saksie), stakings=, stakersoptrede. ~ **air= craft** aanvalsvliegtuig. ~ **ballot** stemming oor staking, sta= king=, staakstemming; *hold a* ~ ~ 'n stakingstemming hou. ~ **call** oproep tot 'n staking, stakingsoproep. ~**out** n., (*bof= bal*) uithaal, uitbof. ~ **pay** stakingsloon, stakingstoelae. ~ **rate** (kr.) lopie=, kolftempo (v. '*n kolwer*); treftempo (v. '*n bouler*); (*sokker*) doeltempo.

**strik·er** (werk)staker; slaner; voorslaner; (*rugby*) haker; (*infml., sokker*) doelskopper; (*Br.*) slagpen; slagwerk, hamer (v. '*n horlosie/oorlosie*); slaanhorlosie, =oorlosie; harpoen.

**strik·ing** adj. treffend, opvallend, merkwaardig; *a* ~ *figure* 'n opvallende figuur; ~ *figures* sprekende syfers. ~ **circle** (*hokkie*) skiet=, doelsirkel. ~ **distance** slagwydte; trefafstand. ~ **force** aanvalsmag. ~ **pin** slagpen. ~ **power** slaan=, tref= vermoë.

**Strine** (*infml.*) Australies(e Engels).

**string** n. lyn, tou; koord, band; riempie, veter; snoer; string (*pêrels*); snaar; ry, reeks; aaneenskakeling; trapboom; (*fig.*) stertjie; sliert; (*i.d. mv.*), (*mus.*) strykinstrumente, strykers; *have two* ~s (or *a second* ~) *to one's* **bow** twee pyle op jou boog (*of* in jou koker) hê; *have/keep* s.o. *on* (or *at the end of*) *a* ~, (*infml.*) iem. aan die/'n lyntjie hou; *there are* **no** ~s *attached to it* daar is geen voorwaardes aan verbonde nie; *with* **no** ~s *attached*, *without* ~s sonder (hinderlike) voor= waardes/beperkings; *a piece of* ~ 'n toutjie; *pluck the* ~s die snare tokkel; *play second* ~ tweede viool speel; *touch a* ~ 'n snaar aanroer. **string** strung strung, ww. (in)ryg; insnoer; besnaar, snare insit; span; afhaar, (af)draad (*boontjies*); ~ *along with ...*, (*infml.*) met ... saamgaan; ~ s.o. *along*, (*infml.*) iem. aan die sleeptou hou; ~ *out* uitryg (*woorde ens.*); *be strung out* uitgerek wees; versprei(d) wees; *be strung out along ...*, (*huise ens.*) al langs ... staan; *be strung out on heroin* in 'n heroïendwaal wees; →STRUNG OUT adj.; ~ s.t. *together* iets aanmekaarryg (*woorde*); iets saamsnoer/=vleg; *be strung up* opgewonde wees; oorgehaal wees; →STRUNG UP adj.; ~ s.t. *up* iets ophang; ~ s.o. *up*, (*infml.*) iem. ophang. ~ **bean** snyboontjie. ~ **course** bandlaag. ~ **development** lintbou, =bebouing. ~ **instrument** snaarinstrument. ~ **orchestra** strykorkes. ~ **player** (*mus.*) stryker. ~**-puller** (*infml.*) toutjies= trekker. ~ **quartet** strykkwartet. ~ **tie** cowboydas. ~ **vest** gaatjiesfrokkie.

**stringed** snaar=, besnaar, ~ *instrument* snaarinstrument.

**strin·gent** streng, bindend, nadruklik; knellend, drukkend; skaars, skraps. **strin·gen·cy** strengheid, stiptheid; spanning; bindende krag; skaarste, skaarsheid; ~ *of capital* kapitaal= nood; *financial* ~ geldgebrek, =skaarste, =nood.

**string·er** trapskort; (*spw.*) langslêer; langsverstywer (v. '*n vliegtuig*); (*infml.*) (plaaslike) korrespondent (v. '*n koerant*); (*geol.*) aartjie.

**string·less:** ~ *bean* haarlose boontjie.

**string·y** draderig; veselagtig, vesel(r)ig; touerig, toutjiesrig; =seningrig; (lank en) maer; ~ *biltong* seningrige biltong; ~ *hair* toutjieshare.

**strip¹** n. ontkleedans; ontkleding; *do a* ~ 'n ontkleevertoning gee. **strip** =pp=, ww. afhaal, aftrek (*beddegoed*); uittrek, ont= klee (*vir iem.*); jou ontklee/uitklee, (jou kaal) uittrek; aftop; afstroop, aftrek, afhaal (*blare ens.*); stroop ('*n kabel ens.*); ont= bloot, kaal maak; uitmelk, droog melk ('*n koei*); plunder, stroop; aftakel, uitmekaarneem, =haal, demonteer ('*n ma= sjien*); aftuig, onttakel ('*n skip*); doldraai, draad afdraai ('*n skroef*); uitskud; uitpak, =laai ('*n wa*); ~ s.t. **down** iets stroop; iets uitmekaarhaal; s.o. ~s **down** to ... iem. hou net sy/haar ... aan; ~ s.o. **(naked)**, (*lett.*) iem. kaal uittrek; (*fig., infml.*) iem. kaal uittrek; *be* ~ped **of** ... sonder ... wees, van ... ontdaan/

ontdoen wees; ~ s.o. **of** s.t. iets van iem. wegneem; s.o. ~s **(off)** iem. trek hom/haar (kaal) uit; ~ **off** s.t. iets afstroop; iets afruk/afskeur/aftrek; iets uittrek (*klere*); *be* ~ped **to** one's *pants/etc.* op jou broek/ens. na uitgetrek wees; *be* ~ped **to** the *skin* poedelnakend wees; s.o. *is* ~ped **to** the *waist* iem. se bolyf is kaal. ~ **club** ontklee(dans)klub. ~ **joint** (*infml.*) ont= klee(dans)klub. ~ **poker** ontkleepoker. ~ **searching** n. fisie= ke visentering. ~**-search** ww. kaal (*of* sonder klere) visen= teer. ~ **show** ontklee(dans)vertoning. ~**tease** ontkleedans, lokdans. ~**teaser** ontkleedanseres, =meisie.

**strip²** n. strook, band, reep; *tear* s.t. *to* ~s iets aan flenters/ repe skeur; *tear a* ~ (or ~s) *off* s.o., (*infml.*) iem. uittrap. ~ **cartoon** strokiesprent. ~ **lighting** strookbeligting. ~ **mine** stroopmyn. ~ **mining** stroopmynbou; strookmynbou. ~ **steel** bandstaal. **strip·wise** strooksgewys(e).

**stripe** n. streep; baan (v. '*n vlag*); (*mil.*) streep, chevron; *get one's* ~s jou strepe (*of* verhoging) kry; *lose one's* ~s jou strepe verloor, in rang verlaag word. **stripe** ww. streep; striem.

**striped** gestreep, streperig; ~ *trousers* streepbroek. ~ **disease** streepsiekte. ~ **fieldmouse** streepmuis. ~ **piggy** (*igt.*) streep= varkie.

**strip·ling** (*arg. of skerts.*) opgeskote seun.

**strip·per** (af)stroper; verfstroper; ontkleedanseres, =meisie.

**strip·ping** (af)stroping; stroopwerk; ontbloting; doldraaiing (v. '*n skroefdraad*); aftuiging, onttakeling; ontkleding; bero= wing; →STRIP¹ ww..

**strip·y** met strepe, gestreep, streperig, strepies=.

**strive** strove striven strewe, streef; probeer, poog; worstel, sukkel; stry; wedywer; ~ *after* s.t. iets nastreef/nastrewe; ~ *against* ... teen ... stry/veg ('*n versoeking*); jou teen iets ver= set; ~ *for* s.t. iets nastreef/nastrewe, na iets streef/strewe; ~ *to* ... daarna streef/strewe om te ...; ~ *with* s.o. met iem. wedywer.

**strobe** (*Am., fot.*) stroboskopiese flits; (*infml.*) →STROBOSCOPE. ~ **lighting** stroboskopiese beligting.

**strob·i·lus** (*bot.*) strobilus, keël.

**strob·ing** (*TV*) strobiese effek.

**strob·o·scope** (*fis.*) stroboskoop. **stro·bo·scop·i·cal** stro= boskopies.

**strode** (*verl.t.*) →STRIDE ww..

**strog·a·noff** (*kookk.*) stroganoff.

**stroke** n. hou, slag; stoot; stryk; set; liefkosing, streling; slag (v. '*n masjien, roeier*); slaglengte; haal, streep; (*skilderk.*) haal; stoot; slagroeier, agterste roeier; beroerte(aanval), toeval; *at a* ~ in een slag; *at the* first/*etc.* ~ by die eerste/ens. slag; *different* ~s *for different folks* soveel hoofde, soveel sinne; elke diertjie (het) sy plesiertjie; *on the* ~ *of* twelve/*etc.* op die kop twaalfuur/ens., klokslag twaalfuur/ens.; *put* s.o. *off his/ her* ~ iem. van stryk (af) bring; iem. van koers bring. **stroke** ww. streel, liefkoos, stryk; die slag aangee, slag roei; (*infml.*) vlei; ~ s.o. *down* iem. kaal afkoel (*of* tot bedaring bring); ~ s.o.'s hair/*etc.* iem. se hare/ens. streel; ~ (s.o.'s hair) the wrong way iem. irriteer/omkrap/vererg. ~ **oar(sman)** slagroeier, slag. ~ **play** (*kr.*) houespel. ~ **player** (*kr.*) stylspeler, stylvolle speler.

**stroll** n. wandeling; *go for* (or *take*) *a* ~ 'n entjie gaan loop/ stap. **stroll** ww. slenter, loop, drentel; (rond)swerf, =swerwe; ~ *around the town* in die stad rondloop/rondwandel; ~ *the streets* in die strate rondslenter. **stroll·er** wandelaar, slente= raar; (*Am.*) stootwaentjie, =karretjie; (*SA*) straatkind.

**stro·ma** =mata, (*anat., biol.*) steunweefsel, weefselbed; (*bot.*) vrugbed.

**strong** sterk, kragtig; hewig, geweldig; sterk (*wind ens.*); kras (*taal*); ferm; swaar (*sigaar*); kwaai (*woorde*); by the ~ *arm of* ... met mag/geweld van ...; *come on* ~, (*infml.*) aggressief/ dominerend optree, jou laat geld; *be a* **hundred** ~ honderd (man) sterk wees; *be a* ~ **man/woman** *in the* ... 'n krag in die ... wees (*party, onderneming, ens.*); *be* ~ **meat**, (*fig.*), (*on=*

*derhandelings ens.)* taai wees; *(teks ens.)* moeilik verteerbaar wees; *('n boek ens.)* skokkend wees; *('n fliek ens.)* nie vir sen= sitiewe kykers wees nie; *be ~ on ...* uitblink *(of* knap wees) in *...; ~ phrase* kragterm; *s.o.'s ~ point/suit* iem. se sterk punt/kant; *have a ~ point* 'n goeie argument hê; *pretty ~* nogal kras/kwaai; *be quite ~ again* weer heeltemal sterk/ gesond wees; *have a ~ stomach* 'n maag soos 'n volstruis hê, klippe kan eet; *(fig.)* 'n sterk gestel hê; *~ suit, (kaartspel)* sterk kleur; *(infml.)* sterk punt/kant/sy; *give ~ support to ...* ... kragtig (onder)steun; *~ views* besliste menings. **~-arm methods/tactics** hardhandige metodes. **~box** brandkas; geldkis. **~ drink** sterk drank, alkohol. **~-headed** vasberade, koppig; skrander. **~hold** vesting, bastion, burg. **~man** =men, *(lett. & fig.)* kragman, sterk man; leiersfiguur, kragtige figuur. **~-minded** beslis, vasberade. **~-mindedness** beslist= heid, vasberadenheid, wilskrag. **~point** *(mil.)* sterktepunt. **~room** (brand)kluis; brandkamer.

**strong·ly** sterk, kragtig; *~ built* sterk/fris gebou; *feel ~ about s.t.* sterk voel oor iets, baie vir iets *(erg)* aantrek; *most ~* ten sterkste; *put s.t. ~* iets sterk stel/uitdruk; *speak ~* jou sterk uitspreek; *~ worded letter* skerp bewoorde brief.

**stron·ti·an·ite** *(min.)* stronsianiet.

**stron·ti·um** *(chem., simb.:* Sr*)* stronsium.

**strop** *n., (sk.)* strop; *(SA)* strop *(vir osse).* **strop** =pp=, *ww.* slyp, skerp maak.

**stro·phe** strofe. **stroph·ic** strofies.

**strop·py** *(infml.)* koppig, dwars(trekkerig), halsstarrig, weer= barstig. **strop·pi·ness** koppigheid, dwars(trekkerig)heid, halsstarrigheid, weerbarstigheid.

**strove** *(verl.t.)* het gestreef/gestrewe; →STRIVE.

**struck** *(verl.t. & volt.dw.)* (het) gedoen; (het) getref; →STRIKE *ww.*.

**struc·ture** *n.* struktuur, bou; bouwerk, gebou; bousel; samestelling. **struc·ture** *ww.* struktureer. **struc·tur·al** struk= tureel, struktuur=, bou=; *~ alteration* bouverandering; *~ alteration(s)* verbouing; *~ concrete* boubeton; *~ design* struktuurontwerp; *~ draughtsman* boutekenaar; *~ engi= neer* strukturele ingenieur; *~ formula, (chem.)* struktuur= formule; *~ glass* bouglas; *~ linguistics* strukturele taalkun= de/linguistiek; *~ member/part* bou=, konstruksiedeel; struk= tuurdeel; *~ section* bouprofiel; *~ steel* boustaal; *~ unem= ployment* strukturele werkloosheid. **struc·tur·al·ism** struk= turalisme. **struc·tur·al·ist** *n.* strukturalis. **struc·tur·al·ist** *adj.* strukturalisties. **struc·ture·less** struktuurloos, sonder struk= tuur.

**stru·del** *(D. kookk.)* strudel; *apple ~* appelstrudel.

**strug·gle** *n.* stryd, worsteling, geveg; strewe; geploeter, ge= sukkel, gespartel; *the ~ for existence* die stryd om die/'n bestaan, die bestaanstryd; *give up the ~* die stryd laat vaar *(of* gewonne gee); *a hard ~* 'n swaar stryd; *have a ~ to ...* met moeite ..., sukkel om te ...; *the ~ for liberation/liberty* die vryheidstryd, die stryd om vryheid; *be locked in a ~* in 'n stryd gewikkel wees; *an uphill ~* 'n opdraande stryd; *wage a ~ against ...* 'n stryd teen ... voer. **strug·gle** *ww.* worstel; spartel, sukkel; beur, swoeg, jou afsloof; stryd voer, stry, streef, strewe, spook, veg; teenstribbel; *~ against ...* teen ... veg; *~ along* aan=, voortsukkel; *~ hard to ...* spook om te ...; *~ and kick* spartel en skop; *~ on* voortstry; aan=, voortsukkel; *~ through* deurworstel; met moeite deurdring; *~ to do s.t.* iets met moeite doen; spartel om iets te doen; *~ with s.o.* met iem. worstel; *~ with s.t.* teen iets stry/worstel; met iets worstel *(of* te kampe hê). **strug·gler** stryder, worstelaar. **strug·gling** *adj. (attr.)* sukkelende, *(pred.)* wat 'n sukkelbe= staan voer.

**strum** =mm=, *ww.* strum, tokkel; *~ (on) a guitar* op 'n kitaar/ ghitaar tokkel. **strum·ming** *n.* getokkel.

**stru·ma** =mae, *(med.)* struma, kropgeswel, goiter, skildklier= geswel; *(bot.)* swelsel. **stru·ma·tic, stru·mose, stru·mous** klieragtig.

**strung** *(verl.t & volt.dw.)* →STRING *ww..* ~ out *adj. (pred.), (infml.)* dwelmverknog; bedwelm(d), dwelmdof, in 'n dwelm= dwaal; afgetakel(d), uitgeteer, verswak *(weens langdurige dwelmmisbruik);* pootuit, poegaai, kapot. ~ up *adj. (pred.), (infml.)* gespanne, senu(wee)agtig.

**strut** *n.* stut, steun(sel), spar; styl *(v. 'n vliegtuig);* deftige stap. **strut** =tt=, *ww.* stut, steun; trots/deftig/windmakerig stap, paradeer, pronk; *~ about/around* windmakerig rond= loop; *~ one's stuff, (infml.)* wys hoe goed jy is; vertonerig wees. **strut·ting** *(bouk.)* stutte; stutwerk, stutting.

**strych·nine** strignien, wolwegif.

**stub** *n.* stompie *(v. 'n sigaret ens.);* (boom)stomp; teenblad, =blaadjie. **stub** =bb=, *ww.* stamp *(jou toon);* uitkap; ontwortel; skoon kap; uitgrawe; skoonmaak *(land); ~ s.t. out* iets dood= druk *('n sigaret ens.).* ~ axle/shaft stompas. ~ file vlakvyl. ~ nail buksspyker.

**stub·ble** stoppel. ~ (beard) stoppelbaard. ~ field stoppel= land.

**stub·bly** stoppelagtig, stoppelrig, stoppel=; *~ beard* stoppel= baard.

**stub·born** koppig, weerbarstig, hardnekkig, hardekop, hals= starrig, onversetlik; taai; *as ~ as a mule* so koppig soos 'n donkie/esel/muil. **stub·born·ly** koppig. **stub·born·ness** kop= pigheid.

**stub·by** stomp, stompie=, kort en dik, geset. **stub·bi·ness** stompheid; gesetheid.

**stuc·co** =co(e)s, *n.* pleisterkalk, stukadoorskalk, =pleister. **stuc= co** *ww.* stukadoor, met stukadoorskalk pleister. ~ (work) stukadoorswerk. ~ worker stukadoor.

**stuck** (het) gesteek; →STICK[2] *ww.; be ~, (iem., iets)* vassit; *('n voertuig)* bly staan, vassit; nie in of uit *(of* vorentoe of ag= tertoe) kan nie; *be ~ for s.t.* iets nie hê nie; *be ~ for an answer* nie weet wat om te sê nie; *get ~* bly staan/steek, vassit, =steek, =val; *get ~ in, (infml.)* (regtig) begin werk; weglê/=val *(aan kos); get ~ in s.t.* in iets vasval/=sit *(modder, d. verkeer, ens.); get ~ into s.t., (infml.)* iets met mening aanpak; aan iets weglê/=val *(kos); be ~ on s.o., (infml.)* op iem. verlief wees; *squeal like a ~ pig* soos 'n maer vark skree(u); *be/get ~ with ..., (infml.)* met ... bly/opgeskeep sit. **~-up** verwaand, neusoptrekkerig.

**stud**[1] *n.* knoop, knopie; knop; nael; stut; paal; tapbout; *(bouk.)* skotstyl; nok *(in 'n masjien); (Am.)* kamerhoogte; (stuit)pen; (sool)knop *(v. 'n sportskoen);* halsknoop, =knopie, boordjie= knoop; oor=, neus=, tongknopie. **stud** =dd=, *ww.* spykers inslaan; met knoppe versier; van knopies voorsien.

**stud**[2] *n.* stoetery; stam; *(infml.)* haan (onder die meisies); *a horse is/stands at ~* 'n perd word vir teel gebruik; *put a horse to ~* 'n perd vir teel gebruik. ~ animal stoetdier. ~book stam= boek, =register. ~ breeder stamboekteler. ~ ewe aanteelooi. ~ farm stoetery. ~ farming stoetboerdery. ~ fee dekgeld. ~horse dekhings. ~ mare aanteelmerrie. ~ ram aanteel=, stoetram. ~ stallion teel=, stoethings. ~ stock aanteel=, stoet= vee.

**stu·dent** student; *(hoofs. Am.)* leerder, leerling, skolier; on= dersoeker, kenner, bestudeerder, navorser; beoefenaar; *a ~ of ...* 'n student in die ... *(regte ens.);* 'n kenner van ... *(d. pol. ens.);* 'n waarnemer van ... *(d. weer ens.); register as a ~* (jou) as student (laat) inskryf/=skrywe. ~ life studentelewe. ~ loan studie=, studentelening. ~ nurse leerlingverpleegster. ~ officer studentoffisier. ~ pilot leerlingvlieënier. ~(s') hostel/residence universiteitskoshuis. ~(s') magazine stu= denteblad. ~(s') (representative) council studenteraad. ~(s') union studentevereniging; studenteverenigingskantoor. ~ teacher proef=, studentonderwyser. ~ teaching proefon= derwys.

**stu·dent·ship** studentskap; studiebeurs.

**stud·ied** (wel)oorwoë, weldeurdag; belese, kundig, knap; gekunsteld; opsetlik, moedswillig; →STUDY *ww.; ~ insult* op= setlike belediging. **stud·ied·ly** opsetlik, willens en wetens.

**stud·ied·ness** opsetlikheid, moedswilligheid; (ver)gesogt=
heid.

**stu·di·o** =os= ateljee; werkkamer, =vertrek, =lokaal. ~ **apartment**
ateljeewoonstel, =woning, =suite. ~ **audience** ateljeegehoor.
~ **couch** slaap=, bedbank, bankbed. ~ **flat** ateljeewoonstel;
enkelwoonstel, eenkamer=, eenvertrekwoonstel. ~ **orchestra**
ateljee-orkes.

**stu·di·ous** vlytig, ywerig, naarstig, fluks; leergierig; opsetlik;
angsvallig; nougeset. **stu·di·ous·ness** vlyt, ywer, leergierig=
heid.

**stud·y** *n.* studie; studeerkamer; etude, studie; skets(tekening),
studie; *in a brown* ~ (diep) ingedagte; *course of* ~/*studies*
studiekursus, leergang; *devote much* ~ *to* ... 'n diep(e) stu=
die maak van ...; *make a* ~ *of s.t.* iets studeer/bestudeer/
navors/ondersoek; *the* ~ *of* ... (die) studie in ... *(d. medisyne,*
*regte, ens.); pursue one's studies* jou studie voortsit, verder
studeer; *s.t. is under* ~ iets word ondersoek. **stud·y** *ww.*
studeer; bestudeer; ~ *for* ... vir ... studeer/werk *('n graad);*
vir ... studeer/leer *(predikant ens.);* ~ *law/medicine/music/*
*etc.* (in die) regte/medisyne/musiek/ens. studeer, (in) musiek/ens.
studeer; ~ *a matter* 'n saak bestudeer; ~ *to be a* ... vir ...
studeer/leer *(dokter ens.);* ~ *under/with* Professor *X* by/on=
der professor X studeer. ~ **bedroom** studeerslaapkamer. ~
**group** studiegroep. ~ **leave** studieverlof.

**stuff** *n.* stof; goed, materiaal; stoffasie; *all that/this* ~ *about*
..., *(infml.)* al daardie/dié praatjies oor ...; *do your* ~*!, (infml.)*
laat ons sien wat jy kan doen!; *good* ~, *(infml.)* goeie goed;
iets goeds; *the hard* ~, *(infml.)* hardehout, sterk drank; *hot*
~, *(infml.)* iets besonders; gewaag(d); *hot* ~*!, (infml.)* mooi
so/skoot!; *know one's* ~, *(infml.)* weet waarvan jy praat; *the*
*(very)* ~ *of* ... die grondstof van ...; *rough* ~, *(infml.)* hard=
handigheid; *that's the* ~*!, (infml.)* ditsem!; *show what* ~ one
*is made of* wys van watter stoffasie jy (gemaak) is. **stuff** *ww.*
stop; opstop; volstop; =prop; *(kookk.)* stop; ~ *around, (infml.)*
(twak) aanjaag, nonsens aanvang, *(plat)* rondneuk; ~ *s.o.*
*around, (infml.)* iem. van bakboord na stuurboord stuur,
*(plat)* iem. rondneuk; ~ *a ballot box* 'n stembus vol vals
stembriewe prop; ~ *one's face, (infml., gew. neerh.: weglê aan*
*die kos)* van jou maag 'n wolsak maak; ~ *in s.t.* iets inprop/
=stop; ~ *s.t. into a* ... iets in 'n ... (in)prop/=stop/=bondel; ~
*o.s., (infml.)* jou dik eet; ~ *s.t. up* iets toestop; *(infml.)* iets
opdons/opfoeter; ~ *s.t. with* ... iets met ... opstop/volprop/
toestop.

**stuffed:** ~ *animal* opgestopte dier *(in 'n museum);* ~ *apple/*
*egg* gevulde appel/eier; *be* ~, *(infml.), (iets)* opgedons wees,
in sy peetjie (in) wees; *(iem.)* pê/poegaai wees; in die ver=
knorsing sit; *get* ~*!, (plat)* gaan/loop bars/vlieg!; ~ *poultry*
gestopte pluimvee, pluimvee met vulsel; ~ *up* toe; *(iem. se*
*neus)* verstop; *(infml.)* opgedons, in sy maai (in). ~ **shirt**
*(infml.)* opgeblase persoon. ~**-up** *adj. (attr.):* ~ *nose* toe/
verstopte neus.

**stuff·ing** vulsel; opstopwerk; opstopsel; *knock/take the* ~ *out*
*of s.o., (infml.)* die wind uit iem. se seile haal, iem. se voete
onder hom/haar uitslaan. ~ **box, packing box** *(teg.)* pak=
(king)bus; opstopbus. ~ **(material)** (op)stopsel.

**stuff·y** bedompig, benoud *('n vertrek);* verstop, toe *(iem. se*
*neus);* bekrompe, benepe, preuts *(mens).* **stuff·i·ness** be=
dompigheid; verstoptheid; bekrompenheid, preutsheid.

**stul·ti·fy** futloos maak, verswak; verveel, verveeld laat voel;
belaglik maak. **stul·ti·fy·ing** *adj.* sieldodend *('n roetine ens.);*
verlammend *('n uitwerking ens.);* afstompend *('n invloed ens.);*
leeg *('n verhouding);* versmorend *(hitte).*

**stum·ble** *n.* struikeling; flater; misstap, dwaling. **stum·ble**
*ww.* struikel; strompel; swik; flaters maak; ~ *across/on/upon*
*s.o./s.t.* iem./iets raakloop; ~ *along* voortstrompel; ~ *over s.t.*
oor iets val/struikel.

**stum·bling block** struikelblok; steen des aanstoots.

**stump** *n.* stomp *(v. 'n boom);* stompie *(v. 'n arm ens.); (kr.)*
paaltjie, pen; *(tekenk.)* stompwisser; stompie, entjie *(v. 'n*

*sigaar); at* ~*s, when* ~*s were drawn, (kr.)* met uitskeityd;
*draw* ~*s, (kr.)* ophou speel, uitskei, die spel staak; *be on the*
~, *(infml.)* politieke vergaderings hou, 'n verkiesingsveldtog
voer; *stir one's* ~*s, (infml.)* jou (litte) roer. **stump** *ww.* swaar
stap, strompel; politieke toespraak hou; *(kr.)* stonk; *(kuns)*
doesel; vasvra, dronkslaan; *be* ~*ed* dronkgeslaan wees; raad=
op wees; *be* ~*ed for an answer* nie weet wat om te sê/doen
nie; ~ *the countryside* die platteland platloop/=ry; ~ *for s.o./*
*s.t.* vir iem./iets propaganda maak; *a question* ~*s s.o.* 'n
vraag pootjie iem.; ~ *up, (infml.)* opdok. ~**nose** *(SA, igt.)*
stompneus. ~**-nosed** stompneus=. ~**-tailed** stompstert=.

**stump·er** *(kr.)* paaltjiewagter; *(infml.)* kopkrapper; probleem/
ens. wat jou koudsit.

**stump·y** stomp; kort en dik, geset. **stump·i·ness** stompheid
gesetheid.

**stun** =nn= bedwelm, bewusteloos maak, katswink slaan; oor=
weldig; verdoof; verbyster, verstom, dronkslaan, oorbluf. ~
**grenade** skokgranaat. ~ **gun** por=, skokstok, =toestel. **stunned**
verstom(d), verbyster(d), verwese. **stun·ner** *(infml.)* skoon=
heid; pragstuk, =eksemplaar; knewel; *s.o. is a* ~, *(infml.)* iem.
is baie aantreklik. **stun·ning** bedwelmend; geweldig; pragtig;
puik; verbasend; ~ *blonde* blonde skoonheid; ~ *success* reuse=
sukses.

**stung** *(verl.t. & volt.dw.)* →STING *ww..*

**stunk** *(verl.t.)* →STINK *ww..*

**stunt**[1] *ww.* teëhou, groei/ontwikkeling belemmer, knot, ver=
pot maak. **stunt·ed** dwergagtig, verpot, petieterig; ~ *growth*
dwerg=, wangroei; ~ *tree* dwergboom.

**stunt**[2] *n.* (akrobatiese) toertjie; truuk; kordaatstuk; *(krag)*
toer; kunsvlug; frats; aardigheid; nuwigheid; gier; waagstuk;
*do* ~*s* toertjies uithaal/doen; *publicity* ~ reklamefoefie; *pull a*
~ 'n streek uithaal. **stunt** *ww.* toertjies uithaal/doen; vlieg=
kunsies/=toertjies uithaal/doen. ~ **flyer/pilot** kunsvlieënier.
~ **flying** kunsvlieëry. ~**man**, ~**woman** waaghals, =arties.

**stu·pa** *(Boeddhisteheiligdom)* stoepa.

**stu·pe·fy** bedwelm, verdoof; bot/suf/gevoelloos maak; dronk=
slaan, verstom, verbyster; verdwaas. **stu·pe·fac·tion** verba=
sing, verwondering, verbystering; bedwelming, verdowing.
**stu·pe·fied** verwese. **stu·pe·fy·ing** *adj., -ly adv.* geweldig,
verskriklik, vreeslik, ontsettend; versengend, ondraaglik *(hitte)*
onhoudbaar *(stank);* oorverdowend *('n slag ens.);* ontsaglik,
erg *(vervelig ens.);* ongelooflik *(lui ens.).*

**stu·pen·dous** ontsaglik, verbasend, oorweldigend. **stu·
pen·dous·ness** ontsaglikheid.

**stu·pid** *n., (infml.)* dom=, pampoenkop. **stu·pid** *adj.* dom,
onnosel; dwaas, verspot; *not half as* ~ lank nie so dom nie;
*what a* ~ *thing!* wat 'n stommiteit!. **stu·pid·i·ty** domheid, on=
noselheid; dwaasheid; *the height of* ~ die toppunt van
dwaasheid.

**stu·por** (toestand van) bedwelming/gevoelloosheid/bewus=
teloosheid; verdowing, verbasing, oorbluftheid.

**stur·dy** bonkig, breed gebou; stewig *('n fiets ens.);* kragtig,
gespierd, sterk, fors; vasberade. **stur·di·ly** kragtig, op krag=
tige wyse. **stur·di·ness** bonkigheid; stewigheid; kragtigheid.

**stur·geon** *(igt.)* steur.

**Sturm und Drang** *(D., lettk.)* storm-en-drang(-tydperk);
onrus en idealisme.

**stut·ter** *n.* gestotter; *have a bad* ~ erg stotter/hakkel. **stut·
ter** *ww.* stotter, stamel, hakkel; ~ *out s.t.* iets stotterend sê.
**stut·ter·er** stotteraar, hakkelaar. **stut·ter·ing** *n.* gestotter, ge=
stamel, stameling, gehakkel, hakkel(ry). **stut·ter·ing** *adj., -ly*
*adv.* stotterend, stamelend, hakkelend; hortend, horterig *('n*
*beweging ens.).*

**sty**[1] *n.* varkhok.

**sty**[2], **stye** *(med.)* karkatjie.

**Styg·i·an** *adj., (Gr. mit.)* Stigies, van die Styx; *(poët., liter.)*
pikdonker.

**style** *n.* styl; skryfstif; styl, skryfwyse, =trant; genre; manier; mode; soort; benaming, naam, titel, betiteling; *(bot.)* styl; *(soöl.)* borselhaar, stilus; graveernaald; ets=, radeernaald; grammofoonnaald; *have* ~ styl hê; *in* ~ met styl; wind= maker(ig); *in the Spanish* ~ in die Spaanse styl; *be in good/ bad* ~ van goeie/slegte smaak getuig; *in the latest* ~ na/ volgens die nuutste styl; ~ *of play* speelstyl, =wyse; *a pol= ished* ~ 'n (goed) versorgde styl. **style** *ww.* stileer; betitel, bestempel, noem; ~ *hair* hare kap/stileer. ~**book** stylboek. ~ **studies** stilistiek.

**-style** *komb.vorm* in (die) =styl; *cowboy-*~ in cowboystyl.

**styled** ontwerp; ~ *by* ... ontwerp deur ...

**sty·let** *(med.)* priem, stif; *(soöl.)* stilet, priem. **sty·li·form** stif= vormig; *(bot.)* stylvormig; *(soöl.)* borselvormig.

**styl·ing** stilering; ontwerp; vormgewing; redigering; norma= lisering *(v. 'n skryfwyse).* ~ **brush** warm=, (haar)stilerings=, stileerborsel.

**styl·ise, -ize** stileer. **styl·i·sa·tion, =zation** stilering.

**styl·ish** stylvol; deftig, modieus, sjiek, swierig; agtermekaar. **styl·ish·ness** swierigheid.

**styl·ist** stilis; vormgewer.

**sty·lis·tic** *adj.* stilisties. **sty·lis·tics** *n.* stilistiek, stylleer.

**sty·lo·graph** stilograafpen. **sty·lo·graph·ic, sty·lo·graph·i· cal** stilografies. **sty·log·ra·phy** stilografie.

**sty·loid** *(teg.)* soos 'n stif/priem; priem=, stif=, naaldvormig.

**sty·lus** *styli, styluses* stilus; (skryf)stif; priem; naald; wys(t)er; *(bot.)* styl; *(soöl.)* borsel.

**sty·mie** *(infml.)* dwarsboom, stuit, belemmer; vaskeer.

**styp·tic** *n., (med.)* stelp=, bloedstolmiddel. **styp·tic** *adj.* (bloed)stelpend, =stollend.

**sty·rene** *(chem.)* stireen.

**Sty·ro·foam** *(handelsnaam, ook s~)* polistireenskuim.

**Styx:** *the* ~, *(Gr. mit. rivier)* die Styx; →STYGIAN.

**su·a·ble** vervolgbaar; →SUE.

**sua·sion** *(fml.)* oorreding.

**suave** saggeaard, vriendelik; hoflik, beleef(d); beminlik. **suav·i·ty** vriendelikheid, sagtheid; beleefdheid.

**sub** *n., (infml.)* duikboot; intekengeld; ledegeld; sub(redak= teur), taalversorger; *(vloot)* onderluitenant; ondergeskikte; plaasvervanger; tweede/derde hoofartikel. **sub** =*bb*=, *ww.* as plaasvervanger optree; taalversorging doen; *(Br.)* voorskot betaal/ontvang.

**sub·ac·id** suurderig, surerig *(vrugte).* **sub·ac·id·i·ty** suur= derigheid, surigheid.

**sub·a·dult** *n., (soöl.)* halfvolwassene. **sub·a·dult** *adj.* half= volwasse.

**sub·al·tern** *n.* ondergeskikte; (tweede) luitenant. **sub· al·tern** *adj.* ondergeskik.

**sub·ant·arc·tic** *adj.* subantarkties.

**sub·aq·ua** *adj., (sport)* onderwater= *(klub ens.).* **sub·a·quat·ic** onderwater=. **sub·a·que·ous** onder die water (lewend), on= derwater=.

**sub·arc·tic** subarkties.

**sub·a·tom·ic** subatomies.

**sub·bing** *(infml.)* = SUBEDITING.

**sub·cat·e·go·ry** =*ries* sub=, onderkategorie.

**sub·class** onderklas; onderafdeling.

**sub·clause** *(jur.)* subartikel, =klousule; *(gram.)* bysin.

**sub·com·mit·tee** sub=, onderkomitee.

**sub·con·scious** *adj.* onderbewus; *the* ~ *(mind)* die onder= bewuste/onderbewussyn. **sub·con·scious·ly** *adv.* onderbe= wustelik, in jou onderbewussyn/onderbewuste.

**sub·con·ti·nent** subkontinent.

**sub·con·tract** *n.* subkontrak. **sub·con·tract** *ww.* sub= kontrakteer. **sub·con·trac·tor** subkontrakteur, onderaanne= mer.

**sub·cul·ture** *n.* subkultuur; afkweking. **sub·cul·ture** *ww.* afkweek.

**sub·cu·ta·ne·ous** *(anat.)* subkutaan, onderhuids.

**sub·di·vide** onderverdeel; ~ *s.t. into* ... iets in ... onder= verdeel. **sub·di·vi·sion** onderverdeling; onderdeel; onderaf= deling; *(mil.)* onderdivisie.

**sub·due** onderwerp; onderdruk, tem, beteuel, mak maak; versag, demp. **sub·du·al** onderwerping, beheersing; onder= drukking. **sub·dued** stemmig; stil, gelate, onderworpe, te= vrede; ~ *light(ing)* sagte/gedempte lig; *in a* ~ *voice* met ge= dempte stem.

**sub·ed·it** redigeer, persklaar maak; nasien. **sub·ed·it·ing** redigering, redigeerwerk; nasienwerk. **sub·ed·i·tor** subre= dakteur; nasiener.

**sub·frame** *n., (bouk., mot.)* subraam.

**sub·group** subgroep.

**sub·head·ing, sub·head** onderdeel; tussenkop, =hofie; sub=, ondertitel.

**sub·hu·man** *n.* diermens. **sub·hu·man** *adj.* dierlik; *(neerh.)* verdierlik.

**sub·ja·cent** laer geleë; onderliggend.

**sub·ject** *n.* onderwerp; vak; vakgebied, =rigting; *(mus.)* tema; voorwerp; persoon; pasiënt; *(med.)* proefpersoon; proefdier; *(filos.)* ekheid; subjek; *that brings me to the* ~ dit bring my op/by die onderwerp; *broach a* ~ 'n onderwerp aanroer/ opper *(of* te berde bring *of* ter sprake bring); *to change the* ~, ... van die os op die esel, ... *(infml.); debate* (on) *a* ~ 'n onderwerp bespreek, oor 'n onderwerp debatteer; ~ *of dis= cussion* onderwerp van bespreking; ~*s of a king* onderdane van 'n koning; ~ *and object, (gram. ens.)* onderwerp en voor= werp, subjek en objek; *on the* ~ *of* ... in verband met ..., om= trent ..., wat ... (aan)betref/aangaan; ~ *and predicate, (gram.)* onderwerp en gesegde; *read/study a* ~ 'n vak studeer; *be a* ~ *for ridicule* 'n voorwerp van bespotting wees; ~ *of study* leer=, studievak; *tackle a* ~ 'n onderwerp aanpak; *take a* ~ 'n vak kies; 'n vak neem/hê/volg/loop/studeer; *a topical* ~ 'n aktuele onderwerp; *touch on a* ~ 'n onderwerp aanroer; *what* is the ~ *of* ...? waaroor handel ...?. **sub·ject** *adj.* on= derworpe; onderhewig; onderhorig; *be* ~ *to* ... aan ... onderhorig wees *('n land);* aan ... onderworpe wees *(bekrag= tiging, goedkeuring, wette);* aan ... onderhewig wees *(siektes, storms);* vir ... vatbaar wees *(siektes);* aan ... blootgestel wees *(storms);* van ... las hê *(verkoue);* ~ *to* ... behoudens ... *(goed= keuring, bevestiging).* **sub·ject** *ww.* onderwerp; blootstel; ~ *s.o./s.t. to* ... iem./iets aan ... onderwerp *(heerskappy);* iem./ iets aan ... blootstel *(kritiek);* iem./iets ... laat ondergaan; ~ ... *to an experiment* eksperimenteer met ... ~ **catalogue** *(bibl.)* onderwerpskatalogus. ~ **clause** onderwerpsin. ~ **heading** *(bibl.)* onderwerpshoof. ~ **index** saakregister. ~ **matter** on= derwerp, stof; inhoud; leerstof.

**sub·jec·tion** onderwerping; onderworpenheid; afhanklik= heid.

**sub·jec·tive** subjektief; selfwaarneembaar, =ondervindelik; bevooroordeeld; ~ *case, (gram.)* onderwerpsnaamval, nomi= natief, eerste naamval. **sub·jec·tive·ness** subjektiwiteit.

**sub·jec·tiv·ism** *(filos.)* subjektivisme. **sub·jec·tiv·ist** sub= jektivis. **sub·jec·ti·vis·tic** *adj.,* =**ti·cal·ly** *adv.* subjektivisties.

**sub ju·di·ce** *(Lat., jur.)* sub judice, hangende, onbeslis.

**sub·ju·gate** onderwerp, tot onderhorigheid dwing; diens= baar maak. **sub·ju·ga·tion** onderwerping; oormeestering.

**sub·junc·tive** *n., (gram.)* subjunktief, aanvoegende/voor= waardelike wys(e), konjunktief. **sub·junc·tive** *adj.* aan= voegend.

**sub·lease, sub·let** *n.* onderhuur(kontrak). **sub·lease, sub·let** =*lets* =*letting* =*let, ww.* onderverhuur. **sub·les·see** onderhuurder. **sub·les·sor** onderverhuurder.

**sub·lieu·ten·ant** *(vlootrang)* onderluitenant.

**sub·li·mate** *n., (chem.)* sublimaat. **sub·li·mate** *adj.* gesublimeer(d). **sub·li·mate** *ww., (chem., psig.)* sublimeer; veredel, verfyn; vergeestelik. **sub·li·ma·tion** *(chem., psig.)* sublimering, sublimasie; *(fig.)* veredeling, verfyning; vergeesteliking.

**sub·lime** (hoog) verhewe, heerlik, subliem; geesverheffend; groots; goddelik; *from the ~ to the ridiculous* van die verhewene tot die belaglike. **sub·lim·i·ty** verhewenheid, sublimiteit.

**sub·lim·i·nal** *(psig.)* subliminaal, onderbewus; *~ advertising* subliminale reklame; *~ perception* onderbewuste waarneming; *~ self* onderbewussyn, -bewuste.

**sub·lit·to·ral** *adj., (hoofs. ekol.)* sublit(t)oraal.

**sub·ma·chine gun** handmasjiengeweer, sarsiegeweer, masjienpistool.

**sub·mar·gin·al** *(ekon., landb.)* submarginaal; *(biol.)* binnerands.

**sub·ma·rine, sub·ma·rine** *n.* duikboot. **sub·ma·rine** *adj.* ondersees, ondersee-; *~ cable* onderseekabel; *~ earthquake* seebewing, ondersese aardbewing; *~ warfare* duikbootoorlog. **sub·ma·rin·er** duikbootvaarder.

**sub·merge** onderdompel; onder water sit; (laat) oorstroom, oorvloei; verswelg; *(duikboot)* duik; wegsink, laat sink; *(fig.)* verdwyn, verswelg; *remain ~d* onder water bly. **sub·merged:** *~ rock* blinde rots/klip; *~ valley* verdronke vallei.

**sub·merse** = SUBMERGE. **sub·mers·i·ble** *n.* duikboot(jie). **sub·mers·i·ble, sub·mer·gi·ble** *adj.* dompelbaar; *~ pump* dompelpomp. **sub·mer·sion, sub·merg·ence** onderdompeling; oorstroming, onderwatersetting; wegsinking, wegsakking.

**sub·mi·cro·scop·ic** submikroskopies.

**sub·mit** -tt- (jou) onderwerp; voorlê, indien *(dokument ens.); (jur.)* betoog, aan die hand doen; *(jur.)* beweer; *~ s.t. for s.o.'s opinion* iets aan iem. se oordeel onderwerp; *s.o. ~s that ...* iem. beweer dat ..., iem. hou vol dat ...; *~ to ...* jou aan ... onderwerp; voor ... buig; *~ s.t. to s.o.* iets aan iem. voorlê. **sub·mis·sion** onderwerping; onderdanigheid, gehoorsaamheid, nederigheid; voorlegging, indiening; *(jur.)* betoog; *make a ~* betoog; 'n voorlegging doen; *my ~ is that ...* my betoog is dat ..., ek betoog (*of* gee in/ter oorweging) dat ... **sub·mis·sive** onderworpe, onderdanig, gehoorsaam, gedwee, nederig.

**sub·nor·mal** onder-, subnormaal.

**sub·op·ti·mal** suboptimaal.

**sub·or·bit·al** *(med.)* suborbitaal; *~ path/track, (ruimtev.)* deelwenteling, deelwentelbaan, suborbitale baan.

**sub·or·der** *(biol.)* sub-, onderorde.

**sub·or·di·nate** *n.* ondergeskikte, onderhorige. **sub·or·di·nate** *adj.* ondergeskik; onderhorig; bykomstig; *be ~ to ...* aan ... ondergeskik wees; van minder belang as ... wees; *~ clause* ondergeskikte sin, bysin. **sub·or·di·nate** *ww.: ~ s.o./s.t. to ...* iem./iets aan ... ondergeskik maak; iem./iets van ... afhanklik maak; iem./iets by ... agterstel. **sub·or·di·na·tion** ondergeskiktheid; *(gram.)* onderskikking; agterstelling; subordinasie.

**sub·orn** omkoop; aanspoor, oorhaal; verlei; tot meineed uitlok. **sub·or·na·tion** omkopery, omkoping; *~ (of perjury)* uitlokking tot meineed.

**sub·plot** subplot, ondergeskikte intrige *(v. 'n roman, toneelstuk, ens.).*

**sub·poe·na** *n., (jur.)* subpoena, (getuie)dagvaarding; *serve a ~ on/upon s.o.* iem. dagvaar. **sub·poe·na** -naed, -na'd, *ww.* (as getuie) dagvaar.

**sub·ro·gate** *(jur., versek.)* subrogeer, vervang, in die plek stel van. **sub·ro·ga·tion** subrogasie, vervanging.

**sub ro·sa** *(Lat., fml.)* sub rosa, in die geheim, in vertroue.

**sub-Sa·har·an** suid van die Sahara, sub-Sahara- *(lande, streek).*

**sub·scribe** onderteken; inteken, inskryf; steun, onderskryf; bydra; opneem, inteken *(aandele); be fully ~ed* volteken wees *('n lening); ~ for s.t.* op iets inskryf/inskrywe *(aandele); ~ to s.t.* op iets inteken *('n tydskrif);* tot iets bydra *('n fonds);* iets onderskryf/-skrywe, met iets akkoord gaan, met iets saamstem *('n sienswyse).* **sub·scrib·er** intekenaar, inskrywer; ondertekenaar; onderskrywer; ondersteuner, voorstander, aanhanger; huurder *(v. 'n [tele]foon);* bydraer; *a ~ to s.t.* 'n intekenaar op iets *('n blad);* 'n aanhanger van iets *('n leer);* 'n ondertekenaar van iets *('n stuk);* 'n bydraer tot iets *('n fonds);* 'n inskrywer op iets *(aandele).*

**sub·script** *(wisk., rek.)* onderskrif, voetskrif; *(fis.)* voetteken.

**sub·scrip·tion** inskrywing, intekening, subskripsie; intekengeld, subskripsie(geld); ledegeld; ondertekening; onderskrywing; bydrae; huur *(v. 'n [tele]foon); cancel/terminate a ~* 'n intekening staak/opsê; *full ~* volle intekengeld; voltekening *(v. 'n lening); take out a ~ to s.t.* op iets inteken *('n tydskrif ens.). ~ concert* subskripsiekonsert, intekenaarskonsert. *~ list* intekenaars-, inskrywerslys. *~ price* inteken(aars)prys, subskripsieprys; inskrywingsprys. *~ rate* intekengeld, subskripsie; inskrywingskoers, -prys *(v. aandele).*

**sub·sec·tion** onderafdeling *(v. 'n dokument);* onderartikel, subartikel, subklousule; stuk *(v. 'n masjien).*

**sub·se·quence**[1] *(fml.)* opvolging.

**sub·se·quence**[2] *(wisk.)* deelry.

**sub·se·quent** daaropvolgende, volgende; later; *~ proceedings* verdere verrigtinge; *~ to ...* na ...; *~ to that* daarna, vervolgens. **sub·se·quent·ly** daarna, naderhand, vervolgens, agterna, daaropvolgend, later.

**sub·serve** dien, bevorder, diensbaar wees (aan), bevorderlik wees (vir), behulpsaam wees. **sub·ser·vi·ence** bevorderlikheid, diensbaarheid; gediensdigheid, onderdanigheid, diensbaarheid, gedweeheid, gedweënheid; kruiperigheid. **sub·ser·vi·ent** dienstig; gediensdig, diensbaar, gedwee, onderdanig; ondergeskik; *be ~ to ...* teenoor ... onderdanig wees; aan ... ondergeskik wees; *make s.t. ~ to ...* iets aan ... diensbaar maak.

**sub·set** ondergroep; *(wisk., rek.)* deelversameling.

**sub·side** sak, daal, sink; insak, ineensak, -sink, wegsak, versak; *('n storm ens.)* bedaar, gaan lê, stil word; afneem; uitwoed; wyk. **sub·sid·ence** daling; versakking; insakking, ineensakking, -sinking, wegsakking; grondversakking; bedaring; sinking.

**sub·sid·i·ar·y** *n.* hulp, helper, plaasvervanger; ondergeskikte; hulpmiddel; filiaal-, dogtermaatskappy; byvak. **sub·sid·i·ar·y** *adj.* aanvullend, bykomend; bykomstig, ondergeskik; hulp-; filiaal-, dogter-; newe-; *~ account* hulprekening; *~ cell* newesel; *~ company* filiaal-, dogtermaatskappy; *~ stream* syloop, takrivier; *be ~ to ...* aan ... ondergeskik wees; *~ troops* hulptroepe.

**sub·si·dy** toelae, toelaag, subsidie, geldelike steun, ondersteuning; *the ~ on bread/etc.* die broodsubsidie/ens. **sub·si·di·sa·tion, -za·tion** subsidiëring. **sub·si·dise, -dize** subsidieer, 'n toelaag/toelae/subsidie gee (aan), (geldelike) hulp verleen, (onder)steun.

**sub·sist** bestaan, leef, aan die lewe bly; *(jur.)* bestaan; *~ on ...* van ... leef/lewe.

**sub·sist·ence** bestaan; leeftog, broodwinning; kos, voedsel; onderhoud; *claim for ~ and transport* eis om reis- en verblyfkoste; *a meagre ~* 'n karige bestaan. *~ allowance, ~ money* onderhoudstoelae, -toelaag; verblyftoelae, -toelaag. *~ and travelling allowance (afk.: S&T)* reis-en-verblyftoelae/toelaag *(afk.: R&V). ~ costs* bestaanskoste. *~ economy* bestaansekonomie. *~ farmer* bestaansboer, selfversorgende boer. *~ farming* bestaansboerdery, selfversorgende boerdery. *~ level* bestaans-, armoedsgrens. *~ wage* bestaansloon.

**sub·soil** *n.* ondergrond, -laag. **sub·soil** *ww.* woel-, diepploeg. *~ water* grondwater.

**sub·soil·er** diepbreker, woel-, dol-, skeur-, molploeg.

**sub·son·ic** subsonies.

**sub·spe·cies** *(biol.)* subspesie, ondersoort.

**sub·stance** stof; middel; selfstandigheid; kern, essensiële; wese, hoofsaak; hoofbestanddeel; (hoof)inhoud; wesen(t)-likheid, werklikheid; vermoë; stof, materie, substansie; staan-krag *(v. wol)*; **agree in** ~ in hoofsaak/wese *(of* wesen[t]lik*)* saamstem; *there is* ~ *in the* **argument** die betoog dra gewig; *an* **argument** *of* ~ 'n argument van betekenis; **give the** ~ *of s.t.* die (hoof)inhoud van iets gee; iets in breë trekke vertel; *in* ~ in hoofsaak/wese, wesen(t)lik; *s.t.* **lacks** ~, *s.t. has (or is of)* **little** ~, *('n argument ens.)* iets is sonder inhoud; iets het niks om die lyf nie; *s.t. has* **no** ~, *('n klag ens.)* daar is geen grond vir iets nie; *('n argument ens.)* iets het niks om die lyf nie; *the* ~ *of* ... die wese van ... *(d. godsdiens ens.)*; *a* **person** *of* ~ 'n bemiddelde/vermoënde/welgestelde mens. ~ **abuse** mid-delmisbruik.

**sub·stand·ard** substandaard, -normaal, ondernormaal; min-derwaardig; benede peil.

**sub·stan·tial** substansieel; wesen(t)lik, beduidend, sub-stansieel; aansienlik; belangrik; stewig; sterk, solied; stoflik; kragtig, voedsaam; vermoënd, welgesteld; lywig; ~ *food* ste-wige kos. **sub·stan·ti·al·i·ty** wesen(t)likheid; stoflikheid; vast-heid, stewigheid; aansienlikheid; belangrikheid; welgesteld-heid. **sub·stan·tial·ly** in hoofsaak, in breë trekke; wesen(t)lik, in wese, naaste(n)by.

**sub·stan·ti·ate** bewys, bevestig, staaf. **sub·stan·ti·a·tion** bewys, bevestiging, stawing.

**sub·stan·tive** substantief; selfstandig; onafhanklik; *(jur.)* wesen(t)lik, essensieel, substantief; aansienlik; effektief; ~ *law* materiële/substantiewe reg; ~ *pay* substantiewe besol-diging; ~ *rank* effektiewe rang. **sub·stan·tive·ly** substanti-wies, as substantief; wesen(t)lik, in wese.

**sub·sta·tion** substasie.

**sub·sti·tute** *n.* (plaas)vervanger, substituut *(v. 'n pers.)*; *(goedere ens.)* surrogaat, substituut, vervangingsproduk, -stof, ens.; *the* ~ *for* ... die plaasvervanger van ... **sub·sti·tute** *ww.* as plaasvervanger optree, waarnemend optree, vir iem. waarneem; in die plek stel; vervang, subrogeer; ~ *for s.o.* as plaasvervanger van iem. optree, iem. se pligte waarneem, iem. vervang; ~ *A for B* A in die plek van B stel., B deur A vervang. ~ **teacher** *(Am.)* aflosonderwyser.

**sub·sti·tu·tion** substitusie; (plaas)vervanging; onderskui-wing; *(jur.)* plaasvervulling; *in* ~ *for* ... ter vervanging van ... **sub·sti·tu·tion·ar·y** plaasvervangend. **sub·sti·tu·tive** vervan-gend.

**sub·strate** -*strates* substraat; onderlaag; *(biol.)* voedingsbo-dem, bronlaag; *(ling.)* substraat.

**sub·stra·tum** -*strata* substratum; onderlaag, ondergrond; *(fig.)* fondament, grondslag.

**sub·struc·ture** onderbou, fondament.

**sub·sume** subsumeer; *be* ~*ed under* ... by ... ondergebring word. **sub·sump·tion** subsumpsie.

**sub·sur·face** *n.* onderlaag, ondergrond. **sub·sur·face** *adj.* van die ondergrond; onder die oppervlak; ondergronds; ~ *drain* sugleiding, -riool; ~ *water* ondergrondse water.

**sub·ten·ant** onder-, subhuurder. **sub·ten·an·cy** onderver-huring.

**sub·tend** *(geom.)* onderspan, teenoorstaan; insluit; *(bot.)* dra; *an arch* ~*s an angle* 'n boog onderspan 'n hoek; ~*ing leaf* draagblaar; *a side* ~*s an angle* 'n sy staan teenoor 'n hoek.

**sub·ter·fuge** voorwendsel, skuifmeul; truuk; slenterslag.

**sub·ter·ra·ne·an** onderaards, ondergronds; *(fig.)* onder-gronds, geheim; ~ *cable* ondergrondse kabel; ~ *fire* aard-brand; ~ *water* onderaardse water, grondwater.

**sub·text** onderliggende teks; onderliggende tema; onder-liggende betekenis.

**sub·ti·tle** *n.* onder-, subtitel; *(gew. i.d. mv.)* onderskrif *(in 'n rolprent).* **sub·ti·tle** *ww.* onder-/subtitels *(of* 'n onder-/sub-titel*)* aanbring; onderskrifte *(of* 'n onderskrif*)* aanbring. **sub·ti·tled** *(ook)* met die ondertitel.

**sub·tle** subtiel, fyn; nouliks merkbaar; teer; skerp; spits-vondig; ~ *distinctions* fyn onderskeidings. **sub·tle·ty** subtili-teit; fynheid; finesse; spitsvondigheid. **sub·tly** subtiel, op subtiele wyse; *mock* ~ fyn spot met.

**sub·ton·ic** *(mus.)* subtonika.

**sub·to·tal** subtotaal.

**sub·tract** aftrek *(van)*, verminder *(met)*; ~ *s.t. from* ... iets van ... aftrek; *it* ~*s nothing from* ... dit doen niks aan ... af nie. **sub·tract·er** *(rek.)* aftrekker.

**sub·trac·tion** aftrekking, vermindering. ~ *sum* aftreksom.

**sub·tra·hend** *(wisk.)* aftrektal, aftrekker, subtrahend.

**sub·trop·i·cal** subtropies. **sub·trop·ics** subtrope.

**sub·urb** voorstad, buitewyk. **sub·ur·ban** voorstedelik; *(effens neerh.)* oninteressant, alledaags. **sub·ur·ban·ite** voorstadbe-woner. **sub·ur·bi·a** die voorstede; die voorstadbewoners; die voorstedelike leefwyse.

**sub·ven·tion** toelae, toelaag, subsidie; bydrae; hulptoeken-ning; (geldelike) steun.

**sub·vert** omver-, omvêrwerp, omver-, omvêrgooi, omkeer; ontwrig; ontwortel; ondermyn, ondergrawe, -graaf; vernie-tig. **sub·ver·sion** omver-, omvêrwerping, om(me)keer; ont-wrigting; ondermyning. **sub·ver·sive** ondermynend, revolu-sionêr, rewolusionêr; *be* ~ *of* ... ... ondermyn/-grawe/-graaf. **sub·vert·er** ondermyner, -grawer.

**sub·way** tonnel; duikweg, onderaardse deurgang, onderpad; *(Am.)* ondergrondse spoorweg(stelsel). ~ *train* moltrein, ondergrondse trein.

**sub·zer·o** onder die vriespunt.

**suc·ceed** welslae/sukses behaal; slaag, geluk; die mas op-kom; opvolg; erf; volg op; ~ *admirably* uitstekend slaag; ~ *each other* mekaar afwissel *(v. dinge)*; ~ *in* ... in ... slaag; daarin slaag *(of* dit regkry*)* om te ...; ~ *to s.t.* in iets opvolg *('n amp)*; iets erf *('n titel)*; iets bestyg *(d. troon)*. **suc·ceed·ing** daaropvolgende, volgende; *in the* ~ *weeks* in die daaropvol-gende weke.

**suc·cess** sukses, welslae; geslaagdheid; geluk, voorspoed; *make a* ~ *of s.t.* in/met iets slaag, iets laat slaag; *an out-standing* ~ 'n reusesukses; *with* **scant** ~ met min/weinig sukses/welslae; *nothing succeeds like* ~ vir die gelukkige loop alles reg; *wish s.o.* ~ iem. voorspoed toewens; *with* ~ met welslae *(of* goeie gevolg*)*; *without* ~ tevergeefs; onsuksesvol. ~ *story (infml.)* suksesverhaal, -storie.

**suc·cess·ful** suksesvol, voorspoedig, geslaag(d); *be* ~ slaag; sukses behaal; ~ *candidate* geslaagde kandidaat; verkose kandidaat; *be a* ~ *practitioner, (ook)* 'n goeie praktyk hê; *it was* ~ dit het geslaag. **suc·cess·ful·ly** met welslae/sukses. **suc·cess·ful·ness** geslaagdheid, voorspoedigheid.

**suc·ces·sion** opvolging; erfopvolging; troonopvolging; reeks; (af)wisseling *(v.d. seisoene)*; suksessie; opeenvolging; nakomelingskap; opvolgerskap; *by* ~ volgens erfreg; *in* ~ na/agter mekaar, agtereen(volgens), aanmekaar; *a* ~ *of* ... 'n reeks ... *(nederlae ens.)*; *one's* ~ jou erfgename; *in* **quick/rapid** ~ vinnig ná/agter mekaar; *in* ~ *to* ... as opvolger van ... ~ *duty* suksessiereg. ~ **state** opvolgerstaat.

**suc·ces·sive** agtereenvolgend, opeenvolgend. **suc·ces·sive·ly** agtereen(volgens), op 'n streep, een ná die ander.

**suc·ces·sor** opvolger; ~ *to* ... opvolger van ...; ~ *to the throne* troonopvolger.

**suc·cinct** beknop, bondig, saaklik. **suc·cinct·ness** beknopt-heid, bondigheid.

**Suc·coth, Suk·koth, Feast of Tab·er·nac·les** *(Hebr., Jud.)* Soekkot, Loofhuttefees, Fees van die Tabernakels.

**suc·cour** *n.* hulp, steun, bystand; *give* ~ *to* ... hulp aan ... verleen. **suc·cour** *ww.* help, steun; uithelp, verlos.

**suc·cu·bus** *=cubi* sukkubus; *(alg.)* bose gees.

**suc·cu·lent** *n.* vetplant, sukkulent. **suc·cu·lent** *adj.* sap‑ p(er)ig, sopperig, sapryk; vlesig; ~ *plant* sappige/vlesige plant, vetplant. **suc·cu·lence** sapp(er)igheid, sopperigheid; vlesig‑ heid.

**suc·cumb** swig, toegee, die stryd gewonne gee; beswyk; ~ *to* ... voor ... swig *('n versoeking);* aan ... beswyk *('n siekte);* voor/ vir ... wyk/swig *('n oormag).*

**such** *adj., adv. & pron.* sodanig; sulke, so; van so 'n aard; sul‑ kes, sulke mense/dinge; ~ *a* ... so 'n ...; ... *and* ~ ... en so/ sulkes; ~ *and* ~ →SUCH‑AND‑SUCH; ~ *are* ... sodanig is ... *(d. gevare ens.); as* ~ as sodanig, op sigself; in dié bevoegdheid; ~ *as* ... soos ...; ..., ~ *as it is* ... hoe dit ook [al] is; ~ *is the case* so is dit, so staan die saak; *to* ~ *a degree, in* ~ *a manner* dermate; *don't be in* ~ *a hurry* moenie so haastig wees nie; ~ *is life* so is *(of* gaan dit in*)* die lewe; *be* ~ *a nice girl/etc.* 'n alte gawe meisie/ens. wees; *there is no* ~ *person* daar is nie so iemand nie; *none* ~ sonder gelyke/weerga; ~ *a one* so een, so iemand; ~ *a thing* so iets; *there is no* ~ *thing* daar bestaan nie so iets nie; *until* ~ *time* ... tot tyd en wyl ... ~**-and-such:** ~ *a person* dié en dié, dié en daardie; *in* ~ *a place* op dié en dié plek; ~ *a thing* dit en dat. **such·like** sodanig, dergelik.

**suck** *n.* (die) suig, gesuig; suiging; *have/take a* ~ *at* ... aan ... suig; *a* ~ *of* ... 'n slukkie *(of* mondjie vol) ... **suck** *ww.* suig; uitsuig; insuig; drink; suip; *(infml.)* vrotsleg wees; goor/oes/ mislik wees; ~ *s.o./s.t.* **down/under** iem./iets insuig; ~ *s.t.* **dry** iets droog suig; ~ *s.o.* **dry,** *(fig.)* iem. uitsuig; ~ *s.t. in* iets insuig/opsuig; iets indrink *(kennis ens.);* ~ *in* s.o. iem. insuig; iem. *(by iets)* betrek; ~ *s.o.* **off,** *(plat)* iem. afsuig; *this place* ~*s, (infml.)* dis 'n gatplek dié; ~ *s.t.* **up** iets opsuig; ~ *up to s.o., (infml.)* by iem. flikflooi.

**suck·er** *n., (alg.)* suier; suigorgaan; *(bot.)* wortelloot, =spruit; *(bot.)* suierloot, (ondergrondse) uitloper; *(bot.)* loot, uitloop‑ sel; suigwortel; *(soöl.)* suignappie; suigbuis; suipdier; suip‑ vark(ie); suigvis; suiglekker; suigstokkie, stokkielekker; suig‑ ys; *(infml.)* liggelowige; *(infml.)* stommerik, onnosel; *be a* ~ *for s.t., (infml.)* gek wees na iets; *make a* ~ *of s.o., (infml.)* iem. met 'n slap riem vang. **suck·er** *ww.,* *(bot.)* suierlote maak; suierlote verwyder; wortellote maak; wortellote afstroop/ver‑ wyder; ~ *s.o., (infml.)* iem. met 'n slap riem vang. ~ **lamb** suiplam. ~ **punch** *n.* onverwagse hou; onverwagse terugslag. ~**-punch** *ww.:* ~ *s.o.* iem. uitoorlê, iem. met 'n slap riem vang.

**suck·ing** *n.* (die) suig, gesuig; suiging. **suck·ing** *adj.* sui‑ gend, suig=. ~ **lamb** suiplam. ~ **pig** speenvark(ie). ~ **root** suigwortel.

**suck·le** soog; voed; laat drink; *(diere)* laat suip. **suck·ling** sui‑ geling; suipdier; suiplam, =kalf, ens..

**su·crose** *(teg., chem.)* sukrose, (riet)suiker.

**suc·tion** suiging. ~ **fan** suig=, afvoerwaaier. ~ **force** suigkrag. ~ **pressure** suigdruk. ~ **pump** suigpomp. ~ **valve** suig=, suierklep.

**Su·dan:** *the* ~, *(geog.)* die Soedan. ~ **grass** soedangras. **Su‑ da·nese** *n. & adj.* Soedannees, Soedanse.

**sudd** opdrifsels.

**sud·den** *n.: all of a* ~ skielik, meteens, onverwags, plotseling. **sud·den** *adj.* skielik, plotseling, onverwags; onvoorsien; onverhoeds; *death* skielike/onverwagse dood; *(sport)* uit‑ (klop)spel, uitspeelwedstryd, *(gh.)* valbyl. ~ **infant death syndrome** skielike‑suigelingsterftesindroom; →COT DEATH.

**sud·den·ly** skielik, eensklaps, plotseling, onverwags.

**sud·den·ness** skielikheid.

**suds** seepwater; seepskuim; *(Am., infml.)* bier. **suds·y** skui‑ merig; vol seepskuim.

**sue** dagvaar, eis, aanskryf, aanskrywe; ~ *s.o. for* ... iem. vir ... dagvaar *(skadevergoeding ens.);* iem. weens ... dagvaar *(laster ens.);* ... van iem. eis *('n bedrag ens.);* 'n eis om ... teen iem. instel; ~ *for s.t., (ook, fml.)* iets vra *(vrede);* om iets ding. **su·er** eiser, eisinsteller.

**suede, suède** suède, sweedseleer. ~ **(cloth/fabric)** suède= stof, sweedseleerstof.

**su·et** niervet, hardevet. ~ **pudding** niervetpoeding.

**Su·ez** *(geog.)* Suez. ~ **Canal** Suezkanaal.

**suf·fer** ly; swaar kry; uithou, verdra, verduur; ~ *for s.t.* vir iets boet; ~ *from s.t.* aan iets ly; van iets las hê; met iets ge‑ pla wees; onder iets ly; onder iets gebuk gaan; aan iets mank gaan *('n gebrek);* ~ **greatly/severely** erg/swaar ly; ~ **under** ... onder ... gebuk gaan. **suf·fer·a·ble** draaglik, uitstaanbaar; duldbaar. **suf·fer·ance** verdraagsaamheid; onderdanigheid; *(jur.)* (stilswyende) toelating/toestemming; *on* ~ op/uit ge‑ nade; *(jur.)* met vergunning. **suf·fer·er** lyer; slagoffer; *a* ~ *from* ... 'n lyer aan ... **suf·fer·ing** lyding, swaar(kry).

**suf·fice** voldoende/genoeg/toereikend wees; *s.t.* ~*s s.o.* iets is genoeg vir iem.; ~ *it to say* ... dit is voldoende om *(of* ek kan volstaan met) te sê ...; *that* ~*s to prove it* dit is voldoende bewys; *that will* ~ dit is voldoende.

**suf·fi·cient** genoeg(saam), toereikend, voldoende. **suf·fi‑ cien·cy** voldoende hoeveelheid; toereikendheid, genoegsaam‑ heid. **suf·fi·cient·ly** genoeg, voldoende; ~ *strong* sterk ge‑ noeg; *a* ~ *strong government/etc.* 'n voldoende sterk regering/ ens..

**suf·fix** *n., (gram.)* suffiks, agtervoegsel; *(wisk.)* suffiks, agter‑ skrif. **suf·fix** *ww.* suffigeer, agtervoeg.

**suf·fo·cate** (ver)stik, versmoor. **suf·fo·cat·ing** verstikkend, versmorend; ~ *air* stiklug; ~ *mine* stikmyn. **suf·fo·cat·ing·ly** stikkend; *it is* ~ *hot* dit is stikkend warm *(of* snikheet). **suf‑ fo·ca·tion** verstikking, versmoring.

**Suf·folk (sheep)** suffolk(skaap) *(ook S~).*

**suf·fra·gan** suffragaan(biskop), wybiskop, assistentbiskop.

**suf·frage** stem=, kiesreg; *(gew. i.d. mv.)* smeekbede. **suf·fra‑ gette** *(hist.)* suffrajet. **suf·fra·gist** *(hoofs. hist.)* voorstander van (vroue)stemreg.

**suf·fuse** sprei oor, oordek; kleur; loop/stroom oor; *be* ~*ed with* ... vol ... wees *(trane),* met ... oorgiet wees *(lig).* **suf‑ fu·sion** glans, blos, tint; verspreiding; oorgieting; deurtrek‑ king; onderloping; *(med.)* suffusie; *(med.)* vogverspreiding; bloeduitstorting; vogbegieting; weefselbloeding.

**Su·fi** *=fis, (Moslemaskeet en -mistikus)* Soefi. **Su·fism** Soe‑ fisme.

**sug·ar** *n.* suiker; suikerklontjie; *(infml.: aanspreekvorm)* sui‑ kerklontjie, liefling; *take* ~ *in one's coffee/tea* suiker in jou kof‑ fie/tee drink/gebruik/neem. **sug·ar** *ww.* suiker (byvoeg); versuiker; versoet, soet maak; suiker strooi. ~ **bean** suiker‑ boon(tjie). ~ **beet** suikerbeet. ~**bird** *(orn.: Promerops* spp*.)* suikervoël(tjie). ~ **bowl/basin** suikerpot. ~ **bush** suikerbos; protea. ~ **candy** teesuiker; suikerklontjies. ~ **cane** suikerriet. ~**-coat** *ww., (lett. & fig.)* versuiker, met 'n suikerlagie bedek. ~ **content** suikergehalte, =inhoud. ~ **daddy** *(infml.)* vroetel‑ pappie, troeteloompie. ~**-free** *adj.* suikervrye *(attr.),* sonder suiker *(pred.).* ~ **grower** suikerboer, =kweker. **S~ Loaf Moun‑ tain** *(geog.)* Corcovado, Suikerbrood(berg). ~ **lump** suiker‑ klontjie, klontjie suiker. **S~plum Fairy** *(ballet)* Suikerfee *(in* Die Neutkraker*).* ~ **refiner** suikerraffinadeur. ~ **spoon** sui‑ kerlepel. ~ **works** suikerfabriek.

**sug·ared** versuiker; gesuiker; ~ *peanuts* versuikerde grond‑ bone/=boontjies; ~ *water* suikerwater; ~ *words* mooipraatjies, vleiery.

**sug·ar·less** suikerloos.

**sug·ar·y** suikeragtig, suiker=; suikerig; suiker=, stroopsoet; vleierig; week; ~ *taste* suikersmaak.

**sug·gest** suggereer; voorstel, aan die hand doen/gee; dui op; laat dink aan; te kenne gee; ~ *s.t. to s.o.* iets by iem. aan die hand doen/gee; ~ *that* ... aan die hand doen/gee dat ...; te kenne gee dat ...; beweer dat ... **sug·gest·i·bil·i·ty** beïn‑ vloedbaarheid, ontvanklikheid. **sug·gest·i·ble** beïnvloed‑ baar, ontvanklik.

**sug·ges·tion** voorstel, raad, plan; aanduiding; tikkie; sweem= (pie); bewering; suggestie; *at s.o.'s* ~ op iem. se voorstel; *make/ offer a ~, put forward a* ~ iets aan die hand doen; *a ~ of* ... 'n sweem(pie) van ...; 'n tikkie ...; 'n aanduiding van ...; *throw out a ~* 'n wenk gee; iets te kenne gee; iets insinueer. ~**(s) box** voorstelbus.

**sug·ges·tive** suggestief; suggererend; wat 'n wenk/raad/plan gee; veelbetekenend; gewaag(d), onkuis; *s.t. is ~ of* ... iets suggereer...,iets laat ('n) mens aan...dink. **sug·ges·tive·ness** suggestiwiteit.

**su·i·cid·al** *adj.* selfmoord=; *(fig.)* waansinnig; ~ *tendencies* self= moordneigings, neiging tot selfmoord. **su·i·cid·al·ly** *adv.* self= moordend *(depressief ens.).*

**su·i·cide** *(lett. & fig.)* selfmoord; selfmoordenaar; *attempt* ~ selfmoord probeer pleeg; *attempted* ~ selfmoordpoging; *commit* ~ selfmoord pleeg; *political* ~ politieke selfmoord. ~ **bomber** selfmoordbomaanvaller. ~ **pact** selfmoordver= bond. ~ **squad** selfmoordbende, =eenheid.

**su·i ge·ne·ris** *(Lat.)* sui generis, eiesoortig, uniek, enig (in sy soort).

**su·i ju·ris, su·i iu·ris** *adj. (gew. pred.), (Lat., jur.)* sui juris/ iuris, handelingsbevoeg.

**su·int** wololie.

**suit** *n.* pak (klere), broek en baadjie; baadjiepak; uitrusting, stel; *(kaartspel)* kleur; (regs)geding, hofsaak, regsaak; →LAW= SUIT; (huweliks)aansoek; *bring a ~, (jur.)* 'n aksie instel, 'n ge= ding aanhangig maak; *(lady's)* ~ baadjiepak, pakkie, twee= stuk; *lay a ~* 'n aksie instel; *long ~, (kaartspel)* lang kleur; *(man's)* ~ pak (klere); *press one's ~, (fig.)* ywerig jou saak bevorder; hard probeer om die jawoord te kry; *that is s.o.'s strong* ~ daarin lê iem. se krag. **suit** *ww.* pas; geskik wees; geleë wees; pas by; voldoen, bevredig; aanstaan; geval; ak= kordeer met; ~ *the action to the word* die daad by die woord voeg; *not ~ all tastes* nie na iedereen se smaak wees nie; *s.t. ~s s.o.* iets pas iem.; iets is vir iem. geleë (tyd); iets is vir iem. geskik *(datum)*; iets staan iem. (goed) *(klere)*; iets is na iem. se sin; *(infml.)* iets is in iem. se kraal; *(infml.)* iem. is vir iets uitgeknip *('n werk/rol)*; *s.t. ~s s.o. to a T* (or *down to the ground), (infml.)* iets pas iem. uitstekend/volkome; *it ~s s.o. to* ... dit pas iem. om te ...; ~ *yourself!* net soos jy wil!, soos jy verkies!. ~**case** (reis)tas, koffer.

**suit·a·ble** geskik, geleë; passend, paslik, gepas, behoorlik; toe= paslik; bruikbaar, doelmatig; *be ~ for* ... vir ... geskik wees; *be ~ for/to* ... vir ... paslik wees *(d. geleentheid ens.); at a ~ time* te(r) geleëner/gelegener tyd. **suit·a·bil·i·ty** geskiktheid; ge= pastheid; behoorlikheid; bruikbaarheid. **suit·a·bly** passend, gepas; na behore.

**suite** suite; stel; *(mus.)* suite; *(geol.)* groep; gevolg; *(a bedroom) with bathroom en* ~ ('n slaapkamer) met eie badkamer *(of* met badkamer en suite); ~ *of furniture* (a)meublement; ~ *(of rooms)* stel kamers, suite.

**suit·ed** geskik, gepas; *be ~ for* ... vir ... aangelê wees, vir ... deug; *be (admirably) ~ to* ... (besonder) geskik wees vir ...; (uitstekend) by ... pas.

**suit·or** vryer, minnaar; voornemende koper *(v. 'n maatskap= py)*; eiser, klaer *(in 'n hofsaak).*

**su·ki·ya·ki** *(Jap. kookk.)* soekijaki.

**sul·cate** *(bot., soöl.)* gegroef.

**sul·cus** sulci, *(<Lat.; anat.)* sulkus, groef, spleet.

**sulk** *n.* nuk, nukkerigheid, slegte bui; *have the ~s* nukkerig/ dikmond/dikbek wees. **sulk** *ww.* dikmond/dikbek/diklip wees. **sulk·i·ly** nukkerig, nors. **sulk·i·ness** norsheid, nukkerigheid.

**sulk·y¹** *adj.* nukkerig, nors, dikbek, humeurig; traag.

**sulk·y²** *n.* draf-, snclkarretjie. ~ **race** drafren.

**sul·lage** vullis, vuilgoed, afval; rioolvuil; slyk; slik; vuiligheid, besoedeling. ~ **pit** slikput.

**sul·len** stuurs, nors, suur, onaangenaam; ongesellig, somber.

**sul·len·ly** stuurs, op 'n stuurs(e) manier. **sul·len·ness** stuurs= heid, norsheid; ongeselligheid.

**sul·ly** besoedel, bevlek, besmet; →DEFILE.

**sul·pha·nil·a·mide** *(med.)* sulfanielamied. **sul·phon·a·mide** *(med.)* sulfo(o)namied.

**sul·phate** *(chem.)* sulfaat, swa(w)elsuursout. **sul·phide** *(chem.)* sulfied. **sul·phite** *(chem.)* sulfiet.

**sul·phur,** *(Am.)* **sul·fur** *(chem., simb.: S)* swa(w)el, sulfer. ~ **dioxide** swa(w)eldioksied. ~ **ore** swa(w)elerts. ~ **shy** swa= (w)elsku, =gevoelig. ~ **spring** swa(w)elbron.

**sul·phu·ric,** *(Am.)* **sul·fu·ric** swa(w)elagtig, swa(w)elhou= dend, swa(w)el-; ~ *acid* swa(w)elsuur.

**sul·phu·rise, =rize,** *(Am.)* **sul·fu·rize** sulfureer; swa(w)el; met swa(w)el berook/bleik. **sul·phur·ing,** *(Am.)* **sul·fur·ing** swa(w)eltoediening, =bestuiwing.

**sul·phur·ous,** *(Am.)* **sul·fur·ous** swa(w)elagtig, swa(w)el= houdend; swa(w)elkleurig; swa(w)el-; ~ *acid, (chem.)* swa= weligsuur.

**sul·tan** sultan. **sul·tan·ate** sultanaat.

**sul·tan·a** sultana(rosyn[tjie)); *(vorstin)* sultane. ~ **loaf** sul= tanabrood.

**sul·try** drukkend, bedompig, swoel, broeiend, broeiwarm *(weer)*; brandend; hartstogtelik; uitdagend. **sul·tri·ness** druk= kendheid, broeiendheid, bedompigheid; hartstogtelikheid.

**sum** *n.* som; hoeveelheid; bedrag; totaal, som; *clear a ~* 'n bedrag skoon wins maak; *do ~s* somme maak; *for the ~ of* ... vir die som van ... *(R100 ens.); be good at ~s* goed kan reken *(of* somme maak); *in ~* in totaal; kortom, kortweg; *in the ~ of* ... ten bedrae van ...; *a large ~ of money* 'n groot bedrag *(of* som geld); *the ~ of 2 and 3 is 5* die som van 2 en 3 is 5; *a respectable ~* 'n aansienlike bedrag; *the ~ and sub= stance* die kern; *a tidy ~, (infml.)* 'n aardige/mooi bedrag= (gie)/som(metjie). **sum** =mm-, *ww.* optel; *to ~ up* opsom= menderwys(e); ~ *s.t. up* iets optel *(syfers);* iets opsom/saam= vat *('n bespreking);* ~ *s.o. up* iem. takseer, 'n oordeel oor/om= trent iem. vorm. ~ **total** (eind)totaal, groot totaal; totaalbe= drag; totaliteit, eindresultaat.

**su·mac(h)** *(bot.)* sumak, looiersboom.

**Su·ma·tra** *(geog.)* Soematra, Sumatra. **Su·ma·tran** *n.* Soema= traan, Sumataan. **Su·ma·tran** *adj.* Soematraans, Sumatraans.

**sum·ma cum lau·de** *adj. & adv., (Lat.)* summa cum laude, met die hoogste lof.

**sum·mar·y** *n.* opsomming, samevatting, kort oorsig, resumé, uittreksel; *give/make a ~ of s.t.* 'n opsomming/samevatting van iets gee/maak. **sum·mar·y** *adj.* kort, beknop, *(jur.)* sum= mier; kortaf; ~ *account* saamgevatte/verkorte rekening; ~ *dismissal* onmiddellike/summiere ontslag; ~ *execution, (jur.)* parate eksekusie; ~ *judg(e)ment/jurisdiction/trial* sum= miere vonnis/jurisdiksie/verhoor; *apply for ~ judg(e)ment* in kort geding gaan. **sum·mar·i·ly** beknop, kortweg, vlugtig; sonder pligpleginge, sommer(so), sonder meer; *(jur.)* sum= mier; *settle a case ~* 'n saak in kort geding beslis. **sum·ma·rise, =rize** opsom, (kort) saamvat, resumeer.

**sum·ma·tion** optelling; som, totaal; opsomming, samevat= ting.

**sum·mer** *n.* somer; *(gew. i.d. mv.), (fig.)* somers, (lewens)jare; *at the height of* ~ in die hartjie van die somer; *in* ~ in die so= mer. **sum·mer** *ww.* die somer deurbring. ~ **clothes** so= mer(s)klere. ~ **crop** someroes; somergewas. ~ **holiday(s)** somervakansie. ~**house** somerhuisie, tuinhuis(ie); somer= verblyf. ~ **lightning** weerligkynsel. ~**like** someragtig, somers. ~ **rain** somerreën. ~ **rainfall area** somerreënvalgebied, so= merreënstreek. ~ **rash** hitte-uitslag. ~ **sale,** ~ **clearance (sale)** someruitverkoping, =opruiming. ~ **school** somer=, vakansiekursus. ~**('s) day** somer(s)dag. ~**('s) evening** so= mer(s)aand. ~ **solstice** somersonstilstand. ~**time** somer(tyd), somerseisoen. ~ **time** *(dagligbesparingstyd)* somertyd. ~ **wear** somer(s)drag, =klere. ~ **weather** somer(s)weer. ~**weight** *adj. (attr.), (tekst.)* liggewig=, somer(s)=. ~**wood** najaarshout.

**sum·mer·y** someragtig, somers, somer(s)=; ~ *clothes* so=mer(s)klere, =drag; ~ *weather* somerse weer.

**sum·mit** (berg)spits, kruin; *(lett. & fig.)* top(punt), hoogste punt; *at the* ~ op die kruin *(v.d. berg)*; op die hoogste punt/vlak; *reach the* ~ die kruin bereik. ~ **(conference/meeting)** spitskonferensie, =beraad, leiersbyeenkoms.

**sum·mon** oproep, byeenroep, laat roep, ontbied; inroep; daag, dagvaar; opeis; ~ *Parliament* die Parlement byeenroep; ~ *s.o. to* ... iem. na ... ontbied; ~ *up courage* (al) jou moed bymekaarskraap.

**sum·mons** =monses, n. dagvaarding; aanskrywing; oproep; *issue a* ~ *for debt* iem. vir skuld dagvaar; *serve a* ~ *on/upon s.o.* 'n dagvaarding aan iem. bestel/beteken; *take out a* ~ *against s.o.* iem. laat dagvaar. **sum·mons** *ww.* dagvaar, aanskryf; ~ *s.o. for debt* iem. vir skuld dagvaar.

**su·mo** *n., (Jap.)* soemo. ~ *wrestler* soemo-stoeier. ~ **wres·tling** soemo-stoei.

**sump** sinkpunt; opvangbak, =put; *(mynb.)* kuil, dam; opgaar=tenk; *(mot.)* oliebak. ~ **case** krukkas, =bak. ~ **pump** dreineer=pomp.

**sump·tu·ous** weelderig, luuks, kosbaar. **sump·tu·ous·ness** weelderigheid, kosbaarheid.

**sun** *n.* son; sonlig, sonskyn; *take the* ~*'s altitude* die son peil; *there is nothing new under the* ~ daar is niks nuuts onder die son nie; *rise with the* ~ douvoordag opstaan; *the* ~ *rises* die son kom op; *the rising* ~ die opkomende/opgaande son; *the* ~ *sets* die son gaan onder; *the setting* ~ die ondergaande son; *the* ~ *is setting/westering* die son is aan die ondergaan *(of* trek water*)*; *the* ~ *is shining* die son skyn; *the* ~ *is sinking* die son sak; *a touch of the* ~ sonsteek; *the* ~ *is up* die son is op. **sun** =nn-, *ww.* in die son sit/staan/lê; aan die son blootstel; ~ *o.s.* in die son bak/lê/sit. ~**baked** in die son gebak; songebakte *(vlakte, stene).* ~**bath** sonbad. ~**bathe** 'n sonbad neem. ~**bather** sonbaaier. ~**beam** sonstraal. ~ **bear** Maleise heuningbeer. ~**bed** sonstoel; sonbed. ~**bird** *(orn.)* suikerbekkie; *malachite* ~jangroentjie. ~ **blind** *n.* sonblinding, =skerm; vensterluik. ~ **blind** *adj.* sonblind. ~**block** sonblok= (keerder), sonblokkeermiddel, =room. ~**bonnet** kappie. ~**burn** sonbrand. ~**burnt,** ~**burned** (deur die son) verbrand, bruin gebrand/verbrand; *get* ~ bruin gebrand word (deur die son); deur die son verbrand word. ~**burst** deurbraak van die son; straalson. ~ **cream** son(brand)=, son(bruin)room. ~**-cured** songedroog. ~ **deck** sondek. ~**dew** *(bot.)* dou=, slakblom, vlieëvanger. ~**dial** son(ne)wyser. ~ **dog** *(astron.)* byson. ~**down** sononder, sonsondergang. ~**downer** *(infml.)* skemer=drankie. ~**-drenched** sondeurdrenk. ~**dress** sonrok. ~**-dried** songedroog, in die son gedroog; ~ *brick* rousteen; ~ *fruit* droëvrugte; ~ *skin* ongesoute droë vel. ~**-dry** *ww.* sondroog. ~**fish** *(Mola mola)* sonvis. ~**flower** sonneblom. ~**flower oil** sonneblomolie. ~**flower seed** sonneblomsaad. ~**gazer, giant girdled lizard, giant zonure** sonkyker, skurwejantjie, ou=volk, reusegordelakkedis. ~**glass** brandglas. ~**glasses** *n. (mv.)* son=, donkerbril, donker bril. ~ **god** songod. ~**hat** sonhoed. ~**-kissed** sonnig. ~**light** sonlig. ~**lit** sonnig, deur die son verlig, *(attr.)* sonbestraalde. ~ **lounge** sonkamer, =vertrek. ~ **lover** sonsitter. ~ **porch** sonportaal; glas=, sonstoep. ~**proof** bestand teen die son, sonbestand. ~**ray** sonstraal. ~**ray lamp** sonlamp. ~**ray treatment** ultravioletbehandeling. ~ **recorder** sonskynmeter. ~**rise** sonsopkoms, =opgang; *at* ~ (met) sonop. ~**rise industry** opkomende bedryf. ~**roof** son=dak. ~**screen** sonskerm(middel), sonskermroom. ~**set** sons=ondergang; *(fig.)* lewensaand; *at* ~ (met) sononder. ~**set clause** *(pol. ens.)* oorgangsklousule. ~**shade** sonsambreel; sonskerm. ~**shine** sonskyn, sonnetjie; *(fig.)* gelukkigheid, vrolikheid; geluk, voorspoed; *(Br. infml.)* skat(jie). ~**shiny** sonnig. ~ **spider** roman, ja(a)gspinnekop. ~**-splashed** vol sonkolle. ~**spot** sonvlek. ~**stroke** sonsteek, hitteslag. ~**tan** sonbruin, =brand. ~**tan lotion** sonbrand=, sonbruinmiddel. ~**tanned** bruingebrand; sonbruin. ~**tan oil** sonbrand=, son=

bruinolie. ~**trap** *(Br.)* sonnige hoekie; sonnige, beskutte plek. ~**up** *(Am.)* sonop, sonsopgang, =opkoms. ~ **visor** sonskerm. ~ **worshipper** sonaanbidder.

**sun·dae** *(roomys met vrugte, neute en stroop)* sundae.

**Sun·day** Sondag; *on* ~*s* (op) Sondae, Sondags. ~ **best** kis=, kerk=, uitgaanklere. ~ **paper** Sondagblad. ~ **rest** Sabbatsrus. ~ **school** Sondagskool. ~**s River** Sondagsrivier.

**sun·der** *(poët., liter.)* skei, (ver)breek; afkap, afsny.

**sun·dry** =dries, *n. (gew. mv.)* diverse. **sun·dry** *adj.* verskil=lende, diverse, allerhande; gemeng(d); ~ *expenses* diverse/los/algemene uitgawe(s).

**Sung** *(Chin. dinastie)* Soeng.

**sung** *(verl.t. & volt.dw.)* (het) gesing; gesonge; besonge; → SING.

**sunk** *adj. (volt.dw.)* versonke, versink, ingelaat; →SINK *ww.*; ~ *fence* versonke (om)heining; *s.o. is* ~, *(infml.)* dit is klaar= (praat) met iem.; ~ *joint* diepvoeg; ~ *panel* versonke pa=neel. **sunk·en** versonke, ingelaat; verdiep; hol, ingeval; →SINK *ww.*; ~ *bath* versonke bad; ~ *cheeks* ingevalle/hol wange; ~ *eyes* oë agter in die kop, hol oë; diepliggende oë; ~ *garden* dieptuin, uitgegrawe tuin; ~ *handle* ingelate handvatsel; ~ *portion* verdiepte gedeelte; ~ *road* hol pad; ~ *rock* blinde klip, blinder; ~ *treasure* skat(te) uit die see.

**sun·less** sonloos, sonder son. **sun·less·ness** sonloosheid.

**Sun·ni** *(tak v. Islam)* Soenni; *(mv. Sunni, Sunnis: navolger)* Soenniet. **Sun·nite** *n.* Soenniet. **Sun·nite** *adj.* Soennities.

**sun·ny** sonnig; bly, vrolik, opgewek, opgeruimd; ~ *day* son=nige dag; ~ *side of a house* sonkant van 'n huis; *the* ~ *side of life* die ligte/helder kant/sy van die lewe; ~ *side up, (Am., infml.)* net aan die een kant gebak *(eier).* **sun·ni·ness** sonnigheid; opgewektheid.

**su·per** *n., (infml.)* superintendent. **su·per** *adj.* eersteklas, fantasties, puik, prima; superieur.

**su·per·a·bound** oorvloedig/volop wees. **su·per·a·bun·dance** oormaat, oordaad, volopheid, groot oorvloed; *have a* ~ *of s.t., have s.t. in* ~ 'n oorvloed *(of* meer as genoeg) van iets hê. **su·per·a·bun·dant** oorvloedig, volop, oordadig.

**su·per·add** nog bysit, meer/ekstra byvoeg. **su·per·ad·di·tion** verdere byvoeging.

**su·per·an·nu·ate** pensioeneer, met pensioen laat af-/uit=tree/gaan; te oud vir gebruik verklaar; *(jur.: 'n hofbevel)* ver=ouder, verjaar.

**su·per·an·nu·a·tion** pensioen; pensioenering; afdanking; verjaring *(v. 'n hofbevel)*; emeritaat. ~ **fund** pensioenfonds.

**su·perb** puik, uitnemend, voortreflik. **su·perb·ness** uitne=mendheid, voortreflikheid.

**su·per·bike** superfiets.

**su·per·car·go** =goes vragsuperintendent; ladingsopsigter, superkarga.

**su·per·charge** aanja(ag) *('n motor)*; oorverdig *('n vloeistof ens.)*; ~*d engine* aangejaagde motor, motor met aanjaer; ~*d moment/atmosphere/etc.* spanningsvolle/emosiebelaaide oom=blik/atmosfeer/ens.. **su·per·char·ger** (druk)aanjaer; kom=pressieverhogingspomp. **su·per·charg·ing** (druk)aanjaging, kompressieverhoging.

**su·per·cil·i·ar·y** *(anat.)* wenkbrou=.

**su·per·cil·i·ous** verwaand, hooghartig, aanmatigend. **su·per·cil·i·ous·ly** uit die hoogte. **su·per·cil·i·ous·ness** ver=waandheid, aanmatiging.

**su·per·con·duc·tiv·i·ty** *(elek. & fis.)* supergelei(dings)=vermoë. **su·per·con·duct·ing, su·per·con·duc·tive** superge=leidend, supergelei(dings)=. **su·per·con·duc·tor** supergeleier.

**su·per·con·scious** superbewus. **su·per·con·scious·ness** superbewussyn.

**su·per·con·ti·nent** *(geol.)* superkontinent, =vasteland.

**su·per·cool** *(chem., ook* undercool*)* onderkoel, oorverkoel; *(infml.)* superkoel *(iem.).* **su·per·cooled** onderkoel, oorver=

koel, oorafgekoel. **su·per·cool·ing** *(chem.)* onderkoeling, oor=
verkoeling, oorafkoeling; superkoeling, superverkoeling.

**su·per·crit·i·cal** *(fis.)* oorkritiek; *(elek.)* superkritiek.

**su·per·du·per** *(infml.)* absoluut/eenvoudig fantasties/manji=
fiek/ongelooflik.

**su·per·e·go** *-goes, (psig.)* superego.

**su·per·el·e·va·tion** kanting *(v. 'n pad).*

**su·per·em·i·nent** uitstekend, uitmuntend, voortreflik, uit=
nemend, eenvoudig merkwaardig. **su·per·em·i·nence** uitne=
mendheid, voortreflikheid, uitmuntendheid.

**su·per·er·o·ga·tion** oorgedienstigheid; origheid; *works of*
~, *(RK)* oordadige (goeie) werke; oortolligheid, oorbodig=
heid. **su·per·e·rog·a·to·ry** oortollig, oorbodig.

**su·per·et·te** superette.

**su·per·fam·i·ly** *(taksonomie)* superfamilie.

**su·per·fi·cial** oppervlakkig; simplisties; vlak; oppervlak=; ~
*expansion* oppervlakuitsetting; ~ *glance* oppervlakkige
blik/kykie; ~ *knowledge* oppervlakkige kennis; ~ *measure*
vlaktemaat; ~ *work* afskeepwerk; ~ *wound* vlak/oppervlak=
kige wond, skraapwond. **su·per·fi·ci·al·i·ty** oppervlakkigheid,
uiterlikheid; vervlakking. **su·per·fi·cial·ly** oppervlakkig (ge=
sien); aan die oppervlakte, bolangs, uitwendig.

**su·per·fine** superfyn, ekstra fyn; superkwaliteit, van die al=
lerbeste, prima, eersteklas; haarfyn.

**su·per·flu·id** *n. & adj., (fis.)* superfluïed. **su·per·flu·id·i·ty**
superfluïditeit.

**su·per·flu·i·ty** oortolligheid, oorbodigheid; oorvloed; *a ~
of ...* te veel ...

**su·per·flu·ous** oorbodig, oortollig; oorvloedig. **su·per·flu·**
**ous·ness** oortolligheid, oorbodigheid.

**su·per·gi·ant** *(astron.)* superreus.

**su·per·glue** supergom.

**su·per·grass** *(Br., infml.)* topinformant.

**su·per·heat** *n.* superhitte. **su·per·heat** *ww.* oorverhit;
*(elek.)* superverhit; *~ed steam* oorverhitte stoom. **su·per·**
**heat·er** oorverhitter; superverhitter. **su·per·heat·ing** oor=
verhitting.

**su·per·he·ro** *-roes* superheld.

**su·per·het·er·o·dyne** *adj., (rad. ens.)* superheterodine=.

**su·per·high·way** *(Am.)* supersnelweg; *information ~* inlig=
ting-supersnelweg.

**su·per·hu·man** bomenslik.

**su·per·im·pose** bo-op sit; sit/plaas op; oplê; *(elek.)* oplê,
superponeer; ~ *s.t. on/upon ...* iets oor ... druk; iets (bo-)op
... plaas/lê/sit. **su·per·im·posed** bo-op geplaas; opgelê; ge=
superponeer(d); ~ *load* opgelegde las. **su·per·im·po·si·tion**
oplegging, superponering.

**su·per·in·cum·bent** bo-opliggend, boliggend; ~ *stratum*
bo=, deklaag.

**su·per·in·tend** toesig hou/hê *(oor).* **su·per·in·tend·ence** toe=
sig(houding).

**su·per·in·ten·dent** *n.* superintendent; polisiekommissaris;
opsigter, oppasser *(v. 'n gebou);* opsiener, opsigter *(v. 'n
museum);* toesighouer. **su·per·in·ten·dent** *adj.* toesighou=
dend. **~-general** superintendent-generaal. **su·per·in·tend·**
**ing** toesighoudend.

**su·pe·ri·or** *n.* superieur, meerdere; hoof; (klooster)owerste;
*be s.o.'s* ~ iem. se meerdere wees; iem. oortref; *have no ~ in
...* almal in ... oortref. **su·pe·ri·or** *adj.* superieur; voor=
treflik, uitmuntend, hoogstaande; *(anat.)* hoër, bo; *(astron.)*
boonste, buite=; *(bot.)* bostandig *('n vrugbeginsel); (druk.)* bo=
standig *(syfer),* bolyn= *(letter);* neerbuigend, verwaand, hoog=
hartig; hoër, beter; groter; meer(der)waardig; verhewe *(bo);*
~ *authority* hoër gesag/instansie; hoër geplaaste, meerdere;
*be ~ to ...* bo(kant) ... staan *(iem.);* ... oortref *(iets);* bo ...
verhewe wees *(iets);* ~ *court* hoër hof, hoërhof; ~ *force* oor=
mag, sterker mag; ~ *knowledge* meerdere kennis; *made of*

~ *leather* van die beste leer gemaak; ~ *numbers* oormag,
getalle=, getalsoorwig; ~ *officer* hoër offisier, meerdere; ~
*planet,* *(verder v.d. son as d. aarde)* buiteplaneet; ~ *power*
oormag; ~ *rank* hoër rang.

**su·pe·ri·or·i·ty** superioriteit; hoër rang/gesag; meerderheid,
oorwig, =mag, meer(der)waardigheid; (bo)baasskap; voor=
treflikheid; voorrang; hooghartigheid. ~ *complex (psig.)*
meerderwaardigheidskompleks.

**su·per·ja·cent** *(teg.)* bo(-op)liggend; oordekkend.

**su·per·la·tive** *n., (gram.)* oortreffende trap, superlatief. **su·**
**per·la·tive** *adj.* voortreflik, buitengewoon, puik, eerste=
rangs, skitterend; *(gram.)* oortreffend.

**su·per·man** *=men* supermens; 'n man duisend.

**su·per·mar·ket** supermark.

**su·per·mod·el** supermodel.

**su·per·nal** *(poët., liter.)* hemels, goddelik, verhewe.

**su·per·na·tant** *n., (teg.)* bodrywende stof. **su·per·na·tant**
*adj.* (bo)drywend; oordekkend; bo die water; ~ *liquor* bo=
water; bovloeistof.

**su·per·nat·u·ral** *n.: the* ~ die bonatuurlike, bonatuurlike
verskynsels/gebeure. **su·per·nat·u·ral** *adj.* bonatuurlik,
boaards. **su·per·nat·u·ral·ly** *adv.* bonatuurlik, boaards. **su·per·**
**nat·u·ral·ness** bonatuurlikheid.

**su·per·nor·mal** bo=, supernormaal.

**su·per·no·va** *-vae, -vas, (astron.)* supernova.

**su·per·nu·mer·ar·y** *n.* ekstra man, botallige. **su·per·nu·**
**mer·ar·y** *adj.* ekstra, orige, reserwe=; bykomstig; botallig,
oortollig.

**su·per·nu·tri·tion** oorvoeding.

**su·per·or·di·nate** *n.* meerdere, hoër geplaaste; *(ling.)* al=
gemene noemer, superordinaat. **su·per·or·di·nate** *adj.*
oorkoepelend; omvattend; hoër; van 'n hoër orde; met 'n
hoër rang; *(ling.)* superordinaat; ~ *command/instruction* op=
drag van bo af; oorkoepelende voorskrif; ~ *goal* omvattende
doelwit; groter/hoër doelwit; oorkoepelende doel.

**su·per·phos·phate** *(kunsmis)* superfosfaat.

**su·per·pose** = SUPERIMPOSE. **su·per·po·si·tion** oplegging,
superponering.

**su·per·pow·er** supermoondheid. **su·per·pow·ered** versterk.

**su·per·scribe** van 'n opskrif voorsien; skrywe op; adres=
seer. **su·per·script** boskrif. **su·per·scrip·tion** opskrif.

**su·per·sede** vervang, die plek inneem van; verdring; af=
dank, ontslaan; afskaf; verbygaan *(by bevordering); be ~d by
...* vervang word deur ... **su·per·ses·sion** vervanging; af=
danking, ontslag; afskaffing.

**su·per·son·ic** supersonies.

**su·per·star** superster.

**su·per·state** superstaat.

**su·per·sti·tion** bygeloof; bygelowigheid. **su·per·sti·tious**
bygelowig.

**su·per·store** superwinkel.

**su·per·stra·tum** *-strata* bolaag, boonste laag.

**su·per·struc·ture** *(bouk.)* drastruktuur; *(gram.)* superstruk=
tuur, oppervlaktestruktuur.

**su·per·tank·er** supertenkskip.

**su·per·tax** superbelasting.

**su·per tube** glygeut.

**su·per·vene** tussenkom, =kom; onverwags gebeur; volg,
agterna kom; later intree; tussenin/tussenbei(de) kom/tree.
**su·per·ven·ing** *(ook)* nakomend, (op)volgend; ~ *circumstance*
invallende omstandigheid. **su·per·ven·tion** tussenkoms; on=
verwagte verandering/wending; opvolging; verrassing.

**su·per·vise** toesig hê/hou (oor), kontroleer. **su·per·vis·ing**
toesighoudend. **su·per·vi·sion** toesig(houding); kontrole;
*under the ~ of ...* onder toesig van ... **su·per·vi·sor** opsiener,
toesigter, toesighouer, opsigter; inspekteur; studieleier; pro=
motor *(i.v.m. 'n proefskrif).* **su·per·vi·so·ry** toesighoudend.

**su·per·wom·an** =women supervrou.

**su·pine** agteroor, op die naat van die rug; traag, lusteloos, onverskillig. **su·pine·ness** traagheid; rugligging.

**sup·per** aandete; *have* ~ (die) aandete geniet/nuttig; ~ *is served* die (aand)ete is/staan op (die) tafel (*of* is gereed); *sing for one's* ~, *(idm.)* niks vir niks kry nie; *what's for* ~ wat kry ons vanaand te ete?. ~ **club** *(Am.)* luukse nagklub. ~ **time:** *at* ~ ~ met (die) aandete.

**sup·plant** verdring, uitdruk; uitoorlê, onderkruip. **sup·plant·er** verdringer; onderkruiper.

**sup·ple** lenig, buigsaam, slap; soepel; sag, meegaande, ge= dwee. **sup·ple·ness** lenigheid, buigsaamheid; soepelheid.

**sup·ple·ment** *n.* aanhangsel, byvoegsel, aanvulling; *(geom.)* supplement; bylaag, bylae, byvoegsel; toevoegsel; vervolg= werk; *a* ~ *to* ... 'n bylaag/bylae by ..., 'n byvoegsel tot ...; 'n aanvulling van ... **sup·ple·ment** *ww.* byvoeg, aanvul; by= verdien; ~ *s.t. with* ... iets met ... aanvul. **sup·ple·men·tal** aanvullend; ~ *to* ... aanvullend by ..., ter aanvulling van ... **sup·ple·men·ta·ry** aanvullend, bykomend; aanvullings=, sup= plements=; ~ *angle* supplementêre hoek; ~ *estimates* aan= vullende begroting; ~ *examination* aanvullingseksamen; her= eksamen. **sup·ple·men·ta·tion** aanvulling.

**sup·pli·ant, sup·pli·cant** *n.* smekeling, smeker; bidder. **sup·pli·ant, sup·pli·cant** *adj.* smekend, smeek=. **sup·pli·cate** smeek, bid, soebat. **sup·pli·ca·tion** smeekbede, =ge= bed, smeking; smeek=, versoekskrif. **sup·pli·ca·to·ry** sme= kend, smeek=; versoek=; ~ *prayer* smeekgebed.

**sup·pli·er** verskaffer, leweraar, lewsransier.

**sup·ply** =plies, *n.* lewering; leweransie; verskaffing, voor= siening, verstrekking; toevoer, aanvoer, aanvulling; bron, voorraad; bevoorrading, versorging; *(i.d. mv.)* lewerings, le= weransies; benodig(d)hede; gebruiks=, verbruiksvoorrade; kosvoorraad, lewensmiddele; ~ *and demand* vraag en aan= bod; *be in full* ~ volop wees; *a* ~ *of* ... 'n voorraad ...; *s.t. is in short* ~ iets is skaars. **sup·ply** *ww.* lewer, verskaf, voor= sien; aanvoer, toevoer; bevoorraad; verstrek *(inligting)*; aan= vul; *s.t. was supplied by* ... iets is deur ... verskaf; *a loss* 'n verlies vergoed; ~ *s.o. with s.t.,* ~ *s.t. to s.o.* iem. van iets voor= sien, iets aan iem. lewer/verskaf; iets aan iem. verstrek. ~ **cable** toevoer=, aanvoerkabel. ~ **chain** aanvoerketting. ~ **in= dustry** voorsienings=, verskaffingsbedryf. ~ **line** toevoerlyn, =kanaal. ~ **main** hooftoevoer(leiding). ~ **pipe** toevoerpyp; toevoerbuis. ~ **route** aanvoer=, toevoerroete. ~ **ship** voor= raadskip. ~ **side** *n., (ekon.)* aanbodkant. ~=**side** *adj. (attr.):* aanbodkant=; ~ *economics* aanbodkant-ekonomie. ~ **system** toevoer=, aanvoerstelsel. ~ **voltage** toevoerspanning.

**sup·port** *n.* steun, ondersteuning, hulp, bystand, onder= skraging; onderhoud; steun(sel), steunstuk; stut, voetstuk, voet; houvas; toevlug; *assure* ... *of one's* ~ ... jou steun toesê; *be the chief* ~ *of* ... die steunpilaar van ... wees; *my chief* ~, *(ook)* my staf en steun; *give* ~ *to s.o.* hulp/steun aan iem. ver= leen; iem. aanmoedig, iem. se hande sterk; *in* ~ *of* ... ten bate (*of* tot steun) van ... *('n goeie saak);* tot/ter stywing van ... *('n fonds);* tot/ter stawing van ... *('n bewering); (praat)* tot steun (*of* ter ondersteuning) van ... *(iem., iets); (praat)* ten gunste van ... *('n voorstel); lend* ~ *to* ... steun aan ... verleen; *without* (or *with no) means of* ~ sonder bestaansmiddele; *be s.o.'s only* ~ iem. se enigste sorg wees; *rally to the* ~ *of s.o.* iem. te hulp kom/snel; *require* ~ bystand/hulp/steun nodig hê; *give strong* ~ *to s.o./s.t.* iem./iets sterk/kragtig (onder)= steun. **sup·port** *ww.* (onder)steun, stut, dra, onderskraag, rugsteun *(iem.);* steun, help, hulp verleen aan, bystaan, aan= spoor, aanmoedig; versterk, krag gee, laat uithou; verdedig; subsidieer; staaf, bekragtig; onderhou, van die nodige voor= sien, in stand hou; dra, stut, hou, vashou, ophou *(iets);* be= waar, handhaaf; verdra, duld, verduur, uithou; akkoord gaan; ~ *an actor* 'n (toneel)speler bystaan; ~*ed by facts* (deur feite) gestaaf; *unable to* ~ *a family* nie in staat om 'n gesin te

onderhou nie; *the foundation* ~*s the house* die huis rus op die fondament; ~ *an institution* 'n inrigting ondersteun; *too little food to* ~ *life* te min kos om aan die lewe te bly; ~ *a motion* 'n voorstel steun, ten gunste van 'n voorstel praat; ~ *a population* 'n bevolking dra; ~ *s.o., (ook)* opkom vir iem.; ~ *a speaker, (ook)* saam met 'n spreker op die verhoog verskyn. ~ **group** ondersteunings=, steun=, bystandsgroep. ~ **price** steunprys *(v. landbouprodukte).* ~ **rail** steunreling.

**sup·port·a·ble** draaglik, duldbaar; houdbaar, verdedigbaar. **sup·port·a·bil·i·ty** draaglikheid; houdbaarheid.

**sup·port·er** ondersteuner; onderhouer; versorger; onder= skrywer, ondersteuner; aanhanger, volgeling; voorstander; helper, stut, steun; kampvegter; aanhanger; volgeling; dona= teur; *a keen/staunch/strong* ~ 'n geesdriftige/vurige ondersteu= ner, 'n staatmaker.

**sup·port·ing** (onder)steunend, steun=; bykomend, aanvul= lend; ~ *actor* byspeler; ~ *actress* byspeelster; ~ *beam* steun=, stutbalk; ~ *cast* byspelers; ~ *document* stawende doku= ment/stuk; ~ *player* byspeler; ~ *programme* voorprogram; ~ *role* byrol; ~ *stay* steunstut; steunanker; ~ *troops* steun= troepe, ondersteuningstroepe; ~ *wall* steun=, stutmuur.

**sup·port·ive** ondersteunend *('n houding, omgewing, ens.);* onderskragend *('n rol, tuisskare, ens.);* be ~ iem. ondersteun/ bystaan/onderskraag; ~ *treatment* ondersteunende behande= ling.

**sup·pose** veronderstel, aanneem; vermoed, meen, glo; *you will be there, I* ~ jy sal daar wees, nie waar nie?; ~ *it was* ... gestel (*of* laat ons aanneem) dit was ...; *let us* ~ ... sê nou ...; ~ *s.o. saw you* sê nou iem. sien jou; *I* ~ *so* ek reken/skat so, dit is seker (maar) so; ~ *s.o.* ... gestel dat iem. ...; ~ *we* ... kom ons ...; hoe sal dit wees as ons ...?; *what do you* ~? wat dink jy?; *I* ~ *s.o. will* ... iem. sal seker/vermoedelik ...; ek ver= onderstel iem. sal ..., iem. sal seker/wel ...

**sup·posed** veronderstel; sogenaamd; *s.o.'s* ~ *brother/etc.* iem. se vermeende broer/ens.; *the* ~ *result* die vermoedelike uitslag; *be* ~ *to* ... glo ... wees *(iem.);* kamma/sogenaamd ... wees *(iem., iets);* bedoel as ... *('n kompliment); s.o. is* ~ *to do s.t.* iem. moet iets doen, iem. behoort (*of* dit is iem. se plig om) iets te doen; iem. kan glo iets doen; iem. doen glo iets; *s.o. is* ~ *to get* ... iem. moet ... kry, ... kom iem. toe; *s.o. is* ~ *to help* ... iem. behoort ... te help, ... verwag hulp van iem.; *s.t. is* ~ *to help* ... iets is bedoel om ... te help; *s.o. is not* ~ *to know/ say/etc. it* iem. mag dit (eintlik) nie weet/sê/ens. nie; *s.o. was* ~ *to stay a month* iem. sou 'n maand bly. **sup·pos·ed·ly** kwansuis, na verneem is/word.

**sup·pos·ing** indien, aangeneem, gestel, veronderstel dat; *always* ~ *that* ... natuurlik in die veronderstelling dat ...; ~ *s.o.* ... gestel (dat) iem. ...

**sup·po·si·tion** (ver)onderstelling, mening, vermoede, sup= posisie; gissing; stelling; aanname; *the* ~ *is that* ... daar word vermoed/veronderstel dat ...; *on the* ~ *that* ... in die veron= derstelling dat ...; *act on the* ~ *that* ... uitgaan van die ver= onderstelling dat ... **sup·po·si·tion·al** vermoedelik, hipoteties.

**sup·pos·i·to·ry** set=, steekpil.

**sup·press** onderdruk; (dood)smoor; beëindig, 'n einde maak aan; die nek inslaan; bedwing, inhou; terughou, agterhou; stil hou, verswyg, geheim hou; verbied *('n boek);* demp *('n opstand); facts* ~*ed* versweë feite. **sup·pres·sant** *(farm.)* on= derdrukker, onderdrukmiddel *(v. hoes ens.),* demper, demp= middel *(v. eetlus ens.).* **sup·pres·sion** onderdrukking; smo= ring; geheimhouding; verswyging, weglating; verbod *(op 'n boek);* demping *(v. 'n opstand).* **sup·pres·sive** onderdrukkend, onderdrukkings=. **sup·pres·sor** onderdrukker; demper.

**sup·pu·rate** *(patol.:* 'n *wond, sweer)* (ver)sweer, etter, dra. **sup·pu·ra·tion** verswering, (ver)ettering, ettervorming. **sup·pu·ra·tive** (ver)swerend, ettervormend, etterend.

**su·pra** *(Lat.)* hierbo *(pron.),* hier bo *(adv.).*

**su·pra·na·tion·al** supranasionaal. **su·pra·na·tion·al·ism** su= pranasionalisme.

**su·prem·a·cist** *n.* heerssugtige. **su·prem·a·cist** *adj.* heers=
sugtig.

**su·prem·a·cy** (opper)heerskappy, oppergesag, oppermag,
oppermagtigheid; oorhand.

**su·preme** hoogste, allerhoogste, opperste, uiterste; opper=
magtig; grootste, belangrikste; ~ *authority* oppergesag; *the
S~ Being* die Opperwese, Allerhoogste; ~ *command* op=
perbevel, opperste/hoogste leërleiding; opperbevelhebber=
skap; ~ *court* hooggeregshof; ~ *rule* albestuur; ~ *wisdom*
alwysheid. **su·preme·ly** *adv.* uiters *(selfversekerd, talentvol,
fiks, ens.)*; hoogs *(begaaf[d] ens.)*; besonder *(elegant ens.)*.

**su·pre·mo** =mos, *(Br., infml.)* supremo.

**sur·charge** *n.* oorlading; bybelasting, bykomende belasting;
ekstra posgeld/port; oorgewigkoste, oorbetaling; *(jur.)* toe=
slag; *(filat.)* opdruk, oordruk. **sur·charge** *ww.* bybelas, ek=
stra belas; oorlaai; ekstra laat betaal, ekstra bereken; ver=
goeding laat betaal; *(filat.)* opdruk, oordruk, van opdrukke/
oordrukke *(of* 'n opdruk/oordruk) voorsien, opdrukke/oor=
drukke *(of* 'n opdruk/oordruk) aanbring; *(jur.)* toeslag laat
betaal, toeslag oplê. ~ **(load)** bolas.

**sure** *adj.* seker, gewis, vasstaande, wis en seker; onfeilbaar;
veilig; *be ~ and/to ...! jy moet beslis ...!; sorg dat jy ...!;*
moenie vergeet/versuim om te ... nie!; *I cannot be ~ of it* ek
is nie seker daarvan nie, ek het geen sekerheid daaroor/
daaromtrent nie; *for ~, (infml.)* gewis, beslis, (vir) seker,
verseker, sonder twyfel; *that's for ~* dis (nou) maar klaar;
*I'm ~ it is so* ek is (daarvan) oortuig dat dit waar is; *I'm not
~ that it isn't ...* miskien is dit ...; *make ~ of s.t.* jou van iets
verseker/vergewis/oortuig, sekerheid oor/omtrent iets ver=
kry; iets verseker *('n oorwinning ens.)*; *s.o. wants to make ~ of
it* iem. wil sekerheid daaroor/daaromtrent hê *(of* hom/haar
daaromtrent/daarvan oortuig); *make ~ that ...* verseker/
toesien *(of* sorg [dra] *of* seker maak) dat ...; *you may be ~ of
s.o.'s loyalty/etc.* jy kan op iem. se lojaliteit/ens. staatmaak; *be
~ of o.s.* selfversekerd wees, seker van jou saak wees; *you can
be ~ of it/that!* daarvan kan jy seker wees!, dié/dit moet jy
weet!; ~ *thing, (Am., infml.)* alte/ja seker, natuurlik, met
plesier; *one thing is ~* een ding staan vas, een ding is seker;
*be ~ to come!* kom tog seker!; *be ~ to get s.t.* sorg dat jy iets
aanskaf; *s.o. is ~ to ...* iem. sal beslis ... *(slaag ens.)*, ... is iem.
se voorland *(verdwaal ens.)*; iem. sal stellig ... *(opdaag ens.)*;
*to be ~* weliswaar, inderdaad, ongetwyfeld; gewis, waarlik,
wraggies, warempel. **sure** *adv.* seker, stellig, bepaald, waar=
lik; *as ~ as* fate *(or God made little apples or eggs are eggs)*, as
~ *as* (can be) so waar as vet/wragtig *(of* padda manel dra),
so seker as wat, so seker as (wat) twee maal twee vier is; and
~ *enough ..., (infml.)* en jou waarlik *(of* so warempel) ...; *s.t.
will happen ~ enough, (infml.)* iets sal wis en seker gebeur;
*feel ~ of ...* (daarvan) oortuig voel dat ... **sure** *tw., (infml.)*
ja seker!, bepaald!. ~-**fire** *(infml.)* veilig, onfeilbaar, vertrou=
baar, betroubaar. ~-**footed** *(lett.)* vas op die voete, vasvoetig,
stewig op die bene; betroubaar, vertroubaar.

**sure·ly** (vir) seker, verseker, met sekerheid, seer seker,
stellig, sonder twyfel, ongetwyfeld, beslis, sweerlik, gewis;
tog, seker; ~ *you don't believe that?* jy glo dit tog seker nie?;
*s.o. will ~ do s.t.* iem. sal beslis *(of* seer seker) iets doen; ~
*we've met before?* ons het (tog) al kennis gemaak, nie waar
nie?; *there is no truth in it, ~?* maar dit is tog seker nie waar
nie?.

**sure·ness** sekerheid.

**sure·ty** borg; waarborg, pand; *stand ~ for s.o.* vir iem. borg
staan/teken. ~ **bond** borg(stellings)akte; waarborgakte. **sure·
ty·ship** borgstelling; *bond of* ~ borg(stellings)akte, akte van
borgstelling.

**surf** *n.* branders; branding. **surf** *ww.* branderry, brander=
plank ry; →SURFER, SURFING; ~ *the Net/Internet, (ook kll.)* op
die Net/Internet rondkuier/rondsnuffel/rondrits *(ook kll.)*, die
Net/Internet verken *(ook kll.)*, websoektogte doen, in die ku=

berruimte rondreis. ~**board** branderplank. ~ **life-saving
club** strandreddingsklub.

**sur·face** *n.* oppervlakte; vlak, oppervlak; uiterlik(e), buite=
kant; blad *(v. 'n pad)*; *below/beneath/under the* ~ onder
die oppervlak; *break (the)* (or *rise to the)* ~ bo (die water)
kom, opkom, opduik; *on the* ~ aan die oppervlak; bo-op; van
bo (gesien); van buite (gesien); op die oog (af); oppervlakkig
beskou; bolangs; *s.t. is only on the* ~ iets is maar net skyn/
bolangs; *scratch the* ~ *of s.t.* die moontlikhede van iets nie
behoorlik ontgin nie; iets oppervlakkig behandel. **sur·face**
*adj.* oppervlakkig; bogronds; oppervlak(te)=. **sur·face** *ww.*
bokom, opkom, opduik; verhard, blad gee *('n pad)*; (vlak)
skaaf, skawe; glad maak; sag maak; verdig; planeer *(papier)*.
~-**active** *(chem.)* oppervlakaktief. ~ **(area)** oppervlakte. ~
**crack** windbars, oppervlakkraak. ~ **current** oppervlakstroom.
~ **drainage** stormwaterdreinering. ~ **erosion** oppervlak(-)
erosie. ~ **layer** bolaag, oppervlaklaag. ~ **mail** landpos; see=
pos. ~ **noise** naaldgeruis, =gekras *(v. 'n grammofoonplaat)*. ~
**root** vlak wortel. ~ **runoff** terreinafloop. ~ **structure** *(ling.)*
oppervlakstruktuur. ~ **temperature** oppervlaktemperatuur.
~ **tension** grensvlak=, oppervlakspanning. ~-**to-air** *adj. (attr.)*
grond-tot-lug- *(projektiel ens.)*. ~-**to-surface** *adj. (attr.)* grond-
tot-grond- *(projektiel ens.)*. ~ **water** oppervlak=, terreinwater,
bogrondse water; boonste waterlaag, bowater.

**sur·feit** *n.* oormaat; oordaad, oordadigheid; oorversadiging;
*have a ~ of ...* teë wees van/vir ... **sur·feit** *ww.* oormatig *(of*
in oormaat) voorsien/verskaf/voer; ~ *o.s. with ...* jou teë eet
aan ...; jou aan ... oorversadig.

**surf·er** branderplankryer.

**surf·ing** branderry, branderplank ry.

**surge** *n.* (groot) golf; golwing; stortsee; deining; opwelling;
*(elek.)* stuwing. **surge** *ww.* golf, heen en weer beweeg, dein;
klots; opwel, oploop, stu, (op)bruis, styg; *('n motor)* met
vaarte loop; ~ *forward* vorentoe beur/dring; vorentoe skiet.
~ **chamber,** ~ **tank** *(watertegnol.)* stutenk.

**sur·geon** chirurg, sjirurg, snydokter; (skeeps/vloot)dokter.
~ **general** *(mil.)* geneesheer-generaal.

**sur·geon's:** ~ **cap** doktersmus. ~ **hood** dokterskap. ~ **knife**
operasie=, opereermes. ~ **knot** chirurgiese/sjirurgiese knoop.

**sur·ger·y** chirurgie, sjirurgie, snykunde; spreekkamer *(v. 'n
dokter)*; behandelingskamer, operasiekamer; verbandkamer.

**sur·gi·cal** chirurgies, sjirurgies, snykundig; ~ *hose* chirur=
giese/sjirurgiese kouse; ~ *intervention* chirurgiese/sjirur=
giese ingreep; ~ *knife* chirurgiese/sjirurgiese mes, opereer=
mes; ~ *shock* chirurgiese/sjirurgiese skok, ingreepskok; ~
*spirit* ontsmettingsalkohol; ~ *strike,* *(mil.)* aanval met chi=
rurgiese/sjirurgiese presisie; ~ *ward* chirurgiese/sjirurgiese
saal/afdeling.

**surg·ing** golwing; opwelling; stuwing.

**su·ri·cate** (stokstert/graatjie)meerkat, erdmannetjie.

**Su·ri·nam** *n., (geog.)* Suriname. **Su·ri·nam** *adj.* Surinaams.
**Su·ri·na·mese, Su·ri·nam·er** *n.* Surinamer. **Su·ri·na·mese**
*adj.* Surinaams.

**sur·ly** nors, stuurs; ~ *answer* dwars antwoord. **sur·li·ly** nors,
op 'n nors manier. **sur·li·ness** norsheid, stuursheid, onbe=
leefdheid.

**sur·mise** *n.* vermoede, gissing. **sur·mise** *ww.* vermoed,
gis, raai.

**sur·mount** te bowe kom, oorkom; oorwin; lê/staan op; ~*ed
by ...,* *(ook)* met ... bekroon; ~*ed with ...* met ... bedek. **sur·
mount·a·ble** oorkombaar, oorkomelik.

**sur·name** *n.* van, familienaam; *what is your ~?* wat is jou
van?. **sur·name** *ww.* 'n van/bynaam gee.

**sur·pass** oortref, uitmunt/uitblink bo; verbystreef; ~ *o.s.*
jouself oortref. **sur·pass·a·ble** oortrefbaar. **sur·pas·sing** uit=
stekend, ongeëwenaard, allesoortreffend.

**sur·plice** koorkleed, =hemp. ~ **fees** leges, doop=, begrafnis=
geld(e), ens..

**sur·plus** *n.* surplus, oorskot, oorskiet; batige saldo; *have a ~ of ...* 'n oorskot/teveel aan ... hê *(mielies ens.)*; oortollige ... hê *(energie ens.)*. **sur·plus** *adj.* oorbodig, orig, oortollig; *~ value* meer=, oor=, surpluswaarde.

**sur·prise** *n.* verrassing; verbasing, verwondering; verbaasd= heid; *catch s.o. by ~* iem. verras; *s.t. comes as a ~ to s.o.* iets verras iem., iets is vir iem. 'n verrassing; *give s.o. a ~* iem. verras; *take s.o. by ~* iem. verras; iem. oorrompel/oorval *('n vyand)*; *to s.o.'s (great) ~, (much) to s.o.'s ~* tot iem. se (groot) verbasing; *what a ~!* dis 'n groot verrassing!. **sur·prise** *ww.* verras; verbaas, verstom, verwonder; oorrompel, oor= val; betrap; *s.o. is ~ed at/by s.t.* iem. is verbaas oor iets, iets verbaas iem.; *s.o. is ~ed to hear/etc. s.t.* dit verbaas iem. om iets te hoor/ens.. *~ attack* verrassingsaanval. *~ packet* ver= rassinkie, verrassingspakkie. *~ visit* onverwagte besoek, ver= rassingsbesoek.

**sur·pris·ing** verrassend; verbasend, verbasingwekkend; *it's hardly/not ~ that ...* (dis) geen wonder dat ... nie. **sur·pris= ing·ly** onverwags, verrassend. **sur·pris·ing·ness** onverwagt= heid, skielikheid.

**sur·re·al** *adj.,* **-ly** *adv.* onwerklik, surreëel; surrealisties.

**sur·re·al·ism** surrealisme. **sur·re·al·ist** *n.* surrealis. **sur·re= al·ist, sur·re·al·is·tic** *adj.* surrealisties. **sur·re·al·i·ty** surrea= liteit.

**sur·ren·der** *n.* oorgawe; afstanddoening, prysgewing; boe= deloorgawe; afstand; uitlewering; afkoping *(v. 'n polis)*; in= lewering, teruggawe *(v.aandele)*; terugstorting. **sur·ren·der** *ww.* oorgee *('n boedel)*; jou oorgee, hen(d)soek; afstaan, af= stand doen van; laat vaar, afsien van *(eis)*; inlewer, teruggee *(aandele)*; afkoop, kommuteer *(verlof)*; uitlewer; terugstort *('n oorskot)*; afkoop *('n polis)*; *~ hopes* hoop opgee; *~ to ...* jou aan ... oorgee *(d. vyand)*. *~ value* afkoopwaarde.

**sur·rep·ti·tious** onderduims, slinks; heimlik, steels; oneg. **sur·rep·ti·tious·ly** agteraf, onderlangs; heimlik, in die geheim; *enter ~* insluip. **sur·rep·ti·tious·ness** heimlikheid; slinksheid, onderduimsheid.

**sur·ro·ga·cy** →SURROGATE MOTHERHOOD.

**sur·ro·gate** *('n pers.)* plaasvervanger, substituut; *('n stof)* sur= rogaat. *~ mother* surrogaatma, =moeder, abba-ma; substi= tuutma. *~ motherhood, surrogacy* surrogaatmoederskap.

**sur·ro·ga·tion** surrogasie.

**sur·round** *n.* (sier)omranding; omsingeling; *(i.d. mv.)* om= gewing. **sur·round** *ww.* omring, omvat, omsluit; omsingel; insluit; *be ~ed by/with ...* deur ... omring wees, tussen ... wees; met ... omwal wees; *~ing circumstances* omringende omstandighede; *the ~ing country* die omliggende land, die omgewing. *~ sound* kring=, omring=, rondom=, sirkelklank.

**sur·round·ings** omgewing, omstreke, milieu.

**sur·tax** *n.* bybelasting, bykomende belasting. **sur·tax** *ww.* 'n ekstra belasting oplê.

**sur·ti·tle** *n.* boskrif. **sur·ti·tle** *ww.* van boskrifte voorsien *('n opera ens.)*.

**sur·veil·lance** toesig; bewaking; waarneming; *be under ~* dopgehou word; onder bewaking/toesig wees.

**sur·vey** *n.* opname; oorsig; opmeting, besigtiging, onder= soek; *do/make a ~ of ...* 'n opname van ... maak. **sur·vey** *ww.* 'n opname maak; opmeet; bekyk, beskou; ondersoek; opneem; *~ed land* opgemete grond. *~ peg* landmeterspen. *~ ship/vessel* opmetingskip.

**sur·vey·ing** opmeting, opname; landmetery, landmeting; landmeetkunde, opmeetkunde.

**sur·vey·or** landmeter; opmeter; opsiener, opsigter, toesig= houer; inspekteur; opmetingsbeampte; *~'s chain* landme= tersketting, meetketting; *~'s level* landmeterswaterpas. *~ general* landmeter-generaal.

**sur·viv·al** oorlewing, voortbestaan, behoud; oorblyfsel; *~ of the fittest* behoud/oorlewing van die geskikste. *~ kit* oorle= wings=, noodpak(kie).

**sur·viv·al·ist** *n.* oorlewingskunstenaar, =deskundige. **sur= viv·al·ist** *adj. (attr.)* oorlewings= *(gees ens.)*.

**sur·vive** oorlewe, nog lewe, voortbestaan; aan die lewe bly; langer lewe as, agterbly; *~ s.o. by a year/etc.* iem. 'n jaar/ens. oorleef/oorlewe; *surviving spouse* langslewende/agterblywen= de huweliks=/lewensmaat. **sur·vi·vor** oorblywende, oorlewen= de; *(jur.)* langslewende, agtergeblewene.

**sus** *n., (Br. sl.)* verdenking, suspisie; verdagte. **sus** *ww.* 'n spesmaas hê, vermoed.

**sus·cep·ti·ble** vatbaar, ontvanklik; liggeraak; sensitief; *be ~ to ...* vir ... gevoelig wees *(kritiek ens.)*; vir ... ontvanklik wees *(vleiery ens.)*; vir ... vatbaar wees *(verkoue ens.)*; nie teen ... bestand wees nie *(sjarme ens.)*; *not be ~ to ...* onvatbaar wees vir ...; *s.t. is not ~ of proof* iets is onbewysbaar. **sus·cep·ti·bil·i·ty** vatbaarheid, ontvanklikheid; liggeraaktheid. **sus·cep·ti·ble= ness** ontvanklikheid, →SUSCEPTIBLE.

**su·shi** *(Jap. kookk.)* soesji.

**sus·pect** *n.* verdagte. **sus·pect** *adj.* verdag. **sus·pect** *ww.* vermoed, verdink; agterdog koester; *begin to ~* die/'n snuf in die neus kry; *be ~ed of ...* van ... verdink word *(moord ens.)*; *~ed person* verdagte; *~ s.o. to be ...* vermoed dat iem. ... is.

**sus·pend** ophang, hang; laat hang; uitstel, opskort; onder= breek, staak; skors, suspendeer; *be ~ed from ...* aan ... hang; as ... geskors wees *(lid v. 'n vereniging)*; in ... geskors wees *('n amp)*; *~ a licence* 'n lisensie opskort/tydelik intrek; *~ payment* betaling staak. **sus·pend·ed** *(ook, chem.)* in suspensie; *~ animation* skyndood; *~ balloon* swewende ballon; *~ ener= gy* slapende energie; *~ floor* hangvloer; *~ sentence* opge= skorte vonnis.

**sus·pend·er** ophanger; kous(op)houer; sok(kie)ophouer; kousband; *(i.d. mv.)*, *(Am., Kan.)* kruisbande. *~ belt* kous= gordel.

**sus·pense** spanning, spannende afwagting, onsekerheid; op= skorting, uitstel; suspensie; *s.o. cannot bear the ~* iem. kan die spanning nie verduur nie; *keep s.o. in ~* iem. in spanning/ onsekerheid laat; *the ~ is killing s.o.* die spanning word nou vir iem. ondraaglik. *~ account* tussenrekening, afwagtreke= ning.

**sus·pen·sion** (op)hanging; vering; swewende toestand; suspensie *(in vloeistowwe)*; uitstel, opskorting; skorsing; on= derbreking; staking; →SUSPEND; *be in ~* sweef, swewe, in suspensie wees; *~ of a licence* opskorting/(tydelike) intrek= king van 'n lisensie; *~ of payment* staking/stopsetting van betaling; opskorting van betaling. *~ bridge* hang=, swaai=, sweefbrug. *~ file* hanglêer. *~ wire* hang=, suspensiedraad.

**sus·pen·sive** opskortend; onseker; twyfelagtig.

**sus·pen·so·ry** *n., (anat., ook suspensor)* draer; *(med.)* draag=, hangverband; *~ ligament*. **sus·pen·so·ry** *adj.* hangend, hang=, draag=.

**sus·pi·cion** agterdog, verdenking, suspisie; vermoede; tik= kie, aanduiding; sweem(pie); *be above ~* bo (alle) verden= king staan/wees; *arouse/rouse ~* agterdog wek; *s.o.'s ~s are aroused/roused* iem. word agterdogtig, *(infml.)* iem. kry hond se gedagte; *cast/throw ~ on s.o.* iem. verdag maak; iem. in/onder verdenking bring; *have a ~ that ...* vermoed *(of* 'n suspisie/vermoede hê) dat ...; *just a ~ of ...* net 'n titseltjie/krieseltjie ...; *not a ~ of ...* geen sweem *(of* nie die minste bewys) van ... nie; *on ~ of ...* onder verdenking van ... *(moord ens.)*; *be under ~* onder verdenking staan/wees.

**sus·pi·cious** agterdogtig, wantrouig *(iem.)*; verdag, bedenk= lik *(omstandighede)*; *there is s.t. ~ about ... ...* kom verdag voor; *become ~* agterdogtig raak/word, onraad bespeur/merk; *be ~ of s.o./s.t.* iem./iets wantrou, agterdogtig wees teen/jeens iem./iets. *~-looking* agterdogwekkend.

**sus·pi·cious·ness** agterdogtigheid; verdagtheid.

**suss** *n., (infml.)* vernuf. **suss** *ww., (infml.)* agterkom; *~ s.o. out* iem. deurkyk; iem. aan die tand voel; *~ s.t. out* iets verken *('n roete ens.)*; iets peil *('n reaksie ens.)*; iets vasstel *('n stand=*

*punt ens.);* ~ *things out* die kat uit die boom kyk. **sussed** *adj., (infml.)* goed ingelig; *be pretty* ~ *about s.t.* baie van iets (af) weet.

**Sus·sex** *(geog.)* Sussex. ~ **cattle** Sussexbeeste *(ook s~).*

**sus·tain** dra, (onder)steun; stut; bystaan, help; uithou; deur= staan, verduur *('n aanval ens.);* aanhou, volhou; handhaaf; ly; bewys, staaf; ~ *a broken leg/etc.* jou been/ens. breek; ~ *a defeat* 'n ne(d)erlaag ly; ~ *an injury* beseer word, 'n be= sering opdoen; ~ *a part/role* 'n rol speel/vervul; ~ *a view* 'n standpunt stel. **sus·tain·a·ble** *adj.* handhaafbaar, vol= houbaar *(ekonomiese ontwikkeling ens.).* **sus·tained** *(ook)* lang= gerek; ~ *effort* onafgebroke inspanning; ~ *experience* langdu= rige ondervinding; ~ *pressure* volgehoue druk. **sus·tain·ing** *adj.:* ~ *food* voedsame kos; ~ *pedal, (mus.)* regterpedaal *(v. 'n klavier);* ~ *power* uithouvermoë; ~ *program, (Am., rad., TV)* niekommersiële program. **sus·tain·ment** hulp, bystand, steun.

**sus·te·nance** voedsel, kos; (lewens)onderhoud; *how shall we get* ~? waarvan sal ons lewe?; *there is no* ~ *in s.t.* iets het geen voedingswaarde nie.

**su·sur·ra·tion, su·sur·rus** *(poët., liter.)* fluistering, gefluis= ter; geruis; murmeling.

**su·tra** *(Skt.: reël, aforisme)* soetra.

**sut·tee** *suttees,* **sa·ti** *satis* weduweeverbranding.

**su·ture** *n.* naat; *(anat.)* beennaat; wondnaat; hegsteek; heg= ting; hegdraad, =materiaal. **su·ture** vaswerk, (vas)heg, toewerk. **su·tur·al** (been)naat=; wondnaat=.

**su·ze·rain** *n.* susereine staat; *(hist.)* suserein, opperleenheer. **su·ze·rain** *adj.* suserein. **su·ze·rain·ty** susereiniteit, opper= heerskappy.

**svelte** lenig, soepel, slank.

**Sven·ga·li** *-lis, ('n karakter i.d. roman* Trilby *v. George du Maurier)* Svengali.

**swab** *n., (med.)* depper; mop; *small* ~ pluisie, absorbeerwatte. **swab** *=bb=, ww.* opvee; dep, opneem; droogmaak; ~ *down s.t.* iets afdweil. **swab·ber** swabber; skropper.

**Swa·bi·a** *(geog.)* Swabe. **Swa·bi·an** *n.* Swaab; *(dial.)* Swa= bies. **Swa·bi·an** *adj.* Swabies.

**swad·dle** toedraai, toewikkel; *be ~ed in ...* in ... toegedraai/ toegewikkel wees; *swaddling clothes, (Byb.)* doeke; belemme= ring, beperking.

**swag** *(infml.)* gesteelde goed, roof, buit; *(bouk.)* festoen, gier= lande, guirlande; *(Austr., NS)* sak, bagasierol. ~**man** *(infml., Austr., NS)* smous; landloper.

**swage** *n.* saal, smee(d)saal *(v. 'n smid);* staalsmee(d)vorm; stempel; tandsetter *(vir 'n saag ens.).* **swage** *ww.* saal=, vormsmee; stempel, stans. ~ **block** saalblok, =aambeeld, vormblok; matrysblok.

**swag·ger** *n.* windmaker(ige) stap; grootpratery, spogge= righeid, swier. **swag·ger** *adj., (infml., vero.)* windmakerig, spoggerig. **swag·ger** *ww.* grootpraat, spog; windmakerig wees; windmakerig stap; ~ *about* pronk, jou gyf grootman hou; ~ *s.o.* iem. oorbluf. **swag·ger·er** grootprater, groot= doener, spogter. **swag·ger·ing** windmakerig, grootdoenerig; hoogmoedig, eiegeregtig *(houding);* aanmatigend *(arrogan= sie);* brutaal, onbeskaamd *(aggressie);* arrogant *(selfvertroue).*

**Swa·hi·li** *(lid v. 'n volk; taal)* Swahili.

**swal·low**[1] *n.* sluk; mond vol. **swal·low** *ww.* sluk, insluk, wegsluk; verswelg; *(fig.)* opvreet; *(fig.)* sluk; ~ *anything/ everything, (infml.)* alles vir soetkoek opeet; ~ *s.t.* **down** iets afsluk/insluk; *it is hard to* ~*, (infml.)* min mense sal dit glo, dit is moeilik om dit te glo; ~ *s.t.* **up** iets verslind; iets ver= swelg; *(fig.)* iets inpalm/insluk; ~ *s.t.* **whole,** *(infml.)* iets vir soetkoek opeet; ~ *the wrong way* jou versluk; ~ **hole** *(geol.)* sink=, wondergat.

**swal·low**[2] *n.* swa(w)el(tjie); *South African cliff-*~ familie= swa(w)el(tjie); *one* ~ *doesn't make a summer* een swa(w)eltjie

maak (nog) geen somer nie. ~ **dive** *(duiksport)* swa(w)elduik. ~**tail** swa(w)elstert. ~**tail coat** swa(w)elstert(baadjie). ~**tailed** swa(w)elstert=; met 'n swa(w)elstert.

**swam** *(verl.t.)* het geswem; →SWIM *ww..*

**swa·mi** *(Ind. relig. leraar)* swami.

**swamp** *n.* moeras, vlei. **swamp** *ww.* in 'n vlei/moeras vas= sit/sink; laat sink, wegspoel, oorstroom; oorstelp; oorweldig, oorrompel; insluk, verswelg; *be ~ed with ...* met ... oorval word *(navrae ens.);* toe wees onder ... *(d. werk).* ~**land** moe= rasland.

**swamp·y** moerassig, moerasagtig, moeras=, vleierig, vlei= agtig, vlei=. **swamp·i·ness** vleierigheid, moerassigheid.

**swan** *n.* swaan; *the S~, (astron.)* die Swaan, Cygnus; *black* ~ swart swaan. **swan** *ww.:* ~ *around, (infml.)* grootdoenerig/ vertonerig/opsigtelik rondbeweeg. ~ **neck** swaannek. ~ **song** *(fig.)* swanesang.

**swank** *n., (infml.)* spogter, windmaker, grootprater; spogge= righeid, windmakerigheid. **swank** *ww.* spog, jou aanstel. **swank·y** *(infml.)* windmaker(ig), spoggerig.

**swan·like** soos 'n swaan.

**swan·ner·y** *=ies* swaantelery.

**swansdown, swan's down** swanedons; katoenflanel.

**swap, swop** *n.* ruil; *do a* ~ *with s.o.* met iem. 'n ruil aangaan/ maak; *shall we try a* ~? sal ons ruil? **swap, swop** *=pp=, ww.* ruil, verruil; omruil; ~ *s.t.* **for** *s.t.* else iets vir iets anders ruil; ~ *over/round* plekke (om)ruil; ~ *places* plekke ruil.

**sward** grasveld.

**swarf** snysels *(v. metaal).*

**swarm**[1] *n.* swerm; menigte, swetterjoel; *a* ~ *of bees/etc.* 'n swerm bye/ens.. **swarm** *ww.* swerm; krioel, wemel, wrie= mel; ~ *off* uitswerm; ~ *over/through* ... oor ... uitswerm; *people/etc.* ~ *together* mense/ens. koek saam; *s.t.* ~*s with* ... iets krioel/wemel van ... *(miere ens.).*

**swarm**[2] klim, klouter; ~ *up a rope/etc.* 'n tou/ens. opklim/ opklouter.

**swarm·er** trekby; swermkorf; *(bot.)* swermspoor.

**swarm·ing** swerming; gewemel. ~ **bee** trekby. ~ **stage** saam= trekkingsfase.

**swarth·y** donker, blas, soel. **swarth·i·ness** donkerkleurigheid, blasheid.

**swash** *n.* geklots, gekabbel. **swash** *ww.* slaan; kabbel, plas. ~**buckler** vuurvreter; baasspeler; rusiemaker; bluffer.

**swas·ti·ka** swastika, hakekruis. ~ **design** swastikaontwerp.

**swat** *n.* opstopper; *(Br.)* (vlieë)plak; →SWATTER. **swat** *=tt=, ww.* (dood)slaan, klap *(v. vlieë).* **swat·ter** (vlieë)plak.

**swatch** monster; monsterkaart; materiaal=, stofmonster.

**swathe**[1] *swathes, (hoofs. Am.)* **swath** *swaths* (wind)strook, windlaning; ry; snywydte; *cut a* ~ *through s.t.* 'n weg deur iets baan; groot verwoesting in iets aanrig. **swath·er** platsny= er, rygooier.

**swathe**[2] *ww.* verbind, vasbind; toedraai, indraai; wikkel; (om) hul; drapeer; *be ~ed in ...* in ... toegedraai/toegewikkel wees; in ... gehul wees.

**Swa·ti** →SISWATI.

**sway** *n.* heerskappy, gesag, mag; swaai; *hold* ~ *over ...* oor ... heers/regeer, die heerskappy oor ... voer; *under the* ~ *of ...* onder die bewind van ...; onder die heerskappy van ... **sway** *ww.* swaai, slinger; hanteer; regeer, heers; *be ~ed by ...* deur ... beheers/gelei word *(haat ens.);* ~ *s.o.* iem. omhaal. ~**back** *(veearts.)* holrug.

**Swa·zi** *=zi(s) n., (lid v. 'n volk)* Swazi. ~ **print** bedrukte Swazikatoen.

**Swa·zi·land** *(geog.)* Swaziland. **Swa·zi·land·er** Swazilander.

**swear** *swore sworn, (jur.)* sweer, 'n eed aflê, onder eed ver= klaar/bevestig; beëdig; vloek, swets; →SWORN *adj.;* ~ *at s.o.* iem. (uit)vloek/uitskel, op iem. skel; ~ *by s.o./s.t.* hy iem./iets sweer, volkome op iem./iets vertrou; ~ *by all/everything that's* **holy** (or *by all that one holds sacred*) hoog en laag sweer; ~ *s.o.* **in** iem. beëdig; ~ *like a bargee/lord/trooper* vloek soos 'n matroos; ~ *off s.t.* iets afsweer; ~ *out* beëdig; *will you ~ that ...?* kan jy sweer dat ...?; ~ *to s.t.* iets onder eed bevestig; ~ *s.o.* **to** *secrecy* iem. plegtig laat beloof/belowe (*of* laat sweer) om iets geheim te hou; ~ *a* **witness** 'n getuie die eed afneem. ~ **word** vloekwoord; *use ~ words* vloektaal gebruik.

**swear·er** vloeker, swetser; eedaflegger.

**swear·ing** vloekery, gevloek, vloektaal; swetsery, geswets. ~ **in** beëdiging.

**sweat** *n.* sweet; (uit)sweting; inspanning; (*sl.*) harde werk; (*sl.*) sleurwerk; (*hoofs. Am.*) oefenloop (*v.* 'n *perd*); *bloody ~* bloedsweet; *s.o.* **breaks** *into a cold ~* die koue sweet slaan iem. uit; *in/by the ~ of your* **brow/face** in die sweet van jou aangesig, deur harde werk; *s.o. is* **dripping/streaming** *with ~* iem. is papnat van die sweet, die sweet loop/tap iem. af; *s.o. shall ~* **for** *it* iem. sal daarvoor boet; **get** *into a ~ about s.t., (infml.)* oor iets opgewonde raak; **in** *a ~* nat van die sweet; **in** *a (cold) ~* benoud, bang, paniekerig; *~ed* **labour** slawearbeid; *that's too* **much** *~, (infml.)* dis te veel moeite; *no ~, (infml.)* geen probleem nie, dis maklik; *an* **old** *~, (infml.)* 'n veteraan, 'n ou soldaat; **work** *up a ~* ... tot jy sweet (*oefen ens.*). **sweat** *ww.* sweet; uitsweet, afgee; laat sweet; swaar werk, swoeg; uitbuit, =suig, eksploiteer; 'n hongerloon betaal/ontvang; ~ *bullets, (Am., infml.)* bloed sweet; **don't** *~ it, (Am.)* moet jou nie daaroor kwel nie; ~ *s.t.* **out** iets uitsweet (*'n verkoue ens.*); ~ *it* **out,** (*infml.*) dit verduur; iets so geduldig moontlik afwag; *s.o. is ~ing* **profusely** die sweet loop/tap iem. af; *the* **wall** *~s* die muur sweet (*of* slaan deur/uit). ~ **equity** (arbeid in ruil vir aandeel in eiendom) sweetekwiteit, offerarbeid. ~ **gland** sweetklier. ~ **joint** sweet= las. *~***pants** *n.* (*mv.*) sweetpakbroek. ~ **pore** sweetgaatjie, =porie. *~***shirt** sweetpaktop. *~***shop** hongerwerkplaas, =fa= briek. ~ **suit** sweetpak.

**sweat·er** oor(trek)trui.

**sweat·i·ness** →SWEATY.

**sweat·ing** (die) sweet; sweetproses; geswoeg; uitbuiting. ~ **bath** sweetbad. ~ **iron** roskam.

**sweat·y** sweterig, natgesweet; sweet=; ~ *feet* sweetvoete; ~ *smell* sweetreuk, =lug. **sweat·i·ness** sweterigheid; klam hitte/warmte.

**Swede** Sweed. **Swe·den** (*geog.*) Swede. **Swe·dish** *n.,* (*taal*) Sweeds. **Swe·dish** *adj.* Sweeds; ~ *turnip* knol=, koolraap.

**swede** knol=, koolraap.

**swee** (*orn.: Coccopygia* spp.) swie. ~ **waxbill** suidelike swie.

**sweep** *n.* vee; veeg; swaai; draai, kromming, boog; bereik; uitgestrektheid, omvang; (*kr.*) veeghou; afstasting; lang roei= spaan; (*Br.*) skoorsteenveër; dakboogstuk (*v.* 'n *trein*); (*tas*) baan, spoor; (*elek.*) bestryking, voeg; *with a ~ of the* **arm** met 'n armswaai; **beyond** *the ~ of ...* buite bereik van ... (*d. oog*); buite die grense van ... (*d. mens se begrip*); *a ~ of the* **brush** 'n kwasveeg; *a* **clean** *~* 'n totale opruiming; 'n volslae oorwinning; *make a* **clean** *~* alles opruim; skoonskip maak; al die pryse wen; 'n groot oorwinning behaal; *make a* **clean** *~ of ...* heeltemal van ... ontslae raak; van al ... ontslae raak; **give** *a room a ~* 'n kamer uitvee; **make** *a ~, ('n rivier)* 'n boog/draai/kromming maak. **sweep** *swept swept, ww.* vee; weg=, uit=, skoonvee; opruim; vlieg, storm; trek, stryk, gly; die oë laat gaan oor, vlugtig beskou; bestryk, vee; aftas, skan= deer; (→SWEPT; ~ *along* aanstryk, voortsnel; ~ *s.o.* **along** iem. meevoer; *an epidemic swept the area* 'n epidemie het die gebied geteister; ~ *aside s.t.* iets wegvee; ~ *away s.t.* iets wegvee; iets saamsleep; iets mee=/wegsleur/=spoel; iets ver= nietig; iets wegslaan (*'n mas*); *the plain ~s* **away** *to the sea* die vlakte strek tot aan die see; ~ *the* **board** alles wen, skoonskip maak; ~ **down** *on ...* op ... afstorm, ... (be)storm; ~ *into* (of *out of*) *a room* 'n kamer statig binnestap/uitstap; ~ *s.t.* **off** iets

wegvee; iets met swier afhaal (*'n hoed*); ~ *people* **off,** (*d. pes ens.*) mense afmaai; ~ *out s.t.* iets uitvee; ~ *past* verbysnel, =skiet; statig verbystap; ~ *a* **room** *for bugging devices* 'n kamer vir afluister=/meeluister(toe)stelle vee; ~ *round* om= swaai; swenk; (vinnig) om 'n draai kom; *the plague ~s* **through** *the country* die pes trek deur die land; ~ *up* vee; ~ *s.t.* **up** iets weg=/opvee; iets opraap/=gryp. *~***back** pylvorm agtertoe. *~***back angle** pylhoek. ~ **hand** sekondewys(t)er. ~ **net** sleepnet.

**sweep·er** veër; baanveër; (*infml., sokker*) veër, kruis=, dek= verdediger.

**sweep·ing** *n.* (die) vee, veëry; veegsel; (*ook, i.d. mv.*) vuil= goed, vullis; vloerafval; *the ~s of society* die uitvaagsel (van die samelewing), die skorriemorrie. **sweep·ing** *adj.* veënd; swierig; uitgestrek, wydstrekkend; algemeen, (alles)=, veel= omvattend; ingrypend, deurtastend; verregaande, verrei= kend; oorweldigend; ~ *condemnation* radikale veroordeling; ~ *reductions* drastiese/reusagtige prysverlagings; *a ~ state= ment* 'n veralgemening, 'n wilde stelling.

**sweep·stake(s)** inset=, inleggeld; wedlootjie; wedrenne met insetgeld; insetlotery, =loting. ~ **ticket** lootjie, insetlotery= kaartjie.

**sweet** *n.* soetheid; soetigheid; lekker; (*Br.*) nagereg; (*i.d. mv.*) lekkers, lekkergoed, soetigheid, soet=, snoepgoed, snoepe= ry(e); *the ~ and the bitter* (or *the ~s and bitters*) *of* life die soet en (die) suur van die lewe, (die) lief en (die) leed; *my ~* my liefie/skat/soetlief. **sweet** *adj. & adv.* soet; lekker, aan= genaam; lief(lik); skatlik, beminlik, dierbaar; vars; *like one's coffee ~* van soet koffie hou; *is the* **milk** *still ~?* is die melk nog vars?; *be* **nice** *and ~, (iets)* lekker soet wees; (*iem.*) lief en dierbaar/gaaf wees; (*'n kind*) lief en soet wees; *be ~* **on** *s.o.,* (*infml.*) op iem. verlief wees; *smell ~* lekker/soet ruik. *~***and-sour** soetsuur; ~ *sauce* soetsuursous. ~ **bay** (*bot.*) (edel) lourier. *~***bread** soetvleis. *~***briar,** *~***brier, eglantine** (*bot.*) eglantier, poprosie. ~ **corn** suikermielie(s). ~ **course** na= gereg. ~ **factory** lekkergoedfabriek. ~ **flag,** ~ **sedge** (*bot.*) kalmoes. *~***heart** →SWEETHEART. *~***meal biscuit** (*Br.*) soet volkoringbeskuitjie. ~ **melon** spanspek. ~ **milk** vars melk, soetmelk. *~***milk cheese** soetmelkkaas. ~ **music** soet/stre= lende musiek. *~***natured** lief. ~ **orange** soetlemoen. *~***pastry** soetdeeg. ~ **pea** pronk=, sierertjie. *~***pepper** soetrissie. ~ **potato** (soet)patat. *~***scented,** *~***smelling** wel= riekend, geurig, lekkerruik=. ~ **shop** lekkergoed=, snoepwin= kel, snoepie. *~***sop, sugar apple** suiker=, kaneelappel. ~ **sor= ghum** soetsriet. *~***sounding** skoon=, soetklinkend. *~***spoken** vriendelik. ~ **talk** *n., (infml.)* mooipraatjies, vleiery. *~***talk** *ww., (infml.)* die heuningkwas gebruik; ~ *s.o. into s.t.* iem. in iets inpraat; ~ *s.o. into doing s.t.* iem. ompraat om iets te doen. ~ **temper** saggeaardheid. *~***tempered** saggeaard, lieftallig. ~ **thorn** soet=, karoodoring. ~ **tooth** suikertand; *have a ~* ~ van soetigheid hou. *~***toothed** lief vir soetigheid. ~ **water** vars/soet water. ~ **william** (*bot.*) duisendskoon, baardangelier. ~ **willow** lourierwilg(er). ~ **wines** soetwyne.

**sweet·en** soet maak, versoet; versag; opvrolik; (*infml.*) om= koop; *~ed condensed milk* versoete kondensmelk. **sweet·en= er** versoeter, soetmaakmiddel; (*infml.*) omkopery; omkoop= geld; aansporing, aanloklikheid; beloning, (bykomende) vergoeding. **sweet·en·ing** versoeting; ~ *agent* versoet(ings)= middel.

**sweet·heart** liefling, soetlief; vriend, ou, kêrel; vriendin, meisie; (*i.d. mv.*) beesklits; *they are ~s* hulle is nooi en kêrel, hulle is gekys. ~ **agreement/contract/deal** (*infml.: private ooreenkoms tuss. twee partye*) soetliefooreenkoms. ~ **neckline** hartjiehals. ~ **rose** dwergroos, =rosie.

**sweet·ie** (*infml.*) lekkertjie; (*ook* sweetie-pie) liefie, skat(jie).

**sweet·ish** soeterig. **sweet·ish·ness** soeterigheid.

**sweet·ly** liefies; netjies, glad.

**sweet·ness** soetheid; skatlikheid.

**swell** *n.* deining; golwing; (die) swel, swelling, swelsel; uit=

swelling, =bulting; styging. **swell** *swelled swollen/swelled,*
*ww.* swel, op=, uitswel, bol; dein; uitdy; vermeerder, toeneem,
groei, groter word; vermeerder, vergroot, versterk, laat toe=
neem; opblaas; opgeblase/verwaand wees; →SWOLLEN; ~ *into*
... tot ... aangroei *('n gebru/ ens.);* ~ *out* uitswel; ~ **(up)** op=
swel, =sit; *s.o.* ~*s* **with** ... iem. wil bars van ... *(hoogmoed,*
*verontwaardiging, ens.).* ~ **box** swelkas *(v. 'n orrel).* ~**head**
*(Am., infml., fig.)* grootkop. ~**headed** *(Am., infml.)* verwaand,
sclfingenome. ~ **(organ)** *(mus.)* swelwerk, =orrel.

**swell·ing** swelsel, geswel, swelling; bult, knobbel.

**swel·ter** *n.* smoorhitte. **swel·ter** *ww.* snikwarm/=heet *(of*
snikkend heet *of* bloedig warm) wees; versmoor, (ver)stik,
versmag, vergaan (van hitte); ~*ing heat* bloedige hitte; *it is*
~*ing today, it is a* ~*ing day* dit is 'n snikwarm dag. **swel·try**
broeiend, stikkend, drukkend, snikheet.

**swept** het gevee; gevee; →SWEEP *ww..* ~~**back** pylvormig *('n*
*vliegtuigvlerk);* na agter *(of* agteroor) gekam/geborsel *(hare).*
~~**back wing** pylvlerk. ~ **hinge** *(mot.)* geswenkte skarnier.
~~**up hair** opgekamde hare. ~~**wing (aircraft)** pylvliegtuig.

**swerve** *n.* swaai; sysprong, =stap, swenking. **swerve** *ww.*
swenk, opsy/verby spring; af=, uitwyk; kantel; ~ *aside* af=
swenk; ~ *from* ... van ... afdwaal/=wyk; van ... afdwaal/=wyk;
... uit die oog verloor *(d. doel ens.);* ~ *in* inswenk; ~ *out*
uitswenk; ~ *to(wards)* ... na ... afwyk/swenk.

**swift** *n., (orn.)* windswa(w)el; akkedissie; draairaam *(vir gare);*
kaardsilinder. **swift** *adj.* vinnig, vlug, gou, rats, snel; *be ~ to*
*anger* opvlieënd wees, gou kwaad word. **swift** *adv.* gou, vin=
nig. ~~**flowing** snelvloeiend, =stromend. ~~**footed** snel=, vlug=
voetig, vinnig, rats. ~ *justice* summiere beregting. ~ **(moth)**
spookmot.

**swift·ness** snelheid, vlugheid, ratsheid.

**swig** *n., (infml.)* sluk, teug; *have/take a ~ at/from a bottle* 'n
sluk uit 'n bottel neem. **swig** =*gg*=, *ww., (infml.)* wegsluk,
groot slukke gee, met groot slukke drink; ~ *s.t.* **down** iets
wegsluk.

**swill** *n.* skottel(goed)water, vuil water; kombuisafval; vark=
kos, spoeling; *give it a ~* spoel dit uit. **swill** *ww.* spoel, uit=
spoel; suip, gulsig drink. ~ **tub** varkbak.

**swim** *n.* swem; *go for a ~* gaan swem; *be in the ~* op (die)
hoogte wees; in die mode wees; meedoen. **swim** =*mm*=,
*swam swum, ww.* swem; dryf, drywe; sweef, swewe; draai; ~
**(across)** *a river* oor/deur 'n rivier swem; *things ~ before*
*s.o.'s eyes* dit warrel voor iem. se oë; ~ *for it* uitswem; ~ *in s.t.*
in iets swem *(d. see, geld);* in iets dryf/drywe *(botter ens.);* in
iets baai *(weelde ens.);* ~ *in the air* deur die lug seil; *eyes*
~*ming with tears* oë wat swem in trane; ~ *with the tide* met
die stroom saamgaan. ~**suit** baaikostuum, swem=, baaipak.
~**wear** swemdrag.

**swim·mer** swemmer. **swim·mer·et** swempootjie.

**swim·ming** (die) swem, swemmery; swemkuns, =sport; *go*
~ gaan swem. ~ **bird** swemvoël. ~ **cap** swempet. ~ **foot**
swempoot. ~ **gala** swemgala. ~ **hole** swemgat, =kuil. ~ **pool,**
*(Br.)* ~ **bath** swembad. ~ **trunks** swem=, baaibroek(ie).

**swim·ming·ly** glad, fluks, lekker, maklik, vlot; *go* ~ vlot/
klopdisselboom gaan.

**swin·dle** *n.* bedrog(spul), skelmstuk, kullery, verneukery,
swendelary. **swin·dle** *ww.* bedrieg, fop, kul, verneuk, swen=
del; ~ *money out of s.o.,* ~ *s.o. out of money* iem. uit geld (ver)=
kul/verneuk. **swin·dler** bedrieër, skelm, swendelaar, verneu=
ker.

**swine** vark(e), swyn(e); *(fig.)* vuilgoed, vark. ~ **fever** vark=
koors, =pes.

**swin·er·y** varkhok, trop varke.

**swing** *n.* swaai; skommeling; krink, swaai, swaaislag; swaai=
beweging, *(kr.)* swaaihou; swaai, swaaislag; verskuiwing,
om(me)swaai; *(mus.)* swing(musiek); *be in **full** ~* in volle
gang wees; *get into the ~ of s.t.* met iets op dreef/stryk kom;
*it goes with a ~* daar sit beweging/lewe in; dit verloop

heeltemal vlot; *let s.o.* **have** *his/her* ~, *(infml.)* hom/haar
(maar) laat begaan; *take a ~ at s.o.* 'n hou na iem. slaan; *a*
~ *to a party, (pol.)* 'n omswaai na 'n party, 'n verskuiwing
(van steun) na 'n party. **swing** *swung swung, ww.* swaai;
skommel; *(infml.)* (om)swaai *('n transaksie, ooreenkoms, ens.);*
krink, swaai; bengel; slinger, draai; bewerkstellig, gedaan
kry; *(infml.)* opgehang word; *(kr.)* swaai; *(infml.)* promisku/
losbandig wees, *(vnl.)* seksmaats uitruil; ~ *across* oorswaai;
~ *at* ... na ... slaan; ~ *back* terugswaai; *they ~ behind their*
*leader* hulle skaar hulle agter hulle leier; ~ *for* ..., *(infml.)* die
strop kry *(of* gehang word) weens ... *(moord);* ~ *from* ... aan
... swaai *('n tak ens.); (infml.)* aan ... hang *(d. galg);* ~ *off* weg=
swaai; ~ *on s.t.* aan iets swaai *('n tou ens.);* ~ *out* uitswaai; ~
*over* om=, oorswaai; ~ *round* omswaai; ~ *to/shut, ('n deur)*
toeklap, =slaan, =swaai; ~ *to* ... na ... oorswaai; na ... oorslaan;
~ *up(wards)* opswaai; ~ *votes* stemme beïnvloed/(laat)
omswaai, kiesers omhaal. ~ **axle** swaai=, krinkas. ~ **band**
*(mus.)* swingorkes. ~ **beam** swaaiarm. ~**bin** swaaideksblik.
~ **bowler** swaai=, naatbouler. ~ **bridge** swaai=, draaibrug. ~
**gate** swaaihek; slagboom. ~ **music** swingmusiek. ~ **over**
omswaai. ~ **plough** wip=, balansploeg. ~ **scaffold** hangsteier.
~ **sign** uithangbord. ~~**up door** opswaaideur. ~~**wing** vou=
vlerk. ~~**wing bomber** swaaivlerk=, vouvlerkbomwerper.

**swing·er** *(kr.)* swaaibal, swaaier; *(infml.)* byderwetse persoon.

**swing·ing** swaaiend, skommelend; *(infml.)* byderwets, mo=
dern; *(sl.)* gewaag(d); ritmies, lewendig; ~ *blow* swaaihou; ~
*screen* skommel=, wiegsif. ~ **door, swing door** swaaideur.

**swin·gle** *n.* swingel *(vir vlas).* **swin·gle** *ww.* swingel *(vlas).*
~ **bar** swingel(hout). ~ **beam** ewenaar *(v. 'n wa).* ~**tree**
swingel(hout).

**swing·y** swaai= *(rok, romp).*

**swipe** *n., (infml.)* wilde hou; veeg=, vee(hou); *take a ~ at* ...
na ... slaan. **swipe** *ww., (infml.)* wild slaan; gaps; ~ *at* ... na
... slaan. ~ **card** veegkaart.

**swirl** *n.* warreling, maling; draaikolk. **swirl** *ww.* draai, war=
rel, druis; ~ *about* rond(d)warrel.

**swish** *n.* geswiep; ritseling, geruis; hou. **swish** *adj., (infml.)*
deftig, swierig, elegant. **swish** *ww.* swiep; suis, ruis, ritsel;
afransel, pak gee. **swish·y** suisend, ruisend; ritselend; *(infml.)*
swierig, deftig.

**Swiss** *n., (ekv. & mv.)* Switser. **Swiss** *adj.* Switsers; ~ *roll*
rolkoek, konfytrol.

**switch** *n.* skakelaar; *(telef.)* kieser; omruiling, =skakeling,
=wisseling; omswaai, sprong, skielike oorgang/verandering;
oorskakeling; *(spw.)* wissel; lat; karwats, rysweep; (stert)kwas;
*(hair)* ~ vals haarlok/=vlegsel; *throw a* ~ 'n skakelaar aanslaan.

**switch** *ww.* skakel; rangeer; omruil; wissel, op 'n ander
spoor bring; oor=, omskakel; verskuif, verplaas; omspring,
=swaai; ~ *around/round* plekke (om)ruil; ~ *around/round*
*s.t.* iets omruil; ~ *back, (elek., rad. & TV)* terugskakel; te=
rugkeer *(na oorspronklike plan ens.);* weer gebruik *(ou produk*
*ens.);* weer oorslaan *(na Engels ens.)* in *(na Engels ens.);* ~ *off,*
*(infml.)* nie meer luister nie; ~ *s.o. off, (infml.)* iem. stilmaak;
iem. belangstelling laat verloor; ~ *s.t. off* iets afskakel/afsit/
uitskakel; ~ *s.t. on* iets aanskakel/aansit *('n lig ens.);* ~ *over*
oorskakel; *the cow ~es her tail* die koei se stert piets heen en
weer; ~ *s.o. through to ..., (telef.)* iem. na ... deurskakel; ~ *to*
... na ... oorslaan *('n ander taal, produk);* na ... oorgaan.
~**back** sigsagpad, heuwelagtige pad. ~**blade (knife),** ~ **knife**
spring=, flitsmes. ~**board** skakelbord. ~ **box** skakel(aar)=,
wisselkas. ~ **cane** bamboesgras. ~**gear** *(elek.)* skakeltuig. ~~
**hitter** *(bofbal)* dubbelhandige kolwer. ~ **lever** *(elek.)* skakel=
arm, skakel(aar)hefboom; *(spw.)* wisselhefboom. ~ **over** om=,
oorskakeling; oorgang; omswaai. ~ **plate** wisselplaat; ska=
kelaarplaat. ~ **tower** seintoring. ~ **yard** *(Am.)* rangeerterrein.

**switched-on** *(infml.)* by.

**Swit·zer·land** *(geog.)* Switserland.

**swiv·el** *ww.* werwel; draaiskyf, spil; draaiskakel; koppel. **swiv·**

**el** =*ll*=, *ww.* (op 'n spil) draai, swaai; ~ *round* omdraai. ~ **arm** *(mot.)* swaaiarm, krinkas. ~ **block** draai=, swaaiblok. ~ **bracket** werwelsteun. ~ **bridge** draai=, swaaibrug. ~ **chair** draaistoel. ~ **gun** swaaikanon. ~ **hook** draaihaak. ~ **joint** werwelskarnier; werwelpen; swaailas. ~ **table** stelblad.

**swiz·zle** *n.* yssopie. **swiz·zle** *ww.* (sterk drank) drink, suip. ~ **stick** roer=, mengstokkie.

**swol·len** geswel; verhewe; ~ *finger* (op)geswelde vinger. ~-**headed** *(infml.)* verwaand.

**swoon** *n.* floute, beswyming; *go off in a* ~ flou val. **swoon** *ww.* flou val/word; wegsterf, =sterwe; ~ *over* ... oor ... swymel *(of* in vervoering raak).

**swoop** *n.* (die) neerskiet; duik; oorval, verrassingsaanval; *come down with a* ~ neerskiet; *at/with one (fell)* ~ met een (wrede) slag; alles ineens; *police* ~ (polisie)klopjag. **swoop** *ww.* neerskiet, =stryk; ~ *down* neerskiet; ~ *(down) on* ... op ... afvlieg; op ... neerskiet; op ... afstorm; ~ *up s.t.* iets op= raap; ~ *upon* ... op ... neerskiet; op ... toesak *(d. vyand).*

**swoosh** *n. & ww., (onom.)* swoesj.

**swop** *n. & ww.* →SWAP.

**sword** swaard; sabel; *cross/measure* ~s *with s.o.* met iem. swaarde kruis *(of* kragte meet); *draw/unsheathe the* ~ die swaard trek, na die swaard gryp; *with drawn* ~ met ontblote swaard/sabel; *perish by the* ~, *(poët., liter.)* deur die swaard val; *put s.o. to the* ~, *(poët., liter.)* iem. met die swaard doodmaak; *sheathe the* ~ die swaard in die skede steek, die oorlog staak. ~**bearer** swaard=, wapendraer. ~ **dance** swaard= dans. ~**fish** swaardvis. ~ **grass** rietgras. ~ **lily** swaardlelie, gladiolus. ~**play** skerm(kuns); praat en terugkap. ~**stick** degenstok. ~~**swallower** sabelslukker.

**swords·man** =*men* swaardvegter; skermer. **swords·man·ship** swaardvegterskuns; skermkuns.

**swore** het geswer; →SWEAR.

**sworn** *adj. (attr.)* geswore; beëdigde; ~ *appraiser* beëdigde taksateur/waardeerder; *I could have* ~ *that it was* ... ek kon sweer dat dit ... was; ~ *statement* beëdigde verklaring; ~ *translator* beëdigde vertaler.

**swot** blok, inpomp, swoeg; *(infml.)* swot; ~ *for* ..., *(infml.)* vir ... blok *(d. eksamen);* ~ *s.t. up, (infml.)* iets haastig in jou kop kry. **swot·ter** blokker.

**swum** het geswem; →SWIM *ww..*

**swung** (het) geswaai; →SWING *ww.;* ~ *dash* tilde.

**syb·a·rite** sibariet; wellusteling. **syb·a·rit·ic** sibarities; wel= lustig; sin(ne)lik.

**syc·a·more** *(bot.), (Acer pseudoplatanus)* gewone esdoring, bergesdoring, (berg)ahorn; *(Platanus occidentalis)* Ameri= kaanse plataan. ~ **fig** *(Ficus sycomorus)* gewone trosvy, geel= stamvy.

**syc·o·phant** kruiper, flikflooier. **syc·o·phan·cy** kruiperig= heid, flikflooiery. **syc·o·phan·tic** vleierig, kruiperig, flikflooi= erig.

**syl·la·ble** *n.* sillabe; lettergreep; *not breathe a* ~ *of s.t.* nie 'n (dooie/Spaanse) woord oor iets sê nie; *in words of one* ~, *(fig.)* eenvoudig en duidelik. **syl·la·ble** *ww.* sillabegewys(e)/ lettergreepsgewys(e) uitdruk/lees. **syl·lab·ic** sillabies; letter= grepig. **syl·lab·i·fy** in lettergrepe verdeel, sillabeer. **syl·lab·i·fi·ca·tion** vorming van sillabes/lettergrepe; sillabeverdeling, verdeling in sillabes; lettergreepverdeling, verdeling in let= tergrepe; afbreking *(of* die afbreek) van woorde.

**syl·la·bub, sil·la·bub** *(kookk.)* stremmelk met wyn.

**syl·la·bus** =*labuses*, =*labi* leerplan, sillabus; *cover the* ~ die sillabus/leerplan afwerk.

**syl·lo·gism** sluitrede, sillogisme. **syl·lo·gise**, =**gize** sillogi= seer. **syl·lo·gis·tic** sillogisties.

**sylph** luggees, lugnimf, silfe; slanke meisie. **sylph·like** silf= agtig; slank.

**sym·bi·o·sis** =*oses*, *(biol.)* simbiose, saamlewing. **sym·bi·ont** *(biol.)* simbiont. **sym·bi·ot·ic** simbioties, saamlewend.

**sym·bol** simbool, (ken)teken; sinnebeeld; *(wisk., psig.)* sim= bool; *be a/the* ~ *of* ... 'n/die simbool van ... wees; ~ *of office* ampsteken. **sym·bol·ic** *adj.:* ~ *logic* simboliese logika; ~ *sig= nificance* simboliek. **sym·bol·i·cal** simbolies, sinnebeeldig. **sym·bol·ise**, =**ize** simboliseer, versinnebeeld; simbolies wees, as simbool dien. **sym·bol·ism** simboliek, simbolisme. **sym·bol·ist** simbolis.

**sym·me·try** simmetrie, eweredigheid; gelyksydigheid; *axis of* ~ simmetrie-as; ~ *of images* beeld-eweredigheid. **sym·met·ri·cal** simmetries, eweredig, gelyksydig. **sym·me·trise**, =**trize** simmetries maak.

**sym·pa·thet·ic** simpatiek, medely(d)end, deelnemend; goedgesind; *(med.)* simpaties; *(med.)* simpateties; ~ *audience* waarderende gehoor; ~ *nervous system* simpatiese senu= (wee)stelsel; ~ *pain* simpatetiese pyn; ~ *strike* simpatie=, solidariteitstaking; *be* ~ *to(wards)* ... simpatiek staan teen= oor/jeens ..., met ... meevoel/saamvoel. ~ **magic** simpatetiese magie.

**sym·pa·thy** simpatie, meegevoel, medely(d)e, deelneming; meelewing; goedgesindheid; *deep* ~ innige meegevoel/sim= patie; *express one's* ~ jou meegevoel/simpatie betuig; *feel* ~ *for s.o.*, *have* ~ *with s.o.* met iem. meevoel/saamvoel *(of* mee= gevoel hê); *be in* ~ *with* ... dit met ... eens wees, ten gunste van ... wees, met ... simpatiseer *('n plan); run out of* ~ *for* ..., *(infml.)* nie meer simpatie hê vir *(of* omgee vir *of* geduld hê met) ... nie; ~ *with s.o. in a bereavement* deelneming met iem. in 'n verlies, meegevoel met iem. by die heengaan van 'n geliefde. **sym·pa·thise**, =**thize** meevoel, meegevoel/mede= ly(d)e hê, deelneming betoon, simpatiseer; ~ *with s.o.* met iem. meeleef/meelewe/meevoel/saamvoel; deelneming teen= oor iem. betuig/betoon. **sym·pa·this·er**, =**thiz·er** simpatiseer= der; goedgesinde, ondersteuner.

**sym·phon·ic** simfonies; ~ *poem, (mus.)* simfoniese gedig. **sym·pho·nist** *(mus.)* simfonikus, simfoniese komponis, sim= fonis.

**sym·pho·ny** simfonie. ~ **concert** simfoniekonsert. ~ **orches·tra** simfonieorkes.

**sym·po·si·um** =*siums*, =*sia* simposium, konferensie.

**symp·tom** simptoom, teken, verskynsel, kenteken; voorte= ken; siekteteken; *a* ~ *of* ... 'n simptoom van ... **symp·to·mat·ic** simptomaties, aanduidend, kenmerkend; *be* ~ *of* ... op ... dui, 'n teken/simptoom van ... wees, simptomaties van/vir ... wees.

**syn·a·gogue** sinagoge. **syn·a·gog·i·cal** sinagogaal.

**syn·apse, syn·ap·sis** =*apses*, *(neurol.)* sinaps, senuselbrug.

**sync(h)** *n.*, *(infml.: afk. v.* synchronisation/=zation*)* sinchro= nisasie, sinkronisasie; sinchronisering, sinkronisering; *be in* ~, *(filmk., TV, ens.)* sinchroniseer, sinkroniseer; *(iem.)* op dreef wees; *be in* (or *out of)* ~ *with s.o.* (nie) op dieselfde golflengte as iem. wees (nie); in/uit voeling met iem. wees; *be in* (or *out of)* ~ *with s.t.*, *(filmk., TV, ens.)* (nie) met iets sinchroniseer/ sinkroniseer (nie); (nie) met iets ooreenstem *(of* in oor= eenstemming wees) (nie); in/uit voeling met iets wees; *be out of* ~, *(filmk., TV, ens.)* nie sinchroniseer/sinkroniseer nie; *(iem.)* van stryk af wees, nie op dreef wees nie. **sync(h)** *ww.*, *(infml.: afk. v.* synchronise/=nize*)* sinchroniseer, sinkro= niseer.

**syn·chro** =*chros, (elek.)* outomatiese sinchroniseerder/sinkro= niseerder. ~ **(swimming)** gesinchroniseerde/gesinkroniseer= de swem.

**syn·chro·mesh** *(mot.)* sinchro-/sinkro-inkammer; sinchro-/ sinkro-inkamming. ~ **gearbox/transmission** gesinchroni= seerde/gesinkroniseerde ratkas. ~ **gear(s)** sinchroon=, sin= kroonskakeling.

**syn·chron·ic** sinchronies, sinkronies; ~ *linguistics* sinchro= niese/sinkroniese taalkunde.

**syn·chro·nic·i·ty** *(psig.)* sinchronisiteit, sinkronisiteit.

**syn·chro·nise, =nize** sinchroniseer, sinkroniseer; op die=

selfde tyd plaasvind, saamval; gelykstel, reguleer, regsit; ~*d swimming* gesinchroniseerde/gesinkroniseerde swem; ~ *s.t. with* ... iets met ... sinchroniseer/sinkroniseer. **syn·chro·ni·sa·tion,** =**za·tion** sinchronisasie, sinkronisasie, sinchronisering, sinkronisering; gelykstelling *(v. tyd).* **syn·chro·nis·er,** =**niz·er** sinchroniseerder, sinkroniseerder. **syn·chro·nis·ing,** =**niz·ing:** ~ *gear* sinchroniseer=, sinkroniseeruitrusting, sinchroniseer=, sinkroniseertuig.

**syn·chro·nous** sinchroon, sinkroon, sinchronies, sinkronies, gelyktydig; ~ *motor, (elek.)* sinchron(ies)e/sinkron(ies)e motor. **syn·chro·ny** sinchronie, sinkronie, gelyktydigheid.

**syn·co·pate** *(mus.)* sinkopeer, saamtrek; ~*d notes* gesinkopeerde note. **syn·co·pa·tion** sinkopering, sinkopasie.

**syn·di·cate** *n.* sindikaat, belangegroep, kartel; *(joern.)* nuus=agentskap, media-agentskap, nuus=, perssindikaat. **syn·di·cate** *ww.* 'n sindikaat vorm; *(joern.)* sindikeer, gelyktydig (laat) publiseer/uitsaai. **syn·di·ca·tion** *(joern.)* sindikasie, gelyktydige verspreiding/publikasie/uitsaai.

**syn·drome** sindroom; simptomegroep, siektebeeld; groep verskynsels.

**syn·ec·do·che** *(stylleer)* sinekdogee.

**syn·er·gy, syn·er·gism** sinergie *(v. besighede); (farm.)* sinergisme. **syn·er·get·ic, syn·er·gic** sinergeties, medewerkend. **syn·er·gist, syn·er·gist** sinergis. **syn·er·gis·tic** sinergisties.

**syn·od** sinode, kerkvergadering. **syn·od·al** sinodaal; ~ *board* moderatuur, moderamen. **syn·od·ic** *(astron.)* sinodies.

**syn·o·nym** sinoniem, sinverwante woord; *a* ~ *of* ... 'n sinoniem van ... **syn·o·nym·ic** sinonimies, sinonimiek. **syn·o·nym·i·ty** sinonimie; sinverwantskap; gelykbeduidenis. **syn·on·y·mous** sinoniem; sinverwant; gelykbetekenend; *be* ~ *with* ... met ... sinoniem wees. **syn·on·y·my** sinonimie, sinsverwantskap, gelykbeduidenis, sinonimiek.

**syn·op·sis** =*opses* oorsig, kortbegrip, samevatting, sinopsis. **syn·op·tic** sinopties, oorsigtelik; ~ *chart, (weerk.)* sinoptiese kaart; S~ *Gospels, (NT: Matteus, Markus en Lukas)* sinoptiese evangelies; ~ *table* oorsigtafel.

**syn·tax** sintaksis, sinsleer; woordvoeging. **syn·tac·tic** sintakties.

**syn·the·sis** =*theses* sintese, samevatting, samestelling, opbouing. ~ *gas* sintesegas.

**syn·the·sise, =size, syn·the·tise, =tize** sintetiseer. **syn·the·sis·er, =siz·er** sintetiseerder.

**syn·thet·ic** *n.* kunsstof, sintetiese stof. **syn·thet·ic** *adj.* sinteties; kunsmatig, kuns=; ~ *cream* kunsroom; ~ *diamond* kunsdiamant; ~ *fibre* kunsvesel; ~ *gem* vals steen; ~ *silk* kunssy.

**syph·i·lis** sifilis, vuilsiekte. **syph·i·lit·ic** *n.* sifilislyer, =pasiënt. **syph·i·lit·ic** *adj.* sifilities.

**Syr·i·a** *(geog.)* Sirië. **Syr·i·ac** *n. & adj., (dial.)* Siries. **Syr·i·an** *n.* Siriër. **Syr·i·an** *adj.* Siries. **Syr·o-** *komb.vorm.* Siries-.

**sy·rin·ga** *(bot.)* gewone sering.

**sy·ringe, sy·ringe** *n., (med.)* spuit. **sy·ringe, sy·ringe** *ww.* spuit; inspuit; uitspuit.

**syr·inx** =*inxes,* =*inges, (mus.)* sirinks, panfluit; *(orn.)* sirinks, stemorgaan.

**Syr·tis** *(astron.):* ~ **Major** Syrtis Major. ~ **Minor** Syrtis Minor.

**syr·up,** *(Am.)* **sir·up** stroop; *golden* ~ gouestroop. **syr·up·y,** *(Am.)* **sir·up·y** *(lett. & fig.)* stroperig; *(lett.)* stroopagtig.

**sys·tem** *(ook mus.)* stelsel, sisteem; *(geol.)* sisteem; *(biol., relig.)* stelsel; metode; *(spw.)* net; *(spw.)* afdeling; *according to a* ~ volgens 'n stelsel; *administrative* ~ bestuurstelsel; *buck the* ~*, (infml.)* jou teen die stelsel verset; ~ *of courts* regterlike organisasie; *get s.t. out of one's* ~*, (infml.)* iets afskud, van iets herstel; *all* ~*s go!* alles gereed!; ~ *of government* regering=, bestuurstelsel; ~ *of measures/measurement* maatstelsel; *pass into s.o.'s* ~ deur iem. se hele gestel/liggaam versprei; *play the* ~ die stelsel (tot jou eie voordeel) uitbuit; ~ *of pulleys* katrolstelsel, takel; *under the American/etc.* ~ volgens die Amerikaanse/ens. stelsel; *what* ~ *do you go on?* watter metode pas jy toe *(of* volg jy)?, na watter metode handel jy?; *work with* (or *on a)* ~ stelselmatig *(of* volgens plan) werk. ~ **operator** *(rek.)* stelseloperateur. ~ **switch** stelsel=, netskakelaar.

**sys·tem·at·ic** *adj.* stelselmatig, sistematies; ~ *arrangement* planmatigheid. **sys·tem·at·ics** *n. (fungeer as ekv.)* sistematiek.

**sys·tem·a·tise, =tize** sistematiseer. **sys·tem·a·ti·sa·tion, =za·tion** sistematisering; sistematisasie.

**sys·tem·ic** *(med. & bot.)* sistemies; van die gestel; ~ *circulation* liggaamsomloop, groot bloedsomloop; ~ *poison* liggaamsgif. **sys·tem·i·cal·ly** sistemies.

**sys·tem·less** stelselloos, sisteemloos; onsistematies, planloos, onmetodies, onstelselmatig; *(biol.)* struktuurloos.

**sys·tems:** ~ **analyst** *(rek.)* stelselontleder. ~ **disk** *(rek.)* stelselskyf. ~ **software** *(rek.)* stelselprogrammatuur, =sagteware.

**sys·to·le** *(fisiol.)* saamtrekking, krimping *(v.d. hart),* saamtrekkingsfase, sistool, sistole. **sys·tol·ic** sistolies.

**syz·y·gy** *(astron.)* samestand; *(wisk., biol.)* sisigie; *(filol.)* dipodie; paar, stel.

# Tt

**t** *t's, (20ste letter v.d. alfabet)* t; *little* ~ t'tjie; *small* ~ klein t.

**T** *T's, Ts* T; *to a* ~, *(infml.)* op 'n haar, presies; op 'n druppel water; *have s.t. down to a* ~, *(infml.)* die kuns om iets te doen haarfyn ken; *s.t. suits s.o. to a* ~, *(infml.)* iets pas iem. uitstekend/volkome. **~bar** T-staaf. **~-bone steak** T-beenskyf. **~-junction** T-aansluiting. **~-lymphocyte, ~-cell** *(fisiol.)* T-limfosiet, T-sel; *helper* ~ T-helpersel; *killer* ~ T-dodersel. **~-shaped** T-vormig. **~-shirt, tee shirt** T-hemp(ie). **~-square** T-haak, tekenhaak.

**ta** *tw., (infml., kindertaal: dankie)* ta!.

**tab¹** *n.* lus(sie); strokie, klappie, (skouer)lus; lip, stoter *(v. 'n gespe);* sluitband; veterpunt; lip, skouer *(v. 'n gidskaart ens.);* vlaggie *(aan papiere);* kenstrokie *(aan klere ens.);* (*hoofs. Am.*) ringetjie *(v. 'n koeldrankblikkie ens.); (infml., hoofs. Am.)* rekening; *(lugv.)* balansvlak; *keep* ~s (or *a* ~) *on s.t., (infml.)* iets noukeurig dophou; *pick up the* ~ *for s.t., (infml., hoofs. Am.)* (die rekening) vir iets betaal; *put s.t. on a* ~, *(infml., hoofs. Am.)* iets op 'n rekening plaas. **tab** *=bb-, ww.* van 'n lussie/ens. voorsien.

**tab²** *n., (afk. v. tabulator)* tabuleerder, tabelleerder; tabuleer=, tabelleermasjien. ~ **(key)** *(rek.)* tabuleer=, tabelleertoets. ~ **stop** *(rek.)* tabuleer=, tabelleerstop.

**tab³** *n., (infml., afk. v. tablet)* tablet, pil; *LSD* ~s LSD-tablette/pille.

**tab·ard** rok; mantel.

**tab·a·ret** *(tekst.)* gestreepte sy; sybekleding, =behangsel.

**Ta·bas·co (sauce)** *(soort rissiesous)* tabascosous.

**tab·bou·leh, tab·bou·li** *(<Arab., Mid.Oos. kookk.: 'n geurige slaai)* taboeli.

**tab·by** *n., (tekst.)* gewaterde sy, tabyn. **tab·by** *adj.* grysbruin, grougestreep. ~ **(cat)** grougestreepte/Ciperse/Siperse kat.

**tab·er·nac·le** *(OT)* tabernakel *(vir d. ark); (relig.)* tempel *(vir aanbidding); (RK)* tabernakel.

**tab·la·ture** *(mus.)* tablatuur.

**ta·ble** *n.* tafel; dis; blad; plato, hoogland; tabel, lys, register; *(ook, i.d. mv.)* tafels (van vermenigvuldiging); *be at* ~ aan tafel sit; *clear the* ~ die tafel afdek; ~ *of contents* inhoudsopgawe; *drink* ~ *of interest* rentetafel; *lay/set the* ~ (die) tafel dek; *lay s.t. on the* ~, *(parl.)* iets ter tafel lê; ~s *of the Law, (OT)* die tafele/tafels van die Wet; *leave (or rise from) the* ~ van die tafel (af) opstaan; *the book/etc. is on the* ~ die boek/ens. lê op die tafel; *the food is on the* ~ die kos is/staan op die tafel; *put s.t. on a/the* ~ iets op 'n/die tafel sit; *get round the* ~ gaan sit en praat, onderhandel; *at the top of the* ~ aan die bo-ent/koppenent/hoof van die tafel; *turn the* ~s *(on s.o.)* die bordjies verhang; *the* ~s *are turned* die bordjies is verhang, die rolle is omgekeer(d), die wiel het gedraai; *wait at* ~ aan tafel bedien. **ta·ble** *ww.* ter tafel lê, indien *('n amendement ens.);* tabuleer, tabelleer; ~ *a motion* kennis van 'n voorstel gee. **~cloth** tafeldoek; tafelkleed(jie). **~-cut** *adj.* platgeslyp *(edelsteen).* ~ **flap** tafelklap. ~ **grape** tafel=, eetdruif. ~ **lamp** staanlamp. **~land** *(geomorfol.)* tafelland. ~ **leaf** (los) tafelblad. ~ **leg** tafelpoot. ~ **linen** tafellinne. ~ **manners** tafelmaniere. ~ **mat** tafel=, bordmatjie. **T**~ **Mountain** Tafelberg. ~ **runner** tafelloper. ~ **salt** tafelsout, fyn sout. ~ **silver** messegoed; *(lett.)* tafelsilwer. **~spoon** eetlepel. **~spoonful** =fuls eetlepel (vol);

*a* ~ *of sugar/etc.* 'n eetlepel suiker/ens.; *two/etc.* ~s twee/ens. eetlepels (vol). ~ **tennis** tafeltennis. **~-tennis bat** tafeltennisspaan. ~ **top** *n.* tafelblad. **~-top** *adj. (attr.)* tafel=; ~ *mirror* tafelspieël; ~ *tripod, (fot.)* tafeldriepoot. ~ **vice** bankskroef. **~ware** eetgerei, tafelgerei, =goed, =gereedskap. ~ **wine** tafelwyn.

**tab·leau** *=leaux, =leaus* tablo; lewende beeld. ~ **curtains** *n. (mv.), (teat.)* tablogordyne. ~ **vivant** *tableaux vivants, (Fr., teat.)* tableau vivant.

**tab·let** plaat; steen(tjie); tablet, pil; *memorial* ~ gedenkplaat, =steen.

**tab·loid:** ~ **format** ponieformaat. ~ **journalism** ponie=, sensasie=, skinderjoernalistiek. ~ **journalist** poniekoerantjoernalis, sensasie=, skinderjoernalis. ~ **([news]paper)** ponie=koerant, =blad, sensasiekoerant, =blad, skinderkoerant, =blad. ~ **press** ponie=, sensasie=, skinderpers, geel pers.

**ta·boo** *=boos,* **ta·bu** *=bus, n.* taboe, verbod; ostrasisme. **ta·boo, ta·bu** *adj.* taboe, verbode. **ta·boo, ta·bu** *ww.* taboe verklaar, verbied; *(fig.)* in die ban doen.

**tab·u·lar** tafelvormig, tafel=, (afge)plat; tabellaries, in tabel=vorm; ~ *basalt* tafelbasalt; ~ *root* stutwortel; ~ *structure* plaatstruktuur.

**tab·u·la ra·sa** *tabulae rasae, (Lat., lett. & fig.)* tabula rasa, skoon lei; *(filos.)* tabula rasa, onbevange gemoed.

**tab·u·late** tabuleer, tabelleer; plat maak, platmaak, gelyk=maak. **tab·u·lat·ed** getabuleer(d), getabelleer(d); tabellaries, in tabelvorm; plat; dun gelaag. **tab·u·la·tion** tabulering, tabellering. **tab·u·la·tor** tabuleer=, tabelleermasjien, tabulator.

**tach·e·om·e·ter, ta·chym·e·ter** *(landm.)* tageometer, tagimeter.

**tach·ism(e)** *(skilderk.)* tasjisme, vlekkuns.

**tach·o·graph** tagograaf, registrerende toereteller.

**ta·chom·e·ter,** *(infml.)* **ta·cho** tagometer, snelheidsmeter, toereteller; papierklok.

**tach·y·car·di·a** *(med.)* hartversnelling, tagikardie.

**tac·it** onuitgesproke, versweë, stilswyend; vanselfsprekend; ~ *consent* stilswyende instemming/toestemming.

**tac·i·turn** stil, swyggsaam; onmededeelsaam; ~ *mood* stilswyende stemming. **tac·i·tur·ni·ty** swygsaamheid, stilswyendheid.

**tack¹** *n.* heg=, dwergspyker, tingel; stoffeerspyker, platkop=spyker; rygsteek; hals *(v. 'n seil);* rigting, koers, weg; klewerigheid; kos, ete; *get down to brass* ~s, *(infml.)* by die kern van die saak kom; *change one's (or try another)* ~ dit anders aanpak, dit oor 'n ander boeg gooi, 'n ander koers inslaan; *be on the right/wrong* ~ op die regte/verkeerde koers wees; *tailor's* ~ snyershegsel; *take a* ~ 'n koers kies/inslaan.

**tack** *ww.* vasspyker, vastik; (aanmekaar)ryg, aanmekaarheg; *(sk.)* laveer, wend; oor 'n ander boeg gaan, van koers verander; 'n saak anders aanpak *(of* oor 'n ander boeg gooi); ~ *s.t. down* iets vasspyker; ~ *s.t. on* iets vasryg; iets aanheg; iets aanlas; iets vasspyker; iets met drukspykers vassteek; ~ *s.t. onto* (or *on to)* ... iets aan ... (vas)ryg; iets by ... aanlas; ~*ed seam* rygnaat; ~ *A and B together* A en B aanmekaarryg; A en B aanmekaarspyker; ~ *s.t. up* iets opspyker. ~ **line** skei=lyn *(tuss. seinvlae);* halslyn *(v. 'n seinvlag).* ~ **rope** halstou *(v. 'n seil).*

**tack²** *n.* tuig *(v. 'n perd).* **tack** *ww.: ~ (up)* (op)saal *('n perd).* **~ room** saal-, tuigkamer.

**tack·ie** →TAKKIE.

**tack·ing** (die) vastik/-spyker; rygwerk; *tailor's ~* deurslag-, (snyers)merksteke. **~ stitch** ryg-, deurslagsteek. **~ thread** ryg= draad; katderm.

**tack·le** *n.* takel(werk); hystoestel; gereedskap, gerei; *(rugby)* doodvat; *high ~, (rugby)* hoogvat; *low ~, (rugby)* laagvat. **tack= le** *ww.* (aan)pak, aanspreek, bydam, onder hande neem; *(rugby)* (dood)vat, lak, duik, neertrek, vasvat; *~ a job* aan die werk spring; *~ s.o. about/on/over s.t.* iem. oor iets pak. **~ ball** *(rugby)* smoorbal. **~ block** takel-, katrolblok. **~ fall** takelloper.

**tack·ling** takelwerk; gereedskap, gerei; tuig.

**tack·y¹** *adj.* taai, klewerig, klouerig. **tack·i·ness** klewerigheid, klouerigheid.

**tack·y²** *adj., (infml.)* slordig, slonserig; vuilerig; smaakloos, stylloos; goedkoop, prullerig.

**ta·co** *-cos, n., (Mex. kookk.: gevulde tortilla)* taco.

**tact** takt, slag; *exercise ~* met takt optree. **tact·ful** taktvol, diplomaties. **tact·ful·ness** takt. **tact·less** taktloos, ondiplo= maties. **tact·less·ness** taktloosheid.

**tac·tic** taktiek. **tac·ti·cal** takties; *~ error/mistake* taktiese fout/flater; *~ missile/weapon/etc.* taktiese missiel/wapen/ ens.; *~ move* taktiese skuif; *~ voting* taktiese stemming/stem= mery. **tac·ti·cian** taktikus. **tac·tics** taktiek.

**tac·tile** gevoels-; tas-; voelbaar, tasbaar; taktiel; *~ hair* voel-, tashaar(tjie); *~ organ* tasorgaan; *~ sense* tassin, gevoel(sin). **tac·til·i·ty** voelbaarheid, tasbaarheid. **tac·tu·al** taktiel, van die tassin, tas-.

**tad:** *a ~ ...* ietwat ... *(teleurstellend, onsmaaklik, frustrerend, lugtig, voorspelbaar, ens.);* 'n bietjie ... *(oorryp, te gaar, ens.); (just) a ~, (asyn, sout, ens.)* (net) 'n titseltjie; *(melk, wyn, ens.)* (net) 'n skeut(jie)/skootjie; *a ~ too ...* net te ... *(voorspelbaar ens.);* effens te ... *(loperig ens.);* 'n tikkie te ... *(lank, kort, hard, ens.).*

**tad·pole** paddavis(sie).

**tae kwon do** *(Koreaanse verweerkuns)* tae kwon do.

**tae·ni·a,** *(Am.)* **te·ni·a** -niae, -nias, *(anat.)* lengtespierlaag van die kolon; *(Taenia* spp.*)* lintwurm; *(bouk.)* kroonlys.

**taf·fe·ta** *(tekst.)* taf; *silk ~* tafsy.

**tag¹** *n.* (hang)etiket, adreskaart(jie), (ken)kaartjie, (ken)stro= kie, (identifikasie)plaatjie; lus(sie); bandjie *(v. 'n sloop);* merk; *(rek.)* etiket; misklos *(aan 'n skaap);* stertpunt *(v. 'n dier);* aan= hangsel; fraiing, rafel; veterpunt; cliché, afgesaagde *(of hol= rug geryde)* uitdrukking, ou gesegde, gemeenplaas; epiloog *(v. 'n toneelstuk); (mus.)* refrein; slottoespraak; moraal(les). **tag** *-gg-, ww.* etiketteer, merk, 'n kaartjie plak op *(of aan= bring aan); (fig.)* bestempel; vasbind, vasheg; 'n punt aan= sit, punt; (wol)fraiings afskeer; *~ after* (or *along behind*) *s.o., (infml.)* agter iem. aandraf/aanloop; *~ along with s.o., (infml.)* saam met iem. gaan, met iem. saamgaan; *~ a fish/ etc.* 'n vis/ens. etiketteer; *~ o.s. onto* (or *on to) s.o., (infml.)* jou aan iem. opdring. *~ line (hoofs. Am., infml.)* slagspreuk; trefreël.

**tag²** *n., (kinderspeletjie)* frot, aan-aan. **tag** *ww.* frot/aan-aan speel; tik op, aanraak, die frot gee (vir). **~ team** stoeipaar. **~ wrestling** spanstoei.

**Ta·ga·log** *-log(s), n., (lid v. 'n Filippynse volk)* Tagalog; *(taal)* Tagalog. **Ta·ga·log** *adj.* Tagalog-.

**ta·gine** *(N.Afr. kookk.)* tagine.

**ta·glia·tel·le** *(It.)* tagliatelle, lintnoedels.

**ta·hi·ni, ta·hi·na** *(Mid.Oos. sesamsaadsmeer)* tahini, tahina.

**Ta·hi·ti** *(geog.)* Tahiti. **Ta·hi·ti·an** *n.* Tahitiaan; *(taal)* Tahiti= aans. **Ta·hi·ti·an** *adj.* Tahitiaans.

**tahr, thar** *(bergbok)* tahr.

**t'ai chi, t'ai chi ch'uan** *(Chin., oefeninge vir selfverdedi= ging en meditasie)* tai tji (tjwaan).

**tail** *n.* stert; haarvlegsel; pant, slip; keersy *(v. 'n munt);* agter= ste punt/ent; gevolg; roei *(v. 'n komeet);* voet; inboudeel; *(mynb.)* streep; bodem *(v. 'n koeël);* swakker kolwers; *(ook, i.d. mv.)* swaelstertpak; *the cow switches her ~* die koei swaai haar stert, die koei se stert piets heen en weer; *the dog wags its ~* die hond swaai *(of* kwispel met*)* sy stert; *the ~ wags the dog, (fig.: d. mindere regeer d. meerdere)* Klaas is baas; *~ first* agterstevoor; *have/put a ~ on s.o., (infml.)* iem. laat agter= volg/dophou; *with one's ~ between one's legs, (infml.)* druip= stert, stert tussen die bene; *be on s.o.'s ~* op iem. se hakke wees; *have one's ~ up* vol moed wees; *keep one's ~ up, (infml.)* (goeie) moed *(of* die blink kant bo*)* hou. **tail** *ww.* 'n stert aansit, van 'n stert voorsien; aan die stert gryp/sleep; stomp= stert maak; 'n aanhangsel afsny; agteraan kom; agtervolg, op die voet volg; *~ after s.o.* agter iem. aantou; *~ back, (ver= keer)* ophoop; *s.o.'s voice ~s off* iem. se stem sterf/sterwe weg; *~ off/away* uitsak, agterbly; (stadigaan) verminder/opraak; (stadigaan) wegraak. **~back** *(Br.)* verkeersopeenhoping, (lang) string motors. **~ beam, ~ joist, ~ piece** *(bouk.)* kruppelbalk. **~board** agterklap *(v. 'n vragmotorbak);* karet, agterskot *(v. 'n kar, wa); (bouk.)* agterplank. **~ bone** stuit-, stertbeen, stuitjie. **~coat** swaelstert(baadjie), (aand)manel. **~ end** (uit)einde, stert(jie), agterste punt, agterkant; *(mus.)* stertstuk *(v. 'n snaar= instr.).* **~-ender** agteros; *(kr.)* stert(kant)kolwer. **~ feather** stertveer; *long ~* stuurpen. **~ fin** stertvin. **~gate** *n.* agter= klap *(v. 'n vragmotorbak);* agterklap, vyfde deur *(v. 'n luikrug= motor);* karet, agterskot *(v. 'n kar, wa);* ebdeur *(v. 'n kanaal= sluis).* **~gate** *ww., (Am.)* te na(by) aan die voertuig voor jou ry, op iem. *(of* die voorste voertuig*)* se stert lê/sit, nie 'n vei= lige volgafstand behou nie. **~ gun** agterkanon. **~ gunner** ag= terkanonnier. **~ light, ~ lamp** agterlig, -lamp. **~piece** stert= stuk; slot, slotlyn, (slot)vinjet. **~pipe** suigpyp *(v. 'n pomp);* uitlaatpyp *(v. 'n voertuig).* **~plane** *(lugv.)* stertvlak. **~race** af= voerkanaal; *(mynb.)* uitskotgeut, -voor. **~spin** draaiduik. **~wind** mee-, rugwind, wind van agter.

**tail·ing** *(bouk.)* inbou; binnekop *(v. 'n baksteen); (i.d. mv.)* af= val, vuilgoed, oorskiet, uitskot, afsaksel, slyk, spoelsel(s).

**tai·lor** *n.* kleremaker, snyer. **tai·lor** *ww.* klere (op maat) maak, kleremaker wees; *be ~ed for ...,* (fig.) vir ... uitgeknip wees; op ... toegespits wees; *~ed seam* snyersnaat; *~ed skirt* snyersromp; *~ s.t. to s.o.'s needs* iets volgens iem. se behoef= tes aanpas; *be well ~ed, (klere)* goed gesny wees; *(iem., veral 'n man)* goed geklee(d) wees. **~-made** aangemeet, na/op maat gemaak; *~ suit* snyerspak, -kostuum, aangemete pak/ kostuum.

**tai·lored** *(ook)* aangemeet, na/op maat gemaak.

**tai·lor·ing** kleremakery, snyersbedryf; snit, styl.

**tai·lor's: ~ chalk** snyers-, platkryt. **~ dummy** paspop.

**taint** *n.* vlek, smet, besmetting; spoor, teken, bewys *(v. bederf ens.);* bysmaak, vreemde geur; bederf; blaam. **taint** *ww.* be= soedel; besmet; bevlek; *be ~ed by scandal* deur skandale aan= getas/besmet/bevlek wees; *be ~ed with s.t.* met iets besmet wees. **taint·less** vlek(ke)loos, onbevlek, skoon.

**tai·pan¹** *(buitelander a.d. hoof v. 'n sakeonderneming in China)* taipan.

**tai·pan²** *(soöl.: 'n Austr. slang)* taipan.

**Tai·wan** *(geog.)* Taiwan. **Tai·wan·ese** *n.* Taiwannees, Taiwan= ner. **Tai·wan·ese** *adj.* Taiwannees, Taiwans.

**Tajik·i·stan, Ta·dzhik·i·stan, Ta·djik·i·stan** *(geog.)* Ta= djikistan. **Ta·jik** *-jik(s),* **Ta·dzhik** *-dzhik(s),* **Ta·djik** *-djik(s), (in= woner)* Tadjik, Tadjikistanner. **Ta·jik(·i),** **Ta·dzhik(·i),** **Ta·djik(·i)** *n., (taal)* Tadjiks, Tadjikistans. **Ta·jik(·i),** **Ta·dzhik(·i),** **Ta·djik(·i)** *adj.* Tadjiks, Tadjikistans.

**Taj Ma·hal** *(marmerpraalgraf in Indië)* Taj Mahal.

**take** *n.* vangs; buit; opbrengs, opbrings; ontvangste; beurt; opname; *do a double ~, (infml.)* nog 'n slag kyk, verbaas weer kyk; *be on the ~, (infml.)* omkoopbaar/korrup wees. **take** *took taken, ww.* neem, vat; gryp; pak, vang; bring; wen, bemagtig;

(in)neem, verower *('n land);* annekseer; kry, ontvang; ver= staan, begryp, snap; (ver)eis, verg; aanneem, aanvaar; op= neem; *(naamval)* regeer; verdra, verduur; vang; betrap; eet, geniet, nuttig *(ontbyt ens.);* drink, (in)neem, sluk *('n pil ens.);* neem, gebruik *(suiker ens.);* neem *('n taxi ens.);* meet *(tempe= ratuur); (med.: 'n ent)* groei; wen, kry, verwerf *('n prys); be ~n* **aback** verbaas *(of* uit die veld geslaan) wees, oopmond staan; ontsteld/onthuts wees; ~ *s.o./s.t.* **aboard** iem./iets oplaai; ~ *s.t.* **abroad** iets na die buiteland neem; ~ *s.o./s.t.* **across** iem./iets na die ander kant bring; ~ *s.o./s.t.* **across** *to* ... iem./ iets na ... oorbring; ~ *after s.o.* na iem. aard; soos/na/op iem. lyk; agter iem. aanstorm; ~ ... *along (with one)* ... (met jou) saamneem; ~ *s.o.* **apart,** *(infml.)* iem. opdons; *(infml.)* iem. roskam; ~ *s.t.* **apart** iets uitmekaarhaal *(of* uitmekaar haal); *(infml.)* iets uitmekaartrek *(of* uitmekaar trek); ~ *s.o.* **around** iem. saamneem; iem. rondlei; ~ *s.t.* **as** ... iets as ... beskou; ~ *s.o.* **aside** iem. opsy neem; ~ *s.t.* **away** iets wegneem/wegvat; iets saamneem; ~ *s.o./s.t.* **away** *from* ... iem./iets van ... weg= neem; ~ *s.t.* **away** *from s.o.* iets van/by iem. afneem/afvat; iem. iets ontneem *(regte ens.);* ~ ... *away with one* ... met jou saamneem; ~ *s.t.* **back** iets terugneem/=vat; iets terugtrek *(woorde ens.); s.t.* ~*s s.o.* **back** *to* ... iets laat iem. aan ... terug= dink; ~ *s.t.* **badly** iets sleg opneem/opvat; jou iets baie aan= trek; ~ *the* **biscuit/cake,** *(infml.)* die kroon span; ~ *s.o./s.t.* **by** ... iem./iets aan ... vat; *be ~n by* ... deur ... gevang word *('n haai ens.);* ~ *s.o.* **down** iem. verneder; iem. kortwiek/hok= slaan, op iem. toeslaan; ~ *s.t.* **down** iets afhaal; iets weg= neem; iets neerskryf/=skrywe/opteken/aanteken; iets opneem *('n brief);* iets afbreek/sloop *('n gebou ens.);* ~ *a* **draw/puff/ pull** *on* ... 'n skuif(ie)/teug aan ... trek, 'n trek aan ... gee, aan ... trek/suig *('n sigaret ens.);* ~ *s.o./s.t.* **for** ... iem./iets vir ... aansien, dink dat iem./iets ... is; *what do you ~ me* **for?,** *(gew. iron.)* wat dink jy is ek?; ~ *s.t.* **from** ... iets van ... wegneem *(of* van/by ... afneem/afvat) *(iem.);* iets van ... aftrek *(vyf v. dertien ens.);* iets aan ... ontleen *(d. Bybel ens.);* ~ *it* **from** *here* van hier voortgaan; ~ *it* **from** *me!* glo my!; ~ *it* **from** *there* kyk wat gebeur; *s.t.* ~*s nothing* **from** ... iets doen geen af= breuk aan ... nie; ~ *s.t.* **hard** swaar/hard deur iets geslaan word, swaar onder iets ly; **have** *s.t.* ~*n* iets laat neem *('n foto); be ~n in by s.t.* iets sluk *(of* sommer glo); ~ *s.o. in* iem. inlei; iem. fop/kul/bedrieg *(of* om die bos lei); iem. 'n rat voor die oë draai; iem. vastrek; ~ *s.t.* **in** iets inneem; iets verstaan/begryp/volg; iets raaksien; iets insluit/omvat; iets ontvang; iets (in)laai/inneem/opneem; iets glo/sluk; iets in= neem/verklein *(klere);* iets (ver)minder *(seil);* ~ *everything* **in** alles noukeurig volg; ~ *s.t.* **in** *a trap* iets in 'n val/wip/slagys= ter vang; *the tour* ~*s in* ..., *(infml.)* die toer gaan by ... langs; *s.o. can ~* **it,** *(infml.)* iem. kan sy/haar man staan; *s.o. can't ~* **it,** *(infml.)* iem. is te swak; ~ *it or* **leave** *it!* neem dit (aan) of laat dit staan!, *(infml.)* vat dit of los dit!; *not ~ any* ..., *(infml.)* geen ... verdra nie; *not ~ s.o./s.t. any more, (infml.)* iem./iets nie langer verduur/verdra nie; *not ~ that sort of thing, (infml.)* so iets nie veel/verdra/verduur nie; *not to be ~n* vir uitwendige gebruik, nie vir inwendige gebruik nie; ~ *off* wegspring; vertrek; *('n vliegtuig ens.)* opstyg; ~ *off for/to* ... na ... vertrek; ~ *o.s.* **off,** *(infml.)* padgee, verkas, maak dat jy wegkom; ~ *s.o.* **off** iem. wegvoer; *(infml.)* iem. naboots/na= aap *(of* komieklik voorstel); *(kr.)* iem. vervang/onttrek *('n bouler);* ~ *s.t.* **off** iets uittrek *(klere ens.);* iets afhaal *('n hoed ens.);* iets uit die diens neem; iets afkap/afsny; iets verwyder; ~ *a day/etc.* **off** 'n dag/ens. af/vry neem; ~ *R25/etc.* **off** *the price* R25/ens. van die prys aftrek, R25/ens. met die prys afkom; ~ *a set* **off** *s.o., (tennis)* 'n stel teen iem. wen; ~ *s.o.* **on** iem. aanstel *(of* in diens neem); iem. uitdaag; ~ **on** *all comers* almal uitdaag; *s.t.* ~*s on* iets slaan in *(of* word populêr); ~ *s.t.* **on** iets aanneem; iets oplaai; iets inskeep; iets aanpak/aan= durf; iets op jou neem; iets aangaan *('n weddenskap);* ~ *s.o.* **out** met iem. uitgaan; *(infml.)* iem. van kant maak; ~ *s.o.* **out** *for a walk* met iem. gaan stap/loop; ~ *s.t.* **out** iets uithaal; iets uitneem *('n biblioteekboek ens.);* iets verwyder *('n vlek ens.);*

iets neem *('n patent);* iets sluit/aangaan *('n polis); (mil.)* iets vernietig/verwoes; ~ *s.t.* **out** *of* ... iets uit ... wegneem/verwy= der; iets van ... aftrek; *s.t.* ~*s it* **out** *of s.o., (infml.)* iets put iem. uit; ~ *it* **out** *on s.o., (infml.)* iem. kry, iem. dit laat ont= geld; iem. (vir iem. anders) laat boet/opdok; ~ **over** (die beheer/bevel) oorneem; die hef in die hande kry; aan die bewind kom; ~ **over** *from s.o.* iem. aflos; iem. in 'n betrek= king/amp opvolg; ~ *s.t.* **over** *(from s.o.)* iets (van iem.) oor= neem; ~ *s.o./s.t.* **over** *to* ... iem./iets na ... oorbring; ~ *a year/ etc.* **over** *s.t.* 'n jaar/ens. met iets besig bly; ~ *s.o.* **round** iem. rondlei; ~ *s.t.* **round** iets ronddien/rondbring *(verversings ens.);* ~ *s.o. s.t.* vir iem. iets bring; *I ~ it* **that** ... ek veronder= stel *(of* neem aan) dat ...; ~ *to bad habits* slegte gewoontes aanleer/(aan)kweek; ~ *to drink(ing) (*or *the bottle)* (te veel) begin drink, aan die drink gaan/raak; ~ *to the hills/moun= tains/etc.* die berge/ens. in vlug; ~ *to s.o.* van iem. (begin) hou, tot iem. aangetrokke voel; *it ~s six/etc. weeks/etc.* **to** ... dit kos ses/ens. weke/ens. om te ...; *it ~s a* ... **to** *do that* net 'n ... kan dit doen; dit kan/sal net 'n ... doen; ~ *s.o./s.t.* **to** ... iem./iets na ... (weg)bring; ~ *the score to* ... die telling op ... bring *(honderd ens.);* ~ *s.o./s.t.* **to** *be* ... iem./iets vir ... aan= sien; iem./iets as ... beskou; ~ *s.t.* **to** *be* ..., *(ook)* iets as ... beskou/opneem/opvat *('n proefneming ens.);* ~ *s.o.* **up** iem. aandagtig bekyk; iem. onder jou beskerming neem; ~ *s.o.* **up** *on s.t.* 'n aanbod van iem. aanvaar; *I'll ~ you* **up** *on that!* top!; ~ *s.o.* **up** *short* iem. in die rede val; iem. opruk *(fig., infml.);* ~ **up** *with s.o.* met iem. bevriend raak; met iem. om= gaan/verkeer; ~ *s.t.* **up** *with s.o.* iets met iem. bespreek, iem. oor iets spreek; iem. oor iets aanspreek; ~ ... **up** ... opvat/op= neem; ... opneem *('n lening ens.);* ... oplaai/opneem *(passa= siers); (sk.)* ... aan boord neem *(passasiers);* ... hou/opneem *('n kollekte);* ... opbreek; ... oplig/optel *('n boek ens.);* ... in beslag neem *(plek, tyd, ens.);* ... inneem *(plek);* ... verkort *(of* korter maak); ... aanpak *('n sport ens.);* ... aanneem/aanvaar *('n pos ens.);* ... in gebruik neem; van ... gebruik maak *('n aanbod ens.);* ... uitoefen *('n opsie);* ... neem *(aandele);* ... aanhangig maak *(by);* aandag aan ... gee, van ... werk maak; in ... be= langstel *(of* belang stel) *('n spons ens.)* ... absorbeer/opsuig *(water ens.);* ... oprol *('n spoel);* ~ *s.t.* **upon** *one/o.s.* iets op jou neem; ~ *s.t.* **well** iets goed opneem/opvat; *have what it* ~*s, (infml.)* aan die vereistes voldoen; *be ~n with* ... ingenome met ... wees; ~ *s.o.* **with** *one* iem. met jou saamneem; iem. oortuig; iem. meesleep/meevoer; ~ *a crowd* **with** *one* 'n skare meesleep/meevoer; ~ *s.t.* **with** *one* iets met jou saam= neem. ~**away** wegneemete, =kos; wegneemeetplek, =kafee, =restaurant, =restourant. ~**down** *(infml.)* vernedering. ~= **home pay** netto salaris; netto loon. ~**-in** *(infml.)* bedrieëry, kullery, gekul. ~**off** opstyging *(v. 'n vliegtuig);* begin, vertrek= punt, wegspringplek; staanspoor; *(infml.)* karikatuur, na= bootsing; *(meg.)* aftakker. ~**off point** opstygplek. ~**off run** aanloop. ~**out** *(Am.)* wegneemete, =kos. ~**over** oorneming, oorname. ~**over bid** oornameaanbod. ~**up** *n.* belangstel= ling; die opneem *(v. aandele ens.);* (die) gebruikmaking *(v. 'n toelaag/toelae ens.).* ~**-up** *adj. (attr.)* oprol=; span=; ~ *mecha= nism* oprolmeganisme *(v. 'n weeftoestel ens.);* ~ *roller* spanrol= ler *(v. 'n weeftoestel ens.).*

**tak·er** nemer; koper; wedder; aannemer *(v. 'n weddenskap);* ontvanger; gryper; dief; *(ook, i.d. mv.)* belangstellendes; *there were no* ~*s* niemand wou dit hê nie, niemand het belangge= stel *(of* belang gestel) nie.

**tak·ing** *n.* (die) neem; inneming, verowering; *(ook, i.d. mv.)* ontvangste; *it is s.o.'s for the* ~ iem. kan dit kry as hy/sy wil. **tak·ing** *adj.* innemend, bekoorlik, aantreklik; aansteeklik; ~ *ways* innemende maniertjies. ~**-off** opstyging.

**tak·kie, tack·ie** *-ies, n., (SA, infml.: seilskoen)* tekkie.

**talc** *n.* talkpoeier; *(min.)* talk(aarde); talkblad, =vel. **talc** *ww.* met talk behandel. **talc·ose** talkagtig, talkhoudend, talk=. **tal= cum pow·der** talkpoeier.

**tale** verhaal, storie, vertelling, sprokie; relaas; leuen; getal, aantal; **carry** ~s skinder, (skinder)stories vertel; *the ~ is* **complete** die getal is vol; *thereby* **hangs** *a* ~ daar is 'n ver= haal/geskiedenis aan verbonde, daar sit iets agter; ~ *of hor= ror(s)* grieselverhaal; *a* **stirring** ~ 'n aangrypende/span= nende verhaal; **tell** ~s klik, nuus aandra; *dead men* **tell** *no* ~s die dooies klik nie; wat die dooie weet, word met hom be= grawe; *s.o. lived (*or *is alive) to* **tell** *the* ~ iem. het dit oorleef/ oorlewe; *it* **tells** *its own* ~ dit het geen verklaring nodig nie. ~**teller** verteller; (ver)klikker, nuusdraer.

**tal·ent** talent, gawe, begaafdheid; *(hist. gewig en geldsom)* ta= lent; *make the most of one's* ~s met jou talente woeker. ~ **contest** talentwedstryd. ~ **scout** talentsoeker.

**tal·ent·ed** talentvol, begaaf(d).

**tal·i·on** *(jur.: straf gelyk a.d. misdryf)* wedervergelding, ver= geldingsreg.

**tal·i·pot (palm)** waaierpalm.

**tal·is·man** =mans talisman, amulet, gelukbringer(tjie); toor=, towermiddel.

**talk** *n.* gesprek; samespreking, bespreking; onderhoud; praat= jie, voordrag, (voor)lesing; pratery, gepraat, geselsery; *a* ~ **about/on** ... 'n praatjie oor ...; *it's all* ~, *(infml.)* dis net grootpratery; *s.o. is all* ~, *(infml.)* iem. is net bek; ~ *is* **cheap** *(but money buys the whisky)* (mooi) praatjies vul geen gaat= jies (nie); **empty** ~ hol(le) frases; **give** *a* ~ 'n praatjie lewer/ hou; **have** *a* ~ 'n bietjie gesels/praat; **have** ~s samespre= kings voer; **meet** *for* ~s samesprekings voer; *there is* ~ *of* ... daar is sprake van ...; *it is* **only** ~ dit bly by praat; **sweet** ~ mooipraatjies; **tall** ~ grootpratery; ... *is the* ~ *of the* **town** almal praat *(of* het die mond vol) van ... **talk** *ww.* praat, gesels; ~ **about** ...! praat van ...!, van ... gepraat!; ~ **about** *s.o./s.t.* oor/van iem./iets praat, oor iem./iets gesels, iem./iets bespreek; oor iem. skinder; ~ **about** *this and that* (or *nothing in particular)* oor koeitjies en kalfies gesels/praat; *know what one is* ~*ing* **about** weet waarvan jy praat, jou onderwerp/ storie ken; *be* ~*ed* **about**, *(ook)* in onspraak kom; *they're* ~*ing* **about** *emigrating* hulle oorweeg dit om te emigreer; ~ *at s.o.* iem. toespreek; ~ **away** voortbabbel; ~ **away** *the morning/ etc.* die oggend/ens. ombabbel; ~ **back** teen=, teëpraat; as= trant antwoord; ~ **back** *to s.o.* teen=/teëpraat wanneer iem. iets sê; ~ **big**, *(infml.)* grootpraat; ~ **books/sport/etc.** oor boeke/sport/ens. gesels; *you* **can('t)** ~!, *(infml.)* hoor wie praat!; ~ *the hind leg off a* **donkey** (or **nineteen** *to the dozen),* *(infml.)* land en sand (aanmekaar) gesels/praat, iem. se ore van sy kop (af) praat; **don't** ~ *like that!* moenie so praat nie!; ~ *s.o.* **down** iem. oorstem; ~ **down** *to s.o.* uit die hoogte met iem. praat; **get** ~*ing* begin praat, aan die gesels raak; ~ *s.o.'s* **head** *off, (infml.)* iem. se ore van sy kop (af) praat; ~ *one's* **head** *off, (infml.)* jou flou praat; ~ *o.s.* **hoarse** jou hees praat; ~ **idly** in die wind praat; ~ *s.o.* **into** *doing s.t.* iem. om= praat om iets te doen; **keep** *s.o.* ~*ing* iem. aan die praat hou; **look** *who's* ~*ing, you're a* **fine** *one to* ~, *(infml.)* kyk wie (of jy's 'n mooi een om te) praat; ~ **low** saggies praat; ~ **nine= teen** *to the dozen* →**donkey***; **now** *you're* ~*ing!*, *(infml.)* nou praat jy!, só moet 'n mond mos praat!; ~ *of* ... noudat ons van ... praat; ~ *of s.o./s.t.* van iem./iets praat; ~ *of nothing else, (ook)* jou mond oor/van iets vol hê; ~ *on* voortgesels, =praat; ~ *on* ... oor ... gesels/praat; ~ *o.s.* **out** uitpraat; ~ *s.t.* **out** iets uitvoerig bespreek; ~ *s.o.* **out of** *s.t.* iets uit iem. se kop praat; ~ *s.t.* **over** *with s.o.* iets met iem. bespreek; ~ *at* **random** in die wind praat; ~ **round** *s.t.* al om iets praat; ~ **tall** grootpraat; ~ *to s.o.* met iem. gesels/praat; iem. aan= spreek; *it's all* **very well** *for s.o. to* ~ iem. kan maklik praat; ~ **with** *s.o.* met iem. gesels/praat. ~**back** *n.* tweerigting-kom= munikasietoestel; tweerigting-kommunikasiestelsel. ~**back** *adj.* twcerigting=. ~ **radio** geselsradio. ~ **show** *(rad., TV)* ge= sels=, kletsprogram.

**talk·a·thon** *(infml.)* marat(h)ongesprek; marat(h)ondebat; marat(h)onsamesprekings; ellelange toespraak.

**talk·a·tive** praterig, kletserig, geselserig, spraaksaam, praat=

siek, praatlustig; *be in a* ~ *mood* lus vir gesels wees; ~ *person* babbel=, kletskous, kekkelbek. **talk·a·tive·ness** spraaksaam= heid, praatsug.

**talked-of** *adj. (attr.): much* ~ veelbesproke *(boek, toneelstuk, ens.).*

**talk·er** prater, geselser; grootprater.

**talk·ie** *(infml.)* klank=, praatfilm, =(rol)prent, =fliek.

**talk·ing** *n.* gepraat, praat, pratery, geselsery; *do the* ~ die praatwerk doen, die woord voer; *do most of the* ~ die meeste te sê hê; *it was straight* ~ daar is padlangs/reguit gepraat. **talk·ing** *adj.* pratend, sprekend, praat=; ~ **book** boek op band; ~ **drum**, *(W.Afr. mus.)* praattrom; ~ **eyes** spreken= de oë; ~ **film/picture** klank=, praatfilm, =(rol)prent; ~ **head**, *(TV, infml., neerh.)* pratende kop. ~ **point** besprekingspunt, gesprekspunt, =onderwerp. ~~**to** skrobbering, teregwysing, kopwassery; *give s.o. a* ~, *(infml.)* met iem. raas, iem. voor stok kry *(of* [goed] die waarheid sê/vertel).

**tall** groot, lang *('n mens);* hoog *('n boom);* rysig *('n gestalte);* spoggerig; ~*er* **and** ~*er* al hoe hoër; ~ **glass** lang glas; ~ **hat** keil, hoë hoed; *s.o. is 1,8* **metres** ~ iem. is 1,8 meter lank; *the* ~ **one**, *('n mens)* die lange; *('n boom)* die hoë. ~**boy** hoë laaikas, *(infml.)* oubaas. ~ **ship** vierkant ge= tuigde skip.

**tall·ish** langerig *('n mens);* hoërig *('n boom ens.).*

**tal·lith** =lithim, =liths, **prayer shawl** *(Jud.)* tallit, gebeds= mantel.

**tal·low** kersvet, harde vet; vettalk. ~ **candle,** ~ **dip** vetkers. ~~**faced** *adj.* bleek. ~ **soap** dierlike seep. ~ **wood** *(Eucalyp= tus microcorys)* kershoutbloekom.

**tal·low·ish, tal·low·y** vetterig, vetagtig; talkagtig.

**tal·ly** *n.* kerfstok; rekening; ooreenkomstige deel; merk, keep, kerf; getal; bordjie, plankie, plaatjie; duplikaat; *buy s.t. by the* ~ iets by die (groot) getal koop; *keep a* ~ *of s.t.* iets noteer/ kontroleer, van iets aantekening hou. **tal·ly** *ww.* op die kerf= stok sit; strook, klop, rym, ooreenstem *(met); it tallies with* ... dit strook/klop met ... ~ **board** telbord; kontrolebord. ~ **card** kontrolekaart. ~ **keeper** kontroleur. ~ **sheet** kontrole= blad. ~ **stick** kerfstok.

**tal·ly-ho** *-hoes -hoed -hoing, ww.* aanjaag, sa roep *(vir honde).* **tal·ly-ho** *tw., (jagroep)* sa!.

**Tal·mud** *(Jud.)* Talmoed. **Tal·mud·ic, Tal·mud·i·cal** Talmoe= dies, Talmoed=, van die Talmoed. **Tal·mud·ist** Talmoedis.

**tal·on** klou *(v. 'n roofvoël ens.);* skieter, tong *(v. 'n slot);* stok= kaarte, oorskietkaarte; *(fin.)* laaste strokie *(v. 'n toonderobli= gasie); (bouk.)* ojieflys, talon. **tal·oned** met kloue.

**ta·lus**[1] *tali, (anat.)* talus, enkelbeen.

**ta·lus**[2] *taluses* helling; glooiings=, bergpuin, talus. ~ **cone** puin= keël. ~ **wall** keermuur.

**tam·a·ble** →TAME.

**ta·ma·le** *(Mex. kookk.)* tamale.

**tam·a·rack (tree)** tamarakboom.

**tam·a·rin** *(soöl.)* leeu-apie.

**tam·a·rind** *(smaakmiddel)* tamaryn. ~ **(tree)** tamarinde, suur= dadelboom.

**tam·a·risk** tamarisk(boom), dawee, davib.

**tam·boo·kie, tam·bu·ki:** ~ **(thorn)** wag-'n-bietjie, tam= boekie(doring).

**tam·bo·tie (tree)** *(SA)* tambotie(boom).

**tam·bour** *n., (mus.instr.)* tamboer, (groot) trom; *(bouk.)* tam= boer; *(borduurwerk)* tamboereerraam. **tam·bour** *ww., (bor= duurwerk)* tamboereer.

**tam·bou·rine** *(mus.instr.)* tamboeryn. ~ **dove** witborsdui= fie.

**tame** *adj.* mak, getem; onderdanig, gedwee; suf, slap, tam; dooierig, vervelend. **tame** *ww.* tem, mak maak. **tam(e)·a· bil·i·ty, tam(e)·a·ble·ness** tembaarheid. **tam(e)·a·blc** tem=

baar. **tame·ly** *adv.* koeltjies; gedwee; papperig; lam; mak. **tam·er** temmer.

**Tam·er·lane, Tam·bur·laine** *(14ᵈᵉ-eeuse Mongoolse vero-weraar)* Tamerlan.

**Tam·il** *(bevolkingslid; taal)* Tamil. **Ta·mil·ian** Tamil-.

**tam-o'-shan·ter, tam·my** =mies (Skotse) baret.

**tamp** in-, vasstamp; ~ *s.t. down* iets vasstamp. **tam·per** stam-per.

**tam·pan** hoenderbosluis, tampan.

**tam·per** *ww.:* ~ *with s.o.* iem. omkoop; iem. omrokkel; iem. onregmatig beïnvloed *('n getuie);* jou met iem. bemoei *('n ge-tuie);* ~ *with s.t.* aan/met iets knoei/peuter; iets vervals *(do-kumente).* ~**-proof** peutervry, =bestand.

**tamp·ing** vasstamp(ing); opstopstof. ~ **pick** stoppik. ~ **rod** stampstok; laaistok, stokyster.

**tam·pi·on, tom·pi·on** geweerprop, (loop)prop.

**tam·pon** *n.* tampon, stopsel, (watte)prop. **tam·pon** *ww.* tamponneer, toestop. **tam·pon·ade** *(med.)* tamponade.

**tan**¹ *n.* taan(kleur), geelbruin/bruingeel kleur; sonbruin kleur *(v. 'n sonbaaier);* looibas; taan, looistof. **tan** *adj.* taankleurig, geelbruin, bruingeel; sonbruin. **tan** =*nn-, ww.* bruin brand/word, brons *(i.d. son);* looi; *(infml.)* (uit)looi, afransel; ~*ned by the sun* deur die son bruin gebrand. ~ **colour** taankleur. ~**-coloured** taankleurig. ~ **pit** looikuip.

**tan**² *(afk.)* →TANGENT.

**tan·dem** tandem(fiets), tweelingfiets; *(soort rytuig)* tandem, langspan; *in* ~ agter mekaar; *in* ~ *with ...,* *(fig.)* saam/tesame met ...; *in* oorleg/samewerking met ...; *work in* ~ *with ...* saam met ... werk.

**tan·door, tan·door** =doors, =doori, *n.,* *(Hindi)* tandoor, klei-oond. **tan·door·i** *adj., (kookk.)* tandoori- *(gereg).*

**tang**¹ *n.* sterk geur; (by/na)smaak; geur(tjie), sweem; tik-kie, eienaardigheid; (hef)punt, stiffie, tongetjie, angel, do-ring *(v. 'n mes, beitel, ens., wat i.d. hef steek);* arend *(v. 'n aam-beeld);* stert *(v. 'n geweer).* **tang·y** met 'n sterk smaak/geur, pikant.

**tang**² *n.* metaalklank; onaangename geluid. **tang** *ww.* skel klink.

**tan·ga** tanga, minibikini.

**Tan·gan·yi·ka:** *Lake* ~ die Tanganjikameer.

**tan·ge·lo** =los tangelo, pomelonartjie.

**tan·gen·cy** *(wisk.)* tangensialiteit; *point of* ~ raakpunt.

**tan·gent** *(wisk.)* raaklyn, tangens; *(mus.)* tangent; ~ *of an an-gle, (wisk.)* tangens van 'n hoek; *fly/go off at a* ~, *(fig.)* van die os op die esel spring, skielik van koers verander *(of* 'n ander koers inslaan). ~ **galvanometer** tangensgalvanometer. ~ **line** raaklyn. ~ **point** raakpunt.

**tan·gen·tial** *adj.* tangensiaal, tangensieel, perifeer, perife-ries; ~ *point* raakpunt.

**tan·ge·rine, tan·ge·rine** *n.* (rooi) nartjie; oranje-, nartjie-rooi, =kleur. **tan·ge·rine, tan·ge·rine** *adj.* oranje-, nar-tjierooi, =kleurig.

**tan·gi·ble** tasbaar, voelbaar. **tan·gi·bil·i·ty, tan·gi·ble·ness** tasbaarheid, voelbaarheid.

**tan·gle** *n.* verwarring, warboel, deurmekaarspul, knoop; kraaines; *be in a* ~ deurmekaar *(of* in die war) wees; *get into a* ~ onklaar trap *(met wat mens sê).* **tan·gle** *ww.* verwar, deur-mekaar maak, knoop; verward *(of* in die war *of* deurmekaar) raak; *a* ~*d affair* 'n warboel; *be/become/get* ~*d (up) in s.t.* in iets verstrik wees/raak; *get* ~*d up with s.o.* met iem. deurme-kaar raak; ~*d vegetation* struikgewas; ~ *with s.o., (infml.)* met iem. bots *(of* te doen kry); *get* ~*d with s.t.* onklaar trap met iets. **tan·gly** verward, in die war, deurmekaar.

**tan·go** =gos, *n.* tango. **tan·go** *ww.* die tango dans, tango; *it takes two to* ~, *(fig., infml.)* ('n) mens kan nie alleen tiekie-draai nie, die pot kan nie die ketel verwyt nie.

**tan·gram** *(Chin. legkaart)* tangram.

**tank** *n.* tenk, (water)bak, vergaarbak; *(mil.)* tenk. **tank** *ww.* in 'n tenk bewaar/behandel; in 'n tenk laat loop; ~ *up* vol-maak, petrol ingooi, brandstof inneem; *(infml.)* suip; *be* ~*ed up, (infml.)* dronk/besope wees. ~ **engine** *(spw.)* tender-loko(motief). ~ **farm** *(infml.)* olietenkplaas. ~ **farming** wa-terkwekery, =boerdery, =kultuur. ~ **top** *(moulose laehalstop)* tenktop(pie).

**tank·age** tenkmaat, =inhoud; tenkgeld; vleis-, dieremeel.

**tank·ard** drinkkan, -beker.

**tank·er** tenkskip, olieboot; tenkwa. ~ **aircraft,** ~ **plane** tenk-vliegtuig.

**tank·ful** =fuls tenk (vol).

**tan·nage** (die) looi.

**tanned** sonbruin, (son)gebruin, bruin gebrand.

**tan·ner** looier. **tan·ner·y** looiery.

**tan·nic** looi-; ~ *acid* looi-, tanniensuur. **tan·nin** tannien, looi-suur, -stof.

**tan·ning** looi(ery); looiersbedryf; *(infml.)* pak slae; *get a* ~, *(infml.)* pak kry; *give s.o. a* ~, *(infml.)* iem. ('n) pak *(of* ['n pak] slae) gee. ~ **agent** looistof. ~ **oil** sonbrandolie.

**tan·sy** *(bot.)* wurmkruid.

**tan·ta·lise, -lize** tempteer, tantaliseer; laat watertand; ver-wagtings wek. **tan·ta·li·sa·tion, -za·tion** temptering, tantali-sering, tantalisasie. **tan·ta·lis·ing, -lizing** verleidelik, aanlok-lik.

**tan·ta·lite** *(min.)* tantaliet.

**tan·ta·lum** *(chem., simb.* Ta*)* tantaal.

**tan·ta·lus** toesluit-drankkassie.

**tan·ta·mount** dieselfde *(as),* gelyk *(aan),* gelykstaande *(met); be* ~ *to ...* op ... neerkom, gelyk wees aan ..., met ... gelyk-staande wees.

**tan·tra** *(Skt., ook T*~*, Hind., Boeddh.)* tantra.

**tan·trum** woedeaanval, kwaai bui, drifbui; *throw a* ~ tekere *(of* te kere) gaan, tekeregaan.

**Tan·za·ni·a** *(geog.)* Tanzanië. **Tan·za·ni·an** *n.* Tanzaniër. **Tan·za·ni·an** *adj.* Tanzanies.

**Tao** *(Chin. filos.)* Tao. **Tao·ism** Taoïsme. **Tao·ist** *n.* Taoïs. **Tao·ist, Tao·is·tic** *adj.* Taoïsties.

**tap**¹ *n.* kraan; tap *(in 'n vat);* (draad)snytap; drank; drink-plek, kantien; *(elek.)* aftakking; *beer on* ~ tapbier, bier uit die vat; ~ *and die* snytap en snymoer; *have s.t. on* ~, *(infml.)* iets voorhande *(of* in voorraad *of* geredelik/vry(e)lik beskikbaar) hê; *turn a* ~ *on/off* 'n kraan oop-/toedraai. **tap** =*pp-, ww.* 'n kraan/tap inslaan; (af)tap, uittap; aanboor; uithoor; uitvra; afluister, onderskep; *(elek.)* aftak; 'n moerdraad sny; ~ *s.o. for s.t.* iets uit iem. kry *(geld, inligting, ens.);* ~ *water from s.t.* water uit iets tap; ~*ped hole* moerdraad-, skroefgat; ~ *s.t. off* iets uittap; ~ *a source* uit 'n bron put; *(fig.)* 'n bron benut; ~ *a subject* 'n onderwerp aanvoor; ~ *s.o.'s telephone* iem. se (telefoon)gesprekke/oproepe afluister/onderskep; ~ *a tele-phone wire* 'n telefoondraad (af)tap. ~ **bolt** tapskroef. ~ **hole** tapgat. ~**house** taphuis. ~**-in** *(sport)* intikkoppie; tik-houtjie. ~ **loan** deurlopende lening. ~**room** drinkplek, tappery, tap=; gelagkamer; kroeg. ~**root** penwortel. ~ **water** kraanwater. ~ **wrench** tapdraaier.

**tap**² *n.* klop, klappie, tikkie, rapsie; *hear a* ~ *at the door* iem. hoor klop. **tap** =*pp-, ww.* tik, klop; ~ *at/on a door* aan 'n deur klop; ~ *a ball* 'n bal tik; ~ *on s.t.* op/aan/teen iets klop/ tik *('n ruit ens.);* ~ *s.o. on the shoulder* iem. op die skouer tik; ~ *with one's fingers on a table* met jou vingers op 'n tafel trommel; ~ *out a message* 'n boodskap in Morsekode stuur. ~ **dance** klopdans. ~**-dancing** klopdanse(ry).

**tap·as** *n. (mv.), (Sp. kookk.)* tapas, peuselhappies, -kos. ~ **bar** peuselkroeg.

**tape** *n.* band, lint; band(opname); maat=, meetband; papier-strook; *break/breast the* ~ die lint breek *(in 'n wedloop); on* ~

op band. **tape** *ww.* vasmaak, ₌bind (met 'n lint); 'n band/lint insit/₌steek; met 'n band/lint (af)merk; op band opneem *(klank, beeld);* ~ *s.t.* **down** iets (met kleefband/₌lint) vasplak; **have** *s.o.* ~*d, (infml.)* iem. klaar getakseer hê, 'n opinie oor iem. gevorm hê; **have** *s.t.* ~*d, (infml.)* iets onder die knie hê; ~ *s.t.* **off** iets afbind; ~ *s.t.* **on** ... iets (met kleefband/₌lint) op ... plak. ~ **cassette** bandkasset. ~ **deck** kassetdek. ~ **measure, measuring tape** maatband. ~₌**record** *ww.* op band opneem. ~ **recorder** bandspeler, ₌opnemer, ₌(opneem)masjien. ~ **recording** bandopname. ~**worm** lintwurm.

**ta·per** *n.* fakkeltjie; waspit; dun waskers; spitsheid, spits vorm. **ta·per** *ww.* spits toeloop; spits maak, afdun; verminder; *s.t.* ~*s off* iets word geleidelik dunner/nouer; iets verminder geleidelik; ~ *s.t. off* iets afdun; iets geleidelik minder maak. **ta·pered** spits, konies.

**ta·per·ing** *n.* spitsheid; afspitsing, afdunning. **ta·per·ing** *adj.* spits. ~ **tool** skuinshamer.

**tap·es·try** tapisserie, (muur)behangsel, muur₌, wandtapyt; tapytwerk, tapisserie. **tap·es·tried** met behangsels *(of* 'n behangsel)*, behang.

**ta·pe·tum** ₌*peta, n., (soöl.)* tapetum.

**ta·phon·o·my** *(argeol.)* tafonomie. **ta·pho·nom·ic** tafonomies.

**tap·i·o·ca** *(kookk.)* tapioka.

**ta·pir** *(soöl.)* tapir.

**tap·pet** *(teg.)* stoter; *(ook* valve tappet*)* klepligter, (klep)stoter. ~ **cover** klepdeksel.

**tap·ping** geklop, getik; →TAP² *ww.*. ~ **beetle** toktokkie.

**tar** *n.* teer. **tar** ₌*rr*₌, *ww.* teer, (met) teer smeer; →TARRING, TARRY; ~ *all with the same* **brush**, *(idm.)* almal oor dieselfde kam skeer; *be* ~*red with the same* **brush**, *(idm.)* dieselfde gebreke hê; ~ *and* **feather** *s.o.* iem. teer en veer; ~*red* **road** teerpad. ~ **pit** *(geol.)* teerput, ₌gat.

**ta·ra·did·dle, tar·ra·did·dle** *(infml., hoofs. Br.)* leuentjie; kaf, twak, onsin.

**ta·ra·ma·sa·la·ta, ta·ra·ma** *(Gr. kookk.: viseierpatee)* taramasalata.

**tar·an·tel·la, tar·an·telle** *(dans)* tarantella.

**ta·ran·tu·la** tarantula(-spinnekop), tarantel.

**tar·boosh** fes, kofia.

**Tar·de·noi·si·an** *(argeol.)* Tardenois₌.

**tar·di·grade** *(soöl.: mikroskopiese waterdiertjie)* beerdiertjie, mosbeertjie.

**tar·dy** traag, stadig, langsaam; laat; onwillig. **tar·di·ness** traagheid; onwilligheid.

**tare¹** *tares* onkruid; lente₌, voerwiek; *(i.d. mv.)* drabok.

**tare²** tarra, eiegewig; *average* ~ gemiddelde tarra.

**tar·ga** *(sportmotor)* targa. ~ **roof**, ~ **top** targa-kap.

**tar·get** *n.* skyf, teiken; *(fig.)* doelwit, mik₌, trefpunt; taakstelling; *achieve/reach a* ~ 'n mikpunt haal; *hit/miss a* ~, *be on/off* ~ 'n teiken tref/mis; *be on* ~, *(ook)* goed op pad wees na die mikpunt; *set s.o. a* ~ vir iem. 'n mikpunt stel; *a sitting* ~ 'n doodmaklike teiken. **tar·get** *ww.* as teikengroep hê; jou visier stel op; *be* ~*ed at/on* ... op ... gerig wees; *be* ~*ed by* ... die skyf van ... wees/word. ~ **area** teikengebied. ~ **date** mikdatum, gestelde datum, voorgenome/beoogde datum. ~ **group** teikengroep. ~ **language** doeltaal *(by vertaling).* ~ **market** teikenmark. ~ **practice** skyfskietoefening. ~ **shooting** skyfskiet.

**tar·iff** *n.* tarief; ~ *of charges/fees* koste₌, geldetarief; *freight* ~ vragtarief. **tar·iff** *ww.* 'n tarief vasstel. ~ **duty** doeane₌, invoer₌, uitvoerreg. ~ **rate** tariefkoers. ~ **union** doeane₌, tolunie.

**tar·la·tan** *(tekst.)* tarlatan, dun neteldoek.

**tar·mac** *n.* teermacadam; teerpad; teerblad; tcerbaan, aanloop₌, landingsbaan *(v. 'n vliegveld).* **tar·mac** ₌*macked* ₌*macking, ww.* teer.

**tarn** bergmeertjie.

**tar·nish** *n.* dofheid, matheid; verbleiking; aanslag *(op metaal); (fig.)* vlek, smet, besoedeling. **tar·nish** *ww.* aanslaan, dof/mat word, verbleik; laat aanslaan, dof/mat maak; *(fig.)* bevlek, besoedel; knou, skend *(iem. se aansien, reputasie, ens.);* beklad *(iem. se naam ens.).*

**ta·ro** ₌*ros, (bot.)* taro.

**ta·rot** *(Fr., kaartspel)* tarot. ~ **card** tarotkaart *(by toekomsvoorspelling).*

**tar·pau·lin,** *(Am., infml.)* **tarp** (teer)seil, bok₌, grond₌, dekseil.

**tar·pon** *(igt.)* tarpoen.

**tar·ra·did·dle** →TARADIDDLE.

**tar·ra·gon** dragon. ~ **vinegar** dragonasyn.

**tar·ring** (die) teer, teerwerk.

**tar·ry** geteer, teeragtig, teer₌.

**tar·sal** *n., (anat., soöl.)* voetwortelbeen(tjie); middelvoetbeen(tjie); →TARSUS. **tar·sal** *adj.* tarsaal, voetwortel₌; ooglid₌; ~ *bone* voetwortelbeen(tjie); ~ *gland* ooglidklier.

**tar·si·er** *(soöl.)* spookdier(tjie), spookapie.

**tar·sus** *tarsi, (anat., soöl.)* voetwortel; *(anat.)* ooglidplaat; → TARSAL.

**tart¹** *n.* tert. ~ **tin** tertpan.

**tart²** *n., (infml., neerh.)* tert, flerrie. **tart** *ww.*: ~ *o.s. up, (infml.)* jou optakel/optert. **tart·y** *(infml.)* terterig, sletterig.

**tart³** *adj.* vrank, suur(derig); pikant; bitsig, skerp. **tart·ness** vrankheid, suur(derig)heid; bitsigheid, skerpheid, skerpte.

**tar·tan** *n., (tekst.)* tartan, Skotse wolgeruit; Skotse mantel. **tar·tan** *adj.* tartan₌. ~ **track** tartanbaan.

**tar·tar** wynsteen; tandsteen. ~ **emetic** braakwynsteen. **tar·tar·ic** wynsteen₌; ~ *acid* wynsteensuur. **tar·tar·ous** wynsteenagtig. **tar·trate** *(chem.)* tartraat, wynsteensuursout.

**Tar·tar** *n., (hist., lid van volk)* Tartaar; *(fig., t~)* woestaard. **Tar·tar** *adj.* Tartaars.

**tar·tare, tar·tar** *adj.*: ~ *sauce* Tartaarse sous.

**tart·let** (hand)tertjie.

**tar·tra·zine** *(chem.: geel voedselkleurstof)* tartrasien.

**tart·y** →TART².

**task** *n.* taak, werk, arbeid; skof; vak; *apply o.s. to a* ~ jou op 'n taak toelê; *a* ~ *awaits s.o.* 'n taak lê vir iem. voor; *carry out* (or *fulfil/perform*) *a* ~ 'n taak verrig/uitvoer/vervul; *be equal to a* ~ vir 'n taak opgewasse wees; *a gigantic* ~ 'n reusetaak *(of* reusagtige taak)*; *set o.s. the* ~ *of* ... jou tot taak stel om te ...; *set s.o. a* ~ iem. 'n taak aan iem. opdra/oplê; *tackle a* ~ 'n taak aanpak; *take s.o. to* ~ iem. berispe/roskam/bestraf; *take s.o. to* ~ *for s.t.* iem. oor iets voor stok kry; *an uphill* ~ 'n moeilike taak; *venture on a* ~ 'n taak aanpak. **task** *ww.* 'n taak oplê, (met 'n taak) belas; (te veel) eis/verg van; op die proef stel. ~ **force**, ~ **group** taakmag. ~**master** baas, werk₌, opdraggewer; leermeester; opsiener; *a (hard)* ~ 'n verdrukker/onderdrukker.

**Tas·ma·ni·a** *(geog.)* Tasmanië. **Tas·ma·ni·an** *n.* Tasmaniër. **Tas·ma·ni·an** *adj.* Tasmanies; ~ *devil, (soöl.)* Tasmaniese duiwel; ~ *wolf, thylacine, (soöl.)* sebra₌, buidelwolf.

**Tas·man Sea:** *the* ~ ~ die Tasmansee *(of* Tasmaanse See).

**tas·sel** *n.* tossel, kwas₌, klos(sie); fraiing; pluim *(v. 'n mielie);* bladwyserlint(jie) *(v. 'n boek);* baard *(v. 'n mielie).* **tas·sel** ₌*ll*₌, *ww.* 'n tossel/klossie/kwassie *(of* tossels/klossies/kwassies) aansit. ~ **fish** baardman, belvis.

**tas·selled,** *(Am.)* **tas·seled** met tossels, tossel₌; ~ *cord* tosselkoord.

**taste** *n.* smaak; voorliefde; sin; happie; slukkie; voorsmaak; tikkie, sweem, klein bietjie; *acquire a* ~ *for s.t.* 'n smaak vir iets aanleer/ontwikkel; *leave a* **bad/nasty/bitter** ~ *in the mouth* 'n slegte/bitter nasmaak agterlaat/hê; *show (*or *be in) bad/poor* ~ slegte smaak toon, van slegte smaak getuig, smaakloos wees; ~s *differ/vary* smaak verskil; *be too sweet/ etc. for s.o.'s* ~ te soet/ens. na iem. se smaak wees; *give s.o. a* ~ *for s.t.* iem. 'n smaak vir iets laat kry; *have a* ~ *for* ... van ... hou; *show* (or *be in) good* ~ goeie smaak toon, van goeie smaak getuig, smaakvol wees; *have impeccable* ~ onberispelike smaak hê; *give s.o. a* ~ *of s.t.* iem. iets laat proe *(kos ens.); a* ~ *of venison/etc.* 'n wildsmaak ens.; *a person of* ~ iem. met smaak; *be in poor* ~ →*bad/poor; sense of* ~ smaaksin; *suit all* ~s na elkeen se smaak wees; *(according) to* ~ na smaak; *everyone to his/her* ~ elkeen na sy/haar smaak; *be to s.o.'s* ~ na iem. se smaak/sin wees, in iem. se smaak val; *be pleasant/etc. to the* ~ smaaklik/ens. wees, 'n aangename/ens. smaak hê; ~s *vary* →*differ/vary.* **taste** *ww.* proe; smaak; ondervind; keur; *s.o. has not* ~*d food for three days* drie dae het iem. nie sy/haar mond aan kos gesit nie; *s.t.* ~s *good* iets smaak/proe lekker; *s.t.* ~s *like/of* ... iets smaak/proe na ...; ~ *nothing* niks proe nie; ~ *success* sukses behaal. ~ **bud,** ~ **bulb** smaakknop(pie), =beker(tjie), =tepel(tjie) *(o.d. tong).*

**taste·ful** smaakvol. **taste·ful·ness** goeie smaak.

**taste·less** smaakloos, laf *(kos);* uitgewerk *(bier); (fig.)* smaak= loos, onsmaaklik. **taste·less·ness** smaakloosheid, lafheid; *(fig.)* smaakloosheid.

**tast·er** proeër, proewer; (wyn)proeglas; kaasboor; *(fig.)* voor= smaak, =smakie.

**tast·ing** *n.* proegeleentheid, =sessie; proeëry, proe. **-tast·ing** *komb.vorm* met 'n ... smaak; *strong-~ coffee* koffie met 'n sterk smaak; *unpleasant-~* onsmaaklik.

**tast·y** smaaklik, lekker. **tast·i·ness** smaaklikheid.

**tat** *-tt-, ww.* spoelkant/frivolité(kant) maak; frivolitéwerk doen; →TATTER, TATTING.

**ta·ta** *(infml.: tot siens)* tatta.

**ta·ta·mi** =*mi(s), (Jap.)* tatami-mat, Japanse/Japannese strooi= mat.

**Ta·tar** *n., (bevolkingslid)* Tataar; *(taal)* Tataars. **Ta·tar** *adj.* Ta= taars. **Ta·tar·stan** *(geog.)* Tatarstan.

**ta·ter, ta·tie** *(infml.)* aartappel, ertappel.

**tat·ter** spoelkant=, frivolité(kant)maker; *(ook, i.d. mv.)* toi= ings, flenters, vodde; *be in* ~s flenters *(of* aan flarde[s]) wees; in toiings (geklee[d]) wees. **tat·tered** verflenter(d), flente= rig, verskeur(d), toiingrig; *be* ~ *and torn, (iets)* flenters wees; *(iem.)* in toiings wees.

**tat·ter·sall (check)** *(tekst.)* tattersall.

**tat·ting** spoelkant, frivolité(kant); frivolité(werk).

**tat·tle** *n.* gebabbel, geklets, gekekkel. **tat·tle** *ww.* babbel, klets, kekkel; skinder. ~**tale** *(hoofs. Am.)* (ver)klikker, nuus= draer, klikbek *(infml.).*

**tat·tler** babbelaar, kekkelbek, kletskous; nuusdraer.

**tat·too**[1] *n.* tatoeëermerk; tatoeëring. **tat·too** *ww.* tatoeëer. **tat·too·er, tat·too·ist** tatoeëerder.

**tat·too**[2] *n.* taptoe; *beat the devil's* ~ met die/jou vingers trom= mel.

**tat·ty** *adj., (infml.)* slordig, slonserig; vuilerig; toiingrig. **tat· ti·ness** slordigheid; vuilerigheid; toiingrigheid.

**tau** Griekse t; T-vorm. ~ **cross** *(T-vormige kruis)* taukruis, (Sint) Antoniuskruis.

**taught** *(verl.t. & volt.dw.)* →TEACH.

**taunt** *n.* smaad, hoon, belediging; verwyt; spot; bespotting, beskimping; uittarting. **taunt** *ww.* (be)spot, beskimp, smaad, hoon; terg, treiter, uittart; verwyt; ~ *s.o. with s.t* iem. oor iets (be)spot. **taunt·ing** honend. **taunt·ing·ly** spottend, honend, op honende wyse.

**taupe** grysbruin, bruingrys.

**Tau·rus** *(astrol.)* die Stier/Bul; *the* ~, *(gebergte)* die Taurus. **Tau·re·an** *n., (astrol.)* Stier, Bul. **Tau·re·an** *adj.* Stier=, Bul=; wat onder die sterrebeeld Stier/Bul gebore is.

**taut** styf, strak, gespanne; *(skip ens.)* in goeie toestand. **taut en** styf span, stywer trek; stywer/strakker word.

**tau·tol·o·gy** toutologie, woordherhaling. **tau·to·log·i·cal, tau·tol·o·gous** toutologies.

**tav·ern** taverne, kroeg, kantien, taphuis. ~ **keeper** kroeg= baas, =houer, kantienhouer.

**ta·ver·na** *(Gr.)* taverne.

**taw** *n. (albaster)* tooi, ghoen, ellie; albasterspel(etjie); stonk= streep.

**taw·dry** opsigtig, bont, prullerig; goedkoop, smaakloos. **taw= dri·ness** opsigtigheid; smaakloosheid.

**taw·ny** geelbruin, bruingeel, taan(kleurig); ~ *eagle* roofarend.

**tax** *n.* belasting; *(fig.)* las, proef; *after* ~*(es)* ná (aftrek van) belasting; *impose a* ~ 'n belasting hef/oplê; *pay R10 000 in* ~*es* R10 000 aan belasting betaal; *levy* ~*es on goods* belas= ting op goedere hef; *levy* ~*es on people* belasting aan mense oplê; *raise a* ~ 'n belasting hef; 'n belasting verhoog. **tax** *ww.* belas, belasting hef/oplê; toets, op die proef stel, hoë/ swaar eise stel aan; *(jur.)* takseer *(koste); be heavily* ~*ed* swaar belas wees/word; ~ *one's memory* goed nadink, probeer onthou; *s.t.* ~*es s.o.'s strength* iets verg al iem. se kragte; ~ *s.o. with s.t.* iem. van iets beskuldig; van iem. rekenskap van iets eis/vra. ~ **avoidance** *(wettig)* belastingvermyding, =ont= wyking. ~ **bracket** belastingkategorie, =groep. ~ **break** be= lastingtoegewing, =vergunning. ~ **burden** belastingdruk. ~ **collection** belastinginvordering. ~ **consultant** belasting= konsultant. ~ **cut** belastingverlaging. ~**deductible** belas= tingaftrekbaar. ~ **dodger,** ~ **evader** belastingontduiker. ~ **evasion** *(onwettig)* belastingontduiking. ~**exempt,** ~**free** belastingvry. ~ **exile** belastingvlugteling. ~ **form** belasting= vorm. ~ **haven** belastingtoevlugsoord, belastingparadys. ~ **incentive** belastingaansporing. ~**man** =*men* belastinggaar= der; *the* ~, *(infml.)* die belastinggaarder, Jan Taks. ~**payer** belastingpligtige, =betaler. ~ **rate** belastingkoers. ~ **rebate,** ~ **abatement,** ~ **allowance** belastingkorting. ~ **relief** belas= tingverligting. ~ **return** belastingopgawe. ~ **revenue** belas= tinginkomste. ~ **shelter** belastingskuiling. ~ **year** belasting= jaar.

**tax·a·ble** belasbaar; ~ *limit* belastinggrens. **tax·a·bil·i·ty** be= lasbaarheid.

**tax·a·tion** belasting; taksering *(v. koste).*

**tax·er** belastingheffer.

**tax·i** =*i(e)s, n.* taksi, huurmotor; *hail a* ~ 'n taksi roep/voorkeer; *take a* ~ 'n taksi neem. **tax·i** =*iing,* =*ying, ww.* rol; *('n vliegtuig)* (op die aanloopbaan) ry; *('n watervliegtuig)* vaar; in 'n taksi ry. ~**cab** taksi. ~ **driver** taxiryer, huurmotorbestuurder. ~**man** taximan, =ryer. ~**meter** taximeter, afstandsmeter. ~ **rank** staanplek vir taxi's. ~ **strip,** ~**way** rolbaan *(vir vlieg= tuie).* ~ **war** taxi-oorlog.

**tax·i·der·my** (diere)opstopkuns, taksidermie. **tax·i·der·mist** diereopstopper, taksidermis.

**tax·ing** *n.* belasting; *(jur.)* taksering. **tax·ing** *adj.* veeleisend *('n taak).*

**tea** tee; ligte oggend=/middagete; aftreksel; *not for all the* ~ *in China* vir geen geld ter wêreld nie, om die/de dood nie; *a cup of* ~ 'n koppie tee; *(not) be s.o.'s cup of* ~, *(infml.)* (nie) iem. se smaak wees (nie); *that's just s.o.'s cup of* ~, *(infml.)* dis so reg in iem. se kraal; dis so reg na iem. se smaak; *let the* ~ *draw* die tee laat trek; *have/take* ~ *with s.o.* by iem. tee drink; *make* ~ tee maak; *one* ~ een tee, tee vir een; *stir* 'n tee (om)roer; *strong/weak* ~ sterk/flou tee; *take* ~, *(kr.)* 'n teepouse maak; *invite/ask s.o. to* ~ iem. vir tee vra/nooi. ~ **bag** teesakkie. ~ **break** teepouse, elf-, vieruurtjie. ~ **caddy,** ~ **canister** teebus, =blik. ~ **ceremony** *(Jap.)* teeseremonie. ~ **chest** teekis. ~ **cosy** teemus. ~**cup** teekoppie. ~**cupful** =*fuls* teekoppie (vol). ~ **garden** teetuin; teeplantasie. ~ **interval** = TEA BREAK. ~ **lady** teedame. ~ **leaf** teeblaar. ~ **party** tee= party. ~**pot** teepot. ~ **rose** teeroos. ~ **service,** ~ **set** teeser= vies, teestel. ~**spoon** teelepel. ~**spoonful** =*s* teelepel (vol). ~ **stain** teevlek. ~ **strainer** teesiffie. ~ **taster** teeproewer. ~

things teegoed, =gerei. **~time** teetyd. **~ towel** afdroogdoek, tee(goed)doek. **~ tray** skinkbord. **~ tree oil** teeboomolie.

**teach** *taught taught* leer, onderrig; les gee, skoolhou, onder=wys/onderrig gee; doseer; skool, dresseer, afrig; bybring *(idees);* **~ Greek/etc.** les(se)/onderwys in Grieks/ens. gee; Grieks/ens. doseer; *I'll* **~** *him/her!* ek sal hom/haar leer!; *be taught music/etc.* musiekles(se)/ens. neem, musiek/ens. leer; **~** *s.o. a* **thing** *or two* iem. 'n les leer; iem. leer waar Dawid die wortels gegrawe het; *where does he/she* **~**? waar hou hy/sy skool?, waar gee hy/sy les/onderwys?; *that* **will ~** *s.o.!, (ook)* dit het iem. daarvan!; *that* **will ~** *s.o. to* ... dit sal iem. leer om te ...

**teach·a·ble** leergraag, oplettend, fluks om te leer; ontvank=lik. **teach·a·bil·i·ty** leerlus, oplettendheid; ontvanklikheid.

**teach·er** onderwyser(es), *(fml.)* leerkrag, *(infml.), (vr.)* juf=frou, *(ml.)* meneer; leermeester; *a college/university* **~** 'n do=sent; *an English/etc.* **~**, *a* **~** *of English/etc.* 'n Engelsonderwy=ser/ens., 'n Engelse/ens. onderwyser; **~**'s *pet, (infml.)* juffrou/meneer se witbroodjie. **teach·ers' (train·ing) col·lege** onder=wyserskollege.

**teach·ing** *n.* onderwys; onderrig, dosering; leer; *the* **~**s *of the Church* die kerkleer, die leer van die kerk; *the* **~** *of Latin/etc.* die onderrig in/van Latyn/ens.. **teach·ing** *adj.* onder=wysend, onderwys=. **~ aids** leermiddels. **~ hospital** oplei=dingshospitaal. **~ profession** onderwysberoep, =amp. **~ staff** onderwyspersoneel, leerkragte, onderwysers; doserende per=soneel, dosente.

**teak** djatihout; djatiboom; Birmaanse kiaat; *Cape* (or *South African)* **~** kiaathout; *Transvaal* **~**, kiaat=, lakboom. **~ oil** meu=belolie.

**teal** krikeend; *Cape* **~** teeleend(jie). **~ (blue)** *n.* blougroen, groenblou. **~ blue** *(pred.),* **~-blue** *(attr.), adj.* blougroen, groen=blou.

**team** *n.* span; ploeg; werkgroep; *(perde ens.)* bespanning; be=diening *(v. 'n kanon ens.); be* **in/on** *a* **~** in 'n span wees/speel; **make** *the* **~** die span haal, in die span kom; **select** *a* **~** 'n span kies; **two/etc. ~**s *of footballers/workmen/etc.* twee/ens. voetbalspanne/werkspanne/ens., twee/ens. spanne voetbal=spelers/werkers/ens.; **two/etc. ~** *of oxen* twee/ens. span(ne) osse. **team** *ww.* inspan; **~** *up with s.o.* met iem. saamwerk. **~ effort** spanpoging. **~ game** spanspel. **~mate** spanmaat, medespeler, spelmaat. **~ member** spanlid. **~ player** span=werker; *(sport)* spanspeler. **~ race** spanwedloop. **~ spirit** span=gees, gees van samewerking. **~work** spanwerk, samewer=king; ploegwerk; samespel.

**team·ster** voerman, drywer *(v. 'n span diere); (Am.)* vragmo=torbestuurder, trokdrywer.

**tear¹** *n.* skeur, winkelhaak *(in stof).* **tear** *tore torn, ww.* skeur; (los)ruk; trek, pluk; vlieg, ja(ag), storm; **~** *after s.o., (infml.)* iem. agternasit; **~ along,** *(infml.)* voortstorm, nael; *come* **~ing along** aangestorm kom; **~** *at s.t.* aan iets ruk/pluk; **~** *s.t.* **away** iets afskeur/afruk; **~** *o.s.* **away** *from ...* jou van ... losskeur; *be unable to* **~** *o.s.* **away** nie kan wegkom nie; **~** *s.t.* **down** iets afskeur/afruk *('n kennisgewing ens.);* iets afbreek/sloop *('n huis ens.);* **~** *down the hill/street, (infml.)* teen die heuwel *(of* in die straat) afstorm; *s.t.* **~**s **easily** iets skeur maklik/gou; **~** *s.o.* **from** ... iem. van ... wegskeur; **~** *s.t.* **in half** iets middeldeur skeur; **~** *s.t.* **in two** iets in twee skeur; **~ into** *s.o., (infml.)* iem. invlieg; **~ into** *s.t.* 'n gat in iets slaan; **~ into** *a room, (infml.)* in 'n kamer instorm; **~** *s.t.* **off** iets afskeur; **~** *s.t.* **open** iets oop=skeur; **~ out,** *(infml.)* uithardloop, buite(n)toe storm; **~** *s.t.* **out** iets uitskeur *('n blad ens.);* **~** *s.t.* **to pieces/shreds** iets stuk=kend *(of* aan stukke) skeur; **~** *s.t.* **up** iets opskeur *(of* stuk=kend skeur) *(papier, 'n verdrag, ens.); ('n roofdier)* iets ver=skeur *(sy prooi); the tree was torn* **up** *by the roots* die boom is totaal ontwortel *(of* met wortel en al/tak uitgeruk). **~away** *(Br.)* rebel; wildewragtig. **~-off** *adj. (attr.)* afskeur= *(kaart, strokie, ens.).*

**tear²** *n.* traan; **bitter ~**s hete trane; **draw ~**s *from s.o.* iem. in trane laat uitbars, iem. laat huil; **dry** *one's* **~**s jou trane af=droog; **~**s **gather** *in s.o.'s eyes* trane wel in iem. se oë op; **~**s *of* **grief** trane van droefheid; *be* **in ~**s in trane *(of* aan die huil) wees, huil; **~**s *of* **joy** vreugdetrane; *be too* **late** *for* **~**s te laat vir trane wees; **~**s **run** *down s.o.'s cheeks* trane rol oor iem. se wange; **scalding ~**s brandende/hete trane; **shed ~**s trane stort; *eyes* **swimming** *with* **~**s betraande oë, oë wat in trane swem; **move** *s.o.* **to ~**s iem. tot trane beweeg/roer; *s.o. is easily moved* **to ~**s, *(ook)* iem. het 'n klein hartjie, iem. se hartjie is maar klein; **reduce** *s.o.* **to ~**s iem. laat huil *(of* aan die huil maak); **~**s **trickle** *down s.o.'s cheeks* trane biggel oor iem. se wange; *a* **vale** *of* **~**s 'n tranedal; **with ~**s met/onder trane. **~ gland** traanklier. **~drop** traan; traanvormige ju=weel. **~ duct** traanbuis. **~ gas** traangas. **~ jerker** *(infml.: ui=ters sentimentele rolprent, boek, ens.)* tranetrekker. **~-shaped** traanvormig. **~-stained** betraan(d).

**tear·ful** betraan(d), tranerig, huilerig; **~** *scene* tranedal. **tear·ful·ly** vol trane. **tear·ful·ness** tranerigheid.

**tear·less** sonder trane, onbetraan(d).

**tear·y** tranerig.

**tease** *n., (infml.)* terggees, terger, platjie. **tease** *ww.* terg, pla, versondig, treiter, uitkoggel, vermaak; pluis(kam) *(hare);* (uit)kam *(wol);* **~** *s.o. about s.t.* iem. oor iets terg; **~** *s.t.* **out** iets lospluis *('n veselmassa);* iets kaard *(wol); (fig.)* iets ontwar *(gegewens ens.);* iets uitlig *(verskille ens.);* iets oplos *(meningsverskille ens.);* **~** *s.o., (ook)* iem. se siel uittrek. **teas·er** *(infml.)* moeilikheid, lastigheid; raaisel, probleem; terggees, terger, platjie; treiteraar; lokprent; =film; lokflits *(uit 'n vi=deo);* lokteks, =brokkie, =stuk *(v. 'n boek);* lokaas; soek=, kog=gelhings; soek=, koggelram; pluismasjien; *(masjien)* skeur=wolf; kieliestok, wappertjie. **teas·ing** *n.* plaery, tergery, koggel(a)ry; *(die)* uitkam/uitpluis, uitpluising; pluiskam *(v. hare);* pluising. **teas·ing** *adj.,* **teas·ing·ly** *adv.* tergend, ter=gerig, skalks, ondeund, guitig, speels, stout.

**tea·sel, tea·zle, tea·zel** *n., (bot.)* pluisdistel, =dissel.

**teat** tepel *(v. 'n mens);* speen *(v. 'n dier);* tiet *(v. 'n bababottel).*

**tech** *(infml.: tegniese kollege; technikon, tegnikon)* tek.

**tech·ie, tek·kie** *(infml.)* rekenaarstudent; rekenaarfoen=di(e), =fundi.

**tech·ni·cal** tegnies; vak=; **~** *college* tegniese kollege; **~** *dic=tionary* vakwoordeboek, tegniese woordeboek; **~** *difficulty* tegniese probleem; **~** *drawing* tegniese tekene; **~** *hitch* teg=niese haakplek, masjiensteurnis; **~** *journal* vakblad; **~** *knock=out, (boks)* tegniese uitklophou; **~** *language* vaktaal; *for* **~** *reasons* om tegniese redes; **~** *school* tegniese skool; **~** *term* vakterm, tegniese term; **~** *terminology* vaktaal, vak=terminologie. **tech·ni·cal·i·ty** *(jur.)* tegniese punt; tegniese besonderheid; tegniese aard *(v. 'n stelsel ens.); (ook, i.d. mv.)* tegniese aspekte *(v. 'n spel ens.);* vakterm, tegniese term.

**tech·ni·cian** tegnikus.

**Tech·ni·col·or** *(handelsnaam)* Technicolor.

**tech·nics** tegnika.

**tech·ni·kon** *(SA, opv.)* technikon, tegnikon.

**tech·nique** tegniek.

**tech·no** *(infml.)* tegnomusiek.

**tech·noc·ra·cy** tegnokrasie. **tech·no·crat** tegnokraat. **tech·no·crat·ic** tegnokraties.

**tech·nol·o·gy** tegnologie. **tech·no·log·i·cal** tegnologies. **tech·nol·o·gist** tegnoloog.

**tech·no·phil·i·a** tegnofilie. **tech·no·phile** tegnofiel. **tech·no·phil·ic** tegnofilies.

**tech·no·pho·bi·a** tegnofobie. **tech·no·phobe** tegnofoob. **tech·no·pho·bic** tegnofobies.

**tec·ton·ic** boukundig; *(geol.)* tektonies; *(biol.)* struktureel. **tec·ton·ics** boukuns; *(geol.)* tektoniek.

**ted·dy (bear)** teddiebeer, speelgoedbeertjie.

**te·di·ous** vervelend, vervelig, saai, langdradig; vermoeiend, lastig. **te·di·ous·ness** vervelendheid; lastigheid.

**te·di·um** verveling.

**tee¹** *n.* (letter) T; T-stuk, T-buis. ~ **(shirt)** = T-SHIRT.

**tee²** *n., (gholf)* bof; *(gholf, ringgooi, ens.)* pen. **tee** *ww.* bof; ~ *off, (gholf)* afslaan; *(infml.)* begin; *be ~d off, (Am. sl.)* omgeël= lie/omgesukkel/omgekrap/vies *(of* die hoenders/josie in) wees; ~ *up, (gholf)* (op)pen; ~ *up with s.o., (gholf)* met iem. saam= speel. ~ *shot (gholf)* bofhou.

**tee-hee** *n.* gegiggel. **tee-hee** *ww.* giggel. **tee-hee** *tw.* hie-hie!.

**teem¹** uitgooi, uitgiet *(gesmelte staal); (reën)* giet; *~ing rain* stortreën.

**teem²** wemel, krioel, wriemel; vervuil; ~ *with* ... van ... we= mel *(foute, wilde diere, ens.).* **teem·ing** wemelend, krioelend.

**teen, teen·ag·er** *n.* tiener, tienderjarige. **teen, teen= age(d)** *adj.* tienderjarig. **teens** *n. (mv.)* tienderjare; *be in one's* ~ in jou tienderjare wees. **tee·ny·bop·per** *(infml.)* bak= vissie, tienerbopper.

**tee·ny** klein. **~-weeny, teensy-weensy** *(infml.)* klein-klein, piepklein.

**tee·ter** wankel, waggel, wiebel; aarsel, huiwer, weifel; ~ *be= tween ... and ...* tussen ... en ... weifel; ~ *on the brink/edge/ verge of bankruptcy/collapse/war/etc.* op die rand(jie) van ban= krotskap/ineenstorting/oorlog/ens. staan.

**teethe** *ww.* tande kry; →TOOTH.

**teeth·ing** tandekry, tande kry. ~ **powder** tandekrypoeier. ~ **ring** tandering. ~ **troubles,** ~ **problems** *(fig.)* aanvangs=, vestigingsprobleme.

**tee·to·tal** *adj.* afskaffers=; ~ *meeting* vergadering van afskaf= fers/geheelonthouers. **tee·to·tal·ism** afskaffing, geheelont= houding. **tee·to·tal·ler,** *(Am.)* **tee·to·tal·er** afskaffer, geheel= onthouer.

**Tef·lon** *(handelsnaam: politetrafluooretileen)* Teflon.

**Teh·ran, Te·he·ran** *(geog.)* Teheran.

**tel·e·bank·ing** telebankdienste.

**tel·e·cam·er·a** televisiekamera, TV-kamera; tele(foto)= kamera.

**tel·e·cast** *n.* televisie/TV-uitsending, beeldsending. **tel·e= cast** *ww.* beeldsaai, =send. **tel·e·cast·er** beeldsender, tele= visiesender, TV-sender.

**tel·e·com** *(afk. v. telecommunication)* telekommunikasie. **tel·e·coms** *(afk. v. telecommunications)* telekommunikasie= wese.

**tel·e·com·mu·ni·ca·tion** telekommunikasie; *(i.d. mv.)* tele= kommunikasiewese.

**tel·e·com·mute, tel·e·work** *(v.d. huis af per modem ens. werk)* telependel. **tel·e·com·mut·er, tel·e·work·er** telepen= delaar, telewerker.

**tel·e·con·fer·ence** telekonferensie. **tel·e·con·fer·enc·ing** (die hou van) telekonferensies.

**tel·e·cot·tage** telesentrum *(vir telewerkers i.d. platteland).*

**tel·e·fax** *n. & ww.* = FAX *n. & ww.*.

**tel·e·film** telefilm.

**tel·e·gen·ic** *(wat goed lyk op 'n TV-skerm)* telegenies.

**tel·e·gram** telegram; *send a* ~ 'n telegram stuur. **tel·e·gram= mat·ic, tel·e·gram·mic** telegramagtig, in telegramstyl.

**tel·e·graph** *n.* telegraaf; *(ook, i.d. mv.)* telegraafwese; *posts and ~s* posterye en telegrafie, pos- en telegraafwese. **tel= e·graph** *ww.* telegrafeer. ~ **cable** telegraafkabel. ~ **key** tele= graafsleutel. ~ **message** telegram, telegrafiese berig. ~ **pole,** ~**post** telegraafpaal. ~ **service** telegraafwese, =diens. ~ **wire** telegraafdraad.

**te·leg·ra·pher, te·leg·ra·phist** telegrafis.

**tel·e·graph·ese** telegramstyl.

**tel·e·graph·ic** telegrafies; ~ *address* telegramadres.

**te·leg·ra·phy** telegrafie.

**tel·e·ki·ne·sis** *-neses* telekinese. **tel·e·ki·net·ic** telekineties.

**tel·e·mar·ket·ing** tele(foon)bemarking. **tel·e·mar·ket·er** tele(foon)bemarker.

**tel·e·me·ter, te·lem·e·ter** telemeter. **tel·e·me·ter·ing** tele= meting. **tel·e·met·ric** telemetries. **te·lem·e·try** telemetrie.

**tel·e·ost** *(igt.)* beenvis.

**tel·ep·a·thy** telepatie, gedagteoordrag(ing). **tel·e·path·ic** telepaties. **te·lep·a·thist, tel·e·path** telepaat, gedagteleser.

**tel·e·phone** *n.* telefoon; →PHONE¹; *by* ~ oor die *(of* per) telefoon, telefonies; *cut off s.o.'s* ~ iem. se telefoon afsluit; *be on the* ~ oor die telefoon praat, met 'n telefoongesprek be= sig wees; *s.o. is on the* ~ *for you* daar is 'n (telefoon)oproep vir jou; *on/over the* ~ oor die *(of* per) telefoon, telefonies; *speak on/over the* ~ oor die *(of* per) telefoon praat; *put the* ~ *down on s.o.* die telefoon neersmyt. **tel·e·phone** *ww.* telefoneer, oplui, (op)bel, skakel. ~ **box,** ~ **booth** telefoon= hokkie. ~ **call** telefoonoproep; telefoongesprek. ~ **connec= tion** telefoonverbinding. ~ **dial** skakelskyf. ~ **directory,** ~ **book** telefoongids, =boek. ~ **extension** bylyn; telefoonuit= breiding. ~ **number** telefoonnommer. ~ **operator** telefonis, *(vr.)* telefoniste. ~ **receiver** telefoon(ge)hoorbuis, =(ge)hoor= stuk. ~ **set** telefoontoestel. ~ **system** telefoonnet, =stelsel. ~ **tapping** meeluistering, die afluister van telefoongesprekke.

**tel·e·phon·ic** telefonies, telefoon=.

**te·leph·o·nist** telefonis, *(vr.)* telefoniste.

**te·leph·o·ny** telefonie.

**tel·e·pho·tog·ra·phy** telefotografie.

**tel·e·pho·to lens** telefotolens.

**tel·e·port** *ww., (wetenskap[s]fiksie)* teleporteer, jou telekine= ties verplaas; ~ *s.t.* iets teleporteer. **tel·e·por·ta·tion** telepor= tasie, telekinetiese verplasing.

**tel·e·print·er** teledrukker, tekstoestel, druktelegraaf. ~ **mes= sage** teleksberig.

**tel·e·scope** *n.* teleskoop. **tel·e·scope** *ww.* teleskopeer, ineenskuif, =druk, saamdruk, =pers; ~ *s.t. into* ... iets in ... in= druk. ~ **sight** visierkyker, teleskoopvisier.

**tel·e·scop·ic** teleskopies; inskuifbaar, inskuiwend; ~ *sight* visierkyker, teleskoopvisier.

**tel·e·scop·ing** ineenskuiwing.

**tel·e·shop·ping** (die doen van) tele-inkopies.

**tel·e·text** *(rek.)* teleteks.

**tel·e·thon** *(TV)* telet(h)on *(om geld vir liefdadigheid ens. in te samel).*

**tel·e·van·ge·list** televisie-evangelis, TV-evangelis, televi= sieprediker, TV-prediker.

**tel·e·vise** beeldsaai, =send, oor die televisie/TV uitsaai; → TELECAST *ww.*.

**tel·e·vi·sion** televisie, beeldradio; *black and white* ~ swart= (en-)wit-televisie(stel); *colour* ~ kleurtelevisie(stel); *be on* ~ op die televisie/TV verskyn; *see s.t. on* ~ iets oor die televi= sie/TV sien; *show s.t. on* ~ iets oor die televisie/TV uitsaai. ~ **advertising** televisiereklame. ~ **aerial** televisielugdraad; televisieantenna, =antenne. ~ **coverage** televisiedekking. ~ **licence** televisielisensie. ~ **personality** televisiepersoonlik= heid. ~ **programme** televisieprogram. ~ **rights** *n. (mv.)* tele= visieregte. ~ **serial** televisiereeks. ~ **set** televisiestel. ~ **view= er** televisiekyker.

**tel·e·vis·u·al** *adj.,* **-ly** *adv.* televisueel; geskik vir TV/televi= sie.

**tel·e·work** →TELECOMMUTE. **tel·e·work·er** →TELECOMMUTER.

**tel·e·writ·er** teleskrywer.

**tel·ex** *n.* teleks(toestel), druktelegraaf. **tel·ex** *ww.* teleks, per teleks stuur. ~ **(message)** teleksberig, tele(drukker)= berig.

**tell¹** *told told, ww.* vertel, verhaal; meld, meedeel; beveel, (aan)sê; bepaal; onderskei, uitmaak; verseker; (ver)klik; ~ *s.o. about s.t.* (vir) iem. (van) iets vertel; ~ *people apart* mense uitmekaarken (*of* uitmekaar ken); ~ *things apart* dinge onderskei; *s.o. is burning to* ~ *s.t.* iets brand op iem. se tong; ~ *by/from* ... aan ... sien, uit ... agterkom; *I can* ~ *you* ... ek kan jou verseker ... *(dis nie maklik nie ens.); who can* ~*?* wie weet?; *do as one is told* doen/maak soos jy be= veel/gesê word; *do* ~ *me!* sê/vertel my tog!; ~ *s.o. to do s.t.* vir iem. sê om iets te doen; ~ *s.t. from s.t. else* iets van iets an= ders onderskei; *how can one* ~*?* hoe weet ('n) mens dit?; *you're* ~*ing me!, (infml.)* nou praat jy!, net so!; ek sou so dink!; *you can never* ~ jy (*of* ['n] mens) weet nooit (nie); ~ *s.o. of s.t.* (vir) iem. (van) iets sê/vertel; ~ *s.o. off, (ook, infml.)* met iem. raas, iem. skrobbeer/roskam (*of* [goed] die waar= heid sê/vertel); *I told you so!* sien jy nou?, ek het jou mos gesê!; ~ *s.o. s.t.* iets aan/vir iem. sê/vertel, iem. iets vertel; ~ *s.o. s.t. straight* iem. iets reguit sê; *I am told that* ... ek ver= neem dat ...; ~ *s.o. a thing or two* iem. roskam; ~ *s.t. to s.o.* iets aan/vir iem. sê/vertel, iem. iets vertel; ~ *s.o. what to say* iem. voorsê; ~ *s.o. what you think of him/her* hom/haar sleg= sê; ~ *me what you want* sê my wat jy wil hê; *what did I* ~ *you?, (ook)* wat het ek jou gesê?, daar het jy dit!; *s.o. can* ~ *whether* ... iem. weet of ...; *I* ~ (*or I'm* ~*ing) you* ... ek sê vir jou ... ~**tale** *n.* verklikker; skinderbek; nuusdraer. ~**tale** *adj. (attr.)* kenmerkende *(simptome);* duidelike, onmiskenbare *(tekens);* veelseggende *(glimlag).*

**tell²** *n., (argeol.)* heuwel, grondhoop, tel.

**tell·er** kassier, *(<Eng.)* teller *(in 'n bank);* verteller; stemop= nemer *(i.d. parl. ens.).*

**tell·ing** *n.* (die) vertel/verhaal; *there is no* ~ *what/when/who* ... ('n) mens weet nie (*of* niemand kan raai) wat/wanneer/wie ... nie; *that would be* ~ klik is kierang. **tell·ing** *adj.* treffend, boeiend, indrukwekkend; tekenend; sprekend; sterk, krag= tig, raak; →TELL¹ *ww..* ~**-off** skrobbering, (uit)brander; *give s.o. a* ~, *(infml.)* met iem. raas, iem. skrobbeer/roskam (*of* die leviete [voor]lees); *get a severe* ~, *(ook, infml.)* lelik verbykom.

**tel·lu·ri·an** *(fml. of poët., liter.)* aardbewoner.

**tel·lu·ric** aards, telluries; ~ *acid, (chem.)* telluursuur.

**tel·lu·ri·um** *(chem., simb.: Te)* telluur.

**tel·ly** *(infml.)* = TELEVISION.

**tel·pher** sweefbaan, lugkabel(inrigting); lugkabelwaentjie. ~ **line** sweefbaan, =spoor, lugkabellyn.

**tel·pher·age** lugkabelvervoer.

**tel·son** *(soöl.)* telson.

**Tel·u·gu, Tel·e·gu** =gu(s), *(bevolkingslid; taal)* Teloegoe.

**tem·blor** *(Am.)* aardbewing; aardtrilling, =skudding.

**Tem·bu** =(bus), *(bevolkingslid)* Temboe, Tamboekie.

**te·mer·i·ty** vermetelheid, roekeloosheid.

**temp** *n., (infml.)* tydelike werker; tydelike klerk; tydelike se= kretaresse. **temp** *ww.* tydelik werk.

**tem·per** *n.* humeur; gemoedstoestand, stemming; aard, ge= aardheid, gemoedsaard; slegte bui/luim, kwaai bui, drifbui; slegte humeur; mengsel; hardheid, hardheidsgraad *(v. me= tale); have an even* ~ 'n gelykmatige/kalm/rustige geaard= heid hê; *fly* (*or get into) a* ~ kwaad word, jou humeur ver= loor; *be in a good* ~ in 'n goeie bui/luim wees; *be of a hasty* ~ driftig van aard/geaardheid wees; *be in a* ~ uit jou hu= meur wees; *keep one's* ~ kalm/bedaard bly, jou humeur be= teuel; *lose one's* ~ jou humeur verloor, kwaad/boos word; *put s.o. out of* ~ iem. omkrap (*of* kwaad maak); *have a (quick/short)* ~ gou kwaad word, kort van draad wees; *be in a vile/violent* ~ woedend (*of* in 'n vreeslike bui) wees. **tem·per** *ww.* temper, matig, versag; tot bedaring bring; aanmaak, brei *(klei);* verhard, temper, uitgloei *(metaal);* hard word; meng *(kleure).* -**tem·pered** *komb.vorm* =gehumeur(d), =geaard, =aardig; *good-*~ goedaardig, goedgeaard; *ill-*~ sleggehumeur(d), humeurig.

**tem·per·a** *(skilderk.)* tempera.

**tem·per·a·ment** temperament, aard, geaardheid; *(mus.)* tempering. **tem·per·a·men·tal** temperamenteel, tempera= mentvol; aangebore; onvoorspelbaar, wispelturig, buierig; onbeheers(d). **tem·per·a·men·tal·ly** van temperament/ge= aardheid/aanleg/nature.

**tem·per·ance** matigheid; gematigdheid; (geheel)onthou= ding. ~ **movement** matigheidsbeweging; drankbestryding; geheelonthouers=, afskaffingsbeweging.

**tem·per·ate** matig, gematig; bedaard, kalm; *the* ~ *zone* die gematigde lugstreek.

**tem·per·a·ture** temperatuur, warmtegraad; *at a certain* ~ by 'n bepaalde temperatuur; *a change of* ~ 'n temperatuur= verandering; *s.o.'s* ~ *is down/up* iem. se koors is af/laer/op/ hoër; *a fall in* ~ 'n temperatuurdaling/=vermindering; *the* ~ *is falling/rising* die temperatuur/kwik daal/sak/styg; *have/ run (or be running) a* ~ koors hê, koorsig wees; *read the* ~ die temperatuur meet; *a rise in* ~ 'n temperatuurstyging/ =verhoging; *take s.o.'s* ~ iem. se koors/temperatuur meet. ~ **curve, ~ graph** temperatuurkromme. ~**-humidity index** tem= peratuur-humiditeit-indeks.

**tem·pest** *(poët., liter.)* storm(wind), orkaan. ~**-torn,** ~**-tossed** deur storms (*of* 'n storm) geteister/geslinger.

**tem·pes·tu·ous** stormagtig, onstuimig; geweldig, hewig; ~ *weather* stormweer, stormagtige/onstuimige weer. **tem= pes·tu·ous·ness** stormagtigheid, onstuimigheid.

**Tem·plar** *(hist.)* Tempelier, Tempelheer, =ridder.

**tem·plate, tem·plet** sjabloon, mal; maatplaat, patroon= (plaat); profielvorm; vormhout; skermplaat; *(bouk.)* draag= steen, draagstuk.

**tem·ple¹** *(relig.)* tempel. ~ **dancer** tempeldanseres. ~ **flower** frangipani.

**tem·ple²** *(anat.)* slaap; oorstuk *(v. 'n bril).*

**tem·plet** →TEMPLATE.

**tem·po** =pos, =pi tempo, maat; *at a rapid/slow* ~ in 'n vinnige/ stadige tempo; met 'n vinnige/stadige pas.

**tem·po·ral¹** *n., (anat.)* slaapbeen. **tem·po·ral** *adj.* slaap=; temporaal; ~ *bone* slaapbeen; ~ *lobe, (anat.)* temporale lob/ kwab *(v.d. brein).*

**tem·po·ral²** *adj.* tyd=; temporeel, wêreldlik; ~ *power* wêreld= like mag; aardse gesag, staatsgesag *(v.d. pous ens.).* **tem·po= ral·i·ty** =ties lekedom; *(i.d. mv.)* temporalieë, wêreldse goe= dere/inkomste van die geestelikes. **tem·po·ral·ly** temporeel.

**tem·po·rar·y** tydelik, voorlopig, temporêr; verbygaande; nood=; waarnemend; ~ *bridge* noodbrug; ~ *job* tydelike werk/ pos; ~ *tooth* melk=, wisseltand. **tem·po·rar·i·ly** tydelik, voor= lopig. **tem·po·rar·i·ness** tydelikheid; verbygaande aard.

**tem·po·rise, =rize** tyd wen/win, (tot 'n geleë tyd) uitstel; draal, sloer; jou na die omstandighede skik, kompromisse maak, temporiseer. **tem·po·ri·sa·tion, =za·tion** uitstel, ver= skuiwing, opskorting, temporisasie. **tem·po·ris·er, =rizer** draadsitter, manteldraaier. **tem·po·ris·ing, =rizing** draadsit= tery, manteldraaiery.

**tempt** in die versoeking bring, versoek, verlei, uitlok; be= proef; aanveg; *be/feel* ~*ed to do s.t.* in die versoeking wees/ kom om iets te doen; ~ *s.o. into* (*or to do) s.t.* iem. in die versoeking bring om iets te doen; iem. uitlok om iets te doen; ~ *s.o. with s.t.* iem. met iets probeer oorreed. **temp·ta·tion** versoeking, verleiding; aanvegting; *fall/yield to a* ~ vir 'n versoeking swig; *fight against* ~ teen die versoe= king stry; *get into* ~ in versoeking kom; *lead us not into* ~, *(AV & NIV, Matt. 6:13 ens.)* lei ons nie in versoeking nie *(OAB),* laat ons nie in versoeking kom nie *(NAB); resist the* ~ *to* ... die versoeking weerstaan om te ... **tempt·er** versoe= ker, verleier; *the T*~ die Verleier/Satan. **tempt·ing** verleide= lik, aanloklik, verloklik. **tempt·ing·ly** verloklik. **tempt·ing= ness** verleidelikheid, aanloklikheid. **tempt·ress** verleidster.

**tem·pu·ra** *(Jap. kookk.)* tempoera.

**tem·pus** *(Lat.):* ~ *fugit* die tyd vlieg (verby).

**ten** tien; →TENTH; ~ *of clubs/diamonds/hearts/spades, (kaartspel)* klawer=, ruite(ns)=, harte(ns)=, skoppenstien; ~ *hours* tien uur; *nine in* ~ nege uit die tien; ~ *o'clock* tien= uur; ~ *to one* tien teen een, hoogs/baie waarskynlik; *(12:50)* tien (minute) voor een; ~ *thousand* tienduisend, tien dui= send; ~*s of thousands* tienduisende, tien duisende. **T~ Com= mandments:** *the* ~ ~, *(OT)* die Tien Gebooie. **~-day** *adj. (attr.)* tiendaagse *(vakansie ens.).* **~-gallon hat** *(Am.)* (breë= rand-)cowboyhoed. **~pin** kegel. **~pin bowling,** *(Am.)* **pins** ke= gelbal, =spel. **~pounder** tienponder; *(igt.)* springer, wilde= vis. **~-rand note** tienrandnoot. ~ **thousandth** tienduisend= ste, tien duisendste.

**ten·a·ble** hou(d)baar; verdedigbaar; *the scholarship is* ~ *for three/etc. years* die beurs word vir drie/ens. jaar toegeken; *the office is* ~ *for five/etc. years* die dienstyd is vyf/ens. jaar. **ten= a·bil·i·ty** hou(d)baarheid.

**te·na·cious** vashoudend; volhardend; hardnekkig, taai; sterk; *be* ~ *of …* … met hand en tand verdedig. **te·na·cious·ness, te·nac·i·ty** vashoudendheid; volharding(svermoë); hardnek= kigheid, taaiheid; sterkte *(v. iem. se geheue).*

**ten·an·cy** huur; pag; →TENANT; *agreement of* ~ huurkon= trak, =ooreenkoms; *(period of)* ~ huurtermyn.

**ten·ant** huurder; pagter; bewoner *(v. 'n huis).* ~ **farmer** pag= ter, grondhuurder, huurboer.

**ten·ant·ed** verhuur, deur 'n huurder *(of* huurders) bewoon.

**ten·ant·less** onverhuur(d), onbewoon(d), leegstaande.

**ten·ant·ry** *n. (fungeer as ekv. of mv.)* huurders; pagters.

**tench** tench, *(igt.)* seelt.

**tend**[1] versorg, oppas, kyk na; verpleeg; bedien *('n masjien);* → ATTEND; ~ *a store* in winkel hou; ~ *to s.t.* iets versorg.

**tend**[2] gaan, beweeg; geneig wees, neig, die/'n neiging hê; strek, dien; bydra *(tot);* ~ *to* … geneig wees *(of* die neiging hê) om te …, maklik … word; tot … bydra. **ten·den·cy** neiging, tendensie, tendens; aanleg *(vir 'n siekte);* strekking, gevoel *(op 'n vergade= ring);* a ~ *to* …, *(ook)* 'n neiging om te *(of* 'n geneigdheid tot) …; *develop/display a* ~ *to* … 'n neiging toon om te …; *have a* ~ *to* …, *(ook)* na … oorhel. **ten·den·tious** tendensieus, strekkings= **ten·den·tious·ness** partydigheid; tendensieuse sienings/op= vattings.

**ten·der**[1] *adj.* teer, sag; gevoelig; swak, tenger(ig), tinger(ig); liefhebbend; teergevoelig; delikaat; →TENDERISE, TENDERNESS; *at* a ~ *age* in jou prille jeug; *be of a* ~ *age (of of* ~ *years)* bloedjonk wees; a ~ *heart* 'n teer hart; ~ *meat* sagte vleis; ~ *spot* gevoe= lige plek; *(fig.)* teer punt(jie)/saak/sakie, gevoelige onderwerp; a ~ *subject* 'n teer saak *(of* delikate onderwerp). **~foot** *(hoofs. Am.)* groentjie, nuweling. **~-hearted** teerhartig, =gevoelig. **~loin** beesfilet, =haas.

**ten·der**[2] *n.* aanbod; inskrywing, tender; *call for (of invite)* ~*s* inskrywings/tenders vra/inwag; *give s.t. out on (of put s.t out to)* ~ vir iets laat tender, iets aan-/uitbestee; *legal* ~ wettige betaal= middel. **ten·der** *ww.* aanbied *(dienste ens.);* indien; inskryf, inskrywe, tender; ~ *for s.t.* vir iets tender, 'n tender/inskrywing vir iets instuur. ~ **board** tenderraad. ~ **form** inskrywings=, ten= dervorm.

**ten·der**[3] *n.* oppasser, oppaster; versorger; voorraadwa= brand= weerwa; *(spw.)* tender, kolewa(tenk); tender(boot); voorraad= skip; afhaalboot, verbindingsboot.

**ten·der·er** inskrywer, tenderaar.

**ten·der·ise, ize** sag maak; beuk *(vleis).* **ten·der·is·er, izer** sagmaakmiddel; vleisbeuk.

**ten·der·ness** teerheid, sagtheid.

**ten·don** sening, pees. **ten·di·ni·tis, ten·do·ni·tis** *(med.)* se= ningontsteking, tendinitis.

**ten·dril** rankie, hegrank; *shoot* ~*s* rank.

**ten·e·brous** *(poët., liter.)* donker, duister.

**ten·e·ment** huurkamer(s); huiseenheid; perseel, erf; wo=

ning, (woon)huis. ~ **(house)** deel=, (ver)samelhuis, huurka= merhuis.

**ten·et** leerstelling, =stuk, doktrine; beginsel.

**ten·fold** *adj.* tienvoudig. **ten·fold** *adv.* tienvoud(ig); *increase* ~ vertiendubbel.

**ten·ner** *(infml.)* tien rand, tienrandnoot; tien pond, tien= pondnoot; tien dollar, tiendollarnoot.

**Ten·nes·see** *(geog.)* Tennessee.

**ten·nis** tennis. ~ **club** tennisklub. ~ **court** tennisbaan. ~ **el= bow** *(med.)* tenniselmboog. ~ **racket** tennisraket. ~ **shoe** tennisskoen.

**ten·nish** *(infml.)* (so) teen *(of* om en by) tienuur, teen tien= uur se kant.

**ten·on** *n.* tap. **ten·on** *ww.* tappe *(of* 'n tap) sny/maak; met 'n pen vasslaan; *(met tap en gat)* las. ~ **saw** tapsaag.

**ten·or**[1] *(mus.)* tenoor. ~ **clef** tenoorsleutel.

**ten·or**[2] koers, gang, rigting, loop; inhoud, strekking; afskrif; *the* ~ *of s.o.'s life* die gang van iem. se lewe.

**ten·o·syn·o·vi·tis** *(med.)* tenosinovitis.

**te·not·o·my** =mies, *(med.)* tenotomie.

**tense**[1] *adj.* styf; gespanne; ingespanne; →TENSION; *become* ~ verstrak; gespanne raak; a ~ *moment* 'n oomblik van span= ning. **tense** *ww.* span; ~ *up* verstrak; gespanne raak; *be* ~*d up* gespanne wees. **tense·ly** gespanne. **tense·ness** span= ning; gespannenheid; geladenheid.

**tense**[2] *n., (gram.)* tyd, tempus. ~ **form** tydvorm.

**ten·sile** rekbaar, spanbaar; ~ *range* trekserktestrek; ~ *strength* trekvastheid, trekserkte; breekweerstand *(v. wol ens.);* ~ *test* trektoets.

**ten·sion** *n.* spanning; gespannenheid; inspanning; span=, trekkrag; trekspanning; rek(king); druk; spanning, opwin= ding, opgewondenheid; tensie; *ease the* ~ die spanning ver= lig; ~ *mounts* die spanning styg *(of* neem toe). **ten·sion** *ww.* span. **ten·sion·er** spanner.

**ten·sor** *(wisk.)* tensor. ~ **(muscle)** *(anat.)* span=, rekspier.

**tent**[1] *n.* tent; kap, tent *(v. 'n rytuig);* *pitch (of put up)* a ~ ('n) tent opslaan; *strike* a ~ 'n tent afslaan/afbreek; *strike one's* ~*s, (ook)* vertrek, wegtrek. **tent** *ww.* in tente staan/kampeer; van tente *(of* 'n tent) voorsien. ~ **bed** veldbed. ~ **camp** tent(e)dorp, =kamp. ~ **dress** tentrok. ~ **peg,** ~ **pin** tentpen. ~ **stitch** *(naaldw.)* tentsteek, petit point.

**tent**[2] *n., (chir.)* tent, rekprop. **tent** *ww.* rek, oophou.

**ten·ta·cle** *(ook fig.)* tentakel; voeler, voelhoring, tasorgaan; vangarm; vanghaar; vangklier.

**tent·age** tentstof; tent(e)kamp.

**ten·ta·tive** tentatief, tydelik, voorlopig; eksperimenteel, proef=; versigtig; weifelend.

**tent·ed** in tente *(of* 'n tent); tentvormig.

**ten·ter** *n.* spanraam; spandroër. **ten·ter** *ww.* span, styf trek, uitrek. **~hook** *(hist.)* spanhaak; *be on* ~*s* op hete kole sit, in spanning verkeer.

**tenth** *n.* tiende (deel). **tenth** *adj.* tiende. **tenth·ly** in die tien= de plek, ten tiende.

**ten·u·ous** tinger(ig), tenger(ig), skraal, klein, fyn; dun; yl. **te·nu·i·ty, ten·u·ous·ness** tinger(ig)heid, tenger(ig)heid, skraalheid; dunheid; ylheid; eenvoud.

**ten·ure** eiendomsreg, besit(reg); ampsbekleding; ~ *by long lease* erfpag; ~ *of office* dienstyd, ampstermyn, =duur, =tyd, =bediening. **ten·ured:** *be* ~ vas/permanent aangestel wees/ word; a ~ *professor* 'n vas/permanent aangestelde professor; a ~ *job* 'n vaste/permanente werk.

**te·nu·to** *adj. & adv., (It., mus.)* tenuto.

**te·o·cal·li** =lis, *n.* tempel, godshuis *(v.d. Asteke).*

**te·pal** *(bot.)* blom(dek)blaar.

**te·pee, tee·pee, ti·pi** *(Indiaanse tent)* tipi.

**tep·id** lou. **te·pid·i·ty, tep·id·ness** louheid.

**te·qui·la** *(sterk Mex. drank)* tequila.

**ter·a** *komb.vorm*, $(10^{12}$ of $2^{40})$ tera=; ~byte, *(rek.: duisend giga=greep)* teragreep.

**te·rat·o·gen, ter·a·to·gen** *(med., biol.)* teratogeen. **ter·a·to·gen·ic** teratogeen, teratogenies.

**ter·a·tol·o·gy** *(med., biol.)* teratologie; wonderverhaal; versameling wonderverhale. **ter·a·to·log·i·cal** teratologies.

**ter·a·to·ma** =mas, =mata, *(med., biol.)* teratoom, monstergewas.

**ter·bi·um** *(chem., simb.:* Tb) terbium.

**terce, tierce** *(hoofs. RK)* terts.

**ter·cen·te·nar·y, ter·cen·ten·ni·al** *n.* driehonderdjarige gedenkdag, derde eeufees, drie-eeue-fees. **ter·cen·ten·ni·al** *adj.* driehonderdjarig.

**ter·cet, ter·cet** *(pros.)* terset *(in 'n sonnet);* tersine *(in 'n langer gedig); (mus.)* triool.

**ter·e·bene** *(chem.)* terebeen.

**ter·e·binth** *(bot.)* terpentynboom; *oil of* ~ terpentynolie. **ter·e·bin·thine** terpentynagtig, terpentyn=; terpentynboom=.

**te·re·do** =dos, *(sool.)* paalwurm.

**ter·eph·thal·ic ac·id** *(chem.)* tereftaalsuur.

**te·rete** *adj., (biol.: silindries en spits)* tereet.

**ter·gal** *adj., (biol.)* tergaal, dorsaal, rug(kant)=.

**term** *n.* perk, grens; tydperk, termyn, term; kwartaal; semester; trimester; sitting; dienstyd, ampstyd, =duur, =termyn; straftyd; term, benaming, uitdrukking; voorwaarde, bepaling; *(ook, i.d. mv.)* tarief; betaal=, betalingsvoorwaardes; verkoop(s)voorwaardes; opgawes; bewoordings; *abide by the* ~s die voorwaardes nakom *(v. 'n kontrak ens.); s.o.'s* ~s *are R100 a lesson* iem. vra R100 vir 'n les; *be on bad* ~s *with s.o.* op slegte voet met iem. wees/staan; *come to* ~s (met mekaar) tot 'n vergelyk kom; (met mekaar) 'n ooreenkoms aangaan/sluit/tref; dit (met mekaar) eens word; *come to* ~s *with s.o.* met iem. 'n vergelyk tref *(of* tot 'n vergelyk kom), 'n akkoord met iem. bereik; dit met iem. eens word; *come to* ~s *with s.t., (ook)* iets aanvaar, in iets berus, jou by iets neerlê; ~s *and conditions* (bepalings en) voorwaardes; *discuss* ~s onderhandel; *during the* (or *in)* ~ gedurende die (skool)kwartaal; *on easy* ~s op maklike betaal=/betalingsvoorwaardes; *on equal* ~s op gelyke voet; *be on familar* ~s *with s.o.* vriendskaplik met iem. omgaan; *in the most flattering* ~s in die vleiendste taal; *in general* ~s in breë trekke; in algemene/vae terme; *be on good* ~s *with s.o.* op goeie voet met iem. wees; *in* ~s *of ...* ooreenkomstig/ingevolge/kragtens ...; luidens ...; uit die oogpunt van ...; *in* ~s *of dollars* in dollars; *in* ~s *of which* ... ingevolge waarvan ...; *in the long* ~ op lang termyn; op die lange duur; *in the medium* ~ op middellang termyn; ~s *monthly* maandeliks betaalbaar; *not on any* ~s glad nie; onder geen voorwaardes nie; ~ *of notice* opseggingstermyn; *buy on* ~s op afbetaling koop; *in plain* ~s sonder om doekies om te draai *(infml.);* in eenvoudige taal; *reduce s.t. to its lowest* ~s iets soveel moontlik vereenvoudig; *(wisk.)* iets verklein *('n breuk);* ~ *of probation* proeftyd; ~s *of sale* verkoop(s)voorwaardes; *serve one's* ~ jou tyd uitdien; *set a* ~ *to s.t.* 'n end/einde aan iets maak; *in the short* ~ op kort termyn; in die nabye toekoms; *not be on speaking* ~s *with s.o.* nie met iem. praat nie; *they are not on speaking* ~s, *(ook)* hulle is kwaaivriende; ~s *strictly 30 days* stiptelik binne 30 dae betaalbaar; *in the strongest* ~s ten sterkste; *think in* ~s *of ...* aan ... dink. **term** *ww.* noem. ~ **investment** termynbelegging. ~ **paper** *(Am.)* semesterskripsie; trimesterskripsie. ~**-time** *n.:* in/*during* ~ gedurende die kwartaal; in die semester. ~**-time** *adj. (attr.)* kwartaal=; semester=.

**ter·ma·gant** feeks, heks, rissie(pit), geitjie.

**ter·mi·na·ble** begrensbaar, bepaalbaar; aflopend *(jaargeld ens.);* opsegbaar; →TERMINATE.

**ter·mi·nal** *n.* uiterste, eindpunt; eindstasie, terminus; eind=lyn; *(mot.)* aansluiter; uiteinde; poolklem, terminaal, klem= (skroef); *marine/ocean* ~ skeepsterminus. **ter·mi·nal** *adj.* eind=, grens=; slot=; terminaal; periodiek; termyn=; *(bot.)* eindstandig; ~ *account* termynrekening, ~ *benefit* slotuit=kering; ~ *disease/illness* terminale/ongeneeslike siekte, sterf=siekte; ~ *figure/statue* grensbeeld; ~ *phase/stage* terminalc fase/stadium, eindfase, =stadium *(v. 'n siekte);* ~ *port* eindhawe; ~ *rhyme* eindrym; ~ *station* eindstasie; ~ *subscription* termynbetaling, periodieke betaling; ~ *value, (wisk.)* eenvoudigste vorm; ~ *velocity* eindsnelheid; ~ *ward* saal/afdeling vir terminale pasiënte. **ter·mi·nal·ly** *adv.: be* ~ *ill* ongeneeslik siek wees; *the* ~ *ill* terminale pasiënte.

**ter·mi·nate** eindig, ophou, verstryk, verval; afloop; (af)=sluit, beëindig, 'n end/einde maak aan, afbreek; opsê; be=grens; ~ *a contract* 'n kontrak opsê; *terminating decimal* eindigende desimaal; ~ *in* ... op/met ... eindig; op ... uitloop; op ... uitgaan; *the meeting* ~d die vergadering het geëindig *(of* is gesluit); ~ *a subscription* 'n intekening staak/opsê. **ter·mi·na·tion** eindig; grens; verstryking, verval; afloop; (af)=sluiting, afhandeling, beëindiging; afbreking; opsegging; uitgang; begrensing; *bring s.t. to a* ~ 'n end/einde aan iets maak; iets ten einde laat loop; iets afbreek *('n gesprek, betrekkinge, ens.).* **ter·mi·na·tor** beëindiger; skeidings=, grenslyn; *(astron.)* ligskadugrens *(op 'n planeet).*

**ter·mi·nol·o·gy** terminologie; *technical* ~ vaktaal, vakterminologie. **ter·mi·no·log·i·cal** terminologies; ~ *inexactitude, (dikw. skerts.)* onnoukeurigheid, onjuistheid. **ter·mi·nol·o·gist** terminoloog.

**ter·mi·nus** =mini, =minuses einde, end; doelwit; eindpunt; =stasie, =halte, terminus; grens; grenspaal, =klip; grensbeeld.

**ter·mite** termiet, rys=, witmier. **ter·mi·tar·i·um, ter·mi·tary** termiet=, witmiernes.

**term·less** onbegrens, onbeperk.

**tern** *(orn.: Sterna* spp.) sterretjie, seeswa(w)el(tjie); *Caspian* ~ reusesterretjie; *common* ~ gewone sterretjie; *sandwich* ~ grootsterretjie; *swift* ~ geelbeksterretjie.

**ter·na·ry** drieledig, =tallig, ternêr.

**terne:** ~ *(metal)* lood-tin-legering, loodvertinsel. ~ *(plate)* verlode plaat.

**ter·pene** *n., (chem.)* terpeen.

**ter·ra:** ~ *alba* witklei. ~*cotta* terracotta. ~ *firma* vaste grond. ~ *incognita* onbekende land.

**ter·race** *n.* terras. **ter·race** *ww.* terrasse aanlê/maak, van terrasse voorsien, terrasseer. ~ *house* terrashuis; skakelhuis.

**ter·raced** terrasvormig, in terrasse aangelê, geterrasseer(d); ~ *roof* terrasdak, plat dak.

**ter·ra·form** *ww., (wetenskap[s]fiksie)* veraards.

**ter·rain** terrein.

**ter·ra·pin** water=, moerasskilpad.

**ter·rar·i·um** =iums, =ia terrarium.

**ter·raz·zo** *(It.)* terrazzo.

**ter·res·tri·al** *n.* aardbewoner. **ter·res·tri·al** *adj.* aards, aard=, ondermaans; ~ *animal* landdier; ~ *globe* aardbol; ~ *magnetism* aardmagnetisme; ~ *telescope* aardteleskoop.

**ter·ret** saalringetjie, leiselring.

**terre verte** *(<Fr.)* groenaarde.

**ter·ri·ble** vreeslik, verskriklik; yslik, ontsettend, geweldig; *the* ~ *twos* peuterbuierigheid; peuterdrifbuie. **ter·ri·ble·ness** vreeslikheid. **ter·ri·bly** vreeslik, verskriklik.

**ter·ri·er** *(soort hond)* terriër.

**ter·rif·ic** *adj.,* **ter·rif·i·cal·ly** *adv.* geweldig, ontsettend, onsaglik; *(infml.)* uitstekend.

**ter·ri·fy** verskrik, laat skrik, die skrik op die lyf ja(ag), bang maak; *be terrified at s.t.* oor iets verskrik wees; *be terrified of ...* dood(s)bang vir ... wees. **ter·ri·fy·ing** *adj.,* =ly *adv.* skrik=

wekkend *(ervaring, gedagte, snelheid, ens.);* angswekkend *(ervaring, droom, rit, ens.);* vreesaanjaend *(karakter, voorspelling, ens.);* ysingwekkend *(avontuur);* grusaam *(aanval ens.).*

**ter·rig·e·nous** *(geol.)* grond-, aard-, terrigeen.

**ter·rine** *(kookk.)* terrien(gereg); terrien(bak/vorm).

**ter·ri·to·ry** *-ries* grond(gebied), landstreek; gebied; *(fig.)* terrein; *it comes with the ~* dis maar alles deel daarvan; *violation of ~* gebiedskending. **ter·ri·to·ri·al** territoriaal, van 'n grondgebied, gebieds-, land(weer)-; *~ army* milisie, landweer; *~ authority* gebiedsowerheid; *~ force* landmag; *~ waters* gebiedswaters, territoriale waters, kussee. **ter·ri·to·ri·al·i·ty** territorialiteit.

**ter·ror** skrik, angs, vrees, ontsteltenis; verskrikking; ontsetting; skrikbewind, (politieke) terreur; *(infml., ook* holy terror*)* gruwel, onnut, onmoontlike kind/mens; *s.t.* **has/holds** *no ~s for s.o.* iem. is nie bang vir iets nie; *a* **night** *of ~(s)* 'n nag van verskrikking(e); *the ~ of the neighbourhood/etc.* die skrik van die buurt/ens.; *wage a* **reign** *of ~* 'n skrikbewind voer; *be* **stricken/struck** *with ~* angs-/vreesbevange wees; **strike** *~ into s.o.('s heart)* iem. (se hart) met skrik/vrees vervul. **~-stricken, ~-struck** beangs, dood(s)bang, doodverskrik, angs-, vreesbevange.

**ter·ror·ise, ize** skrik aanja(ag), terroriseer. **ter·ror·i·sa·tion, -za·tion** terreur, skrikaanjaging.

**ter·ror·ism** terrorisme, terreur, skrikbewind, skrikaanjaging. **ter·ror·ist** *n.* terroris. **ter·ror·ist, ter·ror·is·tic** *adj.* terroriste-, terreur-, terroristies.

**ter·ry** *-ries* lussie. *~* **(cloth/fabric/towelling)** handdoekstof. *~* **towel** lussieshanddoek.

**terse** beknop, bondig, kort, saaklik, kernagtig; gedronge *(styl);* kortaf. **terse·ly** beknop, op beknopte wyse; kort en bondig, sonder omhaal; kortaf. **terse·ness** beknoptheid, bondigheid, saaklikheid; kortafheid.

**ter·tian** *n.* derdedaagse/anderdaagse koors. **ter·tian** *adj.* derdedaags.

**ter·ti·ar·y** *n., (RK)* tersiaris, lid van die derde orde; *the T~, (geol.)* die Tersiêr. **ter·ti·ar·y** *adj.* tersiêr, van die derde fase/graad/orde; *(geol., T~)* Tersiêr; *~ education* tersiêre onderwys/onderrig; tersiêre opleiding/opvoeding; *~ sector, (ekon.)* tersiêre sektor, dienssektor.

**ter·va·lent** →TRIVALENT.

**ter·zet·to** *-zettos, -zetti, (mus.)* terset.

**tes·la** *(fis.)* tesla. *~* **coil** teslaspoel.

**tes·sel·late** met mosaïekblokkies/-steentjie bedek/versier/teël. **tes·sel·lat·ed** geruit; mosaïek-.

**tes·ser·a** *-ae* teëltjie, (mosaïek)blokkie, -steentjie. **tes·ser·al** tesseraal.

**test¹** *n.* toets; toetssteen; keuring; proef(neming); invliegtoets; reagens; smeltkroes; *the acid ~ for/of ... is ...* die toetssteen vir ... is ...; *apply* (or **carry out** or **do/perform/run**) *a ~* 'n toets toepas; *fail a ~* (in) 'n toets sak/druip; *a ~ for ...* 'n toets om vas te stel of ...; *pass a ~* (in) 'n toets deurkom/slaag; 'n toets deurstaan; *put s.o./s.t. to the ~* iem./iets op die proef stel; *a ~ of skill* 'n vaardigheidstoets; *stand the ~* die toets/proef deurstaan; *a stiff ~* 'n strawwe toets; *subject s.o. to a ~* iem. aan 'n toets onderwerp; *take/write a ~* 'n toets aflê/skryf/skrywe. **test** *ww.* toets, probeer, beproef, op die proef stel; nagaan, ondersoek; keur; invlieg *('n vliegtuig); ~ s.o. for ...* (met 'n toets) vasstel of iem. ... het *(of* gebruik het); *~ s.t. for ...* (met 'n toets) vasstel of iets ... bevat; *~ s.o. in a subject* iem. in *(of* iem. se kennis van) 'n vak toets; *~ s.o. on his/her knowledge of s.t.* iem. se kennis van iets toets; *~ s.t.* **(out)** iets toets *(of* op die proef stel). *~* **bed** proefbed *(vir d. toets v. vliegtuigenjins ens.).* *~* **case** toetssaak, -geval; proefproses. *~* **drive** *n.* toetsrit. **~-drive** *ww.* toetsbestuur. *~* **flight** toets-, proefvlug. *~* **(match)** toetswedstryd, internasionale wedstryd. *~* **meal** *(med.)* proefmaal. *~* **paper**

eksamen-, toetsvrae(stel); *(chem.)* toets-, reageerpapier. *~* **pilot** toetsvlieënier. *~* **sample** steekproef. *~* **team** toetsspan, internasionale span. *~* **tube** proefbuis. **~-tube baby** (proef)buisbaba.

**test²** *n., (soöl.)* skulp, dop; *(bot.)* saadhuid. **tes·ta** *-tae, (bot.)* saadhuid. **tes·ta·ceous** skulp-; skaal-; rooibruin.

**test·a·ble** toetsbaar.

**tes·ta·ment** testament, uiterste wil(sbeskikking), testamentêre beskikking. **tes·ta·men·ta·ry** testamentêr.

**tes·tate** testaat, met nalating van 'n geldige testament. **tes·ta·tion** erflating. **tes·ta·tor** erflater, testateur, testamentmaker. **tes·ta·trix** *-trices* erflaatster, testatrise.

**test·er¹** toetser; keurder; eksaminator; toetsapparaat; (proef)monster.

**tes·ter²** baldakyn, kap, hemel *(v. 'n ledekant/hemelbed). ~* **bed** kap-, hemelbed.

**tes·ti·cle** *-cles,* **tes·tis** *testes* testikel, testis, (teel)-, (saad)bal. **tes·tic·u·lar** (teel)bal-; testikel-, (teel)balvormig. **tes·tic·u·late** testikel-, (teel)balvormig; met balvormige organe.

**tes·ti·fy** getuig; getuienis aflê; plegtig verklaar; konstateer; *~ against s.o.* teen iem. getuig *(of* getuienis aflê/gee/lewer); *~ one's faith* jou geloof bely; *~ that ...* getuig dat ...; *~ to s.t.* van iets getuig.

**tes·ti·mo·ni·al** getuigskrif; huldeblyk, eerbewys; dankbetuiging, blyk van waardering; bewys van goeie gedrag; *give s.o. a good ~* iem. 'n goeie getuigskrif gee.

**tes·ti·mo·ny** getuienis; bewys; verklaring, betuiging; *bear ~ to s.t.* van iets getuig; *s.t. is ~ of ...* iets is 'n bewys van ...; *on the ~ of ...* volgens die getuienis van ...; *produce ~ of ...* van ... bewys lewer; *~ (of a/the witness)* getuieverklaring.

**test·ing** toetsing; beproewing. *~* **ground** toets-, proefterrein. *~* **sample** proefmonster.

**tes·tis** →TESTICLE.

**tes·tos·ter·one** *(biochem.)* testosteroon.

**tes·tu·do** *-dos, -dines, (hist., mil.)* skilddak.

**tes·ty** knorrig, prikkelbaar, liggeraak, opvlieënd. **tes·ti·ly** knorrig. **tes·ti·ness** knorrigheid, prikkelbaarheid, liggeraaktheid, opvlieëndheid.

**tet·a·nus** klem-in-die-kaak, kaakklem, tetanus. **te·tan·ic** *adj.* klem-, kramp-, tetanus-. **tet·a·ny** rukkramp, tetanie.

**te(t)ch·y** prikkelbaar, liggeraak, opvlieënd. **te(t)ch·i·ness** prikkelbaarheid, liggeraaktheid, opvlieëndheid.

**tête-à-tête** *n.* private/privaat gesprek, tête-à-tête; tweepersoonsrusbank. **tête-à-tête** *adv.* onder vier oë, privaat.

**teth·er** *n.* (vasmaak)tou, riem; *be at the end of one's ~* raadop *(of* ten einde raad) wees; pootuit/gedaan *(of* aan die einde van jou kragte) wees, nie meer kan nie. **teth·er** *ww.* vasmaak, vasbind; *(fig.)* aan bande lê, kniehalter.

**tet·ra·chlo·ride** *(chem.)* tetrachloorstof.

**tet·ra·cy·cline** *(farm.)* tetrasiklien.

**tet·rad** viertal, tetrade.

**tet·ra·dac·tyl, tet·ra·dac·tyl·ous** *(soöl.)* viervingerig.

**te·trag·o·nal** *(krist.)* vierhoekig, tetragonaal.

**tet·ra·gram** vierletterwoord. **Tet·ra·gram·ma·ton** *(d. vier lettertekens waarmee d. naam v. God in Hebr. aangedui word)* tetragrammaton.

**tet·ra·he·dron** *(geom.)* viervlak, tetraëder, tetra-eder. **tet·ra·he·dral** viervlakkig, viersydig, tetraëdries, tetra-edries, tetraëdraal, tetra-edraal.

**te·tral·o·gy** tetralogie.

**te·tram·er** *(chem.)* tetrameer. **te·tra·mer·ic** tetrameries **te·tram·er·ous** *(biol.)* vierdelig.

**te·tram·e·ter** *(pros.)* viervoetige versreël, tetrameter.

**tet·ra·pod** *n.* vierpoot; viervoeter.

**te·trarch** *n., (hist.)* viervors, tetrarg; een *(of* 'n lid) van 'n viermanskap, tetrarg. **te·trar·chy** viervorstedom, tetrargie; viermanskap, tetrargie.

**tet·ra·style** *n., (bouk.)* tetrastyl, vierstyl. **tet·ra·style** *adj.* tetrastiel, vierstylig.

**te·trath·lon** *(atl.)* vierkamp.

**tet·ra·va·lent** *(chem.)* tetravalent, kwadrivalent, vierwaar= dig.

**Teu·ton** *(hist.: lid. v. 'n Germ. stam)* Teutoon; *(dikw. neerh.)* Duitser. **Teu·ton·ic** Teutoons; Duits.

**Tex·as** *(geog.)* Texas. **Tex·an** *n.* Texaan. **Tex·an** *adj.* Texaans, van Texas.

**Tex-Mex** *adj., (Am., infml.)* Texaans-Mexikaans, Texaans-Meksikaans *(kos, musiek, ens.).*

**text** teks; uitgawe; handboek, =leiding, leer=, studieboek; teks=, Bybelvers, teks(woord); onderwerp, tema; bron; *depart from one's* ~ van jou teks afwyk; *stick to one's* ~ jou by jou teks hou. ~**book** handboek, =leiding, leer=, studieboek. ~**book example** kenmerkende voorbeeld. ~ **editing** *(rek.)* teksredi= gering. ~ **editor** *(rek.)* teksverwerkingsprogram, teksredi= geerder.

**tex·tile** *n.* weefstof, tekstiel(stof); *(ook, i.d. mv.)* tekstielware. **tex·tile** *adj.* tekstiel=, weef=, geweef(de). ~ **industry** teks= tiel=, weefbedryf. ~ **mill** tekstielfabriek, wewery.

**tex·tu·al** tekstueel, teks=, in die teks; ~ *criticism* tekskritiek. **tex·tu·al·ist** skrif=, teksgeleerde, Bybelkenner; iem. wat hom/ haar streng by die teks hou. **tex·tu·al·i·ty** tekstualiteit.

**tex·ture** tekstuur; struktuur, bou, samestelling; *(mus.)* (klank)= tekstuur; *(liter.)* substansie, ruimtelike dimensie. **tex·tur·al** *adj.* tekstuur= *(ontwerp, oppervlak, ens.);* *(med.)* weefsel=. **tex·tured** *adj.* getekstureer(d) *(oppervlak, papier, ens.); have a ~ finish* 'n tekstuurafwerking hê; ~ *vegetable protein* geteks= tureerde plantaardige proteïen; ~ *yarn* getekstureerde ga= ring/gare. **tex·tur·ise**, =**ize** *ww.* tekstuur aan ... gee/verleen. **tex·tur·ised**, =**ized** *adj.* getekstureer(d).

**Thai** *n., (lid v. 'n volk; taal[groep])* Thai(lander). **Thai** *adj.* Thais, Thailands. **Thai·land** *(geog.)* Thailand. **Thai·land·er** Thai(lander).

**thal·a·mus** =ami, *(anat.)* talamus.

**thal·as·so·ther·a·py** seewaterterapie.

**tha·lid·o·mide** *(med.)* talidomied.

**Thames** *('n rivier)* Teems.

**than** as, dan; *better/etc.* ~ ... beter/ens. as ...; *be a better poet/etc.* ~ *a playwright/etc.* beter as digter/ens. dan as toneel= skrywer/ens. wees; *more* ~ *one can afford* duurder as wat jy *(of* ['n] *mens)* kan bekostig; *more* ~ *you think* meer as (wat) jy dink; *stronger* ~ *that I cannot put it* sterker kan ek dit nie stel nie.

**thank** bedank, dank, dankie sê; ~ *s.o. for s.t.* iem. vir iets be= dank; *have s.o. to ~ for s.t., (dikw. iron.)* iets aan iem. te danke hê; *have (only) o.s. to ~ for that* dis *(of* dit is) jou eie skuld; ~*ing you for* ... met dank vir ...; ~ *God/goodness/heavens* goddank, dank die hemel, God *(of* die hemel) sy dank; ~ *you for nothing!* dank jou die duiwel!; ~ *you* dankie; ~ *you kindly* hartlik dankie; ~ *you very much* baie dankie; *no,* ~ *you* nee, dankie; *yes,* ~ *you* ja, dankie. ~ **you** *n., (infml.)* dank; dankwoord, woord(jie) van dank, dankbetuiging; dankie. ~**you** *adj. (attr.)* dankie-sê=, bedankings=; *a ~ letter/note/card/ etc.* 'ndankiesêbrief(ie)/=kaartjie/ens.,'nbedankingsbrief(ie)/ =kaartjie/ens..

**thank·ful** dankbaar; *be ~ for s.t.* dankbaar wees vir iets, iets op prys stel; *have much to be ~ for* baie rede/stof tot dank= baarheid hê; *be truly* ~ opreg dankbaar wees. **thank·ful·ly** dankbaar, met 'n dankbare hart, erkentlik. **thank·ful·ness** dankbaarheid.

**thank·less** ondankbaar, onerkcntlik; *a ~ task* 'n ondank= bare taak. **thank·less·ness** ondankbaarheid, onerkentlik= heid, ondank.

**thanks** dank; dankwoord, woord(jie) van dank, dankbetui= ging; dankie; *express one's* ~ *to* ... jou dank teenoor ... uit=

spreek *(of* aan ... betuig); ~ *for* ... dankie vir ...; ~ *for doing it* dankie dat jy dit gedoen het; *give* ~ dankie sê; aan/oor tafel bid; *one's heartfelt* ~ jou innigste dank; *hearty/sin= cere/warm* ~ innige/hartlike dank; *a lot* (or ~ *very much* or *many* ~), Karen baie dankie, Karen; *no,* ~ nee, dankie; *no/small* ~ *to* ... ondanks ...; *render/tender* ~ dank be= tuig/uitspreek; *a speech of* ~ 'n dankbetuiging; *a thousand* ~ baie, baie *(of* duisend maal) dankie; duisend dankies; ~ *to s.o.* deur iem. se toedoen; ~ *to s.t.* danksy iets; *a vote of* ~ 'n mosie van dank; *by way of* ~ by wyse van dank; *receive s.t. with* ~ iets met dank ontvang; *a word of* ~ 'n woord van dank, 'n dankwoord. ~**giving** danksegging; ~ *day, day of* ~ dankdag; *T~ (Day),* *(Am.)* Thanksgiving(-feesdag); ~ *ser= vice* dank(seggings)diens.

**that** *pron.* dit; dat; wat; *about* ~ daarvan; daaroor; daar= om(heen); ongeveer soveel; *above* ~ daarbo, daar bo; *after* ~ daarna; *against* ~ daarteen; daarteenoor; *over against* ~ daarteenoor; *all* ~ dit alles; *and all* ~ en so meer, enso= voort(s), en wat daarop volg, en dergelike dinge; *all* ~ *one has* al wat jy het; alles wat jy het; *and* ~ *because* ... en wel om= dat ...; *is it as late/etc. as* ~? is dit (al) so laat/ens.?; *not as bad/etc. as all* ~ nie heeltemal so erg/sleg/ens. nie; *is it as much as all* ~? is dit regtig/werklik so baie?; *as to* ~ wat dit (aan)betref; *at* ~ daarop; daarmee, daarby; *leave s.t. at* (let *s.t. go) at* ~ iets daar(by) laat; *and the ... at* ~ en dit nogal die ...; ~ *which has been* wat verby is, wat was; *before* ~ daar= vóór; voor die tyd; *behind* ~ daaragter, daar agter; *by* ~ daardeur; daarby; derhalwe; daarmee; *fool* ~ *I was* dwaas wat ek was; *for* ~ daarvoor; *for all* ~ nietemin, desnieteen= staande, nogtans, ondanks dit alles, (en) tog; *from* ~ daar= uit; daarvan; *in front of* ~ daarvóór; ~ *is how* ... so ... *(doen* ['n] *mens dit ens.);* *ten/etc. if* ~ tien/ens. of nog minder; *there is s.t. in* ~ daar sit/steek iets in, daar is iets van waar; ~ *is* ... dit wil sê ...; *like* ~ so; op dié/daardie manier; *(just) like* ~ sommer(so); *more than* ~, (ook) boonop, buitendien, daar= by; *it is more than* ~ dit is meer; *so much for* ~ genoeg daarvan; *of* ~ daarvan; *on* ~ daarop; *out of* ~ daaruit; *over* ~ daaroor; ~ *said* nietemin, desnieteenstaande, nogtans; *is* ~ *so?* o so?, regtig?; *that's* ~! so ja!; *and that's* (or ~ *is*) ~! dis klaar/al; genoeg daarvan!, en daarmee basta!, en daar= mee (is dit) uit en gedaan!; dis *(of* dit is) tot daarnatoe; dis *(of* dit is) nou verby, daar's *(of* daar is) niks aan te doen nie; *so that's* (or ~ *is*) ~!, *(ook)* daarop kom dit nou neer; *to* ~ daaraan; daartoe; *under* ~ daaronder, daar onder; *upon* ~ daarop; ~*'s what* dis wat dit is; *who is* ~ *standing/etc. there?* wie staan/ens. daar?; ~*'s why* dis waarom; *with* ~ daarmee; daarop, met dié, op daardie oomblik; *without* ~ daarson= der. **that** *bep.* dié, daardie; soveel; so 'n; ~ *one* daardie een; *in* ~ *state* in so 'n toestand; *what is* ~ *thing?* watse ding is dit?; *who is* ~ *woman/etc.?* wie is daardie vrou/ens.?, wie is die vrou/ens. daar?; ~ *that* adv. so; *be* ~ *cold/etc.* so koud/ens. wees. **that** *voegw.* dat, toe; sodat, opdat; *the day* (~) *s.o.* ... die dag toe/dat iem. ...; *in* ~ *s.o.* ... deurdat iem. ...; aange= sien iem. ...; in sover/sovêr/soverre iem. ...; *it is with great pleasure* ~ ... met groot genoeë *(of* dit is met groot genoeë dat) ...; *so* ~ ... sodat ...

**that·a·way** *adv., (Am., infml.)* soontoe, daardie kant toe.

**thatch** *n.* dekriet, =gras, =strooi; riet=, gras=, strooidak; dooie materiaal *(in 'n grasperk);* *(infml.)* bos hare. **thatch** *ww.* dek; ~*ed house* riet=, gras=, strooidakhuis; ~*ed roof* riet=, gras=, strooidak. ~ **grass** dekgras.

**thatch·er** *(dak/riet/gras/strooi)dekker.*

**Thatch·er·ism** *(pol.)* Thatcherisme *(ook t~).* **Thatch·er·ite** *n.* Thatcheris *(ook t~),* Thatcheraanhanger. **Thatch·er·ite** *adj.* Thatcheristies, Thatcheriaans *(ook t~).*

**thatch·ing** (die) dek; dekriet, =gras, =strooi. ~ **grass** dek= gras. ~ **needle** deknaald.

**that'd** *(sametr.)* = THAT WOULD.
**that'll** *(sametr.)* = THAT WILL.

**that's** *(sametr.)* = THAT IS.

**thaw** *n.* dooi(weer); ontdooiing *(v. betrekkings ens.).* **thaw** *ww., (lett. & fig.)* ontdooi; *(sneeu)* smelt; ~ *out, (lett. & fig.)* ontdooi; ~ *s.t. out* iets (laat) ontdooi.

**the** die; *so much* ~ *better/worse* des te beter/erger; *all* ~ *more* des/soveel te meer; ~ *more s.o. gets,* ~ *more he/she wants* hoe meer iem. kry, hoe meer wil hy/sy hê; *play* ~ *piano/etc.* klavier/ens. speel; *the country/etc. is* ~ *poorer for his/her death* sy/haar dood laat die land/ens. armer; ~ *sooner* ~ *better* hoe eerder hoe beter; *R5 to* ~ *litre/etc.* R5 per liter/ens..

**the·an·throp·ic** godmenslik, goddelik en menslik.

**the·a·tre,** *(Am.)* **the·a·ter** teater, skouburg; lesingsaal; gehoorsaal, ouditorium, aula, oula; *(Am.)* bioskoop; teater, operasiekamer; toneel; toneelstukke, drama; ~ *of the absurd* absurde teater; ~ *of operations* operasieveld, =toneel; *the* ~, *(gebou)* die teater; die toneel(wêreld); ~ *of war* oorlogstoneel. ~ **company** toneelgeselskap; teatergeselskap; teatermaatskappy. ~ **critic** toneelresensent. **~goer** teater=, toneel=, skouburgganger, teaterbesoeker. **~going** *adj.: the* ~ *public* teater=, toneelgangers, teaterbesoekers, die teaterpubliek. ~ **nurse** teaterverpleegster. ~ **sister** operasiesuster.

**the·at·ri·cal** *n.* toneelspeler; *(i.d. mv.)* toneel; teatrale optrede, toneelspel, aanstellery, aanstellerigheid, vertoon; *amateur/private ~s* amateurtoneel. **the·at·ri·cal, the·at·ric** *adj.* toneelmatig, toneel=, teater=; teatraal, aanstellerig; ~ *agent* teateragent; ~ *circles* toneelkringe; ~ *performance* toneelopvoering; ~ *tour* toneelreis. **the·at·ri·cal·ism, the·at·ri·cal·i·ty, the·at·ri·cal·ness** die teatrale, vertoon, effekbejag; teatrale optrede, aanstellery, aanstellerigheid. **the·at·rics** *n. (mv.)* toneelspelery.

**thee** *pron. (akk.), (arg. of dial.)* u.

**theft** diefstal; diewery, stelery.

**their** *bes.vnw.* hul(le). **theirs** hulle s'n; ~ *is a large family* hul(le) gesin is groot; *of* ~ van hulle.

**the·ism** teïsme. **the·ist** teïs. **the·is·tic** teïsties.

**The·kwi·ni** *(Z., geog.)* Thekwini, Durban.

**them** *pron. (akk.)* hul(le); *John and* ~ Jan-hulle; *John, Mary and* ~ Jan-en-Marie-hulle; *they have R80 between* ~ hulle het tesame R80; *there were hundreds/etc. of* ~ daar was honderde/ens. van hulle; *two/etc. of* ~ twee/ens. van hulle; *the two/etc. of* ~ hulle twee/ens.; ~ *and us* hulle en ons. **them·selves** *pron. (refl.)* hul(le); hul(le)self; *among* ~ onder mekaar; *they know it* ~ hulle weet dit self; *they shot* ~ hulle het hul(le)self geskiet; *they never wash* ~ hulle was hulle nooit (nie).

**the·mat·ic** tematies; ~ *catalogue, (mus.)* tematiese katalogus.

**theme** tema, onderwerp; *(mus.)* tema; *(kuns)* tema, motief. ~ **music** temamusiek. ~ **park** temapark. ~ **song,** ~ **tune** tema= lied(jie); kenwysie.

**then** *adj. (attr.)* destydse, toenmalige *(premier ens.).* **then** *adv. & voegw.* toe, destyds, toentertyd; toe, daarna, vervolgens; dan; verder, vêrder; dus; ~ *again* aan die ander kant; *before* ~ voor dié/daardie tyd; *but* ~ maar dan; (maar) andersyds; dan tog; *by* ~ teen dié/daardie tyd, toe; *from* ~ *(on)* van toe af; *just* ~ net toe; ~ *and now* toe en nou/tans; *only* ~ slegs dan; eers toe, toe eers; *since* ~ van toe af, sedertdien, sedert dié/daardie tyd, van dié/daardie tyd af; *so* ~ en toe; so is dit dus; ~ *and there, there and* ~ op die plek/daad, op staande voet, dadelik, onmiddellik, net daar, terstond, op stel en sprong; ~ *why did you ...?* waarom het jy dan ...?

**thence** *(fml.)* daarvandaan, van daar (af); derhalwe, daarom, dus, gevolglik, daardeur; op grond daarvan.

**the·o·cen·tric** teosentries.

**the·oc·ra·cy** teokrasie, godsregering. **the·o·crat·ic** teokraties.

**the·ol·o·gy** teologie; geloofsoortuiging; godgeleerdheid; *dogmatic* ~ dogmatiek; *practical* ~ praktiese teologie; *systematic*

~ sistematiese teologie. **the·o·lo·gi·an, the·ol·o·gist** teoloog, godgeleerde. **the·o·log·i·cal** teologies; ~ *college/seminary* teologiese kollege, (teologiese) kweekskool; ~ *student* teologiestudent. **the·ol·o·gise, =gize** teologiseer.

**the·oph·a·ny** teofanie, godsverskyning.

**the·o·rem** *(fis., wisk.)* stelling, teorema; (grond)beginsel; ~ *of Pythagoras* stelling van Pit(h)agoras.

**the·o·ry** teorie; ~ *of evolution* evolusieteorie; *in* ~ in teorie, teoreties, op papier; ~ *of music* musiekteorie; ~ *of numbers* getalleleer; *on the* ~ *that ...* op grond van die teorie dat ...; ~ *of probability* waarskynlikheidsteorie; ~ *of relativity* relatiwiteitsteorie; ~ *of science* wetenskapsleer. **the·o·ret·i·cal** teoreties; hipoteties; fiktief. **the·o·ret·i·cal·ly** in teorie, teoreties. **the·o·re·ti·cian, the·o·rist** teoretikus. **the·o·rise, =rize** teoretiseer, teorieë opstel; bespiegel, bespiegelings/bespiegelinge maak; ~ *about s.t.* oor iets teoretiseer. **the·o·ris·er, =riz·er** teoretikus.

**ther·a·py** terapie, behandeling, geneeswyse; (psigo)terapie. **ther·a·peu·tic, ther·a·peu·ti·cal** terapeuties, genesend, geneeskundig. **ther·a·peu·tics** *n. (fungeer as ekv.)* terapie, geneeskunde, =wyse, siektebehandeling, geneeskundige behandeling, behandelingsleer, terapeutika. **ther·a·pist** terapeut.

**there** *adv. & tw.* daar; daar(so), daarheen, daarnatoe, soontoe; *(fig.)* op daardie punt, in daardie opsig, wat dit betref; *I agree with you* ~ daaroor stem ek met jou saam *(of* is ons dit eens); *be all* ~, *(infml.)* weet wat jy doen, nie onder 'n kalkoen uitgebroei wees nie; *not be all* ~, *(infml.)* nie heeltemal reg wees nie, nie reg wys wees nie, nie al jou varkies (op hok *of* in die hok) hê nie; *along* ~ daar langs, daarlangs; ~ *and* ~ daar en daar; ~ *and back* heen/soontoe en terug; uit en tuis; *but* ~ maar nouja *(of* nou ja); *down* ~ daar onder; ~ *is ... for you!* dit noem ek (nou) ...! *(moed ens.); from* ~ daarvandaan; van daar (af); *you have me* ~!, ~ *you have me!* nou het jy my vas *(of* in die hoek), daarop het ek geen antwoord nie!; *in* ~ daar binne, daarbinne; ~ *s.o./s.t. is!* daar is iem./iets!; *but* ~ *it is* so is dit, dit is nou (maar) eenmaal so; *just* ~ net daar; *leave* ~ daarvandaan vertrek; *near* ~ daar naby; *be nearly* ~ amper/byna *(of* so goed as) daar wees; ~ *now!* toemaar *(of* toe maar)!, stil maar/nou!; *out* ~ daar buite; *over* ~ daarso, daar oorkant/anderkant, aan daardie kant; *some of the people* ~ *were models/etc. and actors/etc.* onder die aanwesiges was modelle/ens. en akteurs/ens.; *right* ~ net daar, op die plek; *so* ~!, *(infml.)* nou weet jy dit!, daar het jy dit!; en daarmee basta/klaar!; *(infml.)* wê!; ~ *and then, then and* ~ op die plek/daad, dadelik, onmiddellik, net daar, terstond; *there, there!* toemaar *(of* toe maar)!, stil maar/nou!; ~ *are those who think that ...* sommige meen dat ...; *up* ~ daar bo; ~, *what did I tell you?* sien jy nou?; ~ *you are!* daar is dit!; daar het jy dit!; sien jy nou?. ~**about(s)** daar êrens/iewers/rond, daarlangs *(of* daar langs), daar in die buurt, in dié geweste; ongeveer, omtrent, naaste(n)by; omtrent daardie tyd; *... or* ~ ... of so, so ongeveer/naaste(n)by ... *(20 liter ens.).* ~**after** *(fml.)* daarna, vervolgens; sedertdien. ~**by** daardeur, sodoende, op dié manier; as gevolg daarvan. ~**fore** daarom, dus, gevolglik, derhalwe, om dié rede. ~**in** *(arg. of fml.)* daarin. ~**of** *(fml.)* daarvan, hiervan. ~**on** *(fml.)* daarop; in verband daarmee, in dié verband. ~**upon** *(fml.)* daarop, daarna, vervolgens.

**there's** *(sametr.)* = THERE IS; THERE HAS.

**therm** *(Br.)* warmte-eenheid, term. **ther·mic** termies; warmte=; ~ *fever* sonsteekkoors.

**ther·mae** *n. (mv.), (Lat., hist.)* (Romeinse/Griekse) badhuis.

**ther·mal** termies, warmte=, hitte=, termaal; ~ *capacity* warmtekapasiteit, termiese kapasiteit; ~ *conductivity* warmtegeleidingsvermoë, termiese geleidingsvermoë; ~ *efficiency* termiese rendement; ~ *imaging* termiese beeldvorming; ~

**power plant/station** termiesekragaanleg, ‑kragsentrale; ~ **printer** termiese drukker; ~ **reactor,** (fis.) termiese reaktor; ~ **spring** warm(water)bron; ~ **underwear** termiese onder‑ klere.

**therm·i·on·ic** termionies; ~ *emission* termioniese emissie/ uitstraling. **therm·i·on·ics** n. (fungeer as ekv.) termionika.

**therm·is·tor** (elek.) termistor.

**ther·mo·ba·rom·e·ter** termobarometer.

**ther·mo·chem·is·try** termochemie. **ther·mo·chem·i·cal** termochemies. **ther·mo·chem·ist** termochemikus.

**ther·mo·cline** (fis., watertegnol.) termoklien.

**ther·mo·cou·ple** termokoppel.

**ther·mo·dy·nam·ics** n. (fungeer as ekv.) termodinamika. **ther·mo·dy·nam·ic, ther·mo·dy·nam·i·cal** termodinamies.

**ther·mo·e·lec·tric** termoëlektries, termo‑elektries; ~ *cur‑ rent* termostroom. **ther·mo·e·lec·tric·i·ty** termoëlektrisiteit, termo‑elektrisiteit.

**ther·mo·gen·e·sis** (fisiol.) warmteverwekking, termogene‑ se; selfontbranding.

**ther·mog·ra·phy** termografie. **ther·mo·gram** termogram. **ther·mo·graph** termograaf, selfregistrerende termometer.

**ther·mo·la·bile** (biochem.) termolabiel.

**ther·mo·lu·mi·nes·cence** n., (argeol.) termoluminessen‑ sie.

**ther·mol·y·sis** (chem., fis., med.) termolise, warmteverlies.

**ther·mom·e·ter** termometer, warmtemeter; koorspen(ne‑ tjie); *the ~ reads 30/etc. degrees* die termometer wys 30/ens. grade. ~ *reading* termometerstand; temperatuurmeting. **ther·mom·e·try** termometrie, temperatuurmeting.

**ther·mo·nu·cle·ar** termonukleêr.

**ther·mo·pile** (fis.) termosuil.

**ther·mo·plas·tic** adj. termoplasties.

**Ther·mos** (handelsnaam, ook t~): ~ **(flask),** (Am.) ~ **bottle** termos(fles), vakuumfles.

**ther·mo·set·ting** adj. termoverhardend (plastiek ens.).

**ther·mo·sphere** termosfeer.

**ther·mo·sta·ble** (biochem.) termostabiel, hittebestendig.

**ther·mo·stat** termostaat. **ther·mo·stat·ic** termostaties; ~ *regulator* termostatiese reëlaar.

**ther·mo·tro·pism** (biol.) termotropisme. **ther·mo·trop·ic** adj. termotroop, termotropies.

**the·ro·pod** (soort dinosourus) teropode.

**the·sau·rus** ‑sauri, ‑sauruses tesourus.

**these** pron. (mv.) →THIS.

**the·sis** theses stelling, (hipo)tese; verhandeling, (akademie‑ se) proefskrif, tesis, skripsie; (pros.: niebetoonde lettergreep in 'n versvoet) tesis.

**thes·pi·an** n., (fml. of skerts.) toneelspeler, akteur; toneel‑ speelster, aktrise. **thes·pi·an** adj. (fml. of skerts.) dramaties, toneel‑; tragies.

**Thes·sa·lo·ni·ans** (NT) Tessalonisense (NAB), Thessa‑ lonicense (OAB).

**Thes·sa·lo·ní·ki** (Gr.), **Sa·lo·ní·ca, Sa·lo·ni·ka** (Eng.), (geog.) Thessaloníki (Gr.), Thessalonika (Afr.).

**the·ta** ag(t)ste letter van die Griekse alfabet.

**the·ur·gy** goddelike/bonatuurlike ingryping, goddelike tus‑ senkoms; die doen van wonderwerke; magie, tower‑, toor‑ kuns. **the·ur·gic, the·ur·gi·cal** goddelik, bonatuurlik; ma‑ gies. **the·ur·gist** wonderdoener; towenaar.

**thew** (poët., liter.) spier; (i.d. mv.) gespierdheid; (liggaams/ spier)krag. **thew·y** gespier(d), sterk.

**they** hul(le); ~ *say that* ... die mense sê dat ... **they'd** (sametr.) = THEY WOULD; THEY HAD. **they'll** (sametr.) = THEY WILL. **they're** (sametr.) = THEY ARE. **they've** (sametr.) = THEY HAVE.

**thi·a·min(e), vit·a·min B**$_1$ tiamien, vitamien B$_1$.

**thick** n.: *in the ~ of the fight* in die hewigste van die geveg; *be in the ~ of it/things* in die middel/hartjie van sake wees; *through ~ and thin* deur dik en dun, in voorspoed en teen‑/ teëspoed. **thick** adj. dik (sop ens.); breed (streep ens.); vet (lettertipe); dig, dik (mis); dig (woud ens.); (infml.) toe, dom; hees, skor (stem); swaar, sterk (aksent); *that's a bit ~,* (infml.) dis te (of ['n] bietjie) dik vir 'n daalder/daler, dis ('n) bietjie kras/kwaai/oordrewe; *the/a ~ one* die/'n dikke; *the ~ ones* die dikkes; *be (as) ~ as thieves,* (infml.) dik vriende wees; kop in een mus wees; *be ~ with ... vol ... wees; be ~ with s.o.,* (infml.) dik bevriend wees met iem.. **thick** adv. dik; dig; *come ~ and fast* vinnig op mekaar volg. ~**head** (infml.) dom‑, klipkop, skaap(kop), pampoen(kop), bobbejaan, mampar‑ ra. ~**‑headed** dikkoppig; (infml.) dom, onnosel, toe. ~**‑knee** (orn.: Burhinus spp.) dikkop. ~**‑leaved** dikblarig, met dik blare; dig beblaar, digbeblaar. ~**‑necked** diknekkig, diknek‑. ~**set** adj. bonkig, sterk/stewig/swaar/breed (gebou); dik, ge‑ set; dig begroei, digbegroei. ~**‑skinned** (lett. & fig.) dikvel‑ lig, (fig.) ongevoelig. ~**‑skulled** met 'n dik skedel; dom, on‑ nosel. ~**‑sown** dig gesaai, diggesaai. ~**‑witted** dom, onnosel.

**thick·en** dik(ker) word, verdik; dik(ker) maak, verdik; bind (sop ens.); verstyf, verstywe; aangroei, toeneem; *the plot ~s* die storie/intrige raak ál ingewikkelder; dit begin ál ernsti‑ ger/leliker lyk. **thick·en·er** verdikker; verstywer; bindmiddel (vir sop ens.). **thick·en·ing** verdikking; verdikkingsmiddel; bindmiddel (vir sop ens.).

**thick·et** ruigte, kreupelhout, struikgewas.

**thick·ish** dikkerig.

**thick·ly** dik; met 'n swaar tong; ~ *populated* dig bevolk, dig‑ bevolk.

**thick·ness** n. dikte; digtheid.

**thief** thieves dief; *set a ~ to catch a ~* dit kos 'n dief om 'n dief te vang; *like a ~ in the night* soos 'n dief in die nag; *a pack of thieves* 'n spul diewe. ~**‑proof** inbraak‑, diefstalbestand. ~**‑ resisting** diefwerend.

**thieve** steel. **thiev·er·y** stelery, diewery. **thiev·ing** n. stelery, diewery. **thiev·ing** adj. stelerig, diefagtig. **thiev·ish** stelerig, diefagtig. **thiev·ish·ness** stelerigheid, diefagtigheid.

**thigh** dy, bobeen. ~**bone** dybeen. ~**‑length** adj. dylengte‑ (kousbroekie ens.). ~**‑slapper** (infml.) skreeusnaakse grap/ storie/ens.. ~**‑slapping** adj., (infml.) skreeusnaaks.

**thim·ble** (naaldw.) vingerhoed(jie); (elek.) doppie (v. 'n ka‑ bel); huls (v. 'n mikrometer); (sk.) kous (v. 'n tou/kabel); (sk.) oog‑, lusring (v. 'n anker). **thim·ble·ful** vingerhoed (vol). **thim·ble·rig** doppiespel.

**thin** adj. dun (plank, bloed, ens.); maer, skraal (mens); fyn (skrif); smal (kolom); yl (klank); dun, skraal, swak (stem[metjie]); flou(erig), swak(kerig) (verskoning); swak (poging); skraal, swak (vermomming); →THINLY, THINNESS, THINNISH; ~ *flame* skraal/dun vlam; (teg.) steekvlam, soldeervlam; *get ~,* (iem.) maer word; (as) ~ *as a lath/rake/stick* rietskraal; brand‑ maer; *the/a ~ one* die/'n dunne. **thin** ‑nn‑, ww. dun/yl/maer word/maak; verdun; uitdun; →THINNER(S), THINNING; ~ *s.t. down* iets verdun (of dunner maak); *s.o.'s hair is ~ning* iem. se hare word min, iem. se hare is aan die uitval; ~ *out* dun‑ ner word; ~ *s.t. out* iets uitdun (plantjies); iets uitkap/uitdun (bome); iets uitpluk (vrugte). ~**‑lipped** dunlippig, met dun lippe. ~**‑skinned** (lett. & fig.) dunvellig, (fig.) (fyn)gevoelig, sensitief; (fig.) fyngevoelig, liggeraak.

**thing** ding; iets; saak; voorwerp; (ook, i.d. mv.) goed, goeters; *have a ~ about s.o./s.t.,* (infml.) baie van iem./iets hou, dol oor/op iem./iets wees; niks van iem./iets hou nie, iets teen iem./iets hê; *all ~s considered* op stuk van sake, per slot van rekening, alles in aanmerking/ag geneem/genome; *in all ~s* in elke opsig; *as ~s are* soos sake nou staan; ~*s are looking bad* dit/sake lyk sleg/gevaarlik; ~*s are not going too badly* dit gaan skaflik; *have better ~s to do* iets beters te doen hê; ~*s to come* die toekoms, toekomstige dinge; *a dear little ~* 'n klein skat; *one can't* **do** *a* ~ (or *there's not a* ~ *one can* **do**) *about it* ('n) mens kan niks daaraan doen nie; *one can't* **do** *a* ~ *with it* jy kan niks daarmee aanvang nie; *it/that was a fool=ish/etc.* ~ *to* **do** dit was dom/ens. om so iets te doen; *the* **done** ~, *(infml.)* die gewoonte/gebruik; die regte ding; *a* **good** ~ iets goeds; 'n voordelige saak; 'n geluk; *that's too much of a* **good** ~ dis te (*of* ['n] bietjie) erg, wat te erg is, is te erg; dit gaan te ver/vêr; *be onto a* **good** ~, *(infml.)* iets goeds beethê; *do great* ~s groot dinge doen; *hear* ~s jou verbeel jy hoor iets; *not hear a* ~ hoegenaamd niks hoor nie; *how are* ~s?, *(infml.)* hoe gaan dit?; *the* ~ **is** ... eintlik (*of* in werklikheid *of* om die waarheid te sê) ...; *that is just the* ~ dis die ware Ja=kob/jakob; dis net die regte ding; daar lê/sit die knoop; *know a* ~ *or two* ouer as tien/twaalf wees, nie vandag se kind wees nie; *not a* **living** ~ geen lewende wese nie; *no* **mean** ~ geen kleinigheid nie; *it doesn't* (or *does not*) **mean** *a* ~ dit beteken hoegenaamd niks nie; *not a* ~ niks (nie); *not* **notice** *a* ~ niks gewaar/(op)merk nie; *that's one* ~ *about* *him/her* dis nou (maar) van hom/haar; *one* ~ *and another* allerlei dinge; *for one* ~ ... vereers (*of* vir eers *of* om maar een ding te noem) ...; om iets op te noem ...; *the* **only** ~ *now is to* ... al wat iem. nou kan doen, is om te ...; *among other* ~s onder meer/andere; *do one's own* ~ jou eie gang gaan; *see* ~s jou dinge verbeel; *as I see* ~s soos ek dit (*of* die saak) sien; ~s *like that* sulke dinge; *those* ~s daardie goed/goe=ters; *it's* (or *it is*) (*just*) *one of those* ~s dis (*of* dit is) nou (maar) eenmaal so; *all* ~s *taken* **together** alles in ag/aan=merking geneem/genome; *an* **unusual** ~ iets buitengewoons; *the* **very** ~ net die regte ding; *that's* (or *that is*) *the* **very** ~ *I want/etc.* dis (*of* dit is) net wat ek wil hê/ens.; *not have a* ~ *to* **wear** niks hê om aan te trek nie; *what a* ~ *to do/say* hoe kan ('n) mens so iets doen/sê?; *work* ~s *out* probleme oplos.

**thing·a·ma·bob, thing·um·a·bob, thing·a·ma·jig, thing·um·a·jig, thing·a·my, thing·um·my** *(infml.)* dinges, watsenaam, hoesenaam.

**think** *n., (infml.)* (die) dink, denke; gepeins, bepeinsing; ge=dagte, mening; *have a* ~ *about s.t., (infml.)* oor iets dink, iets oorweeg. **think** *thought thought, ww.* dink; meen, dink, glo; oorweeg, daaraan dink, (half) van plan wees; jou indink/voorstel; verwag; ~ *about/of* ... aan ... dink; ~ *about s.t., (ook)* oor iets dink, iets oorweeg; *give s.o. something to* ~ *about* iem. stof tot nadenke gee; iem. laat kopkrap; ~ *again* iets heroorweeg; *make s.o.* ~ *again* iem. sy/haar planne/oor=deel laat heroorweeg; ~ *ahead* vooruitdink; ~ *alike* eenders/eners dink; ~ *aloud* hardop dink; ~ *back to* ... aan ... terug=dink; ~ *better of it* van plan/gedagte verander; ~ *big* groot planne hê, iets groots aanpak; *I can't* ~ ... ek weet glad nie ...; *come to* ~ *of it* ... noudat ek daaraan dink ...; *if you come to* ~ *of it* eintlik, as jy daaroor nadink; *it is* **difficult** *to* ~ *that* ... ('n) mens kan beswaarlik dink dat ...; ~ *for o.s.* jou eie oordeel vorm; ~ *hard* diep (na)dink, goed nadink; ~ *highly/much* (or *a lot* or *the world*) *of* ... baie van ... dink, 'n hoë dunk van ... hê; hoë agting vir ... hê; *I* ~ *it (is)* ... ek vind dit ...; *just* ~! dink/reken nou net!, dink ('n) bietjie!; verbeel jou!; ~ *little/poorly of* ... min van ... dink, 'n swak dunk van ... hê; ~ *much of o.s* 'n hoë dunk van jouself hê; *I* ~ *not* ek glo nie; ~ *of it!* dink net (daaraan)!; ~ *of s.o.* aan iem. dink; ~ *of s.t.* aan iets dink; van iets gedagte kry, jou iets herinner; iets bedink, 'n plan maak; iets oorweeg; *I couldn't* ~ *of his/her name* ek kon nie op sy/haar naam kom nie; ~ *of doing s.t.* dit oorweeg om iets te doen; van plan wees om iets te doen; *s.o. wouldn't* ~ *of doing s.t.* iem. sou iets glad nie doen nie; iem. sou nie daaraan dink om iets te doen nie; *make s.o.* ~ *of* ... iem. aan ... laat dink; *what do you* ~ *of* ...? wat dink (*of* hoe hou) jy van ...? *(iem. of iets)*; hoe geval ... jou? *(iets)*; *only* ~! dink nou net!, dink ('n) bietjie!; ~ *s.t. out* iets uitdink; iets behoorlik oorweeg; ~ *s.t. over* oor iets nadink; ~ *it* **proper** dit goedvind; dit geskik ag; *I should* ~ ... ek sou dink ...; *stop to* ~ 'n oomblik nadink; ~ *straight* helder/logies dink;

~ *that* ... dink dat ...; ~ *s.t.* **through** goed oor iets nadink, iets deeglik oorweeg; *s.o./s.t. is thought to be* ... iem./iets is vermoedelik ...; ~ *to o.s.* by jouself dink; ~ *twice about s.t.* iets nog 'n slag oorweeg, die kat eers uit die boom kyk; ~ *s.t. up, (infml.)* iets uitdink/bedink; *that's* **what** *you* ~! dit dink jy (maar)!; **what** *do you* ~ *you're doing?* wat vang jy nou aan?; ~ *the* **world** *of* ... →**highly/much**. ~ **tank** *(infml.: groep spesialiste)* dinktenk, =sentrum, =winkel, =bank.

**think·a·ble** denkbaar.

**think·er** denker; peinser.

**think·ing** *n.* denke, (die) dink; dinkwerk; denkwyse; gedagte=wêreld; gedagte, mening, oordeel; *good* ~!, *(infml.)* dis slim!, wat 'n goeie voorstel!, dis nou 'n vorentoe idee!; *do some* **hard** ~ *about s.t.* diep oor iets nadink; *what is your* ~ *on* ...? wat dink jy van ...?; *to my/his/her/our/their (way of)* ~ volgens my/hom/haar/ons/hulle, na/volgens my/sy/haar/ons/hul(le) mening/oordeel; *to my/his/our (way of)* ~, *(ook)* myns/syns/onses insiens; **way** *of* ~ denkwyse, sienswyse, gedagtegang; *bring s.o. round to one's* **way** *of* ~ iem. tot jou sienswyse oor=haal; *without* ~ onnadenkend; onwillekeurig; *do s.t.* **with=out** ~, *(ook)* iets doen sonder om na te dink; **woolly** ~ ver=warde denke. **think·ing** *adj. (attr.)* denkende, redelike. ~ **cap:** *put on one's* ~ ~, *(infml.)* begin dink, planne begin maak. ~ **power** denkkrag.

**thin·ly** dun, dunnerig, dunnetjies.

**thin·ner(s)** verdunner, verdunningsmiddel.

**thin·ness** dunheid; maerheid, maerte, skraalheid; ylheid.

**thin·ning** verdunning; uitdunning; ylwording; *(ook, i.d. mv.)* uitdunsels.

**thin·nish** dunnerig, bra dun.

**thi·ol** *(chem.)* tiol.

**thi·o·pen·tone,** *(Am.)* **thi·o·pen·tal,** *(handelsnaam)* **Pen=to·thal** *(med., ook waarheidsmiddel)* tiopentoon.

**thi·o·sul·phate,** *(Am.)* **thi·o·sul·fate** *(chem.)* tiosulfaat.

**third** *n.* derde (deel); *(mot.)* derde rat; *(mus.)* derde, terts. **third** *adj.* derde; *the T~* **Age** die goue jare; *T~* **Avenue** Derde Laan, Derdelaan; ~ *class* derde klas; →THIRD-CLASS *adj.*; *travel* ~ *class* (in die) derde klas reis; *give s.o. the* ~ **degree,** *(infml.)* iem. hardhandig ondervra; ~ **eye,** *(Hind., Boeddh.: oog v. insig)* derde oog; *(fig.)* intuïtiewe insig; *(soöl.)* pineale/derde oog; ~ **eyelid,** *(soöl.)* knip=, winkvlies; ~ **force** derde mag; ~ **man,** *(kr.)* derdeman; ~ **party,** *(jur.)* derde (party); →THIRD-PARTY *adj.*; ~ **person,** *(gram., lettk.)* derde persoon; *gain* ~ **place** derde wees/eindig, die derde plek be=haal; *in the* ~ **place** in die derde plek/plaas, ten derde, der=dens; ~ **time** *lucky* drie maal (is) skeepsreg, alle goeie dinge bestaan uit drie; *the T~* **World** die Derde Wêreld; *a T~* **World** *country* 'n Derdewêreldland. **third** *adv.* derde; ~ **best** derde beste, derdebeste, op twee na die beste; *come* ~ derde staan/wees *(in 'n klas)*; *come (in)* ~ derde wees/eindig, die derde plek behaal *(in 'n wedloop ens.)*; ~ **last** derde laaste, derdelaaste, op twee na laaste. **~·class** *adj.* derdeklas=; der=derangs, minderwaardig, goedkoop; ~ *compartment* derde=klaskompartement. **~·degree** *burn (patol.)* derdegraadse brandwond. **~·hand** derdehands, uit die derde hand. **~·party** *adj.* derde(party)=; ~ *insurance* derde(party)verseke=ring. **~·rate** derderangs, minderwaardig, goedkoop.

**third·ly** derdens, ten derde, in die derde plek/plaas.

**thirst** *n.* dors; *have a* ~ dors wees/hê; ~ *for* **knowledge** dors na kennis, weetgierigheid; *be* **parched** *with* ~ vergaan van die dors; **quench/satisfy/slake** *one's* ~ jou dors les; ~ *for* **re=venge** wraaksug; *an* **unquenchable** ~ 'n onlesbare dors.

**thirst** *ww.* dors wees/hê; ~ *after/for s.t.* na iets dors, vurig na iets verlang. **~·land** dorsland. **~·quencher** dorslesser. **~·quenching** dorslessend. **thirst·y** dors, dorstig; *be/feel* ~ dors wees/hê; ~ *is* ~ *work* ... maak ('n) mens dors.

**thir·teen** dertien. **~·year-old** dertienjarig; *a* ~ *(boy/girl)* 'n dertienjarige (seun/meisie).

**thir·teenth** *n.* dertiende (deel). **thir·teenth** *adj.* dertiende; ~ *century* dertiende eeu; ~ *cheque, (SA)* dertiende tjek, bo=nus. **~-century** dertiende-eeus.

**thir·ti·eth** *n.* dertigste (deel). **thir·ti·eth** *adj.* dertigste.

**thir·ty** *=ties* dertig; *be in one's thirties* in die dertig *(of* in jou dertigerjare) wees; *be in one's early/late thirties* vlak/diep in die dertig wees; *a man/woman in his/her thirties* 'n man/vrou van in die dertig; *it happened in the thirties* dit het in die der=tigerjare *(of* in die jare dertig) gebeur; *be in the thirties, (temperatuur)* bo *(of* meer as) dertig grade wees; *be in the high thirties, (temperatuur)* diep in die dertig (grade) wees. **~eight** .38-rewolwer. **~fold** dertigvoudig. **~something** *n.* man/vrou van in die dertig. **~something** *adj.: be/reach* ~ in jou derti=gerjare wees; *a* ~ *writer* 'n skrywer van in die dertig. **~-year-old** dertigjarig.

**thir·ty·ish** *adj.* omtrent/ongeveer dertig (jaar [oud]).

**this** *these* dit; dié, hierdie; *about* ~ hierom; hieromtrent; hier=van; *after* ~ hierna; voortaan, in die vervolg; *against* ~ hier=teen; *(as) against* ~ hierteenoor; *all* ~ dit alles; *I knew all* ~ *before* dit het ek alles al geweet; *what's all* ~*?* wat is hier aan die gang?; *as to* ~ wat dit (aan)betref; *before* ~ hiervóór, voorheen, tevore; *behind* ~ hieragter; *by* ~ hierdeur; ~ *evening* vanaand; *for* ~ hiervoor; *for all* ~ tog, darem, nog=tans, nietemin; *from* ~ hiervan; hieruit; hiervandaan; *in front of* ~ hiervóór; ~ *is the man/woman* dis hy/sy dié; ~ *is the book I want you to read* dit is die boek wat ek wil hê jy moet lees; ~ *is an interesting book* hierdie boek is interessant, dit is 'n interessante boek dié; *like* ~ so, op dié/hierdie ma=nier; *it's like* ~ die ding is so; *of* ~ hiervan; *on* ~ hierop; *out of* ~ hieruit; *over* ~ hieroor; *over against* ~ hierteenoor; ~ *and that* dit en dat; *talk of* ~ *and that* hieroor en daaroor *(of* hiervan en daarvan *of* oor dit[jies] en dat[jies]) gesels/praat; *of* ~*, that and the other* hiervan en daarvan, van alles en nog wat; *to* ~ hieraan; hiertoe; *under* ~ hieronder; *upon* ~ hier=op; *with* ~ hiermee; *without* ~ hiersonder.

**this·tle** dissel, distel. **~down** dissel=, disteldons, dissel=, dis=telpluis. **this·tly** disselagtig, distelagtig; vol dissels/distels.

**thix·ot·ro·py** *n., (chem.)* tiksotropie. **thix·o·trope** *n.* tikso=troop. **thix·o·trop·ic** *adj.* tiksotropies.

**thole (pin)** *(sk.)* roei=, dolpen.

**tho·los** *=loi, (argeol.: koepelvormige tombe)* tolos.

**thong** *n.* (bind/leer)riem; voor=, agterslag *(v. 'n sweep); (kle=dingstuk)* deurtrekker; *(Am., soort sandaal)* plakkie; *dressed* ~ gaar riem.

**Thor** *(Skand. mit.)* Thor, dondergod.

**tho·rax** *=races, =raxes, (anat., soöl.)* bors(kas), toraks; *(entom.)* borsstuk, toraks. **tho·rac·ic** bors(kas)=, torakaal; ~ *cavity* borsholte.

**tho·ri·um** *(chem., simb.: Th)* torium.

**thorn** doring; stekel; *be a* ~ *in s.o.'s flesh/side* vir iem. 'n doring in die vlees wees; *be/sit on* ~*s* op hete kole sit; *step on a* ~ in 'n doring trap. ~ *apple (Datura stramonium)* stinkblaar, olieboom, doringappel; *large* ~ ~ grootstinkblaar. **~back (ray)** *(igt.)* stekelrog. ~ **(bush)** doringbos; meidoring. ~ **hedge** doring(tak)heining. ~ **(tree)** doringboom.

**thorn·less** doringloos, sonder dorings.

**thorn·y** vol dorings, doringrig, doringagtig; netelig, moeilik, lastig *(kwessie)*.

**thor·ough** *adj.* deeglik; grondig, diepgaande; ingrypend *(ver=andering ens.);* deurtastend, omvattend *(ondersoek ens.); (attr.)* volslae *(idioot ens.);* deurtrapte, opperste, aarts= *(skelm, skurk, ens.);* regte *(laspos ens.);* ware *(dame, heer, ens.); catch a* ~ *chill* 'n hewige verkoue kry/opdoen. ~ **bass** *(mus.)* besyferde bas. **~bred** *n.* volbloed(perd); *(T~)* Thoroughbred, Engelse ren=perd. **~bred** *adj.* volbloed=, opreg, raseg; welopgevoed, (hoog)beskaaf(d); eersteklas. **~fare** deurgang, =loop; hoof=straat, =weg; verkeersweg; *no* ~ geen deurgang; *right of* ~ deurgangsreg, reg van deurgang. **~going** drasties, radikaal;

deurtastend, omvattend; deeglik *(ontleding ens.);* grondig, grootskaals, verreikend *(hervorming ens.);* ingrypend *(veran=dering ens.); (attr.)* hopelose *(onbevoegdheid ens.);* volslae *(sjo=ko[ho]lis ens.);* ware *(pragmatis ens.);* volleerd; goed gedresseer(d) *(perd);* volmaak; *(attr.)* deurtrapte, opperste, aarts= *(skelm, skurk, ens.);* ware *(entoesias ens.).*

**thor·ough·ly** deeglik, terdeë, behoorlik, grondig, deur en deur; van hoek tot kant, van 'n kant af.

**thor·ough·ness** deeglikheid; grondigheid; weldeurdagt=heid.

**those** dié, diegene; daardie; sommige; ~ *of you who* ... dié van julle wat ...; ~ *who* ... dié/diegene wat ...; *there are* ~ *who* ... daar is mense wat ..., sommige ...; *there are* ~ *among you who* ... sommige/party van julle ...

**thou** *pron.* (nom.), (arg. of dial.) u.

**though** ofskoon, (al)hoewel; al (is dit); *as* ~ ... (as)of ...; *s.o. acts as* ~ *he/she were mad/etc.* iem. gedra hom/haar soos 'n mal/ens. mens; *even* ~ ... al *(of* selfs as) ...; ~ *it isn't big, it* ... dis nou (wel) nie groot nie, maar ...; *s.o. is a nice person,* ~ iem. is tog 'n gawe mens; ~ *I say it myself* al sê ek dit self; *you could have told me,* ~ jy kon my mos/darem gesê het.

**thought** *n.* gedagte; plan, voorneme; inval, idee; mening, opinie; denke; denkwyse; rede, denkvermoë; nadenke; oor=weging; aandag, gedagtes, gepeins; hoop, verwagting; be=doeling; *be absorbed/lost/plunged/wrapped in* ~ in ge=dagtes verdiep/versonke wees; *at the* ~ *of s.t.* by die gedagte aan iets; *the bare* ~ die blote gedagte; *collect one's* ~*s* jou gedagtes bymekaarkry; *be deep in* ~ (diep) ingedagte wees; *in deep* ~ in diep(e) gepeins; *s.o.'s every* ~ al iem. se gedag=tes, elke gedagte van iem.; *s.t. gives s.o. food for* ~ iets stem iem. *(of* gee iem. stof) tot nadenke, iets laat iem. dink; ~ *is free* elkeen kan dink wat hy/sy wil; *freedom of* ~ vryheid van denke; *give a* ~ *to* ... aan ... dink; oor ... nadink; *give s.t. much* (or *a lot of)* ~ goed oor iets nadink, iets goed/deeglik oorweeg; *not give s.t. a* ~ glad nie aan iets dink nie; *s.o.'s line of* ~ iem. se gedagtegang; *be lost in* ~ →*absorbed/lost/ plunged/wrapped; the mere/very* ~ net die gedagte daar=aan, die blote gedagte (daaraan); *have no* ~ *of doing s.t.* nie meen *(of* van plan wees) om iets te doen nie; *s.o.'s* ~*s on s.t.* wat iem. van iets dink; *s.o.'s one* ~ *is to* ... al waaraan iem. dink, is om te ...; *be plunged in* ~ →*absorbed/lost/plunged/ wrapped; a school of* ~ 'n denkwyse/=rigting; *get/have sec=ond* ~*s about/on s.t.* bedenkings oor iets kry/hê, iets opnuut oorweeg; *on second* ~*s* na verder(e) *(of* by nader[e]) oor=weging; *after serious* ~ ná ernstige oorweging; *have some* ~*s of doing s.t.* half van plan wees om iets te doen; *s.o.'s* ~*s turn to s.t.* iem. dink oor iets; *the very* ~ *of it* →*mere/very; act without* ~ handel sonder om (na) te dink; *without a moment's* ~ sonder om twee keer te dink, sonder om 'n oomblik na te dink; *be wrapped in* ~ →*absorbed/lost/ plunged/wrapped.* **thought** *ww. (verl.t. & verl.dw.)* →THINK *ww.* ~*out* deurdag; ~ *experiment* denk(-)eksperiment. ~**out** deurdag; *carefully/well* ~ *plan/etc.* wel=/goed=/fyndeurdagte *(of* goed/ fyn deurdagte) plan/ens.; *badly/ill/poorly* ~ *legislation* swak deurdagte wetgewing. ~ **police** *(<George Orwell)* gedagte=polisie. ~ **process** denkproses. **~-provoking** wat jou *(of* ['n] mens) tot nadenke stem, wat heelwat stof tot nadenke bied. **~-reader** gedagteleser.

**thought·ful** ingedagte, peinsend, nadenkend; bedagsaam, sorgsaam; diepsinnig, gedagteryk; *be* ~ *of others* altyd aan ander dink; *how* ~ *of you!* hoe vriendelik van jou om daar=aan te dink!, baie bedagsaam van jou!. **thought·ful·ness** be=dagsaamheid.

**thought·less** onbedagsaam, selfsugtig; roekeloos, onbe=sonne; ondeurdag, onnadenkend, onbekook, gedagteloos. **thought·less·ness** onbedagsaamheid; onbesonnenheid.

**thou·sand** duisend; *a* ~ ... duisend ...; ~*s and* ~*s of* ... der=duisende *(of* duisende der duisende) ...; *a* ~ *and one* dui=

send-en-een, duisend en een; *make a* ~ *and one* excuses allerhande ekskuse/ekskusies/verskonings hê; *by the* ~ by (die) duisende; *be a man/woman in a* ~ 'n man/vrou *(of* een uit) duisend wees; *in (their)* ~s by (die) duisende; *of a* ~ *kinds* duisenderlei; ~s *of kilometres* duisende kilometers; *one* ~ eenduisend, een duisend; *one in a* ~ een uit duisend; *it's a* ~ *to* **one** *chance* dis duisend teen een; *tens of* ~s *of* ... tienduisende ...; ~s *upon* ~s *of* ... derduisende *(of* duisende der duisende) ... **thou·sand·fold** *adj. & adv.* duisendvoudig. **thou·sandth** *n.* duisendste (deel). **thou·sandth** *adj.* duisendste.

**thrall** *(liter.)* slawerny, knegskap; *be in* ~ *to* ... die slaaf van *(of* onderworpe aan) ... wees; *hold s.o. in* ~ iem. verkneg. **thral·dom,** *(Am.)* **thrall·dom** slawerny, knegskap; diensbaarheid; verdrukking.

**thrash** slaan, moker, (uit)looi, bydam, toetakel, pak *(of* 'n pak slae) gee, afransel; *(wind)* swiep, slaan; *(branders)* breek, slaan; *(infml.)* oorrompel, afransel, verpletter, kafdraf, ˈloop, uitstof, 'n groot pak slae gee; *be* ~-*ed, (ook)* deurloop; ~ *about/ around* rondspook; ~ *out a matter* 'n saak uitpluis *(of* van alle kante bekyk/beredeneer). **thrash·er** slaner. **thrash·ing** (afgedankste/gedugte/groot) pak (slae) *(of* loesing), afranseling.

**thread** *n.* draad; rafel; garing, gare; *(teg.)* (skroef)draad; *(rek.)* rygskakel; *(rek.)* rygpad; *a* **ball** *of* ~ 'n bol garing/gare; *not have a dry* ~ *on one, (infml.)* geen droë draad aan jou lyf hê nie; *gather* (or *pick up) the* ~s die drade saamvat; *the* ~ *of life* die lewensdraad; *lose the/one's* ~ (van die punt) afdwaal; die kluts kwytraak; *pick/take up the* ~*(s) of a conversation* 'n gesprek hervat, die draad van 'n gesprek weer opneem; *a* ~ *runs through s.t.* 'n draad loop deur iets; *be worn to a* ~, *('n kledingstuk ens.)* gaar gedra wees. **thread** *ww.* ('n draad) deur-/insteek; (in)ryg *(krale); (teg.)* draadsny *(pype ens.);* ~ *a* **needle** ('n draad) garing/gare deur 'n naald (se oog) *(of* deur die oog van 'n naald) steek; *a* ~*ed* **pipe** 'n skroefpyp; ~ *a* **screw** 'n (skroef)draad insny; ~ *one's way* **through** *the* ... tussen die ... deurvleg, vir jou 'n weg deur die ... baan. ~**bare** verslete, verslyt, afgeslyt *(klere ens.);* afgesaag, holrug gery, verslete *(beeldspraak ens.);* afgeloop *(tapyt ens.);* armoedig, armsalig, gehawend *(mens, huis, ens.); become* ~ skif, verslyt; *wear s.t.* ~ iets voos dra *('n hemp, rok, ens.);* iets holrug ry *(beeldspraak ens.).* ~ **cutter** skroefdraadsnyer, draad(sny)mes. ~**fin** ˈfin(s), *(igt.)* draadvin. ~ **mark** sekerheidstrokie *(in 'n banknoot).* ~**worm** draad-, haarwurm.

**thread·ed** *adj., (teg.)* skroef= *(pen, pyp, ens.); (rek.)* geryg; ~ *end* skroefdraadend *(v. 'n bout).*

**thread·er** (garing)insteker, (gare-)insteker.

**thread·like** draadvormig.

**thread·y** draderig, veselrig. **thread·i·ness** draderigheid, veselrigheid.

**threat** bedreiging; dreigement; gevaar; *carry out a* ~ 'n dreigement uitvoer; *pose a* ~ *to* ... gevaar vir ... inhou; *be a* ~ *to* ... 'n bedreiging/gevaar vir ... wees; *a* **veiled** ~ 'n bedekte dreigement. **threat·en** dreig; bedreig; *be* ~*ing, (gevaar ens.)* dreig; *('n storm)* dreig/brou/broei *(of* in aantog) wees; *be* ~*ed by* ... deur ... gedreig word *(iem.);* deur ... bedreig word *(werkloosheid ens.); a* ~*ing* **letter** 'n dreigbrief; ~ *to do s.t.* dreig om iets te doen *(bedank ens.);* ~*ing* **weather** onweer, dreigende weer; ~ *s.o. with* ... iem. met ... dreig.

**three** drie; ~ *days* **ago** naaseergister, drie dae gelede; *all* ~ al drie; ~ *by* ~, *in* ~s drie-drie; ~ *hours* drie uur; *the problems/ etc. are of* ~ *kinds/sorts/types* die probleme/ens. is drieërlei; ~ *o'clock* drieuur, drie-uur; *all* ~ *of them/us/you* hulle/ons/julle al drie; *the* ~ *of them/us/you* hulle/ons/julle drie; ~ *to* **one** drie teen een; ~ *parts* driekwart, drie vierdes; *the* ~ *R's* lees, skryf en reken. ~**act play** drieakter, driebedryf(stuk). ~**card trick** driekaartspel. ~**colour printing** driekleurdrukwerk. ~**cor= nered** driehoekig; ~ *contest* driehoekige stryd, driehoek=

stryd; ~ *hat* driekanthoed. ~**day** driedaags. ~**dimensional** driedimensioneel. ~**fold** *n.: in* ~ in drievoud. ~**fold** *adj. & adv.* drievoudig. ~**forked** drietand=; ~ *road* driesprong. ~**four time** *(mus.)* drie-vier-tydmaat. ~**handed** driehandig; vir drie persone *(pred.),* driehand=; ~ *bridge* driemansbrug. ~**lane** *adj. (attr.)* driebaan= *(pad, snelweg).* ~**legged** driebenig, driebeen=; ~ *race* driebeenre(i)sies. ~**master** *(sk.)* driemaster. ~**part** driedelig; *(mus.)* driestemmig. ~**phase** driefasig. ~**piece (suit)** driestuk(pak). ~**piece (suite)** *(Br.)* driestuksitkamerstel. ~**pin plug** driepenprop. ~**ply (wood)** drielaaghout. ~**ply (wool)** driedraadwol. ~**point** *adj. (attr.)* driepunt=; ~ *turn* driepuntdraai. ~**pronged** drietandig, drietand=; ~ *attack, (fig.)* drieledige aanval; ~ *fork* drietand= vurk. ~**prong(ed) plug** driepenprop. ~**quarter** *n., (rugby)* driekwart, sneller. ~**quarter** *adj. (attr.)* driekwart=; ~ *bed* driekwartbed; ~ *line, (rugby)* driekwartlyn, driekwarte, snel= lers; ~ *sleeve* driekwartmou. ~ **quarters** *(mv.)* driekwart, drie vierdes; ~ *of an hour* driekwartier. ~**ring circus** *(infml.)* spektakel; warboel, deurmekaarspul. ~**roomed flat** drieka= merwoonstel. ~**score** *(poët., liter.)* sestig. ~**sided** driesydig, =kantig. ~**some** drietal, driemanskap, drie mense; *(gh.)* drie= spel. ~**speed gearbox** driegangratkas. ~**star** *adj. (attr.)* driester= *(hotel ens.).* ~**stringed** driesnarig. ~**tier(ed)** drie= vlakkig, drievlak= *(struktuur ens.);* drielaag= *(troukoek ens.).* ~**toed** drietonig, drietoon=; ~ *sloth* ai, (drievingerige) lui= aard/luidier. ~**volume** *adj. (attr.)* driedelige *(roman ens.).* ~**way** *adj. (attr.):* ~ *conversation* drierigtinggesprek; ~ *crossing/ intersection* drierigtingkruising; ~ *play-off* uitspeel(wed)stryd tussen drie *(of* met twee ander) spelers. ~**wheeler** drie= wielvoertuig; driewiel(fiets); driewielmotorfiets. ~**year-old** *n.* driejarige (kind). ~**year-old** *adj. (attr.)* driejarige, drie jaar oud/ou(e) *(kind ens.).*

**thresh** dors; ~ *s.t.* **out** iets uitdors; ~ *s.t.* **over** iets van alle kante bekyk. **thresh·er** dorser; dorsmasjien. **thresh·er (shark)** sambokhaai.

**thresh·ing** (die) dors, dorsery, dorswerk. ~ **floor** dorsvloer. ~ **machine** dorsmasjien.

**thresh·old** *(lett. & fig.)* drumpel, drempel; ingang; *(fig.)* voor= aand, begin, aanvang; *be at/on the* ~ *of* ..., *(fig.)* op die drum= pel/drempel *(of* aan die vooraand) van ... staan.

**threw** *(verl.t.)* →THROW *ww.*.

**thrice** *(fml. of poët., liter.)* drie keer/maal. ~**told tale** afgesaag= de storie.

**thrift** spaarsaamheid, spaarsin; suinigheid; *(bot., ook* sea pink*)* strandkruid, Engelse gras. ~ **club** spaarklub. ~ **shop,** ~ **store** liefdadigheidswinkel.

**thrift·less** spandabel, verkwistend, verspillend. **thrift·less= ness** spandabelheid, verkwisting.

**thrift·y** spaarsaam; suinig. **thrift·i·ness** spaarsaamheid, spaar= sin.

**thrill** *n.* sensasie; opwinding, opgewondenheid, ontroering; opwelling *(v. vreugde ens.);* tinteling *(v. opwinding ens.);* golf *(v. verontwaardiging ens.);* siddering *(v. afgryse ens.); (med.)* trilling; *s.o. gets a* ~ *out of* ..., ... *gives s.o. a* ~, *(iets)* ... is vir iem. opwindend; *(iem.)* ... maak iem. se knieë lam *(of* laat iem. se hart spring); *do s.t. for the* ~ *of it* iets vir die lekkerte/plesier daarvan doen; ~s *and spills, (infml.)* passie en opwinding.

**thrill** *ww.* aangryp, in vervoering bring/hê, ontroer, met ont= roering vervul; opgewonde/geesdriftig maak; (laat) sidder *(v. vrees ens.); be* ~*ed* **about/at/with** *s.t.* verheug *(of* in die wolke *of* in ekstase) oor iets wees; ... ~*ed the* **audience** ... het die gehoor aangegryp/ontroer *(of* in vervoering gebring/ge= had); *be* ~*ed to* **bits** uit jou vel (kan) spring van blydskap; ~ *s.o. with* **horror** iem. van afgryse laat sidder; ~ *s.o.* iem. se knieë lam maak. ~ **seeker** sensasiesoeker. ~**seeking** *n.* sensasielus; =sug, =jag. ~**seeking** *adj.* sensasiebelus.

**thrill·er** riller; spannings(rol)prent, ril(ler)prent, =fliek; span= ningsverhaal, ril(ler)storie, =verhaal; spannings=, ril(ler)drama, spanning=, ril(ler)stuk; spanningsroman, ril(ler)boek, =roman.

**thrill·ing** opwindend, spannend, spanningsvol, boeiend, pakkend; aangrypend, ontroerend; sensasioneel; trillend; ~ *experience* opwindende/spannende ondervinding.

**thrip(s)** *thrips, (entom.)* blaaspootjie, trips.

**thrive** *thrived thrived; throve thriven, (baba, dier, plant)* flo= reer, gedy, goed aard; *(plant)* geil/welig groei; *(onderneming, taal, ens.)* floreer, gedy, bloei; *(sakeman ens.)* voorspoedig wees; ~ *on s.t.* op iets floreer. **thriv·ing** bloeiend, florerend; welvarend, voorspoedig.

**throat** keel; gorrel, strot; noute; ingang; uitgang; *(sk.)* klou *(v. 'n gaffel of boom); (sk.)* klouhoring *(v. 'n gaffelseil); (sk.)* bek *(v. 'n kous);* sluk *(v. 'n skoorsteen of saag);* beitelgat *(v. 'n skaaf);* drup(groef) *(v. 'n venster); be at each other's (or one another's)* ~*s* mekaar aan die keel gryp *(of* in die hare vlieg), rusie maak; *clear one's* ~ keelskoonmaak, (jou) keel skoonmaak; *cut one's own* ~, *(fig.)* jou eie keel afsny, jou eie *(of* self jou) ondergang bewerk, jouself benadeel; *cut/slit s.o.'s* ~, *(lett.)* iem. (se) keel afsny, iem. keelaf sny; *force/ram/shove/ stuff/thrust s.t. down s.o.'s* ~, *(infml.)* iets aan iem. opdwing; *grab/take s.o. by the* ~ iem. aan die keel/strot gryp; *pour everything down one's* ~, *(infml.)* alles deur jou keelgat ja(ag); *slit s.o.'s* ~ →*cut/slit; spring at the* ~ *of s.o.* iem. aan die keel/strot gryp; *the words stick in s.o.'s* ~ die woorde bly in iem. se keel steek; *s.t. sticks in s.o.'s* ~, *(infml.)* iets steek iem. (dwars) in die krop; *take s.o. by the* ~ →*grab/take; thrust s.t. down s.o.'s* ~ →*force/ram/shove/stuff/thrust; go down the wrong* ~ by die verkeerde keel(gat) ingaan. ~**-cutting** *n.* keelafsnyery. ~**-cutting** *adj.* moorddadig. ~ **specialist** *(med.)* keelspesialis, =arts.

**-throat·ed** *komb.vorm* =keel=; *a deep-*~ ... 'n ... met 'n diep, lae stem; *full-*~ uit volle bors.

**throat·y** gutturaal, keel=; met 'n dik gorrel; hees, skor *(stem).*

**throb** *n.* klop, klopping, geklop, gebons, gepols, slag. **throb** =bb=, *ww.* klop, bons, pols, palpiteer; bewe, ril, tril; ~ *with* ... bons van ... *(blydskap ens.);* wemel van ... *(mense ens.).*

**throes** *n. (mv.)* hewige pyn, wee; (doods)angs, doodstryd; weë, barensweë, =nood; *be in the* ~ *of* ... hard met ... besig wees; *the last* ~ die doodstryd.

**throm·bus** *thrombi, (med.)* bloedklont, trombus. **throm·bose** *ww.* tromboseer, stol, klont(er). **throm·bo·cyte** *(fisiol.)* bloed= plaatjie, trombosiet. **throm·bo·sis** =*boses* trombose, aarver= stopping, (bloed)stolling. **throm·bot·ic** tromboties.

**throne** *n.* troon; *ascend* (or *come to* or *mount) the* ~ die troon bestyg; *the* ~ *of grace, (NT)* die genadetroon *(of* troon van die genade); *place s.o. on the* ~ iem. tot die troon verhef *(of* op die troon plaas/sit); *restore s.o. to the* ~ iem. op die troon herstel; *the succession to the* ~ die troonopvolging. **throne** *ww.* troon; op die troon plaas/sit. ~ **room,** ~ **hall** troonsaal.

**throng** *n.* (mense)massa, (mense)menigte, gedrang, toeloop, horde, gewoel; swerm *(voëls);* trop *(diere).* **throng** *ww.* saam= drom, toestroom, verdring; *the people* ~*ed round* die mense het mekaar verdring; *people* ~*ed the streets, the streets were* ~*ed with people* die strate het van mense gewemel.

**throt·tle** *n., (mot.)* versnelklep; *(mot.)* handversneller; ver= sneller *(v. 'n vliegtuig);* regulateur *(v. 'n lokomotief); at full* ~ met/op volle krag; in/met volle vaart. **throt·tle** *ww.* (ver)= wurg, doodwurg *(iem.); (iem. se)* gorrel toedruk; *(fig.)* demp, smoor, doodwurg *(inisiatief ens.);* onderdruk *(d. pers ens.); (teg.)* reguleer, smoor; ~ *back/down* vaart verminder. **throt= tler** wurger. **throt·tling** (ver)wurging.

**through** *adj., (attr.)* deurgaande, deurlopende, deur=; *(pred.)* deur *(na Londen, 'n oproepontvanger, d. vlg. rond[t]e, ens.); (infml.)* klaar *(met iem./iets);* klaar(praat) met jou; ~ *bolt* deurloopbout; ~ *pipe* deur(loop)pyp; ~ *road* deurpad; *no* ~ *road* geen deurgang, gesluit/toe vir deurverkeer *(of* deur= gaande verkeer); ~ *street* deurstraat; ~ *traffic* deurverkeer, deurgaande verkeer; ~ *train* deurgaande trein; *be* ~ *with*

*s.o., (infml.)* klaar wees met iem., niks meer met iem. te doen wil hê nie; *I'm* ~ *with you, (ook)* dis uit tussen ons; *be* ~ *with s.t., (infml.)* klaar wees met iets, iets klaar hê *(werk ens.);* iets deurgelees hê *('n boek ens.).* **through** *prep. & adv.* deur; deur, weens, vanweë, uit; deur middel van, met behulp van, aan die hand van; deur, tot die einde; deur en deur; ~ *and* ~ deur en deur, in alle opsigte; *read s.t.* ~ *and* ~ iets oor en oor lees; ~ *carelessness* uit agte(r)losigheid; ~ *it* daardeur; *right* ~ dwarsdeur, regdeur, deur en deur, van voor tot ag= ter; ~ *s.o.* deur iem. (se toedoen); ~ *that* daardeur; ~ *this* hierdeur; *wet* ~ deurnat; ~ *what?* waardeur?; ~ *which* ... waardeur ...; *the whole day/etc.* ~ die hele dag/ens. deur; *(all)* ~ *the years* deur (al) die jare heen; ~ *ten/etc. long years* tien/ens. lang(e) jare. ~*out prep. & adv.* deurgaans, deuren= tyd, heeltyd, die hele tyd, steeds, altyddeur; deur en deur, heeltemal, geheel en al, in alle opsigte, volkome, volledig; van voor tot agter. ~**put** resultaat; verwerking; produksie; omset; *(rek. ens.)* verwerkingskapasiteit. ~**way** deurpad, =weg.

**throw** *n.* gooi, worp; (oorgooi)doek, kleed, deken, (bed)sprei; *(Am.)* ligte kombers; *(Am.)* serp, sjaal; *(geol.)* valhoogte; slag *(v. 'n krukas);* R50/*etc. a* ~, *(infml.)* R50/ens. elk *(of* [per] stuk); *have a* ~ *at* ... na ... gooi; *stake all on a single* ~ alles op een kaart verwed. **throw** *threw thrown, ww.* gooi, werp, smyt; slinger; *(perd)* afgooi *('n ruiter); (perd)* verloor *('n hoef= yster);* slaan *('n [vuis]hou);* aanslaan *('n skakelaar); (infml.)* opsetlik *(of* met opset) verloor, (opsetlik *of* met opset) weg= gooi *('n wedstryd ens.); (kr.)* gooi (pleks v. boul); verwar; ont= huts; van stryk (af) bring; *(dier)* werp *('n kalf);* vorm *(potte= bakkersware); (houtw.)* draai *('n stoel ens.);* twyn, vleg, draai *(drade); (tekst.)* fileer *(sy, filamente, ens.); (tekst.)* 'n dwarsslag maak *(by kantvervaardiging in skeringbrei); (spw.)* oorhaal *('n wissel);* gee, hou *('n partytjie);* ~ *s.t. about/around* iets rond= gooi; ~ *a dam across a river* 'n dam in 'n rivier bou; ~ *s.t. aside* iets opsy gooi; ~ *o.s. at s.o.* jou teen iem. aangooi/vas= gooi/aanwerp/vaswerp; jou aan iem. opdring, agter iem. aan= loop; ~ *s.t. at s.o.* iem. met iets gooi *(klippe ens.);* ~ *s.t. away* iets weggooi; iets vermors; iets laat verlore gaan *(of* laat ver= bygaan/verbyglip *of* [deur jou vingers] laat glip) *('n kans ens.);* ~ *s.t. back* iets teruggooi; iets agteroor gooi *(jou kop);* iets terugkaats *('n aanmerking ens.); be thrown back on/upon* ... op ... aangewese wees; jou op ... moet verlaat; jou toevlug tot ... moet neem; ~ *o.s. down* platval, plat val, plat gaan lê, jou neergooi/neerwerp; ~ *s.o. down* iem. neergooi/platgooi *(of* plat gooi); ~ *s.t. down* iets afgooi; iets neergooi/neer= werp/platgooi *(of* plat gooi); iets omgooi; iets omverwerp/ omvêrwerp/omvergooi/omvêrgooi; *be thrown from a horse* (or *the saddle)* deur 'n perd afgegooi word; ~ *s.t. in* iets in= gooi; iets op die koop toegee *(of* toe gee); iets bysit *(of* daar= by sit/voeg *of* gratis byvoeg); iets terloops opmerk; ~ *o.s. into s.t.* iets met hart en siel aanpak, (met) hart en siel vir iets werk *('n saak ens.);* ~ *s.o. in(to) jail/prison* iem. in die tronk gooi/stop/smyt; ~ *o.s. into the water* in die water spring/ duik; ~ *s.t. off* iem. ontglip; ~ *s.t. off* iets afgooi; iets uitpluk *(klere ens.);* van iets ontslae raak *('n verkoue ens.);* iets afgee *(vonke ens.);* ~ *s.t. on* iets opgooi; gou-gou/haastig iets aan= trek/aanpluk *(klere);* ~ *s.t. open* iets oopgooi; iets oopmaak/ oopstel; ~ *s.t. open to* ... iets vir ... oopstel; ~ *s.o. out* iem. uitgooi/uitsmyt; iem. deurmekaarmaak *(of* van sy/haar wy= sie af bring); ~ *s.t. out* iets uitgooi; iets verwerp *('n voorstel ens.);* iets uitstoot *(jou bors ens.);* iets aan die hand doen/gee *('n wenk ens.);* iets te kenne gee; iets afgee *(warmte ens.);* iets verkeerd maak *('n berekening ens.);* ~ *s.o./s.t. out of* ... iem./ iets by ... uitgooi *(d. deur, venster, ens.);* ~ *s.t. over* iets oor= gooi; *thrown silk* gefileerde sy; ~ *a switch to "off"* 'n skake= laar afslaan; *be thrown* verwar(d) (of in die war) wees; ont= huts wees; van stryk (af) wees; ~ *people together* mense saambring; *be thrown together* op mekaar se geselskap aan= gewese wees; ~ *s.t. together* iets gou/inderhaas maak, iets saamflans; ~ *things together* goed saamgooi; ~ *up, (infml.)*

opbring, opgooi, vomeer; ~ *s.t.* **up** iets opgooi; iets opgee (*of laat vaar*); iets opskuif/opskuiwe (*'n venster ens.*); iets ople= wer (*'n leier ens.*); iets opsteek (*jou hand ens.*); iets prysgee (*d. spel ens.*). ~**away** *adj.* weggooibaar, weggooi= (*kamera ens.*); terloops, toevallig (*opmerking ens.*). ~**back** n. terugkeer (*na*); teruggreep (*na*); herlewing (*van*); terugslag, terugaarding, (geval van) atavisme. ~**in** *n.*, (*rugby, sokker*) ingooi. ~**over switch** (*elek.*) omskakelaar, tweestandskakelaar. ~ **rug** (*Am.*) (los) mat(jie).

**throw·er, throw·ster** gooier; pottebakker; draaier, fileer= der (*v. sy*); twyner.

**throw·ing** (die) gooi, gooiery; ~ *of silk* filering (*v. sy*).

**thru** (*Am.*) = THROUGH.

**thrum** n. getokkel, getrommel; gebrom, gegons; getjingel. **thrum** =mm=, *ww.* tokkel, trommel; brom, gons; tjingel.

**thrush**[1] (*orn.*) lyster.

**thrush**[2] (*med.*) sproei (*i.d. keel of vagina*); spru (*gekenmerk deur buikswelling en diarree*).

**thrust** n. stoot; stamp; steek; druk(king); stoot=, druk=, stu= krag; momentum; beweegkrag; dryfkrag (*v. 'n pers.*); (*mil.*) stoot; (*lugv.*) stu=, trekkrag; (*bouk.*) horisontale druk; kern (*v. 'n beleid ens.*); the ~ *of s.o.'s argument* iem. se hoofbetoog; ~ *of earth* gronddruk; the ~ *of the finding* die hoofbevinding. **thrust** thrust thrust, *ww.* stoot; steek; ~ *s.o./s.t.* **aside** iem./ iets opsy stoot; ~ **at** *s.o.* (*with a knife*) (met 'n mes) na iem. steek; ~ *s.t.* **forth** iets uitstoot; iets uitsteek; ~ *o.s.* **forward(s)** jou vorentoe werp; vorentoe beur; jou op die voorgrond dring; ~ *one's way* **in** inbeur; ~ *s.t.* **into** ... iets in ... steek; iets in ... stop; ~ *one's nose* **into** *s.o.'s business* jou neus in iem. se sake steek, jou met iem. se sake bemoei; ~ *o.s.* **on/upon** *s.o.* jou aan iem. opdring; ~ *s.t.* **on/upon** *s.o.* iets aan iem. op= dring; ~ *s.t.* **out** iets uitstoot; iets uitsteek (*jou hand*); ~ *one's way* **through** ... jou/'n weg deur ... baan, deur ... dring; ~ *s.t.* **through** ... iets deur ... steek. **thrust·er** (*dinamiese mens*) deurdrywer; (*ruimtev.*) korreksie=, verniervuurpyl. **thrust·ful** energiek, dinamies, ondernemend; kragdadig, daadkragtig. **thrust·ing** (*ook*) deurdrywend; ~ *person* deurdrywer.

**thud** n. plof, doef, dowwe slag/plof. **thud** =dd=, *ww.* (neer= )plof, met 'n plof (*of dowwe slag*) val; ~ *into s.t.* iets met 'n plof (*of dowwe slag*) tref; ~ *on s.t.* op iets (neer)plof, met 'n plof (*of dowwe slag*) op iets val.

**thug** boef, skurk, booswig, boosdoener, kwaaddoener, mis= dadiger. **thug·ger·y** boewery, skurkery, misdadigheid, ge= welddadigheid. **thug·gish** boefagtig, skurkagtig.

**thumb** n. duim; duimelot (*in vingerrym*); give *s.t. the* ~*s* **down,** (*infml.*) iets afkeur/afwys/verwerp, iets van die hand wys, iets nie aanneem/aanvaar nie; *hold* ~*s for s.o.* vir iem. duim vashou; *stick/stand out like a sore* ~ erg hinderlik wees; op= vallend anders wees; *twiddle/twirl one's* ~*s* met jou duime speel; verveeld wees; niks doen nie; *be under s.o.'s* ~ onder iem. se duim wees, onder iem. se plak sit/wees; *have/keep s.o.* **under** *one's* ~ iem. onder die/jou duim hê/hou, oor iem. baasspeel; ~*s* **up!** hou moed!, hou die blink kant bo!; give *s.t. the* ~*s* **up,** (*infml.*) iets goedkeur/aanneem/aanvaar. **thumb** *ww.* met jou duim aanraak/druk/streel/vryf/vrywe/ens.; met jou duim wys; (deur)blaai; beduimel; *a well* ~*ed* **book/etc.** 'n beduimelde boek/ens.; ~ *a* **lift** ryloop, duimgooi, duimry; ~ *one's* **nose** *at s.o.*, (*infml.*) vir iem. langneus maak; ~ **through** *s.t.* deur iets blaai (*'n boek ens.*). ~ **index** *n.* duim=, keepindeks. ~ **lock** duimslot, druk(veer)slot. ~**nail** duim= nael. ~ **nut** (*teg.*) vleuelmoer. ~ **piano** (*mus.*) duimklavier, mbira. ~**print** duimafdruk. ~**screw** (*foltertuig*) duimskroef; (*teg.*) vleuelskroef. ~**suck** (*SA, infml.*) raaiery, geraai; raai= skoot, gissing.

**thump** *n.* stamp, slag, plof; klop (*v.d. hart*); hou (*m.d. vuis ens.*). **thump** *ww.* slaan, hamer; moker; stamp; plof; (*hart*) bons, klop; (*infml.: verslaan, oorwin*) oorrompel, afransel, ver= pletter, kafdraf, kafloop, uitstof, 'n groot pak slae (*of* 'n af=

gedankste/gedugte loesing) gee; ~ *down on s.t.* op iets neer= plof; ~ *s.t.* **down** iets neerplak; ~ *s.t.* **out** iets uithamer (*'n musiekstuk ens.*). **thump·er** stamper; slaner; stamp; grote; reus= agtige/kolossale/yslike ding; gruwelike/verskriklike/yslike leuen. **thump·ing** *n.* gehamer; gestamp; gebons, geklop. **thump·ing** *adj.* stampend; bonsend, kloppend; yslik, enorm, kolossaal, ontsaglik, geweldig, baie groot; *a* ~ *headache* 'n barstende hoofpyn; *a* ~ (*great*) *lie* 'n gruwelike/verskriklike/yslike leuen; *a* ~ *majority* 'n klinkende meerderheid.

**thun·der** *n.* donder; donderweer; donderslag; gedonder, ge= bulder, gedreun, gedawer, gerommel; *to a* ~ *of applause* onder dawerende toejuiging; *a* **crack** *of* ~ 'n donderslag; *a* **face** *like* (or [*as*] *black as*) ~ 'n woedende gesig; ~ *and* **light= ning** donderweer en weerlig, donder en blitse, swaar weer; **like** ~ soos donderweer; donderend, bulderend (*stem ens.*); woedend, rasend; *a* **roll** *of* ~ 'n dreuning/gerommel van die donderweer; *the* ~ **rumbles** die donderweer dreun/rommel; **steal** *s.o.'s* ~ iem. se kalklig steel. **thun·der** *ww.* donder; bulder, dreun, brul, dawer, rommel; woed; ~ **across** ... oor ... dreun, ~ **against** ... teen ... uitvaar; ~ **down** neerstort; *it* ~*s* (or *is* ~*ing*) dit donder, die weer dreun; ~ *s.t.* **out** iets uitbulder/uitbrul (*misnoeë, 'n toespraak, ens.*); iets uitslinger (*'n vloek ens.*); ~ **past,** (*'n trein ens.*) verbydreun. ~**bird** (*mit.*) onweersvoël. ~**bolt** donderslag; weerlig(straal), bliksemstraal, blits(straal); *hit s.o. like a* ~ iem. soos 'n vuishou/voorha= merhou/sweepslag tref; *a* ~ *of a shot* 'n mokerhou (*of* alle= mintige hou). ~**clap** donderslag. ~**cloud** onweers=, donder= wolk. ~**flash** (*mil.*) donderslag. ~**head** donder(wolk)kop. ~**shower** donderbui. ~**storm** donderstorm; *a* ~ *is brewing* daar is onweer in die lug. ~**struck, ~stricken** stomverbaas, verstom, oorbluf.

**thun·der·er** dondergod; donderaar; woerwleël.

**thun·der·ing** *adj.* (*attr.*) donderende (*water ens.*); daweren= de (*toejuiging ens.*); yslike, enorme, kolossale, ontsaglike, ge= weldige, baie groot; *be a* ~ *bore* erg/ontsaglik/uiters/ver= skriklik vervelig/vervelend wees; *a* ~ *lie* 'n gruwelike/ver= skriklike/yslike leuen; *be a* ~ *nuisance* verduiwels lastig wees. **thun·der·ing·ly** *adv.* erg, ontsaglik, uiters, verskriklik (*verve= lig ens.*); (ver)duiwels, verbasend (*goed ens.*).

**thun·der·ous** dreigend, onheilspellend (*wolke*); donderend (*mus. ens.*); dawerende (*toejuiging*); allemintig (*gebrul ens.*); oorverdowend (*lawaai*); bulderend (*stem*); woedend (*gesig*); hewig (*frons*); *a* ~ *shot* 'n mokerhou (*of* allemintige hou).

**thun·der·y** onweeragtig, onweers=, donder(weer)=; dreigend, onheilspellend; ~ *rain* donderweerreën; ~ *shower* onweers= bui; ~ *sky* onweershemel.

**Thurs·day** Donderdag.

**thus** (*fml. of poët., liter.*) dus; aldus, op dié manier, so; sodoen= de; sus; ~ *and* ~, ~ *and so* sus en so, dit en dat; ~ *far* tot dusver/dusvêr/sover/sovêr/hiertoe, tot nou/nog toe; ~ *much* soveel.

**thwack** = WHACK.

**thwart** *n.* roeibank(ie). **thwart** *ww.* dwarsboom, kortwiek, verydel, fnuik, in die wiele ry, 'n stokkie steek voor; verhin= der, keer, stuit; teen=, teëgaan.

**thy** *bes.bep.*, (*arg. of dial.*) u. ~**self** (*arg. of dial.*) uself.

**thyme** (*bot.*) tiemie. ~ **oil** tiemieolie.

**thy·mine** (*biochem.*) timien.

**thy·roid** (*ook* thyroid gland) skildklier, tiroïed(klier); (*ook* thy= roid cartilage) skildkraakbeen, tiroïedkraakbeen. **thy·ro·tro· pin** (*biochem.*) tirotropien. **thy·rox·ine** (*biochem.*) tiroksien.

**ti·ar·a** tiara; (*RK*) pouslike driekroon, tiara.

**Ti·ber (Riv·er)** Tiber(rivier).

**Ti·bet** (*geog.*) Tibet. **Ti·bet·an** *n.* Tibettaan; (*taal*) Tibettaans. **Ti·bet·an** *adj.* Tibettaans.

**tib·i·a** =iae, (*anat.*) skeenbeen, tibia. **tib·i·al** skeenbeen=.

**tic** senu(wee)trekking, spiertrekking.

**tich** →TITCH.

**tick**[1] *n.* tik; merkie, strepie; *half a ~!, (infml.)* net 'n oomblik= kie!; *in (half) a ~, in two ~s, (infml.)* in 'n kits/japtrap, som= mer gou-gou. **tick** *ww.* tik; *make s.t. ~, (infml.)* iets aan die gang maak/hou; *what makes s.o. ~, (infml.)* hoe iem. se kop werk; *~ s.o. off, (infml.)* iem. oor/op die vingers raps/tik, iem. 'n skrobbering gee, iem. berispe/roskam/skrobbeer; *~ s.t. off* iets (af)merk; iets aanstip; *be ~ed off, (infml.)* kwaad/geïrri= teerd/onthuts wees; *~ over, ('n motor)* stadig draai, luier; *(iem.)* net aan die gang bly; *~ over better* beter funksioneer. **~-tack** (ge)tiktak *(v. 'n horlosie ens.).* **~-tock** (ge)tiktak, (ge)tok-tok *(v. 'n horlosie ens.); (spel)* toktokkie.

**tick**[2] *n.* bosluis; luisvlieg. *~ bird* = CATTLE EGRET; OXPECKER. **~(-bite) fever** bosluiskoors.

**tick**[3] *n., (infml.)* krediet; *buy on ~* op skuld koop.

**tick·er** *(infml.)* hart; *(infml.)* horlosie, oorlosie; *(iem./iets wat tik)* tikker. *~* **tape** papierlint; telegraaf=, teleksstrook. **~-tape parade, ~-tape welcome** confetti=, konfettiparade.

**tick·et** *n.* (adres/toegangs/reis/trein/vlieg[tuig]/teater/ens.)= kaartjie; etiket; bewysbrief; verkeerskaartjie; sertifikaat *(v. 'n skeepskaptein ens.); (han.)* prysetiket, =kaartjie; **(just) the ~,** *(infml.)* die ware Jakob/jakob, net die regte ding; *~ of leave* bewys(brief) van voorwaardelike invryheidstelling; *punch ~s* kaartjies knip; *it's ~s with s.o., (SA, infml.)* dis klaar(praat) met iem.. **tick·et** *ww.* etiketteer; 'n kaartjie *(of* kaartjies) heg aan; 'n kaartjie *(of* kaartjies) uitreik aan; 'n kaartjie gee *('n motoris); be ~ed, (motoris[te])* 'n kaartjie *(of* kaartjies) kry. *~* **agent** kaartjieagent. *~* **collector** kondukteur, kaartjies= knipper, =opnemer. *~* **holder** kaartjiehouer. *~* **inspector, examiner** kaartjiesondersoeker. *~* **office** kaartjieskantoor; loket.

**tick·et·ing** kaartjie-uitreiking.

**tick·ey** *(SA, hist.)* trippens, tiekie. *~* **box** *(SA, infml.: telefoon= hokkie)* tiekieboks.

**tick·ing**[1] (ge)tik. **~-off** *(infml.)* uitbrander, skrobbering; *give s.o. a (severe) ~* iem. oor die kole haal, iem. (goed) voor stok kry *(of* die leviete [voor]lees *of* die waarheid sê/vertel), iem. (goed/hard) oor/op die vingers raps/tik, iem. se kop (goed/ lekker) vir hom/haar was; *get a (severe) ~* oor die kole gehaal word, (goed) voor stok gekry word, (goed/hard) oor/op die vingers geraps/getik word, 'n uitbrander kry.

**tick·ing**[2], **tick** *(tekst.)* tyk, matrasgoed.

**tick·le** *n.* gekielie; kriewel, kielierige gevoel. **tick·le** *ww.* kie= lie; prikkel *(iem. se nuuskierigheid ens.);* streel *(d. sinne); (klere, jou keel, ens.)* krap; *be ~d pink* (or *to death) by s.t., (infml.)* hoog(s) in jou skik met iets wees; uiters geamuseer(d) oor iets wees; jou *(amper/byna)* 'n boggel(tjie)/papie oor iets lag, groot lag oor iets kry; *s.o.'s foot ~s* dit kielie onder iem. se voet; *~ the soles of s.o.'s feet* iem. onder sy/haar voete kielie. **tick·ler** iem./iets wat kielie, kielieding; netelige kwessie/pro= bleem/saak; *(mot.)* prikkelaar. **tick·lish** kielierig; netelig, las= tig, teer; liggeraak.

**tid·al** gety=; →TIDE; *~ current* getystroom; *~ pool* getypoel; *~ wave* getygolf; *(lett. & fig.)* vloedgolf.

**tid·dler** *(Br., infml.)* (klein) vissie; kleintjie; tjokkertjie, pikkie.

**tid·dly**[1] *adj., (infml.: effens besope)* geswael, aangeklam.

**tid·dly**[2] *(infml.)* (piep)klein.

**tid·dly·winks,** *(Am.)* **tid·dle·dy·winks** vlooiespel.

**tide** *n.* gety; *(i.d. mv.)* getye, eb en vloed; *(fig.)* stroom; *(fig.)* kentering, wending; *against the ~* teen die stroom (in); *the ~ is coming in* die gety kom op; *the ~ is going out* die gety gaan/loop af; *the ~ is in* dis hoogwater; *the incoming ~* die opkomende gety; *the ~ is out* dis laagwater; *the outgoing ~* die afgaande gety; *turn the ~, (fig.)* die deurslag gee; *the turn of the ~* die kentering/wisseling van die gety; *(fig.)* die keer= punt; *the ~ turns* die gety keer/verander; *go/swim with the ~, (fig.)* die stroom volg, met die stroom saamgaan. **tide** *ww.* met die stroom afdryf/afdrywe/vaar. **~mark** hoogwa=

termerk; laagwatermerk; hoogwaterlyn; laagwaterlyn; water= lyn. *~* **stream** getystroom. **~water** getywater; *(Am.)* (laag= liggende) kusgebied. *~* **wave** vloedgolf.

**tide·less** getyloos.

**ti·di·ly, ti·di·ness** →TIDY.

**tid·ings** *n. (mv.), (poët., liter.)* tyding, nuus, berig(te); *evil/ good ~* slegte/goeie tyding.

**ti·dy** *n.* opruiming; rommelkassie, =houer; rommelsakkie; werk(s)mandjie. **ti·dy** *adj.* netjies, ordelik, aan (die) kant; sindelik; *(attr., infml.)* taamlike *(ent ens.);* aardige, mooi *(be= drag[gie]);* agtermekaar, knap *(span ens.);* helder *(kop).* **ti·dy** *ww.* aan (die) kant maak, opruim; ordelik maak; iets aan (die) wegpak; *~ s.t. out* iets opruim; *~ o.s. (up)* jou opknap/reg= maak; *~ s.t. (up)* iets opruim; iets opknap; iets aan (die) kant maak *('n kamer ens.).* **ti·di·ly** net(jies), ordelik; sindelik. **ti·di·ness** netheid, ordelikheid; sindelikheid.

**tie** *n.* tou(tjie), band, draadjie, koord, lint(jie); das; knoop, knopie; strik(kie); *(fig.)* band; verband, verbinding; verbin= tenis; verpligting; koopverpligting; *(jur.)* regsband; *(bouk.)* bindbalk, bint(balk); verbindingsbalk; *(landm.)* aansluitings= lyn; *(mus.)* (verbindings)boog/bogie, (bind)boog/bogie; *(kant= werk)* trens(ie); *(sport)* gelyk(op)spel, =wedstryd; staking *(v. stemme);* bevestiging, vasmaking; *~s of blood* bloedver= wantskap; *cut/sever ~s with ...* die bande met ... verbreek; *establish/form ~s with ...* bande met ... aanknoop; *~s of friendship* vriendskapsbande; *marital/marriage/matri= monial/nuptial ~* huweliksband; *play off a ~* 'n beslis= sende wedstryd speel; *put on a ~* 'n das aansit/omsit; *the result was a ~* die uitslag was gelykop. **tie** *ww.* (vas)bind, vasmaak; (vas)knoop; vaswoel; knoop; strik; verbind; *(twee spanne ens.)* gelyk wees, gelykop speel; *(fig.)* bind, beperk, belemmer; *~ s.t. back* iets vasbind; *~ s.t. in a bow* iets strik; *~ o.s. down to s.t.* jou tot iets verbind *('n datum ens.); be ~d down* gebind/gebonde wees; *~ s.o. down, (fig.)* iem. se han= de bind; iem. besig hou *(of* besighou); *~ s.t. down* iets vas= bind; *~ in with ...* met ... ooreenkom, by ... (in)pas; *~ s.t. off* iets afbind; *~ s.t. on* iets aanbind/vasbind/vasmaak; iets aan= knoop/vasknoop; *~ s.t. over ...* iets oor ... bind; *~ a tie* 'n das knoop; *~ s.t. to ...* iets aan ... vasbind/vasknoop; *~ things together* dinge (aan mekaar) vasbind; *be ~d up, (geld)* vas belê wees; *(iem.)* druk besig wees; *(iem.)* aan bande gelê wees; *be ~d up with ...,* *(ook)* met ... saamhang *(of* verband hou); met ... te doen hê; met ... verbonde wees; *~ s.o. up, (lett.)* iem. vasbind/vasmaak; *(fig.)* iem. druk besig hou *(of* besig= hou); *(fig.)* iem. aan bande lê; *~ s.t. up* iets vasbind/vasmaak; iets verbind *('n wond ens.);* iets opbind *(jou hare ens.);* iets toebind/toeknoop *('n sak ens.);* iets vasmeer *('n skip);* iets vas= sit *(geld);* iets afhandel *(reëlings ens.);* *~ with ...* met ... gelyk= op speel. **~back** *n.* gordynband, =koord. **~break(er)** *(tennis)* valbyl=, uitkloppot. **~-dye, ~-dyeing, ~-and-dye** *n.* knoop= en-doop, knoopkleuring. **~-dye** *ww.* knoop-en-doop, knoop= kleur. **~-in** *n.* verband, verhouding; koppelverkoop; koppel= advertensie; koppelproduk. *~* **piece** bindstuk. **~pin** das= speld. **~-up** verband, verbintenis; *(Am., telekom.)* verbinding.

**tied** *adj. (volt.dw.)* vasgemaak, vasgebind; *(mus.)* (oor)gebind *(note); (sport)* gelykop *(wedstryd).*

**tier** *n.* laag; ry; reeks; verdieping; stapel. **tier** *ww.* in lae sta= pel; in rye/bane oor mekaar aanbring; *~ed seats* sitplekke in traprye; *~ed skirt* dwarsbaanromp.

**tierce** *(mus.: orrelregister)* terts; *(mus.)* tertstoon *(v. 'n klok); (piket)* drie volgkaarte, driekaart; *(skermk.)* derde parade/pa= reerposisie.

**-tiered** *komb.vorm* =laag=; =vlak=; =verdieping=; *three-~ wed= ding cake* drielaagtroukoek.

**Ti·er·ra del Fue·go** *(Sp., geog.)* Vuurland.

**tiff** *n., (infml.)* rusietjie, standjie; slegte bui; *have a ~, (twee mense)* stry/rusie kry. **tiff** *ww.* stry, twis, rusie maak; in 'n slegte bui wees.

**tif·fa·ny** *(tekst.)* sygaas.

**ti·ger** *(soöl.)* tier; *(fig.: dapper mens)* leeu; *(fig.)* gedugte teen-/ teëstander; *(ook* tiger economy*)* lewenskragtige/dinamiese ekonomie; *have a ~ by the tail, be riding a ~, (infml.)* (vir jou) 'n wilde perd opgesaal het. ~ **beetle** *(entom.)* sand-, tierke= wer. ~ **cat** tierkat; tierboskat; oselot, panterkat; (dwerg)= tierkat, margay. ~ **lily** tierlelie. ~ **(moth)** tiermot. ~**('s) eye** *(halfedelsteen)* tieroog. ~ **shark** *(Galeocerdo cuvieri)* tierhaai.

**ti·ger·ish** tieragtig; wreed(aardig).

**tight** *n., (rugby)* vaste spel. **tight** *adj.* styf, vas, stewig, ferm; nou(sluitend), noupassend, knap; knap *(begroting);* dig; saamgepak; heg; styf gespan; drukkend; benoud; stroef, stug, strak; streng *(sensuur ens.);* taai *([wed]stryd);* kop-aan-kop- *(uitslag ens.);* waterdig *(argument);* bindend *(ooreenkoms ens.);* nou *(parkeerplek ens.);* kort *(draai);* smal *(hoek ens.);* skaars, skraps *(geld);* vol *(program); (infml.)* suinig, inhalig, vrek= k(er)ig; *(infml.)* dronk, gekoring, getrek, geswa(w)el; *(as) ~ as a drum, (infml.)* so dronk soos 'n hoender/lord/matroos; ~ *knot* stywe knoop; *(houtw.)* vaste kwas; *make s.o. ~, (infml.)* iem. dronk/lekker maak; ~ *shoes* nou skoene, skoene wat druk. **tight** *adv.* styf, vas, stewig, ferm. ~**-assed** *(Am. sl.)* bekrompe, verstok; krenterig; styf, stug, koud. ~**-fisted** *(infml.)* suinig, inhalig, vrek(er)ig, gierig ~**-fitting** nou(slui= tend), noupassend. ~ **forward** *(rugby)* vaste voorspeler. ~ **head** *(rugby)* vaskop. ~**knit, tightly knit** *adj.* heg; ~ *commu= nity/etc.* hegte gemeenskap/ens.. ~**-lipped** met saamgepers= te/stywe/opeengeperste lippe; geslote, swygsaam; *keep/re= main/stay ~, keep/maintain a ~ silence* die (stil)swye bewaar, geen *(of nie 'n)* woord praat/rep/sê nie. ~ **loose** *(rugby)* vaste los(spel). ~ **play** *(rugby)* vaste spel. ~**rope** spandraad, gespanne koord; *walk a ~, (fig.)* 'n balanseertoertjie/koord= dans uitvoer. ~**rope act** *(lett. & fig.)* balanseertoertjie, koord= dans. ~**rope walker** koorddanser, -loper, (span)draadloper. ~ **scrum** *(rugby)* vaste skrum.

**tight·en** span, stywer/nouer maak, stywer trek; vasdraai, aandraai *('n skroef ens.);* aanhaal *('n dryfband ens.);* verskerp *(maatreëls ens.);* ~ *s.t. up* iets stywer span; iets strenger maak, iets verskerp/opknap *(reëls ens.);* ~ *up control, (ook)* strenger beheer/toesig uitoefen.

**tight·ly** styf, stewig; *shut one's eyes ~* jou oë (styf/dig) toe= knyp.

**tight·ness** styfheid; digtheid; engheid; ~ *of money* geld= skaarste, skaarste aan geld.

**tights** *n. (mv.)* broekiekouse, kousbroekie; span-, kleefbroek.

**ti·gon, ti·glon** *(soöl.)* tierleeu.

**ti·gress** *(lett. & fig.)* tierwyfie.

**tik** *(SA dwelmsl.: metamfetamien)* tik.

**tike** →TYKE.

**ti·ki** *-kis, n., (Maori)* voorvaderamulet; voorvaderbeeldjie.

**tik·ka** *adj. (pred.), (Hindi, Ind. kookk.)* -tikka; *chicken ~* hoen= dertikka.

**ti·lap·i·a** *(igt.)* kurper.

**til·de** *(skryfteken)* tilde, slangetjie.

**tile** *n.* teël; (dak)pan; blokkie *(by speletjies); have a ~ loose, (infml.)* nie al jou varkies (op hok) hê nie, (van lotjie) getik *(of* van jou trollie/wysie af *)* wees; *be (out) on the ~s, (infml.)* kattemaai. **tile** *ww.* teël, met teëls bedek/uitlê; bepan, met panne dek; *(rek.)* rangskik/pak sodat hulle nie oorvleuel nie *(vensters).* ~ **floor** teëlvloer. ~ **roof** teël-, pandak. ~ **works** teëlbakkery; panbakkery.

**tiled** geteël(d); bepan; ~ *bathroom* geteëlde badkamer; ~ *floor* teëlvloer, ~ *roof* teël-, pandak.

**til·er** teëllêer; dakdekker.

**til·ing** beteëling; teëlwerk; teëls; (dak)panne.

**till¹** *prep. & voegw.* →UNTIL.

**till²** *n.* geld-, kontantlaai; kasregister; betaalpunt; *have one's fingers/hand in the ~, (infml.)* die firma se geld steel. ~ **mon= ey** kasregistergeld.

**till³** *ww.* bewerk, bebou *(grond).* **till·a·ble** bewerkbaar, bebou= baar. **till·age** grondbewerking, -voorbereiding; bewerkte/be= boude grond; ploegland.

**till⁴** *n., (geol.)* keileem.

**till·er¹** *n., (sk.)* stuur-, helmstok, roerpen. ~ **rope** stuur-, roer= tou.

**till·er²** *n., (bot.)* waterloot, uitloper, uitloopsel. **till·er** *ww.* uitloop, uitspruit, waterlote gee.

**till·er³** *n.* landbouer; skoffelploeg, veertandploeg.

**Til·sit (cheese), Til·sit·er** tilsit(kaas), tilsiter *(ook T~).*

**tilt** *n.* skuinste, skewe/skuins ligging, skuins stand; (oor)= helling, kanteling; *(at) full ~* op/in/met volle vaart, (op/teen) volspoed; *run full ~ against ...* volspoed (of op/in/met volle vaart) op ... afstorm; *run full ~ into s.t.* iets op/teen vol= spoed *(of* op/in/met volle vaart*)* tref, volspoed in/teen iets bots; *give s.t. a ~* iets skuins/skeef hou, een kant van iets (op)lig. **tilt** *ww.* skuins staan; kantel, (oor)hel, skuins hel; wip; (laat) kantel, laat oorhel, skuins hou, (een kant) (op)lig; laat wip; *(teg.)* slaan, smee *(met 'n smeehamer); (hist.)* deel= neem aan steekspel *(of* 'n toernooi*)*; vel *('n lans);* ~ *at s.o.* iem. aanval; na iem. steek; iem. bestorm; ~ *back in one's chair* in jou stoel agteroor leun; ~ *back one's head* jou kop agteroor buig *(of* laat hang*)*; ~ *forward* vorentoe/vooroor buig; ~ *over* skeef/skuins staan; omkantel, omgooi; ~ *up* opwip. ~ **hammer** smee-, sterthamer.

**tilth** akkerbou, landbou; bewerkte grond, ploeg-, bouland.

**tim·bale** *(<Fr.), (kookk.)* timbale; *(i.d. mv., Lat.Am. mus.: si= lindriese tromme)* timbales.

**tim·ber** *n.* (timmer)hout, werkhout; bos, woud, bome; boom= stamme; balk *(v. 'n huis ens.); (bootbou)* rib, spant, sy-, krom= stuk; *(fig.)* eienskappe, kwaliteite; *be managerial ~* bestuurs= eienskappe/-kwaliteite hê; *shiver me ~s!* die duiwel haal my!.

**tim·ber** *ww.* stut; beskoei *('n mynskag).* ~ **forest** bosplan= tasie. ~ **frame** houtraam. ~**-frame(d)** *adj. (gew. attr.)* hout= raam=; ~ *house* houtraamhuis. ~**line** boomgrens. ~ **mill** saag= meul(e). ~ **ring** jaarring, groeilaag. ~ **wolf, grey wolf** *(soöl.)* gryswolf. ~**work** hout-, timmerwerk; balke. ~**yard** houtwerf.

**tim·bered** hout-, van hout; bebos.

**tim·ber·ing** hout-, timmerwerk, timmerasie; hout; stutwerk; *(mynb.)* beskoeiing.

**tim·bre** timbre, klanktint, toonkleur *(v. iem. se stem).*

**Tim·buk·tu** *(geog., ook fig.)* Timboektoe.

**time** *n.* tyd; tydstip; stonde; skof; termyn; (tyds)duur; keer, maal, slag; *(mus.)* tempo, tydmaat; pas; *it's about/high ~ (that ...)* dis hoog tyd (dat ...); *after a ~* naderhand, ná 'n rukkie; ~ *after ~,* ~ *and ~ again* keer op keer, herhaaldelik; *be a race against ~* 'n wedloop met/teen die tyd wees; *work against ~* ja(ag) *(of* alles uithaal*)* om betyds klaar te kom/ kry; *ahead of ~* vroeg, voor die gestelde tyd; *be ahead of one's ~* jou tyd vooruit wees; *all the ~* die hele tyd, heeltyd, al die tyd, deurentyd; deurgaans; *for all ~* vir altyd; eenmaal en klaar; *of all ~* van alle tye; *have all the ~ in the world* volop tyd hê; *allow s.o. ~ to ...* iem. tyd gee om te ...; *another ~* anderdag; *any ~ (you like)* net wanneer jy wil; *at any ~* te eniger tyd; te alle tye; *at the appointed ~ and place* op die bestemde/vasgestelde tyd en plek; ~ *of arrival* tyd van aankoms, aankomstyd; *arrive on ~* betyds aankom; *ten ~s as big (as ...)* tien maal/keer so groot (as ...); *ask the ~* vra hoe laat dit is; *ask for ~* uitstel vra; *at ~s* af en toe, soms, by/met tye; *three at a ~* drie tegelyk *(of* op 'n keer/slag*)*; *at the ~* destyds, toe; *at the ~ of ...* ten ty(d)e van ...; *at all ~s* altyd, te alle tye, deurentyd; *at no ~* nooit; in geen stadium nie; *at one ~* vroeër, eenmaal; 'n tyd lank *(i.d. verlede); at one (and the same) ~* gelyktydig, tegelyk(ertyd); *one at a ~* een= een; *at other ~s* ander tye; *at that/the ~* destyds, toe; *at the ~ of ...* ten ty(d)e van ...; *tydens ...;* terwyl ...; *at the ~ of going to press* by die ter perse gaan; *at this ~* tans, teenswoordig, deesdae; *at this ~ of day, (ook)* nou nog; *at what ~?* hoe laat?;

wanneer?; *at a ~ when* op 'n tydstip (*of* in 'n tyd) toe; *have
a bad ~* swaar kry; *fall on bad ~s* teen-/teëspoed kry; *beat
~* die maat slaan; *a minute before ~* 'n minuut voor die be=
stemde tyd; 'n minuut voor die end/einde (*v. 'n wedstryd*); *be
before* one's *~* te vroeg wees; jou tyd vooruit wees; *behind
~* (te) laat; *be behind the ~s* ouderwets wees; verouderde
opvattings hê; *for the ~ being* voorlopig, vir eers, vereers,
solank; *at the best of ~s* op sy beste; *in between ~s* tussenin;
*bide/wait* one's *~* jou tyd (*of* 'n geleentheid/kans) afwag;
*both ~s* albei (*of* al twee) kere; *by the ~* s.o. ... teen die tyd
dat iem. ...; *by the ~ that* ... wanneer ...; *by that ~* toe al/
reeds, teen dié/daardie tyd (*i.d. verlede*); dan, teen dié/
daardie tyd (*i.d. toekoms*); *by this ~* teen dié tyd, nou (al/
reeds); *~s change* die tye/wêreld verander; *the ~ to ... has
come* die tyd om te ... het aangebreek; *for a considerable ~*
geruime tyd; *~ of departure* vertrektyd; *at different ~s*
meermale; *difficult ~s* swaar tye; *give s.o. a difficult ~* iem.
laat swaar kry; *do/serve ~, (infml.)* 'n (tronk)straf uitdien;
*in due ~* op die gesette tyd; te(r) geleëner/gelegener tyd;
mettertyd, met verloop van tyd; *ten ~s easier* tien maal/keer
makliker; *a thousand ~s easier, (infml.)* oneindig makliker;
*employ* one's *~ ...* jou tyd ... bestee; *the train's estimated ~
of arrival is ...* die trein word om ... verwag; *every ~* elke
keer/maal/slag; telkens, gedurig; *every ~ s.o. ...* elke keer/
maal dat iem. ...; *make fast/good ~* vinnig vorder/reis/ens.;
*a few ~s* 'n paar keer/maal; enkele kere/male; *fill (up) ~* die
tyd vul/omkry; *find ~ to do s.t.* die tyd kry/vind/inruim om
iets te doen; *not find ~ to do s.t., (ook, infml.)* nie jou draai
kry nie; *this is a fine ~ to ...!* iem. het regtig 'n goeie tyd
gekies om te ...!; *the first ~* die eerste keer/maal; *~ is fleet=
ing* die tyd snel verby; *~ flies* die tyd vlieg (verby); *for a ~*
'n ruk (lank), 'n tyd lank; *it is ~ for ...* dit is tyd om te ...; dit
is tyd dat ...; *from ~ to ~ (so)* nou en dan, van tyd tot tyd;
*in the ful(l)ness of ~* op die gestelde tyd; in die volheid/vol=
einding van die tye; *gain ~* tyd wen; *get ~* tyd kry; *(infml.)
~ is getting on* die horlosie/oorlosie stap
aan; *give/tell s.o. the ~* vir iem. sê hoe laat dit is; *as ~ goes
on* mettertyd; *~s gone by* vervloë tye; *have a good ~* ple=
sier/pret hê, dit (besonder) geniet; *have good ~s* voorspoed
geniet; *in good ~* ruim betyds; tydig; *all in good ~* te(r) ge=
leëner/gelegener tyd; *the good old ~s* die goeie ou(e) tyd/
dae; *make good ~ →fast/good; a very good ~* 'n heerlike
tyd; *half the ~, (infml.)* dikwels; *fall on/upon hard ~s* moei=
like tye beleef/belewe; *give s.o. a hard ~* iem. swaar laat leef/
lewe; dit vir iem. moeilik maak; *have a hard ~ (of it)* swaar
leef/lewe; *have a hard/rough ~* dit moeilik hê; *have ~ for
s.t.* tyd hê vir iets, tyd vir iets kan afstaan; *have a ~ doing s.t.*
sukkel om iets te doen; *have you (got) the ~?* kan jy my sê
hoe laat dit is?; *have you (got) the ~ (for it)?* het jy die tyd
(daarvoor)?, kan jy die tyd (daarvoor) afstaan?; *have the ~
to ...* tyd hê om te ...; *~ is the great healer* die tyd heel alle
wonde; *it's high ~ (that ...) →about/high; from/since ~ im=
memorial* van toeka se dae/tyd (af); *in ~* betyds, op tyd;
(uit)eindelik; *in s.o.'s ~* he/she could/was ... op sy/haar dae/
dag (*of* in sy/haar tyd) kon/was iem. ...; *in a week's ~* in/
binne 'n week; *in ~ to come* mettertyd, in die toekoms; *just
in ~* net betyds; *well in ~* ruim betyds; *an inopportune ~*
'n ongeleë tyd; *keep ~* die maat hou/slaan; in die pas bly; *('n
horlosie)* goed loop; *keep track of the ~* die tyd dophou;
*keep up* (or *move*) *with the ~s* met die tyd saamgaan; *kill ~*
die tyd omkry/verdryf; *because of a lack of ~* omdat die tyd
iem. ontbreek; *with the lapse of ~* met/ná verloop van tyd;
*for the last ~* vir oulaas; *last s.o.'s ~* iem. se leeftyd duur,
hou/duur so lank as iem. leef/lewe; *last for some (length of) ~*
geruime tyd duur; *have the ~ of* one's *life* dit besonder ge=
niet; *have a lively ~* jou hande vol hê; *be (gone for) a long ~*
lank wegbly (*of* wegbly); *s.o. has been here for a long ~* iem.
is al lank hier; *s.o. hasn't done it for a long ~* iem. het dit lank
laas gedoen; *it is a long ~ since s.o. last ...* iem. het lank laas
...; *it takes a long ~ to ...* dit duur lank om te ...; *look at the*

*~* op die horlosie/oorlosie kyk; *look at the ~!* kyk hoe laat is
dit al!; *lose no ~ in doing s.t.* iets sonder versuim doen; gre=
tig wees om iets te doen; *recover* (or *make up for*) *lost ~* ver=
lore tyd inhaal; *lots of ~, (infml.)* volop tyd; *lots of ~s, (in=
fml.)* dikwels, baiekeer, =maal; *make ~* tyd wen; betyds aan=
kom; *make ~ for s.t.* vir iets tyd maak; *what ~ do you make
it?* hoe laat het jy dit?; *make up ~ →lost; many (and many)
a ~* dikwels, baiekeer, =maal; *many ~s* dikwels, baie kere/
male; *ever so many ~s* hoeveel keer/maal al (*infml.*); *the
march of ~* die verloop van die tyd; *~ marches on* die tyd
staan nie stil nie; *mark ~, (mil./alg.)* die pas markeer; *(mus.)*
die maat aangee; *it is only a matter/question of ~* dit is net
'n kwessie van tyd; *~ out of mind* lank gelede; *most of the ~,
most ~* gewoonlik, mees(t)al; *most of the ~, (ook)* amper/
byna die hele tyd; *move with the ~s →keep up; not have all
that much ~* nie soveel tyd hê nie; *s.o.'s ~ is drawing near*
iem. se tydjie word kort; iem. se einde nader; *in the nick of
~* op die nippertjie/tippie, net betyds; *nine ~s out of ten*
nege uit (die) tien keer/maal; *have no ~ for s.o., (infml.)* iem.
nie kan veel/verdra nie; niks vir iem. oorhê nie; *have no ~ for
s.t., (lett.)* geen tyd vir iets hê nie; *(fig., infml.)* niks goeds van
iets te sê hê nie; niks vir iets voel nie; iets nie kan duld nie;
*in less than no ~, in (next to) no ~, in no ~ at all* in 'n kits/jap=
trap/ommesientjie; *this is no ~ to ...* dis nie nou die tyd om
te ... nie; *~s without (or out of) number* male sonder tal; *any
number of ~s* hoeveel keer/maal al (*infml.*); *at odd ~s* op
ongereelde tye, af en toe; *... of the ~, (d. gebruike ens.)...* van
destyds; *get/have ~ off* tyd vry hê; *take ~ off* ('n) bietjie
uitspan (*of* met/op verlof gaan); *in olden ~s* in die ou dae/
tyd; *on ~* op (die bepaalde/gestelde) tyd, betyds; *be bang/
dead on ~, (infml.)* presies op die regte tyd kom; *one more ~*
nog een keer/maal; *our ~(s)* ons tyd/tye, hierdie tyd; *out of
~* uit die maat/pas; te laat; *over ~* mettertyd; *in one's own ~*
in jou vry(e) tyd; *in one's own good ~, (infml.)* wanneer dit
jou pas; *pass the ~* die tyd deurbring/verdryf; *~ is passing*
die tyd gaan verby; *be past one's ~* uitgedien(d) wees; *for
some ~ past* nou al 'n tyd lank; *play for ~* tyd (probeer)
wen; *in point of ~* in tydsorde; *at the present ~* tans, dees=
dae; *(there is) no ~ like the present* van uitstel kom afstel; *be
pressed for ~* min tyd hê; haastig wees; *~ presses* die tyd
raak kort/min; *be a product of the ~s* 'n kind van jou tyd
wees; *it is only a question of ~ →matter/question; quite
some ~* 'n hele/taamlike ruk/tyd; *recover lost ~ →lost; at the
right ~* op die regte tyd; *have a rough ~* swaar kry/leef/
lewe; *~ has run out* die tyd is om; *~ is running out* die tyd
raak/word min (*of* is amper/byna om); *at the same ~* ter=
selfdertyd; gelyktydig, tegelyk(ertyd); tewens; daarteenoor;
(en) tog, desondanks, desnieteenstaande; *at the same ~ as
...* tegelyk met ...; *at seasonable and unseasonable ~s* tydig
en ontydig; *a second ~* andermaal, weer; *happen for the sec=
ond ~* nog 'n (*of* 'n tweede) keer/maal gebeur; *serve ~ →
do/serve; at set ~s* op gesette/vaste tye; *several ~s* verskeie
kere/male; *a short ~* 'n tydjie/rukkie; *be/work (on) short ~*
ondertyd werk; *put employees on short ~* werknemers se
werktyd inkort; *~ will show* die tyd sal leer; *it is a sign of the
~s* dit is 'n teken van die tyd; *some ~ ago* 'n hele ruk gelede;
*for some ~* in 'n lang tyd; 'n tyd lank; *for some ~ to come*
nog 'n hele/geruime tyd; voorlopig; *s.o. has been here (for)
some ~* iem. is al 'n ruk (*of* 'n tyd lank) hier; *we must do it
some ~* ons moet dit (op) (die) een of ander tyd doen; *quite
some ~* 'n hele ruk/tyd; *a space of ~* 'n tydsbestek; *in s.o.'s
spare ~* in se vry(e) tyd; *spare the ~ for s.t.* tyd aan iets
afstaan; *have no ~ to spare* nie/geen tyd oorhê nie; *spend
one's ~ on ...* jou tyd aan ... bestee; *spend one's ~ reading* jou
tyd met lees deurbring; *the spirit of the ~s* die tydgees; *stacks
of ~, (infml.)* hope tyd; *state a ~* 'n tyd aangee/bepaal; *there
is still ~* daar is nog tyd; *at a suitable ~* op 'n geleë tyd,
te(r) geleëner/gelegener tyd; *take one's ~* jou nie haas nie;
*take your ~!* moenie haastig wees nie!, daar's baie tyd!; *take
up ~* tyd in beslag neem; *it takes ~* dit vereis tyd; *it takes*

~ *to* ... ('n) mens het tyd nodig om te ...; dit duur 'n ruk voordat ...; *it takes a long ~ to* ... →*long; tell the* ~ op die horlosie/oorlosie kyk, weet/sê hoe laat dit is; *tell s.o. the* ~ → *give/tell; (only) ~ will tell* (net) die tyd sal leer; *ten* ~*s over* tiendubbel; *s.t. has stood the test of* ~ iets is beproef; *by that* ~ →*by; this* ~ dié/hierdie keer/slag; *by this* ~ →*by; it is* ~ *to* ... dit is tyd om te ...; *there is* ~ *to* ... daar is tyd om te ...; *have a tough* ~, *(infml.)* les opsê; *two or three* ~*s* 'n paar keer; *for the umpteenth* ~, *(infml.)* die hoeveelste keer/maal; *at an unearthly/ungodly* ~, *(infml.)* op 'n onmoontlike/onmenslike tyd, onmenslik vroeg; *until such* ~ *as* ... tot tyd en wyl ...; ~ *is up* die tyd is om/verstreke; *have to wait some* ~ 'n rukkie/tydjie moet wag; *wait one's* ~ →*bide/wait; waste* ~ tyd verspil/verkwis/mors; *it is a waste of* ~ dit is tydverkwisting/-verspilling/-mors; *s.o.'s watch gains* ~ iem. se horlosie/oorlosie loop voor; *s.o.'s watch keeps good* ~ iem. se horlosie/oorlosie loop goed; *have a whale of a* ~, *(infml.)* groot pret hê; *what* ~ *is it?, what is the* ~*?* hoe laat is dit?; *what* ~ *do you make it?* hoe laat het jy dit?; *what* ~ *will ... arrive?, what* ~ *is ... coming?* hoe laat kom ...?; *at a* ~ *when* ... op 'n tydstip (*of* in 'n tyd) toe ...; *the* ~ *(when) s.o.* ... die keer toe iem. ...; *there was a* ~ (or ~ *was*) *when* ... daar was 'n tyd toe ...; *the* ~ *by which* ... die tyd waarbinne ...; *wanneer* ...; *while away the* ~ die tyd omkry/verdryf; *the* ~ *is not yet* die tyd het nog nie gekom nie; *now is your* ~ nou is jou kans. **time** *ww.* reël, reguleer; regsit, stel; die regte tyd kies; op die juiste oomblik doen; die tyd bereken/bepaal; die tyd opneem; die maat aangee/hou; ~ *one's blows* sorg dat jy op die regte tyd slaan; *it was* ~*d for one o'clock* dit sou om een-uur plaasvind; ~ *o.s.* presies na die afgemete tyd hardloop/werk/ens.; vasstel hoe gou jy iets kan doen; meet hoe vinnig jy die afstand aflê; *s.t. is* ~*d to take place at* ... iets is vir ... gereël; *be well* ~*d* geleë wees, op die geskikte tyd plaasvind; op die geskikte oomblik kom. ~ **bomb** tydbom. ~ **capsule** tydkapsule. ~ **clock** tyd-, stempelklok. ~-**consuming** tydrowend. ~ **deposit** *(fin.)* termyndeposito. ~ **exposure** *(fot.)* tydopname. ~ **factor** tyd(s)faktor. ~ **frame** tydraamwerk. ~ **fuse** maatlont; tydbuis. ~-**honoured** eerbiedwaardig; eeue oud; tradisioneel. ~-**keeper** tydaangeër; tydreëlaar; tydbeampte, tyd-; uurwerk. ~-**keeping** tydreëling; tydopneming. ~ **lag** vertraging; tussenpose. ~-**lapse photography** tydsverloopfotografie. ~ **limit** tydgrens, tydsbeperking. ~-**line** tydlyn. ~ **lock** klokslot. ~ **off** *n.* vrye/af tyd. ~ **out** *n.:* *take* ~ ('n bietjie) rus, 'n blaaskans vat/neem/geniet. ~**out** *n., (Am., sport)* (spel)onderbreking, onderbreking in die spel; *(infml.)* hoktyd *(vir 'n stout kind).* ~**piece** uurwerk, horlosie, oorlosie, klok. ~ **rate** tydloon. ~**saver:** *be a (real)* ~ (baie) tyd spaar. ~**saving** *adj.* tydbesparend. ~**server** verkleurmannetjie *(fig.);* manteldraaier; *s.o. is a* ~, *(ook)* iem. is soos die wind waai. ~**serving** veranderlik, onbestendig; ~ *soldier* dienende soldaat. ~**share** *n.* tyd(aan)deel, tyddeling, blybeurt(e). ~**share** *adj. (attr.)* tyddeel-, blybeurt- *(oord ens.).* ~ **sharing** *n.* tyddeling. ~-**sharing scheme** tyddeel-, beurtblyskema. ~ **sheet** uurstaat, werkuurregister. ~ **shift** *n.* tydverskuiwing. ~ **signal** tydsein. ~ **signature** maat(soort)teken. ~ **slot** tydgleuf. ~ **span** (tyds)duur, tyd, tydsbestek, tydspan. ~ **switch** tydskakelaar. ~**table** (diens)-, (tyd)rooster, tydtafel; diensreëling; *(mus.)* maattabel; werkrooster; *railway* ~ spoorboek, treingids, -rooster. ~ **travel** *n., (wet./iksie)* tydreis, reis deur die tyd. ~ **traveller** tydreisiger. ~ **trial** *(sport)* tydtoets. ~ **warp** tydverwringing; *enter a* ~ ~ in ('n ander) tyd verplaas word. ~-**wasting** tydrowend. ~**worker** uurloner, -loonwerker. ~**worn** verslete; afgesaag; verouderd. ~ **zone** tydsone.

**time·less** oneindig; tyd(e)loos.

**time·ly** tydig; aktueel. **time·li·ness** tydigheid; aktualiteit.

**tim·er** *n.* tydtoestel; tydklokkie; tydmeganisme; tydhouer; tydopnemer.

**-tim·er** *komb.vorm: full-*~ heeltydse werker; *part-*~ deeltydse werker.

**times** *prep.* maal; *four* ~ *three is twelve* vier maal drie is twaalf.

**tim·id** skugter, sku, beskroomd, skamerig, bedees; bangerig; bangbroek(er)ig. **ti·mid·i·ty** skugterheid, skuheid, bedeesdheid; bangerigheid.

**tim·ing** tydstelling; tydopneming; tydberekening; tydmeting; tydreëling, -vasstelling; tydsbepaling; keuse van tyd; vonkstelling *(v. 'n motor);* klepreëling; *the* ~ *was perfect* dit was presies op die regte tyd. ~ **device** tydtoestel.

**ti·moc·ra·cy** timokrasie, besittersregering. **ti·mo·crat·ic** timokraties, deur die besittersklasse geregeer.

**Ti·mor** *n., (geog.)* Timor. **Ti·mor·ese** *n.* Timorees. **Ti·mor·ese** *adj.* Timorees.

**tim·or·ous** bedees, sku, skugter, skamerig, bedremmeld, beskroomd, skroomvallig, verleë; skrikkerig, bangerig.

**tim·pa·ni, tym·pa·ni** *n. (mv., fungeer soms as ekv.), (mus. instr.)* keteltrom, pouk. **tim·pa·nist** poukenis.

**tin** *n. (chem., simb.:* Sn*)* tin; *(metaal)* blik; blikkie, bus(sie); gegalvaniseerde yster, sink. **tin** *-nn-, ww.* vertin; inmaak, inlê, inblik. ~ **box** blik(doos). ~ **can** *(houer)* blik. ~**foil** *n.* bladtin, tinfoelie; blik-, silwerpapier. ~**foil** *ww.* verfoelie; foelie, in bladtin toedraai. ~ **glaze** tinglasuur. ~ **god** afgodjie. ~ **hat,** ~ **helmet** *(infml.)* staalhelm. ~ **mine** tinmyn. ~ **mining** tinwinning. ~ **mug** blikbeker. ~-**opener** blikoopmaker, -snyer. ~ **ore** tin-erts. ~ **pail** blikemmer. **T**~ **Pan Alley** *(mus., infml., dikw. neerh.)* die pop(musiek)bedryf; die (gekommersialiseerde) pop(musiek)wêreld; popmusiekkringe. ~**plate** *n.* blik; blikplaat; blikbord. ~**plate** *ww.* met blik beklee. ~**pot** *adj., (infml., neerh.)* minderwaardig, goedkoop, derderangs; onbeholpe *(regering ens.);* agterlike *(land ens.).* ~ **roof** blikdak; sinkdak. ~-**roofed** met 'n blikdak/sinkdak. ~ **shanty** blikhuisie, -pondok(kie). ~**smith** blikslaer; tingieter. ~**snips** (krom) blikskêr. ~ **soldier** *(ook fig.)* bliksoldaatjie. ~**stone** tinsteen, kassiteriet. ~**ware** tinware, -goed; blikgoed, -ware, -werk.

**tinc·ture** *n.* tinktuur, aftreksel; smakie; sweempie, tikkie; tint; ~ *of iodine, (chem., farm.)* jodium-, joodtinktuur. **tinc·ture** *ww.* effe kleur/verf, tint; 'n smakie gee.

**tin·der** tontel(hout). ~**box** tonteldoos; *(fig.)* kruitvat; *(fig.)* kruidjie-roer-my-nie.

**tin·der·y** tontelagtig, tontelrig; maklik ontvlambaar.

**tine** tand *(v. 'n vurk, eg, ens.);* punt *(v. 'n takbokhoring).* **tined** getand.

**ting** *n.* geklingel, tingeling. **ting** *ww.* klingel, tingel, tjingel. **ting-a-ling** tingeling *(v. 'n klokkie).*

**tinge** *n.* tint, kleur; sweempie, ietsie, tikkie; smakie. **tinge** *ww.* tint, kleur; 'n smakie gee; ~*d with* ... met 'n tikkie ...

**tin·gle** *n.* tingeling; tinteling; prikkeling; (ge)jeuk; gesuis, suising; getuit, tuiting *(spykertjie)* tingel; lat. **tin·gle** *ww.* tingel; tintel; prikkel; jeuk; tuit; suis. **tin·gling** tinteling; gesuis; getuit; ~ *of the ears* gesuis/getuit in die ore, oortuiting, oorsuising. **ting·ly** *adj.* prikkelend.

**tink·er** *n.* ketellapper, blikslaer; broddelaar. **tink·er** *ww.* heelmaak, lap; broddel; peuter; *(infml.)* droogmaak; ~ *at s.t.* knutsel aan iets, peuter met iets; ~ *with s.t.* aan/met iets peuter. **tink·er·er** lapper; broddelaar; klungelaar.

**tin·kle** *n.* geklink, getingel, geklingel; gerinkel; getokkel; *give s.o. a* ~, *(infml.)* iem. (op)bel, *(<Eng.)* iem. 'n luitjie gee; *have a* ~, *(infml.)* 'n draai loop, fluit, water afslaan. **tin·kle** *ww.* klink, tingel, klingel; laat tingel/klingel; rinkel; tokkel; *(Br., infml.: urineer)* 'n draai loop, fluit, water afslaan. **tin·kler** klokkie. **tin·kling** *n.* getingel, geklingel; gerinkel. **tin·kling, tin·kly** *adj.* tingelend, klingelend; rinkelend.

**tinned:** ~ *copper* vertinde koper; ~ *fish* ingemaakte vis, blikkiesvis; ~ *meat* blikkiesvleis; ~ *vegetables* ingemaakte groente, blikkiesgroente.

**tin·ner** vertinner; tingieter; blikslaer; tinmynwerker; inmaker.

**tin·ni·tus** *(med.)* gesuis, oorsuising, oortuiting.

**tin·ny** tinagtig; blikkerig.

**tin·sel** *n.* klatergoud; verguldsel; klaterstringe, gouddrade, silwerdrade, *(infml.)* engelhare; *(fig.)* klatergoud, skynprag, skynskoon. **tin·sel** *-ll-, ww.* met klatergoud versier; verguld; 'n vals skyn gee aan. **T~town** *(infml.)* Hollywood.

**tint** *n.* tint, kleur; tinting, kleuring; kleurmiddel. **tint** *ww.* tint, kleur; *~ing brush* tintpenseel; *~ed glass* getinte glas; *~ed glasses* gekleurde bril. **tint·ing** tinting, kleuring.

**tin·tin·nab·u·late** *(klokkies ens.)* klingel. **tin·tin·nab·u·la·tion** geklingel, getingel.

**ti·ny** baie/heel klein, piepklein; *a ~ bit* 'n (baie) klein stukkie; *a ~ little kitten* 'n ou klein katjie; *the tiniest one* die kleinstetjie; *a ~ tot* 'n ou kleintjie.

**tip¹** *n.* punt, top, tip; uiteinde, dun ent; mondstuk; vergulderskwassie; *~ of the finger* vingertop; *from ~ to ~* van punt tot punt; *15/etc. cm from ~ to ~* 15/ens. cm van vlerkpunt tot vlerkpunt *(of* van neus tot stert); *~ of a leaf* top van 'n blaar; *~ of the nose* punt/tip(pie) van die neus; *~ of a veil* tippie van 'n sluier; *~s of tea leaves* tippe van teeblare. **tip** *-pp-, ww.* 'n punt aansit; *(cork-)~ped* gekurk, met 'n kurkmondstuk; *~ s.t. out* iets uitgiet/uitgooi. *~ shoe* halfmaanyster. *~staff* geregsdienaar. *~toe n.: on ~* op (die punte van) die/jou tone; *stand on ~* op jou tone staan; *walk on ~(s)* (or *[Am.]* one's *~s)* op die/jou tone loop. *~toe adj. & adv.* op die/jou tone. *~toe -toed, ww.* op die/jou tone loop. *~top n.* toppunt, hoogtepunt; die (aller)beste, die hoogste. *~top adj.* puik prima, eersteklas, beste, mooiste, allerbeste, piekfyn; *a ~ fellow* 'n agtermekaar kêrel. *~top adv.* puik, eersteklas, uitstekend, piekfyn.

**tip²** *n.* stootjie, tikkie; oorhelling; stort-, wipkar; storthoop; as-, vullis-, vuilgoedhoop; *(rubbish) ~* stortplek, -terrein. **tip** *-pp-, ww.* wip; laat wip; skeef/skuins hou; kantel, kip; gooi, stort; *~ s.o./s.t. into* ... iem./iets in ... gooi; *~ over* omval, (om)kantel; *~ s.t. over* iets omstoot/omgooi; *~ s.t. up* iets aan die een kant oplig; iets opklap; iets skuins hou. *~ and run (spel)* stafbal. *~ lorry, ~ truck, ~ wag(g)on* wip(vrag)wa, stortwa, -trok. *~ truck (mynb.)* koekepan. *~-up bed* opklapbed. *~-up chair* klapstoel. *~-up seat* klapstoel; opklapbank.

**tip³** *n.* fooi(tjie); wenk; *give s.o. a ~* iem. 'n fooitjie gee; iem. 'n wenk gee *(of* op die spoor van iets bring); *I can give you the straight ~* ek kan jou sê net wat jy wil weet; *take a ~* 'n wenk aanneem; *why didn't you take my ~?* waarom het jy nie na my geluister nie?. **tip** *-pp-, ww.* 'n fooi(tjie) gee; 'n snuf in die neus gee, 'n wenk gee; *s.o. is ~ped as* ... iem. word as ... genoem, iem. sal volgens die ingewydes ... wees *(d. nuwe kaptein ens.); ~ s.o. off* iem. waarsku *(of* die wete gee); iem. 'n wenk gee; *s.o. is ~ped to* ... iem. gaan volgens die voorspellings ... *(wen ens.); ~ a waiter* 'n kelner 'n fooi(tjie) gee *(of* iets in die hand stop). *~-off (infml.)* wenk, waarskuwing.

**tip·per¹** storttoestel; kantelaar; wipper; storter; *side ~* kanteltrok. *~ (truck/lorry)* wip(bak)vragmotor, wipwa; stort-, kanteltrok.

**tip·per²** fooigewer.

**tip·pet** pels-, bontkraag; skouermanteltjie; stola.

**Tipp-Ex** *n., (handelsnaam)* tippeks, korreksie-, korrigeer-, tiklak. **Tipp-Ex** *ww.: ~ s.t. out* iets uittippeks *(of* met korreksie-/korrigeer-/tiklak uitwis).

**tip·ping¹:** *~ bridge* wipbrug. *~ bucket* wipemmer. *~ chute, ~ shoot* stort-, wipgeut. *~ furnace* kantelloond. *~ gear* wiptoestel. *~ hook* wiphaak. *~ plant* storttoestel. *~ site* stortterrein. *~ truck* wip(vrag)wa, stortwa, -trok.

**tip·ping²:** *~ (system)* fooie/fooitjies gee, fooi(e)stelsel.

**tip·ple** *n.* sterk drank. **tip·ple** *ww.* dopsteek, drink, die elmboog lig. **tip·pler** dopsteker, drinkebroer, wynsak, -vlieg, kroegvlieg. **tip·pling** drinkery.

**tip·py-toe** *n., adj., adv. & ww.* = TIPTOE.

---

**tip·si·ly** dronk-dronk.

**tip·si·ness** getiktheid, dronkheid.

**tip·ster** wenker.

**tip·sy** lekkerlyf, aangeklam, gekoring, getrek, geswael, hoenderkop. *~ tart* brandewyntert, aanklamtert.

**ti·rade** tirade; woordevloed.

**tir·a·mi·su, tir·a·mi·su** *(It. kookk.)* tiramisu.

**tire** *ww.* moeg word; moeg maak, vermoei; verveel; *never ~ of doing s.t.* nooit moeg word om iets te doen nie; *a subject of which one never ~s* iets waaroor ('n) mens nie uitgepraat raak nie; *~ of s.t.* van/vir iets moeg word; *~ o.s. out* jou vermoei; *~ s.o. out* iem. afmat. **tired** moeg; tam, mat; *become/get ~* moeg word; *be bone ~* (or *~ to death)* doodmoeg wees; *be ~ of s.t.* moeg/sat vir/van iets wees; *be ~ out* uitgeput/gedaan/doodmoeg/pootuit/kapot/afgemat wees. **tiredness** moegheid, vermoeidheid, vermoeienis; tamheid, matheid. **tire·less** onvermoeid; onvermoeibaar; rusteloos. **tiresome** vermoeiend, afmattend; moeisaam; vervelend. **tiresome·ness** vervelendheid. **tir·ing** vermoeiend; moeisaam; vervelend.

**'tis** *(hoofs. poët., liter.)* dis, dit is.

**ti·sane** *(Fr.)* aftreksel *(v. blare/blomme).*

**tis·sue** weefsel; goudlaken; sneesdoekie, snesie, papiersakdoek(ie); sneespapier; *a ~ of lies* 'n aaneenskakeling van leuens. *~ culture (biol., med.)* weefselkultuur. *~ paper* sneespapier. *~ type n., (fisiol.)* -soort. *~-type ww., (med.)* die weefseltipe/-soort toets/vasstel *(van).*

**tit¹** *(plat)* tiet, tet; *(veragtelike mens)* doos, luis, lae lak, wetter. **tit·ty** tietie, (bors)tepel.

**tit²** *(orn.: Parus spp.)* mees; *grey ~* grysmees, piet-tjou-tjou.

**tit³** tik(kie); *~ for tat* vergelding; tik jy my dan pik ek jou; *give s.o. ~ for tat* iem. met dieselfde/gelyke munt betaal.

**ti·tan** titan, reus; *the T~s, (mit.)* die Titane. **ti·tan·ic** titanies, reusagtig, geweldig.

**ti·ta·ni·um** *(chem., simb.: Ti)* titaan.

**tit·bit** lekkernytjie, lekker happie/stukkie, versnapering, delikatesse; *(infml.)* sappige stukkie skindernuus.

**titch, tich** *n., (Br., infml.)* buksie. **titch·y, tich·y** *adj., -ier -iest* bukserig, kort, klein.

**tithe** *n.* tiende; tiende deel. **tithe** *ww.* tiende/skatting hef. **tith·a·ble** verplig om tiendes te betaal, tiendepligtig, skatpligtig, synsbaar. **tith·er** tiendeheffer. **tith·ing** tiendeheffing.

**Ti·tian** *(It. skilder)* Titiaan. *~ hair* goudbruin/goudrooi/rooibruin/kastaiingbruin hare. *~-haired* met (die) goudbruin/goudrooi/rooibruin/kastaiingbruin hare.

**tit·il·late** prikkel, bekoor. **tit·il·la·tion** prikkeling, bekoring.

**tit·i·vate** mooimaak, optooi; *~ o.s.* jou mooimaak/optooi. **tit·i·va·tion** optooiing.

**ti·tle** *n.* (ere)titel; opskrif, naam, titel; aanspraak, eiendomsreg, titel; *bear a ~* 'n titel voer; *compete for the world ~* om die wêreldtitel meeding; *confer a ~ on s.o.* 'n titel aan iem. toeken; *have a ~ to s.t.* op iets geregtig wees; *the holder of a ~, (sport)* die houer van 'n titel; *mining ~* mynreg, -brief; *under the ~ (of)* ... onder die titel ... **ti·tle** *ww.* betitel, noem; tituleer; *~d* getitel(d); betitel(d), met 'n titel. *~ bout, ~ fight (boks)* titelgeveg. *~ deed* grondbrief, eiendomsbewys, transportakte, (kaart en) transport, titelbewys; *(original) ~ ~* grondbrief. *~ holder* titelhouer. *~ page* titelblad. *~ role, ~ part* titelrol.

**ti·tle·less** sonder titel, onbetitel(d).

**ti·tling** betiteling, titeldruk.

**tit·mouse** *-mice, (orn.)* mees.

**ti·trate** *(chem.)* titreer. **ti·tra·tion** titreeranalise, titrasie, titrering.

**tit·ter** *n.* gegiggel. **tit·ter** *ww.* giggel.

**tit·tle** tittel, stippie; *not one jot or* ~ geen jota of tittel nie, nie die minste nie.

**tit·tle-tat·tle** *n.* gebabbel, geklets, gekekkel; geskinder, skindery; kekkelbek, skinderbek. **tit·tle-tat·tle** *ww.* babbel, klets, kekkel; skinder.

**tit·u·bate** *(med.)* waggel; struikel; stotter. **tit·u·ba·tion** waggeling; struikeling; gestotter.

**tit·u·lar** *n.* titularis. **tit·u·lar** *adj.* titulêr, in naam; ~ *saint* beskermheilige; ~ *sovereignty* heerskappy in naam alleen.

**tiz·zy:** *be in* (or *be all of) a* ~, *(infml.)* opgewonde wees; verbouereerd wees; *get into a* ~, *(infml.)* opgewonde raak; verbouereerd raak.

**to** *prep.* na; (na) ... toe; tot; aan; vir; voor; in; op; teen; *(partikel voor inf.)* (om) te; ~ *s.o.'s* **account** vir iem. se rekening; ~ **account** *rendered* vir gelewerde rekening; ~ *s.o.'s* **amazement/shame/etc.** tot iem. se verbasing/skande/ens.; *please* **apply** ~ *the secretary* geliewe aansoek te doen by die sekretaris; *wend* u *tot die sekretaris; where* **are** *we* ~ *go?* waar moet ons heen?; ~ **arms!** te wapen!; **assistant** ~ *the editor* assistent van die redakteur; *it is not* ~ *be done* dit kan nie (gedoen word nie); dit mag nie (gedoen word nie); *things* ~ **come** die komende dinge; *the only player* ~ **get** *hurt* al speler wat seergekry het; *(all)* ~ *the* **good** gunstig, voordelig; ~ **hear** *s.o.* talk ... as jy iem. hoor praat ...; *that's all there is* ~ **it** dis al; ~ **let** te huur; **notes** ~ ... aantekenings by ...; *have a room* ~ **o.s.** 'n eie kamer (*of* 'n kamer vir jou alleen) hê; ~ **me** *it is terrible/etc.* vir my is dit vreeslik/ens.; **up** ~ *and including* tot en met; *on s.o.'s* **way** ~ *the station* op iem. se pad na die stasie, op pad (na die) stasie toe; ~ **what?** waartoe?; ~ **what/which** *place?, where* ~? waarheen?, waarnatoe?; *this is nothing* ~ **what** *it might be* dit is niks teen (*of* in vergelyking met) wat dit kon wees nie; *Mr Smith* ~ **you** meneer Smith, asseblief. **to** *adv.* toe; ~ *and fro.* **-to-be** *komb.vorm* aanstaande, toekomstig; *bride/husband-*~ aanstaande bruid/man; *mother-*~ verwagtende moeder.

**toad** (brul)padda; skurwepadda, landpadda; *(neerh.)* pes, haatlike mens; *(Cape)* clawed ~ platanna. ~**fish** seeduiwel, opblaser. ~**flax** *(bot.)* vlasleeubekkie; vlaskruid, weeskindertjies. ~**-in-the-hole** *(kookk.)* ouvrou-onder-die-kombers. ~**stone** paddasteen. ~**stool** (oneetbare) paddastoel, slangkos, duiwelsbrood.

**toad·let** (klein) paddatjie.

**toad·y** *n.* (in)kruiper, lekker, witvoetjiesoeker, vleier, rugklopper, pluimstryker. **toad·y** *ww.* (in)kruiperig wees, lek, witvoetjie soek, pluimstryk; ~ *to s.o.,* *(infml.)* by iem. inkruip (*of* witvoetjie soek). **toad·y·ish** (in)kruiperig, lekkerig, witvoetjiesoekerig. **toad·y·ism** (in)kruiperigheid, inkruipery, lekkery, witvoetjiesoekery.

**toast** *n.* roosterbrood; heildronk; gehuldigde; *drink a* ~ 'n heildronk drink; *the* ~ *was* **drunk** *in wine* die heildronk is in wyn gedrink; *give a* ~ 'n heildronk instel; *s.o. was a* **great** ~ *in his/her day* iem. was 'n gevierde persoon op sy/haar dae, menige glas is op sy/haar gesondheid geledig; *propose a* ~ *to* ... 'n heildronk op ... instel; *s.o. is* ~, *(Am., infml.)* dis klaarpraat met iem.; *be the* ~ *of the* **town/day** die held van die dag (*of* die gevierde vrou/man) wees. **toast** *ww.* rooster, op 'n rooster braai; warm maak; die heildronk instel, die gesondheid drink van; ~ *one's feet* jou voete warm maak. ~**master** seremoniemeester. ~ **rack** broodstaander(tjie).

**toast·er** (brood)rooster; insteller van 'n heildronk.

**toast·ing** roostering; heildronke drink. ~ **fork** roostervurk.

**toast·y** -*ier* -*iest, adj., (infml.)* (heerlik/lekker) warm, aangenaam, behaaglik, genotvol; knus, snoesig, gesellig; met 'n geroosterde geur *(wyn).* **toast·y** *adv.:* ~ *warm* heerlik/lekker/behaaglik warm.

**to·bac·co** -*co(e)s* tabak. ~ **curing** tabakdroging. ~ **cutter** tabakkerwer, -kerfmasjien. ~ **extract** tabakekstrak. ~ **farmer,** ~ **grower** tabakboer. ~ **industry** tabakbedryf. ~ **juice** ta-

bak-, pruimsop. ~ **leaf** tabakblaar. ~ **mosaic virus** *(landb., biochem.)* tabakmosaïekvirus. ~ **pipe** tabakpyp. ~ **plant** tabakstoel, -plant. ~ **pouch** tabaksak. ~ **shed** tabakskuur.

**to·bac·co·nist** tabakhandelaar, -verkoper; tabakwinkel.

**to·bog·gan** *n.* rodeslee, Indiaanse slee. **to·bog·gan** *ww.* rodel.

**to·by** -*bies, (igt.)* blaasop.

**to·by (jug)** oumannetjieskruik, -kan.

**toc·ca·ta** *(mus.)* toccata.

**To·char·i·an** *n., (lid v. 'n volk)* Togaar; *(taal)* Togaars. **To·char·i·an** *adj.* Togaars.

**to·coph·er·ol, vit·a·min E** tokoferol, vitamien E.

**tod** *n.: on one's* ~, *(Br., infml.)* op jou eentjie, stoksielalleen.

**to·day** vandag; teenswoordig; *from* ~ van vandag af (aan); *here* ~ *and gone tomorrow* vandag hier en môre/more daar; ~ *week* vandag oor 'n week (*of* ag[t] dae).

**tod·dle** *n.* onvaste/waggelende gang. **tod·dle** *ww.* trippel, waggel; ~ *along,* *(infml.)* koers kry, huis toe gaan; ~ *round* rondslenter; ~ *one's way* voortstrompel. **tod·dler** kleintjie, peuter.

**tod·dy** grok; *(palmsap)* toddy.

**to-do** *(infml.)* ophef, opskudding, gedoente, petalje; *it caused quite a* ~, *(ook)* dit het 'n spulletjie afgegee; *make a* ~ *about s.t.* 'n ophef van iets maak.

**toe** *n.* toon; voet, onderent *(v. voorwerpe)*; (voor)punt, neus *(v. voorwerpe)*; **big/large** ~ grootoon; **little/small** ~ kleintoontjie; *be/keep on one's* ~s wakker loop; op jou hoede wees; *keep s.o. on his/her* ~s agter iem. staan, sorg dat iem. sy/haar plig doen; ~ *of a* **shoe** skoenpunt; *from* **top** *to* ~ van kop tot tone. **toe** *ww.* met die toon aanraak/stoot/skop/ens.; ~ *the* **line/mark,** *(fig.)* gehoor gee, in die span trek; die partylyn volg. ~**cap** neus(leer) *(v. 'n skoen).* ~**-dance** *ww., (ballet)* op jou tone dans. ~**hold** vastrapklamp; vastrapplek(kie), vatplek; toongreep. ~**-in** toesporing *(v. wiele).* ~**nail** toonnael. ~**rag** *(Br., infml.)* teertou, tang, gomtor. ~ **shoe** *(Am.)* puntskoen.

**-toed** *komb.vorm* -tonig, met ... tone; -toon-; *five-*~ *reptile* vyftonige reptiel, reptiel met vyf tone; *open-*~ *sandal* ooptoonsandaal.

**toff** *n.* windmaker, grootmeneer, haan. **toff** *ww.:* ~ *up* jou uitdos/uitvat.

**tof·fee, tof·fy** toffie; *s.o. cannot do s.t. for* ~, *(infml.)* iem. kan iets glad nie doen nie. ~ **apple** toffieappel. ~**-nosed** *(hoofs. Br., infml.)* neusoptrekkerig, neus-in-die-lug-.

**to·fu** *(Jap. kookk.)* tofee.

**tog** -*gg-, ww.* mondering/sportdrag aantrek; →TOGS; ~ *o.s. out/up, (infml.)* jou uitdos/uitvat; *be* ~*ged up, (infml.)* uitgedos/uitgevat wees. ~ **bag** kleresak.

**to·ga** toga.

**to·geth·er** *adj., (infml.)* agtermekaar, verstandig, nugter. **to·geth·er** *adv.* saam, tesame, byeen, bymekaar; (te)gelyk; *all* ~ almal saam/tesame; alles op een hoop; *close* ~ dig bymekaar; dig opmekaar; *compared* ~ met mekaar vergeleke; *for days* ~ dae aanmekaar/aaneen; ~ *with* ... saam/tesame met ...; tegelyk met ... **to·geth·er·ness** saamwees, samesyn; saam-, samehorigheid.

**tog·gle** *n.* pen, knewel; dwarspen; dwarsstuk; penknoop; knikker. **tog·gle** *ww.* vaspen; tydelik heg; knik; *(rek.)* (heen en weer) wip. ~ **joint** knieverbinding, hefboomskarnier. ~ **key** *(rek.)* wiptoets. ~ **switch** knik-, knieskakelaar.

**To·go** *(geog.)* Togo. **To·go·lese** *n. & adj.* Togolees.

**togs** mondering; sportdrag, -klere; *football* ~ voetbalklere.

**toil** *n.* geswoeg, gesloof, swaar/moeisame arbeid. **toil** *ww.* swoeg, sloof, swaar werk; ~ *at/over s.t.* aan iets werk/slaaf/slawe; ~ *up the hill* teen die opdraand(e) uitbeur; ~ *and moil* swoeg en slaaf/slawe/sweet. **toil·er** werksel; sukkelaar. **toil·ful** moeisaam. **toil·some** swaar, vermoeiend, moeisaam. **toil·some·ness** moeisaamheid.

**toile** *n., (Fr., tekst.)* toile.

**toi·let** toilet; spieël-, kleedtafel; toiletkamer; toilet, privaat; wassing; *flush a* ~ 'n toilet (uit)spoel; *go to the* ~ na die toilet gaan. ~ **bag** toiletsak(kie). ~ **basin** (hande)waskom. ~ **bowl** toiletbak. ~ **brush** toiletborsel. ~ **paper** toiletpapier. ~ **roll** toiletrol, rol toiletpapier. ~**-roll holder** toiletrolhouer. ~ **seat** bril. ~ **soap** bad-, handewas-, toiletseep. ~**-train** *ww.* leer om die toilet te gebruik; *be* ~*ed* al self toilet toe gaan (*of* die toilet gebruik), al sindelik wees. ~ **training** die aanleer van toiletgewoontes. ~ **water** reukwater, eau de toilette *(Fr.)*.

**toi·let·ry** toiletartikel; *(i.d. mv.)* toiletware, -artikels.

**To·kay** Tokajerwyn *(ook t~)*; Tokajerdruif *(ook t~)*.

**to·ken** *n.* aandenking, gedagtenis; teken; blyk, bewys; ~ *of friendship* vriendskapsbewys; *in* ~ *of* ... as/ten teken van ...; *by the same* ~ om dieselfde rede; op dieselfde manier/wyse; buitendien. **to·ken** *adj. (attr.)* simboliese; skyn-; ~ *appointment* simboliese aanstelling, aanstelling wat op tokenisme gegrond is; ~ *coinage/money* tekengeld; ruilgeld; ~ *payment* simboliese/formele betaling, betaling vir die vorm; ~ *strike* waarskuwingstaking, simboliese staking; ~ *vote* begrotingspos pro memorie. **to·ken·ism** tokenisme, simboliese gebaar; oëverblindery.

**tok·o·losh(e)** *(SA folklore)* tokkelos(sie).

**To·ky·o** *(geog.)* Tokio.

**tol·booth** = TOLLBOOTH.

**told** (het) vertel; →TELL[1] *ww.; be ... all* ~ altesame/altesaam ... wees *('n aantal); s.o. demands to be* ~ iem. wil weet; *do as one is* ~ doen/maak soos jy beveel/gesê word; *I am* ~ *that* ... ek verneem dat ...; *I* ~ *you so!* sien jy nou?, ek het jou mos gesê!.

**To·le·do** *(geog.)* Toledo. ~ **(blade/sword)** Toledaanse kling/swaard.

**tol·er·a·ble** draaglik, uitstaanbaar; toelaatbaar, duldbaar; taamlik, redelik. **tol·er·a·bil·i·ty, tol·er·a·ble·ness** draaglik-heid. **tol·er·a·bly** taamlik, redelik, nogal.

**tol·er·ant** verdraagsaam; *be* ~ *of/towards s.o.* verdraagsaam teenoor iem. wees. **tol·er·ance** verdraagsaamheid, toleransie; dulding; toelating; verdraging; vergunning; *(med.)* tole-ransie; speling, speelruimte; ~ *of s.o.* verdraagsaamheid teen-oor iem.; ~ *of/to s.t.* weerstand(vermoë) teen iets; bestand-heid teen iets.

**tol·er·ate** verdra, duld, toelaat, uitstaan. **tol·er·a·tion** ver-draagsaamheid; dulding; toelating; vergunning.

**toll**[1] *n.* tol(geld); *take* ~ tol hef; *s.t. takes its* ~ *of* (*or a heavy* ~ *on*) ..., *(fig.)* iets maai *(of* eis sy tol) onder ..., iets het 'n ver-woestende/vernietigende uitwerking op ... **toll** *ww.* tol be-taal; tolgeld eis. ~**booth** tolhuisie, -hokkie. ~ **bridge** tol-brug. ~**-free** tolvry. ~**gate** tolhek. ~ **money** tol(geld). ~ **plaza** tolplaza. ~**road** tolpad.

**toll**[2] *n.* klokgelui, geklep. **toll** *ww.* tamp, (stadig) lui, slaan; soos 'n doodsklok lui; die doodsklok lui vir.

**toll·a·ble** tolpligtig, belasbaar.

**toll·age** tol(geld); tolheffing.

**toll·ing** (klok)gelui, geklep, getamp.

**tol·ly** jongos, tollie.

**Tol·stoy** *(Rus. skrywer)* Tolstoi. **Tol·stoy·an** *n.* Tolstoiaan *(ook t~)*. **Tol·stoy·an** *adj.* Tolstoiaans *(ook t~)*.

**Tol·tec** -*tec(s), n., (hist.)* Tolteek. **Tol·tec, Tol·tec·an** *adj.* Tolteeks.

**tol·u·ene, tol·u·ol** *(chem.)* tolueen.

**tom:** *(every) T~, Dick and Harry* Jan Alleman, Jan Rap en sy maat; Piet, Paul en Klaas; *T~ Thumb, (sprokieskarakter)* Klein Duimpie. ~**boy** rabbedoe, wilde/malkop meisie. ~**boyish** seunsagtig. ~**(cat)** mannetjie(s)kat, kater. ~**foolery** lawwig-heid, gekskeerdery.

**tom·a·hawk** (Indiaanse) strydbyl, tomahawk.

**to·ma·to** -*toes* tamatie. ~ **cocktail** tamatiekelkie. ~ **juice** ta-matiesap. ~ **red** tamatierooi. ~ **sauce** tamatiesous.

**tomb** graf(tombe); grafteken; grafkelder. ~**stone** grafsteen.

**tom·bac** *(legering v. koper en sink)* tombak.

**tom·bo·la** *(loteryspel)* tombola.

**tome** foliant, lywige boekdeel.

**to·men·tum** -*menta, (bot.)* dons. **to·men·tose, to·men·tous** dons(er)ig, harig.

**Tom·my** *(infml., hoofs. hist.: Br. soldaat)* Tommie.

**tom·my·gun** *(infml.)* Thompson-(handmasjien)geweer.

**tom·my·rot** *(infml., ietwat vero.)* kaf, bog; *talk a lot of* ~ 'n spul twak verkoop.

**to·mog·ra·phy** *(skanderingstegniek)* tomografie.

**to·mor·row** môre, more; ~ *afternoon/etc.* môre-/moremid-dag/ens.; ~ *evening/night* môre-, moreaand; ~ *morning* môre=, moreoggend; *early* ~ *morning* môre/more vroeg; *see you* ~*!* tot môre/more!; ~ *week* môre/more oor ag(t) dae.

**tom-tom** *n., (mus.instr.)* tam-tam. **tom-tom** -*mm=, ww.* trom-mel, op die tam-tam slaan.

**ton** ton; *(infml.)* hoop, groot klomp; ~*s of people, (infml.)* hope mense; ~*s of times* al honderde male. ~**-mile** *(verkeerseen-heid)* tonmyl.

**ton·al** tonaal, toon-, klank-; →TONE; ~ *value* toonwaarde. **to·nal·i·ty** tonaliteit; toonaard; kleurafwisseling, kleurnuanse-ring.

**ton·do** *tondi, (It., skilderk. ens.)* tondo.

**tone** *n.* toon; geluid, klank; *(fonet.)* klem; kleur(toon), toon, tint, (kleur)skakering; gees, aard; deftigheid; *it gave a dif-ferent* ~ *to the debate* dit het die debat heeltemal 'n ander kleur gegee; *in a* ... ~ op 'n ... toon; *speak in a low* ~ op sagte toon praat; *the* ~ *of the market* die stemming op die mark; *in measured* ~*s* op afgemete toon; *the* ~ *of the nation* die volksgees; *the* ~ *of a school* die gees in 'n skool; *set the* ~ die toon aangee; *in a threatening* ~ op dreigende toon; *in a* ... ~ *of voice* in/met 'n ... stemtoon. **tone** *ww.* toon gee; die regte toon gee; kleur; tint; harmonieer; pas; ~ *s.t. back* iets terugskakeer *(hare ens.)*; ~ *down* bedaar; ~ *s.t. down* iets versag/temper; iets sagter uitdruk; iets minder skerp kleur; ~ *in with* ... by ... harmonieer; ~ *up* sterk(er) word, energie kry; ~ *s.t. up* iets versterk *(jou spiere ens.)*; iets 'n skerper kleur gee; iets opkikker. ~**-burst** *(rek.)* toonsarsie. ~ **colour** toonkleur, klanktint. ~**-deaf** musikaal doof, toon-doof; *be* ~ geen musikale gehoor hê nie. ~ **language** toon-taal. ~ **poem** *(mus.)* toondig. ~ **range** toonomvang. ~ **scale** toonladder. ~ **syllable** betoonde lettergreep. ~ **value** toon-waarde.

**-toned** *komb.vorm* met 'n ... klank/toonkwaliteit; -kleurig; *a light-*~ *voice* 'n stem met 'n ligte toonkwaliteit; *olive-*~ *skin* olyfkleurige vel.

**tone·less** toonloos. **tone·less·ness** toonloosheid.

**ton·eme** *n., (fonet.)* toneem. **ton·e·mic** *adj.* tonemies.

**ton·er** *n.* poeierink *(vir 'n laserdrukker/fotokopieerder)*; opknap-per, verfrisser *(vir d. vel); (fot.)* toner. ~ **cartridge** poeierkas-set.

**tong**[1] *ww.* met 'n krultang stileer *(hare)*; met 'n tang uithaal *(oesters ens.)*.

**tong**[2] *n., (Kant., Chin. geheime organisasie)* tong.

**ton·ga** *(Hindi, tweewielperdekarretjie)* tonga.

**Tong·a, Friend·ly Is·lands** *(geog.)* Tonga(-eilande), Vriend-skapseilande. **Tong·an** *n., (bewoner v. Tonga)* Tongaan; *(taal)* Tongaans. **Tong·an** *adj.* Tongaans.

**Tong·a·land** *(SA)* T(s)ongaland.

**tongs** tang; *(a pair of)* ~ 'n tang.

**tongue** *n.* tong; taal, spraak; tong(etjie) *(v. 'n balans, gespe)*; tongstuk; wig; klepel; uitloper; tand *(v. 'n geweerhaan)*; leer-tjie/tong *(v. 'n skoen)*; messing; gebluf; *bite one's* ~ op jou lip(pe) byt; *s.o. could have bitten off his/her* ~, *(infml.)* iem. kon sy/haar tong afbyt; *has the cat got* (*or have you lost*) *your* ~*?, (infml.)* het jy jou tong ingesluk/verloor?, kan jy nie praat nie?; *have* (or *speak with*) *one's* ~ *in one's* **cheek** skertsend/ ironies/spottend praat; *find one's* ~ begin praat; *s.o. couldn't find his/her* ~ iem. kon nie woorde kry nie; *have a fluent/ ready/smooth* ~ 'n gladde tong hê, nie op jou mond geval wees nie; *s.o.'s* ~ *is hanging* out iem. is dors; iem. lek sy/haar lippe af; *hold one's* ~ jou mond hou, stilbly; *s.o. has a long* ~ iem. praat baie, iem. se tong staan nooit stil nie; *lose one's* ~ jou tong insluk/verloor; *put/stick one's* ~ *out at s.o.* jou tong vir iem. uitsteek, vir iem. tong uitsteek; *a* ~ *as keen as a ra= zor* 'n tong soos 'n skeermes; *get/receive the rough/sharp edge/side of s.o.'s* ~ onder iem. se (vlym)skerp tong deurloop; *a sharp* ~ 'n skerp tong, 'n tong soos 'n rasper/skeermes; *it was a slip of the* ~ *on s.o.'s part* dit was 'n vergissing van iem., iem. het sy/haar mond verbygepraat, iem. het hom/haar verspreek; *s.t. slipped from s.o.'s* ~ iets het iem. ontglip; *speak with a thick* ~ swaar van tong wees; *tie s.o.'s* ~ iem. se/die mond snoer; *be on the tip of one's* ~ op (die punt van) jou tong wees; *an unbridled* ~ 'n los tong; *wag one's* ~, *(infml.)* los en vas praat; *set the* ~*s wagging*, *(infml.)* die tonge laat los raak. **tongue** tongued tongued tonguing, *ww.* die tong gebruik *(by blaasinstrumente)*; 'n tongetjie aansit. ~-**and- groove** *adj. (attr.)* tong-en-groef-; ~ *joint* tong-en-groef-las/ voeg. ~-**in-cheek** ironies. ~-**lash** *(fig.)* uitvreet. ~-**lashing** *n.*: *get a* ~ *from s.o.* onder iem. se tong deurloop; *give s.o. the* ~ *of his/her life* iem. van 'n kant af uittrap. ~-**shaped** tong= vormig. ~-**tied** swaar van tong; *(fig.)* sprakeloos, stom; *be/ feel* ~ met die/jou mond vol tande staan. ~ **twister** tong= knoper; swaar woord.

**tongued** *adj.* met 'n tong, getong, tong=; ~ *joint* tonglas. -**tongued** *komb.vorm* met 'n ... tong; *fork-*~ met 'n gesplete tong; *sharp-*~ met 'n skerp tong, bitsig, venynig.

**tongue·less** sonder tong; spraakloos.

**tongue·let** tongetjie.

**tongu·ing** *(mus.)* tonging. ~ **iron** tongbeitel. ~ **plane** ploeg=, groef=, sponningskaaf.

**ton·ic** *n.* versterkmiddel, versterker, opknapper, tonikum; *(mus.)* grondtoon, tonika; *... is a* ~ *...* beur/kikker ('n) mens op, *...* laat ('n) mens weer goed voel. **ton·ic** *adj.* verster= kend, tonies; toon=; ~ *muscles* gespanne spiere; ~ *sol-fa*, *(mus.)* tonika-solfa, solfanotering, letternote, letternotering, solfège-metode. ~ **water** kinawater.

**to·nic·i·ty** toon; spanning; spierwerking; veerkrag.

**to·night** vanaand; vannag.

**ton·ing** tinting; skakering *(v. hare)*; ~ *back* terugskakering *(v. hare)*.

**ton·ka (bean)** tonkaboon(tjie).

**ton·nage** tonnemaat, tonnetal, gewig (in tonne); laairuimte, skeepsruimte; tonnegeld. ~ **displacement** waterverplasing.

**tonne** *tonnes* metrieke ton.

**to·nol·o·gy** toonleer, tonologie. **ton·o·log·i·cal** tonologies.

**to·nom·e·ter** *(mus.)* toonmeter; *(med.)* spanningsmeter, to= nometer; *(chem.)* drukmeter, tonometer.

**ton·sil** mangel, amandelklier. **ton·sil·lec·to·my** mangeluit= snyding, tonsilektomie. **ton·sil·li·tis** mangelontsteking, ton= silitis.

**ton·so·ri·al** *(fml. of skerts.)* skeer=, barbiers=; ~ *art* skeerkuns.

**ton·sure** *n.* tonsuur, kruinskering; priesterkruin. **ton·sure** *ww.* die kruin skeer; die tonsuur gee.

**ton-up** *n.*, *(Br., infml.)* jaagtog; jaagduiwel, spoedvraat. **ton- up** *adj. (attr.)*: ~ *boy/kid* jaagduiwel, spoedvraat.

**ton·y, ton·ey** *-ier -iest*, *(Am., infml.)* stylvol; byder=, nuwer= wets; weelderig, luuks; (peper)duur; swierig, sjiek. **ton·ish** modieus; stylvol.

**too** te, alte; ook, eweneens; *it is* ~ *long a story* dit is 'n te lang storie, die storie is te lank; ~ *lowly a name* 'n te nederige naam; *be only* ~ *glad/etc.* maar alte bly/ens. wees.

**tool** *n.* stuk gereedskap; werktuig; beitel; instrument; *(fig.)* handlanger, werktuig; *(plat: penis)* voël, ding; *(i.d. mv.)* ge= reedskap, werktuie; *be s.o.'s* ~ iem. se werktuig wees; *down* ~*s* ophou werk, staak; *... are the* ~*s of s.o.'s trade* iem. werk met *...* **tool** *ww.* bewerk; met gereedskap werk; bebeitel, reg kap; bestempel *(leer)*; ~ *along* aandraf, voortrol; ~ *up* toerus *('n fabriek)*. ~**bar** *(rek.)* nutsbalk. ~**box** gereedskap(s)kis. ~**kit** gereedskapstel; gereedskaphouer, gereedskap(s)tas; stel ge= reedskap. ~**maker** gereedskapmaker; werktuigmaker. ~**room** gereedskap(s)kamer. ~ **set** stel gereedskap. ~ **shed** tuin= skuurtjie, gereedskapskuurtjie. ~**shop** gereedskap(s)winkel; gereedskap(s)magasyn. ~**smith** gereedskapsmid. ~ **store** gereedskap(s)kamer, gereedskap(s)magasyn.

**tool·er** bewerker; klipbeitel, tandhamer.

**toot** *n.* toet, blaas. **toot** *ww.* toet(er), blaas.

**tooth** *teeth* tand; vertanding; *(masj.)* kam; vatplek; →TEETHE *ww.*; *back teeth* kiestande; *s.o. would give his/her back teeth*, *(infml.)* iem. sou wát nou gee; *cast/fling/throw s.t. in s.o.'s teeth* iem. iets verwyt; *s.o.'s teeth are chattering* iem. klap= pertand; *cut one's teeth on s.t.* ervaring met iets opdoen; *draw s.o.'s teeth*, *(fig., infml.)* iem. se mag aan bande lê, iem. onskadelik maak/stel; *extract a* ~ 'n tand trek; *fill a* ~ 'n tand stop/vul; *gnash/grate/grind one's teeth* (op/met) jou tande kners; *in the teeth of ...* nieteenstaande *(of in die aan= gesig van)* ...; *in the teeth of s.o.'s instructions* lynreg teen iem. se bevele/opdragte in; *get one's teeth into s.t.* iets met mening aanpak; *a kick in the teeth*, *(infml., fig.)* 'n terugslag/teleur= stelling/vernedering; *kick s.o. in the teeth*, *(infml.,fig.)* iem. 'n kennebak=/kinnebakslag *(of* 'n hou in die gesig) gee; *be long in the* ~, *('n perd)* lank in die tand wees; *('n mens)* aan die ou kant wees; *fight s.t.* ~ *and nail* iets (met) hand en tand be= veg; *pick one's teeth* in jou tande krap; *pull a* ~ 'n tand trek; *put teeth into ... ...* krag gee; *show one's teeth* jou tande wys, 'n dreigende houding aanneem; *sink one's teeth into ...* jou tande in ... (vas)slaan; *have a sweet* ~ lief wees vir soe= tigheid; *throw s.t. in s.o.'s teeth* →*cast/fling/throw; to the teeth* tot die tande (toe). ~**ache** tandpyn. ~-**billed** saagbek=. ~**brush** tandeborsel. ~ **chisel** tandbeitel. ~**comb** *n.* fynkam. ~ **crown** tandkroon. ~ **decay** tandbederf. ~ **fairy** tande= fee(tjie). ~**paste** tandepasta. ~**pick** tandestokkie. ~**wort** *(bot.)* skubwortel.

**toothed** getand; vertand; ~ *whale* tandwalvis; ~ *wheel* kam=, tand=, slagrat, tandwiel.

**tooth·ing** tandvorming; tandwerk; vertanding.

**tooth·less** sonder tande, tandeloos; ~ *whale* baard=, balein= walvis.

**tooth·some** lekker, smaaklik. **tooth·some·ness** smaaklik= heid.

**tooth·y** getand; met groot tande; *give a* ~ *grin* wittand glim= lag.

**too·tle** blaas *(op 'n fluit ens.)*; ~ *(around)*, *(Br., infml.)* rustig (rond)ry. **too·tling** geblaas.

**toot·sy, toot·sie** *-sies*, *(kindert. of infml.)* toontjie; voetjie.

**top**[1] *n.* top, hoogste punt, kruin, kop, spits; bokant; bovlak; (tafel)blad; hoof, bo-ent *(v. 'n tafel)*; deksel *(v. 'n kastrol)*; boleer *(v. 'n skoen)*; bostuk *(v. 'n kostuum)*; bolyfie; dop; kap *(v. 'n laars/handskoen)*; vors *(v. 'n dak)*; top=, hoogtepunt; mars *(aan 'n mas)*; *(wol)* kambol; *(ook, i.d. mv.)* bosteenkool; *on* ~ *of it all* tot oormaat van ellende/ramp; *at the* ~ (heel) bo, boaan; *on the* ~ hoogste/hoogste sport; *big* ~ (groot) sirkustent; *from* ~ *to bottom* van bo tot onder; ~*s of carrots* wortellowwe; *be (at the)* ~ *of the class* eerste staan (in die klas); *come/rise to the* ~ bo uitkom, na bo kom; *come out on* ~ wen, die beste vaar, almal oortref; ~ *and crop* →*lop/crop; at the* ~ *of one's form* op jou stukke; *get on* ~ *of s.t.* iets baasraak *(of* onder die knie kry); *get to the* ~ die boonste/ hoogste sport bereik; *at the* ~ *of the list* boaan die lys; ~ *and lop/crop* snoeisels *(v. 'n boom)*; *be on* ~ bo(-op) wees; aan die wenkant wees, bo(baas)/voor wees; *on* ~ *of that* →*that;*

*be on* ~ *of s.t., (lett.)* bo-op iets wees; *(fig.)* iets onder die knie hê; *go over the* ~, *(lett.)* bo-oor gaan; *(fig.)* uitgelate/baldadig word; te ver/vêr gaan; **reach** *the* ~ bo uitkom; die kruin bereik; die boonste/hoogste sport bereik; **right** *at the* ~ → *very;* **rise** *to the* ~ *→come/rise; at the* ~ *of his/her* **speed** so vinnig soos hy/sy kan/kon; **stay** *on* ~ bo bly; **take** *it from the* ~ bo begin; *on* ~ *of that* bo en behalwe dit, afgesien daarvan; boonop; *be* **thin** *on* ~, *(infml.)* min hare hê, bles word; *from* ~ *to* **toe** van kop tot tone/toon; *at the* ~ *of the* **tree** in die top van *(of* bo in) die boom; op die boonste sport; *at the* **very** ~, **right** *at the* ~ heel bo; *at the* ~ *of one's* **voice** so hard soos jy kan/kon, uit volle bors, luidkeels; *on* ~ *of the* **world,** *(sl.)* opgetoë, hoog in jou skik. **top** *adj.* hoogste, boonste; eerste, beste; bo-, top-; vooraanstaande, hoog(geplaas), hoogstaande; maksimaal; puik, eersteklas, *(infml.)* bak; ~ **C** die hoë C; ~ **class** topklas; ~ **door** bodeur; ~ **edge** boonste rand; kopsnee *(v. 'n boek);* ~ **end** bo-ent; ~ **layer** bolaag; ~ **line** bolyn; boonste reël; ~ **part/piece** bostuk; ~ **price** hoogste prys, topprys; ~ **secret** streng/hoogs/uiters geheim/vertroulik; ~ **speed** hoogste snelheid, topsnelheid; *at* ~ **speed** so vinnig (as) moontlik; ~ **spin** bodraaiing; ~ **storey** boverdieping, boonste verdieping/vlak; ~ **surface** bovlak; ~ **view** boaansig. **top** *=pp=, ww.* (af)knot, top, snoei; *(gh.)* top; 'n kap opsit; 'n punt aansit; die top bereik, tot bo klim; hoër wees as; styg bo(kant), oortref, uitmunt bo, klop; *that* ~ *s it* **all** dit oortref alles; ~ *the* **bill** boaan die program staan; ~ *the* **list** eerste op die lys staan; *s.o.* ~ *s two* **metres** iem. staan twee meter; ~ *s.t.* **off** *with* ... iets met ... eindig; ~ *s.t.* **off/up** iets voltooi; ~ **out** dak natmaak; ~ *all one's* **rivals** al jou mededingers klop/uitstof; ~ *s.t.* **up** iets volmaak *('n glas, petroltenk, ens.);* iets byvul *(d. gas ens.); (<Eng.)* iets optop *(iem. se drankie);* ~ *s.o.* **up** *with s.t.* vir iem. nog iets skink; be ~*ped* **with** ... met ... bedek wees. ~ **boot** *(hist.)* kapstewel. ~ **brass** *(infml.)* hoëkoppe; topamptenare; *(mil.)* hoë offisiere. ~~**class** *adj.* topklas-, topgehalte- *(rugby, atletiek, ens.);* top-, uithaler- *(vertoning ens.);* ster-, bobaas- *(afrigter, atleet, ens.);* spog- *(gieriewe, hings, ens.).* ~**coat** (oor)jas; dek-, bolaag boonste laag *(verf ens.).* ~ **dog** *(fig., infml.)* grootbaas; bobaas; *be the* ~ ~*(s)* die sê/oorhand hê. ~~**down** van bo na onder; hiërargies. ~ **drawer** *n.* boonste laai; *from* (or *out of the)* ~ ~, *(fig.)* uit die boonste rakke. ~~**drawer** *adj. (attr.), (infml.)* uitgelese, vooraanstaande, vername *(gas ens.);* top *(prys ens.);* voorste *(klub, organisasie, ens.).* ~ **dressing** bobehandeling, -bemesting; grondkombers; *(fig.)* vernis. ~~**flight** *adj. (attr.)* eersterangse. ~ **fruit** *(Br.)* boomvrugte. ~ **gear** hoogste rat/versnelling. ~ **hamper** *(sk.)* botuig; bobou. ~ **hat** keil, hoë hoed, pluiskeil. ~~**heavy** topswaar, bowigtig. ~**knot** strik; kuif; bolla, kondee; kuifwol. ~ **lantern,** ~ **light** marslantern, -lig. ~~**level** hoogste, mees hooggeplaaste; ~ *talks/ conference* leiersberaad, -konferensie. ~ **light** bolig. ~ **lighting** boverligting. ~~**line** *adj. (attr.)* (aller)beste. ~ **loader** bolaai(was)masjien, bolaaier. ~~**lofty** *(infml.)* hoogmoedig, aanstellerig. ~ **management, senior management** topbestuur(ders), senior bestuur(ders). ~~**mast** *(sk.)* marssteng. ~**most** (heel) boonste, hoogste. ~~**notch** *(infml.)* puik, heel beste, allerbeste. ~~**notcher** bobaas, doring. ~~**of-the-range** *adj. (gew. attr.)* in die topreeks/topprysklas *(pred.).* ~~**quality** *adj. (attr.)* topgehalte-, *(pred.)* van topgehalte. ~~**ranking** hooggeplaas. ~**sail** mars-, topseil. ~**side** bokant; bovlak; skeepskant; *(beesvleis)* binneboud. ~**soil** bogrond; *(tuinb.)* bouteellaag. ~**spin** *(sport)* bodraai, -tol. ~~**spinner** *(sport)* bodraaier. ~**stitch** *ww.* met bostikwerk afrond; met bosteke afwerk. ~**stitching** *n.* bostikwerk; bostiksel. ~**stone** dekklip. ~ **ten** *n.: the* ~ ~, *(mus.)* die toptien(trefferlys). ~~**up** *n., (Br.)* aanvulling; *ask for a* ~ nog geld vra; vra dat jou glas weer gevul/volgemaak word.

**top²** *n.* tol; *sleep like a* ~ soos 'n klip slaap; *as drunk as a* ~ so dronk soos 'n matroos.

**to·paz** *(min.)* topaas; *(orn.)* topaas(kolibrie). **to·paz·o·lite** *(min.)* topasoliet, geelgranaat.

**tope¹** *n., (igt. : Galeorhinus galeus)* sopvin-, skoolhaai.
**tope²** *ww., (poët., liter.)* suip. **top·er** dronk-, suiplap.
**to·pee** *=pees,* **to·pi** *=pis, (Hindi)* topi, helmhoed, kurkhelm.
**top·gal·lant:** ~ **(mast)** bramsteng. ~ **sail** bramseil.
**to·phus** *=phi, (med.)* graweel; jigknobbel.
**to·pi·ar·y** snoeikuns; vormboom, =bome. **to·pi·a·rist** kunssnoeier.
**top·ic** onderwerp *(v. bespreking); the* ~ *of the day* die saak waaroor almal praat; *introduce a* ~ 'n onderwerp ter sprake bring, 'n saak opper. **top·i·cal** plaaslik; aktueel; *be of* ~ *interest* van aktuele belang wees; ~ *song* geleentheidslied. **top·i·cal·i·ty** aktualiteit.
**top·less** bostukloos.
**to·pog·ra·phy** topografie, plekbeskrywing, terreinleer. **to·pog·ra·pher** topograaf, plekbeskrywer. **to·po·graph·i·cal** topografies.
**to·pol·o·gy** topologie. **top·o·log·i·cal** topologies.
**top·o·nym** pleknaam. **to·pon·y·my** register van plekname; pleknaamkunde, toponimie. **top·o·nym·ic** pleknaamkundig, toponimies.
**top·per** *(infml.)* keil, hoë hoed; *(infml.)* gawe kêrel.
**top·ping** *n.* (die) top/boonste (laag); bolaag; blad; boslag; *(i.d. mv.)* afgesnoeide takke.
**top·ple** omval, =kantel, =tuimel; omstoot, om(ver)gooi, =werp, onderstebo gooi, tot 'n val bring; ~ **down** aftuimel; omtuimel; ~ **over** omtuimel.
**tops** *adj., (infml.)* puik, voortreflik; *(infml.)* bak.
**top·sy·tur·vy** *adj. & adv.* onderstebo; deurmekaar, agterstevoor; *turn everything* ~ alles onderstebo *(of* op sy kop) keer. **top·sy·tur·vi·ness** verwarring, deurmekaarspul.
**tor** klipkop(pie), rotsheuwel.
**To·rah, To·ra:** *the* ~, *(Jud.)* die Tora.
**torc, torque** *(hist.)* halsband.
**torch** *n.* flits(lig); fakkel; *carry a* ~ *for s.o.* hopeloos verlief wees op iem.; *put s.t. to the* ~ iets aan die brand steek. **torch** *ww.* aan die brand steek. ~**bearer** fakkeldraer; *(fig.)* ligdraer. ~**light** flitslig; fakkellig. ~**light procession** fakkeloptog. ~ **lily** vuurpyl, vlamblom. ~ **race** fakkelwedloop. ~ **run** fakkelloop. ~ **song** smartlap(liedjie), (sentimentele) liefdeslied(jie).
**tor·chon:** ~ **lace** torchon-kant. ~ **paper** skurwe papier, korrelpapier.
**tore** *ww. (verl.t.)* geskeur; →TEAR¹ *ww..*
**tor·e·a·dor, tor·e·a·dor** berede stiervegter, toreador. ~ **pants** *n. (mv.)* nousluitende/-passende kuitbroek, toreadorbroek.
**to·re·ro** *=ros* stiervegter te voet, torero.
**tor·ment** *n.* kwelling, foltering, pyniging, marteling; *suffer* (or *be in*) ~ groot/baie pyn verduur; jou verskriklik kwel.
**tor·ment** *ww.* kwel, folter, pynig, martel; treiter; terg, tempteer, tart. **tor·men·tor** kwel-, plaaggees; groot vurk; eg.
**tor·men·til** *(bot.)* seweblad, tormentil.
**torn** geskeur(d), verflenter(d), verskeur(d); →TEAR¹ *ww.; be* ~ *between* ... dit moeilik vind om tussen ... te kies; *be* ~ *by* ... deur ... verskeur(d)/verdeel wees.
**tor·nad·ic** tornado-.
**tor·na·do** *-does* tornado, werwel-, draaistorm. ~ **cloud** tregter-, tornadowolk, wolkslurp.
**to·rose, to·rose, to·rous** *(biol.)* uitbultend; knobbelrig; *(bot.)* pêrelsnoervormig.
**tor·pe·do** *-does, n.* torpedo. **tor·pe·do** *ww.* torpedeer. ~ **attack** torpedoaanval. ~ **boat** torpedoboot. ~ **(fish/ray)** torpedo(vis), sidderrog, drilvis.
**tor·pe·do·ist** torpedis.
**tor·pid** (ver)styf; verdoof; slapend, in die/'n/sy winterslaap; bewegingloos, stadig, traag; ongevoelig. **tor·pid·i·ty** verstyfd-

heid, styfheid; traagheid; ongevoeligheid. **tor·por** verstywing, styfheid; verdowing; traagheid; gevoelloosheid, doodsheid.

**torque** *(meg.)* wringkrag; draaimoment, (moment)koppel, roterende koppel. ~ **converter** koppelomsitter. ~ **wrench** wringsleutel.

**torr** torr, *(chem., fis.: drukeenheid)* torr.

**tor·rent** (sterk) stroom; stortvloed; *in* ~s in strome; *a* ~ *of words* 'n woordevloed. **tor·ren·tial** in strome, geweldig; ~ *downpour* stortreën.

**tor·rid** versengend, skroeiwarm, brandend; *have a* ~ *time* 'n benoude tyd deurmaak; ~ *zone* trope, tropiese lugstreek. **tor·rid·i·ty, tor·rid·ness** skroeihitte, versenging, dorheid.

**tor·sion** gedraaidheid, spiraalvormigheid; wringing, torsie; wringkrag; *angle of* ~ draaiingshoek. ~ **balance** torsieskaal, =balans. ~ **bar** wringstaaf. ~ **pendulum** torsieslinger, rote= rende slinger.

**tor·sion·al** spiraalvormig; wring(ings)=, torsie=; ~ *strain* wringvervorming, verwringing.

**torsk** *(igt.)* kabeljou.

**tor·so** =sos, (Am.) =si bolyf *(v. 'n mens);* romp, torso *(v. 'n beeld);* spiraalpilaar.

**tort** *(jur.)* delik, onregmatige daad, onreg; *law of* ~s delikte= reg. **tor·tious** onregmatig.

**tor·te** =ten, =tes, (D. kookk.: ryk laagkoek) torte.

**tor·tel·li·ni** *(It. kookk.: gevulde pastadoppies)* tortellini.

**tor·ti·col·lis** stywe/skewe/verdraaide nek.

**tor·til·la** *(Mex. kookk.: soort ongesuurde brood)* tortilla.

**tor·toise** skilpad; *land* ~ landskilpad, padloper; *marine* ~ seeskilpad, karet; *river* ~ waterskilpad. ~**-like** skilpadagtig. ~**shell** *(stof)* skilpaddop, karet. ~**shell (cat)** skilderkat. ~**shell spectacles** skilpadbril.

**tor·tu·ous** kronkelend, kronkelrig, gekronkel(d), gedraai(d); slinks, skelm; ingewikkeld; gewronge *(styl); (geom.)* geboë; ~ *paths* kronkelweë. **tor·tu·os·i·ty** kronkeling, kromming; slinks= heid, jakkalsdraaie, skelmstreke.

**tor·ture** *n.* foltering, marteling; pyniging; *death by* ~ 'n mar= teldood; *be put to the* ~ gemartel/gefolter word. **tor·ture** *ww.* martel, pynig, folter, tormenteer; verdraai, verwring *(betekenis).* **tor·tur·er** folteraar; pyniger.

**to·rus** tori, *(geom., bouk., bot.)* torus; *(anat.)* sluitvliesverdik= king.

**To·ry** *n., (Br., pol.)* Tory, Konserwatief. **To·ry** *adj.* Konser= watief, Tory-. **To·ry·ism** Konserwatisme.

**tosh** *(Br., infml.)* twak, kaf, onsin.

**toss** *n.* (die) opgooi *(v. 'n geldstuk);* loot, gooi; tuimeling; *ar= gue the* ~, *(infml.)* oor 'n beslissing stry; *with a* ~ *of the head* met die kop in die lug *(of* agteroor gegooi); *lose the* ~ die loot verloor; *take a* ~ van 'n perd afval; *win the* ~ die loot wen. **toss** *ww.* gooi; opgooi; rondgooi; rondrol; heen en weer rol/skud/slinger; loot; *(kookk.)* meng *(slaai);* ~ *about* rondrol; ~ *s.t. about* iets rondgooi/=smyt; ~ *s.t. aside* iets opsy gooi; ~ *s.t. away* iets weggooi/=smyt; ~ *back* ... weg= slaan *('n drankie);* ... agteroor gooi *(jou hare/kop);* the bull ~ed *s.o.* die bul het iem. gegaffel *(of* met sy horings geskep); ~ *for s.t.* oor/om iets loot; ~ *off, (Br., plat: masturbeer)* draad= trek, skommel; ~ *s.t. off* iets gou-gou klaarmaak; iets uit= drink/wegslaan; ~ *out* uit=, weggooi, =smyt; ~ *pancakes* pan= nekoeke omgooi/omkeer; ~*ed salad* mengelslaai; ~ *and turn* rondrol, woel *(i.d. bed);* ~ *up* loot; ~ *s.t. up* iets opgooi; iets halsoorkop doen/klaarmaak. ~**-up** *n., (infml.)* opgooi; onse= kerheid; *it is a* ~ *whether* ... dit is hoogs onseker of ...

**toss·er** *(Br., plat)* bliksem; idioot, sot.

**tot**[1] =tt=, *ww.* op=, bymekaartel; *it* ~*s up to* ... dit beloop/bedra ...

**tot**[2] *n.* kleuter; peuter; kindjie; sopie, dop(pie); *have/take a* ~ 'n dop maak/steek *(infml.); a stiff* ~ 'n stywe dop *(infml.).* ~ **measure** sopiemaat, dop. ~ **measure glass** sopieglas.

**to·tal** *n.* totaal, som; totaalsyfer; optelling; *for a* ~ *of* ... vir altesaam/=same ...; *in* ~ altesaam, =same, in totaal; in sy ge= heel; *swell the* ~ die totaal laat oploop; *a tidy* ~, *(infml.)* 'n aansienlike totaal. **to·tal** *adj.* totaal, (al)geheel; volslae, vol= kome; finaal; ~ *amount* totaal(bedrag), volle bedrag; ~ *eclipse* algehele/totale verduistering; *be in* ~ *ignorance of* ... totaal/hoegenaamd niks van ... weet nie; ~ *loss* algehele verlies; ~ *onslaught* totale aanslag; ~ *recall* onfeilbare ge= heue; *have* ~ *recall of s.t.* iets (tot) in die fynste besonder= hede *(of* haarfyn) onthou; ~ *vote* stemtotaal. **to·tal** =ll=, *vww.* op=, bymekaartel; beloop, bedra, bedrag ~ *eclipse* algehele= in its ~ in sy geheel. **to·tal·i·ty** totaliteit, (die) geheel; *in its* ~ in sy geheel. **to·tal·ly** totaal, geheel en al, volkome, volslae, algeheel.

**to·tal·i·sa·tor, =za·tor** totalisator, toto. ~ **jackpot** woeker= pot.

**to·tal·i·tar·i·an** *n.* totalitaris. **to·tal·i·tar·i·an** *adj.* totali= têr. **to·tal·i·tar·i·an·ism** totalitarisme.

**tote**[1] *ww., (Am.)* dra; vervoer; sleep. ~ **bag** drasak.

**tote**[2] *n.* toto; →TOTALISATOR; *double* ~ koppeltoto. ~ **board** totalisator, toto.

**to·tem** totem. ~ **pole** totempaal.

**to·tem·ism** totemisme. **to·tem·ist** totemis. **to·tem·is·tic** to= temisties.

**to·to** *adv., (Lat.): in* ~ geheel en al, in sy geheel.

**tot·ter** *n.* waggeling. **tot·ter** *ww.* (wiggel-)waggel, wankel, slinger, strompel. **tot·ter·er** waggelaar. **tot·ter·ing, tot·ter·y** onseker, onvas, waggelend, wankelend.

**tou·can** *(orn.)* toekan, reënboogvoël.

**touch** *n.* aanraking; voeling, kontak, tikkie; gevoel; trek; tit= seltjie, ietsie, bietjie, tikkie, rapsie, sweem(pie); *(mus.)* aan= slag; kleurvegie, toets *(in 'n skildery);* styl; *(rugby ens.)* buite= lyn; buiteskop; *s.t. opens at a* ~ iets gaan oop as 'n mens net daaraan raak; *s.o. is an easy* ~, *(infml.)* 'n mens kry maklik iets by iem.; *find* ~, *(rugby)* uitskop, die buitelyn haal; *give s.o. a* ~ *on his/her arm* iem. 'n tikkie op die arm gee; *the ball is in* ~, *(rugby)* die bal is uit; *be in* ~ *with* ... met ... in verbin= ding wees/staan *(of* ... in aanraking/voeling wees); *get in* ~ *with* ... met ... in verbinding tree *(of* in aanraking/voeling kom); *kick the ball into* ~, *(rugby, sokker)* die bal by die kant= lyn uitskop *(of* oor die kantlyn skop); *lose one's* ~ jou slag verloor; *lose* ~ *with* ... voeling/kontak met ... verloor, buite/ uit voeling met ... raak; *a* ~ *of* ... 'n ligte aanval van ... *(ruma= tiek ens.);* iets ... *(treurigs ens.);* 'n knypie/knippie ... *(sout ens.);* *be out of* ~ *with* ... geen voeling meer met ... hê nie; *s.t. has the* **personal** ~ iets dra die persoonlike stempel; *put s.o. in* ~ *with* ... iem. met ... in aanraking bring *(of* in verbinding stel); *(sense of)* ~ tassin; *a soft* ~ 'n ligte/sagte aanraking; *(mus.)* 'n ligte aanslag; *s.o. is a* **soft** ~, *(infml.)* iem. is alte goed(hartig)/vrygewig; *be cold/warm/soft to the* ~ koud/warm/ sag wees om aan te voel. **touch** *ww.* (aan)raak; raak/vat aan; aanroer; voel aan; tik; aangaan, betref; bykom; tref; aandoen, roer; ontroer; *all but* ~ ... aan ... vat-vat; ~ *at* ... by ... aangaan/aanloop/aanry; ~ *at a port* 'n hawe aandoen, by 'n hawe aangaan; *no one can* ~ *s.o., (infml.)* niemand kom naby iem. nie, iem. se maters is dood, iem. moet sy/haar moses nog kry; *s.t.* ~*es s.o. deeply* iets raak iem. diep; *don't* ~ *it/me!* (hou jou) hande tuis!; ~ *down, ('n vliegtuig ens.)* land, neerstryk; *(rugby)* (die bal) druk; *(rugby)* (die bal) dooddruk; ~ *s.o. for s.t., (infml.)* iets uit iem. kry; ~ *one's hat* jou hoed lig; ~ *it ... too* dit raak ... ook; *not* ~ *s.t.* nie jou mond aan iets sit nie *(kos, drank, ens.);* ~ *s.t. off* iets laat ontplof *(springstof ens.);* iets laat afgaan; iets veroorsaak, tot iets aanleiding gee, iets uitlok; ~ *s.o. on the shoulder* iem. op die skouer tik; ~ *on/upon s.t.* iets aanroer *('n onderwerp ens.);* *not* ~ *on/upon s.t.* iets links laat lê *(of* iets onaangeroer(d) laat *('n tema ens.);* *merely* ~ *(on) a subject* 'n onderwerp net aan= roer, net aan 'n onderwerp vat-vat; *it* ~*ed s.o. to the heart* dit het iem. diep geroer; ~ *s.t. up* iets opknap *(grimering ens.);*

iets retoesjeer *('n foto).* ~ **and go** *(pred.),* ~**-and-go** *(attr.)* on=
seker; *it is touch and go whether ... dit is hoogs onseker of ...;*
*it was touch and go* dit was so hittete; dit het naelskraap(s)
gegaan. ~**down** neerstryking, landing *(v. 'n vliegtuig);* grond=
vat, landingsoomblik; druk *(v. 'n rugbybal).* ~**-in-goal** *(rug=*
*by)* doelgebied. ~ **judge** lyn=, grensregter. ~ **kick** buiteskop.
~**line** *(rugby, sokker)* kant=, grenslyn. ~**mark** makerstempel
*(op piouterware).* ~**-me-not** *(bot.)* kruidjie-roer-my-nie. ~
**needle** toetsnaald. ~**paper** salpeterpapier. ~ **rugby** raak=
rugby. ~ **screen** (aan)raak=, kontakskerm. ~**stone** *(fig.)* toets=
steen; lidiet, swart jaspis, keursteen. ~**-tone phone** drukte=
lefoon. ~**-type** *ww.* blind tik. ~**-typing,** ~**-typewriting** blind=
tik. ~**-up** opknapping; aanmaninkie.
**touch·a·ble** tasbaar, voelbaar, aan te raak.
**tou·ché** *tw., (Fr.)* dis raak!.
**touched** aangedaan, bewoë, ontroer; *(infml.)* getik.
**touch·ing** *adj.* (ont)roerend, hartroerend, aandoenlik, tref=
fend. **touch·ing** *prep.* aangaande, rakende, betreffende,
met betrekking tot.
**touch·y** fyngevoelig, liggeraak, prikkelbaar, kortgebonde, teer=
gevoelig, fyn van nerf; kleinserig; *don't be* ~ moenie so gou
op jou perdjie wees nie; *a* ~ *subject* 'n netelige kwessie.
**touch·i·ness** fyngevoeligheid, liggeraaktheid, prikkelbaar=
heid, kortgebondenheid, teergevoeligheid; kleinserigheid.
**touch·y-feel·y** *(infml., dikw. neerh.)* emosiebelaai, sentimen=
teel, gevoelvol, teer *(oomblik, toneel, ens.);* *be all* ~, *(iem.)* vol
liefies en drukkies wees.
**tough** *n.* boef; ruwe vent, woestaard. **tough** *adj.* taai; hard;
star, styf; onbuigsaam, ontoegeeflik, onversetlik, hard, kwaai,
streng, ongevoelig; hardekoejawel, balsturig; moeilik, swaar,
veeleisend, lastig; kras; gedug; ru; *(iem.)* klipsteenhard; *get* ~
*with s.o., (infml.)* kwaai/hardhandig teen iem. optree, iem.
hard aanpak; *it is* ~ *going* dit gaan broekskeur; *(as)* ~ *as*
*leather, (iem.)* so taai soos 'n ratel; ~ *luck* teen=, teëspoed; *it*
*is* ~ *(luck)* dit is hard/swaar/jammer, dit is (erg) ongelukkig;
*(as)* ~ *as nails, (iem.)* so taai soos 'n ratel; *(as)* ~ *as old boots,*
*(iets)* vreeslik taai; ~ *questions* kwaai vrae; *(it's)* ~ *shit/titty,*
*(plat)* wie de hel gee om?, wat traak dit my?, ek voel vere; ~
*situation* netelige/benarde toestand; *the* ~*est steel* die sterk=
ste staal; *have a* ~ *time* les opsê, dit hotagter kry. **tough**
*ww.:* ~ *it out* deurbyt, vasstaan, die storm trotseer, met jou
standpunt volhard. ~ **love** harde liefde. ~**-minded** nugter=
(denkend), realisties, prakties, onsentimenteel; beslis, vas=
berade, wilskragtig, sterk.
**tough·en** taai(er) maak/word; verhard; ~ *s.o. up* iem. gehard
maak. ~ *s.t. up* iets sterker maak; iets strenger maak *(reëls*
*ens.).* **tough·en·ing** verharding; ~ *(up)* harding
**tough·ie** *(infml.)* taai kalant, tawwe tienie; *(moeilike probleem)*
(taai) tameletjie.
**tough·ly** ru, hardhandig, onsagkens
**tough·ness** taaiheid.
**tou·pee, tou·pet** haarstuk.
**tour** *n.* rondreis; plesierreis, =tog, vakansiereis, toer; uitstap=
pie; *concert* ~ konsertreis; ~ *of duty* ampsbeurt; diens=
beurt; wagbeurt, =rondte; *be on* ~ op reis wees; *make a* ~ *of*
*the town* 'n rondrit deur die stad maak. **tour** *ww.* rondreis;
deurreis, bereis; 'n (kuns)reis maak; op toer gaan, toer; ~ *a*
*country* deur 'n land reis, 'n land deurreis. ~ **de force** *tours*
*de force, (Fr.)* kragtoer, kragprestasie, tour de force. ~ **guide**
toergids. ~ **operator** reisagent; toerorganiseerder.
**tour·er** toeris; toermotor.
**tour·ing** (die) rondreis; plesierreise; toerisme. ~ **car** reis=,
toermotor. ~ **company** reisende geselskap; reisgeselskap. ~
**holiday** toervakansie. ~ **party** toergroep, =geselskap, reis=
groep, =geselskap. ~ **team** toerspan, reisende span.
**tour·ism** toerisme. ~ **industry,** ~ **trade** toerisme=, toeriste=
bedryf, toerisme.
**tour·ist** toeris; lid van 'n toerspan; *the* ~*s, (ook)* die toerspan

*(of* reisende span). ~ **agency** reisburo, =agentskap. ~ **at**=
**traction** toeriste-attraksie. ~ **class** toeristeklas. ~ **guide**
toergids; *(boek)* reisgids. ~ **hotel** toeristehotel. ~ **informa**=
**tion centre,** ~ **office** toeriste-inligtingsentrum, toeristekan=
toor. ~ **passport** toeristepaspoort. ~ **resort** toeristeoord. ~
**season** toeristeseisoen. ~ **ticket** toerkaartjie. ~ **trap** *(infml.)*
toeristelokval, =valstrik; toeristetrekpleister, =magneet.
**tour·is·tic, tour·ist·y** *(infml., dikw. neerh.)* toeristies.
**tour·na·ment** toernooi, wedstrydreeks.
**tour·ni·quet** toerniket, aarafbinder, aarpers, skroef=, klem=,
knelverband.
**tou·sle** verfrommel; verfomfaai; deurmekaar maak *(hare);*
rondruk; ~*d hair* deurmekaar/verwaaide hare. ~**-haired** met
(die/sy/ens.) deurmekaar hare.
**tout, tout·er** *n.* werwer, klantelokker, lokvoël; smous; *(Br.,*
*ook* ticket tout) kaartjieswendelaar; *racing* ~ perdespioen.
**tout** *ww., (perderenne)* beloer, op die loer lê; smous; kliënte
werf; (klante) werf; ware probeer opdring aan; aanprys, op=
vysel; aanlok; ~ *s.t. about/around* met iets smous. **tout·ing**
werwery, werwing; aanprysing; aanlokking.
**tow**[1] *n.* (die) trek/sleep; *give s.o. a* ~ iem. (se motor) insleep;
*have/take s.o. in/on* ~ iem. op sleeptou hê/neem; *have/take*
*s.t. in/on* ~ iets sleep *('n motor, skip, ens.);* *with all the ... in/*
*on* ~ met al die ... (op 'n streep) agterna; *on* ~, *(kennisge=*
*wing)* op sleeptou. **tow** *ww.* (voort)trek, sleep, op sleep(tou)
neem; treil; ~ *s.t. away* iets wegsleep *('n motor ens.);* ~ *s.t. in*
iets insleep *('n motor ens.).* ~**away zone** wegsleepsone. ~**bar**
sleepstang. ~**boat** sleepboot. ~**line** treklyn; sleeptou, =tros.
~**path, towing path** sleeppad. ~**plane** sleepvliegtuig. ~**rope,**
**towing rope** sleeptou. ~ **truck** insleepvoertuig, =wa, =vrag=
motor.
**tow**[2] *n.* (tou)werk, (growwe) vlas=/hennepvesels; tougaring,
=gare; toudoek; pluis. ~**-coloured** vlasblond, =kleurig. ~**head**
vaalhaarmens; slordige kop. ~**-headed** vaalhaar=; met deur=
mekaar hare.
**tow·age** slepery, sleep(werk); sleepvaart; sleeploon. ~ **ser**=
**vice** sleepdiens.
**to·ward(s), to·ward(s)** *prep.* na (... toe); teen, jeens, teen=
oor; tot; naby; *s.o.'s attitude* ~ *...* iem. se houding insake *(of*
met betrekking tot) ...; *s.o.'s behaviour* ~ *...* iem. se gedrag
teenoor ...; *contribute s.t.* ~ *...* iets tot ... bydra; ~ *the end of*
*the week* teen die einde van die week; ~ *noon* teen die mid=
dag (se kant).
**tow·el** *n.* handdoek; *throw in the* ~, *(boks)* die handdoek in=
gooi; *(fig.)* tou opgooi. **tow·el** *-ll-, ww.* (met 'n handdoek)
afdroog/afvee. ~ **rack** handdoekrak. ~ **rail** handdoeklat.
**tow·el·ette** handdoekie; *(klam papierdoekie)* vogdoekie.
**tow·el·ling, (Am.) tow·el·ing** handdoekstof, =goed.
**tow·er** *n.* toring; vesting, kasteel; toevlug; *in an ivory* ~ in 'n
ivoortoring; *the T~ of London* die Londense Tower; *the Lean*=
*ing T~ of Pisa* die Skewe Toring van Pisa. **tow·er** *ww.* to=
ring, hoog uitsteek bo; hoog in die lug vlieg, regop vlieg; ~
*above/over ...* bo(kant) ... uitrys/uittroon/uitstyg/uitsteek. ~
**block** toringgebou, =blok. ~ **computer** toringrekenaar.
**tow·ered** met 'n toring *(of* torings), getoring.
**tow·er·ing** toringhoog, baie hoog; geweldig, hewig.
**tow·ing** (die) sleep/trek, slepery. ~ **service** sleepdiens. ~ **ves**=
**sel** sleepboot.
**town** stad; dorp; *about* ~ in die stad/dorp (rond); *a man*
*about* ~ 'n uitgaande/wêreldwyse *(of* veel gesiene) man; 'n
losbol/pierewaaier/windmaker; *ten/etc. kilometres from* ~ tien/
ens. kilometer uit die stad/dorp; *go to* ~ stad/dorp toe gaan;
*(infml.)* uitvoerig *(of* met oorgawe) te werk gaan; *go down* ~
stad/dorp toe gaan; *in* ~ in die stad; op/in die dorp; *enjoy a*
*night (out) on the* ~ die naglewe geniet; *be (out) on the* ~,
*(infml.)* aan die fuif wees; *out of* ~ buite(kant) die stad/dorp;
*be out of* ~ uitstedig wees; *it is the talk of the* ~ die hele dorp
het die mond daaroor/daarvan vol; *toward(s)* ~ stad/dorp

se kant toe. ~ **centre** middestad, stadsentrum, stadskern, binnestad; midde=, binnedorp. ~ **clerk** stadsklerk. ~ **coun‑ cil** stadsraad; dorpsraad. ~ **councillor** stadsraadslid. ~ **crier** *(hist.)* stadsomroeper. ~ **hall** stadhuis; stadsaal. ~ **house** meenthuis; *(huis in 'n dorp/stad)* dorps=, stadshuis. ~ **manager** stadsbestuurder. ~ **planner** stadsbeplanner. ~ **planning** stads= beplanning; dorpsbeplanning. ~**scape** stadsgesig.

**town·ie, town·ee** *(infml.)* dorpsjapie, dorpenaar; stadsja‑ pie, stedeling, stadsmens.

**towns·folk** stadsmense; dorpenaars.

**town·ship** stads=, dorpsgemeenskap; stads=, dorpsgebied; dorpie; (nuwe) dorp; (nuwe) stadswyk, dorpswyk, =aanleg, =uitleg; *(SA)* township. ~ **company** erwemaatskappy.

**towns·man** *=men,* **towns·wom·an** *=women* stedeling, stads= mens; stadsbewoner; dorpeling, dorpenaar; burger; mede‑ burger, stadgenoot, dorpsgenoot. **towns·peo·ple** *n. (fungeer as mv.)* stedelinge, stadsmense; stadsbewoners; dorpenaars; burgers.

**tox·ae·mi·a,** *(Am.)* **tox·e·mi·a** bloedvergiftiging, toksemie.

**tox·ic** giftig, toksies; gif=; vergiftigings=; ~ *substance* gif(stof); ~ *waste* giftige/toksiese afval. ~ **shock syndrome** *(med.)* toksieseskoksindroom.

**tox·i·cal·ly** giftig, op giftige wyse.

**tox·i·cant** *n.* gif(stof). **tox·i·cant** *adj.* giftig.

**tox·ic·i·ty** giftigheid, toksisiteit.

**tox·i·col·o·gy** toksikologie, gifkunde. **tox·i·co·log·i·cal** tok‑ sikologies, gifkundig. **tox·i·col·o·gist** toksikoloog, gifkun‑ dige.

**tox·in** toksien, (bakterie)gifstof.

**toy** *n.* speelding(etjie), stuk speelgoed; *(fig.)* speelbal; *(i.d. mv.)* speelgoed; *chuck/hurl/throw (all) one's ~s out of the cot, (infml.)* tekere *(of* te kere) gaan, tekeregaan. **toy** *ww.* speel; dartel; beusel; vry; ~ *with* ... met ... speel; ~ *with the idea of doing s.t.* daaraan dink om iets te doen; ~ *with one's food* met lang tande eet, aan jou kos peusel. ~ **box** speelgoedkis. ~ **boy** *(infml.)* katelknaap, =knapie. ~ **dog** speelgoedhondjie; skoot‑ hondjie; dwerghond(jie). ~ **gun** speelgeweertjie. ~ **house** *(lett. & fig.)* pop(pe)huis. ~ **shop** speelgoedwinkel. ~ **sol‑ dier** speel=, popsoldaatjie. ~**town** *n.* speelgoeddorpie. ~**town** *adj., (fig.)* bekoorlik; onbeduidend, onbenullig.

**toy·ing·ly** speel‑speel; beuselend.

**toyi-toyi** *=toyis, n., (SA)* toi‑toi. **toyi-toyi** *=toyied =toyi(i)ng, ww.* toi‑toi. **toyi-toy·ing** *n.* getoi‑toi, toi‑toiery. **toyi-toy·ing** *adj.* toi‑toiend.

**trace**[1] *n.* spoor; voetspoor; voetpad; (dowwe) paadjie, on‑ gebaande pad; *(geol.)* snylyn; teken, bewys; sweem(pie), tik‑ kie, titseltjie, klein bietjie; natrek(sel); lyn, streep, spoor *(v. 'n instr.); disappear without (a)* ~ spoorloos verdwyn; *leave ~s* spore (agter)laat; *leave no* ~ geen spoor (agter)laat nie; *~s of s.t.* spore van iets; *a* ~ *of salt* 'n titseltjie sout; *of ... no* ~ *remains* van ... is daar geen oorblyfsel meer nie. **trace** *ww.* natrek, aftrek, oortrek, kalkeer; *(met 'n wieletjie)* radeer; afsteek, afpen, afbaken; traseer; ontwerp, skets, teken; aan‑ toon; nagaan, naspeur, naspoor; opspoor; (die spoor) volg, spoorsny; ~ *s.t.* **back to** ... iets tot ... terugvoer; iets tot ... nagaan; *s.t. was* ~*d* **back to** ... dit het geblyk dat iets van ... afkomstig was; ~ *a* **line** 'n lyn trek; ~ *a* **map** 'n kaart natrek; ~ *s.t.* **out** iets uitstippel; ~ *a* **signature** 'n handtekening nate‑ ken. ~ **element** *(chem.)* spoorelement.

**trace**[2] *n.* string; trens, strop *(aan 'n vislyn); kick over the ~s, (lett.)* onklaar raak/trap; *(fig.)* oor die tou trap, uit die band spring, handuit ruk, hand uitruk, onregeerbaar word.

**trace·a·ble** opspoorbaar, naspeurbaar; ~ *to* ... terug te bring tot ...

**trac·er** opspoorder; natrekker; natrektekenaar; traseerder; aanwyser, indikator; speurmiddel. ~ **(bullet)** ligspoorkoeël. ~ **element** verklikker(‑)element. ~ **gas** speurgas. ~ **isotope** gids(‑)isotoop.

**tra·che·a, tra·che·a** *=cheae, (anat.)* (hoof)lugpyp, tragea; *(entom.)* lugvat, =buis, tragee; *(bot.)* (hout)vat. **tra·che·al, tra·che·al** trageaal. **tra·che·ot·o·my** *(med.)* lugpypinsnyding, trageotomie.

**trac·ing** opsporing; natrek(sel); natrekwerk; natekening. ~ **paper** natrek=, aftrek=, kalkeerpapier. ~ **pen** trekpen. ~ **wheel** radeer=, aftrekwiel(etjie).

**track** *n.* spoor; spoor(weg), spoorlyn; spoorbaan; spoor‑ wydte; baan *(v. 'n hemelliggaam);* renbaan; atletiekbaan; (on‑ gemaakte) pad, (dowwe) paadjie, vee=, voetpad; trekpaad‑ jie; voetspoor, trajek; kielwater; koers; *(mus.)* snit *(op 'n laser‑ plaat ens.); the* **beaten** ~ die gebaande weg; *off the* **beaten** ~ weg van die gewoel, afgeleë; **double** ~ dubbele spoor(lyn); **follow** *in s.o.'s* ~*s* iem. se voetspore volg; **freeze** *in one's* ~*s* in jou vier spore vassteek; **fresh** ~*s* vars spore; *the* **inside** ~, *(lett.)* die binnebaan; *(fig.)* die voordeel; **keep** ~ *of* ... op die spoor van ... bly; op (die) hoogte van/met ... bly; **leave** *the* ~, *('n trein)* van die spoor (af) loop; **lose** ~ *of s.t.* iets uit die oog verloor, die spoor van iets byster raak *(of* kwytraak); **lose** ~ *of s.o.* nie meer weet waar iem. is nie; **make** ~*s, (infml.)* spore maak; (die) rieme neerlê/bêre; *be* **off** *the* ~ van die spoor (af) wees, die spoor byster wees; *s.t. is* **on** ~, *('n plan ens.)* iets is op dreef, iets loop/vorder goed; *put s.o.* **on** *the (right)* ~ iem. op die (regte) spoor bring; **pick up** *the* ~, *(ook)* die spoor vat; **put/throw** *s.o.* *off the* ~ iem. van die spoor *(of* op 'n dwaalspoor) bring; *be on the* **right** ~ op die regte spoor wees; **single** ~ enkelspoor; **stop** *(dead) in one's* ~*s* in jou vier spore vassteek; **stop** *s.o. in his/her* ~*s* iem. in sy/haar vaart stuit; *be on the* **wrong** ~ die spoor byster *(of* op die ver‑ keerde spoor) wees; op 'n dwaalspoor wees; die verkeerde pad volg. **track** *ww.* opspoor; die spoor volg, spoorsny; naspoor, nagaan; van spore voorsien; ~ *s.o. down* iem. op‑ spoor; iem. vang; ~ *s.t. down* iets opspoor *('n fout ens.).* ~ **and field** *n., (atl.)* baan en veld, baan‑en‑veld‑atletiek. ~**‑ and‑field** *adj. (attr.):* ~ *athletes* baan‑ en veldatlete. ~ **athlete** baanatleet. ~**ball** *(rek.)* spoorvolgbal. ~ **event** baannommer. ~ **race** baan(wed)ren; baanwedloop. ~ **racing** baan(wed)‑ renne; baanfietsry; baanwedlope. ~ **record** baanrekord; *(fig.)* prestasies van die verlede; *s.o.'s* ~ ~ iem. se prestasies tot dusver/dusvêr; *s.o. has a good* ~ ~ iem. het tot dusver/ dusvêr goed/uitstekend gevaar/gepresteer. ~ **rod** sporing‑ stang; baan‑, spoorstang. ~ **shoe** spykerskoen. ~**suit** sweet‑ pak. ~**way** voetpad; rydek *(v. 'n brug).*

**track·age** spoorlyne; spoorreg.

**tracked** met rusper=/kruipbande; ~ *vehicle* kruipbandvoer‑ tuig, rusper(band)voertuig.

**track·er** opspoorder, speurder; spoorsnyer. ~ **dog** speur‑ hond.

**track·ing** opsporing; spoorsny. ~ **device** volgtoestel. ~ **sta‑ tion** *(lugv., ruimtev., ens.)* opspoorstasie.

**track·less** spoorloos, sonder spore; onbegane, ongebaan; ~ *tram* spoorlose trem, trembus.

**tract** streek; *(anat.)* bundel, baan; traktaatjie; ~ *of land* land‑ streek.

**trac·ta·ble** inskiklik, gedienstig, gedwee, gewillig; maklik hanteerbaar. **trac·ta·bil·i·ty** meegaandheid, inskiklikheid, gewilligheid.

**trac·tate** *(fml.)* verhandeling.

**trac·tion** trekkrag, (voort)trekking, traksie; saamtrekking; *(med.)* strekking, trekking; *a leg in* ~ 'n been in trekver‑ band.

**trac·tor** trekker. ~**feed** *n., (rek.)* kettingpapiertoevoer. ~**‑ scraper** skraaptrekker.

**trad** *n., (Br., infml.)* tradisionele jazz. **trad** *adj.* tradisioneel; ~ *jazz/song/etc.* tradisionele jazz/lied/ens..

**trade** *n.* handel; ambag, vak, nering, bedryf; beroep; ruil‑ (ing); *article of* ~ handelsproduk, =artikel; verbruik(er)s‑ produk, =artikel; *a* **brisk** ~ *in* ... 'n lewendige handel in ...;

*be a baker/butcher/etc.* **by** ~ ('n) bakker/slagter/ens. van be=
roep wees; **carry on** ~ handel dryf/drywe; **carry on a** ~ 'n
ambag uitoefen; handel dryf/drywe; *be good for* ~ bevor=
derlik wees vir die handel; **learn** a ~ 'n vak/ambag leer;
*every/each* **person** *to his/her* ~ skoenmaker, hou jou by jou
lees; **pursue** a ~ 'n ambag uitoefen; *in restraint of* ~ tot
inkorting van handelsvryheid; **sell** *only to the* ~ net in die
(groot)handel verkoop; **take up** a ~ 'n ambag kies; *terms
of* ~ handelsvoorwaardes; *(buitelandse han.)* ruilvoet; *the* ~
die handel; *the* ~s die passaat(wind); die passaatgordel.
**trade** *ww.* handel dryf/drywe, handel; (ver)ruil; ~ *on one's
own account* vir eie rekening handel; ~ *s.t. for s.t. else* iets vir
iets anders ruil; ~ *in certain goods* handel (dryf/drywe) in
sekere goedere; ~ *s.t. in for ...* iets vir ... inruil; ~ *on s.o.'s
name* met iem. se naam smous; ~ *on/upon s.t.* van iets
misbruik maak, iets uitbuit; met iets smous *(iem. se naam
ens.)*; ~ *to a country* met 'n land handel dryf/drywe *(of sake
doen)*; ~ *with s.o.* met iem. handel (dryf/drywe). ~ **accept=
ance** handelsaksep. ~ **account** handelsrekening; ~ ~s *pay=
able* handelskrediteure; ~ ~s *receivable* handelsdebiteure. ~
**agreement** handelsooreenkoms, =verdrag. ~ **barrier** han=
delsversperring, =belemmering. ~ **conditions** handelstoe=
stand(e), =voorwaardes. ~ **credit** handelskrediet, krediet
aan weerverkopers. ~ **discount** handelsafslag, =korting. ~
**dispute** bedryfs=, arbeidsgeskil. ~ **edition**, ~ **book** handels=
uitgawe. ~ **fair** handelskou. ~ **figures** *n. (mv.)* handelsyfers.
~ **hazard** handelsrisiko. ~-**in** inruiling; (in)ruilartikel. ~-**in
price** inruilprys. ~**mark** handels=, fabrieksmerk. ~ **name**
merknaam, handelsnaam; firmanaam. ~-**off** ruil; kompro=
mis. ~ **outlook** handelsvooruitsigte. ~ **price** groothandel=
prys. ~ **profit** handelswins. ~ **recession** handelslapte. ~ **ref=
erence** handelsverwysing. ~ **review** handelsoorsig. ~ **revi=
val** handelsoplewing. ~ **risk** bedryfsrisiko; handelsrisiko. ~
**route** handelsroete, =weg; seeweg. ~ **school** ambag=, vak=
skool. ~ **secret** vakgeheim, bedryfsgeheim; fabrieksgeheim.
~ **stock** handelsvoorraad. ~ **surplus** handelsoorskot, han=
delsurplus, oorskot op die handelsrekening. ~ **union** →TRADE
UNION. ~-**weighted** *adj. (attr.)* handelsgeweegde *(wisselkoers
ens.).* ~ **wind** passaat(wind).
**trade·a·ble, trad·a·ble** verhandelbaar.
**trad·er** handelaar, handelsman; koopvaarder, handelskip.
**trades:** ~**man** =men, =people winkelier; leweransier; ambags=
man; *(i.d. mv.)* handelsmense, =lui; *skilled* ~ vakman. ~ **union**
*(Br.)* = TRADE UNION. ~**woman** =women koopvrou.
**trade un·ion, la·bour un·ion** vakbond, =unie, =vereni=
ging. ~ ~ **congress** vakuniekongres; vakverbond. ~ ~ **fede=
ration** vakverbond. **trade un·ion·ism** vakverenigingswese,
vakuniestelsel, vakbondorganisasie. **trade un·ion·ist** vak=
unielid, vakbondlid; vakunieman, vakbondman, voorstan=
der van vakbonde.
**trad·ing** *n.* handel(drywe). **trad·ing** *adj.* handelend, han=
deldrywend; ~ *as ...* handeldrywende/handelende *(of* wat
sake doen) as ... ~ **account** handelsrekening. ~ **capital** be=
dryfskapitaal. ~ **concern** handelsonderneming. ~ **hours** *n.
(mv.)* handelsure. ~ **in** inruiling. ~ **licence** handelslisensie.
~ **partner** handelsvennoot. ~ **post** handelspos, =nederset=
ting. ~ **profit** bedryfswins. ~ **receipts** *n. (mv.)* bedryfsont=
vangste. ~ **results** *n. (mv.)* bedryfsresultate. ~ **ship** handel=
skip.
**tra·di·tion** tradisie, oorlewering; *according to* ~ volgens
(die) oorlewering; *in the* ~ *of ...* na/volgens die tradisie van
... ~-**bound** tradisievas.
**tra·di·tion·al** tradisioneel; konvensioneel; ~ *enemy* erfvy=
and; ~ *healer* kruiedokter, tradisionele geneser; ~ *leader,
(SA)* tradisionele leier; ~ *medicine* kruie(genees)middel, tra=
disionele medisyne; ~/*cultural weapon, (SA)* tradisionele/
kulturele wapen. **tra·di·tion·al·ism** tradisieverering, tradi=
sionalisme. **tra·di·tion·al·ist** tradisievereerder, tradisionalis.
**tra·di·tion·al·is·tic** tradisievas. **tra·di·tion·al·ly** tradisioneel,
volgens (die) oorlewering/tradisie, na/volgens gewoonte.

**tra·duce** belaster, beklad, beswadder. **tra·duce·ment** belas=
tering, bekladding. **tra·duc·er** lasteraar, skindertong.
**traf·fic** *n.* handel; verkeer; vervoer; *control the* ~ die verkeer
reël; *heavy* ~ druk verkeer; *the* ~ *in ...* die handel in/met ...
*(dwelms ens.);* *have no* ~ *with s.o.* niks met iem. te doen *(of*
geen omgang met iem.) hê nie. **traf·fic** *-ficked* *-ficked, ww.*
handel dryf/drywe, handel; (ver)kwansel; ~ *in ...* met ... smous,
in/met ... handel (dryf/drywe) *(dwelms ens.).* ~ **calming** ver=
keersbedaring, =kalmering. ~ **circle** verkeersirkel. ~ **cone**
verkeerskegel, =keël. ~ **congestion** verkeersop(een)hoping,
verkeersknoop. ~ **control** verkeersbeheer, =reëling; verkeer=
sentrale. ~ **cop** *(infml.)* verkeerskonstabel, *(infml., skerts.)*
spietkop. ~ **density** verkeersdigtheid. ~ **department** ver=
keersdepartement. ~ **interchange** wisselkruising, verkeers=
wisselaar. ~ **island** verkeerseiland. ~ **jam** verkeersknoop,
=ophoping. ~ **lane** verkeersbaan. ~ **law** verkeerswet; ver=
keersreg. ~ **light** verkeerslig. ~ **line** verkeerstreep. ~ **offence**
verkeersoortreding. ~ **officer** verkeersbeampte. ~ **regulation**
verkeersreëling; verkeersreël, =voorskrif. ~ **safety** verkeers=
veiligheid. ~ **sign** verkeers=, padteken. ~ **signal** verkeersein.
**traf·fick·er** handelaar.
**traf·fick·ing:** ~ *in ...* handeldrywe met *(of* verhandeling van)
...; smousery met ...
**trag·a·canth** tragant(gom), dragant(gom).
**trag·e·dy** tragedie, treurspel; treurige/droewige gebeurte=
nis; *the* ~ *of it is ...* die tragiese daarvan is ... **tra·ge·di·an**
tragikus, treurspelskrywer, =digter; treurspelspeler. **tra·ge·
di·enne** *(vr.)* treurspeelster.
**trag·ic** tragies; treurig, droewig; ~ *actor* treurspelspeler; ~
*irony* tragiese ironie. **trag·i·cal** tragies.
**trag·i·com·e·dy** tragikomedie. **trag·i·com·ic** tragikomies.
**trail** *n.* (na)sleep; streep; sleepsel; sleep *(v. 'n rok);* spoor; pad;
voet(slaan)pad; rank; *(arms) at the* ~ (wapens) in die hand;
*leave a* ~ 'n spoor (agter)laat; *lose the* ~ die spoor kwytraak
*(of* byster raak); *off the* ~ van die spoor af; *on the* ~ op die
spoor; *be hard/hot on s.o.'s* ~ kort op iem. se hakke wees;
*pick up a* ~ 'n spoor (terug)vind; ~ *of smoke* streep rook,
rookwolkie. **trail** *ww.* sleep; agterbly, agter raak; trek; 'n
(voet)pad trap; plattrap, plat trap; *(agteraan)* sleep, los hang;
opspoor; rank, kruip; ~ *along* jou met moeite voortsleep; ~
*away/off, ('n geluid)* wegsterf, =sterwe; ~ *behind ...* agter ...
sleep; *s.o.* ~s *behind* iem. sukkel agterna; *s.o.* ~s *by ...* iem. is
... agter *(twee punte ens.);* ~ *off* wegsterf, =sterwe; ~ *s.o.* op
iem. se hakke volg, iem. op sy/haar spoor volg. ~ **bike** veld=
(motor)fiets. ~**blazer** baanbreker; voorloper. ~ **net** treknet,
seën.
**trail·er** rank=, klimplant, klimop; kruipplant; slingerplant;
sleepwa, =kar, aanhangwa; aanhanger; lok=, voorprent *(in 'n
bioskoop).* ~ **park** *n., (Am.)* woonwapark. ~-**park** *adj., (Am.,
neerh.)* onverfyn(d), platvoers, vulgêr, ordinêr.
**trail·ing** slepend, sleep=. ~ **aerial** sleepantenne, =antenna. ~
**cable** sleepkabel. ~ **edge** *(lugv. ens.)* agterrand. ~ **plant**
rank=, klimplant, klimop; kruipplant; slingerplant.
**train** *n.* trein *(op 'n spoor);* sleep; nasleep; (lang) stert; gevolg,
stoet; reeks, streep, string; *(masj.)* stel; *go/travel by* ~ per *(of*
met die) trein gaan/ry/reis; *by* ~ per spoor; per *(of* met die)
trein; ~ *of camels* karavaan kamele; ~ *of events* gebeure=
reeks (van) gebeurtenisse; nasleep; *in the* ~ *of ...* as nadraai
van ...; *in/on a/the* ~ in/op 'n/die trein; *set s.t. in* ~, *(fig.)* iets
aan die gang sit; *take a/the* ~ met 'n/die trein ry, 'n/die trein
haal/neem, per trein gaan/ry/reis; ~ *of thought* gedagte=
gang, gedagteloop; ~ *of wheels* ratwerk, raderwerk. **train**
*ww.* leer, oplei, oefen, afrig, opvoed, dresseer, afrig, leer
*(diere);* lok; rig *('n instr.);* snoei, lei *(plante);* ~ *for ...* vir ...
oefen; jou vir ... bekwaam *('n beroep ens.);* ~ *s.o. for a profes=
sion* iem. vir 'n beroep oplei; ~ *up* afrig, brei *('n span ens.);*
oplei *('n animasiekunstenaar ens.);* oplei *('n plant).* ~**bearer**
sleepdraer. ~ **driver** masjinis, treindrywer. ~**load** treinvrag.

~ **service** trein-, spoordiens. ~ **set** (speelgoed)treinstel, treinstelletjie. ~**sick** treinsiek. ~ **spotter** *(Br.)* treinnommer= versamelaar; *(dikw. neerh.)* beuselaar, futselaar. ~ **traffic** spoor-, treinverkeer.

**train·a·ble** opleibaar; opvoedbaar; ontvanklik, leersaam.

**trained** geoefen(d), opgelei; afgerig; ervare, geskool(d); *be ~ as* ... as ... opgelei word; *be* ~ *to do s.t.* opgelei wees om iets te doen; ~ *dog* gedresseerde/geleerde hond; ~ *eye* geoe= fende oog; ~ *nurse* opgeleide verpleegster.

**train·ee** (vak)leerling; kwekeling; opvoedeling. ~ **manager** leerlingbestuurder. ~ **teacher** proefonderwyser(es).

**train·ee·ship** kwekelingskap, (vak)leerlingskap.

**train·er** afrigter, instrukteur; opleier; steller; drilmeester; breier; babapotjie. ~ **(aircraft)** opleidingsvliegtuig.

**train·ing** (die) brei, afrigting; opleiding; oefening; skoling, dressuur; *be in* ~ geoefen wees; aan die oefen wees; opgelei word; *go into* ~ begin oefen; *undergo* ~ opgelei word, oplei= ding kry/ontvang. ~ **camp** oefenkamp. ~ **centre** opleiding= sentrum. ~ **college** kweekskool, opleidingskollege; nor= maalskool, =kollege. ~ **course** opleidingskursus ~ **manual** opleidingshandleiding, =handboek. ~ **period** opleidingstyd= (perk), =periode; opleidingstermyn. ~ **run** oefenloop. ~ **school** opleidingskool. ~ **session** oefening. ~ **shoes** *n. (mv.)* oefenskoene.

**traipse** *n.* vermoeiende staptog. **traipse** *ww.* (rond)slenter; sleepvoet/slordig loop; rondslof; ~ *after s.o., (infml.)* agter iem. aandrentel.

**trait** (karakter)trek, eienskap; trek, streep.

**trai·tor** verraaier; *be a* ~ *to* ... 'n verraaier van ... wees; *turn* ~ verraad pleeg, verraaier word. **trai·tor·ous** verraderlik. **trai·tor·ous·ness** verraderlikheid.

**tra·jec·to·ry** baan; koeëlbaan; *(geom.)* trajektorie.

**tra·la·la, tra·la·la, tra·la** *tw.* tra-la-la!.

**tram** *n.* trem; *(mynb.)* koekepan. **tram** =*mm*-, *ww.* per trem vervoer; *(mynb.)* met koekepanne vervoer. ~ **driver** trem= bestuurder. ~ **fare** tremgeld. ~**line** tremlyn; *(i.d. mv.)* trem= spoor; *(infml., tennis)* dubbele kantlyne. ~ **service** trem= diens. ~ **stop** tremhalte. ~ **ticket** tremkaartjie. ~**way** →TRAM= WAY.

**tram·mel** *n. (gew. i.d. mv.)* hindernisse, belemmerings, be= perkings. **tram·mel** -*ll*-, *ww.* belemmer, hinder, kniehalter; kluister. ~ **net** skakelnet; voëlnet.

**tramp** *n.* gestamp, getrap, voetstap(pe); hoefslag; voetreis, wandeltog; rondloper, boemelaar; swerweling. **tramp** *ww.* swaar stap, stamp; stap, loop, voetslaan; rondloop, swerf, swerwe; vastrap *(grond)*; ~ *up and* **down** *all day looking for s.o.* die hele dag na iem. loop en soek; ~ *s.t.* **down** iets vas= trap; ~ *it* voetslaan; ~ *mud/etc. all over the floor/etc.* die vloer/ens. vol modder/ens. trap; ~ *on/upon s.t.* op iets trap.

**tram·ple** trap; vertrap; trappel; ~ *s.o. to* **death** iem. dood= trap; ~ *s.t.* **down** iets plattrap *(of* plat trap); iets vertrap; ~ *on/upon s.t.* op iets trap, iets vertrap; ~ *all* **over** *s.o., (fig.)* geheel en al oor iem. baasspeel.

**tram·po·line** trampolien, wipmat. **tram·po·lin·ing** trampo= lienspring(ery). **tram·po·lin·ist** trampolienspringer.

**tram·way** tremspoor, =lyn. ~ **company** tremmaatskappy. ~ **traffic** tremverkeer.

**trance** ekstase, (gees)verrukking, (gees)vervoering; beswy= ming, skyndood, katalepsie; swym; hipnose; *fall/go into a* ~ in 'n beswyming raak. ~**-like:** *in a* ~ *state* in 'n toestand van beswyming. ~ **(music)** trance(-musiek).

**tranche** *(Fr.)* sny; gedeelte, seksie; *(fin.)* deel, tranche *(v. 'n uitbetaling ens.).*

**tran·ny, tran·nie** =*nies, n., (Br., infml.)* transistor(radio); *(infml., fot., afk. v. transparency)* transparent; *(infml., afk. v. transvestite/transsexual)* trans.

**tran·quil** kalm, stil, rustig; *preserve a* ~ *state of mind* kalm en

bedaard bly. **tran·quil·li·sa·tion, =za·tion,** *(Am.)* **tran·quil·i= za·tion** kalmering, gerusstelling, bedaring; *(med.)* kalme= ring. **tran·quil·lise, =lize,** *(Am.)* **tran·quil·ize** kalmeer, gerus= stel, tot bedaring bring.

**tran·quil·lis·er, =liz·er,** *(Am.)* **tran·quil·iz·er** kalmeer=, bedaarmiddel. ~ **dart** doofpyl.

**tran·quil·li·ty,** *(soms [Am.])* **tran·quil·i·ty** kalmte, stilte; gerustheid.

**trans·act** afhandel, verrig, doen; onderhandel; ~ *with* ... met ... sake doen. **trans·ac·tion** transaksie, (handels)oor= eenkoms; saak; onderhandeling; handeling; skikking, verge= lyk; *conclude a* ~ 'n transaksie aangaan. **trans·ac·tor** ver= rigter; onderhandelaar.

**trans·al·pine** *adj.* anderkant die Alpe, transalpyns *(gew. vanaf It. beskou).*

**trans·at·lan·tic** transatlanties.

**trans·ceiv·er** *(rad.)* sendontvanger.

**tran·scend** oortref, te bowe gaan; transendeer. **tran·scend= ence, tran·scend·en·cy** voortreflikheid, oortreffing; tran= sendensie. **tran·scend·ent** voortreflik, uitstekend; transen= dent. **tran·scen·den·tal** transendentaal, bosinnelik, bosin= tuiglik; ~ *meditation* transendentale meditasie; ~ *object* reële objek. **tran·scen·den·tal·ism** transendentalisme. **tran·scen= den·tal·ist** *n.* transendentalis. **tran·scen·den·tal·ist** *adj.* transendentalisties.

**trans·con·ti·nen·tal** transkontinentaal.

**tran·scribe** afskryf, oorskryf; transkribeer; in gewone skrif oorbring. **tran·scrib·er** afskrywer, oorskrywer, kopiïs. **tran= script** afskrif, transkrip, geskrewe kopie, oorskrywing. **tran= scrip·tase** *(biochem.)* transkriptase. **tran·scrip·tion** afskry= wing, oorskrywing; oorsetting; afskrif, kopie; transkripsie.

**trans·duc·er** *(teg.)* oorvormer, oordraer.

**tran·sec·tion** deursnee, deursnit.

**tran·sept** dwarsskip, transep, dwarsvleuel *(v. 'n kerk).*

**tran·sex·u·al** *n. & adj.* →TRANSSEXUAL.

**trans·fer** *n.* oordrag, transport; oormaking, oorboeking, oorskrywing; verplasing, oorplasing; verskuiwing; oordruk= patroon; oordruk(prent), oordruksel; afstrykpatroon; ver= plaaste persoon; *deed of* ~ transportakte, oordrag(s)akte. **trans·fer** =*rr*-, *ww.* oormaak, oordra, transporteer *(eien= dom);* verskuif, verplaas; oorbring; oorboek; oorstap; oor= druk, afdruk; afstryk *('n patroon);* ~ *s.t.* **to** *s.o.* iets aan iem. oordra; ~ *s.t.* **to** *the account of* ... iets op rekening van ... oorskryf/oorboek; ~ *s.o.* **to** ... iem. na ... verplaas; ~ *to another section* oorplaas na 'n ander afdeling; ~ ... **to** *new* ground ... uitplant/verplant. ~ **bank** bank van oordrag. ~ **book** oordragboek, =register. ~ **dues,** ~ **duty** hereregte, oordragkoste. ~ **fee** *(sokker, rugby)* oordraggeld, -fooi. ~ **ink** oordrukink. ~ **list** *(sokker, rugby)* oordraglys. ~ **paper** af= drukpapier; oordrukpapier; aftrekpapier. ~ **(picture)** aftrek= (prent). ~ **platform** oorstapplatform. ~ **rate** *(rek.)* oordrag= tempo. ~ **RNA** *(biochem.)* oordrag-RNS. ~ **time** *(rek.)* oor= dragtyd. ~ **voucher** oorboekbewys; oordragbewys.

**trans·fer·ee** transportnemer, nemer, ontvanger; oorge= plaaste, verplaaste.

**trans·fer·ence** oordrag, oorplasing, verplasing.

**trans·fer·(r)a·ble** oordraagbaar; verhandelbaar; verplaas= baar; *not* ~, *(op tjeks)* nieoordraagbaar; onverhandelbaar. **trans·fer·a·bil·i·ty** oordraagbaarheid.

**trans·fer·ral** = TRANSFERENCE.

**trans·fer·rin** *(biochem.)* transferrien.

**trans·fig·ure** verheerlik; van gedaante verander/verwissel; omtower. **trans·fig·u·ra·tion** verheerliking; gedaante(ver)= wisseling.

**trans·fix** deursteek, deurboor, spies. **trans·fixed** deursteek, deurboor; stom van verbasing. **trans·fix·ion** deursteking, deurboring, spiesing.

**trans·form** *n., (wisk., ling.)* (produk van ) transformasie.
**trans·form** *ww.* (van vorm) verander, van gedaante ver=
wissel; herskep, omskep, omvorm; transformeer; *(wisk.)*
herlei; ... *has* ~*ed s.o.* ... het iem. heeltemal (laat) verander; ~
*s.o./s.t. from* ... *into* ... iem./iets van ... tot/in ... omskep. **trans=
form·a·ble** vervormbaar, veranderbaar.

**trans·for·ma·tion** vervorming, verandering; omvorming;
gedaante(ver)wisseling, transformasie, metamorfose; vorm=
verandering; struktuurverandering; herskepping, omskep=
ping, omsetting, *(elek.)* transformasie; haarstuk, pruik. **trans=
for·ma·tion·al** transformasioneel; ~ *grammar, (ling.)* trans=
formasionele grammatika.

**trans·form·a·tive** herskeppend, transformerend.

**trans·form·er** *(elek.)* transformator; vervormer, omvormer.

**trans·fuse** oorgiet, =stort; oortap *(bloed);* oorbring; ~ *s.t.
into s.o.,* ~ *s.o. with s.t.* iem. met iets aansteek/aanvuur *(entoe=
siasme ens.); be* ~*d with* ..., *(lett.)* van ... deurtrek/deurdring
wees; *(fig.)* met ... vervul wees *(vreugde ens.).* **trans·fu·sion**
oorgieting, =storting; deurtrekking; inprenting; deurdringing;
oortapping, transfusie; *a (blood)* ~ 'n bloedoortapping.

**trans·gen·ic** *(biol.)* transgeneties, transgenies.

**trans·gress** oortree; sondig; oorskry; skend *('n wet).* **trans=
gres·sion** oortreding; sonde; vergryp. **trans·gres·sor** oor=
treder; sondaar.

**trans·hu·mance** veetrek, die trek agter weiding aan.

**tran·si·ent** verbygaande; kortstondig, verganklik; ~ *condi=
tion* oorgangstoestand; ~ *glance* vlugtige blik; ~ *state* verby=
gaande toestand; oorgangstoestand. **tran·si·ence, tran·si=
en·cy** verganklikheid, kortstondigheid.

**trans·il·lu·mi·nate** *(med.)* deurlig.

**tran·sis·tor** kristalbuis, transistor. ~ *radio* transistorradio.

**tran·sis·tor·ise, ize** transistoriseer.

**tran·sit** *n.* vervoer; deurvoer; transito; deurgang, =tog; deur=
sending; oorvaart; oorgang; verkeersweg; *be in* ~ onderweg
*(of* in transito) wees; *goods in* ~ deurvoergoedere; *the* ~ *of a
lake* die vervoer oor 'n meer. **trans·it** *ww.* oorsteek. ~
**camp** deurgangskamp. ~ **charge(s)** deurgangs=, deurvoer=
koste. ~ **duty** deurvoerbelasting, =reg, transitoreg. ~ **goods**
deurvoergoedere. ~ **lounge** deurgangsaal *(v. 'n lughawe).* ~
**passenger** deurgaande passasier. ~ **port** deurvoerhawe. ~
**trade** deurvoer=, transitohandel. ~ **visa** deurgangsvisum.

**tran·si·tion** oorgang; *period of* ~ oorgangstyd(perk); *the* ~
*to* ... die oorgang tot ... **tran·si·tion·al** oorgangs=; ~ *govern=
ment* oorgangsregering.

**tran·si·tive** *(gram.)* oorganklik, transitief. **tran·si·tiv·i·ty, tran=
si·tive·ness** transitiwiteit.

**tran·si·to·ry** kortstondig, verganklik, verbygaande, kort
van duur, van korte duur; vlugtig.

**Trans·kei** *(geog.)* Transkei. **Trans·kei·an** *n.* Transkeier. **Trans=
kei·an** *adj.* Transkeis.

**trans·late, trans·late** vertaal; oorsit, =bring; verklaar; oor=
plaas, verplaas *('n biskop ens.);* oorneem; herlei; sein; ~ *s.t.
freely* iets vry vertaal; ~ *s.t. from one language into another*
iets uit een taal in 'n ander vertaal; ~ *s.t. from one art form
into another* iets uit die een kunsvorm in die ander oorbring;
~ *words into action* woorde in dade omsit. **trans·lat·a·ble**
vertaalbaar. **trans·la·tion** vertaling; oorsetting, =brenging;
oorplasing, verplasing; *(meg.)* parallelverskuiwing; *a close* ~
'n getroue/noukeurige vertaling; *do/make a* ~ *of s.t.* iets ver=
taal; *a free* ~ 'n vry(e) vertaling. **trans·la·tion·al** vertalend,
vertalings=, vertaal=; *(fis.)* verplasings= *(energie ens.).* **trans=
la·tor** vertaler; *(telef.)* herleier.

**trans·lit·er·ate** translittereer, transkribeer. **trans·lit·er·a·tion**
translitcrasie, transkripsie.

**trans·lo·cate** verplaas, verskuif, verskuiwe; oorplaas; *(fisiol.,
genet., biochem.)* translokeer. **trans·lo·ca·tion** verplasing, ver=
skuiwing; oorplasing *(fisiol., genet., biochem.)* translokasie.

**trans·lu·cent** deurskynend, ligdeurlatend. **trans·lu·cence,
trans·lu·cen·cy** deurskynendheid, ligdeurlatendheid.

**trans·lu·nar** anderkant/verby die maan; in die rigting van
die maan. **trans·lu·nar·y** anderkant/verby die maan; *(fig.)*
eteries, hemels, onaards, onwêrelds.

**trans·ma·rine** oorsees.

**trans·mi·grate** verhuis; oorgaan. **trans·mi·grant** landver=
huiser. **trans·mi·gra·tion** (land)verhuising, oorgang; deur=
gang; transmigrasie; *(med.)* swerwing.

**trans·mis·sion** oorbrenging; oorseining, =sending; uitsen=
ding; versending, deursending; oorhandiging; oorerwing;
deurlating *(v. lig);* voortplanting *(v. 'n geluid, lig, warmte);
(elek.)* leiding; sender; transmissie; *(mot.)* gangwissel, ratkas.
~ **line** *(elek., telekom..)* transmissielyn; *(elek.)* kraglyn, hoog=
spanningsleiding. ~ **shaft** *(mot.)* dryfas.

**trans·mit** *-tt-, ww.* oorbring; oorsein, (oor)send; versend,
deur=, op=, oorstuur, oorsend; uitsend; laat erf, nalaat; deur=
laat; oorplant; voortplant; ~ *a disease* 'n siekte oordra; *the
disease was* ~*ted to* ... ... het die siekte oorgeërf; ~ *light* lig
deurlaat; ~ *sound* geluid voortplant/gelei. **trans·mis·si·ble**
oordraagbaar; erflik. **trans·mit·tal** oorbrenging; oorsen=
ding. **trans·mit·tance, trans·mis·sion fac·tor** *(fis.)* trans=
mittansie, transmissiefaktor. **trans·mit·ter** seintoestel; sen=
der, sendtoestel; sleutel; mikrofoon; voortplanter.

**trans·mit·ting:** ~ **aerial** sendantenne, =antenna. ~ **agent**
oordraer. ~ **apparatus,** ~ **set** sender, sendtoestel; (oor)=
seintoestel. ~ **equipment** sendapparaat. ~ **key** seinsleutel. ~
**line** oorseinlyn; oorbringlyn. ~ **station** sendstasie, sender. ~
**van** sendwa. ~ **wave** sendgolf.

**trans·mog·ri·fy** *(gew. skerts.)* totaal verander, metamorfo=
seer. **trans·mog·ri·fi·ca·tion** gedaante(ver)wisseling, =ver=
andering, metamorfose; omtowering.

**trans·mute** verander, omwissel, omsit. **trans·mut·a·ble** ver=
anderbaar. **trans·mu·ta·tion** verandering, vormwisseling, om=
setting, transmutasie.

**trans·na·tion·al** *n.* transnasionale maatskappy. **trans=
na·tion·al** *adj.* transnasionaal.

**trans·o·ce·an·ic** oorsees, oor(kant) die oseaan; ~ *flight*
oseaanvlug.

**tran·som** *(bouk.)* latei; *(bouk.)* dwarshout, =balk, kalf; dwars=
lêer *(v. 'n brug);* agterbalk, wulf *(op 'n skip).* ~ **stern** regaf
agterstewe.

**trans·pa·cif·ic** *adj.* oor die Stille Oseaan.

**trans·par·ent** deursigtig, transparant; openhartig, opreg;
klaarblyklik. **trans·par·en·cy** deursigtigheid; transparant;
projeksieplaatjie, dia(positief). **trans·par·ent·ly** klaarblyk=
lik.

**tran·spire** uit=, deursweet, transpireer; *(plante)* uitdamp,
=wasem; plaasvind, gebeur, voorval; *it* ~*d that* ... dit het uit=
gelek *(of* aan die lig gekom *óf* rugbaar geword) dat...; dit het
geblyk dat ... **tran·spi·ra·tion** uit=, deursweting, transpirasie;
uitdamping, =waseming *(v. plante);* uitlekking.

**trans·plant** *n.* oorplanting, verplanting; oorplanting, oor=
plantsel, oorgeplante orgaan/weefsel/plant; *cardiac* ~ hart=
oorplanting. **trans·plant** *ww.* verplant, uit=, oorplant; oor=
plaas. **trans·plant·a·ble** verplantbaar. **trans·plan·ta·tion** ver=
planting, oorplanting; oorplasing. **trans·plant·er** verplan=
ter, oorplanter.

**trans·po·lar** transpolêr, oor die Noord=/Suidpool/Poolge=
bied; ~ *flight* poolvlug.

**trans·pond·er** *(rad.)* antwoordsender; *(mot., sport)* trans=
pondeerder.

**trans·port** *n.* vervoer, transport; vervoerwese; vervoermid=
del(s); ~ *in bulk* massavervoer; *be in* ~s verruk *(of* in ver=
rukking) wees; *in a* ~ *of* ... in 'n vlaag van ... *(woede ens.);
claim for subsistence and* ~ eis om reis- en verblyfkoste.
**trans·port** *ww.* vervoer; wegvoer; *be* ~*ed with* ... blind

wees van ... *(woede ens.)*; verruk wees van ... *(vreugde ens.).* ~ **(aircraft/plane)** troepe=, transportvliegtuig. ~ **industry** ver= voerbedryf, =wese. ~ **system** vervoerstelsel.

**trans·port·a·ble** vervoerbaar.

**trans·por·ta·tion** vervoer, transport; vervoerwese.

**trans·port·er** vervoerder, transportryer; vervoerwa; tenk= wa. ~ **bridge** transportbrug.

**trans·pose** omruil, =wissel, =sit; *(wisk.)* transponeer, oor= bring. **trans·pos·al** omruiling, verwisseling, omsetting. **trans·pos·ing in·stru·ment** *(mus.)* transponerende instru= ment. **trans·po·si·tion** omsetting; verplasing; oorsetting; *(wisk.)* transposisie, oorbrenging.

**trans·sex·u·al** *n.* transseksueel. **trans·sex·u·al** *adj.* trans= seksueel. **trans·sex·u·al·ism, trans·sex·u·al·i·ty** transseksu= alisme, =seksualiteit.

**trans·ship, tran·ship** =*pp*= oorskeep; herverskeep; oor= laai. **trans·ship·ment, tran·ship·ment** oorskeping *(v. mense)*; oorlaai *(v. goedere).*

**tran·sub·stan·ti·ate** van gedaante/vorm verander, trans= substansieer.

**tran·sude** deursweet; deursypel, =syfer. **tran·su·date** sypel=, syfervog, transudaat, deurgesypelde/=gesyferde stof. **tran· su·da·tion** deursypeling; =syfering; deursweting.

**Trans·vaal** *n.: the* ~, *(geog., hist.)* Transvaal. **Trans·vaal** *adj.* Transvaals. **Trans·vaal·er** Transvaler.

**trans·ver·sal** *n.* dwarslyn, transversaal. **trans·ver·sal** *adj.* transversaal, dwars=.

**trans·verse, trans·verse** *n.* dwarsstuk; dwarsspier. **trans· verse, trans·verse** *adj.* transversaal, dwars; ~ *beam* dwarsbalk; ~ *flute* dwarsfluit; ~ *section* deursnee, =snit.

**trans·ves·tite** transvestiet. **trans·ves·(ti·)tism** transves(ti)= tisme, transvestie.

**trap** *n.* val, strik, stel, wip; val, vanggat, =hok; slagyster; *(fig.)* valstrik, lokval; valluik, =deur; vanger, vangtoestel; (water)= slot; stankafsluiter; *(hoofs. hist.)* eenperdkar(retjie); lokvink, =voël, polisiespioen; *fall into a* ~ in 'n slagyster trap; in 'n val loop; 'n stel aftrap; *lay/set a* ~ 'n (lok)val/wip stel, 'n strik span/stel; *keep one's* ~ *shut, (infml.)* jou mond hou; *spring a* ~ 'n stel aftrap. **trap** =*pp*=, *ww.* (in 'n strik) vang, in 'n val lok *(of* laat loop); in 'n strik/lokval loop; 'n strik/lokval stel; betrap; verstrik; ~*ped, (ook)* vasgekeer; vasgeval; ~ *s.o. into* ...'n slim plan maak om iem. te laat ... =**door** valluik, =deur; winkelhaak(skeur). ~**door spider** valdeurspinnekop.

**tra·peze** sweef=, hang(rek)stok, trapesium. ~ **artist** sweef= stokarties.

**tra·pe·zi·um** =*zia*, =*ziums, (geom.)* trapesium.

**tra·pe·zi·us** =*zii*, =*ziuses, (anat.)* monnikskapspier.

**trap·e·zoid** *n., (geom.)* trapesoïed. **trap·e·zoid, trap·e·zoi·dal** *adj.* trapesoïdaal.

**trap·per** strikspanner; pelsjagter.

**trap·ping** betrapping; verlokking; pelsjag. ~ **system** lokval= stelsel.

**trap·pings** *n. (mv.)* tooisels; tierlantyntjies; uiterlike tekens; (uiterlike) vertoon; praal; (ryklik) versierde perde=/saalkleed; *(mil.)* rangtekens.

**Trap·pist** *(monnik)* Trappis.

**trash** *n.* weggooigoed, afval; snoeisels; prul; bog, kaf, twak, snert. **trash** *ww.* snoei; gedaan maak; verwerp, weggooi. ~ **can** *(Am.)* vullis=, as=, vuilgoedblik.

**trash·y** niksbeduidend, prullerig. **trash·i·ness** niksbedui= dendheid, prullerigheid.

**trass** *(bouk.)* tras. ~ **concrete** trasbeton.

**trat·to·ri·a** *(It.)* trattoria, Italiaanse restaurant/restourant/ eetplek.

**trau·ma** =*mas*, =*mata, (med.)* trauma, trouma, besering, ver= wonding, wond, (liggaamlike) letsel; *(psig.)* trauma, trouma.

**trau·mat·ic** *n., (med.)* wondheelmiddel. **trau·mat·ic** *adj.* traumaties, troumaties, wond=. **trau·ma·ti·sa·tion, =za·tion** verwonding, besering; *(med., psig.)* traumatisering, trouma= tisering. **trau·ma·tise, =tize** (ver)wond, beseer, seermaak; *(med., psig.)* traumatiseer, troumatiseer. **trau·ma·tism** ver= wonding.

**trav·ail** *n., (poët., liter.)* barenswee; trawal, afmattende ar= beid; *be in* ~, *(lett. & fig.)* in barensnood verkeer. **trav·ail** *ww.* in barensnood verkeer; swoeg, sukkel.

**trav·el** *n.* reis(e); beweging, loop, swaai *(v. masjiendele);* slag(lengte); werklengte, hefhoogte *(v. 'n domkrag);* vlug *(v. 'n hyskraan);* rigvryheid, =beweging *(v. geskut); (ook, i.d. mv.)* reisbeskrywing, =verhaal, =verhale; swerftog. **trav·el** =*ll*=, *ww.* reis; deurreis, bereis; gaan, beweeg, loop; ja(ag), nael; (laat) trek; afdwaal; ~ *by* ... per *(of* met die/'n) ... reis; ~ *a* **country** 'n land deurreis/bereis; ~ *a hundred kilometres* honderd kilometer aflê; ~ *light* met min bagasie reis; *light* ~*s faster than sound* lig trek vinniger as klank; *s.o.'s* **mind** ~*led over* ... iem. se gedagte het teruggegaan oor ... ~ **agency** reis= agentskap, =buro. ~ **agent**, ~ **consultant** reisagent, =konsul= tant. ~ **book** reisbeskrywing, =verhaal. ~ **brochure** reisbro= sjure. ~ **diary** reisdagboek, =joernaal. ~ **expenses** reisgeld, =koste. ~ **industry** toeristebedryf. ~**-sickness** reisnaarheid. ~**-stained** vuil van die reis.

**trav·elled,** *(Am.)* **trav·eled** berese, bereis; *less-*~ *routes* roetes wat nie dikwels gebruik word nie; *a (widely)* ~ *man/ woman* 'n (wel)=/(veel)berese/=bereisde man/vrou.

**trav·el·ler,** *(Am.)* **trav·el·er** reisiger; loopkat *(v. 'n hystoe= stel); (sk.)* skuifring; skuifgordyn; *(commercial)* ~ handelsrei= siger; *a seasoned* ~ 'n ervare reisiger.

**trav·el·ler's:** ~ **cheque** reistjek. ~ **joy** *(bot.: Clematis bra= chiata)* bosrank, klimop. ~ **tale** kluitjie, verdigsel.

**trav·el·ling,** *(Am.)* **trav·el·ing** *n.* reis(e). **trav·el·ling,** *(Am.)* **trav·el·ing** *adj. (attr.)* reis=; reisende; bewegende; rondgaande. ~ **bag,** ~ **case** reistas. ~ **circus** reisende sirkus. ~ **companion** medereisiger; reisgenoot, =maat. ~ **crane** loop=, rolkraan. ~ **dune** trekduin. ~ **exhibition** reisende ten= toonstelling. ~ **expenses** reiskoste, =geld. ~ **rug** reisdeken, =kombers. ~ **salesman** handelsreisiger. ~ **wave** *(fis.)* loop= golf.

**trav·e·logue** reispraatjie, =beskrywing; reis(rol)prent.

**trav·erse, tra·verse** *n.* dwarshout; =balk; dwarsstyl; dwars= lyn; dwarsgalery; dwarswal; dwarsgang; dwarsbeweging; dwarsklim; trekmeting; swaai(veld); waarnemingslyn, =roete; roetepeiling, =opmeting. **trav·erse, tra·verse** *ww.* aflê; afreis, bereis, deurreis, =kruis, =loop; dwarsboom, teen=, teëwerk, in die wiele ry; swaai, draai; dwars loop; *(jur.)* weer= spreek, ontken; ~ *a vast distance* 'n groot afstand aflê; ~ *a subject* die hele onderwerp bespreek. **tra·vers·er** draaiskyf; rolbrug.

**trav·er·tine** *(geol., bouk.)* travertyn.

**trav·es·ty** *n.* belaglike voorstelling, parodie, travestie; be= spotting. **trav·es·ty** *ww.* belaglik voorstel, parodieer, tra= vesteer.

**tra·vois** =*vois, (<Fr.)* (primitiewe) slee.

**trav·o·la·tor, trav·e·la·tor** rolgang, bewegende loopgang.

**trawl** *ww.* treil, met 'n sleepnet visvang, trek; dreg. ~ **(net)** treil(net), sleep=, trek=, dregnet.

**trawl·er** *(soort vissersboot)* treiler; *(ook* trawlerman*)* treilvis= ser, sleepnettrekker.

**trawl·ing** treilvissery.

**tray** skinkbord; laai, bak; (as)bakkie; pan; platkissie *(vir vrug= te);* droogstellasie. ~ **cloth** skinkbordlappie, teekleedjie. **tray· ful** =*fuls* skinkbord (vol).

**treach·er·ous** verraderlik; vals; ~ *memory* onbetroubare geheue. **treach·er·ous·ness** verraderlikheid. **treach·er·y** ver= raad; valsheid, troueloosheid.

**trea·cle** (swart)stroop, melasse. ~ **pudding** strooppoeding.
**trea·cly** stroopagtig, stroperig.

**tread** *n.* stap, trap; tree, skrede; loopvlak *(v. 'n wiel, band);* loopstuk; spoorbreedte; *approach with cautious* ~ versigtig nader; *heavy* ~ swaar voetstappe; *a velvet* ~ sagte/onhoorbare tred. **tread** trod *trod(den), ww.* trap, loop, stap; betree; ~ *delicately* omsigtig/versigtig te werk gaan; ~ *s.t.* **down** iets vertrap/plattrap *(of* plat trap); iets vastrap *(d. grond ens.);* ~ *grapes* druiwe trap; ~ *in s.t.* in iets trap; ~ *s.t.* **in** iets (in die grond) vastrap; ~ *lightly/softly, (lett.)* saggies loop; *(fig.)* omsigtig/versigtig te werk gaan; ~ *on/upon s.t.* op iets trap; ~ *on air* in die wolke wees; ~ *s.t.* **out** iets uittrap/blus *('n vuur);* iets pars *(druiwe);* iets dors *(graan);* iets demp/onderdruk *('n opstand ens.);* ~ *a perilous* **path** 'n gevaarlike weg bewandel; ~ *the* **stage/boards** ('n) toneelspeler wees; ~ *under foot* (met die voete) vertrap; *s.o. has to* ~ **warily** iem. moet ligloop *(of* lig loop); ~ **water** watertrap. ~ **mill** trapmeul(e); sleur=, roetinewerk. ~ **rubber** loopvlakrubber. ~**wheel** voetwiel, treerat.

**trea·dle** *n.* trap(per), pedaal; trapplank. **trea·dle** *ww.* trap.

**trea·son** verraad; *(an act of)* ~ verraad; *commit* ~ verraad pleeg; *(high)* ~ hoogverraad. **trea·son·a·ble, trea·son·ous** verraderlik; skuldig aan verraad.

**treas·ure** *n.* skat; kleinood; rykdom; *my* ~, *(infml.)* my skat(jie); *a perfect* ~ 'n juweel. **treas·ure** *ww.* (as 'n skat *of* soos 'n kleinood) bewaar; ~ *s.t.* (*up*) iets opgaar/vergaar/ versamel; iets bewaar. ~ **chest** skatkis. ~ **hunt** skattejag. ~ **hunter,** ~ **seeker** skatsoeker, =grawer; fortuinsoeker. ~ **trove** gevonde skat, kosbare vonds.

**treas·ured** kosbaar.

**treas·ur·er** penningmeester, tesourier; skatmeester, =bewaarder; rentmeester. ~~**general** *treasurers-general* tesourier-generaal. **treas·ur·er·ship** penningmeesterskap, tesourierskap.

**treas·ur·y** skatkamer; skatkis; tesourie; departement van finansies. ~ **bill** skatkiswissel.

**treat** *n.* onthaal; traktasie; genot; aardigheid; *be a* ~ kostelik wees; *be a* ~ *to see s.o. act* 'n genot/lus wees om iem. te sien toneelspeel *(of* toneel speel); *give s.o. a* ~ iem. trakteer; *a real/regular* ~ 'n ware genot; 'n hele aardigheid. **treat** *ww.* behandel; bewerk; onthaal, trakteer, vergas; onderhandel; dokter; gaan oor; ~ *s.o.* **abominably** iem. verskriklik sleg behandel; ~ *s.t.* **as** ... iets as ... beskou *('n grap ens.);* ~ *s.o.* **for** ... iem. vir ... behandel; ~ *s.o.* **gently** mooi met iem. werk, sagkens/saggies met iem. handel; ~ *s.t.* **seriously** erns met iets maak; ~ *s.o.* **shabbily** iem. afskeep; ~ *s.o.* **to** ... iem. op ... geniet/trakteer; *I will* ~ *you all* ek sal julle almal trakteer; ~ *s.o./s.t.* **with** ... iem./iets met ... behandel. **treat·a·ble** behandelbaar *('n siekte ens.).* **treat·ment** behandeling; kuur; verwerking; *get* ~ *for rheumatism/etc.* behandeling teen rumatiek/ens. kry/ontvang; *give s.t. the full* ~, *(infml.)* iets met groot oorgawe *(of* mag en mening) aanpak/uitvoer/ens..

**trea·tise** verhandeling.

**trea·ty** verdrag, traktaat; ooreenkoms; *conclude* (or **enter into)** *a* ~ 'n verdrag sluit/aangaan; *denounce a* ~ 'n verdrag opsê; *be in* ~ *with* ... met ... in onderhandeling wees; *sell s.t. by private* ~ iets uit die hand verkoop; *under the* ~ ingevolge/kragtens die verdrag.

**tre·ble** *n.* (die) drievoudige, drie maal soveel; *(mus.)* eerste stem, sopraan, diskant; hoë/skel stem; *the* ~ *of it would still be too little* drie maal soveel sou nog te min wees. **tre·ble** *adj.* drievoudig, driedubbel; hoog, sopraan=; ~ *clef, (mus.)* G-sleutel, diskantsleutel, vioolsleutel. **tre·ble** *ww.* verdrievoudig. **tre·bly** drievoudig, drie maal.

**tree** *n.* boom; as; swingelhout; lees; saalboom; *(ook, i.d. mv.)* geboomte; *climb a* ~ (in) 'n boom klim; *a clump of* ~*s* 'n klompie bome; *know a* ~ *by its* **fruit,** *(idm.)* 'n boom aan sy vrugte ken; ~ *of* **heaven,** *(bot.: Ailanthus altissima)* hemel=

boom; ~ *of* **knowledge,** *(OT)* boom van kennis; ~ *of* **life,** *(bot.: Thuja* spp.*)* lewensboom; *(OT)* boom van die lewe; *be out of one's* ~, *(infml.)* (van lotjie) getik wees, van jou trollie/ wysie af wees; *a tall* ~ 'n hoë boom; *at the top of the* ~, *(lett.)* bo in die boom; *(fig.)* op die boonste/hoogste sport; *be up a* ~, *(lett.)* in 'n boom wees; *(fig., infml.)* in 'n hoek wees, in die knyp *(of* in die/'n verknorsing *of* in 'n penarie) wees/sit, (met die) hand(e) in die hare sit; *bark up the* **wrong** ~ op die verkeerde spoor *(of* by die verkeerde adres) wees. ~ **aloe** boomaalwyn. ~ **dweller** boombewoner, boomdier. ~ **feller** houtkapper. ~ **felling** boomkappery, boomsaery. ~ **fern** boomvaring. ~ **frog** boompadda. ~ **heath** boomheide. ~ **house** boomhuis. ~~**hugger** *(infml., neerh.)* omgewingsaktivis, groene. ~ **line** boomgrens. ~~**lined** omsoom deur/met bome, wat deur/met bome omsoom is/word. ~**nail, trenail** houtpen. ~ **planter** boomplanter; plantboor. ~ **planting** boomplantery, boomaanplanting. ~ **snake** boomslang. ~ **surgeon** boomdokter, =chirurg, =sjirurg. ~ **surgery** boomchirurgie, =sjirurgie. ~ **tomato** boomtamatie. ~**top** boomtop, =kruin. ~ **trunk** boomstam.

**tree·less** boomloos.

**tref, treif, trei·fa** *(<Jidd., Jud.)* onrein, nie kosjer nie.

**tre·foil** klawer; klawer=, drieblaarpatroon. **tre·foiled** klawervormig; met die/'n klawerpatroon.

**trek** *n.* trek; *the Great T~, (SA gesk.)* die Groot Trek. **trek** =*kk*=, *ww.* trek, op trek gaan. ~ **farmer** trekboer. ~ **fisherman,** ~ **netter** trekvisser.

**trek·ker** *(<Afr.)* (voor)trekker, trekboer.

**trel·lis** *n.* traliewerk; latwerk, prieel. **trel·lis** *ww.* 'n prieel maak, tralie=/latwerk omsit; oplei *(ranke);* ~*ed* opgelei; ~*ed vines/vineyard* opleiwingerd. ~**work** latwerk; traliewerk.

**trel·lis·ing** latwerk; traliewerk.

**trem·ble** *n.* bewing, trilling; *(ook, i.d. mv.)* trekkings; *the* ~*s* die bewerasie; kalf=, melksiekte; *be all of a* ~, *(infml.)* die bewerasie hê, beef/bewe soos 'n riet; *a* ~ *in s.o.'s voice* 'n trilling in iem. se stem. **trem·ble** *ww.* beef, bewe, bibber, ril, tril, sidder; gril; rittel; skud; ~ *all over* beef/bewe soos 'n riet; ~ *at* ... beef/bewe by ... *(d. aanskou v. iets vreesliks ens.);* sidder/beef/bewe by ... *(d. gedagte);* ~ *for* ... vir ... vrees *(iem. se veiligheid ens.);* ~ *with* ... sidder van ... *(angs ens.);* beef/bewe van ... *(kwaadheid, vrees, ens.);* beef/bewe/bibber/ril/rittel van ... *(d. koue).* **trem·bler** bewer; bangbroek; *(igt.)* sidderaal; outomatiese vibrator; *(ook* trembler bell*)* trilklok(kie), elektriese klokkie. **trem·bling** *n.* bewing, skudding; trilling; huiwering. **trem·bling** *adj.* bewend; huiwerend, onseker *(hand);* ~ *poplar* ratel=, trilpopulier. **trem·bly** bewerig.

**tre·men·dous** ontsaglik, reusagtig, geweldig, yslik; *a* ~ *region* 'n (wyd) uitgestrekte streek; *a* ~ *struggle* 'n reusestryd.

**trem·o·lo** =*los, (mus.)* tremolo, triller, trilling; *(ook* tremolant *of* tremulant*)* tremulant, trilregister *(v. 'n orrel).*

**trem·or** bewing, trilling, siddering; rilling, huiwering; skudding.

**trem·u·lous** bewend, trillend; huiwerend, aarselend, skroomvallig. **trem·u·lous·ness** aarseling, skroom(valligheid).

**trench** *n.* sloot, voor; loopgraaf; skans; grip, groef; trog *(in 'n seebedding);* dig *a* ~ 'n sloot grawe; 'n loopgraaf grawe/ maak; *in the* ~*es* in die loopgrawe. **trench** *ww.* sloot, (slote/ 'n sloot) grawe; loopgrawe maak; inkerf; diep omspit, omdolf, omdol(we). ~ **coat** reënjas, militêre jas, soldatejas. ~ **fever** loopgraafkoors. ~ **mortar** loopgraafmortier. ~ **warfare** loopgraafoorlog, stellingoorlog.

**trench·ant** skerp, snydend, vlymend; kragtig, beslis. **trench·an·cy** skerpte, skerpheid, snydendheid; krag, deurtastendheid, beslistheid.

**trench·er** slootgrawer, sloter, loopgraafmaker.

**trend** *n.* loop, verloop, gang; rigting, koers; strekking; strooming; neiging, tendensie, tendens; *a* ~ *away from* ... 'n neiging teen ...; *a downward* ~ 'n daling; 'n dalende neiging;

*the* ~ *of events* die verloop van gebeurtenisse; *follow a* ~ 'n mode volg; *set the* ~ die toon aangee; *a* ~ *towards* ... 'n neiging in die rigting van ...; *an upward* ~ 'n styging; 'n stygende neiging. **trend** *ww.* loop, gaan; strek; neig; *the coast* ~*s towards the south* die kus strek na die suide. ~**setter** toonaangewer, =aangeër. ~**setting** *adj. (attr.)* toonaange= wende.

**trend·y** modieus. **trend·i·ness** modebewustheid *(v. iem.);* moderniteit *(v. idees ens.).*

**trep·i·da·tion** bewerasie, bewing, trilling; ontsteltenis, angs.

**tres·pass** *n.* oortreding, onregmatige betreding; *(jur.)* be= treding; *for if ye/you forgive men their* ~*es* (or *when they sin against you), your heavenly Father will also forgive you, (AV/ NIV), (Matt. 6:14)* as julle die/ander mense hulle oortredin= ge/oortredings vergewe, sal julle hemelse Vader julle ook ver= gewe *(OAB/NAB).* **tres·pass** *ww.* oortree, op verbode ter= rein kom, onregmatig betree; inbreuk maak *(op);* misbruik maak van; ~ *against s.t.* iets oortree *(d. wet ens.);* iets skend, op iets inbreuk maak *(regte ens.);* ~ *on/upon* ... van ... mis= bruik maak *(iem. se gasvryheid ens.);* op ... inbreuk maak *(iem. se eiendom, privaatheid, ens.);* op ... beslag lê *(iem. se tyd ens.).*

**tres·pass·er** oortreder; ~*s will be prosecuted* oortreders sal vervolg word. **tres·pass·ing** oortreding; *no* ~ *allowed* toe= gang verbode.

**tress** *n.* haarlok, =krul, vlegsel; *(i.d. mv.)* lokke, krulle, vleg= sels.

**tres·tle** bok, skraag; ~ *for sawing* saagbok. ~ **table** boktafel.

**tri·a·ble** beproefbaar; beregbaar, verhoorbaar.

**tri·ad** drietal, groep van drie, trits, triade; *(mus.)* drieklank.

**tri·age** (uit)sortering; *(med.: keuring v. pasiënte vlgs. d. aard en erns v. hul beserings/siektes)* triage *(Fr.).*

**tri·al** toets, proef(neming), eksperiment; *(jur.)* verhoor, pro= ses, geregtelike ondersoek; beproewing; kruis; *be awaiting* ~ in voorarres wees/sit; *bring s.o. to* (or *up for)* ~ iem. voor= bring/verhoor *(of* voor die hof bring); *come to* (or *up for)* ~ voorkom, voor die hof kom, teregstaan; *commit s.o. for* ~ iem. ter strafsitting verwys; *by* ~ *and error* deur/volgens die metode van leer en probeer *(of* tref of fouteer), deur/vol= gens die proef=/lukraakmetode; *find s.o. a (great)* ~ iem. stel jou geduld erg op die proef; *stand* (or *be on)* ~ *for* ... weens ... teregstaan *(of* verhoor word); *give s.o. a* ~ iem. op proef aanstel; *give s.t. a* ~ iets probeer; iets op die proef stel; *go on* ~, *(iem.)* voorkom, teregstaan, verhoor word; *go to* ~, *('n saak)* voorkom, verhoor word; *old age has many* ~*s* die ou= derdom kom met gebreke; *be on* ~ teregstaan, verhoor word; op proef wees; getoets *(of* op die proef gestel) word; *put s.o. on* ~ iem. verhoor; *put s.t. on* ~ iets toets *(of* op die proef stel); *take s.t. on* ~ iets op proef neem; *pending the* ~ han= gende die verhoor; *remand s.o. for* ~ iem. ter strafsitting *(of* vir verhoor) verwys; *stand* ~ teregstaan, verhoor word; *a* ~ *of strength* 'n kragmeting; *subject s.t. to* ~ iets aan 'n toets onderwerp; ~*s and tribulations* beproewings. ~ **balance** proefbalans. ~ **balloon** *(fig.)* proefballon; *float a* ~ 'n proefballon opstuur. ~ **batch** proefhoeveelheid; proefaan= maak(sel). ~ **case** *(jur.)* verhoorsaak. ~ **court** hof van ver= hoor. ~ **flight** proefvlug. ~ **judge** verhoorregter. ~ **period** proeftyd(perk). ~ **run** proefrit; proefloop; *give s.t. a* ~ iets op die proef stel; 'n proefrit met iets maak *('n motor ens.).*

**tri·al·ist,** *(Br.)* **tri·al·list** proefspeler; *(SA, jur.)* beskuldig= de; verhoorde.

**tri·an·gle** driehoek; *(mus.instr.)* driehoek, triangel; *equilate= ral* ~, *(geom.)* gelyksydige driehoek; *the eternal* ~ die ewige (liefdes)driehoek; *isosceles* ~, *(geom.)* gelykbenige driehoek; *scalene* ~, *(geom.)* ongelykbenige/ongelyksydige driehoek. **tri·an·gu·lar** driehoekig, driekantig; ~ *contest* driehoekige verkiesing, driehoeksverkiesing; driehoekige kragmeting, drie= hoekskragmeting; ~ *number* driehoeksgetal. **tri·an·gu·late**

trianguleer. **tri·an·gu·la·tion** triangulasie, triangulering.

**tri·ath·lon** driekamp. **tri·ath·lete** driekampatleet.

**tri·ax·i·al** *(meg., astron.)* drieassig.

**tribe** *(vnl. antr., hist.)* stam; geslag, familie; *(biol.)* tribus. **trib= al** stamgebonde, stam=; ~ *authority* stamgesag; stamower= heid; ~ *chief* stamhoof; ~ *law* stamwet; inboorlingreg; ~ *marriage* stamhuwelik. **trib·al·ism** stamwese, =stelsel, =or= ganisasie, =verband. **tribes·man** =*men*, **tribes·wom·an** =*wom= en* stamlid, =genoot.

**tri·bo·e·lec·tric·i·ty** tribo-elektrisiteit, triboëlektrisiteit, wry= wingselektrisiteit.

**tri·bol·o·gy** tribologie, wrywingsleer. **tri·bol·o·gist** tribo= loog.

**trib·u·la·tion** beproewing, verdrukking, swaar(kry), weder= waardigheid.

**trib·une** (sprekers)podium, =platform, verhoog, tribune, spreekgestoelte; *(Rom.)* tribuun, volksverteenwoordiger; ~ *of the people* volkstribuun. **tri·bu·nal** regterstoel, regbank, gereghof; beslissingsraad, tribunaal. **tri·u·nate** tribunaat. **trib·une·ship** tribunaat.

**trib·u·tar·y** =*ies, n.* tak=, syrivier, syloop, spruit. **trib·u·tar·y** *adj.* tak=; ~ *river* tak=, syrivier.

**trib·ute** hulde(blyk), eerbewys, =betuiging, =betoon, lofui= ting; bydrae; *the* ~ *of s.o.'s admirers* die huldeblyke van iem. se bewonderaars; *pay (a)* ~ *to* ... aan ... hulde bring/be= toon/bewys; ... lof toeswaai; *pay a last* ~ *to* ... die laaste eer aan ... bewys; *be a* ~ *to* ... getuig van ...

**trice:** *in a* ~ in 'n japtrap/kits/oomblik, gou-gou, een-twee= drie, so gou soos nou.

**tri·cen·ten·ar·y** = TERCENTENARY. **tri·cen·ten·ni·al** = TER= CENTENNIAL.

**tri·ceps** *n.* driekopspier. **tri·ceps** *adj.* driekoppig, drie= hoofdig; ~ *muscle* driekopspier.

**tri·chol·o·gy** haarkunde, trigologie. **tri·cho·log·i·cal** haar= kundig, trigologies. **tri·chol·o·gist** haarkundige, trigoloog.

**tri·chot·o·my** =*mies* trigotomie, drieledigheid, driedeling; *(teol.: liggaam, siel en gees)* trigotomie. **tri·chot·o·mous** trigo= toom, =tomies, driedelig, driedelig.

**tri·chro·mat·ic** trichromaties, driekleur=, driekleurig; ~ *pro= cess, (druk., fot.)* driekleurproses. **tri·chro·ma·tism** trichro= masie, driekleurigheid.

**trick** *n.* lis, skelmstreek; behendigheid, kunsie, kunsgreep, toer(tjie), truuk; slenter(slag), verneukslag; gewoonte, aan= wen(d)sel, manier(tjie), eienaardigheid; poets, streek; set; hebbelikheid; *(kaartspel)* slag; *the whole bag of* ~*s, (infml.)* alles; *conjurer's* ~ goëltoer(tjie); *a dirty* ~ 'n gemene/sme= rige poets/streek, 'n lelike poets; *play s.o. a dirty* ~ iem. 'n lelike poets bak; *s.t. does the* ~, *(infml.)* iets werk, iets doen die ding; *know all the* ~*s, (infml.)* uitgeslape wees, so slim soos die houtjie van die galg wees; *learn the* ~ *of s.t.* die slag van iets kry, die slag kry om iets te doen, iets onder die knie kry; *never/not miss a* ~, *(infml.)* altyd presies weet wat aan die gang is; altyd weet hoe om voordeel te trek; *there is no* ~ *to it* dit is geen (groot) kuns nie; *be at one's old* ~*s again, (infml.)* weer met jou ou laai besig wees; *pick up a* ~ 'n streek/slag aanleer; *play* ~*s* streke uithaal/aanvang; *play s.o. a* ~, *play a* ~ *on s.o.* iem. 'n poets bak *(of* 'n streep trek); *show* ~*s* kunsies vertoon; *the* ~*s of the trade* die vakgeheime *(of* kunsies van die vak); *know the* ~*s of the trade* al die kne= pe ken; ~ *or treat!, (Am.:Allerheiligeaand-slagspreuk)* gee my iets lekkers, of ek bak jou 'n poets!; *be up to s.o.'s* ~*s* jou nie deur iem. laat fop nie; *be up to all kinds of* ~*s, (infml.)* vol dinge/streke wees; *get up to* ~*s* streke uithaal/aanvang. **trick** *ww.* kul, fop, 'n poets bak, 'n streep trek; verneuk, bedrieg, mislei, bedot, streke uithaal; ~ *s.o. into s.t.* iem. deur lis tot iets beweeg; ~ *s.o. out of s.t.* deur skelmstreke iets van iem. verkry, iem. uit iets fop, iets van iem. afrokkel. ~ **cyclist** kunsfiets(ry)er *(in 'n sirkus ens.).* ~ **photography** truukfoto= grafie. ~ **question** slinkse vraag.

**trick·er** fopper, bedrieër. **trick·er·y** foppery, kullery; verneukery, bedrog.

**trick·le** *n.* drupstraaltjie, sypeltjie, syferstraaltjie; *a mere ~ of water* 'n dun straaltjie water. **trick·le** *ww.* drup, tap; rol, biggel; sypel, syfer; uitlek; *~ down* neerdrup; *tears ~d down s.o.'s cheeks* trane het oor iem. se wange gerol/gebiggel; *~ in* indrup; insyfer, insypel; *~ out* uitlek; *the information ~d out* die inligting het uitgelek; *water ~d through the crevice* water het deur die skeurtjie gedrup/gesypel/gesyfer. *~ charger (elek.)* sypellaaier, sypelaar. **~-down effect** deursyfer-, deursypel-, deursuureffek.

**trick·ster** bedrieër, bedriegster, skelm, verneuker.

**trick·y** vol streke, bedrieglik, onberekenbaar; oulik, oorlams; vol planne, vindingryk; moeilik, lastig, netelig, haglik; *be in a ~ position/situation* in 'n netelige posisie/situasie wees; *a ~ question, (ook)* 'n pootjievraag. **trick·i·ness** moeilikheid, lastigheid, neteligheid, haglikheid.

**tri·col·our,** *(Am.)* **tri·col·or** *n., (vnl. d. Fr. vlag)* driekleur. **tri·col·our,** *(Am.)* **tri·col·or** *adj.* driekleurig.

**tri·corn(e)** *n.* driekanthoed, steek. **tri·corn(e)** *adj.* driekantig; driehoring-.

**tri·cot** *(tekst.)* tricot.

**tri·cot·y·le·do·nous** *(bot.)* driesaadlobbig.

**tri·cus·pid** *(anat.)* driepuntig *('n tand)*; drieslippig, drieslip-.

**tri·cy·cle** *n.* driewiel. **tri·cy·cle** *ww.* (op 'n) driewiel ry.

**tri·cy·clic** *(chem.)* trisiklies; *a ~ compound* 'n drieringverbinding.

**tri·dac·tyl** *(soöl.: met drie tone/vingers)* tridaktiel.

**tri·dent** drietand; *(Gr. en Rom. mit.)* drietandvurk *(v.d. seegod Poseidon/Neptunus)*.

**tried** beproef; getoets; →TRY *ww.; be ~ for ... weens ... teregstaan (of* verhoor word); *be severely/sorely ~* swaar beproef word; *~ and trusted method(s)* beproefde en betroubare metode(s).

**tri·en·ni·al** *n.* driejarige plant; driejaarlikse herdenking(s-fees); *(driejaarlikse kunsuitstalling/ens.)* triënnale, tri-ennale. **tri·en·ni·al** *adj.* driejaarliks; driejarig. **tri·en·ni·um** *-niums, -nia* driejarige tydperk.

**tri·er** aanhouer, volhouer, volharder; ondersoeker; *(jur.)* verhoorder; proewer; toets, proef(neming); *~ of fact* beoordelaar van feite.

**Tri·este** *(geog.)* Triëst.

**tri·fec·ta** *(perdeweddery)* trifekta.

**tri·fid** *(hoofs. biol.)* driespletig, in drie gesplyt; driepuntig.

**tri·fle** *n.* nietigheid, kleinigheid(tjie), onbenulligheid; krummel; beuseling, beuselary; *(kookk.)* koekstruif; *a ~ better/etc.* effens/effe(ntjies) beter/ens.; *waste one's time on ~s* jou tyd met beuselagtighede mors. **tri·fle** *ww.* speel, skerts, spot; beusel; *~ s.t. away* iets verkwis/verkwansel *(geld ens.)*; iets verspil *(jou kragte ens.)*; iets verspeel/verbeusel *(tyd ens.)*; *~ with s.t.* met iets peuter; iets te na kom *(d. waarheid)*; *s.o. is not to be ~d with* iem. laat nie met hom/haar speel/gekskeer *(of die gek skeer)* nie. **tri·fler** beuselaar, knutselaar. **tri·fling** onbeduidend, klein.

**tri·fo·cal** *adj., (optom.)* trifokaal. **tri·fo·cals** *n. (mv.)* trifokale bril.

**tri·fur·cate** drietakkig; drievurkig.

**trig** *n., (infml.)* →TRIGONOMETRY.

**tri·gem·i·nal** *n.* drielingsenuwee. **tri·gem·i·nal** *adj.* drieling-; *~ nerve* drielingsenuwee; *~ neuralgia* trigeminusneuralgie.

**trig·ger** *n.* sneller; trekker; *pull the ~* aftrek, losbrand; *be quick on the ~* vinnig skiet; vinnig reageer. **trig·ger** *ww.* aftrek; veroorsaak; *~ s.t. off* iets veroorsaak, tot iets aanleiding gee. **~fish** snellcrvis. **~-happy** skietgraag, -lustig. *~* **reaction** snellerreaksie.

**tri·glyc·er·ide** *n., (chem.)* trigliseried.

**tri·glyph** *(bouk.)* triglief, driesny, -kloof, -gleuf.

**trig·o·nal** driehoekig, trigonaal.

**trig·o·nom·e·try** driehoeksmeting, trigonometrie. **trig·o·no·met·ri·cal** trigonometries; *~ survey* driehoeksmeting.

**tri·he·dron** *-hedra, -hedrons, (geom.)* drievlak, triëder, trieder. **tri·he·dral** drievlakkig, drievlaks-; *~ angle* drievlakshoek.

**trike** *(infml.)* = TRICYCLE.

**tri·lat·er·al** *n.* driehoek. **tri·lat·er·al** *adj.* driesydig, driehoekig.

**tril·by** *=bies, (hoofs. Br.: slap, ingeduikte vilthoed)* trilby(-hoed).

**tri·lin·gual** drietalig. **tri·lin·gual·ism** drietaligheid.

**tri·lith(·on)** *(argeol.)* triliet.

**trill** *n.* trilling; triller; *r*-klank. **trill** *ww.* met 'n trillende stem praat/sing; tril, vibreer.

**tril·lion** *(miljoen miljoen* of $10^{12}$*)* biljoen; *(vero., hoofs. Br.: miljoen miljoen* of $10^{18}$*)* triljoen.

**tri·lo·bate, tri·lo·bate** *(bot.)* drielobbig.

**tri·lo·bite** *(paleont.: uitgestorwe skaaldier)* trilobiet.

**tril·o·gy** trilogie.

**trim** *n.* toestand, staat; tooi(sel), drag; belegsel; stouing, stuwing, vragverdeling; *(sk., lugv.)* kop-, stuurlas, trim; *give s.o.'s hair a ~* iem. se hare [effens] korter sny, die punte van iem. se hare sny; *be in ~* in orde wees; netjies geklee(d) wees; *(sk., lugv.)* in die trim wees; *be out of ~* onklaar wees; *(sk., lugv.)* uit die trim wees. **trim** *adj.* netjies, fyn, viets; ordelik, in orde; *a ~ figure* 'n vietse lyfie. **trim** *-mm-, ww.* in orde bring; regmaak; knip, snoei; besnoei; afkant; mooimaak, optooi; top; (effens) korter sny *(hare)*; punt *('n baard)*; afrand *(spekvleis ens.)*; regsny *('n beesfilet ens.)*; opmaak *('n hoed)*; afwerk *('n rok)*; snuit *('n kers)*; fatsoeneer; afwerk, bywerk; reg kap; reg/glad sny; belê; beklee; versier, garneer; stou, stu *(vrag)*; *(sk., lugv.)* trim; *~ s.t. away* iets (weg)snoei; *~ s.t. back* iets terugsnoei/-sny/-knip *('n plant ens.)*; iets beperk *(verliese ens.)*; *~ s.o.'s jacket, (fig.)* iem. op sy baadjie gee; *~ s.t. off* iets afknip; iets afskaaf; *~ one's sails (according to the wind* die/jou seile na die wind hang/span; *~ o.s. up* jou opknap; *~ s.t. with lace/etc.* iets met kant/ens. afwerk. **~park** trim-, oefenpark.

**tri·ma·ran** *(sk.)* drierompskuit.

**tri·mer** *(chem.)* drievoud, trimeer. **tri·mer·ic** *(chem.)* drievoudig, trimeer. **trim·er·ous** drietallig; *(bot., soöl.)* driedelig, trimeer.

**tri·mes·ter** kwartaal, drie maande; trimester *(v. 'n swangerskap of akademiese jaar)*.

**trim·e·ter** *(pros.)* drievoetige versreël, trimeter.

**trim·mer** afwerker, bywerker; versierder; opmaker, opmakster; stouer *(op 'n skip)*; *(sk.)* trimtoestel; snoeier; knipper; snoeiskêr, -mes; bekleër, bekleder.

**trim·ming** afwerking, bywerking; versiering, garnering; versiersel, garneersel, tooisel; fraiing; oplegsel; sierbelegsel, randafwerking; belegwerk; bekleding; *(ook, i.d. mv.)* toebehore, toebehoorsels; *(kookk.)* afrandstukkies; *(kookk.)* afsnysels; snysels; snoeisel(s); oortollighede; uiterlikhede. **~ axe** snoeibyl. *~* **comb** knipkam. *~* **machine** afwerkmasjien.

**tri·mor·phism** drievormigheid, trimorfie.

**Trin·i·dad and To·ba·go** *(geog.)* Trinidad en Tobago. **Trin·i·dad·i·an** *n.* Trinidadees, Trinidadiër. **Trin·i·dad·i·an** *adj.* Trinidadees.

**Trin·i·tar·i·an** *n., (Chr. teol.), (belyer v.d. Drie-eenheid)* Trinitariër; *(ordelid)* Trinitaris. **Trin·i·tar·i·an** *adj.* Trinitaries. **Trin·i·tar·i·an·ism** Drie-eenheidsleer.

**tri·ni·tro·tol·u·ene, -tol·u·ol** *('n plofstof, afk.:* TNT*)* trinitrotolueen, trinitrotoluol.

**trin·i·ty** drietal; drie-eenheid.

**trin·ket** sieraad, versierseltjie; snuistery. *~* **box** juwelekissie.

**trin·ket·ry** sierade, tooiseltjies, versierinkies; snuisterye.

**tri·no·mi·al** *n., (wisk.)* trinoom, drieterm. **tri·no·mi·al** *adj. (wisk.)* trinomiaal, drietermig; drienamig; drieledig.

**tri·o** =*os* drietal, trits; *(mus.)* trio.

**tri·ode (valve)** *(elek.)* triode.

**tri·o·let** *(digk.)* triolet.

**tri·ox·ide** *(chem.)* trioksied.

**trip** *n.* uitstappie, toer(tjie); rit; tog; passie; struikeling, misstap, val; vangs; bedwelming; *(infml.)* dwelm=, hallusinasiereis; *go on a ~, (infml.)* op 'n dwelm=/hallusinasiereis gaan; *go (or be off) on a ~, take a ~* op reis gaan, 'n reis maak/onderneem; 'n uitstappie doen/maak/onderneem. **trip** =*pp*=, *ww.* trippel, huppel; struikel; 'n fout/misstap begaan; pootjie; betrap; die anker lig; 'n uitstappie doen/maak/onderneem; *(meg.)* klink, uitklink(er); *('n anker)* uithaak; *(elek.)* uitskakel; *~ over s.t.* oor iets struikel; *~ (up)* struikel; *~ s.o. up, (lett. & fig.)* iem. pootjie. **~hammer** *(smeewerk)* sterthamer. **~ meter, ~ recorder** *(mot.)* ritmeter. **~ switch** *(elek.)* uitskop=, veiligheid=, pootjieskakelaar. **~wire** struikeldraad.

**tri·par·tite** driedelig, drieledig; *~ treaty* driesydige verdrag.

**tripe** *(kookk.)* pens; *(infml.)* snert, bog, twak; *talk ~, (infml.)* kaf praat/verkoop; *~ and trotters* pens-en-pootjies; *~, head and trotters* afval.

**triph·thong** *(ling.)* drieklank, triftong.

**tri·ple** *n.* drievoud; drietal, trits; *(weddenskap)* tripel. **tri·ple** *adj.* drievoudig; driedubbel; tripel=; *~ jump, (atl.)* driesprong; *~ point, (fis.)* drievoudpunt, drievoudige punt; *~ rhythm, (pros.)* trippelmaat; *~ time, (mus.)* drieslagmaat. **tri·ple** *ww.* verdrievoudig, tripleer. **tri·ply** *adv.* drie maal; drie maal so.

**tri·plet** drietal, trits; (een van 'n) drieling; *(mus.)* triool; *be ~s* 'n drieling wees.

**Tri·plex** *(Br., handelsnaam)* tripleks(glas).

**tri·plex** driedelig; drievoudig; driedubbel; tripleks.

**trip·li·cate** *n.* drievoud, triplikaat, drievoudige afskrif; *in ~* in drievoud/triplikaat. **trip·li·cate** *adj.* drievoudig; driedubbel; in drievoud/triplikaat. **trip·li·cate** *ww.* verdrievoudig, tripleer.

**trip·loid** *n., (biol.)* triploïed. **trip·loid** *adj.* triploïed.

**tri·pod** drievoet, =poot, statief. **trip·o·dal** drievoetig.

**Trip·o·li** *(geog.)* Tripoli. **Tri·pol·i·tan** *n.* Tripolitaan. **Tri·pol·i·tan** *adj.* Tripolitaans.

**trip·per** plesierreisiger, =ganger; danser; *(sl.)* iem. op 'n dwelm=/hallusinasiereis.

**trip·ple** *n., (SA)* trippel(gang) *(v. 'n perd).* **trip·ple** *ww., ('n perd)* trippel. **trip·pler** *('n perd)* trippelaar.

**trip·py** *(infml.)* psigedelies *(musiek ens.).*

**trip·tych** *(kuns)* drieluik, triptiek.

**tri·sect** driedeel, in derdes verdeel. **tri·sec·tion** driedeling, verdeling in drie (gelyke dele).

**tris·kai·dek·a·pho·bi·a** dertienvrees, triskaidekafobie.

**tri·so·my** *(genet.)* trisomie. *~ 21 (Downsindroom)* trisomie 21.

**tri·syl·la·ble** drielettergrepige woord. **tri·syl·lab·ic** drielettergrepig.

**trite** afgesaag, alledaags, uitgedien(d), afgeslete, banaal, holrug gery. **trite·ness** afgesaagdheid, alledaagsheid.

**trit·i·um** *(chem.)* tritium.

**Tri·ton** *(Gr. mit., astron.)* Triton; *s.o. is a ~ among the minnows* in die land van die blindes is eenoog koning.

**tri·ton** *(fis.)* triton.

**tri·tone** *(mus.)* tritonus.

**trit·u·rate** *n., (teg.)* trituraat. **trit·u·rate** *ww.* tritureer, fynmaak, =maal; verpoeier; fynkou. **trit·u·ra·tion** fynmaking; verpoeiering.

**tri·umph** *n.* triomf, oorwinning, sege; triomftog, segetog; oorwinningsvreugde; *achieve a ~* 'n oorwinning behaal; *in ~* in triomf, triomferend. **tri·umph** *ww.* seëvier, die oorwinning behaal, triomfeer; koning kraai; *~ over ... oor ... seë=vier/triomfeer, ... oorwin.* **tri·um·phal** sege=, oorwinnings=, triomf= *(tog ens.).* **tri·um·phal·ism** triomfalisme. **tri·um·phant** seëvierend, triomferend, triomfant(e)lik.

**tri·um·vir** =*virs*, =*viri* drieman, lid van 'n driemanskap, triumvir. **tri·um·vi·rate** driemanskap, triumviraat.

**tri·une** drie-enig; *the ~ Godhead* die Drie-eenheid.

**tri·va·lent, tri·va·lent, ter·va·lent** *(chem.)* driewaardig, trivalent.

**triv·et** drievoet, =poot; *as right as a ~* so reg soos 'n roer.

**triv·i·a** *n. (mv.)* trivialiteite, bogtery. **triv·i·al** onbeduidend, beuselagtig, triviaal; oppervlakkig; alledaags; *~ matters* kleinighede. **triv·i·al·ise, =ize** as onbelangrik afmaak; (ver)kleineer. **triv·i·al·i·ty** onbeduidendheid, trivialiteit; oppervlakkigheid; alledaagsheid.

**tri·week·ly** drieweekliks.

**tro·car** *(chir.)* driehoeknaald, driehoekige/driesnydende naald, trokar.

**tro·chal** *(soöl.)* wielvormig; *~ disc* wielskyf.

**tro·chan·ter** *(anat.)* dybeendraaier, troganter.

**tro·chee** *(pros.)* trogee. **tro·cha·ic** trogeïes.

**troch·le·a** =*leae* katrol; rolvormige deel; rolvlak. **troch·le·ar: ~ nerve** (oog)katrolsenuwee.

**tro·choid** *n., (geom.)* trogoïed. **tro·choid, tro·choi·dal** *adj., (anat., geom.)* trogoïed, trogoïdies, trogoïdaal.

**trod** *ww. (verl.t.)* →TREAD *ww..* **trod(·den)** *ww. (volt.dw.)* → TREAD *ww..*

**trog·lo·dyte** grotbewoner, spelonkbewoner, troglodiet; *(infml.)* ouderwetse/verkrampte/verstokte persoon. **trog·lo·dyt·ic** grotbewoners=, troglodities; ouderwets, verkramp, verstok.

**troi·ka** *(Rus. perderytuig)* troika; driespan; driemanskap, troika.

**Tro·jan** *n.* Trojaan; →TROY; *~ Horse, (Gr. mit. & fig.)* Trojaanse perd; *(rek.)* Trojaanse perd. **Tro·jan** *adj.* Trojaans.

**troll**[1] *n.* katrol(letjie) *(v. 'n visstok);* deuntjie, wysie. **troll** *ww.* visvang; soek; (binne[ns]monds) sing; *(hoofs. Br.)* slenter, drentel.

**troll**[2] *n.* reus; *(Skand. mit.)* trol, aardmannetjie, dwerg.

**trol·ley** dienwaentjie, trollie; teewaentjie, trollie; koop=, winkelwaentjie, trollie *(in 'n supermark);* trollie *(in 'n hospitaal);* rol=, glykontak, kontakrol *(v. 'n trem).* **~bus, ~ car** spoorlose trem, trembus.

**trol·lop** *(vero. of skerts.)* slons(kous); slet, straatmeisie, =vrou. **trol·ly** = TROLLEY.

**trom·bone** *(mus.instr.)* tromboon, skuiftrompet; *(orrelregister)* basuin. **trom·bon·ist** trombonis, tromboonblaser.

**trom·mel** draaitrommel, trommel(sif), (silindriese) draaisif.

**trompe l'oeil** *(Fr., skilderk.)* oogbedrog.

**troop** *n.* trop, klomp, hoop; troep; *(i.d. mv.)* troepe, troepemag; soldate, militêre; *a ~ of ... 'n trop ... (perde, takbokke, ens.);* 'n klomp ... *(mense ens.).* **troop** *ww.* in 'n trop *(of in troppe)* loop; tou; byeenkom; *~ away/off* op 'n streep weggaan/=stroom; *~ the colour(s)* vaandelparade/=vertoning hou, die vaandel vertoon; *~ together* saamdrom. **~ carrier** troepedraer; troepewa; troepe=, transportskip; troepvliegtuig. **~ship** troepe=, transportskip. **~ transport** troepevervoer; troepevliegtuig.

**troop·er** kavalleris, ruiter, berede soldaat; *swear like a ~* vloek soos 'n matroos.

**trope** *(ret.)* troop, stylfiguur, figuurlike uitdrukking.

**troph·ic** *adj.* trofies, voedings=. **=troph·ic** *komb.vorm* =troof; *hetero~* heterotroof.

**troph·o·blast** *(embriol.)* trofoblas(t).

**tro·phy** trofee, beker, prys; oorwinnings=, segeteken; ereteken. **~ wife** *(infml., neerh.)* trofeevrou.

**trop·ic** *n.* keerkring; ~ *of Cancer* Kreefskeerkring, Noorder= keerkring; ~ *of Capricorn* Steenbokskeerkring, Suiderkeer= kring; *the* ~s die trope/keerkringe. **trop·ic** *adj.* tropies. **trop= i·cal** tropies; swoel; ~ *disease* tropiese siekte, tropesiekte; ~ *year* son(ne)jaar.

**tro·pism** *(beweging)* tropie; *(groeirigting)* tropisme.

**trop·o·pause** *(met.)* tropopouse.

**tro·po·sphere** *(met.)* troposfeer. **tro·po·spher·ic** troposfe= ries; ~ *wave* troposfeergolf.

**trop·po** *(It., mus.)* te veel, troppo.

**trot** *n.* draf; *at a (quick/smart)* ~ op 'n (vinnige/stywe) draf; *at a slow* ~ op 'n drafstap; *go for a* ~ die/jou litte ('n) bietjie rek, 'n entjie gaan draf; *be on the* ~, *(infml.)* ronddraf; *keep s.o. on the* ~, *(infml.)* iem. gedurig besig hou *(of* besighou); *have the* ~s, *(sl.)* buikloop hê. **trot** =*tt*=, *ww.* draf; laat draf, op 'n draf trek; afdraf; ~ *after s.o.* agter iem. aandraf; ~ *along* aandraf; ~ *away/off* wegdraf; ~ *out* uitdraf; ~ *s.t. out* iets laat draf *('n perd); (infml., neerh.)* iets gebruik/aanvoer/ opper *(dies. ou verskoning ens.);* iets opdis *(dies. ou retoriek ens.).* **trot·ter** drawwer; poot(jie); voet; *pig's* ~ varkpootjie; *(ook, i.d. mv.)* varkafval; skaapafval. **trot·ting** drawwery, draf.

**troth:** *pledge/plight one's* ~, *(fml. of arg.)* jou woord (van eer) gee; jou verloof.

**Trot·sky·ism** Trotskisme *(ook t~).* **Trot·sky·ist, Trot·sky·ite** *n.* Trotskis *(ook t~).* **Trot·sky·ist, Trot·sky·ite** *adj.* Trotskis= ties *(ook t~).*

**trou·ba·dour** *(hoofs. Me.)* troebadoer, minnesanger.

**trou·ble** *n.* sorg, kwelling, verdriet; moeilikheid, moeite, swaarkry, las, ongerief, ergernis, sonde; onraad; rusie, twis; kwaal, aandoening; geskil, onmin, onenigheid, ongenoeë; teen=, teëspoed, oponthoud; beroering; gebrek, steuring, storing, defek, mankement; *(ook, i.d. mv.)* onluste, woelinge, beroeringe; sorge; *ask* (or *be asking) for* ~ moeilikheid soek; *there is* ~ *between* them hulle het rusie (met mekaar); *cause* ~ moeilikheid veroorsaak; moles maak; kwaad stook; *cause* ~ *for s.o.* iem. in die moeilikheid bring; *cause/give s.o. (a lot of)* ~ iem. (baie) moeite/las gee; *court/invite* (or *look for*) ~ moeilikheid soek; *get into* ~ in die moeilikheid kom/raak/ beland; *get s.o. into* ~ iem. in die moeilikheid bring; *give* ~ las gee; moeite gee/veroorsaak; *('n masjien)* onklaar raak, lol; *go to a lot of* ~ *(over s.t.)* baie/groot moeite doen (met iets); *go to the* ~ *of* ... die moeite doen om te ...; *have* ~ *with* ... moeite/sonde met *(of* las van) ... hê, met ... sukkel; *be in* ~ in die moeilikheid/knyp wees/sit; in die nood wees; *swaar leef/* lewe/kry; *be in deep* (or *in all kinds of*) ~ diep in die moeilik= heid wees; *be in* ~ *with s.o.* by iem. in onguns wees; *land in* ~ in die moeilikheid beland; in die nood raak; *s.t. lands s.o. in* ~ iets bring iem. in die moeilikheid, iets laat iem. in die moeilikheid beland; *invite* ~ →*court/invite; liver* ~ 'n lewer= kwaal/=aandoening; *look for* ~ →*court/invite; make* ~ moei= likheid veroorsaak; kwaad steek/stig/stook; onrus stook; *it is too much* ~ dit is te veel moeite; *be no* ~ *at all* geen moeite wees nie; *no* ~ *at all!* nie te danke!; *s.o.'s old* ~ iem. se ou kwaal; *get s.o. out of* ~ iem. uit die moeilikheid help; *stay out of* ~ uit die moeilikheid bly; *pick up* ~ teen=/teëspoed kry/ ondervind; *put s.o. to* ~ iem. moeite aandoen; *run into* ~ teen=/teëspoed kry; jou kop stamp; *save/spare o.s. (the)* ~ jou die moeite spaar; *a sea of* ~s teen=/teëspoed sonder end; *take (particular)* ~ (besonder baie) moeite doen; *that is the* ~ daar lê/sit die knoop; *s.o. has been through* much ~ iem. het al baie teen=/teëspoed/moeilikheid beleef/gehad; *what is the* ~? wat makeer/skort?. **trou·ble** *ww.* verontrus, kwel; beroer; hinder, pla, lastig val, moeite/las veroorsaak; foeter; *don't* ~ *(yourself)* moenie moeite doen nie; laat staan maar, laat dit maar; *don't* ~ *to* ... moenie die moeite doen om te ... nie, dis onnodig om te ...; *can/could/may I* ~ *you for the* ...? mag ek asseblief die ... kry?; *not let* ... ~ *one* jou nie oor ...

bekommer/kwel nie; *not* ~ *to* ... nie die moeite doen om te ... nie; dit nie die moeite werd ag om te ... nie; ~ *s.o., (pyn ens.)* iem. hinder *(of* las gee); *sorry to* ~ *you* dit spyt my om jou lastig te val; *can/could/may I* ~ *you to* ...? sal jy so goed wees om te ...?; *be* ~*d with* ... van ... las hê; met ... gepla wees; ~ *s.o. with s.t.* iem. met iets lastig val. ~**-free** steuring= vry; moeite=, sukkelvry. ~**maker** twis=, rusiesoeker, =maker, skoorsoeker; onrus=, opstoker, opruier, oproermaker, ophit= ser. ~**making** *n.* beroering, twis=, rusiesoekery, onrus=, op= stokery, opruiing. ~**making** *adj.* twissoekerig. ~**shooter,** ~**man** *(elek.)* steuringsoeker; *(fig.)* brandslaner. ~ **spot** on= rus=, konflikgebied, konflikgeteisterde gebied; konflikpunt; onrustoneel.

**trou·bled** ongerus, besorg; gepla *(met);* in die nood; *a* ~ *countenance* 'n bekommerde gelaat/gesig; ~ *sleep* onrus= tige slaap; ~ *times* bewoë tye; *a* ~ *world* 'n wêreld vol be= roeringe.

**trou·ble·some** lastig, lollerig, hinderlik, moeilik, neulerig.

**trough** bak, trog; (drink)bak; *(fig.)* trog, dal; *(geol.)* slenk.

**trounce** afransel, 'n loesing gee. **trounc·ing** afranseling, groot loesing.

**troupe** geselskap, troep. **troup·er** (ervare) toneelspeler/-speel= ster; staatmaker, deurdrukker.

**trou·ser:** ~ *leg* broekspyp. ~ *pocket* broeksak. ~ *suit* broek= pak.

**trou·sered** met 'n broek aan, gebroek.

**trou·sers:** *(a pair of)* ~ (lang)=, (mans)broek; *be caught with one's* ~ *down, (infml.)* onverhoeds betrap word; *put on* (or *take off)* ~ 'n broek aan-/uittrek; *wear* ~ 'n broek dra; *wear the* ~, *(infml., v. 'n vrou gesê)* baasspeel; *wide* ~ 'n wye broek, 'n broek met wye pype.

**trous·seau** =*seaux,* =*seaus* (bruids)uitset.

**trout** *trout(s), n., (igt.)* forel. **trout** *ww.* forelle vang. ~**-col= oured** forel=, blouskimmel *(perd);* ~ *horse* forel=, blouskim= mel. ~ *farm* forelplaas. ~ *stream* forelstroom, =loop.

**trove** →TREASURE TROVE.

**trow·el** *n.* troffel; *flat* ~ spatel; *lay it on with a* ~, *(infml.)* dit dik aanmaak, erg oordryf/vergroot; die heuningkwas gebruik. **trow·el** =*ll*=, *ww.* pleister; dik opsmeer, die heuningkwas gebruik. ~ *board* pleisterplank. **trow·el·ling,** *(Am.)* **trow·el= ing** troffelwerk.

**Troy** *(antieke stad)* Troje; →TROJAN.

**troy** *(stelsel v. gewigte): 12 ounces* ~ 12 ons troois. ~ *(weight)* troois=, fyn=, juweliersgewig.

**tru·an·cy** stokkiesdraaiery, skoolversuim.

**tru·ant** *n.* stokkiesdraaier, skoolversuimer; *play* ~ stokkies= draai. **tru·ant** *adj.* skelm, lui; (rond)drentelend, dwalend. **tru·ant** *ww.* stokkiesdraai. ~ *officer* skool(besoek)beampte.

**truce** *(fig.)* wapenstilstand; gewapende vrede; wapenskor= sing, gevegskorsing; verposing, rus.

**truck**[1] *n.* vragmotor, =wa, lorrie; goedere=, spoorwa, trok; stootwa; draai=, onderstel *(v. 'n spoorwa ens.); (sk.)* kloot; *light* ~, *(ook)* bakkie. **truck** *ww.* (in 'n trok) laai, *(infml.)* trok, per goederewa vervoer. ~ *driver,* **truck·er** vragmotorbestuur= der, vragwadrywer, =bestuurder. ~ *load* trokvrag. ~ *stop* vul= stasie en padkafee. ~ *tractor* voorspanmotor.

**truck**[2] *n., (arg.)* ruilhandel; *have/want no* ~ *with* ... niks met ... te doen wil hê nie.

**truck·age** *(Am.)* vragmotorvervoer, vervoer per vragmotor; vragmotorvervoerkoste.

**truck·ing** *(Am.)* vragmotorvervoer.

**truck·le** wieletjie, katrolwiel; vatvormige kasie. ~ *bed* rol= bed.

**truc·u·lent** kwaai, (uit)tartend, uitdagend, veglustig. **truc= u·lence, truc·u·len·cy** kwaai(ig)heid, uitdagendheid, veglus.

**trudge** *n.* sukkelgang. **trudge** *ww.* voort=, aansukkel, voort= strompel.

**true** *n.: in* ~ haaks; waterpas; suiwer; in die spoor; in die juiste posisie; *be out of the* ~ nie haaks wees nie; uit die spoor wees; skeef wees. **true** *truer truest, adj.* waar; juis; eg, sui‑ wer; (ge)trou, standvastig; opreg; haaks; goed gebalanseer, in die spoor, in die juiste posisie; gelykluidend; *(as)* ~ *as I live* so waar as ek leef/lewe; ~ *as it is,...* al is dit waar, ...; *s.o. is a* ~ *benefactor* iem. is waarlik 'n *(of* 'n ware) weldoener; *the prophecy came* ~ die voorspelling het uitgekom *(of* is bewaarheid); *s.o.'s words have come* ~ iem. se woorde is be‑ waarheid; ~ *copy* ware/gelykluidende afskrif; ~ *course* ware/ geografiese koers/rigting; *be* ~ *till/until death* tot die dood (toe) getrou wees; ~ *discount* werklike korting; ~ *east/ north/south/west* ware/geografiese ooste/noorde/suide/wes‑ te; ~ *enough* volkome juis; dis ook weer waar; *too good to be* ~ te goed om te glo; *the* ~ *heir* die ware/regte erfgenaam; ~ *judg(e)ment* 'n suiwer(e) oordeel; ~ *love* ware liefde; *be* ~ *of* ... van ... waar wees; ~ *plane* suiwer vlak; *s.t. proves to be* ~ iets blyk waar te wees; *a* ~ *story* 'n waar/ware verhaal; *the* ~ *story of it is ...* die ware toedrag is ...; ~ *to life* lewens‑ getrou; ~ *to nature* natuurgetrou; *be/remain* ~ *to s.o.* aan iem. (ge)trou wees/bly; ~ *to type* ras‑, soorteg; eg, tipies, ken‑ merkend; *be only too* ~ maar alte waar wees. **true** *adv.* waar; eg; suiwer; weliswaar, inderdaad; werklik; *hold* ~ *for/of* ... vir/van ... geld; *run* ~ suiwer loop; *sing* ~ nootvas sing. **true** *trued trued truing, ww.* pasmaak, afwerk; reg stel; ~ *s.t. up* iets haaks maak; iets waterpas maak; iets spoor; iets in die regte posisie bring. ~‑**blue** eerlik, opreg, (ge)trou; on‑ vervals; eg konserwatief. ~‑**born** opreg, eg; raseg, ‑suiwer, volbloed. ~‑**bred** opreg, raseg; beskaaf(d). ~‑**life** *adj. (attr.)* ware *(verhaal ens.)*.

**true·ness** waarheid; egtheid; trou, getrouheid; ~ *to type* ras‑ egtheid.

**truf·fle** truffel, knolswam.

**tru·ism** ou (bekende) waarheid; gemeenplaas, afgesaagde uitdrukking; onmootstootlike waarheid, waarheid soos 'n koei.

**tru·ly** waarlik, werklik, regtig; sowaar, voorwaar, wraggies; na waarheid, in werklikheid; *it has been* ~ *said (that)* ... daar is tereg gesê (dat) ...; *serve s.o.* ~ iem. trou dien; *yours* ~ die uwe.

**trump** *n.* troef; troefkaart; *draw* ~*s* troewe (uit)vra/uitspeel; *hold all the* ~*s, (lett.)* al die troewe/troefkaarte in jou hand hê; *put s.o. to his/her* ~*s* iem. dwing om sy/haar troewe uit te speel; iem. raadop maak; *turn/come up* ~*s, (infml.)* alle ver‑ wagtings oortref. **trump** *ww.* troef; 'n troefkaart speel; ~ *s.t. up* iets versin. ~ **card** troefkaart. ~ **suit** troefkleur.

**trum·pet** *n.* trompet; trompetgeskal; *blow one's own* ~ jou eie beuel blaas, jou eie lof/roem verkondig; *slide* ~ skuif‑ trompet. **trum·pet** *ww.* op die trompet blaas; uitbasuin; *(ook* 'n *olifant)* trompetter; sketter. ~ **blast** trompetstoot. ~ **call** trompetsinjaal; trompetgeskal; *(fig.)* dringende oproep. ~ **major** trompet‑majoor.

**trum·pet·er** trompetter, trompetblaser; trompetvoël.

**trum·pet·ing** getrompetter *(v. olifante)*.

**trun·cate** *ww.* top, snoei; (af)knot, afkap. **trun·cate, trun‑ cat·ed** *adj.* stomp, afgestomp; afgeknot; getop; ~ *cone* (skeef) afgeknotte keël; ~ *leaf* afgestompte blaar.

**trun·cheon** knuppel, (moker)stok *(v.* 'n *konstabel)*; staf.

**trun·dle** *n.* wieletjie, rolletjie; rolbed; rolwaentjie. **trun·dle** *ww.* rol; aankrui(e); ~ *along* aankrui(e); saamkrui(e); *(fig.)* saamdraf; ~ *on* aan‑, voortkrui(e). ~ **bed** rolbed. **trun·dler** gholfsak; stoot‑, kinderkarretjie; *(kr.)* (stadige) bouler.

**trunk** (boom)stam, ‑stomp; romp; skag; hooflyn; kis, trom‑ mel, koffer; slurp *(v.* 'n *olifant)*; koker; blaaspyp; *(ook, i.d. mv.)* baai‑, swembroek(ie). ~ **call** *(telef.)* hooflyngesprek, ‑oproep. ~ **line** hooflyn. ~ **main** hoofpyp. ~ **road** hoofpad, ‑weg.

**trunk·ing** *(telekom., elek.)* roetering; langafstandvervoer.

**trun·nion** *(teg.)* draagtap; spil; jukbout.

**truss** *n.* stut; kap; hangwerk; steun; bondel; tros; *(med.)* breukband. **truss** *ww.* stut; versterk; kappe *(of* 'n kap) maak; vas‑, opbind; *(kookk.)* opmaak *('n hoender ens.)*; ~*ing needle* vleisnaald; ~ *s.o./s.t. up* iem./iets vasbind. ~ **beam** vakwerkbalk. ~ **bridge** vakwerkbrug.

**truss·ing** versterking; *(bouk.)* vakwerk.

**trust** *n.* vertroue; geloof; krediet; *(jur.)* trust; kartel; *a breach of* ~ troubreuk; 'n skending van vertroue; *(jur.)* trustbreuk; *hold s.t. in* ~ iets in bewaring hê; *be in* ~ in bewaring wees; *be in s.o.'s* ~ onder iem. se toesig wees; *s.o.'s* ~ *in God* iem. se geloofsvertroue; *inspire* ~ *in s.o.* by iem. vertroue inboe‑ sem; *on* ~ te goeder trou; *(han.)* op krediet; *accept/take s.t. on* ~ iets op goeie geloof aanneem/aanvaar; iets op gesag aanneem/aanvaar; *place/put one's* ~ *in s.o.* iem. vertrou, (jou) vertroue in iem. stel; *be in a position of* ~ 'n vertrouenspos beklee; *a sacred* ~ 'n heilige verpligting. **trust** *ww.* vertrou; toevertrou *(aan)*; reken/staatmaak op; krediet gee; ~ *me for that* laat dit (maar) aan my oor; ~ *him/her for that!* dit kan jy van hom/haar verwag!; *I* ~ *he/she will* ... ek vertrou hy/ sy sal ...; ~ *s.o. implicitly* iem. blindweg/onvoorwaardelik vertrou; ~ *in* ... op ... vertrou, (jou) vertroue in ... stel, jou op ... verlaat; *I* ~ *not* hopelik nie; *... is not to be* ~*ed* ('n) mens kan ... nie vertrou nie; ~ *(that)* ... hoop/vertrou (dat) ...; ~ *to* ... op ... staatmaak, jou op ... verlaat *(goeie geluk ens.)*; ~ *s.o. with s.t.* iets aan iem. toevertrou; iem. toelaat om iets te gebruik. ~ **account** trust‑, bewaar(geld)rekening. ~ **deed** trustakte. ~ **fund** trustfonds. ~**worthiness** geloofwaardig‑ heid, betroubaarheid. ~**worthy** betroubaar, geloofwaardig, vertroubaar.

**trust·ed** *adj.* vertroud *(vriend ens.)*.

**trus·tee** *(jur.)* trustee; beheerder; vertrouenspersoon; kura‑ tor; *board of* ~*s* kuratorium; ~ *of an estate* kurator van 'n boe‑ del; *public* ~ openbare trustee. **trus·tee·ship** beheerskap; kuratorskap; voogdy(skap).

**trust·ful** vertrouend, vol vertroue, goedgelowig. **trust·ful‑ ness** goeie vertroue.

**trust·ing** = TRUSTFUL. **trust·ing·ly** vol vertroue.

**trust·less** vals, onvertroubaar.

**trust·y** *n.* betroubare gevangene/ens.. **trust·y** *adj., (dikw. skerts.)* trou, betroubaar, vertroubaar, vertrouenswaardig; vertroud; ~ *person* staatmaker. **trust·i·ness** getrouheid; ver‑ troubaarheid.

**truth** waarheid; eerlikheid, trou, getrou; *not an atom of* ~ geen greintjie waarheid nie; *the bare/naked/plain* ~ die naakte waarheid; *come/get at the* ~ agter die waarheid kom; *be completely devoid of* ~ van alle waarheid ontbloot wees; *tell s.o. a few home* ~*s* iem. goed/kaalkop die waarheid vertel; *in* ~ in werklikheid, in der waarheid; *to tell the* ~ om die waar‑ heid te sê; *the* ~ *is* ... om die waarheid te sê ...; ~ *to life* (lewens)egtheid, lewensgetrouheid; *the* ~ *of the matter is that* ... die saak staan so ...; *the naked/plain* ~ →*bare/naked/ plain*; ~ *prevailed* die waarheid het geseëvier; *T* ~ *and Re‑ conciliation Commission, (SA, afk.:* TRC) Waarheids‑en‑ versoeningskommissie *(afk.:* WVK), Kommissie vir Waar‑ heid en Versoening; *s.t. has the ring of* ~ *(about/to it)* iets klink eg/opreg; *there is not a shadow of* ~ *in it* dit bevat geen *(of* nie 'n) sweem van waarheid nie; *be a stranger to the* ~ 'n leuenaar wees; *stretch the* ~ die waarheid geweld aandoen, oordryf, oordrywe; *tell the* ~ waarheid praat; *to tell the* ~ ..., *if* ~ *be told* ... om die waarheid te sê ..., eintlik ...; *the unvarnished* ~ die reine waarheid; *violate the* ~ die waar‑ heid geweld aandoen; *vouch for the* ~ *of s.t.* vir die waarheid van iets instaan; *the whole* ~ die volle waarheid; *be wide of the* ~ ver/vêr van die waarheid wees; *there is no word of* ~ *in it* daar is geen woord *(of* niks) van waar nie.

**truth·ful** waarheidliewend; waarheidsgetrou, werklik, waar, getrou. **truth·ful·ly** waarlik, in der waarheid. **truth·ful·ness** waarheidsliefde, waarheidliewendheid.

**truth·less** vals, ontrou.

**try** *n.* probeerslag, kans, poging; *(rugby)* drie; *convert a* ~ 'n drie doel; *give it a* ~ dit probeer (doen); *have a* ~ probeer; *have a* ~ *at s.t.* iets probeer (doen); *have another* ~ weer probeer; *save a* ~, *(rugby)* 'n drie verhoed; *score a* ~, *(rugby)* 'n drie druk/aanteken. **try** *ww.* probeer, *(fml.)* poog; toets, probeer, op die proef stel; keur; terg; ondersoek; versoek, beproef; jou inspan, jou bes doen; verhoor, in verhoor neem; →TRIED, TRIER; ~ *again* weer probeer; ~ *and/to come* probeer kom; ~ *desperately* wanhopig probeer; ~ *to do s.t.* iets probeer doen, probeer om iets te doen; ~ *for ... na ... mik, ... probeer kry; be tried for ... weens ... teregstaan (of verhoor word); ~ *hard* hard probeer; *no matter how s.o.* tries* hoe iem. ook al probeer; *there is nothing like* ~*ing* probeer is die beste geweer; ~ *s.t. on* iets aanpas *(klere)*; iets oppas *('n hoed)*; *(infml.)* iets probeer/waag; ~ *s.t. (out)* iets probeer *(of* op die proef stel); iets toets *('n masjien ens.)*; ~ *s.t. out on ... iets by ... toets; ~ *some!* probeer/proe daarvan!; ~ *in vain* (te)vergeefs/verniet probeer; ~ *valiantly* moedig probeer; *don't* ~ *it with me!*, *(infml.)* moenie sulke streke by my uithaal nie!. ~ *line (rugby)* doellyn. ~**-on** *(Br., infml.)* (die) (aan)pas; probeerslag; bedrogpoging, verneukslag. ~**out** proef, toets; proefwedstryd; proefrit; proeftog, =vaart, oe= fentog; probeerslag. ~**sail** *(sk.)* gaffelseil. ~ *scorer (rugby)* driedrukker. ~ **square** winkelhaak.

**try·ing** *n.* (die) probeer/strewe; volharding. **try·ing** *adj.* lastig, moeilik; uitputtend, afmattend, inspannend, vermoeiend. ~**-on** (die) (aan)pas. ~**-on room** paskamer. ~ **plane, try plane** *(houtw.)* reiskaaf.

**tryp·a·no·some** *(med., soöl.)* tripanosoom, spiraalkiem. **tryp·a·no·so·mi·a·sis** *(med.)* tripanosomiase, nagana.

**tryp·sin** *(biochem.)* tripsien.

**tryp·sin·o·gen** *(biochem.)* tripsinogeen.

**tryp·to·phan** *(biochem.)* triptofaan.

**tryst** *n.* afspraak; wagplek, afgesproke plek, bymekaarkomplek. **tryst** *ww.* afspreek, 'n afspraak maak; ~*ing place* wagplek, afgesproke plek, bymekaarkomplek.

**tsam·ma (mel·on)** *(SA, bot.)* tsamma.

**tsar, czar** *(hist.)* tsaar, *(Russiese)* keiser; despoot; *(infml.)* grootbaas; ~ *of all the Russians* tsaar van al die Russe. **tsar·dom, czar·dom** tsaredom, tsareryk. **tsar·ism, czar·ism** tsarisme *(ook T~)*. **tsar·ist, czar·ist** *n.* tsaris *(ook T~)*. **tsar·ist, czar·ist** *adj.* tsaristies *(ook T~)*.

**tses·se·be, tses·se·bi** *(soöl.)* basterhart(e)bees, tsessebe.

**tset·se (fly)** tsetsevlieg.

**Tshi·ve·nda** *(taal)* Tshivenda, Venda.

**Tshwa·ne** *(SA, geog.)* Tshwane.

**Tsit·si·kam·ma** *(SA, geog.)* Tsitsikamma.

**tsk (tsk)** *tw.* ai(, ai)!.

**Tso·nga** *Tsonga(s),Vatsonga, ([lid v.] bevolkingsgroep)* Tsonga; *(taal)* Tsonga, Xitsonga.

**tso·tsi** *-sis, (SA, <Xh.)* tsotsi. ~**taal** *(ook T~)* tsotsitaal *(ook T~)*.

**tsu·na·mi** *=mi(s), (Jap.)* tsoenami, tsunami, seismiese (see)= golf.

**Tswa·na** *Tswana(s), Batswana, ([lid v.] bevolkingsgroep)* Tswana; *(taal)* Tswana, Setswana.

**tub** *n.* vat; balie, kuip; bad(kuip); sponsbad; oefenboot; *(mynb.)* trok, hysemmer, hyshok; *a* ~ *of margarine/etc.* 'n bak margarien/ens.. ~ **chair** kuipstoel. ~**-thumper** seepkisredenaar, vurige redenaar, skreeuer, sketteraar; opwekkingsprediker. ~**-thumping** *n.* seepkisretoriek, skreeuery; opwekkingsprediking. ~**-thumping** *adj.* lawaaierig, skreeuerig, sketterend.

**tu·ba** *(mus.instr.)* tuba.

**tu·bal** *adj., (anat.)* buis=; ~ *pregnancy* buisswangerskap; ~ *sterilisation/=zation* sterilisasie van die buise.

**tub·by** vatvormig; *(infml.)* plomp, rond en dik, swaarlywig. **tub·bi·ness** swaarlywigheid.

**tube** *n.* buis; pyp; pypie; tube *(vir verf)*; slurp *(v. 'n gasmasker)*; binneband; *go down the* ~*(s), (infml.)* misluk, te(n) gronde gaan; *money down the* ~*(s), (infml.)* verkwiste geld; *the* ~, *(sl.)* televisie; *a* ~ *of toothpaste* 'n buis(ie) tandepasta. **tube** *ww.* van 'n pyp/buis voorsien; met 'n pyp/buis omsluit; met die moltrein ry; ~*d gunpowder* pypkruit. ~ **(railway)** ondergrondse spoorweg. ~ **(train)** moltrein, ondergrondse trein, tonneltrein.

**tube·less** ~ *tyre* lug(buite)band, blootsband, lughouden= de/buislose band.

**tu·ber** knol, bol; aartappel; knop, geswel, knobbel. **tu·ber·if·er·ous** *(bot.)* knoldraend. **tu·ber·ose** *n., (bot.)* soetemaling, soetamaling. **tu·ber·ose** *adj.* knopperig; knopvormig; knol= vormig; knoldraend. **tu·ber·os·i·ty** knopperigheid; knop=; knolvormigheid; knop, geswel, knobbel, uitwas. **tu·ber·ous** knolagtig, knol=.

**tu·ber·cle** knoppie, knobbeltjie, knolletjie, tuberkel; vratjie. ~ **bacillus** tuberkelbasil.

**tu·ber·cu·lar** *n.* teringlyer. **tu·ber·cu·lar** *adj.* knolvor= mig; knoppiesrig, knobbelrig, knoetserig, knoesterig, vol knoppies; vratterig, vol vratte; tuberkuleus, teringagtig; ~ *weakness* teringagtigheid.

**tu·ber·cu·late, tu·ber·cu·lat·ed** knobbelrig; vratterig.

**tu·ber·cu·lo·sis** *(med.)* tuberkulose, tering; *pulmonary* ~ longtering. **tu·ber·cu·lous** tuberkuleus, teringagtig.

**tub·ing** (stuk) pyp/buis; pype, buise, pypwerk; pyplengte.

**tu·bu·lar** buisvormig; pypvormig; tuitvormig; buis=, pyp=; ~ *bell* buisklok; ~ *bone* pypbeen; ~ *bridge* tonnelbrug; pypbrug; ~ *drill* holboor; ~ *flower* tuitblom; ~ *sock/ streamer, (lugv.)* windkous; ~ *steel* buisstaal, staalpyp(e).

**tu·bule** *(hoofs. anat.)* buisie, pypie. **tu·bu·late** buisvormig, pypvormig; met 'n pyp/buis.

**tuck** *n.* opnaaisel; oprygsel; plooi; omslag; *(Br., infml.)* snoe= perye, lekkergoed, snoepgoed; *make a* ~ 'n opnaaisel maak/ insit. **tuck** *ww.* opnaaisels maak/insit; plooi; omslaan, in= slaan, oprol; intrek; insteek; ~ *a blanket around s.o.'s legs/etc.* 'n kombers om iem. se bene/ens. slaan/vou; ~ *s.t. away* iets bêre; iets wegsteek; ~ *in* weglê; ~ *s.o. in* iem. dig toemaak; iem. toedraai/inrol/invou; ~ *s.t. in* iets insteek; ~ *into* s.t. aan iets wegval/weglê/smul *(kos)*; ~*ed seam* opnaaiselnaat; ~ *one's head under s.t.* jou kop onder iets insteek; ~ *s.o. up* iem. lekker inrol/toedraai *(of* warm toemaak); ~ *s.t. up* iets oprol *(hempsmoue ens.)*. ~ **shop** snoepwinkel, snoepie.

**tuck·ing** *(naaldw.)* opnaaiwerk; opnaaisels.

**Tues·day** Dinsdag.

**tuff** *(geol.)* tuf(steen), asklip. **tuff·a·ceous** tufagtig.

**tuf·fet** bossie *(gras ens.)*; hobbel; lae stoeltjie; sitkussing.

**tuft** *n.* bossie; haarbossie; klos(sie), kwas(sie); kuif(ie); tros= sie; pluis; pol; *a* ~ *of grass* 'n graspol; *a* ~ *of hair* 'n bossie hare. **tuft** *ww.* klossies/kwassies/ens. aansit; in trossies/bos= sies groei; deurknoop, =naai, =trek *('n matras)*. **tuft·ed** gekuif, kuifkop=, kuif=; pol=; polvormig; rosetvormig; gekwas; ~ *carpet* pluistapyt; ~ *duck* kuifeend.

**tuft·ing** deurknoopwerk. ~ **button** kapitonneerknoop.

**tuft·y** met klosse/klossies/ens., met 'n klos(sie)/trossie/ens., trossierig, kwassieagtig; gekuif, met 'n kuif.

**tug** *n.* ruk, trek; kragsinspanning, kragtige poging; sleepboot; oog, lus *(v. 'n tuig)*; stoot *(v. 'n gespe)*; *give a* ~ *at the bell* die klok 'n ruk gee; ~ *of war* toutrek(kery); kragmeting, beslis= sende stryd. **tug** *-gg-, ww.* trek, ruk, pluk; sleep; ~ *at ... aan ... ruk/pluk.* ~**boat** sleepboot.

**tu·i·tion** onderrig, onderwys. ~ **fee** skool=, klas=, les=, leer= geld.

**tu·i·tion·al** onderrig=, onderwys=, leer=.

**Tuk, Tuk·kie** *(infml.: student v.d. Univ. v. Pretoria)* Tuk, Tuk= kie.

**tu·lip** tulp. ~ **tree** tulpboom. ~**wood** tulphout.

**tulle** netsy, tulle.

**tum·ble** *n.* val, tuimeling; bol(le)makiesie(sprong); duike-
ling; warboel, deurmekaarspul; *have a* ~ (neer)val, neer-
slaan; *be in a* ~ deurmekaar wees; *have/take a nasty* ~ lelik
val; *take a* ~ (neer)val, neerslaan; *(pryse)* sterk daal. **tum-
ble** *ww.* tuimel, val; rol; val-val loop/hardloop; deurmekaar
maak; laat omval, onderstebo gooi, rondgooi; neertrek, neer-
skiet; akrobatiese toere/toertjies doen/uithaal/uitvoer, bol(le)-
makiesie slaan; duikel; ~ *about* rondrol; ~ *down* neerstort,
neerslaan, neerval, omval, omtuimel; ~ *down from* (or *off)*
*s.t.* van iets aftuimel; ~ *into* bed inkruip; ~ *off* afval, aftui-
mel; ~ *out of* bed uit die bed rol; ~ *over* omval, omtuimel,
omkantel; ~ *to s.t., (infml.)* iets snap/vat, agterkom hoe sake
inmekaarsit *(of* inmekaar sit); *s.o.* ~*d up the stairs* iem. is val-
val die trap op. ~ *bug* miskruier. ~**down** bouvallig; lende-
lam; vervalle. ~ **dryer/drier** tuimeldroër. ~**weed** rolbos(sie),
tolbossie.

**tum·bler** tuimelaar; wentelaar; akrobaat; *(duif)* duikelaar,
tuimelaar; (drink/water)glas; poetsstrommel. ~ **lock** tuime-
laarslot. ~ **switch** tuimelskakelaar.

**tum·bling:** ~ **barrel,** ~ **box** poetsstrommel.

**tu·me·fy** (op)swel; laat (op)swel. **tu·me·fac·tion** (op)swel-
ling; geswel, swelsel; *(bot.)* galvorming.

**tu·mes·cent** (op)swellend; (effens) geswel/opgehewe. **tu-
mes·cence** (op)swelling; geswel, verhewe deel; swellings-
toestand.

**tu·mid** (op)geswel, opgehewe; *(fig.)* geswolle, bombasties.
**tu·mid·i·ty** (op)swelling; *(fig.)* geswollenheid, hoogdrawend-
heid, bombasme.

**tum·my** *(infml.)* magie, maag, pens(ie), buik(ie); boepens. ~
**ache** maagpyn. ~ **button** *(infml.)* naeltjie. ~ **tuck** *(infml.)*
maagverkleiningsoperasie.

**tu·mour,** *(Am.)* **tu·mor** swelling; geswel; gewas, tumor,
groeisel; *(bot.)* gal; *benign* ~ goedaardige gewas; *malignant* ~
kwaadaardige gewas.

**tu·mult** opskudding, lawaai, rumoer, tumult, (ge)roesemoes,
oploop; *be in a* ~ in beroering wees; ~ *of war* krygsgedruis;
*the* ~ *within s.o.* die storm in iem. se gemoed. **tu·mul·tu·ous**
oproerig, rumoerig, onstuimig, woes. **tu·mul·tu·ous·ness**
onstuimigheid, woestheid.

**tun** *n.* vat, ton; giskuip; skag *(v. 'n skoorsteen); (wynmaat)* tun.

**tu·na** *(igt.)* tuna; (→TUNNY (FISH).

**tun·dra** toendra, mossteppe.

**tune** *n.* toon; melodie, wysie, deuntjie, lied(jie); harmonie;
stemming; *call the* ~ die toon aangee, die lakens uitdeel; *a*
*catchy* ~ 'n pakkende wysie; *change one's* ~, *sing another*
(or *a different)* ~ 'n ander toon aanslaan, van toon verander,
'n toontjie laer sing, 'n ander liedjie/wysie/deuntjie sing;
*dance to s.o.'s* ~ na iem. se pype dans; *in* ~ nootvas; *be in* ~
*with* ... in harmonie met ... wees, met ... harmonieer; *sing in*
~ wysie hou; *sing out of* ~ vals sing; *be totally out of* ~ totaal
ontstem(d) *(of* heeltemal van jou wysie af) wees; *pick out a*
~ 'n paar note van 'n deuntjie speel; *to the* ~ *of* ... op die
wysie van ...; *(infml.)* ten bedrae *(of* ter waarde) van ... **tune**
*ww.* stem; (laat) harmonieer met; sing *('n lied);* instem; in-
stel *('n masjien); (SA sl.)* sê, vertel; terg, spot; ~ *in to* ... op ...
inskakel; ~ *up, ('n orkes)* stem; begin speel/sing; ~ *s.t. up* iets
instel *('n rad. ens.);* iets stel *('n masjien);* ~ *with* ... met ...
harmonieer. ~**up** *n.* instemming; instelling *(v. 'n masjien);*
opknapping.

**tune·ful** melodieus, welluidend, musikaal, sangryk, sange-
rig. **tune·ful·ness** welluidendheid, sangerigheid.

**tune·less** onmusikaal; klankloos; wanluidend, onwelluidend;
stom, stil.

**tun·er** *(rad.)* stemmer; instemmer.

**tung:** ~ **oil** tungolie, Chinese houtolie. ~**(-oil) tree** tung(neut)-
boom, Chinese houtolieboom.

**tung·sten** *(chem., simb.:* W*)* wolfram.

**tu·nic** *=nics, (loshangende kledingstuk)* tuniek; soldatebaadjie;
springjurk. **tu·nicked** met 'n tuniek aan.

**tun·ing** (in)stemming; (in)stelling. ~ **fork** stemvurk. ~ **ham-
mer** stemhamer. ~ **key** stemsleutel. ~ **peg,** ~ **pin** klavier-
skroef.

**Tu·ni·si·a** *(geog.)* Tunisië. **Tu·nis** *(hoofstad)* Tunis. **Tu·ni·si·an**
*n.* Tunisiër. **Tu·ni·si·an** *adj.* Tunisies.

**tun·nel** *n.* tonnel; deurgrawing; skoorsteenpyp; *(med.)* ope-
ning, gang; *dig a* ~ 'n tonnel grawe; *drive a* ~ 'n tonnel
grawe/boor. **tun·nel** *-ll-, ww.* (uit)grawe, uithol; ~ *down*
aftonnel; ~ *out of prison* uit die/'n tronk ontsnap deur 'n
tonnel buite(n)toe *(of* na buite) te grawe; ~ *through a moun-
tain* 'n tonnel deur 'n berg grawe. ~ **borer** tonnelboor. ~
**vision** *(med. of infml.)* tonnelvisie.

**tun·ny (fish)** tuna; blouvintuna.

**tup·pence** →TWOPENCE.

**tu·ra·co, tou·ra·co** *=cos, (orn.)* loerie.

**tur·ban** tulband; tulbandhoed. **tur·baned** met 'n tulband
op, getulband.

**tur·bid** troebel(rig), modderig, vuil; *(fig.)* deurmekaar, ver-
ward. **tur·bi·dim·e·ter** troebelheidsmeter. **tur·bid·i·ty** troe-
belheid, vertroebeling, modderigheid.

**tur·bine** turbine. ~ **boat** turbineboot.

**tur·bo** *komb.vorm* turbo-. ~**charged** turboaangeja(ag); ~
*engine* turboaangejaagde enjin. ~**charger** turboaanjaer. ~**fan**
*(lugv.)* turbinewaaierenjin. ~**jet (engine)** turbinestraalenjin.
~**prop** skroefturbine. ~**prop aircraft** turbineskroef-, skroef-
turbinevliegtuig.

**tur·bu·lent** onstuimig, in beroering; rumoerig; woelig; op-
roerig, opstandig; *(lugv.)* stamperig, turbulent; ~ *past* veel-
bewoë verlede. **tur·bu·lence** onstuimigheid; woeligheid; woe-
ling, onrus, oproerigheid, opstandigheid; *(lugv.)* stamperig-
heid, turbulensie.

**turd** *(plat)* drol, mis, drek, kuttel, keutel; bliksem, wetter,
swernoot, lae lak/luis, (ou) sleg.

**tu·reen** sopkom.

**turf** *n.* (gras)sooi; turf(grond); grasbaan; *(infml.)* gebied, ter-
rein, sfeer; *the* ~ (perde)wedrenne. **turf** *ww.* met gras be-
plant; ~ *s.o. out, (infml.)* iem. uitsmyt/uitgooi. ~ **club** (wed)-
renklub. ~**man** *=men* renbaanliefhebber, wedrenentoesias.

**turf·y** sooierig, kwekerig; turfagtig.

**tur·gid** opgeswel; hoogdrawend, bombasties. **tur·gid·i·ty** (op)-
swelling, uitsetting; hoogdrawendheid, geswollenheid, bom-
basme.

**tur·gor** *(hoofs. bot.)* vog-, selwand-, weefselspanning; turgor.

**Tu·rin** *(geog.)* Turyn.

**Turk** *(lid v. 'n volk)* Turk. **Turk's head** Turkse knoop.

**Tur·key** *n., (geog.)* Turkye. **Tur·key** *adj.* Turks. ~ **red** turks-
rooi. ~**red oil** turksrooi olie, gesulfoneerde risinus-olie.

**tur·key** kalkoen; *(infml., hoofs. Am.)* misoes, fiasko; *(infml.)*
stommerik, mamparra, pampoen. ~ **cock** kalkoenmanne-
tjie; *(as) red as a* ~ bloedrooi, so rooi soos 'n kalkoen. ~ **hen**
kalkoenwyfie. ~ **poult** jong kalkoentjie.

**Turk·ish** *n., (taal)* Turks. **Turk·ish** *adj.* Turks; ~ *bath* Turkse
bad; *(ook, i.d. mv.)* Turkse badhuis; ~ *coffee* Turkse koffie; ~
*delight* Turkse lekkers.

**Turk·men** *=men(s),* **Tur·ko·man, Tur·co·man** *=man(s), n.,*
*(lid v. 'n volk)* Toerkmeen; *(taal)* Toerkmeens. **Turk·men,**
**Tur·ko·man, Tur·co·man** *adj.* Toerkmeens. **Turk·men·i-
stan** *(geog.)* Toerkmenistan.

**tur·mer·ic** *(spesery)* borrie; *(bot.)* kurkuma.

**tur·moil** beroering, gewoel, onrus; verwarring; opwinding;
gejaagdheid; rumoer; *be in (a)* ~ in beroering wees.

**turn** *n.* draai; kromming; keerpunt, kentering; om(me)keer,
om(me)swaai; swenk; omwenteling *(v. 'n wiel);* winding;

aard; aanleg; wandelinkie; toertjie; dans(ie), draaitjie; kans, beurt, geleentheid; slag; stuk werk; skok; *at* every ~ gereeld, om elke hoek (en draai); *at the* ~ *of the century* by die eeu= wisseling; *do s.o. a* **bad** ~ iem. 'n ondiens bewys; *put* ~ *on a* **ball** die bal laat draai/tol; *by* ~*s, in* ~ (al) om die beurt, beurtelings, beurt om beurt; na/agter mekaar; *they did s.t. by* ~*s* elkeen het sy/haar beurt gekry om iets te doen, hulle het iets om die beurt gedoen; *the* ~ *of the* **century/month/ year** die wisseling van die eeu/maand/jaar; *one good* ~ *de= serves another* as twee hande mekaar was, word albei skoon; *be* **done** *to a* ~, *(infml., vleis)* goed/reg *(of* net lekker) gaar wees; *get a* ~ 'n beurt/kans kry; *give s.o. a* ~ iem. 'n beurt/kans gee; *s.t.* **gives** *s.o. a* ~, *(infml.)* iets laat iem. skrik *(of* bring iem. van stryk [af] *of* maak iem. verbouereerd); *do s.o. a* **good** ~ iem. 'n guns/diens/vriendskap bewys, vir iem. 'n klip uit die pad rol; *a single* ~ *of the* **handle** net een draai van die slinger; *have a* ~ 'n beurt kry; *in* ~ →*by turns;* op iem. se beurt; *a* **(new)** ~ 'n wending; 'n kentering/keerpunt; *give a* **(new)** ~ *to s.t.* 'n wending aan iets gee; *be on the* ~, *(d. gety)* begin te keer/kenter; *(melk)* rens *(of* aan die suur word) wees; *(fig.)* op die keerpunt staan; *speak/talk out of (one's)* ~ uit jou beurt praat; ~ *of* **phrase** uitdrukkingswyse; *do a* **right-about** ~, *(lett. & fig.)* 'n regsomkeer maak; *a* ~ *in/of the* **road** 'n draai in die pad; *a* **sharp** ~ 'n kort/skielike draai; *have a fine* ~ *of* **speed** goeie vaart hê, oor goeie vaart beskik; *take a* ~ 'n beurt waarneem; 'n dansie doen; draai, om 'n draai gaan; *s.t.* **takes** *a* ~ iets neem 'n wending; *take a sud= den* ~ *(to the left/right)* skielik (links/regs) draai; *take (s.t. in)* ~*s, take* ~*s with s.t.* beurte maak, mekaar aflos/afwissel; *take a* ~ *for the better,* **take** *a favourable* ~ 'n gunstige wen= ding *(of* 'n wending ten goede) neem; *take a* ~ *for the worse,* **take** *a grave* ~ veel erger word, 'n ernstige wending neem; *it is s.o.'s* ~ *to* ... dit is iem. se beurt om te ...; *it is s.o.'s* ~ *to speak* dit is iem. se spreekbeurt; *wait one's* ~ jou beurt af= wag. **turn** *ww.* draai; laat draai; gaan; keer; wend; laat wend; afdraai, omkeer, omdraai; omspit, omwoel, (om)dolf, (om)dol(we); omploeg; oopdraai *('n kraan);* omgaan; om= blaai, omslaan; die deurslag gee; laat weggaan; laat omdraai; omtrek; verander; maak; suur maak/word; ~ *about* om= draai; ~ *against s.o.* jou teen iem. draai; *be* ~*ed against s.o.* teen iem. gekant wees; ~ *around/round* jou omdraai; van mening/opinie verander; 'n ander weg inslaan; omdraai, te= rugkom, =keer; ~ *s.t. around/round, (ook)* iets regruk, iets weer goed laat vertoon *('n maatskappy se resultate ens.);* ~ *aside* uit=, wegdraai; ~ *s.t.* **aside** iets afwend; iets uitkeer *(water);* ~ *away* wegdraai; wegloop, =stap; ~ *away from* ... jou van ... afwend; ~ *s.o.* **away** iem. wegstuur/wegja(ag); iem. wegwys; nie plek vir iem. hê nie; ~ *s.t.* **away** iets wegwys; iets van die hand wys; ~ **back** om=, terugdraai; terugkeer; ~ *s.o.* **back** iem. laat omdraai; iem. keer/voorkeer/terugdryf/ =drywe; ~ *s.t.* **back** iets omkeer; iets omslaan *(moue ens.); s.t.* ~*s down* iets vou om; iets klap af; ~ *s.t.* **down** iets omvou; iets afklap; iets afdraai; iets omkeer *('n kaart ens.);* iets af= wys/verwerp; iets van die hand wys; ~ **from** *s.t.* iets verlaat *(d. pad ens.);* van iets afstap *('n onderwerp);* ~ *s.o.* **away** weg= stuur; ~ **from** ..., *(ook)* van ... wegdraai; ~ **in,** *(infml.)* gaan lê/slaap, inkruip; *it is time to* ~ **in,** *(infml.)* dit is slaaptyd/sla= penstyd; ~ *s.o.* **in** iem. oorlewer; ~ *s.t.* **in** iets invou; iets oor= handig/indien/inlewer; ~ **in** *a good performance* (goed) pres= teer; ~ **in** *and out* kronkel, met draaie loop; ~ *s.t.* **inside out** iets omdop; iets deurmekaargooi; ~ **into** ... in ... verander; *('n pad)* in ... indraai; *s.t.* ~*s* **into** ... iets verander in ...; iets slaan oor in ... *(liefde in haat ens.);* ~ *s.t.* **into** ... iets in ... (laat) verander; iets in ... wegkeer; iets in ... oorsit/vertaal *('n taal);* ~ **left** links af gaan/loop/ry; ~ ... **loose** ... loslaat; ~ ... **off** af=, uit=, wegdraai; ~ *s.t.* **off** iets afkeer/aflei; iets afdraai/afsluit *(water ens.);* iets toedraai *('n kraan ens.);* iets afskakel *('n lig ens.);* ~ **on** *s.o.* iem. aanval; ~ *s.t.* **on** iets oopdraai/aandraai; iets aanskakel *('n lig ens.); the water is* ~*ed* **on** die kraan is oop, die water loop in; *s.t.* ~*s s.o.* **on,** *(infml.)*

iets prikkel iem.; ~ *out* buitekant toe draai; opdaag, ver= skyn, opkom; *(soldate)* aantree; *(spelers)* op die veld gaan; ~ *out badly* sleg misloop/uitval; *s.o.* ~*ed out badly, (ook)* daar het niks goeds van iem. gekom nie; ~ *out early* vroeg op wees; ~ *out well* sukses behaal; 'n goeie ... word *(dogter ens.);* geslaag(d) wees; goed afloop/uitval; *s.o.* ~*s out a ...* iem. word 'n ...; *as it* ~*ed out* op stuk van sake; ~ *out for* ... na ... uit= draai; vir ... speel/uitdraf *('n span);* ~ *out like this* hierop uitloop; *it* ~*s out that* ... dit blyk dat ... *(iem. nooit daar was nie ens.); s.t.* ~*s* *out to be false/etc.* dit blyk dat iets vals/ens. is; *it* ~*ed out to be* ... dit was toe ...; ~ *people out* mense weg= ja(ag)/uitja(ag); mense op straat gooi; ~ *s.t.* **out** iets omdop; iets omkeer/omdraai; iets lewer/maak/vervaardig; iets om= keer *(of* leeg skud) *(jou sakke ens.);* iets uitkeer *('n skottel);* iets aan die kant maak *('n kamer);* iets leegmaak *('n kamer);* ~ *over* omdraai; omslaan, omval, omkantel; ~ *s.o.* **over** *(to ...)* iem. (aan ...) oorgee/uitlewer; ~ *s.t.* **over** iets omgooi *(of* laat omval); iets oormaak; iets omwerk; iets omdolf/omdol= we *(grond);* ~ *(a page)* **over** omblaai, 'n blad omslaan *(in 'n boek); please* ~ *over, (afk.:*PTO) sien ommesy(de) *(afk.:*SOS), blaai om, omblaai; *(lett.)* draai asseblief om; *s.o.* ~*s* *over R... a week/etc.* iem. se weeklikse/ens. omset is R...; ~ *s.t.* **over** *to* ... iets aan ... oordra/oormaak; iets aan ... oorhandig; ~ *a matter* **over** *(and over) in one's mind* 'n saak goed oordink; ~ **right** regs af gaan/loop/ry; ~ **sour,** *(melk ens.)* suur word; ~ **tail,** *(infml.)* omspring en weghardloop; ~ *to* ... jou tot ... wend *(God ens.);* ... aanpak *(werk);* ~ *to s.o. for* ... jou tot iem. om ... wend *(raad ens.);* ~ *to* **page** ... kyk op bladsy ...; ~ **twenty/etc.** twintig/ens. word; ~ *up* opdaag, verskyn; te voorskyn kom; opklap; ~ *up at* ... by ... opdaag; ~ *up like a bad penny* onwelkom wees, ontydig opdaag; ~ *up unexpect= edly* onverwags opdaag; ~ *s.t.* **up** iets opspoor/vind, op iets afkom; iets naslaan/opslaan; iets opklap *('n tafelblad ens.);* iets uitploeg/uitspit/uitgrawe; iets omkeer *(grond ens.);* iets omslaan *(broekspype);* iets opslaan *('n kraag);* iets insit *('n soom);* iets opdraai *('n lamp);* ~ *upon s.o.* iem. aanval; *it* ~*s* **upon** ..., *(lett.)* dit draai op ...; *(fig.)* dit hang van ... af. **~about** om(me)keer. **~around** *time* heen-en-weer-tyd, omkeertyd. **~coat** oorloper, manteldraaier, tweegatjakkals. **~cock** *(teg.)* afsluiter, afsluitkraan. **~down** *n.* verwerping; klap in die gesig; daling. **~down** *adj. (attr.)* omslaan= *(kraag, boordjie).* **~key** *adj. (attr.)* sleutelklaar, wat gebruiksgereed *(of* gereed vir gebruik) is; kant en klaar; alles inbegrepe. ~= **off** afdraaipad; uitdraai=, afdraaiplek; *be/prove a* ~ *for s.o., (infml.)* iem. teen die bors stuit. ~**-on** *n., (infml.):* be *a* ~ op= windend wees; seksueel prikkelend wees; *sexual* ~ seksuele opwinding. **~out** bywoning, opkoms; deelname; voorkoms; werkstaking; uitrusting; produksie; *(spw.)* uitdraaispoor. **~over** →TURNOVER. **~pike** tolhek, tolboom; slagboom. **~round** om= draaiing, omwending *(in 'n dok);* omdraaiplek; heen-en= weer *(v. 'n skip);* heen-en-weer-tyd. **~stile** draaihek, =boom. **~stone** *(orn.)* steenloper. **~table** draaiskyf; skamel *(v. 'n wa);* draaibord; draaibrug, rangeerskyf; draaitafel *(v. 'n platespeler, mikrogolfoond, ens.).* **~table ladder, aerial ladder** draai=, ska= melleer *(op 'n brandweerwa).* **~-up** *n.* omslag, opslag; onver= wagte/verrassende gebeurtenis; twis, lawaai. **~-up** *adj.* om= slaan=, opstaan=, opgeslaan(de), omgeslaan(de) *(kraag ens.).*

**turn·er** tuimelaar(duif); panspaan; draaibankwerker, (kuns)= draaier; ~ *and fitter* monteurdraaier; ~ *and machinist* draaier= masjienwerker. **turn·er·y** draaiwerk; draaiery.

**turn·ing** draai; kruispad; (uit)draaiplek; vou, plooi; kronke= ling, draaiwerk; *(naaldw.)* inslag(gie); *(ook, i.d. mv.)* (af)draai= sels, metaalkrulle; houtkrulle. ~ **ball** draaibal. ~ **bay** draai= plek. ~ **circle** krinksirkel. ~ **joint** skarnier. ~ **moment** draai= moment. ~ **point** keerpunt, wendingspunt; *reach a* ~ ~, *('n oorlog ens.)* 'n keerpunt bereik. ~ **space** draaiplek.

**tur·nip** raap. ~ **tops** raaplowwe, =stele.

**turn·o·ver** (om)kanteling, omkering, (die) omslaan; *(han.)* omset; omslag, klap; handtertjie, pasteitjie. ~ **collar** om= slaankraag. ~ **table** klaptafel. ~ **tax** omsetbelasting.

**tur·pen·tine** *n.* terpentyn; *oil/spirit(s) of* ~ terpentynolie.
**tur·pen·tine** *ww.* terpentyn aansmeer. ~ **tree** *(Pistacia tere=binthus)* terpentynboom; *(Colophospermum mopane)* mopa=nie(boom), terpentynboom.

**tur·pi·tude** *(fml.)* gemeenheid, laagheid; *moral* ~ slegt(ig)=heid, verdorwenheid.

**turps** *(infml.)* = TURPENTINE *n.*.

**tur·quoise** *n., (siersteen)* turkoois; turkooiskleur, turkoois=blou; *South African* ~ amasonesteen, amasoniet. **tur·quoise** *adj.* turkoois(kleurig), turkooisblou; turkoois=, van turkoois; ~ *green* turkooisgroen.

**tur·ret** torinkie; skiet=, geskuttoring. ~ **cloud** toringwolk.

**tur·ret·ed** met torinkies, getoring; spits, toringvormig.

**tur·tle** *n.* (water)skilpad; *sea/marine* ~ seeskilpad; *turn* ~ om=slaan, omkantel, onderstebo val. ~**neck** rolhals *(v. 'n gebrei=de kledingstuk);* rolhalstrui. ~ **shell** skilpaddop.

**tur·tle·dove** *(orn.: Streptopelia spp.)* tortelduif; *(infml.)* soet=lief, tortelduifie; *Cape* ~ gewone tortelduif.

**Tus·ca·ny** *(geog.)* Toskane. **Tus·can** *n.* Toskaan; *(dial.)* Tos=kaans. **Tus·can** *adj.* Toskaans.

**tush**[1] *tw., (arg. of skerts.)* ag!, ba!.

**tush**[2] *n.* hoektand *(v. 'n perd/vark);* klein olifant(s)tand.

**tush**[3] *n., (<Jidd.,Am., infml.)* stert, agterstewe, sitvlak, agter=ent.

**tusk** slagtand; lang tand; olifant(s)tand. **tusked** met slag=tande. **tusk·er** (groot) dier met slagtande, (slag)tandolifant. **tusk·less** sonder slagtande; ~ *elephant* kaalkop olifant.

**tus·sle** *n.* gestoei, stoeiery, geworstel; bakleiery; stryd. **tus·sle** *ww.* stoei, worstel; baklei; ~ *with* ... met ... worstel *(pro=bleme ens.);* in 'n stryd met ... gewikkel wees.

**tus·sock** (gras)pol; graswalletjie; bossie, kuif. ~ **grass** pol=gras; stoelgras; vleigras, taaipol.

**tus·sore** tussah-vlinder; tussah-sywurm. ~ **(silk)worm** tus=sah-sywurm.

**tut** →TUT-TUT.

**tu·te·lage** bevoogding, voogdy(skap); *(jur.)* kuratele; min=derjarigheid, onmondigheid. **tu·te·lar·y** beskermend, beskerm=; ~ *angel* beskermengel; ~ *authority* gesag as voog; ~ *spirit* beskermgees.

**tu·tor** *n.* privaat/private onderwyser, leermeester; opleier; af=rigter, breier; dosent; studieleier; voog; tutor *(aan 'n Eng. univ.).* **tu·tor** *ww.* onderrig, leer, privaat les gee. **tu·tor·ship** leermeestersbetrekking; dosentskap; sorg; voogdyskap.

**tu·to·ri·al** *n.* groep=, brei=, studieklas, privaat/private klas; handleiding. **tu·to·ri·al** *adj.* groeps=.

**Tut·si** =si(s), *n., (lid v. 'n volk)* Tutsi.

**tut·ti** *(It., mus.)* tutti, almal (tegelyk). ~**-frutti** *(It. kookk.)* tutti-frutti, vrugteroomys.

**tut-tut, tut** *ww.* (simpatiek/bejammerend/spytig/ens.) met die/jou tong klik. **tut-tut, tut** *tw.* (ag) toe nou!, bog!.

**tu·tu** balletrokkie, tutu.

**tu-whit tu-whoo** *(onom.)* hoe-hoe *(v. 'n uil).*

**tux** *tuxes, (Am., infml., afk. v. tuxedo)* aandbaadjie; aandpak.

**tux·e·do** =do(e)s, *(hoofs. Am.)* dinee=, aand=, stompstertbaad=jie; formele aandpak.

**tu·yère** *(Fr.)* blaastuit, =pyp.

**TV** TV; *be on* ~ op die televisie/TV verskyn; *see s.t. on* ~ iets op die televisie/TV sien; *show s.t. on* ~ iets oor die televisie/TV uitsaai; *watch* ~ televisie/TV kyk.

**twad·dle** *(infml.)* geklets, gesanik, gebabbel, twak(praatjies).

**twang** *n.* snaarklank; neusklank; nasale tongval. **twang** *ww.* (laat) klink/tril; tokkel; deur die/jou neus praat. **twang·y** *adj.* nasaal *(iem. se stem ens.); sound* ~, *('n kitaar ens.)* twêngerig klink.

**twat** *(plat: vr. skaamdele)* poes, doos, kwak; *(plat, neerh.: verag=telike mens)* doos, poephol.

**tweak** *n.* knyp; draai; ruk, pluk; *(infml.)* fyn verstelling. **tweak** *ww.* knyp; draai; ruk, pluk; *(infml.)* 'n fyn verstelling doen *(aan);* ~ *s.o.'s nose* iem. in die gesig vat.

**twee** alte fyntjies/liefies.

**tweed** *(tekst.)* tweed; *(i.d. mv.)* tweedpak(ke); tweedklere. **tweed·y** *adj.* tweed=, van tweed; tweedagtig; in tweed ge=klee(d); *(infml.)* wat lief is vir die buitelug; welvarend en lewenslustig.

**twee·dle** kweel, (hoog) sing/fluit; flikflooi. **Twee·dle·dum and Twee·dle·dee** vinkel en koljander(, die een is soos die an=der).

**tweet** *n.* getjilp, getjirp. **tweet** *ww.* tjilp, tjirp. **tweet·er** hoë=toon=, diskantluidspreker.

**tweeze** *ww.* met 'n haartangetjie/pinset uittrek; met 'n do=ringtangetjie uittrek. **tweez·ers** *n. (mv.): (a pair of)* ~ 'n haar=tangetjie/pinset; 'n doringtangetjie; *two/etc. (pairs of)* ~ twee/ ens. haartangetjies/pinsette; twee/ens. doringtangetjies.

**twelfth** *n.* twaalfde (deel). **twelfth** *adj.* twaalfde. ~ **century** twaalfde-eeus. **T~ Day** *(Chr.)* Driekoningedag. ~ **man** *(kr.)* twaalfde man, reserwe(speler). **T~ Night** *(Chr.)* Driekoninge=aand.

**twelve** twaalf; *the T~ Apostles, (NT)* die Twaalf Apostels; *(geog.)* die Gewelberge; ~ *hours* twaalf uur; ~ *o'clock* twaalf-uur. ~**fold** *n.* twaalfvoud. ~**fold** *adj.* twaalfvoudig. ~**-sided** twaalfsydig, =kantig, =hoekig. ~**-tone** *adj. (attr.), (mus.)* twaalf=toon=, twaalftonige; ~ *music* twaalftoonmusiek, dodekafonie; ~ *scale* twaalftonige/duodesimale toonleer.

**twen·ti·eth** *n.* twintigste (deel). **twen·ti·eth** *adj.* twintig=ste; *the* ~ *century* die twintigste eeu. ~ **century** twintigste-eeus.

**twen·ty** twintig; *the twenties* die twintigerjare/twintigs *(v. 'n mens, eeu);* die jare twintig *(v. 'n eeu); be in one's twenties* in die twintig *(of* in jou twintigerjare/twintigs) wees. ~**-first** een-en-twintigste, een-en-twintigvoud. ~**fold** *n.* twintigvoud. ~**fold** *adj.* twintigvoudig. ~**-four-hour period** etmaal. ~**-twenty vi-sion, 20/20 vision** twintig-twintig-visie, 20/20-visie. ~**-two** *(rugby)* 22-meter-lyn.

**twerp, twirp** *(infml.)* bog(vent), nikswerd.

**twice** twee maal/keer; dubbel; ~ *a day* twee maal/keer per *(of* op 'n) dag; ~ *a month/week* twee maal/keer per *(of* in 'n) maand/week; *be* ~ *as big/etc.* dubbel so groot/ens. wees.

**twid·dle** *n.* draaitjie. **twid·dle** *ww.* draai, speel; ~ *one's thumbs* met jou duime speel; ~ *with s.t.* met iets speel. **twid·dly** *adj.* verwikkeld.

**twig**[1] *n.* takkie, lootjie, twyg(ie); waterwysstokkie; *as the* ~ *is bent, the tree is inclined* ('n) mens moet die boompie buig terwyl hy jonk is. ~ **insect** stokkiesduiwel, wandelende tak.

**twig**[2] =gg=, *ww., (infml.)* vat, snap, begryp.

**twigged** met takke/takkies.

**twig·gy** vol takkies, takkiesrig.

**twi·light** *n.* skemer(te), skemerlig, skemerdonker, halfdon=ker, skemeraand; vaagheid; *be in the* ~ *of one's career* in die beseringstyd van jou loopbaan wees. ~ **sleep** *(med.)* ske=merslaap; pynlose bevalling. ~ **zone** vervallende stadsge=bied; oorgangsgebied; skemergebied.

**twi·light·ed, twi·lit** skemerdonker, dof verlig.

**twill** *n., (ook twilled cloth)* keper(stof), gekeperde stof. **twill** *ww.* keper.

**twin** *n.* tweeling, tweelingbroer, =suster; dubbelganger, ewe=beeld; tweelingkristal; *(a pair of)* ~s 'n tweeling; *be* ~s 'n tweeling wees; *the (Heavenly) T~s, (astron.)* die Tweeling, Gemini. **twin** *adj.* tweeling=; dubbel; paar-paar. **twin** =*nn*=, *ww.* saamkoppel, pare vorm; 'n tweeling kry. ~ **beds** twee=lingbeddens, paar enkelbeddens. ~ **brother** tweelingbroer. **T~ Brothers/Brethren** *(astron.)* die Tweeling. ~**-cab** *adj. (attr.)* dubbelkajuit= *(bakkie ens.).* ~**-cam** *adj. (attr.)* dubbel=nokas= *(enjin ens.).* ~ **city** tweelingstad. ~**-cylinder engine**

tweesilinderenjin. ~ **heart** abba=, hulphart. ~-**screw (ves= sel)** dubbelskroefskip. ~-**set** tweelingstel, paarstel; tweeling= truie. ~ **sister** tweelingsuster. ~ **tub** dubbelbaliewasma= sjien.

**twine** *n.* (winkel)tou, dun tou; (bind)lyn, koord; twyn, bind= garing, =gare; seilgaring, =gare; kronkeling; warboel, verwar= de knoop; deureenstrengeling. **twine** *ww.* vleg, draai, twyn; strengel; ineendraai, =vleg; rank; ~ *about/round* omdraai, omvleg, omstrengel; ~*d yarn* twyngaring, =gare. **twin·er** rank=, slingerplant; twynmasjien. **twin·ing** slingerend; ~ *plant* slinger=, klim=, rankplant.

**twinge** *n.* steek(pyn), stekende pyn(tjie), stekie, pyntjie; *a ~ of conscience* gewetenswroeging. **twinge** *ww.* steek, 'n skerp pyn veroorsaak.

**twin·kle** *n.* oogknip; flikkering, flonkering, vonkeling, tinte= ling. **twin·kle** *ww.* flikker, vonkel, tintel; glinster; knip(oog). ~-**toed** *(infml.)* rats, vlugvoetig. **twin·kling** *n.* flikkering, flonkering, vonkeling, skittering; *in a ~, in the ~ of an eye* in 'n oogwink/oogwenk/kits.

**twin·ning** verdubbeling, tweelingvorming; afparing.

**twin·ship** tweelingskap.

**twirl** *n.* draai, krul. **twirl** *ww.* (in die rondte) draai, swaai; ~ *one's thumbs* met jou duime speel; ~ *up a moustache* 'n snor opstryk. **twirl·er** ronddraaier *(i.d. mv.)* valpasser.

**twist** *n.* draai(ing); wringing; ineendraaiing; omdraaiing; ver= draaiing; kinkel, kronkel(ing); slag; string, snoer, vlegsel; twynstof; vertrekking, verrekking; tou; seilgaring, =gare; ka= toengaring, =gare; roltabak; gedraaide broodjie; dermver= draaiing; rinkhals(dans); drankmengsel; *(infml.)* ongewone inslag, kinkel *(van/in 'n tema ens.); (infml.)* onverwagte wen= ding *(in 'n storie ens.); add a ~ to …, (infml.)* 'n ongewone/ onkonvensionele/anderste(r) trek/geur/kleur/ens. aan … gee/ verleen *(resep, toneelopvoering, ens.); give s.t. a ~* iets draai; iets verdraai *(woorde); be full of ~s and turns* vol (kinkels/ swaaie en) draaie wees; *have the ~ of the wrist* die slag hê. **twist** *ww.* draai, wring, vleg; kronkel; strengel; krul; om= draai; ineendraai; verdraai; verwring; vertrek, verrek *('n liga= ment ens.); (dans)* rinkhals; ~ *s.t.* **around/round** … iets om … draai; ~ *s.t.* **off** iets afdraai; ~ **out** uitdraai; ~ *with pain* van die pyn vertrek; ~ **up** inmekaardraai, inmekaar draai; op= krul; *get* ~*ed* **up** verstrengel *(of* ineengestrengel[d]) raak; ~ *one's* **way** *through the crowd* deur die gedrang vleg; ~ **words** woorde verdraai. ~ **drill** spiraalboor. ~ **loaf** gevlegte brood. ~ **yarn** wringgaring, =gare; kleurtwyngaring, =gare.

**twist·ed** *adj.* inmekaargedraai(de) *(koorde ens.);* krom *(bome ens.);* verrek(te) *(ligamente ens.);* verwronge *(verstand ens.).*

**twist·er** dwarsbalk; draaier, vlegter; krul=, draaibal; dwarrel=, warrelwind, draaistorm; draadklem, =tang; uitvlugsoeker, tweegatjakkals, manteldraaier; verdraaier.

**twist·ing** draaiing, wringing; draaiery. ~ **moment** wring=, torsiemoment.

**twist·y** =ier =iest, *adj.* kronkelend *(pad);* uitgeslape, skelm, slinks, geslepe *(iem.).*

**twit**[1] *n., (infml.)* bobbejaan, domkop, idioot. **twit·tish** *adj., (infml.)* skaapagtig, dom, onnosel, simpel.

**twit**[2] =*tt*=, *(infml.)* (be)spot, terg, pla; ~ *s.o.* *about/on/with* … iem. oor … terg *(sy/haar fiemies, smake, ens.).*

**twitch** *n.* trek, ruk; spiertrekking, senu(wee)trekking. **twitch** *ww.* trek, ruk; vertrek; stuiptrek. ~ **grass** kweek(gras).

**twitch·er** iem. wat senu(wee)trekkings het/kry; iem. wat ruk= kings/trekkings het/kry; *(infml.)* voëlkyker, =liefhebber, =en= toesias.

**twitch·y** =ier =iest, *adj.* senu(wee)agtig, op jou senuwees, gespanne; krieuwelrig, prikkelbaar; bewerig.

**twit·ter** *n.* getjilp, getjirp, gekwetter; gegiggel; trilling; *be all of a* ~, *(infml.)* senu(wee)agtig wees, die bewerasie hê. **twit·ter** *ww.* tjilp, tjirp, kwetter; bewe, tril; giggel. **twit·ter·y** *adj.* tjirpend, kwetterend; bewerig; giggelend.

**two** *twos* twee; ~ *and/by* ~, *by* ~*s* twee-twee, in pare; ~ *deep* twee agter mekaar; in twee geledere; *form* ~ *deep* tweë vorm; ~ *hours* twee uur; *cut/tear s.t. in* ~ iets middeldeur *(of* in twee) sny/skeur; *in* ~*s or threes* twee-twee of drie-drie; *know a thing or* ~ goed op (die) hoogte wees, ouer as tien/ twaalf wees; ~ *o'clock* tweeuur, twee-uur; ~ *to one* twee teen een; *one or* ~ *people* enkele mense; *put* ~ *and* ~ *together* gevolgtrekkings maak; *it takes* ~ *to …* twee is nodig om te …; ~ *of them/us/you* twee van hulle/ons/julle; *the* ~ *of them/us/you* hulle/ons/julle twee; *just the* ~ *of them/us/ you* net hulle/ons/julle twee; *do the work of* ~ *or three people* 'n paar mense se werk doen. ~-**bit** *adj. (attr.), (Am., infml.)* nikswerd; amateuragtige; middelmatige; oppervlakkige; on= belangrike; goedkoop, waardelose. ~-**by-four** balk met 'n deursnee van twee by vier duim. ~-**colour(ed)** tweekleurig. ~-**cylinder** *adj. (attr.)* tweesilinder= (enjin ens.). ~-**day,** ~ **days'** tweedaags. ~-**decker** tweedekker. ~-**dimensional** twee= dimensioneel. ~-**door** *adj. (attr.)* tweedeur= *(kas, motor, ens.).* ~-**edged** tweesnydend. ~-**engined** tweemotorig. ~-**faced** geveins, vals, onopreg, huigelagtig, tweegesig=; ~ *rogue, (ook, infml.)* tweegatjakkals. ~-**fisted** *adj.* met twee vuiste; wat met albei vuiste ewe goed kan boks; *(infml.)* onhandig; *(Am.)* kragtig, sterk, energiek; geesdriftig, entoesiasties; uitbundig; ~ *stroke, (tennis)* dubbelhandhou. ~-**fold** dubbel, tweevoudig. ~-**furrow plough** tweeskaar=, tweevoorploeg. ~-**handed** twee= handig; vir twee hande; tweepersoons=; ~ *backhand, (tennis)* dubbelhandrughou. ~-**handed saw,** ~-**man saw** treksaag. ~-**horse race:** *it's a* ~ ~, *(infml., sport, pol., ens.)* net twee van die deelnemers het 'n kans op oorwinning, dis 'n tweestryd. ~-**horse team** tweespan. ~-**legged** tweebenig, tweebeen=. ~-**man** *adj. (attr.)* tweepersoons=; tweeman=; vir twee (mense) *(pred.);* a ~ *crew* 'n bemanning van twee. ~-**minute silence:** *observe a* ~ ~ 'n stilte van twee minute handhaaf. ~-**monthly** tweemaandeliks. ~-**part** tweedelig, in twee dele; *(mus.)* twee= stemmig; vir twee rolle. ~-**pence, tuppence** *(Br., hist.)* twee pennies; *not care/give* ~, *(infml.)* 'n blou/dooie duit om= gee nie, vere voel; *not worth* ~, *(infml.)* niks werd nie. ~-**pen= ny** *adj., (Br., infml.)* goedkoop. ~-**percent milk** tweepersent= melk. ~-**phase** tweefasig. ~-**piece** *n.* tweestuk. ~-**piece** *adj.* tweestuk=. ~-**pin plug** *(elek.)* tweepenprop. ~-**pin socket** *(elek.)* tweepensok. ~-**ply** tweedraad=, dubbeldraad= *(wol);* tweelaag=, dubbellaag= *(hout).* ~-**roomed flat** tweekamer= woonstel. ~-**seater** tweesitplek=, tweepersoonsmotor, =vlieg= tuig, *ens..* ~-**sided** tweesydig. ~-**speed** met twee versnel= lings; ~ *motor* tweegangmotor. ~-**star** *adj. (attr.)* tweester= *(hotel ens.).* ~-**step** tweepas(dans). ~-**storey(ed) house,** *(Am.)* ~-**storied house** (dubbel)verdiepinghuis. ~-**stream policy** tweestroombeleid. ~-**stroke engine** tweeslagenjin. ~-**thirds majority** meerderheid van twee derdes, tweederdemeerder= heid. ~-**time** *adj.* dubbel. ~-**time** *ww.* verneuk, kul. ~-**timer** huigelaar, *(infml.)* tweegatjakkals. ~-**timing** *adj. (attr.):* ~ *hus= band/wife* man wat sy vrou *(of* vrou wat haar man) verneuk. ~-**tone(d)** tweekleurig. ~-**tongued** huigelagtig, onopreg, vals. ~-**volume** tweedelig, in twee dele. ~-**way** *adj. (attr.):* ~ *communication* wedersydse kommunikasie; ~ *mirror* twee= rigtingspieël; ~ *radio (set)* sendontvanger, sendontvang= (toe)stel; ~ *street* tweerigtingstraat; *be a* ~ *street, (infml.)* 'n kwessie van gee en neem wees, van twee kante af kom; ~ *switch, (elek.)* tweeweg=, alkantskakelaar; ~ *trade* wederke= rige handel; ~ *traffic* tweerigtingverkeer. ~-**wheeled** twee= wielig, tweewiel=. ~-**year-old** *n.* tweejarige (kind); tweejarige dier; twee jaar oud/ou(e) perd. ~-**year-old** *adj.* tweejarig.

**two·ness** tweeheid, dualiteit.

**two·some** paar, tweetal; twee=, dubbelspel; tweepersoons= dans.

**ty·coon** (geld)magnaat, geldbaas.

**ty·er, ti·er** binder, vasmaker.

**ty·ing** (die) (vas)bind/vasmaking; ~ *and dyeing* knoop-en= doop.

**tyke, tike** *(infml.)* rakker, karnallie.

**tym·pa·num** =*pana,* =*panums, (bouk.)* gewelveld, timpaan; *(anat.)* oortrommel, middeloor; *(anat.)* trommelvlies. **tym·pan**= **ic** trommel(vlies)=; ~ *bone* gehoorbeentjie; ~ *cavity* trommel= holte; ~ *membrane* trommel=, gehoorvlies; ~ *nerve* trommel= senuwee. **tym·pa·ni·tis** trommelvlies=, middeloorontsteking.

**type** *n.* tipe, soort; voorbeeld; sinnebeeld; (druk)letter; druk= grootte; *(druk.)* setsel; *the book is already in* ~ die boek is reeds geset; *printed in large* ~ in groot letter gedruk; *a rare* ~ *of* ... 'n seldsame soort/tipe ...; *revert to* ~ terugslaan; *people of that* ~ daardie klas mense. **type** *ww.* tipeer, as tipe/ voorbeeld dien; tik; ~ *s.t. in/out* iets in=/uittik; ~ *s.t. up* iets tik; iets netjies uittik. ~**cast** *ww.* net een soort rol gee *('n akteur).* ~**casting** *(druk.)* lettergiet(werk). ~**face** lettersoort, =tipe. ~ **letter** drukletter. ~ **line** letterlyn. ~ **page** bladspieël. ~**script** tikskrif; tikwerk. ~**set** =*tt=, ww., (druk.)* set. ~**setter** lettersetter; setmasjien. ~**setting** setwerk. ~ **site** *(argeol.)* hoof= vindplek. ~ **size** lettergrootte. ~ **species** tipesoort. ~ **spe**= **cimen** tipe-eksemplaar, tiperende monster. ~**writer** tikma= sjien. ~**written** getik.

**ty·phoid** *n., (med.)* buiktifus, ingewandskoors. **ty·phoid** *adj.* tifeus; ~ *fever* buiktifus; ~ *fly* huisvlieg.

**ty·phoon** tifoon.

**ty·phus** *(med.)* tifus(koors); luiskoors, vlektifus.

**typ·i·cal** tipies, tiperend, kenmerkend; tekenend; verteen= woordigend; *be* ~ *of* ... kenmerkend/tiperend/tipies vir/van ... wees, ... kenmerk/tipeer; tekenend van/vir ... wees. **typ·i**= **cal·ly** *adv.:* ~, *he/she* ... tipies van *(of* kenmerkend van/vir) hom/haar, het/was hy/sy ...

**typ·i·fy** tipeer, kenmerk; as tipe/voorbeeld dien, illustreer, teken. **typ·i·fi·ca·tion** tipering.

**typ·ing** tik(werk). ~ **error** tikfout.

**typ·ist** tikster, *(ml.)* tikker.

**ty·po** =*pos, (infml.)* tipografiese fout; setfout.

**ty·pog·ra·phy** tipografie; drukkuns; druk. **ty·pog·ra·pher** tipograaf, boekontwerper; (letter)setter; (boek)drukker. **ty·po**= **graph·ic** tipografies; ~ *art* drukkuns. **ty·po·graph·i·cal** tipo= grafies *(ontwerp ens.);* ~ *error* setfout.

**ty·pol·o·gy** tipologie. **ty·po·lo·gi·cal** tipologies.

**ty·ra·mine** *(biochem.)* tiramien.

**ty·ran·no·saur, ty·ran·no·saur·us** *(paleont.)* tiranno= sourus, tirannosouriër.

**tyr·an·ny** tirannie, dwingelandy, geweldenary; baasspelery; despotisme; wreedheid. **ty·ran·ni·cal** tiranniek. **ty·ran·ni·cide** tirannemoordenaar; tirannemoord. **tyr·an·nise,** =**nize** tiran= niseer, baasspeel oor; wreed behandel; soos 'n tiran regeer; ~ *(over) s.o.* iem. tiranniseer.

**ty·rant** tiran, onderdrukker, verdrukker, geweldenaar.

**tyre,** *(Am.)* **tire** buiteband; wielband; *a flat* ~ 'n pap band; *a spare* ~ 'n noodband *(of* ekstra band); *(infml., fig.)* 'n maag= wal(letjie). ~ **chain** wielketting. ~ **failure** bandbreuk. ~ **gauge,** ~**-pressure gauge** banddrukmeter. ~ **lever** bandligter. ~ **pressure** banddruk.

**ty·ro, ti·ro** =*ros* groentjie, beginner, nuweling.

**ty·ro·sine** *(biochem.)* tirosien.

**tzar** = TSAR.

**tzat·zi·ki** *(Gr. kookk.)* tzatziki.

**tzi·gane** (Hongaarse) sigeuner.

**Tzit·zi·kam·ma** = TSITSIKAMMA.

# Uu

**u** *u's, n. (21ste letter v.d. alfabet)* u; *little* ~ u'tjie; *small* ~ klein u.

**U** *U's, Us, n.* U; U-stuk; U-buis; U-keep; U-kram. ~-**bend** U-buiging; U-buigstuk *(in 'n pyp).* ~-**boat** *(hist.)* (Duitse) duikboot, U-boot. ~-**clamp** U-klamp. ~-**magnet** hoefmag= neet. ~-**shaped** U-vormig. ~-**turn** U-draai; *make a* ~ 'n U-draai maak.

**u·biq·ui·tous** alomteenwoordig; oral(s) te vinde. **u·biq·ui·ty, u·biq·ui·tous·ness** alomteenwoordigheid.

**u·bun·tu** *(SA: medemenslikheid)* ubuntu.

**ud·der** uier.

**u·fol·o·gy** studie van VVV's *(of vreemde vlieënde voorwer= pe).* **u·fol·o·gist** VVV-kenner, VVV-deskundige.

**U·gan·da** *(geog.)* Uganda. **U·gan·dan** *n. & adj.* Ugandees.

**ugh** *tw.* ga!; ba!; sies!.

**ug·li·fy** lelik maak, verlelik. **ug·li·fi·ca·tion** verleliking.

**ug·ly** lelik; onaansienlik; skandelik; naar; haatlik, laag, ge= meen; ~ **duckling** lelike eendjie; *make (~)* **faces** skewebek *(of* lelike gesigte) trek; *an* ~ **silence** 'n dreigende stilte; *(as)* ~ *as* **sin** so lelik soos die nag, skree(u)lelik, hondlelik, baie/ bitter/verskriklik lelik; *turn* ~, *('n skare)* 'n dreigende hou= ding aanneem; *(d. weer, 'n situasie, ens.)* dreigend word; ~ **weather** stormagtige/onaangename weer. **ug·li·ness** lelik= heid; onaansienlikheid; haatlikheid, gemeenheid.

**uh-huh** *tw., (infml.)* 'm, 'n, è.

**UHT** *(afk. v.* ultra heat treated*):* ~ *milk* UHT-melk, rakmelk.

**uit·land·er** *(Afr., hoofs. hist.)* uitlander.

**U·kraine:** *the* ~, *(geog.)* die Oekraïne. **U·krain·i·an** *n.* Oekraï= ner; *(taal)* Oekraïns. **U·krain·i·an** *adj.* Oekraïns.

**u·ku·le·le, u·ke·le·le** *(mus.)* ukulele, ukelele.

**ul·cer** ulkus, (oop) seer, sweer; *(fig.)* kanker, verrotte plek *(i.d. samelewing).* **ul·cer·ate** sere *(of* 'n seer/ulkus) vorm, ul= sereer, 'n sweer ontwikkel; *(fig.)* bederf. **ul·cer·a·tion** seer= vorming, ulserasie; ulkus, (oop) seer, sweer. **ul·cer·a·tive** seervormend, swerend. **ul·cer·ous** vol sere/swere; etterend.

**u·le·ma, u·le·ma, u·la·ma, u·la·ma** *(Islam: raad v. skrif= geleerdes of lid daarvan)* oelema, oelama.

**ul·na** *=nae, =nas, (anat.)* ellepyp, ulna. **ul·nar** ulnêr; ulna=, el= lepyp=; ~ *bone* ellepyp, ulna.

**Ul·ster** *(geog.)* Ulster. ~**man, ~woman** *=men, n.* inwoner/ boorling van Ulster, man/vrou van Ulsterse afkoms.

**ul·te·ri·or** aan die ander kant; verder, vêrder, later; bedek, heimlik, verborge; *from* ~ *motives* uit eiebelang/baatsug; *an* ~ *thought* 'n bygedagte.

**ul·ti·mate** *n.* grondbeginsel; uitkoms; slot; uiterste; *(fig.)* toppunt; *be the* ~ *in* ... die allernuutste ... wees. **ul·ti·mate** *adj.* uiteindelik, finaal, eind=, uiterste, laaste; fundamenteel, primêr; ~ *aim/object* einddoel; ~ *load* breek(punt)las; *pay the* ~ *price* die hoogste prys betaal, jou lewe opoffer; ~ *principle* grondbeginsel; ~ *resistance* breekweerstand, =vast= heid; ~ *strength* breekvastheid, =sterkte; ~ *stress* breek= spanning. **ul·ti·mate·ly** (uit)eindelik, op die (lange) duur, oplaas, ten slotte/laaste, laastens, per slot van rekening.

**ul·ti·ma·tum** *=matums, =mata* ultimatum, laaste eis; finale gevolgtrekking, eindbesluit; *deliver an* ~ 'n ultimatum stel; *present s.o. with an* ~ aan iem. 'n ultimatum stel.

**ul·tra** *n.* ekstremis, heethoof, ultra. **ul·tra** *adj.* ekstremisties, heethoofdig; ongemagtig.

**ul·tra·con·ser·va·tive** *adj.* aartskonserwatief, verkramp, reaksionêr.

**ul·tra·high** ultrahoog; ~ *frequency, (rad., afk.:* UHF*)* ultrahoë frekwensie.

**ul·tra·left** ver=, vêrlinks.

**ul·tra·ma·rine** *(kleur)* ultramaryn.

**ul·tra·mi·cro·scope** ultramikroskoop. **ul·tra·mi·cro·scop= ic** ultramikroskopies.

**ul·tra·right** *adj.* ver=, vêrregs. **ul·tra·right·ist** *n.* verregse, vêrregse.

**ul·tra·son·ic** ultrasonies, ultrasoon *(klank).*

**ul·tra·sound** *(med.)* ultraklank; ultrasoniese klankgolwe, ul= traklankgolwe. ~ *scan* ultraklankskandering, =aftasting. ~ **scanner** ultraklankskandeerder, =aftaster.

**ul·tra·vi·o·let** *(fis., afk.:* UV*)* ultraviolet; ~ *rays* ultraviolet= strale.

**ul·tra vi·res** *adj. (pred.) & adv., (Lat.)* ultra vires, buitemag= tig, buite iem. se bevoegdheid.

**ul·u·late** ululeer, weeklaag, jammer. **ul·u·la·tion** ululering, geweeklaag, gejammer.

**um** *tw.* hm, 'm.

**um·ber** *n.* omber, bergbruin; omber(kleur). **um·ber** *adj.* omberkleurig, omberbruin, donkerbruin.

**um·bil·i·cus** *=bilici, =bilicuses, (soöl.)* nael *(v. 'n skulp); (teg., anat.)* umbilikus. **um·bil·i·cal** nael=; ~ *cord* naelstring; ~ *her= nia/rupture* naelbreuk; ~ *region* naelstreek. **um·bil·i·cate** naelagtig; naelvormig.

**um·brage** aanstoot, belediging, ergernis; *give* ~ aanstoot gee, iem. vererg; *take* ~ *about/at s.t.* aanstoot neem aan iets, beledig voel deur iets, kwaad word *(of* jou erg[er]) oor iets.

**um·brel·la** sambreel; *under the* ~ *of* ... onder die seggen= skap/bewind/beskerming van ...; *unfurl an* ~ 'n sambreel oopmaak. ~ **organisation** oorkoepelende organisasie. ~ **pine** sambreel=, kroonden(neboom). ~-**shaped** sambreel= vormig. ~ **stand** sambreelstaander. ~ **thorn** haak-en-steek(-bos), withaak, sambreeldoring. ~ **tree** sambreel=, kiepersol=, nooiens=, waaiboom.

**um·brel·laed** met 'n sambreel.

**um·faan, um·faan, (u)m·fa·na** *(SA, Z.: seun; jongman)* oemfaan.

**Um·kho·nto we·Si·zwe** *n. (Xh.: d. Spies v.d. Nasie; voor= malige mil. vleuel v.d. ANC)* Umkhonto weSizwe.

**um·laut** *(D., ling.)* umlaut, vokaalwisseling, =assimilasie.

**umph** *tw.* hmf!, gmf!.

**um·pire** *n., (sport)* skeidsregter, *(infml.)* fluitjieblaser; arbiter, skeidsregter, eindbeslisser, skeidsregter; beoordelaar; ~ *(at arbitration), (jur.)* skeidsregter, eindbeslisser. **um·pire** *ww., (sport)* as skeidsregter optree; as beoordelaar optree.

**ump·teen** *bep., (infml.)* soveel, hoeveel; *I've told you* ~ *times, (infml.)* ek het jou al hocveel keer/maal gesê. **ump·teenth** soveelste, hoeveelste.

**(')un** *vnw., (infml.)* een; *a big/little* ~ 'n grote/kleintjie.

**un·a·bashed** onbeskaamd; onbeskroomd, vrymoedig, on= geërg. **un·a·bash·ed·ly** onbeskroomd, vrymoedig.

**un·a·bat·ed** onverminder(d), onverswak, onverflou.

**un·a·bat·ing** onverpoos, knaend.

**un·ab·bre·vi·at·ed** onverkort.

**un·a·ble** onbekwaam, nie in staat nie, nie by magte nie.

**un·a·bridged** onverkort, volledig.

**un·ac·cep·ta·ble** onaanneemlik, onaanvaarbaar; onwelkom, verwerplik.

**un·ac·com·mo·dat·ing** onvriendelik, ontoeskietlik, ontegemoetkomend, ontoegeeflik, oninskiklik, veeleisend.

**un·ac·com·pa·nied** alleen, onvergesel; *(mus.)* onbegeleid, sonder begeleiding.

**un·ac·com·plished** onuitgevoer(d), onvoltooi(d), onvolvoer; sonder talente.

**un·ac·count·a·ble** onverklaarbaar; onverantwoordbaar; onberekenbaar *(v. persone)*; nie verantwoordelik/aanspreeklik; ontoerekenbaar; nie rekenpligtig nie. **un·ac·count·a·bil·i·ty** onverklaarbaarheid; onverantwoordbaarheid.

**un·ac·count·ed** ~ *for, (faktore ens.)* nie in berekening gebring nie; *(feite ens.)* nie verklaar nie; *(iem.)* vermis.

**un·ac·cus·tomed** ongewoon(d); *be* ~ *to s.t.* ongewoond wees aan iets.

**un·a·chiev·a·ble** onbereikbaar; onuitvoerbaar; onbegonne *(taak)*.

**un·ac·knowl·edged** onerken(d); onbeantwoord.

**un·ac·quaint·ed:** *be* ~ *with s.t.* iets nie ken nie, met iets onbekend wees, nie met iets vertroud wees nie.

**un·ad·just·ed** onaangepas *('n syfer ens.)*.

**un·a·dul·ter·at·ed** onvervals, eg; suiwer, skoon.

**un·ad·ven·tur·ous** onavontuurlik; nie ondernemend nie; nie bereid om te eksperimenteer nie; oninspirerend.

**un·ad·ver·tised** ongeadverteer(d).

**un·ad·vis·a·ble** = INADVISABLE.

**un·ad·vised** = ILL-ADVISED.

**un·af·fect·ed** ongeaffekteer(d), ongekunsteld, ongedwonge, natuurlik, eg; onaangetas, nie geraak nie. **un·af·fect·ed·ness** ongedwongenheid; ongekunsteldheid, natuurlikheid.

**un·af·fil·i·at·ed** ongeaffilieer(d).

**un·af·ford·a·ble** onbekostigbaar.

**un·a·fraid** onbevrees, onverskrokke, onvervaard, nie bang nie.

**un·aid·ed** sonder hulp, alleen, selfstandig; *with the* ~ *eye* met die blote oog.

**un·a·ligned** onverbonde, afsydig.

**un·a·like** verskillend; anders; *be* ~ van mekaar verskil; verskillend lyk.

**un·al·lied** onverbonde, sonder bondgenote; nieverwant.

**un·al·loyed** onvermeng(d), suiwer, ongelegeerd *(metaal)*; volkome, volmaakte *(vreugde, genot, ens.)*.

**un·al·ter·a·ble** onveranderlik, vasstaande, vas, onherroeplik, onveranderbaar. **un·al·ter·a·bil·i·ty** onveranderlikheid.

**un·al·tered** onverander(d), ongewysig.

**un·am·big·u·ous** ondubbelsinnig, eenduidig, duidelik, helder. **un·am·big·u·ous·ness** ondubbelsinnigheid.

**un·am·bi·tious** sonder ambisie, nie eersugtig nie; slap, traag. **un·am·bi·tious·ness** gebrek aan ambisie; traagheid.

**un-A·mer·i·can** onamerikaans, in stryd met Amerikaanse gewoontes.

**un·a·mi·a·ble** onvriendelik, stug, stroef, stuurs, onaangenaam. **un·a·mi·a·bil·i·ty** onvriendelikheid, stugheid, stroefheid.

**un·am·pli·fied** onversterk; onvergroot.

**un·a·mused** ontevrede, ongelukkig; *be* ~ dit glad nie snaaks vind nie.

**un·a·mus·ing** onprettig, onvermaaklik, vervelend.

**un·an·a·lys·a·ble** onontleedbaar.

**u·nan·i·mous** eenparig, eenstemmig; eensgesind. **u·na·nim·i·ty** eenparigheid, eenstemmigheid, eensgesindheid; *reach* ~ *about s.t.* eenstemmigheid oor iets bereik. **u·nan·i·mous·ly** eenparig, eenstemmig, sonder teen-/teëstem; eensgesind.

**un·an·nounced** onaangekondig, onaangemeld; onverwag, nie bekend gemaak nie.

**un·an·swer·a·ble** onbeantwoordbaar; onweerlegbaar, onweerspreeklik, onteenseglik.

**un·an·swered** onbeantwoord; *go* ~ onbeantwoord bly; *leave a statement* ~ 'n bewering daar laat.

**un·an·tic·i·pat·ed** onvoorsien, onverwag.

**un·a·pol·o·get·ic** *adj.*, **un·a·pol·o·get·i·cal·ly** *adv.* onberouvol, onboetvaardig; dikvellig, hardvogtig, onbewoë, onverskillig.

**un·ap·peal·a·ble** *(jur.)* onvatbaar vir appèl.

**un·ap·peal·ing** onaantreklik.

**un·ap·peas·a·ble** onversoenlik; onbevredigbaar, onversadigbaar.

**un·ap·pe·tis·ing, -iz·ing** onaptytlik, onaantreklik, onsmaaklik.

**un·ap·pre·ci·at·ed** ongewaardeer(d), niegewaardeer(d), nie op prys gestel nie.

**un·ap·pre·ci·a·tive** niewaarderend, onwaarderend.

**un·ap·proach·a·ble** ontoeganklik; ongenaakbaar, stug.

**un·ap·pro·pri·at·ed** nie toegeëien nie, sonder baas; nie toegewys nie; nie vir 'n bepaalde doel bestem nie; ~ *profits* onverdeelde wins.

**un·ap·proved** nie goedgekeur nie, verwerp.

**un·ar·gu·a·ble** *adj.*, **-a·bly** *adv.* onbetwisbaar, onweerspreeklik, onweerlegbaar, onaanvegbaar, onteenseglik.

**un·armed** ongewapen(d); ontwapen(d); doringloos *(plant)*.

**un·ar·tic·u·lat·ed** ongeartikuleer(d), onduidelik; onverwoord.

**un·ar·tis·tic** = INARTISTIC.

**u·nar·y** eenledig, eenheids-.

**un·a·shamed** onbeskaamd; skaamteloos; onbeskroomd. **un·a·sham·ed·ly** onbeskaamd; skaamteloos; sonder skroom.

**un·asked** ongevraag(d), ongewens, onnodig; ongevra, ongenooi(d); op eie houtjie; ~ *question* niegestelde vraag; *s.t. was* ~ *for* iets was ongevraag *('n opmerking)*.

**un·as·sail·a·ble** onaantasbaar, onaanvegbaar; onweerlegbaar, onbetwisbaar.

**un·as·sim·i·lat·ed** ongeassimileer(d); onverwerk.

**un·as·sist·ed** sonder hulp, alleen.

**un·as·so·ci·at·ed** nieverwant *(onderwerpe ens.)*; *be* ~ *with ...* nie by ... betrokke wees nie; nie aan ... verbonde wees nie.

**un·as·sum·ing** beskeie, pretensieloos, nie aanmatigend nie. **un·as·sum·ing·ness** beskeidenheid, pretensieloosheid.

**un·at·tached** los, onverbonde; onafhanklik; nietoegevoeg; ongetroud; nie verloof nie; alleenlopend; alleenstaande; ~ *member* los lid, buitelid, eksterne lid; ~ *property* onverbonde/vrye eiendom.

**un·at·tain·a·ble** onbereikbaar.

**un·at·tend·ed** sonder toesig; onversorg; onbewaak; alleen; onbedien *('n masjien)*; *leave s.t.* ~ iets sonder toesig laat.

**un·at·test·ed** onbeëdig; sonder waarmerk; ongeattesteer, sonder attestasie.

**un·at·trac·tive** onaantreklik, onooglik, onaanloklik, onaardig. **un·at·trac·tive·ness** onaantreklikheid.

**un·at·trib·u·ta·ble** adj., **-ta·bly** *adv.* anoniem, ontoeskryfbaar, sonder toeskrywing.

**un·au·dit·ed** ongeouditeer(d) *(rekeninge ens.)*; ongekontroleer(d) *(uitslae ens.)*.

**un·au·then·tic** nie outentiek nie, oneg. **un·au·then·ti·cat·ed** ongestaaf; onbekragtig; onbevestig; nie gewaarborg nie; waarvan die egtheid betwyfel word.

**un·au·thor·ised,** =ized= onwettig; ongemagtig, ongeoor=
loof; onbevoeg; ~ *person* onbevoegde; *no* ~ *entry* geen toe=
gang sonder verlof (nie).

**un·a·vail·a·ble** onverkry(g)baar, onbekombaar, onbeskik=
baar. **un·a·vail·a·bil·i·ty** onverkry(g)baarheid.

**un·a·vail·ing** nutteloos, vergeefs, vrugteloos. **un·a·vail·ing·ly**
tevergeefs, vrugteloos.

**un·a·void·a·ble** onvermydelik, onafwendbaar; onvermybaar
*(uitgawes ens.)*. **un·a·void·a·bil·i·ty** onvermydelikheid.

**un·a·ware** onbewus, onwetend; *be* ~ *of s.t.* nie van iets weet
nie, van iets onbewus wees; *be blissfully* ~ *of s.t.* salig onbe=
wus wees van iets. **un·a·ware·ness** onbewustheid, onwe=
tendheid. **un·a·wares** *adv.* onverwags, skielik; onwetend;
*catch/take s.o.* ~ iem. verras; iem. oorval; onverwags met iets
op iem. afkom; iem. onverhoeds betrap; *be taken* ~ *by s.t.*
deur iets oorrompel/verras word *('n vraag)*; nie op iets be=
dag wees nie.

**un·backed** sonder hulp/steun; ongedek *(geldeenh.); an* ~
*horse* 'n perd waarop nie gewed is nie.

**un·bal·ance** onewewigtig maak, die ewewig verstoor; van
stryk maak/bring. **un·bal·anced** ongebalanseer(d); onafge=
slote *(rekening);* onewewigtig *(ontwikkeling); s.o.'s mind is* ~
iem. is nie by sy/haar volle verstand nie.

**un·ban** =nn= die verbod ophef *(op iets);* die inperking ophef
*(v. iem.).*

**un·bar** =rr= oopmaak, ontsluit, 'n/die versperring weghaal;
*(fig.)* oopstel, vrymaak.

**un·bear·a·ble** ondraaglik, on(uit)hou(d)baar, onuitstaan=
baar; *find s.t.* ~ iets ondraaglik vind.

**un·beat·a·ble** onoortreflik, onoortrefbaar; onoorwinlik; *be*
~ *at/in s.t.* onoorwinlik/onoortreflik wees in iets.

**un·beat·en** onoorwonne, (nog) nooit verslaan nie; onbe=
tree *(v. 'n pad);* ongeklits *(eiers).*

**un·be·com·ing** onvanpas, ongepas; onbehoorlik, onbe=
taamlik; onfatsoenlik; *behaviour* ~ *(to)* ... gedrag wat ... on=
waardig is; *clothes* ~ *to/for* ... klere ongepas vir ...; *s.t. is* ~
*to/of* ... iets pas (nie by) ... nie.

**un·be·known** onbekend; ~ *to s.o.* sonder iem. se medewete.

**un·be·lief** ongeloof; godloëning; ongelowigheid; *in* ~ onge=
lowig. **un·be·liev·a·ble** ongelooflik; ongeloofbaar. **un·be·
liev·er** ongelowige; godloënaar; twyfelaar. **un·be·liev·ing** on=
gelowig.

**un·bend** *unbent unbent* reguit maak *(bene); (infml.)* ontspan;
ontdooi; losknoop *(toue);* afhaal, =slaan *(seile);* aftuig; ont=
koppel, losskakel *('n anker).* **un·bend·a·ble** *(lett.)* onbuig=
baar; *(fig.)* onbuigsaam, onwrikbaar. **un·bend·ing** styf, stroef,
afsydig; ontoegeeflik, streng; onbuigsaam, onwrikbaar.

**un·bi·as(s)ed** onbevooroordeeld, onpartydig, onbevange.

**un·bib·li·cal** onbybels, onskriftuurlik.

**un·bid·den** ongevra(ag); ongenooi(d); spontaan, vanself,
uit eie beweging.

**un·bind** *unbound unbound, ww.* losmaak; loskry; bevry, vry=
laat, loslaat.

**un·bleached** ongebleik; ~ *cotton* ongebleikte katoen.

**un·blem·ished** onbevlek, vlek(ke)loos, onbesmet, skoon;
~ *reputation* vlekkelose/onaantasbare naam/reputasie.

**un·block** ontstop, die verstopping verwyder *(in 'n afvoerpyp
ens.); (med.)* die hindernis/versperring/obstruksie verwyder
*(in 'n bloedvat ens.);* weer op koers kry *(samesprekings ens.).*

**un·blush·ing** skaamteloos, onbeskaamd. **un·blush·ing·ly**
skaamteloos, sonder om te blik of te bloos.

**un·bolt** oopmaak; losskroef. **un·bolt·ed** ongesif *(meel ens.).*

**un·booked** onbespreek, ongereserveer(d).

**un·born** ongebore.

**un·bos·om** ontboesem, lug gee aan *(jou gevoelens);* →UN=
BURDEN; ~ *o.s.* jou hart uitpraat/=stort, *(infml.)* alles uitpak.

**un·both·ered** onbesorg, onbekommerd, ongeërg.

**un·bound** *(druk.)* ongebonde; los; nie gebonde/gebind nie.
**un·bound·ed** grens(e)loos, onbegrens, eindeloos.

**un·bowed** ongeboë, regop; ongebroke.

**un·brand·ed** sonder handelsmerk; ongebrand *(vee).*

**un·breach·a·ble** ondeurbreekbaar; onoorkombaar.

**un·break·a·ble** onbreekbaar; onlosmaaklik, onverbreeklik;
~ *code* onontsyferbare kode.

**un·bri·dled** *(lett.)* toomloos; *(fig.)* onbeteuel(d), ongebrei=
del(d), bandeloos; ~ *attack* onbeheersde/onbeheerste aan=
val.

**un-Brit·ish** onbrits.

**un·bro·ken** ongeskonde, heel; onafgebroke, ononderbroke;
ongestoord; ongetem, ongeleer(d), wild *(perde);* ongeskon=
de *('n kontrak);* deurlopend *(diens).*

**un·bun·dle** skei; ontbondel *('n mpy.).*

**un·bur·den** ontboesem, uitstort *(jou hart);* lug gee aan *(jou
gevoelens);* van 'n las bevry; →UNBOSOM. **un·bur·dened** *(ook)*
onbelas.

**un·burnt** ongebrand, onverbrand; ~ *brick* rousteen.

**un·busi·ness·like** onprofessioneel; onsaaklik; onsaakkun=
dig; onprakties.

**un·but·ton** los=, oopknoop.

**un·called** onopgevra, ongestort *(kapitaal);* onopgeroep, on=
opgevra, onopgevorder *('n lening);* onafgelos *('n obligasie).*
~-*for* onvanpas, onnodig, ongevraag; ongeregverdig; onge=
motiveer(d); onafgehaal, onopgevra *(goedere).*

**un·can·ny** geheimsinnig, onheilspellend, spookagtig, gril=
lerig, griesel(r)ig; bonatuurlik, buitengewoon; gevaarlik.

**un·cap** *ww.* oopmaak *('n bottel ens.);* verwyder, ophef *(perk
op rentekoerse ens.).* **un·capped:** ~ *player, (sport)* nuwe speler,
speler wat nog nie (sy/haar) nasionale kleure ontvang/gekry
het nie.

**un·cared:** ~ *for* onversorg, sorgbehoewend; verwaarloos.

**un·car·ing** liefdeloos, afsydig, onbelangstellend; onbesorg,
onbekommerd.

**un·catch·a·ble:** *be/look* ~ los voor wees.

**un·ceas·ing** voortdurend, aanhoudend, onophoudelik. **un·
ceas·ing·ly** *(ook)* heeldag en aldag.

**un·cel·e·brat·ed** ongevierd, onbekend *('n lewe ens.);* onge=
vier *('n geleentheid ens.).*

**un·cen·sored** ongesensureer(d).

**un·cer·e·mo·ni·ous** informeel; kortaf, onbeleef(d). **un·
cer·e·mo·ni·ous·ly** sonder omhaal/formaliteit(e), een-twee-
drie.

**un·cer·tain** onseker, twyfelagtig; onduidelik, vaag; veran=
derlik, wisselvallig; wispelturig, onbetroubaar; onbestendig,
onvas; *in no* ~ *terms* (baie) duidelik; reguit, sonder om te doe=
kies om te draai.

**un·cer·tain·ty** onsekerheid, twyfelagtigheid, veranderlik=
heid, wisselvalligheid; onbestendigheid, onbepaaldheid. ~
**principle** *(fis.)* onsekerheidsbeginsel.

**un·cer·ti·fied** ongesertifiseer(d); ongediplomeer(d).

**un·chain** losmaak; ontketen; ~*ed, (ook)* ongeboei(d).

**un·chal·lenge·a·ble** onaantasbaar.

**un·chal·lenged** onbestrede, onbetwis; ongehinder(d); *go/
pass* ~ nie voorgekeer word nie; sonder beswaar/protes ver=
bygaan.

**un·chal·leng·ing** *adj.* sonder uitdaging, wat geen uitda=
ging bied/inhou nie *(pred.).*

**un·change·a·ble** onveranderbaar.

**un·changed** onverander(d).

**un·chang·ing** *adj.* onveranderlik.

**un·char·ac·ter·is·tic:** *be* ~ *of* ... nie kenmerkend/karakte=
ristiek van *(of* eie aan) ... wees nie.

**un·charged** wat nog nie aangekla is nie *(pred.); (elek.)* son= der lading.

**un·char·i·ta·ble** harteloos, hard(vogtig), liefdeloos, onge= voelig.

**un·chart·ed** ongekarteer(d), ongekaart, nie in kaart ge= bring nie, sonder kaart; onbekend, onbetrede *('n streek);* on= bevare *(see).*

**un·chaste** onkuis. **un·chaste·ness, un·chas·ti·ty** onkuis= heid, ontug.

**un·checked** onbeteuel(d); ongebreidel(d); onbelemmer(d), ongehinder(d); ongekontroleer(d).

**un·chiv·al·rous** laag, gemeen.

**un·chris·tened** ongekersten; ongedoop.

**un·chris·tian** *adj.* onchristelik; nie-Christelik, niechristelik. **un·chris·tian·ly** *adv.* onchristelik.

**un·ci·al** *n.* unsiaal(letter); unsiaalskrif. **un·ci·al** *adj.* unsi= aal; ~ *letter* unsiaal(letter).

**un·cir·cum·cised** onbesnede; *the* ~ die onbesnedenes.

**un·civ·il** onbeleef(d), onvriendelik; onbeskof, ongemanierd.

**un·civ·i·lised, -ized** onbeskaaf, barbaars.

**un·clad** ongeklee(d).

**un·claimed** onopgevra(ag), onopgeëis; ~ *letter* onafgehaal= de brief.

**un·clasp** losgespe, oop-, losmaak.

**un·clas·si·fied** ongeklassifiseer(d), ongegroepeer(d); on= uitgesoek.

**un·cle** oom; *cry/say* ~, *(Am., infml.)* die stryd gewonne gee, jou oorgee. **U**~ Sam *(infml., skerts.: d.VS[A])* Uncle Sam.

**un·clean** onrein; vuil; onkuis; ~ *spirit* bose gees. **un·clean= li·ness** onsindelikheid. **un·clean·ly** onsindelik. **un·clean·ness** onreinheid; vuilheid; onkuisheid.

**un·clear** *(fig.)* onduidelik. **un·cleared** onverreken *(geld);* on= geklaar *(vrag).*

**un·clog** -gg- oop-, skoonmaak.

**un·clothed** uitgetrek, ontklee(d); ongeklee(d).

**un·clut·ter·ed** netjies, ordelik, sonder rommel; onbevange *(gees).*

**un·coil** los-, afdraai, afrol.

**un·col·lect·ed** onafgehaal *(goedere);* onopgevra *(skuld ens.);* nie versamel nie; nie ingevorder(d) nie; verward, verboue= reerd.

**un·col·oured** ongekleur(d); kleurloos; onoordrewe, onop= gesmuk.

**un·combed** ongekam(d), deurmekaar.

**un·com·bined** onverbonde, onverbind.

**un·come·at·able** *(infml.)* onbereikbaar, ontoeganklik; on= bekombaar.

**un·com·fort·a·ble** ongemaklik, ongerieflik; ontuis, verleë, nie op jou gemak nie.

**un·com·mer·cial** sonder handelsgees, onkommersieel, nie= handeldrywend; teen *(of* in stryd met) die handelsgebruike/ =gewoontes.

**un·com·mit·ted** ongebonde, onverbonde, vry; onsydig, on= gekompromitteer(d).

**un·com·mon** ongewoon, buitengewoon; ongebruiklik, seld= saam. **un·com·mon·ly** buitengewoon, besonder, uitermate. **un·com·mon·ness** ongewoonheid, ongebruiklikheid.

**un·com·mu·ni·ca·tive** stil, swygsaam, gereserveer(d), te= rughoudend, teruggetrokke. **un·com·mu·ni·ca·tive·ness** swygsaamheid; teruggetrokkenheid.

**un·com·plain·ing** gelate.

**un·com·plet·ed** onvoltooi(d), onafgehandel(d), ongedaan.

**un·com·pli·cat·ed** ongekompliseer(d); eenvoudig; nie in= gewikkeld nie.

**un·com·pli·men·ta·ry** beledigend, neerhalend, onbeleef(d).

**un·com·pre·hend·ing** begriploos; onbegrypend; onbe= gryplik.

**un·com·pro·mis·ing** onbuigsaam, onversetlik, ontoegeef= lik; vasberade; beginselvas, kompromisloos. **un·com·pro= mis·ing·ness** onbuigsaamheid; beginselvastheid.

**un·con·cealed** openlik, onverborge, onverbloem(d); ope, oop.

**un·con·cern** *n.* onverskilligheid, ongevoeligheid, traak-my-nieagtigheid; ongeërgdheid, onbekommerdheid, kalmte, be= daardheid. **un·con·cerned** onverskillig; onbesorg, ongeërg, (hout)gerus, ewe gerus, traak-my-nieagtig; *be quite* ~ *about s.t.* jou iets glad nie aantrek nie.

**un·con·di·tion·al** onvoorwaardelik, sonder voorbehoud. **un·con·di·tioned** *adj., (psig.)* ongekondisioneer(d), natuur= lik, instinktief; *(metafis.)* onvoorwaardelik, absoluut, onbe= perk; ~ *reflex* ongekondisioneerde refleks; ~ *response* onge= kondisioneerde reaksie/respons.

**un·con·firmed** onbevestig, onbekragtig; ongestaaf; nie aan= geneem nie *(i.d. kerk).*

**un·con·form·a·ble** ongelykvormig; strydig, uiteenlopend; ongelyklopend, onewewydig; ~ *to* ... onbestaanbaar/onver= soenbaar/onverenigbaar met ...

**un·con·form·i·ty** ongelykvormigheid; strydigheid; onbe= staanbaarheid *(met); (geol.)* diskordansie.

**un·con·nect·ed** onsamehangend, los (van mekaar), son= der verband; alleenlopend, los, sonder familie; *the two things are* ~ die twee sake het niks met mekaar te doen nie; *... is* ~ *with ...* daar is geen verband tussen ... en ... nie.

**un·con·quer·a·ble** onoorwinlik, onoorwinbaar.

**un·con·quered** onoorwonne.

**un·con·scion·a·ble** onredelik, glad onbillik; oordrewe; on= menslik.

**un·con·scious** *n.: the* ~ die onbewuste. **un·con·scious** *adj.* onbewus, onwetend; bewusteloos; katswink, buite wes= te; *be* ~ *of s.t.* iets nie weet nie, van iets nie bewus wees nie. **un·con·scious·ly** onbewus; onwetend, onbedoel(d), onop= setlik.

**un·con·sid·er·ed** veron(t)agsaam, buite rekening gelaat; ondeurdag; onbelangrik.

**un·con·sol·a·ble** = INCONSOLABLE.

**un·con·sti·tu·tion·al** onkonstitusioneel, inkonstitusioneel, ongrondwetlik, onwettig.

**un·con·strained** ongedwonge, vry(willig); spontaan, na= tuurlik, onbevange.

**un·con·tain·a·ble** onbedwingbaar, onbeteuelbaar; onstuit= baar.

**un·con·tam·i·nat·ed** skoon, onbevlek, onbesmet.

**un·con·ten·tious** onbetwisbaar, onaanvegbaar; onomstre= de.

**un·con·test·ed** onbetwis, onbestrede; onomstrede.

**un·con·tra·dict·ed** nie weerspreek nie; nie teenstrydig nie; onbetwis; *an* ~ *assertion* 'n onweerlegde bewering.

**un·con·trived** natuurlik, ongekunsteld; spontaan, onge= dwonge.

**un·con·trol·la·ble** onbeheerbaar, onkeerbaar, wild, woes, onregeerbaar; onkontroleerbaar; onbedaarlik. **un·con·trol= la·bil·i·ty** onbedwingbaarheid, wildheid, woestheid.

**un·con·trolled** onbeteuel(d), onbelemmer(d); bandeloos; ongebreidel(d); teuelloos; onbeheer(d); ongekontroleer(d).

**un·con·tro·ver·sial** onomstrede.

**un·con·ven·tion·al** vry, natuurlik, onkonvensioneel, son= der pligpleginge/formaliteit(e); ongewoon, onkonvensioneel. **un·con·ven·tion·al·i·ty** natuurlikheid, gebrek aan formali= teit; ongewoonheid.

**un·con·vert·ed** onbekeer(d); ~ *try, (rugby)* onverdoelde drie.

**un·con·vict·ed** onveroordeel(d).

**un·con·vinced** onoortuig.

**un·con·vinc·ing** onoortuigend.

**un·cooked** rou, ongekook.

**un·cool** *(sl.)* flou, power, nie koel/kief nie.

**un·co·op·er·a·tive** ontoeskietlik, ontegemoetkomend.

**un·co·or·di·nat·ed** ongekoördineer(d).

**un·cork** ontkurk, die prop uittrek, oopmaak *('n bottel);* lug gee aan *(gevoelens).*

**un·cor·rect·ed** ongekorrigeer(d).

**un·cor·rob·o·rat·ed** onbevestig, ongestaaf.

**un·cor·rupt·ed** onbedorwe; onskuldig, rein.

**un·count·a·ble** ontelbaar, talloos; *(ling.)* nietelbaar.

**un·count·ed** ongetel(d); ontelbaar, talloos.

**un·cou·ple** los=, afkoppel, losmaak; ontkoppel; losskakel; af= haak *('n spoorwa).*

**un·couth** onbeskaaf(d), ongepoets, onbeskof, ongeskik.

**un·cov·er** oopmaak; blootlê; ontbloot; ~ *(one's head)* jou hoed afhaal. **un·cov·ered** oop, bloot, kaal, onbedek; ongedek; on= verseker(d).

**un·cre·a·tive** *adj.* onkreatief, verbeeldingloos, sonder spran= kel.

**un·cred·it·ed** onerken(d).

**un·crit·i·cal** onkrities; kritiekloos; ongefundeer(d); *be* ~ *of* ... onkrities wees/staan teenoor ...

**un·cross:** ~ *one's legs* jou bene langs mekaar sit/plaas. **un· crossed** ongekruis; ongehinderd, vry, onbelemmer(d); ~ *cheque* ongekruiste tjek.

**un·crowd·ed** taamlik leeg/verlate.

**un·crown** ontkroon, van die kroon beroof. **un·crowned** nog nie gekroon nie, ongekroon(d); ontkroon(d).

**un·crush·a·ble** kreukelvry, =werend, onkreukelbaar.

**unc·tion** *(RK)* salwing; balseming; salf; balsem; olie; vleiery. **unc·tu·ous** salwend; selfvoldaan; vleiend; olierig, vetterig; galsterig. **unc·tu·ous·ness** salwing; selfvoldaanheid; vleie= righeid; olierigheid, vetterigheid.

**un·cul·ti·vat·ed** onbewerk, onbebou(d); onontgin; onont= wikkel(d); onbeskaaf(d).

**un·cul·tured** onverfyn(d); onbeskaaf(d); onontwikkel(d); onbeskaaf(d); kultuurloos.

**un·curbed** ongetem, onbeteuel(d).

**un·cured** ongenees; ongerook; ongesout.

**un·curl** die krulle uithaal; losdraai, reguit/glad maak. **un· curled** *(ook)* ongekrul.

**un·cur·tained** sonder 'n gordyn *(of gordyne).*

**un·cut** ongesny; ongeknip; ongesnoei; ongeslyp; onverkort, volledig; onverminder(d).

**un·dam·aged** onbeskadig; ongeskonde.

**un·dat·ed** ongedateer(d), sonder datum; *('n publikasie)* son= der jaartal.

**un·daunt·ed** onverskrokke, onbevrees; nie ontmoedig/af= geskrik nie; *be* ~ *by* ... nie deur ... afgeskrik word nie. **un· daunt·ed·ness** onverskrokkenheid, onbevreesdheid.

**un·dead** *n.: the* ~ die ondooies. **un·dead** *adj.* ondood.

**un·de·ceive** ontnugter. **un·de·cep·tion** ontnugtering.

**un·de·cid·ed** onbeslis; onbesleg; besluiteloos; ~ *question* onuitgemaakte saak.

**un·de·ci·pher·a·ble** onontsyferbaar, onleesbaar.

**un·de·clared** onverklaar(d); onvermeld, versweë.

**un·dec·o·rated** onversier(d).

**un·de·feat·ed** onoorwonne, onverslaan.

**un·de·fend·a·ble** *(mil.)* onverdedigbaar *('n grens ens.).*

**un·de·fend·ed** onverdedig, weerloos, onbeskerm(d); ~ *ac= tion/case* onverdedigde/onbestrede saak.

**un·de·fin·a·ble** ondefinieerbaar.

**un·de·fined** ongedefinieer(d); onskerp *('n beeld).*

**un·de·liv·er·a·ble** onbestelbaar, onaflewerbaar.

**un·de·liv·ered** onafgelewer(d); nie verlos nie.

**un·de·mand·ing** nie veeleisend nie.

**un·dem·o·crat·ic** ondemokraties.

**un·de·mon·stra·tive** kalm, bedaard, gereserveer(d).

**un·de·ni·a·ble** onteenseglik, onbetwisbaar, onweerspreek= lik, onmiskenbaar.

**un·dent·ed** ongeduik, sonder duike *('n motor ens.);* *(fig.)* on= aangetas.

**un·der** *adv.* onder, onderkant. **un·der** *prep.* onder, benede; *be* ~ *the age of* ... onder die ouderdom van ... wees; ~ *arms* gewapen(d); ~ *Dr X* onder behandeling van dr. X; *the total falls/is* ~ *what was expected* die totaal is benede die verwag= ting *(of* laer/kleiner as wat die verwagting was); ~ *lock and key* agter slot en grendel; ~ *nineteen/etc.* onder negentien/ ens.; ~ *R100* onder *(of* vir minder as) R100; *right* ~ ... reg onder ...; ~ *s.o.'s will* volgens/ingevolge/kragtens iem. se tes= tament. **un·der** *pref.* onder=. ~**achieve** onderpresteer. ~**act** *(teat.)* onderspeel. ~**age** minderjarig; te jonk. ~**arm** onder die arm; *(sport)* onderhands, onderdeur; ~ *bowling, (kr.)* on= derhandse boulwerk. ~**baked** nie deurgebak nie. ~**belly** buik *(v. 'n dier); the soft* ~ *of* ... die kwesbaarste deel van ... ~**bid** =dd=; =bid =bid =bid onderbie, laer bie as; te min bie; minder vra as; laer noteer as. ~**body** =bodies buik *(v. 'n dier);* onder= bak *(v. 'n voertuig).* ~**capitalise, =ize** *ww.* onderkapitaliseer. ~**capitalised, =ized** *adj.* ondergekapitaliseer(d). ~**carriage** landingstoestel *(v. 'n vliegtuig); (mot.)* onderstel. ~**charge** onderdebiteer; onderbereken, te min laat betaal; onderlaai, te swak laai. ~**class** die laere stand, laer klas(se); onder=, subklas, ondergeskikte klas. ~**clay** *(mynb.)* vloergrond, wor= telbodem. ~**coat** onder=, grondlaag *(verf);* onderbaadjie. ~**coating** onderlaag. ~**cook** te kort kook; ~**ed** halfgaar. ~**cover** onderdak=; klandestien, geheim; ~ *agent* geheime agent. ~**croft** gewelfkelder. ~**current** onderstroom; *(fig.)* onderstroming. ~**cut** *n.* ondersnyding; insnyding; terugtol=; trutolhou; filet, onderlendestuk. ~**cut** =cut =cut, *ww.* wegsny; (onder) insny; uitkalwe(r); laer prys, pryse verlaag/vermin= der; goedkoper verkoop/werk as; onderbie; onderkruip; 'n terugtol=/trutolhou speel/slaan. ~**developed** *(ook fot.)* on= derontwikkel(d); swak ontwikkel(d), agterlik; ~ *country* on= derontwikkelde land; ontwikkelingsland. ~**dog** verdrukte, onderdrukte; lydende party; niegunsteling, (seker) verloor= der. ~**done** halfgaar, rouerig. ~**dress** *ww.* jou te dun *(of* te eenvoudig) aantrek. ~**educated** swak opgevoed; onvol= doende geleerd. ~**emphasise, =size** onderbeklemtoon. ~**em= ployed** onderbeset. ~**employment** onderindiensneming; onderbesetting. ~**estimate, ~estimation** *n.* onderberaming, te lae raming; onderskatting; geringskatting. ~**estimate** *ww.* onderberaam, te laag beraam; onderskat, te laag skat/aan= slaan; te laag begroot; geringskat, te gering ag. ~**expose** onderbelig, te kort belig *(foto).* ~**fed** ondervoed, uitgehon= ger(d). ~**financed** gebrekkig gefinansier. ~**fives** *n. (mv.)* ondervyfs, kinders onder vyf (jaar). ~**floor** *adj. (attr.)* on= dervloerse *(verwarming ens.).* ~**flow** *(lett., fig.)* onderstroom. ~**foot** onder die/jou voet(e); ondergronds; in die pad; *tread s.t.* ~ *(or under foot), (fig.)* iets vertrap/onderdruk *(regte ens.); trample s.t.* ~ *(or under foot)* iets met die/jou voete vertrap; *be trampled* ~ *(or under foot)* vertrap word. ~**frame** onderstel. ~**fund** *ww.* onderbefonds. ~**fur, ~coat** donshare. ~**garment** stuk onderklere. ~**gird** *ww.* aan die onderkant versterk; on= dersteun, =skraag, sterk. ~**glaze** *n.* onderglasuur. ~**go** =went =gone ondergaan; deurstaan, uitstaan, ly. ~**graduate,** *(infml.)* ~**grad** *n.* voorgraadse student. ~**graduate** *adj.* voorgraads. ~**ground** *n.* ondergrond; ondergrondse beweging/organi= sasie; metro, ondergrondse trein, mol=, tonneltrein. ~**ground** *adj.* onderaards, =gronds; geheim, heimlik, klandestien; ~ *movement* ondergrondse/geheime beweging; ~ *resistance* heimlike verset. ~**ground** *adv.* onder die grond, onder=

gronds; in die geheim, stilletjies, agteraf, heimlik; *go* ~, *(lett.)* onder die grond gaan; in 'n myn afgaan; *(fig.)* wegkruip, in die geheim *(of* ondergronds) begin werk. **~growth** kreupel=, onderhout, struikgewas, ruigte; onvolgroeidheid. **~hand** *adj.* agterbaks, slinks, onderduims; geniepsig; heimlik, be= dek; *(sport)* = UNDERARM; ~ *contract/will* onderhandse kon= trak/testament; ~ *dealing* skelmstreek; ~ *service* onderhand= se afslaan. **~hand** *adv.* agteraf, stilletjies, heimlik, in die ge= heim, onderlangs; *(sport)* onderhands; *throw* ~, *(ook)* onder= deur gooi. **~-insured** onderverseker(d). **~lay** *n.* onderleg= sel; onderlêer; vloergrond; ondermatras. **~lay** =laid =laid, *ww.* stut, steun. **~let** =tt=, =let =let onder die waarde verhuur; onderverhuur; onderhuur. **~lie** =lay =lain lê onder; lê ten grondslag aan; →UNDERLYING. **~line** *n.* onderstreping; buik= lyn *(v. 'n dier).* **~line** *ww.* (lett. & fig.) onderstreep; ~ *s.t. heavily, (lett. & fig.)* iets dik onderstreep; *(fig.)* iets sterk be= nadruk/beklemtoon. **~lip** onderlip. **~lying** onderliggend; fundamenteel, grond= *(oorsaak, gedagte, ens.);* →UNDERLIE; ~ *meaning* werklike betekenis. **~manned** onderbeman(d). **~mentioned** onderstaande, =genoem(d), =gemeld. **~mine** *(lett.)* ondermyn, =grawe; uitgrawe, =kalwe(r); *(fig.)* onder= grawe, =myn *(gesag).* **~-nineteen team** ondernegentienspan, onder-19-span, o.19-span. **~nourish** ondervoed; ~*ed* on= dervoed. **~paid** *adj.* onderbetaal(d), sleg betaal(d); te laag besoldig, onderbesoldig. **~pants** *n. (mv.)* onderbroek. **~part** onderste (deel), onderkant; onderdeel; *(teat.)* byrol, onder= geskikte rol. **~pass** duikweg. **~pay** =paid =paid te min betaal; te laag besoldig. **~payment** onderbetaling, =besoldiging, onvoldoende betaling/besoldiging. **~perform** onderpresteer; swakker as ... presteer. **~pin** =nn= (onder)stut. **~plant** *ww.: ~ a tree with ... ...* onder 'n boom plant. **~play** *(teat.)* onder= speel; 'n laer kaart speel; te laag skat/aanslaan. **~plot** *(liter.)* ondergeskikte handeling/intrige; geheime plan. **~populated** onderbevolk. **~powered** nie kragtig genoeg nie. **~prepared** swak voorberei(d). **~price** *ww.* te min *(of* 'n te lae prys) vra; 'n laer prys vra as. **~privileged** minderbevoorreg. **~produce** te min produseer, onderproduseer; ~*d, (ook, filmk. ens.)* on= afgewerk. **~production** onderproduksie. **~quote** 'n laer prys opgee; onderbie, laer noteer as. **~rate** onderskat; te laag waardeer/skat/aanslaan. **~report** *ww.* onderrapporteer; ~*ed* ondergerapporteer(d). **~represented** onderverteenwoordig. **~score** onderstreep. **~sea** *adj.* ondersees. **~sea, ~seas** *adv.* onder die see. **~secretary** ondersekretaris; *(Br.)* onder= minister. **~sell** =sold =sold goedkoper verkoop/wees *(of* 'n laer prys vra) as; onder die prys/waarde verkoop; te min verkoop. **~set** *n.* onderstroom; onderliggende ertsaar. **~set** =set =set, *ww.* (onder)stut. **~sexed** seksueel onontwikkel(d) *(of* swak ontwikkel[d]). **~sheet** onderlaken. **~shirt** onder= hemp. **~shoot** =shot =shot kort skiet. **~shot** vooruitstekend; uitsteek= *(ken ens).* **~side** onderkant; ondersy. **~signed:** *the* ~ ondergetekende(s). **~sized** ondermaats, (te) klein, onder normaal. **~skirt** onderrok; halfonderrok. **~slung** onderhan= gend, onder aangebring; ~ *engine* hangmotor. **~spend** *ww.* te min bestee *(aan gesondheid ens.);* onderbestee. **~spending** *n.* onderbesteding. **~staffed** nie met min personeel. **~staff= ing** personeeltekort. **~stairs** *adj. (attr.)* onder die/'n trap. **~stand** →UNDERSTAND. **~state** onderbeklemtoon; onvol= doende weergee; nie alles meedeel nie; verklein, versag, sag stel; gedemp skryf/skrywe. **~statement** onderskatting, ver= kleining, versagting; onderbeklemtoning; gedemptheid; ge= dempte styl; onvolledige opgawe; onvoldoende beskrywing/ uiteensetting; *that is an* ~ dit is sag gestel. **~steer** *n., (mot.)* stuurtraagheid. **~steer** *ww., (mot.)* traag stuur. **~stock** on= voldoende bevoorraad, te min voorraad inkoop/-kry; te min vee hê/aanhou. **~storey** *(ekol.)* onderbos. **~strung** (te) slap gespan. **~study** *n.* (plaas)vervanger; *(teat.)* instaan=, dub= belspeler. **~study** *ww.* instudeer *('n rol);* vervang *('n akteur);* vir iem. waarneem. **~subscribed** onvolteken(d), =skryf. **~sur= face** ondervlak. **~take** →UNDERTAKE. **~-the-counter** *adj. (attr.)* onwettige, ongeoorloofde *(betaling ens.);* verbode *(tyd=*

skrif *ens).* **~things** *n. (mv.)* onderklere. **~tint** sagte tint. **~tone** *n.* grondtoon; fluisterstem, gedempte stem; gedemp= te toon, ondertoon; dowwe tint; *(fig.)* onderstroming; on= dertoon; *in an* ~ met 'n fluisterstem. **~tow** terugtrekkende onderstroom. **~trained** met onvoldoende opleiding, wat nie goed genoeg opgelei is nie, onderopgelei; sonder die nodige ervaring. **~use, ~utilisation, =zation** *n.* onderbenutting; swak gebruik. **~use, ~utilise, =lize** *ww.* onderbenut, nie ten volle benut nie; swak gebruik. **~valuation** onderskatting; onder= waardasie, =waardering, te lae waardering. **~value** onder= skat, te laag aanslaan; onderwaardeer, te laag waardeer. **~vest** onderhemp. **~water** onder (die) water; ondersees; onderwater= *(kamera ens).* **~wear** onderklere; *change one's* ~ skoon onderklere aantrek. **~weight** *adj.* te lig, ondergewig. **~wing** agtervlerk *(v. 'n insek).* **~wired** *adj.* met draad onder= steun; *an* ~ *bra* 'n draadondersteunde bra, 'n bra met steundraad. **~wood** kreupelhout, struikgewas, ruigte; onder= hout, opslag. **~world** onderwêreld, dode=, skimmeryk; boe= we=, onderwêreld. **~write** →UNDERWRITE.

**un·der·ling** handlanger, ondergeskikte, trawant.

**un·der·most** onderste; laagste.

**un·der·neath** *n.* onderkant, onderste. **un·der·neath** *adv.* onder, onderkant. **un·der·neath** *prep.* onder, benede.

**un·der·stand** =stood =stood verstaan, begryp; verneem, hoor; →UNDERSTOOD; *bring/get s.o. to* ~ *s.t.* iem. iets aan die verstand bring; *what do you* ~ *by ...?* wat verstaan jy onder ...?; ~ *each other* (or *one another)* mekaar verstaan; *fail to* ~ *s.t.* iets nie verstaan nie; iets is vir jou duister; ~ *from s.o. that ...* van iem. verneem/verstaan dat ..., iem. so begryp *(of* uit iem. se woorde aflei) dat ...; *get s.o. to* ~ *s.t.* →*bring/get; give s.o. to* ~ *that ...* iem. laat verstaan *(of* onder die indruk bring) dat ...; *now* ~ *me!* verstaan my nou goed/mooi!; ~ *one another* →*each other; be quick to* ~ vinnig/vlug/snel van begrip wees; *quite* ~ *s.t.* iets (ten volle) begryp; ~ *that ...* begryp/verstaan dat ...; verneem dat ...; *I* ~ *that it is ..., (ook)* dit is glo ...; *do I* (or *am I to)* ~ *that ...?* moet ek aan= neem *(of* daaruit aflei) dat ...?; *not* ~ *a thing about s.t.* niks *(of* geen snars) van iets verstaan nie. **un·der·stand·a·ble** verstaanbaar, begryplik; *it is* ~ *that ...* dit is te begrype dat ... **un·der·stand·a·bly** begryplikerwys(e). **un·der·stand·ing** *n.* verstandhouding, ooreenkoms; skikking; insig, begrip; interpretasie, mening, opvatting; afspraak; *come to an* ~ tot 'n verstandhouding kom; *on the distinct* ~ *that ...* op die uitdruklike voorwaarde dat ...; *they have an* ~ hulle het 'n verstandhouding; *s.o.'s* ~ *of s.t.* iem. se begrip van/vir *(of* insig in) iets; *on the* ~ *that ...* op voorwaarde *(of* met/onder die verstandhouding) dat ...; *on this* ~ op dié voorwaarde; *s.t. passes s.o.'s* ~ iets gaan iem. se verstand te bowe; *slow of* ~, *(iem.)* toe; *slowness of* ~ stadige begrip; *without* ~, *(iem.)* sonder verstand. **un·der·stand·ing** *adj.* intelligent, verstan= dig; begrypend, simpatiek.

**un·der·stood** *adj.* (wel) te verstaan; vanselfsprekend; stil= swyend ooreengekom; *that is* ~ dit spreek vanself; dit word stilswyend aangeneem; *it is* ~ *that ...* daar word verneem dat ..., volgens berig ...; *make o.s.* ~ jou verstaanbaar maak; *I* ~ *you to say* ... my indruk was dat jy gesê het ... **un·der·stood** *ww. (verl.t.)* het verstaan/begryp; →UNDER= STAND.

**un·der·take** =took =taken onderneem; aanneem; aanpak, aanvat; beloof, belowe; ~ *to do s.t.* onderneem/beloof/belo= we *(of* jou verbind) om iets te doen; ~ *s.t.* iets onderneem, iets op jou neem. **un·der·tak·er** (begrafnis)ondernemer, lykbesorger. **un·der·tak·ing** onderneming; verbintenis, vas= te belofte, verpligting; lykbesorging; ~ *business* begrafnis= onderneming; *give s.o. an* ~ aan iem. 'n belofte doen/maak; *a hazardous* ~ 'n waagstuk; *run an* ~ 'n saak (be)dryf.

**un·der·whelm** *(skerts.)* nie juis beïndruk nie, koud laat.

**un·der·write, un·der·write** =wrote =written onder(aan) skryf/skrywe; onderskryf, =skrywe, steun; waarborg, onder=

skryf, =skrywe *(aandele);* verseker, verassureer; herverseker; keur, beoordeel, takseer; akkoord gaan (met). **un·der·writ·er** onderskrywer; versekeraar; takseerder; keurder, beoorde= laar. **un·der·writ·ing, un·der·writ·ing** onderskrywing; waar= borg; versekering, assuransie.

**un·de·served** onverdien(d). **un·de·serv·ed·ly** onverdien(d). **un·de·serv·ing** onwaardig, onverdienstelik; *be ~ of* ... geen ... verdien nie *(lof, medelye, ens.).*

**un·de·signed** onbedoel(d), onopsetlik. **un·de·sign·ed·ly** onbedoel(d), onopsetlik.

**un·de·sir·a·ble** *n.* ongewenste/ongewensde (persoon). **un· de·sir·a·ble** *adj.* ongewens; onwenslik; onbegeerlik; on= verkieslik. **un·de·sir·a·bil·i·ty, un·de·sir·a·ble·ness** ongewenst= heid; onwenslikheid.

**un·de·sired** onbegeer(d), ongevra(ag), ongewens, onwel= kom.

**un·de·sir·ous** *(fml.)* onbegerig; *be ~ of* ... nie ... begeer/ver= lang/wens nie.

**un·de·tect·a·ble** onopspoorbaar, onvindbaar; onwaar= neembaar, onbespeurbaar.

**un·de·tect·ed** onontdek, geheim, verborge.

**un·de·ter·mined** onbeslis, onbepaald, onseker, onuitge= maak; onbestem(d), nie vasgestel nie.

**un·de·terred** onverskrokke; nie ontmoedig nie, nie afge= skrik nie; *be ~ by* ... nie deur ... afgeskrik wees nie.

**un·de·vel·oped** onontwikkel(d); onontgonne, onontgin; agterlik.

**un·di·ag·nosed** ongediagnoseer(d).

**un·dies** *n. (mv.), (infml.)* onderklere.

**un·dif·fer·en·ti·at·ed** ongedifferensieer(d); amorf.

**un·di·gest·ed** onverteer(d) *(kos);* verward, onbekook; on= verwerk, ongeassimileer(d) *(inligting).*

**un·dig·ni·fied** onwaardig, sonder waardigheid; *s.o.'s attitude was rather ~* iem. se houding het nie juis met sy/haar waar= digheid gestrook nie.

**un·di·lut·ed** onverdun(d); onvermeng(d).

**un·di·min·ished** onverminder(d); onverswak.

**un·dip·lo·mat·ic** ondiplomatiek; ondiplomaties, ontakties, taktloos.

**un·dis·cern·ing** onkrities, niekieskeurig; onoordeelkun= dig, kortsigtig.

**un·dis·charged** onafgevuur *('n geweer);* onafbetaal(d), on= gedelg, onafgelos *('n lening);* nie ontslaan nie *('n werker);* nie vrygespreek nie; onafgelaai *('n vrag).*

**un·dis·ci·plined** ongedissiplineer(d); onbestraf; onbeheers(t), onbeheers(d).

**un·dis·closed** onvermeld, ongeopenbaar(d), versweë *(in= komste ens.);* ongenoem.

**un·dis·cov·ered** onontdek.

**un·dis·crim·i·nat·ing** onkrities; onoordeelkundig; nie dis= kriminerend nie. **un·dis·crim·i·nat·ing·ly** voor die voet.

**un·dis·cussed** onbespreek; *remain* (or *be left) ~* onbe= spreek bly *(of* gelaat word); *an ~ topic* 'n onderwerp waar= oor nie gepraat word nie.

**un·dis·guised** onvermom, sonder vermomming; openhar= tig, opreg; onverbloem(d), onbewimpel(d), openlik.

**un·dis·put·ed** onbetwis, onbestrede.

**un·dis·solved** onopgelos; nie ontbind nie.

**un·dis·tin·guished** onaansienlik, onbeduidend, onbelang= rik.

**un·dis·tort·ed** onverwronge, onverdraai(d).

**un·dis·trib·ut·ed** onverdeel(d) *(reserwes);* nie uitgedeel nie; onuitgekeer, nie uitgekeer nie *(wins).*

**un·dis·turbed** ongehinder(d), ongesteur(d), ongestoor(d); onversteurd, rustig, bedaard, kalm, onbewoë, onaangedaan; roerloos, stil *(water);* *~ ground* ongerepte grond; onbetrede

terrein; *leave s.t. ~* iets ongehinderd/ongesteur(d)/onge= stoor(d) laat; *~ use* ongesteurde/ongestoorde gebruik.

**un·di·vid·ed** onverdeel(d), geheel; *~ profits* winssaldo, on= verdeelde wins.

**un·do** *=did =done* losmaak, =knoop, oopmaak; ongedaan maak, tot niet maak; goedmaak, herstel; verwoes, bederwe; *(rek.: d. laaste opdrag kanselleer)* ongedaan maak; *~ a wrong* 'n onreg herstel. **un·do·ing** ondergang, val, verderf; vernietiging; (die) losmaak/oopmaak; *s.t. is* (or *leads to) s.o.'s ~* iets gee iem. 'n nekslag, iets bewerk iem. se ondergang, iets laat iem. te gronde gaan. **un·done** ongedaan, onverrig, onuitgevoer(d); los(gemaak); *be ~,* *(lett.)* los(gemaak) wees; *(fig.)* verlore/ geruïneer(d) wees; *come ~* losgaan, los raak; *leave s.t. ~* iets ongedaan laat; *s.t. is left ~* iets bly agterweë.

**un·doc·u·men·ted** ongedokumenteer(d); *(Am.)* ongestaaf *(beskuldigings ens.); (immigrante, vreemde werkers, ens.)* sonder die nodige dokumente.

**un·do·mes·ti·cat·ed** wild, ongetem(d); onhuislik.

**un·doubt·a·bly** ongetwyfeld, sonder (enige) twyfel, klaar= blyklik, inderdaad, kennelik, onteenseglik.

**un·doubt·ed** ongetwyfeld, ontwyfelbaar, onbetwis, onaan= getas. **un·doubt·ed·ly** ongetwyfeld, sonder twyfel, gewis, wis en seker.

**un·dreamed, un·dreamt** ongedroom(d); *~ of* ongehoord, ongekend; *things ~ of* dinge waarvan mens nie gedroom het nie.

**un·dress** *n.* naaktheid; informele klere; *~ (uniform)* klein tenue; *in a state of ~* ongeklee(d), kaal, naak, nakend. **un· dress** *ww.* ontklee, uittrek; 'n verband afhaal; *~ s.o. of* ... iem. ontdoen van ... **un·dressed** uitgetrek, ontklee(d); onaan= getrek, ongeklee(d); onverbind *('n wond);* ru, skurf; sonder sous *(slaai, vleis, ens.); get ~* jou (klere) uittrek, (jou) ontklee.

**un·due** buitensporig *(gevaar, risiko, ens.);* oormatig, oordre= we, onredelik; onbehoorlik; nog nie verval nie, onverval *(skuld); exert ~ influence on s.o., (jur.)* iem. onbehoorlik beïn= vloed; *~ preference* onbehoorlike voorkeur. **un·du·ly** oorma= tig, uitermate, te erg, alte veel, oordrewe; ten onregte.

**un·du·late** *ww.* golf; onduleer, laat golf. **un·du·lat·ed** *adj.* golwend, gegolf; *~ sheet* gegolfde plaat, golfplaat. **un·du· lat·ing** golwend, gegolf; *~ motion* golfbeweging; *~ terrain* golwende terrein. **un·du·la·tion** golwing, deining, styging en daling, golwende beweging, golf(beweging); undulasie.

**un·dy·ing** onsterflik, onverganklik, ewig.

**un·earned** onverdien(d); *~ income* onverdiende inkomste; stille/arbeidlose inkomste; vooruitontvange inkomste; *~ in= crement* toevallige waardevermeerdering.

**un·earth** opgrawe, uitgrawe, uitspit, uithaal; opdiep, aan die lig bring, openbaar maak; opspoor; opja(ag) *(wild).* **un· earthed** *(elek.)* ongeaard. **un·earth·ly** bonatuurlik, boaards, spookagtig, geheimsinnig, griesel(r)ig; skrikwekkend; *at an ~ hour* op 'n onmoontlike uur.

**un·ease** onrus.

**un·eas·y** ongemaklik; onrustig; ongerus, besorg, beangs; verontrus; ontuis, nie op jou gemak nie; gespanne; *belfeel ~ about* ... ongerus oor ..., wees/voel, jou oor ... ongerus maak; *seem ~* nie gerus *(of* op jou gemak) lyk nie. **un·eas·i·ness** besorgdheid, ongerustheid; onrustigheid, verontrusting; on= gemaklikheid, onbehaaglikheid; *cause ~* onrus wek; *cause ~ to s.o.* iem. ongerus maak.

**un·e·co·nom·ic** onlonend, onvoordelig; onekonomies, ver= kwistend. **un·e·co·nom·i·cal** onekonomies, verkwistend.

**un·ed·it·ed** ongeredigeer(d).

**un·ed·u·ca·ble** onopvoedbaar, onleerbaar.

**un·ed·u·cat·ed** onopgevoed, ongeletterd; onontwikkeld.

**un·em·bar·rassed** onbelemmer(d), ongehinder(d); vry= (moedig); op jou gemak, nie verleë nie; onbeswaard, los, vry *(v. skuld); an ~ attitude* 'n onbevange houding.

**un·em·bel·lished** onopgesmuk, onversier(d), on(op)ge= tooi(d).

**un·e·mo·tion·al** nie emosioneel nie, sonder gevoel; onbe= woë, gelykmoedig, onaandoenlik.

**un·em·ploy·a·ble** onbruikbaar; ongeskik (vir werk).

**un·em·ployed** werkloos, sonder werk; ongebruik, onbeset; *the* ~ die werkloses.

**un·em·ploy·ment** werkloosheid. ~ **benefit/pay** werkloos= heidsuitkering, =toelae, =toelaag. ~ **fund** werkloosheids= fonds. ~ **insurance** werkloosheidsversekering. ~ **level** werk= loosheidsvlak, omvang van werkloosheid. ~ **rate** werkloos= heidskoers, werkloosheidsyfer.

**un·en·cum·bered** onbeswaar(d), onbelas; vry, los.

**un·end·ing** eindeloos, oneindig, sonder einde.

**un·en·dur·a·ble** ondraaglik, on(uit)hou(d)baar; onuit= staanbaar *(v. mense)*.

**un·en·force·a·ble** onuitvoerbaar; onafdwingbaar. **un·en= force·a·bil·i·ty** onuitvoerbaarheid *(v. 'n wet)*.

**un·en·fran·chised** nie stemgeregtig nie, sonder stem= (reg).

**un·en·joy·a·ble** nie lekker nie.

**un·en·light·ened** onverlig; onkundig, oningelig; ongeleerd.

**un·en·ter·pris·ing** sonder ondernemingsgees/inisiatief, fut= loos.

**un·en·thu·si·as·tic** sonder geesdrif, onentoesiasties, flou, dooierig, lou; *be* ~ *about s.t.* langtand aan iets vat, weinig lus hê/voel/wees vir iets.

**un·en·vi·a·ble** onbenydenswaardig, onbenybaar.

**un·e·qual** ongelyk, onegalig, verskillend; *be* ~ *to a task* nie vir 'n taak opgewasse wees nie, nie mans genoeg vir 'n werk wees nie; ~ *pulse* onreëlmatige pols(slag). **un·e·qualled** on= geëwenaar(d), weergaloos, onvergelyklik, sonder gelyke.

**un·e·quiv·o·cal** ondubbelsinnig, onomwonde. **un·e·quiv= o·cal·ly** ondubbelsinnig, onmiskenbaar.

**un·err·ing** onfeilbaar, nimmer falend; feilloos; trefseker.

**un·eth·i·cal** oneties.

**un·e·ven** ongelyk, oneffe, ru, grof *(oppervlak)*; onegalig *(kleur)*; onreëlmatig *(asemhaling ens.)*; wisselvallig *(pryse ens.)*; ongelykmatig *(humeur ens.)*; onvas *(stem)*; onewe *(getal)*. **un= e·ven·ness** ongelykheid; onegaligheid; onreëlmatigheid; wis= selvalligheid.

**un·e·vent·ful** stil, rustig, onbewoë; onbelangrik; *an* ~ *year/ etc.* 'n jaar/ens. waarin nie veel *(of* niks belangriks) gebeur het nie.

**un·ex·am·ined** nie geëksamineer nie; nie nagesien nie; nie ondersoek nie.

**un·ex·cep·tion·al** nie buitengewoon nie; doodgewoon.

**un·ex·cit·ing** vervelend, saai, nie opwindend nie.

**un·ex·pec·ted** onverwag, onvoorsien, onverhoeds, skielik, plotseling. **un·ex·pect·ed·ly** onverwags, onverhoeds, skielik, plotseling, eensklaps, onvoorsiens. **un·ex·pect·ed·ness** on= verwagtheid.

**un·ex·pired** nie om/verstreke nie; oorblywend; onverstreke, lopend *(versekering)*; onvervalle *(polis)*; ~ *value* oorblywende waarde, nawaarde.

**un·ex·plain·a·ble** onverklaarbaar.

**un·ex·plained** onverklaar(d), sonder verklaring, onopge= helder(d); onverantwoord.

**un·ex·plod·ed** onontplof.

**un·ex·plored** onbekend, nie nagevors nie, nie ondersoek nie.

**un·ex·posed** beskut, beskerm, nie blootgestel nie; onbelig.

**un·ex·pressed** onuitgesproke, versweë, onuitgedruk; on= gesê.

**un·ex·pur·gat·ed** ongekuis, ongesuiwer *('n boek)*.

**un·fad·ing** kleurvas, kleurhoudend; onverwelklik.

**un·fail·ing** onfeilbaar; onuitputlik; getrou, gewis, seker.

**un·fair** onbillik, onredelik, onregverdig; oneerlik, skelm; par= tydig; ~ *argument* onbillike argument; ~ *competition* on= behoorlike/onbillike mededinging; ~ *dismissal* onregver= dige/onbillike/onregmatige afdanking/ontslag; *get s.t. by* ~ **means** iets op 'n oneerlike manier kry.

**un·faith·ful** ontrou, oneerlik, vals, afvallig; *be* ~ *to* ... aan ... ontrou wees; *become* ~ *to s.t., (ook)* van iets afvallig raak/ word *('n party ens.)*. **un·faith·ful·ness** ontrou(heid), vals= heid, afvalligheid; *s.o.'s* ~ *to* ... iem. se ontrou aan ...

**un·fal·ter·ing** onwankelbaar, onwrikbaar, vas, standvastig; sonder hapering, glad.

**un·fa·mil·iar** onbekend, vreemd, ongewoon(d); *be* ~ *with s.t.* met iets onbekend/onvertroud wees; aan iets ongewoond wees. **un·fa·mil·i·ar·i·ty** ongewoondheid *(aan);* onvertroud= heid, onbekendheid *(met)*.

**un·fash·ion·a·ble** nie na die mode nie, ouderwets, oud= modies.

**un·fas·ten** losmaak; losknoop. **un·fas·tened** los; oop; losge= maak; losgeknoop; *come* ~ losgaan, los raak.

**un·fath·om·a·ble** onpeilbaar, ondeurgrondelik.

**un·fath·omed** onmeetlik; ondeurgrond.

**un·fa·vour·a·ble,** *(Am.)* **un·fa·vor·a·ble** ongunstig.

**un·fazed** *(infml.)* koelkop, (hout/dood)gerus, (dood)rustig, =kalm, (ewe) ongeërg/bedaard; *be* ~ *by s.t.* nie deur iets van stryk (af) gebring word nie.

**un·feel·ing** ongevoelig, gevoelloos, liefdeloos, harteloos.

**un·fem·i·nine** onvroulik.

**un·fenced** onomhein(d), nie omhein nie; onbeskerm(d), onbeskut.

**un·fer·ti·lised, ·lized** onbevrug *(eier);* onbemes *(grond)*.

**un·fet·ter** ontboei, van boeie bevry; ontketen, loslaat, vry= maak. **un·fet·tered** ongeboei(d); vry, ongebonde, onbelem= mer(d).

**un·filled** ongevul(d); ~ *need* onvervulde behoefte.

**un·fil·tered** ongefiltreer(d); ongesuiwer; nie deurgesyg nie; filterloos *('n sigaret)*.

**un·fin·ished** onafgehandel(d); onvoltooi(d); nie klaar nie; onafgewerk, onafgerond. **un·fin·ished·ness** onvoltooidheid; onafgewerktheid, onafgerondheid; onklaarheid.

**un·fit** *adj.* onbekwaam, ongeskik; onbevoeg; ongepas; nie gesond nie; *(sport)* onfiks; *be* ~ *for s.t.* ongeskik wees vir iets, nie vir iets deug nie. **un·fit·ness** ongeskiktheid, ongepast= heid; ongesondheid. **un·fit·ted** ongeskik, onbekwaam; nie ingerig/uitgerus/toegerus nie. **un·fit·ting** ongepas, onvanpas; *it is* ~, *(ook)* dit pas nie.

**un·fixed** los; nie vasgestel nie *(datum);* onbepaald, onseker.

**un·flag·ging** onverflou, ononderbroke, onvermoeid.

**un·flap·pa·ble** *(infml.)* onverstoorbaar, onversteurbaar.

**un·flat·ter·ing** onvleiend.

**un·fla·voured,** *(Am.)* **un·fla·vored** ongegeur.

**un·fledged** kaal, sonder vere; onontwikkel(d); onvolgroei(d); onervare.

**un·flinch·ing** onwankelbaar, onversetlik, onwrikbaar; on= verskrokke, onbevrees, onvervaard.

**un·flus·tered** kalm, rustig.

**un·fo·cus(s)ed** ongefokus; vaag, onduidelik, onskerp; half= hartig, sonder geesdrif.

**un·fold** oopvou, oopmaak, uitsprei; oopsprei *(vlerke ens.);* oopslaan *('n koerant ens.);* ontluik; ontvou; bekend maak, bekendmaak, openbaar maak, blootlê, aan die lig bring; ont= plooi, ontwikkel. **un·fold·ing** ontvouing; blootlegging, be= kendmaking, openbaarmaking; ontplooiing, ontwikkeling.

**un·forced** ongedwonge; spontaan.

**un·fore·see·a·ble** onvoorspelbaar, nie te voorsien nie.

**un·fore·seen** onvoorsien.

**un·for·get·ta·ble** onvergeetlik.

**un·for·giv·a·ble** onvergeeflik.

**un·for·giv·ing** onversoenlik, onvergewensgesind; meedoën=loos.

**un·for·mat·ted** *(rek.)* ongeformateer(d).

**un·formed** ongevorm(d); vormloos, sonder fatsoen; onont=wikkel(d).

**un·for·mu·lat·ed** ongeformuleer(d).

**un·forth·com·ing** terughoudend.

**un·for·tu·nate** *n.* ongelukkige, ongeluksvoël. **un·for·tu·nate** *adj.* ongelukkig; betreurenswaardig; rampspoedig; *the ~ child/etc.* die stomme kind/ens.. **un·for·tu·nate·ly** ongeluk=kig; *~ s.o. cannot* ... iem. kan tot sy/haar spyt nie ... nie; *~ for s.o.* tot iem. se ongeluk.

**un·found·ed** ongegrond, uit die lug gegryp, vals; ongeves=tig, nog nie gestig nie.

**un·friend·ly** onvriendelik, stuurs; vyandig, kwaadgesind; *~ act* onvriendelike daad; *be ~ to(wards) s.o.* onvriendelik wees teenoor iem.; *~ weather* ongunstige weer.

**un·funded** ongefundeer(d), onbefonds, ongefinansier(d), ongefinansieer(d) *(skuld, mandaat, ens.).*

**un·furl** ontplooi, laat wapper *('n vlag);* oopmaak *('n sam=breel);* uitsprei *('n waaier);* losgooi, uitskud *('n seil); ('n voël)* (oop)sprei, uitsprei, oopmaak *(sy vlerke);* ooprol *('n banier ens.); (blare ens.)* ontvou; *~ colours* 'n vlag ontplooi.

**un·fur·nished** ongemeubileer(d).

**un·fus·sy** onopgesmuk, sonder tierlantyntjies; nie kieskeu=rig/puntene(u)rig *(of* vol fiemies) nie.

**un·gain·ly** lomp, onhandig. **un·gain·li·ness** lompheid.

**un·gen·tle·man·ly** onhoflik, onbeskof, ongemanierd; on=sportief.

**un·get-at-a·ble** *(infml.)* onbereikbaar, onbekombaar.

**un·giv·ing** koud, styf, stug; onbuigsaam, rigied.

**un·glam·or·ous** onaantreklik, onbekoorlik, onaanloklik; on=glansryk; onverleidelik; onromanties; alledaags, (dood)ge=woon.

**un·glazed** ongeglasuur(d); sonder ruite; *~ window* venster sonder ruite.

**un·glued:** *come ~, (Am., infml.)* jou selfbeheersing *(of* [jou] kop) verloor, die kluts kwytraak; (hewig) ontsteld raak; *(planne ens.)* skeef/verkeerd loop.

**un·god·ly** goddeloos, godvergete; *(infml.)* skandalig, ver=skriklik; *at an ~ hour* op 'n onmenslike tyd. **un·god·li·ness** goddeloosheid.

**un·gov·ern·a·ble** onregeerbaar, onbeheersbaar, onkeer=baar.

**un·grace·ful** onaantreklik, lomp, lelik.

**un·gra·cious** onwelwillend, onvriendelik, koud; onbe=leef(d), onhoflik; onwillig, teen=, teësinnig.

**un·gram·mat·i·cal** ongrammatikaal, nie taalkundig nie.

**un·grate·ful** ondankbaar, onerkentlik.

**un·ground** ongemaal; ongeslyp, ongeslepe. **un·ground·ed** ongegrond; *(elek.)* ongeaard.

**un·guard·ed** onbewaak, onbeskerm(d); onafgeskerm(d); onversigtig, onbedag(saam); kwetsbaar. **un·guard·ed·ly** on=bedag; onverhoeds; in 'n onbewaakte oomblik. **un·guard·ed·ness** onbewaakte toestand; onbedagtheid.

**un·guid·ed** onbegelei(d); sonder gids; *~ missile* ongeleide missiel.

**un·gu·late** *n.* hoefdier. **un·gu·late** *adj.* gehoef.

**un·hand** *ww., (arg. of skerts.)* los(laat), laat los.

**un·hand·y** moeilik om te hanteer, ongemaklik, ongerieflik; lomp, onhandig; onhanteerbaar. **un·hand·i·ness** onhandig=heid; onhanteerbaarheid.

**un·hap·py** ongelukkig, hartseer; *be ~ with s.t.* oor iets onte=vrede wees. **un·hap·pi·ly** ongelukkig; *be ~ married* ongeluk=

kig getroud wees. **un·hap·pi·ness** ongelukkigheid, hartseer, verdriet.

**un·harmed** ongedeerd; onbeskadig, behoue.

**un·health·y** ongesond; *(infml.)* gevaarlik, onveilig. **un·health·i·ness** ongesondheid.

**un·heard** nie gehoor nie, ongehoor; ongehoord, vreemd, buitengewoon; onverhoor(d). *~-of* ongehoord, verregaan=de; ongekend.

**un·hedged** onomhein(d), nie omhein nie; onverskans *('n belegging ens.).*

**un·heed·ed** veron(t)agsaam, in die wind geslaan, geïgno=reer(d).

**un·heed·ful** *adj.: be ~ of* ... sonder om ... in ag te neem *(of* jou aan ... te steur).

**un·heed·ing** agteloos, sorgeloos; onoplettend; sonder om jou te bekommer oor/om.

**un·help·ful** onbehulpsaam. **un·help·ful·ness** onbehulp=saamheid.

**un·her·ald·ed** onaangekondig; onverwag, verrassings=; on=besonge.

**un·hes·i·tat·ing** sonder om te aarsel, beslis, vasberade. **un·hes·i·tat·ing·ly** sonder aarseling/bedenking.

**un·hinge** uithaak, uit die skarniere lig; *(infml.)* van die wysie bring, van stryk bring, verwar; *s.o.'s mind becomes ~d* iem. raak van sy/haar verstand/wysie af.

**un·hip** *(sl.)* oudoos.

**un·ho·ly** onheilig; goddeloos; onsalig; *(infml.)* verskriklik, skandelik.

**un·hon·oured** ongeëer(d); *go ~* onopgemerk verbygaan.

**un·hoped-for** *adj. (attr.): an ~ bonanza* 'n onverwagse meevaller.

**un·horse** afgooi, uit die saal gooi/lig.

**un·hu·man** onmenslik, barbaars, wreed; bomenslik; nie=menslik.

**un·hur·ried** bedaard, langsaam, sonder haas, rustig.

**un·hurt** ongekwes, ongedeerd, onbeseer(d).

**un·hy·gien·ic** onhigiënies, ongesond.

**un·hy·phen·at·ed** sonder 'n koppelteken geskryf, nie met 'n koppelteken geskryf nie.

**U·ni·at(e)** *n., (Chr.)* Uniaat. **U·ni·at(e)** *adj.* Uniaties; ge=üniëer(d).

**u·ni·ax·i·al** eenassig.

**u·ni·cam·er·al** eenkamer= *(stelsel).*

**u·ni·cel·lu·lar** eensellig.

**u·ni·ci·ty** *(hoofs. SA)* unistad.

**u·ni·code** eenheidskode.

**u·ni·corn** *(mit., her.)* eenhoring.

**un·i·den·ti·fi·a·ble** onherkenbaar; onaanwysbaar.

**un·i·den·ti·fied** onbekend, nie herken nie; onuitgeken; *an ~ flying object, (afk.: UFO)* 'n vreemde vlieënde voorwerp *(afk.:VVV).*

**u·ni·di·men·sion·al** eendimensioneel.

**u·ni·di·rec·tion·al** eenrigting=, in een rigting.

**u·ni·fi·ca·tion** vereniging, eenwording, unifikasie; gelyk=skakeling. **U~ Church** Unifikasiekerk.

**u·ni·flow** *adj.* gelykstroom= *(enjin ens.).*

**u·ni·form** *n.* uniform; tenue; mondering; *be in ~* in uniform wees, 'n uniform aanhê; in die weermag/polisie wees. **u·ni·form** *adj.* eenvormig, gelykvormig, eenders, uniform; ho=mogeen; egalig, gelykmatig, konstant, gestadig; *be ~ with* ... eenvormig met ... wees. *~ allowance* uniformtoelaag, =toe=lac; eenvormige toelaag/toelae *(vir reis ens.);* eenvormige korting *(op belasting).*

**u·ni·form·i·tar·i·an·ism** *(geol.)* uniformitarisme. **u·ni·form·i·tar·i·an** *n.* aanhanger van die uniformitarisme. **u·ni·form·i·tar·i·an** *adj.* uniformitaristies.

**u·ni·form·i·ty** eenvormigheid, gelykvormigheid, eenders=
heid, enersheid, uniformiteit; eenparigheid; gelykmatigheid,
konstantheid.

**u·ni·form·ly** onveranderlik, deurgaans; *(wisk.)* gelykmatig.

**u·ni·fy** verenig, tot een maak, gelykvormig/ens. maak; →UNI=
FICATION; *unified field, (fis.)* eenheidsveld.

**u·ni·lat·er·al** eensydig. **u·ni·lat·er·al·ism** eensydigheid.

**un·i·lin·gual** *n.* eentalige. **un·i·lin·gual** *adj.* eentalig. **un=**
**i·lin·gual·ism** eentaligheid.

**un·im·ag·i·na·ble** ondenkbaar, onvoorstelbaar; onbegryp=
lik.

**un·im·ag·i·na·tive** verbeeldingloos, sonder verbeeldings=
krag, fantasieloos.

**un·im·paired** onbeskadig, ongeskonde, onaangetas, intakt.

**un·im·peach·a·ble** onberispelik, onkreukbaar; onaanveg=
baar, onaantasbaar; *on ~ authority* uit 'n onberispelike bron.

**un·im·por·tant** onbelangrik, onbeduidend, van weinig be=
lang.

**un·im·pos·ing** nie indrukwekkend nie, onimponerend; on=
opvallend; subtiel.

**un·im·pressed** nie geïmponeer(d)/beïndruk nie, onbeïn=
druk.

**un·im·pres·sive** onbeduidend, nie indrukwekkend nie, on=
aansienlik; saai, oninteressant.

**un·im·proved** onverbeter(d); onbewerk.

**un·in·cor·po·rat·ed** *('n vereniging, bedryf, onderneming, ens.)*
sonder regspersoonlikheid, oningelyf; *('n dorp, gebied, ens.)*
nie ingelyf nie.

**un·in·fect·ed** onbesmet; nie aangesteek nie; onbederf.

**un·in·flect·ed** *(gram.)* onverboë, fleksieloos.

**un·in·flu·enced** onbeïnvloed, onpartydig, onbevooroor=
deel(d).

**un·in·form·a·tive** onleersaam, nie insiggewend nie.

**un·in·formed** oningelig, onwetend, oningewy(d).

**un·in·hab·it·a·ble** onbewoonbaar.

**un·in·hab·it·ed** onbewoon(d).

**un·in·hib·it·ed** ongeïnhibeer(d), ongebonde, nie ingehou
nie; vrymoedig, uitgelate, uitbundig; vrypostig; ongeërg.

**un·in·i·ti·at·ed** oningewy(d); nie begin nie.

**un·in·jured** ongedeerd; onbeskadig, ongeskonde.

**un·in·spired** ongeïnspireer(d), onbesiel(d); saai.

**un·in·spir·ing** vervelend, saai, nie opwindend nie.

**un·in·sur·a·ble** onversekerbaar. **un·in·sur·a·bil·i·ty** onver=
sekerbaarheid.

**un·in·sured** onverseker(d), ongedek.

**un·in·tel·li·gent** onintelligent, dom, onnosel.

**un·in·tel·li·gi·ble** onverstaanbaar, onduidelik, onbegryp=
lik; *be ~ to s.o.* vir iem. onverstaanbaar wees. **un·in·tel·li=**
**gi·bil·i·ty** onverstaanbaarheid.

**un·in·tend·ed** onbedoel(d), onopsetlik.

**un·in·ten·tion·al** onopsetlik, onbedoel(d), per abuis/on=
geluk.

**un·in·ter·est·ed** sonder belangstelling, onbelangstellend;
ongeïnteresseer(d); onverskillig; niebelanghebbend, belange=
loos.

**un·in·ter·est·ing** oninteressant, vervelend, droog, saai, dor.

**un·in·ter·pret·a·ble** onverklaarbaar, oninterpreteerbaar;
onvertaalbaar.

**un·in·ter·rupt·ed** deurgaande, ongestoor(d), ongesteur(d),
onbelemmer(d), onafgebroke, ononderbroke.

**un·in·ter·rupt·i·ble** onderbreekbaar *(kragtoevoer)*.

**un·in·ven·tive** sonder vindingrykheid/vernuf, onvernuftig.

**un·in·ves·ti·gat·ed** nie ondersoek nie; nie nagevors nie.

**un·in·vit·ed** ongenooi(d), nie gevra nie.

**un·in·vit·ing** onaantreklik, afstotend; onsmaaklik.

**un·in·volved** onbetrokke.

**un·ion** unie, vereniging; eenwording; samesmelting; huwe=
lik, verbintenis; eensgesindheid; eenheid; verbond; verband,
verbinding; aansluiting; aaneensluiting; *(wisk.)* vereniging;
koppeling; moerkoppeling *(v. pype);* heling, herstel *(v. been);*
*(tekst.)* gemengde stof, mengstof; *after/before U~, (SA gesk.)*
ná/voor die Uniewording; *be in perfect ~* volkome eensge=
sind wees; *~ is strength* eendrag maak mag. **U~ Buildings** die
Uniegebou. **~ catalogue** gesamentlike katalogus. **U~ Jack**
*(Br. vlag)* die Union Jack. **U~ of South Africa** *(hist.)* Unie
van Suid-Afrika. **~ shop** vakbondbedryf, -onderneming.

**un·ion·ise, -ize** in 'n vakbond organiseer, tot 'n vakbond
verenig; *~d workers* werkers wat aan 'n vakbond behoort *(of*
vakbondlede is). **un·ion·i·sa·tion, -za·tion** vakbondvorming;
aansluiting by 'n vakbond.

**un·ion·ism** eenheidstrewe; vakbondwese, -stelsel. **un·ion·ist**
vakbondvoorstander; vakbondlid.

**u·ni·po·lar** eenpolig, enkelpolêr.

**u·nique** ongeëwenaard, enig, uniek; *(wisk.)* eenduidig, uniek;
*s.t. is ~* iets is enig in sy soort; *~ to ...* alleen eie aan ...
**u·nique·ness** enigheid; *(wisk.)* eenduidigheid.

**un·i·roned** ongestryk, gekreukel(d).

**u·ni·sex** *adj.* uniseks-; *~ clothes* uniseksklere. **u·ni·sex·u·al**
eenslagtig.

**u·ni·son** *(mus.)* unisoon, eenklank; harmonie, ooreenstem=
ming; eenstemmigheid, eensgesindheid; *be in ~* in harmo=
nie wees; eensgesind/eenstemmig wees. **u·nis·o·nous** saam=
klinkend; eenstemmig, harmoniërend, gelykluidend.

**un·is·sued** onuitgegee, onuitgereik *(aandele).*

**u·nit** eenheid; onderaandeel *(effektetrusts);* elektriese loko; *~*
*of area* oppervlakeenheid; *~ of electricity* elektriese een=
heid; *~ of force* krageenheid; *~ of length* lengte-eenheid; *~*
*of measure(ment)* maateenheid; *~ of output* eenheid van
vermoë; opbrengseenheid; *~s, tens ...* ene, tiene ...; *~ of*
*volume* volume-eenheid; *~ of work* arbeidseenheid. **~ con=**
**sumption** verbruik per eenheid. **~ cost** eenheidskoste, kos=
te per eenheid. **~ cost rate** kostetarief per eenheid. **~ hol-**
**der** onderaandeelhouer; eenheideienaar *(in 'n woonkomplex).*
**~ price** eenheidsprys, prys per eenheid; prys per onderaan=
deel, onderaandeelprys. **~ trust** effektetrust. **~ value** een=
heidswaarde, waarde per eenheid.

**u·ni·tar·i·an** *n., (teol., pol.)* monis; voorstander van sentra=
lisasie; *U~, ('n kerklid)* Unitariër. **u·ni·tar·i·an** *adj.* unita=
ries; *U~* Unitaries *('n kerkgenootskap).* **U·ni·tar·i·an·ism** *(Chr.)*
Unitarisme.

**u·ni·tar·y** unitêr, eenheids-; *~ constitution, (ook)* uniale/uni=
têre grondwet; *~ state* eenheidstaat.

**u·nite** verenig, verbind; saamsmelt; amalgameer; een word,
aaneengroei, jou verenig; tot een maak; saamwerk, saam=
span; saamvoeg; trou; *become ~ed* een word, saamsmelt; *they*
*~ in doing s.t.* hulle doen iets saam; *~ed we stand, divided*
*we fall* eendrag maak mag, tweedrag breek krag; *be ~ed with*
... met ... verenig wees; *oil will not ~ with water* olie en water
kan nie gemeng word nie.

**U·nit·ed:** *~ Arab Emirates n. (mv.), (geog.)* Verenigde Ara=
biese Emirate. *~ Kingdom (geog.)* Verenigde Koninkryk. **~**
**Nations** *(fungeer as ekv. of mv.)* Verenigde Nasies. **~ States**
**(of America)** *(fungeer as ekv. of mv.)* Verenigde State (van
Amerika).

**u·ni·ty** eenheid; eendrag, eensgesindheid, harmonie, oor=
eenstemming; samewerking; *be at ~* eensgesind wees, dit
eens wees; *~ is strength* eendrag maak mag; *live in ~ with ...*
in eendrag met ... saamleef/saamlewe.

**u·ni·va·lent, u·ni·va·lent** *(chem.)* monovalent, eenwaar=
dig.

**u·ni·valve** *n.* = GASTROPOD *n..* **u·ni·valve** *adj., (soöl.)* een=
skalig *(skulp); (bot.)* eenkleppig.

**u·ni·ver·sal** *n.* algemene begrip/eienskap; universele pro= posisie; *(dikw. mv.), (gram., filos.)* universalia. **u·ni·ver·sal** *adj.* universeel, wêreldomvattend, wêreld-; universeel; alge= meen, totaal, algeheel; kosmies; ~ *agent* algemene/univer= sele agent; ~ *coupling*, ~ *(joint)* kruiskoppeling; ~ *donor, (med.)* algemene bloedskenker; ~ *language* wêreldtaal; ~ *recipient, (med.)* algemene/universele ontvanger; ~ *time* universele tyd. **u·ni·ver·sal·ise**, =**ize** algemeen maak. **u·ni· ver·sal·i·ty** algemeenheid, universaliteit, veelsydigheid. **u·ni· ver·sal·ly** algemeen, oral(s) en altyd; ~ *applicable* algemeen geldend; ~ *known* wêreldkundig.

**u·ni·verse** heelal; wêreld.

**u·ni·ver·si·ty** *n.* universiteit; *at the* ~ aan/op die universi= teit; *s.o. is at* ~ iem. is op universiteit. **u·ni·ver·si·ty** *adj.* universitêr, universiteits=; ~ *education* akademiese opleiding; ~ *team* universiteitspan.

**un·joined** losgemaak, geskei.

**un·joint·ed** *(teg.)* ongelede; *(anat.)* gewrigloos.

**un·just** onregverdig, onbillik. **un·just·ly** onbillik, onregver= dig; ten onregte.

**un·jus·ti·fi·a·ble** onverdedigbaar, onverskoonbaar, onge= regverdig.

**un·jus·ti·fied** ongegrond, ongeregverdig, onverantwoord.

**un·kempt** ongekam(d), deurmekaar *(hare)*; slordig, onver= sorg, verwaarloos.

**un·kept** nie bewaar nie; verwaarloos, onversorg; *an ~ prom= ise* 'n verbreekte belofte, 'n belofte wat nie nagekom/ge= stand gedoen is nie.

**un·kind** onvriendelik, onhartlik; onwelwillend; ongunstig *(weer)*. **un·kind·ly** *adv. & adj.* onvriendelik. **un·kind·ness** onvriendelikheid.

**un·know·a·ble** onkenbaar, ondeurgrondelik, onnaspeurlik, onweetbaar.

**un·know·ing** onbewus, onwetend. **un·know·ing·ly** onbe= wus, onwetend, onwetens.

**un·known** *n.* onbekende. **un·known** *adj.* onbekend; *be ~ to s.o.* by/vir iem. onbekend wees; *do s.t. ~ to s.o.* iets sonder iem. se medewete doen; *the U~ Soldier/Warrior* die Onbe= kende Soldaat.

**un·la·belled**, *(Am.)* **un·la·beled** etiketloos, sonder etiket= (te).

**un·la·boured**, *(Am.)* **un·la·bored** moeiteloos; ongefor= seer(d), spontaan.

**un·lace** losryg, losmaak.

**un·la·den** onbelaai, ongelaai, onbevrag *(skip)*; onbelaai, on= gelaai *(vragmotor)*; ~ *weight* leeg=, eiegewig.

**un·la·dy·like** onvroulik, onfyn.

**un·la·ment·ed** onbetreur(d).

**un·latch** die knip afhaal; ontsluit, oopmaak.

**un·law·ful** onwettig, onregmatig, wederregtelik; ongeoor= loof.

**un·lead·ed** sonder lood; *(druk.)* ongelood, sonder reëlspa= siëring; ~ *petrol* ongelode/ loodvrye petrol.

**un·learn** afleer, verleer, vergeet. **un·learn·ed** ongeleerd; on= wetend. **un·learnt** nie geleer nie *(skoolwerk ens.)*.

**un·leash** loslaat; *(fig.)* ontketen.

**un·leav·ened** ongesuur(d), ongerys, ongegis.

**un·less** *voegw.* tensy, behalwe as, mits/as ... nie. **un·less** *prep.* behalwe.

**un·let·tered** ongeletterd, ongeleerd; sonder letters, onge= letter.

**un·lib·er·ated** ongeëmansipeer(d) *('n vrou)*; onbevry *('n land)*.

**un·li·censed** ongelisensieer(d).

**un·light·ed** onverlig.

**un·like** verskillend van, anders as; ongelykwaardig; *(wisk.)*

ongelyksoortig; *be* ~ *s.o.* nie na iem. lyk/aard nie, van iem. verskil; *it is* ~ *s.o. to* ... dit is nie in iem. se geaardheid om ... nie, iem. sal nooit ... nie; *quite* ~ *anyone else* heeltemal an= ders as enigiemand anders; ~ *twins* 'n onpaar tweeling; *X,* ~ *Y,* ... X, anders as Y, ...

**un·like·ly** onwaarskynlik; *highly* ~ hoogs onwaarskynlik; *s.o. is* ~ *to* ... iem. sal waarskynlik nie ... nie; *in the most* ~ *places* op die vreemdste plekke. **un·like·li·hood, un·like·li·ness** on= waarskynlikheid.

**un·lim·it·ed** onbeperk, onbegrens; onbepaald; mateloos, geweldig baie/groot.

**un·lined**[1] sonder rimpels; ongelyn(d), ongelinieerd.

**un·lined**[2] on(uit)gevoer(d); sonder voering.

**un·link** los=, uitskakel; uithaak; losmaak.

**un·liq·ui·dat·ed** ongelikwideer(d), ongerealiseer(d) *('n eis)*; onafgelos, onbetaal(d); ongetakseer(d) *(skade)*.

**un·list·ed** ongelys; ongenoteer *(effekte)*; ~ *(telephone) number* ongelyste ([tele]foon)nommer.

**un·lit** onverlig *('n straat ens.)*; onaangesteek *('n sigaret ens.)*.

**un·liv·a·ble** onbewoonbaar; ondraaglik.

**un·lived-in** ongesellig; onbewoon(d).

**un·load** uitpak, =laai; af=, uit=, ontlaai *('n vrag)*; *(han.)* aflaai; aflaai, =los *('n skip)*; ontlaai *('n geweer)*; ~ *s.t. from* ... iets van ... aflaai; ~ *s.t. onto s.o.* iets op iem. aflaai. **un·load·ed** afge= laai; ongelaai(d); onbelas. **un·load·ing** (die) aflaai(werk), aflaaiery, uitlaaiwerk; (die) aflaai/los, lossing *(v. 'n skip)*.

**un·lock** oopsluit; *(lett. & fig.)* ontsluit; aan die lig bring, ont= hul; losmaak, bevry.

**un·loose, un·loos·en** losmaak; ontspan; ontketen; *(fig.)* bevry.

**un·loved** ongelief, onbemin(d).

**un·love·ly** onaantreklik; onaangenaam; naar, afstootlik.

**un·lov·ing** liefdeloos.

**un·lu·bri·cat·ed** ongeolie, ongesmeer(d).

**un·luck·y** ongelukkig; teen=, teëspoedig; onvoorspoedig; vrugteloos, sonder sukses; *be* ~ dit ongelukkig tref. **un· luck·i·ly** ongelukkig.

**un·made** →UNMAKE.

**un·maimed** ongeskonde.

**un·make** =made =made tot niet maak, ongedaan maak, ver= nietig; bederwe; verander. **un·made** ongemaak, nog nie klaar nie; onopgemaak *('n bed)*.

**un·mal·le·a·ble** onsmee(d)baar.

**un·man** =nn=, *(hoofs. poët., liter.)* ontman, kastreer; ontmoe= dig. **un·man·ly** onmanlik; lafhartig. **un·manned** onbemand, sonder bemanning; ~ *station* outomatiese stasie.

**un·man·age·a·ble** onregeerbaar, onbestuurbaar, onbe= teuelbaar, onkeerbaar; lastig.

**un·man·aged** onbeheer(d); in sy natuurlike toestand *('n reservaat ens.)*.

**un·man·ner·ly** ongemanierd, onbeskof, onbeleef(d), on= manierlik, ongepoets; wild, onbeheers(d), onbeteuel(d). **un· man·ner·li·ness** onmanierlikheid, ongemanierdheid, onbe= skoftheid, ongepoetstheid, onhebbelikheid.

**un·mapped** ongekarteer(d).

**un·marked** onopgemerk; *(sport)* ongemerk *('n teenstander)*; *(gram.)* ongemarkeer(d); nie bepunt nie; ~ *by* ... nie onder= skei deur ... nie; ~ *grave* graf sonder teken/opskrif.

**un·mar·ket·a·ble** onverkoopbaar, onbemarkbaar, onver= handelbaar.

**un·mar·ried** ongetroud; alleenlopend; ~ *state* ongehude staat.

**un·mas·cu·line** onmanlik.

**un·mask** *(lett. & fig.)* ontmasker. **un·masked** *(lett.)* onge= masker(d), onvermom; *(fig.)* ontmasker.

**un·matched** ongeëwenaar(d), weergaloos, sonder weerga/ gelyke; uniek; onpaar; sonder teen=/teëstander.

**un·ma·tured** onbeleë *(kaas)*.

**un·mean·ing** betekenisloos, sinloos; sinloos, doelloos; wesenloos, sonder uitdrukking, leeg; niksbeduidend.

**un·meant** onopsetlik, onbedoel(d).

**un·meas·ur·a·ble** onmeetlik, onbegrens, grensloos; onmeetbaar.

**un·meas·ured** ongemeet; onmeetlik, onbegrens; onbeheers(d).

**un·me·di·at·ed** onbemiddel(d).

**un·me·lo·di·ous** disharmonies; onwelluidend, wanklinkend.

**un·mem·o·ra·ble** vergeetlik, wat nie lank onthou sal word nie.

**un·men·tion·a·ble** onnoembaar.

**un·men·tioned** onvermeld, ongerep.

**un·mer·ci·ful** onbarmhartig, ongenadig, ongevoelig, wreed, meedoënloos, sonder medelye, hardvogtig.

**un·mer·it·ed** onverdien(d) *(lof ens.)*.

**un·met** onbevredig *(behoeftes ens.)*; onvervul(d), onverwesen(t)lik *(drome ens.)*; *(verpligtings ens.)* wat nie nagekom is nie *(pred.)*; *(eise ens.)* waaraan nie voldoen is nie *(pred.)*.

**un·me·thod·i·cal** onmetodies, onsistematies, onstelselmatig; sisteem=, stelselloos.

**un·mind·ful:** *be* ~ *of* ... nie op ... let *(of* aan ... dink) nie.

**un·miss·a·ble** *(vertoning ens.)* wat nie misgeloop moet word nie *(pred.)*.

**un·mis·tak·a·ble** onmiskenbaar, ondubbelsinnig. **un·mis·tak·a·bly** onmiskenbaar.

**un·mit·i·gat·ed** ongestil(d); onversag, onverminder(d); *an* ~ *disaster* 'n ongeëwenaarde/onverbloemde/volslae ramp.

**un·mixed** skoon, suiwer, ongemeng(d), onvermeng(d); gelyksoortig.

**un·mod·i·fied** ongewysig.

**un·mo·lest·ed** ongemolesteer(d), ongehinder(d), ongestoor(d), ongesteur(d).

**un·mor·al** = AMORAL.

**un·mo·ti·vat·ed** ongemotiveer(d) *(iem., 'n span, ens.)*; ongegrond *(aanvalle ens.)*.

**un·mount·ed** ongemonteer(d) *('n edelsteen, portret, ens.)*; onberede.

**un·moved** onbewoë, onaangedaan, kalm, koel; ongeërg; onbeweeglik, onwrikbaar; *s.t. leaves s.o.* ~ iets laat iem. koud.

**un·mov·ing** bewegingloos, onbeweeglik, roerloos.

**un·mown** ongesny *('n grasperk ens.)*.

**un·mur·mur·ing** *(poët., liter.)* gelate.

**un·mu·si·cal** onmusikaal; wanklinkend, onwelluidend. **un·mu·si·cal·i·ty, un·mu·si·cal·ness** onmusikaliteit; onwelluidendheid.

**un·mu·ti·lat·ed** ongeskonde.

**un·muz·zle** die muilband afhaal; *(fig.)* bevry. **un·muz·zled** sonder muilband.

**un·name·a·ble** onnoembaar, onnoemlik; onduidelik, ondefinieerbaar.

**un·named** onbekend, nie genoem *(of* bekend gemaak *of* bekendgemaak) nie; naamloos.

**un·nat·u·ral** onnatuurlik; gemaak, kunsmatig; vreemd.

**un·nav·i·ga·ble** onbevaarbaar.

**un·nec·es·sar·y** onnodig, nodeloos, oorbodig. **un·nec·es·sar·i·ly** onnodig, verniet.

**un·neigh·bour·ly** onvriendskaplik, nie soos dit goeie bure betaam nie.

**un·nerve** van stryk bring, ontsenu, afskrik, senuweeagtig maak; ontstel. **un·nerv·ing** *(ook)* angswekkend, skrikwekkend, aanjaend.

**un·no·tice·a·ble** onsigbaar, onmerkbaar.

**un·no·ticed** ongemerk, ongesien.

**un·num·bered** ongenommer(d); ongetel(d); ontelbaar, talloos.

**un·ob·lig·ing** onvriendelik, nie tegemoetkomend nie, ontoeskietlik.

**un·ob·scured** onbelemmer(d).

**un·ob·serv·a·ble** onwaarneembaar, onmerkbaar, onsigbaar.

**un·ob·serv·ant** onoplettend, onopmerksaam.

**un·ob·served** ongemerk, ongesien.

**un·ob·struct·ed** onbelemmer(d), vry.

**un·ob·tain·a·ble** onverkry(g)baar.

**un·ob·tru·sive** onopvallend; diskreet, taktvol; onopdringerig, beskeie. **un·ob·tru·sive·ness** beskeidenheid.

**un·oc·cu·pied** onbewoon(d), leeg *('n huis)*; onverhuur *(eiendom)*; onbeset, ongebruik; vakant *('n pos)*; vry, nie besig nie; *(mil.)* onbeset.

**un·of·fi·cial** onoffisieel, nieamptelik.

**un·o·pened** onoopgemaak, ongeopen(d), toe.

**un·op·posed** onbestrede, sonder opposisie; onbetwis; ongehinder(d).

**un·or·dained** ongeorden(d), onbevestig.

**un·or·gan·ised, -ized** ongeorganiseer(d); onordelik, deurmekaar.

**un·o·rig·i·nal** nie oorspronklik nie, ontleen(d), afgelei(d); onoorspronklik, geyk, afgesaag.

**un·or·tho·dox** *(relig.)* onortodoks; onortodoks, onkonvensioneel, nietradisioneel, ongewoon.

**un·os·ten·ta·tious** onopvallend, eenvoudig, beskeie, nie opdringerig nie, rustig.

**un·owned** sonder eienaar, onbeheer(d).

**un·pack** uitpak.

**un·paid** onbetaal(d); onvereffen, onbetaal(d), onafgelos; ongestort; uitstaande; onbesoldig.

**un·paint·ed** ongeverf.

**un·paired** ongepaar(d); nie in pare (gerangskik) nie; sonder 'n maat, alleen.

**un·pal·at·a·ble** *(lett. & fig)* onsmaaklik, nie lekker nie; onaangenaam *(ook d. waarheid)*.

**un·par·al·leled** ongeëwenaard, weergaloos, onvergelyklik, sonder gelyke/weerga, uniek.

**un·par·don·a·ble** onvergeeflik, onverskoonbaar.

**un·par·lia·men·ta·ry** onparlementêr, ongeoorloof *(taalgebruik)*.

**un·pas·teur·ised, -ized** ongepasteuriseer(d).

**un·pat·ent·ed** ongepatenteer(d), sonder patent.

**un·pat·ri·ot·ic** onpatrioties, onvaderlands.

**un·paved** ongeplavei(d), nie uitgelê nie.

**un·pay·a·ble** niewinsgewend, =betalend, onlonend; onbetaalbaar.

**un·peeled** ongeskil.

**un·peg** =gg= die pen(ne) uithaal; *(han.)* laat sweef *('n geldeenh.)*; los=, vrymaak; ophef *(beperkings)*.

**un·peo·ple** ontvolk. **un·peo·pled** ontvolk; onbewoon(d), onbevolk.

**un·per·ceived** on(op)gemerk, onbemerk.

**un·per·cep·tive** onoplettend; sonder insig.

**un·per·turbed** onverstoor(d), (hout)gerus, ongeërg.

**un·pick** lostrek, =torring; uithaal *('n steek)*; oopsteek *('n slot)*. **un·picked** ongepluk; nog nie gekies nie.

**un·pin** =nn= die spelde uittrek, losspeld.

**un·pit·y·ing** onbarmhartig, wreed, meedoënloos.

**un·place·a·ble** onherkenbaar.

**un·placed** ongeplaas, nie geplaas nie, sonder vaste posisie; *(perdewedrenne)* nie geplaas nie, nie onder die eerste drie/vier nie.

**un·planned** onbeplan; ongeorden(d).

**un·play·a·ble** onspeelbaar; *(teat.)* onopvoerbaar, ontoneel=matig; ~ *ball* onmoontlike bal.

**un·pleas·ant** onaangenaam, onplesierig, onsmaaklik, aak=lig. **un·pleas·ant·ness** onaangenaamheid, onplesierigheid; struweling, rusie.

**un·pleas·ing** onaangenaam, onbehaaglik; onbevredigend.

**un·ploughed** ongeploeg.

**un·plug** =gg=, *(elek.)* die/'n prop uittrek; die/'n verstopping verwyder uit. **un·plugged** *(ook, mus.)* akoesties *(weergawe v. 'n liedjie ens.).*

**un·plumbed** *(fig.)* ondeurgrond.

**un·point·ed** stomp, sonder punt, puntloos; nie gepunt nie *(tone);* ongevoeg *(bakstene).*

**un·pol·ished** ongepoleer(d) *('n diamant, houtoppervlak, ens.);* ongepolitoer, nie gepolitoer nie *(skoene);* onbeholpe; onaf=gewerk *(produkte);* onversorg *(styl ens.);* onbeskaaf(d), onge=poets.

**un·polled** nie ondervra nie; wat nie gestem het nie; nie getel nie *(stemme).*

**un·pol·lut·ed** onbesoedel(d), onbesmet, onbevlek.

**un·pop·u·lar** ongewild, onpopulêr, onbemin(d). **un·pop·u·lar·i·ty** ongewildheid, onpopulariteit.

**un·pop·u·lat·ed** onbevolk.

**un·posed** *(fot.)* ongeposeer(d).

**un·pow·ered** niegemotoriseer(d).

**un·prac·ti·cal** = IMPRACTICAL.

**un·prac·tised** ongeoefen(d); onbedrewe, onervare, onge=skool(d); nie uitgevoer nie.

**un·praised** ongeprys, ongeprese.

**un·prec·e·dent·ed** ongehoord, ongekend; weergaloos, on=geëwenaar(d); sonder presedent.

**un·pre·dict·a·ble** onvoorspelbaar; onberekenbaar.

**un·pre·dict·ed** nie voorspel nie; onvoorsien, onverwag.

**un·prej·u·diced** onbevooroordeel(d), onpartydig, onbe=vange.

**un·pre·med·i·tat·ed** onopsetlik, onvoorberei(d); spon=taan. **un·pre·med·i·tat·ed·ly** onopsetlik.

**un·pre·pared** onvoorberei(d), onklaar, nie gereed nie; on=bewerk.

**un·pre·pos·sess·ing** onaantreklik; onduidelik, onopval=lend.

**un·pre·sent·a·ble** onaantreklik; onopvallend.

**un·pres·sur·ised, -ized** *(vliegtuig, kajuit, ens.)* sonder druk=reëling.

**un·pre·sum·ing** beskeie, nederig, pretensieloos.

**un·pre·ten·tious** nie aanmatigend nie; beskeie, sonder pretensies, pretensieloos. **un·pre·ten·tious·ness** beskeiden=heid, pretensieloosheid.

**un·prin·ci·pled** beginselloos; gewete(n)loos, immoreel, laag; karakterloos. **un·prin·ci·pled·ness** beginselloosheid; gewe=te(n)loosheid; karakterloosheid.

**un·print·a·ble** nie geskik vir druk/publikasie nie.

**un·print·ed** ongedruk *(boeke);* onbedruk *(stowwe).*

**un·pro·cessed** onverwerk *(kos, inligting, ens.);* ru *(materi=aal).*

**un·pro·duc·tive** onproduktief; onvrugbaar, skraal *(grond);* ~ *debt* onproduktiewe/dooie skuld.

**un·pro·fes·sion·al** onprofessioneel, strydig met die be=roepskode; buitekant die vak, nievakkundig, leke=; ama=teuragtig.

**un·prof·it·a·ble** nielonend, niewinsgewend, onbetalend; on=voordelig.

**un·pro·gres·sive** nie vooruitstrewend nie, remskoenagtig, ouderwets; ~ *person, (ook)* remskoen.

**un·prompt·ed** spontaan, vanself gegee/gedoen.

**un·pro·nounce·a·ble** onuitspreekbaar.

**un·pro·nounced** onuitgesproke, stom *('n letter).*

**un·pro·tect·ed** onbeskerm(d), onbeskut.

**un·proved, un·prov·en** nie bewys nie; ongetoets, onbe=proef.

**un·pro·vid·ed** onvoorsien; onversorg; *be* ~ *for* onversorg wees; *leave s.o.* ~ *for* iem. onversorg agterlaat.

**un·pro·voked** sonder aanleiding/oorsaak, nie uitgelok nie. **un·pro·vok·ed·ly** goedsmoeds.

**un·pub·li·cised, -cized** waaraan geen publisiteit gegee/verleen is/word nie, wat geen publisiteit geniet/kry nie *(pred.).*

**un·pub·lish·a·ble** onpubliseerbaar.

**un·pub·lished** ongepubliseer(d), onuitgegee; ongedruk; ongeplaas *(advertensie);* nog onbekend *(skrywer ens.).*

**un·punc·tu·at·ed** *('n sin ens.)* sonder leestekens; ononder=broke, onafgebroke *(geklets ens.).*

**un·put·down·a·ble** *(infml.: 'n boek)* wat jy *(of* ['n] *mens)* nie kan neersit nie *(pred.).*

**un·qual·i·fied** ongekwalifiseer(d); onbevoeg, onbekwaam; ongeskik; onvoorwaardelik; ongediplomeer(d); onbeperk; algeheel, volslae; *be* ~ *for a post* onbevoeg wees vir 'n betrek=king; *an* ~ *success* 'n volslae sukses.

**un·quan·ti·fi·a·ble** onkwantifiseerbaar.

**un·quench·a·ble** onversadigbaar, onbevredigbaar, onles=baar *(dors);* on(uit)blusbaar *('n brand).*

**un·ques·tion·a·ble** onbetwisbaar, ontwyfelbaar, onteen=seglik; onaanvegbaar; seker. **un·ques·tion·a·ble·ness** onbe=twisbaarheid. **un·ques·tion·a·bly** onteenseglik, sonder (eni=ge) twyfel, ontwyfelbaar; sonder teenspraak.

**un·ques·tioned** onbetwis, onaangetas, ontwyfelbaar; on=gevra, nie ondervra nie; *go* ~ nie betwyfel *(of* in twyfel ge=trek) word nie.

**un·ques·tion·ing** sonder om vrae te stel; onbeperk, on=voorwaardelik; ~ *obedience* blinde gehoorsaamheid.

**un·qui·et** *(poët., liter.)* rusteloos, onrustig; lawaaierig; *an* ~ *mind* 'n ongeruste gemoed; *the* ~ *sea* die rustelose see.

**un·quote** ('n) aanhaling sluit. **un·quot·a·ble** onherhaalbaar, nie siteerbaar/herhaalbaar nie, nie aan te haal nie. **un·quot·ed** ongenoteer(d) *(aandele).*

**un·rav·el** =ll= uitrafel, lostorring, losrafel, rafelrig word; *(lett., fig.)* ontrafel, ontknoop.

**un·read** ongelees *('n boek).* **un·read·a·ble** onleesbaar.

**un·real** onwerklik onbeeldig; kunsmatig, oneg; onwaar, oneg, vals; *(infml.)* fantasties, ongelooflik. **un·re·al·ism** onre=alistiese beskouing. **un·re·al·i·ty** onwerklikheid, onwesenlik=heid.

**un·re·al·is·a·ble, -iz·a·ble** onrealiseerbaar.

**un·re·al·ised, -ized** onverwesenlik *(drome, potensiaal, ens.); (fin.)* ongerealiseer(d) *('n wins, verlies, bates, ens.).*

**un·re·al·is·tic** onrealisties.

**un·rea·son** redeloosheid; onsin; chaos. **un·rea·son·a·ble** onredelik, onbillik; onverstandig; redeloos; verkeerd; bui=tensporig. **un·rea·son·ing** redeloos, blind, irrasioneel *(emo=sies);* onnadenkend, impulsief; onberedeneer(d). **un·rea·soned** onberedeneer(d).

**un·re·cip·ro·cat·ed** onbeantwoord *(gevoelens).*

**un·re·claimed** onontgin *(minerale ens.);* onopgeëis; onher=wonne *(grond).*

**un·rec·on·cil·a·ble** onversoenlik, onversoenbaar; onver=enigbaar.

**un·re·cord·ed** onvermeld, onopgeteken(d), onbeskrewe.

**un·re·deem·a·ble** onaflosbaar; oninwisselbaar *(papiergeld).*

**un·re·deemed** onvervul(d), nie nagekom/vervul nie *('n belofte);* nie gelos nie, onafgelos; nie verlos nie, verlore; nie bevry/vrygemaak nie; *an* ~ *pledge* 'n onopgeëiste/onafge=haalde pand.

**un·re·fined** ongesuiwer(d), ongeraffineer(d); onverfyn(d), onfyn, onbeskaaf; ~ *gold* ongeaffineerde goud; ~ *ore* onge= suiwerde erts; ~ *sugar* ongeraffineerde suiker, rusuiker, ruwe suiker.

**un·re·formed** onverbeter(d); onbeker(d); nie hervorm nie; onhervorm(d), ongereformeerd *(kerke).*

**un·reg·is·tered** ongeregistreer(d), niegeregistreer(d); on= ingeskrewe, nie ingeskryf nie; onaangeteken(d), ongeregis= treer(d) *('n brief).*

**un·reg·u·lat·ed** ongereguleer(d) *('n mark, bedryf, mededin= ging, ens.);* ~ *supply, (elek.)* ongereëlde toevoer.

**un·re·hearsed** onvoorbereid, spontaan; ongerepeteer(d), nie ingestudeer nie.

**un·re·lat·ed** nieverwant, onverwant; nie vertel nie, onver= tel.

**un·re·leased** wat nog nie uitgereik is nie *('n opname ens.).*

**un·re·lent·ing** onverbiddelik, onversetlik, meedoënloos. **un·re·lent·ing·ly** onverbiddelik, sonder ophou.

**un·re·li·a·ble** onbetroubaar, onvertroubaar; ondeugdelik; ongeloofwaardig. **un·re·li·a·bil·i·ty** onbetroubaarheid, onver= troubaarheid; ongeloofwaardigheid.

**un·re·mark·a·ble** onopmerklik, onopvallend, saai, nie merk= waardig nie.

**un·re·marked** on(op)gemerk, ongesien; *go* ~ on(op)ge= merk/ongesien verbygaan.

**un·re·mit·ting** onophoudelik, gedurig, konstant, onverslap, onvermoeid, aanhoudend, onverpoos(d), voortdurend; ~ *attention* onafgebroke aandag.

**un·re·mov·a·ble** = IRREMOVABLE.

**un·re·peat·a·ble** onherhaalbaar; ~ *offer* eenmalige aan= bod.

**un·re·pent·ant, un·re·pent·ing** onboetvaardig, verstok, sonder berou.

**un·re·port·ed** onvermeld, ongerapporteer(d), nie berig nie, nie aangegee/opgegee/gemeld nie.

**un·rep·re·sent·ed** onverteenwoordig; sonder regsbystand; *be* ~ jouself verdedig.

**un·re·quit·ed** onbeantwoord *(liefde ens.).*

**un·re·served** onvoorwaardelik, sonder voorbehoud; onbe= perk; openhartig; ongereserveer(d), onbespreek *(sitplekke);* ~ *praise* onvoorwaardelike lof. **un·re·serv·ed·ly** sonder voor= behoud. **un·re·serv·ed·ness** openhartigheid, vrymoedigheid.

**un·re·solved** onopgelos; besluiteloos, weifelend.

**un·re·spon·sive** onsimpatiek, ontoeskietlik, terughoudend, nie tegemoetkomend nie; stug, sonder reaksie; koel, koud, hard. **un·re·spon·sive·ness** onsimpatiekheid, terughou= dendheid; stugheid.

**un·rest** onrus, rusteloosheid, beroering, oproerigheid. **un= rest·ful** onrustig, rusteloos.

**un·re·strained** onbeteuel(d), teuelloos, bandeloos, toom= loos, onbedwonge; onbelemmer(d), onbeperk, onbelet, on= gebreidel(d), spontaan. **un·re·strain·ed·ness** onbeheerst= heid; onbelemmerdheid.

**un·re·strict·ed** vry, onbeperk, onbelemmer(d), sonder be= perking(s).

**un·re·turned** onbeantwoord *(liefde, 'n oproep, groet, ens.); (boeke ens.)* wat nie terugbesorg word nie *(pred.).*

**un·re·vised** onhersien.

**un·re·ward·ing** nielonend, nie die moeite werd nie, van weinig nut; *(fig.)* ondankbaar *(taak).*

**un·right·eous** onregverdig; sondig, goddeloos, ongeregtig. **un·right·eous·ness** goddeloosheid, sondigheid; onregver= digheid.

**un·ri·valled** ongeëwenaard, weergaloos, onvergelyklik, son= der gelyke.

**un·road·wor·thy** onpadwaardig.

**un·roll** oop=, afrol, ontplooi.

**un·ruf·fled** kalm, bedaard, rustig, ongeërg, onverstoord, onaangedaan, onbekommerd, onbewoë, gelykmatig; glad *(d. see).*

**un·ruled** nie geregeer nie, sonder leiding; ongelyn(d), on= gelinieer(d).

**un·ru·ly** onhebbelik, weerbarstig, onregeerbaar, bandeloos, onbedwingbaar; wild.

**un·safe** onveilig, gevaarlik, gewaag(d), onbetroubaar; *make/ render s.t.* ~ iets onveilig maak.

**un·said** onuitgesproke, ongesê; *leave s.t.* ~ iets ongesê laat (bly); ~ *words* ongesegde woorde.

**un·sal·a·ried** ongesalarieer(d), onbesoldig.

**un·sal(e)·a·ble** onverkoopbaar.

**un·salt·ed** vars, ongesout.

**un·sanc·tioned** onbekragtig, onbevestig; nie goedgekeur nie, ongeoorloof.

**un·san·i·tar·y** ongesond, onhigiënies.

**un·sat·ed** onversadig *(d. mark, 'n vraag, ens.);* onbevredig.

**un·sat·is·fac·to·ry** onbevredigend, onvoldoende; ~ *evi= dence, (jur.)* onoortuigende getuienis.

**un·sat·is·fied** onbevredig, onvoldaan; onversadig.

**un·sat·is·fy·ing** onbevredigend.

**un·sat·u·rat·ed** onversadig *('n oplossing).* **un·sat·u·ra·tion** onversadigdheid.

**un·saved** *(vnl. Chr. teol.)* ongered, onverlos, verlore; *(rek.)* nie bewaar/geberg/gestoor nie, ongestoor.

**un·sa·vour·y, *(Am.)* un·sa·vor·y,** *(lett., fig.)* onsmaaklik, smaakloos; nie lekker nie; onaangenaam, goor. **un·sa·vour= i·ness** onsmaaklikheid.

**un·say·a·ble** onsêbaar; *say the* ~ die onsêbare sê.

**un·scarred** sonder merk/littekens.

**un·scathed** ongedeerd, veilig, behoue, ongewond; *escape* ~ ongedeerd daarvan afkom; *come out of s.t.* ~, *(ook)* geen let= sels van iets oorhou nie.

**un·scent·ed** ongeparfumeer(d) *(seep ens.);* geurloos, son= der geur *('n blom).*

**un·sched·uled** ongelys *('n nommer);* ongeskeduleer(d) *(medisyne);* nie volgens rooster nie *('n vlug);* on= gereeld, onplanmatig *(onderhoud);* onbeplan *('n afskakeling).*

**un·schooled** ongeskool(d), ongeleerd, onopgelei(d); on= gekunsteld; sonder skool.

**un·sci·en·tif·ic** onwetenskaplik.

**un·scram·ble** ontsyfer; ontwar; uit mekaar haal.

**un·scratched** ongeskonde, onbeskadig; ongedeerd, heel= huids, sonder letsel.

**un·screened** sonder skerm; onbeskerm(d), onbeskut; son= der beeld; afgeskerm *('n kabel);* nie vooraf gekeur nie *(aan= soeke);* onuitgesoek, ongesif *(dokumente);* ongesif *(steenkool).*

**un·screw** uit=, af=, losskroef, =draai.

**un·script·ed** *(teat.)* geïmproviseer(d); spontaan *('n oomblik ens.);* onvoorbereid, uit die vuis *('n toespraak ens.).*

**un·scru·pu·lous** gewete(n)loos, beginselloos. **un·scru·pu= lous·ness** gewete(n)loosheid, beginselloosheid.

**un·seal** die seël verbreek, oopmaak; losmaak, ontsluit. **un= sealed** nie verseël nie, onverseël(d); oopgemaak.

**un·sea·son·a·ble** ongeskik, ongeleë, ontydig; buiten(s)= tyds; *at an* ~ *time* op 'n ongeleë tyd; ~ *weather* abnormale weer.

**un·sea·son·al** buiteseisoens, buiten(s)tyds *(hitte, reën, ens.); (warm weer ens.)* buitengewoon/ongewoon vir dié tyd van die jaar; abnormaal *(d. weer).*

**un·sea·soned** sonder speserye/sout/peper; klam, onuitge= droog *(hout);* onvolgroei(d), groen; onervare.

**un·seat** ontsetel; afgooi; uit die saal lig; ~ *a member* 'n sit=

tende lid lig. **un·seat·ed** sonder sitplek, staande; ontsetel; *remain* ~ bly staan, nie gaan sit nie.

**un·se·cured** *(fin.)* ongesekureer(d) *('n krediteur, lening, skuldbrief, ens.);* onbeveilig, nie beveilig nie; ~ *claim* uitstaande vordering; ~ *creditor* konkurrente skuldeiser; ~ *debt* ongedekte skuld.

**un·seed·ed** ongekeur(d); ongesaai.

**un·see·ing** onoplettend; blind; sonder om te sien.

**un·seem·ly** onbetaamlik, onbehoorlik, ongepas; ongeleë, onmoontlik; onwelvoeglik; onaantreklik, lelik.

**un·seen** *n.* die onbekende, die ongesiene. **un·seen** *adj.* onsigbaar, ongesien; onbesiens.

**un·self·con·scious** vrymoedig, natuurlik, ongeërg, ongedwonge, ongekunsteld, nie selfbewus nie. **un·self·con·scious·ness** vrymoedigheid, natuurlikheid, ongedwongenheid, ongeërgdheid.

**un·self·ish** onselfsugtig, onbaatsugtig, belangeloos. **un·self·ish·ness** onselfsugtigheid, onbaatsugtigheid, belangeloosheid.

**un·sen·ti·men·tal** onsentimenteel, sonder sentimentaliteit, nugter.

**un·ser·vice·a·ble** onbruikbaar, ondienlik; nutteloos. **un·ser·vice·a·ble·ness** onbruikbaarheid, ondienlikheid.

**un·set·tle** verwar, deurmekaar maak; ontwrig; verontrus, onthuts; van stryk bring; verstoor. **un·set·tled** deurmekaar, verwar(d); van stryk (af); wisselvallig, veranderlik *(d. weer ens.);* veranderlik, onbestendig, skommelend *(pryse ens.);* onafgehandel(d); onvereffen(d), uitstaande, onafgelos *(skuld);* onbetaal(d), uitstaande *(eis);* onseker, nie vasgestel(d) nie; onuitgemaak *(saak);* (nog) nie gevestig nie, sonder vaste woonplek; rondtrekkend, (rond)swerwend; onbewoon(d) *('n streek);* onbesleg *('n geskil);* onseker *(d. mark);* onstabiel. **un·set·tled·ness** onbestendigheid. **un·set·tle·ment** onsekerheid; onvastheid, verwarring; ontwrigting. **un·set·tling** verontrustend, onthutsend; ontwrigtend; verwarrend.

**un·sex** aseksueel maak, vroulikheid/manlikheid ontneem, onvroulik/onmanlik maak; impotent maak; kastreer, ontman.

**un·shack·le** ontboei, die boeie losmaak, bevry; *(fig.)* vrymaak, bevry; uitskakel. **un·shack·led** *(ook)* ongebonde.

**un·shake·a·ble** onwrikbaar, onwankelbaar, onversetlik; onomstootlik.

**un·shak·en** onwrikbaar, standvastig, rotsvas; kalm.

**un·shaved, un·shav·en** ongeskeer.

**un·sheathe** (uit die skede) trek.

**un·shed** ongestort, ongehuil *(trane).*

**un·shelled** onafgedop *(garnale ens.).*

**un·ship** *-pp-* ontskeep, aan land/wal sit, ontlaai; uitlaai; aan land/wal stap/gaan; afgooi, afhaal; los *(roeispane);* wegneem.

**un·shock·a·ble** skokbestand, -vas, nie vatbaar vir skokke nie.

**un·shod** sonder skoene, ongeskoei(d); *an* ~ *hoof/horse* 'n onbeslaande/onbeslane hoef/perd.

**un·sight·ed** sigloos, sonder sig; *the referee was* ~ die skeidsregter se sig is belemmer, die skeidsregter kon nie ... sien nie *(d. oortreding ens.).*

**un·sight·ly** lelik, mismaak, afstootlik; onooglik. **un·sight·li·ness** mismaaktheid, afstootlikheid; onooglikheid.

**un·signed** ongeteken(d), ononderteken(d).

**un·sink·a·ble** onsinkbaar.

**un·skil·ful** onbekwaam, onbedrewe, onervare; onhandig, lomp.

**un·skilled** ongeskool(d); ongeoefen(d); onbedrewe, onervare; onvakkundig.

**un·slak(e)·a·ble** onversadigbaar *(seksdrang);* onbedwingbaar *(begeerte);* onlesbaar *(dors);* onstilbaar *(honger).*

**un·sling** *ww.* (van jou skouer) afswaai/afhaal *('n geweer ens.).*

**un·snap** *-pp-* die knip losmaak *(van).*

**un·so·cia·ble** ongesellig.

**un·so·cial** onmaatskaplik, asosiaal.

**un·soiled** ongevlek; onbevlek, skoon, onbesoedel(d).

**un·sold** onverkoop.

**un·so·lic·it·ed** nie versoek nie; ongevraag.

**un·solv·a·ble** onoplosbaar.

**un·solved** onopgelos; onuitgewerk.

**un·so·phis·ti·cat·ed** opreg, eerlik, onbedorwe; eenvoudig, naïef, onskuldig; ongekunsteld, natuurlik; eenvoudig, ongekompliseer(d); ongesofistikeerd.

**un·sort·ed** ongesorteer(d), deurmekaar; onuitgesoek.

**un·sound** ongesond; onjuis, vals, misleidend; ongegrond, ongeldig; onsuiwer; onvas; aangetas, aangesteek; gebrekkig, swak, sleg; lig *(slaap).*

**un·spar·ing** rojaal, kwistig, vrygewig; oorvloedig; meedoënloos, onbarmhartig, ongenadig; *be* ~ *in one's efforts* geen moeite ontsien/spaar nie; ~ *efforts* onvermoeide pogings.

**un·speak·a·ble** onuitspreeklik; onbeskryflik; verfoeilik. **un·speak·ing** *(liter.)* swygsaam, swygend.

**un·spe·cial·ised, -ized** ongespesialiseer(d); ongedifferensieer(d).

**un·spe·cif·ic** onbepaald, algemeen, onspesifiek; onnoukeurig, onpresies.

**un·spec·i·fied** ongespesifiseer(d), onbepaald, nie aangedui nie, ongenoem(d).

**un·spent** onverbruik, onuitgegee, onbestee; nog sterk, onuitgeput; onverbruik; *(koeël)* onafgeskiet.

**un·spilled, un·spilt** ongestort, nie gemors nie.

**un·spir·it·u·al** niegeestelik; stoflik *(d. wêreld).*

**un·spoiled, un·spoilt** onbeskadig; onbedorwe, ongerep.

**un·spon·ta·ne·ous** nie spontaan nie, gemaak, onnatuurlik, geforseer(d).

**un·sport·ing, un·sports·man·like** onsportief.

**un·spot·ted** *(lett.)* ongevlek; *(fig.)* skoon, onbesoedel(d), onbevlek, vlek(ke)loos; onopgemerk, ongesien.

**un·sprung** ongeveer(d) *('n gewig, wiele, matras, ens.).*

**un·sta·ble** onstabiel, onbestendig; onewewigtig, veranderlik, onvas; onstandvastig; wisselvallig; ongedurig, wispelturig; *(fis.)* onstabiel, onvas. **un·sta·ble·ness** onvastheid; onbestendigheid; instabiliteit; →INSTABILITY.

**un·stained** ongekleur(d), ongeverf; *(fig.)* onbesoedel(d), vlek(ke)loos; onbesmet.

**un·star·tled** nie verskrik nie, houtgerus, doodkalm.

**un·stead·y** onvas, onbestendig, onstabiel; wankel(baar), los; veranderlik, ongestadig, wisselvallig, onseker; *the ladder is* ~ die leer staan nie vas nie; ~ *on one's legs* wankelend; *be rather* ~ 'n bietjie ligsinnig wees *(iem.).*

**un·stick** *ww.* losmaak; laat loskom; *(Br., infml.,* 'n *vliegtuig ens.)* opstyg.

**un·stint·ed, un·stint·ing** ruim, oorvloedig, onbeperk.

**un·stirred** *(lett., fig.)* ongeroer(d); onaangedaan, kalm; onaangeraak; ongevoelig.

**un·stop** *-pp-* ontkurk, die prop uittrek; oopmaak; uittrek *('n orrelregister).* **un·stop·pa·ble** onkeerbaar, onstuitbaar. **un·stopped:** ~ *consonant* oop medeklinker.

**un·strained** natuurlik; ontspanne; ongefiltreer(d), nie deurgesyg nie.

**un·strap** *-pp-* losgespe, losmaak.

**un·stressed** onbeklemtoon(d), ongeaksentueer(d); toonloos.

**un·stri·at·ed** ongestreep; nie geriffel(d) nie; ~ *muscle* gladde spier.

**un·string** *-strung -strung* ontsnaar; die snare losmaak; afryg *(krale);* ontspan, verslap. **un·strung** senu(wee)agtig, ontsteld.

**un·striped** ongestreep; ~ *muscle* gladde spier; →UNSTRIATED.

**un·struc·tured** ongestruktureer(d); onsistematies, onge= orden(d); los, vormloos; informeel.

**un·stuck:** *come/get* ~ losgaan, los raak; uitmekaar val; *(infml.)* misluk.

**un·stud·ied** natuurlik, spontaan, ongedwonge.

**un·stuff·y** informeel, ontspanne, gemaklik.

**un·sub·stan·tial** nie substansieel nie; onvas, onstabiel; on= stoflik; denkbeeldig, onwerklik; swak, nie solied nie. **un= sub·stan·ti·al·i·ty** onstoflikheid; onwesenlikheid.

**un·sub·stan·ti·at·ed** ongestaaf, onbevestig.

**un·suc·cess·ful** onvoorspoedig, onsuksesvol, sonder suk= ses/welslae/resultaat; nie geslaag(d) nie, vergeefs; vrugte= loos; *be* ~ misluk, nie slaag nie; ~ *candidate* onsuksesvolle kandidaat *(in 'n verkiesing, eksamen);* druipeling *(in 'n eksa= men);* verslane/uitgevalle kandidaat *(in 'n verkiesing);* return ~ onverrigtersake *(of onverrigter sake)* terugkeer. **un·suc= cess·ful·ly** sonder welslae/sukses, tevergeefs, sonder gevolg.

**un·suit·a·ble** ongeskik, ondoelmatig; ongepas; ongunstig; onvanpas *(vir 'n geleentheid);* be ~ nie pas/deug nie. **un= suit·a·bil·i·ty, un·suit·a·ble·ness** ongeskiktheid; ongepast= heid.

**un·suit·ed** ongeskik; onvanpas; *be* ~ nie pas/deug nie.

**un·sung** nie gesing nie; onbesonge *('n held ens.).*

**un·sup·port·a·ble** onverdedigbaar; onregverdigbaar; on= duldbaar.

**un·sup·port·ed** sonder steun, sonder ondersteuning, al= leen; onversterk; ongestaaf, onbevestig.

**un·sup·port·ive** nie ondersteunend nie.

**un·sure** onseker; onbetroubaar; onveilig, gevaarlik; onbe= stendig, wisselvallig.

**un·sur·faced** ongeteer *('n pad).*

**un·sur·pass·a·ble** onoortreflik, onverbeterlik.

**un·sur·passed** ongeëwenaar(d), uitstekend.

**un·sur·pris·ing** nie verbasend nie; nie verrassend nie.

**un·sus·cep·ti·ble** onontvanklik, onvatbaar; *s.t. is* ~ *of proof* iets is onbewysbaar; ~ *to* ... onvatbaar vir ... **un·sus·cep= ti·bil·i·ty** onontvanklikheid, onvatbaarheid.

**un·sus·pect·ed** onverdag; onvermoed; onopgemerk; on= verwag. **un·sus·pect·ing** niksvermoedend, houtgerus; on= skuldig, sonder agterdog/wantroue.

**un·sus·tain·a·ble** *adj.,* **=a·bly** *adv.* onvolhoubaar; onhand= haafbaar.

**un·swayed** onbeïnvloed, standvastig.

**un·sweet·ened** onversoet; ~ *milk* onversoete melk.

**un·swerv·ing** reguit, koersvas, doelgerig; onwankelbaar, onwrikbaar. **un·swerv·ing·ly:** *be* ~ *honest* padlangs die waar= heid vertel.

**un·sym·met·ri·cal** onsimmetries, asimmetries, ongelyk, skeef.

**un·sym·pa·thet·ic** onsimpatiek; *be* ~ *to(wards)* ... onsim= patiek staan teenoor/jeens ...

**un·sys·tem·at·ic** onstelselmatig, onsistematies, sisteem= loos, stelselloos; onmetodies.

**un·tact·ful** ontakties, taktloos.

**un·taint·ed** onbesoedel(d), vlek(ke)loos; onaangetas, on= bedorwe; suiwer, rein.

**un·tam(e)·a·ble** ontembaar; onregeerbaar, onbeteuelbaar; onbedwingbaar.

**un·tamed** ongetem(d), wild.

**un·tan·gle** ontwar, ontknoop; oplos, ophelder.

**un·taught** ongeskool(d); ongeletterd; ongeleerd, onkundig; nie aangeleer nie; ongekunsteld, natuurlik.

**un·taxed** onbelas.

**un·teach·a·ble** onleerbaar; onopvoedbaar; onnosel.

**un·ten·a·ble** onhou(d)baar, verwerplik, onverdedigbaar. **un·ten·a·bil·i·ty** onhou(d)baarheid.

**un·tend·ed** sonder oppasser/oppaster; onversorg, verwaar= loos, sleg onderhou; sonder bediening, onbedien.

**un·test·ed** onbeproef.

**un·think·a·ble** ondenkbaar; hoogs onwaarskynlik.

**un·think·ing** onbedagsaam, onbesonne, onnadenkend; on= bedoel(d), onopsetlik, nie aspris/aspres nie. **un·think·ing·ly** sonder om te dink, onnadenkend.

**un·thought:** *it is* ~ *of* dit is ondenkbaar/ongehoord.

**un·thread** die draad uit die naald trek.

**un·threat·en·ing** niedreigend, onaggressief; wat jou nie bedreig laat voel nie; wat geen bedreiging inhou nie; versig= tig, ingehoue; veilig.

**un·thrift·y** verkwistend, spandabelrig. **un·thrift·i·ness** ver= kwisting, spandabelheid.

**un·ti·dy** slordig, onversorg, agte(r)losig; onordelik, wanor= delik, deurmekaar, rommelrig. **un·ti·di·ness** slordigheid; on= ordelikheid.

**un·tie** losmaak, =knoop.

**un·til, till** *prep. & voegw.* tot; totdat; voor(dat); *not* ~ *(after)* ... nie voor ... nie, eers (ná) ...; *live* ~ *an advanced age* 'n hoë ouderdom bereik; ~ *s.o. comes* tot(dat) iem. kom; ~ *the death of* ... tot die dood van ...; ~ *lately* tot onlangs; ~ *as recently as last year* tot verlede jaar nog; ~ *then* tot dié/ daardie tyd, tot dan (toe); vantevore; *not* ~ *then* toe eers, eers toe; ~ *when?* tot wanneer?, hoe lank?.

**un·time·ly** *adj.* ontydig. **un·time·ly** *adv.* te vroeg; ontydig. **un·time·li·ness** ontydigheid.

**un·tir·ing** onvermoeid; onvermoeibaar.

**un·tit·led** sonder titel, ongetitel(d).

**un·to** *(arg.)* aan; tot; vir; ~ *death* tot die dood toe; *do* ~ *others* ... doen aan ander ...

**un·told** onvermeld, onvertel, nie vertel/geopenbaar nie; ma= teloos, onuitspreeklik; ~ *wealth* onmeetlike rykdom.

**un·touch·a·ble** *n., (lid v.d. laagste Hindoekaste)* onreine, onaanraakbare. **un·touch·a·ble** *adj.* onaanraakbaar; on= aantasbaar; *(Hind.)* onrein, onaanraakbaar. **un·touch·a·bil= i·ty** onaanraakbaarheid; onaantasbaarheid; *(Hind.)* onrein= heid, onaanraakbaarheid.

**un·touched** onaangeraak, onaangetas, ongeskonde; onge= roer(d), onbewoë, onaangedaan.

**un·to·ward, un·to·ward** eiesinnig, eiewys; ongunstig, on= gewens; onbetaamlik, onwelvoeglik.

**un·trace·a·ble** onopspoorbaar, onnaspeurbaar.

**un·tra·di·tion·al** ontradisioneel; onkonvensioneel.

**un·trained** onopgelei(d), ongeskool(d) *(werkers);* onafgerig *(spelers);* ongedresseer(d), ongeleer(d), onafgerig *(diere);* on= geoefen(d), onbedrewe; ongedril(d), ongebrei.

**un·tram·melled** ongehinder(d), ongebonde, onbelem= mer(d).

**un·trans·fer·(r)a·ble** onoordraagbaar.

**un·trans·lat·a·ble** onvertaalbaar.

**un·trav·elled, (Am.) un·trav·eled** onberese, onbereis(de).

**un·treat·a·ble** onbehandelbaar *('n siekte ens.).*

**un·treat·ed** onbehandel(d).

**un·trend·y** *(infml.)* uit die mode, oudmodies; uitgedien(d).

**un·tried** onbeproef, ongetoets; onverhoor(d).

**un·trimmed** ongesny, ongeknip; ongesnoei; onversier(d), eenvoudig *(klere ens.).*

**un·trod·den** onbegaan, onbetree.

**un·trou·bled** kalm, rustig; ongestoord; onbekommerd, kom= merloos.

**un·true** onwaar; vals; ontrou; onsuiwer.

**un·trust·wor·thy** onbetroubaar; ongeloofwaardig. **un·trust= wor·thi·ness** onbetroubaarheid; ongeloofwaardigheid.

**un·truth** onwaarheid; valsheid; ontrou(heid); leuen. **un·truth·ful** vals, onopreg, oneerlik; onwaar, leuenagtig. **un·truth·ful·ness** valsheid, onopregtheid.

**un·tuned** ongestem(d), niegestem(d).

**un·turned** onaangeroer(d), nie omgekeer(d)/omgedraai nie.

**un·us·a·ble** onbruikbaar.

**un·used** ongebruik *('n glas ens.);* ongebruik, braakliggend *(fondse, kapitaal);* onbestee, onaangewend *(geld ens.);* onbeset *('n perseel ens.);* onbenut *('n geleentheid);* in onbruik *(klere ens.); be ~ to s.t.* ongewoond wees aan iets.

**un·u·su·al** ongewoon, buitengewoon, uitsonderlik, besonders; opvallend, merkwaardig; *there is s.t. ~ about it* daar is iets ongewoons aan.

**un·ut·ter·a·ble** *(lett.)* onuitspreekbaar; *(fig.)* onuitspreeklik, onbeskryflik, naamloos, nameloos; *be an ~ fool* 'n opperste gek wees.

**un·ut·tered** onuitgesproke.

**un·var·ied** onverander(d), eenders, eentonig, ongevarieer(d).

**un·var·nished** onvernis, sonder vernis *(hout);* onvervals, suiwer; onverbloem(d); onopgesmuk.

**un·var·y·ing** onveranderlik; vas; konstant; sonder afwisseling, kleurloos, saai, eenders, eners.

**un·veil** die sluier afhaal; onthul *('n monument); (fig.)* ontsluier, onthul, openbaar, aan die lig bring. **un·veiled** *(ook)* ongesluier(d), sonder sluier.

**un·ver·i·fi·a·ble** onkontroleerbaar; onbewysbaar; onbevestigbaar, onverifieerbaar.

**un·ver·i·fied** ongeverifieer(d), onbevestig; onbewese; ongekontroleer(d); nie nagesien nie.

**un·versed** onbedrewe *(in),* onervare.

**un·vi·o·lat·ed** ongeskonde.

**un·vis·it·ed** onbesoek, (nog) nie besoek nie.

**un·voiced** onuitgesproke; *(ling.)* stemloos *(medeklinkers).*

**un·waged** onbesoldig.

**un·want·ed** ongewens, ongevraag; verwerp, verstote; onnodig.

**un·war·rant·a·ble** onverdedigbaar, onregverdigbaar; onbehoorlik, ongeoorloof.

**un·war·rant·ed** ongewaarborg; ongewettig; ongemagtig, onbevoeg; ongeoorloof, verregaande; ongeregverdig, ongegrond, onverantwoord.

**un·war·y** nie oplettend/versigtig nie, onbehoedsaam.

**un·washed** ongewas; *the great ~, (neerh.)* die skorriemorrie/ gepeupel.

**un·watch·a·ble** onkykbaar.

**un·watched** onbewaak, sonder toesig; onbeman(d).

**un·wa·tered** ontwater(d); onbesproei(d), nie natgemaak/ =gegooi/=gelei nie, droog; drooggelê *('n myn);* onverdun(d).

**un·wa·ver·ing** onwrikbaar, onwankelbaar, onversetlik, standvastig; koersvas, stewig.

**un·weaned** ongespeen(d).

**un·wear·a·ble** ondra(ag)baar.

**un·wea·ried** onvermoeid; nie moeg nie; onvermoeibaar.

**un·wea·ry·ing** onvermoeid, nie vermoeiend/vervelend nie; aanhoudend, volhardend; onvermoeibaar.

**un·wed(·ded)** ongetroud, ongehuud.

**un·weight·ed** onverswaar(d).

**un·wel·come** onwelkom, ongenooi(d). **un·wel·com·ing** onvriendelik, koud, kil; ongasvry.

**un·well** onwel, ongesteld, siek(erig), olik.

**un·wept** *(hoofs. poët., liter.)* onbetreur(d), onbeween(d), onbeklaag.

**un·wet·ted** droog.

**un·whole·some** ongesond, onheilsaam.

**un·wield·y** onhandig, onhanteerbaar, onbeholpe, $lomp$; swaar.

**un·will·ing** onwillig, nie bereid nie; ongeneë, teen=, teësinnig. **un·will·ing·ness** onwilligheid, teen=, teësin, teen=, teësinnigheid, ongeneigdheid.

**un·wind** =wound =wound los=, afdraai, =rol; afwen; ontspan.

**un·wink·ing** sonder om 'n oog *(of* jou oë) te knip; onknipp(er)end *(oë);* wakker, waaksaam.

**un·win·na·ble** onwenbaar *('n oorlog ens.).*

**un·wis·dom** onverstandigheid, onwysheid.

**un·wise** onverstandig, onwys.

**un·wished** ongewens. ~**-for** onbegeer(d).

**un·wit·nessed** ongesien; ongestaaf.

**un·wit·ting** onbewus, onwetend. **un·wit·ting·ly** onbewus, sonder om te weet, onwetend.

**un·wont·ed** ongewoon, buitengewoon.

**un·wood·ed** onbebos, sonder bosse/bome.

**un·work·a·ble** onprakties, onuitvoerbaar; onbewerkbaar.

**un·work·man·like** onhandig, onbekwaam, onbevoeg, onprakties; onervare.

**un·world·ly** onwêrelds. **un·world·li·ness** onwêreldsheid.

**un·worn** ongedra, nuut.

**un·wor·ried** onbesorg, onbekommerd.

**un·wor·thy** onwaardig; onbehoorlik, onbetaamlik, ongepas. **un·worth·i·ness** onwaardigheid; ongepastheid.

**un·wound** *ww. (verl.t.)* →UNWIND.

**un·wound·ed** ongewond, ongedeerd; ongekwes *(diere).*

**un·wrap** =pp= oopvou, =maak, ontvou.

**un·wrin·kled** sonder rimpels/plooie, ongerimpel(d), glad.

**un·writ·ten** ongeskryf, ongeskrewe.

**un·yield·ing** onbuigsaam, koppig, eiesinnig; onwrikbaar, standvastig, onversetlik; ontoeskietlik, ontoegeeflik; wat nie meegee nie.

**un·yoke** uitspan, die juk afhaal; ophou (werk).

**un·zip** =pp= ooprits.

**up** *n.: ~s and downs* wisselvallighede; voor- en nadele; vooren teen=/teëspoed; *on the ~* opwaarts, stygende; *on the ~ and ~, (infml.)* aan die opkom. **up** *adj. & adv.* opwaarts; op die been; aan die woord; op; bo; boontoe, na bo; in die saal, te perd; hoër *(temperatuur);* stygend *(d. gety);* om, verstreke, verby; wakker, uit die bed; aktief, gesond; *s.o. is ~ and about* iem. is op die been; *be ~ and about early* vroeg uit die vere wees *(infml.); be ~ against* ... teen(aan) ... wees; *be|come ~ against s.t., (ook, infml.)* met iets te kampe/doen/make hê/ kry; *it is all ~* dit is die end; dit is uit daarmee; *be ~* uit die bed wees; aan die woord wees; *be ~ by 5%* 5% hoër wees; *be ~ and doing* bedrywig *(of* aan die werk) wees; *~ and down* op en af/neer; *(fig.)* soms beter en dan weer slegter; *look ~ and down for* ... oral(s) (rond) na ... soek; *look s.o. ~ and down* iem. van kop tot tone bekyk/beskou; *the figures are ~* die syfers het gestyg; *four floors ~* vier verdiepings hoog; vier verdiepings (hoër) op; *be ~ for election* kandidaat wees in 'n verkiesing; *be ~ for theft* weens diefstal voorkom; *further/higher ~* hoër op; *high ~ in the air* hoog in die lug; *be well ~ in s.t.* goed in iets tuis wees *('n onderwerp);* goed op (die) hoogte van/met iets wees; *be ~ late* laat opbly; *be two ~ on s.o.* iem. twee voor wees; *one ~* een voor; *petrol is ~* petrol is duurder; *prices are ~* die pryse het gestyg *(of* is hoër); *the reserves are ~* die reserwe is groter *(of* het gestyg); *~ and running, ('n* program, rekenaar, ens.) in werking; *('n* fabriek ens.) in bedryf; *('n* projek ens.) aan die gang; *something is ~* daar is iets aan die gang; *~ there* daar bo; *~ till* ... tot ... *('n tyd); ~ to* ... tot ... *('n tyd);* tot by ... *('n plek); lose ~ to R500* tot R500 verloor; *~ to and including* ... tot en met ...; *the date ~ to which* ... die datum tot wanneer ...; *s.t. is ~ to s.o.* iets is iem. se plig; iets berus by iem.; iets is iem.

se saak; iets word aan iem. oorgelaat; *be ~ to s.t.* tot iets in staat wees, vir iets opgewasse wees; iets in die mou/skild voer; iets aanvang; *straight ~ to* ... reguit na ... toe *(die deur ens.); is X ~ to it?* sal X dit kan doen?; *do you feel ~ to it?* sien jy daarvoor kans?; *s.t. is not ~ to much* iets beteken nie veel nie; *be well ~ in s.t.* →*in; what's ~?, (infml.)* wat makeer/ skort?; wat is aan die gang?; *what's ~ with s.o.?, (infml.)* wat makeer iem.?; *~ (with) the Boks!* die Bokke bo!; *~ with the flag* hys die vlag; *~ with you!* op is jy!, opstaan!; *from youth ~* van jongs af. **up** *prep.* op; *the smoke goes ~ the chimney* die rook trek in die skoorsteen op; *~ and down the country* oor die hele land; *~ that way* daardie kant op, in daardie geweste; *~ yours!, (plat)* fok jou!, jou moer!, te hel met jou!. **up** *-pp-, ww.* (op)lig; opstaan; opspring; verhoog; *then s.o. ~ped and hit me, (infml.)* toe haak iem. af en slaan my.

**up·an·chor** *ww., (sk.)* die anker lig.

**up-and-com·er** *n.* opkomeling. **up-and-com·ing** *adj.* energiek, wakker, vooruitstrewend; ondernemend.

**up-and-un·der** *n.* hoë skop *(in rugby).*

**up·beat** *n., (mus.)* opslag. **up·beat** *adj., (infml.)* vrolik, opgeruimd; optimisties, positief.

**up·braid** verwyt, berispe, roskam; *~ s.o.* met iem. raas.

**up·bring·ing** opvoeding, (die) grootmaak.

**up·cast** *n.* (die) omhooggooi/opgooi; opwaartse gooi; *(mynb.)* ventilasieskag; optrek. **up·cast** *adj.* opgeslaan, omhoog gerig *(die oë).* **up·cast** *-cast -cast, ww.* opgooi; opslaan *(d. oë).*

**up·chuck** *ww., (Am. sl.)* opgooi, opbring, kots.

**up·com·ing** *adj.* komende, naderende.

**up·coun·try** *adj.* binnelands. **up·coun·try** *adv.* na/in die binneland.

**up·date** *n.* hersiening, nuwe/bygewerkte model/weergawe/ ens.; *an ~ on s.t.* die jongste nuus oor iets. **up·date** *ww.* hersien; bywerk, aanvul; moderniseer.

**up·draught,** *(Am.)* **up·draft** stygstroom; sterk stygwind.

**up·end** *ww.* oprig, regop plaas/sit, orent sit, staanmaak.

**up·field** *n., (sport)* veld-op.

**up·front** *adj.* oop, eerlik, opreg; natuurlik, spontaan; reguit; prominent, opvallend, treffend; *~ money* voorskot. **up·front, up front** *adv.* voor; op die voorgrond; vooruit, as voorskot; by voorbaat; *go ~ (or ~ ~)* vorentoe gaan; *pay ~ (or ~ ~)* 'n voorbetaling doen; *a payment ~ (or ~ ~)* 'n voorbetaling.

**up·grade** *n.* opdraand(e), opwaartse helling; hoër gradering, opgradering, nuwe/verbeterde model/weergawe/ens.; *be on the ~* aan die toeneem/styg wees; aan die verbeter/herstel wees. **up·grade** *adj. & adv.* opdraande. **up·grade** *ww.* hoër gradeer, opgradeer; bevorder, verhoog; die gehalte verhoog; veredel; opteel, (kruis)veredel *(beeste ens.).* **up·grad(e)·a·ble** opgradeerbaar *('n rekenaar ens.).*

**up·growth** groei, (opwaartse) ontwikkeling; opslag.

**up·heav·al** omwenteling; *(geol.)* opstoting, -heffing.

**up·hill** *n.* (opwaartse) helling. **up·hill** *adj.* opdraand(e); opwaarts; moeisaam, moeilik, inspannend, veeleisend, swaar *(werk).* **up·hill** *adv.* opdraand(e), opdraands; moeisaam.

**up·hold** *-held -held* hoog hou; ondersteun, aanmoedig; *(het/bevestig, bekragtig ('n besluit); handhaaf ('n reg); voorstaan, verdedig; ophou (jou eer).* **up·hold·er** ophouer; verdediger, handhawer; voorstander.

**up·hol·ster** beklee, oortrek; stoffeer. **up·hol·ster·er** bekleër, stoffeerder. **up·hol·ster·y** bekleding, bekleedsel, stoffeering; stoffeerwerk, stoffeerdery; stoffeersaak, stoffeerwinkel, -onderneming, stoffeeronderneming; *~ fabric* bekleding, stoffeerstof.

**up·keep** onderhoud, versorging, instandhouding; *(cost of) ~* onderhoudskoste.

**up·land** *n.* hoogland. **up·land** *adj.* in/van/uit die hoogland, hooglands.

**up·lift** *n.* verheffing, opheffing. **up·lift** *ww.* ophef; oplig; *(fig.)* opbeur, bemoedig, besiel. **up·lift·ing** *adj.* opbeurend, bemoedigend, besielend, opkikkerend, verkwikkend, opheffend. **up·lift·ment** opheffing.

**up·light(·er)** *n.* lamp/lig wat na bo skyn.

**up·load** *ww., (rek.)* oordra, oorplaas *(data ens.).*

**up·mar·ket** luuks, duur(der); *~ goods* weeldeartikels; *an ~ house* 'n huis in die duurder prysklas.

**up·on** op, bo-op; by; *s.t. is almost ~ us* iets staan voor die deur; *not enough to live ~* nie genoeg om van te lewe nie; *row ~ row of* ... rye-rye ..., die een ry ... op die ander; *thousands ~ thousands* duisende der duisende, derduisende; *~ what ...?* waarop ...?; *~ which ...* waarop ...

**up·per** *n.* boleer, oorleer *(v. 'n skoen); (dikw. i.d. mv.), (dwelmsl.)* stimulant, opkikker(tjie); *be (down) on one's ~s, (infml.)* brandarm wees; in die verknorsing/knyp sit. **up·per** *adj.* hoër; boonste; bo-; *~ air* bolug, hoër luglae; *~ arm* boarm; *~ deck* bodek; *~floor* boverdieping, boonste verdieping; bovloer; *the ~ hand* die oorhand; *~ lip* bolip; *~ register, (mus.)* boonste register; *~ town* bodorp; *~ wind* bo-, hoogtewind. *~ case n., (druk.)* bokas, hoofletters; *~-case adj. (attr.): ~ letter* hoofletter, bokasletter. **U~ Church Street** Bo-Kerkstraat. *~ class n.* rykes, aristokrasie, hoër stand(e). *~-class adj. (attr.)* vooraanstaande *(familie, buurt, ens.);* gekultiveerde *(stem);* aristokratiese *(agtergrond);* beskaafde *(aksent);* elitistiese *(kultuur).* *~ crust n., (lett.)* bokors; *(infml.)* bolaag, hoogste kringe, hoëlui. *~cut n., (boks)* gesighou. **U~ Egypt** Bo-, Opper-Egipte. *~ house (parl.)* hoërhuis. *~most adj.* hoogste, boonste. *~most adv.* bo-op, eerste. **U~ Nile:** *the ~ ~* die Bo-Nyl. **U~ Rhine:** *the ~ ~* die Bo-Ryn.

**up·pish** *(Br., infml.)* astrant, verwaand; uit die hoogte. **up·pish·ness** vrypostigheid; astrantheid, verwaandheid.

**up·pi·ty** *(infml.)* astrant, voor op die wa, verwaand.

**up·raise** ophef, -rig, -lig.

**up·rate** *ww.* verhoog *(voordele, 'n pensioen, ens.);* die waarde van ... verhoog, opwaardeer *(effekte ens.);* opgradeer *('n rekenaar ens.);* verbeter *('n enjin ens.).*

**up·right** *n.* styl, (stut)paal, staander, pilaar; *(rugby)* regoppaal. **up·right** *adj.* regop, (op)staande, staan-, vertikaal, orent; opreg, eerlik, onkreukbaar; *~ collar* staankraag; *~ cypress* kerkhofsipres; *~ piano* regopklavier; *plumb ~* loodreg; *~ projection* vertikale projeksie; *set s.t. ~* iets regop laat staan, iets staanmaak. **up·right·ness** opregtheid, eerlikheid.

**up·ris·ing** opstand, oproer.

**up·riv·er** *n.* gebied aan die boloop (van die rivier). **up·riv·er** *adj. & adv.* stroomopwaarts.

**up·roar** lawaai, geskreeu, geraas, rumoer, opskudding; *cause an ~* 'n opskudding veroorsaak; *be in ~, ('n vergadering ens.)* in wanorde wees. **up·roar·i·ous** luidrugtig, lawaaierig; wanordelik; lagwekkend, snaaks; uitbundig, uitgelate *(lag).* **up·roar·i·ous·ly** met lawaai.

**up·root** ontwortel, uitgrawe, uit die grond trek/ruk; *(fig.)* ontwortel; uitroei.

**up·rush** opwelling *(v. emosies).*

**ups-a-dai·sy** →UPSY-DAISY.

**up·scale** *adj. (attr.), (Am., infml.)* eksklusiewe *(eetplek, klub, ens.);* uitgelese *(gehoor); ~ car market* weeldemotormark; *~ consumers* verbruikers uit die hoë inkomstegroep; *~ neighbourhood* spog-, uitsoek-, rykmansbuurt, duur/gegoede/ryk/ luukse/deftige (woon)buurt.

**up·set** *n.* omverwerping, omvêrwerping; ellende, skok, ontsteltenis; omwenteling; *(infml.)* rusie; verrassende nederlaag *(in sport);* ommekeer; versteuring, ontwrigting; kneusplek *(in hout).* **up·set** *adj. (pred.)* onthuts, omgekrap, ontsteld; deurmekaar; oorstuur. **up·set** *adj.* omgekrap, onderstebo *(iem. se maag); ~ price* laagste/minimum prys, reserwe-, in

set=, openingsprys; ~ *victory* verrassende oorwinning. **up·**
**set** *=set =set, ww.* omverwerp, omvêrwerp; omgooi, =stoot,
=stamp; verwerp; omval, =slaan; ontstel, onthuts, (ver)steur,
van stryk (af) bring, omkrap; in duie laat val, laat misluk;
ontwrig, in die war stuur, verydel; stuik *(metaal); be ~ about*
*s.t.* oor iets ontsteld/omgekrap wees; *become/get ~* ont=
steld raak, jou ontstel; *be ~ by s.t.* deur iets ontstel word; *the*
*food ~* him/her die kos het hom/haar laat sleg voel (*of* sy/
haar maag omgekrap). **up·set·ting** *adj.* ontstellend, onthut=
send.

**up·shift** *(mot.)* hoër skakeling.

**up·shot** uitkoms, (eind)uitslag, gevolg, (eind)resultaat, uit=
einde, nadraai.

**up·side** bokant; *(fin.)* opwaartse potensiaal *(v. aandeelpryse);*
*(infml.)* positiewe sy, blink kant *(v. 'n saak).* ~ **down** *adj. &*
*adv.* onderstebo; agterstevoor; deurmekaar; *turn ~ ~* on=
derstebo draai; *turn a place ~ ~* 'n plek omkrap (*of* op ho=
rings neem); *turn s.t. ~ ~* iets omkeer/deurmekaarkrap; iets
in verwarring bring. **~-down cake** ondersteboкoek.

**up·si·lon** *(d. Gr. letter y)* upsilon.

**up·slope** opdraand(e), helling.

**up·stage** *adj. & adv.* agter (op die verhoog). **up·stage**
*ww., (infml.)* in die skadu stel; *(infml.)* die kalklig steel, al die
*(of* die meeste) aandag trek; *(infml.)* uit die hoogte behandel;
*(teat.)* spel roof.

**up·stairs** *adj.* boonste, bo=; ~ *hall* boonste saal; ~ *room* bo=
kamer. **up·stairs** *adv.* bo, op die boverdieping, op solder;
boontoe, na bo, die trap op; *go ~* boontoe (*of* na bo) gaan,
(met) die trap opgaan.

**up·stand·ing** regop; flink, fluks, agtermekaar.

**up·start** *n., (neerh.)* opkomeling; arrogante/astrante/ver=
waande persoon. **up·start** *adj.* vrypostig, astrant, aanma=
tigend, verwaand, snipperig, voor op die wa.

**up·state** *adj., (Am.)* afgeleë *('n dorp ens.); in ~ New York* in
die noorde van die staat New York; ~ *Orlando* Noord-
Orlando; ~ *voters* plattelandse kiesers. **up·state** *adv.*
noord; na/in die noorde.

**up·stream** *adj. & adv.* rivierop geleë, hoër op langs/aan die
rivier; stroom=, rivierop, stroomopwaarts.

**up·stroke** opslag, opwaartse beweging, opgaande slag; styg=
slag *(v. 'n suier);* ophaal.

**up·surge** *n.* opwelling, vlaag; toename, oplewing, styging.

**up·swept** *adj.* (hoog) opgekam *(hare);* opgeslaan *(oë); ('n snor)*
met omkrulpunte *(pred.);* opswenk= *('n uitlaatpyp ens.).*

**up·swing** opgang=, opswaai(fase), opgaande fase, uitbrei=
dingsfase; oplewing, styging.

**up·sy-dai·sy, ups-a-daisy, oops-a-daisy** *tw.* oepse=
dysie!.

**up·take** (die) oplig/optel; begrip, verstand; rookvanger *(in*
'n skoorsteen); *(mynb.)* afvoerventilasieskag; *be quick/slow on*
*the ~, (infml.)* snel/vinnig/vlug (*of* stadig/traag) van begrip
wees.

**up·tem·po** *adj., ('n liedjie ens.)* met 'n vinnige tempo *(pred.);*
*('n wedstryd ens.)* wat teen 'n vinnige pas gespeel word
*(pred.).*

**up·throw** *(geol.)* styging; opgooi. ~ *side* stygkant.

**up·thrust** opstoting, opwaartse stoot/stukrag; *(geol.)* op=
stootverskuiwing.

**up·tick** *(ekon.)* styginkie, klein toename, minimum opwaart=
se beweging.

**up·tight** *(infml.)* gespanne, senu(wee)agtig.

**up·time** *(rek.)* bedryfstyd.

**up-to-date** *adj. (attr.)* bygewerk; modern, nuutste, jongste,
op (die) hoogte, byderwets; agtermekaar; by.

**up-to-the-min·ute** *adj. (gew. attr.)* mees moderne *(toerus=*
*ting ens.);* allerjongste *(inligting, nuus, tegnologie, ens.);* aller=
nuutste *(modes).*

**up·town** *n.* bostad; woonbuurt(e). **up·town** *adv.* in die
bostad; in die woonbuurt(e).

**up·trend** *n., (ekon.)* opwaartse neiging.

**up·turn** *n.* opswaai; oplewing; kentering, gunstige wending;
omgekeerde stuk; beroering, petalje. **up·turn** *ww.* omkeer;
omploeg; oplig, ophef. **up·turned** omgekeer(d) *('n boot, bak,*
*emmer, ens.);* opgeslaan *('n kraag ens. );* omgeploeg *(grond);*
opgedraai, opgehef *(die gesig ens.);* ~ *nose* wipneus.

**up·ward** *adj.* opwaarts; ~ *current* stygstroom; ~ *mobility,*
*(sosiol.)* opwaartse mobiliteit; *prices show an ~ tendency* pry=
se is aan die styg (*of* toon 'n opwaartse neiging). **up·ward,**
**up·wards** *adv.* opwaarts, boontoe, na bo; *six/etc. years*
*(old) and ~* ses/ens. jaar en ouer; *from R50/etc. and ~* R50/
ens. en hoër, van R50/ens. af; ~ *of 40/etc.* meer as 40/ens.,
oor die 40/ens., ruim 40/ens.. **up·ward·ly** *adv.* opwaarts,
boontoe, na bo; *be ~ mobile* opwaarts mobiel wees, 'n jap=
pie/yuppie/klimvoël wees.

**up·wind** *adj. & adv.* windop, met die wind van voor, teen
die wind (in); bo(kant) die wind.

**U·ral:** ~ **Mountains, Urals** Oeral(gebergte). ~ **River** Oeral=
rivier.

**u·ra·ni·um** *(chem., simb.:* U) uraan; ~ *oxide/trioxide, uranic*
*oxide* uraantrioksied.

**U·ra·nus, U·ra·nus** *(Gr. mit., astron.)* Uranus.

**ur·ban** stedelik, stads=; ~ *area* stadsgebied, stedelike gebied;
dorpsgebied; ~ *dweller* stedeling, stadsbewoner; ~ *gue(r)=*
*rilla* stedelike guerrillastryder/-vegter; ~ *legend/myth* stads=
legende, hedendaagse mite, straat=, dwaalstorie; ~ *renewal*
stadsvernuwing; ~ *sprawl* stadskruip, stadspreiding. **ur·**
**ban·i·sa·tion, =zation** verstedeliking. **ur·ban·ise, =ize** verste=
delik; *an ~d population* 'n verstedelikte bevolking. **ur·ban·ism**
stadslewe, =kultuur. **ur·ban·ite** *(infml.)* stedeling.

**ur·bane** hoflik, wellewend, goed gemanierd, goedgemanierd,
fynbeskaaf(d), fyn gemanierd, fyngemanierd. **ur·ban·i·ty**
hoflikheid, fyngemanierdheid, fyn gemanierdheid.

**ur·chin** seuntjie, knapie; deugniet, rakker, vabond(jie), kwa=
jong.

**Ur·du** *(amptelike taal v. Pakistan)* Oerdoe.

**u·re·a** *(biochem.)* ureum.

**u·re·ter** *(anat., soöl.)* ureter, urineleier.

**u·re·than(e)** uretaan; (etiel)uretaan.

**u·re·thra** *=thrae, =thras, (anat., soöl.)* uretra, urien=, urinebuis.

**urge** *n.* drang, behoefte; prikkel, impuls; *feel/get/have an/the*
~ *to* ... 'n/die drang voel/kry/hê om te ...; *an irresistible ~* 'n
onweerstaanbare drang. **urge** *ww.* aanspoor, aandring (op),
versoek; aanja(ag), aandryf, dwing; nadruk lê op, met na=
druk wys op, benadruk; ~ *in vain that* ... tevergeefs bena=
druk dat (*of* nadruk lê op) ...; ~ *s.o. to* ... by iem. aanspoor; *(fig.)*
vuur maak onder iem.; ~ *s.o. to* ... by iem. aandring (*of* iem.
aanspoor) om te ... **urg·ing:** *at the ~ of* ... op aandrang van ...

**ur·gent** dringend, gebiedend, noodsaaklik; ~ *matters* drin=
gende sake. **ur·gen·cy** dringendheid, spoed, (dringende)
noodsaaklikheid; *a matter of ~* 'n dringende saak; *be of the*
*utmost ~* uiters dringend wees. **ur·gent·ly** dringend; met
aandrang.

**u·ric ac·id** *(biochem.)* urien=, urinesuur.

**u·ri·nal** urinaal; urien=, urineglas; openbare toilet, urinaal.

**u·ri·nar·y** *adj.* urien=, urine=; ~ *bladder* urien=, urine=, wa=
terblaas; ~ *organ* urien=, urineorgaan; ~ *system* urien=, uri=
nestelsel; ~ *tract* urien=, urinekanaal; urien=, urineweë.

**u·ri·nate** urineer. **u·ri·na·tion** urinering, urien=, urinelos=
sing.

**u·rine** urien, urine. ~ *stain* urien=, urinevlek. **~-stained** met
urien/urine gevlek.

**urn** urn, vaas; lykbus; koffiekan, teekan; kook(water)kan,
(elektriese) kooktenk.

**u·ro·gen·i·tal, u·ri·no·gen·i·tal** urogenitaal.

**u·rol·o·gy** urologie, urineleer. **u·ro·log·i·cal** urologies. **u·rol·o·gist** uroloog.

**Ur·sa:** ~ **Major** *(astron.)* Ursa Major, die Groot Beer. ~ **Minor** *(astron.)* Ursa Minor, die Klein Beer.

**ur·sine** beeragtig, beer=.

**ur·ti·car·i·a, hives** *(med.)* urtikaria, netelroos, galbulte.

**U·ru·guay** *(geog.)* Uruguay. **U·ru·guay·an** *n.* Uruguaan, Uruguayaan. **U·ru·guay·an** *adj.* Uruguaans, Uruguayaans.

**us** ons; *all of* ~ ons almal; *all of* ~ *do it* ons doen dit almal; *and so say all of* ~ en ons sê almal so; *we have R100/etc.* **between** ~ ons het tesame R100/ens.; *two/etc. of* ~ twee/ens. van ons; *the two/etc. of* ~ ons twee/ens.

**us·a·ble** bruikbaar. **us·a·bil·i·ty** bruikbaarheid.

**us·age** gewoonte; gebruik; taal-, woordgebruik; *trade* ~ handelsgebruik, =gewoonte; *water* ~ waterverbruik.

**use** *n.* gebruik, benutt(ig)ing, gebruikmaking; aanwending; toepassing; nut(tigheid), bruikbaarheid; bekendheid; voordeel; gewoonte; *make the* **best** *possible* ~ *of s.t.* iets ten beste gebruik; **bring** *s.t. into* ~ iets in gebruik neem; ~ *of* **colour** kleuraanwending; **come** *into* ~ in swang kom; *be in* **daily** ~ elke dag *(of* daagliks) gebruik word *(of* in gebruik wees); *make* **effective/good** ~ *of s.t.* goeie gebruik van iets maak; **for** *the* ~ *of* ... vir die gebruik van ..., ten dienste van ...; *s.t.* **has** *its* ~s iets het sy nut; *be in* ~ gebruik word, in gebruik wees; gebruiklik/gangbaar wees, in swang wees; *not be in* ~ nie gebruik word nie, buite gebruik wees; ongebruiklik *(of* weinig gebruiklik) wees; **lose** *the* ~ *of s.t.* die gebruik van iets verloor *('n arm ens.)*; **make** ~ *of* ... van ... gebruik maak, ... te baat neem; *be of* **no** ~ geen nut hê nie, van geen nut wees nie, nêrens toe dien nie; *it is* **no** ~ *talking/etc.* dit help nie om te praat/ens. nie; *s.t. is (of)* **no** ~ *to s.o.* iem. kan iets nie gebruik nie; iem. het niks aan iets nie; *s.o. has* **no** ~ *for* ... iem. kan ... nie gebruik nie; iem. dink niks van ... nie; iem. kan ... nie veel/duld/verdra nie; *it is* **not much** ~ dit help/ baat nie veel nie; ~ *of language* taalgebruik; ~*s of nuclear energy* aanwending van kernkrag; *be of* ~ *to s.o.* vir iem. nuttig wees, vir iem. van nut wees; vir iem. van diens wees; ~ *of words* woordgebruik; *be* **out** *of* ~ nie gebruik word nie; in onbruik wees; **put** *s.t. to (a) good* ~ goeie gebruik van iets maak; *a* **variety** *of* ~*s* 'n verskeidenheid (van) aanwendings; **what** *is the* ~? wat baat/help dit?; **what** *is the* ~ *of it?* watter nut het dit?. **use** *ww.* gebruik, gebruik maak van; verbruik; benut; behandel; uitoefen, aanwend; spandeer, bestee, uitgee *(geld); s.o.* **could** ~ *s.t., (infml.)* iem. sou iets graag wil hê, iem. het/is/voel lus vir iets; *s.t.* **could** ~ *..., (infml.)* ... sou iets verbeter; *be* ~*d like a* **dog** soos 'n hond behandel word; ~ *s.t.* **up** iets opgebruik. ~**-by date** gebruiksdatum, gebruik-voor-datum. ~ **value** gebruikswaarde.

**used** gebruik; halfslyt; gewoond; ~ *car* tweedehandse motor; *be/get* ~ *to* ... aan ... gewoond wees/raak; *it takes some time getting* ~ *to* ('n) mens moet (eers) daaraan gewoond raak; *not do s.t. as often as one* ~ *(to)* iets nie (meer) so dikwels soos vroeër *(of* jou gewoonte was,) doen nie; *s.o.* ~ *to be* ... iem. was gewoonlik ...; vroeër was iem. ...; *s.o.* ~ *to do s.t.* iem. het iets gewoonlik gedoen; *s.o.* ~ *to say* iem. het dikwels/altyd gesê; *be* ~ **up,** *(iets)* op(gebruik)/gedaan wees; *(iem.)* uitgeput/gedaan/kapot/pootuit wees.

**use·ful** nuttig; bruikbaar; ~ *capacity* nuttige kapasiteit; ~ *effect* nuttige effek; ~ *load* nuttige vrag/belasting; *make o.s. (generally)* ~ help (oral[s]) waar jy kan, help met alles; ~ *player* bruikbare speler; *be* **pretty** ~ *at s.t.* nogal knap/vaardig wees met iets. **use·ful·ly** tot nut; met vrug. **use·ful·ness** nuttigheid; bruikbaarheid; *s.t. has outlasted its* ~ iets is uitgedien(d); *s.o. has outlived his/her* ~ iem. is uitgedien(d).

**use·less** nutteloos, sonder nut; vergeefs; uitgedien(d); nikswerd; *be* ~ *as* ... nie deug as ... nie; *s.o. is* ~ *at s.t.* iem. kan iets glad nie doen *(of* het geen slag met iets) nie; **feel** ~, *(ook, infml.)* gedaan/pootuit voel, glad nie op jou stukke voel nie; *it's* ~ *to* ... dit baat/help nie om te ... nie, dis nutteloos om te ... **use·less·ness** nutteloosheid.

**us·er** *(ook jur.)* gebruiker; *(jur.)* gebruik, genot; *beneficial* ~ genottrekker; *right of* ~ gebruiksreg. ~**-friendly** gebruik(er)svriendelik. ~ **identification** *(rek.)* gebruikersidentifikasie. ~ **interface** *(rek.)* gebruikerskoppelvlak.

**ush·er** *n.* plekaanwyser; portier, deurwagter; geregsbode; *(Gentleman) U*~ *of the Black Rod, (parl.)* Draer van die Swart Roede. **ush·er** *ww.* as plekaanwyser/deurwagter optree; voorgaan; inbring, aankondig; inlei *('n boek);* ~ *s.o. in* iem. binnelei; ~ *in s.t.* iets inlui *('n tydperk);* ~ *s.o. out* iem. na buite (be)gelei *(of* uitlei).

**u·su·al** *n.: the* ~ die gewone/gebruiklike. **u·su·al** *adj.* gewoon, gebruiklik; alledaags; *as* ~ soos gewoonlik; oudergewoonte, ouder gewoonte; op die ou trant; *it goes as* ~, *(ook)* dit gaan ou stryk; *it is* ~ *to* ... dit is die gewoonte om te ... **u·su·al·ly** gewoonlik, in die reël, meestal. **u·su·al·ness** gewoonheid, gebruiklikheid.

**u·su·fruct** *(Rom. reg)* vruggebruik; genot; *life* ~ lewenslange vruggebruik, lewensreg. **u·su·fruc·tu·ar·y** *n.* vruggebruiker. **u·su·fruc·tu·ar·y** *adj.* vruggebruikers-, vruggebruiks-.

**u·surp** wederregtelik/onwettig/onregmatig in besit neem, inpalm, wederregtelik toe-eien, usurpeer; jou iets aanmatig; ~ *s.o.'s position* iem. (uit sy amp) verdring. **u·sur·pa·tion** wederregtelike inbesitneming, toe-eiening, usurpasie; verdringing. **u·surp·er** gewelddadige inbesitnemer, usurpator; aanmatiger; troonrower; verdringer; indringer.

**u·su·ry** woekery, (die) woeker. **u·su·rer** woekeraar. **u·su·ri·ous** woekerend, woeker-; ~ *interest* woekerrente; ~ *profit* woekerwins; ~ *trade* woekerhandel.

**U·tah** *(geog.)* Utah.

**u·ten·sil** (stuk) gereedskap; gebruiksvoorwerp; houer; *kitchen* ~*s* kombuisgereedskap, =goed, =benodig(d)hede.

**u·ter·us** *uteri, (anat.)* uterus, baarmoeder; moer *(by diere).* **u·ter·ine** baarmoeder=, van die baarmoeder; van dieselfde moeder.

**u·ti·lise, -ize** gebruik (maak van), benut, aanwend; bestee; benut *(krediet);* beset *(kapasiteit).* **u·ti·li·sa·tion, -za·tion** gebruikmaking, aanwending, benutting; besteding; besetting.

**u·til·i·tar·i·an** *n.* utilitaris, utilis, aanhanger van die nuttigheidsleer. **u·til·i·tar·i·an** *adj.* utilit(ar)isties, utiliteits-, nuttigheids=; utilitêr, (prakties) nuttig; ~ *value* gebruikswaarde. **u·til·i·tar·i·an·ism** utilisme, utilitarisme, nuttigheidsleer; utiliteitsbeginsel.

**u·til·i·ty** nut, nuttigheid, bruikbaarheid, gebruikswaarde, utiliteit; dienlikheid; *(public)* ~, ~ *(service)* nutsbedryf, =diens, versorgingsbedryf. ~ **company** nuts=, versorgings-, utiliteitsmaatskappy. ~ **program** *(rek.)* nutsprogram. ~ **room** nutsvertrek. ~ **vehicle** nutsvoertuig.

**ut·most** *n.* uiterste (bes); *at the* ~ op die/sy hoogste/meeste; *do one's* ~ jou uiterste (bes) doen, (alles) uithaal; *to the* ~ tot die uiterste; ten sterkste. **ut·most** *adj.* uiterste, verste; meeste, grootste.

**U·to·pi·a** Utopia; *(ook* u~*)* utopie; heilstaat, gelukstaat. **u·to·pi·an** *n.* utopis. **u·to·pi·an** *adj.* utopies; idealisties; utopisties. **u·to·pi·an·ism** utopisme.

**ut·ter¹** *adj.* volkome, totaal, algeheel; volslae, uiters, volstrek; absoluut; ~ *emergency* uiterste noodgeval. **ut·ter·ly** heeltemal, uiters, volkome, volslae.

**ut·ter²** *ww.* uiter, uitdruk, sê, uitspreek; slaak *('n sug); (jur.)* in omloop bring, uitgee *(vals geld ens.); not* ~ *a word* geen woord uitkry nie. **ut·ter·a·ble** uitspreekbaar; wat uitgedruk kan word. **ut·ter·ance** uitlating, uiting; uitdrukking; uitspraak; spreekwyse; *give* ~ *to* ... aan ... uiting/uitdrukking gee. **ut·ter·er** uitspreker; *(jur.)* uitreiker.

**u·vu·la** *-lae, -las, (anat.)* kleintongetjie, uvula. **u·vu·lar** *n.* uvulaar, uvulêre klank. **u·vu·lar** *adj.* van die kleintongetjie, uvulêr; ~ *r* bry-r; ~ *consonant* uvulaar, uvulêre konsonant.

**ux·o·ri·al** *adj.: s.o.'s ~ devotion* iem. se gehegtheid aan sy vrou/eggenote; *s.o.'s ~ rights* iem. se regte as vrou/eggenote.

**Uz·bek** *n.* Oezbeek, Oesbeek; *(taal)* Oezbekies, Oesbekies.

**Uz·bek** *adj.* Oezbekies, Oesbekies. **Uz·bek·i·stan, Uz·bek= i·stan** *(geog.)* Oezbekistan, Oesbekistan.

**U·zi** Uzi(-handmasjiengeweer).

# Vv

**v** *v's, vs, (22ste letter v.d. alfabet)* v; *little ~* v'tjie; *small ~* klein v.

**V** *V's, Vs, (22ste letter v.d. alfabet; Romeinse syfer 5)* V; V-kerf, V-keep. **~-neck** V-hals. **~-neck(ed)** *adj.* met 'n V-hals; *~ jersey* V-halstrui, trui met 'n V-hals. **~-roof** V-dak. **~-shaped** V-vormig. **~-sign** *(oorwinnings-, vredesteken)* V-teken; *(min-agtend)* bokhorings; *give the ~ to s.o., make a ~ at/to s.o.* vir iem. bokhorings maak. **~-type engine** V-enjin.

**Vaal:** *~ River (SA, geog.)* Vaalrivier. *~ Triangle (SA, geog.)* Vaaldriehoek.

**va·can·cy** *=cies* vakature, opening, vakante betrekking/pos; oop plek; leë ruimte; beskikbare/onbesette kamer; afwesig-heid, wesenloosheid; *fill a ~* 'n vakature vul; *a ~ for* ... plek vir ..., 'n vakature vir ...; *gaze into ~* wesenloos voor jou (uit)staar; *have no vacancies* geen vakatures hê nie *(in 'n personeel);* geen kamers beskikbaar hê nie, vol wees *('n hotel);* *have a ~ on the staff* 'n vakature in die personeel hê, 'n be-trekking vakant hê.

**va·cant** vakant; oop; vakant, onbeset *('n pos);* leeg, onbe-woon *('n huis);* leeg, onbeset *('n stoel);* leeg, onbebou(d) *('n erf);* afwesig, leeg, wesenloos; dwaas; *become ~, ('n pos)* oop-val; *('n huis)* leeg word.

**va·cate** afstand doen van, opgee *(pos);* vakant maak *(pos);* neerlê *(amp);* uittrek, ontruim; leegmaak, verlaat *(perseel);* nietig/ongeldig verklaar/maak.

**va·ca·tion** *n.* vakansie; rustyd; (die) uittrek, ontruiming; afstand; *(jur.)* nietigverklaring; *be on ~* vakansie hou, met/op vakansie wees; *go on ~, take a ~* gaan vakansie hou, met/op vakansie gaan. **va·ca·tion** *ww., (Am.)* vakansie neem/hê. *~ leave* vakansieverlof.

**va·ca·tion·er** *n., (Am.)* vakansieganger.

**vac·ci·nate** (in)ent, vaksineer; *~ s.o. against a disease* iem. teen 'n siekte inent.

**vac·ci·na·tion** (in)enting, (in)entery, vaksinasie, vaksine-ring; *give s.o. a ~ against* ... iem. teen ... (in)ent. *~ scar/mark* ent(merk).

**vac·ci·na·tor** (in)enter.

**vac·cine** *n.* entstof, vaksien. **vac·cine** *adj.* (in)entings-, vaksien-.

**vac·il·late** aarsel, weifel, talm, wik en weeg; onseker/beslui-teloos wees; wankel; *~ between ... and ...* tussen ... en ... weifel. **vac·il·la·tion** aarseling, weifeling, geweifel, besluiteloosheid. **vac·il·la·tor** weifelaar.

**va·cu·i·ty** saaiheid, wesenloosheid; leegheid, leë ruimte, leemte, vakuum; dwaasheid.

**vac·u·ole** *(biol.)* vakuool, vogselholte.

**vac·u·ous** leeg; uitdrukkingloos, wesenloos, leeg; doelloos; sonder betekenis/inhoud; →VACUITY. **vac·u·ous·ness** leeg-heid; wesenloosheid; doelloosheid.

**vac·u·um** *vacuums, vacua, n.* vakuum, lugleegte, lugleë ruimte; leemte; *create/leave a ~ in* ... 'n leemte in ... veroor-saak/laat; *fill a ~* 'n leemte (aan)vul; *in a ~* in 'n lugleegte. **vac·u·um** *ww.* stofsuig. *~ (cleaner)* stofsuier. *~ flask* warm-, isoleer-, vakuumfles. **~-packed** *adj.* vakuumverpak. *~ tube* vakuumbuis; vakuumpyp; mengpyp. *~ valve* va-kuumklep.

**va·de me·cum** vademecum, vademekum, (beknopte) hand-leiding.

**vag·a·bond** *n.* swerwer, rondloper. **vag·a·bond** *adj.* (rond)-swerwend, rondtrekkend, rondloper-.

**va·gal** *(anat.)* swerfsenu(wee)-, van die swerfsenu(wee); → VAGUS (NERVE).

**va·gar·y, va·gar·y** gril, gier, nuk.

**va·gi·na** *=nas, =nae, (anat.)* vagina; *(biol.)* skede; *(bot.)* (blaar/blad)skede. **va·gi·nal, va·gi·nal** vaginaal; skede-, van die skede. **vag·i·nis·mus** *(med.)* vaginismus, vaginisme. **vag·i·ni·tis** *(med.)* vaginitis.

**va·grant** *n.* rondloper, (rond)swerwer; daklose. **va·grant** *adj.* rondlopend, (rond)swerwend, rondtrekkend; wild groei-end; los, onsamehangend. **va·gran·cy** rondlopery, (rond)-swerwery, rondtrekkery.

**vague** vaag, onduidelik; onseker, onbepaald; *be ~ about s.t.* vaag wees oor iets; *hear a ~ rumour* 'n voëltjie hoor fluit. **vague·ly** vaagweg.

**va·gus (nerve)** *(anat.)* vagus-, dwaal-, swerfsenu(wee).

**vain** nutteloos, vergeefs, ydel; verwaand, ydel; beuselagtig, nietig, sinloos; vrugteloos; *be ~ about/of one's appearance* jou wat verbeel oor jou voorkoms; *in ~* tevergeefs; sonder suk-ses; vrugteloos; *it is ~ to* ... dit help nie om te ... nie. **vain·ly** (te)vergeefs.

**vain·glo·ry** *(poët., liter.)* verwaandheid, grootpratery, ydel-heid. **vain·glo·ri·ous** *adj.* verwaand, grootpraterig, ydel.

**val·ance, val·ence** valletjie, randjie; drapering; *(mot.)* skerm.

**vale** *(gew. in pleknaame)* vallei, dal; →VALLEY; *~ of tears, (poët., liter.)* tranedal.

**val·e·dic·tion** vaarwel; afskeidswoord(e), afskeidsgroet, =boodskap, =rede.

**val·e·dic·to·ry** *n.* afskeidsgroet, =rede, =boodskap. **val·e·dic·to·ry** *adj.* afskeids-, vaarwel-; *~ address* afskeidsrede; afskeidsadres.

**va·lence**[1] →VALENCY. *~ electron (chem., fis.)* valensie-elek-tron.

**va·lence**[2] →VALANCE.

**Va·len·cia** *(geog.)* Valencia. *~ orange* Valencia/valencia-(lemoen).

**va·len·cy, *(Am.)* va·lence** *(chem.)* valensie. *~ number* va-lensiegetal.

**val·en·tine** Valentynskaart(jie); Valentynsgeskenk; Valen-tynsmeisie, =nooi; Valentynsmaat; *(St.) V~'s day, (14 Feb[r].)* Valentynsdag.

**va·le·ri·an** *(bot.)* valeriaan, wildebalderjan; valeriaanwortel, balderjanwortel.

**val·et** *n.* (persoonlike) bediende, lyfkneg, =bediende, lakei; kelner *(in 'n hotel).* **val·et** *ww.* (lyf)bediende/lyfkneg wees, bedien; skoonmaak *(motor).* *~ service* skoonmaakdiens.

**Val·hal·la** *(mit.)* Walhalla; *(fig.)* strydersparadys.

**val·iant** dapper, moedig, onverskrokke; waardevol.

**val·id** geldig, van krag; gegrond, sterk, redelik *('n argument);* gangbaar; *~ for three months/etc.* drie maande/ens. geldig; *~ in law* regsgeldig, regtens gegrond, wettig; *make s.t. ~* iets geldig maak. **val·i·date** bevestig, bekragtig, geldig verklaar, staaf, waarmerk. **val·i·da·tion** bevestiging, geldigverklaring,

geldigmaking. **va·lid·i·ty** geldigheid, gegrondheid; rede=
likheid *(v. 'n argument); (jur.)* geldigheid, (regs)krag; *(statist.)*
geldigheid.

**val·ine** *(biochem.)* valien.

**va·lise** reistas, =sak; handkoffer, =tas; rugsak.

**Val·i·um** *(handelsnaam: kalmeermiddel)* Valium.

**Val·kyr·ie, Val·kyr·ie** *(mit.)* Walkure. **Val·kyr·i·an** Walkure=.

**val·ley** vallei, dal; laagte; dal *(in 'n grafiek); insinking (i.d.
vraag); (bouk.)* (dak)kiel; ~ *of death, (fig.)* doodsvallei; ~ *of
tears* tranedal. ~ **hour,** ~ **period** slap/stil tyd. ~ **roof** kieldak.
~ **tile** kielpan.

**val·lum** vallums, valla, *(argeol.)* wal, bolwerk.

**val·or·ise, =ize** die/'n prys stabiliseer/aanpas, valoriseer.
**val·or·i·sa·tion, =za·tion** prysstabilisering, =stabilisasie, valo=
risasie, valorisering.

**val·our,** *(Am.)* **val·or** moed, dapperheid, onverskrokken=
heid; *show/display* ~ onverskrokkenheid/dapperheid aan die
dag lê. **val·or·ous** moedig, dapper, onverskrokke.

**val·u·a·ble** *adj.* kosbaar, waardevol; geld(s)waardig; waar=
deerbaar, te waardeer. **val·u·a·bles** *n. (mv.)* kosbaarhede,
waardevolle artikels.

**val·u·a·tion** valuasie, skatting, waardering, waardasie, tak=
sering, taksasie; waardebepaling; *take s.o. at his/her own* ~
iem. se eie skatting van hom=/haarself aanvaar; *set too high a*
~ *on s.o./s.t.* iem./iets te hoog aanslaan; iem./iets oorskat. ~
**court** waardasiehof.

**val·u·a·tor** →VALUER.

**val·ue** *n.* waarde; prys; betekenis; norm, maatstaf; getal; nut,
waarde; *get (good)* ~ *for one's money* (goeie) waarde vir jou
geld kry; *s.t. is good* ~ iets is die geld/prys werd; *set a high*
~ *(up)on s.t.* iets hoog waardeer; baie waarde aan iets heg;
*s.t. lessens the* ~ *of ...* iets verminder die waarde van ...; *be
of* ~ waardevol/kosbaar wees, waarde hê, van waarde wees;
*be of no* ~ *to s.o.* geen waarde vir iem. hê nie, van geen
waarde vir iem. wees nie; *place/put/set a* ~ *(up)on s.t.* 'n
waarde aan iets heg/toeken; *sense of* ~*(s)* waardebegrip; *to
the* ~ *of ...* ter waarde van ... **val·ue** ww. waardeer, op prys
stel; waarde heg aan; skat, takseer, waardeer, waarde bepaal;
aanslaan; *be* ~*ed at ...* op ... gewaardeer/geskat/getakseer
word; ~*d friend* gewaardeerde vriend; ~ *s.t. highly* (or *very
much)* iets hoog op prys stel; iets hoog aanslaan; baie/erg op
iets gesteld wees. ~~**added:** ~ *tax, (afk.:* VAT) belasting op
toegevoegde waarde *(afk.:* BTW). ~~**for-money** *adj. (attr.)*
waarde-vir-geld=.

**val·ue·less** waardeloos, nikswerd.

**val·u·er, val·u·a·tor** skatter, takseerder, taksateur, waar=
deerder.

**valve** *(anat., bot., soöl., elek.)* klep; skuif(ie), afsluiter; (radio)=
lamp; *(elek.)* buis *(v. 'n rad.); (mus.)* ventiel *(v. 'n trompet ens.).*
~ **box** ventielkas *(v. 'n orrel).* ~ **cock** klepkraan. ~ **spring**
klepveer. ~ **stroke** klepslag. ~ **tappet** klepstoter. ~ **timing**
klepreëling.

**val·vu·lar** klepvormig; met kleppe *(of* 'n klep), klep=; ~
*(heart) disease* hartklepaandoening.

**val·vu·li·tis** *(med.)* valvulitis, (hart)klepontsteking.

**va·moose** *(hoofs. Am., infml.)* laat spat/spaander, trap, maak
dat jy wegkom.

**vamp**[1] *n.* boleer, oorleer, voorstuk *(v. 'n skoen);* lap(werk);
*(mus.)* geïmproviseerde begeleiding. **vamp** ww. nuwe voor=
stuk/oorleer aansit; lap, heelmaak; improviseer *(begeleiding);*
~ *up s.t.* iets saamflans; iets oplap. **vamp·er** lapper, heel=
maker; improviseerder.

**vamp**[2] *n.* verleidster, flirt, femme fatale. **vamp** ww. flan=
keer/flirt(eer)/koketteer met; verstrik, verlei; uitbuit.

**vam·pire** vampier; *(fig.)* uitsuier, uitbuiter, afperser; *(teat.)*
valdeur. ~ **bat** bloedsuiervlermuis.

**vam·pir·ic** vampier=.

**vam·pir·ism** vampirisme; bloedsuiery; afpersing.

**van**[1] *n.* vervoerwa; bagasiewa, goederewa *(v. 'n trein); light
(delivery)* ~ bakkie, ligte afleweringswa/=voertuig.

**van**[2] *n.* voorhoede, spits, voorpunt; leiers, voormanne; *in the*
~ *of ...* vooraan ..., aan/op die voorpunt van ..., in die voor=
hoede van ...

**va·na·di·um** *(chem., simb.:* V) vanadium.

**Van Al·len (ra·di·a·tion) belt** Van Allen-(stralings)gor=
del.

**van·dal** *n.* vandaal, vernieler, verwoester. **van·dal·ise, =ize**
skend, verniel. **van·dal·ism** vandalisme, vernielsug; *commit*
~ vandalisme pleeg. **van·dal·ist·ic** vandalisties, vernielsug=
tig.

**Van de Graaff gen·er·a·tor** *(elek.)* elektrostatiese gene=
rator.

**van der Waals forc·es** *n. (mv.), (chem., fis.)* Van der Waals-
kragte.

**Van·dyke, van·dyke:** ~ **(beard)** puntbaard. ~ **brown** *n.*
vandyckbruin, Van Dyck-bruin. ~~**brown:** *(adj.) attr.:* ~ *suit*
vandyckbruin pak, Van Dyck-bruin pak.

**vane** wiek, vlerk *(v. 'n meul);* vaan; weerhaan, windwyser;
klap; skroefblad; *(orn.)* vlag(gie) *(v. 'n veer).* ~ **wheel** wiek=
wiel.

**van·guard** voorhoede, voorste afdeling; voorpunt; *in the* ~
*of development* aan/op die voorpunt van ontwikkeling.

**va·nil·la** *(bot.)* vanielje, vanilla. ~ **essence** vanielje=, vanilla=
geursel. ~ **ice cream** vanielje=, vanillaroomys.

**van·ish** verdwyn, wegraak; wegsterf, =sterwe, ophou *(om te
bestaan); (wisk.)* nul word; ~ *from ...* uit/van ... verdwyn; ~
*into nothing(ness)* in die niet verdwyn; ~ *into thin air* soos 'n
groot speld verdwyn/wegraak. **van·ish·ed** skoonveld.

**van·ish·ing:** ~ **act/trick** verdwynkuns(ie) *(v. 'n kulkunste=
naar); do/perform a/the* ~ ~, *(fig., infml.)* spoorloos *(of* soos
'n groot speld) verdwyn, stilletjies wegraak. ~ **cream** dag=
room; verwyderingsroom. ~ **point** verdwynpunt.

**van·i·ty** ~*ties* leegheid, waardeloosheid; nietigheid, vergank=
likheid; onwerklikheid, skyn; vrugteloosheid, nutteloosheid;
verwaandheid, ydelheid; *all is* ~ alles is ydelheid; *s.t. tickles
s.o.'s* ~ iets streel iem. se ydelheid/eieliefde. ~ **bag/case/box**
grimeersakkie, =tassie; toiletsakkie. **V** ~ **Fair** *(liter.)* die wêreld
as 'n toneel van ydelheid; ydelheidskermis. ~ **plate** verper=
soonlikte nommerplaat. ~ **press/publisher** *(Am.)* skynuit=
gewer. ~ **(table)** *(Am.)* spieëltafel.

**van·quish** verslaan, oorwin.

**van·tage** voordeel, voorsprong; *(tennis)* voordeel. ~ **ground**
voordelige terrein/posisie/ligging; geskikte/geleë plek. ~
**point** gunstige posisie; uitkykpunt; =pos.

**vap·id** flou, laf, smaakloos; saai, flou, sinloos. **va·pid·i·ty**
flouheid, lafheid; saaiheid.

**va·po·ret·to** =*ti, =tos, (It.)* vaporetto, waterbus.

**va·por·if·ic** damp=, verdampings=.

**va·por·im·e·ter** dampmeter, vaporimeter.

**va·por·ise, =ize** (laat) verdamp, uitdamp; vergas; verstuif;
opdamp. **va·por·i·sa·tion, =za·tion** verdamping, uitdam=
ping, uitwaseming; dampvorming; verstuiwing. **va·por·is·er,
=izer** verdamper, uitdamper, verdampingstoestel; verstui=
wer; vergasser; vaporisator.

**va·por·ous** dampagtig, damperig, vol dampe/wasem; damp=,
verdampings=.

**va·pour,** *(Am.)* **va·por** *n.* damp, wasem; stoom; mis; rook.
**va·pour,** *(Am.)* **va·por** ww. verdamp; wasem (afgee),
damp; rook; windmaak, grootpraat, spog. ~ **density** damp=
digtheid. ~ **lock** dampslot. ~ **pressure** *(fis.)* dampdruk; gas=
druk. ~ **trail** dampspoor, =streep.

**va·pour·y,** *(Am.)* **va·por·y** dampagtig, wasig; dampend,
wasemend.

**var·i·a·ble** *n.* veranderlike, veranderlike grootheid/hoeveel=

heid; *(wisk.)* variant; *(i.d. mv.), (sk.)* veranderlike/wisselende winde. **var·i·a·ble** *adj.* veranderlik, wisselend, variërend; wispelturig, onvas; veelvormig; wisselbaar, wysigbaar, veranderbaar; reëlbaar, (ver)stelbaar; ~ *load* reëlbare las/vrag; *(elek.)* wisselende belasting; wisselende besetting *(v. 'n masjien);* wisselende las/vrag; ~ *(star), (astron.)* veranderlike ster. **var·i·a·bil·i·ty** veranderlikheid, onbestendigheid; wisselvalligheid.

**var·i·ance** verskil; wisseling, afwyking; vryheidsgraad; strydigheid; *(jur.)* teenstrydigheid, teenspraak; meningsverskil, stryd, geskil, onenigheid; *(wisk., statist.)* variansie; *be at ~ on an issue* oneens wees oor 'n saak; haaks/onenig wees oor 'n saak; *s.t. is at ~ with* ... iets is strydig *(of* in stryd/botsing) met ...; iets is in teenspraak met ... *(d. feite ens.).*

**var·i·ant** *n.* wisselvorm, variant. **var·i·ant** *adj.* verskillend, afwykend; veranderlik, wisselend; ~ *spelling* dubbelspelling.

**var·i·co·cele** *(med.)* spataarbreuk, varikoseel.

**var·i·col·oured,** *(Am.)* **var·i·col·ored** veelkleurig, bont gekleur(d).

**var·i·cose** opgeswel, vergroot; spataar-; ~ *vein* spataar, varikeuse vena.

**var·ied** gevarieer(d), verskillend; verander(d), afgewissel(d), gewysig; veelsoortig, (af)wisselend; veelkleurig, bont; →VARY; ~ *assortment* verskeidenheid.

**var·ie·gate** bont maak/kleur/skakeer, kleurverskille aanbring; verskillend maak; varieer. **var·ie·gat·ed** (onreëlmatig) gekleur(d); veelkleurig; bont (gekleur[d]); gespikkel(d); kollerig, gevlek; meerkleurig, gevlek *('n blom);* gevarieer(d); ~ *aloe* bontaalwyn; ~ *colours* mengelkleure; ~ *yarn* vlamgare, garing. **var·ie·ga·tion** (kleur)skakering, bontheid, veelkleurigheid; verskeidenheid, gevarieerdheid.

**va·ri·e·tal** *adj.* variëteits- *(geur, karakter, wyn, ens.).*

**va·ri·e·ty** -ties verskeidenheid; afwisseling; veelsydigheid; -vormigheid; vormafwyking; veelsoortigheid; *(alg.)* soort; *(biol.)* variëteit; *(mus.)* variété; *in a ~ of colours* in verskeie kleure; *a ~ of toys/etc.* 'n verskeidenheid (van) speelgoed/ens.; *for the sake* (or *by way) of* ~ vir/ter afwisseling; ~ *of scene* afwisseling/verandering van omgewing; *a wide ~ of* ... 'n groot verskeidenheid (van) ... ~ **concert** variétékonsert, verskeidenheidskonsert.

**var·i·form** met verskillende vorme, veelvormig.

**var·i·om·e·ter** variometer, stygmeter.

**var·i·o·rum (e·di·tion)** variorumuitgawe.

**var·i·ous** verskillend; verskeie, talryke; veelsoortig, uiteenlopend; velerlei; meer as een; *of* ~ *kinds/sorts* van allerlei aard.

**var·is·tor** *(elek.)* varistor.

**var·mint** *(Am., infml.)* duiwelskind, blikskottel; onkruid, skelm.

**var·nish** *n.* vernis, lak; glans, blinkheid; *(fig.)* skyn, uiterlike vertoon. **var·nish** *ww.* vernis, (ver)lak; blink maak; *(fig.)* verbloem, 'n skyn gee.

**var·si·ty** *(infml.)* = UNIVERSITY.

**varve** *(geol.)* warf. **varved** gewarf, met warwe.

**var·y** varieer; verander, wysig; afwissel; afwyk; verskil; uiteenloop; skommel; →VARIED; *prices ~ from* ... *to* ... die pryse wissel van ... tot ...; ~ *greatly/widely* baie wissel; *opinions ~ on this point* op hierdie punt is daar meningsverskil. **var·y·ing** uiteenlopend.

**vas** *vasa, (Lat., anat., soöl.)* (bloed)vat, buis.

**vas·cu·lar** vaatryk; vaskulêr, vaat-; ~ *bundle/strand, (bot.)* vaatbundel; ~ *system, (bot.)* vaatstelsel; *(anat.)* bloedvaat-, bloedvatestelsel, vaskulêre stelsel. **vas·cu·lar·i·sa·tion, ·za·tion** vaskularisasie. **vas·cu·lar·ise, ·ize** *(med.)* vaskulariseer. **vas·cu·lar·i·ty** *(biol.)* vaatrykheid, vaskulariteit.

**vase** vaas, blompot.

**vas·ec·to·my** *(verwydering v. saadleier)* vasektomie.

**Vas·e·line** *(handelsnaam vir petroleumjellie)* Vaseline.

**vas·i·form** buisvormig; silindries.

**va·so·con·stric·tion** vaat-, aarvernouing, vasokonstriksie. **va·so·con·stric·tor** vaatvernouer, vasokonstriktor.

**va·so·di·la·ta·tion, va·so·di·la·tion** vaat-, aarverwyding, -uitsetting, vasodilatasie. **va·so·di·la·ting** vaatverwydend. **va·so·di·la·tor** vaatuitsetter, -verruimer, vasodilator.

**va·so·mo·tor** *adj., (anat.)* vasomotories *(senuwee).*

**vas·o·pres·sin** *(biochem.)* vasopressien.

**vas·sal** *(hist.)* leenman, vasal; dienaar, kneg, slaaf. ~ **state** vasa(a)lstaat, afhanklike staat, leenstaat.

**vas·sal·age** leenmanskap; ondergeskiktheid, onderhorigheid, diensbaarheid; knegskap, slawerny.

**vast** ontsaglik, geweldig; reusagtig, reuse-; eindeloos, wyd uitgestrek; onmeetlik; ~ *plain* uitgestrekte vlakte. **vast·ly** geweldig, reusagtig, oneindig. **vast·ness** reusagtigheid; eindeloosheid, uitgestrektheid, ontsaglikheid.

**VAT** *(afk.:* value-added tax*)* BTW *(afk.:* belasting op toegevoegde waarde*).*

**vat** *n.* vat, stukvat; kuip. **vat** -tt-, *ww.* vaat, in 'n vat giet/sit/ gooi.

**Vat·i·can,** *n.: the ~* die Vatikaan. **Vat·i·can** *adj.* Vatikaan-; Vatikaans. ~ **City:** *(the)* ~ ~ (die) Vatikaanstad. ~ **Council** Vatikaanse Konsilie. ~ **State:** *the ~* ~ die Vatikaanstaat.

**vau·de·ville** *(ligte komedie; variété)* vaudeville.

**vault** *n.* gewelf; (graf)kelder; wynkelder; kerker; (brand)kluis; *(atl.)* paalspring; *(anat.)* ronding, welwing *(v.d. voet ens.); the ~ of heaven, (poët., liter.)* die hemelgewelf. **vault** *ww.* oorwelf, van 'n gewelf voorsien; oorkoepel; (oor)spring; *(atl.)* paalspring; ~ *into/on/over s.t.* in/op/oor iets spring; ~*ed roof* gewelfde dak.

**vault·ing** oorwelwing; gewelf; (die) oorspring; paalspring. ~ **horse** *(gimn.)* springperd. ~ **pole** springpaal, -stok. ~ **shaft** gewelfsuil.

**vaunt** spog, bluf, grootpraat; *the much ~ed* ... die veelgeprese *(of* veel geprese) ...

**veal** kalfsvleis. ~ **chop** kalfstjop. ~ **cutlet** kalfskotelet. ~ **steak** kalfskyf; kalfsteak.

**vec·tor** *(wisk.)* vektor; *(lugv.)* (vliegtuig)koers; vektor, (oor)draer *(v. 'n siekte).* **vec·to·ri·al** *adj.* vektoriaal, vektor-; koers-; ~ *angle, (wisk.)* poolhoek.

**Ve·da** *n. (ekv. & mv.), (Hindoegeskrifte)* Veda. **Ve·dic** Vedies.

**Ve·dan·ta** *(Hindoefilos.)* Vedanta. **Ve·dan·tic** Vedanties.

**V-E Day** *(Victory in Europe Day, 8 Mei 1945)* Oorwinningsdag.

**vee** *(letter)* v, V; *in a ~* in 'n V-vorm.

**vee·jay** *(infml.)* videoaanbieder.

**Veep** *(Am., infml., soms* v~*)* (Amerikaanse) visepresident.

**veer**[1] *n.* koerswysiging, draai, wending. **veer** *ww.* draai, van koers verander; van opinie verander; ~ *round* draai; van koers verander; van mening verander; *the wind ~s, (sk., ook)* die wind ruim; die wind draai regs.

**veer**[2] *ww., (sk.)* vier, uitpalm, -tol, skietgee, laat skiet *('n tou);* ~ *and haul* beurtelings laat skiet en styf trek; kort-kort van mening verander.

**veg**[1] *n. (ekv. & mv.), (infml.)* groente; groentes.

**veg**[2] -gg-, *ww.: ~ out, (Am. sl.)* ontspan; vegeteer.

**ve·gan** *n.* veganis, streng vegetariër. **ve·gan** *adj.* streng vegetaries. **veg·an·ism** veganisme, streng vegetarisme.

**veg·e·ta·ble** *n.* groente; groentesoort; plant, gewas; *(infml., neerh.)* (hulpelose) koolkop. **veg·e·ta·ble** *adj.* groente-; plantaardig, plant(e)-. ~ **dye** plantaardige kleurstof, plantkleurstof. ~ **farmer** groenteboer. ~ **fat** plantvet, plantaardige vet. ~ **fibre** plantvesel. ~ **garden** groentetuin. ~ **ivory** plantaardige ivoor; ivoor(palm)neut. ~ **marrow** murgpampoen, vroeëpampoen. ~ **oil** plant(e)olie, plantaardige olie; slaaiolie; kookolie. ~ **soup** groentesop. ~ **sponge** luffa (spons).

**veg·e·tal** *adj.* plantaardig, plant(e)=, vegetaal; groei=; vegetatief; ~ *cover* plantedek, =kleed.

**veg·e·tar·i·an** *n.* vegetariër. **veg·e·tar·i·an** *adj.* vegetaries; ~ *food* vegetariese kos, plantaardige voedsel. **veg·e·tar·i·an·ism** vegetarisme.

**veg·e·tate** groei (soos plante), (uit)spruit, vegeteer; *(fig.)* vegeteer, 'n plantelewe lei.

**veg·e·ta·tion** plantegroei; plantewêreld, vegetasie, flora; plantedek; *(patol.)* vegetasie, groeisel.

**veg·e·ta·tive** vegetatief, plantaardig, plant(e)=, vegetaal; vegetatief, groei=; vegetatief *(lewensbestaan);* ~ *cell* groei-sel, vegetatiewe sel; ~ *nervous system* simpatiese senustelsel.

**veg·gie** *n., (infml.)* groente; vegetariër. **veg·gie** *adj.* groente=; vegetaries. ~ *burger* groenteburger.

**ve·he·ment** geweldig, kragtig, sterk; voortvarend, vurig, hartstogtelik, onstuimig, driftig, heftig. **ve·he·mence** geweld, krag; drif, onstuimigheid, heftigheid, vuur, hartstog.

**ve·hi·cle** voertuig, vervoermiddel, rytuig; *(fig.)* middel, voertuig, medium; oplosmiddel, verdunningsmiddel *(vir medisyne);* draer *(v. 'n siektekiem);* bindstof *(vir verf);* werktuig. **ve·hic·u·lar** voertuig=, rytuig=; vervoer=.

**veil** *n.* sluier; gordyn; voorhangsel; skerm, masker; *(bot.)* velum; *(anat.)* velum, sluier; waas; *(fig.)* dekmantel; *draw a ~ over s.t.* die sluier oor iets laat val; *lift/raise the ~* die sluier lig; *take the ~* die sluier aanneem, non word; *under the ~ of* ... onder die dekmantel van ... **veil** *ww.* sluier, met 'n sluier bedek; hul; verberg, verbloem, bedek. **veiled** besluier(d); vermom; gedemp *('n geluid);* ~ *figure* gesluierde gedaante. **veil·ing** sluier, bedekking; verhulling; sluierstof.

**vein** *(anat.)* aar; *(bot.)* nerf; ertsaar; bui, stemming, luim; trant, gedagtegang, gees; (karakter)trek, aard, neiging; *in one's ~s* in jou are; *in lighter ~* in ligter luim; *in the same ~* in dieselfde trant/gees; *in serious ~* in ernstige luim. **veined** geaar(d); vol are; deuraar(d); *(bot.)* generf. **vein·ing** bearing; *(bot.)* nerwatuur. **vein·let** aartjie; *(bot.)* nerfie. **vein·ous** aar=. **vein·y** arig, vol are.

**ve·la·men** =lamina, *(bot.)* velum, vlies, membraan; *(anat.)* velum, velamen.

**ve·lar** *n., (fonet.)* velêre klank, velaar. **ve·lar** *adj.* velêr, sagteverhemelte=. **ve·lar·i·sa·tion, =za·tion** velarisering. **ve·lar·ise, =ize** velariseer.

**Vel·cro** *(handelsnaam)* Velcro. **Vel·croed** Velcro=; met Velcro vasgemaak/(vas)=/(aan)geheg; met Velcro-kleefstroke *(pred.).*

**veld** *(SA)* veld; *on/in the ~* in die veld. ~ *fire* veld=, grasbrand. ~ **shoe** = VELSKOEN.

**ve·le·ta, va·le·ta** *(Sp., soort baldans)* valeta.

**vel·le·i·ty** *(fml.)* swak wilskrag, wilswakte; geringe hoop.

**vel·lum** fyn perkament, kalfsperkament, velyn; velynmanuskrip. ~ **paper** velynpapier.

**vel·o·cim·e·ter** snelheidsmeter.

**ve·loc·i·rap·tor** *(paleont.)* velociraptor.

**ve·loc·i·ty** snelheid; gang; *at the ~ of light* met die snelheid van lig; ~ *of sound* geluidsnelheid.

**ve·lo·drome** fietsrybaan.

**ve·lour(s)** veloer. ~ **hat** veloerhoed.

**ve·lou·té** *n., (Fr. kookk.)* velouté(sous), fluweelsous; velouté(sop), fluweelsop.

**vel·skoen** *(Afr.)* velskoen.

**ve·lum** *vela, (anat.)* velum, sluier; velum, sagte verhemelte; *(bot., soöl.)* velum.

**vel·vet** *n.* fluweel; *be on ~* aan die wenkant wees; dit koninklik hê; *corded/ribbed ~* koordfluweel. **vel·vet** *adj.* fluweelagtig; fluwelig; ~ *glove approach/policy* sagte/versigtige/omsigtige benadering/beleid; ~ *paws* fluwelige pote *(v. 'n kat);* bedekte wreedheid. ~ **flower** fluweeltjie, fluweelblom. ~ **grass** fluweelgras.

**vel·vet·een** katoenfluweel.

**vel·vet·ing** fluweelstof; pluis, wollerigheid.

**vel·vet·y** fluweelagtig; fluwelig; fluweel=.

**ve·na** =nae, *(Lat., teg.: anat., bot.)* = VEIN.

**ve·nal** omkoopbaar, korrup, veil. **ve·nal·i·ty** omkoopbaarheid, veilheid.

**ve·na·tion** *n., (bot., entom.)* nervatuur, aarstelsel *(v. 'n blaar/ insekvlerk).*

**vend** verkoop; →VENDIBLE, VENDING MACHINE, VENDOR.

**Ven·da** *(SA volk, taal)* Venda.

**ven·det·ta** vendetta, bloedwraak, =vete; vete, vervolging; *carry on* (or *conduct) a ~ against s.o.* 'n vendetta teen iem. voer, iem. wraaksugtig vervolg.

**ven·di·ble** verkoopbaar.

**vend·ing ma·chine** munt=, verkoop=, smousoutomaat.

**ven·dor** *(hoofs. jur.)* verkoper; venter.

**ve·neer** *n.* fineer(hout); oplegsel; opleghout; *(fig.)* vernis, (dun/oppervlakkige) lagie; *under a ~ of* ... onder 'n dun lagie ... **ve·neer** *ww.* oplê, fineer *(hout); (fig.)* verbloem, bedek; ~ed *brick* glasuursteen; ~ed *work* fineerwerk. ~ **wall** beklede muur. ~ **wood** fineerhout.

**ve·neer·ing** finering; fineerwerk; fineersel, oplegsel; opleghout.

**ven·e·punc·ture, ven·i·punc·ture** *(med.)* venapunksie.

**ven·er·a·ble** eerbiedwaardig, agbaar, hoogwaardig; *(Angl. Kerk)* hoogeerwaarde; *(RK)* eerwaardig. **ven·er·a·bil·i·ty** eerbiedwaardigheid, agbaarheid.

**ven·er·ate** vereer, eerbiedig, eer betoon *(aan).* **ven·er·a·tion** verering, eerbied, eerbetoon, ontsag; *hold s.o. in great ~, have a great ~ for s.o.* iem. hoog vereer, groot verering vir iem. hê. **ven·er·a·tor** vereerder.

**ve·ne·re·al** veneries, geslags=; ~ *desire* geslagsdrif; ~ *disease* veneriese siekte, geslagsiekte. **ve·ne·re·ol·o·gy** venereologie, geslagsiektekunde.

**Ve·ne·tian** *n.* Venesiaan, Venesiër; *(dial.)* Venesiaans, Venesies. **Ve·ne·tian** *adj.* Venesiaans, Venesies; ~ *blind* Venesiaanse/Venesiese blinding/blinder, son=, hortjiesblinding, =blinder; ~ *glass* Venesiaanse/Veneliese glas; ~ *pearl* glaspêrel.

**Ven·e·zue·la** *(geog.)* Venezuela. **Ven·e·zue·lan** *n.* Venezolaan. **Ven·e·zue·lan** *adj.* Venezolaans.

**ven·geance** wraak; *seek ~ for s.t.* wraak wil neem vir iets; *take ~ (up)on s.o.* op iem. wraak neem; *with a ~* met mening; erg, kwaai. **venge·ful** wraakgierig, =sugtig.

**ve·ni·al** *(vnl. teol.)* vergeeflik, verskoonbaar. **ve·ni·al·i·ty** vergeeflikheid, verskoonbaarheid.

**Ven·ice** *(geog.)* Venesië.

**ven·i·son** wild(s)vleis.

**Venn di·a·gram** *(wisk.)* Venndiagram.

**ven·om** gif; *(fig.)* gif, venyn. **ven·om·ous** *(lett. & fig.)* giftig; *(fig.)* venynig; ~ *snake* gifslang.

**ve·nous** geaar(d), vol are; aar=; veneus.

**vent** *n.* (lug)gat, =opening; krater, vulkaanmonding, opening; *(soöl.)* anus; laai=, sundgat *(vir 'n kanon);* uitweg; slip, split, opening *(in 'n jas ens.); give ~ to one's feelings* uiting/lug gee aan jou gevoel. **vent** *ww.* 'n gat/opening maak; lug/uiting gee aan, lug *(gevoelens);* asemskep; *(teg.)* ontlug, lug uitlaat, afblaas; 'n slip maak *(in 'n baadjie ens.); (mus.)* ontsnap *(lug by blaasinstrumente);* ~ *one's anger on s.o.* jou woede op iem. koel; *the elephant ~ed its rage* die olifant het hom uitgewoed. ~ **hole** (ont)luggat, trek=, suiggat. ~ **window** *(mot.)* trekvenster.

**ven·ti·duct** *(argit.)* luggang, =kanaal.

**ven·ti·fact** *(geol.)* windkei.

**ven·ti·late** lug, verlug, ventileer, vars lug inlaat; bespreek, ter sprake *(of* onder die aandag) bring. **ven·ti·la·ted** gelug. **ven·ti·la·ting:** ~ *brick* lugsteen; ~ *tissue* sponsweefsel.

**ven·ti·la·tion** ventilering; ventilasie, lugversorging; bespre-king, diskussie, ventilasie; lugting. ~ **shaft** ventilasie-, lug-skag.

**ven·ti·la·tor** *(ook med.)* ventilator; luggang, -gat; ventilasie-gat, lugrooster. ~ **(fan)** (lug)waaier. ~ **window** *(mot.)* trek-venster.

**ven·touse** *n., (Fr., verlosk.):* ~ **delivery** suigpropverlossing. ~ **extraction** vakuumekstraksie.

**ven·tral** ventraal, buik-, van die buik; onder-; ~ **fin**, *(soöl.)* buikvin.

**ven·tri·cle** *(anat.)* ventrikel, kamer; holte; ~ *(of the heart)* hartkamer. **ven·tri·cose, ven·tri·cous** *(anat., bot., soöl.)* (dik)-buikig; *(med.)* (op)geswel; swaar, diklywig.

**ven·tril·o·quist** buikspreker; ~'*s dummy* buikspreek-, praat-pop. **ven·tril·o·quise, -quize** buikspreek. **ven·tril·o·quism** buikspraak, -sprekery, buiksprekerskuns.

**ven·ture** *n.* waagstuk, -spel; risiko; onderneming, spekula-sie; *decline a* ~ iets nie waag nie; *fail in all one's* ~*s* in al jou ondernemings misluk. **ven·ture** *ww.* waag, riskeer, op die spel plaas/sit; durf, die vryheid neem; ~ *boldly* die stoute skoene aantrek; ~ *into the water/etc.* jou in die water/ens. waag; ~ *one's life* jou lewe waag *(of* op die spel plaas/sit); ~ *money on a horse* geld op 'n perd waag; ~ *out* jou buite(kant) waag; ~ *to differ from s.o.* jou verstout *(of* so vry wil wees) om met/van iem. te verskil; ~ *to do s.t.* waag om iets te doen, iets durf doen; ~ *to say* durf sê; ~ *(up)on s.t.* iets waag. ~ **capital** →RISK (-BEARING) CAPITAL.

**ven·ture·some** waaghalsig; avontuurlik; gewaag(d). **ven-ture·some·ness** waaghalsigheid; avontuurlikheid; gewaagd-heid.

**ven·ue** plek *(v. 'n gebeurtenis);* ontmoetingsplek; toneel; ver-gader-, byeenkomsplek; wedstrydplek; *(jur.)* regsgebied, sit-tingsplek, waar 'n saak moet voorkom; *change the* ~ na 'n ander plek verskuif/verskuiwe; op 'n ander plek vergader; *('n hofsaak)* op 'n ander plek laat voorkom, na 'n ander regs-gebied verwys.

**Ve·nus** *(Rom. mit., astron.)* Venus. ~ **flytrap** *(bot.)* venusvlieë-vanger.

**ve·ra·cious** *(fml.)* opreg, eerlik; waarheid(s)liewend; waar-(heidsgetrou). **ve·ra·cious·ness, ve·rac·i·ty** geloofwaardig-heid, waarheid(s)liewendheid; waarheid, juistheid.

**ve·ran·da(h)** veranda, (oordekte) stoep.

**verb** werkwoord, verbum. ~ **phrase** *(gram.)* werkwoordelike/verbale frase.

**ver·bal** *n., (gram.)* werkwoordelik/verbale selfstandige naam-woord, verbale substantief. **ver·bal** *adj.* woordelik(s); mon-deling(s), verbaal; letterlik; *(gram.)* werkwoordelik, verbaal; ~ *diarrh(o)ea* praat-, babbelsug; *suffer from* ~ *diarrh(o)ea* praatsiek wees; ~ *evidence* mondelinge getuienis; ~ *noun* werkwoordelike/verbale selfstandige naamwoord; *make a* ~ *promise* that/to ... by monde beloof/belowe dat *(of* om te) ...; ~ *translation* letterlike vertaling. **ver·bal·ise, -ize** ver-woord, verbaliseer, in woorde uitdruk; tot 'n werkwoord maak; met woorde mors. **ver·bal·ism** verbalisme; uitdruk-king; cliché.

**ver·ba·tim** *adj. & adv.* woord vir woord, woordelik(s).

**ver·be·na, ver·vain** *(bot.)* verbena, ysterkruid.

**ver·bi·age** breedsprakigheid, omhaal van woorde, woorde-vloed, woord(e)rykheid.

**ver·bose** woord(e)ryk, omslagtig, breedsprakig, wydlopig. **ver·bos·i·ty** woord(e)rykheid, omhaal van woorde, breed-sprakigheid, wydlopigheid.

**ver·bo·ten** *(D.)* verbode.

**ver·dant** (gras)groen; grasryk; grasbedek. **ver·dan·cy** groen, groenheid; groenigheid.

**ver·dict** *(jur.)* uitspraak; bevinding, beslissing; oordeel; *ar-rive* at *(or* **reach**) *a* ~ oor 'n uitspraak besluit; *deliver/*

*give/return* (or **hand down**) *a* ~ uitspraak doen/lewer; *consider a* ~ 'n uitspraak oorweeg; *a* ~ *for* the plaintiff/etc. 'n uitspraak ten gunste van die eiser/ens..

**ver·di·gris** kopergroen, koperroes, groenspaan, -roes.

**verge** *n.* kant, rand; omranding; grens; *(argit.)* gewel-dak-rand; (omheinde) gebied; *(bouk.)* skag; *(hor.)* spil; *(Br.)* gras-rand; *on the* ~ *of* ... aan die rand van ... *(d. graf);* op die rand van ... *(d. dood, 'n hongerdood);* kort by ... *(d. sewentig/ens.);* aan die vooraand van ...; *be on the* ~ *of doing s.t.* op die punt staan/wees om iets te doen; *be on the* ~ *of tears* klaar wees om te huil, amper/byna in trane wees. **verge** *ww.* grens; naby kom; *the road* ~*s on the edge of the* ... die pad loop op die rand van die ... (langs); *it* ~*s (up)on* ... dit grens aan ...; dit kom naby aan ...

**ver·ger** *(Br.)* koster; stafdraer.

**ver·i·fy** bewys, bevestig, staaf; verifieer, ondersoek, toets, kontroleer, nagaan; vervul, nakom, gestand doen; bewaar-heid. **ver·i·fi·a·ble** bewysbaar; kontroleerbaar, verifieerbaar. **ver·i·fi·ca·tion** bewys, bevestiging, stawing; ondersoek, toets, kontrolering, verifikasie; vervulling, gestanddoening; *in* ~ *of* ... as bewys van ..., tot/ter stawing van ... **ver·i·fi·er** bevesti-ger; verifieerder; nasiener, kontroleerder *(v. data).*

**ver·i·ta·ble** waar, eg, werklik, onbetwisbaar.

**ver·i·ty** waarheid; werklik; algemeen aanvaarde waarheid.

**ver·juice** groenvrugtesap.

**ver·kramp·te** *(Afr.)* verkrampte.

**ver·lig·te** *(Afr.)* verligte.

**ver·meil** *n.* vergulde silwer; goudbrons, vergulde brons; (goud)vernis.

**ver·mi·cel·li** *(It. kookk.)* vermicelli.

**ver·mi·cide** wurmgif, -doder, -middel.

**ver·mic·u·lat·ed** wurmvormig; wurmagtig; wurm-; kron-kelend, soos 'n wurm.

**ver·mil·(l)ion** *n.* vermiljoen(kleur). **ver·mil·ion** *adj.* ver-miljoen(kleurig).

**ver·min** *n. (fungeer as mv.)* ongedierte, goggas; skadelike ge-diertes; parasiete; gespuis, gepeupel; skorriemorrie; *be infest-ed with* ~ van die ongedierte/goggas vervuil wees. ~ **de-stroyer/repellent/killer** insektepoeier, -middel; middel teen ongedierte/parasiete. ~~**proof** rotdig, -vry. ~~**proofing** rot-digting; rotgaas.

**ver·mi·nous** ongedierte-, van ongedierte; deur ongedierte/parasiete oorgedra *('n siekte);* vol ongedierte/parasiete; vuil.

**ver·mouth** *(gekruide wyn)* vermoet.

**ver·nac·u·lar** *n.* streektaal, dialek; omgangstaal, (daaglik-se) spreektaal; groeptaal, sosiolek; vaktaal, jargon; volks-naam *(v. 'n plant/dier).* **ver·nac·u·lar** *adj.* van die lands-taal; inheems; lands-, volks-; ~ *architecture* volksboukunde; ~ *language/tongue* landstaal, volkstaal; moedertaal; vaktaal. **ver·nac·u·lar·ise, -ize** in die volkstaal opneem/oorsit; in die volkstaal oorgaan. **ver·nac·u·lar·ism** volksidioom, woord/uitdrukking in die volkstaal; gebruik van die volkstaal.

**ver·nal** lente-, voorjaars-; ~ *equinox* lentenagewening, voor-jaarsnagewening; ~ *fever* lentekoors; ~ *flower* lenteblom; ~ *grass*, *sweet* ~ *(grass)* heuninggras.

**Ve·ro·na** *(geog.)* Verona. **Ve·ro·ne·se** *n., (inwoner)* Veronees. **Ve·ro·ne·se** *adj.* Veronees, van Verona; ~ *green* veronees-groen.

**ver·sa·tile** veelsydig; ruim toepaslik/toepasbaar; verander-lik; *(bot., soöl.)* beweeglik. **ver·sa·til·i·ty** veelsydigheid; alsy-digheid; beweeglikheid.

**verse** versreël; Bybelvers; vers, stansa, strofe; poësie, gedig-te; vers-, digvorm; rymelary; *in* ~ in verse/digvorm/digmaat. **versed** bedrewe, ervare; *be* ~ *in* ... bedrewe/ervare/gekonfyt wees in ...

**ver·si·col·oured**, *(Am.)* **ver·si·col·ored** bont, veelkleu-rig; kleurwisselend, -veranderend.

**ver·si·fy** rym, verse maak; berym. **ver·si·fi·ca·tion** bery=ming; versbou, =maat, metrum; vers=, rymkuns. **ver·si·fi·er** versemaker, =skrywer, digter; rymelaar.

**ver·sion** weergawe, interpretasie; versie; vertaling; bewer=king; voorstelling; *s.o.'s own* ~ *of a matter* iem. se eie voorstel=ling/verklaring van 'n saak; ~ *of a novel* bewerking van 'n roman.

**ver·so** =sos keersy, agterkant *(v. 'n penning);* linkerbladsy *(v. 'n boek).*

**ver·sus** *(hoofs. sport en jur.)* teen, versus; teenoor.

**ver·te·bra** =brae, =bras (rug)werwel. **ver·te·bral** gewerwel(d), werwel=, vertebraal; ~ *canal* werwelkanaal; ~ *ganglia* verte=brale ganglia, werwelknope. **ver·te·brate** *n.* werweldier, ge=werwelde dier, vertebraat. **ver·te·brate** *adj.* gewerwel(d), werwel=.

**ver·tex** =tices, =texes top, toppunt; *(anat.)* kruin, kroon; *(geom.)* hoekpunt; *(astron.)* top; boogtop; baantop *(v. 'n projektiel).* ~ **angle** *(geom.)* tophoek.

**ver·ti·cal** *n.* loodlyn; loodregte stand; loodregte/vertikale vlak; tophoek; *out of the* ~ nie loodreg nie, skuins, uit die lood. **ver·ti·cal** *adj.* loodreg, vertikaal; regstandig; regop, staande; van die hoogtepunt/toppunt; ~ *angle,* *(geom.)* top=hoek, vertikale hoek; *(geom.)* regoorstaande hoek; ~ *axis* vertikale as; ~ *line* vertikale lyn, loodlyn; ~ *plane* vertikale vlak; ~ *thinking* vertikale denke. **ver·ti·cal·i·ty** loodregt=heid, regstandigheid. **ver·ti·cal·ly** vertikaal, loodreg, regaf, regop; ~ *opposite angles, (geom.)* regoorstaande hoeke.

**ver·ti·go** =gos duiseling, duiseligheid. **ver·tig·i·nous** duiselig, draaierig; duiselingwekkend; wispelturig, veranderlik, on=stabiel.

**verve** geesdrif, entoesiasme, vuur, gloed, lewendigheid, ener=gie; *full of* ~ vol geesdrif/gloed/vuur.

**ver·vet mon·key** blouaap.

**ver·y** *adj.* uiters, absoluut; presies; eg, waar, opreg; *the* ~ *man/woman!* die einste hy/sy!; *this is the* ~ *spot* dit is die einste plek; *the* ~ *thought of it* net die gedagte daaraan, die blote gedagte (daaraan). **ver·y** *adv.* baie, heel; besonder, erg, uiters, uitermate, in hoë mate; presies; ~ *high frequency,* *(rad., afk.:* VHF*)* baie hoë frekwensie; ~ *many/much* heel veel; ~ *many people* regtig baie mense, 'n menigte mense; *be* ~ *pleased* hoog in jou skik wees; *the* ~ *same* man/woman die einste man/vrou, die nimlike hy/sy.

**ves·i·cle** *(anat.)* blasie; *(med.)* blaartjie; *(geol.)* gasblasie; *(geol.)* gasholte. **ve·sic·u·lar** blasie(s)rig, vol blasies; blaasagtig; *(geol.)* met gasblasies; ~ *breathing* longblaasasemhaling. **ve·sic·u·lat·ed** blasie(s)rig, vol blasies; blaasagtig.

**ves·per** aanddiens; *(ook, i.d. mv.), (RK)* vesper. ~ *bell* ves=perklok, klok vir die aanddiens.

**ves·sel** vat *(vir vloeistof);* houer; vaartuig; *(anat.)* vat; *empty* ~*s make the most noise/sound* leë blikke maak die meeste ge=raas/lawaai.

**vest** *n.* frok(kie), onderhemp(ie); *(Am.)* onderbaadjie, mou=lose baadjie. **vest** *ww.* beklee *(met);* oordra; terugval/oor=gaan *(op);* berus *(by);* setel *(in); the funds are* ~*ed in the com=mittee* die bestuur beskik oor die gelde; *have a* ~*ed interest in s.t., (ook)* persoonlike belang by iets hê; ~*ed interests* ge=vestigde/bestaande belange; *the power is* ~*ed in s.o.* die mag berus by iem.; ~ *s.o. with power(s)* iem. met mag beklee, mag aan iem. verleen; ~ *upon* ... oorgaan op ...

**ves·tal** *n., (poët., liter.)* maagdelike/kuise/eerbare vrou. **ves=tal** *adj., (Rom. mit.)* Vestaals; *(poët., liter.)* kuis, rein, maagde=lik. ~ *virgin (Rom., soms* V~V~*)* Vestaalse maagd.

**ves·ti·bule** (voor)portaal; *(anat.)* voorhof, byholte; vestibu=lum *(v.d. oor);* mondholte.

**ves·tige** spoor, teken, bewys, oorblyfsel; sweem, greintjie; *(biol.)* rudiment *(v. 'n orgaan); the last* ~*s of* ... die laaste spo=re/oorblyfsels van ...; *not a* ~ *of* ... geen spoor/sweem van ...

nie, nie 'n spoor/sweem van ... nie; *without a* ~ *of clothing* sonder 'n draad klere. **ves·tig·i·al** oorblywend; rudimentêr, onontwikkeld *('n orgaan).*

**vest·ing** vestiging, oordra *(v. 'n titel); (erfreg)* oorgang; bekle=ding *(v. 'n amp).*

**vest·ment** *n. (gew. i.d. mv.)* (priester)gewaad.

**ves·try** konsistorie(kamer); *(RK)* sakristie; kerkraadsverga=dering.

**Ve·su·vi·us** *(vulkaan)* Vesuvius.

**vet**[1] *n., (infml.)* = VETERINARY SURGEON. **vet** =tt=, *ww., (hoofs. Br.)* nagaan, keur, kontroleer, ondersoek.

**vet**[2] *(Am., infml.)* = VETERAN *n..*

**vetch** *(bot.)* wiek, wilde-ert(jie).

**vet·er·an** *n.* veteraan; oudgediende; ringkop; ou/beproefde/ervare soldaat/speler/ens.. **vet·er·an** *adj.* ervare, beproef, gehard, gekonfyt; oud; bejaard; ~ *car* veteraanmotor.

**vet·er·i·nar·i·an** veearts, dierearts; veeartsenykundige.

**vet·er·i·nar·y** veeartsenykundig, veterinêr; ~ *college* veeart=senyskool; ~ *science* veeartsenykunde, dieregeneeskunde; ~ *surgeon* veearts, dierearts.

**vet·i·ver(t)** *(parfumerie, aromaterapie)* kuskusolie.

**ve·to** *vetoes, n.* veto; verbod, prohibisie; verwerping; vetoreg; *exercise a* ~ 'n veto uitoefen; *put a* ~ *on s.t.* iets verbied/veto, die veto oor iets uitspreek; *right of* ~ vetoreg. **ve·to** *ww.* die veto uitspreek oor, veto; verbied, weier, afkeur, verwerp; ~ *a marriage* 'n huwelik stuit. ~ *power* vetoreg.

**vex** vererg, treiter, pla, irriteer, erger; verwar; *be* ~*ed at s.t.* vererg wees oor iets. **vex·a·tion** ergernis, irritasie; kwelling, las; plaery, getreiter. **vex·a·tious** ergerlik, lastig, hinderlik, plaerig, irriterend, treiterend; geïrriteer(d); *(jur.)* kwelsug=tig. **vex·a·tious·ness** lastigheid; *(jur.)* kwelsug. **vex·ing** nete=lig *('n probleem, kwessie, saak, ens.);* irriterend, vervelend, las=tig, hinderlik, ergerlik; moeilik, kommerwekkend, sorgwek=kend, senu(wee)tergend.

**vi·a** *prep.* oor, langs, via.

**vi·a·ble** lewensvatbaar; uitvoerbaar, haalbaar; lewensonder=houdend; bestaanbaar; *(med.)* lewensvatbaar; *(bot.)* kiem=kragtig. **vi·a·bil·i·ty** lewensvatbaarheid; *(bot.)* kiemkrag.

**vi·a do·lo·ro·sa** *(fig.)* lydensweg; *the V~ D~* die Lydens=weg.

**vi·a·duct** oorbrug; viaduk, boogbrug.

**vi·al** fiool; flessie; *pour out* ~*s of wrath upon s.o., (poët., liter.)* fiole van toorn oor iem. uitgiet.

**vibe** *n., (dikw. i.d. mv.), (infml., afk. v.* vibration*)* gees, gevoel, atmosfeer, stemming; *catch the* ~ gees vang; *emit/spread* (or *give off) good/bad/etc.* ~*s* 'n positiewe/negatiewe/ens. gees uitstraal; *have good/bad* ~*s about s.o./s.t.* (nie) 'n goeie ge=voel oor iem./iets hê (nie); *negative* ~*s emanated from s.o.* 'n negatiewe gees het van iem. uitgestraal; *pick up good/bad* ~*s, (infml.)* 'n goeie/gunstige/slegte/ongunstige stemming aanvoel.

**vi·brant** trillend, lewendig, vibrerend, trillend; *(fonet.)* stem=hebbend. **vi·bran·cy** trilling; lewendigheid; dinamiek.

**vi·bra·phone,** *(Am.)* **vi·bra·harp** *(mus.)* vibrafoon. **vi·bra=phon·ist** vibrafonis.

**vi·brate** tril, vibreer; (heen en weer) skud, swaai, slinger; sidder, beef; ~*d concrete* trilbeton; *vibrating reed* triltong; *vi=brating screen* trilsif.

**vi·bra·tion** trilling, vibrasie; swaai, slingering. ~ *test* tril=toets. ~ *time* trillingsduur.

**vi·bra·tion·less** trilvry.

**vi·bra·to** =tos, *(It., mus.)* vibrato.

**vi·bra·tor** vibrator, vibreerder. **vi·bra·tor·y** trillerig; trillend; vibrerend; tril(lings)=, vibrasie=; ~ *motion* trilbeweging; ~ *test* tril(lings)toets.

**vic·ar** *(RK)* vikaris, plaasvervanger; *(Angl. Kerk)* predikant;

plaasvervanger; the V~ of (Jesus) Christ, (RK) die stedehouer van Christus, die pous. ~ **apostolic** (RK) apostoliese vikaris. ~-**general** vikaris-generaal.

**vic·ar·age** vikariaat; vikariswoning, pastorie.

**vi·car·i·ate** vikariaat; vikarisamp; predikantskap.

**vi·car·i·ous** plaasvervangend; gedelegeer(d); afgevaardig; indirek; tweedehands; ~ authority plaasvervangende gesag; ~ responsibility middellike aanspreeklikheid; ~ suffering lyding in die plek van ander. **vi·car·i·ous·ly** plaasvervangend.

**vic·ar·ship** vikariaat, vikarisamp, vikarisskap.

**vice¹**, (Am.) **vise** (bank)skroef; klem. ~ **grip** (bank)skroefbek. ~ **jaws** skroefbek, =kloue.

**vice²** n. ondeug; gebrek, fout; onsedelikheid, ontug; sedeloosheid; verdorwenheid. ~ **squad** sedepolisie, sedeafdeling (v.d. polisie).

**vice-ad·mi·ral** viseadmiraal.

**vice-cap·tain** onderkaptein. **vice-cap·tain·cy** onderkapteinskap.

**vice-chair·man** ondervoorsitter, visevoorsitter; visepresident.

**vice-chan·cel·lor** visekanselier, onderkanselier.

**vi·cen·ni·al** twintigjaarliks; twintigjarig.

**vice-pres·i·dent** visepresident; (Am.) ondervoorsitter; onderhoofbestuurder. **vice-pres·i·den·cy** visepresidentskap.

**vice·roy** onderkoning. **vice·reine** onderkoningin; vrou van die/'n onderkoning. **vice·roy·al, vice·re·gal** onderkoninklik, onderkonings=. **vice·roy·al·ty** onderkoningskap.

**vi·ce ver·sa** adv., (Lat.) omgekeerd, andersom.

**vi·chys·soise** (Fr. kookk.) vichyssoise, koue prei-en-aartappel-roomsop.

**vi·chy (wa·ter)** (soms V~) vichywater.

**vic·i·nal** naburig, aangrensend, aanliggend; ~ position, (ook) langsmekaarstelling.

**vi·cin·i·ty** nabyheid, naburigheid; (na)buurskap; omstreke, buurt(e), omtrek, omgewing; in close ~ to town/etc. naby die stad/ens.; in the ~ of ... in die omgewing van ... ('n plek); naby ..., in die nabyheid van ...; ongeveer/naaste(n)by ... ('n aantal); in this ~ hier rond, in hierdie omgewing.

**vi·cious** wreed, boosaardig; gemeen, haatlik; hewig ('n hoofpyn); destruktief, gewelddadig; sleg, verderflik; gevaarlik; befoeterd ('n perd); kwaai ('n hond); kwaadaardig; venynig, geniepsig; ~ spiral bose spiraal (v. geweld, bloedvergieting, ens.). **vi·cious·ness** wreedheid; gemeenheid; slegtheid; kwaaiheid; venyn.

**vi·cis·si·tude** wisselvalligheid, veranderlikheid, onbestendigheid; verandering, afwisseling, opeenvolging (v. seisoene); lotswisseling; the ~s of life lotgevalle.

**vic·tim** slagoffer, prooi; offerdier; fall (a) ~ to ... die/'n slagoffer van ... word. **vic·tim·i·sa·tion, -za·tion** viktimisasie; veron(t)regting; (onverdiende) straf; offering, slagting (v. offerdiere). **vic·tim·ise, -ize** die slagoffer maak (van), viktimiseer; weerwraak neem op; onreg aandoen, veron(t)reg.

**vic·tor** oorwinnaar; wenner. ~ ludorum (ml.), victrix ludorum (vr.), (Lat.) victor/victrix ludorum, algehele wenner (by 'n sportbyeenkoms).

**Vic·to·ri·a** (geog.) Victoria. ~ **Cross** Victoriakruis. ~ **Falls** Victoriawaterval.

**vic·to·ri·an** n. Victoriaan. **Vic·to·ri·an** adj. Victoriaans.

**vic·to·ri·ous** oorwinnend, seëvierend, triomfant(e)lik; oorwinnings=; be ~ die oorwinning behaal, seëvier.

**vic·to·ry** oorwinning, sege; gain a ~ over ... teen ... wen, die oorwinning oor ... behaal, oor ... seëvier; an outright ~ 'n algehele/volkome oorwinning; pull off a ~ die paal haal; an upset ~ 'n skokoorwinning. ~ **roll** (lugv.) oorwinningsrol (vlug).

**vict·ual** n., (gew. mv.), (vero.) lewensmiddele, voedsel, kos=

(ware), provisie, proviand. **vict·ual** =ll=, ww., (vero.) van kos/lewensmiddele voorsien, proviand verskaf, proviandeer. **vict·ual·ler** (vero.) verskaffer, (kos)leweransier; proviand=, provisiemeester; proviand=, provisieskip; (Br.) drankhandelaar.

**vi·cu·ña, vi·cu·na** (soöl.: wilde lama) vikoenja. ~ (cloth) vikoenja.

**vi·de** (Lat.) vide, sien.

**vi·de·li·cet** adv., (Lat., afk.: viz.) naamlik; met name; te wete.

**vid·e·o** n. video; video(kasset); video(film). **vid·e·o** ww. op die/'n video opneem. ~ **camera** videokamera. ~ **(cassette) recorder** video(kasset)opnemer. ~ **conference** videokonferensie. ~ **game** videospeletjie. ~ **nasty** n., (Br., infml.) geweldsvideo, gewelddadige video; harde pornografiese video. ~ **shop** videowinkel. ~ **tape** n. videoband. ~-**tape** ww. op videoband opneem.

**vie** wedywer, meeding; ~ with s.o. for/in s.t. met iem. om/in iets meeding.

**Vi·en·na** (geog.) Wene. ~ **sausage** Weense worsie.

**Vi·en·nese** n. Wener; the ~, n. (mv.) die Weners.

**Vi·et·nam** (geog.) Viëtnam. **Vi·et·nam·ese** n. & adj. Viëtnamees.

**view** n. ondersoek, inspeksie; uitsig, gesig; beeld; besigtiging; (soms mv.) beskouing, sienswyse, siening, opvatting, mening, opinie; verwagting; s.o.'s broad ~s iem. se onbekrompe sienswyse; on a closer ~ op die keper beskou; by nader(e) beskouing; come in ~ in sig (of die gesig) kom; have definite/pronounced ~s on ... besliste menings oor ... hê; take a different ~ of s.t. 'n ander standpunt oor iets inneem, 'n ander kyk op iets hê; exchange ~s gedagtes wissel; the full ~ die geheelbeeld; in full ~ (of ...) oop en bloot (voor ...); s.t. happened in full ~ of s.o. iets het gebeur waar iem. dit goed kon sien, iem. kon goed sien wat gebeur; a general ~ of ... 'n algemene/breë oorsig van ...; have s.t. in ~ iets beoog, die oog op iets hê, iets ten doel hê; have ~s (up)on s.t. menings/beskouings omtrent/oor iets hê; hold a ~ 'n mening/sienswyse hê/huldig (of toegedaan wees); be in ~ te sien wees; in sig wees; with this in ~ met die oog hierop; with this end/object in ~ met dié doel voor oë; in s.o.'s ~ na/volgens iem. se mening/oordeel/beskouing; in ~ of ... gesien (dat) ..., met die oog op ...; in die lig van ...; do s.t. in ~ of ... iets voor ... doen; with that in ~ met die oog daarop, te dien einde; keep s.t. in ~ iets in gedagte hou; iets in die oog hou; a ~ of life 'n lewensbeskouing/lewensopvatting; be lost to ~ uit die oog/gesig wees; a ~ of ... 'n kyk op ..., 'n opvatting van ...; 'n gesig op (of uitsig op/oor) ... ('n plek); be on ~ te sien wees; uitgestal wees; have/hold ~s of one's own 'n eie mening hê; a point of ~ 'n standpunt/gesigspunt/oogpunt; from his/my/our point of ~ syns/myns/onses insiens, na sy/my/ons oordeel/mening/beskouing; from their point of ~ uit hulle oogpunt; take a short ~ kortsigtig wees; take a ~ 'n mening/opvatting hê/huldig, 'n mening toegedaan wees; 'n standpunt inneem; take the ~ that ... meen (of van mening/oordeel wees) dat ...; die standpunt inneem dat ...; with a ~ to ... met die doel/oogmerk om te ..., met die oog op ..., ten einde te ... **view** ww. bekyk, kyk na, beskou; besigtig; inspekteer. ~-**finder** (beeld)soeker (v. 'n kamera); kerf en korrel (v. 'n vuurwapen). ~**point** gesigspunt, oogpunt, standpunt; gesigshoek; uitkykplek, =punt. ~ **site** uitsigpunt.

**view·er** kyker; toeskouer; TV-kyker; inspekteur; (toestel) (prente)kyker. **view·er·ship** kykers(publiek); kyker(s)tal, =getal(le).

**view·ing** besigtiging; televisiekyk, TV-kyk; televisiekykery, TV-kykery; late-night ~ laatnag-TV-kykery. ~ **room** besigtigingskamer. ~ **screen** beeld=, kykskerm. ~ **time** kyktyd.

**view·less** onsigbaar; uitsigloos, sonder uitsig; sonder 'n mening.

**vig·il** waak, wag; *(RK, Angl. Kerk)* vooraand *(v. 'n feesdag); (i.d. mv.)* nagtelike gebede; nagwaak; *keep ~ over s.o.* oor iem. waak/waghou *(of* wag hou).

**vig·i·lant** waaksaam, wakker, oplettend; *a ~ eye* 'n wakende oog. **vig·i·lance** waaksaamheid, wakkerheid, oplettendheid; versigtigheid.

**vig·i·lan·te** *(<Sp., gew. pej.)* vigilante.

**vi·gne·ron** *n., (Fr.)* wyn-, wingerdboer.

**vi·gnette** *n.* vinjet; krul(versiering); karakterskets; woord-skildering. **vi·gnette** *ww.* 'n vinjet maak/skilder; met vin-jette versier.

**vig·our, *(Am.)* vig·or** krag, forsheid, sterkte; energie, lewen-digheid; intensiteit; bloei *(v.d. lewe);* uitdrukkingskrag *(v.d. taal);* vitaliteit; groeikrag; geldigheid *(v.d. wet).* **vig·or·ous** kragtig, sterk, fors; kragtig *('n taal);* energiek, lewendig; le-wenskragtig, gesond *(plante);* gespier(d).

**Vi·king** *(hist.)* Wiking, Noorman.

**vile** laag, gemeen, sleg; walglik, afskuwelik, skandelik; ellen-dig, miserabel, beroerd; *in a ~ temper* in 'n vreeslike bui. **vile·ly** laag, gemeen; skandelik.

**vil·i·fy** belaster, beswadder, beskinder. **vil·i·fi·ca·tion** smaad, belastering, slegmakery. **vil·i·fi·er** lasteraar, kwaadprater, skinderbek.

**vil·la** villa; *country ~* villa op die platteland, plattelandse huis.

**vil·lage** dorp; *small ~* dorpie. *~* **council** dorpsraad. *~* **green** dorpsmeent, -grond, -veld.

**vil·lag·er** dorpenaar, dorpsbewoner, dorpeling.

**vil·lain** boef, skurk, skobbejak; *you little ~* jou klein skelm, jou deugniet; *the ~ of the piece, (lett.)* die skurk in die stuk; *(fig.)* die skuldige. **vil·lain·ous** skurkagtig, gemeen, laag. **vil·lain·y** skurkagtigheid, gemeenheid, laagheid.

**vil·la·nel·le** *(It. meerstemmige liedtipe)* villanelle.

**vil·lus** villi, *(anat.)* haarvormige uitsteeksel; haarvlok(kie); *(bot.)* nop; haar *(op 'n blom/vrug).* **vil·li·form** *(anat., bot.)* haarvormig. **vil·los·i·ty** *(anat.)* harigheid; fynbehaardheid; fyn beharing; (fyn) behaarde plek. **vil·lous** harig, harerig; *(anat.)* (fyn) behaar(d); *(bot.)* harig.

**vim** *(infml.)* pit, fut, energie.

**vi·na·ceous** wyn-; druiwe-; wynrooi, wynkleurig.

**vin·ai·grette (sauce)** *(Fr. kookk.)* vinaigrette(sous), Franse slaaisous.

**vin·cu·lum** -cula verbindingstreep; *(anat.: weefselband)* vin-kulum; *(wisk.: groepeerteken)* streep.

**vin·da·loo** *(Ind. kookk.)* vindaloo.

**vin·di·cate** verdedig, regverdig; van blaam suiwer; bewys; handhaaf; opeis, terugvorder; laat geld; vindiseer, vindikeer; *be completely ~d* volkome in die gelyk gestel word. **vin·di·ca·tion** regverdiging, verdediging *(v. 'n standpunt);* hand-hawing; *(jur.)* opeising, terugvordering, vindikasie *(v. eien-dom); (jur.)* vordering, saakopvolging, eiendomsvordering. **vin·di·ca·tor** verdediger, voorspraak; handhawer (van reg en orde). **vin·di·ca·to·ry** verdedigend; handhawend; straf-fend, straf-; opeisend.

**vin·dic·tive** wraaksugtig, wraakgierig, haatdraend. **vin·dic·tive·ness** wraaksug, vervolgsug.

**vine** wynstok, wingerd-, druiwestok; wingerdrank, -loot; rank; rankplant, slingerplant; *sweet potato ~* patat(ta)rank. *~* **culture** wynbou. *~* **disease** wingerdsiekte. *~* **grower** win-gerdboer. *~* **growing** wingerdbou; wynbou. *~-***growing area** wyn(bou)streek. *~* **shoot** wingerdrank, -loot. *~* **trellis** druiwe-, wingerdprieel. *~***yard** wingerd.

**vin·e·gar** *n.* asyn. **vin·e·gar** *adj.* asynsuur, asyn-. *~* **plant** asynkiem.

**vin·e·gar·ish, vin·e·ga·ry** asynagtig, asyn-; suur, skerp.

**vin·er·y** wingerdkwekery; wingerd.

**vine·yard** →VINE.

**vi·nho** *(Port.)* wyn. *~* **branco** wit wyn, witwyn. *~* **tinto** rooi wyn, rooiwyn. *~* **verde** jong wyn.

**vin·i·cul·ture** wynbou. **vin·i·cul·tur·ist** wynbouer.

**vi·no** *(<Sp./It., infml., dikw. skerts.)* (goedkoop/gewone) wyn.

**vin or·di·naire** *(Fr.)* landwyn, gebruik(s)wyn.

**vi·nous** wynagtig; wyn-; wynkleurig, wynrooi; *~ eloquence* dronkmanswelsprekendheid; *~ flavour* wynsmaak.

**vin·tage** *n.* parstyd, druiwetyd; druiweoes, wynoes; (goeie) wyn; jaar(gang); datering; soort, merk *(wyn);* rypheid, er-varing, leeftyd; wynjaar; spits(jaar)wyn. **vin·tage** *adj.* uit-stekend, uitnemend *(v. wyn);* oud. *~* **car** antieke/klassieke motor, veteraanmotor. *~* **wine** spits(jaar)wyn, kwaliteits-wyn. *~* **year** uitsoek(wyn)jaar, uitnemende wynjaar, spits-wynjaar.

**vin·tag·er** wynboer, -bouer; wyndruiweplukker.

**vint·ner** wynhandelaar, -verkoper.

**vin·y** wynstok-.

**vi·nyl** viniel.

**vi·ol** *(hist. mus.instr.)* viola.

**vi·o·la¹** altviool; viola. *~* **da gamba** knieviool, gambe. *~* **player**, *(Am.)* **violist** viola-, altspeler, altviolis.

**vi·o·la²** *(bot.)* somerviooltjie; gesiggie.

**vi·o·late** skend, verbreek, oortree; ontheilig; verkrag, onteer; inbreuk maak op, stoor, steur; oorskry; jou vergryp aan. **vi·o·la·tion** skending; ontheiliging; verkragting; inbreuk *(op); in ~ of ...* in stryd met ... **vi·o·la·tor** skender, verbreker; ver-kragter, onteerder; *~ of the law* wetsoortreder.

**vi·o·lence** geweld; moord en doodslag; geweldpleging, gewelddadigheid; hewigheid; aanranding; *by ~* met geweld; *death by ~* 'n gewelddadige dood; *do ~ to s.o.* iem. aanrand, iem. geweld aandoen; *a man of ~* 'n geweldpleger; *a story full of ~* 'n verhaal van moord en doodslag; *use ~* geweld gebruik.

**vi·o·lent** gewelddadig; geweldig, hewig, kwaai; opvlieënd, driftig; woes; onstuimig; *become ~* woes/wild begin word; *~ conduct* gewelddadigheid; *~ criticism* krasse kritiek; *~ death* gewelddadige dood; *in a ~ temper* in 'n verskriklike bui. **vi·o·lent·ly** met geweld; kwaai; woes.

**vi·o·let** *n., (bot.)* viooltjie; pers, violet(kleur). **vi·o·let** *adj.* pers, violet(kleurig).

**vi·o·lin** *(mus.instr.)* viool; *play the ~* viool speel. *~* **bow** stryk-stok. *~* **concerto** vioolkonsert. *~* **maker** vioolmaker, -bouer. *~-***shaped** vioolvormig.

**vi·o·lin·ist** violis, violiste, vioolspeler, -speelster.

**vi·ol·ist** →VIOLA PLAYER.

**VIP** *(afk.):* a *~* = A VERY **IMPORTANT** PERSON. *~* **treatment** BBP-behandeling.

**vi·per** *(soöl.)* adder; (giftige) slang; *nourish a ~ in one's bosom* 'n adder aan jou bors koester. **vi·per·ine, vi·per·ish, vi·per·ous** adderagtig, adder-; slangagtig.

**vi·ra·go** -gos, -goes virago; heks, rissie(pit), feeks, tierwyfie; *(vero.)* amasone.

**vi·ral** virus-; →VIRUS; *~ disease* virussiekte; *~ load* viruslading *(i.d. bloed).*

**vir·gin** *n.* maagd; *(relig.)* maagd, kloostersuster; *(soöl.)* onge-dekte/onbevrugte wyfie; *(entom.)* ongeslagtelik voortplan-tende wyfie; *(infml.)* groentjie, nuweling; *the V~* →VIRGO.

**vir·gin** *adj.* maagdelik, rein, onbevlek; rou *(grond); ~ birth, (relig.)* maagdelike geboorte *(v. Jesus); (biol.: voortplanting sonder bevrugting)* partenogenese; *the (Blessed) V~ (Mary)* die (Heilige) Maagd (Maria); *~ forest* ongerepte oerwoud, oerbos; *~ olive oil* suiwer olyfolie; *~ queen* onbevrugte koninginby/byekoningin; *~ soil* rou/onbewerkte grond, dries-grond. **V~ Islands** Maagde-eilande, Virginiese Eilande.

**vir·gin·al** *n., (mus.instr.)* virginaal; *pair of ~s* klein spinet.

**vir·gin·al** *adj.* maagdelik; rein, onbesoedel(d), kuis.

**Vir·gin·i·a** *(geog., VSA)* Virginië; *(geog., SA)* Virginia. ~ **(to=bacco)** Virginiese tabak.

**vir·gin·i·ty** maagdelikheid, maagdelike staat, maagdom; reinheid; kuisheid, sedigheid.

**Vir·go, Vir·gin** *(astron.)* Virgo; *(astrol.)* Virgo, die Maagd.

**vi·rid·i·ty** groen, groenheid; groenigheid.

**vir·ile** manlik, viriel; potent; kragtig, fors, gespier(d). **vi=ril·i·ty** manlikheid; krag, forsheid, gespierdheid; virilitet, teelkrag; potensie.

**vi·rol·o·gy** *(med.)* virologie, viruskunde. **vi·ro·log·i·cal** vi=rologies. **vi·rol·o·gist** viroloog, viruskundige.

**vir·tu, ver·tu** kunssmaak, =liefde, =kennis.

**vir·tu·al** feitlik, werklik, eintlik; *(fis., rek.)* virtueel, skyn=; ~ *image, (opt.)* virtuele beeld, spieëlbeeld; ~ *reality, (rek.)* skyn= werklikheid, virtuele werklikheid/realiteit. **vir·tu·al·ly** feitlik, prakties, vrywel, in die praktyk, in essensie.

**vir·tue** deug; deugsaamheid; kuisheid, sedelikheid, reinheid; voortreflikheid, doeltreffendheid; krag; *by/in ~ of ...* ooreen= komstig ...; kragtens ...; op grond van ...; *by ~ of one's office, (ook)* ampshalwe, uit hoofde van jou amp; *make a ~ of neces= sity* van die nood 'n deug maak. **vir·tu·ous** deugsaam, voor= treflik; regverdig.

**vir·tu·o·so** =osi, =osos, *n.* virtuoos, kunstenaar; kunskenner, =liefhebber. **vir·tu·o·so** *adj.* meesterlik, virtuoos. **vir·tu=os·i·ty** virtuositeit, meesterlikheid, vaardigheid.

**vir·u·lent** giftig; boosaardig; kwaadaardig; venynig, heftig, bitter; hewig. **vir·u·lence, vir·u·len·cy** kwaadaardigheid; ve= nynigheid, bitterheid; hewigheid.

**vi·rus** =ruses virus; smetstof; *(infml.)* virus(siekte); *(rek.)* virus.

**vi·sa** =sas, *n.* visum; stempel; handtekening. **vi·sa** visaed, visa'd, *vw.* (af)stempel; afteken.

**vis·age** *(hoofs. liter.)* gelaat, aangesig; gelaatstrekke; blik.

**vis-à-vis** *prep., (Fr.)* regoor, teenoor; in vergelyking met; ten opsigte van.

**vis·cer·a** *n. (mv.), (anat.)* ingewande, derms, binnegoed. **vis·cer·al** *(anat.)* van die ingewande, ingewands=; diepge= sete; instinktief; liggaamlik.

**vis·cid** klewerig, vloeitraag; stroperig, taai. **vis·cid·i·ty** kle= werigheid, viskositeit; taaiheid.

**vis·com·e·ter** viskosimeter.

**vis·cose** *(tekst.)* viskose.

**vis·count** *(Br. titel)* burggraaf. **vis·count·cy** burggraafskap. **vis·count·ess** *(vr.)* burggravin.

**vis·cous** taai, klewerig; *(fis.)* viskeus, taaivloeibaar, vloei= traag. **vis·cos·i·ty** taaiheid, klewerigheid; *(fis.)* viskositeit, taaivloeibaarheid, vloeitraagheid.

**vis·i·bil·i·ty** sigbaarheid; sig, uitsig; lig, helderheid; ~ *is bad/good* die sig(baarheid)/lig is sleg/goed; *reduced* ~ belem= merde (uit)sig.

**vis·i·ble** *n., (han.)* (handels)produk; *(ook, i.d. mv.)* handels= goedere; sigbare handelsbalansposte. **vis·i·ble** *adj.* sigbaar, waarneembaar; duidelik; beskikbaar. **vis·i·bly** sigbaar; sien= deroë.

**vi·sion** *n.* visioen, droombeeld; droom=, geestesverskyning; blik; beeld; gesigsvermoë, gesigskerpte; gesig; beskouing, opvatting, siening; toekomsblik; visie, insig; beeld *(v. 'n TV)*; *beyond s.o.'s* ~ buite iem. se gesig/gesigseinder, onder iem. se oog/oë uit, verder/vêrder as wat iem. kan sien; *breadth of* ~, *wide* ~ breedheid/ruimheid van blik/gees, onbekrompen= heid, ruimdenkendheid; *have a* ~ *of s.t.* iets in jou verbeel= ding sien; *have/see* ~s gesigte sien; *be a* ~ *of ...* 'n droom van ... wees. **vi·sion** *vw.* in die gees/verbeelding *(of* 'n droom) sien, jou voorstel *(of* voor die gees roep). ~ **mixer** *(TV)* beeldmenger.

**vi·sion·al** met betrekking tot 'n visioen; in 'n visioen gesien; denkbeeldig, onwerklik, droom=; gesig(s)=.

**vi·sion·ar·y** *n.* siener, profeet, visioenêr; dromer, idealis. **vi·sion·ar·y** *adj.* visioenêr; dromerig, idealisties; onrea= listies, onverwesenlikbaar; denkbeeldig, onwerklik; ~ *eye* sienersbik, =oog; ~ *scheme* fantastiese plan.

**vis·it** *n.* besoek, kuier; *have a ~ from s.o.* deur iem. besoek word; *be on a ~ to s.o.* by iem. kuier *(of* op besoek wees); *come on a* ~ kom kuier, iem. kom besoek; *go on a ~ to ... ...* gaan besoek; *pay s.o. a* ~ iem. besoek, 'n besoek aan iem. bring *(of* by iem. aflê), by/vir iem. gaan/kom kuier; *return a* ~ 'n besoek beantwoord, 'n teenbesoek bring/aflê; *right of* ~ *and search, (sk., jur.)* reg van betreding en visentering; *a ~ to ...* 'n besoek by ... *(iem.);* 'n besoek aan ... *(iem., 'n plek).* **vis·it** *vw.* (gaan) kuier/besoek; besigtig, inspekteer; *be ~ed by s.o.* deur iem. besoek word; *be ~ed by ...* deur ... getref/geteister word *('n plaag ens.);* ~ *the sick* die siekes besoek, siekebesoek bring; ~ *s.o.* iem. besoek, by iem. kuier, by/vir iem. gaan kuier.

**vis·it·a·tion** besoek; huisbesoek; ondersoek, inspeksie; be= proewing, bestraffing, ramp; *right of ~, ~ right, (jur.)* be= soekreg, reg op besoek.

**vis·it·ing** *n.* kuiery, besoeke (aflê). **vis·it·ing** *adj. (teenw. dw.)* besoekend. ~ **hour** besoekuur. ~ **hours** besoektyd, =tye. ~ **professor** gasprofessor, =hoogleraar. ~ **room** be= soekerskamer. ~ **terms:** *be on ~ ~ with s.o.* by iem. aan huis kom.

**vis·i·tor** besoeker; (kuier)gas; toeris; *(orn.)* trekvoël; ~*'s book* besoekers=, gasteboek; ~*s are coming* daar kom mense/besoek(ers); *expect/get/have* ~*s* mense/besoek(ers) ver= wag/kry/hê; ~*s to ...* besoekers van/by ... *('n tentoonstelling ens.); a ~ to the town* 'n besoeker in die stad *(of* op die dorp). **vis·i·to·ri·al** inspeksie=; ~ *power* visitasiereg.

**vis ma·jor** *(Lat.),* **force ma·jeure** *(Fr.), (jur.)* vis major, force majeure; oormag.

**vi·sor, vi·zor** visier; sonskerm; kykgleuf. **vi·sored, vi·zored** met 'n sonskerm/klep/visier.

**vis·ta** uitsig; ver=, vêrgesig; laan; ry; perspektief; herinne= ring.

**vis·u·al** *n.* beeldmateriaal; advertensieontwerp; *(dikw. mv.)* film; foto. **vis·u·al** *adj.* visueel; sigbaar; gesig(s)=, oog=, op= ties; ~ *acuity* gesigskerpte; ~ *aids* visuele hulpmiddele; ~ *angle* gesigshoek; ~ *arts* beeldende kunste; ~ *display unit (rek., afk.:* VDU) vertooneenheid; ~ *faculty* gesigsvermoë; ~ *horizon* sigbare/visuele horison, gesigshorison; ~ *inspec= tion* uitwendige/visuele inspeksie; ~ *instrument* optiese instrument; ~ *line* gesigslyn; ~ *material* kykstof; ~ *nerve* gesigsenu(wee); ~ *purple, (anat., soöl.)* rodopsien; ~ *range* gesigsveld, sigafstand; ~ *ray (opt.)* oogstraal; ~ *sense* ge= sig(sin).

**vis·u·al·ise, -ize** visualiseer; jou voorstel, (in die verbeel= ding) sien, (jou) voor die gees roep; 'n beeld vorm *(of* 'n voorstelling maak) van; aanskoulik maak; ~ *s.o. as ...* jou iem. as ... voorstel. **vis·u·al·i·sa·tion, -za·tion** aanskouings= vermoë; voorstelling, visualisering.

**vi·tal** *n. (gew. mv.)* lewensorgane; essensie, wesenlike punte. **vi·tal** *adj.* lewenskragtig, vitaal; lewens=; noodsaaklik, es= sensieel, onmisbaar, kardinaal, van lewensbelang; lewens= gevaarlik, noodlottig, dodelik *(fout ens.); a ~ fact/game/ match* 'n beslissende/deurslaggewende feit/wedstryd; ~ *power* lewenskrag; lewensvatbaarheid; ~ *signs* lewenste= kens; ~ *statistics* bevolkingstatistiek(e), lewenstatistiek(e), geboortes en sterftes; *(infml.)* liggaamsmate; *be ~ to ...* van die hoogste belang *(of* onontbeerlik) vir ... wees. **vi·tal·ise, =ize** lewe gee; verlewendig, lewendig maak, besiel, inspireer. **vi·tal·ism** vitalisme. **vi·tal·ist** *n.* vitalis. **vi·tal·ist, vi·tal·is·tic** *adj.* vitalisties. **vi·tal·i·ty** vitaliteit; lewenskrag; lewensvat= baarheid; groeikrag; *(bot.)* kiemkrag. **vi·tal·ly** essensieel.

**vit·a·min** vitamien; *rich in* ~s vitamienryk. ~ **A,** retinol vita= mien A, retinol. ~ **B**$_1$ →THIAMIN(E). ~ **B**$_2$ →RIBOFLAVIN(E). ~

**B**$_6$ →PYRIDOXINE. ~ **B**$_{12}$ →CYANOCOBALAMIN. ~ **B complex** vitamien B-kompleks. ~ **C** →ASCORBIC ACID. ~ **D** *D vitamins* vitamien D. ~ **D**$_2$ →CALCIFEROL. ~ **deficiency** vitamien= tekort, =gebrek, tekort/gebrek aan vitamiene. ~ **E** →TOCO= PHEROL. - **G** *(Am.)* →RIBOFLAVIN(E). ~ **H** *(Am.)* = BIOTIN. ~ **K** *K vitamins* vitamien K. ~ **K**$_1$ →PHYLLOQUINONE. ~ **P** *(Am.)*, **bioflavonoid, citrin** vitamien P, bioflavonoïed, sitrien. ~ **pill** vitamienpil.

**vit·a·min·ise, =ize** vitamineer, vitamiene byvoeg. **vit·a·min= ised, =ized** *adj.* vitamienverryk.

**vi·tel·lin** *(biochem.)* vitellien, dooierproteïen. **vi·tel·line** *adj.*, *(embriol., sôöl.)* geel soos 'n eier; dooier=; vitellien. **vi·tel·lus** =*telluses*, =*telli*, *n., (embriol.)* eiergeel, dooier.

**vi·ti·ate** *(fml.)* bederf, bederwe, besmet, besoedel, veront= reinig; skend, skaad; ongeldig maak *('n kontrak)*; ~*d air* ou lug; ~*d judg(e)ment* gebrekkige oordeel; ~*d mind* onrein(e) gemoed. **vi·ti·a·tion** besmetting, besoedeling, verontreini= ging; ongeldigmaking *(v. 'n kontrak)*.

**vit·i·cul·ture** wingerdbou; wynbou. **vit·i·cul·tur·al** win= gerdbou(ers)=; wynbou(ers)=. **vit·i·cul·tur·ist** wingerdboer; wynbouer, =boer.

**vit·i·li·go** *(med.: velaandoening)* vitiligo.

**vit·re·ous** *adj.* glasagtig, glasig; glas=; van glas; ~ *enamel* glas(uur)=, brandemalje; ~ *humour* glasvog *(v.d. oog)*; ~ *sand* smalt.

**vit·ri·fy** verglaas, in glas verander, glasagtig word. **vit·ri= fi·a·ble** verglaasbaar. **vit·ri·fi·ca·tion** verglasing. **vit·ri·fied** verglaas.

**vit·ri·ol** *(chem.)* vitrioel; *(fig.)* venynige opmerking= sarkasme. **vit·ri·ol·ic** *(fig.)* snydend, skerp, bitsig, venynig.

**vit·ta** *vittae, (biol.)* (kleur)streep, band; *(bot.)* oliekanaal.

**vi·tu·per·ate** (uit)skel, slegmaak, uitkryt, beskimp. **vi·tu= per·a·tion** skeltaal, uitskellery, geskel, slegsêery. **vi·tu·per= a·tive** honend, skerp, skellend, skimpend.

**vi·va** *tw., (It., Sp.):* ~ ...! viva *(of* lank lewe) ...!

**vi·va·ce** *adv., (It., mus.)* vivace.

**vi·va·cious** lewendig, lewenslustig; vrolik, opgewek. **vi= vac·i·ty, vi·va·cious·ness** lewenslus, lewendigheid; vrolik= heid, opgewektheid.

**vi·var·i·um** =*ria*, =*riums* vivarium, dieretuin; visdam, akwa= rium.

**viv·id** helder, skerp, intens *(lig, kleur, ens.)*; lewendig, sterk; skitterend; ~ *green* helder groen, heldergroen; ~ *lightning* verblindende weerlig. **viv·id·ness** helderheid; lewendig= heid.

**viv·i·fy** verlewendig, lewendig maak; laat herleef; besiel, in= spireer. **viv·i·fi·ca·tion** verlewendiging; besieling.

**vi·vip·ar·ous** *(soöl.)* lewendbarend, vivipaar; *(bot.)* vivipaar.

**viv·i·sect, viv·i·sect** lewendig ontleed/oopsny *(diere)*. **viv·i= sec·tion** viviseksie. **viv·i·sec·tion·ist** beoefenaar/voorstan= der van viviseksie. **viv·i·sec·tor** beoefenaar van viviseksie, vivisektor.

**vix·en** jakkalswyfie, wyfiejakkals, =vos; *(fig.)* heks, helleveeg, rissie(pit), geitjie, feeks. **vix·en·ish** boosaardig, heks=, feeks=, duiwelagtig.

**viz.** *(afk.)* →VIDELICET.

**vi·zier** visier; *grand* ~ grootvisier. **vi·zier·ate** visierskap.

**vi·zor** →VISOR.

**vlei** *vleis, (Afr.)* vlei.

**vo·cab·u·lar·y** woordeskat, taalskat, leksikon; woordelys; terminologie; naamlys.

**vo·cal** *n.* (pop)liedjie; *(gew. mv.)* sang; *(fonet.)* klinker, vokaal. **vo·cal** *adj.* vokaal, stem=; mondeling(s); *(fonet.)* stemheb= bend; *(fonet.)* klinker=, vokaal=; luidrugtig, gonsend; *(mus.)* vokaal, sang=; welsprekend; *become* ~ jou stem laat hoor; ~ *item* sangnommer; ~ *music* sangmusiek, vokale musiek; ~ *organs* stemorgane; ~ *part* stemparty; ~ *performer* san=

ger(es); *be rather* ~ graag praat *(of* jou stem verhef); ~ *reg= ister, (mus.)* stemregister; ~ *sac, (soöl.)* keelsak; ~ *score, (mus.)* stem=, sangpartituur.

**vo·cal·ic** *adj., (fonet.)* vokalies, vokaal=, klinker=.

**vo·cal·ise, =ize** *(fonet., mus.)* vokaliseer; uitspreek, 'n klank vorm; as 'n klinker uitspreek; stemhebbend maak; die vokaaltekens aanbring; praat, jou stem laat hoor; sing; ui= ting gee aan, uit(er). **vo·cal·i·sa·tion, =za·tion** vokalisasie, vokalisering.

**vo·cal·ism** vokalisme; stemgebruik; sangkuns; *(fonet.)* vokaal; *(fonet.)* vokaalstelsel.

**vo·cal·ist** sanger; *(female)* ~ sangeres.

**vo·ca·tion** beroep, betrekking, professie; roeping; ambag, werk; taak, rol; aanleg, talent; geroepenheid; *a* ~ *for* ... 'n roeping vir ...; *miss one's* ~ jou roeping mis; *mistake one's* ~ die verkeerde beroep kies; ~ *to literature/etc.* letterkun= dige/ens. aanleg. **vo·ca·tion·al** beroeps=, vak=; ~ *guidance* beroepsleiding, =voorligting; ~ *school* ambag=, vakskool; ~ *training* beroepsopleiding; vakopleiding. **vo·ca·tion·al·ly** ten opsigte van 'n beroep; ~ *directed* beroepsgerig.

**voc·a·tive** *n. & adj., (gram.)* vokatief.

**vo·cif·er·ate** raas, skreeu, lawaai, luidrugtig/lawaaierig wees, uitroep, uitvaar. **vo·cif·er·a·tion** geraas, geskreeu, lawaai, luidrugtigheid.

**vo·cif·er·ous** luidrugtig, skreeuend, lawaaierig, uitbundig.

**vo·cod·er** *(mus.)* spraakkodeerder.

**vod·ka** vodka, wodka.

**vogue** mode; gewildheid, populariteit; *bring s.t. into* ~ iets in swang bring; *come into* ~ in swang kom; in die mode raak; *be in* ~ in die mode wees; in swang wees; *be out of* ~ uit die mode wees; *s.t. is (all) the* ~ iets is (hoog) in die mode. ~ *word* modewoord.

**voice** *n.* stem; spraak; stemhebbende klank; geluid *(v. 'n voël)*; *(mus.)* sang; uitdrukking, uiting; roepstem; seggen= skap; *(gram.)* vorm; *s.o.'s* ~ *breaks/cracks* iem. se stem slaan deur *(of* breek); *in a clear* ~ hardop; *in a feeble* ~ met 'n swak stem; *find one's* ~ (weer) jou woorde vind; *a flat* ~ 'n toonlose stem; *for* ~*s, (mus.)* meerstemmig; *give* ~ *to* ... aan ... uiting/uitdrukking gee, ... vertolk; *have a* ~ *in a mat= ter* seggenskap in 'n saak hê; saampraat oor 'n saak; *make one's* ~ *heard* van jou laat hoor; *lift (up) one's* ~ jou stem verhef; *s.o. has lost his/her* ~ iem. se stem is weg; *in a loud* ~ met luide *(of* 'n harde) stem, hard(op); *in a low* ~ sag(gies) *(praat)*; laag *(sing)*; *speak in a nasal* ~ deur jou neus praat; *with one* ~ eenstemmig, =parig; (soos) uit een mond; *the popular* ~ die volkstem; *raise one's* ~ harder praat, jou stem verhef *(of* dik maak); ~*s are raised in favour of* ... stemme gaan op ten gunste van ...; *a sharp* ~ 'n skerp stem; *a steady* ~ 'n vaste stem; *study* ~ sang studeer; *a thin* ~ 'n dun stem= metjie; *a throaty* ~ 'n keelstem; *a* ~ *like thunder* 'n donde= rende/bulderende stem; *speak with two* ~*s* met/uit twee monde praat. **voice** *ww.* uitspreek, uiting/uitdrukking/lug gee aan; verklank; stemhebbend maak; stem, intoneer *(or= rel)*; van 'n klankbaan voorsien; ~ *an opinion* 'n mening uit(er)/lug. ~ **mail** stempos. ~**over** agtergrondstem. ~ **part** sangparty. ~**print** stemafdruk. ~ **production** stemproduk= sie; *teacher of* ~ spraakonderwyser(es). ~ **recognition** *(rek.)* stem=, spraakherkenning. ~ **vote:** *by (a)* ~, *on* ~ ~*s* sonder hoofdelike stemming, by akklamasie.

**voiced** *adj.* deur (middel van) die stem; *(fonet.)* stemheb= bend. **-voiced** *komb.vorm* met 'n ... stem; *loud-*~ met 'n harde stem.

**voice·less** spraakloos, stom; sonder stem, stemloos; sonder seggenskap; *(mus.)* stemloos, afonies; onuitgesproke, ver= sweë; stemloos *(konsonant)*.

**void** *n.* leegte, leemte, vakuum; holte, (leë) ruimte; holheid; (die) niet; *fill a* ~ 'n leemte vul. **void** *adj.* leeg, vakant, on= beset; *(jur.)* ongeldig, nietig; kragteloos; nutteloos, waarde=

loos, sinloos; vry; *declare/render s.t.* ~ iets nietig verklaar/ maak *('n kontrak ens.); be ~ of ...* sonder (enige) *(of* vry van) ... wees. **void** *ww.* ongeldig/nietig maak/verklaar; *(med.)* ontlas; *(med.)* urineer. **void·a·ble** vernietigbaar; ontruimbaar. **void·ance** vernietiging *(v. 'n kontrak);* ontruiming *(v. 'n huis ens.);* vakature; afsetting, ontslag; lediging. **void·ness** ongeldigheid, nietigheid; kragteloosheid; leegheid.

**voi·la** *tw., (Fr.)* voila!, siedaar!.

**voile** *(tekst.)* voile.

**vo·lar** *(anat.)* (hand)palm-; sool-.

**vol·a·tile** *n.* vlugtige stof/bestanddeel. **vol·a·tile** *adj.* vlugtig; lig-, lughartig, lewendig, vrolik; onstabiel, veranderlik; *(effektebeurs)* ongestadig, wisselvallig, sterk fluktuerend *(d. mark); (rek.)* vlugtig *(geheue);* gevoelig, liggeraak; kortstondig, verganklik. **vol·a·til·i·sa·tion**, **-za·tion** verdamping; vlugtigmaking, vervlugtiging. **vol·a·til·ise**, **-ize** verdamp; vlugtig maak, vervlugtig. **vol·a·til·i·ty** lewendigheid, opgewektheid; veranderlikheid; *(effektebeurs)* ongestadigheid, wisselvalligheid, onbestendigheid; *(rek.)* vlugtigheid; ~ *of margins* skommeling in marges; gevoeligheid; verganklikheid.

**vol-au-vent** *(Fr. kookk.)* vol-au-vent.

**vol·ca·no** *-noes* vulkaan, vuurspuwende berg; *the ~ erupts* die vulkaan bars uit. **vol·can·ic** vulkanies, vulkaan-; lawa-; ~ *ash* vulkaanas, vulkaniese as; ~ *glass* lawaglas. **vol·can·ism**, **vul·can·ism** vulkanisme.

**vol·can·ol·o·gy**, **vul·can·ol·o·gy** vulkanologie. **vol·can·o·log·i·cal**, **vul·can·o·log·i·cal** vulkanologies. **vol·can·ol·o·gist**, **vul·can·ol·o·gist** vulkanoloog.

**vole** *(soöl.)* vleirot; waterrot.

**Vol·ga**: *the ~, (rivier)* die Wolga.

**vo·li·tion** wil; wilskrag; wilsuiting; wilsbesluit; *(act of)* ~ wilsdaad, -handeling, -uiting; *of one's own* ~ vrywillig, uit eie beweging, uit vrye wil. **vo·li·tion·al** wils-, van die wil, wilskragtig.

**vol·ley** *n.* sarsie, salvo; *(fig.)* stroom, (stort)vloed; *(tennis)* vlughou; *discharge/fire a* ~ 'n salvo/sarsie afvuur; *a ~ of oaths* 'n stortvloed van vloeke. **vol·ley** *ww.* sarsies/salvo's skiet; losbrand, lostrek; *(tennis)* 'n vlughou *(of* vlughoue) slaan. ~**ball** vlugbal.

**vol·ley·er** *(tennis)* vlughouspeler; *serve and* ~ afslaan-en-vlughou-speler.

**volt**[1], **volte** *(dressuur, skermkuns)* draai, swenking, wending.

**volt**[2] *(elek., afk.:* V) volt; *a hundred/etc.* ~s honderd volt. ~**-ampere** *(afk.:* VA) voltampère. ~**meter** voltmeter.

**volt·age** *(elek.)* (stroom)spanning. ~ **indicator** spanningsaanwyser. ~ **regulation** spanningsreëling. ~ **regulator** spanningsreëlaar, spanningstabiliseerder.

**vol·ta·ic** = GALVANIC; ~ *arc* voltaboog; ~ *battery* voltaïese/ galvaniese battery; ~ *electricity* voltaïese/galvaniese elektrisiteit; ~ *pile* voltaïese stapel.

**volt·am·me·ter**, **volt·am·me·ter** *(elek.)* voltammeter, voltampèremeter.

**volte-face** *n., (hoofs. fig.)* volte face, om(me)keer, omswaai; *make a* ~ omspring, 'n regsomkeer maak.

**vol·u·ble** vlot/glad praat, woord(e)ryk; *(neerh.)* praatsiek. **vol·u·bil·i·ty** vlotheid, gladheid, woord(e)rykheid.

**vol·ume** *(boek)*deel, volume; band; bundel; volume, kubieke inhoud; grootte, sterkte; hoeveelheid; omvang; geluidsterkte; *(annual)* ~ jaargang; ~ *of business* omset; *by* ~ volgens inhoud/volume; *gather* ~ in omvang toeneem; *in three/etc.* ~s in drie/ens. dele; *odd* ~s los dele, 'n paar dele *(uit 'n reeks boeke);* ~ *of poems/poetry* digbundel, bundel gedigte; ~*s of smoke* rookwolke, rookmassas; *s.t. speaks* ~s iets spreek boekdele, iets is baie betekenisvol; ~ *of traffic* verkeersomvang; ~ *of voice* stemomvang; volheid van stem. ~ **control** *(rad.)* volumebeheer, -kontrole.

**vol·u·met·ric** volumetries; ~ *change* volumeverandering,

volumetriese verandering; ~ *efficiency* vullingsgraad, volumetriese rendement; ~ *flask* meetfles, volumetriese fles.

**vo·lu·mi·nous** omvangryk, lywig, dik, groot; wyd *(klere);* uit baie (boek)dele bestaande; produktief, vrugbaar *('n skrywer).*

**vol·un·tar·y** *n.* (geïmproviseerde) orrelstuk; voor-, tussen-, naspel *(op 'n orrel);* fantasiestuk; vrywillige bydrae/diens. **vol·un·tar·y** *adj.* vrywillig; ongedwonge; *a ~ misstatement* 'n opsetlike/moedswillige onjuistheid/verdraaing *(of* verkeerde voorstelling); ~ *muscle* willekeurige/gestreepte spier; ~ *school* vry(e) skool. **vol·un·tar·i·ly** vrywillig, uit vrye wil, uit eie beweging. **vol·un·tar·i·ness** vrywilligheid. **vol·un·tar·ism, vol·un·tar·y·ism** *(filos.)* voluntarisme.

**vol·un·teer** *n.* vrywilliger; *call for* ~s om vrywilligers vra; *serve as a* ~ as vrywilliger diens doen. **vol·un·teer** *ww.* vrywillig diens neem; vrywillig onderneem; jou vrywillig aanbied; as vrywilliger dien; ~ *assistance* hulp aanbied; ~ *for a task,* ~ *to do s.t.* aanbied om iets te doen. ~ **corps** vrywilligerskorps, -eenheid. ~ **system** vrywilligerstelsel.

**vol·un·teer·ism** *(Am.)* vrywilliger(s)diens, vrywillige dienslewering.

**vo·lup·tu·ar·y** *n.* wellusteling. **vo·lup·tu·ar·y** *adj.* wellustig.

**vo·lup·tu·ous** wellustig, sin(ne)lik. **vo·lup·tu·ous·ness** sin(ne)likheid, sensualiteit, wellus, wulpsheid; weelderigheid, rykheid, oorvloed.

**vol·ute, vo·lute** *(bouk.)* krulversiering, voluut; krullys; spiraal. **vo·lut·ed** krulvormig, krul-, gekrul(d).

**vom·it** *n.* vomeersel, (uit)braaksel; *(plat)* kots. **vom·it** *ww.* vomeer, (uit)braak, opbring, opgooi; *(plat)* kots; ~ *s.t. out* iets uitbraak; *(fig.)* iets uitspoeg/uitspu(ug) *(rook, vonke, ens.);* ~ *s.t. up* iets opgooi/opbring. **vom·it·ing** vomering; *(plat)* gekots. **vom·it·ing sickness** vomeersiekte. **vom·i·tive** *n.* braak-, vomeermiddel, vomitief. **vom·i·tive** *adj.* braak-(ver)wekkend, braak-.

**voo·doo** *n., (magies-relig. kultus)* voedoe. **voo·doo** *ww.* toor, beheks, onder voedoe-betowering bring. ~ **(doctor)** toordokter.

**voo·doo·ism** voedoeïsme *(ook V~),* voedoekultus, toordery.

**vo·ra·cious** *(lett. & fig.)* gulsig, vraatsugtig. **vo·ra·cious·ness, vo·rac·i·ty** gulsigheid, vraatsug.

**vor·tex** *-tices, -texes* vorteks, draaikolk, werwel; dwarreling, warreling, (d)warrelwind, werwelwind; *(ook fig.)* maalstroom, draaikolk. ~ **column** werwel-, vortekskolom. ~ **motion** werwel-, vorteksbeweging. ~ **ring** werwelring.

**vor·ti·cal** werwelend, draaiend, draai-, maal-.

**vo·ta·ry** aanbidder, vereerder, (geesdriftige) volgeling, aanhanger.

**vote** *n.* stem; stemming; stem-, kiesreg; stembrief(ie), -biljet; mosie; (begrotings)pos, bewilliging; *canvass (for)* ~s stemme werf; *carry a proposal by a hundred/etc.* ~s 'n voorstel met 'n meerderheid van honderd/ens. stemme aanneem; ~s *cast/polled* uitgebragte stemme; *have a casting* ~ 'n tweede/beslissende stem hê; *a casting of* ~s 'n stemopneming; *a* ~ *of confidence* 'n mosie van vertroue; *without a dissentient* ~ sonder teenstem/teëstem, eenparig, eenstemmig; *draw many* ~s baie stemme op jou verenig; *get the* ~ die stemreg verkry; *give ... the* ~ die stemreg aan ... gee/verleen; *give/record/return a* ~ 'n stem uitbring, stem; *have a* ~ 'n stem hê; *have the/a* ~ stemgeregtig/kiesgeregtig wees, die stemreg/kiesreg hê; *a* ~ *of no confidence* ~ 'n mosie van wantroue; *chosen by popular* ~ (byna) eenparig verkies; *proceed to the* ~ tot stemming oorgaan; *put s.t. to the* ~ iets tot stemming bring, oor iets laat stem; *a secret* ~ 'n geheime stemming; *a* ~ *of sympathy* 'n mosie van deelneming; *take a* ~ *on the question* 'n stemming oor die saak hou, oor die saak (laat) stem, tot stemming oorgaan oor die saak; *be*

**without** *a* ~ sonder stem wees; *approve/etc. s.t.* **without** *a* ~ iets goedkeur/ens. sonder om te stem, iets sonder stemming goedkeur/ens. **vote** *ww.* stem, 'n stem uitbring; kies; voor= stel; bewillig, toestaan *(geld);* ~ *against s.o./s.t.* teen iem./iets stem; ~ *s.o.* **best** *actor/etc.* iem. as die beste akteur/ens. aan= wys; ~ *s.o.* **chairman** */etc.* iem. tot voorsitter/ens. (ver)kies; ~ **down** *s.t.* iets afstem/uitstem/doodstem/verwerp; ~ **for** *s.o./s.t.* vir iem./iets stem; ~ *by show of* **hands** stem deur hande op te steek *(of* die opsteek van hande); *I* ~ *we* ... ek stel voor ons ..., kom ons ...; ~ *s.o.* **in** iem. instem/verkies; ~ **money** *for* ... geld vir ... bewillig; ~ **on** *s.t.* oor iets stem; ~ *s.o.* **out** iem. uitstem; ~ **solidly** bankvas/blokvas stem; ~ **with** *the government/opposition* vir die regering/opposisie stem, aan regeringskant/opposisiekant stem. ~ **catcher** stem= jagter, =vanger, steunjagter. ~ **catching** stemmejag, =van= gery, steunjag.

**vote·less** stemloos, sonder stem(reg), niestemgeregtig, nie= kiesgeregtig. **vote·less·ness** stemloosheid.

**vo·ter** kieser, stemgeregtigde; stemmer; ~*s' roll* kieserslys.

**vot·ing** stemming, stemmery, (die) stem; bewilliging *(v. geld); compulsory* ~ stem=, kiesplig; stemdwang; *the* ~ *was equal (or a tie)* die stemme was gelykop *(of* het gestaak), daar was 'n staking van stemme. ~ **age** stemgeregtigde ouderdom. ~ **booth** stemhokkie. ~ **district** stemdistrik. ~ **right** stemreg. ~ **stock** stemgeregtigde/stemdraende aandele.

**vo·tive** votief, op grond van *(of* ingevolge) 'n gelofte, gelof= te=; ~ *Mass, (RK)* votiefmis; ~ *offering* dankoffer; votiefge= skenk.

**vouch** bevestig, staaf, bewys lewer; *(jur.)* die egtheid waar= borg, instaan/goedstaan *(vir);* staaf *(met);* as bewys(stuk) dien; getuig; ~ *for s.t.* vir iets goedstaan/instaan *(d. waar= heid);* ~ *for s.o.* vir iem. goedstaan.

**vouch·er** koepon; bewys(stuk); kwitansie, ontvangsbewys; *(jur.)* bewysstuk, teenblad. ~ **clerk** bewysklerk. ~ **copy** be= wyseksemplaar, =nommer. ~ **register** register van bewys= stukke.

**vouch·safe** vergun, toestaan, inwillig; ~ *no reply* jou nie verwerdig om te antwoord nie.

**vow** *n.* gelofte, eed; *make/take a* ~ *to do s.t.* 'n gelofte aflê/ doen om iets te doen; *take one's* ~*s* die (klooster)gelofte aflê, 'n kloosterling word, *('n man)* 'n monnik word, *('n vrou)* 'n non word; *be under a* ~ *to do s.t.* deur 'n gelofte gebind word om iets te doen. **vow** *ww.* sweer, 'n gelofte doen, plegtig belowe; plegtig verklaar; (toe)wy *(aan);* ~ *vengeance* wraak sweer.

**vow·el** *(fonet.)* klinker, vokaal. ~ **chart** klinker=, vokale=, vo= kaalkaart. ~ **point** vokaalteken. ~ **system** vokale=, vokaal= stelsel, =sisteem.

**vow·el·ise,** =**ize** vokale/klinkers aanbring; tot 'n klinker/vo= kaal maak; vokaliseer.

**vox** *voces, (Lat.)* stem; geluid, klank.

**vox po·pu·li:** *the* ~ ~ die volkstem, die stem van die volk. **vox pop** *n., (Br., rad., TV; afk. v.* vox populi*)* openbare me= ningspeiling; onderhoude met mense op straat; *conduct/do a* ~ ~ onderhoude met mense op straat voer.

**voy·age** *n.* (see/lug/boot)reis; seevaart, skeepsreis, =tog; *go on a* ~ op 'n seereis gaan; *a ship's maiden* ~ 'n skip se eerste vaart *(of* inwydingsvaart); *make a* ~ op 'n seereis gaan, 'n seereis onderneem. **voy·age** *ww.* vaar, op 'n seereis gaan, 'n seereis onderneem; reis. **voy·ag·er** reisiger; seevaarder.

**voy·eur** voyeur, afloerder, loervink. **vo·yeur·ism** voyeuris= me, afloerdery. **vo·yeur·is·tic** *adj.,* **vo·yeur·is·ti·cal·ly** *adv.* voyeuristies.

**vroom** *n., (onom.)* gewroem, wroemgeluid *(v. 'n enjin ens.).* **vroom** *tw.* wroem!.

**Vul·can** *(Rom. mit.)* Vulkanus, Vulcanus.

**vul·can·ise,** =**ize** vulkaniseer; ~*d rubber* gevulkaniseerde rubber; *vulcanising/=izing cement (mot.)* vulkaniseergom. **vul·can·i·sa·tion,** =**za·tion** vulkanisasie, vulkanisering. **vul= can·is·er,** =**iz·er** vulkaniseerder; vulkaniseerapparaat.

**vul·gar** plat, platvloers, onfyn; onbeskof, ongepoets, grof; laag, vulgêr; ~ *expression* plat/vulgêre uitdrukking; ~ *speech* plat taal. **vul·gar·i·an** buffel, ordinêre vent; *(<Fr.)* parvenu. **vul·gar·i·sa·tion,** =**za·tion** vulgarisasie. **vul·gar·ise,** =**ize** ge= meengoed maak, te bekend/alledaags maak, populariseer; verlaag; vulgariseer. **vul·gar·ism** vulgarisme, plat uitdruk= king; platheid. **vul·gar·i·ty** plat uitdrukking, growwe opmer= king; onbeskoftheid, ongepoetstheid; laagheid, platheid, on= fynheid, vulgariteit; vulgêre gedrag.

**vul·ner·a·ble** kwe(t)sbaar, gevoelig; wondbaar; aantasbaar, trefbaar; vatbaar; *be* ~ *to* ... vir ... vatbaar wees *(vleiery);* vir ... kwesbaar wees *(aanvalle);* vir ... gevoelig wees *(kritiek);* ~ *point, (mil.)* gevaarplek. **vul·ner·a·bil·i·ty** kwe(t)sbaarheid, gevoeligheid; wondbaarheid; trefbaarheid; vatbaarheid.

**vul·pine** vosagtig, vos=; jakkalsagtig, jakkals=; skelm, slu, slim, uitgeslape.

**vul·ture** *(orn.)* aasvoël; *(fig.)* roofsugtige, skraper, uitsuier; *bearded* ~ baardaasvoël; *Cape* ~ kransaasvoël; *lappet- faced* ~ swartaasvoël; *white-backed* ~ witrugaasvoël. **vul= tur·ine** aasvoëlagtig, aasvoël=; roofsugtig. **vul·tur·ish, vul·tur= ous** aasvoëlagtig; roofsugtig.

**vul·va** =*vae,* =*vas, (anat.)* vulva, *(meestal i.d. mv.)* skaamdeel, skaamlip(pe). **vul·val, vul·var** vulva=, skaamdeel=, skaam= lip=, van die vulva/skaamdeel/skaamlip.

**vy·ing** wedywerend; →VIE.

# Ww

**w, W** *w's, W's, Ws, (23ste letter v.d. alfabet)* w, W; *little* ~ w'tjie; *small* ~ klein w.

**wack·o** *-os, n., (Am., infml.)* malkop, anderste(r)/eksentrieke entjie mens. **wack·o** *adj.* mallerig, (van lotjie) getik, snaaks (erig), eksentriek.

**wack·y** *(infml.)* dwaas, mal, verspot.

**wad** *n.* prop, stopsel, vulsel, pluisie *(v. watte ens.); (med.)* tampon; rol, pakkie *(banknote); (infml.)* hoop *(geld ens.).* **wad** *=dd=, ww.* 'n pluisie/proppie maak/insteek; watteer, met watte (uit) voer; toestop, opvul. **wad·ding** watte; kapok; vulsel.

**wad·dle** *n.* gewaggel, gestrompel. **wad·dle** *ww.* waggel, strompel.

**wade** *n.* (die) loop in/deur water/ens., (die) deurwaad; geswoeg, gesukkel. **wade** *ww.* waad, in die water loop, inloop; deurloop, oorgaan; *wading bird* waadvoël, steltloper; ~ *in* in die water inloop; *(infml.)* met mening begin; indons *(in 'n debat);* ~ *into s.o., (infml.)* iem. inklim; ~ *through* deurloop, oorgaan, deur die water loop; ~ *through s.t., (lett.)* deur iets loop; *(fig.)* iets deurworstel, deur iets worstel *('n verslag ens.).* **wad·a·ble, wade·a·ble** deurwaadbaar. **wad·er** wader; steltloper, waadvoël; *(gew. i.d. mv.)* kapstewel, waterskoen, -stewel.

**wa·di** *-dis,* **wa·dy** *-dies, (Arab.)* wadi; (droë) rivierbedding, (droë) loop *(v. 'n rivier);* rivierkloof, donga; rivier *(in droë lande).*

**wa·fer** wafel; ouel; *(RK: misbrood)* hostie; *(rek.)* skyfie; *rolled* ~, *(kookk.)* oblietjie. **~-thin** *adj.* papier-, rafeldun.

**waf·fle¹** *n.* wafel. ~ *iron* wafelpan, -yster.

**waf·fle²** *n., (infml.)* gegorrel; geklets, bog-, kaf-, twak(praatjies); *talk* ~, *(infml.)* twak praat/verkoop. **waf·fle** *ww., (infml.)* gorrel; klets, twak praat. **waf·fler** gorrelaar; bogpraater.

**waft** *n.* luggie; vlagie; swaai, vleuelslag. **waft** *ww.* waai, sweef, swewe; dryf, drywe; wuif, wuiwe; meevoer, toevoer.

**wag¹** *n.* swaai, skud; *a* ~ *of the tail* 'n swaai van die stert. **wag** *-gg-, ww.* swaai; kwispel; skud; *the dog* ~*s his tail* die hond kwispel (met sy stert) *(of* swaai sy stert); *tongues are* ~*ging about s.t., (infml.)* die tonge is los oor iets. ~*tail (orn.: Motacilla spp.)* kwikkie, kwikstertjie.

**wag²** *n., (infml.)* terggees, grapmaker, platjie. **wag·ger·y** *(infml.)* tergery, grapmakery, ondeundheid. **wag·gish** *(infml.)* ondeund, vol streke, grapperig.

**wage** *n.* loon; verdienste; besolding; *at a* ~ *of ...* vir 'n loon van ...; *earn/get a good* ~ 'n goeie verdienste hê, 'n goeie loon kry/trek/verdien; *a fair day's* ~ *for a fair day's work* loon na werk; *a living* ~ 'n bestaansloon, 'n bestaanbare loon; *stop s.o.'s* ~*s* iem. se loon agterhou/inhou. **wage** *ww.* voer; ~ *a struggle* ('n) stryd voer; ~ *war* oorlog voer/maak. ~ **agreement** loonooreenkoms. ~ **dispute** loongeskil. ~ **earner** loontrekker, -arbeider; broodwinner. ~ **freeze** loonvaspenning. ~ **increase** loon(s)verhoging. ~ **negotiations,** ~ **talks** loononderhandelings, -linge. ~ **scale** loonskaal. ~ **settlement** loonskikking. ~ **slave** *(infml.)* loonslaaf. ~ **worker** loonarbeider, -trekker.

**wa·ger** *n.* weddenskap; *lay/make a* ~ wed, 'n weddenskap aangaan. **wa·ger** *ww.* wed; verwed; ~ *s.t. on ...* iets op ... verwed.

**wag·gle** *n.* gewikkel, gekwispel; beweging; geswaai. **wag·gle** *ww.* wikkel *(jou heupe ens.);* beweeg *(jou kaak ens.);* swaai *(jou vinger);* (dier) kwispel *(met sy stert).*

**wag·(g)on** wa; vragwa; *(spw.)* goederewa, trok; *be off the (water)* ~, *(infml.)* weer (begin) drink; *s.o. is on the (water)* ~, *(infml.)* iem. drink nie meer nie, iem. het die drank gelos; *hitch one's* ~ *to a star* op 'n sterkere staatmaak; 'n hoë ideaal nastreef/nastrewe, hoog mik; *the W~, (astron.)* die Groot Beer. ~ **house** waenhuis. ~**load** wavrag. ~ **roof** tonneldak, watentdak. ~ **vault** *(argit.)* tonnelgewelf.

**wag·(g)on·er** wadrywer, voerman; *the W~, (astron.)* die Voerman, Auriga.

**wa·gon-lit** *-lits, (Fr.)* slaapwa.

**wa·hoo** *(igt.)* wahoe.

**wah-wah, wa-wa** *n., (mus., onom.)* wha-wha. ~ **pedal** wha-wha-pedaal.

**waif** daklose/verwaarloosde kind; swerwer, verlatene; wegloopdier; ~*s and strays* daklose/hawelose/verlate kinders; stukkies en brokkies, rommel.

**wail** *n.* weeklag, jammerklag, gehuil, gekerm. **wail** *ww.* weeklaag, huil, kerm.

**wain·scot** *n., (binneargit.)* beskot, paneelwerk, lambrisering, houtbeskot. **wain·scot** *ww.* lambriseer, met houtwerk beklee.

**wain·wright** *(hist.)* wamaker.

**waist** middel(tjie), middel(lyf); lyfie; *(kleremakery)* taille, talje; band *(v. 'n broek ens.);* kuil *(v. 'n seilskip);* sydek *(v. 'n skip).* ~**band** broek(s)band; gordel; rok(s)band; middelband *(v. 'n voertuig).* ~ **belt** lyfband, gord(band), gordel. ~**coat** onderbaadjie. ~**-deep, ~-high** tot aan/by die middel; *(by diere)* pensdiep. ~**line** middellyn, taille, talje.

**-waist·ed** *komb.vorm* met 'n ... middellyf; *a high-*~ *dress/etc.* 'n rok/ens. met 'n hoë middellyf.

**wait** *n.* (die) wag, wagtery; versuim, oponthoud; hinderlaag; *lie in* ~ *for s.o.* iem. voorlê, na/vir iem. op die loer lê; *s.o. will have a long* ~ iem. sal lank moet wag. **wait** *ww.* wag; versuim; vertoef; afwag; (aan tafel) bedien; oorlê; ~ *a bit/ minute!* wag 'n bietjie!; *s.o. cannot* ~ *to do s.t.* iem. is haastig om iets te doen; ~ *s.o. cannot* ~ *for s.t. to happen* iem. kan nie wag dat iets gebeur nie; ~ *one's chance/opportunity* jou kans afwag; ~ *for s.o.* op/vir iem. wag; ~ *for it!, (infml.)* wag net 'n bietjie!; *just you* ~*!* wag maar!, eendag is eendag!; *make s.o.* ~ iem. laat wag; ~ *on/upon s.o.* iem. bedien; ~ *s.t. out* vir iets wag om oor/verby te gaan; ~ *and see* kyk wat gebeur; ~ *up for s.o.* vir iem. opbly/opsit. ~ **state** *(rek.)* wagtoestand.

**wait·er** kelner, tafelbediende; afwagter; skinkbord, presenteertafeltjie. **wait·ress** kelnerin, (tafel)bediende; kafeemeisie. **wait·ress·ing** kelnerinwerk, -diens. **wait·ron** kelner; kelnerin.

**wait·ing** *n.* wagtery; bediening *(deur 'n kelner);* opwagting; *be in* ~ klaar/gereed staan; *no* ~ geen wagtery nie; wag verbode. **wait·ing** *adj.* wagtend; bedienend; *play a* ~ *game* die kat uit die boom kyk, jou kans afwag. ~ **list** waglys. ~ **room** wagkamer.

**waive** afsien van, laat vaar, afstand doen van, opgee; ~ *payment* betaling kwytskeld. **waiv·er** (verklaring van) afstand; kwytskelding; akte van afstand.

**wake¹** *n.* lykwaak; begrafnisfees. **wake** *woke woken, ww.* wakker word; ontwaak, opstaan; opwek, wakker maak; wak= ker skud, aanwakker; ~ *(up)* wakker word; ~ *s.o. (up)* iem. wakker maak; ~ *up to s.t.* wakker word/skrik wat iets betref, van iets bewus word; ~ *up to the fact that …* skielik agterkom dat … ~**-up call** *(Am.)* wakkerbeloproep; *(fig.)* wekroep.

**wake²** *n.* kielwater, (kiel)sog; volgstroom *(v. 'n skip);* war= relgebied, volgstroom *(v. 'n vliegtuig);* spoor; *in the ~ of …* ná …; *kort agter …,* op die hakke van …; in die voetspore van …; *it followed in the ~ of …* dit het onmiddellik op … gevolg.

**wake·ful** wakker, slapeloos, slaaploos; waaksaam; ~ *night* slapelose nag.

**wak·en** wakker maak, wek; wakker word.

**wak·ey-wak·ey** *tw., (infml.)* word wakker!, wakker word!, opstaan!.

**wak·ing** *adj. (attr.):* ~ *consciousness* wakker bewussyn; *have a ~ dream* dagdroom, 'n dagdroom hê; *one's ~ hours* heel= dag, die hele dag, van vroeg tot laat; ~ *reality* klinkklare werklikheid; *… fills/occupies s.o.'s ~ thoughts* iem. dink heel= dag *(of die hele dag of* van vroeg tot laat) aan …

**Wal·den·ses, Vau·dois** *n. (mv.), (relig. sekte)* Waldense. **Wal·den·si·an, Vau·dois** *n.* Waldenser. **Wal·den·si·an, Vau· dois** *adj.* Waldensies.

**Wal·dorf sal·ad** *(Am. kookk.)* waldorfslaai.

**wale** *n., (tekst.)* riffel, ribbel, koordjie *(v. koordferweel); (sk.)* dolboord; boordsel *(v. 'n gevlegte mandjie); (Am.)* striem, streep *(v. 'n sweepslag);* →WEAL *n..* **wale** *ww.* met boordsel versterk; *(Am.)* striem; →WEAL *ww..*

**Wales** *(geog.)* Wallis.

**walk** *n.* gang, pas, loop; wandeling; wandelweg, =pad, pro= menade, laan, wandelplek, looppad; paadjie; rondte; *know s.o. by his/her ~* iem. aan sy/haar loop/stap ken; *win in a ~, (infml.)* fluit-fluit/loshand(e)/maklik wen; *take* (or *go for) a ~* ('n entjie) gaan stap/loop/wandel. **walk** *ww.* loop, stap; wandel; betree; voetslaan; *(kr.)* padgee; trap, waai; *(geeste)* rondwaar, spook; ~ *about* rondloop, =stap, =slenter; ~ *along* aanloop, =stap; ~ *away* wegloop, =stap; ~ *away from s.o.* onder iem. uitloop, iem. ver/vêr agterlaat; ~ *away from s.t.* iets uitlos, niks met iets te doen wil hê nie; ~ *away/off with s.t., (infml.)* iets fluit-fluit/loshand(e)/maklik wen; iets steel/ skaai/gaps; ~ *by* verbystap, =loop, =gaan; ~ *close to s.o.* teen iem. loop; ~ *down s.t.* met iets afloop *('n straat ens.);* ~ *with God* met God wandel; ~ *s.o. home* met iem. huis toe stap; ~ *in* binnekom, =stap, inloop, =stap; ~ *in on s.o.* by iem. in= gestap kom; ~ *into s.t.* iets binnekom/binnestap *('n vertrek ens.);* teen iets bots/vasloop *('n boom ens.); (infml.)* in iets vas= loop *('n hou ens.);* in iets (in)loop *('n lokval ens.);* ~ *it* voet= slaan; *(infml.)* fluit-fluit/maklik wen; ~ *off* wegstap, =loop; ~ *s.o. off* iem. weglei/=bring; ~ *s.t. off* iets loop-loop afskud; ~ *on* aanstap, =loop, verder/vêrder loop/stap; *(akteur, aktrise)* vlugtig op die planke *(of* voor die kameras) verskyn, 'n klein/ onbeduidende rolletjie hê; →WALK-ON (PART/ROLE); ~ *out* uitloop, =stap; *(werkers)* staak; →WALKOUT; ~ *out on s.o., (infml.)* iem. in die steek laat; *(infml.)* 'n verhouding met iem. verbreek; ~ *out of … …* verlaat, uit … loop *('n kamer ens.);* uit … bedank *('n vereniging ens.);* ~ *over s.o., (infml., fig.)* iem. maklik klop; iem. plat trap, iem. vermorsel; ~ *over s.t.* oor iets loop; ~ *past …* by … verby= loop; ~ *before one can run, (idm.)* kruip voor(dat) jy kan loop; →RUN BEFORE ONE CAN WALK; *sing/etc. while one ~s,* ~ *along singing/etc.* loop en sing/ens.; ~ *the streets, (hawelo= ses ens.)* op straat rondslenter; *(vnl. 'n prostituut)* ('n) nag= vlinder wees; ~ *the talk* daad by die woord voeg; ~ *tall* jou kop hoog hou, jou bors uitstoot; ~ *up* oploop, boontoe loop; aangestap kom; ~ *up to …* na … toe loop, op … afstap; ~ *with s.o.* met iem. saamloop/saamstap. ~**about** *n., (infml.)* rond= wandeling; *go (on a)* ~ met die mense meng; rondwandel, =stap, =loop; *(Austr. inboorling)* deur die wildernis trek. ~**-in** *adj. (attr.)* instap= *(kas ens.).* **W~man** =mans, =men, *(handels= naam: draagbare stereostel)* Walkman. ~**-on (part/role)** *(teat., filmk.)* klein/onbeduidende rolletjie (met min/geen woorde). ~**out** (werk)staking; uitstappery; *stage a* ~ uitstap. ~**over** *(infml.)* maklike oorwinning, wegholoorwinning; oorwinning sonder speel; onbestrede verkiesing; *have a* ~ wen sonder speel; fluit-fluit/loshand(e)/maklik wen; *it was a* ~ die wed= stryd is prysgegee; *it was a* ~ *for s.o.* iem. het fluit-fluit ge= wen, dit was kinderspeletjies vir iem.. ~**-up** *n., (Am., infml.)* woonstel-/kantoorgebou sonder 'n hyser/hysbak. ~**way** loop= lys; →CATWALK; wandelpad.

**walk·a·ble** loopbaar *('n oppervlak ens.);* wat te voet afgelê kan word *('n afstand);* wat te voet besigtig kan word *('n stad ens.).*

**walk·a·thon** stapmarat(h)on.

**walk·er** loper, stapper, voetganger, wandelaar; loopvoël; loopraam; loopring; *(masj.)* skudder.

**walk·ies** *n. (mv.), (infml.)* stappie; *go* ~ ('n entjie) gaan stap/ loop; *s.t. has gone* ~ iets is weg *(of* het voete gekry); *take the dog(s) (for)* ~ met die hond(e) gaan stap.

**walk·ie-talk·ie** geselsradio, handradio, handsender.

**walk·ing** *n.* loop (die) stap, stappery, ens.. **walk·ing** *adj.* lopend, loop=. ~ **bird** loopvoël. ~ **delegate** vakbondafge= vaardigde. ~ **dictionary,** ~ **encyclop(a)edia** *(infml.)* alweter, wandelende woordeboek. ~ **frame** loopraam *(vir 'n gestrem= de/bejaarde).* ~ **orders,** ~ **papers,** ~ **ticket** *(Am., infml.)* af= danking, trekpas, bloupas. ~ **ring** loopring *(vir peuters).* ~ **shoe** loop=, stapskoen. ~ **stick** kierie, wandelstok; *(entom.)* = STICK INSECT. ~ **wounded** gewonde(s) wat nog kan loop.

**wall** *n.* muur; wal; *a blank* ~ 'n kaal muur; 'n soliede/blinde muur; *come up against a blank* ~, *(fig.)* voor 'n klipmuur te staan kom; *s.t. drives/sends s.o. up the* ~, *(infml.)* iets gee iem. die aapstuipe/apiestuipe/horries/papelellekoors, iets maak iem. rasend; *(even the)* ~*s have ears* (die) mure het ore; *go to the* ~, *('n onderneming ens.)* te gronde gaan, onder= gaan; *the picture hangs on the* ~ die prent hang aan/teen die muur; *hit the* ~, *(infml., 'n langafstandatleet ens.)* teen 'n muur vashardloop, nie 'n tree verder kan hardloop nie; *(inner)* ~ wand *(v. 'n buis ens.); s.t. is off the* ~, *(infml.)* iets is eksen= triek/anders; →OFF-THE-WALL *adj.; s.o. can see through a brick* ~, *(fig.)* iem. is besonder skerpsinnig; ~ *of shame* skandmuur. **wall** *ww.* ommuur, 'n muur bou (om); ~ *s.t. in* iets toemessel; iets ommuur; ~ *s.t. off* iets afhok; *(fig.)* iets afkamp; ~ *s.t. up* iets toebou/toemessel. ~ **bars** *(gimn.)* muur= sporte. ~**board** bekledingsbord. ~ **bracket** muurarm. ~ **clock** hangklok. ~ **cupboard** muurkas. ~**flower** *(bot.: Cheiran= thus cheiri)* muurblom; *(infml.)* randaster, muurblommetjie *(by 'n dansparty).* ~ **hanging** muurbehangsel. ~ **map** muur= kaart. ~**-mounted** *adj. (dikw. attr.)* (wat) teen die/'n muur aangebring/gemonteer (is); muur= *(klok, rak, verwarmer, ens.).* ~ **painting** muurskildering. ~**paper** muur-, plak=, behang= selpapier; *(rek.)* skermpatroon, =beeld, agtergrondbeeld. ~**(pa= per) paste** plakpap. ~ **pass** *(sokker)* dubbelaangee. ~ **piece** muurbalk; skoorplaat. ~ **plate** muurplaat; langbalk *(in 'n skag).* ~ **plug** *(elek.)* muurprop. ~ **rock** wandgesteente. ~ **safe** muurkluis. ~ **socket** muursok. ~ **stay** muuranker. **W~ Street** Wall Street, die Amerikaanse geldwêreld. ~ **tile** muur= teël. ~**-to-wall carpet** volvloertapyt.

**wal·la·by** *(soöl.)* kangaroetjie, wallaby; *(W~: lid v.d. Austr. rugbyspan)* Wallaby.

**wal·la(h)** *(Ind., infml.)* mens, ou, kêrel; *(infml.)* amptenaar; *the medical/music/etc.* ~*s* die mediese/ens. mense/ouens, die musiekmense/-ouens/ens..

**wal·la·roo** *(soöl.: Macropus spp.)* wallaroe, groot kangaroe.

**walled** *adj.* ommuur; ~ *garden/etc.* ommuurde tuin/ens.

**wal·let** (note)beursie.

**wall·eye** =eye(s), *(med.)* ondeurskynendheid van die horing= vlies; *(med.)* divergente strabisme; *(veearts.)* witoog, glasoog *(by perde).*

**Wal·loon** *n., (inwoner v. Wallonië)* Waal, *(vr.)* Walin; *(dial.)* Waals. **Wal·loon** *adj.* Waals; ~ *church* Waalse Kerk.

**wal·lop** *n., (infml.)* opstopper, hou, taai klap; *give/fetch s.o. a* ~, *(infml.)* iem. 'n taai klap gee. **wal·lop** *ww.* uitlooi, foeter, donder, (af)ransel. **wal·lop·ing** *n.* loesing, afranseling, pak slae; *give s.o. a* ~, *(infml.)* iem. 'n loesing gee. **wal·lop·ing** *adj.* tamaai, yslik, fris gebou(d).

**wal·low** *n.* rolplek; moddergat, ₌kuil; ₌poel; rollery. **wal·low** *ww.* rol *(in modder ens.);* rondwoel; swelg; ~ *in s.t.* in iets swem *(d. geld ens.);* in iets rol *(d. modder ens.);* in iets swelg *(wellus ens.).*

**wal·ly** ₌*lies, (Br., infml.)* japie, gawie, domjan, doffel.

**wal·nut** okkerneut; (okker)neuthout. ~ **tree** okkerneutboom.

**wal·rus** walrus. ~ **(moustache)** breë hangsnor.

**waltz** *n.* wals. **waltz** *ww.* wals; ~ *off with the prize, (infml.)* die prys fluit-fluit/maklik verower; ~ *round* rondwals, ₌dans, passies maak.

**Wal·vis Bay** Walvisbaai.

**wan** bleek, blekerig, (as)vaal; dof, flou *(lig);* effens, flou *(glim= lag ens.).*

**wand** staf; *magic* ~ towerstaf.

**wan·der** swerf, swerwe, dwaal, (rond)dool; verdwaal, weg= raak; ~ *about* ronddwaal; ~ *off somewhere* êrens heen ver= dwyn; ~ *from the straight path, (fig.)* van die regte pad af= wyk; ~ *from/off the subject* van die onderwerp afdwaal. ~ **plug** *(elek.)* dwaal=, versitprop.

**wan·der·er** swerwer, swerweling; ronddoler.

**wan·der·ing** *n.* dwaling; omswerwing(e), swerftog, rond= doling, omdwaling; afdwaling; *(ook, i.d. mv.)* ylhoofdigheid, deurmekaarpratery. **wan·der·ing** *adj.* swerwend, dwalend, (rond)dolend; rondtrekkend; afdwalend; ~ *abscess* kruip= sweer; ~ *albatross, (Diomedea exulans)* grootalbatros, ₌mal= mok; ~ *Jew, (bot.)* wandelende Jood; *the W~ Jew, (Me. le= gende)* die Wandelende Jood; ~ *kidney* wandelende/los nier; ~ *minstrel* swerwer-sanger; ~ *spirit* dwaalgees; ~ *star, (poët., liter.)* dwaalster.

**wan·der·lust** *(<D.)* swerf=, treklus.

**wane** *n.* verbleking; vermindering, verswakking, afneming; *be on the* ~ aan die afneem/verswak/taan wees; in verval wees. **wane** *ww.* taan, verbleek; verminder, verswak, afneem, ver= flou. **wan·ing** *n.* verbleking; verflouing; afneming; *the* ~ *of the Middle Ages* die herfs(ty) van die Middeleeue. **wan·ing** *adj.* tanend; afnemend; ~ *moon* afnemende/afgaande maan.

**wan·gle** *(infml.)* konkel, knoei; vervals; beknoei, manipu= leer; losslaan, (slinks) in die hande kry; skipper; ~ *a case* 'n saak plooi. **wan·gler** *(infml.)* manipuleerder, knoeier, kon= kelaar.

**wank** *n., (vulg. sl.):* have a ~, *(masturbeer)* draadtrek. **wank** *ww., (vulg. sl.):* ~ *(off), (masturbeer)* draadtrek, skommel, jou= self aftrek. **wank·er** *(plat: veragtelike mens)* poephol.

**wan·na** *ww., (infml., sametr. v.* want to*)* wil. **wan·na·be** *n., (infml., neerh.)* na-aper.

**want** *n.* gebrek, skaarste; behoefte; nood, armoede; ontbe= ring; ~ *of appreciation* miskenning; *the direst* ~ die groot= ste armoede *(of* uiterste gebrek); *for/from* ~ *of ...* by/uit/ weens gebrek aan ...; *live in* ~ gebrek/armoede ly, in ar= moede leef/lewe; *be in* ~ *of s.t.* iets nodig hê; *be in* ~ *of money* in geldnood verkeer; *there was no* ~ *of ...* daar was 'n oor= vloed (van) ...; *satisfy/supply a* ~ in 'n behoefte voorsien; *it was not for* ~ *of trying* dit was nie omdat iem. nie (ge)= probeer het nie. **want** *ww.* nodig hê, behoefte hê aan; kort= kom, ₌skiet, makeer, ontbreek; gebrek ly; begeer, verlang, wil hê; wil; ~ *s.t. badly* iets baie graag wil hê; verleë wees oor iets; ~ *s.o. badly* iem. baie graag wil hê; sterk na iem. ver= lang; *this* ~*s careful handling* dit moet sorgvuldig aange= pak word; *s.o. doesn't* ~ *to* iem. wil nie; *I don't* ~ *your ...* ek wil nie jou ... hê nie *(besittings ens.);* ek het/is/voel nie lus vir

jou ... nie *(grappe ens.); you don't* ~ *to do that, (infml.)* dit moet jy (liewer/liewers) nie doen nie; ~ *for s.t., (hoofs. arg.)* gebrek aan iets hê; *please tell ... I* ~ *him/her* sê asseblief vir ... ek roep hom/haar; *s.o. ~s in, (Am., infml.)* iem. wil inkom; iem. wil deelneem *(of* 'n aandeel hê); *what more does s.o. ~?* wat wil iem. nog hê?; ~ *none of s.o./s.t.* niks met iem./iets te doen/make wil hê nie; *whether s.o. ~s to or not* of iem. (nou) wil of nie; *it only ~s repairing, (infml.)* dit moet net regge= maak word; *s.o. ~s out, (Am., infml.)* iem. wil loop/padgee/ weggaan; iem. wil kop uittrek; *if s.o. ~s to* as iem. wil; ~ *s.o. to do s.t.* wil hê dat iem. iets (moet) doen; *know what you* ~ weet wat/waarheen jy wil; *what do they* ~ *with me?* wat wil hulle van my hê?. ~ **ad** *(Am., advt.)* soekertjie. **want·ed** be= nodig, gevra; begeer; deur die polisie gesoek; ~ *to buy* te koop gevra; *call me if I am* ~ roep my as julle my nodig kry *(of* as my teenwoordigheid vereis word); *not* ~ onnodig; on= gewens. **want·ing** sonder; *all that is* ~ al wat kortkom/ont= breek/skort; *be found* ~ te lig bevind word; in gebreke bly; *s.o. is* ~ *in ...* dit ontbreek iem. aan ... *(moed ens.); a century* ~ *one run, (kr.)* op een na honderd lopies.

**wan·ton** wellustig, losbandig, sedeloos, promisku; ongebrei= deld, toomloos *(besteding ens.);* wild, roekeloos, woes; kwaad= willig, moedswillig *(wreedheid, geweld, ens.);* onverantwoorde= lik; ongeregverdig, onverskoonbaar *(verwoesting ens.).* **wan= ton·ly** roekeloos; moedswillig; sonder aanleiding/oorsaak; lig= sinnig; *kill* ~ roekeloos *(of* voor die voet) doodmaak. **wan= ton·ness** roekeloosheid; moedswilligheid; ligsinnigheid.

**wap·i·ti** wapiti(hert), Amerikaanse elk.

**war** *n.* oorlog; stryd, veldtog; oorlogvoering; ~ *of aggression* aanvalsoorlog; *be at* ~ *with ...* met ... in oorlog verkeer/wees; *(a)* ~ *broke out between ... and ...* daar het 'n oorlog tussen ... en ... uitgebreek; *carry the* ~ *into the enemy's camp* aanval= lend optree; *the chances of* ~ die oorlogskanse; *the dogs of* ~, *(poët., liter.)* die verskrikkings van die oorlog; *enter a* ~ tot 'n oorlog toetree, aan 'n oorlog deelneem; *fight a* ~ 'n oorlog voer; *foreign* ~ buitelandse oorlog; *go to* ~ *against ...* 'n oorlog teen ... begin; *in* ~ in 'n oorlog; *in the* ~ in die oorlog; *s.o. has been in the* ~*s, (infml.)* iem. is lelik toegetakel; *be involved in a* ~ in 'n oorlog gewikkel wees; *make* ~ oor= log voer; *make/wage* ~ *against/(up)on/with ...* teen ... oorlog voer/maak; ~ *of nerves* senu(wee)oorlog; *there is a* ~ *on* dit is oorlog; *be prepared for* ~ strydvaardig wees; *a private* ~ 'n persoonlike vete; *start a* ~ 'n oorlog ontketen. **war** ₌rr=, *ww.* oorlog/stryd voer; ~*ring factions* strydende partye. ~ **chest** krygskas; strydkas. ~ **cloud:** *the* ~ *~s are gathering* die oorlogswolke pak saam. ~ **correspondent** oorlogskorrespon= dent. ~**craft** krygskuns, ₌kunde; oorlogsvaartuie. ~ **crime** oorlogsmisdaad. ~ **cry** oorlogs=, strydkreet. ~ **dance** oor= logs=, krygsdans. ~ **effort** oorlogvoering, oorlogspoging. ~**fare** →WARFARE. ~ **footing:** *be on a* ~ ~ op oorlogsvoet wees. ~ **game** oorlogspel. ~**head** plofkop *(v. 'n missiel);* tor= pedokop. ~ **hero** krygs=, oorlogsheld. ~**horse** oorlogsperd, strydros; *(old)* ~, *(ook)* veteraan. ~**lord** krygsheer; opperste krygsman. ~ **medal** oorlogsmedalje. ~ **memorial** oorlogs= gedenkteken. ~**-minded** kryg=, oorlogsugtig. ~**monger** oor= logsugtige, ₌soeker. ~**mongering** oorlogstokery. ~ **museum** oorlog=, krygsmuseum. ~ **paint** krygsverf; grimering; volle mondering. ~**path** oorlogspad; *be/go on the* ~ op die oor= logspad wees/gaan; die stryd aanknoop, te velde trek; stryd=/ veglustig/bakleierig *(of* op oorlog uit) wees. ~**plane** krygs=, oorlogsvliegtuig. ~**ship** oorlogskip. ~ **song** krygslied. ~ **talk** oorlogspraatjies. ~**time** oorlogstyd; in oorlogstyd, oorlogs=. ~**-torn, ~-racked** oorloggeteisterd. ~ **veteran** oudgedien= de, oorlogsveteraan, ou krygsman. ~**-weary** oorlogs=, stry= densmoeg. ~ **zone** oorlogsone, ₌streek.

**war·ble** *n.* gesing, gekweel; lied. **war·ble** *ww.* sing, kweel. **war·bler** *(orn.)* sanger, fluiter, sangvoël; *(infml.)* singer, san= ger. **war·bling** voëlgesang.

**ward** *n.* (stads)wyk; afdeling *(in 'n hospitaal),* (sieke)saal;

pleegkind; beskermling; voogdy(skap); bewaking; besker=
ming, bewaring; baardkeep *(v. 'n sleutel); (ook, i.d. mv.)*
(slot)werk; *hospital* ~ siekesaal; *put s.o. in* ~ iem. onder ku=
ratele stel; *be under* ~ onder voogdy(skap) wees. **ward** *ww.:*
~ *s.t. off* iets keer/afweer/-wend; iets verhoed. **~room** *(sk.)*
offisierskajuit. ~ **round** *(med.)* saalrond(t)e. ~ **sister** saal=
suster.

**war·den** opsiener, (hoof)opsigter; *(Br.)* hoof, direkteur *(v. 'n
skool, tehuis, ens.);* voog; *(hoofs. Am.)* bewaarder, (hoof)=
sipier.

**war·der** sipier, (gevange)-, tronkbewaarder; oppasser, op=
paster, wagter. **ward·ress** (gevange)-, tronkbewaarster, be=
waarderes.

**ward·robe** klere-, hangkas; (voorraad) klere, garderobe; re=
kwisietekamer. ~ **mistress** kostumier. ~ **trunk** koffer-, reis=
hangkas, hangkaskoffer.

**ward·ship** voogdy(skap); beskerming.

**ware** *n.* goed, ware; *(ook, i.d. mv.)* koopware; *cry one's* ~*s*
goed uitvent. **=ware** *komb.vorm* =ware, =goed, =werk, =gerei,
=benodig(d)hede; *kitchen*~ kombuisware, =benodig(d)hede,
=goed, =gerei; *silver*~ silwerware, =gerei, =goed, =werk, tafel=
silwer.

**ware·house** *n.* loods, pakhuis; winkel; magasyn. **ware·
house** *ww.* (in 'n pakhuis) bêre/opberg/wegpak. ~ **loft** pak=
solder. **~man** =men pakhuishouer, =eienaar; magasynmees=
ter, pakhuisopsigter. ~ **party** reuse-opskop.

**ware·hous·ing** *(effektebeurs)* bewaring *(v. aandele).* ~ **costs**
pakhuiskoste.

**war·fare** oorlog, stryd; oorlogvoering. **war·far·ing** oorlog=
voering, stryd.

**war·fa·rin** *(chem., med.)* warfaricn.

**war·i·ly, war·i·ness** →WARY.

**war·like** oorlogsugtig; krygshaftig; krygs-, oorlogs-; ~ *spirit*
strydlus.

**war·lock** towenaar, heksemeester.

**warm** *n.: have a* ~ *first, (infml.)* jou eers ('n) bietjie warm
maak. **warm** *adj.* warm *(bad, kleur, ens.);* vurig, hartstogte=
lik, emosioneel; hartlik, innig; vars *(spoor);* ~ *front, (weerk.)*
warmtefront; *grow* ~ warm word; *make it/things* ~ *for s.o.,
(infml.)* die wêreld vir iem. benoud maak; *be nice* and ~ lek=
ker warm wees; *be* ~ *in office* tuis in die werk wees; gevestig
in jou amp wees/sit; *it is quite* ~ dit is taamlik/nogal warm;
~ *spring* warm bron; *be (as)* ~ *as toast* heerlik/lekker warm
kry; ~ *work* harde werk; gevaarlike werk. **warm** *ww.* warm
maak/word, verwarm; *look like death* ~*ed over, (Am., infml.)*
soos 'n opgewarmde lyk lyk; ~ *to* one's *subject* geesdriftig
raak oor jou onderwerp; ~ *to/towards s.o.* jou tot iem. aan=
getrokke voel; ~ *up, (kamer ens.)* warm word; op stryk/dreef
*(of* aan die gang) kom; *(atleet)* litte losmaak; ~ *o.s.* **(up)** *at the
fire* jou by die vuur warm maak; ~ *s.o.* **up,** *(lett.)* iem. warm
maak; *(fig.)* iem. in die regte stemming bring; ~ *s.t.* **up** iets
warm maak; iets verwarm *('n kamer ens.);* iets opwarm *(kos);*
iets warm draai *('n enjin).* **~-blooded** warmbloedig; vurig;
passievol. **~-hearted** goedhartig, hartlik. **~-heartedness**
goedhartigheid, hartlikheid. **~-up** *n.* opwarming. **~-up** *adj.
(attr.)* opwarming(s)-, opwarm-; ~ *exercise* opwarm(ings)=
oefening; ~ *session* opwarm(ing)sessie.

**warmed-up,** *(Am.)* **warmed-o·ver** *adj. (attr.)* opgewarm=
de *(kos); (fig.)* uitgediende *(idees ens.),* muwwe *(feite ens.),*
onoorspronklike *(storie ens.).*

**warm·er** (ver)warmer.

**warm·ing** verwarming. ~ **oven** lou oond. **~-up** opwarming.

**warm·ish** warm(e)rig.

**warm·ly** warm.

**warmth** warmte; hartlikheid.

**warn** waarsku; in kennis stel, aansê, verwittig; vermaan; ~
*s.o. about s.t.* iem. teen iets waarsku; ~ *against* ... teen ...

waarsku; *be* ~*ed* gewaarsku wees; *you have been* ~*ed!* wees
gewaarsku!; ~ *s.o. of s.t.* iem. teen iets waarsku *(gevaar ens.);*
iem. op iets bedag maak; ~ *off s.o.* iem. aansê/beveel om
weg te bly; ~ *the accused to appear in court* die beskuldigde
aansê/beveel om voor die hof te verskyn. **warn·ing** *n.* waar=
skuwing; vermaning; vingerwysing; aansegging; opsegging;
kennisgewing; *give* ~ *that* ... waarsku dat ...; *give/issue a* ~
'n waarskuwing gee/uitspreek; *a grim* ~ 'n somber waar=
skuwing; *heed a* ~ op 'n waarskuwing ag gee/slaan; *at a
moment's* ~ oombliklik; *sound a (note of)* ~ 'n waarsku=
wende stem laat hoor; *take* ~ *from s.t.,* **take** *s.t. as a* ~ deur
iets gewaarsku wees, 'n waarskuwing ter harte neem; *a
timely* ~ 'n tydige waarskuwing; *s.t. is a* ~ *to s.o.* iets dien vir
iem. as waarskuwing; *a word of* ~ 'n waarskuwing. **warn·ing**
*adj.* waarskuwend; ~ *call* alarmroep; ~ *instrument* verklik=
ker, alarm-, klik-, waarskuwingstoestel; ~ *letter* (ver)maan=
brief; ~ *shot* waarskuwingskoot; ~ *sign* waarskuwingste=
ken.

**warp** *n.* kromtrekking, skeefheid; *(sk.)* sleep-, werptou; ~ *and
woof, (weefwerk)* skering en inslag. **warp** *ww.* krom/skeef/
bak trek, krom/skeef word; verdraai; trek, sleep *('n skip);*
(laat) toeslik. **warped** *(ook)* verdorwe, pervers, ontaard.
**warp·ing** kromtrekking; kettingskering; *(geol.)* verbuiging.

**war·rant** *n.* volmag; versekering, waarborg; betalingsman=
daat; *(jur.)* mag-, lasbrief, bevelskrif; dwangbevel; magti=
ging, order; adjudant-offisiersakte; *(infml.)* adjudant(-offi=
sier); *dividend* ~, *(fin.)* dividendbewys; *issue a* ~ *for s.o.'s
arrest* 'n lasbrief/bevel uitreik vir iem. se aanhouding/arres=
inhegtenisneming; *have no* ~ *for doing* (or *to do) s.t.* geen reg
hê om iets te doen nie; *a* ~ *is out against s.o.* 'n lasbrief is
teen iem. uitgereik. **war·rant** *ww.* magtig, volmag gee;
waarborg, verseker; regverdig. ~ **officer** adjudant-offisier.
~ **rank** adjudant-offisiersrang. ~ **voucher** skatkisorder.

**war·rant·a·ble** gewettig, geoorloof, verdedigbaar.

**war·ran·ty** volmag; waarborg, garansie; bewys; magtiging;
*the car is still under* ~ die motor is nog onder waarborg. **war·
ran·tee** ontvanger van 'n waarborg, gevolmagtigde. **war·
ran·tor, war·ran·ter** waarborger; borg; volmaggewer.

**war·ren** konynenes, boer-/houplek van konyne; konyn(e)=
kolonie; krottebuurt; broeines. **war·ren-like:** ~ *conditions*
saamhoktoestande.

**war·ri·or** *n.* krygsman, kryger, soldaat, stryder. **war·ri·or**
*adj.* krygshaftig, krygsmans-. ~ **ant** veg-, amasonemier.

**War·saw** *(hoofstad v. Pole)* Warskou.

**wart** vrat(tjie); kwas, knoe(t)s; ~*s and all* met gebreke en al,
net soos dit/iem. is. **~hog** vlakvark. **~weed, ~wort** melkgras,
wolfsmelk. **wart·y** vratterig, vol vratte, vratagtig.

**war·y** versigtig, omsigtig, behoedsaam; *be* ~ *of* ... lig loop *(of
lugtig wees of* oppas) vir ... **war·i·ly** versigtig, omsigtig; lug=
tig. **war·i·ness** omsigtigheid, versigtigheid, behoedsaamheid.

**was** *ww. (verl.t.)* was; is; →BE; *s.o.* ~ *angry/etc.* iem. was kwaad/
ens.; *s.o.* ~ *born in 1963* iem. is in 1963 gebore; *it* ~ *done* dit
is gedoen; *s.o.* ~ *to have done it* iem. sou dit doen *(of* gedoen
het); *s.o.* ~ *here/there yesterday* iem. was gister hier/daar; *it*
~ *printed in Cape Town* dit is in Kaapstad gedruk; *s.o. said
it* ~ *too early* iem. het gesê dit is te vroeg; *our neighbour that*
~ ons gewese/vroeëre buurman.

**wash** *n.* (die) was; spoeling; wasgoed; geklots, golfslag; volg=
stroom *(v. 'n skip);* spoel-, dryfgrond; (af)spoelsel; vlei; *(Am.)*
(rivier)lopie, diepsloot; flou/slegte tee/drank/ens.; waterige
sop/wyn/ens.; waterverf; waterverflaag; *(med. ens.)* wasmid=
del; *it came out in the* ~, *(lett.)* dit het in die was skoon ge=
word; *(fig., infml.)* dit het agterna geblyk; *do the* ~ (die was=
goed) was; *give s.t. a good* ~ iets deeglik was; *have/take a* ~
jou was; *s.t. is in the* ~ iets is in die was; *put s.t. in the* ~ iets
in die was gooi. **wash** *ww.* was; uitwas; afwas; (af)spoel;
uitspoel; bespoel; met 'n lagie goud bedek *(goedkoop metaal);
s.t.* ~*es ashore* iets spoel op die strand uit; ~ *away* uitwas;

wegspoel; verspoel; ~ *and* **brush up** jou opknap; *the water has ~ed a* **channel** die water het 'n sloot gespoel; ~ *s.t.* **clean** iets skoonwas; ~ *s.t.* **down** iets afspoel; iets afwas; ~ **down** *one's food with ... ...* by die ete drink, jou kos met ... afsluk; ~ *s.t.* **off** iets afwas *(modder ens.);* ~ *s.t.* **off** ... iets van ... afwas; *the rain ~ed the paint* **off** die verf het afgereën; ~ *o.s.* jou was; ~ *s.t.* **out** iets uitwas/=spoel; iets wegspoel; *(infml.)* iets uitwis/kanselleer; *the waves ~ed ...* **overboard** die golwe het ... oorboord gespoel; ~ **up** skottelgoed was; *(Am.)* jou hande was; *s.t. ~es* **up** *(on the beach)* iets spoel (op die strand) uit, iets spoel aan land; *that won't ~,* *(infml., 'n verskoning ens.)* dit gaan nie op *(of* sal nie aanvaar/geglo word) nie; *('n verduideliking ens.)* dit hou nie steek nie. **~-and-wear** *adj. (attr.)* kreukeltrae *(materiaal ens.).* **~away** verspoeling; wegspoe=ling. **~bag** toiletsakkie. **~basin** wasbak. **~board** wasplank; spatlys. **~bowl** waskom. **~cloth** vadoek; *(Am.)* waslap. **~deck** *adj., (sk.)* spoeldek=. ~ **drawing** getinte tekening, wa=terverftekening. ~ **leather** seemsleer, =lap, wasleer. **~out** uitspoeling; verspoeling; wegspoeling; *(infml.)* misoes, mis=lukking; nikswerd vent. **~rag** *(Am.)* waslap. **~room** waska=mer; *(euf.)* toilet. ~ **silk** wasegte sy. **~stand,** ~ **table** *(hoofs. hist.)* wastafel. **~tub** wasbalie, =kuip, =vat.

**wash·a·ble** wasbaar. **wash·a·ble·ness** wasbaarheid.

**washed:** *be* ~ *out, ('n wedstryd)* doodgereën wees; *feel* ~ *out, (infml.)* uitgeput/pootuit/gedaan voel; *s.o. is (all)* ~ *up, (infml.)* dit is uit en gedaan met iem. **~-out** *adj. (attr.)* verbleikte *(kleur, kledingstuk);* verswakte, afgetakelde, vermaerde *(pers.);* bleek *(gesig, voorkoms);* doodgereënde *(wedstryd);* oorstroomde *(pad);* ~ *feeling* gevoel van uitputting. **~-up** *adj. (attr.)* uitge=spoelde *(voorwerp o.d. strand); (fig.)* uitgediende *(huurmoor=denaar ens.); (fig.)* oor die muur, wie se dae getel is, wat beter dae geken het *(bokser, aktrise, ens.).*

**wash·er** wasser; *(teg.)* wasser, waster, druk=, sluitring, moer=, tussenplaatjie, pakkingring; *(mechanical)* ~ wasmasjien. **~-dryer, ~-drier** was-en-droog-masjien. **~-up** bordewasser. **~woman** wasvrou.

**wash·ing** (die) was, wassery; wasgoed; *do the* ~ (die was=goed) was. ~ **line** wasgoeddraad, was(goed)lyn, =tou, droog=lyn. ~ **machine** wasmasjien. ~ **powder** waspoeier. ~ **soda** wassoda, kristalsoda, natron. ~ **tub** waskuip, =balie, =vat. **~-up** *n.* skottelgoedwas(sery), opwaswerk; skottelgoed; *do the* ~ die skottelgoed was, opwas. **~-up** *adj. (attr.)* (op)was=, skottelgoed=; ~ *liquid* opwasmiddel, skottelgoedwasmiddel.

**was·n't** *(sametr.)* = WAS NOT.

**wasp** perdeby, wesp; **~('s)** *nest* perdebynes; *(fig.)* bye=, wespe=nes. ~ **waist** perdebylyfie.

**Wasp, WASP** *(hoofs. Am., neerh., akr.:* White Anglo-Saxon Protestant*)* WASP, Wasp *(akr.:* Wit Angel-Saksiese Protes=tant*).*

**wasp·ish** wespagtig; stekerig; stekel(r)ig; venynig; prikkel=baar, kortgebonde, opvlieënd, bitsig, skerp; ~ *remark* veny=nige aanmerking.

**wast·age** verspilling, verkwisting, vermorsing; afval; slyta=sie.

**waste** *n.* verspilling, vermorsing; verkwisting; uitskot, oor=skiet, rommel; afval; verweringspuin; vermindering, afne=ming; verbruik, slytasie, (af)slyting, verwaarlosing; verval; woesteny, wildernis; woestyn; *go to* ~ vermors/verkwis/ver=spil word, verlore gaan; *lay s.t. to* ~ iets verwoes; *this water* **runs** *to* ~ dié water loop ongebruik weg; *it is a* **sheer** ~ *of time* dit is pure tydverspilling; *wanton* ~ moedswillige ver=morsing; *wilful* ~ *makes woeful want, (idm.)* vandag ver=morsing, môre verknorsing; vandag verteer, môre ontbeer. **waste** *adj. & adv.* oortollig, ongebruik; afval=; onbebou(d), onbewerk; woes, verlate; woestynagtig; *lay s.t.* ~ iets verwoes; *it lies* ~ dit lê onbewerk/onbebou; *the* ~ *periods of history* die oninteressante tydperke in die geskiedenis. **waste** *ww.* ver=spil, (ver)mors *(tyd ens.);* verkwis, deurbring *(geld ens.);* ver=

niel, verwoes; verminder, afneem; (weg)kwyn; laat verval; ~ *away* wegteer; ~ *breath/words* woorde verspil, tevergeefs praat; *... is wasting, (water ens.) ...* gaan verlore; *(middele ens.) ...* is (vinnig) aan die opraak; ~ *not, want not, (idm.)* as jy vandag spaar, sal jy môre/more hê; *s.t. is ~d on s.o.* iets be=teken vir iem. niks nie, iem. het niks aan iets nie. ~ **bin** afval=blik, =houer. ~ **disposal** afvalverwerking. ~ **disposal unit** afvalmeul, =verwerker. ~ **dump** afval=, ashoop. ~ **gate** af=voer=, morssluis. ~ **ground** onbeboude (stuk) grond. **~land** woesteny, onherbergsame landstreek; *(fig.)* woesteny. ~ **management** afvalbestuur. ~ **material(s)** afval(materiaal). **~paper** skeurpapier. **~paper basket, ~basket** papier=, snip=permandjie. ~ **pipe** afvoerpyp, =buis; stort=, morspyp. ~ **product** afvalproduk. ~ **reprocessing plant** afvalherver=werkingsaanleg. ~ **water** afval=, afloop=, rioolwater. **~-water pipe** vuilwaterpyp.

**wast·ed** *adj.* oorbodig, oortollig; vermaer, uitgeteer, afge=takel(d); vervalle; *(infml.)* pê, pootuit, poegaai, kapot, klaar, doodmoeg, vodde; *(infml.)* (lekker) getrek, gaar, stukkend, poegaai, smoordronk; *(dwelmsl.)* (lekker) gedoepa, wes, ver/vêr heen; ~ *effort* vergeefse poging; ~ *opportunity/time/etc.* verspilde/verkwiste/vermorste geleentheid/tyd/ens..

**waste·ful** verkwistend; verkwisterig, spilsiek, deurbringerig, spandabel. **waste·ful·ness** verkwisting; spandabelheid, spil=sug, deurbringerigheid.

**wast·er** deurbringer, verkwister, verspiller; niksnut(s), mis=baksel.

**wast·ing** *n.* verkwisting; verspilling; kwyning, uittering. **wast·ing** *adj.* verkwistend; kwynend; uitterend; ~ *asset* slytende/verdwynende bate; ~ *disease* uitterende siekte.

**watch** *n.* horlosie, oorlosie; waak; waaksaamheid; wag; *this* ~ *is five minutes* **fast** dié horlosie/oorlosie is vyf minute voor; *go on* ~ gaan wag staan, die wag betrek; *keep* ~ wag hou/staan, uitkyk, (op) wag staan; *keep* ~ *for* ... na ... op die uit=kyk wees; *keep (a) careful/close* ~ *on s.o./s.t.* iem./iets fyn/goed dophou; *look at one's* ~ op jou horlosie/oorlosie kyk; *set a* ~ *before one's* **mouth** 'n wag voor jou mond sit; *be* **on** *the* ~ op die wag wees; op die uitkyk wees; op die loer wees; *relieve the* ~ die wag aflos; *set a* ~ 'n horlosie/oorlosie stel; *set a* ~ *on s.o./s.t.* iem./iets laat bewaak; *s.o.'s* ~ *has* **stopped** iem. se horlosie/oorlosie het gaan staan; *wind (up) a* ~ 'n horlosie/oorlosie opwen. **watch** *ww.* waak; wag hou, waghou, (op) wag staan; bewaak; bespied; dophou, in die oog hou, 'n wa=kende oog hou oor; loer; gadeslaan; oplet, let op; toekyk; ~ *(helplessly) as/while ... happens* (magteloos) toekyk hoe iets gebeur; ~ *the* **boat/etc.** *leaving* die skip/ens. sien vertrek, kyk hoe die skip/ens. vertrek; ~ *football/etc.* (na) voetbal/ens. kyk; ~ *for s.t.* uitkyk *(of* op die uitkyk/loer wees) na iets; *have s.o. ~ed* iem. laat dophou, iem. in die oog laat hou; ~ *s.o. like a* **hawk** iem. fyn dophou; ~ *it/out!, (infml.)* pas op!, oppas!; ~ *out for ...* op die uitkyk wees na ...; oppas vir ..., op jou hoede wees teen/vir ...; ~ *out if you ...!, (infml.)* be=waar jou (siel) *(of* die hemel bewaar jou) as jy ...!; ~ *over s.o./s.t.* oor iem./iets waak *(of* wag hou); ~ *and pray* waak en bid; ~ *the* **time** die horlosie dophou. ~ **chain** horlosie=, oor=losieketting. ~ **dial,** ~ **face** wyserplaat. **~dog** waghond. ~ **fire** wag=, kampvuur. ~ **glass** horlosie=, oorlosieglas. ~ **hand** horlosiewyser. **~keeper** waghouer. **~maker** horlosiemaker. **~making** horlosiebedryf. **~man** =men wagter; nagwag. ~ **spring** horlosie=, oorlosieveer. **~strap** horlosie=, oorlosie=band. **~tower** wagtoring, kykuit. **~word** wagwoord, leuse.

**watch·er** (be)waker; wag; spioen, bespieder; waarnemer.

**watch·ful** waaksaam, op die hoede; *be* ~ *for ...* op die uitkyk wees na ... **watch·ful·ness** waaksaamheid.

**watch·ing brief** *(jur.)* waaksaamheidsopdrag; *keep/main=tain a* ~ ~ *on s.t.* iets (fyn/goed) dophou, 'n ogie oor iets hou.

**wa·ter** *n.* water; *above* ~ bo water; *a* **body** *of* ~ 'n water=

massa; ~ *on the* **brain,** *(med., infml.)* hoofwatersug, water=
hoof; **break** ~, *(d. boeg v. 'n skip ens.)* die water breek; *a lot of*
~ *has flowed/passed/gone under the* **bridge,** *(idm.)* daar het
baie water in die see geloop; *it is* ~ *under the* **bridge** dit is ge=
dane sake *(of* behoort tot die verlede); *her* ~s *have* **broken,**
*(verlosk.)* haar water het gebreek; *pour/throw* **cold** ~ *on/over*
*s.t., (lett.)* koue water op iets gooi; *(fig.)* koue water op iets
gooi, iets doodpraat/afkeur, die demper op iets plaas/sit; *a*
**column** *of* ~ 'n watersuil; *be in* **deep** ~(s) in die moeilikheid
wees, hoog in die nood wees, in benarde omstandighede ver=
keer/wees; op gevaarlike terrein wees; swaar beproef wees;
*get into* **deep** ~(s) in die moeilikheid raak; *s.o. has been through*
**deep** ~(s), *(ook)* iem. het al harde bene gekou; **draw** ~ water
put/skep; *like* ~ *off a* **duck's back** soos water op 'n eend se
rug, so goed soos vet op 'n warm klip; **fish** *in troubled* ~s,
*(idm.)* in troebel water vis(vang); ~ **flows/runs** water vloei/
loop; **fresh** ~ vars water; *it does not* **hold** ~, *(ook,* 'n argument
*ens.)* dit gaan nie op nie; *s.t.* **holds** ~, *(lett.)* iets is waterdig;
*('n argument ens.)* iets is geldig *(of* hou steek); **hot** ~, *(lett.)*
warm water; *get into* **hot** ~, *(infml.)* in die moeilikheid/pekel
beland; *in the* ~ in die water; **lay** *on* ~ water aanlê; ~ *of* **life,**
*(Byb. en fig.)* water van die lewe; *on the* ~ op die water; **over**
*the* ~ oor die water (heen); oor(kant) die see; **pass** ~ water,
water afslaan, urineer, *(infml.)* fluit; **running** ~ lopende wa=
ter; *the boat* **ships** ~ die boot lek; *be back in* **smooth** ~, *(infml.)*
oor al jou moeilikhede heen wees, weer vry kan asemhaal; **soft**
~ sagte water; *in* **South African** *etc.* ~s in Suid-Afrikaanse/
ens. waters; **stagnant** ~ staande water; **still** ~s *run deep, (idm.)*
stille waters diepe grond(, onder draai die duiwel rond); *a*
**stretch** *of* ~ 'n plaat water; **take** *in* ~ water inneem, water
aan boord neem; *('n vaartuig)* lek; **take** *to the* ~ in die water
spring; van stapel loop; **take** *up* ~, *('n spons ens.)* water ab=
sorbeer/opsuig; **tread** ~ watertrap; **under** ~ onder (die)
water; *an area is* **under** ~ 'n gebied staan onder water. **wa=
ter** *ww.* natmaak, natgooi, nat spuit/sprinkel; natlei, be=
sproei; verdun, verwater; water gee, laat suip *(diere); (mond,*
*oë)* water; *(oë)* traan; verwater *(kapitaal)*; moireer *(sy);* ~ *s.t.*
*down* iets verwater *(bier, beginsels, ens.); s.o.'s mouth* ~s iem. se
mond water, iem. watertand; *it makes one's mouth* ~ dit laat
('n) mens se mond water, dit laat ('n) mens watertand. **W=
Affairs:** *Minister/Department of* ~ Minister/Departement
van Waterwese. ~ **bailiff** *(hoofs. SA)* waterfiskaal, =skout. ~=
**based** *adj., (verf, smeermiddel, ink, ens.)* met 'n waterbasis;
water= *(sport, aktiwiteite, ens.)*. ~ **bear** *(soöl.)* beerdiertjie,
mosbeertjie; →TARDIGRADE. **W~ Bearer, W~ Carrier:** *the* ~ ~,
*(astrol.)* die Waterman, Aquarius. ~**-bearing** *adj. (attr.)* wa=
terhoudend. ~ **bed** waterlaag; waterbed. ~ **beetle** *(entom.)*
waterkewer. ~ **bird** watervoël. ~ **birth** watergeboorte. ~ **bis=
cuit** waterbeskuitjie. ~ **blister** waterblaas. ~**blommetjie** *(Afr.)*
waterblommetjie. **W~ Board** Waterraad. ~**borne** drywend;
oor die water vervoer, water=, skeeps=; ~ *disease* waterver=
wante siekte; ~ *drainage/sewerage* spoelriolering; ~ *traffic*
watervervoer. ~ **bottle** waterkraf(fie); water=, veldfles. ~**buck**
waterbok, kringgat(bok). ~ **buffalo** waterbuffel. ~ **bug** wa=
terwants. ~ **bus** waterbus. ~ **butt** watervat. ~ **cannon** wa=
terkanon. ~ **capacity** waterhouvermoë; waterinhoud. ~
**carrier** waterdraer. ~ **cell** watersel. ~ **chestnut** *(bot.)* water=
kastaiing; *Chinese* ~ ~, *(kookk., bot.)* Chinese/Sjinese water=
kastaiing. ~ **cock,** *(Am.)* ~ **faucet** waterkraan. ~**colour** wa=
terverf, akwarel, waterverfskildery; waterverftekening; *box of*
~s verfdoos. ~**colour painter,** ~**colourist** waterverfskilder. ~
**column** waterkolom; standpyp. ~ **conduit** waterleiding. ~
**content** watergehalte, =inhoud. ~**-cooled** *adj. (attr.)* water=
verkoel, =gekoel, *(pred.)* met waterkoeling. ~ **cooler** waterver=
koeler. ~**course** (water)loop, lopie; watervoor, stroom, spruit;
stroombed; kanaal. ~**cress** bronkors, =gras, =slaai, water=
kers. ~ **culture** *(tuinb.)* waterkultuur. ~ **diviner** waterwyser,
=soeker. ~**fall** waterval. ~ **fountain** waterfontein; drinkfon=
tein(tjie). ~**fowl** waterhoender(s); watervoël(s). ~**front** wa=
terkant; *on the* ~ aan die waterkant; *the W~* die Waterfront

*(in Kaapstad).* ~ **garden** watertuin. ~ **gate** sluis, vloeddeur;
waterpoort. ~ **gauge** waterpeiler, =meter, peilglas; water=
drukmeter; waterdruk. ~ **glass** water=, drinkglas; wateruur=
werk; waterpeiler, peilglas; *(chem.)* waterglas. ~ **hammer**
waterslag. ~ **hammer pulse** stootpols. ~ **head** oorsprong;
waterdrukhoogte. ~ **heater** waterverwarmer. ~ **hen** water=
hoender. ~ **hole** watergat; drinkgat, =plek, =poel, suiping,
suipgat. ~ **hose** water=, spuitslang. ~ **hyacinth** waterhiasint.
~ **hydrant** brandkraan. ~ **ice** *(kookk.)* sorbet; *(geog.)* waterys.
~**-insoluble** *adj. (attr.)* onoplosbaar in water *(pred.)*. ~ **in=
take** wateropneming. ~ **jacket** water=, koelmantel. ~ **jet** wa=
terstraal; waterstraaluit. ~ **joint** waterdigte verbinding; rug=
voeg. ~ **jump** *(hinderniswedrenne, =wedlope)* watersprong. ~
**level** waterpeil, =lyn, =hoogte; waterstand; waterpas. ~ **lily**
waterlelie. ~ **line** waterlyn; waterpeil, =hoogte. ~**-lined pa=
per** waterlynpapier. ~**logged** *(grond)* deurslagtig, deurdrenk,
deurweek, versuip; *(vaartuig)* vol water geloop; *(hout)* deur=
week. ~ **loss** waterverlies. ~ **main** hoofwaterpyp, =leiding.
~**man** =men *(gehuurde)* roeier; veerman; waterdraer; *a good*
~ 'n bedrewe roeier. ~**mark** *n.* water=, papiermerk; water=
peil, =lyn. ~**mark** *ww.* die watermerk afdruk of, van 'n wa=
termerk voorsien. ~ **meadow** vloeiweide. ~**melon** waatle=
moen. ~ **meter** watermeter. ~ **mill** watermeul(e). ~ **nymph**
*(mit.)* waternimf, najade. ~ **outlet** wateruitlaat. ~ **paint** wa=
terverf. ~ **pipe** waterpyp; (Turkse) waterpyp, nargileh. ~
**pistol** waterpistool. ~ **plane** seevliegtuig; watervlak. ~ **plant**
waterplant. ~ **pocket** waterholte; waterkelder, ondergrond=
se waterpoel. ~ **polo** waterpolo. ~ **power** waterkrag. ~**proof**
*n.* reënjas, =mantel; waterdigte stof; water=, rubberlaken, bed=
seiltjie. ~**proof** *adj.* waterdig; ~ *sheet* rubberlaken. ~**proof**
*ww.* waterdig maak. ~**proofing** *n.* waterdigting. ~ **pump** wa=
terpomp. ~ **rat** waterrot. ~ **rate** waterbelasting. ~**-repellent**
*adj. (attr.)* waterwerend. ~ **resistance** waterweerstand, =be=
standheid. ~**-resistant,** ~**-resisting** *adj. (attr.)* watervas. ~
**resource** watervoorsiening; waterbron. ~ **reticulation** wa=
ternet. ~ **right** waterreg. ~**scape** watergesig. ~ **scheme**
water(leidings)plan. ~ **shed** waterskeiding; afloophelling;
stroomgebied; *(fig.)* wending, kentering, keerpunt. ~ **shoot**
waterloot; dakgeut, afwaterpyp. ~**side** waterkant. ~**side**
**worker** dokwerker. ~**-ski** waterski. ~**-skier** waterskiër. ~=
**skiing** waterskisport. ~ **slide** waterglybaan. ~ **snake** water=
slang. ~ **softener** waterversagmiddel; waterversagter, wa=
terversagtingstoestel, =eenheid, =aanleg. ~**-soluble** *adj.* wa=
teroplosbaar, in water oplosbaar. ~ **sports** *n. (mv.)* water=
sport. ~**spout** waterhoos; geutpyp, waterspuier. ~ **sprinkler**
sproeier; sprinkelwa. ~ **sprite** watergees. ~ **stain** watervlek;
waterbeits. ~ **still** distilleertoestel. ~ **supply** watervoorraad;
watervoorsiening, =aanvoer, =toevoer; suiping *(vir diere).* ~
**surface** watervlak; wateroppervlakte. ~ **table** grondwater=
spieël, =vlak, =stand. ~ **tank** watertenk. ~ **tap** waterkraan. ~
**taxi** watertaxi. ~**tight** *adj., (lett. & fig.)* waterdig. ~**tightness**
waterdigtheid. ~ **tortoise** waterskilpad. ~ **torture** waterfol=
tering, =marteling. ~ **tower** watertoring. ~ **transport** water=
vervoer; vaartuie. ~ **trough** drinkbak, =trog. ~ **vapour** wa=
terdamp. ~ **vole** waterrot. ~**way** waterweg, vaarwater; be=
vaarbare rivier/kanaal; watergang *(v. 'n skip).* ~ **wheel** skep=,
waterwiel; waterrat. ~ **willow** waterwilg(er). ~ **wings** *n. (mv.)*
swemvlerkies *(vir iem. wat leer swem).* ~**works** waterwerke;
waterkering; waterleiding; *turn on the* ~, *(infml.)* aan die
grens/huil gaan, begin huil, die krane oopdraai. ~**worn** deur
water verweer.

**wa·tered** gewater(d); verwater(d); ~ *capital* verwaterde ka=
pitaal; ~ *silk* moiré, gewaterde sy, weerskynsy. ~**-down** *adj.*
(met water) verdun(d); *(fig.)* verwater(d), afgewater(d) *(weer=*
*gawe, plan, ens.).*

**wa·ter·ing** (die) natmaak; verdunning; verwatering. ~ **can**
gieter. ~ **hole** drinkpoel. ~ **hose** spuit=, waterslang. ~ **place**
(water)suip=, waterplek, suiping, drinkplek; waterplek *(vir*
*skepe);* badplaas.

**wa·ter·ish** waterig, wateragtig; verwater(d).

**wa·ter·less** sonder water; ~ region dorsveld.

**Wa·ter·loo:** meet one's ~ jou rieme styfloop, jou dreuning/ moses teë-/teenkom.

**wa·ter·y** waterig; waterhoudend; (pap)nat; pap gekook; vog= tig (oë); dun, flou, verdun, wateragtig; laf, smaakloos; bleek, asvaal; ~ grave graf in die golwe, watergraf; ~ sky reënlug, reënerige lug. **wa·ter·i·ness** waterigheid, wateragtigheid.

**wat·son·i·a** (bot.) watsonia, suurknol, (was)pypie.

**watt** (fis.: SI-eenh. v. krag, simb.: W) watt. **~-hour** (elek. energie= eenh.) watt-uur. **~meter** wattmeter.

**watt·age** wattverbruik.

**wat·tle¹** n. lat=, vlegwerk; paalwerk; lat, spar; looibas; (bot.) wattel(boom), basboom, Australiese akasia; ~ and daub hut hartbeeshuis(ie), paal-en-klei-huis. **wat·tle** ww. latwerk/ paalwerk maak, met latte/sparre toemaak. ~ work lat=, paal= werk; vlegwerk.

**wat·tle²** n. lel, bel (v. 'n kalkoen ens.); turkey's ~ kalkoenslurp, =lel, =bel. **wat·tled:** ~ crane lelkraan(voël).

**wave** n. golf, brander; golflyn, golwende lyn; golwing; kar= teling; swaai, (die) wuif/waai; the ~s beat die golwe klots; **give** s.o. a ~ iem. toewuif, vir iem. wuif/waai; with a ~ of the **hand** met 'n wuif van die hand; **make** ~s, (infml.) 'n beroe= ring veroorsaak; a ~ **of** ... 'n vlaag van ... (inbrake ens.); 'n stroom/vloed van ... (aansoeke ens.); 'n opwelling van ... (geesdrif ens.); 'n golf van ... (verontwaardiging ens.); be **tossed** by the ~s deur die golwe heen en weer geslinger word.

**wave** ww., (d. see, 'n koringland, ens.) golf, golwe; waai, wuif (m.d. hand); wapper; swaai ('n vlag); golf, golwe, kartel (hare); ~ ... **aside** ... beduie om eenkant toe te beweeg (iem.); (fig.) ... van die tafel (af) vee (besware ens.); ~ s.o. **away/off** iem. wegwys, vir iem. beduie om (weg) te gaan; ~ s.o. **down** vir iem. beduie om te stop (of stil te hou); ~ s.o. **nearer** vir iem. wink om nader te kom; ~ s.o. **on** vir iem. beduie om aan te loop/stap/ry (of voort te gaan); ~ (one's hand) **to** s.o. (met die hand) vir iem. wuif/waai/wink. ~ **action** golfwerking. ~**band** (rad.) golfband. ~ **crest** golfkruin, =top. ~**form** (fis.) golfvorm. ~**length** (fis.) golflengte; they are on the same ~, (infml.) hul(le) koppe werk eenders/eners, hulle is op dieselfde golflengte; they are not on the same ~, (infml.) hulle is nie op dieselfde golf= lengte nie, hulle verstaan mekaar verkeerd. ~ **machine** bran= dermasjien. ~ **mechanics** n. (fungeer as ekv.), (fis.) golfmega= nika. ~**meter** golf(lengte)meter; frekwensiemeter. ~ **mo= tion** golf=, trilbeweging. ~ **number** (fis.) golfgetal. ~ **power** golfkrag. ~ **train** (fis.) golfreeks.

**wave·less** spieëlglad, stil, kalm, golfvry.

**wave·let** golfie.

**wave·like** golwend, golfagtig; ~ motion golfbeweging.

**wa·ver** aarsel, weifel; op twee gedagtes hink, besluiteloos wees; begin te wyk/padgee, begin moed opgee; (vlam) flik= ker, bewe; ~ between ... and ... nie kan besluit of jy moet ... of ... nie. **wa·ver·er** weifelaar, wankelmoedige. **wa·ver·ing** adj., (ook) weifelagtig, onbeslis, besluiteloos, aarselend.

**wav·i·ness** golwing, gegolfdheid; →WAVY.

**wav·ing** n. (die) wuif; gewapper; golwing. **wav·ing** adj.: ~ grass waaigras; ~ motion swaaiende beweging; swaaibewe= ging.

**wav·y** golwend; gegolf, krulgolfdradig; veranderlik; golf=; → WAVINESS; ~ hair golwende hare. ~**-grained** golfdradig.

**wax¹** n. was; (bye)was; lak; oorwas, =smeer; seal s.t. with ~ iets toewas. **wax** ww. met was smeer/opvrywe/bestryk. ~**berry,** ~ **myrtle** (Myrica serrata) wasbessie, glashout; sneeubessie; →SNOWBERRY. ~**bill** (orn.: Estrilda spp.) sysie. ~ **candle,** ~ **taper,** ~ **wick** waspit, =kers. ~ **cloth** wasdoek; oliekleedjie. ~ **light** waslig; waskers. ~ **modelling** wasboetseerkuns. ~ **paint= ing** wasskildery; wasskilderwerk, =kuns, enkoustiek. ~ **palm** (Ceroxylon alpinum) waspalm(boom); (Copernica prunifera)

carnaubapalm. ~ **paper** waspapier. ~**plant** wasplant. ~**work** waswerk; wasbeeld; wasmodellering; (i.d. mv.) wasbeelde; wasbeeldemuseum. ~**worker** waswerker; wasby.

**wax²** ww., (maan) was, groei, aanwas, toeneem; ~ lyrical about/on s.t. liries oor iets raak/word; ~ and wane groei en afneem.

**wax·en** wasagtig; wasbleek; met was bedek.

**wax·like** wasagtig.

**wax·y** wasagtig; gewas(te); was=. **wax·i·ness** wasagtigheid.

**way** n. weg, pad; rigting; wyse, manier; metode; opsig; ge= woonte, gebruik; beroep; toestand; (sk.) vaart; **across** the ~ oorkant; **all** the ~ die hele ent/pad, heelpad; tot die end/ einde toe; go **all** (the **whole**) ~, iets behoorlik/ordentlik doen, enduit gaan/volhou; (infml.) volle seks hê; agree/be with s.o. **all** the ~ geheel en al (of volkome) met iem. saam= stem; run/etc. **all** the ~ to ... die hele ent/pad ... toe (of na ... [toe]) hardloop/ens.; **all** the ~ down/up tot heel onder/bo; in **any** ~ in enige opsig, op enige wyse; in **any** ~ (whatever) hoe ook al, op enige wyse; (in) **any** ~ s.o. likes net soos iem. wil; not in **any** ~ hoegenaamd/volstrek nie, geensins; **ask** s.o. the ~ (vir) iem. vra hoe die pad loop (of hoe om daar [uit] te kom); the ~ **back** die terugpad/terugweg; round the **back** ~ agter om/langs; things are in a **bad** ~ sake staan sleg, dit lyk (maar) sleg; **break** a ~ 'n weg baan; **by** the ~ langs die pad, onderweg; terloops, tussen hakies, (infml.) van die os op die esel/jas; come/go **by** ~ of ... oor/via ... kom/gaan; **change/ mend** one's ~s 'n beter weg inslaan, jou lewe verbeter; jou verbeter; jou beter gedra; **clear** the ~ die pad skoonmaak, die weg baan/berei; padgee, opsy staan; s.t. **comes** s.o.'s ~ iets val iem. te beurt; (fml.) iem. word iets deelagtig; it **cuts** both ~s, (lett.) dit sny na twee kante; (fig.) dit het sy voordele en nadele; take the **easy** ~ out of s.t. die maklikste uitweg kies; in **every** ~ in elke opsig; **every** which ~ in alle rigtings; oral(s) rond; **fight** one's ~ 'n weg baan; **fight** one's ~ out 'n pad oopveg; **find** the ~ die pad kry; regkom; **find** one's ~ to ... die pad na ... kry; by ... uitkom; **find** a ~ to do s.t. dit regkry om iets te doen; **get** in the ~ in die pad wees, hinder; **get** in each other's ~ oor mekaar val; **get/have** one's (own) ~ jou sin kry; **get** out of the ~ padgee, uit die pad staan; **get** s.t. out of the ~ iets opruim/afhandel; **give** ~ padgee; agteruit staan, (terug)wyk; meegee; give ... vervang word; voor ... swig (d. oorwinnaar ens.); **give** ~ to one's emotions aangedaan raak; s.t. **gives** ~ under ... iets gee mee onder ...; **go** one's ~ vertrek, weggaan; jou gang gaan; **go** out of one's ~, (lett.) uit die pad gaan; **go** out of one's ~ for (or to do) s.t. moeite doen vir iets; iets opsetlik doen; jou op iets toelê, daarop uit wees om iets te doen; ~ to **go!**, (infml.) ditsem!, bakgat!; things are **going** s.o.'s ~ sake loop vir iem. reg; if s.o. **had** his/her ~ as iem. sy/haar sin kon kry; as dit van iem. afgehang het; do s.t. the **hard** ~ iets op die moeilike manier doen; learn s.t. the **hard** ~ iets deur bittere ervaring leer; **have** a ~ with children die slag hê om met kinders te werk, 'n slag met kinders hê; **have** one's ~ with s.o. iem. verlei, iem. in die bed kry; let s.o. **have** his/her ~ iem. sy/ haar sin gee; iem. sy/haar (eie) gang laat gaan; **have** a ~ of ... die manier/gewoonte hê om ...; **in** a ~ op 'n manier; in sekere sin; enigsins; be **in** the ~ in die pad wees/staan; hin= der; steur; **keep** out of the ~ uit die pad (uit) bly; jou stil hou; **keep** out of s.o.'s ~ uit iem. se pad bly; **know** one's ~ about jou pad ken, jou weg kan vind; **lead** the ~ voorgaan, =loop; die pad wys; leiding gee; die toon aangee, die voorbeeld stel; s.o.'s **little** ~s iem. se maniertjies; a **long** ~ 'n stywe/ver/vêr ent, 'n groot afstand; s.o. has come a **long** ~, (lett.) iem. het van ver/vêr af gekom; (fig.) iem. het ver/vêr gevorder; it comes a **long** ~ dit kom van ver/vêr (af); it goes a **long** ~ dit hou lank; it goes a **long** ~ to/towards ... dit help baie (of dra baie daartoe by) om ...; it is a **long** ~ (off) dit is 'n hele ent (daar= natoe), dit is ver/vêr; s.t. can be heard a **long** ~ off iets kan ver/vêr (of wie weet waar) gehoor word; it is a **long** ~ about/

*round* dit is 'n groot ompad/omweg; *s.o. has a* **long** ~ *to go,* *(lett.)* iem. moet nog ver/vêr gaan; *(fig.)* iem. moet nog baie leer, iem. het nog baie om te leer; *it is a* **long** ~ *to go* dit is ver/vêr; *not by a* **long** ~ op verre na nie, verreweg nie, (nog) lank nie; *it looks that* ~ dit lyk so, so lyk dit; *lose one's/the* ~ verdwaal, afdwaal, van die pad afraak; *make* ~ vorder, vooruitgaan; *(sk.)* vaart loop; *make one's* ~ (voort) beweeg, gaan; jou weg baan/vind; vooruit kom (in die wêreld); *make* ~ *for s.o.* vir iem. padgee; *s.t. makes* ~ *for ...* iets maak vir ... plek, iets word deur ... vervang; ~*s and* **means** (weë en) middele; *miss one's* ~ verdwaal, verkeerd loop/ry; *do it my* ~! doen dit soos ek!; doen dit soos ek dit wil hê!; *I will do it* **my** ~ ek sal dit op my manier doen; *(in)* **no** ~ hoegenaamd/volstrek nie, geensins; *in* **no** ~, *(ook)* op geen wyse nie; *that is* **no** ~ *to behave* dit is geen/g'n manier nie; *the* **obvious** ~ die aangewese weg; *on the* ~ op pad, onderweg; langs die pad; *s.t. is on the* ~ iets is aan die kom; *have a baby* **on the** ~, *(infml.)* verwagtend/swanger wees; *I'll be on* **my** ~ ek moet nou gaan *(of* [my] koers kry); *be on one's* ~ vertrek; in die pad val; *it is on my* ~ dit is op my pad; *on the* ~ *to ...* op pad na ..., op pad ... toe; *be on the* ~ *to ..., (ook)* na ... op reis *(of* onderweg) wees; *on the* ~ *to school* op pad skool toe; *see s.o. on his/her* ~ iem. wegsien; *the one* ~ die een manier; die enigste manier; *in one* ~ in een opsig; in sekere sin; *in one* ~ *and another* op allerlei maniere; in allerlei opsigte; *in one* ~ *or another, in some* ~ op (die) een of ander manier; *one* ~ *or the other* hoe ook al; *the* **only** ~ *s.o. ...* al manier waarop iem. ...; *it's the* **only** ~, *(ook)* dis al plan *(om 'n doel te bereik);* dis al genade; *in the* **ordinary** ~ normaalweg, in die gewone loop van sake; *look the* **other** ~ wegkyk, anderkant toe kyk; maak (as)of jy iem. (glad) nie sien nie; *the* **other** ~ *about/(a)round* omgekeerd; andersom; *a* ~ **out** 'n uitgang; 'n uitkomkans; *on the* ~ **out** op pad buite(n)toe; *be on the* ~ **out**, *(ook, infml.)* aan die verdwyn wees; *out of the* ~ uit die pad; afgeleë; buitengewoon, buitenissig; *out of the* ~! gee pad (voor)!; *put o.s. out of the* ~ jou die moeite getroos, jouself ontrief *(of* ongerief aandoen); *out that* ~ daardie kant uit; *that is* **out of the** ~ dit is afgehandel *(of* agter die rug); *the house* **over** *the* ~ die huis (aan die) oorkant, die oorkants(t)e huis; *go one's* **own** (sweet) ~ jou eie gang gaan, jou eie pad loop, jou nie aan ander *(of* die wêreld) steur nie; *s.o. has it (all) his/her* **own** ~ iem. (kan) maak/doen net wat hy/sy wil, iem. kan sy/haar eie sin volg; *part of the* ~ 'n ent; *the* **proper** ~ die juiste/ regte manier; die aangewese weg; *the* **right** ~ *to go about it* die regte manier om dit te doen; *round our* ~ by ons langs; by ons rond; *s.t. goes the* **same** ~ iets het dieselfde verloop; *in the* **same** ~ op dieselfde manier/wyse; net so; *see one's (clear/open) to ...* kans sien *(of* in staat wees) om ...; *show the* ~, *(lett.)* die pad wys; *(fig.)* die weg (aan)wys; *smooth the* ~ *for s.to ...,* *(ook)* dit vir iem. maklik maak om te ...; *in* **some** ~ op (die) een of ander manier; *in* **some** ~s in party/sommige opsigte; *s.t. goes* **some** ~ *to(wards) ...* iets help om ... ('n probleem op te los ens.), iets dra by tot ... (d. oplossing v. 'n probleem ens.); *stand in s.o.'s* ~ in iem. se pad staan; *let nothing stand in one's* ~ niks in jou pad laat staan nie; *step this* ~! kom hiernatoe!, kom hier langs!; *take the* ~ *to/towards ...* die pad na ... vat, die weg na ... inslaan; *that's the* ~ *to talk!,* *(infml.)* so moet 'n man/mens/bek (mos) praat!, nou praat jy!; *that* ~ daarheen, daarnatoe, soontoe; daarlangs, solangs; dié/daardie kant toe, in daardie rigting; so, op daardie/dié manier; *up that* ~ in daardie geweste; *that is the* ~ *to do it* so moet dit gedoen word, dit is die manier om dit aan te pak; *let us keep it that* ~ laat ons dit so hou; *that's the* ~ *it is* so is dit, dit is nou (maar) eenmaal so; *it's awful the* ~ *s.o. ...* iem. ... dat dit 'n naarheid is *(skinder ens.); it's disgraceful/sad the* ~ *s.o. ...* (d. treurigheid soos iem. ... *d. kinders behandel ens.); this* ~ hierheen, hiernatoe; in hierdie/dié rigting; solangs, hierlangs; *(in) this* ~ op dié/hierdie manier/wyse, so; in dié/hierdie opsig; sodoende; *if s.o. carries on in* **this** ~, *(ook)* as iem. op dié/hierdie trant voortgaan; *train s.o. to one's* ~s

iem. na jou hand leer; *there are no* **two** ~s *about it* dit ly geen twyfel nie, dis (nou) nie altemit(s) nie; *be* **under** ~ onderweg wees; aan die gang wees, in beweging wees; *(sh.)* aan die vaar wees; *get* **under** ~ in beweging kom, aan die gang kom; koers vat; op dreef/stryk kom; *(sk.)* begin vaar; *in* **what** ~? hoe?, hoe so?, op watter manier?; **which** ~? waarheen?; waarlangs?; **which** ~ *shall we go?* watter kant toe *(of* waarlangs) sal ons gaan?; *not know* **which** ~ *to turn* nie vorentoe of agtertoe weet nie; klei trap; *work one's* ~ *through s.t.* iets deurwerk; deur iets worstel; *work one's* ~ *up from messenger to manager* jou opwerk van bode tot bestuurder; *make one's* ~ *in the* **world** vooruitkom in die wêreld; *(in) the* **wrong** ~ op die verkeerde manier/wyse; *go the* **wrong** ~ *about it, set about it the* **wrong** ~ dit verkeerd aanpak/aanlê, agterstevoor/verkeerd te werk gaan; *s.o.'s food goes the* **wrong** ~ iem. se kos beland/gaan in die verkeerde keel; *the* **wrong** ~ *round* verkeerd, binne(n)stebuite; agterstevoor; ondersbo; *rub s.o. up the* **wrong** ~ iem. irriteer/omkrap/vererg, iem. kwaad/ boos maak, iem. die harnas in ja(ag). **way** *adv.* ver, vêr; ~ *back in 1900, (infml.)* daar in 1900 reeds; *from* ~ **back** *(when), (infml.)* van doerie tyd af (al); *we/they go* ~ **back**, *(infml.)* ons/ hulle ken mekaar al donkiejare (lank); ~ **behind** ver/vêr agter; ~ **down** ver/vêr onder; ~ **off** ver/vêr weg; ~ **out** ver/vêr buite; ~ **out** *ahead (or in front)* los voor. ~**farer** *(poët., liter.)* reisiger; voetganger. ~**lay** *-laid -laid, ww.* op die loer lê vir, inwag, voorlê; in 'n hinderlaag lok; onderskep. ~**out** *(infml.)* snaaks, eksentriek, sonderling; uitstekend. ~**point** halte, stopplek, stilhouplek; *(lugv., sk.)* roetepunt. ~**side** *n.* kant van die pad; pad; *by the* ~ langs die pad; *fall by the* ~ uitsak, uitval. ~**side** *adj.* aan die kant van *(of* langs) die pad. ~ **station** tussenstasie.

**way·ward** eiesinnig, wispelturig; verkeerd, eiewys, dwars.

**we** *pron. (nom.)* ons; *the editorial* ~ die redaksionele meervoud; die beskeidenheidsmeervoud; *the royal* ~ die deftigheidsmeervoud, die pluralis majestatis.

**weak** swak *(wil, hart, oë)*; tingerig; flou *(oplossing, tee)*; kragteloos; gering; slap; sieklik; ~ *current, (elek.)* swakstroom; *grow* ~ swak word; verswak; *be* ~ *in s.t.* swak wees in iets *(wisk. ens.)*; ~ **interaction**, *(fis.)* swak wisselwerking; *as* ~ *as a kitten* kuikenswak; *the* ~*(est)* **link**, *(lett. & fig.)* die swak(ste) skakel; *in a* ~ **moment** in 'n oomblik van swakheid, in 'n swak oomblik; *s.o.'s* ~ **point/side** se swak punt/sy/kant. ~**-kneed** swak in die knieë; *(infml.)* slap, lamsakk(er)ig, papbroek(er)ig, flouhartig. ~~**minded** simpel, swaksinnig. ~~**mindedness** simpelheid, swaksinnigheid. ~~**willed** swak van wil, met geringe wilskrag.

**weak·en** verswak; verslap; flouer maak; flouer word, verflou; verwater, verdun; ontkrag.

**weak·ish** swakkerig.

**weak·ling** swakkeling, sukkelaar; papbroek, lamsak.

**weak·ly** swak, tingerig, sieklik.

**weak·ness** swakheid; swak, swakte; swak punt/sy/kant; swak plek; *have a* ~ *for s.t.* 'n swak hê vir iets; ~ *of will* wilswakte, geringe wilskrag.

**weal, wheal** *n., (hoofs. med.)* haal, merk, streep, latmerk; swelling, swelsel. **weal, wheal** *ww.* striem, pimpel en pers slaan.

**wealth** rykdom, vermoë; weelde; magdom, oorvloed; *a* ~ *of ...* 'n magdom (van) ..., ... in oorvloed *(vrugte ens.)*; 'n rykdom aan ... *(minerale, inligting, ens.)*; 'n skat van ... *(kennis ens.)*; 'n oormaat van ... *(talent ens.)*; volop ...; *untapped* ~ onontgonne rykdom; ~ *of words is not eloquence* woord(e)rykheid is nog nie welsprekendheid nie. ~~**creating** welvaartskeppend. ~ **tax** welvaart(s)-, vermoënsbelasting.

**wealth·y** ryk, welgesteld, gegoed, vermoënd.

**wean** speen; afleer, afwen; ~ *s.o. (away) from s.t.* iem. iets afleer. **wean·er** gespeende lam/kalf/varkie, speenlam, -kalf, -varkie; speenling. **wean·ling** gespeende kind; gespeende dier; speenling.

**weap·on** wapen, strydmiddel; magsmiddel; ~ *of mass destruc=tion, (afk.:* WMD*)* massavernietigingswapen. **weap·on·less** ongewapen(d). **wea·pon·ry** wapens, bewapening, wapentuig, krygstuig.

**wear** *n.* (die) dra; (klere)drag; kleding, klerasie; mode; verwering; slyting, slytasie; *s.t. will* **stand** *a lot of ~, (skoene ens.)* iets sal lank dra; *(fair) ~ and* **tear** (redelike) slytasie; *under conditions of fair ~ and* **tear** by normale slytasie; *be the* **worse** *for ~* verslete/verslyt/gehawend/afgedra wees. **wear** *wore worn, ww.* dra; (af)slyt, uitslyt, wegslyt; uitput, afmat; *s.t. ~s* **away** iets slyt af/weg, iets verslyt; iets verweer; iets gaan stadig om *(d. tyd); ~* **away** *one's youth etc.* jou jeug ens. verbeusel/slyt; *~ s.t.* **down** iets aftrap *('n skoenhak ens.); ~ s.o.* **down** →out/down*; have* **nothing** *to ~* niks hê om aan te trek nie; *s.t. ~s* **off** iets slyt af/weg; iets verdwyn, iets gaan oor/verby; *s.t. ~s* **on** iets sleep voort, iets gaan langsaam verby; *s.t. ~s* **out** iets slyt uit/af, iets verslyt; *~ s.t.* **out** iets opdra *(skoene ens.);* iets uittrap *('n tapyt);* iets uitry *('n pad); ~ s.o.* **out/down** iem. uitput/afmat, iem. gedaan maak; *s.t. is ~ing* **thin,** *(iem. se geduld ens.)* iets is aan die opraak; *~ out s.o.'s* **thresh-old,** *(idm.)* iem. se drumpel plat loop; *s.t. ~s* **through** iets slyt deur; *~ s.t.* **through** iets deurslyt; *s.t. ~s* **well,** *(materiaal ens.)* iets hou goed/lank, iets slyt nie gou nie, iets dra goed, iets is duursaam/sterk; *~ one's* **years** *well* nog goed daar uitsien, nog heeltemal jonk lyk (vir jou jare), jou jare goed dra. *~* **resistance** slytweerstand, =vastheid, =bestandheid. **~-resistant** slytbestand.

**wear·a·ble** dra(ag)baar.

**wear·er** draer.

**wea·ry** *adj.* vermoeid, moeg; afgerem, tam, mat; sat; afmattend, vermoeiend, vervelig, vervelend; **bone** *~* doodmoeg; **grow** *~* moeg word; *be ~* **of** *s.t.* moeg wees van iets; sat/moeg wees van/vir iets; *~* **work** vermoeiende/uitputtende werk. **wea·ry** *ww.* afmat, vermoei, moeg maak, uitput; verveel; *~ of s.t.* sat/moeg raak/word van/vir iets. **wea·ried** afgemat, vermoeid, tam, afgesloof. **wea·ri·less** onvermoeid; onvermoeibaar. **wea·ri·ness** moegheid, vermoeidheid, tamheid, matheid; verveling. **wea·ri·some** moeitevol, vermoeiend, afmattend; moeisaam; vervelend, vervelig. **wea·ri·some·ness** moeisaamheid; vervelligheid.

**wea·sel** *n.* wesel; *African (striped) ~, (Poecilogale albinucha)* slangmuishond. **wea·sel** *ww.* hare kloof; om 'n saak heen draai; *~ out of s.t.* iets ontduik. **~-faced** met 'n skerp gesig. *~* **word** *n. (gew. i.d. mv.), (infml.)* leë woord; vae woord; dubbelsinnige woord.

**wea·sel·ly** *adj., (fig.)* slinks, slu, skelm, geslepe, listig, onderduims; vals, onopreg, geveins.

**weath·er** *n.* weer; *in all ~s, in all kinds/sorts of ~* in wind en weer, ongeag die weer; *bad ~* onweer, slegte weer; *bleak ~* guur/gure weer; *a* **change** *(*or *in the) ~* 'n weersverandering; **changeable** *~* onseker/onbestendige weer; *the ~ is* **clearing** *(up)* die weer klaar op; **dirty/foul/nasty/ugly** *~* ellendige/guur/gure/onaangename/slegte weer; **dismal** *~* tristige weer; **fair/fine** *~* mooi weer; *if the ~ is* **favourable** as die weer saamspeel *(of* gunstig is); *make* **heavy** *~ of s.t., (infml.)* swaar kry met iets; *if the ~* **holds** as die weer goed bly; *make* **bad** *~, (sk.)* slegte weer tref; **mild** *~* aangename weer; *~* **permitting** as die weer daarna/gunstig is; **season-able** *~* weer vir die tyd van die jaar; *under* **stress** *of ~* weens stormagtige weer; **sultry** *~* bedompige/drukkende weer; **threatening** *~* onweer, dreigende weer; *be* **under** *the ~, (infml.)* ongesteld wees; **unseasonable** *~* ontydige weer; **wintry** *~* winterweer. **weath·er** *ww.* aan wind en weer blootstel; *(rotse, wol)* verweer; *(sk.)* loefwaarts seil; *(bouk.)* afloop gee *(teëls, planke); ~ed* **joint** drupvoeg; *~ the* **storm** veilig deurkom, die storm deurstaan/trotseer. **~-beaten** deur storms geteister; *~* **face** verweerde gesig. **~board** waterslagplank; waterdrumpel; skutplank; muurbeplanking; *(sk.)* loefsy, =kant. **~-bound** *adj. (attr.)* deur slegte weer opgehou/vasgekeer

*(pred.).* **~** **bureau** weerburo. **~** **chart,** **~** **map** weerkaart. **~cock** weerhaan, windwyser; *(fig.)* manteldraaier, verkleurmannetjie. **~** **conditions** weersgesteldheid, =omstandighede, =toestand. **~** **deck** *(sk.)* oop dek. **~** **eye:** *keep one's ~ ~ open* 'n oog in die seil hou, goed uitkyk. **~** **forecast** weervoorspelling. **~** **forecaster** weervoorspeller. **~** **joint** *(bouk.)* drupvoeg. **~** **line** stormtou. **~man** =men, **~woman** =women*, (infml.)* weerkenner, =kundige; weervoorspeller. **~proof** *adj. (attr.)* weervas *(kleure);* bestand teen die weer *(pred.).* **~** **prophet** *(infml.)* weerprofeet. **~** **report** weerberig. **~** **service** weerdiens. **~** **side** *(sk.)* windkant, loefsy. **~tight** *adj.* weerbestand, =vas. **~** **vane** weerhaan, windwyser. **~worn** *adj.* verweer(d).

**weath·er·ing** verwering; afloop(helling); waterslag.

**weath·er·wise** *adv.* weerkundig.

**weave** *n.* wewing; binding; weefsel. **weave** *wove woven, ww.* weef; vleg; dwaal *(op 'n pad);* heen en weer swaai; →WOVEN; *~ in and out of the ...* deur die ... vleg *(verkeer ens.); ~ s.t. into a story/speech* iets in 'n toespraak/verhaal inweef.

**weav·er** wewer; *(orn.)* wewer(voël), vink. **~bird** wewervoël. **~'s guild** wewersgilde.

**weav·ing** wewing, wewery; weefkuns; weefwerk; *no ~* hou reguit. **~** **mill** wewery.

**web** web; weefsel; spinnerak; spinsel; swemvlies; bindvlies; groot rol papier; (growwe) seil; (middel)rib, stutwand; *(bouk., mot.)* rib; *(bouk.)* web; baard, vlag *(v. 'n voëlveer);* baard *(v. 'n sleutel); spider's ~* spinnerak; *the (World Wide) W~, (d. internet)* die (Wêreldwye) Web. **~** **belt** seil(lyf)band; seil(patroon)band. **~** **browser** webleser. **~cam** *(internet)* webkamera. **~** **eye** *(med.)* (nael)vlies op die oog. **~foot** swempoot. **~-footed** met swempote, swempotig; *~ bird* swemvoël. **~master** *(internet)* web=, werfmeester. **~page** *(internet)* webblad. **~** **plate** rib(plaat); webplaat *(in 'n skip).* **~** **server** *(internet)* webbediener. **~site** *(internet)* webtuiste, =ruimte, =werf. **~toed** met swemvliese. **~wheel** blok=, skyfwiel.

**webbed** met swemvliese; met vlieghuid.

**web·bing** smal seildoek, seilband; (growwe) seil; singelband; touweefsel.

**web·by** soos 'n web; met (swem)vliese; *~ wool* spinnerakwol.

**we·ber** *(SI-eenh. v. magnetiese vloed)* weber.

**wed** *wed(ded) wed(ded)* trou; verenig, paar, verbind. **wed·ded:** *~* **bliss** huweliksgeluk; *~* **husband/wife** eggenoot, egge-note, wettige man/vrou; *~* **life** getroude lewe, huwelikslewe; *be ~ to one's* **opinions** verknog aan jou eie insigte/menings wees; *~* **pair** egpaar.

**we'd** *(sametr.)* = WE WOULD; WE HAD.

**wed·ding** bruilof, huweliksfees, huwelik, troufees, troue, trouery, trouplegtigheid; aaneensluiting. **~** **anniversary** troudag. **~** **band** *(Am.)* = WEDDING RING. **~** **bell** huweliksklok; *~s are ringing for ...* huweliksklokkies lui vir ..., ... het trouplanne. **~** **cake** bruids=, troukoek. **~** **card** troukaartjie. **~** **celebration, ~** **feast** bruilof(sfees), huweliksfees. **~** **day** troudag. **~** **dress** trou=, bruidsrok. **~** **guest** bruilofsgas. **~** **march** trou=, bruidsmars. **~** **night** bruidsnag. **~** **present** troupresent, huweliksgeskenk. **~** **ring** trouring.

**wedge** *n.* wig, keil; puntstuk; *(gh.)* wigstok, *(soms)* kuilstok; *drive a ~ between ...* 'n wig tussen ... indryf/=drywe; *~ of a plane* skaafwig; *the thin end of the ~, (fig.)* die eerste (klein) begin, die eerste toegewing/stappie. **wedge** *ww.* keil, 'n keil inslaan; oopklowe; vaswig, =keil; *be ~d (in) between ...* tussen ... vasgeknel wees; *~ in* indruk, =beur; *~ s.t. in* iets indruk/=dryf; *~d* **joint** wiglas; *~ s.t.* **off** iets wegdruk/=stoot; *~ s.t.* **out** iets uitwig; *~ s.t.* **up** iets opwig/=keil. **~** **heel** wighak. **~-shaped** wigvormig. **wedg·ing** keilwerk.

**wed·lock** huwelik, eg; *be born in ~* uit 'n huwelik gebore wees; *be born out of ~* buite-egtelik wees, buite die huwelik/eg gebore wees.

**Wednes·day** Woensdag; *~'s lecture* Woensdag se lesing; *on ~s* Woensdae.

**wee**[1] *adj., (hoofs. Sk.)* (baie) klein, piepklein; *a ~ bit* 'n klein bietjie; *the ~ folk* die feë.

**wee**[2] *n. & ww.* →WEE(-WEE) *n. & ww.*.

**weed** *n.* onkruid; *(infml.)* sigaar; *(infml.)* slappe(ling); lum=mel; *(infml.)* knol, nikswerd perd; pruldier, kwar; *(ook, i.d. mv.)* onkruid, vuilgoed, bossies; *be infested with ~s* vervuil wees van die onkruid; *(the) ~, (dwelmsl.: dagga)* boom. **weed** *ww.* onkruid uittrek/uitroei/verwyder, bossies uittrek; skof=fel, skoonmaak *('n bedding ens.); ~ out the ...* die ... uitsoek/=gooi, wan ... ontslae raak *(slegtes, swakkes, ens.);* die ... uitdun/uitroei. *~ eater (oorspr. W~ E~, 'n handelsnaam)* rand=, rantsnyer. **~-grown** vervuil, vol gras/onkruid. **~killer, ~ eradicator** onkruidmiddel, -doder, -verdelger.

**weed·er** skoffelaar; onkruidverwyderaar, skoffel(masjien).

**weed·i·cide** onkruidmiddel.

**weed·ing** skoffelwerk; onkruid uittrek. **~ fork** tuinvurk. **~ hoe** skoffelpik. **~ hook** skoffelyster.

**weed·y** vol onkruid/gras, vervuil; *(infml.)* slungelagtig, skraal, slap; *(infml.)* lummelagtig.

**week** week; ... *a/per ~ ...* per week; *(some) ~s ago* ('n paar) weke gelede; *all ~* die hele week, heelweek; *every ~* elke week; weekliks; *for ~s* weke (lank); weke aaneen; *for three ~s* al drie weke (lank); *I have not seen s.o. for ~s* ek het iem. in geen weke gesien nie, dis weke dat ek iem. laas gesien het; *~ in, ~ out* week na week, weekin en weekuit; *in three ~s, in three ~s' time* oor/binne drie weke; *inside (of) a ~* binne (of in minder) as 'n week; *last ~* verlede week; *the last ~* die laaste week *(v. 'n tydperk);* die afgelope week; *on Monday of last ~* verlede week en Maandag; *Monday ~* Maandag oor ag(t) dae *(of* 'n week); *next ~* aanstaande/volgende week; *the next ~* die volgende week; die week daarop; *every other/second ~* al om die ander week; *the previous ~* die vorige week; die week tevore; *a ~ of Sundays* sewe weke; *(fig.)* 'n eindelose tyd; *this ~* dié/hierdie week, vandeesweek; *all this ~* al die hele week, die hele week al; *throughout the ~,* die ... *whole ~* die hele week (deur), heelweek; *today ~* vandag oor ag(t) dae *(of* 'n week). **~-day** week=, werkdag; *on ~s* in die week. **~-day evening** week(s)aand. **~-end** *n.* naweek; *at/during the ~* in die naweek. **~-end** *ww.* naweek hou, 'n na=week deurbring. **~-ender** naweekgas; naweekhouer. **~-long** week lange. **~-night** week(s)aand. **~-old** week oud.

**week·ly** *n.* weekblad. **week·ly** *adj.* weekliks, week=; *~ maga=zine/paper* weekblad. **week·ly** *adv.* weekliks, elke week.

**wee·nie, wie·nie** *(Am., infml.)* Weense worsie; →WIENER SCHNITZEL; *(plat: penis)* tottie, pieletjie; *(infml.: veragtelike/dom mens)* bokker, boggher, wetter, doos.

**wee·ny** piepklein. **~-bopper** *(Br., infml.)* bloedjong bakvissie.

**weep** *n.* gehuil, huilery. **weep** *wept, ww.* ween, huil, trane stort; treur; *('n wond)* dra, etter, vog afskei; drup; sweet; *~ bitterly* bitter(lik) huil; *s.o. ~s for ...* iem. huil van ... *(blydskap ens.); ~ for/over s.o./s.t.* iem./iets beween; *~ one's eyes/heart out* jou doodhuil; *~ o.s. out* jou uithuil. **~ hole** sypel=, syfergat.

**weep·ie, weep·y** -*ies, (infml.: sentimentele rolprent, boek, ens.)* tranetrekker.

**weep·ing** *n.* geween, wening; gehuil, huilery; gedrup; ge=sweet; sypeling, syfering. **weep·ing** *adj.* wenend, huilend; *~ eczema* nat ekseem; *~ eye* traanoog; *~ willow, (Salix baby-lonica)* treurwilg(er).

**weep·y** *n.* →WEEPIE. **weep·y** *adj.* huilerig, tranerig. **weep·i·ness** huilerigheid, tranerigheid.

**wee·ver (fish)** *(Trachinus draco)* pieterman.

**wee·vil** *(entom.)* kalander. **wee·vil·y, wee·villed** vol kalanders.

**wee(-wee)** *n., (infml., kindert.)* piepie. **wee(-wee)** *ww., (infml., kindert.)* piepie.

**weft** inslag; dwarsdraad; weefsel; →WARP. *~ yarn* inslagga=ring, -draad.

**weigh** *n.* (die) weeg. **weigh** *ww.* weeg; oorweeg; geld; *s.t. ~s (heavily) against ...* iets tel (erg) teen ...; *~ one argument against another* die een argument teen die ander opweeg; *the fruit ~s down the branch* die tak buig onder die vrugte; *be ~ed down with ...* swaar met ... belaai wees; onder ... ge=buk gaan *(sorge ens.); ~ in* inspring, *(tot 'n bakleiery)* toetree, tussenbei(de) kom/tree; *~ s.o. in* iem. inweeg *('n bokser, 'n jokkie ná 'n wedren); ~ in with s.t., (infml.)* iets bydra; *~ in with an argument* met 'n troefkaart vorendag kom; *s.t. ~s on/upon s.o.* iem. gaan onder iets gebuk; *~ s.t. out* iets af=weeg *('n kilogram wors ens.); ~ s.o. out* iem. uitweeg *('n jokkie voor 'n wedren); ~ s.t. up* iets deurkyk/takseer *('n situasie ens.);* iets (teen mekaar) opweeg *(alternatiewe ens.); ~ s.o. up* iem. (goed) deurkyk; *s.t. ~s with s.o.* iem. heg gewig aan iets, iets weeg swaar by iem.. **~-bridge** weegbrug, voertuigskaal, brugbalans. **~-in** *n.* inweging.

**weigh·a·ble** weegbaar.

**weigh·er** weër, weger.

**weigh·ing** (die) weeg, wegery, weëry. *~ machine* weegtoe=stel.

**weight** *n.* gewig, swaarte; las; druk(king); belang; *attach/give/lend ~ to s.t.* gewig aan iets heg, op iets nadruk lê; *by ~* volgens gewig; *s.t. carries (great/much) ~ with s.o.* iem. heg baie gewig aan iets, iets dra baie gewig (of weeg swaar) by iem.; *carry ~, (iem. se mening ens.)* gesag/gewig/invloed hê; *give due/full ~ to s.t.* iets ten volle in aanmerking neem; *~ empty* leeggewig; *the ~ of evidence* die oorwig van die be=wyse; *excess ~* oorgewig; *get/take the ~ off one's feet/legs, (infml.)* gaan sit; *gain ~* swaarder word, gewig aansit, in ge=wig toeneem; *lay ~ upon s.t., (fig.)* gewig heg aan iets; na=druk lê op iets; *lift ~s* gewigte optel; *lose ~* gewig verloor, ligter word, afval; maer word, vermaer; *~s and measures/dimensions* gewigte en gewigte; *it is a ~ off s.o.'s mind* dit is 'n las van iem. (se hart) af, iem. voel baie verlig; *what they say, is of no ~* wat hulle sê, tel nie; *office of ~s and measures* yk=kantoor; *pick up ~* swaarder word, gewig aansit; *pull one's ~* jou kant bring, jou deel doen; *not pull one's ~* laat slap lê/hang; *put on ~* swaarder word, gewig aansit, dik/vet word; *reduce ~* verslank, jou gewig verminder/afbring; *throw one's ~ about/around* baasspeel, baasspelerig wees; *throw in one's ~ with ...* jou steun gee aan ..., jou inspan vir ..., jou gewig by ... ingooi/=werp, jou kragte leen aan ...; *be twice s.o.'s ~* twee maal so swaar wees as iem.. **weight** *ww.* gewig opsit; verswaar, swaarder maak; gewig gee aan; beswaar, belas, (be)laai. **~-conscious:** *be ~* jou figuur dophou. *~ gain* gewig(s)toename. **~-lifter** gewigopteller. **~-lifting** gewigop=tel. *~ limit* gewigsgrens. *~ loss* gewig(s)verlies. *~ reduction* verslanking. *~ training* gewig(s)oefening(e). *~ watcher* fi=guurbewuste.

**weight·ed:** *~ average/mean* beswaarde/aangepaste gemid=deld(e); *be ~ down with ...* swaar met ... belaai wees; *~ silk* verswaarde sy; *~ vote* gelaaide stem.

**weight·ing** verswaring.

**weight·less** sonder gewig, gewigloos. **weight·less·ness** ge=wigloosheid.

**weight·y** swaar; gewigtig; belangrik; invloedryk, gesagheb=bend; weldeurdag; *~ consideration* belangrike oorweging. **weight·i·ness** gewig, belang, belangrikheid, gewigtigheid.

**Wei·mar·an·er** *(honderas)* weimaraner *(ook W~).*

**weir** keer=, dwarswal; -muur, stuwal, =dam, waterkering *(in 'n rivier).*

**weird** *adj.* bonatuurlik, geheimsinnig, spookagtig, grillerig; griesel(r)ig; onheilspellend; eienaardig, raar, vreemd; *the ~ sisters, (mit.)* die skikgodinne; *~ and wonderful* wonderlik vreemd. **weird·ie, weird·o, weird·y** *(infml.)* getikte, sonder=ling, eksentriek.

**welch** →WELSH.

**wel·come** *n.* welkom, verwelkoming; *bid s.o. ~* iem. welkom

heet; *outstay/overstay* one's ~ te lank bly; *receive* an en=
*thusiastic* ~ geesdriftig verwelkom/ontvang word; *give s.o. a*
*warm* ~, *extend a warm* ~ to s.o. iem. hartlik verwelkom (of
welkom heet); *wear out* one's ~ *with s.o.* van iem. se gasvry=
heid misbruik maak. **wel·come** *adj.* welkom; *make s.o.* ~
iem. hartlik ontvang; iem. tuis laat voel; ~ *news* gawe/ver=
blydende/welkom(e) nuus; *be* ~ *to* s.o. welkom by iem.
wees; *s.t. is* ~ *to* s.o. iets is vir iem. welkom; *you are* ~ *to* ... jy
kan gerus ...; jy word uitgenooi om ...; dit staan jou vry om
...; *you are* ~ *to it* jy kan dit gerus kry, vat dit maar vir jou;
ek gun jou dit; *you're* ~*!* nie te danke (nie)!. **wel·come**
*ww.* welkom heet, verwelkom; ~ *s.o. back* iem. terugverwel=
kom; ~ *s.o. to a town* iem. in 'n stad (of op/in 'n dorp) ver=
welkom. **wel·come** *tw.* welkom!; ~ *home!* welkom tuis!; ~
*to Cape Town!* welkom in Kaapstad!. ~*-home adj. (attr.)* ver=
welkomings= *(geskenk, partytjie, ens.)*.

**wel·com·ing** *adj.* verwelkomend *(lig, arms, ens.)*; vriendelik,
goedig, innemend, warm *(glimlag ens.)*; gemoedelik, welle=
wend *(gasheer ens.)*; aangenaam *(weer)*; behaaglik *(klimaat)*;
~ *address/speech* verwelkomingstoespraak, =rede; ~ *commit=*
*tee* verwelkomingskomitee.

**weld** *n.* sweislas, =plek; lasplek; naat. **weld** *ww.* sweis, (aan=
een)smee, las *(metaal)*; *(fig.)* aaneensmee, verbind; *it* ~*s easi=*
*ly* dit kan maklik gesmee word; ~ *s.t. together* iets aanme=
kaarsweis; iets saamsmee. **weld·a·ble** sweisbaar. **weld·ed**
gesweis(te); *(all-)* ~ *joint* sweislas. **weld·er** sweiser. **weld·less**
naatloos.

**weld·ing** sweising; sweiswerk; sweisery. ~ *flame* sweisvlam.
~ *machine* sweismasjien. ~ *rod* sweisstaaf. ~ *shop*, ~ *works*
sweisery, sweiswerkplaas. ~ *wire* sweisdraad.

**wel·fare** welsyn; welvaart, voorspoed; welsyn(s)diens(te).
~ *officer* welsyn(s)beampte; *(mil.)* welsyn(s)offisier. ~ *or=*
*ganisation*, *=zation* welsyn(s)organisasie. ~ *service* wel=
syn(s)diens. ~ *state* welsynstaat. ~ *work* welsyn(s)werk,
maatskaplike werk. ~ *worker* welsyn(s)werker. **wel·far·ism**
welsynisme.

**well¹** *n.* die goeie; *leave* ~ *alone* iets laat rus, iets met rus laat,
nie slapende honde wakker maak nie, nie krap waar dit nie
jeuk nie; *wish s.o.* ~ iem. die beste toewens. **well** *better best*,
*adj.* goed; wel; gesond; *all is* ~ alles (is) in orde; *all is not* ~
dis nie alles pluis nie; *all* ~ *at home?* alles wel tuis?; *all will*
*be* ~ alles sal regkom; *all's* ~ *that ends* ~ end/eind(e) goed,
alles goed; *that is all very* ~, *but* ... dit is alles goed en wel,
maar ...; dit is alles baie mooi, maar ...; *it is just as* ~ *that* ...
dit is (ook) maar goed dat ...; *it is just as* ~ *to* ... dit is maar
goed (of raadsaam) om ...; *it would be (just) as* ~ *to* ... dit sou
raadsaam wees om tog maar ...; *be as* ~ *as ever* so gesond
wees as ooit; *get* ~ beter/gesond word; *get* ~ *soon!* spoedige/
goeie/alle beterskap!; *that is* ~ *and good* dit is alles goed en
wel; *not be* ~ ongesteld/onwel wees; *I am very* ~ dit gaan
heeltemal goed (met my). **well** *better best, adv.* goed, wel;
deeglik, terdeë; ~ *above/over* a *hundred/etc.* ruim/goed hon=
derd/ens.; *as* ~ ewe goed; ewe-eens, eweneens; ook; *give s.o.*
... *as* ~ iem. ook/boonop ... gee; *s.o. may as* ~ *go/etc.* iem. kan
gerus (maar) gaan/ens.; iem. kan ewe goed maar gaan/ens.;
*s.o. might just as* ~ *have gone/etc.* iem. kon ook/eintlik maar
gegaan/ens. het; *that one as* ~ daardie een ook; *s.o. can sing/*
*etc. (just) as* ~ *as* ... iem. kan net so goed as/soos ... sing/ens.;
*s.o./s.t. as* ~ *as* ... iem./iets asook ...; *women as* ~ *as men*
sowel vroue as mans, vroue sowel as mans; *be* ~ *away* ver/
vêr wees, 'n hele ent weg wees; los voor wees; *(infml.)* goed
af wees; *s.o. didn't behave very* ~ *in that respect* daar het iem.
nie mooi gehandel nie; *darned* ~, *(infml.)* deksels goed; *s.o.*
*did* ~ *to come/etc.* dit was goed dat iem. gekom/ens. het, iem.
het reg gehandel deur te kom/ens.; *do* ~ *and have* ~, *(idm.)*
wie goed doen, goed ontmoet; *s.o. would do* ~ *to* ... dit sou vir
iem. raadsaam wees om ...; *things are going* ~ dit gaan goed/
voorspoedig *(of voor die wind)*; sake loop goed, sake verloop
na wens(e); *look* ~ goed (uit)kyk; goed lyk; mooi lyk; ge=

sond lyk, goed daar uitsien; *be* ~ *off* welgesteld wees, goed/
warmpies daarin sit, dit breed/goed hê, goed af *(of* daaraan
toe) wees; *pretty* ~ ..., *(infml.)* amper/byna *(of* so goed as)
... *(verby ens.)*; ~ *and truly* deeglik, behoorlik; *very* ~ baie/
heel goed; uitstekend; blakend gesond, fris en gesond; *s.o.*
*does s.t. very* ~ iem. doen iets baie/besonder goed; *s.o. cannot*
*do it very* ~ iem. kan dit nie juis goed doen nie. **well** *tw.*
wel!; ~ *I never!* nou toe nou!, goeie genugtig(heid)!; ~ *now!*
nou toe nou!; ~ *then*, ... nou ja *(of* nouja), ...; nou goed/toe,
...; *very* ~ *(then)!* (nou) goed!, goed dan!, in orde!, gaan jou
gang!; *toe (dan) maar!*, nou ja *(of* nouja) dan!; *well, well!*
wel, wel!; nou toe nou!. ~ *adjusted (pred.)*, ~*-adjusted (attr.)*,
*adj.* goed aangepas. ~ *advised (pred.)*, ~*-advised (attr.)*, *adj.*
verstandig; *s.o. would be well advised to* ... iem. sou verstan=
dig optree deur te ..., dit is vir iem. gerade om te ... ~ *aimed*
*(pred.)*, ~*-aimed (attr.)*, *adj.* goed gemik; *(fig.)* trefseker. ~
*appointed (pred.)*, ~*-appointed (attr.)*, *adj.* goed ingerig/voor=
sien, goed/volledig toegerus, van alles voorsien. ~ *argued*
*(pred.)*, ~*-argued (attr.)*, *adj.* goed beredeneer(d) *('n berig,*
*bespreking, pleidooi, ens.)*. ~ *attended (pred.)*, ~*-attended*
*(attr.)*, *adj.* goed bygewoon *('n seminaar, vergadering, ens.)*. ~
*balanced (pred.)*, ~*-balanced (attr.)*, *adj.* goed gebalanseer(d)
*(dieet, span, ens.)*; ewewigtig saamgestel(d) *(kommissie, pro=*
*gram, ens.)*; ewewigtig, gebalanseer(d), nugter, verstandig. ~
*behaved (pred.)*, ~*-behaved (attr.)*, *adj.* gehoorsaam, soet,
goed gemanierd, goedgemanierd, welopgevoed, fatsoenlik,
van goeie gedrag. ~*-being n.* welsyn; welstand; behaaglik=
heid. ~*-beloved adj. (attr.)* dierbare. ~ *bred (pred.)*, ~*-bred*
*(attr.)*, *adj.* volbloed, van goeie ras. ~ *brought up (pred.)*, ~*-*
*brought-up (attr.)*, *adj.* goed/mooi grootgemaak, welopge=
voed, goed opgevoed *('n kind ens.)*. ~ *built (pred.)*, ~*-built*
*(attr.)*, *adj.* fris gebou(d); deeglik gebou(d). ~ *chosen (pred.)*,
~*-chosen (attr.)*, *adj.* goed gekose/gekies. ~ *connected (pred.)*,
~*-connected (attr.)*, *adj.* van goeie familie; met goeie kon=
neksies. ~ *considered (pred.)*, ~*-considered (attr.)*, *adj.* deur=
dag, besonne, weloorwoë. ~ *constructed (pred.)*, ~*-con=*
*structed (attr.)*, *adj.* stewig gebou(d) *('n huis ens.)*; goed ge=
maak *('n paadjie ens.)*; goed vervaardig *(toerusting ens.)*; goed
saamgestel(d) *('n program ens.)*; goed gekonstrueer(d) *('n ver=*
*haal ens.)*; goed geformuleer(d) *('n pleidooi ens.)*. ~ *cut (pred.)*,
~*-cut (attr.)*, *adj.*, *('n broek, baadjie, pak, ens.)* met 'n goeie
snit; goed gesnyde *(hare)*. ~ *defined (pred.)*, ~*-defined (attr.)*,
*adj.* skerp *(gelaatstrekke)*; skerp afgeteken(d) *('n beeld ens.)*;
duidelik gedefinieer(d) *(doelwitte ens.)*; duidelik omskrewe
*(reëls ens.)*; duidelik omlyn(d) *('n strategie ens.)*; duidelik af=
gebaken(d) *('n gebied ens.)*; duidelik *('n grens ens.)*; spesifiek
*('n taak ens.)*; beslis *(menings ens.)*; kenmerkend *('n identiteit*
*ens.)*; *(attr.)* eie kenmerkende *(styl)*; *(attr.)* bepaalde *(raamwerk,*
*rol)*; *(attr.)* presiese *(reaksie)*; deurdringend *('n klank ens.)*. ~
*deserved (pred.)*, ~*-deserved (attr.)*, *adj.* welverdiend. ~
*developed (pred.)*, ~*-developed (attr.)*, *adj.* goed ontwikkel(d)
*(spiere, 'n stelsel, infrastruktuur, ens.)*. ~ *disposed (pred.)*, ~*-*
*disposed (attr.)*, *adj.* vriendelik gesind, vriendskaplik, wel=
gesind, goedgesind; *be well disposed towards s.o.* iem. goed=
gesind wees. ~ *documented (pred.)*, ~*-documented (attr.)*,
*adj.* goed gedokumenteer(d) *('n feit ens.)*. ~ *done (pred.)*, ~*-*
*done (attr.)*, *adj.* goed gaar *('n biefstuk ens.)*. ~ *dressed (pred.)*,
~*-dressed (attr.)*, *adj.* goed geklee(d) *(pred.)*, goed geklede
*(attr.)*. ~ *earned (pred.)*, ~*-earned (attr.)*, *adj.* welverdien(d);
eerlik verdien(d). ~ *educated (pred.)*, ~*-educated (attr.)*, *adj.*
geletterd, goed opgevoed. ~ *endowed (pred.)*, ~*-endowed*
*(attr.)*, *adj.* goed bedeel(d) *('n man, vrou)*; goed toegerus *('n*
*inrigting ens.)*; voorspoedig *('n land ens.)*. ~ *equipped (pred.)*,
~*-equipped (attr.)*, *adj.* goed toegerus *('n gimnasium, klas=*
*kamer, kombuis, ens.)*. ~ *established (pred.)*, ~*-established*
*(attr.)*, *adj.* goed/stewig gevestig. ~ *fed (pred.)*, ~*-fed (attr.)*,
*adj.* welgevoed; goed in die vlees; *the well-fed horse/etc.* die
uitgevrete perd/ens.; *the horse/etc. is well fed* die perd/ens. is
uitgevreet. ~*-fitting adj. (attr.)* *(skoene, baadjie, ens.)* wat goed
pas *(pred.)*. ~ *formed (pred.)*, ~*-formed (attr.)*, *adj.* welge=

skape, =gevorm(d). ~ **founded** *(pred.)*, ~**-founded** *(attr.)*, *adj.* gegrond, verantwoord. ~ **groomed** *(pred.)*, ~**-groomed** *(attr.)*, *adj.* (goed) versorg, welversorg. ~ **grounded** *(pred.)*, ~**-grounded** *(attr.)*, *adj.* gegrond, verantwoord; *be well grounded in ...* goed in ... onderleg/onderlê wees. ~ **heeled** *(pred.)*, ~**-heeled** *(attr.)*, *adj.*, *(infml.)* welgesteld; welvoorsien. ~ **informed** *(pred.)*, ~**-informed** *(attr.)*, *adj.* goed ingelig, (goed) op (die) hoogte; *be well informed about s.t.* goed oor iets ingelig wees. ~ **intended** *(pred.)*, ~**-intended** *(attr.)*, *adj.* bedoel(d), met goeie bedoelinge, welgemeend, =menend; goedgesind. ~ **kept** *(pred.)*, ~**-kept** *(attr.)*, *adj.* agtermekaar, goed onderhou; *a well-kept secret* 'n goed/streng bewaarde geheim. ~ **known** *(pred.)*, ~**-known** *(attr.)*, *adj.* welbekend; *be well known among ...* (wel)bekend wees by ...; *be well known to ...* (wel)bekend wees aan/by ... ~ **liked** *(pred.)*, ~**-liked** *(attr.)*, *adj.* gewild. ~**-looking** *adj.* mooi, aansienlik, aanvallig; met 'n gesonde voorkoms. ~ **loved** *(pred.)*, ~**-loved** *(attr.)*, *adj.* baie/uiters gelief *('n akteur, troeteldier, roman, ens.)*. ~ **made** *(pred.)*, ~**-made** *(attr.)*, *adj.* goed/sterk/knap gebou(d); welgeskape. ~ **maintained** *(pred.)*, ~**-maintained** *(attr.)*, *adj.* goed onderhou *('n skoolgebou ens.)*. ~ **mannered** *(pred.)*, ~**-mannered** *(attr.)*, *adj.* goed gemanierd, goed=, welgemanierd, beleef(d). ~ **matched** *(pred.)*, ~**-matched** *(attr.)*, *adj.*, *('n paartjie)* wat goed by mekaar pas *(pred.)*; *(twee spanne)* wat goed teen mekaar opweeg *(pred.)*. ~ **meaning** *(pred.)*, ~**-meaning** *(attr.)*, *adj.* welmenend, goedwillig. ~ **meant** *(pred.)*, ~**-meant** *(attr.)*, *adj.* goed bedoel(d)/gemeen(d), welgemeen(d). ~ **off** *(pred.)*, ~**-off** *(attr.)*, *adj.* welgesteld, goed af, goed daaraan toe. ~ **oiled** *(pred.)*, ~**-oiled** *(attr.)*, *adj.* goed geolie/gesmeer; glad (van tong); *(infml.: dronk)* gekoring, getrek, hoenderkop. ~ **ordered** *(pred.)*, ~**-ordered** *(attr.)*, *adj.* ordelik; welgeorden(d); goed gereël. ~ **organised, -ized** *(pred.)*, ~**-organised, -ized** *(attr.)*, *adj.* goed georganiseer(d) *('n bende ens.)*; goed gereël *('n toernooi, wedloop, ens.)*; goed beplan *('n taktiese beweging ens.)*; solied *(verdediging ens.)*; goed gedril *('n span ens.)*; agtermekaar *('n huis ens.)*. ~ **paid** *(pred.)*, ~**-paid** *(attr.)*, *adj.* goed betaal(d) *(werk, 'n pos, politici, ens.)*. ~ **placed** *(pred.)*, ~**-placed** *(attr.)*, *adj.* goed geplaas *('n hou, skop, ens.)*; goed geleë *('n parkeergebied, woning, ens.)*; *(informant, beampte, ens.)* in 'n goeie/gunstige posisie *(pred.)*. ~ **planned** *(pred.)*, ~**-planned** *(attr.)*, *adj.* weldeurdag. ~ **pleased** *adj. (pred.)* hoog in jou skik. ~ **prepared** *(pred.)*, ~**-prepared** *(attr.)*, *adj.* goed voorberei *('n ete, grond, preek, toeris, ens.)*; goed opgelei *('n soldaat ens.)*. ~ **preserved** *(pred.)*, ~**-preserved** *(attr.)*, *adj.* goed bewaar(d). ~ **proportioned** *(pred.)*, ~**-proportioned** *(attr.)*, *adj.* welgevorm(d). ~ **qualified** *(pred.)*, ~**-qualified** *(attr.)*, *adj.* goed gekwalifiseer(d) *(personeel ens.)*. ~ **read** *(pred.)*, ~**-read** *(attr.)*, *adj.* belese. ~ **received** *(pred.)*, ~**-received** *(attr.)*, *adj.*, *('n artikel ens.)* wat 'n goeie ontvangs gekry het *(pred.)*. ~ **rounded** *(pred.)*, ~**-rounded** *(attr.)*, *adj.* afgerond *(pers., opvoeding, tegniek, uitvoering, ens.)*; *(figuur)* *(vrou)* met 'n vol figuur *(pred.)*; bultend *(maag)*; volrond *(wyn, geur)*. ~ **set** *(pred.)*, ~**-set** *(attr.)*, *adj.* stewig/fris gebou(d), gespier(d); goed geplaas/gevestig, in 'n gepaste/geskikte posisie; knap berei; *the batsmen are well set, (kr.)* die kolwers is stewig in die saal. ~ **situated** *(pred.)*, ~**-situated** *(attr.)*, *adj.* gunstig/goed geleë. ~ **spent** *adj. (hoofs. pred.)* goed bestee; *it is money/time ~* ~ dit is geld/tyd wat goed bestee is, dis geld/tyd goed bestee. ~ **spoken** *(pred.)*, ~**-spoken** *(attr.)*, *adj.* welbespraak, wel ter tale. ~ **stocked** *(pred.)*, ~**-stocked** *(attr.)*, *adj.* goed/volledig toegerus, ruim bevoorraad, goed voorsien, welvoorsien. ~ **structured** *(pred.)*, ~**-structured** *(attr.)*, *adj.* goed gestruktureer(d) *('n program, wyn, ens.)*. ~ **taken** *(pred.)*, ~**-taken** *(attr.)*, *adj.* puik *(doel ens.)*. ~ **thought out** *(pred.)*, ~**-thought-out** *(attr.)*, *adj.* weldeurdag *('n beleid, plan, ens.)*; weloorwoë *('n besluit ens.)*. ~ **thumbed** *(pred.)*, ~**-thumbed** *(attr.)*, *adj.* beduimel(d) *('n boek, bladsye, ens.)*. ~ **timed** *(pred.)*, ~**-timed** *(attr.)*, *adj.* tydig; *that was well timed* dit het net betyds gebeur, dit is net op die regte tyd gedoen. ~**-to-do** *adj.* ryk, welgesteld, welaf, vermoënd. ~ **trained**

*(pred.)*, ~**-trained** *(attr.)*, *adj.* goed geleer/geoefen/gebrei. ~ **travelled,** *(Am.)* ~ **traveled** *(pred.)*, ~**-travelled,** *(Am.)* ~**-traveled** *(attr.)*, *adj.*, *(pred. & attr.)* berese, *(pred.)* bereis, *(attr.)* bereisde *(pers.)*; *(attr.)* goed gebruikte *(paadjie ens.)*; *(attr.)* druk besoekte *(gebied ens.)*. ~ **tried** *(pred.)*, ~**-tried** *(attr.)*, *adj.* (dikwels) beproef. ~ **trodden** *(pred.)*, ~**-trodden** *(attr.)*, *adj.* goed gebruik *('n paadjie ens.)*. ~ **turned** *(pred.)*, ~**-turned** *(attr.)*, *adj.* mooi gevorm(d); mooi uitgedruk, netjies gesê. ~**-turned-out** *(attr.)* goed geklede *(pers.)*. ~ **used** *(pred.)*, ~**-used** *(attr.)*, *adj.* goed gebruik *('n paadjie, sin, ens.)*. ~ **versed** *(pred.)*, ~**-versed** *(attr.)*, *adj.*: *be well versed in s.t.* in iets bedrewe/ervare/onderlê/onderleg/gekonfyt wees. ~**-wisher** *n.* goedgesinde, begunstiger, (welwillende) vriend/vriendin. ~ **worded** *(pred.)*, ~**-worded** *(attr.)*, *adj.* goed/raak gestel. ~ **worn** *(pred.)*, ~**-worn** *(attr.)*, *adj.* verslete, verslyt; *(fig.)* afgesaag. ~ **written** *(pred.)*, ~**-written** *(attr.)*, *adj.* knap geskrewe, stylvol.

**well²** *n.* bron, fontein; put; kuil, lensput *(in 'n skip)*; (trap)kuil, trappehuis; (hyser)skag, =koker; (ink)koker, =pot; ~ *of the court/etc.* vloer van die hofsaal/ens.; *the ~ ran dry* die put het opgedroog; ~ *of knowledge* bron van kennis; *sink a* ~ 'n put grawe. **well** *ww.* (op)wel, ontspring, ontspruit; ~ *up* opwel. ~**head** bron; bek van 'n put. ~ **sinker** putgrawer. ~**spring** bron, fontein; *a ~ of ...* 'n ryk(e) bron van ... *(kennis, stories, ens.)*.

**well·ing** (op)welling; ~ *up* opwelling, opborreling.

**wel·ling·ton** *-s, (infml.)* **wel·ly** =lies water=, rubberstewel. ~ **(boot)** water=, rubberstewel.

**Welsh** *n., (taal)* Wallies; *the ~, (mv.)* die Walliesers. **Welsh** *adj.* Wallies, van Wallis. ~ **dresser** toonbuffet. ~**man** =men, ~**woman** =women Wallieser. ~ **rabbit, (~) rarebit** *(kookk.)* braai=, roosterkaas, roosterbrood met kaassous.

**welsh, welch** laat spat (sonder om te betaal), met die noorderson vertrek; ~ *on a promise* jou woord breek, jou belofte skend. **welsh·er, welch·er** bedrieër, jakkals.

**welt** *n.* rand, strokie (leer), kantstrook, stormrand; *(metal.)* fels; *(tekst.)* riffelstuk; striem, dik hou. **welt** *ww.* 'n rand/kantstrook aanwerk; *(metal.)* fels, 'n fels aanbring; dik houe slaan, pimpel en pers slaan, uitlooi. **welt·ed** gefels(te), met 'n rand/fels; ~ *edge* felsrand.

**wel·ter·weight** *(boks, stoei)* weltergewig.

**wel·witsch·i·a** *(bot.)* welwitschia.

**wen** vetgewas, mol, huid=, velsmeergewas; uitwas.

**wench** *(arg. of skerts.)* meisie, meisiemens, nooi.

**wend** gaan; ~ *one's way to ...* jou na ... begewe, op weg gaan *(of* die weg inslaan) na ...

**Wen·dy house** *(dikw. w~), (Br.)* speelhuisie *(vir kinders)*; *(SA)* tuinhuisie.

**went** *ww. (verl.t.)* het gegaan; →GO *ww..*

**wept** *ww. (verl.t. & volt.dw.)* →WEEP *ww..*

**were** *ww. (verl.t.)* was; →BE; *as it ~* as 't *(of* as 't) ware; *neighbours that ~* gewese/voormalige bure. **weren't** *(sametr.)* = WERE NOT.

**we're** *(sametr.)* = WE ARE.

**were·wolf** =wolves weerwolf.

**west** *n.* weste; westewind; *from the ~* uit die weste, van die weste(kant); *the wind is from/in the ~* die wind is wes; *in the ~* in die weste; *the W~* die Weste; *to the ~* weswaarts, na die weste; *to the ~ of ...* wes *(of* ten weste) van ...; *the Wild W~* die Wilde Weste. **west** *adj.* westelik, weste=, wes=; ~ *coast* weskus; ~ *side* westekant; ~ *wind* westewind; *the wind is* ~ die wind is wes, die wind kom uit die weste. **west** *adv.* wes, na die weste(kant); ~ *by north/south* wes ten noorde/suide; ~ *due* ~ reg wes; *go* ~ na die weste gaan, weswaarts gaan; *(infml.)* bokveld toe gaan; ~ *of ...* wes *(of* ten weste) van ... **W~ Africa** Wes-Afrika. **W~ African** *n.* Wes-Afrikaan. **W~ African** *adj.* Wes-Afrikaans. **W~ Bank** *(geog.)* Wesoewer *(i.d. Midde-Ooste).* ~**bound** weswaarts, na die weste. **W~ End:** *the* ~ ~ die Weseinde *(v. Londen).* **W~ Indian** *n.* Wes-Indiër. **W~ Indian** *adj.* Wes-Indies. **W~ Indies:** *the* ~ ~ die Wes-Indiese Eilande. ~~**north-west** wesnoordwes. **W~ Rand:** *the* ~ ~ die Wes-Rand. ~~**south-west** wessuidwes. **W~ Virginia** Wes-Virginië. **W~ Virginian** *n.* Wes-Virginiër. **W~ Virginian** *adj.* Wes-Virginies.

**west·er·ly** westelik, weste-; weswaarts; uit die weste; *~ (wind)* westewind.

**west·ern** *n., (filmk., dikw.W~)* Wilde Weste-prent. **west·ern** *adj.* westelik, westers, weste-, wes-; weswaarts; uit die weste; *~ border/boundary/frontier* wesgrens, westergrens; *~ coast* weskus; *~ longitude* westerlengte; *W~ medicine* Westerse medisyne; Westerse geneeskunde; *W~ powers* Westerse moondhede; *~ side* westekant; *~ wind* westewind. **W~ Australia** Wes-Australië. **W~ Cape:** *the* ~ ~ *(Province)* die Wes-Kaap(provinsie). **W~ Desert, Libyan Desert:** *the* ~ ~ die Westelike/Libiese Woestyn. **W~ hemisphere** *(ook W~ H~): the* ~ ~ die westelike halfrond *(of* Westelike Halfrond). **W~ Province** *(sportspan)* Westelike Provinsie. **W~ Samoa** Wes-Samoa.

**west·ern·er** *(soms W~)* Westerling.

**west·ern·ise, -ize** verwesters. **west·ern·i·sa·tion, =za·tion** verwestersing.

**west·er(n)·most** *adj.* westelikste.

**West·min·ster** *(Br. parlement[sgebou])* Westminster.

**west·ward** *adj.* weswaarts. **west·ward, west·wards** *adv.* weswaarts. **west·wardly** *adj. & adv.* westelik, weswaarts.

**wet** *n.* nattigheid, vogtigheid; reën, reënagtigheid, reënerigheid; *(infml.)* swakkeling, slappeling, jandooi, jansalie; *in the* ~ in die nat(tigheid). **wet** *adj.* nat; vogtig; reënerig, reënagtig; *(infml.)* sonder drankverbod; *dripping* ~ druipnat, sopnat; *get* ~ nat word; *s.o. will get his/her feet/etc.* ~ iem. se voete/ens. sal nat word; *~ paint* nat verf; *(op 'n kennisgewing)* pas geverf; *be* ~ *to the skin* geen droë draad aan jou lyf hê nie, deurnat wees; *soaking/sopping* ~ deurweek, -nat, pap-, water-, kletsnat; *through* deurnat, deur en deur nat; *wringing* ~ papnat, sopnat. **wet** *ww.* bevog(tig), benat, natmaak; *~ one's bed* jou bed natmaak. ~ **battery,** ~ **cell** *(elek.)* nat battery/sel. ~ **blanket** *(infml.)* droogstoppel, pretbederwer, jandooi. ~ **concrete** slap beton. ~ **dock** waterdok. ~ **dream** nat droom. ~**land(s)** moerasland. ~ **look** *n.* nat voorkoms. ~~**look** *adj. (attr.)* natvoorkoms-. ~ **nurse** *n., (hoofs. hist.)* voedster, soogvrou. ~~**nurse** *ww., (hoofs. hist.)* soog; *(infml.)* vertroetel. ~ **rot** natvrot. ~ **suit** duikpak, natpak. ~ **weather** *n.* nat/reënerige/reënagtige weer. ~~**weather** *adj. (attr.)* reën- *(klere, bande, ens.).*

**weth·er** hamel.

**wet·ting** *n.:* ~ **agent** *(chem.)* benattingsmiddel. ~ **solution** bevogtigingsoplossing *(vir kontaklense).*

**wet·tish** natterig, klam.

**we've** *(sametr.)* = WE HAVE.

**whack** *n.* slag, harde hou; *(Br.)* porsie; *give s.o./s.t. a* ~ iem./iets 'n hou gee; *have a* ~ *at s.t., (infml.)* iets probeer (doen); *be out of* ~, *(infml.)* buite werking wees; skeef wees, verkeerd ingestel wees. **whack** *ww.* moker, geweldig slaan, (af)ransel, klop; verdeel, saam deel; ~ *off, (plat: masturbeer)* draadtrek, skommel, jouself aftrek. **whacked:** *be completely* ~ *(out), (infml.)* doodmoeg/stokflou wees; *(Am. sl.)* (van lotjie) getik wees; *(Am. dwelmsl.)* (lekker) gedoepa *(of* in 'n dwelmdwaal) wees. **whack·er** knewel, reus, tamaai grote. **whack·ing** *n.* loesing, pak (slae), drag slae; *get a* ~, *(infml.)* 'n loesing kry; *give s.o. a* ~, *(infml.)* iem. 'n loesing gee. **whack·ing** *adj.* tamaai, reusagtig, kolossaal. **whack·y** *-ier -iest, (infml.)* = WACKY.

**whale** *whale(s), n.* walvis; *Bay of W~s* Bay of Whales *(by Antarktika); a* ~ *of a ..., (infml.)* 'n yslike ... ~**bone** balein, walvisbaard; walvisbeen. ~ **calf** walviskalf, klein/jong walvissie.

~ **catching** walvisvangs. ~ **fishing,** ~ **hunting** walvisjag. ~ **oil** (walvis)traan, traan(olie). ~ **shark** walvishaai.

**whale-like** walvisagtig.

**whal·er** *(skip)* walvisvaarder; walvisboot; walvisvanger.

**whal·ing** walvisvangs, -vaart. ~ **industry** walvisbedryf. ~ **season** walvisseisoen. ~ **trade** walvisvaart, -bedryf.

**wham** *n., (infml.)* mokerhou. **wham** *-mm-, ww., (infml.)* moker; vasry-, -jaag, -hardloop *(teen iets).* **wham** *tw.* boem!, bam!. **wham·my** *-mies, (Am., infml.)* paljas, vloek; *put a[the ~ on s.o.* iem. paljas/toor, 'n vloek oor iem. uitspreek; *deliver a double* ~ 'n dubbele uitklophou plant; *be hit by a double* ~ deur 'n dubbele terugslag getref word.

**wharf** *wharfs, wharves, n.* kaai. **wharf** *ww.* (vas)meer. ~**man** *-men* dokwerker. ~**master** = WHARFINGER. ~**side** kaaimuur.

**wharf·age** kaaigeld; kaairuimte.

**wharf·in·ger** kaaimeester.

**wharve** spilkatrol.

**what** *pron.* wat; hoe; hè?; *~ about it?* wat daarvan?; hoe lyk dit (daarmee)?; *~ is it about?* waaroor gaan/handel dit?; *~ is it all about?* wat beteken dit alles?; *after ~?* waarna?; *~ lend s.o. ~ you can* iem. leen wat *(of* soveel as) jy kan; *~ is the date (today)?* die hoeveelste is dit (vandag)?; *~ ever ...?* wat op aarde ...?; *~ for?, for ~?* waarvoor?; *(infml.)* waarom?, vir wat?; *give s.o. ~ for, (infml.)* iem. uittrap; *~'s for dinner/lunch?* wat eet ons vanaand/vanmiddag?; *just ~ happened?* wat het presies gebeur?; *and/or ~ have you, (infml.)* en wat ook al; en wat alles; *~ if it is so?* waarom nie?; wat daarvan?; *~ if ...?* sê nou ...?; *~ if we (were to) try?* hoe sal dit wees as ons probeer?; *in ~?* waarin?; *I know ~, I'll tell you* = ek het 'n plan, ek sal (vir) jou sê; *know what's ~, (infml.)* weet hoe die vurk in die hef steek; goed ingelig *(of* op [die] hoogte) wees; *come ~ may* wat ook al gebeur, laat kom wat wil; *~ more does s.o. want?* wat wil iem. meer hê?; *no matter ~* ongeag wat; *and ~ not* ensovoort(s), en so meer; *of ~?* waarvan?; *~ of it?* waarom nie?; wat daarvan?; *so ~?, (infml.)* en dan?; en waarom nie?; *~ or wat daarvan?; ~ the ...?* wat die ...?; *~ then?* wat dan?; *to ~?* waartoe?; *~ is that to s.o.?* wat gee iem. om?, wat kan dit iem. skeel?; *with ~?* waarmee?; *~ with ...* vanweë/weens ...; *~ with (it being) ...* deurdat dit ... is/was; *~ with this, that and the other ...* deels hiervan, deels daarvan ... **what** *bep.* watter, wat, welke; *have you read?* watter boeke het jy gelees?; *give s.o. ~ help is possible* iem. alle moontlike hulp verleen; *know ~ difficulties there are* die moeilikhede ken; *~ a man/woman!* wat 'n man/vrou!, dis vir jou 'n man/vrou!; *to ~ place?* waarheen?, waarnatoe?. ~ **what·cha·ma·call·it,** ~ **what·d'you·call·it,** ~ **what·sit,** ~ **what's·its·name** *(infml.)* dinges, watsenaam, anderding. **whatev·er** wat ook (al); al wat; hoegenaamd; *~ s.o. may do* al staan iem. op sy/haar kop; *~ for?, (infml.)* maar waarvoor dan?, waarvoor dan tog?; maar waarom dan?; *~ I have is yours* al wat ek het, is jou(n)e; *do ~ one likes* maak net wat jy wil; *or ~, (infml.)* of wat ook al. **what'll** *(sametr.)* = WHAT WILL. **what·not** rakstaander; *(infml.)* snuistery; *(infml.)* iets, dinges. **what's** *(sametr.)* = WHAT IS. **what's·his·name** *(ml.),* **what's·her·name** *(vr.), n., (infml.)* dinges, watsenaam, hoesenaam. **what·so·ev·er** *adv.* hoegenaamd.

**weal** *n. & ww.* →WEAL *n. & ww..*

**wheat** koring; *separate the ~ from the chaff* die kaf van die koring skei; *put a field under ~* 'n land onder koring sit *(of* vol koring saai). ~ **belt** koringstreek. ~ **corn** koringkorrel. ~ **crop** koringoes. ~ **farmer** koring-, graanboer. ~ **field** koringland. ~ **flour** meelblom. ~ **germ** koringkiem. ~ **meal** koringmeel.

**wheat·ear** *(orn.): capped* ~, *(Oenanthe pileata)* Hoëveldskaapwagter, koggelaar; *Northern* ~, *(O. oenanthe)* tapuit, Europese skaapwagter.

**wheat·en** koring-; koringkleurig; *~ flour* koringmeelblom; *~ loaf* koringbrood.

**Wheat·stone('s) bridge** *(elek.)* wheatstonebrug *(ook W~).*

**whee** *tw.* jippie!, hoera!, hoerê!, lekker!.

**whee·dle** vlei, flikflooi, soebat, lek, mooipraat; ~ *s.o. into doing s.t.* iem. (met mooipraatjies) omhaal/oorhaal om iets te doen; ~ *s.t. out of s.o.* iets van iem. afsoebat. **whee·dler** vleier, flikflooier. **whee·dling** *adj., (ook)* katvriendelik.

**wheel** *n.* wiel; rat; stuur(wiel); spin(ne)wiel; (pottebakker)= skyf; wenteling; kring; omwenteling; draaibeweging; swen= king; *(ook, i.d. mv.), (infml.)* kar, ryding, wiele; *at the* ~ aan/ agter die stuur *(v. 'n motor),* agter die wiel; *the big* ~ die sirkuswiel; *s.o. is a big* ~, *(infml.)* iem. is 'n grootrog/kokke= door; *a fifth* ~ 'n vyfde wiel aan die wa; ~ *of fortune* lotery= wiel; *everything goes on (oiled)* ~s, *(infml.)* alles gaan so glad soos seep; *the* ~s *of life* die lewensgang; *the person at the* ~ die bestuurder; *set the* ~s *in motion,* *(fig.)* sake/iets aan die gang sit; *oil the* ~s die wiele smeer; sake glad laat loop; *on* ~s op wiele; *small* ~ wieletjie; *take the* ~ bestuur *('n motor); the* ~ *has turned full circle* ons is terug waar ons was; die rolle is omgekeer; ~s *within* ~s magte agter die skerms; in= gewikkelde masjinerie; 'n duistere saak. **wheel** *ww.* swenk; laat swenk; krink, draai, rol, stoot; draaie maak; in 'n sirkel voortbeweeg; ~ *about* omdraai; *(mil.)* keertswenk; ~ *(a)round* (heeltemal) omdraai; ~ *a bicycle* 'n fiets stoot; ~ *and deal* knoei; ~ *s.t. in* iets instoot; ~ *left/right* links/regs swenk. ~ **alignment** sporing. ~ **and axle** windas, wenas, wen. ~**bar= row** kruiwa. ~**base** asafstand; wielbasis, =stand *(v. 'n kanon).* ~**chair** ry=, rol=, stootstoel. ~ **clamp** wielklamp. ~ **horse** ag= terperd; staatmaker. ~**house** stuurhuis; wielnis. ~ **load** wiel= las. ~ **lock** wielslot. ~ **spanner** wielsleutel. ~ **suspension** wielvering. ~ **window** roosvenster. ~**work** ratwerk.

**wheeled** *adj.* wiel=, met wiele. **-wheeled** *komb.vorm* =wiel=; *four-~ vehicle* vierwielvoertuig.

**wheel·er** agterperd; agterdier; wamaker; *(artillerie)* agterste stukryer. ~**-dealer** konkelaar.

**wheel·ie** *(infml.)* opskop-wegtrek; *do a* ~ voorwiel in die lug wegtrek; jou voorwiel in die lug laat spring. ~ **bin, wheely bin** *(infml.)* wieletjiesblik.

**wheel·ing** draaiing, draaibeweging; swenking, swenkbewe= ging; ~ *and dealing* gekonkel, konkel(a)ry, knoeiery.

**wheel·less** sonder wiele.

**wheel·y bin** →WHEELIE BIN.

**wheeze** *n.* gehyg; gefluit *(i.d. keel);* aamborstigheid; *(Br., infml.)* speletjie, spulletjie, plannetjie; *(infml.)* afgesaagde segs= wyse/grap. **wheeze** *ww.* hyg, swaar asemhaal; *(iem. se keel)* fluit. **wheez·i·ness** aamborstigheid. **wheez·y** kortasem, aam= borstig, hygend.

**whelk** *n., (soort seeslak)* wulk.

**whelp** *n., (hoofs. arg.)* klein hondjie; welp, kleintjie *(v. 'n leeu, beer, ens.); (skerts.)* rakker, stout kind. **whelp** *ww.* jong, kleintjies kry.

**when** *n.* wanneer; *the* ~ *and the how of it* hoe en wanneer alles gebeur het, alle besonderhede daarvan. **when** *pron.* wanneer; *from* ~? van wanneer (af)?, sedert wanneer?; *since* ~ *things have been better* vandat/sedert dit beter gaan. **when** *adv.* wanneer; en toe; toe; ~ *s.o.* **arrived** *(or got there)* toe iem. daar (aan)kom; ~ *did it* **happen?** wanneer het dit ge= beur?; *s.o. did it I don't* **know** ~, *(infml.)* iem. het dit vergeet/ vergete al gedoen; *no matter* ~ ongeag wanneer. **when** *voegw.* wanneer; toe; as; terwyl; *s.o. was* **killed** ~ *his/her car overturned* iem. het omgekom deurdat sy/haar motor omge= slaan het; ~ *it rains s.o. stays at home* as dit reën, bly iem. tuis; *s.o. set a new record* ~ *he/she* **ran** *the 100 metres in ... sec= onds* iem. het 'n nuwe rekord opgestel deur die 100 meter in ... sekondes te hardloop; *s.o.* **stopped** ~ *he/she* **saw** *me* iem. het gaan staan toe hy/sy my sien. **when·ev·er** wanneer ook (al); elke keer as/dat/wanneer, telkens as.

**whence** *pron., (fml., arg.)* waarvandaan. **whence** *adv.* waar= vandaan, van waar; en daarom; *no one knows* ~ *he/she comes*

niemand weet waarvandaan hy/sy kom nie; ~ *comes it that ...?* hoe is/kom dit dat ...?; *take it (from)* ~ *it comes* van 'n esel moet jy 'n skop verwag. **whence** *voegw.* waarvandaan, van waar.

**when's** *(sametr.)* = WHEN IS.

**where** *n.* (die) waar; *the* ~s *and whens are important* die waar en wanneer is van belang. **where** *pron.* waar; *not know* ~ *to find s.o.* nie weet hoe om iem. in die hande te kry nie; *that's* ~ *it is, (ook)* daar lê die knoop; *not* **know** ~ *one is* nie weet waar jy is nie; nie weet waar jy staan nie; *no matter* ~ on= geag waar, dit kom nie daarop aan waar nie. **where** *adv.* waar; waarso; waarvandaan; waarheen, waarnatoe; ~ *will s.o. be if ...?* wat word van iem. as ...?; ~ *does s.o.* **come** *from?* waarvandaan kom iem?, waar kom iem. vandaan?; ~ *else?* waar anders?; waar nog?; ~ *do we* **go** *from here?* wat maak ons nou?; wat nou gedaan/gemaak?; ~ *is s.o.* **going** *(to)?* waar= heen/waarnatoe gaan iem.?; ~ *to?* waarheen, waarnatoe?

**where** *voegw.* waar; waarheen; terwyl; ~ *you go I will go* waar jy gaan, sal ek gaan. **where·a·bouts** *n. (fungeer as ekv. of mv.)* verblyfplek; hou=, loop=, boerplek; *know s.o.'s* ~ weet waar iem. is. **where·a·bouts** *adv.* waar omtrent/ongeveer, waar êrens, waarlangs, waar langs. **where·af·ter** *(fml.)* waar= ná. **where·as** *(ook jur.)* aangesien, nademaal; terwyl, daar, waar. **where·by** waardeur, waarby; waarvolgens. **where·in** *(fml.)* waarin. **where·of** *(fml.)* waarvan. **where·up·on** waar= op, waarná. **wher·ev·er** waar ook (al); oral(s) waar. **where= with·al** middele; *not have* (or *lack) the* ~ *to ...* nie die mid= dele hê om ... nie.

**where's** *(sametr.)* = WHERE IS.

**wher·ry** ligte roeibootjie; roeiskuit; veerboot.

**whet** *n.* (die) slyp, skerpmaak, aansit. **whet** =tt=, *ww.* slyp, aansit, skerp maak; verskerp; prikkel, wek *(aptyt ens.),* op= wek. ~**stone** slypsteen, stryksteen. **whet·ter** slyper; slyp= steen.

**wheth·er** *voegw.* of, hetsy; *not know* ~ *one may do it* nie weet of jy dit mag doen nie; ~ *it was ... or ...* of dit ... en of dit ... was; ~ *... or no(t),* ~ *or not* ... of ... of nie, of ... al dan nie; ~ *s.o. is ... or not* ongeag of iem. ... is of nie, of iem. nou ... is of nie.

**whew** *tw.* sjoe!, maggies!, allawêreld!.

**whey** wei, dikmelkwater. ~**faced** bleek; vaal geskrik.

**which** *pron.* watter; wie, wat; *about* ~ ... waaroor/waarvan ...; *above* ~ ... waarbo ...; *after* ~ ... waarna ...; *against* ~ ... waarteen ...; *behind* ~ ... waaragter ...; *for* ~ ... waarvoor ...; *from* ~ ... waarvandaan ...; *in* ~ ... waarin ...; *know* ~ *is* ~ mense/dinge uitmekaar ken; *of* ~ ... waarvan ...; ~ *of us/ them/you ...?* wie van ons/hulle/julle ...?; *on* ~ ... waarop ...; *opposite* ~ ... waarteenoor ...; *out of* ~ ... waaruit ...; *over* ~ ... waarbo ...; *round* ~ ... waarom ...; waaromheen ...; *tell* ~ *is* ~ mense/dinge onderskei, die onderskeid tussen mense/ dinge agterkom; *through* ~ ... waardeur ...; *to* ~ ... waar= heen/waarnatoe ...; *waartoe* ...; *under* ~ ... waaronder ...; *upon* ~ ... waarop ...; *with* ~ ... waarmee ...; *without* ~ ... waarsonder ... **which** *bep.* watter; ~ *way shall we go?* watter kant toe sal ons gaan?. **which·ev·er** wat/watter ook (al); ...; ~ *is the larger/etc.* ..., na gelang van wat die grootste/ens. is.

**whiff** *n.* luggie, vlagie; (rook)wolkie; geurtjie; stankie; trek= kie; sarsie; *catch/get a* ~ *of s.t.* iets ruik. **whiff** *ww.* uitblaas. **whif·fle** fladder, flikker; *(d. wind)* saggies waai, stoot.

**while** *n.* tydjie, ruk, wyle; *after a* ~ naderhand; *all the* ~ die hele tyd; *for a (little)* ~ *s.o. helped/etc.* iem. het 'n rukkie ge= help/ens.; *I have not seen X for/in a long* ~ ek het X lank nie gesien nie; *rest/etc. for a* ~ 'n rukkie rus/ens.; *a good* ~ 'n hele/taamlike ruk(kie)/tyd(jie); *in a (little)* ~ binnekort, spoe= dig, aanstons, oor 'n rukkie; *quite a* ~ 'n hele/taamlike ruk= (kie)/tyd(jie); *take a* ~ 'n tydjie wegbly *(of besig bly); s.t. takes a* ~ iets duur 'n tydjie, iem. moet 'n tydjie vir iets wag; *it is not worth one's* ~ dit is nie die moeite werd nie; *make it*

**worth** *s.o.'s* ~ sorg dat dit iem. die moeite loon; sorg dat iem. goed betaal word. **while** *ww.* verdryf, verdrywe *(d. tyd);* ~ *away the time* die tyd omkry. **while** *voegw.* terwyl, solank (as), onderwyl; (al)hoewel; *all is well* ~ *you pay* alles is in die haak solank jy betaal; *get cramp* ~ *swimming* in die swem 'n kramp kry; *repairs* ~ *you wait* blitsherstelwerk. **whilst** *voegw., (hoofs. Br.)* = WHILE *voegw.*.

**whim** gril, nuk, gier; bui, luim; *full of* ~*s* buierig, vol kwinte/kure.

**whim·per** *n.* huilstem, gekreun; gekerm, gegrens. **whim·per** *ww.* sanik, met 'n huilstem praat; kreun, kla, grens; *('n hond)* tjank; *(d. wind)* ruis, suis; *('n stroompie)* murmel; ~ *for s.t.* om iets soebat. **whim·per·ing** grenserig, klaerig.

**whim·sy** *-sies,* **whim·sey** *-seys, n.* gier, gril, nuk; grilligheid. **whim·si·cal** vol nukke/grille, wispelturig, vol draadwerk; vreemd, raar. **whim·si·cal·i·ty** wispelturigheid, nuk(ke), gril(le).

**whin, whin·stone** basaltiese klip; vuursteen.

**whine** *n.* gehuil, gegrens; getjank; gekla, gekerm. **whine** *ww.* huil, grens, tjank; met 'n huilstem praat, kla, kerm. **whin·ing** huilerig; *in a* ~ *voice* met 'n huilstem.

**whinge** *n., (infml.)* gekerm, geneul, neulery, gesanik; kerm=, neulkous, neul=, sanikpot. **whinge** *ww.* kerm, neul, sanik. ~ **bag** kerm=, neulkous, neul=, sanikpot.

**whing(e)·ing** *n.* gekerm, geneul, neulery. **whing(e)·ing** *adj.* kermend, sanikend; neulerig, sanikerig, temerig.

**whing·er** kerm=, neulkous, neul=, sanikpot.

**whing(e)·y** *adj.* neulerig, sanikerig, temerig.

**whin·ny** *n.* (sagte) gerunnik. **whin·ny** *ww.* (sag) runnik.

**whip** *n.* sweep; sambok; peits, karwats; koetsier; hystoestel; (trekdier)katrol; *(parl.)* sweep; skuim(na)gereg; ruk-en-plukker *(in 'n pretpark); crack a* ~ met 'n sweep klap, 'n sweep (laat) klap; *crack the* ~, *(fig.)* die sweep klap, jou stem dik maak; *get a fair crack of the* ~, *(infml.)* 'n billike/regverdige kans kry; billik/regverdig behandel word. **whip** *-pp-, ww.* piets, raps, met die peits gee; 'n pak gee; uitklop, pak gee; (weg)spring, wip; gryp; *(naaldw.)* kriel; vasdraai; ~ *s.t. away* iets weggryp; ~ *cream/eggs/etc.* room/eiers/ens. klits; ~ ... *in* ... reg piets; ... bymekaarja(ag) *(jaghonde ens.);* ~ *s.t. off* iets uitpluk *('n baadjie ens.);* iets afpluk *('n hoed ens.);* ~ *the horses on* die perde onder die peits kry; ~ *s.t. out* iets uitpluk *('n mes ens.);* ~ *round* omvlieg; ~ *s.t. up* iets maak/berei *('n ete);* iets (gou) gryp; ~ *up a crowd* 'n skare opsweep. ~ **aerial,** ~ **antenna** peits=, visstokantenna, =antenne. ~**cord** voorslag(riem); ribkoord, koordkamstof. ~ **graft** *(tuinb.)* skuinsent. ~ **hand** regterhand, hand wat die sweep hanteer; *have the* ~ ~ die hef in die hande hê; *have the* ~ *over s.o.* iem. in jou mag hê, die oorhand oor iem. hê. ~**lash** sweepslag, voorslag. ~**lash injury** *(med.)* sweepslagbesering. ~**round:** *have a* ~, *(infml., hoofs. Br.)* met die hoed rondgaan, haastig 'n kollekte hou. ~**saw** kuilsaag. ~**stitch** *n.* kriel(steek), omslaansteek.

**whipped:** ~ *cream* slagroom; ~ *stitch* omgekapte steek.

**whip·per** slaner; koetsier. ~**in** *whippers-in, (jag)* pikeur. ~**snapper** ventjie, mannetjie; snuiter; snip, japsnoet.

**whip·pet** renhond, klein windhond. ~ **race** hondewedren.

**whip·ping** pak (slae), drag slae, loesing, afranseling; lyfstraf; besetting *(v. 'n tou se punt).* ~ **boy** *(fig.)* sondebok. ~ **cream** slag=, sloproom. ~ **post** *(hist.)* gesel=, slaanpaal. ~ **(stitch)** kriel(steek), omslaansteek. ~ **top** sweep=, draaitol.

**whip·poor·will** *(orn.)* bokmelker, nagswa(w)el.

**whip·py** buigsaam; veerkragtig; swiepend; lenig.

**whirl** *n.* vinnige draai, draaiing, (d)warreling, ge(d)warrel; spilkatrol; *give s.t. a* ~, *(infml.)* iets probeer doen; *s.o. is in a* ~ dit gaan dol met iem.; *s.o.'s head is* (or *thoughts are) in a* ~ iem. se kop draai. **whirl** *ww.* (rond)tol, (in die rondte) draai, vinnig draai, (d)warrel, werwel, kolk. ~**pool** maalstroom, =kolk, =gat, draaikolk. ~ **window** draaivenster.

**whirl·i·gig** draaitol; woer-woer; mallemeule; draaibeweging; kringloop, sirkelgang. ~ **(beetle)** warrel=, draaikewer, waterhondjie.

**whirl·wind** warrelwind. ~ **courtship** blitsvinnige vryery. ~ **tour** warrelwind=, blitstoer.

**whirl·y** (rond)draaiend, draaierig. ~**bird** *(infml., hoofs. Am.)* helikopter.

**whir(r)** *n.* gegons, gedruis. **whir(r)** *ww.* gons, 'n gedruis maak.

**whish·ing:** ~ *sound* swiepende geluid.

**whisk** *n.* stoffer, besempie; klopper, klitser; swaai, veeg. **whisk** *ww.* (af)vee, =stof, =borsel; swaai, draai; wip; klop *(eiers, room, ens.);* ~ *around,* (ook) rondrits; ~ *s.t. away/off* iets weggryp; ~ *s.o. away/off* iem. vinnig weghaal/wegbring; ~ *into s.t.* in iets (in)wip/=glip; ~ *s.o. into a car* iem. in 'n motor (in)stop; ~ *s.t. off* iets afpluk; ~ *s.t. out* iets uitpluk; ~ *round* jou vinnig omdraai; ~ *s.t. up* iets klop *(eiers ens.).*

**whisk·er** snor *(v. 'n kat ens.);* (ook, i.d. mv.) wang=, bak(ke)baard; *win/lose by a* ~, *(infml.)* net-net wen/verloor; *grow* ~*s* 'n baard kweek; *within a* ~, *(infml.,'n grap ens.)* iets het al baie oud; *within a* ~, *(infml.)* so amper-amper/byna-byna. **whisk·ered** met 'n snor, gesnor(d); met 'n bak(ke)baard.

**whis·ky,** *(Ier.,Am.)* **whis·key** whisky, whiskey; ~ *and soda/splash* whisky/whiskey met soda(water).

**whis·per** *n.* gefluister, fluistering, fluisterstem; geruis, geritsel; *talk in a* ~ fluister, met 'n fluisterstem praat. **whis·per** *ww.* fluister; ruis, ritsel; ~ *s.t. to s.o.* vir iem. iets fluister; iem. iets toefluister; ~ *s.t. in s.o.'s ear* iets in iem. se oor fluister; *it is* ~*ed that* ... daar word gefluister dat ... **whis·per·er** fluisteraar; verklikker.

**whis·per·ing** *n.* fluistering, gefluister. **whis·per·ing** *adj.* fluisterend, fluister=. ~ **campaign** fluisterveldtog. ~ **gallery** fluistergewelf, =galery.

**whist** *(kaartspel)* whist.

**whis·tle** *n.* fluit, gefluit; fluitjie; *blow (on) a* ~ (op) 'n fluitjie blaas; *blow the* ~ *on s.o., (infml.)* iem. se doppie laat klap, iem. aan die kaak stel; *blow the* ~ *on s.t., (infml.)* aan iets 'n end/einde maak; *the* ~ *blows* die fluitjie blaas; *give a* ~ 'n fluit gee; *wet one's* ~, *(infml.)* keel natmaak. **whis·tle** *ww.* fluit; verklik; ~ *at/to s.o.* vir iem. fluit; ~ *in the dark* by die kerkhof fluit; *you can* ~ *for it, (infml.)* dis neusie verby, dit kan jy op jou maag skryf/skrywe *(en met jou hemp afvee);* *let s.o. go, (infml.)* jou glad nie aan iem. steur nie; ~ *down the wind* 'n valk loslaat; *(fig.)* iets laat vaar *(of* opgee). ~ **blast** fluit(stoot). ~**blower** *(infml.)* oopvlekker, onthuller; hokaairoeper, sweepklapper. ~**stop tour** blits=, warrelwindtoer.

**whis·tler** fluiter.

**whis·tling** *n.* gefluit, fluitery. **whis·tling** *adj.* fluitend; ~ *kettle* fluitketel; ~ *noise* fluitgeluid; *(rad.)* fluittoon.

**Whit** = WHITSUNTIDE. ~ **Monday** Pinkstermaandag. ~ **Sunday** Pinkstersondag.

**whit** iets, 'n ietsie; *every* ~ *as good as* ... net so goed as ...; *not a* ~ glad nie, nie (in) die minste nie.

**white** *n.* wit; witheid; *(i.d. mv.)* wit (klere/drag); *(i.d. mv.)* wit uniform; *(i.d. mv.)* wit wasgoed; *(infml.)* wit (wyn); *(skaak, dambord, ook W~)* wit, die witte, die wit speler; *(snoeker, biljart)* wit bal; *(anat.)* (oog)wit; *(ook W~)* wit mens, witte; *(skoenlapper: Pieris* spp.*)* witjie; ~ *of an egg* wit van 'n eier, eierwit; albumien, eiwit; ~ *of the eye* wit van die oë, oogwit; *dressed in* ~ (in) wit geklee(d). **white** *adj.* wit; blank; kleurloos, rein, vlek(ke)loos, onskuldig; *gleaming* ~ kraakwit; *go/turn* ~ wit/bleek word; *a/the* ~ **one,** *(iets)* 'n/die witte; *the* ~ **ones,** *(dinge)* die wittes; *as* ~ *as a* **sheet,** *(iem.)* doodsbleek; *turn as* ~ *as a* **sheet,** *(ook, infml.)* jou asvaal skrik; *as* ~ *as* **snow** sneeu=, spierwit. **white** *ww.* wit (maak); afwit; ~*d sepulchre,* *(poët., liter.: skynheilige) <Matt. 23:27)* witgepleisterde graf. ~ **alloy** wit allooi; namaaksilwer. ~ **ant** rys=, witmier, ter-

miet. **~bait** *(igt.)* witaas; spierinkie; ansjovis. **~beam** *(bot.: Sorbus aria)* meelbessie. **~ beer** witbier. **~board** witbord. **~ bread** witbrood. **~ cap** *(brander)* skuimkop. **~ cedar** wit= seder; dwergsipres. **~ Christmas** wit Kersfees. **~ coal** wit steenkool, waterkrag. **~ coffee** koffie met melk. **~-collar crime** witboordjie=, kantoormisdaad. **~-collar worker** wit= boordjie=, kantoorwerker. **~-crested** witgekuif(de), witkuif=. **~ currant** witaalbessie. **~ dwarf** *(astron.)* witdwerg. **~ ele- phant** *(fig.)* wit olifant. **~-eye** *(orn.: Zosterops spp.)* glas=, kers=, kraalogie, wit-ogie. **~-faced duck** nonnetjie-eend. **~ feather** *(teken v. lafhartigheid)* wit veer; *show the* ~ ~ jou lafhartig gedra. **~ fir** silwerspar. **~ fish** =fish(es), *(alg.)* wit vis. **~ flag** *(ook fig.)* wit vlag; *hoist/raise the* ~ ~ die wit vlag hys/ opsteek. **~fly** *(tuinplaag)* witvlieg. **~ gold** witgoud. **~ goods** *n. (mv.), (wasmasjiene, yskaste, ens.)* witgoedere. **~ grape** wit= druif. **~-haired** met wit hare, grys; blond. **~head** *(infml.)* witkoppie *(by velprobleme).* **~-headed** met 'n wit kop, wit= kop=. **~ heat** witgloeihitte. **~ hope:** *(great)* ~ *hope, (boks ens.)* (groot) wit hoop. **~ horses** *(ook)* skuim=, golfkoppe, skui= mende golwe. **~-hot** witgloeiend. **W~ House:** *the* ~ ~, *(VS)* die Withuis; *(fig.)* die Amerikaanse president. **~ knight** *(infml.: 'n redder)* goeie ridder. **~-knuckle** *adj. (attr.), (infml.)* wit= kneukel=, angs=, angswekkende, naelbyt=, naelkou= *(rit ens.).* **~ lead** witlood. **~ lie** onskuldige leuen(tjie), noodleuen. **~ light** wit lig. **~ lime** *n.* witkalk; witsel. **~-lime** *ww.* afwit. **~ line** wit streep; wit tou; *(tip.)* witreël, blanko reël. **~-lipped** met bleek lippe, dood(s)bang. **~ maize, ~ mealie(s)** witmie= lie(s). **~ matter** *(anat.)* witstof *(v.d. brein).* **~ meat** *(hoender ens.)* wit vleis. **~ metal** witmetaal. **~ night** slapelose/slaap= lose nag; wit nag *(wanneer d. middernagson d. lug ophelder).* **~ noise** *(rad., TV)* wit geruis. **~ olive, false olive** *(Buddleja saligna)* witolienhout. **~ opal** melkopaal. **~out** *n., (weerver- skynsel)* witsig. **W~ Pages** *n. (mv.), (telefoongids)* Witbladsye. **~ paper** *(lett.)* wit papier; *(parl., dikw. W~ P~)* witskrif. **~ pepper** witpeper. **~ poplar** abeel, wit=, silwerpopulier. **~ rage:** *in a* ~ ~ kokend van woede. **~-rat** witrot. **~ rhinoc- eros** witrenoster, breëliprenoster. **~ rose** *(Br. gesk.: embleem v.d. huis v.York)* wit roos. **W~ Russia** *(hist.)* Wit-Rusland; → BELARUS. **W~ Russian** *n., (hist., lid v. 'n volk)* Wit-Rus; *(reak- sionêr)* Wit Rus. **W~ Russian** *adj.* Wit-, Belo-Russies. **~ rust** *(plantsiekte)* witroes. **~ sale** uitverkoping van linne=/witgoed. **~ salt** tafelsout. **~ sauce** witsous. **~ slave** blanke/wit slavin. **~ slavery, ~-slave traffic** vrouehandel. **~ space** *(tip.)* wit spasie. **~ spirit** wit spiritus. **~ steenbras** *(igt.)* witsteenbras. **~ stinkwood** *(Celtis africana)* witstinkhout. **~ stumpnose** *(igt.)* witstompneus. **~ sugar** witsuiker. **~thorn** *(Acacia poly- acantha)* witdoring. **~ throat** *(orn.: Sylvia communis)* witkeel= sanger. **~ tie** *n.* wit strikdas *(v. 'n aandpak);* aandpak. **~-tie** *adj. (attr.)* formeel. **~ trash** *(Am., infml., neerh.)* wit gemors/ skollie(s). **~wash** *n.* witkalk, witsel; *(sport)* verpletterende ne(d)erlaag. **~wash** *ww.* (af)wit; oorkalk; verontskuldig, skoon was, van skuld vryspreek; goedpraat *(iets); (sport)* verpletter, afransel, kafloop, =draf. **~-water** *adj. (attr.)* witwater= *(kano- vaart ens.).* **~ wedding** wit troue/bruilof. **~ whale** beloega, witdolfyn. **~ wine** wit wyn, witwyn. **~-winged** met wit vler= ke, witgevlerk, witvlerk=. **~ witch** wit heks. **~wood** without=; kurkhout.

**whit·en** bleik; wit maak/word; verbleek; (ver)wit. **whit·en·er** bleikmiddel. **whit·en·ing** witsel; (die) wit word/maak; ver= bleking.

**white·ness** witheid.

**whit·ey** =eys, *n., (neerh. sl.: wit mens)* bleekvel, la(r)nie, boer. **whit·ey** *adj.* witterig, wit=.

**whit·ing**[1] *(igt.: Merlangius merlangus)* wyting.

**whit·ing**[2] witsel; fyn kryt. **~ line** witstreep.

**whit·ish** witterig.

**whit·leath·er** aluin=, witleer.

**whit·low** fyt, omloop; klouontsteking. **~ grass** *(Draba spp.)* hongerblommetjies.

**Whit·sun·tide** Pinkster, die Pinkstertyd, =dae.

**whit·tle** (af)sny *(hout);* houtjies sny; ~ *s.t. away/down* iets af= snipper; iets inkort/verminder *(regte ens.);* ~ *s.t. off* iets weg= sny; ~ *s.t. up* iets opsny/=kerf.

**whizz, whiz** *n.* gegons, gefluit, gesis; *(infml., ook* wiz*)* foendi(e), fundi, ghoeroe, meester, virtuoos; puik ding; *be a* ~ *at ..., (infml.)* 'n uitblinker in ... wees *(tennis, skaak, ens.); be a* ~ *at one's work* briljant in jou werk wees; *computer* ~ rekenaarfoendie; *guitar* ~ kitaarmeester, =virtuoos, =sen= sasie, =towenaar. **whizz, whiz** *ww.* gons, fluit, sing, sis; ~ *past* verbygons. **~-bang** *adj. (attr.), (infml.)* uiters slim/knap/ vernuftige; uiters indrukwekkende; uiters geesdriftige/en= toesiastiese/dinamiese; uiters geslaagde/suksesvolle/doeltref= fende; blitsvinnige, blitsige. **~ kid, wiz kid** *(infml.)* jong ster.

**who** *betr.vnw.* wat; →WHOM, WHOSE; ~ *comes/goes there?* wie is daar?; ~ *else?* wie anders?; wie nog?; *you and* ~ *else?* jy en wie nog?; ~ *ever can it be?, (infml.)* wie kan dit tog wees?, wie in die wêreld kan dit wees?; ~'*s for ...?* wie wil ...?; wie wil ... hê?; *know* ~'*s* ~ al die mense ken; ouer wees as tien/twaalf; *no matter* ~ ongeag wie, dit kom nie daarop aan wie nie; *the person* ~ ... die persoon wat ...; *s.o.* ~ *tries* ... wie *(of iem. wat)* probeer ...; ~ *wants ...?* wie wil ... hê?; ~ *wants to ...?* wie wil ...?; *who?* wie?. **~dunnit, *(Am.)* ~dun- it** *(infml.)* speurverhaal. **who·ev·er,** *(fml.)* **who·so·ev·er** wie ook (al).

**whoa** *tw.* ho(nou)!, hanou!, hook(haai)!, hokaai!.

**who'd** *(sametr.)* = WHO WOULD.

**whole** *n.* geheel; alles; *as a* ~ in die/sy geheel; *the country as a* ~ die hele land, die land in sy geheel; *the* ~ *of Africa* die hele Afrika; *the* ~ *of it* alles; *on the* ~ oor die geheel, in/oor die algemeen. **whole** *adj.* heel; vol; onbeskadig, ongedeerd, veilig; gesond; *the* ~ *city* die hele/ganse stad; *come back* ~ veilig en gesond terugkom/=keer; *the* ~ *day* heeldag, die hele dag; *three* ~ *days* drie volle dae; *a* ~ *lot of nonsense* 'n hele boel kaf; *go the* ~ *nine yards, (infml., hoofs.Am.)* dit behoor= lik doen; enduit hou; ~ *number* heelgetal; *(skoolwisk.)* telge= tal; *the* ~ *year (round), through the* ~ *year* die hele jaar (deur), heeljaar. **~food** *n. (soms mv.)* rukos, onverwerkte kos. **~food** *adj. (attr.):* ~ *diet* rukosdieet; ~ *products, (bruin rys, volko- ringmeel, ens.)* onverfynde/onverwerkte produkte; ~ *restau- rant* gesondheidsrestaurant, =restourant; ~ *shop/store* ge= sondheids(kos)winkel. **~grain** *adj. (attr.)* volgraan= *(brood ens.);* ~ *breakfast cereal* volontbytgraan. **~-length** *adj. (attr.)* van kop tot tone, van (die) volle lengte *(pred.);* in volle leng= te *(pred.).* **~-life insurance** lewenslange versekering. **~meal** *n.* ongesifte/growwe meel. **~meal bread, ~wheat bread** volkoring=, growwebrood. **~ milk** soet=, volmelk. **~sale** → WHOLESALE. **~ spice** heel speserye. **~-time** *adj. & adv.* heel= tyds. **~-wheat** *n.* korrelmeel. **~-wheat bread** →WHOLEMEAL BREAD.

**whole·heart·ed** *adj. (attr.)* hartlik, hartgrondig; onverdeeld, algeheel; volmondig. **whole·heart·ed·ly** *adv.* van ganser harte, (met) hart en siel; volmondig.

**whole·ness** heelheid, ongeskondenheid; geheelheid; volko= menheid; onverdeeldheid.

**whole·sale** *n.* groothandel; ~ *and retail* groot- en kleinhan= del. **whole·sale** *adj.* groothandel=; op groot skaal, groot= skaals, =skeeps; ~ *dealer* groothandelaar; ~ *licence* groot= handelslisensie; ~ *manufacture/production* massaproduk= sie; ~ *price* groothandelprys; ~ *slaughter* grootskaalse slag= ting, slagting op groot skaal. **whole·sale** *adv.* in die groot, by die groot maat; op groot skaal; grootskeeps; *buy* ~ by die groot maat koop, in die groothandel koop. **whole·sal·er** groothandelaar.

**whole·some** gesond, heilsaam, opbouend. **whole·some· ness** gesonde aard; heilsaamheid.

**who'll** *(sametr.)* = WHO WILL.

**whol·ly** heeltemal, geheel (en al), volkome; *agree* ~ volmon=

dig saamstem; *~ owned* in volle besit, ten volle besit; *~ yours* geheel die uwe. **~-owned subsidiary** volle filiaal, volfiliaal.

**whom** wat; vir/aan wie; *about ~* ... oor/van wie ...; *against ~* ... teen wie ...; *by ~* ... deur wie ...; *for/from ~* ... vir/van wie ...; *of ~* ... van wie ...; *the leader (~) s.o. follows* die leier wat iem. volg; *through ~* ... deur wie ...; *to ~* ... aan/vir wie ...; *under ~* ... onder wie ...; *with/without ~* ... met/sonder wie ...

**whoop** *n.* geskreeu, geroep. **whoop** *ww.* skreeu, roep; op= trek *(by kinkhoes); ~ it up, (infml.)* fuif, pret maak; tekere *(of* te kere) gaan, tekeregaan.

**whoo·pee** *n.* pret, jolyt, fuiwery, gefuif; *make ~, (infml.)* fuif, pret maak; *(euf.)* kafoefel, liefde maak. **whoo·pee** *tw.* jippie!, hoera!. *~* **cushion** afblaaskussing.

**whoop·ing:** *~* **cough** kinkhoes. *~* **crane** *(Grus americana)* trompetkraanvoël.

**whoops, whoops-a-dai·sy** *tw., (infml.)* oeps(ie)!.

**w(h)oosh** *n.* geruis *(v. water ens.);* gesis *(v. stoom ens.);* gesuis *(v.d. wind ens.);* geswiesj *(v. ruitveërs ens.).* **w(h)oosh** *ww.* ruis; sis; suis; swiesj; swiep *(deur d. lug); ~ the curtains open* die gordyne met 'n geruis/geswiesj ooptrek. **w(h)oosh** *tw.* swiesj!.

**whop** =pp=, *(hoofs. Am., infml.)* afransel, klop; oes, kafloop. **whop·per** *(infml.)* knewel, bielie, yslike/tamaai ding; yslike kluitjie, groot leuen; *tell a ~, (infml.)* 'n yslike kluitjie bak. **whop·ping** *n.* pak (slae), loesing. **whop·ping** *adj.* yslik, ta= maai, 'n knewel van 'n ...

**whore** *n., (neerh.)* hoer. **whore** *ww.* hoereer. **~house** *(infml.)* hoerhuis, bordeel.

**whore·dom** hoerery.

**whor·ish** hoeragtig.

**whorl** *(soöl.)* winding, draai *(v. 'n skulp); (bot.)* krans; blom *(in hout);* draaikolk; *(teg.)* spilwiel(etjie). **whorled** *(bot.)* krans= vormig, =standig; gedraai(d).

**whor·tle·ber·ry** bloubes(sie), blou bosbes(sie).

**who's** *(sametr.)* = WHO IS.

**whose** van wie, wie se/s'n; waarvan; *the farmer ~ fruit they stole* die boer wie se vrugte hulle gesteel het; *a game ~ rules we know* 'n spel waarvan ons die reëls ken; *~ is it?* wie s'n is dit?.

**who·so·ev·er** →WHOEVER.

**whump** doef, plof, dowwe slag.

**why** *n.* (die) waarom; *the ~s and wherefores* die hoes/hoekoms en die waaroms. **why** *adv.* waarom, hoekom, *(infml.)* vir wat; *~ are you crying?* hoekom/wat huil jy?; *~ ever, (infml.)* waar= om tog?; *just ~ ...?* waarom presies ...?; *no matter ~* ongeag waarom, dit maak nie saak waarom nie; *oh ~?* waarom tog?; *~ poke your nose in?* waarvoor *(of* [vir] wat) steek jy jou neus in?; *~ so?* hoe so?; *that is ~* ... dis dié dat *(of* dit is waarom) ...; *~?, that's ~!* waarom?, daarom!; *s.o. is lazy, that's ~* iem. is lui, dis dié. **why** *tw.* wel!; raai!; nou kyk!; *~, it's Thabo!* maar dis mos Thabo!.

**whyd·ah** *(orn.): paradise ~, (Vidua paradisaea)* gewone para= dysvink; *pin-tailed ~, (V. macroura)* koningrooibekkie; *shaft-tailed ~, (V. regia)* pylstertrooibekkie.

**wick** pit *(v. 'n lamp, kers); (med.)* tampon. *~* **end** snuitsel.

**wicked**[1] met pitte, met 'n pit.

**wick·ed**[2] sleg, boos, goddeloos, sondig, onheilig; ondeund, onnutsig, stout *(kind); (infml.)* briljant, uitstekend, oulik, bak= gat, kwaai. **wick·ed·ness** slegt(ig)heid, boosheid, goddeloos= heid, sondigheid, sonde; onnutsigheid, ondeundheid, stou= tigheid *(v. 'n kind).*

**wick·er** *n.* wilgerloot; vlegriet; rottang; vleg=, mandjiewerk; rottang=, rietmandjie, gevlegte mandjie. **wick·er** *adj.* ge= vleg; rottang=, riet= *(mandjie, stoel, ens.); ~ bottle* mandjiefles; korfffles; karba. **~work** mandjiewerk, mandjie(s)goed, vleg= werk, rottangware.

**wick·et** hekkie, deurtjie, poortjie; loket; draaisport; onder= deur; *(kr.)* paaltjie; *(kr.)* kolfblad; *at the ~, (kr.)* voor die paal= tjies/penne; *~s fall/tumble, (kr.)* paaltjies val/kantel/spat; *a good ~, (kr.)* 'n goeie kolfblad; *be on a good ~, (infml.)* goed af wees; *keep ~, (kr.)* paaltjiewagter wees; *a plumb ~, (kr.)* 'n mak kolfblad; *be/bat on a sticky ~, (kr.)* op 'n moeilike kolfblad speel; *(infml.)* in die/'n penarie/verknorsing sit/wees; *take a ~, (kr.)* 'n paaltjie kry. *~* **door** poortdeurtjie. *~* **gate** paaltjieshek. **~keeper** *(kr.)* paaltjiewagter.

**wid·dle** *n.: have a ~, (infml.: urineer)* 'n draai loop, fluit, wa= ter afslaan. **wid·dle** *ww., (infml.: urineer)* 'n draai loop, fluit, water afslaan.

**wide** *n., (kr.)* wydloper. **wide** *adj. & adv.* wyd; breed; ruim; ver, vêr; uitgestrek; verreikend, vêrreikend; verstrekkend; ruim gestel; uitgebrei(d), algemeen, veelomvattend; wyd vertak; wyd versprei(d); hemelsbreed *(verskil);* dik *(rif); a ~ street* 'n breë straat; *a ~ target* 'n groot teiken; *the ~ world* die wye wêreld. **~-angled** *adj. (attr.): ~ lens* wyehoeklens. **~ area network** *(rek., afk.:* WAN) wyearea-netwerk *(afk.:* WAN). **~-body, ~-bodied** *adj. (attr.),* wyeromp=, met 'n wye romp *(pred.); ~ aircraft* wyerompvliegtuig. **~-brimmed** *adj. (attr.)* breërand=, met 'n breë rand *(pred.); ~ hat* breërandhoed. **~-eyed** *adj.* met groot oë, grootoog, verbaas. **~-mouthed** *adj.* met 'n oop mond, oopmond; met 'n oop bek, oopbek *('n dier); ~ jar* wyebekfles. **~-open** *(attr.), ~ open (pred.), adj.* groot oop *(mond);* wye oop *(ruimtes); (venster, deur, ens.)* wat (wa)wyd oop staan; wyd oopgesprei *(bene); look at s.o. with ~ eyes* grootoog *(of* met groot oë) na iem. kyk, iem. groot= oog *(of* met groot oë) aankyk. **~-ranging** *adj.* uitgebrei(d); omvattend; *a ~ discussion* 'n omvattende bespreking. **~-screen** *adj. (attr.)* wyedoek= *(formaat ens.); ~ TV* wyeskerm-TV. **~-spread** *adj.* wydversprei(d), uitgestrek; wydvertak; verbrei(d), algemeen, oral(s) bekend. **~-spreading** *adj.* wyd= strekkend, wyd uitgestrek; *~ wings* uitgespreide vlerke.

**wide·ly** *adv.* wyd; breed; ruim; algemeen, allerweë, in ruim(e) mate, in breë kring; *it is ~ believed* baie mense glo dit; *~ phrased* ruim/breed gestel.

**wid·en** verbreed, breër maak/word; wyer maak/word, ver= wyd, verruim; uitbrei; *~ out, ('n rivier ens.)* breër word; *('n mou ens.)* wyer word. **wid·en·ing** verwyding; verbreding.

**wide·ness** wydheid, wydte, uitgestrektheid; breedheid, breed= te.

**wid·ow** weduwee; *(tip.)* kort reël *(boaan 'n bl.); he leaves a ~* hy laat 'n weduwee na/agter; *she was (or* has been) *left a ~* sy het as weduwee agtergebly, sy het 'n weduwee geword, haar man is dood; *~ and orphan fund* weduwee-en-wese-fonds; *~'s peak* gepunte haarlyn. **~bird:** *long-tailed ~, (Euplectes progne)* langstertflap; *fan-tailed ~, (E. axillaris)* kortstertflap; *red-collared ~, (E. ardens)* rooikeelflap.

**wid·owed** *ww. (volt.dw.)* tot weduwee/wewenaar gemaak; *~ father* wewenaar-vader; *~ mother* weduwee-moeder.

**wid·ow·er** wewenaar.

**wid·ow·hood** weduweeskap, weduweestaat.

**width** wydte *(v. 'n ruimte);* breedte *(v. 'n voorwerp);* dikte *(v. 'n rif);* breedheid, veelomvattendheid, uitgestrektheid; *~ of body* rompbreedte; *~ of a sleeve* wydte van 'n mou; *~ of a street* breedte van 'n straat. **width·wise, width·ways** *adv.* in die breedte.

**wield** swaai; hanteer; uitoefen; beheer, bestuur; *~ the axe/ sjambok* (or *one's fists)* die byl/sambok/vuiste inlê; *~ the pen* die pen voer; *~ power* mag uitoefen. **wield·er** swaaier; han= teerder; *~ of the pen* penvoerder.

**Wie·ner schnit·zel** *(kookk.)* Wiener schnitzel.

**wife** *wives* vrou, eggenote, gade; *make ... one's ~* met ... trou *(of* in die huwelik tree); *(fml.)* ... tot vrou neem. *~* **beater** vroueslaner. *~* **swapping** *n., (infml.)* vrouruilery. **~-swap· ping** *adj. (attr.)* vrouruil= *(partytjie).*

**wife·hood** staat van getroude vrou, huisvroulike staat.

**wife·less** sonder vrou; ongetroud.

**wife·like, wife·ly** vroulik, huisvroulik.

**wig** pruik. **wigged** met 'n pruik, gepruik.

**wig·gle** *n.* geskommel, gewiekkel, gewiebel; kronkel(ing). **wig= gle** *ww.* skommel, wikkel, wiebel; kronkel; ~ *one's ears* jou ore beweeg/roer; ~ *out of ..., (infml.)* jou uit ... (los)draai/ =wikkel. **wig·gly** *adj.* wikkelend *(sangeres ens.);* wriemelend *(wurm ens.);* kronkelend *(lyn, slang, ens.);* bewerig *(handskrif ens.);* wankelrig *(bene ens.).*

**wig·wam** wigwam, Indiaanse tent/hut/woning.

**wild** *n.* wildernis, woesteny, wilde wêreld; *be in the* ~ wild wees; *(out) in the* ~*s, (infml.)* in die wildernis/gram(m)adoelas.

**wild** *adj.* wild; woes; dol, rasend; skrikkerig, sku, bang; woe= dend; roekeloos, onverskillig; losbandig; stormagtig, gewel= dig, heftig; verwilderd; ongetem(d), ongeleer(d); onbebou(d); *be* ~ *about ..., (infml.)* dol wees op/oor ...; woedend wees oor ...; *a* ~ *animal* 'n wilde dier; *drive s.o.* ~, *(infml.)* iem. dol/gek/rasend maak; *go* ~ wild word; *(infml.)* tekere *(of* te kere*)* gaan, tekeregaan, woed; *go* ~ *with delight* jou te buite gaan van blydskap; *a* ~ *life* 'n wilde/woeste lewe; *s.o.'s* ~ *locks* iem. se deurmekaar/verwaaide hare; *a* ~ *man* 'n woestaard, 'n woesteling; 'n heethoof, 'n ekstremis; *a* ~ *shot* 'n wilde skoot; *a* ~ *tale* 'n wolhaarstorie; 'n fantastiese ver= haal; ~ *with excitement* dol van opwinding; ~ *and woolly* ru, wild. **wild** *adv.* wild, halsoorkop, blindweg; los en vas *(praat).* ~ **boar** wildevark. ~ **card** *(sport)* promotorskeuse; *(rek.)* oorheersstring; *(infml.)* onbekende faktor. ~**cat** *n., (soöl.)* wildekat; *(infml.)* feeks, geitjie, rissie(pit). ~**cat** *adj.* onbe= sonne, halsoorkop; onbekook; wolhaar=, dol, mal; ongereeld; bedrog=, swendel=; ~ *strike* wilde/los staking. ~ **coffee** in= heemse koffie, wildekoffie, swartbas. ~ **cotton** wildekapok. ~ **dog** wildehond. ~**-eyed** verwild(erd). ~ **fig** wildevy. ~**fire** *(mil., hist.)* Griekse vuur; woeste brand; weerlig(skynsel); dwaallig; *spread like* ~ soos 'n veldbrand *(of* lopende vuur*)* versprei. ~**fowl** wilde voël(s); waterwild. ~ **fruit** veldvrug(te), wilde vrug, veldkos. ~**-goose chase** sinlose tog, gejaag ag= ter skimme; dwase/onbesonne onderneming; *lead s.o. (of send s.o. on) a* ~ ~ iem. verniet laat soek, iem. op 'n dwaalspoor bring. ~ **horse** wilde/ongeleerde perd; (Mongoolse) wilde= perd, Przewalski-perd. ~**life** →WILDLIFE. ~ **mustard** wilde= mosterd. ~ **oat** wildehawer. ~ **rose** veldroos, wilderoos. ~ **silk** wildesy. ~ **strawberry** bosaarbei. ~ **syringa, red syringa** wilde=, rooisering. ~ **type** *(genet.)* wilde/natuurlike soort. ~**wood** natuurbos.

**wil·de·bees(t)** *=beests, =bees(t)* wildebees; *black* ~ swartwilde= bees; *blue* ~ blouwildebees.

**wil·der·ness** wildernis, woesteny; woestyn; *a howling* ~ 'n huilende woesteny; *be in the (political)* ~ in die (politieke) woestyn wees; *the W*~, *(SA, geog.)* die Wildernis. ~ **area** wil= dernisgebied.

**wild·life** natuur=, veldlewe; diere- (en plante)wêreld; wilde diere, wild. ~ **fund** natuurfonds. ~ **park,** ~ **reserve** natuur= park, =reservaat.

**wild·ly** wild, woes, in die wilde (weg).

**wile** (skelm)streek, lis; geslepenheid. **wil·i·ness** listigheid, sluheid, slimheid, geslepenheid. **wil·y** listig, slu, skelm, ge= slepe, slim, oulik.

**wil·ful** moedswillig, opsetlik; eiesinnig, eiewillig, eiewys; ~ *killing* opsetlike doodslag; ~ *misconduct* opsetlike wange= drag; ~ *murder* moord met voorbedagte rade. **wil·ful·ly** op= setlik, met opset; moedswillig, willens en wetens; ~ *deaf* ho= rende doof. **wil·ful·ness** opsetlikheid; moedswilligheid.

**will**[1] *modale hulpww.* wil, begeer; wens; *(toekomende tyd)* sal; *I* ~ *be glad if you* ~ *come* ek sal bly wees as jy kan kom; *boys* ~ *be boys* seuns bly maar seuns; *that* ~ *be James on the phone* dis nou seker James wat daar bel; *s.o.* ~ *do s.t.* iem. sal iets doen; ~ *do!, (infml.)* ja goed!, ek sal!; *s.o.* ~ *have it that ...* iem. meen dat ...; *s.o.* ~ *not do s.t.* iem. sal iets nie doen nie; *s.o.* ~ *sit there for hours* daar sit iem. (dan) ure lank.

**will**[2] *n.* wil; wilskrag; wens, begeerte; willekeur; testament; *against s.o.'s* ~ teen iem. se sin; *at* ~ willekeurig, na wille= keur/wens/keuse/goeddunke, (net) wanneer iem. wil; *at the* ~ *of ...* na goeddunke/goedvinde van ...; *bend s.o. to one's* ~ jou wil aan iem. opdring; *break s.o.'s* ~ iem. se wil breek; *get/have one's* ~ jou sin kry; *an iron* ~ 'n wil van staal, 'n stale wil; *last* ~ *and testament* testament, laaste/uiterste wil, uiterste wilsbeskikking; *leave s.t. by* ~ iets by testament be= maak; *make one's* ~ 'n testament maak; *have a* ~ *of one's own* 'n eie wil hê, weet wat jy wil; *of one's own free* ~ uit vrye wil, uit eie aandrang/beweging; *the* ~ *of the people, the people's/popular* ~ die volkswil; *remember s.o. in one's* ~ in jou testament aan iem. dink; *under a* ~ volgens/ingevol= ge/kragtens 'n testament; *where there's a* ~ *there's a way* waar 'n wil is, is 'n weg; wie wil, dié kan; 'n boer maak 'n plan; *with a* ~ met lus, (met) hart en siel; *with the best* ~ *in the world* met die beste wil ter *(of* van die*)* wêreld. **will** *ww.* vermaak, bemaak, nalaat; *(fml. of poët., liter.)* dwing; *one can* ~ *o.s. into accepting s.t.* as jy wil, kan jy iets aanvaar; ~ *o.s. to do s.t.* jouself (met wilskrag) dwing om iets te doen; ~ *s.t. to s.o.* iets aan iem. bemaak/nalaat/vermaak. ~**power** wilskrag; *by sheer* ~ deur louter(e) wilskrag.

**wil·lies** *n. (mv.): s.t. gives s.o. the* ~, *(infml.)* iets maak iem. kriewelrig.

**will·ing** (ge)willig, bereid, fluks, bereidwillig; *be (quite)* ~ *to do s.t.* (heeltemal) bereid/gewillig wees om iets te doen. **will= ing·ly** gewillig, bereidwillig, goedwillig. **will·ing·ness** gewil= ligheid, fluksheid; bereidvaardigheid, bereidwilligheid; *s.o.'s* ~ *to do s.t.* iem. se gewilligheid om iets te doen.

**will-less** willoos.

**will-o'-the-wisp** dwaallig, blinkwater; glibberige mens, rond= springer, iem. wat nou hier en dan daar is; *be a* ~, *(ook)* soos 'n voël op 'n tak wees.

**wil·low** wilg, wilgeboom, wilger(boom); (krieket)kolf; *Cape* ~ Kaapse wilger, wildewilger; *handle/wield the* ~, *(kr., infml.)* die kolf swaai. ~ **pattern** wilge(r)patroon *(op erdewerk).* ~ **tree** wilg, wilgeboom, wilger(boom). ~ **warbler,** *(Br.)* **wren** *(orn.)* hofsanger.

**wil·low·y** met wilge(r)bome begroei; soos 'n wilge(r)boom; slank, lenig.

**wil·ly, wil·lie** *(infml.: penis)* tollie, tottertjie, tottermannetjie, slurpie, gog(gie).

**wil·ly-nil·ly** *adv.* of hy/sy/hulle/ens. wil of(te) nie, teen wil en dank, goedskiks of kwaadskiks, nolens volens.

**wilt** *n., (plantsiekte)* verwelk=, verlepsiekte. **wilt** *ww.* (laat) verlep/verwelk/kwyn, verlep (word); (laat) afhang/verslap, (laat) slap hang; *liable to wither or* ~ verwelkbaar.

**wil·y** →WILE.

**wimp** *n., (infml.)* drel, jansalie, jandooi, trut. **wimp** *ww.:* ~ *out, (infml.)* kop uittrek. **wimp·ish** *adj., (infml.)* gevrek, dooi= erig, droog, vaal.

**wim·ple** sluier; (bo)kap; nonnekap.

**win** *n.* oorwinning; wenslag; →WINLESS; *an outright* ~ 'n al= gehele/volkome oorwinning; *s.o. has had three/etc.* ~*s* iem. het drie/ens. maal gewen. **win** *won ww., won ww.* behaal; verdien; bereik; verwerf; verkry; →WINNABLE, WINNER, WIN= NING, WON; ~ *s.t. back* iets herwin; ~ *by nine points to six* met nege punte teen ses wen; ~ *by 9-6* met 9-6 wen; *you can't* ~, *(infml.)* dit help (alles) niks; *you can't* ~ *them all, (infml.)* ('n) mens kan nie altyd wen nie; ~ *easily (of with ease), (infml.)* maklik/fluit= fluit/loshand(e) wen; ~ *s.t. from s.o., (kaartspel ens.)* iets van iem. wen; ~ *territory from a country* gebied op 'n land vero= wer; ~ *on a knock-out* met 'n uitklophou wen; ~ *or lose, you ...* of jy wen of verloor, jy ...; ~ *by a wide margin* ver/vêr wen; ~ *s.t. off s.o.* iets van iem. wen; ~ *out/through (all dif= ficulties)* bo uitkom, alle moeilikhede oorwin *(of* te bowe kom*)*; ~ *outright* voluit wen; ~ *s.o. over* iem. omhaal/om=

praat/oorhaal/oorreed; ~ *on* **points** met punte wen; ~ *a* **prize** 'n prys wen/verwerf; *be set to* ~ oorgehaal wees om te wen; **stand to** ~ 'n kans hê om te wen; ~ *in a time of* ... in ... wen; ~ *a* **victory** wen, 'n oorwinning behaal. ~-**win** *adj.* *(attr.)*, *(infml.)* wen-wen- *(attr.)*, waarby almal baat, wat almal tevrede stel, wat niemand benadeel *(of aan die kortste ent laat trek)* nie *(pred.); a* ~ *situation/agreement/etc.* 'n wen-wen-situasie/-ooreenkoms/ens..

**wince** *n.* krimping, terugdeinsing; gril, huiwering, trekking. **wince** *ww.* (ineen)krimp; terugdeins; gril, huiwer, ril; *(spiere)* trek; ~ *under pain* (ineen)krimp van pyn; *without wincing* sonder om 'n spier te vertrek.

**winch** *n.* *n.* slinger, handvatsel; windas, wenas, wen, lier, hystoestel. **winch** *ww.* (op)hys; ~ *s.t. up* iets opkatrol.

**Win·ches·ter (ri·fle)** *(soort repeteergeweer)* winchester(geweer) *(ook W~).*

**wind¹** *n.* wind; lug; reuk, ruik; asem; *(ook i.d. mv., mus., fungeer as ekv. of mv.)* die blasers/blaasinstrumente; →WINDAGE, WINDLESS, WINDWARD, WINDY; *the* ~ **abates/drops/falls/ sinks** die wind bedaar *(of gaan lê)*; **against** *the* ~ windop, teen die wind (in); *have the* ~ **against** one die wind van voor kry/hê; *the* ~ **blows** die wind waai; *see* (or *find out*) *how* (or *which way) the* ~ **blows** kyk uit watter hoek die wind waai, die kat uit die boom kyk; **break** ~ 'n wind laat/los; **cast/ fling/throw** *s.t. to the (four)* ~s iets oorboord gooi *(versigtigheid ens.); the* ~(s) *of* **change** die wind van verandering; **down** *the* ~ windaf, voor die wind (uit), met die wind van agter *(of* in die rug), saam met die wind; onder(kant) die wind; *the* ~ *is* **easterly/etc.,** *the* ~ *is (from/in the)* **east/etc.** die wind is oos/ens., die wind kom uit die ooste/ens.; *a* **fair** ~ 'n gunstige wind; *the* ~ **fell** die wind het bedaar *(of* gaan lê); die wind het afgeneem; *from the* **four** ~s uit alle hoeke/ rigtings; *the* ~ **freshens** die wind word fris *(of* begin stoot); **get/have** *of s.t.* iets agterkom, die/'n snuf in die neus kry van iets, lug kry van iets, 'n voëltjie hoor fluit oor iets; **get/ have** *the* ~ *up, (infml.)* verskrik wees, die skrik op die lyf hê, lelik in die nood wees, in die knyp raak, vrek bang wees/ word; *a* **gust** *of* ~ 'n windvlaag, 'n rukwind; *the* ~ *is blowing* **hard** die wind waai sterk/hard; *a* **high** ~ 'n stormwind, 'n sterk wind; **high/huge** ~s *blow on high hills, (sprw.)* die hoogste bome vang die meeste wind; *it's an* **ill** ~ *that blows nobody any good, (sprw.)* geen kwaad sonder baat, by elke ongeluk 'n geluk; *there is s.t.* **in** *the* ~ daar is iets gaande *(of* aan die gang), daar broei iets; daar is iets aan die kom *(of* op koms); **into** *the* ~ teen die wind (op); **knock** *the* ~ *out of s.o., (lett.)* iem. se wind uitslaan; *(fig.)* iem. se asem laat wegslaan; *go* **like** *the* ~ (so vinnig) soos die wind gaan; **lose** *one's* ~ uitasem raak; *the* ~ **picks** *up* die wind word sterker; *the* **prevailing** ~ die heersende wind; **put** *the* ~ *up s.o., (infml.)* iem. bang maak, iem. die *(of* 'n groot) skrik op die lyf ja(ag); **recover** *one's* ~ (weer) asem kry; *the* ~ *is* **rising** die wind word sterker; *the* ~ **rose** die wind het opgekom; **sail** *close to* (or *near) the* ~ skerp by *(of* soveel moontlik teen) die wind seil; *(infml.)* op die kantjie af wees *(v. welvoeglikheid ens.); take the* ~ *out of s.o.'s* **sails** die wind uit iem. se seile haal, iem. se wapen uit sy/haar hand slaan; iem. die loef afsteek; **get** *one's* **second** ~ jou tweede asem kry; *the* ~ **shifts** *round to the east/etc.* die wind draai oos/ens.; *be* **short** *of* ~ uitasem wees; **sow** *the* ~ *and reap the whirlwind, (sprw.)* wie wind saai, sal storm maai; *a* **strong** ~ 'n sterk wind; *be* **troubled with** ~s, *(fisiol.)* las van winde hê; *the* ~ *is* **up** die wind het opgesteek; **up** *the* ~ windop; **up into** *the* ~ (met die kop) teen die wind (in); ~ *and* **weather** wind en weer; **whistle** *down the* ~ iets laat vaar, iets opgee; **with** *the* ~ windaf.

**wind** *winded winded, ww.* winduit slaan; *(hoofs. as volt.dw.)* uitasem raak; die winde uitklop/-vryf uit *('n baba); laat* asemskep/blaas *('n perd ens.); ruik, die reuk/lug kry van; *be* ~ed uitasem wees; winduit wees; *give a* **horse** *a gallop to* ~ *him* 'n perd sy litte laat losmaak *(of* op 'n galop ry vir oefe-

ning). ~**bag** *(infml.)* grootprater, windsak, =lawaai, =buks, groot=, raasbek. ~ **band** *(mus.)* blaasorkes. ~**blown** *adj.* aangewaai(d), (wind)verwaaid; ~ *sand* waaisand. ~-**borne** *adj.* aangewaai(d). ~**break** windskerm, =skut, =heining, =laning. ~**breaker,** *(hoofs. Br.)* ~**cheater** windjekker, =jak. ~ **chest** blaasbalk, lugkas; windkas, =laai *(v. 'n orrel).* ~ **chill** wind= (ver)koeling. ~-**chill factor** windverkoelingsfaktor. ~ **chimes** *n. (mv.)* windklokkies. ~-**dried** *adj.* winddroog. ~-**drying** *n.* winddroging. ~-**egg** windeier; vrot eier. ~ **energy** wind= energie. ~**fall** *n.* wat afgewaai/omgewaai is; afgewaaide vrug(te); *get a* ~ 'n geluk/meevaller kry. ~ **farm** windkrag= aanleg. ~**flower** anemoon, windblom, =roos. ~ **force** wind= krag, krag van die wind; windsterkte. ~ **gauge** windmeter, anemometer; windskuif *(v. 'n geweer).* ~ **gust** windvlaag, =stoot. ~ **indicator** windwyser. ~ **instrument** *(mus.)* blaasin= strument. ~ **instrumentalist** *(mus.)* blaser. ~ **intensity** wind= sterkte. ~ **machine** *(teat. ens.)* windmasjien. ~**mill** *n.* wind= meul(e); windpomp; *fight* (or *tilt at)* ~s, *(fig.:* denkbeeldige *vyande/euwels bestry)* teen windmeule(ns) veg. ~**mill** *ww.* soos 'n windmeul(e) draai; met die vliegwind laat draai. ~**pipe** *(anat.)* gorrel(pyp), (hoof)lugpyp. ~-**pollinated** *adj.* windbestuif. ~ **power** windkrag. ~ **pressure** winddruk. ~-**proof** *adj.* winddig. ~ **resistance** windweerstand. ~ **rose** *(weerk.)* wind=, kompasroos. ~**row** oesry, swad; skuinswal *(langs d. pad).* ~**screen,** ~**shield** windskerm; voorruit *(v. 'n motor).* ~**screen washer** ruitspuit. ~**screen wiper** ruit=, reënveër. ~ **section** *(mus.)* blasers *(v. 'n orkes).* ~ **sleeve,** ~**sock** windkous, =sak. ~ **speed** windsnelheid. ~ **spider** ja(a)gspinnekop, roman. ~ **storm** *(hoofs. Am.)* windstorm. ~**surf** *ww.* seilplankry. ~**surfer** seilplankryer. ~**surfing, board= sailing, sailboarding** *n.* seilplankry. ~**swept** *adj.* winderig; (wind)verwaaid. ~ **tee** *(weerhaan)* wind-T. ~ **tunnel** wind= tonnel. ~ **vane** weerhaan, windvaan; windmeulvlerk; wind= T. ~ **velocity** windsnelheid; rigtingsnelheid (van wind). ~ **zone** windsone, =streek.

**wind²** *n.* draai, kronkeling; hysing. **wind** *wound wound, ww.* (op)draai, (op)rol, wind; *(elek.)* (be)wikkel; *(sk.)* (om)krink; *(hout)* krom trek; *('n pad ens.)* slinger, kronkel, met draaie loop; ~ *s.o. in one's* **arms,** ~ *one's arms* **around/round** *s.o.* jou arms om iem. vou/slaan; ~ *s.t.* **back** iets terugdraai; ~ **down,** *(iem.)* ontspan; *(iets)* afloop; ~ *s.t.* **down** iets laat sak; ~ *s.t.* **in** iets inkatrol; ~ *s.t.* **off** iets afrol/afrol/afwen/los= draai; *the road* ~s **through** ... die pad kronkel/slinger deur ...; *s.o.* ~s **up** *by saying/etc.* ... iem. sê/ens. ten slotte ...; ~ **up** *with* ..., *(infml.)* met ... bly sit; ~ *o.s.* **up** *to do s.t.* al jou kragte inspan om iets te doen; ~ *s.o.* **up,** *(infml.)* iem. terg/irriteer *(of* kwaad maak); ~ *s.t.* **up** iets oprol; iets aandraai; iets op= hys/ophaal; iets afwikkel *(sake);* iets likwideer *('n mpy.);* iets afsluit *('n vergadering);* iets tot 'n einde bring; ~ *(up) a* **watch** 'n horlosie/oorlosie opwen. ~-**down** *n., (infml.)* ontspanning; afloop. ~-**up** *n.* afsluiting, beëindiging; einde; →WINDING-UP.

**wind·age** speling, speelruimte *(tuss. 'n projektiel en sielwand);* windinvloed *(op 'n projektiel);* windtoegewing, =kompensasie *(v.d. visier v. 'n vuurwapen);* turbulensie *(v. 'n snel bewegende voorwerp);* lugweerstand; *(sk.)* windkant, loefkant, =sy.

**wind·er** winder, wenner, draaier, slinger; hysmasjien; draai= tree; spanrol, haspel; *(elek.)* wikkelaar; slingerplant.

**wind·ing** *n.* winding, kronkeling, draai; optolling, opwen= (ning); hysing, hyswerk; *(elek.)* wikkeling. **wind·ing** *adj.* kronkelend, kronkel=, draai=; ~ *road* kronkelpad; ~ *stair(case)* wenteltrap. ~ **engine** hysmasjien. ~ **gear** hystoestel, =gerei; opwentoestel, opwenner, optoller. ~ **sheet** doods=, lykkleed. ~ **staircase** wentel=, spiraaltrap. ~-**up** *n.* afsluiting, beëindi= ging, einde; afwikkeling *(v. sake);* likwidasie *(v. 'n mpy.);* ~ *address/speech* slotrede; ~ *sale* sluitingsuitverkoop.

**wind·lass** *n.* windas, wenas, wen. **wind·lass** *ww.* opwen, ophys, optrek, ophaal *(met 'n wenas);* →WIND².

**wind·less** windstil, windloos.

**win·dow** venster; ruit; opening; *(rek.)* venster; *(fig.)* geleent=
heid, kans; kritieke periode; *(W~s, fungeer as ekv., handels=
naam, rek.)* Windows(bedryfstelsel/omgewing/ens.); *appear
at the ~* voor die venster verskyn; *... went out (of) the ~,
(infml.)* dis neusie verby met ... **~ arch** vensterboog. **~ box**
vensterbak, =tuin; kosynkoker. **~ dressing** vensterversie=
ring, (venster)uitstalling, uitstalkuns, etalering, etaleer(kuns);
vensterversiering, uiterlike vertoon. **~ frame** vensterkosyn,
=raam. **~ ledge** vensterbank. **~pane** vensterruit. **~ sash**
venster=, skuifraam. **~ seat** venster(sit)bank. **~-shop** *ww.*
winkels kyk. **~-shopper** kyk=, loerkoper, winkelkyker. **~-
shopping** *n.* winkelkykery, wenskopery; *do ~* winkels kyk;
*go ~* gaan winkels kyk. **~sill** vensterbank.

**win·dow·ing** *(rek.)* venstertegniek; venstergebruik, die ge=
bruikmaking van vensterprogrammatuur/=sagteware; ven=
sterskepping, die skep van vensters. **~ environment** *(rek.)*
vensteromgewing. **~ system** *(rek.)* vensterstelsel.

**wind·ward** *n., (hoofs. sk.)* loefsy, windkant; *get to ~ of* ... bo
die wind van ... kom; *(fig.)* ... die loef afsteek. **wind·ward**
*adj.* na/bo die wind, loefwaarts, na die loefsy; *W~ Islands,
(geog.)* Bowindse Eilande.

**wind·y** winderig; opgeblaas; opblasend; *(infml.)* windma=
ker(ig), grootpraterig, bombasties; opgeblase; *(fig.)* leeg, hol;
*~ corner* waaihoek. **wind·i·ness** winderigheid.

**wine** *n.* wyn; *good ~ needs no bush* goeie wyn het geen krans
nodig nie; *~ of origin* wyn van oorsprong/herkoms. **wine**
*ww.: ~ and dine s.o.* iem. gul/feestelik *(of* op spys en drank)
onthaal. **~ bar** wynkroeg. **~ bottle** wynbottel. **~ box** wyn=
doos, =boks. **~ cellar** wynkelder. **~ cooler** wynkoeler, =koel=
vat. **~ farmer, ~ grower** wynboer, =bouer, wingerdboer. **~
fly** *(lett.)* wynvlieg. **~glass** wynglas, =kelkie. **~glassful** *=fuls*
wynglas (vol). **~ industry** wynbedryf. **~ list** wynkaart, =lys.
**~maker** wynmaker, =bereider. **~ merchant** wynhandelaar.
**~press** pars=, trapbalie, parskuip, druiwepers, wynpersbak.
**~ red** wynrooi. **~ route** wynroete. **~skin** wynsak. **~-taster**
wynproewer. **~-tasting** *n.* wynproe, =proewery, =proef. **~
vinegar** druiwe=, wynasyn. **~ writer** wyn(rubriek)skrywer,
wynjoernalis.

**win·er·y** wynmakery, =kelder.

**wine·y** →WINY.

**wing** *n.* vlerk *(v. 'n voël ens.)*; vleuel *(v. 'n gebou ens.)*; flank,
vleuel *(v.d. leër)*; *(pol.)* vleuel *(v. 'n party)*; vlerk, wiek *(v. 'n
windmeul)*; skouerkap; *(teat.)* sy=, skuifskerm, coulisse;
breë arm *(v. 'n leunstoel)*; *(sport)* vleuel; *clip s.o.'s ~s* iem.
kortvat/kortwiek, iem. se vlerke knip; *get one's ~s* jou vleu=
els/vlerkies/vliegbewys kry; *give/lend ~s to s.o.* iem. aan=
spoor om gou te maak; *give/lend ~s to s.t.* iets bespoedig/
verhaas; *in the ~s* agter die skerms; *on the ~* in die vlug;
*(sport)* op die vleuel; *play (on the) ~* (op die) vleuel speel; *on
a ~ and a prayer* met skrale hoop; *spread/stretch one's ~s,
(fig.)* jou vlerke uitslaan; *take ~* opvlieg; wegvlieg; *take s.o.
under one's ~* iem. onder jou beskerming/vlerke/vleuels
neem; *wait in the ~s* gereed wees, jou kans afwag; *on the ~s
of the wind* op die vleuels van die wind. **wing** *ww., ('n voël,
vliegtuig)* vlieg; kwes, in die vlerk skiet *('n voël)*; *~ away* weg=
vlieg; *~ it, (infml.)* improviseer, iets uit die vuis uit doen. **~
beat** vleuel=, vlerkslag. **~ chair** orestoel. **~ collar** wegstaan=
boordjie. **~ covert** *(orn.)* dekveer. **~-footed** *adj., (poët., liter.)*
gevleuel(d), snel, lig=, vlugvoetig. **~ nut** vleuelmoer. **~-
shaped** *adj.* vlerkvormig. **~ shell** *(entom.)* vlerk=, dekskild.
**~span, ~spread** vlerkspan(ning). **~ tip** vlerkpunt, =spits,
=tip.

**winged** gevleuel(d), gevlerk; vleuellam; *the ~ horse, (mit.)* die
gevleuelde perd, Pegasus; *~ words, (ret.)* gevleuelde woorde.

**wing·er** *n.* vleuel(speler). **-wing·er** *komb.vorm, (pol.)* =ge=
sinde; *(sport)* =vleuel; *left-* = linksgesinde; linkervleuel.

**wing·less** ongevlerk, ongevleuel(d), sonder vlerke; *~ locust*
voetganger(sprinkaan).

**wing·let** vlerkie; *(entom.)* skildvlerkskub.

**wink** *n.* (oog)wink; knipogie; *give s.o. a ~* vir iem. knik/knip=
oog; *in a ~* in 'n oogwenk/oogwink. **wink** *ww.* oë knip,
knipoog; *(met die/jou oë)* wink/knik/knipper; flikker; *~ at
s.o.* vir iem. knik/knipoog; *~ at s.t.* maak of jy iets nie sien
nie, iets deur die vingers sien.

**wink·ing** *n.* oogknip; *like ~* in 'n oogwenk/oogwink. **wink·
ing** *adj.* knippend, knipogend; knip=.

**win·kle** *n.* alikreukel, arikreukel. **win·kle** *ww.: ~ s.t. out of
s.o.* iets uit iem. kry. **~-picker** *(Br., infml.)* skerppuntskoen.

**win·less** *(span ens.)* wat 'n wendroogte beleef, wat nog nie
een wedstryd kon wen nie *(pred.)*; *~ run/streak* wendroogte.

**win·na·ble** wat gewen kan word, wenbaar.

**win·ner** wenner, oorwinnaar; *be onto a ~, (infml.)* 'n blink
plan hê/kry; 'n belowende onderneming aanpak; *... is a sure
~ ...* sal beslis wen; *tip the ~* die wenner voorspel.

**win·ning** *n.* (die) wen, oorwinning; verowering; winning *(v.
delfstowwe)*; *(ook, i.d. mv.)* wins(te); prysgeld. **win·ning** *adj.*
(oor)winnend; wen=; bekroon(d); innemend, bevallig, vrien=
delik; *~ candidate* verkose kandidaat; *~ hit* beslissende hou;
*~ side/team* wenspan; *on the ~ side* aan die wenkant; *~
ways* innemende maniere, lieftalligheid. **~ post** wenpaal.

**win·now** *n.* wan; (die) uitwan. **win·now** *ww.* (uit)wan, uit=
waai, uitkaf, skoongooi; (uit)sif, skei. **win·now·er** wanner;
wanmeul, =masjien. **win·now·ing** uitwanning; *(fig.)* uitsif=
ting.

**win·o** *=os, (infml.)* wynvlieg, =suiper.

**win·some** innemend, bevallig, vriendelik, aantreklik, lieftal=
lig.

**win·ter** *n.* winter; *in ~* in die winter; *pass the ~ somewhere*
êrens oorwinter. **win·ter** *adj.* winters, winter=. **win·ter** *ww.*
oorwinter, die winter deurbring; laat oorwinter, deur die
winter voer, in die winter versorg *(vee, plante)*. **~-chapped
skin** gebarste vel *(vanweë koue)*. **~ cress** *(bot.: Barbarea* spp.)
winterkers, barbarakruid. **~ garden** wintertuin; broeikas,
glashuis. **~green** *(bot.: Pyrola* spp.) wintergroen. **~ green oil**
wintergroenolie. **W~ Olympics** *n. (mv.)* Winter(-) Olim=
piese Spele, Olimpiese Winterspele. **~ rainfall** winterreën=
(val). **~ rainfall area** winterreënstreek. **~ sleep** *n.* winter=
slaap. **~ solstice** wintersonstilstand. **~ sports** *n. (mv.)* win=
tersport; wintersport(soort)e. **~time, (poët., liter.)** **~tide**
wintertyd, winter(seisoen).

**win·ter·ing** oorwintering; deurwintering; inwintering; uit=
wintering.

**win·ter·ise, =ize** vir die winter geskik maak.

**win·ter·ish** winteragtig.

**win·try, win·ter·y** winteragtig, winters, winter=; koud, ysig;
*(fig.)* koel; *~ reception* yskoue ontvangs; *~ smile* suur glimlag;
*~ weather* winterweer. **win·tri·ness** winteragtigheid, win=
tersheid; *(fig.)* kilheid, troosteloosheid, doodsheid.

**win·y, wine·y** wynagtig, wyn=.

**wipe** *n.* vee(g), hou, klap; sakdoek; *give s.t. a ~* iets afvee;
*take/fetch a ~ at s.o.* iem. met die plat hand byloop. **wipe**
*ww.* (af)vee; uitvee, skoon vee; *~ s.t. away* iets afvee; iets weg=
vee; *~ s.t. down* iets skoonvee; iets afdroog; *~ s.t. off* iets
afvee/wegvee; iets skoonvee; iets afskryf/afskrywe *('n verlies
ens.)*; iets delg/vereffen *(skuld)*; *~ out, (infml.)* van jou bran=
derplank/fiets/ens. afval; *~ s.t. out* iets uitvee; iets delg *(skuld)*;
iets goedmaak *('n tekort)*; iets inhaal *('n agterstand)*; iets uit=
skakel *('n moontlikheid ens.)*; iets uitwis *('n skande ens.)*; *~
out people* mense uitdelg/uitroei/uitwis/vernietig; *~ s.t. up*
iets opvee; iets afdroog *(skottelgoed)*. **~out** *n.* uitwissing; neu=
tralisering, uitskakeling; uitroeiing, vernietiging; wegholoor=
winning, =sege; *(rad.)* uitdowing.

**wip·er** veër, doek, skoonmaker; *(elek.)* kontakarm.

**wire** *n.* draad; elektriese kabel/draad; telefoondraad; staalka=
bel, =tou; *(infml.)* meeluisterapparaat *(vnl. a.d. liggaam)*; *(infml.,*

*vero.)* telegram; *by* ~ telegrafies; *s.t. is going* **down** *to the* ~, *(infml., sport)* iets stuur op 'n naelbyteinde/naelkou-einde af; *pull* ~*s* toutjies trek, knoei, agter die skerms werk, in die geheim invloed uitoefen; *put up a* ~ ('n) draad span; *get in* **under** *the* ~, *(Am., infml.)* net-net aankom *(of* met iets klaar-maak). **wire** *ww.* met draad vasmaak; draad span; bedraad, drade (aan)lê/insit, van drade voorsien; draadhindernisse aanlê; met draad versterk/beveilig; inryg, aan 'n draad ryg; in 'n strik vang; *(infml., vero.)* telegrafeer, sein; ~ *a house for electricity* 'n huis vir elektrisiteit bedraad; ~ *s.t.* in iets om-hein; ~ *into s.t., (infml.)* iets geesdriftig aanpak; *be* ~*d up, ('n huis ens.)* bedraad wees; *(fig., iem.)* opgeskroef wees. ~ **brush** draad-, staalborsel. ~ **cloth** metaalgaas. ~ **dancer** koord-danser(es). ~**draw** *ww.* draadtrek, tot draad trek *(metaal);* (uit)trek. ~ **fence** draad(om)heining. ~ **gauge** draadmaat; draaddikte; draadnommer. ~ **gauze** metaalgaas, gaasdraad, draadgaas, fyn sifdraad. ~ **hair** steekhaar(foks)terriër. ~-**haired** *adj.* ruharig, steekhaar-. ~ **mesh** draadmaas; maas-draad. ~-**meshed** *adj.* met 'n draadskerm *(pred.).* ~ **netting** sifdraad, ogiesdraad, metaalgaas. ~ **pliers** draadtang. ~**pul-ler** konkelaar, intrigant, knoeier, toutjiestrekker, man/vrou agter die skerms. ~ **recorder** klankdraadtoestel, draadop-nemer. ~ **service** *(hoofs. Am.)* nuusagentskap. ~ **staple** draadkram. ~ **stripper** *(dikw. mv.)* draadstroper. ~**tap** *n.* die aanbring van meeluistertoerusting *(of* 'n meeluisterapparaat/ =toestel); meeluisterapparaat, =toestel; meeluistering, mee-luistery. ~**tap** *ww.: ~ s.o.'s phone* 'n meeluisterapparaat/ =toestel aan iem. se (tele)foon koppel, iem. se telefoonge=sprekke afluister. ~**tapper** (elektroniese) afluisteraar; draad=(af)tapper. ~**tapping** draad(af)tappery, =tapping; (telefo-niese) afluister(der)y. ~**walker** koorddanser, =loper, (span)-draadloper. ~**walking** koorddansery. ~**way** draadbaan; draad=leiding. ~**worm** haarwurm *(by skape); (plantplaag)* draad=wurm. ~~**wound** *adj. (attr.),* (elek.) draadwikkel= *(attr.),* met draadwikkeling *(pred.).* ~~**wove(n)** *adj. (attr.)* draaddeurvleg; van geweefde draad *(pred.).*

**wire·less** *n., (vero.)* radio, draadloos; draadlose telegrafie; draadlose telefonie. **wire·less** *adj.* draadloos; radio-. ~ **(apparatus/set)** draadloos(stel), draadloostoestel, radio(stel), radiotoestel. ~ **telegraphy** draadlose telegrafie, radiotele=grafie, draadloos. ~ **telephony** draadlose telefonie, radio=telefonie; →RADIOTELEPHONY.

**wir·ing** draadwerk; draadspanwerk; draadaanleg, bedrading; geleiding.

**wir·y** draadagtig, draad=; taai, gespier(d), sterk; seningrig.

**wis·dom** wysheid; verstand; *in one's* ~ *decide to do s.t.* dit goed ag om iets te doen; *doubt the* ~ *of doing s.t.* twyfel of dit verstandig is om iets te doen; *show great* ~ *by doing s.t.* baie verstandig optree deur iets te doen; *W~ of* **Solomon,** *(apokriewe Bybelboek)* Wysheid van Salomo. ~ **tooth** ver-standskies, verstand(s)tand.

**wise** *n.* (die) verstandiges/wyses; *a word to the* ~ *is enough* 'n goeie begryper/begrip/verstaander het 'n halwe woord no-dig. **wise** *adj.* verstandig, wys; *without anyone being any the* ~*r* sonder dat iem. iets daarvan weet; *it is easy to be* ~ *after the* **event** dis maklik om nou/agterna te praat, dis geen kuns om nabetragtinge te hou nie; *get* ~ *to s.o./s.t., (infml.)* agterkom hoe iem./iets werklik is; ~ **man** verstandige/wyse man; *(infml.)* raadgewer, kundige; *(hist.)* wyse, wysgeer; to-wenaar; *be* **none** *the* ~*r* nog net so wys *(of* in die duister) wees as (wat) jy was; *no one will be the* ~*r* geen haan sal daar-na kraai nie; *it would* **not** *be* ~ dit sou nie raadsaam/verstan-dig wees nie; *be* ~ *to s.o., (infml.)* goed weet wat ag-ter iem. se planne steek; *be* ~ *to s.t., (infml.)* goed weet wat ag-ter iets steek; *s.o. is* ~ *(or it is* ~ *of s.o.) to* ... iem. tree verstan-dig op deur ...; ~ **woman** verstandige/wyse vrou; *(hist.)* to-wenares; waarsegster. **wise** *ww.:* ~ *up, (infml.)* wakker word, agterkom wat die aan die gang is; ~ *up to s.t., (infml.)* iets agter-kom. ~**crack** *n.* kwinkslag, sêding, puntigheid, epigram; *(ook,*

*i.d. mv.)* sêgoed; *make a* ~ *about* ... 'n kwinkslag oor ... maak/kwytraak. ~**crack** *ww.* kwinkslae *(of* 'n kwinkslag) maak.

**wise·a·cre** alweter, weetal, wysneus.

**wish** *n.* wens, begeerte, verlange; *with best* ~*es* met beste wense, met seën-/heilwense, alles van die beste; *contrary to s.o.'s* ~*es* teen iem. se sin; *s.o.'s* **earnest** ~ iem. se innige wens; *s.o.* **gets** *his/her* ~ iem. se wens word vervul; iem. kry sy/haar sin; *with every* **good** ~ met alle goeie wense; *grant s.o.'s* ~ iem. se versoek toestaan/inwillig, aan iem. se versoek vol-doen; *if* ~*es were* **horses,** *beggars would ride* wens in die een hand, spoeg/spu(ug) in die ander en kyk in watter een het jy die meeste; *make a* ~ iets wens; *the* ~ *is father to the* **thought** die wens is die vader van die gedagte. **wish** *ww.* wens; begeer; verlang; ~ *s.t.* **away** iets wegwens; *one could not* ~ *it* **better** beter kon ('n) mens dit nie wil hê nie; ~ *for s.t.* na iets verlang, iets begeer; *all that one could* ~ *for* al wat ('n) mens se hart kan begeer; ~ *s.t.* **on** *s.o.* iem. iets toewens *(gew. iets slegs);* ~ *s.o. s.t.* iem. iets toewens *(geluk ens.);* ~ *that* ... wens dat ...; ~ *to go/etc.* (graag) wil gaan/ens.. ~**bone** vurkbeentjie, geluksbeentjie. ~ **fulfilment** *(ook psig.)* wens-vervulling. ~ **list** *(infml.)* verlanglys(ie).

**wish·ful** verlangend; ~ *thinking* wensdenkery.

**wish·ing** (die) wens. ~ **cap** towerhoedjie. ~ **well** wensput.

**wish·y-wash·y** *(infml.)* dun, flou, waterig; laf. **wish·y-wash·i-ness** *(infml.)* flouheid, waterigheid; lafheid.

**wisp** bossie, toutjie, hopie *(strooi ens.);* ~ *of beard* yl baardjie; ~ *of smoke* dun rokie; ~ *of a man/woman* tingerige man-netjie/vroutjie. **wisp·y** in bossies; dun; tingerig; ~ *beard* yl baard.

**wis·te·ri·a, wis·ta·ri·a** *(bot.: Wisteria spp.)* bloureën, wis-teria, wistaria.

**wist·ful** verlangend, hunkerend; peinsend; weemoedig; ~ *for* ..., *(ook)* smagtend na ... **wist·ful·ness** verlange, hunke-ring; weemoed.

**wit** *n.* vernuf, verstand; wysheid; gees, geestigheid; geestige mens; *have/keep one's* ~*s* **about** *one* al jou positiewe byme-kaar hê, jou sinne bymekaar hou, nie aan die slaap wees nie, weet wat jy doen; *be at one's* ~*'s/*~*s'* **end** raadop wees, ten einde raad wees, (met die) hand(e) in die hare sit; *have* ~ **enough** *to* ... genoeg verstand hê om ...; *be* **frightened/scared** *out of one's* ~*s* dood(s)bang wees, jou (boeg)lam *(of* oor 'n mik) skrik; *live by one's* ~*s* op (die) een of ander manier 'n bestaan voer; van skelmstreke leef/lewe; *be out of one's* ~*s* van jou kop/verstand af *(of* van jou sinne beroof) wees, nie reg wees nie; *have* **quick/sharp** ~*s* vlug/snel/vin-nig van begrip wees, skerpsinnig/skrander wees, 'n skerp verstand hê; *have a* **ready** ~ gevat wees; *s.o.'s* **ready** ~ iem. se gevatheid; *have* **slow** ~*s* bot/dom wees; →SLOW-WITTED.

**witch** *n.* (tower)heks, towenares; *(infml.)* bekoorster; *(infml.)* heks, lelike wyf; ~*es'* **broom** heksebesem; ~*es'* **cauldron** hek-seketel. **witch** *ww.* toor; betower; bekoor; ~*ing hour* spook-uur, geeste-uur. ~**craft** toordery, towery; toor-, towerkuns; heksery; bekoring. ~ **doctor** toordokter. ~-**hunt** *n. (hist.)* heksejag, =vervolging; *(infml.)* heksejag, vervolgery.

**witch·er·y** toordery, towery; bekoring, betowering.

**witch·like** heksagtig.

**with** *prep.* met; (saam) met; by; van; *be* ~ *s.o.* by iem. wees; met iem. wees, iem. steun; ~ *no* **children** sonder kinders; *get* ~ *it, (infml.)* saam vrolik/ens. wees; *are you* ~ **me?** steun/volg/begryp jy my?; *have no* **money** ~ *one* geen geld by jou hê nie; *do s.t.* ~ **that** iets daarmee doen; ~ **that** ... daarop ..., met dié ..., op daardie oomblik ...; *who is not* ~ **us,** *is against us* wie nie met/vir ons is nie, is teen ons; *what does s.o.* **want** ~ ...? wat wil iem. van ... hê?; *who* **was** *s.o.* ~? by wie was iem.?; *who was by* iem.?; *no pen to* **write** ~ geen pen om mee te skryf/skrywe nie; *I am* ~ **you** *there* daar(oor) stem ek (met jou) saam. ~-**it** *adj. (attr.)* byderwetse *(pers., tydskrif, ens.); be the* ~ *thing to do* die in ding wees om te doen. ~-**profit(s)**

*adj. (attr.):* ~ *policy, (versek.)* winsdelende polis, polis met winsdeling.

**with·draw** *=drew =drawn* wegtrek, opsy trek; wyk; afsonder; terugstaan; uittree; onttrek; wegvat, =neem; opsy gaan, een= kant toe gaan, weggaan; *(troepe)* terugtrek; in=, terugtrek, herroep *('n wetsontwerp, regulasie, ens.);* opvra, (uit)trek, te= rugvorder *(geld);* uit die vaart neem *('n skip);* ~ *from* ... jou onttrek aan ... *('n verkiesing, wedstryd, ens.);* uit ... tree *(d. re= gering ens.);* ~ *from company* jou terugtrek/verwyder uit die geselskap; ~/*scratch a horse from a race* 'n perd aan 'n wed= ren onttrek; ~ *from society* jou afsluit; ~ *troops from an area* troepe uit 'n gebied onttrek; ~ *s.t. from circulation* iets uit die omloop haal *(of* aan die omloop onttrek) *(geld ens.).* **with·draw·a·ble** intrekbaar; opsegbaar. **with·drawn** terug= getrokke; afgetrokke; onttrokke.

**with·draw·al** terugtrekking; intrekking; herroeping; ont= trekking *(aan);* verwydering; terugtog; terugvordering, op= vraging; ~ *of capital* afvloei(ing) van kapitaal. ~ **slip** op= vrastrook, =strokie. ~ **symptoms** onttrekkingsimptome, ont= houdingsverskynsels.

**with·er** (laat) verwelk, verlep; verskrompel; verdor, verdroog; uitteer, kwyn, agteruitgaan, vergaan; ~ *away* kwyn; ~*ing fire, (mil.)* moordende vuur; ~ *up* verskrompel, verdor, uit= dor.

**with·er·ing** verwelking; verdorring, verdroging; droging *(v. tee).* ~ **floor** droogvloer.

**with·ers** *n. (mv.)* skof *(v. 'n perd).*

**with·hold** *=held =held* weerhou, onthou, agterhou; agterweë hou; weier; ~ *s.t. from s.o.* iem. iets weier/ontsê; ~ *payment* (uit)betaling agterhou. **with·hold·ing tax** terughoubelasting.

**with·in** *adv.* binne(kant); daar/hier binne; van binne; *from* ~ van binne, van die binnekant; *go* ~ binnegaan; *is Mr Nel* ~*?* is mnr. Nel tuis?; *stay* ~ in die huis bly, binne bly; *clean* ~ *and without* skoon van binne en (van) buite. **with·in** *prep.* binne, in, binnekant; ~ *a month of* ... binne 'n maand ná ...; *do s.t.* ~ *o.s.* iets doen sonder om al jou kragte in te span.

**with·out** *adv.: from* ~, *(poët., liter.)* van buite, van die buite= kant. **with·out** *prep.* sonder; ontbloot van; ~ *a hat* sonder 'n hoed; ~ *it* daarsonder; **with·out** *voegw., (dial.)* tensy.

**with·stand** weerstaan, weerstand bied aan/teen, die hoof bied aan; jou verset teen.

**with·y** *=ies* lat; loot; wilgerloot.

**wit·less** onnosel, simpel; laf, soutloos.

**wit·loof** witlof, =loof, Brusselse lof.

**wit·ness** *n.* getuie; getuienis; *bear* ~ getuig, getuienis aflê/ gee/lewer; *bear* ~ *to s.t.* van iets getuig; *call a* ~ 'n getuie (op)roep; *call s.o. as a* ~ iem. as getuie (op)roep; *call s.o. to* ~ iem. tot getuie roep; ~ *for the defence* getuie vir die verde= diging; *in* ~ *of* ..., *(jur.)* ten getuie/bewyse van ...; *lead a* ~ 'n getuie voorsê; *produce* ~*es* getuies bring; ~ *for the prosecu= tion* getuie vir die vervolging, beswarende getuie; ~ *for the state* →STATE WITNESS; *be a* ~ *to s.t.* getuie van iets wees *('n ongeluk ens.).* **wit·ness** *ww.* getuig, getuienis aflê; attesteer, as getuie (onder)teken; (deur getuienis) staaf; getuie wees van, aanskou, sien, bywoon; ~ *against* ... getuienis aflê teen ...; *(as)* ~ ... waarvan ... die bewys is; ~ *a signature* 'n handtekening waarmerk; ~ *to s.t.* van iets getuig. ~ **box,** ~ **stand** getuiebank.

**wits** *n. (mv.)* →WIT *n..*

**-wit·ted** *komb.vorm =sinnig,* ... van begrip/verstand; *dim-/ dull-/slow-*~ stompsinnig, stadig/traag van begrip; onno= sel; *half-*~ stompsinnig, stadig/traag van begrip; swaksin= nig; *quick-/sharp-*~ skerpsinnig, vlug van begrip/verstand, gevat; *razor-*~ met 'n vlymskerp verstand.

**wit·ter** *(Br., infml.)* (aanmekaar/aanhoudend) babbel/klets/ kwetter/rammel; ~ *on* te veel praat; voortbabbel; ~ *on about* ... te veel oor ... praat; oor ... aangaan.

**wit·ti·cism** kwinkslag, geestigheid, geestige gesegde; *(ook, i.d. mv.)* sêgoed.

**wit·ting** *adj.* (doel)bewus, voorbedag; moedswillig. **wit·ting· ly** *adv.* met voorbedagte rade, opsetlik, bewus, willens en wetens; ~ *or unwittingly* bewus of onbewus.

**wit·ty** *adj.* geestig, gevat; ~ *sayings* sêgoed. **wit·ti·ly** *adv.* gees= tig, gevat, op gevatte wyse. **wit·ti·ness** geestigheid.

**Wit·wa·ters·rand** *(geog., <Afr.): the* ~/*Rand/Reef* die Wit= watersrand/Rand.

**wiz** *(infml.)* →WHIZZ.

**wiz·ard** towenaar; waarsêer; *be a* ~ *with s.t.* met iets toor *(syfers ens.); a* ~ *at playing the piano* 'n baasklavierspeler. **wiz·ard·ry** towery, towerspel, =kuns, betowering, toordery, toorkuns, toordoktery.

**wiz·ened** verrimpel(d), uitgedroog, verskrompel(d). **wiz· en-faced** plooierig, plooigesig=, rimpelgesig=.

**woad** *(bot.: Isatis tinctoria; kleurstof)* wede.

**wob·ble** *n.* geslinger, waggeling; waggelende gang; onseker= heid, onvastheid. **wob·ble** *ww.* slinger; skommel; waggel, strompel; wikkel, wiebel; aarsel, weifel, onseker wees; ~ *about/ around* rondwaggel. ~ **saw** slinger=, dolsaag. **wob·bli·ness** wankel(rig)heid; drillerigheid; bewerigheid; onvastheid. **wob· bly** slingerend, waggelend; drillerig, wikkelrig, wankel(rig), waggelrig; bewerig, onvas; *throw a* ~, *(Br., infml.)* die piep kry, ontplof.

**wodge** *(Br., infml.)* homp; stuk, klont; klomp, spul, hoop; *a* ~ *of* ... 'n klomp/spul *(papiere ens.);* 'n (dik) rol *(note);* 'n (dik) bos *(hare);* 'n homp *(materie);* 'n kop vol *(idees ens.).*

**woe** *(poët., liter. of skerts.)* wee, smart; nood, ellende; *(i.d. mv.)* moeilikhede, ellende(s), rampe, teleurstellings; ~ *betide (be to) s.o. if* ... wee *(of* die hemel bewaar) iem. as ...; ~ *is me!* wee my!; *pour out one's* ~*s* van al jou ellendes vertel; *a tale of* ~ 'n jammerverhaal. **woe·be·gone** treurig, armsalig. **woe·ful** treurig, droewig. **woe·ful·ness** treurigheid, droe= wigheid.

**wog·gle** nekdoekring.

**wok** *(Chin. kookk.: roerbraaipan)* wok.

**woke** *ww. (verl.t.)* →WAKE[1] *ww..*

**wold** *(dikw. as 2e lid v. 'n Br. pleknaam)* vlakte; hoogvlakte; heiveld; *(i.d. mv.)* rûens.

**wolf** *wolves, n., (soöl.: Canis lupus)* wolf; vraat, gulsigaard; *(infml.)* vrouejagter; *(mus.)* wanklank, wolf; *cry* ~ (onnodig) alarm maak; *keep the* ~ *from the door* die honger op 'n af= stand hou, sorg dat daar genoeg is om van te leef/lewe; *a lone* ~ 'n alleenloper; *a pack of wolves* 'n trop wolwe; *set the* ~ *to keep the sheep* wolf skaapwagter maak; *a* ~ *in sheep's clothing* 'n wolf in skaapsklere; *throw s.o. to the wolves* iem. vir die wolwe gooi. **wolf** *ww.:* ~ *s.t. (down)* iets verslind/ver= orber, iets gulsig sluk. ~ **cub** klein wolfie. ~**fish** *(Anarhichas* spp.) seewolf. ~**hound** wolfhond. ~ **pack** trop wolwe. ~ **skin** wolfs=, wolwevel. ~ **spider** ja(a)g=, wolfspinnekop. ~ **trap** wolwehok; wolfyster. ~ **whistle,** ~ **call** mannetjies=, vryfluit.

**wolf·ish** wolfagtig, wolf=; gulsig.

**wolf·ram** *(chem.)* = TUNGSTEN. ~ **ochre** wolfram-oker, tung= stiet.

**wolf·ram·ite** *(min.)* wolframiet.

**wolf's:** ~ **claw,** ~ **foot** *(mossoort)* wolfsklou. ~ **milk** *(bot.: Eu= phorbia* spp.) wolfsmelk.

**wolfs·bane** *(bot.: Aconitum lycoctonum)* akoniet, (geel) mon= nikskap; *(Eranthis hyemalis)* winterakoniet, wolfswortel; *(Ar= nica montana)* valkruid.

**wol·ver·ine** *(soöl.: Gulo gulo)* veelvraat.

**wom·an** *women, n.* vrou; werkster, diensmeisie; *(infml.)* vrou, geliefde; *she is all* ~ sy is deur en deur vrou; *be tied to a* ~*'s apron strings* niks kan doen sonder 'n vrou nie; *there's a* ~ *in it* 'n vrou sit daaragter; *a kept* ~ 'n bywyf/

houvrou; *a ~'s **name*** 'n vrouenaam; *be a **new*** ~ 'n ander/ nuwe mens wees; *the **other*** ~ die ander vrou (in die/'n drie= hoek); *be one's **own*** ~ jou eie baas wees; *~ of **pleasure*** wulpse/sensuele/wellustige vrou; *(euf: prostituut)* vrou van losse sedes; *a **single*** ~ 'n ongetroude vrou; *~'s **size*** vroue= grootte; *the **very*** ~ die einste sy; *~'s **wit*** vroulike intuïsie. **wom·an** *adj.* vroulik; ~ *clerk* vroulike klerk; ~ *doctor* vroulike dokter; ~ *saint* heilige vrou; ~ *worker* werkster. ~-**hater** vrouehater.

**wom·an·hood** vroulikheid, vroulike staat; vroue, die vrou.

**wom·an·ise**, -**ize** *('n man)* losbandig/onsedelik leef/lewe, ontug pleeg, *(infml.)* rondslaap. **wom·an·is·er**, -**iz·er** losban= dige, ontugtige; vrouejagter.

**wom·an·ish** *(dikw. neerh.)* vrou=, damesagtig; verwyf(d). **wom·an·ish·ness** vrouagtigheid, verwyfdheid.

**wom·an·kind** vroue(ns), die vroulike geslag.

**wom·an·like** vroulik, soos 'n vrou.

**wom·an·ly** vroulik. **wom·an·li·ness** vroulikheid.

**womb** *(anat.)* baarmoeder, *(poët., liter.)* moederskoot; *(soöl.)* moer; *in the* ~ in die moederskoot; *in the ~ of time, (ret.)* in die skoot van die tyd.

**wom·bat** *(soöl.:Vombatus ursinus)* wombat, buidelmuis.

**wom·en** vroue, vrouens; vroumense. ~**folk** vroue(ns), vrou= mense.

**wom·en's:** ~ **association** vrouevereniging. ~ **auxiliary** sus= tersvereniging. ~ **champion** vrouekampioen. **W**~ **Day:** *(Na= tional)* ~ , *(SA: 9 Aug.)* (Nasionale) Vrouedag. ~ **doubles** *(tennis)* vrouedubbelspel. ~ **hostel** damestehuis, =koshuis. ~ **lib** *(infml., afk.)* = WOMEN'S LIBERATION. ~ **libber** *(infml., dikw. neerh.)* kampvegter vir vroueregte, vroueregvegter, vroue= regteaktivis. ~ **liberation** *(dikw.W~ L~)* vrouebevryding. ~ **(liberation) movement** *(dikw.W~ [L~] M~)* vroue(bevry= dings)beweging. ~ **magazine** vrouetydskrif. ~ **refuge** vroue= toevlugsoord, toevlugsoord vir vroue. ~ **rights** vroueregte. ~ **room** *(Am.)* vroue=, damestoilet, =kleedkamer. ~ **singles** *(tennis)* vroue-enkelspel. ~ **suffrage** vrouestemreg, =kiesreg. ~ **team** vrouespan. ~ **ward** vrouesaal. ~ **wear** vroueklere, =kleding.

**won** *ww. (verl.t. & volt.dw.)* (het) gewen; →WIN *ww.; s.o.'s dearly* ~ ... iem. se swaar verkreë ... *(vryheid ens.)*; iem. se duur bevogte ... *(oorwinning); s.t. is to be* ~ iets is te wen.

**won·der** *n.* wonder; wonderwerk; mirakel; verwondering; =verbasing; ~*s (will) never cease, (dikw. iron.)* dis 'n wonder, dit gaan seker reën; *the **child** is a* ~ dit is 'n wonderkind; *for a* ~ wonderlik/vreemd genoeg; *be ...for a* ~ waarlikwaar ... wees *(betyds ens.); it's a* ~ *that* ... dis 'n wonder dat ...; *(it's) **little/no/small*** ~ *that* ... (dis) geen wonder dat ... nie; *a **nine days'*** (or **one-day/seven-day**) ~, *(fig., skerts.)* die/'n ag(t)ste wêreldwonder; *no* ~*!* geen wonder nie!; *... is a **per= petual*** ~ *to s.o.* iem. verwonder hom/haar altyd oor ...; *in **silent*** ~ met stomme verbasing; *~ of **wonders*** wonder bo wonder; *work* ~*s* wonders doen; *s.t. **works*** ~*s* iets het 'n wonderlike (*of* 'n verbasend goeie) uitwerking; *a ~ of the **world*** 'n wêreldwonder. **won·der** *ww.* jou verwonder; won= der; graag wil weet, nuuskierig wees; verbaas wees; *s.o. ~s **about*** ... iem. sou graag wil weet wat ...; iem. twyfel aan ... *(iem.)*; iem. betwyfel ... *(iets)*; iem. het bedenkings oor ... *(iem., iets)*; ~ *at* ... jou verwonder oor ...; *never **cease*** *to* ~ *at s.t.* jou altyd oor iets verwonder; *I* ~ *why s.o./s.t.* didn't ... dis vir my vreemd dat iem./iets nie ... nie; *I* ~ *what/who* ... ek wonder wat/wie ...; ek vra my af wat/wie ...; ek sou graag wil weet wat/wie ...; ~ *whether* ... wonder of ...; jou afvra of ... ~ *boy* wonderseun. ~ *drug* wondermiddel, =medisyne. ~**land** wonder=, towerland. ~-**struck**, ~-**stricken** *adj.* ver= stom, stomverbaas, stom van verbasing, dronkgeslaan. ~-**worker** wonderdoener.

**won·der·ful** wonderlik, wonderbaarlik, uitsonderlik, vreemd= (soortig); merkwaardig, verbasend; heerlik, pragtig, skitte=

rend; lieflik; wondermooi, =skoon; *perfectly* ~ gewoonweg wonderlik; *it is* ~ *that/to* ... dit is wonderlik dat/om ...; *a ~ world* 'n wonderwêreld. **won·der·ful·ly** wonderlik.

**won·der·ing** *adj.*, **won·der·ing·ly** *adv.* verwonder(d), vol verwondering; verbaas; vraend.

**won·der·ment** verwondering, verbasing.

**won·drous** *(poët., liter.)* wonderlik, wonderbaarlik; verba= send.

**wonk** *(Am., infml., neerh.)* boekwurm.

**won·ky** *(infml.)* wankelrig *('n stoel ens.)*; onvas *(treë ens.)*; be= werig *(iem. se bene ens.)*; skeef *(iem. se neus ens.)*; swak, ge= brekkig *(iem. se oordeel ens.)*.

**won't** *(sametr. v. will not)* wil nie; sal nie.

**wont** *n., (fml. of skerts.)* gewoonte, gebruik; *as is s.o.'s* ~ vol= gens (iem. se) gewoonte. **wont** *adj., (arg., poët., liter.)* ge= woond; *be* ~ *to do s.t.* iets gewoonlik doen.

**won ton** *(Chin. kookk.)* won ton. ~ ~ **(soup)** won ton(-sop).

**woo** die hof maak, vry na, vlerksleep by; bearbei, probeer om= haal/=praat, flikflooi, pamperlang; ~ *s.o. away* iem. weglok/ afrokkel. **woo·er** vryer; minnaar. **woo·ing** hofmakery, vry= ery; bearbeiding.

**wood** *n.* hout; bos, woud; *(gh.)* hout(stok); (rol)bal; *cut out the **dead*** ~ van die nuttelose werkers/dele/ens. ontslae raak; *in the* ~, *(wyn ens.)* in die vat; *a **log** of* ~ 'n stomp hout, 'n houtblok; *this/that **neck** of the* ~*s, (infml.)* hierdie/daardie kontrei; *be **out** of the* ~*(s)* uit die moeilikheid/verleentheid wees; buite gevaar wees; *a **piece** of* ~ 'n (stuk) hout; *not (be able to) **see** the* ~ *for the trees, (idm.)* vanweë die bome nie die bos (kan) sien nie; *the* ~*s, (ook)* die bos(se); *touch* (or *[Am.] knock* on) ~*!, (infml.)* hou duim vas!. **wood** *adj.* hout=, van hout; bos=. ~ **alcohol,** ~ **spirit** metanol, metielalkohol. ~ **apple** *(Limonia acidissima)* olifantsappel. ~ **beetle** hout= kewer. ~**bine** (wilde)kanferfoelie/=kamferfoelie; *(Am.)* wilde= wingerd. ~ **block** houtblok. ~-**block floor** blokkiesvloer. ~**borer** boorkewer. ~**carver** hout=, beeldsnyer. ~**carving** hout=, beeldsnywerk, =snykuns. ~ **charcoal** houtskool. ~**chip** houtspaander. ~ **chopper** houtkapper. ~ **coal** bruinkool, ligniet. ~**cock** *(orn.)* houtsnip. ~**craft** houtbewerking; woud= kennis; jagvernuf. ~**cut** houtsnee. ~**cutter** boswerker, hout= kapper; houtsnyer, =graveur; ~*'s axe* kapbyl. ~**cutting** hout= kappery; houtsneekuns, =graveerwerk. ~ **engraver** hout= graveur. ~ **engraving** houtgravure; houtgraveerkuns. ~ **fi= bre** houtvesel(s). ~ **grain** houtvlam. ~**hoopoe** *(orn.)* kake= laar. ~ **horse** saagbok. ~ **industry** houtbedryf. ~**land** bos= wêreld, =land. ~**louse** =*lice* houtluis; keldermot. ~**man** =*men* boswagter, =opsigter; houtkapper. ~ **miller** saagmeulenaar. ~ **nymph** *(mit.)* bosnimf. ~**pecker** *(orn.)* houtkapper, speg. ~ **pigeon** woudduif. ~**pile** houtstapel. ~ **plane** houtskaaf. ~ **preservation** houtverduursaming. ~ **pulp** houtpap, =pulp. ~ **right** kapreg. ~ **rot** vermolming, houtvrot. ~-**rotting fun= gi** houtverrottingswamme. ~ **saw** boksaag. ~ **shaving** hout= krul. ~**shed** houtskuur; houtpakhuis. ~ **sorrel** *(bot.: Oxalis spp.)* bos=, klawersuring. ~ **stain** houtbeits. ~ **turning** hout= draaiwerk. ~**wind** *n. (ekv. of mv.)* houtblaasinstrumente; houtblasers. ~ **wool** hout=, boomwol, skaafsels. ~**work** hout= werk. ~**worker** hout(be)werker. ~**working** houtbewerking. ~**working tools** houtwerkgereedskap. ~**worm** houtwurm.

**wood·chuck** *(soöl.)* aard=, bosmarmot.

**wood·ed** bosryk, met bosse begroei, bosagtig, bebos; *be thickly* ~ dig bebos wees.

**wood·en** hout=, van hout; houterig, stokkerig, styf, lomp, stokstyf; *(infml.)* dom, bot, suf, wesenloos; ~ *fence* skutting; ~ *head, (infml.)* dom=, klipkop; ~ *horse* houtperd; Tro= jaanse perd; saagbok; ~ *shoe* klomp; ~ *smile* meganiese glimlag; ~ *spoon* houtlepel; *(fig.)* poedelprys; *take the* ~ *spoon* nommer laas wees, onderaan staan. ~**headed** *(infml.)* dom, onnosel. **wood·en·ly** bot. **wood·en·ness** houterigheid; bot= heid; stokkerigheid, styfheid.

**woods·man** =*men* bosbewoner; veld(s)man.

**wood·y** bosagtig, bosryk; houtagtig, hout=; *(bot.)* houtig; stokkerig; ~ *fibre* houtvesel; ~ *plants* houtagtige plante. **wood·i·ness** houtagtigheid; bosagtigheid; stokkerigheid.

**woof**[1] *n.* weefsel; inslag, dwarsdraad, werpgaring.

**woof**[2] *tw.* woef!.

**woof·er** basluidspreker, laetoonluidspreker.

**wool** wol; wolhare; wolklere; *a bale of* ~ 'n baal wol; *a ball of* ~ 'n bol wol; *pull the* ~ *over s.o.'s eyes, (idm.)* iem. vet om die oë smeer, iem. sand in die oë strooi, iem. kul/mislei. **~-bear= ing** *adj.* woldraend; ~ *sheep* wolskaap. ~ **dealer** wolhande= laar. ~ **dress** wolrok, =tabberd. **~-dyed** *adj.* in die wol ge= verf. ~ **fabric** wolstof. ~ **farmer** wolboer. **~gathering** afge= trokkenheid; *go* ~ sit en droom, verstrooid wees. **~grower** wolkweker. ~ **industry** wolbedryf. ~ **producer** wolprodu= sent. ~ **production** wolopbrengs. ~ **shed** wolskuur. ~ **sorter** wolsorteerder. ~ **suit** wolpak. ~ **trade** wolhandel. ~ **yarn** wolgaring.

**wool·len,** *(Am.)* **wool·en** *adj.* wol-, van wol; wollerig; van kaardstof. ~ **cloth,** ~ **fabric,** ~ **material** wolstowwe, kaard= (wol)stof. ~ **dress,** ~ **frock** wolstof=, kaardstoftabberd. ~ **goods** wol=, kaardstowwe. ~ **industry** kaardstofnywerheid. ~ **suit** wolpak, kaardstofpak. ~ **wool** kaardwol. ~ **yarn** kaard= (wol)garing, =gare.

**wool·lens,** *(Am.)* **wool·ens** *n. (mv.)* wolklere, =goed.

**wool·lies** *n. (mv.), (infml.)* wolonderklere.

**wool·li·ness** wollerigheid; vaagheid; wolkerigheid; ondui= delikheid.

**wool·ly** *adj.* wollerig, wol=; wolhaar= *(hondjie ens.);* vaag, wol= kerig; onduidelik *(klank);* verward *(denke).* **~-headed,~- minded** *adj.* warkoppig, =hoofdig.

**wooz·y** *(infml.)* duiselig, lighoofdig, beneweld, dronkerig; wol= lerig, suf, versuf, dof.

**Worces·ter(·shire) sauce** worcestersous.

**word** *n.* woord; berig, boodskap, tyding; erewoord, woord van eer; wagwoord; opdrag, bevel; *translate* ~*s into* **action** woorde in dade omsit; *a* **bad** ~ 'n lelike woord, 'n vloek= woord; *not* **believe** *a* ~ *of it* niks (of geen woord) daarvan glo nie; *one can't* **believe** *a* ~ *of what s.o. says, (ook)* iem. is van leuens aanmekaar gesit; **beyond** ~*s* onuitspreeklik; **big** ~*s* groot woorde; grootpratery; *s.o.'s* ~ *is (as good as) his/her* **bond** jy kan op iem. (se woord) reken/staatmaak, iem. se woord is sy/haar eer; **break** *one's* ~ jou woord (ver)breek/ skend; *not* **breathe** *a* ~ *to s.o.* geen woord teenoor iem. laat val nie; **coin** ~*s* woorde maak; *in* ~ *and* **deed** met woord en daad; ~*s cannot* **describe** *it* ('n) mens kan dit nie met woor= de beskryf/beskrywe nie; *a* **dirty** ~ 'n smerige woord; *to s.o.* ... *is a* **dirty** ~, *(infml.)* iem. verafsku ...; *a* ~ *in s.o.'s* **ear** 'n vertroulike mededeling, 'n woordjie privaat; **eat/swallow** *one's* ~*s* jou woorde terugtrek; ~*s* **fail** *me* ek kan geen woor= de vind nie, woorde ontbreek my; *be a* **man/woman** *of* **few** ~*s* min praat, 'n man/vrou van min woorde wees; ~ *for* ~ woordelik(s), woord vir woord; **get** *a* ~ *in (edgeways)* 'n woord tussenin kry; *not* **get** *a* ~ *out of s.o.* geen woord uit iem. kry nie; **give** *the* ~ *to do s.t.* die bevel/sein gee om iets te doen; **give/pledge** *one's* ~ jou woord gee, plegtig beloof/ belowe; **go back** *(up)on one's* ~ 'n belofte verbreek; **God's** *W*~, *the W*~ *of God* Gods Woord, die Woord van God; *be as* **good** *as one's* ~ jou woord hou; *have a* **good** ~ *for* ... 'n goeie woord vir ... oorhê; *say* (or *put in) a* **good** ~ *for s.o.* vir iem. 'n goeie woordjie doen; *not have a* **good** ~ *(to say) for s.o.* iem. uitmaak vir al wat sleg is; **hang** *(up)on s.o.'s* ~*s* iem. se woorde indrink, aan iem. se lippe hang; **have** ~ *of* ... ty= ding/berig van ... ontvang; **have** *a* ~ *with s.o.* met iem. praat; **have** ~*s with s.o.* met iem. woorde hê/kry/wissel, 'n onder= onsie met iem. hê; *may I* **have** *a* ~ *with you?* mag ek 'n oom= blik(kie) met jou praat?; **hold** *s.o. to his/her* ~ iem. aan sy/ haar woord hou; *s.o.'s* ~ *of* **honour** iem. se erewoord (of

woord van eer); *s.o.'s name is a* **household** ~ almal ken iem. se naam; *in a/one* ~ in/met een woord, kortom, om kort te gaan; **keep** *one's* ~ woord hou, jou woord gestand doen; *have the* **last** ~ die laaste woord hê/spreek; *it is the* **last** ~ *in microwaves/etc.* dit is die allernuutste/allerbeste mikrogolf= oond/ens.; *the* **last** ~ *in luxury* die hoogste weelde; *the* **last** ~ *on s.t.* die finale uitspraak oor iets; *s.o.'s* ~ *is* **law** iem. se woord is wet; *not be at a* **loss** *for* ~*s* nie op jou mond geval wees nie; ~*s of* **love** liefdewoorde; *be a* **man/woman** *of one's* ~ 'n man/vrou van jou woord wees, woord hou; *in so* **many** ~*s* met soveel woorde, uitdruklik; **mark** *my* ~*s!* let op my woorde!; *not* **mince** *one's* ~*s* nie doekies omdraai nie, reguit praat; *by* ~ *of* **mouth** mondeling(s); *put* ~*s into s.o.'s* **mouth** iem. woorde in die mond lê; *take the* ~*s out of s.o.'s* **mouth** die woorde uit iem. se mond haal/neem; *not a* ~*!* ek wil niks van jou hoor nie!; *not one* ~ geen enkele woord nie; *that is* **not** *the* ~ *for it* dit is nie die (juiste/regte) woord daarvoor nie; dit is nog baie erger (of nie sterk genoeg [uitgedruk] nie); *on/upon my* ~ *(of honour)* op my woord (van eer); *the* **operative** ~ die beslissende woord; *in* **other** ~*s* met ander woorde; **plain** ~*s* eenvoudige taal; *put in a* ~ ook 'n woordjie sê, 'n woordjie te sê kry/hê; *put s.t. into* ~*s* iets in woorde uitdruk, iets onder woorde bring, iets verwoord; **say** *the* ~ die sein gee; toestemming gee; *just* **say** *the* ~*!* sê net (ja)!; **say** *a few* ~*s* 'n paar woorde sê, 'n toesprakie hou/afsteek/ lewer; *not say a* **single** ~ geen (of nie 'n) enkele/dooie woord sê nie; *give one's* **solemn** ~ *that* ... plegtig (of [met] hand en mond) beloof/belowe dat ...; *the* **spoken** ~ die gesproke woord; **stick** *to one's* ~ (by jou) woord hou; *(the)* ~ *on the* **street** *is* (or *has it) that* ..., *(infml.)* (die) mense sê (dat) ..., daar word vertel dat ...; *take s.o. at his/her* ~ iem. op sy/haar woord glo, op iem. se woord (af)gaan; iem. letterlik opneem; **take** *s.o.'s* ~ *for s.t.* glo wat iem. sê; dit van iem. aanneem; *you can/may* **take** *my* ~ *for it* daarvan kan ek jou verseker, ek sal daarvoor instaan, daarop kan jy reken; ek gee jou my woord (van eer); *the* **W**~, *(Chr.: d. Byb.)* die Woord; *the* ~*s stick in s.o.'s* **throat,** *(infml.)* die woorde bly in iem. se keel steek; *s.o./s.t. is* **too** ... *for* ~*s* iem./iets is baie/te/verskriklik ...; *it was* **too** ... *for* ~*s* ek kan nie sê hoe ... dit was nie, dit was onbe= skryflik; **twist** ~*s* woorde verdraai; **unsaid** ~*s* ongesegde/ versweë woorde; *upon my* ~*!* op my woord!; *s.o. could not* **utter** *a* ~ iem. kon geen woord uitkry nie; *s.o.'s* **very** ~*s* iem. se eie woorde; **waste** ~*s* verniet praat, woorde verspil; *with= out* **wasting** ~*s* sonder omhaal van woorde; **weigh** *one's* ~*s* jou woorde weeg (of sorgvuldig kies); ~*s of* **wisdom** wyse woorde; **withdraw** ~*s* woorde terugtrek; **without** *a/another* ~ sonder om 'n woord (of iets) te sê. **word** *ww.* onder woorde bring, verwoord; uitdruk, stel, bewoord, formuleer; *a strongly* ~*ed letter/statement/etc.* 'n skerp gestelde/bewoorde brief/verklaring/ens.. ~ **association** woordassosiasie. **~-blind** *adj.* woordblind. ~ **blindness** woordblindheid, aleksie. **~book** woordelys; woordeboek. ~ **combination** woordverbinding. ~ **count** *(rek.)* woordtelling. ~ **ending** woorduitgang. ~ **for= mation** woordvorming. ~ **game** woordspeletjie. ~ **heading** trefwoord, lemma. ~ **list** woordelys. ~ **order** woordorde. **~-perfect,** *(Am.)* **letter-perfect** *adj.* woordgetrou, tot op die letter getrou; *(teat.)* woordvas. ~**play** woordspeling. ~ **pro= cessing** *(rek.)* woord=, teksverwerking. ~ **processor** *(rek.)* woord=, teksverwerker. **~search** *n.* woordsoekspeletjie; woordsoektog. **~smith** woordsmid.

**word·age** woordgebruik; woorde; woordetal, getal woorde.

**word·ing** uitdrukking; bewoording; redaksie; formulering; *the* ~ *is as follows* die bewoording(e) lui as volg.

**word·less** *adj.* sprakeloos, spraakloos; woordeloos, sonder woorde; onuitgesproke. **word·less·ly** *adv.* sprakeloos, spraak= loos; (stil)swygend, sonder 'n woord.

**word·y** omslagtig, langasem=, breedsprakig, wydlopig, woord= (e)ryk. **word·i·ness** woordrykheid, breedsprakigheid.

**wore** *ww. (verl.t.)* →WEAR *ww.*.

**work** *n.* werk, arbeid; opus; *be absorbed in one's* ~ in jou werk opgaan; *after* ~ ná die werk; *be at* ~ by die werk wees; aan die werk wees; *be at* ~ *on s.t.* met iets besig wees; *back to* ~ weer aan die werk; *before* ~ vóór die werk; *come from* ~ van die werk af kom; *contract for* ~ werk aanneem; *have one's* ~ *cut out (for one)* jou hande vol hê (met iets), jou skaars kan draai, moet bakstaan; *be up to one's ears/elbows/eyebrows/eyes/neck in* ~, *(infml.)* onder die werk toegegooi wees, tot oor jou ore in die werk sit/wees; *find/get* ~ werk kry; *give s.o.* ~ iem. werk gee; *go to* ~ gaan werk, werk toe gaan, na die werk gaan; aan die werk gaan/spring; *go/set to* ~ *on s.o.* iem. onder hande neem, iem. aanpak; *good/nice* ~*!* knap/goed gedaan!, mooi so!, dis fluks (van jou)!; *keep up the good* ~*!* doe so voort!; *many hands make light* ~, *(sprw.)* baie/vele hande maak ligte werk; *hard* ~ swaar/harde werk; *make hard* ~ *of s.t.* met iets sukkel; *be hard at* ~ hard aan die werk wees; *keep s.o. from his/her* ~ iem. uit die werk hou; *look for* ~ werk soek; *a nasty bit/piece of* ~, *(infml.)* 'n ongure mens; 'n gevaarlike kalant; *be out of* ~ werkloos wees, sonder werk wees, nie werk hê nie; *all* ~ *and no play makes Jack a dull boy, (sprw.)* die boog kan nie altyd gespan bly nie; ~ *in progress* onafgehandelde werk; *s.o. must put in some* ~ iem. moet werk (of iets gedoen kry); *put s.o. to* ~ iem. aan die werk sit, iem. in die werk steek; *that was quick* ~ dit het gou gegaan; *set to* ~ aan die werk gaan/spring; *shirk* ~ lyf wegsteek; *shoddy* ~ knoei, prulwerk; *sloppy* ~ slordige werk; *put in two hours of solid* ~ twee uur aaneen/aanmekaar (*of* oor 'n boeg) werk; *stop* ~ ophou werk, ophou/uitskei met werk; die werk staak; *not do a stroke of* ~ geen steek werk (doen) nie, geen steek (werk) doen nie; *it is thirsty* ~ dit maak ('n) mens dors; *what* ~ *does s.o. do?* watse werk doen iem.?. **work** *ww.* werk, arbei; bewerk; laat bewerk; beheer, (be)stuur; hanteer; beweeg; 'n uitwerking hê; bedien, werk met, laat werk *('n masjien ens.)*; *(mynb.)* ontgin, eksploiteer; teweegbring, veroorsaak; in werking stel; *(suurdeeg ens.)* gis, rys, werk; oplos, uitwerk, bereken, uitreken; knee/knie; brei; deurwerk *(botter ens.)*; ~ *against s.t.* iets teenwerk/teëwerk; ~ *among* ... onder ... werk; ~ *(away) at s.t.* met iets besig wees, aan iets werk *('n versoek ens.)*; aan iets arbei; ~ *away* aan die werk bly; ~ *like a beaver* ywerig werk; *s.t.* ~*s like a charm/dream, (infml.)* iets werk perfek/uitstekend; *s.t.* ~*s down* iets sak af *('n kous ens.)*; *be easily* ~*ed* maklik bewerkbaar wees; *the machine is* ~*ed with the foot* die masjien word getrap; ~ *for s.o.* by/vir iem. werk; ~ *for s.t.* vir iets werk, jou vir iets beywer *('n saak)*; vir iets studeer/werk *('n graad)*; *s.t. is* ~*ing for s.o.* iets begunstig/bevoordeel iem.; ~ *one's guts out, (infml.)* jou gedaan/kapot/kis/oorhoeks (*of* oor 'n mik) werk; ~ *hard* hard werk; ~ *s.o. too hard* iem. te hard laat werk; ~ *s.t. in* iets inbring; iets inwerk; ~ *o.s. into a rage* al hoe kwater word; ~ *one's audience into enthusiasm* jou gehoor tot geesdrif opwerk (*of* geesdriftig maak); *s.t.* ~*s loose* iets raak los; *s.t. does not* ~, *('n masjien ens.)* iets is buite werking; *('n plan ens.)* iets slaag nie; ~ *s.t. off* van iets ontslae raak *(energie, opgekropte gevoelens, ens.)*; iets bywerk *(d. agterstallige)*; ~ *on* aanhou werk, deur, voortwerk; ~ *on s.t.* aan iets werk; ~ *on/upon s.o.* iem. bearbei, aan iem. arbei; invloed op iem. uitoefen; 'n invloed/uitwerking op iem. hê; ~ *out* oefen *(in 'n gimnasium)*; *s.t.* ~*s out, (sake)* iets kom reg; *('n huwelik ens.)* iets slaag; *('n som)* iets kom uit; *s.t. does not* ~ *out, ('n huwelik ens.)* iets ly skipbreuk, iets misluk; *it* ~*s out at R700* dit kom uit op R700, dit kom op R700 te staan; ~ *s.t. out* iets uitwerk *('n plan ens.)*; iets uitreken/bereken/uitwerk *(d. totaal ens.)*; iets oplos *(probleme ens.)*; *things* ~ *themselves out* sake kom vanself reg; ~ *s.o. over, (infml.)* iem. hardhandig behandel; ~ *o.s. to a standstill* jou gedaan/kapot/kis/oorhoeks (*of* oor 'n mik) werk; *start* ~*(ing)* begin werk, inval, aan die werk spring/gaan; *stop* ~*ing* ophou (met) werk; ~ *s.t. through* iets deurwerk; ~ *together* saam werk; ~ *towards s.t.* iets probeer

bereik/verkry; ~ *like a Trojan* 'n bars werk, baie hard werk, jou nie spaar nie; ~ *under* ... onder ... werk; ~ *s.t. up* iets kry *(eetlus)*; iets bywerk; iets deeglik bestudeer; ~ *s.o. up* iem. aanhits/aanspoor; iem. opgewonde maak; ~ *up to s.t.* op iets afstuur; ~ *o.s. up about s.t.* jou oor iets opwen, oor iets opgeskroef raak; *be/get (all)* ~*ed up about s.t.* opgewonde wees/raak/word oor iets; ~ *with s.t.* met iets werk; ~ *with s.o.* saam met iem. werk; *it won't* ~ dit sal nie deug nie. ~**bench** werkbank. ~**book** werkboek. ~ **camp** werkkamp. ~**day** werkdag. ~ **ethic** werk(s)etiek. ~ **experience** werk(s)ondervinding, ervaring. ~**flow** *n.* werk(s)vloei. ~**force** werkmag, arbeids, werkkragte. ~ **gang** werkspan. ~ **group** werk(s)groep. ~**horse** werk, trekperd; *(fig.)* werkesel, gewillige werker. ~**-in-progress** onvoltooide werk; ~ *account* onvoltooidewerkrekening. ~**load** arbeidslas. ~**man** →WORKMAN. ~**mate** werkmaat. ~**-out** *n.* oefening; toets, toetsing. ~ **party** (werk)span. ~**people** werksmense, arbeiders. ~ **permit** werk(s)permit. ~**place** werk(s)plek. ~ **rate** werk(s)tempo; werkspoed. ~ **reservation** werkafbakening. ~**room** werk(s)kamer. ~**seeker** werksoeker. ~**sheet** werkstaat. ~**shop** *n.* werkplaas, werk(s)winkel; werk(s)plek; werksessie, (s)byeenkoms; slypskool; werk(s)groep. ~**shop** *ww.* 'n werksessie/slypskool hou oor *('n toneelstuk ens.)*. ~**shy** *adj.* werk, arbeidsku. ~**space** werk(s)plek, ruimte, werkspasie. ~ **station** werk(s)plek; *(rek.)* werkstasie. ~ **stoppage** werkstaking. ~**study** werkstudie. ~ **surface, ~top** werk(s)vlak, blad. ~**table** werktafel; tekentafel. ~**-to-rule** *adj.* werk-volgens-die-boek *(protes, staking, ens.)*. ~**wear** werk(s)klere. ~**week** werk(s)week.

**work·a·ble** bewerkbaar; verwerkbaar; ontginbaar; bruikbaar; prakties, uitvoerbaar; ~ *proposition, (ook)* lonende onderneming. **work·a·bil·i·ty** bewerkbaarheid; uitvoerbaarheid; bruikbaarheid; ontginbaarheid.

**work·a·day** gewoon, alledaags; saai, vervelend; ~ *clothes* weeksklere.

**work·a·hol·ic** werkslaaf, verslaafde. **work·a·hol·ism** werkverslawing.

**work·er** werker, arbeider. ~ **(ant)** werkmier. ~ **(bee)** werkby. **W~s' Day** *(SA: 1 Mei)* Werkersdag.

**work·ing** *n.* (die) werk, werkery; werking; verwerking; vervaardiging; bewerking; *(i.d. mv., wisk.)* uitwerking, berekening, oplossing; uitgrawing; ontginning, eksploitasie; bedryf; myn; steengroef; gisting; ~ *of a face* trekking van 'n gesig; *opencast* ~ oop delfplek. **work·ing** *adj.* werkend, arbeidend; werk; bedryfs; *s.t. is not* ~ iets is buite werking; *('n trein ens.)* iets loop nie. ~ **account** bedryfsrekening. ~ **breakfast** werk(s)ontbyt. ~ **capital** bedryfs, werk(s)kapitaal. ~ **class(es)** arbeidersklas, arbeider, werkerstand. ~ **clothes** werk(s)klere. ~ **committee** voorbereidingskomitee. ~ **condition** werkende toestand; *(i.d. mv.)* arbeidsvoorwaardes; werk(s), bedryfsomstandighede. ~ **costs, ~ expenses** bedryfs, eksploitasiekoste. ~ **day** werk(s)dag. ~ **dog** diens, werk(s)hond; trekhond. ~ **drawing** konstruksie, werktekening. ~ **dress** werk(s)rok; werk(s)klere; ~ **expenditure** bedryfsuitgawes. ~ **girl** werkende meisie; *(infml.: prostituut)* dame van die nag, snol, lyfsmous. ~ **group** werk(s)geselskap; studiegroep. ~ **hours** werk(s)ure, tyd, arbeidstyd. ~ **hypothesis** werk(s)hipotese. ~ **instructions** bedryfsvoorskrifte. ~ **knowledge** basiese kennis; *have a* ~ ~ *of a language* 'n basiese/elementêre/gangbare/praktiese kennis van 'n taal hê/besit, genoeg van 'n taal ken om oor die weg te kom (*of* jou te behelp). ~ **life** werk(s)lewe; werksame lewe. ~ **load** werk(s)vrag; werklas, bedryfsbelasting, toelaatbare belasting. ~ **lunch** werk(s)middagete. ~ **order:** *in* ~ ~ in goeie orde, agtermekaar. ~ **part** bewegende/werkende deel. ~ **party** werkspan, werk(s)groep; studiegroep; werk(s)geselskap, gemeenskap. ~ **place** werk(s)plek. ~ **plan** werk(s), bedryfsplan. ~ **profit** bedryfswins. ~ **stress** werkspanning, toelaatbare spanning. ~ **surface** werk(s)vlak; draagvlak, wrywingsvlak. ~ **time** werk(s), arbeidstyd; bedryfsduur. ~

**week** werk(s)week. **~ woman** ~ *women* werk(s)vrou, werk=ster; werkende vrou.

**work·less** werkloos, sonder werk. **work·less·ness** werkloosheid.

**work·man** =*men* werk(s)man; vakman; arbeider, werkkrag; *(i.d. mv.)* werk(s)mense, =lui; *an ill ~ quarrels with his tools* 'n slegte ambagsman gee sy gereedskap die skuld. **work·man·like** vakkundig, handig, deeglik, knap, saaklik; prakties. **work·man·ship** vakmanskap, =kennis, =kundigheid; vakvernuf, handigheid, knapheid; vakwerk; afwerking, uitvoering, maaksel; makely; faktuur *(v. 'n kunswerk); the ~ cannot be improved upon* dit is volmaak afgewerk, die afwerking kon nie beter gewees het nie.

**works** werke; fabriek(e); werkplaas, =plase; bedryf, inrigting; vestingwerke; oeuvre, werke *(v. 'n skrywer);* ratwerk *(v. 'n horlosie, meul[e], ens.); give s.o. the ~, (infml.)* iem. mishandel; iem. alles vertel; iem. van kant maak *(of* uit die weg ruim *of* bokvcld toe stuur); *good* ~ goeie werke, liefdadigheid; *gum up the ~, (infml.)* 'n stok in die wiel steek, alles bevark; *it's in the ~, (infml.)* daar word aan gewerk *(of* werk van gemaak); *the (whole) ~, (infml.)* alles en alles; al die moontlike. **~ council** bedryfsraad. **~ engineer** bedryfsingenieur. **~ foreman** fabrieksvoorman. **~ manager** bedryfsleier; fabrieksbestuurder.

**world** wêreld; streek, kontrei; gebied, terrein, sfeer; *all the ~* die hele wêreld; *... is all the ~ to s.o.* ... is vir iem. alles; *all the ~ and his wife* almal, die laaste een; *for all the ~ as if ...* presies (as)of ...; *alone in the ~* alleen op die wêreld; *be ~s apart* hemelsbreed verskil; *the best in the ~* die beste op aarde *(of* ter wêreld *of* in die wêreld); *get/have the best of both ~s* dubbel bevoorreg wees; *bring a child into the ~, ('n moeder)* die lewe aan 'n kind skenk; *('n dokter, vroedvrou)* by 'n kind se geboorte help; *come down in the ~* agteruitgaan in die lewe; *come into the ~* gebore word, in die wêreld kom; *the ~ to come* die hiernamaals; *what is the ~ coming to?* waar gaan/moet dit heen?, wat word van die wêreld?; *be dead to the ~* vas aan die slaap wees; *it's not the end of the ~* dis nie die ergste nie; *it wouldn't be the end of the ~ if ...* die wêreld sal nie vergaan as ... nie; *~ without end* tot in (alle) ewigheid; *not for (all) the ~* vir niks *(of* vir geen geld) ter wêreld nie; *s.o. would give the ~ to ...* iem. sou wát wil gee om ...; *go out into the ~* die wêreld ingaan; *it does s.o. a ~ of good* dit doen iem. baie *(of* die wêreld se) goed, iem. vind groot baat daarby; *what/where/who in the ~ is it?* wat/waar/wie op aarde is dit?; *the ~ of literature* die letterkundige wêreld; *the lower/nether ~* die onderwêreld; *a man/woman of the ~* 'n man/vrou met ervaring; *the next/other ~* die ander wêreld, die hiernamaals; *it is out of this ~, (infml.)* dit is hemels/manjifiek; *all over the ~, the ~ over* die hele wêreld deur, oor die hele wêreld, die wêreld oor; *the ~ is s.o.'s oyster* die wêreld staan vir iem. oop; *put/set the ~ to rights* die wêreld in orde bring; *rise in the ~* opgang maak in die wêreld; *see the ~* die wêreld bereis; baie ondervinding opdoen; *it's a small ~, the ~ is a small place* die wêreld is (baie) klein; *the ~ of sport* die sportwêreld; *in the ~ of sport* op sportgebied; *all the ~'s a stage* die wêreld is 'n speeltoneel; *tell the ~* alles uitblaker; *this ~* die ondermaanse; *throughout the ~* oor die hele wêreld, oral(s) in die wêreld, die wêreld oor; *be on top of the ~, (infml.)* die wêreld is joune, hoog(s) in jou skik *(of* opgetoë *of* baie bly) wees; *that/such is the way of the ~* so gaan dit maar, so gaan dit in die (ou) wêreld, dit is die (ou) wêreld se beloop; *the whole ~* dic hele wêreld; *the wide ~* die wye wêreld. **W~ Bank** Wêreldbank. **~-beater** wêreldkampioen. **~ champion** wêreldkampioen. **~ championship** wêreldkampioenskap; *(dikw. i.d. mv.)* wêreldkampioenskapsbyeenkoms, =kompetisie, =toernooi, =gala, =geveg, =(wed)ren, =(wed)vaart, ens.. **~-class** wêreldklas=; *a ~ player* 'n wêreldklasspeler, 'n speler van wêreldgehalte. **W~ Cup** *(sokker)* Wêreldbeker. **~ domination** wê=

reldoorheersing. **~ fair** *(dikw. W~ F~)* wêreldskou, =tentoonstelling. **~-famous** *adj.* wêreldberoemd. **W~ Heritage Site** Wêrelderfenisgebied. **~ history** algemene geskiedenis. **~ order** wêrelddorde. **~ peace** wêreldvrede. **~ power** wêreldryk, =moondheid; wêreldse mag. **~ rankings** wêreldranglys. **~ record** wêreldrekord. **~ record holder** wêreldrekordhouer. **~ standing:** *of ~ ~* van wêreldformaat. **~ view** wêreldbeskouing. **W~ War I/II** die Eerste/Tweede Wêreldoorlog. **~-weariness** lewensmoegheid, lewenstamheid. **~-weary** lewensmoeg. **~-wide** *adj. (attr.)* wêreldwyd, wêreld=; oor die hele wêreld *(pred.)*; ~ *fame* wêreldberoemd=heid; ~ *reputation* wêreldnaam, alombekendheid; ~ *success* wêreldsukses.

**world·li·ness** wêreldsheid.

**world·ly** wêrelds, aards; wêreldgesind; onkerklik; mondain; ~ *wisdom* wêreldwysheid. **~-minded** wêreldgesind. **~-wise** ervare, prakties, verstandig, wêreldwys.

**worm** *n.* wurm; ruspe(r); *(rek.)* rekenaarwurm, wurmvirus; *(infml.: veragtelike pers.)* drel, druiloor, pateet, tor, misbaksel; *it's a can of ~s, (infml.)* enigiets kan daar uitpeul; *(even) a ~ will turn* selfs 'n lam skop. **worm** *ww.* kruip; kronkel; van wurms suiwer, wurms uitroei; *s.t. ~s its way along/forward, (verkeer ens.)* iets beweeg kruip-kruip voort/vorentoe; ~ *one's way in* inkruip, jou inwoel; ~ *o.s. (or one's way) into ...* jou indring in ... *(iem. se guns, vertroue, ens.).* **~-cast** wurmhopie. **~-eaten** *adj.* deur wurms gevreet, wurmstekig; muf, verouderd. **~-hole** wurmgat; *(wet. fiksie)* wurmgat, =tonnel. **~-holed** *adj.* vol wurmgate, wurmstekig, vermolm, vergaan. **~-hole dust** boormeel. **~ infestation** wurmbesmetting. **~-seed** *(bot.)* wurmsaad, artemisia. **~'s eye view** wurmperspektief. **~-wood** *(bot.)* als(em)kruid, absint; *(bot.)* byvoet, artemisia; *(fig.)* verbittering, verbitterdheid, bittere smart. **~-wood oil** *(wilde)*=alsolie, absintolie. **worm·y** wurmagtig; vol wurms, wurmstekig; kruiperig, laag.

**worn** moeg, vermoeid; verslete, verslyt, afgeslyt; afgesaag; *the rock has been ~ away* die rots is uitgehol/uitgevreet; *be badly ~, ('n kledingstuk ens.)* erg verslete wees; *('n tapyt ens.)* erg uitgetrap wees; *be ~ to a shadow* net 'n skadu(wee) wees van wat jy vroeër was. **~-out** *(attr.),* **worn out** *(pred.), adj.* afgeleef(de); verslete, verslyt(e), uitgeslyt(e), afgedra, afgedraagde; tam, uitgeput(te), gedaan; *s.o. is worn out* iem. is afgemat/uitgeput, iem. se blus is uit; *s.t. is worn out, ('n kledingstuk ens.)* iets is verslete; *(iem. se geduld)* iets is op.

**wor·ried** bekommerd; *be ~ to death* (or *sick/silly) about ...* jou doodbekommer/-kwel oor ...; *s.o. wears a ~ look* dit lyk of iets iem. kwel.

**wor·ri·er** selfkweller, tobber; knieser, kniesoor; kwelgees.

**wor·ri·some** lastig; kwellend.

**wor·ry** *n.* kwelling, besorgdheid, sorg, kommer, bekommernis, getob; moeite, las; *s.t. causes ~* iets wek kommer; *s.t. is a great ~ to s.o.* iem. bekommer hom/haar baie/erg oor iets; *have worries* bekommernisse hê; *... is the least of s.o.'s worries* oor ... kommer iem. hom/haar nog die minste. **worry** *ww.* jou kwel/bekommer, knies, tob, pieker, bekommer, lastig val; peuter, lol, terg, pla, torring aan; *('n hond)* karnuffel, byt, hap, heen en weer ruk *(m.d. tande);* ~ *about/over ...* jou bekommer/kwel *(of* ongerus voel/wees) oor ...; ~ *along* aan=, voortsukkel; ~ *o.s. to death* (or *sick/silly)* jou doodbekommer/-kwel; *don't ~, (yourself)!* moenie bekommerd wees nie!; *don't ~!, (ook)* moenie moeite doen nie!; laat maar staan!, laat staan maar!; *not to ~!, (infml.)* moenie bekommerd wees nie!; ~ *s.o. with s.t.* iem. met iets lastig val. **~ beads** *n. (mv.)* kommerkrale. **~ lines** *n. (mv.)* kommerplooie.

**wor·ry·ing** *adj.* kommerwekkend, onrusbarend, sorgwekkend.

**worse** *n.* erger/slegter dinge, iets ergers; →WORST *n.; there is ~ to come* dit word nog erger; *but ~ followed* maar die ergste moes nog kom. **worse** *adj. & adv.* erger; slegter; *a deal ~*

baie/veel erger; baie/veel slegter; *it is getting* ~ dit word er=
ger; *grow* ~ erger word, vererger; slegter word; *make s.t.* ~
iets vererger, iets erger maak; *to make things* ~ tot oormaat
van ellende/ramp; *that makes* it all the ~ dit maak dit des te
erger; *much* ~ baie/veel erger; baie/veel slegter; *s.o. is none
the* ~ *for it* dit het iem. geen kwaad gedoen nie, iem. het niks
daarvan oorgekom nie; *be* ~ *than* ... slegter as ... wees; erger
as ... wees. **wors·en** erger/slegter maak, vererger; erger/sleg=
ter word, agteruitgaan, versleg.

**wor·ship** *n.* verering, aanbidding, verheerliking; erediens,
godsdiens; ~ *of the dead* dodevereging; *(form of)* ~ religie;
*Your W~, (fml.)* agbare Heer/Dame; u Edelagbare. **wor·
ship** *-pp-, ww.* vereer, aanbid; verafgo(o)d, 'n afgod maak
van; kerk/moskee/ens. toe gaan; ~ *God* die Here aanbid/
dien; ~ *s.o.* iem. aanbid *(of* op jou hart dra); *where does s.o.*
~? na watter kerk/moskee/ens. gaan iem.?. **wor·ship·ful** *adj.*
eerbiedig; agbaar. **wor·ship·per** vereerder, aanbidder; kerk=,
moskeeganger, =besoeker, ens..

**worst** *n.* slegste; ergste; swakste; *at (the)* ~ op sy ergste, in
die ergste geval; *see s.o. at his/her* ~ iem. op sy/haar slegste/
ergste/swakste sien; *the* ~ *is yet to come, (ook)* "hef aan" lê
nog voor; *if the* ~ *comes to the* ~ as die nood aan die man
kom, in die allerergste geval; *let s.o. do his/her* ~ laat iem.
maak wat hy/sy wil; *fear the* ~ die ergste vrees; *get/have the*
~ *of it* verloor, die slegste daarvan afkom, jou vasloop; *the* ~
*of it is that* ... die ergste is dat ...; *much the* ~ verreweg die
slegste; verreweg die ergste. **worst** *adj. & adv.* slegste; erg=
ste; swakste; ~ *developed settlement* slegs ontwikkelde neder=
setting. **worst** *ww. (gew. as volt.dw.)* verslaan, oorwin, wen,
klop, uitstof; *be ~ed* die onderspit delf. ~**-case scenario**
nagmerrie-scenario; die (heel) ergste wat (met iem.) kan ge=
beur; *in the* ~ ~ op sy ergste, in die ergste geval. ~**-dressed**
*adj. (attr.)* swaks geklede, swaksgeklede.

**wor·sted** kamstof. ~ **cloth,** ~ **fabric,** ~ **material** kamstof.
**=wort** *komb.vorm* =kruid; *butter~* vetkruid; *milk~* melkkruid;
*money~* penningkruid.

**worth** *n.* waarde; *men/women of* ~ verdienstelike manne/vroue;
*be of no* ~ waardeloos wees; *show one's true* ~ wys wat (reg=
tig/werklik) in jou steek. **worth** *adj.* werd; *all s.o. is* = alles
wat iem. besit; *for all one is* ~, *(infml.)* so (al) wat jy kan,
met/uit alle mag, so hard/vinnig/ens. soos jy kan; *do s.t. for
all one is* ~, *(ook, infml.)* iets doen dat dit 'n naarheid is *(flik=
flooi ens.); it is* ~ *it* dit is dit werd; *(infml.)* dit is die moeite
werd; *it is* ~ *mentioning* dit is noemenswaardig; *be* ~ *a mil=
lion rands/etc., (iem.)* 'n miljoen rand/ens. sterk wees; *not* ~
*a bean/cent/straw (or a brass button), (infml.)* nie 'n (bloue)
duit *(of* 'n stuiwer) werd nie; *be* ~ *nothing* niks werd wees
(nie); *it is* ~ *preserving* dit is bewarenswaardig; *be* ~ *s.t. to
s.o.* vir iem. iets werd wees; *it is* ~ *the trouble* dit is die
moeite werd; *what is it* ~ *to me?* wat steek daar vir my in?,
wat kry ek (daaruit)?; *what is the house/etc.* ~? wat is die huis/
ens. werd?, wat is die waarde van die huis/ens.?; *for what it
is* ~ wat dit ook al werd mag wees; *take it for what it is* ~
daarvan glo wat jy wil; *sell s.t. for what it is* ~ iets vir dieself=
de prys verkoop; *it is* ~ *one's while going/etc.* jy kan gerus
gaan/ens.; →WORTHWHILE. **wor·thi·ly** waardig. **wor·thi·ness**
waardigheid; agtenswaardigheid; verdienstelikheid. **worth·
less** waardeloos, niksswerd, niks werd nie. **worth·while** waar=
devol, lonend, verdienstelik. **wor·thy** *n., (dikw. neerh. of
skerts.)* waardige persoon, man/vrou van aansien/betekenis;
*(plaaslike)* beroemdheid/held. **wor·thy** *adj.* waardig, werd;
agtenswaardig; verdienstelik; *the honour/etc. is* ~ *of s.o., s.o. is*
~ *of being honoured/etc.* die eer/ens. is iem. waardig, iem.
verdien om vereer/ens. te word. **=wor·thy** *komb.vorm* =waar=
dig, =baar, =lik; *credit~* kredietwaardig; *road~* padwaardig.

**would** wou; sou; ~ *s.o. be able to do it?* sou iem. dit kan doen?;
*who* ~ *this be?* wie kan dit wees?; *s.o.* ~ *break it!* iem. moes
dit mos breek!; *s.o.* ~ *not do it for less than* ... iem. sou dit nie
vir minder as ... doen nie; *s.o.* ~ *have done it* iem. sou dit

gedoen het; *the wound* ~ *not heal* die wond wou nie genees
nie; *s.o.* ~ *like* ... iem. wil ... hê, iem. verlang ...; *s.o.* ~ *like to
know* iem. sou (graag) wil weet; *it* ~ *seem as if* ... dit wil
voorkom (as)of ... ~**-be** *adj. (attr.)* kastig, kam(s)tig, soge=
naamd; toekomstig, aanstaande, aspirant=; ~ *writer* aspi=
rant-skrywer, graagskrywer.

**wouldn't** *(sametr.)* = WOULD NOT.

**Woulfe bot·tle** *(chem.)* woulfe-fles *(ook W~).*

**wound¹** *n.* wond, kwesplek, letsel, besering; *receive a* ~ ge=
wond word; *stop a* ~ die bloed stelp. **wound** *ww.* wond,
verwond; kwes *('n dier);* seermaak, kwets, leed veroorsaak;
*be/get ~ed* gewond word; *a ~ed buck* 'n gekweste bok; *a
~ed soldier* 'n gewonde soldaat; *the ~ed* die gewondes.

**wound²** *ww. (verl.t., volt.dw.)* →WIND² *ww.; be/get* ~ *up* opge=
wonde wees/raak.

**wound·ing** *adj.* kwetsend *('n opmerking ens.).*

**wo·ven** geweef(de); gevleg(te); ~ *fabric* weefsel, weefstof; ~
*felt* vervilte weefstof.

**wow** *n., (infml.)* treffer, reusesukses, iets geweldigs. **wow**
*ww., (infml.)* indruk op iem. maak. **wow, wow·ee** *tw.,
(infml.)* haai!, joe!, jitte!, jislaaik!, maggies!.

**wrack¹** *ww., (hoofs. fig.)* martel, folter, pynig; teister; →RACK¹
*ww..*

**wrack²** *n.* ramp, ondergang; →RACK³ *n..*

**wrack³** *n., (bot.: Fucus spp.)* seegras; onkruid.

**wraith** gees, skim. **wraith·like** eteries.

**wran·gle** *n.* stryery, (ge)twis, gekyf, rusie. **wran·gle** *ww.*
stry, twis, kyf, rusie maak; uitvaar; *(Am.)* bymekaarja(ag)
*(vee ens.);* ~ *about/over* ... oor ... twis. **wran·gler** stryer, rusie=
maker; *(horse)* ~, *(Am.)* perdekneg, =hanteerder.

**wrap** *n.* tjalie, sjaal, omslag=, halsdoek, serp; mantel; (om)=
hulsel; reisdeken; *keep s.t. under ~s* iets geheim hou; *take the
~s off s.t.* iets onthul; iets bekend stel; *be a* ~, *(infml.)* in kan=
ne en kruike wees. **wrap** *-pp-, ww.* toemaak, toedraai; in=
pak; (om)hul; ~ *s.t. around/round* ... iets om ... wikkel; ~
*s.t. in* ... iets in/met ... toedraai; ~ *s.t. in paper* iets in papier
toedraai/indraai; ~ *(it) up!, (Br., infml.)* bly stil!; ~ *s.t. (up)* iets
toedraai; iets inpak; ~ *s.t. up, (ook)* iets afhandel; met iets
klaarspeel; aan iets beslag gee; iets wen *('n wedstryd);* iets
beklink *('n sege, oorwinning, ens.).* ~**(around)** *n.* omhangsel,
strandjas, =mantel, kamerjas, japon. ~**(a)round,** ~**over** *adj.
(attr.)* oorslaan= *(bloes, rok, ens.);* omvou= *(buffer, sonbril, ens.);*
panoramiese *(voorruit).*

**wrap·page** = WRAPPING.

**wrapped** *ww. (volt.dw.): be* ~ *in* ... in ... toegedraai wees
*(papier ens.);* in ... gehul wees *(duisternis ens.);* toe wees on=
der ... *(d. mis ens.);* in ... versonke wees *(gedagtes ens.); have
s.t.* ~ *up* iets suksesvol afgehandel hê; *s.t. is* ~ *up in* ... iets is
in ... vervat; iets hang ten nouste met ... saam; *the mother is*
~ *up in her child* die moeder leef/lewe net vir *(of* gaan heel=
temal op in) haar kind; *be* ~ *up with* ... ten nouste by/in ...
betrokke wees.

**wrap·per** omslag; omhulsel; kaf; adresband; *(hoofs. Am.)*
dekblad *(v. 'n sigaar); (hoofs. Am.)* japon; reisdeken.

**wrap·ping** (die) toedraai; omslag; (om)hulsel; verpakking.
~ **paper** pakpapier.

**wrasse** *wrasse(s), (igt.)* lipvis.

**wrath** toorn, gramskap, woede, kwaadheid, boosheid; *incur
s.o.'s* ~ jou iem. se toorn op die hals haal; *vent one's* ~ uit=
drukking aan jou toorn gee. **wrath·ful** toornig, woedend,
boos.

**wreak** wreek, wraak uitoefen op, wraak neem op; ~ *havoc*
verwoesting aanrig.

**wreath** krans; kring, ring; wrong *(hare);* guirlande, gierlan=
de; *lay/place a* ~ *at* ... 'n krans by ... lê. **wreathe** omkrans,
bekrans; vleg, draai *('n krans);* kronkel; omstrengel; *be ~d in*
... deur ... omkrans wees; in ... gehul wees.

**wreck** *n.* wrak, gestrande skip; skipbreuk, vergaan *(v. 'n skip)*; vernieling, verwoesting; ondergang, vernietiging; strand=, wrakgoed; *the gale caused many ~s* die storm het baie skip= breuke veroorsaak; *the ~ of s.o.'s life* die verwoesting van iem. se lewe; *be a nervous ~* 'n senu(wee)wrak wees. **wreck** *ww.* strand, skipbreuk ly, vergaan; skipbreuk laat ly; laat veron= geluk; laat misluk; te gronde rig, verniel, verwoes; afbreek, aftakel, demonteer; vernietig; *be ~ed, (ook, infml.)* pê/poe= gaai wees; *... has ~ed s.o.'s chances (to ...)* ... het iem. se kan= se beduiwel/verongeluk *(of* in die wiele gery) (om te ...); *~ed goods* wrak=, strandgoed; *~ed sailors* skipbreukelinge; *the ship was ~ed* die skip het gestrand *(of* skipbreuk gely).

**wreck·age** wrak, wrakhout; wrak=, strandgoed; wrakstukke, oorblyfsels *(v. 'n wrak).*

**wreck·er** verwoester, vernieler; *(hoofs. Am.)* afbreker, sloper; strandjutter, stranddief; berger *(v. strandgoed);* bergingskip.

**wreck·ing** verongelukking; verwoesting, vernieling; afbraak, aftakeling; berging; wrakgoed. **~ ball** *(bouk.)* sloop=, slopings= gewig. **~ bar** breekyster, stootkoevoet.

**wren** *(orn.)* winterkoninkie.

**wrench** *n.* ruk, pluk; draai, verdraaiing, verstuiting, verrek= king; sleutel; *s.o.'s departure was a great ~* dit was vir iem. baie swaar om weg te gaan. **wrench** *ww.* ruk; draai; ver= draai, verwring, verrek; *~ s.t. away* iets wegruk; *~ s.t. off* iets afruk; *~ s.t. open* iets oopruk/oopbreek *('n deur ens.).* **~ hole** sleutelgat.

**wrest** draai; *~ s.t. from s.o.* iets uit iem. se hande ruk; iets met moeite uit iem. kry; iets van iem. afpers; *~ a living from ...* met moeite 'n bestaan uit ... maak. **~ pin** stempen.

**wres·tle** *n.* stoeiery; geworstel; worsteling, harde stryd. **wres= tle** *ww.* worstel, stoei; *~ with ...* met ... worstel *('n probleem ens.);* teen ... stry *(d. versoeking ens.).* **wres·tler** stoeier.

**wres·tling** *n.* (die) stoei, stoeiery, stoeikuns, =sport. **wres= tling** *adj.* worstelend, stoeiend. **~ match** stoeiwedstryd, =ge= veg. **~ ring** stoeikryt.

**wretch** sukkelaar, (arme) drommel; ellendeling, skelm, skurk. **wretch·ed** ellendig, ongelukkig; miserabel, armsalig; ver= vlakste, vervloekste.

**wrig·gle** *n.* gekronkel; kronkeling, draai. **wrig·gle** *ww.* kron= kel, draai, wriemel; woel, vroetel; wikkel; *~ out of ..., (infml.)* jou uit ... (los)draai/=wikkel. **wrig·gler** draaier; larwe; flik= flooier. **wrig·gly** wriemelend *('n wurm ens.);* spartelend *('n vis ens.);* woel(er)ig *('n kind ens.);* kronkelend *('n lyn ens.).*

**=wright** *komb.vorm* =maker; *cart=* wa=, karmaker; *play~* to= neelskrywer, dramaturg.

**wring** *n.* (die) wring, draai; wringing; *give s.t. a ~* iets uit= wring *(klere ens.);* iets styf druk *(iem. se hand).* **wring** *wrung wrung, ww.* wring, (om)draai; druk, pers; *~ (out) clothes* klere uitwring, klere (droog) uitdraai; *~ s.t. from* (or *out of)* *s.o.* met moeite iets uit iem. kry; iets van iem. afpers *(geld ens.).* **wring·er** verdrukker; afperser; wringer; wringmasjien.

**wrin·kle** *n.* plooi, rimpel; kreukel *(in weefstof);* (infml.) wenk; *(infml.)* kunsie, plannetjie, kunsgreep; *give s.o. some ~s, (infml.)* iem. 'n paar wenke gee *(of* plannetjies leer); *screw one's face into ~s* jou gesig op 'n plooi trek, jou gesig vertrek. **wrin·kle** *ww.* plooi, rimpel; verrimpel; (ver)kreukel; *be ~d with age* gerimpel(d) *(of* vol rimpels) wees van ouderdom; *~ one's forehead* jou voorkop op 'n plooi trek. **wrin·kly, wrin= klie** *=klies, n., (Br., infml., skerts. of neerh.: bejaarde)* verrim= pelde. **wrin·kly** *adj.* vol rimpels, gerimpel(d), verrimpel(d).

**wrist** pols, handgewrig; *slap s.o. on the ~* iem. teregwys/ver= maan; *slash one's ~s* jou polsare afsny. **~band** mansjet; arm= band. **~watch** polshorlosie, =oorlosie, arm(band)horlosie, =oorlosie.

**wrist·let** armband; polsband, =skerm; handboei.

**wrist·y** *adj.* pols=; *(kolwer ens.)* met 'n paar behendige polse; *~ action* polsbeweging.

**writ** *n., (jur.)* lasbrief, bevelskrif; dagvaarding; dwangbevel; *~*

*of attachment* lasbrief vir beslaglegging; *s.o.'s ~ does not run here* iem. het/besit geen gesag hier nic.

**write** *wrote written* skryf, skrywe; *~ about s.t.* oor iets skryf/ skrywe; *~ back* terugskryf, =skrywe; *~ s.t. down* iets op= skryf/=skrywe/neerskryf/=skrywe/opteken; iets afbrekend kri= tiseer; *~ to each other* aan/vir mekaar skryf/skrywe; *~ for the papers* in die koerante skryf/skrywe; *~ a good hand* 'n duidelike handskrif hê; *~ s.t. in* iets inskryf/inskrywe/inlas/ opneem; iets byvoeg/invoeg; iets instuur; *~ s.t. into* ... iets in ... inskryf/inskrywe/opneem; *~ s.t. off* iets afskryf/afskrywe *(skuld ens.);* iem. iets kwytskeld; *~ s.o. off as ...* iem. as ... afskryf/afskrywe; *~ on s.t.* op iets skryf/skrywe *(papier ens.);* oor iets skryf/skrywe *('n onderwerp);* *~ s.t. out* iets uitskryf/ uitskrywe; iets voluit skryf/skrywe; iets kopieer; *~ to s.o.* aan/vir iem. skryf/skrywe; *~ s.t. up* iets behandel/beskryf/ beskrywe; iets byhou/byskryf/byskrywe/bywerk *(boeke);* 'n bespreking/resensie van iets skryf/skrywe; vir iets reklame maak, iets opvysel. **~-down** *n.* afskrywing; verlaging van die boekwaarde. **~-off** *n.* afskrywing; kwytskelding; *(infml.)* to= tale wrak *('n ongeluksvoertuig ens.).* **~-protect** *ww., (rek.)* skryf= bestand maak. **~-protect** *adj. (attr.), (rek.)* skryfbestande *(slap= skyf ens.);* skryfbeveiligings= *(keep, plakker, ens.).* **~ protec= tion** *(rek.)* skryfbeveiliging. **~-up** *n.* beskrywing; berig; op= vyseling, opkamming; *(fin.)* hoër waardasie *(v. bates ens.); (boekh.)* byboeking, byskrywing.

**writ·er** skrywer, outeur; opskrywer; letterskilder; verseke= raar; *~'s block* skryfstremming, skrywersblok, =kramp; *~'s cramp/palsy/spasm* skryfkramp; *~ for the press* koerantskry= wer, joernalis.

**writhe** (ineen)krimp; jou verdraai, (ver)wring; wriemel; *~ at/under an insult* ineenkrimp by/onder 'n belediging; *~ with ...* krimp van (die) ... *(pyn ens.).*

**writ·ing** (die) skrywe; beskrywing; (hand)skrif; geskrif, skrif= stuk; skrywery, geskryf; *(i.d. mv.)* geskrifte, werke; *commit/ consign s.t. to ~* iets op skrif stel; *in ~* skriftelik, op skrif; *put s.t. in ~* iets op skrif stel, iets neerskryf/neerskrywe, iets swart op wit gee; *the ~ is on the wall, (idm.; <Dan. 5)* die skrif is aan die muur. **~ desk** skryftafel, lessenaar. **~ pad** skryfblok. **~ paper** skryf=, briefpapier. **~ table** skryftafel, lessenaar.

**writ·ten** geskrewe *(reg);* skriftelik; *~ answer* skriftelike ant= woord; *s.t. is ~ by ...* iets is deur ... geskryf/geskrywe; *be ~ off, (skuld ens.)* afgeskryf/afgeskrywe wees; *('n ongeluksvoer= tuig)* heeltemal verwoes *(of* 'n wrak) wees.

**wrong** *n.* kwaad; onreg; onregmatige daad; grief; veron(t)= regting; *do ~* kwaad doen; oortree; sonde doen, sondig; *do ~ to ... ...* veron(t)reg *(of* onreg aandoen); *(clearly) be in the ~* dit (klaarblyklik) mis hê, (klaarblyklik) verkeerd wees; (klaarblyklik) nie reg aan jou kant hê nie; *s.o. can do no ~* iem. is onskendbaar; *put s.o. in the ~* iem. in die ongelyk stel; *redress/right/undo a ~* 'n onreg herstel. **wrong** *adj. & adv.* verkeerd; mis; foutief; onjuis; nie in die haak nie; awe= regs; *it's all ~* dis heeltemal verkeerd; *all that is ~* al wat skort; *be ~, ('n antwoord ens.)* verkeerd/foutief wees; *(iem.)* dit mis/verkeerd hê, mistas; *not be far ~* dit nie ver/vêr mis hê nie; *get s.o. ~* iem. verkeerd begryp/verstaan; *don't get me ~* moenie my verkeerd verstaan nie; *get s.t. ~* iets verkeerd begryp; iets glad mis hê; *there is s.t. ~ here* hier is fout, hier skort iets; *s.o. is ~ in doing* (or *to do) s.t., it is ~ of s.o. to do s.t.* dit is verkeerd van iem. om iets te doen, iem. handel ver= keerd *(of* tree verkeerd op) deur iets te doen; *it is ~ to say that ...* dit is onjuis dat ...; *there is something* (or *something is) ~ (with s.o.)* daar skort iets (met iem.); *it is ~ to ...* dit is verkeerd om ...; *what is ~?* wat makeer?; *what is ~ here?* wat skort hier?; *what is ~ with the ...?* wat makeer die ...?; *what is ~ with you?* wat makeer jou/jy?; hoe het ek dit met jou?; *and what is ~ with that?* en waarom nie?; *s.t. is* (or *there is s.t.) ~ with s.o.* iem. makeer iets, daar skort iets *(of* daar is fout) met iem., dis nie alles pluis *(of* in orde) met iem. *r* *there is something* ~ **with** *it* dit makeer iets, daar skort/skeel iets aan/mee. **wrong** *ww.* onreg aandoen, veron(t)reg; in die ongelyk stel; ~ *a woman, (ook)* 'n vrou verlei. ~**doer** kwaad=doener, oortreder; misdadiger. ~**doing** kwaaddoen(ery), oor=treding, misdryf; sonde. ~**-foot** *ww., (sport of fig.)* op die verkeerde voet betrap; onverhoeds betrap/vang. ~**-headed** dwars(koppig), beduiweld, befoeterd, verkeerd, eiewys, on=redelik. ~**'un** *n., (Br., infml.)* skurk, swernoot, skobbejak; *(kr.)* goëlbal.

**wrong·ful** onregverdig, onbillik; wederregtelik, onregmatig; ~ *arrest* wederregtelike inhegtenisneming. **wrong·ful·ly** ver=keerdelik; ~ *and unlawfully* wederregtelik. **wrong·ful·ness** onregverdigheid, onbillikheid; onregmatigheid, wederregte=likheid.

**wrong·ly** verkeerdelik, ten onregte; by vergissing, per abuis.

**wrong·ness** verkeerdheid.

**wrot** *(bouk.)* geskaafde timmerhout.

**wrote** *ww. (verl.t.)* het geskryf/geskrywe; →WRITE.

**wrought** *adj., (metal.)* gesmee; gedrewe; verwerk; gebor=duur(d); geskaaf; ~ *copper* smee(d)koper; ~ *iron* smee(d)=

yster, gesmede yster; ~ *silver* gedrewe silwer; ~ *steel* smee(d)=staal. **wrought** *ww. (verl.t. & volt.dw.):* be/get ~ *up (over s.t.)* (oor iets) gespanne/oorspanne wees/raak; (oor iets) opge=wonde wees/raak. ~**-iron** *adj. (attr.)* smeeyster= *(hek ens.).* ~**-up** *adj. (attr.)* gespanne; opgewonde.

**wrung** *ww. (verl.t. & volt.dw.)* →WRING *ww..*

**wry** skeef; verkeerd, verdraai(d); wrang; ironies; *make a ~ face* 'n suur/lelike gesig trek, skewebek trek; ~ *smile* grimlag, wrange glimlag; *give s.o. a ~ word* iem. 'n verkeerde woord toevoeg. ~**-mouthed** *adj.* skewemond, =bek. ~**neck** *n., (ook med.)* skewe nek; *(iem.)* skeefnek; *(orn.: Jynx ruficollis)* draai=hals. ~**-necked** *adj.* met 'n skewe nek.

**wry·ly** skeef; ~ *comic* wrang-komies; *smile* ~ grim(lag).

**wry·ness** wrangheid; skeefheid; verdraaidheid.

**wun·der·kind** =kinds, =kinder, *(D.)* wonderkind.

**wurst** *(D.)* wors(ie).

**wuss** *(infml.)* swakkeling, slappeling, jandooi, jansalie.

**wych elm** *(bot.: Ulmus glabra)* bergiep, bergolm.

**wye** letter Y; (Y-vormige) gaffel/vurk; Y-vorm; Y-stuk; Y-pyp.

**wy·vern** *(her.)* gevleuelde draak.

# Xx

**x** *x's,* **X** *X's, Xs, (24ste letter v.d. alfabet, Rom. syfer 10)* x, X; *little x* x'ie; *small x* klein x. **x-axis** X-as, x-as. **X chromo**=**some** *(genet.)* X-chromosoom. **X-rated** *adj., (rolprent ens.)* met 'n X-klassifikasie/-gradering, vol seks en/of geweld *(pred.)*. **X-ray** →X-RAY.

**xan·thine** *(biochem.)* xantien.

**Xan·t(h)ip·pe** *(oorspr. Sokrates se vrou: 'n feeks)* xantippe.

**xan·tho·ma** *(med.)* xanthoma, xantoom.

**xan·tho·phyll** *(biochem.)* xantofil, bladgeel.

**xen·o·lith** *(geol.)* xenoliet.

**xen·on** *(chem.; simb.:* Xe) xenon.

**xen·o·phobe** *(psig.)* vreemdelingehater. **xen·o·pho·bi·a** xe=nofobie, vreemdelingehaat, =vrees. **xen·o·pho·bic** *adj.* xeno=fobies.

**xen·o·trans·plan·ta·tion** *(v. weefsel/orgaan v. een spesie na 'n ander)* xeno-oorplanting.

**xer·o·phil·ous** *(bot., soöl.)* xerofiel, droogtebestand. **xer·o·phile** xerofiel.

**xe·ro·phyte** woestyn=, droogteplant, xerofiet, dorplant, dors=landplant. **xe·ro·phyt·ic** xerofities, woestyn=, dorsland=.

**xe·ro·sis** *(med.)* xerose, veldroogheid.

**Xe·rox** *n., (handelsnaam)* xerox(masjien); xerox(kopie); *(infml.)* fotokopie. **xe·rox** *ww.* xerox; *(infml.)* fotokopieer.

**Xho·sa** *n., (SA, bevolkingsgroep)* Xhosa; *(taal)* Xhosa. **Xho·sa** *adj.* Xhosa=.

**xi** *(14de letter v.d. Gr. alfabet)* ksi *(transliterasie: x)*.

**xiph·i·ster·num, xiph·oid pro·cess** *(anat., soöl.)* xifi=sternum, ensiforme kraakbeen.

**xiph·oid** *adj., (biol.)* swaardvormig, swaard=, xifoïed.

**Xi·tso·nga** *(taal)* Tsonga.

**X·mas** *(infml.)* = CHRISTMAS.

**X-rat·ed** *adj., (infml.)* pornografies, onwelvoeglik *(film ens.)*; kru, vulgêr *(taalgebruik ens.)*.

**X-ray, x-ray** *n.* x-straal *(ook X~)*, röntgenstraal. **X-ray, x-ray** *ww.* (x-straal)plate neem *(ook X~)*. ~ **astronomy** x-straalsterrekunde *(ook X~)*. ~ **crystallography** x-straalkris=tallografie *(ook X~)*. ~ **machine** x-straalmasjien *(ook X~)*. ~ **(photograph)** (x-straal)plaat, x-straalfoto, röntgenfoto *(ook X~)*. ~ **tube** x-straal=, röntgenbuis *(ook X~)*.

**xy·lem** xileem, houtweefsel.

**xy·lene** *(chem.)* xileen.

**xy·lo·carp** *n., (bot.)* xilokarp. **xy·lo·car·pous** *adj.* xilokarpies, xilokarp=.

**xy·log·ra·phy** xilografie, houtgraveerkuns, houtdruk(kuns). **xy·lo·graph** xilografie, xilogravure, houtdruk. **xy·log·raph·er** xilograaf, houtgraveur. **xy·lo·graph·ic, xy·lo·graph·i·cal** xilografies.

**xy·loph·a·gous** xilofaag, houtvretend.

**xy·lo·phone** *(mus.)* xilofoon.

**xy·lose** *(chem.)* xilose, houtsuiker.

# Yy

**y, Y** *y's, Y's, ys, Ys, (25ste letter v.d. alfabet)* y, Y; *little y* y'tjie; *small y* klein y. **Y-axis** Y-as, y-as. **Y chromosome** *(genet.)* Y-chromosoom. **Y-fronts** *n. (mv.)* Y-frontonderbroek. **Y-shaped** Y-vormig.

**yacht** *n.* (seil)jag; *sailing* ~ seiljag; *steam* ~ stoomjag. **yacht** *ww.* met 'n (seil)jag vaar, in/met 'n jag seil. ~ **club** seil(jag)=klub.

**yacht·ing** seil(jag)sport, jagvaart. ~ **basin** seiljaghawe. ~ **cruise** (seil)jagvaart.

**yachts·man** =men, **yachts·wom·an** =women (seiljag)=vaarder, seiler.

**yah** *tw.* ja!; wê!.

**ya·hoo**[1] *(infml.)* lummel, (gom)tor, buffel, ghwar, hierjy.

**ya·hoo**[2] *tw.* joegaaii!, jippie!.

**Yah·weh, Yah·veh** *(OT)* Jahwe(h); →JEHOVAH.

**yak**[1] *(soöl.)* jak, knorbuffel.

**yak**[2]**, yack, yack·e·ty-yak** *n., (infml., dikw. neerh.)* gebab=bel, geklets, (gedurige) gekekkel/gekwetter. **yak, yack, yack·e·ty-yak** *ww.* aanmekaar babbel/klets.

**Ya·kut** *n.* Jakoet; *(taal)* Jakoeties. **Ya·kut** *adj.* Jakoeties.

**ya·ku·za** *yakuza, (Jap. rampokker[bende])* jakoeza(lid); ja=koeza(bende).

**Yale lock** *(handelsnaam)* yaleslot.

**Yal·ta** *(geog.)* Jalta. ~ **Conference** *(gesk.)* Konferensie van Jalta.

**yam** jam(swortel); *(Am.)* patat.

**yam·mer** *(infml.)* kerm; *(dier)* tjank, huil.

**yang** *(Chin. filos., ook Y~)* jang *(ook J~);* →YIN.

**Yank** *(infml., dikw. neerh. vir Amerikaner)* Yank; →YANKEE.

**yank** *n.* ruk, pluk; *give s.t. a* ~ iets ruk/pluk/trek, 'n pluk aan iets gee. **yank** *ww.* ruk, pluk, trek; ~ *at s.t.* aan iets ruk/pluk; ~ *off s.t.* iets afruk; ~ *out s.t.* iets uitruk/=pluk.

**Yan·kee** *n., (infml., dikw. neerh. vir Amerikaner)* Yankee; *(Am. vir Nieu-Engelander)* Yankee; *(hist.: soldaat)* Yankee; *(rad., kodewoord vir die letter* y*)* yankee. **Yan·kee** *adj., (infml., dikw. neerh.)* Yankee=.

**yap** *n.* kef, blaf(fie). **yap** *=pp=, ww.* kef, blaf; babbel, klets. **yap·per** keffer, blaffer. **yap·ping** gekef, geblaf; gebabbel, geklets, kletsery. **yap·py** *adj.* kefferig, blafferig; *a ~ little dog* 'n kefferhondjie.

**yard**[1] *n.* erf; werf; *(SA, Am.)* tuin; agterplaas, *(<Eng.)* jaart; terrein, veld, plek, ruimte; *(back)* ~ →BACKYARD; *play in the* ~ in die tuin speel; *the Y~, (Br., infml.)* Scotland Yard. **yard** *ww.* kraal; *(Am.)* bewaar, (op)stapel *(hout).* ~ **sale** *(Am.)* werf=verkoping.

**yard**[2] *n., (lengtemaat, afk.:* yd*)* jaart; *(sk.)* ra; tree. ~ **measure** jaart=, maat=, meetstok. ~**stick** maatstaf; jaart=, maatstok; *apply a* ~ met 'n maatstaf meet, 'n maatstaf gebruik; *(measured) by this* ~ volgens dié maatstaf; *use s.t. as a* ~ iets as maatstaf gebruik.

**yard·age**[1] werf=, bewaar=, bêregeld.

**yard·age**[2] jaartmaat.

**yard·man** =men rangeerder; terreinopsigter.

**yar·mul·ke, yar·mul·ka** *(<Jidd.: kalotjie)* jarmoelka.

**yarn** *n.* gare, garing, draad; storie, verhaal; *spin a* ~, *(infml., fig.)* 'n storie vertel, 'n verhaal/verskoning opdis. **yarn** *ww.* (stories) vertel. ~~**dyed (fabric)** kleurgare=, kleurgaringstof.

**yar·row** *(Achillea millefolium)* duisendblad; *(A. ptarmica)* nies=kruid, =wortel.

**yash·mak, yash·mac** Moslem-sluier, (gesig)sluier, jasj=mak.

**yaw** *n., (alg.)* gierbeweging; *(sk.)* slingering. **yaw** *ww., (alg.)* gier; *(sk.)* afwyk (van die koers), slinger, skeef/skuins loop. ~ **angle** gierhoek.

**yawl** *n., (sk.)* jol(boot). ~ **rig** joltuig.

**yawn** *n. & ww.* gaap; *a smothered/stifled* ~ 'n onderdrukte gaap. **yawn·ing** *n.* gegaap, gapery. **yawn·ing** *adj.* gapend.

**yawp** *n.* skree(u); gekef, geblaf. **yawp** *ww.* skree(u); kef, blaf.

**yaws** *n. (fungeer as ekv.)*, **fram·boe·sia**, *(Am.)* **fram·be·sia** *(med.)* framb(o)esie.

**yay** *tw., (infml.)* jippie!; ditsem!; bakgat!.

**ye**[1] *(arg. of dial.)* u; jul(le); *how d'~ do?* hoe gaan dit?; aangename kennis, bly te kenne.

**ye**[2] *lw., (pseudo-arg.)* die; *Ye Olde Elizabethan Coffee Shop* Die Ou Elisabethaanse Koffiewinkel.

**yea** →AYE[1] *n.;* ~*s and nays* ja- en nee-stemme. **yea** *adv., (arg., fml.)* ja; *say* ~ *or nay* ja of nee sê.

**yeah** *(infml.)* ja; *(oh)* ~*?* o so?, regtig (waar)?.

**year** jaar; ... *a/per* ~ ... per jaar; ~ *after/by* ~ jaar ná jaar; elke jaar; ~*s ago/back* jare gelede; *some* ~*s ago/back* 'n paar jaar gelede; ~*s and* ~*s ago* jare der jare gelede; *until a few* ~*s ago* tot 'n paar jaar gelede; *do s.t. for* ~*s and* ~*s* iets jare der jare lank doen; *have many* ~*s behind one* baie jare agter die rug hê; *for many* ~*s to come* nog baie jare, tot in lengte van dae; *in* ~*s to come* in die jare vorentoe, in die toekoms; *this day* ~ vandag oor 'n jaar; vandag 'n jaar gelede; *the* ~ *dot, (infml.)* toeka (se dae/tyd), die jaar toet; *down the* ~*s* deur die jare heen; *from* ~*'s end to* ~*'s end* van jaar tot jaar; *every* ~ elke jaar; aljare; jaarliks; *go to ... for a* ~ vir 'n jaar ... toe gaan; *a* ~ *from* today/*etc.* vandag/ens. oor 'n jaar; *be full of* ~*s* bejaard (*of* baie oud *of* gevorderd in jare) wees; ~ *in,* ~ *out* jaarin en jaaruit; *in the* ~ *of grace* (or our Lord) *1838/etc.,* (vero., liter.) in 1838/ens. ná Christus, in die jaar van onse Here 1838/ens.; *boxer/etc. of the* ~ bokser/ens. van die jaar; *every other/second* ~ al om die ander jaar; *over the* ~*s* deur die jare heen; *put on* ~*s* jare ouer word; *s.t. takes* ~*s off s.o.* iets maak iem. jare jonger; iets laat iem. jare jonger lyk; *s.t. takes* ~*s off one's life* iets kos jou jare van jou lewe; *this* ~ vanjaar, vandeesjaar, dié/hierdie jaar; *throughout the* ~, *the whole* ~ *(round)* die hele jaar (deur), heeljaar; *through-out those* ~*s* gedurende al daardie/dié jare; *two or more* ~*s* twee jaar of langer/meer. ~ **end** *n.* jaareinde; *at the* ~ ~ by/met die afsluiting (*of* aan die einde) van die boekjaar; *by the* ~ ~ teen die jaareinde. ~~**end** *adj. (attr)* jaareind= *(resultate, syfers, ens.).* ~~**long** *adj. (attr.)* jaar lang(e). ~~**old** *adj. (attr.)* eenjarige, jaar ou(e); *a* ~ *friendship* 'n jaar lange/ou(e) vriendskap. ~~**on-year** *adj. (attr.)* jaar-tot-jaar- *(verhoging ens.).* ~ **planner** beplanningskalender. ~~**round** heeljaarse.

**year·ling** *n.* jaarling, jaar oud/ou(e) dier, eenjarige; tweetandskaap; *(ekon.)* jaarobligasie. **year·ling** *adj. (attr.)* jaar oud/ou(e), eenjarige *(kalf ens.).*

**year·ly** *adj.* jaarliks. **year·ly** *adv.* jaarliks, elke jaar.

**yearn** smag, hunker, sterk verlang; ~ *after/for s.t.* na iets smag; ~ *for s.o.* na iem. verlang; ~ *to* ... brand van verlange om te ... **yearn·ing** *n.* smagtende verlange, sterk begeerte.

**yeast** *(biol.)* gis; suurdeeg; skuim *(op bier ens.); a cake of* ~ 'n koekie suurdeeg, suurdeegkoekie; *prepare* ~ insuur. ~ **cake** giskoekie; suurdeegkoek. ~ **cell** *(biol.)* gissel. ~ **extract** suurdeegekstrak. ~ **granules** giskorrels, korrelgis. ~ **infection** *(med.)* sproei.

**yeast·y** suurdeegagtig; gistend, skuimend; oppervlakkig. **yeast·i·ness** suurdeegagtigheid; gisting; oppervlakkigheid.

**yec(c)h** *tw., (infml.)* ga!, sies!, jig!, jêg!.

**yell** *n.* gil, skreeu; *(Am.)* kreet; *give* (or *let out) a* ~ skree(u). **yell** *ww.* gil, skree(u); ~ *at s.o.* op iem. skree(u); ~ *out* uit-skree(u); ~ *with* ... skree(u) van ... *(pyn ens.);* brul/gil van ... *(d. lag ens.).*

**yel·low** *n.* geel; eiergeel, dooier, door; geel mot; geel vlinder. **yel·low** *adj.* geel; *(neerh. verw. na Oosterlinge n.a.v. hulle velkleur)* geel; *(infml.)* lafhartig, bang; *(v. 'n boek ens.)* sensasie-; *turn* ~ geel word. **yel·low** *ww.* vergeel, geel word; geel maak. ~**-belly** *(infml.)* lafaard. ~**billed** *adj., (vnl. orn.)* geel-bek-. ~ **card** *(sokker, rugby)* geel kaart. ~ **fever** geelkoors. ~**fin (tuna)** *(Thunnus albacares)* geelvin(tuna). ~**-grey** geel-grys; *(perd)* geelskimmel. ~ **jack** geel vlag, kwarantynvlag. ~ **jersey** *(fietsry)* geel trui. ~ **line** geel streep *(op 'n pad).* **Y~ Pages** *n. (mv.)* Geelbladsye, Geel Gids. ~ **rice** geel-, borrie-, begrafnis-, vendusie-, vandisierys. **Y~ Sea,** *(Chin.)* Huang Hai, Hwang Hai Geel See. ~ **streak:** *have a* ~ ~ lafhartig/papbroek(er)ig wees. ~ **sugar** geelsuiker. ~**tail** *(igt.: Seriola spp.)* geelstert. ~ **weaver** *(orn.: Ploceus subaureus)* geelwe-wer. ~**wood** geelhout.

**yel·low·ing** *n., (bot.)* vergeling.

**yel·low·ish** gelerig.

**yel·low·ness** geelheid.

**yelp** *n.* (ge)tjank, (ge)kef. **yelp** *ww.* tjank, kef.

**Yem·en:** *(Republic of)* ~ (Republiek van) Jemen. **Yem·e·ni, Yem·en·ite** *n.* Jemeniet. **Yem·e·ni, Yem·en·ite** *adj.* Jemeni-ties, Jemeens.

**yen**[1] *yen, (Jap. geldeenh.)* jen.

**yen**[2] *(infml.)* drang; begeerte, verlange; *have a* ~ *for* ..., *(infml.)* 'n drang/begeerte na ... hê; *have a* ~ *to* ..., *(infml.)* 'n drang/begeerte hê om te ...

**yeo·man** *-men, (hist.)* grondeienaar; *(hist.)* hofbediende; *Y~ of the Guard, (Br.)* koninklike lyfwag. **yeo·man·ly** *adj., (ook)* (ge)trou, betroubaar, toegewyd, staatmaker- *(diens ens.).* **yeo·man·ry** *(hist.)* grondbesitters; land-, burgermag.

**yep** *(infml.)* ja.

**yes** ja; ~ *and no* ja en nee; ~ *or no* ja of nee; *oh* ~? regtig (waar)?; *say* ~ ja sê, instem; *say* ~ *to s.t.* iets beaam; iets aanvaar; iets toestaan *('n versoek ens.).* ~**-man** *(infml.)* napra-ter, jabroer.

**ye·shi·va** *-vahs, -voth,* (Hebr., *Jud.: teol. kollege/Joodse skool)* Jesjiwa.

**yes·ter·day** gister; ~ *afternoon/etc.* gistermiddag/ens.; *the day before* ~ eergister; *only* ~ nog (pas) gister. ~**-today-and-tomorrow** *(bot.: Brunfelsia spp.)* verbleikblom.

**yes·ter·year** *n., (fml., liter.)* die vorige jaar; die verlede; *of* ~ uit die verlede. **yes·ter·year** *adv.* verlede jaar; in die ver-lede.

**yet** *adv. & voegw.* nog; al; tog, nogtans, nietemin, ewe(n)wel; tot nog toe; immers; (en) tog, maar; ~ *another accident/etc.* al weer 'n ongeluk/ens.; *as* ~ tot nog/nou toe, tot dusver/dusvêr; *has it happened* ~? het dit al gebeur?; *not* ~ nog nie; nou nog nie; *not just* ~ nog nie, vir eers nie, nie nou al nie; *there is* ~ *time* daar is nog tyd; *strange (and)* ~ *true* raar maar waar, vreemd maar tog waar.

**yet·i, A·bom·i·na·ble Snow·man** jeti, verskriklike sneeu-man.

**yew (tree)** (gewone) taksis(boom).

**Yid** *(neerh. sl.)* Jood.

**Yid·dish** Jiddisj. **Yid·dish·er** *n.* Jood; Jiddisjsprekende. **Yid·dish·er** *adj.* Jiddisj, Joods. **Yid·dish·ism** Jiddisjisme.

**yield** *n.* opbrengs, opbrings, produksie; oes; lewering; vloei *(v. 'n fontein); give a high* ~ 'n goeie opbrengs/opbrings le-wer. **yield** *ww.* (op)lewer, voortbring, produseer; inbring; lewer; opgee, afstaan, oorgee; toegee *(op 'n punt);* verleen; meegee, swig, jou oorgee/gewonne gee; wyk; terugstaan; ~ *consent* toestemming gee/verleen; ~ *to* ... vir ... terugstaan *(iem.);* vir ... swig *('n versoek ens.);* vir ... beswyk *('n ver-soeking ens.);* ~ *to* ... toestaan *('n versoek ens.);* voor ... swig/wyk *('n oormag ens.);* ~ *s.t. to s.o* iets aan iem. afstaan; iem. icts toegee. ~ **point** *(fis.)* vloeipunt; elastisiteitsgrens; meegee-, strekpunt, swigsterkte *(v. staal).* ~ **sign** toegee-, voorrangte-ken.

**yield·ing** *adj.* toegewend; buigsaam; produktief; renderend; ~ *ability* skietvermoë *(v. koring); (bedrag)* rendementsver-moë, -potensiaal; *(persentasie)* rentabiliteitsvermoë, -poten-siaal.

**yikes** *tw., (infml.)* jisla(a)ik!, joe!, heng!, (o) gits/gaats!.

**yin** *(Chin. filos., ook Y~)* jin *(ook J~);* ~ *and yang* jin en jang.

**yip·pee** *tw.* jippie!, hoera!, hoerê!.

**yips** *n. (mv.), (infml., sport)* jips; *contract/develop the* ~ iem. se senuwees begin knaag, 'n hol kol op die/jou maag kry, oor-spanne raak.

**y·lang-y·lang, i·lang-i·lang** *(bot.)* ilang-ilang; ilang-ilang-olie.

**yo** *tw., (infml.)* haai!, jis!.

**yob** *yobs,* **yob·bo** *-bo(e)s, (Br., infml.):* lummel, (gom)tor, buf-fel, ghwar, hierjy. **yob·bish** *adj., (Br., infml.)* onbeskof, kru, torrerig.

**yo·del** *n.* (ge)jodel. **yo·del** *-ll-, ww.* jodel. **yo·del·ler** jodel-sanger. **yo·del·ling** (ge)jodel.

**yod(h)** *(10de letter v.d. Hebr. alfabet)* jod.

**yo·ga** joga. **yo·gi** *-gis* jogi.

**yo·g(h)urt** jogurt. ~ **culture** jogurtkultuur.

**yoke** *n.* juk; dwarsbalk; *(naaldw.)* skouerstuk; *(mot.)* juk, mag-neet; *(sk.)* juk, stuur-, roerjuk; *(huweliks-/liefdes)band; bear the* ~ die juk dra; *send ... under the* ~ ... die juk oplê; *sub-mit to the* ~ *of* ... onder die juk/gesag van ... buig; *throw off the* ~ die juk afgooi. **yoke** *ww.* die juk oplê; inspan *(osse);* verenig; saamwerk, -trek; ~ *the oxen to the wag(g)on* die osse voor die wa span. ~ **pin/skey** jukskei.

**yo·kel** *(neerh.)* plaasjapie.

**Yo·ko·ha·ma** *(geog.)* Jokohama.

**yolk** eiergeel, geel van 'n eier; *(soöl.)* dooier, door; vetsweet, wololie *(in skaapwol); the* ~*s of six eggs* ses eiergele, die geel/gele van ses eiers; *wool in the* ~ ongewaste wol. ~ **bag/sac** *(soöl.)* dooier-, doorsak.

**yolk·y** dooieragtig; vetterig.

**Yom Kip·pur/Kip·pur, Day of A·tone·ment** *(Jud.)* Jom Kippoer, Groot Versoendag.

**yon·der** *adj., (arg. of dial.)* daardie. **yon·der** *adv.* daar(so); *over* ~ daar oorkant.

**yonks** *n. (mv.), (infml.):* ~ *ago* járe/jarre/donkiejare gelede; *for* ~ eeue/donkiejare lank; *know s.o. for* ~ iem. (al) van toeka (se dae) af ken.

**yoo-hoo** *tw.* joehoe!.

**yore** *(vero.)* die ou tyd, vanmelewe, vanslewe; *from days of* ~ uit vergange se dae; *(in days) of* ~ *(ook)* vanmelewe, vanslewe, van ouds, toeka *(infml.),* in vanmelewe/vanslewe se dae/tyd.

**york** *(kr.)* met 'n streepbal (uit)boul. **york·er** *(kr.)* streep-, duikbal.

**York·shire** *(geog.)* Yorkshire. ~ **pudding** yorkshirepoeding.

**Yo·ru·ba** *(stam)* Joroeba; *(taal)* Joroeba.

**you** jy; jou; julle; *(beleefdheidsvorm)* u; ('n) mens; ~ *and I* u en ek; ek en jy; ~ *and yours* jy en jou mense/gesin, jy en al wat jy het; ~ *fool!* jou swaap!; *(now) there's ...for* ~ dit noem ek (*of* ['n] mens) (nou) ... *(goeie diens ens.); get* ~ *gone* maak dat jy wegkom; *two/etc.* **of** ~ twee/ens. van julle; *the two/etc.* **of** ~ julle twee; *what is that to* ~*?* wat gaan dit jou aan?, wat raak dit jou?, wat kan dit jou skeel?, wat het jy daarmee te doen/make?; *what are* ~ *to do with ...?* wat moet ('n) mens met ... aanvang?. ~**-know-what** *(infml.)* jy-weet-wat. ~**-know-who** *(infml.)* jy-weet-wie.

**you'd** = YOU WOULD; YOU HAD.

**you'll** = YOU WILL.

**young** *n. (mv.), (veral v. diere)* kleintjie(s); *the* ~ die jeug, (die) jong mense, jongmense; ~ *and old* oud en jonk. **young** *adj.* jong *(attr.)*, jonk *(pred.)*; jeugdig *(oortreders ens.)*; klein *(rakker ens.)*; onervare; *(geol.)* jeugdig; ~ *marrieds* pasgetroudes, pas getroudes, pasgetroude *(of* pas getroude) paartjie; ~ *people* jong mense, jongmense, die jeug; *be* ~ *in this sort of thing* nog rou/onervare wees in dié soort sake; ~ **offender** *(jur.)* jeugdige oortreder. ~ **person** *(jur.)* jeugdige; jong persoon; jong mens, jongmens.

**young·ber·ry** youngbessie.

**young·er** jonger; jongste *(v. twee); the* ~ *generation* die jong geslag, die jongeres, die jeug; *the* ~ *set* die jongspan.

**young·ish** jongerig, nog (maar) jonk.

**Young's mod·u·lus** *(fis.)* Young-modulus, elastisiteitsmodulus.

**young·ster** kind, snuiter, jongeling.

**your** *bes.bep.* jou; u; ~ *taxpayer/etc.* belastingbetalers/ens. (in die algemeen).

**you're** = YOU ARE.

**yours** *bes.vnw.* jou(n)e; van jou; van u; *it's all* ~ dit behoort alles aan jou; snork jy nou maar daarmee op *(infml.)*, kyk jy maar wat jy daarmee kan uitrig; *it is* ~ dit is jou(n)e; dit is julle s'n; *of* ~ van jou.

**your·self** *-selves, pron.* jou(self), u(self); self; *by* ~*/yourselves* alleen; *why are you sitting by* ~*?* waarom sit jy so alleen/allenig?; *you cannot do it by* ~ jy kan dit nie alleen doen nie;

*do it* ~ doen dit self; *enjoy* ~*/yourselves!* geniet dit!; *have you hurt* ~*?* het jy jou seer gemaak?, het jy seergekry?; *you are not (quite)* ~ *tonight* jy is vanaand nie op jou stukke nie; *you said so* ~ jy het dit self gesê; *see for* ~ kyk self; *go and wash* ~ gaan was jou.

**youth** jeug, jonkheid; jeugdigheid; jong mens, jongmens; jong man, jongman; *(ekv. of mv.)* jong mense, jongmense, die jong geslag, die jeug; *in s.o.'s (early)* ~ in iem. se (prille) jeug; *s.t. is in its* ~, *('n projek ens.)* iets is nog in sy kinderskoene. ~ **centre** jeugsentrum. **Y~ Day** *(SA: 16 Junie)* Jeugdag. ~ **hostel** jeugherberg. ~ **hostelling** *(Br.)* verblyf in jeugherberge; *go* ~ ~ gaan reis en in jeugherberge oorbly.

**youth·ful** jeugdig; ~ *dream* jeugdroom.

**you've** = YOU HAVE.

**yowl** *n.* gekerm, gehuil, (ge)skreeu, (ge)skree. **yowl** *ww.* tjank, huil, kerm.

**yo-yo** *-yos, n.* jojo, klimtol; *(Am. sl.)* dwaas. **yo-yo** *ww.* jojo, klimtol.

**yt·ter·bi·um** *(chem.; simb.:* Yb) ytterbium.

**yt·tri·um** *(chem.; simb.:* Y) yttrium.

**yu·an** *(Chin. geldeenh.)* joean. **Y~ (Dynasty)** Joean(dinastie).

**yuc·ca** palmlelie, adam-se-naald, adamsnaald.

**yu(c)k** *tw., (infml.)* ga!, sies!, jig!, jêg!. **yuck·y** *-ier -iest*, **yuk·ky** *-kier -kiest, adj., (infml.)* gagga, walglik, aaklig; soetsappig, stroperig, (oordrewe) sentimenteel *('n liedjie ens.)*.

**Yu·go·slav** Joego-Slaaf. **Yu·go·sla·vi·a** *(hist.)* Joego-Slawië. **Yu·go·sla·vi·an** Joego-Slawies.

**Yule** *(liter., arg.)* Kersfees; Kerstyd. ~ **log** Joelblok. ~**tide** Kers(fees)tyd.

**yum·my, yum(-yum)** *tw., (infml.)* mm!, njam-njam!, lekker!.

**yup** *adv., (infml.)* 'n, 'm, ja.

**yup·pie, yup·py** *-pies, (infml., neerh. vir young urban professional)* yuppie, jappie, klimvoël. **yup·pie flu** *(infml. vir chronic fatigue syndrome)* yuppie-, jappiegriep. **yup·pie·dom** yuppie-, jappiedom. **yup·pi·fi·ca·tion** yuppiefikasie, jappiefikasie. **yup·pi·fy** yuppiefiseer, jappiefiseer.

**yurt** *(Oosterse nomadetent)* joert.

# Zz

**z** *z's,* **Z** *Z's, Zs, (laaste letter v.d. alfabet)* z; *little z* z'tjie; *small z* klein z. **Z-bar** Z-stang, Z-staaf.

**Zac·chae·us** *(AV, NIV)* Saggeus *(NAB),* Saggéüs *(OAB).*

**Zach·a·ri·ah, Zach·a·ri·as, Zach·a·ry** *(NT)* Sagaria; → ZECHARIAH.

**zaf·fre, zaf·fer** kobaltoksied.

**Za·ire** *(geog., hist.: 1971-97)* Zaïre; →CONGO. **Za·ir·e·an, Za·ir·i·an** *n. & adj.* Zaïrees.

**Zam·be·zi (Riv·er)** Zambezi(rivier).

**Zam·bi·a** *(geog.)* Zambië. **Zam·bi·an** *n.* Zambiër. **Zam·bi·an** *adj.* Zambies.

**za·ny** *n.* malkop, maltrap; grapjas, platjie. **za·ny** *adj.* awe= regs *(humor, karakter, ens.).*

**Zan·zi·bar, Zan·zi·bar** *(geog.)* Zanzibar. **Zan·zi·ba·ri** *n.* Zanzibari. **Zan·zi·ba·ri** *adj.* Zanzibars, Zanzibaries.

**zap** *n., (infml.)* fut, krag; *an extra ~ of ...* 'n ekstra bietjie ... *(woema ens.);* 'n ekstra skeut ... *(spanning ens.).* **zap** =*pp=, ww., (infml.)* neerskiet; afmaai; bestook, bombardeer; kort(e) met= te maak met; *(haastig beweeg)* rits; *(rek.)* uitwis, skoonmaak; *(met 'n afstandbeheerder)* zits *(TV, garagedeur, ens.);* ~ *along the streets of ...* deur die strate van ... rits; ~ *from one channel to another, (TV)* met die knoppie van (die) een kanaal na die ander spring, TV-roelet/roulette speel; ~ *s.t. from s.o.'s hands* iets uit iem. se hande gryp/ruk; ~ *s.t.* **into** *the microwave oven* iets in die mikrogolfoond stop/steek; ~ *past, (motors ens.)* verbyflits, =blits, =skiet =snel, =vlieg.

**zap·ped** *(infml.)* poegaai, stokflou, doodmoeg.

**zap·py** *(infml.)* lewendig, energiek *(iem.);* blitsig *('n motor);* prettig *('n program ens.).*

**zeal** ywer, geesdrif, vuur, entoesiasme, besieling; *be full of ~ for s.t.* met ywer vir iets vervul wees *('n saak ens.); show great ~* groot ywer aan die dag lê; *work with ~* ywerig *(of* met ywer) werk. **zeal·ot** fanatikus, heethoof, dweper, seloot. **zeal·ot·ry** fanatisme, dweepsug, selotisme. **zeal·ous** ywerig, gees= driftig, vurig; *be ~ for s.t.* vir iets ywer *('n saak ens.).*

**Zeb·e·dee** *(NT)* Sebedeus *(NAB),* Sebedéüs *(OAB).*

**ze·bra** *(soöl.)* sebra; *(igt.)* wildeperd. ~ *crossing* sebraoor= gang.

**ze·bu** *(soort os)* seboe.

**Zech·a·ri·ah** *(OT)* Sagaria; →ZACHARIAH.

**zed,** *(Am.)* **zee** *(d. letter z)* zet.

**ze·in** *(biochem.)* seïen.

**Zeit·geist** *(D.)* tyd(s)gees.

**Zen (Bud·dhism)** Zen(-Boeddhisme).

**Ze·ner di·ode** *(elektron.)* Zenerdiode.

**ze·nith** toppunt, hoogste punt, senit; *at the ~ of s.o.'s career* op die toppunt van iem. se loopbaan. ~ *distance (astron.)* hoogtekomplement, hoogtepuntafstand, senitafstand.

**ze·nith·al** *adj.* senitaal, senit=; ~ *projection* senitale projeksie.

**zeph·yr** *(poët., liter.)* sefier, windjie, luggie.

**zep·pe·lin** *(soms Z~)* zeppelin, lugskip.

**ze·ro** =*ros, n.* nul, zero; nulpunt; vriespunt; *at/on ~* op nul; *six/etc. degrees above/below ~* ses/ens. grade bo/onder nul. **ze·ro** =*roed, ww.* op nul bring/stel *('n instr.);* die visier instel *(v. 'n geweer ens.);* ~ *in on ...* na ... mik; jou aandag op ... toespits. ~=*based budget (fin.)* nulbasisbegroting. ~ *hour*

*(mil.)* nul-uur, zero-uur, aanvalsuur; *(infml.)* beslissende/ kritieke oomblik/tydstip. ~ *option* zero-opsie *(in int. kern= wapenonderhandelings).* ~ *rate n.* nultarief. ~=*rate ww.* van BTW vrystel. ~=*sum adj.* wen-verloor- *(formule ens.);* ~ *game* nulsomspel. ~ *temperature* nultemperatuur. ~ *tolerance (wetstoepassing)* zero-toleransie, -verdraagsaamheid.

**zest** lus, vuur, entoesiasme, gretigheid; smaak, geur; iets pi= kants; stukkie lemoen-/suurlemoenskil *(in 'n drankie); add/ give ~ to s.t.* iets interessant/boeiend maak, lewe in iets sit; meer smaak/geur aan iets gee; *lose one's ~ for life/living* jou lewensvreugde/=blyheid verloor. **zest·ful** besiel(d), begees= ter(d), vurig, entoesiasties.

**ze·ta** *(sesde letter v.d. Gr. alfabet)* zeta.

**Zeus** *(Gr. mit.)* Zeus.

**zib·e·line** *(soöl.)* sabel(dier); sabel(pels); *(tekst.)* sibelien.

**zi·bi can** *(<Z., SA: vullisblik, ook Z~)* zibiblik.

**zig·gu·rat, zik·ku·rat** *(hist.)* ziggoerat.

**zig·zag** *n.* sigsag; sigsagpatroon; kronkel=, slinger=, sigsagpad. **zig·zag** *adj.* sigsagsgewys, sigsag=, kronkelend, slingerend; ~ *line* sigsaglyn; ~ *path* kronkel=, slinger=, sigsagpad; kron= kel=, slinger=, sigsagpaadjie. **zig·zag** *adv.* sigsag, sigsags= gewys(e); draai-draai. **zig·zag** =*gg=, ww.* sigsag, kronkel, slinger, sigsagsgewys(e) loop.

**zilch** *n., (infml.)* (absoluut/heeltemal/hoegenaamd *of* net mooi) niks (nie).

**zil·lion** *n., (infml.)* ziljoen; ~*s of ...* ziljoene/massas *(of* 'n duisternis) ... **zil·lion·aire** ziljoenêr.

**Zim** *(infml. afk. vir Zimbabwe)* Zim.

**Zim·bab·we** *(geog.)* Zimbabwe. ~ *ruins* Zimbabwe-ruïnes.

**Zim·bab·we·an** *n.* Zimbabwiër. **Zim·bab·we·an** *adj.* Zimbabwies.

**Zim·mer (frame)** Zimmer(loopraam).

**zinc** *n., (chem., simb.: Zn)* sink. **zinc** *ww.* versink, galvaniseer, met sink oortrek/beklee. ~ *ointment* sinksalf.

**zing** *(infml.)* krag, energie, vitaliteit; lus, drif, vuur, entoesias= me.

**zin·ni·a** *(bot.)* jakobregop, zinnia.

**Zi·on, Si·on** Sion. **Zi·on·ist** *n.* Sionis. **Zi·on·ist** *adj.* Sionis= ties. **Zi·on·ism** Sionisme.

**Zi·on Chris·tian Church** *(SA, afk.: ZCC)* Sionistekerk.

**zip** *n.* rits(sluiter); *(infml.)* fut, krag, energie; *(Am., infml.)* (ab= soluut/heeltemal/hoegenaamd *of* net mooi) niks (nie). **zip** =*pp=, ww.* blits, zits, jaag, skiet; flits; *(koeël)* fluit, suis; *(rek.)* in= pak, kompakteer *('n lêer);* ~ *along* voortsnel, =spoed; ~ *through s.t.* deur iets blits/jaag/skiet *('n rooi lig ens.);* vinnig deur iets draf/zits *(winkels ens.);* deur iets flits *(jou gedagtes);* ~ *s.t. (up)* iets toerits. ~ *fastener* rits(sluiter). ~ *gun (sl.)* tuis-/eie-/self= gemaakte geweer/vuurwapen. ~=*up adj. (attr.)* toerits= *(baad= jie, sak, ens.).*

**zip code** *(Am., ook ZIP code)* poskode.

**zip·less** *(infml.: kortstondig, ongekompliseerd, vurig)* ritsloos *(seksuele ontmoeting).*

**zip·per** *(Am.)* rits(sluiter).

**zip·py** *(infml.)* lewendig.

**zir·co·ni·a** *(chem.)* sirkonia, sirkoniumoksied.

**zir·co·ni·um** *(chem., simb.: Zr)* sirkonium. ~ *oxide* = ZIRCONIA.

**zit** *(infml.)* puisie.

**zith·er** *(mus.)* siter.

**zizz** *n., (Br., infml.)* gezoem; gesis; dutjie, slapie; *have/take a* ~ 'n uiltjie knip, 'n slapie maak/vang. **zizz** *ww.* zoem; sis; 'n uiltjie knip, ('n bietjie) dut, visvang.

**zlo·ty** *-ty(s), -ties, (Poolse geldeenh.)* zloty.

**zo·di·ac** *(astrol.)* diereriem, sodiak. **zo·di·a·cal** diereriem-, sodiak-.

**zo·ic** diere-; *(geol.)* fossielhoudend.

**zol** *zols, zolle, (SA, daggasigaret)* (dagga)zol.

**Zo·la Budd** *(SA, infml., vero.)* Zola Budd, minibustaxi.

**zom·bie, zom·bi** zombie.

**zon·al** sonaal, sone-; *(wisk.)* sonaal; ~ *wind* streekwind.

**zo·na·tion** sonering, sonasie; sonevorming.

**zone** *n.* gebied, streek, area, deel, terrein, sone; *(fig.)* gebied; *(mil.)* strook, streek, sone; *(geog.)* strook, gordel; aardgordel; lugstreek; *(geol., wisk.)* sone; tydsone; *(bot., soöl.)* ring, kring, streep; ~ *of fire* vuurstrook; ~ *of silence, (rad.)* stiltestreek, stil streek. **zone** *ww.* in sones verdeel, soneer; afbaken, indeel; aanwys *(as, vir).* ~ *time* sonetyd.

**zon·ing** verdeling in sones, sonering, (streek)indeling; aan= wysing *(as, vir);* sonebou, =struktuur.

**zonk** *ww., (infml.)* moker, hard slaan; *be* ~*ed out* poegaai/pê/ pootuit/vodde wees; 'n dooie hou slaap; poegaai/gaar/stuk= kend/smoordronk/papdronk wees; bedwelm(d)/dwelmdof *(of* ver/vêr heen) wees. **zonk** *tw.* boem!, doef!, ghwarra!.

**zoo** dieretuin. ~*keeper* dieretuinopsigter; dieretuindirekteur; dieretuineienaar.

**zo·o·ge·og·ra·phy** soögeografie, dieregeografie. **zo·o·ge· og·ra·pher** soögeograaf, dieregeograaf. **zo·o·ge·o·graph·ic, zo·o·ge·o·graph·i·cal** soögeografies, dieregeografies.

**zo·oid** *(soöl.)* soöied.

**zo·ol·o·gy** soölogie, dierkunde. **zo·o·log·i·cal** soölogies, dier= kundig. **zo·ol·o·gist** soöloog, dierkundige.

**zoom** *n.* (ge)zoem; *(fis.)* strekking. **zoom** *ww.* zoem; ~ *in on s.o./s.t., (fot.)* op iem./iets inzoem; ~ *out, (fot.)* uitzoem. ~ **(lens)** *(fot.)* skuif-, zoemlens.

**zo·o·mor·phic** soömorf(ies). **zo·o·mor·phism** soömorfisme.

**zo·on·o·sis** *-oses, (patol.)* soönose.

**zo·o·plank·ton** soöplankton.

**zo·o·spore** *(biol.)* soöspoor.

**zo·ot·o·my** soötomie, diereontleedkunde. **zo·ot·o·mist** soö= tomis.

**zoot suit** *(sl.)* spogterspak.

**zo·ril·la, zor·ille** *(soöl.)* = STRIPED POLECAT.

**Zor·o·as·ter** *(Lat.),* **Zar·a·thus·tra** *(Avesties), (Pers. profeet)* Zoroaster, Zarathoestra. **Zo·ro·as·tri·an, Maz·da·ist** *n.* Zo= roastris, Mazdaïs. **Zo·ro·as·tri·an, Maz·da·ist** *adj.* Zoroas= tristies, Mazdaïsties. **Zo·ro·as·tri·an·ism, Zar·a·thus·tri·an· ism, Maz·da·ism** *(antieke Pers. relig.)* Zoroastrianisme, Zo= roastrisme, Mazdaïsme.

**zuc·chet·to** *-tos, (It., RK)* kalotjie, skedelpet.

**zuc·chi·ni** *-chini(s), (Am.)* →COURGETTE.

**Zu·lu** *n., (lid v. 'n volk; taal)* Zoeloe, Zulu. **Zu·lu** *adj.* Zoe= loe-, Zulu-.

**Zu·rich,** *(D.)* **Zü·rich** *(geog.)* Zürich.

**zy·go·dac·tyl** *n., (orn.)* sigodaktiel. **zy·go·dac·tyl, zy·go· dac·tyl·ous** *adj.* sigodaktiel.

**zy·go·ma** *-mata,* **zy·go·mat·ic arch** *(anat.)* sigoom, sigo= matiese boog, jukbeen-, wangbeenboog.

**zy·gote** *(biol.)* sigoot.

**zy·mol·o·gy** *(biochem.)* simologie. **zy·mo·log·ic, zy·mo·log· i·cal** simologies. **zy·mol·o·gist** simoloog.

**zy·mol·y·sis, zy·mo·sis** *(med.)* simolise, simose, gisting, fermentasie.

**zy·mo·sis** *-moses, (med.)* simose. **zy·mot·ic** *adj.* simoties; be= smetlik; aansteeklik.

**zy·mur·gy** *(chem.)* simurgie.

# Abbreviations

*See point 10 on p. xvi*

## A

**A** ampere(s) • ampère **A**

**a.**, **adj.** adjectival; adjective • adjektiwies(e) **adj.**, byvoeglik(e) **byv.**; adjektief **adj.**, byvoeglike naamwoord **b.nw.**

**a.** *annum* year • *annum* jaar **a.**

**Å, A** ångström(s), angstrom(s) • ångström **Å**

**AA** Alcoholics Anonymous • Alkoholiste Anoniem **AA**

**AA** anti-aircraft *(battery etc.)* • lugafweer **LA**

**AA** Automobile Association (of South Africa) • Automobiel-Assosiasie (van Suid-Afrika) **AA**

**AAA** Amateur Athletic Association • Amateuratletiekvereniging **AAV**

**AAM** Anti-Apartheid Movement • Anti-Apartheidsbeweging **AAB**

**AAWU, Aawu** Ammunition and Allied Workers' Union • **AAWU, Aawu**

**AB** able(-bodied) seaman • bevare seeman **BeS**

**AB** • Afrikanerbond **AB**

**abbr., abbrev.** abbreviation • afkorting **afk.**

**ABC** Australian Broadcasting Corporation • Australiese Uitsaaikorporasie **ABC**

**ABC** alphabet • alfabet **ABC**

**ABET, Abet** adult basic education and training • volwassene(-) basiese onderwys en opleiding **VBOO**

**ABM** antiballistic missile (system) • antiballistiese missiel-(stelsel) **ABM**

**ABS** antilock braking system • sluitweerremstelsel **ABS**

**ABSA, Absa** Amalgamated Banks of South Africa • Amalgameerde Banke van Suid-Afrika **ABSA, Absa**

**ABW** Anglo-Boer War • Anglo-Boereoorlog **ABO**

**AC** *Anno Christi* in the year of Christ • *Anno Christi* in die jaar van Christus **AC**

**AC, ac** alternating current • wisselstroom **WS, ws.**

**a/c, acc.** account • rekening **rek.**

**acc.** accounting; accounting • rekeningkunde; rekeningkundig(e) **rek.**

**acc.** accusative • akkusatief, -tiewe **akk.**

**acc., a/c** account • rekening **rek.**

**AC/DC** alternating current/direct current • wisselstroom/gelykstroom **WS/GS, ws./gs.**

**ACDP** African Christian Democratic Party • **ACDP**

**ACE** Advanced Certificate in Education • Gevorderde Onderwyssertifikaat **GOS**; Gevorderde Sertifikaat in Onderwys **GSO**

**ACP (States)** African, Caribbean and Pacific (States) • Afrika-, Karibiese en Pasifiese (state) **AKP(-state)**

**ACSV** • Afrikaanse Christen-Studentevereniging **ACSV**

**ACVV** • Afrikaanse Christelike Vrouevereniging **ACVV**

**AD** air defence • lugverdediging **LV**

**AD, A.D.** *Anno Domini* in the year of our Lord • *Anno Domini* in die jaar van ons Here **AD,** ná Christus **n.C.**

**ad.** *adagio* slow • *adagio* stadig **ad.**

**ADC, a.d.c.** aid(e)-de-camp • aide de camp, aide-de-camp **ADC**

**add.** address(ed) • geadresseer(de), geadresseerd(e) **geadr.**

**ADHD** attention deficit hyperactivity disorder • aandag(s)gebrek-hiperaktiwiteitsindroom **AGHS**

**ad inf.** *ad infinitum* to infinity • *ad infinitum* tot die oneindige **ad inf.**

**adj., a.** adjectival; adjective • adjektiwies(e) **adj.**, byvoeglik(e) **byv.**; adjektief **adj.**, byvoeglike naamwoord **b.nw.**

**adj., adjt, adjt.** adjutant • adjudant **adjt.**

**Adm.** Admiral • admiraal **adm.**

**adm., admin.** administration; administrative; administrator • administrasie; administratief, -tiewe; administrateur **admin.**

**adv.** *adverbium* adverb; adverbial • *adverbium* bywoord **bw.**, **byw.**; adverbiaal, -biale **adv.**, bywoordelik(e) **bw., byw.**

**adv.** advocate • advokaat **adv.**

**ad val., a.v., A/V** *ad valorem* in proportion to the value • *ad valorem* volgens die waarde **ad val.**

**advs.** advocates • advokate **advv.**

**advt** advertisement • advertensie **advt.**

**aet., aetat.** *aetatis* at the age of, of the age • *aetatis* oud, in die ouderdom van **aet.**

**AF** audio frequency • oudiofrekwensie **o.f., OF**

**AFC** automatic frequency control • outomatiese frekwensiekontrole **OFK**

**AFP** Agence France-Presse • **AFP**

**Afr.** Africa; African; Afrikaans *(lang.)* • Afrika; Afrikaans(e); Afrikaans **Afr.**

**AG** auditor general • ouditeur-generaal **OG, oudit.genl.**

**AG** Administrator General • administrateur-generaal **AG**

**AG** Attorney General • advokaat-generaal **AG**; prokureur-generaal **PG, prok.genl.**

**AG** Adjutant General • adjudant-generaal **AG**

**AGM** annual general meeting • algemene jaarvergadering **AJV**

**AGOA, Agoa** African Growth and Opportunity Act • **AGOA, Agoa**

**AHI** • Afrikaanse Handelsinstituut **AHI**

**AI** artificial intelligence • kunsmatige intelligensie **KI**

**AI** artificial insemination • kunsmatige bevrugting **KB**

**AIDS, Aids** acquired immune deficiency syndrome; →HIV • verworwe immuniteitsgebreksindroom/immunogebreksindroom/immuungebreksindroom **VIGS, Vigs**

**AIH** artificial insemination (by) husband • kunsmatige inseminasie (deur) man **KIM**

**AKA, a.k.a., aka** *alias* also known as • *alias* anders genoem **al.**

**Al** artificial insemination • kunsmatige inseminasie **KI**

**alg.** algebra; algebraic • algebra **alg.**, stelkunde **stelk.**; algebraïes(e) **alg.**, stelkundig(e) **stelk.**

**allo** *allegro* at a brisk speed • *allegro* lewendig, vinnig **allo.**

**alt.** alternate • sekundus **s., sek.**

**ALU** arithmetic and logic unit • rekenlogika-eenheid **RLE**

**AM, am, am.** amplitude modulation • amplitudemodulasie **AM**

**Am., Amer.** America; American • Amerika; Amerikaans(e) **Am.,Amer.**

**a.m.** *ante meridiem* before noon • voormiddag **vm.**

**Amer., Am.** America; American • Amerika; Amerikaans(e) **Am., Amer.**

**ANC** African National Congress • **ANC**

**and.** *andante* at a moderately slow tempo • *andante* in 'n matige tempo **and.**

**ANLB** Afrikaans National Language Body • Nasionale Taalliggaam vir Afrikaans **NTLA**

**anon.** anonymous • anoniem(e) **anon.**

**ANSI, Ansi** American National Standards Institute • **ANSI, Ansi**

**ANZUS, Anzus** Australia, New Zealand, and the United States • **ANZUS**, **Anzus**

**a/o** account of • rekening van **rek. van**

**AP** Associated Press • **AP**

**APEC, Apec** Asia-Pacific Economic Co(-)operation • Ekonomiese Samewerking in die Asië-Stille Oseaangebied **ESASOG**

**APEX, Apex** Advance Purchase Excursion • vooruit betaalde ekskursie **APEX, Apex**

**APK** • Afrikaanse Protestantse Kerk **APK**

**APLA, Apla** Azanian People's Liberation Army • **APLA, Apla**

**app.** appendage • aanhangsel **aanh.**

**app.** appellant • appellant **app.**

**app.** appendix • bylaag, bylae **byl.**

**APR** annual(ised) percentage rate • geannualiseerde persentasiekoers **GPK**

**Apr.** April • April **Apr.**

**ARMSCOR, Armscor** Armaments Corporation of South Africa • Krygstuigkorporasie van Suid-Afrika **KRYGKOR, Krygkor**

**arr.** arrival • aankoms **aank.**

**art.** article • lidwoord **lw.**

**art.** article • artikel **a., art.**

**art., arty.** artillery • artillerie **art.**

**A/S** account sales • verkope op rekening **V/R,VR**

**AS** Anglo-Saxon • Angel-Saksies(e) **As.**

**ASA** Athletics South Africa • Atletiek Suid-Afrika **ASA**

**ASA** Advertising Standards Authority • Gesagsvereniging vir Reklamestandaarde **GRS**

**a.s.a.p., ASAP** as soon as possible • so gou (as) moontlik **SGM, s.g.m.**

**ASCII** American Standard Code for Information Interchange • Amerikaanse Standaardkode vir Inligtingsuitruiling **ASCII**

**ASEA, Asea** African Stock Exchanges Association • **ASEA, Asea**

**ASEAN** Association of Southeast Asian Nations • Vereniging van Suidoos-Asiatiese Nasies **VSAN**

**ASM** air-to-surface missile • lug-(tot-)grond-missiel **LGM**

**ASP** active server pages • aktiewe bedienerbladsye **ABB**

**assoc.** associate • assosiaat **ass.;** medewerker, medewerkster **medew.**

**asst** assistant • assistent **asst.**

**AST** Atlantic Standard Time • Atlantiese Standaardtyd **AST**

**astr., astron.** astronomy; astronomical • sterrekunde; sterrekundig(e) **sterrek.**

**astrol.** astrology; astrological • astrologie; astrologies(e) **astrol.**

**astron., astr.** astronomy; astronomical • astronomie; astronomies(e) **astron.**

**ASV** • Afrikaanse Skrywersvereniging **ASV**

**ATA** • Afrikaanse Taalatlas **ATA**

**ATC** air-traffic control • lugverkeerbeheer **LVB**

**athl.** athletics • atletiek **atl.**

**ATKB** • Afrikaanse Taal- en Kultuurbond **ATKB**

**ATKV** • Afrikaanse Taal- en Kultuurvereniging **ATKV**

**ATM** automated/automatic teller machine • outomatiese tellermasjien **OTM**

**atm.** atmosphere; atmospheric • atmosfeer; atmosferies(e) **atm.**

**ATP** Association of Tennis Professionals • Vereniging van Beroepstennisspelers **ATP**

**attrib.** attributive • attributief, -tiewe **attr.**

**AU** African Union • Afrika-unie **AU**

**Aug.** August • Augustus **Aug.**

**Aust.** Australia; Australian • Australië; Australies(e) **Austr.**

**AV** Authorised Version (of the Bible) • (Engelse) Statevertaling **AV**

**Av.** Avenue • laan

**av.** average • gemiddeld(e) **gem.**

**av., avdp., avoir.** avoirdupois weight • avoirdupois(gewig) **avdp.**

**a.v., A/V, ad val.** *ad valorem* in proportion to the value • *ad valorem* volgens die waarde **ad val.**

**avdp., av., avoir.** avoirdupois weight • avoirdupois(gewig) **avdp.**

**AWACS, Awacs** airborne warning and control system • lugwaarskuwing-en-beheerstelsel **AWACS, Awacs**

**AWL** absent with leave • afwesig met verlof **AMV**

**AWOL, A.W.O.L.** absent without leave • afwesig sonder verlof **ASV**

**AWS** • *Afrikaanse woordelys en spelreëls* **AWS**

**AZAPO, Azapo** Azanian People's Organisation • **AZAPO, Azapo**

**AZASM, Azasm** Azanian Students' Movement • **AZASM, Azasm**

**AZT** azidothymidine • asidotimidien **AZT**

# B

**B, b** bel(s) • bel **B**

**B., b.** breadth • breedte **b.**

**b.** bowled • geboul **b., geb.**

**b., br., bro.** brother • broeder, broer **br.**

**b.** bye (*cr.*) • loslopie **ll.**

**b.** born; →N. • gebore **geb.**

**b., B.** breadth • breedte **b.**

**b. & b.** bed and breakfast • bed en ontbyt **b.o., b.&o.**

**b, B** bel(s) • bel **B**

**BAET** basic adult education and training • basiese volwassene-onderwys en -opleiding **BVOO**

**BAHons, BA(Hons)** *Baccalaureus Artium-Honneurs, Baccalaureus Artium Honores/Honoris, Baccalaureus Artium cum Honoribus* Bachelor of Arts (Honours), Honours Bachelor of Arts • Baccalaureus Artium (Honneurs), Honneursbaccalaureus Artium **B.A.Hons., BAHons, B.A.(Hons.), BA(Hons)**

**bal.** balance • balans **bal.,** saldo **s.**

**BA(Law)** Bachelor of Arts in Law • Baccalaureus Artium in (die) Regte **B.A.(Regte), BA(Regte)**

**BAOR** British Army of the Rhine

**BAP, Bap** • Burgerlike Alliansie vir die Parlement **BAP, Bap**

**bar.** barometer; barometric • barometer; barometries(e) **bar.**

**BArch** *Baccalaureus Architecturae* Bachelor of Architecture • Baccalaureus in (die) Argitektuur **B.Arch., BArch**

**barit.** baritone • bariton **bar.**

**Bart., Bt** Baronet • baronet **Bt.**

**BASA, Basa** Business and Arts South Africa • **BASA, Basa**

**BASIC** Beginners' All-purpose Symbolic Instruction Code • **BASIC**

**batt., btry** battery • battery **batt.**

**BBC** British Broadcasting Corporation • Britse Uitsaaikorporasie **BBC**

**bbl.** barrels; →BL. • vate

**B.C., BC** before Christ • voor Christus **v.C.**

**BCAWU, Bcawu** Building Construction and Allied Workers' Union • **BCAWU, Bcawu**

**BCE** Before the Common Era • voor die huidige jaartelling **VHJ**

**BCEA** Basic Conditions of Employment Act • Wet op Basiese Diensvoorwaardes

**BCom** *Baccalaureus Commercii* Bachelor of Commerce • Baccalaureus in (die) Handel **B.Com., BCom**

**BD** *Baccalaureus Divinitatis* Bachelor of Divinity • Baccalaureus in (die) Godgeleerdheid **BD, B.D.**

**b/d** brought down • afgebring **a/b,** afgedra **a/d**

**Bde, bde** brigade • brigade **bde., brig.**

**Bdr** bombardier • bombardier **bdr.**

**BE, B/E** bill of exchange • wissel **W.**

**Bel., Belg.** Belgian; Belgium • Belgies(e); België **Belg.**

**BEMAWU, Bemawu** Broadcasting, Electronic, Media and Allied Workers Union • **BEMAWU, Bemawu**

**BEng** *Baccalaureus Ingeneriae* Bachelor of Engineering • Baccalaureus in (die) Ingenieurswese **B.Ing., BIng**

**BER** Bureau for Economic Research • Buro vir Ekonomiese Ondersoek **BEO**

**BET** Board for Education and Training • Raad vir Onderwys en Opleiding **ROO**

**BETA** basic education and training for adults; →ABET, ABET; BAET • basiese onderwys en opleiding vir volwassenes **BOOV**

**B/F, b/f** brought forward • oorgebring **o/b, ob.**

**Bfn.** Bloemfontein • Bloemfontein **Bfn.**

**BHE** Board for Higher Education • Raad vir Hoër Onderwys **RHO**

**bhp** brake horsepower • remperdekrag **rpk.**

**BHS** Boys' High School • Hoër Jongenskool **HJS**

**BHS** boys' high school • hoër seunskool **HSS**

**Bib.** Bible; Biblical • Bybel; Bybels(e) **Byb.**

**b.i.c.** built-in cupboard(s) • ingeboude kas(te) **ig.k.**

**BIFAWU, Bifawu** Banking, Insurance, Finance and Assurance Workers Union • **BIFAWU, Bifawu**

**biol.** biological; biology • biologies(e); biologie **biol.**

**BIOS, Bios** Basic Input/Output System • basiese invoer-/afvoer-stelsel **BIOS, Bios**

**BIPM** *Bureau International des Poids et Mesures* International Bureau of Weights and Measures • Internasionale Buro vir Mate en Gewigte **IBMG**

**BIS** Bank for International Settlement • Bank vir Internasionale Verrekening **BIV**

**bk** bank • bank **bk.**

**bk** book • boek **bk.**

**bkk., bookk.** bookkeeping • boekhou; boekhouding **boekh.**

**BL, B/L** bill of lading (*ships*); →FB • ladingsbrief **LB**, vragbrief **VB,V/B**

**bl.** barrel; →BBL. • vat

**bldg** building • gebou **geb.**

**Blvd** boulevard • boulevard **bd.**

**BM** *Baccalaureus Medicinae* Bachelor of Medicine • Baccalaureusgraad in (die) Medisyne **B.M., BM**

**BMT** bus and minibus taxi • bus en minibustaxi **BMT**

**BMus** *Baccalaureus Musicae, Baccalaureus Musicologiae* Bachelor of Music; →MUSB • Baccalaureus in (die) Musiek **B.Mus., BMus**

**BMX** bicycle motocross • **BMX**

**Bn, bn** Battalion • bataljon **bat., bn.**

**bn** billion • biljoen **b., bn.**

**BO** box office • loket

**BO** body odour • lyfreuk, liggaamsreuk

**bookk., bkk.** bookkeeping • boekhou, boekhouding **boekh.**

**Bot.** Botswana • Botswana **Bot.**

**bot.** botanical; botany • botanies(e) **bot.**, plantkundig(e) **plantk.**; botanie **bot.**, plantkunde **plantk.**

**BP** blood pressure • bloeddruk **BD**

**BP, B/P** bill(s) payable • betaalbare wissel(s) **BW**, wissel(s) betaalbaar **WB**

**BPhil** *Baccalaureus Philosophiae* Bachelor of Philosophy • Baccalaureus in (die) Filosofie **B.Phil., BPhil**

**Bq** becquerel • becquerel **Bq**

**B/R, br** bill(s) receivable • ontvangbare wissel(s) **OW, o.w.**

**Br., Brit.** Britain; British • Brittanje; Brits(e) **Br.**

**br., bro., b.** brother • broeder, broer **br.**

**Braz.** Brazil; Brazilian • Brasilië; Brasiliaans(e) **Bras.**

**Brig.** Brigadier • brigadier **brig.**

**Brig. Genl.** Brigadier General • brigadier-generaal **brig.genl.**

**Brit., Br.** Britain; British • Brittanje; Brits(e) **Br.**

**bro., br., b.** brother • broeder, broer **br.**

**Bro. in X** Brother in Christ • broeder in Christus **br. in X**

**bros.** brothers • broeders, broers **brs.**; gebroeders **gebrs.**

**BS** British Standard(s) • Britse standaardspesifikasie **BSS**

**bs** balance sheet • balansstaat **bls.**

**BSA** Business South Africa • Besigheid Suid-Afrika **BSA**

**BSc** *Baccalaureus Scientiae* Bachelor of Science • Baccalaureus in (die) Natuurwetenskappe **B.Sc., BSc**

**BSE** bovine spongiform encephalopathy • **BSE**

**Bt, Bart.** Baronet • baronet **Bt.**

**btry, batt.** battery • battery **batt.**

**BUVO, Buvo** • Buro vir Universiteits- en Voortgesette Onderwys **BUVO, Buvo**

## C

**C** Celsius; →°C • Celsius **C**

**C** *centum* Roman numeral 100 • *centum* Romeinse 100 **C**

**C** coulomb(s) • coulomb **C**

**c, c.** cent(s) • sent **c**

**c** centilitre(s) • sentiliter **c**

**c, c., ca, ca.** *circa* about, approximately • *circa* ongeveer, omstreeks **c., ca.**, plus-minus **p.m.**

**c.** carat(s) • karaat **kar.**

**c.** caught (*cr.*) • gevang **gev., v.**

**c., cent.** century • honderdtal **h.**

**c., ch., chap.** *caput* chapter • *caput* hoofstuk **cap., hfst.**, kapittel **kap.**

**°C** degrees Celsius • grade Celsius **°C**

**CA** chartered accountant • geoktrooieerde rekenmeester **GR**

**CA, C/A** capital account • kapitaalrekening **KR, K/R**

**CA, C/A** credit account • kredietrekening **KR, K/R**

**C/A** current account • lopende rekening **LR, l.r.**

**ca, ca., c, c.** *circa* about, approximately • *circa* ongeveer, omstreeks **c., ca.**, plus-minus **p.m.**

**CAA** Civil Aviation Authority • Burgerlugvaartowerheid **BLO**

**CAD** computer-aided design • rekenaargesteunde ontwerp **CAD**

**CADCAM, cadcam** computer-aided design and (computer-aided) manufacture • rekenaargesteunde ontwerp en vervaardiging **CADCAM, Cadcam**

**CAE** computer-aided education • rekenaargesteunde onderrig **RGO, RO**

**CAF** Confederation of African Football • Konfederasie van Afrika-sokker **CAF**

**cal.** calibre • kaliber **kal.**

**cal.** calorie(s) • kalorie(ë) **kal.**

**CAM, Cam** computer-aided manufacturing • rekenaargesteunde vervaardiging **CAM, Cam**

**Can.** Canada; Canadian • Kanada; Kanadees, -dese **Kan.**

**c. and b.** caught and bowled (*cr.*) • gevang en geboul **gev. en geb., v. en b.**

**CANSA, Cansa** Cancer Association of South Africa • Kankervereniging van Suid-Afrika **KANSA, Kansa**

**Cant.** Song of Songs/Solomon, Canticles • Hooglied (van Salomo) **Hoogl.**

**cap.** capital • hoofstad **hst.**

**cap.** capital • kapitaal **kap.**

**cap.** capital letter • hoofletter **hl.**

**Capt.** Captain • kaptein **kapt.**

**car., ct** carat(s) • karaat **kar., ct**

**Card.** Cardinal • kardinaal **kard.**

**carr. pd.** carriage paid • vragvry **vv.**

**CAT** computerised axial tomography; →CT • gerekenariseerde aksiale tomografie **CAT**

**cat.** catalogue • katalogus **kat.**

**cav.** cavalryman • kavalleris **kav.**

**C/B** cash-book • kasboek **KB**

**C/B, CB, c/b** credit balance • kredietsaldo **ks.**

**CBD** central business district • sentrale sakebuurt **SSB**, sentrale sakegebied **SSG**, sentrale sakekern **SSK**

**CBD, c.b.d.** cash before delivery • kontant voor aflewering **k.v.a., KVA**

**CBO** community-based organisation • gemeenskapsgebaseerde organisasie **GBO**

**CC** close corporation • beslote korporasie **BK**

**cc** cubic centimetre(s) • kubieke sentimeter **cc**

**cc, c.c.** carbon copy/copies • afskrif(te) aan **a.a.**

**CCMA** Commission for Conciliation, Mediation and Arbitration • Kommissie vir Versoening, Bemiddeling en Arbitrasie **KVBA**

**CCTV** closed-circuit television • geslotekringtelevisie **GKTV**

**CD** compact disc • kompakskyf **CD**, laserskyf **LS**

**CD** *Corps Diplomatique* Diplomatic Corps • *Corps Diplomatique* diplomatieke korps **CD**

**cd** candela • kandela **cd**

**Cdr, Comdr** Commander • kommandeur **kdr.**

**CD-ROM** compact disc read-only memory • kompakskyfleesalleengeheue **CD-ROM**

**CDV** compact-disc video • kompakskyfvideo **CDV**

**CE** Common Era; →AD • Algemene Era **AE**, huidige jaartelling **HJ**

**CED** Corporation for Economic Development • Ekonomiese Ontwikkelingskorporasie **EOK**

**CEF** Central Energy Fund • Sentrale Energiefonds **SEF**

**cent.** century • eeu **e.**

**cent., c.** century • honderdtal **h.**

**CEO** chief executive officer • hoof(-) uitvoerende beampte **HUB**

**cert.** certificate • sertifikaat **sert.**

**cert.** certified • gesertifiseer(de), gesertifiseerd(e) **gesert.**

**cf., cp.** *confer(atur)* compare • *confer(atur)* vergelyk **cf., vgl.**

**CFC** chlorofluorocarbon • chloorfluoorkoolstof **CFK**

**CG** consul general • konsul-generaal **KG, kons.genl.**

**cg** centigram(s) • sentigram **cg**

**CGH** Castle of Good Hope Decoration • Casteel de Goede Hoop-dekorasie **CGH**

**cgs** centimetre-gram-second • sentimeter-gram-sekonde **cgs**, gram-sentimeter-sekonde **gcs**

**CGT** capital gains tax • kapitaalwinsbelasting **KWB**

**CH** community health • gemeenskapsgesondheid **GG**

**ch., chap., c** *caput* chapter • *caput* **cap.**, hoofstuk **hfst.**, kapittel **kap.**

**CHE** Christian Higher Education • Christelike Hoër Onderwys **CHO**

**chem.** chemical; chemistry • chemies(e) **chem.**, skeikundig(e) **skeik.**; chemie **chem.**, skeikunde **skeik.**

**Chin.** Chinese *(lang.)*; Chinese • Chinees *(taaln.)*; Chinees, -nese **Chin.**

**ChM** *Chirurgiae Magister* Master of Surgery • Meester in (die) Chirurgie **Ch.M., ChM**

**Chr.** Christ; Christian • Christus; Christelik(e), christelik(e) **Chr.**

**Chron.** Chronicles • Kronieke **Kron.**

**Ci** curie • curie **Ci**

**CIA** Central Intelligence Agency • Amerikaanse Intelligensiediens **CIA**

**CID** city improvement district • stadsverbeteringsgebied **SVG**

**CIF, c.i.f.** cost, insurance, freight • koste, assuransie, vrag **k.a.v., KAV**

**CIM** computer integrated manufacture • rekenaargeïntegreerde vervaardiging **RGV**

**C in C, C.-in-C.** Commander-in-Chief • opperbevelhebber

**CIS** Crime Information Service • Misdaadinligtingsdiens **MID**

**CIS** Commonwealth of Independent States • Gemenebes van Onafhanklike State **GOS**

**CITES** Convention on International Trade in Endangered Species of Wild Fauna and Flora • Konvensie oor Internasionale Handel in Bedreigde Spesies van Wilde Fauna en Flora **CITES, Cites**

**CJ** Chief Justice • hoofregter **HR**

**cl.** class • klas **kl.**

**class.** classic(al) • klassiek(e) **klass.**

**Cllr, Cr.** Councillor • raadslid **rdl., rdsl.**

**cm** centimetre(s) • sentimeter **cm**

**cmd., comd.** command • kommandement **kmdmt.**

**Cmdr** commander • bevelvoerder **bev.**

**cmg** centimetregram • gram-sentimeter **gcm**

**CMR** • Christelike Maatskaplike Raad **CMR**

**CNC** Cape Nature Conservation • Kaapse Natuurbewaring **KNB**

**CNE** Christian National Education • Christelik-nasionale (*of* christelik-nasionale) onderwys **CNO**

**CNN** Cable News Network • **CNN**

**cnr, cor.** corner • hoek van **h.v.**

**CO** Commanding Officer; →OC • bevelvoerende offisier **BO**

**Co.** Company • Maatskappy **Mpy., My.**

**c/o** care of • per adres **p.a.**

**COBOL, Cobol** common business(-)oriented language • **COBOL, Cobol**

**COD** *Concise Oxford Dictionary* • **COD**

**COD, C.O.D.** cash on delivery • kontant by aflewering **k.b.a., KBA**, betaling by aflewering **b.b.a., BBA**

**C of C** Chamber of Commerce • Kamer van Koophandel **KVK**

**C of E** Church of England • **C of E**

**Col.** Colonel • kolonel **kol.**

**Col.** (Epistle to the) Colossians • (Brief aan die) Kolossense **Kol.**

**col.** column • kolom **k., kol.**

**coll.** collective(ly) • kollektief, -tiewe **koll.**

**coll.** college • kollege **koll.**

**com., comm.** committee • komitee **kom.**

**comb.** combination • kombinasie **komb.**

**Comdr, Cdr** Commander • kommandeur **kdr.**

**Comdt** Commandant • kommandant **kmdt.**

**COMESA, Comesa** Common Market for Eastern and Southern Africa • Gemeenskapsmark vir Oos- en Suider-Afrika **COMESA, Comesa**

**COMINT** communications intelligence • kommunikasie-inligting **KOMINT**

**comm.** commerce • koophandel **kooph.**

**comm.** commission; commissioner • kommissie; kommissaris **komm.**

**comm.** communication • kommunikasie **komm.**

**comm., com.** committee • komitee **kom.**

**comp.** compiler • samesteller **samest.**

**comp.** compound • samestelling **ss.**, verbinding **verb.**

**comp., compar.** comparative • komparatief, -tiewe **komp.**

**Comsat** communications satellite • Kommunikasiesatelliet **Komsat**

**con.** connection • koppeling **kopp.**

**con.** *contra* against • *contra* teen **c., con.**

**conj.** conjugation • vervoeging **verv.**

**conj.** conjunction; conjunctive; conjuncture • voegwoord **vgw., voegw.**, konjunksie; konjunktief, -tiewe **konj.**; konjunktuur **konj.**

**Cons.** Conservative; Conservative • Konserwatief; Konserwatief, -tiewe **Kons.**

**cons.** consignment • besending **bes.**

**cons.** consonant • konsonant **kons.**

**const.** constable • konstabel **konst.**

**cont.** contents • inhoud **inh.**

**cont.** continued • vervolg **verv.**

**CONTRALESA, Contralesa** Congress of Traditional Leaders of South Africa • Kongres van Tradisionele Leiers van Suid-Afrika **KONTRALESA, Kontralesa**

**coop., co-op.** co(-)operation; co(-)operative • koöperasie, ko-operasie; koöperatief, -tiewe, ko-operatief, -tiewe **koöp., ko-op.**

**Cor.** (Epistles to the) Corinthians • (Briewe aan die) Korint(h)iërs **Kor.**

**cor., cnr** corner • hoek van **h.v.**

**Corp., Cpl** Corporal • korporaal **kpl.**

**corp.** corporation • korporasie **korp.**

**corr.** correspondence; correspondent • korrespondensie; korrespondent **korr.**

**corr.** correction • verbetering **verbet.**

**cos** cosine • cosinus **cos**, kosinus **kos**

**COSAS, Cosas** Congress of South African Students • **COSAS, Cosas**

**COSATU, Cosatu** Congress of South African Trade Unions • **COSATU, Cosatu**

**cosec, csc** cosecant • cosecans **cosec**, kosekans **kosek**

**cot** cotangent • cotangens **cot**, kotangens **kot**

**Coy.** company *(mil.)* • kompanie **komp.**

**CP** Conservative Party • Konserwatiewe Party **KP**

**cp** candlepower • kerskrag **kk.**

**cp., cf.** *confer(atur)* compare • *confer(atur)* vergelyk **cf., vgl.**

**CPI** consumer price index • verbruikersprysindeks **VPI**

**Cpl, Corp.** Corporal • korporaal **kpl.**

**cps** characters per second • karakters per sekonde **k.p.s.**

**cps** cycles per second • siklusse per sekonde **s.p.s., s/s**

**CPU** central processing unit • sentrale verwerk(ings)eenheid **SVE, CPU**

**c.q.** *casu quo* in which case • *casu quo* in welke geval **c.q.**

**Cr., Cllr** Councillor • raadslid **rdl., rdsl.**

**cr.** credit; creditor • krediet **kt.**; krediteur **kr.**

**crit.** criticism • kritiek **krit.**

**csc, cosec** cosecant • cosecans, kosekans **cosec, kosek**

**CSIR** Council for Scientific and Industrial Research • Wetenskaplike en Nywerheidnavorsingsraad **WNNR**

**CSR** Council for Social Research • Raad vir Sosiale Navorsing **RSN**

**CT** computerised/computed (*or* computer-assisted) tomography; →CAT • rekenaartomografie **RT**

**ct** cent • sent **c**

**ct, car.** carat(s) • karaat **kar., ct**

**CTICC** Cape Town International Convention Centre • Kaapstadse Internasionale Konferensiesentrum **KIKS, Kiks**

**cu.** cubic • kubiek(e) **kub.**

**cur.** currency • valuta **val.**

**cusec** cubic foot per second • kubieke voet per sekonde **kusek**

**CV** *curriculum vitae* • *curriculum vitae* **CV, cur.vit.**

**CWO, c.w.o.** cash with order • kontant met bestelling **k.m.b., KMB**

**cwt** hundredweight • sentenaar **cwt**

# D

**D** Roman numeral 500 • Romeinse 500 **D**

**d** decilitre(s) • desiliter **d**

**d, d.** daughter • dogter **d.**

**d.** date • datum **dat.**

**d.** day • dag **d.**

**d.** *denarius* penny, pennies • *denarius* pennie(s) **d.**

**d.** died; →OB. • gestorwe **gest.**, oorlede **oorl.**

**d.** diesel • diesel **d.**

**DA** Democratic Alliance • Demokratiese Alliansie **DA**

**D/A, d.a.** deposit account • depositorekening **D/R, d.r.**

**D/A, d.a.** documents against acceptance • dokumente teen akseptasie **D/A, d.a.**

**DALRO, Dalro** Dramatic, Artistic and Literary Rights Organisation • Dramatiese, Artistieke en Letterkundige Regteorganisasie **DALRO, Dalro**

**Dan.** Daniel • Daniël **Dan.**

**Dan.** Danish *(lang.)*; Danish; →DEN. • Deens *(taaln.)*; Deens(e) **De.**

**D and C** dilatation and curettage • dilatasie en kurettering **D en K**

**DAT** digital audio tape • digitale oudioband **DAT**

**dat.** dative • datief **dat.**

**dB, db** decibel(s) • desibel **dB**

**DBMS** database management system • databasisbestuurstelsel **DBMS**

**Dbn.** Durban • Durban **Dbn.**

**DBS** direct broadcasting by satellite; direct broadcasting satellite • regstreekse satellietuitsending; regstreekse-uitsaaisatelliet

**DBSA** Development Bank of Southern Africa • Ontwikkelingsbank van Suider-Afrika **OBSA, Obsa**

**DC** *da capo* repeat from the beginning • *da capo* herhaal van die begin af **DC**

**DC** direct current • gelykstroom **GS, gs.**

**DCS** Department of Correctional Services • Departement van Korrektiewe Dienste **DKD**

**DCM** Distinguished Conduct Medal • Medalje vir Voortreflike Diens **MVD**

**d.d.** *de dato* dated • *de dato* gedateer **d.d.**

**DDG** deputy director-general • adjunk-direkteurgeneraal **ADG**

**DDT** dichlorodiphenyltrichloroethane • dichloordifenieltrichlooretaan **DDT**

**DE** Director of Education • Direkteur van Onderwys **DO**

**DEAFSA, Deafsa** Deaf Federation of South Africa • Dowe Federasie van Suid-Afrika **DEAFSA, Deafsa**

**Dec.** December • Desember **Des.**

**dec.** declared *(cr.)* • beurt gesluit **b.g.**, verklaar **verkl.**

**dec.** declination • deklinasie **dekl.**

**dec.** decrease • verminder **vermin.**

**dec., decd** deceased • oorledene **oorl.**

**dec., decl.** declension *(gram.)* • verbuiging **verb.**

**def.** defendant • verweerder **verw.**

**def.** definite • bepaald(e) **bep.**

**def.** definition • bepaling **bep.**, definisie **def.**

**deg.** degree(s) • graad **gr.**

**del.** *deleatur* delete • *deleatur* skrap **del.**

**Dem.** Democrat; Democratic • Demokraat; Demokraties(e) **Dem.**

**dem.** demonstrative; demonstrative • aanwyser **aanw.**, demonstratief **dem.**; aanwysend(e) **aanw.**, demonstratief =tiewe **dem.**

**Den.** Denmark; →DAN. • Denemarke **De.**

**DENOSA, Denosa** Democratic Nursing Organisation of South Africa • **DENOSA, Denosa**

**dent.** dental; dentist; dentistry • tandheelkundig(e); tandheelkundige; tandheelkunde **tandh.**

**dep.** deposit • deposito **dep.**

**dep.** depot • depot **dep.**

**dep.** deputy • adjunk **adj.**

**dep. dir.** deputy director • adjunkdirekteur **AD, adj.dir.**

**dep. min.** deputy minister • adjunkminister **adj.min.**

**dept** department; departmental • departement; departementeel, =tele **dept.**

**deriv.** derivation; derivative • afleiding **afl.**; ontlening **ontl.**

**Deut.** Deuteronomy • Deuteronomium **Deut.**

**DG** *Deo gratias* thanks be to God • *Deo gratias* God sy dank **DG**

**DG** director-general • direkteur-generaal **DG, dir.genl.**

**D.G.** *Dei gratia* by the grace of God • *Dei gratia* deur Gods genade **DG**

**dg, dg.** decigram(s) • desigram **dg**

**DHQ** Defence Headquarters • Verdedigingshoofkwartier **VHK**

**DI** donor insemination • donorinseminasie **DI**

**di., dia., diam.** diameter • diameter **diam.**

**dial.** dialect; dialectal, dialectical • dialek **dial.**; dialekties(e) **dial.**, gewestelik(e) **gewest.**

**dict.** dictionary • woordeboek **wdb.**

**diff.** difference; different • verskil; verskillend(e) **versk.**

**dim.** *diminuendo* decreasing in loudness • *diminuendo* afnemend in toonsterkte **dim.**

**dim., dimin.** diminutive • diminutief **dim.**, verkleinwoord **verklw., vkw.**

**Dip., dip.** diploma • diploma **dipl.**

**dir.** director • direkteur **dir.**; regisseur **reg.**

**disc.** discount, rebate • diskonto **disk.**, rabat **rab.**

**dist.** district • distrik **dist.**

**div.** dividend • dividend **div.**

**div.** division • afdeling **afd.**, divisie **div.**

**DIY, d.i.y.** do-it-yourself • doen-dit-self

**DJ, dj** dinner jacket • dinee=, aandbaadjie

**DJ, dj** disc jockey • plattejoggie

**DM** *Deutsche Mark, Deutschmark* German mark; →M • *Deutsche Mark, Deutschmark* Duitse mark **DM**

**dm** decimetre(s) • desimeter **dm**

**DMA** direct memory access • direkte geheuetoegang **DMA**

**DME** Department of Minerals and Energy • Departement van Minerale en Energie **DME**

**DMS** Decoration for Meritorious Service • Dekorasie vir Voortreflike Diens **DVD**

**DN** delivery note • afleweringsbrief **AB**

**D/N, d.n.** debit note • debietbrief **D/b**

**DNA** deoxyribonucleic acid • deoksiribonukleïensuur **DNS**

**do.** *ditto* the same • *ditto* dieselfde **do.**

**DOA** dead on arrival • dood by aankoms **DBA**

**doc.** document • dokument **dok.**

**dol.** *dolce* with soft, sweet tone • *dolce* met sagte, soetklinkende toon **dol.**

**dol.** dollar(s) • dollar **dol.**

**DOS** disc operating system • skyfbedryfstelsel, skyfgebaseerde bedryfstelsel **SBS, DOS**

**doz.** dozen • dosyn **dos.**

**DP** data processing • dataverwerking **dv.**

**DP** Democratic Party • Demokratiese Party **DP**

**dpa** Deutsche Presse-Agentur • **dpa**

**DPI** disposable personal income • besteebare persoonlike inkomste **BPI**

**DPW** Department of Public Works • Departement van Openbare Werke **DOW**

**DR** Dutch Reformed • Nederduitse Gereformeerd(e) **Ned. Geref., NG**

**Dr** Doctor; →Drs. • dokter; doktor **dr.**

**dr** debtor • debiteur **dr.**

**dr.** drachma(s) *(Gr. monetary unit)* • dragma, dragme **dr.**

**dr.** drachm(s), dram(s) *(weight)* • dragme **dr.**

**DRC** Democratic Republic of Congo • Demokratiese Republiek Kongo **DRK**

**DRC** Dutch Reformed Church • Nederduitse Gereformeerde Kerk **NGK**

**DRCA** Dutch Reformed Church in Africa • Nederduitse Gereformeerde Kerk in Afrika **NGKA**

**Drs** doctors; →Dr • dokters; doktore **drs.**

**Drs** doctorand(us) • doktorandus **drs.**

**DST** Daylight Saving Time • somertyd

**DStv** digital satellite television • digitale satelliettelevisie **DStv**

**dt** debit; debit • debiet; debiteer **dt.**

**DTI** Department of Trade and Industry • Departement van Handel en Nywerheid **DHN**

**DTP** desktop publishing • lessenaarsetwerk, tafelpublikasie, kantoorpublikasie **DTP**

**DTs, DT's** delirium tremens • delirium tremens **d.t., DT**

**Du.** Dutch *(lang.)*; Dutch; →Neth. • Nederlands **Ndl.**, Hollands **Holl.** *(taaln.)*; Nederlands(e) **Ndl.**, Hollands(e) **Holl.**

**DUA** Democrat Union of Africa • **DUA**

**dup.** duplicate • duplikaat **dupl.**

**DV** *Deo volente* God willing • *Deo volente* as die Here wil **DV**

**DVD** digital video disk, digital versatile disk • digitale videoskyf, digitale veelsydige disket **DVD**

**dwt, dwt.** pennyweight • **dwt**

# E

**E** ecstacy *(drug sl.)* • ecstacy **E**

**E** English • Engels **Eng.**

**E, E.** east; east; east(ern) • oos; ooste; oostelik(e) **O.**

**E, Eg.** Egypt; Egyptian; →Egypt. • Egipte; Egipties(e) **Egip.**

**ea.** each; →P.P. • per persoon **p.p.**

**EBBS** electronic bulletin board system • elektroniese bulletinbordstelsel **EBBS**

**EBRD** European Bank for Reconstruction and Development • Europese Bank vir Heropbou en Ontwikkeling **EBHO**

**EC** Eastern Cape • Oos-Kaap **OK, O-Kaap**

**ECA** Economic Commission for Africa • Ekonomiese Kommissie vir Afrika **EKA**

**ECB** European Central Bank • Europese Sentrale Bank **ESB**

**Eccl., Eccles.** Ecclesiastes • Prediker **Pred.**

**Ecclus.** Ecclesiasticus • Jesus Sirag **J.Sir.**

**ECG** electrocardiogram • elektrokardiogram **EKG**

**econ.** economic; economy • ekonomies(e); ekonomie **ekon.**

**ECOWAS, Ecowas** Economic Community of West African States • Ekonomiese Gemeenskap van Wes-Afrika-state **EGWAS, Egwas**

**ECT** electroconvulsive therapy • elektrokonvulsiewe terapie **EKT**

**ECU, Ecu, ecu** European Currency Unit • Europese geldeenheid **ECU, Ecu, ecu**

**ed.** *editio* edition • *editio* uitgawe **uitg.**, edisie **ed.**

**ed.** editor • redakteur, redaktrise **red.**, bewerker **bew.**

**EDP** electronic data processing • elektroniese dataverwerking **EDV**

**educ.** education; educational • opvoedkunde; opvoedkundig(e) **opv.**

**EEG** electroencephalogram • elektroënkefalogram, elektroenkefalogram, elektroënsefalogram, elektroensefalogram **EEG**

**EFL** English as a foreign language • Engels as ('n) vreemde taal

**EFT** electronic funds transfer • elektroniese fondsoorplasing **EFO**

**EFTA** European Free Trade Association • Europese Vryhandelsvereniging **EVHV**

**EFTPOS** electronic funds transfer at point of sale • elektroniese fondsoorplasing by verkoop(s)punt **EFTPOS, Eftpos**

**eg., e.g.** *exempli gratia* for example; →F.I. • *exempli gratia* byvoorbeeld **e.g., bv.**

**EGM** extraordinary general meeting • buitengewone algemene vergadering **BAV**

**Eg., E** Egypt; Egyptian; →Egypt. • Egipte; Egipties(e) **Egip.**

**Egypt.** Egyptian; →Eg. • Egipties(e) **Egip.**

**EIA** environmental impact assessment • omgewingsimpakstudie **OIS**

**EL** East London • Oos-Londen **OL**

**ELC** Evangelical Lutheran Church • Evangelies(-)Lutherse Kerk **ELK**

**elec., elect.** electric(al); electricity • elektries(e); elektrisiteit **elektr.**

**ELINT, Elint** electronic intelligence • elektroniese intelligensie **ELINT, Elint**

**emf, EMF** electromotive force • elektromotoriese krag **EMK, e.m.k.**

**EMS** European Monetary System • Europese Monetêre Stelsel **EMS**

**EMU** European Monetary Union • Europese Monetêre Unie **EMU**

**EMU, e.m.u.** electromagnetic unit • elektromagnetiese eenheid **EME, e.m.e.**

**enc., encl.** enclosure; →App. • bylaag, bylae **byl.**

**ENE** east-northeast; east-northeast • oosnoordoos; oosnoordoostelik(e) **ONO**

**ENG** electronic news gathering • elektroniese nuusinsameling

**Eng.** England; English *(lang.)*; English • Engeland; Engels *(taaln.)*; Engels(e) **Eng.**

**ENT** ear, nose and throat • oor, neus en keel **ONK**

**entom., entomol.** entomological; entomologist; entomology • entomologies(e) **entom.**, insektekundig(e) **insekt.**; ento=

moloog **entom.**, insektekundige **insekt.**; entomologie **en=
tom.**, insektekunde **insekt.**

**EP** Eastern Province • Oostelike Provinsie **OP**

**Eph., Ephes.** (Epistle to the) Ephesians • (Brief aan die) Efe=
siërs **Ef.**

**EPNS** electroplated nickel silver • geëlektroplateerde nikkel=
silwer **EPNS**

**EPOS** electronic point of sale • elektroniese verkoop(s)punt
**EVP**

**EPROM** erasable programmable read-only memory • uit=
wisbare programmeerbare leesalleengeheue **EPROM**

**ER** Eduardus Rex • koning Eduard

**ER** Elizabeth Regina • koningin Elizabeth

**ERM** Exchange Rate Mechanism • wisselkoersmeganisme

**e.s.** en suite • en suite **e.s.**

**ESE** east-southeast; east-southeast; east-southeast • oossuid=
oos; oossuidooste; oossuidoostelik(e) **OSO**

**ESL** English as a second language • Engels as ('n) tweede taal

**ESP** extrasensory perception • buitesintuiglike waarneming
**BSW**

**esp.** especially • met name **m.n.**, insonderheid **ins.**

**ESPU** Endangered Species Protection Unit • Beskermings=
eenheid vir Bedreigde Spesies **BEBS**

**Esq.** esquire • Weledele Heer **W.Ed.Hr.**

**ESSA** English-speaking South African • Engelssprekende
Suid-Afrikaner **ESSA**

**EST** Eastern Standard Time • oostelike standaardtyd **OST**

**est.** estate • boedel

**est.** estimated • verwagte

**est., estab.** established • gestig; gevestig

**Esth.** Esther • Ester **Est.**

**ET** electronic transfer • elektroniese oorplasing **EO**

**ET** extraterrestrial • buiteaardse wese

**ETA** estimated time of arrival • verwagte aankomstyd

**et al.** *et alibi* and elsewhere • *et alibi* en elders **e.e.**

**et al.** *et alii* and others • *et alii* **et al.**, en ander(e) **e.a.**

**etc.** *et cetera* and so forth • *et cetera* **etc.**, ensvoorts **ens.**, en
dies/dergelike meer **e.d.m.**, en dergelike **e.d.**

**ethnol.** ethnological; ethnology • etnologies(e) **etnol.**, vol=
kekundig(e) **volkek.**; etnologie **etnol.**, volkekunde **volkek.**

**et seq.** *et sequens* and the following *(sing.)*; →SEQ., FF., FOL. •
*et sequens* en die volgende **et seq., e.v.**

**et seqq.** *et sequentes, et sequentia* and the following (things), and
those that follow *(pl.)*; →SEQQ. • *et sequentes, et sequentia* en
die volgendes **et seqq., e.vv.**

**ety., etym., etymol.** etymological; etymology • etimologies(e);
etimologie **etim.**

**EU** European Union • Europese Unie **EU**

**euph.** euphemism; euphemistic • eufemisme; eufemisties(e)
**euf.**

**Eur.** Europe; European • Europa; Europees, =pese **Eur.**

**eV** electronvolt • elektronvolt **eV**

**Ex., Exod.** Exodus • Eksodus **Eks.**

**ex.** example • voorbeeld **vb.**

**ex.** exercise • oefening **oef.**

**ex., exc.** exception • uitsondering **uits.**

**Exc.** Excellency • Eksellensie **Eks.**

**excl.** exclamation • uitroep **uitr.**

**excl.** excluding; exclusive (of) • met uitsondering van **m.u.v.**,
uitsluitend **uitsl.**

**Exco** executive committee • uitvoerende komitee **UK**

**ex div.** *extra dividendum* without dividend • *extra dividendum*
sonder dividend **ex.div.**

**Exod., Ex.** Exodus • Exodus **Ex.**

~**ff., e.o.** *ex officio* by right of position/office • *ex officio*
~~e **e.o.**

~~ksperiment **eksp.**

~ **uitbr.**, verlenging **verl.**

**F**

**F** Fahrenheit; →°F • Fahrenheit **F**

**F** farad(s) • farad **F**

**F** faraday(s) • faraday **F**

**F** fermi(s) • fermi **F**

**°F** degree(s) Fahrenheit • graad/grade Fahrenheit **°F**

**f** fine • fyn **f.**

**f** *forte* loud • *forte* hard **f**

**f, fl.** guilder • floryn **f., fl.**

**f., fem.** *femininum* feminine • *femininum* vroulik(e) **f., fem.,
v., vr.**

**FA** Football Association • **FA**

**FAK** • Federasie van Afrikaanse Kultuurvereniginge **FAK**

**fam.** family • familie **fam.**

**FAS, Fas** f(o)etal alcohol syndrome • fetale alkoholsindroom
**FAS, fas**

**FB, F/B** freight bill *(air, rail, road)*; →BL • laaibrief **LB**

**FBI** Federal Bureau of Investigation • Amerikaanse Federale
Speurdiens **FBI**

**FC** Football Club • voetbalklub **VK**

**FDA** Food and Drug Administration • **FDA**

**FDE** Further Diploma in Education • Verdere Diploma in
die Onderwys **V.D.O.,VDO**

**Feb.** February • Februarie **Feb., Febr.**

**fec.** *fecit* he/she made it; *fecerunt* they made it • *fecit* hy/sy het
dit gemaak; *fecerunt* hulle het dit gemaak **fec.**

**FEDHASA, Fedhasa** Federated Hospitality Association of
South Africa • **FEDHASA, Fedhasa**

**FEDSAL, Fedsal** Federation of South African Labour
Unions • Federasie van Suid-Afrikaanse Vakbonde **FED=
SAL, Fedsal**

**FEDSAW, Fedsaw** Federation of South African Women •
**FEDSAW, Fedsaw**

**FEDUSA, Fedusa** Federation of Unions of South Africa •
**FEDUSA, Fedusa**

**fem., f.** *femininum* feminine • *femininum* vroulik(e) **f., fem.,
v., vr.**

**FEST, Fest** Foundation for Education, Science and Tech=
nology • Stigting vir Onderwys, Wetenskap en Tegnologie
**SOWT**

**FF** Freedom Front • Vryheidsfront **VF**

**ff.** folios; →FOL. • folio's **fols.**

**ff., fol., foll.** following, next; →ET SEQ., SEQ. • volgende **vlg.**;
eerskomende **ek.**, eersvolgende **ev.**; onderstaande **ost.**

**ff** *fortissimo* very loud • *fortissimo* baie hard **ff**

**FFC** Financial and Fiscal Commission • Finansiële en Fis=
kale Kommissie **FFK**

**fff** *fortississimo* as loud as possible • *fortississimo* so hard
moontlik **fff**

**f.i.** for instance; →EG. • byvoorbeeld **bv.**

**FIDE, Fide** *Fédération Internationale des Éches* International
Chess Federation • *Fédération Internationale des Éches* In=
ternasionale Skaakfederasie **FIDE, Fide**

**FIFA, Fifa** *Fédération Internationale de Football Association*
International Football Federation • *Fédération Internationa=
le de Football Association* Internasionale Sokkerfederasie **FIFA,
Fifa**

**FIFO** first in, first out; →LIFO • eerste in, eerste uit **EIEU**

**fig.** figurative(ly); figure • figuurlik(e) **fig.**; afbeelding **afb.**,
figuur **fig.**, tekening **tek.**

**Fin.** Finland • Finland **Fin.**

**fin.** *finitum* finish • *finitum* **fin.**

**FINA** *Fédération Internationale de Natation* International
Swimming Federation • *Fédération Internationale de Nata=
tion* Internasionale Swemfederasie **FINA,**

**Fina**

**Fl.** Flanders; Flemish *(lang.)*; Flemish • Vlaandere; Vlaams
*(taaln.)*; Vlaams(e) **Vl.**

**fl.** floor • verdieping **verd.**, vlak, vloer **vl.**

**fl., f** guilder • floryn **f., fl.**

**FLOPS, flops** floating-point operations per second • wisselpuntoperasies per sekonde

**FM** field marshal • veldmaarskalk **veldm.**

**FM** frequency modulation • frekwensiemodulasie **FM**

**FMS** financial management system • finansiële bestuurstelsel **FBS**

**FO** Field Officer • hoofoffisier

**FO** Flying Officer • vliegoffisier

**FO** Foreign Office • Ministerie van Buitelandse Sake

**FOB, f.o.b.** free on board • vry aan boord **VAB, v.a.b.**

**fol.** folio; →FF. • folio **fol.**

**fol., foll., ff.** following, next; →ET SEQ., SEQ. • volgende **vlg.**; eerskomende **ek.**, eersvolgende **ev.**; onderstaande **ost.**

**for.** forestry • bosbou **bosb.**

**FP, fp** freezing point • vriespunt **VP, vp.**

**Fr.** Father *(relig.)* • vader **vr.**, pater **p.**

**Fr.** France; French *(lang.)*; French • Frankryk; Frans *(taaln.)*; Frans(e) **Fr.**

**fr.** franc(s) • frank **fr.**

**fr.** of; from • van **v.**

**Frank.** Frankish • Frankies *(taaln.)*; Frankies(e) **Frk.**

**freq.** frequency; frequentative • frekwensie; frekwentatief **frekw.**

**FRI** Fuel Research Institute • Brandstofnavorsingsinstituut **BNI**

**Fri.** Friday • Vrydag **Vr.**

**FRN** floating-rate note • swewendekoers-effek **SKE**

**FSC** Financial Services Council • Raad op Finansiële Dienste **RFD**

**ft.** foot, feet • voet **vt.**

**ft/min., FM, fpm** feet per minute • voet per minuut **v/m, v.p.m.**

**FTP, ftp** file transfer protocol • lêeroordragprotokol **LOP**

**FTSE** Financial Times Stock Exhange • **FTSE**

**fur.** furlong(s) • furlong **fur.**

**fut.** *futurum* future • *futurum* **fut.**, toekomende tyd **toek.t.**

**FWD, f.w.d.** four-wheel drive • vierwielaandrywing **VWA**

**fwd** forward *(vb.)* • aanstuur

**FX** (sound/special) effects • (klank)effekte; (spesiale) effekte

**FXI** Freedom of Expression Institute • **FXI**

**G**

**G** gauss • gauss **G**

**g** gram(s) • gram **g**

**Gal.** (Epistle to the) Galatians • (Brief aan die) Galasiërs **Gal.**

**gal., gall.** gallon(s) • gallon, gelling **g., gall., gell.**

**gar.** garage • garage **gar.**

**GB** Great Britain • Groot-Brittanje **GB**

**Gb, GB.** gigabyte(s) • gigagreep **GG**

**GBH** grievous bodily harm • ernstige letsel/besering

**gcd, g.c.d.** greatest common devisor; →GCF, G.C.F.; HCF, HCF, H.C.F. • grootste gemene deler **GGD**

**gcf, g.c.f.** greatest common factor; →GCD, G.C.F.; HCF, HCF, H.C.F. • grootste gemene deler **GGD**

**GCIS** Government Communications and Information System • Regeringskommunikasie-en-inligtingstelsel **RKIS**

**GDE** gross domestic expenditure • bruto binnelandse besteding **BBB**

**Gdns** Gardens • Tuin, Tuine

**GDP** gross domestic product • bruto binnelandse produk **BBP**

**GDS** gross domestic saving • bruto binnelandse besparing **BBB**

**GDS** growth and development strategy • groei- en ontwikkelingstrategie **GOS**

**Gen.** General • generaal **genl.**

**Gen.** Genesis • Genesis **Gen.**

**gen.** genitive • genitief **gen.**

**gen.** general • algemeen, mene **alg.**

**geneal.** genealogic(al); genealogy • genealogies(e); genealogie **geneal.**

**geod.** geodesic, geodetic; geodesy, geodetics • geodeties(e); geodesie **geod.**

**geog.** geographic(al); geography • aardrykskundig(e) **aardr.**, geografies(e) **geogr.**; aardrykskunde **aardr.**, geografie **geogr.**

**geol.** geologic(al); geology • geologies(e); geologie **geol.**

**geom.** geometric(al); geometry • meetkunde **meetk.**, geometrie **geom.**; meetkundig(e) **meetk.**, geometries(e) **geom.**

**Ger.** German *(lang.)*; German; Germany • Duits **D.**; Duits(e) **D.**; Duitsland **Dl.**

**GET** general education and training • algemene onderwys en opleiding **AOO**

**GeV** giga-electronvolt(s) • giga-elektronvolt **GeV**

**GG** Government Gazette • Staatskoerant **SK**

**GG** Governor General • goewerneur-generaal **GG**

**GHQ** General Headquarters • groot hoofkwartier **GHK**

**GHS** Girls' High School • Hoër Meisieskool **HMS**

**GI** government issue

**GIFT** gamete intrafallopian transfer • gameet-intrafallopius-oorplanting **GIFT**

**GIGO, Gigo** garbage in, garbage out • gemors in, gemors uit **GIGU, Gigu**

**GIS** geographic information system • geografiese inligtingstelsel **GIS**

**GJ** gigajoule(s) • gigajoule **GJ**

**GLA** Gay and Lesbian Alliance • **GLA**

**gloss.** glossary • glossarium **glos.**

**GM** general manager • hoofbestuurder

**GM** genetically modified *(food etc.)*; →GMO • geneties gemodifiseer(de)/gemanipuleer(de) **GM**, geneties aangepas(te) *(voedsel ens.)* **GA**

**GM** grandmaster • grootmeester **GM**

**Gmc** Germanic *(lang.)*; Germanic • Germaans *(taaln.)*; Germaans(e) **Germ.**

**GMO** genetically modified organism • geneties gemodifiseerde organisme **GMO, GGO**

**GMT** Greenwich Mean Time • Middelbare Greenwichtyd **MGT**

**GN** Government Notice • Goewermentskennisgewing **GK**

**GNI** gross national income • bruto nasionale inkomste **BNI**

**GNP** gross national product • bruto nasionale produk **BNP**

**gnr.** gunner • skutter **skr., sktr.**

**GNU** Government of National Unity • Regering van Nasionale Eenheid **RNE**

**GOC** General Officer Commanding • bevelvoerende generaal **BG**

**Goth.** Gothic *(lang.)*; Gothic • Goties *(taaln.)*; Goties(e) **Got.**

**gov.** governor • goewerneur **goew.**

**gov., govt** government • regering **reg.**, goewerment **goewt.**

**GP** general practitioner • algemene praktisyn

**GPO** general post office • hoofposkantoor **HPK**

**GPS** global positioning system • globale posisioneringstelsel **GPS**

**Gr.** Greece; Greek *(lang.)*; Greek • Griekeland; Grieks *(taaln.)*; Grieks(e) **Gr.**

**gr.** grain(s) • grein **gr**

**gr., gro.** gross • bruto **bro., bt.**

**GRA** • Genootskap van Regte Afrikaners **GRA**

**gram.** grammar; grammatical • grammatika; grammaties(e), grammatikaal, kale **gram.**

**GS** general staff • generale staf **GS**

**GST** General Sales Tax • algemene verkoopbelasting **AVB**

**GT** *gran turismo* • *gran turismo* **GT**

**GUI** graphical user interface • grafiese gebruikerskoppelvlak **GUI**

**GVW** gross vehicle weight • bruto voertuigmassa **BVM**

**GW** gigawatt(s) • gigawatt **GW**

Gy gray(s) *(phys.)* • gray **Gy**

**gym** gymnasium; gymnastic; gymnastics • gimnasium; gimnasties(e); gimnastiek **gimn.**

**gynaecol.** gynaecological; gynaecology • ginekologies(e); ginekologie **ginekol.**

# H

**H** hardness *(of pencil lead)* • hardheid **H**

**H** henry(s), henries *(electron.)* • henry **H**

**H., h.** hundred • honderdtal **h.**

**H., h., h** *hora* hour • *hora* uur **h, u.**

**H., h., hgt** height • hoogte **h.**

**ha** hectare(s) • hektaar **ha**

**Hab.** Habakkuk • Habakuk **Hab.**

**Hag.** Haggai • Haggai **Hag.**

**HAT** • *(Verklarende) Handwoordeboek van die Afrikaanse Taal* **HAT**

**HBP** high blood pressure • hoë bloeddruk **HBD**

**HC** *Honoris Crux* Cross of Honour • *Honoris Crux* Erekruis **HC**

**h.c.** *honoris causa* honorary *(degree)* • *honoris causa* eershalwe **h.c.**

**HCD** Honoris Crux Diamond • Honoris Crux Diamant **HCD**

**HCF, hcf, h.c.f.** highest common factor; →GCD; GCF • grootste gemene deler **GGD**

**HDE, HED** Higher Diploma in Education, Higher Education Diploma • Hoër Onderwysdiploma **H.O.D., HOD**

**hdqrs, HQ** headquarters *(mil.)* • hoofkwartier **HK**

**HDTV** high-definition television • hoëdefinisie-televisie **HDTV**

**HE** higher education • hoër onderwys **HO**

**HE** Her Excellency; His Excellency • Haar Eksellensie **H.Eks.**; Sy Eksellensie **S.Eks.**

**HE** His Eminence • Sy Eminensie **S.Em.**

**Heb., Hebr.** (Epistle to the) Hebrews • (Brief aan die) Hebreërs **Heb.**

**Heb., Hebr.** Hebrew *(lang.)*; Hebrew • Hebreeus *(taaln.)*; Hebreeus(e) **Hebr.**

**HED, HDE** Higher Education Diploma, Higher Diploma in Education • Hoër Onderwysdiploma **H.O.D, HOD**

**her.** heraldic; heraldry • heraldies(e); heraldiek **her.**

**HF, h.f.** high frequency • hoë frekwensie **HF**

**HG** higher grade • hoër graad **HG**

**HG** High German *(lang.)*; High German • Hoogduits *(taaln.)*; Hoogduits(e) **Hd.**

**hg** hectogram(s) • hektogram **hg**

**hgt, h., H.** height • hoogte **h.**

**HGV** heavy goods vehicle • swaar voertuig

**HH** Her Highness; His Highness • Haar Hoogheid **H.H.**, **HH**; Sy Hoogheid **SH**

**HH** His Holiness • Sy Heiligheid **SH**

**hhl** hectolitre(s) • hektoliter **hhl**

**Hind.** Hindustani *(lang.)* • Hindoestani *(taaln.)* **Hi.**

**His Hon.** His Honour • Sy Edelagbare **S.Ed.Agb.**, Sy Edelgestrenge **S.Ed.Gestr.**

**hist.** historic(al); history • geskiedkundig(e) **gesk.**, histories(e) **hist.**; geskiedenis **gesk.**

**HIV** human immunodeficiency virus; →AIDS, AIDS • menslike immuniteits-/immuno-/immuungebreksvirus **M.I.V., MIV**

**HM** heavy metal *(mus.)* • **HM**

**HM** Her Majesty; His Majesty • Haar Majesteit **H.M.**, **HM**; Sy Majesteit **S.M.**, **SM**

**hm** hectometre(s) • hektometer **hm**

**HMS** Her/His Majesty's Ship

**HOD** Head of Department • departementshoof **DH**

**Hon.** Honourable; →VEN. • Agbare **agb.**, Edele **Ed.**, Edelagbare **Ed.Agb.**

**Hons.** *Honores, Honoribus, Honoris* Honours • Honneurs **Hons.**, **Hons**

**hort.** horticulture • tuinbou **tuinb.**

**Hos.** Hosea • Hosea **Hos.**

**hosp.** hospital • hospitaal **hosp.**

**HOSPERSA, Hospersa** Health and Other Service Personnel Trade Union of South Africa • **HOSPERSA, Hospersa**

**HP, h.p.** high pressure • hoë druk, hoogdruk **HD**

**HP, h.p.** hire-purchase • huurkoop **hk.**

**HP, h.p.** horsepower • perdekrag **pk.**

**HQ, hdqrs** headquarters *(mil.)* • hoofkwartier **HK**

**HR** human resources • menslike hulpbronne

**HRC** Human Rights Commission • Menseregtekommissie **MRK**

**HRD** human resource development • menslikehulpbronontwikkeling

**HRE** Holy Roman Empire • Heilige Romeinse Ryk **HRR**

**HRH** Her Royal Highness; His Royal Highness • Haar Koninklike Hoogheid **H.K.H.,HKH**; Sy Koninklike Hoogheid **S.K.H., SKH**

**HRM** Her Royal Majesty; His Royal Majesty • Haar Koninklike Majesteit **H.K.M., HKM**; Sy Koninklike Majesteit **S.K.M., SKM**

**HRT** hormone replacement therapy • hormoonvervangingsterapie **HVT**

**HSED** Higher Secondary Education Diploma • Hoër Sekondêre Onderwysdiploma **HSOD**

**HSRC** Human Sciences Research Council • Raad vir Geesteswetenskaplike Navorsing **RGN**

**HTML** hypertext markup language • **HTML**

**HTTP** hypertext transfer protocol • **HTTP**

**Hung.** Hungarian *(lang.)*; Hungary; Hungarian • Hongaars *(taaln.)*; Hongarye; Hongaars(e) **Hong.**

**HV, h.v.** high voltage • hoë spanning, hoogspanning **HS**

**Hz** hertz • hertz **Hz**

# I

**I** Roman numeral 1 • Romeinse 1 **I**

**I., Is.** island, isle • eiland **eil.**

**i.a.** *inter alia* among other things, among others • *inter alia* **i.a.**, onder andere **o.a.**, onder meer **o.m.**

**IAAF** International Association of Athletics Federations • Internasionale Vereniging van Atletiekfederasies **IAAF**

**IAEA** International Atomic Energy Agency • Internasionale Atoomenergieagentskap **IAEA**

**IATA, Iata** International Air Transport Association • Internasionale Lugvervoervereniging **ILVV**

**ib., ibid.** *ibidem* in the same place • *ibidem* aldaar **ib., ibid.**

**IBF** International Boxing Federation • Internasionale Boksfederasie **IBF**

**ibid., ib.** *ibidem* in the same place • *ibidem* aldaar **ib., ibid.**

**IBRD** International Bank for Reconstruction and Development (World Bank) • Internasionale Bank vir Heropbou en Ontwikkeling (Wêreldbank) **IBHO**

**i.c.** *in casu* in this case • *in casu* in hierdie geval **i.c.**

**i/c** in charge (of), in command • in bevel (van) **i.b.**

**ICAO** International Civil Aviation Organisation • Internasionale Burgerlugvaartorganisasie **IBLO**

**ICASA, Icasa** Independent Communications Authority of South Africa • Onafhanklike Kommunikasieowerheid van Suid-Afrika **OKOSA, Okosa**

**ICBM** intercontinental ballistic missile • interkontinentale ballistiese missiel **IBM, IKBM**

**ICC** International Chamber of Commerce • Internasionale Kamer van Koophandel **IKK**

**ICC** International Cricket Council • Internasionale Krieketraad **IKR**

**ICD** Independent Complaints Directorate • Onafhanklike Klagtedirektoraat **OKD**

**ICD** Internal Complaints Directorate • Interne Klagtedirektoraat **IKD**

**ICRC** *Comité international de la Croix-Rouge* International

Committee of the Red Cross • *Comité international de la Croix-Rouge* Internasionale Komitee van die Rooi Kruis **CICR, IKRK**

**ID** identification *(comp.)* • identifikasie **ID**

**ID** identification document • identiteitsdokument **ID**

**id.** *idem* the same • *idem* **id.**, dieselfde **dies.**

**IDA** International Development Association • Internasionale Ontwikkelingsvereniging **IOV**

**IDASA, Idasa** Institute for Democracy in South Africa • Instituut vir Demokrasie in Suid-Afrika **IDASA, Idasa**

**IDC** Industrial Development Corporation • Nywerheidsontwikkelingskorporasie **NOK**

**IDP** integrated development plan • geïntegreerde ontwikkelingsplan **GOP**

**IE** Indo-European *(lang.)*; Indo-European • Indo-Europees *(taaln.)*; Indo-Europees, -pese **IE**

**i.e.** *id est* that is; in other words • *id est* **i.e.**, dit is **d.i.**; dit wil sê **d.w.s.**

**IEC** Independent Electoral Commission • Onafhanklike Verkiesingskommissie **OVK**

**IFC** International Finance Corporation • Internasionale Finansiekorporasie **IFK**

**IFP** Inkatha Freedom Party • Inkatha Vryheidsparty **IVP**

**IG** inspector general • inspekteur-generaal **IG, insp.genl.**

**ill., illus., illust.** illustrated; illustration • geïllustreer(de), geïllustreerd(e) **geïll.**; illustrasie **ill.**

**ILO** International Labour Organisation • Internasionale Arbeidsorganisasie **IAO**

**illus., illust., ill.** illustrated; illustration • geïllustreer(de), geïllustreerd(e) **geïll.**; illustrasie **ill.**

**IMF** International Monetary Fund • Internasionale Monetêre Fonds **IMF**

**imp., imper.** imperative • imperatief, -tiewe **imp.**, gebiedende wys **geb. wys**

**imp., imperf., impf.** imperfect • onvolmaak(te) **onvolm.**, onvoltooid(e) **onvolt.**

**imp., imperf., impf.** imperfect (tense) • imperfektum, imperfek **impf.**

**imper., imp.** imperative • imperatief, -tiewe **imp.**, gebiedende wys **geb. wys**

**impers.** impersonal • onpersoonlik(e) **onpers.**

**IMR** Institute for Medical Research • Instituut vir Mediese Navorsing **IMN**

**in.** inch(es) • duim **dm**

**Inc.** Incorporated • Geïnkorporeer **Geïnk.**

**incl.** including, inclusive • insluitend(e) **insl.**, inklusief, -siewe **inkl.**, met inbegrip van **m.i.v.**

**incog.** *incognito* unknown • *incognito* onbekend **incog.**

**IND** *In Nomine Dei/Domini* in the name of Jesus • *In Nomine Dei/Domini* in Naam van die Here **IND**

**Ind.** India; Indian *(lang.)*; Indian • Indië; Indies *(taaln.)*; Indies(e) **Ind.**

**ind.** independent • selfstandig(e) **selfst.**

**ind.** index • indeks **ind.**

**ind.** industrial; industry • industrieel, -triële; industrie **indust.**

**ind., indic.** indicative (mood) • indikatief, -tiewe **ind.**

**indef.** indefinite • onbepaald(e) **onbep.**

**indic., ind.** indicative (mood) • indikatief, -tiewe **ind.**

**INF** intermediate-range nuclear forces • tussenafstandkernmagte

**Inf., inf.** infantry • infanterie **inf.**

**inf.** infinitive • infinitief **inf.**

**inf.** *infra* below, further on • *infra* onder **inf.**

**INRI** *Iesus Nazarenus Rex Iudaeorum* Jesus of Nazareth, King of the Jews • *Iesus Nazarenus Rex Iudaeorum* Jesus van Nasaret, koning van die Jode **INRI**

**ins.** insurance • assuransie **assur.**

**insp.** inspection; inspector • inspeksie; inspekteur **insp.**

**inst.** instant, the present month • deser

**inst.** institute • instituut **inst.**

**instr.** instruction; instructor • instruksie; instrukteur **instr.**

**instr.** instrument • instrument **instr.**

**instr.** instrumental *(gram.)* • instrumentalis **instr.**

**int.** interest • interes, rente **int.**

**int.** interior • interieur **int.**

**int.** international • internasionaal, -nale **int.**

**int.** interval • interval **int.**

**Intelsat** International Telecommunications Satellite Consortium • Internasionale Telekommunikasiesatellietkonsortium **Intelsat**

**intens.** intensive • intensief, -siewe **intens.**

**interj.** interjection • tussenwerpsel **tw.**

**Interpol** International Criminal Police Organisation • Internasionale Misdaadpolisie-organisasie **Interpol**

**intr., intrans.** intransitive • intransitief, -tiewe **intr.**, onoorganklik(e) **onoorg.**

**intro., introd.** introduction; introductory • inleiding; inleidend(e) **inl.**

**inv.** invoice • faktuur **fakt.**

**I/O** input/output • inset/uitset **I/U**

**IOC** International Olympic Committee • Internasionale Olimpiese Komitee **IOK**

**IPA** International Phonetic Alphabet • Internasionale Fonetiese Alfabet **IFA**

**IQ** intelligence quotient • intelligensiekwosiënt **IK**

**IRA** Irish Republican Army • Ierse Republikeinse Leër **IRL**

**IRB** International Rugby Board • Internasionale Rugbyraad **IRR**

**IRBM** intermediate-range ballistic missile • tussenafstand(-)ballistiese missiel

**IRC** International Red Cross • Internasionale Rooi Kruis **IRK**

**i.r.o.** about, concerning, regarding, in respect of; →W.R.T. • insake **is.**, in verband met **i.v.m.**, ten aansien van **t.a.v.**

**Is.** Isaiah • Jesaja **Jes.**

**Is., I.** island, isle • eiland **eil.**

**ISBN** International Standard Book Number • Internasionale Standaardboeknommer **ISBN**

**ISHR** International Society for Human Rights • Internasionale Vereniging vir Menseregte **IVM**

**ISO** International Organisation for Standardisation • Internasionale Standaarde-organisasie **ISO**

**ISP** Internet service provider • internetdiensverskaffer **ISP**

**ISSN** International Standard Serial Number • Internasionale Standaardserienommer **ISSN**

**IT** information technology • inligtingstegnologie **IT**

**It.** Italian *(lang.)*; Italian; Italy • Italiaans *(taaln.)*; Italiaans(e); Italië **It.**

**i.t.** *in transito* in transit • *in transito* gedurende vervoer **i.t.**

**ital.** italic; italicisation; italicise • kursief, -siewe; kursivering; kursiveer **kurs.**

**i.t.o.** in terms of • in terme van **i.t.v.**

**ITU** International Telecommunication Union • Internasionale Telekommunikasie-unie **ITU**

**IU(C)D** intrauterine (contraceptive) device • intra-uteriene (kontraseptiewe) apparaat **IU(K)A**

**i.v.** *in verbo/voce* under the word • *in verbo/voce* by daardie woord **i.v.**

**IVF** in vitro fertilisation • in vitro-bevrugting **IVB**

## J

**J** joule(s) • joule **J**

**J.** judge • regter **R., regt.**

**Jan.** January • Januarie **Jan.**

**Jap.** Japan; Japanese *(lang.)*; Japanese • Japan; Japannees *(taaln.)*; Japannees, -nese, Japans(e) **Jap.**

**Jas.** James • Jakobus **Jak.**

**JC, J.C.** Jesus Christ • Jesus Christus **J.C., JC**

**Jer.** Jeremiah • Jeremia **Jer.**

**Jhb** Johannesburg • Johannesburg **Jhb.**

**JIT** just-in-time *(comm.)* • net/knap betyds **NB**

**JOASA, Joasa** Judicial Officers' Association of South Africa • Vereniging van Regsprekende Beamptes van Suid-Afrika **JOASA, Joasa**

**Josh.** Joshua • Josua **Jos.**

**jour.** journalism; journalistic • joernalistiek; joernalistiek(e) **joern.**

**JP** Justice of the Peace • vrederegter **VR**

**Jr, jr** junior • junior **jr.**

**JSC** Judicial Services Commission • Regterlike Dienskom= missie **RDK**

**Jud.** Judas • Judas **Jud.**

**JUDASA, Judasa** Junior Doctors' Association of South Afri= ca • Junior Doktersvereniging van Suid-Afrika **JUDASA, Judasa**

**Judg.** (Book of) Judges • Rigters **Rig.**

**Jul.** July • Julie **Jul.**

**Jun.** June • Junie **Jun.**

**junc.** junction • aansluiting **aans.**

## K

**K** kelvin(s) • kelvin **K**

**K, KB, Kb, kbyte** kilobyte • kilogreep **KG, Kg, kgreep**

**K., Kh.** Khoi *(lang.)* • Khoi *(taaln.)* **K., Kh.**

**kA** kiloampere(s) • kiloampère **kA**

**KANU, Kanu** Kenya African National Union • **KANU, Kanu**

**KBE** Knight (Commander of the Order) of the British Em= pire • Ridder van die Britse Ryk **KBE**

**kbyte, K, KB, Kb** kilobyte • kilogreep **KG, Kg, kgreep**

**kc** kilocycle • kiloperiode **kp**

**kg** kilogram(s) • kilogram **kg**

**Kh., K.** Khoi *(lang.)* • Khoi *(taaln.)* **Kh., K.**

**kHz** kilohertz • kilohertz **kHz**

**kJ** kilojoule(s) • kilojoule **kJ**

**KJA** • Kerkjeugaksie **KJA**

**KJV** • Kerkjeugvereniging **KJV**

**KKK** Ku Klux Klan • Ku-Klux Klan **KKK**

**KKNK** Klein Karoo Nasionale Kunstefees **KKNK**

**kl** kilolitre(s) • kiloliter **kl, kl**

**KLM** Royal Dutch Airlines • Koninklijke Luchtvaartmaat= schappij **KLM**

**km** kilometre(s) • kilometer **km**

**km/h** kilometres per hour • kilometer per hora/uur **km/h**

**km/l** kilometre(s) per litre • kilometer per liter **km/l**

**KO, k.o.** knockout; →TKO • uitklophou **UH**

**kp** kiloperiode • kilocycle **kc**

**kPa** kilopascal(s) • kilopascal **kPa**

**KR** Krugerrand • Krugerrand **KR**

**kr.** krona *(coin)*; krone *(coin)* • krona; kroon, krone **kr.**

**kW** kilowatt(s) • kilowatt **kW**

**kWh** kilowatt-hour(s) • kilowatt-uur **kWh**

**KWV** • Koöperatiewe Wynbouersvereniging **KWV**

**KZN** KwaZulu-Natal • KwaZulu-Natal **KZN**

## L

**L** large • groot **gr.**

**L** learner driver • leerlingbestuurder **LB**

**L** Roman numeral 50 • Romeinse 50 **L**

**L.** Licentiate • lisensiaat **lis.**

**L., l.** Lake, lake • Meer, meer **M., m.**

**L., l.** left • links **l.**

**L., l.** line; →LL. • lyn **l.**, reël **r.**

**L., l., lgth** length • lengte **l.**

**l** litre(s) • liter **L., l., l, l**

**l.** *alinea* line • *alinea* reël **al.**

**l.** lira • lira **l.**

**£** *libra* pound *(money)* • *libra* pond **£**

**lab.** laboratory • laboratorium **lab.**

**lab.** labour • arbeid **arb.**

**Lam.** (Book of) Lamentations • Klaagliedere **Klaagl.**

**LAN** local area network • lokale-areanetwerk **LAN**

**Lat.** Latin *(lang.)*; Latin; Latinate, latinate; Latinism, latinism • Latyn *(taaln.)* **Lat.**; Latyns(e) **Lat.**; Latinisties(e), latinis= ties(e) **Lat., lat.**; Latinisme, latinisme **Lat., lat.**

**lat.** (degree of) latitude • breedte(graad) **br.**

**lb, lb.** *libra* pound *(weight)* • *libra* pond **lb., pd**.

**LBO** leveraged buyout • hefboomuitkoop **HU**

**l.b.w.** leg before wicket *(cr.)* • been voor paaltjie **b.v.p.**

**L/C, l/c, lc** letter of credit • kredietbrief **KB**

**l.c., lc** lower case • kleinletter **kl.**, onderkas **ok.**

**lc, loc. cit.** *loco citato* in the place cited • *loco citato* op die aangehaalde plek, ter aangehaalde plaatse **l.c., loc.cit.**

**LCD** liquid-crystal display • vloei(stof)kristalvertoon

**LCD, lcd** lowest/least common denominator • kleinste ge= mene/gemeenskaplike noemer **KGN, k.g.n.**

**LCM, lcm** lowest/least common multiple • kleinste gemene veelvoud **KGV**

**L/Cpl** lance corporal • onderkorporaal **o.kpl., okpl.**

**LD** *Laus Deo* praise be to God • *Laus Deo* ere aan God **LD**

**LDV** light delivery vehicle • ligte afleweringswa **LAW, l.a.w.**

**LED** light-emitting diode • ligemissiediode **LED**, liguitstraal= diode **LUD**

**leg.** legal • juridies(e) **jur.**

**Lev.** Leviticus • Levitikus **Lev.**

**LF** low frequency • lae frekwensie **LF**

**LG** Low German *(lang.)*; Low German • Nederduits *(taaln.)*; Nederduits(e) **Ned.**

**lgth, L., l.,** length • lengte **l.**

**LH, lh** left hand • linkerhand **lh.**

**Lib.** Liberal; Liberal *(Party)* • Liberaal; Liberaal, =rale **Lib.**

**lib.** library • biblioteek **bibl.**

**lic.** licence • lisensie **lis.**

**LIFO** last in, first out • laaste in, eerste uit **LIEU**

**ling.** linguistic; linguistics • taalkundig(e) **taalk.**, linguisties(e) **ling.**; taalkunde **taalk.**, linguistiek **ling.**

**Lith.** Lithuania; Lithuanian *(lang.)*; Lithuanian • Litaue, Li= toue; Litaus, Litous *(taaln.)*; Litaus(e), Litous(e) **Lit.**

**lit.** literal(ly) • letterlik(e) **lett.**

**lit.** literary; literature • letterkundig(e) **lettk.**, literêr(e) **lit.**; letterkunde **lettk.**, literatuur **lit.**

**Lit(t)D** *Litterarum Doctor* Doctor of Letters/Literature • Dok= tor in die Lettere **Litt.D.**, **LittD**

**ll.** lines; →L. • reëls **rr.**

**LLB** *Legum Baccalaureus* Bachelor of Laws • Baccalaureus in (die) Regte **LL.B.**, **LLB**

**LLD** *Legum Doctor* Doctor of Laws • Doktor in (die) Regte **LL.D.**, **LLD**

**LL.M., LLM** *Legum Magister* Master of Laws • Meester in (die) Regte **LL.M.**, **LLM**

**lm** lumen(s) *(phys.)* • lumen **lm**

**loc.** locative • lokatief, =tiewe **lok.**

**loc. cit., lc** *loco citato* in the place cited • *loco citato* op die aangehaalde plek, ter aangehaalde plaatse **l.c., loc.cit.**

**log.** logic; logical • logika; logies(e) **log.**

**long.** (degree of) longitude • lengtegraad **L.**

**LP** long player, long-playing record • langspeelplaat **LS**

**LP, lp.** low pressure • laagdruk, lae druk **LD**

**LPG, LP Gas** liquefied petroleum gas • vloeibare petroleum= gas **VPG**

**LSD** lysergic acid diethylamide • lisergiensuurdiëtielamied **LSD**

**L.S.D., l.s.d.**, **£.s.d.** *librae, solidi, denarii* pounds, shillings, pence • *librae, solidi, denarii* ponde, sjielings, pennies **£.s.d.**

**Lt.** Lieutenant • luitenant **lt.**

**Ltd** Limited • Beperk **Bpk.**

**l. to r., l.t.r.** left to right • van links na regs **v.l.n.r.**, links na regs **l.n.r.**

**Luth.** Lutheran • Luthers(e) **Luth.**

**LW** long wave • lang golf

**lx** lux(es) *(phys.)* • lux **lx**

# M

**M** mark(s) *(currency)*; →DM • mark **M**
**M** million(s) • miljoen **m.**
**M** Roman numeral 1000 • Romeinse 1000 **M**
**M, M.** Monsieur • monsieur **m.**
**M.** Majesty • Majesteit **M.**
**M.** Master • jongeheer **jhr.**
**m** metre(s) • meter **m**
**m, mi.** mile(s) • myl **m.**
**m, min.** minute(s) • minuut **m., min.**
**m.** married • getroud **getr.**
**m., masc.** masculine • manlik(e) **m., ml.**
**m., mo.** month • maand **md.**
**MA** *Magister Artium* Master of Arts • Magister in (die) Let=
tere en Wysbegeerte **M.A., MA**
**MA** mega-ampere(s) • mega-ampère **MA**
**Macc.** Maccabees • Makkabeërs
**mach.** machine; machinery; →MECH. • masjien; masjinerie
**masj.**
**mag.** magnetism; magnetic • magnetisme; magneties(e) **magn.**
**Maj.** Major • majoor **maj.**
**Maj. Gen.** Major General • generaal-majoor **genl.maj.**
**Mal.** Malay *(lang.)*; Malay(an) • Maleis *(taaln.)*; Maleis(e)
**Mal.**
**Mal.** Malachi • Maleagi **Mal.**
**Mar.** March • Maart **Mrt.**
**masc., m.** masculine • manlik(e) **m., ml.**
**math.** mathematics; mathematical • wiskunde; wiskundig(e)
**wisk.**
**Matt., Mt** Matthew • Matteus, Mattheüs **Matt.**
**max.** maximum • maksimum **maks.**
**MB** *Medicinae Baccalaureus* Bachelor of Medicine • Bacca=
laureus in (die) Medisyne **M.B., MB**
**MB, mbyte** megabyte • megagreep **MG**
**MBA** Master of Business Administration • Magister in (die)
Bedryfsadministrasie **M.B.A., MBA**
**mbar** millibar(s) • millibar **mbar**
**MBE** Member (of the Order) of the British Empire • **MBE**
**mbyte, MB** megabyte • megagreep **MG**
**MC** master of ceremonies • seremoniemeester **SM**
**MC** megacoulomb(s) • megacoulomb **MC**
**MC** metropolitan council • metropolitaanse raad **MR**
**MCP** male chauvinist pig • manlike chauvinis(tiese swyn/
vark)
**MCT** minimum company tax • minimum maatskappybelas=
ting **MMB**
**MD** Managing Director • besturende direkteur **BD**
**MD** *Medicinae Doctor* Doctor of Medicine • Doktor in (die)
Geneeskunde **M.D., MD**
**MD** mentally deficient • swaksinnig
**MD** Middle Dutch *(lang.)*; Middle Dutch • Middelneder=
lands *(taaln.)*; Middelnederlands(e) **Mnl.**
**m/d** months after date • maande na datum **m.d.**
**MDMA** methylenedioxymethamphetamine • metileendioksi=
metamfetamien **MDMA**
**MEC** Member of the Executive Committee • Lid van die Uit=
voerende Komitee **LUK**
**ME** Middle English *(lang.)*; Middle English • Middelengels
*(taaln.)*; Middelengels(e) **Meng.**
**ME** myalgic encephalomyelitis • mialgiese enkefalomiëlitis/
ensefalomiëlitis **ME**
**mech.** mechanical; mechanics; →MACH. • meganies(e); me=
ganika **meg.**
**Med.** Middle Ages; Medi(a)eval • Middeleeue; Middeleeus(e)
**Me.**
**med.** medical; medicinal; medicine • geneeskundig(e)
**geneesk.**, medies(e) **med.**; geneeskunde **geneesk.**, medi=
syne **med.**
**med.** medium • medium **med.**

**MEP** Member of the European Parliament • Lid van die Eu=
ropese Parlement **LEP**
**Mesdames, Mmes, Mrs** Mistresses • mevroue **mevv.**
**Messrs** Misters, Messieurs; →MR • menere **mnre.**, here **hh.**
**met., meteor., meteorol.** meteorological; meteorology •
meteorologie(e) **meteor.**, weerkundig(e) **weerk.**; meteo=
rologie **meteor.**, weerkunde **weerk.**
**metal., metall.** metallurgic(al); metallurgy • metallurgies(e);
metallurgie **metal.**
**metaph.** metaphor; metaphorical; →FIG. • metafoor; meta=
fories(e) **metaf.**
**metaph.** metaphysical; metaphysics • metafisies(e); metafisi=
ka **metafis.**
**meteor., meteorol., met.** meteorological; meteorology •
meteorologie(e) **meteor.**, weerkundig(e) **weerk.**; meteo=
rologie **meteor.**, weerkunde **weerk.**
**meton.** metonymical; metonymy • metonimies(e); metoni=
mie **meton.**
**MF** medium frequency • mediumfrekwensie **MF**
**mf** *mezzo forte* moderately loud • *mezzo forte* halfhard **m.f.**
**mfd** manufactured • vervaardig
**MG** machine gun • masjiengeweer **MG**
**Mg** magnesium • magnesium **Mg**
**Mg** megagram(s) • megagram **Mg**
**mg** milligram(s) • milligram **mg**
**Mgr** manager • bestuurder **best.**
**Mgr** Monsignor • monseigneur **mgr.**
**MHG** Middle High German *(lang.)*; Middle High German •
Middelhoogduits *(taaln.)*; Middelhoogduits(e) **Mhd.**
**MHz** megahertz • megahertz **MHz**
**MI** Military Intelligence • Militêre Inligting **MI**
**mi., m** mile(s) • myl **m.**
**Mid.** midshipman • adelbors **adb.**
**mil.** military • militêr(e) **mil.**
**mil. sc.** military science • krygskunde **krygsk.**
**Min.** Minister • minister **min.**
**Min.** Minister (of religion) • predikant **pred.**
**min.** minimum • minimum **min.**
**min.** mining • mynwese **mynw.**
**min., m** minute(s) • minuut **m., min.**
**min., mineral.** mineralogical; mineralogy • mineralogies(e);
mineralogie **miner.**
**MIRV, Mirv** multiple independently targeted re-entry vehicle
*(mil.)* • **MIRV, Mirv**
**MIS** management information systems • bestuursinligting=
stelsels **BIS**
**misc.** miscellany • diverse **div.**
**MJ** megajoule(s) • megajoule **MJ**
**mJ** millijoule(s) • millijoule **mJ**
**MK** Umkhonto weSizwe • Umkhonto weSizwe **MK**
**ml, ml** millilitre(s) • milliliter **ml, ml**
**Mlle** *mademoiselle* Miss • *mademoiselle* mejuffrou **mlle.**
**MM** Military Medal • Militêre Medalje **MM**
**mm** millimetre(s) • millimeter **mm**
**mm** *mutatis mutandis* with the necessary changes • *mutatis
mutandis* met die nodige veranderinge **m.m.**
**Mme** *madame* Mistress, Missus; →MRS • *madame* mevrou
**mme.**
**Mmes, Mesdames, Mrs** Mistresses • mevroue **mevv.**
**mmf** magnetomotive force • magnetomotoriese krag **MMK,
m.m.k.**
**MMus** *Magister Musicae* Master of Music • Magister in (die)
Musiek **M.Mus., MMus**
**MN** meganewton(s) • meganewton **MN**
**mN** millinewton(s) • millinewton **mN**
**MO** magnetic observatory • magnetiese observatorium **MO**
**MO** Medical Officer • mediese offisier **MO**
**MO** *modus operandi* manner of working • *modus operandi*
werk(s)wyse **MO**
**MO, m.o.** money order • poswissel **PW**

**mo., m.** month • maand **md.**

**mod.** *moderato* moderate tempo • *moderato* matige tempo **mod.**

**mod.** modern • modern(e) **mod.**

**mol.** molecular; molecule • molekulêr(e); molekule, molekuul **mol.**

**Mon.** Monday • Maandag **Ma.**

**MP** Military Police • militêre polisie **MP**

**mp** *mezzo piano* moderately soft • *mezzo piano* halfsag **m.p.**

**mpg** miles per gallon • myl per gelling **m.p.g.**

**MPh, MPhil** *Magister Philosophiae* Master of Philosophy • Magister in (die) Wysbegeerte **M.Phil., MPhil**

**mph** miles per hour • myl per hora/uur **m/h, m.p.u.**

**MPL** Member of the Provincial Legislature • Lid van die Provinsiale Wetgewer **LPW**

**MPLA** *Movimento Popular de Libertação de Angola* Popular Movement for the Liberation of Angola • *Movimento Popular de Libertação de Angola* **MPLA**

**MPP** Member of the Provincial Parliament • Lid van die Provinsiale Parlement **LPP**

**mps** metres per second • meter per sekonde **m.p.s., m/s**

**MPV** multipurpose vehicle • meerdoelvoertuig **MDV**

**Mr** Mister; →Messrs • meneer **mnr.**, heer **hr.**

**MRA** Moral Rearmament • Morele Herbewapening

**mrad** milliradial(s) • milliradiaal **mrad**

**MRC** Medical Research Council • Mediese Navorsingsraad **MNR**

**MRI** magnetic resonance imaging • magnetieseresonansiebeelding **MRB**

**Mrs** Mistress, Missus; →Mme • mevrou **mev.**

**Mrs, Mmes, Mesdames** Mistresses • mevroue **mevv.**

**MS** motor ship • motorskip **ms.**

**MS** multiple sclerosis • multipele/verspreide sklerose **MS**

**MS, ms** manuscript; →MSS • manuskrip **ms.**

**MS, m.s., m/s** months after sight • maande na sig **MS, m.s.**

**Ms** *(sing.)* title before a woman's name; →Mss • titel voor 'n vrouenaam **me., me**

**Mss** *(pl.)* title before women's names; →Ms • titel voor vrouename **mee., mee, mes., mes**

**ms** millisecond(s) • millisekonde **ms**

**MSc** *Magister Scientiae* Master of Science • Magister in (die) Natuurwetenskappe **M.Sc., MSc**

**MSG** monosodium glutamate • mononatriumglutamaat **MNG**

**Msgr** Monsignor • monseigneur **mgr.**

**MSS, mss** manuscripts; →MS • manuskripte **mss.**

**MT** mean time • middelbare tyd **MT**

**Mt** Mount; →Mtn. • berg

**Mt, Matt.** Matthew • Matteus, Matthëus **Matt.**

**MTB** motor torpedo boat • motor-torpedoboot **MTB, m.t.b.**

**mtg** meeting • vergadering **verg.**

**mtn.** mountain; →Mt • berg

**mun.** municipal; municipality • munisipaal, -pale; munisipaliteit **mun.**

**mus.** music; musical • musiek; musikaal, -kale **mus.**

**MusB, MusBac** *Musicae Baccalaureus* Bachelor of Music; →BMus • Baccalaureus in (die) Musiek **Mus.B., MusB**

**MusD, MusDoc** *Musicae Doctor* Doctor of Music • Doktor in (die) Musiek **Mus.D., MusD**

**MV** motor vessel • motorvaartuig **MV**

**MV** megavolt(s) • megavolt **MV**

**m.v.** *mezza voce* with half voice • *mezza voce* met halwe stem **m.v.**

**MW** medium wave • mediumgolf **MG**

**MW** megawatt(s) • megawatt **MW**

**mW** milliwatt • milliwatt **mW**

**Mx** maxwell • maxwell **Mx**

**mycol.** mycological; mycology • swamkundig(e); swamkunde **swamk.**

# N

**N** newton(s) • newton **N**

**N, No., Nor.** north; north; northern • noord; noord(e); noordelik(e) **N.**

**N.** Norse *(lang.)*; Norse; →Nor. • Noors *(taaln.)*; Noors(e) **N.**

**n** normal *(chem.)* • normaal **N**

**n.** *natus* born; →b. • gebore **geb.**

**n.** note(s) • aantekening **aant.**, aantekeninge **aantt.**

**n.** noun • nomen **n.**, (selfstandige) naamwoord **(s.)nw.**

**n., neut.** neuter • neutrum **n.**, onsydig(e) **o., ons.**

**n/a** not applicable • nie van toepassing nie **NVT, n.v.t.**

**NAFCOC, Nafcoc** National African Federated Chamber of Commerce and Industry • **NAFCOC, Nafcoc**

**Nah.** Nahum • Nahum **Nah.**

**NALEDI, Naledi** National Labour and Economic Development Institute • Nasionale Arbeids- en Ekonomiese Ontwikkelingsinstituut **NALEDI, Naledi**

**N.Am.** North America; North American • Noord-Amerika; Noord-Amerikaans(e) **N.Am., N.Amer.**

**Nam.** Namibia; Namibian • Namibië; Namibies(e) **Nam.**

**NAM** Non-Aligned Movement • Beweging van Onverbonde Lande **BOL**

**NASA, Nasa** National Aeronautics and Space Administration • **NASA, Nasa**

**Nat.** National; Nasionalist • Nasionaal, -nale; Nasionalis **Nas.**

**nat.** national • nasionaal, -nale **nas.**

**NATIS, Natis** National Traffic Information System • Nasionale Verkeersinligtingstelsel **NAVIS, Navis**

**NATO, Nato** North Atlantic Treaty Organisation • Noord-Atlantiese Verdragsorganisasie **NAVO, Navo**

**N.B., NB, n.b., nb** *nota bene* note well • *nota bene* **NB,** Let Wel, Let wel **LW**

**nb** no-ball *(cr.)* • foutbal **fb.**

**NCHE** National Commission for Higher Education • Nasionale Kommissie vir Hoër Onderwys **NKHO**

**NCO** non(-)commissioned officer • onderoffisier

**NCPS** national crime prevention strategy • nasionale misdaadvoorkomingstrategie **NMVS**

**NCW** National Council of Women • **NCW**

**ND** New Dutch • Nieu-Nederlands **N.Ndl., Nnl.**

**N.D., n.d.** no date • sonder jaartal **s.j.**

**NE** northeast; northeast; northeastern • noordoos; noordooste; noordoostelik(e) **NO**

**NEB** National Energy Board • Nasionale Energieraad **NER**

**NEC** National Education Certificate • Nasionale Onderwyssertifikaat **N.O.S., NOS**

**NEC** national executive committee • nasionale uitvoerende komitee **NUK**

**NECSA, Necsa** South African Nuclear Energy Corporation • Suid-Afrikaanse Kernenergiekorporasie **NECSA, Necsa**

**NEDLAC, Nedlac** National Economic, Development and Labour Council • Nasionale Ekonomiese, Ontwikkelings- en Arbeidsraad **NEDLAC, Nedlac, NEOAR**

**NEF** National Economic Forum • Nasionale Ekonomiese Forum **NEF**

**neg.** negative • negatief, -tiewe **neg.**

**Neh.** Nehemiah • Nehemia **Neh.**

**nem. con.** *nemine contradicente* no-one contradicting, unanimously • *nemine contradicente* sonder teenstem/teëstem **nem.con.**

**NEPAD, Nepad** New Partnership for Africa's Development • Nuwe Vennootskap vir Afrika-ontwikkeling **NEPAD, Nepad**

**Neth.** Netherlands; →Du. • Nederland **Ndl.**

**neut., n.** neuter • neutrum n., onsydig(e) **o., ons.**

**NF** National Forum • Nasionale Forum **NF**

**NF** National Front • Nasionale Front **NF**

**nF** nanofarad(s) • nanofarad **nF**

**NGO** nongovernmental organisation • nieregeringsorganisasie **NRO**

**NH** • Nederduitsch Hervormd(e) **Ned.Herv., NH**

**NI** national income • nasionale inkomste **NI**

**NIA** National Intelligence Agency • Nasionale Intelligensieagentskap **NIA**

**NICOC, Nicoc** National Intelligence Co(-)ordinating Committee • Nasionale Intelligensiekoördineringskomitee **NIKOK, Nikok**

**NICRO, Nicro** National Institute for Crime Prevention and Reintegration of Offenders • **NICRO, Nicro**

**NITS, Nits** new income tax system • nuwe inkomstebelastingstelsel **NIBS, Nibs**

**NJC** National Junior Certificate • Nasionale Junior Sertifikaat **N.J.S., NJS**

**nl** *non licet* it is not permitted • *non licet* dit is ontoelaatbaar **n.l.**

**n.l.** new line • nuwe reël **NR**

**NLTA** • Nasionale Taalliggaam vir Afrikaans **NTLA**

**NLU** national lexicographical unit • nasionale leksikografieeenheid **NLE**

**nm** nanometre(s) • nanometer **nm**

**nm** nautical mile • seemyl **sm.**

**NMC** National Monuments Council • Raad vir Nasionale Gedenkwaardighede **RNG**

**NMR** nuclear magnetic resonance • kernmagnetiese resonansie **KMR**

**NNE** north-northeast; north-northeastern • noordnoordoos; noordnoordoostelik(e) **NNO**

**NNP** New National Party • Nuwe Nasionale Party **NNP**

**NNW** north-northwest; north-northwestern • noordnoordwes; noordnoordwestelik(e) **NNW**

**No., Nor., N** north; north; northern • noord; noord(e); noordelik(e) **N.**

**No., no.** number; →Nos • nommer **no., nr.**

**n.o.** *nomine officii* in his/her official capacity • *nomine officii* ampshalwe **n.o.**

**n.o.** not out *(cr.)* • nie uit nie **n.u.n.**

**NOCSA, Nocsa** National Olympic Committee of South Africa • Nasionale Olimpiese Komitee van Suid-Afrika **NOKSA, Noksa**

**nom.** nominal • nominaal, -nale **nom.**

**nom.** nominative (case) • nominatief **nom.**

**Nor., No., N** north; north; northern • noord; noord(e); noordelik(e) **N.**

**Nor., Norw.** Norway; Norwegian, Norse; →N. • Noorweë; Noorweegs(e), Noors(e) **Noorw.**

**Nos., nos.** numbers; →No. • nommers **nos., nrs.**

**NOSA, Nosa** National Occupational Safety Association • Nasionale Beroepsveiligheidsvereniging **NBVV**

**Nov.** November • November **Nov.**

**NP** noun phrase • naamwoordstuk **NS**

**np** new paragraph • nuwe paragraaf **NP**

**NPA** National Prosecuting Authority • Nasionale Vervolgingsgesag **NVG**

**NPV** no par value • sonder pariwaarde **SPW**

**NQF** National Qualifications Framework • Nasionale Kwalifikasieraamwerk **NKR**

**nr** near • naby

**NRA** National Road Agency • Nasionale Padagentskap **NPA**

**NRF** National Research Foundation • Nasionale Navorsingstigting **NNS**

**NRSC** National Road Safety Council • Nasionale Verkeersveiligheidsraad **NVVR**

**NS** New Style • Nuwe Styl **NS**

**ns** nanosecond(s) • nanosekonde **ns**

**NSA** Netball South Africa • Netbal Suid-Afrika **NSA**

**NSC** National Sports Council • Nasionale Sportraad **NSC**

**NSF, N/S/F** not sufficient funds • onvoldoende fondse **OF, o.f.**

**NSL** National Soccer League • Nasionale Sokkerliga **NSL**

**NSRI** National Sea Rescue Institute • Nasionale Seereddingsinstituut **NSRI**

**NSW** New South Wales • Nieu-Suid-Wallis **NSW**

**NT** New Testament; New Testament • Nuwe Testament; Nieu-Testamenties(e), Nuwe-Testamenties(e) **NT**

**NTP** normal temperature and pressure; →STP • standaardtemperatuur en -druk **STD**

**Num.** (Book of) Numbers • Numeri **Num.**

**num.** numeral • telwoord **telw.**

**NW** • *Nasionale Woordeboek* **NW**

**NW** northwest; northwest; northwest(ern) • noordwes; noordwes(te); noordwestelik(e) **NW**

**NWU** North-West University • Noordwes-Universiteit **NWU**

**NY, N.Y.** New York *(city and state)* • New York **NY**

**NYC** New York City • **NYC**

**NZ, N. Zeal.** New Zealand; New Zealand • Nieu-Seeland; Nieu-Seelands(e) **NS**

## O

**o.b.** on board • aan boord **a.b.**

**ob.** *obiit* he/she died; →D. • *obiit* **ob.**, hy/sy is oorlede **oorl.**, gestorwe **gest.**

**Obad.** Obadiah • Obadja **Ob.**

**obdt** obedient • dienswillig(e) **dw.**

**OBE** Officer (of the Order) of the British Empire • Orde van die Britse Ryk **OBE**

**OBE** Outcomes-based Education • uitkomsgebaseerde/uitkomsgerigte onderwys **UGO**

**obj.** object; objective • objek **obj.**, voorwerp **voorw.**; objektief, -tiewe **obj.**

**obs.** obsolete • verouderd(e) **veroud.**

**obstet.** obstetric(al); obstetrics • verloskundig(e); verloskunde **verlosk.**

**OC** officer commanding • offisier in bevel **OIB**

**oceanog.** oceanographical; oceanography • oseanografies(e); oseanografie **oseanogr.**

**OCR** optical character recognition • optiese karakterherkenning **OKH**

**Oct.** October • Oktober **Okt.**

**oct., 8vo** octavo • oktavo **okt.**

**OE** Old English *(lang.)*; Old English • Oudengels, Ou Engels *(taaln.)*; Oudengels(e) **OE**

**Oe** oersted • oersted **Oe**

**OECD** Organisation for Economic Cooperation and Development • Organisasie vir Ekonomiese Samewerking en Ontwikkeling **OESO, Oeso**

**OED** *Oxford English Dictionary* • **OED**

**OF** Old French *(lang.)*; Old French • Oudfrans *(taaln.)*; Oudfrans(e) **OFr.**

**off.** officer • offisier **off.**

**OHG** Old High German *(lang.)*; Old High German • Oudhoogduits, Ou Hoogduits *(taaln.)*; Oudhoogduits(e) **OHD**

**OIC** Organisation of Islamic Conferences • Organisasie van Islamitiese Konferensies **OIK**

**OM** Order of Merit • **OM**

**ON** Old Norse *(lang.)*; Old Norse • Oudnoors, Ou Noors *(taaln.)*; Oudnoors(e) **ON**

**on acc.** on account • op rekening **o.r.**

**o.n.o.** or near(est) offer • of naaste aanbod **o.n.a.**

**OP** *Ordo Praedicatorum* Order of Preachers • *Ordo Praedicatorum* Orde van Predikers **OP**

**op.** *opus* work • *opus* werk **op.**

**op. cit.** *opere citato* in the work cited • *opere citato* in die aangehaalde werk **op.cit.**

**OPEC, Opec** Organisation of Petroleum Exporting Countries • Organisasie van Petroleumuitvoerlande **OPUL, Opul**

**opp.** opposite • teenstelling **teenst.**

**opt.** optative (mood) • optatief **opt.**

**opt.** optic; optics • opties(e); optika **opt.**

**ord.** ordinary • gewoon, -wone **gew.**

**ord.** order • bestelling **best.**
**ord.** ordinance • ordonnansie **ord.**
**org.** organic • organies(e) **org.**
**org.** organisation • organisasie **org.**
**orig.** origin; original; originally • oorsprong; oorspronklik(e); oorspronklik **oorspr.**
**ornith., ornithol.** ornithological; ornithology • voëlkundig(e); voëlkunde **voëlk.**
**OS** Old Saxon *(lang.)*; Old Saxon • Oudsaksies *(taaln.)*; Oudsaksies(e) **OS**
**OS** outsize • (ekstra) groot grootte
**OS** Old Style • Ou Styl **OS**
**OS** Ordinary Seaman • ligmatroos, gewone seeman
**o.s.** only son • enigste seun
**OSCE** Organisation for Security and Co-operation in Europe • Organisasie vir Veiligheid en Samewerking in Europa **OVSE**
**OT** Old Testament; Old Testament • Ou Testament **OT**, Ou Verbond **OV**; Ou-Testamenties(e) **OT**
**OXFAM, Oxfam** Oxford Committee for Famine Relief • **OXFAM, Oxfam**
**oz, oz.** *onza* ounce(s) • *onza* ons **oz**

# P

**P** parking • parkering **P**
**P.** pastor • pastoor **past.**
**p** *piano* softly • *piano* sag **p**
**p.** pro • pro **p.**
**p.** page • *pagina* **p.**, bladsy **bl.**
**p.** *poco* a little • *poco* effens **p.**
**p.** per • per **p.**
**PA** private account • privaat/private rekening **priv.rek.**
**PA** power of attorney • prokurasie **prok.**
**PA** press/publicity agent • reklameagent
**PA** personal assistant • persoonlike assistent **PA, pers.asst.**
**PA** public address system • luidsprekerstelsel
**Pa** pascal(s) • pascal **Pa**
**p.a.** *per annum* yearly • *per annum* **p.a.**, per jaar **p.j.**
**PAC** Pan Africanist Congress • **PAC**
**PAGAD, Pagad** People Against Gangsterism and Drugs • **PAGAD, Pagad**
**PANSALB, Pansalb** Pan South African Language Board • Pan-Suid-Afrikaanse Taalraad **PANSAT, Pansat**
**PAP** Pan-African Parliament • Pan-Afrika-parlement **PAP**
**par.** paragraph • paragraaf **par.**
**Parl.** Parliament • parlement **parl.**
**parl.** parliamentary • parlementêr(e) **parl.**
**part.** participle • deelwoord **dw.**
**PASA** Publishers Association of South Africa • Uitgewersvereniging van Suid-Afrika **UVSA**
**pass.** passive • passief, -siewe **pass.**, lydend(e) **lyd.**
**pat.** patent • patent **pat.**
**pat.** patented • gepatenteer(de), gepatenteerd(e) **gepat.**
**path., pathol.** pathological; pathology • patologies(e); patologie **patol.**
**PAWC** Provincial Administration Western Cape • Wes-Kaapse Provinsiale Administrasie **WKPA**
**PAYE** pay as you earn • lopende betaalstelsel **LBS**
**PB, p.bag** private bag • privaat/private sak **p.s.**
**P/C, p/c, p.c.** petty cash • kleinkas **KK, kk.**
**PC** personal computer • persoonlike rekenaar **PR**
**PC** political correctness; politically correct • politieke korrektheid; polities korrek **PK**
**PC** Privy Council • Geheime Raad **GR**
**pc** postcard • poskaart **posk.**
**pc, pct** per cent • persent **ps.**
**PCP** phencyclidine • fensiklidien
**PD** *pro Deo* for God's sake • *pro Deo* om Godswil **PD**
**PD., pd** *per diem* per day • *per diem* per dag **p.d.**
**pd** potential difference • potensiaalverskil **PV**

**pd** paid • betaal(de), betaald(e) **bet.**
**PDI** personal disposable income; →DPI • persoonlike besteebare inkomste **PBI**
**pdq** pretty damn quick
**PE** Port Elizabeth • Port Elizabeth **PE**
**pen.** peninsula • skiereiland **skiereil.**
**per cap.** *per capita* for each person • *per capita* per hoof **cap., per cap.**
**perf.** perfect • volmaak(te) **volm.**
**perf.** perfect (tense) • perfektum **perf.**, voltooide teenwoordige tyd **volt.teenw.t.**
**per pro., pp** *per procurationem* by procuration • *per procurationem* by volmag **per pro., p.p.**
**Pers.** Persia; Persian *(lang.)*; Persian • Persië; Persies *(taaln.)*; Persies(e) **Pers.**
**pers.** person; personal(ly) • persoon; persoonlik(e) **pers.**
**Pet.** (Epistles of) Peter • (Briewe van) Petrus **Pet.**
**PETA, Peta** People for the Ethical Treatment of Animals • Mense vir die Etiese Behandeling van Diere **PETA, Peta**
**PF** Permanent Force • Staande Mag **SM**
**PG** parental guidance • ouerleiding
**PGA** Professional Golfers' Association • Beroepsgholfspelersvereniging **BGV**
**p.h.** per hour • per uur **p.u.**
**pH** acidity, alkalinity • suur-, alkaligehalte **pH**
**PHC** primary healthcare • primêre gesondheidsorg **PGS**
**PhD** *Philosophiae Doctor* Doctor of Philosophy • Doktor in (die) Wysbegeerte **Ph.D., PhD**
**Phil.** (Epistle to the) Philippians • (Brief aan die) Filippense **Fil.**
**phil.** philosophical • filosofies(e) **filos.**
**phil.** philosophy • filosofie **filos.**, wysbegeerte **wysb.**
**Philem.** (Epistle to) Philemon • (Brief aan) Filemon **Filem.**
**philol.** philological; philology • filologies(e); filologie **filol.**
**phon., phonet.** phonetic; phonetics • fonetics(e); fonetiek **fonet.**
**phon., phonol.** phonological; phonology • fonologies(e); fonologie **fonol.**
**photog.** photographic; photography • fotografies(e); fotografie **fotogr.**
**phys.** physical; physical • fisies(e) **fis.**, liggaamlik(e) **ligg.**; natuurkundig(e) **nat.**
**phys.** physics • fisika **fis.**, natuurkunde **nat.**
**physiol.** physiological; physiology • fisiologies(e); fisiologie **fisiol.**
**PIN** personal identification number • persoonlike identifikasienommer **PIN**
**Pl.** Place • Plek
**pl.** plural • meervoud **mv.**, *pluralis* **pl.**
**PLA** Palestine Liberation Army • Palestynse Bevrydingsleër **PBL**
**PLC, plc** public limited company • ope/publieke maatskappy
**PLO** Palestine Liberation Organisation • Palestynse Bevrydingsorganisasie **PBO**
**PM** Prime Minister • Eerste Minister **EM**
**PM** Postmaster • posmeester **PM**
**PM, P.M., pm, p.m.** *post meridiem* after noon • namiddag **nm.**
**p.m.** *per mensem* per month • *per mensem* per maand **p.m.**, maandeliks(e) **mdl.**
**p.m.** per minute • per minuut **p.m.**
**PMG** Postmaster General • posmeester-generaal **PMG**
**PMS** premenstrual syndrome • premenstruele sindroom **PMS**
**PMT** premenstrual tension • premenstruele spanning **PMS**
**PN** Provincial Notice • Provinsiale Kennisgewing **PK**
**PN, P/N, pn** promissory note • promesse **prom.**
**PO** petty officer • onderoffisier **oo.**
**PO** Post Office • poskantoor **Pk.**
**PO, p.o.** postal order • posorder **PO**
**poet.** poetry • digkuns **digk.**
**pol.** political; politics • staatkundig(e); staatkunde **staatk.**

**pop.** population • bevolking **bev.**

**Port.** Portugal; Portuguese *(lang.)*; Portuguese • Portugal; Portugees *(taaln.)*; Portugees, -gese **Port.**

**poss.** possessive • besitlik(e) **bes.**

**poss.** possible, possibly • moontlik(e) **mntl.**, eventueel, -tuele **ev.**

**p.p.** per person; →EA. • per persoon **p.p.**

**p.p., per pro.** *per procurationem* by procuration • *per procura= tionem* by volmag **p.p., per pro.**

**pp** past participle • verlede deelwoord **verl.dw.**, voltooide deelwoord **volt.dw.**

**pp** *pianissimo* very quietly • *pianissimo* baie sag **pp**

**PP, pp, ppd** post-paid • gefrankeer(de), gefrankeerd(e) **gefr.**

**pp.** pages • *paginas* **pp.**, bladsye **ble.**

**ppd, PP, pp** post-paid • gefrankeer(de), gefrankeerd(e) **gefr.**

**PPI** producer price index • produsenteprysindeks **PPI**

**ppm** parts per million • dele per miljoen **DPM, d/m**

**ppp** *pianisissimo* extremely soft • *pianisissimo* uitermate sag **ppp**

**p.p.p.d.** per person per day • per persoon per dag **p.p.p.d.**

**PPS, pps** *post postscriptum* additional postscript • *post post= scriptum* bykomende naskrif **PPS**

**PR** public relations • skakelwerk

**PR** poste restante • poste restante **PR**

**PR** proportional representation • proporsionele verteenwoor= diging

**p.r.** *pro rata* in proportion • *pro rata* eweredig **p.r.**

**pred.** predicate; predicative • predikaat; predikatief, -tiewe **pred.**

**pref.** prefix • prefiks **pref.**, voorvoegsel **voorv., vv.**

**pref.** preface • voorwoord **voorw.**

**prelim.** preliminary • propedeuties(e) **prop.**

**prep.** preposition; prepositional • preposisie **prep.**, voorset= sel **voors., vs.**; preposisioneel **prep.**

**Pres.** President • president **pres.**

**pres.** president • voorsitter **voors.**

**pres.** present • teenwoordig(e) **teenw.**

**pres.** present tense • presens **pres.**, teenwoordige tyd **teenw.t.**

**Presb.** Presbyterian • Presbiteriaans(e) **Presb.**

**pret.** preterite • preteritum, onvoltooide verlede tyd **pret.**

**prim.** primary • primêr(e) **prim.**

**priv.** private • manskap **mskp.**

**PRO** public relations officer • skakelbeampte

**prob.** probable, probably • waarskynlik(e) **wsk.**

**proc.** process; processing; processor • verwerk; verwerking; verwerker **verw.**

**Prof.** Professor • professor **prof.**, hoogleraar **hoogl.**

**pron.** *pronomen* pronoun • *pronomen* **pron.**, voornaamwoord **vnw.**

**pron.** pronominal; pronoun • voornaamwoordelik(e) **vnw.**, pronominaal, -nale **pron.**; voornaamwoord **vnw.**

**pron.** pronunciation • uitspraak **uitspr.**

**prop.** proper • eintlik(e) **eint.**

**prop.** property • eiendom

**Prot.** Protestant; Protestant • Protestant; Protestants(e) **Pr., Prot.**

**pro tem** *pro tempore* for the time being • *pro tempore* tydelik **pro tem.**

**Prov.** (Book of) Proverbs • Spreuke **Spr.**

**prov.** province; provincial • provinsie; provinsiaal, -siale **prov.**

**prox.** *proximo* in the next (month) • *proximo* **prox.**, aanstaan= de **as.**

**PS, ps.** *Post Scriptum* postscript • *Post Scriptum* **PS**, naskrif **NS, Ns.**

**Ps., Psa.** Psalm • Psalm **Ps.**

**p.s.** power steering • kragstuur **ks.**

**ps.** pseudonym • pseudoniem **ps.**

**pseud.** pseudonym • skuilnaam **sk.**

**PSL** Premier Soccer League • Premier Sokkerliga **PSL**

**PST** Pacific Standard Time *(Am.)* • Pasifiese Standaardtyd **PST**

**psych.** psychiatric; psychiatry • psigiatries(e); psigiatrie **psigiat.**

**psych., psychol.** psychological; psychology • psigologies(e); psigologie **psig.**, sielkunde; sielkundig(e) **sielk.**

**PT** Posts and Telecommunications • Pos- en Telekommunika= siewese **PT**

**PT** postal telegraph • postelegraaf **PT**

**PT** physical therapy • fisioterapie

**pt** part • gedeelte **ged.**

**pt** part; →VOL. • volume **vol.**

**pt** point • punt **pt.**

**pt.** pint(s) • pint **pt.**

**PTA** Parent-Teacher Association • ouer-onderwyservere= niging, ouer-onderwysersvereniging **OOV**

**Pta** Pretoria • Pretoria **Pta.**

**Pte** private • weerman **wmn., wrn.**

**PTO** please turn over • blaai om **b.o.**, sien ommesy(de) **SOS**

**PTSD** posttraumatic stress disorder • posttraumatiese/post= troumatiese stresversteuring **PTSV**

**Pty** Proprietary • Eiendoms **Edms.**

**pub.** public • publiek(e) **publ.**, openbaar, -bare **openb.**

**publ.** publisher • uitgewer **uitg.**

**PV** par value • pariwaarde **PW**

**PVC** polyvinyl chloride • polivinielchloried **PVC**

**PVS** postviral syndrome • postvirale sindroom **PVS**

**p.w.** per week • per week **p.w.**

**PWV** Pretoria, Witwatersrand, Vereeniging • Pretoria, Witwa= tersrand, Vereeniging **PWV**

## Q

**Q., QM** quartermaster • kwartiermeester **KM**

**q., quart.** quarter; quarter; quarter; quarterly • kwart; kwar= tier *(mil.; v.d. maan)*; kwartaal; kwartaalliks(e) **kw.**

**q, ql** quintal • kwintaal **q.**

**q.a.** *quod attestor* to which I am witness • *quod attestor* waar= van ek getuie is **q.a.**

**QANTAS, Qantas** Queensland and Northern Territory Aer= ial Services • **QANTAS, Qantas**

**QC** Queen's Counsel • **QC**

**q.e.** *quod est* which is • *quod est* wat beteken **q.e.**

**QED, Q.E.D.** *quod erat demonstrandum* which was to be dem= onstrated/proved/shown • *quod erat demonstrandum* wat te bewys was **q.e.d.**

**QEF, Q.E.F** *quod erat faciendum* which was to be done • *quod erat faciendum* wat te doen was **q.e.f.**

**q.l.** *quantum libet* as much as you please • *quantum libet* so= veel as wat 'n mens wil **q.l.**

**qlty** quality • kwaliteit **kwal.**

**QM, Q.** quartermaster • kwartiermeester **KM**

**qs, q.s.** *quantum sufficit* as much as will suffice • *quantum suf= ficit* soveel as wat nodig is **q.s.**

**qt., qty** quantity • kwantiteit **kwant.**, hoeveelheid **hoev.**

**qto, 4to** quarto • kwarto **qto**

**qty, qt** quantity • kwantiteit **kwant.**, hoeveelheid **hoev.**

**quot.** quotation • aanhaling **aanh.**

**qv, q.v.** *quod vide* which see *(sing.)* • *quod vide* sien aldaar *(ekv.)* **q.v., s.a.**, sien daar **s.d.**

## R

**R** röntgen • röntgen **R**

**R** Réaumur • Réaumur **R**

**R** rand(s) • rand **R**

**R.** Royal • koninklik(e) **kon.**

**R.** river • rivier **r.**

**R., r.** radius • radius **r.**

**R., r.** right • regs **r.**

**R., Rep.** Republican • Republikeins(e) **Rep.**

**r.** read • lees **l.**

**r.** run *(cr.)* • lopie **l.**

**r.** *recto* on the right-hand page (of a book) • *recto* op die reg= terkant (van 'n boek) **r.**

**r.** rare • ongewoon, -wone **ong.**

**RA** rear admiral • skout-admiraal **s.adm.**

**R&B** rhythm and blues • **R&B**

**RAF** Road Accident Fund • Padongelukfonds **POF**

**RAM** random-access memory • lees-en-skryf-geheue **LSG**, random-access memory **RAM**

**RAU** Rand Afrikaans University *(hist.)*; →UJ • Randse Afri= kaanse Universiteit **RAU**

**RC** Red Cross • Rooi Kruis **RK**

**RC** Roman Catholic • Rooms-Katoliek **RK**

**RD, rd** refer to drawer • verwys na trekker **VT**

**Rd** Road • weg

**rd** rod • roede **rd.**

**RDA** recommended daily/dietary allowance • aanbevole dieet= toelaag **ADT**

**RDP** Reconstruction and Development Programme • Her= opbou- en Ontwikkelingsprogram **HOP**

**rec.** receipt • kwitansie **kwit.**

**rec.** receipt • ontvangs **ontv.**

**recd.** received • ontvang **ontv.**

**redupl.** reduplicating; reduplication • redupliserend(e); re= duplikasie **redupl.**

**Ref.** Reformed • Gereformeer(de), Gereformeerd(e) **Geref.**; Hervormd(e) **Herv.**

**ref.** referee • skeidsregter **sk.**

**ref.** reference; reference • referensie; referent **ref.**

**ref.** reference • verwysing **verw.**

**refl.** reflexive • refleksief, -siewe **refl.**, wederkerend(e) **wederk.**

**reg.** regulation • regulasie **reg.**

**reg.** register; register; registration • register; registreer; regis= trasie **reg.**

**regd** registered • geregistreer(de), geregistreerd(e) **gereg.**, aangeteken(de) **aanget.**

**Regt** Regiment • regiment **regt.**

**rel.** relative • relatief, -tiewe **rel.**, betreklik(e) **betr.**

**REM** rapid eye movement • vinnige oogbewegings **REM**

**Rep.** Republic • Republiek **Rep.**

**Rep., R.** Republican • Republikeins(e) **Rep.**

**repr.** represent; representation; representative • verteenwoor= dig; verteenwoordiging; verteenwoordigend(e) **vert.**

**resp.** respondent • respondent **resp.**

**resp.** respective • onderskeie **ondersk.**

**resp.** respectively • respektieflik, respektiewelik **resp.**, onder= skeidelik **ondersk.**

**ret.** return • opgawe **opg.**

**ret., retd** retired • gepensioeneer(de), gepensioeneerd(e) **gep.**

**Rev.** Revelation • Openbaring **Op.**

**Rev., Revd** Reverend • eerwaarde **eerw.**; *dominus* dominee **ds.**

**rev.** revised; reviser, revisor • hersien(e); hersiener **hers.**

**RFC** Rugby Football Club • rugbyvoetbalklub **RVK**

**RH, rh** right hand • regterhand **rh.**

**Rh** rhesus • resus, rhesus **Rh.**

**RHD, rhd** right-hand drive • regterstuur **RS, rs.**

**RI** *Regina et Imperatrix* Queen and Empress • *Regina et Im= peratrix* Koningin en Keiserin **RI**

**RI** *Rex et Imperator* King and Emperor • *Rex et Imperator* Koning en Keiser **RI**

**RI** *Romanum Imperium* Roman Empire • *Romanum Imperium* Romeinse Ryk **RI**

**RI** Royal Institute/Institution • Koninklike Instituut

**RIP** *requiescat in pace* may he/she/they rest in peace • *requies= cat in pace* mag hy/sy/hulle in vrede rus **RIP**, rus in vrede **RIV**

**RISC** reduced instruction set computer • rekenaar met 'n beperkte opdragversameling/-stel

**rit.** *ritardando* becoming slower • *ritardando* stadiger wor= dend **rit.**

**R/kg** rand per kilogram • rand per kilogram **R/kg**

**rly.** railway(s) • spoorweë, spoorweg **spoorw., spw.**

**rm** room • vertrek **v., vert.**

**r/min., r.p.m., rpm** revolutions per minute • revolusies/re= wolusies per minuut **r/min., r.p.m.**

**rm(s)** room(s) • kamer(s) **k.**

**rms** root mean square • wortel van die gemiddelde kwadraat **WGK, w.g.k.**

**RNA** ribonucleic acid • ribonukleïensuur **RNS**

**ROM** read-only memory • lees(alleen)geheue **LAG, ROM**

**Rom.** (Epistle to the) Romans • (Brief aan die) Romeine **Rom.**

**rom.** roman *(type)* • romein *(lettertipe)* **rom.**

**RP** Received Pronunciation • standaarduitspraak **SU**

**RP, R/P** *réponse payée* reply paid • *réponse payée* antwoord betaal(de)/betaald(e) **RP, antw.bet.**

**r.p.m., rpm, r/min.** revolutions per minute • revolusies/re= wolusies per minuut **r/min., r.p.m.**; omwentelings per mi= nuut **o/m, o.p.m.**

**r.p.s., rps, r/s** revolutions per second • revolusies/rewolusies per sekonde **r.p.s., r/s**; omwentelings per sekonde **o.p.s., o/s**

**RQ** respiratory quotient • respirasiekwosiënt, respiratoriese kwosiënt **RK**

**RR** Right Reverend • Weleerwaarde **W.Eerw.**

**r.r.** *reservatis reservandis* with the necessary reservations • *reservatis reservandis* met die nodige voorbehoud **r.r.**

**r/s, r.p.s., rps** revolutions per second • revolusies/rewolusies per sekonde **r.p.s., r/s**; omwentelings per sekonde **o.p.s., o/s**

**RSA** Republic of South Africa • Republiek van Suid-Afrika **RSA**

**RSC** Regional Services Council • streekdiensteraad **SDR**

**RSI** repetitive strain injury • ooreisingsbesering

**RSVP** *répondez, s'il vous plaît* please reply • *répondez, s'il vous plaît* antwoord asseblief **RSVP**

**Rt Hon.** Right Honourable • Hoogedele **H.Ed.**

**r. to l.** right to left • van regs na links **v.r.n.l.**

**RU** Rhodes University • Rhodes-universiteit **RU**

**Rus., Russ.** Russia; Russian *(lang.)*; Russian • Rusland; Rus= sies *(taaln.)*; Russies(e) **Rus.**

**RV** Revised Version (of the Bible) • **RV**

**rwd** rear-wheel drive • agterwielaandrywing **AWA**

### S

**S** siemens • siemens **S**

**S, So.** south; south; south(ern) • suid; suide; suidelik(e) **S.**

**S, s.** shilling • sjieling **s.**

**S., Sat.** Saturday • Saterdag **Sa.**

**S., Sun.** Sunday • Sondag **So.**

**s, sec.** second(s) • sekonde(s) **s, s., sek.**

**s., S** shilling • sjieling **s.**

**s., sect.** section • artikel **a., art.**

**s., sing.** singular • *singularis* **sing.**, enkelvoud **ekv.**

**SA** Salvation Army • Heilsleër

**SA** South Africa; South African • Suid-Afrika; Suid-Afri= kaans(e) **SA**

**SA** senior advocate; →SC • senior advokaat **SA**

**SA, S.Am.** South America; South American • Suid-Amerika; Suid-Amerikaans(e) **S.Am., S.Amer.**

**s.a.** *sine anno* without date • *sine anno* **s.a.**, sonder jaartal **s.j.**

**SAA** South African Airways • Suid-Afrikaanse Lugdiens **SAL**

**SAAA** South African Association of Arts • Suid-Afrikaanse Kunsvereniging **SAKV**

**SAAAU** South African Amateur Athletic Union • Suid-Afri= kaanse Amateuratletiekunie **SAAAU**

**SAAF** South African Air Force • Suid-Afrikaanse Lugmag **SALM**

**SABC** South African Broadcasting Corporation • Suid-Afri= kaanse Uitsaaikorporasie **SAUK**

**SABS** South African Bureau of Standards • Suid-Afrikaanse Buro vir Standaarde **SABS**

**SACC** South African Council of Churches • Suid-Afrikaanse Raad van Kerke **SARK**

**SACOB, Sacob** South African Chamber of Business • Suid-Afrikaanse Besigheidskamer **SABEK, Sabek**

**SACU, Sacu** South African Cricket Union • Suid-Afrikaanse Krieketunie **SAKU, Saku**

**SAD** seasonal affective disorder • seisoenale gemoedsteuring

**SADC** Southern African Development Community • Suider-Afrikaanse Ontwikkelingsgemeenskap **SAOG**

**s.a.e.** stamped addressed envelope • geadresseerde, gefrankeerde koevert

**SAFA** South African Football Association • Suid-Afrikaanse Sokkervereniging **SASV**

**SAFCI** South African Federated Chamber of Industries • Suid-Afrikaanse Gefedereerde Kamer van Nywerhede **SAGKN**

**SAFCOL, Safcol** South African Forestry Company • Suid-Afrikaanse Bosboumaatskappy **SAFCOL, Safcol**

**SAIA** South African Institute of Architects • Suid-Afrikaanse Instituut van Argitekte **SAIA**

**SAICA** South African Institute of Chartered Accountants • Suid-Afrikaanse Instituut vir Geoktrooieerde Rekenmeesters **SAIGR**

**SAICE, Saice** South African Institute of Civil Engineers • Suid-Afrikaanse Instituut van Siviele Ingenieurs **SAISI, Saisi**

**SAIIA** South African Institute of International Affairs • Suid-Afrikaanse Instituut vir Internasionale Aangeleenthede **SAIIA**

**SAIRR** South African Institute of Race Relations • Suid-Afrikaanse Instituut vir Rasseverhoudinge **SAIRV**

**SALGA, Salga** South African Local Government Association • **SALGA, Salga**

**S.Am., SA** South America; South American • Suid-Amerika; Suid-Amerikaans(e) **S.Am., S.Amer.**

**Sam.** Samuel • Samuel **Sam.**

**SAN** South African Navy • Suid-Afrikaanse Vloot **SAV**

**SANA** South African Nursing Association • Suid-Afrikaanse Verpleegstersvereniging **SAVV**

**SANAB, Sanab** South African Narcotics Bureau • Suid-Afrikaanse Narkotikaburo **SANAB, Sanab**

**SANAE, Sanae** South African National Antarctic Expedition • Suid-Afrikaanse Nasionale Antarktiese Ekspedisie **SANAE, Sanae**

**SANB** South African National Bibliography • Suid-Afrikaanse Nasionale Bibliografie **SANB**

**SANCA, Sanca** South African National Council on Alcoholism and Drug Dependence • Suid-Afrikaanse Nasionale Raad vir Alkoholisme en Afhanklikheid van Verdowingsmiddels **SANRA, Sanra**

**SANCB** South African National Council for the Blind • Suid-Afrikaanse Nasionale Raad vir Blindes **SANRB**

**SANCCOB, Sanccob** South African National Foundation for the Conservation of Coastal Birds • Suid-Afrikaanse Nasionale Stigting vir die Beskerming van Kusvoëls **SANKUB, Sankub**

**SANCCW** South African National Council for Child Welfare • Suid-Afrikaanse Nasionale Raad vir Kindersorg **SANRKS**

**SANDF** South African National Defence Force • Suid-Afrikaanse Nasionale Weermag **SANW**

**SANEF, Sanef** South African National Editors' Forum • Suid-Afrikaanse Nasionale Redakteursforum **SANEF, Sanef**

**SANF** South African Nature Foundation • Suid-Afrikaanse Natuurstigting **SANS**

**SANG** South African National Gallery • Suid-Afrikaanse Nasionale Kunsmuseum **SANK**

**SANLAM, Sanlam** • Suid-Afrikaanse Nasionale Lewensassuransiemaatskappy **SANLAM, Sanlam**

**SANOC, Sanoc** South African National Olympic Committee • Suid-Afrikaanse Nasionale Olimpiese Komitee **SANOK, Sanok**

**SANTAM, Santam** • Suid-Afrikaanse Nasionale Trust en Assuransiemaatskappy **SANTAM, Santam**

**SAPA, Sapa** South African Press Association • Suid-Afrikaanse Pers-Assosiasie **SAPA, Sapa**

**SAPF** South African Permanent Force • Suid-Afrikaanse Staande Mag **SASM**

**SAPS** South African Police Service • Suid-Afrikaanse Polisiediens **SAPD**

**SAQA** South African Qualifications Authority • Suid-Afrikaanse Kwalifikasieowerheid **SAKO, Sako**

**SARB** South African Reserve Bank • Suid-Afrikaanse Reserwebank **SARB**

**SARFU, Sarfu** South African Rugby Football Union • Suid-Afrikaanse Rugbyvoetbalunie **SARVU, Sarvu**

**SARS** South African Revenue Service • Suid-Afrikaanse Inkomstediens **SAID**

**SARS, Sars** severe acute respiratory syndrome • ernstige akute respiratoriese sindroom **EARS, ears**

**SAS** South African Ship • Suid-Afrikaanse skip **SAS**

**SASOL, Sasol** South African Coal, Oil and Gas Corporation • Suid-Afrikaanse Steenkool-, Olie- en Gaskorporasie **SASOL, Sasol**

**SASS** South African Secret Service • Suid-Afrikaanse Geheimediens **SAGD**

**SAST** South African Standard Time • Suid-Afrikaanse Standaardtyd **SAST**

**Sat., S.** Saturday • Saterdag **Sa.**

**SATA** South African Teachers' Association • **SATA**

**SATI, Sati** South African Translators' Institute • Suid-Afrikaanse Vertalersinstituut **SAVI, Savi**

**SATS** South African Transport Services • Suid-Afrikaanse Vervoerdienste **SAVD**

**SAUVCA, Sauvca** South African Universities Vice-Chancellors' Association • Visekanseliersvereniging van Suid-Afrikaanse Universiteite **VKVSAU**

**SAWF** South African Women's Federation • Suid-Afrikaanse Vrouefederasie **SAVF**

**Sax.** Saxon *(lang,)*; Saxon • Saksies *(taaln.)*; Saksies(e) **S.**

**sb** stilb(s) • stilb **sb**

**SBA** • Stigting vir die Bemagtiging deur Afrikaans **SBA**

**SC** *Senior Consultus* Senior Counsel; →SA • *Senior Consultus* senior advokaat **SC**

**sc.** *scilicet* namely • *scilicet* te wete, naamlik **sc.**

**SCA** Students' Christian Association • Christenstudentevereniging **CSV**

**Scan., Scand.** Scandinavia; Scandinavian • Skandinawië; Skandinawies(e) **Skand.**

**SCM** Student Christian Movement • **SCM**

**SCR** shipper's certificate of receipt • verskeper se sertifikaat van ontvangs **VSO, v.s.o.**

**scr.** *scripsit* he/she wrote it • *scripsit* hy/sy het dit geskryf/geskrywe **scr.**

**Script.** (Holy) Scripture • Heilige Skrif **HS**

**sculp.** sculpture • beeldhoukuns **beeldh.**

**sculp., sculpt.** *sculpsit* he/she carved it • *sculpsit* hy/sy het dit gebeeldhou/gegraveer **sc.**

**SD** sight draft • sigwissel **sw.**

**sd, s.d.** *sine die* indefinitely • *sine die* vir onbepaalde tyd **s.d.**

**SDG** *soli Deo gloria* to God alone be the glory • *soli Deo gloria* aan God alleen die eer **SDG**

**SDI** Strategic Defense Initiative • Strategiese Verdedigingsinisiatief

**SDP** Social Democratic Party • Sosiaal-Demokratiese Party **SDP**

**SDR** special drawing right • spesiale trekkingsreg **STR**

**SDU** self-defence unit • selfverdedigingseenheid **SVE**

**SE** southeast; southeast(ern) • suidoos(te); suidoostelik(e) **SO**

**SEATO, Seato** South-East Asia Treaty Organisation • Suidoos-Asiatiese Verdragsorganisasie **SOAVO**

**sec** secant • sekans **sek**

**sec., s** second(s) • sekonde(s) **s, s., sek.**

**sec., secy, sec'y** secretary • sekretaresse **sekre.**, sekretaris **sekr.**

**sect., s.** section • artikel **a., art.**

**SEM** scanning electron microscope • skandeerelektronmikro=skoop **SEM**

**Sen., Snr, Sr** senior • senior **sr.**

**Sen., sen.** senate; senator • senaat; senator **sen.**

**Sep., Sept.** September • September **Sep., Sept.**

**Sep., Sept.** Septuagint • Septuagint(a) **Sep., Sept.**

**sep.** separate • afsonderlik(e) **afs.**

**seq.** *sequens* the following (one) *(sing.)*; →ET SEQ., FF., FOL. • *sequens* wat volg **seq.**

**seqq.** *sequentes* the following (ones) *(pl.)*; →ET SEQQ. • *se=quentes* wat volg **seqq.**

**serv.** servant • dienaar **dnr.**

**SESA, Sesa** Standard Encyclopaedia of Southern Africa • **SESA, Sesa**

**SETA, Seta** Sectoral Education and Training Authority • Sektorale Onderwys- en Opleidingsowerheid **SOOO**

**SETI, Seti** Search for Extraterrestrial Intelligence • **SETI, Seti**

**SF** science fiction • wetenskap(s)fiksie

**sf, sf., sfz, sfz.** *sforzando, sforzato* with sudden emphasis • *sforzando, sforzato* aanswellend **sfz.**

**SG** Secretary General • sekretaris-generaal **SG, sekr.genl.**

**SG** Standard Grade • Standaardgraad **SG**

**SG** surgeon-general • geneesheer-generaal **GG**

**sg, sp. gr.** specific gravity • soortlike gewig **s.g.**

**sgd** signed • geteken(de) **get.**, was geteken **w.g.**

**SGE** superintendent-general of education • superintendent-generaal van onderwys **SGO**

**SGML** standard generalized mark-up language • **SGML**

**Sgt** Sergeant • sersant **sers.**

**Sgt Maj., SM** sergeant major • sersant-majoor **SM, sers. maj., s.maj.**

**SHAPE** Supreme Headquarters Allied Powers Europe

**SI** • *Système International (d'Unités)* **SI**

**SIDS** sudden infant death syndrome • skielike-suigeling=sterftesindroom

**sin** sine • sinus **sin**

**sing., s.** singular • *singularis* **sing.**, enkelvoud **ekv.**

**SITE** standard income tax on employees • standaardinkomstebelasting op werknemers **SIBW**

**SJ** *Societas Jesu* Society of Jesus • *Societas Jesu* Genootskap van Jesus **SJ**

**s.j.** *sub judice* still undecided • *sub judice* nog onbeslis **s.j.**

**SJAA** St John Ambulance Association • St. John-ambulansvereniging **SJAV**

**SJAB** St John Ambulance Brigade • St. John-ambulansbrigade **SJAB**

**SJP** special justice of the peace • spesiale vrederegter **SVR**

**Skr., Skt** Sanskrit *(lang.)*; Sanskritic • Sanskrit *(taaln.)*; Sanskrities(e) **Skt.**

**S.lat.** south latitude • suiderbreedte **S.Br.**

**Slav.** Slavic, Slavonic *(lang.)*; Slavic, Slavonic, Slavonian • Slawies *(taaln.)*; Slawies(e) **Slaw.**

**SLBM** submarine-launched ballistic missile • duikbootgelanseerde ballistiese missiel **DBM**

**SLCM** sea-launched cruise missile • seegelanseerde kruismissiel **SKM**

**SM** Southern Cross Medal • Suiderkruismedalje **SM**

**SM** stationmaster • stasiemeester **SM**

**SMS** short message service • kortboodskapdiens **SMS**

**sn.** son • seun **sn.**

**SNA** system network architecture • sisteemnetwerkargitektuur **SNA**

**SNOBOL, Snobol** String Oriented Symbolic Language • **SNOBOL, Snobol**

**Snr, Sr, Sen.** senior • senior **sr.**

**So.** Sotho *(lang.)* • Sotho *(taaln.)* **So.**

**So., S** south; south; south(ern) • suid; suide; suidelik(e) **S.**

**s.o.b.** son of a bitch

**soc.** social • maatskaplik(e) **maatsk.**

**soc.** socialist • sosialis **sos.**

**soc.** society; →ASSOC. • vereniging **ver.**

**sociol.** sociological; sociology • sosiologies(e); sosiologie **sosiol.**

**SOF** Strategic Oil Fund • Strategiese Oliefonds **SOF**

**sop.** soprano • sopraan **sopr.**

**SOS** *save our souls* distress signal • *save our souls* noodsein **SOS**

**SP** State President • Staatspresident **SP**

**Sp.** Spain; Spanish *(lang.)*; Spanish • Spanje; Spaans *(taaln.)*; Spaans(e) **Sp.**

**sp.** species • spesie **sp.**

**SPCA** Society for the Prevention of Cruelty to Animals • Dierebeskermingsvereniging **DBV**

**spec.** special • spesiaal, =siale **spes.**, besonder(e) **bes.**

**spec.** speculation • spekulasie

**spec.** specification • spesifikasie

**SPF** sun protection factor • sonbeskermingsfaktor **SBF**

**sp. gr., sg** specific gravity • soortlike gewig **s.g.**

**sp. ht** specific heat • soortlike/spesifieke warmte **SW, s.w.**

**SPQR** *Senatus Populusque Romanus* Senate and People of Rome • *Senatus Populusque Romanus* Senaat en Volk van Rome **SPQR**

**sq** *status quo* the pre-existing state of affairs • *status quo* soos dit was, onveranderd **s.q.**

**sq.** square • kwadraat **kw.**

**sq.** square; square • vierkant; vierkantig(e) **vk.**

**s.q.n.** *sine qua non* an indispensable condition • *sine qua non* noodsaaklike vereiste **s.q.n.**

**sqn** squadron • eskader **esk.**; eskadron **eskn.**

**Sr, Snr, Sen.** senior • senior **sr.**

**SRC** Students' Representative Council • Studenteraad **SR**

**SRS** satellite radar station • satellietradarstasie **SRS**

**SS** steamship • stoomskip **ss.**

**SSA** Star of South Africa • Ster van Suid-Afrika **SSA**

**SSE** south-southeast; south-southeast(ern) • suidsuidoos; suidsuidoostelik(e) **SSO**

**SSgt, S.Sgt** staff sergeant • stafsersant **s.sers.**

**S.So.** South Sotho *(lang.)* • Suid-Sotho *(taaln.)* **S.So.**

**SSW** south-southwest; south-southwest(ern) • suidsuidwes; suidsuidwestelik(e) **SSW**

**S&T** subsistence and travelling/transport • reis- en verblyfkoste **R&V, RV**

**St** Saint • Sint **St.**, Heilige **H.**

**St., str.** strait • seestraat **s.str.**

**st.** stumped *(cr.)* • gestonk **st.**

**st., str.** street • straat **str.**

**sta.** station • stasie **sta.**

**stat.** statistical; statistics • statisties(e); statistiek **statist.**

**stat.** statute(s) • wetboek **wetb.**

**Stats SA** Statistics South Africa • Statistieke Suid-Afrika **SSA**

**STC** secondary tax on companies • sekondêre belasting op maatskappye **SBM**

**STD** sexually transmitted disease • seksueel oordraagbare siekte **SOS**

**std** standard • standaard **st.**

**std** standard *(speech)* • Algemeen Beskaaf(de), algemeen beskaafd(e), Algemeenbeskaaf(de), algemeenbeskaafd(e) *(taal)* **AB**

**STD(s)** sexually transmitted disease(s) • geslagsoordraagbare siektes **GOS**

**stg** sterling • sterling **stg.**

**STOL** short takeoff and landing

**STP** standard temperature and pressure; →NTP • standaardtemperatuur en -druk **STD**

**stud.** student • student **stud.**

**sub.** subscription • subskripsie **subs.**

**sub.** substitute *(cr.)* • plaasvervanger **pv.**

**subj.** subject; subjective • subjek **subj.**, onderwerp **ondw.**; subjektief, =tiewe **subj.**

**subj.** subjunctive • subjunktief, =tiewe **subj.**

**suff.** suffix • suffiks **suff.**
**Sun., S.** Sunday • Sondag **So.**
**sup.** *supra* above • *supra* hierbo **sup.**
**superl.** superlative • oortreffend(e) **oortr.**, superlatief, =tiewe **sup.**
**superl.** superlative (case) • oortreffende trap **oortr.tr.**
**supp., suppl.** supplement • byvoegsel **byv.**
**supt.** superintendent • superintendent **supt.**
**surg.** surgery; surgical • heelkunde **heelk.**, chirurgie **chir.**; heelkundig(e) **heelk.**, chirurgies(e) **chir.**
**surv., survey.** (land-)surveying; surveying • landmeetkunde; landmeetkundig(e) **landm.**
**SUV** sports utility vehicle • sportnutsvoertuig **SNV**
**Sv** sievert • sievert **Sv**
**sv** *sub verbo, sub voce* under the word/voice • *sub verbo, sub voce* onder/by die woord **s.v.**
**s.v.p.** *s'il vous plaît* if you please • *s'il vous plaît* **s.v.p.**, asseblief **asb.**
**SW** southwest; southwest(ern) • suidwes(te); suidwestelik(e) **SW**
**SWAPO, Swapo** South West Africa People's Organisation • **SWAPO, Swapo**
**Swaz.** Swaziland • Swaziland **Swaz.**
**SWD** Southwestern Districts • Suidwestelike Distrikte **SWD**
**SWOT** strengths,weaknesses, opportunities and threats • sterk punte, swakhede, geleenthede en bedreigings **SWOT**
**syl., syll.** syllabic; syllable • sillabies(e) **sill.**; lettergreep **letg.**, sillabe **sill.**
**syl., syll.** syllabus • sillabus **sill.**
**syn.** synonym; synonymous • sinoniem; sinonimies(e) **sin.**
**sz.** size • grootte **gr.**

## T

**T** tesla(s) • tesla **T**
**T** absolute temperature • absolute temperatuur **T**
**T.** time • tyd **t.**
**t** metric ton(s), tonne • metrieke ton **t**
**t.** tempo • tempo **t.**
**t.** tare • tarra **t.**
**t.** ton(s) • ton **t.**
**t., tsp.** teaspoon • teelepel **t.**
**t., ten.** tenor • tenoor **ten.**
**tab.** table(s) • tabel **tab.**, tafel **taf.**
**tan** tangent • tangens **tan**
**TB, tb** tuberculosis • tuberkulose **TB**
**tbs., tbsp.** tablespoon • eetlepel **e.**
**TCR** temperature coefficient of resistance • temperatuur= koëffisiënt van weerstand **TKW**
**TD** technical drawing • tegniese tekene **TT**
**tec., tech.** technical; technician • tegnies(e); tegnikus **tegn.**
**tech., technol.** technology • tegnologie **tegnol.**
**technol.** technological • tegnologies(e) **tegnol.**
**tel.** telephone • telefoon **tel.**
**tel., teleg.** telegram; telegraphic • telegram; telegrafies(e) **telegr.**
**telecom** telecommunication • telekommunikasie **telekom.**
**teleg.** telegraphy • telegrafie **telegr.**
**tel., teleg.** telegram; telegraphic • telegram; telegrafies(e) **telegr.**
**temp.** temperature • temperatuur **temp.**
**ten., t.** tenor • tenoor **ten.**
**Teut.** Teuton(ic)ism, Germanism; Teuton(ic), Germanistic • Germanisme, germanisme; Germanisties(e), germanisties(e) **Germ., germ.**
**TGG** transformational-generative grammar • transformasio= neel-generatiewe grammatika **TGG**
**TGIF** thank God it's Friday • dank Vader dis Vrydag **DVDV**
**Th., Thurs.** Thursday • Donderdag **Do.**
**ThD** *Theologiae Doctor* Doctor of Theology • Doktor in (die) Teologie **Th.D., ThD, Theol.D., TheolD**
**theol.** theological; theology • teologies(e); teologie **teol.**

**Thess.** (Epistles to the) Thessalonians • (Briewe aan die) Tessalonisense **Tess.**
**Thos.** Thomas • Thomas **Thos.**
**Thurs., Th.** Thursday • Donderdag **Do.**
**Tim.** (Epistles to) Timothy • (Briewe aan) Timoteus **Tim.**
**Tit.** (Epistle to) Titus • (Brief aan) Titus **Tit.**
**TJ** terajoule • terajoule **TJ**
**TK** • Taalkommissie **TK**
**TKO** technical knockout; →KO, к.о. • tegniese uitklophou **TUH**
**TLC** tender loving care • liefdevolle aandag
**TM** transcendental meditation • transendentale meditasie **TM**
**tng** training • opleiding **opl.**
**TNT** trinitrotoluene • trinitrotolueen **TNT**
**TPC** total permissible catch • totale toelaatbare (vis)vangs **TTV**
**Tr.** Transkei; Transkeian • Transkei; Transkeis(e) **Tr.**
**tr., trans.** transitive • transitief, =tiewe **tr.**, oorganklik(e) **oorg.**
**trans., transl.** translate(d); translation; translator • vertaal= (de); vertaling; vertaler **vert.**
**transf.** transfer • oordrag **oordr.**
**treas.** treasurer • tesourier **tes.**, penningmeester **penm.**
**TRH** Their Royal Highnesses • Hulle Koninklike Hooghede **HH.KK.HH., HH KK HH**
**trig.** trigonometric(al); trigonometry • trigonometries(e); tri= gonometrie **trig.**, driehoeksmeetkundig(e); driehoeksme= ting **drieh.**
**trs.** transpose • transponeer **trs.**
**TSA** Tennis South Africa • Tennis Suid-Afrika **TSA**
**TSA** Technikon South Africa • Technikon Suid-Afrika **TSA**
**tsp., t.** teaspoon • teelepel **t.**
**Tsw.** Tswana *(lang.)* • Tswana *(taaln.)* **Tsw.**
**TT** telegraphic transfer • telegrafiese oorplasing **TO**
**t.t.** *totus tuus* faithfully yours • *totus tuus* geheel die uwe **t.t.**
**Tu., Tues.** Tuesday • Dinsdag **Di.**
**TV** television • televisie **TV**
**TW** terawatt • terawatt **TW**

## U

**UAE** United Arab Emirates • Verenigde Arabiese Emirate **VAE**
**UAR** United Arab Republic • Verenigde Arabiese Republiek **VAR**
**u.c.** upper case, capital letter • bokas, hoofletter **b.k.**
**UCBSA** United Cricket Board of South Africa • Verenigde Krieketraad van Suid-Afrika **VKRSA**
**UCT** University of Cape Town • Universiteit van Kaapstad **UK**
**UDI** unilateral declaration of independence • eensydige onaf= hanklikheidsverklaring **EOV**
**u.d.o.** under direction of • onder leiding van **o.l.v.**
**UFO** unidentified flying object • vreemde vlieënde voorwerp **VVV**
**UFS** University of the Free State • Universiteit van die Vry= staat **UV**
**UHF** ultrahigh frequency • ultrahoë frekwensie **UHF**
**UHT** ultra heat treated • ultrahoë temperatuur **UHT**
**UIF** Unemployment Insurance Fund • Werkloosheidverseke= ringsfonds **WVF**
**UJ** University of Johannesburg • Universiteit van Johannes= burg **UJ**
**UK** United Kingdom • Verenigde Koninkryk **VK**
**ult.** *ultimo* in/during the previous month • *ultimo* **ult.**, laas= lede **ll.**
**UN** University of Natal • Universiteit van Natal **UN**
**UN** United Nations • Verenigde Nasies **VN**
**UNESCO, Unesco** United Nations Educational, Scientific and Cultural Organisation • Verenigde Nasies se Opvoed= kundige, Wetenskaplike en Kulturele Organisasie **UNESCO, Unesco**
**UNHCR** United Nations High Commissioner for Refugees •

Verenigde Nasies se Hoëkommissariaat vir Vlugtelinge **VNHKV**

**UNICEF, Unicef** United Nations Children's Fund • Verenigde Nasies se Kinderfonds **UNICEF, Unicef**

**UNIDO, Unido** United Nations Industrial Development Organisation • Verenigde Nasies se Nywerheidsontwikkelingsorganisasie **UNIDO, Unido**

**UNIN** University of the North • Universiteit van die Noorde **UNIN**

**UNISA, Unisa** University of South Africa • Universiteit van Suid-Afrika **UNISA, Unisa**

**UNITA, Unita** *União National para a Independencia Total de Angola* National Union for the Total Independence of Angola • *União Nacional para a Independencia Total de Angola* Nasionale Unie vir die Algehele Onafhanklikheid van Angola **UNITA, Unita**

**univ.** universal • universeel, -sele **univ.**

**univ.** university • universiteit **univ.**

**UNIZUL, Unizul, UZ** University of Zululand • Universiteit van Zoeloeland/Zululand **UNIZUL, Unizul, UZ**

**UP** United Press • **UP**

**UP** University of Pretoria • Universiteit van Pretoria **UP**

**UPS** uninterruptible power supply *(comp.)* • ononderbroke/deurlopende kragtoevoer **OKT,** uninterruptible power supply **UPS**

**UPU** Universal Postal Union • Wêreldposunie **WPU**

**URC** Uniting Reformed Church • Verenigende Gereformeerde Kerk **VGK**

**URCSA** Uniting Reformed Church in Southern Africa • Verenigende Gereformeerde Kerk in Suider-Afrika **VGKSA**

**URL** universal resource locator *(comp.)* • bronadres **BA,** universal resource locator **URL**

**US** University of Stellenbosch • Universiteit van Stellenbosch **US**

**u.s.** *ut supra* as above • *ut supra* soos hier bo **u.s.**

**USA** United States of America • Verenigde State van Amerika **VSA**

**USAid** United States Agency for International Development • Amerikaanse Agentskap vir Internasionale Ontwikkeling **USAid**

**USSASA, Ussasa** United Schools Sports Association of South Africa • Verenigde Skolesportvereniging van Suid-Afrika **VSSVSA**

**usu.** usually • gewoonlik **gew.**

**UT** universal time • universele tyd **UT**

**UW, Wits** University of the Witwatersrand • Universiteit van die Witwatersrand **UW, Wits**

**UWC** University of the Western Cape • Universiteit van Wes-Kaapland **UWK**

**UZ, UNIZUL, Unizul** University of Zululand • Universiteit van Zululand/Zoeloeland **UZ, UNIZUL, Unizul**

## V

**V** Roman numeral 5 • Romeinse 5 **V**

**V** volt • volt **V**

**v.** verse • vers **v., vs.**

**v.** verso • verso **v.**

**v.** *vide, videatur* see • *vide, videatur* kyk, sien **v.**

**v., vb., vb** *verbum* verb • *verbum* **verb., v.;** werkwoord **ww.**

**v., vid.** *vide* see • *vide* sien, kyk **v., vid.**

**v., vs., vs** *versus* against • *versus* **v., vs.;** teen **t.**

**v, v.** very • baie **b.**

**v., ver.** version • bewerking **bew.**

**VA** volt-ampere(s) • voltampère **VA**

**var.** variant • wisselvorm **wv.**

**VAT** value-added tax • belasting op toegevoegde waarde **BTW**

**vb., vb** verbal; →V.,VB.,VB • werkwoordelik(e) **ww.**

**vb., vb, v.** *verbum* verb • *verbum* **verb., v.;** werkwoord **ww.**

**VC** Vice Consul • visekonsul **VK**

**VC** vice-chair(man/woman) • ondervoorsitter, ondervoorsitster **onderv., o.voors.**

**VC** Vice Chancellor • visekanselier **VK**

**VCR** video cassette recorder • videokassetopnemer **VKO**

**VD** venereal disease • geslagsiekte

**Ven.** Venerable; →HON. • Agbare **agb.,** Edele **Ed.,** Edelagbare **Ed.Agb.**

**ver., v.** version • bewerking **bew.**

**vet.** veterinary; veterinary science • veeartsenykundig(e); veeartsenykunde **veearts.**

**VG** Vicar General • vikaris-generaal **VG**

**VGA** video graphics array • **VGA**

**VHF** very high frequency • baie hoë frekwensie **BHF**

**VHS** video home system • **VHS**

**vid., v.** *vide* see • *vide* sien, kyk **v., vid.**

**VIP** very important person • baie belangrike persoon **BBP**

**viz.** *videlicet* namely • naamlik **nl.,** te wete **t.w.**

**VLF** very low frequency • baie lae frekwensie **BLF**

**voc.** vocative (case) • vokatief, -tiewe **vok.**

**vol.** volume • deel **dl.**

**vol.** volume • jaargang **jg.**

**vol.** volume • volume **vol.**

**VP, V. Pres.** vice(-)president • visepresident **VP,** adjunkpresident **adj.pres.,** ondervoorsitter, ondervoorsitster **onderv., o.voors.**

**vs, vs., v.** *versus* against • *versus* **v., vs.,** teen **t.**

**vulg.** vulgar • vulgêr(e) **vulg.**

**v.v.** *viva voce* by word of mouth • *viva voce* mondelings **v.v.**

**v.v., vv** *vice versa* with the order/meaning reversed • *vice versa* omgekeerd **v.v.**

## W

**W** west; west; westerly, western • wes; weste; westelik(e) **W.**

**W** watt(s) • watt **W**

**w.** week • week **w.**

**w.** wicket • paaltjie **p.**

**WAG** • *Woordeboek van Afrikaanse Geneeskundeterme* **WAG**

**WAN** wide area network • wyearea-netwerk **WAN**

**WAP** wireless application protocol • draadlosetoegangsprotokol **DTP,** koordlosetoegangsprotokol **KTP,** wireless application protocol **WAP**

**WAT** • *Woordeboek van die Afrikaanse Taal* **WAT**

**WB** World Bank • Wêreldbank **WB**

**Wb** weber(s) • weber **Wb**

**WBA** World Boxing Association • Wêreldboksvereniging **WBV**

**WBC** World Boxing Council • Wêreldboksraad **WBR**

**WC** World Cup • Wêreldbeker **WB**

**WC,** wc. water closet • waterkloset **WK, wk.**

**wd** word • woord **wd.**

**Wed.** Wednesday • Woensdag **Wo.**

**w.e.f.** with effect from • met ingang van **m.i.v.**

**WHO** World Health Organisation • Wêreldgesondheidsorganisasie **WGO**

**WI** West Indian; West Indies • Wes-Indies(e); Wes-Indië **WI**

**WIPO, Wipo** World Intellectual Property Organisation • Wêreldorganisasie vir Intellektuele Eiendom **WIPO, Wipo**

**Wits, UW** University of the Witwatersrand • Universiteit van die Witwatersrand **Wits, UW**

**wk** weak • swak **sw.**

**wkly (pub.), wkly (publ.)** weekly (publication) • weekblad **wbl.**

**WMO** World Meteorological Organisation • Wêreld Meteorologiese Organisasie **WMO**

**WNT** • *Woordenboek der Nederlandsche Taal* **WNT**

**WNW** west-north-west; west-north-west • wesnoordwes; wesnoordwestelik(e) **WNW**

**WO** Warrant Officer • adjudant-offisier **AO, ao.**

**w/o** without • sonder

**WP, w.p.** weather permitting

**WP** Western Province • Westelike Provinsie **WP**

**WP** word processor • woordverwerker **WV**

**w.p., WP** weather permitting

**wpm** words per minute • woorde per minuut **w/m, w.p.m.**

**w.r.t.** with reference to • na aanleiding van **n.a.v.**

**w.r.t** with regard to; →I.R.O. • met betrekking tot **m.b.t.**

**WSW** west-south-west; west-south-westerly • wessuidwes; wes= suidwestelik(e) **WSW**

**wt.** weight • gewig **gew.**

**WTO** World Trade Organisation • Wêreldhandelsorganisasie **WHO**

**w/V** weight/volume • gewig/volume **gew./vol.**

**WW** World War • Wêreldoorlog **WO**

**WWF** Worldwide Fund for Nature • Wêreld-Natuurfonds **WWF**

**WWW** World Wide Web • Wêreldwye Web **WWW,** wêreld= wye web **www**

**WYSIWYG** what you see is what you get *(comp.)* • wat jy sien, is wat jy kry **WYSIWYG**

## X

**X** Roman numeral 10 • Romeinse 10 **X**

**Xh.** Xhosa *(lang.)* • Xhosa *(taaln.)* **Xh.**

**XL** extra large • ekstra groot

**XR, ER, exch. rate** exchange rate • wisselkoers **WK**

## Y

**Y2K** the year 2000 • die jaar 2000 **J2K**

**yd, yd.** yard(s) • jaart **jt.**

**YMCA** Young Men's Christian Association • Young Men's Christian Association **YMCA,** Christelike Jongmannever= eniging **CJMV**

**yr** year • jaar **j.**

**yrs** years • jare

**yrs** yours • die uwe

**YWCA** Young Women's Christian Association • Young Women's Christian Association **YWCA,** Christelike Vereniging vir Jong Dames **CVJD**

## Z

**Z.** Zulu *(lang.)* • Zoeloe, Zulu *(taaln.)* **Z.**

**Zam.** Zambia; Zambian • Zambië; Zambies(e) **Zam.**

**ZAPU, Zapu** Zimbabwe African People's Union • **ZAPU, Zapu**

**Zech.** Zechariah • Sagaria **Sag.**

**Zeph.** Zephaniah • Sefanja **Sef.**

**Zim** Zimbabwe; Zimbabwean • Zimbabwe; Zimbabwies(e) **Zim**

**zool.** zoological; zoology • soölogies(e); soölogie **soöl.,** dier= kundig(e); dierkunde **dierk.**